Ri. Kautnik

Baumbach/Lauterbach/Albers/Hartmann
Zivilprozessordnung

Band 1

Zivilprozessordnung

mit Gerichtsverfassungsgesetz
und anderen Nebengesetzen

begründet von

Dr. Adolf Baumbach
weiland Senatspräsident beim Kammergericht

fortgeführt von

Professor Dr. Wolfgang Lauterbach
weiland Senatspräsident beim Hanseatischen Oberlandesgericht

nunmehr verfasst von

Dr. Jan Albers	Dr. Dr. Peter Hartmann
Präsident des Hamburgischen Oberverwaltungsgerichts a. D.	Richter am Amtsgericht Lübeck a. D.

64., neubearbeitete Auflage

Verlag C. H. Beck München 2006

Verlag C.H. Beck im Internet:
beck. de

ISBN 3 406 53836 3

© 2006 Verlag C. H. Beck oHG
Wilhelmstraße 9, 80801 München
Satz und Druck: Druckerei C. H. Beck, Nördlingen
(Adresse wie Verlag)

Gedruckt auf säurefreiem, alterungsbeständigem Papier
(hergestellt aus chlorfrei gebleichtem Zellstoff)

> Wenn die Gerechtigkeit untergeht, so hat es keinen Wert mehr, daß Menschen auf Erden leben. Kant
>
> Une circonstance essentielle à la justice, c'est de la faire promptement et sans différer; la faire attendre, c'est injustice. La Bruyère

Vorwort

Die vorliegende Neubearbeitung erfaßt über zwanzig neue Gesetze und Verordnungen seit der Vorauflage. Sie sind im einzelnen in der Einl I A dargestellt, unter ihnen das Internationale Familienrechtsverfahrensgesetz und das Justizkommunikationsgesetz.

Rechtsprechung und Lehre sind in ihrer Fülle auch seit der Vorauflage ebenso eingearbeitet. Die Neuauflage zeigt insgesamt den Stand von weitgehend Ende Oktober 2005 und damit die höchstmögliche Aktualität.

Hinweise und Ratschläge waren auch diesmal wieder hilfreich. Sie werden es auch hoffentlich in Zukunft unterstützen, ein für den Wissenschaftler wie für den Praktiker brauchbares Bild des riesigen Gebiets der ZPO zu erstellen!

Wentorf, Lübeck, im November 2005 Die Verfasser

Verfasserverzeichnis

Titelei	Hartmann
Einleitung I–III	Hartmann
Einleitung IV, V	Albers
§§ 1–510 b	Hartmann
§§ 511–577	Albers
§§ 578–605 a	Hartmann
§§ 606–687	Albers
§§ 688–1024	Hartmann
§§ 1025–1066	Albers
§§ 1067–1078	Hartmann
EGZPO–Schlußanhang I	Albers
Schlußanhang II–IV	Hartmann
Schlußanhang V, VI	Albers
Schlußanhang VII, VIII	Hartmann
Sachregister	Hartmann
VwGO – Anmerkungen	Albers

Inhaltsverzeichnis

	Seite
Verfasserverzeichnis	VI
Benutzungshinweise	XII
Gesetzesnachweis	XIII
Abkürzungsverzeichnis	XVI

Einleitung

(Bearbeiter: I–III Dr. Dr. Hartmann; IV, V Dr. Albers)

	Seite
I. Entwicklung seit der Vorauflage und Rechtspolitik	1
II. Rechtsquellen und Schrifttum	2
III. Anwendungshilfen	8
IV. Europäisches Zivilprozeßrecht	19
V. Zwischenstaatliches Zivilprozeßrecht	20

Zivilprozessordnung

	§§	Seite
Amtliche Inhaltsübersicht		27

Buch 1 *(Bearbeiter: Dr. Dr. Hartmann)*

	§§	Seite
Allgemeine Vorschriften		39
Abschnitt 1. **Gerichte**		39
Titel 1. Sachliche Zuständigkeit der Gerichte und Wertvorschriften	1–11	39
Anhang nach § 3. Wertschlüssel		48
Titel 2. Gerichtsstand	12–37	89
Anhang nach § 29. Gerichtsstand beim Fernunterrichtsgesetz		118
Titel 3. Vereinbarung über die Zuständigkeit der Gerichte	38–40	141
Titel 4. Ausschließung und Ablehnung der Gerichtspersonen	41–49	151
Abschnitt 2. **Parteien**		182
Titel 1. Parteifähigkeit; Prozeßfähigkeit	50–58	192
Anhang nach § 52. Prozeßführungsrecht und Güterstand		202
Titel 2. Streitgenossenschaft	59–63	212
Titel 3. Beteiligung Dritter am Rechtsstreit	64–77	222
Titel 4. Prozessbevollmächtigte und Beistände	78–90	245
Titel 5. Prozesskosten	91–107	283
Anhang nach § 95. Verzögerungsgebühr nach § 38 GKG		408
Titel 6. Sicherheitsleistung	108–113	475
Anhang nach § 110. Zwischenstaatliche Vorschriften über Sicherheitsleistung nach § 110 II Z 1, 2		486
Titel 7. Prozesskostenhilfe und Prozesskostenvorschuss	114–127 a	493
Anhang nach § 114. Zwischenstaatliche Vorschriften über die Prozeßkostenhilfe		518
Anhang nach § 127. Beratungshilfegesetz		614
Abschnitt 3. **Verfahren**		621
Titel 1. Mündliche Verhandlung	128–165	630
Titel 2. Verfahren bei Zustellungen	166–195	785
Untertitel 1. Zustellungen von Amts wegen	166–190	788
Anhang nach § 183. Zwischenstaatliches Zustellungsrecht (außer EU-Recht)		826
Untertitel 2. Zustellungen auf Betreiben der Parteien	191–195	849
Titel 3. Ladungen, Termine und Fristen	214–229	856
Titel 4. Folgen der Versäumung; Wiedereinsetzung in den vorigen Stand	230–238	888
Titel 5. Unterbrechung und Aussetzung des Verfahrens	239–252	940

Buch 2 *(Bearbeiter: Dr. Dr. Hartmann)*

	§§	Seite
Verfahren im ersten Rechtszuge		969
Abschnitt 1. **Verfahren vor den Landgerichten**		969
Titel 1. Verfahren bis zum Urteil	253–299 a	978
Anhang nach § 253. Widerklage		997
Anhang nach § 271. Vorwegleistungspflicht des Klägers		1071
Anhang nach § 281		1112

Inhaltsverzeichnis

	§§	Seite
I. Abgabe in Hausratssachen.		1112
II. Abgabe nach dem Wohnungseigentumsgesetz		1113
III. Abgabe nach dem Verfahrensgesetz in Landwirtschaftssachen.		1115
Anhang nach § 286. Die Beweislast.		1139
Anhang nach § 298 a. Schriftgutaufbewahrungsgesetz.		1235
Titel 2. Urteil.	300–329	1243
Anhang nach § 307. Vergleich.		1270
Anhang nach § 328. Übersicht über die Verbürgung der Gegenseitigkeit für vermögensrechtliche Ansprüche nach § 328 I Z 5		1384
Titel 3. Versäumnisurteil.	330–347	1394
Titel 4. Verfahren vor dem Einzelrichter.	348–354	1425
Titel 5. Allgemeine Vorschriften über die Beweisaufnahme.	355–370	1440
Anhang nach § 363		1455
I. Haager Übereinkommen über die Beweisaufnahme im Ausland in Zivil- oder Handelssachen.		1455
II. Aus dem Ausführungsgesetz.		1462
III. Bekanntmachung.		1463
Titel 6. Beweis durch Augenschein.	371–372 a	1469
Titel 7. Zeugenbeweis.	373–401	1479
Titel 8. Beweis durch Sachverständige.	402–414	1530
Titel 9. Beweis durch Urkunden.	415–444	1561
Titel 10. Beweis durch Parteivernehmung.	445–477	1589
Titel 11. Abnahme von Eiden und Bekräftigungen.	478–484	1602
Titel 12. Selbständiges Beweisverfahren.	485–494	1606
Abschnitt 2. **Verfahren vor den Amtsgerichten**.	495–510 b	1622

Buch 3 *(Bearbeiter: Dr. Albers)*

Rechtsmittel.		1646
Abschnitt 1. **Berufung**.	511–541	1652
Anhang nach § 511. Berechnung des Beschwerdewerts.		1656
Abschnitt 2. **Revision**.	542–566	1709
Anhang nach § 543. Erweiterung der Revisions- und Vorlegungsgründe.		1713
Abschnitt 3. **Beschwerde**.	567–577	1741
Titel 1. Sofortige Beschwerde.	567–573	1742
Titel 2. Rechtsbeschwerde.	574–577	1753

Buch 4 *(Bearbeiter: Dr. Dr. Hartmann)*

Wiederaufnahme des Verfahrens.	578–591	1758

Buch 5 *(Bearbeiter: Dr. Dr. Hartmann)*

Urkunden- und Wechselprozess.	592–605 a	1779

Buch 6 *(Bearbeiter: Dr. Albers)*

Verfahren in Familiensachen.		1794
Abschnitt 1. **Allgemeine Vorschriften für Verfahren in Ehesachen**.	606–620 g	1798
Anhang nach § 606 a		1799
I. Verordnung (EG) Nr 2201/2003 (EuEheVO).		1805
II. Internationales Familienverfahrensrechtsgesetz.		1830
III. Gleichstellung mit Deutschen (§ 606 a I 1 Z 1).		1843
A. AHKG 23 über die Rechtsverhältnisse verschleppter Personen und Flüchtlinge.		1843
B. Rechtsstellung heimatloser Ausländer im Bundesgebiet.		1843
C. Genfer Flüchtlingskonvention.		1844
D. Asylberechtigte.		1844
E. Gesetz über Maßnahmen für im Rahmen humanitärer Hilfsaktionen aufgenommene Flüchtlinge.		1844
IV. Anerkennung deutscher Urteile (§ 606 a I 1 Z 4).		1845
Abschnitt 2. **Allgemeine Vorschriften für Verfahren in anderen Familiensachen**.	621–621 g	1875
Abschnitt 3. **Verfahren in Scheidungs- und Folgesachen**.	622–630	1893
Abschnitt 4. **Verfahren auf Aufhebung und auf Feststellung des Bestehens oder Nichtbestehens einer Ehe**.	631, 632	1918
Anhang nach § 631. Vorschriften des Bürgerlichen Gesetzbuchs über das Verfahren zur Aufhebung einer Ehe.		1920
Abschnitt 5. **Verfahren in Kindschaftssachen**.	640–641 k	1921

Inhaltsverzeichnis

	§§	Seite
Abschnitt 6. **Verfahren über den Unterhalt**	642–660	1932
Titel 1. Allgemeine Vorschriften	642–644	1932
Titel 2. Vereinfachte Verfahren über den Unterhalt Minderjähriger	645–660	1935
Anhang nach § 645. Unterhalt unter Zugrundelegung des Regelbetrages		1937
Anhang nach § 655. Unterhaltsanpassungsgesetz		1949
Anhang nach § 659. Kindesunterhalt-Vordruckverordnung (KindUVV)		1950
Abschnitt 7. **Verfahren in Lebenspartnerschaftssachen**	661	1951

Buch 7 *(Bearbeiter: Dr. Dr. Hartmann)*

	§§	Seite
Mahnverfahren	688–703 d	1954

Buch 8 *(Bearbeiter: Dr. Dr. Hartmann)*

	§§	Seite
Zwangsvollstreckung		2000
Abschnitt 1. **Allgemeine Vorschriften**	704–802	2000
Vollstreckungsschlüssel		2011
Anhang nach § 736. Zwangsvollstreckungstitel gegen die Offene Handelsgesellschaft, Partnerschaftsgesellschaft, Europäische Gesellschaft, Europäische wirtschaftliche Interessenvereinigung, Kommanditgesellschaft, Gesellschaft mit beschränkter Haftung, Reederei		2087
Abschnitt 2. **Zwangsvollstreckung wegen Geldforderungen**		2227
Titel 1. Zwangsvollstreckung in das bewegliche Vermögen		2228
Untertitel 1. Allgemeine Vorschriften	803–807	2230
Untertitel 2. Zwangsvollstreckung in körperliche Sachen	808–827	2253
Untertitel 3. Zwangsvollstreckung in Forderungen und andere Vermögensrechte	828–863	2306
Anhang nach § 859. Zwangsvollstreckung in Gesellschafteranteile von Handelsgesellschaften		2410
Titel 2. Zwangsvollstreckung in das unbewegliche Vermögen	864–871	2412
Titel 3. Verteilungsverfahren	872–882	2425
Titel 4. Zwangsvollstreckung gegen juristische Personen des öffentlichen Rechts	882 a	2433
Abschnitt 3. **Zwangsvollstreckung zur Erwirkung der Herausgabe von Sachen und zur Erwirkung von Handlungen oder Unterlassungen**	883–898	2435
Abschnitt 4. **Eidesstattliche Versicherung und Haft**	899–915 h	2479
Abschnitt 5. **Arrest und einstweilige Verfügung**	916–945	2519
Anhang nach § 918. Persönlicher Arrest nach zwischenstaatlichem Recht		2528

Buch 9 *(Bearbeiter: Dr. Dr. Hartmann)*

	§§	Seite
Aufgebotsverfahren	946–1024	2598
Anhang nach § 1024. Kraftloserklärung von Hypotheken-, Grundschuld- und Rentenschuldbriefen in besonderen Fällen		2620

Buch 10 *(Bearbeiter: Dr. Albers)*

	§§	Seite
Schiedsrichterliches Verfahren	1025–1066	2622
Abschnitt 1. **Allgemeine Vorschriften**	1025–1028	2623
Abschnitt 2. **Schiedsvereinbarung**	1029–1033	2629
Abschnitt 3. **Bildung des Schiedsgerichts**	1034–1039	2640
Anhang nach § 1035. Der Schiedsrichtervertrag		2642
Abschnitt 4. **Zuständigkeit des Schiedsgerichts**	1040, 1041	2648
Abschnitt 5. **Durchführung des schiedsrichterlichen Verfahrens**	1042–1050	2650
Abschnitt 6. **Schiedsspruch und Beendigung des Verfahrens**	1051–1058	2658
Abschnitt 7. **Rechtsbehelf gegen den Schiedsspruch**	1059	2665
Abschnitt 8. **Voraussetzung der Anerkennung und Vollstreckung von Schiedssprüchen**	1060, 1061	2669
Abschnitt 9. **Gerichtliches Verfahren**	1062–1065	2671
Abschnitt 10. **Außervertragliche Schiedsgerichte**	1066	2674

Buch 11 *(Bearbeiter: Dr. Dr. Hartmann)*

	§§	Seite
Justizielle Zusammenarbeit in der Europäischen Union	1067–1075	2676
Abschnitt 1. **Zustellung nach der Verordnung (EG) Nr. 1348/2000**	1067–1071	2676

Inhaltsverzeichnis

	§§	Seite
Abschnitt 2. **Beweisaufnahme nach der Verordnung (EG) Nr. 1206/2001**	1072–1075	2685
Abschnitt 3. **Prozeßkostenhilfe nach der Richtlinie 2003/8/EG**	1076–1078	2694
Abschnitt 4. **Europäische Vollstreckungstitel nach der Verordnung (EG) Nr. 805/2004**	1079–1086	2702
Titel 1. Bestätigung inländischer Titel als Europäische Vollstreckungstitel	1079–1081	2708
Titel 2. Zwangsvollstreckung aus Europäischen Vollstreckungstiteln im Inland	1082–1086	2710

Gesetz betreffend die Einführung der Zivilprozeßordnung *(Bearbeiter: Dr. Albers)*

		Seite
		2714
Anhang nach § 15 a. Landesgesetzliche Regelungen		2720

Gerichtsverfassungsgesetz *(Bearbeiter: Dr. Albers)*

	§§	Seite
1. Titel. Gerichtsbarkeit	1–21	2725
Anhang nach § 1. Vorabentscheidung durch den Europäischen Gerichtshof		2729
Anhang nach § 21		2766
I. Justizverwaltung und Rechtspflege		2766
II. Aufbau der Justizverwaltung		2767
2. Titel. Allgemeine Vorschriften über das Präsidium und die Geschäftsverteilung	21 a–21 i	2768
Anhang nach § 21 b. Wahlordnung für die Präsidien der Gerichte		2771
3. Titel. Amtsgerichte	22–27	2787
4. Titel. Schöffengerichte (nicht abgedruckt)	28–58	2795
5. Titel. Landgerichte	59–78 b	2795
Anhang nach § 78 b		2799
I. Zuständigkeit in Patent-, Gebrauchsmuster- und Markenstreitsachen		2799
II. Zuständigkeit in Arbeitnehmererfindungssachen		2800
III. Zuständigkeit in Sachen des Verbraucherschutzes		2800
6. Titel. Schwurgerichte (aufgehoben)	79–92	2800
7. Titel. Kammern für Handelssachen	93–114	2800
8. Titel. Oberlandesgerichte	115–122	2811
9. Titel. Bundesgerichtshof	123–140	2815
Anhang nach § 140. Gesetz zur Wahrung der Einheitlichkeit der Rechtsprechung usw.		2819
9 a. Titel. Zuständigkeit für Wiederaufnahmeverfahren in Strafsachen (nicht abgedruckt)		2822
10. Titel. Staatsanwaltschaft (nicht abgedruckt)	141–152	2822
11. Titel. Geschäftsstelle	153	2822
Anhang nach § 153. Rechtspfleger		2824
12. Titel. Zustellungs- und Vollstreckungsbeamte	154, 155	2831
Anhang nach § 155. Andere Organe der Rechtspflege		2832
I. Rechtsanwälte		2832
II. Andere Prozeßvertreter		2835
III. Unterbeamte		2835
13. Titel. Rechtshilfe	156–168	2835
Anhang nach § 168. Zwischenstaatliche Rechtshilfe		2841
I. Haager Zivilprozeßübereinkommen		2841
II. Rechtshilfe nach dem UN-Übereinkommen über die Geltendmachung von Unterhaltsansprüchen im Ausland		2843
III. Auslandsunterhaltsgesetz		2846
14. Titel. Öffentlichkeit und Sitzungspolizei	169–183	2849
Anhang nach § 172. Strafvorschriften wegen Verletzung von Privatgeheimnissen		2855
15. Titel. Gerichtssprache	184–191	2863
16. Titel. Beratung und Abstimmung	192–198	2868

Einführungsgesetz zum Gerichtsverfassungsgesetz *(Bearbeiter: Dr. Albers)*

	Seite
	2872

Schlußanhang *(Bearbeiter: I, V, VI Dr. Albers; II–IV, VII, VIII Dr. Dr. Hartmann)*

	§§	Seite
I. A. Deutsches Richtergesetz	§§ 1–84, 105–126	2887
Anhang nach § 44. Sondervorschriften		2919
B. Bayerisches Gesetz zur Ausführung des Gerichtsverfassungsgesetzes und von Verfahrensgesetzen des Bundes (AGGVG)		2932
II. Erlaß über Zustellungen, Ladungen, Vorführungen und Zwangsvollstreckungen bezüglich Soldaten der Bundeswehr		2933
III. Zusatzabkommen zum NATO-Truppenstatut nebst Gesetz zum NATO-Truppenstatut und zu den Zusatzvereinbarungen (Auszug)		2935
IV. Wirtschaftsrechtliche Beschränkungen: Außenwirtschaftsgesetz		2942

Inhaltsverzeichnis

	Seite
V. Zwischenstaatliche Anerkennungs- und Vollstreckungsabkommen	2943
A. Kollektivverträge	2944
1) Vollstreckbarerklärung nach dem Haager Zivilprozeßübereinkommen	2944
2) Haager Übereinkommen über die Anerkennung und Vollstreckung von Unterhaltsentscheidungen	2946
3) Haager Übereinkommen über die zivilrechtlichen Aspekte internationaler Kindesentführung und Europäisches Übereinkommen über die Anerkennung und Vollstreckung von Entscheidungen über das Sorgerecht für Kinder und die Wiederherstellung des Sorgeverhältnisses	2951
4) Seerechtsübereinkommen der Vereinten Nationen usw.	2956
B. Bilaterale Anerkennungs- und Vollstreckungsabkommen	2957
1) Das deutsch-schweizerische Abkommen über die gegenseitige Anerkennung und Vollstreckung von gerichtlichen Entscheidungen und Schiedssprüchen	2957
2) Das deutsch-italienische Abkommen über die gegenseitige Anerkennung und Vollstreckung gerichtlicher Entscheidungen	2960
3) Der deutsch-österreichische Vertrag über die gegenseitige Anerkennung und Vollstreckung von gerichtlichen Entscheidungen, Vergleichen und öffentlichen Urkunden	2962
4) Das deutsch-belgische Abkommen über die gegenseitige Anerkennung und Vollstreckung von gerichtlichen Entscheidungen, Schiedssprüchen und öffentlichen Urkunden	2968
5) Das deutsch-britische Abkommen über die gegenseitige Anerkennung und Vollstreckung von gerichtlichen Entscheidungen in Zivil- und Handelssachen	2969
6) Der deutsch-griechische Vertrag über die gegenseitige Anerkennung und Vollstreckung von gerichtlichen Entscheidungen, Vergleichen und öffentlichen Urkunden in Zivil- und Handelssachen	2974
7) Der deutsch-niederländische Vertrag über die gegenseitige Anerkennung und Vollstreckung gerichtlicher Entscheidungen und anderer Schuldtitel in Zivil- und Handelssachen	2975
8) Der deutsch-tunesische Vertrag über Rechtsschutz und Rechtshilfe, die Anerkennung und Vollstreckung gerichtlicher Entscheidungen in Zivil- und Handelssachen sowie über die Handelsschiedsgerichtsbarkeit	2976
9) Der deutsch-israelische Vertrag über die gegenseitige Anerkennung und Vollstreckung gerichtlicher Entscheidungen in Zivil- und Handelssachen	2978
10) Der deutsch-norwegische Vertrag über die gegenseitige Anerkennung und Vollstreckung gerichtlicher Entscheidungen und anderer Schuldtitel in Zivil- und Handelssachen	2979
11) Der deutsch-spanische Vertrag über die Anerkennung und Vollstreckung von gerichtlichen Entscheidungen und Vergleichen sowie vollstreckbaren öffentlichen Urkunden in Zivil- und Handelssachen	2980
C. Recht der Europäischen Gemeinschaft über die gerichtliche Zuständigkeit und die Vollstreckung gerichtlicher Entscheidungen in Zivil- und Handelssachen	2982
1) Übereinkommen (EuGVÜ)	2983
2) Protokoll zum Übereinkommen	2993
3) Protokoll vom 3. 6. 1971 betr die Auslegung	2994
4) Verordnung (EG) Nr 44/2001 (EuGVVO)	2995
D. Lugano-Übereinkommen über die gerichtliche Zuständigkeit und die Vollstreckung gerichtlicher Entscheidungen in Zivil- und Handelssachen vom 16. 9. 1988	3032
1) Übereinkommen	3032
2) Protokoll Nr. 1	3034
3) Protokoll Nr. 2	3035
4) Protokoll Nr. 3	3036
E. Anerkennungs- und Vollstreckungsausführungsgesetz	3037
VI. Internationale Schiedsgerichtsbarkeit	3048
A. Kollektivverträge	3048
1) UN-Übereinkommen über die Anerkennung und Vollstreckung ausländischer Schiedssprüche	3048
2) Europäisches Übereinkommen über die internationale Handelsschiedsgerichtsbarkeit	3052
B. Bilaterale Verträge über das Schiedsgerichtswesen	3058
1) Deutsch-amerikanisches Freundschafts-, Handels- und Schiffahrtsabkommen	3058
2) Deutsch-sowjetisches Handels- und Schiffahrtsabkommen	3059
VII. Europäische Rechtsanwälte	3059
VIII. Kapitalanleger Musterverfahrensgesetz (KapMuG)	3060
Sachverzeichnis	3067

Benutzungshinweise

Gesetzestexte zeigen, wie im „Schönfelder", sowohl die Absatz- als auch die Satzzahlen in hochgestellten römischen bzw arabischen Ziffern zwecks Erleichterung und Präzisierung des Zugriffs. Das gilt auch für die abgedruckten Nebengesetze.

Nebengesetze lassen sich aus dem Gesetzesnachweis S. XV erschließen. Sie sind gegenüber den Hauptgesetzen eingerückt und durch kursiv gedruckte Überschriften (zunächst Gesetz, dann Paragraph usw) von den Hauptgesetzen optisch abgehoben.

Vorbemerkungen direkt hinter der jeweiligen Vorschrift zeigen in den ersten Jahren nach Inkrafttreten die Fundstelle im BGBl, den Zeitpunkt des Inkrafttretens sowie Hinweise auf das Übergangsrecht.

Schrifttum, das nicht in Aufsatzform veröffentlicht ist (Aufsätze sind ohnehin in die laufende Kommentierung eingearbeitet), ist möglichst überall dort, wo es einschlägig und noch aktuell ist, zumindest in den Schrifttumsübersichten hinter der jeweiligen Vorschrift vermerkt. Hinweise auf zugehörige Besprechungen erleichtern die Erstinformation dazu, ob ein erst seit einiger Zeit erhältliches Werk verwendbar ist und erworben werden sollte. Übergreifende Werke sind, nach Gruppen geordnet, außerdem in der Einl II B (S. 2 ff) zusammengestellt.

Einführungen, Grundzüge, Übersichten dienen der dogmatischen Zusammenfassung des folgenden Abschnitts wie der Darstellung übergreifender Begriffe oder Konstruktionen. In der **Einleitung III** findet man Hauptprinzipien des Zivilprozeßrechts.

Gliederungen sind allen wichtigen bzw umfangreicheren Kommentierungen vorangestellt. Sie zeigen alle Gliederungsebenen (durchweg nur noch zwei Ebenen). Jede solche Ebene trägt ein oder mehrere Schlagwörter als Überschrift und möglichst auch schon als Zusammenfassung des Inhalts. Die römischen bzw arabischen Zahlen und evtl Buchstaben am Ende einer Überschrift verweisen auf den Absatz bzw Satz oder Halbsatz und evtl auf die weitere Untergliederung der hier kommentierten Gesetzesstellen.

Anmerkungen sind grundsätzlich wie folgt geordnet (vgl zB §§ 129 ff): Systematik – Regelungszweck – Sachlicher Geltungsbereich – Persönlicher Geltungsbereich – Einzelkommentierung zu Begriffen, die in allen Teilen der Vorschrift vorkommen – übrige Einzelkommentierungen, geordnet möglichst nach der äußeren Reihenfolge. Dabei bedeuten, wie in den Gliederungsübersichten, zB I = Absatz 1, 1 = Satz 1, Hs 1 – Halbsatz 1 usw – Verfahrensablauf – Entscheidungsform und -mitteilung – Verstoßfolgen – Rechtsbehelfe – VwGO-Besonderheiten (kursive Schlußanmerkungen). Zahlreiche Querverweise verdeutlichen die Zusammenhänge.

ABC-Stichwortreihen fächern die oft umfangreichen Stoffmengen auf. Querverweise erleichtern hier den Einstieg. Haupt-ABCs zeigen das jeweilige Stichwort am Zeilenanfang und die Kommentierung eingerückt. Unter-ABCs sind, wo nötig, eingefügt und durch Gesamteinrückung nebst einem sog „Spiegelstrich" vor dem in Klammern gesetzten Unterstichwort, ähnlich wie im Sachregister, optisch hervorgehoben und vom Haupt-ABC unterschiedlich angeordnet.

Zitate zeigen, mindestens aus den letzten etwa 25 Jahren, zunächst die Rechtsprechung, dann das Schrifttum. Innerhalb der Rechtsprechung herrscht der Grundsatz der Hierarchie, auf derselben Stufe derjenige des Alphabets, jeweils zunächst in der ordentlichen Gerichtsbarkeit, dann bei den übrigen alphabetisch geordneten Gerichtsbarkeiten. Die Zitate erfolgen bei größeren hochaktuellen Streitfragen und evtl auch in übrigen möglichst vollständig. Ältere Fundstellen werden wenn möglich stets durch neuere ersetzt. Sie stehen innerhalb einer jeden Stufe usw räumlich vor den später veröffentlichten. BVerfGE und BGHZ haben stets Vorrang. Es wird diejenige Seite oder Spalte zitiert, auf der das Einschlägige tatsächlich steht, notfalls mit Zusatz „rechts oben" usw.

Dabei werden *grundsätzlich* die höchstens *drei* nach Rang bzw Aktualität oder Aussagekraft bestgeeigneten Belege für jede Ansicht erwähnt, um den Charakter eines Kurzkommentars zu bewahren.

Randnummern (aus Platzgründen abgekürzt Rn) erleichtern das Auffinden, auch bei Querverweisungen und in den Gliederungsübersichten.

Ortsnamen bedeuten meist den Sitz des OLG. Bei anderen Gerichten steht LG, AG usw vor dem Ortsnamen.

Inhalts-, Abkürzungs- und Sachverzeichnis (letzteres bewußt ausführlich) sollen ebenfalls den Zugriff erleichtern.

Gesetzesnachweis

Anerkennungs- und Vollstreckungsausführungsgesetz: abgedruckt und zum Teil erläutert im Schlußanhang V E

Arbeitnehmererfindung: § 39 Gesetz über Arbeitnehmererfindungen im Anhang II nach § 78 b GVG

Arbeitsgerichtsgesetz: § 46 a in den Grundzügen 3 vor § 688; § 48 I bei 281

Ausländischer Anwalt: s Europäische Rechtanwälte in Deutschland

Auslandsunterhaltsgesetz: §§ 1–8 I im Anhang III nach § 168 GVG; § 8 II in Übersicht 8 vor § 78; § 9 bei § 122; § 10 bei § 722; §§ 11, 12 im Anhang III nach § 168 GVG

Außenwirtschaftsgesetz: § 32 im Schlußanhang IV A

Beratungshilfegesetz: §§ 1–10, 13 im Anhang nach § 127

Börsengesetz: § 48 im Anhang nach § 32

Bürgerliches Gesetzbuch: §§ 187 bis 189 bei 222; §§ 234, 235 bei 108; § 247 bei § 104; § 399 bei § 851; § 1612 a–c im Anhang I nach § 645

Deutsch-amerikanisches Freundschafts-, Handels- und Schiffahrtsabkommen: Art VI 2 im Schlußanhang VI B 1

Deutsch-belgisches Abkommen über die gegenseitige Anerkennung und Vollstreckung von gerichtlichen Entscheidungen, Schiedssprüchen und öffentlichen Urkunden in Zivil- und Handelssachen: **Artt 13–15** im Schlußanhang V B 4

Deutsch-britisches Abkommen über die gegenseitige Anerkennung und Vollstreckung von gerichtlichen Entscheidungen in Zivil- und Handelssachen: **Artt 1–7, 9 (auszugsweise) und Unterzeichnungsprotokoll** im Schlußanhang V B 5

Deutsch-israelischer Vertrag über die gegenseitige Anerkennung und Vollstreckung gerichtlicher Entscheidungen in Zivil- und Handelssachen: **Artt 1, 2, 4, 22** im Schlußanhang V B 9

Deutsch-italienisches Abkommen über die Anerkennung und Vollstreckung gerichtlicher Entscheidungen in Zivil- und Handelssachen: **Artt 3, 4, 11, 13** im Schlußanhang V B 2

Deutsch-niederländischer Vertrag über die gegenseitige Anerkennung und Vollstreckung gerichtlicher Entscheidungen und anderer Schuldtitel in Zivil- und Handelssachen: **Art 7** im Schlußanhang V B 7

Deutsch-norwegischer Vertrag über die gegenseitige Anerkennung und Vollstreckung gerichtlicher Entscheidungen und anderer Schuldtitel in Zivil- und Handelssachen: Übersicht im Schlußanhang V B 10

Deutsch-österreichischer Vertrag über die gegenseitige Anerkennung und Vollstreckung von gerichtlichen Entscheidungen, Vergleichen und öffentlichen Urkunden in Zivil- und Handelssachen: **Artt 1–20**, dazu **Ausführungsgesetz §§ 1–9** im Schlußanhang V B 3

Deutsch-schweizerisches Abkommen über die gegenseitige Anerkennung und Vollstreckung von gerichtlichen Entscheidungen und Schiedssprüchen: **Artt 1–9**, dazu **Ausführungsverordnung Artt 1–4** im Schlußanhang V B 1

Deutsch-sowjetisches Handels- und Schiffahrtsabkommen: Art 8 im Schlußanhang VI B 2

Deutsch-spanischer Vertrag über die Anerkennung und Vollstreckung von gerichtlichen Entscheidungen und Vergleichen sowie vollstreckbaren öffentlichen Urkunden in Zivil- und Handelssachen: **Artt 1–3, 6, 8** im Schlußanhang V B 11

Deutsch-tunesischer Vertrag über Rechtsschutz und Rechtshilfe, die Anerkennung und Vollstreckung gerichtlicher Entscheidungen in Zivil- und Handelssachen sowie über die Handelsschiedsgerichtsbarkeit: **Artt 32, 47–53** im Schlußanhang V B 8

Deutsches Richtergesetz: abgedruckt und zum Teil erläutert im Schlußanhang I A

Einführungsgesetz zum Bürgerlichen Gesetzbuch: Art 226 in Einf 13 vor § 606

Einführungsgesetz zum Gerichtsverfassungsgesetz: Kommentar (für Zivilsachen vollständig)

Einführungsgesetz zur Zivilprozeßordnung: Kommentar (vollständig)

Einheitlichkeit der Rechtsprechung der Obersten Gerichtshöfe des Bundes: Gesetz vom 19. 6. 68 §§ 1–17 im Anhang nach § 140 GVG; § 18 im Anhang nach § 543

Einigungsvertrag, Einigungsvertragsgesetz: Die einschlägigen Teile sind, soweit noch sinnvoll, im Gesamtwerk an den am ehesten passenden Stellen eingearbeitet, teils in den Vorbemerkungen hinter dem jeweiligen Gesetzestext der ZPO bzw des GVG usw, teils in den Anmerkungen, Grundzügen, Einführungen, Anhängen usw.

ERVVOBGH: § 2 Anlage in § 130 a Rn 5

Europäische Gemeinschaft: Vertrag über die (EGV) **Art 234** im Anhang nach § 1 GVG; **Übereinkommen** über die gerichtliche Zuständigkeit und die Vollstreckung gerichtlicher Entscheidungen in Zivil- und Handelssachen: Text (auszugsweise) im Schlußanhang V C 1; **Zusatzprotokoll** im Schlußanhang V C 2; **Auslegungsprotokoll** im Schlußanhang V C 3; **Richtlinie 2003/8** in Einf 3 vor § 1076; **VO EG Nr 44/2001** im Schlußanhang V C 4; **VO EG Nr 1206/2000** in Einf 3 vor § 1072; **VO EG Nr 2201/2003** im Anhang I nach § 606 a; **VO EG Nr 1348/2000** in Einf 3 vor § 1067; **VO EG Nr 44/2001** im Schlußanhang V C 4; **VO EG Nr 805/2004** in Einf 3 von § 1079

Europäische Rechtsanwälte in Deutschland: Schlußanhang VIII

Europäisches Sorgerechtsübereinkommen: Artt 1–20 im Schlußanhang V A 3; dazu **Ausführungsgesetz:** §§ 5–8, 12, 13 im Schlußanhang V A 3

Europäisches Übereinkommen betreffend Auskünfte über ausländisches Recht: Artt 1–17, 19 in 293 Rn 14; **Ausführungsgesetz** in § 293 Rn 14

Europäisches Übereinkommen über die internationale Handelsschiedsgerichtsbarkeit: Text mit Anmerkungen im Schlußanhang VI A 2

Gesetzesnachweis

Familienrechtsänderungsgesetz: Art 7 § 1 in § 328 Rn 51
Fernunterrichtsschutzgesetz: § 26 im Anhang nach § 29
Flüchtling: Übersicht über die Genfer Flüchtlingskonvention im Anhang III C nach § 606 a; Übersicht über das Gesetz vom 22. 7. 80 im Anhang III E nach § 606 a
Gerichtskostengesetz: § 12 im Anhang nach § 271; §§ 38, 69 im Anhang nach § 95
Gerichtsverfassungsgesetz: Kommentar (für Zivilsachen vollständig)
Gerichtsverfassungsverordnung: § 1 bei § 12 GVG; § 3 bei § 22 GVG; § 7 in der Übersicht vor § 59 GVG; § 8 in der Übersicht vor § 115 GVG; §§ 13 bis 18 im Anhang nach § 21 GVG
Gesetz über die Angelegenheiten der freiwilligen Gerichtsbarkeit: § 20 in § 621 e Rn 2; § 64 II bei § 621, III 1, 2 bei § 621 a, III 4 bei § 621 e
Gesetz zur Prüfung von Rechtsanwaltszulassungen, Notarbestellungen und Berufungen ehrenamtlicher Richter: §§ 9–11 im Schlußanhang I A, dort im Anhang nach § 44 DRiG
Gesetz zur Entlastung der Rechtspflege: Art 14 I bei § 511 a; Art 14 II Vorbem § 23 GVG
Grundgesetz: Art 92 bei § 12 GVG; Art 97 I in der Vorbemerkung bei § 1 GVG; Art 97 I, II in der Vorbemerkung 1 bei § 25 DRiG; Art 100 in § 1 GVG Rn 6; Art 101 in § 16 GVG
Haager Beweisaufnahmeübereinkommen: Artt 1–42, dazu **Ausführungsgesetz** und Bekanntmachung im Anhang nach § 363
Haager Kindesentführungsübereinkommen, dazu **Ausführungsgesetz:** §§ 5–8, 12, 13 im Schlußanhang V A 3
Haager Unterhaltsvollstreckungsübereinkommen 1973: Artt 1–29, Text mit Erläuterungen im Schlußanhang V A 2
Haager Zivilprozeßübereinkommen: Artt 1–7 im Anhang nach § 183 Rn 4; Artt 8–16 im Anhang I nach § 168 GVG; **Art 17 I** im Anhang nach § 110 Rn 2; **Art 18, 19 I** im Schlußanhang V A 1; **Art 26** im Anhang nach § 918; **Ausführungsgesetz:** §§ 1–3 im Anhang nach § 183 Rn 5; §§ 4–8 im Schlußanhang V A 1
Haager Zustellungsübereinkommen: Artt 1–20, 23, 24, dazu **Ausführungsgesetz** und Bekanntmachung im Anhang nach § 183 Rn 5, 6
Handelsgesetzbuch: §§ 1, 2 S 1, 3 I, II, 5, 6 in § 38 Rn 17
Hausratsverordnung: §§ 11, 18 im Anhang I nach § 281; § 14 in § 621 e Rn 10
Heimarbeitsgesetz: § 27 bei § 850 i
Heimatloser Ausländer: Übersicht über das Gesetz vom 25. 4. 51 im Anhang III B nach § 606 a
Internationales Familienrechtsgesetz: im Anhang II nach § 606 a
Juristenausbildung: Gesetz vom 20. 12. 92 Art 3 in der Vorbemerkung zu §§ 5–5 d DRiG
Kapitalanleger-Musterverfahrensgesetz: im Schlußanhang VIII, dazu G vom 16. 8. 05, BGBl 2437, § 9 ebendort
Kindesunterhaltsgesetz: Art 5 §§ 1–3 in Einf 12 vor § 606
Kindesunterhalt-Vordruckverordnung: Art 1 §§ 1–4 im Anhang nach § 659
Kindschaftsrechtsreformgesetz: Art 15 §§ 1, 2 in Einf 11 vor § 606
Kraftloserklärung: Gesetz über die Kraftloserklärung von Hypothekenbriefen usw §§ 1–14 im Anhang nach § 1024
Landwirtschaftssache: Gesetz über das gerichtliche Verfahren in Landwirtschaftssachen: § 12 im Anhang III nach § 281
Lugano-Übereinkommen: Artt 54 b–60, 65 im Schlußanhang V D 1; **Protokoll Nr 2** über die einheitliche **Auslegung** im Schlußanhang V D 3; **Protokoll Nr 1** über bestimmte **Zuständigkeits-, Verfahrens- und Vollstreckungsfragen** Artt 1 a, 1 b, IV–V d im Schlußanhang V D 2; **Protokoll Nr 3** über die Anwendung von **Art 57** im Schlußanhang V D 4
NATO-Truppenstatut: Art I 1 im Schlußanhang III; **Gesetz** Art 4 c, 5 im Schlußanhang III; **Zusatzabkommen:** Artt 31–39 im Schlußanhang III
Produkthaftungsgesetz: § 1 IV im Anhang nach § 286 Rn 145
1. Prozesskostenhilfebekanntmachung 2005 in § 115 Rn 10
2. Prozesskostenhilfebekanntmachung 2005 in § 115 Rn 10
Prozesskostenhilfegesetz: (Durchführungsbestimmungen) Ziff 2.1 bei § 117 Rn 28; **EU-Richtlinie 2003/8** Einf 3 vor § 1076
Prozesskostenhilfevordruckverordnung: §§ 1–3 in § 117 Rn 30
Rechtspflege-Anpassungsgesetz: § 3 in § 28 DRiG Vorbem; **in** §§ 5 I, 6 in DRiG Einl 5; § 6 a in DRiG Einl 5; § 7 in der Übersicht 2 vor § 22 GVG; § 8 in § 10 GVG Rn 2; § 10 in der Übersicht 3 vor § 21 a GVG
Rechtspflegergesetz: §§ 1–14, 20, 21, 24, 24 a, 26–29, 32, 36 b (dieser auszugsweise), 39 im Anhang nach § 153 GVG Rn 8
Regelbetrag-Verordnung: §§ 1, 2 im Anhang II nach § 645
Sachenrechtsbereinigungsgesetz: §§ 104, 105 bei § 253; § 106 I bei § 308; § 106 II–IV bei § 894; § 107 bei § 91; § 108 I, II bei § 256; § 108 III bei § 72
Schiedsverfahrens-Neuregelungsgesetz: Art 4 § 1 in Einführung vor § 1025
Schiffahrtsrechtliche Verteilungsordnung: §§ 2, 3 bei § 872
Schriftgutaufbewahrungsgesetz: im Anlhang nach § 298 a
Schuldnerverzeichnis, Verordnung über das: §§ 1–20 in § 915 h Rn 1
Seegerichtsvollstreckungsgesetz: §§ 1–4 im Schlußanhang V A 4
Soldat: Erlaß über Zustellungen, Ladungen, Vorführungen und Zwangsvollstreckungen in der Bundeswehr: im Schlußanhang II
Sorgerechtsübereinkommen: S „Europäisches Sorgerechtsübereinkommen"
Sozialgerichtsgesetz: § 51 II bei § 13 GVG, § 182 a in Grdz 3 vor § 688
Sozialgesetzbuch (XII): §§ 82, 84, 86, 90 bei § 115; **Verordnung zu (XII)** § 28 II 1 bei § 115; **Verordnung zu (XII) § 90 II Z 9** bei § 115

Gesetzesnachweis

Strafgesetzbuch: § 203 im Anhang nach § 172 GVG Rn 1
Übergangsrecht: S Einführungsgesetz zur Insolvenzordnung, Einigungsvertrag, Gesetz zur Entlastung der Rechtspflege, 3. Gesetz zur Änderung des RPflG usw, Kindesunterhaltsgesetz, Kindschaftsrechtsreformgesetz, Rechtspflege-Vereinfachungsgesetz, Umwelthaftungsgesetz, Kostenrechtsnovelle 1987, Schiedsverfahrens-Neuregelungsgesetz, Sozialgesetzbuch usw
Unterhaltsanpassungsgesetz: §§ 1, 2 im Anhang nach § 655
UN-Übereinkommen über die Anerkennung und Vollstreckung ausländischer Schiedssprüche: **Artt 1–7** im Schlußanhang VI A 1
UN-Übereinkommen über die Geltendmachung von Unterhaltsansprüchen im Ausland: **Artt 1–10**, dazu **Ausführungsgesetz Artt 1–3** im Anhang II nach § 168 GVG
Verordnung über den elektronischen Rechtsverkehr beim Bundesgerichtshof: Amtliche Anlage **zu § 2** in § 130 a Rn 5
Verwaltungsgerichtsordnung: § 40 bei § 13 GVG
Vordruck: S Kindesunterhalt-Vordruckverordnung, Prozeßkostenhilfevordruckverordnung
Wahlordnung für die Präsidien der Gerichte: im Anhang nach § 21 b GVG
Wohnungseigentumsgesetz: § 46 im Anhang II nach § 281; **§ 46 a** in den Grundzügen 3 vor § 688
Zivilprozeßordnung: Kommentar (vollständig)
Zusatzabkommen: s NATO-Truppenstatut
Zustellungsvordrucksverordnung: in § 190 Rn 2

Abkürzungsverzeichnis

aaO	am angeführten Ort
abgedr	abgedruckt
Abk	Abkommen
ABl	Amtsblatt
Abl, abl	Ablehnung, ablehnend
Abs	Absatz
Abschr	Abschrift
abw	teilweise abweichend
AcP	Archiv für die civilistische Praxis (Band und Seite)
ADSp	Allgemeine Deutsche Spediteurbedingungen
aE	am Ende
aF	alte Fassung
AFG	Arbeitsförderungsgesetz
AfP	Archiv für Presserecht (Jahr und Seite)
AG	Amtsgericht
AGB	Allgemeine Geschäftsbedingungen
aGrd	auf Grund
AK	Kommentar zur ZPO (Reihe Alternativ-Kommentare), Gesamtherausgeber Wassermann, 1987 (Bearbeiter, Randnummer)
AKB	Allgemeine Bedingungen für die Kraftfahrtversicherung
AktG	Aktiengesetz
allgM	allgemeine Meinung
Alt	Alternative
aM	anderer Meinung
AmtlBegr	Amtliche Begründung
AmtlMitt	Amtliche Mitteilungen
ÄndG	Änderungsgesetz
Anerk(-Urt)	Anerkenntnis(-urteil), Anerkennung
AnfG	Anfechtungsgesetz
Anh	Anhang
Anl	Anlage
Anm	Anmerkung
AnO	Anordnung
AnschBew	Anscheinsbeweis
Anspr	Anspruch
Antr(-St,-Gg)	Antrag(-steller, -sgegner)
AnwBl	Anwaltsblatt (Jahr und Seite)
anwendb	anwendbar
Anw(-Zw)	Anwalt(-szwang)
AO	Abgabenordnung 1977
AöR	Archiv des öffentlichen Rechts (Band und Seite)
AP	Arbeitsrechtliche Praxis, Nachschlagewerk des BAG (Gesetz, § und Nr der Entscheidung)
ArbEG	Gesetz über Arbeitnehmererfindungen
ArbG	Arbeitsgericht
ArbGeb	Arbeitgeber
ArbGG	Arbeitsgerichtsgesetz
ArbGVerf	Arbeitsgerichtsverfahren
ArbN	Arbeitnehmer
arg	argumentum aus
ARi	Amtsrichter
Art(t)	Artikel (mehrere Artikel)
AS	Amtliche Sammlung, vor allem der OVG u VGH (Band und Seite)
AsylVfG	Asylverfahrensgesetz
Aufl	Auflage
Auftr(G)	Auftrag(geber)
AUG	Auslandsunterhaltsgesetz
AuR	Arbeit und Recht (Jahr und Seite)
Ausdr, ausdr	Ausdruck, ausdrücklich
ausf	ausführlich
Ausf(-G)	Ausfertigung, Ausführung(-sgesetz)
AusfVO	Ausführungsverordnung
Ausld, Auslder	Ausland, Ausländer
ausld	ausländisch
AuslG	Ausländergesetz
AV	Allgemeine Verfügung
AVAG	Anerkennungs- und Vollstreckungsausführungsgesetz
AVB	Allgemeine Versicherungsbedingungen
AVO	Ausführungsverordnung
AWD	Außenwirtschaftsdienst des Betriebsberaters (Jahr und Seite); s auch RIW
AWG	Außenwirtschaftsgesetz
AWV	Außenwirtschaftsverordnung
B	Bundes-
-b	bar
BABl	Bundesarbeitsblatt
Bad	Baden
Bäumel	Familienrechtsreformkommentar, 1998, bearbeitet von Bäumel u. a.
BAföG	Bundesausbildungsförderungsgesetz
BAG	Bundesarbeitsgericht
BAnz	Bundesanzeiger
BAPostG	Bundesanstalt Post-Gesetz
BauGB	Baugesetzbuch
Baur	Studien zum einstweiligen Rechtsschutz, 1967
Baur/Stürner	Zwangsvollstreckungs-, Konkurs- und Vergleichsrecht, Lehrbuch, Band I (Einzelvollstreckungsrecht), 12. Aufl 1995
BaWü	Baden-Württemberg
BaWüVPraxis	Baden-Württembergische Verwaltungspraxis (Jahr und Seite)
Bay	Bayern
BayBS	Bereinigte Sammlung des bayerischen Landesrechts (Band und Seite)
BayJMBl	Bayerisches Justizministerialblatt (Jahr und Seite)
BayObLG	Bayerisches Oberstes Landesgericht (auch Sammlung seiner Entscheidungen in Zivilsachen, Jahr und Seite)
BayVBl	Bayerische Verwaltungsblätter (Jahr und Seite)
BayVerfGH	Bayerischer Verfassungsgerichtshof
BB	Betriebs-Berater (Jahr und Seite)
BBauBl	Bundesbaublatt (Jahr und Seite)
BBesG	Bundesbesoldungsgesetz
BBG	Bundesbeamtengesetz

Abkürzungsverzeichnis

BBGS	Bülow/Böckstiegel/Geimer/Schütze, Der Internationale Rechtsverkehr in Zivil- und Handelssachen, 4. Aufl seit 1998 (Loseblattausgabe; Ordnungsnummer/bzw Bearbeiter)	Birkl	Prozeßkosten- und Beratungshilfe, Kommentar, 2. Aufl 1981 (zitiert nach den §§ der bearbeiteten Gesetze und ihren Anmerkungen)
Bbg	Bamberg	BJM	Bundesjustizminister
Bd	Band	BKGG	Bundeskindergeldgesetz
BDSG	Bundesdatenschutzgesetz	BLG	Bundesleistungsgesetz
BeamtVG	Beamtenversorgungsgesetz	Bl	Blatt
beauftr Ri	beauftragter Richter	Bln	Berlin
BEG	Bundesgesetz zur Entschädigung für Opfer der nationalsozialistischen Verfolgung	Blomeyer	A. Blomeyer, Zivilprozeßrecht (Erkenntnisverfahren, 2. Aufl 1986; Vollstreckungsverfahren 1975 mit Nachtrag 1979)
begl	beglaubigt		
Begr, begr	Begründung, begründet	BMinG	Bundesministergesetz
BeiO	Beiordnung	BNotO	Bundesnotarordnung
Bek	Bekanntmachung	BO	Berufsordnung für Rechtsanwälte
Bekl, bekl	Beklagter, beklagt		
Bender/Nack	Tatsachenfeststellung vor Gericht, 2. Aufl 1995, Bd I: Glaubwürdigkeits- und Beweislehre, Bd II: Verrechnungslehre (Randnummer)	BörsG	Börsengesetz
		BPersVG	Bundespersonalvertretungsgesetz
		BR	Bundesrat
		Bra	Brandenburg
Bergerfurth Anw-Zwang	Der Anwaltszwang und seine Ausnahmen, 2. Aufl 1988	BRAGO	Bundesrechtsanwaltsgebührenordnung
		BRAK-Mitt	Mitteilungen der Bundesrechtsanwaltskammer (Jahr und Seite)
Bergerfurth/Rogner	Der Ehescheidungsprozeß und die anderen Eheverfahren, 14. Aufl 2003	BRAO	Bundesrechtsanwaltsordnung
		Bre	Bremen
		BRep	Bundesrepublik Deutschland
		Brox/Walker	Zwangsvollstreckungsrecht, 7. Aufl 2003
BerufsO, BO	Berufsordnung und Fachanwaltsordnung für Rechtsanwälte	BRRG	Beamtenrechtsrahmengesetz
bes	besonders, besondere(-r, -s)	Brschw	Braunschweig
Beschl	Beschluß	Bruns ZPR	Zivilprozeßrecht, 3. Aufl 1987
Beschw(-W)	Beschwerde(-wert)	Bruns/Peters	Zwangsvollstreckungsrecht, 3. Aufl 1987
Bespr	Besprechung von		
betr	betreffend	BSG	Bundessozialgericht
BetrVG	Betriebsverfassungsgesetz	BSHG	Bundessozialhilfegesetz
BeurkG	Beurkundungsgesetz	Bsp	Beispiel
Bew, bew	Beweis, beweisen	BStBl	Bundessteuerblatt (Jahr, Teil und Seite)
BewL	Beweislast		
BewPfl, bewpfl	Beweispflicht, -pflichtig	BT	Bundestag
BezG	Bezirksgericht	BtÄndG	Betreuungsrechtsänderungsgesetz
Bfg	Berufung		
BfgGer	Berufungsgericht	BtG	Betreuungsgesetz
BFH	Bundesfinanzhof (auch Entscheidungen des BFH, Band und Seite)	Buchholz	Sammel- und Nachschlagewerk der Rechtsprechung des BVerwG (Ordnungsnummer)
BFHEntlG	Gesetz zur Entlastung des Bundesfinanzhofs	Büdenbender	Der vorläufige Rechtsschutz usw im Nichtehelichenrecht, 1974
BGB	Bürgerliches Gesetzbuch		
BGBl	Bundesgesetzblatt (Teil, Jahr und Seite; soweit nicht hervorgehoben: Teil I)	Bülow/Böckstiegel/Geimer/Schütze	s BBGS
BGesundhBl	Bundesgesundheitsblatt (Band und Seite)	BVerfG	Bundesverfassungsgericht (auch Entscheidungen des BVerfG, Band und Seite)
BGG	Behindertengleichstellungsgesetz	BVerfGG	Gesetz über das Bundesverfassungsgericht
BGH	Bundesgerichtshof (auch Entscheidungen des BGH in Zivilsachen, Band und Seite)	BVerwG	Bundesverwaltungsgericht (auch Entscheidungen des BVerwG, Band und Seite)
BGH GrZs	Bundesgerichtshof, Großer Senat in Zivilsachen	BVFG	Gesetz über die Angelegenheiten der Vertriebenen und Flüchtlinge (BundesvertriebenenG)
BGHSt	Bundesgerichtshof, Entscheidungen in Strafsachen (Band und Seite)		
BGH VGrS	Bundesgerichtshof, Vereinigte Große Senate	BVG	Bundesversorgungsgesetz
		BWVBl	Baden-Württembergische Verwaltungsblätter (Jahr und Seite)
BinnSchVerfG	Gesetz über das gerichtliche Verfahren in Binnenschiffahrtssachen	BZRG	Bundeszentralregistergesetz
		bzw	beziehungsweise

Abkürzungsverzeichnis

CIM	Internationales Übereinkommen über den Eisenbahnfrachtverkehr
CIV	Internationales Übereinkommen über den Eisenbahn-Personen- und Gepäckverkehr
CMR	Internationales Übereinkommen über den Beförderungsvertrag im internationalen Straßenverkehr
CR	Computer und Recht (Jahr und Seite)
Darmst	Darmstadt
DAVorm	Der Amtsvormund (Jahr und Spalte)
DB	Der Betrieb (Jahr und Seite)
DB-PKHG	Durchführungsbestimmungen zum Gesetz über die Prozeßkostenhilfe
dch	durch
DDR	Deutsche Demokratische Republik
ders	derselbe
DG, DGH	Dienstgericht, Dienstgerichtshof
DGVZ	Deutsche Gerichtsvollzieherzeitung (Jahr und Seite)
dh	das heißt
diff	differenzierend
Diss	Dissertation
DJT	Verhandlungen des Deutschen Juristentages (Band, Teil und Seite)
DNotZ	Deutsche Notar-Zeitschrift (Jahr und Seite)
DÖD	Der öffentliche Dienst (Jahr und Seite)
Dortm	Dortmund
DÖV	Die Öffentliche Verwaltung (Jahr und Seite)
DRB	Deutscher Richterbund
DRiG	Deutsches Richtergesetz
DRiZ	Deutsche Richterzeitung (Jahr und Seite)
DRpflZ	Deutsche Rechtspflegerzeitschrift (Jahr und Seite)
Drsd	Dresden
Drs	Drucksache
DS	Der Sachverständige (Jahr und Seite)
DStR	Deutsches Steuerrecht (Jahr und Seite)
DStZ	Deutsche Steuer-Zeitung (Jahr und Seite)
dt	deutsch
DtZ	Deutsch-Deutsche Rechts-Zeitschrift (Jahr und Seite)
Düss	Düsseldorf
DVBl	Deutsches Verwaltungsblatt (Jahr und Seite)
DVO	Durchführungsverordnung
DZWIR	Deutsche Zeitschrift für Wirtschafts- und Insolvenzrecht (Jahr und Seite)
DWW	Deutsche Wohnungswirtschaft (Jahr und Seite)
ebso	ebenso
EFG	Entscheidungen der Finanzgerichte (Jahr und Seite)
EG	Einführungsgesetz; Europäische Gemeinschaft
EGH	Entscheidungen des Ehrengerichtshofs der Rechtsanwälte (Band und Seite)
EGKSV	Vertrag über die Europäische Gemeinschaft für Kohle und Stahl
EGMR	Europäischer Gerichtshof für Menschenrechte
EGV	Vertrag über die Europäische Gemeinschaft
EheGVVO	Verordnung (EG) Nr 1347/2000 über Ehesachen
EhelAnfKl	Ehelichkeitsanfechtungsklage
EheschlRG	Eheschließungsrechtsgesetz
ehem	ehemalige (-r, -s)
EheNÄndG	Ehenamensänderungsgesetz
EheS	Ehesachen
EHLM	von Eicken/Hellstab/Lappe/Madert, Die Kostenfestsetzung, 18. Aufl 2003
eidesst (Vers)	eidesstattlich(e Versicherung)
Einf	Einführung
eingef	eingefügt, eingeführt
Einl	Einleitung (ohne Zusatz: am Anfang dieses Buches)
einschl	einschließlich
Einspr	Einspruch
einstw	einstweilig
einstwAnO	einstweilige Anordnung
einstwVfg	einstweilige Verfügung
einz	einzeln
EKMR	Europäische Menschenrechtskommission
ENeuOG	Eisenbahnneuordnungsgesetz
Engelhardt/App	Verwaltungs-Vollstreckungsgesetz/Verwaltungszustellungsgesetz, 5. Aufl 2001
EntlG	Gesetz zur Entlastung der Gerichte in der Verwaltungs- und Finanzgerichtsbarkeit
Entsch	Entscheidung
entspr	entsprechend, entspricht
Entw	Entwurf
ErbbauVO	Verordnung über das Erbbaurecht
Erkl	Erklärung
Erl	Erlaß
EStG	Einkommensteuergesetz
ESVGH	Entscheidungssammlung des HessVGH und des VGH BaWü (Band und Seite)
EU	Europäische Union
EuEheVO	Europäische Eheverordnung
EuG	Europäische Gemeinschaft
EuGH	Gerichtshof der Europäischen Gemeinschaften
EuGRZ	Europäische Grundrechte – Zeitschrift (Jahr und Seite)
EuGVVO	Verordnung der EG Nr 44/2001 über die gerichtliche Zuständigkeit und die Vollstreckung gerichtlicher Entscheidungen in Zivil- und Handelssachen
EUR	Euro
EuRAG	Gesetz über die Tätigkeit europäischer Rechtsanwälte in Deutschland
EuroEG	Euro-Einführungsgesetz
EuSorgeRÜbk	Europäisches Sorgerechtsübereinkommen

XVIII   *Hartmann*

Abkürzungsverzeichnis

EuÜbkHSch	Europäisches Übereinkommen über die internationale Handelsgerichtsbarkeit
EuZW	Europäische Zeitschrift für Wirtschaftsrecht (Jahr und Seite)
EV	Einigungsvertrag
eV	eingetragener Verein
EVG	Einigungsvertragsgesetz
evtl	eventuell
EWGV	Vertrag zur Gründung der Europäischen Wirtschaftsgemeinschaft
EWiR	Entscheidungen zum Wirtschaftsrecht (Jahr und Seite)
EWIV	Europäische wirtschaftliche Interessenvereinigung
EWS	Europäisches Wirtschafts- und Steuerrecht (Jahr und Seite)
Ey	Eyermann, Verwaltungsgerichtsordnung, 11. Aufl 2000 (Nachtrag 2002) bearb. v Geiger, Happ, Rennert, J. Schmidt u P. Schmidt (Randnummer)
f, -f	für; -fach, -falls
F	Festschrift
Fam	Familie
FamGer	Familiengericht
FamNamRG	Familiennamenrechtsgesetz
FamRÄndG	Familienrechtsänderungsgesetz
FamRi	Familienrichter
FamRZ	Zeitschrift für das gesamte Familienrecht (Jahr und Seite)
FamS	Familiensache, Familiensenat
FER	NJW-Entscheidungsdienst Familien- und Erbrecht (Jahr und Seite)
FernAbsG	Fernabsatzgesetz
FernUSG	Fernunterrichtsschutzgesetz
Festst	Feststellung
FEVS	Fürsorgerechtliche Entscheidungen der Verwaltungs- und Sozialgerichte (Band und Seite)
ff	folgende
FF	Forum Familien- und Erbrecht (Jahr und Seite)
Ffm	Frankfurt am Main
FG	Finanzgericht
FGG	Reichsgesetz über die freiwillige Gerichtsbarkeit
FGO	Finanzgerichtsordnung
FGO-ÄndG	FGO-Änderungsgesetz
FinA	Finanzamt
Finkelnburg / Jank	Vorläufiger Rechtsschutz im Verwaltungsstreitverfahren, 4. Aufl 1999
FKPG	Gesetz zur Umsetzung des Föderalen Konsolidierungsprogramms
FN	Fußnote
FPR	Familie/Partnerschaft/Recht (Jahr und Seite)
fr	früher
freiw	freiwillig
FRweg	Finanzrechtsweg
FuR	Familie und Recht (Jahr und Seite)
G	Gesetz
GBA	Generalbundesanwalt, Grundbuchamt
GBl	Gesetzblatt
GBO	Grundbuchordnung
Geb	Gebühr(en)
GebrMG	Gebrauchsmustergesetz
Geimer	Internationales Zivilprozeßrecht, 5. Aufl 2005 (Randnummer)
Geimer/Schütze	Europäisches Zivilverfahrensrecht, Kommentar, 2. Aufl 2004 (Randnummer)
gem	gemäß
GemT	Gemeindetag (Jahr und Seite)
GenG	Gesetz betr die Erwerbs- und Wirtschaftsgenossenschaften
Ger(-Std), ger	Ger(-stand), gerichtlich
ges, Ges	gesetzlich; Gesetz
GeschmMG	Geschmacksmustergesetz
GeschO	Geschäftsordnung
GeschSt	Geschäftsstelle
GewO	Gewerbeordnung
GewSchG	Gewaltschutzgesetz
GFG	Graduiertenförderungsgesetz
gg, Gg	gegen, Gegner
GG	Grundgesetz für die Bundesrepublik Deutschland
ggf	gegebenenfalls
ggü	gegenüber
Gießler	Vorläufiger Rechtsschutz in Ehe-, Familien- und Kindschaftssachen, 3. Aufl 2000 (Randnummer)
GKG	Gerichtskostengesetz
GKÖD	Gesamtkommentar Öffentliches Dienstrecht, herausgegeben von Fürst (Loseblattausgabe)
Gläub	Gläubiger
GmbHG	Gesetz betr die Gesellschaften mit beschränkter Haftung
GmbHR	GmbH-Rundschau usw (Jahr und Seite)
GMP	Germelmann/Matthes/Prütting/Müller-Glöge, ArbGG, Kommentar, 4. Aufl 2002 (Randnummer)
GmS	Gemeinsamer Senat der obersten Gerichtshöfe des Bundes
Göppinger/ Börger	Vereinbarungen anläßlich der Ehescheidung, 8. Aufl 2005
Göppinger/Wax	Unterhaltsrecht, 8. Aufl 2003
Gött	Göttingen
Grd	Grund
Grds, grds	Grundsatz, grundsätzlich
Grdz	Grundzüge (Randnummer)
Gr/Rochl	Grimm/Rochlitz/Glossner, Das Schiedsgericht in der Praxis, 2. Aufl 1978
Grunsky ArbGG	Kommentar, 7. Aufl 1995 (Randnummer)
Grunsky ZPR	Zivilprozessrecht, 12. Aufl 2005
GRUR	Gewerblicher Rechtsschutz und Urheberrecht (Jahr und Seite)
GRUR-RR	Gewerblicher Rechtsschutz und Urheberrecht, Rechtsprechungs-Report (Jahr und Seite)
GrZS, GSZ	Großer Zivilsenat
GSEM	Gerold/Schmidt/von Eicken/Madert, Bundesgebührenordnung für Rechtsanwälte (Komm), 15. Aufl 2002 (Randnummer)

Abkürzungsverzeichnis

GüKG	Güterkraftverkehrsgesetz
GV	Gebührenverzeichnis gemäß Anlage zu § 12 I ArbGG (Nr)
GVBl	Gesetz- und Verordnungsblatt
GVG	Gerichtsverfassungsgesetz
GVGA	Geschäftsanweisung für Gerichtsvollzieher
GvKostG	Gerichtsvollzieherkostengesetz
GVVO	Verordnung über die einheitliche Regelung der Gerichtsverfassung
GVz	Gerichtsvollzieher
GWB	Gesetz gegen Wettbewerbsbeschränkungen
h	haben, hat
-h	-haft, -heit, -hen
Hann	Hannover
HansJVBl	Hanseatisches Justizverwaltungsblatt (Jahr und Seite)
Hartmann	Kostengesetze, 35. Aufl 2005 (Teil des Buchs oder das jeweils kommentierte Gesetz; Randnummer)
HausrVO	Hausratsverordnung
HBewÜbk	Haager Übereinkommen über die Beweisaufnahme im Ausland usw
Hbg	Hamburg
HbgJVBl	Hamburgisches Justizverwaltungsblatt (Jahr und Seite)
Hdb	Handbuch
Hdlg	Handlung
Henckel	Prozeßrecht und materielles Recht, 1970
Herausg	Herausgabe
Hess	Hessen
HEZ	Höchstrichterliche Entscheidungen in Zivilsachen (Band und Seite)
HGB	Handelsgesetzbuch
HHG	Häftlingshilfegesetz
Hinw	Hinweis
hM	herrschende Meinung
HRefG	Handelsrechtsreformgesetz
Hs	Halbsatz
HSchRG	Hochschulrahmengesetz
Hufen	Verwaltungsprozeßrecht, 3. Aufl 1998
HUnterhÜbk	Haager Unterhaltsübereinkommen
HZPrAbk	Haager Abkommen über den Zivilprozeß v 17. 7. 1905
HZPrÜbk	Haager Übereinkommen über den Zivilprozeß v. 1. 3. 1954
HZustlÜbk	Haager Übereinkommen über die Zustellung gerichtlicher und außergerichtlicher Schriftstücke usw
idF	in der Fassung
idR	in der Regel
IFG	Informationsfreiheitsgesetz
InfAuslR	Informationsbrief Ausländerrecht (Jahr und Seite)
Inh	Inhaber
Inkrafttr	Inkrafttreten
Inld, Inldr	Inland, Inländer
inld	inländisch
innerh	innerhalb
insbes	insbesondere
InsVV	Insolvenzrechtliche Vergütungsverordnung
internat	international
IntFamRVG	Internationales Familienrechtsverfahrensgesetz
IPG	Gutachten zum internationalen und ausländischen Privatrecht (Jahr und Seite)
IPR	Internationales Privatrecht
IPRax	Praxis des Internationalen Privat- und Verfahrensrechts (Jahr und Seite)
IPRG	Gesetz zur Neuregelung des Internationalen Privatrechts
IPRspr	Die deutsche Rechtsprechung auf dem Gebiete des Internationalen Privatrechts (Jahr und Seite)
iRv	im Rahmen von
iSv	im Sinne von
iü	im übrigen
iVm	in Verbindung mit
JA	Juristische Arbeitsblätter (Jahr und Seite)
Jaeger	Kommentar zur Konkursordnung, bearbeitet von Henckel, Weber, Jahr, 9. Aufl ab 1977
Jauernig ZPR	Zivilprozeßrecht, 28. Aufl 2003 (Kurzlehrbuch)
Jauernig ZwV	Zwangsvollstreckungs- und Insolvenzrecht, 21. Aufl 1999 (Kurzlehrbuch)
JB	Das juristische Büro (Jahr und bis 1991 Spalte, seit 1992 Seite)
JBeitrO	Justizbeitreibungsordnung
JBl	Justizblatt
JbPrSchdG	Jahrbuch für die Praxis der Schiedsgerichtsbarkeit (Band und Seite)
Jessnitzer/Ulrich	Der gerichtliche Sachverständige, 11. Aufl 2001
JFG	Jahrbücher für Rechtsprechung in der freiwilligen Gerichtsbarkeit, herausgegeben von Ring (Band und Seite)
JGG	Jugendgerichtsgesetz
JKomG	Justizkommunikationsgesetz
JM	Justizminister
JMBl	Justizministerialblatt
Johannsen/Henrich	Eherecht, 3. Aufl 1998
JR	Juristische Rundschau (Jahr und Seite)
Jug	Jugend
JuMiG	Justizmitteilungsgesetz
JuMoG	voraussichtliches Justizmodernisierungsgesetz
jur	juristisch
JuS	Juristische Schulung (Jahr und Seite)
Just	Die Justiz, Amtsblatt des Justizministeriums Baden-Württemberg (Jahr und Seite)
JustVA	Justizverwaltungsabkommen
JVBl	Justizverwaltungsblatt
JVEG	Justizvergütungs- und -entschädigungsgesetz
JW	Juristische Wochenschrift (Jahr und Seite)
JZ	Juristenzeitung (Jahr und Seite)

Abkürzungsverzeichnis

KAGG	Gesetz über Kapitalanlagegesellschaften
Kalthoener/Büttner/Wrobel-Sachs	Prozeßkostenhilfe und Beratungshilfe, 4. Aufl 2005 (Randnummer)
Kap	Kapitel
KapMuG	Kapitalanleger-Musterverfahrensgesetz
Karlsr	Karlsruhe
Katholnigg	Strafgerichtsverfassungsrecht (Kommentar), 3. Aufl 1999 (Randnummer)
Kblz	Koblenz
KfBaul	Kammer für Baulandsachen
KfH	Kammer für Handelssachen
KG	Kammergericht, Kommanditgesellschaft
KGaA	Kommanditgesellschaft auf Aktien
KgfEG	Kriegsgefangenenentschädigungsgesetz
KGJ	Jahrbuch für Entscheidungen des Kammergerichts (Band und Seite)
KindRG	Kindschaftsrechtsreformgesetz
KindUG	Kindesunterhaltsgesetz
Kissel/Mayer	Gerichtsverfassungsgesetz (Kommentar), 4. Aufl 2004
KJHG	Kinder- und Jugendhilfegesetz (SGB VIII)
Kl	Kläger, Klage
Koehler	Verwaltungsgerichtsordnung (Kommentar), 1960
Komm	Kommentar, Kommission
KoppSch	Kopp/Schenke, VwGO (Kommentar), 14. Aufl 2005
KostÄndG	Gesetz zur Änderung und Ergänzung kostenrechtlicher Vorschriften vom 26. 7. 1957
KostErstAnspr	Kostenerstattungsanspruch
KostFests (-Beschl, -Verf)	Kostenfestsetzung(-sbeschl, -verfahren)
KostO	Kostenordnung
KostRMoG	voraussichtliches Kostenrechtsmodernisierungsgesetz, geplant für Mitte 2004
KostREuroUG	Gesetz zur Umstellung des Kostenrechts und der Steuerberatergebührenverordnung auf Euro
KR	Kostenrechtsprechung, bearbeitet von Lappe und anderen (Gesetz, § und Nr)
KrG	Kreisgericht
krit	kritisch
Kröller	Vollstreckungsschutz im Verwaltungszwangsverfahren, 1970
KSchG	Kündigungsschutzgesetz
KStZ	Kommunale Steuer-Zeitschrift (Jahr und Seite)
KTS	Konkurs-, Treuhand- und Schiedsgerichtswesen, seit 1989 Zeitschrift für Insolvenzrecht (Jahr und Seite)
KV	Kostenverzeichnis gemäß Anlage 1 zu § 3 II GKG (Nr)
KVGv	Kostenverzeichnis gemäß Anlage zu § 9 GvKostG nF (s Vorwort)
KWG	Gesetz über das Kreditwesen
L	Landes-
(L)	Leitsatz
-l	-lich, -los
LAG	Landesarbeitsgericht; Lastenausgleichsgesetz
LandbeschG	Landbeschaffungsgesetz
Lappe	Gerichtskostengesetz, Kommentar, 1976
-ld, Ld	-land; Land
Lehrb	Lehrbuch
lfd	laufend
LFG	Lohnfortzahlungsgesetz
LG	Landgericht
LGEntlG	Gesetz zur Entlastung der Landgerichte und zur Vereinfachung des gerichtlichen Protokolls
LitUG	Gesetz über das literarische Urheberrecht
LKV	Landes- und Kommunalverwaltung (Jahr und Seite)
LM	Das Nachschlagewerk des Bundesgerichtshofs in Zivilsachen, herausgegeben von Lindenmaier und Möhring (Gesetzesstelle und Entscheidungsnummer; Nr ohne Gesetzesstelle bezieht sich auf den kommentierten Paragraphen
LMK	Kommentierte BGH-Rechtsprechung Lindenmaier-Möhrig (seit 2003; Name des Anwenders; Jahr und Seite)
LPartG	Lebenspartnerschaftsgesetz
Lpz	Leipzig
LS	Leitsatz
LSG	Landessozialgericht
Lüb	Lübeck
LuftfzRG	Gesetz über Rechte an Luftfahrzeugen
LuftVG	Luftverkehrsgesetz
LugGVÜ, LugÜbk	Übereinkommen zwischen EG- und EFTA-Staaten über die gerichtliche Zuständigkeit und die Vollstreckung usw v. 16. 9. 1988
LwG	Landwirtschaftsgericht
LwVG	Gesetz über das gerichtliche Verfahren in Landwirtschaftssachen
m	mit
Maier	Handbuch der Schiedsgerichtsbarkeit, 1979
Mannh	Mannheim
MarkenG	Markengesetz
Martiny	Anerkennung nach multilateralen Staatsverträgen, HdB des Internationalen Zivilverfahrensrechts, Bd III/2, 1984, Kap II (Randnummer)
Mat	Hahn, Materialien zu den Reichsjustizgesetzen
Maurer	Schwab, Handbuch des Scheidungsrechts, 4. Aufl 2000, Teil I (Randnummer)
MBescheid	Mahnbescheid
mdl (Verh)	mündlich (-e Verhandlung)
MDR	Monatsschrift für Deutsches Recht (Jahr und Seite)
Meyer/Goßner	Kommentar zur StPO, 45. Aufl 2003
Meyer-Ladewig	Sozialgerichtsgesetz (Komm), 7. Aufl 2002 (Randnummer)

Abkürzungsverzeichnis

MietR	NJW-Entscheidungsdienst Miet- und Wohnungsrecht (Jahr und Seite)
Mitt	Mitteilung
MMR	Madert/Müller-Rabe, Kostenhandbuch Familiensachen, 2001 (Hauptabschnitt/Randnummer)
MRK	Europäische Menschenrechtskonvention
mtl	monatlich
Mü	München
MüKo BGB	Münchener Kommentar zum BGB, 3. Aufl seit 1993 (es folgt der Name des Bearbeiters; zit nach Randnummern)
MüKo	Münchener Kommentar zur ZPO, 3 Bde nebst Ergänzungsheft, bearbeitet von *Belz*, *Bern*reuther, *Br*aun, *Coester-Walt*jen, *Da*mrau, *Deub*ner, *Eick*mann, *Fei*ßer, *Fi*nger, *Gott*wald, *Heinze*, *Heß*ler, *Holch*, *Krüger*, *Lindacher*, *Lüke*, von *Metten*heim, *Mü*nch, *Musielak*, *Pat*zina, *Peters*, *Prütting*, *Rimmelspacher*, *Schi*lken, *Schmi*dt, *Schreiber*, *Schwerdtfeger*, *Smi*d, *Wax*, *Wenz*el, *Wolf*, *Wolfs*teiner (die Namen der Bearbeiter werden meist abgekürzt, zB Mü-Ko*Be*), 2. Aufl: Bd 1 (§§ 1–354 ZPO) 2000; Bd 2 (§§ 355–802 ZPO) 2000; Bd 3 (§§ 803–1066, EGZPO, GVG, EGGVG, IZPR) 2001, Aktualisierungsband (ZPO-Reform 2002 und weitere Reformgesetze) 2002 (Randnummer)
Münst	Münster
Mus	Musielak, ZPO (Kommentar), bearbeitet von *Ball*, *Becker*, *Borth*, *Fischer*, *Foerste*, *Gra*ndel, *Heinri*ch, *Hu*ber, *Lackmann*, *Musielak*, *Stadler*, *Voit*, *Weth*, *Wittschier*, *Wolst*, 4. Aufl 2004 (Randnummer)
MVerf	Mahnverfahren
mwN	mit weiteren Nachweisen
MWSt	Mehrwertsteuer
mWv	mit Wirkung vom
Nagel/Gottwald	Internationales Zivilprozeßrecht, 5. Aufl 2003
Nds	Niedersachsen
NdsRpfl	Niedersächsische Rechtspflege (Jahr und Seite)
NichtehelG	Gesetz über die rechtliche Stellung der nichtehelichen Kinder
nF	neue Fassung, neue Folge
NJW	Neue Juristische Wochenschrift (Jahr und Seite)
NJWE-MietR	s MietR
NJW-RR (auch: RR)	NJW-Rechtsprechungs-Report (Jahr und Seite)
NordÖR	Zeitschrift für öffentliches Recht in Norddeutschland (Jahr und Seite)
notw	notwendig
Nov	Novelle
NRW	Nordrhein-Westfalen
NStZ	Neue Zeitschrift für Strafrecht (Jahr und Seite)
NTS	NATO-Truppenstatut
Nürnb	Nürnberg
NVersZ	Neue Zeitschrift für Versicherung und Recht (Jahr und Seite)
NVwZ	Neue Zeitschrift für Verwaltungsrecht (Jahr und Seite)
NVwZ-RR	Rechtsprechungs-Report Verwaltungsrecht (Jahr und Seite)
NWVBl	Nordrhein-Westfälische Verwaltungsblätter (Jahr und Seite)
NZA	Neue Zeitschrift für Arbeits- und Sozialrecht (Jahr und Seite)
NZI	Neue Zeitschrift für Insolvenzrecht (Jahr und Seite)
NZM	Neue Zeitschrift für Miet- und Wohnungsrecht (Jahr und Seite)
NZS	Neue Zeitschrift für Sozialrecht (Jahr und Seite)
NZV	Neue Zeitschrift für Verkehrsrecht (Jahr und Seite)
obj	objektiv
od	oder
öff	öffentlich
OGB	Oberste Gerichtshöfe des Bundes (gemeinsamer Senat)
OGH	Entscheidungen des Obersten Gerichtshofs für die Britische Zone in Zivilsachen (Band und Seite)
OHG	Offene Handelsgesellschaft
oJ	ohne Jahresangabe
Oldb	Oldenburg
OLG	Oberlandesgericht (mit Ortsnamen)
OLG-NL	OLG-Rechtsprechung Neue Länder (Jahr und Seite)
OLGVertrÄndG	OLG-Vertretungsänderungsgesetz
OLGZ	Entscheidungen der Oberlandesgerichte in Zivilsachen (Jahr und Seite)
ord	ordentlich
OVG	Oberverwaltungsgericht
OWiG	Gesetz über Ordnungswidrigkeiten
Pal	Palandt, bearbeitet von *Bas*senge, *Bru*dermüller, *Diede*richsen, *Eden*hofer, *Heinrichs*, *Held*rich, *Pu*tzo, *Sprau*, *Wei*denkaff, Kurzkommentar zum BGB, 65. Aufl 2006 (die Namen der Bearbeiter werden abgekürzt, zum Beispiel Pal*Bass*; zitiert nach Gesetz, § und Randnummer)
PartGG	Partnerschaftsgesellschaftsgesetz
PatAnwO	Patentanwaltsordnung
PatG	Patentgericht, Patentgesetz
pfb	pfändbar
Pfdg	Pfändung
PfdR	Pfandrecht
PfdS	Pfandsache
Pfl, pfl	Pflicht, pflichtig

Abkürzungsverzeichnis

PflVG	Pflichtversicherungsgesetz
PKH	Prozeßkostenhilfe
PKHÄndG	Prozeßkostenhilfeänderungsgesetz
PostStruktG	Poststrukturgesetz
PostVerfG	Postverfassungsgesetz
pp	und andere Verfasser
ProdHaftG	Gesetz über die Haftung für fehlerhafte Produkte (Produkthaftungsgesetz)
Prot	Protokoll; Protokolle der Kommission für die II. Lesung des Entwurfs des BGB
Proz, proz	Prozeß(-), prozessual, prozeßrechtlich
ProzBev	Prozeßbevollmächtigter
ProzGer	Prozeßgericht
Prozkost	Prozeßkosten
ProzVgl	Prozeßvergleich
ProzVorauss	Prozeßvoraussetzung
Prütting	Die Zulassung der Revision, 1977
PStG	Personenstandsgesetz
Pt	Partei
R, -r	Recht(-s), -rechtlich
RA	Rechtsanwalt
RabelsZ	Zeitschrift für ausländisches und internationales Privatrecht, begründet von Ernst Rabel (Band bzw Jahr und Seite)
RAGeb	Rechtsanwaltsgebühren
Rahm	Handbuch des Familiengerichtsverfahrens (Loseblattausgabe), jetzt herausgegeben von Künkel
RBerG	Rechtsberatungsgesetz
RdA	Recht der Arbeit (Jahr und Seite)
RdErl	Runderlaß
RdL	Recht der Landwirtschaft (Jahr und Seite)
Rdz, Rn	Randziffer, Randnummer
RE	Rechtsentscheid
RedOe	K. Redeker/von Oertzen/ M. Redeker/Kothe, Verwaltungsgerichtsordnung (Kommentar), 14. Aufl 2005
Ref	Referat, Referent, Referendar
RegBl	Regierungsblatt
Rev	Revision
RG	Reichsgericht
RGBl	Reichsgesetzblatt, ohne Ziffer = Teil I; mit II = Teil II
RGSt	Entscheidungen des Reichsgerichts in Strafsachen (Band und Seite)
RhPf	Rheinland-Pfalz
RhSchiffG	Rheinschiffahrtsgericht
Ri	Richter
RiA	Recht im Amt (Jahr und Seite)
Rimmelspacher	Materiellrechtlicher Anspruch u Streitgegenstandsprobleme im Zivilprozeß, 1970
RIW	Recht der Internationalen Wirtschaft (Jahr und Seite)
RJM	Reichsminister der Justiz; Verfügung des ...
RmBereinVpG	Gesetz zur Bereinigung des Rechtsmittelrechts im Verwaltungsprozess
Rn	Randnummer
RoGSch	Rosenberg/Gaul/Schilken, Zwangsvollstreckungsrecht, 11. Aufl 1997
Rolland	Familienrecht, Kommentar (Loseblatt)
RoS, RoSGo	Rosenberg/Schwab/Gottwald, Zivilprozeßrecht, 16. Aufl 2004
Roth/Stielow	Der Abstammungsprozeß, 2. Aufl 1998
ROW	Recht in Ost u West (Jahr und Seite)
Rpfl	Rechtspfleger
RpflAnpG	Rechtspflege-Anpassungsgesetz
Rpfleger	Der Deutsche Rechtspfleger (Jahr und Seite)
RpflEntlG	Gesetz zur Entlastung der Rechtspflege
RPflG	Rechtspflegergesetz
RPflVereinfG	Rechtspflege-Vereinfachungsgesetz
RR (auch: NJW-RR)	NJW-Rechtsprechungs-Report (Jahr und Seite)
RRG	Rentenreformgesetz
RS	Riedel/Sußbauer, Bundesrechtsanwaltsgebührenordnung (Kommentar), 8. Aufl 2000, bearbeitet von Fraunholz, Keller, Schneider (die Namen der Bearbeiter werden abgekürzt)
RSchutzbed	Rechtsschutzbedürfnis
Rspr	Rechtsprechung
Rückn	Rücknahme
RVG	Rechtsanwaltsvergütungsgesetz
RzW	Rechtsprechung zum Wiedergutmachungsrecht (NJW) (Jahr und Seite)
S	Satz, Seite, Sache(n)
s	siehe
Saarbr	Saarbrücken
SaBl	Sammelblatt für Rechtsvorschriften des Bundes und der Länder (Jahr und Seite)
SachenRBerG	Sachenrechtsbereinigungsgesetz
Sachv	Sachverständiger
SAE	Sammlung arbeitsrechtlicher Entscheidungen (Jahr und Nr)
Saenger	ZPO (Kommentar), 2005, bearbeitet von Dörner, Eichele, Gierl, Kayser, Kemper, Kindl, Pukall, Rathmann, Saenger (Herausgeber), Wöstmann (die Namen der Bearbeiter werden abgekürzt; § und Randnummer)
Säumn	Säumnis
Schack	Internationales Zivilverfahrensrecht, 3. Aufl 2002 (Randnummer)
SchCl	Schunck/De Clerck, Verwaltungsgerichtsordnung (Kommentar), 3. Aufl 1977
SchiedsVfG	Schiedsverfahrens-Neuregelungsgesetz
SchiedsVZ	Zeitschrift für Schiedsverfahren (Jahr und Seite)
SchiffG	Schiffahrtsgericht
-schl	-schluß, -schließen
SchlAnh	Schlußanhang
Schlesw	Schleswig

Abkürzungsverzeichnis

SchlHA	Schleswig-Holsteinische Anzeigen (Jahr und Seite)
Schlosser EU-ZPR	EuGVVO, EuEheVO, EuBVO, EuZVO (Kommentar), 2. Aufl 2003 (Gesetz, Vorschrift und Randnummer)
Schlosser ZPO	Zivilprozeßrecht, Bd I: Erkenntnisverfahren, 2. Aufl 1992; Bd II: Zwangsvollstreckungs- und Insolvenzrecht, 1984 (Band usw)
Schmidt-Räntsch	Deutsches Richtergesetz (Kommentar), 5. Aufl 1995
Schoch	Vorläufiger Rechtsschutz und Risikoverteilung im Verwaltungsrecht, 1988
Scholz/Stein	Praxishandbuch Familienrecht, 1998 (Teil und Randnummer)
SchrAG	Schriftgutaufbewahrungsgesetz
Sch/SchmA/P	Schoch/Schmidt-Aßmann/Pietzner (Hrsg), VwGO (Loseblattkommentar), 2000 (Randnummer)
Schu	Schuldner
Schütze	Schiedsgericht und Schiedsverfahren, 2. Aufl 1998 (Randnummer)
Schumann/Kramer	Die Berufung in Zivilsachen, 6. Aufl 2002
SchuVVO	Schuldnerverzeichnisverordnung
Schwab	Handbuch des Scheidungsrechts, 5. Aufl 2005
Schw/W	Schwab/Walter, Schiedsgerichtsbarkeit, 7. Aufl 2005 (Kapitel, Nummer und Buchstabe)
SchwbG	Schwerbehindertengesetz
sd	siehe dort
SE	Europäische Gesellschaft
SeeGVG	Seegerichtsvollstreckungsgesetz
SeemO	Seemannsordnung
SeeVG	Seeunfalluntersuchungsgesetz
SG	Sozialgericht
SGB	Sozialgesetzbuch (mit Angabe des jeweiligen Buches, zB: X)
1. SGBÄndG	Erstes Gesetz zur Änderung des Sozialgesetzbuches
SGb	Die Sozialgerichtsbarkeit (Jahr und Seite)
SGG	Sozialgerichtsgesetz
SignG	Signaturgesetz 2001
Slg	Sammlung
Sodan/Ziekow	VwGO (Loseblattkommentar), 1999
sof	sofortig
sog	sogenannt
SorgeRÜbkAG	Gesetz zur Ausführung des Sorgerechtsübereinkommens
SRweg	Sozialrechtsweg
StA	Staatsanwalt(schaft)
Staud-Spellenberg	Staudinger, BGB, 12. Aufl, Intern. Verfahrensrecht in Ehesachen, 1990 (Randnummer)
StAZ	Das Standesamt (Jahr und Seite)
-std	-stand
StGB	Strafgesetzbuch
StGH	Staatsgerichtshof
Stgt	Stuttgart
stillschw	stillschweigend
StJ	Stein/Jonas, bearbeitet seit 1953 von Pohle, fortgeführt von (Stand 2005) Berger, Bork, Brehm, Grunsky, Leipold, Münzberg, Oberhammer, Roth, Schlosser und Wagner (die Namen der Bearbeiter werden abgekürzt, zum Beispiel StJSchu), Kommentar zur ZPO, 21. Aufl seit 1993: Bd 1 (§§ 1–90) 1993, Bd 2 (§§ 91–252) 1994, Bd 3 (§§ 253–299 a) 1997, Bd 4/1 (§§ 300–347) 1998, Bd 4/2 (§§ 348–510 b) 1999, Bd 5/1 (§§ 511–591) 1994, Bd 5/2 (§§ 592–703 d) 1993, Bd 6 (§§ 704–863) 1995, Bd 7/1 (§§ 864–945) 1996, Bd 7/2 (§§ 946–1048) 1994, Register, 2002; 22. Aufl seit 2002: Bd 1 (Einl, §§ 1–40) 2003, Bd 2 (§§ 41–127 a) 2004, Bd 3 (§§ 128–252) 2005; Bd 7 (§§ 704–827) 2002, Bd 8 (§§ 828–915 h) 2004, Bd 9 (§§ 916–EGZPO) 2002 (Randnummer)
Stöber	Forderungspfändung, 13. Aufl 2002 (Randnummer)
StPO	Strafprozeßordnung
STr	Sedemund-Treiber in Johannsen/Henrich, Eherecht (Kommentar), 3. Aufl 1998 (Randnummer)
Str, str	Streit, streitig
StrEG	Gesetz über die Entschädigung für Strafverfolgungsmaßnahmen
stRspr	ständige Rechtsprechung
StrVerf	streitiges, Streitverfahren
StrVert	Strafverteidiger (Jahr und Seite)
StrWert	Streitwert
StVÄG	Strafverfahrensänderungsgesetz
StVG	Straßenverkehrsgesetz
StVO	Straßenverkehrs-Ordnung
StVollzG	Strafvollzugsgesetz
StVZO	Straßenverkehrs-Zulassungs-Ordnung
subj	subjektiv
SVertO	Schiffahrtsrechtliche Verteilungsordnung
SVG	Soldatenversorgungsgesetz
teilw	teilweise
TermBest	Terminsbestimmung
ThP	Thomas/Putzo, bearbeitet auch von Reichold, Hüßtege, ZPO-Erläuterungen, 27. Aufl 2005 (Bearbeiter und Randnummer)
TKV	Telekommunikationsverordnung
TranspR	Transportrecht (Jahr und Seite)
Tüb	Tübingen
TÜV	Technischer Überwachungsverein
Tz	Textnummer
u	und
ua	unter anderem
uä	und ähnliche
UdG	Urkundsbeamter der Geschäftsstelle
Üb, üb	Überblick, Übersicht, über
überw	überwiegend

Abkürzungsverzeichnis

Übk	Übereinkommen
UKlaG	Unterlassungsklagengesetz
Ule	Verwaltungsgerichtsbarkeit (Kommentar zur VwGO) 2. Aufl 1962
Ule VPrR	Verwaltungsprozeßrecht (Studienbuch) 9. Aufl 1987
UmweltHG	Umwelthaftungsgesetz
UmstG	Umstellungsgesetz
umstr	umstritten
UmwG	Umwandlungsgesetz
unbek	unbekannt
unbest	unbestimmt
unpfb	unpfändbar
UN-ÜbkSchdG	UNO-Übereinkommen zur Schiedsgerichtsbarkeit
unzul	unzulässig
unzustd	unzuständig
UrhRG	Urheberrechtsgesetz
Urk	Urkunde
Urt	Urteil
UrtVerk	Urteilsverkündung
USG	Unterhaltssicherungsgesetz
UStG	Umsatzsteuergesetz (Mehrwertsteuer)
uU	unter Umständen
UVG	Unterhaltsvorschußgesetz
UWG	Gesetz über den unlauteren Wettbewerb
v	von
VAG	Versicherungsaufsichtsgesetz
VAHRG	Gesetz zur Regelung von Härten im Versorgungsausgleich
vAw	von Amts wegen
VBescheid	Vollstreckungsbescheid
VBlBW	Verwaltungsblätter für Baden-Württemberg (Jahr und Seite)
VerbrKrG	Verbraucherkreditgesetz
VereinfNov	Vereinfachungsnovelle
VereinhG	Gesetz zur Wiederherstellung der Rechtseinheit
Verf	Verfahren, Verfassung
Verh	Verhandlung
Verk	Verkündung
VerkFlBerG	Verkehrsflächenbereinigungsgesetz
VermG	Vermögensgesetz
Veröff	Veröffentlichung
Vers	Versicherung
VerschG	Verschollenheitsgesetz
Verschu	Verschulden
VersN	Versicherungsnehmer
VersR	Versicherungsrecht (Jahr und Seite)
VersUrt	Versäumnisurteil
Verw	Verwaltung
VerwAkt	Verwaltungsakt
VerwArch	Verwaltungsarchiv (Band und Seite)
VerwRspr	Verwaltungsrechtsprechung in Deutschland (Band und Seite, auch Nr)
Verz	Verzicht
Vfg	Verfügung
VG	Verwaltungsgericht
VGH	Verwaltungsgerichtshof
vgl, Vgl	vergleiche, Vergleich
VGrS	Vereinigte Große Senate
VHG	Vertragshilfegesetz
VHR	NJW-Entscheidungsdienst Versicherungs- und Haftungsrecht (Jahr und Seite)
VIZ	Zeitschrift für Vermögens- und Investitionsrecht (Jahr und Seite)
VMBl	Ministerialblatt des Bundesministers der Verteidigung (Jahr und Seite)
VO	Verordnung
VOB	Verdingungsordnung für Bauleistungen
VOBl	Verordnungsblatt
VOBlBrZ	Verordnungsblatt für die britische Zone
Vollkommer	Formenstrenge und prozessuale Billigkeit, 1973
Vollstr	Vollstreckung
Vorauss	Voraussetzung
Vorbem	Vorbemerkung
Vors	Vorsitzender
Vorschr	Vorschrift
VRS	Verkehrsrechtssammlung (Band und Seite)
VRweg	Verwaltungsrechtsweg
VV	Vergütungsverzeichnis der Anlage 1 zum Rechtsanwaltsvergütungsgesetz (Nr)
VVaG	Versicherungsverein auf Gegenseitigkeit
VVG	Gesetz über den Versicherungsvertrag
VwGO	Verwaltungsgerichtsordnung
VwVfG	Verwaltungsverfahrensgesetz
VwVG	Verwaltungsvollstreckungsgesetz
VwZG	Verwaltungszustellungsgesetz
WährG	Währungsgesetz
WAG	Wertausgleichsgesetz
Walter	Der Prozeß in Familiensachen, 1985
Warn	Warneyer, Rechtsprechung des RG bzw BGH (Jahr und Nummer)
WEG	Wohnungseigentumsgesetz
WertpMitt	Wertpapiermitteilungen (Jahr und Seite)
WettbR	NJW-Entscheidungsdienst Wettbewerbsrecht (Jahr und Seite)
Wettlaufer	Die Vollstreckung aus verwaltungs-, sozial- und finanzgerichtlichen Titeln zugunsten der öffentlichen Hand, 1989
WG	Wechselgesetz
wg	wegen
WGG	Wohngeldgesetz
Wiecz/Schütze	Wieczorek/Schütze, bearbeitet von *Ah*rens, Becker-Eberhard, *B*orck, Buchholz, *G*amp, Hausmann, Ho*f*s, *L*oeser, Lü*k*e, Mansel, Niemann, Olzen, Paulsen, Peters, Prütting, Raeschke-Kessler, Salzmann, Sch*l*üter, Schreiber, Schü*t*ze, Steiner, Storz, Thümmel, Weber, Wet*h*, ZPO, Kommentar (auch GVG), (die Namen der Bearbeiter werden abgekürzt, zum Beispiel St*Ah*), 3. Aufl seit 1994 § und Randnummer

Abkürzungsverzeichnis

WiedAufn	Wiederaufnahme
WiedEins	Wiedereinsetzung
WiB	Wirtschaftsrechtliche Beratung (Jahr und Seite)
WiRO	Wirtschaft und Recht in Osteuropa (Jahr und Seite)
WM (auch WoM)	Wohnungswirtschaft und Mietrecht (Jahr und Seite)
WoBauErlG	Wohnungsbau-Erleichterungsgesetz
WoBauG	Wohnungsbaugesetz
WoKSchG	Gesetz über den Kündigungsschutz für Mietverhältnisse über Wohnraum
Wolf	Gerichtsverfassungsrecht aller Verfahrenszweige, Studienbuch, 6. Aufl. 1987
Wolff	Vollstreckbarerklärung, HdB des Internationalen Zivilverfahrensrechts, Bd III/2, 1984, Kap IV (Randziffer)
WoM (auch WM)	Wohnungswirtschaft und Mietrecht (Jahr und Seite)
WoVermG	Gesetz zur Regelung der Wohnungsvermittlung
WRP	Wettbewerb in Recht und Praxis (Jahr und Seite)
WSG	Wehrsoldgesetz
Wü	Württemberg
WuW	Wirtschaft und Wettbewerb (Jahr und Seite)
ZAbkNTrSt	Zusatzabkommen zum NATO-Truppenstatut
ZAR	Zeitschrift für Ausländerrecht – und Ausländerpolitik (Jahr und Seite)
zB	zum Beispiel
ZBB	Zeitschrift für Bankrecht und Bankwirtschaft (Jahr und Seite)
ZBlJugR	Zentralblatt für Jugendrecht (Jahr und Seite)
ZBR	Zeitschrift für Beamtenrecht (Jahr und Seite)
ZDG	Zivildienstgesetz
Zeiss/Schreiber	Zivilprozeßrecht, 10. Aufl 2003
ZfBR	Zeitschrift für deutsches und internationales Baurecht (Jahr und Seite)
ZfJ	Zentralblatt für Jugendrecht (Jahr und Seite)
ZfS	Zeitschrift für Schadensrecht (Jahr und Seite)
ZfSH, ZfSH/SGB	Zeitschrift für Sozialhilfe (Jahr und Seite)
Zg	Zeuge
Zgn	Zeugnis
ZGR	Zeitschrift für Unternehmens- und Gesellschaftsrecht (Jahr und Seite)
ZHR	Zeitschrift für das gesamte Handels- und Wirtschaftsrecht (Band und Seite)
Zi	Zimmermann, ZPO, Kommentar (auch GVG usw), 6. Aufl 2002
ZIP	Zeitschrift für Wirtschaftsrecht (Jahr und Seite)
ZivK	Zivilkammer
ZivProz, zivproz	Zivilprozeß, zivilprozessual
ZK	Zivilkammer
ZMR	Zeitschrift für Miet- und Raumrecht (Jahr und Seite)
Zö	Zöller, bearbeitet von *Ge*imer, *Gr*eger, *Gu*mmer, *He*rget, *Heß*ler, *Philippi*, *Stöber*, *Vollkommer* (die Namen der Bearbeiter werden meist abgekürzt, zB ZöGei), Kommentar zur ZPO, 24. Aufl 2004 (Randnummer)
ZPO	Zivilprozeßordnung
ZPO-RG	Zivilprozeßreformgesetz
ZRHO	Rechtshilfeordnung in Zivilsachen
ZRP	Zeitschrift für Rechtspolitik (Jahr und Seite)
ZRweg	Zivilrechtsweg
ZS	Zivilsenat
ZSEG	Gesetz über die Entschädigung von Zeugen und Sachverständigen
ZSHG	Zeugenschutz-Harmonisierungsgesetz
ZSW	Zeitschrift für das gesamte Sachverständigenwesen (Jahr und Seite)
zT	zum Teil
zul	zulässig
ZustBev	Zustellungsbevollmächtigter
zustd	zuständig
ZustDG	EG-Zustellungsdurchführungsgesetz
ZustErgG	Zuständigkeitsergänzungsgesetz
zustm	zustimmend
ZustRG	Zustellungsreformgesetz
ZustUrk	Zustellungsurkunde
ZustVV	Zustellungsvordrucksverordnung
ZVG	Zwangsversteigerungsgesetz
ZVglRWiss	Zeitschrift für vergleichende Rechtswissenschaft (Jahr und Seite)
Zweibr	Zweibrücken
ZwV	Zwangsvollstreckung
2. ZwNov	Zweite Zwangsvollstreckungsnovelle
ZwVerw	Zwangsverwaltung
ZwVMaßnG	Gesetz über Maßnahmen auf dem Gebiete der Zwangsvollstreckung
2. ZwVNov	2. Zwangsvollstreckungsnovelle
zZt	zur Zeit
ZZP	Zeitschrift für Zivilprozeß (Band und Seite)
ZZP *Int*	Zeitschrift für Zivilprozeß International (Jahr und Seite)

Einleitung

Bearbeiter: I–III Dr. Dr. Hartmann; IV, V Dr. Albers

I. Entwicklung seit der Vorauflage und Rechtspolitik

A. Entwicklung seit der Vorauflage

Schrifttum: *Baur* NJW **87**, 2636; *Conrad,* Deutsche Rechtsgeschichte Bd II, 1966; *Dannreuther,* Der Zivilprozeß als Gegenstand der Rechtspolitik im deutschen Reich 1871–1945; *von Dickhuth – Harrach,* „Gerechtigkeit statt Formalismus", Die Rechtskraft in der nationalsozialistischen Privatrechtspraxis, 1986; *Ebel,* 200 Jahre preußischer Zivilprozeß, 1982; *Henckel,* Gedanken zur Entstehung und Geschichte der Zivilprozeßordnung, Gedächtnisschrift für *Bruns* (1980), 111; *Laufs,* Rechtsentwicklungen in Deutschland, 2. Aufl 1978; *Möller,* Die Rechtsprechung des Reichsgerichts in Zivilsachen usw, 2001; *Nörr,* Naturrecht und Zivilprozeß, 1976; *Schubert,* Die deutsche Gerichtsverfassung (1869–1877), 1981; *Schwartz,* 400 Jahre deutscher Zivilprozeß-Gesetzgebung, 1889, Neudruck 1986; *Wacke,* Antikes im modernen Zivilprozeß, Festschrift für *Schneider* (1997) 465.

Über die Entwicklung bis Oktober 2004 unterrichtet die 63. Auflage. **1**

Zur *vorliegenden 64. Auflage* waren folgende Gesetzesänderungen einzuarbeiten bzw zu berücksichtigen: **2** Die Zweite Verordnung zur Änderung der Kindesunterhalt-Vordruckverordnung vom 23. 11. 04, BGBl 3071; das Gesetz über die Rechtsbehelfe bei Verletzung des Anspruchs auf rechtliches Gehör (Anhörungsrügengesetz) vom 9. 12. 04, BGBl 3220; das Gesetz zur Umsetzung gemeinschaftsrechtlicher Vorschriften über die grenzüberschreitende Prozesskostenhilfe in Zivil- und Handelssachen in den Mitgliedstaaten (EG-Prozesskostenhilfegesetz) vom 15. 12. 04, BGBl 3392; das Gesetz zur Überarbeitung des Lebenspartnerschaftsrechts vom 15. 12. 04, BGBl 3396; die Verordnung zur Einführung eines Vordrucks für die Erklärung über die persönlichen und wirtschaftlichen Verhältnisse bei Prozesskostenhilfe sowie eines Vordrucks für die Übermittlung der Anträge auf Bewilligung von Prozesskostenhilfe im grenzüberschreitenden Verkehr (EG-Prozesskostenhilfevordruckverordnung – EG-PKHVV) vom 21. 12. 04, BGBl 3538; das Gesetz zur Vereinfachung und Vereinheitlichung der Verfahrensvorschriften zur Wahl und Berufung ehrenamtlicher Richter vom 21. 12. 04, BGBl 3599; das Gesetz zur Einführung der Europäischen Gesellschaft (SEEG) vom 22. 12. 04, BGBl 3675; die Bekanntmachung zu § 115 der Zivilprozessordnung (Erste Prozesskostenhilfebekanntmachung 2005 – 1. PKHB 2005) vom 21. 12. 04, BGBl 3842; das EU-Truppenstatut vom 17. 11. 03, BGBl **05** II 19, nebst Zustimmungsgesetz vom 18. 1. 05, BGBl II 18; das Gesetz zum internationalen Familienrecht mit seinem als Art 1 verkündeten Gesetz zur Aus- und Durchführung bestimmter Rechtsinstrumente auf dem Gebiet des internationalen Familienrechts (Internationales Familienrechtsverfahrensgesetz – IntFamRVG) vom 26. 1. 05, BGBl 162; die Bekanntmachung zu § 850 c der Zivilprozessordnung (Pfändungsfreigrenzenbekanntmachung 2005) vom 25. 2. 05, BGBl 493, mit den Tabellen der amtlichen Anlage zu § 850 c ZPO mit den erhöhten Pfändungsgrenzen seit 1. 7. 05; das Gesetz über die Verwendung elektronischer Kommunikationsformen in der Justiz (Justizkommunikationsgesetz) vom 22. 3. 05, BGB. 837, mit seinem als Art 11 erlassenen Gesetz zur Aufbewahrung von Schriftgut der Gerichte des Bundes und des Generalbundesanwalts nach Beendigung des Verfahrens (Schriftgutaufbewahrungsgesetz – SchrAG); die Bekanntmachung zu § 115 der Zivilprozessordnung (Zweite Prozesskostenhilfebekanntmachung 2005 – 2. PKHB 2005) vom 23. 3. 05, BGBl 924; das Zweite Gesetz zur Änderung des Betreuungsrechts (Zweites Betreuungsrechtsänderungsgesetz – 2. BtÄndG) vom 21. 4. 05, BGBl 1073, mit seinem als Art 8 verkündeten Gesetz über die Vergütung von Vormündern und Betreuern (Vormünder- und Betreuervergütungsgesetz – VBVG); das Gesetz zur Neuordnung des Pfandbriefrechts vom 22. 5. 05, BGBl 1373; die Zweite Verordnung zur Änderung der Verordnung zur Durchführung des § 206 der Bundesrechtsanwaltsordnung vom 19. 5. 05, BGBl 1452; das Gesetz zur Umsetzung von Vorschlägen zu Bürokratieabbau und Deregulierung aus den Regionen vom 21. 6. 05, BGBl 1666; das Siebte Gesetz zur Änderung des Gesetzes gegen Wettbewerbsbeschränkungen vom 7. 7. 05, BGBl 1954; das Zweite Gesetz zur Neuregelung des Energiewirtschaftsrechts mit dem als sein Art 1 verkündeten Gesetz über die Elektrizitäts- und Gasversorgung (Energiewirtschaftsgesetz – EnWG) vom 7. 7. 05, BGBl 1970; das Gesetz zur Einführung von Kapitalanleger-Musterverfahren vom 14. 8. 05, BGBl 2437, mit seinem als Art 1 veröffentlichten Gesetz über Musterverfahren in kapitalmarktrechtlichen Streitigkeiten (Kapitalanleger-Musterverfahrensgesetz – KapMuG); das Gesetz zur Durchführung der Verordnung (EG) Nr 805/2004 über einen Europäischen Vollstreckungstitel für unbestrittene Forderungen (EG-Vollstreckungs-Durchführungsgesetz) vom 18. 8. 05, BGBl 2477; das Gesetz zur Regelung des Zugangs zu Informationen des Bundes (Informationsfreiheitsgesetz – IFG) vom 5. 9. 05, BGBl 2722; das Gesetz zur Unternehmensintegrität und Modernisierung des Anfechtungsrechts (UMAG) vom 22. 9. 05, BGBl 2802.

Eine *Neubekanntmachung* der ZPO steht ab 21. 10. 05 auf Grund Art 2 a des EG-Vollstreckungstitel- **3** Durchführungsgesetzes unmittelbar bevor. Sie ist bereits mit ihrem bei Redaktionsschluß zuverlässig bekannten Text in neuer Schreibweise eingearbeitet worden.

Außerhalb der ZPO und deren Vorschriften insofern abändernd enthalten vor allem das GWB, weiterhin **4** aber auch die mannigfachen multi- und bilateralen internationalen Abkommen nach Einl IV, V zivilprozessuale Regeln. Andererseits sind Vorschriften der ZPO vielfach nach anderen Verfahrensordnungen entsprechend anwendbar, so besonders nach dem ArbGG, der VwGO und der FGO.

Zum geschichtlichen Einfluß von Ideologien Leipold JZ **82**, 441, aM Bender JZ **82**, 709.

B. Rechtspolitik

Schrifttum: *Greger* JZ 02, 1020 (ZPO-Reform usw); *Greger,* Der deutsche Zivilprozeß im Umbruch, Festschrift für *Beys* (Athen 2003) 459; *Grunsky/Stürner/Walter/Wolf* (Hrsg), Wege zu einem europäischen Zivilprozeßrecht, 1992; *Rauscher,* Internationales und europäisches Zivilprozeßrecht, 1999; *Schelo,* Rechtsangleichung im europäischen Zivilprozeßrecht usw, Diss Münst 1999.

1 Zur *Europäisierung* des Zivilprozeßrechts Einl III 79, IV, V, Stadler IPRax **04**, 2, Wagner NJW **03**, 2344 (je: Üb). Die EU hat einen Verordnungsvorschlag zur Einführung eines Europäischen Verfahrens für geringfügige Forderungen vorgelegt, COM (2005) 87, dazu Schriever AnwBl **05**, 487. Sie hat ferner eine Verordnung für ein Europäisches Mahnverfahren vorgeschlagen, die derzeit im Rat diskutiert wird, auch dazu Schriever AnwBl **05**, 487. Man diskutiert verstärkt alternative Streitbehandlungsformen, zB Gottwald AnwBl **00**, 265, Prütting AnwBl **00**, 273. Landesrechtlich zeichnet sich mancherorts eine Tendenz zum Vorrang der Mediation vor streitigen Verfahren und zur Einführung eines obligatorischen Mahnverfahrens ab.

2 Eine *Große Justizreform* steht nach Meinung von Zypries NJW **03** Heft 44 S XII „erst am Anfang". Unter anderem soll der Rpfl noch mehr Aufgaben erhalten. Geplant sind mehrere Alternativen eines verbesserten Schutzes der Intimsphäre mit auch verfahrensrechtlichen Auswirkungen. Hessen will ein Justizbeschleunigungsgesetz mit einer Anhebung der Wertgrenzen für die Zuständigkeit der Amtsgerichte auf 7500 EUR usw erreichen. Die Bundesregierung plant ein Zweites Justizmodernisierungsgesetz. Sie plant ferner ein Gesetz zur Änderung der Insolvenzordnung ... und anderer Gesetze mit einer Neufassung des § 850 k ZPO und der Einfügung eines § 851 c ZPO zum Pfändungsschutz bei Altrenten. Sie plant auch ein Gesetz zur Änderung des WEG mit einer weitgehenden Überführung des Verfahrens vom FGG in die ZPO und ein Gesetz über das Verfahren in Familiensachen und in den Angelegenheiten der freiwilligen Gerichtsbarkeit (FamFG) mit umfangreichen Änderungen und tiefgreifenden Umstrukturierungen. Die Landesjustizminister fordern eine bereichsübergreifende Vereinheitlichung und Vereinfachung der Rechtsmittel und Rechtsbehelfe, SchlHA **03**, 181. Sie befürworten weitgehende Vereinheitlichungen der Verfahrensordnungen, DRiZ **05**, 213. Bayern hat im Bundesrat den Entwurf eines Gesetzes zur Stärkung der gütlichen Streitbeilegung im Zivilprozeß mit der Einführung eines sog Güterichters eingebracht. Das Bundesministerium hat in einem Referentenentwurf Änderungen des Zwangsvollstreckungsrechts angekündigt. Die 75. Justizministerkonferenz hat Ende Juni 2005 beschlossen, die Gerichtsverfassung und Prozessordnungen in einem einheitlichen Gerichtsverfassungs- und Prozessgesetz zusammenzufassen, AnwBl **05**, Heft 8/9 S VI. Die Übertragung von Gerichtsvollzieheraufgaben auf Private bleibt streitig, zu alledem NJW **05**, Heft 29 S. VI. Es gibt einen Regierungsentwurf vom 26. 8. 05 zu einem Gesetz über die Rechtsbehelfe bei Verletzung des Rechts auf ein zügiges gerichtliches Verfahren (Untätigkeitsbeschwerdengesetz).

II. Rechtsquellen und Schrifttum

Gliederung

A. Rechtsquellen 1, 2	2) Gesamtdarstellungen, Lehrbücher, Kommentare zu Einzelgebieten, Grundrisse 4–6
1) Bundesgebiet 1	3) Einzeldarstellungen 7
2) Frühere DDR 2	4) Hilfsmittel 8
B. Schrifttum zu ZPO, GVG, RPflG und DRiG (Auswahl) 3–10	5) Zeitschriften 9
1) Erläuterungsbücher 3	6) Reformarbeiten 10

A. Rechtsquellen

1 **1) Bundesgebiet.** GVG und ZPO gehören zur konkurrierenden Gesetzgebung, Art 74 Z 1 GG. In dem in Art 125 GG angegebenen Umfang ist dieses Recht Bundesrecht. Rechtsquellen: *GVG,* zuletzt geändert durch Art 3 KapMuG v 14. 8. 05, BGBl 2437; *EGGVG,* zuletzt geändert durch Art 5 ZPO-RG v 27. 7. 01, BGBl 1887; *ZPO,* zuletzt geändert durch Art 1 Z 1 G v 18. 8. 05, BGBl 2477; *EGZPO,* zuletzt geändert durch Art 2 KapMuG v 16. 8. 05, BGBl 2437; *RPflG,* zuletzt geändert durch Art 2 Z 1 G v 18. 8. 05, BGBl 2477; *DRiG,* zuletzt geändert durch Art 2 G v 21. 12. 04, BGBl 3599, sowie die zu I genannten weiteren Gesetze, vgl auch die Überschriften des Buches 1 und des GVG. Wegen der weiteren Fundstellen vgl das Vorwort. Die Gerichtsbarkeit der deutschen Gerichte in nichtstrafrechtlichen Angelegenheiten besteht auch gegenüber den Mitgliedern der ausländischen Streitkräfte unbeschränkt, SchlAnh III.

2 **2) Frühere DDR.** Einl III 77.

B. Schrifttum zu ZPO, GVG, RPflG, DRiG und VwGO (Auswahl)

Umfassende ältere Nachweise bei Wieser, Bibliographie des Zivilverfahrensrechts in der BRep von 1945–1975; 1976

S auch die Schrifttumsangaben vor der jeweiligen Kommentierung und das Abkürzungsverzeichnis

3 **1) Erläuterungsbücher.**
Arnold/Meyer-Stolte/Herrmann/Hansens/Rellermeyer, RPflG, 6. Aufl 2002.
Bader/Funke-Kaiser/Kuntze/von Albedyll, VwGO, 2005.
Bassenge/Herbst/Roth, FGG/RPflG, 10. Aufl 2004.
Dallmeyer/Eickmann, RPflG, 1996.
Fürst/Mühl/Arndt, DRiG, 1992.
Kissel/Mayer, GVG, 4. Aufl 2004.
Menne/Röhl/Schmidt/Wassermann, ZPO, 1987.

II. Rechtsquellen und Schrifttum **Einl II**

Münchener Kommentar zur ZPO, bearbeitet von *Belz, Bernreuther, Braun, Coester-Waltjen, Damrau, Deubner, Eickmann, Feiber, Finger, Gottwald, Heinze, Heßler, Holch, Krüger, Lindacker, Lüke, von Mettenheim, Münch, Musielak, Patzina, Peters, Prütting, Rimmelspacher, Schilken, Schmidt, Schreiber, Schwerdtfeger, Smid, Wax, Wenzel, Wolf, Wolfsteiner,* 2. Aufl: Bd 1 (§§ 1–354 ZPO) 2000; Bd 2 (§§ 355–802 ZPO) 2000; Bd 3 (§§ 803–1066 ZPO usw) 2001; Aktualisierungsband (ZPO-Reform 2002 und weitere Reformgesetze) 2002.
Musielak, ZPO, bearbeitet von *Ball, Becker, Borth, Fischer, Foerste, Grandel, Huber, Lackmann, Musielak, Smid, Stadler, Voit, Weth, Wittschier, Wolst,* 4. Aufl 2004.
Saenger (Hrsg), ZPO (Kommentar) 2005, bearbeitet von *Dörner, Eichele, Gierl, Kayser, Kemper, Kindl, Pukall, Rathmann, Saenger, Wöstmann* (§ und Randnummer).
Sodan/Ziekow, VwGO, 2. Aufl 2005.
Schmidt-Räntsch, DRiG, 5. Aufl 1995.
Schoch/Schmidt-Aßmann/Pietzner, VwGO, 11. Aufl 2005.
Schuschke/Walker, Vollstreckung und Vorläufiger Rechtsschutz, Bd I: Zwangsvollstreckung (§§ 704–915 ZPO), 3. Aufl 2002, Bd II: Arrest, Einstweilige Verfügung (§§ 916–945 ZPO), 3. Aufl 2005.
Schwab/Walter, Schiedsgerichtsbarkeit, 7. Aufl 2005.
Stein/Jonas, ZPO, seit 1967 fortgeführt (Stand 2005) von *Berger, Bork, Brehm, Grunsky, Leipold, Münzberg, Oberhammer, Roth, Schlosser, Wagner,* 21. Aufl seit 1993: Bd 1 (§§ 1–90) 1993, Bd 2 (§§ 91–252) 1994, Bd 3 (§§ 253–299 a) 1997, Bd 4 Teilbd 1 (§§ 300–347) 1998, Bd 4 Teilbd 2 (§§ 348–510 b) 1999, Bd 5 Teilbd 1 (§§ 511–591) 1994, Bd 5 Teilbd 2 (§§ 592–703 d) 1993, Bd 6 (§§ 704–863) 1995, Bd 7 Teilbd 1 (§§ 864–945) 1996, Bd 7 Teilbd 2 (§§ 946–1048) 1994, Register, 2003; 22. Aufl seit 2002: Bd 1 (Einl, §§ 1–40) 2003, Bd 2 (§§ 41–127 a) 2004, Bd 3 (§§ 128–252) 2005, Bd 7 (§§ 704–827), 2002, Bd 8 (§§ 828–915 h) 2004, Bd 9 (§ 916 – EGZPO) 2002.
Thomas/Putzo, ZPO, 27. Aufl 2005, bearbeitet von *Putzo, Reichold, Hüßtege.*
Wassermann (Herausgeber), ZPO, 1987.
Wieczorek/Schütze, ZPO, 3. Aufl seit 1994, herausgegeben von *Schütze,* bearbeitet von *Ahrens, Becker-Eberhard, Borck, Buchholz, Gamp, Hausmann, Heß, Loeser, Lüke, Mansel, Niemann, Olzen, Paulsen, Peters, Prütting, Raeschke-Kessler, Salzmann, Schlüter, Schreiber, Schütze, Steiner, Storz, Thümmel, Weber, Weth,* Bd 1 Teilbd 1 (Einleitung, §§ 1–49, Anh § 40 – EuGVÜ), Teilbd 2 (§§ 50–127 a) 1994, Bd 3 Teilbd 2 (§§ 592–703 d) 1998, Bd 4 Teilbd 1 (§§ 704–807) 1999, Teilbd 2 (§§ 808–915 h) 1999, Bd 5 (§§ 916–1048, GVG, Nebengesetze) 1995.
Wieser, Prozeßrechts-Kommentar zum BGB, 2. Aufl 2002.
Zimmermann, ZPO, 6. Aufl 2002.
Zöller, ZPO, bearbeitet von *Geimer, Greger, Gummer, Herget, Heßler, Philippi, Stöber, Vollkommer,* 24. Aufl 2004.

2) Gesamtdarstellungen, Lehrbücher, Kommentare zu Einzelgebieten, Grundrisse 4

Anders/Gehle, Handbuch für das Zivilurteil, 2. Aufl 1995.
Anders/Gehle, Antrag und Entscheidung im Zivilprozeß, 3. Aufl 2000.
Bäumel pp, Familienrechtsreformkommentar, 1998.
Baumgärtel/Prütting, Einführung in das Zivilprozeßrecht. 8. Aufl 1994.
Baur/Stürner/Bruns, Zwangsvollstreckungs- und Insolvenzrecht, Lehrbuch, Bd I: Einzelvollstreckungsrecht, 13. Aufl 2005.
Bergerfurth, Der Zivilprozeß, 6. Aufl 1991.
Brox/Walker, Zwangsvollstreckungsrecht, 7. Aufl 2003.
Bruns/Peters, Zwangsvollstreckungsrecht, 3. Aufl 1987.
Büchting/Heussen, Beck'sches Rechtsanwaltshandbuch, 8. Aufl 2004.
Bülow/Böckstiegel/Geimer/Schütze, Der Internationale Rechtsverkehr (Loseblattausgabe), 4. Aufl seit 1998.
Bunge, Zivilprozeß und Zwangsvollstreckung, 1995.
Callies, Prozedurales Recht, 1999.
Crückeberg, Zivilprozessrecht, 2. Aufl 2002.
Dassler/Schiffhauer/Gerhardt/Muth, Zwangsversteigerungsgesetz, 12. Aufl 1991.
Doukoff, Die zivilrechtliche Berufung nach neuem Recht, 3. Aufl 2005.
Dunkl/Moeller/Baur/Feldmeier, Handbuch des vorläufigen Rechtsschutzes, 3. Aufl 1999.
Eckebrecht/Große-Boymann/Gutjahr/Schael/von Swieyskowski-Trzaska, Verfahrenshandbuch Familiensachen, 2001.
Engelhardt/App, VwVG, VwZG (Kommentar), 6. Aufl 2004.
Eyermann, Verwaltungsgerichtsordnung (Kommentar), 11. Aufl 2000, Nachtrag 2002.
Fehling/Kastner/Wahrendorf (Hrsg), Verwaltungsrecht, VwVfG-VwGO (Kommentar), 2004.
Fenger, Zivilprozessrecht, schnell erfaßt, 2001.
Förschler, Der Zivilprozess (Lehrbuch), 6. Aufl 2004.
Fricke/Wiefels, Zivilprozeß, Band I (GVG, 1.–2. Buch), II (3.–10. Buch) 1977 (Schaeffers Grundrisse).
Gehrlein, Zivilprozessrecht, 2. Aufl 2003.
Geimer, Internationales Zivilprozeßrecht, 5. Aufl 2005.
Geimer/Schütze, Europäisches Zivilverfahrensrecht, 2. Aufl 2004.
Gerhardt/von Heintschel-Heinegg/Klein, Handbuch des Fachanwalts Familienrecht, 5. Aufl 2004.
Gottwald, Zwangsvollstreckung. Kommentierung der §§ 704–915 h ZPO usw, 5. Aufl 2005.
Gottwald, Einstweiliger Rechtsschutz in Verfahren nach der ZPO, Kommentierung der §§ 916–945 ZPO, 1998.
Gottwald/Greger/Prütting (Hrsg), Dogmatische Grundfragen des Zivilprozesses im geeinten Europa, 2000.
Graf Lambsdorff, Handbuch des Wettbewerbsverfahrensrechts, 2000.
Grunsky, Zivilprozeßrecht, 12. Aufl 2005.
Grunsky, Grundzüge des Zwangsvollstreckungs- und Konkursrechts, 5. Aufl 1996.

Haarmeyer/Wutzke/Förster/Hintzen, Zwangsverwaltung (Kommentar), 3. Aufl 2004.
Hahn, Anwaltliche Rechtsausführungen im Zivilprozeß usw, 1998.
Handbuch des Internationalen Zivilverfahrensrechts, Bd. I: Supranationale und internationale Gerichte (*Herrmann*); Europäisches Zivilprozeßrecht – Generalia (*Basedow*).
Hannich/Meyer-Seitz, ZPO-Reform 2002 (Kommentar), 2002.
Hartmann, Kostengesetze (Kurz-Kommentar), 35. Aufl 2005.
Heintzmann, Zivilprozeßrecht, 2. Aufl, Bd I 1997, Bd II 1998.
Heussen/Fraulob/Bachmann, Zwangsvollstreckung für Anfänger, 7. Aufl 2002.
Hintzen/Wolf, Handbuch der Mobiliarvollstreckung, 2. Aufl 1999.
Hirtz/Sommer, JuMoG, 2004.
Hoppenz, Familiensachen, 6. Aufl 1998.
Hufen, Verwaltungsprozeßrecht, 6. Aufl 2005.
Hünnekens, Kostenabwicklung in Zivil- und Familiensachen und bei Prozeßkostenhilfe, 2. Aufl 1999.
Internationale Zuständigkeit (*Kropholler*) 1982; Bd III/1: Anerkennung ausländischer Entscheidungen nach autonomem Recht (*Martiny*), III/2: Anerkennung nach multilateralen Staatsverträgen (*Martiny*); Anerkennung nach bilateralen Staatsverträgen (*Wachler*); Vollstreckbarerklärung (*Wolff*), 1984.
Jauernig, Zivilprozeßrecht (Kurzlehrbuch), 28. Aufl 2003.
Jauernig, Zwangsvollstreckungs- und Insolvenzrecht (Kurzlehrbuch), 21. Aufl 1999.
Johannsen/Henrich, Eherecht (Komm), 4. Aufl 2003.
Kammerlohr/Kroiss, Zivilprozess, 2005.
von König, Zivilprozess- und Kostenrecht, 2002.
Koenig/Sander, Einführung in das EG-Prozeßrecht, 1997.
Kopp/Schenke, VwGO (Kommentar), 14. Aufl 2005.
Korinth, Einstweiliger Rechtsschutz im Arbeitsgerichtsverfahren (Kommentar), 2000.
Kroiß, Das neue Zivilprozeßrecht, 2001.
Kropholler, Europäisches Zivilprozeßrecht, 8. Aufl 2005.
Kropholler, Internationales Privatrecht, 5. Aufl 2004.
Kuhla/Hüttenbrink, Der Verwaltungsprozeß, 3. Aufl 2002.
Lachmann, Handbuch für die Schiedsgerichtspraxis, 2. Aufl 2002.
Lackmann, Zwangsvollstreckungsrecht, 7. Aufl 2005.
Liesen, Zivilprozeßrecht I (Erkenntnisverfahren), 1998.
Linke, Internationales Zivilprozeßrecht, 3. Aufl 2001.
Littbarski, Einführung in das Prozessrecht, 2004.
Lüke, Zivilprozessrecht (Grundriss), 8. Aufl 2003.
Macha, Zivilprozess- und Zwangsvollstreckungsrecht, 6. Aufl 2005.
Madert/Müller-Rabe, Kostenhandbuch Familiensachen, 2001.
Mönnikes, Die Reform des deutschen Schiedsverfahrensrechts usw, 2000.
Mohrbutter/Drischler, Die Zwangsversteigerungs- und Zwangsverwaltungspraxis: Band 1: 7. Aufl 1986; Band 2: 6. Aufl 1978.
Mühlenz/Kirchmeier/Greßmann, Das neue Kindschaftsrecht, 1998.
Musielak, Grundkurs ZPO usw (Erkenntnisverfahren und Zwangsvollstreckung), 8. Aufl 2005.
Nagel/Gottwald, Internationales Zivilprozessrecht, 5. Aufl 2003.
Oberheim, Zivilprozessrecht für Referendare, 6. Aufl 2004.
Oberheim, Die Reform des Zivilprozesses, 2001.
Paulus, Zivilprozeßrecht. Erkenntnisverfahren und Zwangsvollstreckung, 3. Aufl 2004.
Peters, Zivilprozeßrecht einschließlich Zwangsvollstreckung und Konkurs, 5. Aufl 2000.
Rauscher, Internationales und europäisches Zivilprozeßrecht (Grundriß), 1999.
Redeker/von Oertzen, VwGO (Komm), 14. Aufl 2005.
Reichelt (Hrsg), Europäisches Kollisionsrecht, 1993.
Rosenberg/Gaul/Schilken, Zwangsvollstreckungsrecht, 11. Aufl 1997.
Rosenberg/Schwab/Gottwald, Zivilprozeßrecht, Erkenntnisverfahren, 16. Aufl 2004.
Rüßmann, Kindesunterhaltsgesetz, 1998.
Sachs, Verfassungsprozessrecht, 2004.
Schack, Internationales Zivilverfahrensrecht, 3. Aufl 2002.
Schellhammer, Zivilprozess, 11. Aufl 2004.
Schilken, Zivilprozessrecht, 4. Aufl 2002.
Schilken, Gerichtsverfassungsrecht, 3. Aufl 2003.
Schlosser, EU-Zivilprozessrecht, 2. Aufl 2003.
Schlosser, Zivilprozeßrecht, Bd. I: Erkenntnisverfahren, 2. Aufl 1992; Bd II: Zwangsvollstreckungs- und Insolvenzrecht, 1984.
Schmidt, Europäisches Zivilprozessrecht, 2004.
Schneider, Praxis der neuen ZPO, 2. Aufl 2003.
Schoch/Schmidt-Aßmann/Pietzner, Verwaltungsgerichtsordnung (Loseblatt-Kommentar), 10. Aufl 2004.
Schuschke/Walker, Vollstreckung und Vorläufiger Rechtsschutz (Kommentar), Bd I (§§ 704–915 h), 3. Aufl 2002, Bd II (§§ 916–945) 3. Aufl 2005.
Schütze, Deutsches Internationales Zivilprozeßrecht, 1985.
Schwab, Grundzüge des Zivilprozessrechts, 2005.
Schwab, Handbuch des Scheidungsrechts, 5. Aufl 2005.
Steinert/Theede, Zivilprozess (Handbuch der Rechtspraxis), 8. Aufl 2004.
Stöber, Zwangsversteigerungsgesetz, 17. Aufl 2002.
Vach, Grundzüge des Zivilprozeß- und Zwangsvollstreckungsrechts, 2000.
Wieser, Prozessrechts-Kommentar BGB, 2. Aufl 2002.

II. Rechtsquellen und Schrifttum Einl II

Wolf, Gerichtsverfassungsrecht aller Verfahrenszweige, 6. Aufl 1987.
Wolff, Zivilprozeß- und Zwangsvollstreckungsrecht, 4. Aufl 1994.
Wolff/Decker, VwGO, VwVfG (Studienkommentar), 2005.
Würtenberger, Verwaltungsprozeßrecht, 1998.
Zeiss/Schreiber, Zivilprozeßrecht, 10. Aufl 2003.
Zerres, Bürgerliches Recht. Ein einführendes Lehrbuch in das Zivil- und Zivilprozessrecht, 4. Aufl 2004.
Zimmermann, Prozeßkostenhilfe in Familiensachen, 2. Aufl 2000.

3) Einzeldarstellungen 7
Adolphsen, Europäisches und Internationales Zivilprozessrecht in Patentsachen, 2005.
Bahnsen, Verbraucherschutz im Zivilprozeß, 1997.
Baumgärtel, Beweislastpraxis im Privatrecht, 1996.
Baumgärtel, Handbuch der Beweislast im Privatrecht, Bd 1: Allgemeiner Teil und Schuldrecht BGB usw, 2. Aufl 1991; Bd 2: Sachen-, Familien- und Erbrecht, 2. Aufl 1999; Bd 3: AGBG/UWG, 1987; Bd 4: AbzG, HGB (§§ 1–340, 343–438), CMR, BinnSchG, 1988; Bd 5: Versicherungsrecht, 1993.
Baur, Die Gegenvorstellung im Zivilprozeß, 1990.
Berger, Das neue Recht der Schiedsgerichtsbarkeit, 1998.
Bergerfurth, Der Anwaltzwang und seine Ausnahmen, 2. Aufl 1988.
Bergerfurth/Rogner, Der Ehescheidungsprozess und die anderen Eheverfahren, 15. Aufl 2006.
Bergschneider, Die Ehescheidung und ihre Folgen, 5. Aufl 2001.
Bischof, Die zivilrechtliche Anwaltsklausur, 2001.
Braun, Rechtskraft und Restitution, 1. Teil 1979, 2. Teil 1985.
Brenner, Der Einfluß von Behörden auf die Einleitung und den Ablauf von Zivilprozessen usw, 1989.
Bülow/Böckstiegel/Geimer/Schütze, Der internationale Verkehr in Zivil- und Handelssachen (Loseblattausgabe), 3. Aufl seit 1990.
Chung, Das Problem der reformatio in peius im Zivilprozeß, Diss Köln 1998.
Coester-Waltjen, Internationales Beweisrecht, 1983.
Commichau, Die anwaltliche Praxis in Zivilsachen, 2. Aufl 1985.
Drappatz, Die Überführung des internationalen Zivilverfahrensrechts in eine Gemeinschaftskompetenz nach Art 65 EGV, 2002.
Eichele/Hirtz/Oberheim, Handbuch der Berufung im Zivilprozess, 2004.
von Eicken/Hellstab/Lappe/Madert, Die Kostenfestsetzung, 19. Aufl 2005.
Eppinger, Die Schiedsvereinbarung im internationalen privaten Rechtsverkehr usw, 1999.
Eschenbruch, Der Unterhaltsprozess, 3. Aufl 2002.
Firsching/Graba, Familienrecht, 1. Halbband: Familiensachen, 1998.
Fischer, Zivilverfahrens- und Verfassungsrecht usw, 2002.
Geimer, Anerkennung ausländischer Entscheidungen in Deutschland, 1995.
Geimer, Internationale Beweisaufnahme, 1998.
Geimer/Schütze, Internationale Urteilsanerkennung, Band I 1. Halbband (Das EWG-Übereinkommen über die gerichtliche Zuständigkeit und die Vollstreckung gerichtlicher Entscheidungen in Zivil- und Handelssachen) 1983, 2. Halbband (Allgemeine Grundsätze und autonomes deutsches Recht) 1984; Band II (Grundlagen der Anerkennung und Vollstreckung ausländischer Zivilurteile und Darstellung des autonomen deutschen Rechts) 1971.
Goebel, Zivilprozeßrechtsdogmatik und Verfahrenssoziologie, 1994.
Göppinger/Börger, Vereinbarungen anläßlich der Ehescheidung, 8. Aufl 2005.
Grabenwarter, Verfahrensgrundsätze in der Verwaltungsgerichtsbarkeit (rechtsvergleichend), 1998.
Greger, Das Rechtsinstitut der Wiedereinsetzung in den vorigen Stand usw, 1998.
Grunsky, Der Anwalt in Berufungssachen, 1987.
Habscheid, Das deutsche Zivilprozeßrecht und seine Ausstrahlung auf andere Rechtsordnungen, 1991.
Haft/Schlieffen, Handbuch Mediation, 2002.
Henrich, Internationales Scheidungsrecht, 1998.
Hillach/Rohs, Handbuch des Streitwerts usw, 9. Aufl 1995.
Hippler/Winterstein, Die eidesstattliche Versicherung durch den Gerichtsvollzieher, 1999.
Hohloch (Hrsg), Internationales Scheidungs- und Scheidungsfolgenrecht, 1998.
Internationales Institut für Rechts- und Verwaltungssprache (Herausgeber), Zivilprozeß, Deutsch/Französisch, Handbuch, 1982.
Jayme (Herausgeber), Ein internationales Zivilverfahrensrecht für Gesamteuropa (EuGVÜ usw), 1991.
Jayme/Hausmann, Internationales Privat- und Verfahrensrecht, 12. Aufl 2004.
Jessnitzer/Ulrich, Der gerichtliche Sachverständige, 11. Aufl 2001.
Koch, Verbraucherprozeßrecht usw, 1990.
Koch, Einwirkungen des Gemeinschaftsrechts auf das nationale Verfahrensrecht im Falle richterlicher Vertragsverletzungen im Zivilprozeß, 1994.
Kropholler, Europäisches Zivilprozeßrecht (Komm zur EuGVO), 7. Aufl 2002.
Kummer, Wiedereinsetzung in den vorigen Stand, 2003.
Kunz, Rechtsmittelbelehrung durch die Zivilgerichte usw, 2000.
Kuß, Öffentlichkeitsmaxime der Judikative und das Verbot von Fernsehaufnahmen im Gerichtssaal, 1999.
Labes/Lörcher, Nationales und Internationales Schiedsverfahrensrecht (Textsammlung), 1998.
Leipold, Wege zur Konzentration von Zivilprozessen, 1999.
Liebscher, Datenschutz bei der Datenübermittlung im Zivilverfahren, 1994.
Lörcher/Lörcher, Das Schiedsverfahren, 2. Aufl 2001.
Lüke, Die Beteiligung Dritter im Zivilprozeß, 1993.
von Luxbug, Das neue Kindschaftsrecht, 1998.

Markfort, Geistiges Eigentum im Zivilprozeß usw (TRIPS), 2001.
May, Die Revision in den zivil- und verwaltungsgerichtlichen Verfahren usw, 2. Aufl 1997.
Melullis, Handbuch des Wettbewerbsrechts, 3. Aufl 2005.
Meyer-Rahe, Anwaltstätigkeiten im Falle des Obsiegens im Zivilprozess erster Instanz, 2004.
Meyke, Die erfolgreiche Berufung im Zivilverfahren, 1999.
Müller, Der Sachverständige im gerichtlichen Verfahren, 3. Aufl 1988.
Münchener Prozeßformularbuch, Bd 1: Mietrecht 2000; Bd 2: Privates Baurecht, 1999; Bd 3: Familienrecht, 2001; Bd 4: Gewerblicher Rechtsschutz, Urheber- und Presseakt, 2000; Bd 5: Arbeitsrecht, 2000; Bd 6: Verwaltungsrecht, 1998.
Musielak/Stadler, Grundfragen des Beweisrechts, 1984.
Nagel/Gottwald, Internationales Zivilprozessrecht, 5. Aufl 2002.
Nirk/Kurtze, Wettbewerbsstreitigkeiten, 2. Aufl 1992.
Oberheim, Der Anwalt im Berufungsverfahren, 2003.
Pastor/Ahrens, Der Wettbewerbsprozeß, 5. Aufl 2005.
Pastor, Die Unterlassungsvollstreckung nach § 890 ZPO, 3. Aufl 1982.
Pauling, Rechtsmittel in Familiensachen nach ZPO und FGG, 2002.
Peschel-Gutzeit, Verfahren und Rechtsmittel in Familiensachen, 1988.
Pfeiffer, Internationale Zuständigkeit und prozessuale Gerechtigkeit, 1995.
Piech, Der Prozeßbetrug im Zivilprozeß, 1998.
Prechtel, Erfolgreiche Taktik im Zivilprozess 2. Aufl 2003.
Prütting, (Hrsg), Außergerichtliche Streitschlichtung, 2003.
Prütting/Weth, Rechtskraftdurchbrechung bei unrichtigen Titeln, 2. Aufl 1994.
Rahm/Künkel, Handbuch des Familiengerichtsverfahrens (Loseblattsammlung), seit 1990.
Rauscher, Der Europäische Vollstreckungstitel für unbestrittene Forderungen, 2004.
Rinsche/Fahrendorf/Terbille, Die Haftung des Rechtsanwalts, 2005.
Scheuermann, Internationales Zivilverfahrensrecht bei Verträgen im Internet, 2004.
Schiffer, Mandatspraxis Schiedsverfahren und Mediation, 2. Aufl. 2005.
Schmidt, Europäisches Zivilprozessrecht in der Praxis (Das 11. Buch der ZPO), 2004.
Schmidt-Parzefall, Die Auslegung des Parallelübereinkommens von Lugano, 1995.
Schneider, Beweis und Beweiswürdigung, 5. Aufl 1994.
Schneider, Befangenheitsablehnung im Zivilprozeß, 2. Aufl 2001.
Schneider, Die Klage im Zivilprozeß, 2. Aufl 2004.
Schneider/Herget, Streitwert-Kommentar für den Zivilprozeß, 12. Aufl 2006.
Schneider/van den Hövel, Die Tenorierung im Zivilurteil, 3. Aufl 2004.
Schober, Drittbeteiligung im Zivilprozeß usw, 1990.
Schoch/Schmidt-Aßmann/Pietzner, Verwaltungsgerichtsordnung, Loseblatt-Kommentar, 2000.
Schöpflin, Die Beweiserhebung von Amts wegen im Zivilprozeß, 1992.
Scholz, Das Problem der autonomen Auslegung des EuGVÜ, 1998.
Schumann, Bundesverfassungsgericht, Grundgesetz und Zivilprozeß, 1983.
Schumann/Kramer, Die Berufung in Zivilsachen, 6. Aufl 2002.
Schuster, Prozeßkostenhilfe, 1980.
Schütze, Schiedsgericht und Schiedsgerichtsverfahren, 3. Aufl 1999.
Schwab/Walter, Schiedsgerichtsbarkeit, 7. Aufl 2005.
Schwab/Gottwald, Verfassung und Zivilprozeß, 1983.
Semmelmayer, Der Berufungsgegenstand, 1996.
Sorth, Rundfunkberichterstattung aus Gerichtsverfahren usw, 1999.
Stackmann, Rechtsbehelfe im Zivilprozess, 2004.
Steiner/Riedel, Zwangsversteigerung und Zwangsverwaltung, 9. Aufl, Band 1 (§§ 1–104 ZVG) 1984, Band 2 (§§ 105–185 ZVG) 1986.
Stickelbrock, Inhalt und Grenzen richterlichen Ermessens im Zivilprozeß, 2002.
Stöber, Forderungspfändung, 14. Aufl 2005.
Stöber, Zwangsvollstreckung in das unbewegliche Vermögen, 7. Aufl 1999.
Stürner, Die Anfechtung von Zivilurteilen, 2002.
Tempel, Materielles Recht im Zivilprozeß, 4. Aufl 2005.
Teplitzky, Wettbewerbsrechtliche Ansprüche und Verfahren, 8. Aufl 2002.
Thalmann, Praktikum des Familienrechts, 4. Aufl 2000.
Trepte, Umfang und Grenzen des sozialen Zivilprozesses, 1994.
Verfahrenshandbuch, Familiensachen, 2001.
Volbers, Fristen und Termine, 9. Aufl 2000.
Vollkommer, Der ablehnbare Richter, 2001.
Wagner, Prozeßverträge, 1998.
Waldner, Der Anspruch auf rechtliches Gehör, 2. Aufl 2000.
Weber/Dospil/Hanhörster, Mandatspraxis Zwangsvollstreckung, 2005.
Weidhaas/Wellmann, Der Sachverständige in der Praxis, 7. Aufl 2004.
Werner/Pastor, Der Bauprozeß, 11. Aufl 2005.
Weth, Die Zurückweisung verspäteten Vorbringens im Zivilprozeß, 1988.
Wieser, Grundzüge des Zivilprozeßrechts usw, 2. Aufl 1997.
Willingmann, Rechtsentscheid usw, 2000.

8   4) Hilfsmittel
Anders/Gehle, Das Assessorexamen im Zivilrecht, 8. Aufl 2005.
Anders/Gehle/Kunze, Streitwert-Lexikon, 4. Aufl 2002.

II. Rechtsquellen und Schrifttum

Anders/Gehle, Antrag und Entscheidung im Zivilprozeß, 3. Aufl 2000.
Ast/Belgardt/Hintzen/Müller/Riess, Prozeßformularsammlung, seit 1995 (Loseblattsammlung).
Balzer, Examensklausuren Zivilrecht, Bd 1: 5. Aufl 1996; Bd 2: 4. Aufl 1999.
Balzer/Forsen, Relations- und Urteilstechnik, Aktenvortrag, 7. Aufl 1993.
Baumfalk, ZPO, Erkenntnisverfahren, Vollstreckungsverfahren, Grundsätze des Insolvenzverfahrens, 14. Aufl 2005.
Baumfalk, Zivilprozeß-Stagen und Examen, 8. Aufl 2004.
Baumfalk, Die zivilrechtliche Assessorklausur, 12. Aufl 2003.
Baumfalk, Die zivilrechtliche Anwaltsklausur im Assessorexamen, 4. Aufl 2005.
Baumgärtel, Der Zivilprozeßrechtsfall, 8. Aufl 1995.
Baumgärtel/Prütting, Einführung in das Zivilprozeßrecht mit Examinatorium, 8. Aufl 1994.
Baur/Stürner, Zwangsvollstreckungs-, Konkurs- und Vergleichsrecht, Fälle und Lösungen nach höchstrichterlichen Entscheidungen, 6. Aufl 1989.
Becht, Prüfungsschwerpunkte im Zivilprozess, 4. Aufl 2004.
Becht, Einführung in die Praxis des Zivilprozesses, 2. Aufl 2002.
Bender/Nack, Tatsachenfeststellung vor Gericht, Band I: Glaubwürdigkeits- und Beweislehre, 2. Aufl 1995; Band II: Vernehmungslehre, 2. Aufl 1995
Dresenkamp, JA-Zivilakte, 2. Aufl 2002.
Furtner, Das Urteil im Zivilprozeß, 5. Aufl 1985.
Gehrlein, Zivilprozessrecht, 2. Aufl 2003.
Gerhardt, Zivilprozeßrecht, Fälle und Lösungen nach höchstrichterlichen Entscheidungen, 6. Aufl 2000.
Goebel, AnwaltFormulare Zivilprozessrecht, 2003.
Goebel, Zwangsvollstreckung, 2. Aufl. 2005.
Gottwald, Das Zivilurteil (Anleitung für Klausur und Praxis), 1999.
Grunsky, Taktik im Zivilprozeß, 2. Aufl 1996.
Grunsky, Der Anwalt in Berufungssachen, 1987.
Hadatsch, Die Bearbeitung von Pfändungsbeschluß und Drittschuldnererklärung, 6. Aufl 2000.
Hannich/Meyer-Seitz/Engers, Das neue Zivilprozessrecht (synoptische Textausgabe), 2001.
Hansen, Zivilprozeßrecht, I. Erkenntnisverfahren, 4. Aufl 1991; II. Zwangsvollstreckung, 6. Aufl 1994.
Heintzmann, Zivilprozeßrecht, 1. Erkenntnisverfahren erster Instanz und Gerichtsverfassung, 2. Aufl 1997; 2. Rechtsmittel, Besondere Verfahrensarten, Verfahren in Familiensachen, Zwangsvollstreckungsrecht, 2. Aufl 1998. (*Schaeffers* Grundriß Bd 6.1, 6.2).
Höppner/Hintzen/Bellgardt, Prozeßformularsammlung, 2. Aufl 1994.
Jayme/Hausmann, Internationales Privat- und Verfahrensrecht (Texte), 12. Aufl 2004.
Knöringer, Die Assessorklausur im Zivilprozeß, 11. Aufl 2005.
Köttgen, Der Kurzvortrag in der Assessorprüfung, 1988.
Kroiß, FormularBibliothek Zivilprozess, 2005.
Lassen, 30 Klausuren usw, 1987.
Lippross, Vollstreckungsrecht (anhand von Fällen), 9. Aufl 2002.
Locher/Mes, Beck'sches Prozeßformularbuch, 9. Aufl 2003.
Luchterhand, Prozeßformularsammlung (Loseblattausgabe), seit 1995.
Lüke, Zwangsvollstreckungsrecht (Prüfe dein Wissen), 2. Aufl 1993.
Lüke, Fälle zum Zivilprozeßrecht (Erkenntnis- und Vollstreckungsverfahren der ZPO), 2. Aufl 1993.
Menne, Was man vom Zivilprozeß wissen sollte, 2. Aufl 1987.
Mes, Münchener Prozeßformularbuch, 2000.
Mewing/Nickel, Mahnen – Klagen – Vollstrecken, 6. Aufl 2003.
Michalski, Zivilprozessrecht (Skript), 2. Aufl 2003.
Michel/von der Seipen, Der Schriftsatz des Anwalts im Zivilprozeß, 6. Aufl 2003.
Möbius/Kroiß, Zwangsvollstreckung (Examenskurs), 4. Aufl 2002.
Müller/Graff, Die Praxis des Richterberufs, 2000.
Müller/Schöppe-Fredenburg, Prozessrecht, Formularbuch, 2004.
Münzberg/Wagner, Höchstrichterliche Rechtsprechung zum Zivilprozeßrecht, 1994.
Mürbe/Geiger/Wenz, Die Anwaltsklausur in der Assessorprüfung, 4. Aufl 2000.
Nordhues/Trinczek, Technik der Rechtsfindung, 6. Aufl 1994.
Oberheim, Zivilprozeßrecht für Referendare, 6. Aufl 2004.
Oelkers/Müller, Anwaltliche Strategien im Zivilprozeß, 4. Aufl 2001.
Olivet, Juristische Arbeitstechnik in der Zivilstation, 3. Aufl 2005.
Olzen, Zivilprozeßrecht in der bürgerlich-rechtlichen Examensklausur, 1998.
Pantle/Kreissl, Die Praxis des Zivilprozesses, 3. Aufl 2002.
Peter, Zivilprozeß und Zwangsvollstreckung (Diktat- und Arbeitsbuch), Stand Februar 1989.
Prechtel, Erfolgreiche Taktik im Zivilprozess, 2. Aufl 2003.
Prütting, Einführung in das Zivilprozeßrecht (JA-Sonderheft 5), 9. Aufl 2001.
Prütting/Wagner, Höchstrichterliche Rechtsprechung zum Zivilprozeßrecht usw, 1994.
Pukall, Der Zivilprozeß in der gerichtlichen Praxis, 5. Aufl 1991.
Raddatz, Vollstreckungsrecht (Lehrgang), 1993.
Rimmelspacher, Zivilprozessreform 2002.
Rinsche, Prozeßtaktik, 4. Aufl 1999.
Rosenberg/Solbach/Wahrendorff, Der Aktenvortrag im Zivilrecht usw (ASSEX), 4. Aufl 2004.
*Sattelmacher/Sirp/Schuschke/*Bericht, Gutachten und Urteil, 33. Aufl 2003.
Schack, Höchstrichterliche Rechtsprechung zum Internationalen Privat- und Verfahrensrecht, 2. Aufl 2000.
Schack, Internationales Zivilverfahrensrecht, 3. Aufl 2002.
Schellhammer, Die Arbeitsmethode des Zivilrichters, 15. Aufl 2005.

Schlosser (Herausgeber), Die Informationsbeschaffung für den Zivilprozeß, 1996.
Schmitz, Zivilrechtliche Musterklausuren für die Assessorprüfung, 4. Aufl 2002.
Schmitz/Ernemann/Frisch, Die Station in Zivilsachen, 6. Aufl 2002.
Schneider, Zivilrechtliche Klausuren, 4. Aufl 1984.
Schneider, Der Zivilrechtsfall in Prüfung und Praxis, 7. Aufl 1988.
Schneider, Richterliche Arbeitstechnik, 3. Aufl 1991.
Schneider, Logik für Juristen, 6. Aufl 2005.
Schneider/Teubner, Typische Fehler in Gutachten und Urteil usw, 3. Aufl 1990.
Schrader/Steinert, Handbuch der Rechtspraxis; Band 1 b: Zwangsvollstreckung in das bewegliche Vermögen, 7. Aufl 1994.
Schreiber, Übungen im Zivilprozeßrecht, 2. Aufl 1996.
Schüller, Prozeßformularbuch, 1988.
Schumann, Die ZPO-Klausur, 2. Aufl 2002.
Seitz/Büchel, Beck'sches Richterhandbuch, 2. Aufl 1999.
Siegburg, Einführung in die Urteilstechnik, 5. Aufl 2003.
Stöber, Handbuch der Rechtspraxis, Band 2: Zwangsvollstreckung in das unbewegliche Vermögen, 7. Aufl 1999.
Stöhr, Arbeitsblätter für Rechtsreferendare (Verfahrensrecht, Zwangsvollstreckung), 1991.
Tempel/Theimer, Mustertexte zum Zivilprozess, I. Erkenntnisverfahren erster Instanz, 6. Aufl 2005; II. Arrest, einstweilige Verfügung, Zwangsvollstreckung, Kostenwesen, Rechtsmittel und Prozeßvergleich, Relationstechnik, 5. Aufl 2003.
Tempel/Seyderhelm, Materielles Recht im Zivilprozeß, 4. Aufl 2005.
Thalmann, Praktikum des Familienrechts (Verfahren), 4. Aufl 2000.
Treuer (Hrsg), Arbeitsplatz Gericht: Die Arbeitsweise des Zivilrichters am Oberlandesgericht, 2002.
Vespermann, Familiensachen, Diktat- und Arbeitsbuch, Bd 1: Scheidungs- und Scheidungsverbundverfahren, Bd 2: Unterhalt außerhalb des Scheidungsverbundes, 4. Aufl, Stand Januar 1991.
Vollkommer, Die Stellung des Anwalts im Zivilprozeß usw, 1984.
Vorwerk, (Hrsg), Das Prozessformularbuch, 8. Aufl 2005.
Wenz, Zwangsvollstreckung (Examenskurs), 3. Aufl 1999.
Willers, Einführung in die ZPO I, 2005.
Zimmermann, Klage, Gutachten und Urteil, 18. Aufl 2003.
Zimmermann, ZPO-Fallrepetitorium, 5. Aufl 2004.

9 5) Zeitschriften
Außer den allgemeinen:
Zeitschrift für den Zivilprozeß (ZZP).

10 6) Reformarbeiten
Berichte der *Kommission* zur Vorbereitung einer Reform für das Zivilprozeßrecht.
„recht"-laufende Information des *Bundesministers der Justiz.*
Grunsky/Stürner/Walter/Wolf (Hrsg), Wege zu einem europäischen Zivilprozeßrecht, 1992.
Stoll (Herausgeber), Stellungnahmen und Gutachten zum Europäischen Internationalen Zivilverfahrens- und Versicherungsrecht, im Auftrag des Deutschen Rates für Internationales Privatrecht, 1991.

III. Anwendungshilfen

Hinweis: Die Grundbegriffe des Prozeßrechts wie Parteiherrschaft, Prozeßhandlung sind bei der im Sachverzeichnis zu ermittelnden Stelle der Erläuterungen erörtert.

Gliederung

1) Abgrenzung des Zivilprozesses 1–7	A. Sollvorschriften 32
A. Grundsatz: Durchführung bürgerlich-rechtlicher Ansprüche 1, 2	B. Kannvorschriften 33, 34
B. Ausnahmen 3, 4	**6) Auslegung der Zivilprozeßvorschriften** 35–52
C. Erkenntnisverfahren 5	A. Gerechtigkeit; Parteiwille 36
D. Vollstreckungsverfahren 6	B. Zweckmäßigkeit: Keine Förmelei 37, 38
E. Vorläufiges Verfahren 7	C. Gesetzesbindung 39
2) Ziel und Rechtsnatur des Zivilprozesses 8–13	D. Sinnermittlung 40, 41
A. Verwirklichung des sachlichen Rechts 9–12	E. Entstehungsgeschichte 42
B. Formelle Eingruppierung 13	F. Rechtssicherheit 43
3) Leitgedanken des Zivilprozeßrechts .. 14–29	G. Sinnähnlichkeit: Vorhandensein ähnlicher Vorschriften 44–47
A. Rechtsstaatlichkeit 15	H. Gesetzeslücke 48–51
B. Öffentlichkeit, rechtliches Gehör 16–20	I. Einfluß anderer Gesetze 52
C. Selbstbestimmung, Waffengleichheit, Willkürverbot 21	**7) Treu und Glauben** 53–67
D. Übermaßverbot, Gewissensfreiheit, gesetzlicher Richter 22	A. Rechtsmißbrauch 54–64
	B. Keine prozessuale Verwirkung 65
E. Beibringung, Zusammenfassung, faires Verfahren, gesetzlicher Richter, Verhältnismäßigkeit usw 23–26	C. „Querulantentum" 66, 67
	8) Einige Begriffe des Zivilprozeßrechts .. 68–73
F. Fürsorgepflicht 27–29	A. Verschulden 68, 69
4) Zwingende Vorschriften 30	B. Angriffs- und Verteidigungsmittel 70, 71
5) Nachgiebige Vorschriften 31–34	C. Verordneter Richter 72
	D. Anspruch 73
	E. Prozeßrechtsverhältnis 73

III. Anwendungshilfen **Einl III**

9) Örtliche Geltung des Zivilprozeßrechts	74–77	10) Zeitliche Geltung des Zivilprozeßrechts		78
A. Deutschland	74–76	11) Völkerrecht, Europarecht		79
B. Frühere Deutsche Demokratische Republik	77			

1) Abgrenzung des Zivilprozesses. Man sollte unterschiedliche Aspekte zu beachten. 1

A. Grundsatz: Durchführung bürgerlichrechtlicher Ansprüche. Man darf einen bürgerlichrechtlichen Anspruch gegenüber einem anderen auf ein Tun oder Unterlassen nach § 194 I BGB nur vereinzelt durch Selbsthilfe verwirklichen, nämlich in den Fällen der §§ 229, 562 b, 859, 904, 962 BGB. Darum muß der Staat die Durchführung und Sicherung bürgerlichrechtlicher Ansprüche sichern. Er muß dem Bürger einen Justizgewährungsanspruch geben, Artt 2 I, 20 III GG, Rn 15, Grdz 2 vor § 253. Er tut es im Zivilprozeß, dem „bürgerlichen Rechtsstreit". Ein Seitenstück zum Zivilprozeß ist das schiedsrichterliche Verfahren. Er läßt die Durchsetzung von Ansprüchen auf Grund einer Schiedsvereinbarung und einer staatlichen Vollstreckbarerklärung zu.

Gegensätze sind die freiwillige Gerichtsbarkeit, der Strafprozeß, die Verwaltungsgerichtsbarkeit, Verwal- 2 tungsmaßnahmen. Die Verwaltungsgerichtsbarkeit schützt gegen unberechtigte Eingriffe der Staatshoheit. Die freiwillige Gerichtsbarkeit gewährt Hilfe in bürgerlichrechtlichen Angelegenheiten, bei denen es sich meist nicht um die zwangsweise Durchführung eines bürgerlichrechtlichen Anspruchs handelt. Nach diesem Verfahren werden aber auch echte Streitsachen behandelt, zB die Verteilung nach der HausrVO.

B. Ausnahmen. Das Gesetz verwischt die Grenzen. Es verweist gelegentlich den durch Hoheitshandlun- 3 gen Geschädigten auf den Zivilprozeß, den „Rechtsweg", so den Enteigneten wegen der Höhe seines Entschädigungsanspruchs nach Art 14 III GG und wegen vermögensrechtlicher Ansprüche aus Aufopferung, § 40 II VwGO. Ein anderes Mal läßt das Gesetz die Entscheidung über bürgerlichrechtliche Ansprüche durch die Verwaltungsgerichte zu, § 13 GVG, wenn auch § 40 VwGO die Unklarheit zwischen dem Rechtsweg zur ordentlichen und zur Verwaltungsgerichtsbarkeit im wesentlichen beseitigt hat. Dann wieder findet die Erledigung bürgerlichrechtlicher Ansprüche im Strafverfahren statt, §§ 403 ff StPO. Schließlich gehört nach geltendem Recht zur freiwilligen Gerichtsbarkeit jeder Anspruch, den das Gesetz nicht der streitigen Gerichtsbarkeit (dem Zivil- oder Strafprozeß) unterwirft. Andererseits sind einzelne Angelegenheiten der freiwilligen Gerichtsbarkeit ins Zivilprozeßverfahren verwiesen, während zB § 621 e zum Teil auf das FGG verweist. Die neuere Gesetzgebung entzieht dem Zivilprozeß auch immer weitere Gebiete zugunsten der freiwilligen Gerichtsbarkeit, so namentlich durch die Verteilung nach der HausrVO.

Unklar ist auch die Zugehörigkeit einzelner Rechtseinrichtungen zum Prozeßrecht oder zum sachlichen 4 Recht. Zu den Querverbindungen Berges KTS **76**, 165 (materielles Prozeßrecht), Konzen, Rechtsverhältnisse zwischen Prozeßparteien usw, 1976. Das gilt bes der Beweislast, der Rechtskraft, dem Prozeßvergleich. Auch diese Unklarheit ist nicht ohne nachteilige Bedeutung.

C. Erkenntnisverfahren, dazu *Henke* ZZP **109**, 135 (Üb über den Aufbau der ZPO): Dieses Verfahren, 5 auch Entscheidungsverfahren, Urteilsverfahren, Streitverfahren genannt, hat das Ziel, durch Urteil den Anspruch festzustellen, ihn in einen erzwingbaren Leistungsanspruch zu verwandeln oder ihn zu gestalten. Das Erkenntnisverfahren kann das ordentliche (gewöhnliche) oder ein besonderes, auf bestimmte Arten von Ansprüchen zugeschnittenes und besonders geordnetes sein, wie der Urkunden- und Wechselprozeß, das Eheverfahren.

D. Vollstreckungsverfahren. Dieses Verfahren hat das Ziel der Erzwingung des zugesprochenen An- 6 spruchs, *Dempewolf* MDR **77**, 801.

E. Vorläufiges Verfahren. Das summarische Verfahren hat das Ziel einer einstweiligen Sicherung durch 7 einen Arrest oder eine einstweilige Anordnung oder Verfügung.

2) Ziel und Rechtsnatur des Zivilprozesses 8

Schrifttum: Arens, Die Grundprinzipien des Zivilprozeßrechts, in: *Gilles,* Humane Justiz (1977), 1; *Baur,* Funktionswandel des Zivilprozesses? Festschrift *Tübinger Juristenfakultät* (1977) 159; *Bottke,* Materielle und formelle Verfahrensgerechtigkeit im demokratischen Rechtsstaat, 1991; *Dimaras,* Die enge Beziehung des Zivilrechts zum Zivilprozessrecht und der Einfluss der Verfassung auf das Zivilprozessrecht, Festschrift für *Beys* (Athen 2004) 291; *Hoffmann,* Verfahrensgerechtigkeit usw, 1992; *Otte,* Umfassende Streitentscheidung durch Beachtung von Sachzusammenhängen usw, 1998; *Smid,* Richterliche Rechtserkenntnis: zum Zusammenhang von Recht, richtigem Urteil und Urteilsfragen im pluralistischen Staat, 1989; *Stürner,* Prozeßzweck und Verfassung, Festschrift für *Baumgärtel* (1990); *Vollkommer,* Der Anspruch der Parteien auf ein faires Verfahren im Zivilprozeß, Gedächtnisschrift für *Bruns* (1980) 195.

A. Verwirklichung des sachlichen Rechts. Ziel des Zivilprozesses ist die Verwirklichung und teilweise 9 auch die Gestaltung des sachlichen oder materiellen Rechts, Schlesw RR **90**, 1216, Zweibr MDR **92**, 998, Krüger NJW **90**, 1208, insbesondere der Grundrechte, BVerfG NJW **79**, 2607. Das geschieht auf der Grundlage der Wahrheit, aber auch des Rechtsfriedens, Ffm RR **00**, 121. Man darf allerdings das letztere Ziel nicht überbetonen. Immerhin geht das Ziel damit weiter als die früher vertretene Ansicht, der Prozeß werde zum Zweck der maßgeblichen Bestätigung oder Widerlegung einer bestimmten Behauptung geführt.

Der Prozeß ist natürlich *niemals* ein *Selbstzweck*, Rn 30, 38. Man darf das Prozeßrecht nicht derart 10 handhaben, daß sachliche Ansprüche schlechterdings undurchsetzbar werden, BVerfG RR **00**, 946 (Kostenrisiko), BGH MDR **89**, 429, Kirchner Rpfleger **04**, 401 (Bagatellforderung, ausf). Dasselbe Ziel hat jedes staatliche Verfahren, zB dasjenige der freiwilligen Gerichtsbarkeit, der Strafprozeß und die Verwaltungsverfahren. Vgl auch Grdz 2–4 vor § 253. Trotzdem besteht ein erheblicher Unterschied. Über einen privatrechtlichen Anspruch können die Beteiligten regelmäßig frei verfügen. Sie können auf ihn verzichten, sich über ihn vergleichen usw. Diese Verfügung will und darf ihnen auch der Zivilprozeß nicht nehmen. Auch im Prozeß behält die Partei von den nicht wenigen Fällen des Hineinspielens gewisser öffentlicher Belange abgesehen die Verfügung über ihren Anspruch. Sie kann zB anerkennen oder verzichten, Grdz 48 ff vor § 128.

11 Das geltende Prozeßrecht räumt der Partei aber auch die *Verfügung über das Verfahren* in weitem Umfang ein. Es erlaubt zB Geständnis, Verfügung über Beweismittel, Herbeiführung eines Versäumnisurteils. Auch sind Prozeßverträge mit verpflichtendem oder unmittelbar gestaltendem Inhalt vielfältig zulässig, sofern nicht gesetz- oder sittenwidrig, BGH FamRZ **82**, 784, Baumgärtel ZZP **87**, 133. Solche Verträge sind möglich zB auf Rücknahme von Klage oder Rechtsmittel, Nichteinlegung eines Rechtsmittels, Unterlassung der Vollstreckung, Grdz 22 vor § 704, Verzicht auf Urkundenprozeß, Beschränkung von Beweismitteln, Verzicht auf Aufrechnung. Es gibt auch Parteivereinbarungen über vorgreifliche Rechtsverhältnisse, sogar evtl im Bereich zwingenden Rechts, solange kein Verstoß gegen Grundsätze des ordre public vorliegt. So können die Parteien die Erforschung der wirklichen, sachlichen Wahrheit häufig praktisch unmöglich machen. Die Wahrhaftigkeitspflicht des § 138 schützt dagegen nicht ausreichend.

12 Regelmäßig erreicht der Zivilprozeß also nur die Ermittlung der äußeren formellen Wahrheit. Anders, wo *öffentliche Belange* berührt sind, wie im Eheverfahren. Dort entfällt das Verfügungsrecht der Parteien oder tritt zurück. Dementsprechend ermittelt das Gericht die sachliche Wahrheit von Amts wegen. Im Strafprozeß oder Verwaltungsgerichtsverfahren ist der Streitstoff der Verfügung der Beteiligten weitgehend entzogen. Kein Parteiwille, keine Parteihandlung kann dort theoretisch die Erforschung der sachlichen Wahrheit beeinträchtigen. Sie geschieht immer von Amts wegen.

13 B. Formelle Eingruppierung. Der Zivilprozeß gilt als Zweig des öffentlichen Rechts. Ganz abgesehen von der Fragwürdigkeit des Werts der Unterscheidung zwischen öffentlichem und Privatrecht läßt sich der Zivilprozeß aus den in Rn 9–12 angegebenen Gründen dem sonstigen öffentlichen Recht nicht zur Seite stellen. Es bedarf bei ihm wenigen Ausnahmefällen des Ehe- und Kindschaftsrechts abgesehen immer des Parteiantriebs. Der Staat scheidet nicht einmal eine Ehe von Amts wegen.

14 3) Leitgedanken des Zivilprozeßrechts

Schrifttum: *Düwel,* Kontrollbefugnisse des BVerfG bei Verfassungsbeschwerden gegen gerichtliche Entscheidungen, Diss Bln 2000; *Fischer,* Zivilverfahrens- und Verfassungsrecht usw, 2002; *Sachs,* Verfassungsprozeßrecht, 2004; *Schlaich/Korioth,* Das BVerfG, 5. Aufl 2001; *Schumann,* Der Einfluß des Grundgesetzes auf die zivilprozessuale Rechtsprechung, Festgabe *50 Jahre Bundesgerichtshof* (2000) III 3; *Stürner,* Prozeßzweck und Verfassung, Festschrift für *Baumgärtel* (1990) 545.

Die Leitgedanken ergeben sich teils unmittelbar aus dem Gesetz, vor allem natürlich auch aus dem GG. Es beherrscht auch den Prozeß, BVerfG DtZ **93**, 85, Schumann 41 („bedeutsamste Einwirkung auf das Zivilprozeßrecht in der zweiten Hälfte des 20. Jahrhunderts"). Es geht einer Landesverfassung vor, VerfGH Brdb NJW **95**, 1018. Leitgedanken ergeben sich ferner aus der Natur des Zivilprozesses als einer Regelung menschlicher Lebensbeziehungen im Rahmen der staatlichen Gemeinschaft.

15 A. Rechtsstaatlichkeit. Vor Gericht hat ein Ausländer dieselben prozessualen Grundrechte und denselben Anspruch auf ein rechtsstaatliches Verfahren wie jeder Deutsche, BVerfG NJW **04**, 50. Im Gesetz verankert ist für jedermann zB das Gebot der Rechtsstaatlichkeit des Verfahrens, Art 20 III GG, BVerfG JZ **05**, 411 (faires Verfahren), NJW **04**, 3320, Nürnb FamRZ **05**, 730 (Verbot überlanger Prozeßdauer), FamRZ **02**, 533 (Wiedereinsetzung) und RR **05**, 140 (Justizgewährleistungsanspruch), Art 6 MRK, Rn 21, 25, EGMR NJW **03**, 2221, EurKomm MDR **95**, 1255 und 1256. Die Vorschrift hat zusammen mit Art 19 IV GG auch Bedeutung zB für die Notwendigkeit einer effektiven Verfahrensförderung durch das Gericht, BVerfG **110**, 85, NJW **05**, 658 und 1567, Schmidt-Jortzig NJW **94**, 2569, § 216 Rn 9 (Fragwürdigkeit der sog Warteliste).

16 B. Öffentlichkeit, rechtliches Gehör, dazu *Gottwald,* Schließt sich die „Arbeitsfalle"? Rechtliches Gehör, Treu und Glauben im Prozeß und Urteilsanerkennung, Festschrift für *Schumann* (2001) 149; *Waldner,* Der Anspruch auf rechtliches Gehör, 2. Aufl 2000 (Bespr *Kuntze* FamRZ **02**, 155): Ferner gehört hierher der Grundsatz der Öffentlichkeit des Verfahrens. Ihre Bedeutung reicht hier freilich nicht an die im Strafprozeß heran. Ferner gehören hierher die Unmittelbarkeit und die Mündlichkeit (abgeschwächt).

Sehr wesentlich gehört hierher die Gewährung *rechtlichen Gehörs,* und zwar vor dem Rpfl wegen der Notwendigkeit eines fairen Verfahrens nach Art 6 EMRK, Böttcher SchlHA **03**, 83, sowie nach Artt 2 I, 20 III GG, Rn 23, BVerfG NJW **05**, 1486 und 1487, LG Ffo JB **04**, 393, Habscheid Rpfleger **01**, 209 (ausf), und nur vor dem Richter wegen Art 103 I GG bis hin zum BVerfG, EGMR NJW **03**, 2221, BVerfG BGBl **04**, 124 = **108**, 345. Es geht dabei um die Gelegenheit, sich sachlich zu dem Tatsachenstoff zu äußern, evtl auch zur rechtlichen Beurteilung, BVerfG zuletzt FamRZ **04**, 1014 (manchmal mit eigenartiger Großzügigkeit), wenn auch insofern nicht stets, BVerfG NJW **80**, 1093, BGH GRUR **03**, 1066, BVerwG NJW **94**, 1533. Das Recht auf das rechtliche Gehör wird auch als „prozessuales Urrecht" bezeichnet, BVerfG NJW **04**, 2443, oder als „Prozeßgrundrecht", BVerfG NJW **03**, 1655 (und zwar einschließlich eines Beweisantrags), Düss ZMR **91**, 433, LG Münst RR **89**, 381. Es soll auch vor einer Überraschungsentscheidung schützen, BVerfG FamRZ **03**, 1447. Es gilt auch in der Rechtsmittelinstanz, BGH BB **05**, 1818. Es gilt auch in der Rechtsmittelinstanz, BGH BB **05**, 1818. Es gilt auch im Verfahren mit Amtsermittlung, Grdz 38 vor § 128, BVerfG RR **93**, 382. Es erfaßt auch Änderungen der vorläufigen Rechtsansicht des Gerichts, insbesondere nach einem Richterwechsel, BVerfG RR **96**, 205 (ziemlich strapaziös ausgewertet), sowie Rechtsausführungen einer Partei, BVerfG NJW **03**, 421.

Das Gericht muß jedenfalls das Parteivorbringen erkennbar *zur Kenntnis nehmen* und in Erwägung ziehen, BVerfG NJW **03**, 1655, BGH RR **05**, 1052. Es muß ferner eine Gelegenheit zur Äußerung auch durch aktive Maßnahmen herbeiführen, BVerfG RR **99**, 1079. Mangels Rechtsmittel- oder Rechtsbehelfsfähigkeit muß das Gericht notfalls den Prozeß zwecks rechtlichen Gehörs fortführen, § 321 a. Manche, aber nicht jede fehlerhafte Zurückweisung wegen Verspätung verletzt der Art 103 I GG, einerseits BVerfG NJW **92**, 681, andererseits BVerfG NJW **90**, 566, strenger gegen das Gericht BayVerfGH RR **01**, 353. Allerdings bejaht BVerfG (Plenum) NJW **03**, 1924 die verfassungsrechtliche Überprüfbarkeit recht großzügig. Wesentlich

III. Anwendungshilfen **Einl III**

strengere Anforderungen stellt aber BVerfG NJW **04**, 3552 links (nicht erst Willkür, sondern schon offensichtliche Unrichtigkeit verstoße gegen Art 103 I GG. Freilich schwimmen beide schillernden Begriffe bei näherer Prüfung reichlich, vgl nur § 281 Rn 39). Redeker NJW **03**, 2956 fordert daher bis Ende 2004 eine gesetzliche Ergänzung aller Lücken. Das Gericht muß auch das BGG beachten, zB durch Zulassung der Gebärdensprache, §§ 6, 9 I 2 BGG, oder durch behindertengerechte Vordrucke und Formulare, § 10 BGG, etwa bei § 117. Manche halten die außerordentliche Beschwerde außerhalb von § 321 a für ein weiterhin vertretbares Verfahrensrecht, Bloching/Kettinger NJW **05**, 863.

Im übrigen liegt ein Verstoß gegen Artt 2 I, 20 III bzw 103 I GG nicht stets schon dann vor, wenn das **17** Gericht ein Vorbringen aus Gründen des sachlichen Rechts unberücksichtigt hat, BVerfG NJW **05**, 3029, 3191. Er liegt vielmehr nur dann vor, wenn sich im Einzelfall klar ergibt, daß das Gericht ein rechtzeitiges tatsächliches Vorbringen eines Beteiligten überhaupt nicht zur Kenntnis genommen hat, BVerfG JZ **05**, 411, BGH RR **05**, 1052. Er liegt ferner vor, wenn das Gericht solches Vorbringen bei seiner Entscheidung pflichtwidrig *nicht erwogen* hat, BVerfG NJW **00**, 131. Ein Verstoß fehlt auch bei einer Entscheidung vor dem selbst gesetzten Fristablauf, wenn der Anzuhörende bereits Stellung genommen *hat* und nicht zu erkennen gegeben hat, er wolle in der restlichen Frist noch weitere Ausführungen machen, BGH VersR **95**, 70.

Ferner muß die Partei schon wegen der bloßen *Hilfsfunktion (Subsidiarität)* der Verfassungsbeschwerde ihre prozessualen Rechte grundsätzlich (Ausnahme Rn 20) auch ausschöpfen, BVerfG NJW **05**, 3029, BayVerfGH NJW **01**, 2962, HessStGH NJW **05**, 2217 und 2219. Der Rechtsweg ist noch nicht erschöpft, wenn das angerufene Gericht noch nicht entschieden hat, BVerfG NJW **02**, 741, oder wenn das Revisionsgericht zurückverweist, BVerfG NJW **00**, 3198. Das alles gilt auch, wenn zur Zeit der Einlegung der Verfassungsbeschwerde die Zulässigkeit eines Rechtsbehelfs in der fachgerichtlichen Rechtsprechung noch nicht geklärt, aber auch noch nicht höchst zweifelhaft ist, BVerfG NJW **05**, 3029 (eine haarfeine Höchstanforderung). Es kann sogar nötig sein, gegen eine unanfechtbare Entscheidung selbst dann eine Gegenvorstellung nach Grdz 3 vor § 567 zu erheben, wenn ihr Erfolg zweifelhaft ist, BVerfG NJW **05**, 3029. Dienstaufsichtsbeschwerde muß nicht vorangehen, BVerfG NJW **04**, 2891.

Insofern darf man aber auch die Obliegenheit einer Partei *nicht überspannen*, BVerfG NJW **93**, 51, BGH RR **05**, 866, Bender NJW **88**, 809 (krit zum BVerfG). Das gilt besonders nach einem Verfahrensfehler des Gerichts, BayObLG NJW **89**, 706, BayVGH NJW **84**, 2454. Daher hängt die Zulässigkeit der Verfassungsbeschwerde auch nicht von einem vorherigen Wiederaufnahmeverfahren ab, Gaul Festschrift für Schumann (2001) 131. Rechtsmißbrauch ist auch hier verboten, Einl III 54, BVerfG NJW **97**, 1433. Anderseits muß zu einem wesentlichen Verfahrensfehler ein besonderes Gewicht oder Grundrechtsverletzung hinzutreten, die den Beschwerdeführer in existentieller Weise betrifft, BVerfG FamRZ **02**, 532 (zu streng?).

Kritisch zur Rechtsprechung des BVerfG hat sich der *Deutsche Richterbund* geäußert, Marqua DRiZ **80**, 436, Isensee JZ **96**, 1085.

Die persönliche Kenntnisnahme jedes Mitglieds eines Kollegiums vom *gesamten Akteninhalt* durch un- **18** mittelbares Lesen ist manchmal entbehrlich, BVerfG NJW **87**, 2220, Rudolphi DRiZ **92**, 9, ZöSGre 7 vor § 128, aM BGH NJW **86**, 2706 (für ein Amtsermittlungsverfahren im Sinn von Grdz 38 vor § 128). Aber auch Vertrauen zum Richter und Prozeßwirtschaftlichkeit verdienen Beachtung). In der Verhandlung darf der Richter daher natürlich auch nicht vorübergehend schlafen, § 286 Rn 15, BVerwG NJW **01**, 2898, Günther MDR **90**, 875 (ausf). Wegen einer Tendenz des BVerfG, Verfassungsbeschwerden nach Art 103 I GG bei kleinen Verstößen bzw Werten abzulehnen, erwägen Braun NJW **81**, 428, Schumann NJW **85**, 1139, die entsprechende Anwendung des § 579 I Z 4.

Dabei muß man zwischen einem *unmittelbaren* und einem zur Nachprüfung durch das BVerfG nicht **19** ausreichenden mittelbaren *Verstoß* gegen das GG unterscheiden, BVerfG DtZ **92**, 183, Waldner ZZP **98**, 215.

Das rechtliche Gehör ist grundsätzlich auch im Verfahren vor dem *Rechtspfleger* erforderlich, Rn 16. Es **20** gibt grundsätzlich keinen Anspruch darauf, daß das Gericht vor seiner Entscheidung abschließend mitteilt, wie es die Sache rechtlich beurteile, BayObLG FamRZ **83**, 1261. Vgl freilich § 139. Das Gericht braucht nicht unbedingt eine Frist zu setzen, sondern nur angemessene Zeit hindurch zu warten, Köln Rpfleger **84**, 424. Das Gericht muß den Fristablauf auch beim Schweigen des Anzuhörenden abwarten, BVerwG NJW **92**, 327, Zweibr MDR **03**, 170. Das Gericht muß aber auch in angemessener Zeit entscheiden, Rn 23, BVerfG NJW **05**, 739. Ein Verstoß zwingt zur Wiedereröffnung der Verhandlung, § 156 II Z 1, und kann die Verfassungsbeschwerde vor dem Ende des Rechtswegs ausnahmsweise sogleich eröffnen, BbgVerfG NVwZ **03**, 1379. Das rechtliche Gehör steht auch einem nach § 640 e Beizuladenden zu, BGH **89**, 123. Außerhalb des Anwaltsprozesses erfordern Artt 2 I, 20 III GG (Rpfl), Art 103 I GG (Richter) nicht stets einen Anwalt, BGH **91**, 314.

C. Selbstbestimmung, Waffengleichheit, Willkürverbot, dazu *Lindenmeier,* Waffen- und Chancen- **21** gleichheit im deutschen und englischen Zivilprozess, 2004: Hierher gehören ferner folgende Grundsätze: Das Recht auf *informationelle Selbstbestimmung* als Ausfluß der *Artt 1, 2 GG,* BVerfG JZ **88**, 555 (Grenzen der Zulässigkeit öffentlicher Bekanntmachungen), NJW **97**, 311 (zu hoher Wert), NVwZ **04**, 334 (überlange Prozeßdauer) und NJW **03**, 3759 (Rechtskraft). Es erfaßt alle zwangsweisen Erhebungen personenbezogener Daten auch im Zivilprozeß und verbietet zB die Auswertung eines heimlichen Blutgruppengutachtens, Celle NJW **04**, 450. Ferner zählen hierhier der allgemeine *Gleichheitsgrundsatz* und das aus ihm folgende Gebot der Waffengleichheit, Art 6 MRK, EGMR NJW **00**, 2097 (Gesamtabwägung), *Art 3 GG,* Rn 15, 25, BVerfG NJW **03**, 3191, BGH NJW **00**, 590, die auch eine materielle und nicht nur formelle Gleichstellung anstrebt, Baumgärtel Festschrift für Matscher (Wien 1993) 30, Vollkommer Festschrift für Schwab (1990) 520; das aus *Art 2 I GG* folgende Recht auf Gewährleistung eines *wirkungsvollen Rechtsschutzes,* BVerfG Rpfleger **01**, 554 (dazu freilich Grdz 3, 4 vor § 253).

Hier gehört ferner das freilich problematische, manchmal aus ziemlichem Subjektivismus geforderte und manchmal maßlos übersteigerte *Willkürverbot, Art 3 GG,* BVerfG NJW **05**, 409. Das ist das Verbot einer objektiven Unangemessenheit einer Maßnahme, die unabhängig von einem Schuldvorwurf bei einer verständigen Würdigung der das GG beherrschenden Gedanken, also objektiv nicht mehr verständlich ist, eine offensichtlich einschlägige Norm nicht beachtet oder den Inhalt einer Norm krass mißbraucht, BVerfG NJW **05**, 409, BGH NJW **03**, 1947, ohne eine Begründung zu geben, BVerfG NJW **05**, 409, KG MDR **99**, 439, sodaß sich der Schluß aufdrängt, daß sie auf sachfremden Erwägungen beruht, die schlechthin unhaltbar sind, BVerfG NJW **05**, 409, BGH NJW **03**, 1947. Die Fragwürdigkeit solcher Begriffe unterschätzen BVerfG NVwZ **05**, 323, BayObLG RR **01**, 928, Schlesw MDR **00**, 1453 (unvollständig lesend).

Man darf überhaupt *nicht* mit BVerfG MietR **96**, 54 eine „absolut herrschende Meinung" *versteinern*, Höfling JZ **91**, 960 („bundesverfassungsgerichtliche Superformel", vom BVerfG überdies uneinheitlich angewandt), Kirchberg NJW **87**, 1988. Schon gar nicht geht es an, jede Abweichung von einer noch so herrschenden Meinung auch nur schon deshalb in die Nähe von Willkür und dergleichen zu rücken. Obendrein spiegelt die eröffentlichte Rspr und Lehre nur einen wenn auch notgedrungen maßgebenden Teil des Gesamtmeinungsstands wider. Jedenfalls ist eine Entscheidung nicht willkürlich, wenn sie sich mit der Rechtslage eingehend auseinandersetzt und wenn sie nicht jedes sachlichen Grundes entbehrt, BVerfG NJW **01**, 1200.

22   **D. Übermaßverbot, Gewissensfreiheit, gesetzlicher Richter.** Ferner gehören hierher: Das *Übermaßverbot*, BGH **86**, 224; die Glaubens-, Gewissens- und *Bekenntnisfreiheit*, *Art 4 GG*, BVerfG NJW **84**, 969; der Grundsatz des *gesetzlichen Richters*, *Art 102 I 2 GG*, BVerfG FamRZ **03**, 589.

23   **E. Beibringung, Zusammenfassung, faires Verfahren, gesetzlicher Richter, Verhältnismäßigkeit usw.** Schließlich gehören hierher: Der *Beibringungsgrundsatz* (die Verhandlungsmaxime, Grdz 3 vor § 128) und der *Zusammenfassungsgrundsatz* (die Konzentrationsmaxime, Üb 6 vor § 253); ferner das aus dem Rechtsstaatsprinzip folgende Gebot eines rechtsstaatlichen, *fairen Verfahrens*, Art 6 MRK, Artt 2 I, 20 III GG, EGMR NJW **03**, 2221, EuGH NJW **03**, 3539, BVerfG **101**, 404 (vor dem Rpfl statt Art 103 I GG), **110**, 334 und JZ **05**, 411. Das gilt zB gegenüber dem des Deutschen nicht genügend mächtigen Prozeßbeteiligten, BVerfG **64**, 135 (StPO). Man kann aus dem Grundsatz eines fairen Verfahrens einen *Beschleunigungsgrundsatz* ableiten, van Els FamRZ **94**, 735, ferner ein Verbot überlanger Verfahrensdauer, Rn 20, Art 6 I 1 MRK (Verhandlung „innerhalb angemessener Frist"), Art 19 IV GG, BVerfG NJW **05**, 739. Seine Mißachtung kann auch zu einer Beweislasterleichterung führen, aM BVerwG NJW **01**, 841 (aber dergleichen darf man nicht völlig auf den Rücken des mit oft vergänglichen Beweismöglichkeiten Belasteten austragen). Außerdem muß das Gericht das Gebot des gesetzlichen Richters nach Art 101 I 2 GG beachten, BVerfG NJW **04**, 3969. Ferner muß das Gericht den Grundsatz der *Verhältnismäßigkeit* der Mittel beachten (eine „Allzweckwaffe", Eylmann Rpfleger **98**, 46), EGMR NJW **03**, 2221, BVerfG JZ **04**, 1122 (ziemlich wolkig; krit Schenke).

Vgl dazu ferner *Baumgärtel*, Ausprägung der prozessualen Grundprinzipien der Waffengleichheit und der fairen Prozeßführung im zivilprozessualen Beweisrecht, Festschrift für *Matscher* (Wien 1993) 30; *Bötticher*, Gleichbehandlung und Waffengleichheit, Überlegungen zum Gleichheitssatz, 1979; *Debernitz*, Das Recht auf ein sachgerechtes Verfahren im Zivilprozeß, 1987; *Dörr*, Faires Verfahren, 1984; *Haag*, Effektiver Rechtsschutz usw, Diss Konstanz 1985; *Machura*, Fairneß und Legitimität, 2001; *Matscher*, Der Begriff des fairen Verfahrens nach Art. 6 EMRK, Festschrift für *Beys* (Athen 2004) 989; *Schwab/Gottwald*, Verfassung und Zivilprozeß (1984) 63; *Tettinger*, Fairneß und Waffengleichheit, Rechtsstaatliche Direktiven für Prozeß usw, 1984; *Vollkommer*, Der Grundsatz der Waffengleichheit im Zivilprozeß – eine neue Prozeßmaxime?, – Festschrift für *Schwab* (1990) 503.

24   Zur *unmittelbaren Einwirkung des GG* auf den Zivilprozeß und zu den Grenzen dieser Einwirkung zB BVerfG **67**, 94; LG Lüb NJW **87**, 959; *Benda/Weber* ZZP **96**, 285; *Pawlowski*, Zum außerordentlichen Rechtsschutz gegen Urteile und Beschlüsse bei Verletzung des Rechts auf Gehör usw, 1994; *Schumann*, Menschenrechtskonvention und Zivilprozeß, Festschrift für *Schwab* (1990) 449; *Schumann*, Der Einfluß des Grundgesetzes auf die zivilprozessuale Rechtsprechung, Festgabe *50 Jahre Bundesgerichtshof* (2000) III 3.

Art 103 I GG begründet aber *keine allgemeine Aufklärungs- und Fragepflicht* des Gerichts, BVerfG **42**, 64, 85 (abl Geiger), BGH **85**, 291.

25   Zum Einfluß des *Völkerrechts* Rn 79.
26   Die geltende Auffassung des Zivilprozesses als keines rein privaten Vorgangs führt zu einer neuen Anwendung des Begriffs des *Prozeßrechtsverhältnisses*, Grds 4 vor § 128. Diesem entfließen die Mitwirkungspflicht (Verstoß führt zum Versäumnisverfahren), die Förderungspflicht (Verstoß führt zu Kostenfolgen und Zurückweisung von Vorbringen), die Lauterkeitspflicht mit der Wahrhaftigkeitspflicht (Verstoß evtl auch strafbar), schließlich die Pflicht zur Prozeßwirtschaftlichkeit, zur möglichst zweckmäßigen Handhabung des Verfahrens, Grdz 4 ff vor § 128. Vgl auch Damrau, Die Entwicklung einzelner Prozeßmaximen usw, 1975.

27   **F. Fürsorgepflicht,** dazu *Koch*, Einwirkungen des Gemeinschaftsrechts auf das nationale Verfahrensrecht im Falle richterlicher Vertragsverletzung im Zivilprozeß, 1994; *Peters*, Rechtsbehelfe gegen Untätigkeit des Zivilrechtes, Festschrift für *Schütze* (1999) 661; *Smid*, Rechtsprechung – Zur Unterscheidung von Rechtsfürsorge und Prozeß, 1989; *Voßkuhle*, Rechtsschutz gegen den Richter, 1993: Das Gericht darf nie vergessen, daß es *Helfer und Schützer* der Rechtsuchenden ist, besonders der sozial Schwachen, nicht ihr Feind oder ihr Hemmschuh, BVerfG **42**, 76 (krit Geiger). Es hat eine prozessuale Fürsorgepflicht, *Art 19 IV GG*, BVerfG NJW **98**, 2044, BAG DB **77**, 920, Düss MDR **04**, 830. Sie gilt nicht nur in der mündlichen Verhandlung, zB § 139, sondern in allen Verfahrensarten und -abschnitten. Denn sie ist ein allgemeines Prozeßprinzip. Das Gericht verstößt gegen seine richtig verstandenen Pflichten, wenn es aus förmlichen Gründen abweist oder zurückverweist, wo es sachlich entscheiden könnte, Baumgärtel Fetschrift für Matscher (Wien 1993) 30, und soweit nicht zB Verspätungsvorschriften entgegenstehen, etwa §§ 282, 296. Namentlich die in ihrer Tragweite so wenig gewürdigte Verweisung auf einen zweiten Prozeß darf nur im äußersten Notfall geschehen.

28   *Schadensersatzansprüche* des Unterlegenen *gegen den Staat* wegen des Richters sind denkbar, zB wegen offenkundigen Verstoßes gegen EU-Recht, EuGH EuZW **03**, 718, oder wegen allzu massiver „Sammeltermine", Arndt DRiZ **79**, 143, gegen Sachverständige, Zeugen wegen deren Fehlverhaltens, Köndgen JZ **79**, 249. Vgl freilich Üb 17–19 vor § 402. Auch eine verzögerte Bearbeitung kann eine Staatshaftung zur

III. Anwendungshilfen **Einl III**

Folge haben, LG Bln NJW **05**, 1811, und bei einem Verschulden des Richters dessen Haftung begründen, Blomeyer NJW **77**, 560. Sie kann ferner eine Verfassungsbeschwerde begründen, BVerfG NJW **03**, 1924, Voßkuhle NJW **03**, 2003. Sogar bei einer zögerlichen Bearbeitung innerhalb eines objektiv noch vertretbaren Zeitraums kann ein gezieltes Handeln zum Vorteil oder Nachteil einer Partei mit der Verfahrensweise aus sachfremder Erwägung immerhin auch Rechtsbeugung sein, BGH NJW **01**, 3275.

Freilich hat die Fürsorgepflicht auch *Grenzen*, *Smid*, Rechtsprechung: Zur Unterscheidung von Rechts- 29
fürsorge und Prozeß, 1990. Das Gericht ist jedenfalls außerhalb des Bereichs von Beratungs- oder Prozeßkostenhilfe keine Fürsorgebehörde und entgegen eilfertiger Bemühungen mancher Justizverwaltung durchaus kein bloßer Servicebetrieb, der auf Kundschaft wartet. Man darf daher den Grundsatz der prozessualen Fürsorgepflicht keineswegs überspannen. Denn das wäre weder mit Art 2 GG noch mit der Parteiherrschaft und dem Beibringungsgrundsatz vereinbar, Grdz 18, 20 vor § 128. Der Staat soll jedenfalls als Gericht nicht die Rolle eines allmächtigen Fürsorgers spielen, auch nicht nach Art 103 I GG, BVerfG **67**, 95, BGH NJW **84**, 310.

4) Zwingende Vorschriften. Die sog Mußvorschriften, weil meist durch „muß" gekennzeichnet, sind 30
unbedingt verbindlich. Das Gericht muß sie von Amts wegen beachten. Die Folgen der Verletzung sind verschieden. Es kann eine völlige Unwirksamkeit der betroffenen Rechtshandlung eintreten. Das gilt nur selten, meist bei Prozeßhandlungen der Parteien, ausnahmsweise auch bei behördlichen Maßnahmen. Es kann auch eine bloße Anfechtbarkeit vorliegen. Die Wirksamkeit ist auflösend bedingt durch behördliche Abänderung. So der Regelfall. Man muß ihn namentlich beim Urteil beachten, aber auch bei allen Entscheidungen und rechtsbegründenden oder -vernichtenden Maßnahmen einer Behörde, Grdz 58 vor § 704. Eine Heilung des Mangels ist in weitem Umfang zulässig, § 295. Die Rechtsprechung schreitet bewußt zu immer milderer Anwendung auch zwingender Vorschriften fort. Das liegt im Geist der Zeit. Das gute Recht darf möglichst nicht an Formvorschriften scheitern. Die ZPO ist eine Zweckmäßigkeitsnorm, nicht Selbstzweck, Rn 10, 38, KG FamRZ **77**, 819, Karlsr FamRZ **75**, 508. Andererseits dürfen freilich Billigkeitserwägungen nicht zur Mißachtung ausdrücklicher Vorschriften führen. Der Richter steht nicht über dem Gesetzgeber.

5) Nachgiebige Vorschriften. Das sind solche, die nur mangels anderweiter Bestimmung der Beteiligten 31
gelten. Bei den für das Gericht geltenden Vorschriften finden sich die folgenden Unterarten.

A. Sollvorschriften. Es gibt anweisende Sollvorschriften. Sie sind regelmäßig durch das Wort „soll" 32
gekennzeichnet. Sie binden das Gericht genau wie Mußvorschriften, BayObLG Rpfleger **81**, 76. Indessen bleibt ihre Verletzung durch Gericht oder Partei im allgemeinen ohne prozessuale Folgen. Vgl aber zB § 118 Rn 2–5.

B. Kannvorschriften, dazu *Stickelbrock*, Inhalt und Grenzen richterlichen Ermessens im Zivilprozeß, 33
2002; *Behrens*, Die Nachprüfbarkeit zivilrichterlicher Ermessensentscheidungen, 1979; *Schiffczyk*, Das „freie Ermessen" des Richters im Zivilprozeßrecht, Diss Erlangen/Nürnb 1979; *Schmidt-Lorenz*, Richterliches Ermessen im Zivilprozeß, Diss Freibg/Br 1983: Es gibt ferner Ermessensvorschriften. Sie sind durch „kann" kenntlich gemacht. Sie stellen die Maßnahmen ins pflichtmäßige Ermessen des Gerichts, BAG DB **92**, 2197. Sie zerfallen in zweierlei Arten.

– *Ermessen beim Ob*. Es gibt Vorschriften, die eine Prozeßhandlung in eine pflichtgemäße Abwägung des Gerichts stellen, ob sie ihm zweckmäßig scheint.

Beispiele: Die Vorabentscheidung über den Grund des Anspruchs nach § 304. Hier ist die Nachprüfung der Anwendung des Ermessens in höherer Instanz weitgehend ausgeschlossen. Im Fall einer freigestellten mündlichen Verhandlung ist grundsätzlich wenigstens eine Anhörung des Betroffenen nötig, Rn 16, BVerfG **34**, 7.

– *Ermessen beim Wie*. Es gibt Vorschriften, die das Gericht zu einer Prozeßhandlung nötigen, ihm aber in der Art der Ausführung Spielraum lassen.

Beispiel: Das Gericht entscheidet nach freier Überzeugung darüber, ob und in welcher Höhe einer Partei ein Schaden entstanden ist.

Es muß den Schaden feststellen. Die einzelnen Erwägungen stehen aber in seinem *Ermessen*. Hier muß es die sachgemäße Anwendung und die *Grenzen* des Ermessens in höherer Instanz eher nachprüfen. Denn eine unsachgemäße Anwendung oder Überschreitung der Grenzen bei Willkür wäre verfassungswidrig, BVerfG **62**, 192. Zu Ermessensfehlern *Alexy* JZ **86**, 701.

Die *Fassung* der Vorschrift gibt immer nur einen Anhalt. Manche Mußvorschrift kleidet sich in Sollform 34
und umgekehrt. Es entscheiden stets Inhalt und Zweck der Vorschrift.

6) Auslegung der Zivilprozeßvorschriften 35

Schrifttum: *Achterberg* ua, Rechtsprechungslehre, 1986; *Adomeit*, Gesetzesauslegung in Zeiten abnehmender Gesetzesqualität, 1998; *Bettermann*, Die verfassungskonforme Auslegung, Grenzen und Gefahren, 1986; *Brehm*, Rechtsfortbildungszweck des Zivilprozesses, Festschrift für *Schumann* (2001) 57; *Hassold*, Strukturen der Gesetzesauslegung, Festschrift für *Larenz* (1983) 211; *Hirsch*, Rechtsanwendung, Rechtsfindung, Rechtsschöpfung usw, 2003; *Jauernig*, Von der Schwierigkeit der Suche nach dem korrekten Gesetzestext, Festschrift für *Baumgärtel* (1990); *Koch/Rüßmann*, Juristische Begründungslehre, 1982; *Langenbucher*, Die Entwicklung und Auslegung von Richterrecht usw, 1996; *Larenz*, Methodenlehre der Rechtswissenschaft, 5. Aufl 1983; *Meurer*, Denkgesetze und Erfahrungsregeln, in Festschrift für *Wolf* (1985); *Neuner*, Die Rechtsfindung contra legem, 1992; *Pawlowski*, Methodenlehre für Juristen, 2. Aufl 1991; *Roth*, Der Zivilprozeß zwischen Rechtsklärung und Rechtsschöpfung, Festschrift für *Habscheid* (1989) 253; *Schmidt*, Der Umgang mit Normtatsachen im Zivilprozeß, Festschrift für *Wassermann* (1985) 807; *Schumann*, Die materiell-rechtsfreundliche Auslegung des Prozeßgesetzes, Festschrift für *Larenz* (1983) 571; *Seifert*, Argumentation und Präjudiz usw, 1996; *Struck*, Salomonisches Urteil und dogmatische Rechtswissenschaft, Festschrift für *Schneider* (1997) 1; *Stürner*, Verfahrensgrundsätze des Zivilprozesses und Verfassung, Festschrift für *Baur* (1981) 647; *Tempel*, Materielles Recht im Zivilprozeß, 2. Aufl 1992; *Wank*, Die Auslegung von

Einl III Einleitung

Gesetzen, 1997; *Zippelius,* Einführung in die juristische Methodenlehre, 3. Aufl 1980; *Zippelius,* Auslegung als Legitimationsproblem, Festschrift für *Larenz* (1983) 739.

36 **A. Gerechtigkeit; Parteiwille.** Für die Auslegung von Prozeßvorschriften gelten die allgemeinen Regeln, Rn 30, Benda ZZP **98**, 377, Dütz DB **77**, 2218. Oberster Grundsatz ist die aus dem Rechtsstaatsprinzip, des Art 20 I, III GG zumindest mitableitbare Gerechtigkeit durch eine Gleichheit aller vor dem Gesetz, Art 3 GG, BVerfG JZ **04**, 1121, BGH **105**, 201, BSG NJW **75**, 1383. Überhaupt ist die Verfassungsmäßigkeit auch so mancher Verfahrensvorschrift zweifelhaft und daher prüfenswert. Man darf und muß die ZPO verfassungskonform auslegen, BVerfG NJW **05**, 658, Schumann Festschrift für Schwab (1990) 449. Die Auslegung durch das BVerfG ist teilweise nicht überzeugend, zB § 890 Rn 21, 22, Schumann NJW **82**, 1613, Lappe Rpfleger **83**, 85. Zum grundsätzlichen Verhältnis von GG und ZPO Lorenz NJW **77**, 865.

Allgemein anerkannt ist der Rat, eine *Grundsatzvorschrift* weit auszulegen, dagegen eine Ausnahme von der Regel eng, Karlsr RR **87**, 1407. Bei der Auslegung einer Parteiprozeßhandlung nach Grdz 47 vor § 128 geht es um die Klärung des objektiven Erklärungsinhalts, BGH BB **03**, 1356. Dabei ist Maßstab dasjenige, was vernünftig ist und der recht verstandenen Interessenlage entspricht, BGH NJW **94**, 1538. Der übereinstimmende Wille der (Vertrags-)Parteien geht dem (Vertrags-)Wortlaut und jeder anderweitigen Interpretation vor, BGH RR **88**, 265. Das gilt, soweit es sich um den Bereich der Parteiherrschaft handelt, Grdz 18 vor § 128.

37 **B. Zweckmäßigkeit: Keine Förmelei.** Prozeßrecht ist Zweckmäßigkeitsrecht, BGH NJW **00**, 3217, BayObLG **80**, 80, Hamm FamRZ **80**, 65. Begriffsjurisprudenz und Förmelei sind im Prozeß besonders unangebracht. Selbst der Wert von „blockierendem" System (Viehweg, Topik und Jurisprudenz, 3. Aufl 1965, 45) und (normativer) „spitziger" Dogmatik (Zweigert Festschrift für Bötticher [1969] 447; Berges KTS **76**, 165: „Trampelpfad rein begrifflicher Subsumtionstechnik") läßt sich bezweifeln, wenn man Rechtswissenschaft nicht als Wahrheitssuche (Geisteswissenschaft) sieht, sondern als ein von Lebenssituationen bestimmtes Problemdenken rein sozialwissenschaftlicher Zielsetzung.

38 Verfahrensrecht darf *nie Selbstzweck,* werden, Rn 10, BGH NJW **00**, 3217, Zweibr MDR **92**, 998, Otto Rpfleger **89**, 431. Es darf nicht unter dogmatischer Kruste erstarren, mag Pragmatik statt Dogmatik auch ein seinerseits wieder verfängliches Dogma sein. Es geht nicht nur um das, was gilt, sondern auch um das, was vernünftig, sinnvoll, zweckmäßig und in diesem Sinne richtig ist, LG Hbg FamRZ **94**, 403, Peters ZZP **91**, 342, Schneider AnwBl **03**, 318. Dabei fließen stets auch irrationale Elemente in die Urteilsbildung ein, KG NJW **76**, 1357. „Ein sicheres Judiz und ein empfindliches Gerechtigkeitsgefühl können mehr wert sein als die scharfsinnigste Gesetzesinterpretation und -subsumtion", Bachof Festschrift für Baur (1981) 174.

39 **C. Gesetzesbindung.** Gesetzesbindung als eine Basis richterlicher Wertung hat dabei um so zentralere Bedeutung. Das gilt, je mehr Bestrebungen der Politisierung des Richters und Tendenzen einer trotz Art 19 IV GG dem Gerichtsschutz entgleitenden Steuerung weiter Lebensbereiche der Dritte Gewalt bedrängen. Deshalb kann ein *eindeutiger* Wortlaut der Auslegung Grenzen setzen, BGH RR **02**, 646, KG NJW **90**, 459, Karlsr VersR **90**, 915. Das bedenkt BGH NJW **94**, 591 nicht genug. Das gilt erst recht, wenn Wortlaut *und* Sinn eindeutig sind, BGH RR **90**, 256, LG Karlsr DGVZ **04**, 30, FG Karlsr NZM **00**, 407. Das bedenkt BGH **123**, 185 nicht genug. Dabei darf man nicht schon deshalb einen über den klaren Wortlaut hinausgehenden anderen Sinn unterstellen, weil das einem angeblichen praktischen Bedürfnis entspräche. Andererseits kann sprachliche Unschärfe des Gesetzgebers einen ersichtlichen Sinn seiner Regelung scheinbar verstellen. Dann muß man der Mut zur mindestens entsprechenden Anwendung haben. Es kann die Notwendigkeit einer verfassungskonformen Auslegung zu einer zeitgemäßen Weiterentwicklung führen, BVerfG JZ **04**, 1122, Auslegung kann nach Rn 40 sogar zum Gegenteil eines zumindest scheinbar eindeutigen Wortlauts führen, BVerfG MDR **99**, 1089 (zu §§ 114 ff sowie § 58 II GKG), Münzberg DGVZ **99**, 180 (zu Art 13 GG und § 758 a).

Zur ständig zunehmenden Direktwirkung von *Richtlinien des Gemeinschaftsrechts Oldenbourg,* Die unmittelbare Wirkung von EG-Richtlinien im innerstaatlichen Bereich, 1984; *Ress,* Die Direktwirkung von Richtlinien usw, Gedächtnisschrift für *Arens* (1993) 351; *Walter,* Neuere Entwicklungen im Internationalen Zivilprozeßrecht, Festschrift für *Lüke* (1997) 921.

40 **D. Sinnermittlung.** Letztlich entscheidet abgesehen vom Fall Rn 39 nicht der Wortlaut. Zwar zeigt die ZPO einen oft hohen Grad sprachlicher Durcharbeitung, Gottwald FamRZ **90**, 85. Trotzdem gebraucht sie in Wahrheit kaum einen Fachausdruck eindeutig. Das gilt etwa beim Durcheinander von Beschwer und Beschwerdegegenstand, Schneider AnwBl **03**, 318 (Unsinn" des Gesetzgebers mangels Sachkenntnis). Man darf bei ihrer Auslegung also nicht davon ausgehen, daß sie die Begriffe einheitlich verwendet. Entscheidend sind vielmehr der Zusammenhang und der Zweck, BGH RR **94**, 568, sowie die Vereinbarkeit mit der Verfassung (sog verfassungskonforme Auslegung), BVerfG **89**, 38, Münzberg DGVZ **99**, 180. Zum Regelungszweck einer jeden Vorschrift gibt dieses Buch in den einleitenden Anmerkungen (meist Rn 2 oder 3) gezielte Hinweise.

41 Maßgeblich ist also statt des damaligen subjektiven Willens des Gesetzgebers der aus jetziger Sicht zu ermittelnde *„objektivierte Wille",* der Sinn, wie bei § 133 BGB, BGH NVwZ-RR **05**, 149. Das ist eine sog teleologische Reduktion oder Auslegung, zu deutsch: Was nicht sein darf, kann auch nicht sein. Das gilt evtl selbst bei einem prompt als nur scheinbar entgegenstehend bewerteten, eindeutig anderen Gesetzestext, BVerfG **67**, 250, BGH NJW **93**, 2542, Mü MDR **99**, 59. Das gilt auch gegenüber einer bloß grammatischen, historischen, systematischen Auslegung, Gottwald FamRZ **90**, 85, Herzberg NJW **90**, 2525, Raape/Sturm IPR Bd I[6] 132 Z 4 (auch dann Teleologie, wenn die ratio legis „nur anklingt"), Wieser JZ **85**, 409 (zum Unterschied zwischen empirischer und normativer Auslegung). Bei einer Regelvorschrift kommt eher eine weite Auslegung in Betracht, bei einer Ausnahmevorschrift meist nur eine enge Auslegung, Rn 36. Zur Beseitigung einer Vorschrift darf die Auslegung aber nicht führen. Mit der Beweislast hat die Auslegung nichts zu tun, BGH FamRZ **89**, 959.

III. Anwendungshilfen   **Einl III**

E. Entstehungsgeschichte. Die Entstehungsgeschichte ist nur hilfsweise beachtlich, etwa zwecks zusätz- 42
licher Zinsermittlung, BGH **115**, 94, Hamm MDR **91**, 62, Wedel, Die Rolle entstehungsgeschichtlicher
Argumente in der Rechtsprechung des BGH in Zivilsachen, Diss Bre 1988. Mit Äußerungen irgendwelcher
Abgeordneter oder Regierungsvertreter, LG Köln NJW **78**, 1866, Vollkommer Rpfleger **75**, 118, läßt sich
zwar manchmal, aber keineswegs stets etwas Ersprießliches anfangen. Am ehesten Aufschluß gibt insoweit
amtliche Begründungen. Vgl auch das Parlamentsarchiv des Deutschen Bundestags. Freilich sind amtliche
Begründungen meist weder zur bindenden Auslegung noch zur Ausfüllung einer Gesetzesbestimmung
geeignet, aM Mü MDR **99**, 59 (aber gerade solche Darstellung verrät nicht selten die Befangenheit und
auch die politische Einbindung des Verfasser). Was bei Erlaß des Gesetzes zweckmäßig war und der
damaligen Überzeugung entsprach, braucht es später nicht mehr zu sein. Eine veränderte Zeit kann dem
Gesetz einen veränderten Inhalt geben. Das ändert allerdings auch nichts daran, daß es nützlich sein kann,
sich zumindest bei der Sinnermittlung nach Rn 44 auch daran zu orientieren, was sich der Gesetzgeber
gedacht hat.

F. Rechtssicherheit. Vor gewissen Formvorschriften muß die mildeste Handhabung haltmachen. Freilich 43
soll die Form dem Schutz des sachlichen Rechts dienen und nicht seiner Vereitelung. Indessen muß man hier
zwei Gesichtspunkte sorgfältig abwägen. Es stehen sich gegenüber das sachliche Recht der einen Partei und
die Belange der Gegenpartei, darüber hinaus aber die der Allgemeinheit. Rechtssicherheit ist ein wesentlicher Bestandteil des Rechtsstaats, BVerfG RR **93**, 232, BGH RR **93**, 131. Sie ist ein unschätzbares Gut. Es
verschmerzt sich leichter ein sachliches Unrecht als eine Rechtsanwendung, die man wegen ihrer Unbe-
rechenbarkeit als Willkür empfindet. Darum muß man bei Formvorschriften immer fragen: Wie wirkt eine
milde Handhabung auf die Rechtssicherheit? So darf man keinen Finger breit von strengster Einhaltung der
Rechtsmittelfristen abweichen. Es ist unerträglich, wenn der Prozeßsieger trotz Erteilung eines Rechtskraftzeugnisses nicht wissen kann, ob sein Urteil rechtskräftig ist. Zum Problem BVerfG **35**, 46, aM von
Schlabrendorff BVerfG **35**, 51.

G. Sinnähnlichkeit: Vorhandensein ähnlicher Vorschriften. Von besonderer Bedeutung ist die 44
Anwendung der Sinnähnlichkeit, der sog Analogie, einer „sinngemäße Anwendung" einer Vorschrift. Sie ist
freilich nur dann zulässig, wenn der zu beurteilende Sachverhalt demjenigen vergleichbar ist, den das Gesetz
direkt regelt, BGH **105**, 143. Auch Ausnahmevorschriften sind der sinngemäßen Anwendung zugänglich.

Der *Umkehrschluß*, das sog. argumentum e contrario, ist aber eines der gefährlichsten Auslegungsmittel. Er 45
enthält oft einen logischen Fehlschluß. Weil ein Rechtssatz nur für einen bestimmten Fall ausgesprochen ist,
ist er keineswegs notwendig auf alle übrigen Fälle unanwendbar. Auch hier entscheidet der Zweck des
Gesetzes. Sind mehrere Auslegungen möglich, so ist diejenige falsch, die zu einem unbilligen und unzweckmäßigen Ergebnis führt. Es spricht eine Vermutung für die Vernunft des Gesetzes.

Nicht nur bei Auslegung, sondern bei jeder Rechtsprechung gilt angesichts der Flut veröffentlicher 46
Entscheidungen und sonstiger juristischer Literatur das Wort Wieackers in Festschrift für Bötticher (1969)
395: „Der deutsche Richter ist ... nicht nur nicht verpflichtet, sondern vielleicht nicht einmal unbeschränkt
berechtigt, sich durchweg von höchst- und instanzgerichtlichen Entscheidungen oder gar von wissenschaftlichen Autoritäten leiten zu lassen." Abgesehen von der Bindungswirkung nach § 538 Rn 2, 3 bleibt der
Richter schon wegen Art 97 I GG zur kritischen Überprüfung auch sog *Grundsatzurteile* verpflichtet. Auch
sie können zB gegen Art 20 II 2 GG verstoßen, § 313 Rn 34.

Eine erhebliche praktische Rolle spielt oft die sog „gefestigte" Rechtsprechung, eine *„herrschende Mei-* 47
nung", BVerfG RR **05**, 500, Stgt RR **05**, 507, oder gar „absolut herrschende Auffassung", BVerfG MietR
96, 54, Hamm OLGZ **94**, 244. Sie hat oft auch in der Lehre eine zentrale Bedeutung. Wer sie weder
übernimmt noch sich mit ihr bei einer geplanten Abweichung erschöpfend auseinandersetzt, riskiert den
schweren Vorwurf der Willkür im Sinn von Rn 21. Eine gefestigte Rechtsprechung kann natürlich die
Rechtssicherheit entscheidend fördern, Rn 43. Schon deshalb hat sie ein ganz erhebliches Gewicht, Hirsch
ZRP **04**, 30. Sie ist aber dennoch nicht unproblematisch, Rn 46, Zasius DGVZ **87**, 80. Ihr kann auch ein
Element rein quantitativer Auf- und Abwertung angehören. Das kann bis hin zum „Abzählen" angeblich
günstiger Ansichten führen, noch dazu teils volles Gegen überholter Meinungen, das Mü RR **01**, 1437 mit
Recht verwirft. Sie berechtigt nicht dazu, von eigener kritischer Gedankenarbeit abzusehen, BVerfG **17**,
297, Herr MDR **85**, 187. Für solche Problematik bieten leider BVerfG RR **05**, 500, BGH NJW **03**, 1323,
Schlesw MDR **00**, 1453 (selbst obendrein unvollständig lesend) wenig überzeugende Beispiele. Es ist erschreckend, wenn man aus prominenten Anwaltskreisen hören muß, daß manches hohe oder höchste Gericht
kaum je zu bewegen sei, eine eigene Rechtsprechungslinie doch noch einmal selbstkritisch zu überdenken,
oder wenn ein prominenter Autor erklärt, nach einem Spruch des BGH sei das Thema „abgehandelt". Das
hätte Hirsch ZRP **04**, 30 mitansprechen sollen. Geradezu verräterisch in Wahrheit unsicher wirkt denn auch
die Formulierung, es handle sich um eine „inzwischen wohl" herrschende Meinung. Das gilt erst recht
dann, wenn man sie in demselben Urteil ein paar Zeilen später dann plötzlich schlicht zur „herrschenden"
aufwertet, so BGH NJW **03**, 1323.

Wenig überzeugend und daher auch als Gegenstück der erschreckende Begriff der „Mindermeinung",
Ffm RR **04**, 1519, oder gar der „absoluten Mindermeinung", BVerfG NJW **93**, 3130, oder einer „Mindermeinung, die abzubröckeln beginnt", Schlesw MDR **04**, 230, oder die ebenso problematische Gegenüberstellung einer „älteren" und einer „im Vordringen befindlichen" Meinung, BGH NJW **04**, 3041, LG Mü
MDR **00**, 729, Prechtel MDR **03**, 699: Welche Auffassung von Geisteswissenschaft steckt hinter solchem
Stoßtrupp-Vokabular? Was „dringt vor", das Quantitative oder das Qualitative? Könnte das Ältere nicht auch
einmal das Ausgereiftere sein? Eine Änderung der Rechtsprechung kann freilich gegenüber demjenigen, der
sich auf sie beruft, evtl zur Arglisteinrede führen. Im übrigen sollte eine „herrschende Meinung" ausreichend
nachvollziehbar begründet sein, um zu überzeugen oder gar zu binden, Ffm NJW **01**, 1583. Jedenfalls hat
der vielfach zu beobachtende „Leitsatzpositivismus", Brehm (bei Rn 35) 68, nur einen ziemlich vorsichtig
beurteilbaren Wert, Hartmann NJW **02**, 2618.

48 H. **Gesetzeslücke.** „Lücken des Gesetzes" sind in dem Sinn äußerst zahlreich, daß der Wortlaut den Einzelfall nicht voll deckt. In dem Sinn, daß eine Handhabe für eine vernünftige und zweckmäßige Entscheidung fehle, sind sie nicht oder kaum vorhanden. Man muß sorgfältig prüfen, ob überhaupt eine Lücke vorliegt, BVerwG WoM **97**, 504, Hamm Rpfleger **89**, 34, FG Karlsr NZM **00**, 407.

49 Der Richter darf das Recht in solcher Lage *nicht verweigern*, Schumann ZZP **81**, 79. Er muß solche Lücken rechtsschöpferisch ausfüllen, Schilten JR **84**, 449. Denn er ist nach Art 20 III GG an Gesetz und Recht gebunden. Recht kann mehr sein als das Gesetz. Richten heißt nicht nur den Willen des Gesetzgebers aussprechen, sondern bei seinem Schweigen die verfassungsgemäßen Rechtswerte erkennen und auch willenhaft verwirklichen, BVerfG JZ **90**, 811 (abl Roellecke), Köln MDR **75**, 498, LG Lübeck MDR **84**, 61. Dabei gilt das Gebot einer *verfassungskonformen* Auslegung. Es gibt insbesondere auch keine Entscheidung „non liquet". Nicht das Gesetz versagt, sondern das Gericht, wenn es ein unbilliges Ergebnis mit einer Lücke des Gesetzes begründet.

50 Zwar darf der Gesetzgeber den Richter keineswegs in die Rolle eines generellen Normsetzers drängen, Dütz ZZP **87**, 403. Wohl aber ist richterliche *Rechtsfortbildung zur Lückenausfüllung* zulässig, sofern sie nicht die Verfassung und insbesondere den Art 20 III GG verletzt, BVerfG **67**, 250, Hillgruber FamRZ **96**, 124 (enge Grenzen). Rechtsfortbildung hat Vorrang vor einer früheren Rechtsauffassung, OGB BGH **60**, 398. Zu einem zugleich problematischen Fall Düss FamRZ **85**, 600 einerseits, Einf 28–32 vor §§ 322–327 andererseits. Ein derartiger Vorrang gilt freilich nicht mehr, wenn eine gesetzliche Regelung dicht bevorsteht.

51 Zum Sinn von Rechtsfortbildung und ihren *Grenzen* beim *rechtlichen Gehör Klicka*, Rechtsfortbildung auf dem Gebiet des Zivilverfahrensrechts durch die verstärkten Senate des Obersten Gerichtshofs, Festschrift für *Schütze* (1999) 367; *Lames*, Rechtsfortbildung und Prozeßrecht, 1993; *Prütting*, Prozessuale Aspekte richterlicher Rechtsfortbildung, Festschrift 600-Jahr-Feier der *Universität Köln* (1988) 305 ff (er fordert mit Recht eine saubere Methode, Vorschrift und Zurückhaltung, Mäßigung und Selbstbeschränkung, Berücksichtigung des Prinzips der nur hilfsweisen Anwendung und die Beachtung der sich aus der verfahrensrechtlichen Leistungsfähigkeit ergebenden Grenzen).

Zur *allgemeinen Problematik* unter anderem BVerfG DRiZ **84**, 363, LG Hbg Rpfleger **80**, 485; *Arens*, Die richterliche Rechtsfortbildung in Deutschland usw; *Borck*, Vom Willen des Gesetzgebers, Festschrift für *Piper* (1996) 61; *Everling* JZ **00**, 217 (EU); *Hergenröder*, Zivilprozessuale Grundlagen richterlicher Rechtsfortbildung, 1995; *Hesselberger*, Entwicklung, Grenzen und Gefahren richterlicher Rechtsfortbildung, in: Festschrift für Kellermann, 1991; *Kalbe*, Des Anwalts Argumente vor Gericht: Grundlage und Beitrag zur richterlichen Rechtsfindung und -fortbildung, in: Festschrift für *Trinkner* (1995); *Klamaris*, Das processuale Gewohnheitsrecht usw, Festschrift für Baumgärtel (1990) 229; *Lames*, Rechtsfortbildung als Prozeßzweck, 1993; *Langenbucher*, Die Entwicklung und Auslegung von Richterrecht, 1996; *Lieb*, Rückwirkung von (neuem) Richterrecht, in: Festschrift für *Gaul* (1997); *Neuner*, Die Rechtsfindung contra legem, 1992; *Schneider*, Die Heranziehung und prozeßrechtliche Behandlung sog Rechtsfortbildungstatsachen durch die Gerichte, Diss Köln 1993. Zur Methodik der Argumentation *Gottwald* ZZP **98**, 113; *Westermann*, Gedanken zur Methode der richterlichen Rechtsfortbildung, Festschrift für Larenz (1983) 723.

52 I. **Einfluß anderer Gesetze.** Aus anderen Prozeßarten, etwa dem Strafprozeß, läßt sich außerhalb etwaiger gesetzlicher Bindung für den Zivilprozeß über das wesentliche anderer Voraussetzungen im Weg sinngemäßer Anwendung kaum etwas gewinnen. Mit dieser Einschränkung muß man aber beachten, daß die damaligen Reichsjustizgesetze auch heute noch im Kern eine Einheit darstellen. Man kann sie daher ergänzen. Die Übertragung bürgerlichrechtlicher Vorschriften auf den Prozeßweg ist meist unstatthaft. Man muß das Zivilprozeßrecht im wesentlichen aus sich selbst heraus auslegen und fortbilden. Gerade gegen diese Grundregel wird sehr häufig verstoßen. Insbesondere gilt das von der Übertragung der zivilrechtlichen Haftung für Verschulden. Im Zivilprozeß kommt lediglich prozessuales Verschulden in Frage, Rn 68. Man muß ein Einstehen für Handlungen Dritter von Fall zu Fall und ohne jede Bindung an die Vorschriften des BGB prüfen.

53 **7) Treu und Glauben**

Schrifttum: Gottwald, Schließt sich die „Abseitsfalle"? Rechtliches Gehör, Treu und Glauben im Prozeß und Urteilsanerkennung, Festschrift für *Schumann* (2001) 149; *Klamaris*, Der Rechtsmißbrauch im griechischen Zivilprozeßrecht, Festschrift für *Baur* (1981) 483 (rechtsvergleichend); *Pfister*, Die neuere Rechtsprechung zu Treu und Glauben im Zivilprozeß, 1998.

54 A. **Rechtsmißbrauch.** Treu und Glauben beherrschen das gesamte Recht, BVerfG NJW **97**, 1433 (zur Verfassungsbeschwerde). Sie beherrschen also auch das Zivilprozeßrecht, Grdz 44 vor § 704, § 127 Rn 25, BVerfG **101**, 404 (Anspruch auf faire Verfahrensführung), BGH NJW **05**, 2782, Ffm RR **01**, 1078, Stgt RR **01**, 970. Dieser Rechtsgrundsatz kommt oft nicht genug zur Anerkennung. Er bringt aber fruchtbare Ergebnisse. Es ist nicht Zweck einer staatlichen Einrichtung, der ungerechten oder gewissenlos geführten Sache zum Sieg zu verhelfen, Hbg VersR **82**, 341.

55 Jeder Rechtsmißbrauch verstößt *gegen Treu und Glauben*. Das gilt für jede Schikane nach § 226 BGB, für jeden Rechtsgebrauch zu Zwecken, die zu schützen kein denkbarer Gesichtspunkt gerechtfertigt ist, BGH NJW **87**, 1947. Jeden solchen Verstoß darf und muß das Gericht ohne Heilungsmöglichkeit etwa nach §§ 39, 295 *von Amts wegen* beachten, § 138 Rn 23, Grdz 44 vor § 704, BGH BB **01**, 68, KG FamRZ **89**, 1105, Roth-Stielow FamRZ **77**, 766. „Die Qualifikation eines rechtlich gebotenen Verhaltens als erste Rechtspflicht wird nicht dadurch berührt, daß sie nicht Gegenstand eines sondern konkreten gerichtlichen Befehls und einer entsprechenden Zwangsvollstreckung ist", Dölle Festschrift für Riese (1964) 291. Freilich gibt es keinen allgemeinen Grundsatz, daß nur derjenige Rechte geltend machen kann, der sich selbst rechtstreu verhalten hat, BayObLG NZM **99**, 85. Auch eine Bagatellforderung ist schon wegen des staatlichen Gewaltsmonopols grundsätzlich trotz Gerichtsbelastung schutzwürdig, Kirchner Rpfleger **04**, 401.

56 Wer aber sachlichrechtlich gegen Treu und Glauben verstößt, kann schon und auch wegen des Grundsatzes der Prozeßwirtschaftlichkeit nach Grdz 14 vor § 128 mit prozessualen Mitteln nichts erreichen. Darum ist

III. Anwendungshilfen **Einl III**

bereits jede objektive, wenn auch vielleicht unbeabsichtigte *Erschleichung des Gerichtsstands* verboten, § 2 Rn 7, Üb 22 vor § 12, § 38 Rn 10, § 114 Rn 113 „Erschleichung des Gerichtsstands", § 260 Rn 2, § 504 Rn 3, 4, LG Bln RR **97**, 378. Deshalb ist auch eine solche Rüge unzulässig, die nur der Verschleppung dient. Man darf auch nicht die Entscheidung des gesetzlich zuständigen Richters durch die Anrufung eines anderen Gerichts mit Hilfe einer nur scheinbaren Anspruchsgrundlage überspielen, BGH VersR **84**, 78.

Jeder Mißbrauch des Prozeßrechts zu verfahrensfremden Zwecken, „Magie" und „Tricks", ArbG Düss RR **57** **92**, 367, sind *unstatthaft*, Düss MDR **88**, 972 (nicht stets schon bei sachlichrechtlicher Verwirkung), Mü OLGZ **83**, 369, Fischer MDR **93**, 838. Das übersieht BGH VersR **85**, 43 teilweise. Auch die Erschleichung der öffentlichen Zustellung kann nicht zu deren Wirksamkeit führen, aM Barnert ZZP **116**, 458 (aber daran ändern auch §§ 233 ff. nichts).

Der Mißbrauch ist auch im *Prozeßkostenhilfeverfahren* verboten, Kblz FamRZ **86**, 376, aM LSG Schlesw **58** SchlHA **84**, 149 (aber gerade dort ist Mißbrauch übel). Er kann Schadensersatzpflichten auslösen, zB nach §§ 138, 823 BGB in Verbindung mit 263 StGB, BGH RR **93**, 1116, Karlsr GRUR **05**, 315, Klamaris, Die mißbräuchliche Rechtsausübung im Zivilprozeßrecht, 1980.

Die *Einrede der Arglist,* dazu Zeiss, Die arglistige Prozeßpartei usw, 1967, Baumgärtel AcP **169**, 181, ist **59** auch gegenüber Prozeßhandlungen der Partei möglich.

Beispiele: Wenn der Kläger sich verpflichtet, aus Kostenersparnisgründen nicht zu klagen und das Ergebnis **60** des Musterprozesses abzuwarten, insbesondere, wenn die Gegenseite auf die Einrede der Verjährung in diesem Zusammenhang verzichtet; wenn es um eine Schiedseinrede geht, BGH NJW **88**, 1215; wenn ein ProzBev eine verbotene Mehrfachvertretung trotz Interessenkollision vornimmt, § 157 Rn 1, § 158 Rn 1.

Man muß jede Partei auch an den ihr ungünstigen Erklärungen *festhalten,* sofern kein Irrtum vorlag, BGH **61** MDR **87**, 1006. Daher kann ein Bestreiten wegen vorprozessualen Verhaltens unbeachtlich sein, aM Baumgärtel ZZP **86**, 365 (im Verhältnis der Parteien zueinander kein Verbot widersprechenden Verhaltens. Aber die Parteien schulden sich gerade auch untereinander Fairneß).

Eine Grenze ziehen die *Rechtskraft* nach Einf 26 ff vor §§ 322–327 und überhaupt das Bedürfnis der **62** Rechtssicherheit nach Rn 43, BGH NJW **78**, 427 links, KG MDR **76**, 847.

Beispiele des Rechtsmißbrauchs: Ein Sich-Verstecken unter einem falschen Namen oder in einer „anonymen" **63** Hausbesetzergruppe, § 253 Rn 24, 25, Raeschke-Kessler NJW **81**, 663; ein Scheidungsbegehren, dem das AG stattgegeben hat, gegen dessen Urteil aber Berufung eingelegt ist, die dann nach langem weiteren Zusammenleben plötzlich zurückgenommen wird, wenn das Scheidungsurteil des AG dann willkürlich als wirksam betrachtet wird; eine Klage eines Anwalts wegen eines Wettbewerbsverstoßes, deren wahrer Grund die Erzielung von Anwaltsgebühren ist, Düss DB **83**, 766; die Benennung eines Zeugen, der ein Gespräch heimlich abgehört hat, Üb 12 ff vor § 371; die Berufung auf die bloße Paraphe statt Unterschrift des eigenen Anwalts bei einem Empfangsbekenntnis, Hamm NJW **89**, 3289; ein Trennen, um durch sofort anschließendes Verbinden eine Verbesserung der Prozeßlage zu erreichen, ArbG Düss RR **92**, 367; ein Eheaufhebungsverfahren wegen Doppelehe, wenn es erst nach langer Zeit beantragt wird.

Weitere Beispiele: Ein so spätes Einlegen eines nicht befristeten Rechtsbehelfs, daß der Gegner mit ihr nicht mehr zu rechnen brauchte, Celle GRUR **80**, 946; eine Geltendmachung der Vorbehalts nach § 600 erst nach über 5 Jahren, Ffm MDR **90**, 256; eine Berufung auf einen Formmangel lange nach dem Abschluß des gerichtlichen Vergleichs; die Berufung auf eine offensichtlich irrige Rechtsmittelrücknahme, BGH VersR **77**, 574. Wegen Massenklagen Stürner JZ **78**, 500.

Beispiel des Fehlens von Rechtsmißbrauch: Die Einleitung eines Prozesses ohne genaue Kenntnis der sachlich- **64** rechtlichen Unhaltbarkeit des Klaganspruches, also außerhalb von § 826 BGB, BGH **154**, 271; die Geltendmachung kleiner Zinsforderungen gegenüber einem Schuldner, der sie stets nicht bezahlt, LG Mosbach RR **01**, 1439.

B. Keine prozessuale Verwirkung. Von Verwirkung in solchen Fällen zu reden, ist bedenklich und **65** außerdem unnötig, aM BGH NJW **99**, 3114, BAG BB **89**, 991, LAG Düss MDR **01**, 416 (aber Verwirkung ist ein ganz andersartiger sachlich rechtlicher Begriff, richtig verstanden).

C. „Querulantentum", dazu *Dinger,* Querulatorisches Verhalten im Justizsystem usw, Diss Freibg 1988; **66** *Dinger/Koch,* Querulanz in Gericht und Verwaltung, 1992; *Klag,* Die Querulantenklage in der Sozialgerichtsbarkeit, 1980: Das Verfahrensrecht mißbrauchen auch manche unbelehrbaren Personen, die hartnäckig immer wieder dieselben sinnlosen Eingaben machen. Sie sind wohl jedem Gericht bekannt. Sie vermehren durch ihr unsoziales Verhalten unnütz die Arbeitslast und tragen zu einer Vergeudung wertvoller Arbeitskraft bei. § 157 II gibt gegen sie keine Hilfe. Er bezieht sich nicht auf schriftliche Eingaben. Im einzelnen ist manches noch ungeklärt, Baumgärtel ZZP **86**, 369. Eine vernünftige Rechtsauffassung erlaubt und verlangt gewohnheitsrechtlich aber, daß der Richter derartige Eingaben nach vorheriger sachlicher Bescheidung und Verwarnung künftig unbeachtet zu den Akten nimmt, BVerfG **11**, 5, Brdb FamRZ **01**, 1004 LG Stgt NJW **94**, 1077.

Freilich muß das Gericht stets prüfen, ob hinter einer ehrverletzenden Form ein *ernstzunehmender* Antrag **67** steht, dessen Nichtbearbeitung gegen Art 103 I GG und den Rechtsschutzanspruch verstoßen könnte, Rn 16, Walchshöfer MDR **75**, 12. Man kann zB bei Ablehnungsgesuch nach § 42 zwischen Bösgläubigkeit und schuldlos unsachlichem Vortrag unterscheiden, Stgt NJW **77**, 112. Überhaupt darf man einen Querulanten nicht stets abwerten. Querulanz ist weder stets eine Geisteskrankheit noch ein stets die Geschäfts-, Prozeß- oder Zurechnungsfähigkeit sonstwie einschränkender Zustand. Sie ist vielmehr oft hartnäckige Kritik und furchtloser Widerspruch. Die Rüge der „Nichtigkeits-Querel" war einst ehrbar, Sangmeister DStZ **89**, 359. Sie kann es übertragen auch heute sein. Freilich kann Querulantentum auch zu selbstverschuldeten, deshalb unbeachtlichen Störungen führen, AG Hann Rpfleger **90**, 174.

Vgl im übrigen § 42 Rn 6, 7.

8) Einige Begriffe des Zivilprozeßrechts. Hier nur eine Auswahl. Weitere Begriffe zB in den Grdz vor **68** § 128 und vor § 253 sowie vor § 704.

A. Verschulden. Die ZPO knüpft oft Rechtsfolgen an ein Verschulden. Sie meint damit immer rein prozeßrechtliches, Herber/Schmuck VersR **91**, 1212. Gemeint ist also das vorwerfbare, direkt oder bedingt vorsätzliche oder bewußt bzw unbewußt fahrlässige Verabsäumen der für einen gewissenhaften Prozeßführenden gebotenen Sorgfalt. Insofern ist § 276 BGB entsprechend anwendbar. Für die Frage, ob nun aber einer dieser Verschuldensgrade auch im bestimmten Einzelfall vorliegt, scheidet der allgemeine bürgerlich-rechtliche Maßstab weitgehend aus, Rn 52. „Grobes Verschulden" ist die Versäumung jeder prozessualen Sorgfalt, etwa beim Anwalt das Unterlassen einer auf der Hand liegenden Rüge.

69 Verschulden des gesetzlichen *Vertreters* oder *Prozeßbevollmächtigten* ist solches der Partei, §§ 51 II, 85 II. Da aber Bildungsgrad und Rechtskunde des Schuldigen von Bedeutung sind, muß man bei der Partei einen niedrigeren Maßstab anlegen als beim Anwalt. Rechtsirrtum steht dem gewöhnlichen Irrtum gleich. Auch hier kann bei Rechtskundigen unentschuldbar sein, was sonst entschuldbar ist.

70 **B. Angriffs- und Verteidigungsmittel**, §§ 146, 282, 527 ff, 615. Letztere sind alles, was der Abwehr des Prozeßangriffs dient, wie Bestreiten, BGH JZ **77**, 102, oder Einwendungen. Gegensatz: Angriffsmittel, dh Mittel, die dem Prozeßangriff dienen, sofern sie einen Tatbestand betreffen, der für sich allein rechtsbegründend ist, BGH NJW **80**, 1794. Zu den Angriffs- und Verteidigungsmitteln gehören auch Beweisanträge, Beweismittel und Beweiseinreden, BGH NJW **84**, 1964, Klagegründe, neugefaßte Patentansprüche.

71 *Keine* Angriffs- oder Verteidigungsmittel sind der Angriff selbst, Schenkel MDR **05**, 727, und daher zB die Sachanträge, § 297 Rn 4, BGH FamRZ **96**, 1071, zB die Klage, Widerklage, Köln MDR **04**, 962, und deren Begründung, BGH NJW **95**, 1224, Knöringer NJW **77**, 2336, Schenkel MDR **04**, 790, einschließlich der nach § 253 II Z 2 erforderlichen Aufgliederung, BGH MDR **97**, 288. Auch Rechtsbehelfe gehören ebensowenig hierhin, Schenkel MDR **05**, 727. Ferner sind keine Angriffs- oder Verteidigungsmittel die im Weg einer Klagänderung vorgebrachten Ansprüche, Karlsr NJW **79**, 879, eine Klagerweiterung, BGH NJW **95**, 1224, Mü RR **95**, 740, Butzer NJW **93**, 2649, Rechtsausführungen oder ein Parteiwechsel, Deubner NJW **77**, 291. Vgl auch § 146 Rn 4.

72 **C. Verordneter Richter.** Unter diesem Namen kann man folgende Begriffe zusammenfassen: Den *beauftragten* Richter. Er erledigt als Mitglied eines Kollegiums einen ihm von diesem Kollegium erteilten Auftrag, also nicht der gesetzmäßige Einzelrichter nach §§ 348, 348 a, 526, 527, 568 oder der gemäß § 10 GVG tätige Referendar; ferner den *ersuchten* Richter. Er erledigt als außerhalb des ersuchenden Gerichts stehender Richter ein Ersuchen des Gerichts. Gebräuchlich ist für den verordneten Richter der Ausdruck Richterkommissar. Das Gesetz kennt beide Ausdrücke nicht.

73 **D. Anspruch** im Sinn der ZPO ist der prozeßrechtliche Anspruch, also der begehrte Rechtsausspruch, BGH VersR **78**, 59, der Streitgegenstand nach § 2 Rn 3 von einer anderen Seite, also nicht der Anspruch nach § 194 BGB. Derselbe bürgerlichrechtliche Anspruch kann im Gegenteil Gegenstand verschiedener prozessualer Ansprüche sein. Prozessual sind zB eine Leistungs-, Feststellungs- und Gestaltungsklage denkbar, Grdz 7–11 vor § 253.

E. Prozeßrechtsverhältnis. Grdz 4 vor § 128.

74 **9) Örtliche Geltung des Zivilprozeßrechts**

Schrifttum: *Grzybek*, Prozessuale Grundrechte im Europäischen Gemeinschaftsrecht, 1994; *Roth*, Die Reichweite der lex-fori-Regel im internationalen Zivilprozeßrecht, Festschrift für *Stree* und *Wessels*, 1993.

A. Deutschland. Die ZPO gilt in ganz Deutschland. Vor deutschen Gerichten muß man grundsätzlich nach deutschem Prozeßrecht verhandeln *(lex fori)*, BGH **125**, 199 und FamRZ **94**, 301, Hamm FamRZ **93**, 215. Das gilt unabhängig davon, welche Staatsangehörigkeit die Parteien haben, BVerfG **64**, 18 ff, und welches sachliche Recht das Gericht anwenden muß, BGH **78**, 114, LAG Mü IPRax **92**, 100, Fastrich ZZP **97**, 423, aM Grunsky ZZP **89**, 254 (stellt auf Zumutbarkeit ab. Aber damit weicht man für die Rechtssicherheit gefährlich auf), Kropholler Festschrift für Bosch (1976) 525 (maßgeblich sei, welche Aufgabe die fragliche Vorschrift habe (aber noch wichtiger ist doch wohl eine generell noch leichter verwendbare und der Rechtssicherheit noch eher dienende Anknüpfung).

75 Jedoch muß das Gericht *fremdstaatliches Recht* beachten, zB nach §§ 110, 114, 328, 722 ZPO, 24 EGZPO, oder bei der Klärung, ob eine Rechtshängigkeit im Ausland vorliegt, § 261 Rn 7, BGH NJW **86**, 663. Nach deutschem Recht gewähren die deutschen Gerichte Rechtshilfe. Zum Stand des internationalen Zivilprozeßrechts Grunsky ZZP **89**, 246. Zum Einfluß des Völkerrechts Rn 79.

76 Im *früheren* Westberlin galt die ZPO infolge des Rechtseinheitsgesetzes vom 9. 1. 51, VOBl 99, KG NJW **77**, 1694, und infolge der Übernahmegesetze als Bundesrecht. Daher war das Gesetz über die Vollstreckung von Entscheidungen auswärtiger Gerichte vom 26. 2. 53, GVBl 152, jedenfalls zum Teil nichtig, KG NJW **79**, 881, § 723 Rn 4. Vgl auch Einl II 3.

77 **B. Frühere Deutsche Demokratische Republik**

Schrifttum: *Brunner*, Einführung in das Recht der DDR, 2. Aufl 1979; *Kellner und andere*, Zivilprozeßrecht der DDR, 1980; *Lohmann*, Gerichtsverfassung und Rechtsschutz in der DDR, 1986.

Infolge des Beitritts der DDR nach Art 23 S 2 GG zur BRep ist nach Artt 3, 8 EV grundsätzlich auch die ZPO der BRep sowie die Fülle der Nebengesetze wegen Artt 70 ff GG auch im Gebiet der früheren DDR sofort und direkt in Kraft getreten, BGH VersR **92**, 1024. Wegen der abändernden Maßgaben EV Anl I KapIII Abschn III Z 5 a–l, BGBl **90**, 889 (927 ff). Diese Maßgaben sind bei den einschlägigen Vorschriften der ZPO eingearbeitet worden. Wegen der im EV erzielten, seit 3. 10. 90 geltenden Übergangsregelung vgl die Vorbemerkungen zur jeweiligen Kommentierung. Solange die DDR noch bestand, galt im wesentlichen noch der folgende, nur skizzierte Zustand, auch für solche Fälle, die nach dem Beitritt zur BRep noch nach Altrecht zu beurteilen wären: Im Verhältnis zur BRep war sie kein Ausland, ihre Bewohner keine Ausländer, sondern Deutsche, Artt 16, 116 I GG, und wie Bürger der BRep zu behandeln, (zumindest) soweit sie in den Schutzbereich der BRep und des GG gerieten, BVerfG **57**, 64, BGH **84**, 18, Schlesw SchlHA **83**, 13, OVG Münst JZ **79**, 136.

IV. Europäisches Zivilprozeßrecht **Einl IV**

Soweit Prozeßrecht zwischen der BRep und der DDR noch verschieden war (*interlokales Recht*), galt § 293, dort Rn 2, und im übrigen ebenfalls der Grundsatz der lex fori, BGH **84**, 19, Köln DtZ **91**, 28. Für innerdeutsches Kollisionsrecht war das IPR der BRep anwendbar, Mü OLGZ **86**, 189. Wegen eines früheren DDR-Anwalts vgl in der 55. Aufl SchlAnh VII Üb 1. Wegen der Anerkennung und Vollstreckung eines früheren DDR-Titels Einf 1, 2 vor § 328. Die innerdeutsche Rechts- und Amtshilfe war lt Erlassen der JM des Bundes und der Länder normalisiert worden; eine Beteiligung der Justizverwaltungen war entfallen.

10) Zeitliche Geltung des Zivilprozeßrechts 78

Schrifttum: *Heß,* Intertemporales Privatrecht, 1998; *Lüke,* Tempus regit actum – Anmerkungen zur zeitlichen Geltung von Verfahrensrecht, Festschrift für *Lüke* (1997) 391; *Pollinger,* Intertemporales Zivilprozeßrecht, Diss Mü 1988.

Neue Prozeßgesetze werden mit *Inkrafttreten* auch für anhängige Verfahren wirksam, soweit sie nichts Abweichendes bestimmen, BVerfG **39**, 167, BGH **114**, 4, Düss JB **02**, 587, Mü Rpfleger **02**, 281. Abgeschlossene prozessuale Tatbestände, wie ein Anerkenntnis, erfaßt das neue Gesetz nicht, Sedemund-Treiber DRiZ **77**, 104. Meist enthalten neue Prozeßgesetze Übergangsvorschriften. Sie werden in den letzten Jahren seit dem jeweiligen Inkrafttreten in den Vorbemerkungen zu den Kommentierungen der Einzelvorschriften dargestellt. Zu deren Vereinbarkeit mit dem GG grundsätzlich BVerfG RR **93**, 253. Es kann der sog Meistbegünstigungsgrundsatz anwendbar sein, Grdz 28 vor § 511, BGH NJW **02**, 2106. Man muß bürgerlichrechtliche Vorschriften der Prozeßgesetze nach dem neuen Prozeßgesetz beurteilen, wenn es zur Zeit der Verwirklichung ihres Tatbestands gilt, vorausgesetzt, daß das deutsche Recht anwendbar ist.

Vorrangige Sonderregeln ergeben sich, soweit man die Verjährung auch nach der Neufassung §§ 194 ff BGB seit 1. 1. 2002 berechnen muß. Hier muß man Art 229 § 5 EGBGB beachten.

11) Völkerrecht, Europarecht. Zum Einfluß des *Völkerrechts Glossner,* Völkerrecht und Zivilprozeß, in: 79 Festschrift für *Trinkner* (1995). Zum Europarecht *Atik* EuZW **04**, 686, *Rehm* Festschrift für *Heldrich* (2005) 955, *Rörig* EuZW **04**, 18, *Stadler* IPRax **04**, 11, Wagner NJW **03**, 2344 (je: Üb, auch rechtspolitisch). Zur mittlerweile direkten Einwirkung der *Europäischen Menschenrechtskonvention* Rn 15, 21 sowie EuGH IPRax **99**, 338; Ehricke IPRax **99**, 311; *Matscher* Festschrift für *Henckel* (1995) 13, *Matthei,* Der Einfluß der Rechtsprechung des Europäischen Gerichtshofes für Menschenrechte auf die ZPO, 2000; *Nagel/Bajons,* Beweis/Preuve/Evidence, Grundzüge des zivilprozessualen Beweisrechts in Europa, 2003; *Prütting,* Die Strukturen des Zivilprozesses unter Reformdruck und europäische Konvergenz?, Festschrift für *Schumann* (2001) 309; *Schmidt,* Zivilprozeß und Europakartellrecht, Festschrift für *Schumann* (2001) 405; *Schumann* Festschrift für *Schwab* (1990) 449; *Stürner,* Zur Struktur des europäischen Zivilprozesses, Festschrift für *Schumann* (2001) 491; *Tönsfeuerborn,* Einflüsse des Diskriminierungsverbots und der Grundfreiheiten der EG auf das nationale Zivilprozeßrecht, 2002; *Wolf* in: Festschrift für *Söllner* (2000). Zum Verhältnis des EuGH zu den nationalen Gerichten *Rodríguez Iglesias* NJW **00**, 1889 (Üb).

Art 65 EGV ermöglicht langfristig die *Kodifikation* eines Europäischen Internationalen Zivilprozeßrechts, *Drappatz,* Die Überführung des internationalen Zivilverfahrensrechts in eine Gemeinschaftskompetenz nach Art 65 EGV, 2002; Heß NJW **00**, 23. Zu deren Vorbereitung kann die EU bereits jetzt Harmonisierungsmaßnahmen im Bereich der grenzüberschreitenden Zivilrechtspflege erlassen, soweit sie für das reibungslose Funktionieren des Binnenmarkts erforderlich sind (das ist eine weite Generalklausel), Artt 61–69 EGV. Dazu gehören zB die VO(EG) Nr 1347/00 (Anerkennung und Vollstreckung), abgedruckt im Anh I 606 a ZPO, und die VO (EG) Nr 1348/00 (Zustellung), abgedruckt in Einf 3 vor § 1067, ferner die VO (EG) Nr 1206/01 (Beweisaufnahme), abgedruckt in Einf 3 vor § 1072. Artt 49, 50 EGV sowie die Richtlinie 77/249/EWG nehmen Einfluß auf die Erstattungsfähigkeit der Kosten eines ausländischen EU-ProzBev, EuGH NJW **04**, 833. Vgl ferner *Koenig/Pechstein/Sander,* EU-/EG-Prozessrecht, 2. Aufl 2002; *Kohler,* Vom EuGVÜ zur EuGVVO usw, Festschrift für *Geimer* (2002) 461; *Linke,* Europäisierung des Internationalen Privat- und Verfahrensrechts, Traum oder Trauma?, Festschrift für *Geimer* (2002) 529; *Stadler,* Die Europäisierung des Zivilprozeßrechts, Festgabe *50 Jahre Bundesgerichtshof* (2000) III 645, *Stadler* IPRax **04**, 2 (Üb). Es steht bevor eine VO (EG) zur Einführung eines europäischen Vollstreckungstitels für unbestrittene Forderungen, *Stadler* IPRax **04**, 2 (ausf). Ein offenkundig gegen EU-Recht verstoßendes Urteil kann Staatshaftung auslösen, EuGH NJW **03**, 3539.

Vgl ferner die folgenden Einl IV, V.

IV. Europäisches Zivilprozeßrecht

1) Überblick (*Geimer/Schütze,* Europäisches Zivilverfahrensrecht, 2. Aufl 2004; *Nagel/Gottwald,* Interna- 1 tionales Zivilprozeßrecht, 5. Aufl 2003; *Wagner* NJW **04**, 1835 u **03**, 2344; *Werwig-Hertneck/Mauch* FamRZ **04**, 574; *Pintens* FamRZ **03**, 329, 417 u 499; *Eichele* BRAK-Mitt **03**, 53; *Heß* NJW **02**, 2417 u JZ **01**, 573; *Kohler* FamRZ **02**, 709; *Piltz* NJW **02**, 789): Die EG hat sich das Ziel gesetzt, das Zivilprozessrecht zu vereinheitlichen, vgl die Entscheidung 20001/470/EG des Rates v 28. 5. 02 über die Einrichtung eines Europäischen Justiziellen Netzes für Zivil- u Handelssachen, AblEG L 174 S 25 (dazu § 16a EGGVG). Angestrebt wird die Schaffung eines europäischen Mahnverfahrens und eines europäischen Bagtellverfahrens, BR-Drs 46/03, vgl EuZW **03**, 482.

Aufgrund der Art 61 u 67 EGV hat der Rat folgende **Verordnungen** erlassen:

A. Verordnung (EG) Nr 1346/2000 v 29. 5. 00 über Insolvenzverfahren v 29. 5. 00, ABlEG L 160 1; die VO ist am 31. 5. 02 in Kraft getreten, Art 47 (BGH RR **04**, 848); Durchführung: Art 102 EGInsO idF des Art 1 G v 14. 3. 03, BGBl 345;

B. Verordnung (EG) Nr 1347/2000 v 29. 5. 00 über die Zuständigkeit und die Anerkennung und Vollstreckung von Entscheidungen in Ehesachen und in Verfahren betreffend die elterliche Verantwortung

Einl V Einleitung

für die gemeinsamen Kinder der Ehegatten, ABlEG L 160 19; die VO ist am 1. 3. 01 in Kraft getreten, vgl Anh I § 606 a ZPO (vollständiger Abdruck mit allen Anhängen in der Beilage zu NJW 1/01);

C. Verordnung (EG) Nr 1348/2000 v 29. 5. 00 über die Zustellung gerichtlicher und außergerichtlicher Schriftstücke in Zivil- oder Handelssachen in den Mitgliedstaaten, ABlEG L 160 37; die VO ist am 31. 5. 01 in Kraft getreten, vgl Einf § 1067 ZPO (vollständiger Abdruck mit allen Anhängen in der Beilage zu NJW 1/01); zu ihr ist das Durchführungsgesetz v 9. 7. 01, BGBl 1536, ergangen.

D. Verordnung (EG) Nr 44/2001 v 22. 12. 00 über die gerichtliche Zuständigkeit und die Anerkennung und Vollstreckung in Zivil- und Handelssachen, ABlEG 01 L 12 1; sie ist am 1. 3. 02 in Kraft getreten, Micklitz/Rott EuZW **01**, 325. Vgl Schlußanh V C 4.

E. Verordnung (EG) Nr 1206/2001 v 28. 5. 01 über die Zusammenarbeit zwischen den Gerichten der Mitgliedstaaten auf dem Gebiet der Beweisaufnahme in Zivil- oder Handelssachen, ABlEG L 174/1; sie ist am 1. 7. 01 in Kraft getreten und gilt mit Ausnahme der Art 19, 21 und 22, die ab 1. 7. 01 gelten, ab 1. 1. 04. Vgl Einf § 1072 ZPO.

F. Verordnung (EG) Nr 74/2002 v 25. 4. 02 über eine allgemeine Rahmenregelung der Gemeinschaft für Aktivitäten zur Erleichterung der justiziellen Zusammenarbeit in Zivilsachen, ABlEG L 115/1. Danach sollen insbesondere der Rechtszugang innerhalb der EU und die gegenseitige Anerkennung gerichtlicher Entscheidungen verbessert werden.

G. Verordnung (EG) Nr 1/2003 v 16. 12. 02 zur Durchführung der in den Art 81 u 82 niedergelegten Wettbewerbsregeln, ABlEG Nr L 1 v 4. 1. 03 S 1; diese Kartellverfahrensordnung (Abdruck Beil z Heft 3 der EuZW) tritt am 1. 5. 04 in Kraft, vgl Weitbrecht EuZW **03**, 69 u 357.

H. Verordnung (EG) Nr 2201/2003 v 27. 11. 03 über die Zuständigkeit und die Anerkennung und Vollstreckung von Entscheidungen in Ehesachen und in Verfahren betreffend die elterliche Verantwortung und zur Aufhebung der Verordnung (EG) Nr. 1347/2000, ABlEG Nr L 338 v 23. 12. 03. Diese VO (Abdruck Anh I zu § 606 a) ist im Wesentlichen am 1. 3. 2005 in Kraft getreten. Zu ihrer Durchführung ist das Gesetz zum internationalen Familienrecht v 26. 1. 05, BGBl 162, ergangen (abgedruckt im Anh II zu § 606 a).

I. Verordnung (EG) Nr 805/2004 v 21. 4. 04 zur Einführung eines Europäischen Vollstreckungstitels für unbestrittene Forderungen, (ABlEG L 143/15). Sie gilt ab 21. 10. 05 mit Ausnahme der Artikel 30, 31 und 32, die ab dem 21. 1. 05 gelten, vgl Wagner NJW **05**, 1157; Stein EuZW **04**, 679. Zu der Verordnung ist das EG-Vollstreckungstitel-Durchführungsgesetz v 18. 8. 05, BGBl 2477, ergangen; vgl Einf § 1079.

2   **2) Gemeinsames.** Die Verordnungen gelten unmittelbar und haben als Rechtsakte des sekundären Gemeinschaftsrechts gegenüber allen Vorschriften des nationalen Rechts Vorrang mit verdrängender Wirkung, Art 249 EG, soweit sie nicht abweichendes bestimmen, vgl Anh I § 606 a ZPO Einf Rn 4. Sie gelten in allen Staaten der Europäischen Union mit Ausnahme von Dänemark, Art 1 u 2 des Protokolls zur Position Dänemarks, Anlage zu den Verträgen über EG und EU; demgemäß gelten die Verordnungen seit dem 1. 5. 04 auch für die tschechische Republik, Estland, Zypern, Lettland, Litauen, Ungarn, Malta, Polen, Slowenien und die Slowakei, Wagner NJW **04**, 1837. Über die Auslegung der VOen entscheidet der EuGH nach Art 234 EG mit den sich aus Art 68 EG ergebenden Maßgaben, vgl Anh § 1 GVG. Zum Rechtsschutz gegen EG-Verordnungen vgl EuGH NJW **04**, 2006, dazu Lenz/Staeglich NVwZ **04**, 142.

3   **3) Sonstige Rechtsetzungsakte der EU.** Von den Verordnungen unterscheiden sich die Richtlinien. Sie bedürfen der Umsetzung durch nationales Recht, vgl Ehricke EuZW **04**, 359.

V. Zwischenstaatliches Zivilprozeßrecht

1   **Schrifttum** (Auswahl): *Bülow/Böckstiegel/Geimer/Schütze*, Der Internationale Rechtsverkehr in Zivil- und Handelssachen, 3. Aufl, ab 1983; *Geimer/Schütze*, Europäisches Zivilverfahrensrecht, 2. Aufl 2004; *Geimer*, Internationales Zivilprozeßrecht, 4. Aufl 2001; *Geimer*, Anerkennung ausländischer Entscheidungen in Deutschland, 1995; *Geimer/Schütze*, Internationale Urteilsanerkennung, Bd I 1 1983, I 2 1984, II 1971; *Gottwald*, Internationales Zivilprozeßrecht, MüKo Schlußband, 2000; *Handbuch* des internationalen Zivilverfahrensrechts, hrsg v Max-Planck-Institut, Bd III 1 u 2 1984; *Jayme/Hausmann*, Internationales Privat- u Verfahrensrecht, 11. Aufl 2002; *Kropholler*, Europäisches Zivilprozeßrecht, 7. Aufl 2002; *Linke*, Internationales Zivilprozeßrecht, 3. Aufl 2001; *Nagel/Gottwald*, Internationales Zivilprozeßrecht, 5. Aufl 2002; *Schack*, Internationales Zivilverfahrensrecht, 1991; *Schlosser*, EU-Zivilprozeßrecht 2. Aufl 2003; *Schütze*, Deutsches Internationales Zivilprozeßrecht, 1985.

1) ZPO-Vorschriften. Einige einschlägige Vorschriften finden sich in der ZPO (§ 110: Sicherheitspflicht, §§ 199 ff: Zustellung, § 328: Anerkennung ausländischer Urteile, §§ 363, 364: Beweisaufnahme, §§ 722, 723: Zwangsvollstreckung aus ausländischen Urteilen, § 791: Zwangsvollstreckung im Ausland). Doch sind damit die zivilprozeßrechtlichen Rechtsbeziehungen zum Ausland nicht annähernd erschöpft. Staatsverträge enthalten vielfach besondere Vorschriften, die der ZPO als Sonderrecht vorgehen. Auf die wichtigsten dieser Verträge wird im folgenden hingewiesen.

2   **2) EuGVÜ.** Von großer Bedeutung für den Bereich der Europäischen Gemeinschaft war das am 27. 9. 68 geschlossene **Übereinkommen über die gerichtliche Zuständigkeit und die Vollstreckung gerichtlicher Entscheidungen in Zivil- und Handelssachen**, BGBl 72 II 774, das am 1. 2. 73 in Kraft getreten ist, **Schlussanh V C**; wegen des Geltungsbereichs s 61. Aufl.

Die **Revision** des EuGVÜ, dazu Heß NJW **00**, 23, hat zum Erlaß der **Verordnung (EG) Nr 44/2001** geführt, dazu Micklitz/Rott EuZW **01**, 325. Sie ist am 1. 3. 02 in Kraft getreten, Art 76 VO, und ersetzt nach Maßgabe ihrer Übergangsvorschriften, Art 68 VO, das EuGVÜ (das nur im Verhältnis zu Dänemark unberührt bleibt, oben Einl IV Rn 2). Die VO hat auch Vorrang vor anderen Übk, Art 69 VO. Vgl **Schlußanh V C 4**.

V. Zwischenstaatliches Zivilprozeßrecht
Einl V

Wegen des fast gleichlautenden **LuganoÜbk mit den EFTA-Staaten** v 16. 9. 88, BGBl 94 II 2660, das seit dem 1. 3. 95 für Deutschland in Kraft getreten ist, BGBl II 221, s **Schlußanh V D** (mit Liste der Vertragsstaaten, Üb Rn 1, s auch unten Rn 15 ff). Zum Verhältnis des LuganoÜbk zum EuGVÜ s Art 54 u Art 54 b LuganoÜbk, Schlußanh V C 1 u V D 1.

Für die Ausführung beider Übk gilt das **AVAG, Schlußanh V E**.

3) Weitere Staatsverträge. Auch sie gelten für das gesamte Staatsgebiet der Bundesrepublik (einschließ- **3** lich der früheren DDR und Ost-Berlins, Art 11 EV, dazu Andrae IPrax **94**, 223 mwN, ua Siehr RabelsZ **91**, 243, Mansel JR **90**, 441 mwN, OGH Wien IPrax **92**, 104), vgl Schlußanh V A u B, VI. Zur einstweiligen Fortgeltung der von der früheren DDR abgeschlossenen Staatsverträge und zu ihrem Erlöschen, Art 12 EV, s Andrae aaO, Leible FamRZ **91**, 1245 mwN, Siehr RabelsZ **91**, 245, v. Hoffmann IPrax **91**, 9, Mansel aaO, Drobnig DtZ **91**, 76, Dannemann DtZ **91**, 130, vgl Schlußanh V Üb 2 (auch zu den Bek über ihr Erlöschen).[1]

A. Rechtsschutz und Rechtshilfe. a) Hierhin gehörte vor allem das **Haager Abk über den Zivilprozeß** vom 17. 7. 1905, RGBl 09, 409, mit AusfG v 5. 4. 1909, RGBl 430. Es gilt nur noch im Verhältnis der Bundesrepublik zu Island (Bek v 5. 6. 26, RGBl II 553).

An die Stelle dieses Abk ist im Verhältnis zu allen anderen Vertragsstaaten das **Haager Übk über den Zivilprozeß** v 1. 3. 54, BGBl 58 II 577, getreten, Art 29, in der Bundesrepublik in Kraft seit 1. 1. 60, Bek v 2. 12. 59, BGBl II 1388 (BBGS 100–190). Vertragsstaaten sind: Ägypten, Argentinien, Armenien, Belgien, Bosnien/Herzegowina, Dänemark, Finnland, Frankreich, Georgien, Israel, Italien, Japan, Jugoslawien (s u Rn 18), Kasachstan, Kirgisistan, Kroatien, Lettland, Libanon, Litauen, Luxemburg, Marokko, Mazedonien, Republik Moldau, Niederlande, Norwegen, Österreich, Polen, Portugal, Rumänien, Russische Föderation, Schweden, Schweiz, Slowakei, Slowenien, (ehem) Sowjetunion, Spanien, Suriname, Tschechische Republik, (ehem) Tschechoslowakei, Türkei, Ukraine, Ungarn, Usbekistan, Vatikanstadt, Weißrußland, Zypern. Es gilt nur für die europäischen Gebiete der Vertragsstaaten; die Ausdehnung auf außereuropäische Gebiete ist in Art 30 II vorgesehen und zT erfolgt. Art 1–16 des Übk werden im Verhältnis zwischen den Vertragsparteien durch das Haager ZustI- u BewAufnÜbk ersetzt, s u Teile der amtlichen Übersetzung des Übk sind an folgenden Stellen dieses Werks abgedruckt: die Vorschriften über das Zustellungswesen Anh § 202 ZPO, Rechtshilfeersuchen Anh I § 168 GVG, Sicherheitsleistung für Prozeßkosten Anh § 110 ZPO, Vollstreckbarerklärung von Kostenentscheidungen Schlußanh V A 1, Prozeßkostenhilfe (Armenrecht) Anh § 114, Personenhaft Anh § 918 ZPO. Das zum Vertrag erlassene AusfG vom 18. 12. 58, BGBl I 939, ist in seinen betreffenden Teilen an den angegebenen Stellen abgedruckt.

Das **Haager Übk über die Zustellung gerichtlicher und außergerichtlicher Schriftstücke im** **4** **Ausland in Zivil- oder Handelssachen v 15. 11. 65,** BGBl 77 II 1453 (BBGS 350–354), und das **Haager Übk über die Beweisaufnahme im Ausland in Zivil- oder Handelssachen v 18. 3. 1970,** BGBl 77 II 1472 (BBGS 370–374), die im Verhältnis zu den ihnen beitretenden Staaten die entsprechenden Vorschriften der Konvention von 1954 (Art 1–7 u 8–16) ersetzen, Böckstiegel/Schlafen NJW **78**, 1073 (ZustimmungsG v 22. 12. 77, BGBl II 1452, u AusfG v 22. 12. 77, BGBl I 3105), sind seit dem 26. 6. 79 für die BRep in Kraft, Bek v 21. 6. 79, BGBl II 779/780. – Wegen des Abdrucks vgl Anh § 183, Anh § 363 u Anh § 168 GVG. **Geltungsbereich des Zustellungs-Übk** gemäß Bek v 23. 6. 80, BGBl II 907, und weiteren Bek (dort ist auch der Wortlaut der von den Vertragsstaaten notifizierten Erklärungen und Erstreckungen veröffentlicht): Ägypten, Anguilla (Bek v 29. 11. 82, BGBl II 1055), Antigua u Barbuda (Bek v 23. 9. 87, BGBl II 613, u 7. 10. 88, BGBl II 966), Argentinien (Bek v 6. 8. 02, BGBl II 2436), Bahamas (Bek v 4. 2. 98, BGBl II 288 u 23. 4. 99, BGBl II 400), Barbados, Belgien, Botsuana, Bulgarien (Bek v 14. 2. 01, BGBl II 270), China (Bek v 21. 1. 92, BGBl II 146, m Zusatzerkl, u v 27. 9. 96, BGBl II 2531, v 7. 11. 02, BGBl II 2882), Dänemark, Estland (Bek v 5. 11. 96, BGBl II 2758), Finnland, Frankreich (Zusatz-Bek v 22. 3. 84, BGBl II 265), Griechenland (Bek v 1. 9. 83, BGBl II 575, m Zusatzerkl v 13. 7. 99, BGBl II 145), Irland (Bek v 5. 11. 96, BGBl II 2758), Israel, Italien (Bek v 22. 4. 82, BGBl II 522), Japan, Kanada (Bek v 24. 8. 89, BGBl II 807), Korea (Bek v 14. 2. 01, BGBl II 270), Kuwait (Bek v 31. 1. 03, BGBl II 205), Lettland (Bek v 14. 11. 95, BGBl II 1065), Litauen (Bek v 6. 8. 02, BGBl II 2436), Luxemburg, Malawi, Mexiko (Bek v 14. 2. 01, BGBl II 270), Niederlande (für das Königreich in Europa u Aruba, Bek v 6. 3. 87, BGBl II 214, mit Zusatzerklärung, Bek v 31. 10. 89, BGBl II 863), Norwegen, Pakistan (Bek v 24. 10. 90, BGBl II 1650), Polen (Bek v 27. 9. 96, BGBl II 2531), Portugal (u Macau, Bek v 23. 4. 99, BGBl II 400); Rumänien, Bek v 7. 4. 04, BGBl II 644; Russische Föderation (Bek v 6. 8. 02, BGBl II 2436), San Marino (Bek v 31. 1. 03, BGBl II 205), Schweden, Schweiz (Bek v 17. 7. 95, BGBl II 755), Seychellen (Bek v 6. 11. 81, BGBl II 1029), Slowakei (vgl Bek v 2. 11. 93, BGBl II 2164, u v 27. 9. 96, BGBl II 2531), Slowenien (Bek v 6. 8. 02, BGBl II 2436), Spanien (Bek v 23. 9. 87, BGBl II 613, v 27. 9. 96, BGBl II 2531, u 13. 7. 99, BGBl II 714), Sri Lanka (Bek v 6. 8. 02, BGBl II 2436), Tschechische Republik (vgl Bek v 2. 11. 93, BGBl II 2164), (ehem) Tschechoslowakei, Türkei, Ukraine (Bek v 6. 8. 02, BGBl II 2436), Ungarn (Bek v 6. 5. 05, BGBl II 591), Venezuela (Bek v 7. 5. 93, BGBl II 757), Vereinigtes Königreich (Bek v 29. 8. 80, BGBl II 1281) einschl St. Christoph-Nevis (Bek v 22. 4. 83, BGBl II 321), Vereinigte Staaten (einschl Nördliche Marianen), Weißrußland (Bek v 4. 2. 98, BGBl II 288) sowie Zypern (Bek v 7. 5. 84, BGBl II 506). Wegen weiterer **Erstreckungserklärungen** s Anh § 202 Bem zu Art 2 des Übk. – Das **Beweisaufnahme-Übk** ist in Kraft, vgl Bek v 5. 9. 80, BGBl II 1290 (dort ist auch der Wortlaut der von den Vertragsstaaten notifizierten Erklärungen und Vorbehalte veröffentlicht), im Verhältnis zu: Argentinien (Zusatzerklärung, Bek v 30. 8. 88, BGBl II 823), Australien (Zusatzerklärung, Bek v 23. 9. 93, BGBl II 2398), Barbados, Bulgarien (Zusatzerklärung, Bek v 21. 5. 01, BGBl II 1004), China (Zusatzerklärungen, Bek v 1. 7. 98, BGBl 98 II 1729, u v 7. 11. 02, BGBl II 2923), Dänemark (Zusatzerklärung, Bek v 12. 11. 80, BGBl II 1440), Estland (Zusatzerklärung, Bek v 29. 8. 96, BGBl II 2494), Finnland

---

[1] Soweit die Abkommen nicht abgedruckt sind, vgl die im Text folgenden Hinweise, wird auf die Wiedergabe bei Jayme/Hausmann, Internationales Privat- und Verfahrensrecht, 12. Aufl 2004, verwiesen.

Einl V

(Zusatzerklärungen, Bek v 19. 2. 81, BGBl II 123, v 5. 7. 82, BGBl II 682), Frankreich, Israel (Zusatzerklärungen, Bek v 5. 6. 81, BGBl II 374, u v 20. 5. 87, BGBl II 307), Italien (Zusatzerklärung, Bek v 9. 11. 82, BGBl II 998), Lettland (Bek v 27. 11. 95, BGBl 96 II 16), Litauen (Zusatzerklärung, Bek v 14. 12. 01, BGBl 02 II 153), Luxemburg, Macau (Zusatzerklärung, Bek v 27. 8. 01, BGBl II 1005), Mexiko (Zusatzerklärung, Bek v 26. 3. 90, BGBl II 298), Monaco (Zusatzerklärung, Bek v 3. 12. 86, BGBl II 4135), Niederlande für das Königreich in Europa (Zusatzerklärung, Bek v 17. 7. 81, BGBl II 573) u Aruba (Bek v 3. 12. 86, BGBl II 1136), Norwegen (Zusatzerklärung, Bek v 12. 11. 80, BGBl II 1440), Polen (Bek v 28. 8. 96, BGBl II 2494, u v 9. 12. 96, BGBl 97 II 161), Portugal, Schweden (Zusatzerklärung, Bek v 12. 11. 80, BGBl II 1440), Schweiz (Zusatzerklärung, Bek v 6. 6. 95, BGBl II 532), Singapur (Zusatzerklärung, Bek v 21. 10. 81, BGBl II 962), Slowakei (Bek v 23. 9. 93, BGBl II 2398), Slowenien (Zusatzerklärung, Bek v 14. 12. 01, BGBl 02 II 153), Spanien (Zusatzerklärung, Bek v 11. 8. 99, BGBl II 788), Sri Lanka (Zusatzerklärung, Bek v 14. 12. 01, BGBl 02 II 153), Südafrika (Zusatzerklärung, Bek v 2. 12. 97, BGBl II 2225), Tschechische Republik (Bek v 23. 9. 93, BGBl II 2398), Türkei (Zusatzerklärung, Bek v. 1. 2. 05, BGBl II 329), Ukraine (Zusatzerklärung, Bek v 12. 4. 02, BGBl II 1161), Ungarn (Bek v 1. 2. 05, BGBl II 329), Venezuela (Zusatzerklärung, Bek v 29. 9. 94, BGBl II 3647), Vereinigtes Königreich (dazu Bek v 29. 8. 80, BGBl II 1281, u Bek v 12. 11. 80, BGBl II 1440 u Bek v 3. 12. 86, BGBl II 1137, betr Anguilla, sowie Bek v 20. 5. 87, BGBl 306, betr Jersey), Vereinigte Staaten und Zypern (Bek v 12. 6. 84, BGBl II 567, u v 13. 9. 84, BGBl II 919), Weißrußland (Zusatzerklärung, Bek v 12. 4. 02, BGBl II 1161). Vgl i ü Anh A § 363.

5 **Zusatzvereinbarungen** zur weiteren Erleichterung des Rechtsverkehrs bestanden zuletzt (und bestehen hinsichtlich der nicht durch die neuen Übk ersetzten Teile) mit Belgien v 25. 4. 59, BGBl II 1525, Dänemark v 1. 6. 10, RGBl 873, idFass v 6. 1. 32, RGBl II 20, u 1. 6. 14, RGBl 205, Frankreich v 6. 5. 61, BGBl II 1040, Luxemburg v 1. 8. 09, RGBl 910, den Niederlanden v 30. 8. 62, BGBl 64 II 469 (seit 3. 5. 64 an Stelle des bisherigen Vertrages v 31. 7. 09) nebst den niederländischen Antillen v 5. 2. 68, BGBl II 95, Norwegen v 2. 8. 09, RGBl 912, BGBl 53 II 257, und v 17. 6. 77, BGBl 79 II 1292, Österreich v 6. 6. 59, BGBl II 1523, Polen v 7./22. 10. 93, BGBl 94 II 361, Schweden v 1. 2. 10, RGBl 456, der Schweiz v 30. 4. 10, RGBl 674; im Verhältnis zur Schweiz gilt ferner das Abk über das Verfahren bei Anträgen auf Vollstreckbarerklärung der im Art 18 HZPrAbk v 17. 7. 05 bezeichneten Kostenentscheidungen v 24. 12. 29, RGBl 30 II 1, weiter.

b) Der Erleichterung der Verfolgung von Unterhaltsansprüchen dient das **UN-Übk über die Geltendmachung von Unterhaltsansprüchen im Ausland** v 20. 6. 56, BGBl 59 II 150. Es ist im Anh II § 168 GVG (mit Liste der Vertragsstaaten) abgedruckt und erläutert. Daneben tritt das Auslandsunterhaltsgesetz v 19. 12. 86, BGBl 2563; vgl Anh III § 168 GVG. Wegen des Haager UnterhVollstrÜbk s unten Rn 7.

6 **c) Ferner bestehen** mit mehreren Staaten **Sonderverträge**, nämlich im Verhältnis zu: **Griechenland**, Abk v 11. 5. 38, RGBl 39 II 849, wieder in Kraft seit 1. 2. 52 (Bek v 26. 6. 52, BGBl II 634), nebst AusfVO vom 31. 5. 39, RGBl II 847; **Großbritannien mit Nordirland** Abk v 20. 3. 28, RGBl II 624, wieder in Kraft seit 1. 1. 53 (Bek v 13. 3. 53, BGBl II 116), nebst AusfVO v 5. 3. 29, RGBl II 135; gilt ebenso für Barbados, Bek v 14. 5. 71, BGBl II 467, für Fidschi, Bek v 7. 8. 72, BGBl II 904, für Gambia, Bek v 27. 10. 69, BGBl II 2177, für Kanada, Bek vom 29. 11. 35, RGBl II 848, wieder in Kraft seit 1. 1. 53, Bek vom 14. 12. 53, BGBl 54 II 15; für Neuseeland, Bek vom 31. 8. 29, RGBl II 637, wieder in Kraft seit 1. 1. 53 (Bek vom 13. 3. 53, BGBl II 118); für Australien, Bek vom 17. 12. 32, RGBl II 307, wieder in Kraft seit 1. 7. 54 (Bek vom 6. 6. 55, BGBl II 699, Bek vom 24. 10. 55, BGBl II 918, Bek v 24. 7. 56, BGBl II 890, Bek v 18. 7. 57, BGBl II 744); für die Föderation von Rhodesien u Nyassaland, Bek v 30. 7. 57, BGBl II 1276, wieder in Kraft seit 20. 8. 55, für weitere britische oder ehemals britische Gebiete, darunter Hongkong, Bek v 13. 4. 60, BGBl II 1518, Malaysia, Bek v 29. 4. 75, BGBl II 576, Malta, Bek v 6. 2. 68, BGBl II 95, und Mauritius, Bek v 26. 7. 71, BGBl II 1108, Singapur, Bek v 29. 4. 76, BGBl II 576, Swasiland, Bek v 30. 3. 71, BGBl II 224, Trinidad, BGBl 61 II 1681, und Tobago, Bek v 25. 11. 66, BGBl II 1564, Jamaica, Bek v 18. 8. 66, BGBl II 835, Nigeria, Bek v 30. 1. 67, BGBl II 827, Malawi, Bek v 18. 5. 67, BGBl II 1748, Lesotho, Bek v 26. 6. 74, BGBl II 987, Zypern, Bek v 23. 4. 75, BGBl II 1129, Seychellen, Bek v 5. 12. 77, BGBl II 1271, Bahamas, Bek v 15. 6. 78, BGBl II 915. Sierra Leone betrachtet sich als an das Abkommen gebunden, Bek v 23. 9. 67, BGBl II 2366, ebenso Grenada, Bek v 12. 3. 75, BGBl II 366, und die Salomonen, Bek v 23. 9. 80, BGBl II 1346, sowie St. Lucia, Bek v 1. 12. 83, BGBl II 798. Das Abkommen gilt ferner im Verhältnis zu Nauru, Bek v 22. 7. 82, BGBl II 750, und Dominica, Bek v 13. 1. 86, BGBl II 416, dagegen **nicht** mehr im Verhältnis zu Ghana, Jordanien, Kamerun, Sri Lanka und Uganda. Weitere Rechtshilfeverträge: **Marokko**, Vertrag v 29. 10. 85, BGBl 88 II 1055, in Kraft 23. 6. 94, BGBl II 1192; **Türkei**, Abk v 28. 5. 29, RGBl 30 II 7, wieder in Kraft seit 1. 3. 52 (Bek v 29. 5. 52, BGBl II 608), nebst AusfVO v 26. 8. 31, RGBl II 537. **USA**, Freundschafts-, Handels- und Schiffahrtsvertrag v 29. 10. 54, BGBl 56 II 488, in Kraft seit 14. 7. 56, Bek v 28. 6. 56, BGBl II 763 (enthält auch Bestimmungen über die Anerkennung von Schiedsverträgen sowie die Anerkennung und Vollstreckung von Schiedssprüchen). Mit **Liechtenstein** besteht eine Verständigung, daß der unmittelbare Geschäftsverkehr zwischen den beiderseitigen Justizbehörden zugelassen wird, Bek v 25. 3. 59, BAnz Nr 73 S 1. Bestimmungen über Rechtsschutz und Rechtshilfe enthält auch der Vertrag mit **Tunesien** v 19. 7. 66, BGBl 69 II 889, vgl Schlußanh V B 8.

7 **B. Anerkennung und Vollstreckung. a)** Das **Haager Übereinkommen über die Anerkennung und Vollstreckung von Entscheidungen auf dem Gebiet der Unterhaltspflicht gegenüber Kindern** v 15. 4. 58, BGBl 61 II 1005, u AusfG v 18. 7. 61, BGBl I 1033, in Kraft für die Bundesrepublik seit 1. 1. 62, Bek v 15. 12. 61, BGBl 62 II 15, gilt noch im Verhältnis zu den Vertragsstaaten, die dem neuen Übk, s u, nicht beigetreten sind: Belgien (1. 1. 62), überseeische Gebiete Frankreichs (25. 7. 66), Liechtenstein (7. 12. 72), Österreich (1. 1. 62), Suriname (25. 11. 75, weitere Bek BGBl 80 II 1416) und Ungarn (19. 12. 64). Vgl Schlußanh V A 2 Rn 1. – Das **Haager Übereinkommen über die Anerkennung und Vollstreckung von Unterhaltsentscheidungen** v 2. 10. 73, BGBl 86 II 825, ist für die BRep (mit Zusatzerklärung) im Verhältnis zu folgenden Staaten am 1. 4. 87 in Kraft getreten (Bek v 25. 3. 87, BGBl II 221):

V. Zwischenstaatliches Zivilprozeßrecht   Einl V

Finnland, Frankreich (ohne überseeische Gebiete), Italien, Luxemburg, Mazedonien, Niederlande, Norwegen, Polen, Portugal, Schweden, Schweiz (s BGBl 93 II 1008), Slowakei (s BGBl 93 II 2170), Tschechische Republik (s BGBl 93 II 1008), (ehem) Tschechoslowakei, Türkei und Vereinigtes Königreich (alle diese Staaten haben Zusatzerklärungen abgegeben), ferner für Australien (Bek v 19. 2. 02, BGBl II 751), Dänemark (einschließlich Färöer, ohne Grönland) am 1. 1. 88 (Bek v 6. 1. 88, BGBl II 98), für Estland am 1. 4. 98 (Bek v 11. 3. 98, BGBl II 684), für Litauen am 1. 10. 03 (Bek v 1. 8. 03, BGBl II 1976) u für Spanien am 1. 9. 87 (Bek v 14. 7. 87, BGBl II 404), jeweils mit Zusatzerklärung. Das AusfG v 25. 7. 86, BGBl 1156, ist mWv 6. 88 durch das AVAG, Schlußanh V D, ersetzt worden. Wegen des Abdrucks s **Schlußanh V A 2.** – Zum **Haager Übereinkommen über Kindesentführung** und zum **Europäischen Sorgerechtsübereinkommen** v 25. 10. 80 bzw 20. 5. 80, BGBl 90 II 207 bzw 220, und zum AusfG v 5. 4. 90, BGBl 701, s **Schlußanh V A 3** (mit Liste der Vertragsstaaten); wegen den VO EG Nr 1347/2000 vgl Rn 2 a.

b) Im übrigen gelten **Sonderverträge**, die im **Schlußanh V B** abgedruckt und teilweise erläutert sind: **8** Das **deutsch-schweizerische Abkommen über Anerkennung und Vollstreckung von gerichtlichen Entscheidungen und Schiedssprüchen** v 2. 11. 29, RGBl 30 II 1065, in Kraft seit 1. 12. 30, Bek v 5. 11. 30, RGBl II 1270, mit AusfVO v 23. 8. 30, RGBl II 1209. – Das **deutsch-italienische Abkommen über Anerkennung und Vollstreckung gerichtlicher Entscheidungen** in Zivil- und Handelssachen v 9. 3. 36, RGBl 37 II 145, wieder in Kraft seit 1. 10. 52 (Bek v 23. 12. 52, BGBl 986), nebst AusfVO dazu v 18. 5. 37, RGBl II 143. Es enthält auch Bestimmungen über die Anerkennung und Vollstreckung von Schiedssprüchen, Art. 8. Wirksam ist es nur noch auf Gebieten, für die das EuGVÜ nicht gilt. – Der **deutsch-österreichische Vertrag über die gegenseitige Anerkennung und Vollstreckung von gerichtlichen Entscheidungen, Vergleichen und öffentlichen Urkunden** in Zivil- und Handelssachen v 6. 6. 59, BGBl 60 II 1246, in Kraft seit 29. 5. 60, Bek v 4. 5. 60, BGBl II 1523, nebst AusfG v 8. 3. 60, BGBl I 169. – Das **deutsch-belgische Abkommen über die gegenseitige Anerkennung und Vollstreckung von gerichtlichen Entscheidungen, Schiedssprüchen und öffentlichen Urkunden** in Handels- und Zivilsachen v 30. 8. 58, BGBl 59 II 766, in Kraft seit 27. 1. 61, Bek v 23. 11. 60, BGBl II 2408; dazu G v 26. 6. 59, BGBl II 765. Wirksam ist es nur noch auf Gebieten, für die das EuGVÜ nicht gilt. – Das **deutsch-britische Abkommen über die gegenseitige Anerkennung und Vollstreckung von gerichtlichen Entscheidungen in Zivil- und Handelssachen** v 14. 7. 60, BGBl 61 II 302, in Kraft seit 15. 7. 61, Bek v 28. 6. 61, BGBl II 1025; dazu G v 28. 3. 61, BGBl I 301. Wirksam ist es nur noch auf Gebieten, für die das EuGVÜ nicht gilt. Erstreckung auf Hongkong, Bek v 15. 8. 73, BGBl II 1306, u 23. 11. 73, BGBl II 1667. – Der **deutsch-griechische Vertrag über die gegenseitige Anerkennung und Vollstreckung von gerichtlichen Entscheidungen, Vergleichen und öffentlichen Urkunden** in Zivil- und Handelssachen v 4. 11. 61, BGBl 63 II 109, in Kraft seit 18. 9. 63, Bek v 12. 9. 63, BGBl II 1278; dazu AusfG v 5. 2. 63, BGBl I 129, in Kraft seit 18. 9. 63, Bek v 12. 9. 63, BGBl I 766. – Der **deutsch-niederländische Vertrag über die gegenseitige Anerkennung und Vollstreckung gerichtlicher Entscheidungen und anderer Schuldtitel** in Zivil- und Handelssachen v 30. 8. 1962, BGBl 65 II 27, nebst AusfG v 15. 1. 65, BGBl I 17, beide in Kraft seit 15. 9. 65, Bek v 11. 8. 65, BGBl II 1040, seit dem 1. 2. 71 auch für die Niederländischen Antillen, Bek v 14. 1. 71, BGBl II 11. Wirksam ist er nur noch auf Gebieten, für die das EuGVÜ nicht gilt. – Der **deutsch-tunesische Vertrag über Rechtsschutz und Rechtshilfe, die Anerkennung und Vollstreckung gerichtlicher Entscheidungen in Zivil- und Handelssachen sowie über die Handelsschiedsgerichtsbarkeit** v 19. 7. 66, G v 29. 4. 69, BGBl II 889, in Kraft seit 13. 3. 70, Bek v 2. 3. 70, BGBl I 307. – Der **deutsch-israelische Vertrag über die gegenseitige Anerkennung und Vollstreckung gerichtlicher Entscheidungen in Zivil- und Handelssachen** v 20. 7. 77, G v 13. 8. 80, BGBl II 925, in Kraft seit 1. 1. 81, Bek v 19. 12. 80, BGBl II 2354. – Der **deutsch-norwegische Vertrag über die gegenseitige Anerkennung und Vollstreckung gerichtlicher Entscheidungen und anderer Schuldtitel in Zivil- und Handelssachen** v 17. 6. 77, G v 10. 6. 81, BGBl II 341, in Kraft seit 3. 10. 81, Bek v 14. 9. 81, BGBl II 901. – Der **deutsch-spanische Vertrag über die Anerkennung und Vollstreckung von gerichtlichen Entscheidungen und Vergleichen sowie vollstreckbaren öffentlichen Urkunden** v 14. 11. 83, G v 14. 1. 87, BGBl II 34, in Kraft seit dem 18. 4. 88, Bek v 28. 1. 88, BGBl II 207, mit Berichtigung v 23. 3. 88, BGBl II 375. – Der Ausführung der zuletzt genannten drei Verträge dient das **AVAG, Schlußanh V E.**

C. **Entmündigungssachen.** Das **Haager Abkommen über die Entmündigung usw** v 17. 7. 05, **9** RGBl 12, 463, hatte nach der Aufhebung der §§ 645 ff durch das BtG Bedeutung nur noch für die Anerkennung italienischer Entmündigungen. Es ist für die BRep mWv 23. 8. 92 außer Kraft getreten, Bek v 23. 3. 92, BGBl II 272.

D. **Schiedsgerichtswesen.** a) Das **UN-Übereinkommen über die Anerkennung und Vollstrek- 10 kung ausländischer Schiedssprüche** v 10. 6. 58, BGBl 61 II 122 (spanische Fassung berichtigt gemäß Bek v 3. 7. 87, BGBl II 389), BBGS 714–716; Zustimmung der Bundesrepublik durch Gesetz v 15. 3. 61, BGBl II 121. Für die Bundesrepublik in Kraft seit 28. 9. 61, Bek v 23. 3. 62, BGBl II 102. Es gilt ferner für folgende Länder, von denen viele bei ihrem Beitritt Vorbehalte gemacht haben (in Klammern das Datum des Inkrafttretens): Ägypten (7. 6. 59), Algerien (8. 5. 89), Antigua und Barbuda (3. 5. 89), Argentinien (12. 6. 89), Armenien (29. 3. 98), Aserbaidschan (29. 5. 00), Australien (24. 6. 75), Bahrain (5. 7. 88), Bangladesch (4. 8. 92), Barbados (14. 6. 93), Belgien (16. 11. 75), Benin (14. 8. 74), Bermuda (12. 2. 80), Bolivien (27. 7 95), Bosnien-Herzegowina (6. 3. 92), Botsuana (19. 3. 72), Brasilien (5. 9. 02), Brunei Darussalam (23. 10. 96), Bulgarien (8. 1. 62), Burkina Faso (21. 6. 87), Chile (3. 12. 75), China (22. 4. 87), Costa Rica (24. 1. 88), Côte d'Ivoire (2. 5. 91), Dänemark (22. 3. 73), auch für Färöer u Grönland, Dominica (26. 1. 89), Dominikanische Republik (10. 7. 02), Dschibuti (Bek v 6. 12. 84, BGBl 85 II 50), Ecuador (3. 4. 62), El Salvador (27. 5. 98), Estland (28. 11. 93), Finnland (19. 4. 62), Frankreich (24. 9. 59), Georgien (31. 8. 94), Ghana (8. 7. 68), Griechenland (14. 10. 62) mit Zusatzerklärung, Bek v 12. 11. 80, BGBl II 1439, Guatemala (19. 6. 84), Guinea (23. 4. 91), Haiti (4. 3. 84), Heiliger Stuhl (12. 8. 75), Indien (11. 10. 60),

Einl V Einleitung

Indonesien (5. 1. 82), Irland (10. 8. 81), Island (24. 4. 02), Israel (7. 6. 59), Italien (1. 5. 69), Jamaika (8. 10. 02), Japan (18. 9. 61), Jordanien (13. 2. 80), Jugoslawien (27. 4. 92), dazu S 22 FN 1, Kambodscha (4. 4. 60), Kamerun (19. 5. 88), Kanada (10. 8. 86) mit Zusatzerklärungen (Bek v 21. 9. 87, BGBl II 612, u v 2. 3. 89, BGBl II 292), Kasachstan (18. 2. 96), Katar (30. 3. 03), Kenia (11. 5. 89), Kirgisistan (18. 3. 97), Kolumbien (24. 12. 79), Korea (9. 5. 73), Kroatien (8. 10. 91), Kuba (30. 3. 75), Kuwait (27. 7. 78), Laos (15. 9. 98), Lesotho (11. 9. 89), Lettland (13. 7. 92), Libanon (9. 11. 98), Litauen (12. 6. 95), Luxemburg (8. 12. 83), Madagaskar (14. 10. 62), Malaysia (3. 2. 86), Mali (7. 12. 94), Malta (20. 9. 00), Marokko (7. 6. 59), Mauretanien (30. 4. 97), Mauritius (17. 9. 96), Mazedonien (17. 9. 91), Mexiko (13. 7. 71), Republik Moldau (17. 12. 98), Monaco (31. 8. 82), Mongolei (22. 1. 95), Mosambik (9. 9. 98), Nepal (2. 6. 98), Neuseeland (6. 4. 83), Niederlande (23. 7. 64), Niger (12. 1. 65), Nigeria (15. 6. 70), Norwegen (12. 6. 61), Österreich (31. 7. 61), Oman (26. 5. 99), Panama (8. 1. 85), Paraguay (6. 1. 98), Peru (5. 10. 88), Philippinen (4. 10. 67), Polen (1. 1. 62), Portugal (16. 1. 95) auch für Macau (10. 2. 00), Rumänien (12. 12. 61), Russische Föderation (22. 11. 60), Sambia (2. 6. 62), San Marino (15. 8. 79), Saudi-Arabien (18. 7. 94), Schweden (27. 4. 72), Schweiz (30. 8. 65, s BGBl 93 II 1940), Senegal (15. 1. 95), Simbabwe (28. 12. 94), Singapur (19. 11. 86), Slowakei (1. 1. 93), Slowenien (25. 6. 91), (ehem) Sowjetunion, Spanien (10. 8. 77), Sri Lanka (8. 7. 62), St. Vincent u Grenadinen (11. 12. 00), Südafrika (1. 8. 76), Syrien (7. 6. 59), Tansania (11. 1. 65), Thailand (20. 3. 60), Trinidad und Tobago (15. 6. 66), Tschechische Republik (1. 1. 93), (ehem) Tschechoslowakei (8. 10. 59), Türkei (30. 9. 92), Tunesien (15. 10. 67), Uganda (12. 5. 92), Ukraine (8. 1. 61), Ungarn (3. 6. 62), Uruguay (28. 6. 83), Usbekistan (7. 5. 96), Venezuela (12. 6. 95), Vereinigtes Königreich (23. 12. 75) unter Erstreckung auf Hongkong (21. 4. 77) und Belize und die Kaimaninsel (24. 2. 81) sowie Guernsey (18. 7. 85) und Jersey (28. 8. 02), wegen der Zusatzerklärung s Bek v 12. 11. 80, BGBl II 1439, Vereinigte Staaten von Amerika (29. 12. 70) und Gebiete, deren Beziehungen die USA wahrnehmen (1. 2. 71), Vietnam (11. 12. 95), Weißrußland (13. 2. 61), Zentralafrikanische Republik (13. 1. 63), Zypern (29. 3. 81). Die amtliche Übersetzung des Übereinkommens ist im **Schlußanh VI A 1** abgedruckt und erläutert.

11 b) Das **Genfer Protokoll über Schiedsklauseln im Handelsverkehr** v 24. 9. 23, RGBl 25 II 47, und das **Genfer Abkommen zur Vollstreckung ausländischer Schiedssprüche** v 26. 9. 27, RGBl 30 II 1067 (**Abdruck:** SchwW Anh A I 1 u 2). Soweit Vertragsstaaten dem UN-Übk beigetreten sind, sind GenfProt und GenfAbk für diese außer Kraft getreten, Art 7 II Übk. Es gelten noch im Verhältnis der Bundesrepublik zu: Albanien GenfProt RGBl 25 II 47. – Anguilla GenfAbk Bek 15. 4. 86, BGBl II 633. – Bahamas GenfProt, GenfAbk, Bek 28. 4. 77, BGBl II 443. – Birma (Myanmar) GenfProt, GenfAbk RGBl 38 II 879. – Brasilien GenfProt Bek 14. 11. 53, BGBl II 593; seit 1. 9. 53. – Irak GenfProt RGBl 26 II 791. – Malta GenfProt, GenfAbk seit 16. 8. 66, BGBl II 1525. – Mauritius GenfProt u GenfAbk seit 12. 3. 68, Bek 13. 2. 73, BGBl II 95. – Pakistan GenfProt, GenfAbk, Bek vom 13. 2. 54, BGBl II 465.

12 c) Das **Europäische Übereinkommen über die internationale Handelsschiedsgerichtsbarkeit** v 21. 4. 61, BGBl 64 II 427; Zustimmung der Bundesrepublik durch Gesetz v 17. 4. 64, BGBl II 425 (BBGS 720–725). Für die Bundesrepublik in Kraft getreten am 25. 1. 65, Bek v 21. 1. 65, BGBl II 107. Das Übereinkommen gilt im Verhältnis zu Albanien (25. 9. 01), Armenien (18. 5. 92), Belgien (7. 1. 76), Bosnien-Herzegowina (6. 3. 92), Bulgarien (11. 8. 61), Dänemark (22. 3. 73) einschließlich Färöer und Grönland (1. 1. 76), Frankreich (16. 3. 67), Georgien (9. 9. 92), Italien (1. 11. 70), Jugoslawien (27. 4. 92), Kasachstan (18. 2. 96), Kirgisistan (4. 7. 92), Kroatien (8. 10. 91), Kuba (30. 11. 65), Lettland (18. 6. 03), Luxemburg (24. 6. 82), Mazedonien (17. 9. 91), Republik Moldau (3. 6. 98), Obervolta (26. 4. 65), Österreich (4. 6. 64), Polen (14. 12. 64), Rumänien (1. 7. 64), Russische Föderation (7. 1. 64), Slowakei (1. 1. 93), Slowenien (25. 6. 91), (ehem) Sowjetunion (7. 1. 64), Spanien (10. 8. 75), Tschechische Republik (1. 1. 93), (ehem) Tschechoslowakei, Türkei (23. 4. 92), Ukraine (7. 1. 64), Ungarn (7. 1. 64), Usbekistan (26. 10. 93), Weißrußland (7. 1. 64). Dazu besteht die Vereinbarung über die Anwendung dieses Übereinkommens v 17. 12. 62, BGBl 64 II 449; Zustimmung der Bundesrepublik v 17. 4. 64, BGBl II 448. Diese Vereinbarung gilt aber nur für die Bundesrepublik und Österreich ab 25. 1. 65, Bek v 15. 3. 65, BGBl II 271, Frankreich, Bek v 28. 8. 67, BGBl II 2329, ab 16. 3. 67, Dänemark, Bek v 2. 3. 73, BGBl II 171, ab 22. 3. 73, Belgien, Bek v 17. 12. 75, BGBl 76 II 139, seit 7. 1. 76, Italien, Bek v 8. 6. 76, BGBl II 1016, seit 9. 6. 76, Luxemburg, Bek v 28. 6. 82, BGBl II 671 und Republik Moldau, Bek v 27. 5. 98, BGBl II 1176, seit 3. 6. 98. Übereinkommen und Vereinbarung sind im **Schlußanh VI A 2** abgedruckt und erläutert.

13 d) **Besondere Verträge** über die Anerkennung von Schiedsverträgen und die Vollstreckung von Schiedssprüchen bestehen mit den Nachfolgestaaten der **UdSSR**, Abk v 25. 4. 58, BGBl 59 II 222, verlängert durch Protokoll v 31. 12. 60, BGBl 61 II 1086, dazu Gesetz v 2. 8. 61, BGBl II 1085 u BGBl 62 II 1477 (vgl die Bek für Armenien BGBl 93 II 169, Aserbaidschan BGBl 96 II 2471, Georgien BGBl 92 II 1128, Kasachstan BGBl 92 II 1120, Kirgisistan BGBl 92 II 1015, Moldau BGBl 96 II 768, Tadschikistan BGBl 95 II 255, die Ukraine, BGBl 93 II 1189, Usbekistan, BGBl 93 II 2038, u Weißrußland, BGBl 94 II 2533); das Abk v 25. 4. 58 ist am 20. 12. 00 im Verhältnis zur Russischen Föderation außer Kraft getreten, Bek v 7. 12. 01, BGBl 02 II 40. Ein besonderes Abk besteht mit den **USA**, dazu oben Rn 6 gegen Ende; es ist auszugsweise abgedruckt und erläutert im **Schlußanh VI**. Wegen der Verträge mit **verschiedenen anderen Staaten** vgl **Üb Schlußanh VI**.

14 E. **Sonstiges.** Schließlich enthalten einzelne Übk auch prozessuale Vorschriften, zB Art 31 des Übk über den Beförderungsvertrag im internationalen Straßengüterverkehr (**CMR**) v 19. 5. 56, BGBl 61 II 1119, für Deutschland in Kraft seit 5. 2. 62, BGBl II 12, vgl Bytomski FamRZ **97**, 986. Wegen der Vertragsstaaten s Fundstellennachweis B des BGBl (Abschnitt Mehrseitige Verträge).

15 4) **Übersicht** (Stand: 30. 9. 02). Es ergibt sich also folgende **Übersicht über die zur Zeit für die Bundesrepublik geltenden zivilprozessualen Staatsverträge** (ohne Rechtshilfeabkommen, s dazu Anh zu § 168 GVG, und ohne die Abkommen über die Befreiung ausländischer Urkunden von der Legalisation, s § 438 Rn 4, sowie ohne das Haager KindesentführungsÜbk, Schlußanh V A 3), wobei sich die Geltung auch auf die frühere DDR und Ost-Berlin erstreckt, Art 10 u 11 EV, Andrae IPrax **94**, 223 mwN:

V. Zwischenstaatliches Zivilprozeßrecht

Ägypten: HZPrÜbk, Haager ZustlÜbk, UN-ÜbkSchdG; **Albanien:** EuÜbkHSch, GenfProt; **Algerien:** UN-UnterhÜbk, UN-ÜbkSchdG; **Anguilla:** Haager BewAufn- u ZustlÜbk, GenfAbk; **Antigua** u **Barbuda;** Haager ZustlÜbk, UN-ÜbkSchdG; **Argentinien:** HZPrÜbk, Haager ZustlÜbk, UN-UnterhÜbk, UN-ÜbkSchdG, Haager ZustlÜbk; **Armenien:** HZPrÜbk, UN-ÜbkSchdG, SchdGVertrag; **Aruba:** Haager BewAufn- u ZustlÜbk, HUnterhVollstrÜbk (B), EuGVÜ; **Aserbaidschan:** UN-ÜbkSchdG, SchGVertrag; **Australien:** HUnterhVollstrÜbk, Haager BewAufnÜbk, Sondervertrag (A), UN-UnterhÜbk, UN-ÜbkSchdG;
Bahamas: Sondervertrag (A), Haager ZustlÜbk, GenfAbk; **Bahrain:** UN-ÜbkSchdG; **Bangladesch:** UN-ÜbkSchdG; **Barbados:** Sondervertrag (A), Haager BewAufn- u ZustlÜbk, UN-UnterhÜbk, UN-ÜbkSchdG; **Belarus:** s Weißrußland; **Belgien:** LuganoÜbk, HZPrÜbk (m Zusatzvereinbarung), Haager ZustlÜbk, VollstrAbk (B), UN-UnterhÜbk, HUnterhVollstrÜbk 1958 (B), EuSorgeRÜbk, UN-ÜbkSchdG, EuÜbkHSch (mit Zusatzvereinbarung); **Benin:** UN-ÜbkSchdG; **Bermuda:** UN-ÜbkSchdG; **Bolivien:** UN-ÜbkSchdG; **Birma:** (siehe Myanmar; **Bosnien/Herzegowina:** HZPrÜbk, UN-UnterhÜbk, UN-ÜbkSchdG, EuÜbkHSch; **Botsuana:** Haager ZustlÜbk, UN-ÜbkSchdG; **Brasilien:** UN-UnterhÜbk, UN-ÜbkSchdG (früher GenfProt); **Brunei Darussalam:** UN-ÜbkSchdG; **Bulgarien:** Haager BewAufn- u ZustlÜbk, EnSorgeRÜbk, UN-Übk-SchdG, EuÜbkHSch; **Burkina Faso:** UN-UnterhÜbk, UN-ÜbkSchdG, EuÜbkHSch;
Ceylon: (siehe Sri Lanka); **Chile:** UN-UnterhÜbk, UN-ÜbkSchdG; **China:** Haager BewAufn- u ZustlÜbk, UN-UnterhÜbk, UN-ÜbkSchdG; **Costa Rica:** UN-ÜbkSchdG; **Côte d'Ivoire:** UN-ÜbkSchdG;
Dänemark: EuGVÜ (F 1996), LuganoÜbk, HZPrÜbk (m Zusatzvereinbarungen), Haager BewAufn- u ZustlÜbk, UN-UnterhÜbk, HUnterhVollstrÜbk (B), EuSorgeRÜbk, UN-ÜbkSchdG, EuÜbkHSch (m Zusatzvereinbarung); **Dominica:** Sondervertrag (A), UN-ÜbkSchdG; **Dominikanische Republik:** UN-ÜbkSchdG; **Dschibuti:** UN-ÜbkSchdG;
Ecuador: UN-UnterhÜbk, UN-ÜbkSchdG; **El Salvador:** UN-ÜbkSchdG; **Estland:** Haager Zustl- u BewAufnÜbk, HUnterhVollstrÜbk (B), EuSorgeRÜbk, UN-ÜbkSchdG;
Fidschi: Sondervertrag (A); **Finnland:** LuganoÜbk, HZPrÜbk, Haager BewAufn- u ZustlÜbk, HUnterhVollstrÜbk (B), EuSorgeRÜbk, UN-ÜbkSchdG; **Frankreich:** LuganoÜbk (Vorbehalt), HZPrÜbk (m Zusatzvereinbarung), Haager BewAufn- u ZustlÜbk, UN-UnterhÜbk, HUnterhVollstrÜbk (B), s Rn 7, EuSorgeRÜbk, UN-ÜbkSchdG, EuÜbkSch (m Zusatzvereinbarung);
Gambia: Sondervertrag (A); **Georgien:** UN-ÜbkSchdG, SchdGVertrag; **Ghana:** UN-ÜbkSchdG; **Grenada:** Sondervertrag (A); **Griechenland:** LuganoÜbk, Sondervertrag (A), Haager ZustlÜbk, VollstrAbk (B), EuSorgeRÜbk, UN-UnterhÜbk, UN-ÜbkSchdG; **Großbritannien** u **Nordirland:** LuganoÜbk, Haager BewAufn- u ZustlÜbk, Sondervertrag (A), UN-UnterhÜbk, HUnterhVollstrÜbk (B), EuSorgeRÜbk, VollstrAbk (B), UN-ÜbkSchdG; **Guatemala:** UN-UnterhÜbk, UN-ÜbkSchdG; **Guinea:** UN-ÜbkSchdG; **GUS:** (Nachfolgestaaten der UdSSR) HZPrÜbk, UN-ÜbkSchdG, EuÜbkHSch, ferner SchdGVertrag (D), der fortgilt im Verhältnis zu Armenien, Aserbaidschan, Georgien, Kasachstan, Kirgisistan, Tadschikistan, der Ukraine, Usbekistan u Weißrußland, s o Rn 13);
Haiti: UN-UnterhÜbk, UN-ÜbkSchdG; **Heiliger Stuhl:** HZPrÜbk, UN-UnterhÜbk, UN-ÜbkSchdG; **Honduras:** UN-ÜbkSchdG;
Indien: UN-ÜbkSchdG; **Indonesien:** UN-ÜbkSchdG; **Irak:** GenfProt; **Irland:** LuganoÜbk, Haager ZustlÜbk, UN-UnterhÜbk, EuSorgeRÜbk, UN-ÜbkSchdG (vorher GenfProt, GenfAbk); **Island:** LuganoÜbk, HZPrÜbk, UN-ÜbkSchdG; **Israel:** HZPrÜbk, Haager BewAufn- u ZustlÜbk, UN-UnterhÜbk, VollstrAbk (B), UN-ÜbkSchdG; **Italien:** LuganoÜbk, HZPrÜbk (m Zusatzvereinbarung), Haager BewAufn- u ZustlÜbk, UN-UnterhÜbk, VollstrAbk (B), HUnterhVollstrÜbk (B), EuSorgeRÜbk, UN-ÜbkSchdG, EuÜbkHSch (mit Zusatzvereinbarung);
Jamaika: Sondervertrag (A), UN-ÜbkSchdG; **Japan:** HZPrÜbk, Haager ZustlÜbk, UN-ÜbkSchdG; **Jordanien:** UN-ÜbkSchdG; **Jugoslawien:**[1] HZPrÜbk, UN-UnterhÜbk, UN-ÜbkSchdG (vorher GenfProt, GenfAbk), EuÜbkHSch;
Kambodscha: UN-ÜbkSchdG; **Kamerun:** UN-ÜbkSchdG; **Kanada:** Haager ZustlÜbk, Sondervertrag (A), UN-ÜbkSchdG; **KapVerde:** UN-UnterhÜbk; **Kasachstan:** SchdGVertrag; **Katar:** UN-ÜbkSchdG; **Kenia:** UN-ÜbkSchdG; **Kirgisistan:** HZPrÜbk, UN-ÜbkSchdG, EuÜbkHSch, SchdGVertrag (D); **Kolumbien:** UN-ÜbkSchdG; **Korea:** Haager ZustlÜbk, UN-ÜbkSchdG; **Kroatien:** HZPrÜbk, UN-UnterhÜbk, UN-ÜbkSchdG, EuÜbkHSch; **Kuba:** EuÜbkSch, UN-ÜbkSchdG; **Kuwait:** Haager ZustlÜbk, UN-ÜbkSchdG;
Laos: UN-ÜbkSchdG; **Lesotho:** Sondervertrag (A), UN-ÜbkSchdG; **Lettland:** HZPrÜbk, Haager BeWAufn- u ZustlÜbk, EuÜbkHSch; **Libanon:** HZPrÜbk, UN-UnterhÜbk, UN-ÜbkSchdG; **Liechtenstein:** Sondervereinbarung (A), HUnterhVollstrÜbk 1958 (B), EuSorgeRÜbk; **Litauen:** HZPrÜbk, HUnterhVollstrÜbk, Haager BewAufnÜbk, HaagerZustlÜbk, UN-ÜbkSchdG; **Luxemburg:** LuganoÜbk, HZPrÜbk (m Zusatzvereinbarung), Haager BewAufn- u ZustlÜbk, UN-UnterhÜbk, HUnterhVollstrÜbk (B), EuSorgeRÜbk, UN-ÜbkSchdG (vorher GenfProt, GenfAbk), EuÜbkHSch (mit Zusatzvereinbarung);
Madagaskar: UN-ÜbkSchdG; **Malawi:** Sondervertrag (A), Haager ZustlÜbk; **Malaysia:** Sondervertrag (A), UN-ÜbkSchdG; **Mali:** UN-ÜbkSchdG; **Malta:** Sondervertrag (A), UN-ÜbkSchdG (vorher GenfProt, GenfAbk); **Marokko:** Sondervertrag (A), UN-ÜbkSchdG, Haager ZustlÜbk, UN-ÜbkSchdG; **Mauretanien:** UN-ÜbkSchdG; **Mauritius:** Sondervertrag (A), UN-ÜbkSchdG (vorher GenfProt, GenfAbk); **Mazedonien:** HZPrÜbk, UN-UnterhÜbk, UN-ÜbkSchdG, EuÜbkHSch; **Mexiko:** Haager BewAufn- u ZustlÜbk, UN-UnterhÜbk, UN-ÜbkSchdG, **Moldau,** Republik: HZPrÜbk, UN-ÜbkSchdG,

---

[1] Wegen der Fortgeltung für die Nachfolgestaaten s unter Bosnien-Herzegowina, Kroatien, Mazedonien und Slowenien; von der Fortgeltung für Serbien-Montenegro ist auszugehen, vgl zum HZPrÜbk Zweibr IPrax **96**, 28 (zustm Schweisfurth/Blöcker IPrax **96**, 9, diff Kondring IPrax **96**, 161).

Einl V Einleitung

EuÜbkHSch (mit Zusatzvereinbarung), SchdGVertrag; **Monaco:** Haager BewAufnÜbk, UN-ÜbkSchdG (vorher GenfProt); **Mongolei:** UN-ÜbkSchdG; **Mosambik:** UN-ÜbkSchdG **Myanmar** (Birma): GenfProt, GenfAbk;

20 **Nauru:** Sondervertrag (A); **Nepal:** UN-ÜbkSchdG; **Neuseeland:** Sondervertrag (A), UN-UnterhÜbk, UN-ÜbkSchdG (vorher GenfProt, GenfAbk); **Niederlande:** LuganoÜbk (für das Königreich in Europa), HZPrÜbk (in Zusatzvereinbarung), Haager BewAufn- und ZustlÜbk, UN-UnterhÜbk, HUnterhVollstrÜbk (B), EuSorgeRÜbk, VollstrAbk (B), UN-ÜbkSchdG; **Niger:** UN-UnterhÜbk, UN-ÜbkSchdG; **Nigeria:** Sondervertrag (A), UN-ÜbkSchdG; **Norwegen:** LuganoÜbk, HZPrÜbk, Haager BewAufn- u ZustlÜbk, UN-UnterhÜbk, HUnterhVollstrÜbk (B), EuSorgeRÜbk, VollstrAbk (B), UN-ÜbkSchdG; **Obervolta:** s Burkina Faso; **Österreich:** LuganoÜbk (Zusatzerklärung), HZPrÜbk (mit Zusatzvereinbarung), UN-UnterhÜbk, VollstrAbk (B), HUnterhVollstrÜbk 1958 (B), EuSorgeRÜbk, UN-ÜbkSchdG, EuÜbkHSch (mit Zusatzvereinbarung); **Oman:** UN-ÜbkSchG;

21 **Pakistan:** Haager ZustlÜbk, UN-UnterhÜbk, GenfProt, GenfAbk; **Panama:** UN-ÜbkSchdG; **Paraguay:** UN-ÜbkSchdG; **Peru:** UN-ÜbkSchdG; **Philippinen:** UN-UnterhÜbk, UN-ÜbkSchdG; **Polen:** LugÜbk (Zusatzerklärung), HZPrÜbk (mit Zusatzvereinbarung), Haager Zustl- u BewAufnÜbk, UN-UnterhÜbk, HUnterhVollstrÜbk (B), EuSorgeRÜbk, UN-ÜbkSchdG, EuÜbkHSch; **Portugal:** LuganoÜbk (Zusatzerklärung), HZPrÜbk, Haager BewAufn- u ZustlÜbk, UN-UnterhÜbk, HUnterhVollstrÜbk (B), EuSorgeRÜbk, UN-ÜbkSchdG (einschl Macau); **Rhodesien:** (siehe Simbabwe); **Rumänien:** HZPrÜbk, Haager ZustlÜbk, UN-UnterhÜbk, UN-ÜbkSchdG, EuÜbkHSch; **Russische Föderation:** HZPrÜbk, UN-ÜbkSchdG, EuÜbkHSch, Haager ZustlÜbk;

22 **Salomonen:** Sondervertrag (A); **Sambia:** UN-ÜbkSchdG; **San Marino:** Haager ZustlÜbk, UN-ÜbkSchdG, EuÜbkHSch; **Saudi-Arabien:** UN-ÜbkSchdG (Zusatzerklärung); **Schweden:** LuganoÜbk (Zusatzerklärung), HZPrÜbk (mit Zusatzvereinbarung), Haager BewAufn- u ZustlÜbk, UN-UnterhÜbk, HUnterhVollstrÜbk (B), EuSorgeRÜbk, UN-ÜbkSchdG; **Schweiz:** LuganoÜbk (Zusatzerklärung), HZPrÜbk (mit Zusatzvereinbarung), Haager Zustl- u BewAufnÜbk (Zusatzerklärungen), UN-UnterhÜbk, HUnterhVollstrÜbk (B), EuSorgeRÜbk, VollstrAbk (B), UN-ÜbkSchdG; **Serbien-Montenegro:** s ehem Jugoslawien[1]; **Seychellen:** Haager ZustlÜbk, Sondervertrag (A); **Sierra:** Leone Sondervertrag (A); **Simbabwe:** Sondervertrag (A), Weitergeltung fraglich; **Singapur:** Haager BewAufnÜbk, Sondervertrag (A), UN-ÜbkSchdG; **Slowakei:** HZPrÜbk, UN-UnterhÜbk, EuSorgeRÜbk, UN-ÜbkSchdG, EuÜbkHSch; **Slowenien:** Haager BewAufnÜbk, Haager ZustlÜbk; **Sowjetunion:** (ehem) s unter GUS; **Spanien:** LuganoÜbk, HZPrÜbk, Haager BewAufn- u ZustlÜbk, Sondervertrag (A), UN-UnterhÜbk, HUnterhVollstrÜbk (B), EuSorgeRÜbk, UN-ÜbkSchdG, EuÜbkHSch; **Sri Lanka:** Haager BewAufnÜbk, UN-UnterhÜbk, UN-ÜbkSchdG, Haager ZustlÜbk; **St. Lucia:** Sondervertrag (A); **St. Vincent** u Grenadinen: UN-ÜbkSchdG; **Südafrika:** Haager BewAufnÜbk, UN-ÜbkSchdG; **Surinam:** EuGVÜ, HZPrÜbk, UN-UnterhÜbk, HUnterhVollstrÜbk 1958 (B); **Syrien:** UN-ÜbkSchdG; **Swasiland:** Sondervertrag (A);

23 **Tadschikistan:** UN-ÜbkSchdG, SchdGVertrag; **Tansania:** UN-ÜbkSchdG; **Thailand:** UN-ÜbkSchdG; **Trinidad und Tobago:** Sondervertrag (A), UN-ÜbkSchdG; **Tschechien:** HZPrÜbk, Haager BewAufn- u ZustlÜbk, UN-UnterhÜbk, HUnterhVollstrÜbk (B), EuSorgeRÜbk, UN-ÜbkSchdG, EuÜbkHSch; **Türkei:** HZPrÜbk, Haager BewAufn- u ZustlÜbk, Sondervertrag (A), UN-UnterhÜbk, HUnterhVollstrÜbk (B), EuSorgeRÜbk, UN-ÜbkSchdG, EuÜbkHSch; **Tunesien:** UN-UnterhÜbk, VollstrAbk (B), UN-ÜbkSchdG, SchdGVertrag (D);
UdSSR: (siehe GUS); **Uganda:** UN-ÜbkSchdG; **Ukraine:** HZPrÜbk (Zusatzerklärung), Haager BewAufnÜbk, UN-ÜbkSchdG, EuÜbkHSch, SchdGVertrag, Haager ZustlÜbk; **Ungarn:** HZPrÜbk, Haager BewAufn- u ZustlÜbk, UN-UnterhÜbk, UnterhVollstrÜbk 1958 (B), UN-ÜbkSchdG, EuÜbkHSch; **Uruguay:** UN-ÜbkSchdG; **USA:** Haager BewAufn- u ZustlÜbk, UN-ÜbkSchdG, SchdGVertrag (D); **Usbekistan:** SchdGVertrag;

24 **Vatikanstaat:** (siehe Heiliger Stuhl); **Venezuela:** Haager Zustl- u BewAufnÜbk (Zusatzerklärungen), UN-ÜbkSchdG; **Vereinigtes Königreich:** s Groß-Britannien; **Vietnam:** UN-ÜbkSchdG; **Weißrußland:** (Belarus) HZPrÜbk, Haager BewAufn- u ZustlÜbk, UN-UnterhÜbk, UN-ÜbkSchdG, EuÜbkHSch, SchdGVertrag; **Zentralafrikanische Republik:** UN-UnterhÜbk, UN-ÜbkSchdG; **Zypern:** HZPrÜbk, Haager BewAufn- u ZustlÜbk, Sondervertrag (A), UN-UnterhÜbk, EuSorgeRÜbk, UN-ÜbkSchdG.

Ergänzend ist auf den jährlich vom BJM im Rahmen des BGBl II herausgegebenen Fundstellennachweis B (Völkerrechtliche Vereinbarungen) zu verweisen. Die Bezeichnung und die Schreibweise der Staaten entsprechen diesem Fundstellennachweis.

---

[1] Zur Fortgeltung der Abkommen vgl S 23 FN 1.

Zivilprozessordnung[1]

v 30. Januar 1877

idF der Bek v 12. 9. 50, BGBl 533, zuletzt geändert durch das EG-Vollstreckungstitel-Durchführungsgesetz v 18. 8. 05, BGBl 2477. Sein Art 2a sieht eine Neubekanntmachung in „neuer Schreibweise" in der seit 21. 10. 05 geltenden Fassung vor. Sie ist in dieser Auflage bereits eingearbeitet, Einl I Rn 3.

Die Überschriften sind sämtlich amtlich

Amtliche Inhaltsübersicht

Buch 1
Allgemeine Vorschriften

Abschnitt 1
Gerichte

Titel 1
Sachliche Zuständigkeit der Gerichte und Wertvorschriften

- § 1 Sachliche Zuständigkeit
- § 2 Bedeutung des Wertes
- § 3 Wertfestsetzung nach freiem Ermessen
- § 4 Wertberechnung; Nebenforderungen
- § 5 Mehrere Ansprüche
- § 6 Besitz; Sicherstellung; Pfandrecht
- § 7 Grunddienstbarkeit
- § 8 Pacht- oder Mietverhältnis
- § 9 Wiederkehrende Nutzungen oder Leistungen
- § 10 (weggefallen)
- § 11 Bindende Entscheidung über Unzuständigkeit

Titel 2
Gerichtsstand

- § 12 Allgemeiner Gerichtsstand; Begriff
- § 13 Allgemeiner Gerichtsstand des Wohnsitzes
- § 14 (weggefallen)
- § 15 Allgemeiner Gerichtsstand für exterritoriale Deutsche
- § 16 Allgemeiner Gerichtsstand wohnsitzloser Personen
- § 17 Allgemeiner Gerichtsstand juristischer Personen
- § 18 Allgemeiner Gerichtsstand des Fiskus
- § 19 Mehrere Gerichtsbezirke am Behördensitz
- § 19a Allgemeiner Gerichtsstand des Insolvenzverwalters
- § 20 Besonderer Gerichtsstand des Aufenthaltsorts
- § 21 Besonderer Gerichtsstand der Niederlassung
- § 22 Besonderer Gerichtsstand der Mitgliedschaft
- § 23 Besonderer Gerichtsstand des Vermögens und des Gegenstands
- § 23a Besonderer Gerichtsstand für Unterhaltssachen
- § 24 Ausschließlicher dinglicher Gerichtsstand
- § 25 Dinglicher Gerichtsstand des Sachzusammenhanges
- § 26 Dinglicher Gerichtsstand für persönliche Klagen
- § 27 Besonderer Gerichtsstand der Erbschaft
- § 28 Erweiterter Gerichtsstand der Erbschaft
- § 29 Besonderer Gerichtsstand des Erfüllungsorts
- § 29a Ausschließlicher Gerichtsstand bei Miet- oder Pachträumen
- § 29b Besonderer Gerichtsstand bei Wohnungseigentum
- § 29c Besonderer Gerichtsstand für Haustürgeschäfte
- § 30 Gerichtsstand bei Bergungsansprüchen
- § 31 Besonderer Gerichtsstand der Vermögensverwaltung
- § 32 Besonderer Gerichtsstand der unerlaubten Handlung
- § 32a Ausschließlicher Gerichtsstand der Umwelteinwirkung
- § 32b Ausschließlicher Gerichtsstand bei falschen, irreführenden oder unterlassenen öffentlichen Kapitalmarktinformationen
- § 33 Besonderer Gerichtsstand der Widerklage
- § 34 Besonderer Gerichtsstand des Hauptprozesses
- § 35 Wahl unter mehreren Gerichtsständen
- § 35a Besonderer Gerichtsstand bei Unterhaltsklagen
- § 36 Gerichtliche Bestimmung der Zuständigkeit
- § 37 Verfahren bei gerichtlicher Bestimmung

Titel 3
Vereinbarung über die Zuständigkeit der Gerichte

- § 38 Zugelassene Gerichtsstandsvereinbarung
- § 39 Zuständigkeit infolge rügeloser Verhandlung
- § 40 Unwirksame und unzulässige Gerichtsstandsvereinbarung

Titel 4
Ausschließung und Ablehnung der Gerichtspersonen

- § 41 Ausschluß von der Ausübung des Richteramtes
- § 42 Ablehnung eines Richters
- § 43 Verlust des Ablehnungsrechts
- § 44 Ablehnungsgesuch
- § 45 Entscheidung über das Ablehnungsgesuch
- § 46 Entscheidung und Rechtsmittel
- § 47 Unaufschiebbare Amtshandlungen
- § 48 Selbstablehnung; Ablehnung von Amts wegen
- § 49 Urkundsbeamte

Abschnitt 2
Parteien

Titel 1
Parteifähigkeit; Prozessfähigkeit

- § 50 Parteifähigkeit
- § 51 Prozessfähigkeit; gesetzliche Vertretung; Prozessführung
- § 52 Umfang der Prozessfähigkeit
- § 53 Prozessunfähigkeit bei Betreuung oder Pflegschaft
- § 53a Vertretung eines Kindes durch Beistand
- § 54 Besondere Ermächtigung zu Prozesshandlungen
- § 55 Prozessfähigkeit von Ausländern

---

[1] Außer einer Reihe von besonderen Verweisungen der VwGO auf Vorschriften der ZPO in §§ 54, 56, 98, 123 III–V, 153, 166 I, 167 I 1 sind gemäß § 173 VwGO GVG und ZPO entsprechend anzuwenden, soweit die VwGO keine Bestimmungen über das Verfahren enthält und die grundsätzlichen Unterschiede der beiden VerfArten das nicht ausschließen (entsprechendes gilt nach § 155 FGO und § 202 SGG). In erster Linie sind allerdings Lücken des verwaltungsgerichtlichen Verfahrens mit Hilfe der VwGO zu schließen, erst in zweiter Linie mit Hilfe der ZPO (dazu: *Auer*, Inhalt, Reichweite und Grenzen der Verweisung in § 173 VwGO, Diss Passau 1992; *Falk*, Die Anwendung der ZPO und des GVG nach § 173 VwGO, Diss Mainz 1975). Im folgenden wird (jeweils in den letzten Anmerkungen in Kursivdruck) dargestellt, ob und inwieweit eine Anwendung für das verwaltungsgerichtliche Verfahren möglich und geboten ist. Das Fehlen eines solchen Hinweises bedeutet Unanwendbarkeit.

Inhaltsübersicht

- § 56 Prüfung von Amts wegen
- § 57 Prozesspfleger
- § 58 Prozesspfleger bei herrenlosem Grundstück oder Schiff

Titel 2
Streitgenossenschaft

- § 59 Streitgenossenschaft bei Rechtsgemeinschaft oder Identität des Grundes
- § 60 Streitgenossenschaft bei Gleichartigkeit der Ansprüche
- § 61 Wirkung der Streitgenossenschaft
- § 62 Notwendige Streitgenossenschaft
- § 63 Prozessbetrieb; Ladungen

Titel 3
Beteiligung Dritter am Rechtsstreit

- § 64 Hauptintervention
- § 65 Aussetzung des Hauptprozesses
- § 66 Nebenintervention
- § 67 Rechtsstellung des Nebenintervenienten
- § 68 Wirkung der Nebenintervention
- § 69 Streitgenössische Nebenintervention
- § 70 Beitritt des Nebenintervenienten
- § 71 Zwischenstreit über Nebenintervention
- § 72 Zulässigkeit der Streitverkündung
- § 73 Form der Streitverkündung
- § 74 Wirkung der Streitverkündung
- § 75 Gläubigerstreit
- § 76 Urheberbenennung bei Besitz
- § 77 Urheberbenennung bei Eigentumsbeeinträchtigung

Titel 4
Prozessbevollmächtigte und Beistände

- § 78 Anwaltsprozess
- § 78 a (weggefallen)
- § 78 b Notanwalt
- § 78 c Auswahl des Rechtsanwalts
- § 79 Parteiprozess
- § 80 Prozessvollmacht
- § 81 Umfang der Prozessvollmacht
- § 82 Geltung für Nebenverfahren
- § 83 Beschränkung der Prozessvollmacht
- § 84 Mehrere Prozessbevollmächtigte
- § 85 Wirkung der Prozessvollmacht
- § 86 Fortbestand der Prozessvollmacht
- § 87 Erlöschen der Vollmacht
- § 88 Mangel der Vollmacht
- § 89 Vollmachtloser Vertreter
- § 90 Beistand

Titel 5
Prozesskosten

- § 91 Grundsatz und Umfang der Kostenpflicht
- § 91 a Kosten bei Erledigung der Hauptsache
- § 92 Kosten bei teilweisem Obsiegen
- § 93 Kosten bei sofortigem Anerkenntnis
- § 93 a Kosten in Ehesachen
- § 93 b Kosten bei Räumungsklagen
- § 93 c Kosten bei Klage auf Anfechtung der Vaterschaft
- § 93 d Kosten bei Unterhaltsklagen
- § 94 Kosten bei übergegangenem Anspruch
- § 95 Kosten bei Säumnis oder Verschulden
- § 96 Kosten erfolgloser Angriffs- oder Verteidigungsmittel
- § 97 Rechtsmittelkosten
- § 98 Vergleichskosten
- § 99 Anfechtung von Kostenentscheidungen
- § 100 Kosten bei Streitgenossen
- § 101 Kosten einer Nebenintervention
- § 102 (weggefallen)
- § 103 Kostenfestsetzungsgrundlage; Kostenfestsetzungsantrag
- § 104 Kostenfestsetzungsverfahren
- § 105 Vereinfachter Kostenfestsetzungsbeschluss
- § 106 Verteilung nach Quoten
- § 107 Änderung nach Streitwertfestsetzung

Titel 6
Sicherheitsleistung

- § 108 Art und Höhe der Sicherheit
- § 109 Rückgabe der Sicherheit
- § 110 Prozesskostensicherheit
- § 111 Nachträgliche Prozesskostensicherheit
- § 112 Höhe der Prozesskostensicherheit
- § 113 Fristbestimmung für Prozesskostensicherheit

Titel 7
Prozesskostenhilfe und Prozesskostenvorschuss

- § 114 Voraussetzungen
- § 115 Einsatz von Einkommen und Vermögen
- § 116 Partei kraft Amtes; juristische Person; parteifähige Vereinigung
- § 117 Antrag
- § 118 Bewilligungsverfahren
- § 119 Bewilligung
- § 120 Festsetzung von Zahlungen
- § 121 Beiordnung eines Rechtsanwalts
- § 122 Wirkung der Prozesskostenhilfe
- § 123 Kostenerstattung
- § 124 Aufhebung der Bewilligung
- § 125 Einziehung der Kosten
- § 126 Beitreibung der Rechtsanwaltskosten
- § 127 Entscheidungen
- § 127 a Prozesskostenvorschuss in einer Unterhaltssache

Abschnitt 3
Verfahren

Titel 1
Mündliche Verhandlung

- § 128 Grundsatz der Mündlichkeit; schriftliches Verfahren
- § 128 a Verhandlung im Wege der Bild- und Tonübertragung
- § 129 Vorbereitende Schriftsätze
- § 129 a Anträge und Erklärungen zu Protokoll
- § 130 Inhalt der Schriftsätze
- § 130 a Elektronisches Dokument
- § 130 b Gerichtliches elektronisches Dokument
- § 131 Beifügung von Urkunden
- § 132 Fristen für Schriftsätze
- § 133 Abschriften
- § 134 Einsicht von Urkunden
- § 135 Mitteilung von Urkunden unter Rechtsanwälten
- § 136 Prozessleitung durch Vorsitzenden
- § 137 Gang der mündlichen Verhandlung
- § 138 Erklärungspflicht über Tatsachen; Wahrheitspflicht
- § 139 Materielle Prozessleitung
- § 140 Beanstandung von Prozessleitung oder Fragen
- § 141 Anordnung des persönlichen Erscheinens
- § 142 Anordnung der Urkundenvorlegung
- § 143 Anordnung der Aktenübermittlung
- § 144 Augenschein; Sachverständige
- § 145 Prozesstrennung
- § 146 Beschränkung auf einzelne Angriffs- und Verteidigungsmittel
- § 147 Prozessverbindung
- § 148 Aussetzung bei Vorgreiflichkeit
- § 149 Aussetzung bei Verdacht einer Straftat
- § 150 Aufhebung von Trennung, Verbindung oder Aussetzung
- § 151 (weggefallen)
- § 152 Aussetzung bei Eheaufhebungsantrag
- § 153 Aussetzung bei Vaterschaftsanfechtungsklage
- § 154 Aussetzung bei Ehe- oder Kindschaftsstreit
- § 155 Aufhebung der Aussetzung bei Verzögerung
- § 156 Wiedereröffnung der Verhandlung
- § 157 Ungeeignete Vertreter; Prozessagenten
- § 158 Entfernung infolge Prozessleitungsanordnung
- § 159 Protokollaufnahme
- § 160 Inhalt des Protokolls
- § 160 a Vorläufige Protokollaufzeichnung
- § 161 Entbehrliche Feststellungen
- § 162 Genehmigung des Protokolls
- § 163 Unterschreiben des Protokolls
- § 164 Protokollberichtigung
- § 165 Beweiskraft des Protokolls

Inhaltsübersicht

Titel 2
Verfahren bei Zustellungen
Untertitel 1
Zustellungen von Amts wegen

- § 166 Zustellung
- § 167 Rückwirkung der Zustellung
- § 168 Aufgaben der Geschäftsstelle
- § 169 Bescheinigung des Zeitpunktes der Zustellung; Beglaubigung
- § 170 Zustellung an Vertreter
- § 171 Zustellung an Bevollmächtigte
- § 172 Zustellung an Prozessbevollmächtigte
- § 173 Zustellung durch Aushändigung an der Amtsstelle
- § 174 Zustellung gegen Empfangsbekenntnis
- § 175 Zustellung durch Einschreiben mit Rückschein
- § 176 Zustellungsauftrag
- § 177 Ort der Zustellung
- § 178 Ersatzzustellung in der Wohnung, in Geschäftsräumen und Einrichtungen
- § 179 Zustellung bei verweigerter Annahme
- § 180 Ersatzzustellung durch Einlegen in den Briefkasten
- § 181 Ersatzzustellung durch Niederlegung
- § 182 Zustellungsurkunde
- § 183 Zustellung im Ausland
- § 184 Zustellungsbevollmächtigter; Zustellung durch Aufgabe zur Post
- § 185 Öffentliche Zustellung
- § 186 Bewilligung und Ausführung der öffentlichen Zustellung
- § 187 Veröffentlichung der Benachrichtigung
- § 188 Zeitpunkt der öffentlichen Zustellung
- § 189 Heilung von Zustellungsmängeln
- § 190 Einheitliche Zustellungsformulare

Untertitel 2
Zustellungen auf Betreiben der Parteien

- § 191 Zustellung
- § 192 Zustellung durch Gerichtsvollzieher
- § 193 Ausführung der Zustellung
- § 194 Zustellungsauftrag
- § 195 Zustellung von Anwalt zu Anwalt

Titel 3
Ladungen, Termine und Fristen

- § 214 Ladung zum Termin
- § 215 Notwendiger Inhalt der Ladung zur mündlichen Verhandlung
- § 216 Terminsbestimmung
- § 217 Ladungsfrist
- § 218 Entbehrlichkeit der Ladung
- § 219 Terminsort
- § 220 Aufruf der Sache; versäumter Termin
- § 221 Fristbeginn
- § 222 Fristberechnung
- § 223 (weggefallen)
- § 224 Fristkürzung; Fristverlängerung
- § 225 Verfahren bei Friständerung
- § 226 Abkürzung von Zwischenfristen
- § 227 Terminsänderung
- § 228 (weggefallen)
- § 229 Beauftragter oder ersuchter Richter

Titel 4
Folgen der Versäumung; Wiedereinsetzung in den vorigen Stand

- § 230 Allgemeine Versäumungsfolge
- § 231 Keine Androhung; Nachholung der Prozesshandlung
- § 232 (weggefallen)
- § 233 Wiedereinsetzung in den vorigen Stand
- § 234 Wiedereinsetzungsfrist
- § 235 (weggefallen)
- § 236 Wiedereinsetzungsantrag
- § 237 Zuständigkeit für Wiedereinsetzung
- § 238 Verfahren bei Wiedereinsetzung

Titel 5
Unterbrechung und Aussetzung des Verfahrens

- § 239 Unterbrechung durch Tod der Partei
- § 240 Unterbrechung durch Insolvenzverfahren
- § 241 Unterbrechung durch Prozessunfähigkeit
- § 242 Unterbrechung durch Nacherbfolge
- § 243 Aufnahme bei Nachlasspflegschaft und Testamentsvollstreckung
- § 244 Unterbrechung durch Anwaltsverlust
- § 245 Unterbrechung durch Stillstand der Rechtspflege
- § 246 Aussetzung bei Vertretung durch Prozessbevollmächtigten
- § 247 Aussetzung bei abgeschnittenem Verkehr
- § 248 Verfahren bei Aussetzung
- § 249 Wirkung der Unterbrechung und Aussetzung
- § 250 Form von Aufnahme und Anzeige
- § 251 Ruhen des Verfahrens
- § 251a Säumnis beider Parteien; Entscheidung nach Lage der Akten
- § 252 Rechtsmittel bei Aussetzung

Buch 2
Verfahren im ersten Rechtszug

Abschnitt 1
Verfahren vor den Landgerichten

Titel 1
Verfahren bis zum Urteil

- § 253 Klageschrift
- § 254 Stufenklage
- § 255 Fristbestimmung im Urteil
- § 256 Feststellungsklage
- § 257 Klage auf künftige Zahlung oder Räumung
- § 258 Klage auf wiederkehrende Leistungen
- § 259 Klage wegen Besorgnis nicht rechtzeitiger Leistung
- § 260 Anspruchshäufung
- § 261 Rechtshängigkeit
- § 262 Sonstige Wirkungen der Rechtshängigkeit
- § 263 Klageänderung
- § 264 Keine Klageänderung
- § 265 Veräußerung oder Abtretung der Streitsache
- § 266 Veräußerung eines Grundstücks
- § 267 Vermutete Einwilligung in die Klageänderung
- § 268 Unanfechtbarkeit der Entscheidung
- § 269 Klagerücknahme
- § 270 Zustellung; formlose Mitteilung
- § 271 Zustellung der Klageschrift
- § 272 Bestimmung der Verfahrensweise
- § 273 Vorbereitung des Termins
- § 274 Ladung der Parteien; Einlassungsfrist
- § 275 Früher erster Termin
- § 276 Schriftliches Vorverfahren
- § 277 Klageerwiderung; Replik
- § 278 Gütliche Streitbeilegung; Güteverhandlung, Vergleich
- § 279 Mündliche Verhandlung
- § 280 Abgesonderte Verhandlung über Zulässigkeit der Klage
- § 281 Verweisung bei Unzuständigkeit
- § 282 Rechtzeitigkeit des Vorbringens
- § 283 Schutzfrist für Erklärungen zum Vorbringen des Gegners
- § 284 Beweisaufnahme
- § 285 Verhandlung nach Beweisaufnahme
- § 286 Freie Beweiswürdigung
- § 287 Schadensermittlung; Höhe der Forderung
- § 288 Gerichtliches Geständnis
- § 289 Zusätze beim Geständnis
- § 290 Widerruf des Geständnisses
- § 291 Offenkundige Tatsachen
- § 292 Gesetzliche Vermutungen
- § 292a (weggefallen)
- § 293 Fremdes Recht; Gewohnheitsrecht; Statuten
- § 294 Glaubhaftmachung
- § 295 Verfahrensrügen
- § 296 Zurückweisung verspäteten Vorbringens
- § 296a Vorbringen nach Schluss der mündlichen Verhandlung
- § 297 Form der Antragstellung
- § 298 Aktenausdruck
- § 298a Elektronische Akte
- § 299 Akteneinsicht; Abschriften
- § 299a Bildträgerarchiv

Titel 2
Urteil

- § 300 Endurteil
- § 301 Teilurteil
- § 302 Vorbehaltsurteil
- § 303 Zwischenurteil
- § 304 Zwischenurteil über den Grund
- § 305 Urteil unter Vorbehalt erbrechtlich beschränkter Haftung
- § 305 a Urteil unter Vorbehalt seerechtlich beschränkter Haftung
- § 306 Verzicht
- § 307 Anerkenntnis
- § 308 Bindung an die Parteianträge
- § 308 a Entscheidung ohne Antrag in Mietsachen
- § 309 Erkennende Richter
- § 310 Termin der Urteilsverkündung
- § 311 Form der Urteilsverkündung
- § 312 Anwesenheit der Parteien
- § 313 Form und Inhalt des Urteils
- § 313 a Weglassen von Tatbestand und Entscheidungsgründen
- § 313 b Versäumnis-, Anerkenntnis- und Verzichtsurteil
- § 314 Beweiskraft des Tatbestandes
- § 315 Unterschrift der Richter
- § 316 (weggefallen)
- § 317 Urteilszustellung und -ausfertigung
- § 318 Bindung des Gerichts
- § 319 Berichtigung des Urteils
- § 320 Berichtigung des Tatbestandes
- § 321 Ergänzung des Urteils
- § 321 a Abhilfe bei Verletzung des Anspruchs auf rechtliches Gehör
- § 322 Materielle Rechtskraft
- § 323 Abänderungsklage
- § 324 Nachforderungsklage zur Sicherheitsleistung
- § 325 Subjektive Rechtskraftwirkung
- § 325 a Feststellungswirkung des Musterentscheids
- § 326 Rechtskraft bei Nacherbfolge
- § 327 Rechtskraft bei Testamentsvollstreckung
- § 328 Anerkennung ausländischer Urteile
- § 329 Beschlüsse und Verfügungen

Titel 3
Versäumnisurteil

- § 330 Versäumnisurteil gegen den Kläger
- § 331 Versäumnisurteil gegen den Beklagten
- § 331 a Entscheidung nach Aktenlage
- § 332 Begriff des Verhandlungstermins
- § 333 Nichtverhandeln der erschienenen Partei
- § 334 Unvollständiges Verhandeln
- § 335 Unzulässigkeit einer Versäumnisentscheidung
- § 336 Rechtsmittel bei Zurückweisung
- § 337 Vertagung von Amts wegen
- § 338 Einspruch
- § 339 Einspruchsfrist
- § 340 Einspruchsschrift
- § 340 a Zustellung der Einspruchsschrift
- § 341 Einspruchsprüfung
- § 341 a Einspruchstermin
- § 342 Wirkung des zulässigen Einspruchs
- § 343 Entscheidung nach Einspruch
- § 344 Versäumniskosten
- § 345 Zweites Versäumnisurteil
- § 346 Verzicht und Rücknahme des Einspruchs
- § 347 Verfahren bei Widerklage und Zwischenstreit

Titel 4
Verfahren vor dem Einzelrichter

- § 348 Originärer Einzelrichter
- § 348 a Obligatorischer Einzelrichter
- § 349 Vorsitzender der Kammer für Handelssachen
- §§ 350–354 (weggefallen)

Titel 5
Allgemeine Vorschriften über die Beweisaufnahme

- § 355 Unmittelbarkeit der Beweisaufnahme
- § 356 Beibringungsfrist
- § 357 Parteiöffentlichkeit
- § 357 a (weggefallen)
- § 358 Notwendigkeit eines Beweisbeschlusses
- § 358 a Beweisbeschluss und Beweisaufnahme vor mündlicher Verhandlung
- § 359 Inhalt des Beweisbeschlusses
- § 360 Änderung des Beweisbeschlusses
- § 361 Beweisaufnahme durch beauftragten Richter
- § 362 Beweisaufnahme durch ersuchten Richter
- § 363 Beweisaufnahme im Ausland
- § 364 Parteimitwirkung bei Beweisaufnahme im Ausland
- § 365 Abgabe durch beauftragten oder ersuchten Richter
- § 366 Zwischenstreit
- § 367 Ausbleiben der Partei
- § 368 Neuer Beweistermin
- § 369 Ausländische Beweisaufnahme
- § 370 Fortsetzung der mündlichen Verhandlung

Titel 6
Beweis durch Augenschein

- § 371 Beweis durch Augenschein
- § 371 a Beweiskraft elektronischer Dokumente
- § 372 Beweisaufnahme
- § 372 a Untersuchungen zur Feststellung der Abstammung

Titel 7
Zeugenbeweis

- § 373 Beweisantritt
- § 374 (weggefallen)
- § 375 Beweisaufnahme durch beauftragten oder ersuchten Richter
- § 376 Vernehmung bei Amtsverschwiegenheit
- § 377 Zeugenladung
- § 378 Aussageerleichternde Unterlagen
- § 379 Auslagenvorschuss
- § 380 Folgen des Ausbleibens des Zeugen
- § 381 Genügende Entschuldigung des Ausbleibens
- § 382 Vernehmung an bestimmten Orten
- § 383 Zeugnisverweigerung aus persönlichen Gründen
- § 384 Zeugnisverweigerung aus sachlichen Gründen
- § 385 Ausnahmen vom Zeugnisverweigerungsrecht
- § 386 Erklärung der Zeugnisverweigerung
- § 387 Zwischenstreit über Zeugnisverweigerung
- § 388 Zwischenstreit über schriftliche Zeugnisverweigerung
- § 389 Zeugnisverweigerung vor beauftragtem oder ersuchtem Richter
- § 390 Folgen der Zeugnisverweigerung
- § 391 Zeugenbeeidigung
- § 392 Nacheid; Eidesnorm
- § 393 Uneidliche Vernehmung
- § 394 Einzelvernehmung
- § 395 Wahrheitsermahnung; Vernehmung zur Person
- § 396 Vernehmung zur Sache
- § 397 Fragerecht der Parteien
- § 398 Wiederholte und nachträgliche Vernehmung
- § 399 Verzicht auf Zeugen
- § 400 Befugnisse des mit der Beweisaufnahme betrauten Richters
- § 401 Zeugenentschädigung

Titel 8
Beweis durch Sachverständige

- § 402 Anwendbarkeit der Vorschriften für Zeugen
- § 403 Beweisantritt
- § 404 Sachverständigenauswahl
- § 404 a Leitung der Tätigkeit des Sachverständigen
- § 405 Auswahl durch den mit der Beweisaufnahme betrauten Richter
- § 406 Ablehnung des Sachverständigen
- § 407 Pflicht zur Erstattung des Gutachtens
- § 407 a Weitere Pflichten des Sachverständigen
- § 408 Gutachtenverweigerungsrecht
- § 409 Folgen des Ausbleibens oder der Gutachtenverweigerung
- § 410 Sachverständigenbeeidigung
- § 411 Schriftliches Gutachten
- § 411 a Verwertung von gerichtlichen Sachverständigengutachten
- § 412 Neues Gutachten

Inhaltsübersicht

§ 413	Sachverständigenvergütung		§ 493	Benutzung im Prozess
§ 414	Sachverständige Zeugen		§ 494	Unbekannter Gegner
			§ 494a	Frist zur Klageerhebung

Titel 9
Beweis durch Urkunden

Abschnitt 2
Verfahren vor den Amtsgerichten

- § 415 Beweiskraft öffentlicher Urkunden über Erklärungen
- § 416 Beweiskraft von Privaturkunden
- § 416a Beweiskraft des Ausdrucks eines elektronischen Dokuments
- § 417 Beweiskraft öffentlicher Urkunden über amtliche Anordnung, Verfügung oder Entscheidung
- § 418 Beweiskraft öffentlicher Urkunden mit anderem Inhalt
- § 419 Beweiskraft mangelhafter Urkunden
- § 420 Vorlegung durch Beweisführer; Beweisantritt
- § 421 Vorlegung durch den Gegner; Beweisantritt
- § 422 Vorlegungspflicht des Gegners nach bürgerlichem Recht
- § 423 Vorlegungspflicht des Gegners bei Bezugnahme
- § 424 Antrag bei Vorlegung durch Gegner
- § 425 Anordnung der Vorlegung durch Gegner
- § 426 Vernehmung des Gegner über den Verbleib
- § 427 Folgen der Nichtvorlegung durch Gegner
- § 428 Vorlegung durch Dritte; Beweisantritt
- § 429 Vorlegungspflicht Dritter
- § 430 Antrag bei Vorlegung durch Dritte
- § 431 Vorlegungsfrist bei Vorlegung durch Dritte
- § 432 Vorlegung durch Behörden oder Beamte; Beweisantritt
- § 433 (weggefallen)
- § 434 Vorlegung vor beauftragtem oder ersuchtem Richter
- § 435 Vorlegung öffentlicher Urkunden in Urschrift oder beglaubigter Abschrift
- § 436 Verzicht nach Vorlegung
- § 437 Echtheit inländischer öffentlicher Urkunden
- § 438 Echtheit ausländischer öffentlicher Urkunden
- § 439 Erklärung über Echtheit von Privaturkunden
- § 440 Beweis der Echtheit von Privaturkunden
- § 441 Schriftvergleichung
- § 442 Würdigung der Schriftvergleichung
- § 443 Verwahrung verdächtiger Urkunden
- § 444 Folgen der Beseitigung einer Urkunde

Titel 10
Beweis durch Parteivernehmung

- § 445 Vernehmung des Gegners; Beweisantritt
- § 446 Weigerung des Gegners
- § 447 Vernehmung der beweispflichtigen Partei auf Antrag
- § 448 Vernehmung von Amts wegen
- § 449 Vernehmung von Streitgenossen
- § 450 Beweisbeschluss
- § 451 Ausführung der Vernehmung
- § 452 Beeidigung der Partei
- § 453 Beweiswürdigung bei Parteivernehmung
- § 454 Ausbleiben der Partei
- § 455 Prozessunfähige
- §§ 456–477 (weggefallen)

Titel 11
Abnahme von Eiden und Bekräftigungen

- § 478 Eidesleistung in Person
- § 479 Eidesleistung vor beauftragtem oder ersuchtem Richter
- § 480 Eidesbelehrung
- § 481 Eidesleistung; Eidesformel
- § 482 (weggefallen)
- § 483 Eidesleistung sprach- und hörbehinderter Personen
- § 484 Eidesgleiche Bekräftigung

Titel 12
Selbständiges Beweisverfahren

- § 485 Zulässigkeit
- § 486 Zuständiges Gericht
- § 487 Inhalt des Antrages
- §§ 488 und 489 (weggefallen)
- § 490 Entscheidung über den Antrag
- § 491 Ladung des Gegners
- § 492 Beweisaufnahme

- § 495 Anzuwendende Vorschriften
- § 495a Verfahren nach billigem Ermessen
- § 496 Einreichung von Schriftsätzen; Erklärungen zu Protokoll
- § 497 Ladungen
- § 498 Zustellung des Protokolls über die Klage
- § 499 Belehrungen
- §§ 499a–503 (weggefallen)
- § 504 Hinweis bei Unzuständigkeit des Amtsgerichts
- § 505 (weggefallen)
- § 506 Nachträgliche sachliche Unzuständigkeit
- §§ 507–509 (weggefallen)
- § 510 Erklärung über Urkunden
- § 510a Inhalt des Protokoll
- § 510b Urteil auf Vornahme einer Handlung

Buch 3
Rechtsmittel

Abschnitt 1
Berufung

- § 511 Statthaftigkeit der Berufung
- § 512 Vorentscheidungen im ersten Rechtszug
- § 513 Berufungsgründe
- § 514 Versäumnisurteile
- § 515 Verzicht auf Berufung
- § 516 Zurücknahme der Berufung
- § 517 Berufungsfrist
- § 518 Berufungsfrist bei Urteilsergänzung
- § 519 Berufungsschrift
- § 520 Berufungsbegründung
- § 521 Zustellung der Berufungsschrift und -begründung
- § 522 Zulässigkeitsprüfung; Zurückweisungsbeschluss
- § 523 Terminsbestimmung
- § 524 Anschlussberufung
- § 525 Allgemeine Verfahrensgrundsätze
- § 526 Entscheidende Richter
- § 527 Vorbereitender Richter
- § 528 Bindung an Berufungsanträge
- § 529 Prüfungsumfang des Berufungsgerichts
- § 530 Verspätet vorgebrachte Angriffs- und Verteidigungsmittel
- § 531 Zurückgewiesene und neue Angriffs- und Verteidigungsmittel
- § 532 Rügen der Unzulässigkeit der Klage
- § 533 Klageänderung; Aufrechnungserklärung; Widerklage
- § 534 Verlust des Rügerechts
- § 535 Gerichtliches Geständnis
- § 536 Parteivernehmung
- § 537 Vorläufige Vollstreckbarkeit
- § 538 Zurückverweisung
- § 539 Versäumnisverfahren
- § 540 Inhalt des Berufungsurteils
- § 541 Prozessakten

Abschnitt 2
Revision

- § 542 Statthaftigkeit der Revision
- § 543 Zulassungsrevision
- § 544 Nichtzulassungsbeschwerde
- § 545 Revisionsgründe
- § 546 Begriff der Rechtsverletzung
- § 547 Absolute Revisionsgründe
- § 548 Revisionsfrist
- § 549 Revisionseinlegung
- § 550 Zustellung der Revisionsschrift
- § 551 Revisionsbegründung
- § 552 Zulässigkeitsprüfung
- § 552a Zurückweisungsbeschluss
- § 553 Terminsbestimmung; Einlassungsfrist

- § 554 Anschlussrevision
- § 555 Allgemeine Verfahrensgrundsätze
- § 556 Verlust des Rügerechts
- § 557 Umfang der Revisionsprüfung
- § 558 Vorläufige Vollstreckbarkeit
- § 559 Beschränkte Nachprüfung tatsächlicher Feststellungen
- § 560 Nicht revisible Gesetze
- § 561 Revisionszurückweisung
- § 562 Aufhebung des angefochtenen Urteils
- § 563 Zurückverweisung; eigene Sachentscheidung
- § 564 Keine Begründung der Entscheidung bei Rügen von Verfahrensmängeln
- § 565 Anzuwendende Vorschriften des Berufungsverfahrens
- § 566 Sprungrevision

Abschnitt 3
Beschwerde

Titel 1
Sofortige Beschwerde

- § 567 Sofortige Beschwerde; Anschlussbeschwerde
- § 568 Originärer Einzelrichter
- § 569 Frist und Form
- § 570 Aufschiebende Wirkung; einstweilige Anordnungen
- § 571 Begründung, Präklusion, Ausnahmen vom Anwaltszwang
- § 572 Gang des Beschwerdeverfahrens
- § 573 Erinnerung

Titel 2
Rechtsbeschwerde

- § 574 Rechtsbeschwerde; Anschlussrechtsbeschwerde
- § 575 Frist, Form und Begründung der Rechtsbeschwerde
- § 576 Gründe der Rechtsbeschwerde
- § 577 Prüfung und Entscheidung der Rechtsbeschwerde

Buch 4
Wiederaufnahme des Verfahrens

- § 578 Arten der Wiederaufnahme
- § 579 Nichtigkeitsklage
- § 580 Restitutionsklage
- § 581 Besondere Voraussetzungen der Restitutionsklage
- § 582 Hilfsnatur der Restitutionsklage
- § 583 Vorentscheidungen
- § 584 Ausschließliche Zuständigkeit für Nichtigkeits- und Restitutionsklagen
- § 585 Allgemeine Verfahrensgrundsätze
- § 586 Klagefrist
- § 587 Klageschrift
- § 588 Inhalt der Klageschrift
- § 589 Zulässigkeitsprüfung
- § 590 Neue Verhandlung
- § 591 Rechtsmittel

Buch 5
Urkunden- und Wechselprozess

- § 592 Zulässigkeit
- § 593 Klageinhalt; Urkunden
- § 594 (weggefallen)
- § 595 Keine Widerklage; Beweismittel
- § 596 Abstehen vom Urkundenprozess
- § 597 Klageabweisung
- § 598 Zurückweisung von Einwendungen
- § 599 Vorbehaltsurteil
- § 600 Nachverfahren
- § 601 (weggefallen)
- § 602 Wechselprozess
- § 603 Gerichtsstand
- § 604 Klageinhalt; Ladungsfrist
- § 605 Beweisvorschriften
- § 605 a Scheckprozess

Buch 6
Verfahren in Familiensachen

Abschnitt 1
Allgemeine Vorschriften für Verfahren in Ehesachen

- § 606 Zuständigkeit
- § 606 a Internationale Zuständigkeit
- § 607 Prozessfähigkeit; gesetzliche Vertretung
- § 608 Anzuwendende Vorschriften
- § 609 Besondere Prozessvollmacht
- § 610 Verbindung von Verfahren; Widerklage
- § 611 Neues Vorbringen; Ausschluss des schriftlichen Vorverfahrens
- § 612 Termine; Ladungen; Versäumnisurteil
- § 613 Persönliches Erscheinen der Ehegatten; Parteivernehmung
- § 614 Aussetzung des Verfahrens
- § 615 Zurückweisung von Angriffs- und Verteidigungsmitteln
- § 616 Untersuchungsgrundsatz
- § 617 Einschränkung der Parteiherrschaft
- § 618 Zustellung von Urteilen
- § 619 Tod eines Ehegatten
- § 620 Einstweilige Anordnungen
- § 620 a Verfahren bei einstweiliger Anordnung
- § 620 b Aufhebung und Änderung des Beschlusses
- § 620 c Sofortige Beschwerde; Unanfechtbarkeit
- § 620 d Begründung der Anträge und Entscheidungen
- § 620 e Aussetzung der Vollziehung
- § 620 f Außerkrafttreten der einstweiligen Anordnung
- § 620 g Kosten einstweiliger Anordnungen

Abschnitt 2
Allgemeine Vorschriften für Verfahren in anderen Familiensachen

- § 621 Zuständigkeit des Familiengerichts; Verweisung oder Abgabe an Gericht der Ehesachen
- § 621 a Anzuwendende Verfahrensvorschriften
- § 621 b Güterrechtliche Streitigkeiten
- § 621 c Zustellung von Endentscheidungen
- § 621 d Zurückweisung von Angriffs- und Verteidigungsmitteln
- § 621 e Befristete Beschwerde; Rechtsbeschwerde
- § 621 f Kostenvorschuss
- § 621 g Einstweilige Anordnungen

Abschnitt 3
Verfahren in Scheidungs- und Folgesachen

- § 622 Scheidungsantrag
- § 623 Verbund von Scheidungs- und Folgesachen
- § 624 Besondere Verfahrensvorschriften
- § 625 Beiordnung eines Rechtsanwalts
- § 626 Zurücknahme des Scheidungsantrags
- § 627 Vorwegentscheidung über elterliche Sorge
- § 628 Scheidungsurteil vor Folgesachenentscheidung
- § 629 Einheitliche Endentscheidung; Vorbehalt bei abgewiesenem Scheidungsantrag
- § 629 a Rechtsmittel
- § 629 b Zurückverweisung
- § 629 c Erweiterte Aufhebung
- § 629 d Wirksamwerden der Entscheidungen in Folgesachen
- § 630 Einverständliche Scheidung

Abschnitt 4
Verfahren auf Aufhebung und auf Feststellung des Bestehens oder Nichtbestehens einer Ehe

- § 631 Aufhebung einer Ehe
- § 632 Feststellung des Bestehens oder Nichtbestehens einer Ehe
- §§ 633–639 (weggefallen)

Abschnitt 5
Verfahren in Kindschaftssachen

- § 640 Kindschaftssachen
- § 640 a Zuständigkeit
- § 640 b Prozessfähigkeit bei Anfechtungsklagen
- § 640 c Klagenverbindung; Widerklage

Inhaltsübersicht

§ 640 d Einschränkung des Untersuchungsgrundsatzes
§ 640 e Beiladung; Streitverkündung
§ 640 f Aussetzung des Verfahrens
§ 640 g Tod der klagenden Partei im Anfechtungsprozess
§ 640 h Wirkungen des Urteils
§§ 641–641 b (weggefallen)
§ 641 c Beurkundung
§ 641 d Einstweilige Anordnung
§ 641 e Außerkrafttreten und Aufhebung der einstweiligen Anordnung
§ 641 f Außerkrafttreten bei Klagerücknahme oder Klageabweisung
§ 641 g Schadensersatzpflicht des Klägers
§ 641 h Inhalt der Urteilsformel
§ 641 i Restitutionsklage

Abschnitt 6
Verfahren über den Unterhalt

Titel 1
Allgemeine Vorschriften

§ 642 Zuständigkeit
§ 643 Auskunftsrecht des Gerichts
§ 644 Einstweilige Anordnung

Titel 2
Vereinfachte Verfahren über den Unterhalt Minderjähriger

§ 645 Statthaftigkeit des vereinfachten Verfahrens
§ 646 Antrag
§ 647 Maßnahmen des Gerichts
§ 648 Einwendungen des Antragsgegners
§ 649 Festsetzungsbeschluss
§ 650 Mitteilung über Einwendungen
§ 651 Streitiges Verfahren
§ 652 Sofortige Beschwerde
§ 653 Unterhalt bei Vaterschaftsfeststellung
§ 654 Abänderungsklage
§ 655 Abänderung des Titels bei wiederkehrenden Unterhaltsleistungen
§ 656 Klage gegen Abänderungsbeschluss
§ 657 Besondere Verfahrensvorschriften
§ 658 Sonderregelungen für maschinelle Bearbeitung
§ 659 Formulare
§ 660 Bestimmung des Amtsgerichts

Abschnitt 7
Verfahren in Lebenspartnerschaftssachen

§ 661 Lebenspartnerschaftssachen
§§ 662–687 (weggefallen)

Buch 7
Mahnverfahren

§ 688 Zulässigkeit
§ 689 Zuständigkeit; maschinelle Bearbeitung
§ 690 Mahnantrag
§ 691 Zurückweisung des Mahnantrags
§ 692 Mahnbescheid
§ 693 Zustellung des Mahnbescheids
§ 694 Widerspruch gegen den Mahnbescheid
§ 695 Mitteilung des Widerspruchs; Abschriften
§ 696 Verfahren nach Widerspruch
§ 697 Einleitung des Streitverfahrens
§ 698 Abgabe des Verfahrens am selben Gericht
§ 699 Vollstreckungsbescheid
§ 700 Einspruch gegen den Vollstreckungsbescheid
§ 701 Wegfall der Wirkung des Mahnbescheids
§ 702 Form von Anträgen und Erklärungen
§ 703 Kein Nachweis der Vollmacht
§ 703 a Urkunden-, Wechsel- und Scheckmahnverfahren
§ 703 b Sonderregelungen für maschinelle Bearbeitung
§ 703 c Formulare; Einführung der maschinellen Bearbeitung
§ 703 d Antragsgegner ohne allgemeinen inländischen Gerichtsstand

Buch 8
Zwangsvollstreckung

Abschnitt 1
Allgemeine Vorschriften

§ 704 Vollstreckbare Endurteile
§ 705 Formelle Rechtskraft
§ 706 Rechtskraft- und Notfristzeugnis
§ 707 Einstweilige Einstellung der Zwangsvollstreckung
§ 708 Vorläufige Vollstreckbarkeit ohne Sicherheitsleistung
§ 709 Vorläufige Vollstreckbarkeit gegen Sicherheitsleistung
§ 710 Ausnahmen von der Sicherheitsleistung des Gläubigers
§ 711 Abwendungsbefugnis
§ 712 Schutzantrag des Schuldners
§ 713 Unterbleiben von Schuldnerschutzanordnungen
§ 714 Anträge zur vorläufigen Vollstreckbarkeit
§ 715 Rückgabe der Sicherheit
§ 716 Ergänzung des Urteils
§ 717 Wirkungen eines aufhebenden oder abändernden Urteils
§ 718 Vorabentscheidung über vorläufige Vollstreckbarkeit
§ 719 Einstweilige Einstellung bei Rechtsmittel und Einspruch
§ 720 Hinterlegung bei Abwendung der Vollstreckung
§ 720 a Sicherungsvollstreckung
§ 721 Räumungsfrist
§ 722 Vollstreckbarkeit ausländischer Urteile
§ 723 Vollstreckungsurteil
§ 724 Vollstreckbare Ausfertigung
§ 725 Vollstreckungsklausel
§ 726 Vollstreckbare Ausfertigung bei bedingten Leistungen
§ 727 Vollstreckbare Ausfertigung für und gegen Rechtsnachfolger
§ 728 Vollstreckbare Ausfertigung bei Nacherbe oder Testamentsvollstrecker
§ 729 Vollstreckbare Ausfertigung gegen Vermögens- und Firmenübernehmer
§ 730 Anhörung des Schuldners
§ 731 Klage auf Erteilung der Vollstreckungsklausel
§ 732 Erinnerung gegen Erteilung der Vollstreckungsklausel
§ 733 Weitere vollstreckbare Ausfertigung
§ 734 Vermerk über Ausfertigungserteilung auf der Urteilsurschrift
§ 735 Zwangsvollstreckung gegen nicht rechtsfähigen Verein
§ 736 Zwangsvollstreckung gegen BGB-Gesellschaft
§ 737 Zwangsvollstreckung bei Vermögens- oder Erbschaftsnießbrauch
§ 738 Vollstreckbare Ausfertigung gegen Nießbraucher
§ 739 Gewahrsamsvermutung bei Zwangsvollstreckung gegen Ehegatten und Lebenspartner
§ 740 Zwangsvollstreckung in das Gesamtgut
§ 741 Zwangsvollstreckung in das Gesamtgut bei Erwerbsgeschäft
§ 742 Vollstreckbare Ausfertigung bei Gütergemeinschaft während des Rechtsstreits
§ 743 Beendete Gütergemeinschaft
§ 744 Vollstreckbare Ausfertigung bei beendeter Gütergemeinschaft
§ 744 a Zwangsvollstreckung bei Eigentums- und Vermögensgemeinschaft
§ 745 Zwangsvollstreckung bei fortgesetzter Gütergemeinschaft
§ 746 (weggefallen)
§ 747 Zwangsvollstreckung in ungeteilten Nachlass
§ 748 Zwangsvollstreckung bei Testamentsvollstrecker
§ 749 Vollstreckbare Ausfertigung für und gegen Testamentsvollstrecker
§ 750 Voraussetzungen der Zwangsvollstreckung
§ 751 Bedingungen für Vollstreckungsbeginn
§ 752 Sicherheitsleistung bei Teilvollstreckung
§ 753 Vollstreckung durch Gerichtsvollzieher
§ 754 Vollstreckungsauftrag
§ 755 Ermächtigung des Gerichtsvollziehers

§	
§ 756	Zwangsvollstreckung bei Leistung Zug um Zug
§ 757	Übergabe des Titels und Quittung
§ 758	Durchsuchung; Gewaltanwendung
§ 758 a	Richterliche Durchsuchungsanordnung; Vollstreckung zur Unzeit
§ 759	Zuziehung von Zeugen
§ 760	Akteneinsicht; Aktenabschrift
§ 761	(weggefallen)
§ 762	Protokoll über Vollstreckungshandlungen
§ 763	Aufforderungen und Mitteilungen
§ 764	Vollstreckungsgericht
§ 765	Vollstreckungsgerichtliche Anordnungen bei Leistung Zug um Zug
§ 765 a	Vollstreckungsschutz
§ 766	Erinnerung gegen Art und Weise der Zwangsvollstreckung
§ 767	Vollstreckungsabwehrklage
§ 768	Klage gegen Vollstreckungsklausel
§ 769	Einstweilige Anordnungen
§ 770	Einstweilige Anordnungen im Urteil
§ 771	Drittwiderspruchsklage
§ 772	Drittwiderspruchsklage bei Veräußerungsverbot
§ 773	Drittwiderspruchsklage des Nacherben
§ 774	Drittwiderspruchsklage des Ehegatten
§ 775	Einstellung und Beschränkung der Zwangsvollstreckung
§ 776	Aufhebung von Vollstreckungsmaßregeln
§ 777	Erinnerung bei genügender Sicherung des Gläubigers
§ 778	Zwangsvollstreckung vor Erbschaftsannahme
§ 779	Fortsetzung der Zwangsvollstreckung nach dem Tod des Schuldners
§ 780	Vorbehalt der beschränkten Erbenhaftung
§ 781	Beschränkte Erbenhaftung in der Zwangsvollstreckung
§ 782	Einreden des Erben gegen Nachlassgläubiger
§ 783	Einreden des Erben gegen persönliche Gläubiger
§ 784	Zwangsvollstreckung bei Nachlassverwaltung und -insolvenzverfahren
§ 785	Vollstreckungsabwehrklage des Erben
§ 786	Vollstreckungsabwehrklage bei beschränkter Haftung
§ 786 a	See- und Binnenschifffahrtsrechtliche Haftungsbeschränkung
§ 787	Zwangsvollstreckung bei herrenlosem Grundstück oder Schiff
§ 788	Kosten der Zwangsvollstreckung
§ 789	Einschreiten von Behörden
§ 790	Bezifferung dynamisierter Unterhaltstitel zur Zwangsvollstreckung im Ausland
§ 791	(weggefallen)
§ 792	Erteilung von Urkunden an Gläubiger
§ 793	Sofortige Beschwerde
§ 794	Weitere Vollstreckungstitel
§ 794 a	Zwangsvollstreckung aus Räumungsvergleich
§ 795	Anwendung der allgemeinen Vorschriften auf die weiteren Vollstreckungstitel
§ 795 a	Zwangsvollstreckung aus Kostenfestsetzungsbeschluss
§ 796	Zwangsvollstreckung aus Vollstreckungsbescheiden
§ 796 a	Voraussetzungen für die Vollstreckbarerklärung des Anwaltsvergleichs
§ 796 b	Vollstreckbarerklärung durch das Prozessgericht
§ 796 c	Vollstreckbarerklärung durch einen Notar
§ 797	Verfahren bei vollstreckbaren Urkunden
§ 797 a	Verfahren bei Gütestellenvergleichen
§ 798	Wartefrist
§ 798 a	Zwangsvollstreckung aus Unterhaltstiteln trotz weggefallener Minderjährigkeit
§ 799	Vollstreckbare Urkunde bei Rechtsnachfolge
§ 800	Vollstreckbare Urkunde gegen den jeweiligen Grundstückseigentümer
§ 800 a	Vollstreckbare Urkunde bei Schiffshypothek
§ 801	Landesrechtliche Vollstreckungstitel
§ 802	Ausschließlichkeit der Gerichtsstände

Abschnitt 2
Zwangsvollstreckung wegen Geldforderungen

Titel 1
Zwangsvollstreckung in das bewegliche Vermögen

Untertitel 1
Allgemeine Vorschriften

§	
§ 803	Pfändung
§ 804	Pfändungspfandrecht
§ 805	Klage auf vorzugsweise Befriedigung
§ 806	Keine Gewährleistung bei Pfandveräußerung
§ 806 a	Mitteilungen und Befragung durch den Gerichtsvollzieher
§ 806 b	Gütliche und zügige Erledigung
§ 807	Eidesstattliche Versicherung

Untertitel 2
Zwangsvollstreckung in körperliche Sachen

§	
§ 808	Pfändung beim Schuldner
§ 809	Pfändung beim Gläubiger oder bei Dritten
§ 810	Pfändung ungetrennter Früchte
§ 811	Unpfändbare Sachen
§ 811 a	Austauschpfändung
§ 811 b	Vorläufige Austauschpfändung
§ 811 c	Unpfändbarkeit von Haustieren
§ 811 d	Vorwegpfändung
§ 812	Pfändung von Hausrat
§ 813	Schätzung
§ 813 a	Aufschub der Verwertung
§ 813 b	Aussetzung der Verwertung
§ 814	Öffentliche Versteigerung
§ 815	Gepfändetes Geld
§ 816	Zeit und Ort der Versteigerung
§ 817	Zuschlag und Ablieferung
§ 817 a	Mindestgebot
§ 818	Einstellung der Versteigerung
§ 819	Wirkung des Erlösempfanges
§ 820	(weggefallen)
§ 821	Verwertung von Wertpapieren
§ 822	Umschreibung von Namenspapieren
§ 823	Außer Kurs gesetzte Inhaberpapiere
§ 824	Verwertung ungetrennter Früchte
§ 825	Andere Verwertungsart
§ 826	Anschlusspfändung
§ 827	Verfahren bei mehrfacher Pfändung

Untertitel 3
Zwangsvollstreckung in Forderungen und andere Vermögensrechte

§	
§ 828	Zuständigkeit des Vollstreckungsgerichts
§ 829	Pfändung einer Geldforderung
§ 830	Pfändung einer Hypothekenforderung
§ 830 a	Pfändung einer Schiffshypothekenforderung
§ 831	Pfändung indossabler Papiere
§ 832	Pfändungsumfang bei fortlaufenden Bezügen
§ 833	Pfändungsumfang bei Arbeits- und Diensteinkommen
§ 834	Kein Anhörung des Schuldners
§ 835	Überweisung einer Geldforderung
§ 836	Wirkung der Überweisung
§ 837	Überweisung einer Hypothekenforderung
§ 837 a	Überweisung einer Schiffshypothekenforderung
§ 838	Einrede des Schuldners bei Faustpfand
§ 839	Überweisung bei Abwendungsbefugnis
§ 840	Erklärungspflicht des Drittschuldners
§ 841	Pflicht zur Streitverkündung
§ 842	Schadenersatz bei verzögerter Beitreibung
§ 843	Verzicht des Pfandgläubigers
§ 844	Andere Verwertungsart
§ 845	Vorpfändung
§ 846	Zwangsvollstreckung in Herausgabeansprüche
§ 847	Herausgabeanspruch auf eine bewegliche Sache
§ 847 a	Herausgabeanspruch auf ein Schiff
§ 848	Herausgabeanspruch auf eine unbewegliche Sache
§ 849	Keine Überweisung an Zahlungs statt
§ 850	Pfändungsschutz für Arbeitseinkommen
§ 850 a	Unpfändbare Bezüge
§ 850 b	Bedingt pfändbare Bezüge
§ 850 c	Pfändungsgrenzen für Arbeitseinkommen
§ 850 d	Pfändbarkeit bei Unterhaltsansprüchen
§ 850 e	Berechnung des pfändbaren Arbeitseinkommens

Inhaltsübersicht

- § 850 f — Änderung des unpfändbaren Betrages
- § 850 g — Änderung der Unpfändbarkeitsvoraussetzungen
- § 850 h — Verschleiertes Arbeitseinkommen
- § 850 i — Pfändungsschutz bei sonstigen Vergütungen
- § 850 k — Pfändungsschutz für Kontoguthaben aus Arbeitseinkommen
- § 851 — Nicht übertragbare Forderungen
- § 851 a — Pfändungsschutz für Landwirte
- § 851 b — Pfändungsschutz bei Miet- und Pachtzinsen
- § 852 — Beschränkt pfändbare Forderungen
- § 853 — Mehrfache Pfändung einer Geldforderung
- § 854 — Mehrfache Pfändung eines Anspruchs auf bewegliche Sachen
- § 855 — Mehrfache Pfändung eines Anspruchs auf eine unbewegliche Sache
- § 855 a — Mehrfache Pfändung eines Anspruchs auf ein Schiff
- § 856 — Klage bei mehrfacher Pfändung
- § 857 — Zwangsvollstreckung in andere Vermögensrechte
- § 858 — Zwangsvollstreckung in Schiffspart
- § 859 — Pfändung von Gesamthandanteilen
- § 860 — Pfändung von Gesamtgutanteilen
- §§ 861 und 862 (weggefallen)
- § 863 — Pfändungsbeschränkungen bei Erbschaftsnutzungen

Titel 2
Zwangsvollstreckung in das unbewegliche Vermögen

- § 864 — Gegenstand der Immobiliarvollstreckung
- § 865 — Verhältnis zur Mobiliarzwangsvollstreckung
- § 866 — Arten der Vollstreckung
- § 867 — Zwangshypothek
- § 868 — Erwerb der Zwangshypothek durch den Eigentümer
- § 869 — Zwangsversteigerung und Zwangsverwaltung
- § 870 — Grundstücksgleiche Rechte
- § 870 a — Zwangsvollstreckung in ein Schiff oder Schiffsbauwerk
- § 871 — Landesrechtlicher Vorbehalt bei Eisenbahnen

Titel 3
Verteilungsverfahren

- § 872 — Voraussetzungen
- § 873 — Aufforderung des Verteilungsgerichts
- § 874 — Teilungsplan
- § 875 — Terminsbestimmung
- § 876 — Termin zur Erklärung und Ausführung
- § 877 — Säumnisfolgen
- § 878 — Widerspruchsklage
- § 879 — Zuständigkeit für die Widerspruchsklage
- § 880 — Inhalt des Urteils
- § 881 — Versäumnisurteil
- § 882 — Verfahren nach dem Urteil

Titel 4
Zwangsvollstreckung gegen juristische Personen des öffentlichen Rechts

- § 882 a — Zwangsvollstreckung wegen einer Geldforderung

Abschnitt 3
Zwangsvollstreckung zur Erwirkung der Herausgabe von Sachen und zur Erwirkung von Handlungen oder Unterlassungen

- § 883 — Herausgabe bestimmter beweglicher Sachen
- § 884 — Leistung einer bestimmten Menge vertretbarer Sachen
- § 885 — Herausgabe von Grundstücken oder Schiffen
- § 886 — Herausgabe aus Gewahrsam eines Dritten
- § 887 — Vertretbare Handlungen
- § 888 — Nicht vertretbare Handlungen
- § 888 a — Keine Handlungsvollstreckung bei Entschädigungspflicht
- § 889 — Eidesstattliche Versicherung nach bürgerlichem Recht
- § 890 — Erzwingung von Unterlassungen und Duldungen
- § 891 — Verfahren; Anhörung des Schuldners; Kostenentscheidung
- § 892 — Widerstand des Schuldners
- § 892 a — Unmittelbarer Zwang in Verfahren nach dem Gewaltschutzgesetz
- § 893 — Klage auf Leistung des Interesses
- § 894 — Fiktion der Abgabe einer Willenserklärung
- § 895 — Willenserklärung zwecks Eintragung bei vorläufig vollstreckbarem Urteil
- § 896 — Erteilung von Urkunden an Gläubiger
- § 897 — Übereignung; Verschaffung von Grundpfandrechten
- § 898 — Gutgläubiger Erwerb

Abschnitt 4
Eidesstattliche Versicherung und Haft

- § 899 — Zuständigkeit
- § 900 — Verfahren zur Abnahme der eidesstattlichen Versicherung
- § 901 — Erlass eines Haftbefehls
- § 902 — Eidesstattliche Versicherung des Verhafteten
- § 903 — Wiederholte eidesstattliche Versicherung
- § 904 — Unzulässigkeit der Haft
- § 905 — Haftunterbrechung
- § 906 — Haftaufschub
- §§ 907 und 908 (weggefallen)
- § 909 — Verhaftung
- § 910 — Anzeige vor der Verhaftung
- § 911 — Erneuerung der Haft nach Entlassung
- § 912 — (weggefallen)
- § 913 — Haftdauer
- § 914 — Wiederholte Verhaftung
- § 915 — Schuldnerverzeichnis
- § 915 a — Löschung
- § 915 b — Auskunft; Löschungsfiktion
- § 915 c — Ausschluss der Beschwerde
- § 915 d — Erteilung von Abdrucken
- § 915 e — Empfänger von Abdrucken; Auskünfte aus Abdrucken; Listen; Datenschutz
- § 915 f — Überlassung von Listen; Datenschutz
- § 915 g — Löschung in Abdrucken, Listen und Aufzeichnungen
- § 915 h — Verordnungsermächtigungen

Abschnitt 5
Arrest und einstweilige Verfügung

- § 916 — Arrestanspruch
- § 917 — Arrestgrund bei dinglichem Arrest
- § 918 — Arrestgrund bei persönlichem Arrest
- § 919 — Arrestgericht
- § 920 — Arrestgesuch
- § 921 — Entscheidung über das Arrestgesuch
- § 922 — Arresturteil und Arrestbeschluss
- § 923 — Abwendungsbefugnis
- § 924 — Widerspruch
- § 925 — Entscheidung nach Widerspruch
- § 926 — Anordnung der Klageerhebung
- § 927 — Aufhebung wegen veränderter Umstände
- § 928 — Vollziehung des Arrestes
- § 929 — Vollstreckungsklausel; Vollziehungsfrist
- § 930 — Vollziehung in bewegliches Vermögen und Forderungen
- § 931 — Vollziehung in eingetragenes Schiff oder Schiffsbauwerk
- § 932 — Arresthypothek
- § 933 — Vollziehung des persönlichen Arrestes
- § 934 — Aufhebung der Arrestvollziehung
- § 935 — Einstweilige Verfügung bezüglich Streitgegenstand
- § 936 — Anwendung der Arrestvorschriften
- § 937 — Zuständiges Gericht
- § 938 — Inhalt der einstweiligen Verfügung
- § 939 — Aufhebung gegen Sicherheitsleistung
- § 940 — Einstweilige Verfügung zur Regelung eines einstweiligen Zustandes
- § 940 a — Räumung von Wohnraum
- § 941 — Ersuchen um Eintragungen im Grundbuch usw.
- § 942 — Zuständigkeit des Amtsgerichts der belegenen Sache
- § 943 — Gericht der Hauptsache
- § 944 — Entscheidung des Vorsitzenden bei Dringlichkeit
- § 945 — Schadensersatzpflicht

Buch 9
Aufgebotsverfahren

- § 946 Statthaftigkeit; Zuständigkeit
- § 947 Antrag; Inhalt des Aufgebots
- § 948 Öffentliche Bekanntmachung
- § 949 Gültigkeit der öffentlichen Bekanntmachung
- § 950 Aufgebotsfrist
- § 951 Anmeldung nach Aufgebotstermin
- § 952 Ausschlussurteil; Zurückweisung des Antrags
- § 953 Wirkung einer Anmeldung
- § 954 Fehlender Antrag
- § 955 Neuer Termin
- § 956 Öffentliche Bekanntmachung des Ausschlussurteils
- § 957 Anfechtungsklage
- § 958 Klagefrist
- § 959 Verbindung mehrerer Aufgebote
- §§ 960–976 (weggefallen)
- § 977 Aufgebot des Grundstückseigentümers
- § 978 Zuständigkeit
- § 979 Antragsberechtigter
- § 980 Glaubhaftmachung
- § 981 Inhalt des Aufgebots
- § 981 a Aufgebot des Schiffseigentümers
- § 982 Aufgebot des Grundpfandrechtsgläubigers
- § 983 Zuständigkeit
- § 984 Antragsberechtigter
- § 985 Glaubhaftmachung
- § 986 Besonderheiten im Fall des § 1170 des Bürgerlichen Gesetzbuchs
- § 987 Besonderheiten im Fall des § 1171 des Bürgerlichen Gesetzbuchs
- § 987 a Aufgebot des Schiffshypothekengläubigers
- § 988 Aufgebot des Berechtigten bei Vormerkung, Vorkaufsrecht, Reallast
- § 989 Aufgebot von Nachlassgläubigern
- § 990 Zuständigkeit
- § 991 Antragsberechtigter
- § 992 Verzeichnis der Nachlassgläubiger
- § 993 Nachlassinsolvenzverfahren
- § 994 Aufgebotsfrist
- § 995 Inhalt des Aufgebots
- § 996 Forderungsanmeldung
- § 997 Mehrheit von Erben
- § 998 Nacherbfolge
- § 999 Gütergemeinschaft
- § 1000 Erbschaftskäufer
- § 1001 Aufgebot der Gesamtgutsgläubiger
- § 1002 Aufgebot der Schiffsgläubiger
- § 1003 Aufgebot zur Kraftloserklärung von Urkunden
- § 1004 Antragsberechtigter
- § 1005 Gerichtsstand
- § 1006 Bestelltes Aufgebotsgericht
- § 1007 Antragsbegründung
- § 1008 Inhalt des Aufgebots
- § 1009 Ergänzende Bekanntmachung in besonderen Fällen
- § 1010 Wertpapiere mit Zinsscheinen
- § 1011 Zinsscheine für mehr als vier Jahre
- § 1012 Vorlegung der Zinsscheine
- § 1013 Abgelaufene Ausgabe der Zinsscheine
- § 1014 Aufgebotstermin bei bestimmter Fälligkeit
- § 1015 Aufgebotsfrist
- § 1016 Anmeldung der Rechte
- § 1017 Ausschlussurteil
- § 1018 Wirkung des Ausschlussurteils
- § 1019 Zahlungssperre
- § 1020 Zahlungssperre vor Einleitung des Verfahrens
- § 1021 Entbehrlichkeit des Zeugnisses nach § 1010 Abs. 2
- § 1022 Aufhebung der Zahlungssperre
- § 1023 Hinkende Inhaberpapiere
- § 1024 Vorbehalt für die Landesgesetzgebung

Buch 10
Schiedsrichterliches Verfahren

Abschnitt 1
Allgemeine Vorschriften

- § 1025 Anwendungsbereich
- § 1026 Umfang gerichtlicher Tätigkeit
- § 1027 Verlust des Rügerechts
- § 1028 Empfang schriftlicher Mitteilungen bei unbekanntem Aufenthalt

Abschnitt 2
Schiedsvereinbarung

- § 1029 Begriffsbestimmung
- § 1030 Schiedsfähigkeit
- § 1031 Form der Schiedsvereinbarung
- § 1032 Schiedsvereinbarung und Klage vor Gericht
- § 1033 Schiedsvereinbarung und einstweilige gerichtliche Maßnahmen

Abschnitt 3
Bildung des Schiedsgerichts

- § 1034 Zusammensetzung des Schiedsgerichts
- § 1035 Bestellung der Schiedsrichter
- § 1036 Ablehnung eines Schiedsrichters
- § 1037 Ablehnungsverfahren
- § 1038 Untätigkeit oder Unmöglichkeit der Aufgabenerfüllung
- § 1039 Bestellung eines Ersatzschiedsrichters

Abschnitt 4
Zuständigkeit des Schiedsgerichts

- § 1040 Befugnis des Schiedsgerichts zur Entscheidung über die eigene Zuständigkeit
- § 1041 Maßnahmen des einstweiligen Rechtsschutzes

Abschnitt 5
Durchführung des schiedsrichterlichen Verfahrens

- § 1042 Allgemeine Verfahrensregeln
- § 1043 Ort des schiedsrichterlichen Verfahrens
- § 1044 Beginn des schiedsrichterlichen Verfahrens
- § 1045 Verfahrenssprache
- § 1046 Klage und Klagebeantwortung
- § 1047 Mündliche Verhandlung und schriftliches Verfahren
- § 1048 Säumnis einer Partei
- § 1049 Vom Schiedsgericht bestellter Sachverständiger
- § 1050 Gerichtliche Unterstützung bei der Beweisaufnahme und sonstige richterliche Handlungen

Abschnitt 6
Schiedsspruch und Beendigung des Verfahrens

- § 1051 Anwendbares Recht
- § 1052 Entscheidung durch ein Schiedsrichterkollegium
- § 1053 Vergleich
- § 1054 Form und Inhalt des Schiedsspruchs
- § 1055 Wirkungen des Schiedsspruchs
- § 1056 Beendigung des schiedsrichterlichen Verfahrens
- § 1057 Entscheidung über die Kosten
- § 1058 Berichtigung, Auslegung und Ergänzung des Schiedsspruchs

Abschnitt 7
Rechtsbehelf gegen den Schiedsspruch

- § 1059 Aufhebungsantrag

Abschnitt 8
Voraussetzungen der Anerkennung und Vollstreckung von Schiedssprüchen

- § 1060 Inländische Schiedssprüche
- § 1061 Ausländische Schiedssprüche

Abschnitt 9
Gerichtliches Verfahren

- § 1062 Zuständigkeit
- § 1063 Allgemeine Vorschriften
- § 1064 Besonderheiten bei der Vollstreckbarerklärung von Schiedssprüchen
- § 1065 Rechtsmittel

Inhaltsübersicht

Abschnitt 10
Außervertragliche Schiedsgerichte

- § 1066 Entsprechende Anwendung der Vorschriften des Zehnten Buches

Buch 11
Justizielle Zusammenarbeit in der Europäischen Union

Abschnitt 1
Zustellung nach der Verordnung (EG) Nr. 1348/2000

- § 1067 Zustellung durch diplomatische oder konsularische Vertretungen
- § 1068 Zustellung durch die Post
- § 1069 Zuständigkeiten nach der Verordnung (EG) Nr. 1348/2000
- § 1070 Annahmeverweigerung auf Grund der verwendeten Sprache
- § 1071 Parteizustellung aus dem Ausland

Abschnitt 2
Beweisaufnahme nach der Verordnung (EG) Nr. 1206/2001

- § 1072 Beweisaufnahme in den Mitgliedstaaten der Europäischen Union
- § 1073 Teilnahmerechte
- § 1074 Zuständigkeiten nach der Verordnung (EG) Nr. 1206/2001
- § 1075 Sprache eingehender Ersuchen

Abschnitt 3
Prozesskostenhilfe nach der Richtlinie 2003/8/EG

- § 1076 Anwendbare Vorschriften
- § 1077 Ausgehende Ersuchen
- § 1078 Eingehende Ersuchen

Abschnitt 4
Europäische Vollstreckungstitel nach der Verordnung (EG) Nr. 805/2004

Titel 1
Bestätigung inländischer Titel als Europäische Vollstreckungstitel

- § 1079 Zuständigkeit
- § 1080 Entscheidung
- § 1081 Berichtigung und Widerruf

Titel 2
Zwangsvollstreckung aus Europäischen Vollstreckungstiteln im Inland

- § 1082 Vollstreckungstitel
- § 1083 Übersetzung
- § 1084 Anträge nach den Artikeln 21 und 23 der Verordnung (EG) Nr. 805/2004
- § 1085 Einstellung der Zwangsvollstreckung
- § 1086 Vollstreckungsabwehrklage

Buch 1. Allgemeine Vorschriften

Bearbeiter: Dr. Dr. Hartmann

Grundzüge vor Abschnitt 1

1) Systematik. Buch 1 enthält dasjenige, was für die gesamte ZPO „vor die Klammer gehört". Seine Vorschriften gelten also grundsätzlich unmittelbar in allen Büchern 2–10. Davon gibt es freilich in diesen letzteren Büchern mehr oder minder erhebliche vorrangige, weil speziellere Abweichungen. Das bedeutet: Zunächst prüft man an der einschlägigen Spezialstelle des Gesetzes, ob und welche Regelung dort getroffen ist. Mangels eindeutiger dortiger Klärung darf und muß man aber eben stets auf Buch 1 zurückgreifen. Erst wenn auch dort keine Regelung vorliegt, kommt die Verfahrensweise bei einer etwaigen Sinnähnlichkeit anderer Bestimmungen in Betracht, Einl III 44. Erst wenn man auch dabei kein Ergebnis erzielen kann, kommt die Verfahrensweise bei einer Gesetzeslücke zur Anwendung, Einl III 48. Buch 1 hat also eine ganz wesentliche Mitbedeutung in jeder Verfahrenslage.

2) Regelungszweck. Die in Rn 1 beschriebene Gesetzestechnik bezweckt in mathematischer Methode eine Vereinfachung, Verkürzung, Vereinheitlichung und damit eine größere Sicherheit bei der Rechtsfindung, Einl III 43. Nur scheinbar wirkt die dabei unvermeidbare Arbeitsweise des „Hin- und Herblätterns" erschwerend. Sie ist im deutschen Gesetzesrecht ja ohnehin bekannt und hat insgesamt keine überwiegenden Nachteile. Man darf eben nur nicht vergessen, sie anzuwenden.

Abschnitt 1. Gerichte

Grundzüge vor Titel 1

1) Systematik. Der Abschnitt 1 enthält Ergänzungen des GVG für den Zivilprozeß. Das zur Entscheidung berufene Gericht einschließlich der Personen der Richter läßt sich nur so bestimmen, daß man die einschlägigen Vorschriften sowohl der ZPO als auch des GVG berücksichtigt. Titel 1 enthält Ergänzungen zur sachlichen Zuständigkeit und Wertvorschriften. Die Titel 2 und 3 regeln die örtliche Zuständigkeit, vereinzelt auch die sachliche Zuständigkeit. Titel 4 ergänzt den Titel 1 des GVG, soweit es um die Frage geht, wer im Einzelfall zum Richteramt geeignet ist.

2) Regelungszweck. Die Verzahnung von GVG und ZPO macht das Ermitteln der gesetzlichen Lösung nicht einfacher. Auch diese Arbeitsweise ist aber ein juristisch alltägliches Arbeitsmittel mit dem Ziel einer Vermeidung von Wiederholungen, also der Vereinfachung und Vereinheitlichung. Dabei dienen die einzelnen Vorschriften sehr unterschiedlichen Zwecken. Man muß sie daher auch sehr unterschiedlich auslegen. Das ändert nichts an der Notwendigkeit ihrer ständigen Mitbeachtung, soweit in spezielleren Teilen der ZPO keine vorrangigen Sondervorschriften bestehen.

Titel 1. Sachliche Zuständigkeit der Gerichte und Wertvorschriften

Grundzüge vor § 1

Gliederung

1) **Systematik**	1		F. Ausschließliche sachliche Zuständigkeit	9
2) **Regelungszweck**	2		G. Prüfung von Amts wegen	10
3) **Geltungsbereich**	3		5) **Vermögensrechtlicher Anspruch**	11–17
4) **Zuständigkeitsarten**	4–10		A. Grundsatz: Maßgeblichkeit der Rechtsnatur	11
A. Örtliche Zuständigkeit	4		B. Beispiele zur Frage des Vorliegens eines vermögens- oder nichtvermögensrechtlichen Anspruchs	12–17
B. Sachliche Zuständigkeit	5			
C. Geschäftliche Zuständigkeit	6			
D. Geschäftsverteilung	7		6) **Geltung für Kosten**	18
E. Grundsatz: Ausschließliche Zuständigkeit nur bei Ausdrücklichkeit	8		7) *VwGO*	19

1) Systematik. Unter dem Begriff Zuständigkeit versteht man die Befugnis und die Verpflichtung zu einer Tätigkeit. Im Bereich der Gerichtsbarkeit bedeutet das: Die Zuständigkeitsregeln legen fest, welches Gericht und welches Rechtspflegeorgan im einzelnen Fall zur Tätigkeit befugt und verpflichtet ist. Demgegenüber ergibt die Regelung der Zulässigkeit des ordentlichen Rechtswegs nach § 13 GVG, welche Fälle vor die ordentlichen Gerichte gehören und welche vor die Gerichte anderer Gerichtsbarkeiten, zB vor ein Finanzgericht oder ein Verwaltungsgericht.

2) Regelungszweck. Die Zuständigkeitsvorschriften dienen der Durchsetzung des Gebots des gesetzlichen Richters nach Art 101 I 2 GG, BVerfG **95**, 327, BGH **85**, 118. Sie dienen und damit der Rechtssicherheit nach Einl III 43 und der Rechtsstaatlichkeit, Art 20 GG. Indessen spielt insbesondere im Bereich des § 3 auch die im dortigen Ermessen zum Ausdruck kommende Prozeßwirtschaftlichkeit eine erhebliche Rolle, Grdz 14 vor § 128. Das alles macht eine behutsame Abwägung bei der Auslegung ratsam.

3) Geltungsbereich. §§ 1 ff gelten in allen Verfahrensarten nach der ZPO.

4) Zuständigkeitsarten. Die Zuständigkeit läßt sich nach verschiedenen Gesichtspunkten ordnen.

A. Örtliche Zuständigkeit. Sie klärt die räumlichen Grenzen, innerhalb derer ein Gericht tätig sein darf und muß, §§ 12 ff. Maßgebend ist der landesrechtlich geregelte jeweilige Bezirk, in dem das Gericht den Sitz hat, BVerfG **2**, 307.

B. Sachliche Zuständigkeit. Sie klärt die Frage, welches erstinstanzliche Gericht nach der Art der Angelegenheit tätig sein darf und muß. Im Bereich bürgerlicher Rechtsstreitigkeiten nach § 13 GVG gehört die Abgrenzung zwischen dem AG nach §§ 23 ff GVG oder LG nach § 71 GVG einerseits und dem ArbG nach §§ 2 I Z 1–3, IV, 3 ArbGG andererseits jetzt zum Bereich der Zulässigkeit des Rechtswegs. Das ergibt sich aus §§ 17, 17 a, b GVG und aus § 48 I ArbGG, BAG NZA **92**, 954.

C. Geschäftliche Zuständigkeit, auch funktionelle Zuständigkeit genannt. Sie klärt die Frage, welcher im Gesetz genannte Spruchkörper eine dort allgemein genannte rechtliche Angelegenheit betreuen muß, §§ 21 e ff GVG.

Hierher gehört zB: Die Abgrenzung zwischen dem Prozeßgericht und dem Vollstreckungsgericht, §§ 764, 828; zwischen dem Kollegium und dem Einzelrichter, §§ 348, 348 a, 526, 527, 568; zwischen dem entscheidenden und dem ersuchten bzw beauftragten Richter, §§ 361, 362, oder dem Rechtshilfegericht, § 157 GVG; zwischen dem Richter und dem Rpfl, Anh § 153 GVG; zwischen dem Rpfl und dem Urkundsbeamten, § 153 GVG; zwischen dem Gericht und dem Gerichtsvollzieher, § 753; zwischen dem Prozeßgericht und dem Familiengericht, § 621, § 23 b GVG, BGH **97**, 82, aM Jauernig FamRZ **89**, 1 (sachliche Zuständigkeit); zwischen dem Prozeßgericht und dem Arrestgericht, § 919, oder dem Gericht der einstweiligen Verfügung, § 937, Hamm OLGZ **89**, 339; zwischen der Zivilkammer und der Kammer für Handelssachen, §§ 93 ff GVG, BGH **97**, 84.

D. Geschäftsverteilung auf die einzelnen gleichartigen Abteilungen, Kammern oder Senate desselben Gerichts. Sie klärt die Frage, welcher einzelner Spruchkörper im konkreten Einzelfall und zum fraglichen Zeitpunkt entscheiden darf bzw muß. Diese zwar auf gesetzlichen Regeln des GVG beruhende, aber im einzelnen für jedes Geschäftsjahr vom Präsidium bzw vom Spruchkörper zu beschließende und nur in Ausnahmefällen abänderbare Regelung hat nach der Systematik des Gesetzes zunächst eine innerdienstliche Bedeutung. Freilich sind die praktischen Auswirkungen gleichwohl erheblich, schon wegen Art 101 I 2 GG (Gebot des gesetzlichen Richters). Deshalb ergibt auch erst die Klärung sämtlicher vorgenannter Fragen eine Antwort darauf, welche Gerichtsperson die gewünschte oder erforderliche Handlung jeweils vornehmen darf und muß.

E. Grundsatz: Ausschließliche Zuständigkeit nur bei Ausdrücklichkeit. Eine weitere Unterscheidungsmöglichkeit besteht darin, daß das Gesetz die Zuständigkeit teils zwingend vorschreibt, § 40 II, Stgt NJW **78**, 1272 (Vorrang der spezielleren), teils nur hilfsweise regelt und den Parteien im letzteren Fall die Möglichkeit beläßt, eine abweichende Vereinbarung oder Prorogation zu treffen, zB nach § 38. Die örtliche und die sachliche Zuständigkeit ist nur in denjenigen Fällen ausschließlich, in denen das Gesetz das ausdrücklich bestimmt, zB §§ 29 a, 40. Die geschäftliche Zuständigkeit ist immer dem Parteiwillen nach Grdz 18 vor § 128 entzogen. Die Geschäftsverteilung ist ohnehin schon deshalb nicht der Parteivereinbarung eröffnet, weil es sich nicht um eine Zuständigkeitsfrage handelt, Rn 5. Man muß die Frage, ob die Zivilkammer des LG oder seine Kammer für Handelssachen tätig werden sollen und müssen, nach den Regeln der sachlichen Zuständigkeit beurteilen, sofern nicht §§ 97 ff GVG etwas anderes bestimmen. Sondergesetze geben Spezialregeln, zB für Baulandsachen § 217 I 4 BauGB.

F. Ausschließliche sachliche Zuständigkeit. Sie besteht in folgenden Fällen: Bei einem nichtvermögensrechtlichen Prozeß, Rn 10; bei § 71 III GVG; in einigen Fällen des sachlichen Zusammenhangs (Anhangsprozesse), zB bei einer Einmischungsklage (Hauptintervention), § 64; dann, wenn das Gesetz sie ausdrücklich angeordnet hat, § 71 GVG Rn 5. Eine ausschließliche Zuständigkeit kann insbesondere bei einer Widerklage bestehen, zB § 33 II.

G. Prüfung von Amts wegen. Die Zuständigkeit ist eine Prozeßvoraussetzung, Grdz 22 vor § 253. Das Gericht muß sie von Amts wegen prüfen. Vgl aber §§ 38, 39 S 1, 513 II, 545 II, 571 II 2, 576 II. Die ZPO nennt den Vorgang, daß man sich auf eine Unzuständigkeit beruft, eine Zulässigkeitsrüge, §§ 282 III, 296 III. Beim Fehlen der sachlichen Zuständigkeit kann mangels Verweisungsmöglichkeit eine Klagabweisung als unzulässig durch ein Prozeßurteil nach Grdz 14 vor § 253 notwendig sein.

5) Vermögensrechtlicher Anspruch, dazu *Baum,* Vermögensrechtliche und nichtvermögensrechtliche Streitigkeiten im Zivilprozeß, Diss Bonn 2000; *Gerhardt,* Nichtvermögensrechtliche Streitigkeiten – eine Besonderheit im Zivilprozeß?, Festschrift für *Schumann* (2001) 133; *Haberzettl,* Streitwert und Kosten in Ehe- und Familiensachen, 2. Aufl 1985; *Günther Rohs,* Streitwert in Ehe- und Folgesachen, Festschrift für *Schmidt* (1981) 183.

A. Grundsatz: Maßgeblichkeit der Rechtsnatur. Wegen § 708 Z 11, ferner wegen § 48 II, III GKG und damit mittelbar auch für die sachliche Zuständigkeit kommt es oft auf die Abgrenzung zwischen einem vermögensrechtlichen und einem nichtvermögensrechtlichen Anspruch an, aM Gerhardt 146 (eine solche Abgrenzung sei weder erforderlich noch gerechtfertigt. Die Praxis denkt vielfach anders). Für die Frage, ob die eine oder die andere Art von Anspruch vorliegt, kommt es allein auf die Natur des Rechts an, für das der Kläger einen Schutz verlangt, Fricke VersR **97**, 406. Es ist also unerheblich, was der Bekl mit seinem Einwand bezweckt. Es können auch verschiedenartige Ansprüche vorliegen, zB: Die Gestattung des Getrenntlebens und die Übertragung der Personensorge; der Anspruch auf Unterlassung einer Ehrenkränkung und der Anspruch auf deren Widerruf.

Vermögensrechtlich ist ein solcher Anspruch, der entweder auf einer vermögensrechtlichen Beziehung beruht oder auf Geld oder Geldeswert geht, LAG Bre AnwBl **84**,165, LAG Mü AnwBl **87**, 287, ohne Rücksicht auf seinen Ursprung und Zweck. Deshalb ist ein Unterhaltsanspruch oder ein Unterlassungsanspruch des

Titel 1. Sachl. Zuständigkeit der Gerichte und Wertvorschriften **Grdz § 1**

gewerblichen Rechtsschutzes immer vermögensrechtlich. Der Anspruch kann sich auch zwar auf ein nichtvermögensrechtliches Verhältnis gründen. Er ist aber gleichwohl dann vermögensrechtlich, wenn er eine vermögenswerte Leistung zum Gegenstand hat. Der Kostenstreit in einer nichtvermögensrechtlichen Sache ist insoweit vermögensrechtlich, als er zur Hauptsache geworden ist.

B. Beispiele zur Frage des Vorliegens eines vermögens- oder nichtvermögensrechtlichen Anspruchs 12

Abmahnung: Vermögensrechtlich ist eine mit einer Kündigungsdrohung verbundene Abmahnung, BAG MDR **82**, 694.
S auch Rn 15 „Personalakte".

Änderung des Streitgegenstands: Eine solche Änderung kann die Rechtsnatur ändern, zB dann, wenn in einer bisher nichtvermögensrechtlichen Sache wegen übereinstimmender voller Erledigterklärungen beider Parteien die Kosten zur Hauptsache werden, Rn 14 „Kostenstreit".

Arbeitsrecht: *Nichtvermögensrechtlich* sind: Ein Anspruch nach § 99 IV BetrVG, LAG Hann AnwBl **84**, 166; meist ein Beschlußverfahren zwischen dem Auftraggeber und dem Betriebsrat, LAG Hbg NZA **93**, 43 (Mitbestimmung), LAG Mü AnwBl **87**, 287.
S auch „Abmahnung", Rn 12 „Ehre", Rn 15 „Personalakte".

Auskunft: Vermögensrechtlich ist der Auskunftsanspruch nach § 1605 BGB, BGH NJW **82**, 1651.
S auch Rn 16 „Unterhalt".

Ausschließung: Rn 14 „Körperschaft".
Aussetzung: S „Ehe".
Berufsehre: Rn 12 „Ehre".
Betriebsrat: S „Arbeitsrecht".

Bild: *Nichtvermögensrechtlich* ist grds eine vorbeugende Unterlassungsklage wegen der Verletzung des Rechts am eigenen Bild, BGH NJW **96**, 1000 (Ausnahme: Wahrung wirtschaftlicher Belange).

Ehe: *Nichtvermögensrechtlich* sind: Eine Ehesache nach § 606 (nicht nach § 614), § 3 Rn 25 „Aussetzungsantrag"; die Gestattung des Getrenntlebens; der Schutz des räumlichen Bereichs der Ehe; die Anerkennung einer ausländischen Entscheidung nach Art 7 § 1 FamRÄndG, BayObLG FamRZ **99**, 604.
S auch Rn 15 „Personensorge".

Ehre: Vermögensrechtlich ist ein Anspruch zB auf einen Widerruf, wenn er allein oder auch aus wirtschaft- 13 lichen Gründen erfolgt, BGH NJW **85**, 979. Vermögensrechtlich kann ein Rechtsstreit nach dem Inhalt des Klaganspruchs auch dann sein, wenn es dem Kläger nur um die Verteidigung seiner Ehre geht, BGH GRUR **81**, 297.

Nichtvermögensrechtlich ist allerdings grundsätzlich der Ehrenanspruch, also der soziale Geltungsanspruch, BGH NJW **85**, 979, auch des Arbeitnehmers, LAG Hamm AnwBl **84**, 156, etwa der den Angriff auf die Ehre abwehrende und auf §§ 823 II BGB, 185, 186 StGB gestützte Unterlassungsanspruch, BGH NJW **85**, 979. Das gilt selbst dann, wenn es um die Berufsehre des Verletzten geht, BGH VersR **91**, 202 und 792, Schlesw JB **02**, 316, oder um Vermögensinteressen des Gegners, BGH VersR **83**, 832, oder wenn ein Vermögensschaden eingetreten ist, falls der Kläger den Vermögensschaden nicht mit geltend macht, es sei denn, sein Rechtsschutzbegehren solle wesentlich auch wirtschaftlichen Belangen dienen, BGH NJW **85**, 979, Mü JB **77**, 852.
S auch Rn 14 „Körperschaft".

Erledigung der Hauptsache: Ein *nichtvermögensrechtlicher* Anspruch wird nicht schon dadurch zu einem vermögensrechtlichen, daß der Kläger einseitig die Erledigung der Hauptsache erklärt, BGH NJW **82**, 767.
S aber auch Rn 14 „Kostenstreit".

Firma: Rn 15 „Name".
Gegendarstellung: *Nichtvermögensrechtlich* ist der Anspruch auf die Veröffentlichung einer Gegendarstellung.
Gemeinschaft: Rn 14 „Hausbesichtigung".
Genossenschaft: Rn 14 „Körperschaft".
Geschäftsbezeichnung: Rn 15 „Name".
Getrenntleben: Rn 11 „Ehe".

Gewerblicher Rechtsschutz: Vermögensrechtlich ist jeder Unterlassungsanspruch des gewerblichen Rechtsschutzes, KG RR **91**, 41.

Grab: *Nichtvermögensrechtlich* sind: Der Anspruch auf die Beisetzung in einem bestimmten Grab; eine Umbettung.

Hausbesichtigung: Vermögensrechtlich ist der Anspruch auf eine Hausbesichtigung nach §§ 745, 2038 14 BGB, BGH NJW **82**, 1765.

Herausgabe: Rn 16 „Tagebuch".
Hundehaltung: Rn 15 „Miete".

Kindschaft: *Nichtvermögensrechtlich* ist eine Kindschaftssache nach §§ 640 ff, etwa die Klage auf die Feststellung der Vaterschaft oder die Klage auf die Feststellung der Unwirksamkeit der Anerkennung der Vaterschaft, § 1600 e BGB.

Körperschaft: Vermögensrechtlich ist der Anspruch auf die Ausschließung aus einer Körperschaft, soweit es nicht auch um die Ehre und die allgemeine Achtung geht, Köln MDR **84**, 153.

Nichtvermögensrechtlich ist der Streit um den Ausschluß aus einer Genossenschaft wegen eines ehrenwürdigen Verhaltens.
S auch Rn 12 „Ehre".

Kostenstreit: Vermögensrechtlich ist der Kostenstreit in einer nichtvermögensrechtlichen Sache insoweit, als er zur Hauptsache geworden ist, zB nach übereinstimmenden wirksamen vollen Erledigterklärungen beider Parteien.

Kreditgefährdung: Vermögensrechtlich ist der Unterlassungsanspruch nach § 824 BGB, LG Bayreuth JB **75**, 1356.

Kündigung: Rn 11 „Abmahnung".
Lebenspartnerschaft: Vermögensrechtlich sind: Der Anspruch auf Unterhalt, § 5 LPartG; der Vermögensstand, § 6 LPartG; der Lebenspartnerschaftsvertrag, § 7 LPartG; eine sonstige vermögensrechtliche Wirkung, § 8 LPartG; das Erbrecht, § 10 LPartG; Unterhalt, Hausratsverteilung und Wohnungszuweisung beim Getrenntleben, §§ 12–14 LPartG; nachpartnerschaftlicher Unterhalt, § 16 LPartG; Streit über Wohnung und Hausrat nach Aufhebung, §§ 18, 19 LPartG.
Nichtvermögensrechtlich sind: Die Begründung der Lebenspartnerschaft, § 1 LPartG; Teile der Pflicht zu gemeinsamen Lebensgestaltung, § 2 LPartG; der Lebenspartnerschaftsname, § 3 LPartG; Teile der sorgerechtlichen Befugnisse, § 9 LPartG; Teile der sonstigen Wirkungen, § 11 LPartG.

15 **Mahnung:** Rn 11 „Abmahnung".
Marke: S „Name".
Miete: Vermögensrechtlich ist ein mietrechtlicher Unterlassungsanspruch, etwa wegen einer Hundehaltung, LG Mannh ZMR **92**, 546.
Mitbestimmung: Rn 11 „Arbeitsrecht".
Name: Bei einer Klage aus einem Namensrecht muß man unterscheiden. Soweit es sich um die wirtschaftliche Verwertung des Namens handelt, ist der Name vermögensrechtlich. Das gilt etwa in einer Firma, einer Marke, einer sonstigen geschäftlichen Bezeichnung.
In den übrigen Fällen hat er *keinen* Vermögenswert.
Persönlichkeitsrecht: *Nichtvermögensrechtlich* sind: Das Persönlichkeitsrecht; ein Beseitigungsanspruch zum Schutz des Persönlichkeitsrechts, BGH VersR **82**, 296.
S auch Rn 16 „Telefonbelästigung".
Personalakte: Vermögensrechtlich ist der Anspruch auf die Entfernung einer Abmahnung aus der Personalakte, LAG Hamm MDR **84**, 877.
Nichtvermögensrechtlich ist der Anspruch auf eine Einsicht in die Personalakte, Köln VersR **80**, 490.
Personensorge: *Nichtvermögensrechtlich* ist die Übertragung der Personensorge im Verfahren nach § 627, vgl auch § 53 II GKG, oder im Verfahren nach § 1671 BGB.
Etwas anderes gilt allerdings im Verfahren nach § 1672 BGB, Schlesw AnwBl **78**, 180 (dann gilt § 95 I Z 4, II KostO).
Personenstand: Rn 11 „Ehe", Rn 14 „Kindschaft", Rn 16 „Vaterschaft".
Politische Partei: *Nichtvermögensrechtlich* ist ein Streit über die Auflösung des Landesverbandes einer politischen Partei.
Presserecht: Rn 11 „Bild", Rn 12 „Ehre", Rn 13 „Gegendarstellung".

16 **Schmerzensgeld:** Vermögensrechtlich ist ein Anspruch auf Schmerzensgeld. Das gilt auch dann, wenn die Ehre verletzt wurde, Köln VersR **94**, 875.
Standesrecht: *Nichtvermögensrechtlich* ist ein nur körperloses Standes- oder Familienrecht.
Stiftung: Vermögensrechtlich ist der Streit um die personelle Besetzung eines Stiftungskuratoriums, Hamm OLGZ **94**, 100.
Tagebuch: *Nichtvermögensrechtlich* ist der Anspruch auf die Herausgabe eines Tagebuchs.
Telefonbelästigung: *Nichtvermögensrechtlich* ist ein Anspruch auf die Unterlassung von Telefonanrufen, die nur eine Störung und Belästigung des persönlichen Bereichs darstellen, BGH NJW **85**, 809.
S auch Rn 15 „Persönlichkeitsrecht".
Tierhaltung: Rn 15 „Miete".
Unerlaubte Handlung: Rn 14 „Kreditgefährdung".
Unterhalt: Vermögensrechtlich ist jeder Unterhaltsanspruch.
S auch Rn 11 „Auskunft".
Unterlassung: Der Anspruch kann vermögensrechtlich sein, Schmidt KTS **04**, 246.
S auch Rn 11 „Bild", Rn 12 „Ehre", Rn 14 „Kreditgefährdung", Rn 15 „Miete", Rn 16 „Telefonbelästigung", „Urheberrecht", Anh § 3 Rn 147.
Urheberrecht: Vermögensrechtlich ist ein urheberrechtlicher Unterlassungsanspruch, soweit es sich neben den ideellen Belangen auch um die wirtschaftliche Auswertung des Werks handelt, BGH GRUR **58**, 101.
Verein: Es entscheidet seine Rechtsnatur, Köln MDR **84**, 153. Vermögensrechtlich ist der Streit um einen Mitgliedsbeitrag.
Nichtvermögensrechtlich ist die Zugehörigkeit zu einem Idealverein, Köln MDR **84**, 153, wohl auch ein Streit über eine Vorstandswahl, Düss AnwBl **97**, 680, LG Saarbr JB **95**, 26.
S auch Rn 14 „Körperschaft", Rn 15 „Politische Partei".
Veröffentlichung: Rn 13 „Gegendarstellung".

17 **Wettbewerbsrecht:** Rn 13 „Gewerblicher Rechtsschutz".
Widerruf: Rn 12 „Ehre".
Zwischenstreit: Anh § 3 Rn 147.

18 6) **Geltung für Kosten.** Titel 1 betrifft diejenigen Fälle, in denen es für die Zulässigkeit der Klage oder des Rechtsmittels oder für die vorläufige Vollstreckbarkeit auf den Wert ankommt. Doch ist eine Wertfestsetzung nach dem Titel 1 vorbehaltlich der § 47 ff GKG auch für die Berechnung der Gerichtsgebühren und der Anwaltsgebühren maßgeblich, §§ 62 GKG, 32 RVG.

19 7) *VwGO:* Wegen der Sondervorschriften über die sachliche Zuständigkeit, §§ 45–51 VwGO, und über die Bemessung des Streitwerts, § 52 GKG, ist der 1. Titel nur zT entsprechend anwendbar, § 2 Rn 9, nämlich §§ 10, 11 sowie §§ 3–7 für die Festsetzung der Beschwerdesumme, § 146 III VwGO, sowie in Ergänzung von § 52 GKG für den Gebührenwert, Hartmann § 52 GKG Rn 6, Zimmer NVwZ **95**, 138, Zimmer/Schmidt, Der Streitwert im Verw- u Finanzprozeß, 1991, Rn 13 ff.

Titel 1. Sachl. Zuständigkeit der Gerichte und Wertvorschriften **§§ 1, 2**

1 *Sachliche Zuständigkeit.* Die sachliche Zuständigkeit der Gerichte wird durch das Gesetz über die Gerichtsverfassung bestimmt.

1) Systematik, Regelungszweck. Vgl Grdz 1, 2 vor § 1. **1**

2) Geltungsbereich. Vgl zunächst Grdz 3 vor § 1. Zum Begriff der sachlichen Zuständigkeit Grdz 4 vor **2** § 1. Das GVG regelt die sachliche Zuständigkeit allerdings nicht abschließend. Die sachliche Zuständigkeit des AG wird in den §§ 23–23 c GVG geregelt. Die sachliche Zuständigkeit der Zivilkammer wird in den §§ 71, 72 GVG geregelt, diejenige der Kammer für Handelssachen in den §§ 94, 95, 72 GVG, diejenige des OLG in § 119 GVG und diejenige des BGH in § 133 GVG. Wenn das Prozeßgericht der ersten Instanz zuständig ist, wie zB nach § 767, dann ist entweder das AG oder das LG als solches zuständig, nicht etwa ist diejenige Abteilung oder Kammer zuständig, die zuvor entschieden hatte. Wegen der Kammer für Handelssachen § 767 Rn 45.

2 *Bedeutung des Wertes.* Kommt es nach den Vorschriften dieses Gesetzes oder des Gerichtsverfassungsgesetzes auf den Wert des Streitgegenstandes, des Beschwerdegegenstandes, der Beschwer oder der Verurteilung an, so gelten die nachfolgenden Vorschriften.

Gliederung

1) **Systematik**	1	B. Einzelheiten	5
2) **Regelungszweck**	2	C. Mehrheit von Ansprüchen	6
3) **Geltungsbereich**	3	5) **Erschleichung der Zuständigkeit**	7, 8
4) **Streitgegenstand**	4–6	6) *VwGO*	9
A. Prozessualer Anspruch	4		

1) Systematik. Vgl zunächst Grdz 1, 2 vor § 1. Wenn es nach der ZPO oder nach dem GVG auf den **1** Wert ankommt, sind die §§ 3–9 anwendbar. Das gilt zB: Für die Zuständigkeit; für den Streitgegenstand; für den Beschwerdegegenstand, § 511 II, BVerfG NJW **96**, 1531; für die Beschwer, BVerfG NJW **96**, 1531; für die Verurteilung, § 708 Rn 13, 14. Unerheblich ist die Frage, ob es sich um einen vermögensrechtlichen oder um einen nichtvermögensrechtlichen Anspruch handelt. Die Wertvorschriften gelten auch in einem nichtstreitigen Verfahren, etwa im Aufgebotsverfahren. Im Fall des § 866 III gelten nur die §§ 4 und 5. Für den Kostenstreitwert sind die §§ 3–9 nur im Rahmen des GKG bzw des RVG usw anwendbar. Auch das gilt für jede Art von Anspruch und Verfahren.

2) Regelungszweck. Vgl Einf 2 vor §§ 3–9. **2**

3) Geltungsbereich. Vgl Grdz 3 vor § 1. § 2 gilt auch im WEG-Verfahren, Köln ZMR **98**, 374 (krit **3** Rau).

4) Streitgegenstand **4**

Schrifttum (Auswahl): *Böhm,* Die Ausrichtung des Streitgegenstands am Rechtsschutzziel, Festschrift für *Kralik* (1986) 24; *Bub,* Streitgegenstand und Rechtskraft bei Zahlungsklagen des Käufers wegen Sachmängeln, 2001 (Bespr *Rimmelspacher* ZZP **116**, 381); *Costede,* Unorthodoxe Gedanken zur Streitgegenstandslehre im Zivilprozeß, in: Festschrift für *Deutsch* (1999); *Detterbeck,* Streitgegenstand und Entscheidungswirkungen im öffentlichen Recht, 1994; *Gottwald,* Streitgegenstandslehre und Sinnzusammenhänge, in: Gottwald/Greger/Prütting (Hrsg), Dogmatische Grundfragen des Zivilprozesses im geeinten Europa (2000); *Habscheid,* Die neuere Entwicklung der Lehre vom Streitgegenstand im Zivilprozeß, Festschrift für *Schwab* (1990) 181; *Habscheid,* Streitgegenstand, Rechtskraft und Vollstreckbarkeit von Urteilen des EuGH, in: Festschrift für *Beys* (Athen 2003); *Henckel,* Der Streitgegenstand im konkursrechtlichen Anfechtungsprozeß, Festschrift für *Schwab* (1990) 213; *Köhler,* Der Streitgegenstand bei Gestaltungsklagen, 1995; *Kralik,* Der Streitgegenstand im Rechtsmittelverfahren, Festschrift für *Baumgärtel* (1990) 261; *Lüke,* Zur Streitgegenstandslehre Schwabs – eine zivilprozessuale Retrospektive, Festschrift für *Schwab* (1990) 309; *Prütting,* Der Streitgegenstand im Arbeitsgerichtsprozeß, Festschrift für *Lüke* (1997) 617; *Prütting,* Die Rechtshängigkeit im internationalen Zivilprozeßrecht und der Begriff des Streitgegenstandes nach Art. 21 EuGVÜ, Gedächtnisschrift für *Lüderitz* (2000) 623; *Prütting,* Vom deutschen zum europäischen Streitgegenstand, Festschrift für *Beys* (Athen 2004) 1273; *Rüßmann* ZZP **111**, 399 (EuGH); *Schwab,* Noch einmal: Bemerkungen zum Streitgegenstand, Festschrift für *Lüke* (1997) 793; *Vollkommer,* Zum „Streitgegenstand" im Mahnverfahren, Festschrift für *Schneider* (1997) 231; *Wolf,* Die Befreiung des Verjährungsrechts vom Streitgegenstandsdenken, Festschrift für *Schumann* (2001) 579.

A. Prozessualer Anspruch. Die ZPO gebraucht den Begriff Streitgegenstand mehrdeutig. In § 2 bezeichnet er den prozessualen Anspruch, BGH **157**, 49. Das ist die vom Kläger und vom Widerbekl, BAG NJW **94**, 605, und nicht auch von Bekl oder Widerkläger auf Grund eines bestimmten tatsächlichen Sachverhalts aufgestellte Forderung, über deren Berechtigung der Kläger eines Ausspruch des Gerichts begehrt, BGH **157**, 49, und Hamm RR **01**, 1589, Köln RR **99**, 1509. Das gilt auch für ihr kontradiktorisches Gegenteil, Köln MDR **83**, 411 (bitte den dortigen Fall lesen). In diesem Zusammenhang ist es unerheblich, ob sich aus einem und demselben tatsächlichen Sachverhalt mehrere sachlichrechtliche Ansprüche ergeben und ob der Kläger auf Grund jenes Sachverhalts auch mehrere Anträge stellt. Es reicht vielmehr aus, daß sich die Ansprüche und Anträge bei natürlicher Betrachtungsweise auf dasselbe *Ziel* richten, BGH **157**, 49, Karlsr GRUR **93**, 510, LAG Hbg JB **02**, 480. Zur Auslegung des Antrags gehört seine Begründung, und zwar bis zum Verhandlungsschluß, BGH MDR **01**, 471, BAG NJW **03**, 1413.

Beim Unterlassungsanspruch begründet nicht jede Variante von Verstößen einen neuen Streitgegenstand, sog Kerntheorie, § 322 Rn 67 „Unterlassungsanspruch", § 890 Rn 4.

Trotz gleicher Ziele und Anträge können allerdings *verschiedene* Ansprüche vorliegen, BGH RR **92**, 227 (Klage gegen mehrere Gesellschaftsbeschlüsse), BAG NJW **03**, 1068 (eigenes Recht und Abtretung), Düss GRUR **94**, 82. Das gilt auch zB bei untereinander gestaffelten Hilfsanträgen, BGH NJW **84**, 371.

Weitere Ansichten: Bruns ZPR Rn 139 c bezeichnet als Streitgegenstand „das Rechtsverhältnis der Parteien im Rahmen der vom Kläger (dh willentlich fixierten) Rechtsfolge". Unter Rechtsverhältnis versteht er Rn 139 g „das in den Tatsachen des Sachverhalts ruhende Element des Streitgegenstandes". Schwab JuS **76**, 71 mißt unter Ablehnung der sachlichrechtlichen Theorien dem Antrag die entscheidende Bedeutung zu (krit Lüke Festschrift für Schwab – 1990 – 319), ähnlich OVG Münst NJW **76**, 2037 (beiläufig). BGH NJW **81**, 2306 läßt ausdrücklich offen, in welchem dieser Elemente der Schwerpunkt zu sehen ist. Rödig (Rn 3) 224 bezeichnet als Streitgegenstand eine „Menge von vermittels gewisser Kriterien charakterisierter sowie bezüglich ihrer gegenseitigen Verhältnisse und jeweils ihrer Wahrheit problematischer Aussagen". Übersichten über den derzeitigen Meinungsstand zur Streitgegenstandslehre finden sich bei Habscheid (Rn 3) 181, Schwab JuS **76**, 71.

Der Streitgegenstand hat unter anderem in folgenden Fällen eine *Bedeutung:* Es geht um die Frage, ob eine Rechtshängigkeit eingetreten ist, § 261, BGH MDR **01**, 1071, Düss MDR **84**, 765; es geht um die Frage, ob eine Klagenhäufung vorliegt, § 260, oder ob eine Klagänderung vorliegt, § 263; man muß prüfen, ob die Streitfrage bereits rechtskräftig entschieden wurde, § 322, BGH BB **00**, 2490; es geht um die Verjährung, BGH RR **97**, 1217, Schaaff NJW **86**, 1030.

5   **B. Einzelheiten.** Maßgebend ist der wirklich gestellte Antrag, Hbg GRUR **99**, 430, freilich unter einer Berücksichtigung seiner tatsächlichen Begründung, BGH RR **93**, 239, Hamm RR **99**, 1589, Stgt RR **99**, 1590. Dabei muß man einen offensichtlicher Schreib- oder Rechenfehler berichtigen.

Unbeachtet bleibt grundsätzlich eine Einwendung des Bekl. Etwas anderes gilt nur dann, wenn man das wahre Streitverhältnis erst aus der Einlassung des Bekl erkennen kann, wie es zB bei einer Feststellungsklage der Fall sein kann (nicht muß), LAG Köln MDR **92**, 60, insbesondere bei einer verneinenden. Unbeachtet bleiben ferner: Die Belange des Widersprechenden im vorläufigen Verfahren; die Frage, ob der Kläger sämtliche Einzeltatsachen vorgetragen hat, BGH **157**, 49, Hamm RR **99**, 1589; die Frage, ob der Kläger alle denkbaren Rechtsgründe des Anspruches angegeben und die zugehörigen Tatsachen schlüssig dargelegt hat, BGH BB **00**, 2490; die Frage, ob der Anspruch begründet ist oder ob der Gegner ihn gar anerkennt; eine etwaige Gegenleistung, selbst im Fall eines Rücktritts; eine Aufrechnung, BGH **60**, 87; ein Zurückbehaltungsrecht, § 6 Rn 2, Waldner NJW **80**, 217; Umstände, die im Antrag eine selbständige Bedeutung haben, etwa bei einer Klage auf die Zahlung des Kaufpreises die Abnahme der Kaufsache oder bei einer Klage auf Grund Eigentums ein Anerkenntnis des Eigentums; eine Umkehrung der Parteirollen, BGH MDR **01**, 1071.

6   **C. Mehrheit von Ansprüchen.** Man muß mehrere Ansprüche zusammenrechnen, wenn sie selbständig sind. Wenn ein Hauptanspruch und ein Hilfsanspruch vorliegen, dann entscheidet der höhere Wert. Vgl jedoch auch § 5 Rn 3 und BGH NJW **84**, 371. Bei einem Wahlanspruch mit einem Wahlrecht des Klägers entscheidet die höhere Leistung. Bei einem Wahlanspruch mit einem Wahlrecht des Bekl muß man den Wert nach § 3 schätzen. Dabei muß man von der geringeren Leistung ausgehen. Eine Klage mit dem Ziel einer Aufhebung des Mietverhältnisses und ein auf §§ 985 ff BGB (Eigentum) gestütztes Räumungsverlangen kann ein einheitliches Klagebegehren sein.

7   **5) Erschleichung der Zuständigkeit.** Der Gläubiger darf einen sachlichrechtlichen Anspruch grundsätzlich in zwei oder mehr Teilansprüche zerlegen Er darf sie zB nacheinander geltend machen, etwa um das Kostenrisiko gering zu halten. Er darf eine solche Zerlegung aber nicht vornehmen, soweit er nur durch sie das AG zuständig machen kann. Wenn er etwa statt einer an sich mögliche Klage auf eine Zahlung von 5200 EUR vor dem LG im Anwaltszwang nun zwei Klagen mit Anträgen auf die Zahlung von je 2600 EUR vor dem AG ohne Anwaltszwang erhebt, dann handelt es sich um eine objektive und bereits damit verbotene Erschleichung der Zuständigkeit. Das gilt auch dann, wenn es im bloßen Kosteninteresse geschieht. Dieses findet eben seine Grenze am Gebot der Prozeßwirtschaftlichkeit, Grdz 14, 15 vor § 128, das auch und gerade für den Kläger gilt. Eine derartige Anspruchszerlegung ist also grundsätzlich als ein Verstoß gegen Treu und Glauben unzulässig, Einl III 54, 63, Üb 22, 23 vor § 12, KG FamRZ **89**, 1105, AG Ffn VersR **78**, 878, Hager KTS **92**, 325. Man kann also keineswegs die Unzulässigkeit nur dann bejahen, wenn die Anspruchszerlegung nur den Zweck der Gerichtsstandserschleichung haben könnte. Man muß sie vielmehr in aller Regel als solche wenn auch vielleicht unbeabsichtigte Erschleichung bewerten, KG FamRZ **89**, 1105.

8   Bei einem *Verstoß* dieser Art muß das AG beide Klagen in Ausübung seiner Befugnis nach § 147 verbinden. Sein grundsätzliches pflichtgemäßes Ermessen nach § 147 ist insofern eingeschränkt. Nach der Verbindung erfolgt ein Hinweis nach § 504 und auf Grund eines etwaigen Verweisungsantrags (Hilfsantrags) eine Verweisung nach §§ 506, 281 an das LG. Andernfalls und dann, wenn der Bekl die jetzt vorhandene Unzuständigkeit rügt, erfolgt eine Abweisung als unzulässig (Prozeßabweisung).

9   **6) *VwGO:*** Entsprechend anzuwenden, § 173 VwGO, BVerwG NVwZ-RR **89**, 582 u NVwZ **87**, 219. Nach §§ 45–50 VwGO hängt die (erstinstanzliche) Zuständigkeit in keinem Fall vom Streitwert ab, ebensowenig die Zulässigkeit der Berufung, § 124 VwGO. Dagegen ist in bestimmten Beschwerdesachen, § 146 III VwGO, eine Rechtsmittelsumme vorgesehen. Maßgeblich ist insoweit der Beschwerdewert, der geringer sein kann als die Beschwer, BVerwG aaO, VGH Mannh NVwZ-RR **96**, 618, in der Sache auch VGH Kassel MDR **83**, 609 (alle zum früheren § 131 VwGO).

Titel 1. Sachl. Zuständigkeit der Gerichte und Wertvorschriften **Einf §§ 3–9**

Einführung vor §§ 3–9
Wertfestsetzung
Gliederung

1) Systematik	1	7) Verfahren	9
2) Regelungszweck	2	8) Rechtsbehelfe	10–15
3) Geltungsbereich	3	A. Zuständigkeitswert	10
4) Wertarten	4–6	B. Kostenwert	11–14
A. Zuständigkeitswert	4	C. Rechtsmittelwert	15
B. Kostenwert	5	9) Arbeitsgerichtsverfahren	16
C. Beschwerdewert	6	10) Finanzgerichtsverfahren	17
5) Festsetzungsarten: Auf Antrag oder von Amts wegen	7	11) Baulandsache	18
6) Höhere Instanz	8	12) *VwGO*	19

1) Systematik. Der Streitwert hat vielfache Bedeutung, Schumann NJW **82**, 1257. Er ist Abgrenzungsmerkmal für die sachliche Zuständigkeit, Rn 4, für die Höhe von Kosten, Rn 5, und für die Zulässigkeit eines Rechtsmittels, Rn 6. **1**

2) Regelungszweck. In allen Fällen Rn 4–6 dienen §§ 3–9 der Rechtssicherheit nach Einl III 43 wie der nicht nur kostenmäßigen Gerechtigkeit, Einl III 9. Man muß sie daher durchweg streng auslegen. Indessen zwingen die unendlichen Variationen im Einzelfall oft auch zu einer gewissen Beweglichkeit bei der Auslegung. **2**

3) Geltungsbereich. Vgl zunächst Grdz 3 vor § 1, ferner Rn 16 ff. **3**

4) Wertarten. Man muß mehrere Wertarten unterscheiden, Mü MDR **98**, 1243. **4**

A. Zuständigkeitswert. Die Wertfestsetzung erfolgt nach den §§ 3–9, wenn der Wert eine Bedeutung für die sachliche Zuständigkeit oder für die Zulässigkeit eines Rechtsmittels hat, BVerfG NJW **96**, 1531, BGH FamRZ **03**, 1268, oder für die vorläufige Vollstreckbarkeit.

B. Kostenwert. § 48 I 1 GKG verweist in bürgerlichen Rechtsstreitigkeiten auf alle diejenigen Wertvorschriften auch und gerade außerhalb des GKG, die für die Zuständigkeit des Prozeßgerichts oder für die Zulässigkeit eines Rechtsmittels maßgeblich sind. Die wesentlichen Vorschriften dieser Art sind in §§ 3–9 sowie im Anh nach § 3 dargestellt und kommentiert. Hinzu treten zB die §§ 511 ff. Die Wertfestsetzung erfolgt nach § 63 GKG, wenn der Wert eine Grundlage für die Berechnung der Gerichtsgebühren und der Anwaltsgebühren bilden soll. §§ 13, 22 ff RVG nennen den Wert Gegenstandswert. Trotz einer Festsetzung nach § 63 GKG können die Parteien den Wert zB in einem Prozeßvergleich abweichend vereinbaren. Eine solche Regelung ist dann allerdings nur für die Berechnung und Verrechnung der außergerichtlichen Gebühren beachtlich. Sie ist dagegen für die entsprechende Behandlung der Gerichtskosten unbeachtlich, Hamm AnwBl **75**, 96. Wenn das Gericht den Wert nach §§ 3–9 festgesetzt hat, ist diese Festsetzung auch für die Gebührenberechnung maßgeblich, (jetzt) § 62 GKG, KG VersR **80**, 873, Mü MDR **88**, 973. Das gilt mit Ausnahme vor allem eines Miet- oder Pachtanspruchs, eines Unterhaltsanspruchs, einer Stufenklage, einer Widerklage, eines Arrests und einer einstweiligen Verfügung, §§ 47–53 GKG. Das Gericht darf einen Wert nicht so hoch ansetzen, daß kein Justizgewährungsanspruch nach Artt 2 I, 20 III GG mehr bestünde, Einl III 1, BVerfG NJW **97**, 312 (unzumutbares Kostenrisiko genügt). **5**

C. Beschwerdewert. Er stimmt nicht notwendigerweise mit dem Kosten- oder Zuständigkeitswert überein, BGH NZM **99**, 561. Maßgebend sind die Regeln § 511 II, BVerfG NJW **96**, 1531, BGH MDR **04**, 406 (also § 3). **6**

5) Festsetzungsarten: Auf Antrag oder von Amts wegen. Die Voraussetzungen einer Wertfestsetzung sind davon abhängig, ob die Wertfestsetzung für die Zuständigkeit oder für die Kostenberechnung erfolgen soll. **7**

Eine Festsetzung für die sachliche *Zuständigkeit* erfolgt regelmäßig nur dann, wenn die Parteien über die Zuständigkeit oder über die Zulässigkeit des Rechtsmittels streiten. Das Gericht darf in einem solchen Fall bereits zu Beginn des Rechtsstreits oder in dessen Verlauf durch einen Beschluß entscheiden. Es braucht seine Entscheidung aber erst im Urteil zu treffen. Das Gericht darf und muß den Zuständigkeitswert aber auch von Amts wegen festsetzen. Das gilt zB dann, wenn seine sachliche Zuständigkeit nach dem Tatsachenvortrag des Klägers fehlt und daher eine Verweisung in Betracht kommt.

Demgegenüber erfolgt die Festsetzung für die *Kosten* in folgenden Fällen, stets durch einen Beschluß:
– *Antrag.* Eine Partei, ihr ProzBev oder die Staatskasse mag einen Antrag stellen. Das Gericht muß ihn zurückweisen, wenn das auch hier erforderliche Rechtsschutzbedürfnis fehlt, BFH BB **75**, 545, wenn zB der Wert unzweideutig feststeht, wie im Fall einer Forderung auf die Zahlung einer bestimmten Geldsumme.
– *Von Amts wegen.* Das Gericht darf und muß nach § 63 I 1 GKG vorläufig bzw nach § 63 II 1 GKG endgültig eine Wertfestsetzung von Amts wegen vornehmen, etwa um Zweifel des Kostenbeamten zu beheben.

6) Höhere Instanz. Sowohl bei einer Wertfestsetzung für die Zuständigkeit oder für die Zulässigkeit eines Rechtsmittels als auch bei einer Wertfestsetzung für die Kosten setzt die höhere Instanz den Wert grundsätzlich nach ihrem eigenen pflichtgemäßen Ermessen fest, LAG Mü AnwBl **85**, 96, Wenzel DB **81**, 162 (für das arbeitsgerichtliche Verfahren). Wenn das für die sachliche Zuständigkeit geschehen ist, dann muß die untere Instanz den Wert bei einer etwa zeitlich nachfolgenden gleichartigen Entscheidung minde- **8**

Einf §§ 3–9

stens so hoch festsetzen, daß die Zuständigkeitsgrenze und die Grenze des Beschwerdewerts erreicht werden. Das höhere Gericht kann den Kostenwert für die untere Instanz bindend festsetzen. Wenn eine solche Festsetzung nicht erfolgt ist, ist die untere Instanz insoweit nicht gebunden. Wenn das untere Gericht seine sachliche Zuständigkeit mit Recht oder zu Unrecht bejaht, dann ist das Beschwerdegericht an diese Entscheidung gebunden. Der Wert liegt dann nicht unterhalb jener Grenze, Köln JB **75**, 1355.

9 **7) Verfahren.** Das Gericht muß die Parteien grundsätzlich anhören, § 3 Rn 6. Es muß seinen Wertfestsetzungsbeschluß grundsätzlich begründen, § 329 Rn 4, Ffm GRUR **89**, 934, KG Rpfleger **75**, 109. Die Begründung läßt sich im Abhilfe- bzw Nichtabhilfebeschluß nachholen, Ffm GRUR **89**, 934. Die Begründung kann sich aus dem engen Zusammenhang mit einem Verweisungsbeschluß ergeben, Mü MDR **88**, 973. Das Gericht teilt den Beschluß allen Beteiligten grundsätzlich von Amts wegen formlos mit, § 329 II 1, also allen denjenigen, deren Gebührenschuld oder Gebührenanspruch berührt wird, KG Rpfleger **75**, 109. Im Fall des § 107 II wird der Beschluß allerdings förmlich zugestellt, § 329 II 2. Das Gericht darf und muß seine Wertfestsetzung von Amts wegen ändern, sobald die Rechtslage die Änderung verlangt. Das gilt auch dann, wenn die Sache inzwischen beim Rechtsmittelgericht anhängig ist. Eine solche Änderung ist allerdings nur innerhalb von sechs Monaten seit der Rechtskraft der Entscheidung in der Hauptsache oder seit einer anderweitigen Erledigung des Verfahrens zulässig, § 63 III GKG.

Gebühren: Das Verfahren ist gerichtsgebührenfrei. Der Anwalt erhält ebenfalls keine Gebühr, § 19 I 2 Z 13 RVG.

10 **8) Rechtsbehelfe.** Es kommt auch hier auf die Wertart an.

A. Zuständigkeitswert. Wenn das Gericht den Wert nur für die sachliche Zuständigkeit festgesetzt hat, ist gegen einen etwaigen bloßen Wertfestsetzungsbeschluß kein Rechtsmittel statthaft. Denn die Wertfestsetzung für die sachliche Zuständigkeit stellt nur eine vorläufige Kundgebung dar, Karlsr MDR **03**, 1072, Köln RR **98**, 279, Pabst/Rössel MDR **04**, 731, aA Bre RR **93**, 191 (ab dann wäre zB § 506 sinnlos). Ein Verweisungsbeschluß ist unanfechtbar, § 281. Im übrigen ist nur diejenige Entscheidung anfechtbar, durch die das Gericht über seine Zuständigkeit entschieden hat. Das gilt unabhängig davon, ob das in einem Urteil oder in einem Beschluß geschehen ist.

Auch § 495 a ändert nichts an der grundsätzlichen Unanfechtbarkeit, aM LG Mü MDR **01**, 713 (da kein Zuständigkeitswert vorliege. Aber auch bei der Abgrenzung des Kleinverfahrens geht es um eine funktionelle Zuständigkeitsfrage mit einer nur vorläufigen Festsetzung).

11 **B. Kostenwert.** Wenn das Gericht den Kostenstreitwert festgesetzt hat, ist die Beschwerde nach § 68 I GKG unter folgenden Voraussetzungen statthaft: Die Staatskasse hält den Streitwert für zu niedrig; der Anwalt hält den Streitwert für zu niedrig, § 32 II RVG; eine Partei hält den Streitwert für zu hoch. In anderen Fällen fehlt die Beschwer, Hbg MDR **77**, 407, falls die von der Gegenseite zu erstattenden Anwaltsgebühren hinter denjenigen zurückbleiben, die man nach der eigenen Honorarvereinbarung zahlen muß. Denn nur die gesetzliche Vergütung ist erstattungsfähig, aM Pabst/Rössel MDR **04**, 733. Die andere Partei ist im Beschwerdeverfahren kein Gegner, selbst wenn sie widerspricht, VGH Kassel AnwBl **84**, 49. Denn es handelt sich nicht um einen Parteienstreit, sondern um eine Festsetzung zum Zweck der Berechnung der Gerichts- und Anwaltskosten.

12 Die *Beschwerdesumme* muß 200 EUR übersteigen, § 68 I 1 GKG. Dieser Betrag errechnet sich nach dem Unterschiedsbetrag derjenigen Gebühren, derentwegen eine Festsetzung des Kostenstreitwerts beantragt worden ist.

13 Eine *weitere Beschwerde* ist unter den Voraussetzungen des § 68 I 4 GKG zulässig. Im Beschwerdeverfahren ergeht eine Kostenentscheidung nur dann, wenn die Beschwerde zurückweist, § 97 I. Wenn die Beschwerde nämlich Erfolg hat, fehlt ein Gegner. Daher ist dann § 91 nicht anwendbar.

14 Im *Beschwerdeverfahren* nach § 68 GKG entsteht keine Gerichtsgebühr, § 68 III 1 GKG. Vgl im übrigen KV 1811. Das Beschwerdeverfahren kann auch noch dann weiterlaufen, wenn das Urteil in der Sache selbst bereits rechtskräftig ist. Wenn sich dann ein Wert ergibt, der zur Folge hat, daß die Kostenentscheidung unrichtig geworden ist, dann gilt das in § 319 Rn 5 Ausgeführte.

15 **C. Rechtsmittelwert.** Wenn das Berufungsgericht den Wert als Berufungsgericht zB zur Vorbereitung eines Verwerfungsbeschlusses festgesetzt hat, um darauf hinzuweisen, daß die Berufungssumme des § 511 II Z 1 nicht erreicht sei, dann ist keine Beschwerde statthaft.

16 **9) Arbeitsgerichtsverfahren**, dazu *Baldus/Deventer*, Gebühren, Kostenerstattung und Streitwertfestsetzung in Arbeitssachen, 1993; *Hecker* AnwBl **84**, 116 (ausf): In diesem Verfahren erfolgt die Wertfestsetzung im Urteil, § 61 I ArbGG, und zwar entweder im Tenor oder in den Entscheidungsgründen, Wenzel DB **81**, 166. Dieser Urteilsstreitwert ist für das Rechtsmittelverfahren der Hauptsache grundsätzlich unanfechtbar und bindend, BAG AnwBl **84**, 146, LAG Hamm DB **84**, 1685. Unabhängig davon kann das ArbG den Kostenstreitwert aber gesondert festsetzen. Das gilt, soweit Bedenken gegen die Richtigkeit des Urteilsstreitwerts bestehen, LAG Hamm MDR **84**, 259. LAG Mainz DB **92**, 2512, aM LAG Mü AnwBl **84**, 147 (aber auch die „Muttervorschrift" § 67 III 1 GKG enthält eine Änderungsmöglichkeit, s unten). Der Gebührenstreitwert richtet sich nicht nach dem zuletzt gestellten Antrag, sondern nach dem höchsten Wert der Instanz, der eine Gebühr ausgelöst hat, Wenzel DB **81**, 166. Das Rechtsmittelgericht, das mit der Hauptsache befaßt ist, kann die Streitwertfestsetzung von Amts wegen oder auf Grund eines Antrags ändern, (jetzt) § 63 III 1 GKG, Wenzel DB **81**, 166. Es kann für das Rechtsmittelverfahren einen eigenen Kostenstreitwert festsetzen, LAG Mü AnwBl **85**, 96.

Gegen die mit dem Urteil verbundene Wertfestsetzung findet unabhängig von einem etwaigen Rechtsmittel in der Hauptsache die *Beschwerde* statt, (jetzt) § 68 GKG, Wenzel DB **81**, 166, LAG Kiel AnwBl **88**, 294. Gegen die Streitwertfestsetzung durch das LAG ist die Gegenvorstellung zulässig, Grdz 3 vor § 567. Das LAG kann die Festsetzung durch einen Beschluß berichtigen, s. oben. Wenn das Urteil keine Wertfestsetzung enthält, sind §§ 319, 321 anwendbar.

S auch Anh § 3 Rn 8 „Arbeitsverhältnis".

10) Finanzgerichtsverfahren, dazu *Zanker/Brandenburg,* Kosten des finanzgerichtlichen Prozesses, 1997: **17** In diesem Verfahren ist gegen die Wertfestsetzung des Gerichts keine Beschwerde statthaft. Art 1 Z 4 BFHEntlG hat den Vorrang vor (jetzt) § 68 II 3 GKG aF, Hartmann Teil I § 68 GKG Rn 34, BFH NJW **76**, 648.

11) Baulandsache. In diesem Verfahren entscheidet über eine Streitwertbeschwerde der Zivilsenat des **18** OLG in der Besetzung mit drei Berufsrichtern.

12) *VwGO*: *Die Festsetzung für die Zulässigkeit eines Rechtsmittels, § 2 Rn 9, erfolgt in der Entscheidung über* **19** *das Rechtsmittel. Wegen der Wertfestsetzung für die Berechnung der Gebühren s §§ 61 ff GKG.*

3 *Wertfestsetzung nach freiem Ermessen.* Der Wert wird von dem Gericht nach freiem Ermessen festgesetzt; es kann eine beantragte Beweisaufnahme sowie von Amts wegen die Einnahme des Augenscheins und die Begutachtung durch Sachverständige anordnen.

Vorbem. Für die *neuen Bundesländer* gilt

EV Anl I Kap III Sachgeb A Abschn III Z 19 b. Das Gericht kann unter Berücksichtigung aller Umstände des Einzelfalles, insbesondere des Umfangs und der Bedeutung der Sache und der Vermögens- und Einkommensverhältnisse der Beteiligten, einen um bis zu einem Drittel geringeren Wert festsetzen, wenn nach den gesetzlichen Vorschriften ein Mindestwert oder ein fiktiver Wert festgelegt ist, weil genügende tatsächliche Anhaltspunkte für die Bestimmung des Wertes nicht bestehen.

Diese Regelung gilt nicht in *Berlin,* EV Anl I Kap III Sachgeb A Abschn IV Z 3 f.

Schrifttum: *Anders/Gehle/Kunze,* Streitwert-Lexikon, 4. Aufl 2002; *Dörndorfer,* Der Streitwert für Anfänger, 3. Aufl 2003; *Finke,* Streitwerttabelle, 4. Aufl 2004; *Hillach/Rohs,* Handbuch des Streitwerts in Zivilsachen, 9. Aufl 1995; *Hirte* ZRP **99**, 182 (rechtspolitisch); *Madert,* Der Gegenstandswert in bürgerlichen Rechtsangelegenheiten, 4. Aufl 1999; *Oestreich/Winter/Hellstab,* Streitwerthandbuch, 2. Aufl 1998; *Gerhard Rohs,* Der Streitwert in nichtvermögensrechtlichen Streitigkeiten usw, Diss Münster 1975; *Günther Rohs,* Streitwert in Ehe- und Folgesachen, Festschrift für *Schmidt* (1981) 183; *Roth,* Billigkeitsargumente im Streitwertrecht, Festschrift für *Kollhosser* (2004) 559; *Schmidtchen/Kirstein,* Abkoppelung der Prozeßkosten vom Streitwert? usw, Festschrift für *Lüke* (1997) 741 (rechtspolitisch); *Schneider/Herget,* Streitwert-Kommentar für den Zivilprozess, 12. Aufl 2006.

Gliederung

1) Systematik	1	A. Verkehrswert	4, 5	
2) Regelungszweck	2	B. Umfang der Prüfung	6, 7	
3) Geltungsbereich	3	5) *VwGO*	8	
4) Ermessen	4–7	Anhang nach § 33. Wertschlüssel	1–147	

1) Systematik. Vgl zunächst die Einf vor § 3. Das Gericht setzt in den Grenzen Einf 4 vor §§ 3–9 den **1** Wert nach seinem pflichtgemäßen Ermessen fest, BGH FamRZ **03**, 1268. Das gilt freilich nur, soweit die §§ 4–9 ZPO, 14–20 GKG unanwendbar sind oder soweit der Streitgegenstand, der Beschwerdegegenstand, die Beschwer oder die Verurteilung nicht schon in einer bestimmten Geldsumme bestehen. Eine etwaige Uneinbringlichkeit ist nur bei § 182 InsO beachtlich. Eine Zwischenzins darf man nicht abziehen.

2) Regelungszweck. Der Streitwert ist das Nadelöhr der Justiz. Man muß jeden Anspruch zu einer **2** Geldsumme machen, soweit nicht für Gericht wie Anwälte Festbeträge als Gebühren festgesetzt sind und auch die Zuständigkeit nicht vom Wert abhängt, ebensowenig eine Anfechtungsmöglichkeit. Diese letzteren Fälle sind aber Ausnahmen.

Enormer Spielraum steht dem Gericht bei der mithin meist erforderlichen Bewertung zur Verfügung, soweit es nicht von vornherein um einen klar bezifferten Geldzahlungsanspruch geht – und das ist nur ein Teil der denkbaren Anliegen des Klägers oder Widerklägers. Trotz aller mit deutscher Überperfektion betriebenen äußersten Bemühung vor allem erlesener Kostenrechtsspezialisten um immer feiner aufgegliederter Einzelfallgerechtigkeit bleibt oft ein Unbehagen. Das gilt um so mehr, als es ja über die Wertfestsetzung um die oft extremen Prozeßkosten geht. Solange das Gesetz zwar hier und dort Wertobergrenzen festlegt, den Parteien aber sogar in Verfahren ohne Parteiherrschaft mit den Anwälten wertunabhängige Vergütungsvereinbarungen erlaubt, hätte auch so mancher sozialpolitische Dämpfungsversuch nur begrenzte Wirkung.

Kostengerechtigkeit ist das Hauptziel richtiger Bewertung. Es mag auch zu einer als sehr hoch empfundenen Bewertung zwingen. Gerichte wie Anwälte müssen nicht selten auch für beim Gericht natürlich nur an den Staat fließende Beträge arbeiten, die weit unter vergleichbaren Stundenlöhnen anderer Berufsgruppen liegen. Das darf und muß auch gelegentlich über die Bewertung zu hohen Kosten führen. Freilich bleiben in der Praxis schon mangels durchgängig möglicher höchstrichterlicher Kostenrechtsprechung erstaunliche, verständliche, aber nicht begeisterungsfähige Unterschiede in der Bewertung bestehen. Man sollte sie wenigstens dadurch erträglicher machen, daß man sich bemüßigt fühlt, eine Bewertung stets einigermaßen nachvollziehbar zu begründen. Das bedeutet eine in der Praxis so manches Mal ebenfalls erstaunlich vernachlässigte, umso dringender notwendige Selbstkontrolle zum Schutz vor verborgener Willkür, Einl III 21. Willkür droht gerade auf diesem Gebiet. Denn sie wird manchem gar nicht mehr bewußt. Das gilt trotz der enormen wirtschaftlichen Auswirkung so manchen Wertansatzes. Es bleibt der Appel an Verantwortungsbewußtsein und Behutsamkeit. Sie dürfen nicht zu Überbetonung der Anforderungen auf diesem nur scheinbaren Nebenschauplatz des Prozesses führen, aber auch nicht zu verborgener Gleichgültigkeit. Beides zu vermeiden erfordert erhebliches Feingefühl.

3) Geltungsbereich. Vgl Einf 3 vor §§ 3–9. **3**

§ 3, Anh § 3

4) Ermessen. § 3 gibt eine Freiheit, begrenzt sie aber auch.

A. Verkehrswert. Der Ausdruck „freies Ermessen" in § 3 befreit das Gericht nicht von der Pflicht, den vollen Wert zu ermitteln und festzusetzen. Das Gericht hat nur insofern oft eine Freiheit, als es darum geht, ob es überhaupt eine Wertfestsetzung vornehmen will. Wenn es sich zu einer Wertfestsetzung entschließt oder dazu verpflichtet ist, muß es ein pflichtgemäßes Ermessen ausüben, LAG Stgt JB 90, 1333, Pabst/Rössel MDR 04, 731. Von der Notwendigkeit, den vollen Streitwert festzusetzen, gelten Ausnahmen zB bei den §§ 23 a, b UWG, 144 PatG, §§ 85 II 3, 142 MarkenG, §§ 247, 249 I, 256 VII, 275 IV AktG.

Maßgebend sind zunächst etwaige *gesetzliche Sonderregeln,* Schumann NJW 82, 1263, jedoch grundsätzlich auf der Grundlage des Antrags des *Klägers,* BVerfG NJW 97, 312, Brdb JB 96, 589, Karlsr FamRZ 91, 468. An diesem bloßen Grundsatz ändert auch die in Rn 6 erörterte Entscheidung BVerfG RR 00, 946 eigentlich nichts, aM Roth (vor Rn 1) 564. Das gilt unabhängig von dessen Zulässigkeit und Begründetheit, Düss AnwBl 82, 435. Soweit Sonderregeln fehlen, ist das *wahre Interesse,* der *objektive Verkehrswert* maßgeblich, BGH MDR 01, 292, BayObLG AnwBl 83, 30. Unerheblich ist daher ein bloßer Liebhaberwert oder der Wert nur für den Kläger. Es kommt also nicht auf die diejenige wirtschaftliche Bedeutung an, die gerade der Kläger seinen Anträgen beimißt, LAG Köln MDR 99, 1336, Schönbach NJW 77, 857, aM Bbg JB 77, 851 (aber dann bliebe jede vernünftige Korrektur unerzwingbar). Freilich sind die Wertangaben des Klägers ein wichtiger Anhaltspunkt für den wahren Streitwert, Ffm AnwBl 83, 89, Köln MDR 85, 153. Generalpräventive Erwägungen sind unerheblich, Ffm GRUR-RR 05, 71. Die Durchsetzbarkeit etwa einer bezifferten Forderung ist unerheblich, LAG Hamm MDR 91, 1204. Maßgeblicher Zeitpunkt ist die Klageeinreichung, § 40 GKG, Brschw JB 98, 259, LAG Stgt JB 91, 1537. Nach Verhandlungsschluß sind wegen § 296 a Umstände unerheblich, die erst jetzt bekannt werden, aM Saarbr JB 98, 363 (aber der Verhandlungsbeschluß bildet die Urteilsgrundlage).

Die *Belange des Bekl* sind grundsätzlich unerheblich, § 2 Rn 5, KG ZMR 93, 346. Das Gericht muß die Ausführungen des Bekl aber mitberücksichtigen, um die Eigenart und die wirtschaftliche Bedeutung der Klage richtig zu erkennen.

Wenn der Kläger dazu übergegangen ist, das *Interesse* zu fordern, § 264 Z 3, dann entscheidet das Interesse. Wenn der Anspruch für jede Partei einen anderen Wert hat, dann entscheidet grundsätzlich der Verkehrswert für den Kläger, Schmidt AnwBl 76, 123. Die Klagebegründung dient als ein Auslegungsmittel. Das Gericht darf und muß offenbare Schreibfehler oder Rechenfehler der Klageschrift berichtigen. Sie verändern den Streitwert nicht. In der höheren Instanz entscheidet das wahre Interesse, wie es sich aus dem Antrag des Rechtsmittelführers ergibt, (jetzt) § 47 I GKG, LG Mannh ZMR 76, 90.

B. Umfang der Prüfung. Das „freie Ermessen" darf nicht zur Beseitigung des Justizgewährungsanspruchs durch eine Festsetzung weit über dem wirtschaftlichen Wert führen, BVerfG RR 00, 946. Es darf nicht zum Ermessensfehlgebrauch führen, BGH RR 01, 569. Es darf erst recht nicht zu einer Willkür des Gerichts verführen, Einl III 21, BAG DB 88, 187, LAG Stgt JB 91, 1537. Freilich fehlen oft die notwendigen Unterlagen. In einem solchen Fall muß die Schätzung oft ziemlich willkürlich sein. Das Gericht braucht keinen Beweis zu erheben, Mü Rpfleger 92, 409. Das ergibt sich aus dem Wort „kann" im Gesetzestext. Das Gericht darf und muß das Verhalten der Parteien berücksichtigen, zB eine Glaubhaftmachung nach § 294, BGH FER 00, 27. Auch spricht zB die Hinzuziehung eines Privatgutachters für einen höheren Wert. Die stets gebotene Anhörung der Parteien nach Art 2 I, 20 III GG (Rpfl), BVerfG 101, 404, Art 103 I GG (Richter) ist unter Umständen zusätzlich nach § 139 erforderlich.

Die Parteien sollen den Wert *bei jedem Antrag angeben,* der nicht auf die Zahlung einer bestimmten Geldsumme hinausläuft oder dessen Wert sich nicht aus früheren Anträgen ergibt, § 61 S 1 GKG, § 253 III. Wenn das Gericht Beweise erhebt, dann geschieht das auch zum Nutzen der Staatskasse. Man kann hilfsweise (jetzt) § 52 II GKG entsprechend anwenden, Brschw JB 77, 403. Ein erstinstanzliches Ermessen ist auch jetzt für das Beschwerdegericht maßgeblich, solange es keine neuen Tatsachen beurteilen muß, BAG DB 88, 188. Wenn das Gericht lediglich den Kostenstreitwert festsetzt, entstehen für die Partei Kosten nur nach § 64 GKG. Wenn das Gericht den Wert für die sachliche Zuständigkeit festsetzt, entstehen allenfalls Auslagen, jedenfalls keine Gerichtsgebühren.

5) *VwGO:* Nur selten anwendbar, weil es sich dort, wo die Zulässigkeit eines Rechtsmittels von einem Mindestwert abhängt, § 2 Rn 9, stets um eine Geldleistung handelt, deren Betrag zu ermitteln ist (anders nach FGO, BFH BStBl 77 II 843, 82 II 705 u 86 II 708), und das für den Streitwert maßgebliche wirtschaftliche Interesse des Rechtsmittelführers nur ausnahmsweise darüber hinausgehen kann. Wegen des Gebührenwerts s § 52 GKG und Sondervorschriften, Hartmann Anh I A § 52 GKG, ferner Streitwertkatalog für die Verwaltungsgerichtsbarkeit (Fassung 7/2004), NVwZ 04, 1327.

Anhang nach § 3

Wertschlüssel

1 Die Rechtsprechung ist unübersehbar umfangreich. Die Tendenzen schwanken. Man kann daher Entscheidungen nur zurückhaltend als Anhaltspunkte benutzen. Wenn nichts anderes gesagt ist, sollte man den Wert nach § 3 an Hand der Fingerzeige schätzen.

2 **Abänderungsklage:** Maßgeblich sind §§ 9 ZPO, 42 GKG, und zwar auf der Basis der Differenz zwischen dem abzuändernden Vollstreckungstitel und dem jetzt geforderten Betrag, Hbg FamRZ 82, 322. Die Werte von Klage und Widerklage können zu addieren sein, soweit verschiedene Streitgegenstände vorliegen. Bei Vertragsunterhalt gilt § 9.

Abberufung: Rn 62 „Gesellschaft".

Abfindungsvergleich: Maßgeblich ist der Vergleichsgegenstand, Düss JB 92, 51, Schlesw JB 80, 411, LAG Mainz AnwBl 81, 35, aM Ffm Rpfleger 80, 239 (in erster Linie die Abfindung. Aber erst der ganze Vergleich zeigt den vollen Wert). Es kommt nur auf den Inhalt an, nicht zB auf nur sprachlich einbezogene und in Wahrheit bereits vorher geklärte Punkte, Schlesw SchlH 80, 23.

S auch Rn 127 „Vergleich".

Titel 1. Sachl. Zuständigkeit der Gerichte und Wertvorschriften **Anh § 3**

Ablehnung des Richters, dazu *Schneider* MDR **01**, 132 (Üb): Grundsätzlich ist der Wert der Hauptsache **3** maßgeblich, es sei denn, daß die Befangenheit nur im Hinblick auf einen einzelnen Anspruch besteht, BayObLG WoM **97**, 70 (WEG), Brdb RR **00**, 1092, Kblz RR **98**, 1222, aM BFH BStBl **76** II 691, Kblz Rpfleger **88**, 508 (je abgelehnten Richter seien 10% des Werts der Hauptsache anzusetzen), Hbg MDR **90**, 58, LAG Köln AnwBl **96**, 644, VGH Kassel JB **93**, 108 ($1/3$ bis $1/10$ der Hauptsache). Aber solche natürlich „menschenfreundlichen" Vereinfachungen passen nicht zum Gewicht des bisherigen Richters in seiner Entscheidungsfunktion). Manche halten eine Bewertung nach § 48 II GKG für richtig, da es sich um eine nichtvermögensrechtliche Sache handle, Nürnb MDR **83**, 846. Andere wenden § 48 II GKG auch in einer vermögensrechtlichen Sache an, Köln Rpfleger **87**, 166.
   Im *Insolvenzverfahren* muß man die voraussichtliche Insolvenzquote beachten, BayObLG NJW **89**, 44.
   S auch Rn 4 „Ablehnung des Schiedsrichters", Rn 141 „Wohnungseigentum".
Ablehnung des Sachverständigen: Der Wert liegt meist unter dem Wert der Hauptsache, Drsd JB **98**, 318 **4** (bei § 485: $1/10$), Düss MDR **04**, 1083 ($1/3$). Es entscheidet das Interesse daran, daß dieser Sachverständige nicht mitwirke, Bre JB **76**, 1357. Daraus ergibt sich, daß man als Wert im allgemeinen das Interesse an der Wichtigkeit des Beweispunkts ansetzen muß, Schneider ABC „Ablehnung" Nr 3, aM Kblz RR **98**, 1222, Mü JB **80**, 1055 (Wert der Hauptsache. Aber der Sachverständige entscheidet jedenfalls offiziell nicht den Prozeß). Man kann den Beschwerdewert des Zwischenstreits über die Ablehnung des Sachverständigen auf ein Drittel des Werts der Hauptsache begrenzen, Ffm MDR **80**, 145. Man kann aber auch (jetzt) § 48 II GKG anwenden, da es sich auch hier um eine nichtvermögensrechtliche Sache handle, Köln MDR **76**, 322.
Ablehnung des Schiedsrichters: Maßgeblich ist grundsätzlich der Wert der Hauptsache, Düss RR **94**, 1086, Hamm JMBlNRW **78**, 87, aM Ffm RR **94**, 957, VGH Kassel JB **93**, 108, VGH Mannh NVwZ-RR **94**, 303. Vgl aber die Argumente Rn 3).
   S auch Rn 3 „Ablehnung des Richters", Rn 96 „Schiedsgerichtsverfahren: a) Beschlußverfahren".
Abnahme der Kaufsache: Maßgeblich ist das Interesse des Klägers an der Abnahme, solange der Verkäufer **5** nicht auch den dann maßgeblichen Kaufpreis verlangt, AG Osnabr JB **01**, 144. § 6 ist unanwendbar. Man darf den Anspruch auf die Kaufpreisforderung und denjenigen auf die Abnahme der Kaufsache nicht zusammenrechnen, § 5 Rn 7 „Kaufpreis". Bei einer Bierabnahme ist die Umsatzminderung der Brauerei maßgeblich, Bbg MDR **77**, 935, Boschw JB **79**, 436.
Abrechnung: Maßgeblich ist das wirtschaftliche und evtl auch das ideelle Interesse an ihrer Erteilung.
   S auch Rn 108 „Stufenklage: a) Rechnungslegung", Rn 144 „Zwangsvollstreckung: a) Erwirkung von Handlungen und Unterlassungen".
Absonderungsrecht: Maßgeblich ist § 6, dort Rn 10.
Abstammung: Nach § 48 III 3 GKG muß man von 2000 EUR ausgehen.
Abstandszahlung: Bei ihr ist ihr Betrag und nicht das Erfüllungsinteresse maßgebend, LG Münst AnwBl **78**, 147.
Abstraktes Schuldanerkenntnis: Rn 7 „Anerkenntnis".
Abtretung: Maßgeblich ist zunächst § 6, also die abzutretende Forderung, BGH RR **97**, 1562, bei der Abtretung eines wiederkehrenden Rechts jedoch § 9. Bei einer Klage auf Abtretung einer Nachlaßforderung gegen einen Miterben muß man seinen Erbanteil abziehen, BGH MDR **75**, 741, Schneider JB **77**, 433.
Abwehranspruch: Rn 33 „Eigentum".
Allgemeine Geschäftsbedingungen: Maßgeblich ist das Interesse des Klägers an der Durchsetzung seines **6** Unterlassungsanspruchs, Bunte DB **80**, 486. Man muß es wie beim Widerrufsanspruch nach § 3 schätzen. Unter Umständen ist das Interesse der Allgemeinheit an der Ausschaltung der umstrittenen Klausel maßgeblich. Der Höchstwert beträgt 250 000 EUR, (jetzt) § 48 I 2 GKG, Celle NJW **95**, 890. Je angegriffene Klausel kann man (jetzt ca) 1500–2500 EUR festgesetzen, soweit nicht die Klausel eine grundlegende Bedeutung für einen ganzen Wirtschaftszweig hat, BGH NZM **98**, 402, Mü WoM **97**, 631, Naumb WoM **95**, 547. Im Verbandsprozeß ist nämlich das Interesse an der Beseitigung einer gesetzwidrigen AGB-Klausel maßgeblich, BGH RR **91**, 179.
   S auch Rn 118 „Unterlassung: Allgemeine Geschäftsbedingungen."
Altenteil: Das Wohnrecht läßt sich nach § 3 schätzen. Bei dinglicher Sicherung ist der Betrag der zu sichernden Forderung maßgeblich, § 6. Soweit kein gesetzlicher Unterhalt vorliegt, gilt gebührenrechtlich § 9. Sonst gilt § 42 I GKG.
Anerkenntnis: Es führt grds nicht zu einer Verringerung des Streitwerts, Düss FamRZ **87**, 1281, Nürnb **7** MDR **05**, 120. Ein Teilanerkenntnis kann den Wert einer Beweisaufnahme mindern, soweit es erhebliche Tatsachen betrifft, Ffm AnwBl **81**, 155, Nürnb MDR **05**, 120, Schneider MDR **85**, 356. Zinsen, die mit der Hauptforderung zusammengerechnet sind, bleiben nur beim deklaratorischen Anerkenntnis unberücksichtigt.
Anfechtung: Rn 62 „Gesellschaft", § 6 Rn 16.
Anmeldung zum Handelsregister: Der Wert einer Mitwirkung läßt sich nach § 3 schätzen. Dabei kommt es auf das Interesse des Klägers an der Klarstellung der Beteiligung an, ferner auf die Frage, ob eine Tatsache streitig ist. Dabei ist die Höhe der Einlage oder des Gesellschaftsanteils ein bloßer Anhaltspunkt, BGH BB **79**, 647. Oft sind 10%–25% des Klägeranteils angemessen, Bbg JB **84**, 756. Der Wert kann aber auch höher liegen, BGH BB **79**, 674.
Annahmeverzug: Maßgebend ist die Einsparung des Aufwands des Angebots der eigenen Leistung, LG Essen MDR **99**, 1226, ZöHe 16 „Annahmeverzug", aM Ffm JB **91**, 410 ([jetzt ca] 50 EUR. Aber das ist zu unbeweglich). Beim Antrag Zug um Zug wirkt der zusätzliche Feststellungsantrag auf Annahmeverzug nicht werterhöhend, KG MDR **05**, 898.
Anschlußrechtsmittel: Die Streitwerte des Rechtsmittels und des unselbständigen Anschlußrechtsmittels können bei einer Ablehnung des ersteren zusammenzurechnen sein, sofern das letztere überhaupt einen eigenen Streitwert hat, also zB nicht bloß um Zinsen geht, BGH MDR **85**, 52. Dasselbe gilt bei einem „Hilfsanschlußrechtsmittel", BGH VersR **89**, 647.

Hartmann 49

Anspruchsmehrheit: *Frank,* Anspruchsmehrheiten im Streitwertrecht, 1986 (Üb).
Anwaltsbeiordnung: Bei §§ 78 b, 116 ist das Interesse nach § 3 schätzbar, ZöHe 16 „Anwaltsbeiordnung", aM Bre JB 77, 91, Zweibr JB 77, 1001 (geplante Hauptsache. Aber das kann zu hoch sein).
Anwaltsvergleich: Rn 132 „Vollstreckbarerklärung".

8 Arbeitsverhältnis, dazu *Baldus/Deventer,* Gebühren, Kostenerstattung und Streitwertfestsetzung in Arbeitssachen, 1993; *Meier,* Streitwerte im Arbeitsrecht, 2. Aufl 2000; *Tschischgale/Satzky,* Das Kostenrecht in Arbeitssachen, 3. Aufl 1982; *Zenke/Brandenburg,* Kosten des finanzgerichtlichen Prozesses, 1997: Vgl zunächst Einf 16 vor §§ 3–9. Wegen des künftigen Lohns Vossen DB 86, 326 (ausf). Die Dreimonatsgrenze nach (jetzt) § 42 IV GKG ist nur der Höchstwert je Kündigung, LAG Erfurt MDR 01, 538, LAG Hbg AnwBl 91, 165, LAG Hamm AnwBl 85, 98. Innerhalb der so gegebenen Grenze muß das Gericht den wahren Streitwert nach § 3 schätzen, BAG BB 85, 1472, LAG Düss AnwBl 82, 316, LAG Kiel JB 01, 197, aM LAG Mü AnwBl 86, 106 (aber § 3 gilt auch dann). Nach einer Verweisung vom ArbG an das ordentliche Gericht und überhaupt vor dem letzteren gilt § 3 ZPO bzw (jetzt) § 4 GKG, BGH RR 86, 676, KG DB 96, 2275, Mü RR 88, 190. Vgl auch Einf 16 vor § 3 und Rn 93 „Rechtswegverweisung". Wenn der Kläger nur die Feststellung der Unwirksamkeit einer Kündigung als einer außerordentlichen Kündigung begehrt, ist nur der Zeitraum von ihrem angeblichen Wirksamwerden bis zum Ablauf der ordentlichen Kündigungsfrist maßgeblich, die infolge einer Umdeutung beginnen haben kann, BAG DB 80, 312.

9 Wegen der sog *Änderungsschutzklage,* § 2 KSchG, BAG DB 89, 1880, LAG Ffm MDR 99, 945, LAG Köln MDR 99, 1448, aM LAG Ffm MDR 99, 945, LAG Halle AnwBl 01, 634 (je: [jetzt]) § 42 IV 1 GKG, LAG Bre AnwBl 88, 425, LAG Köln AnwBl 01, 636, LAG Stgt DB 85, 1539 (je: [jetzt] § 42 IV 1 GKG). Aber gerade in dieser wenig endenden Streitfrage wäre eine Anpassung an die BAG hilfreich. Wegen eines Betriebskredits LAG Bre AnwBl 85, 100. Wegen des bloßen Auflösungsantrags LAG Hamm DB 89, 2032 (²/₃ des Feststellungsantrags). Leistungs- und Kündigungsschutzanspruch darf man grds nur bei Selbständigkeit voneinander zusammenrechnen, LAG Bre AnwBl 01, 633. Wenn der Arbeitnehmer neben der Kündigungsfeststellungsklage die Erteilung eines Zwischenzeugnisses einklagt, LAG Hbg AnwBl 85, 98, LAG Hamm AnwBl 85, 98, oder ein Gehalt für einen Zeitraum fordert, für den der Bestand des Arbeitsverhältnisses streitig war, dann muß man die Streitwerte zusammenrechnen, LAG Bln AnwBl 84, 151, LAG Hbg AnwBl 84, 150, LAG Hann AnwBl 85, 98, aM LAG Bre AnwBl 83, 38 (für die ersten 3 Monate seit der Kündigung. Das ist dann zu knapp), Schumann BB 83, 505. Bei Freistellung unter Fortzahlung des Lohns ist dieser für den Freistellungszeitraum maßgeblich, LAG Halle AnwBl 01, 632, aM LAG Bln MDR 02, 59 (aber der Streit geht um den ganzen Zeitraum). Der Wert der Klage auf Erteilung eines qualifizierten Zeugnisses läßt sich mit einem Monatslohn beziffern, LAG Drsd MDR 01, 282, LAG Kiel AnwBl 87, 497, LAG Köln MDR 99, 1336.

10 Eine Wertzusammenrechnung ist auch notwendig, soweit der Arbeitnehmer neben der Kündigungsschutzklage eine *Entlassungsentschädigung* verlangt, LAG Bln MDR 00, 527, LAG Hamm MDR 82, 259. Das gilt dann nicht, wenn neben dem Feststellungsantrag ein Weiterbeschäftigungsantrag vorliegt, BAG DB 85, 556, LAG Chemnitz JB 96, 147. Der Wert eines gesondert zu bewertenden Beschäftigungsanspruchs läßt sich mit dem doppelten Betrag eines Monatsentgelts bewerten, LAG Düss AnwBl 87, 554, LAG Köln MDR 02, 1441 (sonst nur ein Monatsbetrag), aM LAG Mainz AnwBl 83, 36 (das Gericht setzt die Hälfte des Werts des Kündigungsschutzantrags an), LAG Hbg MDR 03, 178 (das Gericht setzt nur einen Monatsverdienst an). Ein nachvertragliches Beschäftigungsverbot läßt sich mit einem Jahreseinkommen und im Eilverfahren weniger bewerten, LAG Köln NZA-RR 05, 547. Der Antrag auf die Zahlung eines nicht bezifferten Bruttolohns „gemäß BAT II (bestehend aus Grundvergütung, Ortszuschlag, Zulage)" für vier kalendermäßig bestimmte Monate liegt unter dem Viermonatsbetrag, LAG Hamm DB 81, 2548. Wegen mehrerer Kündigungen LAG Hamm DB 82, 1472.

Eine *Versetzung ohne Lohnänderung* kann (jetzt ca) 250 EUR wert sein, LAG Mü AnwBl 88, 486. Bei der Klage auf eine angemessene Vergütung für eine Arbeitnehmererfindung muß man den sozialen Zweck des § 38 ArbNEG mitbeachten, Düss GRUR 84, 653. Der Wert einer Abmahnung kann ein Drittel des Werts eines fiktiven Kündigungsprozesses ausmachen, LAG Kiel BB 95, 1596. Der Anspruch auf die Entfernung einer Abmahnung aus der Personalakte läßt sich mit einem Monatseinkommen bewerten, LAG Hamm DB 89, 2032 (das Gericht läßt offen, ob der Wert bei mehreren Abmahnungen steigt). Dieser Anspruch läßt sich aber bei einer Häufung von Abmahnungen auch ganz erheblich höher ansetzen, LAG Ffm MDR 00, 1278. Der Antrag auf die Ersetzung der Zustimmung zur außerordentlichen Kündigung eines Betriebsratsmitglieds läßt sich mit drei Monatsgehältern bewerten, LAG Bre DB 85, 396. Für eine Ausfüllung und Herausgabe von Arbeitspapieren kann man je Papier (jetzt ca) 250 EUR ansetzen, LAG Drsd MDR 01, 960, LAG Düss AnwBl 97, 290, LAG Köln MDR 00, 670. Bei einer Weisung des Arbeitgebers kommt ein Monatslohn in Betracht, LAG Drsd DB 99, 1508. Bei einer Klage auf Herabsetzung der Arbeitszeit kommen zwei Monatseinkommen in Betracht, LAG Düss MDR 02, 177, höchstens drei, LAG Ffm MDR 02, 891.

S auch Rn 54 „Feststellungsklage: b) Leugnende Feststellungsklage", Rn 69 „Herausgabe: b) Herausgabe einer Urkunde", Rn 142 „Zeugnis".

11 Arrest: Man muß den Kostenstreitwert gemäß (jetzt) § 53 I 1 GKG nach dem Interesse des Antragstellers an der Sicherstellung nach § 3 schätzen, Brschw RR 96, 256 links, Düss WettbR 96, 44, Kblz MDR 94, 738, auch beim Besitzstreit, Düss AnwBl 86, 37. Da das Arrestverfahren aber nur eine vorläufige Klärung bringen kann, ist der Wert grundsätzlich geringer als derjenige des Hauptanspruchs, je nach der Sachlage zB ein Drittel oder die Hälfte des Werts des Hauptanspruchs, Brdb JB 01, 94, Oldb RR 96, 946, LG Ffm JB 95, 487. Das darf aber nicht schematisch erfolgen, Düss WettbR 96, 44. Ein noch geringerer Bruchteil wäre meist nicht gerechtfertigt, aM Köln GRUR 88, 726 (¹/₇–¹/₈; abl Ahrens). Beim Notbedarfsanspruch ist meist ein 6-Monats-Betrag angemessen, KG MDR 88, 154, Nürnb JB 97, 196. Der Wert im vorläufigen Verfahren kann aber den Wert des Hauptanspruchs fast erreichen. Das gilt etwa dann, wenn das Gericht im vorläufigen Verfahren praktisch schon endgültig über die Sache entscheiden muß, Brdb JB 01, 94 (Ausnahme: Unterhalt), Ffm AnwBl 83, 89, Köln WettbR 00, 247. Das gilt ferner zB dann, wenn es um die Unterlassung eines Ausverkaufs oder einer Ausverkaufswerbung geht oder wenn nur ein Arrest die Vollstreckungsmöglichkeit schafft und genügend Pfändbares in die Hände des Gläubigers bringt, LG Darmst JB **76**, 1090.

Dasselbe gilt überhaupt bei der sog *Leistungsverfügung,* Grdz 6 ff vor § 916, Mü FamRZ **97**, 691. Es gilt auch dann, wenn der Antragsgegner andernfalls die Vollstreckung ganz vereiteln könnte, Köln ZMR **95**, 258, LG Darmst JB **76**, 1090. Der Wert des Eilverfahrens darf grds keineswegs über demjenigen der Hauptsache liegen, Köln FamRZ **01**, 432. In einem nichtvermögensrechtlichen Streit muß man von (jetzt) § 48 II 1 GKG ausgehen, LG Saarbr JB **95**, 26. Bei einem Seeschiff können 75% der Arrestforderung ansetzbar sein, Hbg MDR **91**, 1196. Auch beim persönlichen Arrest sind die Wertregeln des dinglichen anwendbar, Kblz JB **92**, 191. In einer Markensache kommt es auf die Gefährlichkeit der unbefugten Benutzung an, Kblz GRUR **96**, 139.

Im *Widerspruchs- und Aufhebungsverfahren* muß das Gericht denselben Wert wie im Antragsverfahren **12** ansetzen. Denn auch in diesem Verfahrensabschnitt ist das Interesse des Antragstellers maßgeblich, weil der Widerspruch kein Rechtsmittel ist. Nur bei einem auf die Kostenfrage beschränkten Widerspruch nach § 924 Rn 9 ist das bloße Kosteninteresse maßgeblich, Ffm JB **90**, 1210 und 1331, Hbg JB **98**, 150, Meyer JB **03**, 525. Das Interesse des Antragstellers entscheidet unter Umständen auch dann, wenn es um die Einstellung der Zwangsvollstreckung aus einem Urteils geht, das einen Arrestbeschluß aufgehoben hat. Bei § 927 ist Obergrenze der Wert, den der aufzuhebende Titel bei der Klagerhebung noch für den Kläger hat. Das Interesse des Schuldners entscheidet dann, wenn es um die Vollziehung geht, KG Rpfleger **91**, 126, Karlsr Rpfleger **99**, 509 (je: Obergrenze: Wert der Anordnung), Köln Rpfleger **93**, 508, oder wenn es um die Aufhebung des Vollzugs nach § 934 geht. Wenn es sich nur um die formelle Beseitigung des Arrests handelt, dann ist ein geringerer Wert ansetzbar, KG JB **02**, 479. Das Problem, Vollzugsgegenstände zu finden, ist nicht beachtlich, LG Darmst JB **76**, 1090. Im markenrechtlichen Widerspruchs-Beschwerdeverfahren setzt BPatG GRUR **99**, 65, für (jetzt) § 33 RVG grds (jetzt ca) 10 000 EUR an.

In einer *Unterhaltssache* läßt sich der Wert nach § 42 I GKG berechnen. Das gilt grds auch für einen **13** Arrest, Brschw RR **96**, 256 links, Düss FamRZ **85**, 1155, aM Schneider MDR **89**, 389 ([jetzt] § 53 II 1 GKG entsprechend. Aber § 42 I GKG spricht auch vom „Antrag" und ist deshalb spezieller). Dieser Wert gilt auch für eine einstweilige Verfügung nach § 1615 o BGB. Das Kostenpauschquantum läßt sich berücksichtigen. Das Gericht darf auch hier keinen höheren Wert als denjenigen der Hauptsache annehmen, Düss FamRZ **85**, 1156. Eine Forderungspfändung nach § 930 ist unbeachtlich.

S auch Rn 35 ff „Einstweilige Verfügung".

Aufgebot: Maßgebend ist das Interesse des Antragstellers, § 3. Es kommt auf das Objekt des Aufgebots an. **14** Im Aufgebotsverfahren wegen eines Hypothekenbriefs, eines Grundschuldbriefs oder eines Rentenbriefs darf man als Streitwert daher nicht den Betrag der Hypothekenforderung ansetzen. Denn es handelt sich nicht um diese. Maßgeblich sind dann vielmehr grds 10–20% des Nennwerts der Hypothek, soweit nicht der Grundstückswert usw geringer ist, LG Bln Rpfleger **88**, 549. Wenn es um ein Aufgebotsverfahren nach dem G v 18. 4. 50, BGBl **88**, geht, sind §§ 3 und 6 nicht anwendbar. Dann ist die Hypothek nicht der Gegenstand der Verfügung.

Aufhebung: Rn 60 „Gemeinschaft", Rn 98 „Schiedsrichterliches Verfahren: d) Aufhebungsklage".
Auflassung: § 6 Rn 2. Entgegennahme Rn 5 „Abnahme der Kaufsache", aM Bbg JB **94**, 361, Ffm RR **96**, 636 (§ 3).

S auch Rn 41 „Erbrechtlicher Anspruch".

Auflassungsvormerkung: § 6 Rn 14, 15.
Auflösung: S bei den Gegenständen der Auflösung.
Aufopferung: Die Entschädigung wegen eines Impfschadens läßt sich nach § 42 II GKG bewerten.
Aufrechnung, dazu *Kanzlsperger* MDR **95**, 883; *Schulte,* Die Kostenentscheidung bei der Aufrechnung **15** durch den Beklagten im Zivilprozeß, 1990; *Sonnenberg/Steder* Rpfleger **95**, 60 (ausf):

A. Kostenstreitwert. Für den Kostenstreitwert muß man die folgende Unterscheidung treffen.
a) Hauptaufrechnung. Hier sind die folgenden Unterscheidungen notwendig.
– *Unstreitigkeit der Gegenforderung.* Im Fall einer unbedingten Hauptaufrechnung oder dann, wenn der Bekl eine unstreitige Gegenforderung im Weg einer Haupt- oder Hilfsaufrechnung geltend macht, ist die Klageforderung maßgeblich, aM Pfennig NJW **76**, 1074 (aber es geht sogleich um den Bestand der Klageforderung). Macht der Bekl in 2. Instanz nur die Hauptaufrechnung geltend und wird er verurteilt, ohne daß das Gericht von der Erfüllung einer Nachbesserung abhängig gemacht hat, so wird der Bekl durch den Wert der ursprünglichen Zug-um-Zug-Leistung nicht beschwert, BGH DB **92**, 89.
– *Streitigkeit der Gegenforderung.* Auch soweit der Bekl mit einer oder mehreren streitigen Gegenforderungen aufrechnet, ist nur die Klageforderung maßgeblich, aM Hamm AnwBl **86**, 204 (aber auch dann geht es sogleich um den Bestand der Klageforderung).

b) Hilfsaufrechnung mit streitiger Gegenforderung. Vgl dazu § 45 III GKG. Zur Systematik **16** *Kanzlsperger* MDR **95**, 883, *Madert,* Der Streitwert bei der Eventualaufrechnung usw Festschrift für *Schmidt* (1981) 67, *Schneider* MDR **84**, 196: Die Erhöhung des Streitwerts um den Wert der zur Aufrechnung gestellten Forderung erfolgt nur dann, wenn die folgenden Bedingungen zusammentreffen, Schlesw SchlHA **81**, 189.
– *Wirkliche Aufrechnung.* Es muß sich um eine echte Aufrechnung handeln, BGH NZM **04**, 423, also **17** um einen Anspruch mit einem von der Klageforderung unabhängigen Wert, BGH NJW **94**, 1538, Düss MDR **99**, 957, KG JB **00**, 419, etwa wegen Verzugs, Hamm JB **05**, 541, und nicht etwa nur um eine Einrede oder eine sonstige Einwendung des Bekl wie eine Mängelrüge, Bbg JB **87**, 1383, Hamm RR **92**, 448, Köln VersR **93**, 460, ein Zurückbehaltungsrecht, die Einrede des sonstwie nichterfüllten oder schlechterfüllten Vertrags, BGH NJW **88**, 3015, Düss MDR **01**, 113, einen Rücktritt, eine Minderung, Düss AnwBl **84**, 614, eine Überzahlung, KG JB **00**, 419, ein geltend gemachtes Pfandrecht, soweit der Bekl ihretwegen keine Widerklage erhoben hat. Eine Hilfsaufrechnung kann auch neben anderen Einwendungen in einer Vollstreckungsabwehrklage nach § 767 erfolgen, Düss MDR **99**, 1092, LG Marbg JB

02, 533. Der Einwand des Bürgen, der Hauptschuldner habe aufgerechnet, genügt nicht, aM ZöHe § 3 Rn 16 „Aufrechnung" (aber das ist gerade keine echte Hilfsaufrechnung gerade des Hauptschuldners). Eine Hilfsaufrechnung fehlt, wenn der Bekl sich in erster Linie nur mit der Aufrechnung und für den Fall ihrer Unzulässigkeit mit einer Hilfswiderklage wegen der Aufrechnungsforderung verteidigt, BGH RR **99**, 1736, oder wenn sich der Bekl in erster Linie nur mit der Rüge des Fehlens einer Prozeßvoraussetzung verteidigt, Karlsr MDR **98**, 1249 (internationale Zuständigkeit). Der Aufrechnung steht im Ergebnis ein Vorgehen nach (jetzt) § 634 Z 2 BGB gleich, Düss AnwBl **84**, 614, aM Mü MDR **87**, 670 (aber auch eine Mängelrüge läuft auf dasselbe hinaus).

18 – *Bloße Hilfsaufrechnung.* Der Bekl darf die zur Aufrechnung gestellte Forderung lediglich hilfsweise geltend gemacht haben, BGH NZM **04**, 423. Man muß seine Erklärungen wie sonst auslegen, Köln JB **96**, 645. Eine Hauptaufrechnung macht III vom Zeitpunkt ihrer Erklärung an unanwendbar, Drsd MDR **99**, 120, Karlsr MDR **95**, 643, Köln FamRZ **92**, 1461, aM Ffm RR **86**, 1064, Hamm JB **02**, 316 (schon vorher), Schneider MDR **89**, 302 (aber erst die Aufrechnungserklärung gibt Anlaß zur Beschäftigung mit der Aufrechnungsforderung). Etwas anderes gilt, wenn zur Haupt- eine Hilfsaufrechnung mit einer anderen Forderung tritt. Dann erfolgt in der geltend gemachten Reihenfolge eine Zusammenrechnung, BGH MDR **92**, 307, Karlsr MDR **89**, 921, LG Erfurt JB **97**, 535. Dabei bleibt freilich die erste unbedingte Aufrechnung unberücksichtigt, falls mehrere hilfsweise gestaffelte Gegenforderungen folgen, BGH **73**, 249, Köln VersR **92**, 1027, Zweibr Rpfleger **85**, 328.

19 – *Streitigkeit und Entscheidungsbedürftigkeit der Hilfsaufrechnung.* Die zur Hilfsaufrechnung gestellte Forderung muß entweder von vornherein streitig gewesen oder doch im Laufe des Rechtsstreits streitig geworden sein, BGH NZM **04**, 423, Hamm MDR **00**, 296, sei es wegen einer angeblichen Unzulässigkeit, sei es wegen einer angeblichen Unbegründetheit der Hilfsaufrechnung. § 40 GKG stellt auf jeden dieser Fälle ab. Es kommt also auch nicht darauf an, ob der Kläger die Hilfsaufrechnung für unzulässig oder für unbegründet hält. Denn III berücksichtigt die Mehrarbeit des Gerichts infolge der Hilfsaufrechnung, Saarbr AnwBl **80**, 155, Zweibr Rpfleger **85**, 328, und eine solche Mehrarbeit kann auch schon durch die von Amts wegen erforderliche vorrangige Prüfung der Zulässigkeit der Hilfsaufrechnung entstehen.

Es muß auch ein *Entscheidungsbedürfnis* über die Hilfsaufrechnung bestehen. Daran fehlt es, solange das Gericht den Hauptanspruch nicht abgewiesen hat, BGH RR **99**, 1157.

20 – *Rechtskraftfähige Entscheidung.* Über die streitige Hilfsaufrechnung muß eine der inneren und nicht nur formellen Rechtskraft fähige Entscheidung ergangen sein, BGH NZM **04**, 423, Ffm Rpfleger **85**, 510, Köln VersR **96**, 125, auch zB durch ein Versäumnisurteil gegen den Bekl. Denn auch dieses ist der inneren Rechtskraft fähig, § 322 Rn 1. Es darf zB nicht in Wahrheit bloß zu klären sein, ob die Klageforderung entstanden ist, BGH RR **00**, 285, KG VersR **81**, 860, Köln MDR **79**, 413. Es reicht auch grds nicht aus, daß das Gericht die Hilfsaufrechnung als unzulässig bezeichnet, BGH MDR **91**, 240, Drsd JB **03**, 475, Düss WoM **97**, 428. Eine Zurückweisung des tatsächlichen Vorbringens zur Hilfsaufrechnung als verspätet ist aber ausreichend, Ffm MDR **84**, 239, ebenso diejenige der Hilfsaufrechnung als nicht ausreichend substantiiert, Kblz JB **02**, 197.

Nach § 322 II ist die Entscheidung, daß die Gegenforderung nicht bestehe, bis zur Höhe desjenigen Betrags der Rechtskraft fähig, für den die Aufrechnung geltend gemacht wird, § 322 Rn 21, Celle AnwBl **84**, 311, Düss MDR **90**, 1299, Nürnb VersR **83**, 864. Maßgeblich ist das Urteil, auch das Urkunden- oder Scheckvorbehaltsurteil usw, nicht der Vergleich, Ffm MDR **80**, 64, Köln JB **79**, 566, aM Mü JB **98**, 260 (aber er ist keine „Entscheidung"). Maßgeblich ist auch nicht die Aufrechnungserklärung, BGH RR **97**, 1157, schon gar nicht die Durchsetzbarkeit des Hilfsaufrechnungsanspruches, aM Ffm MDR **81**, 57 (aber es kommt eben nur auf die Rechtskraft der Entscheidung an).

Es kommt für den *erstinstanzlichen* Wert nur auf die Entscheidung dieser ersten Instanz an, BGH Rpfleger **87**, 38, Ffm RR **01**, 1653, LG Kassel RR **92**, 831, aM Mü MDR **90**, 934, Schlesw SchlHA **83**, 61 (aber der Wert richtet sich nur nach der jeweiligen Entscheidung). Man kann die zur Hilfsaufrechnung gestellte Forderung auch dann bis zur vollen Höhe der ursprünglichen Klageforderung zulassen, wenn der Kläger im Prozeß im Insolvenzverfahren zu einer Feststellungsklage übergegangen ist und wenn das Prozeßgericht den Wert dieses Feststellungsantrags mit 10% der Ursprungsforderung festgesetzt hat, Schlesw SchlHA **81**, 189. Wegen der Feststellung der Beschwer BAG DB **76**, 444. Eine Verwerfung des Rechtsmittels reicht nicht aus, KG MDR **90**, 259, aM ZöHe § 3 Rn 16 „Aufrechnung" (aber das ist keine Sachentscheidung). Wird infolge einer Rechtsmittelrücknahme die erstinstanzliche Entschädigung über die Hilfsaufrechnung rechtskräftig, so erhöht sich der Kostenstreitwert der Rechtsmittelinstanz nicht, Köln JB **95**, 485.

21 – *Rechtsmittelinstanz.* In ihr kommt es darauf an, ob das Vordergericht oder das Rechtsmittelgericht über die Hilfsaufrechnung entschieden hatte, BGH Rpfleger **87**, 38, Düss MDR **98**, 497, Köln VersR **96**, 125, aM Jena MDR **02**, 480, Mü MDR **90**, 934, Lappe Rpfleger **95**, 401 (aber aus der Frage, wer entschieden hat, leitet sich der Wert ab).

22 – *Vergleich.* Im Fall der Erledigung des Rechtsstreits durch einen Vergleich gilt § 45 I–III GKG nach § 45 IV GKG entsprechend, Rn 127 „Vergleich", LAG Bln NZA-RR **04**, 374, VGH Mü NVwZ-RR **04**, 620, ArbG Nürnb MDR **04**, 907.

23 **B. Zuständigkeitswert.** Maßgeblich ist nur die Klageforderung, KG MDR **99**, 439.
24 Auseinandersetzung: Rn 60 ‚Gemeinschaft".
Ausgleichsanspruch: Rn 41 „Erbrechtlicher Anspruch", Rn 67 „Handelsvertreter".
Auskunft, dazu *Schulte* MDR **00**, 805 (Üb): Der Wert hängt von dem Interesse an der Auskunftserteilung ab, § 3, BGH FamRZ **93**, 46, Ffm FamRZ **97**, 38, Schlesw JB **02**, 81. Er beträgt in der Regel einen Bruchteil desjenigen Anspruchs, dessen Geltendmachung die Auskunft erleichtern soll, BGH FamRZ **99**, 1497, Bbg FamRZ **97**, 40, Ffm FamRZ **97**, 38. Der Wert beträgt zB nur einen geringen Bruchteil, etwa 10% des zu schätzenden Leistungsanspruchs, wenn die fraglichen Verhältnisse fast bekannt sind, etwa wenn es um den Lohn des Gegners geht, Schlesw SchlHA **78**, 22, oder 10–20%, Schlesw JB **02**, 81. Er kann

Titel 1. Sachl. Zuständigkeit der Gerichte und Wertvorschriften **Anh § 3**

auch 25% betragen, Ffm MDR **05**, 164, KG FamRZ **96**, 500. Es ist auch ein höheres Interesse möglich, BGH FamRZ **93**, 1189, Düss FamRZ **88**, 1188, Kblz JB **05**, 39. Das gilt etwa dann, wenn der Kläger einen Zahlungsanspruch ohne die Auskunft voraussichtlich nicht weiter verfolgen kann. In einem solchen Fall kann der Wert der Auskunft fast den Wert des Zahlungsanspruchs erreichen, Ffm MDR **87**, 509. Das Interesse des Bekl, die Auskunft zu erschweren, ist in erster Instanz unerheblich, BGH Rpfleger **78**, 53. Das übersieht LG Kiel FamRZ **96**, 400. Andererseits darf das Interesse außer Acht lassen, ob eine Ungewißheit über bestimmte Geschäfte beseitigt wird, selbst wenn das nicht in der gehörigen Form geschieht. Bei § 1379 I 1 BGB ist der Zugewinnausgleich Ausgangspunkt, Zweibr JB **00**, 251.
 Wenn es um ein *Rechtsmittel des Klägers* geht, bleibt sein Interesse maßgeblich, BGH FamRZ **99**, 1497. Das gilt auch beim Anspruch auf eine Auskunft Zug um Zug, BGH NJW **93**, 3206. Wenn es um ein Rechtsmittel des *Bekl* geht, dann ist als Wert das Interesse des Bekl daran maßgeblich, die Auskunft nicht leisten zu müssen. Maßgeblich sind dabei der Aufwand an Zeit und Kosten, die die Erfüllung gerade und nur des titulierten Anspruchs erfordert, BGH FamRZ **05**, 104, LG Bochum VersR **00**, 1431, Köln RR **99**, 833 (Buchauszug), sowie das etwaige schutzwürdige Geheimhaltungsinteresse des Verurteilten, BGH NJW **99**, 3049, LG Bochum VersR **00**, 1431, aM BGH NJW **97**, 3246, Stgt MDR **01**, 113 (auch dann Interesse des Klägers. Aber er wehrt jetzt nur ab).
 Nicht maßgeblich ist der Wert des Auskunftsanspruches und grds auch nicht das Interesse des Bekl an der Vermeidung einer ihm nachteiligen Kostenentscheidung, BVerfG NJW **97**, 2229, BGH FamRZ **98**, 364 (Erbe) und 365 (Betreuer), Mü FamRZ **99**, 453 (anders nur bei Unbrauchbarkeit des Titels), aM KG RR **88**, 1214, Saarbr JB **85**, 1238 (aber es geht um die Abwehr des Auskunftsverlangens). Dasselbe gilt dann, wenn das LG einen Auskunftsanspruch und einen entsprechenden Zahlungsanspruch abgewiesen hat, das OLG den Bekl aber zur Auskunft verurteilt hat und wenn das OLG den sich daraus ergebenden Zahlungsanspruch abgewiesen hat. Der Beschwerdewert kann beim Kläger als Beschwerdeführer anders sein als beim Bekl als Beschwerdeführer, LG Bochum VersR **00**, 1431.
 Maßgeblich ist der Zeitpunkt der *Einreichung der Klage,* Ffm MDR **87**, 508, evtl ein späterer mit höherem Wert (Auslegungsfrage), Karlsr FamRZ **04**, 1048. Der Wert ermäßigt sich also nicht, wenn sich auf Grund der Auskunftserteilung herausstellt, daß der Leistungsanspruch weniger oder gar nichts wert ist, Düss AnwBl **92**, 286, aM Ffm MDR **87**, 508 (vgl aber § 40 GKG). Man muß schätzen, von welchem Betrag auszugehen ist. Dabei kann die Angabe des erhofften Betrags nur einen Anhaltspunkt bieten. Eine Zusammenfassung mit dem Wert der Rechnungslegung ist zulässig. Man muß die Feststellung einer Schadensersatzpflicht neben der Auskunftserteilung besonders bewerten. Für die Gerichts- und Anwaltskosten entscheidet im Fall der Stufenklage der höchste Wert, § 44 GKG, Rn 108 ff „Stufenklage". Vgl ferner § 132 V 5, 6 AktG, § 140 MarkenG, KG GRUR **92**, 611.
 S auch Rn 33 „Eidesstattliche Versicherung", Rn 62 „Gesellschaft", Rn 77 „Mietverhältnis: Klage auf Auskunft", Rn 108 ff „Stufenklage", Rn 142 „Zurückbehaltungsrecht".

Auslandswährung: Maßgeblich ist der Umrechnungsbetrag in EUR, Ffm NJW **91**, 643, Ritten NJW **99**, 25 1215, und zwar grundsätzlich im Zeitpunkt der Klagerhebung bzw Rechtsmitteleinlegung, Ffm NJW **91**, 643 (beim Währungsverfall evtl im Zeitpunkt der letzten Verhandlung). Beim Kostenstreitwert muß man § 40 GKG beachten.
 S auch Rn 59 „Geldforderung".

Ausscheiden und Ausschließung: Maßgeblich ist sowohl beim wirtschaftlichen Verein als auch bei der Gesellschaft, auch der stillen atypischen, jeweils § 3. Man muß den Wert der Kapitalanteile der Kläger mitberücksichtigen, Ffm JB **85**, 1083. Beim Idealverein ist § 48 II 1 GKG maßgeblich.
 S auch Rn 62 „Gesellschaft".

Aussetzungsantrag: Maßgeblich ist das Interesse der Parteien an der Aussetzung, nicht der Wert des Hauptverfahrens, Bbg JB **78**, 1243, Hbg MDR **02**, 479 (je: grds ¹/₅). Manche setzen keineswegs mehr als ¹/₃ des Werts des Hauptsache an, ThP § 3 Rn 24 „Aussetzung". Indessen kann gerade in einer Aussetzung zB zur „Vorklärung" im Strafverfahren ein derartiges Interesse bestehen, daß ¹/₃ keineswegs ausreichen. Im Abgabenprozeß sind 5% des streitigen Betrags maßgeblich. Im Beschwerdeverfahren sind grds 20% des Hauptsachewerts ansetzbar, aM Ffm RR **94**, 957 (¹/₃).

Aussonderung: Maßgeblich ist § 6.

Bank: Im Eilverfahren wegen eines Kontos kann das regelmäßige Entgelt der Bank maßgeblich sein, LG 26 Lübeck NJW **01**, 83.

Baubeschränkung: Maßgeblich ist § 7.

Bauhandwerkersicherungshypothek: Es kommt auf das Interesse an der Eintragung an, LG Ffm AnwBl **83**, 556, meist also nur auf die zu sichernde Forderung, Nürnb MDR **03**, 1382. Bei der Eintragung einer Vormerkung ist ¹/₃–¹/₄ des Hypothekenrechts ansetzbar, Bbg JB **75**, 649, Bre JB **82**, 1052, Ffm JB **77**, 719, aM Saarbr JB **87**, 1218 (¹/₂). Bei der Klage auf die Bewilligung der Bauhandwerkhypothek ist der Wert der zu sichernden Forderung maßgeblich, Ffm JB **77**, 1136.
 S auch Rn 37 „Einstweilige Verfügung" sowie § 6 Rn 15.

Baulandsache: Im Fall einer vorzeitigen Besitzeinweisung nach § 116 BauGB muß man das Interesse an der Aufhebung grds mit 20% des Grundstückswerts ansetzen, BGH **61**, 252, Köln Rpfleger **76**, 140, Mü NVwZ-RR **04**, 712. In einem Verfahren nach § 224 BauGB beträgt der Wert ¹/₆ des Grundstückswerts. Bei einer unbezifferten Leistungsklage liegt der angemessene Entschädigungsbetrag im Rahmen der etwa genannten Mindest- und Höchstbeträge. Wenn es um die Anfechtung der Einleitung eines Umlegungsverfahrens geht, beträgt der Wert ebenso wie bei einer Zuweisung von Ersatzland statt einer Geldentschädigung und umgekehrt 20% des Werts der einzuziehenden Fläche und etwaiger Aufbauten. Dasselbe gilt im Fall der Anfechtung des Umlegungsplans nach § 66 BauGB. Wenn es um eine Grenzregulierung geht, ist der Wert der abzugebenden Teilfläche maßgeblich. Im Fall der Aufhebung des Umlegungsplans zur Schaffung einer besseren Zufahrt muß man 10% der einbezogenen Fläche als Streitwert ansetzen.
 S auch Rn 40 „Enteignung".

Bauverpflichtung: Sie läßt sich nach § 3 bewerten (geringerer Bruchteil der Baukosten).

Anh § 3 Buch 1. Abschnitt 1. Gerichte

27 **Bedingter Anspruch:** Man muß ihm nach § 3 schätzen, BGH MDR **82**, 36. Dabei kommt es auf den Grad der Wahrscheinlichkeit des Bedingungseintritts an.
Befreiung: Maßgeblich ist der vom Kläger genannte Geldbetrag der Verbindlichkeit, BGH MDR **95**, 196, Düss AnwBl **94**, 47 (Nichtigkeit), Mü JB **84**, 1235 (Vertragsrücktritt). Wenn es um die Befreiung von der persönlichen Haftung für eine Hypothek geht, ist der Betrag der Schuld maßgeblich. Man darf die persönliche Haftung und die dingliche Haftung nicht zusammenzählen. Wenn es um die Befreiung von der Bürgschaftsverpflichtung geht, ist ebenfalls der Betrag der Schuld maßgeblich. Wenn es um die Befreiung von der gesetzlichen Unterhaltspflicht geht, muß man § 3 anwenden, nicht § 9, auch nicht etwa (jetzt) § 42 III GKG, BGH RR **95**, 197, Oldb FamRZ **91**, 966. Bei einer unbezifferten Schuld lassen sich 20% vom Idealbetrag abziehen, BGH RR **90**, 985, KG JZ **98**, 800. Wenn es um die Befreiung eines Gesamtschuldners im Innenverhältnis geht, ist der Wert des übernommenen Anteils maßgeblich, Düss FamRZ **94**, 57 (Unterhaltsvergleich), Hbg JB **80**, 279. Zinsen des Anspruchs, von dem der Kläger die Befreiung verlangt, können Nebenforderungen sein, § 4, aM Görmer NJW **99**, 1310 (aber § 4 gilt uneingeschränkt). Anders verhält es sich mit den Kosten des Vorprozesses, BGH MDR **76**, 649, Bre JB **03**, 83.
Befristeter Anspruch: Man muß den Wert nach § 3 schätzen, Köln FamRZ **89**, 417, und zwar im Zeitpunkt der Geltendmachung des Anspruchs, § 4. Dabei muß man die Fälligkeit oder den Zeitpunkt des Wegfalls des Anspruches berücksichtigen.
Beleidigung: Rn 32 „Ehre".

28 **Bereicherung:** Bei einer Sache ist § 6 maßgeblich, sonst grds der Betrag der Forderung, § 9.
Berichtigung der Entscheidung: Im Verfahren nach § 319 ist grds § 3 anwendbar. Es ist also das Interesse des Antragstellers maßgeblich. Es kann von 20% der Hauptsache, Saarbr JB **89**, 522 (vorübergehende Unterlassung der Vollstreckung) bis zu 100% reichen, Ffm JB **80**, 1893 (endgültige Beseitigung der Vollstreckbarkeit).
Berichtigung des Grundbuchs: Maßgebend ist das Interesse des Klägers nach § 3, Saarbr AnwBl **78**, 106. Man kann den Wert der Klage auf eine Zustimmung zur Berichtigung nach dem Berichtigungsinteresse schätzen, LG Drsd JB **00**, 83. Er kann den Verkehrswert erreichen, § 6, BezG Potsdam VersR **93**, 1382. Das gilt auch im Eilverfahren, Köln ZMR **95**, 258. Er kann aber auch erheblich darunter bleiben, etwa bei Unstreitigkeit der Verhältnisse, Zweibr JB **87**, 265, LG Bayreuth JB **79**, 1884, oder bei dinglichen Lasten, Bbg JB **77**, 1278, LG Köln NJW **77**, 255, aM BGH ZIP **82**, 221, KG MDR **01**, 56 (aber § 3 geht über die Besitzfrage des § 6 hinaus, und auch § 3 kennt Wertminderungsumstände).
Berufung: Maßgeblich ist grds das Interesse an der Änderung des Urteils, meist also der Antrag des Berufungsklägers. Freilich kommt es nicht allein auf § 511 IV an, AG Köln WoM **02**, 670. Wegen des Ausspruchs auf den Verlust der Berufung Rn 129 „Verlustigkeitsbeschluß". Der Wert der versehentlich eingelegten Berufung kann den gesetzlichen Tabellen-Mindestwert betragen, Ffm MDR **84**, 237. Der Wert der mangels Beschwer unzulässigen Berufung beträgt mindestens (jetzt) 600,01 EUR, Ffm MDR **84**, 502. Nicht maßgeblich ist der Wert der Mindestgebühr. Denn es liegt nun einmal eine Berufung vor. Erst ihr Wert führt zur Gebühr. Erfolgt die Berufung nur wegen einer Gegenleistung, so ist diese maßgeblich. Eine Zug-um-Zug-Leistung erhöht den Wert nicht. Bei wechselseitigen Berufungen gilt § 45 II GKG. Mindestens ist das Interesse des Bekl an der Vermeidung einer ihm nachteiligen Kostenentscheidung maßgeblich, BGH NJW **94**, 1740.
S auch Rn 7 „Anschlußrechtsmittel".

29 **Beschwerde:** Rn 104 „Sofortige Beschwerde".
Beseitigung: Rn 92 „„Räumung", § 7 Rn 2.
Besichtigung: Rn 83.
Besitzstreit: Der Wert richtet sich im Prozeß nach § 6, dort Rn 2. Bei der einstweiligen Verfügung usw richtet sich der Wert nach (jetzt) § 53 GKG, Düss AnwBl **86**, 37. Im Fall einer Besitzstörung ist § 3 maßgeblich, Düss MDR **91**, 353 (Kosten der Beseitigung der Störung), Köln JMBlNRW **76**, 71 (hoch bei Aggressivität), LG Bielef FamRZ **92**, 1095 (1-Jahres-Wert bei Wiedereinräumung). § 41 I 1 GKG bildet den Höchstwert.
Bestimmung der Zuständigkeit: Rn 143 „Zuständigkeit".
Betagter Anspruch: Maßgeblich ist § 3. Man darf einen Zwischenzins nicht abziehen, Voormann MDR **87**, 722, aM LAG Köln MDR **87**, 169 (zustm Hirte). Aber auch für einen Zwischenzins gilt § 4.
Beweisaufnahme: Der Wert richtet sich nach dem Gegenstand des Beweises, Hamm JB **81**, 1860. Falls sich die Beweisaufnahme nur auf einen Teil der Klageforderung erstreckt, ist also nur dieser Teil maßgeblich, Düss JB **83**, 1042.
Beweissicherung: Rn 102 „Selbständiges Beweisverfahren".
Bezugsverpflichtung: Der Wert orientiert sich nicht am Umsatz, sondern am Gewinn. Man muß ihn nach § 3 schätzen, Bbg JB **85**, 441.
Buchauszug, -einsicht: Rn 24 „Auskunft".

30 **Bürgschaft:** Maßgeblich ist der Betrag der gesicherten oder zu sichernden Forderung ohne Rücksicht auf eine etwaige Betagung oder Bedingung, § 6 Rn 9. Bei der Klage gegen den Hauptschuldner und den Bürgen erfolgt keine Zusammenrechnung, § 5. Bei der Klage gegen den Bürgen ist für Zinsen und Kosten § 4 I anwendbar. Bei der Klage des Bürgen gegen den Hauptschuldner zählen die vom Bürgen gezahlten Zinsen und Kosten als Teil der Hauptforderung.
S auch Rn 69 „Herausgabe: b) Herausgabe einer Urkunde".
Darlehen: Maßgeblich ist grds die streitige Darlehenssumme abzüglich eines etwaigen Ablösungsbetrags. Im Rechtsmittelverfahren ist der aberkannte Betrag maßgebend, BGH WertpMitt **85**, 279.
Dauervertrag: Man berechnet den Wert nach § 3 und nicht nach § 9. Denn ein Dauervertrag läuft regelmäßig kürzer als ein Vertrag der in § 9 genannten Art, Bre Rpfleger **89**, 427 (Stromlieferung: 5-Jahres-Durchschnittskosten – sehr hoch! –). Der Umsatz ist bei einem langfristigen Liefervertrag nur ein Anhaltspunkt. Daneben ist der Gewinn maßgeblich, Bbg MDR **77**, 935. Ein Automatenaufstellvertrag der

üblichen Art läßt sich nicht nach § 41 GKG bewerten, sondern nach § 3, Kblz VersR **80**, 1123. Beim Miet- und Pachtvertrag usw ist § 41 GKG anwendbar. Beim Arbeitsvertrag muß man zunächst § 42 IV GKG beachten. Im übrigen gilt § 42 III GKG.
Dauerwohnrecht: Der Wert der Inhaberschaft richtet sich nach § 9, aM AG Ffm AnwBl **84**, 449 (§§ 3, 6. Aber § 9 ist Spezialvorschrift). Im übrigen gilt § 41 GKG. Der Wert seiner Löschung läßt sich nach § 3 berechnen. Maßgeblich ist dabei die Wertminderung des Grundstücks durch das Wohnrecht.
Deckungsprozeß: Rn 130 „Versicherung: a) Deckungsprozeß".
Deklaratorisches Schuldanerkenntnis: Rn 10 „Anerkenntnis".
Dienstbarkeit: Der Wert läßt sich nach § 7 berechnen.
Dienstvertrag: Maßgeblich ist § 3, soweit es um die Anstellung, die Beendigung usw geht, BGH RR **86**, 676. Jedoch gelten für die Zuständigkeit § 9 und für die Kosten § 42 III GKG, soweit das Entgelt umstritten ist. Die letztere Vorschrift kann auch als Ausgangswert bei der Feststellung des Bestehens des Vertrags von Bedeutung sein, BGH RR **86**, 676. (Jetzt) § 42 IV GKG gilt nur für das arbeitsgerichtliche Verfahren, BGH RR **86**, 676.
Dingliche Sicherung: Es ist § 6 anwendbar.
Drittschuldnerprozeß: Soweit der Gläubiger den Drittschuldner auf Zahlung verklagt, ist wie stets der Wert *dieser* Klageforderung maßgeblich, also die dem Drittschuldner abverlangte Summe, Mü JB **85**, 1522, LAG Düss MDR **92**, 59, Schneider MDR **90**, 21, aM LAG Stgt JB **02**, 196 (36facher Monats-Pfändungsbetrag. Aber es geht schlicht um den Gesamtwert der eingeklagten Forderung). Wertprivilegien der eingeklagten Forderung können beachtlich sein, Köln JZ **91**, 987.
Drittwiderspruchsklage: Rn 139 „Widerspruchsklage: a) Widerspruchsklage des Dritten, § 771".
Duldung der Begutachtung: Maßgeblich ist das Interesse des Gläubigers, wie stets, also gerade nicht dasjenige des Schuldners. Das übersieht BGH NZM **99**, 65.
Duldung der Zwangsvollstreckung: Die Duldung hat neben einem Anspruch auf eine Verurteilung zu einer Leistung keinen besonderen Wert, § 5. Maßgeblich ist also die zu vollstreckende Forderung nebst Zinsen und Kosten, BGH RR **99**, 1080. Wenn der Anspruch auf eine Duldung selbständig geltend gemacht wird, muß man ihn dem vollen Wert der Forderung oder der Haftungsmasse gleichsetzen, je nachdem, ob die Forderung oder die Haftungsmasse kleiner ist, KG AnwBl **79**, 229.
S auch Rn 144 „Zwangsvollstreckung".
Durchsuchung: Bei §§ 758, 758a muß man einen Bruchteil der zu vollstreckenden Forderung oder des Werts des zu pfändenden Gegenstands ansetzen, Köln MDR **88**, 329 (50%).

Ehesache, dazu *Haberzettl,* Streitwert und Kosten in Ehe- und Familiensachen, 2. Aufl 1985; *Madert/Müller-Rabe,* Kostenhandbuch Familiensachen, 2001; *Günther Rohs,* Streitwert in Ehe- und Folgesachen, Festschrift für *Schmidt* (1981) 183: Man muß den Wert (jetzt) nach den §§ 46, 48 II–IV, 49 GKG berechnen, Rostock FamRZ **02**, 1134 (grds [jetzt] 2000 EUR). Maßgebend ist der Zeitpunkt des Eingangs des Antrags, (jetzt) § 40 GKG, Brschw JB **98**, 259. Man muß eine Gesamtabwägung vornehmen, Bbg JB **76**, 217, 799, Ffm JB **76**, 798. Die Einkommensverhältnisse sind nur *ein,* wenn auch wichtiger, Faktor, Celle JB **76**, 797. Eine Anhörung nach § 613 I 2 ist unerheblich, Düss FamRZ **00**, 1518 und 1519. Rechtsprechungs-Übersicht bei Hartmann Teil I § 48 GKG Rn 3 ff, Schmidt AnwBl **77**, 442. Bei Berufung nur gegen das Scheidungsurteil gilt nur der Scheidungswert, Karlsr Just **87**, 379. Im Beschwerdeverfahren wegen einer Aussetzung muß man den Wert nach den zum Stichwort „Aussetzungsantrag" genannten Gesichtspunkten bemessen.

Der Wert einer *einstweiligen Anordnung* wird nach § 53 II GKG berechnet. Ein Verbot des Betretens der Wohnung hat neben einer Entscheidung über das Recht zum Getrenntleben einen besonderen Wert. Im Fall des § 1389 BGB ist grds die Höhe der verlangten Sicherheitsleistung maßgeblich, Mü Rpfleger **77**, 176. Das Getrenntleben und der Unterhalt haben gesonderte Werte, Saarbr NJW **75**, 1791, auch der Getrenntlebens- und der Geschiedenenunterhalt, Hbg FamRZ **84**, 1250. Bei einer Regelung wegen der Ehewohnung muß vom Jahresmietwert ausgehen, § 21 III 1 Hs 1 HausrVO, Karlsr FamRZ **94**, 249, aM Hbg FamRZ **91**, 968, Köln FamRZ **95**, 562, Zweibr FamRZ **01**, 1387 (je: halber Jahresmietwert), Saarbr AnwBl **81**, 405 (halber Hausratswert. Aber Text und Sinn von § 21 III Hs 1 HausrVO sind eindeutig, Einl III 39). Es ist unerheblich, ob und inwieweit das Gericht eine Prozeßkostenhilfe bewilligt hat, Hamm (1. FamS) JB **84**, 733, Kblz FamRZ **00**, 1518, Mü FamRZ **02**, 683, aM Hamm (11. FamS) FamRZ **04**, 1664, Stgt FamRZ **00**, 1518, ZöHe § 3 Rn 16 „Ehesache" (aber die Finanzverhältnisse sind eben nur *ein* Abwägungsfaktor).

Zur Bewertung von Scheidungsvereinbarungen vgl (jetzt) § 48 III 3 GKG, Karlsr JB **00**, 253 (Umgangsrecht im Verbund), Köln FER **98**, 18, Mü FamRZ **86**, 828.
S auch Rn 60 „Gemeinschaft", Rn 103 „Sicherheitsleistung", Rn 117 „Unterhalt".
Ehre: Man muß den Wert ist nach (jetzt) § 48 II–IV GKG berechnen, BAG BB **98**, 1487, LG Oldb JB **95**, 369, LAG Hamm AnwBl **84**, 156.
S auch Rn 129 „Veröffentlichungsbefugnis".
Eidesstattliche Auskunft oder Versicherung: Wegen der Festgebühren nach KV 2110 ff ist keine Wertfestsetzung für die Gerichtskosten notwendig. Für die Anwaltsvergütung gilt § 25 I Z 4 RVG (höchstens 1500 EUR). Im Fall des § 883 II gilt § 6, LG Köln JB **77**, 404. Der Beschwerdewert bei einer eidesstattlichen Auskunft richtet sich nach dem Aufwand an Zeit und Kosten, BGH NJW **00**, 2113. Soweit im erfolglosen Beschwerdeverfahren keine Änderung des Streitgegenstands erfolgt, gilt nur die Festgebühr nach KV (jetzt) 1811, aM BGH NZM **99**, 65 (aber die Vorschrift gilt uneingeschränkt).
S auch Rn 24 „Auskunft".
Eigentum: Im Fall einer Störung nach § 1004 BGB ist § 3 maßgeblich, BGH **124**, 315, Düss MDR **91**, 353 (Kosten der Beseitigung der Störung), Kblz JB **95**, 27 (Wert des Verbots für Kläger). Nachteile für den Bekl sind unbeachtlich, Köln JB **90**, 246 (Notweg). Bei Beseitigung von Sondermüll sind die Entsorgungskosten maßgebend, Düss MDR **91**, 353. Im übrigen gilt § 6, dort Rn 2, auch wegen eines Eigentumsvorbehalts. Der Beschwerdewert kann den Streitwert übersteigen, BGH **124**, 315. Beim Miteigentum muß man den Klägeranteil abziehen, Karlsr Just **80**, 148.
S auch Rn 141 „Wohnungseigentum".

31

32

33

Anh § 3   Buch 1. Abschnitt 1. Gerichte

Einheitswert: Auch beim Einheitswert zum Stichtag 1. 1. 1964 sind als Streitwert 40% des streitigen Unterschiedsbetrags ansetzbar.
Einrede der Nichterfüllung: Rn 58 „Gegenseitiger Vertrag".
Einsichtnahme: Maßgebend sind Zeit und Kosten, BGH BB **01**, 752.
S auch Rn 62 „Gesellschaft".

34 **Einstweilige Anordnung:** Man muß den Wert nach § 53 II, III GKG berechnen. Ein nach § 620 Z 4 unzulässiger Anspruch auf einen Unterhalt für die Vergangenheit erhöht gleichwohl den Streitwert, Düss AnwBl **82**, 435. Bei § 620 Z 5 muß man von (jetzt ca) 500 EUR ausgehen, Köln Rpfleger **95**, 110. Soweit es um eine verneinende Feststellungsklage gegen eine einstweilige Anordnung geht, richtet sich der Kostenstreitwert nach (jetzt) § 42 GKG, Schlesw JB **92**, 488. Man darf den Hauptsachewert nicht überschreiten, Köln FamRZ **01**, 432.

35 **Einstweilige Einstellung:** Rn 145 „Zwangsvollstreckung: b) Einstellung, Beschränkung, Aufhebung".
Einstweilige Verfügung: Man muß den Wert ist für die Gebührenberechnung nach (jetzt) § 53 I GKG nach dem Interesse des Antragstellers an der begehrten Sicherung zur Zeit des instanzeinleitenden Antrags schätzen, § 3, Düss WettbR **96**, 44, Ffm GRUR **05**, 1064, LG Bln WoM **03**, 508. Er liegt meist unter dem Wert der Hauptsache. Denn das Verfahren auf den Erlaß einer einstweiligen Verfügung kann nur eine vorläufige Regelung herbeiführen. Im allgemeinen beträgt der Wert $1/3$–$1/2$ des Werts der Hauptsache, Brdb JB **01**, 94, Oldb RR **96**, 946, LG Ffm JB **95**, 487. Das darf aber nicht schematisch erfolgen, Düss WettbR **96**, 44. Ein noch geringerer Bruchteil wäre meist nicht gerechtfertigt, aM Köln GRUR **88**, 726 ($1/7$–$1/8$; abl Ahrens). Wenn die einstweilige Verfügung nur einen bestimmten Gegenstand erfaßt, zB das Bankdepot eines Ausländers im Inland, dann liegt der Wert nicht höher als derjenige dieses Gegenstands. Bei einem Notbedarfsanspruch ist meist ein 6-Monats-Betrag angemessen, KG MDR **88**, 154, Nürnb JB **97**, 196.

36 Der Wert kann sich jedoch demjenigen der *Hauptsache nähern*, Bbg JB **75**, 793. Das gilt zB dann, wenn das Gericht durch den Streit über die einstweilige Verfügung praktisch auch bereits zur Hauptsache entschieden hat, Brdb JB **01**, 94, (Ausnahme: Unterhalt), Ffm AnwBl **83**, 89, Köln WettbR **00**, 247. Das gilt zB dann, wenn es um die Unterlassung geht, Köln JB **95**, 486, etwa eines Ausverkaufs oder einer Ausverkaufswerbung, oder beim Gewaltschutzgesetz, LG Flensb RR **04**, 1509. Ähnliches gilt bei einer einstweiligen Verfügung, die allein eine Vollstreckungsmöglichkeit schafft und pfändbare Gegenstände in die Hände des Gläubigers bringt, LG Darmst JB **76**, 1090, und überhaupt bei der Leistungsverfügung, Grdz 6–9 vor § 916, Mü FamRZ **97**, 691.

37 Auch im Fall einer drohenden *Zwangsversteigerung* oder dann, wenn es um den Verkauf eines Grundstücks geht, kann man den Wert für die Eintragung einer Vormerkung zur Sicherung für die Bestellung einer Hypothek dem Hypothekenbetrag annähernd gleichsetzen, Bbg JB **78**, 1552. Denn hier wäre die Zwangsversteigerung oder der Verkauf dem völligen Rechtsverlust gleichzusetzen. Wenn es um eine Vormerkung wegen einer Bauhandwerkerhypothek geht, beträgt der Wert etwa $1/3$–$1/2$ der Forderung des Handwerkers, Düss JB **75**, 649, Ffm JB **77**, 719, aM Bre AnwBl **76**, 441, LG Saarbr AnwBl **81**, 70 (diese Gerichte setzen $9/10$ des Werts der Handwerkerforderung an. Aber das ist eine Überschätzung einer bloßen Vormerkung). Man muß das sog Kostenpauschquantum berücksichtigen. Der Wert der Hauptsache darf aber nicht überschritten werden. In nichtvermögensrechtlichen Streit muß man von (jetzt) § 48 II 1 GKG ausgehen, LG Saarbr JB **95**, 26. Geht es um die Herausgabe eines Kindes, so gilt der gesetzliche Mindestwert. Wenn es um die Einräumung eines Nießbrauchs oder um die Eintragung eines Wohnrechts geht, dann muß man die voraussichtliche Lebensdauer des Berechtigten schätzen und dann etwa $1/4$ des sich ergebenden Werts ansetzen. Bei einer Unterhaltssache kann man evtl von (jetzt) § 42 GKG ausgehen, wenn der Hauptprozeß bereits oder noch anhängig ist, soweit der Antragsteller nicht ohnehin meist nur eine kürzer begrenzte Regelung begehrt, Düss JB **82**, 285, Hbg MDR **79**, 854, Luthin FamRZ **87**, 780.

Wenn der Antragsteller aber nur eine Regelung bis zur Entscheidung des *Hauptprozesses* erstrebt, (jetzt) § 53 II GKG, Düss JB **86**, 253, Mü JB **85**, 917, Schneider MDR **89**, 389, liegt der Wert meist beim 6-Monats-Betrag (Notbedarf), KG MDR **88**, 154, Zweibr FamRZ **93**, 1336. Das gilt selbst dann, wenn das Gericht keine ausdrückliche derartige Begrenzung vornimmt, Hamm JB **91**, 1535. Er liegt jedenfalls niedriger als derjenige der Hauptprozesses.

38 Im *Widerspruchsverfahren und im Aufhebungsverfahren* gelten die Bewertungsregeln ebenso wie im Verfahren auf den Erlaß einer einstweiligen Verfügung. Dasselbe gilt beim Vollzug der einstweiligen Verfügung, LG Darmst JB **76**, 1091. Maßgeblich ist also nicht das Interesse des Gegners. Sein Bestreiten ist ja auch im übrigen grundsätzlich nicht beachtlich. Es kommt vielmehr auf das Interesse des Antragstellers an. Das gilt unter Umständen auch dann, wenn es um die Einstellung der Zwangsvollstreckung auf Grund eines Urteils geht, das eine einstweilige Verfügung aufgehoben hat. Entsprechend muß man die Situation im Fall einer Klage gegen den Gläubiger mit dem Ziel der Erteilung einer Löschungsbewilligung beurteilen, Köln MDR **77**, 495. Soweit es zum Vergleich auch über die Hauptsache kommt, muß man zusammenrechnen. Wegen eines bloßen Kostenwiderspruchs gilt dasselbe wie beim Arrest, Rn 12.

39 Im Verfahren vor den *Arbeitsgerichten* ist § 3 anwendbar, etwa wegen eines Anspruchs nach § 102 V 2 BetrVG. Im Verfahren vor den Finanzgerichten um einen Arrest nach §§ 324 ff AO wird der Wert meist um die Hälfte unterschritten, und zwar bei einer einstweiligen Verfügung in bestimmte Gegenstände begrenzt durch ihren Wert. Der Wert beträgt die Hälfte der Hinterlegungssumme. Wegen der §§ 69 III, IV, 114 FGO bzw 80 V–VII VwGO vgl §§ 52 I, 53 I GKG.

S auch Rn 11 ff „Arrest", Rn 26 „Bank", Rn 63 ff „Gewerblicher Rechtsschutz", Rn 104 „Stadtplanausschnitt".

40 **Eintragungsbewilligung:** Man muß von dem Anspruch ausgehen, auf dem die Eintragung beruhen soll. Daher gilt zB beim Eigentum § 6, bei einer Grunddienstbarkeit § 7, bei einer Reallast § 9. Das gilt auch beim Berichtigungsanspruch. Bei einer nur formalen Klärung kann nach § 3 ein geringerer Wert infrage kommen, Zweibr JB **87**, 267. Es kann der auch zu zahlende Kaufpreisrest maßgeblich sein, Bbg JB **96**, 85.
Einwilligung: S „Eintragungsbewilligung", Rn 71 „Hinterlegung".

Elterliche Sorge: Maßgeblich ist § 48 III 3 GKG.
Energie: Bei Entfernung des Zählers gilt der Jahresstrompreis, AG Neuruppin WoM **05**, 596. Streitwertanpassung § 105 EnWG, abgedruckt bei § 50 GKG, Hartmann Teil I.
Enteignung: Maßgeblich ist der Sachwert, der objektive Verkehrswert. Ihn muß man nach § 6 berechnen. Das gilt auch bei einer Teilfläche und bei einer Rückenteignung, Mü JB **79**, 896. Danach bemißt sich sowohl der Wert des Antrags auf die Einleitung des Enteignungsverfahrens als auch der Wert eines Antrags auf den Erlaß einer enteignungsrechtlichen Entscheidung, die sich gegen die Enteignung richtet. Zinsen auf den Entschädigungsbetrag sind unbeachtlich. Beim Streit nur um die Höhe der Entschädigung ist der Unterschied zwischen dem festgesetzten und dem begehrten Betrag maßgeblich, § 3. Eine etwaige Wertminderung des Restgrundstücks ist unerheblich.
S auch Rn 26 „Baulandsache".

Erbbaurecht: Sein Wert läßt sich nach § 3 feststellen, Mü WoM **95**, 193. Der Wert setzt sich zusammen aus dem nach § 9 kapitalisierten Erbbauzins und dem Gebäudewert, Nürnb JB **92**, 52. Wenn es um eine Erhöhung des Erbbauzinses geht, gilt § 9, Ffm JB **77**, 1132, Mü JB **77**, 1002. Der Wert beträgt also das 3,5fache des Erhöhungsbetrags, § 9 Rn 8, 10. Beim Heimfallrecht ist nicht § 41 II GKG anwendbar, sondern der Verkehrswert ohne Belastungen maßgeblich, Nürnb JB **92**, 52 (Kaufpreis als Anhaltspunkt). Auf die Feststellung der Wirksamkeit des Erbbaurechtsvertrags ist § 3 anwendbar, Düss JB **95**, 485. **41**

Erbrechtlicher Anspruch, dazu *Schneider* Rpfleger **82**, 268 (zu Miterbenklagen): Es ist grds § 3 maßgeblich. Dabei muß man eine wirtschaftliche Betrachtung vornehmen, BGH MDR **75**, 741. Wenn es um die Nichtigkeit eines Testaments geht, ist das Interesse an dieser Feststellung maßgeblich. Bei einer Klage auf die Zustimmung zu einer Erbauseinandersetzung ist das Interesse des Klägers an seinem Auseinandersetzungsplan maßgeblich, aM Schmidt NJW **75**, 1417 (voller Nachlaßwert. Aber die Zustimmung ist erst der Beginn des eigentlichen Ziels). Wenn es um die Klage auf die Feststellung der Unzulässigkeit einer Auseinandersetzungsversteigerung geht, ist das Interesse des Klägers am Fortbestand der Erbengemeinschaft maßgeblich, Hamm JB **77**, 1616. Wenn bei einer Erbauseinandersetzung über mehrere Grundstücke nur die Verteilung einiger dieser Grundstücke streitig ist, dann ist nur der Wert der streitigen Grundstücke maßgeblich. Der Wert eines Prozeßvergleichs auf Grund einer Auseinandersetzungsklage richtet sich nach dem wirtschaftlichen Interesse des betreibenden Miterben, Kblz JB **91**, 103.

Bei einer Klage des Miterben gegen einen *Nachlaß*schuldner auf Leistung an alle Erben nach § 2039 BGB ist der Wert der ganzen eingeklagten Leistung und nicht nur das anteilige Interesse des klagenden Miterben maßgeblich. Wenn aber ein Miterbe von einem anderen Miterben eine Hinterlegung oder Herausgabe zu Gunsten des Nachlasses verlangt, dann muß man die eingeklagte Forderung um denjenigen Betrag kürzen, der auf den beklagten Miterben entfällt, Karlsr Rpfleger **92**, 254. Bei einer Forderung auf Übertragung auf den klagenden Miterben ist dessen Anteil maßgebend, Hbg JB **94**, 364. Dasselbe gilt bei der Klage eines Miterben gegen den anderen auf Unterlassung der Eigentumsumschrift nur auf letzteren, Köln JB **75**, 939. Wenn ein Miterbe die Berichtigung des Grundbuchs dahin verlangt, daß anstelle des beklagten Miterben alle Erben in Erbengemeinschaft eingetragen werden sollen, dann entscheidet der Grundstückswert abzüglich desjenigen Anteils, der dem Erbteil des bereits eingetragenen Erben entspricht, BayObLG JB **93**, 228, Köln JB **75**, 939. Dasselbe gilt bei der Klage auf Zustimmung zu einer Löschung, Ffm JB **81**, 775, oder bei einer Klage eines Miterben gegen einen anderen Miterben auf Mitwirkung bei der Auflassung eines Nachlaßgrundstücks. Denn dem beklagten Miterben verbleibt sein Anteil, Stgt NJW **75**, 394.

Bei einem Streit um die Auflassung des Grundstücks an einen *Dritten* ist der ganze Wert maßgeblich, soweit der beklagte Erbe bei der Auflassung mitwirken soll. Dasselbe gilt dann, wenn es um die Herausgabe des ganzen Nachlasses an einen Dritten zwecks Versteigerung geht. **42**

Wenn ein Miterbe zugleich ein *Nachlaß*gläubiger ist und wenn er eine gegen den Nachlaß gerichtete Forderung anderen Miterben gegenüber geltend macht, dann muß man berücksichtigen, daß diese Forderung den Kläger als Miterben in Höhe seines Anteils belastet. Deshalb muß man den Teil der Forderung, der seinem Anteil entspricht, als außer Streit befindlich ansehen und daher von der Gesamtforderung abziehen. Wenn ein Miterbe eine Klage dahingehend erhebt, daß eine Forderung gegen den Nachlaß nicht bestehe, dann darf man den Wert lediglich nach dem Interesse des Klägers an der Befreiung von der Verbindlichkeit berechnen. Dasselbe gilt im Fall einer positiven Feststellungsklage dahin, daß ein von der Erbengemeinschaft mit einem Dritten abgeschlossener Vertrag wirksam bestehe.

Das Interesse des Miterben, also sein *Anteil,* seine Besserstellung, ist dann maßgeblich, wenn es sich um die Klage auf die Feststellung seines Erbrechts handelt, Bbg JB **75**, 1367, oder wenn es um eine Feststellung der gesetzlichen Erbfolge geht. Freilich muß man in diesen Fällen unstreitige Pflichtteilsansprüche abziehen. Wenn es sich um eine Erbunwürdigkeitsklage handelt, dann ist nur derjenige Vorteil maßgeblich, den der Kläger erstrebt, aM Kblz MDR **97**, 693 (aber es geht nur um sein wirtschaftliches Ziel). Bei einer Klage auf die Feststellung einer Ausgleichspflicht ist das Interesse des Klägers an der Ausgleichung maßgeblich.

Wenn es um die Klage auf Vorlegung eines *Nachlaß*verzeichnisses und um eine Auskunft über den Verbleib von Erbschaftsgegenständen handelt, dann kommt es auf das Interesse des Klägers an, Schwierigkeiten bei der Ermittlung des Erbschaftsbestandes zu überwinden. Der Wert der Gegenstände hat also nur eine mittelbare Bedeutung. Eine Haftungsbeschränkung des Erben ist erst bei einer Zwangsvollstreckung erheblich und daher im Streitverfahren noch nicht beachtlich. Im Erbschein-Einziehungsverfahren ist der Wert des beanspruchten Erbteils maßgeblich, BGH JZ **77**, 137. Bei der Klage des Vorerben auf eine Zustimmung ist § 3 anwendbar. Der Vorerbe hat auch dann wertmäßig eine schwächere Stellung als der Nacherbe, wenn der Nacherbfall erst mit dem Tod des Vorerben eintritt, BGH FamRZ **89**, 959. **43**

S auch Rn 60 „Gemeinschaft", Rn 114 „Testamentsvollstreckung".
Erfüllung: Rn 58 „Gegenseitiger Vertrag". **44**
Erledigterklärung: Hier muß man sehr unterschiedliche Situationen beachten. **45**
  a) Volle Erledigung streitig; Beklagter säumig. Wenn der Kläger beantragt, die gesamte Hauptsache für erledigt zu erklären, und der Bekl beantragt, die Klage abzuweisen, oder der Bekl säumig ist, dann muß das Gericht eine Entscheidung in der Hauptsache treffen. Sie bleibt also Streitgegenstand,

§ 91 a Rn 170. Daher muß man als Wert den Betrag der Klageforderung setzen, Brdb RR **96**, 1472, LG Duisb MDR **04**, 419, Deckenbrock/Dötsch JB **03**, 290. Alle nachfolgend genannten Abweichungen übersehen diesen einfachen Kern des Streits.

Eine **teilweise abweichende Meinung** vertreten BGH NJW **82**, 768 (der Streitwert könne ausnahmsweise den Wert der Hauptsache erreichen), Hamm (4. ZS) JB **76**, 1684 (der Wert sei durchweg geringer), Schlesw SchlHA **83**, 58 (es komme darauf an, ob der Bekl ein über die Kosten hinausgehendes wirtschaftliches Interesse verfolge), Mü MDR **95**, 642, LG Mü AnwBl **81**, 112, ThP § 91 a Rn 59 (es sei ein Abschlag von 50% gegenüber dem Wert der Hauptsache angemessen), Becker-Eberhard Festgabe *50 Jahre Bundesgerichtshof* (2000) III 306 (Feststellungsinteresse).

Anderer Meinung sind, untereinander uneinig, BGH FamRZ **90**, 1226, Drsd RR **01**, 428, Köln (16. ZS) NZM **00**, 305, (maßgeblich sei der Betrag der bisherigen Kosten, begrenzt auf das Hauptsacheinteresse), BFH DB **89**, 28, Bbg JB **78**, 1393, Hamm RR **95**, 960 (für den Beschwerdewert), KG MDR **99**, 380, Köln VersR **94**, 954 (50% der Hauptsache), Mü RR **95**, 1086, Rostock MDR **93**, 1019 (nur „aus Gründen der Rechtssicherheit, obwohl die besseren Argumente für ... einen unveränderten Streitwert" sprächen!), KG JB **03**, 644, Naumb FamRZ **02**, 680 (je: maßgeblich sei nur die Summe derjenigen Kosten, die bis zum Zeitpunkt der Erledigterklärung des Klägers entstanden seien, ebenso Köln AnwBl **82**, 199 bei einer Erledigterklärung alsbald nach der Zustellung des Mahnbescheids vor der Abgabe der Akten an das Streitgericht).

Der Kostenstreitwert und der Beschwerdewert sind evtl auch in diesen Fällen *unterschiedlich hoch,* Schneider MDR **77**, 967. Bei § 926 II setzt Ffm GRUR **87**, 652 nur das Kosteninteresse an.

S auch Rn 85 „Nichtvermögensrechtlicher Anspruch".

46   **b) Vor Rechtshängigkeit.** Wird eine „Erledigterklärung" vor oder zugleich mit der Klage zugestellt, so liegt in Wahrheit keine Erledigung der Hauptsache vor. Denn vor dem Eintritt der Rechtshängigkeit ist kein Prozeßrechtsverhältnis entstanden, § 91 a Rn 68.

47   **c) Beiderseitige wirksame Vollerledigterklärungen.** Bei beiderseitigen Erledigterklärungen wegen der gesamten Hauptsache kommt es zunächst auf deren Wirksamkeit an, § 91 a Rn 68–95, LG Köln VersR **86**, 1246, aM Abramenko Rpfleger **05**, 16. Sodann und nicht schon bei bloß tatsächlicher Erledigung ist als Wert grundsätzlich der Betrag der bisher entstandenen Kosten maßgeblich, Brdb JB **96**, 193, Düss JR **93**, 327, Hbg MDR **97**, 890. Das gilt auch dann, wenn die Parteien die Hauptsache durch einen Vergleich erledigen oder wenn die Parteien über eine den beiderseitigen Erledigterklärungen zugrunde liegende Zahlung irrten. Noch unklare außergerichtliche Kosten bleiben außer Ansatz, KG MDR **88**, 236. Der Wert der Hauptsache bildet die Obergrenze, LG Gött WoM **89**, 410.

48   **d) Beiderseitige wirksame Teilerledigterklärungen.** Bei beiderseitigen wirksamen Teilerledigterklärungen ist als Wert nunmehr der Betrag der restlichen Hauptforderung nebst den Kosten des erledigten Teils maßgeblich, (jetzt) § 43 III GKG, BGH RR **95**, 1090, Kblz JB **98**, 538, Zweibr ZMR **01**, 227 (WEG), aM Nürnb RR **87**, 1279, LG Wuppert MDR **01**, 108 (restliche Hauptforderung nebst Zinsen, § 4), Köln VersR **74**, 605 (restliche Hauptforderung nebst Zinsen und Kosten), BGH RR **91**, 510, Karlsr MDR **96**, 1298, LG Nürnb-Fürth JB **94**, 493 (restliche Hauptforderung). Alle diese Varianten übergehen den einfachen Kern des Reststreits, Rn 45).

Beim *Kostenvergleich* nebst übereinstimmender Resterledigterklärungen kann man zum Vergleichswert diejenigen Kosten hinzurechnen, die die Resterledigung betreffen.

49   **e) Einseitige wirksame Teilerledigterklärung.** Bei einer einseitigen wirksamen Teilerledigterklärung ist der Wert der gesamten Hauptsache maßgeblich, Bbg JB **92**, 762, Stgt JB **75**, 1500, LG Duisb MDR **04**, 963, aM Mü VersR **93**, 626 (grds zur Beschwer, auch zu einer Ausnahme bei Widerklage), Hbg JB **90**, 911, Mü MDR **98**, 62, Nürnb JB **02**, 368 (je: restliche Hauptforderung und Kosten des für erledigt erklärten Teils), Köln FamRZ **91**, 1207, Liebheit AnwBl **00**, 73 (nur noch die bisherigen Kosten. Alle diese Varianten überstehen, daß das Gericht unverändert über die gesamte Hauptsache entscheiden muß, Rn. 45). Zinsen bleiben unbeachtet, Celle MDR **88**, 414.

50   **f) Sonstige Fragen.** Im Mahnverfahren muß man den Übergang von der Anhängigkeit zur Rechtshängigkeit nach § 696 III beurteilen, aM Mü MDR **98**, 62 (aber § 696 III gilt natürlich auch bei solchem Ausgang des Streitverfahrens mitbeachtlich).

51 **Ermessensantrag:** § 3 Rn 3. S auch Rn 99 „Schmerzensgeld".
Errichtung eines Vermögesverzeichnisses: Rn 136 „Vornahme einer Handlung".
Ersatzvornahme: Rn 144 „Zwangsvollstreckung: a) Erwirkung einer Handlung oder Unterlassung".
Erwerbsrecht: Maßgeblich ist § 14 III 1 VerkFlBerG v 26. 10. 01, BGBl 2716.
Erwerbsverbot: Rn 35 ff „Einstweilige Verfügung" sowie § 6.
Erwirkung einer Handlung: Rn 136 „Vornahme einer Handlung", Rn 144 „Zwangsvollstreckung: a) Erwirkung einer Handlung oder Unterlassung".
Erzwingung: Rn 87 „Ordnungs- und Zwangsmittel".
Eventualantrag: Rn 71 „Hilfsantrag".
Eventualwiderklage: Rn 71 „Hilfswiderklage".

52 **Fälligkeit:** Maßgebend ist grds der Wert der geltendgemachten Leistung, Hbg MDR **82**, 335, Schmidt AnwBl **80**, 257, aM Schlesw SchlHA **83**, 142, LG Bielef AnwBl **80**, 256 (Interesse des Bekl an der Hinauszögerung der Fälligkeit. Aber es geht im Ergebnis um die Pflicht zur gesamten Leistung).
Familiensache: Rn 32 „Ehesache", Rn 67 „Hausrat", Rn 117 „Unterhalt", Rn 131 „Versorgungsausgleich".
Fernwärme: Rn 137 „Wärmelieferungsvertrag".

53 **Feststellungsklage:** Man muß vier Situationen unterscheiden.

a) Behauptende Feststellungsklage. Bei ihr gilt im allgemeinen als ein etwas geringerer Wert als derjenige des Leistungsanspruchs ohne Zinsen. Man sollte grds etwa 20% abziehen, § 9 Rn 8, BGH NZM **04**, 423, LG Bln JB **01**, 96, LG Magdeb VersR **03**, 263. Ausnahmsweise können 50% des Werts des Leistungsanspruchs genügen, BGH RR **01**, 316, oder sogar nur 40%, Ffm AnwBl **82**, 436, oder ein

Titel 1. Sachl. Zuständigkeit der Gerichte und Wertvorschriften **Anh § 3**

wesentlich geringerer Betrag, BGH RR **01**, 316 (20%), etwa bei der Feststellung eines Schuldnerverzugs, Ffm JB **91**, 410, oder bei einer erst nach Jahrzehnten fälligen Versicherungsleistung, Ffm VersR **02**, 913. Wenn sicher ist, daß der Bekl auf Grund eines Feststellungsurteils zahlen wird, dann kann der Wert der Feststellungsklage den Wert einer Leistungsklage erreichen, Schneider MDR **85**, 268, aM BGH RR **99**, 362 (aber auch hier entscheidet eine wirtschaftliche Betrachtungsweise). Dasselbe gilt bei einer Feststellung der Miterbenschaft. Bei der Feststellung von Eigentum gilt § 3, nicht § 6.

Der Wert der Feststellungsklage ist aber *unter keinen Umständen höher* als der Wert der Leistungsklage. BGH NZM **04**, 423. Bei einer zeitlich begrenzten Feststellungsklage auf Fortbestand des Arbeitsverhältnisses gilt höchstens die Bruttovergütung für diesen Zeitraum, begrenzt durch (jetzt) § 42 IV 1 GKG, LAG Ffm MDR **99**, 427. Ideelle Belange des Klägers bleiben unberücksichtigt. Wenn es um die Feststellung eines ziffernmäßig unbestimmten Anspruchs geht, erfolgt eine Schätzung nach dem wahren Interesse des Klägers. Der Wert wird in diesem Fall nach oben durch die Höhe des Anspruchs begrenzt. Es kommt auch darauf an, wie hoch das Risiko eines künftigen Schadens und die tatsächliche Inanspruchnahme des Bekl durch den Kläger ist, BGH RR **91**, 509. Wenn der Eintritt eines Schadens unwahrscheinlich ist, gilt evtl nur ein „Erinnerungswert", BGH AnwBl **92**, 451, Düss JB **75**, 232. Maßgeblich ist stets der Verhandlungsschluß, Bbg JB **80**, 1865, Ffm MDR **89**, 743. Bei der Klage auf Feststellung des Fortbestehens einer Kfz-Versicherung kann der Wert die dreieinhalbfache Jahresprämie erreichen, BGH NVersZ **01**, 92.

S auch Rn 126 „Vaterschaftsanerkenntnis", Rn 137 „Wandlung".

b) Leugnende Feststellungsklage. Es gilt grds der volle Wert der aus dem Rechtsverhältnis abgeleiteten Klage, nicht nur der etwa eingeklagten Forderung. Denn die Klage soll die Möglichkeit jeder Leistungsklage des Gegners ausschließen, BGH NJW **97**, 680, Brdb FamRZ **04**, 963, Drsd JB **04**, 141. Es gilt also nicht etwa derselbe Wert wie bei einer behauptenden Feststellungsklage, etwa aus der Erwägung, daß sich das Interesse des Klägers einer leugnenden Feststellungsklage nicht mit dem Interesse des Gegners an einer Leistungsklage decke. Denn das Interesse des Klägers besteht darin, daß er überhaupt nicht zu leisten braucht, Bbg JB **90**, 1659, Brdb JB **03**, 85 (soweit der Bekl nicht nur endgültig einen bloßen Teil fordert). Hamm AnwBl **03**, 597. Deshalb liegt ein negatives Spiegelbild der Leistungsklage vor. **54**

Deshalb ist es auch *unrichtig*, bei einer leugnenden Feststellungsklage betreffend die Fälligkeit auf *alle Umstände* abzustellen, insbesondere auf die Zeit bis zur Fälligkeit, aM Kblz MDR **96**, 103. Das gilt auch bei einer leugnenden Feststellungwiderklage, Rn 138 „Widerklage", und im Fall wiederkehrender Leistungen, Mü RR **88**, 190, und bei einem Unterlassungsanspruch, Mü DB **86**, 1920 (aber hier gelten dieselben Regeln wie in den vorangegangenen Fällen). Unerheblich sind eine Gegenleistung bzw eine Zug-um-Zug-Leistung, Hamm AnwBl **03**, 597, oder ein Zweifel an der Zahlungsfähigkeit des Klägers. Wenn die Höhe auf einer Schätzung beruht, dann ist eine zahlenmäßige Angabe des Bekl nicht unbedingt maßgebend. Bei offensichtlich aus der Luft gegriffener Forderung mag der Wert ihres Bestreitens niedriger als ihr Nennbetrag sein, Drsd JB **04**, 141.

S auch § 9 Rn 8.

c) Häufung einer Feststellungs- und einer Leistungsklage. In diesem Fall muß man prüfen, ob die Feststellung eine selbständige Bedeutung hat, § 5, BGH RR **92**, 698. Der Wert einer Zwischenklage nach § 280 ist für die Kosten nicht durch den Wert des ursprünglichen Streitgegenstands begrenzt. Etwas anderes gilt für den Beschwerdewert. **55**

d) Insolvenzfeststellungsklage. Der Wert richtet sich nach der voraussichtlichen Insolvenzdividende, aM LG Mühlhausen JB **04**, 597 (evtl bis 100%). Das gilt ohne Rücksicht auf sonstige Sicherungsrechte, Hartmann Teil I § 48 GKG Anh II (§ 122 InsO) Rn 4, Rn 74 „Insolvenzverfahren", Rn 136 „Vorrecht". **56**

Firma: Rn 85 „Name" und Üb 10 vor § 1. **57**
Fischereirecht: Man muß den Wert schätzen. Als Anhaltspunkte dienen: Der im gewöhnlichen Geschäftsverkehr erzielbare Kaufpreis; bei einer Feststellung der Jahresertrag; eine Wertminderung des an den Fischgrund angrenzenden Grundstücks und ein 20facher Jahresbetrag, der sich bei einer Verpachtung erzielen läßt, die ja nur auf eine vorübergehende Zeit erfolgen würde.
Folgesache: Rn 32 „Ehesache" und wegen des Kostenstreitwerts Hartmann Teil I § 45 GKG Rn 4 „Folgesache".
Forderung: Maßgeblich ist grds der Nennbetrag. Bei der Klage auf die Erfüllung ist der Wert der Sachforderung entscheidend. Wenn ihre Fälligkeit streitig ist, gilt grds ihr voller Betrag, Rn 52 „Fälligkeit". Wenn der Schuldner eine leugnende Feststellungsklage dahin erhoben hat, die Forderung sei noch nicht fällig, dann gilt sein Interesse an dieser Feststellung als der Wert.
S auch Rn 59 „Geldforderung", Rn 99 „Schmerzensgeld".
Freigabe eines Bankguthabens: Maßgeblich ist der volle Betrag und nicht nur das Interesse an der sofortigen Verfügungsmöglichkeit.
Freistellung: Rn 27 „Befreiung".
Gebrauchsmuster: Rn 121 „Unterlassung: e) Gewerblicher Rechtsschutz". **58**
Gegendarstellung: Maßgeblich ist § 48 II, III GKG.
Gegenleistung: § 6 Rn 6.
Gegenseitiger Vertrag: Bei einem Anspruch auf die Erfüllung des Vertrags gilt der Wert der verlangten Leistung ohne einen Abzug der Gegenleistung, Kblz MDR **94**, 738, LG Kiel WoM **95**, 320. Das gilt auch bei einer Leistung Zug um Zug, § 6 Rn 7. Eine Gegenleistung ist überhaupt nicht beachtlich. Andernfalls würde ja eine Gleichwertigkeit der Leistung und der Gegenleistung im Wert völlig fehlen, OVG Bre AnwBl **84**, 50. Beim Streit um die Art der Erfüllung gilt das Interesse des Klägers, § 3, BGH MDR **82**, 36. Beim Streit um die Einrede der Nichterfüllung kann die volle Forderung maßgeblich sein, BGH MDR **95**, 1162. Wenn es um einen Anspruch auf eine Nichtigerklärung geht, dann ist das Interesse des Klägers an Nichtbestehen maßgeblich, Brschw JB **83**, 434, Ffm AnwBl **82**, 247, aM Celle AnwBl **84**, 448, Schmidt AnwBl **85**, 29 (voller Ursprungswert. Aber das Klägerinteresse begrenzt stets einen Streitwert). Das gilt selbst dann, wenn der Anspruch auf die Nichtigerklärung eine selbständige Bedeutung hat,

§ 2 Rn 3–5. Dabei muß man die Vorteile und Nachteile miteinander abwägen. Man darf nicht etwa die weiteren Folgen der Aufrechterhaltung berücksichtigen.

59 Gehalt: Maßgeblich ist § 42 III–V GKG. Bei der Forderung des Vertretungsorgans einer Handelsgesellschaft ist § 9 anwendbar, dort Rn 3, 4.

Geldforderung: Maßgeblich ist der Betrag der Klageforderung, also in EUR, Art 8 I EG-VO 974/98, Ritten NJW **99**, 1215. Das gilt auch dann, wenn es um die Freigabe eines Guthabens geht. In einem solchen Fall kommt es also nicht auf das Interesse an der Freigabe an. Bei einem unbezifferten Antrag gilt unter Umständen der zugesprochene Betrag als maßgeblich. Wenn die Fälligkeit streitig ist, dann ist der volle Betrag der Forderung maßgeblich, Rn 52. Hat der Schuldner eine leugnende Feststellungsklage dahin erhoben, die Forderung sei noch nicht fällig, dann ist das Interesse an dieser Feststellung maßgeblich.

S auch Rn 25 „Auslandswährung", Rn 57 „Forderung", Rn 99 „Schmerzensgeld".

60 Gemeinschaft: Bei der Klage auf ihre Auflösung ist das Interesse des Klägers maßgeblich, § 3. Wenn es um ihre Teilung geht, ist der volle Wert des zu Verteilenden maßgeblich, Brdb JB **98**, 421, aM Ffm JB **79**, 1195, ZöHe § 3 Rn 16 „Gemeinschaft" (nur der Anteil des Klägers), ThP § 3 Rn 73 „Gemeinschaft" (der Anteil des Klägers bleibe außer Betracht. Aber alle diese Varianten übersehen den vollen wirtschaftlichen Umfang des Streits). Etwas anderes gilt nur bei einem Streit um die Art ihrer Teilung, aM Schlesw SchlHA **79**, 57, oder um ihren Zeitpunkt. Unter Umständen gilt aber der Wert des einzelnen Gegenstands, um den es zB bei einer Scheidungsvereinbarung ausschließlich geht, Stgt JB **76**, 371. Bei einer Klage auf die Vornahme eines vorzeitigen Zugewinnausgleichs ist grds ¹/₄ des zu erwartenden Ausgleichs maßgeblich. Kurz vor der Scheidung darf man einen geringeren Wert ansetzen, Schlesw SchlHA **79**, 180. Bei Verbindung mit einer Klage auf Zahlung des Ausgleichs muß man addieren, § 5. Im Fall einer Klage mit dem Ziel der Aufhebung einer fortgesetzten Gütergemeinschaft ist die Hälfte des Anteils des Klägers maßgeblich.

Vgl auch „Erbrechtlicher Anspruch".

Genehmigung: Maßgeblich ist der Wert des zu genehmigenden Vorgangs.

Genossenschaft: Wenn es um die Feststellung der Unwirksamkeit einer Ausschließung geht und soweit der Anspruch vermögensrechtlich ist, gelten nicht der Mietwert der Genossenschaftswohnung oder das Vorstandsgehalt, sondern der Wert des Anteils mit allen Vorteilen der Mitgliedschaft. Bei einer Anfechtungsklage ist § 247 I AktG entsprechend anwendbar, Naumb JB **99**, 310.

61 Gesamtschuldner: § 5 Rn 5.

Geschäftsanteil: Rn 62 „Gesellschaft".

Geschäftsbedingungen: Rn 6 „Allgemeine Geschäftsbedingungen".

62 Gesellschaft: Bei der Feststellung des Fortbestehens usw des Gesellschaftsvertrags ist eine Berücksichtigung aller Faktoren ohne das Interesse der übrigen Gesellschafter geboten, Köln ZIP **82**, 1006. Im Fall der Anfechtung eines Beschlusses der Hauptversammlung einer Aktiengesellschaft setzt das Gericht den Wert auf Grund der gesamten Verhältnisse unter einer Berücksichtigung des Interesses der Gesellschaft an der Aufrechterhaltung des Beschlusses fest, § 247 I AktG, BGH RR **99**, 910. Diese Lösung ist auch bei der Gesellschaft mit beschränkter Haftung entsprechend anwendbar, BGH RR **99**, 1485, LG Bayreuth JB **85**, 768, nicht aber bei der zweigliedrigen KG, BGH RR **02**, 823. Dabei muß man die Möglichkeiten nach §§ 114 ff mitberücksichtigen, Ffm OLGZ **90**, 352. Bei der Anfechtungsklage gegen die Entlastung des Aufsichtsratsvorsitzenden muß das Gericht die Interessen des Klägers und die wirtschaftlichen Auswirkungen bewerten, Stgt BB **95**, 2442. Man muß mehrere Beschlüsse stets gesondert bewerten, Ffm WertpMitt **84**, 655, Schneider MDR **85**, 355.

Das Gericht hat die Möglichkeit, den Kostenstreitwert der wirtschaftlichen Lage einer Partei *anzupassen*, § 247 II AktG, BGH MDR **93**, 184, Ffm JB **76**, 347. Das gilt auch noch in der Berufungsinstanz, Ffm BB **85**, 1360, freilich nicht bei einer rechtsmißbräuchlichen Aktionärsklage, BGH NJW **92**, 569. Dasselbe gilt im Fall einer Nichtigkeitsklage nach den §§ 249, 256 VII, 275 IV AktG. Der Kläger kann sich nicht darauf berufen, er sei an der Gesellschaft nur in geringem Umfang beteiligt. Man sollte eine Einsichtnahme in Geschäftsunterlagen nach dem privaten oder geschäftlichen Interesse an ihr bewerten, Ffm JB **91**, 272. Wegen einer Auskunftserzwingung nach § 132 AktG Stgt DB **92**, 1179.

Bei der *Auflösung* einer Offenen Handelsgesellschaft ist das Interesse des Klägers maßgeblich, Köln BB **82**, 1384. Bei der Auflösung einer Gesellschaft mit beschränkter Haftung gelten dieselben Grundsätze, Köln DB **88**, 281, Schneider MDR **89**, 303. Wenn es um die Klage eines Gesellschafters gegen einen Mitgesellschafter mit dem Ziel einer Leistung an die Gesellschaft geht, dann ist der volle Betrag der Forderung ohne einen Abzug des Anteils des Klägers maßgeblich, aM ZöHe § 3 Rn 16 „Gesellschaft" (aber das wirtschaftliche Ziel des Klägers liegt in der Stärkung der Gesellschaft). Im Fall der Ausschließung eines Gesellschafters muß man § 3 unter einer Berücksichtigung des Werts der Anteile des Klägers anwenden. Dasselbe gilt beim Ausscheiden des Gesellschafters, BVerfG NJW **97**, 312 (Grenze: unzumutbares Kostenrisiko), oder bei der Einzahlung eines Anteils, BGH NJW **01**, 2638, oder bei einer Klage mit dem Ziel der Eintragung des Ausscheidens, BGH Rpfleger **79**, 194 (der Wert beträgt dann etwa ¹/₄ des Anteils des Klägers), oder bei einer Eintragung einer Gesamtprokura. Es kommt stets auf den Verkaufswert an, nicht auf den Nennwert. Vgl auch § 9 Rn 8. Bei der Abberufung eines Organmitglieds einer Kapitalgesellschaft ist das Interesse der Gesellschaft an seiner Fernhaltung oder sein Gegeninteresse maßgeblich, BGH RR **95**, 1502. Bei der Abberufung des Geschäftsführers kann sein Anstellungsvertrag bestehengeblieben sein. Daher gilt dann nur § 3 anwendbar, nicht § 9, § 9 Rn 3, BGH RR **90**, 1124.

S auch Rn 25 „Ausscheiden und Ausschließung".

Getrenntleben: Rn 32 „Ehesache".

63 Gewerblicher Rechtsschutz, dazu *Kur*, Streitwert und Kosten im Verfahren wegen unlauteren Wettbewerbs usw, 1980; *Ulrich* GRUR **89**, 401 (ausf): Vgl zunächst § 51 GKG. In seinem Rahmen gilt: Maßgeblich sind die Art, die Gefährlichkeit und der Umfang der Verletzungshandlung, Stgt RR **87**, 429, evtl auch der Verschuldensgrad, Ffm JB **83**, 1249. Mitbeachtlich ist auch die Bedeutung und der Umsatz

Titel 1. Sachl. Zuständigkeit der Gerichte und Wertvorschriften **Anh § 3**

des Geschädigten, Karlsr BB **75**, 108. Unbeachtlich ist aber das Verhalten eines Dritten, LG Mosbach BB **83**, 2073. Das Gericht muß die Schädigung schätzen. In diesem Zusammenhang ist ein Regelstreitwert kaum durchführbar, Brdb MDR **97**, 1070, aM Oldb MDR **91**, 955 (aber es kommt meist auf die Gesamtumstände an). Das Gericht muß eine Umsatzschmälerung des Klägers berücksichtigen, Düss WettbR **96**, 44, Karlsr MDR **80**, 59, Nürnb WRP **82**, 551 (Umsatzsteigerung). Es muß unter Umständen auch den Umstand beachten, daß die Produktionsfähigkeit nicht voll ausgenutzt werden kann, Ffm JB **76**, 368 und 1249. Es muß ferner den Umfang der Arbeit von Gericht und ProzBev mitbeachten, Brdb MDR **97**, 1070. Das Gericht darf aber die Umsatzentwicklung nicht als die alleinige Berechnungsgrundlage verwerten, BGH NJW **82**, 2775, Ffm GRUR **92**, 459. Wenn es um einen Verstoß gegen die Karenzzeit vor dem Beginn eines Schlußverkaufs geht, dann liegt der Wert selten unter (jetzt ca) 5000 EUR, Hbg GRUR **75**, 40. Wegen einer Verbandsklage, etwa nach § 8 III UWG, Rn 118 „Unterlassung: a) Allgemeine Geschäftsbedingungen".

Wenn es sich um eine *einstweilige Verfügung* handelt, dann erledigt ein gerichtliches Verbot oft den **64** ganzen Streit. In einem solchen Fall kann und muß man den Wert des vorläufigen Verfahrens demjenigen der Hauptsache annähern. Das bedenkt Oldb MDR **91**, 955 (grds 50%) nicht genug. Etwas ähnliches gilt auch bei einer Markenverletzung, bei der die Schädigung des guten Rufs infolge schlechter Qualität und die Verwässerungsgefahr besonders wesentlich sein können. Das Interesse an einer Befugnis zur Bekanntmachung der Entscheidung geht oft im Interesse am Unterlassungsanspruch auf. Es läßt sich daher grds nicht besonders bewerten. Das Bekanntmachungsinteresse kann aber auch insbesondere im Fall einer schädigenden Äußerung erheblich über den Unterlassungsanspruch hinausgehen. Bei Untersagung von e-mail-Werbung können 350 EUR ansetzbar sein, KG JB **02**, 371.

Vgl ferner gemäß § 51 II GKG die Vorschriften, die eine *Herabsetzung* des Streitwerts zugunsten des **65** wirtschaftlich Unterlegenen ermöglichen: §§ 26 GebrMG, 144 PatG, 142 MarkenG, 54 GeschmMG, 247 II, III AktG, ferner § 12 IV UWG. Sie sind mit Vorsicht anzuwenden, BVerfG NJW **97**, 312 (Grenze: unzumutbares Kostenrisiko), BGH BB **94**, 678 (Einzelfallabwägung), BGH BB **98**, 1443 (Verband), Ffm GRUR **89**, 133, Kblz GRUR **88**, 474 (die Vorschriften regeln nur den Kostenstreitwert), KG GRUR **88**, 148 (Anwendbarkeit auf leugnende Feststellungsklage), Kblz GRUR **88**, 474 (Herabsetzung als Schutzmaßnahme gegen Rechtsmißbrauch durch Verbandsklagen usw), Kblz GRUR **89**, 764, Köln RR **88**, 304 (rechtlich eindeutiger Verstoß ist der Art nach einfach im Sinn von [jetzt] § 12 IV UWG), Köln MDR **94**, 267 (Zeitungsanzeige als „einfach gelagerte" Sache), Köln GRUR **88**, 775 (es reicht, daß jedenfalls *auch* ein Verstoß gegen eine der [jetzt] in § 12 IV UWG genannten Vorschriften vorliegt), Schlesw SchlHA **87**, 60 (kein Schematismus, abl KG GRUR **87**, 453 – regelmäßig Herabsetzung auf 50% –), Ffm GRUR **89**, 932, Stgt RR **88**, 304 (MarkenG-Verstoß reicht, freilich nur dann, wenn auch UWG-Verstoß vorliegt).

Ein Streit über die *Prozeßführungsbefugnis* kann unbeachtlich sein, Kblz GRUR **91**, 66. Ein Verfahren auf Erlaß einer einstweiligen Verfügung stellt nicht schon deshalb eine einfache Sache dar, Hamm GRUR **91**, 259. Nicht mehr einfach ist eine Sache, die drei Instanzen beansprucht, BGH RR **90**, 1323, oder wenn der Antragsgegner verschiedene Einwendungen erhoben und umfangreiche Unterlagen vorgelegt hat, Kblz GRUR **90**, 58.

S auch Rn 74 „Kartellsache", Rn 121 „Unterlassung: e) Gewerblicher Rechtsschutz".
Grundbuch: Rn 28 „Berichtigung des Grundbuchs", Rn 40 „Eintragungsbewilligung". **66**
Grund des Anspruchs: Bei einer Entscheidung nach § 304 ist der gesamte Anspruch des Klägers maßgeblich. Das gilt selbst dann, wenn das Gericht später im Betragsverfahren eine geringere Forderung als die begehrte zuerkannt hat, BGH VersR **76**, 988.
Grunddienstbarkeit: Man muß den Wert nach § 7 berechnen.
Grundpfandrecht: S § 6 Rn 10–15.
Grundschuld: § 6 Rn 12.
Grundstück: Rn 14 „Auflassung", Rn 33 „Eigentum".
Haftpflichtversicherung: Rn 130 „Versicherung". **67**
Handelsregister: Rn 7 „Anmeldung zum Handelsregister".
Handelsvertreter: Vgl Mü AnwBl **77**, 468, Schneider BB **76**, 1298. Es gilt bei einem unbezifferten Antrag diejenige Summe, die nach dem Tatsachenvortrag des Klägers schlüssig wäre. Der Auskunftsanspruch läßt sich mit 20% der erhofften Zahlung bewerten. Man muß einen zusätzlichen Ausgleichsanspruch nach § 89 b HGB hinzurechnen, LG Bayreuth JB **77**, 1747. Seine Klage auf die Feststellung der Unwirksamkeit einer ihm gegenüber erklärten Kündigung bestimmt sich nach § 3, nicht nach (jetzt) § 42 III GKG, Mü DB **85**, 645, aM Bbg JB **91**, 1693 (aber diese Vorschrift paßt schon deshalb nicht, weil sie ein öffentlichrechtliches Verhältnis regelt).
Handlung: Rn 144 „Zwangsvollstreckung: a) Erwirkung einer Handlung oder Unterlassung".
Hauptversammlung: Bei der Anfechtungsklage muß man § 247 AktG beachten.
Hausrat, dazu *Madert/Müller-Rabe,* Kostenhandbuch Familiensachen, 2. Aufl 2001: Beim Streit um seine Benutzung nach § 620 Z 7 auch in Verbindung mit § 661 II ist § 3 anwendbar, (jetzt) § 53 II 2 GKG, Düss JB **92**, 53 (1/4 des Verkehrswerts), Köln FamRZ **89**, 417. Im übrigen ist der Verkehrswert maßgeblich, der des Wiederbeschaffungswert, Düss JB **92**, 53, Nürnb MDR **97**, 510, Saarbr AnwBl **84**, 372, und zwar des gesamten Hausrats, (jetzt) § 100 III 1 KostO, Ffm JB **89**, 1563, aM Nürnb MDR **97**, 510 (aber es geht eben um den gesamten Hausrat).
Heimfall: Rn 41 „Erbbaurecht".
Herausgabe: S zunächst § 6. Man muß zwei Fallgruppen unterscheiden. **68**
a) Herausgabe einer Sache. Es gilt der Wert der Sache, § 6, zB der Vorbehaltsware, selbst wenn nur noch ein Restbetrag der Kaufpreisforderung aussteht, Ffm AnwBl **84**, 94. Wenn der Wert jedoch infolge einer Rücknahme oder Wegnahme nachhaltig gesunken ist, muß man diesen Umstand wertmindernd berücksichtigen, BGH NJW **91**, 3222. Das gilt zB dann, wenn gelieferte Einbauten beschädigt wurden. Im übrigen ist nicht der Kaufpreis maßgeblich, sondern der wahre Verkehrswert beim Klageeingang, § 4 I Hs 1. Im Fall des zusätzlichen Antrags, dem Bekl eine Herausgabefrist zu setzen und ihn nach dem

Hartmann

ergebnislosen Fristablauf zum Schadensersatz zu verurteilen, gilt der Wert des höheren der beiden Anträge, LG Köln MDR **84**, 501, aM Schneider MDR **84**, 853 (aber der höhere Wert gilt in allen vergleichbaren Lagen). Zum Wert bei § 510 b Schneider MDR **87**, 60, aM LG Karlsr MDR **87**, 60.

S auch Rn 92 „Räumung".

69 **b) Herausgabe einer Urkunde.** Wenn es sich um ein Wertpapier handelt, dann ist der Wert des verbrieften Rechts maßgeblich, zB der Kurswert zur Zeit der die Instanz einleitenden Antragstellung, § 15 GKG, BGH NJW **89**, 2755, Düss AnwBl **94**, 47 (Herausgabe eines fälligen, noch nicht bezahlten Wechsels), ZöHe § 6 Rn 7, aM BGH NJW **88**, 2804 (der Wert der Beschwer beschränke sich auf das Interesse an der Herausgabe. Aber das ist doch durchweg der Wert zB der Wechselsumme). Andernfalls, etwa bei der Herausgabe eines Grundschuld- oder Hypothekenbriefs oder eines Urteils, muß man denjenigen Wert schätzen, der dem Interesse des Klägers an dem Besitz der Urkunde entspricht, BGH RR **02**, 573, Bre Rpfleger **85**, 78, Köln VersR **92**, 256, aM Ffm JB **03**, 537 (Nennwert. Der kann aber viel höher sein als das Interesse). Das gilt zB beim Interesse am Unterbleiben einer rechtsmißbräuchlichen Benutzung, BGH FamRZ **92**, 170. Dabei kann der Betrag einer nach § 273 III BGB zu berechnenden Sicherheitsleistung ausreichen, Bre Rpfleger **85**, 78. Wenn es um eine Unveräußerlichkeit geht, gilt § 48 II GKG. Wenn beide Parteien den Hypothekenbrief jeweils als angeblicher Gläubiger herausverlangen, dann ist der Wert der Hypothek maßgeblich. Bei einem Sparkassenbuch mit Sicherungskarte ist das eingetragene Guthaben maßgeblich. Beim Schuldschein nach § 371 BGB können 20–30% der Forderung reichen, Köln MDR **97**, 204.

Man darf den Wert einer Klage auf die Herausgabe einer *Bürgschaftsurkunde* bei einer gleichzeitigen Zahlungsklage nicht berücksichtigen. Er entspricht jedenfalls dann, wenn der Kläger die Inanspruchnahme des Bürgen durch den Bekl verhindern will, dem Wert der durch die Bürgschaft gesicherten Forderung und nicht nur dem Kostenaufwand der Erlangung oder des Fortbestands der Bürgschaft, BGH RR **94**, 758, LG Bln JB **02**, 478, LG Hbg JB **02**, 82, aM Hamm JB **81**, 434, Stgt JB **80**, 896, LG Köln AnwBl **82**, 437 (mangels besonderer Umstände Bruchteil des Werts der Forderung, etwa 20–30%. Aber es geht wirtschaftlich um die ganze Hauptforderung). Im übrigen darf das Gericht nach § 3 schätzen, BGH RR **94**, 758.

70 Beim *Kraftfahrzeugbrief* gilt weder der Gebührenbetrag für eine Neuanschaffung noch der Wert des Wagens. Denn der Wert des Fahrzeugs wird man schätzen müssen. Die letzteren Gesichtspunkte können aber eine mitentscheidende Bedeutung haben, Düss MDR **99**, 891 (evtl $1/3$), Saarbr JB **90**, 1661, LG Augsb JB **01**, 143 ($1/2$ des Fahrzeugswerts). Wenn es um die Vorlegung einer Urkunde geht, dann ist das Interesse des Klägers an der Vorlegung maßgeblich. Dieses Interesse kann erheblich sein, wenn erst eine Vorlegung weitere Maßnahmen ermöglicht, etwa eine Schadensberechnung, Rn 147 „Zwischenstreit". Der Anspruch auf die Herausgabe des Versicherungsnachweisheftes usw läßt sich mit (jetzt ca) 250 EUR bewerten, LAG Hamm DB **85**, 1897, LAG Köln BB **98**, 543. Die Herausgabe einer Versicherungspolice mag $1/3$ der Versicherungssumme wert sein, LAG Stgt VersR **92**, 913. Auf 250 EUR lassen sich jeweils die Ansprüche auf die Erteilung einer Arbeitsbescheinigung im Sinn des § 133 AFG und auf die Erteilung einer Verdienstbescheinigung zwecks Insolvenzausfallgelds ansetzen, LAG Hamm DB **85**, 1897.

Im übrigen darf das Gericht nach § 3 frei schätzen, BGH NJW **04**, 2904 (Vollstreckungstitel im Fall § 767). Maßgeblich sind zB der Zeit- und Kostenaufwand und ein Geheimhaltungsinteresse, BGH NJW **99**, 3049 rechts.

71 Hilfsantrag: § 5 Rn 6, wegen der Gebühren aber § 45 I 2 GKG. Danach muß man den Hilfsanspruch mit dem Hauptanspruch zusammenrechnen, soweit das Gericht über den Hilfsanspruch entscheidet, Köln JB **96**, 476, LAG Bln NZA-RR **04**, 492, ArbG Nürnb MDR **04**, 907 (je: auch zum Vergleich), Emde MDR **95**, 991. Eine Entscheidung über den Hilfsanspruch fehlt dann, wenn der Kläger den Hilfsanspruch nur im Rahmen einer Klagänderung geltend machte und wenn das Gericht diese Klagänderung nicht zugelassen hat, Nürnb MDR **80**, 238. In den sonstigen Fällen ist ein höherer Wert unerheblich. Ein gleich hoher oder ein niedrigerer Wert sind ohnehin unerheblich. Es findet also nach dem Wortlaut des § 45 I 2 GKG eine Zusammenrechnung unabhängig von der Höhe des Hilfsanspruchs statt. Das gilt freilich nur, soweit eine Entscheidung über den Hilfsanspruch ergeht.

Hilfsaufrechnung: Rn 16 „Aufrechnung: A. Kostenstreitwert. b) Hilfsaufrechnung usw".

Hilfswiderklage: (Jetzt) § 45 I 2, III GKG ist entsprechend anwendbar, Kblz MDR **97**, 404. Beim Vergleich darf man nur dann zusammenzurechnen, wenn die Forderung der Hilfswiderklage einbezogen wurde, Köln JMBlNRW **75**, 143.

S auch § 5 Rn 6 „Hilfsantrag".

Hinterlegung: Beim Streit um ihre Vornahme muß das Gericht den Wert nach § 3 schätzen. Bei einer Klage nach § 13 II Z 2 HO ist der Wert der Sache maßgeblich. Wenn es um die Einwilligung zur Herausgabe der Hinterlegten geht, ist § 6 anwendbar, KG JB **78**, 427. Die Zinsen zählen nicht zu den Nebenforderungen nach § 4, Köln JB **80**, 281. Bei mehreren Berechtigten muß man den Mitberechtigungsanteil abziehen, KG AnwBl **78**, 107. Bei mehreren Bekl können die Werte unterschiedlich hoch sein.

Hypothek: Rn 69 „Herausgabe: b) Herausgabe einer Urkunde", § 6 Rn 12, 13.

72 Immission: Maßgeblich ist diejenige Wertminderung, die man angesichts der voraussichtlichen Dauer der Störung befürchten muß, Kblz JB **95**, 27, aM Schneider ABC (maßgeblich sei eine unbestimmte Dauer der Störung. Aber auch eine zeitliche Begrenzung des Klägerinteresses setzt eine Wertgrenze). Bei einer Mehrheit von Klägern findet keine Werterhöhung statt. Denn das gestörte Grundstück bleibt dasselbe.

73 Insolvenzverfahren: Grundsätzlich ist die Insolvenzmasse maßgeblich. Im Streit über die Richtigkeit oder das Vorrecht einer Forderung muß das Gericht mit Rücksicht auf das Verhältnis der Teilungs- zur Schuldenmasse den Wert nach „freiem", in Wahrheit pflichtgemäßem, aber weiten Ermessen entsprechend dem Verhältnis der Teilungsmasse zur Schuldenmasse festsetzen, § 182 InsO. Maßgeblich ist dann also nach oben die voraussichtliche Dividende. Das Gericht muß alle Erkenntnismöglichkeiten ausschöpfen und evtl die Insolvenzakten auswerten oder eine Auskunft des Insolvenzverwalters einholen, BGH BB **99**, 2374. Maßgebend ist der Zeitpunkt der Klagerhebung, Ffm KTS **80**, 66, bzw der Aufnahme des Verfah-

Titel 1. Sachl. Zuständigkeit der Gerichte und Wertvorschriften **Anh § 3**

rens gegenüber dem Insolvenzverwalter, BGH KTS **80**, 247, LAG Bre Rpfleger **88**, 378, OVG Greifsw NVwZ-RR **04**, 799. Der Vollstreckungstitel stellt zumindest für den Fall einen Vermögenswert dar, daß der Schuldner später Vermögen neu erwirbt. Deshalb muß man selbst bei einer voraussichtlichen Insolvenzquote von 0 für die Feststellung einer Forderung zur Tabelle einen gewissen Wert ansetzen. In diesem Fall empfiehlt es sich, den Wert auf 10% der Forderung zu bemessen, Ffm KTS **86**, 709, LAG Ffm BB **90**, 44, aM BGH MDR **93**, 287, LAG Hamm MDR **01**, 114, LAG Köln AnwBl **95**, 380 (niedrigste Gebührenstufe. Aber man muß stets eine wirtschaftliche Gesamtbetrachtung vornehmen).

Bei einer *höheren* Dividende ist dann, wenn sie bei der Beendigung der Instanz feststeht, § 40 I GKG anwendbar. Für eine Klage eines Massegläubigers muß das Gericht den Steitwert nicht nach § 182 InsO, sondern nach § 3 bestimmen. Bei einer Klage auf Grund eines Absonderungs- oder Aussonderungsrechts ist § 6 anwendbar. Bei der Beschwerde gegen eine Postsperre gilt § 3, nicht gilt (jetzt) § 58 GKG, Köln ZIP **00**, 1901. Bei einer Restschuldbefreiung ist das wirtschaftliche Interesse maßgeblich, BGH JB **03**, 253.

S auch Rn 56 „Feststellungsklage: d) Insolvenzfeststellungsklage", Rn 136 „Vorrecht", Hartmann Teil I § 48 GKG Anh II.

Jagdrecht: Man muß § 3 anwenden. Bei einer Klage über das Bestehen oder die Beendigung der Jagdpacht ist für die Zuständigkeit und die Beschwer § 8 ZPO und für die Gebühren § 41 GKG anwendbar, LG Saarbr JB **91**, 582.

Kapitalabfindung: Rn 2 „Abfindungsvergleich". **74**

Kartellsache: Maßgebend ist das Interesse an der Änderung der Entscheidung der Kartellbehörde. Wegen Streitwertanpassung § 89 a GWB, abgedruckt bei § 50 GKG, Hartmann Teil I. Wegen Beschwerde § 50 GKG, Hartmann Teil I.

Kaution: Rn 103 „Sicherheitsleistung".

Kindschaftssache, dazu *Madert/Müller-Rabe*, Kostenhandbuch Familiensachen, 2. Aufl 2001: Man muß insbesondere bei § 640 II Z 2 vom Regelstreitwert nach (jetzt) § 48 III 3 GKG (2000 EUR) ausgehen, Düss FamRZ **96**, 501. Abweichungen sind im Rahmen des § 48 III 4 GKG möglich. Bei mehreren Kindern muß man zusammenrechnen, Karlsr Just **87**, 147, Zweibr JB **84**, 1541. Bei einer Verbindung von Vaterschaftsfeststellung und Klage auf den Regelunterhalt ist nur der höhere Betrag maßgeblich, Mü DAVorm **81**, 681.

S auch Rn 126 „Vaterschaftsanerkenntnis".

Klage und Widerklage: Rn 138 „Widerklage".

Klagänderung, Klagerweiterung: Grds ist nur der höchste Wert maßgeblich, § 36 III GKG, § 15 II 1 RVG. Man muß evtl die Werte für die Verfahrensabschnitte vor und nach ihrer Vornahme gesondert berechnen, Bbg JB **77**, 960.

Klagenhäufung: § 5.

Klagerücknahme: Beim Antrag nach § 269 III 2 oder 3, IV ist § 3 anwendbar, aM ThP § 3 Rn 94 „Klagerücknahme" (nur die bis zur Klagerücknahme entstandenen Kosten. Aber bis zur Rücknahme ging es um die volle Forderung). Beim Streit um die Wirksamkeit der Klagerücknahme oder beim Vergleich mit Klagerücknahmepflicht ist der Wert der Hauptsache maßgeblich. Kosten bleiben selbst bei einer von § 269 III, IV abweichenden Vereinbarung unbeachtlich.

S auch Rn 76 „Mahnverfahren".

Kosten: § 4 I ZPO, § 43 I–III GKG.

Kostenfestsetzung: Maßgeblich ist der noch verlangte bzw bestrittene Betrag.

Kostengefährdung, § 110: Rn 90 „Prozeßvoraussetzungen".

Kraftloserklärung: Rn 14 „Aufgebot".

Kreditschädigung: Maßgeblich ist § 3, LG Bayreuth JB **75**, 1356.

Lagerkosten: § 4 Rn 17. **75**

Leasing: Es gelten meist dieselben Grundsätze wie bei der Miete, Celle MDR **93**, 1020, Ffm MDR **78**, 145 (bei einem Streit um den Bestand gelten evtl §§ 41 GKG, 6 ZPO).

S auch Rn 130 „Versicherung: a) Deckungsprozeß".

Lebensversicherung: Rn 130 „Versicherung: c) Todesfallrisiko".

Lebenspartnerschaft: Rn 32 „Ehesache".

Leibrente: § 9 Rn 3.

Leistung: Der Antrag ist auch beim Verstoß des Gerichts gegen § 308 I maßgeblich. Bei künftiger Leistung gilt § 3.

Löschung: Man muß die folgenden Fälle unterscheiden.

a) Löschung einer Auflassungsvormerkung. § 6 Rn 15.

b) Löschung einer Grundschuld oder Hypothek. § 6 Rn 12, 13.

c) Löschung einer Marke oder eines Gebrauchsmusters. Maßgeblich ist das Interesse des Klägers an der Löschung. Im Fall einer Volksklage (Popularklage) zB nach § 55 II Z 1 MarkenG ist das Interesse der Allgemeinheit an der Beseitigung des Wettbewerbs maßgeblich. Dasselbe gilt bei der Löschung eines Patents, BPatG GRUR **78**, 535.

Lohn: Rn 59 „Gehalt".

Mahnverfahren: Nach teilweiser Rücknahme des Antrags auf streitiges Verfahren kann trotz § 40 GKG der **76** ermäßigte Anspruch maßgeblich sein, Hbg MDR **01**, 295 (zustm Schütt), Rostock MDR **02**, 666.

Markensache: Maßgeblich sind der Markenwert und die Gefährlichkeit der Verletzung, Ffm GRUR-RR **05**, 239. Ein Antrag nach § 142 MarkenG kann mißbräuchlich sein, Ffm GRUR-RR **05**, 296.

S auch Rn 11 „Arrest", Rn 121.

Mehrheit von Ansprüchen: Rn 7 „Anspruchsmehrheit".

Mietverhältnis, dazu *Gies* NZM **03**, 886 (Üb): Maßgeblich sind für die Zuständigkeit § 8, bei Wohnraum § 29 a. Für den Kostenstreitwert gilt jedoch § 41 GKG. Zum Anwaltsgebühren-Gegenstandswert Wiesner AnwBl **85**, 237. Die Regelung gilt auch für die Untermiete.

a) Klage auf den Abschluß eines Mietvertrags. Es gilt § 3, LG Dortm WoM **91**, 358 (Jahresmiete).

77   **b) Klage auf Auskunft über die Miete.** Der Wert einer Klage, nach § 29 NMVO Auskunft über die Ermittlung und Zusammensetzung der zulässigen Miete zu geben und durch eine Wirtschaftlichkeitsberechnung sowie durch die Vorlage der zugehörigen Unterlagen zu belegen, läßt sich mit (jetzt ca) 500 EUR festsetzen, AG Köln WoM **81**, 283. Der Wert einer Einsicht außerhalb des Orts der Wohnung läßt sich nach den Aufwendungen usw des Vermieters schätzen, LG Kiel WoM **88**, 283.

78   **c) Klage wegen des Bestehens oder der Dauer des Vertrags.** S zunächst § 8, LG Bln WoM **92**, 462, und wegen der Räumung Rn 92 „Räumung". Hierher gehört auch die bloße Feststellung. Zur Miete im Sinn von (jetzt) § 41 GKG zählen nicht nur der eigentliche Mietzins (einschließlich Mehrwertsteuer, LG Duisb JB **89**, 1306), aM Rostock MDR **94**, 628, LG Dortm NZM **01**, 986, LG Stgt MDR **94**, 763 (aber man muß stets das wirtschaftliche Gesamtinteresse des Klägers beachten). Vielmehr zählen hierher auch ein Optionsrecht auf eine Vertragsverlängerung, Hbg WoM **94**, 553, oder vertragliche Gegenleistungen anderer Art, zB die Übernahme öffentlicher Abgaben, LG Saarbr JB **97**, 197, etwa der Grundsteuer, Hamm Rpfleger **76**, 435, und sonstige Leistungen, Feuerversicherungsprämien, Instandsetzungskosten, Baukostenzuschüsse, Drsd ZMR **97**, 527.
Nicht hierher zählen aber Leistungen nebensächlicher Art und sonstige Leistungen, die im Verkehr nicht als Entgelt für die Gebrauchsüberlassung gelten oder die der Mieter selbst abrechnet, LG Köln WoM **96**, 50. Nicht hierher gehören also Vorauszahlungen auf Nebenkosten, BGH ZMR **99**, 615 (frühestens ab Erkennbarkeit der verbrauchsunabhängigen Endkosten). Nicht hierher gehört ferner das Entgelt für Heizung und Warmwasser, LG Köln WoM **89**, 436, LG Mü WoM **85**, 125, LG Saarbr MDR **94**, 316, aM Celle NJW **03**, 368, Düss WoM **02**, 501, Köln WoM **96**, 288 (je: Nettomiete), Zweibr NZM **01**, 420, LG Heilbr MDR **89**, 750 rechts, LG Köln JB **99**, 304 (je: Bruttomiete. Aber trotz aller Vereinfachungsmöglichkeiten muß man doch den wirtschaftlichen Wert manchmal mühsamer ermitteln, um möglichst genau zu bleiben). Zum Problem Mutter MDR **95**, 343.
Die Miethöhe bestimmt sich nach dem *Vertrag*, soweit man nicht die gesetzliche Miete zugrundelegen muß. Nach § 41 I GKG ist auch der Anspruch des Mieters auf eine Gebrauchsüberlassung bewertbar, aM Celle MDR **89**, 272 ([jetzt] § 41 II GKG. Aber das ist eine eng auslegbare Sondervorschrift).

79   **d) Klage auf eine Zustimmung zur Mieterhöhung** nach §§ 558 ff BGB: Zumindest als Kostenwert ist beim Wohnraum (jetzt) grundsätzlich *der Jahresbetrag* der zusätzlich geforderten Miete maßgebend, § 41 V 1 Hs 1 GKG, so schon (je zum alten Recht) BVerfG NJW **93**, 3130, LG Görlitz WoM **03**, 39, LG Saarbr WoM **98**, 234. Damit ist eine jahrelange Streitfrage überholt.
Die Zahlung eines *Teils* des Erhöhungsbetrags bereits vor der Rechtshängigkeit oder gar nach ihrem Eintritt hat auf die Streitwerthöhe grundsätzlich keinen Einfluß. Denn diese richtet sich nach dem Klagevorbringen und einer etwaigen Klagerhöhung, AG Wuppert WoM **93**, 478, aM LG Bre WoM **82**, 131 (aber § 40 GKG ist eindeutig, Einl III 39). Die Vorschrift gilt aber nur bei Wohnräumen. Das stellt § 41 V 1 klar. Beim Gewerberaum gilt statt § 41 V GKG die Vorschrift des § 9, Hbg WoM **95**, 595, Köln MDR **91**, 345.

80   **e) Feststellungsklage wegen künftiger Miete.** Hier gilt bei einer unbestimmten Mietdauer § 3, aM Stgt WoM **97**, 278 (§ 9). § 8 ZPO und § 41 GKG sind unanwendbar, da weder das Bestehen noch die Dauer streitig sind und da § 41 GKG ohnehin nur eine Regelung für unbestimmte Verhältnisse trifft, während der Kläger bei einem Anspruch auf die Feststellung der Verpflichtung des Bekl zu einer erhöhten Mietzahlung einen bestimmten Anspruch geltend macht. Es entscheidet das Interesse des Klägers an der Feststellung und an dem mutmaßlichen Eintritt der Erhöhung. Es liegt nahe, auf den Beschwerdewert (jetzt) § 41 V GKG entsprechend anzuwenden, LG Köln JB **99**, 305, aM LG Bln WoM **89**, 440, LG Hbg WoM **89**, 430 (3facher Jahreszins, evtl abzüglich 20%).
Dasselbe gilt bei der Feststellung des *Vertragsinhalts*, sofern die Wirksamkeit des Vertrags unstreitig ist, Kblz ZMR **78**, 64. Manche wollen auch bei einem langen Mietvertrag nur den vollen Jahresbetrag anwenden, da (jetzt) § 41 I GKG die Obergrenze bilde und da der Streitwert für einen einzelnen vertraglichen Anspruch auch über § 3 nicht höher festgesetzt werden könne als für den Bestand des ganzen Vertrags, LG Bln ZMR **75**, 218 (Vermieterreparatur). Demgegenüber gilt § 9, wenn künftige Miet- oder Pachtzinsen auf Grund eines auf bestimmte Zeit abgeschlossenen Vertrags streitig sind, LG Hbg WoM **96**, 287 (Minderung), aM Ffm Rpfleger **80**, 299, Hamm Rpfleger **76**, 435, Karlsr MDR **77**, 407 (§ 3. Aber § 9 ist hier spezieller).

81   **f) Klage auf Duldung einer Modernisierung oder Erhaltung.** In einem solchen Fall gilt (jetzt) grundsätzlich der Jahresbetrag der möglichen Mieterhöhung usw, § 41 V 1 Hs 3 GKG, so (je zum alten Recht) Hbg DWW **93**, 264, LG Köln WoM **01**, 345. Damit ist eine jahrelange Streitfrage überholt. Das alles gilt auch bei einem zugehörigen selbständigen Beweisverfahren. Nur bei kürzerer restlicher Vertragsdauer läßt § 42 V 2 GKG einen entsprechend niedrigeren Betrag maßgebend sein.

82   **g) Mangel der Mietsache.** Der Anspruch auf eine Minderung bemißt sich (jetzt) grundsätzlich nach dem Jahresbetrag einer angemessenen Mietminderung, § 41 V 1 Hs 2 GKG. Damit ist eine jahrelange Streitfrage überholt. Nur bei kürzerer restlicher Vertragsdauer läßt § 41 V 2 GKG einen entsprechend niedrigeren Betrag maßgebend sein.

83   **h) Sonstige Fälle.** Bei Besichtigung durch Mietinteressenten gilt § 3, oft 1 Monatsmiete. Bei ständigem Zahlungsverzug ist für die Klage nach § 259 $^1/_5$ der Jahresmiete ansetzbar, AG Kerpen WoM **91**, 439. Bei der Klage auf Zahlung einer erhöhten Miete ist der Jahresbetrag der Erhöhung maßgeblich, LG Hbg WoM **89**, 435. Bei der Klage eines Mieters gegen einen anderen wegen Lärms kann als Wert der Jahresbetrag einer berechtigten Mietminderung in Betracht kommen, Ffm WoM **86**, 19. Beim Streit, ob § 5 WiStG verletzt ist, gilt die 3jährige Differenz, LG Hbg WoM **87**, 61. Beim Streit um die Entfernung einer Balkonplane setzt LG Hbg WoM **89**, 10 etwa (jetzt etwa) 250 EUR an. Beim Streit um die Anbringung bzw Entfernung einer Antenne nehmen LG Bre WoM **00**, 364, LG Hbg WoM **91**, 359 als Wert (jetzt ca) 500 EUR an und setzt LG Kiel WoM **96**, 632 die Beseitigungskosten an. LG Ffm WoM **02**, 378, LG Wuppert WoM **97**, 324 setzen ca 1000 EUR an. Köln NZM **05**, 224 setzt den Antennenwert + Wiederherstellungskosten an.

Titel 1. Sachl. Zuständigkeit der Gerichte und Wertvorschriften **Anh § 3**

Beim Streit um *Treppenhaus-Mißbrauch* setzt LG Mannh WoM **99**, 224 statt nach § 3 verfehlt nach § 9 an. Beim Streit um Haustierhaltung kommt es auf die gedachte Zusatzabnutzung an, LG Hbg WoM **86**, 232. Man muß die Mieterinteressen mitberücksichtigen, LG Bln NZM **01**, 41 ([jetzt ca] 300 EUR), LG Hbg WoM **89**, 10, LG Mü NZM **02**, 820 (410 EUR), LG Hann WoM **89**, 567, LG Mannh ZMR **92**, 546 ([jetzt ca] 600 EUR), LG Brschw WoM **96**, 291 ([jetzt ca] 1000 EUR), LG Mü NZM **02**, 734 ([jetzt ca] 1500 EUR). AG Rüsselsheim ZMR **87**, 344 schlägt dann monatlich (jetzt ca) 12,50–17,50 EUR auf. LG Würzb WoM **88**, 157 bewertet den Antrag auf Entfernung eines Zwergschnauzers nebst Unterlassung der Hundehaltung mit (jetzt ca) 500 EUR je Instanz. LG Hbg ZMR **92**, 506 setzt beim Streit um eine Hauskatze (jetzt ca) 750 EUR an, LG Hbg MDR **93**, 90 setzt dann (jetzt ca) 500 EUR) an, LG Bln NZM **01**, 41 jetzt bei 2 Katzen (jetzt ca) 400 EUR an. LG Wiesb WoM **94**, 486, AG Kenzingen WoM **86**, 248 bewerten die Unterlassung der Hundehaltung außergerichtlich meist mit bis zu (jetzt ca) 1000 EUR, LG Mü WoM **92**, 495 nimmt selbst beim angeblichen Musterprozeß dazu nur (jetzt ca) 1000 EUR an.

Beim Streit um eine Zustimmung zur *Untervermietung* kann man den Jahresbetrag des angebotenen Mietzuschlags ansetzen, LG Bad Kreuznach WoM **89**, 433, aM Celle NZM **00**, 190 (Jahresbetrag der Untermiete), LG Kiel WoM **95**, 320 (Einjahresbetrag der Entlastung durch Untervermietung), LG Hbg WoM **92**, 264 (3jährige Differenz). Beim Streit um Untermiete ist der Zins-Zuschlag für höheren Aufwand ansetzbar, BGH RR **97**, 648. Bei einer Rechnungslegung wegen Nebenkosten kann man 1/4 bis 1/3 des etwaigen Zahlungsanspruchs ansetzen, LG Bonn JB **92**, 117 (1/4), LG Ffm NZM **00**, 759, AG Witten NZM **03**, 851, aM LG Freibg WoM **91**, 504, LG Köln WoM **97**, 447 (1/5–1/10). Ähnliches gilt wegen der Verwendung einer Kaution, AG Neumünster WoM **96**, 632, AG Pinneb WoM **99**, 337 ([jetzt ca] 300 EUR). Beim Streit darüber, ob man einen Müllcontainer schon am Vorabend der Leerung auf der Straße abstellen darf, setzt LG Köln WoM **90**, 394 den Jahresbetrag einer möglichen Mietminderung an. Dasselbe gilt beim Streit um ordnungsgemäße Beheizung, LG Hbg JB **94**, 116. Beim Streit um Wasser- und Energieversorgung kann man 1/2 des Jahresentgelts ansetzen, AG Kerpen MDR **90**, 929.

Vgl auch Rn 68 „Herausgabe", Rn 92 „Räumung", Rn 118 „Unterlassung", Rn 124 „Urkunde", Rn 137 „Wärmelieferungsvertrag".

Milchreferenzmenge: § 3 ist anwendbar, BGH NVwZ-RR **04**, 232.
Minderung: Maßgeblich ist derjenige Betrag, um den der Kläger den Preis herabsetzen lassen will. (jetzt) **84**
§ 45 III GKG ist unanwendbar, Köln MDR **79**, 413.
Miteigentum: Rn 33 „Eigentum", R 139 „Widerspruchsklage: c) Teilungsversteigerung, § 180 ZVG".
Miterbe: Rn 41 „Erbrechtlicher Anspruch".
Musterprozeß: Es gilt grds kein höherer Wert als im „normalen" Prozeß, LG Mü WoM **92**, 495.
Nachbarrecht: Der Wert einer Klage auf Beseitigung eines 16 m langen Jägerzaunes beträgt (jetzt ca) **85**
600 EUR, AG Königstein NZM **01**, 112. Nachbarlärm durch viele Tiere läßt sich mit (jetzt ca) 1500 EUR bewerten, LG Bonn JB **01**, 594.
Nacherbe: Rn 41 „Erbrechtlicher Anspruch".
Nachforderung: Bei der Klage nach § 324 ist wegen der Sicherstellung § 6 anwendbar, dort Rn 9.
Nachlaßverzeichnis: Rn 43 „Erbrechtlicher Anspruch".
Nachverfahren: Maßgeblich ist derjenige Betrag, dessentwegen das Gericht dem Bekl die Ausführung seiner Rechte vorbehalten hat, Mü MDR **87**, 766. Es kommt also auf eine Ermäßigung im Vorverfahren an, zB durch ein Teilanerkenntnis, Schneider MDR **88**, 270.
Name: Der Streit ist in der Regel nichtvermögensrechtlich, § 48 II GKG. Vgl aber auch Üb 15 vor § 1. Der geschäftliche Name ist vermögensrechtlich. Das gilt insbesondere für die Firma. Maßgeblich ist nur das Klägerinteresse, Stgt WettbR **96**, 197.
Nebenforderung: Der Wert läßt sich nach § 4 und für die Kosten nach § 43 GKG berechnen.
Nebenintervention: Rn 106 „Streithilfe".
Nichterfüllung: Rn 58 „Gegenseitiger Vertrag".
Nichtigkeit: Rn 27 „Befreiung".
Nichtigkeitsklage: Es gilt der Wert der Verurteilung, deren Aufhebung der Kläger begehrt, BGH AnwBl **78**, 260, Seetzen NJW **84**, 348, ohne Zinsen und Kosten.
Nichtvermögensrechtlicher Anspruch: Maßgeblich ist § 48 II GKG, Mü MDR **89**, 360, Hartmann Teil I § 48 GKG Rn 3 ff. Die Anwendung von § 52 I 2 GKG ist gekünstelt. Ein nichtvermögensrechtlicher Anspruch wird nicht dadurch zu einem vermögensrechtlichen, daß der Kläger einseitig die Hauptsache für erledigt erklärt, BGH VersR **82**, 296.
Nießbrauch: Bei der Einräumung gilt § 3, BGH RR **88**, 396 (Streitfrage). Bei der Erfüllung, Aufhebung **86**
und Löschung gilt § 6. Maßgeblich ist der Wert nach dem Reinertrag abzüglich der Unkosten für die voraussichtliche Dauer des Nießbrauchs. Der Wert einer Vormerkung ist niedriger. Evtl ist § 24 III KostO entsprechend anwendbar, Bbg JB **75**, 649. Für den Kostenstreitwert kann (jetzt) § 41 II GKG („ähnliches Nutzungsverhältnis") gelten, Köln WoM **85**, 125, aM Schlesw SchlHA **86**, 46 (§ 3).
Notanwalt, §§ 78 b, c: Maßgeblich ist meist der Wert der Hauptsache, Bre JB **77**, 91, Zweibr JB **77**, 1001, aM Mü MDR **02**, 724 (krit Schneider): 1/3 (aber meist geht es ja um die volle Durchsetzbarkeit).
Notweg: § 7 Rn 1.
Nutzung: Sofern der Kläger sie als eine Nebenforderung geltend macht, gilt § 4. Bei einer als Hauptsache geltend gemachten wiederkehrenden Nutzung gilt § 9 und für die Kosten § 41 GKG, § 8 Rn 4.
Nutzungsverhältnis: § 16 I GKG gilt auch für ein der Miete oder Pacht ähnliches Nutzungsverhältnis. S daher Rn 76 ff „Mietverhältnis".
Offenbarung: Rn 33 „Eidesstattliche Versicherung". **87**
Öffentliche Zustellung: Rn 143 „Zustellung".
Ordnungs- und Zwangsmittel: Bei der Verhängung gegen eine Partei nach § 141, gegen einen Zeugen nach § 380, gegen einen Sachverständigen nach §§ 409, 411, oder im Weg der Anordnung nach §§ 177, 178 GVG ist der verhängte Betrag ausschlaggebend. Bei einer Festsetzung nach den §§ 888, 890 ist nicht

die Schwere der Maßnahme maßgeblich, auch nicht der Wert der Hauptsache, ThP § 3 Rn 115 „Ordnungsmittel", „Zwangsvollstreckung". Vielmehr gilt das Interesse an der Abwehr eines weiteren Verstoßes, Mü OLGZ **84**, 66, Nürnb MDR **84**, 762. Dieses Interesse läßt sich oft mit 30–50% der Hauptsache bewerten, Hbg WRP **82**, 592, Karlsr WRP **92**, 198, Mü MDR **83**, 1029. Das Interesse kann sich aber im Fall einer Fortsetzung der Verletzungen oder angesichts einer sehr groben Verletzung dem Wert der Hauptsache nähern. Auch im Fall der Androhung eines Zwangsmittels oder Ordnungsmittels ist das Interesse an der Durchsetzung des vollstreckbaren Anspruchs maßgeblich. Wenn es um derartige Maßnahmen in einem Verfahren auf den Erlaß eines Arrests oder einer einstweiligen Verfügung geht, sind von dem Wert der zugehörigen Hauptsache in der Regel $^1/_3 – ^1/_4$ maßgeblich. Im Beschwerdeverfahren liegt die untere Wertgrenze bei dem angefochtenen Betrag, Brschw JB **77**, 1148, Düss MDR **77**, 676. Man kann 20% des zulässigen Höchstbetrags zugrundelegen.

88 **Pachtverhältnis:** Es gilt auch für die Unterpacht § 8 und für den Kostenstreitwert § 41 GKG. Bei einem Streit nur über die Höhe der Pacht ist § 3 und nicht § 9 anwendbar, Ffm JB **75**, 372, Karlsr AnwBl **83**, 174, aM Brschw AnwBl **82**, 487.

S auch Rn 72 „Jagdrecht".

Patent: Vgl zunächst § 51 GKG. Im Beschwerdeverfahren vor dem Patentgericht und im Nichtigkeitsverfahren ist das Interesse der Allgemeinheit an der Patentvernichtung maßgeblich. Dieses Interesse entspricht meist dem gemeinen Wert des Patents im Zeitpunkt der Klagerhebung oder im Zeitpunkt der Berufungseinlegung zuzüglich der etwa aufgelaufenen Schadensersatzansprüche, BPatG JB **96**, 197. Zur Problematik Struif GRUR **85**, 248. Bei einem Streit um eine Unterlassung, eine Auskunft, eine Schadensersatzpflicht sind die Art und der Umfang der Verletzung maßgeblich, aber auch der Umsatz des Geschädigten, Karlsr BB **75**, 109. Gebührenrechtlich besteht die Möglichkeit, im Patentverfahren bei einer Gefährdung der wirtschaftlichen Lage einer Partei den Wert niedriger anzusetzen, §§ 102 II, 121 I, 144 PatG. Zur zeitlichen Grenze des Antrags BPatG GRUR **82**, 363.

89 **Persönlichkeitsrecht:** (Jetzt) § 48 II GKG, BAG BB **98**, 1497.

S auch Rn 99 „Schmerzensgeld".

Pfandrecht: Es ist § 6 anwendbar.

Pfändung: Bei der Pfändung einer Forderung oder eines sonstigen Rechts muß man für die Gerichtsgebühren die Festgebühr KV 1811, 2110 beachten. Für die Anwaltsgebühren ist der Betrag der zu vollstreckenden Forderung maßgeblich. Wenn der Wert des gepfändeten Rechts niedriger ist, dann gilt dieser geringere Wert, § 6 Rn 11. Wenn es um ein künftig fällig werdendes Arbeitseinkommen nach § 850 d III geht, dann gilt nur der Wert der zu vollstreckenden Forderung, aM Köln MDR **87**, 61, LG Detm Rpfleger **92**, 538, AG Freyung MDR **85**, 858 (evtl nur Wert des Pfandgegenstands. Aber wirtschaftlich ist die Forderung der Kern). Wegen des Werts eines Unterhaltsanspruchs § 6 Rn 16. Im Beschwerdeverfahren muß man § 25 II RVG (Interesse des Beschwerdeführers) beachten.

Pflichtteilsanspruch: Rn 41 „Erbrechtlicher Anspruch", Rn 53 „Feststellungsklage", Rn 59 „Geldforderung".

Preisbindung: Rn 63 „Gewerblicher Rechtsschutz".

90 **Prozeßhindernde Einrede:** S „Prozeßvoraussetzungen".

Prozeßkostenhilfe: Man darf den Wert nicht zwecks weiterer Verringerung der Anwaltsgebühren als nach § 49 RVG herabsetzen BVerfG NJW **05**, 2980. Maßgeblich ist bei einer nur im Fall einer erfolglosen sofortigen Beschwerde nach § 127 in Betracht kommenden Kostenentscheidung nach § 127 Rn 20 der Festgebühr des KV 2110. Man darf also für die Gerichtskosten keinen Wert ermitteln. Bei nur teilweiser Verwerfung oder Zurückweisung der sofortigen Beschwerde kann das Gericht nach KV 2110 die Festgebühr von 15 EUR ermäßigen oder die Nichterhebung der Festgebühr anordnen. Auch insoweit läßt sich also kein Wert ermitteln. Für die Anwaltskosten in der Beschwerdeinstanz vgl VV 3334.

Prozeßkostensicherheit: S „Prozeßvoraussetzungen".

Prozeßtrennung, -verbindung: Rn 114 „Trennung", Rn 126 „Verbindung".

Prozeßvoraussetzungen: Maßgeblich ist stets der Wert der Hauptsache, BGH VersR **91**, 122, Zweibr NJW **95**, 538.

S auch Rn 93 „Rechtswegverweisung".

91 **Rangfolge:** Man muß den Wert nach § 3 schätzen.

Ratenzahlung: Der Wert einer Vereinbarung läßt sich nach § 3 schätzen. Dabei muß man die in den einheitlichen vereinbarten Gesamtbetrag des Kredits einbezogenen Nebenforderungen auch in den Streitwert aufnehmen, Mü JB **76**, 237, aM Bbg JB **76**, 343.

92 **Räumung:** Es gilt § 8, BGH NZM **05**, 677. (Nur) für die Gebühren gilt (jetzt) § 41 II GKG, KG NZM **00**, 659, Mü NZM **01**, 749, LG Kref WoM **05**, 263. Maßgebend ist also höchstens die für die *Dauer eines Jahres* zu entrichtende Miete, wenn sich nicht nach (jetzt) § 41 I GKG ein geringerer Wert ergibt, Hbg RR **97**, 648, LG Hbg NZM **00**, 759, LG Kref WoM **05**, 263. Das gilt aus sozialen Gründen, Düss FGPrax **00**, 189, Ffm AnwBl **84**, 203, KG NZM **00**, 459, ohne Rücksicht darauf, auf wieviele Kündigungen der Kläger diesen Räumungsanspruch stützt, Mü NZM **01**, 749, AG Hbg WoM **93**, 479. Es kommt auch nicht darauf an, ob über das Bestehen des Nutzungsverhältnisses insgesamt oder in einzelnen Teilen Streit besteht, BGH MDR **95**, 530, LG Erfurt WoM **96**, 234, LG Köln WoM **93**, 555, ob das Nutzungsverhältnis also in Wahrheit bereits erloschen ist. Zur Miete zählt die Mehrwertsteuer, Düss NZM **05**, 240, KG NZM **00**, 659, LG Paderb MDR **03**, 56.

Verlangt der Kläger die Räumung oder Herausgabe *„auch"* und nicht nur aus einem anderen Rechtsgrund als demjenigen der Beendigung eines Miet-, Pacht- oder ähnlichen Nutzungsverhältnisses, dann ist nach (jetzt) § 41 II 2 GKG der Wert der Nutzung eines Jahres maßgebend, Hbg WoM **95**, 197, LG Kassel Rpfleger **87**, 425 (Zuschlag). Beim Räumungsanspruch des zurückgetretenen Verkäufers gilt § 6, Nürnb JB **04**, 377. Soweit das eine Objekt vermietet, das andere vertragslos genützt wird, muß man zusammenrechnen, Bbg JB **88**, 516. Werden der Anspruch auf eine Räumung von Wohnraum und der Anspruch nach den §§ 574, 575 a II BGB auf eine Fortsetzung des Mietverhältnisses über diesen Wohnraum in

Titel 1. Sachl. Zuständigkeit der Gerichte und Wertvorschriften **Anh § 3**

demselben Prozeß verhandelt, dann darf man die Werte nach § 41 III GKG nicht zusammenrechnen. Eine Beseitigung kann gesondert bewertbar sein, Hbg WoM **00**, 365.

Zur Miete zählen grundsätzlich die *gleichbleibenden Umlagen,* zB für Grundsteuer, Hamm Rpfleger **76**, 435, Feuerversicherungsprämien, Instandsetzungskosten, Baukostenzuschüssen, Straßenreinigung, Schornsteinreinigung, Drsd ZMR **97**, 527, Düss JB **92**, 114, LG Hagen AnwBl **89**, 620. Auch eine Nebenkostenpauschale zählt jetzt wegen § 41 I 2 GKG zur Miete, Düss NZM **05**, 240, LG Kblz ZMR **87**, 24.

Nicht dazu zählen aber die Leistungen nebensächlicher Art und nicht sonstige Nebenkosten, die im Verkehr nicht als ein Entgelt für die eigentliche Gebrauchsüberlassung gelten oder die der Mieter selbst abrechnet, Hbg Gött WoM **02**, 502, LG Gött WoM **03**, 643, LG Köln WoM **96**, 50, aM Düss WoM **02**, 501. Nicht einrechenbar sind zB: Heizkosten und Warmwasser, Düss JB **92**, 114, LG Lpz WoM **96**, 234, aM Celle NJW **03**, 368, Hbg MDR **04**, 502, LG Köln NZM **03**, 233, LG Neuruppin WoM **03**, 155 (je: man dürfe neben der Nettomiete überhaupt keine gesondert vereinbarten Nebenleistungen ansetzen), LG Mainz WoM **03**, 643, LG Paderb MDR **03**, 56 (hierzu trete eine Nebenkostenvorauszahlung), Hamm MDR **01**, 1377, KG RR **01**, 443, AG Hbg-Bergedorf RR **02**, 948 (je: meist Bruttomiete. Vgl aber Rn 78).

Räumungsfrist: Im Verfahren nach §§ 721, 794 a muß man den Wert nach § 3 nach dem Interesse an der Bewilligung, Verlängerung oder Abkürzung der Frist schätzen. Er beträgt also die Miete bzw Nutzungsentschädigung für die begehrte Frist, jedoch höchstens für 1 Jahr, errechnet nach §§ 721 V 2 bzw 794 a III. Wegen eines Verfahrens nach § 765 a Rn 134 „Vollstreckungsschutz". 93

Reallast: Maßgeblich ist § 9. Bei der Forderung nach einer Rente und deren Absicherung durch eine Reallast erfolgt keine Zusammenrechnung.

Rechnungslegung: Maßgeblich ist das Interesse des Klägers an der Erleichterung der Begründung des Zahlungsanspruchs. In der Regel ist nur ein geringer Bruchteil des mutmaßlichen Zahlungsanspruchs ansetzbar, Köln VersR **76**, 1154, (25%) AG Konst WoM **92**, 494 (33%). Das Gericht muß auch den etwaigen Umstand berücksichtigen, daß der Bekl die Unklarheit über die Höhe des Hauptanspruchs vielleicht schon weitgehend beseitigt hat. Der Wert kann denjenigen der Hauptsache fast erreichen, wenn der Kläger für die Geltendmachung des Hauptanspruchs auf die Rechnungslegung angewiesen ist, LG Landau ZMR **90**, 21. Durch einen Streit über den Grund wird der Wert nicht erhöht. Bei einem Rechtsmittel gilt das Interesse des Beschwerdeführers an der Nichteinlegung, begrenzt durch das Interesse des Gegners, Köln JB **93**, 165. Dasselbe gilt bei einem Streit wegen der Erteilung eines Buchauszugs nach § 87 c HGB. Kostenrechtlich gilt bei der Stufenklage § 40 GKG. Bei Kosten der Rechnungslegung muß man auch auf notwendige Fremdkosten abstellen, BGH NJW **01**, 1284.

S auch Rn 108 „Stufenklage".

Rechtshängigkeit: Bei einem Streit über die Rechtshängigkeit ist der volle Wert des Anspruchs maßgebend.

Rechtsmittel, dazu *Märten,* Die Streitwertbemessung bei nachträglicher Rechtsmittelbeschränkung, 1981: Maßgeblich ist § 47 GKG, und zwar der tatsächliche Antrag, nicht seine Zulässigkeit usw, Karlsr NJW **75**, 1933. Beim Anschlußrechtsmittel ist § 45 II GKG beachtlich. Beim Verfahren auf Zulassung des Rechtsmittels ist dessen Wert maßgebend, VGH Mannh JB **98**, 94.

Rechtswegverweisung: Im Beschwerdeverfahren ist das Interesse des Beschwerdeführers maßgeblich, Karlsr MDR **94**, 415, Köln VersR **94**, 499, aM BGH NJW **98**, 909, BayObLG WoM **99**, 232 (je $^1/_3$–$^1/_5$ des Klaganspruchs), LAG Köln **93**, 915 (voller Klaganspruch. Aber das Klägerinteresse prägt auch begrenzt stets den Wert).

Regelunterhalt: Maßgeblich ist der Jahresbetrag des Regelbedarfs zur Zeit der Klageinreichung, § 42 I 2 GKG. 94

S auch Rn 2 „Abänderungsklage".

Registeranmeldung: Rn 7 „Anmeldung zum Handelsregister".

Rente: Man muß den Wert nach § 9 berechnen, den Kostenwert nach § 42 II GKG, vgl auch „Aufopferung".

Restitutionsklage: Rn 85 „Nichtigkeitsklage".

Revision: Rn 7 „Anschlußrechtsmittel", Rn 93 „Rechtsmittel".

Richterablehnung: Rn 3 „Ablehnung des Richters".

Rückauflassung: § 6 Rn 3 „Rückgewähr".

Rückerstattung: Bei einer Rückerstattung nach § 717 ist der Wert nicht höher als derjenige des vorangegangenen Rechtsstreits. Zinsen und Kosten werden nicht hinzugerechnet.

S auch Rn 125 „Urteilsänderung".

Rücknahme einer Sache: Maßgeblich ist § 3.

Rückstand: Rn 117 „Unterhalt".

Rücktritt: Im Fall (jetzt) des § 437 Z 2 Hs 1 BGB gilt § 3, Düss JB **86**, 433 (Vermögensbeeinträchtigung). Bei der Durchführung des Rücktritts gilt der Wert der Forderung oder der Sache, aM Hamm MDR **99**, 1225 (evtl 25% des Kaufpreises. Aber es geht um das Ganze). Bei der Klage auf die Rücknahme der Sache ist § 3 anwendbar. Beim Rücktritt einer 98jährigen kann es auf die statistische Lebenserwartung beim Vertragsabschluß ankommen, Kblz RR **00**, 143.

S auch Rn 27 „Befreiung" sowie bei den einzelnen Rücktrittsgründen.

Sachenrechtsbereinigungsgesetz: Bei § 108 I des G ist der Wert des bebauten Grundstücks maßgeblich, BGH MDR **99**, 1022, es sei denn, das Gebäude ist kein wesentlicher Grundstücksbestandteil, BGH MDR **01**, 292.

Sachverständigenablehnung: Rn 4 „Ablehnung des Sachverständigen".

Schadensersatz: Bei einer bezifferten Summe ist sie maßgeblich, § 3. Bei einer unbezifferten Summe kann eine Schätzung nach §§ 3, 287 in Betracht kommen. Vgl Rn 99 „Schmerzensgeld". Bei einer Wiederherstellung des früheren Zustands in natura kommen §§ 3, 6 als Ausgangspunkte in Betracht. Bei einer Verbindung mit anderen Ansprüchen muß man nach § 5 zusammenrechnen, aM LG Karlsr MDR **87**, 60 (aber die Vorschrift gilt uneingeschränkt). 95

S auch Rn 53 „Feststellungsklage".

Schätzung: Wenn der Kläger den fraglichen Betrag in das Ermessen des Gerichts gestellt hat, dann bleibt im allgemeinen eine etwaige eigene Schätzung des Klägers außer Betracht. Sein tatsächliches Vorbringen ist aber beachtlich. Mangels jeglicher Anhaltspunkte wendet Brschw NdsRpfl **77**, 126 § 48 III 3 GKG entsprechend an (2000 EUR).
S auch Rn 99 „Schmerzensgeld".
Scheck: Rn 59 „Geldforderung", Rn 69 „Herausgabe: b) Herausgabe einer Urkunde".
Scheidung: Rn 32 „Ehesache".
Scheidungsfolgen: Rn 32 „Ehesache".

96 **Schiedsrichterliches Verfahren:** Soweit in dem Verfahren vor dem Schiedsgericht nach der Schiedsvereinbarung gemäß §§ 1029, 1042 überhaupt wertabhängige Gebühren entstehen, sind die allgemeinen Wertregeln zumindest entsprechend anwendbar. Soweit das staatliche Gericht tätig wird, muß man die folgenden Fälle unterscheiden.
    a) Beschlußverfahren. Im Verfahren zB nach §§ 1034 II, 1035 III–V, 1037 III, 1038 I, 1041 II, III, 1050 ist das Interesse des Antragstellers an der Maßnahme maßgeblich. Das gilt auch beim Streit um das Erlöschen der Schiedsvereinbarung. Die Bestellung und die Ablehnung eines Schiedsrichters betreffen den ganzen Anspruch. Da es sich um einen vorbereitenden Akt handelt, ist die Gebühr schon durch KV 1610–1626, VV 3327, 3331 ermäßigt.
    S auch Rn 4 „Ablehnung des Schiedsrichters".

97   **b) Vollstreckbarerklärung.** Im Verfahren nach §§ 1060, 1061 ist der volle Wert des Schiedsspruchs maßgeblich. Denn erst die Vollstreckbarerklärung stellt den Vollstreckungstitel als rechtswirksam fest. Das gilt grundsätzlich auch dann, wenn nur ein Teil des Titels vollstreckbar ist. Die Partei kann aber ihren Antrag auf einen Teil des Schiedsspruchs beschränken. Das kann auch stillschweigend geschehen, Düss Rpfleger **75**, 257. Dann ist als Wert nur dieser Teilbetrag ansetzbar, Düss Rpfleger **75**, 257, aM Ffm JB **75**, 229, LG Bonn NJW **76**, 1981 (stets nur derjenige Teil des Vergleichs, der dem Antragsteller günstig ist. Aber maßgeblich ist das, was gerade der Antragsteller begehrt). Dasselbe gilt bei zwei Ansprüchen, von denen einer abgewiesen wurde und darum nicht vollstreckbar ist.

98   **c) Aufhebungsantrag.** Im Verfahren nach §§ 1059, 1062 ff ist der Wert der Abweisung maßgeblich. Man darf einen schon durch das Schiedsgericht abgewiesenen Betrag nicht hinzurechnen. Kosten und Zinsen darf man nicht mitrechnen.
Schiedsrichterablehnung: Rn 4 „Ablehnung des Schiedsrichters".
Schiffahrtsrechtliches Verteilungsverfahren: Es ist § 59 GKG anwendbar.
Schlußurteil: Es kommt auf seinen Umfang an. Die Zinsen können jetzt selbständig bewertbar sein, § 4 I 2.

99 **Schmerzensgeld:** Maßgeblich ist stets diejenige Summe, die sich auf Grund des Tatsachenvortrags des Klägers bei objektiver Würdigung als angemessen ergibt, BayObLG AnwBl **89**, 164, Mü MDR **87**, 851, Steinle VersR **92**, 425, aM Zweibr JB **98**, 260 (nicht stets), LG Karlsr AnwBl **81**, 445 (erkennbare Vorstellung des Klägers vom Streitwert. Aber die subjektive Wertvorstellung des Klägers ist bei § 3 nur mitbeachtlich). Eine vom Kläger genannte Mindestsumme ist nicht schon als solche subjektive Meinung maßgeblich, Ffm VersR **79**, 265, aM BayObLG AnwBl **89**, 164, Mü NJW **86**, 3089, Zweibr JB **98**, 260 (aber es kommt eben nicht nur auf ihn an).

100   In der Regel ist der Wert aber auch bei der eben erforderlichen objektiven Würdigung nicht geringer als der Betrag, den der Kläger *mindestens begehrt*, Hamm AnwBl **84**, 202, Mü VersR **95**, 1117, LG Hbg JB **92**, 699. Das gilt auch für eine Beschwer, BGH RR **04**, 103. Wenn der Kläger einen höheren Betrag als denjenigen nennt, den das Gericht an sich für angemessen hält, dann sollte man diesen Umstand in der Regel mitberücksichtigen, Mü MDR **87**, 851, Zweibr JZ **78**, 109. Ein bloßer Wertvorschlag beim unbezifferten Antrag läßt eine Abweichung von 20% bei der Wertfestsetzung zu, Ffm MDR **82**, 674. Die im Urteil zugesprochene Summe ist nur dann für die Wertfestsetzung maßgeblich, wenn die nach dem Tatsachenvortrag des Klägers bei seiner objektiven Bewertung maßgeblichen Bemessungsumstände auch der Entscheidung zugrunde lagen. Dieser Fall liegt nicht vor, wenn zB die Klagebehauptungen ganz oder zum Teil unbewiesen geblieben sind. Dann muß man als Wert wiederum denjenigen Betrag ansetzen, der nach dem Tatsachenvortrag des Klägers angemessen gewesen wäre, wenn er seine Behauptungen voll bewiesen hätte, Ffm MDR **76**, 432, Kblz JB **77**, 718. Natürlich bleibt § 92 anwendbar.
    Dasselbe gilt bei einer *teilweisen Klagerücknahme*. Wegen einer Wertänderung in der Berufungsinstanz Zweibr JZ **78**, 244.

101 **Schuldanerkenntnis:** Rn 7 „Anerkenntnis".
Schuldbefreiung: Rn 27 „Befreiung".
Schuldschein: Rn 69 „Herausgabe: b) Herausgabe einer Urkunde".

102 **Selbständiges Beweisverfahren,** dazu *Wirges* JB **97**, 565 (ausf): Bei einem derartigen Verfahren während des Prozesses gilt dessen Streitwert, Bbg MDR **03**, 836, Düss MDR **01**, 354, Mü MDR **02**, 357, aM Rostock RR **93**, 1086. Das gilt auch bei einer Werterhöhung im Rechtsmittelverfahren, Kblz JB **00**, 484. Soweit eine Schätzung erst durch den Sachverständigen möglich ist, gilt sie grds für das endgültige Wert, BGH NJW **04**, 3489, Düss RR **03**, 1530 (je: evtl im Einzelfall geringer), Ffm RR **00**, 613, Kblz VersR **03**, 131, aM Celle Rpfleger **97**, 452, Kblz MDR **05**, 312 (aber das war das wahre Interesse des Antragstellers). Abgesehen von diesem Sonderfall gilt aber grds: Bei jedem isolierten selbständigen Verfahren ist der Wert des zu sichernden Anspruchs bei Verfahrenseinleitung maßgeblich, evtl also auch derjenige der Hauptsache bzw des im Streit befindlichen Teils der Hauptsache, BGH NJW **04**, 3489, Celle RR **04**, 234, Ffm RR **03**, 647, aM Hbg RR **00**, 827, Kblz JB **05**, 312 (je: Beseitigungskosten), Düss ZMR **01**, 21, Schlesw MDR **04**, 230 (je: 1/2), (Interesse an der Maßnahme, also evtl nur ein Bruchteil des Werts der Hauptanspruchs. Aber keine der Varianten berücksichtigt genug den wahren wirtschaftlichen Anlaß des Beweisverfahrens). Bei einer grds zulässigen Mehrheit von Antragsgegnern, Üb 3 vor § 485, ist die etwa genau angegebene jeweilige Beteiligung maßgeblich. Sonst gilt gegen jeden der volle Wert, Nürnb MDR **99**, 1522.

Titel 1. Sachl. Zuständigkeit der Gerichte und Wertvorschriften **Anh § 3**

Wenn ein *Teil* des Anspruchs unstreitig ist, scheidet er für die Wertberechnung aus. Wenn mehrere Rechtsstreitigkeiten vorliegen oder wenn der Wert den der Hauptsache übersteigt, findet eine Aufteilung im Verhältnis des Streitwerts statt, Düss RR **98**, 358, aM Ffm AnwBl **79**, 431 (die Kosten seien in derjenigen Höhe zu erstatten, die bei Zugrundelegung des Streitwerts der Hauptsache angefallen wären. Aber hier geht es um den Wert. Aus ihm mag sich dann die Erstattung mitergeben). Der Wert kann bei einfachen Streitgenossen unterschiedlich hoch sein, KG RR **00**, 1622. Wegen der Zuständigkeit bei der Festsetzung Hamm NJW **76**, 116. Ein Gegenantrag ist unerheblich, LG Osnabr JB **98**, 548 (bei Unselbständigkeit).

Sicherheitsleistung: Wenn es um eine Einrede der mangelnden Sicherheitsleistung geht, entspricht der **103** Wert demjenigen der Klage, § 718 Rn 3, BGH VersR **91**, 122, aM Karlsr MDR **86**, 594 (Wert der Sicherheitsleistung). Bei drohender Uneinbringlichkeit kann ebenfalls der Hauptsachewert maßgeblich sein. Im Fall des § 713 ist ebenfalls der Wert der Hauptsache maßgeblich. Im Fall des § 716 ist ein Bruchteil der Hauptsache (Ausfallgefahr) maßgeblich. Im Fall des § 718 ist das Interesse des Antragstellers maßgeblich. Im Fall einer Beschwerde gegen die Unterlassung oder Aufhebung der Anordnung einer Sicherheitsleistung nach § 769 muß man grds 10% des Werts der Hauptsache ansetzen, Mü Rpfleger **81**, 371. Das Interesse an der Art der Sicherheitsleistung läßt sich mit 5% ihrer Höhe bewerten, Hbg MDR **90**, 252, LG Bln Rpfleger **90**, 137. Bei der Klage auf die Rückzahlung einer Kaution muß man die Zinsen einrechnen, AG Michelstadt WoM **87**, 353. Beim Geschiedenenunterhalt kann das Interesse am Wegfall einer Sicherheitsleistung maßgeblich sein, BGH NJW **99**, 723.

S auch Rn 32 „Ehesache".

Sicherstellung: Es ist § 6 anwendbar. **104**
Sicherungshypothek: § 6 Rn 12, 13.
Sicherungsübereignung: § 6 Rn 9.
Sofortige Beschwerde: Eine Bewertung ist nur erforderlich, soweit keine Festgebühr entsteht. Sie erfolgt also bei KV 1122, 1220, 1221 usw. Maßgeblich ist das Interesse des Beschwerdeführers an einer Änderung der angefochtenen Entscheidung. Die Wertfestsetzung gehört zur Prüfung der Zulässigkeit der Beschwerde. Eine etwaige Gegenleistung bleibt unberücksichtigt, auch wenn der Schuldner sie von vornherein angeboten hatte. Wenn eine Zug um Zug zu erbringende Gegenleistung der alleinige Gegenstand der Beschwerde ist, dann ist der Wert dieser Gegenleistung maßgeblich. Er wird nach oben durch den Wert des Klaganspruchs begrenzt. Bei einer Zinsforderung mit einem ungewissen Erfüllungszeitpunkt erfolgt eine Schätzung nach § 3, BGH BB **81**, 1491.

S auch Rn 3 „Ablehnung des Richters", Rn 74 „Kartellsache", Rn 87 „Ordnungs- und Zwangsmittel", Rn 103 „Sicherheitsleistung".

Sommersache: Man kann 20% der Hauptsache ansetzen.
Sorgerecht: Bei seiner Regelung ist § 48 II–IV GKG anwendbar.

S auch Rn 32 „Ehesache".

Stadtplanausschnitt: Es können 10 000 EUR angemessen sein, sogar im Eilverfahren, KG GRUR **05**, 88.
Stationierungsschaden: Wenn er im Weg eines Vergleichs vor der Erhebung der Klage abgegolten wurde, muß man der Berechnung der Anwaltsgebühr den zuerkannten Ersatzbetrag zugrunde legen. Dieser Betrag ist auch dann maßgeblich, wenn es um ein Schmerzensgeld und einen merkantilen Minderwert geht.
Stiftung: Der vermögensrechtliche Streit um die personelle Besetzung eines Stiftungskuratorium läßt sich nach § 3 bewerten, Hamm OLGZ **94**, 78.

S auch Rn 93 „Rechtswegverweisung".

Streitgenossenschaft: Es findet keine Addition statt, soweit es wirtschaftlich um nur *einen* Gegenstand geht, **105** Karlsr MDR **91**, 353. Das ist auch dann so, wenn es um eine Verbindung persönlicher und dinglicher Klagen geht oder um mehrere Ansprüche oder um eine zusätzliche Forderung gegen einen der Streitgenossen. Im übrigen muß man nach § 5 zusammenrechnen.
Streithilfe: Maßgeblich ist derjenige Teil des Anspruchs der Hauptpartei, auf den sich das Interesse des **106** Streithelfers erstreckt, Hbg JB **92**, 252, also die Auswirkung des Urteils auf ihn, Hbg AnwBl **85**, 263, Köln VersR **93**, 80, evtl 20% Abzug vom Hauptanspruch, niemals aber ein höherer Wert als derjenige des Hauptanspruchs, Kblz Rpfleger **77**, 175, Stgt AnwBl **79**, 431. Wenn der Streithelfer dieselben Anträge wie die Hauptpartei stellt, dann ist der Wert der Hauptsache maßgeblich, Bre JB **03**, 83, KG MDR **04**, 1445, Mü MDR **97**, 788, aM Hbg MDR **77**, 1026, Mü MDR **83**, 59, Köln MDR **04**, 1026 (auch in dieser Situation sei nur das Interesse des Streithelfers maßgeblich, jedenfalls in der ersten Instanz, Kblz MDR **83**, 59. Aber der Streithelfer will formell dasselbe Ziel erreichen wie die Hauptpartei).

Bei einem Streit nur um die *Zulassung* des Streithelfers ist sein Interesse am Beitritt maßgeblich. Der Wert kann unter dem Wert des Hauptprozesses liegen. In einem Gebrauchsmuster-Löschungsverfahren kann das wirtschaftliche Interesse der Allgemeinheit maßgeblich sein, BPatG GRUR **85**, 524.

Streitwertbeschwerde: Maßgeblich ist der Unterschiedsbetrag zwischen dem festgesetzten und dem ange- **107** strebten Wert. Die Auslagenpauschale ist unbeachtlich, LG Stade AnwBl **82**, 438.
Stufenklage: Vgl zunächst Rn 24 „Auskunft", Rn 87 „Offenbarung", Rn 93 „Rechnungslegung", **108** Rn 117 „Unterhalt", § 5 Rn 8 „Stufenklage", Schneider Rpfleger **77**, 92. Maßgeblich ist das Interesse des Klägers, Nürnb FamRZ **04**, 962, Schlesw JB **02**, 81. Es ist nur der höchste Anspruch maßgebend, (jetzt) § 44 GKG, Brdb FamRZ **03**, 240, Ffm JB **99**, 303, Schlesw JB **02**, 81, aM Drsd MDR **97**, 691 (nach Rücknahme der späteren Stufen nur der Auskunftsanspruch. Vgl aber § 40 GKG). Daher muß das Gericht jeden der verbundenen Ansprüche sogleich bei der Klagerhebung nach § 3 schätzen, Brdb FamRZ **03**, 240, Celle MDR **03**, 55, Schlesw JB **02**, 81 (je: späterer Verlauf ist unerheblich), aM BGH NJW **02**, 3477 (nur Wert der Auskunft bei Zurückverweisung im übrigen), Schlesw MDR **95**, 643 (nur der Rechnungslegungsanspruch, wenn der Herausgabeanspruch auch nicht nachträglich beziffert werde. Vgl aber je § 15 GKG.

a) **Rechnungslegung.** S zunächst Rn 24 „Auskunft". Ihr Wert richtet sich nach dem Interesse des Klägers daran, sich die Begründung des Zahlungsanspruchs zu erleichtern, KG AnwBl **84**, 612, Köln

VersR **76**, 1154. Dieses Interesse kann im Einzelfall so hoch wie der Herausgabeanspruch zu bewerten sein. Das gilt dann, wenn der Kläger ohne eine Rechnungslegung keinerlei Anhaltspunkte hätte, Ffm MDR **87**, 509. Im allgemeinen darf und muß man aber das Interesse an der Rechnungslegung niedriger ansetzen, zB auf 25% des mutmaßlichen Zahlungsanspruchs, Köln VersR **76**, 1154. Maßgeblich ist der Zeitpunkt der Klagerhebung, (jetzt) § 40 GKG, Kblz AnwBl **89**, 397. Soweit eine Berufung nur die eidesstattliche Versicherung zur Offenbarung betrifft, kann zB 50% des Auskunftsanspruchs maßgeblich sein, Köln Rpfleger **77**, 116. Auch den Antrag auf die Ermittlung des Werts eines zum Nachlaß gehörenden Grundstücks muß das Gericht nach dem Grundsatz behandeln, daß der höchste der verbundenen Ansprüche maßgebend ist, Hamm AnwBl **81**, 69.

109   **b) Eidesstattliche Versicherung.** Das Interesse an ihrer Abnahme bestimmt sich nach demjenigen Mehrbetrag, den sich der Kläger von diesem Verfahren verspricht, Bbg FamRZ **97**, 40. Man muß den Beschwerdewert nach dem Aufwand von Zeit und Kosten berechnen, BGH RR **94**, 898.

110   **c) Leistungsanspruch.** Sein Wert ist auch dann maßgeblich, wenn es nicht mehr zu dieser Stufe kommt, Bbg FamRZ **98**, 312, Nürnb FamRZ **04**, 962. Man muß ihn ebenso hoch wie den Wert desjenigen ansetzen, das herausgegeben werden muß, KG AnwBl **84**, 612. Maßgeblich ist wegen (jetzt) § 40 GKG für den Kostenstreitwert der Instanzbeginn, Hamm FamRZ **98**, 1308, KG (1. ZS) JB **94**, 108, Köln FamRZ **98**, 1601, aM KG (16. ZS) MDR **97**, 598 (Instanzende. Aber (jetzt) § 40 GKG gilt uneingeschränkt).

111   **d) Wertänderung.** Es ergibt sich meist, daß für die Verfahrensgebühr der Wert des Leistungsanspruchs allein maßgeblich ist. Für spätere Gebühren kann der Leistungsanspruch niedriger sein. Höher ist er auch dann praktisch nicht. Denn wenn der Kläger auf Grund der erhaltenen Rechnungslegung einen höher bezifferten Antrag auf die Leistung stellt, dann muß man den Streitwert auch für das übrige Verfahren nach (jetzt) § 40 GKG erhöhen, KG MDR **93**, 696. Etwas anderes gilt nur dann, wenn sich der Leistungsanspruch nach der Rechnungslegung infolge einer Teilleistung ermäßigt. Wenn die Klage nur eine Auskunftserteilung und auf die Leistung der eidesstattlichen Versicherung abzielt, dann ist für die Wertfestsetzung die Vorstellung des Klägers davon maßgebend, was er durch dieses Verfahren erlangen könnte. Unter Umständen kann dann der nachgeschobene Leistungsanspruch niedriger sein, Düss FamRZ **87**, 1282, Ffm FamRZ **87**, 85, KG MDR **93**, 696.

112   **e) Teilabweisung.** Wenn das Gericht bereits den Auskunftsanspruch als unbegründet abweisen mußte, ist die Vorstellung des Klägers davon maßgeblich, was er durch die Auskunft und die Leistung der eidesstattlichen Versicherung seitens des Bekl erhalten könnte. Anders ausgedrückt: Wenn der Kläger die Anträge aller Stufen gestellt hatte und wenn das Gericht bereits den ersten Antrag abgewiesen hat, ist der Wert aller Stufen maßgeblich, BGH NJW **02**, 71, Düss FamRZ **92**, 1095, Ffm JB **99**, 303, aM Stgt FamRZ **90**, 652 (aber die Antragstellung war einerseits zum Teil unnötig, andererseits zulässig).

113   **f) Leistungs- und Stufenklage.** Man muß die Werte zusammenrechnen, Ffm MDR **95**, 207, Mü MDR **89**, 646, LG Bayreuth JB **77**, 1734.

g) Stufen- und Widerklage. Man muß die Werte zusammenrechnen, Karlsr AnwBl **84**, 203.

114   **Teilklage:** Maßgeblich ist der geforderte Teilanspruch. Bei einer Widerklage wegen des Rests muß man zusammenrechnen, Bbg JB **79**, 252 (unterschiedliche Streitgegenstände). Bei Abweisung der Gesamtklage durch das Rechtsmittelgericht gilt der Gesamtwert.

Teilungsklage: Rn 60 „Gemeinschaft".
Teilstreitwert: Maßgeblich ist § 36 GKG.
Teilungsversteigerung: Rn 139 „Widerspruchsklage: c) Teilungsversteigerung".
Teilzahlung: Man darf die während des Prozesses gezahlten Teilbeträge wegen § 366 I BGB nur mangels vorrangiger Bestimmung seitens des Schuldners in der Reihenfolge des § 366 II BGB verrechnen. Im Antrag „… abzüglich x EUR" liegt meist eine Bestimmung nach § 366 I BGB. Das übersieht ZöHe § 3 Rn 16 „Teilzahlung".
Telefaxwerbung: Rn 121.
Telekommunikationsgesetz: §§ 3–9 sind auf das außergerichtliche Streitbeilegungsverfahren nach § 145 S 3 TKG und auf das Vorverfahren nach § 146 S 3 Hs 2 TKG entsprechend anwendbar.
Testament: Rn 41 „Erbrechtlicher Anspruch".
Testamentsvollstrecker: Maßgeblich ist § 3. Bei der Klage des Testamentsvollstreckers auf seine Einsetzung wenden manche § 9 als Ausgangsvorschrift an. Beim Streit um das Bestehen und die Reichweite seiner Befugnisse setzt BGH FamRZ **04**, 865 nur 0,5% des Vermögens an. Der Streit um die Beendigung des Amts hat einen geringen Wert als das Erbteil des Klägers.
Titulierungsinteresse: Rn 117 „Unterhalt".
Trennung: Vom Zeitpunkt der Trennung in mehrere Prozesse an ist eine Aufspaltung in die Einzelwerte notwendig, FG Bln EFG **83**, 198, aM FG Hbg EFG **83**, 254 (aber eine Trennung gilt eben auch kostenrechtlich). Vorher entstandene Gebühren bleiben bestehen.

115   **Überbau:** § 7 Rn 2, § 9 Rn 4.
Übereignung: Maßgeblich ist, wie bei einer Herausgabe, § 6, dort Rn 1, 2.
Übergabe einer Sache: Maßgeblich ist, wie bei einer Herausgabe, § 6.
Überweisung einer Forderung: Maßgeblich ist § 6, also ist der Wert des Pfandrechts die Obergrenze.
Umlegungsverfahren: Der Streit um die Einbeziehung eines Grundstücks in das Umlegungsverfahren ist kein Eigentumsstreit. Daher ist § 6 grds unanwendbar, Karlsr AnwBl **84**, 202. Man muß vielmehr als Wert 20% des Werts des eingeworfenen Grund und Bodens annehmen, Karlsr AnwBl **84**, 202. Dabei muß man die etwa vorhandenen Aufbauten, Anpflanzungen und sonstigen Einrichtungen einbeziehen. Derselbe Grundsatz gilt dann, wenn ein Umlegungsplan nach § 66 BauGB angefochten wird oder wenn es sich um einen Streit um die Zustellung eines Auszugs aus der Bestandskarte und dem Bestandsverzeichnis handelt, BGH Rpfleger **78**, 95. Steht Flächenverlust im Vordergrund, mag ausnahmsweise der Verkehrswert gelten, Bbg JB **98**, 548.

Titel 1. Sachl. Zuständigkeit der Gerichte und Wertvorschriften **Anh § 3**

Umweltschutz: Das UmweltHG enthält keine Streitwertregelung. Maßgeblich ist das Interesse des Klägers und nicht das Interesse des Bekl. Je nach der Begründung der Klage ist entweder § 3 anwendbar, wenn nämlich eine Störung des Eigentums oder des Besitzes behauptet wird, oder § 48 II GKG maßgeblich, wenn eine Beeinträchtigung des Persönlichkeitsrechts behauptet wird.
Unbezifferter Antrag: § 3 Rn 3.
  S auch Rn 99 „Schmerzensgeld".
Unfall: Man muß verschiedenartige Ansprüche zusammenzählen, § 9 Rn 3. Wenn der Kläger einen Anspruch mit der Einschränkung stellt, er verlange die Leistung nur, „soweit die Ansprüche nicht auf den Sozialversicherungsträger übergegangen sind", dann muß man die übergegangenen Ansprüche abziehen. **116**
Unlauterer Wettbewerb: Rn 63, 121 „Gewerblicher Rechtsschutz". **117**
Unterhalt: Maßgeblich ist für die Zuständigkeit § 9, dort Rn 2, BGH RR **99**, 1080, Hbg FamRZ **03**, 1199. Für den Kostenstreitwert gilt (jetzt) § 42 GKG, Brschw RR **96**, 256 rechts, Ffm JB **05**, 97 (zu § 767). Nur ein eindeutig auf den nicht freiwillig gezahlten Spitzenbetrag beschränkter Klagantrag begrenzt den Wert entsprechend, Mü FamRZ **98**, 573 rechts. Ein bloßes Titulierungsinteresse läßt sich mit 25% des Werts nach (jetzt) § 42 I GKG ansetzen, Bbg JB **93**, 110, Kblz AnwBl **84**, 205, aM Mü FamRZ **90**, 778, Nürnb JB **94**, 737 (je: 5%), Bbg JB **92**, 628 (10%), Düss FamRZ **87**, 1281 (15%). Das gilt zB wegen der Einbeziehung eines unstreitigen Teilanspruchs in einen Vergleich, Brschw RR **96**, 256 rechts.
  Einen *Rückstand* muß man nach § 42 V GKG zusätzlich bewerten, Ffm JB **05**, 97 (zu § 767). Da ein Unterhalt im voraus zu zahlen ist, § 1612 III 1 BGB, zählt der Einreichungsmonat voll zum Rückstand, Brdb JB **01**, 418, Hamm FamRZ **04**, 312, Köln JB **96**, 84. Bei einer Stufenklage reicht der mit dem Auskunftsanspruch geltend gemachte noch unbezifferte Zahlungsanspruch aus, BGH NJW **81**, 1731, Bbg JB **91**, 108, Hamm FamRZ **04**, 1664. Durch eine Klagerhöhung entsteht kein Rückstand, Hbg MDR **83**, 1032, Saarbr JB **90**, 97, aM Karlsr FamRZ **86**, 195, Schneider MDR **91**, 198 (Rückwirkung sogar beim Vergleich. Aber eine Klagerhöhung ist ein prozessualer Vorgang, wenn auch natürlich wegen einer weiteren sachlichrechtlichen Forderung). Ebensowenig entsteht durch einen Parteiwechsel ein Rückstand, Karlsr RR **99**, 582. Man muß die im Eilverfahren bis zum Übergang in das Hauptverfahren entstandenen Beträge als Rückstand hinzurechnen. Einen Unterhaltsverzicht kann man mit 12 Monatsbeträgen ansetzen, Düss JB **90**, 52, oder auch mit einem höheren Wert, Naumb FamRZ **01**, 433 (18 Monatsbeträge).
  S auch Rn 2 „Abänderungsklage", Rn 24 „Auskunft", Rn 27 „Befreiung", Rn 32 „Ehesache", Rn 34 „Einstweilige Anordnung", Rn 35 „Einstweilige Verfügung", Rn 126 „Vereinfachtes Verfahren".
Unterlassung: Hier muß man sieben Fallgruppen unterscheiden. **118**
  a) Allgemeine Geschäftsbedingungen. Bei einer Klage nach dem UKlaG darf man als Wert höchstens 250 000 EUR ansetzen, § 48 I 2 GKG. Maßgeblich ist im übrigen das Interesse des Klägers, Bunte DB **80**, 486. Kann man erwarten, daß der Bekl sich dann zugunsten anderer einem Verletzten ergangenen Titel fügen wird, kann der Wert des nachfolgenden Parallelstreits geringer sein, Ffm WRP **83**, 523, Kblz WRP **85**, 45. Je angegriffene Klausel kann man (jetzt ca) 1500–2500 EUR ansetzen, Bunte DB **80**, 485.
  b) Belästigung. Beleidigung. Man muß von (jetzt) § 48 II, III GKG ausgehen, LG Oldb JB **95**, 369. **119** Maßgeblich ist das Klägerinteresse am Verbot, LAG Kiel NZA-RR **04**, 208. Das Ausmaß der Rufbeeinträchtigung kann den Streitwert natürlich erheblich beeinflussen, Ffm AnwBl **83**, 89. Trennungsbedingte Belästigungen lassen sich meist mit höchstens 5000 EUR bewerten, Köln RR **02**, 1724. Man muß unter Umständen die wirtschaftliche Auswirkung mitberücksichtigen, Mü JB **77**, 852. Man muß die Streitwerte eines Widerrufs- und eines Unterlassungsanspruchs zusammenrechnen, Düss AnwBl **80**, 358.
  c) Besitz- und Eigentumsstörung. Die Schuldform ist evtl mitbeachtlich, Köln VersR **76**, 740. **120**
  d) Dienstbarkeit. Im Fall der Abwehrklage gegen eine Dienstbarkeit § 7 Rn 1–3.
  e) Gewerblicher Rechtsschutz, dazu *Ulrich* GRUR **84**, 177: Vgl zunächst (jetzt) § 51 GKG, dazu **121** Zweibr GRUR-RR **01**, 285. Maßgeblich ist die Beeinträchtigung des Rechts des Klägers, Düss ZMR **93**, 377, KG ZMR **93**, 346, also seine voraussichtliche Umsatzschmälerung, Karlsr MDR **80**, 59, Saarbr AnwBl **78**, 467, Stgt WettbR **97**, 207, aM BezG Drsd GRUR **91**, 2283 (evtl das höhere Interesse des Bekl. Aber es kommt beim Wert stets auf dasjenige des Klägers an), LG Mosbach BB **83**, 2073, LAG Nürnb BB **99**, 1929 (je: maßgeblich sei der drohende Schaden. Aber der Umsatz hat einen wirtschaftlichen Eigenwert). Bei der Klage eines Anwalts auf die Unterlassung der Ankündigung einer unerlaubten Rechtsberatung kann sein Interesse maßgeblich sein, LG Ffm AnwBl **82**, 83. Es gibt keinen Regelwert von (jetzt ca) 50 000 EUR, KG WettbR **98**, 139. Man muß die Verwirrung des Verkehrs und die Verwässerung einer Marke infolge des Verhaltens des Bekl nach § 3 mitberücksichtigen. Man muß ferner berücksichtigen, daß jedes Unterlassungsurteil auch eine Entscheidung mit einer der Rechtskraft fähigen Feststellungswirkung enthält. Man muß diese Wirkung mitbewerten, Einf 15 vor §§ 322–327. Bei der Immobilienwerbung können 10% des Kaufpreises maßgeblich sein, KG RR **87**, 878, KG GRUR **89**, 629. Bei unerwünschter Telefaxwerbung usw kann man ca 4000 EUR ansetzen, AG Siegburg MDR **02**, 849, oder auch ca 2500–10 000 EUR, Schmittmann JB **03**, 401 (Üb). Bei unerwünschter e-mail-Werbung kommen im Eilverfahren etwa 7700 EUR in Betracht, KG JB **03**, 142, aber auch nur 2500 EUR, LG Bln JB **03**, 143.
  Wenn entweder *mehrere* natürliche oder juristische *Personen* oder eine wirtschaftliche Interessenvereinigung klagen, dann ist die Summe der Interessen aller Kläger maßgeblich, also zB die Summe derjenigen Beträge, die durch eine Abwerbung jährlich hätten verloren gehen können, Karlsr MDR **80**, 59. Unter Umständen muß man einen höheren Wert ansetzen, wenn die Kläger auch Belange von Nichtmitgliedern wahrnehmen. Im Fall einer Verbandsklage nach Grdz 30 vor § 253 gilt das Interesse der Allgemeinheit als der Wert, also nicht das Interesse der gesamten Mitglieder oder der jeweils betroffenen Mitglieder, Hamm AnwBl **87**, 45, Oldb JB **96**, 946, aM Marotzke ZZP **98**, 199 (aber das Allgemeininteresse gibt überhaupt erst den Anlaß zur Zulassung der Verbandsklage).
  Es entscheiden also in einem solchen Fall *folgende Faktoren,* BGH RR **90**, 1322: Die allgemeine Bedeutung der beanstandeten Handlung; die Gefahr der Nachahmung; die Größe der Verletzungen; der

Umfang der in Erscheinung tretenden Handlungen, Düss JB **75**, 229. Zur Herabsetzung bei gehäuften Abmahnungen Düss GRUR **84**, 218. Als Beschwerdegegenstand ist das Ziel des Rechtsmittelklägers an der Aufhebung des Verbots für den Zeitraum nach der Entscheidung über das Rechtsmittel maßgeblich. Außerdem muß man das Interesse des Rechtsmittelklägers an der Beseitigung der Feststellungswirkung des Unterlassungsurteils berücksichtigen, also das Interesse daran, daß über die Unterlassung nicht anders entschieden werden kann, und zwar auch nicht als Vorfrage.

Wenn es um die Unterlassung einer Kritik an einem wirtschaftlichen Unternehmen durch eine *einstweilige Verfügung* geht, dann ist die Höhe der Gefahr eines Schadens bis zum Erlaß des Urteils in der Hauptsache maßgeblich. Bei einem Spitzensportler sind Beeinträchtigungen seiner Vermarktungsmöglichkeiten mitbeachtlich, Stgt WettbR **97**, 91. Bei einer *wirtschaftlich schwachen Partei/bzw bei einer nach Art und Umfang einfach gelagerten Sache* kann das Gericht den Wert für die Gebührenberechnung niedriger festgesetzen, § 85 II, § 142 MarkenG, § 12 IV UWG, vgl aber Düss DB **77**, 1598 (es kann nämlich unter Umständen ein Rechtsmißbrauch vorliegen), KG AnwBl **78**, 142 (man muß ein gewisses Verhältnis zu dem an sich angemessenen Wert herstellen). Bei Unterlassung einer Einwirkung (Immission) muß man den Wert nach der Wertminderung schätzen. § 7 kann einen Anhalt geben, ist aber nicht direkt anwendbar.

S auch Rn 63 ff „Gewerblicher Rechtsschutz".

122 **f) Mietvertrag.** Eine Unterlassungsklage auf Grund eines Mietvertrags läßt sich nicht nach § 41 GKG bewerten, sondern nach § 3, LG Hann WoM **85**, 128, aM LG Mannh WoM **99**, 224 (evtl § 9). Wegen Tierhaltung Rn 83 „Mietverhältnis: h) Sonstige Fälle".

123 **g) Zwangsvollstreckung.** Im Fall einer Klage auf eine Unterlassung der Zwangsvollstreckung aus einem angeblich erschlichenen Urteil bleiben die nach diesem Urteil zu zahlenden Zinsen und Kosten außer Betracht, Karlsr MDR **91**, 353, Mü BB **88**, 1843, LG Hbg RR **90**, 624, aM Hbg MDR **88**, 1060 (aber Unterlassung ist kein Schadensersatz).

Unzulässigkeit: Rn 134 „Vollstreckungsklausel".

124 **Urheberrecht:** Einer wirkungsvollen Abschreckung kann den Streitwert mitbestimmen, Hbg GRUR-RR **04**, 342.

S auch Rn 104 „Stadtplanausschnitt".

Urheberrechtschiedsstelle: Nach § 13 III VO v 20. 12. 85, BGBl 2543, gilt die ZPO.

Urkunde: Beim Streit um ihre Feststellung gilt § 3, ebenso beim Streit um ihre Vorlegung zur Einsichtnahme, BGH RR **97**, 648, Köln MDR **83**, 321 (¹/₄ des Hauptsachewerts).

S auch Rn 69 „Herausgabe: b) Herausgabe einer Urkunde", Rn 147 „Zwischenstreit".

125 **Urteilsänderung:** Wenn es um einen Anspruch nach § 717 geht, dann findet keine Erhöhung des Werts statt, falls der Antragsteller diesen Anspruch in demselben Verfahren geltend macht, ohne daß er einen weiteren Schaden ersetzt verlangt. Das gilt auch bei einem einfachen Antrag nach § 717 II, LAG Bln DB **88**, 612. Man darf auch weder Zinsen noch Kosten hinzurechnen. Das gilt unabhängig davon, in welcher Klageform der Schadensersatz verlangt wird, § 717 Rn 14, Stgt AnwBl **76**, 133. Entsprechendes gilt in den Fällen der §§ 302 IV, 600 II.

Urteilsberichtigung: Rn 28 „Berichtigung der Entscheidung".

Urteilsergänzung: In den Fällen §§ 321, 716, 721 I 3 ist das Interesse des Antragstellers maßgeblich.

126 **Valuta:** Im Fall einer Klage auf eine Zahlung in einer ausländischen Währung ist der Kurswert im Zeitpunkt der Klagerhebung oder im Zeitpunkt der Einlegung des Rechtsmittels maßgeblich, § 4.

Vaterschaftsanerkenntnis: In den Fällen der §§ 1592 ff BGB in Verbindung mit § 640 II Z 1 Hs 2 ZPO muß man jeweils nach § 48 III 3 GKG von einem Regelstreitwert von 2000 EUR je Kind ausgehen, Köln JB **05**, 542.

S auch Rn 73 „Kindschaftssache".

Veräußerungsverbot: § 6 Rn 3 „Veräußerungsverbot".

Verbandsklage: Rn 6 „Allgemeine Geschäftsbedingungen".

Verbindung: § 5 Rn 2.

Verbundverfahren: Rn 32 „Ehesache".

Verein: Bei der Zugehörigkeit zum Verein entscheidet für die Zuständigkeit stets § 3 und für die Gebühren seine Natur, Grdz 11 vor § 1. Bei einer vermögensrechtlichen Sache ist auch dann § 3 maßgebend. Nichtvermögensrechtlich im Sinne von (jetzt) § 48 II, III GKG ist der Streit beim Idealverein, Düss AnwBl **97**, 680, Köln MDR **84**, 153 ([jetzt ca] 500 EUR), oder der Streit über die Auflösung des Landesvorstandes einer politischen Partei. Beim Zusammentreffen beider Anspruchsarten muß man grds nach § 5 zusammenrechnen (Ausnahme: § 48 IV GKG). Das wirtschaftliche Interesse kann auch beim Idealverein mitbeachtlich sein, Ffm JB **03**, 644. § 247 I AktG gilt nicht entsprechend, BGH MDR **93**, 183.

S auch Rn 25 „Ausscheiden und Ausschließung".

Vereinfachtes Verfahren, dazu *Groß* Rpfleger **99**, 303 (Üb): Wegen der Festgebühr KV 1121 ist ein Wert nur im Fall KV 1120 und stets für die Anwaltsgebühren nach VV 3335, 3336 erforderlich und nach den Regeln Rn 1 „Abänderungsklage" ermittelbar.

Verfügungsbeschränkung: § 6 Rn 3 „Verfügungsbeschränkung".

Vergabeverfahren: Es gelten § 50 GKG, hilfsweise § 3, Brdb JB **05**, 38, Jena JB **02**, 434 (meist : Auftragswert).

127 **Vergleich:** Maßgeblich ist der Wert sämtlicher streitigen Ansprüche, die die Parteien in den Vergleich einbezogen haben. Maßgebend ist also nicht nur der Betrag oder Wert, auf den sich die Parteien einigen, Mü JB **01**, 141, Nürnb FamRZ **02**, 685 (auch im Prozeßkostenhilfeverfahren), Saarbr MDR **05**, 179. Eine Umzugshilfe kann den Wert des Räumungsvergleichs erhöhen, AG Köln NZM **03**, 106.

Das alles gilt auch zB bei einem *Totalschaden*. Vgl auch Rn 104 „Stationierungsschaden". Zinsen und Kosten bleiben unbeachtet, Düss JB **84**, 1865, Schneider MDR **84**, 265. Wenn ein bisher unstreitiges Rechtsverhältnis in den Vergleich einbezogen worden ist, dann muß man zwar von § 779 BGB ausgehen. Man muß aber den dortigen Begriff „Unsicherheit" weit auslegen, Schmidt MDR **75**, 27, Zweibr MDR

Titel 1. Sachl. Zuständigkeit der Gerichte und Wertvorschriften **Anh § 3**

78, 496 (Interesse an der Titulierung), Markl Festschrift für Schmidt (1981) 87, aM Schneider Rpfleger **86**, 83 (aber es ist stets eine umfassende wirtschaftliche Betrachtung notwendig).

Man muß also zB *unterscheiden*, ob nur ein deklaratorischer Vergleich vorliegt; dann muß man ihn **128** grundsätzlich unberücksichtigt lassen, LAG Stgt DB **84**, 784, oder ob auch für das bisher unstreitige Rechtsverhältnis immerhin zumindest vorsorglich eben ein besonderer Vollstreckungstitel geschaffen werden sollte. S auch Rn 15 „Aufrechnung", Rn 91 „Ratenzahlung". Die Übernahme der Verpflichtung zur Rücknahme eines in einem anderen Verfahren gegen einen Dritten eingelegten Rechtsmittels braucht den Vergleichswert nicht zu erhöhen, LAG Hamm MDR **80**, 613. Bei Einbeziehung eines Eilverfahrens nach §§ 620 ff, 915 ff muß man zusammenrechnen, Schneider MDR **82**, 272. Wenn eine Partei im Vergleich auf einen Teil des bisher nicht eingeklagten Anspruchs verzichtet, weil dessen Durchsetzbarkeit zweifelhaft ist, dann erhöht sich der Vergleichswert nur um einen angemessenen Teilbetrag, LG Bayreuth JB **81**, 606, LAG Hbg JB **86**, 752, LAG Hamm MDR **80**, 613 (abl Schmidt AnwBl **84**, 363).

Beim *wechselseitigen Unterhaltsverzicht* sind oft (jetzt ca) 1200–1800 EUR angemessen, Düss JB **84**, 1542. Wenn ein zur Aufrechnung gestellter Anspruch auch nur evtl nicht durchsetzbar ist, zB wegen einer Verjährung, will Karlsr MDR **81**, 57 das beim Streitwert berücksichtigen. Diese Auffassung übersieht, daß es zum Wesen des Vergleichs gehört, gerade eine Ungewißheit zu beseitigen, § 779 I BGB. Es ist für den Wert dann unerheblich, ob die Parteien den Vergleich in einem anderen Verfahren geschlossen haben, Hamm Rpfleger **83**, 504, oder ob für die Prüfung der Gegenforderung ein anderes Gericht zuständig gewesen wäre, etwa das FamG, KG Rpfleger **83**, 505.

Beim Vergleich nur über die Kosten des Rechtsstreits ist der Betrag aller bisher entstandenen Kosten maßgeblich. Beim Streit um die Wirksamkeit des Vergleichs ist der Wert des ursprünglichen Klagantrags maßgeblich, Ffm RR **04**, 1296, LAG Düss MDR **00**, 1099, aM Bbg JB **98**, 541 (das Interesse). Vgl auch Schneider Rpfleger **86**, 81.

S auch Rn 2 „Abfindungsvergleich".

Verhandlungsschluß: Nach seinem Eintritt erhöht sich der Wert nur, soweit ein nachgereichter Antrag zur Wiedereröffnung nach § 156 führt, Düss MDR **00**, 1458.

Verlustigkeitsbeschluß: Im Fall des § 516 III auch in Verbindung mit § 346 sind diejenigen gerichtlichen **129** und außergerichtlichen Kosten maßgeblich, die bis zum Antrag auf den Erlaß der Verlustigkeitserklärung und der Kostenentscheidung entstanden sind, Kblz JB **96**, 307, Schlesw SchlHA **76**, 142, aM ZöHe § 3 Rn 16 „Berufungsrücknahme" (§ 3, oberhalb des Kosteninteresses).

Veröffentlichungsbefugnis: Man muß ihren Wert neben demjenigen einer Unterlassungs- oder Schadensersatzklage besonders berechnen, Hbg MDR **77**, 142.

Versicherung: Hier muß man vier Fallgruppen unterscheiden. **130**

a) **Deckungsprozeß.** §§ 3 und 9 sind anwendbar, Hamm AnwBl **84**, 95. Das gilt wegen § 42 II 2 GKG auch für den Kostenstreitwert, BGH NJW **82**, 1399, aM Hamm JB **91**, 1536 (Wert des behaupteten Haftpflichtanspruchs, begrenzt durch die Versicherungssumme und einen üblichen Abschlag beim bloßen Feststellungsantrag), Schlesw VersR **76**, 333 (die Begrenzung gelte nur dann, wenn man ausschließlich dem Rückgriffsanspruch vorbeuge).

Man muß eine *Selbstbeteiligung* abziehen. Bei der Deckungsklage eines Autoleasingnehmers aus einer Fahrzeugversicherung muß man auf die Verhältnisse des Leasinggebers abstellen, BGH RR **91**, 1150.

b) **Krankenhaustagegeld.** Bei dieser Versicherung ist § 3 anwendbar, Köln JB **77**, 1131 (das Gericht geht von einer Fünfjahresprämie aus).

c) **Todesfallrisiko.** Bei einer Versicherung auf dieses Risiko ist § 3 anwendbar, Hamm NVersZ **01**, 357, Saarbr JB **93**, 738 (Lebensversicherung). Man kann § 6 mit heranziehen, Brschw JB **75**, 1099. Es kann das Interesse an der Befreiung von Prämien maßgeblich sein. Zu Einzelfragen BGH RR **92**, 608. Bei der Feststellung des Fortbestands einer Lebensversicherung können 50% des Werts einer Leistungsklage ausreichend sein, BGH RR **05**, 260.

d) **Versicherungsagentur.** Sie hat keinen über die Substanz hinausgehenden Wert, Stgt VersR **94**, 753.

S auch Rn 53 „Feststellungsklage: Behauptende Feststellungsklage".

Versorgungsausgleich: Maßgeblich ist § 49 GKG. **131**

Vertagung: Maßgeblich ist evtl die Hauptsache, § 3, Düss JB **94**, 158, meist aber weniger etwa 33%, Düss AnwBl **90**, 324.

Verteilungsverfahren: Maßgeblich ist die Verteilungsmasse ohne einen Abzug der Kosten und ohne eine Hinzurechnung von Zinsen. Wenn ein Überschuß für den Schuldner verbleibt, dann ist nach § 6 der verteilte und für die Kosten verwendete Betrag maßgeblich. Beim Widerspruch gegen den Teilungsplan ist das Interesse des Klägers daran maßgeblich, daß seine Forderung vorrangig berücksichtigt werde, Bbg JB **91**, 1691.

Vertragsabschluß: Maßgeblich ist § 3, LAG Stgt JB **92**, 627 (Interesse am Abschluß). § 41 GKG ist nicht anwendbar.

Vertragsentwurf: Wegen des Gegenstandswerts beim Anwalt gelten §§ 6 I 1, 23 III RVG, VV 2100 ff in Verbindung mit zB § 39 II KostO. Beim Notar gilt § 145 KostO.

Vertragserfüllung: Rn 58 „Gegenseitiger Vertrag".

Vertragsstrafe: Vgl *Bürglen*, Streitwertgrenze zur Landesgerichtsinstanz als Bemessungskriterium für ein angemessenes Vertragstrafeversprechen?, in: Festschrift für *Erdmann* (2002).

Vertretbare Handlung: Maßgebend ist das Klägerinteresse, BayObLG JB **01**, 142.

Verwahrung: § 6 Rn 3 „Verwahrung".

Verweisung: Rn 143 „Zuständigkeit".

Verzugszinsen: Neben der Hauptforderung muß man Zinsen nach § 4 ZPO, § 43 GKG beurteilen, auch bei einer Kapitalisierung, Schneider MDR **84**, 265. Es kann auch das bloße Fälligkeitsinteresse maßgebend sein. Wenn der Kläger Verzugszinsen selbständig geltend macht, ist § 3 und nicht etwa § 9 anwendbar, Düss JB **93**, 166.

Vollmacht: Rn 138 „Widerruf".

132 **Vollstreckbarerklärung:** Maßgeblich ist § 3, also zB beim Anwaltsvergleich dessen Wert, Düss FamRZ **00**, 1520. Kosten sind nur bei Bezifferung im ausländischen Titel beachtlich, Zweibr JB **86**, 1404. Zinsen sind grds unbeachtlich, Ffm JB **94**, 117. Bei einer Beschwerde nach § 534 ist der Wert desjenigen Teils des Urteils maßgeblich, auf den sich der Antrag auf Vollstreckbarerklärung erstreckt, aM Hamm FamRZ **94**, 248 (nur ein Bruchteil. Es geht aber um die volle Beschwer).

S auch Rn 97 „Schiedsrichterliches Verfahren: b) Vollstreckbarerklärung", Rn 144 „Zwangsvollstreckung".

133 **Vollstreckungsabwehrklage:** Maßgeblich ist der Umfang der Ausschließung der Zwangsvollstreckung, BGH NJW **95**, 3318, Düss JB **99**, 326, Kblz FamRZ **01**, 845. Das gilt auch beim Vermögensverfall, BGH RR **88**, 444, oder im Fall des § 768, Köln MDR **80**, 852. Dasselbe gilt auch dann, wenn die Zwangsvollstreckung auf Grund einer notariellen Urkunde stattfindet. Soweit es nach unstreitiger Teilerfüllung um die Unzulässigkeit gleichwohl der Zwangsvollstreckung insgesamt geht, schätzt Kblz VersR **88**, 1304 den Wert der Teilerfüllung nur nach § 3, ähnlich Bbg JB **84**, 1398, Hamm Rpfleger **91**, 1237 (voller Wert). Falls der Kläger allerdings nur die Unzulässigkeitserklärung eines Teils jener Urkunde erreichen will, dann ist nur jener Teil der Urkunde maßgeblich, BGH NJW **95**, 3318, Düss JB **99**, 326, Köln Rpfleger **76**, 139. Wenn auf Grund des streitigen Vollstreckungstitels Kosten festgesetzt wurden, dann sind diese nach § 4 eine Nebenforderung. Sie werden daher dem Wert nicht hinzugerechnet, Karlsr MDR **91**, 353. Entsprechendes gilt für Zinsen, Karlsr MDR **91**, 353, soweit sie nicht zur Hauptforderung werden, § 4 Rn 11.

Wenn der Kläger gleichzeitig beantragt, bereits durchgeführte Zwangsvollstreckungsmaßnahmen *rückgängig* zu machen, dann erhöht sich der Wert durch diesen Zusatzantrag nicht. Falls nur die Fälligkeit streitig ist, gilt nur der Wert der einstweiligen Ausschließung, Schlesw SchlHA **83**, 142. In der Beschwerdeinstanz gegenüber einer Maßnahme nach § 769 darf man nur einen nach § 3 bemessenen Bruchteil des Werts der Hauptsache ansetzen, KG Rpfleger **82**, 308.

S auch Rn 24 „Auskunft", Rn 144 „Zwangsvollstreckung".

134 **Vollstreckungsklausel:** Im Fall einer Klage auf die Erteilung der Klausel nach § 731 ist der Wert desjenigen Anspruchs ohne Zinsen und Kosten maßgeblich, der beigetrieben wird. Im Fall des § 768 ist der Umfang der Ausschließung der Zwangsvollstreckung maßgeblich, Köln MDR **80**, 852. Dasselbe gilt im Fall des § 732, LG Aachen JB **85**, 264. Bei § 733 gilt der Wert des zu vollstreckenden Anspruches, LG Mü JB **99**, 326.

S auch Rn 144 „Zwangsvollstreckung".

Vollstreckungsschaden: Rn 94 „Rückerstattung".

Vollstreckungsschutz: Während des Rechtsstreits zur Hauptsache gilt kein besonderer Wert. Im Verfahren nach § 765 a entsteht nach KV 2111 für die Gerichtskosten eine Festgebühr. Es gibt also keinen Wert festzustellen, LG Mü WoM **96**, 235 (Schutzdauer), LG Münst WoM **95**, 663. Für die Anwaltsgebühren muß man, soweit überhaupt erforderlich, nach § 3 und nach § 25 II RVG schätzen, meist mit einem Bruchteil der Hauptsache, Bbg JB **83**, 200, Kblz NZM **05**, 360 (Nutzungsausfall), LG Münst WoM **95**, 663. Im Verfahren nach § 813 b ist der Unterschiedsbetrag zwischen dem gewöhnlichen Verkaufswert und dem geschätzten Versteigerungserlös maßgeblich, § 3.

135 **Vorbereitender Anspruch:** Rn 68 „Herausgabe", Rn 93 „Rechnungslegung", Rn 108 „Stufenklage".

Vorkaufsrecht: Wenn es um den Antrag auf die Herausgabe eines Gegenstands geht, der einem Vorkaufsrecht unterliegt, dann ist § 6 anwendbar. Im Fall einer Klage auf die Feststellung des Bestehens oder Nichtbestehens des Vorkaufsrechts oder die Feststellung, ob man das Vorkaufsrecht rechtzeitig ausgeübt hat, ist § 3 anwendbar. Daher ist das Interesse an der Feststellung maßgeblich, AG Lahnstein JB **78**, 1563. Im Fall der Aufhebung bzw Löschung ist § 3 anwendbar.

Vorläufige Vollstreckbarkeit: Im Fall des § 718 besteht der Wert im Interesse des Antragstellers an der Entscheidung. Man kann es mit 10% der Hauptsache bewerten.

Vorlegung einer Urkunde: Rn 69 „Herausgabe, b) Herausgabe einer Urkunde", Rn 124 „Urkunde".

Vormerkung: § 6 Rn 14, 15.

136 **Vornahme einer Handlung:** Bei der Klage ist § 3 anwendbar, also das volle Interesse des Klägers ohne die erforderlichen Kosten, begrenzt durch den etwa erwarteten Hauptanspruch, BGH RR **96**, 460, zB beim Vermögensverzeichnis.

S auch Rn 144 „Zwangsvollstreckung: a) Erwirkung einer Handlung oder Unterlassung".

Vorrang: § 6 Rn 12.

Vorrecht: Bei einem Vorrecht im Insolvenzverfahren richtet sich der Wert nach § 182 InsO, Rn 73 „Insolvenzverfahren". Im Fall einer Vollstreckungsklage ist der Wert der niedrigeren Forderung ohne Zinsen und Kosten maßgeblich.

Vorschußzahlung: Eine unter einem Vorbehalt erfolgte Vorschußzahlung wird von der Klageforderung nicht abgezogen.

S auch Rn 114 „Teilzahlung".

Vorzugsklage: Maßgeblich ist der Wert der geringeren vollstreckbaren Forderung ohne Zinsen und Kosten.

137 **Wahlschuld:** Man muß zwei Fallgruppen unterscheiden.

a) Wahlrecht des Klägers. Maßgebend ist die höhere Leistung, soweit der Kläger nicht die niedrigere Leistung wählt. Beim Streit nur um die Person des Wahlberechtigten ist § 3 maßgeblich, also der etwaige Unterschiedsbetrag.

b) Wahlrecht des Beklagten. In diesem Fall ist die niedrigere Leistung maßgeblich.

Währung: Rn 25 „Auslandswährung".

Wärmelieferungsvertrag: Das Interesse des Klägers läßt sich nach § 3 schätzen, nicht nach § 8, BGH RR **89**, 381.

Wechsel: Rn 59 „Geldforderung". Für die Nebenforderungen gilt § 4 II.

S auch Rn 69 „Herausgabe: b) Herausgabe einer Urkunde".

Titel 1. Sachl. Zuständigkeit der Gerichte und Wertvorschriften **Anh § 3**

Wegnahme: Rn 31 „Duldung der Zwangsvollstreckung".
Weiterbelieferung: Maßgeblich ist das nach § 3 zu schätzende wirtschaftliche Interesse des Klägers. Es hängt vom drohenden Gewinnausfall im Klagezeitraum ab.
Weitere vollstreckbare Ausfertigung: Rn 134 „Vollstreckungsklausel".
Werkvertrag: Die Abnahme läßt sich mit einem Bruchteil des Lohns bewerten, der Lohn nach seiner Höhe, die Herstellung nach ihrem wirtschaftlichen Wert, die Mängelbeseitigung nach ihren Kosten, Düss RR 96, 1469.
Wertangabe: Sie ist ein Anzeichen für den wahren Wert, Bbg JB 89, 1306, KG WRP 89, 725, Köln MDR 85, 153 (Widerlegbarkeit).
Wertpapier: Rn 69 „Herausgabe: b) Herausgabe einer Urkunde".
Wertpapiererwerb: Maßgebend ist der Kurswert bei Vertragsabschluß. Wegen einer Beschwerde nach § 48 WpÜG gilt § 50 I 1 GKG.
Wettbewerbsrecht: Rn 63 „Gewerblicher Rechtsschutz".
Widerklage: Man muß § 5 anwenden. Die unzulässige Widerklage allein gegen einen Dritten ist auch bei **138** einer nur hilfsweisen Erhebung unabhängig von (jetzt) § 45 I 2 GKG selbständig bewertbar, Mü MDR 84, 499. Für den Kostenstreitwert gilt im übrigen (jetzt) § 45 GKG, Bbg FamRZ 95, 493, Köln MDR 01, 941, Naumb JB 04, 379.
S auch Rn 71 „Hilfswiderklage".
Widerruf: Maßgeblich ist § 3, LG Oldb JB 95, 369. Soweit es um einen nichtvermögensrechtlichen Anspruch geht, Grdz 10 vor § 1, gilt (jetzt) § 48 II–IV GKG, LG Oldb JB 95, 369.
Widerspruch: Es gilt § 3, dabei evtl nur 10% des Grundstückswerts. **139**
Widerspruchsklage: Man muß drei Fallgruppen unterscheiden.
  a) Widerspruchsklage des Dritten, § 771. Maßgeblich ist die Höhe derjenigen Forderung, für die gepfändet wurde, und zwar ohne Zinsen und Kosten. Der Wert beträgt jedoch höchstens den Wert des Pfändungsgegenstands, § 6, BGH WertpMitt 83, 246, Düss Rpfleger 78, 426, Mü Rpfleger 77, 336. Das gilt für jeden Gläubiger besonders. Ausnahmsweise ist § 3 anwendbar, LG Ffm Rpfleger 75, 322, aM Karlsr FamRZ 04, 1221 (stets § 3). Wert-Privilegien der eingeklagten Forderung sind beachtlich, Köln JB 91, 967.
  b) Widerspruchsklage des Nacherben, § 773. Im Fall einer solchen Widerspruchsklage ist der Gesamtwert der Leistung maßgeblich, Rn 41 „Erbrechtlicher Anspruch".
  c) Teilungsversteigerung, § 180 ZVG. Maßgeblich ist § 3, BGH FamRZ 91, 547, Bbg JB 91, 1694, Saarbr JB 89, 1598. Ein Einstellungsverfahren ist selbständig bewertbar, Schneider MDR 88, 361.
Wiederaufnahme: § 4 Rn 25. Maßgeblich ist § 3, nach oben begrenzt durch den Wert des aufzunehmen- **140** den Verfahrens, ohne Zinsen und Kosten.
S auch Rn 85 „Nichtigkeitsklage".
Wiederkehrende Leistung: Vgl bei den einzelnen Leistungsarten.
Willenserklärung: Beim Streit um ihre Abgabe muß man das Interesse des Klägers nach § 3 schätzen, Düss JB 95, 254, KG WoM 92, 323, Kblz MDR 02, 379. Man muß dabei berücksichtigen, ob durch die Willenserklärung ein vermögensrechtlicher, nichtvermögensrechtlicher oder kombinierter Erfolg eintritt. Eine Willenserklärung, die nach Beurkundung der Auflassung weiter der Vollziehung dient, kann 1/10 bis 1/4 des Grundstückswerts wert sein, Mü AnwBl 88, 645.
Wohnrecht: Auf das mietähnliche Dauerwohnrecht ist § 41 GKG anwendbar, Hartmann Teil I § 41 GKG Rn 9 „Dauerwohnrecht". Im übrigen gilt: Der Wert läßt sich nach §§ 3, 9 zu bestimmen, Ffm NZM 02, 1046, LG Bayreuth JB 79, 895, LG Heidelb AnwBl 84, 373. Bei einer Beschwerde ist § 3 anwendbar, BGH RR 94, 909.
Wohnungseigentum: Es kommt auf eine Interessenabwägung im Einzelfall an, BayObLG WoM 05, 278, **141** Karlsr RR 00, 89, Köln NZM 03, 855. Das gilt auch im Beschwerdeverfahren, BayObLG WoM 05, 604, Köln NZM 00, 686, bzw im Rechtsbeschwerdeverfahren, BayObLG NZM 01, 144. Wenn es um die Entziehung des Wohnungseigentums nach §§ 18, 19 WEG geht, dann ist das Interesse der Kläger am Eigentumswechsel maßgeblich, in der Regel also der objektive Verkehrswert, BGH NJW 00, 80 (Enteignung), BayObLG WoM 90, 95, LG Köln WoM 98, 120, aM LG Hbg WoM 91, 55 (Höhe des streitigen Wohngeldes. Aber es geht wirtschaftlich um das ganze Wohneigentum). Eine der Entziehung voraufgehende Abmahnung läßt sich 1/3 des Werts der Entziehung ansetzen, LG Bre WoM 99, 599. Den zugehörigen Beschwerdewert kann man auch zumindest mit über (jetzt ca) 750 EUR ansetzen, Düss NZM 00, 879. Im gerichtlichen Verfahren setzt der Richter den Wert nach dem Interesse aller Beteiligten fest, § 48 III 1 WEG, BayObLG WoM 02, 692 (Rechtsmittel). Das gilt für jede Art von WEG-Verfahren, BayObLG WoM 02, 575. Beim Streit um die Bestellung des Verwalters oder Hausmeisters kommt seine Vergütung in Betracht, BayObLG RR 04, 524 (sogar für die volle Vertragsdauer).
Bei einer *Notverwaltung* kommt das Jahreshonorar in Betracht, Stgt ZMR 03, 783. Bei der Anfechtung seiner Entlastung könen 10% des Jahresumsatzes der Gemeinschaft maßgeblich sein, Köln NZM 03, 125. Der Gegenstand des angefochtenen Beschlusses kann unbeachtet eines Vergleichs maßgeblich sein, LG Stgt WoM 97, 128. Das Gericht muß den Wert niedriger ansetzen, wenn die nach § 48 III 1 WEG berechneten Kosten des Verfahrens zu dem Interesse eines Beteiligten nicht in einem angemessenen Verhältnis stehen, § 48 III 2 WEG, BayObLG RR 04, 524, Hbg FGPrax 01, 59, LG Lüneb ZMR 03, 534. Man darf nur notwendige Kosten beachten, Karlsr WoM 96, 180. Das gilt zB bei der Beauftragung eines Anwalts, Ffm NZM 05, 224. Bei der Abberufung des Verwalters kann sein restliches Vertragshonorar maßgebend sein, BayObLG JB 01, 644.
Zum Geschäftswert bei der Anfechtung eines Eigentümerbeschlusses über *Jahresabrechnung* und Wirtschaftsplan BayObLG NZM 01, 246, Hamm FGPrax 00, 185, Zweibr ZMR 99, 663. Bei der Berichtigung des Versammlungsprotokolls ist das Interesse statt der Kosten maßgeblich, BayObLG WoM 96, 728. Bei einer nur auf Verfahrensfehler bei der Anberaumung der Versammlung der Wohnungseigentümer gestützten Anfechtung ihres Beschlusses kann man den Wert auf die Kosten einer neuen Versammlung

begrenzen, LG Köln RR **89**, 81. Bei der Klage auf die Herausgabe einer gekauften Eigentumswohnung ist § 6 anwendbar, also nicht § 41 II 2 GKG, Ffm AnwBl **84**, 203. Beim Streit darüber, ob ein Eigentümerbeschluß die Fälligkeit von Wohngeld herbeiführt, können (jetzt ca) 2500 EUR angemessen sein, KG WoM **90**, 238. Soweit es um die Zustimmung zu einer Veräußerung geht, sind meist 10–20% des Preises angemessen, BayObLG **90**, 27. Beim Streit um Zustimmung des Miteigentümers zur Vermietung kann man (jetzt) § 41 GKG entsprechend anwenden, Ffm NZM **04**, 159, aM Köln JB **92**, 698 (§ 9 ZPO). Das Anfechtungsmotiv ist unerheblich, BayObLG WoM **03**, 533.

Bei der Klage auf *Unterlassung der Prostitution* durch einen Mieter und Forderung an den Vermieter, deshalb Räumung zu verlangen, können (jetzt ca) 15 000 EUR angemessen sein, LG Augsb WoM **95**, 73. Beim gescheiterten Kauf einer Eigentumswohnung kann § 41 II GKG entsprechend anwendbar sein, unabhängig von § 985 BGB, Köln ZMR **95**, 550. Wegen einer Dachsanierung BayObLG WoM **96**, 247. Beim Streit um die Nutzung von Gemeinschaftseigentum sind die Interessen der Beteiligten maßgeblich, BayObLG NZM **01**, 150, Düss ZMR **01**, 21, Schlesw WoM **96**, 305, ebenso bei § 51 WEG, Köln ZMR **99**, 284. Beim Streit um die Entfernung einer Parabolantenne setzt LG Bre WoM **97**, 70 sogar (jetzt ca) 2500 EUR an (vgl aber Rn 83). Beim Streit um Verwalterzutritt nennt BayObLG WoM **98**, 54 nur (jetzt ca) 500 EUR. Beim Streit um zwei kostenunterschiedliche Möglichkeiten gilt die Differenz, BayObLG WoM **98**, 313, Hamm FGPrax **99**, 49. Bei einer einstweiligen Anordnung kommen (jetzt ca) 1250 EUR in Betracht, BayObLG NZM **99**, 1059. Beim Auskunftsanspruch kann $1/4$ des dahinterstehenden Anspruchs angemessen sein, LG Erfurt NZM **00**, 519. Wegen baulichen Veränderungen allgemein BayObLG JB **00**, 624, Köln NZM **03**, 855. Beim Streit um störende Bäume können (jetzt ca) 750 EUR angemessen sein, Düss FGPrax **00**, 197. Wegen Störung des optischen Gesamteindrucks Düss WoM **00**, 568 (Ermessen).

S auch Rn 98 „Rechtsweg", Rn 143 „Zuständigkeit".

Wohnungszuweisung: Rn 32 „Ehesache".

142 **Zeugnis:** Wenn es um die Ausstellung eines Zeugnisses geht, ist § 3 anwendbar, LAG Köln MDR **04**, 1067. Beim endgültigen qualifizierten Zeugnis kann man grds einen Monatslohn ansetzen, LAG Drsd MDR **01**, 282, LAG Kiel AnwBl **87**, 497, LAG Köln MDR **01**, 717. Man kann auch einen Festbetrag ansetzen, LAG Ffm NZA-RR **03**, 660 (250–500 EUR), LAG Nürnb MDR **04**, 1387 (300 EUR). Beim Zwischenzeugnis kann man einen halben Monatslohn ansetzen, LAG Drsd MDR **01**, 823, LAG Hamm BB **89**, 634, LAG Mainz NZA-RR **05**, 327, aber auch einen vollen, LAG Kiel AnwBl **88**, 497, ArbG Hbg JB **05**, 428, evtl auch nur (jetzt ca) 250 EUR, LAG Erfurt MDR **01**, 538.

Zeugnisverweigerungsrecht: Maßgeblich ist entweder § 3 ZPO oder im nichtvermögensrechtlich begründeten Verweigerungsfall § 48 II GKG. Man muß den Wert der Hauptsache im Zwischenstreit nach § 387 mitberücksichtigen, auch die Bedeutung der etwaigen Aussage, soweit sie erkennbar ist, Rn 147.

Zinsen: Es ist § 4 anwendbar. Für den Ansatz unterhalb der Hauptforderung sorgt § 43 GKG. Soweit Zinsen zur Hauptforderung werden, gilt § 3, nicht § 9, auch in der Beschwerdeinstanz, BGH BB **81**, 1491.

Zug-um-Zug-Leistung: Rn 7 „Annahmeverzug", Rn 24 „Auskunft", Rn 103 „Sicherheitsleistung", § 6 Rn 7.

Zurückbehaltungsrecht: § 6 Rn 6, 8.

Zurückverweisung: Wegen der Einheitlichkeit der Instanz ist der alte Wert maßgeblich.

143 **Zuständigkeit:** Im Fall einer abgesonderten Verhandlung über die Zuständigkeit ist der Wert der Hauptsache maßgeblich, BayObLG RR **02**, 882 (WEG). Im Verfahren nach §§ 36, 37 kann $1/4$ des Hauptsachewerts angemessen sein, BayObLG JB **92**, 700, Stgt Just **93**, 143 (untere Tabellengrenze). In der Berufungsinstanz ist bei einem Hilfsantrag auf eine Verweisung $1/3$ des Werts der Hauptsache ansetzbar.

Zustellung: Die Zulassung einer öffentlichen Zustellung läßt sich nach § 3 bewerten.

Zustimmung: Rn 28 „Berichtigung des Grundbuchs", Rn 140 „Willenserklärung".

Zutritt: Maßgeblich ist § 3, Zweibr JB **98**, 474.

Zwangsversteigerung: Rn 139 „Widerspruchsklage: c) Teilungsversteigerung", Rn 145 „Zwangsvollstreckung: b) Einstellung, Beschränkung, Aufhebung".

144 **Zwangsvollstreckung:** Vgl zunächst die Festgebühr KV 1640 im dortigen Geltungsbereich. Man muß im übrigen sechs Fallgruppen unterscheiden.

a) Erwirkung einer Handlung oder Unterlassung. Maßgeblich ist der Wert einer Durchführung der Zwangsvollstreckung für den Gläubiger, BayObLG NZM **02**, 491, Mü MDR **83**, 1029, LG Bln WoM **91**, 584. Das gilt auch in der Beschwerdeinstanz, BayObLG **88**, 444. Man muß diesen Wert in der Regel ebenso hoch wie den Wert der Hauptsache ansetzen, BayObLG **88**, 444, Köln JB **92**, 251, LG Bln AnwBl **94**, 425, aM Nürnb AnwBl **79**, 390 (Fallfrage, mitbeachtlich sei die Art des Verstoßes. Aber wirtschaftlich geht es um die Hauptsache). Die Höhe eines Zwangsmittels oder Ordnungsmittels ist grds unerheblich, Brschw JB **77**, 1148, LG Bln AnwBl **94**, 425, LAG Stgt MDR **86**, 106. Man muß den Betrag eines Zwangs- oder Ordnungsmittels aber im Beschwerdeverfahren bei §§ 888, 890 beachten, Düss MDR **77**, 676, aM Mü MDR **83**, 1029, LAG Bre AnwBl **88**, 174, LAG Stgt DB **85**, 2004 (aber auch dieses Zwangs- oder Ordnungsmittel hat stets einen Wert).

Der Wert ist allerdings *unter Umständen höher*, nämlich dann, wenn zusätzlich Streit darüber besteht, ob der Schuldner das zugrundeliegende Verhalten wiederholen darf, Düss MDR **77**, 676. Bei einer Klage auf die Beschaffung einer Genehmigung des Vormundschaftsgerichts zum Abschluß eines Kaufvertrags über ein Grundstück ist der Wert des Grundstücks maßgeblich.

145 **b) Einstellung, Beschränkung, Aufhebung.** In diesen Fällen, zB nach §§ 707, 719, 769, 771 III, 785, 786, gilt der Rest der Schuld auf Grund des Vollstreckungstitels, § 6, LG Kblz JB **91**, 110, ohne Zinsen und Kosten. Wenn es um einen bloßen Aufschub geht, ist ein nach § 3 bemessener Bruchteil der Restforderung maßgeblich, etwa $1/5$ der Hauptsache, BGH NJW **91**, 2282, KG Rpfleger **82**, 308, Kblz JB **91**, 109. Im Fall einer Zwangsversteigerung ist der Grundstückswert maßgeblich, jedoch durch die Forderungshöhe begrenzt, Stgt Just **86**, 413. Wenn die Zwangsvollstreckung nur wegen der Kosten möglich ist, dann sind nur die Kosten maßgeblich.

Titel 1. Sachl. Zuständigkeit der Gerichte und Wertvorschriften **Anh § 3, § 4**

c) **Vollstreckungsabwehrklage.** Rn 133.
d) **Vollstreckungsklage, § 722.** Maßgebend ist der Wert desjenigen Anspruchs, der vollstreckt werden soll.
e) **Unzulässigkeit.** Rn 133. Im Fall einer Klage auf die Unzulässigkeit der Zwangsvollstreckung ist die Höhe des gesamten Zahlungsanspruchs maßgeblich. Falls der Kläger die Zwangsvollstreckung nur wegen eines Teils der Ansprüche für unzulässig hält, ist nur der umstrittene Teil maßgeblich.
f) **Zinsen, Kosten.** Man muß sie auch in der Zwangsvollstreckung wie sonst behandeln, § 4 ZPO, (jetzt) § 43 GKG, Ffm JB **94**, 117, Karlsr MDR **91**, 353, Mü BB **88**, 1843, aM Köln DGVZ **86**, 151 (wegen – jetzt – KV 1821, 2110, § 25 I Z 1 RVG müsse man die Zinsen im Beschwerdeverfahren hinzurechnen. Aber § 4 gilt uneingeschränkt). Man muß Prozeßkosten hinzurechnen. Die Kosten der Zwangsvollstreckung darf man aber nicht hinzurechnen, § 6.
S auch Rn 31 „Duldung der Zwangsvollstreckung", Rn 89 „Pfändung", Rn 123 „Unterlassung: g) Zwangsvollstreckung", Rn 132 „Vollstreckbarerklärung", Rn 133 „Vollsteckungsabwehrklage", Rn 134 „Vollstreckungsschutz".
Zwischenfeststellungsklage: Rn 53 „Feststellungsklage".
Zwischenstreit: Man muß den nach dem Wert der Aussage des Zeugen für die Hauptsache schätzen, § 3, Köln MDR **83**, 321 (¼ des Hauptsachewerts). Es gilt also nicht etwa unabhängig von dem Wert der Hauptsache § 48 II GKG. Denn die vermögensrechtliche Beziehung ist oft auch für den Zwischenstreit die Grundlage. Wenn es um den ausschlaggebenden evtl sogar einzigen Zeugen geht, dann kann der Wert des Zwischenstreits den Wert der Hauptsache erreichen. Vgl auch Schneider JB **78**, 26.
S auch Rn 91 „Prozeßvoraussetzungen", Rn 124 „Urkunde", Rn 143 „Zuständigkeit".

4 *Wertberechnung; Nebenforderungen.* **I** Für die Wertberechnung ist der Zeitpunkt der Einreichung der Klage, in der Rechtsmittelinstanz der Zeitpunkt der Einlegung des Rechtsmittels, bei der Verurteilung der Zeitpunkt des Schlusses der mündlichen Verhandlung, auf die das Urteil ergeht, entscheidend; Früchte, Nutzungen, Zinsen und Kosten bleiben unberücksichtigt, wenn sie als Nebenforderungen geltend gemacht werden.

II Bei Ansprüchen aus Wechseln im Sinne des Wechselgesetzes sind Zinsen, Kosten und Provision, die außer der Wechselsumme gefordert werden, als Nebenforderungen anzusehen.

Gliederung

1) Systematik, Regelungszweck, I, II 1	4) Nebenforderung, I 10–26
2) Geltungsbereich, I, II 2	A. Grundsatz: Keine Berücksichtigung 10
3) Zeitpunkt für die Wertberechnung, I .. 3–9	B. Ausnahmen beim Hauptanspruch 11
A. Klageeinreichung 3	C. Andere Unkosten 12
B. Berufung 4	D. Beispiele zur Frage einer Hinzurechnung nach I 13–26
C. Revision 5	5) Wechselanspruch, II 27
D. Sonstige Rechtsmittel 6	6) Scheckanspruch, II 28
E. Verurteilung 7	7) *VwGO* 29
F. Sonstige Fälle 8	
G. Weitere Einzelfragen 9	

1) **Systematik, Regelungszweck, I, II.** Bei der Kostenberechnung muß man außer dem § 4 auch die §§ 40, 43, 47 GKG, 23 ff RVG beachten. Nach § 40 GKG ist zwecks Vereinfachung und Vereinheitlichung der Wert zur Zeit der in der Instanz diesbezüglich einleitenden Antragschrift maßgebend, § 137 Rn 7. Er kann also im Verlaufe des Verfahrens infolge einer Erweiterung des Streitgegenstands steigen, § 2 Rn 2, etwa bei einer Klagerweiterung nach § 264 Z 2, nicht aber zB infolge eines bloßen Ansteigens des Börsenkurses. Eine Wertverminderung im Verlauf der Instanz bleibt unbeachtet, Düss AnwBl **81**, 444. Vgl aber auch § 47 II GKG. Die Fälligkeit der Gebühr richtet sich nach § 6 GKG.
Wegen des *Regelungszwecks* Einf 2 vor § 3.

2) **Geltungsbereich, I, II.** Einf 2 vor §§ 3–9.

3) **Zeitpunkt für die Wertberechnung, I.** Man muß sieben Fallgruppen unterscheiden.

A. Klageeinreichung. Zunächst kommt der Zeitpunkt der Einreichung der Klage oder Antragsschrift in Betracht, also der Zeitpunkt ihres Eingangs beim Gericht, nicht etwa der Zeitpunkt der Klagerhebung, also nicht etwa der Zeitpunkt der Zustellung an den Bekl, §§ 253, 261. Es ist unerheblich, ob die Klage bei ihrer Einreichung mangelhaft gewesen oder ordnungsgemäß war. Eine Änderung der Umstände ohne Änderung des Streitgegenstands ist für die Zuständigkeit ab Rechtshängigkeit unbeachtlich, § 261 III Z 2, unklar Köln JB **96**, 31. Nach einem Mahnverfahren, §§ 688 ff, ist der Zeitpunkt des Akteneingangs beim Gericht des streitigen Verfahrens maßgeblich, § 696 Rn 12. Das gilt auch bei einer Rücknahme oder Teilerledigung, § 91 a, LG Bayreuth JB **87**, 1692, aM Bbg JB **92**, 762. Evtl findet freilich die Rückwirkung nach § 167 statt.

B. Berufung. Ferner kommt der Zeitpunkt der Einlegung der Berufung in Betracht, § 518, BGH NJW **89**, 2755, BAG NZA **04**, 1239. Der Eingang der Berufungsbegründung ist maßgeblich, wenn erst sie den Sachantrag enthält, § 519 Rn 17. Wegen der Gebührenberechnung gilt § 40 GKG. Der Zeitpunkt der Einlegung der Berufung hat aber nur dann eine Bedeutung, wenn sich der Wert zwischen der Einreichung der Klage und der Einlegung des Rechtsmittels verändert hat. Wegen einer Zinsberechnung Köln RR **93**, 1215. Der Beschwerdewert kann den Wert der ersten Instanz übersteigen. Man muß beide Werte im Zeitpunkt der Einlegung der Berufung miteinander vergleichen. Wenn der Berufungskläger die Berufung freiwillig unter die Rechtsmittelgrenze ermäßigt, dann wird sein Rechtsmittel unzulässig, BayObLG ZMR

Hartmann

§ 4 Buch 1. Abschnitt 1. Gerichte

03, 49, Düss FamRZ **82**, 498. Etwas anderes gilt dann, wenn die Ermäßigung unfreiwillig erfolgte, etwa ausdrücklich zur Abwendung der Zwangsvollstreckung, Hamm NJW **75**, 1843, oder wenn der Berufungsbekl seinen Abweisungsantrag aufrecht erhält und nur hilfsweise die Hauptsache für erledigt erklärt oder wenn eine Wiedererweiterung des Rechtsmittels erfolgt, BayObLG ZMR **03**, 49.

5 **C. Revision.** Maßgeblich ist der Zeitpunkt der Einlegung der Revision, BGH VersR **82**, 591.

6 **D. Sonstiges Rechtsmittel.** Maßgeblich ist der Zeitpunkt seiner Einlegung, BayObLG WoM **02**, 574 (WEG).

7 **E. Verurteilung.** Maßgeblich ist der Schluß der letzten mündlichen Verhandlung, §§ 136 IV, 296 a. Wenn keine mündliche Verhandlung stattgefunden hat, ist derjenige Zeitpunkt maßgeblich, dem der Schluß einer mündlichen Verhandlung nach § 128 II 2 gleichsteht. Bei § 495 a kommt es auf den vom Gericht gesetzten Schlußzeitpunkt der Prüfungsmöglichkeit an, soweit keine Verhandlung stattfand.

8 **F. Sonstige Fälle.** Maßgeblich ist der Zeitpunkt des Eingangs des Antrags.

9 **G. Weitere Einzelfragen.** Nach Rn 3–8 muß man bei einer Unterhaltsklage die bei der Klageeinreichung fälligen Beträge usw dem Streitwert hinzurechnen, § 42 V GKG. Die nach der Klageeinreichung fällig gewordenen Beträge bleiben außer Betracht, Oldb FamRZ **79**, 64. Wenn der Kläger zunächst eine Feststellungsklage eingereicht hatte und nun wegen der inzwischen fällig gewordenen Beträge zur Leistungsklage übergegangen ist, dann muß man die Werte zusammenrechnen, § 9 Rn 8. Eine Verbindung nach § 147 oder eine Trennung der Prozesse nach § 145 hat auf die sachliche Zuständigkeit des Gerichts keinen Einfluß. Eine solche Maßnahme wirkt wegen des Kostenstreitwerts nur für die Zukunft. Eine Minderung des Verkehrswerts der Streitsache während des Verfahrens in derselben Instanz ist unerheblich. Eine Erweiterung der Klage oder eine Widerklage nach § 264 Z 2, Anh § 253, können eine Verweisung vom AG an das LG notwendig machen, § 506. § 4 gilt nicht, wenn die Sondervorschrift des § 8 anwendbar ist. Bei einem Verstoß gegen § 308 I bleibt der Antrag maßgeblich.

10 **4) Nebenforderung, I.** Man muß drei Fallgruppen unterscheiden.

A. Grundsatz: Keine Berücksichtigung. Eine Forderung bleibt bei der Wertberechnung dann unberücksichtigt, wenn der Kläger sie als bloße Nebenforderung geltend macht. Eine Nebenforderung ist ein Anspruch, den dieselbe Partei neben dem Hauptanspruch erhebt und der sachlichrechtlich vom Hauptanspruch abhängig ist, Celle MDR **88**, 414, Schlesw Rpfleger **82**, 301, LG Bln JB **05**, 427. Die Höhe der Nebenforderung ist für ihre Einordnung unerheblich. Wenn der Kläger die fragliche Forderung jedoch als Hauptforderung geltend macht oder wenn das vorerwähnte Abhängigkeitsverhältnis fehlt, dann muß man die bisherige Nebenforderung der bisherigen Hauptforderung hinzurechnen, Mü RR **94**, 1484.

11 **B. Ausnahmen beim Hauptanspruch.** Man muß eine bisherige Nebenforderung hinzurechnen, soweit sie zum alleinigen oder weiteren Hauptanspruch wird, etwa wegen eines Schuldanerkenntnisses nach § 307, Kblz MDR **99**, 197, oder nach der Erledigung des bisherigen Hauptanspruchs, § 91 a, Schlesw Rpfleger **82**, 301. Ob eine Zahlung usw auf den Hauptanspruch erfolgt ist, richtet sich nach dem sachlichen Recht, §§ 366, 367 BGB, aM AG Hagen JB **92**, 192 (abl Mümmler, aber es handelt sich bei der Erfüllung stets um eine Frage des sachlichen Rechts). Wird nur ein Teilbetrag des Hauptanspruchs erledigt, so werden auch die zu diesem Teilbetrag gehörenden Zinsen neben dem in derselben Instanz weiterhin geltend gemachten Rest des Hauptanspruchs zu einem weiteren Hauptanspruch, BGH NJW **94**, 1870, Ffm JB **78**, 591.

12 **C. Andere Unkosten.** Nur die in § 4 aufgeführten Nebenforderungen bleiben unberücksichtigt. Man muß alle anderen Nebenforderungen hinzurechnen.

13 **D. Beispiele zur Frage einer Hinzurechnung nach I**
Aktienrecht: Hinzurechnen muß man das Bezugsrecht auf junge Aktien neben dem Anspruch auf die Herausgabe der Aktien.
Anfechtungsgesetz: Hinzurechnen muß man Kosten oder Zinsen in einem Anfechtungsprozeß außerhalb eines Insolvenzverfahrens. Denn sie erhöhen die Forderung.
Anschlußrechtsmittel: *Nicht* hinzurechnen darf man Zinsen, die man im Weg einer Anschlußberufung fordert, Schlesw SchlHA **76**, 14. Wegen einer Anschlußrevision BGH MDR **85**, 52.
Aufwendung: Eine Aufwendung, die man im Prozeß auf die Hauptsache macht, muß man hinzurechnen. Denn es liegen keine Kosten im Sinn von I Hs 2 vor. Das gilt zB: für Frachtspesen; für Futterkosten; für ein Lagergeld.
S auch Rn 20 „Rechtsgeschäft".
Ausländisches Urteil: Rn 24 „Vollstreckungsklage".
Außergerichtliche Kosten: Es gelten die Regeln Rn 18 „Kosten". Das gilt selbst dann, wenn diese Unkosten sich auf Teile des Hauptanspruchs beziehen, die nicht mehr im Streit befindlich sind.
Befreiung: *Nicht* hinzurechnen darf man Kosten oder Zinsen desjenigen Anspruchs, von dem der Kläger eine Befreiung begehrt. Hinzurechnen muß man aber Kosten des Vorprozesses, auch § 3 Rn 27.
Beschwerdesumme: Sie läßt sich nicht dadurch künstlich erhöhen bzw erreichen, daß man die Zinsen hinzurechnet.
Bezifferung: Rn 17 „Kapitalisierung".

14 **Darlehen:** Rn 20 „Rechtsgeschäft".
Dingliche Klage: Die Regeln Rn 18 „Kosten" gelten für die Kosten der Befriedigung aus einem Grundstück bei einer dinglichen Klage.
Dritter: Hinzurechnen muß man Kosten oder Zinsen eines Dritten, die man im Wege eines Rückgriffs geltend macht.
Enteignung: *Nicht* hinzurechnen darf man eine Enteignungsentschädigung nach § 17 IV LandbeschG oder nach dem BauGB, Zweibr Rpfleger **87**, 156.

Titel 1. Sachl. Zuständigkeit der Gerichte und Wertvorschriften § 4

Erschleichung: Bei einer Klage auf die Unterlassung der Zwangsvollstreckung aus einem erschlichenen Urteil und aus dem zugehörigen Kostenfestsetzungsbeschluß gelten die Regeln Rn 18 „Kosten" für die festgesetzten Beträge.
Frachtspesen: Rn 13 „Aufwendung". **15**
Früchte: *Nicht* hinzurechnen darf man Früchte, § 99 BGB, soweit der Kläger sie als Nebenforderung geltend macht, I Hs 2.
Früherer Prozeß: Rn 26 „Zwangsvollstreckung".
Futterkosten: Rn 13 „Aufwendung".
Hinterlegung: Hinzurechnen muß man bei einer Klage auf die Einwilligung in eine Auszahlung des **16** hinterlegten Betrages diejenigen Zinsen, die bis zur Einlegung des Rechtsmittels aufgelaufen sind. Denn es liegt ein einheitliches Verfahren vor. Es handelt sich also nicht um eine bloße Nebenforderung gegenüber dem Bekl. Vielmehr muß der Staat den Betrag verzinsen, Köln JB **80**, 281.
    S auch Rn 20 „Rechtsgeschäft".
Inkassokosten: Es gelten die Regeln Rn 18 „Kosten", Saarbr JB **77**, 1277. Das gilt selbst dann, wenn diese Unkosten sich auf Teile des Hauptanspruchs beziehen, die nicht mehr im Streit befindlich sind.
Kapitalisierung: Hinzurechnen muß man kapitalisierte bezifferte Zinsen erst nach der Erledigung aller **17** anderen Hauptansprüche, BGH RR **95**, 707, Ffm FamRZ Rpfleger **89**, 523. Bis dahin bleiben sie auch bei einer Bezifferung als Nebenansprüche *außer Betracht,* BGH RR **88**, 1199, Köln VersR **01**, 736, Zimmermann JuS **91**, 585, aM Hamm AnwBl **84**, 504 (abl Chemnitz). Hinzurechnen muß man Zinsen allerdings ausnahmsweise insoweit, als man sie kontokorrentmäßig oder vertraglich zum Kapital zuschlagen darf, Bbg JB **76**, 344, Düss JB **84**, 1865 (Vergleich), Mü JB **76**, 238.
Klagerücknahme: S „Kapitalisierung".
Kosten: Hierher zählen alle im Prozeß und grds auch vor dem Prozeß entstandenen Unkosten zur Durch- **18** setzung des Anspruchs, § 91 Rn 15, 70 ff, Bbg JB **76**, 344, Mü BB **88**, 1843, LG Bln JB **05**, 427. Sie bleiben neben der Hauptforderung *unberücksichtigt,* I Hs 2. Sie werden erst nach der Erledigung aller Hauptansprüche zum neuen Hauptanspruch, BGH RR **95**, 707, Köln GRUR **85**, 458. Die Kosten einer nur teilweise erledigten Hauptsache werden nicht zum Hauptanspruch. Dasselbe gilt dann, wenn gegen ein Teilurteil die Berufung und gegen die Kostenentscheidung des Schlußurteils ebenfalls die Berufung erfolgt, § 99 Rn 29. Man darf auch in diesem Fall die Kosten auf Grund des Schlußurteils nicht dem Wert der Beschwer aus dem Teilurteil hinzufügen. Wenn der Kläger ein Rechtsmittel gegenüber mehreren Bekl eingelegt hat, einem der Bekl gegenüber aber nur deshalb, weil er den Rechtsstreit in der Hauptsache ihm gegenüber nicht für erledigt erklärt hat, dann muß man den Wert einheitlich festsetzen. Das Gericht muß das insoweit bestehende Kosteninteresse des Klägers mitberücksichtigen.
    S auch bei den einzelnen Hauptanspruchs- und Kostenarten in diesem ABC.
Kredit: Rn 20 „Rechtsgeschäft". **19**
Lagergeld: Rn 13 „Aufwendung".
Mahnung: Für die Kosten einer Mahnung gelten die Regeln Rn 18 „Kosten".
Mehrwertsteuer: Rn 22 „Umsatzsteuer".
Nutzungen: *Nicht* hinzurechnen darf man Nutzungen nach § 100 BGB, soweit der Kläger sie als Nebenforderungen macht, I Hs 2.
Protokoll: Für Kosten eines Protokolls gelten die Regeln Rn 18 „Kosten". **20**
Rechtsgeschäft: Die Regeln Rn 18 „Kosten" gelten auch für solche Unkosten, die bei der Vornahme des der Klage zugrunde liegenden Rechtsgeschäfts entstanden sind, etwa für die Kosten einer Kreditgebühr, Bbg JB **76**, 344, einer Versendung, einer Hinterlegung, Rn 16.
    S auch Rn 13 „Aufwendung".
Rechtsmißbrauch: Rn 14 „Erschleichung".
Rückgriff: Rn 14 „Dritter".
Rückstand: Hinzurechnen muß man evtl einen rückständigen Betrag neben einer wiederkehrenden Leistung, Rn 8, Mü RR **94**, 1484.
Schaden: Man muß ihn hinzurechnen. Denn es liegen keine Kosten im Sinn von I Hs 2 vor, Brdb JB **01**, 95. **21**
Schiedsrichterliches Verfahren: *Nicht* hinzurechnen darf man die im Schiedsspruch zuerkannten Zinsen und Kosten bei einem Antrag auf die Aufhebung des Schiedsspruchs.
Selbsthilfeverkauf: Für seine Kosten gelten die Regeln Rn 18 „Kosten".
Steuerrecht: *Nicht* hinzurechnen darf man einen Steuersäumniszuschlag, BGH Rpfleger **79**, 111.
Teilerledigung: Rn 11. **22**
Umsatzsteuer: Wenn Zinsen Nebenforderungen sind, ist auch die auf die Zinsen etwa entfallende Umsatzsteuer (Mehrwertsteuer) eine bloße Nebenforderung. Vgl freilich auch KG OLGZ **80**, 246.
Unfallfinanzierung: Es gelten die Regeln Rn 18 „Kosten".
Versendung: Rn 20 „Rechtsgeschäft". **23**
Verzugsschaden: Rn 21 „Schaden", Rn 26 „Zinsen".
Verzugszinsen: Rn 26 „Zinsen".
Vollstreckungsabwehrklage: § 4 gilt auch bei einer Vollstreckungsabwehrklage nach § 767. Die Kosten **24** des Vorprozesses darf man als Nebenforderung *nicht* hinzurechnen.
Vollstreckungsklage, § 722: Hinzurechnen muß man Kosten, die in dem ausländischen Urteil ziffernmäßig allein oder neben der Hauptforderung erscheinen. Denn dann liegt keine Nebenforderung vor.
    Nicht hinzurechnen darf man die Zinsen Rn 26 „Zinsen" und die Verfahrenskosten.
Vollstreckungsschaden: § 4 gilt auch dann, wenn der Kläger einen Vollstreckungsschaden infolge einer Änderung des Urteils geltend macht, § 717 Rn 14.
Vorprozeß: Rn 26 „Zwangsvollstreckung".
Vorrecht: § 3 Anh Rn 136 „Vorrecht".
Wandlung: Rn 20 „Rechtsgeschäft". **25**
Widerspruchsklage: § 3 Anh Rn 139 „Widerspruchsklage".

Hartmann

§§ 4, 5   Buch 1. Abschnitt 1. Gerichte

Wiederaufnahme: § 4 gilt auch bei einer Wiederaufnahmeklage.

26 Zinsen: Hinzurechnen muß man Zinsen aus einem nicht miteingeklagten Kapital. Das gilt auch beim Teilungsplan, BGH RR **98**, 1284, oder dann, wenn sie zum Hauptanspruch werden, Rn 11, etwa als alleiniger Rechtsmittelgegenstand dieser Partei, Brdb MDR **01**, 588.

Nicht hinzurechnen darf man Zinsen, soweit der Kläger sie als bloße Nebenforderung geltend gemacht hat, Rn 10, Kblz MDR **99**, 197, Zweibr JB **99**, 590, LG Köln WoM **95**, 719 (aM bei Kautionszinsen). Hierher gehören vertragliche und gesetzliche Zinsen, BGH NJW **90**, 2754, Köln VersR **01**, 736, Mü BB **88**, 1843. Das gilt auch für solche Zinsen, die ein ausländisches Gericht in seinem Urteil zuerkannt hat, wenn es jetzt um eine Klage mit dem Ziel einer Vollstreckbarerklärung jenes Urteils geht, Ffm JB **94**, 117. Die Zinsen gehören auch dann hierher, wenn der Kläger sie ausgerechnet hat und als Kapitalbetrag zusätzlich zur eigentlichen und in Wahrheit alleinigen Hauptforderung geltend machen will, Rn 17, oder wenn es um einen Bereicherungsanspruch geht, BGH RR **00**, 1015 (Ausnahme: Rn 11), oder nunmehr ein Bürge oder eine Versicherung für die Zinsen in Anspruch genommen werden, Nürnb VersR **78**, 854. Schäden, die der Kläger in der Form von Zinsen geltend macht, etwa Verzugszinsen, darf man als Zinsen *nicht* zusammenrechnen, wenn der Kläger sie neben dem Hauptanspruch geltend macht und wenn sie vom Hauptanspruch abhängig sind. Denn in solchem Fall liegt keine Hauptforderung vor, sondern eine Nebenforderung, Bbg JB **78**, 1549. Wegen Vorfälligkeitszinsen BGH NJW **98**, 2060.

S auch bei den einzelnen Hauptanspruchsarten in diesem ABC, zB Rn 17 „Kapitalisierung".

Zusammenfassung: Rn 17 „Kapitalisierung".
Zuwachs: Seine Kosten muß man hinzurechnen. Denn es liegen keine Kosten im Sinn von I Hs 2 vor.
Zwangsvollstreckung: Hinzurechnen muß man Kosten eines früheren Prozesses bei einer Maßnahme der Zwangsvollstreckung.

S auch Rn 14 „Erschleichung", Rn 24 „Vollstreckungsabwehrklage", „Vollstreckungsklage", „Vollstreckungsschaden".

27 5) **Wechselanspruch, II.** Bei ihm sind die Zinsen, die Kosten und die Provisionen Nebenforderungen. Das gilt sowohl im Wechselprozeß nach § 602 als auch im ordentlichen Verfahren. Etwas anderes gilt bei einer Klage aus dem Grundgeschäft. Zum Begriff des Wechselanspruchs vgl bei § 602.

28 6) **Scheckanspruch, II.** II gilt im Scheckprozeß des § 605 a entsprechend.

29 7) *VwGO:* I ist entsprechend anwendbar in den § 2 Rn 9 genannten Fällen, VGH Mannh VBlBW **80**, 55 mwN, so daß Zinsen als Nebenforderung außer Betracht bleiben, KoppSch § 146 Rn 20, ebenso Kosten, BVerwG NVwZ **87**, 219. Für die Festsetzung des Gebührenwerts gilt I ebenfalls entsprechend, soweit nicht Sondervorschriften eingreifen, §§ 40, 43, 47 GKG, Hartmann § 52 GKG Rn 6 u Anh I A § 52 GKG.

5 **Mehrere Ansprüche.** Mehrere in einer Klage geltend gemachte Ansprüche werden zusammengerechnet; dies gilt nicht für den Gegenstand der Klage und der Widerklage.

Schrifttum: *Frank,* Anspruchsmehrheiten im Streitwertrecht, 1986.

Gliederung

1) Systematik, Regelungszweck	1	B. Beispiele zur Frage der Zusammenrechnung	4–10
2) Geltungsbereich	2	C. Nebenforderung	11
3) Mehrere Ansprüche	3–11	4) **Klage und Widerklage**	12
A. Grundsatz: Zusammenrechnung	3	5) *VwGO*	13

1 1) **Systematik, Regelungszweck.** Der erste Halbsatz der Vorschrift ist auch für die Gebührenberechnung anwendbar. Kostenrechtlich gelten aber im übrigen vorrangige Sonderregeln, zB §§ 45 I 3, 48 II–IV GKG. Wegen des Beschwerdewerts bei Klage und Widerklage vgl bei § 511. Die Zusammenrechnung für den Kostenstreit erfolgt im Interesse der Kostengerechtigkeit zwecks Vermeidung zu hoher Kosten. Das gilt freilich nur dann, wenn die Klage und die Widerklage nicht denselben Streitgegenstand betreffen, § 2 Rn 2, §§ 45 I 1, 3 GKG, 23 RVG, Rn 3.

2 2) **Geltungsbereich.** Die Vorschrift ist in allen Verfahren nach der ZPO anwendbar. Im Verfahren vor dem Arbeitsgericht ist die Wertfestsetzung sachlichrechtlich zugleich eine Festsetzung des Beschwerdewerts der höheren Instanz, BGH VersR **81**, 157, BAG NZA **04**, 1239. In einer Baulandsache kann § 5 entsprechend anwendbar sein, BGH NJW **89**, 1039. Für die Anwaltsgebühren erfolgt unter Umständen abweichend von § 5 keine Zusammenrechnung.

3 3) **Mehrere Ansprüche.** Schon Hs 1 enthält Grundsatz und Ausnahme.

A. Grundsatz: Zusammenrechnung. Man muß mehrere in derselben Klage geltend gemachte Ansprüche zusammenrechnen, BGH NZM **04**, 423, LAG Hbg JB **02**, 480. Das betrifft sowohl die Klägerhäufung nach §§ 59 ff, BGH VersR **91**, 360, wie auch die Anspruchshäufung (subjektive und objektive Klagenhäufung) nach § 260, BGH VersR **81**, 157, BAG NZA **04**, 1239, Kblz GRUR **84**, 909, natürlich erst recht deren Zusammentreffen, Mü MDR **93**, 286. Die Anspruchsbegründung ist unerheblich, Rn 7 „Mehrheit von Anspruchsbegründungen". Der Grundsatz der Zusammenrechnung gilt auch dann, wenn eine Verbindung erfolgt, § 147 Rn 12, VGH Mannh JB **98**, 83 (nicht schon bei bloß tatsächlich gleichzeitiger Verhandlung rechtlich getrennt bleibender Prozesse). Die Ansprüche müssen aber einen selbständigen Wert und daher verschiedene Streitgegenstände haben, Rn 1, § 2 Rn 3, BGH VersR **91**, 360, Köln MDR **01**, 941, VGH Mü NVwZ-RR **04**, 159. Die Verbindung läßt die vor ihrer Vornahme entstandenen Werte und Kosten unberührt, Köln VersR **92**, 518, Mü AnwBl **81**, 155.

Titel 1. Sachl. Zuständigkeit der Gerichte und Wertvorschriften   § 5

B. Beispiele zur Frage der Zusammenrechnung   4
Abnahme: Rn 7 „Kaufpreis".
Anfechtungsgesetz: *Nicht* zusammenrechnen darf man einen Anspruch des Anfechtungsgläubigers auf die Zahlung eines Wertersatzes und auf die Duldung der Zwangsvollstreckung über den Rechtsnachfolger.
Annahmeverzug: *Nicht* zusammenrechnen darf man den Leistungsantrag und den Antrag auf die Feststellung des Annahmeverzugs des Bekl mit der Rücknahme von Gegenständen, LG Mönchengldb ZMR **85**, 164.
Anschlußberufung: Zusammenrechnen muß man bei Verschiedenheit der Streitgegenstände, LG Bln JB **85**, 259.
Anzahlung: Zusammenrechnen muß man bei einer Klage auf eine Anzahlung und einer Widerklage auf volle Erfüllung, Celle NdsRpfl **85**, 1.
Arrest, einstweilige Verfügung: Zusammenrechnen muß man auch in diesen Eilverfahren.
Aufrechnung: Zusammenrechnen muß man wegen § 322 II, wenn die Klage zwar begründet ist, wenn das Gericht aber feststellt, daß eine Gegenforderung nicht besteht, oder wenn die Parteien die letztere Feststellung in einem Vergleich treffen.
 S auch § 3 Anh Rn 15 ff „Aufrechnung".
Auskunftsklage: Rn 8 „Stufenklage".
Bürge: *Nicht* zusammenrechnen darf man die Ansprüche gegenüber dem Hauptschuldner und dem Bürgen. Denn es liegt wirtschaftlich eine Nämlichkeit vor.
Duldung: *Nicht* zusammenrechnen darf man den Anspruch auf die Leistung gegenüber dem einen Schuldner und den Anspruch auf die Duldung der Zwangsvollstreckung demselben gegenüber, KG AnwBl **79**, 229 (wirtschaftliche Nämlichkeit), oder gegenüber dem anderen Schuldner. Denn derselbe Anspruch geht hier in zwei verschiedene Richtungen. Das gilt zB bei einem Anspruch des Anfechtungsgläubigers nach dem AnfG auf die Zahlung eines Wertersatzes und auf die Duldung der Zwangsvollstreckung über den Rechtsnachfolger.
Ehescheidung: Zusammenrechnen muß man den Anspruch auf die Gestattung des Getrenntlebens und denjenigen auf die Übertragung der elterlichen Sorgerechts, § 620.
Eigentumsvorbehalt: Rn 7 „Kaufpreis".
Einstweilige Verfügung: Rn 3 „Arrest, einstweilige Verfügung".
Entschädigung: Rn 9 „Vornahme einer Handlung".
Feststellung: Rn 8 „Teilbetrag".   5
Gesamtgläubiger: *Nicht* zusammenrechnen darf man wegen des Anspruchs mehrerer Gesamtgläubiger auf dieselbe Leistung, zB auf eine Unterlassung, BGH BB **87**, 641, oder bei einem Anspruch eines Gesamtgläubigers und einem Anspruch des Gesamtschuldners, wenn jeweils das Ganze im Streit ist, LAG Hamm BB **82**, 374. Wenn man gegen einen Streitgenossen ein Rechtsmittel einlegt, wird allerdings der Wert zusammengerechnet, soweit die Ansprüche gegenüber diesem Streitgenossen identisch sind.
Gesamtschuldner: *Nicht* zusammenrechnen darf man den Anspruch eines Gesamtgläubigers und den Anspruch eines Gesamtschuldners, wenn jeweils das Ganze im Streit ist, LAG Hamm BB **82**, 374. Wenn man gegen einen Streitgenossen ein Rechtsmittel einlegt, muß das Gericht allerdings die Werte zusammenrechnen, soweit die Ansprüche gegenüber diesem Streitgenossen identisch sind.
 Nicht zusammenrechnen darf man ferner beim Anspruch auf eine unteilbare Leistung gegenüber mehreren Schuldnern.
 S auch Rn 10 „Wertersatz".
Getrenntleben: Rn 4 „Ehescheidung".
Herausgabe: Rn 7 „Kaufpreis", Rn 10 „Wertersatz".
Hilfsantrag: Zusammenrechnen muß man den Haupt- und den Hilfsantrag, wenn das Gericht über beide   6
entschieden hat, (jetzt) § 45 I 2 GKG, Bbg JB **94**, 112, oder wenn der Hilfsantrag vom Hauptantrag unabhängig ist und wenn das Gericht den Hauptantrag abweist, ferner dann, wenn das Gericht den Bekl auf Grund des Hilfsantrags verurteilt oder wenn es die Klage auf Grund des Hilfsantrags des Bekl abgewiesen hat.
 Nicht zusammenrechnen darf man den Haupt- und den Hilfsantrag im übrigen kostenrechtlich, § 45 I 2 GKG, wie für die Zuständigkeit. Maßgeblich ist in den letzteren Fällen nur der höhere Wert.
Hilfswiderklage: § 3 Anh Rn 71 „Hilfswiderklage".
Kaufpreis: *Nicht* zusammenrechnen darf man: Die Kaufpreisforderung und den Anspruch auf die Abnahme   7
der Kaufsache, den Anspruch auf die Herausgabe einer Ware, die man unter einem Eigentumsvorbehalt geliefert hat, und den Anspruch auf die Zahlung des Restkaufpreises.
 S auch Rn 3 „Annahmeverzug".
Klagänderung: *Nicht* zusammenrechnen darf man den vor der Klagänderung geltend gemachten Anspruch und den jetzigen. Denn die beiden werden unter diesen Umständen nicht nebeneinander erhoben.
Klagerweiterung: Rn 8 „Streitgenossen".
Mahnverfahren: Zusammenrechnen muß man auch im Mahnverfahren.
Mehrheit von Ansprüchen: Zusammenrechnen muß man mehrere in derselben Klage geltend gemachte Ansprüche, Rn 2, BGH VersR **81**, 157, Kblz GRUR **84**, 909.
 Nicht zusammenrechnen darf man unabhängige Ansprüche in Klage und Widerklage, Köln JB **90**, 241.
Mehrheit von Anspruchsbegründungen: *Nicht* zusammenrechnen darf man, wenn für denselben Anspruch nur mehrere rechtliche Begründungen vorliegen oder infragekommen, Rn 2.
Mehrheit von Klägern: Zusammenrechnen muß man mehrere in derselben Klage geltend gemachte Ansprüche, Rn 2. Das gilt auch im Fall der Klägerhäufung, BGH VersR **91**, 360.
Nichtvermögensrechtlicher Anspruch: Ihm muß man mit einem vermögensrechtlichen Anspruch zusammenrechnen.
 Das darf man jedoch *nicht* tun, soweit der Kläger aus dem nichtvermögensrechtlichen einen vermögensrechtlichen Anspruch herleitet, § 48 IV GKG (dann nur der höhere).
Patentverfahren: Eine Zusammenrechnung ist jedenfalls im Nichtigkeitsverfahren erster Instanz *unstatthaft*, BPatG GRUR **92**, 690.

Hartmann

§§ 5, 6

Quittung: Rn 10 „Zwangsvollstreckung".
8 **Sicherungsanspruch:** *Nicht* zusammenrechnen darf man einen Sicherungsanspruch etwa aus einer Pfandklage und eine persönliche Forderung, Ffm JB **77**, 1136, Schlesw SchlHA **86**, 184.
Sorgerecht: Rn 4 „Ehescheidung".
Streitgenossen: *Nicht* zusammenrechnen darf man Ansprüche gegen mehrere notwendige Streitgenossen auf dieselbe Leistung. Das gilt auch bei nachträglicher Klageerweiterung, Kblz AnwBl **85**, 203. Im übrigen kann man sie sonst zusammenrechnen, OVG Münst JB **02**, 532. Bei Rechtsmitteln ist unerheblich, ob alle sie einlegen und wie das geschieht, BGH NJW **01**, 231 (freilich bleibt das bloße Kosteninteresse unbeachtlich).
S auch Rn 5 „Gesamtschuldner".
Streithelfer: Bei Einheit des Streitgegenstands und der Urteilswirkung erfolgt *keine* Zusammenrechnung, BGH NJW **01**, 2639.
Stufenklage: Zusammenrechnen muß man den Anspruch der ersten beiden Stufen und die schließliche Leistungsforderung, vgl freilich auch (jetzt) § 44 GKG, Brdb MDR **02**, 537, Schneider Rpfleger **77**, 92.
Nicht zusammenrechnen darf man, wenn der Kläger von dem zunächst erhobenen Auskunftsanspruch zum Schadensersatzanspruch übergeht.
Teilbetrag: *Nicht* zusammenrechnen darf man die Feststellung des gesamten Rechtsverhältnisses und einen Anspruch auf die Leistung eines Teilbetrages, BGH NZM **04**, 423. Wenn das Teilurteil angefochten wird, dann gilt in der Rechtsmittelinstanz der Wert des gesamten Rechtsverhältnisses.
Unteilbare Leistung: Rn 5 „Gesamtschuldner".
Unterhalt: Bei einer Verbindung der Klagen auf rückwirkende Herabsetzung und auf Rückzahlung darf man *nicht* zusammenrechnen, Hbg JB **94**, 493.
Unterlassung: Zusammenrechnen muß man, soweit keine Gesamtschuldner vorliegen, Rn 5, Kblz WRP **85**, 45.
9 **Vaterschaft:** Zusammenrechnen muß man den Anspruch aus einer Vaterschaftsanfechtungsklage gegenüber dem einen wie dem anderen Geschwister.
Verbindung: Rn 3.
Vergleich: Rn 4 „Aufrechnung".
Vollstreckungsabwehrklage: *Nicht* zusammenrechnen darf man den Anspruch aus einer Vollstreckungsabwehrklage und den Anspruch auf die Rückgewähr der Leistung.
S auch Rn 10 „Zwangsvollstreckung".
Vornahme einer Handlung: *Nicht* zusammenrechnen darf man den Vornahmeanspruch und den Anspruch auf eine Entschädigung nach § 510 b.
10 **Wahlantrag:** *Nicht* zusammenrechnen darf man Wahlanträge, § 3 Anh Rn 137 „Wahlschuld".
Wertersatz: *Nicht* zusammenrechnen darf man: Den Anspruch auf die Herausgabe einer Sache und den Anspruch auf die Zahlung einer Geldsumme als eines Wertersatzes für den Fall der Unmöglichkeit der Herausgabe; den Anspruch des Anfechtungsgläubigers nach dem AnfG auf die Zahlung eines Wertersatzes und auf die Duldung der Zwangsvollstreckung über den Rechtsnachfolger.
Zwangsvollstreckung: *Nicht* zusammenrechnen darf man den Anspruch auf die Feststellung der Unzulässigkeit der Zwangsvollstreckung und den Anspruch auf die Aushändigung einer löschungsfähigen Quittung oder einer Löschungsbewilligung, aM Düss MDR **00**, 543 (aber es liegt eben doch eine wirtschaftliche Einheit vor).
S auch Rn 4 „Duldung", Rn 9 „Vollstreckungsabwehrklage".

11 **C. Nebenforderung.** Eine solche bleibt unberücksichtigt, § 4. Eine nachträgliche Prozeßverbindung nach § 147 oder eine Prozeßtrennung nach § 145 sind für die Gebühren bedeutungslos. Man muß sie allerdings bei der Beurteilung der weiteren sachlichen Zuständigkeit beachten. Wenn für den einen der Ansprüche nach Üb 14 vor § 12 eine ausschließliche Zuständigkeit besteht, für den anderen nur eine gewöhnliche Zuständigkeit, dann darf man die Ansprüche zur Beurteilung der Zuständigkeit nicht zusammenrechnen. Man kann zB eine vor das AG gehörende Vollstreckungsabwehrklage nach § 767 nicht mit einer anderen Klage zusammenrechnen, um das LG zuständig zu machen. Wegen des Kostenstreitwerts § 22 GKG. Wenn das AG nach § 23 Z 2 GVG ohne Rücksicht auf den Streitwert zuständig ist, dann darf man einen derartigen Anspruch nicht mit einem anderen zusammen beim LG erheben, § 506. Eine Zusammenrechnung erfolgt also auch in diesem Fall nur für den Kostenstreitwert. Für den Beschwerdewert gilt bei allen Rechtsmitteln § 5 entsprechend.

12 **4) Klage und Widerklage.** Man darf sie zur Beurteilung der Zuständigkeit in keinem Fall zusammenrechnen, LAG Mainz NZA-RR **05**, 275, Schneider MDR **88**, 271. Es gilt also nur der höhere Wert. Für den Kostenstreitwert Rn 1. Wegen des Beschwerdewerts vgl bei § 511. Zeitlich getrennte Ansprüche der Widerklage nach Anh § 253 können einzeln und zusammengerechnet eine Verweisung nach § 506 erforderlich machen. Wegen eines Ersatzanspruchs auf Grund einer Änderung des Urteils Anh nach § 3 Rn 125 „Urteilsänderung".

13 **5) VwGO:** Entsprechend anwendbar unter den bei § 2 Rn 9 genannten Voraussetzungen für die Beschwerdesumme, BVerwG NVwZ-RR **89**, 582 u NVwZ **87**, 219, VGH Kassel LS NJW **83**, 2047 (zur Berechnung der Rechtsmittelsumme bei sachwidrig getrennten Verf vgl OVG Münst DÖV **82**, 373), ferner bei der Ermittlung des Gebührenwertes, BVerwG DÖV **82**, 410, nach Maßgabe der Rn 1. Wegen der Einzelheiten vgl insoweit Hartmann Anh I B § 52 GKG Rn 3 (u Bem dazu).

6 *Besitz; Sicherstellung; Pfandrecht.* ¹Der Wert wird bestimmt: durch den Wert einer Sache, wenn es auf deren Besitz, und durch den Betrag einer Forderung, wenn es auf deren Sicherstellung oder ein Pfandrecht ankommt. ²Hat der Gegenstand des Pfandrechts einen geringeren Wert, so ist dieser maßgebend.

Titel 1. Sachl. Zuständigkeit der Gerichte und Wertvorschriften **§ 6**

Gliederung

1) **Besitzstreit, Eigentumsstreit, S 1, 2** ...	1–8	3) **Pfandrecht, S 1, 2**	10–15
A. Grundsatz: Sachwert	1	A. Geltungsbereich	10
B. Beispiele zur Frage der Anwendbarkeit	2, 3	B. Wertgrundsatz: Forderung; evtl nur Pfandrecht	11
C. Verkehrswert	4	C. Einzelfragen zum Forderungswert	12–15
D. Lasten..............................	5	4) **Sinngemäße Anwendung, S 1, 2**	16
E. Gegenleistung	6, 7	5) *VwGO*	17
F. Einzelfragen zum Sachwert	8		
2) **Sicherstellung einer Forderung, S 1, 2**	9		

1) Besitzstreit, Eigentumsstreit, S 1, 2. Die Vorschrift gilt für alle drei Wertarten im Sinn von Einf 1– **1**
5 vor §§ 3–9, aM Ffm JB **81**, 759, Schneider MDR **84**, 266 (beim Kostenwert nur entsprechend. Aber für solche Einschränkung gibt das Gesetz nichts her).

A. Grundsatz: Sachwert. Soweit es auf den Besitz einer Sache oder auf ihr Eigentum ankommt, ist der Wert der Sache maßgeblich.

B. Beispiele zur Frage der Anwendbarkeit **2**
Abnahme: § 6 ist *unanwendbar* auf eine Klage des Verkäufers auf die Abnahme der Kaufsache.
Abwehrklage: § 6 ist *unanwendbar* auf eine Abwehrklage (negatorische Klage).
Anfechtung: Rn 16.
Arrest, Einstweilige Verfügung: § 6 ist *unanwendbar* auf einen Antrag auf eine nur vorläufige Regelung im Wege eines Arrests oder einer einstweiligen Verfügung. Vielmehr gilt dann (jetzt) der vorrangige § 53 GKG, Köln VersR **76**, 740.
Auflassung: § 6 ist anwendbar auf eine Klage auf die Erteilung einer Auflassung, Rn 4 ff, BGH RR **01**, 518, Köln MDR **05**, 298, Stgt JB **02**, 424 (auch bei einer Gegenforderung), aM BGH (7. ZS) NJW **02**, 684 (§ 3), Celle RR **98**, 142 (nur, wenn auch Herausgabe), Ffm RR **96**, 636 (§ 3. Aber in allen diesen Varianten hat die Spezialregelung des § 6 Vorrang). Beim ideellen Grundstücksteil gilt dessen Wert, Schlesw Rpfleger **80**, 239. Beim Zusammentreffen von Auflassung und Löschung bereits eingetragener Lasten ist der Grundstückswert der Höchstwert, Köln JB **88**, 1388.
S auch „Eigentumsfeststellung", Rn 3 „Rückgewähr", Rn 14, 15 wegen einer Vormerkung.
Baulandsache: § 6 ist *unanwendbar* auf eine Klage auf eine vorzeitige Besitzeinweisung in einer Baulandsache nach dem BauGB. Vielmehr gilt dann § 20 GKG entsprechend und es entscheidet das Interesse des Klägers, meist etwa 1/3 des Werts der Fläche. Vgl aber auch § 52 GKG.
Befreiung: § 3 Anh Rn 27 „Befreiung".
Berichtigung des Grundbuches: Anh § 3 Rn 28 „Berichtigung des Grundbuches".
Besitzeinweisung: S „Baulandsache".
Besitzklage: § 6 ist anwendbar auf eine Besitzklage jeder Art, auch bei einer Besitzstörung.
Beweisurkunde: § 6 ist *unanwendbar* auf eine Klage auf die Herausgabe einer Beweisurkunde oder einer anderen Urkunde, die keine Wertträger sind, § 3 Rn 69 „Herausgabe einer Urkunde".
Ehewohnung: Soweit nicht überhaupt ein FGG-Verfahren vor dem FamG vorliegt, ist § 6 und nicht (jetzt) § 41 GKG anwendbar, aM Köln MDR **99**, 637 (abl Schneider).
Eigentumsfeststellung: § 6 ist anwendbar auf eine Klage auf die Feststellung des Eigentums.
S auch „Auflassung".
Eigentumsübertragung: Rn 3 „Zugewinnausgleich".
Eigentumsvorbehalt: § 6 ist anwendbar auf eine Klage auf die Herausgabe einer Sache, die der Kläger unter einem Eigentumsvorbehalt geliefert hat. Das gilt auch bei der Feststellung der Wirksamkeit des Eigentumsvorbehalts.
Enteignung: § 3 Rn 40.
Erbbaurecht: § 6 ist anwendbar auf eine Klage mit dem Ziel der Bestellung eines Erbbaurechts, Saarbr AnwBl **78**, 107, und auf die Herausgabe nach dem Erbbaurechtsende, Hbg AnwBl **96**, 411.
Freistellung: S „Befreiung".
Herausgabe: § 6 ist anwendbar, BGH RR **01**, 518, Nürnb JB **04**, 377 (Rücktritt des Verkäufers), LG Augsb DGVZ **05**, 95. Für die Bewertung kommt es auf den wirtschaftlichen Zweck der Herausgabe evtl mit an, Mü JB **84**, 1401. Bei Miete und Pacht gelten § 8 sowie § 41 GKG.
S auch „Beweisurkunde", „Eigentumsvorbehalt", „Hinterlegung", Rn 3 „Rückgewähr", Rn 3 „Wertpapier".
Hinterlegung: § 6 ist anwendbar auf eine Klage auf die Erteilung einer Einwilligung zur Herausgabe einer hinterlegten Sache, KG AnwBl **78**, 107.
S auch § 3 Rn 68 „Herausgabe: a) Herausgabe einer Sache".
Miete: Rn 2 „Besitzklage", Rn 3 „Räumungsklage", „Rückgewähr". **3**
Räumungsklage: Es gilt § 8, BGH NZM **05**, 677, und für die Kosten § 41 II GKG.
Rückgewähr: § 6 ist anwendbar auf eine Klage auf die Rückgewähr einer Sache wegen Nichterfüllung, Karlsr Rpfleger **80**, 308 (WEG), Schlesw Rpfleger **80**, 293 (beim ideellen Anteil gilt dieser), LG Bayreuth JB **77**, 1116. § 6 ist ferner anwendbar bei einem Anspruch auf Rückgewähr wegen der Nichtigkeit eines Vertrages, ferner bei (jetzt) § 437 Z 2 BGB, aM Schlesw JB **98**, 421 (§ 3. Aber § 6 gilt als Spezialvorschrift auch hier vorrangig). § 6 ist anwendbar auf einen Anspruch auf Rückgewähr einer Mietkaution, LG Essen MDR **04**, 206.
Scheidung: S „Zugewinnausgleich".
Teilungsversteigerung: § 6 ist *unanwendbar* auf eine Widerspruchsklage bei § 180 ZVG, § 3 Rn 139 „Widerspruchsklage: c) Teilungsversteigerung".
Testamentsvollstrecker: Rn 2 „Besitzklage".

Übergabe: § 6 ist anwendbar auf eine Klage des Käufers auf die Übergabe der Kaufsache. S auch Rn 2 „Abnahme", „Eigentumsvorbehalt", Rn 3 „Zugewinnausgleich".
Umlegungsstreit: § 6 ist *unanwendbar* auf eine Klage dazu, ob ein Grundstück in ein Umlegungsverfahren einbezogen werden soll.
Urkunde: Rn 2 „Beweisurkunde", Rn 3 „Wertpapier".
Veräußerungsverbot: § 6 ist anwendbar auf ein gesetzliches oder vertragliches Veräußerungsverbot. Maßgeblich ist nur der Verkehrswert, also nicht das wirtschaftliche Ziel.
Verbotene Eigenmacht: Rn 2 „Besitzklage".
Verfügungsbeschränkung: Ähnlich wie beim Veräußerungsverbot muß man vom Verkehrswert ausgehen und die Gefährdung beachten.
Verwahrung: Die vorzeitige Rückgabe läßt sich nach § 3 (Zeitinteresse) behandeln, die endgültige nach § 6.
Vorbereitende Klage: § 6 ist *unanwendbar* auf eine nur vorbereitende Klage, § 3 Rn 135. S auch Rn 2 „Arrest, Einstweilige Verfügung".
Vorkaufsrecht: § 3 Rn 40.
Vorläufige Regelung: Rn 2 „Arrest, Einstweilige Verfügung".
Wertpapier: Es entscheidet sein Kurswert, § 3 Rn 69 „Herausgabe: b) Herausgabe einer Urkunde".
Widerspruchsklage: S „Teilungsversteigerung".
Zugewinnausgleich: § 6 ist anwendbar auf eine Klage des Käufers auf die Übergabe der Sache nebst Eigentumsübertragung unter Anrechnung auf den Zugewinnausgleich, Ffm MDR **90**, 58.
Zug-um-Zug: Rn 7.
Zwangsversteigerung: S „Teilungsversteigerung".

4 **C. Verkehrswert.** Maßgebend ist der Wert der Sache, also der objektive Verkehrswert, § 3 Rn 3, BGH RR **01**, 518, Köln MDR **05**, 299, Oldb MDR **98**, 1406 (wirtschaftliche Bedeutung), AG Königstein RR **03**, 949. Das gilt bei einem Grundstück und bei der Klage auf die Feststellung des Eigentums. Maßgebend ist also nicht der Einheitswert. Bei der Auflassung eines Erbbaurechtsgrundstücks gilt nur der Bodenwert, Bbg JB **92**, 629. Bei einem noch zu vermessenden Teil muß man nach § 3 schätzen. Der Verkehrswert gilt auch dann, wenn es um ein Mietwohngrundstück geht. Also entscheidet hier nicht der Ertragswert. Beim Geschäftsraum kann man auf den 17fachen Jahresmietwert abstellen, LG Mü WoM **95**, 197. Der Kaufpreis ist nicht maßgeblich, Köln MDR **05**, 299, aM Ffm RR **96**, 636. Er erbringt aber meist einen Anscheinsbeweis für die Höhe des Verkehrswerts, Anh § 286 Rn 15. Bei Edelmetall ist der Ankaufskurs maßgeblich, BGH RR **91**, 1210. Stets kommt es auf den Zeitpunkt der Entscheidungsreife bzw des Schlusses der letzten Verhandlung an, § 300 Rn 6, BGH RR **91**, 1210. Daher muß man zB bei der Rückauflassung eines inzwischen bebauten Grundstücks die Bebauung mitbewerten.

5 **D. Lasten,** zB valutierende Grundpfandrechte, mindern den Wert um das wirtschaftliche Interesse des Klägers an der Herausgabe usw herab, Bbg JB **77**, 1278, aM BGH RR **01**, 518 (nur bei Beeinträchtigung der wirtschaftlichen Benutzung, daher nicht beim Nießbrauch. Aber gerade auch bei ihm ist infolge der stets gebotenen wirtschaftlichen Betrachtungsweise wohl fast stets eine Beeinträchtigung des Verkehrswerts sehr wohl vorhanden. Ein belastetes Grundstück kostet weniger). Das Gesetz nennt zwar keinen Mindestbetrag, Schlesw Rpfleger **80**, 239. Eine völlige Wertlosigkeit liegt aber keineswegs vor, soweit man um eine Sache streitet, LG Köln NJW **77**, 256. Selbst bei einem zur Zeit nicht einlösbaren Wechsel kann ein gewisses Interesse an der Herausgabe durchaus bestehen, Ffm MDR **81**, 590, Köln MDR **75**, 60, LG Köln NJW **77**, 255, aM Düss JB **94**, 496, Mü MDR **81**, 501 (aber die Verhältnisse können sich bessern. Das darf und muß man schon jetzt mitbeachten).

6 **E. Gegenleistung.** Eine Gegenleistung bleibt grundsätzlich außer Betracht, BGH FamRZ **05**, 265, Hamm MDR **02**, 1458, Stgt JB **02**, 424, aM ZöHe 16 „Auflassung" (aber § 6 erwähnt die Gegenleistung gerade nicht mit).
Das gilt zB für das Angebot der geschuldeten Gegenleistung (etwas anderes gilt natürlich dann, wenn man einen aufgerechneten Betrag abziehen muß) oder für den Einwand, der Schuldner brauche nur Zug um Zug zu erfüllen, oder für ein behauptetes Zurückbehaltungsrecht, BGH FamRZ **05**, 265, Bbg JB **78**, 428, Müller MDR **03**, 250. Beim der Gegenleistung beschränkten Rechtsmittel ist allerdings die Gegenleistung maßgeblich, Rn 8. Wenn der Kläger auf eine Auflassung oder auf eine Herausgabe klagt und wenn nur ein Zurückbehaltungsrecht des Bekl streitig ist, dann ist das Zurückbehaltungsrecht für die Wertberechnung unerheblich, BGH JZ **96**, 636, Mü MDR **81**, 501, aM KG RR **03**, 787 (aber § 6 hat als sehr wohl anwendbare Spezialvorschrift Vorrang). Das gilt unabhängig davon, ob das Zurückbehaltungsrecht begründende Anspruch, gegenüber dem Klaganspruch höher oder geringer ist, Celle MDR **77**, 672, Waldner NJW **80**, 217.

7 Wenn der Kläger vom Bekl eine Zahlung *Zug um Zug* gegen die Lieferung des verkauften Kraftfahrzeugs fordert, dann ist der Preis des Fahrzeugs maßgeblich. Das gilt auch dann, wenn die Parteien nur über den Wert eines in Zahlung gegebenen Altwagens streiten. Man darf also nicht nur die Gegenleistung ansetzen. Bei einer Verurteilung nur Zug um Zug gegen Mängelbeseitigung liegt der Beschwerdewert für den Kläger bei den Beseitigungskosten, Düss MDR **99**, 628.

8 **F. Einzelfragen zum Sachwert.** Wenn es um eine Mietersache geht, die in das Mietgrundstück eingebaut war und getrennt wurde, dann ist ihr Wert maßgeblich. Wenn der Kläger die Duldung der Entfernung bzw nur die Herausgabe der eingebauten Sache verlangt, dann muß man den durch die Wegnahme bzw Herausgabe verminderten Wert ansetzen, BGH NJW **91**, 3222. Wenn der Bekl nur nach § 721 eine kurzfristige Räumungsfrist beantragt, muß man den Wert nach § 3 in Verbindung mit § 41 II GKG schätzen. Wenn der Kläger nur einen Teil der Sache beansprucht, dann ist der Wert dieses Teils maßgeblich. Das gilt auch bei einem Hinterlegungsgläubiger, KG AnwBl **78**, 107, Schlesw JB **76**, 239. Wenn der Kläger gegen diejenigen Gesamthandeigentümer vorgeht, die eine Herausgabe verweigern, während die übrigen Gesamthandeigentümer die Herausgabe bewilligen, dann ist der Verkaufswert der Rechtsfolge maßgeblich,

Titel 1. Sachl. Zuständigkeit der Gerichte und Wertvorschriften **§ 6**

also der Wert des gesamten Grundstücks. Wenn in der höheren Instanz nur noch streitig ist, ob der Bekl auf Grund seines Zurückbehaltungsrechts nur Zug um Zug leisten muß, dann ist der Wert des Zurückbehaltungsrechts maßgeblich, BGH BB **91**, 937, KG JB **03**, 593, Saarbr AnwBl **79**, 154. Das gilt begrenzt durch den vollen Wert des Auskunftsanspruchs, BGH BB **91**, 937.

Vgl auch Anh nach § 3 Rn 26 „Baulandsache", Rn 41 „Erbrechtlicher Anspruch", Rn 68 ff „Herausgabe".

2) Sicherstellung einer Forderung, S 1, 2. Wenn man um eine beliebige bestehende oder erst noch zu **9** bestellende Sicherheit streitet, etwa um eine Bürgschaft, dann entscheidet der Betrag der gesicherten zu sichernden Forderung ohne Rücksicht auf eine etwaige Betagung oder Bedingung, Ffm AnwBl **80**, 460, Stgt MDR **80**, 678, oder Gegenforderung, Hamm JB **81**, 434. Wegen des Streits um ein Pfandrecht Rn 11. Im Fall der Eintragung eines Widerspruchs ist immer § 3 anwendbar. Wenn es um die Herausgabe einer zur Sicherung übereigneten Sache geht, dann ist der Wert der Forderung maßgeblich, falls dieser Wert unter demjenigen der Sache selbst liegt. Denn man muß das Sicherungseigentum eher wie ein Pfandrecht behandeln, LG Stgt MDR **77**, 676. Wenn der Kläger dagegen eine unter einem Eigentumsvorbehalt verkaufte Sache zurückverlangt, dann ist der volle Sachwert maßgeblich.

3) Pfandrecht, S 1, 2. Man muß unterschiedliche Gesichtspunkte beachten. **10**

A. Geltungsbereich. § 6 betrifft das Fahrnispfandrecht und das Grundstückspfandrecht. Das Gesetz verwendet also den Ausdruck „Pfandrecht" nicht in dem beschränkten Sinne des BGB. Die Art der Klage ist unerheblich. Es ist auch unerheblich, ob das Pfandrecht vertraglich oder gesetzlich entstand.

Beispiele: Die Widerspruchsklage nach § 771, Anh § 3 Rn 139; eine Klage auf die Löschung einer Hypothek; ein Absonderungsanspruch im Insolvenzverfahren; eine Erinnerung gegen eine Pfändung und Überweisung. Der Wert beträgt dann höchstens die gepfändete Forderung; ein Streit über die Art und Weise der Verwertung eines Pfandrechts.

B. Wertgrundsatz: Forderung; evtl nur Pfandrecht. Die Wertberechnung erfolgt nach dem Betrag **11** der Forderung. Wenn der Gegenstand des Pfandrechts aber einen geringeren Wert als den Betrag der Forderung hat, dann ist dieser geringere Wert maßgeblich, Ffm MDR **03**, 356. Diese Regelung gilt auch für ein bestehendes Pfandrecht. Wenn man das Pfandrecht erst noch bestellen muß, dann gilt sie auch für dieses Pfandrecht, falls der für die Sicherung der Forderung einen bestimmten Gegenstand bezeichnet hat. Man muß die Forderung nach § 4 berechnen. Gegenstand des Pfandrechts ist die Pfandsache. Man darf ein Vorpfandrecht nicht berücksichtigen. Denn jede Pfändung ergreift den ganzen Gegenstand. Andernfalls müßte man im Fall der Erschöpfung des Werts durch vorangegangene Vorpfandrechte das nachfolgende Vorpfandrecht mit 0 EUR bewerten, aM StJR 27 (legt nur den Überschuß zugrunde). Dasselbe gilt im Fall einer Widerspruchsklage, BGH WertpMitt **83**, 246 (Drittwiderspruch). Wenn es sich um eine Zwangsüberweisung nach § 825 handelt, dann ist der Wert der Pfandsache maßgeblich, falls dieser geringer ist.

C. Einzelfragen zum Forderungswert. In einem Rangstreit erfolgt die Berechnung nach der kleineren **12** Forderung. Man kann beim Anspruch auf die Einräumung des Vorrangs § 23 III 1 KostO entsprechend anwenden, Ffm AnwBl **82**, 111. Bei der Eintragung auch zu Lasten eines anderen Grundstücks ist § 6 anwendbar. Bei einer Klage auf Herausgabe der Pfandsache ist dieser höhere Wert unerheblich. Wenn ein Dritter die Pfandsache herausverlangt und wenn der Besitzer die Sache wegen eines Pfandrechts zurückhält, dann gilt § 6. Denn der Dritte kann die Sache ja auslösen. Im Fall der Löschung einer Grundschuld oder Hypothek ist grundsätzlich ihr Nennbetrag maßgeblich, Düss MDR **99**, 506, Kblz JB **02**, 310 (Einzelfallfrage), Saarbr MDR **01**, 897, an Celle MDR **05**, 1196 (20% des Nominalwerts), Hbg MDR **75**, 847 (Restbetrag der Hypothek), Köln BB **95**, 952 (§ 6, soweit die zu sichernde Forderung noch besteht, im übrigen aber Interesse des Klägers an der Löschung, § 3. Aber in allen diesen Varianten geht es wirtschaftlich um die Befreiung von der vollen Eintragung. Ein Erwerber usw muß ja vom Grundbuch ausgehen). Freilich darf die Festsetzung nicht über dem wirtschaftlichen Wert liegen, BVerfG RR **00**, 946, KG MDR **03**, 1383, Saarbr MDR **01**, 897.

Im Fall der Löschung einer *Höchstbetragshypothek* ist derjenige Höchstbetrag der Forderung maßgeblich, **13** der sich aus dem Grundbuch ergibt. Denn das Grundstück haftet gegebenenfalls bis zu dieser Höhe. Wenn es um die Abtretung einer Hypothek geht, dann ist ihr Nennwert und nicht ihr Valutierung maßgeblich.

Bei einer *einstweiligen Verfügung* mit dem Ziel der Eintragung einer Vormerkung zur Sicherung einer **14** Forderung nach § 940 Rn 34 „Grundbuch" muß man von dieser Forderung ausgehen und das Interesse des Antragstellers an der Sicherung nach § 3 schätzen. Man muß also ein Bruchteil feststellen, Bre AnwBl **76**, 441 (90%), LG Frankenth AnwBl **83**, 557 (33%), LG Lpz JB **95**, 26 (25–33%). Dasselbe gilt im Fall einer Auflassungsvormerkung, Bbg JB **76**, 1094.

Wenn es um die *Löschung einer Auflassungsvormerkung* geht, dann ist die Höhe derjenigen Nachteile **15** maßgeblich, die durch die Löschung wirtschaftlich entstehen. Man kann z.B. unter 25% des Verkehrswerts angehen, aber nach einer Zwangsversteigerung nur 5% des Verkehrswerts als Wert annehmen. Andere Lösungen: Bbg JB **90**, 1511 (Interesse an der Beseitigung der Vormerkung), Ffm AnwBl **83**, 174, Köln MDR **83**, 495 (je: 10%), Mü JB **78**, 1564 (25%), BGH NJW **02**, 3180 (¹/₃), Nürnb NJW **77**, 857, Saarbr AnwBl **79**, 114, Schneider MDR **83**, 639 (kein allgemeiner Prozentsatz). Bbg JB **75**, 649 nimmt bei der Eintragung der Vormerkung wegen einer Bauhandwerkerhypothek 25–33% des Hypothekenwerts an. Bbg JB **75**, 940 geht bei einer Löschung einer solchen Vormerkung von demselben Wert aus. Ffm JB **75**, 514 geht bei der Löschung von einer Vormerkung von 25% des Hypothekenwerts aus.

4) Sinngemäße Anwendung, S 1, 2. § 6 ist bei einer Anfechtung außerhalb und innerhalb eines **16** Insolvenzverfahrens entsprechend anwendbar, BGH KTS **82**, 449. Man muß dann vom Wert des Zurückzugewährenden abzüglich der Belastungen ausgehen, soweit nicht diejenige Forderung geringer ist, derentwegen die Anfechtung erfolgt ist, BGH KTS **82**, 449. Entsprechend und nicht nach § 42 GKG ist der Wert auch im Fall eines Unterhaltsanspruchs ansetzbar. Zinsen und Kosten gehören als ein Teil des Hauptanspruchs zur Forderung, BGH KTS **82**, 449. Eine Nebenforderung bleibt außer Ansatz, § 4 I. Wenn die

§§ 6–8   Buch 1. Abschnitt 1. Gerichte

Anfechtung ein Grundstück der Zwangsvollstreckung unterwerfen soll, dann gilt der Grundstückswert abzüglich der Lasten als maßgeblich. In diesem Zusammenhang kommt es darauf an, inwieweit der Kläger mit einer Befriedigung rechnen kann (Versteigerungswert). Köln VersR **82**, 50 hält § 6 für den Kostenstreitwert überhaupt nur für entsprechend anwendbar und fordert eine einschränkende Auslegung.
S auch Anh nach § 3 Rn 31 „Duldung", Rn 41 „Erbrechtlicher Anspruch".

17   5) *VwGO:* Im Rahmen des bei § 2 Rn 9 Gesagten unanwendbar; wegen des Gebührenwerts s Hartmann Anh I A u B § 52 GKG.

7 *Grunddienstbarkeit.* **Der Wert einer Grunddienstbarkeit wird durch den Wert, den sie für das herrschende Grundstück hat, und wenn der Betrag, um den sich der Wert des dienenden Grundstücks durch die Dienstbarkeit mindert, größer ist, durch diesen Betrag bestimmt.**

1   **1) Systematik, Regelungszweck.** § 7 bezieht sich auf Grunddienstbarkeiten im Sinn des § 1018 BGB, nicht auf persönliche Dienstbarkeiten oder auf Reallasten. Denn bei den letzteren handelt es sich nicht um Beziehungen zwischen Grundstücken. Diesem Unterschied trägt das Gesetz im Interesse der Kostengerechtigkeit Rechnung.

2   **2) Geltungsbereich.** Vgl zunächst Rn 1. § 7 ist auf Nachbarrechtsbeschränkungen nach §§ 906 ff BGB entsprechend anwendbar, wenn diese Beschränkungen ähnlich wie eine Dienstbarkeit wirken. Sonst gilt § 3. Das ist zB bei einem Licht- oder Fensterrecht oder bei einem Notwegrecht der Fall, BGH MDR **04**, 296, Jena MDR **99**, 196, Schneider ZMR **76**, 193, ThP § 3 Rn 111 „Notweg", aM Köln JB **91**, 1386 (§ 9, 3¹/2fach), ZöHe § 3 Rn 16 „Notweg" (§§ 3, 7, 9). Wenn es um die Beseitigung eines Überbaus geht, muß man den Wert nach dem Interesse des Klägers schätzen. § 7 ist dann nicht entsprechend anwendbar, BGH RR **86**, 737, aM LG Bayreuth JB **85**, 441 (die durch den Überbau bewirkte Wertminderung), StJR 4.

3   § 7 gilt ferner bei einem Streit über das Bestehen oder über den Umfang einer *Dienstbarkeit* oder bei einem Streit um die Einräumung oder die Beseitigung einer Dienstbarkeit. Wenn es um einen Abwehranspruch geht, ist die Vorschrift nur dann anwendbar, wenn die Störung gerade in der Ausübung einer Dienstbarkeit besteht oder sich gegen eine Dienstbarkeit richtet, ZöHe 3, aM BGH RR **86**, 737. Andernfalls ist § 3 anwendbar. In einem bloßen Streit über eine Wiederholungsgefahr ist § 3 anwendbar.

4   **3) Wertberechnung.** Man muß den Wert für das herrschende Grundstück und die Wertminderung beim dienenden Grundstück miteinander vergleichen und beide Werte nach § 3 einschätzen, BGH MDR **04**, 296, Jena JB **99**, 196. Der höhere Wert entscheidet. Man muß die Kosten der Beseitigung der als unerlaubt bekämpften Anlage berücksichtigen. In der Revisionsinstanz ist nur das Interesse des Revisionsklägers maßgebend. In diesem Abschnitt findet kein Wertvergleich nach § 7 statt.

5   **4) *VwGO:*** Entsprechend anwendbar für den Gebührenwert, soweit Streitigkeiten dieser Art, oben Rn 1, vor die VerwGerichte kommen können, § 40 VwGO, zB aus öffentlichem Eigentum, § 4 HbgWegeG, dazu BVerwG **27**, 131 u Schmidt-Jortzig NVwZ **87**, 1025.

8 *Pacht- oder Mietverhältnis.* **Ist das Bestehen oder die Dauer eines Pacht- oder Mietverhältnisses streitig, so ist der Betrag der auf die gesamte streitige Zeit fallenden Pacht oder Miete und, wenn der 25fache Betrag des einjährigen Entgelts geringer ist, dieser Betrag für die Wertberechnung entscheidend.**

1   **1) Systematik, Regelungszweck.** § 8 ist eine Sondervorschrift gegenüber § 6. § 4 hat aber gegenüber § 8 Vorrang. § 8 gilt nur für die Feststellung der sachlichen Zuständigkeit, Düss FGPrax **00**, 189. Das gilt, soweit nicht § 23 Z 2 a GVG oder § 7 eingreifen. § 8 gilt auch für den Rechtsmittelwert, BVerfG MietR **96**, 54, BGH NZM **03**, 460, LG Hbg WoM **92**, 145. Für die Kosten gilt bei einer mehr als einjährigen Dauer des Miet- oder Pachtverhältnisses (jetzt) § 41 I GKG, LG Saarbr JB **91**, 582. Das übersieht LG Zweibr JB **78**, 255. Bei einer Räumung ist § 8 maßgeblich, BGH NZM **05**, 677, auch für den etwaigen Rechtsmittelwert, BGH RR **00**, 1739. Dagegen gilt (jetzt) § 41 II GKG für die Kosten, BGH MDR **95**, 530.
Wegen des *Regelungszwecks* Einf 2 vor § 3.

2   **2) Geltungsbereich.** Vgl zunächst Einf 2 vor §§ 3–9.
A. Streit um Miet- oder Pachtverhältnis. § 8 betrifft nur einen Streit über das Bestehen oder über die Dauer eines Miet- oder Pachtverhältnisses über eine bewegliche oder unbewegliche Sache. Die Vorschrift betrifft also nicht einen Streit wegen eines Anspruchs auf die Zahlung von Geld oder auf sonstige Leistungen. Das Miet- und Pachtverhältnis muß die Grundlage des Anspruchs bilden. Nach seinem Ende gilt § 3, BGH WoM **04**, 352.

3   **B. Beispiele der Anwendbarkeit:** Es geht um die Feststellung, daß das Mietverhältnis seit einem bestimmten Tage infolge einer fristlosen Kündigung nicht mehr bestehe, BGH MDR **95**, 530 (für die Gebührenberechnung gilt auch hier § 41 GKG); es geht um eine Klage auf Grund einer Untermiete oder Unterpacht; es geht um eine Überlassung, Benutzung, Herausgabe oder Räumung, wenn nach dem Tatsachenvortrag des Klägers irgendwie streitig ist, ob ein Miet- oder Pachtverhältnis bestehe, BGH MDR **05**, 204, oder ob ein formell getrennt gemieteter Garagenplatz doch dem Kündigungsschutz der zugehörigen Wohnungsmiete mitunterliegt, BGH NZM **04**, 460; es geht um ein mietrechtsähnliches Verhältnis, BGH NZM **99**, 189 (wendet hilfsweise § 6 an).

4   **C. Beispiele der Unanwendbarkeit:** Es geht um die Zahlung von Miete und Pacht, BGH NZM **02**, 736; es geht um deren Erhöhung, § 41 V GKG; es geht um einen Vertragsabschluß; es geht um ein Nutzungsrecht, das dem Mietrecht oder Pachtrecht nur ähnlich ist, BGH MDR **05**, 204 (im Zweifel aber Miete), BayObLG JB **95**, 27, zB um ein Teilzeitwohnrecht nach dem G v 20. 12. 96, BGBl 2154. Dann gilt evtl § 6 (nicht § 9, soweit nur einmalige Zahlung) und für die Kosten § 41 GKG; es handelt sich um eine

Titel 1. Sachl. Zuständigkeit der Gerichte und Wertvorschriften **§§ 8, 9**

allein auf das Eigentum gestützte Klage, § 6 Rn 2; es handelt sich um eine Klage auf die Herausgabe des Rentenguts. Dann gilt § 6; unstreitig ist der Vertrag erloschen oder wird innerhalb eines bestimmten Zeitraums erlöschen. Dann betrifft nämlich die Klage auf die Feststellung der Nichtigkeit des Vertrags nur die Abwehr der Schadensfolgen. Deshalb gilt in einem solchen Fall § 3; es geht um die Klage eines Dritten mit dem Ziel der Feststellung der Nichtigkeit des Pachtvertrags; es geht nach dem Vertragsende nur noch um die Räumung, Karlsr WoM **94**, 339; es geht nur um die Besorgnis künftiger Nichterfüllung, § 259, Bbg JB **85**, 589, Ffm JB **80**, 929; es geht um eine Reparatur; es geht um die Art der Bewirtschaftung.

3) **Wertberechnung.** Hier muß man zwei Situationen unterscheiden. 5

A. **Gesamte streitige Zeit.** Grundsätzlich ist diejenige Miete oder Pacht maßgeblich, die in der gesamten streitigen Zeit anfällt, BGH NZM **04**, 460. Bei verschieden hohen Jahresbeträgen ist der höchste maßgeblich. Miete oder Pacht ist der nach § 535 II BGB bzw nach § 581 I 2 BGB geschuldete Betrag, nicht nur der eigentliche, vereinbarte Miet- oder Pachtzins, BGH MietR **96**, 55, mag man ihn in bar oder in Naturalien leisten müssen, sondern auch eine vertragliche Gegenleistung anderer Art, zB: Die Übernahme öffentlicher Abgaben und sonstiger Lasten; die Übernahme der Feuerversicherungsprämie; die Übernahme von Instandhaltungskosten; die Zahlung eines Baukostenzuschusses.

Nicht zum Zins zählen zB: Das Entgelt für zusätzliche Leistungen außerhalb der Überlassung des Raumes, 6 etwa: Freiwillige Investitionen, BGH RR **00**, 1739; Betriebskosten im Sinn von 556 BGB, zB Heizkosten; Warmwasserkosten; Leistungen unbedeutender Art, die im Verkehr im allgemeinen nicht als ein Teil des Entgelts der Gebrauchsüberlassung angesehen werden; Nebenpflichten des Pächters anläßlich seiner Räumung, zB Kosten der Entfernung von Bäumen, BGH MDR **94**, 100. Der Beginn des maßgebenden Zeitraums liegt im allgemeinen im Zeitpunkt der Klagerhebung, nicht früher, BGH NZM **05**, 436. Wenn der Kläger die Feststellung begehrt, daß eine fristlose Kündigung wirksam sei, dann liegt der Beginn im Zeitpunkt der behaupteten Beendigung des Mietverhältnisses. Es kommt nicht auf den Zeitpunkt der Einlegung eines Rechtsmittels an. Denn § 4 gilt gegenüber der Sondervorschrift des § 8 nicht, Rn 1.

Das *Ende* des maßgeblichen Zeitraums liegt im Fall einer bestimmten Mietdauer im Zeitpunkt des Ablaufs 7 der für den Mieter am günstigsten berechneten Mietzeit, BGH NZM **05**, 436. Bei einer unbestimmten Mietdauer handelt es sich regelmäßig um den nächsten zulässigen Kündigungstag, BGH NZM **05**, 436, LG Bln WoM RR **92**, 462, LG Bre WoM **92**, 202, aM LG Hbg WoM **92**, 145 (3-Jahres-Wert. Aber mit einer Kündigung muß man immer rechnen). Soweit ein Mieterschutz behauptet wird, dauert die „streitige Zeit" bis zu dem Zeitpunkt, den der Mieter als den für ihn günstigsten in Anspruch nimmt, BGH NZM **05**, 436. Soweit kein Mieterschutz besteht, ergibt sich der Wert aus dem Unterschied der beiderseitigen Berechnung bis zu diesem Tag. Das gilt auch dann, wenn der Gegner den Widerruf der Kündigung einredeweise geltend macht. Wenn das Mietverhältnis nur durch eine Klage aufgehoben werden kann, dann muß man die Dauer schätzen.

Nebenleistungen bleiben unberücksichtigt. Das gilt etwa für die vertragsmäßige Übernahme von Wild- 8 schäden. Naturalleistungen des Pächters lassen sich nach § 3 schätzen. Der Anspruch auf die Miete oder Pacht ist ebenso wie der Anspruch auf die Räumung ein Hauptanspruch. Man darf nicht schon deswegen einen Wertabzug vornehmen, weil eine Feststellungsklage vorliegt. Denn § 8 bezieht sich ja in erster Linie auf eine solche Klageart.

B. **25facher Jahresbetrag.** Wenn der 25fache Betrag der einjährigen Miete oder Pacht geringer als die 9 gesamte Streitsumme ist, dann entscheidet der 25fache Betrag.

4) *VwGO:* Unanwendbar, weil die Vorschrift nur für die sachliche Zuständigkeit bedeutsam ist, oben Rn 1, und 10 diese in vergleichbaren Streitigkeiten vor den VerwGerichten, zB bei Wohnungssachen, nicht vom Streitwert abhängt, vgl § 2 Rn 9. Für die Gebührenberechnung gilt § 52 GKG.

9 *Wiederkehrende Nutzungen oder Leistungen.* ¹**Der Wert des Rechts auf wiederkehrende Nutzungen oder Leistungen wird nach dem dreieinhalbfachen Wert des einjährigen Bezuges berechnet.** ²**Bei bestimmter Dauer des Bezugsrechts ist der Gesamtbetrag der künftigen Bezüge maßgebend, wenn er der geringere ist.**

Gliederung

1) Systematik, Regelungszweck, S 1, 2 …	1–3	4) Wertberechnung, S 1, 2 …	8–10
2) Geltungsbereiche, S 1, 2 …	4	A. 3½facher Betrag, S 1 …	8
3) Voraussetzungen, S 1, 2 …	5–7	B. Geringerer Höchstbetrag bei bestimmter Dauer, S 2 …	9
A. Recht auf wiederkehrende Nutzungen oder Leistungen …	5, 6	C. Schwankende Beträge usw, S 1, 2 …	10
B. Keine Dauernutzung …	7	5) *VwGO* …	11

1) **Systematik, Regelungszweck, S 1, 2.** Die Vorschrift ist mit dem GG vereinbar, Ffm JB **94**, 738, aM 1 Lappe NJW **93**, 2785 (aber eine verfassungskonforme Auslegung kann alle Probleme lösen). Das Gericht sollte bei einer Streitwertfestsetzung erkennen und zum Ausdruck bringen, daß wegen der Kostengerechtigkeit § 9 grundsätzlich nur für die Zuständigkeit und die Zulässigkeit eines Rechtsmittels gilt, BGH MDR **04**, 1182, (jetzt) § 42 GKG demgegenüber nur für die Gebühren, BGH RR **86**, 676, Hbg FamRZ **82**, 322, KG DB **96**, 2275, aM Köln MDR **96**, 1194 (aber § 42 GKG hat grundsätzlich nur im Kostenrecht Vorrang). § 9 gilt für die Gebühren nur dann, wenn § 17 GKG eine Lücke aufweist.

§ 9 gilt insbesondere *nicht* für die Gebühren in den folgenden Fällen: 2
– *Unterhalt:* Es handelt sich um einen gesetzlichen Unterhaltsanspruch. In einem solchen Fall gilt der dreieinhalbjährige Betrag. Wenn streitig ist, ob eine vertragliche Verpflichtung vorliegt, die über eine gesetzliche Verpflichtung hinausgeht, dann gilt § 9 nur für denjenigen Betrag, der die gesetzliche Verpflichtung

§ 9   Buch 1. Abschnitt 1. Gerichte

übersteigt. Im übrigen ist dann ausnahmsweise (jetzt) § 42 GKG anwendbar, Hbg FamRZ **82**, 322. Bei einem Streit um die Befreiung von der gesetzlichen Unterhaltspflicht gilt § 3 und nicht etwa (jetzt) § 42 II GKG entsprechend, Oldb FamRZ **91**, 966. Auch beim bloßen Verweigern eines Vollstreckungstitels bleibt der volle Streitwert eines Verweigerns jeder Zahlung maßgeblich, Karlsr FamRZ **84**, 585. Der Anspruch der Eltern auf den Ersatz ihrer Unterhaltsaufwendungen für ein wegen fehlgeschlagener Sterilisation entgegen der Familienplanung geborenes gesundes Kind ist auch für die Kosten entsprechend § 9 bewertbar, (jetzt) § 42 I, II GKG ist insoweit unanwendbar, BGH NJW **81**, 1318.

3 – *Rente:* Es geht um einen gesetzlichen Rentenzahlungsanspruch wegen einer Körperverletzung oder einer Haftpflichtverletzung sowie um einen wiederkehrenden Anspruch aus einem Beamtenverhältnis oder einem Arbeitsverhältnis oder um den Anspruch eines Dritten wegen des Wegfalls eines Dienstes nach § 845 BGB. Dann ist höchstens der 5jährige bzw 3jährige Bezug maßgeblich. Denn in diesen Fällen ist ausnahmsweise § 42 II, III GKG anwendbar; es geht um den Anspruch des Organmitglieds einer Gesellschaft aus seinem Anstellungsvertrag, BGH RR **90**, 1124, Bbg JB **75**, 65, aM Kblz Rpfleger **80**, 68, Schlesw SchlHA **80**, 151 (aber § 9 paßt deutlich besser).

– *Weitere Fälle:* Es handelt sich um einen Rentenzahlungsanspruch auf Grund einer Aufopferung; es geht um einen Anspruch eines Handelsvertreters, Schneider BB **76**, 1300; es geht um eine Überbaurente.

4 2) **Geltungsbereich, S 1, 2.** Einf 3 vor §§ 3–9 und oben Rn 1–3.

5 3) **Voraussetzungen, S 1, 2.** Es müssen die folgenden Voraussetzungen zusammentreffen.

A. Recht auf wiederkehrende Nutzungen oder Leistungen. Vgl § 100 BGB. § 9 erfaßt nach Sinn und Zweck auch ein solches Recht, das seiner Natur nach auf Dauer angelegt ist, Bre Rpfleger **89**, 427. Das Stammrecht muß betroffen sein, Düss JB **93**, 166, Janiszewski JB **03**, 455. Daher scheiden Verzugszinsen für eine nicht eingeklagte Forderung hier aus, Düss JB **93**, 166. Auch die in Rn 1–3 genannten Ansprüche werden erfaßt, ferner zB: Eine Unterhaltsrente, BGH FamRZ **95**, 730, Düss FamRZ **04**, 1226, Mü JB **01**, 142; eine Überbaurente; eine Notwegrente; eine Reallast; ein Altenteils- oder Leibgedingevertrag; laufende Versicherungsleistungen, BGH MDR **04**, 1182, Mü JB **00**, 416, LG Magdeb VersR **03**, 263, aM Hamm NVersZ **00**, 168, Köln VersR **97**, 601 (aber auch auf sie paßt § 9 am ehesten). Über Miete Anh § 3 Rn 79 „Mietverhältnis: d) Klage auf Zustimmung zur Mieterhöhung" und Rn 82 „Mangel der Mietsache". § 9 ist also beim Streit um die Erhöhung von Miete für Wohnraum unanwendbar, bei demjenigen für Gewerberaum anwendbar, Brdb JB **96**, 193, Ffm MDR **93**, 697, LG Wiesb WuM **00**, 617 (Mischmiete), aM BGH NZM **04**, 825 (§ 9 auch bei Wohnraum), Schneider MDR **91**, 501, ZöHe 4 ([jetzt] § 41 V GKG entsprechend. Aber die Vorschrift ist eindeutig nur für eine Wohnmiete da).

Unanwendbar ist § 9 beim Stromlieferungsvertrag, Anh § 3 Rn 30 „Dauervertrag".

6 Das Recht muß *wiederkehrend* sein. Es muß sich also in einem gleichen oder nahezu gleichen Zwischenraum aus demselben Rechtsgrund wiederholen. Der Zwischenraum braucht nicht ein Jahr zu umfassen. Wenn das Recht bedingt ist, dann muß man es im Weg einer Schätzung nach § 3 bewerten. Wenn eine Feststellungsklage vorliegt, muß man die Regeln Rn 8–10 beachten. Dasselbe gilt im Fall einer Anfechtungsklage wegen einer wiederkehrenden Leistung oder bei einem Anspruch gegenüber einem Dritten auf eine Befreiung von einer gesetzlichen Unterhaltspflicht. Es gilt auch bei einem Anspruch nach § 826 BGB, weil sich der Bekl durch die Erschleichung eines Scheidungsurteils der gesetzlichen Unterhaltspflicht entzogen habe. Demgegenüber muß man eine Unterhaltssumme, die auf Grund eines Vergleichs auch im Weg der Scheidung wegen der Schuld des Berechtigten gezahlt wird, als auf Grund des bisherigen familienrechtlichen Verhältnisses vereinbart ansehen. Deshalb gilt dann ausnahmsweise § 42 I GKG.

7 B. Keine Dauernutzung. Die Nutzung darf nicht dauernd sein, wie der Nießbrauch oder ein Wohnrecht. Das letztere läßt sich unter Beachtung des § 24 KostO nach § 3 schätzen.

8 4) **Wertberechnung, S 1, 2.** Man muß drei Fallgruppen unterscheiden.

A. 3½facher Betrag, S 1. Diese Berechnung ist dann anwendbar, wenn die Dauer des Bezugsrechts unbestimmt ist. Das gilt zunächst dann, wenn zwar das Stammrecht 3½ Jahre dauern kann, Janiszewski JB **03**, 455, und wenn zwar gewiß ist, daß das Recht wegfallen wird, wenn zB bei einer Rente ihr spätester Wegfallzeitpunkt feststeht, Hamm AnwBl **87**, 47, wenn aber ungewiß ist, wann der Wegfall eintreten wird. Ob der Wegfall ungewiß ist, das bestimmt sich nach dem Zeitpunkt der Einreichung der Klage oder der Einlegung des Rechtsmittels, § 4. Man darf diejenigen Beträge nicht hinzurechnen, die seit der Einreichung der Klage oder seit dem Erlaß des Urteils aufgelaufen sind, BGH NVersZ **99**, 239. Wohl aber muß man die vor diesen Zeitpunkten rückständig gewordenen Beträge hinzurechnen, § 4 Rn 8. In diesem Zusammenhang ist dann der Zeitpunkt der Einlegung einer Berufung unerheblich. Man muß das Feststellungsinteresse bei einer behaupteten Feststellungsklage in bezug auf eine Rente im allgemeinen mit einem Abschlag bewerten, Hamm AnwBl **77**, 111.

Der 3½fache Betrag ist ferner dann maßgeblich, wenn *Wegfall und Dauer zweifelhaft* sind, aM Ffm JB **76**, 1097, Köln VersR **89**, 378, Nürnb JB **92**, 50 (§ 3. Aber § 9 ist spezieller und paßt auch hier). Bei einer bejahenden Feststellungsklage können 20% abziehbar sein, BGH NVersZ **00**, 425. Wenn es dabei aber auch um einen etwa schon entstandenen Anspruch geht, kommt auch eine Werterhöhung in Betracht, BGH NVersZ **02**, 22. Bei einer verneinenden Feststellungsklage muß man den Wert voll ansetzen. Denn diese Klage schließt die Möglichkeit einer Leistungsklage aus, BGH RR **05**, 938.

9 B. Geringerer Höchstbetrag bei bestimmter Dauer, S 2. Wenn bei einer bestimmten Dauer des Bezugsrechts ein geringerer Höchstbetrag als der 3½fache Jahresbetrag feststeht, dann ist dieser geringere Betrag in allen Fällen maßgebend. Das gilt etwa dann, wenn ein Rentenanspruch nur noch zwei Jahre andauern wird. Etwas anderes gilt dann, wenn der frühere Wegfall nur wahrscheinlich ist. Wenn es um unregelmäßige Bezüge geht, etwa eine Baulast usw, dann muß man die Berechnung nach dem jährlichen Durchschnitt vornehmen.

10 C. Schwankende Beträge usw, S 1, 2. Bei schwankenden Beträgen erfolgt eine Berechnung nach den 3½ höchsten Jahressätzen, LG Essen MDR **76**, 676. Denn sonst würde man den höheren Anspruch niedriger bewerten. Voraussetzung für diese Berechnung ist aber, daß überhaupt so viele Beträge streitig sind. Andernfalls darf man nur die Zahl der streitigen Höchstjahresbeträge ansetzen, und zwar im Höchstfall insgesamt 3½ Jahresbeträge. Das gilt auch bei einem Streit um die Erhöhung des Erbbauzinses, Ffm JB **77**, 1132, Mü JB **77**, 1003.

5) *VwGO:* Unanwendbar, weil die Vorschrift für die in § 2 Rn 9 genannten Fälle ohne Bedeutung ist. Für den **11** Gebührenwert gelten §§ 52, 42 III GKG (kein Rückgriff auf § 9, Hartmann § 52 GKG Rn 6).

10 (weggefallen)

11 Bindende Entscheidung über Unzuständigkeit.
Ist die Unzuständigkeit eines Gerichts auf Grund der Vorschriften über die sachliche Zuständigkeit der Gerichte rechtskräftig ausgesprochen, so ist diese Entscheidung für das Gericht bindend, bei dem die Sache später anhängig wird.

1) Systematik, Regelungszweck. § 11 räumt einen Fall der allseitigen sachlichen Zuständigkeitsleug- 1
nung, des negativen Kompetenzkonflikts, aus. § 11 dient der Prozeßwirtschaftlichkeit, Grdz 14 vor § 128, BGH NJW **97**, 869. Das muß man bei der Auslegung beachten.

2) Geltungsbereich. Die Vorschrift bezieht sich nur auf die sachliche Zuständigkeit, BGH NJW **97**, 869, 2
auf die Zuständigkeiten zwischen ZPO und FGG, BGH **97**, 291, und auf die geschäftliche Zuständigkeit, BGH NJW **97**, 869, Oldb FamRZ **78**, 345, nicht auf die örtliche, BGH NJW **97**, 869. Wegen des Verhältnisses zwischen der Zivilkammer und der Kammer für Handelssachen § 102 GVG. Wenn das AG oder das LG den Rechtsstreit an das zuständige Gericht verweist oder ihn dorthin abgibt, dann bindet diese Entscheidung dasjenige Gericht, an das die Sache verwiesen bzw abgegeben worden ist, §§ 281, 506, 696, 700. Wenn ein ordentliches Gericht oder ein ArbG die Klage wegen sachlicher Unzuständigkeit abweist, dann gilt dieselbe Wirkung ohne Rücksicht auf die Begründung der Entscheidung. Sie gilt sogar dann, wenn das entscheidende Gericht eine etwa objektiv bestehende ausschließliche Zuständigkeit verkannt hatte. Die Frage der sachlichen Zuständigkeit läßt sich auch aus einem anderen Grund nicht wieder aufrollen. Demgegenüber bindet die Bezeichnung eines bestimmten Gerichts oder ArbG nicht. Im Verhältnis zu dem Gericht eines anderen Rechtszweigs gilt Entsprechendes, § 17 GVG Rn 3, 4.

3) Voraussetzung: Rechtskraft. § 11 setzt voraus, daß die Entscheidung zur Unzuständigkeit rechts- 3
kräftig geworden ist. Das gilt auch bei einem Beschluß. Er steht einem Urteil gleich. Das ist im Vollstreckungsverfahren oft so. Bei einem Beschluß im Erkenntnisverfahren gilt § 11 nicht. So ist es etwa bei einem Beschluß, durch den das Gericht einen Antrag auf die Bewilligung einer Prozeßkostenhilfe zurückgewiesen hatte, § 127.

4) *VwGO:* Im Verhältnis der erstinstanzlich zuständigen Gerichte der VerwGerichtsbarkeit, §§ 45–50 u 52 4
VwGO, ist eine Verweisung wegen sachlicher Unzuständigkeit ebenfalls bindend, § 83 VwGO iVm § 17 a GVG, vgl § 281 Rn 60.

Titel 2. Gerichtsstand

Übersicht

Schrifttum: *Gaede,* Zuständigkeitsmängel und ihre Folgen nach der ZPO, 1989; *Hofmann,* Die gerichtliche Zuständigkeit in Binnenschiffahrtssachen, 1996; *Kegel,* Gerichtsstand und Geschäftsgrundlage, in: Festschrift für *Henrich,* 2000; *Roth,* Gespaltener Gerichtsstand, Festschrift für *Schumann* (2001) 355; *Schwab,* Streitgegenstand und Zuständigkeitsentscheidung, Festschrift für *Rammos* (Athen 1979) 845; *Schwab,* Zum Sachzusammenhang bei Rechtsweg- und Zuständigkeitsentscheidung, in: Festschrift für *Zeuner* (1994); *Steinkamp,* Die Gerichte und ihre Zuständigkeiten, 1989. S auch bei Rn 4.

Gliederung

1) **Systematik** 1	B. Vereinbarter Gerichtsstand 12
2) **Regelungszweck** 2	C. Gerichtlich bestimmter Gerichtsstand .. 13
3) **Geltungsbereich** 3	D. Ausschließlicher Gerichtsstand 14
4) **Begriff des Gerichtsstands: Pflicht zur Beachtung eines Bezirks** 4	E. Wahlfreier Gerichtsstand 15
	8) **Bedeutung im Prozeß** 16–21
5) **Gerichtsstand und Gerichtsbarkeit** ... 5	A. Prüfungspflicht des Gerichts 17
6) **Internationale Zuständigkeit** 6–10	B. Gerichtsstand des Beklagten usw 18
A. Allgemeines 6	C. Beweislast 19
B. Anwendbarkeit der Gerichtsstandsregeln 7, 8	D. Folgen der Unzuständigkeit 20
	E. Abhängiger Anspruch 21
C. Prüfungsreihenfolge 9	9) **Erschleichung des Gerichtsstands** 22–25
D. Sonderfälle 10	A. Verstoß des Klägers 22, 23
7) **Einteilung der Gerichtsstände** 11–15	B. Verstoß des Beklagten 24, 25
A. Gesetzlicher Gerichtsstand 11	10) *VwGO* 26

1) Systematik. Art 101 I 2 GG enthält um der in Art 20 GG verankerten Rechtsstaatlichkeit willen das **1**
Gebot des gesetzlichen Richters. Daraus folgt die Notwendigkeit der gesetzlichen Regelung des sachlich und

örtlich zuständigen Richters. §§ 23 ff, 71 GVG regeln die erstinstanzliche sachliche Zuständigkeit, §§ 12 ff die örtliche.

2) Regelungszweck. Die Vorschriften sind teils zwingend, teils abdingbar, um der Parteiherrschaft nach Grdz 18 vor § 128 möglichst breiten Raum zu lassen. Andererseits gibt es zahlreiche zwingende Spezialvorschriften. Sie haben vor einfachen Gerichtsstandsbestimmungen Vorrang. Sie dienen der Rechtssicherheit nach Art 101 I 2 GG, Einl III 43. Sie dienen darüber hinaus der Gerechtigkeit, Einl III 36. BayObLG MDR **96**, 850, LG Karlsr NJW **96**, 1417, AG Köln RR **95**, 185. Sie dienen auch dem rechtlichen Gehör nach Art 103 I GG, Einl III 16. Auch im Bereich der Vereinbarkeit nach § 38 gelten einschränkende Grenzen. Rechtsmißbrauch wäre ohnehin verboten, Einl III 54, auch bei der sog Erschleichung des Gerichtsstands, Rn 22. Das alles zeigt ein fein ausgewogenes System mit mancher Bewegungsfreiheit zwecks Prozeßwirtschaftlichkeit, Grdz 14 vor § 128.

Daher sollte man bei der *Auslegung* nicht allzu streng vorgehen, solange keine wirkliche Manipulation droht. Das gilt allerdings bei der Bejahung wie Verneinung einer Zuständigkeit. In beiderlei Richtungen lassen sich mancherorts überraschende und nicht immer überzeugende Aktivitäten beobachten. Sie lenken eher vom Wesentlichen der Richteraufgaben ab. Auch der unzuständige Richter kann hervorragend sein, der zuständige weniger überragend wirken. Das gilt es vor einer Zuständigkeitsrüge mitzubedenken. Allerdings sollte ein Verweisungsbeschluß wenigstens knapp, aber nachvollziehbar begründet sein, um den Rechtsfrieden zu wahren. Das gilt auch bei § 37.

3) Geltungsbereich. §§ 12 ff gelten grundsätzlich in allen Verfahrensarten nach der ZPO. Sie gelten wegen § 3 I InsO auch im Insolvenzverfahren, BGH NJW **02**, 960.

4) Begriff des Gerichtsstands: Pflicht zur Beachtung eines Bezirks. Gerichtsstand ist an sich die Verpflichtung, sein Recht vor einem bestimmten Gericht zu nehmen, sei es als Kläger, sei es als Bekl, BGH **101**, 273. Insofern würde der Begriff Gerichtsstand die örtliche, sachliche und alle anderen Arten der Zuständigkeit umfassen. Die Prozeßgesetze unterscheiden aber grundsätzlich zwischen der sachlichen Zuständigkeit und dem Gerichtsstand als der örtlichen Zuständigkeit, Grdz 3, 4 vor § 1. So verstanden bedeutet Gerichtsstand die Pflicht, die Streitsache vor das Gericht eines bestimmten Bezirks zu bringen, eines bestimmten Gerichtssprengels. Allerdings ist die Fachsprache der ZPO nicht einheitlich. In den §§ 34, 40 II, 802 versteht die ZPO unter dem Begriff Gerichtsstand freilich ausnahmsweise die örtliche und die sachliche Zuständigkeit. §§ 12 ff regeln nur die örtliche Zuständigkeit für die erste Instanz. Die örtliche Zuständigkeit der höheren Instanzen folgt ohne weiteres aus derjenigen der ersten Instanz. Wegen des Verhältnisses zwischen der Zivilkammer und der Kammer für Handelssachen Üb vor § 93 GVG.

5) Gerichtsstand und Gerichtsbarkeit. Über das Verhältnis dieser beiden Begriffe Kblz OLGZ **75**, 380, Üb vor § 1 GVG. Über die Exterritorialität § 18 GVG. Soweit in Deutschland ein Gerichtsstand fehlt, darf kein deutsches Gericht tätig werden. Ein deutsches Gesetz kann keinen ausländischen Gerichtsstand begründen (Territorialitätsprinzip). Ob ein ausländischer Gerichtsstand vertraglich begründet ist, muß man durch eine Auslegung ermitteln. Wenn keinerlei Anhaltspunkt für eine andere Regelung vorhanden ist, dann gilt nach dem internationalen Recht der Gerichtsstand des Erfüllungsorts, BVerwG NJW **78**, 1761.

6) Internationale Zuständigkeit

Schrifttum: *Ahrendt*, Der Zuständigkeitsstreit im Schiedsverfahren, 1996 (rechtsvergleichend betr §§ 1025 ff); *Buchner*, Kläger- und Beklagtenschutz im Recht der internationalen Zuständigkeit usw, 1998; *Bülow/Böckstiegel/Geimer/Schütze*, Der Internationale Rechtsverkehr in Zivil- und Handelssachen (Loseblattausgabe), 3. Aufl seit 1990; *Coester-Waltjen*, Internationale Zuständigkeit bei Persönlichkeitsrechtsverletzung, Festschrift für *Schütze* (1999) 175; *Coester-Waltjen*, Parteiautonomie in der internationalen Zuständigkeit, Festschrift für *Heldrich* (2005) 549; *Ganssauge*, Internationale Zuständigkeit und anwendbares Recht bei Verbraucherverträgen im Internet, 2004; *Geimer*, Internationales Zivilprozeßrecht, 5. Aufl 2005; *Geimer* NJW Sonderheft „BayObLG" **05**, 31 (Üb); *Gerichtshof der Europäischen Gemeinschaften* (Herausgeber), Internationale Zuständigkeit und Urteilsanerkennung in Europa, 1993; *Jayme/Hausmann*, Internationales Privat- und Verfahrensrecht, 12. Aufl 2004; *Kropholler*, Europäisches Zivilprozeßrecht, 8. Aufl 2005; *Kropholler*, Internationales Privatrecht, 5. Aufl 2004, § 58; *Kropholler*, Internationale Zuständigkeit, in: Handbuch des Internationalen Zivilprozeßrechts Bd I (1982); *Kubis*, Internationale Zuständigkeit bei Persönlichkeits- und Immaterialgüterrechtsverletzung, 1999; *Leipold*, Lex fori, Souveränität, Discovery, Grundfragen des Internationalen Zivilprozeßrechts, 1989; *Linke*, Internationales Zivilprozeßrecht, 3. Aufl 2001, § 4; *Mankowski*, Internationale Zuständigkeit und anwendbares Recht, Festschrift für *Heldrich* (2005) 867; *Martiny*, Internationale Zuständigkeit für „vertragliche Streitigkeiten", Festschrift für *Geimer* (2002) 641; *Müller*, Internationale Zuständigkeit bei der Durchgriffshaftung, 1987; *Müller*, Die worldwide Mareva injunction. Entwicklung, internationale Zuständigkeit und Vollstreckung in Deutschland, 2002; *Nagel/Gottwald*, Internationales Zivilprozeßrecht, 5. Aufl 2002 (Bespr *Menne* Rpfleger **03**, 942); *Ost*, Doppelrelevante Tatsachen im internationalen Zivilverfahrensrecht, 2002; *Pfeiffer*, Internationale Zuständigkeit und prozessuale Gerechtigkeit, 1995; *Pfeiffer*, Materialisierung und Internationalisierung im Recht der Internationalen Zuständigkeit, Festgabe *50 Jahre Bundesgerichtshof* (2000) III 617; *Pfennig*, Die internationale Zuständigkeit in Zivil- und Handelssachen, 1988; *Roth*, Die Reichweite der lex-fori-Regel im internationalen Zivilprozeßrecht, Festschrift für *Stree* und *Wessels*, 1993; *Schack*, Internationales Zivilverfahrensrecht, 3. Aufl 2002; *Schack*, Internationale Zuständigkeit und Inlandsbeziehung, in: Festschrift für *Nakamura* (1996); *Schütze*, Deutsches Internationales Zivilprozeßrecht, 1985; *Schulze-Beckhausen*, Internationale Zuständigkeit durch rügelose Einlassung im Europäischen Zivilprozeßrecht, 1994; *Schumann*, Internationale Zuständigkeit: Besonderheiten, Wahlfeststellung, doppelrelevante Tatsachen, Festschrift für *Nagel* (1987) 402; *Schurig*, Der Konnexitätsgerichtsstand nach Art. 6 Nr. 1 EuGVVO und die Verschleifung von örtlicher und internationaler Zuständigkeit im europäischen Zivilverfahrensrecht, Festschrift für *Musielak* (2004) 493; *Wagner*, Das deutsche internationale Privatrecht bei Persönlichkeitsrechtsverletzungen, 1986.

Titel 2. Gerichtsstand   **Übers § 12**

A. Allgemeines. Die Regeln zur internationalen Zuständigkeit beantworten die Frage, ob ein deutsches oder ein ausländisches Gericht eine Streitsache entscheiden muß, BGH ZZP **112**, 100. Man muß diese Frage nach deutschem Recht prüfen, BGH NJW **76**, 1581 und 1583, Kblz ZMR **97**, 186. Die internationale Zuständigkeit läßt sich nach ihrem Wesen und nach ihrer Funktion von der örtlichen Zuständigkeit unterscheiden, BGH ZZP **112**, 100, Pfeiffer (bei Rn 6) 625, Schurig (oben vor A) 521. Die Notwendigkeit einer solchen Unterscheidung ergibt sich auch daraus, daß die Verletzung der internationalen Zuständigkeit zur Folge hat, daß man die ausländische Entscheidung nicht in Deutschland anerkennen kann, jedenfalls dann nicht, wenn eine ausschließliche internationale Zuständigkeit verletzt wurde. Wenn ein ausländisches Gericht die Regeln der internationalen Zuständigkeit verletzt hat, dann wird seine Entscheidung nicht von einem deutschen Gericht aufgehoben. Die ausländische Entscheidung erhält nur keine Wirksamkeit in Deutschland. Wenn aber eine Klage vom Standpunkt des deutschen Rechts aus nicht ein inländisches Gericht entscheiden müßte, sondern ein ausländisches, dann darf das deutsche Gericht den Prozeß nicht an das ausländische Gericht verweisen, sondern muß die Klage abweisen.

Im deutschen Recht gibt es nur einige wenige *ausdrückliche Regelungen* zur internationalen Zuständigkeit, zB in §§ 23 a, 328 I Z 1, 606 a, Düss NJW **91**, 1492. In den zunächst zu prüfenden internationalen Verträgen findet man solche Regeln häufiger, BGH **134**, 132. Insofern gilt vor allem (jetzt) die EuGVVO, SchlAnh V C 4 Artt 2 ff, BGH **134**, 132 und NJW **96**, 1412 (keine Rückwirkung), Fricke VersR **97**, 400, Martiny (vor Rn 1) 642. Vgl im übrigen zB Art 3 des deutsch-schweizerischen Abkommens, SchlAnh V B 1, ferner zB das Europäische Übk über Staatenimmunität. Man muß freilich stets beachten, daß der Richter des Urteilsstaats seine Zuständigkeit auch dann auf Grund der heimischen ZPO prüft, wenn ein internationaler Anerkennungs- und Vollstreckungsvertrag gilt. Der internationale Vertrag wendet sich vielmehr erst an den Richter des Anerkennungsstaats, BGH DB **77**, 719. Es handelt sich insofern um die bloße Beurteilungsregelung.

B. Anwendbarkeit der Gerichtsstandsregeln. Die Vorschriften über die örtliche Zuständigkeit geben   7
immerhin Fingerzeige dafür, ob eine Angelegenheit vom Standpunkt des deutschen Rechts aus der inländischen Gerichtsbarkeit unterliegt, sog Doppelfunktion, § 328 Rn 16, BGH NJW **99**, 1396, BAG NZA **05**, 297, Köln VersR **02**, 1375.

Soweit man Regeln zur Zuständigkeit herangezogen werden, muß man beachten, welche *Funktion* sie jeweils haben. Sie können sowohl die örtliche inländische Zuständigkeit als auch die internationale Zuständigkeit zum Gegenstand haben, BGH DB **77**, 719. § 18 Z 1 VOB/B regelt zB nur die örtliche, nicht die internationale Zuständigkeit, BGH **94**, 159. Im übrigen muß die Interessenlage bei der örtlichen und der internationalen Zuständigkeit gleich oder doch vergleichbar sein, um die Anwendbarkeit der Regeln zur ersteren auf die letztere zu ermöglichen, BGH NJW **81**, 2643. Die Parteiherrschaft nach Grdz 18 vor § 128 ist anerkannt, Coester-Waltjen (vor Rn 1) 561.

Soweit es sich *nur* um die *örtliche* Zuständigkeit handelt, gilt zB § 513 II. Soweit es sich dagegen um die   8
internationale Zuständigkeit handelt, gilt diese Vorschrift nicht. Vielmehr ist das eine Prozeßvoraussetzung eigener Art, BGH DB **77**, 719. Das Gericht muß sie in jedem Verfahrensabschnitt von Amts wegen prüfen. Das gilt auch in der Berufungsinstanz, Stgt GRUR-RR **02**, 55, und in der Revisionsinstanz, BGH **153**, 84, Karlsr RR **89**, 188. Daher kann man die Berufung und die Revision darauf stützen, der Vorderrichter habe die Zuständigkeit zu Unrecht angenommen, BGH **153**, 84, Karlsr RR **89**, 188.

C. Prüfungsreihenfolge. Wegen der vorherigen Erwägungen muß man auch die internationale Zustän-   9
digkeit grundsätzlich vor der örtlichen Zuständigkeit prüfen, BGH VersR **83**, 282, Hamm FamRZ **77**, 133. Jedoch darf man die Rüge der internationalen Unzuständigkeit des angerufenen ArbG in der Berufungsinstanz nicht mehr beachten, falls ein anderes deutsches ArbG örtlich und damit international zuständig ist. Von der Prüfung der internationalen Zuständigkeit hängt unter anderem die Frage ab, ob das Gericht eine ausländische Entscheidung anerkennen kann, § 328 Rn 16–19. Anders liegt es insofern bei einer solchen Entscheidung der Freiwilligen Gerichtsbarkeit.

D. Sonderfälle. Wegen der internationalen Zuständigkeit in einer Ehesache § 606 a Rn 3; in einer   10
Kindschaftssache §§ 640 Rn 8, 641 a; in einer Eisenbahnsache Art 44, 52 CIM, 40, 48 CIV, dazu Art 15 G v 26. 4. 74, BGBl II 357, Einl IV 14. Wegen CMR Saarbr VersR **76**, 267. Wegen einer Vereinbarung, die die internationale Zuständigkeit zum Gegenstand hat, § 38 Rn 21 ff.

7) Einteilung der Gerichtsstände. Man teilt die Gerichtsstände meist wie folgt ein.   11
A. Gesetzlicher Gerichtsstand. Ihn ordnet ein Gesetz an. Man findet solche Gerichtsstände in der ZPO nicht nur im Titel 2, sondern vielfach, aber auch in anderen Gesetzen, zB: In §§ 488, 508 HGB, Basedow VersR **78**, 497; in § 105 UrhG; in § 15 GeschmG; in § 6 BinnenSchiffVerfG; in §§ 2, 37 SVertO (vgl bei § 872); in §§ 246, 249, 275 AktG; in § 219 BauGB (Baulandsache); in §§ 61, 69 GmbHG; jeweils in § 34 der VOen über die Allgemeinen Bedingungen für die Versorgung mit elektrischem Strom, mit Gas, mit Fernwärme, mit Wasser. Zu dieser Gruppe zählen auch diejenigen Gerichtsstände, die sich in einer Rechtsverordnung befinden, die auf Grund eines Gesetzes erlassen wurde, zB die Gerichtsstände von Energieversorgungsunternehmen auf Grund der AVB. Es kann ferner eine staatsvertragliche Regelung vorliegen, zB beim Abk über die Zuständigkeit des LG Hbg für Rechtsstreitigkeiten über technische Schutzrechte zwischen den Ländern Bremen, Hamburg, Mecklenburg-Vorpommern und Schleswig-Holstein, abgedruckt auch in GRUR **94**, 350.

Die gesetzlichen Gerichtsstände lassen sich wiederum einteilen: In *allgemeine* Gerichtsstände. Sie gelten für alle Streitsachen, für die ein besonderer ausschließlicher Gerichtsstand fehlt, §§ 12–18; ferner in besondere Gerichtsstände. Sie gelten nur für bestimmte Streitsachen oder Gattungen solcher. Zur Zuständigkeit kraft Sachzusammenhangs Spellenberg ZZP **95**, 17.

B. Vereinbarter Gerichtsstand. Ihn begründet man vertraglich, §§ 38–40.   12
C. Gerichtlich bestimmter Gerichtsstand. Er entsteht durch gerichtliche Anordnung, § 36.   13
D. Ausschließlicher Gerichtsstand. Er verbietet grundsätzlich jeden anderen gesetzlichen, vereinbarten   14
oder besonderen Gerichtsstand, § 12 Hs 2. Er besteht immer für die geschäftliche Zuständigkeit und für

Hartmann   91

nichtvermögensrechtliche Sachen. Im übrigen besteht er nur dann, wenn das Gesetz ausdrücklich eine ausschließliche Zuständigkeit festlegt. Unter zwei konkurrierenden ausschließlichen Gerichtsständen gilt der etwa als vorrangig bestimmte, § 689 II 3. Andernfalls gilt derjenige Gerichtsstand, den das später erlassene Gesetz bestimmt oder den die Parteien ausnahmsweise vereinbaren dürfen.

15   **E. Wahlfreier Gerichtsstand.** Unter mehreren nicht ausschließlichen Gerichtsständen kann der Kläger nach § 35 frei wählen. Man darf diese Wahl keineswegs aus Kostenerwägungen einschränken, Köln MDR **76**, 496. Sie erfolgt durch die Klage oder durch einen Verweisungsantrag nach § 281. Vgl freilich § 261 III Z 1.

16   **8) Bedeutung im Prozeß.** Grundgedanke der Regelung ist die Bemühung um eine an der Natur der Sache und dem Gerechtigkeitsgedanken orientierte prozessuale Lastenverteilung, BayObLG MDR **96**, 850, Hbg WoM **90**, 394. Das muß man bei der Ermittlung des Gerichtsstands mitberücksichtigen.

17   **A. Prüfungspflicht des Gerichts.** Das Gericht muß den Gerichtsstand ebenso wie seine örtliche Zuständigkeit als eine weitere Prozeßvoraussetzung nach Grdz 22 vor § 253 von Amts wegen prüfen, Grdz 39 vor § 128. Das gilt auch auch in der Revisionsinstanz, BGH NJW **99**, 1395. Der Bekl kann das Fehlen des Gerichtsstands erstinstanzlich nach §§ 282 III, 296 III rügen, in höherer Instanz nur eingeschränkt, §§ 532, 565. Von diesen Grundsätzen gelten nach § 39 und in den höheren Instanzen nach §§ 513 II, 555 Einschränkungen. Soweit nach § 38 eine Gerichtsstandsvereinbarung zulässig ist und soweit beide Parteien im Termin trotz der nach § 504 gebotenen Belehrung rügelos zur Hauptsache verhandeln, erübrigt sich nach § 39 eine weitere Prüfung.

Eine *Ausnahme* von dieser Regel gilt nach § 40 II 2. Ist der Bekl säumig, gilt die vom Kläger behauptete örtliche Zuständigkeit nur noch eingeschränkt als zugestanden, § 331 I 2. Treffen mehrere Klagegründe zusammen, muß man die örtliche Zuständigkeit für jeden von ihnen prüfen.

Das Gericht darf sich nicht auf eine Nachprüfung der rechtlichen Ausführungen in der Klagebegründung beschränken. Es muß vielmehr prüfen, ob nach den vorgebrachten tatsächlichen Behauptungen *irgendein* Gerichtsstand bei ihm begründet ist AG Marbach MDR **88**, 1061. Dabei ist zunächst die Klageschrift maßgeblich. Vgl freilich § 331 Rn 6. Eine schlüssige, stillschweigende Behauptung kann genügen, BGH **124**, 241, KG RR **01**, 1510, aM Würthwein ZZP **106**, 56 (aber die Anspruchsart kann auch die örtliche Zuständigkeit ergeben). Es genügt auch, daß die örtliche Zuständigkeit entweder bei Klagerhebung nach § 261 III Z 2 oder bis zum Schluß der letzten Tatsachenverhandlung vorlag, § 300 Rn 6. Das Gericht stellt seine örtliche Zuständigkeit im Endurteil oder in einem Zwischenurteil nach §§ 280 II, 303 fest. Wegen der Feststellung der Unzuständigkeit Rn 20.

18   **B. Gerichtsstand des Beklagten usw.** In der Regel entscheidet der Gerichtsstand des Bekl, § 12. Etwas anderes gilt zB bei einer Klage auf Grund eines kaufmännischen Zurückbehaltungsrechts, § 371 IV HGB. Eine Duldungsklage ist ein Anhängsel der Klage gegen den Leistungspflichtigen. Deshalb gilt bei einer Verbindung der Gerichtsstand des letzteren. Im Mahnverfahren entscheidet grundsätzlich der Gerichtsstand des Antragstellers, § 689 II 1.

19   **C. Beweislast.** Der Kläger muß die örtliche Zuständigkeit des angerufenen Gerichts beweisen, wenn der Bekl diesen Gerichtsstand bestreitet. Nun fallen aber diejenigen Tatsachen, die die örtliche Zuständigkeit begründen, häufig mit solchen Tatsachen zusammen, die auch den sachlichrechtlichen Anspruch begründen. In einem solchen Fall braucht der Kläger die örtliche Zuständigkeit nicht besonders zu beweisen, soweit er die zur örtlichen Zuständigkeit maßgeblichen Tatsachen zugleich zur Begründung des sachlichrechtlichen Anspruchs beweisen muß, Saarbr FamRZ **79**, 797, Balzer NJW **92**, 2723. Wenn der Bekl den sachlichrechtlichen Anspruch bestreitet, dann bestreitet er noch nicht stets auch die örtliche Zuständigkeit des vom Kläger angerufenen Gerichts.

20   **D. Folgen der Unzuständigkeit.** Sobald die örtliche Unzuständigkeit des angerufenen Gerichts feststeht, muß es zunächst klären, ob entweder von Amts wegen eine Verweisung oder eine Abgabe erfolgen muß, §§ 696, 700, oder ob der Kläger und nicht auch oder nur der Bekl einen Antrag stellt, das Verfahren an das zuständige ordentliche Gericht oder ArbG zu verweisen, §§ 281 ZPO, 48 ArbGG, 17 ff GVG. Wenn eine derartige Verweisung oder Abgabe nicht von Amts wegen erfolgen darf oder muß und wenn auch der unter diesen Umständen erforderliche Antrag fehlt oder falls schließlich eine Verweisung aus anderen Gründen nicht möglich ist, dann muß das Gericht die Klage durch ein Prozeßurteil als unzulässig abweisen, Üb 5 vor § 300, AG Marbach MDR **88**, 1061. Eine solche Prozeßabweisung hat sachlichrechtlich keine innere Rechtskraftwirkung zur Hauptsache, § 322 Rn 5 „Prozeßurteil".

Die Einreichung einer Klage bei einem örtlich unzuständigen Gericht wahrt eine *Ausschlußfrist*, falls dieses Gericht den Rechtsstreit an das zuständige Gericht verweist. Das gilt selbst dann, wenn der Kläger eine ausschließliche Zuständigkeit übersehen hatte.

21   **E. Abhängiger Anspruch.** Für einen solchen Anspruch gilt der Gerichtsstand des Hauptanspruchs, wenn der Kläger eines abhängigen Anspruch im Prozeß gegen den Hauptschuldner erhebt. Das kommt zB für einen Anspruch auf eine Duldung der Zwangsvollstreckung in Betracht.

22   **9) Erschleichung des Gerichtsstands.** Es kommt auf die Person des Täters an.

A. Verstoß des Klägers. Treu und Glauben beherrschen auch das Prozeßrecht, Einl III 54. Niemand darf seinem gesetzlichen Richter gegen seinen Willen entzogen werden, Art 101 I 2 GG. Es ist durchaus nicht unerheblich, welcher Richter urteilt. Das gilt schon deshalb, weil die Verteidigung aus der Sicht des Bekl bei dem einen Richter leichter sein mag als beim anderen. Aus diesen Gründen und wegen des Gebots der Prozeßwirtschaftlichkeit nach Grdz 14, 15 vor § 128 begründet bereits jede objektive, wenn auch vielleicht unbeabsichtigte, Erschleichung des Gerichtsstands den Einwand der Arglist, § 2 Rn 7, BGH **132**, 196, KG FamRZ **89**, 1105, LG Bln RR **97**, 378.

23   Das Gericht muß seine Zuständigkeit bei einem erschlichenen Gerichtsstand aber auch *von Amts wegen* verneinen, Grdz 39 vor § 128. Denn es muß einen Verstoß gegen Treu und Glauben ohne Heilungsmöglichkeit etwa nach §§ 39, 295 in jeder Lage des Verfahrens auch von Amts wegen beachten, Hamm NJW **87**,

Titel 2. Gerichtsstand **Übers § 12, § 12**

138. Das scheint Kblz MDR **86**, 1032 nicht geprüft zu haben. Wegen der Problematik der Allgemeinen Geschäftsbedingungen § 38 Rn 6 ff.

B. Verstoß des Beklagten. Solange der Kläger lauter und nicht vorwerfbar handelt, wäre es im Sinn von Einl III 54 arglistig, wenn sich der Bekl hinter einer an sich feststehenden Unzuständigkeit verschanzen dürfte, ohne sachliche Einwände vortragen zu müssen. Dann würde das Verhalten des Bekl nämlich lediglich einer Verschleppung dienen. Dabei sind scharfe Anforderungen notwendig, Düss BB **77**, 1523, Ffm MDR **80**, 318. In einem solchen Fall muß das Gericht trotz seiner örtlichen Unzuständigkeit und trotz ihrer etwaigen Rüge zur Sache verhandeln und den Bekl verurteilen. 24

Diese Möglichkeit besteht nicht, soweit ein anderes Gericht örtlich *ausschließlich* zuständig ist, Rn 14. 25

10) *VwGO:* Die Vorschriften des 2. Titels sind unanwendbar, weil Sonderbestimmungen gelten, §§ 52 u 53 VwGO. Wegen Einzelfragen s bei §§ 33–37. 26

12 *Allgemeiner Gerichtsstand; Begriff.* **Das Gericht, bei dem eine Person ihren allgemeinen Gerichtsstand hat, ist für alle gegen sie zu erhebenden Klagen zuständig, sofern nicht für eine Klage ein ausschließlicher Gerichtsstand begründet ist.**

1) Systematik. Zur Einteilung der Gerichtsstände Üb 11 ff vor § 12. Das Gericht muß den allgemeinen, gesetzlichen Gerichtsstand einer natürlichen Person nach dem erfahrungsgemäß vorhandenen Grad der Schwierigkeit des Auffindens und unter Berücksichtigung der Lebenserfahrung, aus der ja der Wohnsitz abgeleitet ist, in folgender Reihenfolge prüfen: Zunächst nach dem Wohnsitz, §§ 13, 15; anschließend nach dem Aufenthaltsort im Inland, § 16 Hs 1; sodann nach dem letzten Wohnsitz, § 16 Hs 2; schließlich nach einem etwaigen besonderen Gerichtsstand, §§ 20 ff. Wenn nach keiner dieser Möglichkeiten ein Gerichtsstand besteht, muß man im Ausland klagen. Das alles gilt auch bei einer Partei kraft Amts, Grdz 8 ff vor § 50, zB beim Insolvenzverwalter, Rn 4. 1

2) Regelungszweck. Das in Rn 1 dargestellte Rangsystem dient der Prozeßwirtschaftlichkeit, Grdz 14 vor § 128. 2

Es ist nicht selbstverständlich, auf den *Bekl* abzustellen. Im Mahnverfahren stellt die ZPO jedenfalls zunächst auf den Antragsteller ab, § 689 II 1. Das hat aber seinen Grund in der grundsätzlich ja auch statistisch belegbar berechtigten Annahme, es werde dort gar nicht erst zum streitigen Verfahren kommen. Eine Klage löst aber stets ein solches aus. Wer einen anderen in ein Prozeßrechtsverhältnis zieht, das auf ein Urteil abzielt, der soll den Bekl grundsätzlich nicht auch noch stets zu Reisen zwingen, EuGH NJW **02**, 1409, BGH **115**, 92, LG Karlsr NJW **96**, 1418.

Tatort ist freilich ein weiter grundsätzlicher gleichberechtigter Anknüpfungspunkt für den Gerichtsstand, etwa bei § 32. Belegenheit des Streitgegenstands ist wieder eine andere Anknüpfungsmöglichkeit, zB in §§ 24 ff. Es kommt also keineswegs nur auf eine Erleichterung für den Bekl an. Im übrigen zeigen ja auch §§ 13 ff die nur bedingte Brauchbarkeit des Wohnsitzprinzips. Das gilt besonders bei steigender Mobilität des Lebens, wie es eine moderne Wirtschaft mit sich bringt. Deshalb sind die dem § 12 vorgelagerten anderen Gerichtsstände keineswegs zu eng auslegbar. Vielmehr rückt § 12 eher in Wahrheit in die Nähe eines halben bloßen Hilfsgerichtsstands trotz seines formellen Regelcharakters.

3) Geltungsbereich. Vgl Üb 3 vor § 12. Die Vorschrift gilt auch bei § 642, Köln RR **04**, 869. 3

4) Verhältnis zu besonderen Gerichtsständen. Es stehen sich Grundsatz und Ausnahmen gegenüber. 4

A. Grundsatz: Geltung neben einem „einfachen" besonderen Gerichtsstand. § 12 gilt auch dann, wenn daneben ein besonderer, aber nicht gerade nach Üb 14 vor § 12 ausschließlicher Gerichtsstand besteht. Ein derart „einfacher" besonderer Gerichtsstand kann durch ein Gesetz oder für bestimmte Arten von Geschäften durch die Satzung einer öffentlichrechtlichen Körperschaft anders bestimmt werden, soweit durch ein Gesetz oder eine gesetzliche Ermächtigung für eine solche Satzung vorliegen. Wegen des Insolvenzverwalters § 19 a Rn 1.

B. Vorrang eines ausschließlichen Gerichtsstands. Insbesondere soweit das Gesetz ausdrücklich einen Gerichtsstand als den ausschließlichen bezeichnet, hat diese Form des besonderen Gerichtsstands allerdings den Vorrang vor § 12, Üb 14 vor § 12. 5

5) Beispiele zur Frage einer ausschließlichen Zuständigkeit 6

Abzahlungsgeschäft: Rn 11 „Verbraucherkredit".
Aktiengesellschaft: Im Fall der Anfechtung des Beschlusses einer Hauptversammlung oder bei der Nichtigkeitsklage gegen einen solchen Beschluß geben §§ 246, 249 AktG ausschließliche Zuständigkeiten.
Allgemeine Geschäftsbedingungen: Rn 11 „Verbandsklage".
Allgemeiner Gerichtsstand: Auch er kann ausschließlich sein, zB bei §§ 802, 828, Rn 12 „Zwangsvollstreckung", sowie bei § 26 FernUSG, abgedruckt § 29 Anh II.
Ehesache: § 606 nennt schon gestufte ausschließliche Zuständigkeiten. Das ergibt schon der jeweilige Wortlaut.
Familiensache: § 621 enthält schon nach seinem Wortlaut ausschließliche Zuständigkeiten des FamG.
Fernunterricht: Der allgemeine Gerichtsstand nach § 26 FernUSG, abgedruckt § 29 Anh II, ist ein ausschließlicher.
Genossenschaft: §§ 51, 109, 112 GenG geben ausschließliche Zuständigkeiten.
Gesellschaft mit beschränkter Haftung: §§ 61, 62 GmbHG geben ausschließliche Zuständigkeiten.
Güterrecht: S „Familiensache".
Hausratssache: Rn 6 „Familiensache". 7
Haustürgeschäft: § 29 c.
Insolvenz: Die in der InsO genannten Zuständigkeiten sind ausschließliche. Vgl aber Rn 4.
Kindschaftssache: § 640 a I enthält schon dem Wortlaut nach ausschließliche örtliche Zuständigkeiten.
Kindesherausgabe: Rn 5 „Familiensache".

Hartmann

§§ 12–15   Buch 1. Abschnitt 1. Gerichte

8 **Mahnverfahren:** § 689 II, III enthalten ausschließliche örtliche Zuständigkeiten. Daher gibt auch § 700 für den entsprechenden Vollstreckungsbescheid eine ausschließliche Zuständigkeit („das Gericht" meint dasjenige nach § 689).
Miete: Ein ausschließlicher Gerichtsstand gilt nach § 29 a für die dort genannten Ansprüche.
Pacht: Ein ausschließlicher Gerichtsstand gilt nach § 29 a für die dort genannten Ansprüche.
Patentsache: Die Patentgerichte sind ausschließlich zuständig.
Pflegschaft: Rn 7 „Kindschaftssache".
Raum: S „Miete", „Pacht".
Scheidung: Rn 6 „Ehesache".

9 **Selbständiges Beweisverfahren:** Die in § 486 I–III genannten Gerichte sind im jeweiligen dortigen Rahmen ausschließlich zuständig. Das ergibt sich zwar nicht aus dem Wortlaut von § 486, wohl aber aus der Natur der Sache. § 486 III eröffnet zwar eine gewisse Wahlmöglichkeit, aber nur zwischen mehreren nach der Wahl jeweils ausschließlichen Gerichtsständen.
Sorgerecht: Rn 6 „Familiensache".

10 **Unlauterer Wettbewerb:** § 24 UWG gibt in einer unvollständigen Aufzählung ausschließliche Zuständigkeit, BGH MDR **85**, 911.
Unterhalt: Rn 6 „Familiensache".

11 **Verbandsklage:** Bei § 6 UKlaG gilt eine ausschließliche Zuständigkeit, dazu in Bayern VO v 5. 5. 77, GVBl 197, in Nordrhein-Westfalen VO v 18. 3. 77, GVBl 133.
Versicherungsrecht: § 48 VVG gibt eine ausschließliche Zuständigkeit. Die Vorschrift gilt freilich nicht bei einer Klage des geschädigten Dritten gegen die Versicherung.
Versorgungsausgleich: Rn 6 „Familiensache".
Vormundschaft: Rn 7 „Kindschaftssache".

12 **Zurückbehaltungsrecht:** § 371 IV HGB (Gerichtsstand des Klägers beim Befriedigungsrecht) ist nicht ausschließlich.
Zwangsvollstreckung: § 764 II enthält der Sache nach eine ausschließliche örtliche und sachliche Zuständigkeit. Das klärt § 802 auch für alle übrigen im Buch 8 angeordneten Gerichtsstände.

13 *Allgemeiner Gerichtsstand des Wohnsitzes.* **Der allgemeine Gerichtsstand einer Person wird durch den Wohnsitz bestimmt.**

1   **1) Systematik, Regelungszweck.** Vgl zunächst Üb 1, 2 vor § 12, ferner § 12 Rn 1, 2. Die Technik der indirekten Verweisung auf das BGB nach Rn 2 ist sinnvoll und zweckmäßig. Man sollte den Wohnsitzbegriff prozessual nicht zu eng auslegen.

2   **2) Geltungsbereich.** Vgl Üb 3 vor § 12. Die Vorschrift gilt auch bei § 642, Köln RR **04**, 869.

3   **3) Wohnsitz.** Maßgebend ist der inländische Wohnsitz einer natürlichen Person, Hamm FamRZ **05**, 1259, und nur dieser, nicht ein ausländischer, BGH NJW **96**, 1412. Der inländische Wohnsitz bildet ihren allgemeinen Gerichtsstand. Das gilt bei jeder Art von Partei, Düss JB **96**, 98, auch zB bei der Partei kraft Amts nach Grdz 8 ff vor § 50, etwa beim Insolvenzverwalter, BGH Rpfleger **84**, 68. Der Wohnsitz ist nicht dasselbe wie eine Wohnung nach § 178. Man muß den Wohnsitz nach den § 7–11 BGB beurteilen, BGH NJW **02**, 960, Bengelsdorf BB **89**, 2394. Danach kommt es auf die ständige Niederlassung in der Absicht an, den Ort zum Mittelpunkt der wirtschaftlichen und gesellschaftlichen Tätigkeit zu gestalten. Ort ist dabei die politische Gemeinde, BayObLG Rpfleger **90**, 73, evtl der Gerichtsbezirk, BVerfG NJW **80**, 1619. Vgl § 172 Rn 5 ff, aber auch § 15. Die Anmeldung beim Einwohnermeldeamt ist weder erforderlich noch ausreichend. Sie ist allerdings meist ein Beweisanzeichen, BGH NJW **02**, 960, BayObLG **94**, 348. Strafhaft begründet nicht stets einen Wohnsitz, BGH RR **96**, 1217, ebensowenig eine bloße Briefkastenanschrift, BGH **132**, 196.

Die *Ehefrau* kann einen eigenen Wohnsitz begründen. Der dreiwöchige Aufenthalt im Frauenhaus reicht nicht, BGH NJW **95**, 1224. Wegen des abgeleiteten Wohnsitzes der Kinder § 11 BGB, BGH RR **92**, 578. Wenn ein Wohnsitz im Inland fehlt und wenn auch § 16 nicht anwendbar ist, dann fehlt ein inländischer allgemeiner Gerichtsstand. Ein Wohnsitz im Ausland hat nur eine ausschließende Bedeutung, § 16 Rn 2.

4   *Wo* jemand *in Deutschland* seinen Wohnsitz hat, das richtet sich auch bei einem *Ausländer* nach dem deutschen Recht, BGH FamRZ **94**, 299. Wegen der deutschen Gerichtsbarkeit über Angehörige der fremden Streitkräfte SchlAnh III. Wenn eine politische Gemeinde in mehrere Gerichtssprengel zerfällt, dann entscheidet die ständige Niederlassung innerhalb der Gemeinde, BVerfG NJW **80**, 1619. Mehrere Wohnsitze können mehrere Gerichtsstände begründen.

14 *(weggefallen)*

15 *Allgemeiner Gerichtsstand für exterritoriale Deutsche.* [I] [1]Deutsche, die das Recht der Exterritorialität genießen, sowie die im Ausland beschäftigten deutschen Angehörigen des öffentlichen Dienstes behalten den Gerichtsstand ihres letzten inländischen Wohnsitzes. [2]Wenn sie einen solchen Wohnsitz nicht hatten, haben sie ihren allgemeinen Gerichtsstand beim Amtsgericht Schöneberg in Berlin.

[II] Auf Honorarkonsuln ist diese Vorschrift nicht anzuwenden.

Titel 2. Gerichtsstand **§§ 15, 16**

Vorbem. I 2 geändert dch Art 1 Z 1 a des 1. JuMoG v 24. 8. 04, BGBl 2198, in Kraft seit 1. 9. 04, Art 14 S 1 des 1. JuMoG, ÜbergangsR Einl III 78.

1) Systematik, I, II. Vgl zunächst Üb 1 vor § 12, § 12 Rn 1. § 15 ist eine prozessuale Sondervorschrift. **1** Sie ergänzt die §§ 7 ff BGB und läßt die besonderen Gerichtsstände der §§ 20 ff und einen etwa bestehenden ausländischen Gerichtsstand unberührt. § 29 a geht nur beim inländischen Raum vor, LG Bonn RIW **75**, 49. § 606 hat Vorrang, auch wegen keines Ersatzgerichtsstands.

2) Regelungszweck, I, II. Die Vorschrift dient einer Aufrechterhaltung auch der tatsächlichen deut- **2** schen Gerichtsbarkeit im Interesse der Prozeßwirtschaftlichkeit im weiteren Sinn, Grdz 14 vor § 128 und zur Vermeidung einer Notwendigkeit, einen inländischen Gerichtsstand nach § 38 II zu vereinbaren.

3) Geltungsbereich, I, II. Vgl zunächst Üb 2 vor § 12. Die Vorschrift gilt für folgende Personen: Für **3** einen exterritorialen Deutschen, also für einen im Ausland nach dem Völkerrecht Exterritorialen im Sinn von §§ 18, 19 GVG; für einen im Ausland beschäftigten, dort aber nicht exterritorialen deutschen Angehörigen des öffentlichen Dienstes, sei er ein Beamter, Angestellter oder ein Arbeiter, auch für einen Berufskonsul, nicht aber für einen Honorarkonsul, II; für ein Kind einer solchen Person, soweit das Kind einen abgeleiteten Gerichtsstand hat; hilfsweise nach I 2 auch als ein besonderer Gerichtsstand der Erbschaft, § 27 II.

4) Gerichtsstand. Eine in Rn 3 genannte Person behält den Gerichtsstand ihres letzten Wohnsitzes im **4** Inland auch dann, wenn sie sich im Ausland befindet, I 1. Das gilt auch dann, wenn sie den Wohnsitz im Inland aufgegeben hatte. Wenn sie überhaupt keinen inländischen letzten Wohnsitz hatte, dann hat sie ihren allgemeinen Gerichtsstand beim AG Bln-Schöneberg, I 2. Der sachliche Gerichtsstand bleibt beim LG Bln, ThP.

16 *Allgemeiner Gerichtsstand wohnsitzloser Personen.* **Der allgemeine Gerichtsstand einer Person, die keinen Wohnsitz hat, wird durch den Aufenthaltsort im Inland und, wenn ein solcher nicht bekannt ist, durch den letzten Wohnsitz bestimmt.**

Schrifttum: *Kegel*, Was ist gewöhnlicher Aufenthalt?, Festschrift für *Rehbinder* (2002) 699.

1) Systematik, Regelungszweck. Vgl zunächst Üb 1, 2 vor § 12, § 12 Rn 1, 2 und sodann die auch **1** auf § 16 anwendbaren Erwägungen § 15 Rn 1. Eine Vorschrift mit ausschließlichem Gerichtsstand des Aufenthaltsorts geht vor, zB §§ 14 I 2 UWG, 6 I 2 UKlaG.

2) Geltungsbereich. Vgl zunächst Üb 3 vor § 12. Die Vorschrift gilt bei jeder Klage. § 16 ist dann **2** anwendbar, wenn jemand überhaupt keinen Wohnsitz im Sinn von § 13 Rn 3 hat, Saarbr RR **93**, 191, LG Hbg RR **95**, 184, LSG Kiel ZIP **88**, 1141. Wenn er einen Wohnsitz nur im Ausland hat, dann muß man die Klage gegen ihn dort erheben, falls ein besonderer inländischer Gerichtsstand fehlt. Vgl freilich auch § 119 I Z 1 b GVG, dazu krit Heidemann NJW **02**, 494. Ob ein Deutscher einen Wohnsitz im Ausland hat, richtet sich nach dem deutschen Recht. Ob ein Ausländer einen Wohnsitz im Ausland hat, richtet sich nach dem ausländischen Recht. Wegen des Gerichtsstands des Ehegatten oder sonstigen Angehörigen der Partei gilt § 13. Wegen der EuGVVO SchlAnh V C 4, Artt 4, 39 II, § 2 II AVAG, Saarbr RR **93**, 191.

3) Inlandsaufenthalt, hilfsweise letzter Wohnsitz. Für denjenigen, der überhaupt keinen Wohnsitz **3** hat, enthält § 16 den allgemeinen Gerichtsstand des Aufenthalts. § 16 ist anwendbar, wenn unklar ist, ob bei Aufgabe des letzten Wohnsitzes noch Geschäftsfähigkeit bestand, BGH FamRZ **87**, 694. Aufenthalt ist der Daseinsmittelpunkt, Kegel (vor Rn 1) 706, das tatsächliche gewollte oder ungewollte, gewöhnliche dauernde (firma habitatio) oder vorübergehende körperliche Sein an einem Ort, BGH MDR **87**, 829 (Klinik), LG Hbg RR **95**, 184 (an Bord eines Motorschiffs auf den Bahamas). Maßgeblich ist, wo man schläft, Kegel (vor Rn 1) 706. Eine Durchfahrt kann ausreichen, BayObLG NJW **03**, 596, auch die sog Verschubung des Inhaftierten, BayObLG VersR **85**, 742. Vgl freilich auch § 606 Rn 10. Man muß aber grundsätzlich länger anwesend gewesen sein oder wahrscheinlich bleiben, damit ein „gewöhnlicher" Aufenthalt entsteht, meist ca 6 Monate, Kegel (vor Rn 1) 706. Freilich fordert § 16 nicht ausdrücklich einen „gewöhnlichen" Aufenthalt. Eine vorübergehende Unterbrechung beseitigt den auf eine längere Zeit berechneten Aufenthalt nicht, BGH MDR **84**, 134.

Solange *kein neuer Aufenthalt* bekannt ist, bestimmt der letzte Wohnsitz den allgemeinen Gerichtsstand, BGH RR **92**, 578, Zweibr JB **99**, 553, LG Hbg/LG Halle Rpfleger **02**, 467 (zustm Schmidt). Das gilt auch dann, wenn ein Aufenthalt im Ausland bekannt ist, aber nicht mehr, wenn im Ausland ein Wohnsitz besteht. „Inland" ist bei § 16 ganz Deutschland, Einl III 77, aber auch nicht mehr, § 917 Rn 10. Nachträgliches Bekanntwerden des Aufenthalts ist unerheblich, § 261 III Z 2. Mehrfacher Aufenthalt ist rechtlich möglich, Kegel (vor Rn 1) 706.

4) Beweislast. Es reicht stets, wenn der Kläger nachweist, daß er seine Ermittlungen mit aller Sorgfalt **4** angestellt hat, zB durch eine Auskunft des Einwohnermeldeamts usw, BGH RR **92**, 578. Für den Gerichtsstand des Aufenthalts muß der Kläger schon wegen § 331 I 1 behaupten und im Streit auch beweisen, daß ein Wohnsitz des Bekl im Inland wie im Ausland fehlt und daß der Bekl sich im Bezirk des Gerichts aufhält. Der Bekl kann dann den Gerichtsstand des § 16 dadurch ausschließen, daß er einen Wohnsitz nachweist. Für den Gerichtsstand des letzten Wohnsitzes muß der Kläger beweisen, daß ein Wohnsitz des Bekl im Inland wie im Ausland fehlt und daß auch kein deutscher Aufenthaltsort bekannt ist. Der Bekl kann dann die Anwendbarkeit des § 16 entweder wie bei Rn 3 oder durch den Gegenbeweis ausschließen, daß ein Aufenthaltsort bekannt und nicht bloß vorhanden ist.

§ 17

17 *Allgemeiner Gerichtsstand juristischer Personen.* ¹¹Der allgemeine Gerichtsstand der Gemeinden, der Korporationen sowie derjenigen Gesellschaften, Genossenschaften oder anderen Vereine und derjenigen Stiftungen, Anstalten und Vermögensmassen, die als solche verklagt werden können, wird durch ihren Sitz bestimmt. ²Als Sitz gilt, wenn sich nichts anderes ergibt, der Ort, wo die Verwaltung geführt wird.

II Gewerkschaften haben den allgemeinen Gerichtsstand bei dem Gericht, in dessen Bezirk das Bergwerk liegt, Behörden, wenn sie als solche verklagt werden können, bei dem Gericht ihres Amtssitzes.

III Neben dem durch die Vorschriften dieses Paragraphen bestimmten Gerichtsstand ist ein durch Statut oder in anderer Weise besonders geregelter Gerichtsstand zulässig.

1 **1) Systematik, Regelungszweck, I–III.** Vgl zunächst Üb 1, 2 vor § 12. Während §§ 12–16 die natürliche Person betreffen, regeln §§ 17–22 die Rechtslage bei fast allen verbleibenden anderen Rechtssubjekten als Bekl., also mit Ausnahme der in §§ 18, 19, 19 a Genannten. Sie gilt bis zur Vollbeendigung, also auch noch im Abwicklungsstadium. § 17 enthält einen allgemeinen Gerichtsstand für jede inländische oder ausländische Prozeßpartei, die passiv parteifähig ist, ohne eine natürliche Person zu sein, § 50 Rn 6. I 1 enthält keine abschließende Aufzählung. Auch hier ist ein ausschließlicher Gerichtsstand möglich, Üb 14 vor § 12, zB §§ 132, 246, 249, 275 AktG, § 75 GmbHG, § 51 III GenG.

Man muß den nach den allgemeinen Vorschriften bestimmten Sitz einerseits und eine *Niederlassung* nach § 21 anderseits unterscheiden, BayObLG DB **02**, 1345. III nennt darüber hinaus auch einen sog Nebensitz, Rn 5. Der Gerichtsstand des § 17 endet erst mit dem Verlust der Parteifähigkeit und nicht schon mit dem Eintritt in das Stadium der Abwicklung, § 50 Rn 21. Dabei gelten wegen des Regelungszwecks die Erwägungen § 12 Rn 2, § 13 Rn 2 entsprechend.

2 **2) Gemeinden usw, I.** Die in I Genannten haben einen allgemeinen Gerichtsstand an ihrem Sitz. Das ist nach I 2 und auch im Zweifel der Ort, an dem sich die Verwaltung befindet, BGH WoM **05**, 67, also die geschäftliche Leitung durch den oder die gesetzlichen Vertreter, BGH **97**, 272, Dütz DB **77**, 2217, Wertenbruch NJW **02**, 325. Daher bestimmen den Sitz: In erster Linie das Gesetz, die Satzung oder die Verleihung, §§ 24, 80, 22 BGB, Dütz DB **77**, 2217. Wegen der Vertretungsorgane der Gemeinden § 51 Rn 14, 17; hilfsweise der Mittelpunkt der (wirklichen) Oberleitung. Ein Doppelsitz ist möglich, LG Bln WertpMitt **94**, 1246, aM Bork ZIP **95**, 609 (aber die Wirklichkeit ist maßgeblich). Einzelheiten Rn 6 ff.

3 **3) Bergrechtliche Gewerkschaft, II.** Die Vorschrift erfaßt nur eine solche Gewerkschaft, die die Parteifähigkeit besitzt. Es entscheidet die Lage des Grubenfelds. Unter Umständen sind also mehrere Gerichte örtlich zuständig. Der Sitz der Verwaltung ist unerheblich. Allerdings gilt jetzt vorrangig das BBergG v 13. 8. 80, BGBl 1310, zuletzt geändert am 26. 11. 01, BGBl. 3138.

4 **4) Behörden, II.** Es ist sehr zweifelhaft, ob es eine Behörde gibt, die nicht als eine selbständige juristische Person unter I fällt, gleichwohl „als solche verklagt werden kann". Richtig ist es wohl, auch eine solche Behörde als einen Vertreter des Fiskus aufzufassen. II ergibt insofern einen Gerichtsstand des Fiskus.

5 **5) Besondere Regelung, III.** Eine Satzung, ein Statut oder eine behördliche Genehmigung usw können für die in § 17 genannte Person einen weiteren allgemeinen Gerichtsstand schaffen, BGH NJW **98**, 1322 (offen, ob auch für das Mahnverfahren). Dieser weitere Gerichtsstand besteht aber immer nur neben demjenigen aus § 17 und schließt den letzteren keineswegs aus. Die Anordnung braucht nicht nur verbandsintern erfolgt zu sein. Eine derartige Anordnung für bestimmte Rechtsverhältnisse kann aus § 38 wirken.

6 **6) Beispiele zur Frage der Geltung von I, III**
Aktiengesellschaft: I, III gelten für sie, BGH NJW **98**, 1322, BayObLG DB **02**, 1545. Hier ist in erster Linie die Satzung sowie die Eintragung maßgeblich. § 17 gilt für den Passivprozeß, § 689 II für den Aktivprozeß, BayObLG DB **02**, 1545.
Anstalt: I, III gelten für sie, mag sie öffentlichrechtlich oder privatrechtlich sein.
Anwaltssozietät: I, III gelten über § 22 auch bei ihr, Köln NJW **04**, 862.
Briefkastenfirma: Bei einer bloßen sog Briefkastenfirma (Briefkastensitz) wird dieser Rechtsmißbrauch auch hier nicht geschützt, Einl III 54.
Deutsche Bahn AG: I, III gelten für sie. Ihr Sitz ist Frankfurt/Main.
Deutsche Post AG: I, III gelten für sie. Sie hat ihren Sitz in Bonn, § 1 II ihrer Satzung (Anh zu § 7 PostUmwG).
Deutsche Postbank AG: I, III gelten für sie. Ihr Sitz ist Bonn.
Deutsche Telekom AG: I, III gelten für sie. Ihr Sitz ist Bonn.
Fiskus: In Abweichung von Rn 7 „Juristische Person" gelten I–III nicht für den Fiskus. Vgl. für ihn § 18.
Gebietskörperschaft: I, III gelten für sie.
7 **Genossenschaft:** I, III gelten für sie, nach §§ 6, 12, 87 GenG auch für sie.
Gesellschaft bürgerlichen Rechts: Die Vorschrift für die BGB-Gesellschaft, Köln OLGR **03**, 247, LG Bonn RR **02**, 1400, Wertenbruch NJW **02**, 325.
Gesellschaft mit beschränkter Haftung: I, III gelten für sie, § 3 I Z 1, § 7 GmbHG. Der Sitz ist auch dann maßgeblich, wenn die Verwaltung, Stgt BB **77**, 414, oder die Zweigniederlassung an einem anderen Ort besteht, BGH NJW **78**, 321, wenn es um eine Vor-GmbH geht, Brdb MDR **04**, 350, oder wenn es um ein Abwicklungsproblem einer gelöschten GmbH geht, Kblz Rpfleger **89**, 251, oder wenn die GmbH ihre Tätigkeit eingestellt hat, BayObLG BB **03**, 2370.
Gewerkschaft des Arbeitsrechts: I, III gelten für sie, (II erfaßt eine bergrechtliche), § 10 ArbGG, BGH NJW **80**, 343, aM Schrader MDR **76**, 726.
Innung: I, III gelten für sie.
Insolvenzverfahren: § 17 gilt bei § 36, BayObLG BB **03**, 2370. Wegen der Insolvenzmasse § 12 Rn 3, § 19 a.

Juristische Person: I, III gelten grds bei einer juristischen Person, BayObLG DB **02**, 1545, Hbg MDR **77**, 759. Der Sitz ergibt sich grds aus der Registeranmeldung. Sie kann mehrere Sitze haben. S aber auch Rn 6 „Fiskus".
Kapitalgesellschaft: I, III gelten für sie.
Kirche: Wegen der evangelisch-lutherischen Kirche Scheffler NJW **77**, 740 (Üb). 8
Kommanditgesellschaft: I, III gelten für die KG, § 161 II HGB.
Offene Handelsgesellschaft: I, III gelten für die OHG, § 124 HGB. Sie hat ihren Sitz am Betriebsmittel- 9 punkt.
Öffentlichrechtliche Anstalt oder Körperschaft: I, III gelten für sie.
Partnerschaft: I, III gelten für sie, § 7 II PartGG.
Politische Partei: I, III gelten für sie, § 3 PartG, Köln DtZ **91**, 28.
Post: Rn 6 „Deutsche Post".
Rechtsmißbrauch: Rn 6 „Briefkastenfirma".
Sozialversicherung: I, III gelten für sie.
Stiftung: I, III gelten für sie, mag sie öffentlichrechtlich oder privatrechtlich sein.
Telekom: Rn 6 „Deutsche Post". 10
Verein: I, III gelten für den eingetragenen und auch für den nicht rechtsfähigen Verein, § 50 II, Dütz DB **77**, 2217, aM ZöV 9.
Vermögensmasse: I, III kann für sie gelten. Wegen der Insolvenzmasse Rn 7.
Versicherung: Bei einem privaten Versicherungsunternehmen gilt das VAG, LG Ffm VersR **75**, 994. Das erörtert BGH NJW **98**, 1322 nicht mit. Vgl auch § 48 VVG.
Zweckverband: I, III gelten für ihn.

18 *Allgemeiner Gerichtsstand des Fiskus.* Der allgemeine Gerichtsstand des Fiskus wird durch den Sitz der Behörde bestimmt, die berufen ist, den Fiskus in dem Rechtsstreit zu vertreten.

Schrifttum: *Piller/Hermann,* Justizverwaltungsvorschriften (Loseblattausgabe) Nr 5 c; *Stöber,* Forderungspfändung, 13. Aufl 2002, Anh 9 ff (Drittschuldnervertretung).

Gliederung

1) Systematik 1	4) Beispiele zur Frage einer Vertretung des Fiskus 5–9
2) Regelungszweck 2	
3) Geltungsbereich 3, 4	

1) Systematik. Vgl zunächst Üb 1, 2 vor § 12, § 17 Rn 1. § 18, ergänzt durch § 19, betrifft als eine 1 vorrangige Sondervorschrift im Bereich der juristischen Person als Bekl den allgemeinen Gerichtsstand des Fiskus, also des Staates als eines Trägers von Vermögensrechten, nicht von Hoheitsrechten.

2) Regelungszweck. Der für die natürliche wie für die sonstige juristische Person geltende Grund- 2 gedanke § 12 Rn 2 gilt auch beim Fiskus. Die Ermittlung der Vertretungsverhältnisse beim Fiskus ist eine vielfach äußerst dornenreiche Aufgabe, Rn 5 ff. Sie dient der Rechtssicherheit nach Einl III 43 nicht gerade überzeugend. Denn das Gesetz bevorzugt die Zweite Gewalt nach wie vor auch an diesem Punkt bedenklich. Das ändert nichts an der Richtigkeit des Grundsatzes, den Fiskus dort verklagen zu müssen, wo er jeweils sitzt. Mögen die oft erheblichen Vorbereitungskosten vom Sieger zur Erstattung angemeldet werden, § 91 Rn 270 ff.
Parteiaufgabe ist nach § 253 II Z 1 die richtige Bezeichnung des Gegners. Dazu gehört auch die derzeit zutreffende Bezeichnung der gesetzlichen Vertretung. Soweit keine Amtsermittlung nach Grdz 38 vor § 128 erfolgt, darf sich das Gericht auf den Hinweis beschränken, daß und warum die gesetzliche Vertretung einer Partei unklar ist. Es darf der Klärung binnen einer bestimmten, angemessenen Frist anheimgeben, § 273 II Z 1. Notfalls muß das Gericht die Klage als derzeit unzulässig abweisen. Das setzt der Aufklärungspflicht des Gerichts Grenzen und erhöht die entsprechende Obliegenheit der Parteien. Das ist auch bei § 18 miterheblich.

3) Geltungsbereich. Vgl zunächst Üb 3 vor § 12. Die Vorschrift gilt auch für den Fiskus der Länder (ein 3 solcher bestand auch früher trotz des Verlusts der Hoheitsrechte weiter) sowie für den Fiskus der sonstigen Gebietsteile. Wegen des Deutschen Reichs Rn 9. Die gesetzliche Vertretung eines ausländischen Fiskus bestimmt sich nach dem ausländischen Recht. Wenn sich der ausländische Fiskus auf einen gesetzlichen Mangel seiner Vertretung beruft, kann dieser Mangel infolge einer Anscheinsvollmacht behoben sein.
Man muß den Vorschriften des *Verwaltungsrechts* (Gesetze, Verordnungen, Satzungen) entnehmen, welche Behörde den Fiskus im Prozeß zu vertreten hat. Nach dem Verwaltungsrecht richtet sich auch das Recht der Übertragung des Vertretungsrechts auf nachgeordnete Stellen (Delegation) sowie das Eintrittsrecht der vorgesetzten Dienststelle. Das Gericht darf nur einen solchen diesbezüglichen Verwaltungsakt beachten, der vor der Klageerhebung vorgenommen worden ist.
Wenn sich ein *Minister* durch seine *Einlassung* auf einen Prozeß zum gesetzlichen Vertreter bestellt hat, 4 dann bindet ihn dieses Verhalten. Soweit die Vertretung nicht ausdrücklich geregelt worden ist, muß man vermuten, daß diejenige Stelle zur Vertretung berufen ist, die dasjenige Vermögen verwaltet, das durch den Rechtsstreit betroffen wird.
Das Gericht *prüft* zunächst, ob die gesetzliche Vertretung geklärt ist. Es prüft erst anschließend die Frage, ob es örtlich zuständig ist. Den Sitz muß man nach § 17 und notfalls nach der Lage des Dienstgebäudes bestimmen. Die Vertretung ist im Einzelfall manchmal unsicher. Wenn der Kläger seine Klage auf mehrere

§ 18

Gründe stützt, muß das Gericht prüfen, ob die Vertretung für jeden dieser Gründe zutrifft. Unter Umständen sind also mehrere Stellen nebeneinander die Vertreter. Ein etwa vorhandener besonderer Gerichtsstand, zB nach § 29 für Dienstbezüge, bleibt vorrangig.

5 4) Beispiele zur Frage einer Vertretung des Fiskus. Man muß jeweils beachten, daß die rechtsgeschäftliche und die prozessuale Vertretung unter Umständen verschiedenen Regelungen folgt. Allgemein herrscht bedauerlicherweise vielfach das genaue Gegenteil von Rechtsklarheit. Sowohl beim Bund als auch bei den Ländern, Kreisen und Gemeinden wie auch bei vielen Verwaltungsjuristen erschließen sich die wahren Vertretungsbefugnisse und deren Grenzen oft genug erst nach äußerst mühsamer detektivartiger Sucharbeit. Das gilt um so mehr, als so mancher Erlaß nur zusammen mit vorgeordneten Gesetzen oder Verordnungen oder irgendeiner inzwischen einherschreitenden Übung des Verwaltungshandelns auf allen möglichen Stufen ermittelbar ist und dann obendrein einer Begriffsbildung folgt, die wieder nur bei Kenntnis jahrzehntelanger örtlicher Entwicklung verständlich wird. Erläuterungswerke dazu haben ohnehin Seltenheitswert. Selbst hohe Vertreter hoher Behörden geraten mitsamt so manchem Mitglied ihres Stabs in arge Bedrängnis, wenn es um genaue Einzelheiten geht.

Amtliche Auskunft in Schriftform durch die Behördenleitung auf Grund eines förmlichen Antrags ist oft die einzig halbwegs erfolgversprechende Lösung. Das Gericht könnte sie zwar als Amtshilfe fordern, Art 35 I GG. Es ermittelt aber dergleichen grundsätzlich nicht von Amts wegen, sondern gibt den Parteien nur gezielte Hinweise nach Grdz 39 vor § 128. Die Partei ist auf ein halbwegs baldiges Wohlwollen der Behörde angewiesen. Das alles sollte man bei Anforderungen, Fristsetzungen, Verlängerungsanträgen usw wohlwollend mitbedenken. Freilich gehört das alles jedenfalls für den Kläger im Grunde bei allem Zeitaufwand doch zur Prozeßvorbereitung.

Notgedrungen unvollständig sind aus den vorstehenden Gründen auch die nachfolgenden Hinweise. Es empfiehlt sich bei Bedarf dringend ihre zusätzliche Klärung im Einzelfall durch direkte Rückfrage oder Nachforschung. Mit diesem Vorbehalt gilt im wesentlichen das folgende.

6 Bund: Er wird durch den Bundesminister für seinen Geschäftsbereich vertreten, Kunz MDR **89**, 592, und zwar für die aktive wie passive Seite und für sämtliche Rechtsgründe, aus denen ein Anspruch geltend gemacht wird. Im Geschäftsbereich des Bundesministers des Innern gilt die AnO v 9. 4. 76, GMBl 162, geändert zuletzt am 18. 3. 94, GMBl 484. Falls der Rechtsstreit dem Geschäftsbereich keines einzigen Einzelministers zugeordnet werden kann, wird der Bund durch den Bundesfinanzminister vertreten. Im Geschäftsbereich des Bundesfinanzministers ist die Vertretungsbefugnis im gerichtlichen Verfahren nach deren Art aufgeteilt, zB auf den Minister, den Präsidenten des deutschen Patentamts, den Amtskassenleiter usw, Anordnung v 25. 4. 58, BAnz Nr 82, zuletzt geändert am 18. 8. 95, BAnz Nr 171, ferner zB AnO v 8. 12. 71, BGBl 2014 (Vertretungsordnung des Bundesjustizministers). Diese Anordnung enthält auch Ausführungsvorschriften für das Verfahren.

Auf eine *Niederlassung* einer Behörde zB in den neuen Bundesländern (statt Berlin) kann man zumindest kostenrechtlich abstellen, Hoppe Rpfleger **02**, 341.

Bei einer Klage aus dem *Beamtenverhältnis* muß man die AnO v 6. 10. 80, BGBl 1954, beachten. Im Geschäftsbereich des Bundesministeriums für Verteidigung sind je nach der Verfahrensart die einzelnen Wehrbereichsverwaltungen, das Bundesamt für Wehrverwaltung, das Bundesamt für Informationsmanagement und Informationstechnik der Bundeswehr, das Bundessprachenamt und im Zweifel die vom Ministerium bestimmte Behörde zur Vertretung befugt, Vertretungsanordnung BMVg v 19. 12. 02, VMBl **03**, 2. Als Drittschuldner wird das Verteidigungsministerium durch eine Reihe unterschiedlicher Dienststellen je nach Art der Bezüge vertreten. VerwAnO v. 30. 1. 02, VMBl 131. Im Geschäftsbereich des Bundesinnenministers sind bei einer Klage aus dem Beamtenverhältnis die Präsidenten des jeweiligen Amtsbereichs zuständig, AnO v 26. 1. 68, BGBl 121. Soweit Bestimmungen fehlen, gelten die Grundsätze für die Vertretung des Fiskus.

7 Bundesautobahn: Sie steht zwar im Eigentum des Bundes, wird aber im Auftrag des Bundes von den Ländern verwaltet, Art 90 GG, G v 2. 3. 51, BGBl 157, BayObLG **95**, 68. Vgl das BundesfernstraßenG idF v 1. 10. 74, BGBl 2414.

Bundeseisenbahnvermögen: Es ist ein öffentlichrechtliches Sondervermögen des Bundes, Art 1 §§ 1, 6 V ENeuOG v 27. 12. 93, BGBl 2378. Es kann trotz Fehlens einer Rechtsfähigkeit, Art 1 § 1 ENeuOG, im Rechtsverkehr unter seinem Namen klagen und verklagt werden, Art 1 § 4 I ENeuOG. Es wird durch seinen Präsidenten gerichtlich und außergerichtlich vertreten, Art 1 § 6 III ENeuOG, soweit nicht die Verwaltungsordnung nach Art 1 § 6 VI ENeuOG etwas anderes bestimmt. Bei einer Klage aus dem Beamtenverhältnis gelten für die Vertretung die Allgemeinen AnOen v 18. 3. 99, BGBl 943, und v 13. 1. 00, BGBl 102. Sein allgemeiner Gerichtsstand wird nach Art 1 § 4 II ENeuOG durch den Sitz derjenigen Behörde bestimmt, die nach der in Art 1 § 6 VI ENeuOG genannten Verwaltungsordnung berufen ist, das Bundeseisenbahnvermögen im Rechtsstreit zu vertreten. Die Verwaltungsordnung wird vom Präsidenten des Bundeseisenbahnvermögens mit Zustimmung des Bundesministeriums für Verkehr aufgestellt, Art 1 § 6 VI ENeuOG. Danach bestimmt im Ergebnis der gesetzliche Vertreter kraft gesetzlicher Ermächtigung selbst seinen aktiven und passiven Gerichtsstand, obwohl der Vertretene gar nicht rechtsfähig ist, eine einigermaßen atemberaubende Konstruktion.

Für die *Deutsche Bahn Aktiengesellschaft*, Art 2 § 1 II ENeuOG, gelten die für jede privatrechtliche solche Gesellschaft getroffenen Regeln, § 17.

Bundesversorgungsrücklagegesetz: Dieses „nicht" rechtsfähige (?) Sondervermögen kann gleichwohl unter seinem Namen klagen und verklagt werden. Allgemeiner Gerichtsstand ist Berlin, § 4 VersRücklG.

Deutsche Post usw: Die rechtsfähige *Anstalt* des öffentlichen Rechts „Bundesanstalt für Post und Telekommunikation Deutsche Bundespost" kann unter ihrem Namen klagen und verklagt werden, § 3 S 2 der Satzung (Anlage zu § 8 S 1 BAPostG). Sie wird durch die Mitglieder des Vorstands vertreten, § 4 I BAPostG. Die Vertretung ist im einzelnen durch die Satzung geregelt, §§ 4 IV, 8 BAPostG in Verbindung mit der Anlage.

Titel 2. Gerichtsstand § 18

Die *Deutsche Post AG, Deutsche Postbank AG und Deutsche Telekom AG* werden jeweils durch zwei Vorstandsmitglieder oder durch eines in Gemeinschaft mit einem Prokuristen vertreten. Stellvertreter stehen gleich, § 7 ihrer jeweiligen Satzung. Im übrigen gilt für den Gerichtsstand dasselbe wie bei jeder Aktiengesellschaft. Vgl also § 17 (zum Sitz Bonn dort Rn 6), § 171. Wegen einer Klage aus dem Beamtenverhältnis zuletzt AnO v 21. 7. 03, BGBl 1545.

Gemeinde: S § 51 Rn 14, 17.

Landesfiskus: Hier gilt folgende Regelung: 8
- **(Baden-Württemberg):** Die Vertretung erfolgt auf Grund Art 49 II BaWüVerf durch die oberste Landesbehörde innerhalb ihres Geschäftsbereichs, AnO v 17. 1. 55, GBl 8, geändert durch AnO v 29. 7. 73, GBl 210, ferner VO v 12. 10. 87, GBl 464, und Bek v 4. 97, GBl 150. Die Vertretungsbefugnis ist zum Teil auf nachgeordnete Behörden übertragen worden, Bek v 17. 1. 55, GBl 9. Vgl ferner für den Geschäftsbereich des Landesjustizministers Bek v 17. 11. 61, GBl 344, geändert durch Bek v 26. 9. 73, GBl 384.
- **(Bayern):** Die Vertretung erfolgt auf Grund VO v 4. 10. 95, GVBl 733, zuletzt geändert am 21. 12. 99, GVBl 566, grundsätzlich durch den Landesfinanzminister und die Finanzmittelstellen des Landes Bayern in Ansbach, Augsburg, München, Regensburg, Würzburg, vgl auch BayObLG **95**, 69, VGH Mü BayVBl **73**, 76. In einigen Fällen ist der Landesjustizminister zuständig. Die Vertretung des Landes als eines Drittschuldners ist Sache des Leiters derjenigen Kasse, die die Auszahlung vornehmen muß. Wenn das Land als ein Drittschuldner auf die Herausgabe oder die Leistung einer beweglichen körperlichen Sache in Anspruch genommen wird, dann ist die Hinterlegungsstelle oder die Verwahrungsstelle zuständig. Im übrigen ist diejenige Behörde zuständig, aus deren Verhalten ein Anspruch hergeleitet wird, Art 35 G v 8. 2. 77, GVBl 88.
- **(Berlin):** Die Vertretung erfolgt auf Grund AZG idF v 22. 7. 96, GVBl 302, 472, zuletzt geändert am 13. 7. 99, GVBl 374, sowie Verwaltungsvorschriften v 23. 1. 90, ABl 202, und AnO v 3. 6. 98, ABl 2460.
- **(Brandenburg):** Die Vertretung erfolgt auf Grund Art 89 S 2 BrdbVerf v 20. 8. 92, GVBl 298, grds durch den zuständigen Minister. Art 91 II BrdbVerf regelt nur die staatsrechtliche Außenvertretung. Vgl ferner AV v 9. 6. 92, JMBl 78, zuletzt geändert am 12. 11. 93, JMBl 217, und Bek v 9. 12. 99, GVBl II **00**, 10.
- **(Bremen):** Die Vertretung erfolgt grds durch den Senat, Art 118 I 2 BreVerf. Sein Präsident oder dessen Stellvertreter können rechtsverbindliche Erklärungen abgeben, Art 118 I 3 BreVerf. Innerhalb seines Geschäftsbereichs ist jeder Senator vertretungsbefugt, Art 120 BreVerf. Vgl ferner AZG v 7. 10. 58, GVBl 947, 974, 1020, 1028.
- **(Hamburg):** Die Vertretung erfolgt auf Grund Artt 18 II, 42 HbgVerf v 6. 6. 52 und G v 30. 7. 52, zuletzt geändert am 2. 7. 91, GVBl 247. Wegen der Form G v. 18. 9. 73, GVBl 405. Vgl ferner G v 22. 5. 78, GVBl 178, zuletzt geändert durch G v. 26. 1. 87, GVBl 11; G v 11. 6. 97, GVBl 206, zuletzt geändert am 4. 11. 97, GVBl 489; AnO v 6. 10. 87, AmtlAnz 2077 (die Anordnung enthält eine Regelung im einzelnen). Vgl auch Hbg JVBl **80**, 151.
- **(Hessen):** Das Land wird durch den Ministerpräsidenten vertreten, Art 103 HessVerf. Er kann die Vertretungsbefugnis auf einen Fachminister und auf die diesem unmittelbar unterstellten Behörden übertragen und hat das getan, AnO v 17. 9. 96, StAnz 323 o. Vgl ferner AnO JM v 12. 1. 88, StAnz 373, idF v 1. 2. 93, StAnz 920.
- **(Mecklenburg-Vorpommern):** Die Vertretung erfolgt auf Grund Art 47 MVVerf v 23. 5. 93, GVBl 372, zuletzt geändert am 4. 4. 00, GVBl 168. Sie liegt im Rechtsstreit grds beim Fachminister. Dieser kann delegieren, Erl v 7. 11. 90, ABl **91**, 38, AV JM v 10. 2. 93, ABl 709.
- **(Niedersachsen):** Die Versetzung erfolgt auf Grund von Art 37 NdsVerf nach dem Gemeinsamen Runderlaß der Staatskanzlei und sämtlicher Ministerien v 22. 11. 89, MBl 1063, zuletzt geändert am 4. 2. 00, MBl 155. Danach ist jeder Minister in seinem Geschäftsbereich Vertretungsbehörde, beim Zusammentreffen mehrerer Geschäftsbereiche der federführende Minister. Innerhalb dieser Geschäftsbereiche sind die Bezirksregierungen und die Oberfinanzpräsidenten in diesen Bereichen einschließlich derjenigen der nachgeordneten Behörden zuständig. In allen Angelegenheiten der Justiz sind die Generalstaatsanwälte Vertretungsbehörde, Gem RdErl IV. A. 3. Jedoch sind die Bezirksrevisoren in ihrem Geschäftsbereich Vertretungsbehörde.
- **(Nordrhein-Westfalen):** Die Versetzung erfolgt auf Grund Artt 55 II, 57 S 1 NRWVerf in Verbindung mit Bek v 8. 2. 60, GVBl 13. Danach vertritt grds jeder Minister das Land innerhalb seines Geschäftsbereichs. Bei einer Klage aus dem Richterverhältnis oder aus einem Beamtenverhältnis im Geschäftsbereich des Justizministers sind der zuständige Präsident des Oberlandesgerichts, der Generalstaatsanwalt, das Landesamt für Besoldung und Versorgung zur Vertretung berufen, VO v 24. 1. 67, GVBl 22, zuletzt geändert durch VO v 4. 10. 86, GVBl 408, sowie VO v 17. 3. 87, JMBl 89, zuletzt geändert durch AV v 6. 8. 92, JMBl 199. Im übrigen ist im Zweifel der Regierungspräsident zur Vertretung berufen, soweit die Vertretungsbefugnis nicht auf eine andere Behörde übertragen worden ist, § 8 OrgG v 10. 7. 62, GVBl 421.
- **(Rheinland-Pfalz):** Die Vertretung erfolgt auf Grund Art 104 RhPfVerf, MBl **51**, 687, 691, JBl **52**, 71, nebst Änderung v 31. 3. 60, MBl 409; VO v 22. 8. 97, GVBl 331 (Justiz) und v 12. 12. 97, GVBl **98**, 1 (Finanz) sowie v 7. 8. 91, GVBl 334, zuletzt geändert am 4. 8. 97, GVBl 309 (Inneres).
- **(Saarland):** Die Vertretung erfolgt auf Grund des G Nr 739 v 15. 11. 60, ABl 920, zuletzt geändert am 26. 1. 94, ABl 509. Im Bereich der Justizverwaltung vgl Bek v 24. 7. 92, ABl 841. Grds ist jeder Minister in seinem Fachbereich vertretungsbefugt, hilfsweise der Ministerpräsident. Die Übertragung auf nachgeordnete Behörden ist statthaft. Im Bereich des Justizministers zählen dazu ua der leitende Oberstaatsanwalt, der Leiter der Gerichtskasse, der Leiter der Vollzugsanstalt, der Bezirksrevisor, zB Erl v 4. 2. 92, ABl 309.
- **(Sachsen):** Die Vertretung erfolgt auf Grund Art 65 I SächsVerf v 27. 5. 92, GVBl 243, G v 20. 2. 97, GVBl 108, und VO v 27. 12. 00, GVBl **01**, 2. Vertreter ist im Prozeß die Oberste Landesbehörde. Vor dem ordentlichen Gericht ist die Vertretung von ihr dem Landesamt für Finanzen übertragen.

§§ 18–19a

- **(Sachsen-Anhalt):** Die Vertretung erfolgt auf Grund Art 69 I SachsAnhVerf v 16. 7. 92, GVBl 600, und RdErl v 17. 5. 94, MBl 1289, zuletzt geändert am 25. 3. 99, MBl 494. Das Land wird grds vom Fachminister vertreten. Er kann die Vertretung auf nachgeordnete Behörden übertragen.
- **(Schleswig-Holstein):** Die Vertretung erfolgt auf Grund Art 25 I Landessatzung idF v 7. 2. 84, GVBl 53. Danach kann der Ministerpräsident die Vertretung übertragen. Das Land wird demgemäß grds durch den zuständigen Fachminister vertreten. Er kann die Vertretungsbefugnis allgemein oder im Einzelfall weiterübertragen, Erl des Ministerpräsidenten idF v 26. 4. 66, ABl 219, zuletzt geändert am 15. 4. 78, ABl 176, in Verbindung mit der Gemeinsamen Geschäftsordnung der Ministerien (GGO) v 8. 12. 81, ABl **82**, 117. Im Geschäftsbereich der Landesjustizverwaltung ist der Generalstaatsanwalt in einigen Ausnahmen fällen zur Vertretung berufen, AV v 16. 1. 67, SchlHA 77, zuletzt geändert am 28. 1./ 18. 2. 91, SchlHA 38.
- **(Thüringen):** Die Vertretung erfolgt auf Grund Artt 76 II 1, 77 ThürVerf v 25. 10. 93, GVBl 625, §§ 7, 15 ThürAGGVG idF v 12. 10. 93, GVBl 612, sowie VertrO v 27. 3. 92, GVBl 133, und VO v 15. 4. 94, GVBl 433. Im Bereich des Justizministers sind neben ihm im Erkenntnisverfahren der Generalstaatsanwalt, in der Zwangsvollstreckung der vor dem Erlaß des Vollstreckungstitels zuständige Landesvertreter befugt. Erfurt ist als Landeshauptstadt nicht gesetzliche Vertreterin des Landes, BGH NVwZ-RR **05**, 149.
- **(Preußen):** Rn 9 „Reich".

9 Reich: Das Deutsche Reich kann weiterhin klagen und verklagt werden, BGH **13**, 292. Es wird durch die Bundesvermögensverwaltung und durch die Bauabteilung der Oberfinanzdirektion vertreten, BGH **8**, 201. Zur Vertretung sind auch die Länder oder die sonst nach dem Landesrecht zuständigen Aufgabenverteter befugt, denen die Verwaltung des jeweils in Frage stehenden Vermögensrechts zukommt, G v 6. 9. 50, BGBl 448, und v 21. 7. 51, BGBl 467, ferner DVO v 26. 7. 51, BGBl 471. Das gilt auch, soweit das Reichsvermögen auf den Bund übergegangen ist. Vgl aber auch BGH **8**, 169. Wenn man keinen zur Vertretung befugten örtlich zuständigen Oberfinanzpräsidenten bestimmen kann, dann ist der Bundesfinanzminister zur Vertretung berufen, BGH BB **56**, 62. Vgl im übrigen § 50 Rn 10.

19 *Mehrere Gerichtsbezirke am Behördensitz.* Ist der Ort, an dem eine Behörde ihren Sitz hat, in mehrere Gerichtsbezirke geteilt, so wird der Bezirk, der im Sinne der §§ 17, 18 als Sitz der Behörde gilt, für die Bundesbehörden von dem Bundesminister der Justiz, im Übrigen von der Landesjustizverwaltung durch allgemeine Anordnung bestimmt.

1   **1) Systematik, Regelungszweck.** Die Vorschrift ist eine Ergänzung zu § 18. Sie soll die Ermittlung des örtlich zuständigen Gerichts erleichtern.

2   **2) Geltungsbereich.** Vgl zunächst Üb 3 vor § 12. § 19 gilt nur für Behörden, nicht für die Gemeinden oder für Körperschaften und andere juristische Personen nach § 17. Insofern ist der tatsächliche Sitz entscheidend, also die Lage des Dienst-Hauptgebäudes. Falls erforderlich, muß man das zuständige Gericht nach § 36 I Z 2 bestimmen. § 19 betrifft nur den allgemeinen Gerichtsstand, nicht einen besonderen Gerichtsstand. Bei einem Doppelsitz etwa einzelner Ministerien gilt § 35.

19a *Allgemeiner Gerichtsstand des Insolvenzverwalters.* **Der allgemeine Gerichtsstand eines Insolvenzverwalters für Klagen, die sich auf die Insolvenzmasse beziehen, wird durch den Sitz des Insolvenzgerichts bestimmt.**

Schrifttum: *Klug*, Neue Regelungen im Bereich der Gerichtsstände der ZPO, 1998.

1   **1) Systematik.** Die Vorschrift regelt nicht einen zu §§ 12 ff hinzutretenden besonderen Gerichtsstand, sondern den „allgemeinen" ihres Geltungsbereichs, Rn 3, 4, BayObLG RR **03**, 925. Sie tritt also als Spezialvorschrift an die Stelle von §§ 12 ff. Sie ist freilich nicht als ausschließlicher Gerichtsstand gestaltet, BayObLG ZIP **02**, 142. Es kann also ein ausschließlicher anderer Gerichtsstand zB nach § 24 oder nach § 29 a bestehen. Freilich tritt § 38 beim Streit über ein Absonderungsrecht zurück, LG Kleve MDR **01**, 291. Soweit § 19 a unanwendbar ist, gelten §§ 12 ff.

2   **2) Regelungszweck.** Es geht um die Erzielung der Ortsnähe und Sachvertrautheit des Gerichts. Damit dient § 19 a der Prozeßwirtschaftlichkeit nach Grdz 14 vor § 128 und ist entsprechend weit auslegbar. Das gilt auch bei der Ermittlung des persönlichen Geltungsbereichs, Rn 4.

3   **3) Sachlicher Geltungsbereich.** Die Vorschrift erfaßt Klagen, die sich auf die Insolvenzmasse beziehen, BGH ZIP **03**, 1419, BayObLG RR **03**, 925, Schlesw MDR **01**, 1375. Zum Begriff der Insolvenzmasse § 240 Rn 10, zu Beispielen der Zugehörigkeit oder Nichtzugehörigkeit § 240 Rn 11, 12. Auch das, was nicht im engeren Sinn zur Insolvenzmasse gehört, kann sich doch auf sie beziehen (mittelbare Zugehörigkeit).

Nicht jede auf die Insolvenzmasse bezogene Klage wird von § 19 a erfaßt, sondern nur eine solche, die in den persönlichen Geltungsbereich fällt, Rn 4. Maßgeblicher Zeitpunkt ist derjenige, in dem das Gericht seine örtliche Zuständigkeit prüfen und darüber mitentscheiden muß, wie stets. § 261 III Z 2 ist anwendbar.

Hierher gehören zB: Ein Absonderungsrecht, ein Aussonderungsrecht, BayObLG ZIP **02**, 142; die Geltendmachung einer Masseverbindlichkeit nach §§ 53 ff InsO.

4   **4) Persönlicher Geltungsbereich.** Die Vorschrift erfaßt zunächst eine Klage des Insolvenzverwalters, §§ 56 ff InsO. Der Wortlaut ist weit gefaßt, Rn 2: Eine Klage „bezieht sich" bei natürlichem Sprachgebrauch auch dann auf einen Vermögensgegenstand, wenn sie für und nicht nur gegen ihn streitet, wenn sie ein Recht geltend macht oder eine Pflicht leugnet. Daran ändern auch die Bemühungen so manchen

Titel 2. Gerichtsstand §§ 19a–21

Gerichts nichts, sich wenn irgend möglich für unzuständig zu erklären. Aber auch der erkennbar ebenso weit auslegbare Regelungszweck nach Rn 2 gestattet und erfordert zunächst die Anwendung des § 19 a auf einen Aktivprozeß des Insolvenzverwalters. Denn nach § 35 InsO ist das Gesamtvermögen von der Insolvenz erfaßt. Eine Klagebefugnis des Insolvenzverwalters wäre ohne Bezug auf die Insolvenzmasse gar nicht vorhanden, Wessel DZWIR **00**, 195, aM BGH NJW **03**, 2916 (zustm Mörsdorf-Schulte IPRax **04**, 32), Schlesw MDR **01**, 1376, ZöV 1 (aber eine Entstehungsgeschichte ist gerade beim dort eingeräumten Zweifel kaum das entscheidende Auslegungsmittel, Einl III 42. Vielmehr geht es um den in Rn 2 dargestellten Regelungszweck, den Sinn, Einl III 44, und daher um die weite Auslegung. Das zeigt auch das eindeutige und gerade nicht eng auslegbare Wort „Allgemeiner" Gerichtsstand in der amtlichen Überschrift des § 19 a).

Die Vorschrift gilt ebenso bei einer Klage *gegen* den Insolvenzverwalter, BGH NJW **03**, 2916. Sie gilt ab Eröffnung des Insolvenzverfahrens nach § 27 InsO und grundsätzlich nur bis zu dessen Beendigung nach §§ 200, 207 InsO. Natürlich gehört auch ein Mahnverfahren hierher, ferner ein Eilantrag, §§ 916 ff. Auch eine Wiederaufnahmeklage kann hierher zählen, ferner eine solche im Urkundenprozeß. Auch der vorläufige Verwalter nach § 22 InsO gehört hierher, Rn 3.

Nicht jede vom oder gegen den Verwalter erhobene Klage usw wird von § 19 a erfaßt, sondern nur eine solche, die sich auch auf den sachlichen Geltungsbereich bezieht, Rn 3.

5) Gerichtstand: Sitz des Insolvenzgerichts. Unter den Voraussetzungen Rn 1–4 ist allgemeiner **5** Gerichtsstand im Sinn von § 12 der Sitz des Insolvenzgerichts, BayObLG RR **03**, 925.

20 *Besonderer Gerichtsstand des Aufenthaltsorts.* Wenn Personen an einem Ort unter Verhältnissen, die ihrer Natur nach auf einen Aufenthalt von längerer Dauer hinweisen, insbesondere als Hausgehilfen, Arbeiter, Gewerbegehilfen, Studierende, Schüler oder Lehrlinge sich aufhalten, so ist das Gericht des Aufenthaltsortes für alle Klagen zuständig, die gegen diese Personen wegen vermögensrechtlicher Ansprüche erhoben werden.

1) Systematik. Die Vorschrift eröffnet eine Reihe von besonderen Gerichtsständen. Sie treten teilweise **1** zu den allgemeinen der §§ 12–19 wahlweise hinzu. Sie gehen diesen aber teilweise auch als zwingende Sonderregeln vor. § 20 gibt einen Wahlgerichtsstand der Beschäftigung für einen vermögensrechtlichen Anspruch nach Grdz 10 vor § 1, auch wenn dieser keinen Bezug zum Aufenthalt hat. Vorrangig gelten Artt 2 ff, 59 EuGVVO.

2 Regelungszweck. Gemeinsamer Zweck aller dieser besonderen Gerichtsstände ist die Bereitstellung **2** eines Gerichts, das entweder besonders sachkundig ist oder in einer rein tatsächlich nahen Beziehung zu dem Streitgegenstand oder wenigstens einer der Parteien steht und daher so oder so eine bequemere und Zeit wie Geld sparende Abwicklung des Prozesses verspricht, mithin der Prozeßwirtschaftlichkeit dient, Grdz 14 vor § 128.

3) Geltungsbereich. Vgl zunächst Üb 3 vor § 12. Die Vorschrift gilt für einen Inländer wie für einen **3** Ausländer, nicht für eine juristische Person. Sie gilt auch gegen den Prozeßunfähigen, § 57 II. § 20 verlangt Verhältnisse, die entweder keinen Wohnsitz begründen oder aber neben einem vorhandenen Wohnsitz (sonst gilt § 16) einen längeren, wenn auch gelegentlich unterbrochenen Aufenthalt bedingen. I gibt für solche Verhältnisse nur einige Beispiele. Andere Beispiele sind: Der Abgeordnete während der Tagung; ein Kranker im Krankenhaus; der im Heim Untergebrachte; der längere Insasse einer Justizvollzugsanstalt, BGH NJW **97**, 1154; ein Referendar im Vorbereitungsdienst; ein minderjähriger Soldat; ein Arbeiter während der Montage auf einer Großbaustelle, Bengelsdorf BB **89**, 2394; ein Saisonarbeitsaufenthalt, Bengelsdorf BB **89**, 2394; ein Kuraufenthalt, Bengelsdorf BB **89**, 2394; ein Aufenthalt in einem Frauenhaus, Saarbr FamRZ **90**, 1119.

4) Aufenthalt. Der Aufenthalt muß nach der Natur der Verhältnisse auf eine längere Dauer hinweisen, **4** § 16 Rn 3. Wenn das der Fall ist, dann bleibt die tatsächliche Dauer des Aufenthalts unerheblich, ebenso wie eine etwaige vorübergehende Abwesenheit oder eine Abwesenheit im Zeitpunkt der Zustellung der Klage. Ein bloßer Aufenthalt an der Arbeitsstätte während der Arbeitsstunden genügt nicht. Ebensowenig genügt ein Aufenthalt, der von vornherein nur vorübergehend ist, wie derjenige eines Künstlers oder eines Geschäftsreisenden. Ein wiederholter Aufenthalt im Zweithaus mag ausreichen, Kblz NJW **79**, 1309 (großzügig).

21 *Besonderer Gerichtsstand der Niederlassung.* [I] Hat jemand zum Betrieb einer Fabrik, einer Handlung oder eines anderen Gewerbes eine Niederlassung, von der aus unmittelbar Geschäfte geschlossen werden, so können gegen ihn alle Klagen, die auf den Geschäftsbetrieb der Niederlassung Bezug haben, bei dem Gericht des Ortes erhoben werden, wo die Niederlassung sich befindet.

[II] Der Gerichtsstand der Niederlassung ist auch für Klagen gegen Personen begründet, die ein mit Wohn- und Wirtschaftsgebäuden versehenes Gut als Eigentümer, Nutznießer oder Pächter bewirtschaften, soweit diese Klagen die auf die Bewirtschaftung des Gutes sich beziehenden Rechtsverhältnisse betreffen.

Schrifttum: *Schücking,* Wirtschaftsrechtliche Schranken für Gerichtsstandsvereinbarungen, Gedächtnisschrift für *Arens* (1993) 385.

§ 21   Buch 1. Abschnitt 1. Gerichte

Gliederung

1) Systematik, I, II 1	C. Äußere Einrichtungen 6
2) Regelungszweck, I, II 2	D. Selbständige Leitung 7
3) Geltungsbereich, I, II 3	E. Einzelfragen........................ 8, 9
4) Gewerbliche Niederlassung, I 4–9	5) Geschäftsbetrieb, I 10
A. Gewerbemittelpunkt 4	6) Landwirtschaftliche Niederlassung, II ... 11
B. Zeitdauer 5	7) Beförderungsbedingungen, I, II 12

1   **1) Systematik, I, II.** Vgl zunächst § 20 Rn 1. § 21 ist eine eng auslegbare Sondervorschrift, Hbg WoM **90**, 394. Sie gilt unabhängig vom Fehlen der Parteifähigkeit nach § 50 Rn 1 neben einem allgemeinen Gerichtsstand nach §§ 13, 17, BGH **88**, 336, oder neben demjenigen nach § 22, BGH NJW **75**, 2142, oder nach § 32. Sie gibt den besonderen Passiv-Wahlgerichtsstand der Niederlassung gegen eine natürliche wie für eine juristische Person, BGH NJW **98**, 1322, BayObLG DB **02**, 1545, AG Köln RR **93**, 1504. Dieser Gerichtsstand ist demjenigen des Wohnsitzes nachgebildet worden, Hbg WoM **90**, 394. Doch begründet die Niederlassung weder einen Wohnsitz noch einen Nebenwohnsitz, Hbg MDR **77**, 759. Die Vorschrift gibt nicht auch einen Aktiv-Gerichtsstand, BGH NJW **98**, 1322. Die ausschließlichen Gerichtsstände haben Vorrang, zB nach § 6 UKlaG oder nach § 14 UWG oder nach § 48 VVG, dazu Köln RR **93**, 1504. Die juristische Person als Antragsteller muß daher nach § 689 II an ihrem Sitz vorgehen, BayObLG DB **02**, 1545.

2   **2) Regelungszweck, I, II.** Vgl zunächst § 20 Rn 2. Die in Rn 4 ff dargestellten Anforderungen an eine Niederlassung zeigen, wie nahe es praktischerweise liegen sollte, auch prozessual „vor Ort" vorgehen zu dürfen. Die Vorschrift dient in hohem Maße der Prozeßwirtschaftlichkeit, Grdz 14 vor § 128. Das muß man bei ihrer Handhabung unbedingt mitbeachten. Natürlich darf das nun auch nicht dazu führen, schon das Vorliegen einer Niederlassung allzu schnell anzunehmen. Wohl aber kann man etwa die „Bezugnahme" in I großzügig beurteilen.

3   **3) Geltungsbereich, I, II.** Vgl zunächst Üb 3 vor § 12. Der Gerichtsstand des § 21 ist für eine reine Wettbewerbsklage ausschließlich, Rn 1, Grdz 30 vor § 253. Im Insolvenzverfahren gehen die Gerichtsstände der §§ 19 a, 21 dem allgemeinen Gerichtsstand vor, §§ 2, 180 InsO. Die §§ 17 und 22 haben keinesfalls immer den Vorrang vor § 21, BGH NJW **75**, 2142. Wegen der internationalen Zuständigkeit § 53 III KWG, dazu Schücking (vor Rn 1) 394. Vgl ferner Düss RR **89**, 433, Geimer WertpMitt **76**, 146. Wegen der EuGVVO SchlAnm V C 4, besonders Art 5 Z 5, Art 9 II, Art 15, BGH NJW **87**, 3082, Düss RR **04**, 1721, Art 18 II. Zur „Paramountklausel" Hbg VersR **73**, 1023.

4   **4) Gewerbliche Niederlassung, I.** I verlangt allein oder neben dem Hauptbetrieb (am Sitz) eine oder auch mehrere Niederlassungen zum Betrieb eines beliebigen auf Gewinn ausgerichteten Unternehmens, also eines Gewerbes, BGH IPRax **98**, 211, auch eines freien Berufs, BGH **88**, 336, also eines Erwerbsunternehmens im weitesten Sinn, zB eines Mobilfunkunternehmens, AG Ffo RR **01**, 276, oder eines Landwirts, Rn 11. Eine Lehranstalt oder eine Berufsgenossenschaft zählt nicht hierher.
Es sind insofern die folgenden *Voraussetzungen* erforderlich.
   A. Gewerbemittelpunkt. Das Gewerbe muß an dem Ort der Niederlassung seinen Mittelpunkt haben, wenn auch nur für einen Teil.

5   **B. Zeitdauer.** Die Niederlassung muß für eine gewisse Zeitdauer bestehen, BayObLG Rpfleger **80**, 486, Ffm MDR **79**, 1027. Sie darf also nicht nur während einer Messe bestehen.

6   **C. Äußere Einrichtungen.** Es müssen äußere Einrichtungen vorhanden sein, die auf eine Niederlassung hindeuten, BGH NJW **98**, 1322, BayObLG Rpfleger **80**, 486, Ffm MDR **79**, 1027. Eine rechtliche formelle Selbständigkeit ist unnötig und unschädlich, BGH NJW **98**, 1322.

7   **D. Selbständige Leitung.** Die Niederlassung muß eine im wesentlichen selbständige Leitung mit dem Recht haben, aus eigener Entschließung Geschäfte abzuschließen, deren Abschluß der Niederlassung auch übertragen worden ist, BGH NJW **98**, 1322, Köln VersR **93**, 1172, Fricke VersR **00**, 1195. Es reicht also nicht aus, daß die Leitung nur nach Weisungen handeln darf, die sie von der Hauptstelle erhält.

8   **E. Einzelfragen.** Es ist nicht erforderlich, daß sich der Bekl am Ort der Niederlassung aufhält. Es ist unerheblich, welcher Art das Recht des Bekl an der Niederlassung ist, solange die Niederlassung nur auf seinen Namen betrieben wird. Es entscheidet vielmehr, ob der Bekl nach außen den Anschein einer selbständigen Handelsniederlassung erweckt, BGH NJW **87**, 3081, Düss Rpfleger **97**, 32, AG Köln RR **93**, 1504. Wenn dieser Anschein besteht, dann ist es unerheblich, ob tatsächlich eine innere Abhängigkeit vorhanden ist, solange sie nicht nach außen hervortritt, Düss MDR **78**, 930, Mü Rpfleger **88**, 162, AG Freibg NJW **77**, 2319. Wenn der Bekl eine Niederlassung arglistig vorgespiegelt hat, dann muß er den Gerichtsstand der Niederlassung auf Grund von Treu und Glauben gegen sich gelten lassen, Einl III 53 ff.

9   Eine *Zweigniederlassung* an demselben oder an einem anderen Ort genügt grundsätzlich, Düss Rpfleger **97**, 32, jedoch grundsätzlich nicht im Fall des § 689 II, BGH NJW **98**, 1322. Eine Ausnahme gilt bei einer Versicherungsgesellschaft, § 689 Rn 4. Eine Eintragung im Handelsregister ist nicht erforderlich, BayObLG Rpfleger **80**, 436, Ffm MDR **79**, 1027. Eine solche Eintragung wirkt aber immer gegen den Eingetragenen, Düss Rpfleger **97**, 32. Die Niederlassung muß im Zeitpunkt der Zustellung der Klage bestehen, BayObLG WertpMitt **89**, 871. § 21 ist auf eine Klage aus einem solchen Miet- oder Pachtverhältnis unanwendbar, das den Betrieb der Niederlassung erst ermöglichen soll, Hamm OLGZ **91**, 80, LG Hbg MDR **76**, 760 (das Gericht lehnt aber die Anwendbarkeit des § 21 zu Unrecht auch dann ab, wenn die Niederlassung schon besteht), ThP 4, aM StJSchu 15.
Beispiele: Eine Bankfiliale; eine Filialdirektion, ein Ladengeschäft der Fabrik, Mü OLGR **01**, 254; das Ortsgeschäft eines Mobilfunkunternehmens, AG Ffo RR **01**, 276; eine ARGE von Bauunternehmern, BayObLG **85**, 317. Eine „Generalrepräsentanz" einer ausländischen Firma kann ausreichen, BGH NJW **87**,

Titel 2. Gerichtsstand **§§ 21, 22**

3081, Düss RR **89**, 443, Mü WertpMitt **75**, 872, ebenso der Sitz einer Lokalredaktion, Naumb RR **00**, 475 (großzügig).
Eine *Agentur* oder Vermittlungsvertretung (Reisebüro) ist grundsätzlich *keine* Niederlassung, BGH NJW **87**, 3081, BayObLG BB **89**, 583, LG Konst RR **92**, 691. Sie ist auch dann keine Niederlassung, wenn der Agent eine Abschlußvollmacht hat. Vgl aber für eine Klage gegen den Versicherer § 48 VVG, AG Köln RR **93**, 1504, strenger LG Karlsr VersR **97**, 384 (bloßes Schadensbüro, krit Fricke VersR **01**, 925 ausf, teils durch § 130 a überholt). Die Annahmestelle einer Reinigungsfirma oder Färberei ist als solche keine Niederlassung. Der Deutsche Leichtathletikverband ist keine Niederlassung des Internationalen, Mü VHR **96**, 96. Keine Niederlassung ist ferner ein Messestand oder ein sog T-Punkt der Deutschen Telekom AG, Kirchhoff NJW **05**, 1548.

5) Geschäftsbetrieb, I. Der Gerichtsstand besteht auch beim Vorliegen von Rn 4–9 nur für eine Klage, **10** die sich zwar gegen den Inhaber richtet, sich aber auch und direkt auf den Geschäftsbetrieb der Niederlassung bezieht, BGH NJW **95**, 1225, den Inhaber also zB unter seiner Niederlassung verklagt. Hierzu gehört auch eine unlautere Werbung der Niederlassung oder eine Anstellung für den Geschäftsbetrieb der Niederlassung. Es ist unerheblich, welchen Rechtsgrund der Kläger geltend gemacht, wo er den Vertrag abgeschlossen hat und wo er erfüllt werden muß. Es reicht nicht aus, daß sich eine herausverlangte Sache in dem Bereich der Niederlassung befindet. Das Geschäft muß von der Niederlassung ausgegangen sein, Fricke VersR **00**, 1195. Es muß sich ferner wegen der Notwendigkeit einer engen Auslegung nach Rn 1 um eine betriebstypische Angelegenheit handeln, nicht „nur" zB um Anmietung von Geschäftsraum, Hbg WoM **90**, 394. Streigegenstand kann nur ein vermögensrechtlicher Anspruch jeder Art im Sinn von Grdz 11 vor § 1 sein, BGH NJW **75**, 2142. Beim Bezug auf mehrere Niederlassungen gilt § 35, Köln VersR **93**, 1172, AG Köln RR **93**, 1504.

6) Landwirtschaftliche Niederlassung, II. Voraussetzung dieses Gerichtsstands ist zunächst ein Gut, **11** das mit Wohn- und Wirtschaftsgebäuden versehen ist. Voraussetzung ist ferner ein Streit über eine Frage wegen der Bewirtschaftung durch den Eigentümer, den Nutznießer oder den Pächter, selbst wenn die Bewirtschaftung tatsächlich durch andere Personen im Namen und auf Rechnung des Bekl erfolgt. Der Verpächter nimmt keine solche Bewirtschaftung vor.

7) Beförderungsbedingungen, I. II. Gerichtsstand für alle Streitigkeiten aus dem Beförderungsverkehr **12** mit Straßenbahnen, Omnibussen, Kraftfahrzeugen im Linienverkehr ist der Sitz des jeweiligen Unternehmens, § 17 VO v 27. 2. 70, BGBl 230.

22 *Besonderer Gerichtsstand der Mitgliedschaft.* **Das Gericht, bei dem Gemeinden, Korporationen, Gesellschaften, Genossenschaften oder andere Vereine den allgemeinen Gerichtsstand haben, ist für die Klagen zuständig, die von ihnen gegen ihre Mitglieder als solche oder von den Mitgliedern in dieser Eigenschaft gegeneinander erhoben werden.**

1) Systematik. Vgl zunächst § 20 Rn 1. Die Vorschrift macht den allgemeinen Gerichtsstand der §§ 13– **1** 17 als einen besonderen und grundsätzlich nicht ausschließlichen Wahlgerichtsstand für eine Klage aus dem Rechtsverhältnis der Mitgliedschaft anwendbar. Deshalb ist der Kreis der Personengesamtheit durch § 17 begrenzt, dort Rn 1, Dütz DB **77**, 2217. Die BGB-Gesellschaft fällt unter § 22, LG Bonn RR **02**, 1400. Ein Treugeber kann als Gesellschafter gelten, BGH ZIP **85**, 1198. § 22 gilt für alle Streitigkeiten und daher auch für nichtvermögensrechtliche. Die Gesellschaft muß freilich parteifähig sein, BGH **146**, 341 (BGB-Gesellschaft).

2) Regelungszweck. Er besteht darin, Streitigkeiten aus der inneren Rechtsbeziehungen einer partei- **2** fähigen Gesellschaft am Gesellschaftssitz zu konzentrieren, BGH **76**, 235, Gieseke DB **84**, 973.

3) Geltungsbereich. Vgl Üb 3 vor § 12. § 22 gilt auch bei einer Prospekthaftung, BGH **76**, 231. **3**

4) Voraussetzungen. Der Gerichtsstand gilt für eine Klage jeder Art, Dütz DB **77**, 2217. Er gilt unter **4** den folgenden Voraussetzungen.

A. Personengesamtheit gegen Mitglied. Es muß sich um eine Klage handeln, die die Personengesamtheit gegen ihre jetzigen oder früheren Mitglieder als solche erhebt, also auf Grund der Mitgliedschaft, Hbg IPRax **93**, 172. Eine solche Klage liegt beispielsweise dann vor, wenn es um einen Beitrag geht, BGH NJW **80**, 343, oder um andere Vereinspflichten oder einen Ausschluß oder wenn ein Versicherungsverein auf Gegenseitigkeit gegen einen Versicherten auf die Zahlung einer sog kapitalvertretenden Leistung, Karlsr BB **98**, 389, oder um rückständige Prämie klagt, BGH NJW **80**, 343, Köln OLGR **03**, 248, Voosen VersR **75**, 500 (die Berufung auf § 22 könne rechtsmißbräuchlich sein), aM LG Karlsr VersR **76**, 1029, LG Hann VersR **79**, 341 (stellt auf die Größe des Versicherungsvereins auf Gegenseitigkeit ab. Aber § 22 enthält keinerlei größenmäßige Einschränkung, Rn 7).

Weitere Fälle: Es geht um die ungerechtfertigte Bereicherung eines Mitglieds; es geht um ein Verfahren **5** nach § 140 HGB zwischen der Gesellschaft und einem Treuhänder über dessen Ausschluß aus der Gesellschaft, Gieseke DB **84**, 973, oder um eine Klage des Insolvenzverwalters gegen einen treugebenden Gesellschafter, Karlsr 4 W 169/97 v 20. 1. 98; es geht um die Erteilung der Zustimmung zur Übertragung der mittelbaren Beteiligung der Treugebers, Gieseke DB **84**, 973; es geht um den der sog Prospekthaftung unterliegenden Personenkreis mit Ausnahme eines selbständigen Werbunternehmens, BayObLG DB **02**, 2211 (freilich großzügige Auslegung des § 22 ratsam).

Wenn die Klage aber wegen eines Regreßanspruchs nach § 158 c VVG wegen einer unerlaubten Handlung eines Mitglieds lautet, ist § 22 *unanwendbar.* § 22 ist ferner dann unanwendbar, wenn ein Vorstandsmitglied oder ein Mitglied des Aufsichtsrats eine unerlaubte Handlung begangen haben. Der geschäftsführende Gesellschafter der Offenen Handelsgesellschaft haftet aus der Mitgliedschaft.

§§ 22, 23

6   B. Mitglieder gegeneinander. Der Gerichtsstand gilt für eine solche Klage, die ein jetziges oder früheres Mitglied gegen ein anderes erhebt, etwa wegen einer Ausgleichungspflicht unter Gesamtschuldnern, BayObLG BB **78**, 1685, oder wegen eines Auseinandersetzungsguthabens, LG Bonn RR **02**, 1400, oder auf Grund der Auflösung einer Offenen Handelsgesellschaft. Der Gerichtsstand besteht auch unter Umständen schon während des Gründungsstadiums, BGH **76**, 235, BayObLG BB **78**, 1685, ZöV 5, aM AG Ebersberg MDR **87**, 146 (aber auch das Vorstadium gehört hierher, Grdz 14 vor § 128). Er besteht ebenso lange fort wie derjenige des § 17, also auch noch während des Stadiums der Abwicklung. Er besteht auch gegenüber einem ausgeschiedenen Mitglied, Celle VersR **75**, 993, und gegenüber einem Rechtsnachfolger eines Mitglieds, Dütz DB **77**, 2217. Er besteht nicht aber für den Insolvenzverwalter nach § 171 II HGB, Schlesw ZIP **80**, 256.

7   5) Einzelfragen. Wegen der EuGVVO SchlAnh V C 4, besonders Art 16 Z 2. Die Vorschrift erfaßt auch eine Gesellschat des BGB, Rn 2, BGH **146**, 341. Sie erfaßt auch eine Anwaltssozietät, Köln NJW **04**, 862. Sie erfaßt aber nicht eine stille Gesellschaft. Für die Aktiengesellschaft, die Gesellschaft mit beschränkter Haftung, die Genossenschaft gelten die jeweiligen Sondervorschriften der §§ 132, 246, 249, 275 AktG, 61 III, 75 GmbHG, 51 III GenG. Auch der Gerichtsstand des § 48 VVG geht vor, und zwar unabdingbar, § 48 II VVG. Eine arbeitsrechtliche Gewerkschaft gehört nur dann hierher, wenn sie als ein Verein besteht, § 17 Rn 3, Schrader MDR **76**, 726. Unter dieser Voraussetzung ist aber die Größe der arbeitsrechtlichen Gewerkschaft unerheblich, BGH NJW **80**, 343, Dütz DB **77**, 2223, Müller-Guntrum/Plugge NJW **77**, 1811, aM LG Ffm NJW **77**, 539, LG Hann VersR **79**, 341 (aber § 22 gibt für solche Begrenzung keinerlei Anhalt). Rechtsmißbrauch ist stets verboten, Einl III 54, Rn 4.

23 Besonderer Gerichtsstand des Vermögens und des Gegenstands.

¹ Für Klagen wegen vermögensrechtlicher Ansprüche gegen eine Person, die im Inland keinen Wohnsitz hat, ist das Gericht zuständig, in dessen Bezirk sich Vermögen derselben oder der mit der Klage in Anspruch genommene Gegenstand befindet. ² Bei Forderungen gilt als der Ort, wo das Vermögen sich befindet, der Wohnsitz des Schuldners und, wenn für die Forderungen eine Sache zur Sicherheit haftet, auch der Ort, wo die Sache sich befindet.

Schrifttum: *Bittighofer,* Der internationale Gerichtsstand des Vermögens, 1994; *Brandes,* Der gemeinsame Gerichtsstand usw (Art. 6 Nr. 1 EuGVÜ/LÜ), 1998; *Buchner,* Kläger- und Beklagtenschutz im Recht der internationalen Zuständigkeit usw, 1998; *Dorsel,* Forum non conveniens usw (rechtsvergleichend), 1994; *Geimer,* Internationales Zivilprozeßrecht, 3. Aufl 1997, Rn 1346ff; *Geimer/Schütze,* Europäisches Zivilverfahrensrecht, 1997; *Hillebrand,* Forum shopping des Gläubigers im Rahmen der Zwangsvollstreckung? usw, 2001; *Hubig,* Die historische Entwicklung des § 23 ZPO usw, 2003; *Jaeckel,* Die Reichweite der lex fori im Internationalen Zivilprozeßrecht, 1995; *Jasper,* Forum shopping in England und Deutschland, 1990; *Kleinstück,* Due Process – Beschränkungen des Vermögensgerichtsstandes durch hinreichenden Inlandsbezug und Minimum Contacts, 1994; *Kropholler,* Internationale Zuständigkeit, in: Handbuch des Internationalen Zivilverfahrensrechts, Bd I (1992) Rn 295 ff; *Kropholler,* Europäisches Zivilprozeßrecht, 8. Aufl 2005 § 58 II; *Linke,* Internationales Zivilprozeßrecht, 3. Aufl 2001, Rn 167; *Möllers,* Internationale Zuständigkeit bei der Durchgriffshaftung, 1987; *Pfeiffer,* Internationale Zuständigkeit und prozessuale Gerechtigkeit, (1995) 523 ff; *Pfeiffer,* Materialisierung und Internationalisierung im Recht der Internationalen Zuständigkeit, Festgabe 50 Jahre Bundesgerichtshof (2000) III 617; *Schack,* Deutsche internationale Zuständigkeit made in Hongkong und der VR China, Festschrift für *Kegel* (1987) 505 ff; *Schack,* Internationales Zivilverfahrensrecht, 3. Aufl 2002, Rn 323 ff (Bespr *Roth* JZ **03**, 201); *Schack,* Internationale Zuständigkeit und Inlandsbeziehung, in: Festschrift für *Nakamura* (1996); *Schütze,* Deutsches internationales Zivilprozeßrecht (1985) 62 ff; *Walter,* Lis pendens und forum non conveniens: Von der Konfrontation über die Koordination zur Kooperation, Festschrift für *Schumann* (2001) 559; *Willeitner,* Vermögensgerichtsstand und einstweiliger Rechtsschutz usw (rechtsvergleichend), 2003.

Gliederung

1) Systematik, S 1, 2	1	A. Allgemeines	8
2) Regelungszweck, S 1, 2	2	B. Beispiele zur Frage des Gerichtsstands des Vermögens	9–21
3) Geltungsbereich, S 1, 2	3–6		
4) Erschleichung, S 1, 2	7	6) Gerichtsstand des Streitgegenstands, S 1, 2	22
5) Gerichtsstand des Vermögens, S 1, 2	8–21		

1   1) Systematik, S 1, 2. Vgl zunächst § 20 Rn 1. § 23 gibt zwei besondere Wahlgerichtsstände für einen vermögensrechtlichen Anspruch, Begriff Grdz 10 vor § 1. Sie ermöglicht den Gerichtsstand des Vermögens und denjenigen des Streitgegenstands. Sie setzt also nicht etwa voraus, daß sich entweder nur Vermögen oder nur der Streitgegenstand im Bezirk des Gerichts befinden dürfen, so daß bei einer Identität des Vermögens mit dem Streitgegenstand überhaupt kein inländischer Gerichtsstand begründet wäre. Vielmehr ergänzt der Gerichtsstand des Streitgegenstands denjenigen des Vermögens, Ffm MDR **81**, 323. Eine völkerrechtliche Vereinbarung kann Vorrang haben, Ffm RR **96**, 187. In diesen Grenzen verstößt § 23 nicht gegen das Völkerrecht, BVerfG **64**, 18, BGH NJW **89**, 1431. Die Vorschrift ist verfassungsgemäß.

2   2) Regelungszweck, S 1, 2. Vgl zunächst § 20 Rn 2. Der Zweck der Regelung besteht darin, im Inland eine Rechtsverfolgung bis zur Zwangsvollstreckung zu ermöglichen, BGH NJW **93**, 2684, Ffm RR **93**, 305, Hbg RR **96**, 203. Das dient der Prozeßwirtschaftlichkeit, Grdz 14 vor § 218. Das hat eine großzügige Auslegbarkeit zur Folge, Rn 16. Das gilt auch zum umstrittenen Stichwort „Inlandsbezug", Rn 16, aber auch im übrigen. Natürlich ist ein „Sich-Befinden" bei manchem Vermögensstück ein etwas schwierig zu

Titel 2. Gerichtsstand § 23

ermittelnder Zustand. Auch darf man nicht das Vorhandensein irgendeines kleinen Vermögensgegenstands als inländisches Vermögen bezeichnen oder gar als Partei arglistig herbeikonstruieren. Das wäre als Erschleichung des Gerichtsstands und damit als Rechtsmißbrauch verboten, Einl III 54, Üb 22 vor § 12, unten Rn 7. Andererseits sollte man aber den Gerichtsstand des § 23 nicht unnötig erschweren.

Zwar muß das Gericht *sorgfältig prüfen,* Hartwieg JZ **96**, 109. Letzte Sicherheit über die wahren örtlichen Vermögensverhältnisse muß man aber vernünftigerweise wohl nicht stets erzwingen. Jedenfalls erscheint die von Pfeiffer (vor Rn 1) 636 angeregte Vorlage beim BVerfG auf solchem Boden auch nicht als eine dauerhafte Chance wirklicher Erleichterung der natürlich bestehenden Spannung unterschiedlicher Prinzipien.

3) Geltungsbereich, S 1, 2. Vgl zunächst Üb 3 vor § 12. Die Vorschrift gilt nicht nur für die örtliche Zuständigkeit, sondern auch für die internationale, Stgt GRUR-RR **02**, 55. Sie gilt für und gegen einen Inländer ebenso wie für und gegen einen Ausländer, BVerfG **64**, 18 (auch zur völkerrechtlichen Problematik), BGH FamRZ **92**, 1061, Kropholler (vor Rn 1) Rn 303, Karlsr MDR **02**, 231, aM Schumann ZZP **93**, 432 (die Vorschrift verdient eine weite Auslegung, Rn 16). **3**

Die Vorschrift ist auch in einem Verfahren auf den Erlaß eines *Arrests* oder einer *einstweiligen Verfügung* anwendbar, §§ 916 ff, 935 ff, Ffm MDR **87**, 412 (auch zu den Grenzen), Schütze BB **79**, 349, StJSchu 33. Sie gilt ferner in der Zwangsvollstreckung. § 35 ist anwendbar.

Diese Regelung ist allerdings *unanwendbar,* soweit ein ausschließlicher Gerichtsstand besteht, Üb 14 vor § 12. Das gilt etwa bei § 14 UWG. Sie gilt auch nur hilfsweise neben §§ 15, 16, 20, ZöV 5, aM Schack ZZP **97**, 57, oder neben § 17 III, aM StJR 37, oder neben § 21, LG Ffm Vers **75**, 993. Der Bekl kann eine juristische Person sein, BAG NJW **85**, 2911, Hbg MDR **77**, 759, LAG Ffm IPRax **01**, 463. Ihr Vermögen läßt sich aber nicht mit demjenigen ihres Alleingesellschafters gleichsetzen, BGH NJW **93**, 2684. Es kann auch eine parteifähige Personenmehrheit sein. Ob auch der ausländische Fiskus gemeint ist, ist zumindest unklar, AG Bonn NJW **88**, 1394, LG Bonn NJW **89**, 1225, Schumann ZZP **93**, 433, aM Ffm RIW **99**, 461, Schack ZZP **97**, 64. Nicht erfaßt ist das seiner Immunität unterliegende Vermögen, AG Bonn NJW **88**, 1394. An die Stelle des fehlenden inländischen Wohnsitzes, der Voraussetzung des § 23, tritt in einem solchen Fall das Fehlen eines Sitzes im Inland, § 17, BVerfG **64**, 18, Hbg MDR **77**, 759. Im Verfahren nach dem GeschmMG kann ein ausländischer Beteiligter evtl nur mit Hilfe eines inländischen Anwalts oder Patentanwalts teilnehmen, dessen Büro als Ort des Vermögens im Sinn von § 23 gilt, § 58 III GeschmMG. **4**

Der Gerichtsstand ist *abdingbar,* BGH **94**, 158 (gilt nicht bei § 18 Z 1 VOB/B). Er ist ferner insoweit unanwendbar, als die *EuGVVO Vorrang* hat, SchlAnh V C 4 Art 3, EuGH NJW **85**, 905 (Mietsachen), BGH **115**, 95, Mü RR **93**, 701, AG Mü Rpfleger **91**, 425 (zustm Druwe, auch zur Anwendbarkeit, falls der Schuldner außerhalb der EU wohnt, aber in ihr einen Zustellungsbevollmächtigten hat). **5**

Rechtspolitisch und -vergleichend Geimer JZ **84**, 979, Schack ZZP **97**, 46, Schütze DWiR **91**, 243 (je ausf). **6**

4) Erschleichung, S 1, 2. Eine Erschleichung des Gerichtsstands ist arglistig. Sie führt dazu, daß das Gericht die örtliche Zuständigkeit verneinen und notfalls die Klage durch ein Prozeßurteil als unzulässig abweisen muß, Einl III 56, Üb 22 vor § 12, Grdz 15 vor § 128. Dieser Fall kann etwa dann eintreten, wenn der Kläger dem Bekl durch die Erhebung einer Klage bei einem örtlich unzuständigen Gericht einen Anspruch auf eine Kostenerstattung verschaffen würde oder wenn ein Vermögensstück geflissentlich herbeigeschafft würde, Schütze DWiR **91**, 241. **7**

5) Gerichtsstand des Vermögens, S 1, 2. Die Vorschrift enthält Tücken. **8**

A. Allgemeines. Zuständig ist dasjenige Gericht, in dessen Bezirk sich nach der Behauptung des beweispflichtigen Klägers ein Vermögen des Bekl befindet, LG Bonn NJW **89**, 1125. Maßgeblich ist dabei der Zeitpunkt des Eintritts der Rechtshängigkeit, § 261 Rn 1 ff, BGH NJW **97**, 2886, Schütze DWiR **91**, 241, ZöV 12, aM Schumann (vor Rn 1) 861 (noch bei Verhandlungsschluß. Aber es geht zunächst nur um die Anfangszuständigkeit. § 281 gilt ohnehin stets mit). Eine spätere Entfernung ist wegen § 261 III Z 2 unerheblich, BGH NJW **96**, 2096. Nicht ausreichend ist ein Mahnantrag.

Vermögen ist grundsätzlich jedes Rechtsobjekt, das einen gewissen selbständigen eigenen Vermögenswert hat, BGH NJW **97**, 326, Schütze DWiR **91**, 241, Rn 20 „Wert".

B. Beispiele zur Frage des Gerichtsstands des Vermögens **9**
Aktie: Rn 20 „Wertpapier".
Anspruch: Rn 13 „Forderung".
Anwartschaft: Für § 23 reicht eine bloße Anwartschaft grds *nicht* aus. Es handelt sich um eine Fallfrage, aM ThP 6, ZöV 8 (aber man darf und muß stets alle Fallumstände abwägen).
Aufrechnung: Für § 23 ist es unerheblich, ob eine Aufrechenbarkeit besteht oder ob nach der Klagerhebung eine Aufrechnung erfolgt ist, Düss NJW **91**, 3103, aM ZöV 8 (aber es geht zunächst um die Anfangszuständigkeit, Rn 8).
Auskunft: Für § 23 reicht ein Anspruch auf den Erhalt einer Auskunft *nicht* aus.
Ausländer: Die Regeln Rn 17 „Mehrheit von Personen" gelten auch für eine Forderung eines im Ausland wohnenden Ausländers gegenüber einem im Inland wohnenden Deutschen, selbst wenn das ausländische Recht, dem die Forderung untersteht, eine dem § 23 entsprechende Vorschrift nicht kennt.
Bankguthaben: Rn 13 „Forderung". Maßgeblich ist der Sitz der Bank(filiale), BGH RR **88**, 173, Hbg VersR **94**, 748. **10**
Bedingung: Rn 20 „Unpfändbarkeit".
Befreiung: Für § 23 reicht ein Anspruch auf eine Schuldbefreiung aus, Hbg VersR **75**, 830.
Befriedigung: Für § 23 ist es schon wegen Rn 16 unerheblich, ob das Vermögensstück eine Befriedigung ermöglicht, BGH NJW **97**, 326 (zustm Schlosser JZ **97**, 364), aM Celle NJW **99**, 3722, Hbg RR **96**, 203, Mü RR **93**, 701 (aber die Befriedigungschance spielt erst bei der Zwangsvollstreckung eine Rolle).

§ 23

Beschränkte Wirksamkeit: Für § 23 reicht ein beschränkt wirksames Vermögensstück aus, etwa der Anteil des Abkömmlings am Gesamtgut der fortgesetzten Gütergemeinschaft.
Besitz: Es ist für § 23 *nicht* erforderlich, daß der Bekl das Vermögensstück besitzt.
11 **Betagung:** Rn 20 „Unpfändbarkeit".
Bezeichnung: Der Kläger muß zwar das Vermögensstück bestimmt bezeichnen, LG Bonn NJW **89**, 1225. Man darf aber die Anforderungen auch nicht überspannen und daher nicht etwa nähere Darlegungen über Art und Umfang einer Büroausstattung fordern, BGH RR **91**, 425.
Brief: Für § 23 reicht ein Brief grds *nicht* als Vermögensstück aus. Eine Ausnahme gilt natürlich zB bei einem wertvollen Originalbrief eines Berühmten usw.
Büro: Für § 23 reicht das Vorhandensein eines Büros aus, BGH RR **91**, 425, Ffm RR **96**, 187. Man braucht nicht Art und Umfang seiner Ausstattung näher darzulegen, BGH RR **91**, 425.
12 **Dingliches Recht:** Es kann für § 23 ausreichen, BGH NJW **90**, 992.
Drittschuldner: Rn 17 „Mehrheit von Personen".
Ehesache: Rn 10 „Beschränkte Wirksamkeit".
Eigentumswohnung: Für § 23 reicht das Vorhandensein einer Eigentumswohnung aus, BGH FamRZ **92**, 1061.
Erbschaft: Sie reicht für § 23 aus.
Erfüllungsort: Für § 23 ist es unerheblich, wo der Bekl eine Verbindlichkeit erfüllen muß. Vgl aber auch Rn 17 „Mehrheit von Personen".
Erwartung: Die bloße Erwartung reicht für § 23 nicht.
S auch Rn 9 „Anwartschaft".
Fälligkeit: Für § 23 ist es unerheblich, ob die Fälligkeit streitig ist.
Feststellung: Eine bejahende oder leugnende Feststellungsklage reicht für § 23 aus, BGH **69**, 45 (Maßgeblichkeit des Schuldnerwohnsitzes im Inland).
13 **Forderung:** Für § 23 reicht eine Forderung des Klägers gegen den Bekl aus, BGH RR **88**, 173, Düss NJW **91**, 3103, LG Bonn NJW **89**, 1225 (je wegen Bankguthaben). Eine Forderung des Bekl gegen den Kläger kann ausreichen, soweit sie vom Kläger nicht bestritten und soweit sie sich nicht mit dem Anspruch des Klägers gegenseitig ausschließt, Saarbr NJW **00**, 671, und soweit sie noch besteht, BGH **120**, 346. Maßgeblich sind der inländische Sitz bzw Wohnsitz des Schuldners, S 2, BGH RR **88**, 172 (Bank), Hbg RR **96**, 203. Wegen des Drittschuldners vgl Rn 12.
Fortschaffung: Soweit sich das Vermögensstück bei Rechtshängigkeit nach § 261 Rn 4 im Gerichtsbezirk befunden hat, schadet seine spätere Fortschaffung nicht, § 261 III Z 2, Schütze DWiR **91**, 241. Es genügt auch das Vorhandensein beim Schluß der letzten Verhandlung, §§ 136 IV, 296 a. Dieser Zustand ist freilich nicht erforderlich. Im Mahnverfahren ist keine Rückbeziehung möglich.
14 **Gesellschaft:** Der Geschäftsanteil befindet sich sowohl am Sitz der Gesellschaft als auch am Wohnsitz des Gesellschafters, Ffm RR **96**, 187.
S auch Rn 21 „Zweigniederlassung".
Gewerblicher Rechtsschutz: Wegen eines Schutzrechts zB §§ 28 GebrMG, 25 PatG.
Grundschuld: Rn 12 „Dingliches Recht", Rn 18 „Recht", Rn 19 „Sache". Wenn es um die Herausgabe eines Grundschuldbriefs geht, dann ist die Zuständigkeit jedenfalls auch dort begründet, wo das Grundstück liegt, BGH DB **77**, 719.
Grundstück: Rn 19 „Sache".
15 **Handakten:** Für § 23 reicht eine Handakte *nicht* aus.
Handelsbuch: Für § 23 kann ein Handelsbuch als Vermögensstück auch dann ausreichen, wenn es schon (teilweise) benutzt ist.
Hinterlegung: Es kann der Ort ausreichen, an dem die Sache nach § 923 hinterlegt worden ist, Ffm OLGZ **83**, 100.
Hypothek: Rn 18 „Recht".
Immunität: *Nicht* ausreichend ist eines der ausländischen Staatsimmunität zugehöriges Vermögensstück, Ffm RIW **99**, 461.
Inhaber: Für § 23 beurteilt sich die Frage, ob ein Vermögensstück dem Bekl im Zeitpunkt der Klagerhebung gehört, nach dem maßgebenden sachlichen Recht.
16 **Inlandsbezug,** dazu Rn 2: Es ist angesichts des klaren Wortlauts des § 23 nicht zulässig, die Vorschrift wegen eines als rechtspolitisch unbefriedigend empfundenen Ergebnisses einschränkend auszulegen, Rn 2. Es muß schon deshalb nicht etwa zur Belegenheit von Vermögen ein Inlandsbezug entweder zum Wohnsitz bzw gewöhnlichen Aufenthalt auch des Klägers im Inland oder ein sonstiges berechtigtes Interesse des Klägers an einer inländischen Entscheidung hinzutreten, BGH (10. ZS) NJW **97**, 325 (zu § 722; zustm Mankowski JR **97**, 464, Roth JZ **03**, 201, Schlosser JZ **97**, 364), Ffm RR **93**, 306, Koch IPRax **97**, 232 (Diskriminierung eines EU-Ausländers), Lüke ZZP **105**, 321, Schack JZ **92**, 54, Schütze DWiR **91**, 243, aM (zum Erkenntnisverfahren) BGH (11. ZS) NJW **97**, 2886 und (12. ZS) NJW **99**, 1396, BAG NJW **97**, 3462 (LS), Hbg RR **96**, 203, Stgt GRUR-RR **02**, 55, LAG Ffm IPRax **01**, 463, StJSchu 31 e–h (aber Auslegung findet ihre Grenze am klaren Wortlaut, Einl III 39, und das stets notwendige Rechtsschutzinteresse erfordert keine einengende Auslegung, schon gar keine noch so „teleologische Reduktion"; zu ihren Gefahren Einl III 41). Das gilt ja auch bei § 722, BGH NJW **97**, 326 (zustm Schlosser JZ **97**, 364), Mankowski JR **97**, 464, Wollenschläger IPRax **02**, 98. Mag § 23 geändert werden.
17 **Kleidung:** Für § 23 reichen die Kleider *nicht* aus, die jemand am Leib trägt. Sonst würde jeder Inlandsaufenthalt den Gerichtsstand begründen. Etwas anderes mag bei einem Reisenden mit erheblichem Gepäck gelten.
Konto: Für § 23 reicht ein bloßes Konto ohne Guthaben *nicht* aus, Ffm MDR **87**, 412. Dasselbe gilt für eine Einzelforderung im Kontokorrent vor ihrer Saldierung, Hbg VersR **94**, 748.
S aber auch Rn 13 „Forderung".

Titel 2. Gerichtsstand **§§ 23, 23a**

Kostenerstattung: Für § 23 reicht ein Recht als Anspruch auf die Erstattung von Prozeßkosten auf Grund eines Vorprozesses aus, soweit keine Erschleichung vorliegt, Rn 7, BGH DB **77**, 720.
  Der zukünftige Anspruch auf die Erstattung von Kosten eines schwebenden Prozesses ist *keine* Anwartschaft, Rn 9, sondern ein aufschiebend bedingter und darum grds ausreichender Anspruch. Man muß jedoch einen selbständigen Vermögenswert verlangen, Geimer JZ **84**, 979. Dasselbe gilt für den Anspruch auf die Rückzahlung eines Kostenvorschusses.
Mahnverfahren: Rn 13 „Fortschaffung".
Mehrheit von Personen: Maßgeblich ist der Sitz des Schuldners nach §§ 12 ff, 17, also der inländische Sitz des Drittschuldners, BGH DB **77**, 719, Hbg MDR **77**, 759 (nicht der ausländische).
  Nicht maßgeblich der Erfüllungsort. S auch Rn 9 „Ausländer".
Pfändbarkeit: Rn 20 „Unpfändbarkeit". **18**
Pfändungspfandrecht: Es reicht für § 23 grds aus, BGH NJW **90**, 992.
  S aber auch Rn 20 „Unpfändbarkeit".
Quittung: Für § 23 reicht ein Anspruch auf Erhalt einer Quittung *nicht* aus.
Rechnungslegung: Für § 23 reicht ein Anspruch auf eine Rechnungslegung *nicht* aus.
Recht: Für § 23 reicht ein Recht als Vermögensstück aus, BGH NJW **90**, 992, wie etwa eine Grundschuld, BGH NJW **89**, 1155 (auch die nicht valutierende), Ffm MDR **81**, 323, oder eine Forderung. Das Recht an einer Sache befindet sich dort, wo die Sache ist, BGH DB **77**, 719 (wegen eines Grundschuldbriefs), Ffm MDR **81**, 323 (wegen eines Grundstücks).
Sache: Für § 23 reicht eine Sache als Vermögensstück aus, zB ein Schiff, Hbg GRUR **89**, 1164. **19**
  S auch Rn 18 „Recht".
Schiff: S „Sache".
Schuldbefreiung: Rn 10 „Befreiung".
Sicherung: Für § 23 reichen sowohl die Forderung, Rn 13, als auch der Sicherungsgegenstand, Rn 19 „Sache".
  S auch Rn 15 „Hinterlegung".
Übertragbarkeit: Für § 23 ist es unerheblich, ob das Vermögensstück übertragbar ist, Schütze DWiR **91**, **20** 241.
Unpfändbarkeit: Für § 23 reicht schon wegen Rn 16 das Vorhandensein eines unpfändbaren Vermögensstücks aus, BGH RR **91**, 425, Schütze DWiR **91**, 241, aM BGH NJW **93**, 2684, StJSchu 16 (aber auch etwas derzeit Unpfändbares hat einen Vermögenswert. Die Befriedigungschance hat Bedeutung erst in der Zwangsvollstreckung). Es reicht daher auch das Vorhandensein eines bedingten oder betagten Vermögensstücks aus.
Unterlassung: § 23 ist anwendbar, Schmidt KTS **04**, 246.
Wert: Für § 23 ist es grds unerheblich, ob der Wert des Vermögensstücks im rechten Verhältnis zum Streitwert steht. Andernfalls würde man schon die inländische Klagemöglichkeit davon abhängen lassen, ob sich der Kläger auch in der Zwangsvollstreckung voll befriedigen könnte. Auch das wäre nicht einmal dann halbwegs sicher, wenn das Vermögensstück zu Prozeßbeginn einen viel höheren Wert als der Streitgegenstand hätte. Denn bis zur Zwangsvollstreckung könnte noch so mancher Vermögensverfall eintreten. Daß ein winziges Vermögen bei einer Riesenforderung zur Erschleichung dieses Gerichtsstands führen könnte, Einl III 54, Üb 22 vor § 12, ist eine andere Sache, BGH RR **91**, 425, Celle NJW **99**, 3722, Fricke VersR **97**, 406, aM Mü RR **93**, 704, StJSchu 1, 16 a, 31 e, ZöV 1, 7 (aber Rechtsmißbrauch findet keinen Schutz).
Wertpapier: Für § 23 befindet sich das Recht aus oder an ihm dort, wo die Urkunde lagert, Ffm RR **96**, 187, also *nicht* der Wohnsitz des Schuldners oder der Firmensitz etwa der Aktiengesellschaft, BGH NJW **93**, 2684.
Zeitpunkt: Rn 13 „Fortschaffung". **21**
Zukünftiger Anspruch: Für § 23 reicht ein Anspruch *nicht* aus, der erst in der Zukunft entstehen kann, Schütze DWiR **91**, 241.
  S auch Rn 9 „Anwartschaft".
Zweigniederlassung: Bei einer inländischen Zweigniederlassung bleibt der (evtl ausländische) Gesellschaftssitz maßgeblich, Hbg MDR **77**, 759 (vgl freilich § 21).

6) Gerichtsstand des Streitgegenstands, S 1, 2. Zuständig ist dasjenige Gericht, in dessen Bezirk sich **22** der in Anspruch genommene Gegenstand befindet, also jedes Vermögensrecht, jede Sache. Bei einer Sache entscheidet ihre Lage und ist unerheblich, wer ihr Besitzer ist. Eine Inanspruchnahme liegt sowohl bei einer Leistungsklage oder einer bejahenden Feststellungsklage vor als auch bei einer verneinenden Feststellungsklage, BGH JZ **79**, 231. Auch der Streit mehrerer Beanspruchter enthält eine Inanspruchnahme des Streitgegenstands. Ein Unterhaltsanspruch ist hier nicht ausreichend, BayObLG **85**, 19.

23a *Besonderer Gerichtsstand für Unterhaltssachen.* **Für Klagen in Unterhaltssachen gegen eine Person, die im Inland keinen Gerichtsstand hat, ist das Gericht zuständig, bei dem der Kläger im Inland seinen allgemeinen Gerichtsstand hat.**

  Schrifttum: *Kropholler,* Internationales Privatrecht, 3. Aufl 1997, § 58 II.

  1) Systematik. Vgl zunächst § 20 Rn 1. § 23 a gilt nur hilfsweise, wenn kein anderer Gerichtsstand **1** gegeben ist, auch nicht derjenige nach § 23 oder derjenige nach § 606 II 2 oder nach § 642. Man kann dann entsprechend Art 3 Z 2 HÜbk im allgemeinen Gerichtsstand des Klägers nach §§ 13 und 16 klagen. Das ist freilich nur dann zweckmäßig, wenn das Urteil voraussichtlich im Staat des Verpflichteten anerkannt wird und vollstreckt werden kann. Diese Wirkungen sind dann zweifelhaft, wenn es sich nicht um einen Vertragsstaat oder um einen solchen Staat handelt, bei dem eine Anerkennung und Vollstreckungsmöglichkeit durch einen anderen Staatsvertrag gesichert worden ist. Wegen der vorrangigen EuGVVO SchlAnh V C 4, besonders Artt 2, 3, 5 Z 2, Jena FamRZ **00**, 681, Nürnb NJW **05**, 1055, Gottwald FamRZ **96**, 1087.

2 **2) Regelungszweck.** Vgl zunächst § 20 Rn 2. § 23 a soll dem sozial Schwachen die Durchsetzung eines Unterhaltsanspruchs im Inland zumindest bis zur Sachentscheidung ermöglichen, Kropholler (vor Rn 1).

3 **3) Geltungsbereich.** Vgl zunächst Üb 3 vor § 12. Die allgemeine Fassung des § 23 a ergibt, daß der Gerichtsstand für jede Klage beliebiger Art oder einen Eilantrag in einer Unterhaltssache gilt. Das ist auch dann der Fall, wenn der Streit eine Unterhaltspflicht nur „betrifft", BGH **106**, 302, aM Oldb FamRZ **88**, 632 (aber § 23 a hat eine Auffangfunktion, Rn 1). Er gilt auf Grund von Vertrag oder Gesetz, BGH **106**, 302, also auch für eine Klage der Ehefrau oder der geschiedenen Ehefrau gegen ihren jetzigen bzw früheren Ehemann oder für eine Klage der Eltern gegen ein Kind oder für eine Klage eines ehelichen oder nichtehelichen Kindes. Die Vorschrift ist also nicht auf Angehörige der Vertragsstaaten des Haager Übereinkommens über die Unterhaltspflicht gegenüber Kindern oder auf solche Parteien beschränkt, die ihren Aufenthalt im Bereich eines solchen Vertragsstaats haben. Die Vorschrift gilt auch beim Arrest und bei der einstweiligen Verfügung.

4 Der *Rechtsgrund* ist unerheblich. § 23 a gilt also auch für einen Hinterbliebenen mit einem Anspruch nach §§ 843, 844 BGB oder für die Entbindungs- und Unterhaltskosten der Mutter während der Geburt, § 1615 l BGB. Eine Klage in einer Unterhaltssache liegt auch dann vor, wenn der Kläger eine Abänderung nach § 323 erstrebt, BGH RR **87**, 1474, BayObLG **85**, 19, Schumann FamRZ **77**, 158, oder nach den §§ 645 ff. Das gilt sowohl für eine Abänderungsklage des bisher Berechtigten als auch für eine solche des bisher Verpflichteten, BGH **106**, 302, BayObLG **85**, 19, als schließlich auch für eine Klage eines Dritten oder für eine Klage auf Freistellung von der einem Dritten gegenüber bestehenden Unterhaltspflicht, BGH **106**, 302, aM Oldb FamRZ **88**, 632 (aber § 23 a hat eine Auffangfunktion, Rn 1).

Einführung vor §§ 24–26
Dinglicher Gerichtsstand

1 **1) Systematik, Regelungszweck.** Vgl zunächst § 20 Rn 1, 2. §§ 24–26 bilden innerhalb der besonderen Gerichtsstände eine eigene sachliche Untergruppe mit einem zwingenden und zwei wahlweisen Gerichtsständen.

2 **2) Geltungsbereich.** Vgl zunächst Üb 3 vor § 12. Der dingliche Gerichtsstand, auch der Gerichtsstand der belegenen Sache genannt, forum rei sitae, betrifft nur eine solche Klage, die sich auf ein Grundstück oder auf ein grundstücksgleiches Recht bezieht. Er besteht nur für bestimmte Arten von Klagen, außer den in den §§ 24–26 genannten für eine Klage nach § 800 III, für die Grundstückszwangsvollstreckung nach § 1 ZVG und in einigen anderen Fällen. Der Gerichtsstand wirkt nicht über die Grenzen des Gerichtsbezirks hinaus. Wenn ein Grundstück in mehreren Bezirken liegt, dann muß § 36 I Z 4 anwenden.

3 **3) Ausschließlichkeit.** Der dingliche Gerichtsstand ist ein ausschließlicher im Fall des § 24, auch im Fall des § 800 III sowie im Fall des § 1 ZVG. Das gilt auch für einen Exterritorialen, § 20 GVG. Der dingliche Gerichtsstand ist nicht ausschließlich in den Fällen der §§ 25, 26. Vgl aber § 26 Rn 7. In diesen Fällen wirkt der Gerichtsstand deshalb auch nicht gegen einen Exterritorialen. Wegen der EuGVVO SchlAnh V C 4, besonders Art 22 Z 1.

24 Ausschließlicher dinglicher Gerichtsstand.
^I Für Klagen, durch die das Eigentum, eine dingliche Belastung oder die Freiheit von einer solchen geltend gemacht wird, für Grenzscheidungs-, Teilungs- und Besitzklagen ist, sofern es sich um unbewegliche Sachen handelt, das Gericht ausschließlich zuständig, in dessen Bezirk die Sache belegen ist.

^{II} Bei den eine Grunddienstbarkeit, eine Reallast oder ein Vorkaufsrecht betreffenden Klagen ist die Lage des dienenden oder belasteten Grundstücks entscheidend.

Schrifttum: *Wenner,* Grundstückseigentum im Ausland – Gerichtsstand im Inland?, Festschrift für *Jagenburg* (2002) 1013.

Gliederung

1) Systematik, I, II	1	E. Teilungsklage		12
2) Regelungszweck, I, II	2	F. Besitzklage		13, 14
3) Geltungsbereich, I, II	3–14	4) Streit um unbewegliche Sache, I		15–17
A. Klage aus Eigentum	3, 4	5) Ausschließlichkeit, I		18
B. Klage aus dinglicher Belastung	5–7	6) Grunddienstbarkeit, Reallast, Vorkaufsrecht, II		19
C. Klage auf Freiheit von einer dinglichen Belastung	8–10			
D. Grenzscheidungsklage	11			

1 **1) Systematik, I, II.** Vgl zunächst Einf 1 vor § 24. In § 24 ist für die Zuständigkeit die Belegenheit der Sache maßgeblich, um die oder um deren Belastung usw es geht. Das gilt unabhängig davon, ob es sich um eine Leistungsklage oder um eine Feststellungsklage nach § 256 handelt. Art 22 Z 1 EuGVVO hat Vorrang, SchlAnh V C 4, EuGH NJW **00**, 2009, Wenner (vor Rn 1) 1014. Wegen eines vorübergehenden Privatgebrauchs Karlsr OLGR **99**, 180.

2 **2) Regelungszweck, I, II.** Ortskenntnis und die Möglichkeit schnellerer oder billigerer Besichtigung des Streitobjekts dienen der Prozeßwirtschaftlichkeit, Grdz 14 vor § 128. Freilich erfordert sie nicht unbedingt

Titel 2. Gerichtsstand § 24

die Ausschließlichkeit des Gerichtsstands der Belegenheit. Solche Ausschließlichkeit ist aber in der Regel zumindest zur Verringerung von Streit über die örtliche Zuständigkeit geeignet. Fragen zur Grenze des Gerichtsbezirks können auch dann lästig werden. Eine gesetzliche Ausschließlichkeit darf man dennoch nicht zu großzügig bejahen oder verneinen.

3) Geltungsbereich, I, II. Vgl zunächst Einf 3 vor §§ 24–26. Die Vorschrift gilt auch im Eilverfahren 3 nach §§ 916 ff.

A. Klage aus Eigentum. Es handelt sich um eine Klage, deren Begründung das Eigentum ist.

Hierhin gehören zB: Eine Klage auf Grund eines bestehenden Eigentums, zB auf seine Feststellung, auf eine Grundbuchberichtigung nach § 894 BGB oder auf eine Herausgabe, §§ 985 ff BGB; die Klage auf die Unterlassung einer Störung, § 1004 BGB, BayObLG **96**, 15, Celle VersR **78**, 570; die Klage auf Grund eines Miteigentums; die Klage auf die Erteilung einer Zustimmung zu einer Berichtigung des Grundbuchs, § 894 BGB; die Klage auf Grund Nachbarrechts nach §§ 906 ff BGB.

Nicht hierher gehören zB: Die Erbschaftsklage nach §§ 2018 ff BGB. Denn mit dieser Klage wird das 4 Grundstück als ein Bestandteil des Nachlasses herausverlangt; die Klage auf Grund einer Anwartschaft des Nacherben nach § 2113 BGB; die persönliche Klage mit dem Ziel einer Übertragung des Eigentums, also eine Auflassung, auch nicht bei einer Vormerkung; eine Anfechtungsklage, die ein Grundstück betrifft, BayObLG KTS **03**, 674, aM Hamm OLGR **02**, 262, LG Itzehoe MDR **83**, 674 (aber dann behauptet der Kläger durchweg gerade kein Eigentum).

B. Klage aus dinglicher Belastung. Hier mag die Klage gegen den Eigentümer oder gegen einen 5 Dritten gehen. Es handelt sich um eine behauptende, konfessorische Klage.

Hierher gehören zB: Es wird eine gesetzliche Eigentumsbeschränkung geltend gemacht; es handelt sich um 6 eine beschränkte persönliche oder um eine Grunddienstbarkeit; es geht um eine Reallast nach § 1105 BGB; es geht um einen Nießbrauch; es handelt sich um ein dingliches, also gegen jeden Erwerber wirksames Vorkaufsrecht, §§ 1094 ff BGB, auch um ein derartiges gesetzliches Vorkaufsrecht (allerdings nicht um ein solches am Anteil des Miterben, § 2034 BGB), BGH **60**, 293, StJSchu 14; es geht um eine Hypothek, eine Grundschuld oder eine Rentenschuld; der Streit behandelt ein Erbbaurecht; es geht um eine öffentlich-rechtliche Last. In einem solchen Fall muß das Gericht die Zulässigkeit des Rechtswegs prüfen; die Klage beruht auf einer Vormerkung zur Sicherung eines persönlichen Anspruchs oder zielt auf die Zustimmung zur Löschung einer solchen Vormerkung ab, soweit eine Wirkung gegenüber einem Dritten in Frage steht, §§ 883 II, 888 BGB, BGH **83**, 399. Wenn es um eine Klage gegen den *persönlich* Verpflichteten geht, ist allerdings § 26 anwendbar; es geht um eine Grundbuchberichtigung nach § 894 BGB; es handelt sich um ein Pfändungspfandrecht an einer Hypothek, wenn der Eigentümer Partei ist, oder umgekehrt im Weg einer leugnenden Feststellungsklage, nicht aber sonst; es geht um die Duldung der Zwangsvollstreckung in das Grundstück, BayObLG RR **02**, 1295.

Nicht hierher gehört eine Klage gegen einen anderen Gläubiger mit dem Ziel der Umschreibung einer 7 eingetragenen Hypothek. Denn dann liegt kein Streit um die Belastung vor.

C. Klage auf Freiheit von einer dinglichen Belastung (negatorische Klage). 8

Hierher gehören zB: Eine Löschungsklage, LG Itzehoe MDR **83**, 674; die Klage auf die Befreiung von einer 9 Belastung, auch von einer Vormerkung, auch die Klage auf Grund einer Anfechtung, auch einer Insolvenzanfechtung wegen einer Hypothek; die Umschreibung einer Hypothek in eine Eigentümergrundschuld; die Klage auf die Aushändigung einer Urkunde, die zu einer Löschung notwendig ist; eine verneinende Feststellungsklage; die Klage auf Verringerung des Zinsfußes.

Nicht hierher gehören zB: eine Klage des Grundstückseigentümers gegen einen Grundschuldgläubiger auf 10 die Übertragung einer Grundschuld wegen des Wegfalls des Sicherungsgrundes; die Klage gegen einen Dritten wegen seiner Verpflichtung, die Hypothek zur Löschung zu bringen; die Klage auf die Feststellung der Unwirksamkeit einer Kündigung.

D. Grenzscheidungsklage. Vgl §§ 919–923 BGB. 11

E. Teilungsklage. Hierher gehören nur Klagen mit dem Ziel der Teilung eines einzelnen Grundstücks und 12 grundstücksgleicher Rechte, zB nach den §§ 749 ff, 1008 ff BGB.

Nicht hierher gehört zB: Eine Klage mit dem Ziel der Teilung einer Vermögensmasse oder der Teilung von Erträgnissen; eine Klage im Zusammenhang mit der Auseinandersetzung einer Gesamthandgemeinschaft, also etwa zwischen Gesellschaftern oder zwischen Miterben. Das gilt selbst dann, wenn das Eigentum der Gesamthandgesellschaft nur an dem Grundstück besteht. In einer Familiensache ist das Familiengericht zuständig, Mü FamRZ **78**, 604.

F. Besitzklage. Hierher zählen Klagen wegen der Entziehung des Besitzes oder der Störung im Besitz, 13 §§ 854 ff BGB, ferner eine Klage auf Grund eines Dienstbarkeitsbesitzes nach §§ 1029, 1090 BGB.

Nicht hierher gehört eine Klage mit dem Ziel der Einräumung des Besitzes oder eine Klage gegen einen 14 Erbschaftsbesitzer.

3) Streit um unbewegliche Sache, I. Der Begriff der unbeweglichen Sache ist nicht derjenige des 15 „unbeweglichen Vermögens" in § 864. Man muß ihn vielmehr dem sachlichen Recht entnehmen. Er umfaßt ein inländisches Grundstück und ein solches Recht, das nach dem Bundesrecht oder Landesrecht einem Grundstück gleichsteht. Hierher gehören auch Bruchteile, zB nach § 1008 BGB, § 1, 2 WEG.

Hierher gehören zB: Das Grundstück; ein wesentlicher Bestandteil des Grundstücks, §§ 93 ff BGB (wegen 16 Zubehörs Rn 17); ein Recht, das mit dem Eigentum an einem Grundstück gebunden ist, § 96 BGB, zB: Eine Grunddienstbarkeit nach § 1018 BGB; eine Reallast im Fall des § 1105 II BGB; ein subjektiv dingliches Vorkaufsrecht nach § 1094 II BGB; ein landesrechtliches Erbpachtrecht usw, Art 65 ff, 196 EG BGB; das Erbbaurecht, § 11 ErbbVO; ein Recht nach den §§ 51, 52 WEG.

Nicht hierher gehören zB: Die Hypothek; eine Grundschuld; eine Rentenschuld; bloßes Zubehör nach 17 §§ 97, 98 BGB, § 865 II 2. Der dingliche Gerichtsstand ist ausnahmsweise für eine Klage mit dem Ziel der

Hartmann 109

§§ 24–26   Buch 1. Abschnitt 1. Gerichte

Herausgabe des Briefs im Fall der Besitzverhinderung gegeben, Einf 2 vor § 1003, § 12 G v 18. 4. 50, Anh § 1024.

18   **4) Ausschließlichkeit, I.** Der Gerichtsstand des § 24 schließt in seinem Geltungsbereich jeden allgemeinen und besonderen oder vereinbarten Gerichtsstand aus. § 24 gilt sogar gegenüber einem Exterritorialen, auch gegenüber einem Ausländer. Bei deutschem Wohnsitz geben manche sogar bei Auslandslage des Grundstücks eine deutsche internationale Zuständigkeit, BGH NJW **98**, 1321, Wenner (vor Rn 1) 1025. Der Gerichtsstand gilt auch für die Widerklage, Anh § 253, und für die Zwischenklage nach § 256 II. Über die Vorfrage des Eigentums kann jedes Gericht ohne eine Rechtskraftwirkung beiläufig entscheiden. Zuständig ist dasjenige Gericht, in dessen Bezirk die Sache belegen ist, Celle VersR **78**, 570. Das gilt unabhängig vom Ort, an dem das Grundbuch geführt wird. Ähnliches gilt nach § 14 I 2 VerkFlBerG, abgedruckt vor Rn 1. Der Ort der Störung ist unerheblich. Er kann namentlich den § 36 I Z 4 nicht entbehrlich machen.

19   **5) Grunddienstbarkeit, Reallast, Vorkaufsrecht, II.** Bei einer Grunddienstbarkeit sowie bei einer Reallast oder einem Vorkaufsrecht bestimmt die Lage des dienenden, belasteten Grundstücks den Gerichtsstand. Das stellt II nur in Ergänzung zu und nicht etwa nicht in Abweichung von I klar. Das gilt unabhängig davon, wer klagt. Dasselbe gilt auch bei einem Nachbarrecht.

25 *Dinglicher Gerichtsstand des Sachzusammenhanges.* In dem dinglichen Gerichtsstand kann mit der Klage aus einer Hypothek, Grundschuld oder Rentenschuld die Schuldklage, mit der Klage auf Umschreibung oder Löschung einer Hypothek, Grundschuld oder Rentenschuld die Klage auf Befreiung von der persönlichen Verbindlichkeit, mit der Klage auf Anerkennung einer Reallast die Klage auf rückständige Leistungen erhoben werden, wenn die verbundenen Klagen gegen denselben Beklagten gerichtet sind.

1   **1) Systematik, Regelungszweck.** Vgl zunächst Einf 1, 2 vor § 24. Es gibt keinen allgemeinen Gerichtsstand des Sachzusammenhangs, § 32 Rn 14. § 25 läßt aber ausnahmsweise eine Klagenverbindung nach § 260 und den daraus folgenden Wahlgerichtsstand wegen eines sachlichen Zusammenhangs zu. Das gilt freilich nur unter der Voraussetzung, daß alle Erfordernisse einer Verbindung bis auf dasjenige der örtlichen Zuständigkeit für die persönliche Klage vorliegen, daß also namentlich die sachliche Zuständigkeit gegeben ist. Die Vorschrift begründet keinen selbständigen und keinen ausschließlichen Gerichtsstand. Es muß aber in allen Verfahren derselbe Bekl vorhanden sein. Wenn verschiedene Bekl vorhanden sind, ist § 36 I Z 3 anwendbar. Wenn die dingliche Klage unbegründet ist, dann bleibt die Zuständigkeit für die persönliche Klage bestehen. Vgl ferner Art 6 Z 4 EuGVVO, SchlAnh V C 4.

2   **2) Geltungsbereich.** Vgl zunächst Einf 3 vor §§ 24–26. „Schuldklage" meint die Klage gegen den persönlichen Schuldner mit dem Ziel einer Leistung oder einer Feststellung und auch die Klage auf die Befreiung von der persönlichen Schuld, auch als leugnende Feststellungsklage nach § 256. „Klage auf Umschreibung" meint eine Umschreibung in eine Eigentümergrundschuld. Denn andernfalls würde der dingliche Gerichtsstand fehlen, § 24 Rn 10.

26 *Dinglicher Gerichtsstand für persönliche Klagen.* In dem dinglichen Gerichtsstand können persönliche Klagen, die gegen den Eigentümer oder Besitzer einer unbeweglichen Sache als solche gerichtet werden, sowie Klagen wegen Beschädigung eines Grundstücks oder hinsichtlich der Entschädigung wegen Enteignung eines Grundstücks erhoben werden.

1   **1) Systematik, Regelungszweck.** Vgl zunächst Einf 1, 2 vor § 24. § 26 gibt einen dinglichen Wahlgerichtsstand für gewisse persönliche Klagen. Wenn eine Klage sowohl unter § 26 als auch unter § 24 fällt, dann geht § 24 als eine ausschließliche Gerichtsstandsregelung vor. Bei einer Enteignungsentschädigung kann nach Landesrecht eine ausschließliche Zuständigkeit vorliegen, § 15 Z 2 EGZPO.

2   **2) Geltungsbereich.** Vgl Einf 3 vor §§ 24–26. Die Vorschrift gilt auch für und gegen Miteigentümer, Stgt NZM **99**, 174.

3   **3) Klage gegen den Eigentümer oder Besitzer** einer unbeweglichen Sache nach § 24 Rn 15 als solchen. Der Bekl muß wegen seines Eigentums oder Besitzes zur Zeit der Klagerhebung der richtige Bekl sein.

4   *Hierher zählen zB:* Eine Klage nach § 748 BGB auf Kostenbeteiligung, Stgt NZM **99**, 174; eine Klage nach § 888 BGB oder aus einer Vormerkung; eine Klage nach § 994 ff BGB oder auf Grund eines Überbaus, §§ 913, 915 BGB; eine Klage mit dem Ziel einer Gestattung einer Besichtigung nach § 809 BGB; eine Klage mit dem Ziel der Gestattung einer Wegschaffung nach §§ 867, 1005 BGB; eine Klage nach §§ 921, 922 BGB.

5   *Nicht hierher zählen zB:* Eine Klage auf Grund des Einsturzes eines Gebäudes oder auf eine Auflassung. Denn sie richten sich nicht notwendigerweise gegen den Besitzer des Gebäudes als solchen, RoSGo § 36 III 3 b ZöV 2, aM StJR 6; eine Klage auf Grund einer Haftpflicht; eine Anfechtungsklage, die auf Grund einer Bauhandwerkerhypothek nach § 648 BGB, aM ThP 1 StJR 6, ZöV 2.

6   **4) Klage wegen Beschädigung eines Grundstücks.** Die Beschädigung muß der einzige Klagegrund sein. Es ist unerheblich, aus welchem Rechtsgrund die Klage erfolgt und ob es um eine rechtmäßige oder rechtswidrige, schuldlose oder schuldhafte Verhaltensweise geht. Es ist ebenfalls unerheblich, ob der Kläger noch Eigentümer oder Besitzer ist.

Beispiele: Eine Klage auf Grund einer unerlaubten Handlung nach §§ 823, 826 BGB; eine Klage auf Grund des Einsturzes eines benachbarten Gebäudes, §§ 836, 837 ff BGB; eine Klage nach § 867 S 2 BGB, auch in Verbindung mit § 1005 BGB; eine Klage auf die Zahlung einer Vergütung nach § 904 S 2 BGB; eine Klage auf den Ersatz eines Wild- oder Jagdschadens nach §§ 29 ff BJagdG.

Titel 2. Gerichtsstand §§ 26, 27

5) Klage auf eine Entschädigung wegen einer Enteignung. Hierher zählen zB die Klagen nach 7
§ 59 III LandbeschaffungsG, § 25 III SchutzbereichsG. Außerdem erklären die meisten Landesgesetze den Gerichtsstand für solche Klagen als einen ausschließlichen, dazu BGH **97**, 158. Vgl aber auch § 13 GVG Rn 38 „Enteignung". Hierzu zählt zwar ein enteignungsgleicher Eingriff, MüKoPa 5, ZöV 4.

27 *Besonderer Gerichtsstand der Erbschaft.* ¹Klagen, welche die Feststellung des Erbrechts, Ansprüche des Erben gegen einen Erbschaftsbesitzer, Ansprüche aus Vermächtnissen oder sonstigen Verfügungen von Todes wegen, Pflichtteilsansprüche oder die Teilung der Erbschaft zum Gegenstand haben, können vor dem Gericht erhoben werden, bei dem der Erblasser zur Zeit seines Todes den allgemeinen Gerichtsstand gehabt hat.

II Ist der Erblasser ein Deutscher und hatte er zur Zeit seines Todes im Inland keinen allgemeinen Gerichtsstand, so können die im Absatz 1 bezeichneten Klagen vor dem Gericht erhoben werden, in dessen Bezirk der Erblasser seinen letzten inländischen Wohnsitz hatte; wenn er einen solchen Wohnsitz nicht hatte, so gilt die Vorschrift des § 15 Abs. 1 Satz 2 entsprechend.

Schrifttum: *Bajons,* Internationale Zuständigkeit und anwendbares Recht in grenzüberschreitenden Erbrechtsfällen innerhalb des europäischen Justizraums, in: Festschrift für *Heldrich* (2005).

1) Systematik, I, II. Vgl zunächst § 20 Rn 1, 2. § 27 gibt für eine durch einen Erbfall entstandene und 1 daher erbrechtliche Streitigkeit neben dem besonderen Wahlgerichtsstand der Erbschaft im allgemeinen Gerichtsstand des Erblassers, §§ 12–16. Der Kläger darf unter mehreren solchen Gerichtsständen nach § 35 frei wählen. Maßgeblich ist der Zeitpunkt des Todes. Das gilt auch dann, wenn dieser Zeitpunkt in einer Todeserklärung amtlich festgestellt worden ist. Es ist nicht erforderlich, daß sich jemals ein Nachlaßgegenstand im Bezirk dieses Gerichts befunden hatte. Insofern weicht § 27 von § 28 ab. Für die Zuständigkeit maßgeblich ist der Tatsachenvortrag des Klägers. Seine bloße Rechtsansicht reicht aber nicht.

2) Regelungszweck, I, II. Das in I, II jeweils genannte Gericht hat meist am ehesten diejenige Orts- 2 kenntnis und sonstige Sachnähe, die eine nach Grdz 14 vor § 128 wünschenswerte prozeßwirtschaftliche Behandlung ermöglicht. Man sollte daher großzügig auslegen.

3) Geltungsbereich, I, II. Vgl Üb 3 vor § 12. 3

4) Klage auf die Feststellung des Erbrechts, I, nach dem Eintritt des Erbfalls. Er mag sich auf 4 §§ 1922 ff BGB gründen oder einen Erbvertrag nach §§ 2278 BGB oder auf ein Testament nach § 2087 BGB. Es ist unerheblich, ob es sich um eine Feststellungsklage handelt, um eine Klage auf Grund einer angeblichen Erbunwürdigkeit nach § 2342 BGB, um die Geltendmachung eines Erbverzichts nach § 2346 BGB oder um eine Anfechtung usw nach §§ 2078 ff BGB.

Hierher zählen zB: Eine Klage wegen des Erbrechts des Fiskus nach § 1936 BGB; eine Klage wegen des Rechts eines Nacherben nach § 2100 BGB; eine Klage wegen der Fortsetzung der allgemeinen Gütergemeinschaft nach § 1483 BGB. Denn § 27 ist auf jede Gesamtrechtsnachfolge von Todes wegen sinngemäß anwendbar, aM ZöV 4. Man kann auch den Fall des vorzeitigen Erbausgleichs nach dem G v 16. 12. 97, BGBl I 2968, entsprechend behandeln, so schon LG Hbg FamRZ **94**, 403 (anstelle des Todeszeitpunkts tritt die Anhängigkeit der Klage).

Nicht hierher zählen zB: Das Recht des Erbschaftskäufers. Denn es ist rein schuldrechtlich, § 2374 BGB; eine Klage wegen eines Rechts an einem einzelnen Nachlaßgegenstand; eine Klage wegen des Rechts auf den Widerruf einer in einem Erbvertrag vorgenommenen Erbeinsetzung.

5) Klage des Erben gegen einen Erbschaftsbesitzer, I. Gemeint ist der Fall des § 2018 BGB. Es muß 5 sich um einen Herausgabeanspruch handeln. Er kann sich auch gegen den Erben des Erbschaftsbesitzers richten, Nürnb OLGZ **81**, 116.

Hierhin zählen zB: Die Klage auf die Erteilung einer Auskunft nach § 2027 I oder II BGB, Nürnb OLGZ **81**, 116, nicht aber nach § 2028 BGB, aM ZöV 4; die Klage gegen einen Erbschaftskäufer, § 2030 BGB; eine Klage des Testamentsvollstreckers oder des Nachlaßpflegers.

Nicht hierher gehören zB: Eine Klage auf die Herausgabe des Erbscheins oder des Testamentsvollstreckerzeugnisses; eine Einzelklage nach §§ 985, 989, 2029 BGB gegen den Erbschaftsbesitzer, aM Köln OLGZ **86**, 212, ZöV 5 (aber I erfordert eine großzügige Auslegung, Rn 2).

6) Klage wegen eines Anspruchs aus einem Vermächtnis oder auf Grund einer sonstigen Verfü- 6 **gung von Todes wegen, I.** Solche Klage richtet sich gegen den Belasteten, mag er der Erbe oder ein Dritter sein, und gegen seinen Rechtsnachfolger, auch gegen einen Testamentsvollstrecker, Mü Rpfleger **78**, 185.

Hierher zählen zB: Eine Klage auf den Voraus nach § 1932 BGB; eine Klage auf Grund eines Vermächt- 7 nisses nach §§ 2174, 2299 BGB, Mü Rpfleger **78**, 185, oder einer Auflage nach den §§ 1939 ff, 2192 BGB; eine Klage auf Grund eines Erbvertrags nach § 1941 BGB; eine Klage auf Grund eines Vorausvermächtnisses nach § 2150 BGB; eine Klage auf Grund einer vertragsmäßigen Zuwendung oder Auflage nach § 2279 BGB; eine Klage auf Grund einer Schenkung nach § 2301 BGB; eine Klage auf eine Gewährung von Unterhalt an einen Angehörigen des Erblassers nach § 1969 BGB.

7) Klage wegen eines Pflichtteilsanspruchs, I. Hierher zählen zB: Der persönlicher Anspruch an den 8 Erben auf eine Barzahlung, § 2303 BGB; der Auskunftsanspruch nach § 2314 BGB; der Anspruch auf die Ergänzung des Pflichtteils usw nach §§ 2325, 2329 BGB; der Anspruch gegenüber einem Pflichtteilsberechtigten wegen dessen Erbunwürdigkeit nach § 2345 II BGB.

8) Klage auf eine Teilung der Erbschaft, I, §§ 2042 ff BGB, §§ 86 ff FGG. Hierhin zählen auch die 9 Klage auf Ausgleichung unter Miterben nach §§ 2050 ff, 2057 a BGB, BGH NJW **92**, 364, und der Fall des § 1483 II BGB, ZöV 9, aM StJSchu 7.

§§ 27–29   Buch 1. Abschnitt 1. Gerichte

Nicht hierher zählt eine Klage auf die Vornahme einer Auseinandersetzung einer fortgesetzten Gütergemeinschaft.

10   **9) Kein allgemeiner inländischer Gerichtsstand, II.** II beruhte darauf, daß ein Deutscher nach Art 24 EGBGB aF nach deutschem Recht beerbt wurde, wenn er seinen Wohnsitz im Ausland hatte, Zweibr OLGZ **85**, 414 (FGG). II ist nach der Neufassung des Erbstatus aus Art 25 I EGBGB mit seiner Maßgeblichkeit der Staatsangehörigkeit unverändert geblieben. Gerichtsstand ist also das Gericht des letzten inländischen Wohnsitzes. Hilfsweise gilt dieselbe Regelung wie bei § 15 I 2.

28 *Erweiterter Gerichtsstand der Erbschaft.* **In dem Gerichtsstand der Erbschaft können auch Klagen wegen anderer Nachlassverbindlichkeiten erhoben werden, solange sich der Nachlass noch ganz oder teilweise im Bezirk des Gerichts befindet oder die vorhandenen mehreren Erben noch als Gesamtschuldner haften.**

1   **1) Systematik, Regelungszweck.** Vgl zunächst § 20 Rn 1, 2. § 28 gibt den besonderen Wahlgerichtsstand der Erbschaft für eine Klage wegen einer anderen als der in § 27 geregelten Nachlaßschuld. Insofern geht die Regelung über diejenige des § 27 hinaus.

2   **2) Geltungsbereich.** Vgl zunächst Üb 3 vor § 12. Es ist unerheblich, wer klagt und wer verklagt wird, ob es sich also um den Erben handelt, Karlsr OLGR **03**, 347, den Testamentsvollstrecker, den Nachlaßverwalter, den Erbschaftskäufer oder den Lebensgefährten des Erblassers, Saarbr FamRZ **79**, 797.

Hierher zählen zB: Eine Klage wegen des Unterhaltsanspruchs der schwangeren Witwe nach § 1963 BGB; eine Klage wegen einer vom Erblasser herrührenden Schuld nach § 1967 BGB, Saarbr FamRZ **79**, 796; eine Klage wegen der Beerdigungskosten nach § 1968 BGB, Karlsr OLGR **03**, 347; eine Klage auf den 30-Tage-Unterhalt eines Angehörigen des Erblassers nach § 1969 BGB; eine Klage nach §§ 2205 ff BGB; eine Klage wegen derjenigen Kosten, die infolge einer Verwaltung der Erbschaft und der Ausschlagung der Erbschaft entstanden sind; eine leugnende Feststellungsklage eines Belangten gegen den Belangenden.

Nicht hierher zählt zB eine Klage wegen eines Anspruchs des Nachlasses oder des Erbschaftskäufers nach §§ 2371 ff BGB.

3   **3) Arglist.** Eine arglistige Begründung oder Beseitigung des Gerichtsstands verstößt gegen Treu und Glauben, Einl III 54. Sie kann daher nicht die erstrebte Rechtsfolge haben. Denn es handelt sich um eine Erschleichung des Gerichtsstands, Üb 22 vor § 12. Wenn der Nachlaß gutgläubig aus dem Bezirk des Gerichts entfernt wurde, entfällt dieser Gerichtsstand.

4   **4) Verbleib im Bezirk.** Der Gerichtsstand nach § 28 ist begründet, wenn sich der Nachlaß ganz oder teilweise im Bezirk des Gerichts befindet, also wenigstens mit irgendeinem Nachlaßstück. Wenn es um eine Forderung geht, ist § 23 S 2 anwendbar.

5   **5) Gesamtschuldnerische Haftung.** Unabhängig von Rn 4 ist § 28 auch dann anwendbar, wenn noch eine gesamtschuldnerische Haftung der Miterben nach §§ 421 ff, 2058 ff BGB besteht. Das gilt gerade wegen der eingeklagten Nachlaßverbindlichkeit. In diesem Fall ist es unerheblich, ob sich im Gerichtsbezirk ein Nachlaßstück befindet.

6   **6) Beweislast.** Die Beweislast liegt grundsätzlich beim Kläger, Üb 19 vor § 12. Wenn es aber um den Wegfall einer Gesamthaftung geht, ist insofern der Bekl beweispflichtig, weil er die Aufhebung eines Rechts geltend macht.

29 *Besonderer Gerichtsstand des Erfüllungsorts.* **I Für Streitigkeiten aus einem Vertragsverhältnis und über dessen Bestehen ist das Gericht des Ortes zuständig, an dem die streitige Verpflichtung zu erfüllen ist.**

II Eine Vereinbarung über den Erfüllungsort begründet die Zuständigkeit nur, wenn die Vertragsparteien Kaufleute, juristische Personen des öffentlichen Rechts oder öffentlich-rechtliche Sondervermögen sind.

Schrifttum: *Bajons,* Der Gerichtsstand des Erfüllungsortes usw (zu Art 5 I EuGVÜ), Festschrift für *Geimer* (2002) 15; *Dollinger,* Gerichtsstände im Verbraucherkreditgeschäft der Banken und Sparkassen usw, 1999; *Hackenberg,* Der Erfüllungsort von Leistungspflichten unter Berücksichtigung des Wirkungsortes im deutschen und europäischen Zivilprozeßrecht, 2000; *Lüderitz,* Fremdbestimmte internationale Zuständigkeit? Versuch einer Neubestimmung von § 29 ZPO usw, Festschrift für *Zweigert* (1981) 233; *Martiny,* Internationale Zuständigkeit für „vertragliche Streitigkeiten", Festschrift für *Geimer* (2002) 641; *Ost,* Doppelrelevante Tatsachen im internationalen Zivilverfahrensrecht, 2002; *Roth,* Probleme um die internationale Zuständigkeit nach § 29 ZPO, Festschrift für *Schlosser* (2005) 773; *Schack,* Der Erfüllungsort im deutschen, ausländischen und internationalen Privat- und Zivilprozeßrecht, 1985; *Scherer,* Gerichtsstände zum Schutz des Verbrauchers in Sondergesetzen. Das neue Verbraucherkreditgesetz usw, 1991; *Wrangel,* Der Gerichtsstand des Erfüllungsortes im deutschen, italienischen und europäischen Recht, 1988.

Gliederung

1) Systematik, I, II 1	5) Mißbrauch, I, II 6
2) Regelungszweck, I, II 2	6) Fälle, I 7–12
3) Geltungsbereich, I, II 3, 4	A. Feststellung des Bestehens oder Nichtbestehens eines Vertrags 7
4) Persönlicher Geltungsbereich, I, II 5	B. Erfüllung eines Vertrags............. 8, 9

Titel 2. Gerichtsstand **§ 29**

C. Vertragsaufhebung usw durch Richterspruch	10, 11	C. Erfüllungsort beim Kläger	16
D. Nichterfüllung oder nicht gehörige Erfüllung	12	D. Bestimmung; Natur des Schuldverhältnisses	17
7) **Gericht des gesetzlichen Erfüllungsorts, I**	13–34	E. Beispiele zur Frage des gesetzlichen Erfüllungsorts, I	18–34
A. Streitige Verpflichtung	13	8) **Vereinbarung des Erfüllungsorts, II**	35, 36
B. Erfüllungsort beim Beklagten	14, 15	A. Willenseinigung	35
		B. Grenzen der Vereinbarkeit	36

1) Systematik, I, II. Vgl zunächst § 20 Rn 1. Der Gerichtsstand des sachlichrechtlichen Erfüllungsorts, **1** des Vertrags, das forum contractus, ist im Geschäftsverkehr der wichtigste besondere Gerichtsstand. Das gilt ungeachtet II, aM ZöV 1 (aber der kaufmännische Verkehr nach II ist nicht der häufigste im Alltag, wo Verbraucher eine Hauptgruppe bilden). Er ist aber kein ausschließlicher gesetzlicher Gerichtsstand, LG Köln ZIP **85**, 496. Das wird oft übersehen. Er geht nur auf Grund einer wirksamen Vereinbarung nach § 38 anderen gesetzlichen Gerichtsständen vor. Er geht so mancher Spezialregelung nach. Wegen (jetzt) Art 5 Z 1 a EuGVVO vgl Rn 4.

2) Regelungszweck, I, II. Vgl zunächst Üb 2 vor § 12. Der Gerichtsstand des § 29 dient der Sachnähe **2** des Gerichts, LG Kiel NJW **89**, 841, Müller BB **02**, 1096. Freilich kann sich diese Sachnähe durchaus bei mehreren Gerichten ergeben. Das muß man bei der Auslegung mitbeachten. Wegen des vielfachen Mißbrauchs ist eine Vereinbarung des Erfüllungsorts nur noch beschränkt zulässig, II.

Örtliche Übereinstimmung zwischen der sachlichrechtlichen Pflicht und der prozessualen Obliegenheit ist ein im Prinzip überzeugender Grundgedanke. Weniger klar ist die Feststellung möglich, wo der Schuldner denn nun sachlichrechtlich erfüllen muß. Die geduldige Aufgliederung des sachlichen Rechts vor allem im BGB je nach Art der Leistung und Person des Schuldners insbesondere beim gegenseitigen Vertrag führt notgedrungen zu entsprechend unterschiedlichen Beurteilungen auch der Frage des daraus folgenden Gerichtsstands. Man sollte solche Schwierigkeiten nicht durch allzu spitzfindige Auslegung zusätzlich verkomplizieren. Vielmehr ist es eher hilfreich, auch getrost mehrere Erfüllungsorte als möglich anerkennen und damit dem Kläger ein gewisses Wahlrecht einzuräumen, statt etwa §§ 36, 37 zu beanspruchen.

3) Geltungsbereich, I, II. Vgl zunächst Üb 3 vor § 12. Der Gerichtsstand gilt für jede Art von Klage auf **3** Grund eines schuldrechtlichen Vertrags, BGH **132**, 105. Das gilt unabhängig von der Art der Verpflichtung. Die Vorschrift ist deshalb auch im Fall einer schuldrechtlichen Klage auf Grund eines öffentlichrechtlichen oder eines familienrechtlichen Vertrags anwendbar, etwa bei einer Klage nach § 1298 BGB, Rn 12. § 29 gilt auch bei einem Vertrag zugunsten eines Dritten nach § 328 BGB. § 29 gilt ferner bei einem Vertrag auf Grund eines indossablen Papiers. Denn dessen Begebung steht einem Vertragsabschluß gleich.

Die Vorschrift ist nicht anwendbar: Bei einer Klage wegen eines Anspruchs aus einem dinglichen Vertrag zB nach §§ 273, 925, 929 BGB; bei einer Klage auf Grund eines Erbvertrags; bei einer Forderung auf Grund einer gesetzlichen Vorschrift, etwa einer Geschäftsführung ohne Auftrag, BayObLG MDR **81**, 234, oder auf die Erteilung einer Quittung; bei einer Klage wegen Anfechtung des Vertrags oder dann, wenn der Vertrag als nichtig erachtet wird, Rn 11; bei einer einseitigen Erklärung zB nach § 657 BGB; bei einer Klage auf Grund einer ungerechtfertigten Bereicherung. Das gilt auch dann, wenn der Kläger seinen Anspruch in erster Linie auf eine Rückgewähr infolge eines Rücktritts nach § 437 Z 2 BGB stützt oder wenn er in erster Linie eine Vertragsanfechtung geltend macht und einen Anspruch aus ungerechtfertigter Bereicherung nur hilfsweise geltend macht; bei einer Klage aus einem Inhaberpapier wegen § 794 BGB; bei einer Klage auf Grund einer Urkunde, die nur eine gesetzliche Pflicht präzisiert, BayObLG FamRZ **99**, 935, Drsd FamRZ **00**, 543; bei einer Klage auf Grund eines Beamtenverhältnisses; bei einem schiedsrichterlichen Vertrag § 1025 ff.

Wenn am Erfüllungsort eine *unerlaubte Handlung* begangen worden ist, dann kann man eine Klage mit **4** einem Anspruch, der auf einen Rücktritt nach § 437 Z 2 BGB gestützt wird, im Gerichtsstand des § 29 erheben. Weitere Einzelheiten Üb 19 vor § 12 (BewL), § 32 Rn 14.

Wegen des *EuGVVO* SchlAnh V C 4, EuGH NJW **00**, 721, BGH **134**, 205, BAG NJW **02**, 3196. Man kann internationalrechtlich bei einem gesetzlichen Erfüllungsort dessen Recht entscheiden lassen, Bernstein Festschrift für Ferid (1978) 94. Man kann bei einem vertraglichen Erfüllungsort dasjenige Recht entscheiden lassen, das auf die Gerichtsstandsvereinbarung anwendbar ist. Es ist rechtspolitisch eine Angleichung an internationalen Standard wünschenswert, Nagel JR **89**, 41.

4) Persönlicher Geltungsbereich, I, II. I gilt für jeden Kläger. II gilt nach seinem klaren Wortlaut nur **5** für die dort bezeichneten Vertragsparteien, Rn 36.

5) Mißbrauch I, II. Wegen der Mißbrauchsgefahr nach Rn 2 muß man stets prüfen, ob es sich nicht um **6** eine Erschleichung des Gerichtsstands handelt, so daß die Vereinbarung unwirksam wäre, Üb 22 vor § 12. Wegen der Problematik der Allgemeinen Geschäftsbedingungen § 38 Rn 6.

6) Fälle, I. Unter § 29 fallen Klagen aller Art aus einem Vertragsverhältnis. Maßgebend ist der Schwer- **7** punkt bzw Hauptanspruch und dazu der tatsächliche Vortrag des Klägers, BayObLG BB **01**, 1923, Köln NJW **88**, 2182. Seine bloße Rechtsansicht bindet aber nicht, AG Marbach MDR **88**, 1061.

A. Feststellung des Bestehens oder Nichtbestehens eines Vertrags. In solchem Fall geht es um eine Vertragswirkung oder um einen Anspruch auf Grund des Vertrags. Eine bloße Feststellung der Tatsache des Vertragsabschlusses ist prozessual unzulässig, § 256.

B. Erfüllung eines Vertrags. In solchem Fall geht es um einen Anspruch auf eine Haupt- oder Neben- **8** leistung, etwa eine Vertragsstrafe, eine Unterlassung, insbesondere bei einer Schlechterfüllung, BayObLG BB **01**, 1923, oder bei sonstiger vertretbarer Leistungsstörung nach §§ 280, 281 BGB, Saarbr NJW **00**, 671.

Ferner zählen hierher: Ein Abnahmeanspruch nach § 433 II BGB; vertragsmäßiger Rücktritt nach §§ 281, **9** 325, 346 BGB; ein Anspruch auf eine Rückgewähr wegen eines Rücktritts oder einer Minderung; eine Klage gegen den Gesellschafter einer Offenen Handelsgesellschaft aus Gesellschaftsschulden; eine Klage

§ 29

gegen den Kommanditisten einer Kommanditgesellschaft, auch gegen einen vollmachtlosen Vertreter, da er ebenso haftet, als ob seine Vertretungsmacht wirksam gewesen wäre, Hbg MDR **75**, 227; eine Klage nach § 43 II GmbHG, BGH BB **92**, 726; eine Klage auf Grund eines Anwaltsvertrags; eine Klage nach § 743.

10 **C. Vertragsaufhebung usw durch Richterspruch**, etwa auf Grund der §§ 133, 140 HGB. Hierher zählen auch: Die Bestimmung des Inhalts der Leistung etwa nach §§ 315 III, 318, 343 BGB; die Herabsetzung einer Vertragsstrafe nach § 343 BGB oder eines Maklerlohns nach § 655 BGB; die Herabsetzung einer Anwaltsgebühr nach § 4 IV RVG.

11 *Nicht hierher zählen zB*: Eine Anfechtung. Denn in einem solchen Fall liegt ein gesetzlicher Bereicherungsanspruch vor, BayObLG BB **90**, 2442; eine Klage auf Grund einer ungerechtfertigten Bereicherung, weil eine Anfechtung erfolgt sei, BayObLG BB **90**, 2442, und zwar auch dann noch, wenn der Bereicherungsanspruch nur hilfsweise neben dem Hauptanspruch auf Grund einer Rückgewähr geltend gemacht wird. Wegen eines Schadensersatzanspruchs auf Grund einer unerlaubten Handlung, die am Erfüllungsort begangen wurde, § 32 Rn 14; eine Klage auf Grund eines Rücktritts, sofern der Kläger den Anspruch nicht auf die Verletzung einer besonderen Vertragspflicht stützt.

12 **D. Nichterfüllung oder nicht gehörige Erfüllung.** Hierher zählen zB: Eine Klage auf den Ersatz eines Schadens wegen eines Verschuldens während der Vertragsverhandlungen, BayObLG RR **02**, 1503, Mü NJW **80**, 1531, Küpper DRiZ **90**, 444, aM LG Kiel NJW **89**, 841 (aber es liegt ein vertragsähnliches Verhältnis vor. Dieses Verhältnis läßt zumindest eine entsprechende Anwendung des § 29 zu). LG Kiel NJW **89**, 841 betont neben der unerheblichen Entstehungsgeschichte nach Einl III 42 zu sehr das Fehlen einer Gesetzeslücke. In Wahrheit kommt es auf die Sinnermittlung an, Einl III 40).

Hierher gehören ferner zB: Eine Klage wegen des Bruchs eines Verlöbnisses, § 1298 BGB StJSch 3, 33, aM BGH **132**, 109 (kennzeichnend für die Abwertung des Verlöbnisses in einer Zeit, in der kaum die traditionelle Ehe noch den in Art 6 I GG genannten Rang auch tatsächlich noch wirksam zugebilligt bekommt); eine Klage auf eine Minderung oder auf Schadensersatz an ihrer Stelle, LG Lüneb MDR **91**, 992.

13 **7) Gericht des gesetzlichen Erfüllungsorts, I.** Es kommt auf die jeweilige Leistung an.

A. Streitige Verpflichtung. Gemeint ist entweder diejenige Verpflichtung des Bekl, die der Kläger in der Klage behauptet, BayObLG **02**, 152, Bengelsdorf BB **89**, 2394, oder diejenige Verpflichtung des Klägers, die er mit seiner Klage leugnet. Man muß den Erfüllungsort für jede Vertragsleistung einzeln bestimmen, Womelsdorf MDR **01**, 1161 (also nicht stets nach dem „Schwerpunkt" des Vertrags, einem schillernden Begriff). Das gilt insbesondere beim gegenseitigen Vertrag, BGH NJW **95**, 1546. Freilich läßt sich meist ein gemeinsamer „Schwerpunkt" ermitteln, PalH § 269 BGB Rn 13. Es können auch mehrere gleichberechtigte Erfüllungsorte in Betracht kommen.

14 **B. Erfüllungsort beim Beklagten.** Er ist in aller Regel maßgeblich, Schmid MDR **93**, 411, aM Schack Rn 195 ff, 354 (krit Geimer NJW **86**, 643). Bei der Geldschuld handelt es sich meist um eine Schickschuld, Hamm OLGZ **91**, 80. Daher ist grundsätzlich meist der Wohnort des Bekl maßgebend, LG Bonn MDR **85**, 588 (Ausnahme zB Rn 18 „Anwaltsvertrag"). Er bleibt dies auch, wenn der Käufer die Ware zurückgesandt hat, bevor er die Klage erhebt. Denn der Käufer muß dem Gläubiger den Kaufpreis an dessen Wohnsitz übermitteln, und man darf den Käufer nicht wegen einer vorzeitigen Rücksendung schlechter stellen, aM StJSchu 32 a (er fordert eine selbständige Bestimmung des Erfüllungsorts, da keine Leistung Zug um Zug mehr vorliege. Aber es empfiehlt sich eine weniger formelle Sicht). Bei der Rücktrittsklage nach § 437 Z 2 BGB handelt es sich in erster Linie um die Befreiung des Käufers von seiner Zahlungspflicht. Daher kann der Ort dieser Zahlungspflicht maßgeblich sein, Roussos BB **86**, 16. Es kommt dann aber auch der Austauschort infrage, BGH **87**, 110, oder auch derjenige Ort, an dem sich die Kaufsache zur Zeit des Rücktritts befindet, BayObLG MDR **04**, 646. Vgl im übrigen Rn 26 „Kaufvertrag". Zum Problem LG Kref MDR **77**, 1018.

15 Der Gerichtsstand des Austauschortes gilt auch dann, wenn die Ware untergegangen ist oder versteigert wurde. Eine Verpflichtung zur Zahlung von *Frachtkosten* Zug um Zug ist eine Nebenleistung. Es entscheidet immer die Hauptverpflichtung, auch wenn der Kläger eine Vertragsstrafe geltend macht. Von mehreren Hauptansprüchen muß man im übrigen jeden selbständig prüfen. Wenn es sich um eine Klage auf die Zahlung des Kaufpreises und zugleich auf die Abnahme der verkauften Sache handelt, dann entscheidet der Ort, an dem der Schuldner die Zahlungsverpflichtung erfüllen muß. Wenn es sich um eine Klage auf die Zahlung einer Entschädigung wegen einer Nichterfüllung oder einer Schlechterfüllung handelt, dann ist nicht der einzelne Anspruch im Streit, sondern es geht um die Verletzung des Vertrags insgesamt. Daher liegt der Erfüllungsort dort, wo der Schuldner die vertragliche Hauptpflicht erfüllen muß, Fricke VersR **97**, 404. Der Leistungsort kann für die Vertragspflichten jedes Partners gesondert zu bestimmen sein, BGH NJW **88**, 967, BayObLG BB **83**, 1696, Hamm OLGZ **91**, 80. Ein rechtlich entbehrlicher Nebenantrag bleibt unberücksichtigt.

16 **C. Erfüllungsort beim Kläger.** Er ist zB in folgenden Fällen maßgeblich: Bei einer Klage mit dem Ziel einer Aufhebung des Vertrags; bei einer verneinenden Feststellungsklage; bei einer Klage auf die Feststellung des Bestehens einer begrenzteren Vertragspflicht.

17 **D. Bestimmung; Natur des Schuldverhältnisses.** Wo man erfüllen muß, das ergibt sich nicht nach eigenen Prozeßregeln, sondern nach dem sachlichen Recht, Geimer DNotZ **96**, 1054, StJSchu 21 a, zB aus §§ 269, 270 BGB, BayObLG RR **97**, 699, Düss NJW **91**, 1492. Hier sind insofern nur Andeutungen möglich. Es entscheidet in erster Linie die Bestimmung. Sie kann auf dem Gesetz beruhen, etwa bei § 374 BGB, oder auf einer rechtsgeschäftlichen Vereinbarung. Die Vereinbarung des Erfüllungsorts ist jedoch für die Zuständigkeit nur noch unter den Voraussetzungen II beachtlich, Rn 2. Vgl freilich auch § 39. Mangels einer Bestimmung entscheiden die Umstände, insbesondere die Natur des Schuldverhältnisses, BayObLG MDR **92**, 296, Hamm OLGZ **91**, 80. Ganz hilfsweise entscheidet der Wohnsitz oder die gewerbliche Niederlassung des Schuldners im Zeitpunkt des Vertragsschlusses, § 269 II BGB, Hamm OLGZ **91**, 80, nicht in einem späteren Zeitpunkt, BayObLG RR **96**, 956, Stgt RR **87**, 1076. Etwas anderes gilt bei einer Vereinbarung, §§ 697, 700 BGB.

Titel 2. Gerichtsstand § 29

E. Beispiele zur Frage des gesetzlichen Erfüllungsorts, I 18

Anwaltsvertrag: Bei einem Streit um die Zahlung des Honorars oder um dessen Höhe wie auch beim Streit um Schadensersatz wegen Schlechterfüllung ist schon wegen Art 5 Z 1 b EuGVVO grds der Ort der Kanzlei des Anwalts maßgeblich, BGH NJW **91**, 3096 und VersR **91**, 719 (auch internationalrechtlich, wenn deutsches Recht anwendbar ist), BayObLG NJW **03**, 1197, Stgt RR **03**, 1706, LG Magdeb JB **02**, 598, aM ohne Erörterung der EuGVVO BGH **157**, 22 (zustm Krügermayer-Kalthoff MDR **04**, 166, Schneider AnwBl **04**, 121, krit Schütt AnwBl **04**, 177, abl Gottwald FamRZ **04**, 98), BGH BB **04**, 910 (zustm Patzina LMK **04**, 120), Hbg RR **03**, 1705, Karlsr NJW **03**, 2175 (aber es gibt zumindest eine Lebenserfahrung, daß in der Kanzleiort entstehende Rechtsrat und nicht dessen Bezahlung den Vertragsschwerpunkt bildet. Entgegen dem übersozial fürsorglich und im Ergebnis ungewollt kapitalistisch anmutenden Argument, maßgeblich sei der Sitz des zahlenden Auftraggebers, geht in Wahrheit immer noch Geist vor Geld, wie beim Wirtschaftsprüfer, Rn 33. Das gilt, zumal man selbst bei einer Vertretung vor einem auswärtigen Gericht keine Erfolgsgarantie vereinbaren kann. Es gilt auch unabhängig von der noch so feinsinnigen Charakterisierung der Tätigkeit des Anwalts neben einem Ladenkauf usw). Auch wegen des Honorars für die Vertretung in einer Familiensache ist das Prozeßgericht zuständig, § 34 Rn 5, BayObLG NJW **82**, 587. Es kann auch § 34 anwendbar sein, BayObLG NJW **82**, 587.

Arbeitsrecht: Maßgeblich ist der wirtschaftliche und technische Mittelpunkt des Arbeitsverhältnisses. Das 19 ist meist der Ort, an dem der Arbeitnehmer seine Arbeitsleistung erbringen muß, BGH ZIP **85**, 157, BAG NZA **05**, 297, LAG Stgt MDR **05**, 640 (auch bei Betriebsrente). Wegen einer Kündigungsschutzklage des Arbeitnehmers Brehm/John/Preusche NJW **75**, 26. Bei einem Streit um eine Arbeitnehmererfindung entscheidet der wirtschaftliche Mittelpunkt des Arbeitsverhältnisses, LG Brschw GRUR **76**, 587. Er kann auch sonst maßgeblich sein und zB beim ausländischen Tochterunternehmen liegen, LAG Düss DB **84**, 1686. Beim Reisenden ist der Schwerpunkt seiner Tätigkeit und nur in diesem Rahmen sein Wohnsitz maßgeblich, BAG RR **88**, 482, LAG Bre NZA-RR **04**, 323, ArbG Bayreuth NZA **93**, 1055, aM ArbG Bbg NZA **95**, 96, 864, Ehlar BB **95**, 1849, Ostrop/Zumkeller NZA **95**, 16 (aber der Schwerpunkt sollte auch hier maßgeblich sein). Bei weisungsgebundener Entsendung ist der Ort der Erteilung der Weisung maßgeblich, LAG Mainz NZA **85**, 540, AG Pforzheim NZA **94**, 384. Während der Freistellungsphase einer Teilzeitarbeit ist der Firmensitz der Bekl maßgeblich, § 17, ArbG Dortm DB **02**, 2332. Bei einer Versorgungsleistung kann ein anderer als der Arbeitsort maßgeblich sein, BAG NZA **05**, 297.

Architektenvertrag: Rn 33 „Werkvertrag".

Arzt: Für seine Honorarklage gibt § 29 I keinen besonderen Erfüllungsort. Es bleibt also grds beim Praxisort. Denn dort erfolgt die vertragstypische Leistung (Ausnahme: Hausbesuch), aM LG Mainz NJW **03**, 1612 (evtl Wohnsitz des Patienten. Aber nicht Geld ist die zentrale Leistung, sondern Arztkunst).

S auch Rn 26 „Krankenhaus".

Auftragsverhältnis: Maßgeblich ist der Ort der Ausführung.

Ausbildungsvertrag: Maßgeblich ist der Ort, an dem der Kurs stattfindet, Karlsr RR **86**, 351, auch der Sitz 20 eines Internats, Hamm RR **89**, 1530.

Auskunft: Rn 29 „Nebenpflicht".

Bank: Meist ist der Geschäftssitz maßgeblich, BGH NJW **02**, 2703. Es kann auch § 29 c anwendbar sein, BGH NJW **03**, 1190.

S auch Rn 21 „Darlehen".

Bauhandwerkerhypothek: Erfüllungsort ihrer Bewilligung ist der Grundstücksort, Köln RIW **85**, 571.

Bauwerk: Rn 33 „Werkvertrag".

Beförderungsvertrag: Rn 22 „Frachtvertrag".

Beherbergungsvertrag: Rn 28 „Mietvertrag".

Bereicherung: Bei einer bereicherungsrechtlichen Rückabwicklung eines Vertrags kann § 29 anwendbar sein, Saarbr NJW **05**, 907.

Bürgschaft: Es ist nicht immer derjenige Ort maßgeblich, an dem der Hauptschuldner seine Verbindlichkeit erfüllen muß, sondern der Wohnsitz des Bürgen, BGH **134**, 132, BayObLG Rpfleger **03**, 139, LG Hbg RR **95**, 183, beim Wechselbürgen auch der Zahlungsort, § 603.

Darlehen: Für die Klage für die Feststellung des Nichtbestehens oder auf die Rückzahlung des Sachdarle- 21 hens ist der Wohnsitz des Darlehnsnehmers zum Zeitpunkt der angeblichen oder erfolgten Darlehensgewährung nach §§ 269, 270 I, IV BGB maßgeblich, BayObLG RR **96**, 956, Düss RIW **01**, 63, Stgt BB **92**, 2386 (offen beim Bankdarlehen), LG Kassel RR **89**, 106, nicht der Sitz der Bank, LG Kassel RR **89**, 106. Bei der Gesellschaft bürgerlichen Rechts ist ihr Sitz maßgeblich, Schlesw BB **04**, 463. Der Übergabeort ist unerheblich.

S auch Rn 22 „Gesamtschuldner".

Dienstvertrag: Maßgeblich ist grds derjenige Ort, an dem man die vertragliche Dienstleistung erbringen muß, BGH ZIP **85**, 157, LAG Düss BB **85**, 340 (je: auch zu einer Ausnahme), BayObLG ZIP **92**, 1652, Celle NJW **90**, 777.

Für Dienstbezüge gilt § 269 BGB, PalH 7.

Energieversorgung: Rn 32 „Versorgungsvertrag".

Ferienhaus: Rn 28 „Mietvertrag, Pachtvertrag".

Fernabsatz: Erfüllungsort der Rückabwicklung ist der Wohnort des Käufers, LG Kleve RR **03**, 296. Das gilt auch dann, wenn er die Ware inzwischen an einen anderen Ort versandt hat, LG Kleve RR **03**, 196 (Unternehmersitz).

Fernunterricht: § 29 Anh II.

Feststellungsklage: Rn 32 „Verneinende Feststellungsklage".

Frachtvertrag: Er ist Werkvertrag. Erfüllungsort ist nur für die Pflichten des Fachtführers bzw im Straßen- 22 güterverkehr des Unternehmers der Ablieferungsort, § 407 I HGB, für die Bezahlung der Fracht, § 407 II HGB, bzw des Beförderungsentgelts der Ort der Niederlassung des Absenders, Drsd RIW **99**, 968. Auch der Empfänger des Frachtguts kann Frachtschuldner sein, § 421 II 1 HGB. Er haftet dann neben dem

§ 29

Absender als Gesamtschuldner. Insoweit ist für die Pflicht des Empfängers auf Bezahlung der Fracht der Ablieferungsort Erfüllungsort. Ohne Frachtbrief tritt indes nur eine eingeschränkte Zahlungspflicht des Empfängers ein, § 421 II 2 HGB. Für einen Streit aus einer Beförderung nach §§ 407ff HGB ist nach § 440 I HGB auch das Gericht der Übernahme oder der vorgesehenen Ablieferung zuständig. Für eine Klage gegen den ausführenden Frachtführer ist auch sein Gericht oder dasjenige des Frachtführers zuständig, § 440 II HGB. Mangels abweichender Vereinbarung gilt auch bei Anwendbarkeit der CMR der Erfüllungsort, Hamm VersR **87**, 663. Beim Seefrachtvertrag ist der Bestimmungshafen maßgeblich, Bre VersR **85**, 987. Beim Luftgastvertrag kann § 56 I, II LuftVG anwendbar sein (Unfall- oder Bestimmungsort).

S auch Rn 31 „Spediteur".

Freiberufler: Nicht stets ist der Praxissitz Erfüllungsort, AG Köln RR **95**, 185 (Psychologe, -therapeut).

Freistellung: Bei einer Verpflichtung zur Freistellung ist derjenige Ort maßgeblich, an dem man die Pflicht erfüllen muß, Oldb FamRZ **88**, 632.

23 **Gartenarchitektenvertrag:** Rn 33 „Werkvertrag".

Gesamtschuldner: Im Außenverhältnis muß man den Erfüllungsort bei jedem Gesamtschuldner ermitteln und notfalls nach § 36 I Z 3 vorgehen, BayObLG MDR **98**, 180. Im Innenverhältnis ist Erfüllungsort für den Ausgleichsanspruch der Wohnsitz des Bekl zur Zeit des Beginns der Gesamtschuldnerhaftung, Hamm FamRZ **03**, 315.

Gesellschaftsrecht: Bei einer Klage aus einer sog Organhaftung ist der Gesellschaftssitz maßgeblich, BGH RR **92**, 801. Ein BGB-Gesellschafter muß seine Klage gegen den anderen wegen Schlechterfüllung am Wohnsitz des Schuldners erheben, BayObLG BB **96**, 2115. Der Erfüllungsort der Verbindlichkeit eines für Gesellschaftsschulden haftenden Gesellschafters stimmt mit demjenigen der Gesellschaftsschuld überein, BayObLG DB **02**, 2318. § 22 bleibt mitbeachtlich, LG Bonn RR **02**, 1400. Auch beim Auslandsbezug kommt es auf den Schwerpunkt an, Rn 17, Stgt BB **00**, 1212. Beim Auseinandersetzungsanspruch nach § 734 BGB ist der Wohnsitz des verpflichteten Mitgesellschafters beim Ende der Gesellschaft maßgebend, Zweibr EWiR **98**, 911.

Girovertrag: Maßgeblich ist der Wohnsitz des Kontoinhabers, BayObLG WertpMitt **89**, 871, zur Zeit der Eröffnung des Girovertrags, nicht zur Zeit des einzelnen Vorgangs, Ffm NJW **01**, 3792.

24 **Handelsvertretervertrag:** Es besteht nicht schon grds ein einheitlicher Erfüllungsort für die beiderseitigen Leistungen, BGH NJW **88**, 967, Ffm OLGR **95**, 154, aM Emde RIW **03**, 509 (Vertriebsort. Aber es kommt auf die Gesamtumstände an). Bei einem Streit um einen Buchauszug und um Provision usw nach §§ 87ff HGB ist der Sitz des Unternehmens maßgeblich, BGH NJW **93**, 2754. Beim Reisenden ist sein Wohnsitz maßgeblich, Ffm OLGR **95**, 154, insbesondere dann, wenn er von dort aus reist, auch wenn er nicht täglich zurückkehrt, BAG DB **87**, 1742.

Heilpraktiker: Erfüllungsort ist der Ort der Dienstleistung, AG Rottweil RR **99**, 816.

Hotel: Rn 28 „Mietvertrag: Beherbergungsvertrag".

25 **Internatsvertrag:** Erfüllungsort ist der Internatssitz, Hamm FamRZ **89**, 1199.

Internet: Es gelten grds die allgemeinen Regeln. Im Online-Dienst ist für die Verpflichtung des Nutzers sein Wohnsitz oder Sitz maßgeblich, für die Verpflichtung des Partners der Sitz des Servers, MüKoPa 61, 73, StJR 21.

26 **Kaufvertrag,** dazu *Hackenberg,* Der Erfüllungsort usw ... im UN-Kaufrecht ..., 2000: Bei der Klage auf die Zahlung des Kaufpreises handelt es sich grds um eine Schickschuld, wie meist bei einer Geldschuld. Eine Ausnahme besteht nur evtl bei einer Auktion, Düss NJW **91**, 1493. Infolgedessen ist der Wohnort des Käufers maßgeblich, BGH **120**, 347, Düss NJW **91**, 1492, Schmid MDR **93**, 411. Derselbe Wohnsitz ist bei der Klage auf Abnahme der Kaufsache maßgeblich. Der Übergabeort ist unerheblich. Wenn es um einen Rücktritt geht, kann für die Rückgabepflicht der Wohnort des Käufers maßgeblich sein, AG Marbach MDR **88**, 1061. Es kommen aber auch in § 14 genannten Orte in Betracht, BGH **87**, 109, aM LG Kref MDR **77**, 1018. Beim Schadensersatz nach (jetzt) § 435 BGB Zug um Zug gegen Rückgabe der Kaufsache ist der Sitz des Verkäufers maßgeblich, LG Tüb MDR **86**, 756, aM Hamm MDR **89**, 63, ZöV 25 „Kaufvertrag". Bei einer in Wahrheit nur auf Bereicherung oder unerlaubte Handlung stützbaren Klage fehlt ein Gerichtsstand nach § 29, AG Marbach MDR **88**, 1061. Verzugszinsen begründen für Gesamtschuldner nicht stets einen gemeinsamen Erfüllungsort, BayObLG RR **97**, 699.

Kommission: Man muß den Erfüllungsort bei jedem Partner gesondert ermitteln, Ffm OLGR **95**, 154.

Kraftfahrzeugreparatur: Rn 33 „Werkvertrag".

Krankenhaus: Beim stationären Aufenthalt ist für eine Klage aus dem Aufnahmevertrag der Ort des Krankenhauses als Erfüllungsort maßgeblich, Celle NJW **90**, 777, LG Bre VersR **05**, 1260, LG Mü RR **03**, 489, aM LG Mainz NJW **03**, 1612, LG Osnabr RR **03**, 789 (Patientenwohnsitz. Aber der Schwerpunkt liegt eindeutig im Krankenhaus, Rn 17). Das gilt auch beim Krankenhausarzt, LG Mü MDR **03**, 53.

Leasingvertrag: Es gelten dieselben Regeln wie bei Rn 28 „Mietvertrag, Pachtvertrag". Beim Streit um eine Leasingrate ist der Wohnsitz des Leasingnehmers beim Vertragsschluß maßgeblich, BGH NJW **88**, 1914. Das gilt auch bei der Rückgabe des Leasingobjekts, LG Lüneb RR **02**, 1584.

27 **Maklervertrag:** Es kommt für die Provision bei § 269 BGB auf den Abschluß des Maklervertrags und damit auf seinem Wohnsitz oder Sitz und nicht auf den Ort des vermittelten Geschäfts an, BayObLG MDR **98**, 737, Stgt RR **87**, 1076.

Unanwendbar ist § 48 VVG (Gerichtsstand der Versicherungsagentur) auf den Versicherungsmakler, LG Duisb NVersZ **01**, 14.

28 **Mietvertrag, Pachtvertrag:** Vgl zunächst bei Raummiete § 29a. Maßgeblich ist grds derjenige Ort, an dem der Mieter bzw Pächter die Sache gebrauchen darf, Hamm OLGZ **91**, 80. Wenn der Mieter aber an einem anderen Ort wohnt, mag sein Wohnsitz maßgeblich sein. Jedenfalls ist der Wohnsitz des Vermieters grds auch nicht schon deshalb maßgeblich, weil der Mieter die Miete auf ein im Vertrag angegebenes Konto des Vermieters überweisen soll, Hamm OLGZ **91**, 80, LG Trier NJW **82**, 287.

Titel 2. Gerichtsstand § 29

Bei einem *Beherbergungsvertrag* muß der Gast zwar im Fall der Durchführung meist am geplanten Ort der Beherbergung zahlen, AG Neuss RR **86**, 1210 (Ferienhaus). Das gilt aber keineswegs stets, zumal viele Mieter etwa von Ferienhäusern usw ihre Verpflichtung längst vor dem Antritt des Urlaubs oder nach dessen Beendigung vom Wohnsitz aus durch eine Überweisung erfüllen. Dann ist der Wohnsitz des Gasts maßgeblich. Der Beherbergungsort ist jedenfalls nur dann maßgeblich, wenn ihn der Gast gerade zwecks Inanspruchnahme der bereits vereinbarten Leistungen und nicht nur zwecks Anmietung aufsucht, Nürnb NJW **85**, 1297, LG Bonn MDR **85**, 588, ZöV 25 „Beherbergungsvertrag", aM LG Kempten BB **87**, 929 (zustm Nettesheim), Joachim DB **90**, 1604, MüKoPa 32 (aber man muß eben im Einzelfall auf seine Verhältnisse abstellen).

Nebenpflicht: Maßgeblich ist der Ort, an dem der Schuldner seine Hauptpflicht erfüllen muß, EuGH NJW **29 87**, 1132, LG Offenb ZIP **88**, 1563, Pilz NJW **81**, 1877, aM BGH NJW **85**, 562 (aber die Hauptpflicht ist nun einmal der Vertragsschwerpunkt. Es gibt auch immer eine Hauptpflicht. Sonst gäbe es nämlich gar keine „Neben-Pflicht").

Nichterfüllung: Es gilt der Erfüllungsort, BayObLG BB **01**, 1924.
Positive Vertragsverletzung: Rn 30 „Schlechterfüllung".
Provision: Rn 24 „Handelsvertretervertrag", Rn 27 „Maklervertrag".
Psychologe, Psychotherapeut: Rn 22 „Freiberufler".
Rechtsanwalt: Rn 18 „Anwaltsvertrag". 30
Reisender: Rn 19 „Arbeitsrecht".
Reisevertrag, §§ 651 a ff BGB: Bei der Klage des Veranstalters auf Zahlung des Reisepreises ist der Wohnsitz des Reisenden maßgeblich. Bei der Klage des Reisenden gilt evtl der Zielort oder § 21. Bei einer Auslandsreise kann man das Wohnsitzgericht des Verbrauchers oder das Hauptstadtgericht, hier Berlin-Schöneberg, als zuständig ansehen, Karlsr MDR **99**, 1401.
Schadensersatz: Rn 34 „Zahlung".
Schickschuld: Maßgeblich ist der Leitungsort, BGH NJW **02**, 2703, also meist der (Wohn)Sitz des Schuldners, Rn 34 „Zahlung", und nicht der Ort des Gläubigers.
Schlechterfüllung: Es gilt der Erfüllungsort, BayObLG BB **01**, 1924.
Schuldbeitritt: Bei einer kumulativen Schuldmitübernahme übernimmt der neue Schuldner die Schuld als 31 eine eigene. Daraus folgt, daß er sie nicht notwendig an demselben Ort erfüllen muß wie die ursprüngliche Schuld, Schlesw SchlHA **81**, 189.
Spedition: Maßgeblich ist meist nach ADSp Nr 30.1 der Ort der Niederlassung des Spediteurs, Drsd RIW **99**, 969.
S auch Rn 22 „Frachtvertrag".
Steuerberatervertrag: Es gelten dieselben Regeln wie beim Anwaltsvertrag, Rn 18, also ist richtigerweise der Sitz des Steuerberaters maßgeblich, BayObLG MDR **03**, 1197, Hamm NJW **00**, 1347, Köln RR **97**, 925, aM LG Bln RR **02**, 208 (aber Anwalt und Steuerberater sind durchaus vergleichbar).
Tarifrecht: Bei Streit über die Friedenspflicht ist der Sitz des Bekl maßgeblich.
Teilzahlung: Rn 26 „Kaufvertrag".
Time-Sharing-Vertrag: Für die Zahlungspflicht ist der Wohnsitz usw des Schuldners maßgeblich, BayObLG NZM **02**, 796 (auch [jetzt] zur EuGVVO).
Transportvertrag: Rn 22 „Frachtvertrag".
Übergabe: Erfüllungsort für die Übergabe einer beweglichen Sache ist derjenige Ort, an dem sich die Sache 32 befindet.
Unterhaltsvertrag: Er reicht trotz auch gesetzlicher Pflicht aus, AG Siegburg MDR **98**, 61, aM Drsd FamRZ **00**, 544 (aber Vertrag bleibt Vertrag und erleichtert obendrein meist die Durchsetzung).
Unterlassung: Maßgeblich ist grds derjenige Ort, an dem der Schuldner bei der Entstehung des Schuldverhältnisses wohnte, Bengelsdorf DB **92**, 1345. Soweit sogleich nur ein anderer bestimmter Ort für den Verstoß in Betracht kommt, gilt ausnahmsweise dieser, BGH NJW **85**, 562.
Unterrichtsvertrag: Rn 20 „Ausbildungsvertrag".
Verlöbnis: Rn 2.
Verneinende Feststellungsklage: Maßgeblich ist der Erfüllungsort des Klägers.
Versicherung: Vgl zunächst § 48 VVG (Gerichtsstand der Agentur). Bei der Prämie ist Erfüllungsort der Wohnsitz des Versicherungsnehmers zur Zeit der Klagerhebung, Fricke VersR **97**, 404.
Versorgungsvertrag: Erfüllungsort ist meist nach dem Ort der Abnahme der Energie von Wasser, BGH NJW **03**, 3418 (zustm Just LMK **04**, 21), aM LG Lpz MDR **99**, 1086 ZöV 25 „Energieversorgungsvertrag" (je: nur Schuldnerwohnsitz. Aber der Erfolgsort steht im Mittelpunkt). Es kann natürlich auch die Betriebsstätte des Vertrages oder der Wohnsitz des Abnehmers usw vereinbart sein. Überhaupt muß man stets die gesetzlichen oder vereinbarten Berufsbedingungen mitbeachten.
Versteigerung: Bei derjenigen im Groß- oder Zwischenhandel kann der Ort der Niederlassung des Käufers Erfüllungsort sein, BGH BB **03**, 176.
Vertragsstrafe: Maßgeblich ist der Erfüllungsort der Hauptpflicht, Karlsr OLGR **00**, 403, Rostock GRUR-RR **05**, 176, Bengelsdorf BB **89**, 2395.
Verwahrungsvertrag: Maßgeblich ist derjenige Ort, an dem sich die Sache befindet, §§ 697, 700 BGB.
S auch Rn 28 „Mietvertrag, Pachtvertrag".
Wasserlieferung: Rn 32 „Versorgungsvertrag". 33
Werkvertrag: Maßgeblich ist auch nach dem Klägervortrag der Schwerpunkt des Vertrags für beide Parteien, Celle NJW **90**, 777, LG Mü RR **93**, 212. Das ist grds die Leistung des Unternehmers, Schlesw RR **93**, 314 (auch zum IPR; krit Vollkommer IPRax **93**, 79), krit Einsiedler NJW **01**, 1549. Bei einer Kraftfahrzeugreparatur ist der Sitz der Werkstatt maßgeblich, Düss MDR **76**, 496, Ffm DB **78**, 2217. Beim Bauvertrag gilt § 18 Z 1 VOB/B nur für die öffentlichen Auftraggeber, Brdb NJW **01**, 1158, großzügiger Ffm RR **99**, 604. Meist ist der Ort des Bauwerks maßgeblich, BGH NJW **01**, 1936, BayObLG MDR **04**, 273, Naumb MDR **01**, 770, aM LG Karlsr MDR **90**, 1010, LG Konst BauR **84**, 86,

§ 29, Anh § 29

LG Wiesb BauR **84**, 88 (aber der Erfolgsort steht gerade hier im Mittelpunkt). Eine Ausnahme kann bei einfachen Arbeiten bestehen, BayObLG **85**, 317 (Erdarbeiten).

Auch bei einem Auftrag für *Montage* einer technischen Anlage kann der Aufstellungsort maßgeblich sein, Kblz RR **88**, 1401 (Abwasseraufbereitungsanlage). Beim Architekten- oder Gartenarchitektenvertrag ist für das Honorar der Ort des Bauwerks auch der Büroort maßgeblich, BGH NJW **01**, 1936, BayObLG RR **98**, 815 (Planung; evtl anders bei Bauaufsicht); BayObLG RR **98**, 815, Zweibr BauR **90**, 513, aM Köln MDR **94**, 729 (für die Leistungsphase 5. Aber auch sie ist Teil eines Werkvertrags), LG Mainz RR **99**, 670, LG Tüb MDR **95**, 1208 (je: beim nur planenden Architekten sei der Wohnsitz des Auftraggebers maßgebend). Insofern sind die Anwaltsvertrag nach Rn 18 geltenden Grundsätze entsprechend anwendbar, aM Nürnb BauR **77**, 70, LG Kaisersl NJW **88**, 652, Duffek BauR **80**, 316 (maßgeblich sei der Ort der Bauausführung. Aber der Schwerpunkt liegt bei bloßer Planung am Ort des Architekten).

Wirtschaftsprüfer: Maßgeblich ist sein Sitz, LG Bonn BB **05**, 995. Denn auch hier geht Geist meist vor Geld, wie beim Anwalt, Rn 18.

Wohnungseigentum: Das Verhältnis unter den gegenwärtigen bzw ausgeschiedenen Eigentümern begründet einen gemeinsamen Leistungsort nach § 29, Stgt ZMR **00**, 336.

Ist dem Architekten nur die *Planung* übertragen, mag für seine Honorarklage der (Wohn-)Sitz des Auftraggebers maßgeblich sein, LG Kaisersl NJW **88**, 652. Indessen kommt es auch hier auf die Einzelumstände an, LG Mü RR **93**, 212.

34 **Zahlung:** Maßgeblich ist wegen dieser Schickschuld grds der Sitz des Schuldners, BGH NJW **95**, 1547, BayObLG **98**, 180, Schmid MDR **93**, 410. Das gilt auch beim Schadensersatz, BayObLG NJW **02**, 2888, Saarbr NJW **00**, 671, LG Lüneb MDR **91**, 992. Das gilt auch beim Akkreditiv, BGH NJW **93**, 1076. Es kann auch der Ort des verkauften Grundstücks maßgeblich sein, BayObLG MDR **98**, 737.

Zug-um-Zug-Leistung: Als Erfüllungsort gilt derjenige Ort, wo der Schuldner diejenige Pflicht erfüllen muß, die nach dem Vertrag die größere Bedeutung hat und ihm das wesentliche Gepräge gibt, Stgt NJW **82**, 529, LG Lüneb RR 1584, aM BGH NJW **95**, 1546, Hamm RR **95**, 188, ZöV 25 „Zug-um-Zug-Leistung" (kein gemeinsamer Erfüllungsort. Aber es kommt stets wesentlich auf den Vertragsschwerpunkt an). Ergänzend gilt derjenige Ort, an dem sich die herauszugebende Sache befindet, Stgt NJW **82**, 529, LG Lüneb RR **02**, 1584. Ein Zurückbehaltungsrecht ändert bei einer Vorleistungspflicht des Gegners an diesem Erfüllungsort nichts.

35 **8) Vereinbarung des Erfüllungsorts, II.** Sie ist nur noch begrenzt möglich, Rn 36. Denn eine solche Vereinbarung darf nicht zu einer Umgehung der §§ 38 ff führen, Einl III 54, Nürnb NJW **85**, 1298.

A. Willenseinigung. Sie ist erforderlich. Ob sie vorliegt, muß man von Amts wegen nach dem bürgerlichen Recht feststellen, § 38 Rn 3, Hbg VersR **85**, 858. Es braucht kein beiderseitiges Handelsgeschäft nach §§ 343 ff HGB vorzuliegen. Eine stillschweigende Vereinbarung ist zulässig, BGH NJW **85**, 560. Im Säumnisverfahren muß man § 331 I 2 beachten. Wenn die Parteien einen „Erfüllungsort" vereinbaren, der vom tatsächlichen Leistungsort abweicht, dann müssen sie dazu Tatsachen vortragen. In einem solchen Fall liegt oft nur eine Gerichtsstandsvereinbarung oder eine Gefahr- bzw Kostenklausel usw vor, Kblz OLGR **03**, 33, Saarbr NJW **00**, 671, oder es liegt lediglich eine Vereinbarung darüber vor, welches Recht gelten soll. Die Erfüllung darf keineswegs deshalb scheitern, weil es keinen Erfüllungsort gebe. Deshalb kann sich der Erfüllungsort auch anhand eines nur schwachen Anknüpfungspunkts ergeben. Eine Vereinbarung wegen des Erfüllungsorts gilt im Zweifel für alle Vertragspartner. Aus der Natur der Sache oder den Vertragsumständen kann sich aber eine Abweichung von dieser Regel ergeben. Die Vereinbarung nach § 65 ADSp, auch die stillschweigende, kann den Gerichtsstand nach Art 5 Z 1 a EuGVVO begründen, SchlAnh V C 4, BGH MDR **85**, 468.

Ein *einseitiger Vermerk* über einen Erfüllungsort auf einer Rechnung (Faktur) kann den Erfüllungsort nur dann begründen, wenn dieser Vermerk ein Teil eines Bestätigungsschreibens ist und wenn dieses Bestätigungsschreiben ausreicht. Diesen Vorbehalt muß man selbst dann beachten, wenn die Parteien in ständiger Geschäftsbeziehung standen und wenn der Empfänger die Rechnung vorbehaltlos angenommen hat. Vgl im übrigen zu Allgemeinen Geschäftsbedingungen § 38 Rn 6 und Hamm BB **83**, 1814, LG Mü NJW **96**, 402. Eine Inhaltskontrolle bleibt insbesondere beim Verbrauchervertrag notwendig, LG Bad Kreuznach EWiR **03**, 351.

36 **B. Grenzen der Vereinbarkeit.** II erlaubt nur bestimmten Partnern eine Vereinbarung, BayObLG RR **90**, 742. Beide müssen im Zeitpunkt der Vereinbarung einer der in II genannten Gruppen angehört haben. Vgl im übrigen zu den Einzelgruppen § 38 Rn 17–19. Eine Form ist nicht erforderlich, soweit sie nicht zur Wirksamkeit des sachlichrechtlichen Vertrags vorgeschrieben ist.

Anhang nach § 29
Gerichtsstand beim Fernunterrichtsgesetz

FernUSG § 26. Gerichtsstand. I Für Streitigkeiten aus einem Fernunterrichtsvertrag oder über das Bestehen eines solchen Vertrags ist das Gericht ausschließlich zuständig, in dessen Bezirk der Teilnehmer seinen allgemeinen Gerichtsstand hat.

II Eine abweichende Vereinbarung ist nur zulässig, wenn sie ausdrücklich und schriftlich
1. nach dem Entstehen der Streitigkeit oder
2. für den Fall geschlossen wird, dass der Teilnehmer nach Vertragsschluss seinen Wohnsitz oder seinen gewöhnlichen Aufenthaltsort aus dem Geltungsbereich dieses Gesetzes verlegt oder sein Wohnsitz oder gewöhnlicher Aufhenthaltsort im Zeitpunkt der Klageerhebung nicht bekannt ist.

Titel 2. Gerichtsstand § 29a

29a *Ausschließlicher Gerichtsstand bei Miet- oder Pachträumen.* ¹Für Streitigkeiten über Ansprüche aus Miet- oder Pachtverhältnissen über Räume oder über das Bestehen solcher Verhältnisse ist das Gericht ausschließlich zuständig, in dessen Bezirk sich die Räume befinden.

ᴵᴵ Absatz 1 ist nicht anzuwenden, wenn es sich um Wohnraum der in § 549 Abs. 2 Nr. 1 bis 3 des Bürgerlichen Gesetzbuchs genannten Art handelt.

Schrifttum: *Bub/Treier,* Handbuch der Geschäfts- und Wohnraummiete, 3. Aufl 1998.

Gliederung

1) Systematik, I, II 1	5) Beispiele zur Frage der Anwendbarkeit, I 5–12
2) Regelungszweck, I, II 2	6) Ausschließlicher Gerichtsstand, I 13
3) Geltungsbereich, I, II 3	7) Ausschließliche sachliche Zuständigkeit des AG, § 23 Z 2 a GVG 14
4) Miet- und Pacht-Wohnraum, I, II 4	

1) Systematik, I, II. Vgl zunächst § 20 Rn 1. Die dem § 29 nachgebildete Vorschrift, § 29 Rn 7 ff, schafft eine vorrangige Spezialregelung. Diese gilt nur zur örtlichen Zuständigkeit und nicht zur sachlichen, Rn 17. Die Vorschrift ist wegen der Ausschließlichkeit unabdingbar, § 40 II 1 Hs 2, § 295 Rn 60 „Zuständigkeit". (Jetzt) § 533 gilt dem § 29 a vor, LG Mannh ZMR **77**, 31. § 24 gilt gleichrangig. Die Vorschrift gilt grundsätzlich nur für inländischen Raum, BGH MDR **97**, 94. Freilich kann sie ausnahmsweise auch beim ausländischen Raum hilfsweise anwendbar sein, Düss ZMR **90**, 144, Geimer RIW **86**, 136. Wegen der EuGVVO SchlAnh V C 4, besonders der vorrangigen Artt 16 Z 1, 22 Z 1 S 1, EuGH NJW **85**, 905, Düss RIW **01**, 380, AG Offenbach NJW **82**, 2735. 1

2) Regelungszweck, I, II. Die Vorschrift bewahrt eine soziale Beachtung der Sachnähe des Gerichts der Belegenheit, BGH **89**, 275, LG Frankenth RR **97**, 334, LG Hbg WoM **03**, 38. Das dient zugleich schon wegen besserer Möglichkeiten einer Besichtigung des Streitobjekts auch der Prozeßwirtschaftlichkeit, Grdz 14 vor § 128. Die Vorschrift ist daher weit auslegbar, aM LG Flensb MDR **81**, 57. Sie kann auch auf Hausbesetzer anwendbar sein, Bre WoM **90**, 527. Sie soll vor allem den vom Gesetzgeber als sozial schwächer angesehenen Mieter bzw Pächter schützen, BGH **89**, 283, Hamm ZMR **86**, 12. Sie soll die Entscheidung demjenigen AG vorbehalten, das die Situation am Ort kennt, LG Frankenth RR **97**, 334. Wegen der Ausschließlichkeit Rn 13. 2

3) Geltungsbereich, I, II. Vgl Üb 3 vor § 12. 3

4) Miet- und Pacht-Wohnraum, I, II. Die Vorschrift gilt bei Miete und Pacht, §§ 549 ff, 578 II BGB, auch bei Untermiete oder Unterpacht. Sie erfaßt in I jeden Raum und schließt in II bestimmte Wohnräume aus. Der Begriff des Raums entspricht demjenigen im Sinne des BGB, BGH NJW **81**, 1377 (zum Wohnraumbegriff). Beispiele: Es gibt um den Raum oder dessen Innenraum. Hierher zählen auch: Ein Geschäftsraum; ein Laden; eine Werkstatt; ein Kino; ein Fabrikgebäude; eine Gaststätte; ein Lagerraum; eine Garage; eine Sporthalle; ein Vortragssaal; natürlich auch jeglicher Wohnraum. 4

Kein Raum sind: Eine Freifläche, wie Garten, Hof, Lagerplatz, unabhängig von Einfriedigung oder anderer Umschließung; ein Platz oder Stand in einem Raum, Ffm OLGR **98**, 214; eine bewegliche Sache und deren Innenraum, zB: ein Schiffsraum; ein Wohncontainer; ein Gerätewagen; ein Wohnwagen; ein demontierbares Bürohaus, Düss WoM **92**, 111, Mü MDR **79**, 939. Das gilt selbst bei fester Aufstellung.

Ein *Wohnraum* liegt vor, wenn der strittige Raum für den Fall der Entschädigung wegen Nichterfüllung im Klagezeitraum, sonst zur Zeit der letzten mündlichen Verhandlung zumindest auch als Wohnraum genutzt wurde bzw wird oder werden soll, und zwar vom „Endbenutzer", Rn 1.

5) Beispiele zur Frage der Anwendbarkeit, I (Die nachfolgenden Fundstellen beziehen sich teilweise auf das alte Recht) 5

Altenheimvertrag: Er kann zumindest dann unter § 29 a fallen, wenn der Insasse zB nur eine Teilverpflegung beanspruchen kann, LG Gött ZMR **81**, 274.

Arbeitsverhältnis: § 29 ist jetzt auf solchen Raum anwendbar, der im Zusammenhang mit einem Arbeitsverhältnis genutzt wird, BAG ZMR **00**, 363 (krit Baron). Der frühere Streit, etwa bei der Werkmietwohnung nach § 576 BGB, BAG MDR **90**, 656, oder bei einer Werkdienstwohnung nach § 576 b BGB ist überholt, soweit es sich um Wohnraum nach II in Verbindung mit (jetzt) § 549 II Z 1 bis 3 BGB handelt (dann ist I ganz unanwendbar), LG Augsb ZMR **94**, 333.

Arrest, einstweilige Verfügung: § 29 a ist anwendbar, KG ZMR **83**, 380.

Arzt: Rn 6 „Krankenhaus".

Auskunft: § 29 a ist anwendbar, Hbg ZMR **99**, 106, 108.

Besitz: § 29 a kann auch dann anwendbar sein, wenn der (Haupt-)Mieter oder Pächter keinen unmittelbaren Besitz hat, etwa als Zwischenvermieter.

Bestehen, Nichtbestehen: § 29 a gilt gerade auch beim Streit darüber, ob ein Miet- oder Pachtverhältnis bestand oder besteht, I.

Bürge: S „Dritter".

Dritter: § 29 a gilt auch beim Vertrag zugunsten zumindest auch eines Dritten nach § 328 BGB. Das gilt auch dann, wenn ein Dritter nach §§ 414 ff BGB vertraglich mithaftet. Die Vorschrift bleibt auch nach gesetzlichem Forderungsübergang oder Abtretung an ihn anwendbar, Karlsr NZM **03**, 576.

§ 29 a ist *nicht* anwendbar, wenn sonst ein Dritter klagt oder verklagt wird, der aus Anlaß der Abwicklung eines Mietvertrages begünstigt oder benachteiligt wurde, etwa bei einem Bürgen, BayObLG MDR **99**, 1461, oder beim Geschäftsführer eines gewerblichen Zwischenvermieters, Hbg ZMR **91**, 26, oder wegen eines selbständigen Gewährvertrags usw, BGH **157**, 222.

S auch Rn 9 „Schadensersatz".

§ 29a

Eigenbedarf: § 29 a ist anwendbar, AG Heidelb WoM **75**, 67.
Eingebrachte Sache: § 29 a ist anwendbar.
Einzelpflicht: § 29 a kann auch beim Streit über sie anwendbar sein, Karlsr ZMR **84**, 19.
Ferienwohnung: § 29 a ist *unanwendbar* auf einen nur zu vorübergehendem Gebrauch vermieteten Wohnraum, II in Verbindung mit § 549 II Z 1 BGB, Hbg WoM **90**, 393. Deshalb ist die Vorschrift unanwendbar auf eine Ferienwohnung, Hamm ZMR **86**, 235, oder auf die Überlassung des heimischen Wohnraumes während einer Ferienreise ihres Inhabers.
    Indessen kann § 29 a bei einer langfristigen Vermietung eines solchen Objekts *anwendbar* sein. Denn dann liegt kein bloß vorübergehender Gebrauchszweck vor, auf den es nach II in Verbindung mit (jetzt) § 549 II Z 1 BGB ankommt, Hbg ZMR **92**, 539, LG Lüb WoM **89**, 632.
Fortsetzungsverlangen: Rn 9 „Sozialklausel".
Gebrauchsüberlassung: § 29 a ist anwendbar.
6 **Gewerbeunternehmen:** § 29 a ist jetzt auch anwendbar bei einer Vermietung an ein Gewerbeunternehmen. Das gilt auch dann, wenn dieses den Raum als Wohnraum im Wege einer sog gewerblichen Zwischenvermietung untervermieten will. § 29 a ist ferner anwendbar, soweit es um einen Streit zwischen dem gewerblichen Zwischenvermieter und seinem Untermieter geht, LG Köln NZM **99**, 960 (Mietgarantievertrag), jedenfalls soweit dieser letztere dort wohnt. Auch ein Streit zwischen Hauptvermieter und Untermieter kann hierher gehören, BGH **133**, 148, Hbg ZMR **99**, 108.
Haupt-, Untermietvertrag: § 29 a ist anwendbar, wenn es um Tatsachen geht, deren rechtliche Beurteilung ergibt, daß es um Miete oder Untermiete auch über einen Raum geht, Mü MDR **79**, 940.
    S auch Rn 5 „Arbeitsverhältnis", Rn 6 „Gewerbeunternehmen", Rn 7 „Mischmiete".
Herausgabe: Rn 8 „Räumung".
Hotelzimmer: § 29 a ist *unanwendbar* auf einen nur zu vorübergehendem Gebrauch vermieteten Wohnraum, II in Verbindung mit § 549 II Z 1 BGB, Hbg WoM **90**, 393. Deshalb ist die Vorschrift grds unanwendbar auf ein Hotelzimmer. Vgl aber auch Rn 5 „Ferienwohnung".
Innenverhältnis: Es kommt darauf an, ob hier zB das Gesellschaftsverhältnis oder auch das Miet- oder Untermietverhältnis betroffen ist.
Kaufvertrag: § 29 a ist *unanwendbar*, soweit es um eine Mietgarantie innerhalb eines Kaufvertrages geht, BayObLG NZM **00**, 784.
Krankenhaus: Bei stationärer Behandlung ist der Kliniksitz Erfüllungsort sowohl für die Arztleistung als auch für das Honorar, BayObLG MDR **05**, 677.
Mieterhöhung: § 29 a ist anwendbar beim Anspruch auf eine Zustimmung des Mieters zur Mieterhöhung nach § 558 BGB, LG Mannh ZMR **77**, 31, ArbG Hann DB **91**, 1838.
Mietgarantie: § 29 a ist anwendbar, LG Hbg WoM **03**, 38, LG Köln RR **99**, 1171, aM BayObLG **02**, 276 (aber Rn 2 erfordert eine weite Auslegung).
Mietkaution: § 29 a erfaßt den Streit über die Zahlung oder Rückgewähr einer Kaution, Düss WoM **92**, 548. Das gilt wegen des Schutzzwecks, Rn 2, auch im Verhältnis zum Erwerber, §§ 551, 563 b II, III BGB.
Mietsicherheit: S „Mietkaution".
Mietzins: § 29 a ist anwendbar beim Anspruch des Vermieters auf die Zahlung der Miete. Denn er geht auf „Erfüllung", auch bei demjenigen aus einem inzwischen beendeten Mietverhältnis. Das gilt auch bei einem Streitwert von über 5000 EUR. Die Vorschrift gilt ferner beim Streit um eine Mietminderung, BGH WertpMitt, **85**, 1213.
7 **Mischmiete:** § 29 a ist auf jede Art von Mischmiete (Wohnen + Arbeiten) anwendbar. Denn die Vorschrift erfaßt jetzt jede Art von Raum.
Möblierter Raum: § 29 a ist *unanwendbar* auf eine nur vorübergehende Vergabe in der vom Vermieter selbst bewohnten Wohnung, II in Verbindung mit § 549 II Z 2 BGB, Hbg WoM **90**, 393. Deshalb ist die Vorschrift unanwendbar auch auf eine solche eines teilweise oder voll möblierten Wohnraumes für eine nicht dauernd dort wohnende Familie, also etwa an einen auswärtigen Arbeiter oder während eines vorübergehenden auswärtigen Aufenthalts des bisherigen Benutzers, (jetzt) § 549 II Z 1 BGB, oder bei kurzer Mietzeit eines Studenten (anders bei längerer Studienzeit dort, Rn 10 „Student").
Nebenkosten: § 29 a ist wegen seines weiten Schutzzwecks nach Rn 2 auch beim Anspruch des Vermieters auf Leistung der Nebenverpflichtungen und auf Zahlung der Nebenkosten anwendbar, auch wegen vergangener auf Grund eines inzwischen beendeten Mietverhältnisses.
Nichtigkeit: § 29 a ist anwendbar.
Notunterkunft: § 29 a ist meist auf sie *unanwendbar*, II in Verbindung mit § 549 II Z 3 BGB.
8 **Pacht:** Sie steht jetzt der Miete gleich, wie schon der Wortlaut von I ergibt.
Pfändung, Überweisung: § 29 a erfaßt auch die Drittschuldnerklage des Gläubigers gegen den Mieter, Karlsr RR **02**, 1168.
Räumung: I erfaßt jede Streitigkeit, also auch alle Arten von Räumungsforderungen. Hierunter fällt auch eine Herausgabe auf Grund von § 985 BGB. Das gilt unabhängig davon, ob ein Mietverhältnis und auch gerade ein solches zwischen den Parteien bestand, StJSchu 19, aM Brschw NdsRpfl **83**, 225, Schneider MDR **92**, 433 (aber die Vorschrift ist weit auslegbar, Rn 2).
Rechtsnachfolge: Rn 5 „Bestehen, Nichtbestehen".
Reise: Rn 6 „Ferienwohnung".
Reiseveranstalter: § 29 a ist auf den Vertrag nach 651 a BGB *unanwendbar*, BGH **119**, 156.
Renovierungskosten: Nach § 29 a muß man bei Wohnraum wegen § 23 Z 2 a GVG auch solche Fälle behandeln, deren Streitwert 5000 EUR übersteigt, zB wenn es sich zB um eine Renovierungsforderung handelt.
Rückzahlung: § 29 a erfaßt wegen des weiten Schutzzwecks nach Rn 2 auch die Klage auf eine Rückzahlung zu unrecht geleisteter Beträge, BGH **89**, 281, BAG WoM **90**, 391, StJSchu 16, aM LG Karlsr WoM **82**, 132.

Titel 2. Gerichtsstand **§§ 29a, 29b**

Schadensersatz: Wegen des weiten Schutzzwecks nach Rn 2 ist § 29a anwendbar auf eine **9** Schadensersatzforderung, LG Frankenth RR **97**, 335, etwa wegen einer unvollständigen Gebrauchsüberlassung oder wegen einer nicht rechtzeitigen Herausgabe der Mietsache oder wegen eines Schadensersatzanspruchs durch den Geschäftsführer des Vormieters, Hbg WoM **90**, 542, überhaupt wegen einer mit der Miete zusammenhängenden Schadensersatzforderung, BayObLG RR **92**, 1040.
S auch Rn 5 „Dritter".
Sozialklausel: § 29a erfaßt den Streit über eine Fortsetzung des Mietverhältnisses auf Grund der Sozialklausel der (jetzt) §§ 574ff BGB, LG Mannh ZMR **77**, 31.
Student: Da § 29a *unanwendbar* ist, wenn es um eine nur vorübergehende Vermietung geht, II, so schon **10** Hbg WoM **90**, 393, kommt es auf die geplante Dauer des Verbleibs an diesem Ort an, nicht auf ihre dann tatsächlich im Verlauf eingetretene Dauer, soweit nicht insofern eine Vertragsänderung eingetreten ist. Ein Zimmer im Studentenwohnheim für mehr als ein Semester macht § 29a anwendbar, Hamm ZMR **86**, 235.
Teilzeit-Wohnrecht: Ein Recht nach §§ 481ff BGB mag zwar viele Ähnlichkeiten mit einem Miet- oder Pachtrecht haben. Es ist aber gesetzlich doch weitgehend anders bestimmt und unterfällt daher *nicht* dem § 29a.
Untermiete: Rn 6 „Haupt-, Untermietvertrag".
Unterpacht: Es gilt dasselbe wie bei einer Untermiete, s dort.
Verschulden bei Vertragsverhandlung: Die Situation fällt *nicht* unter § 29a. Denn es liegt ungeachtet Rn 2 eben doch noch kein „Miet- oder Pachtverhältnis" vor, LG Frankenth RR **97**, 335, aM ZöV 9.
Vertragsabwicklung: § 29a ist auch in diesem Stadium anwendbar, Brdb OLGR **02**, 507.
Verwendungsersatz: § 29a erfaßt die Mieterklage auf einen Verwendungsersatz nach § 539 I BGB, Düss **11** ZMR **85**, 383.
Vollmachtloser Vertreter: Man darf eine Klage gegen ihn *nicht* nach § 29a beurteilen. Denn zu ihrer Begründung gehört die Behauptung, es sei gerade kein Mietvertrag zustandegekommen.
Vorkaufsrecht: Das Recht nach § 2b WoBindG und die daraus resultierende Mitteilungspflicht des Vermieters über die Absicht eines Drittverkaufs usw machen § 29a anwendbar, BayObLG WoM **92**, 352.
Vorschuß: Rn 12 „Wohnungsausstattung".
Vorübergehender Gebrauch: § 29a ist nach II auf solchen Wohnraum *unanwendbar*, der nach § 549 II Z 1 BGB nur zu einem vorübergehenden Gebrauch vermietet wird, Hbg WoM **90**, 393.
S auch Rn 5 „Ferienwohnung", Rn 6 „Hotelzimmer", Rn 7 „Möblierter Raum", Rn 10 „Student".
Vorvertrag: Er reicht aus, AG Bln-Schönb ZMR **00**, 31.
Werkdienstwohnung: Rn 5 „Arbeitsverhältnis", Rn 7 „Mischmiete". **12**
Werkmietwohnung: Rn 5 „Arbeitsverhältnis", Rn 7 „Mischmiete".
Wohnheim: § 29a ist meist anwendbar, Hamm RR **86**, 810, Staehle NJW **78**, 1360.
Wohnungsausstattung: § 29a erfaßt die Klage auf die Zahlung eines Vorschusses für die Wohnungsausstattung, Düss ZMR **85**, 383.
Zustimmung: Rn 5 „Mieterhöhung".
Zwangsvollstreckung: Wegen des weiten Schutzzwecks nach Rn 2 ist § 29a anwendbar auf eine Klage auf die Unterlassung der Vollstreckung, Ffm WoM **89**, 585, LG Hbg WoM **03**, 38. Vgl aber II in Verbindung mit § 549 II Z 3 BGB (Notunterkunft).
Zwischenvermieter: Rn 6 „Dritter", „Gewerbeunternehmen", „Haupt-, Untermietvertrag".

6) Ausschließlicher Gerichtsstand, I. Dasjenige Gericht, in dessen Bezirk sich der Raum befindet, ist **13** nach I örtlich ausschließlich zuständig, Üb 14 vor §. Denn dieses Gericht hat die besten Möglichkeiten, in die örtlichen Verhältnisse Einblick zu nehmen, Rn 2. Aus diesem Grund ist eine Zuständigkeitsvereinbarung unzulässig, Ffm MDR **79**, 851, LG Mü ZMR **87**, 271, und eine Verweisung unter Umständen unbeachtlich, LG Mü ZMR **87**, 271. Die ausschließliche Zuständigkeit soll auch verhindern, daß der sozial unter Umständen schwächere Mieter an einem entfernten Gericht klagen muß. Wenn es sich um einen ausländischen Raum handelt, sind die §§ 12ff anwendbar, Rn 1. Man muß den Rechtsstreit unter Umständen an das Gericht des § 29a zurückverweisen. Das gilt auch bei einem Rechtsstreit um einen inländischen Raum, § 696 V 1.

7) Ausschließliche sachliche Zuständigkeit des AG, § 23 Z 2a GVG. Bei Wohnraum und nur bei **14** diesem gibt § 23 Z 2a GVG dem AG der Belegenheit nach Rn 13–15 die ausschließliche sachliche Zuständigkeit. Bei Streitigkeiten über Miet- oder andere Verträge oder gesetzliche Ansprüche wegen anderer als Wohnräume gilt § 23 Z 2a GVG demgegenüber nicht mehr. Vielmehr gelten dann §§ 23 Z 1, 71 GVG.

29b *Besonderer Gerichtsstand bei Wohnungseigentum.* **Für Klagen Dritter, die sich gegen Mitglieder oder frühere Mitglieder einer Wohnungseigentümergemeinschaft richten und sich auf das gemeinschaftliche Eigentum, seine Verwaltung oder auf das Sondereigentum beziehen, ist das Gericht zuständig, in dessen Bezirk das Grundstück liegt.**

1) Systematik. Vgl zunächst § 20 Rn 1. Die Vorschrift schafft keine ausschließliche Zuständigkeit, **1** sondern neben §§ 12ff einen besonderen Wahlgerichtsstand, Baumgärtel DNotZ **92**, 270. §§ 24, 29a haben Vorrang, ebenso grundsätzlich § 43 WEG, Steike NJW **92**, 2401 (auch wegen einer Ausnahme). §§ 29, 32 bleiben anwendbar.

2) Regelungszweck. Die Vorschrift soll durch Eröffnung der Zuständigkeit des Gerichts der Belegenheit **2** der Vereinfachung und Straffung und damit der Prozeßwirtschaftlichkeit dienen, Grdz 14 vor § 128. Sie erübrigt auch ein Verfahren nach § 36 I Z 3. Die Ortskenntnis des Gerichts kann zu treffender Beurteilung wesentlich beitragen, auch zur Einheitlichkeit der örtlichen Rechtsprechung. Das kann zu einer gerechteren

§§ 29b, 29c

Entscheidung führen, Einl III 9. Aus allen diesen Gründen muß man § 29 b weit auslegen, Steike NJW **92**, 2401.

3 3) **Sachlicher Geltungsbereich.** Die Vorschrift erfordert eine der folgenden sachlichen Bezüge.
 A. Gemeinschaftseigentum. Es kann sich um einen Anspruch aus dem Gemeinschaftseigentum handeln, also nach § 1 V WEG aus demjenigen Grundstück(steil) sowie aus denjenigen Teilen, Anlagen und Einrichtungen des Gebäudes, die nicht im Sondereigentum der Wohnung oder im Eigentum eines Dritten stehen. Dazu kann auch zB eine Forderung aus einem Bauvertrag zählen, ferner eine solche aus Reinigung, Lieferung, Unterhaltung, Reparatur, Versicherung, Pflege.

4 **B. Verwaltung.** Es kann sich auch um einen Anspruch aus der Verwaltung des Gemeinschaftseigentums handeln, also nach §§ 20 ff WEG durch den Kläger als Wohnungsverwalter oder dessen Beauftragter.

5 **C. Sondereigentum.** Es mag sich schließlich um einen Anspruch gegen das Sondereigentum eines oder mehrerer Wohnungseigentümer handeln, also nach § 5 I–IV WEG um diejenigen Räume usw, die man verändern, beseitigen oder einfügen kann, ohne daß man dadurch das gemeinschaftliche Eigentum oder ein auf Sondereigentum beruhendes Recht eines anderen Wohnungseigentümers übermäßig beeinträchtigt oder die äußere Gestaltung des Gebäudes verändert. Dazu können Forderungen aller Art gehören, sei es eine schuldrechtliche oder dingliche.

6 4) **Persönlicher Geltungsbereich.** Vgl zunächst Üb 3 vor § 12. Erfaßt werden alle schuldrechtlichen Klagen derjenigen „Dritten", die nicht wie der Bekl als Gesamtschuldner oder anteilig jetzige oder frühere Mitglieder einer Wohnungseigentümergemeinschaft sind. Das ergibt sich bereits aus dem klaren Wortlaut, MüKoPa 2, Steike NJW **92**, 2401, ThP 2, aM Baumgärtel DNotZ **92**, 270, ZöV 4 (bei einer verneinenden Feststellungsklage könne auch der frühere Wohnungseigentümer als Kläger auftreten. Aber er kann nach § 43 WEG vorgehen).
 Beispiele eines Dritten: Der Mieter, Zwischenvermieter, Untermieter, Architekt, Dienstleister, Versicherer, Handwerker, ein Versorgungsunternehmen, evtl auch der Verwalter (Fallfrage), Steike NJW **92**, 2401, aM LG Karlsr NJW **96**, 1481 (aber es ist eine weite Auslegung geboten, Rn 2). Es kommen freilich nur solche Klagen in Betracht, die sich auf das gemeinschaftliche Eigentum beziehen, § 1 V WEG, seine Verwaltung, §§ 20 ff WEG, oder auf das Sondereigentum, § 5 WEG. Dann ist unerheblich, welches dieser Sachgebiete vorliegt und ob der oder die Bekl als Gesamtschuldner oder anteilig haften sollen, BGH **75**, 26. Ein bloßer Schadesersatzanspruch kann aus dem Geltungsbereich herausfallen, AG Hbg ZMR **04**, 72.

7 5) **Gerichtstand der Belegenheit.** Zuständig ist dasjenige Gericht, in dessen Bezirk das Grundstück liegt. Das gilt unabhängig vom Ort, an dem das Grundbuch geführt wird. Der Ort der Störung ist unerheblich. Wenn ein Grundstück in mehreren Bezirken liegt, dann muß man § 36 I Z 4 anwenden.

29c *Besonderer Gerichtsstand für Haustürgeschäfte.*
I 1 Für Klagen aus Haustürgeschäften (§ 312 des Bürgerlichen Gesetzbuchs) ist das Gericht zuständig, in dessen Bezirk der Verbraucher zur Zeit der Klageerhebung seinen Wohnsitz, in Ermangelung eines solchen seinen gewöhnlichen Aufenthalt hat. ² Für Klagen gegen den Verbraucher ist dieses Gericht ausschließlich zuständig.

II § 33 Abs. 2 findet auf Widerklagen der anderen Vertragspartei keine Anwendung.

III Eine von Absatz 1 abweichende Vereinbarung ist zulässig für den Fall, dass der Verbraucher nach Vertragsschluss seinen Wohnsitz oder gewöhnlichen Aufenthalt aus dem Geltungsbereich dieses Gesetzes verlegt oder sein Wohnsitz oder gewöhnlicher Aufenthalt im Zeitpunkt der Klageerhebung nicht bekannt ist.

 Schrifttum: *Vollkommer/Vollkommer,* Empfiehlt sich ein (ggf. subsidiärer) allgemeiner oder besonderer Verbrauchergerichtsstand in der ZPO?, Festschrift für *Geimer* (2002) 1367.

1 1) **Systematik, I–III.** Vgl zunächst § 20 Rn 1. Die Vorschrift bringt grundsätzlich bei I 1 einen wahlweisen, bei I 2 einen ausschließlichen besonderen Gerichtsstand, Celle NJW **04**, 2602, mit Vorrang für seinen Geltungsbereich, auch gegenüber § 29. § 767 hat Vorrang. Vgl ferner Artt 15, 16 EuGVVO, SchlAnh C 4.

2 2) **Regelungszweck, I–III.** Die Vorschrift schützt den Verbraucher im Sinn von § 13 BGB. Es soll an einem ihm günstigen Ort klagen und nur dort verklagt werden können, BGH NJW **03**, 1190. Diesen Schutzzweck muß man bei der Auslegung stets mitbeachten. Das darf freilich bei III nicht zu einer Bevorzugung des Verbrauchers führen, zumindest dann nicht, wenn in diesem Wegzug ins Ausland usw auch ein Sich-Entziehen liegen könnte. Denn das wäre als Flucht vor selbst einem schützenden Gerichtsstand Rechtsmißbrauch, Einl III 54. Freilich dürfte solche Haltung nur selten und schwer erkennbar werden. Vollkommer/Vollkommer (vor Rn 1) raten zu einem Verbrauchergerichtsstand in der ZPO. Er sollte auch die vorstehend skizzierten Grenzen einhalten.

3 3) **Geltungsbereich: Haustürgeschäft usw, I–III.** Es muß sich um eine vertraglich vereinbarte entgeltliche Leistung handeln, zu der ein Anbieter einen Verbraucher im Rahmen eines Haustürengeschäfts nach § 312 I 1 Hs 1 BGB oder eines Umgehungsgeschäfts nach § 312 f S 2 BGB zu seiner Willenserklärung auf den Vertragsabschluß bestimmt hat. Für den Anbieter kann auch dessen Vertreter oder Vermittler gehandelt haben, BGH NJW **03**, 1190. Das kann geschehen sein entweder durch mündliche Verhandlung an seinem Arbeitsplatz oder im Bereich der Privatwohnung, § 312 I Z 1 BGB, auch bei Verlegung des Vertragsabschlusses in ein nahes Café, AG Freising RR **88**, 1326, oder anläßlich einer von einem Unternehmer oder einem Dritten zumindest auch in dessen Interesse durchgeführten Freizeitveranstaltung, § 312 I Z 2 BGB, zB bei einer sog Kaffeefahrt (nicht schon bei einer Verkaufsmesse, LG Bre RR **88**, 1325), oder im Anschluß an ein überraschendes Ansprechen in einem Verkehrsmittel oder im Bereich einer öffentlich zugänglichen Verkehrsfläche, § 312 I Z 3 BGB.

Für den Gerichtsstand ist es anders als für das sachlichrechtliche Widerrufsrecht nach § 312 II BGB *unerheblich,* ob bei Z 1 eine Bestellung des Kunden vorangegangen war, Hbg RR **88,** 1327, Stgt RR **88,** 1327, oder ob und wieviel er sofort geleistet bzw gezahlt hat oder ob ein Notar seine Willenserklärung beurkundet hat. Ebenso unerheblich ist für den Gerichtsstand, ob der Kunde ein Widerrufsrecht rechtzeitig oder verspätet oder sonst unwirksam ausgeübt hat, LG Landshut NJW 03, 1197. Auch ist hier unerheblich, ob die Haftung aus Vertrag, vertragsähnlichem Verhalten oder unerlaubter Handlung infrage kommt, BGH NJW **03,** 1190 (zustm Mankowski ZZP **116,** 1122), oder aus §§ 812 ff, 823 ff BGB, Celle NJW **04,** 2602 (auch gegenüber einem Dritten). In Betracht kommt auch eine Gebäudeversicherung, LG Landshut NJW **03,** 1197, oder ein Verbraucherdarlehensvertrag usw nach §§ 491–504 BGB oder ein Teilzeit-Wohnrechtevertrag nach §§ 481–487 BGB. Der Zeitpunkt des Vertragsabschlusses ist unerheblich, BGH NJW **03,** 1190.

Unanwendbar ist § 29 c bei Fällen nach § 312 III BGB, zB beim Versicherungsvertrag, LG Bln VersR **05,** 1260.

4) Wohnsitz, Aufenthalt des Kunden, I. Es genügt, daß eine Klage eines der Partner eines Geschäfts im **4** Sinn von § 312 BGB vorliegt. Es entsteht bei I 2 eine ausschließliche Zuständigkeit, Rn 1. Sie liegt zunächst beim Wohnsitzgericht des Kunden nach §§ 12 ff, wenn er als Bekl auftritt. Vgl § 13 Rn 1. Hilfsweise gilt der gewöhnliche Aufenthaltsort als maßgeblich. Vgl § 16 Rn 2. Es kommt jeweils auf den Zeitpunkt der Klagerhebung an, also auf ihre Zustellung, §§ 253 I, 261 I. Nach Mahnverfahren ist die Abgabe an das Streitgericht maßgeblich, §§ 696 I 1, 700 III. Fehlen Wohnsitz oder gewöhnlicher Aufenthalt des Verbrauchers, kann man ihn nach § 16 verklagen. § 36 I Z 3 ist anwendbar.

5) Widerklage, II. § 29 a gilt grundsätzlich auch für eine Widerklage, § 253 Anh. § 33 II ist auf eine **5** Widerklage der anderen Vertragspartei unanwendbar.

6) Gerichtsstandsvereinbarung, III. In allen Fällen einer Klage aus einem Geschäft im Sinn des § 312 **6** BGB ist als Ausnahme von der Zuständigkeit nach I eine abweichende Gerichtsstandsvereinbarung nur dann zulässig, falls entweder der Verbraucher nach dem Vertragsschluß seinen Wohnsitz oder gewöhnlichen Aufenthaltsort aus dem Geltungsbereich des Gesetzes endgültig verlegt oder wenn sein Wohnsitz usw bei Klagezustellung nicht bekannt ist.

Eine abweichende Vereinbarung muß sich auf ein bestimmtes *Einzelgeschäft* beziehen. Eine solche Vereinbarung ist also nur für denjenigen Fall zulässig, daß der Käufer seinen Wohnsitz oder seinen gewöhnlichen Aufenthaltsort nach dem Vertragsabschluß in das Ausland verlegt. Denn dann kann man dem Abzahlungsverkäufer die Durchführung des Prozesses im Ausland wegen der erfahrungsgemäß in solcher Situation auftretenden Schwierigkeiten nicht zumuten.

30 *Gerichtsstand bei Bergungsansprüchen.* Für Klagen wegen Ansprüchen aus Bergung nach dem Achten Abschnitt des Fünften Buches des Handelsgesetzbuchs gegen eine Person, die im Inland keinen Gerichtsstand hat, ist das Gericht zuständig, bei dem der Kläger im Inland seinen allgemeinen Gerichtsstand hat.

Überschrift nur scheinbar geändert (war in Wahrheit schon so vorhanden) dch Art 1 Z 1 a G v 18. 8. 05, BGBl 2477, in Kraft seit 27. 8. 05, Art 3 S 2 G, ÜbergangsR Einl III 78.

1) Systematik. Es handelt sich um einen besonderen, aber nicht ausschließlichen Wahlgerichtsstand. Die **1** Parteien können ihn also abbedingen. Eine Rechtswahl bleibt begrenzt möglich, Art 8 I 3 EGHGB. Ein besonderer Gerichtsstand kann Vorrang haben. § 23 tritt zurück.

2) Regelungszweck. Die Vorschrift bezweckt zusammen mit der Anpassung an §§ 740 ff HGB den **2** Schutz des Klägers. Man muß sie entsprechend auslegen. Das gilt insbesondere wegen der häufig in solcher Lage komplizierten Bezüge zum internationalen Recht. Der Kläger soll nicht ohne Not auch noch ein ausländisches Gericht anrufen müssen.

3) Geltungsbereich. Die Vorschrift gilt in allen Verfahren nach der ZPO und den auf sie vorweisenden **3** anderen Gesetzen.

4) Bergungsanspruch. Es muß um einen Anspruch aus Bergung nach Buch 5 Abschnitt 8 HGB gehen, **4** also um §§ 740 ff HGB idF Art 1 G v 16. 5. 01, BGBl 898. Dieser Anspruch muß sich gegen eine natürliche oder juristische Person richten, die im Inland keinen Gerichtsstand hat. Das ist etwas anders als ein Wohnsitz oder Sitz.

5) Zuständigkeit. Die sachliche Zuständigkeit folgt den allgemeinen Regeln des GVG. Die örtliche **5** Zuständigkeit liegt beim Gericht des allgemeinen Gerichtsstands des Klägers, §§ 12 ff.

31 *Besonderer Gerichtsstand der Vermögensverwaltung.* Für Klagen, die aus einer Vermögensverwaltung von dem Geschäftsherrn gegen den Verwalter oder von dem Verwalter gegen den Geschäftsherrn erhoben werden, ist das Gericht des Ortes zuständig, wo die Verwaltung geführt ist.

1) Systematik. Vgl zunächst § 20 Rn 1. Der besondere nicht ausschließliche Wahlgerichtsstand der **1** Vermögensverwaltung ist nur für einen Anspruch des Geschäftsherrn gegen den Vermögensverwalter oder umgekehrt zulässig, nicht für einen Dritten.

2) Regelungszweck. Die Vorschrift dient der Sachnähe und damit der Prozeßwirtschaftlichkeit, Grdz 14 **2** vor § 128. Zwar ist eine bloße Verwaltung insbesondere angesichts der heutigen Telekommunikation mit ihrem blitzschnellen an keine Entfernung gebundenen billigen Möglichkeiten kein so erheblicher Grund für Ortsnähe wie etwa eine Sachbelegenheit. Es ergeben sich aber doch erfahrungsgemäß schon personelle

§§ 31, 32 Buch 1. Abschnitt 1. Gerichte

Erleichterungen für den Verwalter. Das Gesetz stellt sie in den Mittelpunkt. Das muß man bei der Handhabung mitbedenken.

3 3) **Geltungsbereich: Vermögensverwaltung.** Vgl zunächst Üb 3 vor § 12. Eine Vermögensverwaltung erfordert eine gewisse Selbständigkeit nach außen und eine Abrechnung nach innen. § 31 erfaßt zB: Den Anspruch auf eine Rechnungslegung; den Anspruch auf eine Herausgabe; den Anspruch auf eine Entlastung. Die Vorschrift setzt einen Kreis von Geschäften voraus, etwa die Geschäfte des Generalagenten einer Versicherungsgesellschaft. Die Verwaltung kann auf folgenden Grundlagen beruhen: Auf einem Vertrag beliebiger Art; auf einer Geschäftsführung ohne Auftrag; auf einer gesetzlichen Vorschrift, etwa beim Sorgeberechtigten oder beim Vormund; auf einer letztwilligen Verfügung, etwa beim Vorerben oder beim Nachlaßverwalter oder Testamentsvollstrecker; auf einer auftragslosen Tätigkeit. Hierher zählt auch eine Verwaltung von Wohnungseigentum.
Ein einfaches Geschäft zB eines gewöhnlichen Agenten reicht *nicht* aus.

4 4) **Zuständigkeit.** Es ist das Gericht desjenigen Orts zuständig, an dem die Verwaltung stattfand oder stattfindet. Ihr geschäftlicher Mittelpunkt, der Sitz, das Büro, die Kasse, der Ort der Buchführung entscheidet ohne eine Rücksicht darauf, wo das Vermögen liegt oder wo die Aufsicht erfolgt.

32 *Besonderer Gerichtsstand der unerlaubten Handlung.* **Für Klagen aus unerlaubten Handlungen ist das Gericht zuständig, in dessen Bezirk die Handlung begangen ist.**

Schrifttum: *von Dossel,* Der Gerichtsstand des Regelungsortes und die Klagebefugnis des „unmittelbaren Verletzten" nach der UWG-Novelle 1994, 2000; *Lindacher,* Der Gerichtsstand der Wettbewerbshandlung nach autonomem deutschen IZPR, in: Festschrift für *Nakamura* (1996); *Ost,* Doppelrelevante Tatsachen im internationalen Zivilverfahrensrecht, 2002; *Schwab,* Streitgegenstand und Zuständigkeitsentscheidung, Festschrift für *Rammos* (Athen 1979) 845; *Schwarz,* Der Gerichtsstand der unerlaubten Handlung nach deutschem und europäischem Zivilprozeßrecht, 1991; *Stadler,* Vertraglicher und deliktischer Gerichtsstand im europäischen Zivilprozessrecht, Festschrift für *Musielak* (2004) 569; *Vollkommer,* Umfassende Entscheidung über den prozessualen Anspruch im Gerichtsstand der unerlaubten Handlung auch unter dem Gesichtspunkt der positiven Vertragsverletzung und des Verschuldens bei Vertragsverhandlungen?, in: Festschrift für *Deutsch* (1999).

Gliederung

1) Systematik 1–4	5) Begehungsort 17–23
2) Regelungszweck 5	A. Grundsatz: Verwirklichung eines Tatbestandsmerkmals 17, 18
3) Sachlicher Geltungsbereich 6–15	B. Fehlen eines Tatorts 19, 20
A. Begriff der unerlaubten Handlung 6	C. Einzelfragen 21, 22
B. Beispiele zur Frage einer unerlaubten Handlung 7–15	D. Unerheblichkeit des Orts der Schadensfolgen usw 23
4) Persönlicher Geltungsbereich 16	

1 1) **Systematik.** Vgl zunächst § 20 Rn 1. § 32 gibt den besonderen Wahlgerichtsstand des Tatorts der unerlaubten Handlung, das forum delicti commissi. Es handelt sich nicht um einen ausschließlichen Gerichtsstand, Üb 14 vor § 12, BayObLG VersR 78, 1011. Es ist grundsätzlich abdingbar, § 38. Man muß aber nach den Umständen des einzelnen Falls ermitteln, ob ein für den Fall einer Vertragsverletzung vereinbarter Gerichtsstand auch für den Fall einer unerlaubten Handlung gilt, soweit eine solche Auslegung überhaupt zulässig ist, § 40 Rn 1.

2 Wenn der unmittelbar verletzte Kläger seinen Anspruch sowohl auf den Gesichtspunkt einer unerlaubten Handlung als auch auf denjenigen eines *unlauteren Wettbewerbs* stützt, gilt § 32 wahlweise neben (jetzt) § 14 UWG, Mü GRUR 75, 151, ThP 7, aM Sack NJW 75, 1308 ([jetzt] § 14 UWG).

3 Wenn die vom Kläger behaupteten Tatsachen allenfalls einen Verstoß gegen das UWG ergeben, ist formell lediglich (jetzt) § 14 II 1 UWG anwendbar, Mü BB **86**, 425. Nach (jetzt) § 14 II UWG ist die Gerichtsstandswahl nur für einen nicht unmittelbar verletzten Kläger erschwert bzw beseitigt, Düss NJW **95**, 60, Hbg RR **95**, 1449. Das gilt für die Klage nach § 8 III Z 2–4 UWG für jede von dem UKlaG erfaßten Verbände usw, Düss NJW **95**, 60. Abweichend von § 14 UWG kann in einer Geschmacksmusterstreitsache, die auch unter das UWG fällt, das nach § 52 GeschmMG zuständige LG zuständig sein, § 53 GeschmMG.

4 Vgl ferner üb 6 vor § 12 wegen der *internationalen* Zuständigkeit, BGH ZZP **112**, 100 (krit Vollkommer), Hamm RR **86**, 1047, Mü GRUR **90**, 677, Würthrein ZZP **106**, 51 (ausf). Art 6, 7 des Internationalen Übk zur Vereinheitlichung von Regeln über den Arrest in Seeschiffe, Grdz 1 vor § 916, enthalten keine Abweichung, BGH VersR **85**, 335. Zur kollisionsrechtlichen Problematik (Gleichlauf vertraglicher Haftung und solcher aus unerlaubter Handlung, Mansel ZVglRWiss **87**, 19.
Zum Verhältnis zwischen § 32 und (jetzt) § 14 UWB nach dem v 25. 7. 94 KG BB **94**, 2231. Die Ausführungsvorschriften der Länder zum *BJagdG* enthalten Sondervorschriften für die Fälle von Wildschäden oder Jagdschäden, § 23 GVG Rn 11. Vgl ferner § 14 HaftpflG idF v 4. 1. 78, BGBl 145. Wegen der *EuGVVO* SchlAnh V C 4, besonders Art 5 Z 3, 4, dazu Stadler (vor Rn 1, ausf). Wegen des *LugÜbk* SchlAnh V D, Köln VersR **98**, 1306.

5 2) **Regelungszweck.** Die Vorschrift dient als Ausnahme vom Wohnsitzprinzip der §§ 12 ff der Sachnähe, Hamm NJW **87**, 138, Mü RR **93**, 703, Kiethe NJW **94**, 224. Die Vorschrift dient damit der Prozeßwirtschaftlichkeit, Grdz 14 vor § 128. Das schließt freilich erfahrungsgemäß zahlreiche Probleme bei der Anwendung leider keineswegs aus. Sie rühren zum erheblichen Teil daher, daß man den Begriff der „Handlung" bzw ihrer „Begehung" sehr unterschiedlich beurteilen kann. Der „fliegende Gerichtsstand" des § 32 ermöglicht nicht selten die Klage bei buchstäblich jedem deutschen Gericht, soweit es sachlich zuständig ist.

Titel 2. Gerichtsstand § 32

Das kann wegen § 261 III Z 1 (Klagsperre bei Rechtshängigkeit) zu einem unwürdigen Wettlauf um ein dem Kläger genehmes, wenn auch von beiden Parteien noch so weit entferntes Gericht führen, sei es wegen dessen angeblicher besonderer Könnerschaft, sei es ohne solche Zusatzerwägung. Verbotene Erschleichung des Gerichtsstands nach Einl III 54, Üb 22 vor § 12 läßt sich gerade bei § 32 nur sehr schwer nachweisen.
Großzügigkeit bei der Bejahung der Voraussetzungen des § 32 bleibt noch alledem fast unentbehrlich. Das gilt auch bei der praktisch immer wieder zu Schwierigkeiten führenden Abgrenzung der Fallgruppen Rn 34. Man sollte auch bedenken, daß es naheliegt, den Kläger angesichts einer von ihm immerhin behaupteten unerlaubten Handlung des Bekl in der Gerichtszuständigkeit zu begünstigen. Allerdings darf man nun auch nicht schon im Bestreben um Prozeßwirtschaftlichkeit zur verborgenen Zulassung eines allgemeinen Gerichtsstands des „Sachzusammenhangs" kommen, Rn 14 (c).

3) Sachlicher Geltungsbereich. Vgl Üb 3 vor § 12. Es reicht jede Klageart, BGH MDR **95**, 282, KG **6** NJW **97**, 3321 (Unterlassung), Hbg RR **95**, 1510 (leugnende Feststellung).

A. Begriff der unerlaubten Handlung. Man muß nach dem Recht des Tatorts prüfen, ob sie vorliegt, KG NJW **97**, 3321, zB nach §§ 823 ff BGB. Dabei ist eine weite Auslegung geboten, Rn 5, Baumgärtel/Laumen JA **81**, 215. § 32 gilt sowohl im Fall einer Straftat als auch dann, wenn eine bürgerlichrechtliche Haftung in Betracht kommt. Dann kommt es nicht darauf an, ob die Haftung von Verschulden abhängig ist oder nicht, ob es eine Haftung nach dem BGB oder nach einer ähnlichen gesetzlichen Vorschrift ist. Gerichtsstand ist sowohl der Handlungsort als auch der Erfolgsort, AG Limbg RR **02**, 751.

B. Beispiele zur Frage einer unerlaubten Handlung 7
Amtshaftung: § 32 ist auf jede Art von Amts- bzw Staatshaftung anwendbar, zB nach Art 34 GG, § 839 BGB, LG Mainz RR **00**, 588.
S aber auch „Aufopferungsanspruch".
Anfechtungsklage: § 32 ist anwendbar auf eine Anfechtungsklage innerhalb wie außerhalb des Insolvenzverfahrens, aM Karlsr MDR **79**, 681 (aber es ist eine weite Auslegung geboten, Rn 5).
Im übrigen gelten die Regeln Rn 14 „Vertragsanspruch, Verschulden bei Vertragsschluß usw" entsprechend, aM Hamm RR **00**, 727 (aber eine entsprechende Anwendung ergibt sich aus der Notwendigkeit einer weiten Auslegung, Rn 5).
Anwaltswerbung: § 32 ist schon wegen des Wegfalls des früheren Lokalisierungsgebots anwendbar, LG Bln RR **01**, 1634.
Arbeitsgericht: Rn 11 „Rechtsweg".
Aufopferungsanspruch: § 32 ist *unanwendbar,* soweit es sich um einen solchen Anspruch handelt.
Beleidigung: § 32 ist anwendbar. Gerichtsstand ist auch derjenige Ort, wo der Beleidigte die Beleidigung zur Kenntnis nimmt, AG Limbg RR **02**, 751.
Bereicherung: § 32 ist anwendbar auf eine Klage mit dem Ziel der Herausgabe einer ungerechtfertigten Bereicherung, Kühnen GRUR **97**, 21, Spickhoff ZZP **109**, 513. Das gilt, soweit dieser Anspruch an die Stelle eines Schadensersatzanspruchs getreten ist, etwa im Fall des § 203 BGB.
Besitz: § 32 ist anwendbar auf eine Klage nach §§ 858 ff BGB, Baumgärtel/Laumen JA **81**, 215, oder auf eine Klage nach §§ 989 ff BGB, Spickhoff ZZP **109**, 514.
S aber auch Rn 8 „Dinglicher Anspruch".
Dinglicher Anspruch: § 32 ist *unanwendbar* auf einen gewöhnlichen dinglichen Anspruch, etwa denjenigen 8 aus dem Eigentum bei einem fehlerhaften Besitz.
Enteignungsgleicher Eingriff: § 32 ist anwendbar.
Firmenrecht: § 32 ist anwendbar, KG NJW **97**, 3321.
Gefährdungshaftung: § 32 ist auf jede Art von Gefährdungshaftung anwendbar, Baumgärtel/Laumen JA **9** **81**, 215, zB auf eine solche nach §§ 7 ff StVG, KG NJW **97**, 3321, LG Düss WertpMitt **97**, 1444.
Geschäftsführung ohne Auftrag: § 32 ist anwendbar auf eine Klage nach § 687 II BGB, Hamm OLGR **03**, 82.
Gewerblicher Rechtsschutz: § 32 ist anwendbar auf eine Schadensersatzforderung wegen der Verletzung eines gewerblichen Schutzrechts oder wegen eines unlauteren Wettbewerbs oder wegen eines Verstoßes im Sinn von § 35 GWB, BGH NJW **80**, 1225 (abl Schlosser), oder nach § 22 II WHG, BGH **80**, 3, oder wegen einer Klage gegen ein pharmazeutisches Unternehmen auch §§ 84, 94a AMG, BGH **90**, 2316. Vgl aber auch Rn 22.
Gewinnversprechen: § 32 ist bei einem solchen aus § 661 a BGB *unanwendbar,* Drsd MDR **05**, 591.
Grundstücksbesitzer: § 32 ist anwendbar auf seine Haftung nach §§ 831, 836 BGB, Kblz RIW **02**, 881.
Insolvenzrecht: § 32 ist anwendbar, Hamm BB **00**, 431, LG Mü BB **00**, 428.
Internet: dazu *Bachmann* IPRax **98**, 179, *Hoeren/Sieber/Pichler,* Handbuch Multimedia-Recht (1999), Abschn 31 (je: Üb): § 32 ist anwendbar, KG NJW **97**, 3321. Ausreichend ist jeder Ort, an dem das Angebot Dritten nicht bloß zufällig zur Kenntnis kommen kann, KG NJW **97**, 3321, oder kommt, LG Düss RR **98**, 979. Die internationale Zuständigkeit folgt dem Presserecht, Bachmann IPRax **98**, 187, Rn 22. Bei einer kennzeichenmäßigen Wiedergabe ist jedes für Kennzeichenstreit zuständige LG anrufbar, LG Hbg GRUR-RR **02**, 267. Zum internationalen Internet Cornils JZ **99**, 394 (Strafrecht: Begehungsort bei Einspeisung von Deutschland aus hier, bei Ablage vom Ausland aus auf einem in Deutschland installierten Server: Begehungsort hier, LG Bonn NJW **00**, 961, bei Speicherung vom Ausland aus auf ausländischem Server: Begehungsort Ausland).
Juristische Person: § 32 ist auf ihre Haftung ihres Organs anwendbar, zB nach §§ 31, 89 BGB. 10
Kartellrecht: § 32 ist anwendbar, BGH NJW **80**, 1224 (Liefersperre), Mü NJW **96**, 2382, Ehricke ZZP **111**, 174.
Konzernrecht: § 32 ist anwendbar, BGH **122**, 123, Köln OLGR **98**, 40.
Mittäter: Rn 16.
Namensrecht: § 32 ist anwendbar, KG NJW **97**, 3321.
Patentrecht: § 32 ist *unanwendbar* auf einen Anspruch nach §§ 24 V, 33 PatG, Kühnen GRUR **97**, 21.

§ 32

11 Persönlichkeitsrecht: § 32 ist anwendbar auf eine Verletzung des Persönlichkeitsrechts, BGH **131**, 335. S auch Rn 13 „Urheberrecht".
Rechtsweg: § 32 schafft *keine* rechtswegüberschreitende Zuständigkeit, Ffm RR **95**, 319.

12 Sachzusammenhang: Rn 14.
Schiffsunfall: § 32 ist auf die Haftung auf Grund eines Schiffszusammenstoßes nach §§ 735–739 HGB, 92 BinnenSchiffG anwendbar.
Schutzgesetz: § 32 ist in Verbindung mit § 823 II BGB anwendbar, BGH **116**, 13.
Straftat: § 32 ist natürlich anwendbar, soweit es um eine mögliche Straftat geht, BGH **132**, 110 (Betrug), BayObLG MDR **03**, 1311.
Tierhalterhaftung: § 32 ist auf eine Tierhalterhaftung nach §§ 833, 834 BGB anwendbar.
Ungerechtfertigte Bereicherung: Rn 7 „Bereicherung".
Unlauterer Wettbewerb: Es gilt § 14 UWG.
Unterlassungsklage: § 32 ist anwendbar, KG NJW **97**, 3321.

13 Urheberrecht: § 32 ist anwendbar auf eine Klage wegen einer Verletzung des Urheberrechts, BGH GRUR **80**, 230, Mü GRUR **90**, 677.
S auch Rn 11 „Persönlichkeitsrecht", Rn 15 „Verwertungsgesellschaft".
Verbotene Eigenmacht: Rn 7 „Besitz".
Verein: Rn 10 „Juristische Person".
Verrichtungsgehilfe: § 32 ist auf eine Haftung für ihn nach § 831 BGB anwendbar.
Versicherungsfragen: § 32 ist anwendbar auf den Direktanspruch des Geschädigten nach § 3 Z I PflVG, BGH NJW **83**, 1799, und auf die Rückgriffsklage des Haftpflichtversicherers gegenüber dem Versicherten.

14 Vertragsanspruch, Verschulden bei Vertragsschluß usw. dazu *Roth* Festschrift für *Schumann* (2001) 355; *Vollkommer* (vor Rn 1): Es gibt trotz § 17 II GVG keinen allgemeinen Gerichtsstand des Sachzusammenhangs, BGH **132**, 105, Köln MDR **00**, 170, Peglau JA **99**, 142, aM BGH **153**, 174 (zustm Kiethe NJW **03**, 1296, Spickhoff VersR **03**, 665, abl Mankowski JZ **03**, 689, Patzina LMK **03**, 71), BayObLG MDR **03**, 1311, Hamm RR **00**, 727, Köln RR **99**, 1081 (aber bloße angebliche Zweckmäßigkeit rechtfertigt keine Sprengung des kasuistischen Gesetzessystems. § 17 II GVG handelt gerade *nicht* von der Zuständigkeit, sondern vom Rechtsweg, einer ganz anderen Frage). Der Kläger muß zumindest solche Tatsachen behaupten, deren rechtliche Würdigung auch eine unerlaubte Handlung ergeben könne, BGH VersR **03**, 662. Daraus folgt:
 a) **Nur Vertrag usw:** Stützt der Kläger den Anspruch nur auf Vertrag und ergeben sich auch aus der Sicht des Gerichts nur vertragliche Anspruchsgründe, dann ist § 32 *unanwendbar*. Das gilt auch, soweit es um ein Verschulden bei den Vertragsverhandlungen geht.
 b) **Nur unerlaubte Handlung:** Stützt der Kläger den Anspruch nur auf unerlaubte Handlung, so muß man zunächst prüfen, welche rechtliche Einordnung sich aus der Sicht des Gerichts ergibt. Kommt dieses zu rein vertraglichen Ansprüchen, so muß man wie bei a) verfahren, LG Kassel MDR **94**, 205. Dabei muß man allerdings eine etwaige Gerichtsstandsvereinbarung beachten, Rn 1 ff. Wegen § 24 UWG Rn 2, 3.
 c) **Sowohl Vertrag usw als auch unerlaubte Handlung:** Stützt der Kläger den Anspruch sowohl auf Vertrag bzw auf ein Verschulden beim Vertragsschluß als auch auf unerlaubte Handlung, so muß man wiederum zunächst prüfen, welche rechtliche Einordnung sich aus der Sicht des Gericht ergibt, a), b).
 Beurteilt das Gericht den Sachverhalt lediglich als unerlaubte Handlung, so ist § 32 anwendbar, BGH **132**, 105. *Andernfalls* unterliegen die vertraglichen Klagegründe usw der Zuständigkeit nach § 32 *nicht*. Das gilt auch dann, wenn das Gericht für beide Ansprüche zuständig wäre (auch keine Verweisung, § 301 Rn 24 „Rechtliche Grundlagen"), BGH **132**, 105, Hamm MDR **02**, 905, LG Osnabr RR **00**, 727, aM BGH (10. ZS) **153**, 174 (zustm Kiethe NJW **03**, 1296, Spickhoff VersR **03**, 665, abl Mankowski JZ **03**, 689, Patzina LMK **03**, 71), Hbg GRUR-RR **05**, 31, KG MDR **00**, 413 (krit Peglau 723; sie stellen auf den Sachzusammenhang bzw auf die „Einheitlichkeit" des prozessualen Anspruchs und in Wahrheit auf eine prozeßwirtschaftliche Lösung ab.
 Aber zumindest der Sachzusammenhang ist ein *vager Zweckbegriff* ohne klare Abgrenzung und in der ZPO nicht als allgemeiner Gerichtsstand anerkannt, s oben. Daran ändert sich auch entgegen Roth 369 nichts dadurch, daß natürlich aus demselben Streitgegenstand stets auch ein Zusammenhang folgt. Auch der Begriff des prozessualen Anspruchs ist in Wahrheit mehrdeutig, § 2 Rn 3. Deshalb hängt auch der Begriff eines derartigen „einheitlichen" Anspruchs bei näherer Betrachtung ziemlich in der Luft. Prozeßwirtschaftlichkeit in Ehren, Grdz 14 vor § 128. Sie wird in diesem Buch ständig geradezu beschworen. Aber man darf nicht in Wahrheit allein mit ihrer Hilfe einen nach § 32 engeren Gerichtsstand aushöhlen. Diese Gefahr sieht auch Kiethe NJW **03**, 1295. Der Begriff Prozeßwirtschaftlichkeit ist schon gefährlich weit, Rn 5). Der Kläger kann und muß dann evtl unter dem vertraglichen Gesichtspunkt vor dem dafür zuständigen Gericht klagen, BGH **132**, 111.
Vertragsstrafe: Ihre Einforderung erfolgt im allgemeinen vertraglichen Gerichtsstand, nicht zB in demjenigen der §§ 13, 14 UWG, Rostock GRUR-RR **05**, 176.

15 Verwertungsgesellschaft: § 32 ist *unanwendbar* auf den Anspruch einer Verwertungsgesellschaft wegen der Verletzung eines von ihr wahrgenommenen Nutzungs- oder Einwilligungsrechts. Denn dann besteht ein ausschließlicher Gerichtsstand nach § 17 WahrnehmungsG v. 9. 9. 65, BGBl 1294. Das gilt auch dann, wenn der Verletzer keine Einwilligung der Verwertungsgesellschaft eingeholt hat.
S auch Rn 13 „Urheberrecht".
Vormund: Seine Haftung nach § 1833 BGB fällt unter § 32, LG Bln FamRZ **02**, 345.
Zwangsvollstreckung: § 32 ist anwendbar auf eine Schadensersatzklage auf Grund einer unberechtigten Zwangsvollstreckung nach § 717 II (nicht III), auf eine Feststellungsklage nach § 850 f II, dort Rn 11, oder auf eine Schadensersatzklage nach § 945 oder nach § 1065 II 2.

16 4) Persönlicher Geltungsbereich. § 32 gilt für: Den Täter; den Teilnehmer; den Anstifter; den Gehilfen, § 830 II BGB; einen Mittäter, BGH NJW **95**, 1226, Hamm RR **00**, 727; einen haftenden Dritten, etwa einen Verein nach § 31 BGB, oder den Geschäftsherrn nach § 831 BGB, BGH ZIP **89**, 830; den Komplementär einer Kommanditgesellschaft, BayObLG Rpfleger **80**, 156; einen Rechtsnachfolger, auch des Opfers, BGH NJW **90**, 2316. Es ist unerheblich, wer klagt oder verklagt wird, BGH NJW **90**, 1533 und 2316. Die Vorschrift ist auch im Fall einer Rückgriffsklage wegen einer unerlaubten Handlung anwendbar, zB bei der Klage des Fiskus gegen einen Beamten oder im Fall einer Gefährdungshaftung des Kraftfahrzeughaftpflichtversicherers für eine Direktklage gegen ihn nach § 3 PflVG, BGH NJW **83**, 1799, BayObLG NJW **88**, 2184, oder für seine Klage gegenüber dem Versicherten, § 158 f VVG, oder überhaupt bei einer Klage aus abgetretenem oder übergegangenem Recht, BGH NJW **90**, 1533. Die Vorschrift gilt auch gegenüber einem Ausländer.

5) Begehungsort. § 32 überläßt die Begriffsklärung der Lehre und Rechtsprechung. **17**

A. Grundsatz: Verwirklichung eines Tatbestandsmerkmals. Zuständig ist dasjenige Gericht, in dessen Bezirk die unerlaubte Handlung nach schlüssiger Darstellung des Klägers erfolgt ist, BGH **132**, 105, BayObLG Rpfleger **04**, 366, Hamm GRUR **00**, 727. Es genügt, daß ein Tatbestandsmerkmal hier eintrat, BGH **124**, 245 (spricht allerdings von einem „wesentlichen" Tatbestandsmerkmal. Aber was wäre wesentlich?), BayObLG MDR **03**, 1311 (Unerheblichkeit der Art der Rechtsfolgen), Schlesw RR **92**, 240 (unnötig auf eine „Vollstreckungs"-Handlung abstellend). Ausreichend ist sowohl der Handlungsort, Hbg WRP **92**, 805, als auch der Ort des Eingriffs in ein Rechtsgut, BGH **132**, 111, BayObLG **95**, 303 (nicht zu verwechseln mit dem bloßen Schadenseintrittsort nach Rn 23). Eine bloße Vorbereitungshandlung reicht grundsätzlich nicht aus. Daher reicht auch nicht eine nur vorstellbare Handlung, Brdb AnwBl **03**, 120. Eine ernsthafte Drohung reicht aber aus, BGH MDR **95**, 282, Hbg GRUR-RR **05**, 32, LG Düss WertpMitt **97**, 1446. Unter Umständen sind also mehrere Tatorte vorhanden. Indessen kann die Werbung am Ort zum Gerichtsstand auch wegen der Durchführung der beworbenen Maßnahme führen, LG Hbg RR **93**, 173.

Bei einer *Pressestraftat* kommt jeder Ort in Betracht, an dem das Exemplar normalerweise verbreitet wird **18** oder werden soll, Düss RR **88**, 232 (zu § 24 ([jetzt] § 14 II UWG), Ffm RR **89**, 491, LG Hbg NJW **03**, 1952, aM Karlsr GRUR **85**, 557 (eine tatsächliche Verbreitung genüge nicht, vielmehr komme es darauf an, ob zur regelmäßigen Verbreitung im Gerichtsbezirk eine Eignung zur Beeinflussung des dortigen Wettbewerbs zu Gunsten des Werbenden unter einer Berücksichtigung der Attraktivität des Angebots, der Entfernung und der Zahl der regelmäßigen Bezieher hinzutrete und ob man außerdem die wettbewerbliche Wirkung im Gerichtsbezirk vorhersehen könne. Damit überspannt das OLG indes die Anforderungen, Mü GRUR **84**, 831. Man kann im übrigen schon aus der tatsächlichen Verbreitung jedenfalls bei einem nicht ganz untergeordneten Absatz nach den Regeln des Anscheinsbeweises genug für die von ihm genannten Faktoren unterstellen).

Wenn es um einen *Brief* geht, ist sowohl der Absendungsort als auch der Ankunftsort Tatort. Bei einem Wettbewerbsverstoß steht einer Anwendung des § 32 die ausschließliche Zuständigkeit des § 14 UWG dann nicht entgegen, wenn die Klage auch auf einen Verstoß gegen die §§ 823 ff BGB gestützt ist. Bei einem Verstoß gegen eine Preisbindung besteht ein Gerichtsstand auch am Sitz des unternehmensbezogenen Unternehmens. Denn der Verstoß stellt einen Eingriff in den eingerichteten und ausgeübten Gewerbebetrieb dieses Unternehmens dar.

B. Fehlen eines Tatorts. Ein Tatort fehlt, wenn der Erfolg einer Verletzungshandlung bereits an einem **19** anderen Ort vollendet wurde und wenn die Auswirkung auf den Betrieb des Geschädigten nur eine weitere Schadensfolge ist, BGH NJW **80**, 1225, Köln RR **87**, 942 (betr § 826 BGB/Vollstreckungsbescheid), StJSchu 16, aM Kblz RR **89**, 1013 (betr § 826 BGB/Vollstreckungsbescheid. Aber eine bloße Schadensfolge ist erst im Anschluß an die Tat denkbar, Rn 23).

Etwas ähnliches gilt bei einem *Wettbewerbsverstoß* eines Inländers im Ausland und im umgekehrten Fall. In **20** solchen Fällen kann der Kläger wählen. § 36 I Z 2 ist wegen einer tatsächlichen Ungewißheit unanwendbar.

C. Einzelfragen. Es reicht aus, wenn die vom Kläger vorgetragenen Tatsachen bei ihrer rechtlichen **21** Beurteilung ergeben, daß eine unerlaubte Handlung vorliegen kann, BGH **132**, 105. Dann ist es für den Gerichtsstand des § 32 unerheblich, ob der Kläger mit seiner Klage auch im Ergebnis Erfolg haben kann, Köln VersR **98**, 1306, aM BayObLG MDR **03**, 893, Mü RR **94**, 190 (aber § 32 spricht überhaupt nicht von einem „Erfolgsort"). Im Fall einer Unterlassungsklage kommt es darauf an, wo der Bekl hätte handeln müssen oder wo sich das bedrohte Rechtsgut befindet, BGH MDR **95**, 282, Hbg GRUR-RR **05**, 32. Wenn es um ein lizenziertes Werk geht, ist ein Gerichtsstand daher auch an demjenigen Ort begründet, an dem der Bekl die Lizenz hätte einholen müssen. Das im Gerichtsstand des § 32 angerufene Gericht darf und muß als Vorfrage auch darüber entscheiden, ob eine Verletzungshandlung aus Grund vertraglicher Vereinbarung rechtmäßig ist, BGH GRUR **88**, 483. Bei nachträglichem Bekanntwerden einer gemeinschaftlichen unerlaubten Handlung mag eine Änderung der Wahl des Gerichtsstands möglich sein, KG MDR **00**, 414 (krit Peglau 723). Bei einer Vervielfältigung ist nur der Vervielfältigungsort maßgeblich, nicht der Ort der Abrufbarkeit, KG GRUR-RR **02**, 343.

Wenn es sich um einen Verstoß gegen das *MarkenG* und gegen das *UWG* handelt, dann ist der Gerichts- **22** stand nicht von § 14 UWG abhängig, § 141 MarkenG. Dann ist der Gerichtsstand des § 32 auch an demjenigen Ort gegeben, an dem die bloße Gefahr oder die Wiederholungsgefahr einer solchen Verletzung droht, KG NJW **97**, 3321. Denn dort sind die Voraussetzungen für eine vorbeugende Unterlassungsklage erfüllt, Hbg GRUR **87**, 403, Hamm RR **87**, 1337. Das gilt auch im Fall der Unterlassung der Zwangsvollstreckung und Herausgabe des Titels, Hamm RR **87**, 1337.

D. Unerheblichkeit des Orts der Schadensfolgen usw. An demjenigen Ort, an dem lediglich Scha- **23** densfolgen eingetreten sind, ist grundsätzlich kein Gerichtsstand nach § 32 gegeben, BayObLG Rpfleger **04**, 366, Düss RR **88**, 940, Mü RR **93**, 703, aM LG Mainz RR **00**, 588 (bei Amtshaftung, in sich widersprüchlich, Rn 17). Es reicht auch nicht schon aus, daß der Betroffene an dem fraglichen Ort wohnt oder seinen Sitz hat, Hamm RR **86**, 1047, Mü RR **93**, 703 (je betr das internationale Recht). Wenn mehrere Personen haften, muß man den Gerichtsstand für jeden selbständig bestimmen, BGH NJW **02**, 1425, BayObLG **95**, 303. Wegen der Beweislast Üb 19 vor § 12. Im Fall einer leugnenden Feststellungsklage ist dasjenige Gericht zuständig, das für eine Leistungsklage des Bekl gegen den Kläger zuständig wäre, Köln GRUR **78**, 658.

§§ 32a, 32b

32a *Ausschließlicher Gerichtsstand der Umwelteinwirkung.* ¹Für Klagen gegen den Inhaber einer im Anhang 1 des Umwelthaftungsgesetzes genannten Anlage, mit denen der Ersatz eines durch eine Umwelteinwirkung verursachten Schadens geltend gemacht wird, ist das Gericht ausschließlich zuständig, in dessen Bezirk die Umwelteinwirkung von der Anlage ausgegangen ist. ²Dies gilt nicht, wenn die Anlage im Ausland belegen ist.

Schrifttum: *Landsberg/Lülling,* Umwelthaftungsrecht, 1991.

1 **1) Systematik, S 1, 2.** Vgl zunächst § 20 Rn 1. Die von Pfeiffer ZZP **106**, 179 pointiert als „Störfall" bezeichnete Vorschrift bringt in Ergänzung von § 1 UmweltHG einen zwingenden (ausschließlichen) besonderen Gerichtsstand, soweit die umstrittene Anlage im Inland liegt, S 1. Andernfalls bleibt es bei den sonstigen Gerichtsständen, S 2. Vgl auch Artt 2, 5 Z 3 EuGVVO, SchlAnh V C 4.

2 **2) Regelungszweck, S 1, 2.** Vgl zunächst § 20 Rn 2. Die Vorschrift stellt auf Sachnähe des Gerichts ab. Das dient der Prozeßwirtschaftlichkeit, Grdz 14 vor § 128. Es kann auch eine gerechte Lösung erleichtern, Einl III 9. Freilich bestehen auch schwierige Abgrenzungsprobleme.

Ausgehen der Umwelteinwirkung ist nämlich bei genauerer Prüfung ein gar nicht leicht faßbarer Begriff. Nicht überall stimmt der Ort der „Einwirkung" mit demjenigen der „Entstehung" überein. Die giftige Wirkung mag erst in einiger Entfernung vom Schornstein oder Unfallort einsetzen. Da § 32a eine ausschließliche Zuständigkeit schafft, ist eine genauere diesbezügliche Klärung eigentlich notwendig, evtl aber kaum mit vertretbarem Aufwand erzielbar.

Besondere Abwägung ohne (verständliche) Abneigung gegen einen solchen meist auch im übrigen schwierigen Prozeß ist daher geboten. Sie erlaubt keine Überschärfe der Anforderungen an den Einwirkungsbegriff. Der Störfall soll eine möglichst einheitliche Beurteilung erhalten, Landsberg/Lülling DB **90**, 2211, Pfeiffer ZZP **106**, 160.

3 **3) Sachlicher Geltungsbereich, S 1, 2.** Es muß gerade um einen Anspruch auf Ersatz „eines durch eine *Umwelteinwirkung* verursachten Schadens" gehen. Auch dieser Begriff ist nicht gesetzlich bestimmt. Er läßt sich aber indirekt durch § 3 I UmweltHG mitbestimmen. Dort ist festgelegt, wann durch eine Umwelteinwirkung ein Schaden entsteht. Die Verursachung wird in § 6 I UmweltHG vermutet. Man kann sie nach § 6 II–IV sowie nach § 7 UmweltHG unter den dortigen Voraussetzungen bestreiten. Es kann sich um einen Anspruch aus Vertrag oder auf anderer Grundlage handeln, § 18 I UmweltHG, zB aus Gefährdungshaftung, aus unerlaubter Handlung, nicht aber um Atomschaden, § 18 II UmweltHG. Wegen der Beweislast Anh nach § 286 Rn 195 „Umwelthaftung".

4 **4) Persönlicher Geltungsbereich, S 1, 2.** Vgl Üb 3 vor § 12. Die Vorschrift ist nur auf die Klage gegen den Inhaber einer im Anhang 1 des UmweltHG genannten Anlage anwendbar, S 1, es sei denn, daß sie im Ausland liegt, S 2. Der Auslandsbegriff ist bei § 917 II in Bewegung geraten, dort Rn 19. Man muß die dortige Problematik hier entsprechend beurteilen. Der Kreis der Anlagen ist in diesem amtlichen Anhang anschließend und eng auslegbar umrissen. Der Anhang 1 des UmweltHG ist umfangreich. Vom Mitabdruck muß daher hier abgesehen werden. Die derzeitige Fassung befindet sich hinter dem UmweltHG im BGBl **90**, 2639. Der Begriff des Inhabers der Anlage ist im UmweltHG nicht bestimmt. Natürlich kann und wird oft eine juristische Person des privaten oder öffentlichen Rechts Inhaber sein. Es kommt auf die rechtliche Inhaberschaft an. Die wirtschaftliche Beherrschung ist nicht entscheidend, aM Landsberg/Lülling DB **90**, 2206, ZöV 5 (aber „Inhaber" ist etwas anderes als zB Kfz-Halter). Denn das UmweltHG macht den Inhaber und nicht den Betreiber zivilrechtlich haftbar. Der Betreiber kann allerdings strafrechtlich haften, § 22 UmweltHG, oder ordnungswidrig handeln, § 23 UmweltHG. Gerade aus diesen letzteren andersartigen Haftungsarten wird aber deutlich, daß eben zivilrechtlich die Inhaberschaft entscheidet, § 1 UmweltHG.

5 **5) Ausschließliche Zuständigkeit, S 1.** Unter den Voraussetzungen Rn 1 tritt eine ausschließliche Zuständigkeit kraft Gesetzes ein. Gerichtsstandsvereinbarungen sind daher auch dann unwirksam, wenn sie an sich nach § 38 zustandegekommen sind, § 40 II Hs 2. Daher nützt auch kein sonst nach § 39 ausreichendes rügeloses Verhandeln, § 40 II 2.

6 **6) Gerichtsstand des Ausgangs der Umwelteinwirkung, S 1.** Für jede Klageart ist dasjenige Gericht nach Rn 5 ausschließlich zuständig, „in dessen Bezirk die Umwelteinwirkung von der Anlage ausgegangen ist". Man muß die sachliche Zuständigkeit wie sonst bestimmen. Anlage sind nur ortsfeste Einrichtungen wie Betriebsstätten und Lager, § 3 II UmweltHG. Ob die Einwirkung zumindest auch gerade von dieser Anlage ausgegangen ist, läßt sich nur unter Berücksichtigung aller Umstände des Einzelfalls feststellen. Der Begriff der Verursachung nach Rn 3 mit den nur zu ihm vorhandenen gesetzlichen Vermutungsregeln gibt nur einen wenn auch meist ausschlaggebenden Anhalt dafür, ob die Einwirkung auch von einer bestimmten Anlage ausging. Für oder gegen das letztere kann auch ein AnschBew gelten.

7 Soweit *mehrere* in verschiedenen Gerichtsbezirken liegende Anlagen als Ausgangspunkte einer oder mehrere Einwirkungen in Betracht kommen, können mehrere Gerichte örtlich nach § 32a zuständig sein. Daher ist trotz der Ausschließlichkeit dieses Gerichtsstandes im Ergebnis doch § 35 anwendbar, dort Rn 1. Notfalls muß man die Zuständigkeit nach §§ 36 I Z 3, 4, 37 bestimmen.

32b *Ausschließlicher Gerichtsstand bei falschen, irreführenden oder unterlassenen öffentlichen Kapitalmarktinformationen.* ¹¹Für Klagen, mit denen
1. der Ersatz eines auf Grund falscher, irreführender oder unterlassener öffentlicher Kapitalmarktinformationen verursachten Schadens oder
2. ein Erfüllungsanspruch aus Vertrag, der auf einem Angebot nach dem Wertpapiererwerbs- und Übernahmegesetz beruht,

geltend gemacht wird, ist das Gericht ausschließlich am Sitz des betroffenen Emittenten, des betroffenen Anbieters von sonstigen Vermögensanlagen oder der Zielgesellschaft zuständig. ² Dies gilt nicht, wenn sich dieser Sitz im Ausland befindet.

II ¹ Die Landesregierungen werden ermächtigt, durch Rechtsverordnung die in Absatz 1 genannten Klagen einem Landgericht für die Bezirke mehrerer Landgerichte zuzuweisen, sofern dies der sachlichen Förderung oder schnelleren Erledigung der Verfahren dienlich ist. ² Die Landesregierungen können diese Ermächtigung auf die Landesjustizverwaltungen übertragen.

Vorbem. Eingefügt dch Art 2 Z 2 G v 16. 8. 05, BGBl 2437, in Kraft seit 20. 8. 05, Art 9 I 1 Hs 2 G, außer Kraft am 1. 11. 10, Art 9 Hs 2 G (dann wird das bis 19. 8. 05 wirksam gewesene Recht erneut gelten), ÜbergangsR § 31 EGZPO.

1) Systematik, I, II. Es handelt sich um eine vorrangige Spezialzuständigkeit. Ergänzend gilt für Übergangsfälle § 31 EGZPO, ferner § 20 KapMuG, SchlAnh VIII. 1

2) Regelungszweck, I, II. Dem Grundgedanken eines Musterfeststellungsverfahrens nach § 1 KapMuG, SchlAnh VIII, als Vorstufe einer echten Sammelklage folgt eine möglichst auch örtlich konzentrierte Zuständigkeitsregelung in I 1. Die Ermächtigungen in II 1 sollten rasch erfolgen und großzügige Handhabung erhalten. 2

3) Geltungsbereich, I. Er ist derselbe wie in § 1 I 1 KapMuG, SchlAnh VIII. Man kann auch Organe des Emittenten, Emissionsbegleiter, Anbieter sonstiger Vermögensanlagen und Prospektverantwortliche hier verklagen, Schneider BB **05**, 2250. Beim Sitz in der EuGVVO oder dem LugÜ bleibt ein deutsches Gericht zuständig, wenn es international zuständig ist, Schneider BB **05**, 2251. 3

4) Ermächtigungen, II. Sie sind noch nicht erfolgt. 4

33 *Besonderer Gerichtsstand der Widerklage.* ¹ Bei dem Gericht der Klage kann eine Widerklage erhoben werden, wenn der Gegenanspruch mit dem in der Klage geltend gemachten Anspruch oder mit den gegen ihn vorgebrachten Verteidigungsmitteln in Zusammenhang steht.

II Dies gilt nicht, wenn für eine Klage wegen des Gegenanspruchs die Vereinbarung der Zuständigkeit des Gerichts nach § 40 Abs. 2 unzulässig ist.

Schrifttum: *Eickhoff,* Inländische Gerichtsbarkeit und internationale Zuständigkeit für Aufrechnung und Widerklage usw, 1985; *Rimmelspacher,* Zur Bedeutung des § 33 ZPO, Festschrift für *Lüke* (1997) 655; *Schwab,* Zum Zusammenhang bei Rechtsweg- und Zuständigkeitsentscheidung, in: Festschrift für *Zeuner* (1994). S auch Anh nach § 253.

Gliederung

1) **Systematik, I, II**	1, 2	5) **Begriff des Zusammenhangs, I**		8
2) **Regelungszweck, I, II**	3	6) **Beispiele eines Zusammenhangs, I**		9
3) **Geltungsbereich, I, II**	4	7) **Beispiele des Fehlens eines Zusammenhangs, I**		10
4) **Zulässigkeit, I**	5–7	8) **Rügelose Einlassung, I**		11
A. Zusammenhang mit Klaganspruch	5	9) **Unzulässigkeit der Widerklage, II**		12
B. Zusammenhang mit Verteidigungsmitteln	6	10) *VwGO*		13
C. Fehlen ausschließlicher Zuständigkeit	7			

1) Systematik, I, II. Vgl zunächst § 20 Rn 1. Über den Begriff und das Recht der Widerklage Anh nach § 253. Die Vorschrift ordnet nur den besonderen Gerichtsstand der Widerklage, StJSchu 6, ThP 1, ZöV 2, aM Rimmelspacher (vor Rn 1) 665 (auch Schutz des Klägers vor nicht mit dem Klaganspruch zusammenhängender Gegenforderung), BGH NJW **75**, 1228, RoSGo § 98 II 2 c (§ 33 ordne auch die Voraussetzungen einer Widerklage. Aber die Vorschrift steht im Zuständigkeitsabschnitt). Ein obligatorisches Güteverfahren findet nicht statt, § 15 a II 1 Z 1 EGZPO, Hartmann NJW **99**, 3747. 1

Es folgt *nicht nur* aus *§ 33,* daß eine Widerklage zulässig ist. Es ergibt sich schon aus dem Begriff der Widerklage, daß sie nur im Gerichtsstand der Klage möglich ist, Zweibr RR **00**, 590. § 33 gibt keinen besonderen Gerichtsstand für eine Widerklage gegen einen am Prozeß bisher nicht beteiligten Dritten, dazu Anh nach § 253 Rn 3. Es genügt, daß der Kläger den Widerkläger in irgendeinem Gerichtsstand belangt hat. Das Wort „Zusammenhang" in § 33 meint nur die örtliche Zuständigkeit. Wenn ein Zusammenhang in diesem Sinn fehlt, dann ist eine Widerklage zwar zulässig, aber sie ist bei einem örtlich unzuständigen Gericht erhoben worden. Man muß die Widerklage dann abtrennen und als eine selbständige Klage behandeln, § 145 II. Diese Vorschrift sagt ja der Zulässigkeit einer solchen Widerklage aus, die ohne einen rechtlichen Zusammenhang erhoben worden ist. Ein Streithelfer hat nicht die Stellung einer Partei. Er ist also auch nicht zu einer Widerklage berechtigt, § 66 Rn 1. 2

Wenn der Widerkläger einen *Verweisungsantrag* stellt, dann muß das Gericht die Widerklage an das für die Widerklage zuständige Gericht verweisen, Zweibr RR **00**, 590. Wenn kein derartiger Antrag erfolgt, muß das Gericht die Widerklage wegen der Unzuständigkeit des Gerichts durch ein Prozeßurteil abweisen, nicht etwa wegen einer sonstigen Unzulässigkeit. Wenn die Gegenmeinung richtig wäre, dann wäre die Regelung der Voraussetzungen des § 33 unverständlich. Außerdem betrifft II unstreitig die Zuständigkeit. Schließlich ergänzt die Vorschrift den Gesetzestext in dem Wort „Widerklage" durch das Wort „nur". Das ist unzulässig. Eine Widerklage ist nicht schon deshalb unzulässig, weil sie nur zu dem Zweck erhoben wurde, einen revisionsfähigen Streitwert zu erreichen. Wegen der EuGVVO SchlAnh V C 4, besonders Art 6 Z 3 und Art 16 III, EuGH NJW **96**, 42 (Art 6 Z 3 gilt nicht bei Aufrechnung, Busse MDR **01**, 731. § 33 enthält keinen ausschließlichen Gerichtsstand kraft Gesetzes. § 38 ff haben Vorrang, BGH NJW **81**, 2644. Außerhalb der EuGVVO kann sich eine internationale Zuständigkeit aus § 33 ergeben, BGH RR **87**, 228. Ist sie wirksam abbedungen, so ist die Widerklage im Gerichtsstand des § 33 unzulässig, BGH MDR **85**, 911.

§ 33   Buch 1. Abschnitt 1. Gerichte

3   **2) Regelungszweck, I, II.** Vgl zunächst § 20 Rn 2, Anh § 253 Rn 9. § 33 soll zersplitterte Prozesse über zusammenhängende Fragen vermeiden helfen, BGH **147**, 222. Die Vorschrift dient also auch der Prozeßwirtschaftlichkeit, Grdz 14 vor § 128. Sie begünstigt auch den Angegriffenen und dient damit der Waffengleichheit nach Einl III 21, Pfaff ZZP **96**, 352. Das muß man bei der Auslegung mitbeachten. Freilich muß man die im Anh § 253 Rn 3 beschriebenen Grenzen beachten. Man darf auch nicht nur über eine Widerklage zum Übergang in eine andere Verfahrensart gezwungen werden, § 595. Auch sollte man mitbedenken, daß die Widerklage eine erhebliche Verlängerung des Klageverfahrens mit sich bringen kann. Denn ihre späte Erhebung hat zB keinen Ausschluß nach § 296 zur Folge. Denn sie ist kein Verteidigungsmittel, sondern ein echter Gegenangriff, Einl III 71. Solche Überlegungen sollten aber nicht zur allzu engen Auslegung des Begriffs des Zusammenhangs in I führen.

4   **3) Geltungsbereich, I, II.** Vgl Üb 3 vor § 12.

5   **4) Zulässigkeit, I.** Man darf die Widerklage im nicht ausschließlichen Gerichtsstand der Klage unter den folgenden Voraussetzungen erheben.

   A. Zusammenhang mit Klaganspruch. Es muß entweder ein Zusammenhang mit dem Klaganspruch bestehen, BGH MDR **83**, 554. Zum Begriff des Anspruchs Einl III 73. Eine Gerichtsstandsklausel des Inhalts, daß ein Gericht am Wohnsitz usw des Verkäufers allein zuständig sein soll, daß der Verkäufer aber auch am Wohnsitz usw des Käufers klagen kann, kann allerdings bewirken, daß der Gerichtsstand der Widerklage ausgeschlossen ist. Zum unbekannten Aufenthalt beim Scheidungsantrag Zweibr FamRZ **85**, 82.

6   **B. Zusammenhang mit Verteidigungsmitteln.** Oder: Der Widerklageanspruch muß mit einem gegen den Klaganspruch vorgebrachten Verteidigungsmittel in einem Zusammenhang stehen. Zum Begriff des Verteidigungsmittels Einl III 70. Das Verteidigungsmittel muß prozessual zulässig sein. Es braucht aber nicht sachlichrechtlich begründet zu sein.

7   **C. Fehlen ausschließlicher Zuständigkeit.** Für den Widerkläganspruch darf bei Rn 6, 7 keine vorrangige, weil ausschließliche andere Zuständigkeit bestehen, zB nach § 24.

8   **5) Begriff des Zusammenhangs, I.** Mit diesem Wort ist in § 33 ein rechtlicher Zusammenhang gemeint, ebenso wie in den §§ 145, 147, 302. Ein rein tatsächlicher Zusammenhang genügt also nicht. Das bedeutet: Die Klage oder ein Verteidigungsmittel und die Widerklage müssen auf demselben Rechtsverhältnis beruhen oder sich auf Grund desselben Rechtsverhältnisses gegenseitig bedingen, Düss RR **91**, 369, Stürmer NJW **04**, 2482. Ein unmittelbarer wirtschaftlicher Zusammenhang nach § 2 I Z 4 a ArbGG, also ein Wurzeln in demselben wirtschaftlichen Verhältnis, enthält regelmäßig auch einen rechtlichen Zusammenhang, Zweibr Rpfleger **77**, 142, LG Mü NJW **78**, 953. Das Verteidigungsmittel muß überhaupt in Betracht kommen. Es muß also prozessual und sachlichrechtlich zulässig sein. Es ist unerheblich, ob es auch unbegründet ist.

9   **6) Beispiele eines Zusammenhangs, I:** Es geht um eine Forderung und um eine aufrechenbare Gegenforderung; es handelt sich um eine Eigentumsklage und um eine Besitzwiderklage und umgekehrt, BGH **73**, 357, Hager KTS **89**, 521, ZöV 29, aM RoSgo § 98 II 2 c (aber Eigentum und Besitz stehen sehr oft in engstem Zusammenhang); es geht einerseits um den Kaufpreis, andererseits um einen Mängelbeseitigungsanspruch oder um einen Schadensersatzanspruch wegen Nichterfüllung; es geht einerseits um ein Architektenhonorar, andererseits um Schadensersatz wegen Planungsmängeln, BGH NJW **01**, 2094; geht um den Anspruch auf die Übergabe der Ware oder einen Rücktrittsanspruch einerseits und um Herausgabe einer ungerechtfertigten Bereicherung einerseits, den Anspruch auf die Zahlung des Kaufpreises andererseits; es handelt sich um eine Klage auf Grund einer Verletzung einer Marke und um eine Widerklage mit dem Ziel der Löschung der Marke; es geht um gegenseitige Ansprüche aus ständiger Geschäftsbeziehung, Busse MDR **01**, 730; es handelt sich um zusammengefaßte, einheitliche oder umtauschbare Ansprüche; es geht einerseits um Unterhalt, andererseits um Feststellung des Fehlens einer Vorschußpflicht, Ffm FamRZ **93**, 1466.

10 **7) Beispiele des Fehlens eines Zusammenhangs, I:** Es geht um eine Forderung und eine den Betrag der Klage übersteigende und insofern nicht mit aufrechenbare Gegenforderung, aM Prütting/Weth ZZP **98**, 153 (aber das ist gerade ein typisches Beispiel des Fehlens); es geht um ein kaufmännisches Zurückbehaltungsrecht, §§ 369 ff HGB; es handelt sich um den Kauf einer Sache und um eine Widerklage aus dem Kauf einer anderen Sache; die Klage beruht auf einem Mietvertrag, die Widerklage auf einem Kaufvertrag; die Klage wird mit der Verletzung der einen Marke begründet, die Widerklage mit der Verletzung der anderen Marke; eine Übereinstimmung zwischen der Klage und der Widerklage besteht nur insofern, als für beide dieselben Rechtssätze anwendbar sind.

11 **8) Rügelose Einlassung.** Wenn der rechtliche Zusammenhang fehlt und das Gericht auch nicht sonstwie zuständig ist, etwa aus § 35, dann enthält eine rügelose Einlassung des Klägers auf die Widerklage eine stillschweigende Vereinbarung des Gerichtsstands der Widerklage, §§ 38, 39. Eine solche Vereinbarung ist im Rahmen der Zulässigkeit nach II wirksam. Die hier nicht vertretene Meinung Rn 1 kommt zu demselben Ergebnis, indem sie in einem solchen Fall § 295 anwendet. Bei Vereinbarung eines anderen Gerichts als international ausschließlich zuständig kommt es nicht allein auf die rügelose Einlassung nach § 295 vor dem Gericht nach § 33 an, BGH RR **87**, 228, krit Pfaff ZZP **96**, 334. Man muß aber streng prüfen, BGH WertpMitt **83**, 1018. Soweit auf den vorstehenden Wegen keine Zuständigkeit eintritt, muß das Gericht eine Verweisung nach §§ 139, 281 anregen und die Widerklage notfalls als unzulässig abweisen.

12 **9) Unzulässigkeit der Widerklage, II.** Wenn eine Vereinbarung der örtlichen Zuständigkeit oder der sachlichen Zuständigkeit für den Gegenanspruch nach § 40 II unzulässig ist, dann ist § 33 unanwendbar. In einem solchen Fall muß das Gericht die Widerklage nach § 145 abtrennen und den Rechtsstreit insofern an das zuständige Gericht verweisen oder die Widerklage sogleich als unzulässig abweisen, Rn 3. Wegen des Verhältnisses zwischen der Zivilkammer und der Kammer für Handelssachen vgl §§ 97–99 GVG und Anh § 253 Rn 11. II ist auf die bloße Aufrechnung nicht entsprechend anwendbar, Schreiber ZZP **90**, 408.

13 **10) *VwGO:*** *Für die Widerklage gelten besondere Bestimmungen, § 89 VwGO.*

Titel 2. Gerichtsstand **§§ 34, 35**

34 *Besonderer Gerichtsstand des Hauptprozesses.* **Für Klagen der Prozessbevollmächtigten, der Beistände, der Zustellungsbevollmächtigten und der Gerichtsvollzieher wegen Gebühren und Auslagen ist das Gericht des Hauptprozesses zuständig.**

1) Systematik. Vgl zunächst § 20 Rn 1. § 34 gibt einen besonderen Wahlgerichtsstand, BAG NJW **98**, 1092, Schlesw FamRZ **84**, 1119. Das ist eine nicht zwingende, aber oft ratsame Sonderregelung. § 11 RVG hat Vorrang. Wegen der EuGVVO Roth ZZP **104**, 459. **1**

2) Regelungszweck. Vgl zunächst § 20 Rn 2. Die Vorschrift dient der Konzentration der Kostenfragen beim Gericht der Hauptsache und insoweit der Prozeßwirtschaftlichkeit, Grdz 14 vor § 128. Das muß man bei der Auslegung mitbeachten. Freilich kann es zu einem anderen Rechtszugsystem führen, wenn zB das Hauptsachegericht ein AG ist, der Wert des Kostenstreits aber die Grenze des § 23 Z 1 GVG übersteigt. Das wird nicht oft geschehen. Es ist im Interesse der Sachnähe des Gerichts durchaus hinnehmbar. **2**

3) Sachlicher Geltungsbereich. Vgl zunächst Üb 3 vor § 12. Die Vorschrift gilt nur für die sachliche wie örtliche Zuständigkeit, nicht für den Rechtsweg, BAG NJW **98**, 1092, LAG Köln AnwBl **95**, 167. Der Gerichtsstand besteht nur für gesetzliche oder vereinbarte Gebühren und Auslagen, die infolge des Prozesses entstanden sind. Er besteht wegen des Regelungszwecks nach Rn 2 bei dem Gericht des Hauptprozesses, also bei dem erstinstanzlich mit dem Prozeß befaßten Gericht, etwa bei einem Familiengericht, Rn 4. Zum Hauptprozeß zählten auch: Das Mahnverfahren, § 688; das einstweilige Verfahren, §§ 620 ff, 916 ff, 935 ff; das selbständige Beweisverfahren, §§ 485 ff; das Aufgebotsverfahren, §§ 946 ff; das Zwangsvollstreckungsverfahren, §§ 704 ff; das Zwangsversteigerungsverfahren nach dem ZVG; das Insolvenzverfahren, § 4 InsO; das Verfahren vor dem Staatsgericht im Zusammenhang mit einem schiedsrichterlichen Verfahren, §§ 1050, 1062 ff. **3**

Nicht hierher gehören: Das übrige schiedsrichterliche Verfahren, § 1025; das Strafverfahren; eine außergerichtliche Tätigkeit, BGH **97**, 84 (Scheidungsfolgesache).

Dieses erstinstanzliche Gericht ist auch wegen derjenigen Kosten zuständig, die im Hauptprozeß während der *höheren Instanz* entstanden sind. Es muß sich aber um ein ordentliches Gericht handeln. § 34 eröffnet also nicht eine Zuständigkeit des ArbG, Zweibr FamRZ **82**, 85, ZöV 5, aM LAG Hbg MDR **95**, 213. Für das Urteilsverfahren verweist § 46 II ArbGG auf die ZPO und damit auf § 34, BAG NJW **98**, 1092. Für die übrigen Verfahren folgt die Zuständigkeit des ordentlichen Rechtswegs aus § 2 ff ArbGG, BAG NJW **98**, 1092. **4**

Es ist nicht notwendig *dieselbe Abteilung* oder Kammer wie im Hauptprozeß zuständig. Wohl aber muß je nachdem, wer im Hauptprozeß entschieden hat, entweder die Zivilkammer oder das FamG entscheiden, Hbg FamRZ **85**, 409, MüKoPa 11, aM BGH **97**, 79, Karlsr OLGZ **86**, 127, Saarbr FamRZ **86**, 73 (aber der Hauptprozeß fand vor dem FamG statt. Ein anderer Rechtsmittelzug hat wie stets innerhalb des ordentlichen Rechtswegs die Folge beim FamG). Es mag auch die Kammer für Handelssachen auch nach § 34 tätig werden, KG FamRZ **81**, 1090, ThP, aM BGH **97**, 81, Karlsr FamRZ **85**, 498 (aber es kommt eben auch hier auf den Schwerpunkt an). In einer Strafsache, FGG-Sache usw ist das ordentliche Zivilgericht zuständig. Eine Verweisung ändert die Zuständigkeit nicht.

4) Persönlicher Geltungsbereich. In einer Strafsache, FGG-Sache usw ist das ordentliche Zivilgericht zuständig. § 34 gilt zunächst für den ProzBev. Hier zählt zu diesem Begriff jeder, der auf Grund einer prozessualen Vollmacht für eine Partei ein prozessuales Geschäft besorgt hat, zB: Der Verkehrsanwalt, VV 3400; der Unterbevollmächtigte, VV 3401, und zwar auch im Fall einer Klage gegen den ProzBev, der ihm die Untervollmacht gab; der Terminvollmacht, VV 3330. Vgl aber auch § 11 RVG (Festsetzungsverfahren). § 34 gilt ferner: Für den Beistand nach § 90; für den Zustellungsbevollmächtigten, § 184 Rn 1. **5**

Beim *Gerichtsvollzieher* ist § 34 gegenstandslos. Denn der Gerichtsvollzieher ist ein Beamter, Üb 3 vor § 154 GVG, und die durch seine Tätigkeit entstehenden Kosten sind solche des Staats. Ihre Beitreibung erfolgt nach § 1 I Z 7, 8 I JBeitrO, § 9 I GvKostG, Hartmann Teile IX A, XI. Bei einem Notar entsteht wegen seiner Forderung auf Grund eines Notargeschäfts kein ordentlicher Rechtsweg, §§ 154 ff KostO.

Richtiger Bekl sind stets nur der Vollmachtgeber und seine Rechtsnachfolger sowie sonstige Personen, die für ihn haften, etwa ein Bürge, nicht aber der Prozeßgegner und keinesfalls ein Dritter. § 34 gilt nur für den Kläger. Zählt dieser zB als Auftraggeber nicht zu den vorgenannten Personen, ist § 34 unanwendbar. **6**

5) VwGO: Unanwendbar, weil den VerwGerichten ebenso wie den Arbeitsgerichten, oben Rn 4, die sachliche Zuständigkeit für diese Klagen fehlt, vgl FG Mü LS EFG **82**, 315. **7**

35 *Wahl unter mehreren Gerichtsständen.* **Unter mehreren zuständigen Gerichten hat der Kläger die Wahl.**

Schrifttum: *Albicker,* Der Gerichtsstand der Streitgenossenschaft, 1996.

1) Systematik. Vgl zunächst § 20 Rn 1. Es handelt sich um eine angesichts der Fülle von Gerichtsständen der ZPO und anderer einschlägiger Gesetze technisch notwendige Regelung. **1**

2) Regelungszweck. Die Vorschrift ist ein typischer Ausdruck der Parteiherrschaft, Grdz 18 vor § 128. Man muß sie natürlich dahin begrenzen, daß eine getroffene Wahl grundsätzlich endgültig ist, Rn 5. Denn sonst wäre der Willkür Tür und Tor geöffnet, Einl III 54. Ein obligatorisches Güteverfahren nach § 15 a EGZPO läßt sich je nach etwa unterschiedlichen Länder-Durchführungsregeln nach § 794 Rn 4 durch Wahl des richtigen späteren Gerichtsstands evtl vermeiden oder doch vereinfachen, Hartmann NJW **99**, 3748. **2**

Können und Ruf, zwei durchaus verschieden ausgeprägt mögliche Eigenschaften des Gerichts, mögen etwa im Wettbewerbs- oder Kartellrechte regelmäßig Sogwirkung zu bestimmten Kammern einzelner weniger deutscher Landgerichte herbeiführen, nicht es auch wesentlich wegen des vorgeordneten OLG-Senats. Manche Verwaltung mag das wegen entsprechenden Gebührenaufkommens begrüßen. Qualitätssteigerung kann die im Interesse der Rechtspflege liegende Folge sein. Schon deshalb darf man eine solche Tendenz der Gerichts-

§§ 35–36   Buch 1. Abschnitt 1. Gerichte

wahl nicht bei der Prüfung der Notwendigkeit von Zusatzkosten nach §§ 91 ff verborgen tadeln. Spezialisierung ist auch bei Gericht ohnehin vielfach unvermeidlich geworden.

3   **3) Geltungsbereich.** Vgl zunächst Üb 3 vor § 12. § 35 bezieht sich auf den Fall, daß mehrere Gerichte eines allgemeinen oder besonderen Gerichtsstands zuständig sind, BGH FER **97**, 136 (FGG). Die Vorschrift erfaßt auch den Fall, daß mehrere solche Gerichte ausschließlich zuständig sind, Üb 14 vor § 12, Thümmel NJW **86**, 558. Sie gilt auch im Insolvenzverfahren, Naumb RR **02**, 1705. Im Mahnverfahren gilt für mehrere Antragsteller § 689 II, nicht § 35, BGH NJW **78**, 321.

4   **4) Ausübung des Wahlrechts.** Der Kläger trifft seine endgültige Wahl nicht schon mit der Klageeinreichung (Anhängigkeit), wohl aber infolge der Klagezustellung, also der Klagerhebung, §§ 253, 261 (Rechtshängigkeit), BayObLG MDR **99**, 1461, Köln MDR **80**, 763. Maßgeblich ist natürlich die tatsächliche Rechtshängigkeit, nicht der Zeitpunkt, zu dem das Gericht zB die Klage hätte zustellen sollen. Wegen des Mahnantrags § 690 Rn 11, § 696 Rn 28. Ein Arrestgesuch nach §§ 916 ff stellt keine derartige Wahl dar. Wegen § 797 dort Rn 13.

5   Die einmal wirksam getroffene Wahl ist für diesen Prozeß *endgültig*, BayObLG MDR **99**, 1461, Naumb RR **02**, 1705, Zweibr RR **00**, 590 (Widerklage). Das gilt auch im selbständigen Beweisverfahren, Zweibr BauR **97**, 885. Bei nachträglich bekannter unerlaubter Handlung kann eine Ausnahme gelten, KG RR **01**, 62. Nach einer Klagerücknahme gemäß § 269 oder nach einer Klagabweisung wegen Unzulässigkeit entsteht allerdings ein neues Wahlrecht. § 35 bezieht sich auch auf eine Wahl zwischen einem Staatsgericht und einem Schiedsgericht. Wenn der Kläger eine Verweisung an das zuständige Gericht beantragen kann, §§ 281 ZPO, 48 ArbGG, §§ 17 ff GVG, dann hat er ein neues Wahlrecht. Dieses Wahlrecht erlischt aber mit dem Verweisungsantrag, BayObLG MDR **99**, 1461. Man darf das Wahlrecht darf bei § 35 nicht durch Kostenersparniserwägungen einschränken, zB im Kostenfestsetzungsverfahren nach §§ 103 ff nachträglich beeinträchtigen, Hbg MDR **99**, 638, MüJB **94**, 477, ZöV 3, aM ZöHe § 91 Rn 13 „Wahl des Gerichtsstands" (aber die Kostenfestsetzung folgt erst dem Erkenntnisverfahren). Anders ist es bei Rechtsmißbrauch, Einl III 54, Hamm NJW **87**, 138, und bei § 696, dort Rn 19–21. Ein Bekl kann für einen nicht widerklagenden Prozeß gegen den Kläger frei wählen, Karlsr OLGR **03**, 246.

6   **5) VwGO:** *Unanwendbar, weil ein Wahlrecht des Klägers durch § 53 I Nr 3 VwGO ausgeschlossen wird.*

35a *Besonderer Gerichtsstand bei Unterhaltsklagen.* Das Kind kann die Klage, durch die beide Eltern auf Erfüllung der Unterhaltspflicht in Anspruch genommen werden, vor dem Gericht erheben, bei dem der Vater oder die Mutter einen Gerichtsstand hat.

1   **1) Systematik.** Vgl zunächst § 20 Rn 1. § 35 a bringt zwei weitere besondere Wahlgerichtsstände, von denen keiner die sonstigen ausschließt, Rn 3. § 642 hat Vorrang (Ausnahme dort I 2). Vgl ferner Art 5 Z 2 EuGVVO, SchlAnh V C 4, sowie § 23 a.

2   **2) Regelungszweck.** Die Vorschrift dient zwecks Prozeßwirtschaftlichkeit nach Grdz 14 vor § 128 der Erleichterung der Durchsetzung einer Anspruchsart, die ein meist ja ohnehin rechtlich wie tatsächlich schwacher Kläger nur mühsam genug bewältigen kann. Das muß man bei der Auslegung mitbeachten.

3   **3) Geltungsbereich.** Vgl zunächst Üb 3 vor § 12. Die Ehefrau hat infolge ihrer Gleichberechtigung keinen abgeleiteten Wohnsitz mehr. Beide Eltern sind nebeneinander unterhaltsverpflichtet, § 1606 III 1 BGB. Es ist also möglich, daß die verheiratete Frau einen anderen Gerichtsstand als der Mann hat. Das ist insbesondere nach einer Scheidung oft der Fall. Die Situation ist auch bei einer nichtehelichen Mutter häufig so. Wenn das Kind nun beide Eltern auf die Gewährung von Unterhalt in Anspruch nehmen will, dann hat es ein Wahlrecht, § 35 Rn 1. Das Kind kann ehelich oder nichtehelich sein, minderjährig oder volljährig. Auch der Adoptierte zählt hierher. Sie alle können im Gerichtsstand des Vaters oder in demjenigen der Mutter klagen. Das gilt unabhängig vom Fortbestand einer etwaigen Ehe der Eltern.

4   Der *andere Elternteil* kann sich also nicht darauf berufen, daß am Klagort für ihn kein Gerichtsstand begründet sei. Diese Rüge ist auch dann nicht möglich, wenn die Klage gegen den einen Elternteil in der Hauptsache erledigt ist und wenn das Kind nun nur noch den anderen Elternteil weiterhin in dem bisherigen Gerichtsstand in Anspruch nimmt. Das Kind kann die Klage im allgemeinen Gerichtsstand nach den §§ 12 ff wie in dem besonderen Gerichtsstand der Beschäftigung nach § 20 erheben. Das ergibt sich aus den Worten des Gesetzes „... einen Gerichtsstand hat".

5   *Sachlich* ist das AG zuständig, § 23 a Z 2 GVG, dort Rn 3, auch wegen des Unterhaltsbegriffs. § 35 a gilt für Unterhaltsklagen jeder Art, auch für eine Stufenklage nach § 254, eine Feststellungsklage nach § 256 oder für eine Abänderungsklage nach § 323. Wenn das Kind nur einen Elternteil verklagt, ist § 35 a unanwendbar, Nürnb FamRZ **96**, 172. Eine solche Klage muß an dem Gerichtsstand des beklagten Elternteils erhoben werden.

36 *Gerichtliche Bestimmung der Zuständigkeit.* [1] Das zuständige Gericht wird durch das im Rechtszuge zunächst höhere Gericht bestimmt:
1. wenn das an sich zuständige Gericht in einem einzelnen Falle an der Ausübung des Richteramtes rechtlich oder tatsächlich verhindert ist;
2. wenn es mit Rücksicht auf die Grenzen verschiedener Gerichtsbezirke ungewiß ist, welches Gericht für den Rechtsstreit zuständig sei;
3. wenn mehrere Personen, die bei verschiedenen Gerichten ihren allgemeinen Gerichtsstand haben, als Streitgenossen im allgemeinen Gerichtsstand verklagt werden sollen und für den Rechtsstreit ein gemeinschaftlicher besonderer Gerichtsstand nicht begründet ist;

Titel 2. Gerichtsstand § 36

4. wenn die Klage in dem dinglichen Gerichtsstand erhoben werden soll und die Sache in den Bezirken verschiedener Gerichte belegen ist;
5. wenn in einem Rechtsstreit verschiedene Gerichte sich rechtskräftig für zuständig erklärt haben;
6. wenn verschiedene Gerichte, von denen eines für den Rechtsstreit zuständig ist, sich rechtskräftig für unzuständig erklärt haben.

II Ist das zunächst höhere gemeinschaftliche Gericht der Bundesgerichtshof, so wird das zuständige Gericht durch das Oberlandesgericht bestimmt, zu dessen Bezirk das zuerst mit der Sache befasste Gericht gehört.

III ¹ Will das Oberlandesgericht bei der Bestimmung des zuständigen Gerichts in einer Rechtsfrage von der Entscheidung eines anderen Oberlandesgerichts oder des Bundesgerichtshofs abweichen, so hat es die Sache unter Begründung seiner Rechtsauffassung dem Bundesgerichtshof vorzulegen. ² In diesem Fall entscheidet der Bundesgerichtshof.

Schrifttum: *Gaede,* Zuständigkeitsmängel und ihre Folgen nach der ZPO, 1989; *Herz,* Die gerichtliche Zuständigkeitsbestimmung: Voraussetzungen und Verfahren, 1990; *Roth,* Parteierweiternde Widerklage und gerichtliche Bestimmung der Zuständigkeit, Festschrift für *Beys* (Athen 2004) 1353; *Schwab,* Zum Sachzusammenhang bei Rechtsweg- und Zuständigkeitsentscheidung, in: Festschrift für *Zeuner* (1994).

Gliederung

1) Systematik, I–III 1	11) Konfliktsarten, I Z 5, 6 24–29
2) Regelungszweck, I–III 2	A. Zuständigkeitsbejahung 25
3) Sachlicher Geltungsbereich: Umfassende Anwendbarkeit, I–III 3	B. Zuständigkeitsleugnung 26–29
4) Beispiele zur Frage des sachlichen Geltungsbereichs, I–III 4–6	12) Zuständigkeitsarten, I Z 5, 6 30–42
	A. Familiengericht gegen Familiengericht 31
5) Antragszwang, I–III 7–9	B. Familiengericht gegen Gericht der (allgemeinen) freiwilligen Gerichtsbarkeit 32
6) Bestimmendes Gericht, I–III 10–12	
7) Verhinderung des zuständigen Gerichts, I Z 1 13	C. Prozeßgericht gegen Familiengericht ... 33, 34
8) Ungewißheit über die Zuständigkeit, I Z 2 14	D. Prozeßgericht gegen Gericht der freiwilligen Gerichtsbarkeit und umgekehrt 35
9) Streitgenossen, I Z 3 15–22	E. Prozeßgericht gegen Vollstreckungsgericht 35
A. Verschiedene inländische Gerichtsstände 16	F. Zivilkammer gegen Kammer für Baulandsachen 35
B. Kein gemeinsamer besonderer Gerichtsstand 17	G. Zivilkammer gegen Kammer für Handelssachen 35
C. Streitgenossenschaft 18	H. Sonstige Fälle 35
D. Beispiele zur Frage der Anwendbarkeit von I Z 3 19–22	I. Weitere Einzelheiten 36–42
10) Dinglicher Gerichtsstand, I Z 4 23	13) VwGO 43

1) Systematik, I–III. Die Bestimmung des zuständigen Gerichts ist kein Akt der Justizverwaltung, **1** sondern ein Akt der Rechtspflege. Diese Bestimmung ist den Gerichten zugewiesen, Anh I nach § 21 GVG. Die Justizverwaltung hat schon nach § 16 S 2 GVG keine Möglichkeit, auf die Bestimmung des im Einzelfall zuständigen Gerichts Einfluß zu nehmen. Im Fall des § 14 GVG liegt eine allgemeine gesetzliche Bestimmung vor. § 36 nennt die Voraussetzungen, § 37 das Verfahren des Zwischenstreits der Zuständigkeitsbestimmung, zu dem auch § 329 mitbeachtlich ist. Bei der sachlichen Zuständigkeit geht § 11 vor, BGH MDR **97,** 290. Es kann aber § 36 anwendbar bleiben, BGH NJW **98,** 685. Dasselbe gilt für die geschäftliche Zuständigkeit. § 281 wirkt fort, BayObLG RR **00,** 589. Über den Rechtsweg darf das Gericht grundsätzlich nur nach §§ 17, 17 a GVG und nur dann nach § 36 befinden, wenn das zur Wahrung des Funktionierens der Rechtspflege und Rechtssicherheit notwendig wird, BGH BB **02,** 276.

2) Regelungszweck, I–III, dazu *Bornkamm* NJW **89,** 2713 (Üb): Der Zweck des § 36 besteht darin, **2** eine möglichst umfassende einfache und rasche Abhilfe zu schaffen, wenn die anderen Vorschriften über die Zuständigkeiten zur Lösung des Konflikts nicht ausreichen, BGH NJW **02,** 1426, Karlsr FamRZ **91,** 90. Das dient nicht nur der Prozeßförderung nach Grdz 12 vor § 128 und der Prozeßwirtschaftlichkeit nach Grdz 14 vor § 128, sondern auch der Rechtssicherheit, Einl III 43. Deshalb ist grundsätzlich eine großzügige Auslegung ratsam, Hamm NJW **00,** 1347 (zu I Z 3). Eine Bestimmung des zuständigen Gerichts nach § 36 wird ohne weiteres hinfällig, wenn ihre tatsächlichen Voraussetzungen im Zeitpunkt der Klagerhebung nicht mehr vorliegen.

Zweck von III ist eine Entlastung des BGH, BGH NJW **00,** 81. Deshalb ist III ausnahmsweise nicht ausdehnend auslegbar, BGH **00,** 81. Daher ist II und übrigens III nicht beim Zuständigkeitsstreit zwischen Einzelrichter und seinem Senat anwendbar, BGH NJW **03,** 3637 (wendet § 348 II entsprechend an). Im übrigen darf das nach § 36 bestimmte Gericht seine örtliche Zuständigkeit keineswegs mehr nachprüfen. Man darf Art 101 I 2 GG (Gebot des gesetzlichen Richters) auch nicht überbeanspruchen. Ein Zuständigkeitsstreit muß ein auch zeitlich begrenzter Zwischenstreit bleiben. Das sollte man bei der Handhabung stets mitbeachten.

3) Sachlicher Geltungsbereich: Umfassende Anwendbarkeit, I–III. § 36 gilt in allen Prozeßarten, **3** BayObLG NJW **88,** 2184. Natürlich muß überhaupt ein gerichtliches Verfahren vorliegen, also grundsätzlich Rechtshängigkeit nach § 261 Rn 1 und damit ein Prozeßrechtsverhältnis, Grdz 4 vor § 128. Rechtshängigkeit

§ 36

erfordert grundsätzlich zumindest eine Mitteilung der das Verfahren in Gang setzenden Antragsschrift an den Prozeßgegner, BGH FER **97**, 89, Düss FamRZ **88**, 299, großzügiger BGH NJW **83**, 1062, BayObLG VersR **85**, 742, Karlsr NZM **03**, 576, aM BGH NJW **80**, 1281 (aber man kann vernünftigerweise mit Annahme von I Z 3 [„verklagt werden sollen"] keineswegs „vorweg" klären lassen, welches Gericht für ein Verfahren zuständig sein würde, das noch nicht einmal irgendwo anhängig ist, § 261 Rn 1). § 36 kann auch dann anwendbar sein, wenn zB nach einer Verweisung an ein Hamburger AG zwischen diesem und einem weiteren dortigen Gericht ein Zuständigkeitsstreit entsteht. Dann entscheidet das dortige LG, BayObLG RR **00**, 67.

Ausnahmen können gelten, soweit das Gericht den Gegner nicht hören muß oder gar nicht hören darf, BayObLG Rpfleger **86**, 98, etwa im Eilverfahren, §§ 920 Rn 9, 936 Rn 2.

4 **4) Beispiele zur Frage des sachlichen Geltungsbereichs, I–III**
Arbeitsgerichtsverfahren: § 36 gilt vor den Arbeitsgerichten entsprechend, BGH NJW **90**, 54, BAG DB **03**, 728 (bei I Z 6 bleibt das BAG zuständig), LAG Bre NZA-RR **04**, 323.
Die Vorschrift schafft aber *keine* rechtswegübergreifende Zuständigkeit, Ffm RR **95**, 319. Der Vorsitzende kann allein entscheiden, § 55 I Z 7 ArbGG, auch nach mündlicher Verhandlung zB nach dem Gütetermin, Lakies BB **00**, 667.
Arrest, einstweilige Verfügung: § 36 gilt einem Verfahren nach §§ 916 ff, 935 ff, BayObLG Rpfleger **04**, 365.
Aufgebotsverfahren: § 36 gilt im Verfahren nach §§ 946 ff.
Auslandsberührung: § 36 gilt im Verfahren mit einer Auslandsberührung, BGH FamRZ **84**, 162, BayObLG NJW **88**, 2184, Abramenko Rpfleger **04**, 473.
Beratungshilfeverfahren: § 36 gilt im Verfahren auf eine Beratungshilfe, BGH FamRZ **84**, 774.
Einstweilige Verfügung: S „Arrest, einstweilige Verfügung".

5 **Familiensachen:** S „Freiwillige Gerichtsbarkeit".
Freiwillige Gerichtsbarkeit: Im sog echten FGG-Verfahren gilt vorrangig § 5 FGG, aber nur für die örtliche Zuständigkeit. Im übrigen ist I Z 6 entsprechend anwendbar, BGH NZM **03**, 976 links, Celle FamRZ **03**, 1657. Zur Zuständigkeit des BayObLG vgl BayObLG ZMR **04**, 130. Im streitigen Verfahren über eine Familiensache gilt nach § 621 a I 2 nicht § 5 FGG, sondern § 36, BGH FamRZ **92**, 664 und FER **97**, 186 (Sorgerecht).
Insolvenzverfahren: Im Eröffnungsverfahren gilt § 36 in Verbindung mit § 4 InsO, BGH **132**, 196, BayObLG RR **02**, 1480, Celle Rpfleger **04**, 240, auch im weiteren Verfahren, BGH **132**, 196, Köln Rpfleger **00**, 236.
Kostenfestsetzungsverfahren: § 36 gilt im Festsetzungsverfahren, BayObLG AnwBl **89**, 161. Das gilt aber nicht bei einer Mehrarbeit von Festsetzungsbeschlüssen, Karlsr Rpfleger **97**, 19.
Mahnverfahren: § 36 ist im Mahnverfahren anwendbar, BGH NJW **95**, 3317, BayObLG Rpfleger **03**, 139. Das gilt vor der Abgabe an das Streitgericht, BGH VersR **82**, 371, BayObLG Rpfleger **03**, 139. Es gilt auch nach der Abgabe oder Verweisung, § 696 Rn 25 ff, BayObLG MDR **95**, 312.

6 **Prozeßkostenhilfeverfahren:** § 36 gilt im Verfahren auf eine Prozeßkostenhilfe, Rn 28, §§ 114 ff, BGH FER **97**, 40 und 80, Drsd NJW **99**, 798, Karlsr FamRZ **01**, 835.
Rechtsmittelverfahren: § 36 gilt in jedem Rechtsmittelverfahren nach der ZPO, BGH NJW **86**, 2764, auch bei einer Auslandsberührung, Rn 4 „Auslandsberührung".
Rechtsweg: § 36 schafft grds *keine* rechtswegübergreifende Zuständigkeit, Ffm RR **95**, 319. Eine Ausnahme gibt BGH BB **02**, 276, Rn 1.
Selbständiges Beweisverfahren: § 36 gilt im selbständigen Beweisverfahren, BayObLG RR **99**, 1010, Ffm MDR **93**, 683, Zweibr RR **00**, 1084. Die Zulässigkeit des Antrags nach § 485 ist hier noch nicht erheblich, BayObLG RR **99**, 1010.
Verweisung: Z 3 ist nach ihr anwendbar, soweit der Verweisungsbeschluß nicht bindet, BGH FamRZ **90**, 1225.
Unanwendbar ist Z 3 ab bindender Verweisung, BayObLG **92**, 90, Düss MDR **02**, 1209.
Wohnungseigentum: Rn 5 „Freiwillige Gerichtsbarkeit".
Zwangsversteigerung: § 36 gilt im Verfahren der Zwangsversteigerung usw, § 2 ZVG.
S auch „Zwangsvollstreckung".
Zwangsvollstreckung: § 36 gilt im Verfahren der Zwangsvollstreckung, BGH NJW **83**, 1859, BayObLG MDR **04**, 1262, LG Bln Rpfleger **99**, 188. Eine Bestimmung des zuständigen Gerichts ist auch zB dann denkbar, wenn die zu pfändende Forderung mehreren Schuldnern gemeinsam zusteht, Rn 17, BayObLG Rpfleger **99**, 31, aber *nicht* bei Nämlichkeit beider Parteien, Karlsr Rpfleger **97**, 173.
S auch „Zwangsversteigerung".

7 **5) Antragszwang, I–III.** Die Bestimmung des zuständigen Gerichts erfolgt nur auf Grund eines Antrags einer Partei. Das ergibt sich schon aus dem klaren Wortlaut des § 37 I („Gesuch"). Es erfolgt also keine Vorlegung von Amts wegen, BGH NJW **87**, 439 und (zu Z 3) BGH NJW **91**, 767, Köln RR **00**, 589 (zu Z 3), aM BGH NJW **85**, 2537, BayObLG (4. ZS) FamRZ **01**, 775 (Vorlage sei „Gesuch"), Jena FamRZ **03**, 1311 (aber bei klarem Wortlaut entfällt eine Auslegung ins Gegenteil, Einl III 39). Der Antrag hemmt eine Verjährung, BGH NJW **04**, 3773 (zustm Wiedenführ LMK **05**, 32).

8 Der Antrag ist aus den Gründen Rn 3 grundsätzlich erst *nach der Rechtshängigkeit* und jedenfalls dann zulässig, BayObLG BayObLG **93**, 171. Der Antragsteller kann evtl nach § 35 wählen, BayObLG **98**, 209. Die Entscheidung ist kein Teil desjenigen Verfahrens, für das sie stattfindet. Wegen eines besonderen Falls der Bestimmung des Gerichts in einer Ehesache § 606 II 4. Gegen einen Beschluß ist evtl Verfassungsbeschwerde zulässig, BVerfG **29**, 50.

9 *Gebühren:* Des Gerichts keine; des Anwalts: Sie sind grundsätzlich durch die sonstigen Gebühren abgegolten, §§ 15, 19 RVG. Falls er die Partei aber nicht mehr weiter vertritt, 0,8 Gebühr, VV 3402.

10 **6) Bestimmendes Gericht, I–III.** Die Bestimmung des zuständigen Gerichts steht dem im Instanzenzug im Rang nächsthöheren Gericht zu, BayObLG FamRZ **00**, 1234. In den Fällen I Z 2–6 steht die

Titel 2. Gerichtsstand § 36

Bestimmung dem gemeinschaftlichen übergeordneten Gericht zu, BayObLG RR **01**, 928. Wenn das LG die Bestimmung vornehmen muß, ist in einer Handelssache seine Kammer für Handelssachen für die Bestimmung zuständig. Die geschäftliche Zuständigkeit innerhalb des bestimmenden Gerichts richtet sich nach dessen Geschäftsverteilungsplan, BGH RR **99**, 1081, BayObLG RR **99**, 1010.

Es ist grundsätzlich dasjenige OLG zur Bestimmung berufen, zu dessen Bezirk das *zuerst mit der Sache befaßte* Gericht gehört, II, sog Prioritätsgrundsatz, BGH NJW **01**, 1500, BayObLG FamRZ **04**, 908, Schlesw BB **04**, 462. Das gilt auch, soweit sich der Konflikt erst auf der OLG-Ebene ergibt, zB nach I Z 6, BGH FamRZ **01**, 618, BayObLG RR **01**, 1326. „Befaßt" ist das Gericht ab Eingang eines Bestimmungsantrags oder bei Bestimmung von Amts wegen ab Aktenvorlage, aM Karlsr NJW **98**, 3359 (evtl bei Bindung an OLG im Bezirk des PKH-Gerichts), im Mahnverfahren das zuerst mit I Z 6 befaßte Gericht, BayObLG **98**, 209, beim Zuständigkeitsstreit erst im streitigen Verfahren also dasjenige OLG, bei dem letzteres begann, BayObLG **98**, 191, Köln NZM **99**, 319. Will dieses OLG dabei in einer sachlich- oder prozeßrechtlichen entscheidungserheblich gewesenen und gebliebenen Rechtsfrage von einem anderen OLG bzw vom BayObLG oder von einem Dritten OLG oder vom BGH abweichen, so muß es zunächst klären, daß es nicht selbst zur abschließenden Bestimmung berufen ist, BGH NJW **00**, 3214. Erst dann darf und muß es ohne zeitliche Grenzen durch einen mit diesen entscheidungserheblichen Punkten dann zu begründenden Beschluß dem BGH vorlegen, III 1, § 329 Rn 4, BVerfG NJW **98**, 522, BGH **156**, 149, Karlsr NJW **03**, 2175. Eine Abweichung von einem anderen Senat genügt, ZöV 10, aM Schlesw BB **00**, 1321 (aber auch dann liegt eine klärungsbedürftige Situation der genannten Ebene vor). Der BGH muß bindend entscheiden, III 2, § 37, BGH NJW **99**, 1403.

Bei einem Zuständigkeitsstreit zwischen mehreren Gerichten, die in verschiedenen *bayerischen* OLG- **11** Bezirken liegen, war das BayObLG für die bis zum 31. 12. 04 eingegangenen Sachen zur Bestimmung berufen, BayObLG AnwBl **02**, 430. Dasselbe galt bei einem Zuständigkeitsstreit zwischen einem bayerischen AG als Familiengericht und einem LG oder dem OLG München oder bei einem Streit zwischen einem Münchener und einem auswärtigen Senat des OLG München, BayObLG RR **99**, 815. Es ist entschieden auch in folgenden Fällen: Bei einem Streit zwischen einem Zivilsenat und einem Familiensenat desselben bayerischen OLG, BayObLG FamRZ **85**, 946, 948 und 1058; bei einem Streit zwischen Prozeß- und WEG-Gericht in demselben bayerischen OLG-Bezirk, BayObLG WoM **91**, 361; bei einem Streit zwischen mehreren Zivilsenaten desselben bayerischen OLG, BayObLG DB **97**, 972 (auch bei [jetzt] Art 6 Z 1 EuGVVO); bei einem Streit zwischen einem bayerischen und einem außerbayerischen Gericht, BayObLG FamRZ **04**, 908. Für die seit 1. 1. 05 eingegangenen Sachen sind die OLGe Bbg, Mü, Nürnb zuständig.

Bei einem Zuständigkeitsstreit zwischen Gerichten *verschiedener Gerichtsbarkeiten* (Gerichtszweige) ent- **12** scheidet dasjenige oberste Gericht, das zuerst darum angegangen wird, II, III entsprechend, BGH NJW **99**, 221, BAG DB **03**, 728. Das gilt, sofern es nur einer der umstrittenen Gerichtsbarkeiten und nicht nur einem auf keinen Fall schon oder noch befaßten dritten Gerichtszweig angehört. Es kann zB ein AG dem BSG statt dem BGH vorlegen, BSG MDR **89**, 189. Das bestimmende Gericht darf nur ein nachgeordnetes Gericht für zuständig erklären. In diesen Grenzen erfolgt die Bestimmung nach Zweckmäßigkeit, BGH NJW **93**, 2753, BayObLG **93**, 172, Hamm NJW **00**, 1347. In einem Streit zwischen zwei Familiengerichten darf man allerdings auch ein Vormundschaftsgericht als zuständig erklären, Hamm FamRZ **79**, 314. Bei einem Streit zwischen einem FamG und einem Gericht der freiwilligen Gerichtsbarkeit ist der BGH nur dann zuständig, wenn es um mehr als die örtliche Zuständigkeit geht, BGH Rpfleger **90**, 511.

7) Verhinderung des zuständigen Gerichts, I Z 1. Das an sich zuständige Gericht muß an der **13** Ausübung des Richteramts im Einzelfall verhindert sein. Die Verhinderung kann aus Rechtsgründen bestehen, etwa infolge eines gesetzlichen Ausschlusses nach § 41 oder infolge einer erfolgreichen Ablehnung nach §§ 42 ff. Sie kann auch aus tatsächlichen Gründen bestehen, etwa infolge einer Naturkatastrophe, eines Terrorangriffs oder eines Aufruhrs. Wenn ein Einzelrichter erkrankt ist, besteht eine Verhinderung dieses Gerichts nur für den Fall, daß auch der geschäftsplanmäßige Vertreter dieses Richters verhindert ist. Eine Verhinderung kann auch bestehen, wenn noch ein anderes Gericht zuständig wäre. Das bestimmende Gericht muß die sachliche Zuständigkeit und die örtliche Zuständigkeit prüfen.

Das *bestimmte* Gericht darf die Zuständigkeit grundsätzlich nicht mehr prüfen, § 37 Rn 7. Die Bestimmung ist vor und nach der Anhängigkeit des Rechtsstreits zulässig. Wenn die Bestimmung erst nach der Anhängigkeit erfolgt, geht die Wirkung der Anhängigkeit auf das bestimmte Gericht über.

8) Ungewißheit über die Zuständigkeit, I Z 2. Die Ungewißheit muß in bezug auf die Grenzen des **14** Gerichtsbezirks bestehen. Sie muß auf Grund tatsächlicher Ungewißheit entstehen. Eine bloß rechtliche Ungewißheit kann bestehen etwa bei einer unklaren, lückenhaften oder widersprüchlichen nationalen oder internationalen Gesetzgebung beliebiger Ebene (auch Lokalrecht). Es reicht zB aus, daß eine Grenze ein Grundstück schneidet. Die Ungewißheit mag vor oder nach der Anhängigkeit entstanden sein. § 3 I 2 BinnSchVerfG enthält eine Sondervorschrift.

9) Streitgenossen, I Z 3, dazu *Albicker,* Der Gerichtsstand der Streitgenossenschaft, 1996: Es muß sich **15** objektiv um Streitgenossen im Sinn der §§ 59 ff handeln, BayObLG JB **02**, 599, Hamm FamRZ **03**, 1114, also nicht nach der Rechtsansicht des Klägers, BGH NJW **92**, 981 und 982, Zweibr MDR **85**, 495, aM BayObLG **91**, 345, Köln MDR **89**, 71 (aber dann könnte der Kläger im Ergebnis frei wählen. Das ist keineswegs der Sinn von Z 3). Kblz MDR **98**, 1305 hält daher fälschlich evtl nach Wahl des Antragstellers dasjenige OLG für zuständig, das er anruft oder zu dessen Bezirk das vorgeschlagene Gericht gehört.

Das bestimmende Gericht muß prüfen, ob wirklich eine *Streitgenossenschaft* vorliegt, freilich nur nach dem Tatsachenvortrag des Klägers, BayObLG FER **99**, 125 links. Z 3 kann ausnahmsweise schon vor Rechtshängigkeit gelten („verklagt werden sollen"), BayObLG Rpfleger **80**, 436, und noch nach Rechtshängigkeit anwendbar sein, BGH NJW **78**, 321, BayObLG BB **05**, 2266. Das gilt insbesondere nach einem Mahnverfahren, BayObLG Rpfleger **03**, 140. Zum Verhältnis zwischen Z 3 und Z 6 BayObLG **99**, 95 (Vorrang von Z 6).

A. Verschiedene inländische Gerichtsstände. Die als Streitgenossen zu Verklagenden müssen ver- **16** schiedene inländische allgemeine Gerichtsstände haben, BAG BB **96**, 2414, BayObLG **04**, 66, Hamm

§ 36

FamRZ **03**, 1114. Z 3 ist daher bei einer Wechselklage nach § 603 II unanwendbar, Rn 22. Wegen der internationalen Zuständigkeit vgl Artt 6 I, 28 III EuGVVO, BGH RR **02**, 1149, BayObLG RIW **03**, 387.

17 **B. Kein gemeinsamer besonderer Gerichtsstand.** In Deutschland darf unabhängig vom Kenntnisstand objektiv kein gemeinsamer inländischer besonderer Gerichtsstand vorliegen, BGH NJW **00**, 1871, BayObLG BB **03**, 2707, Schlesw BB **04**, 463. Das gilt auch bei einer Drittwiderklage. Wenn mehrere Erben in verschiedenen OLG-Bezirken wohnen, könnte der besondere Gerichtsstand des § 27 gegeben sein, Mü Rpfleger **78**, 185, oder derjenige des § 28, BayObLG FamRZ **04**, 908, oder derjenige des § 29, LAG Bre NZA-RR **04**, 323, oder derjenige des § 29 c, Celle NJW **04**, 2603. Ein ausländischer gemeinsamer Gerichtsstand nach § 32 bleibt unberücksichtigt, BayObLG RR **90**, 893. Eine Gerichtsstandsvereinbarung nach § 38 bindet nur die an ihr Beteiligten, BayObLG RR **00**, 1592, Zweibr RR **00**, 1084, aM Köln OLGR **02**, 187. § 39 hat Vorrang.

18 **C. Streitgenossenschaft.** Es ist eine großzügige, zweckmäßige Auslegung ratsam, Rn 2. Dabei kann es auf den allgemeinen Gerichtsstand der Mehrheit und darauf ankommen, ob bereits mehrere ProzBev beauftragt sind, Hamm NJW **00**, 1347. Der Kläger muß die Bekl als Streitgenossen im allgemeinen Gerichtsstand verklagen wollen, BGH NJW **98**, 685, BAG BB **96**, 2414, BayObLG BB **03**, 2707. Es muß also zumindest einer der Streitgenossen bei dem zu bestimmenden Gericht den allgemeinen Gerichtsstand haben, BGH NJW **86**, 3209, Karlsr RR **98**, 3359, Kblz MDR **98**, 1305, aM Karlsr OLGR **99**, 380 (aber Z 3 erlaubt keine Bestimmung eines bisher überhaupt nicht auch nur evtl mitzuständigen Gerichts). Die als Streitgenossen in Anspruch genommenen Personen müssen zumindest einem gemeinsamen Gegner gegenüberstehen, BGH NJW **92**, 981.

Es ist *unerheblich,* ob der allgemeine Gerichtsstand ausgeschlossen ist. Ebenso ist unerheblich, ob einer der Gerichtsstände ausschließlich ist, BGH **90**, 156, Celle OLGR **01**, 97, Drsd OLGR **03**, 92, aM StJSchu 11, 14 (nur bei notwendigen Streitgenossen. Aber Z 3 spricht nur von „Streitgenossen"). Auch die Schlüssigkeit des Vortrags zur Streitgenossenschaft selbst ist unerheblich, BayObLG RR **03**, 134. Der Kläger ist bei Z 3 nicht zu nur *einer* Klage verpflichtet. Es kann bei verschiedenen Gerichtsständen gegen jeden *gesondert* im jeweiligen Gerichtsstand klagen, BGH NJW **91**, 2910, BayObLG RR **93**, 511, Kblz MDR **90**, 159. Die Bestimmung erfolgt nach Zweckmäßigkeit, Rn 12, BAG **72**, 64, BayObLG RR **03**, 134.

19 **D. Beispiele zur Frage der Anwendbarkeit von I Z 3**
Abdingbarkeit: Z 3 ist wegen der Prozeßwirtschaftlichkeit nach Grdz 14 vor § 128 nicht von vornherein unanwendbar, soweit der Kläger durch eine Vereinbarung mit dem Bekl einen an sich bestehenden gesetzlichen allgemeinen Gerichtsstand ausgeschlossen hat, BGH **90**, 159, BayObLG RR **00**, 1592.
S auch „Ausschließlicher Gerichtsstand", Rn 22 „Verzicht".
Anwaltszwang: Z 3 ist auch dann anwendbar, wenn daraus ein Anwaltszwang mit einer Kostenerhöhung entsteht, BGH **90**, 156.
Auslandsbezug: Z 3 ist entsprechend anwendbar, soweit der allgemeine Gerichtsstand eines Bekl im Ausland liegt, aber ein inländischer besonderer Gerichtsstand für ihn besteht, etwa nach § 23. Für die Zuständigkeit einschließlich des Verfahrens über die Bestimmung des zuständigen Gerichts ist das deutsche Recht als lex fori maßgebend, sofern das deutsche Gericht in der Sache nach dem deutschen Recht international zuständig ist, BGH FamRZ **90**, 1225, BayObLG DB **97**, 972.
Ausschließlicher Gerichtsstand: Z 3 ist anwendbar, wenn von mehreren Streitgenossen für einen ein ausschließlicher Gerichtsstand anderswo besteht, BGH NJW **98**, 686, BayObLG RR **03**, 925. Die Klage nimmt freilich keinem Bekl das Recht, die Vereinbarung eines ausschließlichen Gerichtsstands einzuwenden, aM BGH NJW **88**, 646 (aber Z 3 dient nicht einer Einschränkung der Parteiherrschaft). Die ausschließliche Zuständigkeit nach § 642 I 1 nimmt dem bestimmenden Gericht nicht die Wahl unter verschiedenen als zuständig in Betracht kommenden Gerichten, BayObLG FER **01**, 81.
20 Beweisaufnahme: Z 3 ist anwendbar, soweit eine Beweisaufnahme nur zur Zuständigkeit erfolgt ist, Kblz OLGR **98**, 71.
Z 3 ist *unanwendbar,* soweit bereits eine Beweisaufnahme zur Hauptsache stattgefunden hat, BGH NJW **78**, 321, BayObLG **87**, 390, Vollkommer MDR **87**, 804. Allerdings hindert sie die Bestimmung nicht, wenn das bisher befaßte Gericht zuständig bleibt, Düss Rpfleger **80**, 299.
Bürgschaft: Nach Vereinbarung eines ausschließlichen Gerichtsstands mit dem Hauptschuldner kann man diesen Gerichtsstand *nicht* dem Bürgen nach Z 3 aufgedrängen, BayObLG **99**, 76.
Fehlen einer Streitgenossenschaft: Bestimmbar ist nur *eines* der für einen Streitgenossen zuständigen Gerichte. Z 3 ist *unanwendbar,* soweit objektiv keinerlei Streitgenossenschaft vorliegt, Zweibr MDR **83**, 195, oder soweit bereits gegen einen Streitgenossen ein Sachurteil ergangen ist, BGH NJW **80**, 180, Ffm Rpfleger **78**, 223, sei es auch nur ein Vorbehaltsurteil nach § 599, BayObLG **80**, 225. Streitgenossen, die durch einen vereinbarten Verzicht an einen Gerichtsstand gebunden sind, haben *kein* Antragsrecht nach Z 3.
Funktionelle Zuständigkeit: Z 3 ist für die funktionelle Zuständigkeit anwendbar, BGH NJW **98**, 685 (Familien- und Zivilsache), BayObLG RR **99**, 1010, Kblz OLGR **98**, 70.
Kostenerhöhung: Rn 19 „Anwaltszwang".
21 Prorogation: Rn 19 „Abdingbarkeit".
Prozeßurteil: S „Rechtshängigkeit".
Rechtshängigkeit: Trotz des Wortlauts von Z 3 ist eine Bestimmung des zuständigen Gerichts wegen eines praktischen Bedürfnisses auch nach dem Eintritt der Rechtshängigkeit zulässig, Ffm NJW **92**, 2900, Hamm FamRZ **03**, 1115, Schlesw BB **04**, 463. Das gilt auch noch nach demjenigen Zeitpunkt, in dem der Bekl die Unzuständigkeit des bisherigen Gerichts gerügt hat, BGH NJW **80**, 189, Vollkommer MDR **88**, 804, und sogar vor einem Prozeßurteil, BGH FamRZ **90**, 1225, oder noch nach einem bloßen Prozeßurteil, BGH NJW **80**, 189, Vollkommer MDR **88**, 804.
Rechtsweg: Z 3 ist *unanwendbar,* soweit nur verschiedene Rechtswege in Betracht kommen, zB gegen A der ordentliche, gegen B die Arbeitsgerichtsbarkeit, BGH NJW **94**, 2032, aM LAG Mainz BB **99**, 964 (LS).
Rüge der Unzuständigkeit: S „Rechtshängigkeit".

Titel 2. Gerichtsstand § 36

Sachentscheidung: Z 3 ist nach ihr *unanwendbar*, BGH NJW **78**, 321.
Sachliche Zuständigkeit: Z 3 gilt auch bei ihr, BGH NJW **98**, 685.
Scheckverfahren: Z 3 ist wegen § 605 a *unanwendbar*.
Selbständiges Beweisverfahren: Z 3 ist bei ihm anwendbar, wie überhaupt, Rn 6.
Unterbrechung: Z 3 ist nach ihr anwendbar.
Vereinbarung: Rn 19 „Abdingbarkeit". 22
Verweisung: Z 3 ist *unanwendbar*, soweit das Gericht den Rechtsstreit bereits zB nach § 281 an ein anderes Gericht verwiesen hat, BAG DB **97**, 284, Düss MDR **02**, 1209, aM Köln MDR **87**, 851. Freilich wäre eine nicht bindende Verweisung unbeachtlich, BGH FamRZ **90**, 1225.
Verzicht: Z 3 ist *unanwendbar*, soweit der Kläger wirksam auf einen an sich gesetzlich bestehenden allgemeinen Gerichtsstand verzichtet hat.
S auch Rn 19 „Abdingbarkeit", Rn 21 „Streitgenossenschaft".
Vorbehaltsurteil: Rn 21 „Streitgenossenschaft".
Wechselverfahren: Z 3 ist wegen § 603 II *unanwendbar*.
Widerklage: Z 3 ist anwendbar, soweit sich die Widerklage gegen mehrere Widerbekl richtet, BGH FamRZ **99**, 1023, BayObLG ZMR **03**, 123, KG RR **00**, 1375 (je: auch beim zusätzlichen Drittwiderbekl), aM BGH (10. ZS) NJW **00**, 1872 (aber die Widerklage ist eine richtige Klage, Anh § 253 Rn 5).
Z 3 ist *unanwendbar*, soweit man durch die Widerklage nur einen bisher nicht beteiligten Dritten beansprucht, BGH FamRZ **98**, 1023, BayObLG RR **00**, 1375, Karlsr JB **98**, 311.
Zwangsvollstreckung: Rn 6 „Zwangsvollstreckung". Die Vorschrift ist zB bei § 828 anwendbar, BayObLG MDR **04**, 1262.
Zweifel: Trotz objektiv gemeinsamen Gerichtsstands reicht ein zugehöriger erheblicher Zuständigkeitszweifel eines beteiligten Gerichts, BayObLG FamRZ **04**, 908.

10) Dinglicher Gerichtsstand, I Z 4. Hier geht es um den Fall, daß das Grundstück im Bezirk 23 verschiedener Gerichte liegt. Es muß sich grundsätzlich um ein einheitliches Grundstück handeln. Das ist auch dann der Fall, wenn mehrere Grundstücke rechtlich eine Einheit darstellen, wenn sie also auf demselben Grundbuchblatt als dasselbe Grundstück eingetragen worden sind. Z 4 gilt aber evtl sinngemäß, BayObLG MDR **05**, 589, zB auch dann, wenn andere Grundstücke gesamtschuldnerisch mithaften, BayObLG Rpfleger **77**, 448. Z 4 gilt auch im Fall der Kraftloserklärung eines Hypotheken- oder Grundschuldbriefs im Aufgebotsverfahren, falls die belasteten Grundstücke in verschiedenen Bezirken liegen, BayObLG Rpfleger **77**, 448. Man muß den Zeitpunkt der Bestimmung und das bestimmbare Gericht wie bei Rn 10 ff ermitteln.
Unanwendbar ist Z 4, wenn mehrere tatsächlich oder rechtlich selbständige Grundstücke nur demselben Eigentümer gehören.

11) Konfliktarten, I Z 5, 6. Mehrere ordentliche Gerichte oder Arbeitsgerichte müssen unterschiedli- 24 cher Meinung sein, LAG Nürnb BB **95**, 2432. Diese Meinungsunterschiede mögen bestehen über ihre örtliche, sachliche und funktionelle Zuständigkeit, BayObLG Rpfleger **89**, 80, Nürnb MDR **96**, 1068, oder über die Rechtsmittelzuständigkeit, BGH FamRZ **01**, 618. Es darf weder ein Sondergericht noch ein Verwaltungsgericht beteiligt sein, vgl bei § 17 GVG. Es kann aber auch ein Streit mehrerer Berufungsgerichte vorliegen. Die mehreren Gerichte müssen grundsätzlich jeweils rechtskräftige Entscheidungen über ihre Zuständigkeit getroffen haben, BGH NJW **95**, 534, Brdb MDR **02**, 587 (auch zu Ausnahmen, Rn 37).
Unanwendbar ist Z 4 nach Rechtskraft der Hauptsachenentscheidung, Bornkamm NJW **89**, 2724.
Die Vorschrift gilt auch bei einer Auslandsberührung, BGH FamRZ **92**, 664. Die Zuständigkeitsbestimmung setzt die gesetzmäßige Mitteilung des Hauptantrags an den Gegner voraus, BGH RR **92**, 579.
Übersicht über die Probleme bei Bornkamm NJW **89**, 2718. In Betracht kommen die folgenden Konfliktfälle:

A. Zuständigkeitsbejahung, dazu auch *Hau*, Positive Kompetenzkonflikte im Internationalen Zivilpro- 25 zeßrecht usw, 1996: Jedes Gericht mag sich durch ein rechtskräftiges Zwischenurteil nach § 280 für zuständig erklärt haben (positiver Kompetenzkonflikt), BGH FER **97**, 136 (offen, ob auch bei einem Beschluß über eine einstweilige Anordnung), LG Gött Rpfleger **95**, 309. Wenn eines dieser Gerichte auch in der Sache selbst bereits rechtskräftig entschieden hat, dann ist Z 5 unanwendbar.

B. Zuständigkeitsleugnung, dazu *Althammer* NJW **02**, 3522 (Üb zum AG), *Ewers* FamRZ **99**, 74 (Üb, 26 er spricht vom „Schwarzen Peter"): Jedes der wirklich beteiligten Gerichte mag sich „rechtskräftig", BGH FER **97**, 88, für unzuständig erklärt haben (negativer Kompetenzkonflikt), BGH NJW **01**, 1285, BayObLG JB **03**, 326, Jena FamRZ **03**, 1311, aM Ffm BB **80**, 552 (zwei gegenläufige formlose Abgaben seien ausreichend. Vgl aber Rn 36). Beim Konflikt zwischen zwei Rpfl desselben Gerichts entscheidet der Dienstvorgesetzte, Karlsr Rpfleger **00**, 447. Beim Streit zwischen zwei Rpfl des unteren und oberen Gerichts entscheidet der obere Gericht durch seinen Richter, Karlsr Rpfleger **00**, 447.
Diese Entscheidung mag sogar durch dasjenige Gericht erfolgt sein, *an das* der Rechtsstreit *verwiesen* wurde, 27 BGH FamRZ **78**, 232, Düss MDR **96**, 311, selbst wenn diese Entscheidung unzulässig war, § 281 Rn 27, 30, BayObLG MDR **83**, 322. Z 6 ist aber nach einer Zurückverweisung unanwendbar, BGH FamRZ **98**, 477. Dasselbe gilt nach Aktenrücksendung nebst Anregung zur Aufhebung einer Verweisung, Köln Rpfleger **00**, 236. Die formellen Voraussetzungen für die Bestimmung durch das übergeordnete gemeinsame Gericht liegen auch dann vor, wenn sich eine von mehreren in Betracht kommenden Abteilungen des AG, BayObLG FamRZ **92**, 333, oder mehrere Abteilungen, Kammern oder Senate desselben Gerichts unanfechtbar für unzuständig erklärt haben. Das gilt, auch wenn es nicht mehr nur um die Geschäftsverteilung und damit nicht mehr um eine Befugnis des Präsidiums usw nach § 21 e I GVG geht, etwa beim bloßen Streit zwischen erstinstanzlicher und Berufungskammer des LG, BGH NJW **00**, 81, sondern um eine ausdrückliche gesetzliche Zuständigkeitsregelung, etwa in den Situationen Rn 33, 34, 35 (E, F), BGH NJW **00**, 81. Es mag auch folgender Fall vorliegen: Das ArbG hat den Rechtsstreit an das ordentliche Gericht verwiesen, das eine Gericht hat in unzulässiger Weise an das andere zurückverwiesen, BGH FamRZ **93**, 49, oder es hat unzulässig weiterverwiesen. Das ArbG mag auch eine Zurückverweisung an das ordentliche Gericht vorgenommen haben, und dieses mag die Sache dem BGH vorgelegt haben.

Hartmann

§ 36 Buch 1. Abschnitt 1. Gerichte

28 Die Situationen Rn 25 oder Rn 26 können im *Prozeßkostenhilfeverfahren* entstehen, Rn 6, BGH NJW **01**, 1285, Celle Rpfleger **96**, 278, Drsd NJW **99**, 798, zB auch durch erstinstanzliche, mitgeteilte Entscheidungen, BGH FamRZ **88**, 1160, die man auch nach § 127 nicht mehr anfechten kann, BGH AnwBl **88**, 174. Denn andernfalls wäre diejenige Partei ohne einen Rechtsschutz, die die Prozeßkostenhilfe beantragt. Der Zuständigkeitsstreit kann auch dann entstanden sein, wenn man den gesetzlichen Rechtsweg nicht beschreiten kann.

Der Zuständigkeitsstreit kann auch im *Rechtsmittelverfahren* entstanden sein, BGH RR **96**, 891. Er mag auch im Kostenfestsetzungsverfahren entstanden sein, §§ 103 ff, BayObLG Rpfleger **89**, 80, oder im Mahnverfahren, §§ 688 ff, BGH NJW **93**, 2752, BAG Rpfleger **75**, 127, BayObLG Rpfleger **02**, 528, oder im Vollstreckungsverfahren, BGH NJW **96**, 3013, oder im Aufgebotsverfahren, §§ 946 ff. Grundsätzlich muß die Klage bzw Antragsschrift vor der Entstehung des Zuständigkeitsstreits zugestellt worden sein. Es muß also die Rechtshängigkeit nach § 261 eingetreten sein, BGH RR **96**, 254, BayObLG RR **00**, 589, Brdb MDR **02**, 537. Wegen der Ausnahmen Rn 37. Ein Streit nur zur Frage der Anhängigkeit nach § 261 Rn 1 reicht nicht, Düss FamRZ **86**, 821. Der Prozeß darf auch noch nicht ganz beendet sein, BayObLG **98**, 15.

29 Bei Rn 25 ist die wahre Zuständigkeit unerheblich. Bei Rn 26 muß grundsätzlich gerade eines der bisher beteiligten Gerichte *bei objektiver Betrachtung zuständig* gewesen sein, BGH NJW **95**, 534, BayObLG **02**, 153. Es ist in diesem Fall unerheblich, daß außerdem etwa noch ein anderes Gericht zuständig wäre. Bei einer allseitigen Zuständigkeitsleugnung zwischen dem ordentlichen und dem ArbG entscheidet das zuerst angegangene oberste Bundesgericht.

30 **12) Zuständigkeitsarten, I Z 5, 6.** Die Vorschriften betreffen die sachliche Zuständigkeit, BGH **90**, 157. Sie betreffen auch die örtliche und in entsprechender Anwendung auch die geschäftliche (funktionelle, instanzielle) Zuständigkeit, soweit das Gericht die Entscheidung nicht auf Grund einer gesetzlichen Regelung im Weg einer Geschäftsverteilung treffen muß, BGH NJW **94**, 2956, BFH ZZP **100**, 82, Althammer NJW **02**, 3523, aM Sangmeister MDR **88**, 192 (aber eine Geschäftsverteilung geht nur über erlaubten Umfang als der einfachere Weg vor). Es kann sich im einzelnen um die folgenden Streitigkeiten handeln.

31 **A. Familiengericht gegen Familiengericht,** BGH FER **97**, 89, Brdb FGPrax **03**, 129, Jena FamRZ **02**, 625. Das gilt auch bei einem Streit in der höheren Instanz, BGH NJW **79**, 2517, BayObLG **79**, 47. Es gilt aber nicht bei einem Streit zwischen dem Erinnerungsgericht und dem Beschwerdegericht, BGH NJW **79**, 719. Wegen einer Familiensache der freiwilligen Gerichtsbarkeit Düss FamRZ **84**, 914.

32 **B. Familiengericht gegen Gericht der (allgemeinen) freiwilligen Gerichtsbarkeit,** zB gegen das Vormundschaftsgericht, BGH FamRZ **95**, 145, Jena FamRZ **03**, 1311, Naumb FamRZ **03**, 1406. Zum Problem betreffend eine Familiensache im übrigen Ffm FamRZ **86**, 692 (maßgeblich ist die Anspruchsbegründung), Diederichsen ZZP **91**, 404.

33 **C. Prozeßgericht gegen Familiengericht und umgekehrt,** BGH RR **93**, 1282, Ffm FamRZ **03**, 1302, Rostock FamRZ **04**, 650. Wegen § 542 I ist als dritte Instanz an sich der BGH zuständig, folglich über § 36 II der OLG, in Bayern das BayObLG, Althammer NJW **02**, 3523.

34 Dabei entscheidet der höheren Gericht dessen *Familiengericht*, BGH FamRZ **91**, 1081, Jena FamRZ **03**, 1125, Rostock FamRZ **04**, 957, aM BGH NJW **80**, 1282 (aber das FamG ist das speziellere Gremium). „Der Zuständigkeits-Wirrwarr ist bald komplett", Bosch FamRZ **86**, 821.

35 **D. Prozeßgericht gegen Gericht der freiwilligen Gerichtsbarkeit und umgekehrt,** BGH NJW **94**, 2956, BayObLG ZMR **04**, 130 (WEG), Mü RR **89**, 272.

E. Prozeßgericht gegen Vollstreckungsgericht, BGH NJW **82**, 2070, BayObLG FamRZ **91**, 213.

F. Zivilkammer gegen Kammer für Baulandsachen, Oldb MDR **77**, 498.

G. Zivilkammer gegen Kammer für Handelssachen, Brdb RR **01**, 429, Schlesw RR **03**, 1650, Stgt RR **05**, 699.

H. Sonstige Fälle. Z 6 ist auch beim Streit zwischen Nachlaß- und Landwirtschaftsgericht anwendbar, BGH RR **95**, 198, ebenso entsprechend bei einem Streit zwischen Nachlaß- und Vormundschaftsgericht, Köln FamRZ **96**, 357 (§ 5 FGG gilt nur für die örtliche Zuständigkeit). Die Vorschrift ist auch beim Streit zwischen ArbG und SG anwendbar. Zur Bestimmung ist dasjenige obere Gericht zuständig, das zuerst angegangen wird, BGH NJW **01**, 3632. Wenn freilich das SG an ein ordentliches Gericht weiterverwiesen hat, ist nicht mehr das BAG zuständig, sondern das BSG, BAG DB **88**, 2108.

Unanwendbar ist Z 6 beim Streit nur über die internationale Zuständigkeit, Schlesw MDR **00**, 721 (abl Mankowski JZ **00**, 793). Freilich kann zugleich ein Streit über eine weitere nach Z 6 erhebliche Zuständigkeit vorliegen, selbst wenn eines der beteiligten Gerichte dazu nicht ausdrücklich Stellung nimmt. Das übersieht Schlesw MDR **00**, 721.

Unanwendbar ist II beim Streit um den Rechtsweg, BGH NJW **02**, 2474 (ordentliches Gericht gegen ArbG), BayObLG **99**, 80 (ordentliches Gericht gegen VG).

36 **I. Weitere Einzelheiten.** In einer Familiensache müssen alle Beteiligten grundsätzlich die das Verfahren einleitende Antragsschrift mitgeteilt erhalten haben, BGH FamRZ **95**, 145, BayObLG JB **03**, 326, Stgt FamRZ **97**, 1085. Es müssen stets wirksame Erklärungen der Unzuständigkeit durch echte Entscheidungen vorliegen, BGH FamRZ **94**, 299, BayObLG Rpfleger **04**, 234, Ffm NJW **01**, 3792. Das kann durch ein Prozeß- oder Sachurteil oder in Beschlußform geschehen sein, BGH RR **93**, 1091, BayObLG RR **91**, 188, Brdb RR **01**, 63. Eine solche Erklärung kann vorliegen, wenn das „verweisende" Gericht die Akten dem anderen Gericht vorlegt und seine Verneinung der eigenen Zuständigkeit erkennbar macht, Karlsr FamRZ **91**, 90, oder wenn das Gericht die Ablehnung der Übernahme mit dem Fehlen seiner Zuständigkeit begründet, BGH FamRZ **93**, 49.

Titel 2. Gerichtsstand **§§ 36, 37**

Eine solche Erklärung liegt *nicht* vor, wenn das Gericht seine Auffassung zur Zuständigkeit nur in einem Vermerk niedergelegt hat, den es den Parteien *nicht* oder nur formlos *bekannt gegeben* hat, BGH FamRZ **98**, 610, BayObLG Rpfleger **04**, 234, KG RR **00**, 500, aM Drsd NJW **99**, 798 (bei voraussichtlich endlosem Streit großzügiger. Aber ihn soll ja gerade erst das OLG beenden). Eine wirksame Entscheidung fehlt ferner grundsätzlich, wenn das Gericht die Akten lediglich formlos an das andere Gericht abgegeben oder zurückgegeben hat, BGH JZ **89**, 50, Karlsr FamRZ **01**, 835, LAG Nürnb BB **95**, 2432, ohne die Parteien ausreichend anzuhören, BGH FamRZ **98**, 610, BayObLG JB **03**, 326, oder zumindest zu verständigen, BGH RR **95**, 514, BayObLG WoM **94**, 111, Brdb RR **01**, 429. Etwas anders gilt, wenn die Anhörung ausnahmsweise verboten ist, BayObLG RR **86**, 421. Das gilt zB bei § 834, BGH NJW **83**, 1859, oder evtl bei einer einstweiligen Anordnung, §§ 620 ff, Köln FamRZ **95**, 1509.

Bei einer im übrigen ordnungsgemäßen formlosen Abgabe *vor der Rechtshängigkeit* nach § 261 Rn 1 ist **37** allerdings zwecks baldiger Beendigung des Zuständigkeitsstreits, also wegen der Prozeßwirtschaftlichkeit nach Grdz 14, 15 vor § 128, Rn 2 als Ausnahme von Rn 28 die Z 6 entsprechend anwendbar, BGH Rpfleger **83**, 160, Brdb MDR **02**, 537, Karlsr RR **02**, 1168, aM BGH RR **96**, 254, Düss FamRZ **88**, 299, ZöV 26 (aber es kann ein wirkliches Bedürfnis nach alsbaldiger Klärung bestehen, und Prozeßrecht ist kein Selbstzweck, Einl III 10).

Die Partei muß die *Rechtsbehelfe erschöpft* haben. Es muß also die Rechtskraft eingetreten sein, BGH **144**, **38** 24, BayObLG **99**, 78, Hamm FamRZ **04**, 650. Sie muß also eine etwa zulässige Beschwerde erfolglos eingelegt haben, aM Oldb MDR **77**, 498 (aber Z 6 setzt eine rechtskräftige Entscheidung voraus, LG Regensb JB **04**, 390).

Freilich ist auch bei einem zwar *grob fehlerhaften*, aber immerhin formell *erlassenen* Verweisungsbeschluß wegen der Prozeßwirtschaftlichkeit nach Grdz 14, 15 vor § 128 keine vorherige Anfechtung nötig, BayObLG **91**, 243. Die formlose Erklärung der Unzuständigkeit kann dabei einem Beschluß nach § 281 gleichstehen, BAG NJW **05**, 3232 (bei Willkür des verweisenden Gerichts Z 6 entsprechend), BayObLG KTS **00**, 302 (dann: Zurückverweisung). Das bestimmende Gericht muß grundsätzlich beachten, daß das eher spezialisierte der in Frage kommenden Gerichte zuständig wird. Wenn zB der Kläger den einheitlichen prozessualen Anspruch nach § 2 Rn 3 mit mehreren sachlichrechtlichen Begründungen versieht oder wenn mehrere derartige Begründungen in Frage kommen, von denen das allgemeine Prozeßgericht die eine prüfen müßte, das FamG die andere, dann sollte grundsätzlich das letztere zuständig werden, BGH FamRZ **83**, 156 – auch zur Unzulässigkeit einer Prozeßtrennung in einem solchen Fall, § 145 Rn 3 – (zustm Walter FamRZ **83**, 363), Bbg FamRZ **89**, 409. Bei § 7 I Z 5 BetrVG sollte das für den Pensionssicherungsverein zuständige Gericht vor dem für den Arbeitnehmer zuständigen den Vorrang haben, BAG DB **84**, 300.

Das bestimmende Gericht kann eines der beteiligten Gerichte oder ein *drittes* Gericht, das etwa wirklich **39** zuständig ist, zum zuständigen Gericht bestimmen, BGH NJW **96**, 3013, BayObLG RR **00**, 67, Rostock VersR **05**, 1306. Kann es nicht ohne weitere Tatsachenaufklärung ein zuständiges Gericht feststellen, verweist es zurück, BGH FamRZ **97**, 172, BayObLG JB **03**, 326, Rostock VersR **05**, 1306. Wenn dasjenige Gericht, an das die Sache nach § 281 verwiesen worden war, eine unzulässige Rückverweisung oder Weiterverweisung vorgenommen oder die Übernahme einfach abgelehnt hatte, dann stellt das bestimmende Gericht den ersten Verweisungsbeschluß wieder her, selbst wenn dieser erste Verweisungsbeschluß sachlich unrichtig war, BayObLG RR **01**, 1326, solange nicht eben wegen solcher Fehler eine Bindungswirkung fehlt, BayObLG RR **01**, 1326, KG RR **00**, 801. Wenn mit einer Kindschaftssache nach § 640 II ein Antrag nach § 653 verbunden worden war, ist das OLG als Berufungsgericht zuständig, § 119 Z 1 GVG, falls sich das Rechtsmittel nur auf diesen Antrag bezieht.

Ein *Fehler* in einem Verweisungsbeschluß hindert ein Verfahren nach Z 6 erst dann, wenn der Verweisungs- **40** beschluß wegen des Fehlers offensichtlich gesetzeswidrig geworden ist, § 281 Rn 39, BAG DB **94**, 436, Kblz FamRZ **00**, 543. Das kann der Fall sein: Wenn das rechtliche Gehör verletzt wurde, § 281 Rn 39, BGH NJW **82**, 1001, BAG BB **79**, 274; wenn das ordentliche Gericht im Nachverfahren nach einem Urkundenprozeß eine Verweisung an das ArbG vorgenommen hat. In solchen Fällen ist die Akte an das verweisende Gericht zurückzugeben, aM Schlesw 1453 (gerade von seinem Standpunkt aus, der in Wahrheit obendrein fehlerhaft ist, § 281 Rn 39, in sich inkonsequent und ohne Kenntnis des vollen Meinungsstands). Eine Bestimmung nach Z 6 findet nicht statt, wenn sich überhaupt nur ein Gericht für unzuständig erklärt hat, weil die Sache bereits bei einem anderen Gericht rechtshängig sei, und die Sache deshalb an dieses andere Gericht verwiesen hat, BGH NJW **80**, 290.

Eine Entscheidung liegt nicht vor, wenn das Familiengericht lediglich seine *Abteilung*, nicht aber auch die **41** Prozeßabteilung für unzuständig erklärt, BayObLG FamRZ **80**, 1035, Ffm RR **89**, 6, und solange nicht auch der Richter der Prozeßabteilung sich für unzuständig erklärt, Ffm RR **89**, 6. Bei einem Streit zwischen verschiedenen Familienabteilungen des AG entscheidet das Präsidium. Das gilt auch dann, wenn im Geschäftsverteilungsplan kein solcher Entscheidungsvorbehalt vorhanden ist.

Eine Zuständigkeitsbestimmung im *Prozeßkostenhilfeverfahren* gilt nur für dieses, Rn 6, Karlsr OLGZ **85**, **42** 124, aM Düss Rpfleger **79**, 431 (aber das Verfahren nach §§ 114 ff ist gerade noch nicht der Hauptprozeß und folgt teilweise durchaus andere Regeln). Eine Zuständigkeitsbestimmung für die erste Instanz ist für die zweite Instanz nicht bindend, BGH NJW **80**, 1282.

13) *VwGO:* An Stelle des § 36 gilt § 53 VwGO. Zu der Frage einer entsprechenden Anwendung des § 36 Z 3 **43** iRv § 53 VwGO vgl BVerwG NVwZ **96**, 998 u NVwZ-RR **95**, 479 sowie BVerwG **12**, 363 (betr selbständiges Beweisverfahren, oben Rn 6), zur Anwendung von § 53 I Z 5 VwGO vgl BVerwG NVwZ-RR **00**, 261 mwN, VGH Kassel NVwZ-RR **96**, 611.

37 *Verfahren bei gerichtlicher Bestimmung.* I Die Entscheidung über das Gesuch um Bestimmung des zuständigen Gerichts ergeht durch Beschluss.

II Der Beschluss, der das zuständige Gericht bestimmt, ist nicht anfechtbar.

§ 37 Buch 1. Abschnitt 1. Gerichte

Gliederung

1) Systematik, I, II 1
2) Regelungszweck, I, II 2
3) Geltungsbereich, I, II 3
4) Verfahren, I 4
5) Entscheidung, I 5
6) Rechtsbehelfe, II 6
7) Bindung, II 7
8) *VwGO* 8

1 **1) Systematik, I, II.** Während § 36 die Voraussetzungen der Zuständigkeitsbestimmung nennt, regelt § 37 das Verfahren einschließlich der Entscheidung, zur letzteren ergänzt durch § 329.

2 **2) Regelungszweck, I, II.** Das Zwischenverfahren soll im Interesse der in § 36 Rn 2 erläuterten Ziele möglichst rasch und ohne viele Zusatzkosten ablaufen. Ob die bisweilen reichlich lapidare Handhabung der Entscheidung durch Weglassen jeder Begründung dem Rechtsfrieden sonderlich dient, ist zweifelhaft. Oft haben sich beide bisher beteiligten Gerichte sehr wohl gründliche Gedanken zur Zuständigkeitsfrage gemacht und ihre Beurteilungen ausführlich begründet. Sie müßten ja schon der Form nach mehr als bloße Erwägungen sein. Zumindest der damit erfolglos gebliebene Richter kann erwarten, daß die nach § 37 entscheidende Instanz ihm ihre abweichende Beurteilung nicht nur in Form einer Entscheidungsformel mitteilt. Die Parteien sollen ihm und seiner Sachkunde ja schließlich trotz dieser Zwischen-„Niederlage" weiter vertrauen dürfen. Es gibt im übrigen ausgezeichnet begründete Entscheidungen nach § 37. Sie tragen zur Vermeidung gleichartiger Zwischenstreite sehr bei.

3 **3) Geltungsbereich, I, II.** Vgl § 36 Rn 3–6.

4 **4) Verfahren, I.** Zur Notwendigkeit eines „Gesuchs" § 36 Rn 7. Man kann den Antrag formlos stellen. Es herrscht kein Anwaltszwang, § 78 V Hs 2. Denn der Antrag kann auch zum gerichtlichen Protokoll erfolgen. Als Antragsteller sind grundsätzlich nur der Kläger oder sein Streithelfer zugelassen, BGH NJW 90, 2752, lediglich in den Fällen des § 36 I Z 1, 5, 6 auch der Bekl, Düss MDR 89, 646, oder sein Streithelfer. Prozeßkostenhilfe ist statthaft, § 114 Rn 45. Nur die Einreichung des Antrags beim höheren Gericht hemmt evtl die Verjährung, § 204 I Z 13 Hs 1 BGB, also nicht der bloße Eingang des vorher anderweitig eingereichten Gesuchs. Das gilt freilich nur, wenn der Antrag, für den die Gerichtsstandsbestimmung erfolgen soll, binnen 3 Monaten folgt, § 204 I Z 13 Hs 2, III BGB.

Das Gericht gibt dem Antragsgegner grundsätzlich das rechtliche Gehör, Art 103 I GG, Zweibr OLGR **01**, 44. Eine Ausnahme kann im Eilverfahren wie sonst gelten, BayObLG RR **86**, 421. Beim OLG ist der Einzelrichter nicht befugt, Rostock FamRZ **04**, 650. Das Gericht darf eine mündliche *Verhandlung* ansetzen. Es ist dazu aber nicht verpflichtet, § 128 IV. Eine Rüge der Unzuständigkeit, die einem früheren Hilfsantrag entgegensteht, ist unbeachtlich. Das Gericht geht vom Klägervortrag aus, BayObLG RR **03**, 134, aM Zweibr MDR **83**, 495 (aber es gibt auch keine höheren Anforderungen als bei einer Klage). Es ermittelt nicht etwa nach Grdz 38 vor § 128 von Amts wegen die zur Entscheidung erforderlichen Tatsachen, BGH FamRZ **97**, 172, BayObLG **94**, 96. Das Gericht braucht die Prozeßvoraussetzungen nach Grdz 13 vor § 253 außer derjenigen der Zuständigkeit nicht zu prüfen, BGH RR **87**, 757, BayObLG RIW **03**, 387, Bornkamm NJW **89**, 2715, aM ThP 4 (sie wollen auch die Prozeßfähigkeit prüfen, unterstellen sie freilich im Ergebnis). Es prüft auch die internationale Zuständigkeit, Üb 6 vor § 12, BayObLG RIW **03**, 388. Es prüft aber nicht die Schlüssigkeit der Klage oder die Erheblichkeit der bisherigen Verteidigung jeweils zur Hauptsache, BayObLG RR **98**, 1291. Natürlich muß das Gericht die Voraussetzungen des § 36 prüfen, BGH NJW **00**, 3214, auch das zum Bestimmungsverfahren erforderliche Rechtsschutzbedürfnis, BayObLG **80**, 436. BayObLG **94**, 122 läßt dabei Zweckmäßigkeitserwägungen im Rahmen von Art 101 I GG zu. Sie beherrschen ohnehin oft die Praxis.

5 **5) Entscheidung, I.** Die Entscheidung setzt grundsätzlich Rechtshängigkeit voraus, BGH RR **98**, 1161, BayObLG RR **00**, 589. Sie erfolgt durch einen Beschluß. Er klärt die Zuständigkeit abschließend, S 2. Das Gericht bestimmt das zuweilen zweckmäßigerweise zuständige Gericht, BGH NJW **83**, 1914, BayObLG **94**, 121. Dabei muß es zB §§ 261 III Z 2, 281 II 5 beachten, BGH **95**, 702, BAG NJW **97**, 1091, BayObLG BB **05**, 2266. Der Beschluß kann ausnahmsweise die Zuständigkeit eines dritten Gerichts begründen, BGH FamRZ **97**, 172, BayObLG RR **00**, 1592. Das Gericht muß seinen Beschluß begründen. Denn er beendet einen meist schwer zu beurteilenden Zwischenstreit, der den gesetzlichen Richter bestimmt, § 329 Rn 4. Das Gericht kann zur weiteren Klärung der Zuständigkeitsfragen aufheben und zurückverweisen, BGH NJW **95**, 534 (krit Jauernig 2017), BayObLG **99**, 96.

Der Beschluß enthält wegen der Zugehörigkeit der Kosten des Bestimmungsverfahrens zu denjenigen der Hauptsache nach §§ 91 ff *keine Kostenentscheidung*, BayObLG RR **00**, 141, und zwar weder bei einer Bestimmung, BGH RR **87**, 757, noch bei ihrer Ablehnung oder bei einer Antragsrücknahme, aM BGH RR **87**, 757, BayObLG RR **02**, 2888 (sie wenden § 269 III schon deshalb in sich widersprüchlich an, weil er fälschlich keinen Antrag voraussetzt, § 36 Rn 7. Im übrigen ist durchaus nicht erkennbar, weshalb das Klageverfahren nur dann keine Hauptsache mehr sein soll). Man muß die Kosten notfalls gesondert einklagen, Düss MDR **83**, 846, Schmidt AnwBl **84**, 553.

Wenn eine mündliche Verhandlung stattfand, muß das Gericht seinen Beschluß nach § 329 I 1 verkünden oder schriftlich *mitteilen*. Wenn der Rechtsstreit noch nicht anhängig ist, gibt es seinen Beschluß nur dem Antragsteller bekannt. Nach der Anhängigkeit gibt es ihn beiden Parteien bekannt. Eine formlose Mitteilung genügt, § 329 II 1. Wenn der Beschluß vor dem Zeitpunkt der Klagezustellung usw ergangen ist, dann muß ihn der Kläger der nachfolgenden Klage bzw seinem nachfolgenden Antrag beifügen.

6 **6) Rechtsbehelfe, II.** Gegen einen zurückweisenden Beschluß des LG ist sofortige Beschwerde nach § 567 I Z 2 zulässig. Eine Rechtsbeschwerde kommt mangels Voraussetzungen des § 574 nicht in Betracht, BayObLG RR **02**, 2888. Gegen einen Beschluß, durch den ein Gericht als zuständig bestimmt wird, ist grundsätzlich kein Rechtsbehelf statthaft, BGH FamRZ **98**, 477, BAG DB **03**, 1284. BayObLG WoM **98**, 119 gibt gegen Zurückverweisung evtl die sofortige Beschwerde. Die Prozeßparteien können wegen der ausdrücklichen Unanfechtbarkeit des bestimmenden Beschlusses die daraus folgende Zuständigkeit weder im

Titel 3. Vereinbarung über Zuständigkeit **§ 37, Übers § 38**

Prozeß noch sonstwie bemängeln. Das gilt selbst dann, wenn das bestimmende Gericht einen Verfahrensfehler begangen hat, BGH FamRZ **80**, 671, wenn es zB etwa den Grundsatz des rechtlichen Gehörs verletzt haben sollte, Artt 2 I, 20 III GG (Rpfl), BVerfG **101**, 404, Art 103 I GG (Richter). Nur bei einer problematisch gewordenen greifbaren Gesetzwidrigkeit nach § 127 Rn 25 kam gegen eine Bestimmung der Zuständigkeit evtl eine sofortige Beschwerde in Betracht, BGH NJW **01**, 1285, BAG DB **03**, 1284. Das gilt freilich wegen des § 574 nicht mehr. Beim Rpfl gilt im übrigen § 11 RPflG, § 104 Rn 41 ff.

7) Bindung, II. § 37 enthält keine ausdrückliche Bindungswirkung. Trotzdem ist die Bestimmung des **7** zuständigen Gerichts wegen des Regelungszwecks nach § 36 Rn 2 grundsätzlich für das bestimmte Gericht bindend, § 329 Rn 17, BGH RR **95**, 702, BayObLG RR **03**, 357, Mü RR **02**, 1722. Diese Bindungswirkung tritt freilich nur insoweit ein, als ein Bindungswille des bestimmenden Gerichts erkennbar geworden ist, AG Lübeck NJW **78**, 649, (abl Jauernig 1271. Vgl aber § 281 Rn 33 ff). Das gilt selbst dann, wenn das bestimmende Gericht gegen Art 103 I GG verstoßen hat, § 281 Rn 39 ff, BGH **102**, 341, BAG NJW **96**, 413. Das gilt auch, soweit das Gericht zB eine selbst gesetzte Äußerungsfrist nicht eingehalten hat, BGH RR **88**, 522, BAG NJW **93**, 1879, Nürnb RR **97**, 379. Das bestimmte Gericht muß auch prüfen, ob das bestimmende Gericht überhaupt denselben Sachverhalt geprüft hat, der auch der Klage zugrunde liegt.

Freilich bleibt die Bestimmung bindend, wenn das bestimmende Gericht den Sachverhalt *nicht ganz vollständig* berücksichtigt hat, BGH FamRZ **80**, 671. Die Zuständigkeitsbestimmung bleibt ferner dann wirksam, wenn die Klage auf ein Weniger hinausläuft, wenn der Kläger also etwa nur eine Feststellung statt einer Leistung begehrt. Die Bindung bleibt auch bei teilweiser Klagerücknahme bestehen, Mü RR **02**, 1722. Auch das übergeordnete Gericht des bestimmten Gerichts, zB das Beschwerdegericht, bleibt gebunden, BGH FamRZ **80**, 670, BayObLG Rpfleger **87**, 125. Etwas anderes gilt dann, wenn die Klage auf ein Mehr hinausläuft oder wenn der Kläger gegen denjenigen Streitgenossen nach § 59 nur keine Klage erhebt, dessentwegen die Zuständigkeitsbestimmung nach § 36 I Z 3 gerade erfolgen mußte, Mü MDR **87**, 851.

8) *VwGO:* I entspricht § 53 III 2 *VwGO.* Die Unanfechtbarkeit des Beschlusses, II, ergibt sich aus § 152 **8** *VwGO.*

Titel 3. Vereinbarung über die Zuständigkeit der Gerichte

Übersicht

Schrifttum: *Ahrendt,* Der Zuständigkeitsstreit im Schiedsverfahren, 1996 (rechtsvergleichend betr §§ 1025 ff); *Aull,* Der Geltungsanspruch des EuGVÜ usw, 1996; *von Baum,* Die prozessuale Modifizierung von Wertpapieren durch Gerichtsstands- und Schiedsvereinbarungen, 1998; *Boccatoschi,* Zuständigkeits- und Gerichtsstandsvereinbarungen im deutschen und italienischen Recht usw, 2005; *de Bra,* Verbraucherschutz durch Gerichtsstandsregelungen im deutschen und europäischen Zivilprozeßrecht, 1992; *Dorsel,* Forum non conveniens usw (rechtsvergleichend), 1994; *Eilers,* Maßnahmen des einstweiligen Rechtsschutzes im Europäischen Zivilrechtsverkehr, 1991; *Gottwald,* Grenzen internationaler Gerichtsstandsvereinbarungen, Festschrift für *Firsching* (1985) 89; *Gottwald,* Internationale Gerichtsstandsvereinbarungen – Verträge zwischen Prozeßrecht und materiellem Recht, Festschrift für *Henckel* (1995) 295; *Gottwald,* Gerichtsstand und Geschäftsgrundlage, in: Festschrift für *Henrich,* 2000; *Hausmann,* Einheitliche Anknüpfung internationaler Gerichtsstands- und Schiedsvereinbarungen?, in: Festschrift für *Lorenz,* 1991; *Jayme,* Inhaltskontrolle von Rechtswahlklauseln in Allgemeinen Geschäftsbedingungen, in: Festschrift für *Lorenz,* 1991; *Kropholler,* Internationales Privatrecht, 3. Aufl 1997, § 58 III; *Kropholler/Pfeifer,* Das neue europäische Recht der Zuständigkeitsvereinbarung, in: Festschrift für *Nagel* (1987) 157; *Leipold,* Zuständigkeitsvereinbarungen in Europa, in: *Gottwald/Greger/Prütting* (Hrsg), Dogmatische Grundfragen des Zivilprozesses im geeinten Europa (2000); *Möllers,* Internationale Zuständigkeit bei der Durchgriffshaftung, 1987; *Pfeiffer,* Materialisierung und Internationalisierung im Recht der Internationalen Zuständigkeit, Festgabe *50 Jahre Bundesgerichtshof* (2000) III 617; *Rahmann,* Ausschluß staatlicher Gerichtszuständigkeit usw, 1984 (rechtsvergleichend: USA); *Reiser,* Gerichtsstandsvereinbarungen nach IPR-Gesetz und Lugano-Übereinkommen, Zürich 1995; *Reithmann,* Internationales Vertragsrecht, 3. Aufl 1980; *Sandrock,* Die Vereinbarung eines „neutralen" internationalen Gerichtsstandes, 1997; *Schack,* Internationales Zivilverfahrensrecht, 3. Aufl 2002; *Schilken,* Zur Zulässigkeit von Zuständigkeitsvereinbarungen, Festschrift für *Musielak* (2004) 435; *Schücking,* Wirtschaftsrechtliche Schranken für Gerichtsstandsvereinbarungen, Gedächtnisschrift für *Arens* (1993) 385; *Staehelin,* Gerichtsstandsvereinbarungen im internationalen Handelsverkehr Europas usw, 1994; *Stöve,* Gerichtsstandsvereinbarungen nach Handelsbrauch, Art 17 EuGVÜ und § 38 ZPO usw, 1993; *Vial,* Die Gerichtsstandswahl und der Zugang zum internationalen Zivilprozeß im deutsch-italienischen Rechtsverkehr usw, 1999; *Weth,* Prämien für gute Richter, Festschrift für *Lüke* (1997) 961; *Weyland,* Zur Frage der Ausschließlichkeit internationaler Gerichtsstandsvereinbarungen, Gedächtnisschrift für *Arens* (1993) 417.

Gliederung

1) Systematik 1	4) **Internationales Recht** 7–10
2) Regelungszweck 2	5) *VwGO* 11
3) Geltungsbereich 3–6	

1) Systematik. Das geltende Gesetz hat den früheren Grundsatz der freien Vereinbarkeit der sachlichen **1** und örtlichen Zuständigkeit (Prorogation) fast ins Gegenteil verkehrt, BGH NJW **83**, 162, LG Trier NJW **82**, 287, Ehricke ZZP **111**, 167. Das hat eine erhebliche Einschränkung der Parteiherrschaft bewirkt, Grdz 18 ff vor § 128, LG Bln RR **97**, 378. § 290 und andere ausschließliche Gerichtsstände gehen vor, § 40 II 1 Hs 1.

Übers § 38 Buch 1. Abschnitt 1. Gerichte

2 **2) Regelungszweck.** Nun soll zwar niemand gegen seinen Willen dem gesetzlichen Richter entzogen werden, Art 101 I 2 GG, LG Bln RR **97**, 378. Besonders in Allgemeinen Geschäftsbedingungen ist enormer Mißbrauch getrieben worden, wie überhaupt dann auch bei gerichtlichen Verweisungen, Fischer MDR **00**, 684. Trotzdem besteht oft ein ganz erhebliches Bedürfnis beider Partner nach der Möglichkeit einer freien Zuständigkeitswahl. Die derzeitige Regelung würgt solche Möglichkeiten zu sehr ab. Freilich bleibt eine Schiedsvereinbarung zulässig. Durch sie können die Parteien den staatlichen Richter inkonsequent überhaupt ausschalten, krit Bettermann ZZP **91**, 392, Wolf ZZP **88**, 345. Falls vor allem Allgemeine Geschäftsbedingungen auf eine Schiedsvereinbarung ausweichen, bleibt doch nur eine Fortsetzung in der Form der dann schiedsrichterlichen Inhaltskontrolle.

Spezialgerichte sind wie bei § 35 Rn 2 auch bei §§ 38 ff im Rahmen des Zulässigen durchaus wünschenswert. Es kann aber gerade in solchen Fällen und überhaupt stets bei wirtschaftlichem Übergewicht eines Vertragspartners auch die Gefahr bestehen, daß sich der Schwächere einem Gerichtsstandsdiktat des Stärkeren in der Form einer ziemlich aufgezwungenen „Vereinbarung" gebeugt hat. Rechtsmißbrauch ist auch in der Form einer Erschleichung des Gerichtsstands nach § 38 verboten, Einl III 54, Üb 22 vor § 12. Auch sollte man auf die notwendigen formellen Bedingungen einer wirksamen Vereinbarung durchaus streng achten.

3 **3) Geltungsbereich.** Vgl zunächst Üb 3 vor § 12. §§ 38–40 gelten für die sachliche Zuständigkeit, KG VersR **80**, 874, aM LG Bre VersR **78**, 978, ferner für örtliche und internationale Zuständigkeit, Üb 6 vor § 12, BGH NJW **81**, 2644, Mü MDR **75**, 494, Nürnb NJW **85**, 1296. §§ 38–40 gelten nicht für die geschäftliche (funktionale, instanzielle) Zuständigkeit, Rn 5, BGH VersR **77**, 430, und nicht für den Rechtsweg, BGH NJW **97**, 328. Das Gericht muß seine Zuständigkeit von Amts wegen zu prüfen, Grdz 39 vor § 128. Beim AG besteht eine Belehrungspflicht über die sachliche wie örtliche Unzuständigkeit, § 504. Ein Versäumnisurteil aufgrund einer bloßen Behauptung der Zuständigkeitsvereinbarung ist evtl unzulässig, selbst wenn die letztere mit Tatsachen belegt wird, § 331 I 2, dort Rn 8, Ffm MDR **75**, 232. Eine rügelose Einlassung heilt nur bedingt, §§ 39, 40 II. § 38 ff gelten auch im Eilverfahren der §§ 916 ff, 935 ff.

Im *Mahnverfahren* gilt § 689 II, III. Es ist also keine Zuständigkeitsvereinbarung mehr möglich. Für das anschließende streitige Verfahren ist eine Zuständigkeitsvereinbarung jedenfalls dann nicht mehr zulässig, wenn inzwischen Rechtshängigkeit eingetreten ist, §§ 261 III Z 2, 696 III, aM Müller-Lerch AnwBl **82**, 46 (aber die vorstehenden Vorschriften gelten gerade dergleichen ausschließen).

4 Im *Patentverfahren* gilt § 78 b GVG Anh I. Weitere Sondervorschriften enthalten zB §§ 109, 147 III VAG; 48 I VVG; 26 FernUSG (dessen II Z 1, 2 entspricht etwa dem § 38 III Z 1, 2 ZPO. Vgl aber auch Anh § 29 Rn 7–12). Zu alledem Schücking (vor Rn 1) 386. §§ 38–40 sind auf Verfahren gemäß VO unanwendbar.

5 Die *geschäftsmäßige* (funktionale, instanzielle) Zuständigkeit etwa einer bestimmten Kammer läßt sich grundsätzlich nicht vereinbaren, BGH VersR **77**, 430, Schilken (Üb § 38 vor Rn 1) 438. Ausnahmen gelten für die Kammer für Handelssachen. Die Wahl des Rechtswegs unterliegt keiner Vereinbarung, § 13 GVG. Statthaft ist eine Zuständigkeitsvereinbarung nur im Urteilsverfahren, nicht im Beschlußverfahren. Eine Vereinbarung wegen eines bloßen Teilanspruchs ist unzulässig.

6 Das vereinbarte Gericht wird ohne seinen Willen zuständig. Nach dem Eintritt der *Rechtshängigkeit* fällt die Zuständigkeit nicht mehr weg, § 261 Rn 28, § 281 Rn 45. Wegen der Auswirkung einer Zuständigkeitsvereinbarung auf eine Aufrechnungsmöglichkeit § 145 Rn 18. Besteht am Ort der vereinbarten Zuständigkeit keine deutsche Gerichtsbarkeit mehr, ist die Vereinbarung erledigt. Eine Vereinbarung der Zuständigkeit durch die Tarifpartner nach § 48 II ArbGG ist wegen § 13 GVG nicht mehr wirksam möglich.

7 **4) Internationales Recht.** Man muß nach § 293 zunächst etwaige Gesetzesvorschriften beachten, nach denen ein gesetzlicher Gerichtsstand nicht vertraglich ausschließbar ist, zB: § 53 III KWG, Schücking (vor Rn 1) 394; § 109 VAG, Schücking (vor Rn 1) 386. Zum Problem *Pfeiffer*, Gerichtsstandsklauseln und EG-Klauselrichtlinie, Festschrift für *Schütze* (1999) 671, Schücking (vor Rn 1) ausf. Im übrigen gilt: Die Vereinbarung der nationalen Zuständigkeit ist zulässig, soweit sie nicht bürgerlichrechtlich unwirksam ist. Daher ist sie auch formularmäßig grundsätzlich statthaft, Bbg RR **89**, 371, LG Hbg VersR **82**, 140 (wegen eines Konnossements. Wegen der Rechtswahl Hbg VersR **86**, 1022). Die Vereinbarung der internationalen Zuständigkeit ist zulässig, Üb 6 vor § 12, BGH NJW **86**, 1438 (zustm Geimer), BAG DB **78**, 698, Schilken (Üb § 38 vor Rn 1) 438, soweit nicht die Schutzbedürftigkeit des Arbeitnehmers vorrangig ist. In der Revisionsinstanz muß das Gericht die Vereinbarung einer internationalen Zuständigkeit von Amts wegen prüfen, BGH BB **04**, 853. Zulässigkeit und Wirkung sind nach § 293 zu prüfen.

Zulässigkeit und Wirkung der Vereinbarung unterliegen grundsätzlich dem *deutschem* Recht, BGH BB **98**, 2283. Insoweit ist § 38 der Maßstab, BGH RR **05**, 929. Das Zustandekommen der Vereinbarung richtet sich im übrigen nach dem Vertragsrecht der maßgebenden Rechtsordnung, BGH NJW **98**, 2886, Köln VersR **98**, 736. Es kann sich auch nach *ausländischen* Recht richten, BGH MDR **00**, 692, Bbg RR **89**, 371, aM Saarbr RR **89**, 829 (aber Vertragsfreiheit ist auch internationalrechtlich weitgehend möglich). Dies gilt unabhängig davon, ob die dortigen maßgebenden Bestimmungen zu seinem sachlichen Recht oder zu seinem Prozeßrecht zählen, BGH NJW **89**, 1431. Der ordre public darf nicht verletzt sein, Ffm IPRax **99**, 249.

8 Die *EuGVVO* und das *LugÜbk* sind *vorrangig*, SchlAnh V C 4, D, BGH BB **04**, 853, Kblz ZMR **97**, 186 (je: Schweiz), BayObLG BB **01**, 1498 (Österreich), Saarbr NJW **92**, 987. Das gilt auch für Vollkaufleute, Karlsr NJW **82**, 1950), Kropholler, Europäisches Zivilprozeßrecht (Komm), 7. Aufl 2002. Das gilt bei der EuGVVO zB für Art 5, EuGH DB **82**, 951, und Artt 17, 23 (je zum alten Recht) EuGH IPRax **93**, 32 und DB **97**, 619 (mündliche Vereinbarung über Erfüllungsort), BGH BB **04**, 853, Graf von Westphalen NJW **94**, 2119. Freilich muß das Gericht nach Art 17 EuGVVO nur die Zulässigkeit, Form und Wirkung der Gerichtsstandsvereinbarung in jeder Verfahrenslage von Amts wegen prüfen, BGH NJW **04**, 3706. Das gilt unabhängig von der Wirksamkeit des Hauptvertrags, EuGH JZ **98**, 896 (zustm Mankowski), Kroll ZZP **113**, 135. Welche sachlichrechtlichen Anforderungen das Gericht stellen muß, bestimmt sich nach demjenigen Recht, das von dem angerufenen Gericht nach seinem internationalen Privatrecht für anwendbar erklärt wird, Saarbr NJW **92**, 987.

9 Das Gericht darf und muß die internationale Zuständigkeit des deutschen Gerichts in jeder Verfahrenslage *von Amts wegen zu prüfen,* Grdz 39 vor § 128, BGH **153**, 85. Das gilt zumindest, soweit Anhaltspunkte dafür

Titel 3. Vereinbarung über Zuständigkeit **Übers § 38, § 38**

bestehen, daß die EuGVVO anwendbar und die ausschließliche internationale Zuständigkeit der Gerichte eines anderen Vertragsstaats nach Art 22 EuGVVO gegeben sein könnte, BGH EuZW **90**, 37.
Zum *Warschauer Abkommen* Wegner VersR **82**, 423. Es ist rechtspolitisch eine Angleichung an internationalen Standard wünschenswert, Nagel JR **89**, 41. **10**

5) *VwGO:* Der 3. Titel ist unanwendbar, hM, vgl Ey § 52 Rn 27, auch in sog Parteistreitigkeiten, RedOe § 52 **11** Anm 2 mwN, VG Stgt NJW **67**, 411 mwN, aM Grunsky § 36 III 2. Die Regelung der sachlichen und örtlichen Zuständigkeit, §§ 45–53 VwGO, läßt keinen Raum für Vereinbarungen, da der Kläger nicht einmal das Wahlrecht zwischen mehreren zuständigen Gerichten hat, § 35 Rn 6. Außerdem ist nach § 40 II ZPO gerade in Fällen, bei denen eine ähnliche Lage wie im VerwProzeß besteht, eine Vereinbarung ausgeschlossen, vgl Peters DÖV **67**, 407, und das gleiche gilt allgemein nach § 59 SGG (dazu Meyer-Ladewig Rn 2).

38 Zugelassene Gerichtsstandsvereinbarung.
¹ Ein an sich unzuständiges Gericht des ersten Rechtszuges wird durch ausdrückliche oder stillschweigende Vereinbarung der Parteien zuständig, wenn die Vertragsparteien Kaufleute, juristische Personen des öffentlichen Rechts oder öffentlich-rechtliche Sondervermögen sind.

II ¹ Die Zuständigkeit eines Gerichts des ersten Rechtszuges kann ferner vereinbart werden, wenn mindestens eine der Vertragsparteien keinen allgemeinen Gerichtsstand im Inland hat. ² Die Vereinbarung muss schriftlich abgeschlossen oder, falls sie mündlich getroffen wird, schriftlich bestätigt werden. ³ Hat eine der Parteien einen inländischen allgemeinen Gerichtsstand, so kann für das Inland nur ein Gericht gewählt werden, bei dem diese Partei ihren allgemeinen Gerichtsstand hat oder ein besonderer Gerichtsstand begründet ist.

III Im Übrigen ist eine Gerichtsstandsvereinbarung nur zulässig, wenn sie ausdrücklich und schriftlich
1. nach dem Entstehen der Streitigkeit oder
2. für den Fall geschlossen wird, dass die im Klageweg in Anspruch zu nehmende Partei nach Vertragsschluss ihren Wohnsitz oder gewöhnlichen Aufenthaltsort aus dem Geltungsbereich dieses Gesetzes verlegt oder ihr Wohnsitz oder gewöhnlicher Aufenthalt im Zeitpunkt der Klageerhebung nicht bekannt ist.

Gliederung

1) Systematik, I–III	1	C. Juristische Person des öffentlichen Rechts	18
2) Regelungszweck, I–III	2	D. Öffentlichrechtliches Sondervermögen	19
3) Geltungsbereich, I–III	3	E. Form, I	20
4) An sich unzuständig, I	4	7) Auslandsberührung, II	21–32
5) Vereinbarung, I	5–14	A. Grundsatz: Begrenzte Zulässigkeit	21, 22
A. Einigung	5	B. Fälle	23–25
B. Allgemeine Geschäftsbedingungen (AGB): Beachtlichkeit bei Vereinbarkeit	6, 7	C. Form, II	26
C. Unterwerfung unter AGB	8, 9	D. Einzelfragen	27–32
D. Inhaltskontrolle von AGB	10, 11	8) Vereinbarung, III	33–36
E. Ungewöhnlichkeit einer AGB-Klausel	12, 13	A. Grundsatz: Hilfsweise Geltung	33
F. Weitere Prüfung	14	B. Nach dem Entstehen der Streitigkeit, III Z 1	34
6) Partner, Form, I	15–20	C. Wohnsitzverlegung usw, III Z 2	35
A. Grundsatz: Nur bestimmte Partner	15, 16	D. Mahnverfahren	36
B. Kaufmann	17	9) Rügelose Einlassung, I–III	37

1) Systematik, I–III. Die Vorschrift schafft Sonderregeln gegenüber denjenigen einer nur gesetzlichen **1** Zuständigkeit. Sie wird durch § 39 ergänzt und durch § 40 begrenzt. § 38 zählt zu den wesentlichen Grundgedanken der gesetzlichen Regelung im Sinn von (jetzt) § 307 II Z 1 BGB, LG Düss RR **95**, 441. III gilt neben §§ 12 ff nur hilfsweise, LAG Düss DB **84**, 1686. § 549 II bleibt beachtlich, BGH NJW **00**, 2822.

2) Regelungszweck, I–III. Die Vorschrift dient einer Stärkung der Parteiherrschaft, Grdz 18 vor § 128. **2** Dieses Ziel ist ein Grundgedanke des Zivilprozeßrechts. Das erlaubt eine gewisse Großzügigkeit der Auslegung, Prütting (Üb § 38 vor Rn 1) 455. Andererseits stellt § 38 doch systematisch eine Ausnahme, von dem im Interesse der Rechtssicherheit nach Einl III 43 und des Verfassungsgebots eines gesetzlichen Richters geschaffenen System gesetzlicher Zuständigkeiten dar, Üb 1 vor § 38. Daher darf man den formell zwingenden § 38 nun auch weit auslegen, BGH **101**, 275, LG Trier NJW **82**, 287 (zu I), aM Krügermeyer-Kalthoff/Reutershan MDR **01**, 1220 (rechtspolitische und systematische Erwägung der Erstreckung auf Anwälte usw in Form der Kapitalgesellschaft, soweit Mandant Kaufmann. Aber das ist schon jetzt möglich).

Internationalrechtlich besteht allerdings ein steigendes Bedürfnis nach Elastizität auch bei der Bestimmung, welches Gericht im In- oder Ausland tätig werden darf oder muß. Das muß man bei der Handhabung auch des nationalen Rechts mitbeachten. Gequälte Bejahung oder Verneinung des Vorliegens oder der Wirksamkeit einer Gerichtsstandsvereinbarung mit Auslandsbezug hilft niemandem. Andere Rechtssysteme sehen Zuständigkeitsfragen wesentlich lockerer und nehmen doch mit Recht hohen Rang für sich in Anspruch. Dafür kennt mancher Praktiker geradezu drastische Beispiele. Der deutsche ordre public nach § 328 Rn 30 ff sollte Weltoffenheit auch hier zeigen.

3) Geltungsbereich, I–III. Vgl Üb 3 vor § 38. **3**

4) An sich unzuständig, I. Gemeint ist allein ein ordentliches Gericht erster Instanz, also ein AG oder **4** LG. Die Zuständigkeit höherer Gerichte folgt zwangsläufig aus deren Tätigkeit. Eine Vereinbarung eines

Hartmann

§ 38

Verwaltungsorgans oder dgl gilt höchstens als eine Schiedsvereinbarung, §§ 1025 ff. Wahl des unzuständigen Gerichts bedeutet natürlich zugleich grundsätzlich Abwahl des sonst zuständigen Gerichts.

5   **5) Vereinbarung, I.** Zur Verfassungsmäßigkeit der sog Prorogation BVerfG NJW **71**, 1449 (betr § 6 a des früheren AbzG).

A. Einigung. Erforderlich ist eine Willenseinigung durch einen Prozeßvertrag, Grdz 48 vor § 128, Schilken (Üb § 38 vor Rn 1) 441. Das gilt auch für ein Aufrechnungsverbot, Hamm OLGR **99**, 176, Busse MDR **01**, 731, und für eine Widerklage nach Anh § 253, für die das Gericht ohne § 33 unzuständig wäre. Wenn die Parteien sie vor der Klagerhebung nach §§ 253, 261 vereinbart hatten, ist sie ein sachlichrechtlicher Vertrag über prozessuale Beziehungen, BGH NJW **86**, 1439. Folglich darf und muß das deutsche Gericht ihre Voraussetzungen von Amts wegen prüfen, BGH NJW **94**, 51. Das gilt auch bei einem Säumnis des Bekl, §§ 331 I 2, 335 I Z 1. Das muß nach sachlichem Recht geschehen, BGH NJW **83**, 2773. Eine Satzung kann als Vereinbarung wirken, EuGH NJW **92**, 1671, BGH **123**, 349, Hbg VersR **85**, 858. Die Bestimmung muß zwar genau sein, zB meint aber „München" das derzeitige LG Mü I, BGH NJW **96**, 3013. Eine Bezeichnung eines ab § 690 I Z 5 unzuständigen Gerichts ist nicht als Angebot nach § 38 umdeutbar, Karlsr Rpfleger **05**, 270.

Die Vereinbarung unterliegt der *Auslegung,* Düss NJW **91**, 1492, Bbg RR **89**, 371, Ffm RR **99**, 604. Das gilt auch zum Umfang der Vereinbarung, Busse MDR **01**, 733, und zur Ausschließlichkeit, BGH RR **99**, 138, Mü RIW **86**, 382, Fischer MDR **00**, 684. In der Regel soll das vereinbarte Gericht auch dazu entscheiden. Daher ist die Vereinbarung dann auch nicht der Form des Hauptvertrags unterworfen, KG BB **83**, 213. Eine Vereinbarung umfaßt auch einen deliktischen Anspruch, der einen Bezug zum Vertrag hat, Stgt IPRax **92**, 88 (zustm Roth IPRax **92**, 68). Keine Vereinbarung liegt vor, wenn es um einen Anspruch aus Verschulden bei Vertragsverhandlungen geht (Ausnahme: Es besteht schon ein Rahmenvertrag), oder wenn eine Partei meint, das Gericht, an das beide eine Verweisung beantragen, sei an sich zuständig, BGH FER **97**, 88, oder wenn es um einen Anspruch aus einem vertragsähnlichen Vertrauensverhältnis geht, oder wenn es sich um eine einseitige Klausel handelt, die zB im Briefkopf steht und gegen (jetzt) §§ 305 ff BGB verstoßen kann, BGH **101**, 273 („Gerichtsstand X"; krit Fischer MDR **00**, 684, Lindacher ZZP **188**, 202), LG Mü BB **79**, 702.

Wer *Partner* sein muß und welche *Form* nötig ist, ergibt sich aus Rn 15 ff. Eine Stellvertretung kann nach §§ 164 ff BGB stattfinden. Die Vereinbarung kann zugunsten eines Dritten gelten, EuGH NJW **84**, 2760, Geimer NJW **85**, 533. Sie wirkt für den Insolvenzverwalter und den Rechtsnachfolger wie jeder Vertrag, Rn 15. Sie wirkt nicht ohne weiteres für einen Bürgen, BayObLG **99**, 76. Sie wirkt nicht für einen Streitgenossen, soweit nicht § 62 gilt, BGH MDR **91**, 737. Die Vereinbarung kann grundsätzlich jeden gesetzlich zulässigen Inhalt zur Begründung oder zum Ausschluß einer Zuständigkeit haben, auch zB das deutsche Recht, BGH NJW **94**, 262, Saarbr NJW **00**, 670 (das ist keine Wahl der internationalen Zuständigkeit), auch ein Wahlrecht des etwaigen Bekl, BGH NJW **83**, 996, oder eine internationale Zuständigkeit, Saarbr NJW **00**, 670, oder eine ausschließliche ausländische Zuständigkeit, BGH BB **98**, 2284 (Auslegungsfrage), Kblz ZMR **97**, 186. Für letztere aber keine Vermutung, KG MDR **99**, 56. Die Vereinbarung des Ausschlusses aller Gerichte ist unstatthaft. Es kann auch je nach der Person des Partners das eine oder das andere Gericht bestimmt sein, BGH RR **86**, 1311.

6   **B. Allgemeine Geschäftsbedingungen (AGB): Beachtlichkeit bei Vereinbarkeit.** Solche Bedingungen sind beachtlich, soweit eine Vereinbarung zulässig ist. Auch dann sind sie nur gültig, soweit sie wirklich vereinbart wurden, Rn 4, 5, Düss NJW **91**, 1492, soweit kein Verstoß gegen (jetzt) §§ 305 ff BGB vorliegt, BGH **101**, 275, Hbg MDR **00**, 170, LG Frankenth NJW **97**, 203. Mit den VOB/B ist evtl auch deren Gerichtsstand nach dort § 18 Z 1 mit Vorrang vor § 29 vereinbart, § 29 Rn 33 „Werkvertrag".

7   Keine Vereinbarungen sind die als *Rechtsverordnung* erlassenen Allgemeinen Versorgungsbedingungen (AVB) zB von Energieunternehmen, LG Bochum BB **75**, 937. Sie enthalten aber gesetzlichen Gerichtsstand. Das gilt freilich nur für Tarifkunden, Edelmann NJW **75**, 1923. Das ist zulässig, Üb 11 vor § 12.

8   **C. Unterwerfung unter AGB.** Eine Vereinbarung ist auch durch eine Unterwerfung möglich. Das gilt selbst für eine stillschweigende, soweit I gilt, BGH NJW **85**, 560 (also nicht bei II), Kblz BB **83**, 1635. Es gilt auch oder für eine telefonischen Bestellung zweifelhafte, bei ungewöhnlichen Klauseln unwahrscheinliche Klausel. Es gilt zum einen wegen der gerade auch im Interesse der Rechtssicherheit zu achtenden Vertragsfreiheit, zum anderen wegen der meist vorhandenen völligen Gleichgültigkeit gegenüber AGB und weil man mit ihnen bisher besonders bei Großfirmen in weitem Umfang rechnen muß. Die Vereinbarung ist also nicht nur bei schutzwürdigem Interesse möglich.

9   Man darf also trotz §§ 305 ff BGB keineswegs die Wirksamkeit aus allgemeinen *sozialen* Erwägungen ableiten, selbst wenn man §§ 12 ff schon nach aF als Schutzgesetz zugunsten des Bekl sähe. Im Zweifel freilich ist eine Auslegung zu Lasten des Verwenders notwendig, § 305 c II BGB.

10 **D. Inhaltskontrolle von AGB.** Bei einer Unterwerfung unter einseitig vorformulierte Vertragsklauseln muß man die Vereinbarung besonders sorgfältig auf Verstoß gegen Treu und Glauben und §§ 310 I 2, 138 BGB prüfen, also auch auf eine etwaige Erschleichung und etwaigen sonstigen Rechtsmißbrauch, Einl III 54, Üb 22 vor § 12, KG FamRZ **89**, 1105. Es ist eine zurückhaltende Inhaltskontrolle notwendig, (jetzt) § 307 BGB, BGH **101**, 271, Hbg MDR **00**, 170, LG Freibg/Br RR **99**, 1506, aM ThP 28, 29 (aber Rechtsmißbrauch droht gerade in solcher Lage).

11 *Maßgeblich ist,* ob der Partner des Verwenders der AGB gegen Treu und Glauben unangemessen benachteiligt wird, § 307 I BGB, LG Karlsr JZ **89**, 690 (abl Wolf). Bedenklich ist zB, wenn die Klausel nicht in einer der Verhandlungssprachen abgefaßt ist.

12 **E. Ungewöhnlichkeit einer AGB-Klausel.** Daher kann zB eine aus der Sicht nicht nur des Unterworfenen, sondern jedes vernünftigen Dritten völlig ungewöhnliche Klausel zumindest mangels eines rechtzeitigen Hinweises auf sie unwirksam sein, § 307 BGB, Hbg MDR **00**, 171, LG Bln RR **97**, 378, Fischer MDR **00**, 684. Das ist freilich bei einem Kaufmann als Kunde selten. Eine Vereinbarung auf das Gericht des Zessionars ist denkbar. Denn § 40 fordert keinen genauen Ort, sondern nur eine Bestimmbarkeit, EuGH

Titel 3. Vereinbarung über Zuständigkeit **§ 38**

NJW **01**, 501, LG Bielef MDR **77**, 672, LG Ffm RIW **86**, 543. Freilich muß man scharfe Anforderungen stellen, insbesondere bei einer Inkassozession. Eine im AGB enthaltene Klausel auf den Sitz des Verwenders ist nicht verboten, Ffm MDR **98**, 664, Hbg MDR **00**, 170, Karlsr NJW **96**, 2041, aM LG Karlsr NJW **96**, 1417 (aber das ist keine automatische Begünstigung des Verwenders. „Sein" Gericht ist unabhängig). Aber sie begründet im Zweifel einen ausschließlichen Gerichtsstand nur gegen ihn, nicht für ihn, Bbg RR **89**, 371. Dasselbe gilt für die Vereinbarung der Zuständigkeit am Sitz des Verkäufers, Ffm MDR **98**, 664, Karlsr NJW **96**, 2041, aM LG Karlsr NJW **96**, 1417. Die Vereinbarung eines anderen Orts als des Geschäftssitzes kann unschädlich sein, soweit der Partner dadurch keinen Nachteil erleidet, Hbg RR **99**, 1506.

Zu unbestimmt ist die Klausel, wenn der jeweilige Kläger das Gericht frei bestimmen dürfte, LG Bielef **13** MDR **77**, 672. Vgl ferner § 29. Die etwaige Befugnis höherer Gerichte, dem vereinbarten Gericht die Sache zu entziehen, oder eine Kassationsmöglichkeit sind grundsätzlich unschädlich. Gegenüber einem Kaufmann (wenn der Vertrag zu seinem Handelsgewerbe zählt) und gegenüber einer juristischen Person des öffentlichen Rechts bzw einem öffentlichrechtlichen Sondervermögen sind AGB nur eingeschränkt anwendbar, § 310 BGB. Eine AGB-Klausel für eindeutig auch andere als Vollkaufleute kann unwirksam und vom Kaufmann angreifbar sein, LG Karlsr MDR **97**, 29, aM Ffm MDR **98**, 664.

F. Weitere Prüfung. Neben Rn 4, 5 bzw Rn 6–13 muß man prüfen, ob eine der Fallgruppen I–III **14** vorliegt. Diese sind Musterbeispiele eines übersteigerten Gerechtigkeitsstrebens auf Kosten der Rechtssicherheit. Es gibt allein drei Formvarianten. Sie sind außerdem zum Teil sprachlich unklar abgefaßt. Wegen der Einschränkung der Parteiherrschaft nach Üb 1 vor § 38 ist keine ausdehnende Auslegung zulässig, Rn 3.

6) Partner, Form, I. Es kommt auf die Person an. **15**
A. Grundsatz: Nur bestimmte Partner. I erlaubt nur bestimmten Partnern eine Zuständigkeitsvereinbarung. Seine sprachliche Fassung ist unklar: „Parteien" – „Vertragsparteien" Gemeint ist: die Zuständigkeitsvereinbarung muß zwischen den Parteien dieses Prozesses bestehen, §§ 50 ff, LG Trier NJW **82**, 287. Jede Partei muß zur Zeit der Zuständigkeitsvereinbarung der einen oder anderen der in I genannten Gruppen angehört haben, BayObLG BB **78**, 1685 (eine Zugehörigkeit zu derselben Gruppe ist nicht erforderlich. Ausreichend ist zB ein Vertrag zwischen einem Kaufmann und einer juristischen Person), Köln RR **92**, 571, LG Trier NJW **82**, 287. Sonst könnte zB durch eine Abtretung doch wieder der gerade bekämpfte frühere Zwang zur Einlassung vor dem auswärtigen Gericht eintreten. Der Rechtsnachfolger ist an eine wirksame Vereinbarung gebunden, BGH NJW **80**, 2023, BayObLG RR **02**, 359, auch wenn er selbst keine solche Vereinbarung hätte schließen können, BGH NJW **98**, 371, BayObLG **99**, 76, Köln RR **92**, 571, aM LG Trier NJW **82**, 286 (aber er „folgt" dem Recht des Vorgängers).

Nicht ausreichend ist zB, daß „Kaufleute" einen dem Prozeß zugrundeliegende Kaufvertrag geschlossen **16** hatten, wenn eine der Prozeßparteien in Wahrheit gar kein Kaufmann war und wenn auch kein Fall von II oder III vorliegt, LG Düss RR **95**, 441, LG Trier NJW **82**, 287, ZöV 10, aM Meyer-Lindemann JZ **82**, 595 (aber auch ein „sprachlicher Mißgriff" kann eindeutig regeln).

B. Kaufmann. Dieser Personenkreis erscheint als weniger schutzbedürftig, Köln RR **92**, 571. Maßgeb- **17** lich ist der Zeitpunkt der Einigung nach Rn 5, Karlsr MDR **02**, 1269, Köln RR **92**, 571, aM Düss NJW **98**, 2980 (aber dann stünde alles ständig offen). Gemeint ist im Sinn von §§ 1 ff HGB:

HGB § 1. Istkaufmann. ¹ Kaufmann im Sinne dieses Gesetzbuchs ist, wer ein Handelsgewerbe betreibt.
 ᴵᴵ Handelsgewerbe ist jeder Gewerbebetrieb, es sei denn, daß das Unternehmen nach Art oder Umfang einen in kaufmännischer Weise eingerichteten Geschäftsbetrieb nicht erfordert.

HGB § 2. Eintragungskaufmann. ¹ Ein gewerbliches Unternehmen, dessen Gewerbebetrieb nicht schon nach § 1 Abs. 2 Handelsgewerbe ist, gilt als Handelsgewerbe im Sinne dieses Gesetzbuchs, wenn die Firma des Unternehmens in das Handelsregister eingetragen ist. [2, 3] ...

HGB § 3. Land- und Forstwirtschaft. ¹ Auf den Betrieb der Land- und Forstwirtschaft finden die Vorschriften der §§ 1 und 2 keine Anwendung.
 ᴵᴵ Für ein land- oder forstwirtschaftliches Unternehmen, das nach Art und Umfang einen in kaufmännischer Weise eingerichteten Geschäftsbetrieb erfordert, gilt § 2 mit der Maßgabe, daß nach Eintragung in das Handelsregister eine Löschung der Firma nur nach den allgemeinen Vorschriften stattfindet, welche für die Löschung kaufmännischer Firmen gelten.
 ᴵᴵᴵ ...

HGB § 4. (aufgehoben)

HGB § 5. Eintragungsfolge. Ist eine Firma im Handelsregister eingetragen, so kann gegenüber demjenigen, welcher sich auf die Eintragung beruft, nicht geltend gemacht werden, daß das unter der Firma betriebene Gewerbe kein Handelsgewerbe sei.

HGB § 6. Handelsgesellschaft, Verein. ¹ Die in betreff der Kaufleute gegebenen Vorschriften finden auch auf die Handelsgesellschaften Anwendung.
 ᴵᴵ Die Rechte und Pflichten eines Vereins, dem das Gesetz ohne Rücksicht auf den Gegenstand des Unternehmens die Eigenschaft eines Kaufmanns beilegt, bleiben unberührt, auch wenn die Voraussetzungen des § 1 Abs. 2 nicht vorliegen.

Vgl Ehricke ZZP **111**, 145, Siems NJW **03**, 1296 (je: Üb) und die Kommentare zum HGB, zB *Baumbach/ Hopt*. Ein *Minderkaufmann* nach § 1 II Hs 2 HGB ist also kein Kaufmann im Sinn von I. Die Registereintragung ist nicht allein maßgeblich. Vgl aber § 5 HGB. Unerheblich ist, ob die Kaufmannseigenschaft bzw deren tatsächliche Grundlage dem Partner bekannt war. Manche versagen demjenigen, der sich als Vollkaufmann ausgab, gegenüber dem entsprechend gutgläubigen Partner eine Berufung auf I in Verbindung mit § 2 II Hs 2 HGB, Ffm MDR **75**, 233. Freilich ist insofern evtl eine Anfechtung möglich und nach BGB zu beurteilen. Unerheblich ist auch, ob ein Handelsgeschäft im Sinne von § 343 HGB vorliegt. Denn I stellt eindeutig nur auf die Person ab.

Eine *Gesellschaft bürgerlichen Rechts* ist nicht schon wegen dieser Form Kaufmann, Ffm MDR **79**, 1027, LG Freibg/Br RR **99**, 1506. Der persönlich haftende Gesellschafter einer Offenen Handelsgesellschaft oder Kommanditgesellschaft ist Kaufmann im Sinn von I, Häuser JZ **80**, 761. Der Betrieb eines Handelsgewerbes im Sinn von § 1 HGB (Vorbereitung genügt, Düss NJW **98**, 2981) ist kein Anscheinsbeweis im Sinn von Anh § 286 Rn 15 dafür, daß man einen Kaufmann im Sinn von I annehmen kann. Denn trotzdem kann § 2 II Hs 2 HGB anwendbar sein. Ein Hinweis im gegnerischen Geschäftspapier auf eine Eintragung im Handelsregister kann zur Schlüssigkeit der Behauptung des Klägers zur Kaufmannseigenschaft des Bekl genügen, Karlsr MDR **02**, 1269. Ein anderer Nachweis der Kaufmannseigenschaft ist statthaft, Ffm MDR **75**, 232. Die Parteifähigkeit läßt sich wie sonst beurteilen, §§ 50 ff.

18   **C. Juristische Person des öffentlichen Rechts.** Hierher gehören: Körperschaften (verbandsförmig organisiert, dh wesentlich auf die Mitgliedschaft aufgebaut, zB: Hochschulen, Berufskammern, Innungen, auch Gebietskörperschaften, wie die Gemeinde, Kreise); Anstalten (Verwaltungseinrichtungen, die bestimmten Nutzungszwecken dienen, soweit auch vollrechtsfähig sind, zB BfA, Rundfunkanstalten); Stiftungen, also mit eigener Rechtspersönlichkeit ausgestattete Vermögensbestände, die bestimmten Stiftungszwecken gewidmet sind, unabhängig davon, ob diese gemeinnützig sind – „öffentliche Stiftung" – oder nicht. Gegensatz: Stiftungen des Privatrechts. Maßgeblich ist das Landesrecht. Wesentlich ist die Einfügung in einen öffentlichrechtlichen Verband. Vgl §§ 17, 18.

19   **D. Öffentlichrechtliches Sondervermögen.** Hierher gehören zB: Das Bundeseisenbahnvermögen, § 18 Rn 6 (nicht aber die Deutsche Bahn AG, s dort); das ERPSondervermögen; der LAG-Ausgleichsfonds; nicht aber die Deutsche Post AG, die Deutsche Postbank AG, die Deutsche Telekom AG. Maßgeblich ist, daß keine juristische Person vorliegt.

20   **E. Form, I.** Die Vereinbarung ist grundsätzlich formlos möglich, Kblz BB **83**, 1635. Sie kann innerhalb oder außerhalb des Hauptvertrages erfolgen. Das gilt auch dann, wenn der Hauptvertrag eine Form erfordert, BGH **69**, 265. Es gilt auch wegen mehrerer bestimmter Gerichtsstände oder desjenigen, an dem kein Beteiligter eine Niederlassung oder einen Wohnsitz hat, LG Bielef MDR **77**, 672. Vgl freilich §§ 305 ff BGB zB bei einer überraschenden Klausel, LG Konst BB **83**, 1372, oder wegen der internationalen Zuständigkeit, Saarbr NJW **00**, 671, Samtleben NJW **75**, 1606. Die Vereinbarung ist auch telefonisch oder stillschweigend möglich (anders II, III), BGH MDR **85**, 911, Kblz BB **83**, 1635, LG Rottweil RR **92**, 688. Dazu ist freilich eine Auslegung gemäß §§ 133, 157 BGB nötig. Ein Handelsbrauch ist dabei miterheblich. Ausnahmsweise kann eine Form nötig sein, etwa bei § 26 II FernUSG oder bei Art 23 EuGVVO. Ein Verstoß gegen die Form von II, III ist unschädlich, soweit I erfüllt ist.

21   **7) Auslandsberührung, II.** Nationales und übernationales Recht greifen ineinander.

A. Grundsatz: Begrenzte Zulässigkeit. II erlaubt ferner zusätzlich und nicht etwa anstelle von I nach Rn 20 eine Zuständigkeitsvereinbarung, falls mindestens einer der Partner und damit eine der Prozeßparteien nach Rn 15 im Inland keinen allgemeinen Gerichtsstand hat, § 12 Rn 1. Sie darf also auch nicht einen allgemeinen inländischen Wohnsitz haben, BGH NJW **86**, 1439. Erst recht nicht dürfen alle Beteiligten den allgemeinen Wohnsitz im Inland haben, Düss OLGR **95**, 241. Ein besonderer inländischer Gerichtsstand, nach §§ 20 ff ist aber grundsätzlich unschädlich, Fricke VersR **97**, 406. Vgl aber II 3. Maßgebliche Zeitpunkte sind sowohl die Zuständigkeitsvereinbarung als auch die Klagerhebung, Rn 15. Zwischenzeitliche Veränderungen sind unbeachtlich, sofern die Lage bei der Klagerhebung wieder so wie bei der Zuständigkeitsvereinbarung ist. Vgl aber auch III Z 2. Eine Veränderung nach dem Eintritt der Rechtshängigkeit ist unbeachtlich, § 261 III Z 2, s III Z 1. Die Staatsangehörigkeit ist grundsätzlich unbeachtlich, Ausnahme § 15. Es kann sich auch um einen Nichtkaufmann handeln, LG Mü NJW **75**, 1606.

22   Die *EuGVVO* und das *LugAbk* sind nach Üb 1 vor § 38 vorrangig, BGH NJW **80**, 2023, Mü IPRax **91**, 47, RoSGo § 20 VI 3 e (zustm Grunsky AcP **181**, 344). Sie sind aber nur anwendbar, wenn die Klage nach ihrem Inkrafttreten erhoben oder aufgenommen worden war. II gilt also nur, wenn mindestens einer der Partner außerhalb des Geltungsbereichs von EuGVVO bzw LugAbk wohnt, Wirth NJW **78**, 461 aM Piltz NJW **78**, 1094. Das Übk v 19. 6. 80, BGBl **86** II 810, gilt hier nicht, Art 1 II d.

23   **B. Fälle.** Eine freie Wahl des Gerichtsstands ist zulässig, wenn überhaupt kein Partner der Zuständigkeitsvereinbarung einen allgemeinen Gerichtsstand im Inland hat. Andernfalls gilt folgendes.

24   Wenn nur *ein* Partner einen allgemeinen inländischen Gerichtsstand hat, dann ist bei Anwendbarkeit der EuGVVO jeder Gerichtsstand vereinbar. Sonst gilt unter den inländischen Gerichtsständen nur ein beliebiger gesetzlicher eines besonderen Gerichtsstands, zB der des Wohnsitzes nach § 12 oder der der Belegenheit, § 24. Freilich ist grundsätzlich auch eine Vereinbarung eines ausschließlichen ausländischen Gerichtsstands zulässig. Vgl allerdings § 40 II. Innerhalb des allgemeinen Gerichtsstands gilt die Rangfolge § 12 Rn 1. Denn II 3 sagt „ihren", nicht „einen" allgemeinen Gerichtsstand. Jedoch hat der allgemeine Gerichtsstand keinen Vorrang vor einem besonderen. Innerhalb der besonderen Gerichtsstände besteht keine besondere Reihenfolge.

25   Wenn *sämtliche* Partner einen allgemeinen inländischen Gerichtsstand haben, dann ist II unanwendbar. Das gilt selbst dann, wenn ein Partner außerdem einen ausländischen Gerichtsstand hat, BGH NJW **86**, 1439 (krit Geimer). Es gilt aber nicht, wenn zB nur ein Streitgenosse im Inland wohnt. Streithelfer sind dagegen unbeachtlich. Ob die Wahl des falschen Gerichts in eine Vereinbarung des zulässigen umdeutbar ist, das ist eine Auslegungsfrage. Im Zweifel ist keine wirksame Vereinbarung nach II entstanden.

26   **C. Form, II.** Trotz der Stellung von S 2 vor S 3 besteht bei sämtlichen Fällen II mindestens die Notwendigkeit einer nachträglichen schriftlichen Bestätigung, BGH NJW **01**, 1732, großzügiger Heß

Titel 3. Vereinbarung über Zuständigkeit § 38

IPRax **92**, 359, und zwar in gewissem zeitlichen Zusammenhang mit dem Vertragsabschluß, Düss RR **98**, 1145. Jeder Partner kann bestätigen, BGH **116**, 82. Eine vorherige Vereinbarung ist notwendig, aber auch stillschweigend möglich, strenger BAG NJW **84**, 1320, Nürnb NJW **85**, 1296. Die Einhaltung der Form des § 126 BGB ist ratsam, aber nicht zwingend, BGH NJW **01**, 1731, Bork ZZP **105**, 337. Bei AGB muß eine eindeutige Bezugnahme auf sie vorliegen und reicht aus, EuGH NJW **77**, 494, BGH NJW **04**, 3706, BayObLG BB **01**, 2498. Eine stillschweigende Unterwerfung reicht hier nicht, Rn. 8. Bei einer Vereinbarung zugunsten eines Dritten reicht die Formeinhaltung durch die Vertragspartner, EuGH NJW **84**, 2760, Geimer NJW **85**, 533. Ab Rechtshängigkeit ist wegen § 261 III Z 2 eine Bestätigung nicht mehr möglich.

D. Einzelfragen. Unter den Voraussetzungen Rn 21–26 sowie für die nach altem Recht zu prüfenden **27** Fälle gilt: Die Vereinbarung muß auf ein bestimmtes oder eindeutig bestimmbares erstinstanzliches Gericht lauten, Rn 5. Sie unterliegt der Auslegung, Rn 5. Sie entzieht der inländischen Partei nicht den gesetzlichen Richter, ArbG Hbg BB **80**, 1695. Rechtswahl ist auch stillschweigend möglich, BGH DB **76**, 1009. Aus einer Rechtswahl ist nicht stets eine Gerichtswahl ableitbar, vgl freilich BGH DB **76**, 1009. Meist gilt aber das umgekehrte, BAG NJW **75**, 408, LG Ffm RR **92**, 109 (auch zum ordre public).

Die Vereinbarung auf ein *ausländisches* ordentliches Gericht wirkt meist nach ausländischem Recht **28** zuständigkeitsbegründend, wenn dieses sie zuläßt. Das gilt zumindest in der Regel für einen Anspruch gegen diejenige Partei, deren Heimatgericht zuständig sein soll. Sie wirkt zuständigkeitsaufhebend nach deutschem Recht. Das gilt aber nicht bis zur Rechtsverweigerung, BAG NJW **79**, 1119, Bre VersR **85**, 988. Schweigen auf eine „Auftragsbestätigung" reicht nicht stets, EuGH NJW **77**, 495, BGH NJW **94**, 2700. Die Zulässigkeit und Wirkung der Vereinbarung der internationalen Zuständigkeit läßt sich nach deutschem Recht beurteilen, (jetzt) §§ 308 Z 8, 309 Z 9 BGB, BGH NJW **94**, 262, BAG NJW **79**, 1120, Karlsr RR **93**, 568, aM Baumgärtel Festschrift für Kegel (1977) 285, 302, Wirth NJW **78**, 463, ZöV 27, 28 (auch getrennte Schriftstücke seien grundsätzlich ausreichend, wenn aus ihnen hinreichend der Wille hervorgehe, einen Gerichtsstand zu begründen, Rn 26. Aber bei jedem Vertrag ist eine Bewertung aufeinander bezogener Erklärungen notwendig). Ist die Rechtsverfolgung im Ausland nicht möglich, bleibt die internationale Zuständigkeit des deutschen Gerichts bestehen, BAG NJW **79**, 1120.

Die Vereinbarung eines lediglich *wahlweise* statthaften Gerichtsstands läßt eine kraft Gesetzes bestehende **29** internationale Zuständigkeit eines deutschen Gerichts unberührt, Weyland (vor Rn 1) 417. Die Vereinbarung einer ausschließlichen Zuständigkeit ist nur grundsätzlich zumindest dann zulässig, wenn nicht etwa das deutsche Gericht ausschließlich zuständig ist. Das gilt, soweit nicht die Unwirksamkeit auch der Zuständigkeitswahl behauptet wird, etwa wegen Sittenwidrigkeit, Köln VersR **97**, 1556. Bei deutscher ausschließlicher Zuständigkeit gegen vereinbarte ausländische ausschließliche hilft die sog Doppelfunktionstheorie aber nicht weiter, Eilers (vor Rn 1) 35, Geimer NJW **92**, 611. Man muß dann die Gesamtumstände des Einzelfalls prüfen, also den Parteiwillen auslegen, Weyland (vor Rn 1) 418. Die deutsche ausschließliche Zuständigkeit darf nicht einfach dazu führen, den Parteiwillen auszuhebeln.

Die Verbürgung der *Gegenseitigkeit* ist ohne Bedeutung. Die wirksame Vereinbarung einer ausländischen ausschließlichen Zuständigkeit beseitigt daher evtl die deutsche Zuständigkeit, Weyland (vor Rn 1) 417. Die etwaige Nichtanerkennung des ausländischen Urteils in Deutschland steht also nicht entgegen. Das gilt auch bei einem Streit aus einem Seefrachtvertrag, insbesondere wegen Konnossementen (Rechtswahl), Bre VersR **85**, 987, Hbg VersR **86**, 1023.

Dabei ist Vereinbarung gültig, solange vor dem ausländischen Gericht wesentliche *rechtsstaatliche Garantien* **30** erfüllbar sind, BGH NJW **83**, 2772 betr Indien. Sie wirkt auch gegen den deutschen Empfänger, Bre VersR **85**, 987, falls im Ausland genug Vermögen vorhanden ist, in das vollstreckt werden könnte, und nicht etwa durch die Vereinbarung die Vollstreckung für die deutsche Partei unmöglich gemacht werden soll und wenn das betreffende ausländische Seefrachtrecht die Geltung der Haager Regeln die Höchsthaftung des Verfrachters beschränkt, Hbg VersR **82**, 1097. Zum Streitstand beim Konnossement Rüßmann VersR **87**, 226. Zur Klausel „otherwise conline bn" Hbg VersR **88**, 799.

Ist im Land des vereinbarten Gerichtsstands, dessen Urteil mangels Gegenseitigkeit nach Anh § 328 nicht **31** anerkannt wird, *kein vollstreckungsfähiges Vermögen* vorhanden, so bleibt es trotz einer Vereinbarung in Deutschland hinterlegten Sicherheit bei der Vereinbarung der ausschließlichen Zuständigkeit für den Ersatzanspruch nach § 40 II im Ausland. Die schlichte Vereinbarung eines deutschen Gerichtsstands bei einem Liefergeschäft ins Ausland bewirkt nicht, daß damit der Gerichtsstand der Widerklage des ausländischen Käufers ausgeschlossen wird, wenn der deutsche Verkäufer den Käufer vor seinem Heimatgericht verklagt. Ob AGB des deutschen Importeurs Vertragsinhalt sind, das muß man unter Umständen nach dem ausländischen Recht beurteilen. Eine Umgehung von § 38 durch eine scheininternationale Fallgestaltung ist unzulässig, Einl III 54, Üb 6 vor § 12. Zum Börsentermingeschäft BGH NJW **84**, 2037.

Die Anwendung der *CMR*-Bestimmungen über die internationale Zuständigkeit schließt eine innerstaat- **32** liche Gerichtsstandsabrede nach den Allgemeinen Deutschen Spediteurbedingungen nicht aus, LG Hbg VersR **81**, 475. Indessen können die Parteien einen nach dem deutschen Prozeßrecht gegebenen Gerichtsstand nicht ausschließen, soweit dem Kläger dadurch zugleich die nach Art 31 I b CMR begründete internationale Zuständigkeit genommen würde, Hbg VersR **84**, 687 (zustm Dannenberg).

8) Vereinbarung, III. Die praktische Bedeutung von III wird oft verkannt. **33**

A. Grundsatz: Hilfsweise Geltung. Die Vorschrift gilt nur hilfsweise, Rn 1, also nur für die nicht von II erfaßten Personen. Sie erlaubt eine Zuständigkeitsvereinbarung unter zwei höchst unterschiedlichen Voraussetzungen. Von diesen muß nur eine vorliegen. Die Form muß jeweils von vornherein ausdrücklich inhaltlich bestimmt sein. Das ist bei einer bloßen Bezugnahme auf AGB nicht stets klar, BGH NJW **83**, 1322. Sie muß außerdem schriftlich erfolgt sein, Prütting (Üb § 38 vor Rn 1) 453. Das muß aber nicht nach § 126 BGB geschehen sein, BVerfG **15**, 292. Dabei ist freilich eine „Bestätigung" oft in eine anfängliche Vereinbarung umdeutbar. Man darf und muß überhaupt eine Auslegung vornehmen, auch zB nach § 139 BGB, BGH DB **84**, 825. Eine eindeutig bevollmächtigte Stellvertretung ist zulässig.

§§ 38, 39 Buch 1. Abschnitt 1. Gerichte

34   **B. Nach dem Entstehen der Streitigkeit, III Z 1.** Der Hauptvertrag muß schon bestehen. Es muß eine Uneinigkeit über einen Vertragspunkt aufgetreten sein. Irgendeine Unsicherheit nach § 256 Rn 25 ff genügt, Geimer NJW **86**, 1439, MüKoPa 35, aM Wolf ZZP **88**, 346, ZöV 33 (je: ein gerichtliches Verfahren müsse deshalb bevorstehen. Aber „Streitigkeit" ist ein viel weiterer Begriff).
   Freilich ist wegen der *Umgehungsgefahr* keine schon gar formularmäßige Klausel bei einem Vertrag zulässig, man streite sich bereits usw, BGH NJW **86**, 1439, Prütting (Üb § 38 vor Rn 1) 452. Ab Rechtshängigkeit, nach einem Mahnverfahren also ab dem nach § 696 III zu ermittelnden Zeitpunkt, ist beim objektiv zuständigen Gericht dessen Abwahl unzulässig, § 261 III Z 2, BGH RR **94**, 126, aM BayObLG RR **95**, 636 (aber § 261 III Z 2 gilt uneingeschränkt. Das ist eine in der Praxis von allen Beteiligten nur zu gern „übersehene" Regelung. Auch so mancher Richter ist in dieser Hinsicht bemerkenswert „großzügig" im Blick auf die Möglichkeit, sich für unzuständig zu erklären. Beim objektiv unzuständigen Gericht ist ab Rechtshängigkeit eine Vereinbarung auf dieses oder ein anderes Gericht allerdings zulässig.

35   **C. Wohnsitzverlegung usw, III Z 2.** Sie kann genügen. Das betrifft nur die örtliche Zuständigkeit. Die Vereinbarung ist nur beachtlich, falls die Parteien sie von vornherein oder später für derartige Ereignisse beim zukünftigen Bekl getroffen haben. Das kann der Gläubiger wie Schuldner oder Bürge usw sein. Die sog Zukunftsklausel muß sich direkt aus der Gerichtsstandsvereinbarung ergeben. Man darf sie also nicht nur aus dem übrigen Vertragsinhalt ableiten können, LAG Düss DB **84**, 1686. Ein Formular kann genügen, Stgt RR **87**, 1076. Den Wohnsitz muß man nach §§ 13, 15 beurteilen, den Aufenthaltsort nach § 16, bei juristischen Personen usw nach §§ 17, 18 entsprechend, soweit nicht I gilt. Verlegung meint eine solche zumindest ernsthaft und auf unbestimmte Zeit. Man muß die maßgeblichen Zeitpunkte wie Rn 21 beurteilen. Die Unbekanntheit des Wohnsitzes oder Aufenthaltsorts muß bei der gerichtlichen Zuständigkeitsprüfung fortbestehen, § 185.

36   **D. Mahnverfahren.** Für dieses Verfahren ist eine Zuständigkeitsvereinbarung nicht mehr zulässig, § 689 II, III. Für das anschließende streitige Verfahren gelten die Regeln Rn 34, 35.

37   **9) Rügelose Einlassung, I–III.** In allen Fällen I–III heilt eine rügelose Einlassung. § 39 S 1, EuGH NJW **85**, 2893 (Aufrechnungsverbot). Das gilt nur, wenn vor dem AG eine Belehrung über die örtliche und sachliche etwaige Unzuständigkeit erfolgt, § 504, ebenso vor dem ArbG, § 46 II 1 ArbGG, und wenn auch kein Fall von § 40 II vorliegt, dort S 2. Wenn die Parteien durch die Vereinbarung eines alleinigen ausländischen Gerichtsstands auch den Gerichtsstand der Widerklage abbedungen haben, wird dieser nicht ohne weiteres dadurch wiederhergestellt, daß der ausländische Vertragspartner vor einem deutschen Gericht klagt und daß sich der Bekl rügelos auf die Klage einläßt, BGH NJW **81**, 2644, aM Pfaff ZZP **96**, 306 (aber die Widerklage ist eine eigenständige Klageform, Anh § 253 Rn 5, auch wenn sie sich dem eigentlichen Prozeß anpassen muß).

39 *Zuständigkeit infolge rügeloser Verhandlung.* ¹ Die Zuständigkeit eines Gerichts des ersten Rechtszuges wird ferner dadurch begründet, dass der Beklagte, ohne die Unzuständigkeit geltend zu machen, zur Hauptsache mündlich verhandelt. ² Dies gilt nicht, wenn die Belehrung nach § 504 unterblieben ist.

Gliederung

1) Systematik, S 1, 2	1, 2	4) Verhandeln zur Hauptsache, S 1, 2	6–8
2) Regelungszweck, S 1, 2	3	5) Belehrung, S 2	9–11
3) Geltungsbereich, S 1, 2	4, 5		

1   **1) Systematik, S 1, 2.** § 39 ergänzt und erweitert die Regeln der §§ 230, 281, 282 III, 295. Nach den letzteren Vorschriften bleibt es grundsätzlich in den Grenzen des vorrangigen § 40 II dem Bekl überlassen, ob er die etwaige Unzuständigkeit des Gerichts rügen will, § 295. Er muß seine Rüge der Unzuständigkeit gleichzeitig und vor seiner Verhandlung zur Hauptsache vorbringen. Im schriftlichen Vorverfahren muß er das wegen § 277 Rn 4 sogar schon innerhalb der ihm gesetzten Frist zum, LG Ffm RIW **93**, 933, Grunsky JZ **77**, 205, StJBo 14, aM Ffm OLGZ **83**, 102, Köln NJW **88**, 2182, ZöV 5 (aber das widerspricht den §§ 277 I, 296 I). Wegen der Pflicht des Gerichts, die Zulässigkeit in jeder Lage nach Grdz 14 vor § 253 von Amts wegen vor der Begründetheitsfrage zu prüfen, reicht auch eine hilfsweise Zuständigkeitsrüge, § 138 Rn 2. Evtl ist die Rüge nach einer Klageerweiterung auch erstmals in der Berufungsinstanz zulässig, BGH NJW **86**, 2437. Im schiedsrichterlichen Verfahren ist § 39 bei §§ 1059, 1062 anwendbar, Stgt RR **03**, 496, Wackenhuth KTS **85**, 429. Im selbständigen Beweisverfahren gilt § 486 II 2.

2   Die Versäumung hat allgemein zur Folge, daß der Bekl mit der Prozeßhandlung *ausgeschlossen* wird. Daher enthält S 1 den Grundsatz, daß ein an sich örtlich und/oder sachlich unzuständiges Gericht auch dann zuständig wird, wenn der Bekl mündlich zur Hauptsache verhandelt, ohne die Zuständigkeit geltend zu machen. Von diesem Grundsatz enthält S 2 eine Ausnahme vor dem AG: Nur dort besteht nach § 504 eine Belehrungspflicht des Vorsitzenden, Stürner, Die richterliche Aufklärungspflicht im Zivilprozeß (1982) 66. Eine weitere Ausnahme liegt bei gegnerischem Rechtsmißbrauch vor, zB bei einer Erschleichung des Gerichtsstands, Einl III 54, § 504 Rn 3, LG Bln RR **97**, 378.
   In diesem System zeigt sich, daß an sich weder beim LG noch bei einem anderen Gericht eine entsprechende *Belehrungspflicht* besteht. Trotz § 139 I 2 mit seiner Pflicht des Vorsitzenden, sachdienliche Parteianträge herbeizuführen, ist es zweifelhaft, ob ein anderes Gericht als das AG überhaupt auf seine etwaige Unzuständigkeit von Amts wegen hinweisen darf, solange der Bekl die Unzuständigkeit nicht gerügt hat. Aus einem voreiligen Hinweis könnte man Ablehnungsgründe nach § 42 ff ableiten.

3   **2) Regelungszweck, S 1, 2.** Die Vorschrift dient der Prozeßförderung und Prozeßwirtschaftlichkeit, Grdz 12, 14 vor § 128. Sie dient auch der Parteiherrschaft, Grdz 18 vor § 128. S 1 bietet bei einem nicht ausschließlichen Gerichtsstand in den Grenzen des § 40 II die Möglichkeit, eine sofortige weitere Prozeßförderung durch das unzuständige Gericht ganz einfach zu erzwingen. Denn der Bekl kann einfach den

Titel 3. Vereinbarung über Zuständigkeit   **§ 39**

Sachantrag stellen, ohne die Unzuständigkeit zu rügen. Überdies könnte das Gericht nur aufgrund eines Verweisungsantrags verweisen. Nach § 139 darf und müßte das unzuständige Gericht auf solche Verhaltensmöglichkeiten mithinweisen. Das zeigt, daß selbst Art 101 I 2 GG nicht immer über die Köpfe der Parteien hinweg Lösungen erwingt. Vielmehr kann der Bekl den ungesetzlichen Richter zum gesetzlichen machen. Das ist ein in der Praxis vielfach unbekannter Weg zur Abkürzung gerade des lästigen Prozesses. Die Auslegung muß das trotz des bekannten Bestrebens manchen Gerichts respektieren, sich für unzuständig zu erklären, um die Sache dezent loszuwerden.

3) Geltungsbereich, S 1, 2. Vgl Üb 3 vor § 12. Solange der Amtsrichter die immerhin nach § 504 **4** „vorgeschriebene" Belehrung nicht korrekt durchgeführt hatte, bleibt dem Bekl die Möglichkeit der Rüge der Unzuständigkeit erhalten, unter Umständen also bis zum Schluß der letzten mündlichen Verhandlung, §§ 136 IV, 296 a. Der Bekl kann allerdings auf die Möglichkeit der Rüge verzichten. Ein solcher Verzicht ist freilich erst nach dem Entstehen der Streitigkeit nach § 38 Rn 34 und nur dann wirksam, wenn er in der Form des § 38 III Z 1 erfolgt, Bülow VersR **76**, 416. Vgl aber auch § 40 II 2. Man darf an ein rügeloses Verhandeln nicht zu strenge Anforderungen stellen, BGH RR **02**, 1358. Nach einem wirksamen Rügeverzicht oder nach einem wirksamen rügelosen Verhandeln des Bekl zur Hauptsache gilt das bisher unzuständige Gericht als seit Beginn des Rechtsstreits zuständig, Wieser ZZP **100**, 369 (§§ 282 III, 296 III sind unanwendbar). Es tritt also nur eine bloße unwiderlegbare Vermutung der Gerichtsstandsvereinbarung, § 292 Rn 2. Der Bekl kann eine Rüge zurücknehmen, Künzl BB **91**, 757.

§ 39 gilt auch für die *internationale* Zuständigkeit, BGH **134**, 132 (auch zur Verspätungsfrage), Düss NJW **5** **91**, 1493, Schütze ZZP **90**, 68. Die Rüge der örtlichen Unzuständigkeit umfaßt evtl auch diejenige der internationalen, Üb 6 vor § 12, BGH NJW **88**, 1466. Sie ist stillschweigend denkbar, Prütting MDR **80**, 369. Wegen der EuGVVO SchlAnh V C 4, Ffm OLGZ **83**, 101, besonders Artt 18 ff, 24, EuGH NJW **85**, 2893, Kblz RIW **00**, 636, Schütze ZZP **90**, 75. Wegen des Umstands, daß das Gericht das Verhältnis der ordentlichen und der Arbeitsgerichtsbarkeit jetzt nicht mehr nach den Regeln der sachlichen Zuständigkeit, sondern gemäß § 17 GVG nach denjenigen des Rechtswegs prüfen muß, heilt eine insoweit rügelose Einlassung nicht mehr, § 295 Rn 47 „Rechtsweg", ArbG Passau BB **92**, 359.

4) Verhandeln zur Hauptsache, S 1, 2. Die ZPO gebraucht diesen Begriff nicht einheitlich. In § 39 **6** meint er die Sacherörterung mit den Parteien. Sie beginnt grundsätzlich erst mit den Anträgen, § 137 Rn 7, Bbg MDR **88**, 148, Drsd MDR **97**, 498 (zu § 269). Sie kann auch noch nach dem Ablauf der Klagerwiderungsfrist erfolgen, BGH **147**, 397 (zustm Pfeiffer ZZP **110**, 367), Ffm OLGZ **83**, 101, Oldb RR **99**, 866, aM Ffm RIW **93**, 933. Sie kann auch zB schon in der Erklärung liegen, der Antragsgegner trete dem Scheidungsbegehren nicht entgegen, Stgt FamRZ **02**, 831. § 39 meint aber nicht etwa: Eine Verhandlung über eine Prozeßfrage, etwa über ein Ablehnungsgesuch, § 42; eine Güte- oder Vergleichsverhandlung ohne Sacherörterung, Bbg MDR **88**, 148, Saarbr OLGR **02**, 332; eine Verhandlung über eine Rüge der Unzulässigkeit. Denn eine solche Rüge betrifft zwar die Verhandlung zur Sache, aber nicht die Verhandlung zur Hauptsache. Alles bis auf die bloße Zulässigkeit muß man bei jedem Streitgenossen gesondert prüfen, Saarbr OLGR **02**, 332.

Im *schriftlichen* Verfahren nach § 128 II steht eine vorbehaltlose schriftliche Einlassung der Verhandlung zur **7** Hauptsache gleich. Dasselbe gilt dann, wenn das Gericht eine Entscheidung nach Lage der Akten angekündigt hat, oder in einem Verfahren, das keine Verhandlung erhält und auch keine solche erhalten muß, etwa bei § 281 (das übersieht Künzl BB **91**, 758) oder bei § 495 a S 1, solange kein rechtzeitiger Antrag nach § 495 a S 2 vorliegt. Im Versäumnisverfahren gegen den Bekl nach § 331 ist § 39 natürlich unanwendbar. Bei einer Säumnis des Klägers nach § 330 liegt eine Verhandlung des Bekl zur Hauptsache in seinem Antrag auf den Erlaß eines Versäumnisurteils oder auf den Erlaß einer Entscheidung nach Lage der Akten. Wegen § 342 reicht auch eine Rüge des ausgebliebenen Klägers nach § 343, ZöV 9. Wenn der Bekl nur die örtliche Unzuständigkeit rügt, dann kann das außerdem bisher sachlich unzuständige Gericht unter Umständen nach § 39 zuständig werden, BGH RR **92**, 1091, und umgekehrt. Eine Widerklage ist Verhandeln auch zur Klage bei Sachzusammenhang. Eine Erledigterklärung kann reichen, Saarbr OLGR **02**, 332.

Die Rüge der Unzuständigkeit kann wegen *Rechtsmißbrauchs* unbeachtlich sein, Einl III 54, LG Bln RR **8** **97**, 378. Die gilt etwa dann, wenn der Bekl eine Gerichtsstandsklausel angreift, die er selbst aufgestellt hatte, Bülow VersR **76**, 416.

5) Belehrung, S 2. Die nach § 504 dem Amtsrichter „vorgeschriebene", Belehrung nach Rn 4 ist von **9** Amts wegen nötig. Das gilt freilich nur im inländischen Verfahren, Ffm NJW **79**, 1787, Prütting MDR **80**, 368. Sie umfaßt eine anfängliche Unzuständigkeit, LG Hbg MDR **78**, 940, aM ZöV 10 (auch die spätere. Aber das gibt § 504 nicht her). Das gilt für die örtliche und sachliche sowie die internationale Unzuständigkeit. Die Belehrung ist spätestens dann notwendig, wenn der Bekl mit seiner Verhandlung zur Hauptsache ansetzt. Solange die Belehrung nach § 504 unterbleibt, kann das Gericht nicht nach § 39 zuständig werden. Etwas anders ist bei § 506, LG Hbg MDR **78**, 940, aM Müller MDR **81**, 11, MüKoPa 10, ZöV 10 (aber § 506 enthält eine klare Sonderregel).

Man muß eine *unvollständige* Belehrung so beurteilen, als ob überhaupt keine Belehrung erfolgt wäre. Zu **10** einer vollständigen Belehrung gehört auch ein Hinweis auf die Rechtsfolgen einer rügelosen Einlassung. Nun ist allerdings eine Mitteilung des in Wahrheit zuständigen Gerichts nicht immer sogleich möglich. In einem solchen Fall genügt eine Belehrung dahin, daß jedenfalls dieses AG unzuständig sei. Es ist ratsam, die Belehrung in das Protokoll aufzunehmen, § 160 II. Für ihre Wirksamkeit ist die Aufnahme in das Protokoll aber keine Bedingung. Vgl freilich § 139 IV 1, 2. Ein Hinweis von außen, eine „Belehrung" des Bekl durch den Kläger oder durch andere Beteiligte ist solange unbeachtlich, bis auch der Amtsrichter den Bekl eindeutig belehrt hat.

Wenn der Amtsrichter die Belehrung *verspätet* oder erst zu einem verspäteten Zeitpunkt vollständig erteilt **11** hat, wird das AG erst dann zuständig, wenn der Bekl seine Verhandlung zur Hauptsache nunmehr fortsetzt. Eine solche Fortsetzung liegt nicht nur darin, daß der Bekl seinen Antrag zur Hauptsache jetzt ausdrücklich wiederholt. Trotzdem sollte der Amtsrichter stets Klarheit darüber schaffen, ob wirklich eine rügelose Verhandlung zur Hauptsache vorliegt, § 139 IV 1, 2. Der Amtsrichter muß den Bekl auch dann nach § 504 belehren, wenn dieser anwaltlich vertreten wird. Vgl im übrigen bei § 504.

Hartmann   149

§ 40

40 Unwirksame und unzulässige Gerichtsstandsvereinbarung. ¹Die Vereinbarung hat keine rechtliche Wirkung, wenn sie nicht auf ein bestimmtes Rechtsverhältnis und die aus ihm entspringenden Rechtsstreitigkeiten sich bezieht.

II ¹ Eine Vereinbarung ist unzulässig, wenn
1. der Rechtsstreit nichtvermögensrechtliche Ansprüche betrifft, die den Amtsgerichten ohne Rücksicht auf den Wert des Streitgegenstandes zugewiesen sind, oder
2. für die Klage ein ausschließlicher Gerichtsstand begründet ist.

²In diesen Fällen wird die Zuständigkeit eines Gerichts auch nicht durch rügeloses Verhandeln zur Hauptsache begründet.

1   **1) Systematik, I, II.** Die gegenüber §§ 38, 39 vorrangige, speziellere Vorschrift enthält in I eine Klarstellung. II 1 klärt den in §§ 12 ff vielbenutzte Begriff der Ausschließlichkeit. II 2 schließt §§ 39, 295 der Sache nach aus.

2   **2) Regelungszweck, I, II.** Die Vorschrift dient der Vermeidung von Rechtsmißbrauch nach Einl III 54 in der Form uferloser Gerichtsstands„vereinbarungen", die in Wahrheit schrankenlose Gerichtsstandsdiktate wären. Damit dient sie zugleich der Rechtssicherheit, Einl III 43. II 2 liegt im Interesse der in den verschiedenen zwingenden Gerichtsständen geschaffenen Sachnähe des Gerichts usw. Entsprechend streng sollte man § 40 insgesamt auslegen. Damit erweisen sich auch beim Vertragsverletzung vereinbarter Gerichtsstand die vielen Möglichkeiten der Parteiherrschaft nach Grdz 18 vor § 128 als doch auch begrenzt. Die Partei kann das Ob, den Umfang und die Beendigung des Prozesses allein oder doch eher bestimmen als das Wann, Wie und Wo des Verfahrens. Sicher kann man über die Brauchbarkeit der in § 40 gezogenen Grenzen verschieden denken. Solche Vorschrift fordert aber doch auch eine strikte Beachtung.

3   **3) Geltungsbereich, I, II.** Vgl Üb 3 vor § 38.

4   **4) Bestimmtes Rechtsverhältnis, I.** Die Vereinbarung der Zuständigkeit eines Gerichts ist nur dann wirksam, wenn sie ein bestimmtes Rechtsverhältnis betrifft. Ausreichend ist zB eine Vereinbarung für „alle Klagen aus demselben Rechtsverhältnis". Eine Satzung kann ausreichen, BGH NJW 94, 52. Nicht ausreichend ist zB eine Vereinbarung für „alle Klagen aus dem ganzen Geschäftsverkehr" oder „alle künftigen Klagen" usw, Kblz ZIP 92, 1235, Mü WertpMitt 89, 604, Ehricke ZZP 111, 152. Man kann eine Zuständigkeit auch für eine Klage wegen einer bereits begangenen unerlaubten Handlung vereinbaren. Zu der Frage, ob ein für den Fall einer Vertragsverletzung vereinbarter Gerichtsstand auch für eine künftige unerlaubte Handlung gilt, vgl § 32 Rn 1, Mü WertpMitt 89, 604, Busse MDR 01, 733. Die Wirksamkeit der Zuständigkeitsvereinbarung muß man wie bei § 38 Rn 2–14 beurteilen. Das Gericht muß die etwaige Unwirksamkeit der Zuständigkeitsvereinbarung von Amts wegen beachten. Vgl aber auch § 513 II.

5   **5) Unzulässigkeit, II.** Eine Zuständigkeitsvereinbarung ist in den folgenden drei Fällen unzulässig.

   A. Nichtvermögensrechtlicher Anspruch, II 1 Z 1. Die Vereinbarung ist unwirksam, wenn sie einen nichtvermögensrechtlichen Anspruch betrifft, Grdz 11 vor § 1. Freilich muß gerade das AG sachlich zuständig sein, Hs 2. Soweit das LG streitwertunabhängig zuständig ist, gilt § 23 (dort Text vor Z 1), ist § 40 II Z 1 also unanwendbar, zB in einer Ehesache nach §§ 23 a Z 4, 23 b Z 1 GVG oder einer Kindschaftssache nach § 23 a Z 1, 23 b Z 12 GVG in Verbindung mit § 640 II.

6   **B. Ausschließlicher Gerichtsstand, II 1 Z 2.** Eine Zuständigkeitsvereinbarung ist dann unzulässig, wenn bereits ein ausschließlicher Gerichtsstand besteht, Üb 14 vor § 12, Düss WoM 92, 548, LG Mü ZMR 87, 271, AG Grevenbroich NJW 90, 1305. Fälle § 12 Rn 4. Dieser ausschließliche Gerichtsstand mag im Mahnverfahren bestehen, zB bei § 689 II 1, BGH BB 85, 691. Er muß stets örtlich, sachlich oder international vorliegen, BGH MDR 85, 911, KG OLGZ 76, 40. Im Prozeßkostenhilfeverfahren nach §§ 114 ff mag noch keine ausschließliche Zuständigkeit nach § 621 I bestehen, BGH FER 97, 88. § 48 I VVG gehört nicht hierher.
   Freilich gilt II für die *internationale* Zuständigkeit nur, soweit eine ausschließliche deutsche internationale Zuständigkeit eingeschränkt würde, Köln Rpfleger 86, 96. Wenn nur ein örtlich ausschließlicher Gerichtsstand vorliegt, dann ist eine Vereinbarung der sachlichen Zuständigkeit zulässig, und umgekehrt. Wegen § 2 III ArbGG BAG NJW 75, 1944.

7   **C. Rechtsmißbrauch.** Eine Zuständigkeitsvereinbarung ist über den Wortlaut von II hinaus auch dann unzulässig, wenn sie rechtsmißbräuchlich oder sittenwidrig ist, Einl III 54, LG Bln RR 97, 378. Eine solche Situation liegt aber nicht schon dann vor, wenn die Parteien die Zuständigkeit eines staatlichen Gerichts vereinbart hatten. Wer allerdings einen wirtschaftlich Schwachen durch eine Knebelung vor ein Gericht zwingt, das für den Gegner unbequem und teuer ist, um dem Gegner die Rechtsverfolgung zu erschweren, der kann sittenwidrig handeln. Freilich ist eine solche Vereinbarung meist nach § 38 ohnehin unwirksam.

8   **6) Beachtung von Amts wegen, I, II.** Das Gericht muß die etwaige Unzulässigkeit von Amts wegen bis zum Verhandlungsschluß erster Instanz beachten, Grdz 39 vor § 128, Grdz 16 vor § 253. Aus II 2 ergibt sich, daß diese Pflicht auch dann fortbesteht, wenn der Bekl die Unzuständigkeit nach den Regeln zu §§ 282 III, 296 III an sich verspätet gerügt hat. Sogar eine etwaige Belehrung wäre in einem solchen Fall unerheblich. In der höheren Instanz greifen aber im Bereich der sachlichen Unzuständigkeit die §§ 532, 545 II, 565, 571 II 2, 576 II und im Bereich der örtlichen Zuständigkeit § 513 II ein.

Titel 4. Ausschließung und Ablehnung der Gerichtspersonen

Übersicht

Schrifttum: *Günther,* Der „vorbefaßte" Zivil- oder Verwaltungsrichter, VerwArch **82**, 179; *Horn,* Der befangene Richter (Rechtstatsachen), 1977; *Knöpfle,* Besetzung der Richterbank, insbesondere Richterausschließung und Richterablehnung, Festgabe zum 25jährigen Bestehen des *Bundesverfassungsgerichts* (1976) Bd I, 142; *Overhoff,* Ausschluß und Ablehnung des Richters in den deutschen Verfahrensordnungen usw, Diss Münster 1975; *Riedel,* Das Postulat der Unparteilichkeit des Richters usw, 1980; *Schneider,* Befangenheitsablehnung im Zivilprozess, 2. Aufl 2001; *Vollkommer,* Richterpersönlichkeit und Persönlichkeitsrecht, in: Festschrift für *Hubmann* (1985) 445; vgl auch die Angaben bei § 42.

Gliederung

1) Systematik	1	A. Richterbegriff	5
2) Regelungzweck	2	B. Übrige Beteiligte	6
3) Sachlicher Geltungsbereich	3, 4	5) Verstoß	7
4) Persönlicher Geltungsbereich	5, 6	6) *VwGO*	8

1) Systematik. §§ 41 ff stellen notwendige Ergänzungen zu den anderweitig erfolgten Regelungen über **1** den gesetzlichen Richter dar. Ein Richter muß zunächst die allgemeinen staatlichen Voraussetzungen zur Ausübung des Richteramts erfüllen. Er muß nach der Geschäftsverteilung überhaupt zuständig sein, Mü MDR **75**, 584. Trotzdem kann er aus prozessualen Gründen zur Ausübung des Richteramts im Einzelfall unfähig sein. Denn als gesetzlichen Richter im Sinn von Art 6 EMRK, Artt 20 III, 101 I 2 GG, § 16 S 2 GVG kann man verständigerweise nur demjenigen Richter ansehen, der auch wirklich unparteilich ist und nicht einmal parteilich scheint, BVerfG NJW **98**, 370, BGH VersR **02**, 1575, Karlsr NJW **03**, 2174. Die ZPO unterscheidet zwischen zwei Fällen der Unfähigkeit zum Richteramt, dem Ausschluß kraft Gesetzes und der Ablehnbarkeit wegen einer Besorgnis der Befangenheit.

2) Regelungszweck. §§ 41 ff dienen einem fairen Verfahren, Einl III 23, BVerfG NJW **98**, 370, BGH **2** NJW **95**, 1678, Celle MDR **01**, 767. Sie dienen der Aufrechterhaltung der notwendigen Distanz des Richters, BGH VersR **02**, 1575. Sie sollen einerseits verhindern, daß eine Partei einen ihr unbequemen Richter allzu leicht ausschalten kann, andererseits aber auch verhindern, daß der nur formell zuständige Richter über das allgemeinmenschliche Maß einer Befangenheit im weiteren Sinn hinaus hoheitlich tätig werden darf und muß. Man muß diese widersprüchlichen Zwecke bei der Auslegung mitbeachten.

Verborgene Befangenheit lauert trotz aller gesetzlicher Eindämmungsbemühung im Hintergrund so machen Verfahrens. Sympathie oder Antipathie mit einer dem Richter vielleicht schon irgendwie bekannten Partei oder einem zu erwartenden Gutachter oder Zeugen, mit einem der ProzBev oder gegenüber dem Streitgegenstand begleitet auch den gewissenhaftesten Richter. Das geschieht unter Umständen öfter, als es ihm bewußt wird. Persönliche Verflochtenheit mit örtlichen Situationen innerhalb oder außerhalb des Berufslebens will selbstkritisch bewältigt werden. Man kann und soll sich nicht schon deshalb als befangen betrachten müssen, weil man vor, während und nach Prozeßbeginn oder -ende Kontakte hatte oder haben dürfte, solange sie nicht zu eng werden. Der Richter ist und bleibt Mensch mit menschlichen Gefühlen und Vorurteilen. An so manche geheime Schwäche kommt man in einem Ablehnungsantrag selbst dann nicht „heran", wenn ein Zipfel solcher Art des Richters schon längst bekannt ist.

Vertrauen und Selbstkritik sind auf diesem Feld wichtige und manchmal schwer erzwingbare, mit Würde und Großmut aber meist erreichbare Helfer. Wer sie aufbringt, verdient auch vom anderen ebenso respektiert zu werden. Das mag idealistisch anmuten. Es gibt aber wohl kein brauchbares anderes Rezept zu diesem sehr realen Problem. Man sollte es nun auch nicht überschätzen.

3) Sachlicher Geltungsbereich. §§ 41 ff gelten in sämtlichen Verfahren nach der ZPO, soweit die **3** Ausübung des Richteramts schon und noch in Betracht kommt, BFH BB **90**, 271. Sie gelten auch: Im Insolvenzverfahren, § 4 InsO, BVerfG ZIP **88**, 174, Köln Rpfleger **02**, 95; AG Gött Rpfleger **99**, 289; vor dem Bundesverfassungsgericht, §§ 18 f BVerfGG, BVerfG **73**, 335, Benda NJW **00**, 3620, Wassermann NJW **87**, 418; in einem streitigen Verfahren der Freiwilligen Gerichtsbarkeit, da § 6 II 2 FGG durch das GG überholt ist, BVerfG **21**, 147, BGH FamRZ **04**, 618 links, BayObLG NJW **02**, 3262.

§§ 41 ff *gelten ferner:* In Streitigkeiten nach §§ 11, 48 I 1 LwVG; im Einigungsverfahren nach (jetzt) § 15 **4** UWG, Ffm GRUR **88**, 151, Stgt GRUR **90**, 245; im Verfahren vor den Arbeitsgerichten, §§ 46 II, 49 ArbGG; im Verfahren vor den Finanzgerichten, § 51 I 1, II, III FGO, BFH RR **00**, 1733; im Verfahren vor den Sozialgerichten, § 60 II, III SGG; im verwaltungsgerichtlichen Verfahren, Rn 8; im Verfahren vor dem Patentamt, § 57 MarkenG, §§ 27 VI, 86 PatG, BPatG GRUR **83**, 503, §§ 10 IV GebrMG, 23 I GeschmMG; im Verfahren in einer Markensache vor dem PatG, § 72 MarkenG, oder vor dem BGH, § 88 I 1 MarkenG; im Beschwerdegerichtsverfahren nach §§ 73 Z 2, 76 V 1 GWB oder nach § 81 I PatG, BGH GRUR **01**, 47.

4) Persönlicher Geltungsbereich. Erfaßt werden alle Gerichtspersonen. **5**

A. Richterbegriff. Zu den Richtern gehören auch die ehrenamtlichen, zB diejenigen eines Arbeitsgerichts, BAG BB **78**, 100, oder diejenigen der Kammer für Handelssachen, §§ 105 ff GVG, § 45 a DRiG, BayObLG Rpfleger **78**, 18, nicht aber die Beisitzer eines Verfahrens vor der arbeitsrechtlichen Einigungsstelle, LAG Düss/Köln BB **81**, 733. Wegen einer Einigungsstelle zur Beilegung von Wettbewerbsstreitigkeiten LG Stgt AnwBl **89**, 675. Beide Arten der Unfähigkeit können immer nur einen bestimmten einzelnen Richter persönlich und immer nur einen bestimmten einzelnen Prozeß betreffen. Allenfalls können verbundene Prozesse betroffen sein, §§ 59, 60, 147.

Übers § 41, § 41

Ein *Gericht* kann nicht als solches allgemeines Rechtspflegeorgan unfähig sein, BGH RR **02**, 789, BFH RR **00**, 1733, Brdb FamRZ **01**, 290. Das gilt selbst dann, wenn sämtliche derzeitigen Richter dieses Gerichts entweder ausgeschlossen sind oder als befangen anzusehen sind, LG Kiel SchlHA **87**, 55. Man kann auch nicht sämtliche Mitglieder eines Kollegiums als unfähig bezeichnen, solange man sie nicht namentlich nennt, BVerfG **46**, 200, BGH RR **02**, 789, BVerwG MDR **76**, 783. Man kann einen Richter auch grundsätzlich nicht schon wegen dessen bloßer Zugehörigkeit zu diesem Gericht ablehnen, BayObLG **85**, 312, Günther NJW **86**, 282. Rechtsmißbrauch kann vorliegen, wenn der Antragsteller fordert, der BGH möge das zur Entscheidung zuständige Gericht bestimmen, BGH RR **02**, 789 (streng).

Freilich muß man ein derartiges Gesuch stets darauf prüfen, ob die Begründung zur Ablehnung des gesamten Gerichts ergibt, daß der Antragsteller in Wahrheit jedes *individuelle* Mitglied ablehnt. In diesem Fall liegt nämlich eine zulässige Häufung von Ablehnungen einzelner Richter vor, Karlsr FamRZ **04**, 1582, LG Kiel SchlHA **87**, 55. Deshalb ist eine Ablehnung des gesamten Gerichts auch nur dann mißbräuchlich, wenn eine Befangenheit unter keinem denkbaren Gesichtspunkt gerechtfertigt ist, Einl III 54, BVerwG NJW **77**, 312. Das Gericht sollte im Zweifel eine Ablehnung der sämtlichen Einzelmitglieder des Kollegiums annehmen. Dazu muß der Ablehnende freilich nachvollziehbare Gründe vortragen, Schlesw MDR **01**, 170 (zu krit Schneider).

6 **B. Übrige Beteiligte.** Titel 4 gilt im wesentlichen auch für den Urkundsbeamten der Geschäftsstelle, § 49. Für den Sachverständigen gilt § 406, auch im Arbeitsgerichtsverfahren (in Verbindung mit § 78 I ArbGG), LAG Hamm MDR **86**, 787. Für den Gerichtsvollzieher gilt § 155 GVG, LG Coburg DGVZ **90**, 89. Für den Dolmetscher gilt § 191 GVG, Nürnb RR **99**, 1515. Für den Schiedsrichter gelten §§ 1032 ff. Für den Rechtspfleger gilt § 10 RPflG, § 153 GVG Anh, § 49 Rn 5. Titel 4 gilt auch für ein Mitglied des Gläubigerausschusses im Insolvenzverfahren, AG Hildesh KTS **85**, 130, sowie für den Insolvenzverwalter zumindest bei § 42, LG Stgt AnwBl **89**, 675, Haarmeyer InVO **97**, 57. Für den Vorsitzenden der Einigungsstelle gilt § 76 BetrVG, BAG **99**, 42. Für den Notar gilt § 3 I Z 1–5 BeurkG in Verbindung mit § 16 c II BNotO, Hamm RR **95**, 1338.

7 **5) Verstoß.** Wenn ein ausgeschlossener oder zu Recht abgelehnter Richter trotzdem im Verfahren weiterhin mitwirkt, und zwar nicht nur an einer Verkündung nach § 41 Rn 6 und außerhalb der Notbefugnis des § 47, dann ist die Entscheidung nicht etwa nichtig, sondern anfechtbar, Üb 20 vor § 300. Auch die übrigen Prozeßhandlungen des Gerichts bleiben wirksam, BGH NJW **81**, 133 (StPO). Es kann und darf das Gericht in der Besetzung mit dem nach der Geschäftsverteilung bestellten Vertreter die Prozeßhandlung wiederholen, Düss DRiZ **80**, 110 (StPO), soweit es nicht nach § 318 gebunden ist und soweit der Rechtszug noch nicht beendet ist. Außerdem sind in den Grenzen des § 43 die gewöhnlichen Rechtsbehelfe zulässig, §§ 511, 538, 542 ff, 547 Z 2, 569 I 3, 574. Die Entscheidung beruht insofern grundsätzlich auf einer Verletzung des Rechts, BayObLG **80**, 311.

Es kann auf Antrag eine *Zurückverweisung* erforderlich sein, (jetzt) § 538, Ffm NJW **76**, 1545. Außerdem ist dann die Nichtigkeitsklage des § 579 I Z 2, 3 zulässig, § 41 Rn 7. Man kann auf die Einhaltung der öffentlichrechtlichen Vorschriften über die Ausschließung nicht wirksam verzichten, § 295 Rn 16 ff, Ffm NJW **76**, 1545.

Eine *Parteiprozeßhandlung* nach Grdz 47 vor § 128 ist aber nicht schon deshalb unwirksam, weil sie vor dem abgelehnten oder abgeschlossenen Richter erfolgte.

8 **6) VwGO:** Nach § 54 I VwGO gelten die §§ 41–49 entsprechend mit einigen Ergänzungen, die sich aus § 54 II und III VwGO ergeben, für die Gerichtspersonen, dh Richter und ehrenamtliche Richter, §§ 19–34 VwGO, sowie den Urkundsbeamten der Geschäftsstelle, § 13 VwGO, dazu eingehend Günther VerwArch **82**, 179. Wegen der Ablehnung von Sachverständigen s § 406 Rn 35.

41 *Ausschluss von der Ausübung des Richteramtes.* Ein Richter ist von der Ausübung des Richteramtes kraft Gesetzes ausgeschlossen:
1. in Sachen, in denen er selbst Partei ist oder bei denen er zu einer Partei in dem Verhältnis eines Mitberechtigten, Mitverpflichteten oder Regresspflichtigen steht;
2. in Sachen seines Ehegatten, auch wenn die Ehe nicht mehr besteht;
2 a. in Sachen seines Lebenspartners, auch wenn die Lebenspartnerschaft nicht mehr besteht;
3. in Sachen einer Person, mit der er in gerader Linie verwandt oder verschwägert, in der Seitenlinie bis zum dritten Grad verwandt oder bis zum zweiten Grad verschwägert ist oder war;
4. in Sachen, in denen er als Prozessbevollmächtigter oder Beistand einer Partei bestellt oder als gesetzlicher Vertreter einer Partei aufzutreten berechtigt ist oder gewesen ist;
5. in Sachen, in denen er als Zeuge oder Sachverständiger vernommen ist;
6. in Sachen, in denen er in einem früheren Rechtszug oder im schiedsrichterlichen Verfahren bei dem Erlass der angefochtenen Entscheidung mitgewirkt hat, sofern es sich nicht um die Tätigkeit eines beauftragten oder ersuchten Richters handelt.

Schrifttum: *Lipp,* Das private Wissen des Richters, 1995.

Gliederung

1) Systematik, Z 1–6 1	A. Unbedingte, absolute Ausschließungsgründe 4
2) Regelungszweck, Z 1–6 2	B. Fallweise, relative Ausschließungsgründe 5
3) Geltungsbereich, Z 1–6 3	C. Keine Ausübung des Richteramts 6
4) Ausschließungsarten und -folgen, Z 1–6 4–7	D. Verstoß 7

Titel 4. Ausschließung und Ablehnung der Gerichtspersonen **§ 41**

5) **Ausschließung des Prozeßrichters,** Z 1–6	8–20	F. Stattgefundene Vernehmung, Z 5		13
A. Mitwirkung der Partei usw als Richter, Z 1	8	G. Mitwirkung bei der angefochtenen Entscheidung, Z 6		14
B. Ehegatte und früherer Gatte, Z 2	9	H. Beispiele zur Frage der Ausschließung, Z 1–6		15–20
C. Lebenspartner und früherer Lebenspartner, Z 2a	10	6) **Ausschließung des verordneten Richters, Z 1–6**		21
D. Verwandter und Verschwägerter, Z 3	11	7) *VwGO*		22
E. Vertretungsbefugnis, Z 4	12			

1) Systematik, Z 1–6. Vgl zunächst Üb 1 vor § 41. Die Vorschrift regelt den Ausschluß schon kraft **1** Gesetzes im Gegensatz zur Ablehnung. Diese letztere tritt nicht kraft Gesetzes ein. Vielmehr muß das Gericht sie allenfalls von Amts wegen nach § 48 oder aber auf Antrag feststellen, §§ 42–47.

2) Regelungszweck, Z 1–6. Vgl zunächst Üb 2 vor § 41. Die Ausschließungslage bringt erfahrungs- **2** gemäß eine Gefahr mit sich, auch wirklich im Sinne von § 42 befangen zu sein. Gerade auf solche tatsächliche Befangenheit stellt § 41 aber eben nicht ab, auch nicht etwa in Form einer ausdrücklichen gesetzlichen Vermutung. Im übrigen kann man auch außerhalb des Kreises der in § 41 aufgezählten Personen mehr in Gefahr der Befangenheit stehen, etwa bei einer nicht als eingetragene Lebenspartnerschaft einstufbaren äußerst intensiven Beziehung. Diese versucht § 41 nicht mitzuerfassen.

Strikte Verhinderung der Tätigkeit des Ausgeschlossenen ist das Ziel des § 41. Das Gebot des gesetzlichen Richters nach Art 101 I 2 GG fordert eine ebenso strikte Verhinderung einer vorschnellen Ausschließungsannahme. Beides muß bei der Auslegung mitbeachtet werden. Sinn von Z 6 ist es zum einen, in einem freilich geschlossenen Kreis von Fällen typischer Gefahr der Befangenheit das Verfahren zu erleichtern, BGH GRUR **01**, 47, und zum anderen zu verhindern, daß in einem mehrinstanzlichen Verfahren derjenige bei der Nachprüfung mitwirkt, der die nachzuprüfende Entscheidung erlassen hat, BPatG GRUR **83**, 503.

3) Geltungsbereich, Z 1–6. Vgl Üb 3 ff vor § 41. **3**

4) Ausschließungsarten und -folgen, Z 1–6. Man kann zwei Gruppen bilden. **4**

A. Unbedingte, absolute Ausschließungsgründe. Sie sind immer beachtlich. Hierhin gehören: Eine Geisteskrankheit; das Fehlen der staatlichen Voraussetzungen der Ausübung des Richteramts nach §§ 8 ff DRiG, SchlAnh I A.

B. Fallweise, relative Ausschließungsgründe. Sie ergeben sich aus einer Beziehung des Richters zu **5** einem bestimmten Prozeß, auch auf verbundene Verfahren. § 41 behandelt nur den so begrenzten Fall. Dabei reicht die Nämlichkeit des Streitgegenstands, Ffm FamRZ **89**, 519. Unabhängig von § 41 kann eine Richtertätigkeit zB wegen Mangels der Befähigung nach §§ 5 ff DRiG entfallen. Im gesamten Bereich wirkt eine Ausschließung kraft zwingenden öffentlichen Rechts, Ffm NJW **76**, 1545. Es ist daher unerheblich, ob der Ausgeschlossene den Ausschließungsgrund kannte. § 41 enthält eine abschließende gesetzliche Aufzählung. Denn wegen Art 101 I 2 GG findet keine ausdehnende Auslegung statt, BVerfG NJW **01**, 2191, BGH NJW **91**, 425, Düss RR **98**, 1763, aM LSG Kiel NJW **98**, 2925. § 51 FGO erweitert den Katalog des § 41 ZPO nicht. Freilich kann § 42 anwendbar sein. Zum Problem eines unter Umständen unwirksamen Geschäftsverteilungsplans BVerwG DRiZ **76**, 181. Bei einem Zweifel über das Vorliegen eines Ausschließungsgrundes ist § 48 anwendbar.

C. Keine Ausübung des Richteramts. Jeder Ausschließungsgrund verbietet kraft Gesetzes die Aus- **6** übung des Richteramts. Das ist jede rechtsordnende Tätigkeit auch im bloß rechtspflegerisches Geschäft, Begriff Üb § 21 GVG Anh. Man muß eine Ausschließung in jedem Stadium des Prozesses von Amts wegen beachten, Grdz 39 vor § 128. Der geschäftsplanmäßige Vertreter darf und muß eintreten, §§ 21 e, g GVG. Mit ihm darf und muß das Gericht über eine Wiederholung oder Aufhebung der Maßnahme des Ausgeschlossenen entscheiden, Düss DRiZ **80**, 110 (StPO). Fehlt es, wird § 36 I anwendbar. Der betroffene Richter kann stets auch im Zweifel nach § 48 I lt Hs vorgehen. Eine bloße Mitwirkung bei einer Urteilsverkündung schadet nicht, §§ 547 Z 2, 579 I Z 2 („bei der Entscheidung"). Das Urteil beruht auch nicht auf dieser Mitwirkung.

D. Verstoß. Er bewirkt einen an sich unheilbaren Verfahrensmangel, Üb 7 vor § 41. Ein Verstoß im *einen* **7** Termin wirkt sich nicht stets auch auf alle folgenden weiteren Termine aus, BAG DB **99**, 644. Er ist ein wesentlicher Verfahrensmangel, Ffm NJW **76**, 1545. Er begründet einen Ablehnungsantrag nach § 42 und den sonst zulässigen Rechtsbehelf. Die Amtshandlung bleibt also zunächst bedingt wirksam, Einl III 30, § 547 Z 2, BGH NJW **81**, 133 (StPO). Nach der Rechtskraft der Entscheidung ist eine Nichtigkeitsklage nach § 579 I Z 2 zulässig, BGH **95**, 305 (Ausnahme: geltend gemachte Ablehnung), BAG DB **99**, 644. Eine Amtshandlung, die der Ausgeschlossene vor der Entscheidung vorgenommen hat, ist nur zusammen mit der Entscheidung anfechtbar. Eine Parteiprozeßhandlung vor dem ausgeschlossenen Richter bleibt voll wirksam.

5) Ausschließung des Prozeßrichters, Z 1–6. Die Aufzählung ist abschließend. Ein ganzes Gericht ist **8** nicht als solches ausgeschlossen.

A. Mitwirkung der Partei usw als Richter, Z 1. Vgl zunächst Grdz 4 vor § 50. Niemand darf sein eigener Richter sein, BGH **94**, 98. Der Begriff „Partei" ist hier freilich weit gefaßt, § 42 Rn 59. Partei ist jeder, für oder gegen den die Entscheidung wirkt, §§ 265, 325, 727.

Hierher zählt also namentlich auch der Streitgehilfe, §§ 66 ff, oder ein Dritter, §§ 75 ff, Böckermann MDR **02**, 1349. Die Begriffe „Mitberechtigte" usw verlangen eine unmittelbare Beteiligung, BGH DRiZ **91**, 99, zB: Als Bürge; als Mitglied eines nicht rechtsfähigen Vereins, § 50 Rn 9, weil der Verein die Gesamtheit der Mitglieder ist; als Gesamtgläubiger oder -schuldner, §§ 421 ff BGB; als Gesellschafter, zB einer solchen bürgerlichen Rechts oder einer Offenen Handelsgesellschaft oder einer juristischen Person, BGH **113**, 277, auch wenn ein Treuhänder die Anteile hält, BGH **113**, 277.

§ 41
Buch 1. Abschnitt 1. Gerichte

Nicht hierher zählen: Der Streitverkündungsgegner nach §§ 72, 73 vor seinem Beitritt; eine Beteiligung als Aktionär, BayObLG ZIP **02**, 1038, oder in einer Genossenschaft, BVerwG NJW **01**, 2191; als ein Mitglied einer öffentlichen Körperschaft; eine nur mittelbare Beteiligung oder ein nur mittelbares Interesse, BGH NJW **91**, 425. In diesen Fällen besteht aber unter Umständen ein Ablehnungsrecht, BVerfG NJW **00**, 2808, BGH DRiZ **91**, 99 und VersR **91**, 713. Einen Arbeitsrichter nach § 46 II 1 ArbGG kann man nicht schon wegen seiner Zugehörigkeit zu einem Arbeitgeber- oder Arbeitnehmerverband ablehnen.

9   **B. Ehegatte und früherer Gatte, Z 2.** Ein solcher Richter ist dann ausgeschlossen, wenn er im Sinn von Z 1 Partei ist. Das gilt auch dann, wenn die Ehe aufgehoben ist oder wegen Scheidung nicht mehr besteht. Etwas anderes gilt bei einer bloßen Nichtehe oder nichtehelichen Lebensgemeinschaft, Rn 2. Vgl aber Z 2 a. Bei einem Verlöbnis kommt nur eine Ablehnbarkeit in Betracht.

Nicht hierher zählt eine Ehe des Richters mit dem bloßen ProzBev einer Partei, Jena OLGR **00**, 77, aM LSG Schlesw FamRZ **99**, 384 (LS: Schreibfehler?), oder eine entsprechende Schwägerschaft, KG RR **00**, 1164.

10   **C. Lebenspartner und früherer Lebenspartner, Z 2 a.** Ein Richter ist dann ausgeschlossen, wenn es um eine Sache seines eingetragenen gegenwärtigen oder früheren Lebenspartners geht. Das gilt unabhängig davon, ob ein Getrenntleben vorliegt oder ob die Aufhebung der Lebenspartnerschaft erfolgt ist und wie lange sie schon zurückliegt. Das gilt auch dann, wenn inzwischen eine zweite oder weitere Lebenspartnerschaft besteht oder bestand. Wegen des „bloßen" Lebensgefährten Rn 2, 9.

11   **D. Verwandter und Verschwägerter, Z 3.** Ein solcher Richter ist ausgeschlossen, wenn man ihn als Partei im Sinn von Z 1 ansehen muß. Die Verwandtschaft usw muß man nach dem bürgerlichen Recht beurteilen, §§ 1589 ff, 1754 ff (Ausnahme: § 1770) BGB, Art 33 EG BGB. Auch der Angehörige des Abgelehnten ist so beurteilbar, Celle MDR **01**, 767 (zustm Gruber).

Hierher zählt also auch die durch eine nichteheliche Vaterschaft, §§ 1600 e ff BGB, oder durch eine Annahme als Kind vermittelte Verwandtschaft. Der Verwandtschaftsgrad usw bestimmt sich nach der Zahl der vermittelnden Geburten. Bei einer Partei kraft Amtes nach Grdz 8 vor § 50 entscheidet ihre Verwandtschaft usw mit der Amtsperson, etwa mit dem Insolvenzverwalter, und mit dem durch sie Dargestellten, etwa mit dem Schuldner, Köln RR **88**, 254. Die Ausschließung besteht auch nach einer Auflösung der Annahme als Kind oder nach einer Anfechtung der Ehelichkeit fort. Bei einer juristischen Person kann es auf die Beziehung zu einem Mehrheitsgesellschafter ankommen, BGH NJW **86**, 1049.

Nicht ausreichend ist eine Verwandtschaft usw mit einem anderen Prozeßbeteiligten oder mit einem ProzBev, § 81, LAG Kiel AnwBl **02**, 376, mit einem Beistand, § 90, oder mit einem gesetzlichen Vertreter, § 51.

12   **E. Vertretungsbefugnis, Z 4.** Die Vertretungsbefugnis mag bestehen oder bestanden haben.

Beispiele: Der ProzBev, § 81, auch ein amtlich bestellter Vertreter, § 53 BRAO, oder ein Unterbevollmächtigter; der Beistand, § 90; der gesetzliche Vertreter, § 51; einer von mehreren solchen Personen. Das alles gilt ohne Rücksicht darauf, ob der Vertreter seine Befugnis auch tatsächlich ausgeübt hat. Wegen des Geschäftsführers einer kassenzahnärztlichen Vereinigung BSG NJW **93**, 2070. Die Vertretungsbefugnis muß in derselben Rechtsangelegenheit bestehen. Sie darf nicht im angefochtenen Prozeß bestanden haben.

Unschädlich sind: Eine Tätigkeit in einer früheren Sache, BGH NJW **79**, 2160 (StPO); als Schiedsrichter oder als ein Referendar beim Geschäftsabschluß, §§ 2231, 2276 BGB; der bloße Zustellungsbevollmächtigte, § 174.

13   **F. Stattgefundene Vernehmung, Z 5.** Man kann nicht zugleich Zeuge und Richter sein, Lipp (vor Rn 1) 86. Die Vernehmung muß tatsächlich geschehen sein, kann auch nach § 377 III mit seiner schriftlichen Anhörung erfolgt sein, Ffm FamRZ **89**, 519. Sie muß zu demselben Sachverhalt stattgefunden haben. Sie braucht nicht in demselben Prozeß erfolgt zu sein, BGH NJW **83**, 2711 (StPO), Ffm FamRZ **89**, 519. Es muß aber ein prozeßrechtlicher Zusammenhang bestehen, etwa im Wiederaufnahmeverfahren nach §§ 578 ff oder bei einer Vollstreckungsabwehrklage nach § 767, Ffm FamRZ **89**, 519. Es reicht nicht aus, daß die Vernehmung in einem anderen Prozeß mit demselben Sachverhalt stattfand, aM Ffm FamRZ **89**, 519 (aber damit würde sich schon die Ausschließbarkeit fast maßlos erweitern können). In diesem letzteren Fall mag der Richter allerdings ablehnbar sein.

Die bloße *Benennung* des Richters als Zeuge oder Sachverständiger reicht zum Ausschluß *nicht* aus, BVerwG MDR **80**, 168, Saarbr RR **94**, 765. Deshalb scheidet der Richter erst nach dem ihn selbst benennenden Beweisbeschluß aus, Lipp (vor Rn 1) 91. Freilich kann er deshalb vorher befangen sein. Eine dienstliche Äußerung ist kein Zeugnis, BGH NJW **02**, 2402 (StPO), BVerwG MDR **80**, 168.

14   **G. Mitwirkung bei der angefochtenen Entscheidung, Z 6**, dazu *Brandt-Janczyk*, Richterliche Befangenheit durch Vorbefassung im Wiederaufnahmeverfahren, 1978:

Die Mitwirkung muß in der *Vorinstanz* oder in einem schiedsrichterlichen Verfahren stattgefunden haben, BGH NJW **94**, 92. Sie muß gerade bei der durch ein Rechtsmittel nach §§ 511 ff, 542 ff oder 567 ff angefochtenen Entscheidung erfolgt sein, nicht bei einer anderen, BGH NJW **81**, 1273, BVerwG NJW **80**, 2722. Der Richter muß als erkennender Richter oder als ein Schiedsrichter nach § 1036 gerade über das Streitvhältnis mitentschieden haben, § 309. Er darf also nicht nur an einer Verkündung nach § 311 beteiligt gewesen sein. Im Berufungsrechtszug ist eine Mitwirkung am früheren Verfahren wegen einer einstweiligen Verfügung unschädlich, BVerfG NJW **01**, 3533.

15   **H. Beispiele zur Frage der Ausschließung, Z 1–6**

Abänderungsklage: Ein Ausschluß liegt *nicht* vor, wenn es um eine Abänderungsklage nach § 323 geht. S auch Rn 17 „Neuer Prozeß".

Ablehnungsverfahren: § 45 II verbietet die Mitwirkung des Abgelehnten bei der Entscheidung über das Ablehnungsgesuch. Vgl freilich § 42 Rn 7.

Arrest, einstweilige Verfügung: Ein Ausschluß kann vorliegen, wenn der Richter an einem Arrest oder einer einstweiligen Verfügung mitgewirkt hat, die inzwischen auf Grund eines Widerspruchs bestätigt

Titel 4. Ausschließung und Ablehnung der Gerichtspersonen § 41

worden ist, StJBo 18, ThP 7, ZöV 13, aM Hbg MDR **02**, 538 (aber der Text und Sinn von Z 6 gehen wegen des Regelungszwecks recht weit, Rn 2). Die frühere Mitwirkung bleibt aber im Berufungsverfahren unschädlich, BVerfG NJW **01**, 3533.
Auskunft: Ein Ausschluß liegt *nicht* vor, wenn der Richter nur am Teilurteil über einen Auskunftsanspruch mitgewirkt hatte, Karlsr FamRZ **96**, 556.
Beauftragter, ersuchter Richter: Es darf nach Z 6 Hs 2 tätig sein, Rn 6.
Berater: Wegen eines Beraters Düss BB **76**, 252.
Betragsverfahren: Ein Ausschluß liegt *nicht* vor, wenn der Richter im Verfahren über den Grund mitgewirkt hatte, Karlsr FamRZ **92**, 1194.
Beweisaufnahme: Ein Ausschluß liegt *nicht* vor, wenn der Richter nur an einem Beweisbeschluß oder an einer Beweisaufnahme mitgewirkt hat.
Dieselbe Instanz: Ein Ausschluß liegt *nicht* vor, wenn der Richter lediglich an einer Entscheidung **16** derselben Instanz mitgewirkt hat, etwa im Mahnverfahren oder an einem Versäumnisurteil oder an einem Zwischenurteil nach § 303 oder an einem Grundurteil nach § 304 oder an einem Vorbehaltsurteil nach §§ 320, 599.
Ein Ausschluß liegt *nicht* vor, wenn erstinstanzlich die Ehefrau des Rechtsmittelrichters an der angefochtenen Kollegialentscheidung mitgewirkt hatte, BGH NJW **04**, 163 (abl Feiber 650).
S auch Rn 18 „Urkundenprozeß", Rn 19 „Versäumnisurteil", Rn 20 „Zurückverweisung".
Disziplinarsache: Wegen eines Notarrichters im Disziplinarsenat BGH DNotZ **91**, 323.
Ehe: Ein Ausschluß liegt *nicht* vor, soweit eine Richterin und ein ProzBev miteinander verheiratet sind, Jena MDR **00**, 540, aM LSG Schlesw NJW **98**, 2925 (aber man muß auf den Einzelfall abstellen können. Das gestattet § 41 nicht). Freilich kann § 42 anwendbar sein.
Einzelrichter: Ein Ausschluß liegt *nicht* vor, wenn der Richter als nicht erkennender Einzelrichter tätig war.
Folgeentscheidung: Ein Ausschluß kann *fehlen*, soweit es nur um eine typische Folgeentscheidung in derselben Instanz geht, Hbg MDR **02**, 538, Rostock RR **99**, 1445.
Gläubigerausschuß: Ein Ausschluß kann nach Z 1 voliegen, AG Hildesh KTS **85**, 130.
Grundurteil: Rn 15 „Betragsverfahren".
Insolvenzverwalter: Ein Ausschluß kann nach Z 1 vorliegen, BGH NJW **91**, 985.
Mahnverfahren: S „Dieselbe Instanz".
Neuer Prozeß: Ein Ausschluß liegt *nicht* vor, wenn der Richter jetzt in einem anderen formell ganz **17** selbständigen weiteren Prozeß tätig wird. Denn dann liegt kein „früherer Rechtszug" vor. Das gilt selbst dann, wenn der frühere Prozeß für den jetzigen erheblich sein mag.
S auch Rn 15 „Abänderungsklage", Rn 20 „Wiederaufnahmeverfahren".
Notarsache: Rn 16 „Disziplinarsache".
Patentsache: Ein Ausschluß liegt *nicht* vor, wenn ein Richter nach Tätigkeit im Verletzungsverfahren nun im Nichtigkeitsverfahren mitwirkt, BGH RR **03**, 479. Wegen einer Patentabteilung BPatG GRUR **82**, 359. Wegen eines PatG BGH MDR **76**, 574.
Schiedsrichterliches Verfahren: Rn 14.
Teilurteil: Rn 15 „Auskunft".
Urkundenprozeß: Ein Ausschluß liegt *nicht* vor, wenn der Richter im Urkundenprozeß mitgewirkt hat, **18** etwa an einem Vorbehaltsurteil nach § 599, und wenn er jetzt im Nachverfahren tätig wird.
S auch Rn 16 „Dieselbe Instanz".
Verfassungsfragen: Rn 19 „Vorlagebeschluß".
Verkündung: Ein Ausschluß liegt *nicht* vor, wenn der Richter nur an der Verkündung einer Entscheidung mitgewirkt hat, Jena OLGR **00**, 77.
Versäumnisurteil: Ein Ausschluß liegt *nicht* vor, wenn der Richter an einem Versäumnisurteil der Vorinstanz **19** gegen den Bekl mitgewirkt hat. Denn dort mußte ja auch die Schlüssigkeit der Klage nach § 331 II geprüft werden.
Ein Ausschluß liegt *nicht* vor, wenn der Richter an einem inzwischen aufgehobenen Versäumnisurteil mitgewirkt hat. Denn jene Entscheidung hat für die jetzt bevorstehende keine unmittelbare Bedeutung mehr.
S auch Rn 16 „Dieselbe Instanz".
Vollstreckungsfragen: Rn 20 „Zwangsvollstreckung".
Vorentscheidung: Ein Ausschluß liegt vor, wenn der Richter an einer Vor- oder Zwischenentscheidung beteiligt war, die der höheren Instanz nach §§ 512, 548 unterbreitet worden ist, etwa bei einem Zwischenurteil oder bei einem inzwischen bestätigten Versäumnisurteil.
Ein Ausschluß liegt *nicht* vor, wenn sich die Mitwirkung des Richters auf einen Vorbescheid beschränkt hat oder wenn er jetzt im Rückgriffverfahren gegen den ProzBev des Vorprozesses wieder amtiert, Düss RR **98**, 1763.
S auch Rn 18 „Urkundenprozeß", Rn 19 „Versäumnisurteil".
Vorlagebeschluß: Ein Ausschluß liegt *nicht* vor, wenn der Richter an einem Vorlagebeschluß nach Art 100 GG beim BVerfG oder nach Art 177 II EWGVertrag, Art 234 EGV beim EuGH mitgewirkt hat, BFH **129**, 251.
Widerspruch: Rn 15 „Arrest, einstweilige Verfügung". **20**
Wiederaufnahmeverfahren: Ein Ausschluß liegt *nicht* vor, wenn es jetzt um ein Wiederaufnahmeverfahren geht, §§ 578 ff, BGH NJW **81**, 1274.
S auch Rn 17 „Neuer Prozeß".
Zurückverweisung: Ein Ausschluß liegt *nicht* vor, wenn der Richter nach einer Zurückverweisung weiter mitwirkt, BVerwG NJW **75**, 1241. Dabei ist es unerheblich, ob nunmehr dasselbe oder ein im übrigen anderes Kollegium tätig wird, BVerfG DRiZ **68**, 141.
S auch Rn 16 „Dieselbe Instanz".

§§ 41, 42

Zwangsvollstreckung: Ein Ausschluß liegt *nicht* vor, wenn der Richter über eine Einwendung gegen die Zulässigkeit der von ihm erteilten Vollstreckungsklausel oder bei einer anschließenden Vollstreckungsabwehrklage entscheiden soll, BGH NJW **76**, 2135.

Zwischenentscheidung: Rn 16 „Dieselbe Instanz", Rn 19 „Vorentscheitung".

21 **6) Ausschließung des verordneten Richters, Z 1–6.** Ein Richter, der in der Vorinstanz an der Entscheidung mitwirkte, ist als verordneter Richter der höheren Instanz nicht ausgeschlossen. Auch das ergibt sich aus Z 6. Zum Begriff des verordneten Richters Einl III 72. Eine Tätigkeit als verordneter Richter in der früheren Instanz ist ohnehin unschädlich. Wer als verordneter Richter tätig war, darf auch bei einer Entscheidung nach § 573 I, II mitwirken.

22 **7) VwGO:** Gilt entsprechend, § 54 I VwGO, für Richter und ehrenamtliche VerwRichter (nicht auch für den VdÖI, OVG Münst NVwZ **91**, 489), vgl Günther VerwArch **82**, 181 mwN. Sie sind auch ausgeschlossen, § 54 II, wenn sie im vorausgegangenen VerwVerfahren mitgewirkt haben, dazu BVerwG NVwZ **90**, 461 (krit zum Einzelfall BVerfG NVwZ **96**, 885), BVerwG **52**, 47 u DÖV **83**, 552, KoppSch § 54 Rn 8. Zu Z 1 s BVerwG NJW **01**, 2191 (Richter als Genosse einer klagenden Genossenschaft). Z 4 greift ein, wenn der Richter in derselben Sache früher als Landesanwalt tätig war, VGH Mü BayVBl **81**, 368. Nicht unter Z 6 fällt, Rn 15–20, die Mitwirkung an einem aufgehobenen Urteil in derselben Sache, BVerwG NVwZ **00**, 916, oder an einer Entscheidung im vorläufigen Rechtsschutz, BVerwG NVwZ-RR **98**, 268 mwN, an einer PKH-Entscheidung, OVG Schlesw FamRZ **92**, 347, an einem Gerichtsbescheid, § 84 VwGO, oder an einer unberührt bleibenden rechtskräftigen Entscheidung, BVerwG NVwZ-RR **96**, 122, ebensowenig die Mitwirkung an einer Vorlage an den EuGH, BFH BStBl **80** II 158, oder an das BVerfG, Offerhaus NJW **80**, 2290, vgl iü KoppSch § 54 Rn 7; soweit Z 6 nicht eingreift, kommt bei konkreten Anhaltspunkten eine Ablehnung wegen Befangenheit, § 42 I, in Betracht, BVerwG NVwZ-RR **98**, 268, Buchholz 303 § 42 Nr 1 u 310 § 54 Nr 49. Eine Erweiterung der Ausschließungsgründe im Wege der Auslegung ist ausgeschlossen, BVerwG NJW **01**, 2191 u NJW **80**, 2722.

42 *Ablehnung eines Richters.* [I] Ein Richter kann sowohl in den Fällen, in denen er von der Ausübung des Richteramts kraft Gesetzes ausgeschlossen ist, als auch wegen Besorgnis der Befangenheit abgelehnt werden.

[II] Wegen Besorgnis der Befangenheit findet die Ablehnung statt, wenn ein Grund vorliegt, der geeignet ist, Misstrauen gegen die Unparteilichkeit eines Richters zu rechtfertigen.

[III] Das Ablehnungsrecht steht in jedem Fall beiden Parteien zu.

Schrifttum: *Bleutge,* „Ablehnung wegen Besorgnis der Befangenheit" usw, 2. Aufl 1999; *Brandt-Janczyk,* Richterliche Befangenheit durch Vorbefassung im Wiederaufnahmeverfahren, 1978; *Deguchi,* Das mißbräuchliche Ablehnungsgesetz im Zivilprozeß, Gedächtnisschrift für *Arens* (1993) 31; *Gerdes,* Die Ablehnung wegen der Besorgnis der Befangenheit aufgrund von Meinungsäußerungen des Richters, 1992; *Horn,* Der befangene Richter usw (Rechtstatsachen), 1977; *Lipp,* Das private Wissen des Richters, 1995; *Nowak,* Richterliche Aufklärungspflicht und Befangenheit, 1991; *Onart,* Umfang und Grenzen politischer Betätigungsfreiheit des Richters usw, 1990; *Peters,* Richter entscheiden über Richter, Festschrift für *Lüke* (1997) 603; *Riedel,* Das Postulat der Unparteilichkeit des Richters im deutschen Verfassungs- und Verfahrensrecht, 1980; *Schmidt,* Richterwegfall und Richterwechsel im Zivilprozeß, Diss Hann 1993; *Schneider,* Befangenheitsablehnung im Zivilprozeß, 2. Aufl 2001; *Taubner,* Der befangene Zivilrichter, 2005; *Vollkommer,* Der ablehnbare Richter, 2001 (Bespr *Schwarze* ZZP **117**, 249); *Wand,* Zum Begriff der „Besorgnis der Befangenheit" in § 19 BVerfGG, Testgabe zum 10jährigen Jubiläum der *Gesellschaft für Rechtspolitik* (1984) 515; *Wassermann,* Zur Richterablehnung im verfassungsgerichtlichen Verfahren, Festschrift für *Hirsch* (1981) 465; vgl auch vor Üb 1 vor § 41.

Gliederung

1) Systematik, I–III	1	8) Sonstige Zurückweisungsfolgen, I–III	8
2) Regelungszweck, I–III	2	9) Ablehnungsgründe, I, II	9–58
3) Sachlicher Geltungsbereich, I–III	3	A. Ausschlußgrund	9
4) Persönlicher Geltungsbereich, I–III	4	B. Besorgnis der Befangenheit: Parteiobjektiver Maßstab	10
5) Notwendigkeit eines Antrags, I–III	5	C. Auslegungsregeln bei Befangenheit	11–13
6) Rechtsschutzbedürfnis, I–III	6	D. Beispiele zur Frage der Ablehnbarkeit	14–58
7) Rechtsmißbrauch, I–III	7	10) VwGO	59

1 **1) Systematik, I–III.** Vgl zunächst Üb 1 vor § 41. § 42 regelt in Wahrheit nicht nur im Gegensatz, sondern auch in Ergänzung zu § 41 Fälle des Ausschlusses wie der Ablehnung eines Richters. Für das Verfahren der Ablehnung des Richters gelten zusätzlich §§ 43–48. Beim befangenen Urkundsbeamten gilt zunächst vorrangig § 49 mit seiner Verweisung auf §§ 42–48.

2 **2) Regelungszweck, I–III.** Vgl zunächst Üb 2 vor § 41. Man kann im Ablehnungsrecht generell ein prozessuales Grundrecht gegenüber der Dritten Gewalt sehen, Lamprecht NJW **93**, 2222. Die Vorschrift soll die Unvoreingenommenheit sichern, Ffm RR **97**, 1084. Sie soll auch der Gefahr unsachlicher Beweggründe bei der Rechtsprechung beggnen, BayObLG **86**, 250, Schneider NJW **96**, 2285. Die Vorschrift dient also der Gerechtigkeit, Einl III 9. Sie soll aber auch ein „Abschießen" des zwar unbequemen, aber keineswegs voreingenommenen Richters und damit eine Umgehung des gesetzlichen Richters des Art 101 I 2 GG verhindern, BVerfG NJW **98**, 370. Sie dient damit auch der Rechtssicherheit nach Einl III 43 und der Bekämpfung von Rechtsmißbrauch nach Einl III 54, Rn 7. Das muß man bei der Auslegung mitbeachten, Rn 11–13.

Titel 4. Ausschließung und Ablehnung der Gerichtspersonen **§ 42**

Mobbing kann als Gegenstück zur verborgenen Befangenheit nach Üb 2 vor § 341 auch den Richter dort treffen, wo seine Art und Arbeit einer „Kontrolle" der Parteien und anderer Personen unterliegt, die man aus durchsichtigen Gründen nicht offen und nicht mit dem auch finanziellen Risiko eines Unterliegens in höherer Instanz vornehmen will, sondern mit subtileren Mitteln, die aus unedlen Motiven erwachsen und verachtenswerte Ziele verfolgen. Der Richter hat bei Selbstzucht indes mehr Abwehrmöglichkeiten als andere Berufsgruppen. Sie gehen von der sofortigen Pause in der zugespitzten Verhandlung über eine gelassene schriftliche prozeßleitende Anordnung bis zum deutlichen Urteil, das er immerhin ja nicht in nur persönlichem Namen fällt. Er kann es ohne anfechtbare Emotion sachlich vertretbar, aber in der Sache schneidend scharf begründen, um solchen Rechtsmißbrauch wenigstens in Zukunft zu begrenzen. Solche Aufgabe sollte sich auch manche eigenartig mitmobbende Verwaltung setzen. Der unbequeme Richter steht nicht schon deshalb der Versuchung offen, ihn „kurzzuhalten", wie man es gelegentlich skurrilerweise beobachten muß. Mit kluger Überlegung kann er sich oft recht wirksam erwehren. Sein Amt gebietet das.

3) Sachlicher Geltungsbereich, I–III. Vgl zunächst Üb 3, 4 vor § 41. Die Regelung gilt für alle **3** Verfahrensabschnitte und -arten, LG Bonn NJW **96**, 2169, Weigel MDR **99**, 1360 (je: schiedsrichterliches Verfahren). Sie gilt auch für eine Familiensache nach §§ 606 ff, Ffm FamRZ **83**, 630, oder für das Tatbestandsberichtigungsverfahren, § 320. Sie gilt auch im Vollstreckungsverfahren, BGH Rpfleger **03**, 453, Karlsr Rpfleger **95**, 402 (ZVG), oder im FGG-Verfahren, BGH NJW **95**, 1030 (Landwirtschaftssache), BayObLG FGPrax **04**, 94 (Notarkostenbeschwerde), BayObLG WoM **03**, 536, Karlsr WoM **03**, 536, Köln NZM **01**, 548 (je: WEG), Zimmermann Festschrift für Musielak (2004) 729.

4) Persönlicher Geltungsbereich, I–III. Vgl zunächst Üb 5, 6 vor § 41. Das Ablehnungsrecht steht **4** beiden Parteien unabhängig von einander zu. Es steht jedem Streitgenossen zu, § 61. Es steht auch dem Prozeßgegner der unmittelbar betroffenen Partei zu, Schneider MDR **87**, 374. Der Begriff Partei ist im weitesten Sinn gemeint, § 41 Rn 7. Als Partei gilt jeder an einem Verfahren nach der ZPO parteiartig Beteiligte, Celle NdsRpfl **85**, 173, auch der zu Betreuende, auch ein einzelner Genosse bei §§ 105 ff GenG, Brdb Rpfleger **97**, 302. Eine möglicherweise nach § 51 prozeßunfähige Partei gilt für das Ablehnungsverfahren als prozeßfähig, damit das Gericht ua nicht die Prozeßfähigkeit in diesem Nebenverfahren klären muß, Schlesw SchlHA **80**, 213. Dieses Recht ist zeitlich begrenzt, § 43. Vgl aber auch § 44 IV. Der Streithelfer hat zunächst ein selbständiges Ablehnungsrecht. Denn III ist eine Sondervorschrift gegenüber § 67, Celle OLGR **95**, 273. Vgl aber § 67 Rn 8.

Ein *Dritter* hat nur in einem Zwischenstreit mit den Prozeßparteien ein Ablehnungsrecht, Ffm OLGR **97**, 305 ([jetzt] JVEG). Der ProzBev nach § 81 hat ein Ablehnungsrecht grundsätzlich nur für die Partei und nicht für seine eigene Person, Hamm OLGR **96**, 45, Karlsr RR **87**, 126, Zweibr RR **00**, 865. Dasselbe gilt beim gesetzlichen Vertreter, Köln NJW **88**, 694, und bei der Partei kraft Amts, BVerfG ZIP **88**, 174, Zweibr Rpfleger **00**, 265. Vgl aber auch Rn 5, 10. Man muß die Erklärung der Partei zur Klärung der Frage auslegen, ob sie ein Ablehnungsgesuch stellt, Schneider MDR **83**, 188. Dabei sollte das Gericht selbstkritisch sein, aber nicht übertrieben ängstlich. Wegen des Insovenzverwalters Üb 6 vor § 41.

5) Notwendigkeit eines Antrags, I–III. Es ist ein Ablehnungsantrag erforderlich, § 44 I, VG Köln **5** NJW **86**, 2207. Er ist eine Parteiprozeßhandlung, Grdz 47 vor § 128. Zur Form § 44. Es gibt kein Ablehnungsverfahren von Amts wegen, BVerfG **46**, 37, BGH NJW **81**, 1274, VG Köln NJW **86**, 2207, sondern nur das Selbstablehnungsverfahren nach § 48 II. Man kann nicht ein ganzes Gericht als solches ablehnen, Üb 5 vor § 41. Man kann einen Richter auch nicht ein für allemal ablehnen, BayObLG Rpfleger **80**, 194. Der Ablehnungsantrag ist in den Grenzen des § 43 bis zum Ende des Rechtszugs möglich, auch zB im Verfahren nach §§ 320, 321. Er läßt sich nur bis zur Unanfechtbarkeit der Entscheidung stellen, BGH **141**, 93. Er ist bis zum Zeitpunkt der Entscheidung über das Gesuch widerruflich. Der ProzBev hat nicht aus eigenem Recht eine Ablehnungsmöglichkeit, Rn 4. Es stellt den Antrag freilich meist zumindest stillschweigend im Namen der Partei, Rn 10, Karlsr RR **87**, 127.

6) Rechtsschutzbedürfnis, I–III. Das Rechtsschutzbedürfnis muß wie stets vorliegen, Grdz 33 vor **6** § 253, Karlsr FamRZ **05**, 1260. Es entfällt, soweit der Richter aus dem Dezernat ausscheidet, Karlsr FamRZ **05**, 1260, oder soweit er bereits in der Hauptsache entschieden hat, BGH NJW **01**, 1503, BFH BB **90**, 271, Hbg NJW **92**, 1462.

7) Rechtsmißbrauch, I–III, dazu *Deguchi* (vor Rn 1): Zwar muß das Gericht stets prüfen, ob hinter **7** Schimpfereien ein ernstzunehmender Antrag steht, § 46 Rn 5. Es kann aber festliegen, daß ein Ablehnungsgesuch nur einer Verschleppung dienen soll, Brdb FamRZ **02**, 1042, Brschw MDR **00**, 846, Köln RR **97**, 828, oder daß das Gesuch sonst ersichtlich lediglich rechtsmißbräuchlich eingelegt wurde, Einl III 54, Brschw NJW **95**, 2113, Düss Rpfleger **94**, 340, Günther ZZP **105**, 26. Dann darf und muß das Gericht kraft Gewohnheitsrechts den Antrag in bisheriger Besetzung zurückweisen, § 45 Rn 4, BVerfG MDR **61**, 26, BGH Rpfleger **05**, 415, Brdb FamRZ **02**, 1042.

Eine Zurückweisung in der bisherigen Besetzung erfolgt *insbesondere* dann, wenn der Antragsteller das Gesuch nicht ernst meint, BPatG GRUR **82**, 359, oder wenn er ein bereits einmal abgelehntes Gesuch einfach erneut einreicht, ohne neue tatsächliche Behauptungen aufzustellen, KG FamRZ **86**, 1022, LG Kiel Rpfleger **88**, 544 (zustm Wabnitz), oder wenn er die Ablehnung nur auf die Zugehörigkeit des Richters zu einem bestimmten Gericht stützt, BGH RR **02**, 789, oder wenn das Gesuch nur grobe Beleidigungen und Beschimpfungen der Richter enthält, Düss OLGR **96**, 108. Natürlich muß man mit solcher Art von Zurückweisung eines Ablehnungsgesuchs vorsichtig sein, Brdb OLGR **00**, 35. Zweibr MDR **00**, 1026, LG Ffm RR **00**, 1088. Eine unbegründete Annahme von Rechtsmißbrauch konnte ihrerseits bereits eine Ablehnung rechtfertigen, BVerwG NJW **98**, 324. Vorsorglich ist stets eine wenigstens knappe Erörterung der Ablehnungsbegründung notwendig, um eine greifbare Gesetzwidrigkeit der Zurückweisung zu vermeiden, LAG Düss MDR **02**, 476.

Bei einem *völlig eindeutigen* Rechtsmißbrauch kann es sogar gerechtfertigt sein, die Ablehnungsgesuch nicht weiter zu bearbeiten, Einl III 66, § 46 Rn 4, BVerfG **74**, 100, Brdb FamRZ **01**, 1004, LG Stgt NJW **94**, 1077, strenger VerfGH Drsd RR **99**, 287. Das gilt etwa wegen bloßer Verschleppungsabsicht, auch im

§ 42

Buch 1. Abschnitt 1. Gerichte

Gewand einer „Verhinderung". In einem solchen Fall ist § 47 unanwendbar, Köln RR **00**, 592. Natürlich ist ein Aktenvermerk nicht nur zulässig, sondern auch ratsam, Engel Rpfleger **81**, 84, LG Ffm RR **00**, 1088. Das Gericht sollte durch die Form des Vermerks klarstellen, daß es sich dabei nicht etwa um eine mitteilungsbedürftige und beschwerdefähige Entscheidung handelt, Engel Rpfleger **81**, 85, Günther NJW **86**, 290. Eine Mitteilung in Beschlußform ist für sich noch keine Entscheidung über das Ablehnungsgesuch, KG FamRZ **86**, 1023. Auch bei dieser Form der Bewältigung des Rechtsmißbrauchs ist Zurückhaltung geboten, Engel Rpfleger **81**, 84. Im übrigen kann ein offensichtlich unbegründetes und zur Verzögerung führendes Gesuch eine Gebühr (jetzt) nach § 38 GKG auslösen, Düss MDR **84**, 857.

8 **8) Sonstige Zurückweisungsfolgen, I–III.** Ein unberechtigter Ablehnungsantrag kann die Ehre des abgelehnten Richters rechtswidrig angreifen, Nürnb MDR **83**, 846. Daher können der Abgelehnte wie sein Dienstvorgesetzter wegen dieser Ehrverletzung vorgehen. Der letztere kann dazu wegen seiner Fürsorgepflicht verpflichtet sein.

9 **9) Ablehnungsgründe, I, II.** Zur Ablehnung des Richters berechtigen zwei Gruppen von Gründen.

A. Ausschlußgrund. Es mag ein Grund zu einer Ausschließung nach § 41 vorliegen. § 41 ist also auch im Rahmen des § 42 beachtlich, aM Mü MDR **75**, 584 (aber ein Ausschließungsgrund ist fast stets auch ein Ablehnungsgrund. Nur muß das Gericht meist nur den ersten klären). Ein Verstoß gegen § 21g II GVG reicht aber insofern nicht zur Ablehnung aus, Mü MDR **75**, 584. Wenn das Ablehnungsgesuch auf § 41 gestützt wird, ist § 43 unanwendbar. Wenn das Ablehnungsgesuch für unbegründet erklärt worden ist, entfällt die Möglichkeit einer Nichtigkeitsklage, § 579 Z 2.

10 **B. Besorgnis der Befangenheit: Parteiobjektiver Maßstab.** Eine Besorgnis der Befangenheit liegt nur dann vor, wenn ein objektiv vernünftiger Grund gegeben ist, der die Partei dann auch von ihrem Standpunkt aus vernünftigerweise befürchten lassen kann, der Richter werde nicht unparteiisch sachlich entscheiden, Art 6 MRK, § 1036 II 1, BVerfG NJW **00**, 2808, BGH NJW **04**, 164, Drsd MDR **05**, 106. Maßstab ist also ein partei-„objektiver", krit Schneider MDR **05**, 671. Der Ablehnungsgrund liegt vor, wenn er glaubhaft ist, §§ 44 II, 294.

Eine rein *subjektive* unvernünftige *Vorstellung ist also unerheblich,* BGH NJW **04**, 164 (abl Feiber 650), Brdb MDR **01**, 1413, Mü RR **02**, 862. Eine dienstliche Äußerung nach § 44 III dahingehend, man fühle sich befangen oder nicht befangen, ist jedenfalls nicht allein maßgeblich, BVerfG **99**, 56, BFH DB **77**, 1124, LG Bayreuth RR **86**, 678, aM Oldb FamRZ **92**, 192 (sie sei ganz unbeachtlich. Aber sie zeigt oft recht deutlich die Verfassung des Abgelehnten). Es kommt auch nicht darauf an, ob der Richter vom Standpunkt eines jeden auch wirklich befangen ist, Celle AnwBl **97**, 295, VGH Mannh NJW **86**, 2068, LG Bln NJW **86**, 1000.

Wer über ein Ablehnungsgesuch entscheiden muß, der muß sich also in die *Rolle der ablehnenden Partei* zu versetzen versuchen und ihre persönlichen Befürchtungen zwar zugrundelegen, aber zugleich vom Standpunkt eines außenstehenden Dritten auf ihre Stichhaltigkeit überprüfen. Erst wenn auch aus der Sicht eines solchen unparteiischen Dritten subjektive Befürchtungen der ablehnenden Partei immerhin verständlich und nicht ziemlich grundlos zu sein scheinen, ist die Besorgnis der Befangenheit gegeben. Dabei ist eine Gesamtabwägung aller Argumente notwendig, Düss AnwBl **99**, 236. Das ist schwierig genug, Benda NJW **00**, 3620 (ausf). Man hüte sich vor eigener verborgener Befangenheit und auch vor Leerfloskeln, Zuck DRiZ **88**, 72.

11 **C. Auslegungsregeln bei Befangenheit.** Man muß die §§ 42ff im Zusammenhang mit Art 101 I 2 GG auslegen, Einl III 22, Üb 1, 2 vor § 41, Zuck DRiZ **88**, 179 (Notwendigkeit eines fairen Verfahrens). §§ 42ff betreffen wegen ihres Regelungszwecks nach Rn 2 ohnehin nur eine subjektiv ernst gemeinte und objektiv auch ernst zu nehmende Ablehnung. Sie wollen den Parteien keineswegs Möglichkeiten an die Hand geben, den Prozeß zu verschleppen oder sich eines unliebsamen Richters zu entledigen, Rn 4, VGH Kassel NJW **85**, 1106. Die Zahl von Ablehnungsanträgen ist erheblich. Das ergibt sich schon aus der Fülle einschlägiger im Fachzeitschrifttum veröffentlichter Entscheidungen. Diese Erscheinung ist eine Folge des überall zu beobachtenden Verfalls jeglicher Autorität, auch staatlicher. Man sieht im Richter den unvollkommenen Menschen. Er ist unvollkommen. Trotzdem hat der Gesetzgeber ihn nicht zu einem beliebig austauschbaren Verwaltungsbeamten gemacht, sondern im Rahmen des Geschäftsverteilungsplans zum allein berufenen gesetzlichen Richter bestimmt.

12 Natürlich darf man in vielen Ablehnungsanträgen auch die richtige Erkenntnis sehen, daß alle staatliche Autorität und Gewalt einer schärferen Selbstkontrolle bedarf, als man sie früher für notwendig hielt. Diese Erkenntnis berechtigt aber nicht zu einer gar nicht selten zu beobachtenden wenig überzeugenden *Neigung, den Richter* allzu rasch für *befangen* zu halten. Eine solche Haltung wäre unvermeidbar mit einer Schwächung der Unabhängigkeit des Richteramts verbunden. Sie dient niemandem. Die seit jeher vorhandenen Grauzonen des Bereichs einer oft unbewußten Befangenheit lassen sich rechtlich nicht aufdecken, Lamprecht DRiZ **88**, 166. Sie lassen sich durch keine noch so ablehnungsfreudige Tendenz beseitigen. Der allzu oft angegriffene Richter wird nur zu einer Einstellung gedrängt, die gerade den Angreifern auf die Dauer am wenigsten nützt. Das sollte auch der Anwalt bedenken, aM Bergerfurth FamRZ **83**, 980 (aber der Anwalt muß das Allzumenschliche des Richters sehr wohl mitsehen).

Man muß im übrigen beachten, daß der Richter schon wegen § 139 II zu einem *Rechtsgespräch* verpflichtet ist. Insgesamt sollte man Befangenheitsantrag nur zurückhaltend für begründet erklären, Schneider DRiZ **78**, 42, aM ThP 13, ZöV 10 (aber auch der Richter verdient wie jeder zunächst einmal schon nach Artt 1, 2 GG Achtung. Man sollte ihm ein schwieriges Amt nicht erschweren, sondern möglichst diszipliniert erleichtern).

13 Gegen die erkennbare Meinung des betroffenen Richters sollte man deshalb seine Befangenheit *keineswegs voreilig* bejahen. Bei einem echten Zweifel darüber, ob man ihn noch als unbefangen ansehen kann, muß man aber wohl eher zugunsten des Antragstellers entscheiden, KG MDR **99**, 1019, Köln OLGR **01**, 261, Schneider MDR **00**, 1305, aM BayObLG DRiZ **77**, 245 (aber einen echten Zweifel muß man doch schon

Titel 4. Ausschließung und Ablehnung der Gerichtspersonen   § 42

ziemlich ernstnehmen). Dabei mag auch die Erwägung berechtigt sein, das Vertrauen in die Rechtspflege nicht allzu sehr der evtl unberechtigten Kritik des einzelnen zu unterstellen. Das BVerfG prüft im Verfahren nach § 44 nur, ob objektiv eine Willkür des Gerichts vorliegt, BVerfG NJW **80**, 1379. Bei § 48 mag eine Prüfungspflicht weitergehen.

D. Beispiele zur Frage der Ablehnbarkeit. Es bedeuten: „*Ja*": Es besteht eine Besorgnis der Befangen- **14** heit; „*nein*": Es besteht keine Besorgnis der Befangenheit. Jeder Schematismus ist verfehlt. Maßgebend können nur die Gesamtumstände des Einzelfalls sein.
Abänderungsklage: Rn 25.
Ablehnungsantrag: Rn 29 „Kenntnisnahme".
Abneigung, Zuneigung: Sie bildet auch außerhalb von regelrechter Freundschaft oder Feindschaft eine gefährliche Quelle kaum faßbarer Grauzone hin zu wirklicher Befangenheit, Rn 2, großzügig BVerfG **73**, 339. Kein Richter ist immer ganz frei von Sympathie oder Antipathie gegenüber der einen oder anderen Partei, dem einen oder anderen ProzBev, Sachverständigen oder Zeugen. Das ist menschlich und unvermeidbar, will man nicht allzu viele Prozesse im Kampf auf solchem Nebenschauplatz erlahmen lassen. Es ist die Aufgabe aller Beteiligten, an dieser Stelle zu versuchen, Sachlichkeit siegen zu lassen. Auch andere Beteiligte als das Gericht müssen hier selbstkritisch helfen. In erster Linie ist aber der Charakter des Richters gefordert.
Vgl auch Rn 2.
Akteneinsicht: *Ja* evtl bei ihrer Verweigerung, BGH Rpfleger **03**, 453, BayObLG RR **01**, 642, Köln FamRZ **01**, 1004, aM Brdb MDR **01**, 1414 – zust Vollkommer FamRZ **02**, 621 – (aber die Gelegenheit zur Einsicht bei anderer Behörde erfüllt den Anspruch nach § 299 I nicht).
Aktionär: Rn 56 „Wirtschaftliches Interesse".
Allgemeine Auffassungen: *Nein*, soweit der Richter lediglich allgemeine Werteinschätzungen und Grundhaltungen äußert oder zugrunde legt oder erkennbar hat, BVerfG **46**, 36, Zweibr MDR **82**, 940, Michael JZ **80**, 421, oder soweit die Partei nur allgemein abwertende Auffassungen andeutet, BVerwG NJW **97**, 3327.
Vgl auch Rn 23 „Festhalten an einer Ansicht", Rn 34 „Parteizugehörigkeit", Rn 35 „Politische Äußerungen", Rn 44 „Rechtsansicht", Rn 57 „Wissenschaftliche Äußerung".
Allgemeine geschäftliche Beziehungen: *Nein*, LG Regensb FamRZ **79**, 525, Schneider DRiZ **78**, 45, soweit nicht konkrete wirtschaftliche Interessen hinzukommen.
Vgl auch Rn 56 „Wirtschaftliches Interesse".
Amtstracht: Rn 46 „Robe".
Anfrage: *Nein*, wenn der Richter telefonisch im Büro eines ProzBev anruft und fragt, ob man noch mit **15** dem Erscheinen des Anwalts im Termin rechnen könne, Ffm FamRZ **89**, 410 (zu § 406 III), LG Bln AnwBl **78**, 419. *Nein* bei einer Anfrage des Richters, ob die weitere Klage im Hinblick auf eine bereits ergangene höchstrichterliche Grundsatzentscheidung zurücknehmen wolle, BFH BStBl **71**, 527. *Nein* für eine anregende Frage, ob ein Antrag geändert werden solle, soweit diese Anregung wegen einer geänderten rechtlichen Beurteilung durch das Gericht geboten ist, Teplitzky MDR **75**, 149. *Nein* bei einer Anfrage wegen eines weiteren Beweisantrags, Ffm NJW **76**, 2026. *Nein* schon wegen der bloßen gar telefonischen Vorsprache nur der einen Partei beim Richter, BayObLG MDR **86**, 417, Bachof Festschrift für Baur (1981) 175.
Vgl auch Rn 38 „Ratschlag", Rn 44 „Rechtsansicht".
Angriff: *Nein* bei einem schriftlichen persönlichen Angriff gegen den Richter, solange dieser nicht massiv erfolgt, Drsd FamRZ **02**, 830, Mü RR **88**, 1535, Saarbr RR **94**, 766. Ob die Befangenheit dann eintritt, wenn der angegriffene Richter nicht nur äußert, er halte den Angriff für rechtswidrig und evtl auch für strafbar, sondern wenn er dem Angreifer außerdem eine Frist zur Abgabe einer Ehrenerklärung setzt und sich weitere Schritte vorbehält, ist die Fallfrage, LG Ulm MDR **79**, 1028.
Vgl auch Rn 19 „Beleidigung".
Anordnung: *Ja*, wenn der Richter die Zivilprozeßakte unaufgefordert wegen eines noch so berechtigten **16** Straftatverdachts der Staatsanwaltschaft außerhalb des Bereichs des § 183 GVG zuleitet, großzügiger Ffm MDR **84**, 499.
Nein bei einer unerwünschten Beweisanordnung, etwa gemäß § 372 a, Köln VersR **80**, 93. *Nein* bei der Anordnung einer Verzögerungsgebühr, BFH DB **77**, 1124, erst recht *nein* bei ihrer bloßen Androhung. *Nein* überhaupt bei einer solchen Anordnung, die sich im Rahmen der Sitzungsgewalt hält und die man sachlich zumindest rechtfertigen kann, LG Bln MDR **82**, 154 (Ausweiskontrolle usw), selbst wenn sie im Umfang und/oder in ihrer Art und Weise unzweckmäßig sein mag oder als fragwürdig erscheint, zu streng VGH Kassel NJW **83**, 901. Zum Problem Molketin MDR **84**, 20. *Nein* bei einer prozeßleitenden Verfügung im Anfangsstadium ohne vorherige Anhörung des Betroffenen, BVerfG NJW **80**, 1379. Die Grenze liegt dort, wo die Anordnung weder sachlich noch nach dem Tonfall des Richters zu rechtfertigen ist.
Vgl auch Rn 50 „Terminierung".
Antrag: *Nein* nur wegen einer schon nach § 139 I 2 sogar notwendigen Anregung, Köln RR **93**, 1277.
Vgl auch bei den einzelnen Antragsarten.
Arbeitgebervereinigung: *Nein* bei einer Zugehörigkeit des Richters zu ihr, BAG MDR **98**, 165, selbst wenn der Hauptverband der Vereinigung am Prozeß beteiligt ist, BAG BB **78**, 100.
Vgl Rn 27 „Gewerkschaft".
Arbeitsrecht: Vgl Hümmerich AnwBl **94**, 157 (ausf). *Nein*, nur weil ein ehrenamtlicher Arbeitsrichter Angestellter des beklagten Arbeitgebers im Kündigungsschutzprozeß der Klägerin ist, LAG Drsd MDR **02**, 589.
Arrest, einstweilige Verfügung: Rn 25.
Aufrechnung: *Nein*, wenn der Vorsitzende des Berufungsgerichts den Kläger vor dem Haupttermin dazu auffordert, binnen einer Frist zu erklären, ob er in die erstmals im Berufungsrechtszug erfolgte Aufrechnung des Bekl einwillige, Düss MDR **82**, 940.

§ 42

17 Ausdrucksweise: *Ja,* wenn der Richter erklärt, er halte den Prozeß für völlig überflüssig (so weit wäre die Äußerung für sich allein evtl noch haltbar) und sei nicht verpflichtet, sich jeden Blödsinn anzuhören, Hbg MDR **89**, 71; er habe keine Zeit für solche Kinkerlitzchen, Hbg NJW **92**, 2036; er „lasse sich nicht verarschen", Ffm FamRZ **94**, 909; „doch", das „nehme er persönlich" und „werde es sich merken", zumal keine Berufungsfähigkeit und im „Fall des § 313 a" vorliege, LG Bln RR **97**, 316; wenn er einen ProzBev anschreit: „Jetzt reicht es mir! Halten Sie endlich den Mund! Jetzt rede ich!", Brdb MDR **00**, 47 (dann sogar evtl Befangenheit im Parallelprozeß); wenn er erklärt, er habe sich schon gedacht, ein ProzBev werde in eine gegnerische „Präklusionsfalle tappen", LG Mü RR **02**, 862; wenn er wiederholt sagt, die ZPO interessiere ihn nicht, LG Mönchengladb RR **04**, 1004; wenn er auf einen sachlichen Befangenheitsantrag hin infragestellt, ob die Partei oder ihr ProzBev dem Gericht juristisch oder intellektuell zu folgen imstande sei, Saarbr MDR **05**, 474. Freilich kommt es bei alledem auf die Gesamtsituation und die Tonart aller Beteiligten an, Ffm RR **98**, 858 (zu streng), Köln MDR **96**, 1180 (abl Schneider).

Nein, solange sich die Ausdrucksweise des Richters innerhalb seines Verhaltensspielraums bewegt. Dieser Spielraum ist sehr erheblich, Mü AnwBl **93**, 242, Stgt MDR **03**, 51 (je betr Ironie). Er ist vernünftigerweise viel weiter, als manche übrigen Prozeßbeteiligten es wahrhaben wollen. Es ist die Aufgabe des Richters, zB nach seinem Eindruck krankheitsbedingte Prozeßunfähigkeit mit ihren Folgen ungeschminkt zu beschreiben, BGH **77**, 73 (dort zur dienstrechtlichen Problematik). Er hat ferner die Aufgabe, als Vorsitzender die Sitzungsgewalt jederzeit gegenüber jedermann im Saal auszuüben und dafür zu sorgen, daß bei aller gebotenen sachlichen Auseinandersetzung doch stets Ruhe und Ordnung und eine von Würde getragene Atmosphäre erhalten bleiben. Es ist die Pflicht aller übrigen Prozeßbeteiligten, den Richter in dieser Aufgabe zu unterstützen. Im Zweifel müssen sie sich ihm beugen. Wenn er zur Wahrung dieser Aufgabe zu Ausdrücken greift, die sich sachlich auch nur irgendwie halten lassen, dann ist sein Verhalten nicht befangen. Er darf zB eine offensichtlich abwegige Ausführung als solche bezeichnen, Ffm FamRZ **83**, 631. „Utopie" kann unschädlich sein, Brdb FamRZ **95**, 1498, ebenso „tricky", Düss AnwBl **99**, 236, oder die Verwendung von Anführungszeichen, Stgt MDR **03**, 50, sogar „prozeßunfähiger Psychopath", BGH **77**, 73 (abl Günther ZZP **105**, 44) oder das Wort „rabulistisch", Ffm NJW **04**, 621, oder wenn der Richter einen Parteivortrag als „Unsinn" (statt nur als „unsinnig") bezeichnet, LSG Essen NJW **03**, 2933.

Im übrigen muß man stets prüfen, in welchem Grad der Richter zu seiner Ausdrucksweise *von anderen* Prozeßbeteiligten *veranlaßt* wurde, in welchem Maße sie ihn zB vielleicht gereizt hatten oder auch einander mit harten Worten bedacht hatten, die man evtl selbst bei Formulierungen wie „ganz ausgekochter Betrüger" als zulässig ansehen könnte. Der Richter ist zwar zur Besonnenheit und Unparteilichkeit verpflichtet. Er ist aber Mensch und darf menschlich reagieren. Die sattsam bekannte und aus großen Strafprozessen berüchtigte Taktik, einen Richter bis zu einem Punkt anzustacheln, an dem er eine unbedachte Äußerung macht, um ihn ablehnen zu können, darf unter keinen Umständen durch großzügige Bejahung der Befangenheit begünstigt werden. Man muß den in § 193 StGB zum Ausdruck kommenden Grundgedanken der Berechtigung tadelnder Äußerungen auch im Bereich des Zivilprozesses Gunsten des Richters zu berücksichtigen.

Vgl auch Rn 19 „Beleidigung", Rn 22 „Feindschaft, Freundschaft", Rn 27 „Gestik, Mimik", Rn 57 „Wortentzug".

18 Auskunft: *Ja,* wenn der schon Abgelehnte noch dem Gegner Auskunft über mehr als zweifelsfreie Rechtsfragen gibt, BayObLG WoM **97**, 69.

Nein, wenn der Richter über persönliche Verhältnisse keine Auskunft erteilt, soweit seine Verhältnisse nicht bei objektiver Betrachtung eine Ablehnung rechtfertigen könnten, BayObLG Rpfleger **78**, 18.

Ausschließungsgrund: *Ja,* wenn der Abgelehnte schon nach § 41 ausgeschlossen ist, I.

Ausschluß des Prozeßbevollmächtigten: *Ja,* auch wenn das Gericht die Parteien persönlich zwecks Vergleichs geladen hat, Brdb FamRZ **97**, 428.

Aussetzung: § 149 Rn 2.

19 Bekanntschaft: Rn 22 „Feindschaft, Freundschaft".

Beleidigung: *Ja,* wenn der Richter im Prozeß gegenüber einer Partei oder einem Parteivertreter eindeutig gehässig ist, Ffm MDR **79**, 940, Hbg NJW **92**, 2036, Stgt MDR **03**, 50. Das gilt etwa dann, wenn er den Kopf auf den Tisch legt und sich mit den Fingern an die Stirn tippt, Ffm FamRZ **83**, 631. Ja, wenn der Richter ein reines Schimpfwort gebraucht, das man nicht mehr irgendwie sachlich rechtfertigen kann, Hbg MDR **89**, 71. Ja bei einem Vorwurf vom Grad zB einer Rechtsbeugung usw einerseits, Beleidigung usw andererseits, LG Ulm MDR **79**, 1028. Ja bei Verwahrungsbruch, LG Bayr RR **86**, 678. Ja, wenn eine Richterin sagt: „Sie sind so häßlich, ich würde Sie sofort betrügen!" Ja bei der Frage, ob ein Beteiligter das Schreibwerkzeug des anderen sei, BGH Rpfleger **03**, 453. Ja, wenn der Richter die Beleidigung der einen Partei rügt, die der anderen aber nicht, wenn der Richter das Verhalten einer Partei als „Theater" bezeichnet, Schmidt-Leichner NJW **77**, 1805 (Vorsicht!), oder als „Kinkerlitzchen", Hbg NJW **92**, 2036, oder als „Mätzchen", Jena OLGR **03**, 147.

Nein, wenn der Richter die Beziehungen zwischen einer Ehefrau und einem anderen Mann als „Bratkartoffelverhältnis" bezeichnet, Schlesw SchlHA **79**, 51, Schneider JB **79**, 1126. Nein wegen eines den Richter beleidigenden Verhaltens der Partei, das diesen nicht wirklich voreingenommen macht, Drsd FamRZ **02**, 830. Die Grenze liegt bei massiven persönlichen Anwürfen der Partei, Zweibr MDR **94**, 832.

S auch Rn 45 „Rechtsbeugung". Solange seine Verhaltensweise aber auch nur irgendwie sachlich der Zubilligung eines weiten Verhaltensspielraums zu rechtfertigen ist, Rn 17 „Ausdrucksweise", ist das Verhalten des Richters zumindest durch den entsprechend anwendbaren § 193 StGB gedeckt, BGH **77**, 72 (dort zur dienstrechtlichen Problematik). Nein, nur weil die Partei privat von einer anderen Frau betrogen wurde, gegenüber einer Richterin, LSG Darmst NJW **03**, 1270.

Beratung: *Ja,* soweit das Gericht jemanden im Beratungszimmer ohne die Parteien anhört, aM Stgt RR **96**, 1470 (verstößt eindeutig gegen § 193 I GVG).

Berufung: Rn 24.

Titel 4. Ausschließung und Ablehnung der Gerichtspersonen **§ 42**

Beweisantritt: *Nein,* soweit der Richter berechtigt oder sogar verpflichtet ist, auf einen Beweisantritt hinzuwirken, § 139 Rn 53 „Beweis, Entlastungsbeweis".
Beweisaufnahme: Rn 58 „Zeuge".
Beweismittel: Meist *nein* nur wegen ihrer Auswahl, aM Rostock OLGR **01**, 130 (aber man muß die Beweiswürdigung abwarten).
Beweiswürdigung: *Ja* bei ihrer Vorwegnahme, Zweibr NJW **98**, 912.
Bewirtung: *Ja,* wenn eine Partei den Richter mit einem nicht ganz unerheblichen Aufwand bewirtet hat, auch aus Anlaß eines Lokaltermins auf dem Lande.
  Nein, wenn die Bewirtung nur in einer kleinen Aufmerksamkeit bestand, etwa in einer Tasse Kaffee, Schneider DRiZ **78**, 44. Nein, wenn der Richter im Pkw einer Partei aus Anlaß eines Ortstermins mitgefahren ist.
DDR, frühere: Ein Richter der früheren DDR ist nicht schon deshalb befangen, BVerfG DtZ **92**, 119, **20** auch nicht im Prozeß eines Mitglieds und Funktionärs der früheren SED. Man kann erwarten, daß er sich von den früher an ihn gestellten Erwartungen freimacht, BezG Rostock DtZ **92**, 62.
Denkgesetze: *Nein* beim bloßen Verdacht eines Verstoßes gegen sie, Hbg OLGZ **89**, 206 (Prozeßvergleich wird trotz Zweifel an Prozeßfähigkeit zugelassen).
Dienstherr: *Ja* wohl meist im Prozeß gegen ihn, BGH NJW **95**, 2792. Das gilt zB dann, wenn ein Richter auf Probe über den Vorwurf einer vorsätzlichen unerlaubten Handlung der obersten Dienstbehörde entscheiden soll, aM Schneider DRiZ **78**, 45 (aber im Probeverhältnis wäre der Richter in solcher Lage glatt überfordert. Der Vorwurf kann ihn die ganze berufliche Zukunft kosten). Ja, soweit Äußerungen des Dienstherrn als jetzt erkennender Richters mißverstanden oder überflüssig sind, BayObLG MDR **88**, 970. Ja, soweit der Richter für den Dienstherrn tätig war, Drsd MDR **05**, 106 (Haftungsreferent in derselben Sache).
  Nein, wenn der Dienstvorgesetzte des angegriffenen Richters den letzteren nur zurückhaltend in Schutz genommen hat und nunmehr jetzt auch in der Sache entscheidet. Nein, schon weil der Richter in bezug auf eine Partei oder ihren ProzBev dienstaufsichtlich tätig war, BayObLG MDR **88**, 970. Nein, soweit der Dienstherr eines Richters auf Probe Partei ist, ohne daß besondere Umstände hinzutreten, KG MDR **95**, 1164. Nein, wenn ein ProzBev früher Vorgesetzter des Richters war, LG Magdeb WoM **93**, 183.
  S auch Rn 30 „Kollegialität".
Dienstliche Äußerung: *Ja* bei ihrer zur großen Einseitigkeit oder Unsachlichkeit, Brdb FamRZ **01**, 1005, Ffm RR **98**, 858, LAG Drsd MDR **01**, 516.
Ehe: *Ja* evtl auch bei einer Ehe mit einem ProzBev, Jena MDR **99**, 540, LSG Mainz RR **98**, 1765, LSG **21** Schlesw FamRZ **99**, 384, oder mit einem Magistratsmitglied der Partei, VGH Kassel AnwBl **91**, 161, oder mit einem leitenden Angestellten der Partei, BGH NJW **95**, 1679.
  Nein bei einer Ehe mit einem angestellten Sozietätsmitglied, das in der Sache nicht tätig war oder ist, LG Hanau RR **03**, 1368. Nein, wenn erstinstanzlich die Ehefrau des Rechtsmittelrichters an der angefochtenen Kollegialentscheidung mitgewirkt hatte, BGH NJW **04**, 163 (abl Feiber 650).
Ehrenamtlicher Richter: Er kann zB als vom Lärm Mitbetroffener im Lärmschutzverfahren befangen sein, **22** OVG Münst NVwZ-RR **04**, 458.
  S auch Rn 30 „Kollegialität".
Empfehlung: Rn 38 „Ratschlag".
Entscheidungsgründe: Rn 52 „Urteil".
Ermittlung: *Ja,* soweit der Richter unter Mißachtung des Beibringungsgrundsatzes vorgeht, Grdz 20 vor § 128, LG Gött RR **01**, 64 (streng).
Erörterung: *Nein* schon wegen vorprozessualer Erörterung, LAG Drsd MDR **01**, 516.
  S auch Rn 34 „Vergleich".
Feindschaft, Freundschaft: *Ja* bei fortdauernden Verhältnissen dieser Art zu einer Partei, Göbel NJW **85**, 1058, Schneider DRiZ **78**, 45, oder zum Streitverkündeten, LG Lpz RR **04**, 1003. Es kommt natürlich auf die Nähe der Beziehung an, BVerfG NJW **04**, 3550, Hbg MDR **03**, 287, Günther ZZP **105**, 27, etwa bei einem kleinen Gericht, LG Kiel SchlHA **87**, 56.
  Nein bei Freundschaft zu einem ProzBev und bloß allgemeinen Äußerungen vor Fallbefassung, Kblz WoM **03**, 509, oder bei bloßer Bekanntschaft, auch nicht bei näherer, Hbg MDR **03**, 287.
  Vgl auch Rn 14 „Abneigung, Zuneigung", Rn 30 „Kollegialität", Rn 31 „Liebesverhältnis", Rn 48 „Spannung", Rn 54 „Verein", „Verlöbnis".
Festhalten an einer Ansicht: *Ja,* wenn der Richter sich stur zeigt. Das kann der Fall sein, wenn er sich in **23** eine Kette von Ungeschicklichkeiten verrannt hat, Hbg NJW **92**, 1462, oder wenn er sich so äußert, daß man befürchten muß, er werde Gegengründen gegenüber nicht mehr aufgeschlossen sein, BFH BB **85**, 2160, KG MDR **01**, 1435 (Vorsicht vor solcher Annahme!). Wenn der Richter an einer Rechtsansicht festhält, die vom Berufungsgericht in einer zurückverweisenden Entscheidung verworfen wurde, so muß man prüfen, ob sich dieses Festhalten auf die Art und Weise der neuen Verhandlungsleitung auswirkt, Ffm MDR **84**, 408, Karlsr RR **97**, 1350, LG Ffm MDR **88**, 1062. Selbst dann darf man eine Befangenheit aber nur annehmen, falls der Richter wirklich keinen sachlichen Grund mehr für solche Sturheit hat, Ffm MDR **88**, 415 (zustm Schneider), strenger Mü MDR **03**, 1070. Ja, wenn der Richter unter Berufung auf Art 97 GG jede Bindung an ein zurückverweisendes Urteil ablehnt, LG Ffm MDR **88**, 1062.
  Nein, wenn der Richter sonst an einer Rechtsansicht festhält, BVerfG **78**, 126, VGH Mannh NJW **86**, 2068, zB an derjenigen, die das Berufungsgericht bei der Zurückverweisung verworfen hatte, falls der Richter sein Verhalten auf einen offensichtlichen erst dem Berufungsgericht unterlaufenen weiteren Fehler gründet. Er mag zB die Rechtsansicht des Berufungsgerichts aus sachlich diskutablen Gründen für nicht bindend halten, Karlsr OLGZ **84**, 104. Das gilt, falls zB das Berufungsgericht eine höchstrichterliche Rechtsprechung übersehen hat, LG Ffm MDR **88**, 151, 1062. Es kommt im übrigen darauf an, ob er eine Bereitschaft zu erkennen gibt, seine bisherige Meinung selbstkritisch zu überprüfen, BAG NJW **93**, 879, BPatG GRUR **83**, 504, Karlsr OLGZ **84**, 104.

§ 42   Buch 1. Abschnitt 1. Gerichte

Nein beim Aufrechterhalten eines objektiv fehlerhaften Beweisbeschlusses, solange nicht daraus eine unsachliche Einstellung ableitbar ist, Hamm WoM **89**, 152, Zweibr MDR **82**, 940. Nein bei einem Verfahrensfehler oder einer unrichtigen Ansicht, solange sie nicht auf einer unsachlichen Einstellung beruht, BayObLG MDR **80**, 945. Die gelegentlich geäußerte Ansicht, schon die Zahl ähnlicher Ablehnungsgesuche zeige die Sturheit des Richters, ist eine erschreckende Voreingenommenheit, ein „Anscheinsbeweis", der mit rein quantitativem Zusammenspiel jede noch so sorgsam begründete Ansicht eines Gerichts abwürgen könnte.

Vgl auch Rn 29 „Irrtum", Rn 44 „Rechtsansicht", Rn 49 „Straftatverdacht", Rn 57 „Wissenschaftliche Äußerung".

Fragestellung: *Ja* evtl wegen ihrer Art, LG Essen RR **03**, 1719.
Freundschaft: Rn 22 „Feindschaft, Freundschaft".
Fristverlängerung: *Nein* nur wegen ihrer Gewährung, LG Mü Rpfleger **00**, 407 (Rpfl).
Fristverstoß: *Nein* beim bloßen Versehen, s dort.
Frühere Ablehnung: *Ja*, wenn der Richter schon in einem oder mehreren anderen Prozessen von einer Partei erfolgreich abgelehnt worden war, Celle NdsRpfl **76**, 215.

Nein, soweit nur eben bereits ein anderes Ablehnungsverfahren vorliegt oder vorlag, BayObLG Rpfleger **80**, 194, Ffm FamRZ **86**, 291 (frühere Selbstablehnung).

24 Frühere Mitwirkung, dazu *Peters* (vor Rn 1) 609, *Riedel* (vor Rn 1) 115: *Ja*, soweit § 41 Z 5, 6 anwendbar ist. *Ja*, wenn der erstinstanzlich mit oder ohne Mitwirkung am Urteil Beteiligte nun als Berufungsrichter mitwirkt, Karlsr FamRZ **92**, 1194, ZöV 17, aM Karlsr FamRZ **96**, 556 (aber auch ohne besondere Umstände soll nun eben eine erneut prüfen). Ja, wenn der Richter in einem vorangegangenen Strafverfahren als Staatsanwalt oder als Strafrichter einen dort entscheidenden Punkt beurteilt hatte, der im jetzt vorliegenden Zivilprozeß nunmehr für dieses Verfahren wiederum entscheidend ist, BGH NJW **79**, 2160 (StPO), Ffm Rpfleger **80**, 300, LG Würzb MDR **85**, 850, aM Karlsr OLGZ **75**, 243, ThP 13 (aber man muß annehmen, der Richter werde eine einmal erarbeitete Ansicht ungeachtet aller berufsbedingt erworbenen Fähigkeit zur Selbstkritik doch im Ergebnis keineswegs bereitwilligst aufgeben). Ja deshalb auch nach Vorbefassung in der Justizverwaltung, BayObLG **85**, 182, oder in der Ministerialverwaltung, OVG Schlesw NVwZ-RR **04**, 457. Ja zumindest evtl dann, wenn im gleichzeitigen Parallelverfahren ein Ablehnungsgrund vorliegt (Fallfrage), Brdb MDR **00**, 47, Ffm FamRZ **86**, 291, Nürnb OLGZ **94**, 209, sonst aber nicht, BayObLG WoM **99**, 186, Zweibr FamRZ **99**, 936. Ja, wenn der Richter zu erkennen gibt, daß er *nicht bereit* sei, seine damalige Auffassung jetzt erneut selbstkritisch zu überprüfen, Naumb MDR **99**, 694, Ffm FamRZ **88**, 186, Karlsr OLGZ **75**, 244, Saarbr RR **94**, 765. Zum Problem Brandt-Janczyk, Richterliche Befangenheit durch Vorbefassung im Wiederaufnahmeverfahren, 1978, Roth DÖV **98**, 916 (wegen Art 6 I EMRK: Ja, wenn die frühere Entscheidung dasselbe Überzeugungsmaß voraussetzte, etwa bein Gerichtsbescheid nach der VwGO).

25 *Nein*: Abgesehen von den unter „Ja" genannten Situationen für eine Mitwirkung bei einer früheren Entscheidung für oder gegen die Partei in derselben Sache, BAG NJW **93**, 879, VerfGH Bln RR **02**, 70, Bre WoM **02**, 398 (je: selbst nicht bei früherem Fehler), oder in einer gleichliegenden Sache, BFH DB **80**, 480, BayObLG MDR **80**, 1063, Zweibr Rpfleger **00**, 237. Das gilt etwa in einem Verfahren auf die Bewilligung einer Prozeßkostenhilfe, Hamm NJW **76**, 1459, oder bei einer Zurückverweisung, Karlsr OLGZ **84**, 104, ZöV 16, aM Köln RR **86**, 420, Schlichting NJW **89**, 1344 (aber eine Zurückverweisung muß keineswegs stets einen Angriff auf den erneut zum Handeln verpflichteten Richter darstellen. Eine Ausnahme gilt bei besonderen Umständen, LG Kiel AnwBl **75**, 207). Nein ferner bei Mitwirkung vor der Abänderungsklage oder vor dem Rückgriffsprozeß, BayObLG WoM **99**, 186, Düss RR **98**, 1763, aM LG Darmst RR **99**, 289 (aber der Rückgriffsprozeß folgt oft ganz anderen Regeln). Nein bei einer früheren Mitwirkung in einem Verfahren auf den Erlaß eines Arrests oder einer einstweiligen Verfügung, Rostock RR **99**, 1445 (Widerspruchsverfahren), Saarbr RR **94**, 765 (Hauptprozeß), oder im Urkundenprozeß oder im Erkenntnisverfahren und dann in der Zwangsvollstreckung oder im einstweiligen Vollstreckungsverfahren, Ffm Rpfleger **80**, 300, oder im Patentnichtigkeitsverfahren wegen der Mitwirkung im früheren Patentverletzungsprozeß, BGH RR **03**, 479. Freilich ist diese Auffassung wegen § 23 II StPO ohnehin nur von Fall zu Fall richtig. Nein natürlich auch, wenn ein Richter am Berufungsgericht angegriffen wird, der schon an einem erstinstanzlichen Beweisbeschluß oder Teilurteil usw mitgewirkt hatte, BFH DB **78**, 1260, Karlsr FamRZ **96**, 556, oder wenn er vor vielen Jahren Ratsmitglied der Gemeinde war, die jetzt eine Enteignung betreibt, BGH RR **88**, 767.

26 Fürsorgepflicht: *Nein*, soweit der Richter trotz seiner sozialstaatlich gebotenen Fürsorgepflicht die ebenfalls gebotene Unparteilichkeit beachtet, Bre NJW **79**, 2215, Hbg ZMR **88**, 226, Köln RR **93**, 1277.

Vgl auch Rn 38 „Ratschlag".

27 Ganzes Gericht: *Nein*, Üb 5 vor § 41.

Vgl aber auch Rn 49 „Spruchkörper".

Gegenvorstellung: *Ja* evtl auch im Verfahren über eine Gegenvorstellung, aM Düss Rpfleger **89**, 38 (StPO), VGH Mü NVwZ-RR **04**, 705, Schlesw MDR **01**, 170 (abl Schneider. In der Tat: Wenn man eine Gegenvorstellung überhaupt zuläßt, muß man auch die Ablehnbarkeit im Grundatz für statthaft halten. Es müssen aber wegen Rn 24 schon besondere Umstände vorliegen.)

Gerichtszugehörigkeit: Meist *nein*, Üb 5 vor § 41.
Geschäftsbeziehung: *Nein* nur ihretwegen schon von vornherein, LG Regensb FamRZ **79**, 525.
S aber auch Rn 56 „Wirtschaftliches Interesse".
Geschlecht: Grundsätzlich *nein*, BayObLG DRiZ **80**, 432, LSG Darmst NJW **03**, 1270.
Gesellschatliche Gruppe: *Nein* schon wegen der Zugehörigkeit zu ihr, VerfGH Mü MDR **00**, 659, Stgt RR **95**, 300 (Vorstand einer Firma).
Gesetzlicher Richter: *Nein* schon wegen Verstoßes gegen Art 101 I 2 GG, Köln RR **00**, 456.
Gestik, Mimik: *Ja* bei einseitigen Gebärden usw, die über typbezogene Persönlichkeitsmerkmale hinausgehen, etwa bei einem „fernsehreifen" Augenverdrehen, oder bei einem Ausdruck wie „weichkochen",

Titel 4. Ausschließung und Ablehnung der Gerichtspersonen § 42

KG NJW **75**, 1843, oder dann, wenn der Richter den Kopf auf den Tisch legt und sich mit den Fingern an die Stirn tippt, Ffm FamRZ **83**, 631.
Auch hier muß man aber einen weiten Verhaltensspielraum des Gerichts berücksichtigen.
Vgl auch Rn 17 „Ausdrucksweise", Rn 19 „Beleidigung".

Gewerkschaft, dazu *Brandis,* Der Richter als Mitglied der Gewerkschaft, 1990; *Vollkommer,* Gewerkschaftszugehörigkeit und gewerkschaftliches Engagement von Berufsrichtern der Arbeitsgerichtsbarkeit, in: Festschrift für *Wolf* (1985) 659:
Nein, wenn der Richter auf einer Gewerkschaftsveranstaltung eine im übrigen erlaubte, wenn auch nicht von richterlicher Zurückhaltung zeugende Ansicht vertreten hat, VGH Mannh NJW **86**, 2069. Nein, wenn er überhaupt einer Gewerkschaft angehört(e), BVerfG NJW **84**, 1874, BAG DB **96**, 2394. Das gilt selbst dann, wenn der Hauptverband prozeßbeteiligt ist, BAG BB **78**, 100.
Vgl auch Rn 16 „Arbeitgeberverband".

Glaubwürdigkeit: *Nein,* soweit der Richter Zweifel an der Glaubwürdigkeit nachvollziehbar begründet, **28** Bbg FamRZ **01**, 1005, und ruhig zur Wahrheit ermahnt, Zweibr FamRZ **93**, 576.

Handelsrichter: *Ja,* soweit er auf eine sachlich vertretbare und nur auf seine Person bezogene Parteiausführung mit einem persönlichen Angriff reagiert, Stgt RR **95**, 300.
Nein, soweit er nur mittelbar von der Partei wirtschaftlich abhängig ist, Stgt RR **95**, 300 (Kredit).

Hinweis: Rn 38 „Ratschlag".

Identität: Rn 18 „Auskunft". **29**

Insolvenzverwalter: Man kann ihn hier als Bevollmächtigten des Schuldners behandeln, Köln BB **87**, 1978.
Ja, soweit sein Verhalten auch Folge von Spannung ist, BVerfG ZIP **88**, 174, Zweibr Rpfleger **00**, 265.

Ironie: Rn 17 „Ausdrucksweise".

Irrtum: *Ja,* wenn eine Kette erheblicher Irrtümer vorliegt, Ffm Rpfleger **78**, 100, durch die sich der Richter verrannt hat, auch wenn erst ihr letztes Glied das Maß voll macht, BPatG GRUR **85**, 434. Zum Problem Günther DRiZ **94**, 374.
Nein, wenn der Richter eine irrige Rechtsauffassung äußert, solange weder eine unsachliche noch eine willkürliche noch eine beleidigende noch eine völlig uneinsichtige Haltung zugrunde liegt, sondern eine eben unveränderte sorgfältig erarbeitete Rechtsauffassung. Das gilt auch dann, wenn das nächsthöhere Gericht bereits in ständiger Rechtsprechung anders entschieden. Zur irrigen Rechtsauffassung Köln RR **86**, 420 (problematisch), Zweibr MDR **82**, 940, LG Kassel MDR **86**, 104.
S auch Rn 23 „Festhalten an einer Ansicht", Rn 44 „Rechtsansicht", Rn 52 „Unsachlichkeit".

Juristische Person: *Ja* evtl bei Mitgliedschaft in ihr bis hin zum Ausschluß nach § 41, BGH **113**, 277.
S auch Rn 38 „Parteizugehörigkeit", Rn 56 „Wirtschaftliche Interesse".

Justizverwaltung: *Ja* wegen unnötiger Rückfrage oder „Absicherung" bei ihr, Schlesw OLGZ **93**, 479.
Nein schon wegen Betätigung auch in ihr, Ffm OLGR **99**, 73.

Kenntnisnahme: *Ja* bei Verweigerung einer Kenntnisnahme des sachlichen Parteivertrags, Köln MDR **98**, 432 und 797, Oldb FamRZ **92**, 193.

Kirche: Rn 46 „Religion".

Kollegialität, dazu *Peters* (vor Rn 1) 607: *Ja,* soweit aus der bloßen Kollegialität eine Feindschaft oder **30** Freundschaft geworden ist, Rn 22 „Feindschaft, Freundschaft", BVerfG NJW **04**, 3550, LG Gött NJW **99**, 2826. Ja wegen der Zugehörigkeit zu demselben Spruchkörper, Hamm MDR **78**, 583 (Handelsrichter), ArbG Freib 5 Ca 625/02 v 17. 12. 02 (Arbeitsrichter), aM Schlesw MDR **88**, 236 (Handelsrichter), FG Kassel NVwZ-RR **05**, 664. Vgl freilich auch Rn 34 „Parteizugehörigkeit".
Nein nur wegen der Zugehörigkeit zu demselben größeren Gericht wie derjenige Richter, dessen Fall nun vor dem Gericht schwebt, oder schon wegen der Zugehörigkeit zu derselben Justizbehörde oder Sozietät, Celle OLGR **95**, 272, LG Stendal AnwBl **00**, 140, aM Schlesw OLGR **00**, 390, oder wegen früherer Zugehörigkeit zu demselben Spruchkörper, BVerfG NJW **04**, 3550. Die Fragen lassen sich nur von Fall zu Fall klären. Dabei spielen die örtlichen Verhältnisse eine erhebliche Rolle. Bloße Mitautorenschaft kann im Einzelfall erheblich befangen machen. Sie tut das aber nicht stets, LG Gött NJW **99**, 2826.
S auch Rn 20 „Dienstherr".

Konfession: Rn 46 „Religion".

Ladung: *Nein,* wenn der Richter den erst nach der Parteiladung zum Prozeß bestellten Anwalt nicht zusätzlich lädt, Köln FamRZ **01**, 1004.

Langsame Arbeitsweise: Rn 52 „Untätigkeit".

Lebenspartner: *Ja,* § 41 Z 2 a.

Lehrauftrag: *Nein* gegenüber der Hochschule, OVG Münst NJW **75**, 2119.

Liebesverhältnis: Durchweg *ja,* auch im Verhältnis zum ProzBev. **31**

Mobbing: Rn 2, Rn 14 „Abneigung, Zuneigung".

Mündliche Verhandlung: *Ja,* soweit der Richter sie in eindeutig verfahrenswidriger Weise ablehnt, offen **32** Karlsr FamRZ **89**, 642.

Nichteheliche Lebensgemeinschaft: Ja.

Ortstermin: *Ja,* wenn der Richter die Ortsbesichtigung nur mit dem Zeugen bzw der Ehefrau des Klägers **33** vorgenommen hat.
Nein schon wegen Mitfahrens im Kfz einer Partei. Man sollte aber besser vorher beide um Mitteilung etwaiger Bedenken bitten.
Vgl auch Rn 19 „Bewirtung".

Parteizugehörigkeit: *Ja* bei gegenwärtiger Zugehörigkeit zu bestimmten Körperschaften, deren Interessen **34** das Verfahren berührt, §§ 51 III FGO, 60 III SGG, 54 III VwGO.
Nein, solange nicht weitere Umstände hinzukommen, BayVerfGH NJW **01**, 2963, etwa die Festlegung auf eine bestimmte Meinung, BVerfG **1**, 3, LSG Essen AnwBl **89**, 614, Gilles DRiZ **83**, 48, aM Celle NdsRpfl **76**, 91 wegen der Zugehörigkeit zu einem Parteiorgan (aber das kann man kaum mit Art 21 GG

§ 42

vereinbaren). Nein wegen ganz früherer Zugehörigkeit, BGH RR **88**, 766. Wegen eines Richters der Kammer für Handelssachen Hamm MDR **78**, 583.

Vgl auch „Politische Äußerung".

Person des Richters: *Nein,* nur weil sie den Parteien nicht vorher mitgeteilt wird, BVerfG NJW **98**, 370.

Persönliches Erscheinen: *Ja,* falls die Klage nicht zurückgenommen ist und § 141 nicht vorliegt, Köln FamRZ **97**, 429. *Ja* evtl auch bei Nichtbeachtung des Jahresurlaubs der Partei, Celle RR **02**, 72. Aber Vorsicht! Nicht nur §§ 141, 278 können zur Anordnung des Erscheinens zwingen. So mancher Termin mag nicht noch einmal zumutbar verschiebbar sein usw.

Vgl auch Rn 20 „Dienstherr".

35 Politische Äußerung oder Betätigung, dazu zB BVerfG **73**, 335, BVerwG NJW **88**, 1748, *Berglar* ZRP **84**, 8, *Rumpf,* Richterliches Sozialengagement und Befangenheit usw, 1997:

Ja, wenn eine politische Äußerung mit den Rechtsfragen eines anhängigen Verfahrens eng zusammenhängt, BVerfG **35**, 253, Karlsr NJW **95**, 2504, Moll ZRP **85**, 245 (starke politische Abneigung), aM Seuffert, Rupp, Hirsch BVerfG **35**, 257 (aber der Richter kann und soll sich schon zur Aufrechterhaltung der Funktionsfähigkeit der Rechtspflege zurückhalten, BVerfG NJW **83**, 2691). Man muß klar das Richteramt und die Teilnahme am politischem Meinungskampf trennen, BVerwG NJW **88**, 1748. Gerade der angeblich unpolitische, vorsichtige, im Weltbild einer „Crew" lebende, nicht aneckende Richter kann im übrigen befangen sein, Krause ZRP **83**, 55. Dabei muß man allerdings den Unterschied zwischen der Zielrichtung des § 39 DRiG (Vertrauensschutz der Allgemeinheit) und § 42 (Schutz der Parteien) sehen, Göbel NJW **85**, 1058, unklar VGH Kassel NJW **85**, 1106.

Nein, sofern es sich lediglich um allgemeine Auffassungen, Werteinschätzungen und Grundhaltungen handelt, BVerfG **46**, 36, ArbG Ffm NJW **84**, 143 (sehr großzügig). Auch der unbequeme Richter kann unbefangen sein, Krause ZRP **83**, 55. Nein grds schon wegen der Zugehörigkeit zu einer politischen Partei, Rn 34 „Parteizugehörigkeit", BVerfG **88**, 13, VGH Mannh NJW **86**, 2068, Gilles DRiZ **83**, 48, aM Dütz JuS **85**, 753 (er rät dazu, hier mehr auf die subjektive Sicht der Partei abzustellen. Aber es gilt ein parteiobjektiver Maßstab, Rn 10).

Vgl auch Rn 14 „Allgemeine Auffassungen", Rn 34 „Parteizugehörigkeit", Rn 57 „Wissenschaftliche Äußerung".

36 Privatgutachten: *Ja* nach der Erstattung eines Privatgutachtens in derselben Sache für eine Partei, BVerfG **88**, 4. Nein wegen Zulassung von Änderungen des Privatgutachters bei einer Beweisaufnahme für seine Partei, Mü RR **88**, 1534.

Vgl auch Rn 57 „Wissenschaftliche Äußerung".

Privatwissen: S *Lipps,* Das private Wissen des Richters usw, 1995.

Protokollierung: *Ja* bei objektiv wie subjektiv inhaltsloser Darstellung des Verhaltens eines Prozeßbeteiligten, Celle MDR **88**, 970 (es arbeitet unzulässig einfach mit einer Unterstellung zu Lasten des Vorsitzenden) und OLGR **02**, 172 (einseitige Darstellung). Ja beim Verstoß gegen § 160 III, Köln FamRZ **98**, 1444 (Vorsicht !), etwa beim Unterlassen der Protokollierung eines schriftsätzlich angekündigten Sachantrags oder eines konkreten Ablehnungsantrags, Köln RR **98**, 857 (krit Schneider MDR **98**, 798), LG Lpz MDR **00**, 107 (Fallfrage, dazu krit Schneider).

Prozeßbevollmächtigter: *Ja* bei grundlosem Vorwurf standeswidrigen Verhaltens, Mü OLGZ **98**, 209, LG Kassel AnwBl **86**, 104, großzügiger Brschw NJW **95**, 2114. Ja bei seinem grundlosen Ausschluß von der Verhandlung, Brdb FamRZ **97**, 428.

Vgl auch bei den einzelnen Schlagwörtern, zB Rn 19 „Beleidigung", Rn 48 „Spannung".

Prozeßkostenhilfe: Trotz der Notwendigkeit, grds bei Bewilligungsreife nach § 119 Rn 5 über das Gesuch zu befinden, ist eine spätere Entscheidung nicht schon wegen des Zeitablaufs ein Ablehnungsgrund. Denn das Gericht kann und muß evtl rückwirkend bewilligen, § 119 Rn 10. Das übersehen Brdb FamRZ **01**, 552, Karlsr FamRZ **99**, 445, Schneider MDR **04**, 1098. Die Beurteilung, es liege „keinerlei" Erfolgsaussicht vor, kann bei entsprechender Begründung sogar notwendig sein, aM Oldb FamRZ **92**, 193 (aber es versteht sich ja grds von selbst, daß im PKH-Verfahren nur eine vorläufige Beurteilung erfolgt). Ja, bei wiederholtem Übersehen eines Antrags nach § 117, Bbg FamRZ **97**, 1223. Ja bei Erweiterung der Bewilligung nur zur Zuständigkeitsklärung.

Nein, soweit der Richter vom Antragsteller eine nachvollziehbar ergänzende Auskunft erbittet, Brdb FamRZ **01**, 552, oder soweit er gegen den Willen einer Partei eine Gehaltsauskunft anfordert, aM Zweibr FamRZ **94**, 908 (abl Gottwald). Nein im Hauptverfahren schon wegen der Tätigkeit im zugehörigen Prozeßkostenhilfeverfahren, Rn 25.

Prozeßvergleich: Rn 54 „Vergleich".

37 Rache: *Ja,* wegen der Absicht des Abgelehnten, das weitere Prozeßvorbringen „kritisch zu prüfen", LAG Drsd MDR **01**, 516 (zustm Schneider).

Randbemerkung: *Ja* für unsachliche Randbemerkungen zu Schriftsätzen einer Partei. Ja, soweit der Familienrichter dem Jugendamt gegenüber seinen Endruck von der Ernsthaftigkeit eines Antrags äußert, den gegenteiligen Standpunkt eines anderen Beteiligten aber nicht erwähnt, Hbg FamRZ **88**, 633.

38 Ratschlag: *Ja* nach außergerichtlicher oder vorprozessualer Empfehlung an nur *eine* Partei, BayObLG WoM **97**, 69, Riedel (vor Rn 1) 163, aM LAG Drsd MDR **01**, 516 (abl Schneider). Ja im Prozeß, soweit der Richter seine Unparteilichkeit aufgibt, Schlesw OLGZ **93**, 479. Ob das geschehen ist, darf man nur unter einer Berücksichtigung der Pflicht des Gerichts zum Rechtsgespräch nach § 139 beurteilen, Stgt NJW **01**, 1145. Ja, wenn der Richter einer Partei eine für sie günstige tatsächliche Begründung oder Verhaltensweise an die Hand gibt, § 139 Rn 72. Ja, wenn der Gegner den Einwand einer mangelnden Aktivlegitimation erhoben hat und der Richter nun dazu rät, sich den Anspruch abtreten zu lassen. Ja wegen des Rats an den Bekl, im Fall des § 569 III Z 2 BGB Prozeßkostenhilfe zu beantragen, damit das Gericht nicht vor dem Ablauf der Zweimonatsfrist neu einen Verhandlungstermin ansetzen müsse.

Ja wegen des *Rats* an eine Partei, sich auf eine mögliche *Verjährung* zu berufen, Bre NJW **79**, 2215 (abl Wacke/Seelig NJW **80**, 1170), Hbg NJW **84**, 2710, Schneider MDR **79**, 977, aM RoSGo § 25 II 2 b

Titel 4. Ausschließung und Ablehnung der Gerichtspersonen § 42

(aber mit einem direkten solchen Rat verläßt der Richter meist den Bereich der Unparteilichkeit). Das Erfordernis der Erklärung dieser Einrede ist entgegen Schneider MDR **81**, 525 gerade nicht zugunsten des Einredeberechtigten geschaffen, sondern zugunsten des Einredegegners: Das Gericht soll die Verjährung eben nicht von Amts wegen beachten, sondern zugunsten des Gegners abwarten, ob der Einredeberechtigte die Einrede erhebt. Daran ändert auch § 139 nichts. Die Fürsorgepflicht des Gerichts steht nicht über der Parteiherrschaft, Grdz 18 vor § 128. Deshalb wohl meist ja bei einem noch so nett gemeinten „dringenden" Rat. Evtl ja, wegen eines Hinweises auf eine Rechtsbehelfsmöglichkeit, BVerfG **75**, 189. Vgl freilich auch Rn 40.

Ja für den Rat an eine Partei, sich wegen einer zugleich als unschlüssig erklärten Klage einen Anwalt zu **39** nehmen, Köln MDR **99**, 375, oder für den Rat, eine Anschlußberufung einzulegen, aM RoSGo § 25 II 2 b, ZöV 26 (aber auch solcher Rat ist mit Unparteilichkeit kaum noch vereinbar). Evtl ja nach einem Rat des Richters, statt der richtig bezeichneten, aber objektiv falschen Partei die objektiv richtige Partei zu verklagen, Hamm MDR **77**, 944, vgl freilich § 263 Rn 10. Ja, wenn der Richter „bittet", die Hauptsache für erledigt zu erklären, obwohl es prozessual noch andere von ihm nicht miterläuterte Möglichkeiten gibt, VGH Kassel NJW **83**, 901. Meist ja wegen des Rats, das Rechtsmittel zurückzunehmen, aM Stgt MDR **00**, 50 (aber ein so weitgehender direkter Rat ist ungeachtet seiner gutgemeinten weiten Verbreitung nicht mehr mit der Parteiherrschaft vereinbar, Grdz 18 vor § 128). Anders liegt es bei einer bewußt vorsichtigen Anheimgabe unter Hinweis auf die bloß vorläufige Ansicht, Stgt MDR **00**, 50, selbst in Verbindung mit der Erwägung, die Akten der Staatsanwaltschaft vorzulegen, KG FamRZ **01**, 108 (das ist freilich ein Grenzfall; abl Schneider MDR **01**, 290). Ja wegen der Bitte des Richters an den Vorgesetzten um eine „grundlegende Besprechung", Schlesw OLGZ **93**, 479.

Ein bloßer *Hinweis* auf solche Möglichkeiten ohne einen entsprechenden direkten Rat rechtfertigt aber **40** die Besorgnis der Befangenheit *nicht*, § 139 Rn 38 „Ratschlag", BayObLG NJW **99**, 1875 (WEG), Düss NJW **93**, 2542, aM KG NJW **02**, 1732, aM BGH **156**, 269 (zustm Becker-Eberhard LMK **04**, 32) wiederholt unvollständig zitierend, KG FamRZ **90**, 1006, AG Lörrach JB **99**, 484 (aber das Gericht kann nach § 139 sogar zu einem solchen Hinweis verpflichtet sein). Welches Menschenbild verrät eigentlich derjenige, der offenbar stets damit rechnet, ein Schuldner werde von einem bloßen Leistungsverweigerungsrecht prompt Gebrauch machen?).

Nein nach außergerichtlicher oder vorprozessualer Empfehlung an *alle* Beteiligten, BayObLG NZM **00**, **41** 295. Nein zumindest dann nicht, wenn die *Partei* erkennbar auch wegen des Zeitablaufs *Bedenken* gegen den Anspruch erhebt, Bergerfurth, Der Anwaltszwang usw (1981) Rn 189, LG Ffm MDR **80**, 145, Schneider DRiZ **80**, 221, aM Köln MDR **79**, 1027, Prütting NJW **80**, 365 (aber dann verstärkt ist wohl eine Pflicht nach § 139, auf solche Bedenken einzugehen). Zumindest ist die Ablehnung dann nicht gerechtfertigt, wenn sich der Richter beim bloßen Hinweis auf diejenige Rechtsprechung und Lehre stützt, die den Hinweis für zulässig hält. LG Darmst MDR **82**, 236, Schneider MDR **87**, 374.

Eine Erörterung der Frage, ob der Vermieter das *Erhöhungsverlangen* nach §§ 558 ff BGB im Prozeß **42** nachholen soll, läßt sich ebenso wie eine Erörterung der Verjährungsfragen beurteilen. Denn das Gericht muß auch ein nachträgliches Erhöhungsverlangen als eine rechtsgeschäftliche Willenserklärung des Vermieters durchaus in seine Entscheidung stellen. Nein also beim bloßen Hinweis auf eine solche Möglichkeit ohne einen entsprechenden Ratschlag, ja beim direkten Ratschlag.

Nein, wenn der Richter von einem Versäumnisurteil gegen einen anwaltlich vertretenen Gegner abrät. **43** Nein wegen eines bloßen Hinweises auf die Möglichkeit einer „Flucht in die Säumnis", Meyer JB **94**, 450. Nein wegen eines bloßen Hinweises auf § 93 (wegen eines entsprechenden Rats Rn 42 „Ja"). Nein wegen einer Anregung zu einer Änderung des Antrags, soweit diese wegen der geänderten Beurteilung des Gerichts geboten ist, Teplitzky MDR **75**, 149, oder soweit die Antragstellung schwierig ist, Köln RR **93**, 1277 (Unterlassung im Wettbewerbsrecht), oder wegen einer Anregung, einen weiteren Beweisantrag zu stellen, Ffm NJW **76**, 2026.

Vgl auch Rn 15 „Anfrage", Rn 18 „Auskunft", Rn 36 „Privatgutachten", Rn 44 „Rechtsansicht", Rn 54 „Versäumnisurteil".

Reaktion: *Ja* bei Unverhältnismäßigkeit, Stgt RR **95**, 300, LG Bln RR **97**, 315. **44**

Rechtliches Gehör: *Ja* wohl meist bei einer erheblichen Verkürzung oder gar Verweigerung, BayObLG EWiR **00**, 937 (zustm Vollkommer), Düss Rpfleger **93**, 188.

Nein im übrigen, Rn 25.

Rechtsansicht, dazu *Sendler* NJW **84**, 693: *Ja,* wenn sich der Richter gegenüber der Presse zur Prozeßaussicht äußert, Celle MDR **01**, 767 (zustm Gruber). *Ja,* soweit sich der Richter durch eine Kette von Verstößen und Ungeschicklichkeiten verrannt hat, Hbg NJW **92**, 1462. Ja, soweit der Richter nach der Zurückverweisung an ihn an der vom Rechtsmittelgericht gerade in seiner Verantwortung verworfenen Rechtsansicht festhält, die sich auf die Art und Weise der neuen Verhandlungsleitung auswirkt, Ffm MDR **84**, 408, Karlsr OLGZ **84**, 104, LG Lüb MDR **99**, 57, und sofern kein sachlicher Grund mehr für solche „Sturheit" erkennbar ist. Vgl aber auch Rn 23 „Festhalten an einer Ansicht".

Nein, soweit eine allgemeine Auffassung, Werteinschätzung und Grundhaltung zum Ausdruck kommt, BVerfG **46**, 36. Nein, soweit der Richter im Rahmen der ihm nicht erlaubten, sondern sogar oft gebotenen rechtlichen Erörterung (jetzt) § 139 seine erkennbar nur eine *vorläufige* Äußerung zu den Erfolgsaussichten von sich gibt, BVerfG **42**, 78, BGH **77**, 73, Stgt NJW **01**, 1145. Dabei muß er keineswegs laufend auf diese Vorläufigkeit hinweisen, KG MDR **99**, 252. Man muß sie ihm ohnehin grds ganz einfach unterstellen. Nein ferner, soweit der Richter nur zwecks Vorbereitung der Verhandlung im Kollegium einen Bericht abfaßt, BFH NJW **96**, 216, sei es auch im Urteilsstil, BFH NJW **96**, 216. Nein, soweit er auf telefonische Anfrage zu einer einfachen Frage auf die einschlägigen Vorschriften hinweist, BayObLG WoM **96**, 181. Nein, soweit er nur eine prozeßleitende Verfügung ohne eine Anhörung des Betroffenen erläßt, BVerfG NJW **80**, 1379. Nein ist nicht stets notwendig, die Rechtsausichten in der Möglichkeitsform zu erörtern, Karlsr OLGZ **87**, 248, oder eine Erwägung stets beiden Parteien mitzuteilen, strenger LAG Bln DB **97**, 684. Nein wegen Schelte des aufhebenden höheren Gerichts, FG Kassel NVwZ-RR **05**, 664.

§ 42

45 *Nein* insbesondere im Rahmen von rechtlichen Erörterungen aus Anlaß des Versuchs einer gütlichen Beilegung, BGH NJW **98**, 612, KG MDR **99**, 253, LG Lpz MDR **00**, 107 (krit Schneider). Nein, solange der Richter lediglich eine richtige oder falsche *vorläufige Rechtsauffassung äußert*, BGH NJW **02**, 2396 (Tagung), Mü MDR **04**, 52, Oldb NJW **04**, 3194. Nein ferner bei einer Erörterung insbesondere eben im Rahmen von § 139, BVerfG **42**, 78, BSG MDR **86**, 85, Düss NJW **93**, 2542. Nein schon wegen einer früheren Äußerung in einem anderen Prozeß, gar mit anderen Parteien, BGH NJW **02**, 2396. Kritisch muß man freilich eine Meinungsäußerung auf Grund eines privaten Augenscheins werten, sofern der Richter nicht zu einer selbstkritischen Überprüfung Bereitschaft zeigt. Nein, sofern der Richter eine zwar eigenwillige, aber immerhin objektiv noch vertretbare Ansicht äußert, Köln BB **87**, 1978, OVG Bln MDR **96**, 1069. Das gilt auch dann, wenn er objektiv eine verfahrensrechtliche Bestimmung verletzt, solange er nicht unsachlich vorgeht, BayObLG **86**, 253, Zweibr MDR **82**, 940.

Es gibt gelegentlich den Versuch, den eine *unliebsame Rechtsauffassung* vertretenden Richter aus der Bearbeitung zu hebeln. Man benutzt evtl den Vorwand, er handle willkürlich. Dergleichen sollte das Gericht wegen Verstoßes auch gegen Art 101 I 2 GG mit aller Klarheit bekämpfen und nicht auch noch fördern. Die Partei sollte lieber froh sein, einen Richter vor sich zu haben, der nicht bis zum Urteil wie eine Sphinx schweigt, sondern sich der Auseinandersetzung stellt und damit die Parteien ehrt.

Nein, wenn sich der Richter etwa zu Rechtsfragen öffentlich allgemein etwa einer Tagung äußert, BGH NJW **02**, 2396, oder in einem Leserbrief an eine Tageszeitung oder gar in einem Aufsatz in einer Fachzeitschrift, im Fernsehen oder in der Tagespresse, BVerfG **37**, 268, BGH NJW **02**, 2396, Köln RR **00**, 455, strenger LG Bln DRiZ **78**, 57 (StPO, Äußerung zu einem Dezernatsfall).

Vgl auch Rn 14 „Allgemeine Auffassungen", Rn 23 „Festhalten an einer Ansicht", Rn 38 „Ratschlag", Rn 47 „Schlüssigkeit", Rn 57 „Wissenschaftliche Äußerung".

Rechtsbeugung: Der Richter braucht einen ersichtlich haltlosen Vorwurf der Rechtsbeugung noch dazu nebst Schadensersatzforderung gegen sich nicht stets mit Gelassenheit hinzunehmen. Er braucht daher auch in einem Parallel- oder Folgeprozeß derselben Parteien nicht zu amtieren, Zweibr FamRZ **94**, 1182.

Rechtsmißbrauch: Rn 4, 5.

46 Religion: *Ja*, wenn der Richter eine diesbezügliche Äußerung von vornherein als völlig unerheblich abtut, ohne sie irgendwie abzuwägen, Ffm FamRZ **83**, 631.

Nein schon wegen der bloßen Zugehörigkeit zu einer Glaubensgemeinschaft, BayVerfGH NJW **01**, 2963, Brdb FamRZ **98**, 172, de Wall NJW **94**, 843.

Robe: *Nein*, soweit der Richter einen Anwalt von der Verhandlung ausschließt, weil dieser sich weigert, seine Robe anzulegen, Brschw NJW **95**, 2113. Daran sollte auch § 20 S 2 BerufsO (keine Berufspflicht zur Robe vor dem AG in Zivilsachen) nichts ändern: Der vorrangige § 1 BRAO hat auch eine Pflicht zur Amtstracht zur Folge, um die besondere Stellung des Anwalts als Rechtspflegeorgan für jedermann klarzustellen.

47 Rückgriffprozeß: Rn 25.

Sachverständiger: *Ja* bei seiner Anhörung im Beratungszimmer ohne die anderen Prozeßbeteiligten, Schneider NJW **97**, 1832, aM Stgt RR **96**, 1469 (aber das ist ein schwerer Verstoß gegen Art 103 I GG).

Säumnis: *Ja* beim Erlaß eines Versäumnisurteils ohne irgendein wenigstens kurzes Zuwarten, Rostock OLGR **03**, 195.

Vgl auch Rn 43 „Ratschlag".

Schlaf: *Nein* schon wegen kurzen Einnickens, BVerwG NJW **86**, 2721, oder schon wegen Übermüdung, Fuchs AnwBl **87**, 572.

Schlüssigkeit: *Nein*, soweit der Richter sie nur bejaht, Karlsr FamRZ **98**, 1120.

Schriftliches Verfahren: *Nein*, soweit das Gericht die ständige Praxis einer mündlichen Verhandlung beibehält, auch wenn es sie nicht eilfertig begründet. Die Anordnung einer mündlichen Verhandlung bedarf kaum je einer Begründung, um auch im Rahmen von § 227 II als Ermessensausübung zu gelten. Das übersieht wohl Karlsr MDR **91**, 1195.

Schutzschrift: Wegen ihrer Bedenklichkeit nach Grdz 8 vor § 128 ist große Zurückhaltung vor Ablehnbarkeit wegen ihrer Nichtbeachtung geboten, strenger Köln MDR **98**, 433 (zustm Schneider).

Schwägerschaft: Rn 54 „Verwandtschaft, Schwägerschaft".

Schweigepflicht: *Ja* bei ihrem Bruch, BFH RR **95**, 1539.

Selbstablehnung: *Ja* bei ihrer grundlosen Unterlassung, BGH **141**, 95.

Selbständiges Beweisverfahren: Wegen des Sachverständigen § 487 Rn 6.

Sitzungspolizei: Rn 16 „Anordnung".

Sommersache: *Nein* durch die streitige Entscheidung, die Sache sei besonders eilbedürftig, § 227 III 3. Das gilt selbst dann, wenn der Verhandlungstermin deshalb in die Urlaubszeit des ProzBev fällt, Karlsr OLGZ **84**, 101.

Sozietät: Rn 30 „Kollegialität".

48 Spannung, dazu *Günther* ZZP **105**, 20 (ausf): *Ja* nur, soweit sich eine Spannung zwischen dem Prozeßvertreter und dem Richter oder Rpfl auf Grund bestimmter Tatsachen auch direkt zum Nachteil der Partei auswirken kann, BVerfG KTS **88**, 309, Zweibr RR **00**, 864, LG Regensb JB **01**, 322. Hier ist aber vor der Annahme einer Befangenheit eine äußerste Zurückhaltung am Platz. Es gehört zum Beruf des Richters, über Rechtsfragen oder über die Glaubwürdigkeit eines Zeugen usw unter Umständen ganz anderer Ansicht zu sein als etwa ein ProzBev und diese auch mit dem eigenen Temperament und mit allen rechtlich zulässigen Mitteln zu äußern. Darin kommt keineswegs stets eine grundsätzliche Befangenheit zum Ausdruck. Ebenso gehört es angesichts einer leider vielfach erkennbaren Verrohung der Umgangsformen zu den Pflichten des Richters, das Verhalten so mancher Prozeßbeteiligten auch nach deren Form und Wortwahl einer schriftlichen oder mündlichen Kritik zu unterziehen. Das kann schon zur Aufrechterhaltung von Ruhe und Ordnung im Sitzungssaal notwendig sein. Aber es mag auch zur Eindämmung von Auswüchsen, Nachlässigkeiten, Unpünktlichkeiten und ähnlichen Unkorrektheiten notwendig, zweckmäßig, ratsam oder jedenfalls objektiv vertretbar sein.

Titel 4. Ausschließung und Ablehnung der Gerichtspersonen § 42

In allen diesen Fällen hat der Richter einen *weiten Verhaltensspielraum.* Diesen darf man ihm nicht entziehen, Brschw NJW **95**, 2113, Karlsr NJW **87**, 127, Köln BB **87**, 1978, aM LG Kassel AnwBl **26**, 104, schon gar nicht auf disziplinarischem Umweg. Selbst eine im Prozeß A zur Ablehnung berechtigende Spannung kann im auch gleichzeitigen Prozeß B nur dann ausreichen, wenn sie sich auch in ihm konkret auswirkt, Nürnb OLGZ **94**, 209.

Vgl auch Rn 15 „Angriff", Rn 17 „Ausdrucksweise", Rn 19 „Beleidigung", Rn 22 „Feindschaft, Freundschaft", Rn 44 „Rechtsansicht", Rn 45 „Rechtsbeugung".

Sprachprobleme: *Nein,* nur weil der Richter deutschen schriftlichen und mündlichen Vortrag verlangt. **49** Denn § 184 GVG ist zwingend, Brdb FamRZ **01**, 290. Freilich muß er evtl einen Dolmetscher einschalten usw.

Spruchkörper: *Ja,* soweit seine frühere Entscheidung ihn befangen gemacht haben soll, Üb 5 vor § 41, Karlsr FamRZ **04**, 1582.

Staatsanwaltschaft: *Ja,* wenn der Richter in einem Strafverfahren Staatsanwalt war, in dem es um dieselbe Tatsache gegangen war.

Nein bei einer Aussetzung nach § 149, dort Rn 1.

Vgl auch Rn 24 „Frühere Mitwirkung", Rn 49 „Straftatverdacht".

Straftatverdacht: *Ja,* soweit der Richter nach dem geäußerten Verdacht gegenüber einer Partei nicht bereit ist, der Möglichkeit eines Irrtums oder Mißverständnisses nachzugehen, Ffm RR **97**, 1084, Hbg MDR **89**, 1000, Köln FamRZ **95**, 888. Ja, wenn der (Familien-)Richter in einem Unterhaltsprozeß auf die einseitige Behauptung der einen Partei hin ohne Anhörung der anderen dem Finanzamt über den Verdacht einer Steuerstraftat Mitteilung macht, Hamm FamRZ **92**, 575.

Freilich ist er *nicht* zu einer umfassenden Prüfung verpflichtet, sondern zum gemessenen Hinweis auf strafrechtliche Folgen eines prozessualen Verhaltens berechtigt, Brdb MDR **01**, 1413 (§ 149). Er ist evtl auch nach § 183 GVG zur Aktenübersendung an die Staatsanwaltschaft verpflichtet, Hbg MDR **89**, 1000, Zweibr FamRZ **93**, 576, Nierwetberg NJW **96**, 435. Es wäre verfehlt, ihn deswegen als befangen zu betrachten. Daher nein, selbst wenn er eine Aktenübersendung an die Staatsanwaltschaft erwägt, falls nicht zB ein Rechtsmittel zurückgenommen werde, KG MDR **01**, 108 (das ist freilich ein Grenzfall; abl Schneider MDR **01**, 290). Auch eine Strafanzeige macht daher noch nicht stets befangen, Kblz MDR **03**, 524. Aber Vorsicht, Drsd FamRZ **02**, 830, Ffm RR **86**, 319, Hamm FamRZ **92**, 575. Ob ein darüber hinausgehender Strafantrag stets unschädlich ist, Knoche MDR **00**, 375, sollte ebenfalls von dem Ton und den Gesamtumständen abhängen.

S auch Rn 23 „Festhalten an einer Ansicht".

Tatbestand: Rn 52 „Urteil". **50**

Terminierung: *Ja* nur ganz ausnahmsweise, KG MDR **05**, 708, Kblz WoM **93**, 456. Das Gericht ist keineswegs über jede Erwägung Rechenschaft schuldig. Ja bei ungeübter zweiter Terminierung oder Vertagung trotz eines Ablehnungsgesuchs, soweit nicht die Voraussetzungen Rn 7 oder § 47 vorliegen. Ja, wenn der Richter nach Zustellung eines umfangreichen Gutachtens nur 3 Tage vor dem Termin keine Vertagung zuläßt, Köln RR **00**, 592. Freilich kommt es evtl auf den Terminsablauf an. Ja beim Eilantrag, jedoch Terminsanberaumung erst in 7 Wochen, Hamm FamRZ **99**, 937. Ja, wenn Gehörsverweigerung oder Willkür vorliegen, Brdb RR **99**, 1291, KG MDR **05**, 708. Ja, wenn bei einer Häufung von Fehlern, OLG Mü RR **02**, 862 (streng). Ja bei auffälliger Ungleichbehandlung der Prozeßbeteiligten, Köln MDR **03**, 170. Ja evtl bei Terminsbeginn um 7 Uhr trotz auswärtiger Beteiligter, BGH Rpfleger **03**, 453. Ja evtl beim Übergehen des berechtigten Verlegungswunsches eines Auswärtigen, Kblz RR **92**, 191.

Nein deshalb, wenn das Gericht nicht sofort einen auf § 227 gestützten Antrag bescheidet, aM LG Hann MDR **93**, 82 (aber auch in Eilfall muß Beratungszeit erlaubt bleiben). Nein, wenn das Gericht einen Antrag auf Terminsverlegung mit der Begründung ablehnt, es handle sich nicht um einen Anwaltsprozeß, aM LG Verden AnwBl **80**, 152 (überhaupt nicht überzeugend). Nein, wenn der Richter sonst wenigstens in einem später mitgeteilten Aktenvermerk eine Begründung etwa durch Hinweis auf Überlastung oder auf die Vorbereitung anderer Beteiligter auf den bisherigen Termin gibt, BayObLG MDR **86**, 416, Düss FamRZ **99**, 1667, LG Lüb MDR **99**, 57 (abl Schneider). Nein, wenn der Richter auch nur objektiv erkennbar die ohnehin gebotene zügige Verfahrensabwicklung bezweckt, Brdb FamRZ **02**, 1042, KG MDR **05**, 708, Naumb RR **02**, 502, aM Zweibr MDR **99**, 114 (zustm Schneider. Aber ein Anwalt muß sich im Urlaub ohnehin vertreten lassen). Nein, wenn der Richter ein Rechtshilfeersuchen im Ausland abwarten will, Köln MDR **98**, 434 (evtl §§ 185 ff). Nein, wenn der Richter aus nicht dargelegten, aber immerhin naheliegenden und schon daher auch nicht ausschließbaren Erwägungen eine Entscheidung über den Antrag erst nach Anhörung des Gegners im Termin treffen will, Köln RR **97**, 828. Das bedenken Karlsr MDR **91**, 1195, Schlesw NJW **94**, 1227 (dazu § 227 Rn 14) nicht mit. Nein, wenn der Richter am 11. 11. statt der nächsten freien Terminsstunde (11.10 Uhr) 11.11 Uhr ansetzt, Mü NJW **00**, 748. Nein, soweit ein im letzten Moment eingereichtes Verlegungsgesuch nur der Verschleppung dient, Brdb FamRZ **00**, 897. Nein, wenn der Richter auf einen Tag terminiert hat, der in anderen Bundesländern Feiertag ist, Naumb RR **02**, 502.

Übermüdung: Rn 47 „Schlaf".

Unaufschiebbarkeit: *Nein,* soweit der Richter nur § 47 verkannt hat, Brdb RR **00**, 1091.

Ungeschicklichkeit: *Ja,* soweit sich der Richter durch eine Kette von erheblichen Irrtümern, Ungeschick- **51** lichkeiten und dergleichen regelrecht verrannt hat, Ffm MDR **78**, 409. Daß das geschehen ist, sollte man nur mit größter Zurückhaltung feststellen.

Unsachlichkeit: *Ja,* sofern man das Verhalten des Richters unter keinem denkbaren Gesichtspunkt mehr als **52** sachbezogen bewerteten kann, BVerfG NJW **84**, 1874, BGH NJW **76**, 1462 (StPO), Hbg MDR **89**, 71. Ja, soweit sein sachlich vielleicht vertretbares Verhalten eine Form annimmt, die unzumutbar ist. Auch in diesem Bereich hat der Richter aber einen erheblichen Verhaltensspielraum. Diesen muß man respektieren. Ja unter diesen Voraussetzungen nur dann, wenn der Richter sich gegenüber einem Parteivertreter wirklich unsachlich verhält, wenn er ihm etwa schon deshalb das Wort entzieht, weil der Parteivertreter Bedenken gegen eine Formulierung geäußert hat, die der Richter beim Diktat einer vorher angehörten Zeugenaussage in die vorläufige Niederschrift des Urkundsbeamten gewählt hat, BVerwG NJW 80, 1972, oder wenn der Richter eine berechtigte Frage an eine Beweisperson zurückweist, KG MDR 93, 797. Natürlich braucht aber der Vorsitzende keine anhaltende Mäkelei zu dulden, zumal ja zunächst noch kein endgültiges Protokoll vorliegen dürfte. Ja bei ungerechtfertigter Erweiterung der Prozeßkostenhilfe und zwecks Herbeiführung der Zuständigkeit, Hbg HbgJVBl 75, 107.

Nein, soweit der Richter nur auf einen früheren vor ihm abgelaufenen Prozeß der Partei hinweist. Denn er gehört zum gerichtsbekannten Stoff. Nein, wenn der Richter ein Telefonat gegenüber dem wiederholt insistierenden Anrufer schließlich durch Auflegen des Hörers beendet, BayObLG MDR 90, 344.

Vgl auch Rn 15 „Angriff", Rn 16 „Anordnung", Rn 17 „Ausdrucksweise", Rn 19 „Beleidigung", Rn 27 „Gestik und Mimik", Rn 38 „Randbemerkung", Rn 57 „Wortentzug".

Untätigkeit: *Ja* bei einer eindeutig unvertretbaren, erheblichen, vorwerfbaren Verfahrensverzögerung, Bbg FamRZ 01, 552 oben links (FGG), Karlsr FamRZ 94, 46, Hamm RR 99, 1291, großzügiger Düss MDR 98, 1052, Köln MDR 98, 434, strenger Schneider MDR 98, 1399. Ja bei einer völligen Untätigkeit etwa durch Nichtbeantwortung von Akteneinsichtsanträgen, Bbg FamRZ 00, 1287, oder eines Antrags, Bbg FamRZ 97, 1223, oder von Erinnerungsschriftsätzen, Ffm OLGR 00, 36, Karlsr FamRZ 99, 444, Oldb FamRZ 92, 193, oder durch geflissentliche Nichtbeachtung eines Hinweises des Rechtsmittelgerichts, Rostock RR 99, 1507, oder durch grundloses Nichtweiterleiten eines Schriftsatzes an den Gegner des Einreichers, BayObLG ZMR 94, 17, LG Verden AnwBl 80, 290.

Nein, soweit der Richter nachvollziehbar ergänzende Angaben anfordert, Brdb FamRZ 01, 552, oder soweit die Untätigkeit in Wahrheit zB durch Überlastung erzwungen ist oder soweit sie jedenfalls aus einem anderen Grund unverschuldet ist, BayObLG 98, 38. Nein, falls der Richter ohnehin zu Lasten des Ablehnenden entscheiden müßte, aM Bbg FamRZ 98, 1443 (krit Heilmann FamRZ 99, 446). Nein, falls die Untätigkeit auf bloßem Rechtsirrtum beruht, BayObLG ZMR 02, 290.

Urkundenprozeß: Rn 25.
Urlaub: Rn 34 „Persönliches Erscheinen".
Urteil: Eine aus ihm erkennbare Befangenheit läßt sich nur mit dem statthaften Rechtsmittel rügen. Sie kann zu Zurückverweisung führen, §§ 538 II Z 1, 563.

53 Unterschiedliche Darstellung: *Ja,* wenn die Darstellung des Richters in seiner dienstlichen Äußerung in einem wesentlichen Punkt eindeutig falsch ist, Ffm MDR 78, 409.

Nein, wenn der Richter und ein Anwalt über den Ablauf der Verhandlung unterschiedliche noch nicht einwandfrei geklärte Darstellungen geben, ohne daß andere Gesichtspunkte hinzutreten, aM LG Bochum AnwBl 78, 102, ZöV 24 (aber dann wäre eine Ablehnung allzu bequem möglich. Man brauchte nur eine von der dienstlichen Äußerung des Richters abweichende Darstellung zu geben).

Verband: *Ja* evtl schon wegen Zugehörigkeit, LG Gött Rpfleger 76, 55.
S auch Rn 56 „Wirtschaftliches Interesse".

54 Verein: Es kommt auf seine Größe und die Stellung der Beteiligten an. Wohl eher ja bei selbst einem größeren lokalen Verein, aM Hbg MDR 03, 287 (aber dann gibt es meist doch deutliche Verflechtungen). Durchweg nein zB bei einem Großverein wie etwa dem ADAC oder der GRUR, BGH WoM 04, 110. Hochproblematisch verneinen Ffm RR 98, 1764, Karlsr RR 88, 1534 im Fall der Zugehörigkeit von Gericht und Partei zu demselben elitären Club (Rotary usw) die Befangenheit.

Verfahrensdauer: Grds *nein,* selbst bei schwer erkennbarem Grund, Düss MDR 98, 1052. Aber Vorsicht!
Vergleich: *Nein,* soweit der Richter gemäß seiner ohnehin nach § 278 I bestehenden Pflicht eine gütliche Einigung herbeizuführen versucht, ohne eine Partei unter prozessual unzulässigen Druck zu setzen, BGH NJW 98, 612, Geffert DRiZ 94, 421, Lempp DRiZ 94, 422, aM Salje DRiZ 94, 285 (aber es wäre grotesk, genau solche vom Gesetz immer stärker verlangte Bemühung nur zur Ausschaltung des gesetzlichen Richters mißbrauchen zu dürfen). Selbst ein Hinweis auf eine andernfalls der einen Partei drohende nachteilige Entscheidung kann durchaus erlaubt, ja geboten sein, zB wegen § 139, Kblz RR 00, 1376. Nur bei allzu sturem Zureden usw evtl ja.
S auch Rn 44 „Rechtsansicht".

Verjährung: Rn 38 „Ratschlag".
Verkündung: S „Versehen".
Verlöbnis: Durchweg *ja.* Das gilt auch nach einem früheren Verlöbnis und auch im Verhältnis zum ProzBev. Vgl auch § 41 Z 2, 3.
Veröffentlichung: Rn 45 „Rechtsansicht".
Versäumnisurteil: *Ja,* evtl beim Rat zur „Flucht in die Säumnis", Mü NJW 94, 60, oder evtl beim Erlaß trotz § 335 I Z 3, Ffm FamRZ 93, 1468. Es kommt aber auf die Gesamtumstände an, BFH BB 92, 1992, BayObLG RR 88, 191.
Versehen: Meist *nein,* LG Traunst RR 05, 1088 (verfrühte Verkündung).
Vertagung: Rn 50 „Terminierung".
Vertreter: Man kann erst ab Eintritt der Vertretungsfalls ablehnen, Zweibr FamRZ 00, 1287.
Verwandtschaft, Schwägerschaft: Soweit nicht schon nach § 41 entscheidend, durchweg *ja,* sofern der Grad nicht allzu weit entfernt ist, KG MDR 99, 1018, LAG Kiel AnwBl 02, 376. Es kommt auf die von Familie zu Familie stark unterschiedliche Intensität der Pflege entfernterer Beziehungen an, ferner darauf, ob der Richter über die Sache gesprochen hatte, KG MDR 99, 1018. Wegen der fiktiven Schwägerschaft bei Lebenspartnerschaft § 11 II LPartG, dazu § 383 Rn 4. Man kann überhaupt § 383 I Z 3 sowie § 20 I Z 3 BRAO als Auslegungsmaßstab mit heranziehen, LAG Kiel AnwBl 02, 376.
Verzögerung: Rn 4 „Mißbrauch", Rn 52 „Untätigkeit".
Verzögerungsgebühr: *Nein* schon wegen ihrer Androhung oder Verhängung, BFH JB 77, 936.
Vorbefassung: Rn 24 „Frühere Mitwirkung".
Vorschuß: *Nein* schon wegen seiner Höhe, sofern diese sachlich haltbar ist, Karlsr OLGZ 84, 103.

Titel 4. Ausschließung und Ablehnung der Gerichtspersonen § 42

Wartefrist: Selbst ein wiederholter Verstoß gegen § 47 ermöglicht eine Ablehnung nicht mehr nach der die 55 Instanz abschließenden Entscheidung, § 47 Rn 6 „Endurteil", aM BayObLG WoM **94**, 410 (aber dann muß mit solchen Zwischenüberlegungen Schluß sein, Einl III 10).

Weigerung: *Ja,* soweit der Richter nicht bereit ist, den Parteivortrag ganz anzuhören und zu würdigen, so grds (aber nicht im dortigen Fall!) richtig Hamm VersR **78**, 647 (je:). Ja, wenn der Richter es ablehnt, während der Verhandlung einen Befangenheitsantrag entgegenzunehmen, Ffm MDR **79**, 762 (je:). Ja, wenn sich der Richter weigert, einen Schriftsatz dem Prozeßgegner zuzuleiten, LG Verden AnwBl **80**, 290, selbst einen beleidigenden, LG Frankenth FamRZ **77**, 562, vgl freilich auch Rn 4. Ja, wenn er sich weigert, einen Antrag zu Protokoll zu nehmen, sofern der Antrag überhaupt ins Protokoll gehört, § 160 III Z 2. Ja, soweit sich der Richter bei bloßer Mußmaßung der Mutwilligkeit weigert, eine evtl akustisch unverständliche Äußerung zu wiederholen, LG Kiel SchlHA **85**, 178.

Nein, wenn der Richter sich weigert, über seine persönlichen Verhältnisse Auskunft zu geben, soweit diese persönlichen Verhältnisse in nicht verständlicherweise eine Ablehnung rechtfertigen könnten, BayObLG Rpfleger **78**, 18. Nein, soweit sich der Richter ein mögliches Zitat einer wissenschaftlichen Äußerung ohne eine erkennbare Boykottabsicht unterläßt, OVG Münst DRiZ **82**, 232.

Wiederaufnahme: Rn 24.

Willkür: Ein objektives Vorliegen ist kein automatischer Befangenheitsgrund, Ffm MDR **02**, 1391, aM 56 BAG NJW **93**, 879, BayObLG MDR **88**, 1063, Saarbr RR **94**, 766 (aber man sollte einen Willkürvorwurf ohnehin sehr zurückhalten, Einl III 21).

Wirtschaftliches Interesse: *Ja,* soweit echte wirtschaftliche Belange des Richters auf dem Spiel stehen, BGH **113**, 277, BayObLG ZIP **02**, 1039. Diesen Bereich darf und muß man weit fassen, BGH VersR **91**, 713. Deshalb evtl ja, wenn ein Handwerker am Prozeß als Partei, Sachverständiger oder Zeuge beteiligt ist, mit dem der Richter in einigermaßen ständiger Geschäftsbeziehung steht, weil er dessen Hilfe am eigenen Haus usw dauernd und nicht nur gelegentlich benötigt. Ja, wenn der Richter als Großaktionär am Prozeß der Aktiengesellschaft beteiligt ist oder wenn er zwar nur einen kleineren, aber für die Gesellschaft wichtigen Aktienbesitz hat, BGH **113**, 277.

Nein, sofern nur eine schlichte Mitgliedschaft zB an einem Zweckverband besteht, LG Gött Rpfleger **76**, 55, oder am ADAC, oder an einer prozeßbeteiligten Aktiengesellschaft. Bei § 306 IV 2 AktG nein für Antragsteller nach § 304 IV oder § 305 V 4 AktG, BayObLG DB **80**, 76.

Nein bei erst geplanter Zusammenarbeit mit einer Partei, Zweibr RR **98**, 858.

Wissenschaftliche Äußerung: *Nein,* BVerfG NJW **01**, 1482, Dürholt ZRP **77**, 218, und zwar auch dann 57 nicht, wenn sich etwa ein wissenschaftlicher Aufsatz des Richters oder eine von ihm verfaßte Kommentierung mit der Problematik und sogar mit dem Fall zustimmend oder ablehnend auseinandersetzen, BVerfG NJW **01**, 1482, BSG NJW **93**, 2262. Freilich sind auch in solchen Fällen Grenzen gezogen, jenseits derer ein Ablehnungsantrag begründet sein mag, insbesondere während der Anhängigkeit des erörterten Falls, BVerfG NJW **00**, 2808, LG Bln DRiZ **78**, 57, Redeker NJW **83**, 1035.

Vgl ferner Rn 14 „Allgemeine Auffassungen", Rn 23 „Festhalten an einer Ansicht", Rn 35 „Politische Äußerung", Rn 36 „Privatgutachten", Rn 44 „Rechtsansicht".

Wortentzug: *Ja,* sofern ein unsachliches gehässiges Verhalten erkennbar ist, BVerwG NJW **80**, 1972, Rn 19 „Beleidigung", Rn 52 „Unsachlichkeit".

Nein, wenn der Richter nach einer langen Anhörung das Wort entzieht oder sich weigert, die mündliche Verhandlung ohne neuen Tatsachenvortrag wieder zu eröffnen, Köln NJW **75**, 788, oder wenn er die Drohung ausspricht, beide ProzBev nunmehr „vor die Tür zu setzen", Mü FamRZ **78**, 353.

Wörtliches Zitat: *Nein,* selbst wenn es in Anführungszeichen erfolgt, evtl sogar dann nicht, wenn das ironisch geschieht, Stgt MDR **03**, 51.

Zeuge: *Ja,* sobald und soweit die Vernehmung des Richters als Zeugen, Lipp (vor Rn 1) 92, oder eines 58 Zeugen in Betracht kommt, zu dem der Richter in einem besonderen Verhältnis steht, als ständiger Geschäftspartner, als Freund oder Feind, als Nachbar usw. Keineswegs liegt eine Befangenheit erst dann vor, wenn der Richter die Glaubwürdigkeit vor oder gar nach der Aussage des Zeugen prüfen muß. Schon die Art und Weise der Terminsvorbereitung, die Behandlung etwaiger Terminsänderungswünsche des Zeugen usw, die Art und Weise seiner Befragung bringen sie Verhältnissen der genannten Art Schwierigkeiten mit sich, die eine Besorgnis der Befangenheit auch aus der Sicht eines objektiven Dritten vom Standpunkt der Partei aus sehr wohl begründen können. Auch unabhängig von einem besonderen Verhältnis ja, sofern der Richter mit dem Zeugen den Streitstoff in Abwesenheit einer Partei erörtert. Freilich darf er zB nach §§ 273 II, 377 III, IV Fragen zur Klärung prozeßleitender Anordnungen stellen. Man sollte Vertrauen zeigen, daß der Richter sich dadurch nicht beeinflussen läßt. Ja bei Vernehmung ohne notwendigen Dolmetscher, Celle OLGR **02**, 35. Ja bei seiner heimlichen Vernehmung, Ffm OLGR **01**, 170.

Nein, nur weil der Richter in einem zurückliegenden Fall Bedenken gegen die Glaubwürdigkeit oder Äußerungen über eine besonders starke Glaubwürdigkeit des Zeugen usw geäußert hatte, die man damals immerhin sachlich rechtfertigen konnte. Nein, wenn der Richter einen Zeugen telefonisch lädt, LG Verden AnwBl **80**, 290. Nein, wenn der Richter nur anregt, weitere Zeugen zu vernehmen, Ffm NJW **76**, 2025. Nein schon wegen pflichtgemäßer Entscheidung nach § 397 III, KG MDR **93**, 797. Evtl nein, soweit der Richter eine private Beobachtung den Parteien vermittelt und ihnen Gelegenheit zur Äußerung gibt, OVG Hbg NJW **94**, 2779.

Vgl auch Rn 24 „Frühere Mitwirkung".

Zuneigung: Rn 14 „Abneigung, Zuneigung".

Zwangsgeld: *Nein,* soweit es zulässig war, zB bei sofortiger Vollziehbarkeit im Eilverfahren, Brdb FamRZ **01**, 1005.

Zwangsvollstreckung: Rn 25.

Zwischenverfahren: Ja für den Beteiligten eines Zwischenverfahrens, jedenfalls während seiner Dauer, BayObLG FamRZ **92**, 574 (freilich müssen die sonstigen Voraussetzungen einer Ablehnung vorliegen).

§§ 42, 43   Buch 1. Abschnitt 1. Gerichte

59   **10) *VwGO*:** Gilt entsprechend, § 54 I VwGO, für Richter und ehrenamtliche VerwRichter, dazu Günther Verw-Arch **82**, 196 mwN, OVG Bln NJW **00**, 2690 u NVwZ-RR **97**, 141, OVG Hbg NJW **94**, 2779, VGH Kassel AnwBl **91**, 160, VG Freib VBlBW **99**, 474 mwN. Sie können auch dann abgelehnt werden, § 54 III, wenn sie der Vertretung einer Körperschaft angehören, deren Interessen durch das Verfahren berührt werden, vgl BVerwG NVwZ **90**, 461 (rechtzeitiges Ablehnungsgesuch erforderlich). Wegen eines Hinweises auf §§ 125 II oder 130 a VwGO ist keine Ablehnung gerechtfertigt, BVerwG DVBl **79**, 560, VGH Mannh VBlBW **00**, 488, OVG Bln aaO, ebensowenig wegen einer Aufklärungsverfügung, VGH Mannh bei Melullis MDR **94**, 337, VGH Kassel NJW **83**, 901, vgl auch OVG Hbg DRiZ **94**, 385, oder wegen der Zugehörigkeit zu demselben Gericht wie ein Verfahrensbeteiligter, OVG Greifsw NordÖR **01**, 182. Zur Befangenheit wegen kommunalpolitischer Tätigkeit Naumb NVwZ **01**, 956. Zum rechtsmißbräuchlichen Gesuch, oben Rn 7, vgl BVerwG Buchholz 310 § 54 Nr 50 u NJW **88**, 722 mwN (zustm KoppSch § 54 Rn 16, krit Roidl NVwZ **88**, 905, dazu Schwintuchowski NVwZ **89**, 1144), OVG Hbg NordÖR **00**, 28, OVG Bln aaO; zum Verhältnis des Ablehnungsrechts zu § 39 DRiG vgl dort Rn 5 u oben Rn 35; zur Ablehnung im Rahmen einer Gegenvorstellung s VGH Mü BayVBl **04**, 348, oben Rn 27.

43   ***Verlust des Ablehnungsrechts.*** **Eine Partei kann einen Richter wegen Besorgnis der Befangenheit nicht mehr ablehnen, wenn sie sich bei ihm, ohne den ihr bekannten Ablehnungsgrund geltend zu machen, in eine Verhandlung eingelassen oder Anträge gestellt hat.**

1   **1) Systematik.** Vgl zunächst Üb 1 vor § 41. § 43 stellt mit Vorrang vor § 295 eine nach § 292 Rn 2 unwiderlegliche Vermutung dafür auf, daß eine Partei mit der Person desjenigen Richters einverstanden sei, vor dem sie sich trotz eines ihr bekannten Ablehnungsgrunds in eine Verhandlung einläßt oder Anträge stellt, BVerwG MDR **93**, 1242. Ein gesetzlicher Vertreter nach § 51 II oder ein ProzBev nach § 81 und deren Kenntnis von einem Ablehnungsgrund stehen der Partei und deren Kenntnis gleich, Hbg MDR **76**, 845. Für Ausschlußgründe gilt § 43 nicht, § 42 Rn 9. Man kann einen Verzicht auf das Ablehnungsrecht wirksam erklären. Er stellt klar, was § 43 nur vermutet. § 44 IV stellt nur scheinbar eine Ausnahme vom Grundsatz des § 43 dar, ist vielmehr im Grunde dessen Bestätigung, Rn 7. Alles das gilt nur für *diesen* Prozeß, Karlsr RR **92**, 572.

2   **2) Regelungszweck.** Vgl zunächst Üb 2 vor § 41. § 43 soll willkürlicher Verzögerung entgegenwirken und verhindern, daß bereits geleistete prozessuale Arbeit nutzlos wird, Karlsr MDR **92**, 409. Die Vorschrift dient damit auch der Prozeßwirtschaftlichkeit, Grdz 14 vor § 128. § 43 vernichtet das versäumte Ablehnungsrecht. Es wird also unzulässig. Trotz der Versäumung muß der Abgelehnte aber prüfen, ob er sich nicht von Amts wegen für befangen erklären soll, § 48.

Erneute Befangenheit läßt natürlich auch ein neues Ablehnungsrecht entstehen, Ffm MDR **79**, 762. § 43 schützt vor einer wiederholt auftretenden Voreingenommenheit sehr wohl, soweit sie in dieser Form oder Art erst jetzt auftritt. Sie war ja bisher noch nicht gerade auch dieser Partei „bekannt". Freilich kann man nur einen wirklich neuen Anlaß auch nach Einlassung zur Sache geltend machen. Denn grundsätzlich bewirkt § 43 ja einen Schlußstrich. Das sollte man bei der Handhabung mitbeachten, auch wenn die Abgrenzung im Einzelfall schwierig werden kann. Nicht jede jetzige Ungeschicklichkeit des Richters nach erledigter Befangenheitsgefahr birgt neue Ablehnbarkeit.

3   **3) Geltungsbereich.** Vgl zunächst Üb 3 ff vor § 41. Die Vorschrift gilt allgemein im Prozeßrecht, BVerwG MDR **93**, 1242, also zB auch bei §§ 128 II, 406, Düss MDR **94**, 620. Sie gilt entsprechend auch im Verfahren der freiwilligen Gerichtsbarkeit, und zwar auch im dortigen streitigen Verfahren, etwa bei einer WEG-Sache, BayObLG WoM **96**, 503, Zweibr MDR **83**, 414.

4   **4) Rechtsverlust: Schädlichkeit von Kenntnis.** Schädlich ist nur eine Kenntnis, Düss Rpfleger **93**, 188, Hbg MDR **76**, 845, und zwar aller einschlägigen Umstände, Ffm OLGR **01**, 169. Nachschieben ist schädlich. Ein bloßes Kennenmüssen im Sinn von § 122 II BGB führt nicht zum Verlust des Ablehnungsrechts. Schädlich ist ein Verhalten sowohl nach Rn 5, 6 als auch nach Rn 7.

Kein Rechtsverlust tritt ein, soweit und solange sich das Gericht seinerseits unkorrekt verhält, Düss OLGR **01**, 374, KG NJW **75**, 1842, Köln VersR **93**, 1550 (Verstoß gegen § 47).

5   **5) Einlassung.** Die Worte des Gesetzes „... in eine Verhandlung eingelassen" bedeuten nicht etwa nur: In eine Verhandlung zur Hauptsache eingelassen. Es muß aber eine Verhandlung in derselben Sache vorliegen. Denn eine Partei braucht die etwaige Befangenheit eines Richters nur nach den besonderen Umständen des konkreten Einzelfalls zu prüfen, nicht im Hinblick auf eine vielleicht mögliche, von ihr aber noch nicht übersehbare andersartige Befangenheit, Ffm FamRZ **91**, 839, Karlsr MDR **92**, 409, Kblz MDR **89**, 647. Wer den Richter in einem vorangegangenen ähnlichen Verfahren nicht abgelehnt hatte, muß freilich zumindest damit rechnen, daß auf Grund eines jetzigen Ablehnungsgesuchs geprüft wird, warum er die Ablehnung früher nicht geltend gemacht hatte, § 42 Rn 24. Manche meinen, ein Verlust des Ablehnungsrechts trete nur dann ein, wenn zwischen dem Vorprozeß und dem jetzigen Verfahren ein rechtlicher oder tatsächlicher Zusammenhang bestehe, BFH DB **87**, 1976, Karlsr MDR **92**, 409, Schneider MDR **77**, 443.

Ein *vorprozessuales* Erhöhungsverlangen nach § 558 I 1 BGB schadet nicht, AG Freibg WoM **87**, 266. Schädlich ist auch die Einlassung im zugehörigen Nebenverfahren, Karlsr FamRZ **89**, 643. Eine Einlassung in eine Verhandlung liegt vor, sobald irgendeine prozessuale verfahrensbezogene oder -fördernde Betätigung insbesondere im Termin vor dem ablehnbaren Richter erfolgt ist, Düss AnwBl **02**, 119 (auch zur Ausnahme Rn 6), Köln RR **96**, 1339, LG Mü RR **02**, 862, oder sobald die Partei zB im Mahnverfahren Widerspruch einlegt, ZÖV 4, aM Kblz OLGR **98**, 292, oder soweit sie im Prozeßkostenhilfeverfahren Beschwerde einlegt, § 127, Kblz MDR **86**, 60, oder sobald sie gegen einen Kostenfestsetzungsbeschluß des nach § 49 Rn 5 abgelehnten Rpfl Erinnerung einlegt, § 104 III, § 11 RPflG, Düss Rpfleger **93**, 188, oder sobald eine Erklärung im schriftlichen Verfahren abgegeben hat, § 128 II, BayObLG MDR **88**, 1063, Karlsr OLGR **98**, 75. Ein Widerrufsvergleich reicht aus, BayObLG WoM **94**, 299, Ffm FamRZ **91**, 839.

Titel 4. Ausschließung und Ablehnung der Gerichtspersonen §§ 43, 44

Keine Einlassung ist eine bloße Verteidigungsanzeige nach § 276 I 1, aM LG Rostock RR **02**, 356 (aber **6** das ist ein rein formaler vorläufiger Vorgang), oder ein bloßer *Vertagungsantrag* nach § 227. Denn eine Verhandlung über einen Vertagungsantrag stellt keine Kundgebung des Vertrauens gegenüber gerade dem bisherigen Richter dar, MüKoFei 4, ThP 5, ZöV 5, aM BPatG GRUR **82**, 360, LG Tüb MDR **82**, 412 (aber vielleicht ist ja gerade eine etwaige Ablehnung einer Vertagung zumindest *ein* Befangenheitsgrund). Das Ablehnungsrecht wird nicht verwirkt, wenn die Partei nur deshalb verhandelt, weil der Richter zumindest aus ihrer Sicht gegen § 47 verstößt und weil die Partei zB ein Versäumnisurteil vermeiden möchte, Düss AnwBl **02**, 119, Köln RR **00**, 592. Auch ein bloßer Akteneinsichtsantrag nach § 299 ist keine Einlassung, BayObLG EWiR **00**, 937 (zustm Vollkommer).

6) Antragstellung. Die Partei hat im Sinn des § 43 einen Antrag gestellt, sobald sie sich mündlich oder **7** schriftlich mit einem Sachantrag im Sinn von § 297 Rn 4–10 gemeldet hat, Saarbr RR **94**, 767, LG Rostock RR **02**, 356. Die Partei stellt den Antrag in der mündlichen Verhandlung in der Regel dadurch, daß sie ihn vorträgt, § 137 Rn 7, Karlsr FamRZ **89**, 643. Im schriftlichen Verfahren bzw Vorverfahren wird er dadurch wirksam, daß sie ihn schriftlich einreicht, BayObLG MDR **88**, 1063, LG Rostock RR **02**, 356. Eine Zustimmungserklärung nach § 128 II steht einem Antrag gleich, BFH DB **87**, 1976, Mü MDR **80**, 146. Ein Antrag führt allerdings nur dann zum Verlust des Ablehnungsrechts, wenn die Partei die Person des Richters kannte, BayObLG Rpfleger **78**, 18, LG Rostock RR **02**, 356, wenn auch nicht notwendig seinen richtigen Namen. Daher hat jeder Ablehnungsberechtigte einen Anspruch darauf, die Namen der Richter zu erfahren, BayObLG Rpfleger **78**, 17.

Eine *Gegenvorstellung* im Sinn von Grdz 3 vor § 567 genügt. Ein Gesuch um eine Terminsbestimmung nach § 216 genügt ebensowenig wie ein Vertagungsantrag nach Rn 5 oder eine bloße Anzeige zur Akte etwa nach § 172 Rn 5 oder ein bloßes Akteneinsichtsgesuch, BayObLG RR **01**, 642. Einzelheiten Schneider MDR **77**, 441. Bei einem staatlichen Richter gehen nur die Ablehnungsgründe nach § 42 verloren, beim Schiedsrichter auch diejenigen nach § 41. Denn beim Schiedsrichter gibt es keine Ausschließung. Wenn der Ablehnungsgrund erst nach dem Zeitpunkt der Antragstellung im Sinn von § 137 Rn 7 eintritt, kann die Partei ihn natürlich auch jetzt noch geltend machen, Ffm MDR **79**, 762. Dann muß man § 44 IV beachten.

7) VwGO: *Gilt entsprechend,* § 54 I VwGO. Einlassen in eine Verhandlung, oben Rn 5–7, liegt schon in **8** *Erklärungen zur Sache während des einleitenden Vortrags,* § 103 II VwGO, OVG Bre NJW **85**, 823, oder sonstigen *Erörterungen vor Stellung der Anträge,* § 103 III VwGO. Beim Gerichtsbescheid, § 84 VwGO, muß die Ablehnung *bei der vorgeschriebenen Anhörung* erklärt werden, Ey § 54 Rn 18, ebenso bei der Entscheidung über die Berufung nach §§ *125 II, 130 a VwGO.*

44 Ablehnungsgesuch.

I Das Ablehnungsgesuch ist bei dem Gericht, dem der Richter angehört, anzubringen; es kann vor der Geschäftsstelle zu Protokoll erklärt werden.

II 1 Der Ablehnungsgrund ist glaubhaft zu machen; zur Versicherung an Eides statt darf die Partei nicht zugelassen werden. 2 Zur Glaubhaftmachung kann auf das Zeugnis des abgelehnten Richters Bezug genommen werden.

III Der abgelehnte Richter hat sich über den Ablehnungsgrund dienstlich zu äußern.

IV Wird ein Richter, bei dem die Partei sich in eine Verhandlung eingelassen oder Anträge gestellt hat, wegen Besorgnis der Befangenheit abgelehnt, so ist glaubhaft zu machen, dass der Ablehnungsgrund erst später entstanden oder der Partei bekanntgeworden sei.

Gliederung

1) Systematik, I–IV	1	6) Dienstliche Äußerung, III	6, 7
2) Regelungszweck, I–IV	2	A. Zeugnis und Bewertung	6
3) Geltungsbereich, I–IV	3	B. Einzelfragen	7
4) Ablehnungsgesuch, I	4	7) Einlassung oder Antragstellung, IV	8
5) Glaubhaftmachung, II	5	8) *VwGO*	9

1) Systematik, Regelungszweck, I–IV. Vgl zunächst Üb 1 vor § 41. § 44 regelt zusammen mit **1** §§ 46 I, 294 das Ablehnungsverfahren bis zur Entscheidungsreife mit Ausnahme der Sonderfälle des § 45 II 2 (der Amtsrichter hält ein Ablehnungsgesuch für begründet) und des § 47 (unaufschiebbare Handlungen des Abgelehnten). Die Entscheidung ist in § 45 I, II 1 (mit § 46 I), Rechtsmittel sind in § 46 II geregelt.

2) Regelungszweck, I–IV. Vgl zunächst Üb 2 vor § 41. Die Möglichkeit, einen Ausschließungsgrund **2** im Sinn von § 41 auch über einen Antrag nach §§ 42, 44 zur unverzüglichen Prüfung vor das Gericht zu bringen, dient zusätzlich zu der ja an sich schon von Amts wegen zu beachtenden kraft Gesetzes eingetretenen Lage der Sicherung der Parteien vor dem verbotenen Richter. Sie dient damit mit der Rechtsstaatlichkeit, Einl III 15. Die Notwendigkeit einer Glaubhaftmachung eines jeden Ablehnungsgrundes und überhaupt eines Antrags bei einem echten bloßen Ablehnungsgrund nach § 42 dient ebenso wie die Pflicht des Abgelehnten zur dienstlichen Äußerung nach III der Abwehr voreiliger oder gar rechtsmißbräuchlicher Ablehnungsverfahren, Einl III 54. Die Glaubhaftmachung dient damit sowohl der Aufrechterhaltung des gesetzlichen Richters nach Art 101 I 2 GG (auch er gehört zur Rechtsstaatlichkeit) als auch der Vermeidung von Verzögerung und damit der Prozeßförderung und der Prozeßwirtschaftlichkeit, Grdz 12, 14 vor § 128. In diesem Sinn muß man auch IV verstehen. Die dienstliche Äußerung soll dem nunmehr über das Ablehnungsgesuch entscheidenden Gericht seine Meinungsbildung erleichtern, BGH DRiZ **80**, 391. Sie dient aber keineswegs dazu, ihm die Ermittlungsarbeit usw abzunehmen.

§ 44   Buch 1. Abschnitt 1. Gerichte

Selbstäußerung über einen Ablehnungsantrag ist ein nicht unproblematischer Weg zur Klärung einer etwaigen Befangenheit. Das gilt besonders wegen des Ausschlusses einer eidesstattlichen Versicherung als Glaubhaftmachung. Denn der Ablehnende wird eventuell auch in die Korrektheit einer dienstlichen Äußerung nur noch wenig Vertrauen setzen wollen. Der Abgelehnte muß den der Sache nach ja unvermeidbar vorhandenen massiven Angriff auf seine Berufsehre kommentieren. Einen solchen Angriff stellt ja ein Ablehnungsgesuch tatbestandsmäßig ebenfalls dar. Eine Kommentierung soll in einer würdevollen, wie oft auch berechtigtermaßen selbst- und amtsbewußten Art und Weise geschehen. Sie darf nicht erst dadurch eine wirkliche Ablehnbarkeit herbeiführen, soweit der Richter sich nicht ebenfalls für befangen hält.

Takt, Zurückhaltung, volle Ehrlichkeit und Zulassung des Einblicks in den Gedanken- und Wertungsgang des Richters sind gleichermaßen Bedingung wie Funktionieren dieses Verfahrensabschnitts. Das gilt auch für die Beurteilung durch den über das Ablehnungsgesuch zur Entscheidung berufenen Richter. Weder verbissenes Festhalten am Abgelehnten noch eilfertige Kritik nützen den Beteiligten. Wenn Eindeutigkeit in der Bewertung nicht möglich scheint, ist ein Fortbestand des bisherigen Richters und *nicht* seine Ablösung in Wahrheit oft die bessere Lösung. Er wird sich hoffentlich und wahrscheinlich bemühen, auch den Ablehnenden davon in weiteren Verfahren zu überzeugen.

3   3) **Geltungsbereich, I–IV.** Vgl Üb 3 ff vor § 41.

4   4) **Ablehnungsgesuch, I.** Ein ordnungsgemäßes Ablehnungsgesuch ist eine Zulässigkeitsbedingung, KG FamRZ **86**, 1024, Köln RR **96**, 1339. Man muß sein Ablehnungsgesuch zumindest im Kern begründen, BVerwG NJW **97**, 3327, Schlesw OLGR **02**, 307. Man muß es sogleich bei dem Gericht des abgelehnten Richters anbringen, § 45. Auch das muß sogleich geschehen, BFH RR **96**, 702, Köln RR **96**, 1339. Das kann mündlich, schriftlich oder zum Protokoll der Geschäftsstelle geschehen, Schlesw OLGR **02**, 307, in diesem Fall auch bei jedem anderen Gericht, § 129 a. Deshalb besteht kein Anwaltszwang, § 78 V Hs 2, BGH MDR **95**, 520, Köln RR **98**, 857. In der mündlichen Verhandlung muß das Gericht den Antrag protokollieren, § 160 II, IV 1. Wenn ein Richter am Amtsgericht, auch als Familienrichter, abgelehnt wird, muß man das Gesuch beim AG stellen. Wegen des schiedsrichterlichen Verfahrens § 1032. Man muß den abgelehnten Richter namentlich benennen, soweit möglich, § 43 Rn 7. Andernfalls ist das Gesuch unzulässig, BVerfG MDR **61**, 26, es sei denn, daß über die Person des Richters kein Zweifel besteht, Üb 3 vor § 41, § 43 Rn 7.

Der *Gegner* des Ablehnenden ist im Ablehnungsverfahren grundsätzlich nicht Partei, § 91 Rn 70. Ausnahmen gelten nach § 46 Rn 9 ff. Seine Anhörung kann aber geboten sein, Artt 2 I, 20 III GG (Rpfl), BVerfG **101**, 404, Art 103 I GG (Richter). Denn da geht es auch für ihn um den gesetzlichen Richter, Nürnb MDR **83**, 846. Ein Ablehnungsgesuch bewirkt keine Fristhemmung, BAG BB **00**, 1948. Ein Gesuch im Eilverfahren erstreckt sich nicht stets auch auf das Hauptverfahren. Das gilt selbst bei einer Abhängigkeit des ersteren vom letzteren, ua BayObLG ZMR **02**, 290 (aber auch nicht erst auf das Ende des anderen Verfahrens an). Man kann das Gesuch bis zur Entscheidung nach § 46 II zurücknehmen.

5   5) **Glaubhaftmachung, II.** Man muß eine Tatsache, die die Ablehnung begründen soll, im einzelnen darlegen, BVerwG NJW **97**, 3327. Man muß sie auch glaubhaft machen, § 294 I Hs 1, LG Stgt FamRZ **04**, 886. Man kann (nur) die Glaubhaftmachung bis zur Entscheidung nachholen, Schneider MDR **00**, 1305. Eine eidesstattliche Versicherung ist aber unzulässig, II 1 Hs 2. Eine Glaubhaftmachung ist dann entbehrlich, wenn die Tatsache offenkundig ist, § 291 Rn 3, 4, oder wenn man den Ablehnungsgrund in tatsächlicher Hinsicht als wahr unterstellen kann, VGH Mannh NJW **75**, 1048. Das Gesetz versteht unter dem Begriff „Zeugnis des abgelehnten Richters" die in III vorgesehene dienstliche Äußerung. Wenn ein Anwalt ein Ablehnungsgesuch stellt, darf man nicht unterstellen, daß er stillschweigend auf das Zeugnis des abgelehnten Richters Bezug nimmt. Denn man muß berücksichtigen, daß ein Anwalt unter Umständen gerade diesen Weg der Glaubhaftmachung nicht wählen will, Ffm NJW **77**, 768, Schneider MDR **00**, 1305. Die Glaubhaftmachung fehlt, soweit sich das Gegenteil aus einer vorangegangenen Entscheidung ergibt, VG Stgt JZ **76**, 277.

6   6) **Dienstliche Äußerung, III.** Die Regelung ist wenig hilfreich, Rn 2.

A. Zeugnis und Bewertung. Wie sich aus II 2 ergibt, kann der Ablehnende auf ein „Zeugnis" des Abgelehnten Bezug nehmen. Gemeint ist nicht etwa eine Bescheinigung, sondern eine Darstellung der vom Abgelehnten für entscheidungserheblich erachteten Tatsachen, soweit sie noch nicht aktenkundig oder dem Abgelehnten gegenüber streitig sind. Insofern ist seine Darstellung der Art Zeugenaussage. Gemeint ist darüber hinaus eine Bewertung, soweit sie der Abgelehnte bei aller Zurückhaltung doch für sinnvoll, ratsam, notwendig hält, BGH **77**, 73, Ffm RR **98**, 858, Fleischer MDR **98**, 758. Die in III vorgeschriebene dienstliche Äußerung hat denselben Sinn. Der Abgelehnte muß sie unabhängig davon abgegeben, ob eine Bezugnahme nach II 2 erfolgt ist oder ob der Ablehnende beantragt, der Abgelehnte möge sich dienstlich äußern, Schneider MDR **98**, 454.

Der Abgelehnte hat also das *Recht und die Pflicht* zur dienstlichen Äußerung, auch wenn sie ihm nicht nötig, nicht sinnvoll oder nicht unausschiebbar scheint, § 47. Wegen des Zwecks von III nach Rn 2 liegen Art und Umfang der dienstlichen Äußerung im pflichtgemäßen Ermessen des Abgelehnten. Will das zur Entscheidung berufene Gericht mehr von ihm wissen und verweigert er eine Ergänzung, so mag das Gericht ihn als Zeugen vernehmen, § 46 I. Das Beratungsgeheimnis nach §§ 193 GVG, 43 DRiG usw bleibt bestehen, Stgt MDR **03**, 51.

7   **B. Einzelfragen.** Der Abgelehnte soll sich über die für das Ablehnungsgesuch entscheidungserheblichen Tatsachen äußern, soweit ihm das notwendig oder zweckmäßig erscheint. Zu Rechtsausführungen oder zu einer Beurteilung des Ablehnungsgesuchs ist der Abgelehnte berechtigt, soweit ihm das zum Verständnis seines beanstandeten Verhaltens als sinnvoll erscheint, ThP 3, aM ZöV 4 (aber gerade solche Rechtsausführungen lassen oft erkennen, ob der Richter bisher sachnah oder abwegig gearbeitet hat und ob er zur Selbstkritik fähig und evtl bereit ist). Der Abgelehnte ist zu solchen Ausführungen aber nicht verpflichtet, und zwar auch nicht auf ein Verlangen des entscheidenden Gerichts. Das entscheidende Gericht muß die

Titel 4. Ausschließung und Ablehnung der Gerichtspersonen §§ 44, 45

dienstliche Äußerung unabhängig von ihrer Brauchbarkeit dem Ablehnenden zur Anhörung mitteilen, Artt 2 I, 20 III GG (Rpfl), BVerfG **101**, 404, Art 103 I GG (Richter), BVerfG **24**, 62, VGH Kassel NJW **83**, 901.

Die dienstliche Äußerung sollte deshalb durchweg *schriftlich* erfolgen. Eine mündliche Äußerung kommt als Vermerk zu den Akten des entscheidenden Gerichts. Die Notwendigkeit einer dienstlichen Äußerung besteht auch bei einer Selbstablehnung nach § 48, Ffm FamRZ **98**, 378. Eine dienstliche Äußerung ist angesichts eines querulatorischen Ablehnungsgesuchs unnötig, § 42 Rn 7, BVerfG **11**, 3, BayVerfGH MDR **00**, 659, Köln OLGR **00**, 474. „Ich fühle mich nicht befangen" reicht nicht, Schneider MDR **05**, 672. Eine allzu mangelhafte Stellungnahme kann sich auf die Beurteilung der Befangenheit auswirken, LG Bochum AnwBl **78**, 101. Indessen ist zB eine bloße Bezugnahme auf die Akten eines unterworfen, in demselben Vorgang anhängigen oder anhängig gewesenen Dienstaufsichtsverfahrens zulässig, Bre NJW **86**, 999, aM Fleischer MDR **98**, 757 (aber sie kann im Einzelfall nun wirklich ausreichen). Der Abgelehnte kann auch zumindest hilfsweise bitten ihm aufzugeben, zu welchen Punkten das entscheidende Gericht noch eine weitere Erklärung wünscht. Der Abgelehnte ist weder verpflichtet noch grundsätzlich überhaupt berechtigt, Beiakten von sich aus beizuziehen und mit vorzulegen. Das entscheidende Gericht darf sie dem Ablehnenden nicht ohne die Genehmigung aller von ihnen Betroffenen zur Einsicht geben.

Die dienstliche Äußerung gehört zum engeren Bereich der richterlichen Entscheidungstätigkeit, § 26 I DRiG, SchlAnh I A. Sie ist daher der *Dienstaufsicht* nur in engen Grenzen unterworfen, keineswegs also unbeschränkt, BGH DRiZ **86**, 424, Kasten/Rapsch JR **85**, 314. Man darf sie keineswegs stets der Darstellung des Ablehnenden unterordnen, aM Köln MDR **96**, 1181 (zustm Schneider. Aber dadurch würde zur angeblichen bisherigen Einseitigkeit des Abgelehnten eine zumindest indirekte Einseitigkeit des entscheidenden Gerichts hinzutreten können). Ebensowenig darf die Darstellung des Abgelehnten stets den Vorrang erhalten. Das entscheidende Gericht muß sie vielmehr frei nach § 286 beurteilen.

7) Einlassung oder Antragstellung, IV. Der Ablehnungsgrund mag erst nach dem Zeitpunkt einer 8 Einlassung oder Antragstellung im Sinn von § 43 entstanden sein, sei es auch zB erst im Tatbestandsberichtigungsverfahren nach § 320, Ffm MDR **79**, 940. Dann besteht natürlich insofern ein Ablehnungsrecht. Der Ablehnende muß glaubhaft machen, daß der Ablehnungsgrund entweder erst später entstanden oder ihm erst später bekannt geworden ist. Hier ist im Gegensatz zu II auch die eidesstattliche Versicherung zulässig, soweit es um den Zeitpunkt der späteren Ablehnungsgrund geht. Die Partei hat keine besondere Erkundigungspflicht. Sie muß das Ablehnungsgesuch aber vor der nächsten Einlassung oder Antragstellung nach § 137 Rn 7 seit dem Entstehen oder der Kenntnis des Ablehnungsgrunds stellen, spätestens bis zum Schluß der mündlichen Verhandlung, §§ 136 IV, 296 a, Ffm OLGZ **79**, 452. Sie darf zur Sache nur unter Vorbehalt weiterverhandeln. Andernfalls gilt wieder § 43.

Wenn man eine Ablehnung aus einer *Kette kleinerer Verstöße* ableitet, deren letztes Glied erst das Maß voll macht, dann darf man auch zusätzlich auf die früheren schon seit damals bekannten Vorfälle zurückgreifen, BPatG GRUR **85**, 434. Der Partei stehen der gesetzliche Vertreter nach § 51 II wie der ProzBev gleich, § 85 II. IV gilt nicht, wenn der Richter wegen eines Ausschließungsgrundes abgelehnt wird, § 42 Rn 9. Denn das Gericht muß eine Ausschließung in jeder Verfahrenslage von Amts wegen prüfen, Grdz 39 vor § 128. § 295 ist unanwendbar.

8) *VwGO*: Gilt entsprechend, § 54 I VwGO; daher besteht auch beim BVerwG und beim OVG kein Anwalts- 9 zwang. Zum rechtsmißbräuchlichen bzw offensichtlich unschlüssigen Gesuch vgl BVerwG NJW, **97**, 3327 u **88**, 722 mwN, zustm KoppSch § 54 Rn 16, krit Roidl NVwZ **88**, 905, diff Meissner in SchSchmAP § 54 Rn 61–63, ferner OVG Bln NVwZ-RR **97**, 141. Unzulässig ist ein Gesuch, wenn über eine Selbstablehnung aus demselben Grund unanfechtbar entschieden worden ist, BVerwG Buchholz 303 § 42 ZPO Nr 3.

45 Entscheidung über das Ablehnungsgesuch.

^I Über das Ablehnungsgesuch entscheidet das Gericht, dem der Abgelehnte angehört, ohne dessen Mitwirkung.

^{II} ¹Wird ein Richter beim Amtsgericht abgelehnt, so entscheidet ein anderer Richter des Amtsgerichts über das Gesuch. ²Einer Entscheidung bedarf es nicht, wenn der abgelehnte Richter das Ablehnungsgesuch für begründet hält.

^{III} Wird das zur Entscheidung berufene Gericht durch Ausscheiden des abgelehnten Mitglieds beschlussunfähig, so entscheidet das im Rechtszug zunächst höhere Gericht.

Gliederung

1) Systematik, I–III 1	5) Ablehnung eines Richters beim Amts-
2) Regelungszweck, I–III 2	gericht, II 8–12
3) Geltungsbereich, I–III 3	A. Prüfungspflicht des Abgelehnten 8
4) Ablehnung eines Richters beim Kolle-	B. Unzulässigkeit des Gesuchs 9
gialgericht, I 4–7	C. Unbegründetheit des Gesuchs 10
A. Zuständigkeit des Gerichts des Abge-	D. Zulässigkeit und Begründetheit: Verfah-
lehnten 4	ren des Abgelehnten 11
B. Grundsatz: Ohne Mitwirkung des Ab-	E. Zulässigkeit und Begründetheit: Verfah-
gelehnten 5	ren des Vertreters 12
C. Ausnahme: Mitwirkung 6	6) Beschlußunfähigkeit, III 13
D. Selbstablehnung 7	7) *VwGO* 14

1) Systematik, I–III. Vgl zunächst Üb 1 vor § 41. § 42 nennt die Ablehnungsgründe. Zu ihnen zählen 1 auch die Ausschließungsgründe des § 41. §§ 44, 46 I regeln das Verfahren, ergänzt durch §§ 43, 45 II 2, 47. § 45 I, II 1, III behandeln den Vorgang der Entscheidung, ergänzt durch § 329. Daran schließt sich das in

§ 45   Buch 1. Abschnitt 1. Gerichte

§ 46 geregelte Rechtsmittelverfahren an. § 48 regelt den Sonderfall der Selbstablehnung vom Eintreten des entsprechenden Grundes an bis zur Entscheidung.

2 **2) Regelungszweck, I–III.** Vgl zunächst Üb 2 vor § 41. § 45 dient in allen Teilen der Prozeßwirtschaftlichkeit nach Grdz 14 vor § 128, vor allem in II. Die Vorschrift hat das Leitbild eines trotz etwaiger Ablehnbarkeit doch ehrbaren, im übrigen vertrauenswürdigen Richters vor Augen. Das kann auch gar nicht anders sein. Das gilt schon wegen des Grundgedankens eines gesetzlichen Richters nach Art 101 I 2 GG im Interesse der Rechtsstaatlichkeit, Einl III 15. Dieses Vertrauen trotz etwaiger Ablehnbarkeit sollte auch bei der Auslegung Ausdruck finden. Es liegt bis zur die Ablehnung bejahenden Entscheidung keine „Verurteilung" und selbst dann keine Bestrafung und nicht einmal stets ein Schuldspruch vor. Auch in den Gründen eines Ablehnungsbeschlusses dient die Justiz der Sache durch Zurückhaltung. Vgl auch Rn 12.

    Zweischneidig kann es allerdings sein, als „anderen" Richter nach II 1 im Geschäftsverteilungsplan den Ersten oder Zweiten Vertreter des Abgelehnten zu bestimmen oder mangels solcher Bestimmung den Vertreter auch nach dieser Vorschrift für zuständig halten zu müssen. Einerseits ist solche Lösung einfach. Auch mag der Vertreter mit der Sache nichts zu tun gehabt haben und sich jedenfalls im Sachgebiet auskennen. Andererseits muß er nun über den Abgelehnten zu Gericht sitzen. Ob das nicht besser durch einen nicht als Vertreter häufiger zur besonderen Kollegialität Aufgerufenen zu erledigen wäre, darüber kann man recht unterschiedlicher Meinung sein. Auch zum derzeit nicht als Vertreter tätigen Kollegen besteht ja evtl ein solches Verhältnis, daß man eine gewisse Befangenheit des nur nach II 1 zur Tätigkeit Verpflichteten nicht ausschließen kann. Grundsätzlich dürfte aber eine nicht durch Zuordnung als Vertreter verringerte kleine Distanz sehr wünschenswert sein, wenn schon zunächst ein direkter Kollege entscheiden muß.

3 **3) Geltungsbereich, I–III.** Vgl Üb 3 ff vor § 41.

4 **4) Ablehnung eines Richters beim Kollegialgericht, I.** Man muß wie folgt unterscheiden.

    A. Zuständigkeit des Gerichts des Abgelehnten. Hierher gehört die Ablehnung eines Richters beim LG, OLG, BayObLG, BGH. Über das Ablehnungsgesuch entscheidet grundsätzlich das Kollegium des Abgelehnten, § 44 Rn 4. Über die Ablehnung eines Einzelrichters entscheidet sein Kollegium, Düss JMBl NRW **78**, 68, Karlsr OLGZ **78**, 256, aM KG NJW **04**, 2104, Oldb RR **05**, 931. Dasselbe gilt bei der Ablehnung des Vorsitzenden der Kammer für Handelssachen, BayObLG MDR **80**, 237. Allerdings kann der Geschäftsverteilungsplan einen anderen Spruchkörper desselben „Gerichts" im Sinn von Hs 1 betrauen. Das muß wiederum das Kollegium sein. Das ist nämlich dann der „Spruchkörper". Das überliest KG NJW **04**, 2104.

5   **B. Grundsatz: Ohne Mitwirkung des Abgelehnten.** Der Abgelehnte wirkt in der Sache vom Eingang des Ablehnungsgesuchs an bis zur Entscheidung über die Ablehnung grundsätzlich nicht mehr mit, I, § 47 I. Er kann also dann, wenn mehrere Richter abgelehnt werden, auch nicht über die Ablehnung seinesgleichen gegenüber den anderen Kollegen entscheiden. Sein geschäftsplanmäßiger Vertreter tritt im Ablehnungsverfahren an seine Stelle. Das Gericht entscheidet also in voller Besetzung, LAG Köln BB **92**, 2084, zB einschließlich der Handelsrichter, § 21 e GVG Rn 3, BayObLG **80**, 364. Bei Rechtsmißbrauch gilt § 42 Rn 7.

6   **C. Ausnahme: Mitwirkung.** Die Abgelehnten dürfen und müssen unabhängig von der wahrscheinlichen Einführung des § 47 II doch über die Frage gerade der Befangenheit (anders als über die etwa unaufschiebbaren Sachfragen) kraft Gewohnheitsrechts ausnahmsweise selbst über ein unzulässiges Ablehnungsgesuch entscheiden, wenn sie das Gesuch als rechtsmißbräuchlich ansehen, § 42 Rn 7, BGH NJW **92**, 984, Brdb FamRZ **02**, 1042, Ffm FamRZ **96**, 418. Dann muß das höhere Gericht erst auf Grund einer sofortigen Beschwerde tätig werden, § 42 Rn 7, § 46 Rn 9. Daran ändern auch die Worte „ohne dessen Mitwirkung" nichts. Denn sie haben nicht den Fall des Rechtsmißbrauch im Sinn. Mangels Willkür des Gerichts liegt dann auch kein Verstoß gegen das Gebot des gesetzlichen Richters vor, HessStGH RR **02**, 501.

7   **D. Selbstablehnung.** Im Fall einer Selbstablehnung ist § 48 anwendbar.

8 **5) Ablehnung eines Richters beim Amtsgericht, II,** dazu *Schneider* MDR **01**, 1399 (krit): Die Vorschrift weicht von I ab.

    A. Prüfungspflicht des Abgelehnten. Wenn ein Amtsrichter abgelehnt wird, auch zB als Familienrichter oder als verordneter Richter nach §§ 361, 362, darf und muß er wegen II 2 zunächst selbst im Rahmen eines pflichtgemäßen Ermessens prüfen, ob er das Ablehnungsgesuch für zulässig und begründet hält. In diesem Rahmen darf und muß er das Gesuch mit dem Antragsteller und/oder mit der Gegenpartei des Antragstellers erörtern. Er darf und muß sogar Ermittlungen usw anstellen, Grdz 38 vor § 128, soweit solche Handlungen nach § 47 keinen Aufschub gestatten oder soweit sie zu seiner Entscheidungsbildung über die Zulässigkeit und Begründetheit des Antrags unvermeidbar sind. Bei solchen Handlungen sollte der abgelehnte Richter besondere Zurückhaltung üben. Er sollte aber besonders zügig und jedenfalls unverzüglich vorgehen, vgl § 121 I 1 BGB. Bis zu seiner Meinungsbildung darüber, ob das Gesuch zulässig und begründet ist, bleibt er in jeder Beziehung zuständig. Seine Handlungen sind wirksam, auch beim Verstoß gegen § 47.

9   **B. Unzulässigkeit des Gesuchs.** Soweit eine Entscheidung des abgelehnten Richters nicht mehr in Betracht kommt, fehlt das Rechtsschutzbedürfnis, Grdz 33 vor § 253, BayObLG MDR **00**, 52, Zweibr FamRZ **00**, 1287. Wenn der Amtsrichter zB auch als Familienrichter das Ablehnungsgesuch nach den Grundsätzen Rn 7 etwa nach § 42 Rn 4 wegen Rechtsmißbrauchs für unzulässig hält, darf und muß er selbst das Gesuch kraft Gewohnheitsrechts zurückweisen, Ffm n 6, Pentz NJW **99**, 2000.

10   **C. Unbegründetheit des Gesuchs.** Wenn der Amtsrichter das Ablehnungsgesuch für zulässig, aber für unbegründet hält, auch als Familienrichter, darf er nur noch solche Handlungen vornehmen, die keinen Aufschub gestatten, § 47. Im übrigen muß der Amtsrichter die Akten unverzüglich „einem anderen Richter" seines AG nach II 1 vorlegen, auch als Familienrichter.

    Die vorstehende Regel gilt auch dann, wenn sich der Richter in der Sache selbst für unzuständig hält, solange er das Verfahren nicht wirksam abgegeben oder verwiesen hat. Denn es kommt darauf an, wer

Titel 4. Ausschließung und Ablehnung der Gerichtspersonen §§ 45, 46

entscheiden *würde,* nicht darauf, wer entscheiden *müßte.* Über ein Ablehnungsgesuch gegenüber einem ersuchten Amtsrichter nach § 362, auch als Familienrichter, entscheidet ebenfalls ein anderer Richter seines FamG (AG).

Anderer Richter ist der im Geschäftsverteilungsplan etwa für den Abgelehnten speziell nach II 1 bestimmte Kollege. Mangels solcher Spezialregelung für eine oder mehrere Abteilungen oder Dezernate wird der nach dem Geschäftsverteilungsplan allgemeine Vertreter zuständig. Zu dieser Problematik Rn 2. Eine Einzelfall-Zuständigkeitsregelung wäre mit Art 101 I 2 GG unvereinbar. Notfalls ist III auch bei II 1 anwendbar.

D. Zulässigkeit und Begründetheit: Verfahren des Abgelehnten. Wenn der Amtsrichter, auch als **11** Familienrichter, im Verfahren nach Rn 4–8 zu dem Ergebnis kommt, das Ablehnungsgesuch sei zulässig und begründet, muß er in den Hauptakte einen entsprechenden kurzen Aktenvermerk machen. Er braucht seine Ansicht nicht näher zu begründen. Wenn das Ablehnungsgesuch allerdings nur für ihn voll verständlich ist, nicht für einen Dritten, ist eine jedenfalls stichwortartige Begründung der Ansicht des Amtsrichters ratsam und zur Vermeidung unliebsamer Vorwürfe auch je nach der Sachlage notwendig, Ffm FamRZ **98**, 378. Der abgelehnte Amtsrichter scheidet, auch als Familienrichter, mit diesem Aktenvermerk aus der Zuständigkeit aus. Die Geschäftsstelle muß die Akte dann nach Rn 10 geschäftsplanmäßigen Vertreter vorlegen, nicht etwa dem jeweils vorgeordneten LG oder OLG.

E. Zulässigkeit und Begründetheit: Verfahren des Vertreters. Der nach Rn 10 geschäftsplanmäßige **12** Vertreter ist an die Ansicht des Ausgeschiedenen keineswegs gebunden. Er tritt an die Stelle des Ausgeschiedenen. Wenn sich weder aus dem Ablehnungsgesuch noch aus dem Aktenvermerk des Ausgeschiedenen irgendeine auch nur halbwegs erkennbare sachliche Begründetheit des Gesuchs ergibt, darf der Vertreter den Ausgeschiedenen um eine ergänzende Stellungnahme ersuchen. Denn auch der Vertreter muß in jeder Lage des Verfahrens prüfen, ob er überhaupt tätig werden darf, Ffm FamRZ **89**, 519. Notfalls muß der Vertreter nach § 36 I Z 1 eine Bestimmung des zuständigen Amtsrichters herbeiführen, auch einer solche des Familienrichters, Ffm FamRZ **89**, 519 (wendet zu II 1 aF den § 36 I Z 6 an).

Das darf natürlich nicht dazu führen, daß der Vertreter eine nach seiner Meinung nicht überzeugende Haltung des Abgelehnten zum Vorwand nimmt, die *lästige Mehrarbeit* auf diesen *zurückübertragen* zu lassen, wie es in der Praxis tatsächlich vorkommt. Das Gesetz hat es in II 2 dem Abgelehnten und nicht dessen Vertreter und schon gar nicht der höheren Instanz anvertraut, ob er sich einem Ablehnungsgesuch anschließt, und von ihm gerade nicht eine förmliche Entscheidung mit Gründen verlangt. Man kann Artt 2 I, 20 III GG (Rpfl), BVerfG **101**, 404, Art 103 I GG (Richter) auch aus Bequemlichkeit überstrapazieren. Auch solche Art Rechtsmißbrauch, diesmal durch Richter, ist verboten, Einl III 54 (Rechtsbeugung!?).

6) Beschlußunfähigkeit, III. Das im Rechtszug zunächst höhere Gericht des § 119 I GVG darf erst und **13** muß grundsätzlich dann über das Ablehnungsgesuch entscheiden, wenn das ganze untere Gericht durch das Ablehnungsgesuch beschlußunfähig wird, Ffm MDR **89**, 168. Es darf keine Ergänzung durch einen zu diesem Zweck herangezogenen Hilfsrichter stattfinden. Wegen Rechtsmißbrauchs § 46 Rn 3, Brdb FamRZ **00**, 897, Brschw MDR **00**, 846, Ffm MDR **89**, 168. III gilt sowohl bei I als auch bei II. Das ergibt sich aus der selbständigen Stellung der Vorschrift in einem eigenen Absatz.

7) VwGO: I gilt entsprechend, § 54 I VwGO; die ehrenamtlichen Richter wirken nur bei einer Entscheidung in der **14** mündlichen Verhandlung mit, RedOe § 54 Anm 17. Über die Ablehnung des Einzelrichters entscheidet die Kammer, VGH Kassel NVwZ **97**, 311 mwN. Zur Entscheidung durch die abgelehnten Richter über ein mißbräuchliches oder offensichtlich unschlüssiges Gesuch, oben Rn 6, s BVerwG Buchholz 310 § 138 Z 1 Nr 28 u NJW **88**, 722 mwN, krit Roidl NVwZ **88**, 905 (dazu Schwintuchowski NVwZ **89**, 1144), OVG Bln NVwZ-RR **97**, 141; zur entspr Anwendung von § 295 vgl BVerwG NJW **92**, 1186. II ist unanwendbar, weil die VerwGerichte stets Kollegialgerichte sind. III gilt entspr, § 54 I VwGO.

46 *Entscheidung und Rechtsmittel.* ¹Die Entscheidung über das Ablehnungsgesuch ergeht durch Beschluss.

II Gegen den Beschluss, durch den das Gesuch für begründet erklärt wird, findet kein Rechtsmittel, gegen den Beschluss, durch den das Gesuch für unbegründet erklärt wird, findet sofortige Beschwerde statt.

Gliederung

1) Systematik, I, II 1	6) Bei Zurückweisung: Sofortige Beschwerde, II Hs 2 9–16
2) Regelungszweck, I, II 2	A. Zulässigkeit 9, 10
3) Geltungsbereich, I, II 3	B. Anwaltszwang 11
4) Verfahren, I 4–7	C. Weitere Einzelfragen 12, 13
A. Amtsermittlung 4	D. Gegenstandslosigkeit 14–16
B. Unterbleiben der Bearbeitung 5	7) Verfassungsbeschwerde, I, II 17
C. Entscheidung 6	8) Kosten, I, II 18
D. Gebühren 7	9) VwGO 19
5) Rechtsbehelfe gegen Stattgabe, II Hs 1 8	

1) Systematik, I, II. Die Vorschrift regelt in I das Verfahren jeder Instanz ab Eingang des Ablehnungsgesuchs oder der Selbstablehnungsanzeige nach § 48 bis zur Entscheidungsreife. Demgegenüber betrifft § 45 I, II 1 die Entscheidung selbst. II nennt das Rechtsmittelsystem, ergänzt durch §§ 567 ff.

2) Regelungszweck, I, II. I dient der Prozeßförderung und Prozeßwirtschaftlichkeit, Grdz 12, 14 vor **2** § 128. II dient der Gerechtigkeit nach Einl III 9 in einer verfassungsrechtlich nicht zwingend gebotenen, auf

§ 46

diesem wichtigen, aber nicht alles überragenden Nebenschauplatz keineswegs von einem gewissen Luxus der Rechtsgewährung ganz freien Weise. Es gibt eine gewisse verborgene Befangenheit nach Üb 2 vor § 41. Vor ihr kann auch der um größte Redlichkeit bemühte Richter einmal stehen. Gegen sie schützt kein Rechtsmittel, sondern eine vertrauensbemühte Haltung am wirksamsten.

3 3) **Geltungsbereich, I, II.** Vgl Üb 3 ff vor § 41. Wegen II s Rn 9.

4 4) **Verfahren, I.** Das Verfahren erfordert Behutsamkeit.

A. Amtsermittlung. Die Entscheidung über das Ablehnungsgesuch erfolgt auf Grund einer freigestellten mündlichen Verhandlung, § 128 IV, BFH DB **92**, 2122. Das Gericht muß den Sachverhalt von Amts wegen ermitteln, Grdz 38 vor § 128, Ffm OLGZ **80**, 110. Denn das Verfahren hat eine öffentliche Bedeutung. Das rechtliche Gehör ist zur dienstlichen Äußerung zumindest vor einer Zurückweisung des Ablehnungsgesuchs notwendig, soweit sie ihm gegenüber neue Gesichtspunkte enthält, § 44 Rn 7. Das Gericht muß den Prozeßgegner des Ablehnenden in diesem Zwischenverfahren nur insoweit hören, als er auch gerade an den Ablehnungsumständen beteiligt ist, Schlesw SchlHA **89**, 131.

5 B. Unterbleiben der Bearbeitung. Das Gericht braucht kein Ablehnungsgesuch zu bearbeiten, das lediglich unflätige oder hemmungslose Beschimpfungen usw enthält, Einl III 62 ff, § 42 Rn 7, BFH RR **96**, 702. Freilich muß das Gericht selbst in einem solchen Fall prüfen, ob hinter den Schimpfereien ein ernstzunehmender Antrag steckt, Walchshöfer MDR **75**, 12. Man kann zwischen einem böswilligen und deshalb unbeachtlichen Vortrag und einem solchen unterscheiden, der zwar objektiv unsachlich ist, den man aber dem Absender nicht vorwerfen kann und den man deswegen bescheiden muß, Stgt NJW **77**, 112.

Die *Grenze* zwischen den danach beachtlichen und unbeachtlichen Eingaben ist fließend. Auch sollte im Zweifel eine Entscheidung ergehen. Allerdings ist die ängstliche Bearbeitung auch einer offensichtlich von Unbeherrschtheit und Polemik und nicht von sachlichen Gründe getragenen Eingabe des Gerichts unwürdig und fördert nur einen Querulanten. Die Gründe der Nichtbearbeitung eines solchen Gesuchs sollten in einem Aktenvermerk skizziert werden. Im Fall solchen Rechtsmißbrauchs ergeht keine gesonderte Entscheidung über das Ablehnungsgesuch. Infolgedessen ist auch kein gesondertes Rechtsmittel zulässig, BFH RR **96**, 701 (kurze Erwähnung im Urteil genügt).

6 C. Entscheidung. Soweit die Bearbeitung nicht nach Rn 5 unterbleibt und der Ablehnende sein Gesuch nicht zurückgenommen hat, BVerwG NJW **92**, 1186, muß das Gericht über das Ablehnungsgesuch abschließend entscheiden, BayObLG **86**, 367, KG MDR **88**, 237. Das gilt auch dann, wenn nach § 227 eine Vertagung im Prozeß stattfand und wenn das Prozeßgericht im neuen Termin auch ohne den Abgelehnten tätig wurde.

Die Entscheidung ergeht in der Form eines *Beschlusses*, I, § 329. Das Gericht weist das Gesuch als unzulässig oder unbegründet zurück oder gibt ihm statt, indem es die Befangenheit feststellt oder auch nur das Gesuch für begründet erklärt. Das Gericht muß seinen Beschluß grundsätzlich begründen, § 329 Rn 4, Brdb OLGR **00**, 23. Das gilt auch im Fall der Stattgabe. Eine formelhafte Wiederholung des Gesetzestextes ist keine Begründung, Düss FamRZ **78**, 919. Nach einer mündlichen Verhandlung verkündet das Gericht seinen Beschluß nach § 329 I 1 oder übermittelt ihn schriftlich.

Im Verfahren *ohne* eine mündliche Verhandlung findet eine schriftliche Mitteilung statt. Soweit das Gericht dem Ablehnungsantrag stattgibt, teilt es die Entscheidung beiden Parteien formlos mit, II 1 in Verbindung mit § 329 II 1. Einen ablehnenden Beschluß stellt das Gericht dem Antragsteller wegen II 2 förmlich zu, § 329 III. Im Fall einer Selbstablehnung ist § 48 anwendbar. Die Entscheidung wirkt nur für das in ihr bezeichnete einzelne Verfahren, BayObLG Rpfleger **80**, 194.

7 D. Gebühren. Des Gerichts: Keine; des Anwalts: § 19 I 2 Z 13 RVG. Wegen der Kostenerstattung § 91 Rn 70. Streitwert: Anh § 3 Rn 3. Vgl auch Rn 18.

8 5) **Rechtsbehelfe gegen Stattgabe, II Hs 1.** Es gibt grundsätzlich keinen Rechtsbehelf, BGH VersR **95**, 317 (auch keine Überprüfung durch das Revisionsgericht). Wenn das Gericht jedoch das rechtliche Gehör verletzt hat, Art 103 I GG, ist die sofortige Beschwerde zulässig, soweit diese überhaupt statthaft ist, Rn 5, Ffm RR **95**, 831, Stgt RR **03**, 494. Gegen eine Entscheidung des OLG oder des LG als Beschwerdegericht kommt nur eine Rechtsbeschwerde unter den Voraussetzungen des § 574 in Betracht, Karlsr MDR **03**, 651, Köln OLGR **03**, 140, Stgt RR **03**, 494. Ferner kommt nur in den engen Grenzen Grdz 3 vor § 567 eine Gegenvorstellung in Betracht, BGH VersR **95**, 317, KG MDR **00**, 169. Schwarze ZZP **117**, 260 stellt darauf ab, ob die Partei eine Rüge nach § 43 schuldlos versäumt hat.

9 6) **Bei Zurückweisung: Sofortige Beschwerde, II Hs 2.** Die Regelung ist kompliziert.

A. Zulässigkeit. Die sofortige Beschwerde ist nach § 567 I Z 1 zulässig, BayObLG FGPrax **04**, 95, soweit das Gericht ein Ablehnungsgesuch als unzulässig verworfen hat, BayObLG WoM **93**, 212 (der Abgelehnte hat wegen Rechtsmißbrauchs des Ablehnenden selbst entschieden), Bre MDR **98**, 1242, Pentz NJW **99**, 2003, am Köln MDR **79**, 850, Schneider MDR **99**, 18 (aber das unterläuft gerade die Möglichkeit § 42 Rn 7). Die sofortige Beschwerde ist ferner grundsätzlich (Ausnahme s unten) zulässig, soweit der abgelehnte Richter das Ablehnungsgesuch wegen Rechtsmißbrauchs selbst zurückgewiesen hatte, Einl III 54, § 45 Rn 9, Bre MDR **98**, 1242. Die sofortige Beschwerde ist ferner zulässig, soweit das Gericht ein Ablehnungsgesuch als unbegründet zurückgewiesen hat, BGH FamRZ **04**, 618 links (FGG). Gegen die Zurückweisung durch das Berufungsgericht ist keine sofortige Beschwerde an das OLG (mehr) zulässig, BGH BB **05**, 240, Düss MDR **04**, 412, Köln NJW **04**, 619, sondern allenfalls Rechtsbeschwerde nach § 574, BGH FamRZ **05**, 261 (nur bei ihrer Zulassung nach § 574 Z 2). Das gilt auch bei erstmaliger Befangenheitsentscheidung als unbegründet in der Berufungsinstanz, Düss MDR **04**, 412. Gegen die Zurückweisung durch das FG ist keine Gegenvorstellung zulässig, FG Kassel NVwZ **03**, 792.

In einer *Familiensache* entscheidet der Familiensenat, nicht der Zivilsenat, BGH FamRZ **86**, 1197, Bergerfurth FamRZ **87**, 28.

10 Im *Arbeitsgerichtverfahren* muß man trotz der grundsätzlichen Unanfechtbarkeit auch des zurückweisenden Beschlusses nach § 49 III ArbGG mit Rücksicht auf Art 101 I 2 GG eine Überprüfung zumindest dann

Titel 4. Ausschließung und Ablehnung der Gerichtspersonen §§ 46, 47

zulassen, wenn das untere Gericht das Ablehnungsgesuch unter der Mitwirkung des Abgelehnten als rechtsmißbräuchlich zurückgewiesen hatte, LAG Köln BB **92**, 2084, aM LAG Düss MDR **02**, 476. Freilich ist keine weitere Beschwerde statthaft, Rn 13. § 86 I PatG verweist nicht mit auf § 46 II ZPO, BGH **95**, 306. In einer Patentsache ist II gegenüber einer ablehnenden Entscheidung des BPatG schon deshalb unanwendbar, weil § 86 I PatG nicht auf II mitverweist, BGH **110**, 26. In einer FGG-Sache ist die Entscheidung des OLG unanfechtbar, BGH Rpfleger **03**, 239.

B. Anwaltszwang. Ein Anwaltszwang nach § 78 Rn 1 besteht in der Regel nur für den Antragsteller. **11** Das gilt freilich mit der Einschränkung (jetzt) der §§ 569 III, 78 V Hs 2, KG MDR **83**, 60, Köln MDR **96**, 1182. Ein Anwaltszwang besteht, wenn überhaupt, auch für die Gegenpartei, soweit sie sich den Ablehnungsgrund zu eigen macht und soweit sie ein eigenes Ablehnungsrecht nicht verloren hat. Denn es wäre sinnlos, die Gegenpartei auf ein neues Ablehnungsgesuch zu verweisen. Das gilt auch dann, wenn der Abgelehnte selbst entschieden hat.

Soweit allerdings ein Ablehnungsgesuch in *Prozeßkostenhilfeverfahren* gestellt war, besteht kein Anwaltszwang, Brdb MDR **00**, 105.

C. Weitere Einzelfragen. Ein neuer Ablehnungsgrund ist im Beschwerdeverfahren im Rahmen von **12** § 571 II beachtlich. Das Rechtsmittel hat trotz § 570 I doch bei § 47 eine aufschiebende Wirkung, so schon Günther MDR **89**, 691. Das gilt aber nicht im Fall des Rechtsmißbrauchs, Einl III 54, § 42 Rn 7, Engel Rpfleger **81**, 85. Schon deshalb muß das Rechtsmittelgericht in der Begründung einen Rechtsmißbrauch als solchen bezeichnen, Engel Rpfleger **81**, 84. Das Rechtsmittelgericht muß den Betroffenen vor einer ihm nachteiligen Entscheidung anhören, Art 103 I GG, Rn 1, BVerfG **34**, 346, Ffm MDR **79**, 940, VGH Kassel NJW **83**, 901. Durch diese Anhörung heilt der Mangel einer erstinstanzlichen Anhörung, KblZ OLGZ **77**, 111, VGH Kassel NJW **83**, 901. Der Rechtsmittelzug bleibt unverändert, wenn der Amtsrichter, das Familienrichter, das Ablehnungsgesuch als unzulässig zurückgewiesen hat, KG (17. FamS) FamRZ **85**, 730, aM KG (11. ZS) MDR **83**, 60 (aber es darf keine Verkürzung des Rechtszugs eintreten). Eine rechtskräftige Entscheidung über das Ablehnungsgesuch bindet die Beteiligten in diesem Verfahren.

Eine *weitere Beschwerde* ist grundsätzlich unzulässig, BayObLG FGPrax **04**, 95 (Ausnahme: Notarkostenbe- **13** schwerde, § 156 KostO). Vielmehr kommt unter den Voraussetzungen des § 574 eine Rechtsbeschwerde in Betracht, BayObLG WoM **03**, 536, Karlsr WoM **03**, 536 (beide meinen in Wahrheit diese Rechtsbeschwerde). Eine zurückweisende Entscheidung des OLG ist in der Revisionsinstanz wegen (jetzt) § 537 II nicht nachprüfbar, BGH **85**, 148. Wegen der FGG-Verfahrens BGH FamRZ **04**, 618 links.

D. Gegenstandslosigkeit. Sie tritt ein, wenn der Abgelehnte ohne Sachentscheidung aus dem Prozeß **14** ausgeschieden ist, BayObLG **02**, 101, Karlsr OLGR **02**, 286. Soweit im übrigen der abgelehnte Richter eine die Instanz beendende Entscheidung gefällt hat, vor allem ein streitmäßiges Endurteil, wird die sofortige Beschwerde vorbehaltlich des Rechtsmittel gegen das Urteil gegenstandslos, BGH NJW **81**, 1274, BFH RR **96**, 57, BayObLG FamRZ **94**, 1270, aM BayObLG WoM **94**, 410, Kblz RR **92**, 1464, ZöV 18 a (aber was soll dann eigentlich noch insoweit geschehen, Üb 19 vor § 300?).

Das Gericht muß ein trotzdem aufrechterhaltenes Gesuch mangels fortbestehenden Rechtsschutzbedürf- **15** nisses als unzulässig *verwerfen*, Grdz 33 vor § 253 KG FamRZ **86**, 1024. Dasselbe gilt, wenn der abgelehnte Richter zwar inzwischen aus dem Spruchkörper ausgeschieden ist, aber eine selbständig anfechtbare, noch nicht rechtskräftige Zwischenentscheidung erlassen hatte, aM BayObLG **94**, 1269, Karlsr ZMR **02**, 778 (Erledigung der Hauptsache). Aber das Fehlen eines Rechtsschutzbedürfnisses geht bei der Prüfung systematisch vor). Der abgelehnte Richter sollte außer im Fall einer offensichtlichen Verschleppung keinesfalls noch ein solches streitmäßiges Endurteil fällen. Die Mitwirkung des abgelehnten Richters an einem solchen Urteil begründet weder eine Revision noch eine Nichtigkeitsklage. Denn die Ablehnung war nicht zur Zeit der Entscheidung „für begründet erklärt worden", § 47 Rn 10.

Dagegen ist die sofortige Beschwerde nicht gegenstandslos, soweit der abgelehnte Richter über denjenigen **16** Rechtsbehelf entschieden hat, der zu einer *Fortsetzung* des Verfahrens vor demselben Richter führen kann, wie der Einspruch oder ein Verfahren nach § 321 a, oder soweit der abgelehnte Richter im Urkundenprozeß ein Vorbehaltsurteil erlassen hat, Ffm NJW **86**, 1000, oder soweit er zB in einer anderen als der schon entschiedenen Folgesache tätig werden kann, KG FamRZ **86**, 1023. Zu Einzelfragen Günther MDR **89**, 693.

7) Verfassungsbeschwerde, I, II. Sie ist statthaft, soweit die letztinstanzliche Entscheidung auf einer **17** willkürlichen Erwägung beruht, BVerfG NJW **95**, 2914, BayVerfGH NJW **82**, 1746.

8) Kosten, I, II. Im Fall der Erfolglosigkeit ist § 97 I anwendbar aM Ffm RR **92**, 510, Zweibr FamRZ **18** **93**, 577, OVG Bautzen MDR **92**, 1006. Wegen der Kostenfolgen in einer WEG-Sache Karlsr ZMR **02**, 778. Im Fall des Erfolgs nach § 97 Rn 42 sind die Kosten solche des Prozesses, Ffm RR **86**, 740, Mü MDR **94**, 627, VGH Kassel NJW **83**, 902. Vgl auch Rn 7.

Gebühren: Des Gerichts: KV 1811 (Beschwerdeinstanz); des Anwalts: § 19 I 2 Z 13 RVG, VV 3500. Wegen der Kostenerstattung § 91 Rn 70. Streitwert: § 3 Anh Rn 3.

9) VwGO: I ist entsprechend anwendbar, § 54 I VwGO, **II** ist seit dem 1. 1. 97 unanwendbar: nach § 146 II **19** VwGO idF des 6. ÄndG v 1. 11. 96, BGBl 1626, ist eine Beschwerde stets ausgeschlossen, OVG Münst NVwZ-RR **98**, 600.

47 *Unaufschiebbare Amtshandlungen.* [1] Ein abgelehnter Richter hat vor Erledigung des Ablehnungsgesuchs nur solche Handlungen vorzunehmen, die keinen Aufschub gestatten.

[II] [1] Wird ein Richter während der Verhandlung abgelehnt und würde die Entscheidung über die Ablehnung eine Vertagung der Verhandlung erfordern, so kann der Termin unter Mitwirkung des abgelehnten Richters fortgesetzt werden. [2] Wird die Ablehnung für begründet erklärt, so ist der nach Anbringung des Ablehnungsgesuchs liegende Teil der Verhandlung zu wiederholen.

§ 47

Vorbem. II angefügt dch Art 1 Z 2 des 1. JuMoG v 24. 8. 04, BGBl 2198, in Kraft seit 1. 9. 04, Art 14 S 1 des JuMoG, ÜbergangsR Einl III 78.

Gliederung

1) Systematik I, II	1	7) Verstoß I, II		10, 11
2) Regelungszweck I, II	2	A. Zurückweisung des Gesuchs		10
3) Geltungsbereich I, II	3	B. Stattgeben		11
4) Vor Erledigung des Gesuchs I, II	4	C. Sachentscheidung ohne Ablehnungsentscheidung		12
5) Begriff der Unaufschiebbarkeit I, II	5	8) VwGO		13
6) Beispiele zur Frage der Unaufschiebbarkeit I, II	6–9			

1 **1) Systematik, I, II.** Die Vorschrift nennt zwei praktisch unentbehrliche Ausnahmen von dem Grundsatz, daß der für ablehnbar Erachtete vor Erledigung dieses Zwischenstreits nicht tätig werden darf, wie es in § 47 ebenfalls zum Ausdruck kommt. Schneider AnwBl **03**, 548 hält II für einen Verstoß gegen Art 101 I 2 GG.

2 **2) Regelungszweck, I, II.** Die Vorschrift dient der Gerechtigkeit nach Einl III 9 wie auch der richtig verstandenen Prozeßwirtschaftlichkeit, Grdz 14 vor § 128. Sie dient auch dem rechtlichen Gehör, Art 103 I GG. Die Auslegung darf weder dazu führen, den einfach ungerührt Weiteramtierenden übermäßig zu schützen, noch dazu, den im Interesse der drängenden Sache mutig das Nötigste regelnden Richter nun auch noch in schwerste strafrechtliche Gefahr zu bringen (§ 336 StGB?). Man sollte ein würdeloses Hin und Her vermeiden.

3 **3) Geltungsbereich, I, II.** Vgl Üb 3 ff vor § 41. Die Vorschrift gilt nicht bei Rechtsmißbrauch, Einl III 54, § 42 Rn 7. II erfaßt nur unaufschiebbare Handlungen zur Sache, nicht aber die allein in § 45 geregelte spezielle Ablehnungsfrage.

4 **4) Vor Erledigung des Gesuchs, I, II.** Grundsätzlich erst nach der Erledigung des Ablehnungsgesuchs nimmt der Prozeß seinen gewöhnlichen Fortgang, BayVerfGH BayVBl **00**, 508. Erst jetzt muß man zB die Folgen eines Nichtverhandelns tragen, BGH RR **86**, 1254. Eine Notfrist bleibt bestehen, BAG BB **00**, 1948. I 1 schränkt den Grundsatz I nur vorübergehend ein. § 47 betrifft den Zeitraum vom Eingang des Ablehnungsgesuchs an, Ffm NJW **98**, 1238 (Kenntnis ist unerheblich), bis zur Erledigung des Gesuchs. Darunter muß man die rechtskräftige Beendigung des Ablehnungsverfahrens verstehen, BFH BB **75**, 259, Brdb RR **00**, 1092, Köln RR **00**, 592, aM Ffm MDR **92**, 409, OVG Bln MDR **97**, 97, OVG Münst NJW **90**, 1749 (aber das wäre schon wegen Art 101 I 2 GG problematisch und auch höchst unpraktisch, weil zum Hin und Her führend, Rn 2). Auch eine Zurückweisung nach § 46 II Hs 2 durch das OLG wirkt erledigend, BGH BB **05**, 240.

Ein *ausgeschlossener* Richter darf im vorliegenden Verfahren ohnehin keine Amtshandlung mehr vornehmen, BayObLG Rpfleger **80**, 194 (nur in diesem). Er darf insbesondere nichts zur Beeinflussung der Entscheidung über sein Ablehnungsgesuch tun, soweit es nicht um die dienstliche Äußerung nach § 44 III geht.

5 **5) Begriff der Unaufschiebbarkeit, I, II.** Ein abgelehnter Richter darf über die nach I geltenden Möglichkeiten nach II hinaus in *dieser* Sache zumindest stets solche Handlungen vornehmen, die keinen Aufschub dulden. Der Amtsrichter auch als Familienrichter, der das Gesuch für begründet hält, steht an sich einem ausgeschlossenen Richter gleich, § 45 II 2. Er kann aber unter Umständen ebenfalls noch unaufschiebbare Handlungen vornehmen. Er darf und muß in einem Parallelverfahren usw bis zum dortigen Ablehnungsgesuch wie sonst tätig sein, BayObLG Rpfleger **80**, 193. „Keinen Aufschub gestatten" solche Handlungen, die einer Partei wesentliche Nachteile ersparen, BPatG GRUR **85**, 373, Weber Rpfleger **83**, 491, oder die zur Vermeidung von Gefahr in Verzug erfolgen, Rn 7.

6 **6) Beispiele zur Frage der Unaufschiebbarkeit, I, II**
Aktenbehandlung: Unaufschiebbar sind grds alle Maßnahmen zur Weiter- oder Zurückleitung etwa irrig erneut vorgelegter oder sonstwie noch beim abgelehnten Richter befindlicher Akten einschließlich der zum Verständnis erforderlichen Vermerke oder Anordnungen an die Geschäftsstelle.
Arrest, einstweilige Verfügung: Unaufschiebbar ist grds jede Maßnahme in einem dieser Eilverfahren, LG Konst Rpfleger **83**, 491, auch durch ein Urteil bei Entscheidungsreife. Freilich mag zB nach einer fristsetzenden Verfügung etwa bei Gelegenheit zur gegnerischen Stellungnahme sogleich anschließend an die Verfügung das Verfahren nach §§ 42 ff Vorrang haben.
Beweis: Rn 7 „Gefahr im Verzug", Rn 8 „Selbständiges Beweisverfahren".
Dienstliche Äußerung: Die Äußerung nach § 44 III ist natürlich schon wegen ihrer dort bestimmten Notwendigkeit zugleich nach § 47 zulässig, auch wenn das höhere Gericht zB ihre Ergänzung erst nach Wochen oder Monaten erbittet.
Einstweilige Anordnung: Es gelten dieselben Regeln bei „Arrest, einstweilige Verfügung".
Endurteil: Unaufschiebbar kann ausnahmsweise sogar ein Endurteil sein, falls der Prozeßgegner es dringend benötigt. Rechtsfolgen: § 46 Rn 14. Das alles gilt unabhängig davon, ob und wie das Endurteil anfechtbar ist.
Entlassung: Unaufschiebbar ist die Entlassung von geladenen Personen einschließlich der notwendigen Anweisungen zu ihrer Entschädigung und zu ihren weiteren Obliegenheiten usw.
Fristsetzung: Rn 8 „Stellungnahme".
7 Gefahr im Verzug: Unaufschiebbar ist jede Maßnahme im Fall einer Gefahr im Verzug, BPatG GRUR **85**, 373, Celle RR **89**, 569, LG Konst Rpfleger **83**, 491.

Titel 4. Ausschließung und Ablehnung der Gerichtspersonen **§ 47**

Insolvenz: Unaufschiebbar sind grds alle ihrer Natur nach besonders eilbedürftigen Maßnahmen, auch eine im Interesse der Gläubiger möglichst bald durchzuführende, bereits anberaumte oder sogar noch anzuberaumende Schlußverteilung, BVerfG KTS **88**, 311.

Protokoll: Unaufschiebbar und ja auch grds dringend geboten ist die Anfertigung, Fertigstellung oder Berichtigung des Protokolls. Das gilt, zumal die höhere Instanz es ja meist ohnehin wegen Abwesenheit während der Verhandlung nicht selbst ändern darf.

Rechtsmißbrauch: Einl III 54, § 42 Rn 7 ff.

Rechtsmittelanfrage: Sie ist zur Klärung der Frage erforderlich, ob das Ablehnungsgesuch im Sinn von § 47 erledigt ist. Das gilt zB dann, wenn rechtsirrig oder -mißbräuchlich etwa die höhere Instanz eine gesetzlich gar nicht vorgesehene Entscheidung getroffen hat, zB nach einer wirksamen Anschließung des Amtsrichters nach § 45 II 2, auch vorsorglich.

Sie ist aber *grds nicht* unaufschiebbar. Denn sie ist Aufgabe des Vertreters des Abgelehnten, falls die Geschäftsstelle sie nicht von sich aus vornimmt. Die Dienstaufsicht darf und muß seine Weigerung und Untätigkeit rügen. Die Partei kann das anregen.

Selbständiges Beweisverfahren: Unaufschiebbar ist grds jede Maßnahme in diesem Verfahren, §§ 485 ff. **8** Freilich mag zB nach einer fristsetzenden Verfügung etwa bei Gelegenheit zur Stellungnahme sogleich anschließend an die Verfügung das Verfahren nach §§ 42 ff Vorrang haben.

Sitzungsgewalt: Unaufschiebbar sind grds jede Maßnahme zur Aufrechterhaltung der Ordnung usw, §§ 176 ff GVG. Andernfalls könnte jedermann durch irgendwelche Unverschämtheit jede Sitzung zu Fall bringen. Freilich mag zB eine Verhängung von Ordnungsgeld wegen Ungebühr im Einzelfall deshalb noch nicht unaufschiebbar sein, weil ein anderer Beteiligter ein Ablehnungsgesuch aus anderem Grund gestellt hat und deshalb die Sitzung ohnehin abgebrochen werden muß. Das ändert nichts an der etwaigen Unaufschiebbarkeit wegen einer nach einem Ablehnungsgesuch eingetretenen Ungebühr.

Sommersache: Rn 9 „Terminsaufhebung".

Stellungnahme: Unaufschiebbar ist die fristsetzende Verfügung, durch die der Abgelehnte dem Prozeßgegner Gelegenheit zur Stellungnahme vor einer Entscheidung gibt, ob der Abgelehnte sich nach § 45 II 2 anschließt sowie welche dienstliche Äußerung er zu den Akten gibt.

Terminierung: Unaufschiebbar ist insbesondere in einer Sommersache nach § 227 III 2 grds die vorsorg- **9** liche Aufhebung oder Verlegung jedenfalls desjenigen Termins, der bereits so dicht bevorsteht, daß der abgelehnte oder sich selbst nach § 48 als auch nur evtl befangen fühlende Richter bei Einschätzung der voraussichtlichen Dauer bis zur Erledigung des Ablehnungsverfahrens und daher auch bis zur Rückkehr einer Rechtsmittelanfrage nicht mit der Klärung bis zum Termin rechnen kann. Vgl BPatG GRUR **85**, 373. Unaufschiebbar sein kann die Beendigung des Termin, II 1, Rn 9 „Versteigerungstermin".

Nicht unaufschiebbar ist trotz § 216 eine Terminsbestimmung, Hbg NJW **92**, 1463, Köln RR **86**, 428.

Urteil: Rn 6 „Endurteil".

Verfassungsbeschwerde: Sie ist kein Rechtsmittel. Daher bleibt sie ab Rechtskraft unbeachtlich. Es findet erst recht nicht ihretwegen eine Aussetzung statt, Hamm MDR **99**, 374.

Versteigerungstermin: Unaufschiebbar ist grds die (auch weitere) Durchführung eines Versteigerungstermins, II 1 Celle RR **89**, 569, LG Kiel Rpfleger **88**, 544, Meyer-Stolte Rpfleger **90**, 140, aM LG Konst Rpfleger **83**, 491 (aber es steht meist ein hoher Wert auf dem Spiel, und es geht um die Chance einer Befriedigung infolge Bezahlung eines endgültigen Rechtserwerbs durch einen Ersteher. Das muß Vorrang haben, Einl III 43).

Vertagung: II 1 erlaubt zur Vermeidung einer Vertagung nur dieses Termins im Sinn von § 227 I 1 Hs 2 die weitere Mitwirkung des erst während einer Verhandlung Abgelehnten. II 2 nennt die Folgen. Eine Wiederholung ist nur insoweit nötig, als sich eine Befangenheit auswirken konnte, Knauer/Wolf NJW **04**, 2860 (also nicht stets beim Vergleich).

Verweisung: Grundsätzlich ist sie *nicht* unaufschiebbar, Karlsr NJW **03**, 2174.

Zwangsvollstreckung: Unaufschiebbar ist meist ihre einstweilige Einstellung zB nach §§ 707, 719.

7) Verstoß, I, II. Ein Verstoß gegen § 47 läßt zwar die richterliche Handlung wirksam, vgl auch Üb 10 **10** vor § 300, krit Schneider MDR **05**, 672 („gesetzgeberischer Mißbrauch"). Er ist aber ein schwerer Verfahrensfehler, BPatG GRUR **85**, 373, Bre OLGZ **92**, 487, Karlsr NJW **03**, 2174. Er begründet schon für sich eine Ablehnung, BayObLG MDR **88**, 500, Hbg NJW **92**, 1463, Karlsr RR **97**, 1350. Im übrigen ergeben sich zwei weitere Möglichkeiten.

A. Zurückweisung des Gesuchs. Wenn das Gericht ein Ablehnungsgesuch durch den dazu berufenen Richter zurückgewiesen hat, bleibt ein Verstoß des abgelehnten Richters unbeachtet, BAG BB **00**, 1948, BayObLG **86**, 252, LG Kiel Rpfleger **88**, 544 (zustm Wabnitz), aM BayObLG MDR **88**, 500 (bei wiederholtem Verstoß sei die Ablehnung noch rechtzeitig, wenn gegen die instanzabschließende Entscheidung Rechtsmittel eingelegt und als Ablehnungsgrund der Verstoß gegen § 47 bezeichnet sei), Bre OLGZ **92**, 487 (eine Ablehnung sei möglich, falls nur eine entsprechende Anwendung von § 579 I Z 3 verbleibe. Aber beide Varianten sind mit der Notwendigkeit schwer vereinbar, das Zwischenverfahren mit der Entscheidung enden zu lassen).

B. Stattgeben. Soweit das Gericht das Ablehnungsgesuch in einem Urteil für begründet erklärt, muß das **11** Gericht im etwaigen Fall II den Verhandlungsteil seit Anbringung des Ablehnungsgesuchs wiederholen, Schneider MDR **05**, 672. Es sind gegen das Urteil nur die gewöhnlichen Rechtsbehelfe zulässig, BayObLG FamRZ **98**, 635, nicht die Revision nach § 547 Z 3 oder die Nichtigkeitsklage nach § 579 I Z 3, Bre OLGZ **92**, 486, Vollkommer MDR **98**, 363, aM ZöV 6 (aber das Rechtsmittelsystem gilt auch hier unverändert). Das Rechtsmittelgericht muß das Verfahren evtl zurückverweisen, BPatG GRUR **85**, 373, BayObLG **86**, 252, Karlsr OLGZ **78**, 225. Eine nicht selbständig anfechtbare Amtshandlung ist dann zu wiederholen. Dringende, stattgefundene Amtshandlungen bleiben jedoch wirksam, BayObLG **80**, 312, soweit die Ablehnung nicht auch auf einem Ausschluß nach § 41 beruhte.

§§ 47, 48   Buch 1. Abschnitt 1. Gerichte

12   **C. Sachentscheidung ohne Ablehnungsentscheidung.** Soweit das Gericht ohne eine Entscheidung über ein wirksames Ablehnungsgesuch eine Sachentscheidung ohne Mitwirkung des Abgelehnten fällt, ist nicht nach Art 101 I 2 GG ordnungsgemäß besetzt. Das ist ein wesentlicher Verfahrensfehler. Er kann zur Statthaftigkeit eines Rechtsmittels führen, KG MDR **05**, 891, und kann zur Zurückverweisung nach §§ 538 II Z 1, 563 kommen. Er kann eine Wiederaufnahme begründen, § 579 I Z 4. Hat das erstinstanzliche Gericht über das zulässige Ablehnungsgesuch mit mitentschieden, muß das Rechtsmittelgericht das nachholen.

13   **8) *VwGO*:** Gilt entsprechend, § 54 I VwGO, bis zur Zurückweisung des Gesuchs, weil es keine Beschwerde dagegen gibt, § 46 Rn 19 (zur Rechtslage vor dem 1. 1. 97 vgl 55. Aufl, ferner OVG Bln NVwZ-RR **97**, 142 u VGH Kassel NVwZ-RR **96**, 617). *In Verfahren ohne mündliche Verhandlung hat ein Gesuch die Wirkung des § 47, wenn es eingeht, bevor das Urteil das Gericht verläßt, BVerwG 58, 146.*

48 **Selbstablehnung; Ablehnung von Amts wegen.** Das für die Erledigung eines Ablehnungsgesuchs zuständige Gericht hat auch dann zu entscheiden, wenn ein solches Gesuch nicht angebracht ist, ein Richter aber von einem Verhältnis Anzeige macht, das seine Ablehnung rechtfertigen könnte, oder wenn aus anderer Veranlassung Zweifel darüber entstehen, ob ein Richter kraft Gesetzes ausgeschlossen sei.

   Schrifttum: *Jansen*, Geheimhaltungsvorschriften im Prozeßrecht, Diss Bochum 1989; *Waldner*, Aktuelle Probleme des rechtlichen Gehörs, Diss Erlangen 1983.

                                Gliederung

1) Systematik	1	5) Entscheidung	8–11
2) Regelungszweck	2	A. Notwendigkeit	8
3) Geltungsbereich	3	B. Begründung	9–11
4) Verfahren	4–7	6) Rechtsbehelf: Grundsatz der Unanfechtbarkeit	12
A. Anzeige des Richters	4	7) Gegenvorstellung usw	13
B. Keine Sonderakten mehr	5	8) *VwGO*	14
C. Zuständigkeit	6		
D. Anhörung der Parteien	7		

1   **1) Systematik.** § 48 enthält zunächst den Fall der Selbstablehnung eines Richters, wenn er einen Ablehnungsgrund nach § 42 für vorliegend oder für immerhin möglich hält. § 42 ist ja auch bei § 48 maßgebend, BGH NJW **95**, 1679, Saarbr RR **94**, 763. § 48 regelt ferner den andersartigen weiteren Fall, daß Zweifel daran bestehen, ob der Richter nicht nach § 41 kraft Gesetzes ausgeschlossen ist, etwa auf Grund einer Anregung eines anderen Richters oder eines anderen Prozeßbeteiligten. In allen anderen Fällen ist eine Entscheidung nach §§ 42–47 erforderlich, es sei denn, daß ein Ausschließungsgrund eindeutig vorliegt. Ein Verlust des Ablehnungsrechts einer Partei ist unerheblich. Umgekehrt ist auch das Ablehnungsrecht nach § 42 von einer Selbstablehnung nach § 48 unabhängig.

2   **2) Regelungszweck.** Die Vorschrift dient dem Gebot des gesetzlichen Richters nach Art 101 I 2 GG und insofern auch dem Gebot des rechtlichen Gehörs, Artt 2 I, 20 III GG (Rpfl), BVerfG **101**, 404, Art 103 I GG (Richter), BGH NJW **95**, 403 und 1679. Der Richter muß daher als Verfahrenspflicht auch den Parteien gegenüber den fraglichen Sachverhalt gegebenenfalls unverzüglich von Amts wegen mitteilen, BGH NJW **95**, 1679. Das gilt auch für jedes Mitglied des Kollegiums. In Betracht kommen auch Tatsachen und Rechtsverhältnisse, auch zB Kollegialität, § 42 Rn 30 „Kollegialität", aM ZöV 3 (aber gerade dann liegt eine Selbstablehnung menschlich nur zu nahe). Zu Betracht kommt auch ein anderer Gewissenskonflikt. Der Richter darf außerhalb der Fälle nach I keineswegs eine Amtstätigkeit nur deshalb unterlassen, weil irgendeine andere Person seine Tätigkeit für das Handeln eines befangenen Richters hält. Andererseits darf das Gericht nach § 48 ebensowenig wie nach § 42 von Amts wegen ohne Anzeige des etwa befangenen Richters ein Verfahren zur Überprüfung der Befangenheit einleiten, BVerfG **46**, 38. Das Gericht darf und muß nur den etwaigen Ausschluß nach § 41 in jeder Verfahrenslage von Amts wegen beachten.
   § 45 II 2 ist deshalb unanwendbar. Der Amtsrichter, auch als Familienrichter, darf also die Bearbeitung keineswegs ohne die in § 48 vorgesehene „Anzeige" nebst Begründung seinem Vertreter übergeben. Andererseits darf der Richter eine Fremdablehnung anregen und sich dem Gesuch beim Vorliegen ausreichende Gründe anschließen.
   Zweischneidig wie bei § 45 Rn 2 bleibt im Fall § 48 in Verbindung mit § 45 II 1 die Tätigkeit des geschäftsplanmäßigen Vertreters auch bei einer Selbstablehnung des eigentlichen Dezernenten. Denn auch über eine angebliche Befangenheit nur aus der Sicht des letzteren sollte besser ein etwas „entfernterer" anderer Richter entscheiden. Indessen ist eine Selbstablehnung wohl durchweg ohnehin auch wirklich begründet. Übervorsichtigkeit ist selten. Zwar kommt es auch bei ihr nicht allein darauf an, wie der sich selbst befangen Fühlende denkt, sondern wie bei der sog Fremdablehnung darauf, wie man die Lage nach dem „parteiobjektiven" Maßstab einschätzen muß, § 42 Rn 10, oben Rn 1. Indessen wird der Richter auch diesen Maßstab vor einer Anzeige nach § 48 abschätzen, erfahrungsgemäß meist richtig. Insofern beugt das Verfahren nach dieser Vorschrift oft einem ohnehin nach § 42 bevorstehenden Verfahren vor.

3   **3) Geltungsbereich.** Vgl zunächst Üb 3 ff vor § 41. § 48 gilt im FGG-Verfahren entsprechend, BayObLG Rpfleger **79**, 423, Ffm OLGZ **80**, 110, auch bei § 111 BNotO, BGH MDR **00**, 914.

4   **4) Verfahren.** Es stellt sich nach erheblicher Änderung wie folgt dar.
   A. Anzeige des Richters. Ein Verfahren nach § 48 beginnt nicht von Amts wegen, sondern nur auf Anzeige des Richters, BVerfG **46**, 38. Der sich selbst ablehnende Richter legt die Prozeßakten mit einer dienstlichen Äußerung im Sinn des § 44 III vor. Er braucht keinen förmlichen Antrag zu stellen. Er sollte seine Selbstablehnung so begründen, daß das zur Entscheidung berufene Gericht ohne weiteres eine Entscheidung

Titel 4. Ausschließung und Ablehnung der Gerichtspersonen § 48

treffen kann. Er braucht seine Gründe aber nicht so ausführlich darzustellen, daß er etwa Einzelheiten seiner Privatsphäre usw bekanntgeben müßte, soweit das nicht zur Verständlichkeit seiner Haltung unerläßlich ist. § 47 gilt entsprechend. Seine Ansicht kann reichen, das Verhalten einer Partei sei nicht mehr für ihn hinnehmbar, Karlsr MDR **99**, 956. Seine persönliche Meinung ist aber grundsätzlich nicht (allein) maßgeblich, BVerfG **95**, 191. Unzumutbarkeit ist bei nicht allzu großzügiger Handhabung dieses Begriffs durchweg ausreichend, Karlsr RR **00**, 591. Natürlich wäre aber auch hier Mißbrauch unbeachtlich, Einl III 54.

B. Keine Sonderakten mehr. Früher herrschte die Auffassung, das ganze Verfahren nach § 48 betreffe 5 nur den inneren Dienst und werde deshalb auch grundsätzlich nicht in der Prozeßakte abgewickelt, sondern in Sonderakten für die Fälle einer Selbstablehnung. Das ist mit Artt 2 I, 20 III GG (Rpfl), BVerfG **101**, 404, Art 103 I GG (Richter) unvereinbar, BVerfG **89**, 36 (daher keine internen Sonderakten mehr), BGH NJW **95**, 1679, Ffm FamRZ **98**, 378.

C. Zuständigkeit. Zuständig ist dasselbe Gericht wie bei § 45. 6

D. Anhörung der Parteien. Das Verfahren kennt zwar keine notwendige mündliche Verhandlung, § 128 7 Rn 5. Das Gericht muß die Parteien des Rechtsstreits wegen Artt 2 I, 20 III GG (Rpfl), BVerfG **101**, 404, Art 103 I GG (Richter) aber auch hier zumindest schriftlich anhören, BVerfG **89**, 36, BGH NJW **95**, 1679, Ffm FamRZ **98**, 378. Erforderlich ist also die Übersendung der Anzeige nach § 48 und der etwa ergänzenden dienstlichen Äußerung des Richters, BGH VersR **95**, 317, evtl auch der Stellungnahme der Prozeßparteien.

5) Entscheidung. Man muß mehrere Aspekte beachten. 8

A. Notwendigkeit. Mangels Heilung nach § 43 ergeht eine Entscheidung durch einen Beschluß, § 329, soweit nicht ein eindeutiger Fall des Ausschlusses und damit des Ausscheidens und des Eintritts des Vertreters vorliegt. Auch im letzteren Fall kann im Zweifel ein Beschluß ratsam sein, der den kraft Gesetzes eingetretenen Ausschluß bekräftigend feststellt. Der Anzeigende ist erst dann an der Ausübung des Richteramts verhindert, wenn das Gericht entschieden hat, daß die Selbstanzeige begründet ist, BayObLG WoM **89**, 45 (WEG). Der Beschluß lautet wie bei § 46 Rn 5. Er kann ausnahmsweise stillschweigend erfolgen, BayObLG NZM **99**, 509. Aber Vorsicht!

B. Begründung. Der Beschluß bedarf zwar wie jeder Beschluß grundsätzlich einer gewissen Begründung, 9 § 329 Rn 4. Freilich ist er unanfechtbar, Rn 12. Deshalb darf er sich anders als bei § 46 auch ausnahmsweise auf eine Wiedergabe des Wortlauts des § 48 nebst evtl einiger weniger zusätzlicher Stichworte beschränken, sofern das Gericht dem Selbstablehnungsgesuch stattgibt. Soweit das Gericht das Gesuch zurückweist, ist zwar eine etwas ausführlichere Begründung nötig. Jedoch ist diejenige Zurückhaltung ratsam, die es dem nach § 48 vorlegenden Richter ermöglicht, ohne eine jetzt erst recht eingetretene Voreingenommenheit weiter unparteiisch in der Sache zu entscheiden.

In keinem Fall darf die Zurückweisung einer Selbstablehnung dazu führen, daß der Richter in Wahrheit 10 gegen eine objektiv anzuerkennende Überzeugung von der eigenen Befangenheit zu einer weiteren richterlichen Tätigkeit gezwungen ist. Deshalb muß das Gericht ein Selbstablehnungsgesuch *im Zweifel für begründet* erachten. Freilich darf das nicht etwa in Wahrheit aus Gründen geschehen, die mit den vom Richter vorgetragenen gar nicht übereinstimmen, selbst wenn der Richter sie bei objektiver Betrachtung erst recht hätten vorbringen müssen. Denn § 48 gibt dem entscheidenden Gericht keineswegs eine umfassende Überprüfungsbefugnis ohne einen auch insofern erkennbaren Vorlagewillen des Richters. Insofern herrscht auch keine Amtsermittlung im Sinn von Grdz 38 vor § 128.

Das ganze Verfahren erfordert erhebliches *Fingerspitzengefühl* des entscheidenden Gerichts. Ein Ableh- 11 nungsgesuch einer Partei darf im Verfahren nach § 48 ungeachtet ihrer Anhörung nur begrenzt Beachtung finden. Das gilt selbst dann, wenn dasselbe Gericht zur Entscheidung über die Fremdablehnung und über das Selbstablehnungsgesuch zuständig ist. Eine Anfechtung eines Urteils ist unzulässig, soweit sie nur mit der Begründung erfolgt, der erkennende Richter habe eine nicht sachverhalt Anzeige gemacht, die seine Selbstablehnung gerechtfertigt hätte, aM StJBo 4, ZöV 11 (überhaupt keine Anfechtung). Dem anzeigenden Richter muß das Gericht die Entscheidung in vollem Wortlaut schriftlich mitteilen. Das ist zumindest eine Anstandspflicht. Er muß darüber hinaus prüfen können, ob die Entscheidung ihn nun erst recht befangen macht oder inwiefern er sich jetzt „sicher" fühlen darf. Wegen der Notwendigkeit einer Anhörung der Parteien und mit Rücksicht darauf, daß die Parteien immerhin wegen Art 101 I 2 GG am Ergebnis eines solchen Verfahrens interessiert sein können, muß das Gericht die Entscheidung zur Hauptakte abheften und den Parteien formlos mitteilen.

Kosten: Des Gerichts: keine; des Anwalts: mangels Parteianhörung keine.

6) Rechtsbehelf: Grundsatz der Unanfechtbarkeit. Die ablehnende Entscheidung wie die stattge- 12 bende Entscheidung sind für den vorlegenden Richter grundsätzlich unanfechtbar, Bre FamRZ **76**, 112, VGH Kassel AnwBl **94**, 478, aM Schneider JR **77**, 272 (aber er muß sich wegen des bisher angezeigten Sachverhalts beugen). Für die Parteien ist die Entscheidung ebenfalls unanfechtbar. Denn sie ist kein „Gesuch" im Sinn von § 567 I Z 2, aM Karlsr Rpfleger **89**, 388 (nach Stattgabe). Die Entscheidung ist bei Verstoß gegen Artt 2 I, 20 III GG (Rpfl), BVerfG **101**, 404, Art 103 I GG (Richter) jedenfalls nicht unwirksam (Üb 20 vor § 300, aM Ffm FamRZ **98**, 371. Sie bindet den Richter wegen einer Beurteilung des Gerichts außerhalb der Befangenheitsfrage nicht, LG Ffm NJW **88**, 78.

7) Gegenvorstellung usw. Der Richter, dessen Selbstablehnungsgesuch zurückgewiesen wurde, wie die 13 von einer Entscheidung nach § 48 betroffenen Parteien haben aber mindestens das Recht der Gegenvorstellung unter den Voraussetzungen Grdz 3 vor § 567, BGH VersR **95**, 317. Das gilt freilich nicht zum BGH, § 574. Der Richter mag auch eine neue Selbstablehnung unter einer Anführung weiterer bisher als unerheblich gehaltener tatsächlicher oder rechtlicher Erwägungen betreiben. Er hat in diesem Fall einen Anspruch auf eine erneute Entscheidung.

8) VwGO: Gilt entsprechend, § 54 I VwGO, VGH Kassel NJW **94**, 1083 (im Einzelnen durch BVerfG NJW 14 **93**, 2229 und die Streichung des früheren II überholt, vgl Vollkommer NJW **94**, 2007).

§ 49, Grdz § 50   Buch 1. Abschnitt 2. Parteien

49 *Urkundsbeamte.* **Die Vorschriften dieses Titels sind auf den Urkundsbeamten der Geschäftsstelle entsprechend anzuwenden; die Entscheidung ergeht durch das Gericht, bei dem er angestellt ist.**

Vorbem. Vgl in *Sachsen* das G vom 25. 3. 91, GVBl 55, nach dessen § 4 I auch andere Personen als die in § 153 GVG genannten Aufgaben des Urkundsbeamten wahrnehmen dürfen.

1   1) **Systematik, Regelungszweck.** In einer sprachlich zu engen Fassung erwähnt § 49 den Urkundsbeamten, nicht aber den Rpfl, Rn 5. Die Vorschrift trägt § 49 der Notwendigkeit Rechnung, auch die weiteren an der Prozeßleitung bzw Entscheidung wesentlich beteiligten Gerichtspersonen wie einen Richter der Ausschließung oder Ablehnbarkeit zu unterwerfen. Vgl daher die jeweiligen Eingangserläuterungen zu §§ 41–48.

2   2) **Geltungsbereich.** Vgl Üb 3 ff vor § 41.

3   3) **Urkundsbeamter.** Die Ausschließung oder die Ablehnung eines Urkundsbeamten der Geschäftsstelle bei jeder Art von Tätigkeit unterliegt denselben Vorschriften wie diejenige eines Richters. Das gilt zB beim Protokollieren nach §§ 159 ff, Ffm FamRZ **91**, 839, oder bei der Erteilung der Vollstreckungsklausel nach § 724. Es entscheidet allerdings immer das Gericht, zu dem der Urkundsbeamte der Geschäftsstelle gehört. § 41 Z 6 ist anwendbar, soweit der Urkundsbeamte der Geschäftsstelle in einer früheren Instanz als ein Rpfl tätig war, etwa beim Erlaß eines Mahnbescheids, §§ 19 Z 1, 26 I RPflG, StJBo 2, aM ZöV 1 (aber auch nach dem Wegfall der Schlüssigkeitsprüfung bleibt zB die Zulässigkeitsprüfung notwendig, § 691 Rn 3).

Befangenheit ist derselbe Begriff wie beim Richter, § 42, BGH Rpfleger **03**, 453. Eine frühere Tätigkeit in den eigentlichen Geschäften der Geschäftsstelle schadet dagegen nicht.

Eine *Verwandtschaft* oder eine Verschwägerung mit dem Richter ist zwar kein Ausschließungsgrund, wohl aber evtl ein Ablehnungsgrund. Ein Referendar, der als Urkundsbeamter der Geschäftsstelle handelt, fällt unter § 49. Da die Parteien grundsätzlich keinen Anspruch auf die Mitwirkung eines bestimmten Urkundsbeamten haben, erübrigt sich grundsätzlich jede Entscheidung, wenn ein anderer Urkundsbeamter in die Geschäftsstelle eintritt. Etwas anderes gilt bei dem etwa nach Grdz 4 vor § 688 landesrechtlich für das Mahnverfahren bestellten Urkundsbeamten.

4   4) **Verstoß.** Soweit gegen § 49 verstoßen wurde, indem ein kraft Gesetzes ausgeschlossener Urkundsbeamter protokollierte, muß das Gericht ein auf Grund einer solchen Verhandlung ergangenes Urteil evtl aufheben und die Sache zurückverweisen. Im übrigen ist kein Rechtsbehelf zulässig.

5   5) **Rechtspfleger.** Zu seiner Stellung grundsätzlich Wolf ZZP **99**, 361. Nach §§ 3 Z 1 h, 10 S 2, 28 RPflG, § 153 GVG Anh, sind die §§ 41–48 entsprechend auf den Rpfl anwendbar, § 10 I RPflG, BGH Rpfleger **05**, 415, LG Mü Rpfleger **00**, 407, Marx Rpfleger **99**, 518. Unaufschiebbar im Sinn von § 47 kann zB ein Versteigerungstermin sein, § 47 Rn 9 „Versteigerungstermin". Über ein Ablehnungsgesuch gegenüber einem Rpfl wird entschieden bei Rechtsmißbrauch des Rpfl, § 42 Rn 7, BGH Rpfleger **05**, 415, Celle RR **89**, 569. Sonst entscheiden derjenige Richter, in dessen Dezernat der Rpfl tätig geworden ist, Ffm Rpfleger **82**, 190, AG Gött Rpfleger **99**, 289 (Insolvenzverfahren). Auch hier gilt der Amtsermittlungsgrundsatz, Grdz 38 vor § 128, Ffm OLGZ **80**, 110. Gegen eine zurückweisende Entscheidung ist die sofortige Beschwerde zulässig, BayVerGH NJW **82**, 1746. Über eine sofortige Beschwerde in einer Familiensache entscheidet das OLG, Ffm Rpfleger **82**, 190. Eine sofortige weitere Beschwerde ist unstatthaft. Vielmehr ist allenfalls die Rechtsbeschwerde nach § 574 möglich.

6   6) **Bezirksrevisor.** Diesen weisungsgebundenen Beamten, den Vertreter der Staatskasse, kann man nicht als befangen ablehnen, Kblz MDR **85**, 257.

7   7) **Gerichtsvollzieher.** Vgl § 155 GVG Rn 1. Es ist also keine Ablehnung zulässig, BVerfG RR **05**, 365, BGH DGVZ **04**, 167 (zustm Kieselstein DGVZ **05**, 40), LG Köln MDR **01**, 649.

8   8) **VwGO:** Gilt entsprechend, § 54 I VwGO, für den Urkundsbeamten der Geschäftsstelle, § 13 VwGO.

Abschnitt 2. Parteien

Grundzüge

Gliederung

1) Systematik	1
2) Regelungszweck	2
3) Geltungsbereich	3
4) Parteibegriff	4–16
A. Partei	4–6
B. Vertreter	7
C. Partei kraft Amts	8–12
D. Fiskus	13
E. Partei kraft Ladung usw	14
F. Kampfstellung	15, 16
5) Falsche und nichtbestehende Partei	17–20
A. Falsche Partei	18
B. Nichtbestehende Partei	19, 20
6) Prozeßführungsrecht und Sachbefugnis (Sachlegitimation)	21–50
A. Begriff	22–25
B. Gesetzliche Prozeßstandschaft: Möglichkeit bei jeder Klageart	26
C. Beispiele zur Frage einer gesetzlichen Prozeßstandschaft	27, 28
D. Gewillkürte Prozeßstandschaft (Prozeßgeschäftsführung): Notwendigkeit eines berechtigten eigenen Grundes	29–33
E. Beispiele zur Frage einer gewillkürten Prozeßstandschaft	34–50
7) VwGO	51

Abschnitt 2. Parteien **Grdz § 50**

1) Systematik. Der geltende Zivilprozeß baut sich auf dem Zweiparteiensystem auf. Partei ist, wer gegen 1 wen im Zivilprozeß Rechtsschutz begehrt, Grdz 1 vor § 253. Man darf nicht die prozessuale Partei mit der sachlichrechtlichen verwechseln, der Vertragspartei, dem Vertragspartner. Die ZPO verwendet den Ausdruck wenig sorgfältig. Bisweilen versteht sie unter der Partei auch den Streithelfer nach § 66, zB in § 41 Z 1, bisweilen selbst andere Personen, § 42 Rn 59. Die Parteien heißen im Erkenntnisverfahren auf Grund einer Klage nach §§ 253 ff Kläger und Beklagter, bei der Scheidung nach §§ 606 ff auf Grund eines Antrags und im Mahnverfahren nach §§ 688 ff Antragsteller und Antragsgegner, im Zwangsvollstreckungsverfahren nach §§ 704 ff Gläubiger und Schuldner (anders BGB), im vorläufigen Verfahren nach §§ 916 ff, 935 ff Antragsteller bzw -gegner oder auch Arrest-(Verfügungs-)kläger und -beklagter.

2) Regelungszweck. Die Parteieigenschaft hat die größte prozessuale Bedeutung. Das gilt: Für die 2 Rechtshängigkeit, § 261; für den Gerichtsstand, §§ 12 ff; für die Partei- oder Zeugenvernehmung, §§ 373 ff, 445 ff; für den Anspruch auf die Bewilligung einer Prozeßkostenhilfe, §§ 114 ff; für eine Sicherheitsleistung, §§ 108 ff; für die Kostenpflicht, §§ 91 ff; für die Parteiherrschaft, Grdz 18 vor § 128. Auf die Partei lautet das Urteil. Gegen sie geht die Zwangsvollstreckung. Sorgfalt bei Ermittlung und Bezeichnung der Partei ist geboten.

Prozeßstandschaft, Rn 29 ff, hat außerordentliche Verbreitung gefunden. Sie entspricht praktischen Bedürfnissen. Das verführt zu einer sehr weiten Ausdehnung ihrer Möglichkeiten. Damit entfernt man sich freilich auch immer weiter vom langbewährten Ausgangspunkt einer Übereinstimmung von sachlichem Recht und prozessualer Befugnis. Diese Gefahr gilt es immerhin noch im Blickfeld zu behalten, etwa vor einer immer sorgloseren Bejahung des rechtlichen und nicht nur wirtschaftlichen Interesses. Sonst würde eine Entleerung des Parteibegriffs drohen. Sie würde zentrale Voraussetzungen des Prozeßrechtsverhältnisses mit allen seinen doch oft einschneidenden Fragen stören, Grdz 4 vor § 128. Das kann nicht der Sinn der §§ 50 ff sein.

3) Geltungsbereich. §§ 50 ff gelten in allen Verfahren nach der ZPO, auch im arbeitsgerichtlichen 3 Urteilsverfahren nach § 46 II 1 ArbGG und Beschlußverfahren nach § 80 II 1 ArbGG sowie im Insolvenzverfahren nach § 4 InsO, Drsd RR **00**, 580, Zweibr Rpfleger **01**, 93. Sie gelten auch im FGG-Verfahren, BGH FamRZ **89**, 271, Brdb OLGR **96**, 143, und im sozialgerichtlichen Verfahren, BSG NJW **94**, 215.

4) Parteibegriff 4

Schrifttum: *Deren-Yildirim,* Gedanken zum formellen Parteibegriff, Festschrift für Beys (Athen 2004) 251; *Gerlichs,* Passivprozesse des Testamentsvollstreckers, 1996; *Gottwald,* Die Stellung des Ausländers im Prozeß, in: Tagungsbericht 1987 Nauplia, 1991; *Klamaris,* Der Ausländer im Prozeß, in: Tagungsbericht 1987 Nauplia, 1991; *Kleffmann,* „Unbekannt" als Parteibezeichnung usw, 1983; *Offergeld,* Die Rechtsstellung des Testamentsvollstreckers, 1995; *Schilken,* Veränderungen der Passivlegitimation im Zivilprozeß: Studien zur prozessualen Bedeutung der Rechtsnachfolge auf Beklagtenseite außerhalb des Parteiwechsels, 1987; *Schmid,* Die Passivlegitimation im Arzthaftpflichtprozeß usw, 1988; *Söllner,* Der Zwangsverwalter nach dem ZVG zwischen Unternehmer und Vollstreckungsorgan, Diss Erlangen/Nürnb 1990; *Zieglrum,* Sicherungs- und Prozeßpflegschaft (§§ 1960, 1961 BGB), 1986.

A. Partei. Partei ist, wer in Wahrheit klagt oder verklagt sein soll, wer also Rechtsschutz begehrt, BGH FamRZ **05**, 1165, auf wen sich die prozeßbegründenden Erklärungen wirklich beziehen, BGH RR **04**, 501, BAG NJW **02**, 459, Zweibr RR **02**, 213.

Partei ist also *nicht* schon derjenige, den der Antrag *als Partei bezeichnet,* sei es der Mahnantrag bzw -bescheid, Düss Rpfleger **97**, 32, Mü MDR **90**, 60, AG Hagen BB **95**, 264. Maßgeblich ist auch nicht der Klag- oder sonstige *Antragskopf,* § 253 Rn 22, BAG NJW **02**, 459, Hamm RR **99**, 469, LG Marbg VersR **93**, 1424. Partei ist man auch nicht schon deshalb, weil einem die Klage nur zugestellt wird, Rn 14, BGH WoM **04**, 109, BPatG GRUR **97**, 526, Hamm RR **99**, 469. Partei ist auch nicht schon, wer klagen will oder wer hinterm Prozeß steckt, BGH WoM **04**, 109, ihn etwa bezahlt, vgl freilich Ffm RR **96**, 1213 (Kostenhaftung des Veranlassers; abl Zimmermann/Damrau MDR **97**, 303). Man ist auch nicht schon wegen des sachlichen Rechts Partei, sondern verliert eben gerade wegen Parteistellung, wenn man sachlich nicht Recht hat.

Wer Partei ist, das muß man zwar nicht durch Ausforschung, wohl aber durch *Auslegung* ermitteln, BGH 5 BB **04**, 576, BAG NZA **04**, 454, Köln BB **01**, 1498 (auch zu den Grenzen). Maßgeblich ist die objektive Erkennbarkeit, BGH **91**, 152, Hamm RR **91**, 188, Nürnb OLGZ **87**, 483, LG Arnsb NJW **04**, 233. Der Einzelkaufmann bzw seine Firma darf seit 1. 4. 03 nur noch mit dem Zusatz „e. K." auftreten, Art 38 I EHGB, Gräve/Salten MDR **03**, 1099. Die Auslegung darf und muß evtl auch einen erst im Prozeßverlauf eintretenden Umstand mitbeachten, Nürnb OLGZ **87**, 483. Bei einer Gesellschaft ist ihr Name maßgeblich, nicht der evtl unrichtige Zusatz eines Inhabernamens, BGH NJW **99**, 1871. Eine bloße Scheinfirma ist nicht Partei, Brdb RR **01**, 50. Ob die Gesellschaft oder einige bzw alle ihre Gesellschafter auftreten sollen oder wollen, muß man durch Auslegung klären. Bei der rechts- und parteifähigen BGB-Außengesellschaft, BGH **146**, 341, Wertenbruch NJW **02**, 324 (Üb), mag zB die Aufzählung von Personalien mit Schlußzusatz „in BGB-Gesellschaft" darauf hindeuten, daß die Gesellschaft und nur sie gemeint ist. Gibt der Antrag oder die Klageschrift zweifelsfrei einen falschen Namen bzw eine falsche Rechtsform an, muß man sie berichtigen, Bbg FamRZ **01**, 291, Jena MDR **97**, 1030, Zweibr RR **02**, 213. Es kommt auf die Zeit der Klagezustellung an, § 253 I. „In pp" reicht nicht, Köln BB **01**, 1498.

Unerheblich bleibt eine *falsche rechtliche* Bezeichnung, Naumb RR **98**, 357, etwa der Insolvenzmasse oder einer Fabrik als Beklagter. Solche Irrtümer berichtigt, wenn sie einwandfrei feststehen, das Gericht sogar von Amts wegen, Grdz 38 vor § 128, vgl auch § 319. So bezeichnet es zB die letzten Gesellschafter einer Offenen Handelsgesellschaft als Beklagte, wenn irrig die erloschene Gesellschaft verklagt wurde.

An diesen Regeln kann ein *Geschäftsverteilungsplan* nichts ändern, vor allem dadurch, daß er statt der 6 Auslegung eine „Namensänderung" annimmt und damit den Art 101 I 2 GG ungewollt umgeht. Sehr weitgehend wollen BGH NJW **81**, 1454, BAG BB **75**, 842 Unklarheiten der Parteibezeichnung jederzeit richtigstellen. Die Bezeichnung mit einem Decknamen (Pseudonym) genügt. Man muß sie notfalls in den bürgerlichen Namen berichtigen. Da die Klage regelmäßig durch eine Zustellung erhoben wird, müssen der in der Klage genannte Beklagte und der Empfänger der Zustellung dieselbe Person sein. Eine falsche Zustellung schadet nicht, wenn der in der Klageschrift Bezeichnete auftritt, BGH NJW 83, 2449.

Im Lauf des Prozesses können die Parteien durch Rechtsnachfolge *wechseln*. Wegen einer Klagänderung und eines Parteiwechsels § 263 Rn 3 ff.

7 **B. Vertreter.** Er ist nicht Partei, weder der gewillkürte (Bevollmächtigte) noch der gesetzliche, dh der durch Gesetz oder Verwaltungsanordnung einer natürlichen oder juristischen Person oder einer Reihe solcher Personen zur Wahrung ihrer Rechte bestellte. Beispiele § 51 Rn 11 ff. Der gesetzliche Vertreter kann freilich einen eigenen Anspruch neben dem des Vertretenen verfolgen, zB die Eltern bei einer gegen den Sohn begangenen unerlaubten Handlung. Dann sind sie neben dem Vertretenen Partei, KG Rpfleger **78**, 105. Man soll den gesetzlichen Vertreter, in den vorbereitenden Schriftsätzen angeben, insbesondere in der Klageschrift §§ 130 Z 1, 253 IV. Er wird schon für jede Zustellung gebraucht, §§ 171 I 1, 191. Wegen des Generalbundesanwalts im Verfahren nach dem AUG Rn 28.

8 **C. Partei kraft Amts.** Handelt es sich bei mehreren Vertretenen nicht um die Wahrung gleichlaufender Rechte, sondern um den behördlichen Auftrag, nach eigenem Befinden ohne Rücksicht auf die Belange bestimmter Beteiligter zu handeln, also die widerstreitenden Belange zu wahren, so kann man im Gegensatz zur sog Vertretungstheorie trotz der unverkennbaren Problematik doch nicht nur von einer gesetzlichen Vertretung sprechen. Vielmehr liegt dann eine eigene Parteistellung vor, das Handeln im eigenen (Amts-) Namen.

9 So vertritt der *Nachlaßpfleger* den einen oder die mehreren Erben mit ihren gleichlaufenden Belangen. Er ist also ein gesetzlicher Vertreter und keine Partei kraft Amts, BGH NJW 89, 2134, Elzer Rpfleger **99**, 163. Demgegenüber vertritt der *Nachlaßverwalter* die Belange der Erben und außerdem die möglicherweise widerstreitenden der Nachlaßgläubiger, § 1985 BGB. Beim Nachlaßverwalter liegt daher ein amtliches Treuhandverhältnis vor (sog Amtstheorie, zB RoSGo § 40 II 3). Er und nicht der Vertretene ist Partei. § 116 Z 1 nennt solche Parteien Partei kraft Amts. Besser wäre Partei kraft gesetzlicher Treuhand. Denn ein „Amt" hat auch der gesetzliche Vertreter.

10 Partei kraft Amts ist auch der *Testamentsvollstrecker* nach §§ 2197 ff BGB, BGH MDR **03**, 284 (auch zu den Grenzen), Hbg MDR **78**, 1031, aM Grunsky NJW **80**, 2044. Natürlich kann er Prozeßstandschafter sein, wenn er zB ein Recht geltend macht, das nicht in den Nachlaß fällt, Tiedtke JZ **81**, 432.

11 Partei kraft Amts ist ferner der *Insolvenzverwalter*, BGH NJW **97**, 1445, BAG BB **03**, 261, Düss Rpfleger **05**, 55, aM StJBo 3 vor § 50 (sie halten ihn für den Vertreter des Schuldners, während Böttcher ZZP **77**, 55 ihn als ein Organ der Masse ansieht, das als solches nur die Stellung eines gesetzlichen Vertreters hat). Schmidt NJW **95**, 912 differenziert: Der Insolvenzverwalter sei im Verfahren der Handelgesellschaft oder eines Vereinsorgans des Verbandes sowie im Verfahren der natürlichen Person deren Repräsentant im Hinblick auf die zu verwaltende Masse; bei einem Rechtsgeschäft und im Prozeß sei er gesetzlicher Vertreter des Schuldners.

Das alles gilt auch wegen des *ausländischen Vermögens* des Schuldners, BGH **68**, 17.

12 *Ferner gehören hierher:* Der vorläufige Insolvenzverwalter im Rahmen seines Amtes nach § 21 II Z 1 InsO, BGH MDR **01**, 592, LG Essen JB **00**, 498, aM LAG Hamm ZIP **02**, 579. Das gilt jedenfalls, sofern das Gericht ein allgemeines Verfügungsverbot gegen den Schuldner erläßt, Fricke MDR **78**, 103; der Sequester bei Insolvenz, Naumb Rpfleger **02**, 369; der Zwangsverwalter nach § 152 ZVG, BGH NJW **92**, 2487, Celle OLGR **97**, 242, LG Stade Rpfleger **02**, 220, freilich nicht mehr nach der Amtsbeendigung, Hamm RR **89**, 1467, also evtl nicht nach der Aufhebung der Zwangsverwaltung, Düss Rpfleger **90**, 381; der Nießbrauchsverwalter nach § 1052 BGB; der Pfleger des Sammelvermögens nach § 1914 BGB; die Rechtsnachfolgerin der Treuhandanstalt, schon LAG Bln DB **95**, 1872. Der Kreis der Parteien kraft Amts ist auf die vom Gesetz bestimmten Fälle beschränkt. Man kann also nicht durch einen Verwaltungsakt einen Treuhänder ohne eine gesetzliche Grundlage einsetzen. Keine Partei kraft Amts ist der Prozeßstandschafter, Rn 21 ff. Wegen des Generalbundesanwalts im Verfahren nach dem AUG Rn 28.

13 **D. Fiskus.** Er ist ein einheitlicher Rechtsträger, den nur verschiedene Amtsstellen, stationes fisci, vertreten. Deshalb kann trotz § 395 BGB keine Stelle mit der anderen prozessieren. Bezeichnet die Klageschrift die vertretende Amtsstelle unrichtig, so darf die richtige ohne weiteres an die Stelle treten. Tut sie das nicht und berichtigt der Kläger nicht gegebenenfalls nach einem Hinweis durch das Gericht, § 56 Rn 14 ff, so muß das Gericht die Klage wegen mangelnder gesetzlicher Vertretung abweisen. Vgl auch § 18 Rn 5 ff und § 50 Rn 10.

14 **E. Partei kraft Ladung usw.** Eine bloße Zustellung schafft keine Partei in der Person des wahren Gegners, Rn 4, Hamm RR **99**, 218, Köln VersR **02**, 908, Stgt RR **99**, 216. Ist aber jemand in der Klageschrift als Partei bezeichnet und geladen, so muß er das Recht haben, im Prozeß als Partei aufzutreten. Er hätte ja sonst durch eine Verurteilung und die Zwangsvollstreckung Nachteile zu befürchten, Hamm MDR **91**, 1201, Stgt RR **99**, 216. Darum darf er stets eine Kostenentscheidung zu seinen Gunsten verlangen, Düss RR **96**, 892, Hamm MDR **91**, 1201, Stgt RR **99**, 216. Das gilt selbst dann, wenn der Kläger seinen Irrtum berichtigt und keine Anträge stellt, Hamm MDR **91**, 1201. Freilich ergeht eine Entscheidung dann nur wegen der bis dann entstandenen Kosten, und zwar durch einen Beschluß. Das Gericht darf ein Rechtsmittel des unrichtigerweise Bekl, also des sachlich echt Legitimierten, nicht als unzulässig verwerfen, sondern es muß die Klage unzulässig abweisen.

15 **F. Kampfstellung.** Jeder Zivilprozeß verlangt zwei verschiedene Parteien in Kampfstellung gegenüber. Jede von ihnen verlangt einen Rechtsschutz gegen die andere. Jede ist prozessual gleichberechtigt. Niemand kann mit sich selbst prozessieren, BGH MDR **03**, 284, und zwar in gar keiner Weise, auch nicht als Partei kraft Amtes nach Rn 8, BGH MDR **03**, 284, oder als gesetzlicher Vertreter, BGH NJW **84**, 58, KG Rpfleger **78**, 106, oder als Streitgenosse, § 59, oder Streithelfer, § 66, oder als Staatsorgan. Zum Beispiel

Abschnitt 2. Parteien   **Grdz § 50**

kann ein Kaufmann nicht gegen sich selbst als Korrespondentreeder auf Ersatz klagen. Wohl aber ist ein Prozeß zwischen dem Insolvenzverwalter und dem Schulder oder einem Insolvenzgläubiger möglich. Denn der Verwalter ist Partei kraft Amts, Rn 11.

Wird eine Partei *Rechtsnachfolgerin* der anderen nach § 325, ist kein Prozeß mehr möglich. Das Rechts- **16** schutzbedürfnis entfällt für beide „Parteien". Es genügt die bloße Mitteilung des Vorgangs, um den Prozeß zu beenden, BGH RR **99**, 1152 (Erbgang). Für eine Erledigterklärung gar in der Eigenschaft derselben Person als 2 „Parteien" ist mangels Fortbestands auch nur einer Partei als solcher kein Raum mehr, BGH RR **99**, 1152, aM Köln RR **92**, 1337. Kostenhaftung tritt gegenüber dem Staat nach §§ 22 ff GKG ein, gegenüber ProzBev nach dem RVG. Das alles gilt freilich nur mangels wirksamer Ausschlagung der Erbschaft. §§ 239 ff können daher anwendbar werden. Gegen eine unbestimmte, nicht greifbar bezeichnete Person ist kein Prozeß statthaft. Davon gibt es nur ganz wenige Ausnahmen, zB beim selbständigen Beweisverfahren, §§ 485 ff. Eine Personengesamtheit kann gegen ihre Mitglieder prozessieren oder umgekehrt; so eine Gemeinde, eine Offene Handelsgesellschaft, eine Aktiengesellschaft. Zu diesen Fragen Lewerenz, Leistungsklagen zwischen Organen und Organmitgliedern der Aktiengesellschaft, 1977, Schmidt ZZP **92**, 212. Auf jeder Seite können mehrere als Partei stehen (Streitgenossen, § 59). Dritte, die sich am Verfahren nach § 66 als Streithelfer beteiligen, werden nicht Partei. Sie Nebenpartei zu nennen im Gegensatz zur Hauptpartei, fördert nicht. Die ZPO bringt mehrfach Rechtsverfolgungen ins Gewand des Zivilprozesses, die damit eigentlich nichts gemeinsam haben. Auch da verlangt sie außer beim Aufgebotverfahren zwei Parteien und stellt das Parteiverhältnis notfalls künstlich her.

5) Falsche und nichtbestehende Partei   **17**

Schrifttum: Kunz, Die Vorgesellschaft im Prozeß und in der Zwangsvollstreckung usw, 1994; *Lindacher*, Die Nachgesellschaft – Prozessuale Fragen bei gelöschten Kapitalgesellschaften, Festschrift für *Henckel* (1995) 549; *Schmidt*, Zur Vollbeendigung juristischer Personen, 1989.

A. Falsche Partei. Tritt eine falsche Partei namens der richtigen auf, Rn 4, so muß das Gericht sie **18** entsprechend § 56 durch einen Beschluß aus dem Prozeß verweisen oder auf ihren Antrag entlassen, § 75, Ffm BB **85**, 1219. Das geschieht auf Kosten der wahren Partei, BGH RR **95**, 765, Stgt RR **99**, 216, es sei denn, er hätte zB die falsche Zustellung nicht verschuldet, Düss RR **96**, 892. Das gilt auch dann, wenn eine falsche Partei den ProzBev bestellt hatte, § 172. Er muß die Verwechslung unverzüglich rügen, Kblz RR **90**, 960. Andernfalls kann § 295 gelten, BGH **127**, 164, Schmidt NJW **95**, 911. Rechtsbehelf ist bei einem Beschluß die sofortige Beschwerde, § 567 I Z 2, bei einem Urteil die der Berufung, BGH RR **99**, 765, Hamm NJW **99**, 917, Mü Rpfleger **85**, 326, Naumb RR **98**, 357. Prozeßhandlungen der falschen Partei berühren die richtige nicht. Sie werden aber durch eine Genehmigung wirksam. Das folgt schon daraus, daß ein die falsche Partei bezeichnendes Urteil, wenn nur die richtige Partei gemeint ist, für und gegen die richtige wirkt und nur mit Rechtsbehelfen anfechtbar ist, BGH NJW **93**, 2944, notfalls mit einer Nichtigkeitsklage, § 579 I Z 4. Das Urteil wird mit dem Ablauf der Rechtsmittelfrist rechtskräftig, § 705. Im Parteiprozeß nach § 78 Rn 1 muß das Gericht die Parteinämlichkeit in jeder Lage des Verfahrens von Amts wegen prüfen, sobald der Verdacht einer Unstimmigkeit auftaucht, Grdz 39 vor § 128. Tritt ein Anwalt als Bevollmächtigter auf, steht § 88 einer solchen Nachprüfung bis zu einer Rüge entgegen, Nürnb OLGZ **87**, 485.

B. Nichtbestehende Partei. Besteht der Kläger in Wahrheit nicht (mehr), so muß das Gericht die Klage **19** als unzulässig abweisen, BGH NJW **02**, 3111, Brdb RR **02**, 1217, Weinmann/Terbeggen NJW **03**, 1299 (Umdeutung nur unter engen Voraussetzungen). Wer sein Bestehen behauptet hat, muß die Kosten tragen, BGH MDR **04**, 1134, Ffm RR **96**, 1213, Karlsr RR **97**, 1290 (je: der gutgläubige ProzBev haftet nicht selbst). Stellt sich später heraus, daß der Kläger doch besteht, so ist er abgewiesen bleibt, wenn eine Kostenentscheidung zwischen den Parteien noch nicht ergangen ist. Besteht der Beklagte nicht, so muß der Kläger die Kosten des als gesetzlicher Vertreter oder Partei kraft Amts Geladenen tragen, Hbg MDR **76**, 846, Mü RR **99**, 1264 (letzter Geschäftsführer). Ein etwa ergehendes Sachurteil ist wirkungslos, aber auch nicht nichtig, Hbg MDR **76**, 846, aM BayObLG **86**, 233 (zu § 156 KostO). Aber es liegt in Staatshoheitsakt vor, Üb 10 Vor § 300), Freilich liegt meist nur eine falsche Bezeichnung vor. Diese darf und muß das Gericht berichtigen, Rn 3 („OHG" bei einem Einzelkaufmann), Jena MDR **97**, 1030 (Rechtsnachfolger eine Gemeinde).

Handelsgesellschaften, Partnerschaftsgesellschaften und Genossenschaften verschwinden mit ihrem Erlöschen **20** noch nicht unbedingt aus dem Rechtsleben, § 50 Rn 23, § 239 Rn 4, Hbg KTS **86**, 507, Saarbr Rpfleger **91**, 513, LG Brschw RR **99**, 1265. Trotzdem ist der Wille des Klägers maßgebend, wenn er nur die Geschäftsführer einer gelöschten Partei verklagt, Kblz VersR **83**, 671. Nach der Löschung muß ein (neuer) Liquidator bestellt werden, AG Lüneb DGVZ **89**, 191. Ist ein Verein aufgelöst und gelöscht, so kann auch ein Zwangsmittel nach § 888 gegen ihn nicht mehr ergehen. Er hat auch keine Beschwerdemöglichkeit. Denn es ist nichts von ihm übriggeblieben. Klagt der ProzBev nach dem Tod seiner Partei, so liegt nur eine falsche Bezeichnung der Partei vor, § 86. Wegen des Urteils gegen einen nicht Parteifähigen § 50 Rn 11 ff.

6) Prozeßführungsrecht und Sachbefugnis (Sachlegitimation)   **21**

Schrifttum: Altmeppen, Zur Rechtsnatur der actio pro socio, Festschrift für *Musielak* (2001) 1; *Barnert*, Die Gesellschafterklage im dualistischen System des Gesellschaftsrechts, 2003; *Baumgarten*, Der richtige Kläger im deutschen, französischen und englischen Zivilprozeß, 2001; *Baumgartner*, Die Klagebefugnis nach deutschem Recht vor dem Hintergrund der Einwirkungen des Gemeinschaftsrechts, 2005; *Berger*, Die subjektiven Grenzen der Prozeßstandschaft usw, 1992; *Bernstein*, Gesetzlicher Forderungsübergang und Prozeßführungsbefugnis im Internationalen Privatrecht usw, Festschrift für *Sieg* (1976) 49; *Grunsky*, Prozeßstandschaft, Festgabe *50 Jahre Bundesgerichtshof* (2000) III 109; *Homburger/Kötz*, Klagen Privater im öffentlichen Interesse, 1975; *Jänisch*, Prozessuale Auswirkung der Übertragung der Mitgliedschaft, 1996; *Michaelis*, Der materielle Gehalt des rechtlichen Interesses bei ... der gewillkürten Prozeßstandschaft, Festschrift für *Larenz* (1983) 443; *Schütz*, Sachlegitimation und richtige Prozeßpartei bei innergesellschaftlichen Streitigkeiten in der Personengesellschaft, 1994; *Schumann,* Die Prozessermächtigung (die gewillkürte Prozessstandschaft) und der Rechtschutz des Beklagten, Festschrift für *Musielak* (2004) 457; *Schwab,* Die prozeßrechtlichen Probleme des § 407 II BGB, Gedächtnisschrift für *Bruns* (1980) 181; *Tsantinis,* Aktivlegitimation und Prozeßführungsbefugnis von Individuen und Organisationen im UWG-Prozeßrecht, 1995; *Urbanczyk,* Zur Verbandsklage im Zivilprozeß, 1981; *Weber,* Die Prozeßführungsbefugnis als Sachurteilsvoraussetzung im Zivilprozeß und im Verwaltungsprozeß, Diss Augsb 1992; *Wrobel,* Die Prozeßführungsbefugnis des Zwangsverwalters, 1993; *van Zwoll,* Die Prozeßstandschaft auf der Beklagtenseite, 1993. Zur Verbandsklage auch Grdz 29–31 vor § 253.

22 **A. Begriff.** Prozeßführungsrecht oder -befugnis ist eine in jeder Lage des Prozesses von Amts wegen zu beachtende Prozeßvoraussetzung, BGH **161**, 165. Es geht dabei um das Recht, einen bestimmten Prozeß als richtige Partei im eigenen Namen zu führen, BGH **161**, 165, AG Neuss WoM **89**, 88. So kann man den Deutschen Anwaltverein als ermächtigt ansehen, Unterlassungsansprüche nach dem RBerG für die in ihm zusammengeschlossenen Rechtsanwälte im eigenen Namen gerichtlich geltend zu machen. Ein Verein zur Bekämpfung unlauteren Wettbewerbs kann befugt sein, einen wettbewerbsrechtlichen Anspruch geltend zu machen, Grdz 30 vor § 253. Kblz GRUR **81**, 91, sofern er sich finanziell, sachlich und personell ausreichend ausstattet, sodann Wettbewerbsverstöße tatsächlich verfolgt und zB Unterlassungsansprüche auch gerichtlich durchsetzt. Vgl auch §§ 2 ff UKlaG, dazu aber auch Rn 47 „Verbrauchsklage". Freilich muß er damit auch einmal anfangen dürfen. Oft spricht man statt von Prozeßführungsrecht von Sachbefugnis (Aktivlegitimation = Klagebefugnis, Passivlegitimation = Stellung als richtiger Bekl).

23 Die *Sachbefugnis* bezeichnet demgegenüber richtig die sachlichrechtliche Seite, nämlich das Zustehen eines Rechts. Sie hat somit eine Beziehung zur sachlichen Klageberechtigung, der Klagebegründetheit, nicht zur prozessualen. Die Sachbefugnis ist ein Teil der Sachbegründung. Fehlt sie, so muß das Gericht sachlich mit einer Rechtskraftwirkung in der Sache selbst abweisen, § 322, BGH NJW **86**, 3207. Zeitablauf kann zur Verwirkung des Einwands führen, der Bekl sei nicht der Verpflichtete, Schlesw VersR **96**, 635. Fehlt das Prozeßführungsrecht, so muß das Gericht die Klage prozessual abweisen. Denn es fehlt eine Prozeßvoraussetzung, Begriff Grdz 13 vor § 253, BGH GRUR **02**, 239. Das Gericht muß die Klage daher durch ein Prozeßurteil abweisen, also ohne eine innere Rechtskraftwirkung, BGH NJW **94**, 653, Ffm FamRZ **83**, 1268, Schwab Gedächtnisschrift für Bruns (1980) 191.

24 Meist treffen das Prozeßführungsrecht und die Sachbefugnis *zusammen,* BayObLG DB **79**, 936. Notwendig ist das aber nicht, Reinicke/Tiedtke JZ **85**, 892. Zum Beispiel ist ein Gesellschafter als Kläger unter Umständen prozeßführungsberechtigt, indem er die Leistung an alle Gesellschafter verlangen kann, BGH JZ **75**, 178, aM Hadding JZ **75**, 164. Sachlich befugt ist er nicht. Denn ihm fehlt der sachliche Anspruch. Wer eine Forderung zur Sicherung abtritt, bleibt auch dann befugt, sie gerichtlich geltend zu machen, wenn sein Anspruch auf die Rückabtretung nach der Erfüllung der gesicherten Forderung von einem Gläubiger gepfändet und diesem zur Einziehung überwiesen wird, Ffm MDR **84**, 228. Zur Problematik Brehm KTS **85**, 5. Das Prozeßführungsrecht muß beim Schluß der letzten Tatsachenverhandlung vorliegen, §§ 136 IV, 296 a, BGH NJW **00**, 739.

25 Klagt der aus dem Rechtsverhältnis *sachlich Berechtigte,* so darf das Gericht dieses Recht nach der Lebenserfahrung als vorhanden annehmen, soweit nicht gesetzliche Vorschriften entgegenstehen. Bei einem Streit hat es der Kläger für sich und den Bekl zu beweisen. Das Gericht muß mit Prozeßführungsrecht als eine Prozeßvoraussetzung nach Rn 23 in jeder Lage des Verfahrens von Amts wegen vor der Sachbefugnis prüfen, Grdz 39 vor § 128, BGH NJW **00**, 738, aM Balzer NJW **92**, 2721 (aber das Prozeßführungsrecht verdient durchaus keine Sonderbehandlung). Daß das Gericht auch die Sachbefugnis prüfen muß, folgt aus ihrer Natur als einen Teil der rechtlichen Klagbegründung.

26 **B. Gesetzliche Prozeßstandschaft: Möglichkeit bei jeder Klageart.** Nicht selten darf oder muß man sogar einen solchen Anspruch in eigenem Namen im Prozeß verfolgen, der nach dem sachlichen Recht an sich einem anderen zusteht oder zustand, Hamm FamRZ **88**, 188, Karlsr FamRZ **88**, 636, Kblz FamRZ **88**, 637. Geschieht das auf Grund einer gesetzlichen Befugnis, so liegt eine sog gesetzliche Prozeßstandschaft vor (so zuerst Kohler), Eickmann Rpfleger **81**, 214. Das kann bei jeder Klageart geschehen, LG Saarbr ZMR **92**, 61. Den Gegensatz bildet die sog gewillkürte ProzBev oder Prozeßgeschäftsführung, dazu Rn 29. Die Figur der Prozeßstandschaft hat sich bewährt, Grunsky (Rn 21) 126. Man darf sie aber nicht uferlos ausdehnen, Rn 2.

27 **C. Beispiele zur Frage einer gesetzlichen Prozeßstandschaft**
Abtretung: Rn 24.
Aktionär: Er hat evtl nach § 148 I AktG im sog Klagezulassungsverfahren ein Recht auf Zulassung, einem Ersatzanspruch der Gesellschaft aus § 147 I 1 AktG in eigenem Namen geltend zu machen.
Auslandsunterhalt: Der Generalanwalt beim Amtsgericht als Zentrale Behörde im Verfahren auf ein sog eingehendes Gesuch um Auslandsunterhalt nach §§ 2 II, 7 ff AUG ist *weder* Partei kraft Amtes noch Prozeßgeschäftsführer noch gesetzlicher Vertreter, sondern ProzBev kraft Gesetzes, Üb 8 vor § 78.
S auch Rn 28 „Unterhalt".
Drittschuldner: Rn 28 „Überweisung".
Drittwiderspruchsklage: S „Insolvenz".
Ehegüterrecht: Der allein verwaltende Ehegatte darf die Rechte des anderen am Gesamtgut kraft eigenen Rechts geltend machen, § 1422 BGB. Bei einer Gütergemeinschaft kann sich einer der Ehegatten vom anderen ermächtigen lassen, BGH NJW **94**, 653.
S aber auch Rn 28 „Schmerzensgeld".
Erbrecht: Eine gesetzliche Prozeßstandschaft liegt vor, soweit ein Miterbe nach § 2039 BGB vorgeht, Habermeier ZZP **105**, 182 (ausf).
Forderungsübergang: S zunächst Rn 114 Rn 55 „Fremdes Recht". Eine gesetzliche Prozeßstandschaft *fehlt,* soweit eine Partei infolge gesetzlichen Forderungsübergangs auf sie klagt. Denn sie ist ja jetzt kraft Gesetzes selbst neue Gläubigerin.

Heimarbeit: Eine gesetzliche Prozeßstandschaft liegt vor, soweit das Land den Entgeltanspruch eines Heimarbeiters verfolgt, BAG BB **85**, 529.

Insolvenz: Eine gesetzliche Prozeßstandschaft liegt vor, soweit der Insolvenzverwalter klagt, § 80 InsO, BGH DtZ **97**, 23, LG Bln MDR **89**, 171, oder soweit ihn ein Absonderungsberechtigter ermächtigt, BGH NJW **88**, 1210. Zur Problematik beim Sequester BGH MDR **00**, 974. Die Prozeßführungsbefugnis des vorläufigen Insolvenzverwalters nach § 22 I 1 InsO erstreckt sich *nicht* auf Massevermehrung oder Schadensersatzklage, LG Essen Rpfleger **00**, 398.

Markenrecht: Eine gesetzliche Prozeßstandschaft liegt bei § 27 III MarkenG vor, Drsd WettbR **99**, 135.

Nachlaßpfleger: Er ist *nicht* gesetzlicher Prozeßstandshafter, § 1960 II BGB, BGH NJW **89**, 2134, Köln RR **97**, 1091.

Nachlaßverwalter: Eine gesetzliche Prozeßstandschaft liegt bei ihm vor, §§ 1984 I 3, 1985 I BGB.

Nießbrauchsverwalter: Er handelt in gesetzlicher Prozeßstandschaft, § 1052 BGB.

Orchestervorstand: Eine gesetzliche Prozeßstandschaft liegt vor, soweit der Orchestervorstand usw nach § 80 II UrhG vorgeht, BGH **121**, 322, Ffm GRUR **85**, 381.

Rentenrecht: Eine gesetzliche Prozeßstandschaft liegt vor, soweit der vom Land ermächtigte Bund hinsichtlich privatrechtlicher Forderungen des Versorgungsträgers wegen Ersatzes gezahlter Renten gegen Dritte vorgeht.

Schmerzensgeld: Ein Vater kann *nicht* das Schmerzensgeld des volljährigen Kindes kraft Gesetzes im eigenen Namen geltend machen, ebensowenig der Ehemann im gesetzlichen Güterstand.

Testamentsvollstrecker: Er handelt grds in gesetzlicher Prozeßstandschaft, §§ 2212, 2213 I 1 BGB, BGH RR **87**, 1091. Sein Recht ist begrenzt, BGH MDR **03**, 284. Der Erbe kann ihn als Nachlaßschuldner verklagen. Denn der Testamentsvollstrecker kann nicht gegen sich selbst prozessieren, BGH MDR **03**, 284.

Überweisung: Eine gesetzliche Prozeßstandschaft liegt vor, soweit ein Überweisungsgläubiger die Rechte des Schuldners im eigenen Namen geltend macht, § 841.

Unterhalt: Eine gesetzliche Prozeßstandschaft liegt vor, soweit ein Elternteil nach § 1629 II 2, III BGB den Unterhaltsanspruch des *minderjährigen* Kindes gegen den anderen Elternteil im eigenen Namen geltend macht, § 114 Rn 55, § 323 Rn 70, § 794 Rn 11, BGH NJW **83**, 2085, Ffm FamRZ **94**, 1041, Stgt MDR **99**, 41, strenger Kblz FamRZ **87**, 495, Zweibr FER **01**, 68. Auch das nach § 7 IV UVG handelnde Land ist gesetzlicher Prozeßstandschafter, Karlsr FamRZ **04**, 1796. Zum Erlöschen der Prozeßstandschaft Brdb FamRZ **97**, 509 (Volljährigkeit), Rogner NJW **94**, 3325 (ausf). Rechtspolitisch krit Schmitz FamRZ **88**, 1131.

Die Mutter kann aber *nicht* den Unterhaltsanspruch des *volljährigen* Kindes im eigenen Namen geltend machen, selbst wenn es in ihrem Haushalt lebt, Ffm FamRZ **79**, 175, Stgt OLGR **01**, 103.

S auch Rn 27 „Auslandsunterhalt".

Versicherung: Sieg VersR **97**, 159 (Üb).

Verwertungsgesellschaft: Sie handelt in gesetzlicher Prozeßstandschaft, § 27 I 2 UrhG, §§ 1, 6 WahrnG, BVerfG MDR **88**, 285.

Wohnungseigentümer,- verwalter: Rn 49.

Zwangsverwaltung: Eine gesetzliche Prozeßstandschaft liegt vor, soweit der Zwangsverwalter klagt, § 152 ZVG, BGH RR **93**, 442. Das gilt auch, wenn er nach der Aufhebung des Verfahrens noch Nutzungen aus der Zeit der Zwangsverwaltung einklagt, BGH RR **90**, 1213, Stgt NJW **75**, 266, LG Kref Rpfleger **88**, 113.

D. Gewillkürte Prozeßstandschaft (Prozeßgeschäftsführung): Notwendigkeit eines berechtigten eigenen Grundes. Eine Prozeßgeschäftsführung liegt vor, wenn jemand ausdrücklich oder stillschweigend einen an sich einem anderen zustehenden sachlichrechtlichen Anspruch im Prozeß verfolgt, BGH **161**, 165, KG VersR **05**, 830, Köln RR **01**, 533, der auch abtretbar ist, Rn 34, aber eben noch nicht an ihn abgetreten wurde (sonst wäre er ja selbst jetzt Rechtsinhaber). Weitere Voraussetzung ist, daß er indem eigenen Namen handelt, aber im Gegensatz zur Situation Rn 26 ohne Übertragung einer eigenen gesetzlichen Befugnis, sondern nur auf Grund einer auch prozessual darzulegenden rechtsgeschäftlich erhaltenen Erlaubnis, BGH NJW **99**, 1717. Meist nennt man auch das Prozeßstandschaft oder Prozessermächtigung, Schumann (vor Rn 1) 459, und zwar die sog gewillkürte, BGH GRUR **02**, 239. Wenn die Berechtigung nach außen fehlt, nicht auch eine sachlichrechtliche Übertragung stattgefunden hat, muß man ein Prozeßführungsrecht grundsätzlich verneinen, so zB wenn der Kläger erkennbar stillschweigend ermächtigt ist, Ansprüche eines Dritten im eigenen Namen geltend zu machen. Eine Allgemeinermächtigung ist meist unwirksam, Köln WRP **85**, 659, LG Bln RR **93**, 1234, LG Kassel RR **91**, 529.

Man gewährt ein Prozeßführungsrecht zweckmäßig, wenn der Kläger einen *berechtigten eigenen Grund* zur Geltendmachung des fremden Rechts hat, BGH NJW **03**, 2232, also ein eigenes schutzwürdiges *rechtliches* und nicht nur wirtschaftliches Interesse, OVG Kblz NVwZ-RR **05**, 735, Schumann (vor Rn 1) 491. Das letztere darf man nur bei der Prüfung des ersteren heranziehen, BGH GRUR **02**, 239, Brdb ZMR **99**, 97 (Befreiung von Verbindlichkeit), Köln RR **01**, 533, aM Boecken/Krause NJW **87**, 421 (sie fordern die Beachtung von Treu und Glauben. Aber das ist ohnehin zusätzlich selbstverständlich, Einl III 54), Koch JZ **84**, 815 (die Rechtsfigur sei entbehrlich; grundsätzlich fehle das Rechtsschutzbedürfnis nach Grdz 33 vor § 253. Das ist aber vor der Entwicklung der Praxis überholt). Dabei kommt es dafür, ob der Prozeßstandschafter auf Leistung an sich selbst oder nur an den Ermächtigenden klagen kann, auf die Auslegung der Ermächtigung an, BGH **145**, 386. Sie ist zwar Prozeßhandlung, Grdz 46 vor § 128. Sie richtet sich aber nach dem sachlichen Recht, BGH NJW **02**, 739, evtl nach dem Auslandsrecht, BGH **125**, 196. Sie kann stillschweigend erfolgen, BGH RR **02**, 1378. Sie kann auf den Zeitpunkt der Klagerhebung zurückwirken, BGH RR **93**, 670. Man kann weder für die eine noch für die andere Möglichkeit einen AnschBew konstruieren. Denn die Interessenlagen können sehr unterschiedlich sein.

Ein eigenes rechtsschutzwürdiges Interesse liegt nur insoweit vor, als die Entscheidung des Prozesses die eigene *Rechtslage* des Prozeßführenden beeinflußt, BGH NJW **03**, 2232, Celle NJW **89**, 2477, LG Bln RR **93**, 1234. Diese Situation kann bei einem sicherungshalber abgetretenen Anspruch vorliegen, BGH NJW

89, 1932, LG Kassel VersR **79**, 616, Brehm KTS **85**, 11. Zur Problematik Brehm KTS **85**, 5, Frank ZZP **92**, 321, Koch JZ **84**, 809.

Bei einer bloßen *Inkassozession* verlangt BGH VersR **96**, 909 allerdings kein eigenes rechtliches Interesse des Abtretungsnehmers. Das Gericht muß die Voraussetzungen in jeder Verfahrenslage von Amts wegen beachten, BGH **125**, 200, auch in der Revisionsinstanz, BGH NJW **00**, 738. Der Prozeßstandschafter nach Grdz 26 vor § 50, unten Rn 34, muß diese Position freilich auch grundsätzlich vor Gericht offenlegen, BGH **94**, 122, LG Karlsr WoM **88**, 89. Es genügt, daß sie am Verhandlungsschluß vorliegt, §§ 136 IV, 296 a, BGH NJW **00**, 739. Freilich muß eine etwaige Klagefrist gewahrt sein, LG Karlsr WoM **88**, 89 (zu [jetzt:] §§ 558 ff BGB). Nur bei eindeutig erkennbarer Prozeßstandschaft ist ihre ausdrückliche Erklärung entbehrlich, BGH NJW **99**, 3708, LG Karlsr WoM **88**, 89, aM Grunsky (bei Rn 21) 113 (aber dergleichen muß als prozessuale Ausnahme ganz klar sein).

32   Ferner darf die gewählte Art der Prozeßführung den Gegner *nicht unbillig benachteiligen*, BGH NJW **90**, 1117, Schumann (vor Rn 1) 492. Solche Benachteiligung fehlt bei bloßer Gefährdung eines Anspruchs auf Kostenerstattung, BGH NJW **99**, 1717, oder der Beweischance, NJW **88**, 587. Rechtsmißbrauch ist auch hier verboten, Einl III 54, Rn 41. Auch das RBerG kann entgegenstehen, LG Bln RR **93**, 1234 (Verwalter klagt Miete ein). Eine Übertragung auf einen Dritten ist grundsätzlich unzulässig, BGH NJW **98**, 3205.

33   Eine bloße *Prozeßwirtschaftlichkeit* kann trotz ihrer Bedeutung nach Grdz 14 vor § 128 das gerade rechtlich erforderliche Interesse nicht begründen, BAG DB **84**, 2566. Man darf die Figur der Prozeßstandschaft nicht uferlos ausdehnen, Rn 2.

34   **E. Beispiele zur Frage einer gewillkürten Prozeßstandschaft**

Abtretung: Eine gewillkürte Prozeßstandschaft kommt grds nur bei einer Abtretbarkeit der *Rechtsausübung* infrage, Rn 38 „Höchstpersönliches Recht", BGH NJW **83**, 1561, BVerwG NJW **83**, 1133. Ausnahmen können zB beim Schutz des Persönlichkeitsrechts eines Verstorbenen entstehen, BGH **107**, 384, oder beim Namensrecht, Rn 42. Es liegt grds ein Prozeßführungsrecht vor, wenn der Abtretende mit einer Ermächtigung des Abtretungsnehmers klagt, BGH NJW **79**, 924. Das Urteil schafft eine Rechtskraft für und gegen diesen, BGH DB **99**, 1316, Hamm NJW **89**, 463, KG MDR **75**, 756. Das gilt auch bei einer Sicherungsabtretung, BGH DB **99**, 1316 (zumindest nach deren Offenlegung). Eine wirksame Ermächtigung wirkt nach § 265 II 1 fort, BGH NJW **89**, 1933.

Ein Prozeßführungsrecht *fehlt* aber ausnahmsweise bei dem Zedenten, wenn er überschuldet und vermögenslos ist, Brdb MDR **02**, 1453, BGH NJW **03**, 2232 (je auch zu einer Ausnahme von der Ausnahme), Rostock MDR **04**, 770. Es fehlt ferner beim Zessionar. Denn er macht ja nicht jetzt eigenes Recht geltend, sogar grds bei bloßer Sicherungsabtretung. Es fehlt ferner, wenn der Zessionar wegen einer nicht abtretbaren Forderung klagt, KG MietR **97**, 170, Köln RR **97**, 1072, LG Bln RR **02**, 1378, aM BGH NJW **02**, 1038, Köln MDR **79**, 935 (aber dann fehlt ja eine Grundbedingung der Prozeßstandschaft).

S auch Rn 39 „Inkassozession", Rn 40 „Kreditgeber", Rn 45 „Treuhänder", Rn 46 „Umdeutung".

Aktiengesellschaft: Es liegt ein Prozeßführungsrecht vor, wenn ein Gläubiger nach § 93 V 1 AktG klagt, Habschick Festschrift für Weber (1975) 202, ferner im Fall des § 350 AktG. Mit Ermächtigung eines Aktionärs kann auch ein Dritter in Prozeßstandschaft vorgehen, Stgt RE **03**, 1619. Die Klagebefugnis erlischt im Anfechtungsprozeß mit dem Wegfall der Aktionärseigenschaft nicht stets, Heise/Dreier BB **04**, 1126.

Allgemeine Geschäftsbedingungen: Rn 47 „Verbandsklage".

ARGE: Es kann ein Prozeßführungsrecht vorliegen, wenn ein Mitglied einer auch früheren ARGE einen Werklohnanspruch einklagt, BGH NJW **99**, 3707.

Assekuradeur: Ein Assekuradeur hat wegen des Anspruchs eines Versicherten gegen den Schädiger evtl ein Prozeßführungsrecht, Düss VersR **97**, 132. Er kann auch gegen einen anderen Versicherer so vorgehen, KG VersR **05**, 830.

Auslandsberührung: Grds ist die lex fori maßgeblich, Einl III 74, BGH **125**, 199 (auch zu einer Ausnahme beim Auslandskonkurs), Hbg RR **96**, 511.

Auslegung: Rn 30, 46 „Umdeutung".

35   **CMR-Vertrag:** Vgl Piper VersR **88**, 203.

Dienstbarkeit: Ein Prozeßführungsrecht *fehlt*, wenn der Berechtigte aus einer beschränkten persönlichen Dienstbarkeit einen Dritten zur Klage gegen den Eigentümer des belasteten Grundstücks ermächtigt, soweit die Überlassung des Rechts der Ausübung nach nicht gestattet ist.

Drittschadensinteresse: Es liegt ein Prozeßführungsrecht vor, wenn derjenige Geschädigte klagt, den der eigentlich Ersatzberechtigte vertraglich ermächtigt hat und dem die Ersatzleistung letztlich zugute kommt (Berechtigung aus Drittschaden).

36   **Eherecht:** Rn 27 „Ehegüterrecht", Rn 28 „Unterhalt".

Eigentum: Es kann ein Prozeßführungsrecht nach § 985 BGB auch für den Pächter vorliegen, BGH RR **86**, 158, Werner JuS **87**, 855. Dasselbe gilt für eine Klage eines Miteigentümers auf Zustimmung nach § 1011 BGB, BGH NJW **85**, 2825.

Einziehungsindossatar: Es liegt ein Prozeßführungsrecht vor, BGH NJW **95**, 2111.

S auch Rn 39 „Inkassozession", Rn 44 „Sicherungseigentum", Rn 48 „Vollmachtsindossatar".

Erbrecht: Ein Prozeßführungsrecht liegt vor, wenn ein Erbe mit Ermächtigung des Nachlaßverwalters im eigenen Namen und Interesse auf die Auflassung eines Grundstücks klagt, das dann der Nachlaßverwaltung unterliegen soll, oder wenn der Vermächtnisnehmer mit Ermächtigung des Erben auf Herausgabe klagt, BGH WertpMitt **95**, 1855.

S aber auch Rn 41 „Mißbrauch".

Ermächtigung zum Auftreten: Für Prozeßführungsrecht liegt vor, soweit der Kläger eine evtl sogar stillschweigende Ermächtigung zum Auftreten vor Gericht hat, BGH NJW **99**, 739. Das gilt zB: Bei der Erhebung eines Gesellschaftsanspruchs durch einen Gesellschafter, BGH RR **02**, 1377; bei der Klage des

früheren Gläubigers wegen einer Sicherungsabtretung, BGH **128**, 379; bei der Klage nur eines Ehegatten wegen Baumängeln bei gemeinsamem Hausbau, BGH **94**, 122.
Frachtvertrag: Es kann ein Prozeßführungsrecht des Empfängers für den Absender gegen den Frachtführer bestehen, BGH **140**, 93.
Gebrauchsmustergesetz: Rn 48 „Volkskläger". 37
Generalbundesanwalt: Rn 28.
Gesellschaft mit beschränkter Haftung, dazu *Happ,* Die GmbH im Prozeß, 1997: Es liegt ein Prozeßführungsrecht vor, wenn der fast sämtliche Anteile besitzende Gesellschafter im Auftrag der Gesellschaft klagt, BGH RR **87**, 57, oder wenn die übrigen Gesellschafter auch für den rechtskräftig zur Zustimmung Verurteilten klagen, BGH **64**, 259, oder wenn ein Gläubiger eine Einlageforderung nach § 19 GmbHG gegen einen Gesellschafter einklagt, Stgt BB **02**, 2086.

Ein Prozeßführungsrecht *fehlt* aber dann, wenn die in Vermögensverfall geratene GmbH oder GmbH und Co KG ohne Aussicht ist, ihre Geschäfte fortzuführen, BGH NJW **99**, 1718. Freilich mag die Chance einer Befreiung von Verbindlichkeit reichen, BGH NJW **03**, 2232. Zum Problem Frahm VersR **96**, 163.

S auch Rn 40 „Konzern".

Gesellschaft bürgerlichen Rechts: Es kann ein Prozeßführungsrecht vorliegen, wenn ein Gesellschafter einen Anspruch der Gesellschaft geltend macht, so schon BGH NJW **97**, 1236. Das kann erst recht seit BGH **146**, 341 (Rechts-, Partei- und Prozeßfähigkeit der BGB-Außengesellschaft) je nach der Gesamtlage so sein, BGH RR **02**, 1378. Freilich muß man jetzt das rechtliche Interesse eher strenger prüfen.

Eine Prozeßstandschaft *fehlt* bei der Klage eines Gesellschafters als solchen, Altmeppen (vor Rn 1) 25. Denn er nimmt eigene Interessen und Rechte wahr. Die Gesellschaft kann nicht in Prozeßstandschaft der übrigen Gesellschafter auf die Ausschließung eines weiteren klagen, BGH BB **91**, 371.

Gewerblicher Rechtsschutz: Rn 47 „Verbandsklage".
Grundbuchsberichtigung: Es liegt ein Prozeßführungsrecht des Verkäufers nach § 894 BGB vor, BGH RR **88**, 126.
Heimarbeiter: Rn 28. 38
Höchstpersönliches Recht: Ein Prozeßführungsrecht *fehlt* grds, wenn es um ein höchstpersönliches Recht geht, BGH NJW **83**, 1561, bzw um ein solches, das unübertragbar ist, BGH GRUR **78**, 585, BFH DB **78**, 2060. Wegen einiger Ausnahmen Rn 34 „Abtretung".
Inkassozession, dazu *Michalski* BB **95**, 1361: Ein Prozeßführungsrecht liegt als eng auslegbare Ausnahme 39 vom Grundsatz Rn 34 „Abtretung" in einer eigentlich systemwidrigen Weise aus Zweckmäßigkeitserwägungen bei einer bloßen Inkassozession vor (Begriff PalH § 398 BGB Rn 26), und zwar ohne Notwendigkeit des eigenen rechtlichen Interesses, Rn 31. BGH VersR **96**, 909 (bei Einschaltung eines Anwalts), Drsd VersR **95**, 1071, LG Bonn JB **95**, 660, aM Hamm MDR **92**, 1187 (bei Befugnis nur zu außergerichtlicher Einziehung sei die gerichtliche Geltendmachung im eigenen Namen bei Bestellung eines ProzBev des Inkassobüros statthaft. Aber die Vollmacht reicht nicht auch dazu), Köln MDR **91**, 1085 (abl Mittag), Nürnb RR **90**, 1261.

S auch Rn 34 „Abtretung", Rn 36 „Einziehungsindossatar".

Insolvenzverfahren: Es liegt ein Prozeßführungsrecht vor, wenn der Insolvenzverwalter bei Insolvenz einer KG in dieser Eigenschaft eine Forderung gegen einen mithaftenden Gesellschafter einklagt und dazu vom Insolvenzgläubiger ermächtigt worden ist, um den Erlös allen Insolvenzgläubigern zugute kommen zu lassen, oder wenn der Insolvenzverwalter mit Ermächtigung eines Absonderungsberechtigten klagt, um auch für die Masse etwas zu erhalten, BGH NJW **88**, 1210, oder wenn der Schuldner als natürliche Person ein zur Insolvenzmasse zählendes Recht einklagt, BGH NJW **87**, 2018, oder wenn der Insolvenzverwalter einen Bereicherungsanspruch als massefremdes Recht einklagt, BGH BB **03**, 1526.

Ein Prozeßführungsrecht *fehlt,* wenn der Verwalter eine Forderung freigibt, um die Insolvenzmasse vom Prozeßrisiko zu befreien, sich aber vom Schuldner sofort wieder Zahlungsansprüche oder den Erlös zur Insolvenzmasse abtreten läßt oder vereinbart, daß ein erstrittener Erlös zur Insolvenzmasse abzuführen ist, und wenn der Schuldner kein eigenes rechtsschutzwürdiges Interesse an der Klage hat.

Es *erlischt* grds mit der Eröffnung des Insolvenzverfahrens über das Vermögen des Ermächtigenden, BGH NJW **00**, 738. Wegen einer Ausnahme BGH NJW **95**, 3187.

S auch Rn 27, Rn 34 „Auslandsberührung", Rn 48 „vorläufiger Insolvenzverwalter".

Kommanditgesellschaft: Rn 37 „Gesellschaft mit beschränkter Haftung". 40
Kommission: Es liegt ein Prozeßführungsrecht vor, wenn der Kommissionär im Einverständnis des Kommittenten im eigenen Namen gegen einen Dritten auf Ersatz klagt.
Konzern: Es liegt grds ein Prozeßführungsrecht vor, wenn die Muttergesellschaft einen Anspruch einer 100%igen Tochter geltend macht, BGH GRUR **95**, 54.
Kostenrisiko: Ein Prozeßführungsrecht *fehlt,* wenn man nur das Kostenrisiko zu Lasten des Prozeßgegners vermindern oder ausschließen will, BGH NJW **89**, 1933, Brdb ZIP **02**, 1444, Hamm RR **92**, 763.
Kreditgeber: Ohne besondere Umstände *fehlt* ein Prozeßführungsrecht des Kreditgebers des Versicherungsnehmers für eine Klage gegen den Versicherer, Hamm VersR **96**, 255.
Leasing: Der Leasingnehmer kann ein Prozeßführungsrecht haben, Düss NVersZ **99**, 40.
Markengesetz: Es liegt ein Prozeßführungsrecht beim Unterlassungsanspruch vor, BGH RR **89**, 690, 41 ebenso dann, wenn der Lizenznehmer anstelle des Inhabers oder des Lizenzgebers handelt, BPatG GRUR **00**, 816.

S auch Rn 48 „Volkskläger".

Mietrecht: Ein Prozeßführungsrecht liegt vor, wenn der vom Vermieter eigens hierzu ermächtigte Hausverwalter einen Anspruch des Vermieters gegen den Mieter geltend macht, LG Bre WoM **93**, 605, Scholzen ZMR **81**, 3, aM LG Kassel RR **91**, 529 (aber der Verwalter hat meist auch ein eigenes rechtliches Interesse). Das gilt evtl sogar nach seinem Ausscheiden aus dem Amt, § 265 Rn 1, nicht aber beim Fehlen einer Ermächtigung des Vermieters, LG Hbg WoM **91**, 599. Freilich kann ein Verstoß gegen § 134 BGB und gegen das RBerG vorliegen, LG Bln RR **93**, 1234 (Verwalter klagt Miete ein). Ein Prozeßführungsrecht liegt ferner dann vor, wenn ein Vermieter den auch der Ehefrau zustehenden Anspruch einklagt, BGH **94**, 117. Freilich muß man gerade in diesem Fall an das Vorliegen eines berechtigten eigenen Grundes scharfe Anforderungen stellen, AG Wuppert WoM **93**, 416. Bei einer BGH-Gesellschaft mag ein Gesellschafter den anderen stillschweigend ermächtigt haben, BGH NZM **02**, 787.

Ein Prozeßführungsrecht *fehlt*, soweit eine Mietermehrheit vorliegt, solange nicht zusätzliche Gesichtspunkte hinzutreten, großzügiger LG Bln RR **99**, 1387 (aber nicht jeder Gesellschafter kann einfach statt des anderen handeln). Es fehlt ferner, soweit der Hauptmieter einen nur dem Hauptvermieter zustehenden Anspruch gegen den Untermieter einklagt, LG Bln RR **93**, 1234.

Mißbrauch: Ein Rechtsmißbrauch ist wie stets auch hier schädlich, Einl **II** 54 ff, § 138 BGB, BGH RR **90**, 506, Hamm JB **92**, 701, Ramm KTS **90**, 617. Er liegt zB dann vor, wenn es nur um eine Verringerung des Kostenrisikos geht, Rn 40, oder wenn ein Miterbe allein einen zum Nachlaß gehörigen Anspruch arglistig geltend macht, § 2039 S 1 BGB, und die anderen Miterben der Klageerhebung widersprechen. Maßgeblich ist der Erteilungszeitpunkt, Karlsr WertpMitt **93**, 357. Zur bloßen Vermögenslosigkeit Rn 34 „Abtretung".

42 **Nachlaßverwaltung:** Rn 36 „Erbrecht".

Namensrecht: Bei seiner Geltendmachung kann gewillkürte Prozeßstandschaft zulässig sein, BGH **119**, 240.

Offene Handelsgesellschaft: Es kann ein Prozeßführungsrecht des einen auch zugunsten des anderen Gesellschafters vorliegen, BayObLG **00**, 100 (auch zum Gründungsstadium).

Orchestervorstand: Rn 28.

Partnerschaftsgesellschaft: Da jeder Partner die Partnerschaftsgesellschaft grds allein vertreten kann, § 7 III PartGG in Verbindung mit § 125 I HGB, liegt *keine* Notwendigkeit zur Annahme eines Prozeßführungsrechts vor, solange nicht der Partnerschaftsvertrag zulässigerweise nach § 7 III PartGG in Verbindung mit §§ 125 II, IV, 126, 127 HGB die Vertretungsmacht einschränkt. In diesem letzten Fall läßt sich nur nach den Gesamtumständen klären, ob ein Prozeßführungsrecht des auftretenden oder verklagten Partners vorliegt. Es kommt auf Art und Umfang der Beschränkung seiner Vertretungsmacht an, aber auch auf die Interessen des Prozeßgegners.

Politische Partei: *Nicht* hierher gehört die Klage des Vorstands des Kreisverbandes einer politischen Partei, Celle NJW **89**, 2477.

43 **Rechtsmißbrauch:** Rn 41 „Mißbrauch".

44 **Schadensersatz:** Es kann ein Prozeßführungsrecht der Krankenkasse für den Verletzten gegen den Schädiger vorliegen, BGH NJW **85**, 2194 (Verdienstausfall).
S auch Rn 35 „Drittschadensinteresse".

Sicherungsabtretung: Rn 34 „Abtretung".

Sicherungseigentum: Es liegt ein Prozeßführungsrecht vor, wenn der Sicherungsgeber mit einer Ermächtigung des Sicherungseigentümers klagt, BGH NJW **90**, 1116 (evtl sogar nach einem anschließenden Vermögensverfall des Klägers), Nürnb NJW **77**, 1543. Dabei kann man die Zustimmung stillschweigend erteilen, BGH RR **88**, 127. Evtl liegt auch allgemein beim Sicherungsabretenden ein Prozeßgeschäftsführungsrecht vor, BGH NJW **89**, 1932. Der Sicherungsgeber darf die ihm erteilte Ermächtigung aber nicht auf einen Dritten übertragen, Jena MDR **98**, 1468.
S auch Rn 45 „Treuhänder".

Sortenschutzvereinigung: Sie hat *keine* gewillkürte Prozeßstandschaft, soweit es nicht um unmittelbare oder mittelbare Mitglieder geht, BGH GRUR **02**, 239.

Sozialversicherungsträger: Er gehört *nicht* hierher, BGH RR **04**, 595.

Stille Gesellschaft: Es kann ein Prozeßführungsrecht des oder für den Stillen vorliegen, BGH NJW **95**, 1355.

Tod: Ein Prozeßführungsrecht erlischt im Zweifel mit dem Tod des Ermächtigenden, BGH **123**, 135 (zustm Schilken ZZP **107**, 524).
S auch Rn 34 „Abtretung".

45 **Treuhänder:** Ein Prozeßführungsrecht kann vorliegen, soweit der Treugeber tätig wird, BGH NJW **99**, 2111, Brdb BB **02**, 1610. Es kann auch vorliegen, soweit ein Treuhänder tätig wird. Freilich wird er durch Abtretung an ihn selbst Rechtsinhaber, Rn 29.
S auch Rn 34 „Abtretung", Rn 44 „Sicherungseigentum".

46 **Überschuldung:** Ein Prozeßführungsrecht kann zugunsten einer natürlichen Person (anders als bei der GmbH, Rn 37) trotz Überschuldung usw bestehen, BGH NJW **99**, 1718.
S auch Rn 47 „Vermögensloser".

Umdeutung: Eine gewillkürte Prozeßstandschaft kann sich durch Umdeutung ergeben, zB bei einer unwirksamen Abtretung, BGH RR **03**, 51, Stgt BB **02**, 2086.

Unterhalt: Eine Einziehungsermächtigung durch die Sozialbehörde ist statthaft, Düss FamRZ **95**, 818. Bei künftigem Unterhalt hat der Sozialleistungsträger gewillkürte Prozeßstandschaft, BGH FamRZ **98**, 357.
Ein Prozeßführungsrecht *fehlt*, wenn das Jugendamt nach einem Anspruchsübergang einen Rückstand aus der Zeit vor der Rechtshängigkeit einklagt, Hamm FamRZ **90**, 1370. Ein Prozeßführungsrecht fehlt ferner, sobald der Unterhaltsgläubiger wegen Empfangs von Sozialhilfe seinen Anspruch wegen des grds jetzt kraft Gesetzes auf den Sozialhilfeträger übergehenden Anspruchs verliert, BGH RR **96**, 1345, Bre FamRZ **95**, 821, Jena FamRZ **96**, 951, aM Köln FamRZ **94**, 971, Schlesw MDR **94**, 726, ZöV 49 vor § 50 (aber es besteht keine Notwendigkeit einer Überleitungs- oder Rechtswahrungsanzeige mehr).
S auch Rn 27, 28.

Unterlassungsanspruch: Rn 41 „Markengesetz".

Unübertragbarkeit: Rn 38 „Höchstpersönliches Recht".

Unzulässige Rechtsausübung: Rn 41 „Mißbrauch".

Urheberrecht: Es liegt ein Prozeßführungsrecht vor, wenn der Herausgeber oder Verleger die Rechte des namenlosen Urhebers wahrt, § 10 II UrhG.

Abschnitt 2. Parteien **Grdz § 50**

Veräußerung der Streitsache: Es liegt ein Prozeßführungsrecht vor, wenn der Veräußerer des Streitgegen- **47** stands den Prozeß weiterführt, §§ 265, 266, BGH RR **88**, 289.
Verbandsklage, dazu *Hinz,* Wettbewerbsklagen in Verbänden im Sinne des § 13 Abs. 2 Ziff. 2 UWG in gewillkürter Prozeßstandschaft, Festschrift für *Piper* (1996) 257: Es liegt ein Prozeßführungsrecht vor, wenn ein Verband satzungsgemäß die Förderung der geschäftlichen Interessen der Mitglieder betreibt, Grdz 30 vor § 253, BGH NJW **83**, 1559, aM BGH **89**, 3 (in wenig überzeugender Abweichung). Daran ändert auch § 13 II Z 2 UWG nichts, KG GRUR **95**, 141.

Nicht hierher gehören eine Einzelklage nach (jetzt) dem UKlaG für den Verband, Sieg VersR **77**, 494, oder die Klage eines Verbandes, dessen Mitglieder trotz seiner Satzungsaufgaben zur Wahrung ihrer Interessen auch selbst klagen dürfen, BAG DB **84**, 2566, oder der nur im Prozeßstandschaft ohne eigenes rechtliches Interesse klagt, BGH BB **98**, 233.
Verjährung: S „Versicherung".
Vermögensloser: Ein Prozeßführungsrecht *fehlt* bei seinem Vorschieben, BGH RR **88**, 127, aber nicht bei einem echten eigenen Interesse, BGH NJW **99**, 1718.

S auch Rn 46 „Überschuldung".
Versicherung, dazu *Koch/Hirse* VersR **01**, 405 (zur Dogmatik), *Sieg* VersR **97**, 181 (Üb): Bei § 67 VVG kann ein Prozeßführungsrecht des Versicherungsnehmers bleiben, Köln RR **94**, 27. Nach rechtskräftigem Unterliegen im Hauptprozeß und Leistung durch den Versicherer kann der Versicherungsnehmer *nicht* mehr ohne Zustimmung des Versicherers vom Anwalt Schadensersatz fordern, Düss VersR **99**, 445. Der Schädiger kann nicht statt des Versicherungsnehmers Deckung von Versicherer fordern, Stgt VersR **91**, 766. Wegen der Führungsklausel in einem Transportversicherungsvertrag BGH RR **02**, 20.
Versorgungsrecht: Wegen des Versorgungsträgers Rn 2
Volkskläger: Im Fall der §§ 15 GebrMG, 55 II Z 1 MarkenG liegt ein Prozeßführungsrecht vor. **48**
Vollmachtsindossatar: Es liegt ein Prozeßführungsrecht vor, Art 18 WG.

S auch Rn 36 „Einziehungsindossatar".
Vollstreckungsstandschaft: Sie ist grds *nicht* statthaft, Einf 3 vor §§ 727–729.
Vorläufiger Insolvenzverwalter: Zum eingeschränkten Prozeßführungsrecht des nach §§ 21, 22 InsO bestellten vorläufigen Insolvenzverwalters Hbg ZIP **82**, 860 (krit Paulus ZZP **96**, 356), LG Ffm RR **97**, 796.
Wettbewerbsrecht: Rn 47 „Verbandsklage". **49**
Widerruf: Man kann eine Ermächtigung meist bis zur Klagerhebung jederzeit widerrufen, BGH RR **86**, 158.
Wohnungseigentum, dazu *Blackert,* Die Wohnungseigentümergemeinschaft im Zivilprozeß, 1999; *Drasdo* MDR **03**, 1385, *Schuschke* NZM **05**, 81 (je: ausf): Ein Prozeßführungsrecht liegt zwar *nicht stets* vor, LG Görlitz WoM **97**, 683, wohl aber zB dann, wenn der Verwalter auf Grund eines Beschlusses der Wohnungseigentümer gegen ein Mitglied vorgeht, BGH NJW **03**, 3196 (er vertritt nur die anderen), Köln RR **04**, 1668, LG Essen Rpfleger **02**, 101. Es liegt auch dann vor, wenn der Verwalter einen Nachbesserungsanspruch wegen eines Mangels am Sonder- bzw gemeinschaftlichen Eigentum im eigenen Namen einklagt usw, BGH NJW **03**, 3196, BayObLG MietR **97**, 116, Köln NZM **98**, 874. Ein Prozeßführungsrecht liegt ferner vor, soweit einzelne Wohnungseigentümer mit Ermächtigung der Gemeinschaft so wie der Verwalter vorgehen, BGH **114**, 387, Hamm ZMR **89**, 99 (je: Sondereigentum), Düss NZM **00**, 502 (Wohngeld, evtl Fortbestand nach seinem Ausscheiden), Kblz NZM **00**, 518, Köln WoM **94**, 34.

Ein Prozeßführungsrecht *fehlt*, wenn der Verwalter ohne besondere Ermächtigung des Eigentümers einen gesonderten verwalteten Wohnung Rechte geltend macht, LG Kiel WoM **98**, 233, AG Neuss WoM **89**, 88 (eine Generalermächtigung wäre nach § 134 BGB nichtig). Sie fehlt auch, soweit es nur die Rückzahlung einer Mietsicherheit geht, LG Kaisersl WoM **03**, 630.
Zahlungsunfähigkeit: Trotz ihres Eintritts kann ein Prozeßführungsrecht fortdauern, BGH NJW **95**, 3186. **50**
Zeuge: Es liegt ein Prozeßführungsrecht vor, wenn der Rechtsinhaber zum Zeugen wird, BGH RR **88**, 127.
Zwangsverwaltung, dazu *Wrobel,* KTS **95**, 19 (ausf): Ein Prozeßführungsrecht liegt vor, wenn der Zwangsverwalter tätig wird. Denn er wickelt ab. Daher bleibt dieses Recht evtl sogar nach der Aufhebung der Zwangsverwaltung wegen Zwangsversteigerung des beschlagnahmten Grundstücks bestehen, BGH **155**, 43, nicht aber bei einer Rücknahme des Gläubigerantrags, BGH **155**, 43.

S auch Rn 27.
Zwangsvollstreckung: Es kann im Prozeßführungsrecht des Gläubigers für den Überweisungsgläubiger gegen den Schuldner vorliegen, BGH NJW **86**, 423, Düss OLGR **95**, 87.

7) VwGO: An die Stelle des Begriffs der Partei tritt im VerwRechtsstreit der Begriff des Beteiligten, § 63 VwGO; **51** *das sind außer dem Kläger und dem Beklagten auch der Beigeladene, § 65 VwGO, und der Oberbundesanwalt sowie (falls landesrechtlich vorgesehen) der Vertreter des öffentlichen Interesses, §§ 35–37 VwGO, und nach Spezialgesetzen zu beteiligende Stellen, vgl Ule VPrR § 20 I. Beteiligungsfähig sind nach Landesrecht auch Behörden, § 61 Nr 3 VwGO. Mit dieser Maßgabe gelten die vorstehend dargelegten Grundsätze auch im Verfahren der VerwGerichte. Das Prozeßverhältnis, oben Rn 1, besteht auch hier zwischen dem Kläger (Antragsteller) und dem Beklagten (Antragsgegner). Die Partei kraft Amtes, oben Rn 8 ff, ist an Stelle des Vertretenen Beteiligter. Das Verfahren der VerwGerichte kennt keine allgemeine Prozeßstandschaft, oben Rn 26 ff, der Organisationen und Vereinigungen, die diese zur prozessualen Wahrnehmung der Rechte ihrer Mitglieder im eigenen Namen ermächtigt, BVerwG NJW **80**, 1911. § 78 I 2 VwGO enthält eine passive Prozeßstandschaft (Behörde als Beklagte, Klenke VBlBW **04**, 85). Prozeßgeschäftsführung, oben Rn 29 ff, ist insoweit zulässig, als über den geltend gemachten Anspruch verfügt werden kann (nicht bei Anfechtungs- und Verpflichtungsklagen, RedOe § 42 Anm 27), falls der Kläger ein berechtigtes eigenes Interesse verfolgt, OVG Münst ZMR **70**, 29 mwN, Bettermann ZZP **85**, 134.*

Übers § 50, § 50

Titel 1. Parteifähigkeit; Prozessfähigkeit

Übersicht

1) Systematik. Parteifähig ist, wer Prozeßpartei sein kann, Grdz 4 vor § 50, wer also prozessual rechtsfähig ist. Die ZPO verknüpft die prozessuale Rechtsfähigkeit wegen der sachlichen Verwandtschaft zwecks Vereinfachung mit der sachlichrechtlichen. Prozeßfähig ist, wer wirksame Prozeßhandlungen vornehmen und einen ProzBev nach § 81 bestellen kann, § 51. Die Prozeßfähigkeit hängt von der sachlichrechtlichen Fähigkeit ab, sich durch Verträge zu verpflichten. Sie trifft also wesentlich mit der Geschäftsfähigkeit nach dem BGB zusammen. Sie befähigt zu allen prozessualen Handlungen. Eine Beschränkung auf gewisse Prozeßgattungen ist möglich, nicht aber auf einzelne Prozeßhandlungen.

Prozeßhandlungsvoraussetzungen nach Grdz 18 vor § 253 sind Parteifähigkeit, BGH NJW **04**, 2523, und Prozeßfähigkeit, BGH MDR **92**, 911, sowie die Postulationsfähigkeit, Üb vor § 78. Ihr Mangel führt zur Prozeßabweisung ohne Rechtskraft für die Sache selbst, Grdz 14 vor § 253, falls nicht der gesetzliche Vertreter nachträglich genehmigt, BGH MDR **92**, 911. Die gerichtliche Bestellung eines Vertreters für Prozeßunfähige sieht § 57 vor. Prozeßführungsrecht und Verfügungsbefugnis nach Grdz 21 vor § 50 haben mit der Prozeßfähigkeit nichts zu tun.

2) Regelungszweck. Die Verknüpfung des sachlichen mit dem prozessualen Recht dient auch im Bereich der Zulassung und Begrenzung von Prozeßsubjekten einer durchaus wünschenswerten Vereinheitlichung und Vereinfachung als eines Hauptelements der Prozeßwirtschaftlichkeit, Grdz 14 vor § 128. Die Zulassung der Rechts- und Parteifähigkeit der Außengesellschaft bürgerlichen Rechts, BGH **146**, 341, zeigt ein starkes derartiges Bedürfnis unter Zurückstellung langjähriger dogmatischer Bedenken. Andererseits fordert die Rechtssicherheit auch eine Begrenzung solcher Tendenzen, Einl III 43. Das gilt etwa gegenüber auffälligen Gruppierungen nach Art einer Hausbesetzer-„Gemeinschaft". Auch daran sollte sich die Auslegung mitorientieren, so praktisch brauchbar sie natürlich auch bleiben muß, um Rechtsschutz zu ermöglichen, Einl III 1, Grdz 1 vor § 253.

3) Geltungsbereich. Vgl Grdz 3 vor § 50.

4) VwGO: Aus den in Grdz § 50 Rn 51 genannten Gründen kennt das Verfahren der VerwGerichte statt der Parteifähigkeit die Fähigkeit, am Verfahren beteiligt zu sein, § 61 VwGO, dazu *Dolde F Menger* (1985) 423–440; der Sache nach ist auch das prozessuale Rechtsfähigkeit. Die Prozeßfähigkeit, § 62 VwGO, ist entsprechend dem Zivilprozeß geregelt.

50 *Parteifähigkeit.* ^I Parteifähig ist, wer rechtsfähig ist.

^{II} Ein Verein, der nicht rechtsfähig ist, kann verklagt werden; in dem Rechtsstreit hat der Verein die Stellung eines rechtsfähigen Vereins.

Schrifttum: *Barnert,* Die Gesellschafterklage in dualistischem System des Gesellschaftsrechts, 2003; *Beys,* Neue Wege zur Bestimmung der Recht- bzw Parteifähigkeit, Festschrift für *Schütze* (1999); *Brondics,* Die Aktionärsklage usw, 1988; *Cebecioglu,* Stellung des Ausländers im Zivilprozeß (rechtsvergleichend), 2000; *Eckhardt,* Die Vor-GmbH im zivilprozessualen Erkenntnisverfahren und in der Einzelvollstreckung, 1990; *Eickhoff,* Die Gesellschafterklage im GmbH-Recht, 1988; *Furtak,* Die Parteifähigkeit im Zivilverfahren mit Auslandsberührung, Prozeßrecht zwischen Kollisionsrecht, Fremdenrecht und Sachrecht, 1995; *Garlichs,* Passivprozesse des Testamentsvollstreckers usw, 1996; *Heiderhoff* ZZO **117**, 375; *Hess* ZZP **117**, 267 (je ausf); *Otto,* Der prozessuale Durchgriff. Die Nutzung formansässiger Tochtergesellschaften usw, 1993; *Schemmann,* Parteifähigkeit im Zivilprozeß, 2002 (Bespr *Foerste* ZZP **117**, 391); *Schmidt,* Zur Vollbeendigung juristischer Personen, 1989; *Schwab,* Prozeßrecht gesellschaftsinterner Streitigkeiten, 2004; *Wagner* ZZP **117**, 305 (ausf).

Gliederung

1) Systematik, I, II	1	B. Gemeinschaft des BGB	13	
2) Regelungszweck, I, II	2	C. Stille Gesellschaft	14	
3) Geltungsbereich, I, II	3	D. Politische Partei	15	
4) **Begriff der Parteifähigkeit, I, II**	4–11	E. Gewerkschaft	16	
A. Inländische natürliche Person	4	F. Zweigniederlassung	17	
B. Ausländer	5	G. Teilweise: Wohnungseigentümergemeinschaft	18	
C. BGB-Gesellschaft	6	H. Sonstige Fälle	19	
D. Juristische Person	7	6) **Erlöschen der Parteifähigkeit, I, II**	20–23	
E. Offene Handelsgesellschaft	8	A. Gesamtnachfolge	20	
F. Partnerschaftsgesellschaft, Europäische wirtschaftliche Interessenvereinigung	8	B. Abwicklung	21	
		C. Vermögensverteilung	22, 23	
G. Kommanditgesellschaft	9	7) **Nicht rechtsfähiger Verein usw, I, II**	24–31	
H. Reederei	9	8) **Tragweite der Parteifähigkeit, I, II**	32–34	
I. Behörde	10	A. Während des Prozesses	32	
J. Teilweise: Wohnungseigentümergemeinschaft	11	B. Nach dem Urteil	33	
5) **Fehlen der Parteifähigkeit, I, II**	12–19	C. Streit über die Parteifähigkeit	34	
A. Firma des Einzelkaufmanns	12	9) *VwGO*	35	

1) Systematik, I, II. § 50 regelt die Voraussetzungen der Parteifähigkeit. § 56 regelt das Verfahren ihrer Prüfung im Prozeß. §§ 51 ff regeln die von der Parteifähigkeit zu unterscheidende Prozeßfähigkeit. Die Parteifähigkeit ist eine Prozeßvoraussetzung, Grdz 13 vor § 253, BGH RR **05**, 24, Rostock RR **02**, 828,

Titel 1. Parteifähigkeit; Prozessfähigkeit § 50

LG Mainz RR **99**, 1716. Das Gericht muß sie von Amts wegen in jeder Instanz beachten, Grdz 39 vor § 128, BGH RR **05**, 24, Rostock RR **02**, 828.

2) Regelungszweck, I, II. Das Vorliegen der Parteifähigkeit bedarf sorgsamster Prüfung, § 56 Rn 1. Das liegt im Interesse aller den Prozeß tragenden Verfahrensgrundsätze, Grdz 2 vor § 50, Grdz 12 ff vor § 128. Die Parteifähigkeit muß bis zum Verhandlungsschluß vorliegen, Rn 32, §§ 136 IV, 296 a, Rostock RR **02**, 828. Bei ihrem Fehlen muß das Gericht daher die Klage als unzulässig abweisen, Rostock RR **02**, 828, LG Mainz RR **99**, 1716.

3) Geltungsbereich, I, II. Vgl Grdz 3 vor § 50.

4) Begriff der Parteifähigkeit, I, II. Parteifähigkeit ist die Fähigkeit, Partei zu sein, also im eigenen Namen eine Rechtsverfolgung als Kläger oder Bekl zu betreiben, sei es auch in einer Wahrnehmung eines fremden Rechts, Grdz 26 ff vor § 50. Parteifähig ist derjenige, der im Sinn des BGB rechtsfähig ist, BGH **146**, 341, Mü RR **95**, 704, also zB auch der Minderjährige, Naumb FamRZ **01**, 1319. Maßgeblich ist im übrigen die Art der Partei. Ein Tier hat ungeachtet § 90 a BGB keine Parteifähigkeit, VG Hbg NVwZ **88**, 1058.

A. Inländische natürliche Person. Sie ist parteifähig, auch als Verschollener bis zur Todeserklärung, § 1 BGB. Die Leibesfrucht ist auflösend parteifähig, BVerfG **39**, 41, soweit sie einen Pfleger nach § 1912 BGB hat, Schlesw NJW **00**, 1272, Wiebe Zeitschrift für Lebensrecht **00**, 18. Er ist ihr gesetzlicher Vertreter. Dasselbe gilt bei einer noch nicht erzeugten, jedoch bereits in einer letztwilligen Verfügung bedachten Person, §§ 1913, 2101, 2162, 2178 BGB.

B. Ausländer. Ein Ausländer kann Partei sein, wenn er nach seinem Recht parteifähig (rechtsfähig) ist. Das gilt selbst dann, wenn er nach dem deutschen Recht nicht parteifähig (rechtsfähig) ist, Art 7 EG BGB, BGH **151**, 207, Zweibr NJW **87**, 2168, aM Pagenstecher ZZP **64**, 262, 272 (es komme lediglich darauf an, ob die Parteifähigkeit nach dem Heimatrecht vorhanden sei. Ob nach diesem Heimatrecht eine Rechtsfähigkeit vorliege, sei nur dann erheblich, wenn das Heimatrecht die Parteifähigkeit von der Rechtsfähigkeit abhängig mache, denn I gelte für einen ausländischen Staat). Freilich mag ein Wegfall der Parteifähigkeit nach dem Schluß der (ausländischen) mündlichen Verhandlung zu prüfen sein, BGH NJW **92**, 627. Das Recht am Ort des tatsächlichen (Haupt)Verwaltungssitzes, sog Sitztheorie, ist im Verhältnis zum Nicht-EU-Ausländer beachtlich, Kindler NJW **03**, 1079, aM Eidenmüller ZIP **02**, 2244, im Verhältnis zum EU-Ausländer aber nicht mehr allein maßgeblich, BGH NJW **04**, 3707, BayObLG **02**, 413, Brdb RR **01**, 30 (je: auch zur Vereinbarkeit mit dem EU-Recht). Bei einer Verweisung ist evtl auch des Gründungsstaates maßgeblich, Ffm RR **00**, 1226. Zum Problem BGH DB **00**, 1114 (Vorlage beim EuGH), Forsthoff DB **00**, 1109. Wegen eines ausländischen Vereins § 23 BGB. Wegen einer ausländischen Stiftung Köln OLGR **99**, 377. Wenn eine ausländische Vereinigung wie eine juristische Person auftritt, dann kann man sie verklagen, soweit ein redlicher Geschäftsverkehr das erfordert, selbst wenn ihre Rechtspersönlichkeit fraglich ist.

C. BGB-Gesellschaft, dazu *Habersack* BB **01**, 497, *Jungbauer* JB **01**, 284, *Schmidt* NJW **01**, 993 (je: Üb): Soweit sie als Außengesellschaft durch Teilnahme am Rechtsverkehr eigene Rechte und Pflichten begründet, ist sie rechts-, aktiv und passiv partei- und prozeßfähig, BVerfG NJW **02**, 3533, BGH **146**, 341 (ausf) und NJW **03**, 1043 sowie 1446, BAG NJW **05**, 1004, LG Bln ZMR **03**, 264 (Grundbucheintragung reicht nicht). Sie kann auch Verfassungsbeschwerde einlegen, BVerfG NJW **02**, 3533. Soweit der Gesellschafter für die Verbindlichkeiten der Gesellschaft persönlich haftet, entspricht das Verhältnis zwischen der Verbindlichkeit der Gesellschaft und der Haftung des Gesellschafters derjenigen bei der OHG (Akzessorietät), BGH NJW **146**, 341. Damit sind die jahrzehntelangen Streitfragen weitgehend geklärt. Das alles gilt auch für eine Sozietät, etwa von Anwälten, Schmidt NJW **05**, 2804.

Die *Innengesellschaft* ist nicht parteifähig, BGH **80**, 227, Müther MDR **98**, 625. Es müssen also alle gegen alle klagen, BGH NJW **00**, 292.

D. Juristische Person, dazu *Happ*, Die GmbH im Prozeß, 1997; *Kunz*, Die Vorgesellschaft im Prozeß und in der Zwangsvollstreckung, 1994: Die Parteifähigkeit hängt von der Rechtsfähigkeit ab. Sie richtet sich international rechtlich nach dem Personalstatut und nach deutschem IPR zunächst nach der sog Sitztheorie, Rn 5, BGH **153**, 355 (USA), Düss JZ **00**, 203 (krit Ebke), Zweibr Rpfleger **93**, 93. Infolge EuGH BB **02**, 2402 (zustm Haack MDR **03**, 97) muß das deutsche Gericht jetzt auch die EU-Scheinauslandsgesellschaft als rechts- und parteifähig anerkennen, BGH **105**, 207 (zustm Cronstedt BB **02**, 2033), Ebke BB **03**, 1. Überhaupt kann eine in der EU befindliche Gesellschaft ihre vertraglichen Rechte nach dem Recht ihres Gründungsstaats auch dann geltend machen, wenn sie ihren Verwaltungssitz in einen anderen EU-Staat verlegt, ihren satzungsmäßigen Sitz aber beibehalten hat, BGH **154**, 189 (zustm Noack LMK **03**, 107, abl Eidenmüller JZ **03**, 526). Anders liegt es bei Verlegung eines USA-Sitzes einer dort begründeten juristischen Person nach Deutschland, BGH **153**, 355 (USA-Recht bleibt maßgeblich). Parteifähig ist auch die einer deutschen AG weitgehend gleichwertige SE.

Im übrigen gilt: Jede juristische Person des öffentlichen oder privaten Rechts ist parteifähig, BGH NJW **04**, 2524, Köln NJW **95**, 3319 (je: Erzbistum), BVerwG NJW **92**, 253 (Synagogengemeinde), zB auch eine Rechtsanwaltsgesellschaft, § 59 c BRAO, oder eine Patentanwaltsgesellschaft, § 52 c I PatAnwO, oder Europol, Art 26 I, II G v 16. 12. 97, BGBl II 2150, oder die Deutsche Welle, Art 1 § 1 II G v 16. 12. 97, BGBl 3094, oder eine Versorgungskasse, Hamm VersR **87**, 145, oder eine Religionsgemeinschaft nach Art 140 GG, BGH **124**, 175, Köln OLGR **02**, 397, Pieroth/Görisch JuS **02**, 937, oder eine Kreissparkasse, BGH **127**, 381, oder eine Universität, BGH ZIP **92**, 1779, Karlsr NJW **91**, 1487 (nicht ein Universitätsklinikum, BGH **96**, 363), oder eine Innung oder Ständekammer. Auch ein Sondervermögen zählt hierher.

Auch die *Vorform* einer juristischen Person kann klagen und jedenfalls verklagt werden, soweit sie bereits einen körperschaftlichen Charakter hat, so schon BGH NJW **98**, 1080 (zustm Demuth BB **98**, 966), Köln NJW **98**, 236, LAG Nürnb NJW **98**, 296 (betr eine in Gründungsstadium befindliche Gesellschaft mit beschränkter Haftung). Die im Rechtsverkehr auftretende Vorgesellschaft ist aktiv parteifähig wie eine endgültige Außengesellschaft und auch passiv parteifähig, BGH **79**, 241, Ffm ZIP **95**, 1537, KG RR **94**,

§ 50　　　　　　　　　　　　　　　　　　　　　　　　　　　　Buch 1. Abschnitt 2. Parteien

495. Allerdings fehlt die Parteifähigkeit der Vor-GmbH ab Rechtskraft der Aufgabe oder Ablehnung ihrer Eintragung, BGH RR **99**, 1554, BayObLG Rpfleger **87**, 407, Köln VersR **98**, 207.

Unter Umständen besteht die Parteifähigkeit der juristischen Person noch nach ihrer *Löschung* grundsätzlich bis zur Eintragung auch ihrer Vermögenslosigkeit fort, BGH RR **05**, 25, BAG RR **04**, 1407 links, Karlsr BB **04**, 2324, aM Drsd JB **98**, 480, Bork JZ **91**, 841 (ausf. Aber gegenüber der Formfrage der Löschung hat die Wirtschaftsfrage des Restvermögens Vorrang). Ein eingetragener Verein ist nach I parteifähig, BGH GRUR **84**, 459, Ffm Rpfleger **78**, 134. Nach dem *UKlaG* gelten für eine Unterlassungs- oder Widerklage eines rechtsfähigen Verbands oder einer Industrie- und Handelskammer Sonderregeln, abgedruckt Grdz 30 vor § 253. Viele Handelsverträge enthalten für ausländische Handelsgesellschaften Vorschriften.

Soweit sich die GmbH noch einer *Forderung berühmt*, ist sie nicht vermögenslos, BAG NJW **88**, 2638, Kblz JB **04**, 321, Mü RR **95**, 613. Nicht ausreichend ist aber die bloße Möglichkeit späterer Forderungen, Rostock RR **02**, 828 (etwaiger Kostenerstattungsanspruch). Im übrigen ist zur Parteifähigkeit nach Auflösung ein hinreichend nachvollziehbarer Vortrag zum Vermögensfortbestand Zulässigkeitsvoraussetzung der Klage, LG Mainz RR **99**, 1716. Wegen eines Prozeßpflegers § 57 Rn 4. Wegen eines Nachtragsliquidators BayObLG BB **83**, 1627. Wegen der Amtsstellen des Fiskus Grdz 13 vor § 50, § 18 Rn 5 ff, wegen der Parteifähigkeit einer Behörde Rn 10, § 17 Rn 7, wegen der Parteifähigkeit der evangelisch-Lutherischen Kirche § 17 Rn 5.

8　　**E. Offene Handelsgesellschaft,** dazu *Huber* ZZP **82**, 224: Ihre Rechtsnatur ist umstritten. Man muß aus § 124 I HGB jedenfalls die Parteifähigkeit der OHG ableisen, BGH **62**, 133, Brdb RR **96**, 1214. Was würde es sonst bedeuten, daß die Gesellschaft „unter ihrer Firma vor Gericht klagen und verklagt werden kann"? Außerdem lassen auch die §§ 124 II, 129 HGB keine andere Auffassung zu. Es läßt sich nur so erklären, daß ein Prozeß zwischen der Gesellschaft und ihren Gesellschaftern möglich ist. Die Gesellschafter sind gesetzliche Vertreter der Gesellschaft, soweit sie nicht sachlichrechtlich von der Vertretung ausgeschlossen worden sind. Im Rechtsstreit muß die Gesellschaft durch die erforderliche Zahl von vertretungsberechtigten Gesellschaftern vertreten werden. Auch § 744 II BGB begründet nicht etwa ein Recht eines Gesellschafters, im Namen der Gesellschaft eine Klage ohne eine Zustimmung der mit Ermächtigung des neuen Gläubigers einer abgetretenen Forderung vertretungsberechtigten Gesellschafter zu erheben, BGH NJW **86**, 850.

Die *gesetzlichen Vertreter* sind namhaft zu machen. Die Formulierung, die Offene Handelsgesellschaft sei „durch die Gesellschafter vertreten", reicht nicht aus. Ein Wechsel der Gesellschafter während des Rechtsstreits ist unerheblich, BGH **62**, 133. Ein Wegfall eines Gesellschafters unterbricht den Prozeß nur, falls die gesetzliche Vertretung infolge des Wegfalls nicht mehr vorhanden ist.

F. Partnerschaftsgesellschaft, Europäische wirtschaftliche Interessenvereinigung. Man muß sie wie eine OHG beurteilen, § 7 II PartGG in Verbindung mit § 124 I HGB; § 1 Hs 2 AGEWIV.

9　　**G. Kommanditgesellschaft,** §§ 161, 164 HGB. Für sie gelten dieselben Grundsätze wie bei der OHG. Sie verliert die Parteifähigkeit als Bekl nicht schon infolge Eröffnung des Insolvenzverfahrens, BGH NJW **96**, 2035, oder infolge seiner Einstellung mangels Masse, BGH NJW **95**, 196. Sie verliert die Parteifähigkeit aber bei Vollbeendigung ihrer Auflösung, BGH NJW **82**, 238, Hamm RR **88**, 1307 (je: GmbH u Co KG).

H. Reederei. Ihr gesetzlicher Vertreter ist der Korrespondentreeder, § 493 III HGB. Wenn er fehlt, sind die Mitreeder die gesetzlichen Vertreter.

10　　**I. Behörde.** Sie vertritt bei §§ 525 II, 2194 BGB, 62 GmbHG den Fiskus. Wegen des Bundeseisenbahnvermögens (im Gegensatz zur Deutschen Bahn AG) § 18 Rn 6 „Bundeseisenbahnvermögen". Die Deutsche Post AG, Postbank AG, Telekom AG sind keine Behörden. Ein Regierungspräsident ist nicht parteifähig. Wegen ausländischer Streitkräfte Art 56 VIII ZAbkNTrSt, ArbG Bln DB **88**, 1608 (zu Berlin). Eine nach dem BauGB beteiligte Stelle ist in einer Baulandsache parteifähig, BGH NJW **75**, 1658.

11　　**J. Teilweise: Wohnungseigentümergemeinschaft.** Diese Gemeinschaft ist rechtsfähig, soweit sie bei der Verwaltung des gemeinschaftlichen Eigentums am Rechtsverkehr teilnimmt, BGH WoM **05**, 531, Mü NZM **05**, 674, Bub/Petersen NJW **05**, 2590.

12　　**5) Fehlen der Parteifähigkeit, I, II.** Hier kommen die folgenden Fälle in Betracht.

A. Firma des Einzelkaufmanns. Sie bezeichnet nur den Kaufmann selbst, § 17 II HGB, Ffm BB **85**, 1219. Wenn der Firmeninhaber wechselt, dann wechselt damit die Partei. Wenn die Firma wechselt, dann kann die Partei bestehen bleiben. Das Gericht braucht den Firmeninhaber nur insoweit festzustellen, als es auf seine Nämlichkeit ankommt, etwa im Fall einer Parteivernehmung. Man kann den Einzelkaufmann und seine Firma weder als Streitgenossen noch nacheinander verklagen. Der Einzelkaufmann bzw seine Firma müssen seit 1. 4. 03 den Zusatz „e. K." tragen, Art 38 I EGHGB, Gräve/Salten MDR **03**, 1099 (auch im Mahnverfahren).

13　　**B. Gemeinschaft des BGB.** Sie ist (anders als die BGB-Außengesellschaft, Rn 6) grundsätzlich nicht rechtsfähig. Das gilt zB für die Erbengemeinschaft, BGH Rpfleger **04**, 439, aM Grunewald AcP **197**, 305.

14　　**C. Stille Gesellschaft.**

15　　**D. Politische Partei.** Hier muß man allerdings unterscheiden: Soweit sie als nichtrechtsfähiger Verein organisiert ist oder soweit ihr Gebietsverband der jeweils höchsten Stufe auftritt, ist sie aktiv und passiv prozeßfähig, Rn 24, § 3 ParteienG, BGH **73**, 277, LG Bln Rpfleger **03**, 291, Stgt RR **04**, 620. Die Bezirksverwaltung der politischen Partei ist jetzt wohl parteifähig, Rn 24. Eine Parteifähigkeit liegt vor, wenn auch der Bezirksvorstand als ein nichtrechtsfähiger Verein organisiert und dadurch passiv prozeßfähig ist, Bbg NJW **82**, 895, Hamm NJW **00**, 523, LG Arnsberg NJW **87**, 1413. Wegen einer Fraktion LG Bre RR **92**, 447, ArbG Bln NJW **90**, 534.

16　　**E. Gewerkschaft.** Sie ist zumindest an arbeitsgerichtlichen Verfahren parteifähig, § 10 S 1 ArbGG. Im übrigen ist sie zumindest aktiv parteifähig, BGH **109**, 15, Lindacher JZ **89**, 378, aM RoSgO § 43 II 4 (nicht die Unterorganisation). Die Bezirksverwaltung der Deutschen Postgewerkschaft ist nicht parteifähig, da sie nicht tariffähig ist, aM Fenn ZZP **86**, 177. Eine körperschaftlich organisierte Unterorganisation mit eigenständiger Tätigkeit ist passiv parteifähig, Düss RR **86**, 1506.

Titel 1. Parteifähigkeit; Prozessfähigkeit § 50

F. Zweigniederlassung. Sie ist als solche nicht parteifähig, LG Aurich RR **98**, 1255. Allerdings ist die 17
Rechtsperson unter der Firma ihrer Zweigniederlassung parteifähig.

G. Wohnungseigentümergemeinschaft. Auch sie ist teilweise nicht parteifähig, nämlich nicht rechts- 18
fähig, soweit die Voraussetzungen Rn 11 fehlen, Mü NZM **05**, 672 (Störungsabwehr innerhalb der WEG).

H. Sonstige Fälle. Im arbeitsgerichtlichen Verfahren ist eine Arbeitgebervereinigung und sind ihre 19
Zusammenschlüsse parteifähig, § 10 S 1 ArbGG. Nicht parteifähig ist ein „Institut", soweit es nicht nach
Rn 7–14 organisiert ist, BGH GRUR **90**, 349.

6) Erlöschen der Parteifähigkeit, I, II. Die Parteifähigkeit erlischt mit dem Verlust der Rechtsfähigkeit. 20
Er tritt mit dem Tod oder der Todeserklärung ein. Man muß im einzelnen bei einer juristischen Person, einer
parteifähigen Handelsgesellschaft, BGH NJW **96**, 2035, BAG JZ **82**, 373, Huber ZZP **82**, 224, einer ihr
auch für die Liquidation grundsätzlich gleichstehenden Partnerschaftsgesellschaft, § 10 I, II PartGG, wie folgt
unterscheiden. Wer parteifähig war, gilt bis zur Darlegung näherer Anhaltspunkte ihres Verlustes weiterhin
als parteifähig, BGH NJW **04**, 2524.

A. Gesamtnachfolge. Sie kommt zB in Betracht, wenn Aktiengesellschaften usw ohne eine Abwicklung miteinander verschmolzen werden, §§ 339 ff AktG. Der Prozeß wird mit dem Rechtsnachfolger fortgesetzt.

B. Abwicklung, dazu *Hess*, Rechtsfragen der Liquidation von Treuhandunternehmen usw, 1993; *Stobbe*, 21
Die Durchsetzung gesellschaftsrechtlicher Ansprüche der Gesellschaft in Insolvenz und masseloser Liquidation, 2001: Sie findet im Fall einer Auflösung in aller Regel statt. Die Abwicklungsgesellschaft setzt die
Gesellschaft in einer anderen Form fort. Sie ist daher dieselbe Rechtsperson, BGH MDR **95**, 163 (KG). Die
Parteifähigkeit bleibt selbst nach dem Abschluß der Abwicklung zumindest solange bestehen, wie ein
verteilbares Vermögen vorhanden ist, BGH RR **95**, 1237, Kblz ZIP **98**, 967, Bork JZ **91**, 849. Hier kann auch
ein sonstiger Abwicklungsbedarf reichen, BGH MDR **95**, 529, BayObLG **93**, 332, Ffm OLGZ **79**, 193. Es
genügt, daß dies behauptet wird, BGH NJW **96**, 2035, BAG ZIP **02**, 1947, Kblz RR **99**, 40 (wegen
Erstattungsanspruchs: Vermutung), aM BayObLG WettbR **99**, 39 (Verbraucherschutzverein. Aber warum
nur gerade bei ihm nicht?).

Die vorstehenden Regeln gelten auch dann, wenn die Gesellschaft erfolglos ein *Insolvenzverfahren* beantragt, selbst wenn die Ablehnung seiner Eröffnung mangels Masse erfolgte, BGH NJW **95**, 196, Kblz RR **94**,
501, oder wenn das Insolvenzverfahren über sie eröffnet wird, BGH NJW **96**, 2035, oder wenn eine
ausländische Gesellschaft, der die Erlaubnis zum Betreiben von Bankgeschäften vom Aufsichtsamt entzogen
wurde, durch ihren deutschen Abwickler handelt, der auf Veranlassung des Aufsichtsamts hin bestellt worden
war.

C. Vermögensverteilung. Die Gesellschaft erlischt grundsätzlich, wenn ihr Vermögen völlig verteilt 22
worden ist (sog Vollbeendigung), BGH NJW **96**, 2035. Wenn also Liquidation abgeschlossen wurde und
die Löschung im Handelsregister eingetragen worden ist, dann kann man in einem Vollstreckungsverfahren
grundsätzlich kein Rechtsmittel mehr einlegen. Allerdings dauert die Parteifähigkeit sogar in solcher Lage in
einem noch anhängigen Prozeß fort, BGH RR **86**, 394 (für die Genossenschaft). Denn niemand kann ohne
einen gesetzlichen Grund eigenmächtig aus dem Prozeßrechtsverhältnis ausscheiden, BGH VersR **91**, 121,
BAG NJW **88**, 2637, Kblz RR **94**, 501, aM BGH NJW **82**, 238, Hamm JR **88**, 334 (aber ein wirksam
entstandenes Prozeßrechtsverhältnis unterliegt nicht voll einer Parteiherrschaft).

Wegen der Rechtslage für und gegen eine *Gesellschaft mit beschränkter Haftung*, die entweder auf Grund 23
eines Antrags oder von Amts wegen gelöscht worden ist, § 57 Rn 3, § 239 Rn 2, BGH VersR **91**, 121, Kblz
RR **99**, 40, Saarbr RR **93**, 1605, LG Brschw RR **99**, 1265 (solange die Vermögenslosigkeit nicht feststeht).
Über eine Unterbrechung im Stadium der Abwicklung der vermögenslos gewordenen Gesellschaft § 241
Rn 1–3.

7) Nicht rechtsfähiger Verein usw, I, II. Der nicht rechtsfähige Verein ist als Kläger wie Bekl jetzt in 24
Wahrheit doch rechts- und daher parteifähig, II ist praktisch überholt, Rn 15, KG MDR **03**, 1197, mit
Rücksicht auf die überzeugende Grundsatzentscheidung BGH **146**, 341 (Rechts-, Partei- und Prozeßfähigkeit der BGB-Außengesellschaft), AG Witzenhausen RR **03**, 615. Damit sind die jahrzehntelangen Streitfragen auch zur Beschränkung der Parteifähigkeit auf die passive weitgehend erledigt. Eine gesetzliche
Klarstellung wäre hilfreich, um etwaige restliche Unsicherheiten zu beseitigen, Kampfer NZG **02**, 414 (sogar
nötig).

Im Prozeß hat der nicht rechtsfähige Verein die Stellung eines rechtsfähigen. Infolgedessen ist der Vereins- 25
vorstand der gesetzliche Vertreter, § 51. Die Mitglieder des Vereins sind nicht Partei. Der Verein kann im
Prozeß alles tun oder lassen, was eine juristische Person tun oder unterlassen kann. Eine im Rechtsverkehr im eigenen Namen auftretende Untergliederung, zB eine Ortsgruppe, kann als ein selbständiger
nicht rechtsfähiger Verein gelten, unabhängig von der Satzung, BGH **90**, 332, LG Regensb RR **88**, 184
(Tennisabteilung).

Er kann zB: Eine Aufrechnung erklären und das abgetrennte Verfahren betreiben, § 145; eine Widerklage 26
erheben, Anh § 253, Nieder MDR **79**, 10 (allerdings nicht, wenn der Verein erst als ein Dritter eine
Widerklage erhebt, Nieder MDR **79**, 11); einen Schadensersatz wegen einer unberechtigten Zwangsvollstreckung nach § 717 fordern, freilich nicht in einem bereits abgetrennten Prozeß; eine Wiederaufnahme des
Verfahrens beantragen, §§ 578 ff, denn der Antrag ist ein Rechtsbehelf; ein Rechtsmittel einlegen, also
Rechtsmittelkläger sein; aus einem Urteil die Zwangsvollstreckung betreiben, §§ 704 ff.

Er kann ferner zB: Eine Forderungsüberweisung erlangen, denn er kann Gläubiger werden und klagen; als 27
ein Streithelfer einer Partei auftreten, § 66, auch als ein Streithelfer eines Bekl; sich eine Zwangshypothek
eintragen lassen; auf eine Freigabe einer Sicherheit, eine Duldung der Zwangsvollstreckung oder die Erteilung einer Vollstreckungsklausel klagen, §§ 724 ff. In den letzteren Fällen müssen also nicht mehr
sämtliche Vereinsmitglieder auftreten.

Hartmann

§§ 50, 51 Buch 1. Abschnitt 2. Parteien

28 Die Regel Rn 24 ist anwendbar auf eine *werdende Stiftung*, die schon als juristische Person aufgetreten ist, so schon LG Heidelb RR **91**, 969, und auf eine Verwaltungsorganisation von Miteigentümern mit einer körperschaftsähnlichen Verfassung und einem eigenen Namen. Eine örtliche Untergliederung einer Gewerkschaft oder einer parteiähnlichen Korporation kann ein nicht rechtsfähiger Verein sein, Karlsr OLGZ **78**, 227. Wegen eines ausländischen Unternehmens BGH **97**, 270.

29 Wenn ein nicht rechtsfähiger Verein *klagen* will, reicht eine Bezeichnung etwa mit folgendem Text: Verein Eintracht, bestehend aus folgenden Mitgliedern (es folgen – nicht notwendig, aber evtl ratsam – sämtliche Namen, Berufsangaben, Anschriften usw). Ein Wechsel im Bestand der Mitglieder zwischen dem Zeitpunkt der Klageerreichung und demjenigen der Klagezustellung muss nicht unbedingt dem Gericht mitgeteilt werden. Der Eintritt oder der Austritt eines Mitglieds nach der Klagerhebung hat auf den Fortgang des Prozesses keinen Einfluß. Denn insofern tritt eine Rechtsnachfolge in das Vereinsvermögen ein, § 738 BGB. Infolgedessen ist § 265 I anwendbar. Die nachträgliche Angabe vergessener Mitglieder ist eine zulässige Klageberichtigung. Der Vorstand hat die Stellung eines gesetzlichen Vertreters. Je nach der Satzung kann er auch seinerseits eine Prozeßvollmacht erteilen. Wegen einer Untergliederung Rn 24–28.

30 Wegen der großen und wechselnden Mitgliederzahl ergeben sich oft Schwierigkeiten. Deshalb pflegen die Vorstandsmitglieder eines nicht rechtsfähigen Vereins als Treuhänder des auf sie übertragenen Vermögens oder im Weg einer *Prozeßstandschaft* der Mitglieder im eigenen Namen zu klagen, Grdz 45 „Treuhänder" vor § 50. Dieser Weg ist zulässig. Eine Gewerkschaft hat aktive Prozeßfähigkeit BGH **50**, 325. Für den Verein Deutscher Studenten (VDS) kann man die aktive Prozeßfähigkeit wegen BGH NJW **01**, 1056, Schmidt NJW **01**, 1003 jetzt wohl ebenfalls bejahen, ebenso für eine Burschenschaft, so schon Habscheid ZZP **78**, 236, Jung NJW **86**, 163 (es komme auf das sachliche Recht an). Zum Problem Lindacher ZZP **90**, 140. Das Mitglied eines klagenden nicht rechtsfähigen Vereins kann jetzt als Zeuge auftreten, Üb 23 „Verein" vor § 373. Seine Parteivernehmung nach §§ 445 ff ist dann nicht zulässig.

31 Im Verfahren vor den *Arbeitsgerichten* ist die Parteifähigkeit auch auf die meist als nicht rechtsfähige Vereine organisierten Gewerkschaften sowie auf die Vereinigungen von Arbeitgebern und auf die Zusammenschlüsse solcher Verbände zu Spitzenverbänden ausgedehnt, § 10 ArbGG, soweit solche Zusammenschlüsse nicht schon nach § 50 parteifähig sind. BAG DB **75**, 1272 hält den Sprecherausschuß der leitenden Angestellten zumindest in einem Rechtsstreit über seine Zulässigkeit für parteifähig. Wegen der arbeitsrechtlichen Einigungsstellen Lepke BB **77**, 54.

32 **8) Tragweite der Parteifähigkeit, I, II.** Man muß zeitliche und sachliche Unterschiede beachten.

A. Während des Prozesses. Die Parteifähigkeit muß als eine Prozeßhandlungsvoraussetzung nach Grdz 18 vor § 253 während der ganzen Dauer des Rechtsstreits von der Klage bis zum Urteil vorliegen, Rn 1. Denn ohne die Parteifähigkeit wäre jede Prozeßhandlung wirkungslos. Wenn ein Parteiunfähiger während des Rechtsstreits parteifähig wird und nunmehr die bisherige Prozeßführung genehmigt, wird dadurch eine bisher mangelhafte Prozeßhandlung, die man nach dem Recht des Prozeßgerichts beurteilen muß, sogar noch in der Revisionsinstanz geheilt, § 51 Rn 6–9, § 52 Rn 4, BayObLG MDR **75**, 408. Beim Wegfall der Parteifähigkeit während des Prozesses tritt ohne anwaltlicher Vertretung eine Unterbrechung nach § 239 ein. Das gilt nicht bei anwaltlicher Vertretung, § 246 I, BGH RR **86**, 394. Eine Prozeßvollmacht bleibt evtl wirksam, § 86.

Die Parteifähigkeit ist auch eine *Prozeßvoraussetzung*, Grdz 13 vor § 253. Das Gericht muß sie daher in jeder Lage des Verfahrens von Amts wegen prüfen, § 56 Rn 4, BGH NJW **04**, 2523. Das Gericht braucht aber nicht das Verfahren bei der Schaffung der Grundlagen der Parteifähigkeit nachzuprüfen. Es braucht also zB nicht zu kontrollieren, ob die Voraussetzungen einer erfolgten Eintragung ins Handelsregister vorlagen.

33 **B. Nach dem Urteil.** Wenn gegen einen nicht Parteifähigen ein Urteil ergangen ist, dann darf er das zulässige Rechtsmittel einlegen. Er ist also für die höhere Instanz parteifähig, Düss MDR **77**, 759. Denn ein rechtskräftiges Urteil wäre wirksam und vollstreckbar. Etwas anderes gilt nur dann, wenn die Partei in Wahrheit überhaupt nicht besteht, Grdz 19 vor § 50. Im Vollstreckungsverfahren muß das Gericht die Parteifähigkeit von Amts wegen prüfen, Grdz 39 vor § 128, Grdz 39 vor § 704, Hamm Rpfleger **90**, 131.

34 **C. Streit über die Parteifähigkeit.** In einem Rechtsstreit über die Parteifähigkeit müssen alle Beteiligten einen angeblich Parteiunfähigen zunächst als parteifähig behandeln, BGH NJW **93**, 2944, Mü ObLGZ **94**, 89, Schlesw SchlHA **78**, 178 (auch wegen der Kostenfestsetzung). Das gilt zB dann, wenn streitig ist, ob nicht doch noch ein Vermögen einer an sich bereits aufgelösten Erwerbsgesellschaft vorliegt, Rn 21, 22.

35 **9) VwGO:** Es gilt § 61 VwGO, dazu Dolde F Menger (1985) 423–440. Danach sind fähig, am Verfahren beteiligt zu sein, (rechtsfähige) natürliche und jur Personen (Nr 1) sowie Vereinigungen, soweit ihnen ein Recht zustehen kann (Nr 2), also abweichend von II auch der nichtrechtsfähige Verein als Kläger, ferner Personengesellschaften, Pache/Knauff, BayVBl **03**, 169, nicht aber eine Bauherrengemeinschaft, VGH Kassel AnwBl **87**, 498, oder eine Bruchteilsgemeinschaft, VGH Mü BayVBl **79**, 20, und schließlich, ähnlich wie der Staatsanwalt in den Fällen der Rn 10, Behörden, sofern das Landesrecht dies bestimmt (Nr 3). Dem Vertreter, der für eine nicht beteiligungsfähige Partei ein Rechtsmittel eingelegt hat, sind die Kosten aufzuerlegen, OVG Münst NJW **81**, 2373.

51
Prozessfähigkeit; gesetzliche Vertretung; Prozessführung. **¹ Die Fähigkeit einer Partei, vor Gericht zu stehen, die Vertretung nicht prozessfähiger Parteien durch andere Personen (gesetzliche Vertreter) und die Notwendigkeit einer besonderen Ermächtigung zur Prozessführung bestimmt sich nach den Vorschriften des bürgerlichen Rechts, soweit nicht die nachfolgenden Paragraphen abweichende Vorschriften enthalten.**

Titel 1. Parteifähigkeit; Prozessfähigkeit **§ 51**

II Das Verschulden eines gesetzlichen Vertreters steht dem Verschulden der Partei gleich.

III Hat eine nicht prozessfähige Partei, die eine volljährige natürliche Person ist, wirksam eine andere natürliche Person schriftlich mit ihrer gerichtlichen Vertretung bevollmächtigt, so steht diese Person einem gesetzlichen Vertreter gleich, wenn die Bevollmächtigung geeignet ist, gemäß § 1896 Abs. 2 Satz 2 des Bürgerlichen Gesetzbuchs die Erforderlichkeit einer Betreuung entfallen zu lassen.

Vorbem. III angefügt dch Art 4 des 2. BtÄndG v 21. 4. 05, BGBl 1073, in Kraft seit 1. 7. 05, Art 12 des 2. BtÄndG, ÜbergangsR Einl III 78.

Schrifttum: *Brandner,* Zur gerichtlichen Vertretung der Gesellschaft gegenüber ausgeschiedenen Vorstandsmitgliedern/Geschäftsführern, in: Festschrift für *Quack* (1991); *Findeisen,* Der minderjährige Zeuge im Zivilprozeß, 1992; *Grundmann,* Der Minderjährige im Zivilprozeß, 1980; *Loritz,* Rechtsprobleme der Vertretung von Gesellschaften mit beschränkter Haftung im Zivilprozeß bei Unwirksamkeit von Anteilsübertragungen, in: Festschrift für *Nakamura* (1996); *Oda,* Die Prozeßfähigkeit als Voraussetzung und Gegenstand des Verfahrens, 1996; *Reinicke,* Der Zugang des Minderjährigen zum Zivilprozeß usw, 1989; *Tsukasa,* Die Prozeßfähigkeit als Voraussetzung und Gegenstand des Verfahrens, 1996; *Zieglrtum,* Sicherungs- und Prozeßpflegschaft, §§ 1960, 1961 BGB, 1986.

Gliederung

1) Systematik, I–III 1	7) Tragweite der Prozeßfähigkeit, I 25
2) Regelungszweck, I–III 2	8) Verschulden des gesetzlichen Vertreters, II 26
3) Geltungsbereich, I–III 3	9) Dem gesetzlichen Vertreter gleichstehender Bevollmächtigter, III 27–29
4) Begriff der Prozeßfähigkeit, I 4, 5	A. Volljähriger nicht prozeßfähiger Vollmachtgeber 27
5) Vertretung Prozeßunfähiger, I 6–23	B. Ausreichen der Bevollmächtigung 28
A. Aufgabe des gesetzlichen Vertreters ... 6–9	C. Gleichstand mit gesetzlichem Vertreter 29
B. Prozessuale Gleichstellung 10	10) VwGO 30
C. Gerichtliche Bestellung eines Vertreters 11	
D. Beispiele zur Frage einer gesetzlichen Vertretung, I 12–23	
6) Ermächtigung der Partei zur Prozeßführung, I 24	

1) Systematik, I–III. Während § 50 die Voraussetzungen der Parteifähigkeit nennt, regeln §§ 51 ff **1** diejenigen der gesondert zu beurteilenden Prozeßfähigkeit und § 56 auch das Verfahren ihrer Prüfung im Prozeß. II entspricht dem § 85 II (Haftung des ProzBev). Von der Prozeßfähigkeit muß man die Verhandlungsfähigkeit (Postulationsfähigkeit) als eine sog Prozeßhandlungsvoraussetzung, unterscheiden, Grdz 18 vor § 253, Üb 1 vor § 78. Ferner muß man von der Prozeßfähigkeit ein Prozeßführungsrecht nach Grdz 2 vor § 50 unterscheiden.

2) Regelungszweck, I–III. Als Prozeßhandlungsvoraussetzung nach Rn 5 bedarf die Prozeßfähigkeit **2** wie der Parteifähigkeit sorgsamster Prüfung nach § 56 Rn 2 im Interesse aller im Prozeß tragenden Verfahrensgrundsätze, Grdz 2 vor § 50, Grdz 12 ff vor § 128. Dabei hat der Schutz der Partei vor sich selbst Bedeutung, Engelmann-Pilger NJW **05**, 717.

Verschulden, II, ist eine Regelung, die ganz wesentlich der Rechtssicherheit im Außenverhältnis dient. Der Vertretene wird auf sein Innenverhältnis zum gesetzlichen Vertreter verwiesen, den er natürlich haftbar machen kann. Der Prozeßgegner bleibt von den in jenem Innenverhältnis möglichen Problemen verschont. So überzeugend dieser Schutz des Prozeßgegners dann ist, wenn ein gewillkürter (wenn auch vielleicht zusätzlich beigeordneter) ProzBev vorwerfbar falsch handelte, § 85 II, so problematisch ist er, wenn der Minderjährige oder aus anderen Gründen gesetzlich Vertretene nun noch gezwungen wird, seinen Vertreter in Haft zu nehmen, um dessen Verschuldensfolgen nicht voll tragen zu müssen. Indessen hat sich das Gesetz so entschieden. Es stellt im BGB und FGG usw die etwa benötigte vormundschaftliche Hilfe zur Verfügung, so theoretisch diese Innenlösung auch oft bleiben mag. Im Prozeß kann und muß das Gericht nur klären, ob der Vertreter überhaupt entscheidungserheblich und vertretbar falsch handelte. Die Prüfung sollte aber klar und hart erfolgen.

3) Geltungsbereich, I–III. Vgl Grdz 3 vor § 50. **3**

4) Begriff der Prozeßfähigkeit, I. Prozeßfähigkeit ist die „Fähigkeit, vor Gericht zu stehen" bzw „vor **4** Gericht aufzutreten", Art 26 II 2 G v 16. 12. 97, BGBl II 2150 (betr Europol). Man darf die Prozeßfähigkeit nicht mit der Parteifähigkeit verwechseln, Hbg RR **97**, 1400. Prozeßfähigkeit ist die Fähigkeit, einen Prozeß selbst oder mit Hilfe eines ProzBev zu führen und Entscheidungen aufgrund von vernünftigen Erwägungen zu lassen, Ffm RR **92**, 763. Es handelt sich also um die prozessuale Geschäftsfähigkeit, § 52 Rn 3, Bork MDR **91**, 97. Nach I soll sie sich nach dem bürgerlichen Recht richten. Dieses enthält aber keine derartige Vorschrift. Solche Vorschriften sind auch nicht erforderlich. Denn § 52 bestimmt die Prozeßfähigkeit durch die Geschäftsfähigkeit. Beispiele siehe § 52 Rn 4 ff. Ein beschränkt Geschäftsfähiger ist grundsätzlich voll prozeßunfähig, LG Nürnb-Fürth NJW **76**, 633. Das gilt grundsätzlich auch für den mit Einwilligungsvorbehalt Betreuten, Bork MDR **91**, 98 (ausf). Der ohne solchen Vorbehalt Betreute bleibt geschäftsfähig, Bork MDR **91**, 98. Mit dem Eintritt der Volljährigkeit entsteht die volle Prozeßfähigkeit ohne weiteres, Düss FamRZ **99**, 653.

Es ist auch zulässig, die Geschäftsfähigkeit und Prozeßfähigkeit etwa wegen einer geistigen Störung für einen beschränkten Kreis von Angelegenheiten als *partielle Geschäfts- und Prozeßunfähigkeit* auszuschließen, BGH **143**, 124, etwa für die Führung eines Eheverfahrens. Eine Beschränkung der Prozeßfähigkeit kann

§ 51

auch bei einem Anwalt vorliegen, § 78 Rn 26, § 244 Rn 8, BVerfG **37**, 76. Die teilweise Geschäfts- und Prozeßunfähigkeit erstreckt sich dann allgemein auf dieses gesamte Sachgebiet, also auf den ganzen Prozeß. Es gibt allerdings keine Geschäftsunfähigkeit, die nur auf einen Kreis besonders schwieriger Geschäfte beschränkt wäre. Querulanz nach Einl III 66 ist nicht stets Prozeßunfähigkeit, Saarbr ZMR **98**, 212.

5 Kein Prozeßunfähiger kann schon deshalb prozessieren, weil sein *gesetzlicher Vertreter zustimmt*. Wohl aber kann man der vollen Prozeßfähigkeit eine beschränkte gegenüberstellen. Das gilt insoweit, als eine nur in gewisser Beziehung geschäftsfähig je Person auch nur insoweit die volle Prozeßfähigkeit besitzt, § 52 Rn 6–8. Ein Zweifel an der Geschäftsfähigkeit eines Anwalts schließt in einem Verfahren mit dem Ziel der Rücknahme seiner Zulassung zur Anwaltschaft eine Prozeßfähigkeit nicht aus, anders als evtl etwa im Prozeß des Auftraggebers. Für eines der in § 1712 I BGB genannten Verfahren gilt § 53a. Für Ehe- und Kindschaftssachen geben die §§ 607, 640b Sondervorschriften. Bei einer Auslandsbeteiligung muß man Art 7 I EGBGB beachten, KG FamRZ **91**, 1456 (Geschäftsfähigkeit des Minderjährigen infolge Ehe). Wegen eines Streits über die Prozeßfähigkeit § 56 Rn 13.

Die Prozeßfähigkeit ist eine *Prozeßhandlungsvoraussetzung*, Grdz 18 vor § 253, BGH **143**, 124, BayObLG **90**, 337. Das Gericht muß sie daher in jeder Lage des Verfahrens von Amts wegen prüfen, § 56 Rn 4. Es muß dabei die etwa notwendigen Beweise erheben, ohne an die förmlichen Beweismittel der ZPO gebunden zu sein, BGH **143**, 124. Das gilt zumindest bei irgendeinem Zweifel und durchaus auch im Verfahren nach §§ 36, 37 schon für das bestimmende Gericht, aM BGH MDR **87**, 558 (aber eine notwendige Prüfung von Amts wegen muß grundsätzlich zur Verfahrenslage erfolgen). Die Prozeßfähigkeit muß spätestens beim Verhandlungsschluß vorliegen, BGH **143**, 127 (sonst Abweisung als unzulässig). Der Mangel heilt zwar durch wirksame Genehmigung zB eines Miterben oder des gesetzlichen Vertreters, BGH NJW **00**, 290, Ffm Rpfleger **84**, 101, Stgt RR **94**, 811, aber im übrigen nicht nach § 295. Der Verlust der Prozeßfähigkeit im Verfahren führt zur Unterbrechung Hbg RR **97**, 1400, Hamm RR **98**, 470, Mü RR **89**, 255. Sie kann zur Klagabweisung als unzulässig führen, BGH WoM **05**, 463. Das Revisionsgericht kann allerdings ausnahmsweise eine insoweit etwa erforderliche Beweisaufnahme dem Berufungsgericht überlassen, BAG BB **78**, 158. Bis zur Klärung liegt Prozeß- bzw Parteifähigkeit vor, BGH WertpMitt **81**, 138 (zur Bestellungsfrage), BAG DB **03**, 296, Kblz RR **99**, 40. Beim endgültigen Zweifel fehlt sie aber, Ffm RR **92**, 763, Mü RR **89**, 256. Der zu Unrecht als gesetzlicher Vertreter Beanspruchte kann sich wehren, auch durch eine sofortige Beschwerde, Köln Rpfleger **76**, 323. Weiteres bei § 52.

6 **5) Vertretung Prozeßunfähiger, I.** Es werden sehr unterschiedliche Lagen erfaßt.

A. Aufgabe des gesetzlichen Vertreters. Einen Prozeßunfähigen vertritt derjenige, der nach dem sachlichen und nicht nur nach dem bürgerlichen Recht sein gesetzlicher Vertreter ist, Grdz 7 vor § 50, BGH MDR **92**, 911, BayVerfGH Rpfleger **76**, 350 (zustm Kirberger). Man muß den gesetzlichen Vertreter von der Partei kraft Amts nach Grdz 8 vor § 50 unterscheiden. Der gesetzliche Vertreter handelt im Prozeß an Stelle der Partei. Er muß natürlich auch selbst prozeßfähig sein, Zweibr ZIP **83**, 941. Das sachliche Recht ergibt den Umfang seiner Vertretungsmacht, ArbG Düss RR **92**, 366. Soweit die Vertretungsmacht auf dem Willen des Vertretenen beruht, liegt keine gesetzliche Vertretung vor. Der Prozeßunfähige kann nur mit Hilfe seines gesetzlichen Vertreters prozessieren. Soweit ein gesetzlicher Vertreter fehlt oder rechtlich verhindert ist, kann der Prozeßunfähige keine Klage erheben.

7 Er ist aber als ein *zu Unrecht in Anspruch Genommener* die prozessualen Rechte einer Partei, BGH RR **86**, 1119, Köln MDR **76**, 937. Das gilt auch beim Streit gerade um die Prozeßfähigkeit, BGH **86**, 188, Hamm AnwBl **82**, 70. Eine mangelhafte Vertretung bleibt unschädlich, soweit der gesetzliche Vertreter bzw der prozeßfähig Gewordene oder sein Erbe die Prozeßführung genehmigen, § 50 Rn 32, oben Rn 5, § 52 Rn 5.

8 Das Gericht darf einen Prozeßunfähigen *vorläufig zulassen*, § 56 II, BGH MDR **92**, 911. Ein gesetzlicher Vertreter kann nicht mit sich selbst prozessieren, Grdz 15 vor § 50. Wenn der Prozeßunfähige seinen gesetzlichen Vertreter verklagen will oder wenn der gesetzliche Vertreter den Prozeßunfähigen verklagen will, dann muß das Gericht zunächst einen anderen Vertreter bestellen. Im Verhältnis zwischen einem Kind und einem Elternteil darf man einen Pfleger wegen §§ 1629 II, III, 1796 II BGB nur dann bestellen, wenn ein erheblicher Interessengegensatz besteht.

9 Wenn *mehrere* gesetzliche Vertreter vorhanden sind, dann ergibt sich aus dem sachlichen Recht, ob jeder für sich oder nur alle zusammen wirksam vertreten können (Einzel- oder Gesamtvertretung), BGH NJW **87**, 1948, ArbG Düss RR **92**, 366 (Folge: evtl Säumigkeit, § 333), und wie man widersprüchliche Erklärungen mehrerer Einzelvertreter würdigen muß. Der Vertreter muß seinerseits prozeßfähig sein, aM StJBo § 51 Rn 26 (die Frage sei nach dem sachlichen Recht zu beantworten. Aber es geht nur eine prozessuale Funktion.). Es wäre ja ein innerer Widerspruch, jemanden zu einer Prozeßführung für einen anderen zuzulassen, der nicht einmal einen eigenen Prozeß führen kann.

10 **B. Prozessuale Gleichstellung.** Der gesetzliche Vertreter ist nicht selbst Partei. Er steht aber prozessual der Partei gleich. Wegen seines prozessualen Verschuldens Rn 26. Über den gesetzlichen Vertreter als Partei neben dem Vertretenen Grdz 7 vor § 50.

11 **C. Gerichtliche Bestellung eines Vertreters.** In gewissen Fällen kann das Gericht einen gesetzlichen Vertreter bestellen, § 29 BGB (die Vorschrift gilt auch für die Gesellschaft mit beschränkter Haftung), § 76 AktG. Ein solcher gesetzlicher Vertreter darf die Partei auch im Prozeß vertreten.

12 **D. Beispiele zur Frage einer gesetzlichen Vertretung, I**
Abwesenheit: Der Abwesende wird durch den Abwesenheitspfleger vertreten, § 1911 BGB.
Beistand: Der Beistand nach § 53a in Verbindung mit §§ 1712ff BGB ist in seinem Aufgabenkreis der gesetzliche Prozeßvertreter, § 53a Rn 3.
Betreuer: Vgl zunächst III, Rn 27–29. Im übrigen gilt: Der Betreuer nach §§ 1896ff BGB ist in seinem vom Vormundschaftsgericht festzulegenden Aufgabenkreis der gesetzliche Vertreter des Betreuten, und zwar auch und gerade vor Gericht, § 1902 BGB, Bork MDR **91**, 97. Das gilt unabhängig davon, ob

Titel 1. Parteifähigkeit; Prozessfähigkeit § 51

der Betreute geschäftsfähig ist oder nicht. Er ist keineswegs stets geschäftsunfähig, LG Rostock Rpfleger **03**, 143. Unterhalt gehört nicht zur Vermögenssorge, Zweibr RR **01**, 152 (auch nicht beim Volljährigen).
S auch Rn 23 „Volljähriger".
Bundeseisenbahnvermögen: § 18 Rn 6 „Bundeseisenbahnvermögen".
Vgl aber auch Rn 16 „Gesellschaft: Aktiengesellschaft" (wegen der Deutsche Bahn AG).
Deutsche Post AG: § 18 Rn 6.
Deutsche Welle: Der Intendant ist ihr gesetzlicher Vertreter, Art 1 § 42 II G v 16. 12. 97, BGBl 3094.
Erbe: Als gesetzlicher Vertreter kommt der Nachlaßpfleger in Betracht, §§ 1960, 1961 BGB. 13
Europäische wirtschaftliche Interssenvereinigung: Sie wird meist durch ihre Geschäftsführer vertreten, Art 20 EWIV-VO.
Europol: Der Direktor ist der gesetzliche Vertreter von Europol, Art 29 V G v 16. 12. 97, BGBl II 2150.
Fiskus: Der Fiskus wird durch die zuständige Behörde gesetzlich vertreten, § 18. 14
Gemeinschaft: Bei der Gemeinschaft der Miterben ist der Nachlaßpfleger ihr gesetzlicher Vertreter, BGH 15 NJW **89**, 2134. Wegen des Nachlaßverwalters Grdz 9 vor § 50. Bei der Gemeinschaft der Wohnungseigentümer ist der Verwalter im Rahmen des § 27 II WEG gesetzlicher Vertreter, BGH **78**, 171. Das hat unter anderem zur Folge, daß er mehr als ein bloßer Zustellungsbevollmächtigter ist, BGH DB **81**, 209. Er muß aber eindeutig erkennen können, daß ihm auch gerade als dem Verwalter zugestellt werden soll, BayObLG BB **88**, 1076.
Genossenschaft: Sie wird durch den Vorstand vertreten. Im Prozeß gegen ein Vorstandsmitglied ist der Aufsichtsrat berufen, BGH NJW **98**, 1647, aM Hamm RR **95**, 1317 (ebenfalls der Vorstand. Aber niemand kann mit sich selbst prozessieren).
Gesellschaft: Hier muß man die folgenden Fälle unterscheiden. 16
– **(Aktiengesellschaft):** Sie wird grds durch den Vorstand vertreten, § 78 AktG. Es kann auch ein Notvorstand infrage kommen, § 85 AktG. Das gilt auch für die Deutsche Bahn AG, § 18 Rn 6 „Bundeseisenbahnvermögen", für die Deutsche Post AG, die Deutsche Postbank AG und die Deutsche Telekom AG, § 18 Rn 6 „Deutsche Post usw". Im Kündigungsschutzprozeß eines Vorstandsmitglieds ist der Aufsichtsrat alleiniger gesetzlicher Vertreter, § 112 AktG, BGH NJW **97**, 2324, BAG DB **02**, 956, Hager NJW **92**, 352. Im Anfechtungs- und Nichtigkeitsprozeß sind der Vorstand und der Aufsichtsrat nach §§ 246 II 2, 249 I AktG gesetzlicher Vertreter, BGH NJW **92**, 2099, aber auch der Aufsichtsrat allein nach § 246 III AktG. Vgl ferner § 278 III AktG. In Betracht kommt ferner der Abwickler nach §§ 264 II 2, 265 I, 269 I AktG etwa für eine inländische Zweigstelle eines ausländischen Kreditinstituts in der Form einer Aktiengesellschaft. Das gilt ohne Rücksicht auf das rechtliche Schicksal der ausländischen Gesellschaft.
   Keine Vertretungsmacht oder Klagebefugnis hat ein Aufsichtsratmitglied oder eine Gruppe von ihnen, die bei einer Abstimmung wegen Mißbilligung des Vorstandes unterlagen, Ffm BB **88**, 364.
– **(BGB-Außengesellschaft):** Gesetzliche Vertreter der rechts-, partei- und prozeßfähigen derartigen Gesellschaft, BGH NJW **146**, 341, sind im Zweifel sie Gesellschafter zusammen, § 714 BGB, Schmidt NJW **01**, 999. Wird die Klage nur von einem der einzelnen Gesellschaftern im Namen der Gesellschaft erhoben, muß er oder müssen sie ihre ausreichende Vertretungsbefugnis darlegen und nach § 286 beweisen, Schmidt NJW **01**, 999. Die Angabe „vertreten durch den Geschäftsführer" meint indessen meist den geschäftsführenden Gesellschafter und nicht nur den angestellten Fremdgeschäftsführer, der nur rechtsgeschäftlicher Vertreter wäre. Sie reicht daher aus, BGH RR **05**, 119.
– **(Europäische Gesellschaft):** Sie wird durch den oder die gesellschaftsführenden Direktoren gerichtlich und außergerichtlich vertreten, § 41 I–III SEAG v 22. 12. 04, BGBl 3675. Den geschäftsführenden Direktoren gegenüber vertritt der Verwaltungsrat die SE, § 41 IV SEAG.
– **(Genossenschaft):** Eine Erwerbs- und Wirtschaftsgenossenschaft wird durch den Vorstand vertreten, der durch eine Bescheinigung ausgewiesen ist, §§ 24, 26 II GenG. Evtl ist der Aufsichtsrat gesetzlicher Vertreter, § 39 I GenG, BGH NJW **98**, 1646, ohne § 51 II GenG, BGH NJW **78**, 1325, Düss NJW **87**, 2523. Im Stadium der Abwicklung ist der Abwickler der gesetzliche Vertreter.
– **(Gesellschaft mit beschränkter Haftung),** dazu *Happ,* Die GmbH im Prozeß, 1997: Sie wird durch den oder die Geschäftsführer vertreten, § 35 I GmbHG, BayObLG BB **89**, 171, Düss FGPrax **98**, 231. Wegen der Lage in einem Rechtsstreit für oder gegen eine kraft Amts wegen gelöschte GmbH Hbg RR **97**, 1400, Kblz VersR **83**, 671. Der Abwickler ist der gesetzliche Vertreter, BSG NZS **03**, 663. Erst mit dem Liquidationsende erlischt die Prozeßfähigkeit, BAG DB **03**, 2660, Hamm MDR **97**, 972. Bei einem Streit über die Wirksamkeit der Bestellung eines Geschäftsführers vertritt derjenige die Gesellschaft, der im Fall ihres Sieges als ihr Geschäftsführer gilt, also nicht der bloße Notgeschäftsführer, BGH DB **81**, 368. Wegen der EU-Scheinauslandsgesellschaft § 50 Rn 7.
   S auch Rn 16 „Patentanwaltsgesellschaft", Rn 21 „Rechtsanwaltsgesellschaft".
– **(Kommanditgesellschaft):** Sie wird durch den persönlich haftenden Gesellschafter vertreten, §§ 161 II, 170 HGB, BGH DB **88**, 1210 (also evtl durch den Geschäftsführer der Komplementär-GmbH, § 125 I HGB, BayObLG BB **89**, 171), unter Umständen durch den Aufsichtsrat. Das gilt auch für die Kommanditgesellschaft auf Aktien, §§ 161 II, 170 HGB, 278 III AktG. Im Stadium der Abwicklung wird sie durch den Abwickler vertreten.
– **(Liquidation):** Gesetzlicher Vertreter ist der Liquidator, zB nach §§ 66 I, 70 GmbHG, BayObLG BB **94**, 961, oder nach § 66 V GmbHG, BGH MDR **86**, 139, BAG ZIP **02**, 1949.
– **(Offene Handelsgesellschaft):** Sie wird durch die vertraglich bestimmte Zahl von Gesellschaftern vertreten, § 125 HGB.
– **(Partnerschaftsgesellschaft):** Sie wird grds durch jeden Partner vertreten, § 7 III PartGG in Verbindung mit § 125 I HGB. Der Partnerschaftsvertrag kann freilich Beschränkungen der Vertretungsmacht vorsehen, § 7 III PartGG in Verbindung mit §§ 125 II, IV, 126, 127 HGB.

§ 51

- **(Patentanwaltsgesellschaft):** Sie wird von Geschäftsführern vertreten, die mehrheitlich Patentanwälte sein müssen, § 52 f I PatAnwO.
- **(Rechtsanwaltsgesellschaft):** Sie wird von Geschäftsführern vertreten, die mehrheitlich Anwälte sein müssen, § 59 f I BRAO.
- **(Vorgesellschaft):** Maßgeblich ist die beabsichtigte Gesellschaftsform.

17 Juristische Person: Eine juristische Person des öffentlichen Rechts wird durch das staatsrechtlich berufene Organ gesetzlich vertreten, §§ 17, 18, BGH NJW 95, 3389, Bbg AnwBl 01, 68, LG Nürnb-Fürth Rpfleger 02, 632.

18 Kind: Vgl zunächst § 53 a. Im übrigen:
- **(Eheliches Kind):** Gesetzliche Vertreter sind beide Eltern, § 1629 I 2 BGB. Vgl freilich für den Fall des Getrenntlebens oder der Scheidung § 1629 I 2, III BGB. Als gesetzlicher Vertreter kommt im Rahmen von § 38 I, III KJHG auch die Pflegeperson nach § 1630 III BGB in Betracht.
- **(Leibesfrucht):** Sie wird durch den Pfleger nach 1912 BGB vertreten.
- **(Minderjähriger schlechthin):** Als gesetzlicher Vertreter kommen in den gesetzlich vorgeschriebenen Fällen der Vormund, der Pfleger, ferner nach SGB VIII das Jugendamt in Betracht, Düss FamRZ 85, 641.
- **(Nichteheliches Kind):** Es wird durch seine Eltern gesetzlich vertreten, § 1626 a BGB, evtl auch durch das Jugendamt, §§ 1712, 1716 S 2, 1793 S 1, 1915 I BGB.

19 Nachlaßpfleger: Er ist als Vertreter des oder der unbekannten Erben nicht Partei kraft Amts, sondern gesetzlicher Vertreter, BGH NJW 89, 2134.
Partnerschaft: Sie wird durch die absprachegemäß bestimmte Zahl von Partnern vertreten, § 7 II PartGG in Verbindung mit § 125 HGB.

20 Patentanwalt: Die beim Rechtsanwalt nach Rn 21 geltenden Regeln sind für den Patentanwalt ebenso vorhanden, § 46 IX 1 PatAnwO (von Amts wegen bestellter Vertreter), § 48 III 2 PatAnwO (Abwickler).
Politische Partei: Wegen einer Fraktion LG Bre RR 92, 447.
Post: Rn 12 „Deutsche Post" Rn 16 „Aktiengesellschaft".

21 Rechtsanwalt: Sein von Amts wegen bestellter Vertreter wird trotz der mißverständlichen Worte in § 53 IX BRAO, er handle „in eigener Verantwortung", doch nicht als Prozeßstandschafter tätig, sondern eben als „Vertreter", wie derselbe Gesetzestext besagt. Das gilt, zumal der Vertreter „für Rechnung und auf Kosten des Vertretenen" arbeitet, wie § 53 IX BRAO ebenfalls besagt. Demgegenüber ist der Abwickler nicht verpflichtet, eine Kostenforderung des verstorbenen Anwalts „im eigenen Namen" (für Rechnung der Erben) geltend zu machen, § 55 III 2 BRAO. Insoweit er also Prozeßstandschafter ist.
S auch Rn 12 „Partnerschaftsgesellschaft", Rn 21 „Rechtsanwaltsgesellschaft".

22 Verein: Er wird durch den Vorstand vertreten, § 26 II BGB. Im Stadium der Abwicklung ist der Abwickler sein gesetzlicher Vertreter. In Betracht kommt auch der Nachtragsliquidator nach § 29 BGB, Stgt MDR **96**, 198. Zum Verzicht auf die Rechtsfähigkeit einer als Verein eingetragenen politischen Partei Hamm OLGZ **93**, 20.

23 Volljähriger: Vgl zunächst III, Rn 27–29. Im übrigen gilt: Er kann durch einen Betreuer oder einen Pfleger gesetzlich vertreten werden, §§ 1911, 1912 BGB, soweit hierfür besondere gesetzliche Grundlagen gegeben sind, etwa für den Fall der Geschäftsunfähigkeit. In einer persönlichen Angelegenheit ist der Abwesenheitspfleger kein gesetzlicher Vertreter. Freilich ist die Bestellung eines Pflegers ohne eine gesetzliche Grundlage nicht nichtig, sondern lediglich aufhebbar. Im übrigen gilt § 53.
S auch Rn 12 „Betreuer".

24 **6) Ermächtigung der Partei zur Prozeßführung, I.** Eine solche Ermächtigung im Sinn des § 51 gibt es nicht. Wohl aber gibt es eine Ermächtigung des gesetzlichen Vertreters. § 51 meint nur eine Ermächtigung im Außenverhältnis. Eine Beschränkung im Innenverhältnis ist prozessual bedeutungslos. Bundesrechtliche Ermächtigungen enthalten zB in §§ 607 II, 640 b (Scheidungsklage durch den gesetzlichen Vertreter, Vaterschaftsanfechtungsklage).

25 **7) Tragweite der Prozeßfähigkeit, I.** Die Prozeßfähigkeit ist eine Prozeßhandlungsvoraussetzung, Rn 4. Das Gericht muß daher die Vertretungsbefugnis in jeder Lage des Verfahrens von Amts wegen prüfen, Rn 4. Das Gericht muß ebenfalls prüfen, ob die sachlich zuständige Stelle den Vertreter in der vorgeschriebenen Form bestellt hat. Der Nachweis der Bestellung erfolgt durch die Vorlage einer Bestallungsurkunde, durch die Vorlage eines Handelsregisterauszugs, einer Bescheinigung der vorgesetzten Behörde usw. Vgl auch bei § 56.
Eine *nachträgliche Aufhebung* der Bestellung berührt die Wirksamkeit früherer Prozeßhandlungen selbst dann nicht, wenn die frühere Bestellung dem sachlichen Recht widersprach. Das Gericht muß dem gesetzlichen Vertreter ebenso wie einer Partei das rechtliche Gehör gewähren, BayVerfGH Rpfleger **76**, 350 (zustm Kirberger). Es braucht nicht zu prüfen, ob die sachlichrechtlichen Voraussetzungen einer erfolgten Vertreterbestellung vorlagen. Der Tod oder das sonstige Ende der Vertretungsmacht unterbricht nach § 241. Eine Verhinderung kann notfalls zur Maßnahme nach § 57 führen. Wenn die Prozeßfähigkeit beim Erlaß des Urteils fehlt, muß das Gericht die Klage durch ein Prozeßurteil unzulässig abweisen, Grdz 14 vor § 253, BGH **143**, 127. Der Vertretene bleibt Partei, auch wegen der Kosten nach §§ 91 ff und wegen der Zwangsvollstreckung.

26 **8) Verschulden des gesetzlichen Vertreters, II.** Die Vorschrift schützt den Prozeßgegner. Sie ist mit Art 20 III GG vereinbar, BVerfG **35**, 41, BGH RR **93**, 131 (abl Bosch FamRZ **93**, 308), aM v Schlabrendorff BVerfG **35**, 51. Ein Verschulden liegt bei einem vorwerfbaren Verstoß gegen die übliche Sorgfalt einer Partei vor, BGH VersR **85**, 139. Ein Verschulden des gesetzlichen Vertreters kann sowohl in der Form einer Fahrlässigkeit als auch in der Form eines Vorsatzes vorliegen. Man muß eine Fahrlässigkeit auch dann bejahen, wenn man dem gesetzlichen Vertreter nur einen leichten Vorwurf machen kann. Ein Vorsatz liegt schon dann vor, wenn der Vertreter nur aus völliger Gleichgültigkeit über die als möglich erkannten Folgen

Titel 1. Parteifähigkeit; Prozessfähigkeit §§ 51, 52

seines Tuns handelte (bedingter Vorsatz). Eine Absicht unredlichen Verhaltens ist nicht erforderlich. II stellt ein Verschulden des gesetzlichen Vertreters demjenigen der Partei gleich, Rn 2.

Das gilt *in jeder Lage* des Verfahrens und in jeder Prozeßart, auch zB im Statusverfahren, §§ 640 ff, BGH RR **93**, 131. Das gilt auch unabhängig davon, ob die Partei im Innenverhältnis gegenüber dem gesetzlichen Vertreter wegen seines Verhaltens einen Rückgriff nehmen kann. Vgl im übrigen § 85 Rn 8 sowie § 233.

9) Dem gesetzlichen Vertreter gleichstehender Bevollmächtigter, III. Die Vorschrift stellt unter **27** mehreren Voraussetzungen, die zusammentreffen müssen, als Rechtsfolge einen rechtsgeschäftlich Bevollmächtigten einem gesetzlichen Vertreter gleich.

A. Volljähriger nicht prozeßfähiger Vollmachtgeber. Es muß ein Volljähriger und trotzdem Prozeßunfähiger eine schriftliche wirksame Vollmacht zur gerichtlichen Vertretung erteilt haben. Ob diese Voraussetzungen vorliegen, richtet sich nach §§ 1896 ff BGB. Vgl dazu zB PalDied dort.

B. Ausreichen der Bevollmächtigung. Die nach Rn 27 erteilte Vollmacht muß außerdem geeignet **28** sein, nach § 1896 II 2 BGB die Erforderlichkeit einer Betreuung entfallen zu lassen. Nach dieser letzteren Vorschrift ist eine Betreuung nicht erforderlich, soweit die Angelegenheiten des Volljährigen durch einen Bevollmächtigten ebenso gut wie durch einen Betreuer besorgt werden können. Der Bevollmächtigte darf freilich auch nicht zu den in § 1897 III BGB Bezeichneten gehören. Er darf nach dieser letzteren Bestimmung nicht in einem Abhängigkeitsverhältnis oder in einer anderen engeren Beziehung zu einer Anstalt, einem Heim oder sonstigen Einrichtung stehen, in welcher der Volljährige etwa untergebracht ist.

C. Gleichstand mit gesetzlichem Vertreter. Unter den Voraussetzungen Rn 27, 28 hat der Bevoll- **29** mächtigte die Stellung eines gesetzlichen Vertreters, natürlich nur im zulässigen Vollmachtumfang, also nur im Bereich der Vertretung vor Gericht. Insoweit gilt dann II entsprechend.

10) VwGO: Die Sonderregelung in § 62 *VwGO* faßt §§ 51 I und 52 zusammen. Danach sind fähig zur **30** Vornahme von Verfahrenshandlungen die nach bürgerlichem Recht Geschäftsfähigen (I Nr 1) mit der sich aus II ergebenden Einschränkung, ferner die nach bürgerlichem Recht in der Geschäftsfähigkeit Beschränkten, soweit sie durch Vorschriften des bürgerlichen oder öffentlichen Rechts für den Gegenstand des Verfahrens als geschäftsfähig anerkannt sind (I Nr 2), zB nach WehrpflG, BVerwG **7**, 66 u 358, oder nach § 7 I StVZO, BVerwG Buchholz 442.16 § 7 Nr 1, oder nach § 68 AuslG bzw § 12 (früher § 6) AsylVfG. Prozeßfähig sind auch die nach den §§ 12 VwVfG, 79 AO, 36 SGB I u 11 SGB X Handlungsfähigen, vgl KoppR § 12 Rn 2, Meyer-Ladewig SGG § 71 Rn 5, Laubinger F Ule (1987). Dazu und zur Bestellung eines RA durch einen minderjährigen Verfahrensfähigen vgl Robbers DVBl **87**, 709, Lappe Rpfleger **82**, 10. – Entsprechend anwendbar ist **II**, der einen allgemeinen Rechtsgedanken enthält, BVerwG Buchholz 310 § 60 Nr 171.

52 Umfang der Prozessfähigkeit. Eine Person ist insoweit prozessfähig, als sie sich durch Verträge verpflichten kann.

Schrifttum: *Oda,* Die Prozeßfähigkeit als Voraussetzung und Gegenstand des Verfahrens, 1997; *Reinicke,* Der Zugang des Minderjährigen zum Zivilprozeß, 1989; *Reinicke,* Entspricht die objektive Beweislast bei Prozeßfähigkeit derjenigen bei der Geschäftsfähigkeit, Festschrift für *Lukes* (1989) 755.

1) Systematik, Regelungszweck. Man muß von der Parteifähigkeit nach § 50 die Prozeßfähigkeit **1** unterscheiden. Während § 51 die Notwendigkeit der Prozeßfähigkeit klärt, regelt § 52 in Anlehnung an die Geschäftsfähigkeit nach BGB ihren Umfang, Musielak NJW **97**, 1741, ergänzt durch §§ 53–55. Nicht nur das Ob, sondern auch das Inwieweit der Prozeßfähigkeit bedarf aus den in § 51 Rn 2 genannten Gründen sorgsamster Klärung, zumal beides ineinander verwoben ist.

2) Geltungsbereich. Vgl Grdz 3 vor § 50. Die Vorschrift gilt auch im WEG-Verfahren, BayObLG **2** NZM **01**, 1144.

3) Umfang der Prozeßfähigkeit. Prozeßfähigkeit ist die prozessuale Geschäftsfähigkeit, § 51 Rn 1. Für **3** einen Prozeßunfähigen und für den volljährigen Betreuten muß der gesetzliche Vertreter handeln, § 51 Rn 4. Wegen der Vollmacht § 86 Rn 8. Die Prozeßfähigkeit erstreckt sich auf alle Prozeßhandlungen, Grdz 46 vor § 128. Dabei ist das Persönlichkeitsrecht eine Grundlage für eine weite Auslegung, Kahlke ZZP **100**, 32. Sie erstreckt sich auch auf eine Widerklage nach Anh § 253 nu insoweit, als die Prozeßfähigkeit für die Prozeßhandlung im Rahmen einer Klage bestehen würde. Auch ein ProzBev muß prozeßfähig sein, BVerfG **76**, 78. Die Prozeßfähigkeit richtet sich nach dem Recht der Staatsangehörigkeit, KG FamRZ **91**, 1456. Das Gericht muß sie in jeder Verfahrenslage von Amts wegen zwar nicht nach Grdz 38 vor § 128 ermitteln, wohl aber nach Grdz 39 vor § 128 beachten, BGH NJW **90**, 1735, BayObLG WoM **00**, 88 (aM zum FGG wegen seines Amtsbetriebs). Sie muß noch am Schluß der letzten Tatsachenverhandlung vorliegen, §§ 136 IV, 296 a, Roth JZ **87**, 895. Sie hat grundsätzlich auch in der Rechtsmittelinstanz Bedeutung, BGH **143**, 124. Im Zweifel oder bei endgültig feststehender anfänglicher Prozeßunfähigkeit des Rechtsmittelklägers darf das Gericht nicht sein Rechtsmittel als unzulässig verwerfen, sondern muß die Klage als unzulässig abweisen, BGH **143**, 124, soweit nicht eine Zurückweisung in Betracht kommt, BGH RR **02**, 1424. Sie erstreckt sich auch auf eine Prozeßhandlung während der Zwangsvollstreckung und auf eine solche Klage, die aus einer Zwangsvollstreckung erwachsen kann. Eine erweiterte Prozeßfähigkeit gilt im Eheverfahren nach § 607 und im Kindschaftsverfahren, § 640 b.

4) Beispiele der Prozeßunfähigkeit. Hier muß man die folgenden Fallgruppen unterscheiden. **4**

A. Geschäftsunfähigkeit. Hierher zählen: Die juristische Person, Bbg AnwBl **01**, 68; eine Handelsgesellschaft; eine Partnerschaftsgesellschaft; der parteifähige Verein. Alle diese Personen können nur durch ihre gesetzlichen Vertreter handeln, Bbg AnwBl **01**, 68, Drsd RR **00**, 580 (evtl einen Notgeschäftsführer

§ 52, Anh § 52

abwarten, § 29 BGB entsprechend), Barfuß NJW **77**, 1274, aM BGH **121**, 265, Henssler NJW **99**, 244 (aber wozu braucht sie dann den überall vorgesehenen gesetzlichen Vertreter?), ein Kind unter 7 Jahren, § 104 Z 1 BGB; derjenige, der nicht nur vorübergehend geistesgestört ist, § 104 Z 2 BGB, BGH NJW **00**, 289, BayObLG FamRZ **01**, 1246, Saarbr ZMR **98**, 312. Freilich kann zB eine paranoid-halluzinatorische Psychose die Prozeßfähigkeit trotzdem bestehen lassen, Düss VersR **86**, 603; derjenige, der nach einem Unfall wochenlang künstlich beatmet und ernährt werden muß, Mü RR **89**, 255. Beim Geschäft des täglichen Lebens schafft § 105 a BGB evtl eine unterstellte Wirksamkeit auch für und gegen einen volljährigen Geschäftsunfähigen.

5 **B. Beschränkte Geschäftsfähigkeit.** Der nur beschränkt Geschäftsfähige ist beschränkt fähig, sich selbst durch einen Vertrag zu verpflichten. Hierher zählt der Minderjährige über 7 Jahren §§ 106 ff BGB, Rn 6, LG Trier DGVZ **94**, 73.

Wenn ein Prozeßunfähiger für *prozeßfähig* gehalten worden ist, dann kann ein gegen ihn ergangenes Urteil rechtskräftig werden. Ein von ihm erklärter Rechtsmittelverzicht oder eine von ihm erklärte Rechtsmittelrücknahme können wirksam sein. In einem solchen Fall kommt nur eine Nichtigkeitsklage nach § 579 I Z 4 in Betracht.

Das Prozeßgericht muß *von Amts wegen* prüfen, ob sich Zweifel an der Prozeßfähigkeit aufklären lassen, Grdz 39 vor § 128, BGH NJW **96**, 1059. Es darf daher zB einen Sachverständigenbeweis nach § 144 erheben, BGH NJW **96**, 1059, oder bei einem Verfahren mit Amtsbetrieb einem Beteiligten anheimstellen, ein Gutachten vorzulegen, BayObLG NZM **01**, 1144 (WEG). Es kann die Geisteskrankheit auch dann als erwiesen ansehen, wenn die Bestellung eines Betreuers von dem dafür zuständigen Gericht abgelehnt worden war. Der Erbe eines Geschäftsunfähigen kann den Mangel der Prozeßfähigkeit dadurch beseitigen, daß er den Rechtsstreit seinerseits aufnimmt und die Handlungen des Geschäftsunfähigen genehmigt. Eine Genehmigung der Prozeßführung kann zwar rückwirken, tut das aber nicht stets, Köln NJW **98**, 320. Im Insolvenzverfahren ist der Schuldner zwar prozeßfähig. Ihm fehlt aber im Umfang der Insolvenzmasse die Sachbefugnis, Grdz 23 vor § 50, Ffm JB **90**, 1215. Dann ist der Verwalter Partei kraft Amts, Grdz 8 vor § 50.

6 **5) Beispiele einer beschränkten Geschäftsfähigkeit.** Hier muß man die folgenden Gruppen unterscheiden.

A. Erwerbsgeschäft. Wer als Minderjähriger zum selbständigen Betrieb eines Erwerbsgeschäfts ermächtigt worden ist, ist im Umfang aller derjenigen Geschäfte prozeßfähig, die der Betrieb des Erwerbsgeschäfts mit sich bringt, § 112 BGB, auch Betreuung mit Einwilligungsvorbehalt, Bork MDR **91**, 98.

7 **B. Dienst- oder Arbeitsübernahme usw.** Wer als Minderjähriger ermächtigt worden ist, einen Dienst oder eine Arbeit zu übernehmen, ist für diejenigen Geschäfte prozeßfähig, die sich aus der Eingehung, der Erfüllung oder der Aufhebung solcher Verträge ergeben, § 113 BGB. Das gilt auch bei Betreuung mit Einwilligungsvorbehalt, Bork MDR **91**, 98.

8 **C. Sonstige Fälle.** Eine beschränkte Prozeßfähigkeit bzw. -unfähigkeit ist auch in anderen Fällen in gewissem Umfang notwendig und anerkannt, § 51 Rn 3, zB: Bei Insolvenz, BPatG GRUR **93**, 111; nach §§ 107 ff BGB; für den Jugendvertreter nach §§ 60 ff BetrVG, wegen eigener Rechte; beim Telefonsex, BGH RR **02**, 1424. Auch darf ein krankhafter Querulant nach der Abweisung seiner Klage als unbegründet die Berufung einlegen. Wenn er das aber selbst tut, dann muß das Gericht die Klage wegen seiner Prozeßunfähigkeit als unzulässig abweisen. Der einem Betreuer „Unterstellte" bleibt zwar oft sachlichrechtlich geschäftsfähig, LG Rostock Rpfleger **03**, 143, Bork MDR **91**, 97. Er kann den Betreuer als gesetzlichen Vertreter aber trotz § 1901 II BGB grundsätzlich nicht mit Außenwirkung beschränken, Bork MDR **91**, 97, abgesehen von Rn 6, 7.

9 **6) Verstoß.** Fehlt die Prozeßfähigkeit, so kann ein Verstoß gegen das rechtliche Gehör nach Art 103 I GG die Folge sein, BGH **84**, 29. Das gilt unabhängig von einem Verschulden des Gerichts. Auch kann ein Nichtigkeitsgrund nach § 579 I Z 4 vorliegen.

10 **7) VwGO:** S § 51 Rn 27. Zur Zulässigkeit eines Rechtsmittels des Prozeßunfähigen s Grdz § 511 Rn 9, OVG Münst NVwZ-RR **96**, 619, VGH Kassel NVwZ-RR **96**, 614.

Anhang nach § 52
Prozeßführungsrecht und Güterstand

Gliederung

1) Systematik	1	A. Gesamtgutsverwaltung		5
2) Regelungszweck	2	B. Gütergemeinschaft		6
3) Zugewinngemeinschaft	3	6) Gesamtgut		7–9
4) Gütertrennung	4	A. Einzelverwaltung		7
5) Gütergemeinschaft: Mehrheit von Möglichkeiten	5, 6	B. Gemeinsame Verwaltung		8
		C. Beendigung der Gütergemeinschaft		9

1 **1) Systematik.** Sachlichrechtlich hat sich die Lage durch die Gleichberechtigung von Mann und Frau seit Jahrzehnten grundlegend geändert. Der vorher geltende gesetzliche Güterstand der Verwaltung und Nutznießung des Ehemannes trat als solcher außer Kraft. Es galt die Gütertrennung. Das GleichberG führte die Zugewinngemeinschaft als den gesetzlichen Güterstand ein, §§ 1363 ff BGB. Als vertragliche Güterstände kennt das BGB nur noch die Gütertrennung nach § 1414 BGB und die Gütergemeinschaft, §§ 1415 ff BGB. Errungenschafts- und Fahrnisgemeinschaft nach §§ 1519 ff aF, 1549 aF BGB bestehen nur noch, wenn die Ehegatten bereits am 1. 7. 58 in diesen Güterständen lebten, Art 8 I Z 7 GleichberG.

Titel 1. Parteifähigkeit; Prozessfähigkeit   **Anh § 52**

2) Regelungszweck. Das System Rn 1 hat Auswirkungen auf das in Grdz 21 ff vor § 50 dargestellte **2** Prozeßführungsrecht. Denn der Güterstand entscheidet maßgeblich darüber, ob und inwieweit ein Ehegatte im Prozeß hinsichtlich von Rechten, Obliegenheiten oder Pflichten des anderen mit Rechtswirkung für oder gegen den letzteren auftreten kann. Eine Klärung dieser Befugnis und ihrer Grenzen liegt vor allem im Interesse der Rechtssicherheit, Einl III 43. Deshalb ist eine strikte Handhabung und Auslegung geboten.

3) Zugewinngemeinschaft. Die Vermögen der Ehegatten werden nicht gemeinschaftliches Vermögen. **3** Vielmehr behält jeder Ehegatte ein volles Verfügungs- und das alleinige Verwaltungsrecht mit den sich aus §§ 1365 ff BGB ergebenden Einschränkungen. Erst bei der Beendigung der Zugewinngemeinschaft wird der in der Ehe erzielte Zugewinn ausgeglichen, § 1363 II BGB. Jeder Ehegatte hat also auch das alleinige Recht zur Führung von Rechtsstreitigkeiten hinsichtlich seines Vermögens. Der andere Ehegatte ist an ihnen nicht beteiligt. Das ist dann der Fall, wenn der Ehegatte nicht ohne eine Zustimmung des anderen verfügen darf, §§ 1365, 1369 BGB (Vermögen im ganzen, Haushaltsgegenstände). Werden aber solche Verfügungen eines Ehegatten ohne eine Zustimmung des anderen getroffen, so kann dieser die sich aus der Unwirksamkeit eines solchen Vertrages ergebenden Rechte gegen Dritte im eigenen Namen geltend machen, § 1368 BGB. Der *Antrag* geht auf die Herausgabe oder Zahlung an den Ehegatten, zu dessen Vermögen sie gehören, aber auch an den klagenden Ehegatten. Dieser muß sie seinerseits seinem Ehegatten herausgeben. Denn an dessen Eigentums- und Verwaltungsrecht wird dadurch nichts geändert. Für die Vollstreckung in das Vermögen eines Ehegatten gilt die allgemeine Regel des § 739. Daher ist es auch wegen des möglichen Gewahrsams oder Besitzes des anderen Ehegatten im Passivprozeß gegen einen Ehegatten nicht erforderlich, den anderen auf eine Duldung mitzuverklagen, § 739 Rn 1, aber auch unten Rn 5, Grdz 26 vor § 50. Wegen des Übergangs in den neuen Bundesländern von der Errungenschaftsgemeinschaft zur Zugewinngemeinschaft Broudré DB **92**, 447.

4) Gütertrennung. Jeder Ehegatte verwaltet sein Vermögen allein. Er führt demgemäß auch die Rechts- **4** streitigkeiten. Auch hier gilt § 739 für die Vollstreckung.

5) Gütergemeinschaft: Mehrheit von Möglichkeiten. Im wesentlichen gilt folgendes. **5**
A. Gesamtgutsverwaltung. Die Ehegatten können im Ehevertrag vereinbaren, daß nur ein Ehegatte – entweder der Mann oder die Frau – oder beide gemeinschaftlich das Gesamtgut verwalten, § 1421 BGB. Sein Sondergut verwaltet jeder Ehegatte selbständig. Insofern kann also jeder Ehegatte für sich klagen und verklagt werden. Da es aber für die Rechnung des Gesamtgutes verwaltet wird, fallen diesem die Nutzungen zu, § 1417 III BGB. Werden Nutzungen eingeklagt, so ist die Leistung an den für das Gesamtgut verwaltungsberechtigten Ehegatten, gegebenenfalls also auch an beide, zu verlangen. Das Vorbehaltsgut verwaltet jeder Ehegatte selbständig für eigene Rechnung, § 1418 III BGB. Er führt also auch die das Vorbehaltsgut betreffenden Rechtsstreitigkeiten allein.
B. Gütergemeinschaft. Lebten die Ehegatten am 1. 7. 58 in Gütergemeinschaft, so gelten die Vorschrif- **6** ten des GleichberG über die Gütergemeinschaft. Hatten sie die Gütergemeinschaft vor dem 1. 4. 53 vereinbart, so verwaltet weiterhin der Mann das Gesamtgut, BayObLG RR **90**, 6. Haben sie die Gütergemeinschaft später vereinbart, so bleibt die Vereinbarung über die Verwaltung bestehen, Art 8 I Z 6 GleichberG. Der Wille der Ehegatten ist insoweit notfalls durch Auslegung zu ermitteln, BayObLG RR **90**, 6.

6) Gesamtgut. Hier muß man die folgenden Fälle unterscheiden. **7**
A. Einzelverwaltung. Wenn ein Ehegatte allein verwaltungsberechtigt ist, dann kommt es auf seine prozessuale Stellung wie folgt an: Falls der allein verwaltungsberechtigte Ehegatte der Kläger ist, dann ist er allein prozeßführungsberechtigt und führt die Rechtsstreitigkeiten im eigenen Namen, § 1422 BGB. Der Antrag lautet auf eine Leistung an ihn persönlich. Eine Zustimmung des anderen Ehegatten ist nicht erforderlich. Eine Prozeßführungsbefugnis des nicht verwaltungsberechtigten Ehegatten besteht nur in den Fällen der §§ 1428, 1429, 1431, 1433 BGB, aber auch, wenn der verwaltungsberechtigte Ehegatte zustimmt, § 1438 I BGB. Der Antrag kann auch auf eine Leistung an den verwaltungsberechtigten Ehegatten lauten, im Fall des § 1428 (Geltendmachung der Rechte gegen Dritte durch denjenigen Ehegatten, der hätte zustimmen müssen, aber nicht zugestimmt hat) auch auf eine Leistung an sich selbst. Falls der allein verwaltungsberechtigte Ehegatte der Bekl ist, dann ist er prozeßführungsberechtigt. Aus einem Urteil gegen ihn erfolgt die Vollstreckung ins Gesamtgut. Der andere Ehegatte ist zwar in seinem Prozeßführungsrecht nicht beschränkt. Ein Urteil gegen ihn wirken aber nicht gegen das Gesamtgut, § 740 I.
Etwas anderes gilt nur immer wegen der *Kosten*, § 1438 II BGB, ferner, wenn der verwaltungsberechtigte Ehegatte der Prozeßführung zugestimmt hat, § 1438 I BGB, oder wenn der nicht verwaltungsberechtigte Ehegatte allein klagen darf. Man kann aber auch beide Ehegatten verklagen, wenn es sich um persönliche Schulden des nicht verwaltungsberechtigten Ehegatten handelt. Zulässig ist auch eine Klage gegen beide Ehegatten in der Form, daß der verwaltende Ehegatte auf eine Leistung, der andere auf eine Duldung verklagt wird. Eine solche Verurteilung ist im Fall des § 743 sogar erforderlich. Bei Gesamtgutsverbindlichkeiten sind Ehegatten notwendige, sonst einfache Streitgenossen.

B. Gemeinsame Verwaltung. Wenn beide Ehegatten zusammen verwaltungsberechtigt sind, §§ 1421, **8** 1450 ff BGB, BayObLG RR **90**, 6, dann kommt es auf ihre prozessuale Stellung wie folgt an.
Sie sind als *Kläger* notwendige Streitgenossen, § 62, BGH NJW **94**, 653. Klagt nur ein Ehegatte, ist die Klage, da er allein nicht verfügungsberechtigt ist, wegen mangelnder Sachbefugnis abzuweisen, Grdz 23 vor § 50, BGH FamRZ **75**, 406, BayObLG RR **90**, 6, VGH Mü RR **88**, 454. Unter den Voraussetzungen des § 1452 I BGB kann die Zustimmung des anderen Ehegatten ersetzt werden, BayObLG RR **90**, 6. Ausnahmen bestehen für die Fälle, in denen ein Ehegatte allein handeln kann, §§ 1454, 1455 Z 6 ff, 1456 BGB. Der Antrag lautet auch dann auf eine Leistung an beide. Jedoch muß auch eine Leistung an den Kläger zulässig sein, wenn auch der andere Ehegatte die Sache sodann sofort wieder in Mitbesitz nehmen kann, § 1450 I 2 BGB.

Als *Beklagte* sind die Ehegatten notwendige Streitgenossen, wenn es sich um Gesamtgutsschulden handelt, BGH FamRZ **75**, 406, aM (für § 1459 BGB) VGH Mü RR **88**, 454. Zur Vollstreckung ins Gesamtgut ist grundsätzlich ein Leistungstitel gegen beide erforderlich, § 740 II. Ausnahmen wie oben. Vgl aber auch § 740 Rn 3, 6.

9   **C. Beendigung der Gütergemeinschaft.** Ist die Gütergemeinschaft beendet, die Auseinandersetzung aber noch nicht erfolgt, so erfolgt im Fall Rn 6 wie Rn 7 eine gemeinschaftliche Verwaltung, § 1472 I BGB. Beide Ehegatten sind nur zusammen klageberechtigt. Beide sind auch zusammen zu verklagen. Zur Vollstreckung in das noch nicht auseinandergesetzte Gesamtgut ist ein Leistungsurt gegen beide erforderlich. Genügend ist aber auch ein Urteil, in dem ein Ehegatte zur Leistung, der andere zur Duldung verurteilt ist, § 743.

53 Prozessfähigkeit bei Betreuung oder Pflegschaft.

Wird in einem Rechtsstreit eine prozessfähige Person durch einen Betreuer oder Pfleger vertreten, so steht sie für den Rechtsstreit einer nicht prozessfähigen Person gleich.

Schrifttum: *Bienwald,* Untersuchungen zur Rechtsstellung des Gebrechlichkeitspflegers unter Berücksichtigung von Entwürfen eines Gesetzes über die Betreuung Volljähriger usw, 1992.

1   **1) Systematik.** Vgl zunächst § 52 Rn 1. Eine prozeßfähige Person hat unter Umständen für gewisse Rechtsbeziehungen einen gesetzlichen Vertreter. Er beschränkt ihre Verfügungsmacht zum Teil rechtlich, etwa dann, wenn er als ein Pfleger des abwesenden Beschuldigten eingesetzt worden ist, § 292 StPO. Evtl teils ist der Vertreter nur wegen einer tatsächlichen Verhinderung bestellt, wie der Abwesenheitspfleger nach § 1911 BGB (er ist im Eheverfahren unzulässig) oder der Betreuer nach §§ 1896 ff BGB.

2   **2) Regelungszweck.** In allen Fällen unterstellt § 53 eine Prozeßunfähigkeit des Vertretenen, BGH NJW **88**, 51. Das geschieht im Interesse einer sachgemäßen und einheitlichen Prozeßführung, LG Hann FamRZ **98**, 381, und damit sowohl der Gerechtigkeit nach Einl III 9 als auch der Prozeßwirtschaftlichkeit, Grdz 14 vor § 128. Daher kann der Vertretene auch nicht im Namen eines Dritten auftreten, Stgt JB **76**, 1098. Der Vertreter nach § 57 steht nicht dem Betreuer gleich, BSG NJW **94**, 215. Zur Prüfungspflicht des Gerichtsvollziehers Harnacke DGVZ **00**, 161 (Üb).

3   **3) Direkte Anwendbarkeit.** Vgl grundsätzlich Grdz 3 vor § 50. Im Eheverfahren gilt § 53 nur bedingt. Der *Vertretene* bleibt solange prozeßfähig, wie sein Vertreter ihn nicht „im" Prozeß vertritt, BGH NJW **88**, 51. Das gilt also solange, bis sein Vertreter in den Prozeß eintritt, BFH DB **83**, 320. Der Vertretene kann also zunächst selbst klagen, BFH DB **83**, 320, und selbst verklagt werden sowie selbst Rechtsmittel einlegen, aM LG Hann FamRZ **98**, 380 (aber auch ein Rechtsmittel zählt zum Prozeß). Im Fall einer nur rechtlichen Beschränkung seiner Verfügungsmacht fehlt dem Vertretenen nicht das Prozeßführungsrecht, sondern nur die Verfügungsbefugnis, Grdz 23 vor § 50. Der Vertreter kann aber jederzeit in den Prozeß eintreten, selbst gegen den Widerspruch des Vertretenen, Düss OLGZ **83**, 121, und zwar an Stelle des Vertretenen, BGH NJW **88**, 51, Karlsr RR **99**, 1700, nicht etwa nur als dessen Streithelfer, § 65. Ab seinem Eintritt führt nur er den Prozeß weiter, BGH NJW **88**, 51, Hamm FamRZ **97**, 302. Daher darf man eine Zustellung nach § 170 I nur noch an ihn richten, BFH BStBl **83** II 239. Der Vertretene hat gegenüber dem Eintritt des Vertreters in den Prozeß kein Widerspruchsrecht.

Die *Prozeßhandlung* als Vertreter hat anders als im sachlichen Recht den Vorrang, BGH NJW **88**, 51. Einer weiteren Klage würde die Rüge der Rechtshängigkeit entgegenstehen, § 261 Rn 26. Freilich kann der rechtsgeschäftliche Wille des geschäftsfähigen Vertretenen auch in Bezug auf den eingeklagten Anspruch beachtlich bleiben, BGH NJW **88**, 51, Bork MDR **91**, 98. Er kann zB zu einem sachlichrechtlich wirksamen Erlaßvertrag mit der Folge führen, daß das Gericht die Klage als unbegründet abweisen muß, Düss OLGZ **83**, 120. Im Fall eines Verschuldens des gesetzlichen Vertreters ist § 51 II anwendbar.

4   **4) Sinngemäße Anwendbarkeit.** Trotz seines engen Wortlauts ist § 53 immer dann anwendbar, wenn zwar nicht ein Betreuer oder ein Pfleger bestellt wurde, wenn aber ein Vertreter eine dem Betreuer oder Pfleger sachlich entsprechende Stellung hat. Das ist zB in folgenden Fällen der Fall: Beim Vertreter des unbekannten Gegners in einem selbständigen Beweisverfahren, § 494 II; bei einem Vertreter im Rahmen einer Zwangsvollstreckung in den Nachlaß, § 797 II. Die Klage des Herausgebers oder des Verlegers für den namenlosen Urheber nach § 10 II UrhG ist ein Fall der Prozeßgeschäftsführung, Grdz 29 vor § 50. Sie gehört daher nicht hierher.

5   **5) Unanwendbarkeit.** § 53 ist nicht anwendbar, wenn eine prozeßunfähige Partei nicht durch ihren Betreuer oder Pfleger vertreten wird, LSG Düss MDR **85**, 701. Im Betreuungsverfahren ist der zu Betreuende oder Betreute verfahrensfähig, § 66 FGG. § 53 gilt hier nicht, Bork MDR **91**, 98. Wegen einer Beistandschaft nach §§ 1712 ff BGB vgl § 53 a. Für den nach § 57 Bestellten gilt § 53 nicht, BSG NJW **94**, 215.

6   **6) VwGO:** Gilt entsprechend, § 62 IV VwGO, vgl BVerwG Buchholz 303 § 53 Nr 1, 310 § 62 Nr 25.

53a Vertretung eines Kindes durch Beistand.

Wird in einem Rechtsstreit ein Kind durch einen Beistand vertreten, so ist die Vertretung durch den sorgeberechtigten Elternteil ausgeschlossen.

1   **1) Systematik.** Die Vorschrift stellt eine in ihrem Geltungsbereich auch gegenüber § 1629 I 1 BGB vorrangige Sonderbestimmung dar.

Titel 1. Parteifähigkeit; Prozessfähigkeit **§§ 53a–55**

2) Regelungszweck. Die Vorschrift dient der Klarstellung, durch wen allein eine Vertretung im Prozeß erfolgen kann. Sie dient damit vor allem der Rechtssicherheit nach Einl III 43. Sie dient aber auch der Prozeßwirtschaftlichkeit nach Grdz 14 vor § 128 durch die Konzentration auf nur einen einzigen Vertretungsberechtigten. Die Beistandschaft entsteht nur auf Antrag, § 1712 I BGB. Sie endet jedenfalls auch auf Antrag jederzeit, § 1715 I BGB. Daher ist auch die aus der Beistandschaft folgende Prozeßvertretung verfassungsgemäß. Alles das muß man bei der Auslegung mitbeachten. §§ 53, 54, 56 bleiben unverändert. 2

3) Geltungsbereich. Es muß eine Beistandschaft im Sinn von §§ 1712 ff BGB schon und noch vorliegen und nun ein Rechtsstreit bestehen, an dem das eheliche oder nichteheliche Kind als Partei beteiligt ist. Auch eine Beteiligung als Streithelfer usw reicht aus, §§ 66 ff. Die Art des Rechtsstreits ergibt sich aus dem in § 1712 I BGB abschließend genannten Aufgabenkreis (Feststellung der Vaterschaft, dort Z 1, oder Geltendmachung von Unterhaltsansprüchen dort Z 2). Nicht hierher gehört die Anfechtung eines Anerkenntnisses der Vaterschaft, Nürnb MDR **01**, 219. 3

4) Ausschluß der Vertretung durch Sorgeberechtigten. Im Geltungsbereich nach Rn 3 ist der Beistand kraft Gesetzes der alleinige Vertreter des Kindes. § 241 gilt nicht. Denn es tritt sogleich eine neue gesetzliche Vertretung ein. Der oder die Sorgeberechtigte ist von der Prozeßvertretung schlechthin ausgeschlossen. Das gilt für die Dauer der Beistandschaft. Soweit und solange sie nicht wirksam zustandegekommen ist oder nicht wirksam fortbesteht, bleibt der Sorgeberechtigte auch im Prozeß vertretungsberechtigt und -verpflichtet. Er kann die Beistandschaft auch jederzeit durch einfache Erklärung beenden, Rn 2. Mit der Volljährigkeit endet die Beistandschaft, Karlsr OLGR **01**, 150. Haftung: jeweils § 51 II. 4

5) Verstoß. Man muß eine Parteiprozeßhandlung des objektiv im jeweils maßgebenden Zeitpunkt nicht Vertretungsberechtigten wie oben beurteilen, zB nach § 295. Dasselbe gilt für eine Verhaltensweise des Gegners, eines sonst Prozeßbeteiligten oder des Gerichts gegenüber dem objektiv derzeit nicht Vertretungsberechtigten, mag dies nur der „Beistand" oder der sonst Sorgeberechtigte sein. 5

6) *VwGO: Gilt entsprechend, § 62 IV VwGO.* 6

54 *Besondere Ermächtigung zu Prozesshandlungen.* **Einzelne Prozeßhandlungen, zu denen nach den Vorschriften des bürgerlichen Rechts eine besondere Ermächtigung erforderlich ist, sind ohne sie gültig, wenn die Ermächtigung zur Prozeßführung im Allgemeinen erteilt oder die Prozeßführung auch ohne eine solche Ermächtigung im Allgemeinen statthaft ist.**

1) Systematik. Vgl zunächst § 52 Rn 1. § 54 gibt in einer Abweichung vom bürgerlichen Recht dem gesetzlichen Vertreter einer Prozeßpartei dieselbe unbeschränkte und unbeschränkbare Vertretungsmacht, die die §§ 81, 83 dem ProzBev erteilen. § 54 enthält aber nicht eine dem § 83 entsprechende Einschränkung. § 54 betrifft nur das Außenverhältnis. Die Überschreitung einer Befugnis kann im Innenverhältnis ersatzpflichtig machen. 1

2) Regelungszweck. Die Vorschrift dient der Prozeßwirtschaftlichkeit, Grdz 14 vor § 128. 2

3) Geltungsbereich. Vgl Grdz 3 vor § 50. 3

4) Besondere Ermächtigung zur Prozeßführung. Sie ist nach dem bürgerlichen Recht zB in folgenden Fällen notwendig: Nach den §§ 1821, 1822 BGB für den Vormund, ferner für die Eltern im Umfang des § 1643 in Verbindung mit §§ 1821, 1822 BGB, etwa im Fall eines Vergleichsabschlusses über mehr als 150 EUR. Eine vormundschaftsgerichtliche Genehmigung wird durch § 54 überflüssig gemacht. Es ist unerheblich, ob die Prozeßhandlung gleichzeitig einen sachlichrechtlichen Inhalt hat. Deshalb ist § 54 auch im Fall eines Anerkenntnisses oder eines Verzichts oder bei einem Vergleich beachtlich, Anh nach § 307 Rn 34. 4

5) *VwGO: Gilt entsprechend, § 62 IV VwGO.* 5

55 *Prozessfähigkeit von Ausländern.* **Ein Ausländer, dem nach dem Recht seines Landes die Prozeßfähigkeit mangelt, gilt als prozeßfähig, wenn ihm nach dem Recht des Prozeßgerichts die Prozeßfähigkeit zusteht.**

1) Systematik. Vgl zunächst § 52 Rn 1. Ein Ausländer (wegen der früheren DDR Einl III 77) ist im allgemeinen prozeßfähig, soweit er in seinem Heimatstaat geschäftsfähig ist, Art 7 I EG BGB, § 52. Darüber hinaus gibt § 55 dem Ausländer die Prozeßfähigkeit, soweit sie nach dem inländischen Recht bestünde. Ein in Deutschland unter Betreuung gestellter Ausländer ist trotzdem stets prozeßunfähig, Art 8 EG BGB. Eine gesetzliche Vertretung ist bei § 55 ausgeschlossen. 1

2) Regelungszweck. Er besteht in einer Vereinfachung entsprechend dem auch anderweitig geltenden Grundsatz des Abstellens auf eine etwaige Gegenseitigkeit, § 328 I Z 5, und im Interesse der Prozeßförderung und Prozeßwirtschaftlichkeit, Grdz 12, 14 vor § 128. Im Fall des § 13 liegt nicht vor. Ein ausländischer gesetzlicher Vertreter kann nur als der Beistand nach § 90 auftreten. Seine Vernehmung als Zeuge ist zulässig. Die gesetzliche Vertretung eines prozeßunfähigen Ausländers richtet sich nach seinem Heimatrecht, Art 7 EGBGB, Art 1–3 HaagVormschAbk v 12. 6. 02, RGBl **04**, 240. 2

3) Sachlicher Geltungsbereich. Vgl Grdz 3 vor § 50. 3

4) Persönlicher Geltungsbereich. Die Vorschrift gilt für: Die Ehefrau; einen nach dem Heimatrecht noch Minderjährigen über 18 Jahre; den Schuldner im Insolvenzverfahren; einen Staatenlosen, Art 5 II EGBGB entsprechend. Sie gilt auch für eine einzelne Prozeßhandlung, Grdz 46 vor § 128, selbst wenn sie im Heimatland des Ausländers erfolgen muß. 4

5) *VwGO: Gilt entsprechend, § 62 IV VwGO. Zur Teilprozeßfähigkeit von Ausländern, § 51 Rn 27, vgl BVerwG DÖV* **82**, *452.* 5

§ 56

56 *Prüfung von Amts wegen.* [I] Das Gericht hat den Mangel der Parteifähigkeit, der Prozessfähigkeit, der Legitimation eines gesetzlichen Vertreters und der erforderlichen Ermächtigung zur Prozessführung von Amts wegen zu berücksichtigen.

[II] [1] Die Partei oder deren gesetzlicher Vertreter kann zur Prozessführung mit Vorbehalt der Beseitigung des Mangels zugelassen werden, wenn mit dem Verzuge Gefahr für die Partei verbunden ist. [2] Das Endurteil darf erst erlassen werden, nachdem die für die Beseitigung des Mangels zu bestimmende Frist abgelaufen ist.

Schrifttum: *Reinicke,* Entspricht die Beweislast bei Prozeßfähigkeit derjenigen bei der Geschäftsfähigkeit?, in: Festschrift für *Lukes* (1989) 755.

Gliederung

1) Systematik I, II 1	B. Anfängliche Mängel 16–18
2) Regelungszweck, I, II 2	C. Rechtsmittel 19
3) Geltungsbereich, I, II 3	9) Bejahung der Prozeßvoraussetzung, I ... 20
4) Amtsprüfung, I 4	10) Vorläufige Zulassung, II 21–25
5) Keine Amtsermittlung, I 5–8	A. Grundsatz: Ermessen 21
6) Mängelheilung, I 9–12	B. Behebbarkeit 22
7) Zulassung, I 13	C. Gefahr im Verzug 23
8) Mängelfolgen, I 14–19	D. Baldige Behebung 24
A. Ordnungsgemäße Klage 15	E. Verfahren 25
	11) *VwGO* 26

1 **1) Systematik, I, II.** Während §§ 50–55 die Voraussetzungen der Partei- bzw Prozeßfähigkeit nennen, regelt § 56 das zugehörige Prüfungsverfahren, ergänzend durch §§ 57, 58.

2 **2) Regelungszweck, I, II.** Wegen der zentralen Bedeutung der vorgenannten beiden Prozeßvoraussetzungen nach Grdz 3 vor § 50, Grdz 13 vor § 253 ist trotz der bloßen Amtsprüfung nach Rn 4 einerseits die sorgsamste Prüfung geboten. Andererseits darf man bei II 1 nicht allzu kleinlich vorgehen. Das gilt im wohlverstandenen Interesse *beider* Parteien an zügiger Abwicklung des Prozesses, Grdz 12, 14 vor § 128. Allerdings muß natürlich bei II 1 nicht nur eine wirkliche Gefahr im Verzug vorliegen, sondern auch eine realistische Chance erkennbar sein, daß die Partei den Mangel in einer für den Gegner wie für das Gericht zumutbaren Frist beheben (lassen) kann. Wenn insofern auch bei gewisser Großzügigkeit noch ernsthafte Zweifel verbleiben, sollte man den Entschluß nicht scheuen, eine Unbehebbarkeit des Mangels annehmen und deshalb „derzeit" entsprechend zu entscheiden, auch etwa auf Klagabweisung als unzulässig.

3 **3) Geltungsbereich, I, II.** Vgl Grdz 3 vor § 50. II ist im WEG-Verfahren entsprechend anwendbar, KG FGPrax 03, 206.

4 **4) Amtsprüfung, I.** § 56 schreibt eine Amtsprüfung nach Grdz 39 vor § 128 vor, BGH RR 05, 24, Zweibr FamRZ 99, 28, Engelmann-Pilger NJW 05, 716. Sie ist für vier Punkte notwendig: Die Parteifähigkeit, § 50 Rn 32; die Prozeßfähigkeit, § 52, evtl auch beim ProzBev, BVerfG 37, 67, auch wenn noch nicht Betreuten, aber Geschäftsunfähigen, Bork MDR 91, 98; den Nachweis der gesetzlichen Vertretung, § 51, Zweibr RR 01, 152; die etwa notwendige Ermächtigung zur Prozeßführung, §§ 51, 54, Zweibr RR 01, 152. Sie gilt für jeder Art von Partei, LG Nürnb-Fürth Rpfleger 02, 632.

Diese vier Punkte sind *Prozeßvoraussetzungen,* Grdz 13 vor § 253, BGH RR 05, 24, Hamm MDR 92, 412 (je zur Prozeßfähigkeit). Sie sind einer Parteiverfügung nach § 295 entzogen, BGH NJW 95, 1032. Mängel können nur nach Rn 9 ff nicht heilen. Ein diesbezügliches Anerkenntnis oder Geständnis ist nicht wirksam. Das gilt auch für dasjenige Anerkenntnis, das das Gesetz an sich im Fall einer Säumnis unterstellt. Da man aber einen Mangel grundsätzlich nicht vermuten darf, braucht das Gericht einen Punkt nur dann zu prüfen, wenn es aus eigener Erkenntnis oder auf Grund einer Anregung oder eines Antrags diesbezügliche Bedenken hat oder haben muß.

Die Prüfung muß jeder Sachprüfung und selbst der Prüfung der Zulässigkeit des Rechtswegs *vorangehen,* Kblz NJW 77, 57. Sie ist in jeder Lage des Verfahrens geboten, BGH RR 05, 24, Saarbr ZMR 98, 212, LG Mainz Rpfleger 97, 178, vgl aber auch § 51 Rn 12 ff. Die Prüfung ist auch im Prozeßkostenhilfeverfahren erforderlich, §§ 114 ff, Köln JB 93, 744. Sie ist ferner im Berufungsverfahren notwendig, §§ 511 ff, BGH RR 05, 24, Hamm MDR 92, 412. Sie erfolgt auch in der Revisionsinstanz nach (jetzt) §§ 542 ff, BGH 134, 118, und im Beschwerdeverfahren nach §§ 567 ff, Saarbr ZMR 98, 212. Die Beschränkungen des § 559 gelten nicht, BGH RR 86, 157. Das Revisionsgericht muß auch prüfen, ob die Prozeßfähigkeit am Schluß der letzten mündlichen Verhandlung der Berufungsinstanz vorhanden gewesen war, §§ 136 IV, 296 a. Falls der BGH den Rechtsstreit in die Berufungsinstanz zurückverwiesen hatte, muß das Berufungsgericht die Prüfung vornehmen, soweit das Revisionsgericht die Frage nicht selbst abschließend klären wollte, BGH NJW 96, 1060. Die Amtsprüfung erfolgt auch im Wiederaufnahmeverfahren, BGH 84, 24. Wegen der Zwangsvollstreckung Grdz 46 vor § 704.

5 **5) Keine Amtsermittlung, I.** Die Notwendigkeit einer Prüfung der Parteifähigkeit usw von Amts wegen bedeutet nicht, daß das Gericht insofern auch zu einer Ermittlung von Amts wegen nach Grdz 38 vor § 128 gezwungen wäre, BGH RR 05, 24. Die Amtsprüfung zwingt das Gericht nur dazu, den etwaigen Mangel von Amts wegen zu berücksichtigen, BGH RR 05, 24, dh ihn auch dann zu beachten, wenn er von keinem Beteiligten im Weg einer Zulässigkeitsrüge beanstandet wurde, Grdz 39 vor § 128, AG Ludwigslust RR 02, 1293. Zur Amtsprüfung kann eine Anhörungspflicht gehören, BGH 143, 125.

Die *Beweislast* kommt erst bei einem nicht behebbaren Zweifel infrage, BGH NJW 96, 1060, BAG MDR 00, 781. Sie liegt bei demjenigen, der auf Grund der umstrittenen Prozeßvoraussetzung ein Recht für sich herleitet, Anh § 286 Rn 148 „Prozeßvoraussetzungen". Für das Vorliegen der Parteifähigkeit und Prozeßfä-

Titel 1. Parteifähigkeit; Prozessfähigkeit   § 56

higkeit beider Parteien ist also an sich der Kläger beweispflichtig, BGH NJW **96**, 1059 (wer die eigene Prozeßunfähigkeit behaupte, müsse diese ausreichend mit Tatsachen darlegen), BAG DB **00**, 780, Hamm FamRZ **98**, 687 (auch im Eilverfahren). Eine diesbezügliche Unklarheit geht theoretisch zu seinen Lasten und führt zu einer Abweisung der Klage als unzulässig, Grdz 14 vor § 253, BGH **143**, 124 (auch in der Berunfungsinstanz), Celle RR **95**, 519, Hamm MDR **92**, 412. Der Richter kann allerdings im allgemeinen davon ausgehen, daß eine Partei prozeßfähig ist, solange ihm keine sachlichen Bedenken vorliegen, BGH RR **05**, 25, LAG Hamm BB **85**, 1920. Das führt praktisch zur Darlegungslast dessen, der sich auf eine Parteiunfähigkeit beruft, BGH RR **05**, 25. Das gilt insbesondere dann, wenn eine Partei ihre Partei- oder Prozeßfähigkeit erst in letzter Minute bestreitet, gar erst vor Verhandlungsschluß der Berufungsinstanz, BGH RR **05**, 25. Ein Vertreter muß die Tatsachen beweisen, aus denen sich die Notwendigkeit einer gesetzlichen Vertretung und seine wirksame Bestellung ergeben.

Das Gericht darf und muß evtl *Beweise* zu allen diesen Fragen in demselben Umfang erheben und **6** würdigen, wie es sonst bei der Feststellung von Prozeßvoraussetzungen geschieht, Einf 9 vor § 284, Köln JB **93**, 744. Es braucht keinen Beweisbeschluß und keine Vorschußanforderung, Mü OLGR **02**, 75. Es braucht die strengen Vorschriften über das Beweisverfahren nicht vollständig einzuhalten, BGH **143**, 124, BAG DB **00**, 780. Es ist zB eine Verwertung von Erhebungen in einem selbständigen Beweisverfahren für einen anderen Rechtsstreit im Weg des Urkundenbeweises auch ohne eine Zustimmung der Parteien zulässig, BGH **143**, 125. Es kann sich mit einer eidesstattlichen Versicherung begnügen, BGH NJW **92**, 628. Es darf einen Sachverständigen einschalten, BGH NJW **96**, 1059, Ffm FamRZ **94**, 1126. Das Gericht darf allerdings die Partei nicht dazu anhalten, sich auf ihren Geisteszustand untersuchen zu lassen, oder gar ihre Vorführung vor einem Arzt anordnen, solange kein Abstammungsprozeß und dort ein Fall des § 372 a vorliegt, Üb 7, 9 vor § 371.

Die Prüfung der Parteifähigkeit usw erfolgt auch im *Versäumnisverfahren,* im Verfahren auf eine Entschei- **7** dung nach Lage der Akten, § 251 a, und im schriftlichen Verfahren, § 128 II. Es genügt, daß die Prozeßvoraussetzungen am Schluß der letzten mündlichen Verhandlung vorliegen, §§ 136 IV, 296 a, oder in dem diesem Schluß gleichstehenden Zeitpunkt des schriftlichen Verfahrens, § 128 II. Das gilt selbst für die Revisionsinstanz. Einzelne Prozeßhandlungen sind aber unwirksam, wenn im Zeitpunkt ihrer Vornahme eine Prozeßvoraussetzung fehlte. Das Gericht muß eine solche Unwirksamkeit von Amts wegen beachten, Grdz 39 vor § 128.

Wenn das Gericht einen Mangel dieser Art im *Urteil* übersehen hat, dann ist das Urteil bis zu seiner **8** Aufhebung auf Grund eines statthaften Rechtsmittels oder Einspruchs auflösend bedingt wirksam, Einl III 30, Üb 19 vor § 300. Eine Nichtigkeitsklage nach § 579 I Z 4 ist sinngemäß auch dann zulässig, wenn es um die Parteifähigkeit geht, Kblz NJW **77**, 57, oder um die Prozeßfähigkeit, BGH **84**, 28.

6) Mängelheilung, I. Ein Mangel kann stets rückwirkend durch eine Genehmigung des bisherigen **9** Verfahrens nach der Beseitigung des Mangels in Kenntnis der Umstände heilen, BGH **92**, 141, Celle RR **95**, 519, Saarbr Rpfleger **91**, 513, aM Urbanczyk ZZP **95**, 361 (aber der Kreis heilbarer Mängel ist zwecks Prozeßwirtschaftlichkeit groß, Grzd 14 vor § 128). Es genügt auch eine spätere Ermächtigung. Die Genehmigung kann in einer Fortsetzung des vom angeblichen Vertreter betriebenen Verfahrens liegen, Saarbr Rpfleger **91**, 513. Der Miterbe kann die Prozeßführung des verstorbenen Geschäftsunfähigen genehmigen. Die Genehmigung muß die ganze Prozeßführung erfassen und darf sich nicht nur auf einzelne Prozeßhandlungen erstrecken. Denn man darf nicht aus einem Prozeß willkürlich einzelne Handlungen oder Abschnitte herausreißen, § 78 Rn 34, § 81 Rn 1, BGH NJW **87**, 130, aM Fenger NJW **87**, 1183.

Das Gericht muß die Genehmigung *von Amts wegen* beachten, Grdz 39 vor § 128, BGH **86**, 189. Das gilt **10** auch dann, wenn die Genehmigung erst in der Revisionsinstanz vorlag. Eine unwirksame Zustellung der Klage an einen Prozeßunfähigen heilt neben § 189 auch durch den Eintritt seines gesetzlichen Vertreters oder durch eine Genehmigung des inzwischen Volljährigen zumindest stillschweigend, aM LG Paderborn NJW **75**, 1748 (vgl aber Rn 9). Eine Zustimmung des Gegners ist in keinem Fall erforderlich.

Ein *Urteil* beliebiger Art oder der Vollstreckungsbescheid können selbst dann nach § 322 rechtskräftig **11** werden, wenn die Partei nicht ordnungsgemäß vertreten war und wenn das Urteil einem falschen Vertreter zugestellt wurde. Das ergibt sich aus §§ 579 I Z 4, 578 I, 586 III, BGH **104**, 111, Ffm FamRZ **85**, 613 Zweibr FamRZ **99**, 28, aM LG Ffm NJW **76**, 757, RoSGo § 44 IV 6 (vgl aber Rn 9). Andere, nicht mit der Rechtskraft zusammenhängender Folgen eines Verstoßes bleiben unberührt, Zweibr FamRZ **99**, 28.

Die Rechtskraft tritt auch dann ein, wenn eine prozeßunfähige, gesetzlich vertretene Partei das Rechts- **12** mittel *zurückgenommen* hat, §§ 516, 565.

7) Zulassung, I. Im Verfahren zur Prüfung der in Rn 4 genannten Prozeßvoraussetzungen muß das **13** Gericht die betroffene Partei oder ihr angeblicher Vertreter zulassen, BGH NJW **00**, 289, Ffm FamRZ **94**, 1477 (auch zur Postulationsfähigkeit), LG Cottbus Rpfleger **00**, 465. Das gilt auch in der Rechtsmittelinstanz, BGH NJW **96**, 1059, Düss MDR **97**, 500. Man darf diese Zulassung aber nicht mit derjenigen nach II verwechseln. Dort handelt es sich nämlich um die Sachprüfung. Wer als ein Vertreter zu einem Termin geladen wurde, kann im Termin auftreten und vortragen, er sei kein Vertreter. Er kann zur Klärung dieser Frage sogar das zulässige Rechtsmittel einlegen. Andererseits darf der wahre gesetzliche Vertreter jederzeit in den Prozeß eintreten und die bisherige falsche Vertretung rügen, und zwar auch dadurch, daß er das zulässige Rechtsmittel einlegt.

8) Mängelfolgen, I. Wenn das Gericht einen der vier in Rn 4 genannten Mängel feststellt, dann muß es **14** zunächst prüfen, ob der Mangel behebbar ist. Wenn man das bejahen kann, muß das Gericht dem Betroffenen eine ausreichende Gelegenheit zur Mängelbeseitigung geben, etwa durch eine Aussetzung nach § 148 oder eine Vertagung nach § 227 oder durch einen Auflagenbeschluß etwa nach § 273 II Z 2, Schneider Rpfleger **76**, 231. Das Gericht kann auch von der Möglichkeit nach II Gebrauch machen. Eine Aussetzung ist nur im Rahmen der §§ 148, 241 ff zulässig. Wenn das Gericht nach dem Ablauf dieses Zwischenverfahrens oder von Anfang an zu dem Ergebnis kommt, daß der Mangel endgültig vorliegt, dann muß man die folgenden Situationen unterscheiden.

Hartmann

§ 56   Buch 1. Abschnitt 2. Parteien

15 **A. Ordnungsgemäße Klage.** Die Klage mag ordnungsmäßig erhoben sein, also durch einen Berechtigten. In diesem Fall muß das Gericht die auftretende nichtberechtigte Person durch einen Beschluß zurückweisen, § 329. Gegen den Beschluß ist die sofortige Beschwerde nach §§ 252, 567 zulässig. Gegen eine folglich nicht vertretene Partei kann und muß auf Antrag eine Versäumnisentscheidung nach §§ 330 ff ergehen § 300 Rn 5. Wenn der Mangel erst während des Rechtsstreits eintritt, mag das Gericht sein Verfahren nach §§ 239 ff, 246 unterbrechen müssen, Mü OLGZ 94, 90 (Erlöschen). Wenn gegen eine prozeßunfähige Partei ein Sachurteil ergangen ist, darf sich die Partei im Rechtsmittelzug ebenso wehren, wie es eine prozeßfähige Partei erlaubt wäre, BGH RR 86, 1119.

16 **B. Anfängliche Mängel.** Schon die Klage mag mangelhaft sein. Dann muß das Gericht zunächst Gelegenheit zur Mangelbeseitigung geben, BGH RR 86, 1119. Mangels Abhilfe muß das Gericht dann die Klage durch ein Prozeßurteil nach § 300 Rn 6 unverzüglich als unzulässig abweisen, Grdz 14 vor § 253, Hamm MDR 87, 972, Kblz NJW 77, 56, und zwar gegenüber der unbefugt vertretenen Partei, § 88 Rn 13, Schneider Rpfleger 76, 231. Das gilt auch in der höheren Instanz, BGH 143, 127, Hamm MDR 92, 412. Das Gericht darf das Rechtsmittel nicht etwa als unzulässig verwerfen, Hamm MDR 92, 412. Gleichzeitig hebt die höhere Instanz ein etwa in der Vorinstanz ergangenes stattgebendes Urteil auf. Von der Mangelhaftigkeit der Klage muß man die Mangelhaftigkeit ihrer Zustellung unterscheiden. Letztere ist nach § 189 oder durch eine nochmalige Zustellung heilbar, BGH RR 86, 1119.

17 Im *Versäumnisverfahren* muß das Gericht eine Versäumnisentscheidung ablehnen, wenn nur ein Nachweis fehlt, § 335 I Z 1. Das Gericht muß die Klage durch ein streitiges Prozeßurteil (ein unechtes Versäumnisurteil) unverzüglich nach § 300 Rn 6 als unzulässig abweisen, wenn die Urteilbarkeit feststeht oder wenn keine Heilung erfolgt ist, § 330 Rn 4.

18 Es ist *unerheblich, ob* der *Kläger oder* der *Bekl* betroffen sind. Wenn schon die Klage mangelhaft war, dann ist von vornherein zweifelhaft, wer Partei ist, der Vertretene oder der falsche Vertreter. Je nach dem Ergebnis der Prüfung dieser Frage muß man das Urteil und die Kostenentscheidung auf den einen oder den anderen stellen, BGH 121, 399. Das Gericht darf die Kosten dem falschen Vertreter aber nur dann auferlegen, wenn die Partei die Klage nicht veranlaßt hatte. Das gilt selbst dann, wenn die Klagabweisung gegenüber der unbefugt vertretenen Partei erfolgte, BGH WertpMitt 86, 1128, Hamm OLGZ 89, 321, Karlsr FamRZ 96, 1335, aM Köln Rpfleger 76, 102 (die Kostenentscheidung sei stets an den Vertretenen abzustellen. Aber er hat keine Genehmigung erklärt. Es handelt sich nur formell um seinen Prozeß).

19 **C. Rechtsmittel.** Der Prozeßunfähige, der in erster Instanz als prozeßfähig behandelt wurde, kann ein Rechtsmittel einlegen, Düss FamRZ 97, 887, LG Cottbus Rpfleger 00, 465. Das Revisionsgericht muß nicht sein Rechtsmittel, sondern die Klage als unzulässig behandeln, BGH 143, 122. Auch derjenige, der eine erstinstanzliche Klagabweisung auf Grund angeblicher Partei- oder Prozeßunfähigkeit beschwert, kann ein Rechtsmittel einlegen, BGH NJW 96, 1059. Das Rechtsmittelgericht mag das Rechtsmittel freilich als erfolglos erachten, VGH Kassel NJW 90, 403. Der Vertreter kann im Umfang von Rn 13 Rechtsmittel einlegen, BGH 111, 220, BayObLG 90, 337, aM Karlsr FamRZ 96, 1335 (abl Vollkommer). Vgl auch Rn 13.

20 **9) Bejahung der Prozeßvoraussetzung, I.** Wenn das Gericht eine zunächst zweifelhaft gewesene Prozeßvoraussetzung bejaht, dann geschieht das entweder in den Entscheidungsgründen des Endurteils oder im Weg eines Zwischenurteils nach § 280 II. Wenn es um das Fehlen einer Ermächtigung zu einer Prozeßführung ging, dann ist die Klärung nur im Endurteil oder allenfalls in einem unselbständigen Zwischenurteil nach § 303 zulässig.

21 **10) Vorläufige Zulassung, II.** Es ist wegen des Zwecks Behutsamkeit nötig, Rn 2.

 A. Grundsatz: Ermessen. II ermöglicht dem Gericht eine Entscheidung im Rahmen seines auch hier pflichtgemäßen Ermessens Es ist allerdings der Nachprüfung weitgehend entzogen, Einl III 33. Das Gericht kann nämlich die Partei oder ihren gesetzlichen Vertreter unter dem Vorbehalt der Beseitigung des Mangels einstweilen zulassen. Das Gericht sollte auch in geeigneten Fällen so vorgehen. Es ist zB ratsam, die Einlegung eines Rechtsmittels im Namen eines Toten so anzusehen, als ob das Rechtsmittel für seine Erben eingelegt worden wäre.

22 **B. Behebbarkeit.** Der Mangel muß bereits feststehen. Er muß aber behebbar sein. Hierher gehört auch der Fall, daß man den Nachweis des Vorliegens der Prozeßvoraussetzungen nicht sogleich erbringen kann.

23 **C. Gefahr im Verzug.** Es muß für diejenige Partei, die einstweilen zugelassen werden soll, eine Gefahr im Verzug für den Fall bestehen, daß die Zulassung nicht erfolgen würde. Für ihren Gegner braucht keine Gefahr im Verzug vorzuliegen. Eine derartige Gefahr kann etwa dann vorliegen, wenn der Ablauf einer Verjährungsfrist bevorsteht. Bei noch fehlender Betreuung hilft II meist nicht, Bork MDR 91, 99, ebensowenig bei bloßer Entscheidungsreife zu Gunsten des Gegners. Denn der fehlerhaft Auftretende muß stets damit rechnen, daß das Gericht bei dieser Lage pflichtgemäß entscheidet, § 300 Rn 6. Mag die Frage, ob Art 103 I GG verletzt wurde, in höherer Instanz überprüft werden.

24 **D. Baldige Behebung.** Man muß damit rechnen können, daß der Mangel in einer angemessenen Zeit beseitigt oder daß ein fehlender Nachweis innerhalb desselben Zeitraums nachgereicht werden wird.

25 **E. Verfahren.** Die einstweilige Zulassung der Partei erfolgt für die Sache selbst. Das Gericht muß zur Sache verhandeln lassen. Die einstweilige Zulassung erfolgt grundsätzlich formlos, ZöV 16, aM ThP 4 (stets Beschluß. Aber das ist unnötig förmelnd, Grdz 14 vor § 128). Wenn die Parteien über die Zulässigkeit der einstweiligen Zulassung streiten, ist ein Beschluß nach § 329 erforderlich. Er bedarf wie jeder Beschluß grundsätzlich einer Begründung, § 329 Rn 4. Die Zulassung ist unanfechtbar. Gegen den zurückweisenden Beschluß ist die sofortige Beschwerde nach § 567 I Z 2 statthaft. In jedem Fall muß das Gericht eine Frist zur Mängelbehebung setzen, wenn es eine solche Fristsetzung vorher versäumt hatte. Die Frist läßt sich nach § 224 II verlängern. Vor dem Ablauf der Frist ist nur eine Verhandlung zulässig, nicht eine Entscheidung. Nach dem Ablauf der Frist und vor einer Entscheidung müssen die Parteien in jedem Fall nochmals münd-

Titel 1. Parteifähigkeit; Prozessfähigkeit § 56, Einf §§ 57, 58, § 57

lich verhandeln. Nach einem ergebnislosen Ablauf der Frist ist alles bisher Geschehene einschließlich eines etwaigen unselbständigen Zwischenurteils unwirksam.

Eine *Nachholung* ist bis zum Schluß der letzten mündlichen Verhandlung zulässig, §§ 136 IV, 296 a. Nach ergebnislosem Fristablauf muß das Gericht die Klage durch ein Prozeßurteil als unzulässig abweisen, II 2. Über eine Heilung infolge einer Genehmigung Rn 9, 10.

11) *VwGO:* I u II sind entsprechend anwendbar, § 62 IV VwGO, jedoch greift bei Bedenken die Amtsermittlung ein, § 86 VwGO. Unklarheiten hinsichtlich der Beteiligten- und Prozeßfähigkeit gehen auch im VerwProzeß zu Lasten des Klägers, oben Rn 5.   **26**

Einführung vor §§ 57, 58
Gerichtliche Vertreterbestellung

1) Systematik. §§ 57, 58 ergänzen den § 56. Das Recht kennt verschiedene Fälle, in denen das Gericht einer Partei einen Vertreter für den Prozeß bestellt, BGH **93**, 9. Zwei solche Fälle behandeln §§ 57, 58. Hierher gehört auch die Bestellung zur Führung eines Ersatzprozesses der Aktiengesellschaft aus der Gründung, § 147 III AktG. In allen diesen Fällen ist der Bestellte gesetzlicher Vertreter mit einer Beschränkung auf diesen Prozeß, LG Ffm WoM **93**, 61. Wegen der Abwicklung einer juristischen Person, zB einer GmbH in Liquidation, § 50 Rn 21 ff, § 51 Rn 16. Eine Bestellung nach § 57 schließt eine solche nach § 29 BGB nicht stets aus, Zweibr RR **01**, 1057. Eine dem § 57 entsprechende Vorschrift für den prozeßfähigen Kläger gibt es nicht.   **1**

2) Regelungszweck. Vgl zunächst § 56 Rn 3. Zweck der Vorschrift ist, dem Kläger einen prozeßfähigen Gegner gegenüberzustellen, damit er seinen Anspruch geltend machen kann, BGH **93**, 9, OVG Hbg HbgJVBl **85**, 169. Andererseits dürfen aber auch die prozessualen Rechte des Beklagten nicht zu kurz kommen. Es ist also eine Interessenabwägung erforderlich. Bei ihr muß freilich grundsätzlich das Interesse des Klägers an einem wirksamen Rechtsschutz den Vorrang haben, Einl I 1, Grdz 1 vor § 253. Es darf auch nicht dazu kommen, daß man ihn ungebührlich mit der Vertreterbestellung hinhält. Allerdings wäre eine vorschnelle Bestellung selbst etwa eines Anwalts der Sache auch meist kaum dienlich. Die ohnehin nach § 57 I erforderliche Gefahr im Verzug zwingt nicht zu Unüberlegtheit.   **2**

3) Geltungsbereich. Vgl Grdz 3 vor § 50.   **3**

4) Verfahren. Den Vertreter bestellt der Vorsitzende des Prozeßgerichts durch eine Handlung der freiwilligen Gerichtsbarkeit. Wegen der Nachprüfung der Bestellung § 51 Rn 25, § 57 Rn 7 ff. Der bestellte Vertreter braucht die Vertretung nicht zu übernehmen. Da er ablehnen kann, hat er kein Beschwerderecht. Einen Anspruch auf eine Vergütung hat er gegen den Kläger nicht, gegen den Bekl aus dem vorliegenden Verhältnis einer Geschäftsführung ohne Auftrag, §§ 677 ff BGB, aM Eckert KTS **90**, 38 (Zwangsdienstvertrag. Aber das läßt sich aus dem Gesetz nicht ableiten, BayObLG WoM **89**, 535.). Bei der Kostenfestsetzung muß man das berücksichtigen. Freilich kann das Gericht vom Antragsteller einen Kostenvorschuß fordern, Eckert KTS **90**, 38.   **4**

Gebühren bei §§ 57, 58: Des Gerichts keine; des Anwalts: Gehört zum Rechtszug, § 19 I 2 Z 12 RVG. (Jetzt) § 11 RVG ist auf den zum gesetzlichen Vertreter bestellten Rechtsanwalt unanwendbar, Düss VersR **80**, 389.

Der bestellte Vertreter wird entsprechend § 1835 BGB *entschädigt*, OVG Hbg HbgJVBl **85**, 169, aM MüKoLi 24, ZöV 8. Seine Aufwendungen können nach §§ 91 ff zu beurteilen sein, Düss RR **00**, 210. Das Gericht kann der Vertreter auch im Weg der Prozeßkostenhilfe beiordnen, OVG Hbg HbgJVBl **85**, 169.

5) *VwGO:* §§ 57 und 58 gelten entsprechend, § 62 IV VwGO.   **5**

57 *Prozeßpfleger.* ¹ Soll eine nicht prozessfähige Partei verklagt werden, die ohne gesetzlichen Vertreter ist, so hat ihr der Vorsitzende des Prozessgerichts, falls mit dem Verzug Gefahr verbunden ist, auf Antrag bis zu dem Eintritt des gesetzlichen Vertreters einen besonderen Vertreter zu bestellen.

ᴵᴵ Der Vorsitzende kann einen solchen Vertreter auch bestellen, wenn in den Fällen des § 20 eine nicht prozessfähige Person bei dem Gericht ihres Aufenthaltsortes verklagt werden soll.

Schrifttum: *Käck,* Der Prozeßpfleger, 1991.

Gliederung

1) Systematik, Regelungszweck, I, II	1	E. Verfahren	7, 8
2) Geltungsbereich, I, II	2	F. Rechtsbehelfe	9
3) Gefahr in Verzug, I	3–9	4) Gerichtsstand des Beschäftigungsortes, II	10
A. Klagabsicht	3	5) Stellung des Bestellten, I, II	11, 12
B. Prozeßunfähigkeit des Gegners usw	4	6) VwGO	13
C. Gefahr für Kläger	5		
D. Antrag	6		

1) Systematik, Regelungszweck, I, II. Vgl Einf 1, 2 vor §§ 57, 58.   **1**

2) Geltungsbereich, I, II. Vgl Grdz 3 vor § 50, Einf 3 vor §§ 57, 58.   **2**

3) Gefahr im Verzug, I. Man muß die Voraussetzungen der Bestellung eines besonderen Vertreters nach I entsprechend dem Zweck der Vorschrift vom Kläger aus sehen.   **3**

Hartmann   209

§ 57

A. Klagabsicht. Der Kläger muß eine Klage beabsichtigen. Es genügt aber, daß er ein Mahnverfahren nach §§ 688 ff oder ein Verfahren auf den Erlaß eines Arrests oder einer einstweiligen Verfügung nach §§ 916 ff, 935 ff betreiben will. Die Bestellung ist auch dann zulässig, wenn sich eine Prozeßunfähigkeit nach § 51 oder ein Mangel der Vertretungsmacht erst in einem Prozeß herausstellt, BGH NJW **90**, 1736, Brdb OLGR **96**, 143, Stgt MDR **96**, 198. Die Vorschrift hilft nicht bei Geschäftsunfähigkeit schon des Klägers, Bork MDR **91**, 99.

4   **B. Prozeßunfähigkeit des Gegners usw.** Die Klage bzw das Verfahren müssen sich gegen einen Prozeßunfähigen richten, der bereits jetzt keinen gesetzlichen Vertreter hat. Ein bloßes Bedenken gegenüber der Prozeßfähigkeit genügt nicht, Köln RR **03**, 758. Man kann immerhin auch keinen vollen Beweis der Prozeßunfähigkeit fordern, zumal dann nicht, wenn eben eine Gefahr im Verzug ist. Die behauptete Prozeßunfähigkeit muß jedoch glaubhaft sein, § 294. I ist aber dann entsprechend anwendbar, wenn sich nicht klären läßt, ob der Gegner prozeßfähig ist, Bork MDR **91**, 99 (zu Betreuender). Beim Wegfall der Prozeßfähigkeit erst während des Prozesses gilt § 241, ThP 3, ZöV 3, aM Stgt MDR **96**, 198 (§ 57 entsprechende. Aber § 241 ist spezieller).

Die *Bestellung* erfolgt erst dann, wenn das Vormundschaftsgericht die vom Kläger erbetene Bestellung eines gesetzlichen Vertreters abgelehnt hat, es sei denn, daß eine Gefahr für die Rechtsverfolgung besteht. Wenn ein Vertreter bestellt worden ist, aber nicht tätig wird, dann kann die Partei das Rechtsmittel selbst einlegen. § 53 ist dann nicht anwendbar. Sie kann aber nicht von seiner Prozeßhandlung abweichend wirksam vorgehen, zB nicht ein Rechtsmittel gegen einen Beschluß nach § 269 einlegen, nachdem ihr Vertreter die Klage oder den Antrag wirksam zurückgenommen hat.

In diese Gruppe gehört auch eine juristische Person, etwa eine Gesellschaft mit beschränkter Haftung, Ffm RR **97**, 31, Eckert KTS **90**, 38, oder eine Aktiengesellschaft, wenn zB weder ihr Vorstand noch der Aufsichtsrat als Vertreter tätig werden können. § 76 AktG steht nicht entgegen. Wegen eines Prozeßpflegers für eine gelöschte, aber noch nicht vermögenslose und schon deshalb rechtlich fortbestehende Gesellschaft mit beschränkter Haftung BFH DB **80**, 2068, Ffm RR **01**, 46, Mü OLGZ **90**, 345. Bei einem prozeßfähig Anwesenden ist § 57 unanwendbar. Der gesetzliche Vertreter muß entweder fehlen oder rechtlich und nicht nur tatsächlich verhindert sein.

5   **C. Gefahr für Kläger.** Die Gefahr im Verzug muß für den Kläger bestehen. § 57 bringt also hier eine Übergangslösung zB bis zur Bestellung eines Betreuers, LG Mönchengladb FamRZ **02**, 1431. Eine Gefahr für den Gegner ist unerheblich. Ob für den Kläger eine Gefahr im Verzug besteht, steht im pflichtgemäßen, aber nicht nachprüfbaren Ermessen des Vorsitzenden. Es muß infolge etwaiger Verzögerung ein unverhältnismäßig großer Schaden drohen.

6   **D. Antrag.** Es ist ein Antrag des Klägers erforderlich. Ein Antrag des Bek ist unzulässig. Das ergibt sich aus dem Wortzusammenhang und dem Regelungszweck, BGH **93**, 10, LAG Hann MDR **85**, 170. Man kann den Antrag schriftlich oder zum Protokoll der Geschäftsstelle erklären. Für den Antrag besteht grundsätzlich kein Anwaltszwang, § 78 V Hs 2. Ein Anwaltszwang besteht nur dann, wenn der Antrag ausnahmsweise erst während eines Anwaltsprozesses im Sinn von § 78 Rn 1 zulässig wird, Rn 1. Eine Glaubhaftmachung der tatsächlichen Angaben nach § 294 ist notwendig, Eckert KTS **90**, 38. Sie reicht aus. Der Kläger kann einen Vorschlag zur Person des Prozeßpflegers machen. Er ist dazu aber nicht verpflichtet.

7   **E. Verfahren.** Der Antrag wird dem Vorsitzenden des Prozeßgerichts vorgelegt, also dem Richter derjenigen Abteilung oder Kammer, die der Kläger im eigentlichen Rechtsstreit anrufen will. In FGG-Verfahren ist § 57 entsprechend anwendbar, zB vor dem Nachlaßgericht, BGH FamRZ **89**, 271. Der Vorsitzende prüft die Voraussetzungen des § 57. Er braucht aber grundsätzlich nicht zu prüfen, ob dieses Gericht auch für den beabsichtigten Rechtsstreit zuständig sein würde. Denn jene Zuständigkeitsprüfung erfolgt erst im beabsichtigten Rechtsstreit, und die Zuständigkeit mag einer Parteivereinbarung unterliegen.

8   Wenn allerdings jene *Zuständigkeit* ganz offenbar *nicht* gegeben ist und auch eine Zuständigkeitsvereinbarung offenbar unzulässig wäre oder wenn die Klage aus anderen Gründen unzulässig oder offensichtlich völlig aussichtslos wäre, muß der Vorsitzende den Antrag zurückweisen. Bei der Prüfung dieser Aussichtslosigkeit ist eine besondere Vorsicht erforderlich. Andernfalls gibt der Vorsitzende dem Antragsgegner nach Möglichkeit rechtliches Gehör nach Art 103 I GG, BSG NJW **94**, 215. Anschließend „hat" er zu entscheiden. Es bestellt der Vorsitzende den besonderen Vertreter ohne eine mündliche Verhandlung durch eine Verfügung. Er kann auch die Beschlußform wählen.

Er wählt im *Anwaltsprozeß* einen dort postulationsfähigen Anwalt und sonst eine prozeßfähige, geeignete Person aus, natürlich auch einen Anwalt. Er kann den Bestellten nicht zur Übernahme der Prozeßpflegschaft zwingen, Einf 4 vor §§ 57, 58. Notfalls muß er das Bestellungsverfahren mit einem anderen wiederholen. Er teilt die Bestellung dem Antragsteller formlos mit, § 329 II 1. Eine Zurückweisung erfolgt durch einen Beschluß, § 329. Der Vorsitzende muß ihn grundsätzlich begründen, § 329 Rn 4, und dem Antragsteller förmlich zustellen, § 329 II 2 in Verbindung mit § 567 I Z 2.

9   **F. Rechtsbehelfe.** Gegen die stattgebende Verfügung ist kein Rechtsbehelf zulässig. Gegen den zurückweisenden Beschluß ist sofortige Beschwerde nach § 567 I Z 2 zulässig, Brdb OLGR **96**, 143. Eine Rechtsbeschwerde kommt unter den Voraussetzungen des § 574 in Betracht. Beim Rpfl gilt § 11 RPflG, § 104 Rn 41 ff.

10 **4) Gerichtsstand des Beschäftigungsortes, II.** In den Fällen II ist die Bestellung eines besonderen Vertreters auch ohne eine Gefahr im Verzug zulässig. Das gilt selbst dann, wenn zwar ein gesetzlicher Vertreter vorhanden ist, wenn dieser aber nicht am Aufenthaltsort wohnt. Der Vorsitzende des Prozeßgerichts hat insofern ein pflichtgemäßes Ermessen („kann"). Vgl im übrigen Rn 7 ff sowie Einf 2 vor §§ 57, 58.

11 **5) Stellung des Bestellten, I, II.** Der besondere Vertreter ist nicht zur Annahme des Amtes verpflichtet, Einf 4 vor §§ 57, 58. Mangels Ablehnung ist er ein gesetzlicher Vertreter. Das gilt allerdings nur für den beabsichtigten bzw stattfindenden Prozeß, LG Hbg MDR **96**, 145. Er kann in diesem Zusammenhang auch

Titel 1. Parteifähigkeit; Prozessfähigkeit   **§§ 57, 58**

ähnlich wie ein ProzBev sachlichrechtliche Erklärungen abgeben und entgegennehmen, zB eine Kündigung, LG Hbg MDR **96**, 145. Nach einer anderen Meinung ist er ein Pfleger. Vgl aber zB § 147 III AktG. Er ist kein Betreuer nach § 53, BSG NJW **94**, 215. Die Bestellung gilt allerdings auch für die Vertretung im Verfahren über eine Widerklage nach Anh § 253 oder für einen Zwischenstreit. Der besondere Vertreter kann die bisherige Prozeßführung genehmigen oder die Prozeßunfähigkeit geltend machen. Trotz der Bestellung muß das Gericht grundsätzlich Zustellungen und Ladungen auch an den Bekl richten. Denn er könnte sonst um das rechtliche Gehör gebracht werden, Artt 2 I, 20 III GG (Rpfl), BVerfG **101**, 404, Art 103 I GG (Richter), BSG NJW **94**, 215. Er kann auch mangels Tätigkeit des Bestellten selbst handeln, BSG NJW **94**, 215. Er kann auch selbst seine Prozeßfähigkeit behaupten und im Prüfungsverfahren handeln, BSG NJW **94**, 215. Etwas anderes gilt natürlich, wenn das Gericht von der Prozeßunfähigkeit des Bekl überzeugt ist. Wegen der Vergütung Einf 4 vor §§ 57, 58.

Das Amt des besonderen Vertreters *endet* mit dem Eintritt des ordentlichen gesetzlichen Vertreters, der **12** dem Gegner anzuzeigen ist, § 241 entsprechend, also nicht schon mit der Bestellung. Das Amt endet auch mit dem Eintritt der Prozeßfähigkeit. Es endet schließlich mit dem Widerruf der Bestellung. Der Widerruf ist nur aus einem wichtigen Grund zulässig. Er berührt die Wirksamkeit des Geschehenen nicht.

6) *VwGO:* Gilt entsprechend, § 62 IV VwGO, BVerwG Buchholz 303 § 57 Nr 2 mwN; zulässig ist auch die **13** *Bestellung eines Prozeßvertreters für eine aufgelöste Gemeinde, BVerwG Buchholz 415.1 Allg KommR Nr 31. An die Stelle von § 20, II, tritt § 52 Nr 5 VwGO. Auch dem prozeßunfähigen Kläger ist ausnahmsweise entsprechend § 57 ein Vertreter zu bestellen, BVerwG DVBl 96, 112, VGH Kassel NVwZ-RR 96, 615, VGH Mannh VBlBW 90, 135, a) in Anfechtungssachen, BVerwG 23, 15 (nicht aber im Normenkontrollverf nach § 47 VwGO, VGH Mü BayVBl 84, 757), b) in Sozialhilfesachen, wenn die Hilfsbedürftigkeit durch die geistige Behinderung hervorgerufen ist, BVerwG 25, 36 und 30, 24, OVG Münst NVwZ-RR 98, 406 (aber nicht für aussichtslose Klagen, VGH Kassel LS ZfSH/SGB 87, 548, insbesondere von Querulanten, vgl OVG Kblz NVwZ-RR 98, 693). Ein Antrag ist hier entbehrlich; vgl auch § 72 SGG und dazu Brennert NJW 95, 1491. Die Bestellung wirkt stets für den ganzen Rechtsstreit, nicht nur für die Instanz, BVerwG 39, 261; zur rückwirkenden Heilung fehlerhafter Prozeßhandlungen durch Genehmigung des Vertreters vgl BVerwG Buchholz 237.6 § 37 Nr. 2. Der Bestellte hat die Stellung eines gesetzlichen Vertreters, oben Rn 11, dazu BVerwG Buchholz 310 § 62 Nr 22. Wegen der Vergütung, Einf Rn 4, s OVG Hbg MDR 85, 169. Rechtsmittel: Beschwerde nach §§ 146ff VwGO, OVG Kblz NVwZ-RR 98, 693, OVG Münst NVwZ-RR 98, 406. – Die umfassendere und zweckmäßigere Regelung in den §§ 16 VwVfG, 81 AO und 15 SGB X gilt (leider) nur für das Verf vor VerwBehörden.*

58 *Prozesspfleger bei herrenlosem Grundstück oder Schiff.* **I** Soll ein Recht an einem Grundstück, das von dem bisherigen Eigentümer nach § 928 des Bürgerlichen Gesetzbuchs aufgegeben und von dem Aneignungsberechtigten noch nicht erworben worden ist, im Wege der Klage geltend gemacht werden, so hat der Vorsitzende des Prozessgerichts auf Antrag einen Vertreter zu bestellen, dem bis zur Eintragung eines neuen Eigentümers die Wahrnehmung der sich aus dem Eigentum ergebenden Rechte und Verpflichtungen im Rechtsstreit obliegt.

II Absatz 1 gilt entsprechend, wenn im Wege der Klage ein Recht an einem eingetragenen Schiff oder Schiffsbauwerk geltend gemacht werden soll, das von dem bisherigen Eigentümer nach § 7 des Gesetzes über Rechte an eingetragenen Schiffen und Schiffsbauwerken vom 15. November 1940 (RGBl. I S. 1499) aufgegeben und von dem Aneignungsberechtigten noch nicht erworben worden ist.

1) **Systematik, Regelungszweck, I, II.** Vgl zunächst Einf 1, 2 vor §§ 57, 58 sowie für den Bereich der **1** Zwangsvollstreckung den entsprechenden § 787. Nach § 928 BGB erlischt das Eigentum an einem Grundstück durch den Verzicht des eingetragenen Eigentümers gegenüber dem Grundbuchamt und durch die Eintragung in das Grundbuch. Durch diese Vorgänge wird das Grundstück herrenlos. Aneignungsberechtigt ist dann der Staat oder der nach Art 129 EGBGB Benannte. Ähnliches gilt für ein eingetragenes Schiff oder Schiffsbauwerk nach § 7 SchiffsG, für ein Luftfahrzeug nach § 99 I LuftfzRG. Dort kommt es auf die Eintragung im jeweils zugehörigen Register an. § 58 versteht unter dem Begriff Grundstück dasselbe wie § 928 BGB.

2) **Geltungsbereich, I, II.** Vgl Grdz 3 vor § 50. **2**

3) **Voraussetzungen, I, II.** Zur Bestellung eines Vertreters sind die folgenden Voraussetzungen erforder- **3** lich.

A. **Herrenlosigkeit.** Das Grundstück, das Schiff oder das Schiffsbauwerk sowie das in der Luftfahrzeugrolle eingetragene Luftfahrzeug müssen noch herrenlos sein, Rn 1.

B. **Klagabsicht.** Jemand muß ein Recht an dem Grundstück im Sinn des § 24, am Schiff oder Schiffs- **4** bauwerk im Sinn des SchiffsG, am Luftfahrzeug im Sinn des LuftfzRG, einklagen wollen, etwa ein Grundpfandrecht oder dessen Zinsen.

C. **Antrag.** Es muß ein Antrag an das nach § 24 zuständige Gericht vorliegen. Ihn muß man stets vor **5** dem Zeitpunkt der Rechtshängigkeit stellen, § 261. Denn von der Rechtshängigkeit an bleibt der Eigentümer der richtige Bekl, § 265. Für den Antrag besteht kein Anwaltszwang. Eine Gefahr im Verzug ist nicht erforderlich. Die Voraussetzungen Rn 3, 4 müssen glaubhaft sein, § 294. Der Antragsteller muß auch die Zuständigkeit glaubhaft machen. Denn es handelt sich um eine ausschließliche Zuständigkeit, Üb 14 vor § 12. Wenn die Voraussetzungen der Bestellung des Vertreters vorliegen, besteht eine Amtspflicht zur Bestellung. Vorsitzender des Prozeßgerichts ist bei einem Grundstück nur der Vorsitzender des nach § 4 zuständigen Gerichts. Das Gericht teilt die Bestellung dem Antragsteller und dem Bestellten formlos mit, § 329 II 1. Eine Zurückweisung erfordert eine förmliche Zustellung, § 329 II 2 in Verbindung mit § 567 I Z 2.

6   4) Stellung des Bestellten, I, II. Der Vertreter ist ein gesetzlicher Vertreter des künftigen Eigentümers in jeder Frage, die diese Eigentümerstellung in diesem Prozeß berührt. Er braucht nicht unentgeltlich zu handeln. Der Aantragsteller ist Kostenschuldner. Er muß wie ein sorgsamer Eigentümer handeln. Er darf das Grundstück an denjenigen auflassen, der auf Grund einer Auflassungsvormerkung im Grundbuch als Berechtigter eingetragen ist. Für die Kosten der Vertretung haften das Grundstück, das Schiff oder Schiffsbauwerk usw wie die Insolvenzmasse für die Kosten des Insolvenzverwalters, vgl ferner § 1118 BGB, §§ 10 II, 162 ZVG (Kosten der Rechtsverfolgung). Das Amt des Vertreters endet mit der Eintragung des neuen Eigentümers, auch ohne daß dieser in den Prozeß eintritt. Es endet auch mit dem Ende der Herrenlosigkeit des Grundstücks usw. Es endet schließlich dann, wenn der Vorsitzende die Bestellung widerruft. Vgl § 57 Rn 11, 12.

7   5) Rechtsbehelf, I, II. Gegen die Bestellung keine, gegen die Zurückweisung des Antrags sofortige Beschwerde, § 567 I Z 2.

8   6) VwGO: Gilt entsprechend, § 62 IV VwGO, *für die Geltendmachung von Rechten des öffentlichen Rechts an Grundstücken, zB für den Streit um öffentliche Lasten.*

Titel 2. Streitgenossenschaft

Übersicht

Schrifttum: *Lüke,* Die Beteiligung Dritter im Zivilprozeß, 1993; *Schmidt,* Mehrparteienprozess usw bei Gestaltungsprozessen im Gesellschaftsrecht, Festschrift für *Beys* (Athen 2004) 1485; *Schultes,* Die Beteiligung Dritter am Zivilprozeß, 1994; *Schwab,* Mehrparteienschiedsgerichtsbarkeit und Streitgenossenschaft, Festschrift für *Habscheid* (1989) 285.

Gliederung

1) Systematik	1	A. Beginn	5
2) Regelungszweck	2	B. Ende	6
3) Geltungsbereich	3	6) Selbständigkeit der Prozesse	7, 8
4) Begriff der Streitgenossenschaft	4	A. Prozeßart	7
5) Dauer der Streitgenossenschaft	5, 6	B. Prozeßvoraussetzungen	8
		7) *VwGO*	9

1   1) Systematik. Die Beteiligung mehrerer Personen am Rechtsstreit läßt sich in drei Gruppen einteilen: In die Beteiligung eines Klägers und eines Bekl; in die Beteiligung von zwei oder mehr Personen auf der einen und/oder der anderen Parteiseite als Partei; in die Beteiligung einer oder mehrerer Personen, die zumindest zunächst noch nicht Partei sind, es aber werden sollen oder zwecks Vermeidung von Nachteilen werden müssen oder die auch ohne ein solches Hineinwachsen zur Erzielung von Vorteilen oder Vermeidung von Nachteilen in das Prozeßgeschehen in einer anderen Weise als derjenigen einer Beweisperson hineingezogen werden. §§ 59–77 erfassen alle diese Gruppierungen. Die Vorschriften teilen sie unter in die Hauptgruppen der „Streitgenossenschaft", nach §§ 59–63 und der „Beteiligung Dritter", §§ 64–77. § 100 regelt die Kostenerstattung, § 32 GKG die Gerichtskosten, § 7 RVG die Anwaltsgebühren. Wegen des Beigeladenen beim Kapitalanlegerschutz SchlAnh VIII §§ 8, 12.

2   2) Regelungszweck. Die Vorschriften dienen nicht nur der Prozeßwirtschaftlichkeit nach Grdz 14 vor § 128, BGH NJW **92,** 982 oben links, Kblz OLGR **01,** 143, Mü MDR **01,** 652, sondern auch der Erzielung von Ergebnissen, die man für mehr als zwei Personen als gerecht empfinden kann, Einl III 9, und die daher den Rechtsfrieden schneller und umfassender wiederherstellen.

Möglichkeit und Notwendigkeit einer evtl größeren Zahl von Prozeßbeteiligten auf der einen und/oder anderen Parteiseite bedürfen vorsichtiger Behandlung. Denn beide Arten von Hineinziehung in einen Prozeß sind unter Umständen nicht nur vorteilhaft, sondern ebenso evtl nachteilig, sei es für den „Genossen", sei es für den oder die Prozeßgegner. Sich in einem Rechtsstreit verwickelt zu sehen oder plötzlich mit anderen Gegnern zu tun zu haben, kann ihn verteuern, verlängern, komplizierter und unsicherer machen, aber natürlich auch die Chance besserer Klärung, erfolgreicher Vollstreckbarkeit und Vermeidung widersprüchlicher Entscheidungen durch mehrere Gerichte in noch lästigereren mehreren Verfahren verringern. Das alles kann bei der Auslegung von Voraussetzungen wie Folgen einer Streitgenossenschaft mitbeachtlich sein.

3   3) Geltungsbereich. Vgl Grdz 3 vor § 50. §§ 59 ff gelten nicht im streitigen FGG-Verfahren, BayObLG RR **91,** 1506.

4   4) Begriff der Streitgenossenschaft. Sie liegt vor, wenn in einem Prozeß in derselben Parteistellung mehrere Personen auftreten, entweder als Kläger (Klaggenossen, aktive Streitgenossen) oder Beklagte (Verteidigungsgenossen, passive Streitgenossen). Die Streitgenossenschaft ist nichts anderes als die Vereinigung mehrerer Einzelprozesse zu einem einzigen Prozeß aus Zweckmäßigkeitsgründen, Grdz 14, 15 vor § 128, BGH FamRZ **03,** 1175, BAG BB **96,** 2414, Schumann NJW **81,** 1718. Jeder etwa bisher selbständige Prozeß behält seine Selbständigkeit ganz oder eingeschränkt bei, BGH FamRZ **03,** 1175, BAG BB **96,** 2414, Mü RR **92,** 123.

Streitgenossenschaft liegt vor bei einer *Parteienhäufung* (subjektiver Klaghäufung) nach § 59 und bei einer Gleichartigkeit der Ansprüche, § 60. Regelmäßig ist sie freiwillig. In bestimmten Fällen ist sie notwendig, § 62. Keine Streitgenossenschaft liegt vor, wenn nur *eine* Partei bildende Personenmehrheit auf einer Seite steht, etwa eine Offene Handelsgesellschaft, eine Aktiengesellschaft, ein rechtsfähiger Verein, oder wenn mehrere gesetzliche Vertreter für eine Partei auftreten. Anders ist es, wenn derselbe gesetzliche Vertreter mehrere vertritt, wenn er sowohl für sich als für einen Vertretenen prozessiert oder wenn die

Gesellschaft und die Gesellschafter klagen, BGH **62**, 132. In einer Baulandsache gehen §§ 217–231 BauGB den §§ 59 ff grundsätzlich vor, BGH NJW **89**, 1039.

5) Dauer der Streitgenossenschaft. Man sollte sie ist sorgfältig klären.

A. Beginn. Die Streitgenossenschaft entsteht durch die Einleitung eines Verfahrens, zB durch eine Klagerhebung, § 253. Das gilt unabhängig davon, ob die Klage gemeinsam zugestellt wird. Eine Streitgenossenschaft entsteht auch durch den Antrag auf den Erlaß eines Arrests oder einer einstweiligen Verfügung, §§ 920, 936. Über die Bestimmung eines gemeinsamen zuständigen Gerichts § 36 I Z 3. Sie entsteht ferner infolge des späteren Eintritts anderer als Partei durch eine Rechtsnachfolge, einen Beitritt, eine Prozeßverbindung, § 147, eine Klagerweiterung, eine Widerklage, bei § 856 II.

B. Ende. Die Streitgenossenschaft endet durch den Wegfall von Streitgenossen wegen Rechtsnachfolge oder Prozeßtrennung oder durch das Ausscheiden infolge der Erledigung des Prozesses für diesen Streitgenossen durch eine Klagrücknahme nach § 269, ein Teilurteil usw. § 301. Solange ein Streitgenosse noch irgendwie am Prozeß beteiligt ist, sei es nur wegen der Kosten oder in höherer Instanz, bleibt er Partei.

6) Selbständigkeit der Prozesse. Aus der Selbständigkeit der durch eine Streitgenossenschaft verbundenen Prozesse folgt:

A. Prozeßart. Dieselbe Prozeßart muß für alle Genossen zulässig und gewählt sein, Emde DB **96**, 1557.

B. Prozeßvoraussetzungen. Das Gericht muß die Prozeßvoraussetzungen nach Grdz 13 vor § 253 für jeden der einzelnen Prozesse gesondert prüfen. Sie müssen für jeden Streitgenossen vorliegen, BGH NJW **94**, 3103, Ffm RR **95**, 319. Es darf zB keiner exterritorial sein, die Zuständigkeit muß für jeden begründet sein. Zu beachten ist § 603. Für die sachliche Zuständigkeit erfolgt eine Zusammenrechnung der Ansprüche, § 5. Fehlt Rn 6, so muß das Gericht den Prozeß abtrennen, § 145. Fehlt Rn 7, so erfolgt ein Teilurteil nach § 301 oder eine Zuständigkeitsbestimmung nach § 36 I Z 3, Ffm RR **95**, 319, oder eine Teilverweisung mit Abtrennung, § 281, soweit keine Verbindung nach § 147 erlaubt ist. Fehlt ein Erfordernis der §§ 59, 60, so muß das Gericht auf Grund einer Rüge oder darf von Amts wegen abtrennen.

7) VwGO: Nach § 64 VwGO gelten §§ 59 bis 63 entsprechend.

59

Streitgenossenschaft bei Rechtsgemeinschaft oder Identität des Grundes. Mehrere Personen können als Streitgenossen gemeinschaftlich klagen oder verklagt werden, wenn sie hinsichtlich des Streitgegenstandes in Rechtsgemeinschaft stehen oder wenn sie aus demselben tatsächlichen und rechtlichen Grund berechtigt oder verpflichtet sind.

1) Systematik. Vgl zunächst Üb 1 vor § 59. Die Vorschrift erfaßt die erste dort genannte Gruppe, ergänzt durch §§ 60–63.

2) Regelungszweck. Die Vorschrift dient zwar der Prozeßwirtschaftlichkeit, Üb 2 vor § 59, Grdz 14 vor § 128. Sie läßt bloße Zweckmäßigkeit aber nicht allein genügen, aM BayObLG MDR **99**, 807 (aber der Gesetzestext zeigt eindeutig schärfere Voraussetzungen auf). Ein Leitbild der ZPO ist noch der Prozeß eines einzelnen gegen einen einzelnen anderen. Grundsatz ist freilich ebenso das Bestreben der Vermeidung sich widersprechender Entscheidungen zu derselben tatsächlichen Lage oder rechtlichen Frage. Auch die Vermeidung unnötigen Aufwands gehört zu den tragenden Prinzipien im Zivilprozeßrecht. Diese nicht ganz in dieselbe Richtung zielenden Erwägungen muß man bei der Festlegung eines so dehnbaren Begriffs wie der Rechtsgemeinschaft mitabwägen.

3) Geltungsbereich. Vgl Üb 3 vor § 59.

4) Streitgenossen. § 59 betrifft zunächst den Fall, daß mehrere Personen entweder als Kläger oder als Bekl auftreten, Üb 1 vor § 59. Man spricht dann von einer subjektiven Klagenhäufung. Wenn dieselbe Person mehrere Ansprüche geltend macht, liegt demgegenüber eine objektive Klagenhäufung vor, vgl dazu § 60. Es steht den mehreren Klägern frei, als Streitgenossen aufzutreten. Das gilt auch bei der BGB-Außengesellschaft, Drsd RR **02**, 544. Vgl allerdings auch § 147. Der Bekl kann den Kläger nicht dazu zwingen, sich mit einem anderen als Streitgenossen zu verbünden. Freilich können trotz eines Siegs solche Mehrkosten erstattungsunfähig sein, die infolge einer unzweckmäßigen Folge selbständiger Einzelprozesse entstehen, § 91.

Sogar notwendige Streitgenossen nach § 62 *können* an sich prozessual *getrennt* vorgehen. Soweit das sachliche Recht eine gemeinsame Klage fordert, haben getrennte Prozesse nur zur Folge, daß jeweils die Sachbefugnis fehlt, Grdz 23 vor § 50. Das Gericht muß dann die jeweilige Klage als unbegründet abweisen, Grdz 23 vor § 50. In einem solchen Fall fehlt also nicht etwa das Prozeßführungsrecht. Wegen der weitgehenden Verbindungsbefugnis des § 60 hat die aufzählende Abgrenzung des § 59 keine große praktische Bedeutung. Eine Klage gegen den Bekl zu 2 für den Fall, daß das Gericht die Klage gegen den Bekl zu 1 abweisen werde, ist unzulässig. Denn sie würde eine bedingte Klagerhebung bedeuten, BAG NJW **94**, 1086, Drsd RR **00**, 903.

5) Rechtsgemeinschaft. § 59 betrifft auch den Fall einer Rechtsgemeinschaft wegen desselben Streitgegenstands, § 2 Rn 3, Zweibr MDR **83**, 495, zB: Eine Gemeinschaft zur gesamten Hand; eine Bruchteilsgemeinschaft; ein Miteigentum; ein Wohnungseigentum; eine Gesamtschuld, BayObLG MDR **98**, 180; eine Teilschuld nach § 420 BGB; das Verhältnis zwischen dem Hauptschuldner und dem Bürgen, Gaul JZ **84**, 60; das Verhältnis zwischen einer BGB-Gesellschaft oder einer OHG und ihrem Gesellschafter, BGH **146**, 341; das Innenverhältnis der Innengesellschaftern, BayObLG **85**, 317 oder zwischen ProzBev und Verkehrsanwalt, BayObLG MDR **92**, 296; das Verhältnis zwischen dem Grundstückseigentümer und dem persönlichen Schuldner desjenigen Betrags, dessentwegen im Grundbuch eine Hypothek eingetragen worden ist; eine Klage auf Freigabe einer für mehrere hinterlegten Summe, BGH **88**, 332.

§§ 59–61

7 **6) Berechtigung oder Verpflichtung aus demselben Grund.** § 59 erfaßt schließlich die Fälle einer Berechtigung oder Verpflichtung mehrerer Personen aus demselben rechtlichen und zugleich aus demselben tatsächlichen Grund bzw auf Grund derselben Vorfrage. Das ist weit auslegbar, BayObLG MDR **99**, 807 (anteilige gesetzliche Unterhaltshaftung). Hierher zählen zB folgende Fälle: Ein gemeinsamer Vertrag, etwa über Miete oder Pacht; eine gemeinsame unerlaubte Handlung, BayObLG DB **92**, 2434; eine gemeinsame Gefährdungshaftung, BGH MDR **78**, 130. Eine etwaige Rechtsnachfolge bei der Person des einen oder anderen Berechtigten oder Verpflichteten ist unerheblich. Nicht hierher zählt eine gemeinsame Berechtigung oder Verpflichtung lediglich auf Grund derselben Tatsachen, jedoch aus verschiedenen Rechtsgründen.

8 **7) VwGO:** *Entsprechend anwendbar, § 64 VwGO.*

60 *Streitgenossenschaft bei Gleichartigkeit der Ansprüche.* **Mehrere Personen können auch dann als Streitgenossen gemeinschaftlich klagen oder verklagt werden, wenn gleichartige und auf einem im Wesentlichen gleichartigen tatsächlichen und rechtlichen Grund beruhende Ansprüche oder Verpflichtungen den Gegenstand des Rechtsstreits bilden.**

1 1) **Systematik, Regelungszweck.** Vgl § 59 Rn 1, 2.

2 2) **Geltungsbereich.** Vgl Grdz 3 vor § 50.

3 3) **Gleichartigkeit.** § 60 läßt eine Streitgenossenschaft zu, wenn der rechtliche und der tatsächliche Grund ganz oder doch zu einem wesentlichen Teil gleichartig sind, BGH JZ **90**, 1036, BayObLG RR **03**, 134, Hbg JB **77**, 199. Die Vorschrift ist sehr dehnbar, BGH NJW **92**, 982 oben links. Da es sich um eine Zweckmäßigkeitsregel handelt, darf man § 60 weit auslegen, BGH NJW **92**, 982 oben links, BayObLG RR **03**, 134, Hamm NJW **00**, 1347. Es darf keine Verwirkung drohen, BGH NJW **82**, 982. Eine auch nur teilweise Nämlichkeit ist nicht nötig. Es besteht grundsätzlich keine Pflicht zur Wahrung der bloßen Möglichkeiten nach §§ 59, 60, Nürnb GRUR-RR **05**, 169.

Die Ansprüche müssen aber beim Bekl in einem *inneren Zusammenhang* stehen, BGH JZ **90**, 1036, BayObLG RR **03**, 134, KG MDR **00**, 1394. Eine bloße sachliche Ähnlichkeit des Geschehensablaufs und wirtschaftlichen Hintergrunds reicht nicht, BGH NJW **92**, 982 oben links, Drsd OLGR **03**, 92. Eine Nämlichkeit der Anträge ist nicht nötig, BayObLG RR **03**, 134.

Hierher zählen zB: Die Unterhaltsklage mehrerer oder gegen mehrere, Ffm FamRZ **88**, 521; die entsprechende Abänderungsklage nach § 323, BGH NJW **98**, 685, BayObLG RR **99**, 1294; die Anfechtung der Anerkennung einer nichtehelichen Vaterschaft, § 640 e; die Klage des Inhabers eines Wechsels gegenüber mehreren aus dem Wechsel verpflichteten Schuldnern; die Klage gegen den einen Bekl auf eine Leistung, gegen den anderen Bekl auf eine Duldung der Zwangsvollstreckung; eine Klage des Versicherers gegenüber mehreren gleichmäßig Versicherten, in selbständigem Beweisverfahren wegen desselben Bauwerts gegen Gegner an verschiedenen Orten, BayObLG RR **98**, 209 und 815; die Klage gegen mehrere Mitglieder einer Bauherrengemeinschaft, BayObLG **83**, 66; eine Klage nach § 771 II; die Klage des Anlegers gegen Anlagefirma und -makler, BayObLG RR **03**, 134.

Nicht hierher zählen zB: Eine Klage gegenüber mehreren Personen, die auf Grund selbständiger unerlaubter Handlungen haften, etwa gegenüber einem Kraftfahrer, der einen Fußgänger angefahren hat, und gegenüber dem Fahrgast, der den Kraftfahrer daraufhin mißhandelt hat; eine Klage eines Maklers gegen den Käufer und den Verkäufer auf Courtagezahlung, Zweibr MDR **83**, 495, ZöV 7, aM BGH JZ **90**, 1036 (aber der Makler- und der Kaufvertrag sind doch jeweils in sich abgeschlossene Vorgänge mit vielfach eigenen Regeln). Vgl auch Üb 3 vor § 59.

4 4) **VwGO:** *Entsprechend anwendbar, § 64 VwGO.*

61 *Wirkung der Streitgenossenschaft.* **Streitgenossen stehen, soweit nicht aus den Vorschriften des bürgerlichen Rechts oder dieses Gesetzes sich ein anderes ergibt, dem Gegner dergestalt als Einzelne gegenüber, dass die Handlungen des einen Streitgenossen dem anderen weder zum Vorteil noch zum Nachteil gereichen.**

1 1) **Systematik.** Vgl zunächst § 59 Rn 1. § 61 umreißt die prozeßrechtliche Stellung der Streitgenossen. Sie sind trotz der äußerlichen Verbindung der Verfahren doch grundsätzlich selbständig, Üb 4, 7 vor § 59. Von diesem Grundsatz gelten als Folge sachlichrechtlicher Erwägungen zwei Ausnahmen: Zunächst auf Grund anderweitiger Vorschriften des sachlichen Rechts. Hierhin mag man zB die §§ 422 ff, 429 BGB rechnen; ferner auf Grund von Sonderregeln der ZPO, etwa auf Grund der §§ 62, 63, 426, 449. Eine Streitgenossenschaft hat auf die rechtlichen Beziehungen der Streitgenossen im Innenverhältnis untereinander keinen Einfluß. Kein Streitgenosse kann gegen den anderen ein Urteil erwirken oder gegen ein solches Urteil einen Rechtsbehelf einlegen.

2 2) **Regelungszweck.** Ganz deutlich macht § 61 den Grundsatz, daß jedenfalls die einfache nicht notwendige Streitgenossenschaft die Souveränität des Partners nicht beeinträchtigen darf. „Jeder ist seines Glückes Schmied". Das hat seinen guten Grund. Die Interessenlage eines jeden Prozeßbeteiligten kann sich trotz teilweise oder zeitweise nahezu völliger Übereinstimmung doch zumindest im Laufe eines gar längeren Prozesses aus verständlichen und oft auch ganz unvorhersehbaren unverschuldeten Gründen erheblich ändern. Auch die Hartnäckigkeit der Rechtsverfolgung oder -verteidigung mag aufgrund mannigfacher Motive trotz unverändert gleicher Auffassungen doch von Genosse zu Genosse schwanken. Dem sollte man auch bei der Handhabung von § 61 stets voll Rechnung tragen.

3 3) **Geltungsbereich.** Vgl Grdz 3 vor § 50.

Titel 2. Streitgenossenschaft § 61

4) Selbständigkeit jedes Streitgenossen. Jeder einfache Streitgenosse steht in der Regel rechtlich 4
ebenso da, als ob nur er allein mit dem Gegner prozessieren würde, BGH FamRZ **03**, 1175. Das hat eine
Reihe von Folgen.

A. Prozeßvoraussetzungen. Man muß bei jedem Streitgenossen selbständig prüfen, ob die Prozeßvoraussetzungen vorliegen, Üb 7 vor § 59.

B. Prozeßbevollmächtigter. Jeder Streitgenosse darf einen eigenen ProzBev bestellen, § 81, KG MDR 5
84, 852. Die Kosten sind jeweils erstattungsfähig, § 91 Rn 132. Von diesem Grundsatz gilt nur nach § 69
AktG eine Ausnahme (Mitberechtigung an Aktien). Streitgenossen dürfen auch einen gemeinsamen ProzBev
haben. Dann reicht ein gemeinsamer Schriftsatz.

C. Streithilfe. Jeder Streitgenosse kann unter Umständen dem anderen Streitgenossen als Streithelfer 6
beitreten, § 66. Daher ist auch eine Streitverkündung an ihn zulässig.

D. Selbständigkeit des Verfahrens. Jeder Streitgenosse betreibt sein Verfahren trotz der äußerlichen 7
Verbindung doch besonders, BGH FamRZ **03**, 1175, BAG BB **96**, 2414, Hamm MDR **05**, 533. Die
Prozeßvoraussetzungen nach Grdz 13 vor § 253 müssen bei jedem Streitgenossen selbständig vorliegen,
BGH GRUR **84**, 37. Das gilt auch bei § 278. Evtl ist § 36 I Z 3 anwendbar, dort Rn 20 „Funktionelle
Zuständigkeit". Jeder Streitgenosse darf eigene Behauptungen aufstellen und ein eigenes Angriffs- und
Verteidigungsmittel gebrauchen, Einl III 70, selbst wenn sie solchen des anderen Streitgenossen widersprechen, BGH FamRZ **03**, 1175, Köln RR **03**, 670, LAG Hamm MDR **01**, 531. Er darf auch selbständig über
den Streitgegenstand im Sinn von § 2 Rn 3 verfügen, soweit der Streitgegenstand diesen Streitgenossen
betrifft, BFH BB **77**, 1493.

Jeder Streitgenosse darf ein Ablehnungsgesuch stellen (meist mit Wirkung auch bei den anderen) oder ein
Anerkenntnis oder ein Geständnis oder einen Verzicht aussprechen, §§ 288 I, 306, 307. Jeder Streitgenosse
darf einen Prozeßvergleich schließen, Anh § 307. Jeder darf seine Klage erweitern oder zurücknehmen. Jeder
darf selbständig die zulässigen Rechtsbehelfe einlegen, BGH GRUR **84**, 37. Das formell gemeinsame Urteil
kann für jeden Streitgenossen anders lauten, BAG BB **96**, 2414. Das gilt auch bei einer Revisionszulassung
nach § 543. Dieselbe Tatsache kann wegen einer ausdrücklichen gesetzlichen Vorschrift grundsätzlich im
Verhältnis zu dem einen Streitgenossen als wahr behandelbar sein, im Verhältnis zum anderen Streitgenossen
als unwahr zB im Fall der Säumnis eines Streitgenossen. Eine Ausnahme gilt nur bei der Beweiswürdigung,
Rn 13.

Die *Fristen* und Zustellungen laufen für jeden Streitgenossen getrennt, BGH GRUR **84**, 37, KG VersR 8
75, 350. Dementsprechend kann die Rechtskraft nach § 322 für jeden Streitgenossen gesondert eintreten,
Karlsr OLGZ **89**, 77. Eine Säumnis nach §§ 330 ff, eine Unterbrechung nach §§ 239 ff und eine Aussetzung
nach §§ 148 ff wirken nur für und gegen den betreffenden Streitgenossen, § 239 Rn 7, § 240 Rn 9, BGH
RR **03**, 1002. Vgl aber auch § 62 Rn 27.

Der *Rechtsbehelf* des einen Streitgenossen läßt die diesbezüglichen Möglichkeiten des anderen Streitgenossen grundsätzlich unberührt, Karlsr OLGZ **89**, 77. Wenn zB ein Streitgenosse rechtskräftig ausgeschieden ist
und wenn ein anderer Streitgenosse ein Rechtsmittel eingelegt hat, dann kann sich der Gegner nicht wegen
des Ausgeschiedenen anschließen. Ebensowenig kann der rechtskräftig Ausgeschiedene unselbständige Anschlußberufung einlegen, BGH RR **89**, 1099, Ffm FamRZ **88**, 521, Mü FamRZ **87**, 169. Unzulässig ist
Hilfsanschlußrechtsmittel des Klägers für den Fall, daß das Gericht den Anspruch eines nicht notwendigen
Streitgenossen abweist, BGH MDR **89**, 899.

E. Zeuge, Parteivernehmung. Ein Streitgenosse kann nur insoweit als Zeuge auftreten, als er an diesem 9
Teil des Verfahrens rechtlich ganz unbeteiligt ist, Üb 22 vor § 373 „Streitgenosse", oder soweit eine Verfahrenstrennung nach § 145 oder ein rechtskräftiges Ausscheiden erfolgt sind, Kblz RR **03**, 283. Bei der
Parteivernehmung gilt § 449.

F. Schriftliches Verfahren. Eine schriftliche Entscheidung nach § 128 II ist im Verhältnis zu einem 10
Streitgenossen zulässig, soweit er und der Gegner das schriftliche Verfahren beantragen, aM StJL 14 (er hält
die schriftliche Entscheidung nur nach einer Trennung der Verfahren für zulässig. Aber die Parteiherrschaft
hat Vorrang, Grdz 18 vor § 128).

5) Gemeinsame Wirkungen. Aus dem gemeinsamen Verfahren ergeben sich gemeinsame Wirkungen. 11

A. Gemeinsame Verhandlung. Die mündliche Verhandlung und die zugehörige Vorbereitung können,
müssen aber nicht gemeinsam sein. Zustellungen erfolgen an jeden Streitgenossen besonders. Wenn mehrere
Streitgenossen einen gemeinsamen gesetzlichen Vertreter oder ProzBev haben, genügt allerdings eine einzige
Zustellung an ihn, §§ 170 III, 172.

B. Zustimmungsbedürftigkeit. Soweit sich das Verfahren nur einheitlich betreiben und entscheiden 12
läßt, etwa bei § 349 III, müssen grundsätzlich alle Streitgenossen zugestimmt haben. Etwas anderes gilt nur
bei Rn 10.

C. Beweiswürdigung. Das Gericht muß eine für sämtliche Streitgenossen entscheidungsrechtliche Tat- 13
sache im Fall einer gleichzeitigen Entscheidung in derselben Weise auf ihre Beweiskraft nach § 286
würdigen, BGH RR **92**, 254, Mü RR **94**, 1278. Ein Teilurteil ist wie oben zulässig, § 301, BGH RR **92**,
254. Das Gericht darf also eine Tatsache nicht für den Streitgenossen als wahr, für den anderen
als unwahr, BGH RR **92**, 254. Etwas anderes gilt nur in den Fällen Rn 7. Denn dort findet keine freie
Beweiswürdigung statt. Eine Beweisaufnahme ist im Verhältnis zu sämtlichen Streitgenossen auswertbar,
soweit sie am Prozess beteiligt sind. Die Beweisaufnahme ist also nicht verwertbar, soweit das Verfahren
gegen einen Streitgenossen ruhte.

D. Erklärungen. Jeder Streitgenosse muß zwar seine Erklärungen selbst abgeben. Bei einer gemeinsamen 14
Tatsache kann man aber häufig annehmen, daß sich der eine Streitgenosse die Erklärung des anderen
Streitgenossen zu eigen macht, auch nach §§ 228 I, 331 I 1. Das gilt zB für einen Beweisantritt. Ein Urteil,

§§ 61, 62   Buch 1. Abschnitt 2. Parteien

das den Prozeß für den einen Streitgenossen voll erledigt, ist ein Teilurteil, § 301 Rn 27, Schlesw SchlHA **80**, 187.

15   6) *VwGO: Entsprechend anwendbar,* § 64 *VwGO.*

62 **Notwendige Streitgenossenschaft.** I Kann das streitige Rechtsverhältnis allen Streitgenossen gegenüber nur einheitlich festgestellt werden oder ist die Streitgenossenschaft aus einem sonstigen Grund eine notwendige, so werden, wenn ein Termin oder eine Frist nur von einzelnen Streitgenossen versäumt wird, die säumigen Streitgenossen als durch die nicht säumigen vertreten angesehen.
   II Die säumigen Streitgenossen sind auch in dem späteren Verfahren zuzuziehen.

Schrifttum: *Gerhardt,* Der Haftpflichtprozeß gegen Kraftfahrzeugversicherung und Versicherten – Ein Fall der besonderen Streitgenossenschaft gemäß § 62 ZPO?, Festschrift für *Henckel* (1995) 273; *Lüke,* Die Beteiligung Dritter im Zivilprozeß, 1993; *Mitsopoulos,* Die notwendige Streitgenossenschaft nach dem griechischen Zivilprozeßrecht, Festschrift für *Baur* (1981) 503 (rechtsvergleichend); *Schaefer,* Drittinteressen im Zivilprozeß, Diss Mü 1993; *Schmidt,* Mehrseitige Gestaltungsprozesse bei Personengesellschaften, Studien und Thesen ... zur notwendigen Streigenossenschaft nach § 62 ZPO, 1992; *Selle,* Die Verfahrensbeteiligung des notwendigen Streitgenossen usw, Diss Münst 1976; *Winte,* Die Rechtsfolgen der notwendigen Streitgenossenschaft usw, 1988.

Gliederung

1) Systematik I, II 1	7) Verfahren, I, II 17–24
2) Regelungsbereich, I, II 2	A. Grundsatz: Notwendigkeit einheitlicher Entscheidung 17
3) Geltungsbereich, I, II 3	B. Angriffs- und Verteidigungsmittel 18
4) Notwendigkeit einheitlicher Feststellung, I 4, 5	C. Frist 19
A. Rechtskrafterstreckung 4	D. Anerkenntnis, Verzicht, Vergleich, Klagerücknahme, Erledigterklärung .. 20
B. Nämlichkeit des Streitgegenstands 5	E. Vertretungsbefugnis 21
5) Notwendigkeit gemeinsamer Rechtsverfolgung, I 6–8	F. Zustellung 21
	G. Vorherige Leistungsverpflichtung ... 21
A. Grundsatz: Keine Sachbefugnis des einzelnen 6	H. Säumnis 22, 23
B. Gesamthandverhältnis 7	I. Gemeinsame Sachentscheidung 24
C. Gestaltungsklage 7	8) Unterbrechung, Aussetzung, I, II 25
D. Verbindung nach sachlichem Recht .. 8	9) Rechtsmittel, I, II 26
6) Beispiele zur Frage der Notwendigkeit einer Streitgenossenschaft, I, II ... 9–16	10) VwGO 27

1   **1) Systematik, I, II.** Vgl zunächst Üb 1 vor § 59. § 62 enthält eine Ausnahme vom Grundsatz der Selbständigkeit von äußerlich verbundenen Verfahren, § 61 Rn 7. § 62 stellt eine zwingende, abschließende Regelung dar, BAG MDR **83**, 1052. Die Vorschrift erfaßt zwei unterschiedliche Fallgruppen.

2   **2) Regelungszweck, I, II.** Es handelt sich um ein zwecks Prozeßwirtschaftlichkeit nach Grdz 14 vor § 128 zwar vom Gesetzgeber gut gemeintes, im Ergebnis aber zum Kreuz der Rechtsprechung gewordenes Gebilde, Schopp ZMR **93**, 360. Die gesetzliche Regelung führt zu mancherlei Unlogik. Das tritt etwa bei der Rechtskraftwirkung unerwünscht zutage, § 325 Rn 1–3. Was unlogisch ist, sollte nicht Recht sein können. Aber die verfehlte gesetzliche Regelung, die keine amtliche Hinzuziehung eines Dritten zum Zivilprozeß kennt, zwingt zu solchen eigenartigen Ergebnissen. Vgl allerdings BVerfG **60**, 14 und Rn 4.
   Ziemlich strenge Auslegung ist bei einer zwingenden abschließend regelnden Ausnahmevorschrift ohnehin notwendig. Selbst wenn man § 62 aber als weiteren neben § 61 gleichrangigen Grundsatz betrachtet, würde doch eine zu großzügige Handhabung unerwünschte Aufweichungen wie Ausweitungen des Prozeßrechtsverhältnisses zur Folge haben können bis hin zu problematisch weiter Auswirkung mit Rechtskraft und Vollstreckbarkeit. Andererseits scheint die Prozeßwirtschaftlichkeit die Bejahung einer notwendigen Streitgenossenschaft oft geradezu zu erzwingen, Rn 6 ff. Es besteht daher ein ganz erhebliches Spannungsfeld. Man kann es nur durch Abwägung und nicht nur aus Zweckmäßigkeitserwägungen befriedigend abbauen. Das gilt, selbst wenn schon Praktikabilitätserwägungen meist dem Anschlag geben werden.
   Notwendigkeit einheitlicher Feststellung eines Rechtsverhältnisses ist das Merkmal der einen Hauptgruppe, BGH NJW **96**, 1061, Drsd FamRZ **04**, 952, Wieser NJW **00**, 1165. Das notwendig Gemeinsame liegt dann nicht in der Rechtsverfolgung, sondern in der prozessualen Feststellung, in der Urteilswirkung, Üb 2 vor § 300. Es handelt sich in diesem Fall um eine „zufällige", „uneigentliche" Streitgenossenschaft, um eine „solidarische" Streitgenossenschaft, Bettermann ZZP **90**, 122.
   Sonstige Notwendigkeit einheitlicher Rechtsverfolgung aus einem vor allem sachlichrechtlichen Grund kennzeichnet die andere Hauptgruppe. In diesen Fällen müssen mehrere Personen gemeinsam klagen, oder es muß eine einzelne Person notwendigerweise mehrere andere gemeinsam verklagen, BGH NJW **92**, 1102 (auch zu Ausnahmen), Karlsr GRUR **84**, 812. Hier kommt es nicht auch auf eine einheitliche Urteilswirkung an. Streng genommen ist der „Streit" nur im letzten Fall notwendig gemeinsam, Bettermann ZZP **90**, 122. Das Gesetz beschränkt sich leider auf eine ganz dürftige Regelung. Man kann aus der Lückenhaftigkeit der Notwendigkeit ableiten, in bestimmten Fällen einheitlicher Gestaltungsprozesse zB nach §§ 117, 127, 133, 140 HGB von einem mehrseitigen Prozeßrechtsverhältnis zu sprechen, das nicht nur jeden Streitgenossen mit je einem Prozeßgegner, sondern auch die Streitgenossen untereinander verbinde, Schmidt

Titel 2. Streitgenossenschaft § 62

(vor Rn 1) 118. § 62 betrifft nur die Versäumung eines Termins oder einer Frist. Für eine Parteivernehmung gilt auch hier § 449.

3) Geltungsbereich, I, II. Vgl Grdz 3 vor § 50. 3

4) Notwendigkeit einheitlicher Feststellung, I. Eine notwendige Streitgenossenschaft liegt vor, wenn 4 man das streitige Rechtsverhältnis allen Streitgenossen gegenüber nur einheitlich feststellen kann, BAG NJW 04, 2849. Man muß zwei sich evtl überlappende Lagen beachten.

A. Rechtskrafterstreckung. Eine einheitliche Feststellung ist nur dann notwendig, wenn sich die Rechtskraft der Entscheidung nach §§ 325 ff, 856 II, IV, §§ 179, 180 InsO usw auf alle Streitgenossen erstreckt, falls auch nur einer klagt oder verklagt worden ist, BGH **112**, 98, BAG NJW 04, 2849, Köln RR **94**, 491. Es genügt, daß die Rechtskrafterstreckung nur im Fall eines Siegs oder nur im Fall einer Niederlage eintritt, Lindacher JuS **86**, 382.

B. Nämlichkeit des Streitgegenstands. Eine notwendige Streitgenossenschaft liegt auch dann vor, 5 sofern man nach § 2 Rn 3 ff eine Nämlichkeit des Streitgegenstands annehmen muß. Es bleibt grundsätzlich unbeachtlich, ob logische Erwägungen oder ein praktisches Bedürfnis eine einheitliche Feststellung verlangen würden. Das zeigt die Gesamtschuld, Rn 1, 2.

5) Notwendigkeit gemeinsamer Rechtsverfolgung, I. Ein Grundsatz hat mehrere Auswirkungen. 6

A. Grundsatz: Keine Sachbefugnis des einzelnen. Eine solche Notwendigkeit und damit ein „sonstiger Grund" liegt vor, wenn das Gericht die Klage eines einzelnen Streitgenossen oder gegenüber einem einzelnen Streitgenossen wegen des Fehlens einer Sachbefugnis als unbegründet abweisen müßte, Grdz 23 vor § 50. Irrig wäre es zu meinen, in einem solchen Fall müsse das Gericht die Klage durch ein Prozeßurteil als unzulässig abweisen, Grdz 14 vor § 253. Hier kommt also der Fall in Betracht, daß nur alle Streitgenossen gemeinsam sachlichrechtlich befugt sind, § 59 Rn 4. Oft muß man die Sachbefugnis beim Kläger anders beurteilen als beim Bekl.

B. Gesamthandverhältnis. Hierher zählt zunächst ein Gesamthandverhältnis für den Kläger, nicht für 7 den Bekl, BayObLG **90**, 263, Hbg JB **78**, 1806.

C. Gestaltungsklage. Hierher zählt ferner die Gruppe derjenigen Klagen, die ein Gestaltungsrecht geltend machen und mehrere Personen betreffen, BGH NJW 90, 2689.

D. Verbindung nach sachlichem Recht. Hierher zählen schließlich Fälle, in denen das sachliche Recht 8 mehrere Berechtigte oder Verpflichtete zusammenkoppelt, BGH NJW 96, 1061. Einer sachlichrechtlich etwa zulässigen Klage des einen auf die Leistung an alle steht nichts im Weg.

6) Beispiele zur Frage der Notwendigkeit einer Streitgenossenschaft, I, II 9

Abtretung: Eine Streitgenossenschaft ist *nicht* notwendig bei der Klage des Abtretenden gegen den Abtretungsnehmer und gegen den Schuldner.

Aktiengesellschaft: Eine Streitgenossenschaft ist wegen Rechtskrafterstreckung notwendig, wenn es sich um eine Klage auf die Nichtigerklärung eines Beschlusses der Hauptversammlung nach § 249 I AktG handelt, oder um eine Klage auf die Nichtigkeit der Gesellschaft, oder wenn es um eine Anfechtungsklage mehrerer Aktionäre geht, §§ 248 I, 275 IV AktG, BGH NJW **99**, 1638.
S auch Rn 11 „Gesellschaft allgemein".

Anfechtung: Die Notwendigkeit gemeinsamer Rechtsverfolgung nach Rn 6 *fehlt* bei einer Anfechtung.

Auflassung: Eine Streitgenossenschaft ist wegen Verbindung nach dem sachlichen Recht nach Rn 8 notwendig bei einer Auflassungsklage, die man nur gegen die Miteigentümer gemeinsam erheben kann, BGH NJW **96**, 1061.

Baulandsache: Miteigentümer sind *nicht* stets notwendige Streitgenossen, BGH NJW **97**, 2115.

Baulast: Eine Streitgenossenschaft ist wegen einer Verbindung nach dem sachlichen Recht nach Rn 8 grds notwendig, wenn es um eine Baulast geht, BGH NJW **92**, 1102 (auch zu einer Ausnahme).

Beansprucherstreit: Im Streit mehrerer Beansprucher nach § 75 sind die jeweils mehreren auf einer Seite *keine* notwendigen Streitgenossen, BGH MDR **92**, 1056 (für mehrere Bekl).

Bürgschaft: Eine Streitgenossenschaft ist *nicht* notwendig bei der Klage gegen den Hauptschuldner und gegen den Bürgen.
S auch Rn 11 „Gesamtschuld".

CIV: Die Notwendigkeit gemeinsamer Rechtsverfolgung nach Rn 6 *fehlt* bei den nach Art 50 § 2 CIV zu verbindenden Rückgriffsklagen.

Eherecht: Eine Streitgenossenschaft ist wegen Rechtskrafterstreckung notwendig, wenn es um § 1357 BGB 10 geht, Berger FamRZ **05**, 1134, oder wenn es um die Klage mehrerer Abkömmlinge mit dem Ziel der Aufhebung einer fortgesetzten Gütergemeinschaft nach § 1495 BGB geht, oder wenn es sich um eine Klage gegenüber dem gütergemeinschaftlichen Ehegatten im Fall einer Gesamtgutsverbindlichkeit handelt, Anh § 52 Rn 6–8 (auch wegen der Ausnahmen), oder wenn es sich um die Gestaltungsklage in einer Ehesache handelt. Eine Streitgenossenschaft ist wegen Nämlichkeit des Streitgegenstands notwendig, wenn es um die Klage des in Gütergemeinschaft lebenden Ehegatten im Fall einer gemeinsamen Verwaltung geht, Anh § 52 Rn 8, oder wenn eine Behörde eine Eheaufhebung wegen Doppelehe betreibt, Drsd FamRZ **04**, 952.

Eigentum: Eine Streitgenossenschaft ist wegen Nämlichkeit des Streitgegenstands notwendig bei einer Klage mehrerer Miteigentümer, LG Marb WoM **01**, 439, zB mit dem Ziel einer Herausgabe einer Sache, BGH WertpMitt **93**, 1556, oder einer Löschung der Hypothek oder wegen einer Unterlassung, StJBo 8, ThP 13, ZöV 16, aM BGH **92**, 353 (zustm Waldner JZ **85**, 634), Karlsr RR **86**, 1342 (aber man darf den Begriff des Streitgegenstands nicht zu eng fassen). Eine Streitgenossenschaft ist notwendig bei einer Klage gegen andere Bruchteilseigentümer zwecks Verfügung über das Gesamtgrundstück, BGH **131**, 379.

S auch Rn 11 „Gesamthand", Rn 16 „Wohnungseigentum".

§ 62

Erbrecht: Eine Streitgenossenschaft ist wegen Rechtskrafterstreckung notwendig, wenn es sich um den Vorerben und den Nacherben nach den §§ 326 ff, 728 handelt. Eine Streitgenossenschaft ist wegen Nämlichkeit des Streitgegenstandes notwendig bei einer Klage von Miterben nach § 2032 BGB, BFH FamRZ **89**, 977, Düss OLGZ **79**, 459, aM Gottwald JA **82**, 68, evtl auch bei einer Klage gegen Miterben, BGH NJW **96**, 1061, Naumb RR **98**, 309. Eine Streitgenossenschaft ist wegen einer Verbindung nach dem sachlichen Recht nach Rn 8 notwendig bei der Klage mehrerer Testamentsvollstrecker nach § 2224 BGB, Hbg MDR **78**, 1031 oder bei der Erbunwürdigkeitsklage nach § 2342 BGB.

Eine Streitgenossenschaft ist *nicht* notwendig: Bei der Klage gegenüber einem Miterben nach § 2058 BGB, etwa mit dem Ziel der Feststellung eines Pflichtteils, oder nach § 2341 BGB (Erbunwürdigkeit); bei einer Klage gegen diesen aus einem anderen Grunde oder wegen eines zum Nachlaß gehörenden Anspruchs gegenüber einem Dritten nach § 2039 BGB; bei der Klage auf die Nichtigkeit eines Testaments; bei der Klage nur gegen den Testamentsvollstrecker statt auch gegen Miterben, Karlsr RR **94**, 905; bei der Klage eines Nachlaßgläubigers gegenüber einem Miterben, und zwar auch dann, wenn der Nachlaß noch nicht geteilt ist; bei einer Klage des Nacherben nach § 773, BGH NJW **93**, 1583.

S aber auch Rn 12 „Mißbrauch".

Finanzgerichtsverfahren: Zur Anwendbarkeit des § 62 BFH DB **86**, 2646.

Genossenschaft, dazu *Frank*, Die actio pro socio in der eingetragenen Genossenschaft, 1996: Eine Streitgenossenschaft ist wegen Rechtskrafterstreckung notwendig, wenn es sich um eine Klage auf die Nichtigkeit der Genossenschaft nach §§ 51 V, 96 GenG handelt.

11 Gesamthand: Eine Streitgenossenschaft ist wegen der Notwendigkeit gemeinsamer Rechtsverfolgung grds notwendig, LG Kassel WoM **94**, 534, soweit es um mehrere Gesamthänder als Kläger geht, Rn 13.

S auch Rn 10 „Eigentum", Rn 10 „Erbrecht", Rn 11 „Gesamtschuld", Rn 11 „Gesellschaft allgemein" (sowie bei den verschiedenen Gesellschaftsformen), Rn 15 „Verein".

Gesamtgläubigerschaft, -schuld: Sie begründet *keine* notwendige Streitgenossenschaft, zB nicht bei §§ 425 II, 429 II, 431, 432 II, 2058 BGB, BGH NJW **92**, 2413, BAG NJW **04**, 2849, Hamm RR **97**, 90, aM Hamm RR **03**, 1613, Kblz RR **98**, 64 (aber man kann einzeln vorgehen). Daran ändern auch zB §§ 743, 745 nichts. Denn sie schreiben nicht einen einheitlichen Titel vor.

S auch Rn 10 „Eigentum".

Gesellschaft allgemein: Eine Streitgenossenschaft ist wegen der Notwendigkeit gemeinsamer Rechtsverfolgung notwendig: Bei der Klage mehrerer Gesellschafter auf die Entziehung der Geschäftsführungsbefugnis oder der Vertretungsmacht geht (Gestaltungsklage, Schmidt JuS **02**, 714), oder bei der Prozeß der Gesellschaft über das Gesellschaftsvermögen (wegen der BGB-Außengesellschaft vgl „Gesellschaft bürgerlichen Rechts"), oder bei der Klage eines Gesellschafters gegen die übrigen auf Feststellung der Nichtigkeit eines Gesellschaftsbeschlusses, BGH NJW **04**, 1861 (Beschlußanfechtungsklage), Köln RR **94**, 491, oder bei einer Kündigungsschutzklage, LAG Bln MDR **98**, 293.

Eine Streitgenossenschaft ist *nicht* notwendig bei der Feststellungsklage des einen Gesellschafters darüber, daß ein anderer Gesellschafter ausgeschieden sei usw, Hbg ZIP **84**, 1226, aM Wieser NJW **00**, 1164, oder bei der Klage gegen mehrere Mitgesellschafter auf ihre Mitwirkung bei der Bilanz, BGH WertpMitt **83**, 1279 (anders bei Feststellung der Bilanz, 1280).

S auch Rn 9 „Aktiengesellschaft", Rn 11 „Gesellschaft bürgerliches Recht", „Gesellschaft mit beschränkter Haftung", „Kommanditgesellschaft", Rn 13 „Offene Handelsgesellschaft".

Gesellschaft mit beschränkter Haftung: Eine Streitgenossenschaft ist wegen Rechtskrafterstreckung notwendig, wenn es sich um die Klage auf die Nichtigkeit der Gesellschaft nach § 75 GmbHG handelt, Karlsr WertpMitt **95**, 668. Eine Streitgenossenschaft ist wegen Nämlichkeit des Streitgegenstands notwendig, wenn es um die Auflösung der GmbH geht, BVerfG **60**, 14 (das Gericht muß daher auch die am Verfahren nicht direkt beteiligten Gesellschafter anhören).

S auch Rn 11 „Gesellschaft allgemein".

Gesellschaft bürgerlichen Rechts: Infolge der Rechts-, Partei- und Prozeßfähigkeit der BGB-Außengesellschaft seit BGH **146**, 341 ist die Annahme einer gar notwendigen Streitgenossenschaft nur noch insoweit vertretbar, als nur einzelne Gesellschafter anstelle oder neben der selbständig beurteilbaren Gesellschaft auftreten, BGH **146**, 341, Ffm BB **01**, 2392 rechts, Schmidt NJW **01**, 999. Dann ist eine nachträgliche Veränderung unerheblich, etwa ein Ausscheiden. Ein Beitritt macht zum notwendigen Streitgenossen, BGH NJW **00**, 292.

S auch Rn 11 „Gesamthand", „Gesellschaft allgemein".

Grunddienstbarkeit: Eine Streitgenossenschaft ist wegen einer Verbindung nach dem sachlichen Recht, Rn 15, grds bei einer Grunddienstbarkeit notwendig, BGH NJW **92**, 1102 (auch zu einer Ausnahme).

Herausgabe: Rn 10 „Eigentum".

Hypothek: Rn 10 „Eigentum".

Insolvenzverfahren: Eine Streitgenossenschaft ist wegen Rechtskrafterstreckung notwendig, wenn es sich um einen Fall nach § 183 I InsO handelt, BGH **112**, 98. Eine Streitgenossenschaft ist wegen Nämlichkeit des Streitgegenstands notwendig bei einer Klage auf die Feststellung zur Tabelle gegenüber mehreren Widersprechenden, §§ 179, 180 InsO.

S auch Rn 14 „Schiffahrtsrechtliches Verteilungsverfahren".

Kauf: Rn 13 „Rechnung".

Kindschaftssache: Eine Streitgenossenschaft ist wegen Rechtskrafterstreckung notwendig, wenn es sich um die Gestaltungsklage in einer Kindschaftssache handelt.

Kommanditgesellschaft: Eine Streitgenossenschaft ist *nicht* notwendig bei einer Klage gegen die KG und gegen deren persönlich haftende Gesellschafter wegen einer Gesellschaftsschuld, BGH NJW **88**, 2113.

S auch Rn 11 „Gesellschaft allgemein".

12 Mietrecht: Eine Streitgenossenschaft ist wegen einer Verbindung nach dem sachlichen Recht nach Rn 8 notwendig zB bei einer Klage auf die Feststellung der Wirksamkeit oder Unwirksamkeit eines Mietvertrags, Celle RR **94**, 854, oder bei einer Klage gegen mehrere Mitmieter oder -untermieter nach

Titel 2. Streitgenossenschaft § 62

§§ 558 ff BGB, KG WoM **86**, 108, LG Kiel ZMR **89**, 429 (anders, wenn der weitere Streitgenosse schon zugestimmt hat), aM BGH NJW **96**, 516 (aber hier geht es nicht nur um eine Gesamtschuld).
Mißbrauch: Ein Rechtsmißbrauch ist stets und daher auch hier verboten, Einl III 54. Als unzulässig kann man zB ansehen, daß ein Miterbe, der gegenüber den Nachlaßschuldnern arglistig handelte, allein trotz des Widerspruchs der anderen Miterben einen auf sein Verhalten gestützten Anspruch geltend macht.

Kein Mißbrauch liegt vor, nur weil es prozeßwirtschaftlicher sein könnte, wenn sich selbständige Rechtsträger bei gleichartiger Interessenlage zu derselben Klage verbinden könnten. Das gilt ungeachtet der bloßen Möglichkeit nach § 60. Niemand kann zu ihrem Gebrauch verpflichtet sein.
Miteigentümer: Rn 10 „Eigentum".
Miterbe: Rn 10 „Erbrecht".
Nacherbe: Rn 10 „Erbrecht".
Nachlaßgläubiger: Rn 10 „Erbrecht".
Notweg: Eine Streitgenossenschaft ist wegen einer Verbindung nach dem sachlichen Recht nach Rn 8 notwendig, wenn es um einen Notweg auf einem Grundstück geht, das mehreren Personen zu ideellen Bruchteilen gehört, BGH NJW **84**, 2210, aM Karlsr RR **86**, 1342, LG Nürnb-Fürth NJW **80**, 2478, Wieser JuS **00**, 1000 (aber in einem ganz typischen Fall einer derartigen Verbindung).
Offene Handelsgesellschaft: Eine Streitgenossenschaft ist wegen Nämlichkeit des Streitgegenstands notwendig bei einer Klage mehrerer Gesellschafter gegen mehrere andere Gesellschafter mit dem Ziel einer Auflösung der OHG, § 133 HGB, BGH **68**, 84, Haarmann/Holtkamp NJW **77**, 1396, Wieser JuS **00**, 999 (allerdings brauchen sich die Gesellschafter auf der Klägerseite nicht in einer für sie verbindlichen Weise mit der Auflösung einverstanden erklärt haben). Eine Streitgenossenschaft ist ferner notwendig beim Streit zwischen Gesellschaftern über ihre Beteiligung oder über einen Ausschließungsbescheid, BGH **64**, 253. 13

Eine Streitgenossenschaft ist *nicht* notwendig bei einer Klage wegen einer Gesellschaftsschuld gegenüber der OHG und gegenüber deren Gesellschaftern, die keine persönlichen Einwendungen erheben, § 129 I HGB, BGH NJW **88**, 2113.

S auch Rn 11 „Gesellschaft allgemein".
Parteivereinbarung: Eine Streitgenossenschaft läßt sich nicht durch eine Parteivereinbarung zu einer notwendigen machen.
Patentrecht: Eine Streitgenossenschaft ist wegen der Erforderlichkeit einheitlicher Entscheidung bei mehreren Patentanmeldern notwendig, BPatG GRUR **99**, 702. Sie ist wegen Rechtskrafterstreckung notwendig, wenn es um mehrere Patentinhaber mit dem Ziel einer angemessenen Benutzungsvergütung nach § 23 IV PatG geht.

Sie ist *nicht* notwendig zwischen dem wahren Rechtsinhaber und dem zu Unrecht als Erfinder Benannten, Karlsr GRUR-RR **03**, 328.
Pfandsache: Eine Streitgenossenschaft ist wegen einer Verbindung nach dem sachlichen Recht nach Rn 8 notwendig bei der Klage mehrerer Pfandgläubiger und Miteigentümer der Pfandsache nach § 1258 II BGB.
Pflichtteil: Rn 10 „Erbrecht".
Rechnung: Eine Streitgenossenschaft ist *nicht* notwendig bei der Klage gegen mehrere Verkäufer auf eine gemeinsame Rechnung, BGH NJW **75**, 311.
Rechtsanwalt: Eine Streitgenossenschaft ist wegen der Gesamthand und der Rechtskrafterstreckung notwendig, wenn es sich um mehrere Sozien handelt, BGH NJW **96**, 2859. Das gilt selbst dann, wenn ein inzwischen verstorbener Sozius seine übrigen Sozien vertreten wird, I.
Rechtsmißbrauch: Rn 12 „Mißbrauch".
Rücktritt: Die Notwendigkeit gemeinsamer Rechtsverfolgung nach Rn 5 *fehlt* bei einem Rücktritt. Denn ihn vollzieht man bereits durch seine Erklärung, § 356 BGB.
Schadensersatz: Die Notwendigkeit gemeinsamer Rechtsverfolgung nach Rn 5 *fehlt* bei Klagen mehrerer aus gemeinsam erlittenen Schäden, BGH NJW **93**, 649. 14
Schiffahrtsrechtliches Verteilungsverfahren: Es besteht Notwendigkeit, mehrere Widersprechende gemeinsam zu verklagen, BGH **112**, 98 (Insolvenzverfahren).

S auch Rn 11 „Insolvenzverfahren".
Sozius: Rn 13 „Rechtsanwalt".
Testament: Rn 10 „Erbrecht".
Unterhalt: Eine Streitgenossenschaft ist *nicht* notwendig bei der Klage gegenüber mehreren Unterhaltspflichtigen.

S auch Rn 11 „Gesamtschuld".
Unterlassung: Rn 10 „Eigentum", Rn 16 „Wohnungseigentum".
Urheberrecht: Wegen mehrerer Miturheber und -herausgeber Karlsr GRUR **84**, 812.
Verband: Eine Streitgenossenschaft ist *nicht* notwendig im Verhältnis zwischen einem Verband von Briefmarkenhändlern und einem Bund von Sammlern, BGH GRUR **80**, 795. 15
Verein: Eine Streitgenossenschaft ist wegen des Zwecks gemeinsamer Rechtsverfolgung notwendig (Gesamthandverhältnis) bei der Klage von Mitgliedern eines Vereins.

S auch Rn 11 „Gesamthand", Rn 15 „Verband".
Verjährung: Die Hemmung der Verjährung durch Klagerhebung gegenüber dem einen notwendigen Streitgenossen aus sachlichrechtlichen Gründen bewirkt *nicht* die Hemmung der Verjährung gegenüber dem anderen, BGH NJW **96**, 1061.
Verkehrsunfall, dazu *Gerhard* (vor Rn 1): Eine Streitgenossenschaft ist in der Regel wegen Rechtskrafterstreckung notwendig bei einer Klage gegenüber dem Fahrzeughalter, der Versicherungsgesellschaft und dem Versicherungsnehmer, BayObLG VersR **85**, 841, Gerhardt (vor Rn 1) 282, Zeiss ZZP **93**, 483, aM BGH NJW **82**, 997 und 999, Köln RR **04**, 1551, RoSgo § 49 II 2 b (die notwendige Streitgenossenschaft fehle bei der Klage gegen den Versicherer und den Versicherungsnehmer und sei nur bei deren gemeinsamer Klage gegeben. Aber in der Regel erstreckt sich die Rechtskraft zumindest versicherungsrechtlich).

§ 62

Eine Streitgenossenschaft ist *nicht* notwendig bei einer Klage gegenüber der Versicherungsgesellschaft und einem Mitversicherten im Sinne von § 10 Z 2 AKB, Ffm VersR **78**, 260.

Versicherungsrecht: Versicherungsnehmer und Versicherer sind nicht stets notwendige Streitgenossen, LG Arnsb VersR **04**, 1022.

S auch „Verkehrsunfall".

Vorerbe: Rn 10 „Erbrecht".

Vorfrage: Rn 4, 11 „Gesamtgläubigerschaft, -schuld".

16 **Wandlung:** Die Notwendigkeit gemeinsamer Rechtsverfolgung nach Rn 5 *fehlt* bei der Rückzahlungsklage mehrerer Käufer nach einer Wandlung, BGH NJW **90**, 2689.

Wohnungseigentum: Eine Streitgenossenschaft ist *nicht* notwendig bei der Klage mehrerer Wohnungseigentümer nach § 1004 BGB, Köln MDR **89**, 1111, aM BGH **121**, 28, ZöV 13 (aber sie können einzeln vorgehen).

S auch Rn 10 „Eigentum".

Zwangsvollstreckung: Eine Streitgenossenschaft ist wegen Nämlichkeit des Streitgegenstands notwendig bei einer Klage gegenüber mehreren Pfändungsgläubigern einer Pfandsache oder bei einer gemeinsamen Vollstreckungsabwehrklage nach § 767, Thümmel NJW **86**, 536.

17 **7) Verfahren, I, II.** Man muß recht unterschiedliche Aspekte beachten.

A. Grundsatz: Notwendigkeit einheitlicher Entscheidung: Grundsätzlich ist jeder notwendige Streitgenosse in seinen Rechtsverfolgung ebenso frei wie ein gewöhnlicher Streitgenosse nach § 61, BGH **131**, 379. Andererseits darf das Gericht nur eine alle notwendigen Streitgenossen erfassende einheitliche Entscheidung treffen. Daraus ergeben sich Schwierigkeiten. Sie sind teilweise kaum im Einklang mit den sonstigen Vorschriften lösbar, Rn 1. § 62 nennt in seiner unvollkommenen Aufzählung einige Abweichungen von der gewöhnlichen Streitgenossenschaft. II ist eine Ausnahmevorschrift. Sie erlaubt deshalb nur eine enge Auslegung, Rn 2. Die Selbständigkeit eines jeden notwendigen Streitgenossen ergibt sich etwa in der folgenden Weise.

18 **B. Angriffs- und Verteidigungsmittel.** Jeder notwendige Streitgenosse kann unabhängig vom anderen Angriffs- und Verteidigungsmittel wählen, Einl III 70, soweit nicht eine einheitliche Entscheidung gefährdet würde, BGH **131**, 379. Deshalb bindet ein Geständnis des einen Streitgenossen nach § 288 nur diesen. Das Gericht muß dieses Geständnis aber auch im Hinblick auf die übrigen Streitgenossen nach § 286 frei würdigen, soweit diese übrigen Streitgenossen nicht etwa ebenfalls ein Geständnis ablegen. Eine Versäumung einer einzelnen Parteiprozeßhandlung, etwa der Erklärung über eine Tatsache, bleibt unschädlich, wenn die Prozeßhandlungen der übrigen Streitgenossen ausreichen.

19 **C. Frist.** Eine Frist läuft für und gegen jeden notwendigen Streitgenossen getrennt, BGH NJW **96**, 1061. Das gilt auch für die Rechtsmittelfrist. Ein nicht säumiger Streitgenosse vertritt den säumigen nur, wenn die Frist für die säumigen Streitgenossen noch nicht verstrichen ist.

20 **D. Anerkenntnis, Verzicht, Vergleich, Klagerücknahme, Erledigterklärung.** Die Verfügung eines notwendigen Streitgenossen über den Streitgegenstand im Weg eines Anerkenntnisses, eines Verzichts oder eines Vergleichs bindet die anderen Streitgenossen nur insoweit, als der Verfügende ein Verfügungsrecht besaß oder alle anderen zustimmen, Hamm RR **00**, 1558. Darüber hinaus ist eine solche Verfügung bedeutungslos. Man muß die von nur einem Streitgenossen erklärte Klagerücknahme nach § 269 in den in Rn 6–8 genannten Fällen als unzulässig ansehen, ThP § 794 Rn 5, aM Rostock RR **95**, 382, RoSGo § 49 1 a, StJBo 35 (er weist die Klage ab, soweit ein Zwang zu einer gemeinschaftlichen Klage oder zu einer Klage gegen mehrere Streitgenossen bestand, da dann die Sachbefugnis entfallen sei. Aber eine Klagerücknahme ist bei notwendiger Streitgenossenschaft als eine den Prozeß beendende Handlung nun wirklich nur durch alle Streitgenossen wirksam möglich). Entsprechendes gilt bei einer Erledigterklärung.

21 **E. Vertretungsbefugnis.** Jeder notwendige Streitgenosse darf sich selbständig vertreten lassen.

F. Zustellung. Sie erfolgt an jeden notwendigen Streitgenossen besonders, BGH NJW **96**, 1061.

G. Vorherige Leistungsverpflichtung. Die Klage ist aus prozeßwirtschaftlichen Erwägungen nach Grdz 14 vor § 128 ausnahmsweise gegen einzelne notwendige Streitgenossen zulässig, wenn die übrigen erklärt haben, zu der mit der Klage begehrten Leistung verpflichtet und bereit zu sein, Rn 24, BGH NJW **92**, 1102.

22 **H. Säumnis.** Nach I vertreten die nicht säumigen notwendigen Streitgenossen die säumigen im Hinblick auf Termine und Fristen, BGH NJW **96**, 1061. Das gilt auch bei § 278, aM ZöV 28 (aber auch dann findet ein Termin statt). § 62 ergibt darüber hinaus keine Vertretungsbefugnis. I enthält eine unwiderlegliche Vermutung, § 292 Rn 2. Deshalb kommt es nicht darauf an, welchen Willen die Beteiligten haben. Das Gericht darf also gegen den säumigen notwendigen Streitgenossen nach § 335 I Z 1 kein Versäumnisurteil erlassen, solange ein anderer notwendiger Streitgenosse verhandelt oder sonstwie nicht säumig ist. Selbst bei Säumnis aller notwendigen Streitgenossen ist ein Versäumnisurteil nur unter den Voraussetzungen der §§ 330 ff bei allen Säumigen statthaft. Die Vertretungsbefugnis deckt alle Prozeßhandlungen, Grdz 46 vor § 128. Vgl aber Rn 18, 20.

23 Ein *Urteil*, das auf Grund der mündlichen Verhandlung auch nur eines notwendigen Streitgenossen ergeht, muß stets ein streitmäßiges Urteil sein, Üb 7 vor § 300. Wenn das Gericht trotzdem ein Versäumnisurteil nach §§ 330 ff erlassen hat, das obendrein noch ein nach Rn 24 unzulässiges Teilurteil ist, dann ist allerdings nur der Einspruch nach §§ 338 ff statthaft. Ein solches Versäumnisurteil kann aber im Hinblick auf den Zweck einer Einheitlichkeit der Entscheidung nach § 62 trotz formeller Rechtskraft nicht wirksam werden, StJBo 27, ThP 30, ZöV 31, aM BGH JR **90**, 459 (zustm Schilken), RoSGo § 49 IV 3 b (aber man müßte es auch allen notwendigen Streitgenossen zustellen, wenn es gegenüber allen wirken sollte. Ein Säumiger kann aber die anderen Streitgenossen nicht um deren Rechte bringen). Wenn ein notwendiger Streitgenosse die

Titel 2. Streitgenossenschaft §§ 62, 63

Gebühren eingezahlt hat oder ein Rechtsmittel begründet hat, dann wirkt dieser Vorgang zugunsten aller anderen Streitgenossen.

Eine *Fristverlängerung* zugunsten des einen Streitgenossen nach § 224 wirkt ebenfalls zugunsten aller übrigen. Wenn ein notwendiger Streitgenosse prozessual ausscheidet, kann er sich trotzdem im Rahmen des sonst Zulässigen an dem Verfahren der übrigen Streitgenossen beteiligen und ist insofern auch hinzuzuziehen. Der vorher vertretene Streitgenosse kann andere Erklärungen abgeben, soweit das nach den allgemeinen prozessualen Grundsätzen zulässig ist.

I. Gemeinsame Sachentscheidung. Grundsätzlich darf das Gericht wegen der Notwendigkeit einer 24 einheitlichen Entscheidung nur eine gemeinsame Sachentscheidung treffen, BGH NJW 00, 292 (also grundsätzlich kein Teilurteil nach § 301 zulässig, wenn die übrigen Streitgenossen zur eingeklagten Leistung bereit sind, Rn 21. Ein bloßes Prozeßurteil nach Grdz 14 vor § 253 unterliegt grundsätzlich nicht solcher Beschränkung (Ausnahme Rn 6).

8) Unterbrechung, Aussetzung, I, II. Die Unterbrechung des Rechtsstreits nach §§ 239 ff wegen des 25 einen notwendigen Streitgenossen wirkt zugleich im Hinblick auf alle übrigen Streitgenossen, Ffm ZIP 01, 1884 (Insolvenz). Eine Aussetzung nach §§ 148 ff im Verhältnis nur zu dem einen Streitgenossen ist unzulässig. Denn dieser Streitgenosse wäre im folgenden Verfahren der übrigen Streitgenossen nicht vertreten. Ohne die Mitwirkung aller Streitgenossen würde aber die Sachbefugnis fehlen. Vgl § 61 Rn 7, § 239 Rn 7.

9) Rechtsmittel, I, II. Man muß ein Rechtsmittel gegenüber jedem Streitgenossen einlegen, BGH **131**, 26 382. Wenn das nicht geschieht, ist das Rechtsmittel unzulässig, BGH FamRZ **75**, 406. Ein notwendiger einzelner Streitgenosse kann ein Rechtsmittel einlegen, Hamm RR **03**, 1613. Dann hat ein jetzt ergehendes Urteil eine Wirkung auch gegenüber denjenigen weiteren Streitgenossen, die sich am Rechtsmittelverfahren nicht beteiligt oder ihrerseits zu spät ein Rechtsmittel eingelegt haben, BGH NJW **04**, 1861, Karlsr ZIP **91**, 102. Das ergibt sich aus II. Die Rechtskraft einer angefochtenen Entscheidung bleibt also solange in der Schwebe, als noch einer der Streitgenossen anfechten kann, BGH **131**, 382, Kblz RR **98**, 64. So liegt es auch bei einem Einspruch und im Wiederaufnahmeverfahren, §§ 578 ff.

Soweit ein Rechtsmittel *verspätet* eingelegt wird, muß das Gericht dieses Rechtsmittel gegenüber diesem Streitgenossen im Endurteil mit der Kostenfolge § 100 Rn 32–34 verwerfen, BGH NJW **98**, 376, aM Schumann ZZP **76**, 395, ZöV 32 (auf Grund dieses Rechtsmittels nur dann eine Entscheidung, wenn der Nichtsäumige mit seinem Rechtsmittel nicht durchdringt. Für diese Lösung ist aber keine Notwendigkeit gegeben. Sie würde den Säumigen unberechtigterweise von der Kostenlast befreien). Wenn ein für den Säumigen ungünstiges Berufungsurteil ergeht, dann kann er sich wieder am Prozeß dadurch beteiligen, daß er Revision einlegt, eine der Ungereimtheiten des § 62, Rn 1. Wenn ein Sachurteil versehentlich nur wegen eines Streitgenossen erlassen worden ist, muß das Revisionsgericht diesen Umstand von Amts wegen berücksichtigen.

10) VwGO: *Entsprechend anzuwenden, § 64 VwGO, auf alle Klagearten der VwGO, obwohl die Versäumung* 27 *eines Termins, I, im VerwProzeß ohne Bedeutung ist, BVerwG NVwZ-RR 95, 479. Beispiele (vgl KoppSch § 64 Rn 5–7): Notwendigkeit einheitlicher Entscheidung bei Klagen auf oder gegen die Genehmigung eines Vertrages, an dem auf einer Seite mehrere beteiligt sind, oder bei einer Verpflichtungsklage, mit der mehrere gemeinsam die Erteilung einer Genehmigung, BVerwG VerwRspr 31, 580, oder Eheleute die Änderung des Ehenamens erstreben, BVerwG NJW 83, 1133 (abw für die Klage gegen eine Namensfeststellung BVerwG VerwRspr 32, 534), oder wenn verschiedene Personen eine Allgemeinverfügung anfechten, oben Rn 6 ff (zur Streitgenossenschaft von Miterben, Rn 10, vgl BVerwG Buchholz 112 § 2a Nr 1); Notwendigkeit gemeinsamer Rechtsverfolgung, wenn Eltern aufgrund ihres Elternrechts klagen, Maetzel DVBl 75, 734, OVG Münst FamRZ 75, 44, oder mehrere Kläger in einem Gesamthandverhältnis stehen, BVerwG 3, 208 (abl Rupp DÖV 57, 144); vgl dazu Martens VerwArch 60, 213, Grunsky § 29 II 2, eingehend Stettner, Das notwendige Beiladung zur notwendigen Streitgenossenschaft im VerwProzeß, 1974 (Bespr Bettermann ZZP 90, 121). Wegen der Wirkungen vgl oben Rn 17 ff; das Fehlen eines Streitgenossen kann bei notwendiger gemeinsamer Rechtsverfolgung nicht durch Beiladung ersetzt werden, VGH Mü BayVBl 80, 596 mwN. Die Einlegung eines Rechtsmittels durch einen Streitgenossen kommt im Ergebnis auch den anderen zugute, BVerwG Buchholz 310 § 173 VwGO Anh: § 62 Nr 1.*

63 Prozessbetrieb; Ladungen. Das Recht zur Betreibung des Prozesses steht jedem Streitgenossen zu; zu allen Terminen sind sämtliche Streitgenossen zu laden.

1) Systematik, Regelungszweck. Vgl zunächst Üb 1, 2 vor § 59 und § 59 Rn 1. § 63 gilt als sinnvolle 1 Folge der dort genannten Gesetzesziele für alle Fälle der einfachen wie der notwendigen Streitgenossenschaft nach § 62, BGH NJW **96**, 1061. Ein Streitgenosse braucht beim Prozeßbetrieb auf den anderen keine Rücksicht zu nehmen. Er ist mit seinem Vorbringen und seinen Anträgen selbständig und kann sich seinen eigenen Anwalt nehmen, § 91 Rn 132. Das Gericht bzw der ProzBev bei § 195 stellen den Schriftsatz eines einfachen Streitgenossen nur dem Gegner förmlich zu, nicht einem anderen Streitgenossen, LAG Hamm MDR **01**, 531.

2) Geltungsbereich. Vgl Grdz 3 vor § 50. 2

3) Ladung von Amts wegen. Die Ladung sämtlicher Streitgenossen erfolgt von Amts wegen durch das 3 Gericht, §§ 166 ff, 214. Es muß die Streitgenossen mitladen, wenn es auf Grund des Antrags nur eines Streitgenossen oder auf Grund der Prozeßhandlung auch nur eines Streitgenossen einen Termin anberaumt. Die Ladung ist nur gegenüber einem völlig ausgeschiedenen einfachen Streitgenossen unnötig. Das alles gilt auch im Wiederaufnahmeverfahren, § 578. Es ist unerheblich, ob die einzelnen Streitgenossen bisher säumig waren. Das Gericht muß die Rechtsmittelschrift und die Rechtsmittelbegründung allen Streitgenossen zustellen, soweit sie nicht ersichtlich am Rechtsmittel unbeteiligt sind. Im Fall einer notwendigen Streitgenossenschaft stellt die Geschäftsstelle vorsorglich allen Streitgenossen zu, § 168 I 1. Eine Terminsbekanntmachung nach den §§ 340 a, 523, 553 erfolgt ebenfalls an alle Streitgenossen. Vgl wegen der Berufungs- und Revisionsschrift auch §§ 521, 550 II.

4) Verstoß. Bei einem Verstoß gegen § 63 darf kein Versäumnisurteil gegen den nicht ordnungsgemäß geladenen Streitgenossen ergehen. Im Fall der notwendigen Streitgenossenschaft vertritt ein erschienener Streitgenosse die geladenen, aber nicht erschienenen anderen Streitgenossen. Es findet aber keine Verhandlung statt, wenn ein notwendiger Streitgenosse nicht geladen wurde und entweder nicht erschienen ist oder erscheint, aber das Fehlen der ordnungsmäßigen Ladung rügt.

5) VwGO: *Entsprechend anwendbar, § 64 VwGO. Die Ladung, oben Rn 3, erfolgt durch das Gericht, §§ 102, 56 VwGO.*

Titel 3. Beteiligung Dritter am Rechtsstreit

Übersicht

Schrifttum: *Benkel*, Die Verfahrensbeteiligung Dritter, 1996; *Frohn*, Nebenintervention ... in der Freiwilligen Gerichtsbarkeit, Diss Münst 1998; *Lammenett*, Nebenintervention, Streitverkündung und Beiladung usw, Diss Köln 1976; *Lüke*, Die Beteiligung Dritter am Zivilprozeß (rechtsvergleichend), 1993; *Mansel*, Streitverkündung und Interventionsklage im Europäischen internationalen Zivilprozeßrecht usw, in: *Hommelhoff/Jayme/Mangold*, Europäischer Binnenmarkt, IPR und Rechtsangleichung, 1995; *Mansel*, Streitverkündung usw, in: Herausforderungen des Internationalen Zivilverfahrensrechts (1994) 63; *Picker*, Hauptintervention, Forderungsprätendentenstreit und Urheberbenennung usw, Festschrift für *Flume* (1978) I 649; *Schäfer*, Nebenintervention und Streitverkündung, 1991; *Schäfer*, Drittinteressen im Zivilprozeß, Diss Mü 1993; *Schlosser*, Schiedsrichterliches Verfahrensermessen und Beiladung der Nebenparteien, Festschrift für *Geimer* (2002) 947; *Schmidt*, Mehrparteienprozeß, Streitverkündung und Nebenintervention bei Gestaltungsprozessen im Gesellschaftsrecht usw, in: Festschrift für *Beys* (Athen 2003); *Schober*, Drittbeteiligung im Zivilprozeß (auch rechtsvergleichend), 1990; *Schultes*, Beteiligung Dritter am Zivilprozeß, 1994; *Stürner*, Die erzwungene Intervention Dritter im europäischen Zivilprozess, Festschrift für *Geimer* (2002) 1307.

1) Systematik. Vgl zunächst Üb 1 vor § 59. Ein Dritter beteiligt sich am Prozeß durch eine Streithilfe (Nebenintervention), §§ 66–71, dh indem er einer Partei zu deren Unterstützung beitritt, ohne regelmäßig zum Streitgenossen nach §§ 59 ff zu werden. Man kann die Streithilfe durch eine Streitverkündung vorbereiten, §§ 72–74.
Darüber hinaus gibt Titel 3 Vorschriften für die *Einmischungsklage* (Hauptintervention), §§ 64 ff. Durch sie beansprucht ein Dritter den Streitgegenstand mit einer gegen beide Parteien als Streitgenossen gerichteten Klage. Eine Abart dieser Prozeßfigur ist der Eintritt eines Anspruchsforderers an Stelle des Bekl, § 75. Weiter kann ein Dritter als benannter Urheber in den Prozeß eintreten, §§ 76, 77. Zu zahlreichen Einzelfragen gegenüber der hier vertretenen Meinung jeweils aM Picker Festschrift für Flume (1978) 649 (wenig überzeugend). Eine amtliche Beiladung kennt der eigentliche Zivilprozeß grundsätzlich nicht. Eine solche sieht aber ausnahmsweise §§ 640 e, 666 II, 856 III mit jeweils anderen Wirkungen vor. Auch kann das Recht auf rechtliches Gehör nach Art 103 I GG im Einzelfall zumindest eine Kenntnisgabe gegenüber einem Dritten gebieten, BVerfG **60**, 15, BGH **97**, 32, ZöV 2 vor § 64.

2) Regelungszweck. Vgl zunächst Üb 2 vor § 59. §§ 72–74 zeigen einem Dritten das Schweben des Prozesses an, um ihm eine Gelegenheit zur Beteiligung zu geben, vereinzelt auch zur Übernahme des Prozesses, §§ 75–77. Streithilfe und Streitverkündung sind im geltenden Prozeß das einzige Mittel, die sonst auf die Parteien beschränkte Rechtskraftwirkung auf Dritte auszudehnen, § 68, soweit sie sich nicht nach § 325 auf den Rechtsnachfolger usw erstreckt. Die Vorschriften dienen der Vermeidung von Folgeprozessen und damit der Prozeßwirtschaftlichkeit, Grdz 14 vor § 128. Andererseits hat die Rechtskraft die Funktion der Stärkung der Rechtssicherheit, Einl III 43. Diese kann man aber durch Zulassung des Dritten zum Prozeß erweitern. Daraus entsteht ein Spannungsfeld. Man muß es bei der grundsätzlich eher weiten Auslegbarkeit mitbedenken. Es wäre freilich auch problematisch, wenn ein Dritter allzu leicht in einen Prozeß eindringen könnte oder wenn eine Partei allzu einfach einen Dritten hineinziehen dürfte. Rechtsmißbrauch wäre nur ein letztes, hilfsweises Argument zur Verhinderung solcher Störung, Einl III 54.

3) Geltungsbereich. Vgl zunächst Grdz 3 vor § 50. §§ 64 ff gelten nicht im selbständigen Beweisverfahren der §§ 485 ff, ebensowenig wie eine Streitverkündung, Einf 3 vor §§ 72–74, Bohnen BB **95**, 2338, aM Kießling NJW **01**, 3674. In einer Baulandsache gelten die §§ 217–231 BauGB den §§ 64 ff grundsätzlich vor, BGH NJW **89**, 1039. Wegen des FGG Frohn (vor Rn 1).

4) VwGO: *An die Stelle der Streithilfe und Streitverkündung tritt die Beiladung, §§ 65 u 66 VwGO, Grunsky § 31 I 4 u II 4. Dagegen sind die sonstigen Vorschriften des 3. Titels, §§ 64, 65, 75–77, entsprechend anzuwenden, § 173 VwGO (str, aM RedOe § 64 Anm 1, KoppSch § 65 Rn 2 mwN). Da es sich um besondere Klageverfahren und nicht um den Hinzutritt Dritter handelt, stehen weder die Aufzählung in § 63 VwGO noch das Fehlen einer Verweisung in § 64 VwGO entgegen. Die praktische Bedeutung dieser besonderen Verfahren, die nur für sog Parteistreitigkeiten in Betracht kommen (vgl Bettermann MDR **67**, 950), wird stets gering sein. Eingehende Darstellung bei Stahl, Beiladung und Nebenintervention, 1972 (Bespr Habscheid ZZP **86**, 101).*

64

Hauptintervention. Wer die Sache oder das Recht, worüber zwischen anderen Personen ein Rechtsstreit anhängig geworden ist, ganz oder teilweise für sich in Anspruch nimmt, ist bis zur rechtskräftigen Entscheidung dieses Rechtsstreits berechtigt, seinen Anspruch durch eine gegen beide Parteien gerichtete Klage bei dem Gericht geltend zu machen, vor dem der Rechtsstreit im ersten Rechtszug anhängig wurde.

Titel 3. Beteiligung Dritter am Rechtsstreit § 64

Schrifttum: *Benkel,* Die Verfahrensbeteiligung Dritter, 1996; *Heimann,* Die Problematik der dogmatischen Qualifizierung der Interventionsfiguren Hauptintervention usw, Diss Bonn 1996; *Lüke,* Die Beteiligung Dritter im Zivilprozeß, 1993; *Picker,* Hauptintervention, Forderungsprätendentenstreit und Urheberbenennung usw, Festschrift für *Flume* (1978) I 649. Vgl auch vor Üb 1 vor § 64.

Gliederung

1) **Systematik**	1	B. Rechtshängigkeit	6
2) **Regelungszweck**	2	6) **Klage**	7–9
3) **Geltungsbereich**	3	A. Verfahren	7, 8
4) **Einmischungsklage**	4	B. Zuständigkeit	9
5) **Voraussetzungen**	5, 6	7) **Rechtsmittel**	10
A. Beanspruchung des Streitgegenstands	5	8) *VwGO*	11

1) Systematik. Vgl Üb 1 vor § 64. Die Einmischungsklage, auch Hauptintervention genannt, ist eine gegen beide Prozeßparteien nach Grdz 4 vor § 50 gerichtete Klage eines Dritten, der den Streitgegenstand nach § 2 Rn 3 für sich beansprucht. Man darf sie nicht mit der Widerspruchsklage nach § 771 verwechseln. Die Einmischungsklage ist eine seltene Prozeßfigur. Das ist entgegen der Unterstellung von Picker (vor Rn 1) 651 keineswegs eine abwertende Beurteilung. §§ 64–69 regeln die Voraussetzungen, §§ 70, 71 das Verfahren des Beitritts eines Streithelfers. Zur Geschichte, Dogmatik und aktuellen Bedeutung Koussoulis ZZP **100**, 211. 1

2) Regelungszweck. Die Einmischungsklage hat den Zweck, unnötige Prozesse und einander widersprechende Urteile zu verhindern. Sie dient also der Prozeßwirtschaftlichkeit, Grdz 14 vor § 128. Freilich bleibt die in Üb 2 vor § 64 ausgesprochene Problematik auch hier in gewissem Umfang bestehen. Allerdings läuft der Einmischungskläger ja das volle Unterliegens- und Kostenrisiko in seinem Einmischungsprozeß. Deshalb darf man die Voraussetzungen der Zulassung der Hauptintervention großzügig bejahen. 2

3) Geltungsbereich. Vgl Üb 3 vor § 64. 3

4) Einmischungsklage. Die Einmischungsklage leitet einen neuen Prozeß ein. Er verläuft neben dem anderen, dem Erstprozeß. Ihn bezeichnet § 65 irreführend als den Hauptprozeß. Die Einmischungsklage gehört zur Streitgenossenschaft. Denn sie macht die Erstparteien auch ohne die Voraussetzungen der §§ 59 ff zu Streitgenossen, BGH NJW **88**, 1205. Das Gericht kann den Erstprozeß mit dem Einmischungsprozeß verbinden, § 65. Im Fall der Veräußerung der Streitsache gilt § 265 II. Der Dritte ist zur Einmischungsklage berechtigt, aber keineswegs verpflichtet. Er kann auch mehrere Einzelklagen erheben. 4

5) Voraussetzungen. Es müssen zwei Bedingungen zusammentreffen. 5

A. Beanspruchung des Streitgegenstands. Der Einmischungskläger muß den Streitgegenstand nach § 2 Rn 3 ganz oder teilweise für sich beanspruchen. In Betracht kommt zunächst eine Sache, genauer ein Recht an einer Sache oder ein Recht auf eine Sache einschließlich des unbeweglichen Sachen. Es ist die Nämlichkeit der Sache notwendig, BAG **43**, 316, nicht die Nämlichkeit des Rechts oder der Klageform, Rn 7. In Betracht kommt ferner ein Recht, genauer ein anderes Recht, etwa die Übertragung von Besitz oder Eigentum, die Herausgabe eines Kindes, eine Forderung oder ein Urheberrecht. Es ist die Nämlichkeit des Rechts notwendig. Der Einmischungskläger kann seinen Anspruch auf ein ausschließliches Recht stützen, etwa auf das Eigentum, oder auf ein jedenfalls stärkeres Recht, etwa auf die Überweisung zur Einziehung in einem Streit zwischen dem Schuldner und dem Drittschuldner.

B. Rechtshängigkeit. Über die Sache oder das Recht muß bei einem ordentlichen Gericht ein Prozeß anhängig, richtiger rechtshängig sein, § 261 Rn 1, BGH NJW **75**, 929. Ein Urkunden- oder Wechselprozeß nach § 592 ff genügen. Ein Mahnverfahren nach § 688 oder ein vorläufiges Verfahren nach § 916 ff, 935 ff genügt nicht, Ffm NJW **85**, 811. Der Streithelfer des Erstprozesses ist zur Klage befugt. Der Erstprozeß darf noch nicht rechtskräftig entschieden sein, § 322. Er darf also nicht in Wahrheit irgendwie endgültig und unbedingt beendet sein, auch nicht durch allseitige wirksame volle Erledigterklärungen oder durch einen Vergleich, Anh § 307. Die Einmischungsklage ist auch in der höheren Instanz zulässig, ferner auch im Nachverfahren nach § 302 IV oder im Verfahren nach einer Klagerücknahme, die sich als unwirksam erweist, § 269 Rn 29. 6

6) Klage. Es gelten gegenüber §§ 253 ff die folgenden Sonderregeln. 7

A. Verfahren. Man muß eine etwaige Einmischungsklage gegen beide Parteien des Erstprozesses erheben, Grdz 4 vor § 50. Es ist unerheblich, wie der Einmischungskläger diese Parteien bezeichnet. Er braucht seine Einmischungsklage nicht in demselben Prozeßart des Erstprozesses zu erheben, Koussoulis ZZP **100**, 229. Eine Prozeßvollmacht für den Erstprozeß nach § 80 gilt auch im Einmischungsprozeß, § 82. Deshalb ist eine Zustellung der Klage auch an die ProzBev des Erstprozesses wirksam, § 172. Die Parteien des Erstprozesses werden Streitgenossen, §§ 59 ff, und zwar je nach der Rechtslage gewöhnliche oder notwendige. Da der Kläger stets beide Parteien des Erstprozesses verklagen muß, muß er zwei verschiedene Anträge stellen. Die Rechtslage ergibt, wie diese Anträge jeweils lauten müssen.
Beispiele: Die Einmischungsklage geht gegen den einen auf eine Feststellung, gegen den anderen auf eine Herausgabe, Ffm RR **94**, 957; es geht um eine Rückübertragung der im Hauptprozeß geltend gemachten Forderung, Ffm RR **94**, 957 (krit Deubner JuS **94**, 782).

Das *Rechtsschutzbedürfnis* für die Einmischungsklage nach Grdz 33 vor § 253 ergibt sich bereits aus dem Gesetz. Das Gericht braucht diesen Punkt daher nicht zu prüfen, Pfeiffer ZZP **111**, 131. Der Erstprozeß und der Einmischungsprozeß laufen völlig unabhängig voneinander fort. Eine Aussetzung richtet sich nach § 65, eine Verbindung nach § 147, BGH NJW **88**, 1205. Eine Verweisung des Erstprozesses macht auch diejenige des Einmischungsprozesses notwendig, ZöV 4, aM MüKoSchi 11 (aber das allein ist prozeßwirtschaftlich, 8

§§ 64–66

Rn 2). Die Entscheidung braucht nur dann für sämtliche Streitgenossen einheitlich zu sein, wenn es sich um eine notwendige Streitgenossenschaft handelt.

Der *Erstprozeß* und der Einmischungsprozeß lassen im übrigen verschiedene Entscheidungen zu. Das Urteil im einen Prozeß hat im anderen Prozeß grundsätzlich keine Rechtskraftwirkung nach § 322. Diese Folge ist sehr unbefriedigend. Sie ergibt sich aber aus dem Gesetz. Etwas anderes gilt nur dann, wenn ausnahmsweise besondere Umstände hinzutreten, etwa dann, wenn der Einmischungskläger der Streitverkündungsgegner des Erstbekl war, §§ 68, 74.

9 **B. Zuständigkeit.** Für die Einmischungsklage ist das Gericht der ersten Instanz des Erstprozesses örtlich und sachlich ausschließlich zuständig. Das gilt auch dann, wenn der Erstprozeß in der Rechtsmittelinstanz schwebt. Es handelt sich um einen besonderen Gerichtsstand. Es braucht aber nicht notwendig innerhalb dieses Gerichts dieselbe Abteilung oder Kammer wie im Erstprozeß tätig zu werden. Wegen der Zuständigkeit der Kammer für Handelssachen § 103 GVG. Wegen der EuGVVO SchlAnh V C 4, besonders Art 6 Z 2.

10 **7) Rechtsmittel:** Der abgewiesene Einmischungskläger muß sein Rechtsmittel zwecks vollen Erfolgs gegen beide Parteien des Erstprozesses richten, BGH NJW **88**, 1205.

11 **8) VwGO:** *Entsprechend anwendbar § 173 VwGO, in Parteistreitigkeiten, Üb § 64 Rn 4.*

65

Aussetzung des Hauptprozesses. **Der Hauptprozess kann auf Antrag einer Partei bis zur rechtskräftigen Entscheidung über die Hauptintervention ausgesetzt werden.**

1 **1) Systematik.** Es handelt sich um eine zu §§ 148 ff hinzutretende Sondervorschrift.

2 **2) Regelungszweck.** § 65 existiert zwecks Vermeidung widersprüchlicher Ergebnisse und damit im Interesse der Gerechtigkeit nach Einl III 9 wie der Rechtssicherheit nach Einl III 43, aber auch einer richtig verstandenen Prozeßwirtschaftlichkeit, Grdz 14 vor § 128. Das muß man bei der Ermessensausübung nach Rn 4 mitbeachten. Freilich ist eine Aussetzung stets eine zweischneidige Maßnahme. Sie verlängert zunächst einmal die Verfahrensdauer erheblich. Ob die Ergebnisse des Parallelverfahrens dann auch im ausgesetzt gewesenen Prozeß entscheidungserheblich mitverwertbar sein werden, ist oft ungewiß. Eine Aussetzung sollte keinesfalls in Wahrheit nur aus Bequemlichkeit erfolgen. Das Gericht sollte ihre Fortsetzung regelmäßig auf weitere Zweckmäßigkeit überprüfen.

3 **3) Geltungsbereich.** Vgl Üb 3 vor § 64.

4 **4) Antragszwang; Ermessen des Gerichts.** Das Gericht darf den Erstprozeß nach seinem pflichtgemäßen, aber nicht nachprüfbaren Ermessen aussetzen, sofern eine Partei des Erstprozesses die Aussetzung beantragt, Ffm RR **94**, 957. Ein Antrag des Einmischungsklägers reicht nicht aus, ZöV 1, aM MüKoSchi 1 (aber Wortlaut und Sinn sind eindeutig, Einl III 39). Neben § 65 bleiben alle anderen Aussetzungsfälle der §§ 148 ff anwendbar. Die Aussetzung ist bis zur Rechtskraft des einen Urteils nach § 322 zulässig, also auch in der höheren Instanz. Das Gericht braucht über die Aussetzungsfrage keine mündliche Verhandlung durchzuführen, § 148 Rn 36. Die Wirkung einer Aussetzung und eine Aufnahme des Verfahrens richten sich nach den §§ 249, 250. Eine Einstellung der Zwangsvollstreckung wegen der Einmischungsklage ist nicht vorgesehen und daher unzulässig. Notfalls ist ein Verfahren nach §§ 916 ff, 935 ff ratsam.

Unanwendbar ist § 65 auf eine theoretisch nach § 148 mögliche, aber meist unangebrachte Aussetzung des *Einmischungs*prozesses, Düss OLGR **03**, 14.

5 **5) Rechtsmittel.** Gegen eine Ablehnung des Antrags ist ebenso wie gegen eine Aussetzung die sofortige Beschwerde nach § 252 statthaft.

6 **6) VwGO:** Vgl § 64 Rn 10.

66

Nebenintervention. [I] **Wer ein rechtliches Interesse daran hat, dass in einem zwischen anderen Personen anhängigen Rechtsstreit die eine Partei obsiege, kann dieser Partei zum Zwecke ihrer Unterstützung beitreten.**

[II] **Die Nebenintervention kann in jeder Lage des Rechtsstreits bis zur rechtskräftigen Entscheidung, auch in Verbindung mit der Einlegung eines Rechtsmittels, erfolgen.**

Schrifttum: *Benkel,* Die Verfahrensbeteiligung Dritter, 1996; *Costa Filho,* Die streitgenössische Widerklage usw, 1997; *Deixler-Hübner,* Die Nebenintervention im Zivilprozeß, Wien 1993; *Lüke,* Die Beteiligung Dritter im Zivilprozeß, 1993; *Schäfer,* Nebenintervention und Streitverkündung usw, 1990; *Schlosser,* Schiedsrichterliches Verfahrensermessen und Beiladung von Nebenparteien, Festschrift für *Geimer* (1997) 947; *Schmidt,* Mehrparteienprozesse, Streitverkündung und Nebenintervention bei Gestaltungsprozessen im Gesellschaftsrecht, Festschrift für *Beys* (Athen 2004) 1485; *Schultes,* Die Beteiligung Dritter am Zivilprozeß, 1994; *Windel,* Der Interventionsgrund des § 66 Abs. 1 ZPO als Prozeßführungsbefugnis, 1992; vgl auch vor Üb 1 vor § 64.

Gliederung

1) **Systematik §§ 66–71**	1	C. Rechtliches Interesse	6
2) **Regelungszweck §§ 66–71**	2	D. Beispiele zur Frage der Zulässigkeit eines Beitritts, I	7–16
3) **Geltungsbereich, §§ 66–71**	3	5) **Zeitpunkt des Beitritts, II**	17, 18
4) **Streithilfegrund, I**	4–16	6) *VwGO*	19
A. Rechtshängigkeit	4		
B. Beitritt	5		

Titel 3. Beteiligung Dritter am Rechtsstreit § 66

1) Systematik, §§ 66–71. Vgl zunächst Üb 1 vor § 59. Die Streithilfe, Nebenintervention, ist die Beteiligung eines Dritten an einem rechtshängigen Prozeß zwischen anderen Parteien zum Zweck der Wahrung eigener rechtlicher Interessen.

Manche nennen den Streithelfer auch eine *Nebenpartei* und die unterstützte Partei auch die Hauptpartei. § 66 enthält die Voraussetzungen, den Streithilfegrund. Das Gericht prüft nicht von Amts wegen, ob diese Voraussetzungen vorliegen, Grdz 39 vor § 128. Die allgemeinen Prozeßvoraussetzungen nach Grdz 13 vor § 253 wegen der Person müssen auch beim Streithelfer vorliegen, Köln NJW **93**, 1662, also: Die Parteifähigkeit, § 50; die Prozeßfähigkeit, § 51; eine gesetzliche Vertretung, § 51 II; eine prozessuale Vollmacht, § 80. Ein nicht rechtsfähiger Verein kann nicht beitreten. Andere Prozeßvoraussetzungen sind für den Streithelfer unerheblich.

Die *Einmischungsklage* nach § 64 und eine Streithilfe schließen sich nicht gegenseitig aus. Jedoch ergibt sich aus einem Beitritt auf der Seite des Bekl nicht ein Recht zur Erhebung der Widerklage nach Anh § 253, BGH NJW **75**, 1228. Es handelt sich vielmehr um selbständige Rechtsstreitigkeiten. Das Gericht kann sie ja unter den Voraussetzungen des § 147 nach seinem pflichtgemäßen Ermessen miteinander verbinden.

2) Regelungszweck, §§ 66–71. Die Einmischungsklage ist im Interesse der Vermeidung eines weiteren Rechtsstreits auch evtl zwischen teilweise anderen Personen wegen Prozeßwirtschaftlichkeit schutzwürdig, Grdz 14 vor § 128, BayObLG FGPrax **02**, 37). Die in Üb 2 vor § 64 angesprochene Problematik gilt eben auch hier. Es ist nicht selbstverständlich, einem Dritten eine Einwirkung in einen bisher nur zwischen anderen anhängigen Prozeß nur zur Verfolgung eigener Interessen zu erlauben. Der „Unterstützte" mag darüber keineswegs erfreut sein. Er könnte vielleicht eine Unterstützung lieber in anderer Form brauchen, etwa durch Benennung des Streithelfers als einen bloßen und deshalb eher glaubwürdigen Zeugen oder Sachverständigen. Indessen sind die Möglichkeiten des Streithelfers begrenzt, gar diejenigen des gewöhnlichen und nicht streitgenössischen Steithelfers. Das sollte man auch bei der Auslegung insbesondere solcher Möglichkeiten auch durchaus klar betonen. Dann ist der so gezähmte Beitritt im Ergebnis meist hilfreich, und das Gericht darf ihn dann fördern.

3) Geltungsbereich, §§ 66–71. Vgl zunächst Üb 3 vor § 64. Die Vorschriften gelten auch im Kindschaftsverfahren, BVerfG **21**, 238, BGH NJW **84**, 353, Naumb FamRZ **01**, 103. Zur Beiladung eines schiedsrichterlichen Verfahrens Stgt RR **03**, 496, Schlosser (vor Üb 1 vor § 64) 956. Zur Anwendbarkeit der §§ 66 ff im streitigen FGG-Verfahren BayObLG FGPrax **02**, 37, AG Pinneberg ZMR **03**, 461, Wittgruber, Zur Übertragbarkeit der zivilprozessualen Nebenintervention in die Verfahren der Freiwilligen Gerichtsbarkeit, Diss Bonn 1996. Die Vorschriften gelten ferner im Patenterteilungsverfahren, van Hees GRUR **87**, 855. Im Prozeß um die Löschung einer Marke nach §§ 55 ff MarkenG sind §§ 66 ff entsprechend anwendbar, § 55 IV 2 MarkenG. Im Verfahren wegen der Nichtigkeit des Beschlusses einer Patentanwaltskammer ist §§ 66 ff unanwendbar, BGH **70**, 346, ebenso im arbeitsgerichtlichen Verfahren, BAG **42**, 356, und im finanzgerichtlichen Verfahren, BFH NJW **03**, 1480. Zum amerikanischen „amicus-curiae-brief" Hirte ZZP **104**, 41.

4) Streithilfegrund, I. Es müssen die folgenden Bedingungen zusammentreffen.

A. Rechtshängigkeit. Zwischen anderen Personen muß ein Rechtsstreit beliebiger Art bestehen, BVerfG **21**, 238, BGH NJW **84**, 353. Er muß anhängig, richtiger rechtshängig sein, § 261, BGH NJW **75**, 929, aM BGH **92**, 257, ZöV 4 (aber erst die Rechtshängigkeit schafft das notwendige Prozeßverhältnis zwischen den Hauptparteien, Grdz 6 vor § 128). Es genügt auch ein Verfahren mit dem Ziel der Vollstreckbarerklärung eines Schiedsspruchs, § 1060. Der Streithelfer darf nicht ohnehin eine Partei oder ein gesetzlicher Vertreter einer der Parteien sein, Grdz 7 vor § 50, BGH **62**, 133, Hbg ZIP **88**, 663. Partei kraft Amtes und Rechtsträger sind verschiedene Personen, BVerfG **60**, 13, BGH NJW **84**, 353. Der Prozeß muß schon oder noch rechtshängig sein, BVerfG **60**, 13, BGH NJW **84**, 353.

B. Beitritt. Der Streithelfer kann der einen oder der anderen Partei zu deren Unterstützung beitreten, § 67 Rn 4, BGH NJW **96**, 196. Er darf keinesfalls beiden Parteien gleichzeitig beitreten, KG RR **00**, 514. Er darf also nur erst der einen und dann nur noch der anderen Partei beitreten. Zum Beitritt besteht zwar unter Umständen ein Recht, nie aber eine Pflicht. Deshalb kann der Streithelfer auch ohne eine Einwilligung der Prozeßparteien eine Rücknahme des Beitritts erklären. Er muß dazu dieselbe Form wie bei einer Klagerücknahme nach § 269 wählen. Das Unterlassen des Beitritts zieht die Streithilfewirkung des § 68 nicht nach sich, abgesehen vom Fall der Streitverkündung, § 72.

C. Rechtliches Interesse. Der Streithelfer muß ein rechtliches Interesse an einem Sieg der unterstützten Partei haben, BGH NJW **01**, 1218, Brschw FamRZ **05**, 726, AG Pinneberg ZMR **03**, 461. Ein tatsächliches, ideelles oder wirtschaftliches Interesse genügt nicht, Celle OLGR **02**, 308, Mü GRUR-RR **01**, 93, Schmidt Festschrift für Schumann (2001) 407. Die Entscheidung oder ihre Vollstreckung müssen den Streithelfer in bestimmten Rechtsbeziehungen zur Partei oder zum ganzen oder teilweisen Streitgegenstand unmittelbar gefährden, Brschw FamRZ **05**, 726, Mü GRUR **76**, 388, LG Osnabr VersR **79**, 92. Das Interesse ist ein prozeßrechtliches. Eine Rechtskraftwirkung des Urteils für den Streithelfer nach § 322 ist nicht erforderlich, Mü GRUR **76**, 388. Es ist aber natürlich ausreichend, Ffm BB **01**, 2392 links (§ 256 VII AktG), Schlesw FGPrax **99**, 238 (§ 325). Der Streithelfer muß immer ein eigenes Interesse haben. Macht er aus eigenem Recht oder in Prozeßstandschaft geltend, kann und muß er selbst klagen, Mü GRUR-RR **01**, 93.

Im übrigen spricht alles gegen eine enge und für eine *weite Auslegung*, LG Osnabr VersR **79**, 92. Für die Voraussetzungen der Streithilfe sind die Behauptungen der unterstützten Partei maßgeblich. Denn man kann ihren Einfluß auf die Entscheidung nicht berechnen. Wegen des auf eine Zustimmung zur Ausschließung eines Gesellschafters verklagten anderen Gesellschafters BGH **68**, 85 (krit Haarmann/Holtkamp NJW **77**, 1396).

§ 66

7 D. Beispiele zur Frage der Zulässigkeit eines Beitritts, I
Abtretung: Der frühere Gläubiger kann dem neuen gegen den Schuldner zur Vermeidung eines Rückgriffs beitreten.
Aktiengesellschaft: Rn 9 „Gesellschaftsrecht".
Allgemeininteresse: Als Beitrittsgrund reicht ein rechtliches Interesse der Allgemeinheit *nicht* aus.
Arrest, einstweilige Verfügung: Beitrittsberecht ist der Arrestgläubiger des später vollzogenen Arrestes beim Zusammentreffen mehrerer Arreste.
Aufgebotsverfahren: Eine Rechtshängigkeit im Aufgebotsverfahren nach §§ 946 ff reicht *nicht* aus.
Aufsichtsrecht: Es kann eine Beitrittsberechtigung ergeben.
Beeinträchtigung: Als Beitrittsgrund reicht grds jede Art von Befürchtung einer Beeinträchtigung aus, auch die Befürchtung einer Erschwerung der Durchsetzung.
 S auch Rn 12 „Rückgriff".
Berühmung: Als Beitrittsgrund reicht der Umstand aus, daß sich eine Partei eines entsprechenden Anspruchs berühmt, LG Osnabr VersR **79**, 92.
Beweisaufnahme: Als Beitrittsgrund reicht die Gefahr eines nachteiligen Beweisergebnisses aus, etwa deshalb, weil sich ein Zeuge auf seine Aussage oder ein Sachverständiger auf sein Gutachten festlegen könnten, Baumgärtel Festschrift für Rödig (1978) 316. Ein unnklares Beweisergebnis im Vorprozeß kann zum Nachteil des Streitverkündeten durchschlagen, Saarbr MDR **02**, 690.
Bürgschaft: Beitrittsberechtigt ist der Bürge im Prozeß des Hauptschuldners, § 767 I 1 BGB. Der Hauptschuldner kann dem Bürgen zwecks Vermeidung eines Rückgriffs beitreten, BGH **86**, 272.
8 Drittwiderspruchsklage: Beitrittsberechtigt ist der Vollstreckungsschuldner.
Duldung: Beitrittsberechtigt ist derjenige, der eine Zwangsvollstreckung usw dulden muß bzw mußte.
Eherecht: Beitrittsberechtigt ist derjenige Ehegatte, der nicht verfügt und zugestimmt hat, im Prozeß gegen den anderen Ehegatten wegen dessen Verfügung über das Vermögen im ganzen oder über Haushaltsgegenstände, §§ 1365, 1369 BGB. Der Wunsch nach Geheimhaltung von Geschäftszahlen begründet meist kein rechtliches Interesse nach I, Brschw FamRZ **05**, 726.
Ehre: Rn 13 „Sittliches Interesse".
Ehrengerichtliches Verfahren: Rn 11 „Öffentlichrechtliches Interesse".
Eigener Anspruch: Rn 6.
Eigentum: Rn 11 „Pfandrecht".
Erinnerungsverfahren: Eine Rechtshängigkeit im Verfahren auf Grund einer Erinnerung, zB nach § 766, reicht *nicht* aus.
9 Förmliche Berechtigung: Als Beitrittsgrund reicht eine förmliche Berechtigung aus, zB eine Eintragung in die Markenrolle.
Freistellung: *Nicht* als Beitrittsgrund ausreichend ist das Interesse des Vergütungsgläubigers im Prozeß des Vergütungsschuldners gegen den Freistellungsschuldner, Celle OLGR **02**, 308.
Gesamtgläubiger, -schuldner: Er ist beitrittsberechtigt.
Gesellschaftsrecht: Beitrittsberechtigt sind: Der Gesellschafter im Prozeß der OHG oder der KG, BGH **62**, 132, Hbg ZIP **88**, 663, ArbG Düss RR **92**, 366; der Gesellschafter der GmbH bei einer Anfechtung eines Gesellschafterbeschlusses, BGH **88**, 330. Vgl auch Rn 6.
 Nicht als Beitrittsgrund ausreichend ist das Interesse des Aktionärs am Sieg der AG in einem bedeutenden Prozeß, Schlesw RR **00**, 43.
Gleichartiger Prozeß: Rn 16 „Weiterer Prozeß".
Haftpflichtversicherer: Er kann dem Versicherungsnehmer beitreten, Hamm MDR **96**, 962, Köln OLGR **98**, 384, Bayer NVersZ **98**, 12. Das gilt zB dann, wenn dieser ein Versäumnisurteil nicht angreift und eine Verabredung zwischen ihm und dem Unfallgegner in Betracht kommt, Ffm VersR **96**, 212.
Hypothek: Ihr Besteller nach § 1113 BGB ist beitrittsberechtigt.
10 Insolvenzrecht: Beitrittsberechtigt ist der Schuldner oder der Insolvenzgläubiger im Prozeß des Insolvenzverwalters. Denn dieser ist eine Partei kraft Amts, Grdz 10 vor § 50, Ffm RR **00**, 348. Beitrittsberechtigt ist auch der Insolvenzverwalter im Insolvenzverfahren über das Vermögen einer Gesellschaft, soweit ein Gesellschafter aus einem anderen auf Leistung an den Verwalter klagt, KG NZM **00**, 253.
 Nicht beitrittsberechtigt ist der Schuldner im Prozeß gegen den Insolvenzverwalter mit dem Ziel der Feststellung einer Forderung zur Insolvenztabelle.
Kartellrecht: Ein nur wirtschaftliches, nicht auch rechtliches Interesse genügt zum Beitritt *nicht*, Rn 6, Schmidt (bei Rn 6) 407.
Kauf: Beitrittsberechtigt ist der Verkäufer im Prozeß eines Drittkäufers gegen den Erstkäufer wegen Sachmangels, § 438 IV BGB.
Kostenerstattung: *Nicht* beitrittsberechtigt ist der Anwalt wegen eines Anspruchs auf Kostenerstattung, der erst durch den Prozeß entstehen kann.
Kostenfestsetzung: Bei ihr ist § 66 unanwendbar, Karlsr Rpfleger **96**, 83.
Mahnverfahren: Eine Rechtshängigkeit im Mahnverfahren reicht *nicht* aus, StJBo 6 c, aM MüKoSchi 2, ZöV 2 (aber das ist gerade noch kein streitiges Verfahren).
Markenrecht: Rn 9 „Förmliche Berechtigung".
Mietrecht: Beitrittsberechtigt ist der Untermieter im Prozeß gegen den Hauptmieter.
Notarhaftung: Der Notar kann zu ihrer Vermeidung beitreten.
Notarkostenbeschwerde: Im Verfahren nach § 156 KostO sind §§ 66 ff anwendbar, Schlesw DNotZ **96**, 398.
11 Öffentliches Interesse: Rn 6 „Allgemeininteresse".
Öffentlichrechtliches Interesse: Als Beitrittsgrund reicht ein solches Interesse aus. Das gilt zB bei der Gefahr einer strafrechtlichen Verfolgung oder eines Ehrenverfahrens.
Patentrecht: Beitrittsberechtigt ist derjenige, den ein Patentinhaber bereits verwarnt hat oder gegen den er bereits die Verletzungsklage erhoben hat.

Titel 3. Beteiligung Dritter am Rechtsstreit § 66

Nicht beitrittsberechtigt ist derjenige, der ein ganz selbständiges Interesse an der Vernichtung des Streitpatents hat.
Pensionssicherung: Als Beitrittsgrund reicht die Stellung als eines Pensionssicherungsvereins im Prozeß zwischen dem Arbeitgeber und dem Arbeitnehmer aus, BAG DB **87**, 444.
Pfandrecht: Beitrittsberechtigt ist der Eigentümer der Pfandsache im Prozeß zwischen dem Verpfänder und dem Pfandgläubiger. Auch der Verpfänder nach § 1210 BGB ist beitrittsberechtigt.
Prozeßstandschaft: Rn 6.
Rechtsanwalt: Rn 10 „Kostenerstattung".
Rechtskraftwirkung: Als Beitrittsgrund reicht eine erstrebte oder befürchtete Rechtskraftwirkung aus, zB nach §§ 325, 326, 327, 727 oder nach § 407 II BGB oder § 129 I HGB. Sie ist aber nicht erforderlich Rn 6.
Nicht beitrittsberechtigt ist derjenige, den nur solche Punkte berühren würden, über die im Prozeß keine der Rechtskraft fähige Entscheidung ergehen wird.
Rechtsnachfolger: Er ist „geradezu klassisch" beitrittsberechtigt, § 265, Schmidt JuS **97**, 108.
Regreß: S „Rückgriff".
Rentenrecht: Beitrittsberechtigt ist das Versorgungsamt, dem dem Kläger bei einem Unterliegen des unterhaltspflichtigen Bekl die Rente kürzen könnte.
Rückgriff: Als Beitrittsgrund reicht die Behauptung eines Rückgriffanspruchs oder die Besorgnis eines Rückgriffs der Partei aus, ebenso die Befürchtung, statt der Partei belangt zu werden, BGH **86**, 272. Das Gericht braucht nicht festzustellen, daß der angedrohte Rückgriff zur Zeit nicht mit Sicherheit als aussichtslos bezeichnet werden kann.
S auch Rn 7 „Beeinträchtigung".
Schiedsrichterliches Verfahren: S zunächst § 1042. Vgl ferner Rn 15 „Vollstreckbarerklärung".
Selbständiges Beweisverfahren: Als Beitrittsgrund reicht ein solches Verfahren *nicht* aus, aM BGH **134**, 192, KG RR **00**, 514, Karlsr RR **01**, 214 (aber schon eine Ablehnung des Sachverständigen ist dort eben nicht zulässig, § 487 Rn 6).
Sittliches Interesse: Als Beitrittsgrund reicht ein solches Interesse aus, soweit es sich um ein privatrechtlich geschütztes Gut handelt, etwa um die Ehre.
Sozialversicherung: Rn 15 „Versicherungsrecht".
Strafrecht: Rn 11 „Öffentlichrechtliches Interesse".
Streitgenosse: Beitrittsberechtigt sind: Ein einfacher Streitgenosse, LG Köln VersR **93**, 1096; ein Streitgenosse des Gegners, BGH VersR **85**, 81. Beitreten darf er erst recht dem eigenen Streitgenossen, AG Düss VersR **97**, 53.
Streitverkündung: Der Streitverkündungsgegner darf der Gegenpartei beitreten, evtl nach einer Aufgabe des früheren Beitritts.
Testamentsvollstrecker: Beitrittsberechtigt ist der Testamentsvollstrecker im Prozeß des Erben.
Treuhandschaft: Beitrittsberechtigt ist der Treugeber im Prozeß des Treuhänders um Treugut.
Umwandlung: Zur Ausgliederung nach § 123 III UmwG BGH NJW **01**, 1218.
Vaterschaft: Beitrittsberechtigt ist im Vaterschaftsanfechtungsprozeß die am Verfahren nicht als Partei beteiligte Mutter, BGH **89**, 124, sowie der Dritte, der als Vater in Betracht kommt, BGH RR **87**, 898, Köln FamRZ **03**, 537, Oldb RR **04**, 872, aM Hamm NJW **79**, 1256 (aber bei ihm liegt ein geradezu klassisches rechtliches Interesse vor).
Versicherungsrecht: Der Kfz-Versicherer kann dem Kunden beitreten, Karlsr VersR **98**, 386. Es ist unerheblich, ob der Streitgehilfe durch einen Versicherer gedeckt ist, Hamm RR **97**, 157.
Nicht als Beitrittsgrund ausreichend ist das Interesse des Geschädigten im Deckungsprozeß des Schädigers gegen seinen Haftpflichtversicherer, Mü VersR **76**, 73 (anders, wenn letzterer auch dem Geschädigten nichts zahlen will), oder das Interesse des Sozialversicherers in einem Schadensersatzprozeß des Geschädigten, soweit der Kläger nur denjenigen Teil des Anspruchs geltend macht, der nicht auf den Sozialversicherer übergegangen ist. Denn dann liegt nur ein wirtschaftliches oder tatsächliches Interesse vor, das dem Sozialversicherer die Geltendmachung der eigenen Klageansprüche erleichtern soll.
Vollstreckbarerklärung: Ausreichend ist eine Rechtshängigkeit im Verfahren nach §§ 1060 ff oder im Verfahren nach Art 18 HZPfÜbk, SchlAnh V A 1.
Vollstreckungswirkung: Als Beitrittsgrund reicht eine erhoffte oder befürchtete Vollstreckungswirkung.
Vorgreiflichkeit: Als Beitrittsgrund reicht eine Vorgreiflichkeit des streitigen Rechtsverhältnisses für dasjenige zwischen Streithelfer und einer Partei.
Vorteil: *Nicht* beitrittsberechtigt ist derjenige, dem ein Sieg der Partei nur wirtschaftliche Vorteile bringen würde, Mü VersR **76**, 73.
Weiterer Prozeß: Als Beitrittsgrund reicht *nicht* schon aus, daß es einen gleichartigen Prozeß desselben Klägers gegen den Streithelfer gibt, Mü GRUR **76**, 388, oder daß es ein gleichartiges Verfahren, zB eines anderen Wohnungseigentümers, gibt, Kellmann DB **79**, 2264.
Wohnungseigentum: Beitrittsberechtigt ist der Mieter, wenn die Gemeinschaft dem Mitglied als Vermieter eine (Wasser-)Versorgung sperrt, KG WoM **02**, 161.
Nicht beitrittsberechtigt ist meist der Sonderverwalter, AG Pinneberg ZMR **03**, 461.
Zwangsversteigerung: Eine Rechtshängigkeit in diesem Verfahren reicht aus, Ffm Rpfleger **78**, 417.
Zwangsvollstreckung: Rn 8 „Drittwiderspruchsklage", „Duldung".

5) Zeitpunkt des Beitritts, II. Der Streithelfer kann dem Prozeß in jeder Lage auch nach dem Verhandlungsschluß etwa zwecks Wiedereröffnung nach § 156 beitreten. Er hat aber keinen Anspruch nach § 156, Köln MDR **83**, 409. Er kann bis zur Rechtskraft beitreten, also auch in Verbindung mit der Einlegung eines Rechtsbehelfs, etwa eines Einspruchs, § 340, oder eines Rechtsmittels, BGH NJW **01**, 1218, Naumb FamRZ **01**, 103, Schmidt JuS **97**, 108. Der Streithelfer des Einspruchs oder der Revisionsinstanz kann beitreten, solange das Gericht den Beitritt nicht rechtskräftig zurückgewiesen hat, BGH NJW **99**, 2047. Der Beitritt geschieht bis zur Einlegung eines Rechtsmittels in der unteren Instanz, BGH NJW

§§ 66, 67

95, 1096, und ab Rechtsmitteleinlegung durch die Einreichung eines Schriftsatzes bei dem Rechtsmittelgericht, BGH **89**, 124, Hamm FamRZ **84**, 811. Das letztere spricht § 70 I 1 ausdrücklich aus. Der Beitritt ist eine bedingungsfeindliche Parteiprozeßhandlung nach Grdz 47, 51 vor § 128, BGH MDR **89**, 539. Der Streithelfer ist auch zur Wiederaufnahmeklage befugt, §§ 578 ff. Denn sie ist einem Rechtsmittel vergleichbar. Vgl aber Rn 5.

18 Nach einer rechtskräftigen *Beendigung* des Prozesses nach § 322 ist kein Beitritt mehr möglich, BGH NJW **91**, 230, Naumb FamRZ **01**, 103. Der Streithelfer kann auch nicht auf Grund seiner eigenen Position einen Antrag nach §§ 233 ff auf eine Wiedereinsetzung in den vorigen Stand stellen, BVerfG **60**, 13, BGH NJW **91**, 230, Naumb FamRZ **01**, 103 (zustm Gottwald), aM ZöV 15 (aber es kommt nur auf die Hauptpartei an). Wer § 66 nicht nutzt, hat keine Verfassungsbeschwerde, Einl III 17, BVerfG NJW **98**, 2664.

19 6) *VwGO:* Vgl Üb § 64 Rn 4.

67 *Rechtsstellung des Nebenintervenienten.* Der Nebenintervenient muss den Rechtsstreit in der Lage annehmen, in der er sich zur Zeit seines Beitritts befindet; er ist berechtigt, Angriffs- und Verteidigungsmittel geltend zu machen und alle Prozeßhandlungen wirksam vorzunehmen, insoweit nicht seine Erklärungen und Handlungen mit Erklärungen und Handlungen der Hauptpartei in Widerspruch stehen.

Gliederung

1) Systematik	1	B. Hinnahme der Prozeßlage	5
2) Regelungszweck	2	C. Grenzen der Befugnisse	6, 7
3) Geltungsbereich	3	D. Vorrang der Parteihandlungen	8, 9
4) Bindung des unselbständigen Streithelfers	4–9	5) Befugnisse des Streithelfers	10–14
		A. Angriffs- und Verteidigungsmittel usw	10–13
A. Bloßer Helfer	4	B. Sachlichrechtliche Erklärung	14

1 **1) Systematik.** Vgl zunächst § 66 Rn 1. Die Stellung des Streithelfers läßt sich wie folgt beurteilen.

Der gewöhnlicher Streithelfer ist lediglich der Helfer der unterstützten Partei kraft eigenen Rechts, BGH NJW **97**, 2385, nicht etwa als deren gesetzlicher Vertreter, Kblz JB **04**, 484. Diesen Fall der gewöhnlichen, unselbständigen Streithilfe regelt § 67. Der gewöhnliche Streithelfer wird nicht Partei, Grdz 4 vor § 50, BGH NJW **86**, 257. Das gilt auch dann, wenn die Partei ihm die volle Prozeßführung überläßt, LAG Kiel DB **84**, 1630. Daher kann auch der Prozeßgegner ihm gegenüber keine Sachanträge stellen. Die Stellung des gewöhnlichen Streithelfers bewirkt, daß er alles für die unterstützte Partei tun kann, aber nichts gegen deren erklärten Willen, BGH NJW **86**, 257, Hamm MDR **98**, 286.

Der streitgenössische Streithelfer gilt als ein Streitgenosse der unterstützten Partei, § 59. Diesen Fall der streitgenössischen Streithilfe regelt § 69. Eine solche Situation liegt vor, wenn sich eine Rechtskraftwirkung nach § 322 auf den Streithelfer erstreckt.

2 **2) Regelungszweck.** Vgl zunächst § 66 Rn 2. Die Belange des gewöhnlichen Streithelfers treten im Interesse des zügigen Fortgangs des Prozesses nach Grdz 12, 14 vor § 128 hinter denjenigen der Partei zurück. Das gilt selbst dann, wenn dieses Zurücktreten aus der Sicht des gewöhnlichen Streithelfers zu einem ungerechten Ergebnis führen kann. Diese Inkaufnahme durch das Gesetz muß man auch bei der Auslegung mitbeachten. Man darf also im Zweifel durchaus annehmen, daß zwischen dem Prozeßverhalten des Streithelfers und demjenigen der Partei ein Widerspruch besteht. In diesen Grenzen verdient der Streithelfer allerdings eine fördernde Auslegung seiner Handlungen.

3 **3) Geltungsbereich.** Vgl § 66 Rn 3.

4 **4) Bindung des unselbständigen Streithelfers.** Sie ist oft nur schwierig abgrenzbar.

A. Bloßer Helfer. Der unselbständige Streithelfer ist nur ein Helfer der Partei, nicht selbst Partei, BGH NJW **97**, 2385. Deshalb steht er in der Beteiligung hinter der Partei zurück. Seine Beteiligung kann die Natur des Rechtsstreits nicht beeinflussen, BGH NJW **86**, 257. Freilich handelt er aus eigenem Recht und in eigenem Namen. Soweit er seine Rechte überschreitet, sind seine Handlungen wirkungslos, Saarbr MDR **02**, 843. Heilen kann nur eine Genehmigung der Partei, keineswegs ein Rügeverzicht nach § 295, der begrifflich ohnehin nicht möglich ist, aM StJL **10** (er hält eine Heilung stets für unzulässig. Aber es handelt sich nicht um einen derart schweren Verstoß). Eine Handlung des Streithelfers macht nur dann eine Entscheidung erforderlich, wenn eine Entscheidung auf Grund einer entsprechenden Handlung der Partei notwendig wäre. Das Gericht muß zB ein unzulässiges Rechtsmittel des Streithelfers verwerfen, BGH **76**, 301, BAG DB **85**, 184.

5 **B. Hinnahme der Prozeßlage.** Der gewöhnliche Streithelfer muß die Prozeßlage im Zeitpunkt seines Beitritts hinnehmen. Das gilt etwa für: Eine Gerichtsstandsvereinbarung, § 38; ein Ablehnungsrecht, § 42, Kblz MDR **90**, 161; ein Geständnis, § 288, Hamm MDR **98**, 286; einen Verzicht, § 306; eine Versäumung, §§ 330 ff, BGH VersR **82**, 976; eine Verspätung; eine Verwirkung; den Beginn oder den Ablauf einer Rechtsmittelfrist oder sonstigen Frist, BGH NJW **91**, 230, BAG DB **85**, 184, BayObLG WoM **87**, 334; ein Teil- oder Zwischenurteil. Er kann Zeuge sein, Üb § 373 Rn 22 „Streithelfer". Er darf nicht für sich persönlich Anträge stellen, §§ 137 Rn 7, 297. Sein Vorbringen gilt grundsätzlich als für die unterstützte Partei vorgetragen. Anträge, Widerklagen, Rechtsbehelfe gegen ihn als Partei sind nicht möglich. Das Urteil darf ihm nichts zusprechen.

Unterbrechungsgründe aus seiner Person nach §§ 239 ff wirken zwar unmittelbar als solche weder für ihn noch für die Partei, Düss MDR **85**, 504. Sie verhindern aber seine nach § 71 vorgeschriebene Hinzuziehung und damit die gesamte Prozeßführung wie eine Unterbrechung, aM Düss MDR **85**, 504 (aber er kann keine

Titel 3. Beteiligung Dritter am Rechtsstreit   § 67

stärkere Stellung als die Partei haben). Die Aufnahme erfolgt entsprechend den §§ 239 ff. Eine Unterbrechung und eine Aussetzung des Verfahrens nach §§ 148 ff aus der Person der Partei wirken auch im Hinblick auf den Streithelfer. Der Beitritt kann nicht eine Klagefrist wahren, etwa nach § 12 III VVG, Hamm MDR **00**, 703.

C. Grenzen der Befugnisse. Der Streithelfer kann nichts tun, was ihm nicht nach der abschließenden **6** Regelung des § 67 erlaubt ist, Saarbr MDR **02**, 843, LAG Kiel DB **84**, 1630. Er kann also namentlich nicht: Die Klage ändern, § 263, LAG Kiel DB **84**, 1630; eine Widerklage erheben, Anh § 253; eine Zwischenfeststellungsklage nach § 256 II erheben; eine Einrede oder eine Aufrechnung aus eigenem Recht geltend machen, ThP 6, aM Gerhardt KTS **84**, 191, ZöV 11 (aber § 67 setzt engere Grenzen).

Der Streithelfer kann *ferner nicht* das von der unterstützten Partei verfolgte Recht wie ein Einmischungs- **7** kläger nach § 64 für sich beanspruchen, Deubner JuS **91**, 501. Der Streithelfer muß alle nach dem Zeitpunkt seines Eintritts von der unterstützten Partei geschaffenen prozessualen Tatsachen gelten lassen. Eine bereits eingetretene Versäumung der Partei wirkt gegen ihn, § 66 Rn 13, Hbg WoM **91**, 316, Kblz MDR **90**, 161, Fuhrmann NJW **82**, 978. Man muß seine Verspätung so beurteilen, als ob sie von der Partei stammt, BGH NJW **90**, 190, Fuhrmann NJW **82**, 979, aM Windel ZZP **104**, 340 (aber das ist gerade ein typischer Fall der Befugnisgrenzen). Eine noch nicht eingetretene Versäumung der Partei kann der Streithelfer verhindern, BGH ZIP **94**, 788, KG RR **96**, 103, aM Hamm OLGR **96**, 143 (aber Säumnis ist kein erkennbarer Widerspruch). Das gilt auch in der Rechtsmittelinstanz. Die Folgen der Versäumung kann der Streithelfer nur aus solchen Gründen beseitigen, die in der Person der Partei liegen.

Der Streithelfer darf einen *Rechtsbehelf* bzw ein Rechtsmittel nur in der für die Partei laufenden Frist einlegen, BGH NJW **01**, 1355, BAG VersR **86**, 687, Oldb RR **04**, 1029. Er muß klären, für wen er einlegt, Oldb RR **04**, 1029. Eine Wiedereinsetzung nach § 233 kommt für ihn jedenfalls nicht in Betracht, wenn er sich schuldhaft nicht nach dem Zeitpunkt der fristschaffenden Zustellung an die Hauptpartei erkundigt hat, BGH Vers **88**, 417, BAG DB **85**, 184, RoSGo § 50 II 1 c, aM ZöV 15 (aber er hat keine stärkere Stellung als die Partei). Der Streithelfer muß ebenso wie die Partei § 138 beachten, BGH NJW **82**, 282. Er kann Erklärungen der Partei nur mit den eigenen Beschränkungen und nur unter einer Beachtung derjenigen Beschränkungen widerrufen, die auch der Partei insofern auferlegt sein mögen.

D. Vorrang der Parteihandlungen. Eine Erklärung oder Handlung des Streithelfers ist grundsätzlich **8** unwirksam, soweit sie derjenigen der unterstützten Partei zuwiderlaufen würde, BGH NJW **05**, 3143, BAG BB **02**, 156, Saarbr MDR **02**, 843. Denn der Streithelfer ist ja gerade nur „zum Zweck ihrer Unterstützung" beigetreten, § 66, LG Bln NJW **03**, 3494. Der Sinn der Vorschrift besteht darin, den Erklärungen und Handlungen der Partei den Vorrang zu lassen, Karlsr OLGR **02**, 187, Köln NJW **75**, 2109 (zustm Gorski NJW **76**, 811). Der Streithelfer darf also nicht anders handeln und keine anderen Erklärungen abgeben, als sie schon von der Partei abgegeben wurden, sofern sich nicht die Umstände geändert haben.

Die Prozeßhandlungen des Streithelfers sind *wirksam*, solange sich nicht aus dem Gesamtverhalten der unterstützten Partei ergibt, daß diese sie nicht gegen sich gelten lassen will, BGH RR **97**, 157, Saarbr MDR **02**, 843, LG Siegen VersR **94**, 1368. Im Zweifel sind die Prozeßhandlungen des Streithelfers wirksam, BGH RR **91**, 361, LG Siegen VersR **94**, 1368. Die bloße Untätigkeit der Hauptpartei beeinträchtigt die Wirksamkeit der Prozeßhandlung des Streithelfers nicht, Ffm VersR **96**, 212, LG Siegen VersR **94**, 1368.

Soweit die Partei bestreitet, darf der Streithelfer *nicht gestehen*, § 288, LG Arnsb RR **03**, 1187, aM StJL 12 (das Gericht müsse das Geständnis des Streithelfers in einem solchen Fall frei würdigen. Aber das widerspricht dem § 67). An ein Geständnis der Partei ist der einfache Streithelfer grundsätzlich gebunden, BGH NJW **76**, 293, Düss VersR **04**, 1020 (Ausnahme: Arglist, Einl III 54), Saarbr MDR **02**, 843. Das Gericht darf nach § 139 anregen, den Streithelfer als Zeugen zu vernehmen. Der Streithelfer kann eine Klagerücknahme der Partei nach § 269 nicht verhindern. Er darf nicht gegen den Willen der Partei ein Rechtsmittel einlegen, Hamm FamRZ **02**, 30, LG Kiel WoM **00**, 616. Er darf seinerseits weder die Klage noch grundsätzlich ein Rechtsmittel zurücknehmen, §§ 516, 565 (Ausnahme: Rn 11).

Haben *Hauptpartei* und Streithelfer jedoch *Rechtsmittel* eingelegt, so liegt ein einheitliches Rechtsmittel vor, Drsd RR **94**, 1550. Die Rechtsmittelrücknahme nur durch die Hauptpartei hat lediglich zur Folge, daß dieses einheitliche Rechtsmittel unzulässig wird, BGH NJW **93**, 2944 (auch zu den Kosten). Der Streithelfer kann ferner nicht wirksam den von der Partei benannten Sachverständigen nach § 406 ablehnen. Der Streithelfer kann eine grundsätzlich zulässige Ablehnung nicht mehr wirksam geltend machen, sobald die Partei die Fortsetzung der Sachverständigentätigkeit usw wünscht, Ffm MDR **83**, 233.

Der Streithelfer kann auch nicht gegen den Willen der Partei die *Verjährung* einwenden, BGH VersR **85**, **9** 81 (wohl aber natürlich mit ihrem Willen). Er kann auch nicht im Weg einer Anschlußberufung den Patentschutz voll aufrechterhalten wollen, obwohl der Patentinhaber ihr vielleicht nur eingeschränkt in Anspruch nimmt. Wenn die Partei einen bloßen Rechtsmittelverzicht erklärt oder nur ein Rechtsmittel zurücknimmt, dann hindert das den Streithelfer nicht an der Durchführung des eigenen Rechtsmittels, Rn 11, BGH NJW **93**, 2944, Hbg NJW **89**, 1362, Hamm RR **97**, 1156, es sei denn, daß die Partei auch auf den zugrundeliegenden sachlichrechtlichen Anspruch verzichtet hat. Denn die bloße Rücknahme beseitigt nur die Einlegung des Rechtsmittels.

Haben sich die Hauptparteien nach Anh § 307 *verglichen* und hat der Bekl demnach irrig Klagabweisung beantragt, dann ist ein Rechtsmittel des Streithelfers unzulässig, Drsd RR **94**, 1550. Jede Erklärung des Streithelfers in der mündlichen Verhandlung verliert ihre Wirkung, falls die Hauptpartei dieser Erklärung sofort widerruft. Im schriftlichen Verfahren nach § 128 II genügt ein unverzüglicher schriftlicher Widerruf, Mü JB **77**, 94. Ab Rechtskraft der Zurückweisung des Streithelfers kann er natürlich als solcher nichts mehr wirksam tun, BGH NJW **82**, 2070.

5) Befugnisse des Streithelfers. Er hat Anspruch auf rechtliches Gehör nach Art 103 I GG, BAG MDR **10** **88**, 346, Oldb RR **96**, 829. Man muß im übrigen prozessuale und andere Grenzen beachten.

A. Angriffs- und Verteidigungsmittel usw. Der Streithelfer darf Angriffs- und Verteidigungsmittel nach Einl III 70 geltend machen und Parteiprozeßhandlungen vornehmen, Grdz 47 vor § 128. Er darf in

§§ 67, 68

11 dieser Weise neben der unterstützten Partei oder auch an ihrer Stelle vorgehen. Im letzteren Fall hat sein Verhalten dieselbe Wirkung, als wenn die Partei gehandelt hätte, BGH NJW **97**, 2385.

11 *Der Streithelfer kann zB* folgendes unternehmen: Er kann einen Antrag stellen, der über denjenigen der Hauptpartei hinausgeht; er kann Tatsachen behaupten und bestreiten, BGH RR **91**, 361; er kann alle Beweismittel geltend machen; er darf den Richter ablehnen, § 42, Ffm MDR **82**, 232 (vgl aber Rn 8); er kann jemandem den Streit verkünden, § 72; er darf ein Geständnis der Partei im Rahmen von § 290 verhindern bzw widerrufen, Düss VersR **04**, 1020, aM Wieser ZZP **79**, 265; er darf einen Antrag auf die Festsetzung des Streitwerts stellen; er darf eine Entscheidung im schriftlichen Verfahren beantragen, § 128 II; er darf einen Antrag nach § 317 I 3 oder nach § 494a I stellen; er kann (nur) für die und zugunsten der Partei einen Rechtsbehelf einlegen, zB einen Einspruch nach §§ 338, 700, LG Siegen VersR **94**, 1368, bzw ein Rechtsmittel, (Ausnahme Rn 9), BGH NJW **97**, 2385, Hamm FamRZ **91**, 844, großzügiger Düss RR **98**, 606. Er darf freilich gegen die eigene Kostenverurteilung vorgehen, Oldb RR **95**, 829.

Er darf in *Rechtsmittel* begründen, BGH NJW **99**, 2047. Der Streithelfer darf den Rechtsbehelf selbst dann geltend machen, soweit die Partei persönlich von dem Rechtsbehelf keinen Gebrauch machen will oder nur „ihr" Rechtsmittel mit dem Zusatz „zurücknimmt", sie sei mit der Fortführung „seines" Rechtsmittels einverstanden, BGH NJW **93**, 2944, Hamm RR **97**, 1156. Das gilt freilich nicht, soweit sich die unterstützte Partei mit ihrem Gegner ohne Beteiligung des Streithelfers außergerichtlich verglichen hat, BGH NJW **93**, 2944, Drsd RR **94**, 1550, Hamm OLGR **02**, 229. Es kann notwendig sein, dem Streithelfer eine Frist zur Stellungnahme über den Ablauf einer seiner Hauptpartei gewährten Frist hinaus zu geben, wenn das Gericht zB den Streithelfer nicht früher informiert oder zur Stellungnahme aufgefordert hatte.

12 Im übrigen ist er als unselbständiger Streithelfer an die *Rechtsmittelfrist der Hauptpartei* gebunden, Rn 6, 7. Dasselbe gilt bei einer Tatbestandsberichtigung nach § 320 II. Seine „Berufung" im Anschluß an die Berufung der Hauptpartei oder einen weitergehenden Antrag gilt deshalb als Unterstützungserklärung und nicht als ein selbständiges Rechtsmittel, BGH NJW **01**, 1355, aM BGH NJW **85**, 2480, Windel ZZP **104**, 333 (aber dann wäre der Vorrang der Parteihandlung nach Rn 8, 9 gefährdet). Für die Zulässigkeit ist die Höhe der Beschwer der Partei maßgebend, BGH NJW **97**, 2385, Köln NJW **75**, 2108 (zustm Gorski NJW **76**, 811). Wegen der Kostenfrage vgl § 101 Rn 1.

Der Streithelfer darf eine *Verlängerung* der Rechtsmittelbegründungsfrist beantragen, BGH JZ **82**, 429. Die ihm gewährte Fristverlängerung wirkt auch für die Hauptpartei, BGH NJW **90**, 190. Er darf sich dem Rechtsmittel des Gegners anschließen, selbst wenn die Partei nur die Zurückweisung beantragt. Er darf ein Rechtsmittel beschränken oder zurücknehmen, falls die Partei den Anspruch nicht weiter verfolgt, BGH RR **99**, 286, Hbg OLGZ **89**, 117.

13 Der *Gegner* muß sein Rechtsmittel gegenüber der Partei einlegen. Der Gegner darf sich dem Rechtsmittel anschließen, selbst wenn sich die Partei dem Verfahren fernhält. Überhaupt stört ein Fernbleiben der Partei weder den Streithelfer noch den Gegner. Der Streithelfer darf in der mündlichen Verhandlung alle Erklärungen und Handlungen entgegennehmen. Er steht insofern der abwesenden Partei gleich.

14 **B. Sachlichrechtliche Erklärung.** Der Streithelfer kann nicht solche Prozeßhandlungen im Sinn von Grdz 46 vor § 128 vornehmen, die gleichzeitig einen sachlichrechtlichen Inhalt haben, etwa ein Prozeßvergleich, Anh § 307. Denn er darf keine Verfügungen über den Streitgegenstand im Sinn von § 2 Rn 3 treffen. Sofern es sich um einen Verzicht nach § 306 und ein Anerkenntnis nach § 307 handelt, also nicht um sachlichrechtliche Verfügungen, handelt es sich auch nicht um Unterstützungshandlungen. Er darf solche sachlichrechtlichen Rechte geltend machen, die eine Hauptpartei bereits im Prozeß ausgeübt hat, sei es auch in der Vorinstanz. Man kann einen Verzicht auf die Geltendmachung einer das Verfahren betreffenden Rüge nach § 295 nicht für die gegenteilige Meinung anführen. Denn er hat einen ganz anderen Charakter. Wenn der Streithelfer nach § 145 Rn 8 mit einer Forderung aufrechnet, die ihm nicht zusteht, dann ist zwar seine prozessuale Erklärung zulässig. Da aber sachlichrechtlich der Gegenstand fehlt, ist die Aufrechnung im Ergebnis trotzdem wirkungslos, § 145 Rn 10.

68 Wirkung der Nebenintervention.

Der Nebenintervenient wird im Verhältnis zu der Hauptpartei mit der Behauptung nicht gehört, dass der Rechtsstreit, wie er dem Richter vorgelegen habe, unrichtig entschieden sei; er wird mit der Behauptung, dass die Hauptpartei den Rechtsstreit mangelhaft geführt habe, nur insoweit gehört, als er durch die Lage des Rechtsstreits zur Zeit seines Beitritts oder durch Erklärungen und Handlungen der Hauptpartei verhindert worden ist, Angriffs- oder Verteidigungsmittel geltend zu machen, oder als Angriffs- oder Verteidigungsmittel, die ihm unbekannt waren, von der Hauptpartei absichtlich oder durch grobes Verschulden nicht geltend gemacht sind.

Schrifttum: *Diedrich,* Die Interventionswirkung usw, 2001; *Ziegert,* Die Interventionswirkung, 2002.

Gliederung

1) **Systematik**	1–3
A. Streithilfewirkung	1, 2
B. Fehlen einer Streithilfewirkung	3
2) **Regelungszweck**	4
3) **Geltungsbereich**	5
4) **Einwand unrichtiger Entscheidung**	6, 7
5) **Einwand schlechter Prozeßführung** ..	8–11
A. Grundsatz: Umfassende Geltung	8
B. Beeinträchtigung im Beitrittszeitpunkt	9
C. Beeinträchtigung nach dem Beitritt	10
D. Unterlassung von Prozeßhandlungen ...	11

1 **1) Systematik.** Vgl zunächst § 66 Rn 1. Vgl auch Art 65 I a, II 2 EuGVVO, SchlAnh V C 4.

Titel 3. Beteiligung Dritter am Rechtsstreit § 68

A. Streithilfewirkung. Die gesetzliche Interventionswirkung besteht nur darin, daß der Streithelfer die Richtigkeit des Urteils unabhängig vom Umfang einer Rechtskraftwirkung nach § 322 und trotz der aus seiner Sicht drohenden Nachteile nicht bestreiten darf, LSG Darmst FamRZ **90**, 178. Er ist auf die praktisch wenig bedeutsame Einrede einer schlechten Prozeßführung angewiesen, unklar BGH MDR **84**, 651. Es handelt sich insofern nicht um eine Ausdehnung der Rechtskraftwirkung auf den Streitgenossen, Mü GRUR-RR **01**, 93. Die Wirkung erstreckt sich nach Rn 6 auf die tragenden Entscheidungsgründe. § 325 gilt entsprechend, BGH WertpMitt **97**, 1757. Die Interventionswirkung erstreckt sich aber nicht auf das, was im konkreten Verfahren gar nicht zu klären war, LG Stgt RR **93**, 297. Man kann die Interventionswirkung auch außergerichtlich vereinbaren, Düss RR **93**, 1471, oder abbedingen, ZöV 14, aM StJBo 3 (aber die Parteiherrschaft nach Grdz 18 vor § 128 gilt auch hier). Man muß die Streithilfewirkung auch im Verfahren nach § 43 WEG beachten, Hamm FGPrax **95**, 230. Sie fällt nicht infolge einer späteren Beitrittsrücknahme weg.

Eine Interventionswirkung *tritt nicht ein*, wenn die Prozeßhandlungsvoraussetzungen nach Grdz 18 vor § 253 fehlen, etwa der Rechtsweg, BGH **123**, 48, oder wenn die Parteien nach der Einlegung eines Rechtsmittels einen Prozeßvergleich schließen, Anh § 307, grundsätzlich auch nicht bei einem solchen in der Rechtsmittelinstanz. Die Interventionswirkung tritt aber ausnahmsweise dann ein, wenn das Urteil dadurch bestehen bleibt, daß die Parteien ihre Rechtsmittel durch Vergleich zurücknehmen, aM BGH NJW **88**, 713 (aber dann bleibt das erstinstanzliche Urteil bestehen). Die Interventionswirkung bleibt daher auch bei einseitiger Rechtsmittelrücknahme bestehen, Kblz OLGR **01**, 243.

Im Fall einer *Teilklage* nach § 301 entsteht auch die Interventionswirkung nicht weitergehend als eine 2 Rechtskraftwirkung, Rn 3. Also entsteht eine Bindung auch wegen der vorgreiflichen Rechtsverhältnisse, § 148 Rn 1, und der tatsächlichen Feststellungen des Vorprozeßurteils, soweit die Entscheidung auf ihnen beruht, BGH VersR **88**, 1379, Hamm RR **88**, 156. Der im ersten Prozeß nach § 72 Streitverkündete muß im zweiten Prozeß die früheren Ergebnisse insoweit gegen sich gelten lassen, Ffm MDR **76**, 937.

Das Gericht muß die Streithilfewirkung *von Amts wegen* beachten, Grdz 39 vor § 128, BGH **96**, 54, Bischof JB **84**, 1144. Das gilt auch in der Revisionsinstanz, BGH VersR **85**, 569. Eine Rüge nach § 559 ist nicht erforderlich. Eine falsche Würdigung ist ein sachlicher Mangel.

B. Fehlen einer Streithilfewirkung. Eine Streithilfewirkung tritt nicht ein: Beim bloßen Prozeßurteil 3 nach Grdz 14 vor § 253; gegen die unterstützte Partei, BGH NJW **97**, 2386, Köln OLGZ **94**, 574, aM StJBo 12. Aber da kann das Urteil gelten lassen oder verzichten, § 74 Rn 5–7, wenn ein Dritter den Prozeß geführt hatte, sei es auch für eine Rechnung der Partei oder als ihr gesetzlicher Vertreter); im Verhältnis zwischen dem Streithelfer und dem Gegner der Partei, BGH NJW **93**, 123, außer im Fall des § 69; über den Streitgegenstand im Sinn von § 2 Rn 2 hinaus, etwa für den Rest der eingeklagten Teilsumme, Häsemeyer ZZP **84**, 200, MüKoSchi 17, ZöV 10, aM Hamm RR **88**, 156, RoSGo § 50 V 2, StJBo 5 (aber die Streithilfe darf keineswegs den Streitgegenstand sprengen). Eine Streithilfewirkung tritt ferner nicht durch eine Streitverkündung im schiedsrichterlichen Verfahren nach §§ 1025 ff ein, wenn der Streitverkündete nicht beitritt oder wenn er das Verfahren nicht gegen sich gelten lassen will, Kraft/Looks BB **02**, 1171. Sie tritt ferner dann nicht ein, wenn der Streithelfer nicht das rechtliche Gehör erhalten hatte, BGH NJW **88**, 713.

2) Regelungszweck. Vgl zunächst § 66 Rn 2. Die Regelung liegt im Interesse der gesetzlich gewollten 4 vorrangigen Prozeßförderung und Prozeßwirtschaftlichkeit, Grdz 12, 14 vor § 128. Sie ist Ausdruck des Grundsatzes von Treu und Glauben, Einl III 53, OVG Weimar NVwZ-RR **03**, 832. Freilich darf man die in Üb 2 vor §§ 66–71 angesprochene Problematik keineswegs ganz übersehen. Wenn man schon den Dritten in den Prozeß als Beteiligten hineinhandeln läßt, sei es auch in nur begrenztem Umfang, dann muß er sich auch entsprechend streng behandeln lassen, soweit der Prozeß in einer auch oder wenigstens für ihn nachteiligen Weise ausgeht. Denn das ist nur gerecht, Einl III 9.

3) Geltungsbereich. Vgl § 66 Rn 3. 5

4) Einwand unrichtiger Entscheidung. Der Streithelfer darf im Verhältnis zur unterstützten Partei 6 nicht einwenden, das Gericht habe den Prozeß so, wie er ihm vorgelegen habe, unrichtig entschieden. Das bedeutet: Die Streithilfewirkung ergreift anders als sonst die Rechtskraftwirkung nach Rn 1 alle notwendigen tatsächlichen und rechtlichen Grundlagen des Urteils, also die sogenannten tragenden Urteilselemente, § 322 Rn 9, BGH **157**, 99, BAG VersR **90**, 1256, Köln FamRZ **91**, 958.

Die Streithilfewirkung gilt ohne Rücksicht auf den Umfang der *Anhängigkeit im Vorprozeß*. Es tritt also 7 eine Bindung des Richters an die gesamten tatsächlichen und rechtlichen Umstände und nicht nur an einzelne solcher Umstände ein, auf denen das erste Urteil beruhte, § 318, BGH **157**, 99, Köln FamRZ **91**, 958. Nur die in Wahrheit entscheidungsunerheblichen sog überschießenden Feststellungen haben keine Interventionswirkung, BGH **157**, 99. Bei alledem kommt es nicht auf die Sicht des Vorderrichters an, sondern wie stets auf die Auslegung jenes Urteils durch das jetzige Gericht, BGH VersR **99**, 1506, Hamm RR **96**, 1506, Vollkommer NJW **86**, 264, aM Mü NJW **86**, 263 (aber jedes Urteil ist auslegbar, § 322 Rn 10). Das gilt zB für die Nichtigkeit eines Vertrags im Rückgriffsprozeß. Andernfalls hätte eine Streithilfe eine nur geringe praktische Bedeutung.

Diese Wirkungen treten auch in *folgenden Fällen* ein: Das Urteil des Vorprozesses betraf eine andersartige Haftung; der Vorprozeß führte nur zu einem Teilurteil nach § 301, Rn 2, oder nur zu einem Grundurteil, § 304, BGH **65**, 135; im Vorprozeß kam ein Prozeßvergleich zustande, Anh § 307, Feiber NJW **83**, 1103; der Nachprozeß ist ein Rückgriffsprozeß, in dem das Gericht erstmalig über ein Verschulden entscheidet; im Vorprozeß hatte das Gericht eine Verjährung verneint, Ffm MDR **76**, 937.

Die Streithilfewirkung erstreckt sich *nicht* auf im Erstprozeß gar nicht klärungsbedürftig gewesene Fragen, Köln RR **92**, 120, aM Mü NJW **86**, 263 (abl Vollkommer). Sie darf nicht zu einer Veränderung der sonst im Folgeprozeß geltenden *Beweislast* führen, Anh § 286, BGH **85**, 260. Daher erstreckt sich die Streithilfewirkung zB nur darauf, daß man die betreffende Tatfrage nicht klären kann, nicht etwa darauf, daß sie mangels Feststellbarkeit nun überhaupt nicht bestehe, BGH **85**, 258. Folglich kann der Beweispflichtige auch im

§§ 68, 69   Buch 1. Abschnitt 2. Parteien

Folgeprozeß wiederum aus Beweislastgründen unterliegen, BGH **85**, 260, aM Düss NJW **92**, 1176 (inkonsequent).

8 **5) Einwand schlechter Prozeßführung,** dazu *Bischof* JB **84**, 1142 ff (ausf): Er bleibt dem Streithelfer erlaubt, anders als bei einer Rechtskraft. Er ist eine Folge des Gebots rechtlichen Gehörs nach Art 103 I GG. Es gibt ganz unterschiedliche Gründe.

A. Grundsatz: Umfassende Geltung. Der Einwand einer schlechten Prozeßführung macht eine mangelhafte Beibringung des Prozeßstoffes und das Unterlassen von Prozeßhandlungen geltend, etwa von Einreden, Rechtsbehelfen usw. Der Streithelfer müßte beweisen, daß ein Vortrag solcher Teile des Prozeßstoffes und eine Vornahme solcher Prozeßhandlungen im Vorprozeß ein günstigeres Ergebnis herbeigeführt hätten.

9 **B. Beeinträchtigung im Beitrittszeitpunkt.** Die Prozeßlage muß den Streithelfer im Zeitpunkt seines tatsächlichen oder ihm nach § 74 III möglichen Beitritts in der Wahrung seines Rechts beeinträchtigt haben, BGH NJW **82**, 282. Das wäre etwa dann der Fall, wenn die Partei inzwischen ein Anerkenntnis oder Geständnis abgegeben hatte oder wenn sie eine ungeeignete Klage erhoben hatte oder wenn erst nach dem Verhandlungsschluß eine Streitverkündung vor einem unanfechtbaren Urteil erfolgt war, Köln MDR **83**, 409. Es wäre nicht der Fall, soweit der Streithelfer imstande gewesen war, die Prozeßlage zu verbessern, und sei es auch nur durch die Einlegung eines halbwegs erfolgversprechenden Rechtsmittels, BGH NJW **76**, 293, Bischof MDR **99**, 789. Der Streithelfer darf sich nicht auf ein mitwirkendes Verschulden berufen, § 254 BGB.

10 **C. Beeinträchtigung nach dem Beitritt.** Eine Prozeßhandlung der Partei muß den Streithelfer nach seinem Beitritt beeinträchtigt haben. Das wäre etwa dann der Fall, wenn die Partei sein zweckmäßiges Vorbringen durch einen eigenen Widerspruch ausschaltete, BGH NJW **82**, 282 oder wenn sie mit dem Prozeßgegner ohne eine Mitwirkung des Streithelfers einen Prozeßvergleich schloß, Anh § 307, oder ihr Rechtsmittel zurücknahm, BGH NJW **88**, 713, es sei denn auf Anraten des Gerichts, Kblz OLGR **01**, 243.

11 **D. Unterlassung von Prozeßhandlungen.** Die Partei muß absichtlich oder zumindest grob fahrlässig eine Prozeßhandlung nach Grdz 47 vor § 128 unterlassen haben, die der Streithelfer nicht vornehmen konnte, etwa deshalb nicht, weil ihm die Lage unverschuldet unbekannt war. Soweit er die Prozeßhandlung selbst nach § 67 Rn 8, 14 vornehmen konnte, kann sich der Streithelfer auch in diesem Zusammenhang nicht auf ein mitwirkendes Verschulden der Partei berufen, § 254 BGB. Der Ausdruck „absichtlich" im Gesetz läßt im Gegensatz zu dem Begriff „vorsätzlich" jedes bewußte Handeln genügen, selbst wenn es auf einer durchaus sittlichen Erwägung beruhte, etwa den Fall, daß die Hauptpartei sich nicht auf eine Verjährung berufen wollte. Soweit der Streithelfer die ihm nachteiligen Folgen selbst abwenden konnte, etwa durch die Einlegung eines geeigneten Rechtsmittels, kann er sich auf diese Einrede nicht berufen, Rn 9. Über den Begriff des Verschuldens im übrigen Einl III 68.

69 *Streitgenössische Nebenintervention.* Insofern nach den Vorschriften des bürgerlichen Rechts die Rechtskraft der in dem Hauptprozess erlassenen Entscheidung auf das Rechtsverhältnis des Nebenintervenienten zu dem Gegner von Wirksamkeit ist, gilt der Nebenintervenient im Sinne des § 61 als Streitgenosse der Hauptpartei.

Schrifttum: *Vollkommer,* Streitgenössische Nebenintervention und Beiladungspflicht nach Art. 103 Abs. 1 GG, Festgabe *50 Jahre Bundesgerichtshof* (2000) III 127.

Gliederung

1) Systematik	1–3	5) Stellung des Zugelassenen: Streitgenosse		7
2) Regelungszweck	4	6) Weitere Folgen der Zulassung		8, 9
3) Geltungsbereich	5	7) Abhängigkeit		10
4) Notwendigkeit einer Zulassung	6	8) Streithilfewirkung		11

1 **1) Systematik.** Vgl zunächst § 66 Rn 1. § 69 regelt im Anschluß an die §§ 66–68 erfaßte unselbständige Streithilfe die streitgenössische selbständige Streithilfe oder Nebenintervention. Sie ist wegen Art 103 I GG immer dann zulässig, wenn nach dem sachlichen Recht und nicht nur nach dem „bürgerlichen" die Rechtskraft oder die Vollstreckungs- oder Gestaltungswirkung einer Entscheidung im Vorprozeß im Rechtsverhältnis zwischen dem Streithelfer und dem Gegner eingreift, BGH NJW **01**, 1355, BAG DB **87**, 443, Schlesw RR **93**, 930. Es handelt sich um solche Fälle, in denen das Urteil nicht nur zwischen den Parteien wirkt, sondern darüber hinaus für und gegen den Streithelfer, § 322 Rn 64 „Streithelfer", BGH NJW **01**, 1355, Schlesw RR **93**, 930, Wieser ZZP **112**, 446, sei es auch nur für die Kosten oder für die Zwangsvollstreckung, etwa bei §§ 729, 740 ff, LG Saarbr JB **77**, 1146. Infrage kommt etwa ein Gesamtschuldner im Prozeß gegen den anderen, BayObLG RR **87**, 1423. Überhaupt kann die Gestaltungswirkung nach Grdz 10 vor § 253 reichen, etwa bei §§ 1313, 1496, 2342 BGB, §§ 117, 127, 133, 140 HGB.

2 Eine Anfechtung der Vaterschaft nach §§ 640 ff hat auch für einen nicht beteiligten, aber zugeladenen Elternteil oder für den als Vater in Betracht kommenden Dritten eine Bedeutung, BGH **89**, 123, Celle FamRZ **76**, 159, Oldb RR **05**, 1023, aM BGH **92**, 277, Hamm FamRZ **02**, 30, Oldb RR **04**, 872 (aber es kann sich für ihn eine sehr erhebliche Reihe von Rechtsfolgen mitergeben). Bei der Anfechtung oder Anerkennung der Vaterschaft durch die Mutter ergeben sich auch für die zugeladene Kind Rechtswirkungen, § 640 e, BGH NJW **84**, 353. Ein Pensions-Sicherungs-Verein kann dem Prozeß zwischen dem Arbeitgeber und dem Arbeitnehmer nach § 69 beitreten, BAG DB **85**, 1538. Er kann zB durch die Feststellung

Titel 3. Beteiligung Dritter am Rechtsstreit § 69

beschwert sein, daß die Einstellung von Versorgungsleistungen des Arbeitgebers wegen dessen wirtschaftlicher Notlage zulässig ist, LAG Saarbr BB **81**, 304. Der Gesetzestext ist zu eng gefaßt.

Allerdings reicht eine etwa entstehende *bloße Ersatzpflicht* des Streithelfers nicht aus, um die streitgenössi- **3** sche Streithilfe zuzulassen, Celle MDR **05**, 779, Ffm VersR **96**, 213. Ebensowenig reicht abgesehen von Rn 2 stets eine Stellung als Pensionssicherungsverein, BAG DB **87**, 444. Ein Aktionär, der einer Anfechtungsklage eines anderen gegen die Gesellschaft beitritt, wird zum streitgenössischen Streithelfer, Köln RR **95**, 1251. Der Insolvenzgläubiger als Streithelfer im Anfechtungsprozeß des Insolvenzverwalters gehört nicht zu den Fällen des § 69. Wenn während des Prozesses infolge der Veräußerung der Streitsache eine Rechtsnachfolge eintritt, ist § 69 nach § 265 II 3 unanwendbar. Etwas anderes gilt im Fall der Rechtsnachfolge in eine Marke, § 27 MarkenG. Wer im Patentnichtigkeitsverfahren als angeblicher Verletzer dem Patentinhaber beitritt, ist nur einfacher Streithelfer, BGH GRUR **98**, 387. Auch die Notwendigkeit eines Duldungstitels reicht nicht, BGH NJW **01**, 1356.

2) Regelungszweck. Vgl zunächst § 66 Rn 2. Die Vorschrift dient der Vermeidung drohender Unge- **4** rechtigkeiten, Einl III 9. Die im Vergleich zu §§ 66–68 wesentlich stärkere Stellung des streitgenössischen Nebenintervenienten muß eine entsprechend strenge Prüfung der Voraussetzungen seiner Zulassung und der etwa nachteiligen Folgen solcher Zulassung erfordern. Im Zweifel muß man die Vorschrift also zu Lasten des streitgenössischen Nebenintervenienten auslegen. Man muß allerdings die Frage, ob und inwieweit eine Rechtskrafterstreckung eintreten kann, als Vorbedingung für die Anwendbarkeit des § 69 nach den Vorschriften des Bürgerlichen Rechts prüfen und handhaben.

3) Geltungsbereich. Vgl § 66 Rn 3. **5**

4) Notwendigkeit einer Zulassung. Die Rechte und Pflichten des streitgenössischen Streithelfers sind **6** zwar von einer Zulassung nach § 71 abhängig. Sie ergeben sich aber in ihrem Umfang nicht aus jener Vorschrift, sondern aus den übrigen gesetzlichen Bestimmungen. Wenn der Streithelfer die erweiterten Befugnisse des § 69 zu Unrecht beansprucht, bleiben seine Prozeßhandlungen insoweit unbeachtet, § 67 Rn 4.

5) Stellung des Zugelassenen: Streitgenosse. Der streitgenössische Streithelfer gilt als ein Streitgenosse **7** der unterstützten Partei, § 59. Er gilt als solcher, ist aber kein solcher. Denn er müßte als Partei eintreten, um Streitgenosse zu sein, Celle KTS **88**, 369. Das tut er aber gerade nicht. Die Fiktion der Streitgenossenschaft betrifft den Prozeßbetrieb, nicht die selbständige Rechtsverfolgung. Sie tritt „im Sinn des § 61" ein. Der streitgenössische Streithelfer gilt also als gewöhnlicher Streitgenosse nur, soweit nicht (wie meist) eine notwendige Streitgenossenschaft nach § 62 eintritt, BGH RR **99**, 286, Ffm VersR **96**, 213. Der letzte Fall liegt zB vor: Bei einem Aktionär, der einem Anfechtungskläger nach § 245 AktG beitritt; bei einem Gesellschafter der Gesellschaft mit beschränkter Haftung im Fall einer Anfechtung eines Gesellschafterbeschlusses.

6) Weitere Folgen der Zulassung. Die Erstreckung der Rechtskraftwirkung oder der Vollstreckungs- **8** wirkung auf den Streithelfer befreit ihn notwendig von den Beschränkungen des § 67, Celle KTS **88**, 369, soweit diese Beschränkungen nicht begrifflich bedingt sind. Der streitgenössische Streithelfer kann zB eine Prozeßhandlung nach Grdz 47 vor § 128 ohne oder eine Erklärung mit Kenntnis und sogar gegen den Widerspruch der unterstützten Partei wirksam vornehmen, BGH RR **99**, 285, Schlesw RR **93**, 930. Er kann eine Säumnis der Hauptpartei durch eigenes Verhandeln verhindern. Er kann selbständig ein Rechtsmittel in einer mit der Urteilszustellung an *ihn* und nicht an die Hauptpartei beginnenden Frist einlegen, BGH NJW **01**, 1355 (vgl aber Rn 6), BAG NJW **97**, 1028, Schlesw RR **93**, 930.

Gesteht er nach § 288, während die Partei leugnet, so muß das Gericht sein Geständnis frei würdigen. Er kann auch einer Prozeßhandlung oder einer Erklärung der Partei widersprechen, die seinem Beitritt vorangegangen ist, Celle FamRZ **76**, 159, LAG Saarbr BB **81**, 304, soweit der Stand des Prozesses das zuläßt. Er kann anerkennen, zugestehen und auf den Anspruch verzichten. Er kann einem Anerkenntnis nach § 306, einem Bestreiten mit Nichtwissen nach § 138 IV oder einem Geständnis nach § 288 durch die Berufung widersprechen, BGH RR **93**, 1294, Schlesw RR **93**, 930, LAG Saarbr BB **81**, 304. Er kann beim eigenen Grund Wiedereinsetzung beantragen, Waldner JR **84**, 159. Er kann den Prozeß nicht weiterführen, soweit ihn die Hauptparteien beenden, Celle KTS **88**, 369.

Er kann *nicht Zeuge* sein, Üb 22 vor § 373 „Streitgenosse". Denn er gilt als Partei, auch wenn er keine **9** solche ist. Deshalb kann das Gericht ihn aber auch als Partei vernehmen, Hamm FamRZ **78**, 205. Für eine Zustellung gilt er grundsätzlich als Partei. Das gilt auch für eine Urteilszustellung nach § 317. Eine Rechtsbehelfsfrist läuft gegen ihn erst seit der Zustellung an ihn, soweit für ihn eine Zustellung erforderlich ist, BGH RR **97**, 919, BayObLG **87**, 253. Wenn er erst nach dem Beginn einer Frist beitritt, ist er auf deren Rest angewiesen, BGH RR **99**, 286. Eine Unterbrechung des Verfahrens aus einem in seiner Person entstandenen Grund nach §§ 239 ff wirkt sich auch auf die Partei aus. Wegen der Kosten vgl § 101 II.

7) Abhängigkeit. Von den Folgen nach Rn 8, 9 abgesehen gilt § 67. Der Streithelfer muß den Prozeß so **10** hinnehmen, wie er ihn im Zeitpunkt seines Beitritts vorfindet, BGH VersR **98**, 385 (nur Restfrist). Er kann also endgültige Entscheidungen usw nicht ändern. Er kann keine Widerklage nach Anh § 253 erheben, keine Anträge für sich stellen, §§ 137, 297, eine Klagerücknahme nicht verhindern, Köln RR **95**, 1251, und die Klage nicht selbst zurücknehmen. Er kann keine Rechtsbehelfe aus eigenem Recht einlegen, § 67 Rn 5. Die Zustellung des erstinstanzlichen Urteils an die Hauptpartei löst die Rechtsmittelfrist auch für den bisher nicht Beigetretenen aus, BGH BB **05**, 240. Er kann aber einer Rechtsmittelrücknahme widersprechen.

8) Streithilfewirkung. Die Interventionswirkung ist hier grundsätzlich dieselbe wie bei § 68. Es besteht **11** allerdings insofern eine Abweichung, als eine Einwendung nach § 68 nur in Betracht kommen kann, wenn die Rechtskraft den Streithelfer nicht ganz ergreift.

§ 70

70 *Beitritt des Nebenintervenienten.* ¹¹Der Beitritt des Nebenintervenienten erfolgt durch Einreichung eines Schriftsatzes bei dem Prozessgericht und, wenn er mit der Einlegung eines Rechtsmittels verbunden wird, durch Einreichung eines Schriftsatzes bei dem Rechtsmittelgericht. ²Der Schriftsatz ist beiden Parteien zuzustellen und muß enthalten:
1. die Bezeichnung der Parteien und des Rechtsstreits;
2. die bestimmte Angabe des Interesses, das der Nebenintervenient hat;
3. die Erklärung des Beitritts.

ᴵᴵ Außerdem gelten die allgemeinen Vorschriften über die vorbereitenden Schriftsätze.

Schrifttum: *Walder-Richli,* Prozeßbeitritt und streitgenössische Nebenintervention, Festschrift für *Gaul* (1997) 779.

1   1) **Systematik, I, II.** Vgl zunächst § 66 Rn 1. Während §§ 64–69 die Voraussetzungen des Beitritts eines Streithelfers in den verschiedenen Formen der Streithilfe regeln, nennen §§ 70, 71 die Verfahrensregeln. Dabei erfaßt § 70 die Beitrittserklärung.

2   2) **Regelungszweck, I, II.** Vgl zunächst § 66 Rn 2. Die gesetzlichen Förmlichkeiten dienen denselben Zwecken wie bei jedem bestimmenden, also ein Verfahren einleitenden oder irgendwie erweiternden Schriftsatz, § 129 Rn 1, 2, 5 ff. Sie sind schon zwecks Rechtssicherheit unentbehrlich, Einl III 43. Man muß sie wie jede Formvorschrift streng handhaben. Das gilt auch für I 2 Z 2. Es ist also erforderlich, daß sich das in Rn 6 näher erläuterte rechtliche und nicht wirtschaftliche Interesse im Kern ganz klar aus den tatsächlichen Angaben im Beitrittsschriftsatz ergibt. Es muß auch ganz klar sein, für welche Partei der Beitritt erfolgt, Kblz AnwBl **03**, 372. Nur eine etwaige dortige Rechtsansicht darf so geartet sein, daß das Gericht ihr zumindest derzeit noch nicht folgen kann. Das bedeutet freilich auch nicht, daß sich aus solchen Tatsachenangaben überhaupt kein auch gerade rechtliches Interesse ableiten zu lassen braucht. Im Zweifel sind §§ 139, 273 anwendbar.

3   3) **Geltungsbereich, I, II.** Vgl § 66 Rn 3.

4   4) **Form des Beitritts, I 1.** Der Streithelfer tritt dadurch bei, daß er einen im Sinne von § 129 I bestimmenden Schriftsatz beim Gericht einreicht, BGH NJW **91**, 230. Eine bloße Anzeige zu den Akten genügt nicht. Anwaltszwang herrscht wie sonst, § 78 Rn 1, 2, BGH NJW **91**, 230. Wenn der Streithelfer gleichzeitig ein Rechtsmittel einlegt, erfolgt sein Beitritt dadurch, daß er seinen Beitrittsschriftsatz bei dem Rechtsmittelgericht einreicht, BGH NJW **97**, 2385, Hamm RR **94**, 1278. Denn Rechtsmittel und Beitritt sind zwei selbständige Parteiprozeßhandlungen, Grdz 47 vor § 128, BGH NJW **97**, 2385. Freilich kann ein Rechtsmittel als angebliche Partei für ein solches „namens des Streitverkündeten" jeweils zugleich als dessen Beitritt auslegbar sein, BGH NJW **94**, 1537 und NJW **01**, 1217. Dieselben Regeln gelten für den Fall, daß er zugleich mit dem Beitritt einen Einspruch einlegt.
Der *Schriftsatz* ist ein bestimmender nach § 129, BGH NJW **91**, 230. Er unterliegt auch den Vorschriften der §§ 130–133 über vorbereitende Schriftsätze und muß bei Einlegung zugleich mit einem Rechtsmittel dessen Anforderungen erfüllen, BGH NJW **97**, 2385. Auch ein Einspruch oder ein Widerspruch nach § 924 gelten hier als Rechtsmittel. Beim AG erfolgt der Beitritt durch eine schriftliche Einreichung oder durch eine Erklärung zum Protokoll der Geschäftsstelle nach § 496 und dann ohne Anwaltszwang, § 78 V Hs 2. Der Urkundsbeamte der Geschäftsstelle muß den Beitrittsschriftsatz beiden Parteien von Amts wegen zustellen, §§ 166 ff.

5   5) **Inhalt des Beitritts, I 2.** Der Beitrittsschriftsatz muß im wesentlichen den folgenden Inhalt haben.

A. Parteien und Prozeß, I 2 Z 1. Der Beitrittsschriftsatz muß den Prozeß bezeichnen, zu dem der Beitritt erfolgen soll, BGH NJW **97**, 2385. Das Aktenzeichen der Instanz genügt. Er muß außerdem die Parteien jenes Prozesses unverwechselbar angeben, § 253 Rn 22, BGH NJW **97**, 2385.

6   **B. Rechtliches Interesse, I 2 Z 2.** Der Beitrittsschriftsatz muß diejenigen Tatsachen angeben, die das rechtliche Interesse an dem Beitritt begründen sollen, BGH NJW **94**, 1537. Der Zweck dieser Angabe liegt darin, den Parteien den Beitrittsgrund klarzumachen. Deshalb genügt jede über diesen Grund unterrichtende Angabe, etwa ein Hinweis auf die Streitverkündung, BGH NJW **97**, 2385. Es genügt auch der Hinweis auf ein anderes Schriftstück, das sich bereits im Besitz beider Parteien befindet, BGH NJW **97**, 2385, Düss RR **97**, 443. Immerhin sollte der Schriftsatz auch so klar gefaßt sein, daß auch das Gericht erkennen kann, ob das rechtliche Interesse für den Beitritt vorhanden ist. Die Angaben sind entbehrlich, soweit das rechtliche Interesse ersichtlich ist, Hamm FamRZ **84**, 811. Eine Glaubhaftmachung ist erst im Verfahren nach § 71 I 2 erforderlich.

7   **C. Beitrittserklärung, I 2 Z 3.** Der Beitrittsschriftsatz muß jedenfalls dem Sinne nach unzweideutig den Willen zum Ausdruck bringen, als Streithelfer in den Prozeß einzutreten, BGH NJW **97**, 2385, Düss RR **97**, 443. Die Beitrittserklärung erfolgt im Zweifel nur im Umfang des befürchteten Rückgriffs, Düss RR **97**, 443 (Erweiterung ist möglich). Sie kann sich auf einen von mehreren Streitgegenständen nach § 2 Rn 3 oder auf einen von mehreren Streitgenossen beschränken, § 59. Sie liegt auch in der Einlegung eines Einspruchs oder Rechtsmittels, BGH NJW **01**, 1217, zB auch unter der Bezeichnung „Streitverkündeter", BGH NJW **97**, 2385, „Streithelfer", „Streitgehilfe" oder „Nebenintervenient". Auch bei § 265 III 2 kann ein Beitritt vorliegen, KG ZMR **98**, 514.
Ein *Sachantrag* im Sinn von § 297 Rn 1 ist ratsam. Er ist zwar nicht schon im Rahmen von § 70 erforderlich. Er kann aber kostenrechtlich erheblich sein, Nürnb AnwBl **94**, 197 (zu [jetzt] VV 3101). Eine Meldung „für den Streitverkündeten" ist oft mißverständlich, Kblz AnwBl **03**, 372. Denn der Beitretende ist bereits Streithelfer, Woesner SchlHA **89**, 171 (Auslegung). Eine bloße Versetzungsanzeige und selbst eine Anwesenheit im Beweisaufnahmetermin reichen jedenfalls solange nicht, wie unklar bleibt, für welche Partei der Beitritt erfolgen soll, Kblz AnwBl **03**, 372.

Titel 3. Beteiligung Dritter am Rechtsstreit §§ 70, 71

6) Rücknahme des Beitritts, I 1, 2. Der Streithelfer kann seine Beitrittserklärung jederzeit nach § 269 II zurücknehmen, § 66 Rn 7. Eine Rücknahme steht einem anschließenden erneuten Beitritt nicht entgegen. § 269 VI ist aber sinngemäß anwendbar. Die Rücknahme hat die Kostenfolgen des § 269 III 2, 3, IV. Ein erneuter Beitritt diesmal zur Gegenpartei ist allerdings ohne weiteres statthaft, Köln OLGR 00, 205, Bischof MDR 99, 790. Der Rücktritt macht eine schon eingetretene Streithilfe nach § 68 nicht hinfällig, Bischof MDR 99, 790. 8

7) Mängel des Beitritts, I, II. Das Gericht muß die Prozeßvoraussetzungen wie bei jeder Parteiprozeßhandlung von Amts wegen prüfen, Köln NJW 93, 1662. Es prüft etwaige sonstige Mängel nur auf Grund einer Rüge, Köln NJW 93, 1662. Sie sind ebenso heilbar wie Mängel einer Klageschrift, namentlich nach § 295, BGH NJW 76, 292, Hamm RR 94, 1278. Daher finden sie keine Beachtung von Amts wegen nach Grdz 39 vor § 128. Das Gericht darf und muß den Streithelfer bis zu einer Bemängelung zuziehen. Im Fall einer Bemängelung gilt § 71. Ein Leugnen der rechtlichen Voraussetzungen des Beitritts bemängelt noch nicht die Form des Beitritts. Mängel der Zustellung kann die Partei nur für sich selbst rügen, nicht für die Gegenpartei. Ein Verstoß gegen I Z 1–3 ist jederzeit heilbar, soweit nicht ein endgültiger Rechtsverlust eingetreten ist. 9

71 Zwischenstreit über Nebenintervention.

[I] [1] Über den Antrag auf Zurückweisung einer Nebenintervention wird nach mündlicher Verhandlung unter den Parteien und dem Nebenintervenienten entschieden. [2] Der Nebenintervenient ist zuzulassen, wenn er sein Interesse glaubhaft macht.

[II] Gegen das Zwischenurteil findet sofortige Beschwerde statt.

[III] Solange nicht die Unzulässigkeit der Intervention rechtskräftig ausgesprochen ist, wird der Intervenient im Hauptverfahren zugezogen.

Gliederung

1) Systematik, I–III 1	5) Zwischenurteil und sofortige Beschwerde, II 8
2) Regelungszweck, I–III 2	6) Zuziehung des Streithelfers, III 9–11
3) Geltungsbereich, I–III 3	A. Grundsatz: Beitrittsfolge = Zuziehungspflicht 9, 10
4) Verfahren, I 4–7	B. Verstoß 11
A. Allgemeines 4	
B. Zurückweisungsantrag 5	
C. Zwischenstreit 6	
D. Säumnis 7	

1) Systematik, I–III. Vgl zunächst § 66 Rn 1. Die Vorschrift nennt die Regeln zu dem Verfahren im Anschluß an den in § 70 behandelten Beitrittsantrag. 1

2) Regelungszweck, I–III. Vgl zunächst § 66 Rn 2. Die Regelung enthält eine Abwägung von Grundsätzen einerseits der Prozeßförderung und Prozeßwirtschaftlichkeit nach Grdz 12, 14 vor § 128 und andererseits der Rechtssicherheit nach Einl III 43, wenn immerhin ein Streit über die Zulassung nach § 128 Rn 2 eine mündliche Verhandlung notwendig wird und wenn ein verfassungsrechtlich nicht zwingend gebotenes Rechtsmittel eröffnet wird. Diese Abwägung im Gesetz muß man auch bei seiner Darlegung mitbeachten. 2

Bloße Glaubhaftmachung nach § 294 ist eine verhältnismäßig geringe Anforderung an die Zulassung. Sie reicht sonst meist nur im Eilverfahren aus. Eine Zulassung nach § 71 erstreckt sich aber auf einen Hauptprozeß. Das gilt während seiner ganzen weiteren Dauer. Sie kann auch kostenrechtlich erhebliche Auswirkungen haben, § 101. Deshalb ist eine nicht zu geringe Prüfung der Glaubhaftmachung ratsam. Es müssen die Bedingungen eines wirklich auch rechtlichen Interesses deutlich wahrscheinlich vorliegen.

3) Geltungsbereich, I–III. Vgl § 66 Rn 3. 3

4) Verfahren, I. Es erfolgt ein besonderes Zulassungsverfahren. 4

A. Allgemeines. Das Gericht läßt den Streithelfer grundsätzlich stillschweigend zu. Eine förmliche Entscheidung über seine Zulassung ist nur dann erforderlich, wenn entweder eine der Parteien der Zulassung widerspricht oder dem Streithelfer eine persönliche Prozeßvoraussetzung nach § 66 Rn 1 fehlt. In diesen beiden Fällen erfolgt die Entscheidung grundsätzlich wegen III durch ein Zwischenurteil, § 280, BGH 76, 301. Sie kann auch im Endurteil erfolgen, BGH NJW 82, 2070, Düss RR 98, 606. Nur im Patentnichtigkeitsverfahren erfolgt die Zulassung durch einen Beschluß. Eine Zulassung liegt aber auch dann vor, wenn das Gericht die Zulassung nicht zurückgewiesen hatte, sondern wenn es vielmehr dem Streithelfer im Endurteil die Kosten der Nebenintervention auferlegt hat. Die Zulassung wird rechtskräftig, wenn niemand sie anficht. Eine Zulassung im Zwischenurteil unterliegt nach II der sofortigen Beschwerde, Rn 8. Falls das Gericht durch ein Urteil entschieden hatte, ist die Zulassung nur zusammen mit dem Urteil anfechtbar. Im übrigen erfolgt die Zurückweisung des Zulassungsantrags durch einen Beschluß. Gegen ihn ist die sofortige Beschwerde zulässig, § 567 I Z 2.

B. Zurückweisungsantrag. Jede Partei nach Grdz 4 vor § 50 und jeder Streitgenosse nach §§ 59 ff darf einen Zurückweisungsantrag stellen. Die Form des § 297 ist nicht notwendig. Denn es handelt sich um einen rein leugnenden Antrag, aM StJL 3. Der Verlust des Antragsrechts tritt dadurch ein, daß man entweder auf die Einhaltung der Beitrittsvoraussetzungen des § 66 verzichtet oder daß man angesichts eines förmlichen Mangels einen Verzicht nach § 295 ausspricht. Das gilt auch dann, wenn man die Zulassung aus einem sachlichen Grund widerspricht. 5

§ 71 Buch 1. Abschnitt 2. Parteien

Ein *Verzicht* erstreckt sich aber nicht auf solche Tatsachen, die erst nach der Verzichtserklärung eingetreten oder bekannt geworden sind. Der Antrag auf die Zurückweisung eines Rechtsbehelfs des Streithelfers richtet sich gegen die Partei. Deshalb genügt ein solcher Antrag selbst dann nicht, wenn man ihn damit begründet, die Streithilfe sei unwirksam. Der Streitverkünder darf einem Beitritt nur dann widersprechen, wenn der Streithelfer der Gegenpartei beitritt. Der Streitverkündete darf ohne Beitritt keinen Antrag stellen, Bischof MDR **99**, 788, Böckermann MDR **02**, 1351 (nur beim Mißbrauch der Streitverkündung Antragsrecht).

6 **C. Zwischenstreit.** Durch den Antrag entsteht ein Zwischenstreit zwischen dem Streithelfer und der widersprechenden Partei, also unter Umständen beiden Parteien, Mü GRUR-RR **01**, 93. Eine Partei, die dem Beitritt etwa ausdrücklich zugestimmt hat, steht auf der Seite des Streithelfers. Eine Partei, die dem Beitritt weder zugestimmt hat noch widersprochen hat, bleibt im Zwischenstreit unbeteiligt. Ein Anwaltszwang herrscht wie sonst, § 78 Rn 1, 2. Das Gericht muß grundsätzlich eine mündliche Verhandlung anberaumen, § 128 Rn 2. Allerdings ist auch ein schriftliches Verfahren nach § 128 II denkbar.

Ein *Termin* zur Verhandlung in der Hauptsache besteht im Zweifel auch zur Verhandlung im Zwischenstreit. Der Streithelfer muß diejenigen Tatsachen beweisen, aus denen sich die Zulässigkeit seines Beitritts ergibt, § 68 Rn 7. Er braucht aber diejenigen Tatsachen lediglich nach § 294 glaubhaft zu machen aus denen sich sein rechtliches Interesse ergibt. Es reicht aus, daß man einen angekündigten Rückgriff nicht hochgradig ausschließen kann. Die bloße Anmeldung zur Insolvenztabelle reicht nicht, Ffm RR **00**, 348, ebensowenig eine bloße Streitverkündung, Bischof MDR **99**, 788.

7 **D. Säumnis.** Wenn der Streithelfer nach Üb 3 vor § 330 säumig ist, entscheidet das Gericht auf Grund des einseitigen Parteivortrags und auf Grund der Beitrittsschrift. Eine Säumnis der zustimmenden Partei ist unerheblich. Im Fall der Säumnis der widersprechenden Partei entscheidet das Gericht auf Grund des einseitigen Parteivortrags und der Beitrittsschrift. Im Fall der Säumnis des Streithelfers und des Widersprechenden entscheidet das Gericht nach der Aktenlage gemäß §§ 251 a, 331 a oder ordnet eine Vertagung an, § 337.

8 **5) Zwischenurteil und sofortige Beschwerde, II.** Das Zwischenurteil muß auf die Zulassung des Streithelfers oder auf seine Zurückweisung lauten, Mü GRUR-RR **01**, 93. Der Unterliegende muß die Kosten tragen, Bischof MDR **99**, 789. Für die Beurteilung ist der Schluß der mündlichen Verhandlung maßgeblich, §§ 136 IV, 296 a. Die Zustellung des Zwischenurteils erfolgt nach § 166 II von Amts wegen. Gegen das Zwischenurteil ist die sofortige Beschwerde zulässig, (jetzt) § 567 I Z 1, BGH MDR **82**, 650. Sie steht im Fall einer Zurückweisung des Streithelfers und der unterstützten Partei zu. Denn auch die letztere hat wegen § 68 ein Interesse am Beitritt des Streithelfers, aM StJBo 8.

Gegen eine *Zulassung* können beide Parteien die sofortige Beschwerde einlegen, § 567 I Z 1. Dieses Recht steht auch derjenigen Partei zu, die sich am Zwischenstreit nicht beteiligt hat. Die sofortige Beschwerde ist auch dann statthaft, wenn das Gericht die Entscheidung über die Zulassung des Streithelfers in ein Endurteil aufgenommen hatte, BGH VersR **85**, 551, Mü GRUR-RR **01**, 93, Nürnb MDR **94**, 834. Denn es liegt insofern nur eine äußerliche Verbindung vor. Die Beschwerdefrist beträgt nach § 569 I 1, 2 zwei Wochen seit der Zustellung.

Eine *Rechtsbeschwerde* kommt unter den Voraussetzungen des § 574 I Z 2 in Betracht. Eine rechtskräftige Entscheidung zur Hauptsache macht die sofortige Beschwerde freilich praktisch gegenstandslos, Nürnb MDR **94**, 834. Sie hindert aber einen neuen Beitritt bei glaubhaftem neuen rechtlichen Interesse nicht. Das Patentamt entscheidet über die Zulassung im Nichtigkeitsverfahren durch einen Beschluß.

Gebühren: Des Gerichts KV 1811 (Beschwerdeverfahren); des Anwalts: § 19 I 3 RVG, VV 3500, Wert: Anh § 3 Rn 106.

9 **6) Zuziehung des Streithelfers, III.** Es gelten die folgenden Regeln.

A. Grundsatz: Beitrittsfolge = Zuziehungspflicht. Auf Grund des Beitritts muß das Gericht den Streithelfer zum Verfahren hinzuziehen, bis es ihn durch ein Zwischenurteil rechtskräftig zurückgewiesen hat, also bis zur Erledigung eines Beschwerdeverfahrens nach II, BGH NJW **83**, 2378, BAG MDR **88**, 346. Das gilt nach einem erstinstanzlichen Beitritt auch für die Rechtsmittelinstanz. Deshalb sind Prozeßhandlungen des Streithelfers bis zu diesem Zeitpunkt wirksam möglich, BGH VersR **85**, 551. Deshalb darf das Gericht auch bis zu diesem Zeitpunkt keine Versäumnisentscheidung gegen die Partei erlassen, solange der Streithelfer für die Partei auftritt. Das Gericht muß dem Streithelfer alle Termine, Ladungen und Schriftsätze zustellen bzw bekanntgeben, BAG MDR **88**, 346, Bischof JB **84**, 978. Wenn es ihn nicht ordnungsgemäß geladen hat, gilt auch seine Partei als nicht geladen. Das Gericht muß in diesem Fall selbst dann eine Vertagung anordnen, wenn beide Parteien zur Sache verhandeln wollen. Eine Verhandlung ist aber insoweit zulässig, als für den Streithelfer dadurch kein Rechtsnachteil entstehen kann. Dieser Fall ist etwa dann denkbar, wenn eine Revision der von ihm unterstützten Partei Erfolg hat.

10 Das Gericht braucht sein Urteil und andere gerichtliche *Entscheidungen* dem Streithelfer an sich nicht förmlich zuzustellen. Denn der Streithelfer ist an diejenigen Fristen gebunden, die gegenüber der von ihm unterstützten Partei laufen. Eine Zustellung der Entscheidung ist aber insoweit nötig, als der Streithelfer einen Antrag nach § 321 II wegen der Übergehung des Kostenpunkts nach § 100 I stellen kann. Wenn das Gericht den Beitritt zurückgewiesen hatte, weil bestimmte Prozeßvoraussetzungen nach § 66 Rn 4 ff fehlten, sind seine Prozeßhandlungen wirkungslos, Rn 2. Die Insolvenz des Streithelfers kann wie eine Unterbrechung wirken, § 240. Die Rechtskraft erfaßt alle bisher geltend gemachten Gründe, § 322 Rn 64 „Streithelfer". Daher kann der Streithelfer keine Prozeßhandlungen mehr vornehmen, Grdz 46 vor § 128. Er kann zB kein Rechtsmittel mehr einlegen. Neue Streithilfegründe lassen natürlich einen neuen Beitritt zu.

11 **B. Verstoß.** Ein Verstoß kann zugleich Art 103 I GG verletzen und auf Antrag zur Zurückverweisung nach (jetzt) § 538 führen, BAG MDR **88**, 346.

Titel 3. Beteiligung Dritter am Rechtsstreit **Einf §§ 72–74**

Einführung vor §§ 72–74
Streitverkündung

Schrifttum: *Benke,* Die Verfahrensbeteiligung Dritter, 1996; *Bischof,* MDR **99**, 787 (Üb); *Eibner,* Möglichkeiten und Grenzen der Streitverkündung, Diss Erl 1986; *Enaux,* Rechtliche Probleme bei der Streitverkündung im selbständigen Beweisverfahren in Bausachen, in: Festschrift für *Jagenburg* (2002); *Frohn,* Nebenintervention und Streitverkündung in der Freiwilligen Gerichtsbarkeit, Diss Münst 1998; *Köper,* JA **05**, 741 (Üb); *Kraft,* Grenzüberschreitende Streitverkündung und Third Party Notice, 1997; *Laumen,* Streitverkündung, Interventionswirkung und Beweislastverteilung bei alternativer Vertragspartnerschaft, Festschrift für *Baumgärtel* (1990) 281; *Lüke,* Die Beteiligung Dritter im Zivilprozeß, 1993; *Michel/von der Seipen,* Der Schriftsatz des Anwalts im Zivilprozeß, 4. Aufl 1997; *Schäfer,* Nebenintervention und Streitverkündung, 1991; *Schaefer,* Drittinteressen im Zivilprozeß, Diss Mü 1993; *Schmidt,* Mehrparteienprozeß, Streitverkündung und Nebenintervention bei Gestaltungsprozessen im Gesellschaftsrecht, Festschrift für *Beys* (Athen 2004) 1485; *Schober,* Drittbeteiligung im Zivilprozeß usw (auch rechtsvergleichend), 1990; *Schultes,* Die Beteiligung Dritte am Zivilprozeß, 1994; vgl Üb 1 vor § 64.

Gliederung

1) **Systematik**	1	4) **Wirkung**		4, 5
2) **Regelungszweck**	2	5) *VwGO*		6
3) **Geltungsbereich**	3			

1) Systematik. Die Streitverkündung, Litisdenunziation, besteht darin, daß eine Partei einen anderen **1** förmlich davon benachrichtigt, daß ein Prozeß schwebt. Sie ist eine Parteiprozeßhandlung, Grdz 47 vor § 128, BGH MDR **89**, 539. Daher duldet sie keine Bedingung, Grdz 54 vor § 128, BGH MDR **89**, 539. Mehr ist die Streitverkündung zunächst nicht, Köln NJW **81**, 2263, Bischof JB **84**, 969. Sie erhebt also keinen sachlichrechtlichen oder prozessualen Anspruch. Sie steht daher grundsätzlich einer Klagerhebung nach § 253 nicht gleich, soweit nicht ausnahmsweise das Gegenteil gilt, zB bei § 204 I Z 6 BGB.

Die Streitverkündung steht ebensowenig einer gesetzlich notwendigen *Mitteilung* von der Erhebung eines eigenen Anspruchs gleich. Eine Streitverkündung liegt auch dann vor, wenn der Verkündende einer Einmischungsklage gegen einen Forderungsbeansprucher oder zum Eintritt in einen Besitzstreit usw als Partei geben will, §§ 75–77. Zur Streitverkündung besteht prozessual nach § 841 eine Pflicht etwa bei einer Klage des Pfändungspfandgläubigers gegen den Drittschuldner, § 841. Andererseits läßt sich eine Streitverkündung durch einen Prozeßvertrag nach Grdz 48 vor § 128 ausschließen oder beschränken, v Hoffmann/Hau RIW **97**, 90, Mansel ZZP **109**, 61, etwa durch die Vereinbarung einer ausschließlichen Zuständigkeit. Vgl international Art 65 I 2 a EuGVVO, SchlAnh V 4 C.

2) Regelungszweck. Der Zweck der gewöhnlichen Streitverkündung besteht in der Einladung zu einer **2** Nebenintervention nach §§ 66 ff, Schmidt JuS **97**, 108. Es besteht also darin, dem Dritten, dem Verkündungsgegner, die Gelegenheit zur Unterstützung des Verkünders im Prozeß zu geben und sich außerdem unabhängig vom Umfang einer Rechtskraftwirkung nach § 322 gegen den etwaigen Einwand zu schützen, man habe den Prozeß schlecht geführt und eine unrichtige Entscheidung herbeigeführt, § 68, BGH WertpMitt **97**, 1157, LSG Darmst FamRZ **90**, 178. Sie dient ferner der Vorbereitung der Rechtsverfolgung gegenüber dem Streitverkündeten, § 74 II, III, Mü MDR **89**, 548.

Freilich ist sie *nicht der einzige Weg* zur Klärung dieser Fragen, aM Schlesw VersR **87**, 624 (aber man kann selbstverständlich auch im Weg einer eigenen Klage vorgehen usw). Außerdem soll sie einen weiteren Prozeß und widersprechende Ergebnisse der verschiedenen Prozesse verhindern, Bernstein Festschrift für Ferid (1978) 85. Das gilt freilich nur, soweit das Interesse des Streitverkünders das erfordert, Karlsr OLGZ **84**, 233.

3) Geltungsbereich. Vgl zunächst Üb 3 vor § 64. Im Grundbuchverfahren ist keine Streitverkündung **3** statthaft, BayObLG Rpfleger **80**, 153, ebensowenig im selbständigen Beweisverfahren nach §§ 485 ff, sondern allenfalls in etwa bereits nach § 261 rechtshängigen zugehörigen Prozeß. Denn der Zweck läßt sich im selbständigen Beweisverfahren trotz dessen Ziels einer Vermeidung oder Vereinfachung weiteren Streit schon mangels abschließender Entscheidung über den Streitstoff nicht voll erreichen, Hamm OLGR **92**, 113, Bohnen BB **95**, 2338, aM BGH **134**, 192, KG RR **00**, 514, Karlsr MDR **98**, 239 (aber solche volle Klärung erfordert ein rechtskräftiges Urteil im eigenen Prozeß, Rn 2). Zum Problem Enaux (vor Rn 1).

4) Wirkung. Der Dritte kann frei entscheiden, ob er sich an dem ihm bekanntgegebenen Prozeß **4** beteiligen will. Haben beide Parteien demselben Dritten den Streit verkündet, so darf er nur einer von ihnen beitreten. Er sollte seinen Entschluß sorgfältig abwägen. Denn die Streithilfewirkung tritt bei einer gewöhnlichen Streitverkündung auch ohne die Streithilfe ein, § 74 III. In den Fällen der §§ 75–77 gelten besondere Wirkungen. Die Streitverkündung kann nicht eine Klagefrist wahren, etwa nach § 12 III VVG, Hamm MDR **00**, 703. Sie hat auch keine sachlichrechtliche Wirkung, BGH **70**, 189, soweit sie zulässig ist, BGH **100**, 259, Hamm MDR **86**, 1031.

Beispiele: § 204 I Z 6 BGB (Verjährung), BGH BB **00**, 1964, Hamm NJW **94**, 203, Köln VersR **92**, 334, **5** aM Hamm RR **89**, 682 (aber der Gesetzestext ist eindeutig), § 941 BGB (Ersitzung), §§ 414, 423, 439 HGB (Verjährung im Speditionsgeschäft, im Lagergeschäft, im Frachtgeschäft), BGH **100**, 100 (Drittschadensliquidation). Ein Beitritt nach dem Schluß der letzten Tatsachenverhandlung in einer nicht revisiblen Sache ist unzumutbar, Köln MDR **83**, 409. Für das Prozeßgericht ist eine Streitverkündung bis zum wirksamen Beitritt des Verkündeten unbeachtlich.

5) *VwGO*: Vgl Üb § 64 Rn 4. **6**

§ 72 Buch 1. Abschnitt 2. Parteien

72 *Zulässigkeit der Streitverkündung.* ¹ Eine Partei, die für den Fall des ihr ungünstigen Ausganges des Rechtsstreits einen Anspruch auf Gewährleistung oder Schadloshaltung gegen einen Dritten erheben zu können glaubt oder den Anspruch eines Dritten besorgt, kann bis zur rechtskräftigen Entscheidung des Rechtsstreits dem Dritten gerichtlich den Streit verkünden.
II Der Dritte ist zu einer weiteren Streitverkündung berechtigt.

SachenRBerG § 108. *Feststellung der Anspruchsberechtigung.* III Nehmen mehrere Personen die Rechte als Nutzer für sich in Anspruch und ist in einem Rechtsstreit zwischen ihnen die Anspruchsberechtigung festzustellen, können beide Parteien dem Grundstückseigentümer den Streit verkünden.

Gliederung

1) Systematik, Regelungszweck, I, II	1	4) Beispiele zur Frage einer Zulässigkeit, I	5–7
2) Geltungsbereich, I, II	2	5) Verfahren, I	8
3) Voraussetzungen, I	3, 4	6) Weitere Streitverkündung, II	9
A. Rechtshängigkeit	3		
B. Rückgriffsanspruch	4		

1 **1) Systematik, Regelungszweck, I, II.** Vgl Einf 1, 2 vor §§ 72–74.

2 **2) Geltungsbereich, I, II.** Vgl Einf 3 vor §§ 72–74, ferner bei § 1047.

3 **3) Voraussetzungen, I.** Es müssen die folgenden Bedingungen zusammentreffen.
A. Rechtshängigkeit. Es muß ein Prozeß nach § 261 rechtshängig sein, Saarbr RR **89**, 1216. Denn erst die Rechtshängigkeit begründet überhaupt ein Prozeßrechtsverhältnis zwischen den Parteien, Grdz 4 vor § 128, § 91 a Rn 30, § 261 Rn 2. Eine bloße Anhängigkeit nach § 261 Rn 1 genügt nicht, StJL 10, aM BGH **92**, 257 (aus prozeßwirtschaftlichen, in einer so wichtigen Frage wie dem Prozeßrechtsverhältnis aber problematischen Erwägungen). Eine bloße Anhängigkeit genügt auch nicht im Mahnverfahren nach §§ 688 ff. Wegen des selbständigen Beweisverfahrens Einf 3 vor §§ 72–74. Es tritt auch keine Rückbeziehung nach den §§ 696 III, 700 für eine Streitverkündung ein. Das alles gilt auch in der Berufungs- und Revisionsinstanz.

4 **B. Rückgriffsanspruch.** Eine der Parteien des Prozesses muß gerade nur für den Fall eines Unterliegens im jetzigen Prozeß dann wegen eines Schadensersatzanspruchs entweder einen Rückgriffsanspruch zumindest auch gegenüber dem Verkündungsgegner haben können, BGH VersR **97**, 1365, BayObLG NJW **87**, 1952, Mü NJW **86**, 263. Sie mag auch einen solchen Anspruch befürchten, BGH **116**, 100. Eine Streitverkündung nur für den Fall des Prozeßgewinns ist unstatthaft, Düss RR **95**, 1122, Karlsr OLGZ **84**, 232. Maßgeblich ist nicht die objektive Lage, sondern nur die halbwegs nachvollziehbare Sicht des Verkünders, BGH **65**, 131, Düss RR **96**, 533, Hamm NJW **94**, 203. Maßgeblich ist ferner der Zeitpunkt der Streitverkündung, BGH **65**, 131, also natürlich nicht der Zeitpunkt des Urteils, BGH **65**, 131. Es kommt auch nicht auf eine tatsächliche Geltendmachung des möglichen Anspruchs schon im Zeitpunkt der Streitverkündung an, BGH **116**, 101. Dabei ist unerheblich, ob das Unterliegen im jetzigen Prozeß aus tatsächlichen oder rechtlichen Grundlagen für den Streitverkünder erfolgen wird, BGH **70**, 189, Hbg VersR **84**, 1049.
Es ist also eine *weite Auslegung* zulässig und geboten, BGH **116**, 100, Bbg OLGZ **79**, 210, Hamm MDR **85**, 588. Es genügt und ist erforderlich, daß der jetzige Anspruch und der infolge Streitverkündung infrage kommende Anspruch sich gegenseitig ausschließen, BGH NJW **89**, 522, Köln RR **91**, 1535. Wegen der Streitverkündungswirkung § 74 III, § 68 Rn 1, 2, 6 ff, Werres NJW **84**, 208. Nach dem Umfang der Interventionswirkung richtet sich die Zulässigkeit der Streitverkündung, aM Werres NJW **84**, 208 (aber die Interventionswirkung ist der Rechtskraftwirkung ähnlich).

5 **4) Beispiele zur Frage einer Zulässigkeit, I**
Alternativhaftung: S „Dritter", Rn 7 „Wahlweise Haftung".
Auftrag: Ausreichend ist ein etwaiger Rückgriffsanspruch des Geschäftsführers gegen den Geschäftsherrn nach §§ 670, 677, 683 BGB.
Beamter: Ausreichend ist ein etwaiger Rückgriffsanspruch des Dienstherrn gegen den Beamten nach Art 34 S 2, 3 GG.
Bürge: Ausreichend ist sein etwaiger Rückgriffsanspruch gegen den Hauptschuldner nach § 774 BGB.
Nicht ausreichend ist ein Anspruch des Gläubigers gegen den Bürgen.
Dritter: Dritter kann auch ein Streitgenosse des Verkünders oder des Prozeßgegners sein, BAG **72**, 98, Hamm RR **96**, 969. Ausreichend ist es, wenn ein Dritter die Forderung für sich beansprucht oder wenn die Partei einem Dritten haftet, BGH NJW **02**, 1415, zB nach dem Handelsrecht, wenn ein Prozeß für Rechnung und Gefahr eines Dritten läuft, etwa bei einer Kommission, einer Spedition, einem Frachtrecht, BGH **116**, 100. Das gilt auch bei sog alternativer Haftung, BGH NJW **89**, 522, Bbg OLGZ **79**, 209.
Nicht Dritter sein kann der Prozeßgegner oder ein Sachverständiger, Böckermann MDR **02**, 1350, Rickert/König NJW **05**, 1831. Nicht ausreichend ist es grds, wenn die Partei und ein Dritter von Anfang an nebeneinander haften, BGH **65**, 131, Hamm MDR **86**, 1031, LG Landau RR **01**, 1026 (zu einer Ausnahme), auch nicht, wenn sie kumulativ etwa als Gesamtschuldner haften, BGH NJW **87**, 1894, Hbg VersR **84**, 1049, Saarbr VersR **00**, 989.
Drittschadensliquidation: Ausreichend ist ihr Drohen, BGH **116**, 102.
Fracht: S „Dritter", Rn 6 „Rückgriff", „Schadloshaltung".
Gerichtsstandsvereinbarung: Die Vereinbarung einer ausländischen Zuständigkeit nach §§ 38, 40 hat keinen Einfluß auf die Zulässigkeit der Streitverkündung, Mansel ZZP **109**, 76.

Titel 3. Beteiligung Dritter am Rechtsstreit §§ 72, 73

Gesamtschuldner: S „Dritter".
Geschäftsführung ohne Auftrag: S „Auftrag".
Gewährleistung: Ausreichend ist ein Anspruch auf eine Gewährleistung wegen eines Mangels, etwa nach § 365 BGB (Hingabe an Erfüllungs Statt), nach §§ 433 ff BGB (Kauf), nach §§ 536 ff BGB (Miete), nach §§ 631 ff BGB (Werkvertrag), BGH **70**, 187 (Baumangel), LG Landau RR **01**, 1026, nach §§ 1624 ff BGB (Ausstattung), nach §§ 2182 f BGB (Vermächtnis).
Grundbuchverfahren: Einf 3 vor §§ 72–74.
Hilfsweise Haftung: *Nicht* ausreichend ist eine nur hilfsweise Haftung des Verkündungsgegners, etwa nach § 19 I 2 BNotO, Hamm MDR **85**, 588, aM Hamm RR **86**, 1506. 6
Kauf: Ausreichend ist die Frage, ob die Kaufsache einen Rechtsmangel hat, sodaß Käufer und Drittkäufer nicht auf Zahlung haften, BGH VersR **97**, 1365. Ausreichend ist beim Verbrauchsgüterkauf ein etwaiger Rückgriffsanspruch des Unternehmers gegen den Lieferanten nach §§ 478, 479 BGB.
Kommission: Rn 5 „Dritter".
Mängelhaftung: Rn 5 „Gewährleistung".
Notar: S „Hilfsweise Haftung".
Rechtsanwalt: Ausreichend ist ein etwaiger Rückgriffsanspruch des Auftraggebers wegen Verjährung.
Richter: Ihm kann man *nicht* wirksam den Streit verkünden, weil er falsch entschieden habe, Böckermann MDR **02**, 1350.
Rückgriff: Vgl zunächst Rn 4. *Nicht* ausreichend ist es, wenn der Frachtführer, der den Unterfrachtführer in Rückgriff nimmt, in diesem letzteren Prozeß den Absender für den Fall des Obsiegens in Anspruch nehmen will, Karlsr OLGZ **84**, 230.
Sachverständiger: Ihm kann man nur sehr bedingt den Streit verkünden, weil er falsch begutachtet habe, Böckermann MDR **02**, 1350.
Schadloshaltung: Ausreichend ist ein Anspruch auf eine Schadloshaltung, also ein Rückgriffsanspruch auf Grund eines Vertrages oder einer gesetzlichen Bestimmung. Das gilt auch in den Fällen einer wahlweisen Haftung des Bekl und des Verkündungsgegners, Rn 7 „Wahlweise Haftung".
Kein Anspruch auf Schadloshaltung ist derjenige auf einen Frachtlohn, Karlsruhe OLGZ **84**, 233.
Selbständiges Beweisverfahren: Einf 3 vor §§ 72–74.
Sozialversicherung: Rn 7 „Wahlweise Haftung".
Spedition: Rn 5 „Dritter".
Streitgenosse: Eine Streitverkündung ist auch gegenüber Streitgenossen statthaft, Hamm RR **96**, 969.
Verjährung: Rn 6 „Rechtsanwalt". 7
Versicherer: Ausreichend ist ein etwaiger Rückgriffsanspruch des Schädigers gegen den Versicherer, Koch AnwBl **88**, 99.
S auch Rn 5 „Dritter", Rn 7 „Wahlweise Haftung".
Wahlweise Haftung: Ausreichend ist ein Anspruch, für den man den Bekl und den Verkündungsgegner wahlweise in Anspruch nehmen kann, Hamm RR **89**, 682, Saarbr VersR **00**, 989. Das gilt etwa dann, wenn streitig ist, wer als Versicherer haftet, oder ob überhaupt beim Unterliegen etwa des Unterhaltsgläubigers gegenüber dem Ehegatten ein Anspruch gegen den Sozialversicherungsträger in Betracht kommt, LSG Darmst FamRZ **90**, 178, oder bei einer Haftung entweder des Vertretenen oder des Vertreters nach §§ 164 II, 179 BGB, BGH NJW **82**, 282, Köln RR **92**, 120, oder bei derjenigen entweder einer Gemeinde oder eines Gemeindeverbands wegen Verletzung einer Streupflicht, BGH MDR **86**, 127.
S auch Rn 5 „Dritter".

5) Verfahren, I. Wenn der Verkündungsgegner dem Prozeß nicht beitritt, dann prüft das Gericht die 8 prozessualen Voraussetzungen einer Streitverkündung erst im Prozeß zwischen dem Verkünder und dem Verkündungsgegner, BGH **116**, 98, Köln RIW **03**, 73, Mü NJW **93**, 2757, aM Bischof JB **84**, 1309 (aber erst dann entsteht dazu ein Rechtsschutzbedürfnis). Wenn der Verkündungsgegner dem Prozeß beitritt, muß das Gericht die Voraussetzungen der Streithilfe prüfen, aM Hbg VersR **84**, 1049 (aber von dieser Klärung hängt evtl der ganze weitere Prozeß ab). Wenn die Voraussetzungen des § 72 fehlen, kann keine Streithilfewirkung eintreten, §§ 68, 74, Bbg OLGZ **79**, 210, LG Hbg VersR **78**, 716. Der Verkünder trägt die Kosten der Streitverkündung vorbehaltlich seines Rechts, diese Kosten als eine Nebenforderung im Prozeß gegen den Verkündungsgegner geltend zu machen. Das Gericht kann diese Kosten nicht ohne einen zugrundeliegenden sachlichrechtlichen Anspruch festsetzen. Die Gebühren des Anwalts sind durch die Prozeßgebühr abgegolten.

6) Weitere Streitverkündung, I, II. Diese Verkündung ist bis zum Zeitpunkt der Rechtskraft der 9 Entscheidung zulässig. Als „Dritter" kommt derjenige in Betracht, der Streithelfer sein kann, auch ein Streitgenosse des Verkünders oder des Gegners, § 66 Rn 6. Die Gegenpartei kann nicht ein „Dritter" sein. Der Verkündungsgegner darf seinerseits weiter verkünden, auch wenn er nicht beitritt, BGH WertpMitt **97**, 1757. Er darf aber nicht im eigenen Interesse verkünden, und zwar auch nicht als ein streitgenössischer Streitgehilfe nach § 69, aM BGH VersR **97**, 1365 (aber die Streitverkündung darf keine zu weite Eigenentwicklung erhalten).

73 Form der Streitverkündung.
[1] Zum Zwecke der Streitverkündung hat die Partei einen Schriftsatz einzureichen, in dem der Grund der Streitverkündung und die Lage des Rechtsstreits anzugeben ist. [2] Der Schriftsatz ist dem Dritten zuzustellen und dem Gegner des Streitverkünders in Abschrift mitzuteilen. [3] Die Streitverkündung wird erst mit der Zustellung an den Dritten wirksam.

§§ 73, 74

Schrifttum: *Michel/von der Seipen,* Der Schriftsatz des Anwalts im Zivilprozeß, 6. Aufl 2003; *Vollkommer,* Streitgenössische Nebenintervention und Beiladungspflicht nach Art. 103 Abs. 1 GG, Festgabe *50 Jahre Bundesgerichtshof* (2000) III 137.

1 **1) Systematik, S 1–3.** Vgl Einf 1 vor §§ 72–74. Die Vorschrift enthält die gesetzlichen Mindestvoraussetzungen für eine wirksame Form der Streitverkündung. Vollkommer (vor Rn 1) 144 regt wegen Art 103 I GG und der Rechtskraftauswirkungen eine begrenzte Benachrichtigungs- und sogar Beiladungspflicht des Gerichts an. Indessen schützt eben diese Vorschrift des GG jeden Dritten ohnehin und gerade mangels Beiladung vor nachteiligen Rechtsfolgen, auf deren Eintritt er mangels rechtlichen Gehörs keinen Einfluß nehmen konnte. Daher sollte die Parteiherrschaft nach Grdz 18 vor § 128 etwaigen nicht ausdrücklich im Gesetz bestimmten Benachrichtigungen oder gar Ladungen Dritter Grenzen setzen. Sogar eine öffentliche Verhandlung hebt ja nicht einmal eine gerichtliche Schweigepflicht auf.

2 **2) Regelungszweck, S 1–3.** Wie bei § 70 muß man die gesetzlichen Bedingungen in S 1 streng auslegen. Denn die Bestimmung dient einer brauchbarer Abgrenzung der nach § 72 der Sache nach erforderlichen recht bestimmten Anspruchsarten von anderen rechtlichen oder gar nur wirtschaftlichen Interessen. Der Schutz des am Prozeß bisher nicht beteiligten Verkündungsgegners erfordert alle Sorgfalt bei der Formulierung der Verkündung. Das gilt ungeachtet des Umstands, daß die Ablehnung eines Beitritts nach § 74 II nur eine begrenzte Wirkung gegenüber dem Ablehnenden hat. Solche Wirkung schrumpft ja auf Null, wenn schon die Streitverkündung nicht gesetzmäßig genau erfolgt war. Das gilt unabhängig von der Pflicht des Gerichts, auch den evtl inhaltlichen mangelhaften, aber äußerlich korrekten Verkündungsschriftsatz zuzustellen. Die Prozeßwirtschaftlichkeit nach Grdz 14 vor § 218 erfordert eine unverzügliche Zustellung, § 121 I 1 BGB. Sie erfordert aber nicht stets irgendeine terminliche oder sonstige weitere Rücksichtnahme vor dem Eingang des Beitritts nach § 74 I.

3 **3) Geltungsbereich, S 1–3.** Vgl Einf 3 vor §§ 72–74.

4 **4) Voraussetzungen, S 1–3.** Es müssen drei Faktoren zusammentreffen.

   A. Schriftsatz. Die Partei muß beim Gericht einen Schriftsatz einreichen. Er darf keine Bedingung der Streitverkündung enthalten, Grdz 54 vor § 128, BGH RR **89**, 767. Er muß als bestimmender Schriftsatz dessen Anforderungen nach § 129 Rn 5 erfüllen, BGH **92**, 254. Die Partei muß ihn insbesondere also ordnungsgemäß unterschrieben haben, § 129 Rn 9, BGH **92**, 254, aM ZöV 1 (aber Formenstrenge wegen Rn 2 ist etwas anderes als Förmelei). Beim AG kann sie auch eine Erklärung zum Protokoll der Geschäftsstelle jedes AG abgeben, § 129 a. Die Streitverkündung wird erst in demjenigen Zeitpunkt wirksam, in dem der Urkundsbeamte des Prozeßgerichts den Schriftsatz oder die Erklärung zum Protokoll der Geschäftsstelle von Amts wegen dem Dritten zustellt, § 168 I 1. Die Einreichung des Schriftsatzes beim Gericht reicht also zur Wirksamkeit der Streitverkündung noch nicht aus. Das ist wegen § 74 III wichtig. Der Schriftsatz steht einer Klageschrift gleich, Heß JZ **98**, 1029. Bei Rechtsmißbrauch entfällt eine Zustellung, Rickert/König NJW **05**, 1831 (bei Streitverkündung gegenüber einem Sachverständigen).

   Die *Zustellung* erfolgt wegen der vorstehenden Wirkung gegenüber dem Dritten förmlich, ZöV 1, aM Köln NJW **81**, 2264 (formlos). Nur dem Gegner des Streitverkünders gegenüber reicht eine formlose Mitteilung. Das Gericht teilt außerdem eine Abschrift des Schriftsatzes dem Prozeßgegner des Streitverkünders mit. Diese Mitteilung ist freilich für die Wirksamkeit der Streitverkündung unerheblich. Es herrscht kein Anwaltszwang nach § 78 V Hs 2, (zum alten Recht) BGH **92**, 254. Denn der Verkündungsgegner befindet sich noch nicht im Prozeß.

5 **B. Grund der Streitverkündung.** Die Partei muß den Grund der Streitverkündung angeben, BGH **155**, 74. Sie muß also diejenige Rechtsbeziehung zum Verkündungsgegner darlegen, aus der sich ergibt, daß die Voraussetzungen des § 72 erfüllt sind. Die ernsthafte Geltendmachung eines sachlichrechtlichen Anspruchs reicht meist aus, BGH **155**, 74.

6 **C. Lage des Rechtsstreits.** Die Partei muß den Rechtsstreit in seiner derzeitigen Lage umreißen. Sie muß eine so genaue Bezeichnung von dem Prozeß und dem Streitgegenstand geben, daß der Verkündungsgegner unzweideutig ersehen kann, um was es sich handelt und ob ein Beitritt angebracht ist, BGH NJW **02**, 1415. Eine Konkretisierung der Anspruchshöhe ist nicht nötig, BGH NJW **02**, 1415. Die Partei muß auch den gegenseitigen Streitstand mitteilen. Sie muß also zB mitteilen, daß das Gericht einen Beweisbeschluß erlassen hat oder daß dann und dann Termin ansteht. Eine Mitteilung von Abschriften der Klage und der Schriftsätze ist nicht vorgeschrieben, Mü MDR **89**, 548. Der Verkündungsgegner ist insoweit auf eine Akteneinsicht nach § 299 angewiesen, § 299, Mü MDR **89**, 548. Man braucht also keineswegs den ganzen bisherigen Akteninhalt herunterzubeten.

7 *Mängel* der Streitverkündungsschrift können infolge eines Verzichts des Verkündungsgegners oder nach § 295 heilen, BGH **92**, 256. Dasselbe gilt bei Mängeln des Beitritts. Die Wirkung des § 295 tritt ein mit dem Schluß der ersten mündlichen Verhandlung des Verkündungsgegners nach §§ 136 IV, 296 a oder dann, wenn er dem Termin fernblieb, mit dem Schluß der ersten mündlichen Verhandlung im Prozeß über den Rückgriff oder über den Anspruch des Dritten an den Verkünder, BGH **96**, 53. Wegen der Kosten vgl § 91 Rn 206 „Streitverkündung".

---

74 *Wirkung der Streitverkündung.* ¹ Wenn der Dritte dem Streitverkünder beitritt, so bestimmt sich sein Verhältnis zu den Parteien nach den Grundsätzen über die Nebenintervention.

II **Lehnt der Dritte den Beitritt ab oder erklärt er sich nicht, so wird der Rechtsstreit ohne Rücksicht auf ihn fortgesetzt.**

III **In allen Fällen dieses Paragraphen sind gegen den Dritten die Vorschriften des § 68 mit der Abweichung anzuwenden, dass statt der Zeit des Beitritts die Zeit entscheidet, zu welcher der Beitritt infolge der Streitverkündung möglich war.**

Schrifttum: *Diedrich,* Die Interventionswirkung usw, 2001.

1) Systematik, Regelungszweck, I–III. Vgl Ein 1, 2 vor §§ 72–74. III ist Ausdruck des Grundsatzes 1
von Treu und Glauben, Einl III 53, OVG Weimar NVwZ-RR **03**, 832.

2) Geltungsbereich, I–III. Vgl Einf 3 vor §§ 72–74. 2

3) Beitritt, I. Er erfolgt nach § 70. Eine bloße Meldung zu den Akten ist kein Beitritt. Das Gericht muß 3
den Verkündungsgegner von seinem Beitritt an als einen Streithelfer hinzuziehen, § 71. Der Beitritt ist auch
gegenüber dem Gegner des Streitverkünders zulässig, BGH **85**, 255. In diesem Fall steht der Beigetretene im
Verhältnis zum Streitverkünder einem Ferngebliebenen gleich. Die Streitverkündung ist im Verhältnis zum
Verkünder ein Beitrittsgrund, Hamm RR **88**, 155. Vgl jedoch auch für das Verhältnis zum Gegner § 66 I,
dort Rn 9, Bischof Rpfleger **86**, 160. Der Beitritt enthält keine Anerkennung einer Haftung. Es hängt vom
Sachverhalt ab, ob der Beitretende zum gewöhnlichen Streithelfer oder zum streitgenössischen Streithelfer
wird, §§ 67, 69. Das Gericht entscheidet nach § 71 über die Zulässigkeit des Beitritts.

4) Fernbleiben, II. Der Streitverkündete kann frei über einen Beitritt entscheiden, Üb 4 vor §§ 72–74. 4
Wenn der Verkündungsgegner dem Rechtsstreit nicht beitritt, läßt das Gericht die Streitverkündung unbeachtet. Der Verkündungsgegner behält seine Stellung außerhalb des Prozesses, KG MDR **94**, 413.

5) Streithilfewirkung, III. Die bloße Streitverkündung hat in jedem Fall die Wirkung des § 68 bzw 5
des § 69 Rn 10 (Interventionswirkung), BGH NJW **04**, 1521, BayObLG NJW **87**, 1952, Hamm RR
88, 155, aM Bischof MDR **99**, 788. Diese Wirkung ergreift nicht nur den Tenor des Urteils des
Vorprozesses, sondern auch dessen tatsächliche und rechtliche Grundlagen, BGH NJW **04**, 1521. Diese
Wirkung besteht freilich nur „gegen" den Verkündungsgegner, also nur zugunsten des Verkünders, BGH
NJW **97**, 2385. Diese Wirkung gilt unabhängig davon, ob der Verkündungsgegner dem Streitverkünder
beitritt oder nicht oder ob er etwa dem Gegner des Streitverkünders als Streithelfer beitritt, BGH NJW
88, 1379. Etwas anderes gilt nur dann, wenn die Streitverkündung nach dem Schluß der letzten
Tatsachenverhandlung nach §§ 136 IV, 296a in einer nicht revisiblen Sache erfolgte, Köln MDR **83**,
409, oder wenn das Gericht seinen Beitritt zum Verkünder rechtskräftig zurückgewiesen hat, § 71.
Insofern unterscheidet sich die Streithilfewirkung von der französischen assignation en garantie (Freistellungsanspruch) und vom amerikanischen Impleader (Third-Party-Complaint), Bernstein Festschrift für
Ferid (1978) 85. Die Interventionswirkungen nach §§ 74, 68 treten aber nicht ein, wenn dadurch eine
Bindung des Streitverkündeten in einem solchen späteren Verfahren einträte, für das ein anderer Rechtsweg besteht, BGH **123**, 46.

Beim *Verkündungsgegner* entscheidet allerdings nicht der Zeitpunkt des Beitritts, sondern derjenige Zeit- 6
punkt, zu dem die Verkündung den Beitritt ermögliche. Eine Streitverkündung in der Revisionsinstanz
schneidet die tatsächlichen Einreden nicht ab. Etwas anderes gilt nur dann, wenn der Verkündungsgegner die
Verspätung verschuldet hat. Das Urteil im Prozeß bindet nur den Verkündungsgegner, auch seine Erben,
gegenüber dem Verkünder, BGH NJW **87**, 1895. Es bleibt dem Verkünder nur überlassen, ob er das Urteil
ganz oder gar nicht gelten lassen will.

Im Verhältnis vom Verkündungsgegner zu irgendeinem *Dritten,* etwa einem sachlich Berechtigten, ist das 7
Urteil unerheblich, BGH **70**, 192, Düss OLGR **99**, 404. Entsprechend III treten auch die sachlichrechtlichen Wirkungen ein, § 68 Rn 6. Die Zustellung der Streitverkündung erfolgt nach § 167, Hamm NJW **94**,
203. Sie hemmt die Verjährung, § 204 I Z 6 BGB, Hbg VersR **84**, 1049. Die Hemmung endet 6 Monate
nach der Rechtskraft der Entscheidung oder sonstigen Prozeßbeendigung, § 204 II 1 BGB. Die Streithilfewirkung ist auch im Verfahren nach § 43 WEG beachtlich, Hamm FGPrax **95**, 230. Die Streitverkündung
in einem ausländischen Prozeß kann auch im Inland prozessual wirken, Bernstein Festschrift für Ferid (1978)
90, § 328 Rn 1 ff. Man muß nach dem sachlichen Recht urteilen, ob auch sachlichrechtliche Wirkungen
einer solchen Streitverkündung eintreten. Zum Problem BGH **70**, 189, Hamm RR **86**, 1505, Saarbr RR
89, 1216. Die Streithilfewirkung erzielt auch die vertragliche Verpflichtung, das Urteil nach §§ 74 III, 68
gegen sich gelten zu lassen. Ein unklares Beweisergebnis im Vorprozeß kann zum Nachteil des Streitverkündeten durchschlagen, Saarbr MDR **02**, 690.

75 Gäubigerstreit.

¹Wird von dem verklagten Schuldner einem Dritten, der die geltend gemachte Forderung für sich in Anspruch nimmt, der Streit verkündet und tritt der Dritte in den Streit ein, so ist der Beklagte, wenn er den Betrag der Forderung zugunsten der streitenden Gläubiger unter Verzicht auf das Recht zur Rücknahme hinterlegt, auf seinen Antrag aus dem Rechtsstreit unter Verurteilung in die durch seinen unbegründeten Widerspruch veranlassten Kosten zu entlassen und der Rechtsstreit über die Berechtigung an der Forderung zwischen den streitenden Gläubigern allein fortzusetzen. ²Dem Obsiegenden ist der hinterlegte Betrag zuzusprechen und der Unterliegende auch zur Erstattung der dem Beklagten entstandenen, nicht durch dessen unbegründeten Widerspruch veranlassten Kosten, einschließlich der Kosten der Hinterlegung, zu verurteilen.

Schrifttum: *Heimann,* Die Problematik der Qualifizierung der Interventionsfiguren ... Forderungsprätendentenstreit und Urheberbenennung, Diss Bonn 1996; *Lüke,* Die Beteiligung Dritter im Zivilprozeß, 1993; *Picker,* Hauptintervention, Forderungsprätendentenstreit und Urheberbenennung usw, Festschrift für *Flume* (1978) I 649.

Gliederung

1) Systematik, S 1, 2	1	3) Geltungsbereich, S 1, 2	3
2) Regelungszweck, S 1, 2	2	4) Voraussetzungen, S 1, 2	4–7

§ 75

A. Forderung	4	6) Fortgang des Prozesses, S 1, 2 10
B. Beanspruchung durch Dritten	5	7) Rechtsmittel, S 1, 2 11
C. Streitverkündung	6	8) *VwGO* 12
D. Hinterlegung	7	
5) Entlassung des Beklagten, S 1, 2	8, 9	
A. Kein Antrag	8	
B. Antrag	9	

1 **1) Systematik, S 1, 2.** § 372 BGB regelt den Fall, daß mehrere Personen dasselbe Recht für sich beanspruchen, BGH MDR **96**, 596. Der Schuldner darf dann eine hinterlegungsfähige Sache hinterlegen. Er ist befreit, wenn die Rücknahme ausgeschlossen ist. Das gilt vor allem dann, wenn der Schuldner auf das Recht der Rücknahme verzichtet hat, § 378 BGB. Der vor einer Hinterlegung verklagte Schuldner darf dem nicht klagenden Gläubiger, dem anderen Beanspruchenden (Prätendenten), den Streit verkünden, § 72, BGH KTS **81**, 218. Der Verkündungsgegner kann als Streithelfer beitreten, § 66. § 75 hat kaum praktische Bedeutung, BGH RR **87**, 1440.

Der Schuldner kann aber auch nach der Erhebung der Klage nach § 253 unter einem Verzicht auf das Recht der Rücknahme *hinterlegen*. Dann wäre der klagende Forderer abzuweisen und auf einen Prozeß mit dem anderen Fordernden verweisen.

2 **2) Regelungszweck, S 1, 2.** Die Vorschrift soll die in Rn 1 am Ende genannte Wirkung vermeiden. § 75 sieht für diesen Fall zwecks Vereinfachung eine Einmischung vor. Das geschieht also zwecks Prozeßwirtschaftlichkeit, Grdz 14 vor § 128. Die Einmischung weicht freilich von derjenigen des § 74 ab. Denn sie schafft keinen neuen Prozeß neben dem alten, sondern nimmt denjenigen, der sich einmischt, anstelle des Schuldners in den Prozeß hinein. Ein Dritter kann statt dieses Verfahrens auch die gewöhnliche Einmischungsklage des § 64 wählen. In einem solchen Fall beginnt ein neuer Prozeß neben dem alten. Es kann auch jeder Beansprucher gegen jeden weiteren Beansprucher auf Feststellung klagen, BGH NJW **93**, 2540. Man sollte die Vorschrift bei der Auslegung nicht noch komplizierter machen, als sie es ohnehin ist.

3 **3) Geltungsbereich, S 1, 2.** Vgl Grdz 3 vor § 50.

4 **4) Voraussetzungen, S 1, 2.** Es müssen die folgenden Bedingungen zusammentreffen.

A. Forderung. Ein Schuldner muß wegen einer Forderung verklagt oder widerbeklagt sein. Die Forderung muß auf eine Leistung lauten. Denn eine Hinterlegung entspricht der Leistung. Eine Aufrechnung nach § 145 Rn 10 genügt nicht. Denn eine aufgerechnete Forderung ist nicht rechtshängig, § 145 Rn 15. Die Forderung kann auf Geld oder auf eine hinterlegungsfähige Sache lauten, selbst wenn die Sache unvertretbar ist. Da eine Einmischung vorliegt, Rn 1, muß die vom Einmischer beanspruchte Forderung genau mit der eingeklagten Forderung übereinstimmen, BGH MDR **96**, 596. Eine bloße Feststellungsklage reicht nicht, BGH KTS **81**, 218.

5 **B. Beanspruchung durch Dritten.** Der Dritte muß die Forderung ganz oder teilweise für sich beanspruchen. Dieses Erfordernis entspricht demjenigen in § 64. Es muß zwischen der streitbefangenen und der beanspruchten Forderung eine mindestens teilweise Nämlichkeit vorliegen, BGH NJW **96**, 1673.

6 **C. Streitverkündung.** Der Bekl muß dem Dritten den Streit verkünden, § 73, sofern nicht beide Parteien auf dieses Erfordernis verzichten.

7 **D. Hinterlegung.** Der Bekl muß den Betrag der Forderung hinterlegen, richtiger ihren Gegenstand im Sinn des § 372 BGB und der HO. Die Hinterlegung muß den Bekl nach dem sachlichen Recht befreien. Sie muß also rechtmäßig sein und die ganze Schuld einschließlich der Zinsen und Nebenleistungen umfassen. Sie braucht aber nicht auch diejenigen Prozeßkosten zu umfassen, die dem Kläger entstanden sind. Wenn der Dritte nur einen Teil der Forderung beansprucht, braucht der Bekl auch nur entsprechend zu hinterlegen.

8 **5) Entlassung des Beklagten, S 1, 2.** Es kommt darauf an, ob der Bekl seine Entlassung beantragt.

A. Kein Antrag. Wenn der Bekl nicht seine Entlassung aus dem Prozeß beantragt, dann muß man den Eingetretenen als einen Streithelfer des Bekl ansehen, § 74. Er muß seinen Antrag ändern. Wenn er diese Änderung ablehnt, muß das Gericht ihn wie eine unberufene Partei aus dem Prozeß verweisen, Grdz 18 vor § 50.

9 **B. Antrag.** Wenn der Bekl seine Entlassung beantragt, dann muß zwischen dem Kläger einerseits, dem Bekl und dem Eintretenden als dem Streitgenossen andererseits mündlich verhandelt werden. Es ist aber nach § 128 II auch eine Entscheidung ohne mündliche Verhandlung möglich. Der Entlassungsantrag ist ein Sachantrag, § 297. Die Entscheidung kann auf eine Zurückweisung des Eintritts lauten. Diese Entscheidung erfolgt durch einen Beschluß, aM StJL 9, ZöV 7 Zwischenurteil. Aber wie soll man es anfechten?. Gegen einen zurückweisenden Beschluß ist die sofortige Beschwerde nach § 567 I Z 2 zulässig. Die Entscheidung kann auch dahin lauten, daß das Gericht dem Antrag stattgibt. Diese Entscheidung erfolgt durch ein Endurteil auf Entlassung aus dem Prozeß, § 300.

Das Gericht muß dem Bekl die „durch seinen unbegründeten Widerspruch" gegen die Forderung verursachten *Kosten* auferlegen. Das schreibt jedenfalls der Gesetzestext vor. Da der Bekl aber mit dem ganzen Prozeß überhaupt nichts mehr zu schaffen hat, muß das Gericht über seine gesamten Kosten endgültig entscheiden. Es ist unhaltbar, den Bekl bis zur Beendigung des Prozesses (als dritte Partei?) im Prozeß festzuhalten. Da der Kläger jedenfalls gegenüber dem Bekl unterliegt, muß er die dem Bekl bis jetzt erwachsenen Kosten erstatten. Dazu gehören die Kosten der Hinterlegung. § 75 letzter Satz, der diese Folge ausspricht, betrifft freilich im übrigen nur das Verhältnis zwischen dem Kläger und dem Eintretenden.

10 **6) Fortgang des Prozesses, S 1, 2.** Parteien sind nunmehr der Kläger und der Eintretende als Bekl. Der Entlassene scheidet ganz aus dem Prozeß aus. Vgl allerdings Rn 8–10. Man muß den Prozeß als einen ganz neuen Rechtsstreit ansehen. Dasjenige, was bisher geschah, kommt weder dem Kläger noch dem Bekl zugute. Der Antrag des Klägers lautet zweckmäßigerweise, „ihm den hinterlegten Betrag zuzusprechen".

Titel 3. Beteiligung Dritter am Rechtsstreit **§§ 75, 76**

Der Ausgeschiedene hat ja anerkannt, daß nur einer der Beansprucher der wahre Gläubiger sein kann. Das Urteil weist den Sieger bei der Hinterlegungsstelle aus. Wenn sich der Prozeß ohne ein Urteil erledigt, dann muß der Ausgeschiedene gegen die Beansprucher auf eine Einwilligung in die Rückgabe klagen.

Der *Schlußsatz* des § 75 ist schwer zu verstehen. Er kann nur meinen, daß der Unterliegende alle im alten und neuen Prozeß erwachsenen Kosten trägt und daß davon nur die Kosten des unbegründeten Widerspruchs des Ausgeschiedenen ausgenommen sein sollen. Da das Gericht nun nach Rn 9 über dessen Kosten bereits entscheiden mußte und da die Widerspruchskosten den siegenden Kläger nichts angehen, sollte man den Text am besten so verstehen, daß der unterliegende Eingetretene die dem Kläger früher auferlegten Kosten des Ausgeschiedenen erstatten muß. Diese Kosten sind zu beziffern. Sie werden zum Hauptanspruch.

7) Rechtsmittel, S 1, 2. Gegen die Sachentscheidung kann nur der Beanspruchende das jeweilige Rechtsmittel einlegen. Der Ausgeschiedene hat lediglich die sofortige Beschwerde, § 567 II, entsprechend § 91 a II. Denn er ist nur im Kostenpunkt beteiligt. Beim Rpfl gilt § 11 RPflG, § 104 Rn 41 ff. **11**

8) VwGO: Entsprechend anwendbar, § 173 VwGO, in Parteistreitigkeiten, vgl Üb § 64 Rn 4. **12**

76 Urheberbenennung bei Besitz.

I [1] Wer als Besitzer einer Sache verklagt ist, die er auf Grund eines Rechtsverhältnisses der im § 868 des Bürgerlichen Gesetzbuchs bezeichneten Art zu besitzen behauptet, kann vor der Verhandlung zur Hauptsache unter Einreichung eines Schriftsatzes, in dem er den mittelbaren Besitzer benennt, und einer Streitverkündungsschrift die Ladung des mittelbaren Besitzers zur Erklärung beantragen. [2] Bis zu dieser Erklärung oder bis zum Schluss des Termins, in dem sich der Benannte zu erklären hat, kann der Beklagte die Verhandlung zur Hauptsache verweigern.

II Bestreitet der Benannte die Behauptung des Beklagten oder erklärt er sich nicht, so ist der Beklagte berechtigt, dem Klageantrage zu genügen.

III [1] Wird die Behauptung des Beklagten von dem Benannten als richtig anerkannt, so ist dieser berechtigt, mit Zustimmung des Beklagten an dessen Stelle den Prozeß zu übernehmen. [2] Die Zustimmung des Klägers ist nur insoweit erforderlich, als er Ansprüche geltend macht, die unabhängig davon sind, dass der Beklagte auf Grund eines Rechtsverhältnisses der im Absatz 1 bezeichneten Art besitzt.

IV [1] Hat der Benannte den Prozess übernommen, so ist der Beklagte auf seinen Antrag von der Klage zu entbinden. [2] Die Entscheidung ist in Ansehung der Sache selbst auch gegen den Beklagten wirksam und vollstreckbar.

Schrifttum: S bei § 75.

Gliederung

1) Systematik, Regelungszweck, §§ 76, 77 1	5) Bestreiten oder Schweigen, II 7
2) Geltungsbereich, I–IV 2	6) Übernahme des Prozesses, III 8
3) Voraussetzungen, I 3–5	7) Ausscheiden des Beklagten, IV 9, 10
A. Sachlich befugter Besitz 3	A. Verfahren 9
B. Unmittelbarer Besitz 4	B. Wirkung 10
C. Rechtshängigkeit 5	8) *VwGO* 11
4) Verfahren, I 6	

1) Systematik, Regelungszweck, §§ 76, 77. Die Urheberbenennung, nominatio oder laudatio auctoris, gibt dem als unmittelbaren Besitzer oder als einen Drittberechtigten Verklagten das Recht, sich dem Prozeß durch die Benennung des besser Berechtigten und durch eine Streitverkündungsschrift zu entziehen, § 72. Der Benannte kann den Prozeß zwecks Prozeßwirtschaftlichkeit anstelle des Bekl übernehmen, Grdz 14 vor § 128. Diese Prozeßfigur ist indessen ebenso wie der Beanspruchersterit mehr ein juristisches Gedankenspiel als eine Erscheinung der Praxis. **1**

2) Geltungsbereich, I–IV. Vgl Grdz 3 vor § 50. **2**

3) Voraussetzungen, I. Es müssen die folgenden Bedingungen zusammentrefffen. **3**

A. Sachlich befugter Besitz. Der Bekl muß als ein sachlich befugter Besitzer einer beweglichen Sache oder eines Grundstücks beklagt sein. Hierher gehören zB: Der dingliche Anspruch auf eine Herausgabe, §§ 985, 1065, 1227 BGB, 11 ErbbVO; der Anspruch auf eine Aufsuchung, § 867 BGB; der Anspruch auf eine Vorlegung, §§ 809, 810 BGB; die Klage des früheren Besitzers, § 1007 II BGB. Der Umstand, daß der Benennende und der Urheber als Streitgenossen verklagt worden sind, ist unerheblich.
Nicht hierher gehört eine Herausgabeklage auf Grund eines reinen Schuldverhältnisses.

B. Unmittelbarer Besitz. Der Streit muß sich auf ein Rechtsverhältnis des § 868 BGB stützen. Es muß sich also um den unmittelbaren Besitz des Nießbrauchers, des Pfandgläubigers, des Pächters, des Mieters, des Verwahrers, des Beauftragten, des Nachlaßpflegers oder -verwalters usw handeln. KG MDR **93**, 1234 zählt hierzu auch die Beschlagnahmebehörde, zB die Staatsanwaltschaft, BGH **72**, 304, auch der Gerichtsvollzieher, AG Essen DGVZ **00**, 125. Es genügt, wenn eine solche Art von Besitz behauptet wird. Zum Ausscheiden des Bekl ist aber der entsprechende Beweis erforderlich. **4**

C. Rechtshängigkeit. Der Prozeß muß rechtshängig sein, § 261 Rn 1. Eine bloße Anhängigkeit genügt nicht. Eine Verhandlung zur Hauptsache nach § 39 Rn 6 muß noch bevorstehen. Eine schon erfolgte Zulässigkeitsrüge stört nicht. Eine spätere Benennung ist dann zulässig, wenn beide Parteien zustimmen. **5**

Hartmann

§§ 76, 77   Buch 1. Abschnitt 2. Parteien

6   **4) Verfahren, I.** Der Bekl muß dem mittelbaren Besitzer nach § 73 den Streit verkünden, ihn dem Kläger benennen und seine Ladung zur Erklärung beantragen. Das Gericht bestimmt einen Verhandlungstermin nach § 216. Es stellt die Ladung und die Streitverkündung beiden Parteien von Amts wegen zu, §§ 214 ff, 496, 497, vgl aber auch § 215. Eine rügelose Verhandlung aller Beteiligten heilt etwaige Mängel nach § 295. Der Bekl darf die Verhandlung zur Hauptsache bis zur Erklärung des Verkündungsgegners oder bis zum Schluß des Erklärungstermins verweigern. Er hat eine rein aufschiebende Prozeßeinrede, keine Zulässigkeitsrüge. Es besteht keine prozessuale Pflicht. Ob eine sachlichrechtliche Pflicht besteht, richtet sich nach dem sachlichen Recht. Das Weigerungsrecht entsteht mit der Einreichung des Schriftsatzes zwecks Ladung. Es erlischt mit dem Schluß des daraufhin bestimmten Verhandlungstermins, §§ 136 IV, 296 a.

7   **5) Bestreiten oder Schweigen, II.** Wenn der Benannte schweigt oder bestreitet, entsteht folgende Rechtslage: Der Bekl kann den Kläger befriedigen. Er darf das ohne die Gefahr einer Haftung tun. Dann ist die Hauptsache erledigt. Das Gericht muß allenfalls noch über die Kosten entscheiden. Der Bekl mag auch entscheiden, den Kläger nicht zu befriedigen. Dann geht der Prozeß weiter.

8   **6) Übernahme des Prozesses, III.** Der Benannte darf den Prozeß anstelle des Bekl übernehmen, falls er das behauptete Rechtsverhältnis zugesteht und falls der Bekl zustimmt. Das Zugeständnis kann auch stillschweigend erfolgen, Zweibr JB **83**, 1865. Der Bekl ist zur Übernahme keineswegs verpflichtet. Eine Zustimmung des Klägers ist nicht erforderlich, soweit er nicht einen Anspruch darüberhinaus verfolgt, etwa auch einen persönlichen Anspruch. Die Übernahme kann nur in der mündlichen Verhandlung erfolgen. Die Übernahme macht den Benannten ohne besosndere gerichtliche Entscheidung zum Rechtsnachfolger des Bekl im Prozeß, Zweibr JB **83**, 1864. Das im Prozeß bisher Geschehene ist verwertbar, anders als bei § 75.

     Der Benannte kann auch die *Einmischungsklage* nach § 64 erheben oder dem Bekl nach § 66 als ein Streithelfer beitreten, statt in den Prozeß einzutreten. Wenn er nicht eintritt, obwohl er das Rechtsverhältnis zugesteht, dann ist II unanwendbar. Man muß nach dem bürgerlichen Recht entscheiden, ob der Bekl den Kläger ohne die Gefahr eines Rücktritts befriedigen darf. Er darf der Kläger jedenfalls dann befriedigen, wenn der Dritte den Prozeß trotz einer Androhung der Befriedigung nicht beitritt.

9   **7) Ausscheiden des Beklagten, IV.** Es findet ein besonderes Verfahren statt.
     A. Verfahren. Hat der Benannte den Prozeß übernommen, so muß das Gericht des Bekl auf seinen Antrag von der Klage entbinden. Ohne einen solchen Antrag bleibt der Bekl im Prozeß und gilt als ein Streitgenosse des Benannten, § 59. Über die Wirksamkeit der Übernahme entscheidet das Endurteil, § 300. Es findet eine mündliche Verhandlung über den Antrag statt, § 128 Rn 2. Die Entscheidung ergeht wie bei § 75 Rn 9, aM Düss OLGZ **92**, 255 (durch Zwischenurteil). Eine Anfechtung ist unzulässig, wenn das Gericht zuvor bereits sachlich über die Klage entschieden hatte, Mü OLGZ **92**, 255. Das Gericht muß über die Kosten des ausscheidenden Bekl schon jetzt erkennen, § 75 Rn 10, aM StJBo 21 (aber der Kläger unterliegt dem Bekl gegenüber im Sinn des § 91 so, als wäre zB seine Parteifähigkeit weggefallen). Der Ausgeschiedene ist nicht mehr Partei. Das Gericht kann ihn als Zeugen vernehmen, Üb 12 vor § 373.

10   **B. Wirkung.** Das Endurteil erstreckt seine Rechtskraft nach § 322 und seine Vollstreckungswirkung unmittelbar auf den ausgeschiedenen Bekl. Die Zwangsvollstreckung verlangt eine namentliche Bezeichnung des Bekl in der Vollstreckungsklausel, § 750. Die Erweiterung gilt nicht für die Kosten. Die bereits dem Kläger auferlegten Kosten bleiben unberührt. Die Erweiterung gilt auch nicht für einen Anspruch, der nicht übergegangen ist. Wegen der Vollstreckungswirkung empfiehlt sich die Feststellung der Haftung des Bekl wenigstens in den Urteilsgründen. Der Bekl kann auch seine persönlichen Einwendungen gegen die Vollstreckung nicht geltend machen.

11   **8) VwGO:** *Entsprechend anwendbar, § 173 VwGO, in Parteistreitigkeiten, Üb § 64 Rn 4.*

---

77 *Urheberbenennung bei Eigentumsbeeinträchtigung.* **Ist von dem Eigentümer einer Sache oder von demjenigen, dem ein Recht an einer Sache zusteht, wegen einer Beeinträchtigung des Eigentums oder seines Rechts Klage auf Beseitigung der Beeinträchtigung oder auf Unterlassung weiterer Beeinträchtigungen erhoben, so sind die Vorschriften des § 76 entsprechend anzuwenden, sofern der Beklagte die Beeinträchtigung in Ausübung des Rechtes eines Dritten vorgenommen zu haben behauptet.**

1   **1) Systematik, Regelungszweck.** Vgl § 76 Rn 1.
2   **2) Geltungsbereich.** Vgl Grdz 3 vor § 50.
3   **3) Beeinträchtigung.** § 77 betrifft diejenigen Fälle, in denen das Eigentum oder ein anderes dingliches Recht auf eine ähnliche Weise als durch eine Entziehung des Besitzes beeinträchtigt ist. Hierher gehören namentlich die Fälle der Abwehrklage, § 1004 BGB. Als Rechte kommen zB in Frage: Das Erbbaurecht; eine Grunddienstbarkeit, § 1027 BGB; ein Nießbrauch; ein anderes durch § 1004 BGB geschütztes Ausschlußrecht, etwa ein Patentrecht, ein Namensrecht, ein Urheberrecht, ein Markenrecht.
     Nicht hierher gehören zB: Eine persönliche Klage wegen einer Besitzstörung, denn der Besitz ist kein Recht an der Sache, mag er auch gelegentlich so behandelt werden, § 823 I BGB; eine Klage auf einen Schadensersatz; eine Feststellungsklage.

4   § 76 ist *sinngemäß anwendbar,* wenn der Bekl die Ausübung des Rechts eines Dritten behauptet, etwa dann, wenn der Nießbraucher eine Grunddienstbarkeit ausübt. In diesem Fall begründet auch eine Besitzdienerschaft die Sachbefugnis des Bekl.

5   **4) VwGO:** *Entsprechend anwendbar, § 173 VwGO, Üb § 64 Rn 4, sofern der VerwRechtsweg gegeben ist.*

Titel 4. Prozessbevollmächtigte und Beistände

Übersicht

Gliederung

1) Systematik	1	B. Prozeßvollmacht	5–7
2) Regelungszweck	2	C. Gesetzliche Vollmacht	8
3) Geltungsbereich	3	D. Beistandschaft	9
4) Begriffe	4–9	5) Rechtsberatung	10
A. Gesetzliche Vertretung	4	6) VwGO	11

1) Systematik. §§ 78–90 regeln die Frage, ob und unter welchen Voraussetzungen jemand vor allem als **1** Partei vor Gericht durch einen beigeordneten oder gewählten Dritten vertreten sein darf oder muß, um wirksam verhandeln zu können. Demgegenüber regelt § 51 II teilweise in Verbindung mit sachlichrechtlichen Vorschriften, ob und inwieweit zum gewählten Vertreter ein gesetzlicher hinzutreten muß bzw umgekehrt. Die BRAO regelt ergänzend, unter welchen Voraussetzungen man Rechtsanwalt im Sinn von §§ 78 ff ist.

Man muß zwischen der Prozeßfähigkeit nach § 51 und der Prozeßhandlungsvoraussetzung der *Postulationsfähigkeit* unterscheiden, Grdz 18 vor § 253, BGH **111**, 221, Stgt FamRZ **81**, 789. Postulationsfähigkeit ist die Befugnis, in eigener Person wirksam mit dem Gegner und dem Gericht im Prozeß zu verhandeln, Hamm MDR **98**, 286. Diese Verhandlungsfähigkeit ist auch bei einem Prozeßfähigen evtl vor dem Landgericht beschränkt (zur Problematik § 78 Rn 4–12), ebenso vor dem Oberlandesgericht, BGH RR **99**, 508, vor dem Bayerischen Obersten Landesgericht und vor dem Bundesgerichtshof, Köln AnwBl **89**, 227. Freilich muß das Gericht der Partei *neben* ihrem postulationsfähigen ProzBev auf Antrag das Wort nach § 137 IV gestatten, § 78 Rn 17. In den übrigen Verfahren vor dem Amtsgericht ist die Verhandlungsfähigkeit lediglich im Rahmen des § 157 I 2, II eingeschränkt. In allen diesen Fällen handelt es sich um einen sog Parteiprozeß. Ein Verstoß gegen § 227 b II BRAO berührt die Verhandlungsfähigkeit nicht, Köln AnwBl **89**, 227. Ein prozeßunfähiger Anwalt braucht einen Rechtsanwalt als seinen ProzBev.

Ein nicht verhandlungsfähiger Anwalt kann auch nicht als *amtlich bestellter Vertreter* eines Verhandlungsfähigen auftreten, aM BGH NJW **99**, 365 (aber das würde dem Vertreter mehr Rechte geben als dem Vertretenen). Der Rechtsanwalt verhandelt für ihn. Seine Postulationsfähigkeit beginnt allgemein mit der Aushändigung seiner Zulassungsurkunde und nicht in einem beliebigen oder gar für das hier fragliche Gericht, § 12 II BRAO, BGH NJW **92**, 2706, Oldb RR **97**, 566. Die Zuziehung einer anderen Person als ProzBev oder Beistand genügt grundsätzlich nicht. Ein in die Rechtsanwaltskammer aufgenommener Rechtsbeistand ist wie ein Anwalt postulationsfähig, und nur er, BGH NJW **03**, 3765. Das Prozeßgericht prüft die Postulationsfähigkeit in jeder Verfahrenslage von Amts wegen, Grdz 18 vor § 253, BGH **66**, 59, Hamm FamRZ **94**, 715. Der Anwalt muß seine Postulationsfähigkeit natürlich auch selbst stets klären, BGH RR **03**, 569. Der Wegfall oder Verlust der Postulationsfähigkeit führt zur Unterbrechung des Verfahrens, BGH **111**, 106. Wegen des AUG Rn 8.

2) Regelungszweck. §§ 78–90 dienen zunächst der Rechtssicherheit, Einl III 43. Denn es muß mög- **2** lichst klar sein, ob jemand für einen anderen schon, noch und in welchem Umfang vor Gericht eine Parteiprozeßhandlung vornehmen kann, Grdz 47 vor § 128. Das gilt umso mehr angesichts ihrer oft weitreichenden und endgültigen Rechtsfolgen, auch für Mitbetroffene. Zugleich dient die Regelung aber auch der Prozeßwirtschaftlichkeit, Grdz 14 vor § 128. Denn sie hilft, wenn auch durchweg kostenträchtig, dem Rechtsunkundigen und lenkt das Verfahren in die richtigen Bahnen. Sie ist auch Ausdruck einer wenn auch begrenzten Parteiherrschaft, Grdz 18 vor § 128.

Enorme Reichweite ist ein Merkmal einer wirksamen Prozeßvollmacht. Das zwingt an sich zur Zurückhaltung vor der Bejahung ihrer Wirksamkeit. Umso überraschender ist § 88 II Hs 2 mit seinem Vertrauen auf eine Anwaltsvollmacht. Die Praxis rechtfertigt indes dieses Vertrauen. Vollmachtsmängel kommen verhältnismäßig selten zur Sprache. Dieser Umstand erlaubt eine entsprechend praxisnahe gewisse Großzügigkeit bei der Prüfung der Vollmachtserteilung. Das gilt aber nicht beim Vollmachtsnachweis. Er ist für die Gesamtbehandlung der Partei wie des Gegners so ausschlaggebend, daß hier Strenge erforderlich wird, § 80 Rn 10, 11. Das gilt besonders angesichts einer sog Generalvollmacht. Alles das muß man bei der Auslegung mitbeachten.

3) Geltungsbereich. §§ 78–90 gelten in allen Verfahrensarten nach der ZPO. Sie gelten auch im arbeits- **3** gerichtlichen Verfahren, §§ 46 II 1, 80 II 1 ArbGG, dort freilich ohne Anwaltszwang, und vor dem Beschwerdegericht nach § 73 Z 2 GWB. Wegen einer Geschmacksmusterstreitsache vor dem BPatG § 58 GeschmMG. Im FGG-Verfahren besteht grundsätzlich kein Anwaltszwang, BayObLG ZMR **01**, 990 (WEG).

4) Begriffe. Der Zivilprozeß kennt drei Arten der Stellvertretung. **4**

A. Gesetzliche Vertretung. Zunächst kommt die gesetzliche Vertretung in Betracht, § 51. Bei ihr ist die Vertretungsmacht von einem Parteiwillen unabhängig.

B. Prozeßvollmacht. Der ProzBev leitet seine Vertretungsmacht unmittelbar oder mittelbar aus einer **5** „Vollmacht" des Vertretenen her, selbst wenn er der Partei amtlich beigeordnet ist.

Man muß streng zwischen dem *bürgerlichrechtlichen Rechtsgeschäft* unterscheiden, das das Innenverhältnis zwischen dem ProzBev und der Partei regelt, meist in der Form eines Geschäftsbesorgungsvertrags nach § 675 BGB, und der nach dem sog *Abstraktionsprinzip* streng davon zu trennenden *prozeßrechtlichen Vollmacht*, BGH NJW **93**, 1926, Hamm NJW **92**, 1175. Die Prozeßvollmacht wirkt also nach außen. Sie ist eine Parteiprozeßhandlung, Grdz 47 vor § 128. Sie ist eine Prozeßhandlungsvoraussetzung, Grdz 18 vor § 253, BVerfG DtZ **92**, 183, BGH **111**, 221, 342. Die ZPO regelt sie ganz allein, § 80 Rn 4, § 155 V BRAO, BGH NJW

Übers § 78, § 78

93, 1926, Hamm NJW 92, 1175, mißverständlich Ffm MDR 84, 500 (die Prozeßvollmacht sei „zugleich" auch eine sachlichrechtliche Erklärung. Sie ist das nur „zumeist"). Nach außen ist die Prozeßvollmacht kaum beschränkbar.

Die Prozeßvollmacht *erlischt* nicht ganz übereinstimmend mit dem bürgerlichen Recht. Sie hat noch nach ihrem Erlöschen gewisse prozessuale Wirkungen. Die ZPO kennt auch eine vermutete Prozeßvollmacht, indem sie es zuläßt, daß ein Vertreter eine wirksame Prozeßhandlung vornimmt, Grdz 46 vor § 128, ohne daß das Gericht seine Vollmacht prüfen muß, §§ 87, 172. Der ProzBev kann gelegentlich auch im eigenen Namen handeln, zB nach § 32 II RVG (Auslegungsfrage). In aller Regel handelt er aber für die Partei.

6 Im *Anwaltsprozeß* nach § 78 Rn 1 kann grundsätzlich nur ein Rechtsanwalt ProzBev sein. Es genügt vor den LGen und evtl den FamG die Zulassung bei irgendeinem AG oder LG, BGH NJW 03, 966, und vor dem OLG und einem obersten Landesgericht die Zulassung bei irgendeinem OLG. Dem Anwalt stehen eine Rechtsanwaltsgesellschaft nach § 591 BRAO oder eine Partnerschaft nach § 7 IV 1 PartGG und ein Erlaubnisträger nach § 209 BRAO gleich, § 25 EGZPO. Soweit der Generalbundesanwalt nach § 8 II AUG, Rn 8, selbst tätig wird und keine Untervollmacht erteilt, gilt er als ProzBev. Soweit er Untervollmacht erteilt, gelten wieder für den Unterbevollmächtigten die normalen Regeln zur Prozeßvollmacht, falls er ein Anwalt ist. Ein Unterbevollmächtigter des Generalbundesanwalts gilt als ProzBev. Wegen eines ausländischen Anwalts SchlAnh VII.

7 Im *Parteiprozeß* kann jede prozeßfähige Person ProzBev sein, § 79, also auch jeder beliebige Anwalt. Über die Stellung des Rechtsanwalts und über den Aufbau der Anwaltschaft vgl die BRAO, zT Anh § 155 GVG.

8 **C. Gesetzliche Vollmacht.** Im Verfahren nach dem AUG gilt für die sog eingehenden (ausländischen) Gesuche nach §§ 7 ff AUG der Generalbundesanwalt beim BGH als Zentrale Behörde, § 2 II AUG, wie folgt als ermächtigt:

AUG § 8. Unterhaltsdurchsetzung. **II** **¹ Die Zentrale Behörde gilt als bevollmächtigt, im Namen des Berechtigten selbst oder im Wege der Untervollmacht durch Vertreter außergerichtlich oder gerichtlich tätig zu werden. ² Hierzu gehört insbesondere eine Regelung des Anspruchs im Wege des Vergleichs oder der Anerkennung und, falls erforderlich, die Erhebung und Verfolgung einer Unterhaltsklage sowie das Betreiben der Vollstreckung eines Titels auf Zahlung von Unterhalt.**

9 **D. Beistandschaft.** Im Parteiprozeß ist auch eine Beistandschaft zulässig, § 90. Der Beistand ist ein bloßer Wortführer der Partei.

10 **5) Rechtsberatung.** Der Rechtsanwalt besorgt von Berufs wegen fremde Rechtsangelegenheiten. Dasselbe tut der Rechtsbeistand (Prozeßagent). Vgl Anh § 155 GVG. Ein ausländischer Anwalt ist grundsätzlich kein Rechtsanwalt im Sinn der ZPO (wie der BRAO, vgl deren § 4 und 12. Teil). Wegen der Mitglieder der Europäischen Union und anderer Vertragsstaaten des Abkommens über den Europäischen Wirtschaftsraum (EWR) vgl SchlAnh VII. Es gestattet einem ausländischen Anwalt nach seinem § 2 I 2 in Deutschland die Führung der Berufsbezeichnung „Rechtsanwalt" allenfalls mit der zusätzlichen Angabe des Herkunftsstaates. Die geschäftsmäßige Besorgung fremder Rechtsangelegenheiten bedarf der Erlaubnis nach dem RBerG. Wegen eines Auszubildenden des Anwalts LG Oldb AnwBl 82, 374.

11 **6) VwGO:** Die *Verhandlungsfähigkeit,* oben Rn 1, ist vor dem BVerwG u OVG beschränkt, § 67 I VwGO, sonst nur, wenn die Bestellung eines Bevollmächtigten vom Gericht angeordnet wird, §§ 67 II 2 u 67a VwGO. Für die *Vollmacht* und die Stellung des *Bevollmächtigten* im Gerichtsverfahren gelten §§ 81 ff entsprechend, § 173 VwGO, desgleichen im VerwVorverfahren, VGH Mü NJW 76, 1118 (zustm Redeker); keiner Vollmacht bedürfen eigene Beamte und Angestellte als Vertreter von Behörden, BVerwG NVwZ 94, 266.

78 Anwaltsprozess. **I** **¹** Vor den Landgerichten müssen sich die Parteien durch einen bei einem Amts- oder Landgericht zugelassenen Rechtsanwalt vertreten lassen. ² Vor den Oberlandesgerichten müssen sich die Parteien durch einen bei einem Oberlandesgericht zugelassenen Rechtsanwalt vertreten lassen. ³ Ist in einem Land auf Grund des § 8 des Einführungsgesetzes zum Gerichtsverfassungsgesetz ein oberstes Landesgericht errichtet, so müssen sich die Parteien vor diesem Gericht durch einen bei einem Oberlandesgericht zugelassenen Rechtsanwalt vertreten lassen. ⁴ Vor dem Bundesgerichtshof müssen sich die Parteien durch einen bei dem Bundesgerichtshof zugelassenen Rechtsanwalt vertreten lassen. ⁵ Die Sätze 2 bis 4 gelten entsprechend für die Beteiligten und beteiligte Dritte in Familiensachen.

II Vor den Familiengerichten müssen sich die Ehegatten in Ehesachen und Folgesachen, Lebenspartner in Lebenspartnerschaftssachen nach § 661 Abs. 1 Nr. 1 bis 3 und Folgesachen und die Parteien und am Verfahren beteiligte Dritte in selbständigen Familiensachen des § 621 Abs. 1 Nr. 8 und des § 661 Abs. 1 Nr. 6 durch einen bei einem Amts- oder Landgericht zugelassenen Rechtsanwalt vertreten lassen.

III Am Verfahren über Folgesachen beteiligte Dritte und die Beteiligten in selbständigen Familiensachen des § 621 Abs. 1 Nr. 1 bis 3, 6, 7, 9, 10, soweit es sich um ein Verfahren nach § 1600 e Abs. 2 des Bürgerlichen Gesetzbuchs handelt, sowie Nr. 12, 13 und des § 661 Abs. 1 Nr. 5 und 7 brauchen sich vor den Oberlandesgerichten nicht durch einen Rechtsanwalt vertreten zu lassen.

IV Das Jugendamt, die Träger der gesetzlichen Rentenversicherungen sowie sonstige Körperschaften, Anstalten oder Stiftungen des öffentlichen Rechts und deren Verbände einschließlich der Spitzenverbände und ihrer Arbeitsgemeinschaften brauchen sich als Beteiligte für die Nichtzulassungsbeschwerde und die Rechtsbeschwerde nach § 621 e Abs. 2 nicht durch einen Rechtsanwalt vertreten zu lassen.

Titel 4. Prozessbevollmächtigte und Beistände　　　　　　　　　　**§ 78**

^V Diese Vorschriften sind auf das Verfahren vor einem beauftragten oder ersuchten Richter sowie auf Prozesshandlungen, die vor dem Urkundsbeamten der Geschäftsstelle vorgenommen werden können, nicht anzuwenden.

^{VI} Ein Rechtsanwalt, der nach Maßgabe der Absätze 1 und 2 zur Vertretung berechtigt ist, kann sich selbst vertreten.

Vorbem. Zunächst formelle Neufassung der gesamten Vorschrift, inhaltliche Neufassung (nur) von I, II dch Art 3 Z 1 G v 2. 9. 94, BGBl 2278, formell in Kraft in Berlin und den alten Bundesländern seit 1. 1. 2000, in den neuen ab 1. 1. 2005, Art 22 II G in jener Fassung v 2. 9. 99. Sodann nochmalige formelle Neufassung der gesamten Vorschrift des § 78, inhaltliche Neufassung (nur) von I, II dch Art 1 G v 17. 12. 99, BGBl 2448, in Kraft in ganz Deutschland seit 1. 1. 2000, Art 22 II in der damaligen Neufassung v 17. 12. 99. Sodann 1 1 Z 1 a eingefügt, Z 2 idF Art 3 § 16 Z 2 a, b G v 16. 2. 01, BGBl 266, in Kraft seit 1. 8. 01, Art 5 G. Anschließend II 1 Z 1, 3 geändert durch Art 2 I Z 6 ZPO-RG v 27. 7. 01, BGBl 1887, in Kraft seit 1. 1. 02, Art 53 Z 3 ZPO-RG. Schließlich nochmals Neufassung dch Art 1 Z 2 OLGVertrÄndG v. 23. 7. 02, BGBl 2850, in Kraft seit 1. 8. 02, Art 34 S 2 OLGVertrÄndG. ÜbergangsR jeweils Einl II 78. Bis zum 31. 12. 07 ist ein bei einem LG zugelassener Anwalt im Berufungs- bzw Beschwerdeverfahren grundsätzlich (Ausnahme: Familiensachen) bei dem nach § 119 III GVG etwa nach Landesrecht zuständigen OLG, nicht nur bei dem *seinem* Zulassungs-LG vorgeordneten OLG, zugelassen, § 26 Z 1 EGZPO. Denn das ist der Sinn der vorgenannten Vorschriften.

Schrifttum: (teilweise zum alten Recht): *Bergerfurth,* Der Anwaltszwang und seine Ausnahmen, 2. Aufl 1988 (Nachtrag 1991); *Bern,* Verfassungs- und verfahrensrechtliche Probleme anwaltlicher Vertretung im Zivilprozeß, 1992; *Fabienke,* Grundprinzipien des Anwaltszwangs und ihre Verwirklichung im Zivilprozeß, 1997; *Henssler/Kilian* NJW **02**, 2817 (Üb); *Krauch,* Gesetzlicher Anwaltszwang als organisatorische und argumentative Kontrolle anwaltlicher Rechtsverteidigung, 1987; *Vollkommer,* Die Stellung des Anwalts im Zivilprozeß, Anwaltszwang usw, 1984.

Gliederung

1) Systematik, I–VI	1, 2
2) Regelungszweck, I–VI	3
3) Gerichte mit Anwaltszwang, I, II	4–15
A. Landgericht, I 1	4
B. Oberlandesgericht, I 2	5
C. Oberstes Landesgericht, I 3	6
D. Bundesgerichtshof, I 4	7
E. Familiengericht, II	8–12
F. Landesarbeitsgericht	13
G. Bundesarbeitsgericht	14
H. Bundesfinanzhof	15
4) Verfahren mit Anwaltszwang, I, II	16
5) Stellung der Partei oder des Beteiligten, I, II	17–21
A. Rechte	17
B. Pflichten	18
C. Beiordnung	19
D. Parteibegriff usw	20, 21
6) Zulassung beim Prozeßgericht, I, II	22–26
A. BGH: Lokalisierungsgebot	22
B. Oberstes Landesgericht: OLG-Anwalt	23
C. Oberlandesgericht: OLG-Anwalt, evtl LG-Anwalt	24
D. Landgericht: AG- oder LG-Anwalt	25
E. Weitere Einzelfragen	26
7) Ausnahmen vom Zulassungszwang, I, II	27–31
A. Amtlich bestellter Vertreter	27
B. Verhandlungsvertreter	28
C. Überlassung des Vortrags	29
D. Auslandsunterhaltsgesetz	30
E. Kosten„antrag" usw bei Berufungsrücknahme	31
8) Verstoß, I, II	32–34
9) Ausnahmen vom Anwaltszwang, III–V	35–55
A. Amtsgericht	35
B. Oberlandesgericht	36
C. Verordneter Richter usw	37, 38
D. Rechtspfleger	39
E. Urkundsbeamter	40–42
F. Zustellung	43
G. Justizverwaltung	44
H. Erklärung eines Dritten usw	45
I. Güteversuch	46
J. Baulandsache	47
K. Arbeitsgericht	48
L. Entschädigungssache	49
M. Rechtsmittelverzicht	50
N. Klagerücknahme	51
O. Rechtsmittelrücknahme	52
P. Zeuge	53
Q. Disziplinarsache	54
R. Stellung der Partei oder des Beteiligten	55
10) Selbstvertretung des Rechtsanwalts, VI	56
11) VwGO	57, 58

1) Systematik, I–VI. Die Vorschrift regelt zwei Voraussetzungen der Wirksamkeit eines Sachantrags, die **1** man unterscheiden sollte. Es geht zunächst darum, ob überhaupt ein Anwalt auftreten muß, ob also ein sog Anwaltszwang und damit ein sog Anwaltsprozeß im Gegensatz zum sog Parteiprozeß besteht, Zück JZ **93**, 500 (ausf). In solchem Fall geht es zusätzlich darum, ob der auftretende Anwalt auch gerade vor diesem Gericht und gerade in diesem Prozeß einen Sachantrag stellen darf, ob also seine sog Postulationsfähigkeit vorliegt, Üb 1 zu § 78. Erst beim Zusammentreffen beider Voraussetzungen kann der Sachantrag wirksam erfolgen.

Die Vorschrift gilt vor dem FamG, vor dem LG, OLG, einem Obersten Landesgericht und vor dem BGH. **2** Dort besteht zwar Anwaltszwang. Die Postulationsfähigkeit hängt aber nicht davon ab, daß der Anwalt vor diesem LG bzw (beim Verfahren beim FamG) vor dem FamG oder dem übergeordneten Gericht zugelassen ist. Eine Zulassung bei irgendeinem deutschen AG und/oder LG genügt. Es kann seit 1. 7. 02 sogar eine Zulassung bei einem OLG ausreichen, BVerfG **103**, 9 = BGBl **01**, 891. Beim Prozeß vor dem OLG genügt eine Zulassung bei einem anderen OLG. Damit ist das sog Lokalisierungsgebot nach Rn 22 bis auf den BGH-Anwalt entfallen. Vielmehr ist vor dem AG und LG jeder Anwalt postulationsfähig, aM Jena NJW **01**, 685 (!), Nolting NJW **01**, 660 (je zum alten Recht). Die Regelung ist auch gegenüber einem „Ost"-Anwalt verfassungsgemäß, BVerfG NJW **00**, 1939.

§ 78

Buch 1. Abschnitt 2. Parteien

3   **2) Regelungszweck, I–VI.** Die Vorschrift dient den Parteiinteressen wie der Rechtspflege, BGH FamRZ **87**, 58, BVerwG NJW **05**, 3018. Das gilt auch im Hinblick auf die Niederlassungsfreiheit nach dem europäischen Gemeinschaftsrecht, BVerfG AnwBl **89**, 669, BGH NJW **90**, 3086. Der Anwaltszwang dient sowohl dem allgemeinen Interesse an einer geordneten Rechtspflege als auch dem Rechtsschutzinteresse einer rechtsunkundigen Partei im Einzelfall, BVerwG NJW **84**, 625, Ffm FamRZ **90**, 766. Er dient auch dem Beibringungsgrundsatz nach Grdz 20 vor § 128. Das muß man bei der gebotenen strengen Auslegung mitbeachten, BGH NJW **01**, 1581. Wegen der Gefahr beim sog Anwaltskartell (evtl Verstoß gegen § 1 GWB?) Schneider MDR **00**, 437.

Qualitätssicherung ist ein Hauptziel des Anwaltszwangs. Es wird freilich buchstäblich teuer erkauft. Der Anwalt kann viel Geld kosten, soweit das Gericht ihn nicht auf Staatskosten beigeordnet hat und man auch den Prozeß gewinnt. Im übrigen gibt es bekanntlich Prozesse um Anwaltshaftung wie bei anderen Berufsgruppen. Die Sichtung des Streitstoffs, seine Aufbereitung, die am Interesse des Auftraggebers orientierte kritische Prüfung der Vorgehensweise der weiteren Prozeßbeteiligten, das gute Zureden zur Annahme von Vorschlägen des Gerichts und außerdem natürlich die Einhaltung der Fülle von Vorschriften zu Form, Inhalt und Frist, das sind nur einige der zahlreichen Gesichtspunkte für den Anwaltszwang. Selbst im Parteiprozeß treten ja heute fast immer Anwälte als ProzBev beider Parteien auf und helfen dem Gericht durchweg ganz erheblich. Das alles legt eine anwaltfreundliche Handhabung der Vorschrift nahe, solange sie nicht zur Überbetonung eines Amtes wird, das den Auftraggeber beraten und vertreten, vor Schaden bewahren, aber nicht bevormunden soll, BGH **146**, 374.

4   **3) Gerichte mit Anwaltszwang, I, II.** Die Vorschriften sind zwingend. Das Gericht muß sie in jeder Verfahrenslage von Amts wegen beachten, BGH NJW **92**, 2706. Man muß die folgenden Gerichtsarten unterscheiden.

   A. Landgericht, I 1. Vor ihm beseht Anwaltszwang. Das gilt auch im Zivilverfahren nach § 13 I StrEG, BGH MDR **93**, 796. Dabei reicht die Zulassung des Anwalts. Sie ist verfassungsgemäß erforderlich, BGH NJW **01**, 966. Sie reicht aber jetzt bei irgendeinem deutschen AG oder LG, BGH NJW **03**, 966. Das gilt ohne Rücksicht darauf, wo er seine Kanzlei hat, wo seine Sozien residieren und wo er wohnt, Rn 1. Das gilt auch vor dem LG als Berufungsgericht, BJM NJW **00**, 1392. Eine Zulassung bei allen Landgerichten ist unstatthaft, Düss NJW **03**, 595. Wegen einer Markenstreitsache gilt § 140 III MarkenG, wegen einer Sortenschutzsache gilt § 38 SortenSchG.

5   **B. Oberlandesgericht, I 2.** Auch vor ihm herrscht Anwaltszwang, Karlsr BB **04**, 2324, Zweibr MDR **05**, 1132. Er ist verfassungsgemäß, BGH FamRZ **87**, 58. Ein OLG-Anwalt kann bei jedem anderen OLG auftreten, EGMR NJW **03**, 2221. Das gilt auch in einer Familiensache, Philippi FamRZ **02**, 1316. Es kann aber nicht (mehr) umgekehrt ein irgendwo zugelassener Anwalt stets beim OLG auftreten. Ein beim LG zugelassener Anwalt kann sich auch beim OLG zulassen lassen, BVerfG **103**, 9 = BGBl **01**, 891, bzw ist dort zugelassen, Vorbem vor Rn 1. Freilich gilt eine Zeitsperre (erst nach fünfjähriger erstinstanzlicher Zulassung), BGH BB **04**, 405 links und rechts. Ein Kanzleiabwickler eines OLG-Anwalts, der eine danach etwa noch notwendige OLG-Zulassung nicht hat, braucht für eine Berufung eines eigenen erstinstanzlichen Auftraggebers einen neuen Auftrag, auch als Abwickler, Karlsr MDR **01**, 239.

6   **C. Oberstes Landesgericht, I 3.** Soweit es nach § 8 EGGVG eingerichtet ist, zB das BayObLG, herrscht auch vor ihm Anwaltszwang. Es genügt irgendeine OLG-Zulassung, aber nicht eine AG-, LG- oder BGH-Zulassung. Zum Übergangsrecht BGH MDR **03**, 518.

7   **D. Bundesgerichtshof, I 4.** Auch vor ihm besteht grundsätzlich Anwaltszwang. Die dortige Singularzulassung ist noch verfassungsgemäß, BVerfG NJW **02**, 3765, BGH **150**, 70, Droege NJW **02**, 175. Es muß eine BGH-Zulassung erforderlich. Das gilt auch bei einer Rechtsbeschwerde, BGH FamRZ **05**, 1165 (nimmt bei §§ 127, 574 den Bezirksrevisor davon aus). Wegen der Regelung in einer Familiensache für Dritte Rn 45. Vor dem BGH als Disziplinarinstanz herrscht ausnahmsweise kein Anwaltszwang, BGH MDR **89**, 257. In einer Markensache gelten §§ 78 ff vor dem BGH entsprechend im Rechtsbeschwerdeverfahren, § 88 I 1 MarkenG. Ein beim BayObLG postulationsfähiger Anwalt darf nach Verweisung an den BGH dort die Revision zurücknehmen bzw auf sie verzichten, BGH **93**, 14.

8   **E. Familiengericht, II.** Vor ihm besteht in folgenden Fällen Anwaltszwang. Dabei hat II Vorrang vor I, Brdb FamRZ **04**, 283 und vor I, dort Rn 3.

In einer *Ehesache und Folgesache* gilt Anwaltszwang für die Parteien, §§ 606–620 g, BGH FamRZ **92**, 49, Stgt FamRZ **04**, 958, Zweibr FER **99**, 130. Wegen einer einstweiligen Anordnung Ffm FamRZ **83**, 516, Mü FamRZ **81**, 382 (abl Bergerfurth FamRZ **81**, 582), Zweibr FamRZ **81**, 187. Wegen des Anwaltszwangs nur für den Antragsteller im Fall einer offenen Konventionalscheidung Jost NJW **80**, 332. Anwaltszwang gilt ferner für die Parteien wegen der Folgesache einer Scheidungssache, §§ 623 I 1 in Verbindung mit 621 I Z 5–9 und II 1 Z 4, BGH NJW **87**, 3266. Das gilt auch dann, wenn es sich um eine isolierte Anfechtung der Folgesache handelt, Drsd FamRZ **97**, 824, aM Bbg FamRZ **80**, 811, Hamm FamRZ **79**, 46, Köln FER **01**, 130 (aber auch das abgetrennte Verfahren bleibt Familiensache). Freilich kommt es nicht darauf an, ob das Gericht die Sache hätte als Verbundsache behandeln müssen, sondern worauf, ob es sie so behandelt *hat*, BGH NJW **79**, 766, Hamm FamRZ **02**, 103, Zweibr RR **97**, 2. Im übrigen beschränkt sich der Anwaltszwang praktisch auf die Vertretung in einer mündlichen Verhandlung, Düss FamRZ **78**, 709, Ffm FamRZ **77**, 799.

9   Das alles gilt auch, wenn es sich zB um einen *Auskunftsanspruch* handelt, der der Vorbereitung der Folgesache Versorgungsausgleich dient und mit ihr verbunden wird, Hbg FamRZ **81**, 179, oder der der Vorbereitung der mit dem Scheidungsantrag verbundenen Unterhaltsklage dient, Schlesw SchlHA **82**, 71. Der Anwaltszwang gilt nicht für eine aus einem Eheaufhebungsverfahren folgende Sache, BGH NJW **82**, 2386.

10   Ein *Dritter* unterliegt nur als Beteiligter am Verfahren über eine Folgesache und auch dann nur für die Rechtsbeschwerde und die Nichtzulassungsbeschwerde nach § 621 e II vor dem BGH einem Anwaltszwang.

Titel 4. Prozessbevollmächtigte und Beistände § 78

In einer *Lebenspartnerschaftssache* nach § 661 I Z 1–3 und in einer Folgesache besteht Anwaltszwangs: Bei **11** Aufhebung der Lebenspartnerschaft aufgrund §§ 15 ff LPartG, § 661 I Z 1; bei der Feststellung des Bestehens oder Nichtbestehens einer Lebenspartnerschaft, § 661 I Z 2; bei der Verpflichtung zur Fürsorge und Unterstützung in der partnerschaftlichen Lebensgemeinschaft im Sinne von § 2 LPartG, § 661 I Z 3.

In einer *selbständigem Familien- und Lebenspartnerschaftssache* des § 621 I Z 8 und des § 661 I Z 6 (je: **12** Güterrecht) besteht Anwaltszwang für die Parteien und die am Verfahren beteiligten Dritten.

F. Landesarbeitsgericht. Hier ist die Vertretung durch jeden bei einem deutschen Gericht zugelassenen **13** Anwalt oder durch eine andere nach § 11 II ArbGG zugelassene Person zulässig.

G. Bundesarbeitsgericht. Auch hier ist die Vertretung durch jeden bei einem deutschen Gericht zuge- **14** lassenen Anwalt oder durch eine andere nach § 11 II ArbGG zugelassene Person zulässig.

H. Bundesfinanzhof. Hier ist auch eine Vertretung durch eine in Art 1 Z 1 BFHEntlG genannte Person **15** zulässig, auch für den Antrag auf eine Wiedereinsetzung, § 233, BFH NJW **78**, 1992.

4) Verfahren mit Anwaltszwang, I, II. Soweit nach Rn 1, 4–15 ein Anwaltszwang herrscht, unterliegt **16** grundsätzlich das gesamte Verfahren vor dem Prozeßgericht mit allen Parteiprozeßhandlungen nach Grdz 47 vor § 128 diesem Anwaltszwang, BGH FamRZ **92**, 49, Düss MDR **83**, 942. Der Anwalt muß dann eigenverantwortlich handeln, BGH FamRZ **99**, 1498. Das gilt auch: Für das Verfahren vor dem Einzelrichter, §§ 348, 348 a, 526, 527, 568; für das Verfahren vor dem Vorsitzenden der Kammer für Handelssachen, § 349, Bergerfurth NJW **75**, 335; für eine Verweisung oder Weiterverweisung nach § 281, auch wenn dazu keine mündliche Verhandlung stattfindet, Ffm AnwBl **80**, 198, KG AnwBl **84**, 208, Deubner JuS **81**, 54, aM LG Darmst NJW **81**, 2709, LG Hof Rpfleger **79**, 390, Bergerfurth Rpfleger **79**, 365 (aber auch dieser Abschnitt ist Teil eines eben insgesamt dem Anwaltszwang unterliegenden Verfahrens).

Anwaltszwang herrscht *ferner:* Für eine sofortige Beschwerde nach § 46 II Hs 2, dort Rn 11; für diejenige nach § 269 V 1, Köln OLGR **94**, 167; für einen gerichtlichen Vergleich, Anh § 307 Rn 26; für einen Einspruch, §§ 338, 700, BGH NJW **92**, 1701; grundsätzlich (Ausnahme Rn 17) für die Klagerücknahme). Sie kann auch beim zweitinstanzlich noch nicht vertretenen Berufungsbekl durch seinen erstinstanzlichen ProzBev erfolgen, BGH **146**, 373; für die Einlegung einer Berufung, Hamm NJW **96**, 601 (Baulandsache); für den Antrag auf eine Verlängerung der Frist zur Begründung eines Rechtsmittels, (jetzt) §§ 520 II 2, 551 II 5, 566 VIII 1, BGH NJW **88**, 211; für die Rechtsmittelrücknahme, § 515 Rn 10 § 566 Rn 3, BGH NJW **84**, 805, vgl aber auch BGH **93**, 303; für einen Rechtsmittelverzicht, §§ 514, 566, BGH NJW **84**, 1465; für Anträge nach §§ 566, 515 III 2, und zwar auch dann, wenn in einer bayerischen Sache Revision direkt beim BGH eingelegt worden war, BGH NJW **87**, 1333 (eine Auslegungsfrage wird nur bei der Revisionslegung beim BayObLG, vgl aber BGH NJW **89**, 3226); für das Verfahren über die Zulassung eines Rechtsmittels, § 546, BGH NJW **89**, 3226 (auch zum BayObLG); für das Verfahren nach den §§ 887 ff, § 891 Rn 3; für das Ordnungsmittelverfahren (mit Ausnahme seiner Einlegung, Hamm FamRZ **84**, 183), zB § 380; für die Einlegung einer Revision oder einer Nichtzulassungsbeschwerde nach § 544 oder einer Rechtsbeschwerde nach § 574; für die Einlegung der sofortigen Beschwerde gegen den Kostenfestsetzungsbeschluß, § 104 Rn 56; für das Vollstreckungsverfahren, soweit das Prozeß- und nicht das Vollstreckungsgericht zuständig bleibt, etwa bei §§ 887 ff, Celle OLGR **99**, 310.

Das gilt auch noch in *Eilverfahren*, Hbg OLGZ **91**, 346, Kblz RR **88**, 1279, Köln RR **95**, 645. Der Anwaltszwang gilt allerdings ohne Einschränkung nur für eine Vertretung beim Handeln, etwa für die Unterzeichnung eines Schriftsatzes, BGH MDR **76**, 570. Für die Entgegennahme der Prozeßhandlung des Gegners besteht Anwaltszwang nur in der mündlichen Verhandlung. Wegen der Zustellung § 172.

Nicht dem Anwaltszwang unterworfen ist ein außergerichtlicher Vorgang als solcher, selbst wenn er zur Vornahme einer Prozeßhandlung verpflichtet, BGH RR **92**, 567, etwa eine Rücknahmeabrede, BGH RR **89**, 802, Ffm RR **02**, 272, oder eine Abrede zum Verzicht oder zur Zustimmung, BGH MDR **86**, 813, BAG **48**, 237, Schlesw MDR **99**, 252; das Verfahren nach §§ 1035 III, 1062 ff; das Mahnverfahren, BGH **84**, 136.

5) Stellung der Partei oder des Beteiligten, I, II. Soweit ein Anwaltszwang herrscht, Rn 1, 4–15, 16, **17** gilt folgendes.

A. Rechte. Man kann stets neben seinem Anwalt vor dem Gericht erscheinen und neben ihm das Wort verlangen, wenn auch nicht anstelle seines Anwalts, § 137 IV, BVerwG NJW **84**, 625. Man kann eine tatsächliche Erklärung selbst abgeben. Man kann eine tatsächliche Erklärung seines Anwalts sofort widerrufen oder berichten, § 85 Rn 4. Das Gericht muß eine solche Erklärung berücksichtigen, namentlich ein Geständnis nach § 288 Rn 6 und seinen Widerruf, oder eine Klagerücknahme nach Verweisung vom AG an das LG, Kblz RR **00**, 1370, oder die Rücknahme eines selbst eingelegten Rechtsmittels, BGH RR **94**, 759. Man kann eine Urkunde vorlegen, auch zur Vermeidung eines Versäumnisurteils, Brdb NJW **95**, 1471. Man hat auch im Gütetermin ein Anhörungsrecht, § 278 I 2. Man kann außerhalb der mündlichen Verhandlung eine Erklärung entgegennehmen, freilich keine Zustellung, § 172. Man kann aber im übrigen keine Prozeßhandlungen selbst wirksam vornehmen, Grdz 47 vor § 128. Man kann zB nicht einen Rechtsmittelverzicht erklären, Rn 32, BGH NJW **84**, 1465.

B. Pflichten. Die Partei muß selbst erscheinen, wenn das Gericht ihr persönliches Erscheinen angeordnet **18** hat, §§ 141, 273 II Z 3, IV, 278 III, 613, 640.

C. Beiordnung. Das Gericht kann der Partei unter den Voraussetzungen der §§ 78 b, 78 c, 625 einen **19** Anwalt beiordnen, AG Ettlingen FamRZ **78**, 340.

D. Parteibegriff usw. Für Rn 17–19 gilt: Der Begriff „*Partei*" in I, II versteht sich so wie in Grdz 4 vor **20** § 50, BGH **86**, 164. Er ist in einer Familiensache oder Folgesache eng auslegbar. Das zeigt der Gegensatz der Worte „Partei" und „Beteiligte" in I, II. In allen anderen Verfahrensarten ist der Parteibegriff im weitesten Sinn gemeint. Er umfaßt in diesen letzteren Fällen also: Den Streithelfer, § 66; den Streitverkündeten ab seinem Beitritt, § 74; einen Dritten, der in den Prozeß eintreten will, etwa als ein benannter Urheber oder

§ 78

als ein Forderungsbeanspruchter, §§ 75–77; einen Dritten, den die Parteien in einen Vergleich hineingezogen haben, Anh § 307, aM BGH **86**, 160 (aber nur dann entsteht auch für ihn ein vollstreckbarer Titel, § 794 I Z 1, der den Vergleich zwischen der Partei und einem Dritten ausdrücklich erwähnt). Auch eine rechtskundige Person und der Staat unterliegen grundsätzlich demselben Anwaltszwang wie andere Personen.

21 Die alleinigen *Ausnahme* von dieser Regel lautet: Der Anwalt kann sich unter Umständen gemäß VI selbst vertreten.

22 **6) Zulassung beim Prozeßgericht, I, II.** Soweit ein Anwaltszwang besteht, Rn 1, 4–15, 16, muß man weiter prüfen, ob jeder nach § 18 I BRAO bei irgendeinem ordentlichen Gericht zugelassen Anwalt oder nur ein begrenzter Kreis von ihnen den Sachantrag stellen kann, ob also ein sog Lokalisierungsgebot vorliegt, ob daher nur bei diesem Gericht Zugelassene auftreten darf.

    A. BGH: Lokalisierungsgebot. Ein Lokalisierungsgebot besteht grundsätzlich nur noch vor dem BGH. Das gilt auch bei einer Nichtzulassungsbeschwerde nach § 544 oder bei einer Rückbeschwerde nach § 574, BGH NJW **02**, 2181. Ein OLG braucht auf den Anwaltszwang vor dem BGH nicht hinzuweisen, BGH NJW **02**, 3410.

23 **B. Oberstes Landesgericht: OLG-Anwalt.** Vor einem Obersten Landesgericht, also derzeit vor dem BayObLG, muß ein bei ihm bzw bei irgendeinem deutschen Oberlandesgericht zugelassener Anwalt auftreten, BGH MDR **03**, 518. Es ist also keine Zulassung gerade beim OLG München nötig. Eine LG-Zulassung reicht an sich nicht, auch keine BGH-Zulassung. Eine OLG-Zulassung ist aber auch neben einer AG- bzw LG-Zulassung möglich, BVerfG **103**, 9 und Vorbem vor Rn 1.

24 **C. Oberlandesgericht: OLG-Anwalt, evtl LG-Anwalt.** Vor einem Oberlandesgericht, in Berlin also vor dem KG, muß ein bei irgendeinem deutschen OLG zugelassener Anwalt auftreten. Es ist also keine Zulassung gerade beim Prozeßgericht nötig. Eine LG-Zulassung reicht an sich nicht, auch keine BGH-Zulassung. Indessen erlauben ausnahmsweise §§ 569 III, 571 IV 1 im Beschwerdeverfahren das Auftreten eines bei einem AG oder LG zugelassenen Anwalts. Eine OLG-Zulassung ist aber auch neben einer AG- bzw LG-Zulassung möglich, sog Simultanzulassung, BVerfG **103**, 9 und Vorbem vor Rn 1.

25 **D. Landgericht: AG- oder LG-Anwalt.** Vor einem Landgericht darf jeder bei irgendeinem AG oder LG zugelassene Anwalt in erster wie zweiter Instanz auftreten. Es ist also keine Zulassung beim LG oder bei einem AG gerade dieses LG-Bezirks nötig. Eine OLG-Zulassung reicht, Rn 4, aber nicht eine BGH-Zulassung.

26 **E. Weitere Einzelfragen.** Der Anwalt muß geschäftsfähig und damit prozeßfähig sein, § 51, BVerfG **37**, 76 und 82 (Prüfung der Geschäftsfähigkeit und der Prozeßfähigkeit von Amts wegen). Schon wegen Artt 2 I, 20 III GG (Rpfl), BVerfG **101**, 404, Art 103 I GG (Richter) ist ein Zwischenurteil entsprechend §§ 71, 387 erforderlich. Eine sofortige Beschwerde gegen dieses Zwischenurteil ist auch dann zulässig, wenn das OLG entschieden hat. Wegen eines ausländischen Anwalts SchlAnh VII.

    Ein *Vertretungsverbot* nach den §§ 114, 114 a, 150 ff BRAO zwingt das Gericht zu einer Zurückweisung dieses Anwalts, § 156 II BRAO. Die bisherigen Prozeßhandlungen bleiben aber wirksam, §§ 114 a II, 155 V BRAO. Dasselbe gilt bei einem berufsrechtlichen Verstoß, Hamm RR **86**, 442.

27 **7) Ausnahmen vom Zulassungszwang, I, II.** Sie bestehen nur in folgenden Fällen.

    A. Amtlich bestellter Vertreter. Der vom Anwalt selbst bestellte Vertreter nach § 53 II und der amtlich bestellte Vertreter des Anwalts, sein Vollvertreter, Generalsubstitut, steht ihm völlig gleich, § 53 III, IV, VII BRAO, BGH NJW **81**, 1741, Mü MDR **95**, 318, Zweibr MDR **05**, 1132. Das gilt ohne Rücksicht darauf, ob der Anwalt die nach § 53 VI BRAO vorgeschriebene Anzeige erstattet hat, BGH NJW **75**, 542. Es reicht aus, daß sich sein Handeln als Vertreter aus den Umständen hinreichend deutlich ergibt, BGH NJW **99**, 365. Letzteres ist aber auch notwendig, Zweibr MDR **05**, 1132. Dasselbe gilt für einen Praxisabwickler, § 55 BRAO, BGH NJW **92**, 2158 (abl Schlee AnwBl **92**, 442). Der amtlich bestellte Vertreter hat also grundsätzlich alle Befugnisse desjenigen Anwalts, den er vertritt. Er kann ebenso wie der Vertretene tätig werden. Er kann wirksam alle Prozeßhandlungen bei einem Gericht vornehmen, bei dem der vertretene Anwalt zugelassen bzw postulationsfähig ist, BGH NJW **81**, 1741. Der amtlich bestellte Vertreter kann also auch eine Handlung vornehmen, die der vertretene Anwalt seinerseits als Vertreter eines anderen Anwalts wirksam vornehmen könnte, BGH NJW **81**, 1741.

    Sowohl der amtlich bestellte Vertreter als auch der Abwickler sind natürlich nur insofern befugt, als sie gerade *in diesen Eigenschaften* und nicht etwa für die eigene Praxis tätig werden, BGH RR **00**, 1446, Karlsr MDR **01**, 239. In einem Schriftsatz braucht man die Vertretung nicht besonders zu betonen, § 130 Rn 8, zumindest nicht in einem nachfolgenden, BGH NJW **91**, 1176. Im übrigen muß der amtlich bestellte Vertreter selbst überhaupt verhandlungsfähig sein, Rn 1.

28 **B. Verhandlungsvertreter.** Der für die mündliche Verhandlung bestellte Vertreter des Anwalts, der Verhandlungsvertreter, Substitut, kann in der mündlichen Verhandlung als ein Untervertreter auftreten, § 81. Als ein solcher Vertreter darf aber nur ein Anwalt auftreten, das die Partei bzw der ProzBev in diesem Verfahren zum ProzBev bestellen könnte, § 52 I BRAO, Karlsr Just **87**, 22. Er muß auch die Akten einsehen können, Düss NJW **76**, 1324, Voß AnwBl **86**, 185.

29 **C. Überlassung des Vortrags.** Ein vor diesem Gericht postulationsfähiger Anwalt kann in der mündlichen Verhandlung die Ausübung der Parteirechte bis auf die Antragstellung, BGH MDR **76**, 570, einem dort nicht postulationsfähigen Anwalt überlassen, § 52 II BRAO. Ein in die Anwaltskammer nach § 209 BRAO aufgenommener Erlaubnisinhaber steht nach § 25 EGZPO einem Anwalt nicht auch nach § 78 gleich. Beides gilt auch in der mündlichen Verhandlung vor dem OLG, BayObLG bzw BGH dahin, daß dann jeweils die Zulassung vor diesem Gericht nach Rn 22–24 erforderlich ist. Wegen eines ausländischen Anwalts SchlAnh VII.

30 **D. Auslandsunterhaltsgesetz.** Vgl Üb 6, 8 vor § 78.

31 **E. Kosten„antrag" usw bei Berufungsrücknahme.** Nach einer Berufungsrücknahme vor dem OLG kann eine Anregung nach § 516 III auf Verlustigkeitserklärung und Feststellung der Kostenpflicht auch durch

Titel 4. Prozessbevollmächtigte und Beistände § 78

einen beim OLG nicht zugelassenen Anwalt oder durch die Partei selbst erfolgen. Denn das Gericht benötigt dazu gar keinen Antrag mehr, sondern muß von Amts wegen entscheiden. Daher ist ein „Antrag" nur eine Anregung.

8) Verstoß, I, II. Das Gericht muß einen möglicherweise nicht Postulationsfähigen im Streit hierüber als **32** postulationsfähig behandeln, ähnlich wie bei einer Prozeßunfähigkeit, § 56 Rn 13, Ffm FamRZ **94**, 1477. Ein Verstoß gegen I macht eine vorgenommene Parteiprozeßhandlung nach Grdz 47 vor § 128 grundsätzlich unwirksam, Grdz 18 vor § 253, BGH NJW **92**, 1700, Kblz RR **02**, 1510, Zweibr FamRZ **89**, 191. Wenn der Verstoß die Klagerhebung nach § 253 betrifft, darf das Gericht unter Umständen weder eine Klagezustellung veranlassen, BGH **90**, 253, noch einen Termin bestimmen. Im übrigen muß das Gericht ungeachtet des grundsätzlichen Fehlens einer allgemeinen Hinweispflicht, BGH NJW **97**, 1939, doch jetzt auf den Mangel hinweisen und Gelegenheit zu seiner Beseitigung geben, soweit das vertretbar ist, BVerfG **93**, 99. Notfalls muß es die Klage dann durch ein Prozeßurteil als unzulässig abweisen, Grdz 13 vor § 253, BGH **90**, 253, BVerwG MDR **76**, 781, Ffm FamRZ **94**, 1477. Dementsprechend muß es dann ein Rechtsmittel als unzulässig verwerfen, BVerwG MDR **76**, 781. Im Anwaltsprozeß ist die Partei ohne postulationsfähigen ProzBev säumig, §§ 330ff. Ein Verzicht der Partei persönlich nach § 295 ist nicht wirksam. Denn es handelt sich um einen Verstoß gegen eine öffentlichrechtliche zwingende Vorschrift, Köln MDR **82**, 1024. Unwirksam ist zB auch ein Rechtsmittelverzicht der Partei persönlich, BGH NJW **84**, 1465.

Allerdings kann nunmehr ein zugelassener bzw postulationsfähiger Anwalt als ProzBev in den Prozeß **33** eintreten und die gesamte bisherige Prozeßführung *genehmigen,* Ffm OLGR **98**, 125, Karlsr RR **00**, 1520. Auch kann die Auslegung nach Grdz 52 vor § 128 ergeben, daß ein postulationsfähiger Sozius unterschrieben hat, BGH BB **05**, 2100. In einem solchen Fall kann eine Heilung der bisherigen Mängel eintreten, § 295, auch § 547 I 4, BGH NJW **90**, 3086, StJBo 10, ThP 2, aM BVerfG **8**, 95, Köln MDR **82**, 1024 (aber die Parteiherrschaft erlaubt eine Genehmigung auch durch einen ProzBev, § 81). Vgl aber Rn 34.

Freilich kann man die Versäumung *nicht rückwirkend* durch eine erst nach dem Fristablauf abgegebene **34** Genehmigung heilen, BVerfG **8**, 94, BGH NJW **99**, 855, Zweibr OLGR **97**, 51. Man kann eine Genehmigung nicht auf einzelne Prozeßhandlungen beschränken, § 56 Rn 9, § 81 Rn 1, BGH NJW **87**, 130. Soweit eine unwirksame Prozeßhandlung zugleich ein sachlichrechtliches Rechtsgeschäft enthält, Grdz 61 vor § 128, kann das letztere wirksam sein und sogar zur Vornahme der Prozeßhandlung verpflichten. Ein Verstoß gegen § 227 b II BRAO beeinträchtigt aber die Verhandlungsfähigkeit usw nicht, BVerwG NJW **05**, 3018, Köln AnwBl **89**, 227. Ein Mangel der Postulationsfähigkeit beeinträchtigt die Wirksamkeit der Entscheidung nicht, BGH RR **99**, 286, aM Karlsr RR **00**, 1519 (vgl aber Üb 10, 20 vor § 300).

9) Ausnahmen vom Anwaltszwang, III–V. Die Regelung ist abschließend. **35**

A. Amtsgericht. Das gesamte Verfahren vor dem AG ist vom Anwaltszwang grundsätzlich befreit, jedoch vor dem Familiengericht nur, soweit keiner der Fälle II vorliegt. Kein Anwaltszwang besteht zB für am Verfahren über eine Folgesache beteiligte Dritte und für Parteien wie beteiligte Dritte in einer selbständigen Folgesache des § 621 I Z 4, 5, 10 (Ausnahme: § 1600 e II BGB), oder für einen Prozeß wegen der gesetzlichen Unterhaltspflicht gegenüber einem ehelichen Kind, BGH FamRZ **92**, 49. Soweit eine Nicht-Familiensache aus irgendeinem Grund vor das Familiengericht gerät, herrscht dort kein Anwaltszwang, Diederichsen NJW **86**, 1463. Im Verfahren nach dem IntFamRVG besteht nach seinem § 18 II im ersten Rechtszug kein Anwaltszwang.

B. Oberlandesgericht. Nach III, IV besteht vor ihm in dem dort abschließend genannten Verfahren **36** kein Anwaltszwang für die dort genannten Dritten und Beteiligte in einer selbständigen Familiensache (Aufzählung III) und für das Jugendamt, die Träger der gesetzlichen Rentenversicherung sowie die sonstigen Körperschaften, Anstalten oder Stiftungen des öffentlichen Rechts und deren Verbände einschließlich der Spitzenverbände und ihrer Arbeitsgemeinschaften als Beteiligte für die Nichtzulassungsbeschwerde und die Rechtsbeschwerde nach § 621 e II (Aufzählung IV). Als Ausnahme von dem in einer Familiensache wohl als Regel anzusehenden Anwaltszwang wäre IV an sich eng auslegbar. Die pauschale Verweisung auf die „sonstigen" Körperschaften usw rechtfertigt indes eine weite Auslegung. BGH NJW **89**, 2136 zählt (zum alten Recht) trotzdem eine Ärztekammer nur dann hierher, wenn es um ein Versorgungsrecht eines bei der versicherten Arztes geht. Wegen des AUG Üb 6, 8 vor § 78.

C. Verordneter Richter usw. Hier muß man die folgenden Situationen zu unterscheiden: Grundsätzlich **37** herrscht kein Anwaltszwang, V Hs 1, Karlsr JB **76**, 372. Das gilt vor dem beauftragten Richter, §§ 361, 375, 613 I 3, BGH NJW **80**, 2309, Bbg JB **75**, 517, Schneider DRiZ **77**, 14. Es gilt auch vor dem ersuchten Richter, §§ 362, 375, BGH **77**, 272 (auch nicht bei seiner irrigen Bezeichnung als Einzelrichter).

Nicht hierher gehören: Der Einzelrichter der §§ 348, 348 a, 526, 527, § 568 (Ausnahme: § 569 III); der **38** Vorsitzende der Kammer für Handelssachen, § 349, Bergerfurth NJW **75**, 335.

D. Rechtspfleger. Das gesamte Verfahren vor dem Rpfl unterliegt keinem Anwaltszwang, § 13 RPflG, **39** Düss Rpfleger **03**, 146, Bergerfurth Rpfleger **78**, 205. Das gilt auch für das Prozeßkostenhilfe- und das Kostenfestsetzungsverfahren vor dem Rpfl, §§ 20, 21 RPflG. Vgl aber § 700 Rn 10.

E. Urkundsbeamter. Das Verfahren ist vom Anwaltszwang frei, soweit eine Prozeßhandlung zum **40** Protokoll des Urkundsbeamten der Geschäftsstelle erfolgen kann, V Hs 2, Saarbr FamRZ **92**, 111. Es kommt in solchem Fall nicht darauf an, ob die Prozeßhandlung auch tatsächlich zu jenem Protokoll vorgenommen wurde oder anders erfolgt ist, LG Ffm Rpfleger **79**, 429, aM Köln ZMR **96**, 140 (aber V Hs 2 spricht nur von „vorgenommen werden *können*"). Das Gesetz bestimmt im Einzelfall, ob man eine Prozeßhandlung zum Protokoll des Urkundsbeamten vornehmen kann.

Beispiele: Der Antrag auf die Bestimmung des zuständigen Gerichts; § 37; die Ablehnung eines Richters, **41** § 44, BGH MDR **95**, 520, oder eines Sachverständigen, § 406; eine Erledigterklärung, § 91 a, Schlesw MDR **99**, 252; der Kostenfestsetzungsantrag, § 104 III; der Antrag auf die Rückgabe einer Sicherheit, §§ 109, 715; der Antrag auf eine Bewilligung der Prozeßkostenhilfe, § 117 I 1; ein Aussetzungsantrag nach § 248 I; eine Rüge der Unzuständigkeit; ein Verweisungsantrag oder eine Erklärung dazu, § 281 II 1; eine Entschuldigung des Zeugen, § 381; eine Verweigerung nach § 386 oder nach § 408 I; ein Antrag im

§ 78

Buch 1. Abschnitt 2. Parteien

selbständigen Beweisverfahren nach § 486 IV oder nach § 494 a, dort Rn 5, 14; ein Arrest- oder Verfügungsantrag, §§ 920, 936, und seine Rücknahme vor einem Widerspruch; ein Antrag auf eine einstweilige Anordnung, §§ 620 a II 2, IV, 641 d II 2; ein Aufgebotsantrag, § 947; eine Schutzschrift gegenüber einem Arrestantrag, Grdz 7 vor § 128, und zwar auch eine solche, die vor dem Arrestantrag beim Gericht eingeht, Brschw JB **93**, 218; eine befristete Erinnerung gegenüber der Entscheidung des Urkundsbeamten der Geschäftsstelle, § 573 I. Sie ergreift die zugehörigen Nebenhandlungen außerhalb der Verhandlung, Ffm NJW **78**, 172, etwa ein Gesuch um eine öffentliche Zustellung des beantragten Arrestbefehls, §§ 185 ff; die bloße Einlegung der sofortigen Beschwerde im Fall des § 104 III in Verbindung mit § 11 I RPflG, § 104 Rn 56 (wegen des weiteren Beschwerdeverfahrens dort Rn 41).

42 *Nicht hierher* gehört eine sofortige Beschwerde im Fall Rn 38. Wegen § 621 I BGH NJW **81**, 234. Wegen § 621 e BGH NJW **80**, 1958, Celle FamRZ **78**, 139, von Hornhardt FamRZ **78**, 170, aM Bbg JB **75**, 1498, Oldb NJW **79**, 113. Wegen des weiteren Verfahrens § 104 Rn 78.

43 **F. Zustellung.** Im Zustellungsverfahren besteht für den Auftrag kein Anwaltszwang. Denn hier liegt keine eigentliche Prozeßhandlung vor. Das gilt auch bei § 169 II 2 und vor dem Gerichtsvollzieher, § 192, und für die Zustellung von Anwalt zu Anwalt, § 195.

44 **G. Justizverwaltung.** In einer Angelegenheit der Justizverwaltung oder der gerichtlichen Verwaltung besteht kein Anwaltszwang.

45 **H. Erklärung eines Dritten usw.** Für eine Erklärung oder einen Antrag eines Dritten oder gegen einen Dritten, etwa für eine Streitverkündung nach § 72, besteht grundsätzlich kein Anwaltszwang. Denn der Dritte ist keine Partei. Etwas anderes gilt dann, wenn der Dritte eine Parteipflicht übernimmt oder Partei werden will, etwa der beigetretene Streitverkündete, § 74 I; der beim Prozeßvergleich, Anh § 307, hinzugezogene Dritte oder der benannte Urheber, § 76. Wegen des an einer Familiensache vor dem Amtsgericht als Familiengericht beteiligten Dritten vgl Rn 35. Vor dem OLG ist ein solcher Dritter dem Anwaltszwang in einer Folgesache jetzt unterworfen, I 2, 5. In einer selbständigen Familiensache gelten die Sonderregeln des III. Vor dem BGH herrscht für den Dritten in einer Familiensache stets Anwaltszwang, I 2, 5.

46 **I. Güteversuch.** Für den Güteversuch nach § 278 II, V 1 vor dem verordneten Richter gilt nach § 78 V Hs 1 grundsätzlich kein Anwaltszwang. Im übrigen besteht auch für das Güteverfahren Anwaltszwang wie sonst, § 278 Rn 35.

47 **J. Baulandsache.** In einer Baulandsache besteht grundsätzlich Anwaltszwang, BGH RR **94**, 1021. Er entfällt aber ausnahmsweise nach § 222 III 2 BauGB, soweit der Beteiligte im Verfahren vor dem LG oder dem OLG keinen Antrag in der Hauptsache stellt, BGH RR **94**, 1021. Es gilt also kein Anwaltszwang für die Einreichung des Antrags auf eine gerichtliche Entscheidung bei derjenigen Stelle, die den Verwaltungsakt erlassen hat, BGH MDR **85**, 30, oder für die Einwilligung in eine Sprungrevision, BGH NJW **75**, 831, oder für eine sofortige Beschwerde gegen die Kostenentscheidung, Kblz NJW **83**, 2036, oder für einen Antrag auf eine Aktenlageentscheidung nach § 227 II BauGB. Im Anwaltszwang gilt aber im weiteren Besitzeinweisungsverfahren. Denn insofern stellt man einen Antrag zur Hauptsache, BGH MDR **86**, 30. Dasselbe gilt bei einer Berufung, Hamm NJW **96**, 601, und bei einer Beschwerde gegen einen die Berufung als unzulässig verwerfenden Beschluß, BGH RR **94**, 1021.

48 **K. Arbeitsgericht.** Im Verfahren vor dem ArbG herrscht kein Anwaltszwang, § 11 I ArbGG, Rn 48. Ein Rechtsbeistand ist vor den Arbeitsgerichten nicht vertretungsberechtigt, BAG BB **88**, 916.

49 **L. Entschädigungssache.** Im Verfahren nach § 224 I BEG herrscht kein Anwaltszwang, BVerfG **34**, 330. Im Verfahren nach § 13 I StrEG besteht aber Anwaltszwang, BGH RR **93**, 1022.

50 **M. Rechtsmittelverzicht.** Für einen Rechtsmittelverzicht nach §§ 515, 565 herrscht kein Anwaltszwang, soweit man ihn nur gegenüber dem Gegner erklärt (dieser kann ihn durch eine Rüge einführen), BGH NJW **75**, 831. Soweit man einen Rechtsmittelverzicht im Anwaltsprozeß gegenüber dem Gericht erklärt, herrscht der Anwaltszwang, zB in einer Ehesache, Düss FamRZ **80**, 709.

51 **N. Klagerücknahme.** Vgl dazu Rn 24.

52 **O. Rechtsmittelrücknahme.** Man kann sich außergerichtlich zu ihr ohne Anwaltszwang verpflichten, Rn 16. Auf Einrede muß das Rechtsmittelgericht das Rechtsmittel daraufhin als unzulässig verwerfen, BGH FamRZ **89**, 268. Eine Berufungsrücknahme nach § 516 kann ohne einen Anwaltszwang erfolgen.

53 **P. Zeuge.** Er kann stets ohne einen eigenen Anwalt erscheinen und aussagen, § 387 II.

54 **Q. Disziplinarsache.** Selbst vor dem BGH besteht in einer solchen Sache kein Anwaltszwang, BGH MDR **89**, 257.

55 **R. Stellung der Partei oder des Beteiligten.** Soweit kein Anwaltszwang herrscht, kann man selbst oder durch einen beliebigen ProzBev handeln, § 79. Man darf auch während des Prozesses ein privatrechtliches Rechtsgeschäft frei vornehmen, etwa einen außergerichtlichen Vergleich abschließen. Ein solches Geschäft wirkt aber in den Prozeßhandlung nur insoweit, als es in einem Anwaltsprozeß vom zugelassenen bzw postulationsfähigen Anwalt vorgetragen wird. Wenn man also einen Vergleich über den Streitgegenstand hinaus abschließt, Anh § 307 Rn 6, dann muß der Anwalt auch insofern auftreten, wenn seine Partei die Wirkung des § 794 I Z 1 erzielen will, aM RoSGo § 131 III 2 g (aber der Vergleich ist dann auch eine Parteiprozeßhandlung nach Grdz 47 vor § 128 und unterliegt insofern eben dem etwaigen Anwaltszwang mit).

56 **10) Selbstvertretung des Rechtsanwalts, VI.** Der Anwalt kann sich in einer eigenen Angelegenheit in den Grenzen der §§ 45 ff BRAO selbst vertreten, BFH DB **85**, 28, LAG Mü AnwBl **88**, 72, Bosch FamRZ **86**, 349. Das ist auch im Zweifel anzunehmen, BFH DB **85**, 28. Es empfiehlt sich, im Protokoll ungeachtet des § 313 Rn 6 klarzustellen, ob der Anwalt nur als Partei oder auch als deren ProzBev auftritt, § 91 Rn 57, 171. Das gilt auch aus Gründen der Klarstellung über den Umfang einer Erstattungsfähigkeit von Anwaltskosten. Der Anwalt kann sich auch zB als Partei kraft Amts vertreten, Grdz 8 vor § 50, oder als gesetzlicher

Titel 4. Prozessbevollmächtigte und Beistände   §§ 78–78b

Vertreter vertreten, § 51, BFH DB **85**, 28, oder als Organ, Köln OLGR **03**, 173. In allen diesen Fällen muß das Gericht den Anwalt auch sitzungspolizeilich als Anwalt behandeln. § 246 ist unanwendbar. Das gilt entsprechend vor dem BFH, BFH BB **76**, 728. VI ist grundsätzlich nicht ausdehnend auslegbar. Etwas anderes gilt im Patentnichtigkeitsberufungsverfahren, BGH GRUR **87**, 354. Die Vorschrift gilt also zB nicht: Für einen anderen Rechtskundigen; für eine Behörde; für einen nicht zugelassenen bzw nicht postulationsfähigen Anwalt. Er kann also zB eine Beschwerdeschrift nur beim erstinstanzlichen AG als Prozeßgericht wirksam einlegen, nicht bei einem solchen LG als Beschwerdegericht, bei dem er nicht zugelassen bzw postulationsfähig ist.

Ein *Verstoß* beeinträchtigt die Vertretungsfähigkeit nicht, Hamm RR **89**, 442.

11) *VwGO:* An Stelle von **I** tritt § 67 I u II VwGO, (jetzt idF des RmBereinVpG v 20. 12. 01, BGBl 3987, *dazu Kienemund NJW 02, 1236, Geiger NJW 02, 1249, Lotz BayVBl 02, 355, Redeker NordÖR 02, 184, Kuhla/Hüttenbrink DVBl 02, 86, Deubert BayVBl 02, 550). Eine Vertretung jedes Beteiligten, der einen Antrag stellt, durch einen bei einem deutschen Gericht zugelassenen RA oder einen Rechtslehrer an einer deutschen Hochschule im Sinne des Hochschulrahmengesetzes bzw für juristische Personen des öffentlichen Rechts und Behörden auch durch Beamte oder Angestellte mit Befähigung zum Richteramt oder durch Diplom-Juristen im höheren Dienst, BVerwG DVBl 05, 855; NVwZ-RR 03, 390, NVwZ 02, 82, ist danach vor dem BVerwG und vor dem OVG nötig. Ausgenommen sind Beschwerden im PKH-Verfahren, § 67 I 2 u § 166 VwGO iVm § 569 III Z 2 ZPO, ferner Beschwerden, für die außerhalb der VwGO Ausnahmen vom Vertretungszwang besonders normiert sind wie Beschwerden nach § 19 BRAGO, VGH Mannh VBlBW 03, 241, u Streitwertbeschwerden, VGH Mannh NVwZ-RR 02, 898, VBlBW 03, 241, VGH Mü BayVBl 03, 762, Seibert NVwZ 02, 265, KoppSch § 67 Rn 28; aM Geiger BayVBl 03, 75, Redeker NordÖR 02, 184. Gleiches gilt für Ordnungsgeldfestsetzung nach § 33 VwGO, da ehrenamtliche Richter keine Beteiligten iSv § 67 I VwGO sind, OVG Greifsw NordÖR 03, 116. Zur Frage, ob der Hochschullehrer hier und beim VG den Vorschriften des RBerG unterliegt, vgl BVerfG NJW 88, 2535 mwN, bejahend BVerwG NJW 88, 220, VGH Mannh NJW 91, 1195 mwN, VGH Mü NJW 88, 2553, OVG Kblz NJW 88, 2555, verneinend BVerwG NJW 87, 1657, VGH Mü NJW 88, 2554 u 87, 460, alle mwN, dazu Schenke NJW 97, 85 u DVBl 90, 1151 mwN, Mußgnug NJW 89, 2037, Chemnitz AnwBl 88, 303, Deumeland RiA 88, 118. Wegen abw Vorschriften für das OVG in bestimmten Angelegenheiten s § 67 I 4–6 VwGO, Schenke aaO, OVG Münst DVBl 05, 860 (Steuerberater). OVG Hbg FEVS 00, 71 mwN, VGH Mannh DVBl 97, 659, VBlBW 04, 155. V ist nach der Neufassung des § 67 I 2 VwGO nicht mehr entsprechend anwendbar, VGH Mü BayVBl 02, 539/40, aM KoppSch § 67 Rn 28, wohl aber VI.*

78a (weggefallen)

78b Notanwalt.

[I] Insoweit eine Vertretung durch Anwälte geboten ist, hat das Prozessgericht einer Partei auf ihren Antrag durch Beschluss für den Rechtszug einen Rechtsanwalt zur Wahrnehmung ihrer Rechte beizuordnen, wenn sie einen zu ihrer Vertretung bereiten Rechtsanwalt nicht findet und die Rechtsverfolgung oder Rechtsverteidigung nicht mutwillig oder aussichtslos erscheint.

[II] Gegen den Beschluss, durch den die Beiordnung eines Rechtsanwalts abgelehnt wird, findet die sofortige Beschwerde statt.

Gliederung

1) Systematik, I, II 1	5) Entscheidung, I 6
2) Regelungszweck, I, II 2	6) Rechtsbehelfe, II 7, 8
3) Geltungsbereich, I, II 3	A. Sofortige Beschwerde gegen Ablehnung der Beiordnung 7
4) Voraussetzungen, I 4, 5	B. Kein Rechtsbehelf gegen Beiordnung .. 8
A. Kein Anwalt bereit 4	
B. Keine Mutwilligkeit oder Aussichtslosigkeit 5	7) VwGO 9

1) Systematik, I, II. Die Vorschrift betrifft nur den Anwaltsprozeß nach § 78 Rn 1, also zB nicht ein Disziplinarverfahren, BGH MDR **89**, 257. Im Parteiprozeß nach § 78 Rn 1 besteht keine Notwendigkeit zur Beiordnung eines Anwalts. § 78 b regelt die Voraussetzungen und zusammen mit § 78 c das Verfahren zu der Frage, ob das Gericht der Partei überhaupt einen Anwalt beiordnen darf. § 78 c regelt die anschließende Frage, welchen Anwalt das Gericht nun im Einzelfall beigeordnet soll und unter welchen Voraussetzungen er tätig werden muß.

2) Regelungszweck, I, II. Der Sinn der Regelung des I 1 liegt nicht etwa darin, eine unnötige Ausgabe von Staatsgeldern zu verhindern. Es geht vielmehr nur darum, daß der Staat dem Bürger zur Sicherstellung des Rechtsschutzes einen Anwalt zur Vertretung in einer dem Auftraggeber unzumutbaren Lage bestellt, BVerwG NJW **79**, 2117. Freilich wird ein seinerseits erträglicher Auftraggeber nach dem Wegfall des früheren Lokalisierungsgebots noch eher unter den weit über 130 000 deutschen Anwälten in einer nicht völlig aussichtslosen Sache vermutlich doch bei zumutbarer Bemühung innerhalb eines zumutbaren Zeitraums und auch zu gesetzlichen Honorarbedingungen einen geeigneten Anwalt finden. Deshalb darf und muß man grundsätzlich recht strenge Anforderungen an den Nachweis der Voraussetzungen des § 78 b stellen. Natürlich kann es Situationen geben, in denen eine Partei ganz rasch und unkompliziert Hilfe über

§ 78b

diese Vorschrift braucht, etwa in unverschuldeter seelischer oder prozessualer Notlage. In solcher Not darf und muß auch das Gericht nach dieser Vorschrift ganz großzügig und schnell handeln.

3 3) **Geltungsbereich, I, II.** Vgl Üb 3 vor § 78. Vor dem BFH ist § 78 b entsprechend anwendbar, BFH NJW 78, 448. Die Vorschrift ist im Anklageerzwingungsverfahren der StPO ebenfalls entsprechend anwendbar, Kblz NJW 82, 61, Meyer-Goßner NStZ 85, 235, Rieß NStZ 86, 433, aM Düss MDR 95, 193, Hamm NJW 03, 3286 (aber man sollte in solcher mißlichen Lage möglichst großzügig sein). Wegen des Scheidungs- und Lebenspartnerschaftsverfahrens §§ 625, 661 II Hs 1. § 78 b spricht nur von der Partei, nicht von einem Beteiligten. Die Vorschrift gilt also wegen § 78 II 1 in einer Familiensache und in einer Folgesache für ihn nicht. Im Prozeßkostenhilfeverfahren gilt § 121 I.

4 4) **Voraussetzungen, I.** Die Beiordnung erfolgt nur auf Grund eines Antrags der Partei an das Prozeßgericht ohne Anwaltszwang, auch vor der Geschäftsstelle oder nach § 129 a.

A. Kein Anwalt bereit. Vgl zunächst Rn 2. Die Partei darf trotz aller zumutbarer Bemühung unter den beim Prozeßgericht zugelassenen bzw postulationsfähigen Anwälten keinen solchen Anwalt gefunden haben, der zu ihrer Vertretung bereit ist, BFH NJW 78, 448. Das muß die Partei darlegen und nachweisen, BVerfG NJW 93, 3257, BGH RR 04, 864, OVG Münst NJW 03, 2624. Man darf aber die Anforderungen an die Partei nicht überspannen. Die Partei braucht nicht an sämtliche bei dem Gericht zugelassenen bzw postulationsfähige Anwälte herangetreten zu sein. Sie muß allerdings jedenfalls in einer Großstadt zumindest eine gewisse Anzahl von Anwälten nachweisbar vergeblich um eine Übernahme ihrer Vertretung gebeten haben, BGH MDR 00, 412 (aber drei), Kblz NJW 82, 61 (StPO), OVG Münst NJW 03, 2624. Sie muß beim BGH mehr als vier Anwälte fragen, BGH RR 04, 864. Sie muß auch zur Vorschußzahlung bereit gewesen sein, § 78 c Rn 10, BGH MDR 00, 412. Ein postulationsfähiger Anwalt als Pfleger oder Betreuer mit einschlägigem Aufgabenkreis beseitigt den Bedarf, BVerwG NJW 79, 2117.

5 **B. Keine Mutwilligkeit oder Aussichtslosigkeit.** Die Rechtsverfolgung oder die Rechtsverteidigung dürfen weder als mutwillig noch als aussichtslos erscheinen. Die Partei braucht also nicht etwa darzulegen oder sogar glaubhaft zu machen, daß eine hinreichende Erfolgsaussicht bestehe. Aus ihrem Tatsachenvortrag darf man lediglich nicht zwingend ableiten müssen, daß entweder überhaupt keine Erfolgsaussicht besteht oder daß Mutwille vorliegt. Die Beiordnung muß also unter Umständen selbst dann erfolgen, wenn das Gericht der Partei eine Prozeßkostenhilfe nach den §§ 114 ff nicht bewilligen dürfte. Denn § 114 verbietet eine Prozeßkostenhilfe schon dann, wenn keine „hinreichende Aussicht auf Erfolg" besteht. Demgegenüber verbietet I 1 aber eine Beiordnung erst dann, wenn die Sache als schlechthin „aussichtslos" erscheint, BGH FamRZ 88, 1153. Freilich ist dem Kern nach mit den beiden unterschiedlichen Begriffen nahezu dasselbe gemeint. Soweit das Gericht eine Mutwilligkeit beurteilen muß, sind die Voraussetzungen von I 1 und von § 114 S 1 dieselben.

Eine Beiordnung darf in folgenden Fällen *nicht* erfolgen: Der Schaden muß erst noch ermittelt und errechnet werden, KG OLGZ 77, 247; das Gericht hat bereits einen bei dem Prozeßgericht zugelassenen bzw postulationsfähigen Anwalt als Pfleger zur Prozeßführung bestellt, BVerwG NJW 79, 2117; die Partei hat einen vom Anwalt ordnungsgemäß erbetenen Vorschuß nicht gezahlt, BGH MDR 00, 412; es soll nur eine Revisionsschrift eingeführt werden, die von einer beim Revisionsgericht nicht postulationsfähigen Partei stammt, BGH RR 98, 575; ein Rechtsmittel gegen die Nichtzulassung der Revision ist aussichtslos, BGH FamRZ 03, 1087; es handelt sich um Rechtsmißbrauch, Einl III 54, BGH NJW 95, 537.

6 5) **Entscheidung, I.** Das Prozeßgericht muß die Voraussetzungen einer Beiordnung prüfen. Eine mündliche Verhandlung ist nicht erforderlich, § 128 IV. Zuständig ist das Prozeßgericht in voller Besetzung, nicht etwa nur sein Vorsitzender. Er ist nur für die anschließenden Maßnahmen nach § 78 c zuständig. Die Entscheidung ergeht durch einen Beschluß, I. Beim Vorliegen der Voraussetzungen besteht ohne Ermessen eine Beiordnungspflicht. Das gilt auch dann, wenn Antragsteller ein Anwalt ist, BGH Rpfleger 02, 463 (zu § 121 I). Das Gericht braucht nach I nur „einen" Anwalt beizuordnen. Es überläßt dessen genaue Auswahl dem Verfahren nach § 78 c. Der Beschluß bedarf grundsätzlich einer Begründung, § 329 Rn 4. Der Urkundsbeamte teilt ihn beim Stattgeben beiden Parteien formlos mit, § 329 II 1, bei einer Ablehnung dem Antragsteller förmlich, II in Verbindung mit §§ 329 II 2, 567 I Z 1, 2. Wenn derselbe Beschluß nicht nur die Beiordnung nach I, II enthält, sondern auch die Auswahl des beizuordnenden Anwalts nach § 78 c, gilt die letztere Entscheidung als nur vom Vorsitzenden gefällt.

Der *Anwaltsvertrag* entsteht nicht schon durch die Beiordnung, LG Arnsb AnwBl 83, 180. Er entsteht wohl aber dann, wenn der Notanwalt die Beiordnung der Partei mitteilt und wenn die Partei daraufhin schweigt, LG Traunstein AnwBl 76, 345. *Wert:* § 3 Anh Rn 86 „Notanwalt".

7 6) **Rechtsbehelfe, II.** Beim Rpfl gilt § 11 RPflG, § 104 Rn 41 ff. Im übrigen muß man zwei Situationen unterscheiden.

A. Sofortige Beschwerde gegen Ablehnung der Beiordnung. Gegen die Ablehnung einer Beiordnung ist die sofortige Beschwerde nach § 567 I Z 1 (auch Z 2) zulässig, II. Wenn das OLG entschieden hat, kommt allenfalls eine Rechtsbeschwerde nach § 574 I–III in Betracht. Ein Anwaltszwang gilt wie sonst, aM Mü MDR 02, 724 (aber notfalls muß das Beschwerdegericht für das Beschwerdeverfahren beiordnen). *Wert:* § 3 Anh Rn 86 „Notanwalt".

8 **B. Kein Rechtsbehelf gegen Beiordnung.** Gegen den Beiordnungsbeschluß ist kein Rechtsbehelf statthaft, § 567 I Z 1. Soweit der Beiordnungsbeschluß auch die Person des beizuordnenden Anwalts bestimmt, ist dieser Teil der Entscheidung nach § 78 c III anfechtbar, dort Rn 11. *Wert:* § 3 Anh Rn 86 „Notanwalt".

9 7) **VwGO: I** ist entsprechend anwendbar, § 173 VwGO, im Verfahren vor dem BVerwG und dem OVG, BVerwG Buchholz 303 § 78 b Nr 2 (auch hinsichtlich der Beiordnung eines Rechtslehrers) u *NVwZ-RR 00*, 59 *(Asylverfahren), VGH Mannh NVwZ-RR 99, 280 (Zulassung der Berufung)*, nicht vor dem VG, § 67 II *VwGO*; **II** (Beschwerde) ist unanwendbar, § 152 VwGO. Die Entscheidung ergeht durch das zur Entscheidung über das Rechts-

Titel 4. Prozessbevollmächtigte und Beistände   §§ 78b, 78c

mittel bzw den Antrag, § 67 I 1 u 2 VwGO, zuständige Gericht, auch im Verfahren über eine Nichtzulassungsbeschwerde, § 133 VwGO. Eine Beiordnung entfällt, wenn dem Beteiligten in der Person seines Pflegers bereits ein RA als Bevollmächtigter staatlich bestellt worden ist, BVerwG NJW **79**, 2117.

78c *Auswahl des Rechtsanwalts.* ¹ Der nach § 78b beizuordnende Rechtsanwalt wird durch den Vorsitzenden des Gerichts aus der Zahl der bei dem Prozessgericht zugelassenen Rechtsanwälte ausgewählt.

II Der beigeordnete Rechtsanwalt kann die Übernahme der Vertretung davon abhängig machen, dass die Partei ihm einen Vorschuss zahlt, der nach dem Rechtsanwaltsvergütungsgesetz zu bemessen ist.

III ¹ Gegen eine Verfügung, die nach Absatz 1 getroffen wird, steht der Partei und dem Rechtsanwalt die sofortige Beschwerde zu. ² Dem Rechtsanwalt steht die sofortige Beschwerde auch zu, wenn der Vorsitzende des Gerichts den Antrag, die Beiordnung aufzuheben (§ 48 Abs. 2 der Bundesrechtsanwaltsordnung), ablehnt.

Vorbem. II geändert dch Art 4 XX Z 1 KostRMoG v 5. 5. 04, BGBl 718, in Kraft seit 1. 7. 04, Art 8 S 1 KostRMoG.

Gliederung

1) Systematik, I–III 1	6) Rechtsbehelfe, III 11–14
2) Regelungszweck, I–III 2	A. Sofortige Beschwerde gegen Auswahlverfügung 11
3) Geltungsbereich, I–III 3	B. Sofortige Beschwerde gegen Ablehnung der Aufhebung 12
4) Auswahl, I 4–7	C. Sofortige Beschwerde gegen Aufhebung 13
A. Zeitpunkt 4	
B. Person des Auszuwählenden 5	
C. Auswahlverfahren 6	D. Rechtsbeschwerde gegen Verfügung des Vorsitzenden des Berufungsgerichts 14
D. Entscheidung 7	
5) Folgen der Auswahl, I, II 8–10	7) Wert, I–III 15
A. Übernahmepflicht, I 8, 9	8) VwGO 16
B. Vorschuß, II 10	

1) Systematik, I–III. Vgl zunächst § 78b Rn 1. Während § 78b die Voraussetzungen und das Verfahren **1**
zu der Frage regelt, ob das Gericht der Partei überhaupt einen Notanwalt beiordnen darf, regelt ergänzend § 78c die Auswahl des in Betracht kommenden Anwalts auf Grund des Beiordnungsbeschlusses, die Voraussetzungen seiner Pflicht zum Tätigwerden und die zugehörigen Rechtsbehelfe.

2) Regelungszweck, I–III. Vgl zunächst § 78b Rn 2. I dient der Übersehbarkeit des Kreises der Beizu- **2**
ordnenden und damit der Eignungskontrolle. II dient einem wirtschaftlichen Interesse des Beigeordneten. Die Bestimmung macht aber die Übernahme nicht etwa von einer Zustimmung abhängig, Rn 8. Das hat seinen Grund in der Notwendigkeit, dem Rechtsuchenden die gesetzlich geforderte Vertretung durch ein Organ der Rechtspflege unverzüglich zu gewährleisten. Daher darf man II nicht ausdehnend auslegen. III bezweckt eine Überprüfbarkeit der Entscheidung nach I und dient damit der Rechtsstaatlichkeit und Rechtssicherheit, Einl III 15, 43. Diese Gesichtspunkte muß man bei der Auslegung jeweils mitbeachten.

3) Geltungsbereich, I–III. Vgl Üb 3 vor § 78. **3**

4) Auswahl. I. Man muß Fragen zum Wann, Wer und Wie unterscheiden. **4**

A. Zeitpunkt. Sobald das Prozeßgericht in voller Besetzung beschlossen hat, der Partei nach § 78b einen Notanwalt beizuordnen, muß der Vorsitzende dieses Gerichts nach I einen bestimmten Anwalt auswählen und damit die Beiordnung vollziehen. Die Pflicht zur unverzüglichen Tätigkeit ergibt sich aus der Fürsorgepflicht des Gerichts, Einl III 27, § 216 II (allgemeiner Rechtsgedanke). Eine verzögerte Tätigkeit des Vorsitzenden kann man mit der Dienstaufsichtsbeschwerde rügen.

B. Person des Auszuwählenden. Der Vorsitzende ist an den Kreis derjenigen Anwälte gebunden, die **5**
bei dem Prozeßgericht zugelassen sind, I Hs 1. Die Auswahl eines danach nicht Zugelassenen ist unwirksam. Das gilt nach dem Wortlaut von I Hs 1 auch dann, wenn der dort nicht Zugelassene dort postulationsfähig ist. Der Sinn der Vorschrift legt aber eine großzügigere Handhabung nahe, seit das Lokalisationsgebot weitgehend entfallen ist. Der Auszuwählende muß schon und noch „zugelassen" und in Wahrheit nur postulationsfähig sein. Es kommt nicht darauf an, ob er grundsätzlich oder für diesen Fall bereits sein Einverständnis erklärt hat. Ebensowenig kommt es darauf an, ob die Partei bereits ihr Einverständnis erklärt hat.

C. Auswahlverfahren. Die Auswahl erfolgt von Amts wegen, also ohne Antragszwang. Eine Anregung **6**
ist natürlich statthaft. In den Grenzen nach Rn 5 hat der Vorsitzende ein pflichtgemäßes Ermessen. Dieses zwingt ihn zur Mitberücksichtigung etwaiger Wünsche oder Bedenken sowohl der Partei als auch des Notanwalts, des Gegners und aller sonstigen Prozeßbeteiligten. Stets kommt es darauf an, ob vom Standpunkt der Partei aus objektiv betrachtet Hindernisgründe oder besondere Motive für oder gegen die Beiordnung eines bestimmten Anwalts bestehen. Das ist derselbe sog parteiobjektive Maßstab wie bei § 42 Rn 10.

Der Vorsitzende darf alle Beteiligten mündlich oder schriftlich *anhören*. Er sollte von dieser Möglichkeit insoweit Gebrauch machen, als Wünsche oder Bedenken erkennbar sind oder geäußert wurden. Die Partei hat allerdings grundsätzlich kein Recht auf die Auswahl eines von ihr bestimmten Anwalts, Schlesw SchlHA **78**, 84, OVG Münst NJW **03**, 2624. Das Gericht darf ihr aber keinen solchen Anwalt aufzwingen, zu dem kein Vertrauen entstehen kann oder gegen den sonst sachliche Bedenken bestehen, BGH **60**, 258, Schlesw

§§ 78c, 79   Buch 1. Abschnitt 2. Parteien

SchlHA **78**, 84. Wenn das Gericht einen Anwalt zum Betreuer oder zum Pfleger bestellt hatte, kommt im allgemeinen auch seine Auswahl als Notanwalt in Betracht.

7   **D. Entscheidung.** Der Vorsitzende entscheidet durch eine Verfügung. Das ergibt sich aus III 1. Eine Entscheidung in der Form eines Beschlusses ist ebenfalls zulässig. Er muß einen genau bezeichneten Anwalt nennen, also nicht nur eine Sozietät usw. Die Entscheidung bedarf grundsätzlich einer Begründung, § 329 Rn 4. Der Urkundsbeamte läßt sie den Parteien und dem ausgewählten Anwalt wegen III 1 förmlich zustellen, §§ 329 III, 567 I Z 1. Sie wird nicht vor demjenigen Zeitpunkt wirksam, in dem der grundsätzliche Beiordnungsbeschluß nach § 78 b wirksam ist. Eine vorher mitgeteilte Auswahlentscheidung ist höchstens aufschiebend bedingt wirksam. Die Begründung darf in der Regel auf wenige Stichworte beschränkt bleiben. Fehlt sie, so ist die Auswahl nicht schon deshalb unwirksam.

Der Vorsitzende darf seine Entscheidung jederzeit *ändern*, sofern alle Beteiligten zustimmen. Andernfalls bedarf es zu einer Änderung wichtiger Gründe, §§ 45, 48 II BRAO. Das Änderungsverfahren verläuft im übrigen nach den Regeln des Auswahlverfahrens, Rn 6.

8   **5) Folgen der Auswahl, I, II.** Einer Pflicht entspricht ein Recht des Ausgewählten.

A. Übernahmepflicht, I. Der ausgewählte Anwalt ist unter der Voraussetzung einer ordnungsgemäßen Auswahl grundsätzlich zur Übernahme der Vertretung der Partei verpflichtet, § 48 I Z 1, 2 BRAO, Brangsch AnwBl **82**, 99. Die Übernahme ist eine Berufspflicht, BGH **60**, 258. Sie ist mit der Menschenrechtskonvention vereinbar, EKMR AnwBl **75**, 137. Die Auswahlverfügung verpflichtet daher den Anwalt zum unverzüglichen Abschluß des Anwaltsvertrags mit der Partei. Diesen ersetzt weder die Beiordnungsentscheidung des Prozeßgerichts noch die Auswahlverfügung des Vorsitzenden, BGH **60**, 258, Düss OLGR **01**, 191.

9   Der Anwalt muß aber auf Grund der wirksamen Auswahl an die Partei herantreten und ihr seine *Bereitschaft* zur Übernahme der Vertretung mitteilen. Er darf diese Bereitschaft nicht von anderen Bedingungen als einer Vorschußzahlung nach II abhängig machen, Rn 10. Er kann sogleich erste Pflichten haben. Der Anwalt muß prüfen, ob er vielleicht nach § 45 BRAO nicht tätig werden darf. Dann darf er die Übernahme der Vertretung ohne weiteres ablehnen. Erst die Erteilung der Prozeßvollmacht macht den beigeordneten Anwalt zum ProzBev, BGH NJW **87**, 440.

10   **B. Vorschuß, II.** Der ausgewählte Anwalt darf die Übernahme der Vertretung stets davon abhängig machen, daß die Partei ihm einen Vorschuß zahlt, BGH MDR **00**, 412. Er kann diese Bedingung ohne eine Angabe von Gründen stellen. Erforderlich und ausreichend ist die Mitteilung seiner Bedingung gegenüber der Partei. Wenn die Partei nicht zahlen will, aber zahlen muß, muß das Gericht wie aus dem Vorliegen sonstiger wichtiger Gründe nach § 45 BRAO die Beiordnung wieder aufheben, § 48 II BRAO. Der Anwaltsvertrag kommt auch dann zustande, wenn die Partei auf die Mitteilung der Beiordnung und Auswahl schweigt, LG Traunstein AnwBl **76**, 345. Der Vorschuß bemißt sich nach § 9 RVG. Der Anwalt kann also sowohl für die entstandenen als auch für die voraussichtlich entstehenden Gebühren und Auslagen einen angemessenen Vorschuß fordern.

11   **6) Rechtsbehelfe, III.** Beim Rpfl gilt § 11 RPflG, § 104 Rn 41 ff. Im übrigen gilt das folgende.

A. Sofortige Beschwerde gegen Auswahlverfügung. Gegen die Auswahlverfügung oder den Auswahlbeschluß des Vorsitzenden haben sowohl die Partei als auch der ausgewählte Anwalt die sofortige Beschwerde, III 1, § 567 I Z 1. Das vom auswählenden Vorsitzenden geübte Ermessen ist also nachprüfbar.

12   **B. Sofortige Beschwerde gegen Ablehnung der Aufhebung.** Der Anwalt kann die einmal pflichtgemäß übernommene Vertretung der Partei grundsätzlich nicht von sich aus auflösen. Denn er hat unter öffentlichem Zwang abgeschlossen. Er kann aber beantragen, die Beiordnung aus einem wichtigen Grund aufzuheben, § 48 II, 45 BRAO, BGH **60**, 258, Düss FamRZ **95**, 241, Zweibr NJW **88**, 570. Diesen Antrag muß er an den Vorsitzenden des Prozeßgerichts richten, III 2. Gegen eine ablehnende Entscheidung des Vorsitzenden hat der Anwalt die sofortige Beschwerde, III 2, § 567 I Z 1. Der Anwalt kann die Vertretung nicht niederlegen, weil die Partei ihn nicht unterrichtet.

13   **C. Sofortige Beschwerde gegen Aufhebung.** Sie steht dem betroffenen Anwalt entsprechend III 2 zu, Köln OLGR **95**, 247 (PKH).

14   **D. Rechtsbeschwerde gegen Verfügung des Vorsitzenden des Berufungsgerichts.** Wenn der Vorsitzende des Berufungsgerichts die Entscheidung erlassen hat, ist allenfalls eine Rechtsbeschwerde nach § 574 I–III denkbar.

15   **7) Wert, I–III.** Wegen des Streitwerts § 3 Anh Rn 86 „Notanwalt".

16   **8) VwGO:** *Wegen der entsprechenden Anwendung von I und II, § 173 VwGO, im Verfahren vor BVerwG und OVG vgl § 78 Rn 57. Der Vorschuß, II, ist nach § 9 RVG zu bemessen, vgl Rn 10.*

79   *Parteiprozess.* Insoweit eine Vertretung durch Anwälte nicht geboten ist, können die Parteien den Rechtsstreit selbst oder durch jede prozessfähige Person als Bevollmächtigten führen.

1   **1) Systematik.** Vgl zunächst Üb 1 vor § 78. Im Parteiprozeß nach § 78 Rn 1 kann sich jede Partei bzw jeder am Verfahren beteiligte Dritte selbst vertreten oder sich durch die beliebige in- oder ausländische prozeßfähige Person vertreten lassen, §§ 51, 52. Ihre Rechtskundigkeit ist nicht notwendig, LSG Stgt NJW **85**, 582. Ein bloßer Büroangestellter ist nicht befugt, LAG Bln BB **80**, 994. Eine juristische Person bzw Behörde kann als solche nicht ProzBev sein, BFH BB **89**, 1477, Bbg AnwBl **01**, 68, Jena FamRZ **96**, 419. Indessen darf und muß man ihre „Vollmacht" dahin auslegen, daß ihr gesetzlicher Vertreter oder der Sachbearbeiter bevollmächtigt ist und Untervollmacht erteilen kann, BayObLG FamRZ **86**, 598 (zum FGG), Düss FamRZ **85**, 641 (SGB VIII). Der bevollmächtigte Anwalt braucht in solchem Fall nicht beim Prozeßgericht zugelassen oder postulationsfähig zu sein, BGH NJW **93**, 1209. Er hat grundsätzlich dasselbe Recht wie

Titel 4. Prozessbevollmächtigte und Beistände   **§§ 79, 80**

jeder andere ProzBev. Ein ProzBev macht nicht aus einem Parteiprozeß einen Anwaltsprozeß, BGH NJW **93**, 1209. Vgl allerdings §§ 88 II, 104 II, 135, 157 I, II, dazu § 157 Rn 1 ff, §§ 169 II 2, 174 I, 193, 195, 317 IV, 397 II ZPO, 14 Z 3 b GKG.

2) Regelungszweck. Vertretbarkeit ist außerhalb von Anwaltszwang keine Selbstverständlichkeit. Man- **2** che möchten ja selbst im Anwaltsprozeß auch die Parteien selbst im Sitzungssaal sehen. Auch schriftsätzlich ist die Verantwortung natürlich am direktesten erzielbar, wenn man keine Vertretung mit ihren Umdeutungen, Versehen, Mißverständnissen zulassen würde. Indessen sind viele Bürger ungeachtet allgemeiner Schreib- oder Sprach- und Argumentationsgewandtheit vor Gericht subjektiv wie objektiv glatt überfordert. Dazu tut die Gesetzgebungsmaschinerie kräftig das Ihre. Daher ist die Vertretungsmöglichkeit unverzichtbar. Dann aber sollte man sie auch möglichst ganz in Ob, Wer, Wann und Wielange der Partei überlassen. § 157 gibt eine der Grenzen an, §§ 177 ff GVG nennen andere.

3) Geltungsbereich. Vgl Üb 3 vor § 78. Die Vorschrift gilt also auch im arbeitsgerichtlichen Verfahren, **3** § 46 II 1 ArbGG, BAG NJW **97**, 1325, LAG Hamm BB **76**, 555, und im sozialgerichtlichen Verfahren, LSG Stgt NJW **85**, 582.

4) Unzulässiger Vertreter. Das Gericht muß einen nicht zulässigen Vertreter zurückweisen. Das gilt vor **4** allem dann, wenn dem Vertreter eine Erlaubnis nach dem gegenüber § 79 spezielleren und daher vorrangigen RBerG fehlt, Üb 10 vor § 78, LG Kblz Rpfleger **86**, 396. Die Prozeßhandlungen eines zurückgewiesenen Vertreters sind insofern nicht wirkungslos, als sie vor dem Zeitpunkt erfolgt sind, in dem die Zurückweisung wirksam wurde. Die Entscheidung über solche Handlung ergeht an die Partei selbst.

5) Prozeßunfähiger Vertreter. Die Vollmacht auf einen Prozeßunfähigen ist unwirksam, § 51 Rn 6. **5** Die Partei kann aber je nach der Lage des Falls den gesetzlichen Vertreter des Prozeßunfähigen oder eine Person meinen, die sonst für den Prozeßunfähigen handelt. Das muß man vor allem dann annehmen, wenn die Partei eine Handelsgesellschaft bevollmächtigt. Meist meint sie dann deren gesetzlichen Vertreter. Eine vor der Löschung erfüllte Vollmacht kann nach der Löschung fortwirken, BGH RR **94**, 542.

6) *VwGO:* Statt § 79 gilt vor dem VG § 67 II 1 u 3 VwGO. Der Bevollmächtigte muß prozeßfähig, dh fähig sein **6** *zur Vornahme von Verfahrenshandlungen, § 62 I VwGO (Ey Rn 11, RedOe Anm 13, KoppSch Rn 3 b, vgl vor § 67, aM Vorauft), ferner fähig zum sachgemäßen Vortrag. Da letztere Voraussetzung nur bei natürlichen Personen erfüllt ist, können jur Personen und Behörden als solche auch keine Prozeßvollmacht, die zum mündlichen Verhandeln berechtigt, § 83, erhalten, OVG Bln NJW **74**, 2254, aM VGH Kassel VerwRspr **21**, 884 u für das Verf vor dem FG BFH BStBl **91** II 524, dazu Herden/Gmach NJW **92**, 799, im Anschluß an BFH (GrS) BStBl **69** II 435, dazu Rüggeberg NJW **70**, 309. Zur Vertretung durch Verbände RedOe § 67 Anm 13 mwN, zur Vertretung durch Hochschullehrer, Beamte und Angestellte § 78 Rn 57.*

80 *Prozeßvollmacht.* [I] Der Bevollmächtigte hat die Bevollmächtigung durch eine schriftliche Vollmacht nachzuweisen und diese zu den Gerichtsakten abzugeben.

[II] [1] Das Gericht kann auf Antrag des Gegners die öffentliche Beglaubigung einer Privaturkunde anordnen. [2] Wird der Antrag zurückgewiesen, so ist dagegen kein Rechtsmittel zulässig. [3] Bei der Beglaubigung bedarf es weder der Zuziehung von Zeugen noch der Aufnahme eines Protokolls.

Schrifttum: Brunn, Die Vollmacht im Zivilprozeß, Diss Gießen 1988.

Gliederung

1) Systematik, I, II	1	5) Nachweis der Vollmacht, I	10–14
2) Regelungsbereich, I, II	2	A. Notwendigkeit des Nachweises	10
3) Geltungsbereich, I, II	3	B. Abgabe der Originalvollmacht	11
4) Vollmachtsnachweis, I, II	4–9	C. Registerauszug usw	12
A. Begriffe	4	D. Generalakte, Generalvollmacht	13
B. Außen- und Innenverhältnis	5	E. Mangel	14
C. Erteilung	6	6) Beglaubigung, II	15, 16
D. Erklärungsempfänger	7	7) Rechtsbehelf, I, II	17
E. Prozessuale Folgen einer sachlichrechtlichen Vollmacht	8, 9	8) VwGO	18

1) Systematik, I, II. Die Vorschrift regelt einen wichtigen Teil der bei einer Prozeßvollmacht auftreten- **1** den Fragen, nämlich das Bindeglied zwischen wahrer Erteilung und Gebrauchsmöglichkeit. Sie ergänzt die Anwaltsbestellung nach § 172. II hat eine sehr geringe Bedeutung. Im Mahnverfahren gilt vorrangig und inhaltlich abweichend § 703.

2) Regelungszweck, I, II. Die Vorschrift dient vor allem der Rechtssicherheit, Einl III 43. Es soll von **2** vornherein aus einer ganzen Reihe von Gründen klar sein, wer in welchem Umfang wem gegenüber und für welchen Zeitraum Bevollmächtigter mit allen weitreichenden Rechtsfragen ist, von der Notwendigkeit der Zustellung und Ladung an ihn nach § 172 bis zur Haftung, § 85 II. Das alles liegt sowohl im öffentlichen Interesse als auch im rechtverstandenen Interesse aller Beteiligten, BGH BB **02**, 963. Daher ist eine durchaus strenge Auslegung notwendig, BGH NJW **04**, 840. Das gilt entgegen einer oft erscheckend laxen Praxis, die bis zur bewußten Beschimpfung des lästig gesetzestreuen Anwenders gehen kann.

3) Geltungsbereich, I, II. Vgl Üb 3 vor § 78. **3**

4) Vollmachtsnachweis, I, II. Die Vorschriften haben eine oft unterschätzte Bedeutung. **4**

A. Begriffe. Unter einer sachlichrechtlichen Vollmacht versteht man die sachliche Vertretungsmacht nach § 166 II BGB. Von ihr muß man die Prozeßvollmacht sorgfältig trennen, BGH **154**, 287. Unter einer

§ 80   Buch 1. Abschnitt 2. Parteien

prozeßrechtlichen Vollmacht ist die prozessuale Vertretungsmacht zu verstehen. Die ZPO gebraucht den Begriff Vollmacht auch für die Vollmachtsurkunde, § 80 I. Die prozessuale Vollmacht kann eine Vollmacht für den gesamten Prozeß sein. Dann spricht man von der Prozeßvollmacht, BGH MDR **85**, 30. Sie kann auch eine Sondervollmacht nur für eine einzelne Prozeßhandlung darstellen. Eine solche Sondervollmacht ist im Parteiprozeß stets statthaft. Im Anwaltsprozeß ist sie nur in der Form einer Untervollmacht oder bei Handlungen außerhalb des Anwaltszwangs zulässig. Auch die Untervollmacht muß der Form der Hauptvollmacht genügen. Sie muß eine lückenlose Kette der Bevollmächtigungen seit dem Hauptvollmachtgeber erweisen, BGH BB **02**, 963.

5   **B. Außen- und Innenverhältnis.** Jede prozessuale Vollmacht geht neben einer sachlichrechtlichen Vollmacht her. Deshalb muß man streng zwischen der Vertretungsmacht nach außen und derjenigen im Verhältnis zwischen dem Vollmachtgeber und dem Vollmachtnehmer unterscheiden, Üb 4 vor § 78, BGH NJW **93**, 1926, Hamm AnwBl **89**, 397, LAG Bln AnwBl **87**, 241. Der Umfang der beiden Vollmachtsarten kann sehr unterschiedlich sein. Die sachlichrechtliche Vollmacht kann erlöschen sein, wenn die prozessuale Vollmacht noch fortdauert. Die sachlichrechtliche Vollmacht richtet sich ganz nach dem BGB, BAG AnwBl **80**, 149. Das gilt auch dann, wenn es um die Folgen eines Willensmangels geht. Die Prozeßvollmacht kann trotz Nichtigkeit des sachlichrechtlichen Grundgeschäfts grundsätzlich wirksam sein, Hamm AnwBl **89**, 397, aM LG Frankenth VersR **96**, 777 (aber §§ 86, 87 zeigen die etwaige prozessuale Fortwirkung deutlich). Freilich kann die sachlichrechtliche Nichtigkeit eines Vertrags auch ausnahmsweise die Prozeßvollmacht mitergreifen, BGH **154**, 287. Aber Vorsicht wegen der grundsätzlichen Verschiedenheit beider Vollmachtsarten! Ein Standesrechtsverstoß eines Anwalts führt nicht stets zur Unwirksamkeit seiner Prozeßvollmacht, Hamm MDR **89**, 266.

6   **C. Erteilung.** Die Partei erteilt die prozessuale Vollmacht durch eine Parteiprozeßhandlung, Grdz 47 vor § 128, Urbanczyk ZZP **95**, 344, aM BGH FamRZ **95**, 1484, Mü OLGZ **93**, 224 (je: durch eine rechtsgeschäftliche Erklärung). Es geht um die prozessuale Wirkung. Dabei reicht die Geschäftsfähigkeit aus, Urbanczyk ZZP **95**, 344. Wegen des Charakters der Parteiprozeßhandlung bleibt ein etwaiger Willensmangel bei der Erteilung der prozessualen Vollmacht unbeachtlich, Grdz 56 vor § 128. Die Erteilung der prozessualen Vollmacht ist auch dann eine Parteiprozeßhandlung, wenn sie der Erhebung der Klage vorangeht. Denn das Ziel der Vollmachtserteilung ist in der Regel unmittelbar auf eine Tätigkeit im Prozeß gerichtet. Eine Bestätigung durch einen Dritten reicht nicht aus, Mü OLGZ **93**, 224. Der Haftpflichtversicherer kann nicht wirksam gegen den Willen des Versicherungsnehmers diesem einen ProzBev bestellen, Bre VersR **91**, 1281, Saarbr OLGR **99**, 487.

Die Vollmachtserteilung *leitet* also in einem weiteren Sinn den *Prozeß ein*. Deshalb muß der Vollmachtgeber im Zeitpunkt der Vollmachtserteilung prozeßfähig sein, §§ 51, 52, BGH NJW **87**, 440, BayObLG AnwBl **92**, 234. Man muß die prozessuale Vollmacht in ihrer Gültigkeit nach dem deutschen Recht beurteilen, selbst wenn sie im Ausland entstand, BGH NJW **90**, 3088. Davon unterscheiden muß man die sachlichrechtliche Vertretungsmacht. Diese muß man evtl nach dem ausländischen Recht des Erteilers beurteilen, BGH DB **90**, 2217. Wegen der Prozeßfähigkeit des Bevollmächtigten § 78 Rn 26, § 79 Rn 5.

7   **D. Erklärungsempfänger.** Man erteilt die prozessuale Vollmacht durch eine einseitige Erklärung, BGH FamRZ **95**, 1484. Sie erfolgt gegenüber dem zu Bevollmächtigenden, dem Gegner oder dem Gericht, BGH FamRZ **95**, 1484, KG RR **05**, 882. Die Vollmacht wird mit dem Zugang der Erklärung wie bei § 130 BGB wirksam, BGH FamRZ **95**, 1484. Das gilt auch dann, wenn der Erklärungsempfänger von dem Zugang keine Kenntnis nimmt. Mit diesem Zugang ist die Erklärung dann auch anderen gegenüber wirksam. Wenn die Vollmacht zB gegenüber dem Gericht erklärt wird, dann wird sie in diesem Zeitpunkt auch gegenüber dem Bevollmächtigten wirksam. Das gilt unabhängig davon, ob er von der Erklärung sogleich Kenntnis erhält.

Bei einer *Sozietät* kommt es zunächst auf die Auslegung der Erklärung dazu an, ob eine Prozeßvollmacht nur auf einen oder mehrere bestimmten Sozius oder auf mehrere oder auf alle Sozien vorliegt, BGH NJW **00**, 1334, LG Kblz NJW **01**, 2727. Das gilt auch bei einer Sozietät von Anwälten, Wirtschaftsprüfern bzw Steuerberatern usw, BGH **83**, 330, und bei einer überörtlichen Sozietät, Grdz 52 vor § 128, Düss RR **95**, 376, Karlsr RR **95**, 377, FG Bln JB **99**, 364. Meist liegt eine Beauftragung aller Sozien vor, BGH NJW **95**, 1841, BayObLG **94**, 344. Das gilt insbesondere bei einer Anwaltsgesellschaft, Henssler NJW **99**, 243, dort auch zB bei einer AnwaltsAG, BayObLG NJW **00**, 1647, Kempter/Kopp NJW **01**, 777. Wegen eines europäischen Anwalts SchlAnh VII A.

Die Erklärung kann *formlos* erfolgen, BGH NJW **02**, 1957, KG RR **05**, 882. Auch eine stillschweigende Erklärung reicht aus, ebenso BGH FamRZ **95**, 1484, ebenso bei der Erteilung zum Sitzungsprotokoll oder zum Protokoll der Geschäftsstelle. Die Schriftform dient nur dem Nachweis, BGH NJW **94**, 2298, BVerwG NZA-RR **04**, 391, Karst NJW **95**, 3280. Ein Telefax reicht aus, Rn 11. Wenn die Partei aber im Verfahren auf die Bewilligung einer Prozeßkostenhilfe nach § 114 lediglich um die „Beiordnung eines Anwalts" bittet, dann darf man den Beigeordneten noch nicht durch diese Bitte als bevollmächtigt ansehen, BGH NJW **87**, 440. Auf einem ganz anderen Gebiet liegt die Frage der Verhandlungsfähigkeit, Üb 1 vor § 78.

Im *Anwaltsprozeß* nach § 78 Rn 1 ist auch eine solche Prozeßvollmacht wirksam, die die Partei einem bei dem Prozeßgericht nicht zugelassenen bzw postulationsfähigen Anwalt erteilt hat, Mü AnwBl **93**, 576. Der Bevollmächtigte kann im Rahmen seiner Verhandlungsfähigkeit selbst verhandeln. Sie beginnt ganz allgemein mit der Aushändigung der Zulassungsurkunde (jetzt) für ein Gericht bzw für den BGH, BGH NJW **92**, 2706. Im übrigen kann er nur durch einen Vertreter handeln, Mü AnwBl **93**, 576, und muß notfalls selbst einen ProzBev bestellen, Mü AnwBl **85**, 44. Die dem Anwalt erteilte Prozeßvollmacht ermächtigt kraft Gesetzes auch seinen Allgemeinvertreter, § 53 III BRAO. Der bevollmächtigte Anwalt ist an eine Weisung der Partei nur im Innenverhältnis gebunden.

8   **E. Prozessuale Folgen einer sachlichrechtlichen Vollmacht.** Manche umfassende sachlichrechtliche Vollmacht schließt als gesetzliche Folge eine Ermächtigung zur Prozeßführung ein, zB in folgenden Fällen: Eine Generalvollmacht ermächtigt zur Prozeßführung in allen Vermögensangelegenheiten oder in einem

Titel 4. Prozessbevollmächtigte und Beistände § 80

Kreis derartiger Angelegenheiten. Die Prokura ermächtigt nach § 49 HGB für alle Prozesse aus dem Betrieb irgendeines Handelsgewerbes, auch wegen eines Grundstücks. § 49 II HGB betrifft die Prozeßführung nicht. Die Handlungsvollmacht ermächtigt im Fall ihrer allgemeinen Erteilung auch allgemein zur Führung der zugehörigen Prozesse, § 54 HGB. Eine Vertretung des ausländischen Inhabers eines gewerblichen Schutzrechts ermächtigt zur Prozeßführung, §§ 16 PatG, 28 GebrMG, § 96 MarkenG. Zur Prozeßführung ermächtigt auch eine Anstellung als geschäftsführender Gesellschafter, § 714 BGB, oder die Funktion des Vorstands eines nicht rechtsfähigen Vereins, § 54 BGB, oder des gesetzlichen Vertreters einer juristischen Person. Die Bestellung zum Abwickler einer Firma usw berechtigt zur Prozeßführung, BFH DB **85**, 28.

In allen diesen Fällen muß man prüfen, ob die umfassende sachlichrechtliche Vollmacht *wirksam* erteilt **9** worden ist. Wenn das geschehen war, dann liegt auch eine wirksame prozessuale Vollmacht vor, BFH DB **85**, 28. Soweit sich ein Prozeßführungsrecht ausschließlich auf eine gesetzliche Bestimmung stützt, Grdz 26 vor § 50, liegt lediglich eine gesetzliche Vertretung vor, zB: Bei einem Schiffer außerhalb des Heimathafens, § 527 II HGB; bei der Gütergemeinschaft im Fall der Verhinderung des anderen Ehegatten, §§ 1429, 1454 BGB.

5) Nachweis der Vollmacht, I. Die Vorschrift wird immer wieder mißachtet. Sie bezieht sich auf die **10** Hauptvollmacht und auf eine etwaige Untervollmacht, BGH RR **02**, 933.

A. Notwendigkeit des Nachweises. Der Bevollmächtigte muß seine Vollmacht dem Gegner immer dann nachweisen, wenn der Gegner es verlangt, BGH BB **97**, 1816. Dem Gericht gegenüber ist der Vollmachtsnachweis nur dann erforderlich, wenn der Bevollmächtigte kein Anwalt ist oder wenn die Vollmacht bemängelt wurde, § 88 II Hs 2. Die Berufung ist also dann unzulässig, wenn der Anwalt des Rechtsmittelklägers trotz einer Rüge des Gegners bis zum Schluß der letzten Tatsachenverhandlung nach §§ 136 IV, 296 a, 525 S 1, 555 I 1 keine schriftliche Vollmacht zu den Akten gegeben hat. Allerdings kann man den Nachweis im Revisionsrechtszug nachholen, BGH BB **97**, 1816.

Auch der Pflichtanwalt muß seine *Vollmacht* nach den vorgenannten Regeln *nachweisen*. Zu diesem Nachweis ist also auch ein im Verfahren auf die Bewilligung einer Prozeßkostenhilfe nach § 121 beigeordneter Anwalt oder der Notanwalt nach den §§ 78 b, c verpflichtet. Im Mahnverfahren nach §§ 688 ff ist kein Vollmachtsnachweis erforderlich, § 703. Anstelle des Nachweises ist allerdings unter Umständen eine Versicherung der Bevollmächtigung erforderlich. Der Nachweis betrifft nur die Tatsache der Bevollmächtigung. Ein Nachweis der Befugnis des Vollmachtgebers, etwa eines gesetzlichen Vertreters, fällt unter § 56. Er ist also stets notwendig.

B. Abgabe der Originalvollmacht. In der Regel muß man eine Vollmachtsurkunde vorlegen. Sie muß **11** den Namen des ProzBev und seine Nämlichkeit enthalten. Dabei ist eine Ergänzung im gleichzeitigen Schriftsatz ausreichend, BGH VersR **84**, 851, BFH NJW **98**, 264. Die Originalurkunde muß eine rechtswirksame Unterschrift der Partei aufweisen, zulässigerweise mit ihrer Firma, § 129 Rn 9, LAG Kiel NZA-RR **04**, 607. Man muß diese Urkunde unabhängig von § 88 II grundsätzlich zu den Prozeßakten abgeben, BGH BB **02**, 963, BFH NJW **96**, 872, Karst NJW **95**, 3282 (ausf), vgl auch § 62 III FGO, § 73 II SGG, LSG Bln NJW **89**, 191, § 67 III VwGO. Die Urkunde muß in deutscher Sprache verfaßt oder deutsch übersetzt vorliegen, § 184 GVG. Ein Datum ist entbehrlich, BFH BB **91**, 2362. Denn der Nachweis hat, gerade anders als bei § 89, dort Rn 15, nur für die Zukunft eine Bedeutung, aM Karlsr GRUR **92**, 877. Eine Erklärung der Bevollmächtigung kann auch zum Protokoll des Gerichts erfolgen. Eine ordnungsgemäß unterschriebene Blankovollmacht kann ausreichen, BFH DB **88**, 1684 (zu § 62 III 1 FGO), BVerwG MDR **84**, 256. Ein Unterschriftsstempel reicht nicht, ebensowenig ein Zeugenbeweisantritt, Mü OLGZ **93**, 225.

Vorlegen und abgeben muß man das *Original*. Das ist entgegen weitverbreiteter Praxis bei allen Beteiligten nach dem klaren Sinn des § 80 schon im öffentlichen Interesse erforderlich, Rn 2, BGH NJW **02**, 1957, Hbg WettbR **99**, 170 (Eilverfahren), AG Warburg DGVZ **01**, 142, wie übrigens auch bei § 174 S 1 BGB, LAG Düss BB **95**, 731, FG Kassel RR **95**, 638. Diese Notwendigkeit besteht auch im wettbewerbsrechtlichen Abmahnverfahren, Drsd WettbR **99**, 140 oder bei der Anerkennung oder Vollstreckung eines ausländischen Schiedsspruchs, BGH BB **02**, 361.

Ein *Telefax* ist ausreichend, BGH NJW **02**, 1957, BFH NJW **96**, 2183 (zustm Bork JZ **97**, 256), aM BGH MDR **97**, 721, BFH JZ **97**, 255 (krit Bork), LAG Kiel NZA-RR **04**, 607 (vgl aber § 129 Rn 44 „Telefax"). Das gilt zumindest für ein solches des Auftraggebers, LG Mönchengladb MDR **04**, 837. Eine Fotokopie usw reicht nicht aus, BGH **126**, 267, BFH BB **91**, 2364, LAG Kiel NZA-RR **04**, 607. Grundsätzlich reicht auch nicht eine beglaubigte Abschrift (Ausnahme: Rn 15), selbst, wenn Vollmachtgeber zB eine Behörde ist. Diese Notwendigkeit entfällt nicht etwa durch den Vorgang Rn 16.

Daher reicht es grundsätzlich auch nicht aus, das Original nur *vorzuzeigen* und eine Kopie einzureichen. Denn das Original ist nicht „zur Einsicht vorzulegen", sondern „zu den Gerichtsakten abzugeben", um sicherzustellen, daß im gesamten weiteren Prozeßverlauf die von Amts wegen zu prüfende Prozeßvoraussetzung einer ordnungsgemäßen Vollmacht vorliegt. Daher hat das Gericht es auch keineswegs in der Hand, an dieser Stelle „Großzügigkeit" weiterzufördern. Eine Rückgabe der zu den Akten gegebenen Originalvollmacht kommt auch nach dem Beenden grundsätzlich nicht in Betracht, aM Karlsr GRUR **92**, 877, ZöV 11 (aber es handelt sich um einen notwendigen Bestandteil des Parteivortrags. Auch das Rechtsmittelgericht muß diesen wesentlichen Vorgang bereits direkt anhand der Akten abschließend überprüfen können). Ausnahmsweise mag es im allseitigen Einverständnis reichen, eine mit dem Original als übereinstimmend protokollierte Kopie in die Akte zu nehmen.

C. Registerauszug usw. Bei den nach Rn 8, 9 zur Prozeßführung Ermächtigten genügt eine Vorlage **12** der entsprechenden Urkunde, zB eines Auszugs aus dem Handelsregister im Rahmen von § 88, wenn es um eine Prokura geht. Wenn ein Prokurist eine Vollmachtsurkunde unterschrieben hat, darf und muß das Gericht die Bevollmächtigung im Weg einer freien Beweiswürdigung nachprüfen, § 286, und ist § 80 unanwendbar.

§§ 80, 81   Buch 1. Abschnitt 2. Parteien

13   **D. Generalakte, Generalvollmacht.** Der Bezug auf eine Generalvollmacht, die zu einer anderen Akte eingereicht wurde, etwa zu den Generalakten des Gerichts, genügt grundsätzlich nicht, BGH RR **86**, 1253, BFH NJW **97**, 1029, AG Warburg DGVZ **01**, 142. Eine Ausnahme gilt nur dann, wenn sich diese Generalakten sofort beschaffen lassen, also bei mündlicher Verhandlung in den Sitzungssaal, BGH RR **86**, 1253, BFH BB **91**, 2364, Erlaß BMI v 24. 1. 97 – Z 7-004003/1 –. Eine solche Bezugnahme reicht also zB nicht während einer Sitzung in einem Saal aus, der von der Verwaltungsgeschäftsstelle ziemlich weit entfernt ist, wenn es zwischen den Räumen weder eine Telefonverbindung noch einen Wachtmeister als Boten gibt und wenn nach dem Terminsfahrplan keine Zeit zu einer Unterbrechung der Sitzung vorhanden ist oder wenn der Gerichtsvorstand die Herausgabe auch nur für die Dauer der Prüfung während der Sitzung verweigert. Das kommt – kaum glaublich und unter solchen Umständen bei genauerer Prüfung hochproblematisch, weil in Wahrheit kaum von vernünftig vertretbaren Gründen mehr tragbar – tatsächlich vor. Notfalls wird ein Verfahren nach § 23 EGGVG und währenddessen eine Aussetzung nach § 148 erforderlich. Auch bei einer Generalvollmacht kommt grundsätzlich aus den Gründen Rn 11 keine Rückgabe des Originals in Betracht, dort auch zur etwaigen Ausnahme.

14   **E. Mangel.** Soweit man seine Prozeßvollmacht nicht einwandfrei nachgewiesen hat, sind §§ 88, 89 anwendbar. Allerdings genügt die Prozeßvollmacht auch für die anschließende Zwangsvollstreckung auf Grund des in diesem Verfahren ergangenen Vollstreckungstitels, § 81. Daher muß sich das Vollstreckungsgericht in der Regel damit begnügen, daß das Gericht den ProzBev im Urteil als solchen erwähnt hat. Das gilt selbst dann, wenn das Vollstreckungsgericht nicht in derselben Besetzung wie das Prozeßgericht tätig wird.

15   **6) Beglaubigung, II.** Das Gericht darf die öffentliche Beglaubigung einer nach Rn 11 meist ohnehin im Original vorzulegenden privaten Vollmachtsurkunde nur auf Grund eines Antrags des Gegners anordnen, also nicht von Amts wegen. Das Verfahren erfordert keine mündliche Verhandlung, § 128 Rn 5. Das Gericht entscheidet auf Grund seines pflichtgemäßen, aber nicht nachprüfbaren Ermessens. Es entscheidet durch eine Verfügung oder durch einen Beschluß, § 329. Es muß seinen Beschluß grundsätzlich kurz begründen, § 329 Rn 4. Das Gericht muß den Antrag des Gegners zurückweisen, wenn der Gegner zur Begründung keine sachlich haltbaren Bedenken gegen die behauptete Bevollmächtigung vortragen kann oder will. Das Gericht setzt im übrigen eine Frist zur Beglaubigung. Es entscheidet nicht vor dem Fristablauf.

16   Das Gericht kann allerdings in geeigneten Fällen eine *vorläufige Zulassung* nach § 89 aussprechen. Es kann auch eine mündliche Verhandlung anordnen und zu ihr von Amts wegen das persönliche Erscheinen der Partei anordnen, § 141 I. Praktisch verlangt der Gegner in solchem Fall meist die Beglaubigung. Die öffentliche Beglaubigung erfolgt nach § 129 BGB. Eine Hinzuziehung von Zeugen oder eine Protokollierung sind unnötig, II. Der Vollmachtgeber trägt die Kosten der Beglaubigung. Sie sind im Rahmen des § 91 erstattungsfähig. Nach ergebnislosem Fristablauf muß der einstweilen Zugelassene die dem Prozeßgegner durch die Zulassung entstandenen Kosten nach § 89 I 3 tragen, Düss WoM **96**, 664.

17   **7) Rechtsbehelf I, II.** Ein Rechtsmittel ist weder gegen die Anordnung der Beglaubigung (kein Fall des § 567 I), noch gegen die Zurückweisung einer solchen Anordnung statthaft, II (Vorrang vor § 567 I Z 2). Beim Rpfl gilt § 11 II RPflG, § 104 Rn 41 ff.

18   **8) VwGO:** Eigene Regelung in § 67 III 1 u 2 VwGO; *I* 2. Halbs ist ergänzend anzuwenden, vgl BFH NVwZ-RR **98**, 528. Die Schriftform ist Wirksamkeitsvoraussetzung, KoppSch § 67 Rn 51 mwN (vgl aber § 88 Rn 18), zur Bezugnahme auf das in einer anderen Akte befindliche Original BFH NVwZ-RR **98**, 528. Keiner Vollmacht bedürfen eigene Beamte und Angestellte einer Behörde, BVerwG NVwZ **94**, 266. Zur Wirksamkeit einer Blanko-Vollmacht BVerwG BayVBl **84**, 30. *II* ist entsprechend anwendbar, § 173 VwGO; ein Antrag ist nicht erforderlich, BVerwG Buchholz 310 § 67 Nr 59. Zur prozessualen Vollmacht allgemein oben Rn 1–9, zur Fähigkeit, eine solche Vollmacht zu erteilen, auch § 51 Rn 27.

81 **Umfang der Prozessvollmacht.** Die Prozessvollmacht ermächtigt zu allen den Rechtsstreit betreffenden Prozesshandlungen, einschließlich derjenigen, die durch eine Widerklage, eine Wiederaufnahme des Verfahrens, eine Rüge nach § 321a und die Zwangsvollstreckung veranlasst werden; zur Bestellung eines Vertreters sowie eines Bevollmächtigten für die höheren Instanzen; zur Beseitigung des Rechtsstreits durch Vergleich, Verzichtleistung auf den Streitgegenstand oder Anerkennung des von dem Gegner geltend gemachten Anspruchs; zur Empfangnahme der von dem Gegner oder aus der Staatskasse zu erstattenden Kosten.

Vorbem. Hs 1 erweitert dch Art 1 Z 0 a G v 9. 12. 04, BGBl 3220, in Kraft seit 1. 1. 05, Art 22 S 2 G, ÜbergangsR Einl III 78.

Gliederung

1) Systematik 1	5) Vertreter usw 5
2) Regelungszweck 2	6) Sachlichrechtliche Willenserklärung .. 6
3) Geltungsbereich 3	7) Beispiele zur Frage des Umfangs einer Prozeßvollmacht 7–25
4) Umfang der Ermächtigung: Prozeßhandlung 4	8) *VwGO* 26

1   **1) Systematik.** Die Vorschrift regelt, ergänzt durch §§ 82–84, die außerordentlich wichtige Frage, welchen Umfang die erteilte Prozeßvollmacht denn nun wirklich hat.
Die Prozeßvollmacht gilt für den *Prozeß als Ganzes*, BGH MDR **85**, 30. Man kann sie erweitern, BAG DB **78**, 167. Man kann sie aber im Außenverhältnis grundsätzlich nicht beschränken, BGH **92**, 142, BFH NJW **97**, 1029. Eine etwa doch im Außenverhältnis erfolgte Beschränkung wirkt dem Gegner gegenüber nur im Rahmen von § 83 I, BFH NJW **97**, 1030. Im Innenverhältnis zwischen dem Auftraggeber und dem ProzeßBev sind Beschränkungen beliebig zulässig, Düss AnwBl **78**, 233. Eine Beschränkung kann

Titel 4. Prozessbevollmächtigte und Beistände **§ 81**

aber für einen Anwalt standesunwürdig sein oder seine sachgemäße Prozeßführung verhindern. Sie verpflichtet ihn dann zur Niederlegung des Auftrags. Eine Überschreitung der Prozeßvollmacht berührt mit Ausnahme eines Rechtsmißbrauchs nach Einl III 54, BFH NJW **97**, 1030 (sinnlose Prozeßführung), die Wirksamkeit einer Prozeßhandlung nicht. Sie macht aber schadensersatzpflichtig. § 81 ist zwingendes Recht. Die Vorschrift ist entsprechend anwendbar, wenn die Prozeßvollmacht nur ein besonderes Verfahren betrifft, etwa nur eine Instanz oder die zugehörige Zwangsvollstreckung. Man spricht in diesen Fällen von einer Instanzvollmacht.

2) Regelungszweck. § 81 dient allen in Üb 2 vor § 78 genannten Prinzipien. Die Aufzählung der von der Vollmacht erfaßten Befugnisse ist nur beispielhaft. Man darf daher die Wörter „alle den Rechtsstreit betreffenden Prozeßhandlungen" grundsätzlich ziemlich weit auslegen. Freilich darf man dabei die Grenzen des einzelnen Prozesses nicht überschreiten. Diese Grenzziehung kann Schwierigkeiten bereiten. Bei ihrer Lösung hilft eine wirtschaftlich orientierte, aber doch auch nicht allzu großzügige Betrachungsweise eher als ein eher unsicheres Verbleiben auf dem Boden eines formal-eng gefaßten Verständnisses der obigen Wörter.

3) Geltungsbereich. Vgl zunächst Üb 3 vor § 78. Die Vorschrift gilt auch im finanzgerichtlichen Verfahren, § 155 FGO, BFH NJW **97**, 1029. Wegen des sozialgerichtlichen Verfahrens BSG NJW **01**, 2652.

4) Umfang der Ermächtigung: Prozeßhandlung. Die Prozeßvollmacht ermächtigt zu allen den Prozeß betreffenden Prozeßhandlungen, BFH NJW **97**, 1029, LAG Düss MDR **95**, 1074. Sie liegt auch nur dann vor. Der Begriff Prozeßhandlung ist ganz weit auslegbar. Er meint zumindest jede Parteiprozeßhandlung nach Grdz 47 vor § 128, die das Betreiben des Verfahrens einschließlich der Entscheidung und ihrer Durchführung oder die Beendigung des Verfahrens betrifft, BGH VersR **93**, 121 (freilich auch nicht mehr), BAG DB **78**, 167. Er erfaßt freilich nicht auch einen jeden sachlichrechtlichen Vorgang als solchen, Rn 15–17. § 81 nennt eine Reihe von Prozeßhandlungen, auf die sich eine Prozeßvollmacht erstreckt. Die Aufzählung ist keineswegs abschließend.

5) Vertreter usw. Die Bestellung eines Vertreters und eines Bevollmächtigten für die höheren Instanzen ist nach § 81 auf Grund der Prozeßvollmacht erlaubt, BGH MDR **78**, 573. An sich ist die Vollmacht unübertragbar. Sie ergreift auch die höheren Instanzen, BGH NJW **94**, 320, BayObLG ZMR **79**, 57 (betreffend einen Verwalter nach dem WEG). Das gilt auch dann, wenn der bisher bevollmächtigte Anwalt in der höheren Instanz nicht zugelassen ist, § 80 Rn 7. Wenn er aber aus diesem oder aus einem anderen Grund verhindert ist, dann darf er die Vollmacht auf einen Geeigneten übertragen. Erteilt ein nicht postulationsfähiger Anwalt einem postulationsfähigen Anwalt eine Untervollmacht zur mündlichen Verhandlung, so handelt der Unterbevollmächtigte als Vertreter der Partei und nicht des Hauptbevollmächtigten, BGH RR **03**, 51. Wer nur für eine einzelne Prozeßhandlung oder für einen einzelnen Termin bestellt wurde, heißt Vertreter, Substitut, Ersatzmann, BGH GRUR **87**, 813. Wer für die ganze Instanz, aber nur für diese Instanz bestellt wurde, heißt ProzBev, Bevollmächtigter.

Die Vollmacht *erlischt* in dem Zeitpunkt, in dem die Entscheidung über das Rechtsmittel rechtskräftig wird. Der ProzBev darf nicht schon auf Grund der allgemeinen Prozeßvollmacht für den Prozeß als Ganzes einen anderen zum Vertreter bestellen, BGH NJW **81**, 1728. Das ergibt sich schon aus der Gegenüberstellung der Begriffe Vertreter und Bevollmächtigter im Gesetz. Der ProzBev kann aber eine Vollmacht oder Anscheinsvollmacht zu einer umfassenden Weiterbevollmächtigung haben, BGH NJW **81**, 1728. Die Vertretung ändert auch an der Prozeßvollmacht des ProzBev nichts. Wegen der Zustellung gilt § 172. Der Vertreter hat im Rahmen seiner Bestellung dieselben Rechte wie der ProzBev, falls er nicht etwa für ein besonderes Geschäft bestellt worden ist, etwa für einen Beweistermin.

Der Vertreter hat im Zweifel *keinen* unmittelbaren Gebührenanspruch gegen die Partei, BGH NJW **81**, 1728. Man darf die Haftung der Partei nicht von der Interessenlage abhängen lassen oder die Partei dann unmittelbar zahlungspflichtig machen, wenn ein Anwalt an einem auswärtigen Gerichtsort beauftragt wurde. Denn das ist eine unsichere Unterscheidung. Sie bürdet dem beauftragten Anwalt das Prozeßrisiko wegen des richtigen Bekl auf.

Die Vertretungsmacht des Substituten *erlischt* infolge eines Widerrufs oder dann, wenn die Prozeßvollmacht erlischt, BGH NJW **80**, 999. Die Bestellung eines Untervertreters ist grundsätzlich zulässig, BGH NJW **80**, 999. Anwaltssozien sind gegenseitig vertretungsberechtigt, BGH NJW **80**, 999. Der Untervertreter muß jedoch unter anderem die Möglichkeit haben, sich von dem Streitstoff ein eigenes Bild zu machen und zB seine etwaige Befangenheit zu prüfen. Daher ist die Bestellung eines bloßen „Kartellanwalts" im Sinn von § 216 Rn 20 unzulässig, soweit derartige Möglichkeiten nicht eingeräumt wurden, Düss NJW **76**, 1324, Schneider MDR **00**, 437.

6) Sachlichrechtliche Willenserklärung. Die Prozeßvollmacht ermächtigt insoweit zur Abgabe und Entgegennahme einer meist einseitigen sachlichrechtlichen Willenserklärung, als diese Erklärung im Prozeß im Rahmen der Rechtsverfolgung erfolgt und zur Durchsetzung der Rechtsposition des Auftraggebers auch erforderlich ist, BGH NJW **03**, 964. Voraussetzung ist weiter, daß eine solche Willenserklärung zugleich auch eine Parteiprozeßhandlung, Grdz 62 vor § 128, BAG DB **88**, 2108, LAG Ffm BB **88**, 1894, LG Ffm WoM **93**, 61 (zu § 57). Es ist unerheblich, ob die Willenserklärung in der Verhandlung oder schriftlich erfolgt. Soweit sie außerhalb des Prozesses erfolgt, hängt ihre Wirksamkeit von dem sachlichrechtlichen Inhalt der Vollmacht ab, BAG DB **78**, 167.

7) Beispiele zur Frage des Umfangs einer Prozeßvollmacht

Abänderungsklage: Der ProzBev braucht eine *neue* Prozeßvollmacht (neuer Streitgegenstand), § 323 Rn 43.
Abgabe: Der ProzBev darf auch im Verfahren auf eine Abgabe gleich welcher Art mitwirken.
Abtretung: Rn 11 „Kostenerstattung".
Aktenlage: Der ProzBev darf einen Antrag auf Entscheidung nach Aktenlage stellen, §§ 251 a, 331 a.
Anerkenntnis: Der ProzBev darf ein schon nach dem Wortlaut von Hs 3 prozessuales Anerkenntnis erklären. Denn dieses ist eine rein prozessuale Erklärung, Einf 1 vor §§ 306, 307.

§ 81

Ein rein *außerprozessuales* Anerkenntnis ohne Bezug auf den Rechtsstreit ist aber von der Prozeßvollmacht *nicht* gedeckt, BGH NJW **82**, 1810, aM StJBo 11 (aber nicht die Prozeßvollmacht kann ermächtigen, sondern nur der ihr zugrundeliegende Dienst- oder Werkvertrag).

S auch Rn 21 „Vergleich", Rn 22 „Verzicht".

Anfechtung: Der ProzBev darf aus den Gründen Rn 6 auch eine Anfechtung vornehmen, zB wegen eines Willensmangels, §§ 119 ff BGB.

Anhörungsrüge: Der ProzBev darf nach dem klaren Wortlaut und Sinn der Vorschrift auch eine Anhörungsrüge nach § 321 a erheben.

Arbeitsrecht: Eine Vollmacht erstreckt sich auch auf ein Beschlußverfahren, BAG NZA **04**, 748. Der ProzBev darf aus den Gründen Rn 6 auch zB eine Schwangerschaft der Partei deren Arbeitgeber mitteilen, BAG DB **88**, 2108.

S auch Rn 12 „Kündigung".

Arrest, einstweilige Verfügung: Der ProzBev darf auch in einem solchen Eilverfahren tätig werden, das mit dem geplanten oder bereits anhängigen Hauptprozeß zusammenhängt, § 82. Andernfalls benötigt er für das Eilverfahren eine *besondere* Prozeßvollmacht. Sie kann stillschweigend ergehen und in der Prozeßvollmacht des Hauptverfahrens stecken, aber Vorsicht!

Auflassung: Der ProzBev darf aus den Gründen Rn 6 auch eine Auflassung erklären oder sonstwie an ihr mitwirken.

Aufrechnung: Der ProzBev darf aus den Gründen Rn 6 grds auch eine Aufrechnung erklären oder entgegennehmen, BGH Rpfleger **94**, 29, Musielak JuS **94**, 822.

Das gilt freilich ausnahmsweise *nicht* wegen der Kosten seiner Partei.

Auslandsunterhalt: Üb 6, 8 vor § 78.

8 Beweisverfahren: Rn 14 „Nebenverfahren".

Datierung: Ihr Fehlen begründet nicht schon für sich Zweifel an der Wirksamkeit, zumindest nicht, soweit aus der Vollmacht ein Bezug zum Prozeß hervorgeht, BFH NJW **02**, 2200.

Dauer: Ein langer Vollmachtszeitraum gibt nicht schon für sich Zweifel an ihrer Wirksamkeit, BFH NJW **02**, 2200.

Dritter: Rn 22 „Vertragsabschluß".

Drittwiderspruchsklage: Rn 25 „Zwangsvollstreckung".

Ehesache: § 609 schränkt den Umfang der Prozeßvollmacht ein. Vgl aber auch Rn 9 „Folgesache".

Einmischungsklage: Der ProzBev darf auch nach § 64 tätig werden, § 82.

Einstweilige Verfügung: Rn 6 „Arrest, einstweilige Verfügung".

Empfangnahme: Rn 19 „Streitgegenstand".

Erfüllung: Rn 19 „Streitgegenstand". Der Schuldner, der an den ProzBev außerhalb von dessen Prozeßvollmacht leistet, tut das grds auf eigene Gefahr und Kosten.

S aber auch Rn 10 „Inkassovollmacht".

Erlaß: Der ProzBev darf wegen seiner Befugnis zum Verzicht, die § 81 ausdrücklich mitnennt, grds auch einen Schulderlaß aussprechen, allerdings nur im Rahmen des Streitgegenstands, BGH Rpfleger **94**, 29.

9 Folgesache: Im Rahmen eines Scheidungsverfahrens nach § 609 erstreckt sich eine Prozeßvollmacht auch auf die Folgesachen, § 624.

Gerichtsstandsvereinbarung: Rn 25 „Zuständigkeit".

Gesellschaft: Die Prozeßvollmacht berechtigt *nicht* zur Vertretung eines Gesellschafters in der Gesellschafterversammlung, Düss Rpfleger **79**, 312.

Geständnis: Der ProzBev darf ein Geständnis für seine Partei erklären, §§ 288 ff.

Hauptintervention: Rn 8 „Einmischungsklage".

Höhere Instanz: Rn 4, 5.

10 Inkassovollmacht: Vgl zunächst Rn 19 „Streitgegenstand". Der ProzBev kann aber neben der Prozeßvollmacht eine weitere Vollmacht erhalten haben, eine „Inkassovollmacht" zum Empfang des Streitgegenstands, Ffm RR **86**, 1501, Scherer DGVZ **94**, 104. Das kann auch stillschweigend geschehen sein. Das übersieht Eich DGVZ **88**, 70.

Insolvenz: Rn 19 „Streitgegenstand".

Kartellanwalt: Rn 5.

Kauf: Rn 7 „Auflassung".

Klagerhebung: Eine Vollmacht zur „Klagerhebung" oder gar nur deren Bestätigung sind *keine* Prozeßvollmacht. Denn Klagerhebung ist der in §§ 253, 261 abschließend genannte bloße Einleitungsvorgang.

Klagänderung: Der ProzBev darf zwecks und nach Klagänderung der eigenen Partei oder des Gegners tätig werden.

S auch Rn 15 „Parteiwechsel".

Klagerücknahme: Der ProzBev darf die Klage zurücknehmen, auch teilweise. Er darf nach gegnerischer Rücknahme Anträge wegen der gesetzlich eingetretenen Kostenfolge und nach § 269 III, IV stellen.

11 Kostenerstattung: Der ProzBev darf schon nach dem Wortlaut von Hs 4 diejenigen Kosten empfangen, die der Gegner erstattet, aM Ffm Rpfleger **86**, 392 (aber Text und Sinn von Hs 4 sind eindeutig, Einl III 39). Er darf auch die von der Staatskasse erstatteten Kosten entgegennehmen, ohne daß der Kostenbeamte eine besondere Vollmacht dazu anfordern muß, sowie erst recht, wenn der ProzBev ein Anwalt, Notar oder Rechtsbeistand ist, § 36 IV KostVfg, Hartmann Teil VII A. Der ProzBev darf auch eine Quittung darüber erteilen. Soweit er eine Entgegennahme ablehnt, fehlt für eine Kostenfestsetzung evtl das Rechtsschutzbedürfnis, Einf 14 vor §§ 103–107, LG Bln VersR **91**, 443.

Eine *Abtretung* des Erstattungsanspruchs kann sogar formularmäßig zulässig sein, LG Nürnb-Fürth AnwBl **76**, 166, OVG Münst NJW **87**, 3029 (§ 3 AGBG).

S auch Rn 7 „Aufrechnung".

12 Kostenfestsetzung: Der ProzBev darf und muß evtl wegen der Prozeßwirtschaftlichkeit nach Einf 3 vor §§ 103–107 das Kostenfestsetzungsverfahren nach §§ 103 ff ZPO, bzw das Vergütungsfestsetzungsverfah-

Titel 4. Prozessbevollmächtigte und Beistände **§ 81**

ren nach § 11 RVG betreiben, BVerfG **81**, 127, Bbg RR **02**, 265, Kblz RR **97**, 1023. Das gilt nur dann nicht, wenn es sich an einen anderen, früheren Prozeß seinetwegen anschließt und der Anwalt dort nicht auch ProzBev war usw, KG Rpfleger **79**, 275, Hartmann Teil X § 11 RVG Rn 19.
S auch Rn 11 „Kostenerstattung".

Kündigung: Der ProzBev darf aus den Gründen Rn 6 grds auch eine prozessuale Kündigung aussprechen, BGH Rpfleger **94**, 29, BAG BB **78**, 207, oder entgegennehmen, BGH NZM **00**, 382, BAG NJW **88**, 2693, zB in einem Räumungsprozeß, BGH NZM **00**, 382, LG Tüb RR **91**, 972. Er darf eine im Zusammenhang mit der Abwehr einer Räumungsklage erfolgte neue Vermieterkündigung entgegennehmen, Brdb ZMR **00**, 375. Der ProzBev des Räumungsklägers darf eine Erklärung des Sozialamts nach § 569 III Z 2 BGB entgegennehmen, LG Hbg ZMR **96**, 331. Das gilt auch im Fall einer im Kündigungsschutzprozeß nachgeschobenen Kündigung, BAG NJW **88**, 2693, LAG Ffm BB **88**, 1894, Weidemann NZA **89**, 246.

Der ProzBev darf grds auch eine *vorprozessuale* Kündigung aussprechen, aM AG Düss DWW **86**, 247 (aber es liegt durchweg schon ein Bezug zum beabsichtigten Prozeß vor). Dagegen ist deren bloße Entgegennahme *nicht stets* durch eine Prozeßvollmacht gedeckt, LG Hbg MDR **93**, 44, aM StJL **10**, ZöV **11** (aber der künftige Bekl weiß oft nicht, ob es zum Prozeß kommen wird).

Leistung des Interesses: Die Prozeßvollmacht erstreckt sich nicht auch auf das Vorgehen des Gläubigers **13** nach § 893. Freilich wird man in der Vollmacht für das Erkenntnisverfahren und damit das zugehörige Zwangsvollstreckungsverfahren meist zulässigerweise eine zumindest stillschweigende Vollmacht auch für § 893 erblicken können.

Mieterhöhung: Der ProzBev darf aus den Gründen Rn 6 auch ein solches Mieterhöhungsbegehren aussprechen oder auf ein solches reagieren, das entweder im Prozeß erklärt oder nachgeschoben wird oder auf einen bereits angedrohten Prozeß Bezug nimmt usw, BGH NJW **03**, 963, aM LG Karlsr WoM **85**, 321 (aber dann liegt klar ein Bezug zum Prozeß vor). Für ein zunächst noch rein außerprozessuales Begehren, dessen Ergebnis der Auftraggeber vor einer Entscheidung über eine Klagerhebung abwarten und noch nicht mit einer Klagandrohung verbinden will, benötigt der Anwalt aber eine *gesonderte* Vollmacht, AG Neuss RR **94**, 1036, aM BAG BB **78**, 207.

Nachverfahren: Der ProzBev darf die Partei auch in einem Nachverfahren vertreten, zB bei §§ 302, 323, **14** 324, 599, 600, 717, 945, Hamm JB **76**, 1644.

Nebenverfahren: Der ProzBev darf die Partei nach § 82 grds zumindest auch in folgenden Nebenverfahren vertreten: Bei einer Streitverkündung, Rn 19 „Streithilfe"; bei einer Beweisaufnahme; im Verfahren auf die Bewilligung einer Prozeßkostenhilfe zugunsten der Partei wie des Gegners, BPatG GRUR **86**, 734, Brdb FamRZ **03**, 458. Das gilt auch im Überprüfungsverfahren nach einer Bewilligung, LAG Stgt DB **03**, 948. Es gilt ferner auch in der nächsthöheren Instanz, BGH NJW **78**, 1919.
S auch Rn 18 „Selbständiges Beweisverfahren", Rn 19 „Urkundenvorlage".

Nießbrauch: Die Prozeßvollmacht berechtigt *nicht* in einem Prozeß um eine Entschädigung des Nießbrauchers für vorenthaltene Nutzungen zur Erklärung einer Einwilligung in die Löschung des Nießbrauchs, auch nicht vergleichsweise, BGH NJW **92**, 1963.

Parteiöffentlichkeit: Sie gilt nach § 357 auch für den ProzBev. **15**

Parteivernehmung: Der ProzBev darf Anträge auf Vernehmung der eigenen Partei oder des Prozeßgegners stellen. Er darf eine Vernehmung von Amts wegen anregen und eine Erklärung zum gegnerischen Antrag auf Parteivernehmung (Einverständnis oder Ablehnung) abgeben, §§ 445 ff.

Parteiwechsel: Der ProzBev darf zwecks oder nach dem Eintritt des anderen Gegners oder eines Rechtsnachfolgers (nicht eines sonstigen Wechsels) des Vollmachtgebers tätig werden bzw bleiben.
S auch Rn 90 „Klagänderung".

Prorogation: Rn 25 „Zuständigkeit".

Prozeßkostenhilfeverfahren: Rn 14 „Nebenverfahren".

Prozeßvergleich: Rn 21 „Vergleich".

Quittung: Rn 11 „Kostenerstattung", Rn 19 „Streitgegenstand".

Räumung: Rn 12 „Kündigung". **16**

Rechtsmittel: Der erstinstanzliche wie natürlich der zweitinstanzliche ProzBev dürfen ein Rechtsmittel einlegen, BGH VersR **84**, 790 (natürlich müssen sie beim Rechtsmittelgericht grds zugelassen bzw postulationsfähig sein), BAG NZA **04**, 748. Er darf ein Rechtsmittel begründen und auf eine gegnerische Begründung erwidern. Er darf einen Bevollmächtigten für die höhere Instanz bestellen, BGH NJW **94**, 320. Der ProzBev darf einen Rechtsmittelverzicht erklären, BGH FamRZ **94**, 301. Er darf eine Rechtsmittelrücknahme erklären, BGH FamRZ **88**, 496.

Rechtswahl: Sie ist beim ProzBev im Rahmen des Streitgegenstands auch im Weg einer Vereinbarung erlaubt, ZöV **11**, aM Schack NJW **84**, 2739 (aber das hat einen durchaus auch prozessualen Einschlag).

Rechtsweg: Rn 22 „Verweisung".

Rücktritt: Der ProzBev darf aus den Gründen Rn 6 auch einen Rücktritt erklären, BGH Rpfleger **94**, 29.

Sachlichrechtliche Handlung: Rn 6. **17**
Rn 19 „Streitgegenstand", ferner Rn 6.

Schiedsrichterliches Verfahren: Der ProzBev darf grds auch in einem zugehörigen schiedsrichterlichen Verfahren tätig werden, § 1042 II, BGH NJW **94**, 2156.
Die *Schiedsvereinbarung* selbst darf er aber *nicht* schon auf Grund einer Prozeßvollmacht abschließen, sondern nur auf Grund einer zusätzlichen sachlichrechtlichen Vollmacht. Sie kann zwar stillschweigend erteilt sein und in der Prozeßvollmacht stecken. Insoweit ist aber Vorsicht geboten.

Schriftliches Verfahren: Der ProzBev darf einen Antrag auf Durchführung eines schriftlichen Verfahrens stellen, etwa bei §§ 128 II, 495 a S 1, einschließlich der dortigen Entscheidungen.

Selbständiges Beweisverfahren: Der ProzBev für das schon anhängige Hauptverfahren darf die Partei **18** auch im zugehörigen selbständigen Beweisverfahren vertreten, Rn 14 „Nebenverfahren". Soweit das Hauptverfahren nach § 486 II noch nicht anhängig ist, mag schon eine Prozeßvollmacht für das geplante

§ 81

Hauptverfahren vorliegen. Dann deckt sie auch die Tätigkeit im vorangehenden selbständigen Beweisverfahren. Liegt eine letztgenannte Art der Prozeßvollmacht nicht vor, ist eine zusätzliche oder isolierte Prozeßvollmacht für das vorangehende Verfahren nach §§ 485 ff erforderlich.

Sicherheitsleistung: Der ProzBev darf eine Sicherheitsleistung fordern, anbieten, erbringen (lassen), zurückfordern usw.

Sozialamt: Der ProzBev darf eine Verpflichtungserklärung des Sozialamts nach § 569 III BGB entgegennehmen, LG Hbg ZMR **96**, 331.

19 Streitgegenstand: Der ProzBev darf *nicht* schon als solcher den Streitgegenstand für den Auftraggeber empfangen, selbst nicht in der Zwangsvollstreckung, AG Brake DGVZ **94**, 77, oder im Insolvenzverfahren, LG Brschw DGVZ **77**, 22, Pawlowski DGVZ **94**, 177, Scherer DGVZ **94**, 104, aM Christmann DGVZ **91**, 132 (aber die sachlichrechtliche Erfüllung ist als solche gerade keine Parteiprozeßhandlung, auch wenn prozessuale und sachlichrechtliche Handlungen zusammentreffen können).

S aber auch Rn 10 „Inkassovollmacht", Rn 11 „Kostenerstattung".

Streithilfe: Wenn die Klage auf einen Streitgehilfen erstreckt wird, umfaßt eine dem Streitgehilfen als solchem erteilte Vollmacht auch seine Vertretung als Bekl.

Streitwertbeschwerde: Der ProzBev darf für die Partei diese Beschwerde einlegen, Stgt JB **75**, 1102.

Er darf aber *nicht* ohne Wissen des Auftraggebers nur auf Anweisung des Rechtsschutzversicherers derart vorgehen, LAG Düss MDR **95**, 1075.

Terminsvertreter: Der ProzBev darf einen postulationsfähigen Terminsvertreter bestellen.

S aber auch Rn 10 „Kartellanwalt".

Übertragung: Rn 5.

Unterbevollmächtigter: Der ProzBev darf einen postulationsfähigen Unterbevollmächtigten bestellen.

S aber auch Rn 10 „Kartellanwalt".

Urkundenvorlage: Trotz der Befugnis zur Vertretung in einer Beweisaufnahme hat der ProzBev *nicht* automatisch auch die Vollmacht zur Vertretung im Verfahren nach § 429.

20 Vaterschaftsverfahren: § 640 I schränkt den Umfang der Prozeßvollmacht ein.

21 Vergleich: Der ProzBev darf schon nach dem Wortlaut von Hs 3 einen Prozeßvergleich abschließen, § 307 Anh. Das gilt ungeachtet der Doppelnatur des Prozeßvergleich nach Anh § 307 Rn 3. Denn es liegt zumindest auch eine Parteiprozeßhandlung vor, Grdz 47 vor § 128. Der ProzBev darf auch mit einem hinzugezogenen Dritten einen Vergleich (mit)abschließen, solange ein Zusammenhang mit dem Prozeß vorliegt, BGH VersR **93**, 121. Er darf den Prozeßvergleich aber *nicht* ohne zusätzliche Vollmacht auf einen außerhalb des Streitstoffs bezogenen Umstand erstrecken, BGH VersR **93**, 121.

Ein nur *außergerichtlicher* Vergleich nach § 779 BGB bedarf als bloß sachlichrechtliches Rechtsgeschäft einer *besonderen* diesbezüglichen Vollmacht, Rn 6, BGH NJW **92**, 1964, ZöV 11, aM StJBo **11**, ThP 5. Sie kann zwar stillschweigend erfolgt sein und in der Prozeßvollmacht stecken, aber Vorsicht! Ein Anwaltsvergleich nach §§ 796 a–c bedarf der Vollmacht, aber nicht einer Prozeßvollmacht.

S auch Rn 24 „Widerruf".

Vergütungsfestsetzung: Rn 12 „Kostenfestsetzung".

22 Vertragsabschluß: Die Vollmacht zur Vertretung „vor Gericht und bei Behörden" ermächtigt zum Vertragsschluß zwischen Privaten, LG Neubrandenbg MDR **95**, 1270.

Die Prozeßvollmacht ermächtigt *nicht* zum Abschluß eines Vertrages mit einem Dritten, selbst wenn der Vertrag mit dem Prozeß in Verbindung steht, BGH Rpfleger **94**, 29.

Vertreter: Rn 5.

Verweisung: Der ProzBev darf im Verfahren auf eine Verweisung gleich welcher Art mitwirken, zB nach §§ 281, 506, 696, 700.

23 Verzicht: Der ProzBev darf schon nach dem Wortlaut von Hs 3 einen prozessualen Verzicht erklären. Denn dieser ist eine rein prozessuale Erklärung, Einf 1 vor §§ 306, 307.

Ein rein *außerprozessualer* Verzicht ohne Bezug auf den Prozeß ist aber von der Prozeßvollmacht nicht gedeckt, aM StJBo 11 (aber nicht die Prozeßvollmacht kann ermächtigen, sondern nur der ihr zugrundeliegende Dienst- oder Werkvertrag).

S auch Rn 7 „Anerkenntnis", Rn 21 „Vergleich".

24 Widerklage: Der ProzBev darf eine Widerklage erheben, auch im gesetzlich zulässigen Umfang gegenüber einem Dritten, § 253 Anh Rn 1 ff. Er darf die Partei gegenüber einer Widerklage vertreten. Das folgt schon aus dem Wortlaut von Hs 1, vgl im übrigen BGH **112**, 347 (auch zu einer Ausnahme).

Widerruf: Der ProzBev darf aus den Gründen Rn 5 auch einen Widerruf erklären, BGH Rpfleger **94**, 29.

S auch Rn 21 „Vergleich".

Wiederaufnahme: Der ProzBev darf ein Wiederaufnahmeverfahren nach §§ 578 ff betreiben und in ihm tätig werden, auch als Gegner des Wiederaufnehmenden. Das folgt schon aus dem Wortlaut von Hs 1. Allerdings muß man den früheren ProzBev in der Regel neu beauftragen, um ihn auch zum Vertreter im Sinn von § 85 II zu machen. Vgl auch § 586 Rn 9, 10.

25 Zuständigkeit: Der ProzBev darf die Unzuständigkeit rügen. Er darf einen Rügeverzicht erklären. Er darf eine abgesonderte Verhandlung dazu beantragen. Er darf eine Vereinbarung zur Zuständigkeit im Rahmen des gesetzlich Zulässigen treffen usw, §§ 38 ff.

Zustellung: Der ProzBev darf einen Zustellungsauftrag erteilen, BGH VersR **75**, 548. Er darf und muß eine Zustellung entgegennehmen, § 172.

Zwangsvollstreckung: Der ProzBev ist zu allen Prozeßhandlungen in der Zwangsvollstreckung befugt. Das folgt schon aus dem Wortlaut von Hs 1. Das gilt auch für einen Prozeß, der aus einer Zwangsvollstreckung entsteht, etwa für eine Vollstreckungsabwehrklage nach § 767 oder für die Erhebung der Drittwiderspruchsklage nach § 771, und zwar auch dann, wenn ein Dritter eine solche Klage erhebt. Auch ein aus der Zwangsvollstreckung entstehendes Insolvenzverfahren gehört zur Zwangsvollstreckung, aM StJBo 7 (aber es liegt noch keine volle Befriedigung aus dem Vollstreckungstitel vor). Wegen des AUG Üb 6, 8 vor § 78.

S auch Rn 19 „Streitgegenstand".

Titel 4. Prozessbevollmächtigte und Beistände §§ 81–83

8) VwGO: *Entsprechend anwendbar, § 173 VwGO, BVerwG NJW 97, 2898. Die Vollmacht für das VerwVer-* **26** *fahren ermächtigt als solche nicht zu Prozeßhandlungen, RedOe § 67 Anm 6, v. Mutius VerwArch 64, 445, BSG NJW 92, 196 (differenzierend), str, aM OVG Münster NJW 72, 1910, Ey § 67 Rn 19, KoppSch § 67 Rn 55 mwN. Zum Vollmachtsmißbrauch vgl BFH NJW 97, 1029 m red Anm, zur Bedeutung einer Vollmacht im Eilverfahren für das Hauptsacheverfahren OVG Münster AnwBl 02, 118.*

82 Geltung für Nebenverfahren.
Die Vollmacht für den Hauptprozeß umfasst die Vollmacht für das eine Hauptintervention, einen Arrest oder eine einstweilige Verfügung betreffende Verfahren.

1) Systematik, Regelungszweck. Vgl zunächst § 81 Rn 1. § 82 erstreckt die Prozeßvollmacht wegen **1** § 83 I im Anwaltsprozeß zwingend zwecks Rechtssicherheit, Oldb AnwBl 02, 122, auf die Einmischungsklage (Hauptintervention) nach § 64 sowie auf ein vorläufiges Verfahren zur Erwirkung eines Arrests oder einer einstweiligen Verfügung nach den §§ 916 ff, 935 ff und auch im einstweiligen Verfahren nach §§ 620, 620 d, 641 d, 644 und im Verfahren über eine Folgesache nach § 624 I. Es gilt nicht etwa eine umgekehrte Ermächtigung, Nürnb MDR 02, 232, Oldb AnwBl 02, 122. In beiden Fällen können, nicht müssen, Zustellungen an den ProzBev des Hauptprozesses (Erstprozesses) ergehen, § 172, Ffm MDR 84, 58, Nürnb MDR 02, 232, Oldb AnwBl 02, 122. Im vorläufigen Verfahren ist es unerheblich, ob das dortige Gericht dasselbe wie dasjenige des Hauptprozesses ist und ob das vorläufige Verfahren dem Hauptprozeß vorangeht.

2) Geltungsbereich. Vgl Üb 3 vor § 78, § 81 Rn 3. **2**

3) VwGO: *Entsprechend anwendbar, § 173 VwGO. Dabei treten an die Stelle des Arrests und der einstwVfg die* **3** *vorläufigen Verfahren des VerwProzesses: Wiederherstellung der aufschiebenden Wirkung, § 80 VwGO, und einstwAnO, § 123 VwGO, VGH Mü BayVBl 78, 190. Darauf, ob das Verfahren der einstwAnO bei einem anderen Gericht betrieben werden muß, kommt es nicht an, RedOe § 67 Anm 5.*

83 Beschränkung der Prozessvollmacht.
I Eine Beschränkung des gesetzlichen Umfanges der Vollmacht hat dem Gegner gegenüber nur insoweit rechtliche Wirkung, als diese Beschränkung die Beseitigung des Rechtsstreits durch Vergleich, Verzichtleistung auf den Streitgegenstand oder Anerkennung des von dem Gegner geltend gemachten Anspruchs betrifft.

II Insoweit eine Vertretung durch Anwälte nicht geboten ist, kann eine Vollmacht für einzelne Prozeßhandlungen erteilt werden.

1) Systematik, I, II, Die Vertretungsbefugnis ist nur im Innenverhältnis beliebig beschränkbar, § 81 **1** Rn 1, BGH NZM 00, 382. Die Prozeßvollmacht ist im Außenverhältnis grundsätzlich nicht beschränkbar, BGH NJW 87, 130. Das ist eine Folge des sog Abstraktionsprinzips, Üb 4 vor § 78, Hamm NJW 92, 1175. Das gilt auch im Statusverfahren § 640 ff, BGH FamRZ 88, 496. Das gilt selbst dann, wenn der Gegner die im Innenverhältnis vorgenommene Beschränkung kennt oder wenn die Vollmachtsurkunde eine solche Beschränkung enthält. § 83 ist zwingendes öffentliches Recht. Unzulässig ist namentlich eine Beschränkung auf die erste Instanz, BGH VersR 02, 1303, oder auf einzelne Anträge, BGH NJW 87, 130, oder etwa auf die „Wahrung der Nichteinlassung", BGH NJW 76, 1581.

Eine *Verletzung* der im Innenverhältnis bestehenden Beschränkung ist zwar im Außenverhältnis prozessual grundsätzlich unerheblich. Sie kann aber dem Auftraggeber gegenüber ersatzpflichtig machen. Das gilt etwa bei einer vom Vollmachtgeber nicht erlaubten Bestellung eines ProzBev für die höhere Instanz, BGH VersR 02, 1303, oder bei einer unerlaubten Rechtsmittelrücknahme oder beim Rechtsmittelverzicht, BGH FamRZ 94, 301.

Zulässig ist eine Beschränkung der Prozeßvollmacht, auch beim Pflichtanwalt, für folgende Fälle: Abschluß eines Prozeßvergleichs, Anh § 307, KG ZMR 02, 72; Verzicht, § 306; Anerkenntnis, § 307. Insoweit kann der Auftraggeber den Umfang der Vollmacht einschränken oder ausschließen. Die Beschränkung wird nur durch eindeutige Erklärung gegenüber dem Gegner oder dadurch wirksam, daß sie der Auftraggeber in die Vollmachtsurkunde aufnimmt, die dem Gericht eingereicht wird. Ein Verstoß gegen diese Beschränkung macht die Handlung vollmachtslos. Die Befugnis zu einem Geständnis läßt sich nicht ausschließen.

2) Regelungszweck, I, II. Die Vorschrift dient in I der Rechtssicherheit, Einl III 43. Die dort genann- **2** ten Fälle einer Wirkung der Vollmachtsbeschränkung im Außenverhältnis stellen eine abschließende Ausnahme dar. Man muß die Vorschrift schon deshalb eng auslegen. Es ist ja ohnehin problematisch, etwa einen Prozeßvergleich von der Uneingeschränktheit der Vollmacht abhängen zu lassen, dagegen zB eine Rechtsmitteleinlegung nicht. Indessen muß das Gericht die klare gesetzliche Regelung respektieren und eben auch strikt anwenden.

Allerdings kann im Fall eines *Interessenstreits* das Gebot von Treu und Glauben nach Einl III 54 zu einer Beschränkung der Außenwirkung führen, BGH 112, 347 (Vollmacht des Versicherers beider Parteien). Dasselbe gilt bei Rechtsmißbrauch, BFH NJW 97, 1030.

3) Geltungsbereich, I, II. Vgl Üb 3 vor § 78, § 81 Rn 3. Die Ausnahmeregelung des II läßt sich nicht **3** ausdehnend auslegen, zB nicht auf das Patenterteilungsverfahren, BGH 94, 143.

4) Parteiprozeß, II. Im Anwaltsprozeß nach § 78 Rn 1 ist nur eine Prozeßvollmacht zulässig. Eine **4** Vollmacht lediglich für einzelne Handlungen kann man im Anwaltsprozeß nur in der Form einer Untervollmacht oder für solche Handlungen erteilen, die auch keinem Anwaltszwang unterliegen. Im Parteiprozeß nach § 78 Rn 1 ist demgegenüber auch eine Vollmacht nur für einzelne Prozeßhandlungen zulässig, § 81 Rn 3 ff. Das Gesetz verhindert dadurch einen indirekten Anwaltszwang, BGH 92, 143. Eine Terminsvollmacht ermächtigt zu allen im Termin seinem Zweck nach vorkommenden Prozeßhandlungen, BVerwG NZA-RR 04, 362. Eine Verhandlungsterminsvollmacht ermächtigt auch zum Abschluß eines Vergleichs,

§§ 83–85

zur Erklärung eines Verzichts oder zur Abgabe eines Anerkenntnisses. Eine solche Vollmacht wirkt aber nicht über den Termin hinaus, etwa für eine Zustellung oder für die Einlegung eines Rechtsbehelfs außerhalb der Verhandlung, BVerwG NZA-RR **04**, 392, LAG Ffm DB **88**, 2656. Wegen einer Generalvollmacht § 80 Rn 12.

5) *VwGO:* I ist entsprechend anwendbar, § 173 *VwGO*, BVerwG NJW **97**, 2898, ebenso *II* im *Verfahren vor dem VG,* § 67 II VwGO, vgl RedOe § 67 Anm 5; hier kann die Vollmacht auf die Vertretung in einem Rechtszug beschränkt werden, § 81 Rn 5, BVerwG NJW **85**, 1178, BFH BStBl **83** II 645.

84 Mehrere Prozessbevollmächtigte.
[1] **Mehrere Bevollmächtigte sind berechtigt, sowohl gemeinschaftlich als einzeln die Partei zu vertreten.** [2] **Eine abweichende Bestimmung der Vollmacht hat dem Gegner gegenüber keine rechtliche Wirkung.**

1) **Systematik, S 1, 2.** Die Vorschrift regelt den außerordentlich häufigen Fall der Bevollmächtigung mehrerer im Gesamtbereich der §§ 78 ff. § 84 umfaßt zum einen die Bevollmächtigung mehrerer Bevollmächtigter, insbesondere mehrerer Anwälte gemeinsam, § 6 RVG. § 84 umfaßt zum anderen die wahlweise Bevollmächtigung mehrerer Bevollmächtigter, wie sie bei einer *Sozietät* von Anwälten die Regel ist. Mögliche Ausnahmen bestätigen diese Regel nur. Im Fall der wahlweisen Bevollmächtigung mehrerer Anwälte kann man eine stillschweigende Bevollmächtigung auch eines solchen Teilhabers annehmen, der erst nach der Vollmachtserteilung in die Sozietät eingetreten ist. Dieser nachträgliche Teilhaber tritt dann auch nach einem Wegfall des früheren Teilhabers an dessen Stelle. Prozeß- und sonstige Vollmacht fallen unter § 84, Kblz RR **97**, 1023.

2) **Regelungszweck, S 1, 2.** Bezweckt wird die Klarstellung der umfassenden Einzelvollmacht in der Sache im Außenverhältnis nach erteiltem Umfang im Interesse der Rechtssicherheit, Einl III 43. In der Praxis können sich beim Auftreten mehrerer ProzBev etwa gar aus verschiedenen Orten alle möglichen Unklarheiten ergeben. Es können versehentlich unterschiedliche Vortragswünsche, unterschiedliche Akteneinsichtsforderungen, Bitten und unterschiedlich lange Äußerungsfristen ergeben. Man kann sogar sich widersprechende Anträge für denselben Auftraggeber stellen.

Das alles zwingt zu sorgfältiger *Klärung* im Protokoll, zu Rückfragen, Hinweisen, Telefonaten und anderer Zusatzarbeit. Die Vorschrift erleichtert solche Mehrbelastung nicht gerade. Man muß sie aber als Ausdruck der Parteiherrschaft hinnehmen, Grdz 18 vor § 128. Ob der unterliegende Prozeßgegner die Kosten mehrerer ProzBev des Siegers erstatten muß, ist eine ganz andere spätere Frage, § 91 Rn 124. Besonders aufmerksam muß das Gericht aufzuklären bestrebt sein, ob sich widersprüchliche Anträge vereinheitlichen lassen, § 139. Gelingt das nicht, dürfte die etwa spätere Erklärung im allgemeinen den Vorrang haben.

3) **Geltungsbereich, S 1, 2.** Vgl Üb 3 vor § 78, § 81 Rn 3.

4) **Bindungswirkung, S 1, 2.** Jeder der mehreren Bevollmächtigten hat im Außenverhältnis kraft zwingenden Rechts eine Einzelvollmacht. Sie ist nur nach § 83 beschränkbar, BSG NJW **98**, 2078. Die Erklärung des Vollmachtgebers ist im übrigen unbeachtlich, soweit sie die Einzelvollmacht im Außenverhältnis beschränkt, S 2. Die Erklärung eines jeden Bevollmächtigten bindet den anderen Bevollmächtigten wie dessen eigene Erklärung, BSG NJW **98**, 2078. Das Gericht muß widersprechende gleichzeitige Erklärungen frei würdigen, § 286. Im übrigen gilt die spätere Erklärung, soweit die Partei ein Widerrufsrecht hätte, BSG NJW **98**, 2078. Eine Zustellung kann grundsätzlich an jeden der mehreren Bevollmächtigten gehen, BGH FamRZ **04**, 865, BVerwG NJW **98**, 3582, Kblz VersR **00**, 1039. Davon besteht nur dann eine Ausnahme, wenn der auswärtige Sozius nicht in diesem Prozeß postulationsfähig ist, KG NJW **94**, 3111 (zustm Boin MDR **95**, 882), oder bei einer bloßen Bürogemeinschaft.

Für den *Beginn* einer Frist ist die zeitlich erste wirksame Zustellung maßgeblich, BGH FamRZ **04**, 865, BVerwG NJW **98**, 3582, Kblz VersR **00**, 1039. Auf die Kenntnis der anderen ProzBev von der Zustellung kommt es nicht an, OVG Münst (LS) DÖV **76**, 608. Wenn die prozessuale Vollmacht einem sachlich-rechtlichen Rechtsverhältnis entfließt, § 80 Rn 8, dann richtet sich die Stellung mehrerer Bevollmächtigter nach diesem sachlichrechtlichen Rechtsverhältnis, zB bei einer Gesamtprokura, § 48 II HGB. Bei einem mehrgliedrigen Vereinsvorstand gilt § 28 I BGB. Soweit zB Anwaltssozien nur Drittschuldner sind, ist eine Zustellung an jeden erforderlich, AG Köln DGVZ **88**, 123.

5) *VwGO: Entsprechend anwendbar,* § 173 *VwGO,* BVerwG NJW **98**, 3582 mwN, VGH Mü BayVBl **03**, 443, VGH Mannh VBlBW **95**, 314 (vgl oben Rn 4).

85 Wirkung der Prozessvollmacht.
I [1] **Die von dem Bevollmächtigten vorgenommenen Prozesshandlungen sind für die Partei in gleicher Art verpflichtend, als wenn sie von der Partei selbst vorgenommen wären.** [2] **Dies gilt von Geständnissen und anderen tatsächlichen Erklärungen, insoweit sie nicht von der miterschienenen Partei sofort widerrufen oder berichtigt werden.**

II **Das Verschulden des Bevollmächtigten steht dem Verschulden der Partei gleich.**

Schrifttum: *Bern,* Verfassungs- und verfahrensrechtliche Probleme anwaltlicher Vertretung im Zivilprozeß, 1992; *Borgmann/Jungk/Grams,* Anwaltshaftung, 4. Aufl 2005 (Bespr *Hartung* NJW **05**, 2133); *Friedhoff,* Der hypothetische Inzidentprozeß bei der Regreßhaftung des Anwalts usw, 2002; *Friedmann,* Anwaltspflichten und Präjudizien, 2003; *von Gierke,* Die Dritthaftung des Rechtsanwalts, 1984 (rechtsvergleichend); *Graef,* Die Haftung des deutschen und englischen Anwalts für fehlerhafte Prozeßführung, 1995; *Hanna,* Anwaltliches Standesrecht im Konflikt mit zivilrechtlichen Ansprüchen des Mandanten, 1988; *Karl,* Der Bevollmächtigte nach § 85 Abs. 2 ZPO, 1993; *Krebs,* Anwaltstätigkeit im Falle des Unterliegens in erster Instanz, 1999; *Lindenberg,* Wahrheitspflicht und Dritthaftung des Rechtsanwalts im Zivilverfahren, 2002; *Poll,* Die

Titel 4. Prozessbevollmächtigte und Beistände **§ 85**

Haftung der freien Berufe ... am Beispiel des Rechtsanwalts, 1994 (rechtsvergleichend); *Rinsche/Fahrendorf/ Terbille,* Die Haftung des Rechtsanwalts, 2005; *Ruppel,* Standeswidriges Verhalten des Anwalts im Zivilprozeß und seine prozessualen und materiellrechtlichen Folgen, Diss Gießen 1984; *Stehmann,* Beschäftigungsverhältnisse unter Rechtsanwälten usw, Diss Köln 1989; *Thomas,* Verschuldenszurechnung im zivilprozessualen Anwaltsprozeß, § 85 Abs. 2 ZPO, 1999; *Vogels,* Haftung von Rechtsanwälten in der Sozietät, 1995; *Vollkommer/Heinemann,* Anwaltshaftungsrecht, 2. Aufl 2003; *Graf von Westphalen,* Einige international-rechtliche Aspekte bei grenzüberschreitender Tätigkeit von Anwälten, Festschrift für *Geimer* (2002) 1485; *Wolf,* Anwaltshaftung in der Sozietät, Festschrift für *Schneider* (1997) 349; *Zugehör* (Hrsg), Handbuch der Anwaltshaftung, 1999.

Gliederung

1) Systematik, I, II 1	6) Verschulden des Prozeßbevollmächtigten, II 8–40
2) Regelungszweck, I, II 2	A. Verfassungsmäßigkeit 8
3) Geltungsbereich, I, II 3	B. Verschuldensunterstellung 9–12
4) Prozeßhandlung, I 1 .... 4, 5	C. Beispiele zur Frage des Verschuldens ... 13–25
5) Geständnis usw, I 2 .... 6, 7	D. Bevollmächtigter: Grundsatz 26
A. Tatsachenerklärung 6	E. Beispiele zur Frage der Bevollmächtigung 27–40
B. Andere Erklärung 7	7) VwGO 41

1) Systematik, I, II. Die dem § 164 I BGB entsprechende Vorschrift regelt die prozessuale Rechts- **1** wirkung der Prozeßhandlung des ProzBev und seine daraus folgende Haftung. II entspricht dem § 51 II, III mit dessen Haftung des gesetzlichen Vertreters bzw des ihm Gleichgestellten.

2) Regelungszweck, I, II. Es ist im Interesse der Rechtssicherheit nach Einl III 43 wie der übrigen in **2** Üb 2 vor § 78 genannten Grundsätze notwendig, einer wirksamen Vertreterhandlung grundsätzlich dieselbe Rechtswirkung zuzuerkennen wie einer von der Partei persönlich vorgenommen, I 1, BGH 66, 124, Düss FamRZ **86**, 288. Indessen kann der Vertreter oft nicht die volle Kenntnis der dem Prozeß vorangegangenen oder ihn begleitenden tatsächlichen Vorgänge haben. Daher muß zur Verhinderung gutgemeinter, aber eben auf Tatsachenirrtum beruhender Verhaltensweisen der Vorrang der Erklärung des Vollmachtgebers gewahrt bleiben, um Ungerechtigkeiten zu verhüten, die zB nur oder auch auf Mißverständnissen zwischen Vollmachtgeber und Bevollmächtigtem beruhen. II 2 entspricht weitgehend dem Zweck des § 290. Die Haftung nach II ist eine in jeder Hinsicht unvermeidbare Folge der Voll-Macht.

Bei *II* gilt: Die Partei, die ihren Prozeß durch einen von ihr bestellten Vertreter führt, soll in jeder Weise ebenso dastehen, als wenn sie den Prozeß selbst führen würde. Die Heranziehung des ProzBev soll nicht zu einer Verschiebung des Prozeßrisikos zu Lasten des Gegners führen, § 1 III BerufsO, BGH RR **93**, 131, BVerwG NVwZ **82**, 35.

Empörung kann die anwaltliche Reaktion auf einen richterlichen Hinweis auf II sein. Das gilt selbst dann, wenn der Hinweis im Urteil und nur zur Klärung des Umstands erfolgt, daß und warum es nicht entscheidungserheblich war näher zu prüfen, ob ein Verschulden im einzelnen bei der Partei selbst oder bei ihrem ProzBev lag. In Wahrheit kann ein solcher Hinweis sogar Pflicht des Gerichts sein. Denn es schuldet der Partei eine Begründung dafür, daß die vorgenannte Einzelfrage offenlassen durfte oder sogar mußte. Da die persönlich etwa schuldlose Partei im Innenverhältnis beim Verschulden eines ProzBev natürlich nicht rechtlos wird, darf das Gericht nicht einen entgegengesetzten Eindruck entstehen lassen. Man kann allerdings im Urteil eine allgemeine Fassung dahin wählen, daß und warum *ein etwaiges* Verschulden *eines* ProzBev ungeklärt bleiben müsse. Mit dieser Maßgabe darf und muß man aber den II durchaus handhaben.

3) Geltungsbereich, I, II. Vgl zunächst Üb 3 vor § 78, § 81 Rn 3. II ist mit dem GG vereinbar, BVerfG **3** NJW **01**, 814. Es handelt sich um eine ganz allgemein anwendbare Vorschrift, BGH **66**, 125, BSG KTS **93**, 308, LAG Köln MDR **99**, 772, aM LAG Hbg BB **86**, 1020, LAG Hamm MDR **01**, 40 betr §§ 4, 5 KSchG (zustm Vollkommer. Aber es besteht ein allgemeines Bedürfnis nach solcher Regelung. Deshalb gibt es keinen Grund, sie nicht mitanzuwenden. § 85 gilt auch in einer Familien- oder Kindschaftssache, BGH FamRZ **88**, 497, und im Asylverfahren, BVerfG **60**, 253.

II bezieht sich auf jede Art von Partei, auch zB auf eine Behörde, Schneider MDR **85**, 641, und auf jedes Verschulden (nur) des ProzBev, aM VG Stade NJW **83**, 1509 (nicht auf einen Vorsatz. Aber gerade dann ist II notwendig). Gemeint ist jedes Verschulden gerade im Rahmen der Prozeßführung, BPatG GRUR **78**, 559, LAG Hamm NJW **81**, 1231. Die Vorschrift gilt auch im Wiedereinsetzungsverfahren, § 233, BGH **148**, 68. Die Vorschrift gilt auch im Prozeßkostenhilfeverfahren nach § 114, und zwar gerade auch im Anwaltsprozeß, § 78 Rn 1, BGH **148**, 70, Brdb FamRZ **03**, 458, Köln RR **94**, 1093, aM Düss FamRZ **92**, 457, Kblz MDR **97**, 130, ZöV 11 (aber §§ 114 ff sind auch in isolierten Verfahren unabhängig vom Sozialzweck ganz prozeßförmig ausgestaltet und stehen im Buch 1 der ZPO, vgl auch § 118 I 1). Die Vorschrift gilt über § 22 FGG auch im Verfahren der freiwilligen Gerichtsbarkeit, LG Bln ZMR **01**, 1011. Sie gilt auch im Disziplinarverfahren, VGH Mannh NVwZ-RR **05**, 345.

II gilt auch in *verwaltungsgerichtlichen* Verfahren verfassungsmäßig, soweit der ProzBev eine Frist nicht eingehalten hatte, BVerfG NJW **01**, 814. II gilt *nicht* beim Erlaubnisträger nach § 209 BRAO. Denn § 25 EGZPO verweist nicht auch auf II.

4) Prozeßhandlung, I 1. Der ProzBev handelt in einer unmittelbaren Stellvertretung. I sagt insofern **4** ungenau dasselbe wie § 164 I BGB. Das Handeln verpflichtet nicht nur, sondern berechtigt auch. Ein Verschulden des ProzBev im Prozeß gilt als Verschulden der Partei, Rn 9. Das gilt für Handlungen wie für Unterlassungen.

Man muß den Begriff *„Prozeßhandlungen"* in I wie bei § 81 Rn 3 ff verstehen, Karlsr NJW **75**, 1933 **5** (Einlegung einer Berufung). Er würde genauer Parteiprozeßhandlung heißen, Grdz 47 vor § 128. Er umfaßt

§ 85   Buch 1. Abschnitt 2. Parteien

auch Unterlassungen, die Kenntnisnahme und die Entgegennahme von Erklärungen. § 85 betrifft allerdings nur die prozessualen Wirkungen, LAG Hamm MDR **94**, 811, LAG Köln MDR **02**, 222, aM LAG Hbg MDR **87**, 875 (Klagefrist), LAG Mü BB **81**, 915 (aber die Vorschrift steht im Prozeßrecht). Eine außergerichtliche Beratung ist also keine Prozeßhandlung, LAG Köln MDR **02**, 222. Die sachlichrechtlichen Wirkungen richten sich vielmehr nur nach dem bürgerlichen Recht, BAG FamRZ **84**, 1008, LAG Hamm MDR **94**, 811. So haftet der Vollmachtgeber für die Handlung eines ProzBev sachlichrechtlich nur nach § 831 BGB.

6   5) **Geständnis usw, I 2.** Es kommt auf den Inhalt Art der Erklärung an.

A. Tatsachenerklärung. Bei allen Tatsachenerklärungen einschließlich des Geständnisses nach § 288 gilt im Anwalts- wie im Parteiprozeß eine unmittelbare Stellvertretung nur, soweit die in der mündlichen Verhandlung miterschienene und zum Wort zugelassene Partei die Erklärung nicht sofort widerruft oder berichtigt. Wenn sie sofort widerruft oder berichtigt, gilt nur die Parteierklärung. Die Parteierklärung ist auch dann allein maßgeblich, wenn die Partei sich bereits vorher erklärt hat. Der ProzBev kann nämlich der Partei nicht wirksam widersprechen. Eine Erklärung nach § 445 ist kein Geständnis nach § 288. Das Gericht würdigt sie nach § 286, BGH **129**, 108. Abgesehen davon muß man eine tatsächliche Erklärung der Partei selbst einer Erklärung ihres ProzBev in aller Regel vorziehen, § 78 Rn 17, § 288 Rn 6, BGH RR **97**, 157. Ein späterer Widerruf der Erklärung des ProzBev durch die Partei ist in demselben Umfang zulässig wie ein Widerruf einer eigenen Erklärung.

Nicht unter I 2 fällt eine Prozeßhandlung des ProzBev, und zwar auch nicht, soweit in ihr eine Verfügung über den Streitgegenstand liegt, wie etwa bei einem Vergleich, einem Anerkenntnis oder einem Verzicht. I 2 ist im Parteiprozeß auch dann anwendbar. Denn dort kann sich die Partei selbst vertreten. Eine Rechtsausführung fällt in keinem Fall unter I 2. Sie bindet niemanden.

7   **B. Andere Erklärung.** Eine andere Erklärung als die unter Rn 6 genannte bindet die Partei unwiderruflich. Das gilt auch für einen Verzicht oder ein Anerkenntnis. Das Gesetz trennt solche Erklärungen ja scharf von Tatsachenerklärungen, § 307 Rn 1. Der Vergleich bezieht sich auf den Anspruch selbst.

Nicht bindend ist eine bloße Rechtsansicht des ProzBev, Traumann DB **86**, 262.

8   6) **Verschulden des Prozeßbevollmächtigten, II.** Die Regelung hat erhebliche praktische Bedeutung. Verschulden umfaßt Vorsatz wie Fahrlässigkeit. Es kommt nur auf das Verschulden des ProzBev und seiner Erfüllungsgehilfen an, nicht auf dasjenige des Auftraggebers, BGH VersR **84**, 850.

Unanwendbar ist II auf ein Verschulden einer anderen Person als des ProzBev, LAG Köln NZA-RR **05**, 384 (Tochter).

A. Verfassungsmäßigkeit. Es handelt sich nicht etwa um eine Untervorschrift zu I, VGH Mannh NJW **78**, 122.

II verstößt nicht gegen das GG, BVerfG BGBl **73**, 762 (allgemein, Gesetzeskraft) = BVerfG **35**, 41 und NJW **01**, 814, BGH RR **93**, 131, aM mit schwerwiegenden Gründen v Schlabrendorff BVerfG **35**, 51, Leipold ZZP **93**, 255, Bosch **93**, 308 (aber Rechtssicherheit muß Vorrang haben, Rn 2). Freilich darf die Haftung auch nicht zu einer Beschränkung der beruflichen Grundrechte des Anwalts führen, etwa seiner Meinungs-, Wissenschafts- und Berufsfreiheit, Loritz BB **00**, 2010.

9   **B. Verschuldensunterstellung.** Jedes Verschulden des Bevollmächtigten gilt als Verschulden der Partei, BGH NJW **85**, 495, Düss FamRZ **92**, 81, Karlsr NJW **84**, 619, aM VG Stade NJW **83**, 1509, ZöV 13 (nicht bei Sittenwidrigkeit. Aber gerade dann braucht der Prozeßgegner Schutz). Das gilt auch dann, wenn das Gericht die Nachteile der verschuldeten Fehlhandlung des Bevollmächtigten noch hätte abwenden können, BGH NJW **94**, 56.

10   Es gilt das alles selbst dann, wenn die Partei eine Freiheitsstrafe verbüßt, BGH VersR **84**, 851. Es gilt auch *im Kündigungsschutzprozeß,* LAG Köln DB **87**, 1796, LAG Mü BB **81**, 915, aM LAG Hbg NJW **78**, 446, ZöV 11 (vgl aber Rn 3). Die vorstehenden Regeln gelten allerdings nicht vor dem Beginn des Kündigungsschutzprozesses, LAG Hamm NJW **81**, 1231, aM LAG Mainz NJW **82**, 2461 (aber dann liegt grundsätzlich noch kein Prozeß und kein Prozeßrechtsverhältnis vor, Grdz 4 vor § 128).

11   Die vorstehenden Regeln gelten auch im *Strafprozeß,* BGHSt **26**, 127, Düss MDR **88**, 986, zumindest soweit es nicht um den Verteidiger geht, Kblz MDR **88**, 986. Sie gelten ferner bei einem Anspruch nach dem StrEG, BGH **66**, 123, in Patentsachen, BPatG GRUR **78**, 559, sowie im Sortenschutzverfahren, § 40 V SortSchG.

12   Der Anwalt muß unabhängig vom Gericht die *übliche Sorgfalt* anwenden, § 233 Rn 116, BGH VersR **99**, 443, Düss NJW **87**, 2564, krit Prinz VersR **86**, 317. Freilich darf man seine Sorgfaltspflicht nicht überspannen, BVerfG NJW **97**, 2941, BGH MDR **91**, 53, Schneider NJW **98**, 3696. Das gilt auch angesichts des Umstands, daß die Gerichte dazu neigen, den Staat nur für offensichtliche schwerwiegende eigene Gerichtsfehler wenigstens nach § 21 GKG (Kostenniederschlagung) in eine Art Haftung zu nehmen. Dann sollte man auch nicht allzu hart mit kleineren Anwaltsfehlern umgehen.

13   **C. Beispiele zur Frage des Verschuldens,** dazu *Borgmann* NJW **02**, 2145, *Fischer* NJW **99**, 2995. Vgl auch die umfangreichen weiteren Nachweise speziell zur Frage einer Wiedereinsetzung bei § 233 Rn 49 ff:

Abtretung: Zur Anwaltspflicht vor einer Klage aus abgetretenem Recht trotz Abtretungsverbots BGH RR **03**, 1212.

Adresse: Wenn der Anwalt der an sich ausreichenden gesetzlichen Bezeichnung des Gerichts und seines Orts die Straße und Hausnummer beifügt, muß diese Angabe ebenso wie die Postleitzahl zutreffen. Er darf sich aber grds auf geschultes Personal verlassen, BGH (8. ZS) VersR **94**, 75, LAG Köln MDR **97**, 854, aM BGH (6. ZS) VersR **93**, 1381, OVG Magdeb NVwZ-RR **04**, 385 (vgl aber § 233 Rn 147 ff). Im letzten Moment trifft ihn eine erhöhte Sorgfaltspflicht, § 233 Rn 34.

Alleiniger Sachbearbeiter: Rn 20 „Sozietät".

Titel 4. Prozessbevollmächtigte und Beistände **§ 85**

Allgemeine Geschäftsbedingungen: Formularmäßige Mandatsbedingungen unterliegen §§ 305 ff BGB. Sie können die Anwaltshaftung keineswegs beliebig einschränken, Bunte NJW **81**, 2657, aM Prinz VersR **86**, 320 (aber § 307 BGB gilt natürlich auch hier). Der Anwalt muß AGB auf ihre Erheblichkeit prüfen, LG Mü RR **03**, 285.
Anwaltshaftung: Rn 20 „Schadensersatz", Rn 24 „Verjährung".
Anwaltskartell: Rn 24 „Versäumnis".
Arbeitstempo: Rn 18 „Prozeßführung".
Aufwand: Rn 18 „Prozeßführung".
Ausnahmelage: Sie kann ausnahmsweise entschuldigen, BGH VersR **85**, 394.
Vgl aber auch Rn 22 „Überlastung".
Bedenken: Der Anwalt muß seine Bedenken gegen eine Weisung des Auftraggebers vortragen, BGH BB **14** **99**, 763 und VersR **99**, 443. Der Anwalt muß auch das Gericht auf eine Unschlüssigkeit des gegnerischen Vortrags hinweisen, Kblz RR **90**, 960 (Parteiverwechslung), Köln AnwBl **84**, 92.
Beratung: Der Grundsatz der Notwendigkeit umfassender Wahrnehmung der Interessen des Auftraggebers nach Rn 23 gilt auch bei jeder Beratung, BGH VersR **99**, 443, LG Hbg VersR **89**, 805. Freilich braucht der Anwalt die Beratung grds auch nicht besonders nachdrücklich oder eindringlich vorzunehmen, BGH NJW **87**, 1323. Immerhin muß er während des gesamten Verfahrens umfassend auf das Prozeßrisiko und auf das Kostenrisiko hinweisen, BGH BB **99**, 763, Kblz VersR **01**, 1027, Mü RR **91**, 1460. Er muß auch auf Zweifel und Bedenken hinweisen, BGH NJW **01**, 674, Karlsr VersR **89**, 1296, LG Hbg VersR **89**, 805. Man muß den Schutzbereich der Amtspflicht beachten, BGH DB **97**, 2120.
Beratungshilfe: Der Anwalt muß den Auftraggeber auf die Möglichkeit einer Beratungshilfe hinweisen, soweit ihm bekannt ist, daß der Auftraggeber deren Voraussetzungen wahrscheinlich erfüllt, § 16 I BerufsO, BVerfG NJW **00**, 2494, Düss MDR **84**, 937. Er muß im Beratungshilfeverfahren alle Möglichkeiten ausschöpfen, BGH NJW **87**, 3121.
Beweissicherung: Rn 24 „Vorbereitung".
Botendienst: Der Anwalt muß darauf achten, daß ein privater Botendiener zB des Anwaltsvereins funktioniert, OVG Münst NJW **94**, 402.
Ehesache: Rn 25 „Wirtschaftliche Auswirkungen". **15**
Eilmaßnahme: Der Anwalt muß evtl schon vor Erhalt des Auftrags eine Eilmaßnahme erwägen und vornehmen, §§ 677 ff BGB, KG Rpfleger **85**, 40. Er muß eine gegnerische Eilmaßnahme unverzüglich dem Auftraggeber mitteilen, Düss VersR **88**, 861, Ffm GRUR **87**, 652. Wegen seiner Pflicht zum Vorgehen innerhalb der kürzestmöglichen Zeit muß er auch ein statt eines Hauptprozesses oder zusätzlich zu diesem mögliches Eilverfahren bedenken und evtl veranlassen, LG Bonn JB **90**, 1318. Der Anwalt muß den Posteingang auf etwa notwendige Sofortmaßnahmen prüfen, BGH VersR **85**, 69, Köln VersR **97**, 605.
Entscheidungspraxis des angerufenen Gerichts: Die Grundsätze, daß der Anwalt den kostensparendsten, sichersten und gefahrlosesten Weg wählen gehen muß, Rn 17 „Mehrheit möglicher Entscheidungen", gelten auch dann, wenn ihm oder jedem Kollegen eine Entscheidungspraxis des angerufenen Gerichts bekannt ist. Das gilt freilich nur, soweit sie objektiv den rechtlichen Anforderungen genügt, BVerfG **79**, 376, BGH VersR **02**, 1576. Das alles gilt auch im ersten Rechtszug und bei einer Streitfrage. Freilich darf der Anwalt nicht schon deshalb einen wesentlichen Tatsachenvortrag zurückhalten oder bewußt verschweigen, § 138 I, II, BGH VersR **83**, 562.
Vgl aber auch Rn 24 „Verjährung".
Fristwahrung, dazu *Francken,* Das Verschulden des Prozeßbevollmächtigten an der Versäumung der Klagefristen des § 4 KSchG, des § 1 Abs. 1 BeschFG und des § 113 Abs. I InsO, 1998: Der Anwalt muß jede Frist streng beachten, BGH NJW **95**, 522, BVerwG NJW **02**, 769, Karlsr RR **00**, 1519. Das gilt auch bei § 4 I 1 KSchG, LAG Bln MDR **95**, 43, LAG Köln **99**, 772, LAG Stgt DB **03**, 52, und bei § 5 KSchG, aM LAG Hbg NZA-RR **05**, 489. Denn die Fristkontrolle ist seine ureigene Aufgabe, BGH NJW **92**, 820. Das alles gilt auch beim bloßen „Stempelanwalt", Hamm MDR **99**, 900. Jeder Anwalt muß auch eine verfrühte Einreichung verhindern, BGH VersR **93**, 1548. Bei einer überörtlichen Sozietät ist vor allem derjenige zuständig, der die Partei im Prozeß vertritt, BGH NJW **94**, 1878. Der Briefwechsel kann grds mit einfachem Brief des Anwalts ohne Rückfrage nach dem Zugang erfolgen, BGH RR **00**, 948. Der Anwalt muß im Zweifel die kürzere Frist beachten, BVerfG NJW **03**, 575, BGH GRUR **01**, 271. Er muß den Auftraggeber nach dem Datum der Zustellung eines Bescheids fragen, gegen den nur fristgebundener Widerspruch statthaft ist, OVG Ffo NJW **03**, 1546.
S auch Rn 17 „Mehrheit möglicher Maßnahmen", auch § 233 Rn 85 ff, 93 ff.
Gericht: Der Anwalt kann sich grds auf die inhaltliche Richtigkeit einer Mitteilung des Gerichts zB über einen Eingangstag verlassen, BVerfG NJW **95**, 711. Ein Verschulden des Gerichts kann ihn entlasten, BVerfG NJW **02**, 2937, Rostock MDR **99**, 626.
Gesetzeskenntnis: Der Anwalt muß die geltenden Gesetze kennen, Hamm RR **99**, 1679, Köln RR **03**, 287 (alsbald nach Inkrafttreten). Er braucht aber nicht klüger als das Gericht zu sein, BVerfG NJW **02**, 2938.
S auch § 233 Rn 114 ff.
Interessenwahrnehmung: Rn 23 „Umfassende Interessenwahrnehmung". **16**
Kartellanwalt: Rn 24 „Versäumnis".
Kostenrisiko: Der Anwalt muß den Auftraggeber auf ein etwaiges hohes Kostenrisiko hinweisen, Hbg AnwBl **03**, 114, Mü RR **91**, 1460, auch allgemein auf die zu erwartenden Anwaltskosten, LG Flensb AnwBl **87**, 193, aM Köln VersR **98**, 1282 (§ 242 BGB).
S auch Rn 14 „Beratung".
Krankheit: Eine chronische Krankheit kann den Anwalt zu entsprechender Vorsorge verpflichten, etwa vor Terminen, BGH NJW **96**, 1541, BVerwG NJW **01**, 2735.
Eine plötzliche Erkrankung kann ein Verschulden *entfallen* lassen, BGH VersR **90**, 1026 (ProzBev selbst), BGH VersR **85**, 47 (naher Angehöriger).

Kündigung: Der Kündigende muß mangels Anzeige nach § 87 und nach Empfangsbekenntnis noch fristwahrend tätig bleiben, VGH Mannh NJW **04**, 2914.

Der *Gekündigte* braucht mangels Fristdrucks keinen Rat mehr zu geben, BGH MDR **97**, 196, BFH NJW **03**, 240. Seine Haftung entfällt unabhängig von seiner Kenntnis der Beauftragung eines anderen Anwalts, BGH BB **03**, 600. Der Anwalt muß auch gegen jede erfolgte Kündigung vorgehen, BGH BB **99**, 763. Bei einer Kündigungsschutzklage nach § 5 KSchG kann II nur begrenzt anwendbar sein, LAG Stgt NZA-RR **04**, 45.

17 **Mehrheit möglicher Maßnahmen:** Wenn mehrere Maßnahmen in Betracht kommen, etwa bei einer Streitfrage, muß der Anwalt diejenige ergreifen, die die kostensparendste ist, Düss FamRZ **89**, 204, AG Mü JB **93**, 671. Er muß auch die in der Sache die sicherste und gefahrloseste wählen, BGH GRUR **01**, 271, Kblz VersR **01**, 1027, Naumb MDR **00**, 602. Das übersieht LG Tüb RR **87**, 1213. Das alles gilt auch bei grenzüberschreitender Tätigkeit, Graf von Westphalen (vor Rn 1) 1486. Daher nützt auch der Umstand nichts, daß das Gericht dasselbe Anwaltsverhalten in anderen Fällen nicht beanstandet hat. Das gilt jedenfalls, solange der Anwalt nicht sicher sein kann, daß seine Auffassung die allein vertretbare ist.

S auch Rn 15 „Entscheidungspraxis des angerufenen Gerichts".

Mitverschulden: Ein nicht völlig unerhebliches ist schädlich, BGH BB **99**, 763.

Parteibezeichnung: Sie muß natürlich stets richtig sein, BGH FamRZ **04**, 1020.

18 **Parteigutachten:** Der Anwalt muß den Auftraggeber auf die nach der Sachlage möglichen Zweifel und Bedenken auch dann hinweisen, wenn diese trotz eines eingeholten Parteigutachtens bestehen bleiben können, BGH NJW **85**, 264.

S auch Rn 14 „Bedenken".

Parteiverhalten: Die Partei muß für ihren ProzBev erreichbar sein, BGH FamRZ **95**, 1484.

Personal: Der Anwalt darf grds auf die Einhaltung seiner Einzelanweisung vertrauen, BGH FamRZ **03**, 1650.

Posteingang: Rn 14 „Eilmaßnahme". Man muß lückenlos darstellen, daß der ProzBev ein fristgebundenes Schriftstück rechtzeitig zur Post aufgegeben hatte, LAG Nürnb NZA-RR **03**, 661.

Postulationsfähigkeit: Der Anwalt muß alle einschlägigen Vorschriften beachten, BGH MDR **03**, 480, Drsd MDR **05**, 1009, Schlesw MDR **03**, 1023. Dazu kann ein Zwang zur Robenbenutzung zählen, § 59 b Z 6 c BRAO in Verbindung mit § 20 BerufsO (sein S 2 befreit vor dem AG. Das ist wegen der Stellung des Anwalts nach § 1 BRAO problematisch. Zum Landesrecht Weber NJW **98**, 1674). Der ProzBev muß prüfen, ob ein als freier Mitarbeiter mit der selbständigen Bearbeitung beauftragter Anwalt beim Prozeßgericht zugelassen bzw postulationsfähig ist, BGH NJW **01**, 1580 rechts unten, oder ob er dort wenigstens für den konkreten Prozeß uneingeschränkt postulationsfähig ist.

Prozeßfähigkeit: Ein Verschulden des ProzBev *fehlt* bei seiner Prozeßunfähigkeit, BGH NJW **87**, 440, Mü RR **89**, 255.

Prozeßführung: Der Anwalt muß den Prozeß so führen, daß er innerhalb der *kürzestmöglichen Zeit* vorankommt. Das gilt auch im Prozeßkostenhilfeverfahren, BGH NJW **87**, 3121, Düss FamRZ **89**, 204. Es gilt auch dann, wenn ein Eilverfahren in Betracht kommt, LG Bonn JB **90**, 1318. Es gilt ferner in der Zwangsvollstreckung, Köln VersR **86**, 300. Der Anwalt muß mit dem geringstmöglichen Aufwand das günstigste mögliche Ergebnis zu erzielen versuchen, Oldb VersR **81**, 341. Er muß im Rahmen des ihm Möglichen und Zumutbaren alles dasjenige erwägen. Er muß dasjenige tun, was vertretbar und auch nur evtl sinnvoll zu sein scheint. Freilich ist nicht der Anwalt, sondern dessen Auftraggeber der „Arbeitgeber" des Gerichts. Der Anwalt ist nur der Beauftragte desjenigen, für den das Gericht tätig wird. Das unterschätzt Kroppen AnwBl **80**, 129.

S auch Rn 24 „Verkehrsanwalt".

Prozeßkostenhilfe: Der Anwalt muß den Auftraggeber auf die Möglichkeit einer Prozeßkostenhilfe hinweisen, soweit ihm bekannt ist, daß der Auftraggeber deren Voraussetzungen wahrscheinlich erfüllt, § 16 I BerufsO, Düss MDR **84**, 937. Er muß im PKHverfahren alle Möglichkeiten ausschöpfen, BGH NJW **87**, 3121. Wegen der Pflicht auch des Gerichts zu einem Hinweis auf PKH Üb 5 vor § 114.

Prozeßtaktik: Sie erlaubt keinen Verstoß gegen die Wahrhaftigkeitspflicht nach § 138 Rn 16, Köln FamRZ **05**, 168.

Prozeßvergleich: Rn 24 „Vergleich".

19 **Rechtsmittelbelehrung:** Eine solche unrichtige Belehrung durch das Gericht beseitigt ein Verschulden des Anwalts nur bei ihrer Nachvollziehbarkeit, BGH VersR **97**, 1522.

Rechtsansicht: Unschädlich ist eine nach sorgfältiger Prüfung rückschauend vertretbare Ansicht, Düss RR **03**, 137.

Rechtsprechung, dazu *Friedmann* (vor Rn 1): Der Anwalt muß eine bestehende Rechtsprechung beachten, BVerfG NJW **97**, 1433, Habscheid JR **99**, 102. Daher darf er grds auf ihren Fortbestand zumindest bei einer bisher ständigen Rechtsprechung vertrauen, wenn auch nicht blindlings, BGH BB **93**, 2268.

Rechtsschutzversicherung: Der Anwalt muß den Auftraggeber über die Einschränkung oder gar Zurücknahme ihrer Deckungszusage informieren, Düss MDR **02**, 1257. Die Beratung des Mitglieds, die Sachverhaltsermittlung und die Weitergabe von Unterlagen an die ProzBev reichen nicht stets zur Annahme eines Verkehrsanwalts aus, LAG Bre DB **03**, 2448.

Regreß: Rn 20 „Schadensersatz", Rn 24 „Verjährung".

Risiko: Rn 17 „Mehrheit möglicher Maßnahmen".

20 **Sachbearbeiter:** Rn 21 „Sozietät".

Sachverhaltsklärung, dazu *Popp,* Die Verpflichtung des Anwalts zur Aufklärung des Sachverhalts, 2001: Der Anwalt muß im Rahmen des ihm Möglichen und Zumutbaren den Sachverhalt genau klären. Das gilt auch schon vor einer Beratung. Er darf freilich auf die Richtigkeit der vom Auftraggeber erteilten tatsächlichen Information grds vertrauen, BGH VersR **94**, 1344. Dieses Vertrauen darf aber andererseits auch nicht zu Leichtgläubigkeit oder Gedanken- bzw Arbeitsfaulheit führen, Düss AnwBl **99**, 351. Das gilt zB

Titel 4. Prozessbevollmächtigte und Beistände **§ 85**

dann, wenn Lücken oder Widersprüche für Juristen auf der Hand liegen oder ernsthaft in Betracht kommen, BGH NJW **98**, 2048. Eine Rechtstatsache muß der Anwalt selbst klären, zB das Datum einer Zustellung, BGH NJW **96**, 1968, Düss AnwBl **99**, 351.

Sachverständiger: Der Anwalt muß einen Antrag auf Vernehmung des Sachverständigen stellen, sobald er merkt, daß das Gericht dessen ihn überzeugendes Gutachten nicht überzeugend findet, Hamm VersR **02**, 367.

Schadensersatz: Wegen der Notwendigkeit umfassender Beratung nach Rn 14 „Beratung" muß der Anwalt den Auftraggeber auch auf einen etwaigen Schadensersatzanspruch gegen sich selbst unverzüglich hinweisen, BGH NJW **92**, 837. Das gilt aber nur, solange und soweit der Auftraggeber von dieser Anwaltshaftung nichts weiß, Celle VersR **81**, 237. Folglich entfällt solche Pflicht dann, wenn der Anwalt den Auftraggeber rechtzeitig vor der Verjährung wegen der Haftungsfrage berät, BGH NJW **92**, 837, oder wenn ein anderer Anwalt den Regreßanspruch schon angemeldet hat, BGH BB **01**, 1764.
S auch Rn 24 „Verjährung", „Vorbereitung".

Säumnis: Nach „Flucht in die Säumnis" im Sinn von § 342 Rn 4 muß der Anwalt grds auch ohne Weisung **21** des Auftraggebers rechtzeitig Einspruch einlegen, es sei denn, er hält ihn für sinnlos. Das muß er aber mit dem Auftraggeber erörtern, BGH NJW **02**, 291.

Sicherheitsleistung: Der Anwalt muß die Möglichkeit erörtern, für den Auftraggeber eine Sicherheitsleistung zu erbringen, zu erhalten oder zurückzuerhalten, BGH NJW **90**, 2129.

Sicherster Weg: Rn 17 „Mehrheit möglicher Maßnahmen".

Sofortmaßnahme: Rn 15 „Eilmaßnahme".

Sozietät: Jeder Sozius gilt grds als beauftragt und bevollmächtigt, Rn 36 „Sozius". Das gilt grds unabhängig davon, ob die Sozietät als rechts-, partei- und prozeßfällige BGB-Außengesellschaft konstruiert ist, dazu BGH **146**, 341. Daher muß jeder Sozius das ihm Mögliche und Zumutbare unverzüglich auch für den Auftraggeber kostensparendsten, sichersten und gefahrlosesten Wege veranlassen, Rn 17 „Mehrheit möglicher Maßnahmen", Rn 22 „Zweifelhafte Rechtslage". BGH RR **88**, 1299 (Treuhandauftrag). Er darf sich nicht hinter dem anderen Sozius als dem „Sachbearbeiter" oder gar dem „allein bearbeitenden" Kollegen verstecken, BGH FamRZ **03**, 231. Ausnahmen gelten bei „gemischter" Sozietät zugunsten desjenigen, der auf diesem Gebiet nicht tätig werden darf, Köln RR **97**, 438.

Steuerliche Auswirkungen: Rn 25 „Wirtschaftliche Auswirkungen".

Streitfrage: Rn 25 „Zweifelhafte Rechtslage".

Telefax: Der Anwalt muß Störungen im Telefaxverkehr bedenken, § 233 Rn 164 „Telefax", Mü NJW **91**, **22** 303. Er darf das Heraussuchen der richtigen Telefaxnummer dem Personal überlassen, BFH BB **03**, 1485.

Termin: Der Anwalt muß stets mit Verkehrsbehinderungen rechnen. § 337 Rn 13 „Verkehrsprobleme". Er muß den Auftraggeber von der Aufhebung eines solchen Termins unverzüglich verständigen, an dem der Auftraggeber teilnehmen soll oder will, Kblz JB **91**, 1544. Vgl auch § 227 Rn 25.

Treuhandauftrag: In einer Sozietät nach Rn 21 gilt im Zweifel jeder Sozius als Treuhänder mit allen Rechten und Pflichten, BGH RR **88**, 1299.

Überlastung: Sie entschuldigt nicht, BGH NJW **96**, 997, VGH Mü NJW **98**, 1507.

Umfassende Interessenwahrnehmung: Der Anwalt muß die Interessen des Auftraggebers stets nach jeder **23** Richtung umfassend wahrnehmen, BGH VersR **99**, 443, Hamm VersR **88**, 192, Karlsr VersR **89**, 1296. Das gilt zB auch bei der Frage, ob er einen Vergleich abschließen oder widerrufen soll, LG Mü NJW **90**, 1369. Es gilt auch bei einer Beratung, BGH NJW **88**, 706 und 2113, LG Hbg VersR **89**, 805. Es gilt aber ab Mandatsende nur noch bei Fristdruck, BGH MDR **97**, 196.

Unfall: Er kann entschuldigen, BGH VersR **88**, 249 (Reifenpanne).

Unschlüssigkeit: Rn 14 „Bedenken".

Unterschrift: Die Grundsätze Rn 8–12 gelten auch für die Unterschrift, BGH NJW **87**, 957. Der Anwalt muß auch die Regeln § 129 Rn 9 ff beachten. Wer unterzeichnet, muß sicherstellen, daß nicht verfrüht eingereicht wird, BGH VersR **93**, 1548. Er muß kontrollieren, ob er die gesetzlichen Anforderungen an den Schriftsatz erfüllt, BGH FamRZ **03**, 1176.

Unvollständigkeit des Vortrags: Der ProzBev darf nicht einen objektiv etwa nach § 138 II bereits notwendigen Vortrag zurückhalten, Schlesw FamRZ **93**, 336.

Urkundenprozeß: Der Anwalt muß eine Klage im Urkundenprozeß erwägen, wenn ein besonderes Beschleunigungsbedürfnis besteht, BGH VersR **94**, 1234, Wolf DB **99**, 1103.

Verfahrensweise des Gerichts: Der Anwalt muß, insbesondere als ProzBev des Bekl, stets kritisch die **24** Verfahrensweise des Gerichts überdenken, Hamm MDR **87**, 582, und zwar natürlich auch selbstkritisch.

Vergleich: Der Grundsatz der Notwendigkeit umfassender Wahrnehmung der Interessen des Auftraggebers nach Rn 23 gilt auch bei der Frage, ob der Anwalt einen Vergleich abschließen oder widerrufen soll und bis wann das geschehen muß, BGH NJW **02**, 292, Hamm MDR **94**, 309, LG Mü NJW **90**, 1369. Der Anwalt darf ein vorteilhaftes gegnerisches Vergleichsangebot nicht ohne ausreichende Beratung des Auftraggebers ablehnen, Düss VersR **02**, 1377. Der Anwalt muß auf Eindeutigkeit und auf die Entbehrlichkeit einer Auslegung hinwirken, BGH DB **02**, 1502. Er darf einen bindenden Abfindungsvergleich mit nicht unerheblicher Tragweite erst nach Zustimmung des entsprechend belehrten Auftraggebers abschließen, BGH NJW **02**, 292.

Verjährung: Der Anwalt muß den Auftraggeber vor jeder Art von Verjährung schützen, BGH VersR **05**, 1241. Er kann sich nur ganz ausnahmsweise wegen dessen Rechtskunde auf dessen Mitverschulden berufen, BGH NJW **92**, 820. Er muß im Zweifel die kürzere Verjährungsfrist zugrunde legen, BGH NJW **00**, 1267. Er muß auch aktiv helfen, den Verjährungseintritt zu vermeiden, BGH VersR **05**, 1241, Naumb VersR **05**, 1242. Ein Hinweis auf drohende Verjährung muß rechtzeitig erfolgen, BGH NJW **92**, 837, Mü AnwBl **98**, 607. Der Anwalt kann sogar nach Beendigung seiner Tätigkeit zum Hinweis auf eine drohende Verjährung verpflichtet sein, BGH NJW **02**, 1117, aM Hamm VersR **99**, 446 (vgl aber § 86 Rn 7). Das gilt auch aus Anlaß eines neuen Auftrags, BGH NJW **86**, 582, auch eines solchen an einem anderen

§ 85

Anwalt, BGH VersR **05**, 1241. Er braucht grds nicht mit der Abweichung eines LG von der Rechtsprechung des BGH zu rechnen, Brschw RR **98**, 350. Vgl freilich Rn 15 „Entscheidungspraxis".
S auch Rn 20 „Schadensersatz".

Verkehrsanwalt: Die Pflichten des *ProzBev* zur sachgemäßen Prozeßführung ändern sich nicht durch die Einschaltung eines Verkehrsanwalts, BGH NJW **88**, 3014, aM Düss VersR **89**, 850 (aber der ProzBev muß den Verkehrsanwalt überwachen, § 233 Rn 174 ff). Der Verkehrsanwalt ist kein Erfüllungsgehilfe des ProzBev nach § 278 BGB, Ffm MDR **94**, 99.

Der *Verkehrsanwalt* haftet natürlich im Rahmen seines Auftrags, BGH NJW **93**, 3140, Düss VersR **89**, 850, insoweit aber voll, BGH VersR **96**, 606.
S auch Rn 18 „Prozeßführung", Rn 19 „Rechtsschutzversicherung".

Verkündung: Der Anwalt muß sich rechtzeitig danach erkundigen, was im ihm bekannten Verkündungstermin geschehen ist, § 218 Rn 2, 4, Ffm MDR **98**, 124.

Versäumnis: Der Anwalt muß im Rahmen des ihm Möglichen und Zumutbaren verhindern, daß Säumnisfolgen eintreten, LG Duisb RR **91**, 1022 (Hinterlegung der Akten nebst Zettel-„Auftrag" an irgendeinen evtl anwesenden Anwalt zur Antragstellung). Das gilt insbesondere vor einem Zweiten Versäumnisurteil, BGH NJW **93**, 1324.

Vertragsverhandlungen: Der Anwalt muß schon während der Vertragsverhandlungen seines Auftraggebers aufpassen, BGH BB **88**, 1992.

Vorbereitung: Ein Anwalt kann zB zur Vorbereitung eines Schadensersatzprozesses zu einer Beweissicherung verpflichtet sein, BGH NJW **93**, 2677. Der Anwalt des Beweisverfahrens braucht nicht ungefragt auf eine infolge etwa nachfolgenden Hauptprozesses höhere Kostenlast hinzuweisen, Nürnb MDR **99**, 1530.

25 **Wirtschaftliche Auswirkungen:** Der Anwalt muß den Auftraggeber auf die Gefahr wirtschaftlicher Auswirkungen hinweisen, Düss GRUR **85**, 220. Das gilt etwa wegen einer Rücknahme eines Scheidungsantrags, Hamm FamRZ **93**, 817, oder wegen einer vom Auftraggeber ausgehandelten Scheidungsvereinbarung, BGH FamRZ **90**, 37. Er muß auch bei Gefahr einer Vereitelung des Zugewinnausgleichs auf die dann möglichen Sicherungsmaßnahmen hinweisen, zB nach §§ 916 ff, Hamm RR **92**, 1410. Er muß auch auf steuerliche Auswirkungen aller Art hinweisen, BGH RR **87**, 605, sogar auf einen etwaigen Schadensersatzanspruch gegen sich selbst, Rn 20 „Schadensersatz".
S auch Rn 14 „Beratung", Rn 16 „Kostenrisiko", Rn 24 „Vorbereitung".

Zulassung: Rn 18 „Postulationsfähigkeit". Der Anwalt muß im Rahmen des ihm Möglichen und Zumutbaren verhindern, daß das Gericht ein Vorbringen des Auftraggebers als verspätet zurückweist, Baur Festschrift für Schwab (1990) 54. Auch der vom Prozeßgericht nicht Zugelassene kann Bevollmächtigter im Sinn von § 85 sein, BGH NJW **01**, 1575.

Zurückweisung wegen Verspätung: Der Anwalt muß im Rahmen des ihm Möglichen und Zumutbaren verhindern, daß das Gericht ein Vorbringen des Auftraggebers als verspätet zurückweist, Baur Festschrift für Schwab (1990) 54.

Zwangsvollstreckung: Der Grundsatz der Notwendigkeit umfassender Wahrnehmung der Interessen des Auftraggebers gilt auch in der Zwangsvollstreckung, Köln VersR **86**, 300.

Zweifelhafte Rechtslage: Der Anwalt muß den kostensparendsten, sichersten und gefahrlosesten Weg gehen, Rn 17 „Mehrheit möglicher Maßnahmen". Dieser Grundsatz gilt auch bei einer zweifelhaften Rechtslage, BVerfG NJW **03**, 575, BGH DB **92**, 887 (rechte Spalte ganz unten), Düss RR **03**, 137.
S auch Rn 19 „Rechtsansicht".

26 **D. Bevollmächtigter: Grundsatz.** Bevollmächtigter, vor allem Prozeßbevollmächtigter, ist man, sobald man den Auftrag wirksam erhalten und wirksam angenommen hat, BGH FamRZ **96**, 409, LAG Bre DB **03**, 2448. Eine telefonische Auftragsannahme reicht, BGH NJW **80**, 2261. Man bleibt ProzBev solange, bis dasjenige Rechtsverhältnis beendet ist, das der Vollmachterteilung zugrunde liegt (insofern handelt es sich um die Abweichung von § 87), BGH VersR **85**, 540, BAG MDR **79**, 965, LAG Bre DB **03**, 2448. Das gilt also zB nur bis zur mündlichen Kündigung, auch wenn sie nur im Innenverhältnis erfolgt, BGH VersR **85**, 1186, BFH NJW **03**, 240, oder ab Annahme des Auftrags durch den Rechtsmittelanwalt, BGH VersR **93**, 770, oder ab Eröffnung eines Insolvenzverfahrens beim Auftraggeber, § 117 InsO. Denn nur insofern besteht dasjenige Vertrauensverhältnis, das eine Haftung des Auftraggebers rechtfertigt, BGH VersR **85**, 1186. Eine Vollmacht muß auch dann bestehen, wenn das Gericht den Anwalt nach § 121 beigeordnet hat, § 121 Rn 16.

27 **E. Beispiele zur Frage der Bevollmächtigung**
Amtlich bestellter Vertreter: Auch der für Behinderungsfälle oder uneingeschränkt amtlich bestellte Vertreter ist bevollmächtigt, BGH VersR **84**, 586, BayObLG JR **85**, 254 (StPO), OVG Hbg MDR **93**, 688. Das gilt selbst dann, wenn der amtlich bestellte Vertreter noch im Referendar ist, BGH VersR **76**, 92.

Nach dem Tod des vertretenen Anwalts bleibt die Vollmacht des bisherigen amtlichen Vertreters aber *nicht* als solche bestehen, selbst wenn der bestellte Vertreter noch nach § 54 BRAO, Anh § 155 GVG, tätig wird, BGH VersR **82**, 191 und 365.

Angestellter Anwalt: Bevollmächtigter ist der angestellte Anwalt, soweit und solange er die Sache selbständig bearbeitet, BGH VersR **05**, 811, BVerwG NVwZ **04**, 1008, Karlsr RR **00**, 1519, strenger Saarbr VersR **93**, 1550. Das gilt unabhängig von einer Zulassung beim Prozeßgericht, BGH BB **03**, 1253. Dabei reicht ein wesentlicher Abschnitt aus, zB die Einlegung eines Rechtsmittels, BGH VersR **84**, 240, oder die Alleinbearbeitung an einem bestimmten Tag, BAG NJW **87**, 1355. Im letzteren Fall kommt es auch nicht auf eine Unterschriftsbefugnis an, BGH VersR **84**, 87, und auch nicht darauf, ob der angestellte Anwalt im Termin als ProzBev auftritt, BGH VersR **83**, 84. Vielmehr reicht im allgemeinen die Aktenvorlage gerade bei diesem letzten Anwalt aus, BGH VersR **77**, 720.

Ein unselbständig tätiger *Hilfsarbeiter* ist *nicht* Bevollmächtigter im Sinn von § 85, BGH RR **93**, 893, BVerwG NVwZ **04**, 1008, Hbg NJW **96**, 2939, insbesondere nicht, solange er nicht mit der Sache befaßt

Titel 4. Prozessbevollmächtigte und Beistände　　　　　　　　　　　　　　**§ 85**

ist und zB eine Beratung der mit der Fristenkontrolle beauftragten Büroangestellten ablehnt, BGH RR **93**, 893, BVerwG NJW **85**, 1178.
　Vgl allerdings Rn 26.

Anwaltskartell: Die Einrichtung eines sog Anwaltskartells ist *unzulässig*, § 216 Rn 20, § 272 Rn 12, § 296 **28** Rn 14, Düss NJW **82**, 1889.

Assessor: Es können dieselben Regeln wie bei Rn 27 „Angestellter Anwalt" gelten, BGH VersR **05**, 811.
　Ein nur vorläufig beim Anwalt beschäftigter Assessor, dem eine Vertretungsmacht nicht übertragen worden ist, gilt *nicht* als Bevollmächtigter, BVerwG NJW **77**, 773.
　S auch Rn 27 „Amtlich bestellter Vertreter".

Auftragsbeendigung: Der Anwalt, dessen Auftrag beendet ist, gilt *nicht* mehr als Bevollmächtigter im Sinn von § 85, BGH MDR **80**, 299, Düss MDR **75**, 234, selbst wenn er noch um einen Rechtsrat befragt worden ist, und selbst dann nicht, wenn eine Zustellung noch nach den §§ 87, 172 an ihn erfolgen muß. Der Anwalt muß allerdings die Beendigung seiner Tätigkeit unzweideutig erklärt haben. Für diese Erklärung ist der früheste Zugang maßgeblich. Wenn eine Frist läuft, muß der Anwalt auf die Beendigung seiner Tätigkeit hinweisen, falls er die Frist nicht noch selbst wahren will. Das gilt insbesondere dann, wenn er die Kündigung (mit)verschuldet hat, BGH VersR **92**, 378.
　S auch Rn 27 „Amtlich bestellter Vertreter".

Auftragserteilung: Das Verschulden eines Anwalts, dem in dieser Sache kein Auftrag erteilt war, gilt *nicht* als Verschulden der Partei, BGH FamRZ **96**, 409, LAG Bre MDR **03**, 1059.

Auskunft: Ihre Erteilung vor Annahme des eigentlichen Auftrags macht noch *nicht* zum Bevollmächtigten nach § 85, BGH FamRZ **96**, 409.

Beaufsichtigung: Es ist unerheblich, ob die Partei den Anwalt „beaufsichtigen" kann. Denn es handelt sich **29** hier um einen zu unsicheren Maßstab. Er würde auch die Rechtssicherheit gefährden. In einem solchen Fall ist die Partei lediglich auf einen Ersatzanspruch gegen den Anwalt angewiesen. Wegen der Angestellten des Anwalts § 233 Rn 74 ff.

Beigeordneter Anwalt: Rn 35 „Pflichtanwalt", „Prozeßkostenhilfe".

Betreuung: § 51 III, dort Rn 27 ff.

Bote: Er ist *nicht* Bevollmächtigter nach § 85, LAG Mü NJW **87**, 2542.

Büroangestellter, -vorsteher: Er ist *nicht* Bevollmächtigter nach § 85, BGH RR **03**, 935.

Bürogemeinschaft: Rn 34 „Nachbarschaftshilfe".

Bürovorsteher: Er kann Bevollmächtigter sein, OVG Ffo NJW **04**, 1546.

Diplomkaufmann: Rn 34 „Nichtanwalt". **30**

Ehegatte: Er ist *nicht stets* Bevollmächtigter, LAG Mü NJW **87**, 2542. **31**

Generalbevollmächtigter: Er ist Bevollmächtigter auch nach § 85, BGH VersR **85**, 1186. **32**
　S auch Rn 31 „Ehegatte".

Kanzleiabwickler: Er ist Bevollmächtigter nach § 85, BGH VersR **84**, 989.

Kartellanwalt: Rn 28 „Anwaltskartell". **33**

Lebensgefährte: Er ist als solcher *nicht* Bevollmächtigter nach § 85, Karlsr RR **95**, 954.

Mitbearbeitung einzelner Sachen: Bevollmächtigter ist auch derjenige Anwalt, der als Entgelt für die Mitbenutzung der Kanzlei des ersteren Anwalts dessen einzelne Sachen mitbearbeitet.
　S auch Rn 28 „Anwaltskartell", Rn 34 „Nachbarschaftshilfe".

Nachbarschaftshilfe: Als bevollmächtigt gilt auch derjenige, der für den Kollegen in einer „Nachbar- **34** schaftshilfe" tätig wird, BGH VersR **75**, 1150, aM BGH VersR **79**, 160, BayObLG MDR **88**, 683 (je betr eine Bürogemeinschaft. Aber man darf im Interesse des Regelungszwecks nach Rn 2 nun auch nicht allzu enge Grenzen der Bevollmächtigung setzen. Auch eine „Nachbarschaftshilfe" ist ja immerhin mehr als eine rechtlich völlig unverbindliche Gefälligkeit).
　S auch Rn 33 „Mitbearbeitung einzelner Sachen".

Nichtanwalt: Auch ein solcher kann Bevollmächtigter im Sinn von § 85 sein, zB ein Diplomkaufmann, BGH VersR **85**, 1186.

Notanwalt: Rn 35 „Pflichtanwalt".

Pflichtanwalt: Der Pflichtanwalt, insbesondere der Notanwalt, ist *nicht* Bevollmächtigter im Sinn von § 85, **35** bevor er den Auftrag angenommen hat, mag er auch gleichzeitig mit dem Auftrag bereits eine Vollmacht erhalten haben. Der Zugang des Auftrags entscheidet trotz § 44 BRAO nicht, und zwar auch dann nicht, wenn das Gericht den Anwalt auf Grund eines ausdrücklichen Wunsches der Partei beigeordnet hat.

Postulationsfähigkeit: Ihr Fehlen steht der Haftung nicht entgegen, BGH NJW **01**, 1576, Karlsr RR **00**, 1519. Erteilt ein nicht postulationsfähiger Anwalt einem postulationsfähigen Untervollmacht zur mündlichen Verhandlung, so handelt der Unterbevollmächtigte als Vertreter der Partei, *nicht* als Hauptbevollmächtigter, BGH DB **02**, 2529.

Prozeßkostenhilfe: Ein Anwalt, den das Gericht in einem Verfahren auf die Bewilligung einer Prozeßkostenhilfe beigeordnet hatte, ist *nicht* schon vom Zeitpunkt der Kenntnis der Vollmacht der Partei auf ihn Bevollmächtigter, sondern erst von demjenigen Zeitpunkt an, in dem er den Auftrag übernimmt. Sein Sozius ist ausnahmsweise nicht mitbevollmächtigt, BGH NJW **91**, 2294. Wegen § 124 Z 2 vgl § 124 Rn 38.

Rechtsschutzversicherung: Der Sachbearbeiter ist Bevollmächtigter im Sinne von § 85, SG Freib NJW **87**, 342.
　Vgl auch Rn 39 „Versicherung".

Referendar: Rn 27 „Amtlich bestellter Vertreter".

Sozius: Die Sozietät kann als rechts-, partei- und prozeßfähige BGB-Außengesellschaft konstruiert sein, **36** BGH **146**, 341. Unabhängig davon gilt jeder Sozius grundsätzlich als (mit)bevollmächtigt, BGH FamRZ **03**, 231, LG Bln RR **03**, 429, OVG Lüneb NJW **05**, 312. Das gilt auch für den später eintretenden Sozius, BGH **124**, 49. Allerdings wird nicht jedes Mandat in die Sozietät eingebracht, BGH DB **88**, 1113 (auch zum Tod eines Sozius). Mancher will sich nur dem Sozius seines Vertrauens offenbaren. Es kommt daher

§§ 85, 86 Buch 1. Abschnitt 2. Parteien

auf den Einzelfall an, BGH NJW **95**, 1841. Meist besteht Anscheinsbeweis für die Bevollmächtigung aller Sozien, BGH NJW **95**, 1841.

Nicht als Bevollmächtigten kann man denjenigen Anwalt ansehen, dem ein Schreiben vorgelegt wird, das an einen früheren Sozius gerichtet ist und sich mit einer Berufungseinlegung befaßt und das der frühere Sozius dem jetzigen Empfänger ohne eine besondere Rücksprache übermitteln läßt.

S auch Rn 35 „Prozeßkostenhilfe".

37 Terminsanwalt: Ein nur zur Terminswahrnehmung unterbevollmächtigter Anwalt gilt *nicht* als Bevollmächtigter im Sinn von § 85, BGH VersR **79**, 255, BAG NZA **90**, 665.

Tod des Anwalts: Rn 27 „Amtlich bestellter Vertreter".

38 Übermittlung: Bevollmächtigt ist auch derjenige Anwalt, der die Sache nicht selbst bearbeitet, sondern nur die Übermittlung eines Schriftsatzes übernimmt, BGH NJW **84**, 1992.

S auch „Unterbevollmächtigter".

Unterbevollmächtigter: Auch ein Unterbevollmächtigter ist „Bevollmächtigter" im Sinn von II, BGH VersR **84**, 239, wie überhaupt jeder andere Anwalt, den der von der Partei beauftragte Kollege bittet, die weitere Bearbeitung zu übernehmen, BGH VersR **90**, 874, BAG NJW **87**, 1355. Bevollmächtigt ist auch derjenige, der die Sache nicht selbst bearbeitet, sondern nur die Übermittlung eines Schriftsatzes übernimmt, BFH NJW **84**, 1992.

S aber auch Rn 37 „Terminsanwalt".

Urkundbeamter der Geschäftsstelle: Er ist auch dann *nicht* Bevollmächtigter im Sinn von § 85, wenn er eine Zustellung vermittelt. Denn die Partei kann ihm keine bindende Weisung erteilen, § 168.

Urlaubsvertreter: Der vom Anwalt nach § 53 II 1 BRAO selbst bestellte Urlaubsvertreter ist Bevollmächtigter, BGH NJW **01**, 1575, Stgt MDR **01**, 238.

39 Verkehrsanwalt: Er gilt grds als Bevollmächtigter im Sinn von § 85, BGH NJW **97**, 3245, Bauer/Fröhlich FamRZ **83**, 123. Das gilt auch beim ausländischen Verkehrsanwalt, BGH RR **86**, 288. Freilich obliegt die Pflicht zu einem ordnungsgemäßen prozessualen Handeln gegenüber dem Prozeßgericht dem ProzBev und nicht dem Verkehrsanwalt, BGH NJW **88**, 1079. Der Verkehrsanwalt ist also insofern nicht der Erfüllungsgehilfe des ProzBev. Infolgedessen muß der ProzBev ein Verschulden des Verkehrsanwalts nicht gegenüber der Partei vertreten, LG Regensb AnwBl **82**, 109.

Versicherung: Der vom Haftpflichtversicherer bestellte Anwalt ist Bevollmächtigter im Sinn von § 85, BGH **112**, 348. Die Prozeßführungsbefugnis des Haftpflichtversicherers nach § 5 Z 4 AHB erstreckt sich *nicht* auf einen Mitversicherten, BGH RR **99**, 1470.

Vgl auch Rn 35 „Rechtsschutzversicherung".

40 Zustellungsbeamter: Er ist *nicht* Bevollmächtigter im Sinn von § 85, mag es sich um einen Gerichtsvollzieher oder einen Postbediensteten handeln.

Zustellungsbevollmächtigter: Er ist Bevollmächtigter auch im Sinn von § 85.

41 7) *VwGO:* I 1 ist entsprechend anwendbar, § 173 VwGO; I 2 ist unanwendbar, weil Tatsachenerklärungen der Beteiligten wegen des Ermittlungsgrundsatzes, § 86 VwGO, ohnehin nicht bindend sind. Auch im VerwProzeß ist das Verschulden des Bevollmächtigten (bei Sozietät sämtliche Anwälte, OVG Lüneb NJW **05**, 312 u Rn 21, 36) bei *Versäumung* Verschulden des Beteiligten, oben Rn 7ff, da **II** entsprechend anzuwenden ist, § 173 VwGO, ganz hM, KoppSch § 60 Rn 20 mwN; das gilt auch im Kriegsdienstverweigerungsverf, BVerwG NVwZ **82**, 35, und im *AsylVerf*, BVerfG NVwZ **00**, 907, NJW **82**, 2425, BVerwG **03**, 1544, VGH Mannh NVwZ-RR **00**, 261, VGH Mü BayVBl **82**, 250; zum Einzelfall eines nicht zurechenbaren Anwaltsverschuldens VG Stade NJW **83**, 1509 (s aber auch oben Rn 13 ff). Bevollmächtigter ist auch der RA, der in abhängiger Stellung von dem Prozeßbevollmächtigten mit der selbständigen Prozeßführung beauftragt worden ist, BVerwG DÖV **63**, 483, ebenso der vom RA bestellte Urlaubsvertreter, OVG Hbg NJW **93**, 747 mwN, auch der Nichtanwalt, der für einen Beteiligten die Korrespondenz mit dem ProzBev führt, BVerwG Buchholz 303 § 85 Nr 2, wie überhaupt jeder Vertreter, zB ein Behördenbediensteter, BVerwG Kblz AuAs **04**, 42, OVG Kblz NJW **54**, 52, OVG Frankfurt/Oder, FEVS **00**, 235 (oben Rn 27ff), nicht aber Büropersonal und sonstige Beauftragte, zB ein beim ProzBev angestellter RA, BVerwG NJW **85**, 1178, NVwZ **89**, 1058, ebensowenig ein bloßer Sprachmittler, VGH Mü NJW **97**, 1324.

86 *Fortbestand der Prozessvollmacht.* Die Vollmacht wird weder durch den Tod des Vollmachtgebers noch durch eine Veränderung in seiner Prozessfähigkeit oder seiner gesetzlichen Vertretung aufgehoben; der Bevollmächtigte hat jedoch, wenn er nach Aussetzung des Rechtsstreits für den Nachfolger im Rechtsstreit auftritt, dessen Vollmacht beizubringen.

Gliederung

1) Systematik	1
2) Regelungszweck	2
3) Geltungsbereich	3
4) **Erlöschen der Vollmacht**	4–7
A. Prozeßbeendigung	4
B. Kündigung	4
C. Tod des Prozeßbevollmächtigten	5
D. Vertretungsunfähigkeit	6
E. Wegfall der sachlichrechtlichen Vollmacht	7
5) **Kein Erlöschen der Vollmacht**	8–12
A. Tod des Vollmachtgebers	8
B. Erlöschen der Partei- oder Prozeßfähigkeit der Partei	9
C. Änderung der Rechtsform, Wegfall des gesetzlichen Vertreters usw	10
D. Wegfall der Prozeßkostenhilfe	11
E. Insolvenz	12
6) **Auftreten nach einer Aussetzung oder Unterbrechung**	13
7) *VwGO*	14

Titel 4. Prozessbevollmächtigte und Beistände **§ 86**

1) Systematik. Die Vorschriften der ZPO über das Erlöschen der Vollmacht in §§ 86, 87 sind unvoll- 1
ständig. Die sachlichrechtliche Vollmacht erlischt immer nach den Vorschriften des sachlichen Rechts. Die
prozessuale Vollmacht und die sachlichrechtliche Vollmacht erlöschen nicht stets gleichzeitig. Dem trägt § 86
mit einer vorrangigen Sondervorschrift zusammen mit dem ergänzenden § 87 Rechnung.

2) Regelungszweck. Die Vorschrift hat mehrere Ziele. Prozessual hat die Rechtssicherheit nach Einl III 43 2
verständlicherweise ein stärkeres Gewicht als sachlichrechtlich. Der Prozeßgegner soll ebenso wie das Gericht
von einer möglichst einfachen Lage bei der Beurteilung des Endes einer Prozeßvollmacht ausgehen können.
Auch soll der Prozeß im Interesse der Prozeßwirtschaftlichkeit nach Grdz 14 vor § 128 möglichst fortlaufen
können. Freilich entsteht dadurch oft eine außerordentlich schwierige Lage für den ProzBev. Er
muß im Innenverhältnis oft nach den Regeln einer Geschäftsführung ohne klaren weiteren Auftrag durch
die Rechtsnachfolger usw nach §§ 577 ff BGB entscheiden. Das sollte man ihm bei der Auslegung zugute halten.

3) Geltungsbereich. Vgl Üb 3 vor § 78, § 81 Rn 3. II ist auf den Übergang des Vermögens einer BGB- 3
Gesellschaft auf den letzten verbleibenden Gesellschafter entsprechend anwendbar, BGH **146**, 341.

4) Erlöschen der Vollmacht. Die Prozeßvollmacht erlischt nur in den folgenden Fällen. 4
A. Prozeßbeendigung. Die Prozeßvollmacht erlischt dann, wenn der Rechtsstreit endgültig beendigt
ist, vorbehaltlich einiger Nachwirkungen in der Zwangsvollstreckung, einer etwaigen Wiederaufnahme des
Verfahrens usw, § 81 Rn 21. Eine bloße Prozeßabweisung etwa wegen einer Unzuständigkeit nach Grdz 14
vor § 253 führt nicht zum Erlöschen der Prozeßvollmacht. Die bloße Beendigung dieser Instanz führt
ebenfalls nicht zum Erlöschen der Vollmacht, BGH RR **91**, 1214. Der Anwalt der unteren Instanz bleibt in
diesem Fall zu folgenden Handlungen bevollmächtigt: Zum Empfang von Zustellungen, § 172; zur Bestellung eines ProzBev der höheren Instanz; zu einem Rechtsmittelverzicht, §§ 515, 565; zu einer parteipro-
zeßmäßigen Vertretung; zu einer vollen Vertretung der Partei nach einer Zurückverweisung, § 538.
Wenn der Anwalt der höheren Instanz den Vertretungsauftrag des erstinstanzlichen Anwalts annimmt, erlischt
dessen Prozeßvollmacht, BGH VersR **78**, 722. Fällt dann der zeitinstanzliche Anwalt weg, muß man alle
Zustellungen wieder an den ProzBev der niedrigeren Instanz richten.

B. Kündigung. Die Prozeßvollmacht erlischt ferner durch eine Kündigung der Partei, § 87.
C. Tod des Prozeßbevollmächtigten. Die Prozeßvollmacht erlischt ferner durch den Tod des ProzBev, 5
Düss MDR **89**, 468. Eine Vertretungsbefugnis des bestellten Vertreters eines Anwalts nach § 53 BRAO
erlischt zwar mit dem Tod des vertretenen Anwalts. Wenn der Vertreter Rechtshandlungen vor der Löschung
des verstorbenen Anwalts in der Anwaltsliste vorgenommen hatte, dann sind solche Handlungen jedoch
wirksam, soweit der Anwalt im Zeitpunkt der Vornahme schon verstorben war, § 54 BRAO, BGH NJW
82, 2325 (Unanwendbarkeit des § 85 II). Dasselbe gilt dann, wenn die Landesjustizverwaltung den Vertreter
etwa erst nach dem Tod des Anwalts von der Landesjustizverwaltung bestellt hatte. Sie kann aber für den
verstorbenen Anwalt auch einen Abwickler bestellen. Er gilt ohne weiteres für schwebende Angelegenheiten
als bevollmächtigt, sofern die Partei nicht selbst für die Wahrnehmung ihrer Rechte gesorgt hat, § 55 II
BRAO. Vgl ferner § 244 Rn 1.

D. Vertretungsunfähigkeit. Die Prozeßvollmacht endet dann, wenn der ProzBev vertretungsunfähig 6
wird. Hierhin gehören: Der Wegfall der Prozeßfähigkeit, § 78 Rn 26, Mü RR **89**, 255 (§ 244); eine völlige
Löschung; der Wegfall der Zulassung. Zum Wegfall der Postulationsfähigkeit, insbesondere nach der Unterzeichnung eines bestimmenden Schriftsatzes, Ffm NJW **84**, 2896.

E. Wegfall der sachlichrechtlichen Vollmacht. Die Prozeßvollmacht erlischt schließlich, sobald eine 7
umfassende sachlichrechtliche Vollmacht endet, der die Prozeßvollmacht entflossen war, § 80 Rn 8.

5) Kein Erlöschen der Vollmacht. Die Prozeßvollmacht erlischt neben den in Rn 4 mitgenannten 8
Fällen des Nichterlöschens auch in den folgenden weiteren Fällen nicht. Es erfolgt keine Unterbrechung des
Verfahrens, der ProzBev führt es vielmehr fort.
A. Tod des Vollmachtgebers. Trotz des Todes des Vollmachtgebers bleibt die Prozeßvollmacht bestehen, KG Rpflege **98**, 530. Das gilt selbst dann, wenn die Klage im Todeszeitpunkt noch nicht erhoben
worden war. Dann sind die Erben Kläger, BGH **121**, 265. Der Klagekopf wird einfach berichtigt, Mü MDR
91, 672, StJBo § 50 Rn 43, ZöV 8, 12, aM AG Ellwangen AnwBl **76**, 345 (es hält mindestens die
Unterschrift des Klägers usw nach dem Tod des Auftraggebers für notwendig). Aber die Erben sind Gesamtrechtsnachfolger). Das gilt auch dann, wenn der ProzBev im Namen der unbekannten Erben klagt, Mü
MDR **91**, 672. Eine Handlung des ProzBev wirkt für und gegen die Erben. Das erstreckt sich auch auf die
Einlegung eines Rechtsmittels, Mü MDR **91**, 673, Schlesw MDR **86**, 154, OVG Münst NJW **86**, 1707.
Daher ist § 579 I Z 4 unanwendbar, Schlesw MDR **86**, 154. Ein Urteil gegenüber einer verstorbenen Partei
ist ein Urteil gegenüber den Erben. Nach diesen Grundsätzen muß man auch den Wegfall einer Partei kraft
Amts behandeln, Grdz 8 vor § 50.

B. Erlöschen der Partei- oder Prozeßfähigkeit der Partei. Die Prozeßvollmacht erlischt trotz § 56 9
nicht schon deshalb, weil die Partei inzwischen parteiunfähig wurde, aM Oldb RR **96**, 161, oder weil sie
inzwischen prozeßunfähig geworden ist, §§ 51, 52, BGH **121**, 266, BAG DB **03**, 2660, BayObLG FGPrax
04, 298, aM Bork MDR **91**, 99, StJR § 246 Rn 4, ZöV 12 (aber die Rechtssicherheit verbietet ein
Vertretungs-„Loch"). Das gilt etwa dann, wenn die Partei nach der Bevollmächtigung geisteskrank geworden
ist oder wenn sie im Handelsregister gelöscht wurde, BGH RR **94**, 542, BAG DB **03**, 2660, BayObLG
FGPrax **04**, 298, oder beim Ende der Parteistellung kraft Amtes, oder dann, wenn eine Betreuung notwendig
wird, § 56, Bork MDR **91**, 99. Es ist unerheblich, ob der Verlust der Prozeßfähigkeit zwar nach der
Vollmachtserteilung eingetreten ist, aber dann vor oder nach der Rechtshängigkeit, BGH **121**, 266,
BayObLG FGPrax **04**, 298. Etwas anderes gilt im Prozeß gegen den früheren Bev, LG Augsb JB **98**, 480.

C. Änderung der Rechtsform, Wegfall des gesetzlichen Vertreters usw. Der Wegfall der gesetz- 10
lichen Vertreters der Partei hat auf die vorher wirksam erteilte Prozeßvollmacht keinen Einfluß, BGH **121**,
266, Hbg FamRZ **83**, 1262. Das gilt unabhängig davon, aus welchem Grund der gesetzliche Vertreter

weggefallen ist. Auch eine Änderung der Rechtsform etwa wegen Verschmelzung stört nach § 86 grundsätzlich nicht, BGH **157**, 155.

11   **D. Wegfall der Prozeßkostenhilfe.** Eine Aufhebung der Bewilligung einer Prozeßkostenhilfe nach § 124 hat auf eine einmal wirksam erteilte Prozeßvollmacht keinen Einfluß.

12   **E. Insolvenz.** Die wirksam erteilte Prozeßvollmacht erlischt nicht schon dann, wenn über das Vermögen des Vollmachtgebers das Insolvenzverfahren eröffnet wird, BFH DB **78**, 776, aM BGH BB **98**, 2177 (ohne Gründe und ohne Erörterung von § 244), Brdb MDR **01**, 471, Karlsr JB **05**, 98. Wegen des Zustellungsbevollmächtigten § 184. Wegen Rn 8–10 §§ 239 ff.

13   6) **Auftreten nach einer Aussetzung oder Unterbrechung.** Wenn der ProzBev im Ausschluß an eine Aussetzung des Verfahrens nach § 246 oder anschließend an eine Unterbrechung des Verfahrens nach §§ 239–241, für den Rechtsnachfolger auftritt, dann muß er eine neue Prozeßvollmacht dieses Rechtsnachfolgers beibringen. Das gilt nach dem klaren Wortlaut des Hs 2 schon unabhängig davon, ob der Gegner das Fehlen rügt, erst recht aber natürlich auf Grund solcher Rüge, LG Bln ZMR **92**, 26. Die Vorschrift betrifft nur den Nachweis der Vollmacht, nicht deren Fortdauer vor, LG Gött Rpfleger **90**, 91. Eine einstweilige Zulassung erfolgt nach § 89.

14   7) *VwGO: Entsprechend anwendbar, § 173 VwGO, OVG Bautzen NVwZ **02**, 493, VGH Mannh NJW **84**, 195 (auch Halbs 2, OVG Münst NJW **86**, 1707). Behördenmitarbeiter verlieren Vollmacht nicht, wenn RA Prozeßvollmacht erhält, BVerwG **05**, 859.*

87   *Erlöschen der Vollmacht.* ¹ Dem Gegner gegenüber erlangt die Kündigung des Vollmachtvertrags erst durch die Anzeige des Erlöschens der Vollmacht, in Anwaltsprozessen erst durch die Anzeige der Bestellung eines anderen Anwalts rechtliche Wirksamkeit.

II Der Bevollmächtigte wird durch die von seiner Seite erfolgte Kündigung nicht gehindert, für den Vollmachtgeber so lange zu handeln, bis dieser für Wahrnehmung seiner Rechte in anderer Weise gesorgt hat.

Gliederung

1) Systematik, I, II 1	5) Einzelfragen, I 5, 6
2) Regelungszweck, I, II 2	6) Fortwirken der Vollmacht, II 7
3) Geltungsbereich, I, II 3	7) VwGO 8
4) Wirksamwerden der Kündigung, I 4	

1   1) **Systematik, I, II.** Der Vollmachtgeber und der Bevollmächtigte können den sachlichrechtlichen Geschäftsbesorgungsvertrag jederzeit aufkündigen. Das Gesetz spricht ungenau von einem Vollmachtsvertrag, Schmellenkamp AnwBl **85**, 14. Eine solche Kündigung wirkt im Innenverhältnis sofort, § 168 S 1 BGB. Sie kann freilich im Fall einer unzeitigen Erklärung eine Schadensersatzpflicht auslösen. § 87 trifft in Ergänzung von § 86 für die prozessuale Wirkung einer Kündigung dem Gericht und dem Gegner gegenüber eine besondere Regelung. § 117 I InsO mit seinem Erlöschen jeder Vollmacht durch Insolvenzeröffnung geht vor, Brdb RR **02**, 265.

2   2) **Regelungszweck, I, II.** Es gelten ähnliche Erwägungen wie bei § 86, dort Rn 2. Der Fortgang des Prozesses soll insbesondere für den Gegner ohne Schwierigkeiten möglich bleiben, Grdz 14 vor § 128, BGH RR **94**, 760, BPatG GRUR **02**, 370, Schmellenkamp AnwBl **85**, 15. Das ist eine Folge des sog Abstraktionsprinzips, Üb 4 vor § 78, Hamm NJW **92**, 1175.

Eile und Notlage sind Ausgangslagen für den Zweck von II. Die Vorschrift spricht zwar zurückhaltend nur vom Fehlen einer Hinderung. Sie meint aber nicht nur ein Recht, sondern evtl auch eine Pflicht des bisherigen ProzBev, zB angesichts eines unmittelbar bevorstehenden Fristablaufs das zur Fristwahrung vermeintlich vom bisherigen Auftraggeber noch Gewünschte des noch rechtzeitig wirksam zu tun, wenn eine eigene Kündigung des ProzBev in solcher Lage nicht überhaupt als zur Unzeit erfolgte unwirksam war. Jedenfalls darf und muß man eine Abwägung aus der Sicht eines verantwortungsbewußten ProzBev vornehmen, um eine richtige Auslegung zu finden.

3   3) **Geltungsbereich, I, II.** Vgl zunächst Üb 3 vor § 78, § 81 Rn 3. Manche entnehmen dem § 87 den allgemeinen Gedanken, daß ein sachlichrechtlicher Endigungsgrund der Vollmacht schlechthin auch für die prozessuale Vollmacht gelten solle, da prozessual wie sachlichrechtlich nach § 170 BGB eine Anzeige des Erlöschens erforderlich sei. Mit einer solchen Lösung verwischt man aber die Grenze zwischen dem Außen- und Innenverhältnis. Der Abbruch des Kontakts zwischen dem Auftraggeber und dem Bevollmächtigten bedeutet noch nicht wirksame Kündigung, BGH VersR **77**, 334, Schmellenkamp AnwBl **85**, 14, aM StJBo 3 (aber es kann zahlreiche andere Gründe geben, vom Urlaub über Krankheit bis zu einer Scheidung usw). Ebensowenig bedeutet eine Aufhebung der Prozeßkostenhilfe nach § 124 ohne weiteres eine Kündigung. I gilt entsprechend vor dem ArbG, LAG Ffm BB **80**, 891, vor dem BFH, BFH NJW **79**, 888, im WEG-Verfahren, KG ZMR **98**, 514, aM BayObLG RR **99**, 1686 (ohne Begründung). I gilt auch im Patentnichtigkeitsverfahren, BGH GRUR **96**, 757, BPatG GRUR **02**, 370.

4   4) **Wirksamwerden der Kündigung, I.** Der Vollmachtgeber kann durch eine formlose Erklärung gegenüber dem Bevollmächtigten kündigen. Dasselbe gilt umgekehrt, BGH VersR **77**, 334. Mit einer solchen Erklärung wird die Kündigung im Innenverhältnis gegenüber dem Vertragsgegner wirksam. Das gilt auch für § 85 II, BGH VersR **83**, 540. Der Prozeßgegner braucht die Kündigung aber im Außenverhältnis erst dann zu beachten, wenn er im Parteiprozeß nach § 78 Rn 1 von der Kündigung eine Anzeige erhielt und wenn er im Anwaltsprozeß nach § 78 Rn 1 für das Hauptverfahren außerdem die Bestellung eines

Titel 4. Prozessbevollmächtigte und Beistände §§ 87, 88

neuen, mit seinem Namen zu benennenden Anwalts an Stelle des alten, also nicht zusätzlich zu ihm, erfahren hat, § 15 I BerufsO, BGH FamRZ **04**, 865, Kblz RR **97**, 1023, Zweibr FER **99**, 130. Entsprechendes muß grundsätzlich auch für die Wirkung gegenüber dem Gericht gelten, BGH FamRZ **04**, 865, BAG NJW **82**, 2520, Zweibr FER **99**, 130, aM Hamm JMBlNRW **78**, 88 (aber alles das soll doch natürlich erst recht gegenüber dem Gericht gelten). Die Anzeige darf durch die Partei oder deren bisherigen ProzBev erfolgen, Schlesw JB **87**, 1548. Sie wirkt nur gegenüber ihrem Empfänger.

5) Einzelfragen, I. Nur wenn ein Irrtum des bisherigen ProzBev dem Gegner und dem Gericht ganz **5** offensichtlich war, gebieten Treu und Glauben nach Einl III 54 die irrig erfolgte vollmachtlose Parteiprozeßhandlung dieses früheren ProzBev als unwirksam zu behandeln, BGH VersR **90**, 329. Wenn die Anzeige der Kündigung fehlt, dann gelten der alte und der neue Anwalt als bevollmächtigt, Hamm Rpfleger **78**, 422. Der bloße Umstand, daß eine im Parteiprozeß anwaltlich vertretene Partei später und gar in der Zwangsvollstreckung selbst einen Antrag einreicht, läßt sich nur unter Berücksichtigung aller Umstände des Einzelfalls darauf beurteilen, ob eine Kündigung vorliegt, Kblz RR **94**, 307 (aber es kann auch hier alle möglichen anderen Gründe geben, zB den Irrtum, auch neben dem Anwalt postulationsfähig zu sein). Bis zum Eintritt der Wirkung ist der alte Bevollmächtigte befugt und zB zur Fristwahrung verpflichtet, Karlsr BB **04**, 2324, VGH Mannh NJW **04**, 2916. Daher muß das Gericht entsprechend § 172 Zustellungen noch an ihn richten, BGH MDR **91**, 342, Köln JB **92**, 245, Mü MDR **80**, 146.

Das gilt auch für die Zustellung desjenigen *Urteils*, das den *Rechtszug abschließt*, BGH VersR **87**, 989. Wenn ein Abwickler bestellt wurde, gilt er solange als bevollmächtigt, bis die Bestellung eines anderen Anwalts angezeigt worden ist. Eine gerichtliche Beiordnung des Anwalts ändert es nichts. Als Anzeige genügt eine eindeutige schlüssige Handlung, LG Trier Rpfleger **88**, 29, etwa die Zustellung eines Schriftsatzes, in dem der neue Anwalt als ProzBev anstelle des alten und nicht etwa nur neben diesem auftritt, BGH FamRZ **04**, 865, Ffm Rpfleger **86**, 391, Kblz RR **97**, 1023 (Auftreten im Nebenverfahren reicht nicht), großzügiger BSG NJW **90**, 600. Natürlich muß der neue ProzBev sogar § 172 genau bezeichnet sein, BGH NJW **85**, 1186. Wenn das AG den Rechtsstreit nach § 281 an das LG verwiesen hat, dann ist die Kündigung der Vollmacht des beim AG zugelassenen Anwalts nicht mehr schon deshalb sofort wirksam. Denn der beim AG Zugelassene ist durchweg auch bei einem LG zugelassen. Er ist zumindest auch bei diesem LG postulationsfähig. In diesem Fall muß man daher jetzt ebenfalls keine Anzeige von der Bestellung eines anderen Anwalts machen.

Für das *Kostenfestsetzungsverfahren* nach §§ 103 ff ist derjenige Anwalt kein ProzBev mehr, der den Auftrag **6** niedergelegt hat. Denn dieses Verfahren ist kein Anwaltszwang. Das gilt selbst dann, wenn der Hauptprozeß dem Anwaltszwang unterlag, § 103 Rn 35, Köln Rpfleger **92**, 242, aM Bre RR **86**, 358, Celle NdsRpfl **77**, 21 (aber § 13 RPflG ist nach Wortlaut und Sinn eindeutig, Einl III 39). Dasselbe gilt bei einem entsprechenden anderen Nebenverfahren, Stgt JB **75**, 1102, LG Ansbach DGVZ **83**, 78, LG Trier Rpfleger **88**, 29.

6) Fortwirken der Vollmacht, II. Die Vorschrift ist eine Ausnahme von der Regel des I, Schmellen- **7** kamp AnwBl **85**, 16. Der Bevollmächtigte darf bis zum Wirksamwerden der Kündigung nach I wie ein Bevollmächtigter weiter für die Partei sorgen, BGH NJW **95**, 537, BAG NJW **82**, 2519, KG ZMR **98**, 514, sogar nach der Löschung des Auftraggebers im Handelsregister, Hbg MDR **86**, 324. Er ist zu einer solchen Tätigkeit zwar keineswegs prozessual verpflichtet, BGH NJW **80**, 999. Er ist wohl aber unter Umständen sachlichrechtlich verpflichtet. Soweit er tätig *wird*, haftet er nach, Bre RR **86**, 359. Er muß zB den früheren Auftraggeber von einer noch an ihn erfolgten Zustellung unterrichten, BGH NJW **80**, 999, Schmellenkamp AnwBl **85**, 15. Eine Zustellung darf (Schmellenkamp AnwBl **85**, 1: muß) bis zum Wirksamwerden der Kündigung an ihn erfolgen, BGH RR **94**, 759, Bre Rpfleger **86**, 99, Ffm OLGR **96**, 249. Das gilt auch bei einer Verweisung, Köln FamRZ **89**, 1278. Die Zustellung kann von dem bisherigen ProBev bis zur Wirksamkeit der Kündigung ebenfalls noch wirksam erfolgen.

7) VwGO: Entsprechend anzuwenden, § 173 *VwGO*, sind **I**, BVerwG NVwZ **00**, 65 u **85**, 337, und **II**, so **8** daß das Erlöschen der Vollmacht erst mit Eingang der Anzeige bei Gericht wirksam wird, BVerwG NJW **83**, 2155, OVG Bln NJW **77**, 1167 (für die Anzeige genügt auch schlüssiges Handeln, das aber nicht schon in der eigenen Abgabe prozessualer Erklärungen liegt, VGH Mü BayVBl **76**, 220), VGH Mannh NJW **04**, 2916; trotz Anzeige der Mandatsniederlegung kann wirksam nur dem ProzBev zugestellt werden, wenn die Vollmacht in Wirklichkeit fortbesteht, BVerwG NVwZ **85**, 337 mwN (aM für das VerwVerf OVG Hbg NVwZ **85**, 350). „Anwaltsprozesse", I, sind nur die Verfahren vor dem BVerwG und dem OVG, § 67 I VwGO nF; § 78 Rn 57.

88 Mangel der Vollmacht.

I Der Mangel der Vollmacht kann von dem Gegner in jeder Lage des Rechtsstreits gerügt werden.

II Das Gericht hat den Mangel der Vollmacht von Amts wegen zu berücksichtigen, wenn nicht als Bevollmächtigter ein Rechtsanwalt auftritt.

Gliederung

1) Systematik, I, II	1	B. Fehlen der Vollmacht im Parteiprozeß	8, 9
2) Regelungszweck, I, II	2	5) Mängelprüfung im einzelnen, I, II	10–17
3) Sachlicher Geltungsbereich, I, II	3	A. Verfahren	10–12
4) Persönlicher Geltungsbereich, I, II	4–9	B. Entscheidung	13–16
A. Fehlen der Vollmacht im Anwaltsprozeß	5–7	C. Unerheblichkeit der Parteistellung	17
		6) VwGO	18

1) Systematik, I, II. Ein Mangel der Vollmacht liegt vor, wenn die Vollmacht entweder in keinem **1** Zeitpunkt erteilt worden ist oder wenn sie widerrufen oder sonstwie erloschen oder nach § 83 zulässig

§ 88

beschränkt worden oder nach § 80 nicht nachgewiesen worden ist, BGH MDR **77**, 1006, Pawlowski DGVZ **94**, 179. Ein Mangel der Vollmacht liegt auch vor, wenn man nicht erkennen kann, wer bevollmächtigt ist, wer bevollmächtigt hat und wozu er bevollmächtigt hat, BFH BB **84**, 2052. Das gilt auch für eine Untervollmacht. Alle fünf Fälle stehen gleich. Nicht § 88, sondern § 56 ist anwendbar, wenn ein falscher gesetzlicher Vertreter den ProzBev bestellt hat. Wirksam ist aber auch der Abschluß eines Prozeßvergleichs nach Anh § 307 durch einen Anwalt, den ein Angestellter der Partei bevollmächtigt hatte, den man nach den Regeln einer Anscheinsvollmacht als einen vertretungsberechtigten Mitarbeiter der Partei ansehen mußte. Im Mahnverfahren gilt § 703.

Die *Rechtsnatur* bei Prozeßvollmacht ist *streitig*, § 78 Rn 32, 33, Grdz 18 vor § 253. Nach BVerwG Buchholz 310 § 67 VwGO Nr 42 ist die Vollmacht eine Prozeßvoraussetzung. Nach BFH DB **78**, 238, BayObLG NJW **87**, 137, Schneider MDR **83**, 187 ist die Prozeßvollmacht nur eine „Prozeßhandlungsvoraussetzung". Nach BGH NJW **02**, 1958 ist sie eine Sachurteilsvoraussetzung. Die Frage, ob der Bevollmächtigte befugt ist, gerade vor diesem Gericht aufzutreten, § 78 Rn 22, hat nichts mit der Wirksamkeit oder Mangelhaftigkeit der Vollmacht zu tun. §§ 80, 88, 89 gelten abschließend ohne Rechtsscheinshaftung, BGH NJW **04**, 840.

2 **2) Regelungszweck, I, II.** Die Vorschrift dient einerseits der Rechtssicherheit, Einl III 43. Sie soll verhindern, daß als Parteivertreter ein Unbefugter auftritt und bis zur Erwirkung einer Rechtskraft etwas herbeiführt, was die Partei nicht weiß oder will. Sie dient andererseits der Parteiherrschaft, Grdz 18 vor § 128. In vernünftigen Grenzen soll sich das Gericht nicht um Vollmachtsprobleme kümmern müssen, besonders wenn ein Anwalt mit der Verantwortung eines selbständigen Organs der Rechtspflege auftritt, § 1 BRAO. Bei der Auslegung muß man diese doppelte nicht widerspruchsfreie Zielsetzung mitbeachten.

Behördenvertreter reagieren manchmal mit einer geradezu aggressiven Verärgerung, wenn das Gericht es wagt, II anzuwenden und etwa die Untervollmacht des die Klageschrift unterzeichnenden Sachbearbeiters oder Abteilungsleiters nachzufordern, von der fehlenden Einzelvollmacht des zuständigen Ministers auf den Behördenleiter ganz zu schweigen, die nicht selten aus unveröffentlichten, noch gar mit einem Landesgesetz über die Vertretungsbefugnis in Widerspruch stehenden Geschäftsverteilungsplänen usw nicht wirksam ergibt. Man beruft sich geradezu angewidert darauf, „noch nie dergleichen geboten bekommen zu haben", statt sich der kleinen Mühe zu unterziehen, schlicht einmal ins Gesetz zu schauen oder wenigstens zunächst darauf zu vertrauen, daß das Gericht werde schon keine unangemessenen Forderungen stellen. Diese Form des contempt of court sollte das Gericht im Interesse der Rechtspflege, deren Geordnetheit zu wahren eine Amtspflicht des Gerichts ist, nicht auch noch durch die leider recht oft vorkommende gleichgültige oder gar furchtsame „Vergeßlichkeit" begünstigen. Die Erfahrung lehrt, daß es auch keinen Anscheinsbeweis einer ausreichenden (Unter-)Vollmacht gibt. Er hilft bei einer von Amts wegen zu prüfenden Prozeßvoraussetzung ohnehin kaum.

3 **3) Sachlicher Geltungsbereich, I, II.** Die Vorschrift ist in allen Verfahren nach der ZPO und in allen Stadien anwendbar, BGH NJW **02**, 1958. Wegen des jeweiligen Anwaltszwangs und seiner Grenzen Üb 6 vor § 78, § 920 Rn 17. Auch in der Zwangsvollstreckung und Teilungsversteigerung gilt § 88, aM LG Saarbr Rpfleger **87**, 211 (abl Mayer) (aber Buch 1 gilt auch bei §§ 864 ff, und das ZVG enthält insoweit keine Sondervorschrift). I, II sind im arbeitsgerichtlichen Urteilsverfahren wie im Beschlußverfahren anwendbar, Lorenz BB **77**, 1003, Philippsen pp NJW **77**, 1133, ebenso im FGG-Verfahren, LG Bonn AnwBl **83**, 519. I, II sind im sozialgerichtlichen Verfahren in Verbindung mit § 202 SGG entsprechend anwendbar, LSG Bln NJW **89**, 191. Wegen II im finanzgerichtlichen Verfahren BFH NJW **03**, 2703. Das Finanzamt prüft freilich das Vorliegen einer Vollmacht stets von Amts wegen, BFH BB **81**, 1568.

4 **4) Persönlicher Geltungsbereich, I, II.** Die Vorschrift gilt grds für jeden deutschen Anwalt. Ihm steht ein Erlaubnisträger nach § 209 BRAO gleich, § 25 EGZPO. Unabhängig von der Vollmachtsfrage muß ein ausländischer Anwalt aus einem Land der EU dem Gericht auf Verlangen seine Berechtigung nachweisen, § 2 II G v 16. 8. 80, BGBl 1453, SchlAnh VII.

5 **A. Fehlen der Vollmacht im Anwaltsprozeß.** Das Gericht prüft grundsätzlich erst dann nach, ob die Vollmacht im Anwaltsprozeß ordnungsgemäß erteilt wurde, wenn der Gegner diese Frage vor Gericht rügt, BGH VersR **80**, 90, BAG NZA **04**, 338, Hbg WettbR **99**, 170. Die Prüfung findet nach einer solchen Rüge allerdings auch dann statt, wenn der Gegner im Verhandlungstermin säumig ist. Die Prüfung findet nach einer Rüge selbst dann statt, wenn für den gegenwärtigen Verfahrensabschnitt kein Anwaltszwang mehr besteht. Das gilt etwa: Im Eheverfahren, § 609, Hamm NJW **79**, 2316, aM StJSchl § 609 Rn 5; in einer Familiensache, soweit sie überhaupt im Anwaltsprozeß verhandelt wird, § 621 b III; in einer Kindschaftssache, § 640; im Fall des § 78 a II; dann, wenn nicht prozeßbevollmächtigter Anwalt außerhalb des Anwaltszwangs auftritt, etwa im Kostenfestsetzungsverfahren, § 103.

Ausnahmsweise von Amts wegen findet die Prüfung nach I statt, soweit der Anwalt selbst ernsthafte Zweifel an seiner eigenen Bevollmächtigung weckt, BGH NJW **01**, 2095, BFH NJW **01**, 2912.

6 Die Rüge und ihre Prüfung sind *in jeder Lage* des Verfahrens zulässig, BGH NJW **02**, 1958, Hbg RR **88**, 1183, Mü OLGZ **92**, 217. Sie ist auch seitens einer anwaltlich vertretenen Partei statthaft, Köln ZMR **92**, 388. Sie ist zB in folgenden Fällen zulässig: Nach einem Parteiwechsel, Zweibr RR **01**, 359; vor dem verordneten Richter der §§ 361, 362; im Prozeßkostenhilfeverfahren; im Kostenfestsetzungsverfahren, Bbg JB **77**, 1440, Kblz RR **97**, 1023, auch im LG Bonn AnwBl **83**, 519, vgl freilich § 104 Rn 10; in der Berufungsinstanz, Mü OLGZ **92**, 217; in der Revisionsinstanz, BGH NJW **02**, 1957 (auch nach Unterlassung der Rüge in der Berufungsinstanz), BFH BB **84**, 2249; im Eilverfahren, Hbg WettbR **99**, 170. Man kann eine Rüge allerdings nicht schon im Zeitpunkt der Einreichung der Klage wirksam erheben. Denn in jenem Zeitpunkt darf das Gericht noch nicht prüfen, ob die Prozeßvoraussetzungen vorliegen, weil noch kein Prozeßrechtsverhältnis entstanden ist, Grdz 4 vor § 128. Es tritt ja erst mit der Rechtshängigkeit ein. Die Prüfung erstreckt sich auch auf eine oder mehrere Untervollmachten, BGH RR **02**, 933. Eine Wiederholung der Rüge in der höheren Instanz ist nicht erforderlich, BGH RR **86**, 1253.

Titel 4. Prozessbevollmächtigte und Beistände **§ 88**

Andererseits muß der Grundgedanke des § 282 auch hier gelten. Ein Mangel ist grundsätzlich heilbar, **7** Rn 12, § 295 Rn 58 „Vollmacht". Die Rüge kann bei Arglist nach Einl III 54 wegen Verspätung unbeachtlich sein, LG Münst MDR **80**, 854. Ihre Rücknahme ist zulässig, Köln ZMR **92**, 387. Ein Rügeverzicht ist unwirksam, Mü OLGZ **92**, 217.

B. Fehlen der Vollmacht im Parteiprozeß. Wenn ein Anwalt oder ein Dritter im Parteiprozeß als **8** ProzBev oder als Unterbevollmächtigter auftritt, dann muß das Gericht das Fehlen der Vollmacht gemäß § 78 Rn 1 nach denselben Grundsätzen wie das Fehlen der Vollmacht im Anwaltsprozeß prüfen, Rn 5–7. Es mag auch ein anderer als ProzBev oder als ein Unterbevollmächtigter auftreten, Uhlenbruck MDR **78**, 9, etwa ein Referendar, ein Assessor, der Sachbearbeiter oder Abteilungsleiter, auch der Leiter einer Behörde oder ein Bürovorsteher. Dann muß das Gericht den Mangel der Vollmacht von Amts wegen beachten. Denn in diesem letzteren Fall ist eine Rüge nur eine zusätzliche Anregung. Das Gericht muß die Einreichung der Vollmachtsurkunde verlangen. Es muß nicht selten die Vorlage einer ganzen Vollmachtskette fordern, und zwar im Original, § 80 Rn 11, Hbg WettbR **99**, 170, Köln Rpfleger **76**, 103. Das Gericht darf eine Terminsbestimmung nur dann ablehnen, wenn feststeht, daß sich der Mangel nicht beheben läßt. § 78 a II gilt nur im Anwaltsprozeß. Das Gericht muß den Mangel der Vollmacht in jeder Lage des Verfahrens berücksichtigen.

Es handelt sich um eine *zwingende* Vorschrift. Daher kann kein wirksamer Verzicht auf die Einhaltung **9** dieser Prüfung erfolgen, Rn 2, Mü OLGZ **92**, 217. Das Berufungsgericht muß von Amts wegen die Vollmacht des erstinstanzlichen ProzBev nachprüfen. Grdz 39 vor § 128. Das Vollstreckungsgericht braucht an sich die Vollmacht nicht von Amts wegen nachzuprüfen, wenn ein Anwaltsprozeß vorausgegangen war. Wenn sich der Auftretende auf eine Untervollmacht seitens seines Anwalts beruft, muß das Gericht von Amts wegen nur überprüfen, ob die Untervollmacht vorliegt, nicht auch, ob der Anwalt seinerseits Hauptvollmacht hat, aM FG Bln EFG **81**, 189 (aber das wäre Überspannung). Wegen einer Mängelheilung § 295 Rn 58 „Vollmacht".

5) Mängelprüfung im einzelnen, I, II. Es kommt auf eine Behebbarkeit an. **10**

A. Verfahren. Das Gericht muß den angeblich Vollmachtlosen zur diesbezüglichen Verhandlung zulassen, BGH NJW **02**, 1957. Es gibt keine Amtsermittlung nach Grdz 38 vor § 128. Wenn sich ein Mangel der Vollmacht nicht beheben läßt, muß das Gericht sofort eine abschließende Entscheidung zur Vollmachtsfrage treffen, BGH **91**, 114, BayObLG NJW **87**, 137. Wenn die Behebung des Mangels möglich ist, darf das Gericht zwar grundsätzlich ebenfalls sofort zur Vollmachtsfrage entscheiden, etwa bei erheblicher prozessualer Nachlässigkeit. Es sollte das aber nicht tun, soweit in einem sonstigen Fall kein nennenswerter Nachteil aus der Verzögerung droht, auch wegen seiner Fürsorgepflicht, Einl III 27. Das Gericht sollte vielmehr eine Frist zur Behebung des Mangels setzen und das weitere Verfahren bis zum Fristablauf vertagen, Ffm OLGZ **80**, 281. Das gilt auch nach einem durch Vollmachtsnachreichung bedingten Prozeßvergleich, Anh § 307 Rn 42. Im Eilverfahren kommt allerdings nach dem Verhandlungsschluß keine Nachfrist in Betracht, Rn 12. Die Fristsetzung erfordert eine volle Unterschrift. Ein Handzeichen genügt nicht, § 329 Rn 9, 13, BFH BB **83**, 1335, Woerner BB **84**, 2053.

Keineswegs darf das Gericht etwa auf Grund der telefonischen Bitte des ProzBev diesem erst im Sitzungs- **11** saal einen *„Fluranwalt"* als Unterbevollmächtigten bestellen, ohne gar nicht gegen den Willen des Prozeßgegners, Schneider MDR **83**, 187. Daran ändern auch manche örtlichen Unsitten nichts, auf die sich auswärtige Anwälte manchmal erbost berufen. Das Gericht muß so vorgehen, wenn die Rüge der mangelhaften Vollmacht erst nach einer Verhandlung zur Sache erfolgt war. Das Gericht darf den Vertreter nach § 89 vorläufig zulassen, also in die Sachverhandlung eintreten. Das Gericht ermittelt den Sachverhalt nicht etwa nach Grdz 38 vor § 128 von Amts wegen, sondern weist nur auf seine Bedenken hin, Grdz 39 vor § 128. Der Vertreter muß seine Vollmacht vielmehr nachweisen.

Maßgebender Zeitpunkt für den Nachweis ist der Schluß der mündlichen Verhandlung, §§ 136 IV, 296 a, **12** BFH NJW **88**, 332, Hbg WettbR **99**, 170. Im schriftlichen Verfahren nach § 128 II ist der maßgebende Zeitpunkt derjenige der Hinausgabe der Entscheidung zur Zustellung. Das gilt auch bei einer Beschwerde. Ein Mangel der Vollmachtserteilung im Zeitpunkt einer früheren Prozeßhandlung bleibt außer Betracht, wenn die Partei später eine wirksame Vollmacht erteilt hat. Denn durch diese spätere Erteilung sind frühere Mängel kraft Genehmigung geheilt, Rn 7, § 89 Rn 11.

B. Entscheidung. Wenn ein Berechtigter klagt, muß das Gericht den vollmachtlosen Vertreter durch **13** einen Beschluß nach § 329 zurückweisen, aus dem Verfahren verweisen, BPatG GRUR **87**, 813, Mü OLGZ **93**, 223. Damit endet auch die Befugnis zur Entgegennahme einer Zustellung, Zweibr MDR **82**, 586. Gegen die nunmehr nicht mehr wirksam vertretene Partei ergeht auf Grund eines Antrags des Gegners eine Versäumnisentscheidung. Vgl aber Rn 16. Wegen der Kosten § 89 Rn 8. Wenn ein Nichtberechtigter klagt, weist das Gericht die Klage durch ein Prozeßurteil als unzulässig ab, Grdz 14 vor § 253, BGH **91**, 114, Hbg VersR **82**, 969, Zweibr RR **01**, 359. Im übrigen kann bei zu grobem Unverständnis nach Rn 2, 9 die Anwendung von § 178 GVG (Ungebühr) geboten sein.

In der *höheren* Instanz verwirft das Gericht das Rechtsmittel als unzulässig, BGH NJW **91**, 1176, Hbg **14** VersR **82**, 969, Köln MDR **82**, 239. Das Gericht weist aber die Klage unter einer Aufhebung des früheren Urteils ab, wenn die erste Instanz den Mangel übersehen hatte, Köln MDR **82**, 239, StJBo **82**, ZöV 6, aM BGH **111**, 221 (aber man muß die Prozeßvollmacht unterstellen). Das Urteil lautet auch den Namen des Vertretenen. Denn der Vertretene konnte den Mangel genehmigen, BGH VersR **80**, 90, Ffm OLGZ **80**, 282. Wegen der Kosten § 56 Rn 16.

Gegen das Urteil kann die Partei stets das zulässige *Rechtsmittel* einlegen, auch eine Nichtigkeitsklage nach **15** § 579 I Z 4, BVerfG NJW **98**, 745, BGH NJW **83**, 883. § 99 ist unanwendbar, BGH NJW **83**, 884. Wegen des Rechtsmittels § 89 Rn 9. Der „Vertreter" kann zwar beim Mangel einer gesetzlichen Vollmacht wirksam ein Rechtsmittel einlegen, BGH **111**, 222, BayObLG **90**, 337, nicht aber auch beim Mangel einer gewillkürten Vollmacht, BGH **111**, 222.

§§ 88, 89

16 Das Gericht darf trotz eines Antrags *kein Versäumnisurteil* fällen, wenn lediglich der Nachweis der Vollmacht fehlt, § 335 I Z 1. Er ist noch in der Revisionsinstanz nachholbar, BGH NJW 02, 1957. Wenn endgültig feststeht, daß die Vollmacht des Klägervertreters fehlt, muß das Gericht die Klage vielmehr durch ein unechtes Versäumnisurteil als unzulässig abweisen, Grdz 14 vor § 253, § 331 Rn 13.

17 **C. Unerheblichkeit der Parteistellung.** Es ist unerheblich, ob der Mangel der Vollmacht den Kläger oder den Bekl betrifft. Wenn die Vollmacht zwar tatsächlich erteilt wurde, die Erteilung aber nichtig ist, etwa wegen einer Prozeßunfähigkeit des Vollmachtgebers nach §§ 51, 52, dann muß der Vollmachtgeber die Kosten tragen. Über die Heilung durch eine Genehmigung § 89 Rn 11.

18 6) *VwGO: Entsprechend anzuwenden*, § 173 *VwGO, sind* **I**, *BVerwG NJW 66*, 1378, *und* **II**; *wegen § 67 I und II VwGO, § 78 Rn 57, gilt das oben bei Rn 8 u 9 Gesagte für die Verfahren vor dem VG, während die Ausführungen in Rn 5 u 7 für die Verfahren vor dem BVerwG und dem OVG gelten (entsprechend II findet keine Prüfung vAw statt, wenn dort ein Rechtslehrer auftritt, § 67 I VwGO). § 67 III VwGO und der Untersuchungsgrundsatz hindern die Anwendung von II 2. Halbsatz nicht, wie auch dessen Geltung in FamS, § 609, zeigt, BVerwG Buchholz 310 § 67 Nr 69, NJW 85, 2963 u 85, 1178 mwN, RedOe § 67 Rn 24, Sannwald DÖV 83, 762 u 84, 110, aM BFH BStBl 81 II 678, VGH Mü BayVBl 83, 29 mwN, Riedl DÖV 84, 109; doch ist der Mangel dann vAw zu berücksichtigen, wenn das Gericht ihn kennt, OVG Kblz NJW 78, 1455, oder wenn besondere Umstände dazu Anlaß geben, die Bevollmächtigung des RA in Zweifel zu ziehen, BVerwG Buchholz 310 § 67 Nr 85, OVG Münst NJW 93, 3155 mwN, KoppSch § 67 Rn 52 (vgl LSG Bln NJW 89, 191), wofür eine unsubstantiierte Rüge der Gegenpartei nicht genügt, VG Bln InfAuslR 92, 80. Wird die Klage abgewiesen, weil die angeforderte schriftliche Vollmacht nicht vorgelegt wird, kann der Mangel im Rechtsmittelverfahren nicht rückwirkend geheilt werden, GmS NJW 84, 2149, BVerwG 69, 380, BSG DÖV 87, 208, OVG Hbg LS HbgJVBl 88, 21. Wegen der Kostentragungspflicht des vollmachtlosen Vertreters s § 89 Rn 15.*

89 Vollmachtloser Vertreter.

[1]¹ Handelt jemand für eine Partei als Geschäftsführer ohne Auftrag oder als Bevollmächtigter ohne Beibringung einer Vollmacht, so kann er gegen oder ohne Sicherheitsleistung für Kosten und Schäden zur Prozeßführung einstweilen zugelassen werden. ² Das Endurteil darf erst erlassen werden, nachdem die für die Beibringung der Genehmigung zu bestimmende Frist abgelaufen ist. ³ Ist zu der Zeit, zu der das Endurteil erlassen wird, die Genehmigung nicht beigebracht, so ist der einstweilen zur Prozeßführung Zugelassene zum Ersatz der dem Gegner infolge der Zulassung erwachsenen Kosten zu verurteilen; auch hat er dem Gegner die infolge der Zulassung entstandenen Schäden zu ersetzen.

II Die Partei muß die Prozeßführung gegen sich gelten lassen, wenn sie auch nur mündlich Vollmacht erteilt oder wenn sie die Prozeßführung ausdrücklich oder stillschweigend genehmigt hat.

Schrifttum: *Breitkopf*, Die Klageerhebung und -rücknahme bei vollmachtloser Prozeßvertretung und ihre kostenrechtliche Beurteilung, 2004.

Gliederung

1) Systematik, I, II 1	7) Verfahren nach erfolglosem Fristablauf, I 7–10
2) Regelungszweck, I, II 2	A. Verhandlung 7
3) Geltungsbereich, I, II 3	B. Entscheidung 8
4) Zulassung zur Prozeßführung, I 4	C. Rechtsmittel 9
5) Folgen der Zulassung, I 5	D. Schadensersatzpflicht 10
6) Fristsetzung, I 6	8) Wirksamkeit gegen die Partei, II 11–14
	9) *VwGO* 15

1 **1) Systematik, I, II.** Die Vorschrift behandelt nicht das vollmachtlose Auftreten für eine Prozeßpartei schlechthin, sondern das einstweilig zugelassene vollmachtlose Auftreten. Wer entweder überhaupt keine Vollmacht hat, also lediglich ein „Geschäftsführer ohne Auftrag" ist, oder zwar eine Vollmacht hat, sie aber nicht nachweisen kann, obwohl er sie nach § 88 Rn 1 nachweisen muß, den kann das Gericht jederzeit widerruflich einstweilen zulassen. Dabei handelt das Gericht nach seinem pflichtgemäßen, aber nicht nachprüfbaren Ermessen, ThP 3, aM LAG Hamm MDR 76, 699 (aber „kann" in I 1 meint nicht nur die Zuständigkeit, sondern beachtet die Prozeßwirtschaftlichkeit, Rn 2). Eine Gefahr im Verzug braucht nicht vorzuliegen, anders als bei § 56 II.

2 **2) Regelungszweck, I, II.** Die Vorschrift dient in I 1 der Prozeßwirtschaftlichkeit, Grdz 14 vor § 128, freilich in I 2, 3 der Rechtssicherheit nach Einl III 43 und dem Schutz vor einer in Wahrheit von niemand auch nur eventuell Unbefugten herbeigeführten Fehlentscheidung, AG Hbg RR 96, 1060. In II sind zwecks Rechtsklarheit die unvermeidbaren Auswirkungen eines nicht völlig klaren Parteiverhaltens geregelt. Diese unterschiedlichen Ziele muß man bei der Auslegung mitbeachten. II ist als Ausnahme eng auslegbar, BPatG GRUR 89, 46. Daher sind die sachlichrechtlichen Vorschriften über die Genehmigung vollmachtlosen Handelns hier nicht anwendbar, StJBo 13, aM MüKoMe 22 (aber es geht hier nur um die prozessualen Auswirkungen des Vorgangs).

Zulassung nach I 1 ist keineswegs stets eine Pflicht des Gerichts. Sie liegt vielmehr nach dem Zweck der Vorschrift im pflichtgemäßen Ermessen, Rn 1. Nur wenn begründete Aussicht auf die Genehmigung bzw Nachreichung einer auch rückwirkend erteilten Vollmacht besteht, darf man dem Gegner die mögliche Erzwingung einer die Instanz zumindest zunächst beendenden Entscheidung durch ein Versäumnisurteil versagen. Selbst bei derartiger Erfolgsaussicht mag aber zB ein besonderer zeitlicher Druck auf dem Prozeß-

Titel 4. Prozessbevollmächtigte und Beistände   § 89

gegner durchaus zur Nichtzulassung oder zu einer nur ganz kurzen Nachfrist veranlassen, etwa von 2 Stunden oder Tagen. Freilich treten solche Drucklagen selten ein. Sie hängen prozessual von ausreichender Darstellung ab.

3) Geltungsbereich, I, II. Vgl Üb 3 vor § 78, § 81 Rn 3. 3

4) Zulassung zur Prozeßführung, I. Vgl zunächst Rn 2. Die Zulassung kann auch stillschweigend 4 erfolgen, soweit der Gegner nicht widerspricht, BPatG GRUR **87**, 813. Wenn er widerspricht, ist über die Frage der Zulassung eine mündliche Verhandlung erforderlich, § 128 Rn 2. Das Gericht entscheidet dann nach pflichtgemäßem Ermessen durch einen Beschluß, § 329, BGH NJW **02**, 1957. Er ist unanfechtbar, soweit eine vorläufige Zulassung erfolgt. Denn es liegt kein Fall des § 567 I vor. Er ist mit der sofortigen Beschwerde anfechtbar, soweit das Gericht die Zulassung verweigert hat, § 567 I Z 2. Der Sache nach liegt im letzteren Fall meist nur die Anordnung des Ruhens des Verfahrens, § 251 a. Das Gericht darf und muß evtl das Ruhen natürlich auch ausdrücklich aussprechen. Diese Anordnung ist nach § 252 anfechtbar. I gilt auch dann, wenn das Gericht nach § 80 II eine öffentliche Beglaubigung anordnet, wenn also die vorgelegte Vollmachtsurkunde nicht ausreicht.

Die Zulassung darf nicht erfolgen, wenn bereits feststeht, daß der Mangel der Vollmacht *nicht behebbar* ist, oder wenn die Partei die Behebung des Mangels ablehnt, § 88 Rn 10. In diesem Fall muß das Gericht eine Prozeßabweisung vornehmen, Grdz 14 vor § 253. Das Gericht kann, nicht muß, eine Sicherheitsleistung wegen der Kosten und der Schäden anordnen. Es darf aber keine Sicherheitsleistung wegen des Streitgegenstands festsetzen. Bei Notwendigkeit einer Sicherheitsleistung vertagt das Gericht die Verhandlung zur Sache und läßt den Bevollmächtigten erst nach der Sicherheitsleistung zu. Sie erfolgt nach § 108. Ihre Rückgabe richtet sich nach § 109. Dazu reichen die Nachreichung der Vollmacht und die Genehmigung der bisherigen Prozeßführung.

5) Folgen der Zulassung, I. Die vorläufige Zulassung gibt dem Zugelassenen vorläufig alle Rechte und 5 Pflichten eines ProzBev. Sie berechtigt und verpflichtet das Gericht und den Gegner zu einer entsprechenden Behandlung des Zugelassenen für die Dauer der Zulassung. Vor der endgültigen Klärung der Vollmachtsfrage darf das Gericht den Rechtsstreit nicht an ein anderes Gericht verweisen und kein Endurteil erlassen, auch kein Versäumnisurteil, es sei denn, daß der Zugelassene säumig wäre. Es dürfen ferner folgende Entscheidungen zunächst nicht ergehen: Ein Vollstreckungsbescheid, § 699; ein Vorbehaltsurteil, §§ 302, 599; ein selbständiges Zwischenurteil, zB § 280; eine Verweisung nach § 281. Auch ein unbedingter Vergleich nach Anh § 307 ist im Streitverfahren unzulässig. Denn das Gericht muß verhindern, daß das Verfahren einen auch nur vorläufigen Abschluß erhält, bevor die Vollmachtsfrage endgültig geklärt ist.

6) Fristsetzung, I. Das Gericht muß im Fall einer vorläufigen Zulassung zur Beibringung der Vollmacht 6 oder zur Beibringung der Genehmigung der Partei eine Frist setzen, BFH DB **89**, 2586, KG BB **02**, 2152. Wegen der Unterschrift § 88 Rn 10. Das Gericht kann die Frist zugleich mit der vorläufigen Zulassung oder später setzen. Die Frist muß genau bemessen sein, OVG Kblz NJW **93**, 2457. Eine allzu kurze Bemessung der Frist kann den Anspruch auf die Gewährung des rechtlichen Gehörs verletzen, Artt 2 I, 20 III GG (Rpfl), BVerfG **101**, 404, Art 103 I GG (Richter), BFH DB **80**, 2020. Das Gericht kann seine Frist nach § 224 verlängern. Die Vollmacht oder die Genehmigung läßt sich auch noch nach dem Fristablauf bis zum Schluß der letzten mündlichen Verhandlung nach §§ 136 IV, 296 a beibringen, § 231 II. Der Fristablauf ist erfolglos, wenn die beigebrachte Vollmacht oder Genehmigung nicht das ganze bisherige Verfahren deckt. Denn dieses bildet eine Einheit. Die Vollmacht muß vorbehaltlos sein. Sie darf nicht über das nach § 83 zulässige Maß hinaus Einschränkungen enthalten. Ein Telefax reicht aus, BFH DB **94**, 2012. Die Fotokopie einer Vollmacht reicht nicht aus, § 80 Rn 11, BFH DB **87**, 1130. Die Vollmacht enthält eine Genehmigung. Eine Genehmigung bevollmächtigt nicht stets auch für die Zukunft.

7) Verfahren nach erfolglosem Fristablauf, I. Es hat unterschiedliche Auswirkungen. 7

A. Verhandlung. Wenn das Gericht zu dem Ergebnis kommt, daß die gesetzte Frist erfolglos abgelaufen sei, muß es eine neue mündliche Verhandlung über die Folgen anberaumen. Es muß den vorläufig Zugelassenen zu dieser Verhandlung laden.

B. Entscheidung. Das Endurteil in der Sache selbst ergeht entsprechend § 88 Rn 13. Ein Rechtsmittel 8 in der Sache selbst ist mangels Nachholung der Vollmacht für die Rechtsmittelinstanz unzulässig, BGH **111**, 222. Das gilt auch beim Mangel der gewillkürten Vertretung.

Der vorläufig Zugelassene muß evtl schon danach die gesamten *Prozeßkosten* tragen, § 91, Hamm RR **89**, 1534, OVG Bln JB **96**, 657, VGH Mannh NJW **82**, 842. Andernfalls muß das Gericht ihn nach I nach § 308 II von Amts wegen nach dem Grundsatz der Veranlassungshaftung in diejenigen Kosten verurteilen, die durch seine vorläufige Zulassung entstanden, § 56 Rn 18, Bre VersR **91**, 1282, Karlsr FamRZ **96**, 1335 (zustm Vollkommer). Das gilt freilich nur die Kosten der Einmischung. In diesem Zusammenhang kommt es nicht darauf an, ob den vorläufig Zugelassenen ein Verschulden trifft, Ffm OLGR **95**, 250, aM KG WoM **96**, 377 (aber Wortlaut und Sinn von I 3 Hs 1 sind eindeutig, Einl III 39). Kostenpflichtig ist der angebliche Hauptbevollmächtigte, nicht der von ihm bestellte Unterbevollmächtigte, Mü OLGZ **93**, 224.

Das Gericht *entscheidet* von Amts wegen durch einen Beschluß, § 329. Es muß seinen Beschluß begründen und förmlich zustellen. Denn er ist anfechtbar, Rn 9, § 329 III. Der angeblich Vertretene haftet grundsätzlich nicht neben dem Vertreter, BGH NJW **92**, 1459, LG Heidelb MDR **91**, 449. Die Kosten der vorläufigen Zulassung des Vertreters gehen den angeblich Vertretenen ja grundsätzlich gar nichts an, BGH NJW **92**, 1459. Eine ausnahmsweise Kostenhaftung des angeblich Vertretenen gilt nur dann, wenn lediglich die Formgültigkeit des Nachweises der Vollmacht fehlte oder wenn der „Vertretene" vom Antrag usw wußte oder ihn hätte verhindern können, BGH MDR **97**, 198, Köln VersR **03**, 55, Hartmann Teil I § 22 GKG Rn 4.

C. Rechtsmittel. Gegen den erstinstanzlichen Kostenbeschluß hat der angebliche Vertreter grundsätzlich 9 die sofortige Beschwerde nach § 567 II, so schon BGH NJW **88**, 50, Ffm OLGR **95**, 249 (§ 99 II entsprechend), Karlsr FamRZ **96**, 1335 (zustm Vollkommer). Eine Rechtsbeschwerde kommt unter den

§§ 89, 90

Voraussetzungen des § 574 in Betracht, BGH NJW **88**, 51. Soweit das Gericht ohne Fristsetzung oder vor dem Ablauf der Frist entschieden hat, liegt ein Verstoß gegen das rechtliche Gehör vor, Art 103 I GG. Dann ist ein Rechtsmittel wie sonst statthaft. Evtl muß das Rechtsmittelgericht dann auf Antrag zurückverweisen, § 538. Beim Rpfl gilt § 11 RPflG, § 104 Rn 41 ff.

10 **D. Schadensersatzpflicht.** Der vorläufig Zugelassene hat nach I 3 Hs 2 neben der Kostenpflicht nach Rn 8 die Pflicht, dem Gegner denjenigen Schaden zu ersetzen, der diesem durch die vorläufige Zulassung entstanden ist, Zweibr RR **01**, 359, AG Hbg RR **86**, 1120. Der vorläufig Zugelassene muß den Gegner also so stellen, als wäre er selbst nicht zugelassen worden. Das ist eine rein sachlichrechtliche Vorschrift. Der Gegner muß den Ersatz in einem besonderen Prozeß verlangen. Er kann seinen Anspruch grundsätzlich nicht im bisherigen Prozeß stellen. Denn der vorläufig Zugelassene ist dort ja nicht Partei. Etwas anderes mag gelten, wenn der Gegner seinen Schadensersatzanspruch im Weg einer Widerklage geltend macht und den vorläufig Zugelassenen auf diese Weise zulässig in den Prozeß hineinziehen kann, Anh § 253 Rn 1, 9. Der vollmachtlose Vertreter kann unabhängig von I 3 für die Prozeßkosten haften, Üb 55 „Dritter" vor § 91.

11 **8) Wirksamkeit gegen die Partei, II.** Die Vorschrift stellt eine eng auslegbare Ausnahmebestimmung dar, Rn 2. Die Prozeßführung des nicht Bevollmächtigten wirkt für und gegen, also nicht nur gegen die Partei, soweit diese entweder eine schriftliche oder mündliche Vollmacht erteilt, BGH NJW **02**, 1958, oder die Prozeßführung ausdrücklich oder stillschweigend genehmigt, BayObLG FGPrax **04**, 64 (WEG), Stgt RR **01**, 970, zB durch eine Vollmachtserteilung oder durch die Erteilung einer Untervollmacht, BGH VersR **84**, 781. Die Erklärung erfolgt wie bei der prozessualen Vollmacht grundsätzlich formlos gegenüber dem Vertreter, dem Gegner oder dem Gericht. Sie erfolgt also unter Umständen auch schon dadurch, daß die Partei im Termin erscheint. Im Zwangsvollstreckungsverfahren mit seiner Formstrenge kann ausnahmsweise eine öffentliche Urkunde nach § 415 bzw eine öffentliche Beglaubigung nötig sein, Brdb NZM **02**, 406.

12 Die Genehmigung kann nur bis zum *Schluß* der mündlichen *Verhandlung* vor dem Endurteil erfolgen, BGH **128**, 283. Sie setzt voraus, daß der Genehmigende die bisherige Unwirksamkeit kennt oder zumindest mit ihr rechnet und in seinem Verhalten verdeutlicht, daß er das Geschäft verbindlich machen will, BGH NJW **04**, 840. Die Genehmigung wirkt in der Regel zurück, BGH NJW **91**, 1176, BPatG GRUR **89**, 46 und 496, BVerwG NJW **84**, 318, aM BFH BB **77**, 436 (aber so ist sie meist gemeint und daher auslegbar, Einl III 86). Wegen der Ausnahmen in der Revisionsinstanz OGB BGH NJW **91**, 1176, BFH BB **84**, 2249, Ffm MDR **84**, 499. Freilich kann eine Rückwirkung nur bei einer Genehmigung bis zu der Verkündung der die Instanz beendenden Entscheidung eintreten, BFH DB **89**, 1118 (Prozeßurteil).

Durch eine Genehmigung kann auch eine *Hemmung der Verjährung* bereits im Zeitpunkt der Klageerhebung eintreten. Das gilt aber nicht, wenn ein Unberechtigter Klage erhoben hat, selbst wenn der Berechtigte auch die Forderung während des Rechtsstreits mit einer Genehmigung des wirklichen Gläubigers erworben haben mag. Die Genehmigung läßt sich nicht wirksam auf einzelne Prozeßhandlungen beschränken, § 56 Rn 9, § 78 Rn 34, § 81 Rn 1.

13 Wenn das Gericht den Vertreter *nicht zugelassen* hat, Rn 1 ff, dann bleibt die Genehmigung der Prozeßführung für diesen Rechtsstreit wirkungslos. II gilt allgemein bei einer Zulassung nach I, und zwar noch im Vollstreckungsverfahren, aber auch dann, wenn das Gericht den Mangel übersehen hatte. Ist das Urteil dann rechtskräftig geworden, dann läßt es sich nur im Weg einer Nichtigkeitsklage nach § 579 I Z 4 beseitigen, Ffm OLGR **95**, 249, Kblz VersR **85**, 672. Wenn die Partei diese Möglichkeit versäumt hat, ist das Urteil für sie endgültig bindend. Freilich kommt stets eine Rückgriffsklage in Betracht, Kblz VersR **85**, 672. Ein Verstoß gegen die nach § 83 zulässig vorgenommene Beschränkung der Vollmacht macht die Erklärung schlechthin unwirksam. Ein auf Grund dieser Erklärung ergangenes Urteil, etwa ein Anerkenntnisurteil, ist durch die Aufhebung auf Grund eines Rechtsmittels auflösend bedingt. Eine Verletzung einer sachlichrechtlichen Beschränkung der Vollmacht ist prozessual unerheblich.

14 Die Genehmigung macht die Partei im Prozeß zur *Rechtsnachfolgerin* des Vertreters, auch im Sinne des § 727. Der Rpfl muß daher die Vollstreckungsklausel auf die Partei umschreiben, selbst wenn das Urteil noch auf den Vertreter lautete. Die prozessuale Genehmigung läßt auch die sachlichrechtlichen Wirkungen der Prozeßhandlungen eintreten, Grdz 60 vor § 128, zB die Rechtshängigkeit, § 261 (Rückwirkung, gerade anders als bei § 80, dort Rn 11) oder sonstige Wirkung der Zustellung, zB der Klageschrift an einen nicht bevollmächtigten Anwalt, BGH **101**, 281. Jedoch kann keine Rückwirkung für einen Rechtsmittelverzicht eintreten, von dem die Partei im Zeitpunkt der nachträglichen Erteilung der Vollmacht nichts wußte. Wegen II bleibt für §§ 233 ff kein Raum, BGH **128**, 283.

15 **9) VwGO:** *Entsprechend anwendbar*, § 173 VwGO, in Ergänzung von § 67 III 2 VwGO, vgl BVerwG ZBR **78**, 376, VGH Kassel NJW **67**, 2130, VG Schlesw SchlHA **82**, 63, RedOe § 67 Anm 25; zu II vgl GmS NJW **84**, 2149 zu BVerwG NJW **84**, 318 (keine rückwirkende Genehmigung in der Revisionsinstanz, wenn die vollmachtlos eingelegte Berufung nach Fristsetzung deswegen verworfen worden ist), OVG Kblz NJW **93**, 2457 mwN (rückwirkende Genehmigung in der Berufungsinstanz), VGH Mannh VBlBW **74**, 133 (Genehmigung nach Ablauf der Frist), vgl BSG DVBl **87**, 244 (einschränkend). Dem vollmachtlosen Vertreter sind die Kosten aufzuerlegen, BVerwG NVwZ **82**, 499, OVG Bln MDR **96**, 1079 mwN, RedOe § 67 Anm 26 mwN (dagegen sollen sie nach Meinung des BFH, BStBl **84** II 831, der Partei selbst zur Last fallen, wenn sie die Klage durch ein Rechtsmittel weiterverfolgt); werden ihm die Kosten durch Urteil oder GerBescheid auferlegt, steht ihm dagegen wegen § 158 II VwGO kein Rechtsmittel zu, VGH Mü NJW **94**, 1019, Ey § 158 Rn 2, aM OVG Hbg LS Hbg JVBl **88**, 21.

90 **Beistand.** ¹ Insoweit eine Vertretung durch Anwälte nicht geboten ist, kann eine Partei mit jeder prozeßfähigen Person als Beistand erscheinen.

II Das von dem Beistand Vorgetragene gilt als von der Partei vorgebracht, insoweit es nicht von dieser sofort widerrufen oder berichtigt wird.

Titel 5. Prozesskosten   **§ 90, Übers § 91**

1) Systematik, Regelungszweck, I, II. Es handelt sich um eine Möglichkeit der Unterstützung der 1
Partei. Sie dient einer Kostendämpfung und der Parteiherrschaft nach Grdz 18 vor § 128. Sie beachtet das
persönliche Vertrauen der Partei zu vielleicht einem nahen Angehörigen als Beistand. Man muß ihr zwar im
Fall der Ungeeignetheit im Interesse geordneter Rechtspflege nach § 157 II Grenzen ziehen, Bre FamRZ
04, 1582 und 1590. Man sollte sie aber doch im Prinzip großzügig gewähren, auch wenn ein nicht
rechtskundiger Beistand etwas anstrengend sein kann. Von § 90 wird zu wenig Gebrauch gemacht.

2) Geltungsbereich, I, II. Vgl Üb 3 vor § 78, § 81 Rn 3. Gilt auch im FGG-Verfahren, Hamm FamRZ 2
98, 307.

3) Beistand, I. Beistand ist derjenige, der neben der Partei im Sinn des § 78 Rn 20 zu ihrer Unter- 3
stützung beim mündlichen Vortrag auftritt. Dieser Auftritt ist nach dem Wortlaut von I zulässig, soweit kein
Anwaltszwang besteht, § 78 Rn 35 ff, KG FamRZ **01**, 1619. Im Parteiprozeß kann ein Beistand in den
Grenzen des § 157 neben einem ProzBev tätig sein, KG FamRZ **01**, 1619. Im Anwaltsprozeß kann auch
neben dem ProzBev zu dessen Unterstützung ebenfalls ein Beistand das Wort erhalten, ZöV 2, aM StJBo 2
(vgl aber § 85 Rn 6). Der Beistand steht der gesetzlichen Vertreter gleich, aber nicht der ProzBev. Der Beistand,
vgl auch Anh § 155 GVG, wird auf Grund einer Einführung durch die Partei oder ihres ProzBev tätig. Er ist
kein Vertreter, insbesondere kein ProzBev. Er muß prozeßfähig sein, § 52. Ein Anwalt muß als Beistand nicht
beim Prozeßgericht zugelassen bzw postulationsfähig sein. Beistand ist auch der nach § 55 KJHG bzw
SGB VIII beauftragte Mitarbeiter des Jugendamts, Düss FamRZ **85**, 642. Wegen seiner Zurückweisung
§ 157 I, II. Es erfolgt keine gerichtliche Beiordnung. Über einen technischen Beistand § 137 Rn 42. Im
Eheprozeß hat der nach § 625 I beigeordnete Anwalt die Funktion eines Beistands, § 625 II, BGH NJW **95**,
1225. Eine Zustellung erfolgt stets an die Partei, BGH NJW **95**, 1225. Kosten: § 91 Rn 82 „Beistand".

Kein Beistand nach I ist eine von der Partei oder dem ProzBev zur eigenen Unterstützung zugezogene
Hilfskraft, etwa ein Privatgutachter oder sonstiger Fachmann.

4) Mündlicher Vortrag, II. Der Beistand darf alle Parteiprozeßhandlungen vornehmen, Grdz 47 vor 4
§ 128. Der Vortrag des Beistands gilt als Vortrag der Partei, soweit sie den Vortrag des Beistands nicht sofort
widerruft oder berichtigt, wie bei § 85 Rn 6. Eine Einschränkung geht weiter als beim ProzBev, § 85. Denn
sie ergreift nicht nur die tatsächlichen Erklärungen. Daher läßt sie also zB den Widerruf eines Anerkenntnisses zu.

5) Verstoß, I, II. Er kann einen Verstoß auch gegen Art 103 I GG bedeuten, Hamm FamRZ **98**, 307. 5

6) *VwGO*: *Das Auftreten eines Beistandes in der mündlichen Verhandlung ist beim VG zulässig, § 67 II 1* 6
*VwGO. Er muß zum sachgemäßen Vortrag fähig sein, § 67 II 3 VwGO, sonst ist er entsprechend § 157 II zurückzuweisen. Für das Vorbringen des Beistandes ist II entsprechend anwendbar, § 173 VwGO, so daß die Partei alle
Prozeßhandlungen (nicht nur tatsächliche Erklärungen) sofort widerrufen darf.*

Titel 5. Prozesskosten

Übersicht

Schrifttum: *Adelmann-Pintek,* Das Prozeßkostenrecht der ZPO usw (rechtsvergleichend), 2001; *Brieske,*
Die anwaltliche Praxis in Kostensachen, 1991; *Bydlinski,* Der Kostenersatz im Zivilprozeß, Wien 1992; *von
Eicken,* Erstattungsfähige Kosten und Erstattungsverfahren usw, 5. Aufl 1990; *Fleddermann,* Kostenrechtliche
Probleme der Beteiligung am Zivilprozeß usw, 1998; *Hünnekens,* Kostenabwicklung in Zivil- und Familiensachen und bei Prozeßkostenhilfe, 3. Aufl 2002 (Bespr *Timmer* Rpfleger 02, 492); *Kur,* Streitwert und Kosten
in Verfahren wegen unlauteren Wettbewerbs, 1980; *Lappe,* Justizkostenrecht, 2. Aufl 1995; *Lappe,* Kosten in
Familiensachen, 5. Aufl 1994; *Müller-Rabe,* Handbuch des Fachanwalts Familienrecht, 2. Aufl 2001; *Olivet,*
Die Kostenverteilung im Zivilurteil, 3. Aufl 1996; *Sarres,* Gebühren und Kosten im Familien- und Erbrecht,
2. Aufl 2004; *Werres,* Prozeßkostentabelle für Banken, 2002.

Gliederung

1) **Systematik des Kostenabschnitts**	1–8	D. Kosten des Gerichtsvollziehers	24
A. Aufbau der §§ 91–101	1–4	E. Kosten eines Dritten	25
B. Abgrenzung zu §§ 103 ff	5	8) **Prozessualer Erstattungsanspruch**	26–42
C. Weitere Kostenvorschriften	6–8	A. Grundsatz: Unterliegenshaftung	27–31
2) **Regelungszwecke des Kostenabschnitts**	9–11	B. Abgrenzung zum sachlichrechtlichen Ersatzanspruch	32
3) **Sachlicher Geltungsbereich des Kostenabschnitts**	12	C. Entstehung des Erstattungsanspruchs	33, 34
4) **Persönlicher Geltungsbereich des Kostenabschnitts**	13	D. Funktion der Kostengrundentscheidung	35–40
5) **Begriff der „Kosten des Rechtsstreits"**	14	E. Bindungswirkung	41, 42
6) **Begriff der Gerichtskosten**	15–20	9) **Sachlichrechtlicher Ersatzanspruch**	43–70
7) **Begriff der außergerichtlichen Kosten**	21–25	A. Unabhängigkeit vom prozessualen Erstattungsanspruch	43–46
A. Kosten der Partei persönlich	21	B. Überschneidungen	47–51
B. Kosten des Prozeßbevollmächtigten	22	C. Vorschußpflicht für fremde Prozeßkosten	52
C. Kosten des Beistands	23	D. Beispiele zur Frage der sachlichrechtlichen Ersatzansprüche	53–70
		10) ***VwGO***	71

1) Systematik des Kostenabschnitts. Eine Übersicht gelingt am ehesten wie folgt.   1

Übers § 91

A. Aufbau der §§ 91–101. Die Vorschriften enthalten zum einen Regeln dazu, wer überhaupt Kosten tragen muß. Teilweise ergibt sich die Antwort unmittelbar aus dem Gesetz. Teilweise ist dazu eine sog Kostengrundentscheidung des Gerichts erforderlich. Sie muß freilich ihrerseits nur in bestimmten Fällen auf Grund eines Ermessens ergehen, meist dagegen auf Grund zwingender gesetzlicher Vorschriften. §§ 91–101 enthalten aber auch Vorschriften dazu, welche Kostenarten und in welchem Umfang Kosten zu tragen sind. Insofern handelt es sich um Fragen nicht der Kostengrundentscheidung, sondern der sog Kostenerstattung. Ihr Verfahren ist in §§ 103 ff gesondert geregelt.

2 Tragender Grundsatz des Kostenrechts ist die in § 91 I 1 verankerte sog *Unterliegenshaftung*, Rn 27, § 91 Rn 19. Die unterliegende Partei muß die Kosten des Rechtsstreits tragen. Sie muß insbesondere die dem Gegner entstandenen notwendigen Kosten erstatten.

3 Von diesem Grundsatz des § 91 gibt es in den ihm folgenden Vorschriften eine Reihe von Besonderheiten für einzelne Teilgebiete und von *Ausnahmen*. In § 91 a wird der Fall der Erledigung der Hauptsache geregelt, freilich nur sehr unvollkommen. In § 92 finden sich die Regeln für den Fall, daß eine Partei nur teilweise siegt und teilweise unterliegt. § 93 begünstigt ein sofortiges Anerkenntnis des Bekl, soweit er nicht zur Klagerhebung Veranlassung gegeben hat. § 93 a enthält Sonderregeln zum Ehescheidungs- und Eheaufhebungsverfahren. § 93 b enthält Sonderregeln für Räumungsprozesse bei Anwendung der Sozialklausel. § 93 c regelt die Abweichung vom Grundsatz der Unterliegenshaftung für den Kindschaftsprozeß in bestimmten Fällen Anordnungen. § 93 d enthält Sonderregeln beim Auskunftsverstoß eines Unterhaltsschuldners. § 94 enthält Sonderregeln für die Klage eines Rechtsnachfolgers. § 95 ermöglicht es dem Gericht, einer säumigen Partei in jeder Verfahrensart die durch die Säumnis verursachten Kosten aufzuerlegen. Ähnliche Zwecke hat der im Anh nach § 95 abgedruckte § 38 GKG. § 96 betrifft die Kosten eines erfolglos gebliebenen Angriffs- oder Verteidigungsmittels. § 97 enthält die vorrangigen Regeln für die Rechtsmittelinstanz. § 98 enthält Sondervorschriften für den Fall eines Prozeßvergleichs und wird entsprechend auf den außergerichtlichen Vergleich angewandt. § 99 begrenzt die Möglichkeiten der Anfechtung der bloßen Kostenentscheidung. § 100 enthält Sonderbestimmungen bei der Streitgenossenschaft, § 101 solche bei der einfachen und streitgenössischen Streithilfe.

4 Im einzelnen sind die systematischen Verhältnisse einer jeden Vorschrift in ihrer jeweiligen Rn 1 dargestellt. Insgesamt gibt es in diesen und anderen Sonderregeln ein gemeinsames Prinzip. Man kann es als *Kostentrennung* bezeichnen. Es weicht von dem Grundsatz ab, daß der Unterliegende die gesamten Kosten des Rechtsstreits trägt. Es dient der Kostengerechtigkeit im Einzelfall.

5 **B. Abgrenzung zu §§ 103 ff.** Das in den §§ 103 ff geregelte Verfahren der Kostenfestsetzung und der gegen sie möglichen Rechtsbehelfe setzt eine nach § 91–101 ergangene Kostengrundentscheidung oder gesetzliche Kostenhaftung voraus. Es regelt auf solcher Basis das Ob und Wie der Kostenbelastung. Dazu sind allerdings auch Rückgriffe auf einzelne Bestimmungen der §§ 91–101 unvermeidbar.

6 **C. Weitere Kostenvorschriften.** §§ 91 ff enthalten keineswegs sämtliche Kostenbestimmungen. Sowohl zur Kostengrundentscheidung bzw zur Frage, wer überhaupt kraft Gesetzes Kosten trägt, als auch zur Kostenerstattung im einzelnen gibt es zahlreiche weitere, in der ZPO verstreute Vorschriften. Sie sind teilweise sogar gegenüber §§ 91 ff vorrangig. Für gewisse Verfahrensarten gelten Sonderregeln.

7 *Beachten muß man zum Beispiel:* § 75 (Eintritt eines Dritten, der die eingeklagte Forderung für sich in Anspruch nimmt); § 89 (Haftung des vollmachtlosen Vertreters); § 238 IV (Kosten der Wiedereinsetzung in den vorigen Stand); § 269 III, IV (gesetzliche Kostenfolge und Kostenausspruch bei Klagerücknahme); § 281 III (Kosten im Fall einer Verweisung); § 302 IV (Kosten im Fall eines Vorbehaltsurteils); § 344 (Kosten einer Säumnis, Versäumnisurteil); § 380 I (Kostenlast eines ausgebliebenen Zeugen); § 390 I (Kosten des sich unberechtigt weigernden Zeugen); § 409 I (Kosten des ausgebliebenen oder sich weigernden Sachverständigen); § 516 III (Kosten im Fall der Rücknahme der Berufung, auch bei Versäumnisurteil in Verbindung mit § 345); § 566 (Kosten im Fall der Rücknahme der Revision); § 631 V (Kostenhaftung der im Eheaufhebungsverfahren unterliegenden Verwaltungsbehörde); § 696 V (Kosten im Fall einer Verweisung nach einem Mahnverfahren); § 788 (Kosten der Zwangsvollstreckung, KG MDR **79**, 408); § 887 II (Verurteilung zur Kostenvorauszahlung bei der Zwangsvollstreckung zur Vornahme einer vertretbaren Handlung); § 891 S 3 (Verweisung auf § 91 ff in den Fällen der §§ 887–890); § 945 (Kostenhaftung im Rahmen einer Schadensersatzpflicht nach einer Eilanordnung).

8 Von den Vorschriften über die *Auferlegung* von Kosten muß man diejenigen über eine *Befreiung* von Kosten unterscheiden. Diese finden sich teilweise in den Kostengesetzen, zB § 2 GKG, teilweise in der ZPO, vor allem in §§ 114 ff ZPO (Prozeßkostenhilfeverfahren). Die vorstehenden Aufzählungen sind keineswegs vollständig. Man muß prüfen, ob und welche Vorschriften außerhalb §§ 91 ff anwendbar sind.

9 **2) Regelungszwecke des Kostenabschnitts.** Die Vorschriften sind zur Durchführung des Grundsatzes notwendig, daß der Staat die Tätigkeit der Gerichte nicht kostenlos zur Verfügung stellt. Sie binden grundsätzlich das Gericht. Sie sind auch insoweit notwendig, als zB auf Grund einer Prozeßkostenhilfe nach §§ 114 ff eine teilweise vorläufige oder endgültige Freistellung von Kostenpflichten erfolgt. Sie ergänzen die in den Kostengesetzen, zB §§ 22 ff GKG, enthaltenen Vorschriften der unmittelbaren Kostenhaftung gegenüber der Staatskasse. Sie betreffen in erster Linie das Verhältnis der Parteien zueinander. Sie bestimmen also, welcher Prozeßbeteiligte welchem anderen wann wieviel zahlen muß.

10 *Kostengerechtigkeit* ist natürlich das Hauptziel der ganzen Regelung. Jeder Prozeßbeteiligte muß von vornherein wenigstens in Umrissen übersehen können, welches Kostenrisiko auf ihn zukommt. Davon hängt ja auch ab, ob und mit welcher Erfolgsaussicht er zB Prozeßkostenhilfe beantragen kann. Der Grundsatz der Unterliegenshaftung nach § 91 I 1 läßt sich nicht ausnahmslos durchführen. Denn das würde zu krassen Ungerechtigkeiten führen. Sie zu beseitigen ist der Zweck der folgenden Vorschriften.

Gleichzeitig dienen sie aber auch einer gewissen *Verfahrensvereinfachung* und damit der Prozeßwirtschaftlichkeit, Grdz 14 vor § 128. Das Kostenrecht ist trotz aller oft entscheidenden wirtschaftlichen Bedeutung doch eben nur ein Nebenschauplatz des Zivilprozesses. In seinem Mittelpunkt muß die Frage bleiben, wer in der Hauptsache Recht bekommt. Die Kostenauswirkungen dürfen nicht alle anderen Prozeßfragen auch nur praktisch nahezu überwuchern, Herr DRiZ **89**, 87.

Titel 5. Prozesskosten **Übers § 91**

Das alles muß man bei der *Auslegung* aller Kostenvorschriften mitbeachten. Im typisch deutschen Bestreben 11
nach perfekter Regelung muß man gerade in Kostenfragen nahezu groteske Aufsplitterungen in feinste
Verästelungen der Probleme beachten. Da gewissenhafte Parteien und Anwälte nach § 85 Rn 19 eine einmal
vorhandene Rechtsprechung und Lehre beachten müssen, wird die Materie immer undurchschaubarer. Ein
Gericht, das dieser Entwicklung nach Kräften entgegensteuert, bewegt sich mit Sicherheit im Rahmen eines
pflichtgemäßen Ermessens, falls es nach dem Gesetz überhaupt einen Ermessensspielraum hat. Man sollte
diese Möglichkeit der bewußten Vereinfachung viel mehr nutzen, selbst auf Kosten einer gewissen Vergröberung der Gerechtigkeit im Einzelfall. Vgl auch die ähnlichen Erwägungen § 296 Rn 2.

3) Sachlicher Geltungsbereich des Kostenabschnitts. §§ 91 ff gelten grundsätzlich für alle der ZPO 12
unterliegenden Verfahrensarten. Bei §§ 887–890 gelten nach § 891 S 3 die dortgenannten Teile der §§ 91 ff
und in allen Instanzen. Wegen des schiedsrichterlichen Verfahrens § 1057. Sie gelten für das jeweilige
Hauptverfahren und alle dazugehörigen Nebenverfahren, etwa nach § 17 a GVG, BGH NJW **93**, 2542.
Wegen § 119 vgl § 91 Rn 154. §§ 91 ff gelten kraft Bezugnahme in anderen Gesetzen vielfach entsprechend
oder direkt, auch soweit das Verfahren zunächst außerhalb der ZPO abläuft. Das gilt etwa beim Insolvenzverfahren, Köln JB **01**, 496, und beim echten Streitverfahren der freiwilligen Gerichtsbarkeit, § 13 a FGG,
BayObLG FGPrax **99**, 78, Mü Rpfleger **96**, 215, aM BGH JB **03**, 207 (unklar, weshalb), Karls JB **97**, 598
(aber § 13 a FGG gilt uneingeschränkt). Freilich verweist § 13 a III FGG nur auf § 91 I 2, nicht auch auf
§ 99 II 1–4, KG Rpfleger **04**, 252. Die §§ 91 ff gelten eingeschränkt im Patentnichtigkeitsverfahren, § 121 II
PatG, BGH RR **98**, 334. Im WEG-Verfahren gilt § 47 WEG, BayObLG ZMR **01**, 361, Rau ZMR **98**, 1.
Dabei kann man §§ 91 ff mitbeachten, BayObLG NZM **00**, 44. §§ 91 ff lassen sich im Zweifel zumindest
nach ihren Grundgedanken am heranziehen, BVerfG NJW **99**, 134. Freilich muß man die jeweiligen
Verfahrensbesonderheiten beachten, BVerfG NJW **93**, 2793. §§ 91 ff gelten auch im arbeitsgerichtlichen
Urteilsverfahren, § 91 Rn 72, LAG Mü DB **01**, 2560, aber nicht im arbeitsgerichtlichen Beschlußverfahren,
BAG BB **99**, 1964. Vgl auch bei den einzelnen Vorschriften, zB bei § 148 VI UMAG, § 14 II KapMuG,
SchlAnh VII, Schneider BB **05**, 2255.

4) Persönlicher Geltungsbereich des Kostenabschnitts. §§ 91 ff gelten grundsätzlich für alle rechtlich 13
am Zivilprozeß Beteiligten, oft auch für nur wirtschaftlich Beteiligte. Sie haben darüber hinaus Auswirkungen auch für nur mittelbar beteiligte Dritte. Der persönliche Geltungsbereich der einzelnen Vorschrift ist in
ihrer jeweiligen Kommentierung dargestellt.

5) Begriff der „Kosten des Rechtsstreits". § 91 I 1 enthält den Begriff der „Kosten des Rechtsstreits". 14
Diese sog Prozeßkosten muß man von solchen Kosten oder Unkosten oder Schäden oder Nachteilen
unterscheiden, die nicht prozessual entstehen, sondern aus dem sachlichen Recht etwa des BGB. Sie sind nur
bedingt. Über die letzteren Rn 43 ff. Prozeßkosten sind alle diejenigen Aufwendungen, die im Prozeß selbst
entstehen. Darüber hinaus zählen hierher diejenigen Aufwendungen, die ein Prozeßbeteiligter zur Vorbereitung oder Durchführung des Prozesses machen mußte, sofern sie in einem unmittelbaren Zusammenhang
mit dem Prozeß stehen, aber eben auch nur solche, Kblz NJW **78**, 1751.

6) Begriff der Gerichtskosten. Innerhalb der Prozeßkosten nach Rn 14 kann man zwei Hauptgruppen 15
von Kosten unterscheiden: Die Gerichtskosten und die außergerichtlichen Kosten, BSG MDR **97**, 200,
Naumb JB **03**, 648. Zu den letzteren Rn 21. Gerichtskosten sind diejenigen Gebühren und Auslagen nach
§ 1 GKG, die ein Prozeßbeteiligter dem Land oder Bund als dem Träger der Justizhoheit entrichten muß,
Köln RR **01**, 1656. Der Staat bietet seine Rechtspflege grundsätzlich nicht unentgeltlich an. Die Prozeßbeteiligten sollen die Kosten hauptsächlich selbst aufbringen. Die Gerichtskosten zerfallen in Gebühren, also
öffentlichrechtliche Ausgaben, Justizsteuern, die ohne Rücksicht auf den Einzelfall nach dem Streitwert
pauschmäßig bestimmt werden, § 3 I GKG, und in Auslagen, also entstandene oder bevorstehende Unkosten, die zunächst aus der Staatskasse entrichtet werden. Die Gerichtskosten werden wie öffentliche
Abgaben beigetrieben. Für die Kostenerstattung kommen sie nur als Parteikosten in Frage, also insoweit, als
die Partei sie verausgabt hat.

Schuldner der Gerichtskosten ist unmittelbar kraft Gesetzes, das auch die Fälligkeit, die etwaige Befreiung 16
von der Kostenschuld und den etwa zu zahlenden Vorschuß festlegt, zunächst der *Antragsteller*, Kläger,
Rechtsmittelkläger, § 22 S 1 GKG. Antragsteller ist derjenige, der ein Verfahren einleitet oder erweitert.

Ferner haftet für die Gerichtskosten der sog *Entscheidungsschuldner*. Das ist derjenige, den ein Gericht zur 17
Kostenzahlung verurteilt hat, § 29 Z 1 GKG. Diese Haftung kann nach § 30 S 1 GKG erlöschen, soweit die
Kostenentscheidung aufgehoben oder abgeändert wird, LAG Düss JB **92**, 470. Eine Erledigung der Hauptsache in der Rechtsmittelinstanz oder eine wirksame Klagerücknahme in ihr reichen aus. Ein Beschluß nach
§ 344 reicht aus, § 269 Rn 34. Ein Beschluß nach § 269 III 3 kann jetzt ausreichen. Ein Vergleich, Anh
§ 307, reicht nicht schon nach § 29 Z 1 GKG aus, sondern allenfalls nach § 29 Z 2 GKG.

Ferner ist dem Staat gegenüber kostenpflichtig der sog *Übernahmeschuldner*. Das ist derjenige, der die 18
Gerichtskosten dem Gericht gegenüber übernommen hat, § 29 Z 2 GKG, zB durch einen Vergleich, dazu
§ 98 sowie § 54 Z 2 Hs 2 GKG. Ferner ist dem Staatskasse gegenüber kostenpflichtig derjenige, der für eine
fremde Kostenschuld kraft Gesetzes haftet, § 29 Z 3 GKG. Eine Kostengrundentscheidung ist dazu nicht
notwendig. Das gilt selbst dann, wenn nur eine Duldungshaftung in Betracht kommt.

Schließlich ist der Staatskasse kostenpflichtig der sog *Vollstreckungsschuldner* für die notwendigen Kosten der 19
Zwangsvollstreckung im Sinn von § 788, dazu § 29 Z 4 GKG.

Mehrere derartige Kostenschuldner haften der Staatskasse gegenüber als *Gesamtschuldner*, § 31 I GKG. Der 20
Entscheidungsschuldner ist im übrigen sog Erstschuldner, § 31 II GKG. Die Kostenschuld besteht unabhängig von einem etwaigen Erstattungsanspruch, vgl freilich auch dazu § 31 II GKG. Eine Ergänzung des GKG
vor allem für den Kostenbeamten gibt die Kostenverfügung, Hartmann Teil VII.

7) Begriff der außergerichtlichen Kosten. 21

Schrifttum: *Hösl*, Kostenerstattung bei außergerichtlicher Verteidigung gegen unberechtigte Rechtsverfolgung, 2004.

Von den Gerichtskosten nach Rn 15 muß man die sog außergerichtlichen Kosten unterscheiden, BSG MDR **97**, 200, Naumb JB **03**, 648. Das sind die direkt auf den Prozeß bezogenen, bis zu einem prozessualen Erstattungsanspruch zunächst selbst zu tragenden Aufwendungen eines Prozeßbeteiligten, insbesondere der Parteien.

A. Kosten der Partei persönlich. Hierzu zählen Aufwendungen etwa für Reisen, Köln RR **01**, 1656 (auch nach Anordnung des Erscheinens), für Porto oder für den Zeitverlust. Ferner zählen hierher unter Umständen die Kosten für die Beschaffung von Gutachten, für die Vertretung durch einen technischen Beistand und dergleichen. Auch ein Sachwalter einer späteren GmbH kann hierher zählen, aM Ffm RR **98**, 1535 (vgl aber § 50 Rn 24 ff).

Nicht hierher zählen die allgemeinen Nachteile oder Unkosten oder Schäden aus Anlaß eines Prozesses. Sie können freilich einen sachlichrechtlichen Ersatzanspruch auslösen, Rn 43.

22   **B. Kosten des Prozeßbevollmächtigten.** Die Kosten eines jeden ProzBev sind ganz überwiegend direkt auf den Prozeß bezogen und daher Teil der außergerichtlichen Kosten des Rechtsstreits. Sie werden dann, wenn der ProzBev ein Anwalt ist, nach dem RVG berechnet und sind zunächst vom Auftraggeber dem Anwalt zu bezahlen. § 1 I RVG unterscheidet ähnlich dem GKG zwischen Gebühren und Auslagen des Anwalts und gilt die Gebühren nach dem Streitwert pauschmäßig ab. Die Ansprüche können auch vor dem Prozeß entstanden sein, zB für ein Mahn- oder Kündigungsschreiben. Auch solche Ansprüche muß der Auftraggeber dem Anwalt zunächst nach dem RVG vergüten. Man muß sie aber je nach den Umständen auf die Gebühr des Anwalts für das anschließende gerichtliche Verfahren anrechnen, § 19 I 2 Z 1 RVG, VV amtliche Vorbemerkung 3 IV. Kosten „des Rechtsstreits" sind alle diese Kosten im allgemeinen nicht, Jäckle JZ **78**, 679. Eine Ausnahme gilt zB bei einer Übernahmeverpflichtung durch einen Vergleich. Ein Anspruch auf die Erstattung dieser Kosten besteht nur im Rahmen der sog Vorbereitungskosten, § 91 Rn 270, 290.

23   **C. Kosten des Beistands.** Soweit ein Beistand für eine Partei tätig ist, sind seine Kosten Teil der außergerichtlichen Kosten. Dasselbe gilt für die Tätigkeit eines Rechtsbeistands. Seine Gebühren und Auslagen regelt Art XI § 1 KostÄndG, Schönfelder Nr 124, Hartmann Teil XII.

24   **D. Kosten des Gerichtsvollziehers.** Die Kosten des zB für eine Zustellung im Erkenntnisverfahren oder für eine Tätigkeit in der Zwangsvollstreckung eingeschalteten Gerichtsvollziehers gehören ebenfalls zu den außergerichtlichen Kosten, LG Karlsr VersR **77**, 1121, aM LG Kassel JB **01**, 322 (aber er wird für eine der Parteien tätig). Die Höhe richtet sich nach dem GvKostG, Schönfelder Nr 123, Hartmann Teil XI. Es unterscheidet ähnlich dem GKG und dem RVG zwischen Gebühren und Auslagen.

25   **E. Kosten eines Dritten.** Die Kosten eines nicht unter Rn 21–24 fallenden Dritten können ebenfalls zu den außergerichtlichen Kosten zählen, aM BSG MDR **97**, 200 (aber auch sie können prozeßbezogen sein). Daneben kann ein Anspruch des Dritten oder seine Haftung gegenüber einem Prozeßbeteiligten aus dem sachlichen Recht bestehen, Rn 43. Auch zur Durchführung eines sachlichrechtlichen solchen Anspruchs ist immer ein besonderer Vollstreckungstitel gegenüber dem Dritten notwendig.

26   **8) Prozessualer Erstattungsanspruch.** Aus dem Prozeßrechtsverhältnis nach Grdz 4 vor § 128 folgen auch kostenrechtliche Pflichten der Partei gegenüber dem Gericht und der Parteien untereinander, BGH BB **97**, 2550, KG RR **96**, 847. Während die Kostenpflicht der Prozeßbeteiligten gegenüber dem Staat durch die Kostengrundentscheidung oder die gesetzliche Kostenvorschrift ausgelöst wird und im einzelnen vorwiegend durch das GKG geregelt ist, ergibt sich die Kostenpflicht einer Partei gegenüber einer anderen aus §§ 91 ff und den sonstigen in Rn 6 angedeuteten Kostenvorschriften.

27   **A. Grundsatz: Unterliegenshaftung.** § 91 I 1 enthält den tragenden Grundsatz der prozessualen Kostenerstattungspflicht: „Die unterliegende Partei hat ... die dem Gegner erwachsenen Kosten zu erstatten". Dieser dem Veranlasserprinzip entnommene Grundsatz gilt weitgehend, wenn auch nicht lückenlos, BGH VersR **92**, 1285. Er ist im einzelnen durch zahlreiche Sonderregeln (zB durch § 631 V), abgeschwächt, erweitert oder abgeändert. Er durchzieht aber als Grundgedanke das gesamte Kostenrecht. Er ist daher im Zweifel bei der Auslegung mitbeachtlich. Er bürdet beiden Parteien ein erhebliches Kostenrisiko auf. Das beachtet LG Freibg MDR **84**, 238 nicht genug.

28   Das Kostenrisiko ist allerdings rechtspolitisch umstritten, Andrè ZRP **76**, 177 (krit zu einer Pflichtrechtsschutzversicherung), Baumgärtel JZ **75**, 430 (er fordert eine „Prozeßhilfe"). Die prozessuale Kostenerstattungspflicht ist zwar ein privatrechtlicher Vorgang zwischen den Parteien. Sie beruht aber dennoch ausschließlich auf der ZPO. Ihre Grundlage ist innerhalb des Prozeßrechtsverhältnisses insbesondere dasjenige der Parteien zueinander, Grdz 6 vor § 128, Hbg GRUR **83**, 201, Schlesw SchlHA **79**, 44 und 225. Sie ist in der ZPO abschließend geregelt. Das übersieht LAG Bre Rpfleger **88**, 165. Sie ist ein Ausgleich dafür, daß die Partei überhaupt unbeschränkt eine Klage erheben kann.

29   Bereits die bloße Tatsache des schließlichen Unterliegens macht grundsätzlich kosten- und erstattungspflichtig (Ausnahme: § 107 SachenRBerG, abgedruckt bei § 91), BGH **94**, 318, BFH **119**, 409, BSG MDR **92**, 387, BVerwG **50**, 10. Das gilt jedenfalls, soweit Kosten objektiv notwendig waren. Diese Regel gilt grundsätzlich ohne Rücksicht darauf, aus welchem Grund die Partei unterlegen ist, Hamm MDR **82**, 676. Eine Ausnahme kann beim vollmachtlosen Vertreter gelten, Bbg JB **05**, 548. Es ist unerheblich, ob sie ein Verschulden trifft, Hbg GRUR **83**, 201, ob eine Rechtsänderung Kosten verursachte, BSG MDR **92**, 387, oder ob die Partei überhaupt geschäfts- oder prozeßfähig war, BGH **121**, 399 (krit Schlosser IPRax **93**, 533), BayOblG **91**, 114.

30   Deshalb umfaßt auch eine Haftungsbeschränkung in der Hauptsache die Kostenpflicht nicht. Soweit Kosten allerdings schon in der Person des Erblassers entstanden sind, haftet der Erbe nur beschränkt. Die Auferlegung von Mehrkosten usw auf den Sieger ist nur in den gesetzlich geregelten Fällen statthaft, zB nach §§ 281 III 2, 344, also nicht schon auf Grund eines in Wahrheit gar nicht geltenden „Verursachungsprinzips", aM LAG Bre Rpfleger **88**, 165 (aber man sollte nicht das ohnehin genügend komplizierte Kostenrecht durch solche weiteren Regeln noch undurchsichtiger gestalten). Dem Verlierer steht derjenige gleich, der sich freiwillig und unnötig in dessen Rolle begibt, etwa durch eine Klagerücknahme nach § 269 oder durch ein Anerkenntnis nach § 307 usw. Ausnahmen bestehen in den §§ 93–93 d, 95, 97 usw. Grundsätzlich können nur die Parteien

und ihre Streithelfer nach § 66 kostenpflichtig werden. Ein Dritter kann nur ausnahmsweise kostenpflichtig werden, etwa als vollmachtloser Vertreter, Bbg JB **05**, 548. Das gilt etwa in einem Zwischenstreit mit einer Partei oder einem Streithelfer, zB nach §§ 89, 101, 380, 390, 409, oder wenn der Dritte für einen nicht Parteifähigen den Prozeß veranlaßt hat, Düss MDR **77**, 759. In einem solchen Fall ist ebenso wie bei der sachlichrechtlichen Ersatzpflicht eines Dritten ein besonderer Prozeß auf die Erstattung nötig.

Eine Partei *kraft Amts* nach Grdz 8 vor § 50 vertritt fremde Belange. Sie haftet daher nicht mit ihrem **31** persönlichen Vermögen, Karlsr FamRZ **88**, 637. Ein Prozeßstandschafter nach Grdz 26, 29 vor § 50 hat ein eigenes Interesse im Prozeß. Er haftet daher auch mit seinem persönlichen Vermögen, Karlsr FamRZ **88**, 637. Jedoch ist ein Testamentsvollstrecker, den die Erben auf die Erteilung einer Auskunft verklagt haben, keine Partei kraft Amts. Über die außergerichtlichen Kosten kann das Gericht in einem Erinnerungs- und Beschwerdeverfahren des Gläubigers gegen den Gerichtsvollzieher wegen der Zwangsvollstreckung dann nicht entscheiden, wenn der Schuldner am Verfahren nicht beteiligt ist.

B. Abgrenzung zum sachlichrechtlichen Ersatzanspruch. Man muß von dem Grundsatz der pro- **32** zessualen Unterliegenshaftung nach Rn 27 eine etwa vorhandene sachlichrechtliche Ersatzpflicht unterscheiden, Rn 43. Zwar kann sich auch ein sachlichrechtlicher Ersatzanspruch im Zusammenhang mit prozessualen Vorgängen ergeben. Grundsätzlich ist aber der prozessuale Erstattungsanspruch nur aus der ZPO ableitbar, nämlich aus dem Prozeßrechtsverhältnis, Grdz 4 vor § 128. Daher kann man Vorschriften des sachlichen Rechts zB zu einer Schadensersatzpflicht nicht auch nur ergänzend zur Auslegung von Regeln der prozessualen Erstattungspflicht anwenden, Schlesw JB **78**, 1568.

C. Entstehung des Erstattungsanspruchs. Der prozessuale Kostenerstattungsanspruch einer Partei oder **33** ihres Streithelfers gegen die andere oder deren Streithelfer nach § 66 läßt sich nur im zugehörigen Prozeß geltend machen, BGH NJW **83**, 284, und zwar im Kostenfestsetzungsverfahren nach §§ 103 ff. Er entsteht allerdings nicht erst im Zeitpunkt der Kostengrundentscheidung, sondern schon im Zeitpunkt der Begründung des Prozeßrechtsverhältnisses nach Grdz 4 vor § 128, meist also mit der Rechtshängigkeit nach § 261 Rn 3, also mit der Zustellung der Klage, des Scheidungsantrags oder mit der Einlegung eines Rechtsmittels usw, Kblz MDR **05**, 416. Denn die Ursache für eine Pflicht, einem anderen Prozeßbeteiligten überhaupt oder dessen Kosten auch nur teilweise zu erstatten, liegt ja schon in dem Umstand, daß man ihn überhaupt in prozessuale Rechte und Pflichten hineinziehen kann und daß man seine Hineinziehung durch eigenes Verhalten verursacht oder gar verschuldet hat, BGH NJW **88**, 3205, Ffm MDR **84**, 148, Hbg GRUR **83**, 201.

Ein prozessualer Kostenerstattungsanspruch entsteht auch zugunsten desjenigen, der sich auf eine unzuläs- **34** sig gegen ihn erhobene Klage oder Widerklage eingelassen hat, Mü MDR **84**, 498. Vor dem Erlaß einer Kostengrundentscheidung oder dem Eintritt eines Ereignisses, das eine gesetzliche Kostenvorschrift wirksam werden läßt, etwa einer wirksamen Klagerücknahme nach § 269 III 2, ist der prozessuale Kostenerstattungsanspruch allerdings noch nicht fällig, KG JB **02**, 482, sondern *aufschiebend bedingt*, BGH MDR **92**, 911, Kblz MDR **05**, 416, Köln RR **00**, 1301. Er ist dann in der Höhe noch ungewiß, wenn auch noch unbestimmbar. Wenn eine Partei während des Rechtsstreits nach §§ 51, 52 prozeßunfähig war, ergibt sich ihr Erstattungsanspruch dann, wenn der Pfleger die Prozeßhandlungen nachträglich genehmigt, BGH MDR **92**, 911. Der Kostenerstattungsanspruch ist auch schon als aufschiebend bedingter abtretbar. Man kann ihn zum Insolvenzverfahren anmelden. Er ist auch als aufschiebend bedingter Anspruch bereits pfändbar, Grdz 91 vor § 704 „Kostenerstattungsanspruch". Über ihn kann das Gericht eines Arrest nach §§ 916 ff verhängen. Vor dem Eintritt der aufschiebenden Bedingung nach Rn 35 ist der Anspruch nicht aufrechenbar, § 387 BGB, Ffm MDR **84**, 148.

D. Funktion der Kostengrundentscheidung. Die Kostengrundentscheidung bestimmt den Anspruch **35** nicht der Höhe nach. Sie überläßt diese Bestimmung vielmehr dem Kostenfestsetzungsverfahren, §§ 103 ff. Sie verwandelt den bisher aufschiebend bedingten Anspruch nach Rn 34 in einen auflösend bedingten. Das gilt selbst dann, wenn sie nur vorläufig vollstreckbar ist, BGH NJW **88**, 3205, Ffm MDR **84**, 148, Köln RR **00**, 1301.

Erst mit dem Eintritt der *Rechtskraft* der Kostengrundentscheidung nach §§ 322, 705 entfällt dann die **36** auflösende Bedingung, BGH NJW **88**, 3205, Köln RR **00**, 1301, LAG Erfurt Rpfleger **05**, 220. Ein Vergleich nach Anh § 307 und eine Kostenfolge kraft Gesetzes zB nach §§ 269 III 2, 516 III, 565 stehen dem Urteil gleich.

In Abweichung vom Grundsatz der Einheit der Kostenentscheidung nach § 91 Rn 23 muß jede gericht- **37** liche Entscheidung, die einen *selbständigen Verfahrensabschnitt* abschließt, eine *Kostenentscheidung* für diesen Abschnitt enthalten. Das gilt zB bei § 254, dort Rn 20, Mü MDR **88**, 782, Karlsr JB **93**, 619. Diese Kostenentscheidung muß von Amts wegen ergehen, § 308 II, Hamm FamRZ **93**, 1343 (Stufenklage). Das Rechtsmittelgericht darf nach Erfolglosigkeit die Kostenentscheidung der Vorinstanz wegen § 308 II von Amts wegen ändern, § 97 Rn 39, BGH WertpMitt **81**, 46. Eine Kostenentscheidung ist nicht erforderlich, wenn das Gericht eine Härteklausel anwendet, zB bei §§ 765 a, 788 III. Über das Verfahren nach den §§ 620 ff vgl § 620 g. Wegen des Arrests § 91 Rn 73. Ein bloßes Zwischenurteil insbesondere nach § 304 darf allerdings keine Kostengrundentscheidung enthalten. Wegen des Teilurteils § 301 Rn 7 ff. Wegen eines Verweisungsbeschlusses § 281 Rn 54.

Die Kostengrundentscheidung enthält meist nur einen Ausspruch darüber, *wer* die Kosten trägt, evtl zu welchem Teil. Darin liegt freilich auch die Verpflichtung zu einer entsprechenden Kostenerstattung zwischen den Parteien. Das Gericht muß sie nicht zusätzlich ausdrücklich als solche aussprechen. Immerhin muß das Gericht der Sache nach eine so genaue und klare Formulierung treffen, daß man im anschließenden Kostenfestsetzungsverfahren nach §§ 103 ff nur noch die Höhe der zu erstattenden Beträge ermitteln muß.

Unzulässig ist eine Berechnung nach *Zeitabschnitten*, von den Sonderfällen zB des § 97 wegen Rechts- **38** mittelkosten abgesehen. Dagegen kann es zulässig sein, eine bestimmte Gebühr aus der Kostenpflicht herauszunehmen. Das gilt zB dann, wenn eine Beweisaufnahme unnötig erfolgte, § 95. Das Gericht darf auch einer Partei einen bezifferten Betrag als ihren Beitrag zur gesamten Kostenpflicht auferlegen, § 92 Rn 38.

39 Eine *Änderung des Streitwerts* führt grundsätzlich nicht zur Berichtigung der Kostengrundentscheidung, § 319 Rn 5. Ohne die Kostengrundentscheidung usw läßt sich kein Kostenfestsetzungsverfahren durchführen und daher keine Kostenerstattung verwirklichen, BGH FamRZ **88**, 143. Soweit ein Kostenerstattungsanspruch besteht, gibt es außerhalb des Festsetzungsverfahrens nach §§ 103 ff kein Rechtsschutzbedürfnis, insbesondere nicht für eine Klage auf Erstattung, Einf 3, 14 vor §§ 103–107, Köln MDR **81**, 763, auch nicht im Weg einer Widerklage.

40 Der Kostenerstattungsanspruch *verjährt* in drei Jahren, § 195, ein rechtskräftig festgestellter nach 30 Jahren, § 197 I Z 3 BGB. Der Erstattungsschuldner kann eine Verjährung der Forderung des Anwalts deshalb nur dann einwenden, wenn schon der Schuldner des Anwalts diese Verjährung geltend gemacht hatte. Andernfalls läge eine Einwendung aus einem fremden Recht vor. Da die Kostengrundentscheidung die Bestimmung der Höhe des Erstattungsanspruchs dem Festsetzungsverfahren vorbehält, ist sie der Höhe nach an jenes Verfahren gebunden.

41 **E. Bindungswirkung.** Die Kostenvorschriften sind öffentlichrechtlicher Natur. Sie binden das Gericht, soweit sie ihm nicht ausdrücklich einen Ermessensspielraum lassen. Parteivereinbarungen über die prozessuale Kostenerstattungspflicht sind zwar grundsätzlich zulässig. Sie sind aber für eine etwa noch notwendige Kostengrundentscheidung ebenso grundsätzlich unbeachtlich. Ausnahmen bestehen zB bei §§ 93 a I 3, 98, 101 I 1. Das Gericht ist an seine einmal erlassene Kostengrundentscheidung wie an andere Entscheidungen gebunden, §§ 318, 329. Wegen einer Berichtigung, Ergänzung usw §§ 319–321 a, 329.

42 Es ist dem durch die Kostengrundentscheidung Begünstigten überlassen, seine Kosten im *Kostenfestsetzungsverfahren* nach §§ 103 ff erstattet zu fordern, auch evtl auf Grund einer Vereinbarung zwischen den Parteien. Eine dem Gericht mitgeteilte Kostenübernahme nach § 29 Z 2 GKG macht zwar den Übernehmer zum Kostenschuldner der Staatskasse gegenüber. Sie ändert aber im übrigen an den Wirkungen der Kostengrundentscheidung nichts.

43 **9) Sachlichrechtlicher Ersatzanspruch**

Schrifttum: *Becker-Eberhard,* Grundlagen der Kostenerstattung bei der Verfolgung zivilrechtlicher Ansprüche, 1985; *Haller* JB **97**, 342 (Üb); *Hösl,* Kostenerstattung bei außergerichtlicher Verteidigung gegen unberechtigte Rechtsverfolgung, 2004; *Loritz,* Die Konkurrenz materiellrechtlicher und prozessualer Kostenerstattung, 1981; *Siebert,* Die Prinzipien des Kostenerstattungsrechts und die Erstattungsfähigkeit vorgerichtlicher Kosten des Rechtsstreits, 1985; *Wolf,* Materiellrechtliche Kostenerstattung im kostenrechtlichen Gewand?, Festschrift für *Henckel* (1995) 911.

A. Unabhängigkeit vom prozessualen Erstattungsanspruch. Es kann unabhängig vom Vorhandensein oder Fehlen eines prozessualen Kostenerstattungsanspruchs nach Rn 26 ein aus dem sachlichen Recht ableitbarer Anspruch auf den Ersatz von Kosten vorhanden sein, BGH GRUR **95**, 170 (krit Becker-Eberhard JZ **95**, 814), Drsd NJW **98**, 1872, LAG Düss MDR **03**, 1021. Das gilt trotz des Umstands, daß das deutsche bürgerliche Recht keine allgemeine Kostenerstattungspflicht kennt.

44 Ein sachlichrechtlicher Ersatzanspruch läßt sich am ehesten als eine Unterart von *Schadensersatzanspruch* begreifen, Karlsr VersR **00**, 1046, LG Köln MDR **00**, 730. Er kann sich gegen den Prozeßgegner oder gegen einen Dritten richten. Er bestimmt sich seinem Umfang nach im Zweifel nach §§ 249 ff BGB. §§ 91 ff ZPO sind auf ihn grundsätzlich unanwendbar, Eubrich NJW **05**, 3099, so wie umgekehrt auf den prozessualen Erstattungsanspruch die Vorschriften des sachlichen Rechts grundsätzlich unanwendbar sind, Rn 32.

45 Der sachlichrechtliche Ersatzanspruch bedarf zu seiner Durchsetzung einer besonderen *Klage* unter anderem mit einem zu beziffernden und zu begründenden Antrag, § 253 II Z 2. Zum Problem Weglage/Pawliczek NJW **05**, 3100 (ausf). Wenn allerdings im bisherigen Hauptverfahren die Klage zugestellt worden war, sollte das Gericht einen etwa nun eintretenden oder schon vorhanden gewesenen sachlichrechtlichen Ersatzanspruch in demselben Prozeß nach § 260 als Anspruchshäufung ansehen und möglichst im Weg einer Klagänderung zulassen, §§ 263–264, § 840 Rn 15 ff, Schneider MDR **81**, 353.

46 Wenn freilich eine Klage noch *nicht zugestellt* worden war, fehlte es an der Rechtshängigkeit nach § 261 und am Prozeßrechtsverhältnis, Grdz 4 vor § 128. Daher gibt es dann auch keinen Anlaß, den Prozeß nur wegen eines jetzt etwa entscheidungsbedürftigen sachlichrechtlichen Ersatzanspruchs in Wahrheit erst anlaufen zu lassen.

47 **B. Überschneidungen.** Es können sich Überschneidungen des prozessualen Kostenerstattungsanspruchs und eines sachlichrechtlichen Ersatzanspruchs ergeben. In solchen Fällen sollte die Gericht großzügig prüfen, ob es die Berechtigung des sachlichrechtlichen Ersatzanspruchs im Rahmen des Hauptprozesses und damit im Rahmen seiner prozessualen Erstattungspflicht mitklärt, Kblz OLGZ **91**, 127. Daraus folgt, daß ein Rechtsschutzbedürfnis nach Grdz 33 vor § 253 insoweit kaum besteht, LG Karlsr AnwBl **94**, 94.

48 *Beispiele:* Es kann eine Kostengrundentscheidung oder ein prozessualer Kostenerstattungsanspruch fehlen. Trotzdem kann ein sachlichrechtlicher Ersatzanspruch bestehenbleiben, BGH **66**, 114, BAG DB **78**, 896. Vor der Anhängigkeit entstandene Kosten etwa eines selbständigen Beweisverfahrens nach §§ 485 ff kann der Kläger neben dem Hauptanspruch ersetzt fordern, soweit sie nicht ohne weiteres zum Prozeß gehören. Natürlich kann der Gläubiger trotz einer solchen Überschneidung von Ansprüchen seine Kosten grundsätzlich nicht nach der Zurückweisung einer prozessualen Erstattung nochmals mit demselben Sachverhalt sachlichrechtlich ersetzt fordern, BGH GRUR **95**, 170 (Ausnahme evtl bei § 826 BGB). Er kann ja seine Kosten insgesamt nur einmal erstattet bzw ersetzt fordern, BayObLG **79**, 20, Schlesw RR **87**, 952, ZöHe 13 vor § 91, aM Ffm AnwBl **85**, 210 (nach einem Prozeßurteil. Aber auch ein solches Urteil kann einen Rechtskraft haben, § 322 Rn 5 „Prozeßurteil"). Zu anwaltlichen vorprozessualen Kosten Ruess MDR **05**, 313 (ausf mit Rechenbeispielen).

49 Soweit ein rechtskräftiger *Kostenfestsetzungsbeschluß* nach § 104 vorliegt, hat das Gericht über die zugesprochenen und die abgesprochenen Kosten endgültig entschieden. Solange sich der zugrundeliegende Sachverhalt nicht ändert, kann man daher nicht abweichend von der Kostenfestsetzung einen sachlichrechtlichen Ersatz fordern, VGH Kassel AnwBl **97**, 287. Daher kann man ja die im Prozeß entstandenen

Titel 5. Prozesskosten **Übers § 91**

Kosten grundsätzlich auch nur im Festsetzungsverfahren erstattet fordern, Rn 42, BGH **75**, 235, StJL 20 vor § 91, ThP 15 vor § 91, aM ZöHe 13 vor § 91 (vgl aber § 322 Rn 5 „Kostenfestsetzung").

Handelt es sich dagegen um solche Kosten, die zwar nach Rn 14–25 zu den Prozeßkosten zählen, jedoch 50 im Kostenfestsetzungsverfahren ausnahmsweise dennoch nicht geltend gemacht werden konnten, dann kann man solche Kosten durch eine *besondere Ersatzklage* geltend machen. Dasselbe gilt bei solchen Kosten, die mit dem eigentlichen Prozeß gar nichts zu tun hatten. Auch ist ein Kostenfestsetzungsverfahren nicht schon deshalb unzulässig, weil über dieselben Kosten ein abweisendes Urteil ergangen ist, BGH WertpMitt **87**, 247, Schlesw RR **87**, 952, LG Hechingen VersR **86**, 351.

Man muß allerdings beachten, daß die Gerichte „*Vorbereitungskosten*" für den Rechtsstreit weitgehend 51 zulassen, § 91 Rn 270, Köln Rpfleger **81**, 318. Es ist im übrigen eine Fallfrage, ob man einen sachlichrechtlichen Ersatzanspruch nach dessen Abweisung durch ein Urteil nun im Kostenfestsetzungsverfahren geltend machen kann. Das hängt unter anderem davon ab, ob man neue Tatsachen usw angeführen kann, BGH GRUR **95**, 169, aM Kblz MDR **86**, 324, Köln JB **77**, 1773, ZöHe 13 vor § 91 (vgl aber § 322 Rn 5 „Kostenfestsetzung"). Im übrigen kann natürlich ein Vergleich nach Anh § 307 dem Kostenfestsetzungsverfahren entgegenstehen, § 98, Mü RR **97**, 1894.

C. Vorschußpflicht für fremde Prozeßkosten. Eine solche Vorschußpflicht besteht insofern, als die 52 Eltern oder ein Elternteil dem Kind die Prozeßkosten in einer persönlichen Angelegenheit vorschießen müssen. Ein Ehegatte ist für Prozesse des anderen vorschußpflichtig, soweit es um dessen höchstpersönliche Angelegenheiten geht, die also weder durch einen Dritten erfüllbar sind noch auf einen Dritten übertragen werden können, § 127 a. Voraussetzung für eine Vorschußpflicht ist ferner, daß der andere Ehegatte die Kosten nicht tragen kann und daß eine Vorschußleistung der Billigkeit entspricht, § 1360 a IV BGB. Bei der Gütergemeinschaft ergibt sich die Vorschußpflicht des verwaltenden Ehegatten gegenüber dem anderen, jedoch ohne diese Einschränkung, auch aus §§ 1437 II, 1438 II BGB. Bei einer gemeinschaftlichen Verwaltung muß der andere Ehegatte demgemäß die Entnahme dulden, §§ 1459 II, 1460 II BGB. Die Kostenpflicht im Innenverhältnis zwischen dem Ehegatten und der Ehefrau oder den Eltern und dem Kind ist hier unerheblich. Wegen einer einstweiligen Anordnung § 127 a. Vgl § 103 Rn 2 ff.

D. Beispiele zur Frage des sachlichrechtlichen Ersatzanspruchs 53
Abmahnung: Aufwendungen für eine vorprozessuale anwaltliche oder eigene Abmahnung können ausreichen, BGH MDR **81**, 24, KG WRP **80**, 413, Eser GRUR **86**, 35.
Abschlußschreiben: Aufwendungen für ein sog Abschlußschreiben nach § 93 Rn 50 können ausreichen, Niebling NJW **03**, 123 (sogar als Prozeßkosten), Prelinger AnwBl **84**, 533.
Amtspflichtverletzung: Die Haftung des Staats als eines Dritten kann ausreichen, etwa wegen einer Amtspflichtverletzung, Kblz Rpfleger **86**, 466.
Anspruchshäufung: Rn 62 „Klagänderung".
Arbeitsgerichtsverfahren, dazu *Baldus/Deventer,* Gebühren, Kostenerstattung und Streitwertfestsetzung in Arbeitssachen, 1993: Ein sachlichrechtlicher Ersatzanspruch ist nach § 12 a I 1 ArbGG grds *ausgeschlossen.*
Arrest, einstweilige Verfügung: Arrestkosten, über die das Gericht fälschlicherweise nicht im Eilverfahren mit entschieden hatte, können ausreichen. Dasselbe gilt im Verfahren über eine einstweilige Verfügung. Trotz Unterliegens im Eilverfahren kann ein Ersatzanspruch bestehen, Drsd NJW **98**, 1872.
Bankrecht: Ein Anspruch der Bank auf Erstattung von Prozeßkosten entfließt dem Prozeßrechtsverhältnis 54 und *nicht* einer bankmäßigen Verbindung, BGH BB **97**, 2550.
Befriedigung: Ein sachlichrechtlicher Ersatzanspruch kommt in Betracht, wenn der Schuldner den Gläubiger bzw Kläger zwar nach dem Zeitpunkt der Klageinreichung befriedigt hatte, aber vor demjenigen der Klagezustellung und damit der Rechtshängigkeit, § 91 a Rn 30, 68, Bücking ZZP **88**, 314.
Beitreibung: Rn 61 „Inkasso".
Detektiv: Seine Kosten können ersatzfähig sein, BGH **111**, 171. Die Abweisung eines sachlichrechtlichen 55 Ersatzanspruches hindert evtl nicht die Berücksichtigung im Kostenfestsetzungsverfahren, Rn 90, LAG Bln DB **01**, 2456.
Dritter: Ein Dritter kann wegen irriger Hineinziehung in einen Prozeß einen sachlichrechtlichen Kostenerstattungsanspruch haben, Brdb MDR **96**, 317. Ein Dritter kann aber auch sachlichrechtlich den Ersatz von Kosten schulden, Schmidt NJW **01**, 1000 (Drittwiderklage gegen Gesellschafter einer BGB-Außengesellschaft). Zur Durchführung des Anspruchs ist auch gegen ihn ein Vollstreckungstitel notwendig. Dieser läßt sich nicht stets erst dann beschaffen, wenn ein Vollstreckungstitel gegenüber der Partei vorliegt. Man kann einen Vollstreckungstitel gegenüber dem Dritten wie oben bei einer etwaiger prozessualer Erstattungspflicht nach Rn 26 evtl gleichzeitig mit demjenigen gegenüber der Partei erwirken, Schmidt NJW **01**, 1000.

Beispiele der Haftung eines Dritten: Als verwaltender Ehegatte für die Kostenschuld des anderen gesamtschuldnerisch kraft Güterrechts, §§ 1437 II, 1438 II BGB, Anh § 52 Rn 6; als Erwerber eines Handelsgeschäfts im Fall der Fortführung der Firma, § 25 HGB; als ein Gesellschafter der Offenen Handelsgesellschaft oder als der persönlich haftende Gesellschafter einer Kommanditgesellschaft für die Kosten der Gesellschaft, §§ 128, 161 HGB; als Erbe, § 1967 I BGB; als Staat, etwa nach § 139 BGB, Kblz Rpfleger **89**, 446; als vollmachtloser Vertreter, BGH MDR **97**, 1066, auch außerhalb von § 89 I 3.
Drittschuldner: Kosten der Bearbeitung einer Drittschuldnererklärung nach § 840 I können ausreichen, Eckert MDR **86**, 799.
Ehegatte: Wegen des Vorschusses Rn 52. S auch Rn 55 „Dritter". 56
Erbe: Rn 55 „Dritter".
Erledigung der Hauptsache: Der Kläger kann seine etwa vor der Anhängigkeit entstandenen Kosten neben 57 dem Hauptanspruch ersetzt fordern, soweit sie nicht ohne weiteres zum Prozeß gehören. Dazu gehören zB evtl die Kosten eines selbständigen Beweisverfahrens. Nach beiderseitigen wirksamen Erledigterklärungen kann das Gericht einen sachlichrechtlichen Ersatzanspruch mitberücksichtigen, § 91 a Rn 134. Soweit es das nicht tut, kann der sachlichrechtliche Anspruch bestehenbleiben, BGH NJW **02**, 680.
S auch Rn 54 „Befriedigung", Rn 66 „Selbständiges Beweisverfahren".

Übers § 91 Buch 1. Abschnitt 2. Parteien

58 **Finanzierungskosten:** Rn 62 „Kreditkosten".
59 **Gefährdungshaftung:** Ein sachlichrechtlicher Ersatzanspruch ist auf diejenigen Kosten begrenzt, die eben nicht zu den Prozeßkosten zählen, Rn 14. Eine sachlichrechtliche Haftung kann auch unabhängig von einem Verschulden auf Grund einer sog Gefährdungshaftung eintreten, etwa nach § 7 I StVG. Sie umfaßt grds *nicht* die meist nach Zweckmäßigkeitsgründen den Prozeßkosten zuzuordnenden sog Vorbereitungskosten, § 91 Rn 270. Sie kann durch Gesetz ausgeschlossen sein.
Gesellschaft: Rn 55 „Dritter".
Geschäftsführung ohne Auftrag: Ein Anspruch aus §§ 677 ff BGB kann ausreichen.
60 **Handelsgeschäft:** Rn 55 „Dritter".
61 **Inkasso,** dazu Peter JB 99, 174 (ausf): Es kommt zunächst darauf an, ob Inkassokosten zu den Prozeßkosten zählen, § 91 Rn 108, 182.
  Soweit auch keine Erstattungsfähigkeit nach Art XI § 1 KostÄndG in Betracht kommt, Schönfelder Nr 124, Hartmann Teil XII, kann ein sachlichrechtlicher Ersatzanspruch bestehen. Das gilt, soweit die Partei mit einer außergerichtlichen Beitreibung rechnen konnte, also nicht wegen solcher Kosten, die auf Grund einer solchen Forderung entstanden waren, die der Schuldner bereits *ernsthaft bestritten* hatte, Stgt Rpfleger **88**, 536, LG Bre JB **02**, 319, AG Celle JB **96**, 648, großzügiger AG Überlingen JB **91**, 1655, Löwisch NJW **86**, 1727, strenger LG Bln BB **96**, 290 (aber dann muß die prozessuale Klärung abschließend erfolgen).
62 **Kaufvertrag:** Die Kosten der Rückabwicklung können ausreichen, LG Kassel JB **92**, 41.
Klagänderung: Soweit ein sachlichrechtlicher Ersatzanspruch besteht, sollte das Gericht nach Möglichkeit seine Geltendmachung im bisherigen Rechtsstreit durch Annahme einer Anspruchshäufung nach § 260 im Weg einer Klagänderung zulassen, §§ 263, 264, § 840 Rn 15, Schneider MDR **81**, 353. Freilich muß der Anspruch auch sofort bezifferbar sein, § 253 II Z 2.
Kostenfestsetzung: Vgl Rn 49.
Kreditkosten: Kosten eines Kredits oder einer Finanzierung, auch des Prozesses, können ausreichen. Das gilt auch für den Fall eines Verlusts infolge eines Notverkaufs zwecks Beschaffung des Gelds für die Prozeßführung.
  S auch Rn 61 „Inkasso".
Kündigung: Die Kosten für eine Kündigungsschreiben können als Teil eines Verzugsschadens ausreichen.
63 **Mahnung:** Rn 53 „Abmahnung".
Mietkaution: § 91 Rn 142 „Mietkosten".
64 **Positive Vertragsverletzung:** Ein Anspruch aus einer sog positiven Vertragsverletzung (Schlechterfüllung) kann ausreichen, BGH NJW **90**, 1906, Köln WettbR **97**, 283, AG Gummersbach JB **01**, 144.
Privatgutachter: Seine Kosten können als Schadensersatzanspruch gelten. Sie sind dann nicht nach § 91 erstattbar, KG JB **04**, 437.
65 **Rechtsbeistand:** Rn 61 „Inkasso".
66 **Schiffahrtsrecht:** Ein Anspruch wegen Experten- und Verklarungsverfahrenskosten kann ausreichen, Karlsr VersR **00**, 1046, Nürnb JB **00**, 587.
  S aber auch § 91 Rn 268 „Verklarung".
Schlechterfüllung: Rn 64 „Positive Vertragsverletzung".
Selbständiges Beweisverfahren: Es kommt zunächst darauf an, ob die Kosten zu denjenigen eines etwa gleichzeitigen oder nachfolgenden Hauptprozesses gehören, § 91 Rn 193. Soweit es sich nicht um Prozeßkosten handelt, kann ein sachlichrechtlicher Ersatzanspruch bestehen. Man kann daher notfalls auf den Ersatz dieser Kosten klagen, vor allem nach einem isolierten Beweisverfahren. In ihm ist ja keine Kostengrundentscheidung zulässig, § 91 Rn 193, Drsd RR **99**, 1516, Karlsr MDR **00**, 199, Wielgoss JB **99**, 125, aM Celle MDR **93**, 914, KG RR **96**, 847, LG Hann VersR **01**, 1099 (aber es können alle möglichen Anspruchsgrundlagen vorliegen, etwa Verschulden bei Vertragsschluß oder Schlechterfüllung). Aber auch nach einem gleichzeitigen oder nachfolgenden Beweisverfahren mag die prozessuale Erstattungsfähigkeit fehlen und dafür ein sachlichrechtlicher Ersatzanspruch bestehen, weil es zB an der Identität der Parteien oder der Streitgegenstände fehlt, § 91 Rn 197, BGH MDR **83**, 204, Nürnb OLGZ **94**, 242, LG Aachen RR **92**, 472, aM AG Norderstedt SchlHA **87**, 152. Das bloße Unterbleiben eines Hauptprozesses gibt freilich nicht schon einen Ersatzanspruch, Düss MDR **91**, 914.
Staat: Rn 53 „Amtspflichtverletzung".
Steuer-Absetzbarkeit: Es kommt darauf an, ob der Prozeß gewisse Chancen hatte, BFH NJW **04**, 2407.
67 **Testkauf:** Der nach §§ 91 ff Erstattungspflichtige kann einen sachlichrechtlichen Anspruch auf Übereignung der Testkaufsachen haben, KG Rpfleger **91**, 80, Stgt Just **86**, 412, aM Kblz JB **85**, 1865.
68 **Umfang:** Für den Umfang eines sachlichrechtlichen Ersatzanspruchs muß man im Zweifel §§ 249 ff BGB heranziehen. § 91 ff sind grds unanwendbar.
Unerlaubte Handlung: Es kann irgendeine unerlaubte Handlung ausreichen, zB nach §§ 823 ff BGB (teils zum alten Recht), BGH NJW **86**, 2244, Düss Rpfleger **86**, 1241.
69 **Vater:** Rn 70 „Vorschuß".
Vergleich: Ein Prozeßvergleich oder außergerichtlicher Vergleich kann einem Kostenfestsetzungsverfahren entgegenstehen, § 98, Hbg JB **81**, 439. Auch unabhängig davon kann sich aus einem Vergleich ein gerade nur sachlichrechtlicher Ersatzanspruch ergeben. Denn ein Vergleich ist ebenso wie ein sonstiger Vertrag jedenfalls nach der absolut herrschenden Meinung sogar im Fall des Prozeßvergleichs auch ein sachlichrechtliches Rechtsgeschäft, Anh § 307 Rn 4. Die Parteien können seinen Inhalt grds frei bestimmen. Freilich bleibt § 98 beachtlich. Sie können auf eine Erstattung von Vergleichskosten verzichten, Stgt NJW **05**, 2161.
Vermögensübernehmer: Rn 55 „Dritter".
Verschulden: Ein sachlichrechtlicher Ersatzanspruch kann auf einem Verschulden beruhen, zB bei Vertragsschluß, AG Geislingen AnwBl **80**, 80, ferner auf jeder Art von vertraglichem Verschulden, §§ 276 ff, insbesondere bei positiver Vertragsverletzung (Schlechterfüllung), Rn 64 „Positive Vertragsverletzung",

Titel 5. Prozesskosten   Übers § 91, § 91

ferner auf einem Verschulden im Rahmen einer unerlaubten Handlung, Rn 68 „Unerlaubte Handlung", schließlich beim Verzug, s „Verzug".
Vertrag: Ein sachlichrechtlicher Ersatzanspruch kann aus jeder Art von Vertrag entstehen, AG Albstadt AnwBl **79**, 160. Er kann entstehen insbesondere aus Verschulden bei Vertragsschluß oder sog positiver Vertragsverletzung (Schlechterfüllung), Rn 64 „Positive Vertragsverletzung".
Verzug: Ein sachlichrechtlicher Ersatzanspruch kann auf einem Verzug beruhen, (jetzt) §§ 286 ff BGH GRUR **95**, 170, Köln Rpfleger **81**, 318, Eubrich NJW **05**, 3098.
S auch Rn 62 „Kündigung".
Vorbereitungskosten: Die etwaige sachlichrechtliche Ersatzpflicht umfaßt grds nicht die meist aus Zweck- **70** mäßigkeitsgründen den Prozeßkosten zuzuordnenden sog Vorbereitungskosten, § 91 Rn 270.
S auch Rn 61 „Inkasso".
Vorschuß: Vgl Rn 52 sowie § 91 Rn 301, Gödicke JB **01**, 515.
Zurückbehaltungsrecht: § 91 Rn 142 „Mietkosten".

10) **VwGO:** Die Kostenvorschriften, §§ 154–165 VwGO, sind den §§ 91 ff nachgebildet und durch Sonder- **71** bestimmungen ergänzt, die dem Verfahren vor den VerwGerichten Rechnung tragen, zB hinsichtlich der Beiladung und des Vorverfahrens. Der Umfang der Kostenpflicht ergibt sich aus § 162 VwGO. Gerichtskosten, oben Rn 15 ff, werden nach GKG erhoben (Sondervorschriften in §§ 52, 53 III). Anwaltskosten, oben Rn 22 ff, richten sich einheitlich nach RVG. Die Grundsätze über die prozessuale Kostenpflicht, oben Rn 26 ff, gelten auch im Verfahren der VGe; nur hat hier das Gericht stets über die Kosten zu entscheiden, und zwar von Amts wegen, § 161 I VwGO, § 11 III RVG. Ferner gelten die Grundsätze über die sachlichrechtliche Kostenpflicht und ihr Verhältnis zur prozessualen Kostenpflicht, oben Rn 43 ff, sowie über die Vorschußpflicht, Rn 52, entsprechend auch für die Verfahren der Verwaltungsgerichtsbarkeit.

91 *Grundsatz und Umfang der Kostenpflicht.* I ¹ Die unterliegende Partei hat die Kosten des Rechtsstreits zu tragen, insbesondere die dem Gegner erwachsenen Kosten zu erstatten, soweit sie zur zweckentsprechenden Rechtsverfolgung oder Rechtsverteidigung notwendig waren. ² Die Kostenerstattung umfasst auch die Entschädigung des Gegners für die durch notwendige Reisen oder durch die notwendige Wahrnehmung von Terminen entstandene Zeitversäumnis; die für die Entschädigung von Zeugen geltenden Vorschriften sind entsprechend anzuwenden.

II ¹ Die gesetzlichen Gebühren und Auslagen des Rechtsanwalts der obsiegenden Partei sind in allen Prozessen zu erstatten, Reisekosten eines Rechtsanwalts, der nicht bei dem Prozessgericht zugelassen ist und am Ort des Prozessgerichts auch nicht wohnt, jedoch nur insoweit, als die Zuziehung zur zweckentsprechenden Rechtsverfolgung oder Rechtsverteidigung notwendig war. ² Die Kosten mehrerer Rechtsanwälte sind nur insoweit zu erstatten, als sie die Kosten eines Rechtsanwalts nicht übersteigen oder als in der Person des Rechtsanwalts ein Wechsel eintreten musste. ³ In eigener Sache sind dem Rechtsanwalt die Gebühren und Auslagen zu erstatten, die er als Gebühren und Auslagen eines bevollmächtigten Rechtsanwalts erstattet verlangen könnte.

III Zu den Kosten des Rechtsstreits im Sinne der Absätze 1, 2 gehören auch die Gebühren, die durch ein Güteverfahren vor einer durch die Landesjustizverwaltung eingerichteten oder anerkannten Gütestelle entstanden sind; dies gilt nicht, wenn zwischen der Beendigung des Güteverfahrens und der Klageerhebung mehr als ein Jahr verstrichen ist.

IV Zu den Kosten des Rechtsstreits im Sinne von Absatz 1 gehören auch Kosten, die die obsiegende Partei der unterlegenen Partei im Verlaufe des Rechtsstreits gezahlt hat.

Vorbem. Früherer II 2 aufgehoben dch Art 4 XX Z 2 KostRMoG v 5. 5. 04, BGBl 718, in Kraft seit 1. 7. 04, Art 8 S 1 KostRMoG, ÜbergangsR Einl III 78. IV angefügt durch Art 1 Z 3 des 1. JuMoG v 24. 8. 2004, BGBl 2198, in Kraft seit 1. 9. 04, Art 14 S 1 des 1. JuMoG, ÜbergangsR § 29 Z 1 EGZPO idF Art 2 Z 2 des 1. JuMoG.

SachenRBerG § 107. Kosten. ¹ Über die Kosten entscheidet das Gericht unter Berücksichtigung des Sach- und Streitstands nach billigem Ermessen. ² Es kann hierbei berücksichtigen, inwieweit der Inhalt der richterlichen Feststellung von den im Rechtsstreit gestellten Anträgen abweicht und eine Partei zur Erhebung im Rechtsstreit zusätzlich entstandener Kosten Veranlassung gegeben hat.

Zum *Streitwert* vgl § 3 Vorbem.

Gliederung

1) **Systematik, I–IV** 1, 2	D. Beweisanwalt, Terminsanwalt, Verkehrsanwalt, Anwaltsvertreter 10
A. Verhältnis der Vorschriften zueinander 1	E. Streitgenosse 11
B. Aufbau der Kommentierung 2	F. Streithelfer 12
2) **Regelungszweck, I–IV** 3	G. Dritter 13
3) **Sachlicher Geltungsbereich, I–IV** 4, 5	H. Gerichtsvollzieher 14
A. Kostenentscheidung 4	5) **Kosten des Rechtsstreits, I–IV** 15, 16
B. Kostenerstattung 5	A. Begriff 15
4) **Persönlicher Geltungsbereich, I–IV** ... 6–14	B. Abgrenzung zu anderen Kosten 16
A. Partei 7	6) **Unterliegen, I** 17, 18
B. Gesetzlicher Vertreter 8	A. Begriff 17
C. Prozeßbevollmächtigter 9	

	B. Abgrenzung zu anderen Fällen	18	C. Begrenzung der Erstattung darauf, daß die Zuziehung notwendig war	48
7)	**Kostenlast, I 1**	19–25	13) **Erstattung auch der Mehrkosten des beim Prozeßgericht zugelassenen auswärtigen Anwalts, II 2**	49–51
	A. Grundsatz: Unterliegenshaftung	19–21		
	B. Zwingende Kostenfolge	22		
	C. Einheit der Kostenentscheidung	23	A. Begriff des auswärtigen Rechtsanwalts	50
	D. Aufrechnung im Prozeß	24, 25	B. Begriff der Mehrkosten	51
8)	**Kosten des Gegners, I 1**	26, 27	14) **Grenzen der Erstattungsfähigkeit von Kosten mehrerer Rechtsanwälte, II 3**	52–55
	A. Begriff des Gegners	26		
	B. Begriff seiner Kosten	27	A. Begriff der Anwaltsmehrheit	53
9)	**Notwendigkeit von Kosten, I 1**	28–32	B. Grenze: Kosten nur eines Anwalts	54
	A. Begriff der Notwendigkeit	28, 29	C. Notwendigkeit eines Wechsels in der Person des Rechtsanwalts	55
	B. Begriff der Rechtsverfolgung oder Rechtsverteidigung	30	15) **Erstattungsanspruch in einer eigenen Sache des Rechtsanwalts, II 4**	56–58
	C. Begriff der Zweckentsprechung	31, 32	A. Begriff der eigenen Sache	57
10)	**Zeitaufwand des Gegners, I 2**	33–38	B. Gleichstellung mit einem bevollmächtigten Rechtsanwalt	58
	A. Begriff der notwendigen Reise	34		
	B. Begriff der notwendigen Terminswahrnehmung	35	16) **Kosten eines Güteverfahrens, III**	59–64
	C. Begriff der Entschädigung	36	A. Begriff des Güteverfahrens	60, 61
	D. Notwendigkeit eines Ursachenzusammenhangs	37, 38	B. Grenze der Erstattungsfähigkeit	62–64
11)	**Gesetzliche Gebühren und Auslagen des Rechtsanwalts, II 1 Hs 1**	39–44	17) **Verfahrensfragen, I–IV**	65
			18) **Rechtsmittel gegen die Kostenentscheidung, I–IV**	66, 67
	A. Begriff des Rechtsanwalts der obsiegenden Partei	40	A. Grundsatz: Anfechtbarkeit	66
	B. Begriff der gesetzlichen Gebühren und Auslagen	41, 42	B. Einschränkungen bei der isolierten Kostenentscheidung	67
	C. Anwendbarkeit in allen Prozessen	43	19) **Rechtsmittel gegen die Kostenfestsetzung, I–IV**	68
	D. Zwingende Kostenfolge	44		
12)	**Reisekosten des auswärtigen, beim Prozeßgericht nicht zugelassenen Anwalts, II 1 Hs 2**	45–48	20) **Verfassungsbeschwerde, I–IV**	69
			21) **Beispiele zur Kostengrundentscheidung und zur Kostenerstattung, I–IV**	70–302
	A. Begriff der Nichtzulassung beim Prozeßgericht	46		
	B. Begriff des Nichtwohnens am Ort des Prozeßgerichts	47	22) *VwGO*	303

1 **1) Systematik, I–IV.** Die Kommentierungen der einzelnen Vorschriften dieses Abschnitts enthalten jeweils in Rn 1 ff eine Übersicht über die systematischen Zusammenhänge. Deshalb hier nur eine kurze Zusammenfassung.

   A. Verhältnis der Vorschriften zueinander. Der Aufbau der §§ 91–101 ist in Üb 1 vor § 91 dargestellt. Die im wesentlichen weiter in Betracht kommenden Kostenvorschriften sind in Üb 6 vor § 91 zusammengestellt.

   Der Grundsatz der Unterliegenshaftung nach Üb 29 vor § 91 findet danach in einer ganzen Reihe von zusätzlichen Vorschriften teilweise eine nähere Ausprägung, teilweise eine Abschwächung. Das ändert nichts an seiner das ganze Kostenrecht beherrschenden Bedeutung. Sie ergibt sich im wesentlichen aus § 91.

2 **B. Aufbau der Kommentierung.** Wie der Wortlaut von I–III ergibt, zählt die Vorschrift nur einen sehr geringen Teil der Fragen auf, die sich im Zusammenhang mit dem Grundsatz der Unterliegenshaftung und dem prozessualen Kostenerstattungsanspruch in der Praxis ergeben. Andererseits gehört es zu einem Kommentar, daß er zunächst dem äußeren Aufbau des Gesetzestextes folgt. Daher folgt hier zunächst eine Übersicht über gemeinsame Begriffe aller Teile des § 91. Daran schließt sich eine kurze Übersicht über die Einzelregelungen der Vorschrift in ihrer Reihenfolge an. Die ganze Fülle der Auswirkungen auf die Praxis findet sich sodann in der ABC-Sammlung zu Beispielen in Rn 70 ff.

3 **2) Regelungszweck, I–IV.** Die Vorschrift dient den zwei im wesentlichen gleichrangigen Grundsätzen der Kostengerechtigkeit und der Prozeßwirtschaftlichkeit nach Grdz 14 vor § 128 durch eine Vereinfachung der Kostenentscheidung, Düss JB **93**, 605. Die Kostenfolgen sollen trotz ihrer oft entscheidenden wirtschaftlichen Bedeutung nicht den Mittelpunkt eines Zivilprozesses bilden, BPatG GRUR **92**, 506. Man erkennt in I–III einerseits das Bestreben, eine Partei nur entsprechend ihrem Anteil am Sieg und Verlust des Prozesses kostenmäßig zu beteiligen. Andererseits wird der Zwang deutlich, Kosten stets im Rahmen des wirklich Notwendigen zu halten, wenn man sie erstattet haben will. II versucht diese Regeln insbesondere für den Fall der Einschaltung eines oder mehrerer Anwälte einigermaßen folgerichtig durchzuführen. III dient zwar nicht dem rechtspolitisch wieder zunehmenden Bestreben, Zivilprozesse zu vermeiden oder doch zu beschränken, wohl aber der Kostenvereinfachung im Fall eines doch anschließenden Rechtsstreits.

Man muß daher sowohl den Gedanken der Kostengerechtigkeit als auch nicht minder denjenigen der Kostenvereinfachung bei der *Auslegung* gleichrangig mitberücksichtigen. Gerechtigkeit und Zweckmäßigkeit sind zwei gleichwichtige Bestandteile der Rechtsidee, § 296 Rn 2. Das wird oft bei der immer weiter verfeinerten Aufsplitterung gerade von Kostenrechtsproblemen übersehen.

Verästelungen bei dem Bestreben um Fallgerechtigkeit führen zu einem Rechtsprechungsgestrüpp, durch das sich selbst ein Kostenrechtsfachmann nur mühsam den Weg bahnen kann. Das alles ist gut gemeint, aber von deutscher Überperfektion beherrscht. Es ist oft in Wahrheit eben doch kaum noch beherrschbar, wenn man etwa die Kasuistik zu Stichwörtern wie Verkehrsanwalt in Rn 220 ff oder Vorbereitungskosten in Rn 270 ff betrachtet. Andererseits droht bei jeder Vereinfachung die Gefahr einer Willkür noch eher. Es heißt also gedulig zu versuchen, ohne immer weitere Aufspaltung Leitlinien einzuhalten, etwa diejenige

Titel 5. Prozesskosten **§ 91**

der schlichten Notwendigkeit von Kosten bei der Erstattung der Vergütung eines auswärtigen Anwalts nach dem Wegfall des Lokalisierungsgebots. Freilich entstehen auch dann immer neue Fragen: War es geradezu notwendig oder doch nur nützlich, den Hausanwalt reisen zu lassen, statt einen Kollegen am Gerichts- oder Terminsort zu beauftragen? Und darf man diese Frage am reinen Kostenvergleich ausrichten? Eine jeden überzeugende Lösung wird man kaum je finden. Das sollte man bei der Handhabung mitbedenken.

3) Sachlicher Geltungsbereich, I–IV. Zum sachlichen Geltungsbereich des ganzen Kostenabschnitts 4 Üb 12 vor § 91.

A. Kostenentscheidung. § 91 gilt zunächst für die Aufgabe, die sog Kostengrundentscheidung zu finden, also zu bestimmen, welcher Prozeßbeteiligte welchen Teil der gesamten Prozeßkosten nach Üb 14 ff vor § 91 überhaupt dem Grunde nach tragen soll.

B. Kostenerstattung. § 91 enthält ferner die aus der Kostengrundentscheidung nach Rn 4 entstehende 5 Folge eines prozessualen Erstattungsanspruchs, Üb 26 vor § 91. Die Vorschrift regelt ihn dem Grunde nach. Zur Höhe des jeweiligen Erstattungsbetrags enthält sie nur allgemeine Richtlinien. Gerichte und Lehre untersuchen sie durch eine kaum noch übersehbare Flut von Entscheidungen und Äußerungen auf alle nur denkbaren Lebenssituationen, Rn 70 ff. Ergänzend bestimmen §§ 103 ff, wie das Kostenfestsetzungsverfahrens im einzelnen abläuft.

4) Persönlicher Geltungsbereich, I–IV. Die Vorschrift gilt grundsätzlich für alle diejenigen, die an 6 einem insgesamt oder wenigstens im Kostenpunkt der ZPO unterstellten Verfahren beteiligt sind. Auch zum persönlichen Geltungsbereich Rn 3. Hier nur einige Grundsätze.

A. Partei. § 91 gilt für alle Parteien nach Grdz 4 vor § 50, auch für juristische Personen, Hamm RR 97, 7 768. Wer Partei ist, muß man notfalls durch Auslegung ermitteln, BGH NJW 88, 1587. Beim Prozeß zwischen Gesellschafter und 2-Mann-GmbH ist die unterliegende GmbH die kostenpflichtige Partei, LG Karlsr RR 99, 486. Parteifähigkeit ist auch hier Bedingung, § 50, Brdb Rpfleger 02, 381 (evtl sachlich-rechtlicher Ersatzanspruch).

B. Gesetzlicher Vertreter. § 91 gilt auch für den gesetzlichen Vertreter einer Partei, Grdz 7 vor § 50, 8 § 51. Er kann allerdings grundsätzlich nicht mit seinem persönlichen Vermögen haften. Eine Ausnahme gilt zB nach § 89.

C. Prozeßbevollmächtigter. § 91, insbesondere II, gilt auch für alle ProzBev eines jeden Prozeßbetei- 9 ligten (Parteien, Streitgenossen, Streithelfer, Dritter), § 81. Das gilt auch unter Umständen über die Beendigung des Prozeßauftrags hinaus, etwa in den Fällen §§ 86 ff.

D. Beweisanwalt, Terminsanwalt, Verkehrsanwalt, Anwaltsvertreter. § 91, insbesondere II, gilt 10 nicht nur für den ProzBev, sondern auch für jeden weiteren für eine Partei, einen Streitgenossen usw tätigen Beauftragten in einer der vorgenannten Eigenschaften, Düss AnwBl 92, 45 (auswärtiger Beweisanwalt). Zu deren Abgrenzung Hartmann Teil X §§ 25 ff RVG.

E. Streitgenosse. § 91 gilt in Verbindung mit §§ 100, 101 II auch für jeden einfachen oder notwendigen 11 Streitgenossen nach §§ 59 ff, 62 ff und streitgenössischen Streithelfer, § 69.

F. Streithelfer. § 91 in Verbindung mit § 101 I gilt für den einfachen unselbständigen Streithelfer, 12 §§ 66 ff. Wegen des streitgenössischen Streithelfers, § 69, Rn 11.

G. Dritter. § 91 gilt auch für jeden in einem Rechtsstreit als Prozeßbeteiligten verwickelten Dritten, 13 Üb 25 vor § 91.

H. Gerichtsvollzieher. § 91 gilt schließlich auch, soweit der Gerichtsvollzieher im Erkenntnisverfahren 14 tätig wird, etwa bei einer Zustellung, Üb 24 vor § 91. Wegen der Zwangsvollstreckung gilt § 788.

5) Kosten des Rechtsstreits, I–IV. Die Vorschrift enthält in allen Teilen den Begriff der „Kosten des 15 Rechtsstreits".

A. Begriff. Man muß den Begriff „Rechtsstreit" weit auslegen. Hierher gehört insbesondere das gesamte Verfahren zwischen der Einreichung einer Klage bzw eines Antrags und der Zustellung des Urteils oder der sonstigen das Erkenntnisverfahren beendenden Entscheidung, BGH VersR 79, 444, Schlesw SchlHA 88, 171, Wolf Rpfleger 05, 338. Also gehört auch das Widerklageverfahren hierher, Anh § 253. Auch soweit andere Gesetze die ZPO für anwendbar erklären, zB das WEG, richtet sich die Kostenentscheidung nach §§ 91 ff, Zweibr Rpfleger 89, 19.

Weitere Beispiele für einen „Rechtsstreit", Rn 70 ff: Ein gerichtliches Güteverfahren, § 278 II–VI; das Mahnverfahren nach §§ 688 ff; das Verfahren auf einen Arrest, eine einstweilige Anordnung oder Verfügung nach §§ 916 ff, §§ 620, 935 ff; das Zuständigkeitsstreitverfahren nach §§ 36 ff; das selbständige Beweisverfahren nach §§ 485 ff; das Verweisungsverfahren nach § 281; das Berichtigung oder Ergänzung des Urteils nach § 319 ff; das Abhilfeverfahren nach § 321 a; das Rechtsmittelverfahren nach § 511 ff.

Unter „*Kosten*" des Rechtsstreits muß man die Prozeßkosten (Gerichts- und außergerichtliche Kosten) verstehen, Üb 14–25 vor § 91.

B. Abgrenzung zu anderen Kosten. Nicht zu den Kosten des „Rechtsstreits" zählen, Rn 70 ff: Die 16 Kosten eines Verfahrens nach § 15 a EGZPO, aM AG Wolfratshausen RR 02, 1728 (argumentiert vom gewünschten Ergebnis her, statt den Vorrang des Landesrechts als Spezialrecht selbst dann zu respektieren, wenn es keinen Erstattungsanspruch gibt); Kosten der Zwangsvollstreckung, § 788; diejenigen des Vollzugs eines Arrests, § 928; diejenigen des Verfahrens vor dem FGG-Gericht, § 13 a I FGG, soweit nicht nach § 13 a II Hs 1 FGG für § 91 I 2 entsprechend anwendbar wird. Wegen der Kosten im Prozeßkostenhilfeverfahren Rn 153, 154.

6) Unterliegen, I. Die Vorschrift regelt den Fall des völligen Unterliegens einer Partei. Demgegenüber 17 erfaßt § 92 denjenigen des teilweisen Unterliegens.

§ 91

A. Begriff. Man versteht unter dem „Unterliegen" die bloße Tatsache des Verlusts im rechtlichen Sinn, BGH **94**, 318. Das gilt unabhängig davon, ob man freiwillig unterliegt, zB infolge eines Anerkenntnisses nach § 307, oder auf Grund einer Aufrechnung nach § 145 Rn 9, oder ob man den Prozeß trotz seines Sträubens verliert. Die Kosten trägt eben derjenige, der im rechtlichen Ergebnis unrecht behält, Kahlke ZZP **88**, 19.

18 **B. Abgrenzung zu anderen Fällen.** Vom Fall des völligen Unterliegens muß man nicht nur denjenige des teilweisen Unterliegens nach § 92 unterscheiden, sondern auch eine Reihe von Fällen, die in §§ 91 a, 93 ff gesondert geregelt sind, obwohl auch dort ein zumindest teilweises Unterliegen eintreten kann. Jene Sonderregeln haben teilweise Vorrang. Vgl die jeweiligen Rn 1.

19 **7) Kostenlast, I 1.** Die unterliegende Partei „hat die Kosten des Rechtsstreits zu tragen".

A. Grundsatz: Unterliegenshaftung. Der fast das ganze Kostenrecht beherrschende Grundsatz der Unterliegenshaftung nach Üb 29 vor § 91 geht von der bloßen Tatsache des Verlusts des Prozesses aus. Angesichts des starren Verluststandpunkts des Gesetzes ist ein Verschulden grundsätzlich unerheblich. Es ist daher auch grundsätzlich für Billigkeitserwägungen kein Raum, BayObLG DB **75**, 2079. Das mißachtet („durchbricht") LG Freibg MDR **84**, 238. Wegen der Ausnahme in § 107 SachenRBerG vgl den Text vor Rn 1. Deshalb muß der schließlich Unterliegende auch grundsätzlich die Kosten aller bisherigen Rechtszüge tragen, auch wenn er in einem oder mehreren vorläufig gesiegt hatte. Das ist eine ganz außerordentlich harte, aber unmißverständliche Regel, Einl III 39. Sie gilt auch dann, wenn im Anschluß an das Berufungsurteil eine Gesetzesänderung in Kraft getreten ist und den Ausschlag gab.

Soweit auch ein prozessuales Verschulden des Verlierers vorliegt, mag der Sieger einen etwaigen *sachlich-rechtlichen* Ersatzanspruch haben und zusätzlich zum prozessualen Kostenerstattungsanspruch geltend machen können, Üb 43–51 vor § 91. Nach IV zählen auch die vom endgültigen Sieger einem zwischenzeitlichen gegnerischen Sieger gezahlten und daher nach dem Endergebnis des Prozesses überzahlten Kosten zu den Prozeßkosten. Sie unterfallen ohne Notwendigkeit einer etwas komplizierten Rückfestsetzung bisherigen Rechts nach § 104 Rn 15 jetzt ganz normal den §§ 103 ff.

20 Es ist unerheblich, ob die Klage schon von Anfang an zulässig und begründet war. Entscheidend ist nur das *endgültige* Unterliegen. Der Bekl muß die gesamten Kosten auch dann tragen, wenn sie erst im Laufe des Rechtsstreits, ja sogar erst in der höheren Instanz begründet wurde und wenn nicht der Bekl den Anspruch in derjenigen Verhandlung anerkannt hat, die auf diesen Zeitpunkt folgte, § 93. Das gilt zB auch dann, wenn die Klage ohne eine Parteiänderung oder eine Streitwertminderung geändert wird, § 263. Der Grund des Unterliegens ist ebenfalls grundsätzlich unerheblich, Ffm MDR **98**, 1373 (Anerkenntnis, Säumnis), KG JB **97**, 320. Eine etwaige Parteivereinbarung über die Kosten bleibt außerhalb des Anwendungsbereichs von § 98 unberücksichtigt.

Die etwaige Haftung eines *vollmachtlosen Vertreters* zB nach § 89 I 3 besteht unabhängig von der Unterliegenshaftung der Partei und unabhängig von einer etwaigen Rückgriffsmöglichkeit gegen einen Dritten, BGH NJW **83**, 883. Dieser Dritte kann ebenfalls haftbar sein, soweit er das vollmachtlose Auftreten veranlaßt hat, BGH WertpMitt **81**, 1332 und 1353, Schneider Rpfleger **76**, 229.

21 Man darf die Kostenentscheidung auch nicht davon abhängig machen, ob das Urteil mit einer *Restitutionsklage* angegriffen werden könnte, BGH **76**, 54.

22 **B. Zwingende Kostenfolge.** Das Gericht muß über die Kostenpflicht von Amts wegen entscheiden, § 308 II. Es muß eine klare und einfache Kostengrundentscheidung treffen, am besten in einem eigenen Absatz oder doch Satz, auch wenn es nur um einen bloßen Beschluß geht. Das Rechtsmittelgericht entscheidet über die vorinstanzlichen Kosten mit, soweit es das Vorderurteil ändert, sonst jedenfalls über seine eigenen, § 97. Soweit das Gericht eine erforderliche Kostenentscheidung versäumt hat, muß es sein Urteil nach § 321 zu ergänzen. Es darf seine Entscheidung allerdings nur sehr bedingt nach § 319 zu berichtigen, dort Rn 5. Das Abhilfeverfahren nach § 321 a bleibt beachtlich.

Der Rpfl darf die Kostengrundentscheidung *nicht im Kostenfestsetzungsverfahren* nachholen, ergänzen oder gar abändern. Er darf sie vielmehr allenfalls auslegen, Einf 17, 19 vor §§ 103–107. Die Zuständigkeiten sind also scharf abgegrenzt. Eine Kostenentscheidung ist geboten, sobald die Kostenpflicht endgültig feststeht. Sie steht in der Regel erst dann endgültig fest, wenn die Instanz für die Partei voll beendet ist. Der Ausspruch, die Partei trage „die Kosten des Rechtsstreits" oder „die Kosten", bezieht sich im Zweifel auf sämtliche Prozeßkosten, auch auf die Kosten eines früheren Urteils. Wenn daher eine Kostenentscheidung vorausgegangen war, etwa in einem Versäumnisurteil, dann muß das Gericht unter Umständen in der Kostenentscheidung des Schlußurteils eine Einschränkung vornehmen.

23 **C. Einheit der Kostenentscheidung.** Der Unterliegende trägt grundsätzlich die Kosten des gesamten Prozesses, sog Einheit der Kostenentscheidung. Das Gericht darf keinen Prozeßabschnitt und keine Instanz ausnehmen, Kblz MDR **04**, 297, Mü Rpfleger **89**, 128, LG Freibg VersR **80**, 728 (abl Schneider VersR **80**, 953).

Von diesem Grundsatz gelten dann *Ausnahmen*, wenn es sich um einen selbständigen Verfahrensabschnitt handelt, Üb 37 vor § 91, oder wenn sich zwischen einem Berufungsurteil und dem zugehörigen Revisionsurteil eine Gesetzesänderung ergibt und wenn die davon betroffene Partei sofort davon Abstand nimmt, ihren bisherigen Antrag weiterzuverfolgen. Eine verschiedene Bemessung der Kosten, je nach dem Unterliegen der einen oder der anderen Partei, lassen im übrigen zB § 144 PatG für Patentstreitsachen zu, ferner die §§ 26 GebrMG, § 71, 90 MarkenG, 23 a, b UWG, 247 II und III AktG. Eine Rechtsnachfolge im Prozeß erstreckt sich auf die Kostenpflicht.

24 **D. Aufrechnung im Prozeß.** Bei einer Aufrechnung im Prozeß nach § 145 Rn 10 entscheidet nicht der Zeitpunkt der Aufrechnungserklärung, sondern wegen § 389 BGB derjenige des Eintritts der Aufrechenbarkeit, aM AG Osnabr WoM **00**, 38. Wenn die Forderung schon vor dem Zeitpunkt der Anhängigkeit aufrechenbar geworden war, muß der Kläger die Kosten tragen. Denn die wirksame Aufrechnung wirkt zurück. Wenn die Forderung erst nach dem Zeitpunkt der Anhängigkeit aufrechenbar ge-

Titel 5. Prozesskosten § 91

worden ist, muß der Bekl die Kosten für den Fall tragen, daß der Kläger die Hauptsache sofort für erledigt erklärt, § 91 a.

Ebenso muß man eine *Hilfsaufrechnung* beurteilen. Wenn sie trotz eines Bestreitens durchgreift, dann unterliegt der Kläger voll, Schlesw (7. ZS) SchlHA **79**, 126. Daran ändert auch (jetzt) § 46 III GKG nichts, aM Schlesw (9. ZS) VersR **87**, 996. Wenn der Kläger die Gegenforderung nicht bestreitet, dann war seine Klage unbegründet, weil er selbst vorher aufrechnen konnte und mußte, KG MDR **76**, 840, aM Köln MDR **83**, 226, Oldb JB **91**, 1257, Schlesw VersR **87**, 996 (§ 92 sei anwendbar. Aber man muß eine Gesamtbetrachtung seit Prozeßbeginn vornehmen). 25

8) Kosten des Gegners, I 1. Die unterliegende Partei hat „insbesondere die dem Gegner erwachsenen Kosten zu erstatten". 26

A. Begriff des Gegners. Gegner ist jeder, der den Angriff des Siegers rechtlich in diesem Verfahren bekämpft hat, sei es als Bekl, Widerbekl nach Anh § 253, Streithelfer des Bekl nach § 66, Streitgenosse des Bekl nach § 59 usw. Es geht also um die gegnerische „Partei" nach Grdz 4 vor § 50, also um denjenigen, auf den sich die prozeßbegründenden Erklärungen wirklich beziehen. Mangels eines Gegners gibt es keine Notwendigkeit einer Kostenentscheidung, Kblz Rpfleger **89**, 340.

B. Begriff seiner Kosten. Zu erstatten sind alle diejenigen außergerichtlichen Kosten dieses Gegners, Üb 21 vor § 91, die gerade ihm „erwachsen" sind, die also im Sinn von § 91 zur zweckentsprechenden Rechtsverfolgung oder Rechtsverteidigung notwendig waren und überdies auch in solcher Höhe tatsächlich rechtswirksam entstanden sind, LG Mönchengladb NZM **02**, 141, die also weder nur fingiert noch ohne wirksamen Vertrag usw gezahlt wurden, Schlesw MDR **02**, 1460, LG Möchenglagdb NZM **02**, 141. 27

9) Notwendigkeit von Kosten, I 1. Weitere Voraussetzung einer Kostenerstattung ist, daß die Kosten der Rechtsverfolgung oder Rechtsverteidigung auch „notwendig" waren. 28

A. Begriff der Notwendigkeit. Im gesamten Kostenerstattungsrecht hat der Begriff der „Notwendigkeit" von Kosten eine zentrale Bedeutung. Das ist auch nur so berechtigt. Wenn nach dem Gesetz der Verlierer grundsätzlich die gesamten Kosten des Gerichts, des Gegners, aller übrigen Prozeßbeteiligten und seine eigenen außergerichtlichen Kosten tragen muß, dann sollen die übrigen Beteiligten keine überhöhten Erstattungsansprüche stellen dürfen. Es ist daher eine der wichtigsten, ja die einzig wesentliche Frage für das gesamte Kostenerstattungsverfahren, ob vom Gegner angemeldete Kosten auch wirklich notwendig waren.

Der Begriff der Notwendigkeit ist im Gesetz nicht näher umschrieben. Man muß ihn nach *Treu und Glauben* auslegen, Einl III 40, KG Rpfleger **94**, 31, LG Hann NZM **98**, 121. Das gilt unabhängig von §§ 114 ff, LAG Mü JB **96**, 534. Treu und Glauben gelten ja auch im Prozeß in jeder Lage des Verfahrens, Einl III 54. Darüber hinaus sind §§ 249 ff, insbesondere 254 BGB zwar nicht direkt anwendbar, wohl aber ihren Grundgedanken nach entsprechend mitverwertbar, Düss JB **93**, 605. Wie im Bereich sachlichrechtlicher Schadensersatzansprüche, muß man auch bei der prozessualen Kostenerstattung die sog Schadensminderungspflicht des Gläubigers stets mitbeachten, Schlechtriem IPRax **02**, 227. Notwendig sind alle und nur diejenigen Kosten, die man in der konkreten Lage vernünftigerweise als voraussichtlich sachdienlich ansehen darf und muß, BGH FamRZ **04**, 866, BAG NZA **04**, 398, Hbg MDR **04**, 356. Dabei muß man vor allen LGen bedenken, daß jeder Anwalt dort postulationsfähig ist. Dasselbe gilt, soweit ein Anwalt auch bei einem OLG zugelassen ist. Kosten, die der Anwalt vermeiden konnte, waren bei der gebotenen objektivierenden, also nicht nur auf den Standpunkt der Partei abstellenden, Betrachtungsweise eben nicht „notwendig", BPatG GRUR **89**, 193, KG Rpfleger **94**, 31, aM Zweibr DGVZ **98**, 9 (aber nur ein parteiobjektiver Maßstab liefert brauchbare Ergebnisse, wie bei § 42 Rn 10). 29

Man muß also die Kosten *möglichst niedrig* halten, BVerfG NJW **90**, 3073, BGH FamRZ **04**, 866, LG Brschw NZM **01**, 775. Das gilt auch bei Bewilligung von Prozeßkostenhilfe nach §§ 114 ff, Düss Rpfleger **92**, 526. Dabei geben I 2, II, III teilweise verbindliche Anweisungen zur Frage der Erstattungsfähigkeit. Sie enthalten aber im Kern doch den Gedanken der Abhängigkeit der Erstattungspflicht von der Notwendigkeit einzelner Kosten ausdrücklich oder stillschweigend ebenfalls.

B. Begriff der Rechtsverfolgung oder Rechtsverteidigung. Es kommt also auf die Frage an, ob die Kosten des Gegners gerade zur zweckentsprechenden Rechtsverfolgung oder Rechtsverteidigung notwendig waren. Damit ist jedes Angriffs- oder Verteidigungsmittel gemeint, Einl III 70. Darüber hinaus ist aber auch jeder Angriff und jede Verteidigung selbst gemeint, also zB eine Klageerweiterung, Klagänderung nach § 263, Widerklage nach Anh § 253, ein Antrag auch im selbständigen Beweisverfahren nach §§ 485 ff. 30

C. Begriff der Zweckentsprechung. Nach dem Wortlaut von I 1 muß die Rechtsverfolgung oder Rechtsverteidigung auch „zweckentsprechend" gewesen sein, Düss JB **03**, 427. Das ist ein gewisser Anklang an den zB in § 114 S 1 enthaltenen Gedanken des Verbots der Mutwilligkeit, also des Rechtsmißbrauchs. Er ist ja im gesamten Prozeßrecht als Verstoß gegen Treu und Glauben unerlaubt, Einl III 54. Es wären also selbst die objektiv technisch unvermeidbaren Kosten eines nicht zweckentsprechenden Angriffs usw dennoch nicht erstattungsfähig. Die Praxis macht allerdings die Frage der Notwendigkeit zum alleinigen Merkmal der Erstattungsfähigkeit. Immerhin entsteht zB aus einer von vornherein zwecklosen Maßnahme kein Erstattungsanspruch. 31

Beispiele des Fehlens der Zweckentsprechung: Der Anwalt erscheint so verspätet, daß das Gericht den Termin bereits vorher beenden mußte, LG Kassel MDR **92**, 1189 (auch bei weiter Anreise); der Kläger zerlegt einen Anspruch grundlos in mehrere Teilklagen, Üb 22 vor § 12, Düss FamRZ **95**, 1215, Mü MDR **87**, 677 (mehrere Bekl), LG Köln JB **91**, 1352, aM Hamm JB **91**, 448 (aber das ist ein klassischer Fall von Rechtsmißbrauch). Wenn der Kläger freilich schrittweise Teilklagen erhoben hat, dann können die Mehrkosten erstattungsfähig sein, soweit ein vertretbarer Grund für die Zerlegung vorlag, Düss FamRZ **95**, 1215, Kblz Rpfleger **83**, 38. Er kann vorliegen, soweit zB der Kläger damit rechnen konnte, der Bekl werde bereits nach einem Sieg des Klägers auf Grund der ersten Teilklage auch den restlichen Anspruch erfüllen. Bei § 35 kann das Wahlrecht grundsätzlich unabhängig von der jeweiligen Kostenfolge ausgeübt werden, dort Rn 2, anders als bei § 696, dort Rn 28, 29. 32

§ 91

33 **10) Zeitaufwand des Gegners, I 2.** Unter den zahlreichen Problemen der Kostenerstattung regelt die Vorschrift eine freilich auch wichtige Teilfrage ausdrücklich, Rn 92–95, 209 „Terminswahrnehmung", Rn 294, 295 usw. Hier nur die Grundregeln.

34 **A. Begriff der notwendigen Reise.** Notwendig ist eine Reise dann, wenn sie bei einer rückschauenden Betrachtung zwar vielleicht nicht objektiv, aber doch aus der Sicht der Partei nach ihrem Erkenntnisstand und ihren Beurteilungsmöglichkeiten nicht nur sinnvoll, wünschenswert oder förderlich, sondern zumindest vorsorglich dringend ratsam war. Aus dem Prozeßrechtsverhältnis nach Grdz 4 vor § 128 und dem Grundsatz von Treu und Glauben nach Einl III 54 ergibt sich auch bei Reisekosten die Pflicht, den Aufwand im Rahmen des Verständigen möglichst niedrig zu halten Rn 165 ff (Anwaltskosten), VGH Mannh JB **91**, 1247. Deshalb entsteht aus einer solchen Reise kein Erstattungsanspruch, die die Partei bei Anwendung des ihr damals möglichen Sorgfaltsmaßstabs nicht als auch gerade notwendig erkennen konnte. Wenn sie die Fahrt aber für notwendig halten durfte, kommt es nicht darauf an, ob die Reise später auch zum Erfolg beigetragen hat, BPatG GRUR **81**, 815. Denn die Partei kann nicht wissen, nach welchen Erwägungen das Gericht schließlich entscheiden wird. Das übersieht Ffm VersR **83**, 465.

35 **B. Begriff der notwendigen Terminswahrnehmung.** Nach den Regeln Rn 34 muß man auch beurteilen, ob eine Reise gerade zum Zweck der Wahrnehmung eines Termins notwendig war. Grundsätzlich hat eine Partei immer einen Anspruch darauf, an jedem wie immer gearteten Termin teilzunehmen. Das gilt auch bei einem bloßen Verkündungstermin. Das wird oft übersehen. Im Verkündungstermin kann zB ein Beweisbeschluß mit einer Frist zur Einzahlung eines Vorschusses oder der Angabe einer ladungsfähigen Anschrift ergehen. Das Gericht kann auch im Verkündungstermin einen neuen Verhandlungstermin anberaumt haben. Dann erhält die Partei nicht zwingend zusätzlich Nachricht von dem Verkündeten. Sie muß sich selbst um das Ergebnis kümmern, § 218 Rn 2, 4. Wer das nicht tut, riskiert sogar den endgültigen Prozeßverlust, wenn das Gericht beispielsweise im verkündeten neuen Termin eine Entscheidung nach Lage der Akten ankündigt, die dann zum Unterliegen führt.

36 **C. Begriff der Entschädigung.** I 2 Hs 2 verweist auf „die für die Entschädigung von Zeugen geltenden Vorschriften", also auf das JVEG, Hartmann Teil V.

37 **D. Notwendigkeit des Ursachenzusammenhangs.** Die Vorschrift gestattet die Kostenerstattung nur wegen der „durch" die Reise oder die Terminswahrnehmung entstandenen Zeitversäumnis. Es muß also zwischen der Fahrt und dem Zeitverlust ein Ursachenzusammenhang vorliegen.

38 *Beispiele:* Ein Ursachenzusammenhang würde dann fehlen, wenn die Partei die Reise mit praktisch fast demselben Zeitaufwand ohnehin an jenem Tag oder an einem anderen mit gleicher Dauer zu anderen Zwecke angetreten hätte oder gar hätte antreten müssen, sei es für einen anderen Prozeß, sei es für außerprozessuale Zwecke. Soweit die Reise zu mehreren Terminen an demselben Tag vor demselben Gericht oder doch an demselben Gerichtsort stattfinden mußte, muß man die Kosten auf die verschiedenen Prozesse aufteilen. Dabei kann der Zeitaufwand im einzelnen Prozeß (zB die Terminsdauer) eine gewisse Bedeutung haben. Meist wird er aber gegenüber dem Gesamtzeitaufwand der Fahrt zurücktreten. Im letzteren Fall empfiehlt sich eine anteilige Aufteilung. Man darf sie jedenfalls nicht nach dem Verhältnis der Streitwerte vornehmen.

39 **11) Gesetzliche Gebühren und Auslagen des Rechtsanwalts, II 1 Hs 1.** Die Vorschrift übernimmt den Grundsatz der Unterliegenshaftung für den wertmäßig meist im Vordergrund stehenden Betrag der Anwaltskosten des Prozeßgegners, Rn 114 ff, 157 ff. Demgegenüber regeln die folgenden Teile der Vorschrift die Kosten des auswärtigen Anwalts, des Verkehrsanwalts usw, Rn 45 ff.

40 **A. Begriff des Rechtsanwalts der obsiegenden Partei.** Gemeint ist der ProzBev nach §§ 81 ff, aber auch der nicht beim Prozeßgericht zugelassene Anwalt, der Beweisanwalt, Verkehrsanwalt, der Unterbevollmächtigte und in entsprechender Anwendung der Rechtsbeistand. Natürlich gehört auch der Notanwalt nach § 78 b hierher. Auch der allgemeine Vertreter ist mitumfaßt. Bei einer Mehrheit von Anwälten (Sozietät oder Beauftragung nebeneinander) enthält II 3 eine eigene Regelung, Rn 52. Es kommen dann die in Rn 124 ff dargestellten Regeln zur Anwendung. Wer nicht Rechtsanwalt ist, erhält keine „gesetzliche" Vergütung als Anwalts. Er mag solche allerdings mit dem Auftraggeber vereinbart haben und dann nur von *diesem* verlangen können, LG Möchengladb NZM **02**, 141.

41 **B. Begriff der gesetzlichen Gebühren und Auslagen.** Gemeint sind beim Rechtsanwalt das RVG, Hartmann Teil X, beim Rechtsbeistand Art IX KostÄndG, Hartmann Teil XII. Erstattungsfähig sind jeweils also nur die gesetzlichen Beträge, nicht etwa vereinbarte höhere Vergütungen. Das gilt unabhängig davon, ob solche Vereinbarung im Innenverhältnis zwischen dem Auftraggeber und dem Anwalt wirksam ist, (jetzt) § 2 RVG, LG Möchengladb NZM **02**, 141, LAG Kiel DB **99**, 940, OVG Lüneb NJW **04**, 700. Es gilt sowohl für eine Vereinbarung zum eigentlichen Gebührenanspruch als auch für eine Vereinbarung wegen einer zB höheren Pauschale für Auslagen.

42 Nach dem Wortlaut von II 1 wäre die gesetzliche Vergütung auch dann erstattungsfähig, wenn der Auftraggeber mit dem Anwalt *geringere* als die gesetzlichen Beträge vereinbart hätte. Das kann zulässig sein, § 4 RVG. Indessen würde das zu einer Bereicherung des Auftraggebers auf Kosten des Prozeßgegners führen. Auch der Anwalt könnte ja wegen der Vereinbarung nur die unter dem Gesetz bleibende Vergütung vom Auftraggeber fordern. Nach dem Grundgedanken der Notwendigkeit, Kosten so gering wie möglich zu halten, bleibt es daher in solchem Fall bei der Erstattungsfähigkeit der vereinbarten geringeren Vergütung, OVG Lüneb NJW **04**, 700. Andererseits besteht aber Erstattungsanspruch trotz des Gebots nach Rn 29, Kosten niedrig zu halten, auch dann in Höhe „gesetzlicher" Gebühren und Auslagen, wenn zB die letzteren bei der Partei selbst oder auf dem freien Markt geringer sein könnten, etwa Schreibauslagen, Düss RR **96**, 576, Mü MDR **89**, 367, aM Köln MDR **87**, 678 (aber man braucht nun nicht auch noch Marktforschung zu betreiben).

43 **C. Anwendbarkeit in allen Prozessen.** Wie der Wortlaut klarstellt, gelten die vorstehenden Grundsätze für alle Arten und alle Stadien von Prozessen, bei denen das RVG direkt oder entsprechend anwendbar ist. Wegen des ausländischen Verkehrsanwalts Rn 224–227.

Titel 5. Prozesskosten § 91

D. Zwingende Kostenfolge. Wie schon der Wortlaut ergibt („sind zu erstatten"), besteht ein unbe- 44
dingter Kostenerstattungsanspruch des Siegers. Ihn darf man auch im Kostenfestsetzungsverfahren nicht dem
Grunde nach schmälern. Freilich setzt das Gericht die Kosten ungeachtet der Notwendigkeit einer Kostengrundentscheidung von Amts wegen nach § 308 II im Festsetzungsverfahren nur auf Grund eines Erstattungsanspruchs fest, § 103 I, II. Beträge, die der Antragsteller zB bei den Anwaltskosten nicht mit zur
Festsetzung beantragt und die dem Gericht daher überhaupt nicht bekannt werden, lassen sich auch nicht
festgesetzen. Sie können nicht zum Vollstreckungstitel führen.

12) Reisekosten des auswärtigen, beim Prozeßgericht nicht zugelassenen Anwalts, II 1 Hs 2. 45
Man muß auch nach dem Wegfall des früheren II 2 formell wegen II 1 zwischen demjenigen Anwalt
unterscheiden, der bei dem Prozeßgericht formell zugelassen ist, und dem dort nicht derart formell Zugelassenen, aber dort ebenfalls Postulationsfähigen. Beim letzteren muß man wiederum zwischen der Lage
unterscheiden, daß er am Ort des Prozeßgerichts wohnt oder eine Kanzlei hat, und derjenigen, daß er
auswärts wohnt. Den letzteren Fall regelt II 1 Hs 2 gesondert.

A. Begriff der Nichtzulassung beim Prozeßgericht. Die BRAO unterscheidet zwischen der Zulas- 46
sung zur Rechtsanwaltschaft überhaupt, § 6, und der Zulassung bei einem bestimmten Gericht (Lokalisierung, §§ 18 ff), Düss RR **01**, 998, Ffm MDR **00**, 1216. Jeder Anwalt ist grundsätzlich entweder zunächst bei
einem AG, LG, OLG oder nur beim BGH zugelassen. Es hängt von seinem Antrag ab, ob er außer beim AG
auch beim vorgeordneten LG und OLG zuzulassen ist, § 23 BRAO. Es kommt auch eine Zulassung bei
einem weiteren LG usw in Betracht, § 24 BRAO. Eine Zulassung bei allen LGen ist unstatthaft, Düss NJW
03, 595. Auf Antrag erfolgt auch die Zulassung zugleich beim AG, LG und OLG. Vgl auch § 78 Vorbem.
Jedenfalls ist die formelle Zulassung nach der BRAO maßgeblich, Düss JB **02**, 152.
Postulationsfähig ist der Anwalt ab irgendeiner Zulassung jetzt freilich vor jedem AG und LG. Insofern hat
die Zulassung für §§ 91 ff nur noch begrenzte Bedeutung. Freilich ändert das nach dem klaren Gesetzeswortlaut nichts an der „Notwendigkeit" im Sinne von II 1 Hs 2, Einl III 39, BGH FamRZ **03**, 442, Nürnb
MDR **02**, 1091.

B. Begriff des Nichtwohnens am Ort des Prozeßgerichts. Die Vorschrift nennt nur die Wohnung 47
und stellt auf sie ab. Es ist also für II 1 Hs 2 unerheblich, wo sich die Kanzlei befindet, ob am auswärtigen
Wohnort oder sogar am Ort des Prozeßgerichts, sobald eben nur die dortige Zulassung fehlt und jedenfalls
die Wohnung auswärts liegt. Maßgeblich sind §§ 7 ff BGB. Es kommt also auf die ständige Niederlassung zur
Begründung eines Lebensmittelpunkts an. Wie § 7 II BGB klärt, kann ein Wohnsitz gleichzeitig an
mehreren Orten bestehen. Das gilt trotz der dieser Vorschrift widersprechenden Regelung des Meldewesens,
daß man nur einen Wohnsitz haben könne. Im übrigen sind §§ 178 ff zum Wohnungsbegriff mitheranzieh-
bar.

C. Begrenzung der Erstattung darauf, daß die Zuziehung notwendig war. Die Kosten des aus- 48
wärtigen, beim Prozeßgericht nicht zugelassenen, aber postulationsfähigen Anwalts sind nach dem ausdrücklichen Gesetzestext (jetzt) des I 1 ebenso wie diejenigen des am Gerichtsort ansässigen ProzBev insoweit
erstattungsfähig, „als die Zuziehung zur zweckentsprechenden Rechtsverfolgung oder Rechtsverteidigung
notwendig war", BGH NJW **04**, 3187, Kblz JB **04**, 659, Stgt JB **04**, 660. Damit schränkt das Gesetz vor
allem bei den Kosten des auswärtigen Rechtsanwalts nach Rn 220 ff die Erstattungsfähigkeit beim ProzBev ein.
Die Hinzuziehung des bloßen „Hausanwalts" oder „Vertrauensanwalts" bleibt für den Sieger also nur dann
im Ergebnis kostenlos, wenn diese Zuziehung auch wirklich rückschauend betrachtet notwendig war. Dabei
muß man freilich auf seinen Erkenntnisstand und seine Beurteilungsmöglichkeiten abstellen. Soweit man
danach die Notwendigkeit bejahen muß, kommt es nicht darauf an, ob der auswärtige Anwalt
durch seine Tätigkeit zum Erfolg beitragen konnte, Düss JB **01**, 255.

13) Erstattung auch der Mehrkosten des beim Prozeßgericht zugelassenen auswärtigen Rechts- 49
anwalts, II 2. Wie in Rn 45–48 dargestellt, muß man beim auswärtigen Anwalt formell zwischen dem
beim Prozeßgericht nicht zugelassenen, aber postulationsfähigen und demjenigen Anwalt unterscheiden, der
beim Prozeßgericht zugelassen, nicht am Ort des Prozeßgerichts seinen Wohnsitz oder seine Kanzlei hat.
Diesen letzteren Fall des sog Simultananwalts regelt II 2 besonders. Im dritten Fall des beim Prozeßgericht
zugelassenen, postulationsfähigen und auch am Ort des Prozeßgerichts wohnenden oder residierenden
Anwalts muß man die Erstattungsfähigkeit wie beim Normalfall des Ortsansässigen beurteilen.

A. Begriff des auswärtigen Rechtsanwalts. Während es beim nicht beim Prozeßgericht zugelassenen, 50
aber postulationsfähigen Anwalt nur auf die auswärtige Wohnung ankommt, Rn 47, ist beim Simultananwalt
(Anwalt nach II 2) unerheblich, ob nur der Wohnsitz, nur die Kanzlei oder beides außerhalb desjenigen Orts
liegen, „an dem sich das Prozeßgericht oder eine auswärtige Abteilung dieses Gerichts befindet". Er muß
aber formell gerade beim Prozeßgericht zugelassen sein, Rn 45. Für die Frage der Auswärtigkeit der
Wohnung und/oder der Kanzlei kommt es auf die politischen Grenzen des Orts des Prozeßgerichts oder
seiner auswärtigen Abteilung an. Befinden sich Wohnung und/oder Kanzlei außerhalb dieses Orts, so sind
die Mehrkosten des beim Prozeßgericht Zugelassenen freilich evtl auch dann erstattungsfähig, wenn die
Entfernung erheblich oder die Verkehrsverbindungen schlecht sind.
Grundgedanke ist die Erwägung, daß der Anwalt trotz des auswärtigen Wohnsitzes oder der auswärtigen
Kanzlei die Mehrkosten und den zusätzlichen Zeitaufwand abschätzen und generell auf seine eigene Rechnung nehmen konnte, daß also der „Luxus" seiner auswärtigen Kanzlei usw nicht auf Kosten des Prozeßgegners seines Auftraggebers gehen darf, (zum alten Recht) Düss RR **01**, 998 (anders beim „Hausanwalt").
Daher fehlt eine Erstattungsfähigkeit, wenn der Anwalt am Ort einer auswärtigen Abteilung residiert und
nur zum Sitz des Hauptgerichts fährt, (je zum alten Recht) LG Mü MDR **85**, 589, StJBo 99, aM Ffm MDR
99, 958 (aber II 2 stellt Prozeßgericht „oder" auswärtige Abteilung gleich), Kblz JB **00**, 85 (aber Reise- oder
Informationskosten sind nach II 2 ebenso wie die von II 2 gerade verbotenen Mehrkosten).

B. Begriff der Mehrkosten. „Mehrkosten" sind nur diejenigen, die gerade „dadurch entstehen", daß 51
Wohnsitz und/oder Kanzlei auswärts liegen. Das sind in erster Linie Fahrtkosten, aber auch zB zusätzliche

§ 91

Telefon-, Telefaxkosten usw. Dagegen sind natürlich alle diejenigen Kosten wie sonst nach II 1 erstattungsfähig, die unabhängig von dem auswärtigen Wohnsitz oder der auswärtigen Kanzlei des Anwalts entstehen.

52 **14) Grenzen der Erstattungsfähigkeit von Kosten mehrerer Rechtsanwälte, II 3.** Die Vorschrift enthält eine Begrenzung der Erstattungsfähigkeit von Anwaltskosten für den Fall, daß im Laufe des Prozesses für dieselbe Partei mehrere Anwälte als Hauptbevollmächtigte tätig gewesen sind, sei es gleichzeitig oder nacheinander, BGH FamRZ 03, 442.

53 **A. Begriff der Anwaltsmehrheit.** Vgl zunächst Rn 124–138. Es kann sich bei den mehreren Anwälten zum einen um den Fall der Häufung von ProzBev handeln, zum anderen um den Fall des Anwaltswechsels. Dieser Fall kann auch und gerade nach einem Mahnverfahren eintreten, Rn 114 ff. Eine Anwaltsmehrheit kann sowohl dann vorliegen, wenn der Sieger aus nur einer Person besteht, als auch vor allem dann, wenn Streitgenossen gesiegt haben. Auch der Fall des Anwaltswechsels kann in dieser Differenzierung auftreten. Natürlich muß man den Fall der Mehrheit von Anwälten von denjenigen der Mehrheit von Prozessen unterscheiden. Vgl auch dazu Rn 139, 140 „Mehrheit von Prozessen".

Eine Mehrheit von Anwälten liegt an sich auch dann vor, wenn in einer *Anwaltssozietät* gleichzeitig oder nacheinander mehrere Sozien für denselben Auftraggeber tätig werden. Diesen Fall meint II 3 aber nicht. Das ergibt sich auch beim Vergleich mit § 6 RVG. Die Vorschrift spricht davon, daß ein Auftrag „mehreren Rechtsanwälten zur gemeinschaftlichen Erledigung übertragen" ist. Beim Auftrag an eine Anwaltsgemeinschaft liegt aber grundsätzlich nur ein einziger Auftrag vor, die Sozien arbeiten nicht nebeneinander, sondern füreinander, als Gesamtschuldner und Gesamtgläubiger, BGH NJW **95**, 1841, Brdb MDR **99**, 635, Hartmann Teil X § 6. Das gilt auch bei einer überörtlichen Sozietät. Soweit eine Mehrheit von Anwälten, insbesondere eine Sozietät, in eigener Sache Kostenerstattung fordert, enthält im übrigen II 4 eine vorrangige, eng auslegbare Sonderregelung.

54 **B. Grenze: Kosten nur eines Anwalts.** II 3 bestimmt, daß bei einer Anwaltsmehrheit eine Erstattungsfähigkeit der Kosten „nur insoweit" eintritt, „als sie die Kosten eines Rechtsanwalts nicht übersteigen" oder soweit ein Anwaltswechsel eintreten mußte, Rn 55. Man muß also die insgesamt durch die Tätigkeit der mehreren Anwälte für diesen Auftraggeber entstandenen gesetzlichen Gebühren und Auslagen der Höhe nach mit denjenigen vergleichen, die man dann hätten fordern können, wenn der Auftraggeber nur einen einzigen Anwalt beauftragt hätte. Die Mehrkosten sind nicht erstattungsfähig, BVerfG NJW **04**, 3319 (StPO). Das gilt unabhängig davon, ob sie aus der Sicht des Auftraggebers und/oder des bisherigen Anwalts erforderlich waren und ob das Hinzutreten eines weiteren Anwalts irgendwie zum Sieg des Auftraggebers beigetragen hat. Damit bemüht sich das Gesetz erneut um eine Kostendämpfung bei den Anwaltskosten. Es nimmt gewisse Kostenungerechtigkeiten zu Lasten des Siegers hin, um einer Ausuferung der erstattungsfähigen Anwaltskosten vorzubeugen. Das muß man bei der Auslegung berücksichtigen.

55 **C. Notwendigkeit eines Wechsels in der Person des Rechtsanwalts.** Statt der Voraussetzung Rn 54 reicht es auch, wenn „in der Person des Rechtsanwalts ein Wechsel eintreten mußte". Soweit man das bejahen muß, sind die gesetzlichen Gebühren und Auslagen sowohl des früheren als auch des späteren Anwalts grundsätzlich erstattungsfähig.

Zu den Voraussetzungen des notwendigen Anwaltswechsels Rn 114 ff, 124 ff. Es reicht keineswegs stets aus, daß der frühere und/oder der spätere ProzBev den Wechsel für notwendig hielten. Vielmehr muß man bei *rückschauender* Betrachtung zu dem Ergebnis kommen, daß angesichts des Erkenntnisstands der durch den ersten Anwalt bereits beratenen Partei und ihrer entsprechend erweiterten Beurteilungsmöglichkeiten ein Wechsel des Anwalts nicht nur zweckmäßig, wünschenswert oder wahrscheinlich förderlich war, sondern mindestens dringend ratsam, wenn nicht unvermeidbar. Dabei sind psychologische Gesichtspunkte keineswegs völlig unbeachtlich. Andererseits sind sie aber auch keineswegs allein ausschlaggebend. Die Verschlechterung des Vertrauensverhältnisses zwischen dem Auftraggeber und dem bisherigen Anwalt kann, muß aber nicht stets zu einem Anwaltswechsel führen. Jedenfalls macht schon der Wortlaut von II 3 deutlich, daß nicht die bloße Tatsache des Wechsels zur Erstattungsfähigkeit der Kosten auch des weiteren (ersten oder zweiten) Anwalts führt, sondern erst die zusätzliche Notwendigkeit des Wechsels.

56 **15) Erstattungsanspruch in einer eigenen Sache des Rechtsanwalts, II 4.** Vgl Rn 170 ff. Die Vorschrift trifft eine eng auslegbare vorrangige Sonderregelung für den Fall, daß ein einzelner Anwalt in einer eigenen Sache tätig geworden ist, also als Partei des Zivilprozesses. Soweit eine Mehrheit von Anwälten derart in eigener Sache tätig wird, zB als Anwaltsgemeinschaft bzw Sozietät als, gilt II 3 ergänzend.

57 **A. Begriff der eigenen Sache.** Erste Voraussetzung ist ein Tätigwerden „in eigener Sache". Es kann auch ein nur berufsrechtliches FFG-Verfahren vorliegen, aM BGH JB **03**, 207 (vgl aber Üb 12 vor § 91). Es ist für die Erstattungspflicht unerheblich, ob der Anwalt schriftsätzlich und/oder im Termin nur „als Partei", auch als Partei kraft Amtes aufgetreten ist, Grdz 8 vor § 50, zB als Insolvenz-, Nachlaß- oder Zwangsverwalter, Testamentsvollstrecker, LG Bln Rpfleger **98**, 173 (auch zur Erhöhung nach VV 1008), oder Vorsitzender eines Berufungsausschusses, LSG Stgt MDR **95**, 1152, oder „als eigener ProzBev", LG Nürnb-Fürth AnwBl **00**, 324. Das ergibt sich daraus, daß er in eigener Sache, wenn überhaupt, nach II 4 eine Vergütung so fordern kann, wie er sie als bevollmächtigter Rechtsanwalt erstattet verlangen „könnte". Hier macht die Vorschrift schon im Wortlaut deutlich, daß es nicht darauf ankommt, ob er sich tatsächlich zum ProzBev bestellt hat. Gleichwohl empfiehlt es sich, zu Protokoll klarzustellen, ob der Anwalt im Termin als ProzBev auftritt. Denn seine prozessuale Stellung ist dann nicht nur zB wegen §§ 177, 178 GVG anders bzw stärker als die der eigenen Partei, sondern es treten dann zB auch für den Fall seiner urlaubs- oder krankheitsbedingten längeren Arbeitsunfähigkeit andere Folgen ein, zB standesrechtlich.

58 **B. Gleichstellung mit einem bevollmächtigten Rechtsanwalt.** Wie II 4 klarstellt, ist der in eigener Sache tätige Anwalt im Kostenanspruch so gestellt wie ein „bevollmächtigter Rechtsanwalt". Also sind II 1–3 anwendbar. Das ist freilich eine sehr erhebliche Ausweitung des Kostenerstattungsanspruchs zu Lasten des Prozeßgegners. Sie erscheint oft nicht als berechtigt. Denn zB in einer eigenen Kaufvertrags- oder Mietsache einfacherer Art würde eine Partei, die nicht zufällig von Beruf Rechtsanwalt ist, möglicherweise zur

Titel 5. Prozesskosten § 91

Verringerung des eigenen Kostenrisikos durchaus im Parteiprozeß von der Beauftragung eines ProzBev abgesehen haben. Indessen nimmt II 4 ersichtlich bewußt solche etwaigen Härten in Kauf, um der Kostenvereinfachung zu dienen. Man kann die rechtspolitische Berechtigung dieser gesetzlichen Entscheidung durchaus kritisch sehen. Man darf jedoch nicht vergessen, daß auch in eigener Sache oft dieselbe Gedankenarbeit und derselbe Aufwand notwendig sind wie dann, wenn der Anwalt denselben Prozeß für einen anderen Auftraggeber führen würde.

16) Kosten eines Güteverfahrens, III. Die Vorschrift enthält eine vorrangige eng auslegbare Sonderregel für die Erstattungsfähigkeit der Kosten eines Güteverfahrens der dort genannten Art. Diese Regelung ist insofern an dieser Stelle systemfremd, als ein Güteverfahren ja regelmäßig vor dem Prozeß ablief. Andererseits zählen sog Vorbereitungskosten auch bei strenger Auslegung des Begriffs der Notwendigkeit von Prozeßkosten nach der Praxis in weitem Umfang zu den erstattungsfähigen Prozeßkosten, Rn 106. **59**

A. Begriff des Güteverfahrens. Gemeint ist nicht jedes beliebige Güteverfahren, sondern nur ein solches „vor einer durch die Landesjustizverwaltung eingerichteten oder anerkannten Gütestelle". Das ist derselbe Begriff wie in § 794 I Z 1, dort Rn 3 ff. Es ist auch derselbe Begriff wie in § 17 Z 7 RVG. **60**
Wegen des *obligatorischen Güteverfahrens* Rn 106.

Nicht hierher gehören aber Verfahren der zB in VV 2403 genannten Art, insbesondere also vor „sonstigen gesetzlich eingerichteten Einigungsstellen, Gütestellen oder Schiedsstellen", etwa vor dem Schiedsmann nach der Preußischen SchiedsmannO, vor einer Einigungsstelle der Industrie- und Handelskammer, Mü MDR 99, 381, vor einer Einigungsstelle nach dem BetrVG. In diesen letzteren Fällen kann allerdings die Erstattungsfähigkeit von Kosten zwar nicht nach III, wohl aber nach I, II zu bejahen sein. Das gilt etwa vor der Schlichtungsstelle für Arzthaftpflichtfragen, Bre AnwBl 03, 312. Nur nicht gerade *hierher* gehört ferner das gerichtliche Güteverfahren nach § 278 II–VI. **61**

B. Grenze der Erstattungsfähigkeit. III Hs 2 stellt eine Zeitgrenze für die Erstattungsfähigkeit auf. Zwischen der Beendigung des Güteverfahrens und der Klagerhebung darf nicht mehr als ein Jahr verstrichen sein. Wann das Güteverfahren „beendet" ist, muß man durch Berücksichtigung aller Umstände des Einzelfalls feststellen. In Betracht kommen zB: Ein Ruhen ohne anschließendes Wiederaufnehmen; eine Antragsrücknahme; beiderseitige wirksame „Erledigterklärungen"; ein sonstiger nach der jeweiligen Verfahrensordnung des Güteverfahrens vorgesehener Beendigungsgrund, etwa die Aushändigung der Bescheinigung über einen erfolglosen Einigungsversuch im obligatorischen Güteverfahren nach § 15 a I 2, 3 EGZPO. **62**

Unter *„Klageerhebung"* versteht III Hs 2 dasselbe wie § 253 I, also die Zustellung der Klageschrift, Antragsschrift usw. Soweit sich an das Güteverfahren nicht ein Klageverfahren anschloß, sondern zB ein Verfahren auf den Erlaß eines Arrests oder einer einstweiligen Verfügung nach §§ 916 ff, 935 ff, muß man unter „Klageerhebung" allerdings schon den Eingang des entsprechenden Antrags beim Gericht der Eilsache verstehen, § 261 Rn 8, § 920 Rn 5. Denn bereits mit diesem Zeitpunkt tritt die in § 261 I genannte Rechtshängigkeit ein. Sie hängt ja in jenen Verfahren gerade nicht von der Antragszustellung ab. **63**

Soweit sich nur ein *Prozeßkostenhilfeverfahren* nach §§ 114 ff anschloß, kommt es darauf an, ob das Gericht bereits in jenem Bewilligungsverfahren die Antrags- oder Klageschrift gerade zur Begründung der Rechtshängigkeit des beabsichtigten Hauptprozesses förmlich hat zustellen lassen oder ob die etwa erfolgte förmliche Zustellung nur wegen der Frist zur Stellungnahme im Bewilligungsverfahren nach § 118 I 1 erfolgte. Im letzteren Fall müßte ja nach der Bewilligung die Klageschrift nochmals zur Begründung der Rechtshängigkeit zugestellt werden. Erst der letztere Vorgang wäre ja „Klageerhebung" auch nach III Hs 2. Einzelheiten § 253 Rn 7–11, auch wegen einer Widerklage, Zwischenfeststellungsklage, Klagänderung usw. Die Jahresfrist richtet sich nach § 222 in Verbindung mit §§ 187 ff BGB. **64**

17) Verfahrensfragen, I–IV. Die Vorschrift gibt scheinbar nur die Regeln zur Kostengrundentscheidung nach Rn 19, also dazu, wer überhaupt welchen Teil der im einzelnen noch nicht bezifferten Kosten tragen muß, Üb 35 vor § 91. Sie gibt ferner die daraus abzuleitenden Folgen für den prozessualen Kostenerstattungsanspruch dem Grunde nach, Üb 27 vor § 91. In Wahrheit nennt sie natürlich auch schon tragende Grundsätze für das Kostenfestsetzungsverfahren nach §§ 103 ff mit. Denn dort darf der Rpfl die Kostengrundentscheidung und die daraus folgende Kostenerstattungspflicht nicht ändern, sondern allenfalls auslegen, Einf 19 vor §§ 103–107. Das Verfahren ist allerdings im einzelnen weder in § 91 noch in §§ 91 a–101 geregelt, sondern in §§ 103 ff. **65**

18) Rechtsmittel gegen die Kostenentscheidung, I–IV. Es gilt ein Grundsatz mit Ausnahmen. **66**

A. Grundsatz: Anfechtbarkeit. Die Kostengrundentscheidung ist bei genauer Prüfung der systematischen Zusammenhänge grundsätzlich anfechtbar, § 99 Rn 4. Freilich muß man die übrigen Voraussetzungen der Statthaftigkeit, Zulässigkeit und Begründetheit eines Rechtsmittels wie sonst prüfen.

B. Einschränkungen bei der isolierten Kostenentscheidung. Wie § 99 I klarstellt, ist allerdings die Kostenentscheidung nur zusammen mit der Entscheidung in der Hauptsache anfechtbar. Das gilt nach § 99 II 1 allerdings dann nicht, wenn die Hauptsache auf Grund eines Anerkenntnisses erledigt wurde. Einzelheiten § 99 Rn 31 ff. **67**

19) Rechtsmittel gegen die Kostenfestsetzung, I–IV. Soweit es nicht um die Kostengrundentscheidung nach §§ 91–101 geht, sondern um die im Kostenfestsetzungsverfahren jeweils getroffene Entscheidung, ist § 104 anwendbar. Vgl die dortigen Rn. **68**

20) Verfassungsbeschwerde, I–IV. Sie ist wie sonst statthaft. **69**

21) Beispiele zur Kostengrundentscheidung und zur Kostenerstattung, I–IV **70**

Schrifttum: *Becker-Eberhard,* Grundlagen der Kostenerstattung bei der Verfolgung zivilrechtlicher Ansprüche, 1985; *Brieske,* Erstattung von Anwaltsgebühren durch Gegner und Dritte, 1987; *von Eicken,* Erstattungsfähige Kosten und Erstattungsverfahren, 5. Aufl 1990; *Gerold/Schmidt/von Eicken/Madert/Müller-Rabe,* RVG, 16. Aufl 2004; *Hartmann,* Kostengesetze, 34. Aufl 2004; *Rauer* (Herausgeber), Kostenerstattung

§ 91

und Streitwert, Festschrift für *Schmidt,* 1981; *Riedel/Sußbauer,* RVG, 8. Aufl 2004; *Siebert,* Die Prinzipien der Kostenerstattung und der Erstattungsfähigkeit vorgerichtlicher Kosten des Rechtsstreits, 1985.

Ablehnung, dazu *Schneider* MDR **01,** 130 (Üb): Der Gegner des Ablehnenden kann *weder* im Fall der Ablehnung eines Richters bzw Rpfl *noch* in demjenigen der Ablehnung eines Sachverständigen seine Kosten erstattet verlangen. Denn er ist im Ablehnungsverfahren nicht Partei, auch wenn er am Ausgang des Ablehnungsverfahrens Interesse haben mag, Brdb MDR **02,** 1092, Karlsr FamRZ **05,** 1491, Nürnb RR **02,** 720, aM BGH NJW **05,** 2234, Kblz JB **91,** 1510, Saarbr JB **92,** 743, Kroppenberg NJW **05,** 3114 (aber man darf sich nicht aus wirtschaftlichen Erwägungen über den Parteibegriff als notwendige Bedingung von Prozeßkosten hinwegsetzen und auch nicht aus Berührung der Interessen eine Parteistellung machen).

Indessen ist der Rpfl gebunden, wenn das *Gericht* dem Ablehnenden die Kosten des Prozeßgegners im Ablehnungsverfahren *auferlegt,* Einf 17 vor §§ 103–107, Düss Rpfleger **85,** 208, Ffm Rpfleger **86,** 194, aM Düss MDR **85,** 589, Schlesw SchlHA **89,** 131 (aber der Rpfl darf die Kostengrundentscheidung nicht mißachten). Freilich gilt das nur für wirkliche notwendige Kosten, Nürnb RR **02,** 720 (also nicht für unnötige Anwaltskosten im Beschwerdeverfahren).

Eine Erstattungsfähigkeit kommt auch dann in Betracht, wenn der *Gegner* des Ablehnenden nun seinerseits eine Ablehnung ausspricht oder soweit er persönlich beteiligt ist, Hamm JB **79,** 117.

71 Ablichtung: Rn 184 ff „Schreibauslagen", Rn 217 „Unterrichtung: C. Unterrichtung des Versicherers".
Abmahnschreiben: Rn 286.
Abschlußschreiben: Rn 271 „Abschlußschreiben".
Abtretung: Die Kosten einer Abtretung der späteren Klageforderung sind *keine* notwendigen Prozeßkosten des Klägers und insoweit nicht erstattungsfähig, Schlesw JB **97,** 203.
Abwickler: Rn 110 „Kanzleiabwickler".
Allgemeine Geschäftsunkosten: Rn 81 „Bearbeitung des Prozesses", Rn 158 „Rechtsanwalt: A. Allgemeines", Rn 269 „Vertragsabschluß".
Allgemeiner Prozeßaufwand: Rn 81, 164, 294, 295.
Angestellter: Rn 81, 297.
Anordnung des persönlichen Erscheinens: Rn 92–95.
Anschlußberufung: Ihre Kosten trägt bei § 522 II ihr Kläger, Drsd Rpfleger **04,** 653.
Anwalt: Rn 124 ff, 157 ff, 220 ff.
Anwaltswechsel: Rn 115 ff, 124.

72 Arbeitsgerichtsverfahren: Im ersten Rechtszug sind nach einer Verweisung vom ArbG an das ordentliche Gericht Anwaltskosten wegen § 12 a I 1 ArbGG grds *nicht* erstattungsfähig, auch nicht über § 788, BAG NZA **05,** 429, Brdb MDR **00,** 788, Karlsr JB **91,** 1637, aM KG MDR **89,** 745, AG Wipperfürth JB **99,** 102, LAG Stgt JB **94,** 136 (aber Wortlaut und Sinn des § 12 a I 1 ArbGG sind eindeutig, Einl III 39). Das gilt auch bei einem Streithelfer oder bei einem Betriebsratsmitglied, BAG MDR **94,** 387, sowie bei vergleichsweiser Kostenübernahme usw, LAG Düss NZA-RR **04,** 550, aM LAG Mü AnwBl **79,** 67. § 91 gilt nicht im Beschlußverfahren, BAG BB **99,** 1964. Eine Erstattungsfähigkeit fehlt ferner zB bei einer Selbstvertretung, LAG Mü AnwBl **88,** 72, oder bei einer Verweisung nach § 48 ArbGG, §§ 17–17 b GVG (vgl freilich § 12 a I 3 ArbGG, BAG NZA **05,** 429, LAG Ffm MDR **99,** 1144, LAG Hann Rpfleger **91,** 218), aM JB **04,** 142, oder bei der jenigen vom ArbG an das ordentliche Gericht, Brdb MDR **00,** 788, Karlsr Rpfleger **90,** 223, LAG Schlesw SchlHA **89,** 79, aM LAG Bre MDR **86,** 434, es sei denn, daß höhere Reisekosten der Partei erspart wurden, LAG Köln AnwBl **85,** 274, oder daß der Anwalt den Gebührentatbestand nach der Verweisung erneut verwirklicht, Karlsr Rpfleger **90,** 223.

In der *zweiten Instanz* ist eine Kostenerstattung möglich, BAG MDR **91,** 206, Schlesw AnwBl **95,** 316, LAG Mü DB **01,** 2560. Ein Verbandsvertreter gilt kostenmäßig als Anwalt, § 12 a II 1 ArbGG, LAG Hamm MDR **80,** 612. Das gilt auch bei einem erst vor dem LAG gestellten Eilantrag, LAG Stgt AnwBl **81,** 35.

Die *Reisekosten* eines nicht am Sitz des BAG ansässigen Anwalts sind erstattungsfähig, soweit seine Beauftragung zweckmäßig war, LAG Kiel MDR **94,** 216, oder soweit die Partei ihn beauftragt hatte, als er vorinstanzlich an ihrem Wohnsitz oder im Bezirk des damals zuständigen Gerichts residierte, oder soweit die Partei eigene Reisekosten erspart hat, LAG Mainz AnwBl **88,** 299, LAG Mü DB **01,** 2560, LAG Nürnb AnwBl **88,** 181. Im übrigen kommt es wie stets auf die *Notwendigkeit* der Zuziehung an, LAG Düss MDR **03,** 1321. Reisekosten kann die Partei grds nur von dem in der Ladung angegebenen Ort aus beanspruchen, LAG Mü DB **01,** 2560, solange sie nicht den anderen Ort rechtzeitig anzeigt (mangels Ladung aber vom tatsächlichen Ort aus).

73 Arrest, einstweilige Verfügung: Es gelten im wesentlichen die folgenden Regeln.

A. Zugehörigkeit zu den Prozeßkosten. Zu den Kosten des Rechtsstreits, I, III, zählen die Kosten des Verfahrens über die Anordnung eines Arrests oder einer einstweiligen Verfügung, §§ 916 ff, Nürnb MDR **77,** 936, soweit das Gericht dabei zu Unrecht nicht über die Kosten besonders entschieden hat. Der im Hauptverfahren verurteilte Bekl trägt aber *nicht* die Kosten, soweit das Arrestgericht die Anordnung des Arrests abgelehnt hatte, und ebensowenig im Hauptverfahren unterliegende Kläger die Kosten des erfolgreichen Arrestverfahrens. Vgl auch § 924 Rn 8 ff.

74 B. Kostengrundentscheidung. Im einstweiligen Verfahren ergeht sowohl im Fall der Zurückweisung des Antrags als auch bei einer Anordnung des Arrests usw von Amts wegen nach § 308 II eine Kostenentscheidung. Das gilt unabhängig davon, ob gleichzeitig bereits ein Hauptsacheverfahren anhängig ist und ob beide Verfahren vor demselben Gericht stattfinden oder stattfinden werden.

Das Arrestgericht muß die Kosten dem Antragsteller auferlegen, soweit es seinen Antrag *zurückweist.* Soweit es den Arrest usw anordnet, muß es den Antragsgegner in die Kosten verurteilen, Hamm NJW **76,** 1460. Der Einwand, man dürfe den Antragsgegner nicht schon auf Grund einer bloß vorläufigen Prüfung und eines nur einseitigen Vorbringens des Antragstellers mit den Kosten belasten, übersieht den Umstand, daß man dann auch nicht in der Sache gegen ihn entscheiden dürfte. Außerdem ist eine Einstellung der

Titel 5. Prozesskosten § 91

Zwangsvollstreckung zulässig, § 924 III. Zunächst einmal unterliegt der Gegner jedenfalls. Außerdem sollte man den Antragsteller nicht bloß wegen der Kosten auf einen sonst oft unnötig werdenden Prozeß verweisen. Auch im Fall einer Antragsrücknahme muß das Gericht über die Kosten eines Beteiligten entscheiden, Brdb MDR **99**, 570. Bei einer einstweiligen Anordnung nach §§ 620 ff ergeht keine Kostenentscheidung. Das ergibt sich aus § 620 g. Die Kostenentscheidung des Hauptprozesses deckt im Zweifel nicht das Fehlen einer Kostenentscheidung des einstweiligen Verfahrens. Mangels jeglicher Kostenentscheidung muß man die Arrestkosten gesondert einklagen.

    C. **Kostenerstattung.** Vgl zunächst Rn 73. Wenn der Antragsgegner nach dem Eingang des Antrags, **75** aber vor der Zustellung des Arrests usw Aufwendungen zu seiner Rechtsverteidigung gemacht hatte, dann sind auch diese Aufwendungen erstattungsfähig. Denn die Rechtshängigkeit tritt hier schon mit der Anhängigkeit ein, § 920 Rn 9, 10, Hbg MDR **00**, 786, KG MDR **93**, 481, Köln VersR **93**, 124, aM KG JB **80**, 1430 (aber im Kostenrecht gelten keine abweichenden Rechtshängigkeitsregeln). Flugkosten zwecks Zustellung können ausnahmsweise notwendig sein, Hbg NJW **04**, 3723. Kosten der Gestellung eines Zeugen können erstattungsfähig sein, soweit seine Vernehmung ernsthaft in Betracht kam und eine eidesstattliche Versicherung des Zeugen nicht auszureichen schien, Kblz MDR **97**, 888, oder wenn die Partei mit weiteren Mitteln der Glaubhaftmachung seitens des Gegners rechnen mußte, Ffm AnwBl **86**, 206. Man sollte insofern großzügig sein. Man darf die Möglichkeit der Befragung eines Zeugen ist gegenüber seiner sonst nur schriftlichen Erklärung auch dann höher einschätzen, wenn es nur um eine Glaubhaftmachung geht.

    Kosten eines *Sachverständigen* sind erstattungsfähig, soweit sie zur Rechtsverteidigung notwendig waren, **76** Düss ZIP **81**, 540. Eine Partei muß im allgemeinen damit rechnen, daß der Gegner gegen einen ohne mündliche Verhandlung erlassenen Arrest usw Widerspruch einlegt. Insofern sind also die Kosten der Partei notwendig gewesen, Ffm Rpfleger **88**, 163, Kblz Rpfleger **81**, 494, aM Köln JB **92**, 336 (Anwaltswechsel nicht notwendig) und JB **93**, 429 (Fallfrage. Aber beide Varianten widersprechen der Lebenserfahrung). Etwas anderes gilt allenfalls bei einem wettbewerbsrechtlichen Unterlassungsanspruch, Karlsr GRUR **90**, 223, Schlesw JB **91**, 385. Kosten für die Löschung eines nach Arrest oder einstweiliger Verfügung im Grundbuch eingetragenen Widerspruchs sind weder nach §§ 91 ff noch nach § 788 erstattungsfähig, Schlesw SchlHA **88**, 171. Wird der Antrag wegen Versäumung der Vollziehungsfrist zurückgenommen, so kann der Antragsteller trotz Siegs in der Hauptsache *keinen* sachlichrechtlichen Ersatz der Kosten des Eilverfahrens fordern, BGH GRUR **95**, 170.

    S auch Rn 102–105, 124 ff, 145 ff, 192, 302.
Assessor: Rn 83–85, 158 ff.
Aufenthaltsermittlung: Rn 89 ff, 270.
Aufrechnung, dazu *Ganter*, Die Aufrechnung mit dem oder gegen den prozessualen Kostenerstattungsan- **77** spruch, in: Festschrift für *Merz* (1992); *Schulte*, Die Kostenentscheidung bei der Aufrechnung durch den Beklagten im Zivilprozeß, 1990: Es gelten im wesentlichen die folgenden Regeln.

    A. **Aufrechenbarkeit im Prozeß.** Bei einer Aufrechnung im Prozeß entscheidet nicht der Zeitpunkt der Aufrechnungserklärung, sondern der Zeitpunkt des Eintritts der Aufrechenbarkeit, § 387 BGB. Wenn die Forderung schon vor dem Zeitpunkt der Anhängigkeit nach § 261 Rn 1 aufrechenbar geworden war, muß der Kläger die Kosten tragen. Denn die Aufrechnung wirkt zurück. Wenn die Forderung erst nach dem Zeitpunkt der Anhängigkeit aufrechenbar geworden ist, muß der Bekl die Kosten nur dann tragen, daß der Kläger die Hauptsache sofort für erledigt erklärt. Ebenso muß man eine Hilfsaufrechnung beurteilen. Wenn sie trotz eines Bestreitens durchgreift, unterliegt der Kläger voll, Schlesw (7. ZS) SchlHA **79**, 126. Daran ändert auch (jetzt) § 45 III GKG nichts, aM Schlesw VersR **87**, 996.

    Wenn der Kläger die Gegenforderung *nicht* bestreitet, kann seine Klage unbegründet sein, weil er selbst vorher hätte aufrechnen können und müssen, KG MDR **76**, 846, aM (§ 92 sei anwendbar) Celle VersR **76**, 51, LG Kiel SchlHA **77**, 117, ZöHe 4 (aber gerade seine Konsequenzen zeigen die Unhaltbarkeit der aM).

    B. **Kostenerstattung.** Die Erstattungsfähigkeit hängt wie sonst von der Kostengrundentscheidung ab. **78**
Ausfertigung: Rn 184 ff. **79**
Auskunft: Rn 90.
Ausländer, ausländischer Rechtsanwalt: Das deutsche Recht darf die Erstattungsfähigkeit der Kosten des ausländischen EU-Anwalts auf diejenige eines in Deutschland wiedergelassenen begrenzen, EuGH NJW **04**, 833, BGH NJW **05**, 1373, Mü RR **04**, 1508. Es darf die Erstattungsfähigkeit der Kosten desjenigen deutschen Anwalts, der nach deutschem Recht im Einvernehmen mit dem ausländischen EU-Anwalt handeln mußte, nicht ausschließen, EuGH NJW **04**, 833, aber auf sie begrenzen, Mü RR **04**, 1508, also nicht diejenigen nach dem EuRAG, SchlAnh VII A.

    Wegen des ausländischen *Verkehrs*anwalts s Rn 223 ff.
Auslobung: Rn 90.
Ausscheiden einer Partei: § 263 Rn 5 ff.
Aussöhnung: Die Gebühr nach VV 1001 setzt eine irgendwie ursächliche Mitwirkung des Anwalts voraus. Ausreichend ist zB das Wecken und Fördern der Aussöhnungsbereitschaft. Man kann es im Fall der Anwesenheit der Partei im Versöhnungstermin annehmen, Bbg JB **85**, 233, Kblz OLGR **00**, 428. Der Kostenschuldner kann die Vermutung der Ursächlichkeit der Anwaltsbemühungen entkräften.
Auswärtige Abteilung: Rn 166.
Auswärtiger Rechtsanwalt: Rn 166.
Avalprovision: Rn 204.
Bankbürgschaft: Rn 204. **80**
Bayerisches Oberstes Landesgericht: Soweit im Verfahren auf die Klärung seiner Zuständigkeit für den Revisionsbekl ein beim BGH nicht zugelassener Anwalt mitwirkt, sind seine Kosten *nicht* erstattungsfähig, Bbg JB **98**, 368, Mü JB **81**, 58, auch nicht bei einer Aufklärungsrüge, Ffm JB **81**, 1068.

§ 91
Buch 1. Abschnitt 2. Parteien

Beamter: Grundsätzlich ist *keine* Erstattung anteiliger Besoldung usw wegen der Zeitversäumnis aus Anlaß eines Termins möglich, Rn 294–296, dort auch zu den Reisekosten.

81 **Bearbeitung des Prozesses:** Die im üblichen Rahmen entstehenden Aufwendungen zur Bearbeitung des Prozesses einschließlich der dabei erforderlichen Zeitaufwendungen, auch durch jetzige oder frühere Angestellte, auch in der Freizeit, sind grds *nicht* erstattungsfähig, BGH **75**, 230, Drsd RR **94**, 1141, Kblz AnwBl **96**, 412, LG Hann JB **87**, 598. Das gilt auch beim Einsatz eines Angehörigen, SG Bayreuth JB **87**, 603. Es gilt auch dann, wenn das Organ einer juristischen Person den Prozeß bearbeitet, Hamm OLGR **93**, 315, Köln JB **80**, 723, VGH Mannh JB **90**, 1005, aM Stgt MDR **90**, 636 (aber dann gibt es durchweg keine Sonderkosten, vernünftig betrachtet). Das gilt auch für den Liquidator, Hamm Rpfleger **82**, 80, aM Hbg JB **79**, 108 (aber er verdient keine Besserstellung). Erst recht nicht erstattungsfähig ist ein allgemeiner Verwaltungsaufwand.
S aber auch Rn 102–105, 209, 277, 294–296.

82 **Behörde:** Rn 81, 83, 92, 132, 278.
Beistand: Man muß den Beistand nach § 90 ist wie einen Untervertreter beurteilen. Den nach §§ 78, 625 beigeordneten Anwalt muß man wie einen Anwalt beurteilen.
Belohnung: Rn 297.
Beratung: Ihre Kosten zählen im nachfolgenden Prozeß zu dessen Kosten und sind mit ihnen erstattungsfähig, soweit sie zB zur Informationsaufnahme notwendig waren. Im übrigen sind Kosten der Beratung zB zu den Erfolgsaussichten grds *nicht* erstattbar.
Berichtigung: § 319 Rn 5.
Besprechung: Rn 261.
Bestimmung der Zuständigkeit: Rn 302 „Zuständigkeitsbestimmung".
Berufung: Rn 158, 229.
Betreuung: Die Anwaltskosten eines Antrags auf eine solche Maßnahme sind mangels Anwaltszwang oft *nicht* notwendige Prozeßkosten. Freilich sind solche Fälle oft schwierig. Auch wegen der Tragweite solcher Verfahren ist eine gewisse Großzügigkeit geboten.
S auch Rn 152 „Pflegschaft, Vormundschaft".
Beweissicherung: Rn 193.
Beweistermin: Es gelten die folgenden Regeln.

83 **A. Grundsatz: Erstattungsfähigkeit.** Die Kosten der Wahrnehmung eines Beweistermins sind grds erstattungsfähig. Denn jede Partei hat das unbedingte Recht der Teilnahme an einem solchen Termin, § 357 I. Ihre Mitwirkung an solchem Termin kann das ganze Prozeßergebnis ändern. Sie darf daher insbesondere auch persönlich neben ihrem Anwalt am Beweistermin teilnehmen und ihre persönlichen Teilnahmekosten erstattet fordern, sofern das nicht offenbar unbillig ist, Bbg JB **79**, 111, Ffm Rpfleger **86**, 492, Hamm JB **94**, 475, strenger KG JB **82**, 1247, Mü JB **81**, 1022 (aber das widerspricht dem § 357 I). Freilich darf die Anwesenheit der Partei nicht nur der Klärung oder Vervollständigung eines Schriftsatzes dienen sollen, Hbg JB **82**, 603. Die Partei darf auch den Beweistermin grds durch einen Anwalt wahrnehmen lassen, Ffm AnwBl **88**, 298, Kblz MDR **80**, 412, Schlesw SchlHA **81**, 151, strenger Schlesw JB **77**, 1737. Das gilt insbesondere dann, wenn es sich um einen schwierigen Stoff handelt, Bre JB **76**, 92, Ffm JB **82**, 238. Es gilt auch, wenn die Partei nicht absehen kann, wie sich ein Zeuge verhalten wird, oder wenn es sich um einen besonders wichtigen Beweisvorgang handelt, Bre JB **76**, 92.

84 **B. Einzelfragen.** Ob der ProzBev den Beweistermin persönlich wahrnehmen muß, hängt unter anderem von seiner Person und von der Art und dem Umfang seiner Tätigkeit, der Entfernung des Beweisortes von dem Sitz seiner Kanzlei und der voraussichtlichen Länge des Beweistermins ab, Bre JB **76**, 92 (Ausland), Ffm JB **82**, 238, Kblz Rpfleger **80**, 69, strenger Mü AnwBl **84**, 211. Soweit der ProzBev den Termin selbst wahrnimmt, sind seine Kosten auch dann als notwendige erstattungsfähig, wenn sie fiktive Kosten eines Vertreters vor Ort übersteigen, Ffm JB **82**, 238, Stgt Just **84**, 182, aM Ffm AnwBl **88**, 298 (aber der ProzBev ist nur einmal der berufene Vollvertreter). Die Kosten eines Vertreters des ProzBev sind grds im Rahmen des § 5 RVG bis zu derjenigen Höhe erstattungsfähig, die dann entstanden wäre, wenn der ProzBev den Beweistermin persönlich wahrgenommen hätte, Düss AnwBl **92**, 45, Ffm JB **77**, 969, Hbg MDR **86**, 592. Bei mehreren Beweisanträgen für mehrere Beweistermine an verschiedenen Orten kommt es auf die Notwendigkeit einer solchen Anwaltsmehrheit an.

85 Ein darüber hinausgehender Betrag ist nach VV 3330 nur dann erstattungsfähig, wenn zB gleichzeitig ein *anderer* Termin stattgefunden hat und wenn das Gericht einem in beiden Fällen gestellten Vertagungsantrag in keinem dieser beiden Fälle stattgegeben hat, Ffm AnwBl **84**, 618, Hamm MDR **84**, 587. Eine Erstattungsfähigkeit liegt ferner dann vor, wenn es dem ProzBev aus einem anderen Grund nicht zuzumuten war, den Beweistermin persönlich wahrzunehmen, Hamm MDR **84**, 587, Kblz VersR **86**, 1031. Zur Erstattung der Kosten eines ausländischen Beweisanwalts LG Köln VersR **88**, 862. Der Anwalt, der als Insolvenzverwalter tätig ist, kann *nicht* die Erstattung der Teilnahme am auswärtigen Beweistermin fordern, Ffm AnwBl **88**, 298, Kblz MDR **86**, 764. Soweit die Partei neben dem ProzBev am Termin teilnimmt, muß es notwendig nach dem Beweisthema überhaupt so möglich erscheinen, daß sie aus eigener Kenntnis zur Aufklärung des Sachverhalts beitragen kann, Hamm Rpfleger **84**, 431, KG JB **82**, 1247. Die vorstehenden Regeln gelten auch bei Ermittlungen eines Sachverständigen, § 407a Rn 11. Freilich kann die Partei selbst dann *keine* Aufwandsentschädigung erstattet fordern.

86 Erstattungsfähig sein können auch *Vorbereitungskosten* nach Rn 270 ff, zB auch Abschleppkosten eines zur Beweisaufnahme probegefahrenen und dabei liegengebliebenen Fahrzeugs, Ffm Rpfleger **83**, 123.
Nicht erstattungsfähig ist ein allgemeiner Aufwand wegen einer Beweisaufnahme, zB bei Maschinenausfall, Stgt Just **81**, 204.
S auch Rn 92, 158, 165, 220.

Titel 5. Prozesskosten § 91

Bürgschaft: Die Kosten der Prozesse gegen den Hauptschuldner und den Bürgen sind nebeneinander erstattungsfähig, Kblz JB **91**, 547. Mehrkosten getrennter Prozesse gegen mehrere Bürgen in derselben Sache sind *nicht* erstattungsfähig, Kblz VersR **92**, 339 (rechts Mitte).
S auch Rn 139, 204.
Datenbank: Ihre Kosten zählen grds zu den erstattungsfähigen Auslagen, soweit sie eben notwendig waren, SG Mü AnwBl **94**, 146, Jordan/Konradi-Martin AnwBl **94**, 117, strenger Stgt JB **98**, 424.
Detektiv: Rn 89–91, 274.
Deutsche Bahn AG: Rn 92. 87
Dokumentenpauschale: Rn 184 ff „Schreibauslagen".
Dolmetscherkosten: Rn 210.
Ehesache, dazu *Haberzettl,* Streitwert und Kosten in Ehe- und Familiensachen 1984: Man muß die Kosten 88 einer Wertermittlung zwecks Zugewinnausgleich zurückhaltend einstufen, Karlsr FamRZ **99**, 175.
Einstweilige Anordnung: Ihre Anwaltskosten können nach § 91 erstattungsfähig sein, auch ohne Hauptprozeß, Naumb RR **03**, 1508.
Einstweilige Verfügung: Rn 73.
Erbschein: Erstattungsfähig sind die Kosten des gerichtlich angeordneten, LAG Düss JB **89**, 811.
Ermittlungen der Partei: Es gelten die folgenden Regeln. 89

A. Vor dem Prozeß. Vgl wegen solcher Kosten Rn 270 ff.

B. Im Prozeß. Die Erstattungsfähigkeit hängt von den Umständen des Einzelfalls ab. Sie kann zB dann 90 bestehen, wenn das Gericht einer Partei eine entsprechende Auflage macht, KG WoM **05**, 147. Die Abweisung eines sachlichrechtlichen Ersatzanspruchs hindert evtl nicht die Berücksichtigung im Kostenfestsetzungsverfahren, LAG Bln DB **01**, 2456, LAG Düss Rpfleger **04**, 124. Man muß die Notwendigkeit von Fall zu Fall streng prüfen, BGH MDR **90**, 1099, Hamm VersR **83**, 498, LG Köln WoM **00**, 616. Kosten eines Detektivs können erstattungsfähig sein, soweit seine Einschaltung im Zeitpunkt seiner Beauftragung auch aus der Sicht eines vernünftigen Dritten als notwendig oder zumindest sachdienlich erschien, KG JB **04**, 32, Kblz VersR **03**, 1456, LAG Düss NZA-RR **04**, 663, aM LG Mü NZM **04**, 96, AG Hbg WoM **97**, 220 (bejaht sachlichrechtlichen Anspruch. Das ändert aber nichts an der prozessualen Beurteilung). Dieser Fall kann etwa dann vorliegen, wenn die Anschrift des Bekl fehlt, Kblz RR **03**, 75, oder diejenige eines Zeugen, Kblz Rpfleger **02**, 482, oder wenn ein Beweis bisher fehlte, Bbg JB **76**, 1251, Kblz RR **03**, 75, oder wenn er nichts erbracht hat, Hamm OLGR **93**, 290.
Allerdings ist die Einschaltung des Detektivs *nicht* erforderlich, wenn die Partei nicht damit rechnen muß, daß der Gegner die von ihr behaupteten ehewidrigen Beziehungen bestreiten wird, Schlesw SchlHA **75**, 76, sofern es überhaupt auf solche Beziehungen ankommt, strenger Hamm MDR **75**, 413, oder wenn das Ermittlungsziel bereits erreicht werden konnte, Schlesw JB **78**, 436, oder wenn der Detektiv ohne klar umrissenen Auftrag arbeitet, Ffm VersR **78**, 1145, LG Bln WoM **00**, 313, oder wenn man ohne Detektiv einfacher oder billiger ermittelt hätte, Hamm OLGR **93**, 31, Mü JB **94**, 226, LG Mü Rpfleger **00**, 428, oder wenn man zB das Meldeamt erfolgreich einschalten könnte. Etwas anderes gilt, wenn das Meldeamt eine Auskunft mit Recht verweigert, LG Bln Rpfleger **86**, 107 (zu § 788).
Eine *Ausforschung* ist im allgemeinen *nicht* notwendig, Ffm VersR **78**, 1145, LAG Düss Rpfleger **04**, 91 124. Vielmehr muß zunächst ein bestimmter Verdacht bestehen, bevor die Partei damit rechnen kann, Ermittlungskosten erstattet zu bekommen, Ffm JB **81**, 922, Hamm VersR **83**, 498, LG Bln WoM **00**, 313. Selbst in einem solchen Fall müssen die Ermittlungskosten in einem klaren Zusammenhang mit dem Prozeß stehen, Düss JB **75**, 231, Kblz RR **03**, 75, zB bei einer Wohnungsermittlung. Die Ermittlungskosten müssen stets in einem vernünftigen Verhältnis zur Sache stehen, Düss JB **76**, 1552, Kblz RR **03**, 75. Daher kommen neben den vereinbarten oder üblichen Kosten besondere Kosten etwa wegen eines Verzehrs oder wegen der Benutzung eines Pkw unter Umständen *nicht* in Betracht. Kosten insbesondere für einen Detektiv sind zu belegen, Ffm VersR **78**, 1145. Beim Erfolgshonorar ist eine strenge Prüfung notwendig. Die Ermittlungen des Detektiv müssen für das Prozeßergebnis nicht ursächlich gewesen sein, Kblz RR **03**, 75.
Nicht erstattungsfähig sind ungeeignete Kosten, Hamm FamRZ **00**, 1513, oder Kosten der Aufnahme eines Darlehens, etwa zur Bezahlung eines an sich notwendigen Detektivs, Düss JB **77**, 1005, oder der Detektiv zweck Testkaufs, Schlesw JB **84**, 920. Wegen einer Arbeitssache Lepke DB **85**, 1231 (ausf).
S auch Rn 262, 297.
Fahrtkosten der Partei: Es handelt sich um die auch in I 2 ausdrücklich geregelten Kosten, dazu Rn 33. 92 Die Kosten sind grds im Rahmen des Notwendigen stets erstattungsfähig, BVerwG Rpfleger **84**, 158, Brdb MDR **00**, 1216, Celle NJW **03**, 2994. Sie sind insbesondere insoweit erstattungsfähig, als das Gericht das persönliche Erscheinen der Partei zum Termin angeordnet hat, Mü GRUR **84**, 162, strenger LG Bonn MDR **00**, 480 (grds nur nach Mitteilung der Reise oder dann, wenn auch nach Mitteilung der Anordnung aufrechterhalten worden wäre. Aber dergleichen sollte nur bei sehr erheblicher Verteuerung in Betracht kommen). Dann sind auch unter Umständen die Kosten eines Vertreters der Partei erstattungsfähig, Ffm JB **78**, 1519, Kblz Rpfleger **76**, 325, LG Nürnb-Fürth VersR **96**, 387, strenger KG MDR **85**, 148. Es reicht auch aus, daß das Gericht das persönliche Erscheinen auch bzw nur des Prozeßgegners angeordnet hat, Düss RR **96**, 1342.
Ferner reicht es aus, daß das Erscheinen der Partei selbst vernünftigerweise als *notwendig erscheint,* Brdb MDR **00**, 1216, Schlesw JB **92**, 407, LG Coburg JB **05**, 40, zB wegen eines Beweistermins, Ffm Rpfleger **80**, 156, oder daß es gar notwendig *ist*, Mü GRUR **84**, 162, etwa zum Zweck der Information des ProzBev, falls eine schriftliche Information nicht mehr möglich war, Bbg JB **84**, 436, Hbg JB **82**, 603, Hamm MDR **85**, 59 (nicht bei einem ganz einfachen Sachverhalt). Das kann auch zB zugunsten eines Patentanwalts als Partei gelten, Hamm AnwBl **87**, 48. Man sollte die Erstattungsfähigkeit schon wegen (jetzt) § 278 II 3 nicht zu streng beurteilen, Kblz JB **79**, 442, Mümmler JB **81**, 1129. Zu großzügig billigen allerdings Celle NJW **03**, 2994, Kblz MDR **86**, 764 die Erstattung zu, solange keine offenbare

§ 91

Unbilligkeit oder gar ein Rechtsmißbrauch nach Einl III 54 vorliege, Düss RR **96**, 1342, Kblz BB **88**, 26 ([jetzt ca] 800 EUR Fahrtkosten bei [jetzt ca] 20 000 EUR Streitwert), strenger Kblz VersR **87**, 914.

93 Bei *mehreren* Terminen in verschiedenen Sachen an demselben Tag vor demselben Gericht oder vor mehreren Gerichten an demselben Ort muß man die Fahrtkosten der Partei nach der Verfahrenszahl aufteilen, LG Bln Rpfleger **89**, 228.

Reisekosten liegen vor, falls die politische *Gemeinde* verlassen wird, in der man wohnt, Stgt JB **84**, 762. Insofern ist die tatsächliche Entfernung unerheblich, Stgt JB **84**, 762, aM Köln Rpfleger **76**, 141 (aber gerade hier ist eine gewisse Vereinfachung dringend geboten). Reisekosten des Bediensteten einer ausgelagerten Abteilung der am Hauptsitz beklagten Behörde sind unter Umständen *nicht* erstattungsfähig, LAG Hamm Rpfleger **84**, 33. Reisekosten eines Beamten sind nicht erstattungsfähig, wenn ein Beamter mit Amtssitz am Gerichtsort auftreten konnte, Mü JB **92**, 171, LAG Bln DB **94**, 1628, ArbG Gießen AnwBl **85**, 275, aM AG Essen MDR **84**, 500 (Terminsbeamter). Dagegen ist es unerheblich, ob die Behörde einen ProzBev hätte beauftragen können, ZöHe 13 „Behörde", aM VG Stade Rpfleger **86**, 278. Bahnkosten sind nicht zugunsten der Deutschen BahnAG als Partei erstattungsfähig, Kblz VersR **89**, 929.

94 Eine Erstattungsfähigkeit der Fahrtkosten der Partei persönlich scheidet grds aus, soweit sie einen *Verkehrsanwalt* eingeschaltet hatte und keine vernünftigen Gründe hat, neben ihm persönlich am Termin teilzunehmen, Mü MDR **87**, 333, und soweit ihr Erstwohnsitz am Prozeßort liegt und sie nur vom Zweitwohnsitz anreist, Düss RR **97**, 190. Soweit solche Fälle überhaupt zur Erstattungsfähigkeit führen, ist die Erstattungsfähigkeit der Höhe nach auf die Kosten eines Verkehrsanwalts begrenzt, LG Bayreuth JB **81**, 135.

Fahrtkosten sind der *Höhe* nach wie diejenigen eines Zeugen erstattbar, I 2 Hs 2, § 9 ZSEG/JVEG, BVerwG Rpfleger **84**, 158, Hbg MDR **75**, 500. Es kann sich ergeben, daß die erstattungsfähigen Fahrtkosten der Partei den Streitgegenstand und die Anwaltsgebühren übersteigen. Kosten des Pkw sind erstattungsfähig, soweit Eisenbahnkosten annähernd gleich hoch gewesen wären, Mü AnwBl **82**, 201. Bei Insolvenz darf man nicht mehr die 1. Klasse benutzen, Kblz VersR **87**, 914. Zum Arbeitsgerichtsprozeß Wenzel MDR **80**, 540.

95 Die vorstehenden Regeln gelten auch bei einem von der Partei bezahlten *Vertreter*, KG MDR **85**, 148.

Nicht erstattungsfähig sind bloß fiktive Fahrtkosten, Düss JB **93**, 485, aM AG Bad Neuenahr JB **04**, 91, selbst nicht in einer schwierigen Sache, KG Rpfleger **75**, 100. Wegen § 35 dort Rn 5.

S auch Rn 83, 153, 209, 294.

96 Fahrtkosten des Rechtsanwalts: Rn 46 (Fahrtkosten des Auswärtigen), BGH FamRZ **04**, 618 rechts oben, LAG Bre MDR **04**, 1325, Brams MDR **03**, 1342 (je: Üb).

Fernsprechkosten: Sie sind grds erstattungsfähig. Das gilt insbesondere für ein Telefonat, das erforderlich wird, um Zeit zu gewinnen, oder das eine schnellere und genauere Information ermöglicht.

Filiale: Rn 81, 92, 294.

Forderungsabtretung: Rn 71 „Abtretung".

Foto: Seine Kosten sind grds erstattungsfähig. Man sollte nämlich die Notwendigkeit eines Fotos in den Grenzen Üb 17 vor § 371 großzügig bejahen. Es ist meist zur Klärung des Sachverhalts und zur Verminderung von sonstigen Beweiskosten durchaus geeignet, selbst wenn man es dann im Termin nicht als Beweismittel auswertet, Hbg JB **77**, 1444, LG Flensb JB **85**, 777.

Fotokopie: Rn 184, 217.

Freiwillige Gerichtsbarkeit: Üb 12 vor § 91.

97 Gebrauchsmuster: Die Mehrkosten infolge der Vertretung durch einen nicht beim Prozeßgericht zugelassenen bzw postulationsfähigen Anwalt sind *nicht* erstattungsfähig, § 27 III, IV GebrMG.

S auch Rn 145.

98 Geld: Es gelten die folgenden Regeln.

A. Grundsatz: Erstattungsfähigkeit. Die Kosten der Erhebung und der Ablieferung von Geld sind grds erstattungsfähig, aM ZöHe 13 „Geld". Das Gericht muß allerdings an die Notwendigkeit solcher Kosten einen strengen Maßstab anlegen. Die Hebegebühr des Anwalts nach VV 1009 gehört vernünftigerweise jedenfalls im Ergebnis zu den Kosten des Rechtsstreits. Sie fällt daher auch unter das Kostenfestsetzungsverfahren nach §§ 103 ff, Nürnb JB **92**, 107, Schlesw AnwBl **89**, 170, LG Ffm AnwBl **89**, 109. Ihre Erstattungsfähigkeit richtet sich nach §§ 91, 788 und den entsprechenden Vorschriften in Verfahrensgesetzen. Die Erstattungsfähigkeit setzt also voraus, daß die Auszahlung oder Rückzahlung, Ablieferung oder Rücklieferung durch den Anwalt zur zweckentsprechenden Rechtsverfolgung oder Rechtsverteidigung nötig war, Mü MDR **98**, 438, LG Detm Rpfleger **03**, 36, AG Eisenhüttenstadt Rpfleger **05**, 384. Man muß auch diese Voraussetzungen streng prüfen, LG Detm Rpfleger **03**, 36, LG Münst Rpfleger **80**, 402.

99 B. Beispiele der Erstattungsfähigkeit: Es liegt ein besonderes Eilbedürfnis vor; die Rechtslage ist besonders schwierig, etwa dann, wenn der Anwalt eine Hinterlegung vornimmt, aM AG Bruchsal VersR **86**, 689; der Gläubiger hat ein schutzwürdiges Interesse an der Einschaltung eines Anwalts etwa zwecks Überwachung unregelmäßiger Raten; der Hinterleger wohnt im Ausland; der Schuldner zahlt freiwillig an den ProzBev statt an den Gläubiger und der Anwalt hat einen Auftrag zur Entgegennahme, Ffm Rpfleger **81**, 367, Mü JB **92**, 178 (auch für das Fehlen der Erstattungsfähigkeit), Schlesw AnwBl **89**, 169, aM Hbg MDR **91**, 679 (aber dergleichen zählt zum typischen Begleittätigkeit eines ProzBev und ist durchaus sinnvoll); der Schuldner zahlt so entgegen der Weisung eines anderen, Ffm JB **95**, 321.

Die Erstattungsfähigkeit ist in allen diesen Fällen unabhängig davon, ob der Anwalt gegenüber seinem Auftraggeber *unterhaltspflichtig* ist, LG Bln JB **77**, 1447.

100 C. Beispiele des Fehlens der Erstattungsfähigkeit: Der Anwalt hat den Gegner des Auftraggebers zu einer Zahlung an sich selbst aufgefordert oder sich für einziehungsermächtigt erklärt, ohne den Gegner zugleich auf die Entstehung einer Hebegebühr im Fall dieses Zahlungswegs hinzuweisen. Denn in einem solchen Fall muß der Gegner des Auftraggebers zur Vermeidung der Gefahr einer Zwangsvollstreckung

Titel 5. Prozesskosten **§ 91**

vorsichtshalber an den Anwalt (und nicht an den Gläubiger direkt) zahlen, Mü JB **92**, 178, AG Bonn VersR **84**, 196; es handelt sich um Kreditkosten für die Beschaffung von Geldmitteln zur Bezahlung von Prozeßkosten. Denn man muß sie gesondert einklagen, Kblz FamRZ **88**, 161; ein ungedeckter Scheck des Vollstreckungsschuldners wird zurückgewiesen, und dann wird ein Scheck des Schuldnervertreters angenommen, Nürnb JB **92**, 107.
S auch Rn 108.
Gerichtsstandswahl: Rn 239 „Gerichtsstandswahl".
Gerichtsvollzieher: Rn 302 „Zustellung".
Geschäftsreise: Rn 158, 165.
Geschmacksmuster: Es gelten dieselben Regeln wie in einer Gebrauchsmuster- oder Patentsache, Ffm Rpfleger **94**, 82 (eine ohne jeden Anlaß auf bloßen Verdacht durchgeführte Neuheitsrecherche ist nicht zu berücksichtigen). Die Mehrkosten infolge der Vertretung durch einen nicht beim Prozeßgericht zugelassenen bzw postulationsfähigen Anwalt, § 15 III GeschmMG, sind *nicht* erstattungsfähig, § 15 IV GeschmMG.
Glaubhaftmachung: Ihre Kosten sind *nicht* erstattungsfähig, soweit voraussichtlich eine billigere Art der Glaubhaftmachung nach § 294 evtl in Verbindung mit § 920 II genügen würde.
Gutachten, dazu *Sattler,* Erstattungsfähigkeit von Privatgutachterkosten am Beispiel der Kfz-Sachverständigen, 2004 (ausf): Es gelten die folgenden Regeln. **101**

 A. Vor dem Prozeß. Vgl Rn 277.

 B. Im Prozeß. Hier muß man die folgenden Situationen unterscheiden. **102**
Die Kosten eines vom *Gericht* angeordneten bzw eingeholten Gutachtens sind stets erstattungsfähig.
Die Kosten eines von der *Partei* eingeholten sog *Privatgutachtens* sind insoweit erstattungsfähig, als die Partei ihre Behauptungen nur mit Hilfe eines solchen Privatgutachtens ausreichend darlegen bzw unter Beweis stellen kann, Düss VersR **03**, 524 (Verdacht einer Manipulation), Hamm Rpfleger **01**, 616, Kblz Rpfleger **02**, 483. Dabei muß man insbesondere den Grundsatz der sog Waffengleichheit beachten, ebenso wie beim vorprozessualen Gutachten, Kblz Rpfleger **02**, 483, LG Brschw JB **03**, 311, LG Hbg JB **03**, 311. Der Gutachter muß freilich unabhängig sein, Drsd JB **03**, 312. Die Höhe der erstattungsfähigen Kosten ist von § 91 und nicht nur (jetzt) vom JVEG abhängig, Kblz JB **96**, 90.
Soweit die vorstehenden Voraussetzungen vorliegen und auch nicht nur eine ganz einseitige „gut- **103** achterliche", im Wahrheit völlig unbrauchbare Stellungnahme vorliegt, Karlsr JB **92**, 746, hängt die Erstattungsfähigkeit auch *nicht* davon ab, ob und welchen *Einfluß* das Privatgutachten auf die Entscheidung des Gerichts gehabt hat, BPatG GRUR **81**, 815, Hamm Rpfleger **01**, 616, Stgt RR **96**, 255, aM Düss RR **97**, 1431, Hamm RR **96**, 830, Schlesw VersR **91**, 117 (aber notwendig konnte auch dasjenige sein, was aus evtl ganz unvorhersehbaren anderen Gründen dann doch nicht mehr entscheidungserheblich geworden ist). Freilich ist die Einführung des Privatgutachtens in den Prozeß notwendig, Mü JB **95**, 372, aM Saarbr JB **95**, 623 (aber nur solche Einführung stellt den Bezug zum Prozeß und damit zu den Prozeßkosten her). Ein Privatgutachten kann auch zwecks Klärung der Prozeßaussichten erstattungsfähig sein, aM Köln JB **03**, 313 (aber das ist sogar eine typisch sinnvolle Situation).
Einzelfragen: Ein Vergleich mag auch auf einem Privatgutachten beruhen. Dann können dessen Kosten **104** erstattungsfähig sein, Nürnb FamRZ **02**, 1719. Ein Vergleich schließt die Erstattungsfähigkeit mangels anderweitiger Absprachen nicht aus, LG Brschw MDR **79**, 320. Bei schwierigen technischen Fragen sind die Kosten des Privatgutachtens fast immer erstattungsfähig. Das gilt zB dann, wenn der Gutachter einen anderen privaten oder gerichtlich bestellten Gutachter widerlegen soll, Kblz MDR **03**, 1142, Saarbr OLGR **01**, 437, Stgt BauR **02**, 665. Die Erstattungsfähigkeit besteht ferner dann, wenn das Privatgutachten einem vom Gericht bestellten Gutachten ersparte, Nürnb Rpfleger **80**, 482, LG Brschw VersR **92**, 472 (nicht aber nach dessen Auftragserteilung, Kblz VersR **96**, 1561), oder soweit Parteiaufwand Kosten des Gehilfen eines gerichtlichen Sachverständigen erspart, Kblz BB **05**, 1136, oder wenn es um ein schwieriges Rechtsproblem geht, BVerfG NJW **93**, 2793 (dort wird freilich ein in Wahrheit vorprozessuales Gutachten erörtert), Mü Rpfleger **00**, 425, Mankowski MDR **01**, 199 (je: ausländisches Recht), strenger Hbg RR **00**, 877 (ausländisches Recht nur bei Zeitdruck), oder wenn eine schwierige wirtschaftliche Frage, Zweibr DB **97**, 218 (Unternehmensbewertung), oder um die sachkundige Ergänzung von Vortrag, Kblz VersR **02**, 1531 rechts, oder wenn es um ein schwieriges technisches Problem geht, Ffm Rpfleger **87**, 172, oder um den Verdacht der Vortäuschung eines Unfalls, Ffm OLGR **96**, 216, Hbg JB **89**, 819, KG JB **89**, 813.
Eine Erstattungsfähigkeit liegt ferner vor, wenn es sich um einen *Musterprozeß* mit schwierigen wirtschaftlichen Überlegungen und einer großen rechtlichen oder wirtschaftlichen Tragweite handelt oder wenn es um Gebührenprobleme in einem Spezialgebiet geht, Köln Rpfleger **86**, 108, Mü MDR **92**, 194. Die Erstattungsfähigkeit ist auch bei einer ungewöhnlichen Klage im allgemeinen vorhanden, Hbg JB **76**, 97, Hamm Rpfleger **86**, 141. Auch die Kosten eines Meinungsumfrage-Gutachtens können erstattungsfähig sein, KG Rpfleger **87**, 262. Ein Rechtsgutachten zu einer medizinischen Frage läßt sich nach den Gesamtumständen beurteilen, strenger Stgt RR **93**, 1339.
Die Erstattungsfähigkeit ist insbesondere für ein Privatgutachten vorhanden, das in einem *vorläufigen* Verfahren eingeholt wurde, BGH NJW **90**, 123, Düss Rpfleger **95**, 39, Hbg MDR **97**, 785, Kblz JB **03**, 314. Das gilt auch für die Kosten eines Sachverständigen, den die Partei zB in der Verhandlung über einen Antrag auf den Erlaß eines Arrests oder einer einstweiligen Verfügung wegen der Notwendigkeit einer sofortigen Glaubhaftmachung nach §§ 920 II, 936, 294 II gestellt hat, Düss DB **81**, 785 (das OLG billigt mit Recht in einem solchen Fall einen frei vereinbarten Stundensatz im Rahmen des Üblichen zu), Kblz VersR **92**, 1277. Neben einem vom Gericht eingeholten Gutachten kommt eine Erstattung der Kosten eines nun erst eingeholtes Parteigutachtens nur dann in Betracht, wenn es das Gerichtsgutachten widerlegen sollte, Kblz Rpfleger **91**, 389, wenn die Partei es dazu auch mangels eigener Sachkunde benötigte, Kblz JB **03**, 314, OVG Lüneb JB **03**, 314, und wenn das Gericht es wenigstens für beachtlich hielt, Köln

§ 91

Buch 1. Abschnitt 2. Parteien

VersR **93**, 716. Kosten der Prüfung eines Gutachtens sind als Allgemeinaufwand nicht erstattungsfähig, Kblz Rpfleger **03**, 384.

105 Die Kosten eines Gutachtens über die Aussichten eines *Rechtsmittels* können erstattungsfähig sein, aM Mü MDR **92**, 194, Schlesw SchlHA **84**, 47 (aber man kann die Notwendigkeit nicht schon grds je Instanz unterschiedlich beurteilen). Freilich ist in der höheren Instanz eher eine gewisse Zurückhaltung geboten, Drsd JB **03**, 312, Hbg MDR **97**, 784. Bei Verwendung des Gutachtens in mehreren Prozessen muß man seine Kosten aufteilen. Dafür muß man die Streitwerte beachten, aber natürlich auch die jeweilige Bedeutung des Gutachtens für den Prozeß. Zwar ist die Rechtsprechung oft zu engherzig. Eine Verweisung zB auf § 293 ist oft nur ein Ausdruck einer Selbsttäuschung des Gerichts. Andererseits sind die Kosten eines juristischen Privatgutachtens keineswegs automatisch erstattungsfähig, Ffm RR **87**, 380. Natürlich kann mangels prozessualer Erstattungsfähigkeit ein sachlichrechtlicher Ersatzanspruch vorliegen, Üb 43 vor § 91, Nürnb JB **78**, 117.

S auch Rn 183 „Schaden", „Schiedsgutachten".

106 Güteverfahren, dazu *Pfab* Rpfleger **05**, 411 (ausf): Zur Erstattungsfähigkeit seiner Kosten enthält III eine ausdrückliche Regelung, Rn 59 ff. Die Anwaltskosten scheinen nicht hierher zu zählen. Denn III scheint nur die „Gebühren" der amtlichen Gütestelle zu erfassen. Nicht zufällig wurde bei der Abschaffung von III, IV aF durch Art 2 Z 10 VereinhG und der gleichzeitigen Neufassung von III aus dem früheren Wort „Kosten" das Wort „Gebühren". Aber auch die bloßen Gebühren des Anwalts ohne seine Auslagen scheinen nicht schon nach III erstattungsfähig zu sein. Das Güteverfahren scheint die Erstattungsfähigkeit solcher Gebühren ebensowenig zu kennen wie zB das Prozeßkostenhilfeverfahren, § 118 I 4. Das entspricht dem Wesen solcher Vorverfahren. Es wäre durchaus vertretbar, die im Vorfeld eines Prozesses entstandenen Anwaltskosten vom Auftraggeber, prozessual betrachtet, endgültig tragen zu lassen, sie also nicht dem vereinfachten Kostenfestsetzungsverfahren zugänglich zu machen. Deshalb scheint man „Gebühren" in III eng auslegen zu müssen, trotz des Fehlens eines ausdrücklichen Erstattungsverbots, Hbg MDR **02**, 115 (zustm Schütt 116), LG Mü Rpfleger **97**, 408, krit Weglage/Pawliczek NJW **05**, 3102. Die Parteien können freilich eine Kostenerstattung vereinbaren.

Das *obligatorische Güteverfahren* bringt Zusatzprobleme, Schütt MDR **02**, 116. Soweit die bundesgesetzliche Regelung des § 15 a IV EGZPO auch in einem Bundesland unverändert gilt und nicht durch ein nach § 15 a V EGZPO zulässiges Landesgesetz abgeändert ist, liegt in § 15 a IV EGZPO eine gegenüber § 91 III vorrangige Sonderregelung vor. Sie wäre als solche grundsätzlich eng auslegbar. Sie geht teils weiter als § 91 III ZPO, ist teils aber auch enger formuliert: Während § 91 III ZPO nur „Gebühren" erfaßt, nennt § 15 a IV EGZPO „Kosten", also Gebühren und Auslagen, vgl für die Gerichtskosten § 1 GKG. Andererseits erfaßt § 91 III ZPO dasjenige, was „durch ein Güteverfahren entstanden" ist, während § 15 a IV EGZPO nur Kosten „der Gütestelle" nennt. Anwaltskosten sind nicht Kosten „der Gütestelle", sondern solche „im Güteverfahren". Danach würde § 91 III ZPO zwar alle Gebühren der Gütestelle und des Anwalts erfassen, nicht aber zugehörige Auslagen. Diese wären nur insoweit erstattungsfähig, als sie gerade der Gütestelle entstanden wären, nicht dem Anwalt.

Für die *anwaltlichen* Auslagen bliebe danach die Zuordnung zu den *Vorbereitungskosten*, Rn 286, soweit man eine solche Zuordnung als durch die vorgenannten Bestimmungen ausgeschlossen erachten müßte. Vorbereitungskosten sind durchweg schon dann erstattungsfähig, wenn sie sinnvoll sind, Rn 270. Im obligatorischen Güteverfahren können sie darüber hinaus geradezu zwingend, eben obligatorisch, werden. Im Ergebnis kann man daher zumindest wegen der Anwaltskosten eine Erstattungsfähigkeit vernünftigerweise bejahen, LG Nürnb-Fürth WoM **03**, 340 (auch Notarkosten eines Schlichtungsversuchs außerhalb § 15 a EGZPO), Hartmann NJW **99**, 3748.

Sinn und Zweck sprechen überdies trotz der eingangs dieser Rn dargestellten Entwicklung des § 91 III ZPO zumindest im Zusammenhang mit einem obligatorischen Gütverfahren dafür, jedenfalls diese Vorschrift weit dahin auszulegen, daß sie als Auffangregelung diejenigen Kosten erfaßt, die durch § 15 a IV EGZPO nicht eindeutig geordnet worden sind. Auch in anderen Güteverfahren sollte man die Erstattungsfähigkeit im Ergebnis großzügig beurteilen. Das mag sogar durch ihre ausdrückliche Miterwähnung schon in der Kostengrundentscheidung geschehen. Notwendig ist letzteres aber auch nach § 308 II nicht. Mangels solcher Erwähnung muß man die Kosten des Güteverfahrens eben nach § 91 beim Ansatz und bei der Festsetzung mitbeachten.

107 Hauseigentümervereinigung: Rn 140 „Mieterverein".
Hebegebühr: Rn 98.
Hinterlegung: Rn 98, 204 „Sicherheitsleistung".
Hochschullehrer: Soweit er ProzBev ist und sein darf, § 78, sind auch seine Kosten dem Grunde nach und zur Höhe wie bei einem Anwalt erstattungsfähig, Rn 9, Mü MDR **01**, 958, strenger LG Münst MDR **95**, 1175 (abl Deumeland ZMR **96**, 84). II 4 ist unvermeidbar, BVerfG **77**, 24.
Honorarvereinbarung: Kosten des Anwalts, die über die gesetzlichen hinaus vereinbart wurden, sind nur beim ausländischen Verkehrsanwalt nach Rn 227 oder beim inländischen Anwalt nach vertraglicher Übernahme durch den Gegner erstattungsfähig, Rn 41, 44. Man kann eine Übernahme natürlich auch in einem Prozeßvergleich vereinbaren, Hamm AnwBl **75**, 96. Man muß im Kostenfestsetzungsverfahren glaubhaft machen, daß der Auftraggeber die Formvorschriften (jetzt) des § 4 RVG eingehalten hatte, Kblz Rpfleger **77**, 107. Mit einer „Übernahme der Kosten" sind im Zweifel nur die gesetzlichen gemeint. Deshalb ist auch eine Beschwerde der Partei auf eine Erhöhung des Streitwerts unzulässig.
108 Hotelkosten: Sie können notwendig sein, wenn man sonst in der Zeit zwischen 21 und 6 Uhr fahren müßte, Karlsr RR **03**, 1655.
Information: Rn 215, 220, 242.
Ingenieurbüro: Seine prozeßbegleitende Betreuung ist selbst im Bauprozeß nur *sehr begrenzt* erstattbar, Nürnb MDR **01**, 1439.
Inkasso, dazu *David*, Zusammenarbeit mit Inkassounternehmen usw, 1989; *Jäckle*, Die Erstattungsfähigkeit der Kosten eines Inkassobüros, 1978: Inkassokosten können als Teil der Prozeßkosten erstattungsfähig sein,

Titel 5. Prozesskosten **§ 91**

LG Münst JB **91**, 1215, AG Herborn JB **03**, 647. Das gilt, sofern der Inkassounternehmer Erlaubnisträger nach dem RBerG ist, Rn 182 „Rechtsbeistand", Stgt Rpfleger **01**, 516, Hartmann Teil XII Art IX KostÄndG Rn 12, aM Jäckle BB **93**, 2466, aM Mü Rpfleger **89**, 301 (das OLG übersieht, daß Art IX KostÄndG in seinem Abs II nur den Abs I S 1, 2 ausschließt, nicht auch den Abs I S 3). Das Gesetz unterscheidet für die Erstattungsfähigkeit grds nicht zwischen einer gerichtlichen und einer außergerichtlichen Tätigkeit des Erlaubnisträgers, aM LG Münst Rpfleger **01**, 517 (aber insofern sind die vielfachen Probleme des alten Rechts überholt).

Freilich ist die Erlaubnis zur *gerichtlichen Einziehung* einer fremden und zu Einziehungszwecken abgetretenen Forderung eines *Verbrauchers* durch eine Verbraucherzentrale oder einen anderen Verbraucherverband, der mit öffentlichen Mitteln gefördert wird, im Rahmen seines Aufgabenbereichs davon abhängig, daß dies im Interesse des Verbraucherschutzes auch geradezu erforderlich und nicht nur nützlich oder wünschenswert ist, Art 1, § 3 Z 8 RBerG. Demgemäß muß man in einem solchen Fall folglich die Erstattungsfähigkeit einschränken.

Der *bloße Verzug* macht nicht stets die Einschaltung eines Inkassobüros notwendig, LG Bln RR **87**, 302. Es kommt darauf an, ob der Gläubiger damit rechnen konnte, durch diese Einschaltung einen Prozeß wirklich auch vermeiden zu können, Drsd RR **96**, 1471, AG Cottbus DGVZ **00**, 45, AG Jever DGVZ **00**, 44. Neben Anwaltskosten sind Inkassokosten grds kaum erstattungsfähig, Drsd RR **94**, 1141, LG Mosbach Rpfleger **84**, 199. Sie sind ohnehin höchstens bis zur Grenze der gesetzlichen Gebühren eines Anwalts erstattungsfähig, Drsd RR **96**, 1471, AG Hbg-Altona JB **05**, 544, AG Uelzen JB **01**, 32. Soweit ein prozessualer Erstattungsanspruch ausscheidet, können Inkassokosten einen sachlichrechtlichen Ersatzanspruch begründen, Üb 61 vor § 91.

Insolvenz: Rn 127, 178, 235.
Juristische Person: Rn 81, 255 ff, 294 ff. 109
Kanzleiabwickler: Es können natürlich nur solche persönlichen Kosten des für den verstorbenen Anwalt 110 bestellten Abwicklers erstattungsfähig sein, die noch nicht in der Sache durch eine Tätigkeit des Verstorbenen entstanden waren. Kosten eines zweiten Abwicklers sind grds nicht erstattbar, Hbg MDR **05**, 839. S auch Rn 126.
Kartellsache: Vgl KG Ffm AnwBl **91**, 165, krit Hoffmann/Schaub DB **85**, 2335 (je Üb).
Klageänderung: Rn 144.
Klageerweiterung: Rn 127.
Klagerücknahme: Es gelten die folgenden Regeln. 111

A. **Kostengrundentscheidung.** Wegen der vielfältigen diesbezüglichen Fragen § 269 Rn 33–44.

B. **Kostenerstattung.** Bis zur Wirksamkeit der Klagerücknahme nach § 269 Rn 14, 22 darf und muß der ProzBev des Bekl vorsorglich einen Beweisbeschluß prüfen, aM LG Bln VersR **88**, 391 (aber er kann zB nicht abschließend klären, ob das Gericht die angekündigte Rücknahme als wirksam beurteilen wird, § 85 Rn 9 ff. Die Kosten zB einer entschuldbar „ahnungslosen" Klageerwiderung sind erstattbar. § 344 behält Vorrang, § 269 Rn 34. Eine durch den Kostenantrag nach § 269 III 3 entstandene Gebühr ist grds erstattungsfähig, LG Bln JB **84**, 921. Freilich kann eine Ausnahme vorliegen, wenn der Bekl dem Kläger eine Kostenübernahme zugesichert hatte, LG Hbg MDR **02**, 540. Wegen der Erstattung bei nachfolgenden neuen Klage siehe § 269 VI, vgl § 269 Rn 49.

S auch Rn 243 „Klagerücknahme".
Korrespondenzanwalt: Rn 220.
Kostenantrag: Rn 111.
Kostenwiderspruch: Anh § 3 Rn 12.
Kreditkosten: Rn 301 „Zinsen". 112
Kurier: Seine Kosten sind jedenfalls insoweit *nicht* erstattungsfähig, als man das Telefax hätte nutzen können, Köln JB **02**, 591.
Lichtbild: Rn 96 „Foto".
Liquidator: Sein allgemeiner Zeitaufwand ist *nicht* erstattungsfähig, Hamm Rpfleger **82**, 82.
Lohnausfall: Rn 296. 113
Mahnschreiben: Rn 286. 114
Mahnverfahren: Es ist vieles umstritten.

A. **Allgemeines,** dazu *Hansens* Rpfleger **89**, 487: Der Gläubiger hat ein Wahlrecht, ob er den Anspruch zunächst im Mahnverfahren geltend machen will und dann riskiert, daß ein anderes Gericht das streitige Verfahren entscheiden muß, §§ 696 ff, oder ob er sogleich im Klageweg vorgehen und damit ein solches Gericht anrufen will, das dann für den gesamten Rechtsstreit zuständig bleibt. Dieser Umstand wird bei der Auseinandersetzung über die Erstattungsfähigkeit von Mahnkosten vielfach zu Unrecht übersehen, zB von Düss AnwBl **88**, 652, Hbg AnwBl **88**, 297. Konsequent angewandt, führt er dazu, daß eine Verweisung nach § 696 in manchem Fall überhaupt nicht zulässig ist, § 696 Rn 28. Das alles gilt auch trotz der in §§ 690 I Z 5, 692 I 1 Hs 2 vorgesehenen Möglichkeit, die Abgabe an ein zwischen den Parteien vereinbartes Gericht zu fordern. Denn an der Zwangszuständigkeit des Mahngerichts hat sich nichts geändert. Selbst wenn eine Verweisung notwendig ist, sei es auch wegen §§ 690 I Z 5, 692 I Z 1, ändert das nichts daran, daß zuvor im Hinblick auf die Verfahrensart sehr wohl ein Wahlrecht bestand und daß der Antragsteller es *nicht* kostenmäßig auf dem Rücken des Antragsgegners bzw Bekl ausüben durfte, Düss VersR **85**, 554, aM Düss Rpfleger **92**, 131, Hamm JB **91**, 1354, LG Wiesb NJW **92**, 1634 (aber Rechtsmißbrauch ist auch hier verboten, Einl III 54).

Der allgemein anerkannte Grundsatz, daß man die *Prozeßkosten so gering wie möglich* halten muß, Rn 29, ist auch in diesem Zusammenhang wichtig. Er schränkt das Wahlrecht des Gläubigers ein. Denn unabhängig von einem solchen prozessualen Wahlrecht besteht eine sachlichrechtliche Schadensminderungspflicht des Gläubigers nach § 254 BGB. Sie nötigt ihn dazu, bei der Ausübung seiner prozessualen Rechte auf die Interessen des Gegners im zumutbaren Maße Rücksicht zu nehmen. Sein Anwalt braucht aber zB

§ 91
Buch 1. Abschnitt 2. Parteien

Ansprüche aus verschiedenen Sachverhalten nicht mit demselben Mahnantrag geltend zu machen, AG Nürtingen AnwBl **87**, 193.

115 **B. Einzelfälle.** Die nachfolgenden Nachweise beziehen sich teils auf das Recht vor dem 1. 1. 2000. Die Kosten mehrerer Anwälte, s auch Rn 124, sind nur insoweit erstattungsfähig, als sie die Kosten eines einzelnen Anwalts nicht übersteigen oder als in der Person des Anwalts ein Wechsel eintreten mußte, II 3, Hamm Rpfleger **78**, 385, Kblz JB **78**, 1032, Stgt NJW **78**, 767, aM Bre Rpfleger **79**, 221 (aber die vorstehende Regel ist „eiserner Grundsatz" des Kostenrechts). Das gilt unabhängig von Zulassungsfragen, aM Stgt MDR **02**, 176 (aber gerade nach dem Wegfall des Lokalisationsgebots kommt es erst recht auf die Notwendigkeit an).

116 – **Erstattungsfähigkeit**, dazu *Hansens* Rpfleger **89**, 487: Erstattungsfähig sind die Mahnkosten, soweit der Antragsteller *nicht* oder nur teilweise *mit* einem *Widerspruch* des Antragsgegners *zu rechnen braucht*, Hamm AnwBl **00**, 322, KG RR **01**, 59, Mü JB **02**, 428, aM Brdb MDR **01**, 1135 (vgl aber Rn 114, 119). Das gilt etwa deshalb, weil der Anspruch ersichtlich unbestreitbar ist, aM Düss BB **77**, 268 (abl Schmidt), oder soweit trotz Vorhersehbarkeit eines Widerspruchs doch ein Anwaltswechsel notwendig wurde, etwa wegen eines Umzugs des Bekl, Schlesw SchlHA **87**, 100. Unter solchen Voraussetzungen können auch die Kosten eines Rechtsbeistands erstattungsfähig sein, Kblz KTS **85**, 121. Eine floskelhafte Beschränkung der „Begründung" auf die Unvorhersehbarkeit reicht jedenfalls nach vorangegangenem gegnerischen Bestreiten nicht, Hamm RR **00**, 211. Eine Klagerücknahme nach antragsgemäßer Abgabe an das Gericht des streitigen Verfahrens und anschließender Beauftragung des Anwalts des Bekl läßt die Erstattbarkeit seiner Prozeßgebühr bestehen, Düss JB **94**, 431, Stgt MDR **90**, 557, LG Bln JB **97**, 138, aM KG MDR **02**, 1028 (vgl aber Rn 159).

117 Die *Beweislast* für die Unvorhersehbarkeit eines Widerspruchs liegt schon wegen des Erfordernisses einer Notwendigkeit von Kosten *beim Gläubiger*, Kblz MDR **79**, 320, Schlesw SchlHA **86**, 64, Zweibr JB **79**, 1323, aM Köln JB **79**, 213 und 715, Mü JB **82**, 405, Riecke MDR **99**, 84 (aber das Mahnverfahren darf nicht auf dem Rücken des Gegners Zusatzkosten auslösen, Rn 114). Dabei kann der Umstand zugunsten des Gläubigers sprechen, daß der Schuldner gegen sich ein Versäumnisurteil ergehen läßt, Bbg JB **90**, 1478, Hbg JB **96**, 38. Zwei an verschiedenen Orten wohnende Antragsgegner können je einen an ihrem Wohnsitz residierenden Anwalt beauftragen und dessen Kosten auch dann erstattet fordern, wenn zB der BGH das Prozeßgericht am anderen Ort als das zuständige bestimmt, Düss AnwBl **81**, 506.

118 Erstattungsfähig können auch die Kosten eines auswärtigen, ständigen *Vertrauensanwalts* sein, BGH FamRZ **04**, 866, KG Rpfleger **86**, 491, Kblz JB **90**, 997, aM Nürnb NJW **98**, 389 (abl Schneider NJW **98**, 356, Schütt MDR **98**, 127. Aber es kann triftige Gründe für solche Vertrauenszusammenarbeit geben, BGH FamRZ **04**, 866. Diese muß der unterliegende Gegner respektieren. Er könnte ja ebenso gehandelt haben). Freilich müssen auch solche Kosten unvermeidbar sein, Düss AnwBl **89**, 166, KG Rpfleger **79**, 68, Kblz Rpfleger **79**, 69, 70. Das kann auch bei einer Kapitalgesellschaft für eine Geschäftsforderung so sein, Düss Rpfleger **00**, 566. Erstattungsfähig können zB die Kosten einer notwendigen Reise zum Anwalt des Prozeßgerichts werden, Ffm JB **79**, 1666, KG JB **77**, 1732. Erstattungsfähig können die Kosten sein, die dadurch entstehen, daß der ProzBev einen Vollstreckungsbescheid beantragt, weil die Widerspruchsfrist abgelaufen ist und das Gericht ihn von einem inzwischen dort eingegangenen Widerspruch noch nicht benachrichtigt hatte. Erstattungsfähig sind evtl auch die Anwaltskosten des Antragsgegners, Kblz JB **02**, 76. Das gilt selbst dann, wenn der Antragsteller nur ihm gegenüber eine Antragsrücknahme angekündigt hat, aM LG Augsb Rpfleger **88**, 160 (vgl aber Rn 158). Erstattungsfähig sind die Kosten des Anwalts des Antrags*gegners* wegen eines von *ihm* gestellten Antrags auf ein streitiges Verfahren nach langer Unklarheit, wie sich der Antrag*steller* verhalten wird, Kblz MDR **94**, 520, Mü MDR **92**, 909, LG Hamm JB **99**, 29. Die Kosten eines Unterbevollmächtigten sind erstattungsfähig, soweit sie Terminskosten des ProzBev ersparten, Oldb MDR **03**, 778.

119 – **Fehlen einer Erstattungsfähigkeit:** Nicht erstattungsfähig sind die Kosten des Mahnverfahrens insoweit, als der Antragsteller mit einem zusätzliche Anwaltskosten auslösenden *Widerspruch* des Antragsgegners gegen den Mahnbescheid rechnen muß, Hamm MDR **94**, 103, LG Augsb JB **99**, 942 (je: nach ergebnisloser Einschaltung eines Inkassobüros), Köln JB **93**, 682 (hohe Inkassokosten), Saarbr JB **91**, 248 (teilweise noch strenger), Stgt JB **91**, 1351 (Versicherung lehnt Zahlung ab), Zweibr JB **01**, 202, aM Brdb MDR **01**, 1135, Düss AnwBl **01**, 308, Hbg AnwBl **01**, 124 (je: stets Erstattungsfähigkeit), Kblz JB **04**, 143 (stellt auf die Möglichkeit schriftlicher Information ab), LG Mü MDR **98**, 563 (nach Inkassobüro Erstattbarkeit wegen Säumnis. Aber die war nicht zu erwarten und besagt nichts, § 342).

120 Das gilt selbst dann, wenn der Antragsteller mit einem Widerspruch nur zu dem Zweck der *Hinauszögerung* einer Zahlung rechnen muß, Düss MDR **85**, 504, Schlesw SchlHA **84**, 134, LG Halle JB **00**, 365 (abl Wedel), aM Düss AnwBl **82**, 24, Hbg JB **82**, 1359, ZöHe 13 „Mahnverfahren" (vgl aber Rn 114).

Es reicht für den Wegfall der Erstattungsfähigkeit aus, daß der Antragsteller mit einem *Teilwiderspruch* rechnen muß, Mü MDR **88**, 416. Eine Verweisung nach § 696 V ist dann unerheblich, Rn 114. Wegen der Beweislast Rn 117. Der Antragsteller braucht aber nicht schon deshalb mit einem Widerspruch des Gegners zu rechnen, wenn der letztere schweigt, Kblz JB **78**, 238, Schlesw SchlHA **83**, 59, Stgt JB **78**, 438, aM Düss VersR **87**, 1019 (aber das Schweigen kann auch die bloße Hoffnung auf Zeitgewinn bedeuten).

121 Der Antragsteller braucht ferner dann nicht mit einem Widerspruch zu rechnen, wenn der Schuldner eine *Teilzahlung* geleistet hat, Zweibr JB **79**, 222, oder wenn er eine Sicherheit geleistet hat, Düss AnwBl **85**, 590, Mü MDR **77**, 320. Das gilt selbst dann, wenn es sich um ein Urkunden-, zB einen Wechselmahnbescheid handelt, Düss VersR **86**, 921, Kblz JB **82**, 407, Mü JB **81**, 74, aM Düss AnwBl VersR **86**, 921 (aber auch dann hat der Schuldner schon eingelenkt). Etwas anderes gilt, wenn der Bekl zwar nicht den Urkundenanspruch, wohl aber die zugrundeliegende Forderung bestreitet, Mü MDR **87**, 61. Es ist in diesem Zusammenhang unerheblich, ob ein bereits geltend gemachter außergerichtlicher Einwand des Antragsgegners als begründet erscheint. Der Antragsteller muß gleichwohl mit einem Widerspruch des Antragsgegners rechnen, sofern der außergerichtliche Einwand eben erhoben wurde, Brschw

Titel 5. Prozesskosten § 91

MDR **99**, 570, Mü MDR **93**, 285, Stgt AnwBl **85**, 269, und nicht einen Rechtsmißbrauch darstellt, Bbg JB **76**, 61.

122 Nicht erstattungsfähig sind die Kosten des Mahnverfahrens ferner dann, wenn der Antragsgegner einen *unbedingten Prozeßauftrag* erteilt, bevor er bzw der Antragsteller des Mahnverfahrens einen Antrag auf die Durchführung des streitigen Verfahrens nach § 696 I 1 gestellt haben, Köln JB **00**, 77, Schlesw SchlHA **81**, 72, aM Hbg MDR **94**, 520, KG MDR **02**, 1028 (aber der Sinn des Mahnverfahrens ist doch unter anderem gerade die Vermeidung eines Klageverfahrens).

123 Eine Erstattungsfähigkeit fehlt ferner, wenn die *Parteien denselben Wohnsitz* haben, Schlesw SchlHA **85**, 180, oder wenn sie in demselben LG-Bezirk wohnen, Schlesw JB **90**, 1471, oder wenn der Gläubiger im Mahnverfahren einen auch beim Gericht des streitigen Verfahrens zugelassenen bzw postulationsfähige Anwalt hätte beauftragen können, so schon Düss MDR **97**, 301, oder wenn es um die Forderung einer juristischen Person aus einem Alltagsverkauf geht, Nürnb MDR **99**, 1407, oder wenn *ein* Sozius am Ort der Partei die Kanzlei hat, der andere am Ort des Prozeßgerichts, KG JB **96**, 140. Etwas anderes gilt nur dann, wenn das Gericht trotz des Fehlens eines Antrags auf die Durchführung des streitigen Verfahrens fälschlich einen Verhandlungstermin anberaumt. Nicht erstattungsfähig sind Rechtsbeistandskosten neben Rechtsanwaltskosten, Karlsr Rpfleger **87**, 422, oder Kosten einer genossenschaftlichen Treuhandstelle, die von einer Bank zugezogen wurde, Kblz Rpfleger **89**, 524.

Markensache: S zunächst Rn 147. Die Mehrkosten infolge Vertretung durch einen nicht beim Prozeßgericht zugelassenen bzw postulationsfähigen Anwalt sind *nicht* erstattungsfähig, § 140 IV MarkenG. Wegen eines Patentanwalts § 140 V MarkenG und Rn 147. Die Kosten eines weiteren Anwalts, der nicht Patentanwalt ist, sind *nicht* erstattungsfähig, Düss JB **86**, 2084.

Mehrheit von Gerichtsständen: § 35 Rn 5.

124 Mehrheit von Prozeßbevollmächtigten, II 3: Die Kosten mehrerer Anwälte sind insoweit erstattungspflichtig, als die Kosten eines einzelnen Anwalts nicht übersteigen, Düss AnwBl **93**, 40, großzügiger Nürnb AnwBl **88**, 653, oder als in der Person des Anwalts ein Wechsel eintreten mußte, II 3, Rn 55. Dieser Grundsatz läßt Ausnahmen zu, BVerfG **66**, 323. Man muß die folgenden beiden Fallgruppen unterscheiden.

A. Anwaltswechsel. Ein Grundsatz hat zahlreiche Auswirkungen.

a) Grundsatz: Erstattungsfähigkeit bei Schuldlosigkeit. Es kommt darauf an, ob die Partei die Kosten so niedrig hält, wie sie eine redliche Prozeßführung verlangt, Schneider MDR **81**, 451. Die Kosten beider Anwälte sind insoweit erstattungsfähig, als die Partei und der erste Anwalt am Wechsel schuldlos sind, Ffm JB **83**, 122, KG RR **01**, 59 (Überörtliche Sozietät), Kblz Rpfleger **04**, 184, LG Landshut JB **04**, 145, LG Regensb FamRZ **05**, 1189 (je: Krankheit), aM Schneider MDR **81**, 451 (das Veranlassungsprinzip dürfe nicht in eine Verschuldenshaftung übergeführt werden. Aber das ändert nichts an der Notwendigkeit der Vermeidung entbehrlicher Kosten nach besten Kräften). Die Partei muß im Zweifel beweisen, daß sie am Wechsel schuldlos ist. Dieser Fall kann zB vorliegen, wenn ihr Anwalt die Zulassung oder die Vertretung zulässigerweise aufgegeben hat, soweit sie zB die Partei ihm durch das eigene Verhalten dazu einen Anlaß gegeben hätte, Ffm Rpfleger **86**, 66, Kblz MDR **91**, 1098, oder wenn ihre Kündigung berechtigt war und wenn sie deren Notwendigkeit auch nicht früher erkennen konnte, Kblz JB **91**, 965.

125 b) Beispiele zur Frage einer Erstattungsfähigkeit der Mehrkosten beim Anwaltswechsel
– **(Abgabe):** Erstattungsfähigkeit *fehlt*, soweit es vor der Rechtshängigkeit zur Abgabe kommt, Schlesw JB **91**, 702.
  S auch Rn 130 „– (Unzuständigkeit)".
– **(Abmahnung):** S „– (Arrest, einstweilige Verfügung)".
– **(Abwickler):** Erstattungsfähigkeit liegt vor, soweit für den ausgeschiedenen bzw verstorbenen Anwalt zwar ein Abwickler bestellt worden ist, die Partei aber nun einen anderen als diesen Abwickler zu ihrem ProzBev bestellt, Hbg JB **85**, 1870, Mü AnwBl **94**, 301 (Ausnahme: Praxiskauf durch den Abwickler), AG Köln AnwBl **97**, 291. Beauftragt die Patei einen früheren Abwickler nach dem Ende seines Amts zur weiteren Bearbeitung, kann eine Erstattungsfähigkeit eintreten, § 13 V, Hamm JB **76**, 625.
  S aber auch Rn 128 „– (Niederlegung)".
– **(Alter):** Erstattungsfähigkeit liegt vor, soweit der Anwalt wegen seines hohen Alters ausscheidet, Brschw JB **75**, 871, Ffm AnwBl **83**, 566.
– **(Anfechtung):** Rn 131 „– (Vergleich)".
– **(Arrest, einstweilige Verfügung):** Erstattungsfähigkeit *fehlt*, soweit die Partei vor einem wettbewerbsrechtlichen Eilverfahren den Gegner nicht abgemahnt hat, Ffm Rpfleger **90**, 313, oder soweit die Partei einen Antrag nach § 942 nicht beim dafür ebenfalls zuständigen Gericht des Rechtfertigungsverfahrens gestellt hat, Kblz JB **91**, 90.
– **(Aufgabe der Vertretung):** Rn 128 „– (Niederlegung)".
– **126 (Benennung durch Gegner):** Erstattungsfähigkeit *fehlt*, soweit zu erwarten war, daß der Gegner den ProzBev benennen würde, Hamm MDR **77**, 143.
– **(Betreuer):** Es gelten dieselben Regeln wie Rn 129 „– (Pfleger)".
– **(Bürogemeinschaft):** Erstattungsfähigkeit liegt vor, soweit überhaupt ein „notwendiger" Anwaltswechsel stattfindet.
– **(Eilverfahren):** Rn 125 „– (Arrest, einstweilige Verfügung)", Rn 129 „– (Selbständiges Beweisverfahren)".
– **(Erbe):** Rn 130 „– (Tod)".
– **(Erkrankung):** Rn 127 „Krankheit".
– **(Ermittlungsverfahren):** Rn 130 „– (Untersuchungshaft)".
– **(Erschleichung des Gerichtsstands),** dazu § 12 Rn 22: Erstattungsfähigkeit *fehlt* dann, Düss RR **98**, 71.

§ 91

- **(Fahrzeughalter):** Erstattungsfähigkeit *fehlt,* soweit der Fahrzeughalter des Bekl zur Erhebung einer Widerklage einen anderen Anwalt bestellt, Düss MDR **95**, 474.
  S auch „– (Haftpflichtversicherung)".
- **(Freiwilligkeit):** Rn 128 „– (Niederlegung)"; Rn 129 „– (Streitgenossen)".
- **(Haft):** Rn 130 „– (Untersuchungshaft)".
- **(Haftpflichtversicherung):** Erstattungsfähigkeit *fehlt,* soweit der Haftpflichtversicherer des Klägers zur Abwehr der Widerklage einen anderen Anwalt bestellt, Köln AnwBl **85**, 534.
  S auch „– (Fahrzeughalter)".
- **(Hauptprozeß):** Rn 129 „– (Selbständiges Beweisverfahren)".

127
- **(Insolvenzverwalter):** Erstattungsfähigkeit *fehlt,* soweit der Anwalt zum Insolvenzverwalter wird und den Prozeß als solcher weiterführt, Kblz KTS **84**, 304, Mü MDR **89**, 460.
  S auch Rn 128 „– (Niederlegung)".
- **(Interessenkollision):** Erstattungsfähigkeit liegt vor, soweit objektiv eine vom Anwalt nicht vorhersehbare Interessenkollision die Beendigung seiner Tätigkeit herbeizwingt, Düss JB **93**, 731, Ffm AnwBl **83**, 566.
  Erstattungsfähigkeit *fehlt,* soweit der Anwaltswechsel darauf beruht, daß die Partei zu Unrecht einen Interessengegensatz befürchtet hat, Kblz MDR **79**, 407, oder wenn der erste Anwalt die Interessenkollision vorhersehen konnte, Rn 124, Ffm JB **77**, 554.
- **(Kartellsache):** Erstattungsfähigkeit *fehlt* beim Wechsel zur auswärtigen gesetzlich bestimmten Kartellkammer, Ffm AnwBl **91**, 165.
- **(Klagerweiterung):** Erstattungsfähigkeit *fehlt* meist. Denn der ProzBev ist beim erweiterungsbedingten Zuständigkeitswechsel von AG an ein LG auch dort postulationsfähig, § 78 Rn 25.
- **(Krankheit):** Erstattungsfähigkeit kann je nach den Gesamtumständen vorliegen, LG Landshut JB **04**, 145, LG Regensb FamRZ **05**, 1189, oder *fehlen,* letzteres etwa bei leichter Erkrankung des Anwalts und bei Bereitschaft und Zumutbarkeit der Fortsetzung des Anwaltsvertrags.
- **(Kündigung der Partei):** Erstattungsfähigkeit *fehlt,* soweit die Partei ohne zwingenden Grund kündigt (Fallfrage!), Hbg MDR **98**, 928, Köln JB **92**, 175, Mü JB **91**, 964.
  S auch Rn 128 „– (Niederlegung)".
- **(Löschung):** Rn 128 „– (Niederlegung)".
- **(Mahnverfahren):** Rn 114 ff.
- **(Mandatsentzug):** S „Kündigung der Partei".
- **(Mehrheit von Gegnern):** Erstattungsfähigkeit *fehlt* grds, soweit mehrere Gegner miteinander oder nebeneinander auftreten.
- **(Mißbrauch):** Rn 129 „– (Streitgenossen)".
- **(Nachlaßverwalter):** Erstattungsfähigkeit *fehlt,* soweit der Anwalt zum Nachlaßverwalter bestellt wird, Ffm Rpfleger **78**, 419.
  S auch Rn 128 „– (Niederlegung)".

128
- **(Niederlegung):** Erstattungsfähigkeit kann vorliegen beim Wechsel zum OLG, Hamm RR **96**, 1343, oder bei einer Änderung der Gerichtsorganisation, Kblz JB **78**, 1068, oder beim Wechsel in den öffentlichen Dienst, Hbg JB **93**, 351 (großzügig), aM LG Flensb Rpfleger **94**, 383.
  Erstattungsfähigkeit *fehlt,* soweit der bisherige Anwalt die Vertretung freiwillig bzw vorwerfbar aufgibt oder niederlegt, Hbg JB **85**, 1871, Mü AnwBl **02**, 117, LG Flensb Rpfleger **94**, 383, sei es auch wegen Arbeitsüberlastung oder grds schon wegen Benennung oder Vernehmung als Zeuge, Hamm Rpfleger **76**, 435, LG Bonn AnwBl **84**, 103, oder wenn die Partei einen Vorschuß nicht gezahlt hat, Mü JB **78**, 437, oder wenn er die Vertretung vorwerfbar verliert. Denn dann ist die Partei nach § 628 BGB von ihrer Leistungspflicht frei, Hbg JB **81**, 768. Sie kann einen bereits gezahlten Vorschuß zurückverlangen, notfalls sogar im Klageweg.
  Erstattungsfähigkeit *fehlt* im allgemeinen auch dann, wenn der Anwalt seine Zulassung freiwillig aufgibt, aM Hbg JB **93**, 351 (aber dergleichen kann sich nicht auf Kosten des Gegners abspielen). Das gilt besonders dann, wenn der Anwalt seine Absicht, sich alsbald löschen zu lassen, oder die sonstigen Gründe der Partei verschwiegen hat, aus denen er den Prozeßauftrag voraussichtlich nicht werde beenden können, Bbg JB **84**, 1562, Ffm Rpfleger **86**, 66, Kblz MDR **91**, 1098, oder wenn er nach seiner Ernennung zum Beamten keinen Praxisabwickler bei der Landesjustizverwaltung verlangt, Hbg MDR **81**, 767. Es kommt jedoch auf die Umstände des Einzelfalls an, Ffm BB **84**, 177, Hamm RR **96**, 1343.
  S auch Rn 127 „– (Kündigung der Partei)".

129
- **(Patentstreitsache):** Es kann sich jede Partei nach § 51 III PatG von demjenigen Anwalt vertreten lassen, der dort zugelassen bzw postulationsfähig ist, wo der Prozeß zu führen wäre, wenn es kein überörtliches Spezialgericht gäbe. Eine Erstattungsfähigkeit *fehlt* daher beim Wechsel zum Anwalt am Sitz des Spezialgerichts, Ffm JB **81**, 1082.
- **(Pfleger):** Erstattungsfähigkeit *fehlt,* soweit der Anwalt zum Pfleger eines Streitgenossen wird usw, Hbg MDR **75**, 323.
- **(Pflichtanwalt):** S „– (Soziuseintritt)".
- **(Praxiskauf):** Rn 125 „– (Abwickler)".
- **(Rechtshängigkeit):** Rn 125 „– (Abgabe)".
- **(Selbständiges Beweisverfahren):** Erstattungsfähigkeit *fehlt* meist, soweit die Partei nach einem selbständigen Beweisverfahren für den Hauptprozeß einen anderen Anwalt beauftragt, Düss BauR **02**, 350, Kblz Rpfleger **02**, 281, Mü JB **99**, 893, evtl auch wegen Differenzen, Hbg MDR **98**, 928 (Vorsicht!).
- **(Soziusaustritt):** Erstattungsfähigkeit liegt vor, wenn von einer Sozietät, die die Vollmacht hatte, ein Sozius austritt und der andere weiter in dieser Sache tätig ist, aM Nürnb JB **03**, 647 (aber Sozien sollen füreinander tätig sein, so schon ihre lateinische Bezeichnung). Erstattungsfähigkeit *fehlt,* soweit die Partei

Titel 5. Prozesskosten **§ 91**

nicht nach dem Ausscheiden eines Sozius einen anderen Sozius beauftragt, Mü JB **79**, 108, Schlesw JB **78**, 921. Ausnahmen können beim Vertrauensanwalt gelten, Rn 130 „– (Tod)".
- **(Soziuseintritt):** Soweit ein Sozius eintritt, liegt überhaupt *kein* Anwaltswechsel vor, BGH MDR **88**, 575, Hbg JB **75**, 773, Köln JB **94**, 688. Das gilt grds auch dann, wenn der neue Sozius erst nach der Bevollmächtigung zum Teilhaber wurde, § 84 Rn 3.
  Anders liegt es aber beim Pflichtanwalt. Denn dort begründet die Ausstellung der Vollmacht auf den Sozius keinen Anwaltsvertrag. Vgl auch § 100 Rn 49 ff.
- **(Spezialrecht):** Erstattungsfähigkeit *fehlt,* soweit sich der bisherige Anwalt die Kentnisse selbst verschaffen kann. Das ist (theoretisch) grds zumutbar, VGH Mü AnwBl **00**, 324 (Verwaltungsrecht).
- **(Streitgenossen):** Erstattungsfähigkeit *fehlt,* soweit Streitgenossen, die zunächst einen gemeinsamen Anwalt hatten, das Mandat ohne weiteren Grund freiwillig aufspalten, Ffm AnwBl **88**, 74, Hbg JB **75**, 384, großzügiger Düss MDR **88**, 324 (nur bei Mißbrauch), KG VersR **78**, 544 (aber das grenzt an Rechtsmißbrauch, Einl III 54).
- **(Tod):** Erstattungsfähigkeit liegt vor, wenn der allein bearbeitende ProzBev stirbt, sogar bei Bestellung **130** eines Abwicklers nach § 55 BRAO, Ffm AnwBl **90**, 567, Hbg JB **85**, 1870, ZöHe 13 „Anwaltswechsel", aM Düss Rpfleger **87**, 80 (aber dann wird nun wirklich ein Anwaltswechsel notwendig), oder wenn der Verstorbene zwar Sozien hatte, aber persönlich das besondere Vertrauen der Partei genoß, Düss Rpfleger **87**, 80, Karlsr JB **77**, 1142, strenger Ffm AnwBl **90**, 567, Mü AnwBl **95**, 109, Schlesw JB **78**, 921 (aber der Vertrauensanwalt kann auch im wohlverstandenen Interesse des Prozeßgegners tätig sein).
  Erstattungsfähigkeit *fehlt,* soweit der Abwickler die Praxis übernimmt, Rn 125, soweit die Partei stirbt und soweit keine besonderen Umstände dem Erben einen Anwaltswechsel als dringlich erscheinen lassen, Hbg MDR **79**, 762.
- **(Überlastung):** Rn 128 „– (Niederlegung)".
- **(Unterbevollmächtigter):** Der ProzBev bleibt bestehen, daher insoweit *kein* Anwaltswechsel, Bischof MDR **00**, 1357.
- **(Untersuchungshaft):** Ob eine Erstattungsfähigkeit vorliegt, soweit der ProzBev in Untersuchungshaft war, läßt sich erst auf Grund des Ausgangs des Ermittlungsverfahrens usw beurteilen, großzügiger FG Bre EFG **85**, 85.
- **(Unzuständigkeit):** Erstattungsfähigkeit kann vorliegen, soweit der Anwaltswechsel infolge der Rüge einer Unzuständigkeit notwendig geworden ist, Mü FamRZ **00**, 1513. Das gilt allerdings nicht, soweit der Kläger von vornherein mit der Unzuständigkeit rechnen mußte, Düss MDR **84**, 320 (auch bei einer Klagerweiterung), Hamm MDR **97**, 201 (Widerklage), Kblz VersR **88**, 277. Im übrigen kommt es zunächst auf die Verweisung nach § 281 III 2 an. Ferner kommt es darauf an, ob die Partei damit rechnen mußte, daß in einem Verfahren mit grundsätzlichem Anwaltszwang über die Zuständigkeitsfrage überhaupt eine nach § 281 II 1 freigestellte mündliche Verhandlung stattfinden werde, § 281 Rn 22, 23. Ist der Anwalt auch vor demjenigen Gericht postulationsfähig, so liegt *kein* notwendiger Anwaltswechsel vor. Es kann aber wegen ersparter Parteireisekosten usw eine Erstattung zusätzlicher Anwaltskosten infrage kommen, Mü JB **01**, 32, Nürnb MDR **01**, 1134.
  S auch Rn 125 „– (Abgabe)", „– (Arrest, einstweilige Verfügung)", Rn 131 „– (Zurückverweisung)".
- **(Vergleich):** Für die Erstattungsfähigkeit kommt es im Fall der Anfechtung eines Vergleichs darauf an, **131** wie lange er schon zurückliegt. Beim nachfolgenden Streit um die Wirksamkeit des Vergleichs kommt es wegen der Nämlichkeit der Angelegenheit auf die Notwendigkeit eines Anwaltswechsels an, Hamm JB **00**, 470.
- **(Verschulden):** Rn 128 „– (Niederlegung)".
- **(Verschweigen):** Rn 128 „– (Niederlegung)".
- **(Versicherung):** Erstattungsfähigkeit *fehlt,* soweit die Versicherung der Partei den Anwaltswechsel verschuldet hat, Nürnb JB **90**, 726.
- **(Vertrauensanwalt):** Rn 130 „– (Tod)".
- **(Verweisung):** Rn 130 „– (Unzuständigkeit)".
- **(Vorhersehbarkeit):** Vgl Rn 124.
- **(Vorprozeß):** Erstattungsfähigkeit kann vorliegen, soweit die Partei nicht den Anwalt des Vorprozesses erneut bestellt hatte. Denn dazu ist sie keineswegs stets verpflichtet, auch nicht zwecks Kostenersparnis, Hbg AnwBl **80**, 372.
- **(Vorschuß):** Rn 128 „– (Niederlegung)".
- **(Widerklage):** Erstattungsfähigkeit kann *fehlen,* soweit der Auftraggeber für die Verteidigung gegen die Klage und für die Widerklage je einen Anwalt beauftragt (dann nur *einmal* Erstattung), selbst wenn eine Versicherung das wünscht, KG MDR **75**, 499.
  Rn 130 „– (Unzuständigkeit)".
- **(Zeuge):** Erstattungsfähigkeit *fehlt,* soweit der Anwalt zum Zeugen der eigenen Partei wird, Hamm Rpfleger **76**, 435, oder zum Zeugen des Gegners.
  S auch Rn 128 „– (Niederlegung)".
- **(Zulassung):** Ihr Entzug kann zur Erstattungsfähigkeit der Kosten des Nachfolgers führen, Kblz Rpfleger **04**, 184.
  S auch Rn 128 „– (Niederlegung)".
- **(Zurückverweisung):** Ob eine Erstattungsfähigkeit vorliegt, soweit es zu einer Zurückverweisung gekommen ist, läßt sich nur nach den Umständen des Einzelfalls klären, Hbg MDR **75**, 852, Köln JB **92**, 175.
  S auch Rn 130 „– (Unzuständigkeit)".
- **(Zuständigkeit):** Rn 130 „– (Unzuständigkeit)".

§ 91

132 **B. Häufung von Prozeßbevollmächtigten,** dazu Engels MDR 99, 1043 (Üb): Es ist wie folgt zu unterscheiden.

a) Erstattungsfähigkeit bei Streitgenossen. Jeder Streitgenosse und jeder Streithelfer darf grds zunächst einen eigenen ProzBev beauftragen und unterrichten, BVerfG JB 81, 390, Saarbr JB 89, 393, LG Münst JB 98, 84, strenger Ffm AnwBl 88, 73, Kblz MDR 94, 416, Köln JB 99, 418 (aber jeder darf und muß evtl seinen eigenen Prozeßweg wählen). Das gilt auch dann, wenn erstmals in der zweiten Instanz mehrere Anwälte beauftragt werden, Düss Rpfleger 84, 33, Karlsr AnwBl 94, 41, Schlesw JB 92, 473. Jeder Streitgenosse kann grds auch einen Anwalt für die anderen mitbeauftragen, LG Gött AnwBl 87, 284 (auch zu Ausnahmen), LG Kiel AnwBl 88, 297. Vgl zur Erstattungsfähigkeit bei Streitgenossen Rn 253, § 100 Rn 55. Soweit die Partei eine Sozietät beauftragt hat, ist VV 1008 anwendbar und daher auch für die Erstattungsfähigkeit beachtlich, Rn 136 „Sozius".

133 **b) Im übrigen: Oft keine Erstattungsfähigkeit.** Von Rn 132 abgesehen sind die Mehrkosten mehrerer ProzBev grds nicht erstattungsfähig, BVerfG MDR 84, 729, KG JB 96, 140 (wegen einer überörtlichen Sozietät), Zweibr JB 98, 651, aM Düss JB 93, 686, Herrlein Rpfleger 95, 400 (bei einer überörtlichen Sozietät. Aber wo liegen die Grenzen?).

134 **c) Beispiele zur Frage einer Erstattungsfähigkeit der Mehrkosten bei einer Häufung von Prozeßbevollmächtigten**
– **(Ausländischer Anwalt):** Soweit er nach dem EuRAG auftritt, SchlAnH VII, ist deutsches Recht anwendbar, Mü Rpfleger 98, 539.
   Vgl auch Rn 223, 224.
– **(Beweistermin):** Erstattungsfähigkeit kann für den Beweisanwalt vorliegen, Rn 83.
– **(Dritter):** Erstattungsfähigkeit *fehlt*, soweit die Partei die Auswahl des ProzBev einem Dritten überlassen hat und soweit ein weiterer Anwalt dem Dritten den Streit verkünden muß, Ffm VersR 80, 584.
– **(Einvernehmensanwalt):** Seine Kosten nach (jetzt) VV 2300 sind grds erstattungsfähig, Mü MDR JB 04, 381.
– **(Erlaubnisträger):** Er kann bei einer eigenen Forderung Mahnanwaltskosten erstattet fordern, Hartmann Teil XII Art IX KostÄndG Rn 15. Hbg JB 98, 545 ist daher überholt.
– **(Fahrer):** Rn 138 „– (Versicherung)".
– **(Finanzgericht):** § 139 FGO ist keine Sonderregel, BFH NJW 76, 1264.
– **(Fiskus):** Erstattungsfähigkeit *fehlt*, soweit mehrere Ressortminister den Bund, das Land usw vertreten und je einen eigenen Anwalt beauftragt. Das gilt selbst dann, wenn die Ressortminister unterschiedliche Ansichten vertreten, Köln Rpfleger 80, 157.
– **(Großunternehmer):** Erstattungsfähigkeit *fehlt*, soweit ein Großunternehmer für seine Mahnverfahren besondere Anwälte oder Rechtsbeistände einschaltet, Düss VersR 85, 554, LG Bückeb JB 01, 102.

135 – **(Halter):** Rn 138 „– (Versicherung)".
– **(Interessengleichheit):** S „– (Mißbrauch)".
– **(Krankheit):** Erstattungsfähigkeit *fehlt*, soweit der Anwalt für auch längere Zeit erkrankt ist.
– **(Mahnverfahren):** Rn 134 „– (Großunternehmen)".
– **(Massenverfahren):** Rn 134 „– (Großunternehmen)".
– **(Mißbrauch):** Erstattungsfähigkeit *fehlt*, soweit Rechtsmißbrauch vorliegt, Einl III 54, etwa bei deckungsgleicher Interessenlage, Düss MDR 88, 324, Karlsr MDR 00, 235, Schlesw JB 92, 473. Mißbrauch kann insbesondere im Wettbewerbsrecht vorliegen, Mü MDR 01, 652.
– **(Mitauftrag):** Erstattungsfähigkeit kann vorliegen, soweit ein Streitgenosse einen Anwalt für die anderen mitbeauftragt, LG Gött AnwBl 87, 284 (auch zu Ausnahmen), LG Kiel AnwBl 88, 297.
– **(Rechtsmißbrauch):** S „Mißbrauch".

136 – **(Sozius):** Bei der Beauftragung einer Sozietät ist (jetzt) VV 1008 auch im Rahmen der Erstattungsfrage mitbeachtlich, Ffm AnwBl 88, 70, KG JB 99, 417, LG Nürnb-Fürth BB 81, 1975, aM Bbg MDR 00, 791, Düss Rpfleger 93, 369, Hamm AnwBl 81, 31 (aber die Vorschrift gilt uneingeschränkt). Bei Erfolglosigkeit einer Klage gegen einen früheren Sozius können die Kosten eines jeden Streitgenossen erstattungsfähig sein, Hbg MDR 89, 824.
– **(Spezialrecht):** Der Grundsatz des *Fehlens* einer Erstattungsfähigkeit nach Rn 133 gilt auch insoweit, als es sich um Spezialfragen handelt, BPatG GRUR 89, 193 und 910, Kblz JB 84, 922, Stgt AnwBl 81, 196, aM Hamm JB 77, 68, Kblz GRUR 87, 576 (aber gerade dann könnte es zu einer für den Gegner unzumutbaren Verteilung unter Verstoß gegen die Schadensminderungspflicht kommen).
– **(Streitgenossen):** Rn 132.
– **(Streitverkündung):** Rn 134 „– (Dritter)".
– **(Terminsnot):** Erstattungsfähigkeit *fehlt*, soweit ein auswärtiger ProzBev wegen Terminsüberschneidungen einen Unterbevollmächtigten schickt, Mü MDR 02, 174.

137 – **(Überlassung des Vortrags):** Erstattungsfähigkeit *fehlt* auch insoweit, als der ProzBev den mündlichen Vortrag einem anderen Anwalt überlassen hat, Hamm JB 77, 76.
– **(Überörtliche Sozietät):** Rn 133, Rn 136 „– (Sozius)".
– **(Verkehrsanwalt):** Die Mehrkosten eines Verkehrsanwalts können erstattungsfähig sein, Rn 220 ff.
– **(Verkehrsunfall):** Rn 138 „– (Versicherung)".
– **(Versicherung):** Die Mehrkosten sind grds *nicht* erstattungsfähig, wenn eine Versicherung für die Klage und für die Widerklage je einen Anwalt beauftragt, KG MDR 75, 499, oder wenn sie für alle Bekl einen gemeinsamen Anwalt beauftragt und wenn der Fahrer oder Halter gleichzeitig oder später einen weiteren eigenen Anwalt ohne einen besonderen sachlichen Grund beauftragen, BGH RR 04, 536, Köln JB 95, 265, LG Bln NJW 97, 2827, aM Mü AnwBl 98, 284 (Mitversicherter), LG Bielef JB 97, 260, LG Mü MDR 98, 713 (aber § 7 II Abs 5 AKB verpflichten Halter und Führer, sich mit dem Versicherer abzustimmen).

138 Ein zur Erstattungsfähigkeit ausreichender *besonderer Grund* liegt aber vor, soweit der Versicherungsnehmer auch einen eigenen Anspruch geltend machen will, etwa durch eine Widerklage, Bbg VersR

Titel 5. Prozesskosten § 91

86, 396. Die Erstattungsfähigkeit bleibt auch grds insoweit bestehen, als der Versicherungsnehmer den eigenen Anwalt zeitlich zuerst beauftragt hat, KG JB **98** 199, LG Bln RR **02**, 421, oder als eben kein gemeinsamer Anwalt auftritt, sondern für jeden Beteiligten ein eigener Anwalt, Schlesw SchlHA **84**, 133, oder soweit der von der Versicherung zusätzlich für den Halter mitbeauftragte Anwalt insoweit auf Erstattung verzichtet, Kblz VersR **89**, 929, oder soweit ein Interessenkonflikt besteht, Kblz AnwBl **95**, 206. Hat die Partei die Auswahl des ProzBev einem Dritten überlassen und muß ein weiterer Anwalt dem Dritten den Streit verkünden, dann sind die dadurch entstehenden Kosten *nicht* zur Rechtsverfolgung oder Rechtsverteidigung notwendig, Ffm VersR **80**, 584. § 139 II 1 FGO ist keine Sonderregel, BFH NJW **76**, 1264.
– **(Widerklage):** S „– (Versicherung)".

Mehrheit von Prozessen: Die Kosten mehrerer Prozesse können grds erstattungsfähig sein. Denn keine **139** Partei braucht grds mehrere sachlichrechtliche Ansprüche in derselben Klage zu häufen, Kblz Rpfleger **91**, 80 (zwei Klagen gegenüber dem Hauptschuldner und dem Bürgen), KG JB **01**, 99, Kblz Rpfleger **91**, 80 (kein gemeinsamer Gerichtsstand), Mü MDR **01**, 652, aM Hbg JB **83**, 1255 (aber es kann durchaus achtbare Gründe für getrennte Prozesse geben, vom Mißbrauch durch Erschleichung des Gerichtsstands abgesehen, Rn 140). Wenn etwa dieselben Reisekosten mehrere Prozesse betreffen, sind sie gegenüber jedem Unterlegenen als Gesamtschuldner erstattungsfähig. Denn kein Verlierer hat einen Anspruch auf eine Vergünstigung. Ab Verbindung sind nur noch die neu entstehenden Kosten eines Anwalts erstattungsfähig. Man muß dann die vor Verbindung entstandenen Kosten nach den obigen Regeln beurteilen. Auch mehrere Gläubiger können trotz gleichartiger Rechts grds mangels rechtlicher oder tatsächlicher Verbundenheit getrennt klagen und Erstattung fordern, Meyer JB **02**, 71.

Die Erstattungsfähigkeit *fehlt aber*, soweit für eine Trennung in mehrere Prozesse jeder sachliche Grund **140** fehlt. Denn Rechtsmißbrauch verdient nirgends Schutz, Einl III 54, Düss JB **02**, 486, KG JB **02**, 35. Dieser Fall kann zB dann vorliegen, wenn der Gläubiger mehrere sachlich selbständige gleichartige, einem einheitlichen Lebensverhältnis entspringende Ansprüche (zB Mieten, Wechsel) gegenüber demselben Schuldner in gesonderten Rechtsstreiten geltend macht, Hbg MDR **03**, 1382, KG MDR **00**, 1277, Stgt Rpfleger **01**, 617, aM Hbg JB **83**, 130, Hamm Rpfleger **80**, 439, LG Köln JB **91**, 1352 (aber das wäre eben Rechtsmißbrauch). Die Erstattungsfähigkeit fehlt ferner, wenn der Kläger aus einem einheitlichen Sachverhalt Ansprüche gegen mehrere Personen in getrennten Prozessen erhebt, Hbg MDR **04**, 778, Kblz AnwBl **90**, 46, aM LG Saarbr JB **99**, 366 (aber dann gibt es durchweg keinen achtbaren Grund zur Aufsplitterung). Die Erstattungsfähigkeit kann fehlen, wenn der Kläger mehrere Bekl ohne einen sachlichen Grund in getrennten Prozessen statt in einer Streitgenossenschaft desselben Prozesses belangt, was freilich bis § 36 I Z 3 in seinem Belieben steht, Kblz MDR **90**, 159, oder wenn er sonstige willkürliche Zerlegung in mehrere Prozesse vorgenommen hat (Erschleichung des Gerichtsstands), oder wenn er zB zwei Bürgen getrennt verklagt, Kblz Rpfleger **91**, 81. In den vorgenannten Fällen fehlt die Erstattungsfähigkeit aber nur für die Mehrkosten einer Mehrheit von Prozessen.

Mehrkosten: Rn 110 „Kennzeichenstreitsache", Rn 209 „Terminswahrnehmung", Rn 255.
Mehrwertsteuer: Rn 213.
Meinungsumfrage: Rn 286.
Mieterverein: Die Kosten sind insoweit erstattungsfähig, als eine Partei den Mieterverein außerhalb der **141** mündlichen Verhandlung einschaltet. In diesem Fall richtet sich die Erstattungsfähigkeit im einzelnen nach derjenigen der Kosten eines Rechtsbeistands, Rn 182, LG Aachen JB **83**, 270, LG Siegen WoM **79**, 38, AG Leverkusen WoM **80**, 204, aM LG Düss JB **82**, 1722 (aber der Mieterverein darf vor Gericht schriftsätzlich auftreten).

Die Kosten sind *nicht* erstattungsfähig, soweit es sich um eine Terminswahrnehmung handelt, § 157 Rn 4, aM Miesbach WoM **77**, 132 (aber im Termin darf der Mieterverein meist nicht auftreten). Eine Pauschalsumme ist nicht erstattungsfähig, AG Tostedt WoM **80**, 61.
S auch Rn 283.

Mietkosten: Sie können erstattungsfähig sein, etwa nach einem Unfall für die Unterstellung des Kfz, Hbg **142** MDR **00**, 331. Ein Zurückbehaltungsrecht an einer Kaution wegen eines prozessualen Erstattungsanspruchs setzt dessen vorläufig vollstreckbare Titulierung voraus, LG Hbg NZM **01**, 1076.
Nebenintervenient: Rn 206 „Streithelfer".
Normenkontrollverfahren: Die Kosten dieses Verfahrens sind *nicht* erstattungsfähig. Denn es handelt sich um ein abgeschlossenes besonderes Verfahren.
Notanwalt, Beiordnung: Es gelten dieselben Regeln wie im Ablehnungsverfahren, Rn 70, aM Mü MDR **93**, 484.
Obligatorisches Güteverfahren: Rn 106. **143**
Ordnungsmittel: Die Kosten eines Verfahrens um ein Ordnungsmittel gegen eine Partei, einen Zeugen oder Sachverständigen zählen grds zu den Kosten des Hauptprozesses und sind mit diesen erstattungsfähig. Im zugehörigen Zwischenstreit oder Beschwerdeverfahren kann eine Erstattbarkeit zB dann bestehen, wenn das Gericht eine Stellungnahme der Partei eingefordert hat oder wenn es um einen Ablehnungsgrund geht, Hamm JB **79**, 117, Schneider DRiZ **79**, 186.

Im übrigen besteht im Beschwerdeverfahren mangels eines Streits gerade zwischen den Parteien des Hauptprozesses *grds keine* Erstattungsfähigkeit, Hamm JB **79**, 119.
Parteiwechsel: § 263 Rn 15, 16.
Patentanwalt: Dazu gilt in den *neuen Bundesländern*, KG JB **93**, 492: **144**

EV Anl I Kap III Sachgeb A Abschn III Z 11 a. [1] **Patentanwälte und Patentassessoren, die am Tag des Wirksamwerdens des Beitritts in die beim Patentamt der Deutschen Demokratischen Republik geführten Listen der Patentanwälte oder der Patentassessoren nicht nur vorläufig eingetragen sind, stehen Personen gleich, die nach § 5 der Patentanwaltsordnung die Voraussetzungen für den Zugang zum Beruf des Patentanwalts durch Prüfung erlangt haben.** [2] **Die in**

§ 91

die beim Patentamt der Deutschen Demokratischen Republik geführte Liste eingetragenen Patentanwälte sind nach der Patentanwaltsordnung zur Patentanwaltschaft zugelassen.

A. Grundsatz: Erstattungsfähigkeit bei Notwendigkeit. Die Kosten des Patentanwalts sind im notwendigen Umfang grds erstattungsfähig, Art 134 EPÜ, Rn 146 „Europäisches Patentamt", § 143 III PatG, Anh § 78 b GVG, BPatG GRUR **90**, 351, Mü JB **01**, 30, LG Düss BB **75**, 328, ferner (jetzt) § 140 III MarkenG, Ffm GRUR-RR **05**, 104, Mü GRUR-RR **04**, 224 (kein Verstoß gegen Art 3 GG), Stgt GRUR-RR **04**, 280, § 38 IV SortenSchG, strenger KG WettbR **00**, 76 (nur ausnahmsweise. Jedenfalls aber Erstattungsfähigkeit, soweit es um Fragen aus dem spezifischen Aufgabenkreis des Patentanwalts geht), großzügiger Düss GRUR **80**, 136, KG GRUR-RR **05**, 334, Stgt Rpfleger **96**, 37 (keine Notwendigkeitsprüfung. Aber diese Besserstellung gegenüber einem Rechtsanwalt ist sachlich nicht gerechtfertigt). Die vorgenannten Sonderregeln enthalten keine Rahmengebühren, Mü JB **01**, 30.

Die Erstattungsfähigkeit besteht (jetzt) unabhängig von der *Höhe einer Anwaltsgebühr* (jetzt) nach § 13 I 1–3 RVG, VV 1004, BGH GRUR **03**, 639, Ffm GRUR-RR **05**, 104, aM Hbg MDR **05**, 1196 (aber § 13 I 3 RVG) fand schon nach älterem Recht keine Anwendung, Hbg MDR **88**, 684, Mü GRUR **79**, 339, aM Ffm GRUR **88**, 530. Zum Übergangsrecht zum 1. 1. 02 Nürnb GRUR-RR **03**, 31.

145 **B. Beispiele zur Frage einer Erstattungsfähigkeit der Kosten eines Patentanwalts**
– **(Abmahnung):** Auch beim Streit um sie in einer Markensache kann Erstattungsfähigkeit bestehen, Rn 144.
– **(Altfall):** Wegen Klagerhebung vor 2002 Düss GRUR-RR **03**, 125, Ffm GRUR-RR **03**, 127.
– **(Anzeige der Mitwirkung):** Erstattungsfähigkeit kann auch ohne sie vorliegen, Ffm GRUR-RR **03**, 125 (vgl aber § 97 II).
– **(Arbeitnehmererfindung):** Die Regeln Rn 149 „– (Rechtsanwalt)" gelten auch in einem Streit wegen einer Arbeitnehmererfindung, Karlsr AnwBl **89**, 106 (keine Anrechnung).
– **(Arrest, einstweilige Verfügung):** Erstattungsfähigkeit kann auch in solchem Eilverfahren vorliegen, Ffm JB **90**, 1296.
– **(Auslagen):** Erstattungsfähigkeit liegt auch wegen notwendiger Auslagen vor, BPatG GRUR **89**, 911, Düss GRUR **84**, 651, Ffm GRUR **98**, 1034.
S auch bei den einzelnen Auslagenarten.
– **(Ausländischer Patentanwalt):** Erstattungsfähigkeit kann bei Ansässigkeit in der EU und bei einer Gemeinschaftsmarkensache bestehen, Zweibr GRUR-RR **04**, 344.
– **(Auslandspatent):** Erstattungsfähigkeit liegt auch beim Streit über ein ausländisches Patent vor, Ffm GRUR **83**, 435.
– **(Auswärtiger):** Eine Partei ist nicht verpflichtet, stets nur einen am Geschäftsort residierenden Patentanwalt zu beauftragen, Ffm GRUR **98**, 1034.

146 – **(Eigene Sache):** Erstattungsfähigkeit *fehlt* grds, soweit der Patentanwalt in eigener Sache tätig ist. Denn II 4 ist nicht ausdehnend auslegbar und § 143 III PatG enthält keine entsprechende Regelung, Ffm WRP **79**, 657, Mü MDR **98**, 308, ZöHe 13 „Patentanwaltskosten", aM BPatG GRUR **82**, 293 (aber Text und Sinn der Vorschrift sind eindeutig, Einl III 39).
Erstattbar können aber die *Reisekosten* des Patentanwalts als Partei sein, Hamm AnwBl **87**, 48.
– **(Eintragung):** Erstattungsfähigkeit liegt vor, soweit formelle Eintragungsfragen zu klären sind, Ffm JB **97**, 599.
– **(Europäisches Patentamt):** Patentanwalt ist über § 143 III PatG hinaus jeder nach Art 134 EPÜ zugelassene Vertreter beim Europäischen Patentamt, KarlsrGRUR **04**, 888.
– **(Firmenschutz):** Da man jetzt auch eine Firmenschutzsache nach § 140 MarkenG beurteilen muß, gilt für die mitwirkenden Patentanwalt § 140 V MarkenG in Verbindung mit § 13 RVG.
– **(Gebrauchsmuster):** Die Regeln zum Patentanwalt gelten auch im Verfahren nach § 27 GebrMG, Düss GRUR **80**, 136, Ffm JB **90**, 1296, Nürnb GRUR-RR **03**, 29.
– **(Geschmacksmuster):** Die Regeln zum Patentanwalt gelten auch im Verfahren nach § 15 V GeschmMG, Ffm JB **90**, 1296, auch bei Zwangsvollstreckung, Stgt GRUR-RR **05**, 334.

147 – **(Irreführende Werbung):** Erstattungsfähigkeit liegt vor, soweit der Patentanwalt wegen einer irreführenden Werbung tätig wird, auch neben einem Rechtsanwalt, Rn 149 „– (Rechtsanwalt)".
– **(Name):** Rn 146 „Firmenschutz".
– **(Marke):** Die Regeln zum Patentanwalt gelten auch im Verfahren nach (jetzt) § 140 III MarkenG, Düss RR **98**, 1222, Mü JB **01**, 30, Stgt GRUR **04**, 1064. Der Begriff Kennzeichensache ist weit auslegbar, BGH GRUR **04**, 622, Mü GRUR-RR **04**, 190 (Nichterfüllung eines Vertragsstrafeversprechens). Wer einen als Anwalt und Patentanwalt zugelassenen ProzBev in beiden Funktionen beauftragt hat, kann die Patentanwaltsgebühren nach § 140 III MarkenG erstattet fordern, BGH GRUR **03**, 640, Mü GRUR **04**, 536 und GRUR-RR **04**, 128, Stgt GRUR-RR **84**, 280, aM BPatG GRUR **91**, 206 (aber Doppelfunktion hat Doppelvergütung zur Folge).
S auch Rn 149 „– (Revision)".
– **(Mehrheit von Auftraggebern):** Rn 150 „– (Streitgenossen)".
– **(Mitwirkung):** Erstattungsfähigkeit liegt vor, soweit der Patentanwalt mitwirkte und auch mitwirken mußte, BPatG GRUR **89**, 193, Düss BB **81**, 1546, Mü AnwBl **86**, 157, aM Düss Rpfleger **86**, 278, Ffm GRUR **83**, 435 (vgl aber Rn 144).

148 – **(Nichtigkeitsverfahren):** Erstattungsfähigkeit liegt vor, soweit der Patentanwalt im Patentnichtigkeitsverfahren tätig wird, BPatG GRUR **89**, 910 (auch in erster Instanz), auch neben einem Rechtsanwalt, Rn 149 „– (Rechtsanwalt)".
– **(Notwendigkeit):** Rn 144 sowie Rn 147 „– (Mitwirkung)".
– **(Patentrecherche):** Erstattungsfähigkeit liegt vor, soweit der Patentanwalt eine eigene Patentrecherche betreibt, Hamm AnwBl **03**, 156, Karlsr GRUR **83**, 507, Mü JB **89**, 412.
S auch Rn 145 „– (Auslagen)".

Titel 5. Prozesskosten **§ 91**

– **(Rechtsanwalt):** Erstattungsfähigkeit kann vorliegen, soweit der Patentanwalt neben einem Rechtsan- 149
walt tätig geworden ist, BPatG GRUR **89**, 193, Nürnb GRUR **90**, 130. Das gilt sogar auch dann, wenn
der Rechtsanwalt ein Mitglied derselben Sozietät war, BPatG GRUR **91**, 205. In einem technisch und/
oder rechtlich schwierigen Fall kann man solche Erstattungsfähigkeit im allgemeinen bejahen. Vgl bei
den einzelnen Streitarten.
– **(Reisekosten):** Erstattungsfähigkeit liegt vor, soweit es sich um notwendige Reisekosten des Patentanwalts handelt, auch eines auswärtigen, Ffm Rpfleger **93**, 420 (keine Zulassung bei einem bestimmten
Gericht), Hamm JB **86**, 918 (Informationsreise), Mü AnwBl **84**, 249, aM Mü AnwBl **94**, 198 (bei
überörtlicher Sozietät). Zu Altfällen Drsd GRUR-RR **05**, 294.
  S auch Rn 145 „– (Auslagen)", Rn 146 „– (Eigene Sache)".
– **(Revision):** Die Ungleichbehandlung (§ 140 III MarkenG nur zugunsten eines BGH-Anwalts) ist
verfassungsgemäß, Mü GRUR-RR **04**, 224.
– **(Schwierigkeit):** Rn 151 „Umfang". 150
– **(Sklavische Nachahmung):** Erstattungsfähigkeit liegt vor, soweit der Patentanwalt wegen einer sklavi-
schen Nachahmung tätig wird, Ffm GRUR **93**, 161. Das gilt auch neben einem Rechtsanwalt, Rn 149
„– (Rechtsanwalt)", strenger Mü RR **86**, 616.
– **(Sortenschutz):** Die Regeln zum Patentanwalt gelten auch im Verfahren nach § 38 SortenSchG.
– **(Sozietät):** Erstattungsfähigkeit kann auch dann vorliegen, wenn der Patentanwalt mit dem ProzBev
eine Sozietät bildet, Düss GRUR **03**, 323, Hbg OLGR **98**, 18.
  S auch Rn 149 „Reisekosten".
– **(Streitgenossen):** Erstattungsfähigkeit kann vorliegen, soweit Streitgenossen einen gemeinsamen Pa-
tentanwalt haben, und zwar der Höhe nach unter Beachtung von (jetzt) VV 1008, Düss BB **81**, 1546,
Ffm Rpfleger **93**, 420.
– **(Technische Streitfrage):** Erstattungsfähigkeit liegt vor, soweit die Partei einen Patentanwalt wegen
einer schwierigen technischen Streitfrage einschaltet, Jena RR **03**, 106, KG WettbR **00**, 76, Kölm JB
02, 591, auch neben einem Rechtsanwalt, Rn 149 „– (Rechtsanwalt)", strenger Mü RR **86**, 616.
  Erstattungsfähigkeit *fehlt* bei einer einfachen technischen Streitfrage, Ffm GRUR **93**, 161 (Zerlegen
eines Hammers).
– **(Umfang):** Erstattungsfähigkeit liegt grds unabhängig vom Umfang und von der Schwierigkeit der 151
Sache vor, Mü JB **01**, 30 links unten.
– **(Urheberrecht):** Erstattungsfähigkeit *fehlt* grds, Jena RR **03**, 106.
– **(Vergleichende Werbung):** Erstattungsfähigkeit liegt vor, soweit der Patentanwalt wegen einer ver-
gleichenden Werbung tätig wird, auch neben einem Rechtsanwalt, Rn 149 „– (Rechtsanwalt)", stren-
ger Düss GRUR **86**, 166.
– **(Vertragsstrafe):** Rn 147 „Marke".
– **(Vollstreckungsabwehrklage):** S „– (Zwangsvollstreckung)".
– **(Wettbewerbsrecht):** Erstattungsfähigkeit liegt hier ausnahmsweise vor, etwa bei einer technischen
Vorfrage, nicht bei einer ästhetischen, Jena RR **03**, 106, und nicht bei sonst unzulässiger Werbung, Hbg
JB **75**, 1103.
– **(Zwangsversteigerung):** Erstattungsfähigkeit kann auch im Verfahren nach dem ZVG vorliegen, Ffm
Rpfleger **79**, 148.
– **(Zwangsvollstreckung):** Erstattungsfähigkeit kann vorliegen, soweit der Patentanwalt in einem
Zwangsvollstreckungsverfahren tätig wird, zB nach §§ 887–890, Düss GRUR **83**, 512, oder bei einer
Vollstreckungsabwehrklage nach § 767, Düss GRUR **85**, 220, auch neben einem Rechtsanwalt,
Rn 149 „– (Rechtsanwalt)".
  S auch „– (Zwangsversteigerung)".
Patentingenieur: Ein Patentingenieur ist kein Patentanwalt. Bei ihm muß das Gericht die Erstattungsfähig- 152
keit immer besonders prüfen. Dasselbe gilt bei einem anderen erlaubten technischen Berater.
Pauschalvergütung: Sie ist nur beim Anwalt oder Rechtsbeistand nach § 209 BRAO erlaubt und erstat-
tungsfähig, KG NJW **91**, 1304.
Persönliches Erscheinen: Die Kosten eines Vertreters nach § 141 III 2 sind erstattungsfähig, Kblz JB **77**, 99.
Pflegschaft, Vormundschaft: Die Anwaltskosten eines Antrags auf eine solche Maßnahme sind mangels
Anwaltszwangs vor dem Vormundschaftsgericht oft *nicht* nowendige Prozeßkosten, KG MDR **89**, 744,
Mü JB **92**, 612, Schlesw SchlHA **87**, 46. Freilich sind solche Fälle oft schwierig. Auch wegen der
Tragweite solcher Verfahren ist eine gewisse Großzügigkeit geboten. Fahrtkosten zum Verfahrenspfleger
können notwendige Kosten sein, Rostock FamRZ **03**, 1396 rechts.
  S auch Rn 82 „Betreuung".
Portokosten: Sie sind grds erstattungsfähig, jedenfalls soweit sie zur Vorbereitung nötig waren, Schlesw JB
92, 172, VGH Mannh JB **90**, 1002. Einzelheiten Hartmann Teil X VV 7001, 7002.
Postulationsfähigkeit: Das Fehlen steht der Erstattungsfähigkeit nicht entgegen, soweit die Tätigkeit des
Anwalts gleichwohl zweckdienlich war, (zum alten Recht) KG Rpfleger **96**, 171.
Privatgutachten: Rn 102–106.
Prozeßagent: Rn 182.
Prozeßkostenhilfe: Das Verfahren zu ihrer Bewilligung ist kein Prozeß. Es läßt für eine Kostenentscheidung 153
und eine Kostenerstattung *keinen* Raum, § 118 I 4, Ffm RR **97**, 1085, grds auch nicht in der Beschwerde-
instanz. Das letztere stellt § 127 IV klar, dort Rn 101, Mü RR **01**, 1437. Das Gericht kann eine zu
Unrecht ergangene echte Kostenentscheidung ungeachtet ihrer Anfechtungsmöglichkeiten im Kostenfest-
setzungsverfahren nicht mehr überprüfen, Einf 17 vor §§ 103–107.
  Wenn sich aber ein *Prozeß anschließt*, sind die erstattungsfähigen Kosten des PKH-Verfahrens des schließ- 154
lich den Prozeß gewinnenden Antragstellers ein Teil der Prozeßkosten, Bbg JB **87**, 900, Köln FamRZ **98**,
836 (nicht über die Beiordnung hinaus), Stgt JB **86**, 936, aM Düss MDR **87**, 941, Kblz JB **86**, 1412,
Zweibr VersR **87**, 493 (aber nun zählt das PKH-Verfahren zum Hauptprozeß).

Demgegenüber hat der im Hauptprozeß siegende Prozeßgegner des Antragstellers wegen § 118 I 4 *keinen* Erstattungsanspruch wegen seiner Auslagen im Bewilligungsverfahren des anderen, BGH **91**, 314, Celle AnwBl **83**, 92, Schlesw SchlHA **80**, 165. Fahrtkosten und Verdienstausfall sind keineswegs stets erstattungsfähig, aM Stgt MDR **85**, 852 (aber es ist stets eine Einzelfallabwägung notwendig).
S auch Rn 157, 220, 270.

155 Prozeßstandschaft. Erstattungsfähig sind allenfalls Kosten der auftretenden Partei, *nicht* solche der durch sie „vertretenen", Mü Rpfleger **80**, 232, Saarbr JB **05**, 424.

156 Ratsgebühr, dazu *Dittmar* NJW **86**, 2091 (ausf): Es kommt auf die Hilfsbedürftigkeit an, Hamm AnwBl **00**, 322, Karlsr JB **96**, 39, Oldb NdsRpfl **97**, 13. Die Kosten der Beratung durch einen Anwalt dazu, welches Gericht zuständig ist, Bbg JB **78**, 857, Düss OLGR **95**, 76, und welcher dort zugelassen bzw postulationsfähige Anwalt infrage kommt, sind zumindest in der Höhe einer Beratungsgebühr erstattungsfähig, Düss MDR **83**, 760, Stgt AnwBl **82**, 439, strenger Bre JB **92**, 681 (aber solche Beratung ist meist durchaus mit Kostensparsamkeit vereinbar). Die Kosten der Beratung dazu, ob sich der Bekl auf den bevorstehenden Prozeß einlassen soll, sind erstattungsfähig, Bbg JB **89**, 1283, Ffm JB **85**, 1410, KG MDR **85**, 1038 (wegen einer Ehesache), LG Bln MDR **82**, 499, LG Mannh **73**, 676 (betr eine Rechtsschutzversicherung), AG Marbg VersR **84**, 71 (betr eine Kaskoversicherung). Die Erstattungsfähigkeit besteht allerdings nur insoweit, als der zugrundeliegende Anspruch auch begründet ist. Es kommt nicht stets darauf an, ob die Voraussetzungen für die Bestellung eines Verkehrsanwalts vorlagen, Oldb JB **78**, 1811. Erstattungsfähig können auch die Kosten der Beratung im verwaltungsgerichtlichen Vorverfahren sein, OVG Bln AnwBl **85**, 53.

Erstattungsfähigkeit kann auch eine Ratsgebühr des erstinstanzlichen Anwalts wegen der Aussichten eines *gegnerischen Rechtsmittels* sein, Düss JB **92**, 39, Karlsr JB **01**, 473. Soweit jemand die Aufforderung erhalten hat, zu einem bereits anhängigen Verfahren eine Stellungnahme abzugeben, sich dann den Rat eines Anwalts geholt und unter Umständen auch die erbetene Stellungnahme abgegeben hat, dem Verfahren aber nicht förmlich beigetreten ist, kommt für oder gegen ihn im Verfahren grundsätzlich auch keine Kostenentscheidung in Betracht, § 13 a FGG. In einem solchen Fall ist die Gebühr, die der Auftraggeber seinem Anwalt zahlen muß, *nicht* nach den prozessualen Grundsätzen erstattungsfähig. Aus dem sachlichen Recht mag sich aber eine Ersatzpflicht desjenigen ergeben, der die Aufforderung zur Stellungnahme ausgesprochen hat. Eine solche Pflicht besteht freilich nicht, soweit die „Aufforderung" in Wahrheit nur eine „Anheimgabe" war.

Anwaltskosten für *vorprozessuale* Verhandlungen sind aber *nicht automatisch* erstattungsfähig, BGH RR **88**, 1199, Düss Rpfleger **96**, 526. Dasselbe gilt für Kosten eines Rats, der mit einer anderen gebührenpflichtigen Handlung zusammenhängt, Düss AnwBl **99**, 290.

Recherche: Rn 286 „Meinungsumfrage".

157 Rechtsanwalt. Es gibt vier hauptsächliche Fragenkreise.

158 A. Allgemeines. Vgl zunächst Rn 33 ff. Die gesetzlichen Gebühren und Auslagen des prozeßbevollmächtigten Anwalts sind nach II nur im Umfang des RVG grds stets erstattungsfähig, soweit die Mitwirkung dieses Anwalts zulässig ist, Mü MDR **87**, 1030, Stgt MDR **99**, 1531 (also nicht bei Nichtigkeit des Anwaltsvertrags), AG Gelnhausen VersR **89**, 99. Das gilt auch zugunsten des (jetzt) unter § 5 RVG fallenden Untervertreters, *Hartmann* Teil X § 5 RVG Rn 5 ff, 21, 22, Rn 83, Hamm JB **01**, 485, Stgt Rpfleger **05**, 573, aM LG Konst JB **97**, 429 (nur bei Spezialrecht. Aber die Vorschrift gilt allgemein). Es kommt nach II 1 Hs 1 nicht auf die Notwendigkeit an, BGH NJW **03**, 1532, aM Hbg AnwBl **01**, 127 (vgl aber § 1 BRAO). Diese Regeln gelten auch dann, wenn sich die Partei nur für die eigene Prozeßführung beraten ließ, ohne den Anwalt zum ProzBev zu bestellen, LG Bln MDR **82**, 499. Die Erstattungsfähigkeit besteht also auch im Parteiprozeß sowie im Mahnverfahren, Brdb Rpfleger **98**, 488, Hamm OLGR **99**, 144, KG JB **99**, 30, aM Nürnb NJW **98**, 388 (vgl aber § 1 BRAO). Die Erstattungsfähigkeit besteht ferner dann, wenn der Kläger nach einem Übergang in das streitige Verfahren erklärt, er werde den Rechtsstreit nicht weiter betreiben, andererseits aber auch die Klage nicht zurücknimmt, Saarbr JB **77**, 253. Die Erstattungsfähigkeit besteht grds auch zugunsten einer Behörde, sogar bei eigener Rechtsabteilung, OVG Bre AnwBl **87**, 48. Einschränkungen gelten bei § 12 a I 1 ArbGG, Rn 12. Höhere als die gesetzlichen Beträge sind nicht erstattungsfähig, VGH Kassel AnwBl **97**, 287, soweit nicht zB durch Vergleich übernommen.

159 Wer mit einem *Prozeß* (Klage, Antrag, auch im Eilverfahren usw Mahnbescheid), einer Entscheidung *oder einem Rechtsmittel überzogen* worden ist, steht für diesen Rechtszug in einem Prozeßrechtsverhältnis nach Grdz 4 vor § 128, Mü MDR **87**, 1006 (anders vorher, LG Ffm AnwBl **90**, 100). Schon deshalb darf er grundsätzlich ohne weiteres und sofort einen Anwalt mit der erstattungsfähigen Wahrnehmung seiner Interessen beauftragen, Karlsr FamRZ **04**, 897, Oldb JB **03**, 481, Stgt GRUR-RR **04**, 279, aM BAG NJW **03**, 3796, Naumb JB **04**, 661, LAG Bln MDR **04**, 58 (aber das Prozeßrechtsverhältnis schafft auch Rechte der Verteidigung). Das gilt auch in einem einfachen Fall, LG Bln VersR **88**, 303 (Anspruch gegen ein Versäumnisurteil, das eine Teilklagerücknahme nicht beachtet hatte), aM AG Aschaffenb FamRZ **92**, 1342, AG Dortm VersR **84**, 48 (aber Rechtsschutz besteht auch dann). Es gilt auch dann, wenn der Kläger seine Klage nicht wirksam oder vor dem unzuständigen Gericht erhoben hat, Düss AnwBl **86**, 37, oder wenn die Klage sonstwie unzulässig ist, aM OVG Bln JB **01**, 368 (aber wer weiß, ob das Gericht das auch erkennen wird?). Es gilt ferner dann, wenn die Klage offensichtlich unbegründet ist, zB wegen einer Namensverwechslung, LG Bln MDR **89**, 165, LG Bln MDR **90**, 1122. Es gilt natürlich erst recht nach gegnerischer Rechtsmittelbegründung, BGH NJW **04**, 73.

Die vorstehende Erstattungsfähigkeit besteht auch dann, wenn der Gegner erklärt, er wolle das Verfahren nicht weiterbetreiben, wenn er also das Rechtsmittel nur zur *Wahrung der Rechtsmittelfrist* eingelegt hat, Stgt JB **05**, 367, oder wenn der Gegner die Klage nach Abgabe vom Mahngericht an das Streitgericht alsbald zurücknimmt, BGH NJW **03**, 756, aM KG JB **02**, 641. Denn es besteht bereits die Gefahr des Erlasses eines vollstreckbaren Urteils oder einer bereits ergangenen, BGH NJW **03**, 756 ($^{13/20}$ Gebühr, zustm Madert 1496), Hbg JB **97**, 142, Jena MDR **01**, 896, aM BGH NJW **03**, 1324 rechts, Bbg FamRZ **00**, 624, Karlsr JB **05**, 544 (aber auch dann erhöht sich schon durch die Einlegung des gegnerischen Rechtsmittels das Risiko des Rechtsmittelbekl). Freilich kommt dann keine weitere Erstattung

Titel 5. Prozesskosten § 91

(weitere Hälfte) in Betracht, BGH NJW 03, 2992. Die Erstattungsfähigkeit besteht auch dann, wenn der ProzBev des Rechtsmittelbekl nicht wußte, daß der Gegner das Rechtsmittel zurückgenommen hatte, Kblz AnwBl 05, 151 (keine Gerichtspflicht zu einer entsprechenden telefonischen Nachricht).

Man muß allerdings ein *Stillhalteabkommen* der Parteien berücksichtigen, Ffm RR 86, 1320, Nürnb NJW **160** 82, 1056. Die bloße Bitte des Gegners um Stillhalten ist kein entsprechendes Abkommen. Sie mag aber trotzdem die Gebühr VV 3201 erstattbar machen, KG JB 05, 418. Ein Fristverlängerungsgesuch beendet ein solches Abkommen, Karlsr RR 00, 512.

Die Erstattungsfähigkeit besteht im übrigen unabhängig davon, in welchem *Zeitpunkt* der Anwalt beauf- **161** tragt worden ist, Mü AnwBl 85, 44. Sie besteht also auch unabhängig davon, ob infolge eines früheren oder späteren Auftrags höhere oder geringere Gebühren entstanden wären, Hamm AnwBl 76, 444. Es kann zB die Hinzuziehung eines Anwalts auch noch dann notwendig werden, wenn der Prozeßgegner in einer Nachfrist nach § 283 plötzlich Neues vorträgt, LG Bln MDR 84, 58. Die Erstattungsfähigkeit ist auch unabhängig davon, ob der Anwalt vor dem Rechtsmittelgericht wirksam Anträge stellen kann, KG RR 96, 53, aM Karlsr MDR 97, 508. Es reicht nämlich aus, daß er dennoch eine sinnvolle Tätigkeit ausüben kann, etwa durch einen Vortrag im Amtsermittlungsverfahren nach Grdz 38 vor § 128 vor dem Rechtsmittelgericht, Zweibr FamRZ 82, 187. Die Erstattungsfähigkeit ist auch unabhängig davon, ob der Anwalt seine Kosten dem Auftraggeber schon berechnet hat und ob der letztere sie schon bezahlt hat, Hbg JB 78, 442, und ob sich der Anwalt dem Gericht oder dem Gegner des Auftraggebers als solcher zu erkennen gegeben hat, LG Bln VersR 89, 409, LG Neubrdb JB 96, 640.

Wenn *mehrere Personen* in denselben Prozeß verwickelt werden, kann sich zunächst jede einen besonderen Anwalt nehmen, Hamm Rpfleger 81, 29, aM Naumb Rpfleger 05, 482 (aber die Sache kann sich jederzeit unterschiedlich entwickeln). Erstattungsfähig sind auch Kosten eines Antrags des erstinstanzlichen Anwalts nach § 516 III, aM Schlesw JB 96, 540 und 541 (aber gerade das kann sinnvoll sein). Beim erst im Rechtsmittelverfahren und nur zwecks Anträgen nach § 516 III eingehaltenen Anwalt mag eine Erstattungsfähigkeit fehlen. Man sollte sie aber nach den Gesamtumständen prüfen, etwa bei einer Unklarheit, ob die Rücknahme wirksam war, Mü MDR 99, 568.

Die *Hebegebühr* kann erstattungsfähig sein, Rn 98 ff „Geld". Die Erstattungsfähigkeit ist unabhängig davon, **162** ob der Anwalt dem Auftraggeber unterhaltspflichtig ist, LG Bln JB 77, 1447.

Reisekosten des prozeßbevollmächtigten Anwalts zu einem auswärtigen Termin sind regelmäßig bis zur Höhe **163** der Kosten eines auswärtigen Anwalts erstattungsfähig, Köln JB 96, 94. Das gilt auch zB dann, wenn der Gegner seine Klage erst am Vorabend des Termins zurücknimmt, Mü RR 04, 714. Der Anwalt muß den auswärtigen Beweistermin evtl wegen seiner Wichtigkeit persönlich wahrnehmen, AG Aichach AnwBl 77, 314. Diese Lage sollte man großzügig bejahen. Dann sind die vollen notwendigen Reisekosten des Anwalts erstattungsfähig. Dasselbe gilt für eine Reise zu einem Termin, der dem Abschluß eines Prozeßvergleichs dient, BGH RR 04, 1212, Schlesw JB 01, 197, Graf Lambsdorff AnwBl 00, 200 (mit Rechenbeispielen). Wegen der Höhe der Reisekosten VV 7003 ff. Im übrigen muß man stets prüfen, ob die Hinzuziehung gerade dieses Anwalts erforderlich war, BayObLG JB 05, 361, Naumb FamRZ 00, 623, LAG Kiel MDR 94, 216. Ferner muß man von Fall zu Fall prüfen, ob eine Reise des ProzBev oder eine Unterbevollmächtigung billiger sein dürfte, BGH RR 04, 1212, Schlesw JB 01, 197, Graf Lambsdorff AnwBl 00, 200 (mit Rechenbeispielen). Wegen der Höhe der Reisekosten VV 7003 ff.

Erstattungsfähig sind auch die Anwaltskosten aus Anlaß der *Teilnahme an* einem *Termin*, den ein Sachverständiger anberaumt hatte, § 407 a Rn 15, oder zur Besichtigung, soweit sie für eine Stellungnahme im Prozeß erforderlich ist, VG Stgt AnwBl 85, 544.

Keine Erstattungsfähigkeit liegt vor, soweit das nach § 4 RVG vereinbarte Honorar seine gesetzliche **164** Vergütung übersteigt, aM Fritze GRUR 98, 225 (zT unkorrekt zitierend), oder soweit der Anwaltsauftrag offensichtlich ausschließlich dem Gegner Kosten verursachen soll, oder soweit es sich um den nach VV amtliche Vorbemerkung 7 mit abgegoltenen allgemeinen Geschäftsaufwand des Anwalts handelt (evtl Ausnahme zB Juris-Recherchekosten, SG Bln AnwBl 94, 367), oder soweit ein nicht (jetzt) nach § 5 RVG zu beurteilender Vertreter des Anwalts für ihn handelt, oder wenn die Partei eine von ihrem ProzBev vorzunehmende, ihm ohnehin zu vergütende Tätigkeit durch einen anderen Anwalt vornehmen läßt, oder soweit der Anwalt gegen das RBerG verstößt, oder soweit der Anwalt an die Geschäftsreise eine Urlaubsreise anknüpft, Mü AnwBl 96, 645. Im Verfahren zur Bewilligung einer Prozeßkostenhilfe hat der Antragsgegner grundsätzlich *keinen* Erstattungsanspruch.

B. Kosten des auswärtigen Rechtsanwalts, II 1, 2. Vgl zunächst Rn 45, 46 und zu Reisekosten **165** *Karczewski* MDR 05, 481 (Rsprr-Üb). Solche Kosten sind auch nach dem Wegfall des Lokalisationsprinzips erstattungsfähig, soweit die Hinzuziehung dieses Anwalts zu einer zweckentsprechenden Rechtsverfolgung oder Rechtsverteidigung notwendig ist, BGH BB 05, 294, Bbg JB 04, 600, Mü GRUR-RR 04, 160, strenger Karlsr MDR 04, 54 (in einer eigener Rechtsabteilung), Kblz JB 04, 82, 590. Das gilt auch im Rechtsmittelzug, BGH FamRZ 04, 1363. Die Erstattungsfähigkeit ist also hier gegenüber der grundsätzlichen Erstattungsfähigkeit nach Rn 158 eingeschränkt, BGH NJW 03, 902. Immerhin kann die Erstattungsfähigkeit zB dann vorliegen, wenn sonst ein Verkehrsanwalt notwendig geworden wäre, Hbg MDR 02, 1152 (zustm Schütt 1153), Oldb MDR 02, 1456, oder wenn die Partei den an ihrem auswärtigen Arbeits- oder Wohnort residierenden Anwalt als ProBev beauftragt, BGH RR 04, 1216, LG Rostock Rpfleger 04, 63. Auch eine geschäftsgewandte Partei darf evtl einen auswärtigen Anwalt beauftragen, BGH BB 04, 1023 links, Jena JB 05, 264, Mü GRUR-RR 04, 160, strenger BGH BB 04, 575 (Verband), Kblz JB 03, 258 (Versicherung, Routinefall. Aber es kommt stets auf die Gesamtumstände an). Das gilt auch bei einer ausländischen Partei, Düss JB 03, 427, LG Hanau JB 04, 36, und beim bloßen Verkündungstermin. Denn auch ein solcher Termin kann zB Auflagen und Fristen auslösen. Das übersieht VGH Mannh Rpfleger 89, 301. Freilich sind bei einer überörtlichen Sozietät die Kosten eines auswärtigen Sozius nicht erstattbar, soweit auch am Gerichtsort ein Sozius residiert, KG RR 05, 655. Im übrigen muß man stets abwägen, ob der auswärtige Anwalt trotz oft höherer Kosten notwendig ist, BGH AnwBl 03, 181, Hamm MDR 01, 441, LAG Bre MDR 04, 1325. Das gilt auch, soweit ein im Beitrittsgebiet residierender Anwalt wegen dortiger Gebührenermäßigung billiger geworden wäre, Naumb JB 02, 535.

§ 91
Buch 1. Abschnitt 2. Parteien

166 Wenn der Anwalt seinen Wohnsitz oder seine Kanzlei *am Ort des Prozeßgerichts* oder von dessen auswärtiger Abteilung hat, ergeben sich keine Besonderheiten. Seine Mehrkosten sind auch dann erstattungsfähig, wenn er seine Kanzlei am Ort der auswärtigen Abteilung hat und wenn der Prozeß nicht ebenfalls dort stattfindet, Karlsr Rpfleger **94**, 383, Mü MDR **99**, 1348, LAG Hamm Rpfleger **84**, 33, aM LG Mü MDR **85**, 589 (aber diese Kosten sind eine Folge der Gerichtsorganisation). Die Erstattung ist auch grds dann möglich, wenn der Anwalt am Wohnsitz des Auftraggebers residiert, Karlsr FamRZ **03**, 940. Vgl auch Brams MDR **03**, 1342 (BGH-Üb). Die Schwierigkeit der Sache ist nicht alleiniger Maßstab, LAG Kiel NZA-RR **04**, 209.

Wenn der Anwalt seinen Wohnsitz oder seine Kanzlei aber an einem *anderen Ort* als dem Prozeßgericht oder einer auswärtigen Abteilung dieses Gerichts hat *(Simultananwalt)*, II 2, Rn 49, dann muß man die Kosten einschließlich der Reisekosten des tatsächlich hinzugezogenen Anwalts denjenigen Kosten *gegenüberstellen*, die dann entstanden wären, wenn die Partei einen am Ort des Prozeßgerichts bzw seiner auswärtigen Abteilung wohnenden Anwalt beauftragt hätte, BGH Rpfleger **05**, 112, Jena JB **05**, 264, LG Mönchengladbach Rpfleger **05**, 115, großzügiger BGH BB **05**, 1247, Düss JB **05**, 369, LAG Köln NZA-RR **04**, 552 (in der Regel erstattungsfähig. Aber „notwendig" ist eine schon dem Wortlaut, außerdem dem Sinn nach strengere Voraussetzung. Sie zwingt zur Einzelfallprüfung).

167 Dabei muß man auch die Kosten mindestens einer notwendigen *Informationsreise* der Partei zu diesem Anwalt berücksichtigen, BGH FamRZ **04**, 618 rechts oben, Mü AnwBl **01**, 310, Nürnb JB **99**, 537, Zweibr JB **01**, 202, strenger BGH AnwBl **03**, 311, Bbg (1. ZS) JB **92**, 612, Nürnb MDR **01**, 235 (Fallfrage), LG Mü AnwBl **85**, 533 (aber das Gespräch unter Anwesenden ist immer eine sachgerechte Form von Information).

In einem nicht ganz einfachen Fall muß man auch die Kosten einer *weiteren* Reise berücksichtigen, Ffm AnwBl **82**, 489. Ebenso muß man die Kosten für etwaige Beweistermine berücksichtigen, die der auswärtige Anwalt ohne Reisekosten wahrnehmen konnte, während sonst ein anderer Anwalt hätte beauftragt werden müssen oder während sonst für den Auftraggeber Reisekosten zum Ort des LG Reisekosten entstanden wären.

168 Dabei kann sich ergeben, daß die Beauftragung des auswärtigen Anwalt sogar *billiger* sein kann. In diesem Fall sind seine Reisekosten natürlich erst recht erstattungsfähig, Hamm JB **78**, 1035, LG Bonn Rpfleger **91**, 388, LG Kblz FamRZ **03**, 242. Dem steht nicht entgegen, daß nicht wirklich entstandene Kosten grundsätzlich auch nicht ersetzt werden können. Denn man kann das „Mehr" durch die Einsetzung der genannten Rechnungsposten berechnen. Man darf aber nicht die fiktiven Reisekosten der Partei zum Gericht mit den Kosten des auswärtigen Anwalts vergleichen, Karlsr MDR **82**, 1025. Im übrigen werden solche Mehrkosten des Simultananwalts nicht ersetzt, II 2, insbesondere nicht bei einem auffälligen Mißverhältnis zur Bedeutung der Sache und zur Höhe der weiteren Prozeßkosten. Aber Vorsicht mit solcher Annahme! Das gilt auch bei einer Verweisung vom AG ans LG. Allerdings sind eben nur die Mehrkosten nicht erstattungsfähig. Wegen der neuen Bundesländer Rn 157, 158. Die Kosten eines ausländischen EU-Anwalts sind wie diejenigen eines deutschen Anwalts erstattungsfähig, EuGH NJW **04**, 833. Zur Erstattung der Kosten eines ausländischen Beweisanwalts LG Köln AnwBl **82**, 532.

169 Im *Arbeitsgerichtsverfahren* ist Großzügigkeit geboten, LAG Düss ZIP **80**, 471 (Betriebsrente), LAG Stgt BB **79**, 1352, ArbG Wetzlar BB **93**, 583. Vgl freilich auch § 12a I 1 ArbGG, LAG Bln BB **93**, 583. Zur Hinweispflicht des Anwalts Rewolle NJW **91**, 1353.

Im *Finanzgerichtsverfahren* gelten dieselben Grundsätze wie im Zivilprozeß, (jetzt) VV 3100 ff, FG Bln EFG **86**, 518, FG Saarbr EFG **85**, 33. Im *Verwaltungsgerichtsverfahren* gilt § 162 II VwGO. Die Vorschrift enthält nicht die Einschränkung des § 91 II ZPO, vgl Karlsr AnwBl **82**, 208. Das scheinen OVG Kblz Rpfleger **01**, 373, VGH Mannh NVwZ-RR **04**, 231 zusätzlich zu übersehen. Vgl Rn 303.

Der Anwalt darf in den Grenzen von Rechtsmißbrauch im Sinn von Einl III 54, Rn 176 die bequemste und *zeitsparendste Reiseart* wählen. Das muß man auch bei der Erstattungsfähigkeit beachten, Bbg JB **81**, 1305, Ffm GRUR **98**, 1034. Er braucht die Vorteile einer Bahncard oder von „miles and more" usw nicht abzuziehen, Niebling NJW **03**, 123 (das wäre in der Tat zu kompliziert). Einzelheiten Hartmann Teil X VV 7003 ff.

170 **C. Vertretung in eigener Sache, II 4.** Vgl Rn 56 ff. Die Vorschrift regelt eine eng auslegbare Ausnahme, LG Wuppert ZMR **91**, 183. Sie regelt nicht einen Vergütungsanspruch gegen einen Auftraggeber, sondern einen Erstattungsanspruch des sich selbst vertretenden Anwalts gegen seinen Prozeßgegner, LG Wuppert ZMR **91**, 183. Sie zieht die Folgerungen aus § 78 (jetzt) IV, BVerfG **53**, 207.

171 Der Anwalt muß *selbst tätig* geworden sein, und zwar als: Partei; Streitgenosse, insbesondere Sozius, Düss ZMR **97**, 528, LAG Ffm BB **01**, 2432, Streithelfer; gesetzlicher Vertreter eines Beteiligten; Vorstandsmitglied; Partei kraft Amts, Grdz 8 vor § 50, Kblz Vers **82**, 197, Mü RR **04**, 715 (Insolvenzverwalter, auch zu den Grenzen); Nebenkläger, Hamm AnwBl **00**, 135. Es reicht also nicht aus, daß der Anwalt in einer dieser Eigenschaften nur einen anderen Anwalt unterrichtet, (jetzt) § 1 RVG, Kblz JB **92**, 399. Ebensowenig reicht es aus, daß ein Anwalt nur in seiner weiteren Eigenschaft als Notar tätig wird, AG Friedberg DGVZ **81**, 47, oder daß der Anwalt überhaupt nicht in einer Art tätig wird, auf die das RVG anwendbar ist, Hartmann Teil X § 1, zB als Beisitzer einer Einigungsstelle nach dem BetrVG, BAG DB **87**, 441. Entscheidend ist das tatsächliche Tätigwerden in eigener Sache, nicht dessen Erkennbarkeit, Rn 57, VG Schlesw NJW **84**, 940.

172 Der Anwalt hat unter dieser Voraussetzung (hinsichtlich des Verfahrens der freiwilligen Gerichtsbarkeit EGH Hamm AnwBl **77**, 323) einen *Anspruch* auf die Vergütung eines bevollmächtigten Anwalts, Hamm AnwBl **00**, 135 (StPO). Diese Regelung ist in allen Verfahrensverordnungen im Prinzip anwendbar, BVerfG **71**, 24 (für die Verfassungsbeschwerde, freilich nicht für einen Hochschullehrer). Wegen des finanzgerichtlichen Verfahrens FG Bre AnwBl **97**, 124). Eine abweichende Regelung enthält § 13a FGG, Köln MDR **91**, 547. Die ZPO-Regelung ist mit dem GG vereinbar, BVerfG **53**, 213, aM LG Zweibr Rpfleger **83**, 330 (für den Strafprozeß). Sie gilt, soweit nicht eine bloße Bagatelle mit einem klaren Sachverhalt vorliegt.

173 Die Erstattungsfähigkeit besteht mit dieser Einschränkung auch für den Fall einer *außergerichtlichen* Geltendmachung, LG Mannh AnwBl **75**, 68, AG Bielef AnwBl **76**, 50, AG Neunkirchen AnwBl **78**, 185, aM LG Hbg AnwBl **80**, 82 (aber die prozessuale Regelung hat Modellcharakter).

Erstattungsfähig sind auch die *Reisekosten,* wenn der Anwalt nicht am Prozeßort wohnt, dort aber postulationsfähig bzw zugelassen ist, BGH MDR **03**, 1534, Hamm MDR **75**, 762. Erstattungsfähig ist der Aufwand zur Wahrnehmung eines auswärtigen Beweistermins, soweit die persönliche Anwesenheit erforderlich ist, wie meist, § 357 I. Denn das Anwesenheitsrecht gibt zumindest eine prozessuale Obliegenheit. Erstattungsfähig ist auch eine Verkehrsgebühr, soweit der Anwalt als ProzBev seiner Ehefrau eine Unterrichtung eines auswärtigen Kollegen vornimmt, § 1364 BGB. **174**

Wenn *mehrere* Anwälte Partei sind, kann sich jeder Anwalt grundsätzlich selbst vertreten. Jeder kann also seine Kosten erstattet verlangen, es sei denn, er habe einen der anderen Anwälte bevollmächtigt, Düss ZMR **97**, 528, Mü Rpfleger **81**, 71, Stgt JB **98**, 142, aM Karlsr JB **98**, 142, LG Bln JB **98**, 143 (Berufung), ZöHe 13 „Rechtsanwalt" (aber das wäre inkonsequent). Dem steht weder entgegen, daß die getrennt eingereichten Schriftsätze inhaltlich übereinstimmen, noch, daß alle Anwälte im Termin anwesend waren, Ffm AnwBl **81**, 155. Die Kosten eines sog Abschlußschreibens in eigener Sache sind nicht erstattungsfähig, KG MDR **99**, 1409. Wegen einer Verfassungsbeschwerde BVerfG AnwBl **76**, 164. **175**

Die Grenzen der Erstattungsfähigkeit liegen dort, wo *Treu und Glauben* verletzt würden, Einl III 54, Rn 169, Düss ZMR **97**, 528, Hbg MDR **80**, 501, Kblz VersR **85**, 747, großzügiger Mü Rpfleger **81**, 71, strenger KG MDR **85**, 851, LG Bln MDR **89**, 166 (sie stellen darauf ab, ob für die Aufspaltung der Mandate sachliche Gründe vorlagen). Nicht erstattungsfähig sind Anwaltskosten im berufsgerichtlichen Verfahren, BGH AnwBl **04**, 595 (zustm Weidert). **176**

Die *Verkehrsgebühr* ist im übrigen grds nicht erstattungsfähig, Kblz MDR **87**, 852, Rostock MDR **01**, 115, Schlesw JB **86**, 884. Denn der Anwalt hat im allgemeinen die Fähigkeit, selbst einen anderen Anwalt zu unterrichten, Düss Rpfleger **84**, 37, Mü JB **82**, 1035, Schlesw JB **86**, 884. **177**

Das gilt auch dann, wenn der Anwalt als *Partei kraft Amts* einen anderen Anwalt unterrichtet, zB als Testamentsvollstrecker, oder wenn eine solche Tätigkeit ein Insolvenzverwalter vornimmt, BGH BB **05**, 1988, KG Rpfleger **81**, 411, Stgt Rpfleger **83**, 501, aM Karlsr KTS **78**, 260, Stgt JB **76**, 192 (aber auch die Partei kraft Amts hat die Rechte einer Partei). Mit der oben genannten Ausnahme sind auch die Kosten des Verkehrsanwalts der Ehefrau nicht erstattungsfähig, Kblz VersR **86**, 451, Schlesw SchlHA **86**, 144. S auch Rn 236. Der als Insolvenzverwalter tätige Anwalt kann evtl die Kosten eines Sozius vor einem auswärtigen Gericht erstattet fordern, Karlsr Rpfleger **04**, 125 (Vorsicht!). **178**

Die rechnerisch auf die Gebühren und Auslagen entfallende *Umsatzsteuer* ist grds nicht erstattungsfähig, soweit der Anwalt in einer eigenen beruflichen, einer rein privaten Angelegenheit tätig war, BFH **120**, 133, Hbg MDR **99**, 764, Hamm AnwBl **86**, 453, aM Düss MDR **93**, 483, LG Bln Rpfleger **77**, 220 (aber dann ist sie als Vorsteuer abziehbar). **179**

Allerdings ist die durch eine Besteuerung des *Eigenverbrauches* bei einer Vertretung in einer eigenen Angelegenheit ausgelöste Umsatzsteuer erstattungsfähig, sofern der Anwalt überhaupt umsatzsteuerpflichtig ist, Hamm AnwBl **86**, 453, OVG Münst AnwBl **89**, 399. Zum Begriff des Eigenverbrauches Hamm MDR **85**, 683, Schlesw SchlHA **85**, 78, OFD Düss BB **82**, 850. S auch Rn 213. **180**

D. Anwaltsvertreter. Man muß die Erstattungsfähigkeit der Gebühren und Auslagen eines Assessors als Anwaltsvertreter von Fall zu Fall prüfen. Denn (jetzt) § 5 RVG ist unanwendbar, AG Hagen NJW **75**, 940. Wenn es sich um einen Referendar handelt, gelten § 5 RVG, VV 7003 ff. Wegen der Vertretung durch den Bürovorsteher Hartmann Teil X § 5 RVG Rn 10 „Bürovorsteher". **181**

Rechtsbeistand: Die Kosten eines solchen Rechtsbeistands, der auf Grund des RBerG erlaubtermaßen tätig ist, sind selbst dann erstattungsfähig, wenn er nicht als Prozeßagent zugelassen ist. Das ergibt sich aus Art IX KostÄndG, Schönfelder Nr 124. Vgl also zunächst Rn 114, 157, § 157 Rn 7, KG NJW **91**, 1305, Kblz KTS **85**, 122. Die Erstattungsfähigkeit fehlt zB dann, wenn der Rechtsbeistand nicht auftreten darf, Rn 141, oder im Mahnverfahren neben Anwaltskosten, Karlsr Rpfleger **87**, 422. Man muß die Erstattungsfähigkeit jetzt auch der Höhe nach ebenso wie beim Anwalt beurteilen. **182**

Nicht erstattungsfähig sind solche Kosten, die für die Vertretung einer genossenschaftlichen Treuhandstelle aufgewendet wurden, einschließlich der zugehörigen Auslagen.

Rechtsgutachten: Rn 101.
Rechtsschutzversicherung: Sie ändert grds nichts an der Erstattungsfähigkeit, Kblz JB **99**, 420.
Referendar: Rn 84, 157.
Reisekosten: Rn 34, 35, 84, 92, 107, 145, 147, 157, 165, 215, 221, 294.
Rentenberater: Rn 269 „Versorgungsausgleich".
Revision: Rn 80 „Bayerisches Oberstes Landesgericht", Rn 249.
Richterablehnung: Rn 70.
Rückfestsetzung: § 104 Rn 14.
Sachverständiger: Soweit seine Kosten zu den Gerichtskosten zählen, sind sie stets erstattungsfähig. Der Rpfl darf und muß die in der Rechnung des Sachverständigen etwa gesondert aufgeführte Umsatzsteuer in seinem Beschluß nach § 104 ebenfalls gesondert ausweisen, aM LG Karlsr RR **03**, 788 (aber es handelt sich um Auslagen, die das Gericht dem Sachverständigen selbst vergüten mußte). Wegen des Parteigutachtens Rn 83, 101, 277.

S auch Rn 101 „Gutachten", Rn 277 „(-Gutachten)".

Schaden: Er ist erstattungsfähig, soweit ihn ein gerichtlicher Sachverständiger nicht vermeiden kann, Kblz JB **78**, 120. **183**

Er ist *nicht* erstattungsfähig, soweit es sich nicht um Aufwendungen für die Prozeßführung handelt. Das gilt zB für: Einen Zinsverlust; Finanzierungskosten; eine Entwertung; einen entgangenen Gewinn; Verwahrungskosten, Hbg MDR **00**, 331, Kblz MDR **97**, 511, Mü MDR **88**, 869. In diesen Fällen besteht allenfalls ein sachlichrechtlicher Anspruch auf Grund einer unerlaubten Handlung. Wegen der Zwangsvollstreckung § 788 Rn 19.

§ 91

Schiedsgutachten: Seine Kosten zählen meist *nicht* zu den Prozeßkosten, Düss JB **99**, 367, Kblz JB **03**, 210, Mü MDR **77**, 848.

Schiedsrichterliches Verfahren: Seine Kosten richten sich nach § 1057. Seine Kosten passen jedenfalls dann nicht zu § 91, wenn schon ein staatsgerichtliches Verfahren läuft, Köln JB **04**, 662.

184 **Schreibauslagen:** Es gelten, auch wegen der sog Dokumentenpauschale, die folgenden Regeln.

A. Schreibauslagen des Rechtsanwalts. Man muß die Frage, ob und in welchem Umfang der Anwalt vom Auftraggeber den Ersatz von Schreibauslagen usw fordern kann, nach VV 7000 ff abschließend beantworten. Die Erstattungsfähigkeit richtet sich demgegenüber im Verhältnis zwischen dem Auftraggeber und dessen Prozeßgegner nach den Grundsätzen des § 91, BVerfG **65**, 74 (zu § 34 IV BVerfGG), Karlsr MDR **02**, 664, Kblz BB **01**, 752. Dabei ist ein zwar nicht kleinlicher, aber auch nicht zu großzügiger Maßstab geboten, Karlsr MDR **02**, 664, Schlesw JB **85**, 248, LAG Hamm AnwBl **84**, 316, aM Ffm AnwBl **79**, 437, ZöHe 13 „Ablichtungen, Abschriften" (aber es heißt auch hier fallbezogen abzuwägen). Zu großzügig bejaht Ffm AnwBl **85**, 205 allgemein die Erstattungsfähigkeit auch wegen solcher Fotokopien, deren Originale sich beim Prozeßgegner befinden (sollen).

185 Es kommt dabei auf den *Herstellungszeitpunkt* an, Bbg JB **84**, 1358.

186 *Allgemeine Geschäftsunkosten* sind auch hier nicht erstattungsfähig. Die Schreibauslagen sind erstattungsfähig, soweit der Auftraggeber dazu berechtigt war, die Abschrift eines Schriftsatzes oder eines Protokolls usw vom Anwalt zu fordern. Die Herstellungsart ist wegen des klaren Wortlauts von II 1 grds unerheblich, Rn 41 ff. Die Erstattungsfähigkeit *fehlt*, soweit der Anwalt nach dem Vertrag mit dem Auftraggeber ohnehin zur kostenfreien Erteilung einer Ablichtung verpflichtet ist oder eine Ablichtung nach KV 9000 kostenfrei beziehen kann, Mü Rpfleger **83**, 86. Den ersten Durchschlag eines eigenen Schriftsatzes muß der Anwalt auslagenfrei geben. Zusätzlich geforderte Durchschläge braucht er nur gegen ein Entgelt zu liefern. Insofern ist VV 7000 auch hier beachtlich.

Man muß die *Notwendigkeit* einer Ablichtung grundsätzlich unabhängig von VV 7000 prüfen, Rn 42, Drsd **99**, 147, Karlsr MDR **02**, 664, Kblz BB **01**, 752 (je: großzügig), aM jetzt Mü MDR **03**, 1143 (aber die Erstattungsfähigkeit richtet sich nach der ZPO und nicht nach dem RVG).

187 *Beispiele der Erstattungsfähigkeit:* Die Anlage ist nach § 131 erforderlich, Ffm Rpfleger **75**, 31, ZöHe 13 „Ablichtungen, Abschriften", aM Ffm JB **78**, 1342 (aber Kosten zur Erfüllung einer gesetzlichen Pflicht sind immer erstattbar); die Anlage ist nach § 133 erforderlich, Karlsr AnwBl **86**, 547, Kblz JB **91**, 537, LG Mü MDR **91**, 256.

Weitere Beispiele: Es handelt sich um ungewöhnlich viele Streitgenossen, Mü Rpfleger **78**, 152, Schlesw SchlHA **83**, 143; es geht um die Information einer Versicherungsgesellschaft, LG Düss AnwBl **83**, 557; die Kopie ist für den selbständig vertretenen Streitgenossen des Auftraggebers bestimmt, LAG Hamm MDR **88**, 524; die Abschrift oder Kopie kann zur Beschleunigung des Prozesses eher beitragen als das Original, KG Rpfleger **75**, 107; das Original ist unersetzbar, Bbg JB **81**, 1679, LG Ffm AnwBl **82**, 319; das Gericht nimmt in einer Entscheidung auf eine Antragsanlage Bezug, Ffm Rpfleger **75**, 31; die Akten eines Vorprozesses sind schwer erreichbar, Hbg MDR **75**, 935; für das Verhalten der Partei im Prozeß sind Kopien wichtig, Ffm MDR **78**, 498; der ProzBev benötige das Gutachten ständig, LG Bln MDR **82**, 327; es handelt sich um Kopien in einem Arrestverfahren, LG Ffm JB **76**, 471; das Gesamtbild einer Urkunde ist wichtig, Schlesw SchlHA **79**, 43; es handelt sich um die Abschrift eines erstattungsfähigen, eingereichten Privatgutachtens, OVG Lüneb AnwBl **84**, 322; es geht um Urkundenkopien (Doppel für den Prozeßgegner) im Urkunden-, Scheck- oder Wechselprozeß, Kblz BB **89**, 2288; der Vorgänger des ProzBev hatte gegen § 50 I BRAO verstoßen, aM BGH NJW **05**, 2317 (aber die Ablichtung ist gerade deshalb erforderlich).

188 *Beispiele des Fehlens der Erstattungsfähigkeit:* Es handelt sich um die Kopien im Rahmen eines üblichen Geschäftsgangs des Anwalts, BGH NZA-RR **04**, 493, etwa um die Urschrift für das Gericht, um eine Abschrift für die Handakten, den Auftraggeber und den Prozeßgegner, um eine Urteilsabschrift, um eine Protokollabschrift, um eine Abschrift einer Behördenauskunft, Bbg JB **86**, 68; der Anwalt hätte die Urkunde in den Text der Klageschrift usw einarbeiten müssen, § 253 II Z 2, Drsd RR **99**, 147; es geht um die Information eines nicht einmal wirtschaftlich am Prozeß beteiligten Dritten; es handelt sich um zahlreiche, wahllose, bedeutungslose Kopien, LG Essen JMBlNRW **79**, 104; es geht um ganze Akten, soweit ein Auszug gereicht hätte, Ffm MDR **78**, 498, Hbg JB **78**, 1511; es gibt billigere Kopien, Ffm MDR **01**, 773. Reichlich engherzig versagt LAG Hamm MDR **81**, 789 die Erstattung der Kosten von Fotokopien unveröffentlichter Entscheidungen schlechthin. Nicht erstattungsfähig sind aber Fotokopien aus der Fachliteratur, Schlesw SchlHA **82**, 60, LAG Hamm MDR **81**, 789, aM LAG Köln JB **84**, 872 (aber solche Vorlagen kann man in der Bibliothek einsehen).

189 **B. Schreibauslagen der Partei.** Sie sind insoweit erstattungsfähig, als sie notwendig sind, (allgemein) BVerfG **61**, 209, Düss VersR **79**, 870. Das kann zB nach § 169 I der Fall sein, AG Darmst JB **78**, 750, ferner bei einer nicht anwaltlich vertretenen Partei, OVG Hbg Rpfleger **84**, 329. Man muß Schreibauslagen einer Behörde, soweit die Partei behandeln, nicht als solche eines Anwalts, Hamm Rpfleger **82**, 439. Zu Behördenkopierkosten usw Hüttenhofer Rpfleger **87**, 292.

190 **C. Schreibauslagen des Gerichts.** Sie sind nicht erstattungsfähig, soweit es sich um eine Abschrift handelt, die man zum Zweck einer von Amts wegen notwendigen Zustellung angefertigen muß. In einer Schiffahrtssache sollte man großzügig sein.

191 **D. Schreibauslagen des Streithelfers.** Soweit der Prozeßgegner der vom Streithelfer unterstützten Hauptpartei nach § 101 I Hs 1 seine Kosten trägt, sind auch die zB zur Information aus einer Gerichtsakte angefallenen Schreibauslagen des Streithelfers erstattungsfähig, Düss VersR **79**, 870.
S auch Rn 124.

192 **Schutzschrift,** dazu *Deutsch* GRUR **90**, 327 (332), *Hilgard*, Die Schutzschrift im Wettbewerbsrecht, 1986; *May*, Die Schutzschrift im Arrest- und Einstweiligen-Verfügungs-Verfahren, 1983, *Steinmetz*, Der „kleine" Wettbewerbsprozeß, 1993; *Wilke*, Abmahnung und Schutzschrift im gewerblichen Rechtsschutz, 1991:

Titel 5. Prozesskosten **§ 91**

Die Kosten einer trotz der dogmatischen Probleme besonders in Wettbewerbssachen eingebürgerten sog Schutzvorschrift nach Grdz 7 vor § 128, § 920 Rn 3 können unabhängig von der Zulassung oder Postulationsfähigkeit des Anwalts bei diesem Gericht *ab* Entstehung eines *Prozeßrechtsverhältnisses* erstattungsfähig sein, Grdz 5 ff vor § 128, also nicht vorher, BGH NJW **03**, 1257 (zustm Teplitzky LMK **03**, 95), Düss JB **00**, 423, Hbg MDR **02**, 1154, aM Ffm GRUR **96**, 229, KG WettbR **00**, 24 (schon vorher), Köln Rpfleger **95**, 518 (aber solche Großzügigkeit würde alle Grenzen sprengen. Man kann ja technisch etwa beim „fliegenden" Gerichtsstand über § 32 nahezu jedes Gericht mit einer vorprozessualen Schutzschrift überziehen). Wegen des Zusammenfalls von Anhängigkeit und Rechtshängigkeit im Eilverfahren nach § 920 Rn 8 liegt ein Prozeßrechtsverhältnis auch dann vor, wenn der Antragsteller den Eilantrag vor dessen Zustellung an den Antragsgegner zurücknimmt, Mü JB **94**, 632, Stgt WRP **79**, 818.

Die Kosten einer erst nach solcher Zurücknahme und daher erst nach der Beendigung des Prozeßrechtsverhältnisses eingehenden Schutzschrift sind aber *nicht* erstattungsfähig, Köln JB **81**, 1827. Diese Situation liegt auch dann vor, wenn Schutzschrift und Eilantrag zunächst nicht bei demselben Gericht eingehen, Düss JB **00**, 423.

Selbständiges Beweisverfahren, dazu *Hansens* Rpfleger **97**, 363, *Wirges* JB **97**, 567 (je Üb): **193**

A. **Kostengrundentscheidung.** Mangels Vergleichs, § 98, Kblz MDR **98**, 562, gilt:
– **Grundsatz: Keine Entscheidung.** Im selbständigen Beweisverfahren ergeht jedenfalls zunächst grds *keine* Kostengrundentscheidung, BGH FamRZ **04**, 868, Hbg MDR **02**, 1093, KG MDR **02**, 422, aM BGH MDR **83**, 204, Kblz RR **04**, 1006, Mü MDR **01**, 768, LG Lüneb JB **02**, 597 (je: eine Kostengrundentscheidung sei jedenfalls dann notwendig, wenn das Gericht einen Beweisantrag ablehne, wenn der Antrag zurückgenommen werde usw, Mü MDR **01**, 768, LG Hann VersR **01**, 1099; wenn im Beweisverfahren eine Erledigung dieser „Hauptsache" eintrete), KG BauR **02**, 1735 (stets Kostenentscheidung), Mü MDR **01**, 1011, LG Stgt RR **01**, 720 (§ 91 nach Vergleich im selbständigen Beweisverfahren ohne Kosteneinigung). Das gilt sowohl dann, wenn ein zugehöriger Hauptprozeß noch *ungewiß* ist, LG Hbg WoM **01**, 345, als auch dann, wenn er bereits anhängig ist, vgl auch § 494 a (zur Ausnahme, Rn 194). Es kommt auch nicht darauf an, ob das Gericht den Beweisantrag als unzulässig verwirft oder als unbegründet abweist oder aber ob es ihm stattgibt. Es kommt auch nicht darauf an, ob die Beweisaufnahme in einem Gutachten oder in einer Augenscheinseinnahme oder in einer Zeugenvernehmung oder in einer anderen Beweisaufnahmeart besteht und ob es im Beweisverfahren zu einer mündlichen Verhandlung, zur schriftlichen Ergänzung eines Gutachtens, zu einer Ablehnung mit oder ohne Erfolg kommt usw.

Die am Anfang dieser Rn genannten anderen Ansichten *überzeugen nicht*. Natürlich wird das Gericht auch im selbständigen Beweisverfahren nicht kostenlos tätig, soweit nicht Prozeßkostenhilfe bewilligt wurde. Indessen ist der Antragsteller Kostenschuldner gegenüber der Staatskasse nach §§ 22 ff GKG. Er ist auch als Auftraggeber seinem Anwalt gegenüber zahlungspflichtig. Er wird bei unberechtigter Inanspruchnahme auch wegen seiner außergerichtlichen Kosten keineswegs rechtlos, Üb 66 vor § 91 „Selbständiges Beweisverfahren". Der Antragsgegner ist dem eigenen Anwalt gegenüber ebenso als Auftraggeber zahlungspflichtig. Für die Auslagen des Gerichts zB wegen eines Sachverständigen haftet der Antragsschuldner mit. Aus allen diesen Gründen wäre eine Kostengrundentscheidung im Beweisverfahren allenfalls als Grundlage eines prozessualen Kostenerstattungsanspruchs sinnvoll. Indessen ist das Beweisverfahren in seiner gegenwärtigen Ausprägung weder ein Rechtsstreit, Köln VersR **92**, 639, noch ein ihm ähnliches Eilverfahren, etwa demjenigen nach §§ 916 ff vergleichbar.

Es handelt sich vielmehr um ein *selbständiges* gerichtliches Verfahren. Seine Ergebnisse können zwar unter Umständen in einem gleichzeitigen oder nachfolgenden Hauptprozeß erhebliche Bedeutung haben. Es begründet aber nicht ein Prozeßrechtsverhältnis gegenüber dem etwaigen Prozeßgegner des Antragstellers, zumindest nicht im engeren Sinn nach Grdz 4 vor § 128, Köln VersR **92**, 639. Ohne Prozeßrechtsverhältnis keine Prozeßkosten und keine zugehörige Kostengrundentscheidung.

Daher ist derjenige, der die im Beweisverfahren entstandenen Kosten ersetzt haben möchte, für den Fall eines gleichzeitigen oder nachträglichen Hauptprozesses auf ihre Geltendmachung als *Prozeßkosten* im dortigen Verfahren angewiesen, weil sie dort anerkannt werden können. Andernfalls muß er einen etwaigen sachrechtlichen Ersatzanspruch notfalls gesondert einklagen, Üb 66 vor § 91, unklar BGH NJW **83**, 284, aM Düss MDR **97**, 886 (aber dieser Weg bleibt stets offen. Ob er Erfolg haben kann, ist natürlich eine andere Frage). Natürlich ist eine etwa doch im Beweisverfahren ergangene Kostengrundentscheidung bis zu ihrer Aufhebung usw ein Festsetzungstitel nach §§ 103 ff, LG Bln JB **86**, 440, aM Karlsr JB **00**, 590 (aber die nun einmal ergangene Kostengrundentscheidung ist bis zur Aufhebung wirksam, Üb 20 vor § 300). Zu den Kostenfolgen einer Nebenintervention im selbständigen Beweisverfahren Kießling NJW **01**, 3668 (ausf). Das gilt allerdings nur, sofern man eine Nebenintervention in diesem Verfahren für zulässig hält, aM dazu Üb 3 vor § 64.

– **Ausnahme: Kostenentscheidung nach § 494 a II 1.** Diese bloße Ausnahme ist als solche gerade **194** nicht ausdehnend auslegbar, aM Celle MDR **93**, 914, Ffm MDR **98**, 128, Karlsr MDR **91**, 993 (aber eine bloße Ausnahme ist immer nur eng auslegbar).

B. **Kostenerstattung.** Im selbständigen Beweisverfahren ohne einen gleichzeitigen Hauptprozeß (sog **195** isoliertes Beweisverfahren) erfolgt mangels Kostengrundentscheidung grds auch keine Kostenerstattung, Rn 193, Düss RR **97**, 1312, Mü Rpfleger **00**, 425 rechts, AG Dortm WoM **90**, 339, aM BGH Rpfleger **04**, 588 (ohne Erwähnung oder gar Erörterung der vorstehenden Ansichten). Der als Kostenschuldner nach § 22 GKG haftende Antragsteller mag einen sachrechtlichen Ersatzanspruch haben, Rn 193, Üb 66 vor § 91. Soweit es gleichzeitig mit einem oder im Anschluß an ein Beweisverfahren zu einem anerkannten Hauptprozessen kommt (und nicht nur zum Eilverfahren nach §§ 916 ff, Mü MDR **98**, 1183, aM Kblz JB **95**, 482), die sich auch nur teilweise auf die Fragen erstrecken, die Gegenstand der Beweisaufnahme waren oder sein sollten, können die Kosten der Beweisaufnahme zu den Kosten des oder der Hauptprozesse zählen, BGH FamRZ **04**, 868, LG Saarbr JB **01**, 532, AG Neust/Rbbg RR **03**, 790. Sie können dann auch nach § 96 zu behandeln sein, AG Bielef RR **00**, 1240. Das gilt mit Ausnahme derjenigen Kosten,

Hartmann 321

§ 91 Buch 1. Abschnitt 2. Parteien

über die eine rechtskräftige Entscheidung nach § 494a II 1 ergangen ist, § 494a Rn 11 ff, 19. Die Kosten des Beweisverfahrens können insofern wie sonst erstattungsfähig sein, BGH **132**, 104. Das gilt grds unabhängig davon, ob die Ergebnisse der Beweisaufnahme im Hauptverfahren mitverwertet werden konnten, mitverwertet worden sind oder auf das Ergebnis des Hauptprozesses Einfluß hatten, BGH NJW **83**, 284, KG JB **97**, 320, Nürnb JB **94**, 104, aM Kblz VersR **84**, 1175, Schlesw JB **95**, 36 (aber auch sonstige Beweiskosten zählen grds unabhängig vom Ausgang der Beweisaufnahme zu den Prozeßkosten).

196 Freilich muß zwischen den *Parteien* des Beweisverfahrens (Antragsteller und „Antragsgegner") einerseits und den Parteien des oder der Hauptprozesse *Nämlichkeit* bestehen, BGH NJW **03**, 1323, Hbg MDR **99**, 766, Mü MDR **00**, 603, aM KG MDR **02**, 1453, Schlesw AnwBl **95**, 270 (aber ohne Nämlichkeit verschwimmen die Grenzen des Prozeßrechtsverhältnisses). Auch der Streithelfer ist dabei Partei, KG RR **03**, 133. Eine Streitverkündung oder der Hinzutritt eines weiteren Antragsgegners sind dann unschädlich, Mü MDR **00**, 603. Eine Teilnämlichkeit reicht nicht, Hbg JB **94**, 105, Kblz MDR **00**, 669, aM Bbg MDR **00**, 731, Schlesw AnwBl **95**, 270, Zweibr MDR **02**, 476 (aber wo lägen hier die Grenzen in Wahrheit? Bei jeder geringsten „Mitverwendbarkeit"?).

197 Ferner muß zwischen dem *Streitgegenstand* des selbständigen Beweisverfahrens nach § 2 Rn 3 und demjenigen des Hauptprozesses ebenfalls *Nämlichkeit* vorliegen, BGH NJW **03**, 1323, Mü MDR **00**, 726, LG Saarbr JB **01**, 532, aM BGH NJW **05**, 294, Kblz MDR **00**, 669, Stgt MDR **05**, 358 (je: Teilnämlichkeit: anteilig. Das mag zunächst als prozeßwirtschaftlich erscheinen. Aber es sprengt die systematisch vorrangigen Grenzen desselben Prozeßrechtsverhältnisses, Rn 196).

198 Ferner muß das Gericht über den Gegenstand des selbständigen Beweisverfahrens überhaupt *mitentschieden* haben, BGH NJW **03**, 1323, Hbg MDR **89**, 362, Mü MDR **00**, 726 (evtl nicht nach Klagänderung), aM Düss JB **04**, 534. Ob ein Versäumnisurteil die erforderliche Sachentscheidung enthält, muß man notfalls anhand der Klagebegründung prüfen, § 322, Rn 8, KG Rpfleger **82**, 195. Die Abweisung eines Hilfsanspruchs als unschlüssig ist eine der Rechtskraft fähige Sachentscheidung. Das übersieht wohl Hbg JB **90**, 1470. Bei einer Klagerücknahme umfaßt der ja nur klarstellende Ausspruch nach § 269 III 2, IV die Kosten des vor der Anhängigkeit der Hauptsache stattgefundenen selbständigen Beweisverfahrens nicht, Mü MDR **98**, 307, aM Celle JB **84**, 1581, Ffm RR **04**, 71 (aber Intersssenauslegung scheitert bei klarem Wortlaut und Sinn, Einl III 39).

199 Soweit überhaupt eine Erstattungsfähigkeit in Betracht kommt, etwa wegen gesetzwidrig ergangener isolierter Kostenentscheidung nach Rn 195, muß man die Kosten des selbständigen Beweisverfahrens mit Ausnahme der nach § 494a II 1 vorab ausgeurteilten als *außergerichtliche* Kosten des Hauptprozesses betrachten, nicht also als Gerichtskosten. Das gilt unabhängig von § 493. Denn diese Vorschrift bewertet ja nur die Beweisaufnahme als eine solche des Hauptprozesses, nicht auch die Kosten des selbständigen Beweisverfahrens, als solche des Gerichts, Hamm JB **00**, 257, Kblz MDR **04**, 840, Mü MDR **99**, 893, aM BGH Rpfleger **04**, 588 und NJW **05**, 294 (ohne Erwähnung oder gar Erörterung der vorstehenden Ansichten), Kblz MDR **03**, 718, Mü MDR **99**, 637 (es handle sich stets um Gerichtskosten. Davon spricht aber § 493 nicht mit. Entgegen BGH ist die Selbständigkeit des Verfahrens nach §§ 485 ff gerade stärker geworden als früher. Auch sprachlich bleibt BGH irreführend: „Wortsinn" = Wortlaut oder Sinn oder beides? KV 1610 fordert keineswegs die Behandlung als Teil der Gerichtskosten eines ohnehin nur evtl folgenden Hauptprozesses. Über dessen Gerichtskosten befindet erst *dessen* Kostenentscheidung).

200 Aus der Zugehörigkeit der Kosten zu den außergerichtlichen Kosten des Hauptprozesses folgt: Soweit das Gericht die Kosten des nachfolgenden Hauptprozesses *gegeneinander aufhebt*, hat keine Partei einen Erstattungsanspruch, § 92 I 2. Denn sie sind außergerichtliche Kosten, Rn 199. Dasselbe gilt, soweit die Parteien in einem Prozeßvergleich bei der Vereinbarung der Kostenaufhebung gegeneinander die Kosten des selbständigen Beweisverfahrens ausgeklammert haben, Kblz MDR **03**, 356.

201 Soweit es um *mehrere* gleichzeitige oder nachfolgende Hauptprozesse geht, muß man die Kosten des selbständigen Beweisverfahrens im Verhältnis der Streitwerte auf diese Prozesse verteilen, Hbg JB **83**, 1257, Mü MDR **89**, 548, Stgt BauR **00**, 136, aM Mü MDR **89**, 548 (das Streitwertverhältnis sei nur bei überschießendem Wert des Beweisverfahrens maßgeblich. Aber die erstere Lösung ist einfacher und deshalb prozeßwirtschaftlicher, Grdz 14 vor § 128).

202 Wenn der Wert des selbständigen Beweisverfahrens nach Anh § 3 Rn 102 den Wert des nachfolgenden Prozesses *übersteigt*, dann muß man eine Verteilung und Quotelung vornehmen, Celle Rpfleger **97**, 452, Mü Rpfleger **89**, 302, LG Stgt JB **97**, 532. Das gilt auch bei wertunabhängigen Kosten, aM LG Landau Rpfleger **90**, 386 (aber auch sie erfordern eine gerechte Aufteilung). Entsprechendes kann gelten, wenn es nur gegen einzelne Gegner des zunächst ohne einen Hauptprozeß stattgefundenen selbständigen Beweisverfahrens zum Prozeß kommt, Hbg MDR **86**, 592, Kblz JB **90**, 1010 (kein Schematismus), LG Tüb MDR **98**, 499. Die Kosten des selbständigen Beweisverfahrens im Hauptprozeß zur Aufrechnung gestellte Forderung sind nur insoweit erstattungsfähig, als das Gericht über die Aufrechnung mit einer Rechtskraftwirkung entschieden hat, Mü Rpfleger **82**, 196. Der Aufrechnungsbetrag wirkt nicht wertmindernd, Mü MDR **99**, 1347.

203 Erstattungsfähig sind auch die Kosten eines selbständigen Beweisverfahrens des Erstgläubigers im Prozeß des *Abtretungsnehmers* mit dem Schuldner jedenfalls auch unter dem Gesichtspunkt von Vorbereitungskosten, Rn 271 „Abtretung". Daher sind auch die Kosten eines zurückgewiesenen Antrags auf die Durchführung eines selbständigen Beweisverfahrens Kosten des Rechtsstreits. Das gilt jedenfalls insoweit, als man später zu dem Ergebnis kommen muß, daß ein selbständiges Beweisverfahren zweckmäßig gewesen wäre, aM Schlesw SchlHA **75**, 88 (solche Kosten seien dann nicht erstattungsfähig. Aber die erstere Lösung ist prozeßwirtschaftlicher, Grdz 14 vor § 128).

In jedem Fall muß man wie sonst bei § 91 prüfen, ob die Kosten *„notwendig"* waren. Das hängt davon ab, ob sie also im Zeitpunkt ihrer Entstehung im selbständigen Beweisverfahren rückwirkend betrachtet nicht nur sinnvoll, sondern geradezu erforderlich waren, Hamm Rpfleger **87**, 385, Kblz VersR **90**, 1255, LG Aachen RR **92**, 472. Allerdings findet im Kostenfestsetzungsverfahren nur noch eine Prüfung darauf statt, ob die Kosten des selbständigen Beweisverfahrens auch im einzelnen (und nicht das ganze Verfahren

Titel 5. Prozesskosten **§ 91**

überhaupt) notwendig waren. Für die Notwendigkeit ist es wiederum unerheblich, ob das Gericht die Ergebnisse des selbständigen Beweisverfahrens auch im Hauptprozeß benutzt hat.
Sicherheitsleistung: Erstattungsfähig sind: Die Kosten für eine Sicherheitsleistung nach § 110; die Kosten **204** der Rücknahme der Sicherheitsleistung; die Kosten einer Bankbürgschaft, BGH NJW 86, 2438, Düss JB 01, 210 (bei § 767), Nürnb JB 90, 1473.
  S auch Rn 285, § 788 Rn 38.
Sondervergütung: Rn 107 „Honorarvereinbarung".
Sozietät: Rn 132.
Spezialrecht: Rn 251, 252.
Standesrecht: Ein Verstoß kann nur dann zur *Beeinträchtigung* der Erstattungsfähigkeit führen, wenn dadurch vermeidbare, nicht „notwendige" Kosten entstanden sind, Hbg JB 80, 720, LG Bonn Rpfleger 90, 436, strenger Stgt JB 99, 314 (bei § 46 I BRAO), LG Bonn AnwBl 84, 102 (Niederlegung des Auftrags).
Steuerberater: Man kann die Erstattungsfähigkeit seiner Kosten nur nach den Gesamtumständen des **205** Einzelfalls unter Anwendung von §§ 612 II, 632 II BGB beurteilen, Hamm JB 02, 648. Sie kann zB bei schwierigen steuerrechtlichen Fragen vorliegen, Karlsr RR 02, 499. Die StBGebV ist mitverwertbar, Hamm JB 02, 648. Sie ist aber nicht bindend. Die Erstattungsfähigkeit kann nicht über die gesetzliche Vergütung eines Anwalts nach dem RVG hinausgehen. Sie entsteht nicht schon wegen Einkommensermittlung der Partei, Ffm JB 88, 360. Vgl ferner Mü Rpfleger 77, 327, für die Zwangsvollstreckung § 788 Rn 43 „Steuerberater", für das finanzgerichtliche Verfahren § 139 III 1 FGO und FG Hbg EFG 85, 84.
Streitgenossen: Rn 132, 253, 254, § 100 Rn 56 ff. **206**
Streithelfer: Rn 132, 253, 254, § 100 Rn 56 ff.
Streitverkündung: Ihre Kosten sind *nicht* erstattungsfähig. Denn die Streitverkündung wahrt nur die Interessen gegenüber einem Dritten und nicht gegenüber dem Prozeßgegner, Ffm AnwR 80, 258, Mü MDR 89, 548, aM Düss VersR 78, 64 (aber eine Streitverkündung ist ohnehin niemals zwingend). Ausnahmen gelten bei §§ 75, 841. Wenn der Verkündungsgegner dem Rechtsstreit beitritt, gilt für ihn § 101 I und II. § 269 III 2 gilt keineswegs entsprechend, Köln RR 02, 1726.
Streitwert: Bei seiner Festsetzung entstehen keine Gerichtsgebühren, § 68 III 1 GKG. Es findet keine **207** Kostenerstattung statt, § 68 III 2 GKG. Bei einer Schätzung muß entweder die veranlassende Partei die Kosten tragen, § 64 S 2 GKG, oder die Staatskasse, § 1 GKG.
Stufenklage: Vgl Üb 37 vor § 91, § 254 Rn 20, Mü MDR 88, 782. Unterliegt der Kläger also in der letzten Stufe, so muß er grds (vgl aber auch § 93 d) die Kosten des gesamten Rechtsstreits tragen, Hamm RR 91, 1407. Erkennt der Bekl den Anspruch der ersten Stufe zB durch Gutachtenvorlage an und siegt er in der letzten Stufe, so kann er die Gutachterkosten *nicht* auf Grund des Kostentitels zur letzten Stufe erstattet fordern, Kblz JB 90, 1473, Mü Rpfleger 97, 453. Im übrigen muß das Gericht grds in jeder Stufe über die zugehörigen Kosten entscheiden, aM Ffm RR 98, 1536 (aber man kann nicht sicher sein, daß man noch Gelegenheit zu einer Kostengrundentscheidung in einer der nächsten Stufen haben wird). Auskunftskosten können erstattbar sein, Kblz JB 97, 430.
Syndikus: Rn 204 „Standesrecht".
Teilklagen: Rn 139, 140. **208**
Telekommunikationskosten: Rn 86 „Datenbank", Rn 96 „Fernsprechkosten".
Terminswahrnehmung: Die Reisekosten zwecks Wahrnehmung eines Verhandlungstermins sind grds **209** erstattungsfähig, BVerfG 36, 308, Stgt JB 92, 471, VGH Mü BayVBl 76, 317. Erstattungsfähig sind bei der gebotenen großzügigen Betrachtung auch die Parteikosten im Anwaltsprozeß bzw bei anwaltlicher Vertretung, Rn 92, Hamm Rpfleger 92, 83, Kblz AnwBl 96, 412, Köln VersR 93, 75, aM Mü GRUR 84, 162, LG Lpz JB 97, 427 (aber die persönliche Anwesenheit der Partei ist jedenfalls im Prinzip meist auch dann sinnvoll, wenn das Gericht ihr Erscheinen nicht angeordnet hat). Die Terminswahrnehmung kann für die Partei sogar vor dem Revisionsgericht geboten sein, wenn es zB einen Vergleich angeregt hat. Auch die Kosten der Wahrnehmung eines bloßen Verkündungstermins sind grds erstattungsfähig. Denn in einem solchen Termin kann das Gericht zB eine Entscheidung verkünden, die eine Frist beispw durch die Verkündung in Lauf setzt. Die Partei muß imstande sein, den Fristbeginn unverzüglich zu erfahren, § 218 Rn 2. Das übersehen ThP 16. Erstattungsfähig sind Fahrtkosten zu einem nur wenige Stunden vorher infolge gegnerischer Antragsrücknahme aufgehobenen Termin, Naumb FamRZ 01, 844, aM Schlesw RR 04, 1008 (viel zu streng). Es können sogar die Kosten der Hinzuziehung eines sachkundigen Dritten erstattungsfähig sein, KG MDR 85, 414, strenger Hbg MDR 01, 1349.
  Der reine *Zeitverlust* ist aber grds *nicht* erstattungsfähig, Karlsr VersR 85, 1095, Kblz VersR 03, 1593, aM Brdb FamRZ 99, 1219, Düss MDR 97, 1070 (Urlaub), Hbg JB 91, 1089 (Handelsgesellschaft), Stgt MDR 90, 636 (Behörde. Aber das alles gehört zu entsprechenden Allgemeinkosten der Betriebsführung). Die Partei darf auch nicht die Mehrkosten ihrer betriebsinternen Zentralorganisation auf den Erstattungspflichtigen mitabwälzen, Ffm JB 85, 1884, LG Landau Rpfleger 92, 269, LG Schweinf JB 94, 685.
  S auch Rn 83, 92, 96, 258, 294.
Testkauf: Rn 289.
Trennung: Rn 140.
Treuhandstelle: Ihre Kosten sind *nicht* erstattungsfähig.
Übernachtungskosten: Sie können bei über 10 Stunden Hin- und Herfahrt erstattungsfähig sein, Drsd RR 98, 1292, ebenso dann, wenn man sonst zu früh losreisen müßte, Ffm AnwBl 01, 126.
Übersetzungskosten: Auch hier gilt der Grundsatz, daß man die Kosten möglichst niedrig halten muß, **210** Rn 29, BVerfG NJW 90, 3073. Sie sind in diesem Rahmen grds erstattungsfähig, BVerfG NJW 90, 3072, Köln JB 02, 591. Das gilt auch für den Schriftwechsel der Partei mit ihrem Anwalt, wenn er die Sprache der Partei nicht beherrscht, und umgekehrt, BPatG GRUR 92, 689, Düss AnwBl 83, 560, Hbg Rpfleger 96, 370, aM Düss Rpfleger 83, 367 (aber Verstehbarkeit ist die erste Voraussetzung der stets erlaubten und erstattbaren Information). Das gilt jedenfalls, soweit die Übersetzung zur Rechtsverfolgung erforderlich ist. Das letztere muß man vernünftigerweise regelmäßig bejahen.

Hartmann

§ 91
Buch 1. Abschnitt 2. Parteien

211   *Dolmetscherkosten* sind ausnahmsweise *evtl nicht* erstattungsfähig, wenn es um einen einfachen Sachverhalt geht, wenn die schriftliche Übersetzung für das Vorgehen der Parteien ohne Bedeutung ist und wenn ihre Kosten außer Verhältnis zur Klagforderung stehen, BVerfG NJW **90**, 3072.

212   Bei einem *sprachkundigen Anwalt* genügt unter Umständen eine mündliche Information und ist ein Verhandlungsdolmetscher meist entbehrlich, Köln JB **02**, 591. Bei einer schriftlichen Übersetzung kommt es also darauf an, ob gerade die Schriftform notwendig ist. Die Kosten der Übersetzertätigkeit des Anwalts sind insoweit erstattungsfähig, als er eine Urkunde, ein Urteil usw genau übersetzen muß. Denn insofern liegt nicht eine typische Anwaltstätigkeit vor, BPatG GRUR **92**, 689, Stgt Rpfleger **81**, 834, OVG Münst AnwBl **91**, 593.

S auch Rn 224 „Ausländischer Verkehrsanwalt".

213   **Umsatzsteuer** (Mehrwertsteuer): Sie ist nur insoweit erstattungsfähig, als die Partei gerade die in diesem Fall entstandene Umsatzsteuer zweifelsfrei *nicht* als *Vorsteuer* abziehen kann, Düss AnwBl **93**, 42, LG Münst MDR **98**, 929, aM Bre JB **93**, 286 (aber das UStG ist eindeutig und verbindlich, Einl III 39). Ein bloßer Ansatz reicht als solche Anwaltserklärung nicht, Düss JB **00**, 478, KG MDR **95**, 320, großzügiger Hbg MDR **00**, 1396, Hamm OLGR **97**, 116, Nürnb MDR **02**, 1396. Das alles gilt auch bei einer im vorstehenden Fall vom Rechtsanwalt oder Patentanwalt berechneten Mehrwertsteuer, § 104 II 3, BVerfG NJW **96**, 383 (es meint, der Gesetzgeber habe inzwischen gegen den BFH entschieden. Das Gegenteil ist der Fall), BGH NJW **03**, 1534, Düss JB **02**, 590, Kblz MDR **97**, 889. Eine Ausnahme gilt in eigener Anwaltssache, BGH GRUR **05**, 272, BFH **120**, 333, Mü MDR **03**, 177, aM LG Bln Rpfleger **77**, 220.

Die Erstattungspflicht kann auch dann bestehen, wenn der Erstattungspflichtige als *Ausländer* nicht umsatzsteuerpflichtig ist, Ffm Rpfleger **84**, 116. Eine ausländische Partei, die ein Unternehmer ist und ihren Sitz im Ausland hat, kann zu dem Kostenanspruch ihres inländischen Anwalts infolge seiner Tätigkeit als ProzBev oder Verkehrsanwalt vor einem inländischen Gericht grds nicht die Erstattung von Umsatzsteuer fordern, Ffm DB **83**, 43, Kblz JB **91**, 246, LG Ffm AnwBl **86**, 406. Eine Ausnahme kann gelten, wenn die Partei im EU-Ausland wohnt und nicht als Unternehmer auftritt, Düss RR **93**, 704, Zweibr Rpfleger **99**, 41. Der unterliegende Ausländer muß diejenige Umsatzsteuer erstatten, die der siegende Inländer seinem ProzBev schuldet, Kblz NJW **92**, 641. Zum gesonderten Ausweis der Umsatzsteuer gegenüber dem ausländischen Auftraggeber Hansch AnwBl **87**, 527 (Üb).

214   Maßgebend ist der Steuersatz bei *Fälligkeit* der Vergütung, Düss MDR **83**, 142, Kblz JB **99**, 304, Henke AnwBl **98**, 206 aM Düss JB **93**, 289, FG Saarbr EFG **84**, 253, Meyer MDR **93**, 10 (Zeitpunkt der Leistungsausführung). Umsatzsteuer entfällt nicht auf Zinsen, EuGH NJW **83**, 505, Ffm MDR **83**, 225, Schneider DGVZ **83**, 113. Sie entfällt natürlich auch nicht auf kraft Gesetzes umsatzsteuerfreie Leistungen, etwa auf die unmittelbar dem Postwesen dienenden Umsätze der Deutschen Post AG, § 4 Z 11 b UStG, oder auf Grund eines Versicherungsverhältnisses, Düss MDR **92**, 307, oder bei einer Leistung an einen Ausländer mit Wohnsitz außerhalb der EU, Karlsr AnwBl **93**, 42, unklar Schlesw AnwBl **95**, 152 (auch bei Auftragserteilung durch eine deutsche Vermögensverwaltungsgesellschaft?).

Bei unterliegenden *Streitgenossen,* von denen nur einer zum Abzug von Vorsteuer berechtigt ist, kann der Sieger wegen ihrer gesamtschuldnerischen Haftung nach seinem Belieben auch den nicht zum Abzug Berechtigten in Anspruch nehmen und insoweit die Umsatzsteuer erstattet fordern, Hamm Rpfleger **92**, 220, LG Aachen Rpfleger **94**, 127, aM Bbg JB **93**, 89, Schlesw JB **97**, 644, Stgt Rpfleger **96**, 82 (aber man muß aus dem Wahlrecht des § 421 S 1 BGB dann auch hier die Konsequenzen ziehen). Nur der betroffene siegende Streitgenosse kann Erstattung fordern, Düss JB **93**, 355, LG Bln JB **97**, 428, aM KG JB **98**, 197 (aber der nicht Mitbetroffene hat gar keinen Kostennachteil). Bei einer Abtretung ist der neue Gläubiger maßgeblich, Schlesw JB **97**, 202.

S auch Rn 170 ff.

215   **Unterbevollmächtigter:** Rn 220 ff „Verkehrsanwalt".

Unterrichtung (Information): Es kommt auf die Person als Unterrichteten an.

A. Unterrichtung des Gerichts. Die Kosten sind ausnahmsweise in einem Patentverletzungsstreit erstattungsfähig, Düss GRUR **79**, 191.

216   **B. Unterrichtung des Prozeßbevollmächtigten.** In aller Regel darf eine Partei wenigstens *eine* Unterrichtungsreise in jeder Instanz zu ihrem ProzBev unternehmen, Bbg JB **93**, 98, Brdb NJW **99**, 1268 (evtl auch zwei Reisen), VGH Mannh JB **90**, 1002 (nur diese eine). Das gilt auch dann, wenn die Partei ein Handelsunternehmen ist, Hamm MDR **85**, 59, Stgt AnwBl **83**, 191. Die Informationsreise ist insbesondere zur Besprechung eines nicht ganz einfachen Vergleichsvorschlags oder zur Wahrnehmung eines wichtigen Beweistermins erlaubt, an dem anschließend verhandelt werden soll und an dessen Ende ein Urteil möglich ist. Es ist grds unerheblich, ob die Informationskosten im rechten Verhältnis zum Streitwert stehen. Es kommt vielmehr darauf an, wie wichtig die Information des ProzBev für die Partei ist, Bbg JB **93**, 98, Hamm RR **97**, 768 (Auslandsreise), und ob eine schriftliche oder telefonische Information reicht, Brdb NJW **99**, 1268. Die Rechtsprechung legt oft ein zu hohes Gewicht auf die Bildung und Gewandtheit der Partei, Kblz Rpfleger **75**, 100. Auch ein Rechtskundiger urteilt in eigener Sache meist schlecht. Unter Umständen sind mehrere Informationsreisen erstattungsfähig, LG Freibg AnwBl **94**, 151.

In der *Berufungsinstanz* ist die Prozeßgebühr erstattungsfähig, selbst wenn die Unterrichtung vor der Anberaumung eines Verhandlungstermins stattfindet. In der Revisionsinstanz sind die Informationskosten des ProzBev nur ausnahmsweise erstattungsfähig. Bei einer ganz einfachen Sachlage kann die Erstattungsfähigkeit überhaupt *fehlen,* Kblz JB **77**, 66, Schlesw SchlHA **80**, 218.

S auch Rn 92, 242.

217   **C. Unterrichtung des Versicherers.** Die Kosten der Unterrichtung des Pflichtversicherers können erstattungsfähig sein, diejenigen eines anderen Haftpflichtversicherers meist *nicht,* Stgt Rpfleger **82**, 233, aM Düss AnwBl **80**, 78.

S auch Rn 269.

Titel 5. Prozesskosten **§ 91**

Untervertreter: Rn 83, 158. 218
Urteil: Die Kosten der zusätzlichen Ausfertigung und Zustellung sind erstattungsfähig. Eine Festsetzung ist unnötig, § 788.
Verbandsvertreter: Unabhängig davon, ob er zur Prozeßvertretung eines Mitglieds befugt ist, ist jedenfalls 219 die BRAGO/das RVG auf ihn als Nichtanwalt unanwendbar, soweit es um die Erstattungsfähigkeit seiner Kosten geht, LAG Hamm DB **94**, 336.
Verbindung: Rn 139.
Verdienstausfall: Rn 294.
Vergabenachprüfung: Auch hier kann die Hinzuziehung eines Anwalts notwendig sein, Naumb JB **05**, 89.
Vergleich: Vgl § 98. S auch Rn 261.
Verjährung: Der prozessuale Kostenerstattungsanspruch verjährt nach 3 Jahren, § 195 BGB, der rechtskräftig festgestellte nach 30 Jahren, § 197 I Z 3 BGB.
Verkehrsanwalt: Es gelten die folgenden Regeln (nur wenige Nachweise zum Recht seit 1. 8. 02 veröffent- 220 licht).

    A. Allgemeines: Ein Anwalt kann mangels Auftrags nicht sein eigener Verkehrsanwalt sein, Rostock JB **01**, 194. Hierher gehören auch nicht die Kosten eines Dritten, Hbg JB **93**, 157. Nicht nach II 1 richtet sich die Erstattungsfähigkeit der Kosten desjenigen Anwalts, der am Wohnsitz des Auftraggebers oder in dessen nächster Nähe residiert, nicht beim Prozeßgericht zugelassen oder postulationsfähig ist und deshalb „nur" den Verkehr mit dem ProzBev führt, (jetzt) VV 3400, Düss RR **97**, 190. Denn II 1 regelt die Kosten desjenigen Anwalts, der die Partei vor dem Prozeßgericht vertritt. Die Erstattungsfähigkeit richtet sich vielmehr nach I. Es kommt also darauf an, ob die Kosten des Verkehrsanwalts zu einer zwecksprechenden Rechtsverfolgung oder Rechtsverteidigung notwendig sind. In diesem Zusammenhang muß man die allgemeine Pflicht jeder Partei beachten, die Kosten im Rahmen des Verständigen möglichst niedrig zu halten, Rn 29. Man muß sämtliche Umstände des Einzelfalls beachten, BGH BB **05**, 294, Düss Rpfleger **91**, 522, Kblz Rpfleger **03**, 148, Mü MDR **93**, 1130, aM ThP 27 (grds keine Erstattungsfähigkeit. Das ist zu streng).

    Die Gerichte stellen darauf ab, ob man es der Partei zumuten kann, den auswärtigen ProzBev *persönlich zu unterrichten,* Brdb FamRZ **02**, 254, Düss AnwBl **93**, 39 und 40, Hamm AnwBl **00**, 323. In diesem Zusammenhang prüfen die Gerichte sowohl das Alter, den Gesundheitszustand und die Persönlichkeit der Partei sowie Art und Größe ihres Unternehmens als auch die Art, Schwierigkeit und den Umfang des Prozeßstoffes, Düss OLGR **95**, 76, Hbg JB **02**, 319. Nicht jedes Unternehmen muß eine Rechtsabteilung haben, BGH VersR **05**, 1305. Eine gebildete Partei ist zu einer schriftlichen Unterrichtung des ProzBev eher in der Lage als eine ungebildete, Ffm AnwBl **85**, 211, Kblz JB **78**, 1068, LG Münst JB **02**, 372, aM LG Mü AnwBl **84**, 619 (aber im allgemeinen fördert Bildung die Ausdrucksfähigkeit auch in Schriftform. Es kommt natürlich nicht darauf an, was man unter Bildung verstehen will). Das gilt erst recht für eine von einem Volljuristen vertretene Partei, Kblz VersR **83**, 644. Soweit eine schriftliche oder mündliche Unterrichtung ausreicht, sind die Kosten des Verkehrsanwalt *nicht* erstattungsfähig.

    Unabhängig davon, ob eine schriftliche Information des ProzBev möglich wäre, hat eine Partei aber grds ein schutzwürdiges Interesse daran, den ProzBev *persönlich kennenzulernen,* Ffm AnwBl **85**, 211, Schlesw SchlHA **82**, 158, LG Kblz AnwBl **82**, 24. Deshalb sind die Reisekosten des Verkehrsanwalts bis zur Höhe von ersparten Reisekosten der Partei zum ProzBev grds erstattungsfähig, Hamm AnwBl **93**, 532, Kblz MDR **93**, 484, Stgt FamRZ **03**, 1401, aM Kblz JB **91**, 1519, Köln JB **93**, 682, Mü MDR **93**, 1130 (ein Alltagsfall. Aber gerade dann kann es sinnvoll sein, seinen Anwalt über Routine hinaus im Gespräch zu interessieren). Der Rpfl muß die ersparten Reisekosten von Amts wegen ermitteln, Hamm AnwBl **83**, 559. Die Partei kann neben Verkehrsanwaltskosten grds keine eigenen Reisekosten zur Information des ProzBev erstattet fordern, Mü MDR **87**, 333. Mehrkosten wegen eines auswärtigen Verkehrsanwalts sind grds *nicht* erstattungsfähig, Ffm Rpfleger **88**, 512. Die Kosten eines Verkehrsanwalts, den die Partei einschaltet, obwohl er an demselben Ort residiert wie der ProzBev, sind *nicht* erstattungsfähig, Düss MDR **76**, 406. Man sollte die Erstattungsfähigkeit weder zu streng noch zu großzügig beurteilen.

    B. Einzelfragen. Im Rahmen der grundsätzlichen Regeln Rn 220 läßt sich die Erstattungsfähigkeit 221 im einzelnen etwa wie folgt beurteilen.

– (**Abschreibungsgesellschaft**): Die Einschaltung eines Verkehrsanwalts, der zentral die Stoffsammlung und rechtliche Aufarbeitung usw beim Anspruch auf rückständige Einlagen vornahm, ist *nicht* notwendig, Mü AnwBl **91**, 276.

– (**Alter**): Das hohe Lebensalter kann die Hinzuziehung eines Verkehrsanwalts zwecks Vermeidung von Reisen zum ProzBev eher als notwendig erscheinen lassen, Bbg JB **77**, 672, Hbg JB **90**, 888.

– (**Arbeitsgerichtsverfahren**): Die Kosten des vor der Verweisung an das ordentliche Gericht als ProzBev tätig gewesenen jetzigen Verkehrsanwalts sind erstattungsfähig, soweit sie jetzt noch erforderlich sind, Hbg JB **83**, 771.

– (**Arrest, einstweilige Verfügung**): Die Kosten sind schon wegen § 945 eher als sonst erstattungsfähig, 222 Ffm Rpfleger **88**, 163 (linke und rechte Spalte), Hbg JB **88**, 1191, Stgt Just **82**, 262, aM Karlsr GRUR **90**, 223, Kblz VersR **88**, 471, Mü AnwBl **98**, 485 (die Erstattungsfähigkeit hänge davon ab, daß mit einem Widerspruch nicht zu rechnen sei. Aber das Eilverfahren erlaubt keine solche im Mahnverfahren eher angebrachte Unterscheidung.

    Es kommt auch hier auf die *Zumutbarkeit* einer direkten Information des ProzBev im Einzelfall an, Hbg JB **88**, 1031, Mü AnwBl **85**, 47, Schlesw JB **79**, 1668. Man kann dabei auch hier auf Entfernung vom Gerichtsort und Reisezeit der Partei abstellen, Ffm AnwBl **85**, 46 linke Spalte. Das Merkmal der Zumutbarkeit gilt auch für die Kosten der Verteidigung gegenüber einem Antrag im vorläufigen Verfahren. Erstattungsfähig sind insbesondere die Verteidigungskosten gegenüber einer einstweiligen Verfügung während der Sommerzeit (1. 7.–31. 8.), § 227 III 2 Z 1, Karlsr JB **75**, 1470, enger Hbg JB **75**, 657. Kosten des zugehörigen Hauptprozesses pflegen wegen der Erstattbarkeit denen des Eilverfahrens zu folgen, Köln AnwBl **80**, 76. Evtl muß das Gericht die Kosten auf die Hauptsache und das Eilverfahren verteilen, Kblz JB **92**, 470.

Erstattungsfähig sind auch die Kosten in der *Rechtsmittelinstanz,* also in der Beschwerdeinstanz, Karlsr JB **75**, 1471, und in der Berufungsinstanz. Das gilt auch für die Kosten einer Tätigkeit vor dem Eingang der gegnerischen Berufungsbegründung. Zumindest kommt im vorläufigen Verfahren die Erstattungsfähigkeit einer Ratsgebühr nach VV 2100 in Betracht. Keineswegs ist aber die Einschaltung von insgesamt mehr als zwei Anwaltskanzleien notwendig, auch nicht im Auslandsfall, Nürnb AnwBl **88**, 653.

S auch Rn 251 „Spezialrecht".

223 – **(Auslandsberührung):** Hier muß man zunächst das EU-Recht beachten, Rn 79 „Ausländer, ausländischer Rechtsanwalt". Im übrigen muß man die folgenden Fallgruppen unterscheiden.

A. Ausländer im Ausland. Bei dieser Gruppe muß man wiederum die folgenden Unterscheidung machen.

224 **a) Ausländischer Verkehrsanwalt.** Seine Kosten sind grds erstattungsfähig, soweit seine Hinzuziehung erforderlich ist, BGH NJW **05**, 1373, Düss AnwBl **93**, 39 (nicht, soweit die Information eines inländischen ProzBev zumutbar ist), Ffm GRUR **93**, 162, Hbg MDR **86**, 61, großzügiger Stgt AnwBl **85**, 211, ZöHe 13 „Ausländischer Anwalt". Das gilt insbesondere dann, wenn er das deutsche Recht kennt und deutsch spricht, Kblz NJW **78**, 1751. Die Notwendigkeit kann auch dann vorliegen, wenn eine Informationsreise der Partei vom Ausland zum ProzBev billiger gewesen wäre, Ffm GRUR **86**, 336, Stgt JB **81**, 870, oder wenn es um schwierige Rechtsfragen geht, Karlsr JB **90**, 64, strenger Hbg OLGR **99**, 288 (Partei im Inland), oder nur eine ausländische Beweisaufnahme, BGH FamRZ **05**, 1670. Man muß das Ob der Erstattung nach dem deutschen Recht prüfen, BGH FamRZ **05**, 1671, Stgt RR **04**, 1582, demgegenüber aber die Höhe der erstattungsfähigen Anwaltskosten nach dem ausländischen Recht, Ffm AnwBl **95**, 378, Hbg Rpfleger JB **75**, 783, Mü AnwBl **95**, 378, aM BGH FamRZ **05**, 1671, Stgt RR **04**, 1582.

Eine *Honorarvereinbarung* zwischen dem ausländischen Verkehrsanwalt und dem Auftraggeber ist für die Kostenerstattungspflicht nicht stets maßgeblich, Hbg MDR **80**, 589, großzügiger Ffm Rpfleger **87**, 216. Man darf aber auch nicht schematisch die Erstattung auf den nach deutschem Recht erstattungsfähigen Betrag beschränken, Mankowski NJW **02**, 2349, aM BGH NJW **05**, 1373, Mü MDR **98**, 1054, LG Köln AnwBl **82**, 532. Auf das Bestehen einer Gegenseitigkeitsvereinbarung der beteiligten Staaten kommt es nicht an. Die Kosten der Übersetzung in die Sprache der ausländischen Partei sind evtl *nicht* erstattungsfähig, soweit die Partei neben dem deutschen ProzBev einen ausländischen Verkehrsanwalt hat, BPatG GRUR **83**, 265, aM BPatG GRUR **92**, 689, Hbg Rpfleger **96**, 370 (aber es kommt eben von Fall zu Fall auf die Notwendigkeit an).

S auch Rn 212 „Übersetzungskosten".

225 **b) Inländischer Verkehrsanwalt.** Auch seine Kosten sind grds erstattungsfähig, Drsd JB **98**, 145, Hbg MDR **99**, 443, Jena JB **98**, 597, aM Nürnb JB **98**, 597 (zu eng). Dies gilt auch zugunsten eines EU-Ausländers, Hbg MDR **00**, 664. Freilich setzt die Erstattungsfähigkeit auch hier die Notwendigkeit seiner Hinzuziehung voraus, Düss Rpfleger **97**, 188, Ffm Rpfleger **92**, 85, Kblz JB **00**, 146. Diese Notwendigkeit besteht zumindest dann, wenn dadurch ein Dolmetscher entbehrlich wird, Düss JB **87**, 1551, oder eine Reise der Partei, Hamm AnwBl **85**, 591, Kblz JB **91**, 245, großzügiger Ffm AnwBl **86**, 406, oder wenn mehr als ein bloßes Bestreiten erforderlich ist, Hamm AnwBl **85**, 591, Kblz AnwBl **95**, 267 (Hongkong, schwieriges Recht, Übersetzung), Stgt AnwBl **85**, 211, aM Bbg JB **78**, 857 (evtl nur eine Ratsgebühr erstattbar), Celle JB **76**, 1667, Düss Rpfleger **83**, 368 (aber auch hier kommt es ganz auf den Einzelfall an).

Man muß auch hier das *Ob* der Erstattung nach dem deutschen Recht beurteilen und die *Höhe* der erstattungsfähigen Kosten nach dem ausländischen Recht prüfen, Ffm AnwBl **77**, 28. Reisekosten der Partei sind nur ausnahmsweise zusätzlich erstattungsfähig, Ffm Rpfleger **88**, 163.

Die Kosten des inländischen Verkehrsanwalts sind insoweit *nicht* erstattungsfähig, als er nur, wenn auch notwendigerweise, die Schriftsätze der ausländischen Partei *übersetzt,* aM Düss MDR **87**, 851 (aber das ist keine typische Anwaltsaufgabe). Eine Erstattungsfähigkeit fehlt auch, soweit die ausländische Partei sprachkundig, geschäfts- oder sogar prozeßerfahren ist und außerdem eine inländische Niederlassung hat, die eine schriftliche Information des ProzBev hätte vornehmen können, Hbg MDR **86**, 61, Köln JB **86**, 1028, LG Freibg AnwBl **81**, 162, aM Kblz AnwBl **89**, 683 rechts unten (aber der Grundsatz geht auch hier dahin, die Kosten niedrig halten zu müssen). Das gilt auch bei der Wahrnehmung einer eigenen Angelegenheit, Mü AnwBl **87**, 245, oder soweit auch ein Gerichtsstand am Sitz des inländischen Anwalts infrage kam, Hbg MDR **99**, 443. Die Kosten einer Teilnahme des Verkehrsanwalts neben dem ProzBev an einem Termin im Inland sind nicht schon deshalb erstattungsfähig, weil die Partei ihm besonders vertraut, Bbg JB **86**, 438.

Vgl auch Rn 213, 220.

226 **B. Ausländer im Inland.** Er darf grds die Kosten eines inländischen oder ausländischen Verkehrsanwalts erstattet fordern, Ffm AnwBl **84**, 619, Hbg JB **86**, 1085, Stgt AnwBl **82**, 25. Man muß einen Ausländer wie einen Inländer behandeln, wenn er sich regelmäßig in Deutschland geschäftlich aufhält oder regelmäßig mit Inländern geschäftliche Beziehungen unterhält und wie ein Inländer am deutschen Rechtsverkehr teilnimmt, Düss Rpfleger **97**, 188, Karlsr JB **93**, 352, Kblz VersR **88**, 1164. Das gilt auch bei der Wahrnehmung einer eigenen Angelegenheit, Mü AnwBl **87**, 245.

227 **C. Inländerprobleme.** Man kann die Erstattungsfähigkeit der Kosten eines inländischen oder ausländischen Verkehrsanwalts dann bejahen, wenn es sich um Spezialfragen eines ausländischen Rechtsgebiets handelt. Freilich darf man auch in einem solchen Fall eine Erstattbarkeit keineswegs schematisch annehmen, Hbg RR **00**, 876 (nur bei Zeitdruck; streng). Ein vorübergehender Auslandsaufenthalt gibt nicht stets einen Erstattungsanspruch, Ffm Rpfleger **82**, 311.

S auch Rn 232, 255, 259.

- **(Behinderung):** Sie kann einem Verkehrsanwalt erlauben, Kblz MDR **93**, 484, Oldb AnwBl **83**, 558, Stgt AnwBl **83**, 567.
- **(Beiderseitige Verkehrsanwälte):** Ob ihre Einschaltung schon wegen der Beiderseitigkeit notwendig **228** war, läßt sich nur von Fall zu Fall klären. Freilich ist dann eher eine gewisse Großzügigkeit angebracht.
- **(Berufung):** Im Berufungsverfahren gelten strengere Maßstäbe als in der ersten Instanz. Denn es liegt **229** schon eine tatsächliche und rechtliche Würdigung durch ein Urteil vor, Brdb FamRZ **02**, 254, Hbg JB **83**, 1715 (auch gegenüber einem Ausländer), Kblz VersR **88**, 839, aM Ffm AnwBl **81**, 506, Köln BB **00**, 277 (je: dieser Grundsatz gelte nur, falls derselbe Anwalt wie in der ersten Instanz tätig werde. Aber es kommt darauf an, daß das *Gericht* bereits sorgfältig geprüft hatte). Deshalb kommt es auch nicht nur darauf an, daß die Kosten des Verkehrsanwalts nur gering über den sonst entstandenen Kosten einer Informationsreise der Partei und einer Parteireise zu einem Beweistermin lagen, aM LG Stgt AnwBl **85**, 214 (aber es handelt sich zunächst nur um das Ob). Man darf die Anforderungen aber auch nicht überspannen, Stgt AnwBl **84**, 380, Dinslage AnwBl **83**, 563. Jedenfalls können die Kosten des Verkehrsanwalts ausnahmsweise erstattungsfähig sein, Hbg MDR **02**, 542.

  Beispiele der Erstattungsfähigkeit: Es geht um einen lebenswichtigen Prozeß, Kblz VersR **88**, 839; es **230** geht nur die Geschäftsfähigkeit einer Partei, Kblz JB **91**, 243; es handelt sich um einen neuen Tatsachenvortrag, Ffm Rpfleger **99**, 463, Hbg MDR **02**, 542; es handelt sich um eine unübersichtliche oder umfangreiche und daher oder ohnehin schwierige Sache, Ffm JB **92**, 333, Hbg JB **90**, 888, Kblz VersR **87**, 1225. Das gilt auch dann, wenn es sich um eine geschäftsgewandte Partei handelt, LG Stgt AnwBl **84**, 101, und wenn kein neuer Tatsachenvortrag erfolgt; es gibt neue Probleme, Ffm WRP **92**, 312, Hgb MDR **02**, 542, Hamm JB **87**, 270; die Sache hat für die Partei eine besondere Bedeutung, Schlesw SchlHA **84**, 151; die Partei kann den Berufungsanwalt nicht oder nur schlechter selbst informieren, Ffm JB **92**, 407, Hbg JB **90**, 888 (Alter, Behinderung), Kblz VersR **87**, 996 (Krankheit) und 1225 (Vorprozeß); die Einschaltung des Verkehrsanwalts ermöglichte erst einen Vergleich; die Streitverkündung erfolgt erst während der Berufungsfrist, Kblz VersR **88**, 193.

  Unter diesen Voraussetzungen können sogar diejenigen Kosten des Verkehrsanwalts des Berufungsbekl erstattungsfähig sein, die durch seine Tätigkeit *vor* dem Eingang der Berufungsbegründung entstehen, Ffm AnwBl **80**, 462, aM Hamm JB **84**, 1835, ZöHe 13 „Berufung" (aber auch hier gilt der Grundgedanke der Erstattbarkeit gewisser Vorbereitungskosten zumindest entsprechend). Im übrigen sind die Kosten des Verkehrsanwalts bis zur Höhe der dadurch ersparten, als zweckmäßigen Informationsreise der Partei zum Berufungsanwalt erstattungsfähig, aM Schlesw JB **80**, 1854 (aber eine Informationsreise wäre stets erstattungsfähig gewesen). Freilich muß der Berufungsanwalt selbst bei einer starken beruflichen Belastung grds zB ein auswärtiges Grundbuch selbst einsehen, soweit das nur dort möglich ist, Schlesw SchlHA **80**, 218.
- **(Beschwerde):** Wenn eine Partei gegen einen Kostenfestsetzungsbeschluß nur teilweise Beschwerde **231** eingelegt hat, tritt auch wegen des Rests unter Umständen keine Bindung im Hinblick auf die Frage der Erstattungsfähigkeit von Verkehrsanwaltskosten ein, KG MDR **77**, 937.
- **(Betreuer):** Seine Gebühr ist meist nicht erstattungsfähig, Rn 234, Mü RR **97**, 1286, Stgt JB **98**, 487.
- **(Bierbezugsvertrag):** Ffm MDR **92**, 193.
- **(Dolmetscher):** Die Kosten des Verkehrsanwalts sind insoweit erstattungsfähig, als sich dadurch Dolmetscherkosten vermeiden ließen, Kblz JB **00**, 145.
- **(Dritter):** Rn 261. **232**
- **(Drittort):** Auch die Kosten eines Verkehrsanwalts am dritten Ort (weder am Sitz des Prozeßgerichts noch am Wohnort der Partei) können erstattungsfähig sein, aM Hbg MDR **03**, 1019 (aber auch dann kann zB Rn 240 gelten).
- **(Ehegatte):** Es kommt auch hier auf die Gesamtumstände an. Der Ehegatte eines für ihn vorprozessual tätig gewesenen Richters mag einen Verkehrsanwalt einschalten dürfen, Hbg MDR **92**, 616, strenger Kblz JB **84**, 758, Köln JB **83**, 1047, Schlesw SchlHA **86**, 144. Der gilt auch für denjenigen eines Anwalts. Auch der Ehegatte eines Richters mag einen Verkehrsanwalt haben dürfen, Hbg MDR **92**, 616.
- **(Ehesache):** Soweit eine Beiordnung erfolgt ist, zB nach § 121 III, sind die Kosten des Verkehrsanwalts **233** erstattungsfähig. Sie können darüber hinaus erstattungsfähig sein, KG FamRZ **82**, 1227, strenger Kblz JB **83**, 758, Köln JB **83**, 1047.

  S auch Rn 247 „Prozeßkostenhilfe".
- **(Eigene Sache):** Hier muß man die folgenden Fallgruppen unterscheiden. **234**

  A. Gesetzliche Vertretung. Der Anwalt, der als ein gesetzlicher Vertreter auftritt, kann die Kosten eines Verkehrsanwalts insoweit erstattet fordern, als ein nicht rechtskundiger Vertreter einen Anwalt hinzuziehen dürfte, Düss BB **77**, 1575, Kblz VersR **81**, 865, Schlesw SchlHA **79**, 60, oder sowie die Information nicht zum Aufgabenkreis des gesetzlichen Vertreters zählt, KG MDR **87**, 679. Im übrigen besteht *keine* Erstattungsfähigkeit, Düss MDR **80**, 320, Stgt JB **98**, 142. Nach diesen Grundsätzen muß man die Erstattungsfähigkeit beurteilen, wenn der Anwalt in einer der folgenden Eigenschaften auftritt:
  - **Als Betreuer,** Rn 231;
  - **als Pfleger,** Düss BB **77**, 1575, KG Rpfleger **76**, 248, aM Stgt JB **76**, 192;
  - **als Vereinsvorstand,** Düss MDR **80**, 320, Ffm MDR **78**, 62, KG MDR **87**, 679;
  - **als Vormund,** Kblz VersR **81**, 865, Schlesw SchlHA **79**, 60.

  Soweit die Tätigkeit des Anwalts über diejenige *hinausgeht,* die er als gesetzlicher Vertreter wahrnehmen muß, kann die Erstattungsfähigkeit vorliegen, Düss BB **77**, 1575.

  B. Partei kraft Amts. Der Anwalt, der als eine Partei kraft Amts handelt, kann grds *keine* Kosten **235** eines Verkehrsanwalts erstattet fordern. Denn man kann die Rechtslage in diesem Fall nicht anders als dann beurteilen, wenn er in einer eigenen Sache handelt, Mü OLGR **94**, 36. Es gehört ja zu den Amtspflichten, die nun einmal vorhandenen Kenntnisse und daher eben auch Rechtskenntnisse im

§ 91 Buch 1. Abschnitt 2. Parteien

Interesse des Vertretenen und im Rahmen der für die Amtsführung als Partei kraft Amts erhaltenen generellen Vergütung wahrzunehmen. Demgemäß *fehlt* eine Erstattungsfähigkeit zB dann, wenn der Anwalt in folgenden Eigenschaften auftritt:
- **Als Insolvenzverwalter,** Ffm GRUR **88**, 487, KG Rpfleger **81**, 411, Stgt Rpfleger **83**, 501, aM Karlsr KTS **78**, 260;
- **als Liquidator,** Köln JB **78**, 71;
- **als Nachlaßverwalter,** Ffm Rpfleger **80**, 69;
- **als Testamentsvollstrecker,** Stgt AnwBl **80**, 360;
- **als sonstiger Vermögensverwalter,** aM Köln AnwBl **83**, 562.

236   C. **Persönliche Angelegenheit.** Der Anwalt, der sich in einer persönlichen Angelegenheit selbst vertritt, II 4, kann grds *nicht* die Kosten eines Verkehrsanwalts erstattet fordern. Denn er könnte einen auswärtigen ProzBev mündlich oder schriftlich informieren, Kblz MDR **87**, 852, Mü AnwBl **87**, 245, Rostock MDR **01**, 115 (billigt freilich eine Auslagenpauschale von [jetzt ca] 20 EUR zu). Das alles gilt auch bei einem ausländischen Anwalt, Mü AnwBl **87**, 245.
S auch Rn 170.
- (**Einigung**): Rn 261 „Vergleich".
237 - (**Einstellung**): Rn 262 „Vollstreckungsabwehrklage".
238 - (**Einstweilige Verfügung**): Rn 222.
- (**Entfernung**): Sie ist nur *sehr bedingt* ein ausreichender Maßstab, aM Köln BB **00**, 277 (ab 40 km. Das mag praktisch sein, vergrößert aber zu sehr).
- (**Factoring Bank**): Sie kann grds *schriftlich* informieren, Kblz VersR **89**, 929.
- (**Finanzmakler**): Er kann grds *schriftlich* informieren, Kblz VersR **89**, 929.
239 - (**Fischereirecht**): Rn 252.
- (**Gebührenvereinbarung**): Höhere als die gesetzlichen Gebühren sind allenfalls bei demjenigen ausländischen Verkehrsanwalt erstattungsfähig, der keine solchen kennt und zB auf Stundensatzbasis abrechnen darf, Ffm AnwBl **90**, 48.
S auch Rn 224.
- (**Gegnerverhalten**): Erstattungsfähigkeit kann vorliegen, wenn sich der Gegner direkt an den Verkehrsanwalt gewandt hat, Bbg JB **87**, 1517, Hamm JB **88**, 492, Hansens JB **89**, 145.
- (**Gerichtsstandswahl**): Man darf sie auch im an sich erlaubten Bereich *nicht* kostenmäßig ohne sachlich vertretbaren Grund auf dem Rücken des Gegners ausüben. Man muß also die Kosten niedrig halten, KG Rpfleger **76**, 323, Köln MDR **76**, 496, großzügiger Hbg MDR **99**, 638, Mü JB **94**, 477 (aber Kostensparsamkeit ist ein selbstverständliches Gebot).
- (**Geschäftsfähigkeit**): Ein Streit um ihr Vorliegen kann zur Erstattungsfähigkeit führen, Kblz JB **91**, 243.
- (**Gewerblicher Rechtsschutz**): Rn 251, 252.
240 - (**Hausanwalt**): Rn 256. Die dort erläuterten Regeln können auch zB beim langjährigen Vertrauensanwalt einer Interessengemeinschaft gelten, Bbg JB **86**, 438, Kblz AnwBl **92**, 548, Köln JB **02**, 591.
241 - (**Immobilienfirma**): Sie kann grds *schriftlich* informieren, Kblz VersR **89**, 929.
242 - (**Informationsreise**): Die Kosten eines Verkehrsanwalts sind grds jedenfalls bis zur Höhe derjenigen Kosten erstattungsfähig, die für *eine* Informationsreise der Partei je Instanz zu dem beim Prozeßgericht zugelassenen bzw postulationsfähigen ProzBev notwendig sind, BGH BB **03**, 72, Düss BB **97**, 2397, Hamm AnwBl **00**, 323. Es kann auch zmindest ein geringer Betrag darüber hinaus erstattungsfähig sein, Bbg JB **91**, 703 (Drittort), Karlsr AnwBl **82**, 248, Köln AnwBl **83**, 189. Das gilt insbesondere dann, wenn die Information des ProzBev durch die Partei nur deshalb ausreicht, weil der Verkehrsanwalt vor dem Prozeßbeginn bereits eingeschaltet war, KG JB **76**, 204, Bbg JB **77**, 1140. Bei einem tatsächlich oder rechtlich schwierigen Fall kann man eine Erstattungsfähigkeit auch in Höhe derjenigen Beträge bejahen, die für *mehrere* Informationsreisen der Partei zum ProzBev notwendig würden, Ffm AnwBl **85**, 211, LG Wiesb AnwBl **99**, 180. Die Reisekosten sind, falls überhaupt, wie bei einem Zeugen erstattungsfähig, Düss BB **97**, 2397.
Man darf eine Erstattungsfähigkeit allerdings *keineswegs schematisch* annehmen, Ffm JB **88**, 486, Hamm MDR **88**, 61, etwa sobald die Partei zur Unterrichtung des ProzBev mehr als einen halben Arbeitstag brauchen würde, Kblz MDR **94**, 630, Mü AnwBl **88**, 69, aM Ffm Rpfleger **85**, 212 (aber man muß trotz aller Prozeßwirtschaftlichkeit doch alle Umstände des Einzelfalls mitbeachten). Ebensowenig darf man die Erstattungsfähigkeit schematisch verneinen, sofern die Informationsreise zB nur einen vollen Tag dauern würde, aM Celle Rpfleger **84**, 287. Man darf auch keine Grenze der Erstattbarkeit bei einer starren Entfernung ziehen, aM Ffm OLGR **00**, 123 (50 km), Köln MDR **00**, 234 (40 km). In einer einfachen Sache mag nicht einmal ein Betrag in Höhe einer Informationsreise erstattungsfähig sein, Ffm AnwBl **84**, 508, Schlesw SchlHA **78**, 23. Es kommt eben darauf an, ob eine telefonische oder schriftliche Information des ProzBev ausreichen würde, Düss AnwBl **99**, 288, Kblz JB **76**, 96, zB durch einen auswärtigen Sozius einer überörtlichen Anwaltssozietät, Rn 254.
S auch Rn 216, 220, 246.
- (**Inkassobüro**): Es muß grds den ProzBev schriftlich informieren können, LG Saarbr JB **87**, 753.
- (**Insolvenzverwalter**): Rn 235.
243 - (**Klagerücknahme**): Die Kosten des Verkehrsanwalts können auch dann erstattungsfähig sein, wenn es wegen einer Klagrücknahme nicht mehr zur Bestellung eines ProzBev kommt, Karlsr JB **97**, 144, Mü AnwBl **78**, 110.
- (**Kontakt**): Mangels Notwendigkeit ist er unbeachtlich, Schlesw AnwBl **96**, 477.
- (**Krankenversicherung**): Rn 262 „Versicherungsgesellschaft".
- (**Krankheit**): Eine Erkrankung kann zur Erstattungsfähigkeit führen, Kblz JB **91**, 243.
244 - (**Leasing**): In der Regel muß der Leasinggeber den ProzBev *schriftlich* informieren können, Kblz VersR **88**, 583, LG Hanau Rpfleger **91**, 173.
- (**Lebensalter**): Rn 221 „Alter".

Titel 5. Prozesskosten § 91

- **(Lohnsteuerverein)**: Er muß grds den ProzBev *schriftlich* informieren können, Bbg JB **87**, 1701.
- **(Mahnverfahren)**: Rn 114. 245
- **(Mehrheit von Anwälten)**: Rn 124.
- **(Milchwirtschaft)**: Rn 251.
- **(Nachlaßverwalter)**: Rn 235. 246
- **(Niederlassung)**: Soweit sie im Sinn von § 21 vorliegt, kommt die Erstattung *weder* von Verkehrsanwaltskosten *noch* von fiktiven Informationsreisekosten in Betracht, Mü Rpfleger **88**, 162.
- **(Parallelprozeß)**: Die Möglichkeit der Information in ihm kann die Erstattungsfähigkeit *ausschließen*, 247 Bbg JB **91**, 705.
- **(Passivlegitimation)**: Die Kosten ihrer vorprozessualen Klärung durch den späteren Verkehrsanwalt sind grds *nicht* erstattungsfähig, Karlsr Rpfleger **99**, 435.
- **(Patent)**: Rn 251.
- **(Pfleger)**: Rn 234 „Gesetzliche Vertretung".
- **(Prozeßkostenhilfe)**: Soweit eine Beiordnung nach § 121 III erfolgt ist, sind die erstinstanzlichen Kosten des Verkehrsanwalts nicht stets notwendig, § 104 Rn 9. Sie können darüber hinaus erstattungsfähig sein. Man muß aber ihre Notwendigkeit wie sonst prüfen, Ffm AnwBl **82**, 381, Kblz JB **90**, 733. Vgl aber § 127 IV, dort Rn 103.
  S auch Rn 232, 233.
- **(Prozeßstandschaft)**: Die nur in ihr beteiligte Partei kann die Kosten des Verkehrsanwalts des Trägers des sachlichen Rechts *nicht* erstattet fordern, Kblz Rpfleger **86**, 449.
- **(Prozeßvergleich)**: Rn 261 „Vergleich".
- **(Ratsgebühr)**: Manche halten sie neben den gedachten Kosten einer Informationsreise für erstattungs- 248 fähig, Karlsr JB **96**, 39, Stgt AnwBl **82**, 439, strenger Bre JB **92**, 681, Düss JR **96**, 423, kritischer Düss JB **99**, 533.
  S auch Rn 156.
- **(Rechtskundigkeit)**: Eine Erstattungsfähigkeit kommt beim Verkehrsanwalt eines Rechtsunkundigen in Betracht, Hbg JB **91**, 1516, Karlsr Just **92**, 126.
  Ein Referendar kann kurz vor dem Assessorexamen die Information grds *selbst* geben, Kblz VersR **87**, 914. Besitzt eine juristische Person ein rechtskundiges Organ, so kann sie *schriftlich* informieren, Kblz GRUR **87**, 941.
  S auch Rn 234, 255.
- **(Revision)**: Die Kosten eines Anwalts, der für die Partei mit dem beim Revisionsgericht zugelassenen 249 ProzBev korrespondiert, sind *grds nicht* erstattungsfähig. Denn ein neues tatsächliches Vorbringen ist grds unzulässig, und der beim Revisionsgericht zugelassene ProzBev ist zu einer rechtlichen Beurteilung durchweg ausreichend geeignet, Drsd MDR **98**, 1372, Hamm AnwBl **03**, 185, Köln BB **00**, 277.
  Die Erstattungsfähigkeit kann nur *ausnahmweise vorliegen,* etwa in folgenden Fällen: Es ist eine tatsächliche Aufklärung erforderlich, Hamm AnwBl **03**, 185, Nürnb AnwBl **05**, 152, LG Hanau AnwBl **80**, 166; es geht um einen schwierigen Briefwechsel des bisherigen Anwalts mit dem Revisionsanwalt über die Aussichten der Revision; es handelt sich um eine außergewöhnlich schwierige Rechtslage; das Revisionsgericht knüpft an frühere Vergleichsverhandlungen an; bei einem schwierigen Sachverhalt rügt die Revision die Verletzung des § 139, Ffm AnwBl **76**, 219, Zweibr VersR **76**, 475, aM Karlsr JB **99**, 86 (aber solche Situation erfordert stets eine intensive Fühlungnahme mit dem Anwalt der Vorinstanz); es geht um eine Äußerung gegenüber dem BGH, KG AnwBl **98**, 103, Mü MDR **84**, 950, aM Karlsr JB **97**, 484, Saarbr RR **97**, 198, Stgt AnwBl **82**, 199.
  Die Kosten einer Stellungnahme des Berufungsanwalts des *Revisionsbekl* gegenüber dem BGH sind *grds nicht* erstattungsfähig, KG MDR **81**, 324, Mü AnwBl **77**, 256, Saarbr RR **97**, 190, es sei denn, der Berufungsanwalt hätte die Stellungnahme auf eine Veranlassung des BGH hin abgegeben, aM Hbg AnwBl **80**, 35, Mü AnwBl **78**, 471 (aber in solcher Lage *muß* der Verkehrsanwalt tätig werden). Wegen Bayern Mü AnwBl **77**, 309.
- **(Scheckprozeß)**: Es ist *nicht* schon wegen dieser Prozeßart ein Verkehrsanwalt nötig, Bbg JB **78**, 1022, 250 auch nicht bei einem Scheck eines Kaufmanns, Düss JB **81**, 75 (zu einem Wechsel), Kblz AnwBl **89**, 683 rechts oben (zu einem Scheck).
  S auch Rn 259.
- **(Selbständiges Beweisverfahren)**: Eine Kostenübernahme durch Vergleich nach Rn 261 umfaßt evtl auch die Kosten des selbständigen Beweisverfahrens nach §§ 485 ff, Hbg MDR **86**, 591.
- **(Sozietät)**: Rn 254 „Überörtliche Sozietät".
- **(Sparkasse)**: Sie kann *grds schriftlich* informieren, Kblz VersR **89**, 929.
- **(Spezialrecht)**: Selbst ein Allgemeinjurist kann heute oft einen Spezialisten nicht mehr entbehren. 251 Deshalb muß man die Erstattungsfähigkeit in einem Fall mit ausgefallenen Rechtsfragen großzügig bejahen, Hamm JB **84**, 439, Kblz VersR **82**, 1173. Freilich darf das auch bei rechtlichen Spezialfragen keineswegs schematisch geschehen, BVerfG NJW **93**, 1460, Mü AnwBl **85**, 47, Schlesw SchlHA **82**, 60.
  Die Grundsätze sind zB auf *folgende Rechtsgebiete* anzuwenden: Betriebsrentenrecht, LAG Düss AnwBl 252 **81**, 505, und zugehöriges Insolvenzrecht, LAG Düss AnwBl **80**, 267; Europarecht, Ffm MDR **80**, 193; Fischereirecht, Stgt AnwBl **81**, 196; Heilmittelrecht, Karlsr AnwBl **98**, 540; internationales Privat- und Prozeßrecht, Kblz VersR **82**, 1173; Internetrecht, Düss AnwBl **99**, 289 (dort verneint); Kartellrecht, Ffm MDR **92**, 193; Allgemeine Bedingungen für die Kraftverkehrsversicherung; Lebensmittelrecht, Karlsr AnwBl **98**, 540; Milchwirtschaftsrecht; Patentrecht, Kblz GRUR **87**, 941 rechts. Der Verzicht auf einen Patentanwalt führt aber nicht schon zur Erstattungsfähigkeit der Kosten eines Verkehrsanwalts, Düss Rpfleger **86**, 278; Scheckrecht, Köln MDR **85**, 243; spanisches Recht, Kblz VersR **82**, 1173; Termingeschäft, Düss JB **96**, 539; Verfassungsrecht, aM Karlsr MDR **90**, 159; Waffenrecht, VGH Mannh JB **96**, 92; Waldrecht, aM Stgt AnwBl **81**, 505 (abl Schmidt); Wettbewerbsrecht, Kblz GRUR

§ 91

87, 941 links, Mü Rpfleger **90**, 314 (Wettbewerbsverein), aM Kblz BB **87**, 1494, Mü AnwBl **98**, 485 (je: Wettbewerbsverein).

253 – **(Strafprozeß)**: Akteneinsicht in Strafakten durch den Verkehrsanwalt kann bei Verwertung zur Erstattbarkeit führen, Düss JB **93**, 484.
– **(Streitgenosse)**: Die Kosten des Verkehrsanwalts eines Streitgenossen können durchaus erstattungsfähig sein, Düss AnwBl **83**, 190, Hbg MDR **84**, 588. Es kommt aber auch hier selbst bei einem gemeinsamen Verkehrsanwalt von Fall zu Fall auf die Notwendigkeit seiner Einschaltung an, Bbg AnwBl **85**, 215, Düss (10. ZS) Rpfleger **84**, 32, Mü MDR **91**, 256, großzügiger Düss (21. ZS) JB **83**, 1094.

254 Die Kosten des Verkehrsanwalts können unter dieser Voraussetzung insoweit erstattungsfähig sein, als sie nicht diejenigen Kosten übersteigen, die dann angefallen wären, wenn *jeder* Streitgenosse einen *eigenen* ProzBev bestellt hätte, Mü MDR **91**, 256, aM Düss Rpfleger **84**, 33, Hbg MDR **84**, 588, Kblz VersR **85**, 672 (aber jeder darf seinen eigenen Prozeß führen). Die Erstattungsfähigkeit läßt sich jedenfalls dann bejahen, wenn ein Verkehrsanwalt die Bestellung eines gemeinsamen ProzBev erleichtert, Celle JB **77**, 66, Düss AnwBl **83**, 190, Schlesw SchlHA **79**, 181, aM Düss (10. ZS) Rpfleger **84**, 32, Hbg JB **77**, 1005 (aber es kommt auf eine Gesamtbetrachtung an).
– **(Streithelfer)**: Die notwendigen Kosten eines Verkehrsanwalts können auch zugunsten des Streithelfers erstattungsfähig sein, Ffm AnwBl **78**, 68.
– **(Streitverkündung)**: Erfolgt sie erst während einer Rechtsmittelfrist, dann kann die Kürze der Zeit usw einen Verkehrsanwalt rechtfertigen, Kblz VersR **88**, 193.
– **(Teilzahlungsbank)**: Sie muß grds den ProzBev *schriftlich* informieren können, Saarbr JB **87**, 895.
– **(Überörtliche Sozietät)**, dazu *Bischof* JB **98**, 60, *Herrlein* Rpfleger **95**, 399 (je: Üb): Man muß die Frage der Notwendigkeit der Hinzuziehung eines Verkehrsanwalts unabhängig davon klären, ob der Verkehrsanwalt und der ProzBev in einer überörtlichen Sozietät zusammengeschlossen sind, Brdb MDR **99**, 635, strenger Hbg MDR **96**, 532, KG MDR **00**, 669, Schlesw JB **95**, 32 (aber es kommt ungeachtet der Gesamtgläubiger- und -schuldnerschaft von Sozien doch auch auf deren tatsächliche Funktionen und deren Teilungen an).

255 – **(Unternehmen)**: Auch hier kommt es von Fall zu Fall darauf an, ob eine fernmündliche oder schriftliche Unterrichtung des ProzBev zumutbar ist, Düss AnwBl **93**, 40 (Sprachprobleme), Köln BB **00**, 277, Schlesw AnwBl **88**, 356. Dabei muß man unter anderem die Bedeutung des Rechtsstreits und seine tatsächliche und oder rechtliche Problematik beachten, ferner die Größe des Unternehmens und damit unter Umständen die Tatsache, daß es über juristisch geschulte Mitarbeiter verfügt, zB in einer eigenen Rechtsabteilung, BGH BB **05**, 294, Köln BB **00**, 277, Nürnb AnwBl **80**, 166, Schlesw AnwBl **83**, 92.

256 Ein *größeres* Unternehmen kann Kosten im allgemeinen nicht erstattet fordern, Bbg JB **94**, 959, Ffm JB **93**, 292, Köln AnwBl **02**, 516. Ein *kleineres*, der Arbeitskraft des Inhabers zugeschnittenes Unternehmen kann die Kosten eines Verkehrsanwalts oft erstattet fordern, Nürnb AnwBl **89**, 113. Das gilt allerdings *nicht* in jeder Alltagsfrage, Düss AnwBl **84**, 380, Ffm AnwBl **84**, 378, Kblz VersR **85**, 273. Die Kosten eines „*Hausanwalts*" können erstattungsfähig sein, wenn er besser als die Partei den ProzBev informieren kann, Bbg JB **88**, 1362 (Fremdsprache), Celle GRUR-RR **05**, 72, Mü JB **88**, 491. Sie sind aber *keineswegs stets* erstattungsfähig, Celle GRUR-RR **05**, 72, Kblz JB **92**, 26, OVG Lüneb JB **87**, 607. Andernfalls würde jeder, der ein Unternehmen zum Gegner hat, mit doppelten Kosten rechnen müssen, LG Bayreuth JB **76**, 1379.

257 Auch ein Prozeß von *existentieller Bedeutung* rechtfertigt *nicht automatisch* die Hinzuziehung eines „Hausanwalts", Kblz JB **92**, 26. Auch eine Bank muß im allgemeinen jedenfalls bei einem Rechtsstreit über eine Alltagsfrage ihres Arbeitsgebiets ohne Verkehrsanwalt auskommen, Bbg JB **77**, 1006, Köln BB **00**, 277, Schlesw AnwBl **88**, 356. Ähnliches gilt zB für eine GmbH (sie muß entsprechend organisiert sein), Düss VersR **87**, 1019, KG JB **77**, 63 (Geschäftsführer ist Anwalt), für ein Versicherungsunternehmen, Hbg MDR **88**, 782, Kblz Rpfleger **75**, 99, Schlesw JB **82**, 411, aM Ffm VersR **77**, 921, für eine Versorgungskasse, Kblz VersR **75**, 958, oder für einen Wettbewerbsverband, Stgt JB **83**, 1836. Freilich kann ein tatsächlich und rechtlich schwieriger Prozeß zur Erstattungsfähigkeit der Verkehrsanwaltskosten auch eines solchen Unternehmens führen, Düss BB **89**, 399, Ffm AnwBl **80**, 263, Hbg JB **02**, 319. Das gilt aber gerade nicht schon wegen ständigen Wechsels der Bearbeiter bei der Partei, aM Kblz RR **96**, 315 (aber das begünstigt eine bloße Mißorganisation).

258 Wenn die *Zweigniederlassung* eines Unternehmens am Prozeßort klagt, sind die Kosten eines Verkehrsanwalts mit dem Sitz am Ort der Hauptverwaltung auch dann nicht erstattungsfähig, wenn in Wahrheit die Hauptverwaltung den Prozeß führt, Ffm JB **96**, 39, Köln BB **00**, 277, Stgt JB **92**, 688. Wird sie am Ort der Zweigniederlassung verklagt, dann kann sie nicht die Kosten des Verkehrsanwalts am Ort der Hauptniederlassung oder gar an einem dritten Ort ersetzt fordern, Hbg MDR **88**, 782, Kblz VersR **86**, 171, Köln VersR **93**, 1172.
S auch Rn 213, 223, 242, 251.

259 – **(Urkundenprozeß)**: Es ist *nicht* schon wegen dieser Prozeßart ein Verkehrsanwalt nötig, Bbg JB **78**, 1022 (wegen eines Schecks). Die Verkehrsgebühr des auswärtigen Vertrauensanwalts des ausländischen Klägers kann zB in Höhe einer $^2/_{10}$-Ratsgebühr selbst dann erstattungsfähig sein, wenn ein deutschsprachiges Schuldanerkenntnis vorliegt, Kblz VersR **84**, 545.
S auch Rn 250, 267.
– **(Verein)**: Ein Verein zur Bekämpfung des unlauteren Wettbewerbs ist grds in der Lage, den ProzBev *schriftlich* zu informieren, Karlsr JB **89**, 102, Mü BB **90**, 950, Stgt JB **83**, 1836.

260 – **(Vereinsvorstand)**: Rn 234 „Gesetzliche Vertretung".
– **(Verfassungsrecht)**: Rn 252.

261 – **(Vergleich)**: Die Einigungsgebühr eines Verkehrsanwalts kann in der Übernahme „sämtlicher Kosten" stecken, Düss MDR **99**, 118, Kblz JB **00**, 477 (krit Gottwald FamRZ **01**, 843), Saarbr JB **87**, 700 (Auslegungsfrage). Sie ist grds nur in demjenigen Umfang erstattungsfähig, in dem er am Vergleich mitwirken muß, Brdb MDR **99**, 1349, Düss MDR **91**, 258, Schlesw SchlHA **88**, 146, aM Ffm AnwBl

84, 101, Mü AnwBl **83**, 558 (abl Schmidt), LG Freibg AnwBl **84**, 98 (sie sei neben derjenigen eines ProzBev nie erstattbar. Aber das verkennt die gar nicht seltene Notwendigkeit der Mitwirkung auch gerade des Verkehrsanwalts, der „seine" Partei am besten kennt). Das gilt unabhängig davon, ob sie gegenüber dem Auftraggeber entstanden ist, Mü MDR **81**, 681, aM Ffm AnwBl **82**, 248.

Die Mitwirkung des Verkehrsanwalts ist zB dann *notwendig,* wenn sich der Prozeßgegner direkt an den Verkehrsanwalt zu Vergleichsverhandlungen wendet und wenn der letztere am Zustandekommen des Vergleichs mitwirkt, Hbg AnwBl **88**, 356, Kblz MDR **84**, 587, Schlesw SchlHA **87**, 191, aM Schlesw AnwBl **96**, 477, oder bei völliger Schreibungewandtheit der Partei, Hbg MDR **83**, 1034. Eine Verhandlung des Verkehrsanwalts mit einem Dritten, der sich an den Auswirkungen des Prozeßvergleichs wirtschaftlich beteiligen soll, kann aber als solche *keine* Erstattungsfähigkeit der Vergleichsgebühr begründen.
- **(Verkehrsunfallsache):** Im Normalfall ohne besondere Umstände sind Kosten des Verkehrsanwalts *nicht* erstattungsfähig, Düss JB **91**, 88.
- **(Vermögensverwalter):** Rn 235.
- **(Versicherungsgesellschaft):** Wenn eine auswärtige Versicherungsgesellschaft für die am Gerichtsort 262 wohnende Partei einen auswärtigen Anwalt benannt hat, sind seine Kosten grds *nicht* erstattungsfähig, Kblz VersR **89**, 929, Schlesw JB **82**, 411. Davon kann bei einer ausländischen Versicherungsgesellschaft eine Ausnahme gelten, wenn sie eine Vielzahl von internationalen Autoverschiebungen aus Deutschland verfolgt, Kblz VersR **94**, 196. Vom vorgenannten Grundsatz kann ferner in einem tatsächlich oder rechtlich schwierigen Fall eine Ausnahme gelten, BGH RR **04**, 1724, Ffm AnwBl **80**, 263. Rationalisierungserwägungen reichen freilich *nicht* zur Erstattungsfähigkeit aus, Hbg MDR **88**, 782. Eine umfassende Tätigkeit in einem großen Komplex kann aber im Einzelfall zur Erstattungsfähigkeit führen, Karlsr VersR **89**, 715.
- **(Versorgungskasse):** Sie kann grds *schriftlich* informieren, Kblz VersR **89**, 929.
- **(Vertrauensanwalt):** Rn 240 „Hausanwalt".
- **(Verwandtschaft):** Eine nahe Verwandtschaft zum Verkehrsanwalt steht der Erstattungsfähigkeit grds nicht entgegen, Schlesw JB **92**, 170.
- **(Verweisung):** Soweit es sich nicht um Mehrkosten im Sinn von § 281 III 2 handelt, kommt eine Erstattung der Prozeßgebühr des ersten Anwalts als Verkehrsgebühr in Betracht, aM Hbg MDR **97**, 888 (aber man muß die Gesamtumstände der Verweisung beachten).
- **(Verwertungsgesellschaft):** Sie muß so ausgestattet sein, daß sie den ProzBev *selbst* informieren kann, Ffm MDR **85**, 327.

S auch Rn 132.
- **(Vollstreckungsabwehrklage):** Erhält ihr Bekl nur 5 Tage Zeit zur Stellungnahme zum Einstellungsantrag, so ist die Hinzuziehung eines Verkehrsanwalts gerechtfertigt, Kblz VersR **88**, 643.
- **(Vormund):** Rn 234 „Gesetzliche Vertretung".
- **(Vorprozeß):** Keine Partei ist verpflichtet, zur Ersparung sonst anfallender Kosten eines Verkehrs- 263 anwalts des Vorprozesses stets erneut zum ProzBev zu bestellen, Hbg AnwBl **80**, 372. Die Kosten des Verkehrsanwalts sind erstattungsfähig, wenn er den ProzBev über einen schwierigen Vorprozeß informiert, etwa bei einer Erbauseinandersetzungsfrage, die eine nicht juristisch geschulte Partei nicht übersehen kann. Eine Erstattungsfähigkeit besteht auch dann, wenn der Verkehrsanwalt wegen seiner Beschäftigung mit dem Streitstoff vor dem Prozeß oder in einem anderen Prozeß eine umfassendere Auskunft geben kann als die Partei selbst, Bbg JB **80**, 285, 1369, Ffm JB **83**, 276, Kblz VersR **82**, 1173.

Das gilt insbesondere, wenn der Verkehrsanwalt aus Anlaß eines Vorprozesses den nachfolgenden 264 Prozeß *maßgeblich vorbereitet* hat, zB ein Scheidungsverfahren, Düss NJW **76**, 2065. Im letzteren Fall kann man die Erstattungsfähigkeit der Verkehrsanwaltskosten ohnehin eher bejahen, weil eine oft schwer abschätzbare Zahl notwendiger Rücksprachen vorliegt, KG Rpfleger **75**, 143, aM Hamm Rpfleger **76**, 106.

Eine Erstattungsfähigkeit liegt auch dann vor, wenn ein Verkehrsanwalt die Bestellung eines *gemein-* 265 *samen* ProzBev erleichtert, Celle JB **77**, 66, Düss Rpfleger **76**, 105, Schlesw SchlHA **79**, 181, aM Hbg JB **77**, 1105 (aber es kommt auf eine Gesamtbetrachtung an). Man kann die Erstattungsfähigkeit ferner bejahen, wenn der Verkehrsanwalt seine Kenntnis durch die Einsicht in Strafakten erworben hat, der die Partei selbst nicht zugänglich waren. Die Erstattungsfähigkeit liegt ferner vor, soweit vorprozessuale Kosten der Partei nahezu ebenso hoch gewesen wären wie die Einschaltung eines Verkehrsanwalts, Bbg JB **77**, 1140. Natürlich darf man auch solche Kosten nicht schematisch anerkennen, sondern nur von Fall zu Fall, Düss JB **75**, 627. Das gilt insbesondere bei einem einfacheren Sachverhalt, Hamm AnwBl **82**, 378.
- **(Wahrnehmungsgesellschaft):** Rn 262 „Verwertungsgesellschaft". 266
- **(Wasserrecht):** Rn 252.
- **(Wechselprozeß):** Es ist *nicht* schon wegen dieser Prozeßart ein Verkehrsanwalt nötig, Bbg JB **78**, 1022 267 (zu einem Scheck), auch nicht bei einem Wechsel eines Kaufmannes, Düss JB **81**, 75, Karlsr Just **90**, 362, Kblz AnwBl **89**, 683 rechts oben (zu einem Scheck).

S auch Rn 250, 259.
- **(Widerklage):** Man darf die Erstattungsfähigkeit von Kosten des Verkehrsanwalts nicht für die Klage und die Widerklage unterschiedlich beurteilen, sofern beide Klagen denselben Sachverhalt betreffen, Stgt JB **76**, 1075.
- **(Wirtschaftsverband):** Soweit Prozesse zu seinen Aufgaben zählen, sind Verkehrsanwaltskosten für ihn grds *nicht* notwendig, Stgt JB **02**, 536.
- **(Zeitaufwand):** Rn 242.

Verklarung: Die Kosten solchen Verfahrens sind notwendige Kosten des Hauptprozesses, Köln JB **95**, 208, aM Nürnb JB **00**, 537 (sachlichrechtlicher Anspruch, dazu Üb 66 vor § 91 „Schiffahrtsrecht").

§ 91

268 Verkündungstermin: Rn 209.
Vermiedene Kosten: Soweit durch nicht erstattungsfähige Kosten erstattungsfähige vermieden wurden, ist nur der Mehrbetrag abzusetzen, BPatG GRUR **92**, 690.
Versäumnisurteil: Hat das Gericht bei seinem Erlaß eine vorherige teilweise Klagerücknahme übersehen, so darf der Bekl für den vollen Einspruch trotz Kenntnis der Teilrücknahme einen Anwalt beauftragen und diese Kosten erstattet fordern, LG Bln VersR **88**, 303. Ist das Versäumnisurteil gesetzwidrig ergangen und wußte der Klägervertreter das, so sind die Gebühren für seinen Antrag auf ein Versäumnisurteil *nicht* erstattungsfähig, Kblz AnwBl **89**, 237.

269 Versicherungsgesellschaft: Wenn sie kraft vertraglicher Bindung in Wahrheit den Prozeß führt, dann sind auch ihre Kosten Prozeßkosten, soweit die Partei die Beträge verständigerweise selbst aufgewendet hätte, Kblz Rpfleger **92**, 129, Mü MDR **87**, 148 (Privatgutachten). Das gilt auch für Detektivkosten, soweit sie im eigenen Interesse der Gesellschaft oder im wohlverstandenen objektiven Interesse des Versicherungsnehmers aufgewendet wurden, Ffm VersR **78**, 1146, strenger Hbg MDR **00**, 1460 (nur bei einem prozeßentscheidenden Ergebnis. S aber Rn 90). Die Erstattungsfähigkeit läßt sich erst recht für notwendige Aufwendungen der Gesellschaft bejahen, etwa wegen eines Gutachtens, Celle JB **00**, 205, Hbg MDR **00**, 1459, oder eines Aktenauszugs, Kblz JB **91**, 88, aM Karlsr VersR **80**, 337 (aber auch eine solche Gesellschaft kann ihre wirklich notwendigen Kosten erstattet fordern).

Nicht erstattungsfähig sind die allgemeinen Kosten ihrer Unterrichtung, Stgt Rpfleger **82**, 233, oder die Kosten einer Unterrichtung des ProzBev durch einen Verkehrsanwalt, Rn 262.
S auch Rn 101, 132, 217, 220, 262, 270, 297.
Versorgungsausgleich: Die Kosten des vom ProzBev zugezogenen Rentenberaters sind *nicht* erstattungsfähig, auch nicht stets Kosten für Fotokopien, Rn 184, Bbg JB **81**, 275, Stgt Just **80**, 442, Köln AnwBl **82**, 114, ferner nicht Kosten des vor dem Beschwerdegericht nicht zugelassenen bzw postulationsfähigen Anwalts, aM Zweibr Rpfleger **82**, 157 (aber in beiden Fällen muß man die Gesamtumstände beachten).
Vertragsabschluß: Anwaltskosten aus seinem Anlaß sind *nicht* erstattungsfähig, Kblz NJW **87**, 1751.
Vertreter: Rn 83, 92, 157.
Verwahrung: Ihre Kosten können erstattungsfähig sein, um dem Vorwurf einer Beweisvereitelung vorzubeugen, Kblz MDR **97**, 511.
Verwaltungsaufwand: Rn 81.
Verweisung: Rn 72, 114, 124.

270 Vollmachtloser Vertreter: Er mag für die Kosten haften, Bbg JB **05**, 548.
Vorbereitungskosten, vgl auch Üb 21, 22, 43 ff vor § 91. Man muß sehr differenzieren.

A. **Allgemeines,** dazu *Hösl,* Kostenerstattung bei außergerichtlicher Verteidigung gegen unberechtigte Rechtsverfolgung, 2004: Die Vorbereitungskosten sind in demjenigen Umfang erstattungsfähig, der gerade der Vorbereitung dieses bestimmten Prozesses mit seinen konkreten Anträgen dient, BPatG GRUR **80**, 986, BayObLG FGPrax **99**, 78, Weglage/Pawliczek NJW **05**, 3101, aM Hamm JB **78**, 386 (aber dann liegt eine klare Prozeßbezogenheit vor). Man sollte eine solche Sachdienlichkeit auch aus Gründen der Prozeßwirtschaftlichkeit großzügig bejahen, Grdz 14 vor § 128, BPatG GRUR **80**, 987, Weglage/Pawliczek NJW **05**, 3101, Dittmar NJW **86**, 2088 (ausf), aM Ffm Rpfleger **87**, 34, Hamm JB **85**, 1401 (keine Erstattbarkeit, soweit geprüft wird, ob überhaupt geklagt werden soll), Kblz AnwBl **85**, 214.

Die Maßnahme muß natürlich im Einzelfall zur Rechtsverfolgung *erforderlich* sein, BPatG GRUR **80**, 987, KG MDR **76**, 670. Die Maßnahme muß auch in einem vernünftigen Verhältnis zur Sache stehen, BPatG GRUR **80**, 987 (es stellt auf die Angemessenheit ab), Ffm GRUR **85**, 401 (kein Auskauf beim Testkauf), LG Köln WoM **86**, 19. Denn II bezieht sich nur auf das eigentliche Prozeßverfahren, nicht zB auf ein Eilverfahren. Die Kosten eines gestellten Zeugen können erstattungsfähig sein, Kblz VersR **86**, 666. Soweit eine prozessuale Erstattungsfähigkeit ausscheidet, kann ein sachlichrechtlicher Ersatzanspruch bestehen, Üb 43 vor § 91. Zu solchen Anwaltskosten Ruess MDR **05**, 313 (ausf mit Rechenbeispielen).

271 B. **Einzelfragen.** Nach den Regeln Rn 270 lassen sich im Einzelfall etwa die folgenden Feststellungen treffen.
– (**Abhilfeverfahren**): Bei einem Anspruch gegen den Staat zählt das sog Abhilfeverfahren *nicht* zu dem Abschnitt, der erstattungsfähige Vorbereitungskosten auslösen kann.
S auch Rn 290.
– (**Abmahnung**): Rn 286.
– (**Abtretung**): Kosten der Abtretung der späteren Klageforderung sind *grds keine* (notwendigen) Vorbereitungskosten, Düss MDR **85**, 1032.
– (**Abschlußschreiben**): Soweit es notwendig ist, § 93 Rn 77, können seine Kosten erstattungsfähig sein, aM Ffm GRUR **89**, 374, LG Hbg WRP **81**, 58, LG Lüb WRP **81**, 62 (aber zumindest soweit man ein solches Schreiben für notwendig hält, muß man auch seine Kosten für erstattungsfähig erklären).
S auch Rn 271 „Abschlußschreiben".
– (**Aktenauszug**): Die Kosten der Beschaffung eines Auszugs aus einer Akte oder aus einem Register sind grds erstattungsfähig, Kblz JB **91**, 88 (auch zu den Grenzen), LG Ffm VersR **82**, 809, strenger Ffm MDR **91**, 527, Karlsr JB **95**, 31.
– (**Anzeige**): Die Kosten einer Anzeige zwecks Zeugenermittlung können bei Beweisnot im angemessenen Umfang erstattungsfähig sein, LG Mönchengladb MDR **04**, 299.
S auch Rn 259 „Fahndungsanzeige", Rn 288 „Strafanzeige".
– (**Anwaltskosten**): Es gelten die Grundsätze Rn 270, aM Dittmar NJW **86**, 2087, ThP 7 (aber warum nicht?).

272 – (**Arrest, einstweilige Verfügung**): Wegen der Erstattungsfähigkeit der Kosten einer Schutzschrift, die vor dem Beginn eines Verfahrens auf den Erlaß einer einstweiligen Verfügung angefertigt bzw beim Gericht eingereicht wurde, Ffm MDR **78**, 675, Hbg Rpfleger **79**, 28. Die Kosten eines Eilverfahrens

Titel 5. Prozesskosten § 91

sind grds *nicht* im Hauptprozeß als dessen Vorbereitungskosten erstattungsfähig, soweit im Eilverfahren eine eigene Kostenentscheidung ergeht.
   S auch Rn 192, 277.
- **(Aufenthaltsermittlung):** Ihre Kosten können erstattungsfähig sein, LG Bonn WoM **90**, 585. Allerdings entstehen kaum zusätzliche Anwaltsgebühren, (zum alten Recht) Zweibr JB **98**, 468.
- **(Auskunft, Auslobung):** Ihre Kosten können erstattungsfähig sein, Mü JB **92**, 335. **273**
- **(Beratung):** Rn 156.
- **(Besichtigung):** Die Kosten einer Reise zum Unfallort zum Zweck der Besichtigung der Unfallstelle sind grds erstattungsfähig.
- **(Beweissicherung):** Rn 193.
- **(Datenbankrecherche):** Ihre Kosten können als zeitgemäßer Aufwand erstattungsfähig sein, aM Stgt **274** JB **98**, 424.
- **(Detektiv):** Die Kosten eines Detektivs können auch im Rahmen der Vorbereitung eines Rechtsstreits grds erstattungsfähig sein, sofern sie notwendig und nicht unverhältnismäßig hoch sind, BGH **111**, 177, KG JB **04**, 32, Kblz JB **04**, 35, aM BAG BB **87**, 689 (sachlichrechtlicher Ersatzanspruch), Düss VersR **97**, 382 (keine Notwendigkeit. Aber beide Varianten beachten die Prozeßwirtschaftlichkeit zu wenig, Grdz 14 vor § 128). Alles das gilt auch bei der Einschaltung sonstiger Fachleute, Ffm NJW **99**, 366 (Scientology-Kenntnis).
   S auch Rn 89, 270.
- **(Durcharbeitung des Streitstoffs):** Ihre Kosten sind *grds nicht* erstattungsfähig, Kblz AnwBl **96**, 412, Schlesw JB **81**, 122. Das gilt bei persönlicher Vornahme wie bei Beauftragung eines Dritten, der nicht ProzBev usw ist, Hbg MDR **85**, 237, KG MDR **85**, 414, Vogl Rpfleger **98**, 138.
   Ausnahmen können bestehen, wenn die Partei keine ausreichende Kenntnis hat, KG MDR **85**, 414, Vogl Rpfleger **98**, 138.
- **(Einigungsstelle):** Rn 60.
- **(Fahndungsanzeige):** Die Kosten einer Fahndungsanzeige nebst einer Auslobung in einer Zeitung **275** sind *grds nicht* erstattungsfähig, KG MDR **78**, 762.
- **(Fangprämie):** Rn 297.
- **(Foto):** Wegen der Erstattungsfähigkeit von Fotokopien zur Vorbereitung des Prozesses Crämer AnwBl **77**, 50 (Übersicht).
   S auch Rn 96 „Foto".
- **(Geschäftsgebühr):** Die Gebühren nach (jetzt) § 34 RVG, VV 2300 sind evtl auch im Rahmen von **276** § 91 erstattungsfähig, Wolf Rpfleger **05**, 341, aM Ffm JB **03**, 201, Naumb JB **02**, 372, Rostock JB **98**, 200 (aber § 91 ist nicht so eng).
- **(Güteverfahren):** Vgl Rn 106.
- **(Gutachten):** Wegen derjenigen *im* Prozeß Rn 102. **277**
   Vorprozessual gilt, dazu *Gruber* NVersZ **02**, 153, *Sattler* (bei Rn 101, je Üb): Es muß ein gewisser Bezug zum bevorstehenden Prozeß bestehen, BGH **153**, 235. Es kommt darauf an, ob die Partei ohne Gutachten ausreichend vortragen kann, Hamm RR **96**, 830. Die Kosten von Arbeiten der Partei zur Vorbereitung einer vom Gericht anzuordnenden Begutachtung, etwa vom Aufbau eines Baugerüsts oder von Abschlepparbeiten am Unfallwagen oder von Arbeiten zur Freilegung eines Mauerwerks, sind grds erstattungsfähig, Düss RR **97**, 1360, Hbg MDR **93**, 87, Kblz MDR **04**, 1025. Erstattungsfähig sind auch die Kosten der Beseitigung von Schäden, die der Sachverständige nicht verhindern konnte, Kblz JB **78**, 120, aM Düss MDR **97**, 886, KG JB **78**, 1247 (aber sie sind die unvermeidbare Folge seines korrekten Einsatzes). Erstattbar sind die Beträge jeweils in Höhe der üblichen Vergütung, soweit sie zum Geschäftsbereich der Partei zählen und deren gewöhnlichen, zumutbaren Prozeßaufwand übersteigen, Schlesw SchlHA **84**, 132, aM KG Rpfleger **81**, 203, oder soweit sie die Kosten eines gerichtlich bestellten Sachverständigen übersteigen, Kblz AnwBl **88**, 298. Die Stundensätze (jetzt) des JVEG sind nur Anhaltspunkte, Kblz VersR **88**, 702.
   Beispiele der Erstattungsfähigkeit: Die Kosten sind aus der Sicht einer vernünftigen Partei erforderlich, **278** BGH MDR **03**, 413, Hamm OLGR **99**, 111, Karlsr JB **05**, 544 rechts. Das gilt auch für zukünftiges Eilverfahren wegen einer Glaubhaftmachung, KG AnwBl **87**, 239, Schlesw JB **79**, 1518. In diesem Zusammenhang muß man den Grundsatz der Waffengleichheit für beide Parteien beachten, LG Mü VersR **86**, 1246, FG Hann EFG **86**, 303. Er kann er erforderlich machen, die Erstattungsfähigkeit dann zu bejahen, wenn die Partei sonst gar nicht sachlich fundiert vortragen kann, Bbg JB **91**, 838, Düss RR **96**, 572, Hbg JB **90**, 1476, oder wenn der Gegner auf dem betreffenden Sachgebiet kundig ist, Karlsr JB **05**, 544 links, Mü NJW **72**, 2273. Das alles übersieht BVerfG NJW **93**, 2793, das die Regeln der Erstattungsfähigkeit vorprozessualen Gutachtens mit denjenigen eines (dort gar nicht erfolgten) im Prozeß eingeholten Gutachtens verwechselt.
   Erstattungsfähig können also die Kosten eines Privatgutachtens sein, das man zur *Beurteilung der* **279** *konkreten Prozeßaussichten* einholt, BGH **153**, 235 (Üb), Nürnb FamRZ **02**, 1719, strenger Kblz JB **95**, 87 (direkte Prozeßabsicht. Aber das ist praktisch nicht kontrollierbar), Köln JB **03**, 313. Das gilt auch zwecks Vorbereitung eines Rechtsmittels, Hamm JB **78**, 1079, Kblz AnwBl **88**, 298. Beim ausländischen Recht ist § 293 beachtlich, Mankowski MDR **01**, 199.
   Soweit nach den vorstehenden Regeln eine Erstattungsfähigkeit vorliegt, besteht sie auch dann, wenn **280** ein selbständiges Beweisverfahren möglich gewesen wäre, Stgt Just **80**, 328, oder wenn das Gutachten den Ausgang des nachfolgenden Prozesses *nicht beeinflußt,* Düss RR **96**, 572, Hamm OLGR **99**, 11, Saarbr JB **90**, 623, aM Hamm RR **96**, 830, Mü RR **95**, 1470, LG Bln JB **85**, 126 (aber auch andere Beweiskosten sind unabhängig vom Ausgang des Beweisaufnahme erstattbar).
   Die Erstattungsfähigkeit besteht jedenfalls unabhängig von einem gleichartigen *sachlichrechtlichen* Ersatzanspruch, etwa nach § 2314 I 2 BGB, Mü Rpfleger **83**, 486. Ein Anzeichen für die Erstattungsfähigkeit ist natürlich die Verwendung des Gutachtens durch das Gericht, Stgt VersR **79**, 849, oder seine Ursächlichkeit für einen Vergleich, Nürnb Rpfleger **02**, 482, LG Brschw MDR **79**, 320.

§ 91

281 Die Kosten eines Privatgutachtens können insbesondere dann erstattungsfähig sein, wenn eine *Versicherungsgesellschaft* es vor dem Prozeß eingeholt hat, Kblz RR **04**, 286, Köln VersR **04**, 803, Rostock VersR **05**, 855 (jedenfalls nach angeblichem Versicherungsbetrug), strenger Celle JB **00**, 205, Karlsr VersR **04**, 931 (zustm Otto), Kblz VersR **04**, 803 (aber die Grundregeln Rn 277 bleiben auch zugunsten einer Versicherungsgesellschaft bestehen).

282 Eine Erstattungsfähigkeit besteht auch, wenn die *gegnerische* Versicherungsgesellschaft nunmehr ihrerseits ein Privatgutachten eingeholt hat, LG Mü VersR **86**, 1246. Eine Erstattungsfähigkeit besteht auch dann, wenn die Versicherungsgesellschaft das Gutachten während eines Strafverfahrens mit Rücksicht auf einen bestimmt gegen den Versicherten zu erwartenden Schadensersatzprozeß eingeholt hat. In diesem Fall sind auf die Höhe des erstattungsfähigen Betrags die Regeln (jetzt) des JVEG als Richtsätze anwendbar, Kblz VersR **76**, 1051. Wenn man im Zeitpunkt der Einholung des Privatgutachtens noch keineswegs an einen Prozeß denken konnte, kann man die Kosten dieses Gutachtens unter Umständen zusammen mit der Klageforderung geltend machen. Man darf die Erledigung eines Strafverfahrens gegen sich abwarten, Hbg JB **90**, 1469.

283 *Beispiele des Fehlens der Erstattungsfähigkeit:* Die Kosten eines Gutachtens über nur innerdeutsche Rechtsfragen, Düss OLGR **95**, 102, Ffm Rpfleger **78**, 385, Kblz Rpfleger **86**, 107, es sei denn, man braucht es zB zum Nachweis eines Verstoßes des Berufungsgerichts gegen Denkgesetze usw zwecks Revision, Hamm JB **78**, 1079; die Kosten eines nach § 558 BGB vor einer Mieterhöhungsforderung eingeholten Privatgutachtens, LG Mainz NZM **05**, 15, LG Mü MDR **84**, 57, LG Köln WoM **97**, 269, LG Saarbr AnwBl **85**, 210. Erst recht nicht erstattungsfähig sind die Kosten eines weiteren derartigen vorprozessualen Gutachtens, aM AG Lehrte WoM **83**, 320 (abl Röchling); die Kosten eines Privatgutachtens bei § 93 c, Hamm Rpfleger **79**, 142; die Kosten einer Meinungsumfrage in einer Markensache, die eine nicht beweispflichtige Partei ohne privates Gegengutachten eingeholt hat, Kblz GRUR-RR **04**, 312.

284 – **(Information):** Reisekosten zur Information zwecks Ermittlung des Sachverhalts können erstattungsfähig sein, Kblz DB **90**, 2260.
– **(Inkasso):** Rn 108.

285 – **(Insolvenzverfahren):** Die Kosten eines dem Rechtsstreit vorangegangenen Insolvenzverfahrens sind in der Regel *nicht* erstattungsfähig, KG JB **76**, 1103.
– **(Kündigung):** Die Kosten einer vorprozessualen Kündigung sind regelmäßig *nicht* erstattungsfähig. Denn die Kündigung macht den Klaganspruch meist erst fällig, LG Bückebg ZMR **79**, 20.

286 – **(Mahnung),** dazu *Steinmetz,* Der „kleine" Wettbewerbsprozeß, 1993; *Wilke,* Abmahnung und Schutzschrift im gewerblichen Rechtsschutz, 1991: Die Kosten einer vorprozessualen Mahnung, Abmahnung usw etwa auf Grund eines Testkaufs einschließlich sonstiger Kosten wegen eines unlauteren Wettbewerbs sind erstattungsfähig, Drsd GRUR **97**, 318, Mü GRUR-RR **05**, 40, Nürnb JB **92**, 614, aM BGH RR **88**, 1199, Hbg MDR **05**, 899, AG Kaisersl GRUR-RR **05**, 39 (vgl aber Rn 271 „Abschlußschreiben").
Vgl aber auch Rn 81, § 93 Rn 66 ff.
– **(Markensache):** Kosten der Aufforderung der Glaubhaftmachung der Zeichenbenutzung sind *nicht* erstattungsfähig, BGH MDR **81**, 24.
– **(Meinungsumfrage):** Ihre Kosten können erstattungsfähig sein, wenn der Antragsteller im Eilverfahren mit der Notwendigkeit einer Glaubhaftmachung rechnen mußte, Hbg JB **89**, 812, Köln JB **95**, 475, Mü Rpfleger **87**, 331, oder wann die Partei entsprechende Gerichtskosten befürchten muß, Mü GRUR-RR **05**, 296. Dann ist keine Entscheidungserheblichkeit nötig, Hamm MDR **79**, 234.
– **(Obligatorisches Güteverfahren):** Anwaltskosten des Verfahrens können insoweit, als man sie nicht schon nach Rn 106 erstattungsfähig einstuft, als Vorbereitungskosten zumindest insoweit erstattungsfähig sein, als sie sinnvoll, zweckmäßig oder eben gar „obligatorisch", zwingend waren, BayObLG RR **05**, 724, LG Mönchengladb JB **03**, 207 und 208, Hartmann NJW **99**, 3748.

287 – **(Patentanwalt):** Seine Mitwirkung bei einer Abmahnung kann zu den Vorbereitungskosten zählen, Düss AnwBl **01**, 187, Hamm AnwBl **03**, 186.
– **(Patentrecherchen):** Ob Ermittlungen nach dem vorveröffentlichten Stand der Technik notwendig waren, muß man nach einem großzügigen Maßstab anhand des Angemessenen aus der Sicht des Zeitpunkts der Einleitung der Ermittlungen beurteilen, BPatG GRUR **80**, 986, Ffm GRUR **97**, 967.
– **(Prozeßkostenhilfe):** Rn 153. Vgl aber § 19 I 2 Z 4 RVG, VV 3334. Stets ist die Notwendigkeit zu prüfen, unabhängig von § 121 III, Ffm AnwBl **82**, 381, Schlesw SchlHA **89**, 162.
– **(Reisekosten):** Sie können als Teil von Vorbereitungskosten zu den Prozeßkosten zu zählen sein, aM Mü FamRZ **02**, 680 (s aber Rn 270).
– **(Schiedsgutachten):** Der Grundsatz Rn 270 gilt auch hier, strenger Düss RR **99**, 1667 (keine Erstattbarkeit).

288 – **(Schiedsrichterliches Verfahren):** Die Kostenfragen richten sich nach §§ 1029, 1030, 1047.
– **(Selbständiges Beweisverfahren):** Soweit zB ein Vollstreckungsbescheid eine Kostengrundentscheidung enthält, können auch die Kosten eines zugehörigen selbständigen Beweisverfahrens erstattungsfähige Prozeßkosten sein, LG Saarbr JB **99**, 532. Soweit eine Abtretung erfolgt ist, sind Kosten des selbständigen Beweisverfahrens im Prozeß des neuen Gläubigers als Vorbereitungskosten evtl erstattungsfähig, KG JB **81**, 1392, Köln JB **93**, 684, Schlesw JB **91**, 1357. Natürlich kann ein Vergleich eine vorrangige „andere Vereinbarung" treffen, § 98 Rn 50. Ist nach dem Ergebnis der Beweissicherung ein Dritter der Schadensverursacher, so sind im Hauptprozeß gegen ihn die Beweissicherungskosten evtl als Vorbereitungskosten erstattungsfähig, Rn 277, aM Mü JB **92**, 105 (aber man darf und muß also prozeßwirtschaftlich urteilen, Grdz 14 vor § 128).
S auch Rn 193.
– **(Stoffsammlung):** Ihre Anwaltskosten sind *nicht* erstattungsfähig, Mü Anw **91**, 276.
– **(Strafanzeige):** Die Anwaltskosten wegen eines Ermittlungsverfahrens können erstattungsfähig sein, Bbg JB **03**, 145 rechts (Verteidigungskosten), KG AnwBl **83**, 363, Saarbr OLGR **98**, 136.

Titel 5. Prozesskosten **§ 91**

– **(Testkauf):** Auch hier gilt der Grundsatz, daß die Erstattungsfähigkeit von der Notwendigkeit abhängt, **289** Ffm JB **01**, 260, Mü GRUR RR **05**, 40, Zweibr GRUR-RR **04**, 343, aM Hamm MDR **85**, 414, KG Rpfleger **83**, 172 (aber der Testkauf darf keine Sonderbehandlung beanspruchen).
Man muß *sparsam* und wirtschaftlich vorgehen, Ffm JB **01**, 259. Man darf zwar evtl eine größere und nur deshalb beim Verkäufer kein Mißtrauen erregende Partie kaufen. Man darf aber keinen Auskauf betreiben, Ffm GRUR **85**, 401. Der Erstattungspflichtige kann einen sachlichrechtlichen Anspruch auf die Übereignung der Testkaufsachen haben, Üb 67 vor § 91.
Nicht erstattungsfähig sind Kosten, die nur einen weiteren Gerichtsstand begründen sollen, Mü Rpfleger **76**, 219.
– **(Verein):** Ein Verein zur Bekämpfung des unlauteren Wettbewerbs ist grds in der Lage, den ProzBev **290** ohne einen Verkehrsanwalt *schriftlich* zu informieren, Mü BB **90**, 950.
– **(Vergleich):** Die Kosten seiner Vorbereitung, zB eine Geschäftsgebühr nach VV 2300, können erstattungsfähig sein, Bbg JB **03**, 144 links oben, LG Saarbr JB **02**, 38.
– **(Versicherung):** Die Prüfkosten der Einstandspflicht sind als allgemeine Betriebskosten *nicht* erstattungsfähig, Celle JB **00**, 205, Hbg MDR **00**, 1459.
– **(Verwahrung):** Die Kosten der Verwahrung bis zur Rückgabe Zug um Zug nach einer Wandlung sind sachlichrechtliche Kosten, *keine* Prozeßkosten, Mü AnwBl **88**, 484.
– **(Verwaltungsverfahren):** Die Kosten eines notwendigerweise vorgeschalteten Verwaltungsverfahrens sind erstattungsfähig, falls man sie als Kosten des Rechtsstreits ansehen kann, Rn 15, 16, Mü MDR **90**, 1020, aM Hbg JB **92**, 336, Schlesw JB **92**, 170, Stgt JB **91**, 84 (aber auch hier ist eine prozeßwirtschaftliche Betrachtung geboten, Grdz 14 vor § 128).
Mit Rücksicht auf die Entstehungsgeschichte sind aber in einer Baulandsache die Kosten eines vorangegangenen Enteignungsverfahrens *nicht* erstattungsfähig, Stgt JB **91**, 84 (für das Verfahren nach § 43 II BauGB). Nicht erstattungsfähig sind auch die Kosten eines Bevollmächtigten bei einem Sieg im steuerrechtlichen Vorverfahren, BVerfG **35**, 283. Das gilt auch dann, wenn man nur den Kostenteil der Einspruchsentscheidung des Finanzamts angefochten hat. Nicht erstattungsfähig sind die Kosten vor dem Amt für Verteidigungslasten, Ffm AnwBl **77**, 310.
S auch Rn 271 „Abhilfeverfahren".
– **(Vorgerichtliche Mahnkosten):** Man darf die vorprozessualen Mahnkosten entgegen einer weitverbreiteten Übung *nicht* als Teil der Hauptforderung im Rahmen des Erkenntnisverfahrens bescheiden. Man darf sie vielmehr als einen Teil der etwaigen Vorbereitungskosten nur im Kostenfestsetzungsverfahren nach §§ 103 ff prüfen. Soweit eine Partei trotzdem eine Entscheidung des Spruchrichters nach § 308 I durch einen Sachantrag erzwingt, muß das Gericht diesen Teil der Klage mangels Rechtsschutzbedürfnisses wegen der einfacheren Klärungsart im Festsetzungsverfahren nach Einf 2, 3 vor §§ 103–107 als unzulässig abweisen.
– **(Wandlung):** S „Verwahrung". **291**
Vormundschaft: Rn 152 „Pflegschaft, Vormundschaft." **292**
Vorpfändung: § 788 Rn 48 „Vorpfändung".
Vorprozeß: Man muß die Erstattungsfähigkeit für die Kosten eines jeden Rechtsstreits grds selbständig beurteilen. Kosten im Zusammenhang mit einem Vorprozeß können als sachlichrechtlicher Ersatzanspruch zum Hauptanspruch eines nachfolgenden Prozesses werden, wenn sie im Vorprozeß nicht erstattungsfähig werden. Zur Problematik Klimke VersR **81**, 17 (ausf).
Vorschuß: Die Summe von Vorschuß und Erstattungsbetrag muß den Betrag übersteigen, den der Vorschußempfänger insgesamt für den Prozeß aufwenden muß, Bbg JB **99**, 28.
Vgl auch § 103 Rn 23, Rn 301 (Vorschußverzinsung).
Vorsorglicher Prozeßauftrag: Rn 192.
Wahl des Gerichtsstands: Rn 239 „Gerichtsstandswahl".
Widerspruch: Rn 114 ff „Mahnverfahren".
Wohnungseigentum: Im FGG-Verfahren ist § 13 a II FGG und nicht § 91 II ZPO anwendbar, LG Wuppert **293** ZMR **91**, 183. Nach der Abgabe vom WEG-Gericht an das Prozeßgericht sind §§ 91 ff auf die gesamten Prozeßkosten anwendbar, § 50 WEG, KG OLGZ **90**, 193. Erstattungsfähig kann auch ein zur Prozeßführung ausgesetztes Sonderhonorar des Verwalters sein, KG WoM **89**, 94. Freilich darf man nicht stets ein zwischen dem Verwalter und den Eigentümer vereinbartes Honorar in Höhe einer Anwaltsvergütung gegen den Gegner festsetzen, LG Bln JB **01**, 648. Auch bleibt zu prüfen, ob seine Tätigkeit überhaupt mit dem RBerG vereinbar ist, § 134 BGB, KG MDR **91**, 455, AG Neuss WoM **89**, 89. Erstattungsfähig können auch Verwalterkosten zur Information der Wohnungseigentümer über einen Prozeß sein, ZöHe 13 „Wohnungseigentümer", aM LG Hann NZM **98**, 121 (aber der Verwalter erfüllt insoweit nur eine Pflicht). Der Verwalter ist oft, wenn auch nicht stets, zwecks Kostenersparnis verpflichtet, Ansprüche der Gemeinschaft im eigenen Namen geltend zu machen, Mü JB **98**, 596, LG Brschw NZM **01**, 776, LG Essen Rpfleger **02**, 101, aM Kblz JB **85**, 711, LG Frankenth Rpfleger **84**, 201 (aber er darf kostenmäßig keine Besserstellung haben als eine Partei haben). Erstattungsfähig sind angemessene Kosten der Ermittlung der Wohnungseigentümer, vor allem auf Grund einer Gerichtsauflage, KG WoM **05**, 147.
Zentrale Behörde (Generalbundesanwalt) nach AUG: Vgl Üb 6, 8 vor § 78.
Zeitversäumnis: Erstattungsfähig sind die Kosten notwendiger Reisen, Ffm JZ **77**, 97, Köln JB **96**, 94. **294** Erstattungsfähig sind auch die Kosten einer notwendigen Informationsreise, Kblz MDR **82**, 590, Köln JB **96**, 94, VGH Mannh JB **90**, 1002, Rn 81 „Bearbeitung des Prozesses". Erstattungsfähig sind auch die Kosten einschließlich Verdienstausfall wegen einer notwendigen Terminwahrnehmung, Stgt AnwBl **89**, 166. Das gilt auch dann, wenn ein Mitarbeiter der Partei den Termin wahrnimmt, Bbg JB **92**, 243, Köln JB **01**, 84, Stgt JB **01**, 484, strenger Rostock OLGR **00**, 237, Stgt JB **01**, 484, LG Bln MDR **89**, 917 (aber auch der Mitarbeiter verbraucht Zeit und Geld).
Dabei ist jetzt *§ 19 JVEG* anwendbar, Hamm MDR **97**, 206, LAG Halle JB **00**, 535, OVG Kblz NJW **295** **88**, 1807, auch zugunsten eines „Hausmanns". Ferner sind §§ 5–7, 13, 14 JVEG anwendbar, § 91 I ZPO.

§ 91 Buch 1. Abschnitt 2. Parteien

Der Ausfall im Betrieb rechtfertigt nicht stets die Annahme eines Verdienstausfalls, Stgt Just **81**, 204, aM KG MDR **85**, 851 (aber im allgemeinen sitzt man im Betrieb nicht nutzlos herum). Mit einer Vertagung braucht im allgemeinen keine Partei im voraus zu rechnen. Auch eine juristische Person kann einen Erstattungsanspruch haben, Hamm MDR **97**, 206, Köln JB **00**, 84, Stgt JB **01**, 484, aM BVerwG NVwZ **05**, 467. Das gilt aber nicht automatisch auch zugunsten einer Behörde, BVerwG NVwZ **95**, 467, LG Köln JB **94**, 229, aM Bbg JB **92**, 243, Stgt RR **90**, 1344, LG Ffm MDR **85**, 589 (aber auch eine Behörde unterliegt normalen Regeln).

Die einer mittellosen Partei im Fall der Anordnung ihres *persönlichen Erscheinens* gewährten Reisekosten sind erstattungsfähige Gerichtskosten. Der Partei ist unter Umständen auch der Aufwand einer Reise im Kraftfahrzeug oder Flugzeug zu erstatten. Erstattungsfähig sind auch die Kosten der Bereitstellung eines Beweisgegenstands, etwa die Kosten der Vorführung eines Lastzugs. Über die vorgenannten Fälle hinaus ist keine Erstattung möglich.

296 *Nicht erstattet* werden also zB: Grundsätzlich die Kosten der Bearbeitung des Prozesses, Rn 81, BGH **66**, 114, Drsd RR **94**, 1141, Kblz Rpfleger **03**, 384 (Durcharbeitung eines Gutachtens, auch zu engen Ausnahmen), VGH Mannh JB **90**, 1002; Kosten zur sonstigen Vorbereitung eines Ortstermins, KG JB **78**, 1248; die Reisekosten eines Vertreters von einem anderen Ort her, sofern die Firma an einem ihrer Gerichtsstände nach den §§ 17, 19, 21 verklagt worden ist, Bbg JB **76**, 90; ein Verdienstausfall als solcher allgemein, Ffm MDR **84**, 501, Stgt Just **81**, 204, auch nicht derjenige eines Liquidators, Hamm Rpfleger **82**, 82, oder gar eines Beamten; ein entgangener Urlaub, Köln JB **86**, 445. Die Deutsche Bahn AG als Partei kann keinen solchen Betrag erstattet fordern, den ein Mitarbeiter für eine notwendige Reise hätte aufwenden müssen, wenn er keinen Freifahrschein erhalten hätte. Denn er *hat* ihn erhalten.

S auch Rn 81, 92, 209 „Terminswahrnehmung", Rn 215, 216.

297 Zeuge und Sachverständiger: Wegen seiner Ermittlung Rn 89 ff. Soweit ihn das Gericht geladen oder doch zB auf Grund einer durch die Partei erfolgten Gestellung bzw Sistierung vernommen hat und daher nach dem JVEG entschädigen muß, sind diese Kosten Teil der Gerichtskosten und in diesem Rahmen stets erstattungsfähig, KV 9005, Ffm JB **85**, 1402, Hbg MDR **00**, 666, Kblz JB **83**, 1661, aM Bbg JB **77**, 1619, Hbg MDR **87**, 147, Kblz OLGR **97**, 231. Die Kosten einer Belohnung oder Auslobung für die Benennung eines Zeugen sind erstattungsfähig, falls die Partei diese Maßnahme zB wegen des Verhaltens des Gegners für nötig halten darf, Kblz NJW **75**, 173, aM Hbg JB **91**, 1518 (aber hier gelten ähnliche Regeln wie bei Rn 274 „Detektiv". Denn die Lagen sind vergleichbar). Freilich darf die Partei den Zeugen auch nicht „gekauft" haben, Hbg MDR **98**, 496.

298 Im übrigen sind die Kosten insoweit erstattungsfähig, als das Gericht die *Gestellung* des Zeugen oder Sachverständigen zu einer zweckentsprechenden Rechtsverfolgung oder Rechtsverteidigung angeregt hatte oder soweit die Gestellung sonstwie der Partei als notwendig erscheinen kann, etwa im Verfahren auf den Erlaß einer einstweiligen Verfügung, Hbg MDR **95**, 210 (auch bei vielen Zeugen), Kblz MDR **97**, 888, Mü GRUR **92**, 345, aM Ffm VersR **83**, 841, Kblz DB **86**, 1820 (erstattungsfähig sei auch dann nur der nach dem JVEG gezahlte Betrag. Aber hier geht es zunächst nur um das Ob).

299 Erstattungsfähig sind in diesem Rahmen zumindest die einem Zeugen von der Partei im Rahmen (jetzt) des *JVEG* gezahlten Auslagen (zu ihnen Bach JB **92**, 8) und Entschädigungen, durch die ein *Gebührenverzicht* des Zeugen erwirkt wurde, Ffm JB **83**, 1253, KG JB **82**, 1247, Karlsr JB **91**, 1514, aM Bbg JB **77**, 1619, Kblz RR **98**, 717 (aber solche Ansicht widerspricht dem Gebot der Prozeßwirtschaftlichkeit, Grdz 14 vor § 128).

300 *Nicht erstattungsfähig* sind die Kosten einer privaten Zeugenanhörung. Denn ein solches Vorgehen ist nicht zweckmäßig, weil eine Zeugenvernehmung grundsätzlich allein dem Gericht vorbehalten ist.

301 Zinsen: Avalzinsen können erstattungsfähig sein, Kblz JB **98**, 494, Mü MDR **99**, 1525.

Zinsen zur Finanzierung von Prozeßkosten einschließlich einer Sicherheitsleistung und Vorschuß-Zinsausfall sind *nicht* erstattungsfähig, Düss Rpfleger **81**, 121, Kblz RR **98**, 718, Mü MDR **89**, 267. Freilich kann ein sachlichrechtlicher Ersatzanspruch unter dem Gesichtspunkt eines Verzugsschadens bestehen, Gödicke JB **01**, 515.

Zug um Zug: Rn 290 „Verwahrung".
Zurücknahme der Klage: Rn 111 „Klagerücknahme".
Zurücknahme der Berufung: § 516 Rn 19.
Zuständigkeitsbestimmung: Im Verfahren nach § 36 I Z 3 sind die Kosten eines bei dem als zuständig bestimmten Gericht nicht zugelassenen war bzw nicht postulationsfähigen Anwalts dennoch erstattungsfähig, Zweibr JB **85**, 925.

302 Zustellung: Ihre Kosten sind erstattungsfähig, soweit sie für die berechtigten Parteiinteressen in einem zweckdienlichen Umfang notwendig waren. Die Mehrkosten der Zustellung durch einen Gerichtsvollzieher sind erstattungsfähig, soweit die Zustellung andernfalls von Anwalt zu Anwalt erfolgt wäre und soweit die zustellende Partei ein berechtigtes sachliches Interesse an einer schnellen und sicheren Zustellung hat. Das gilt etwa bei der Zustellung einer einstweiligen Verfügung, Hbg NJW **04**, 3723 (Flugkosten), KG Rpfleger **81**, 121, oder bei einem berechtigten Zweifel an der Zuverlässigkeit desjenigen gegnerischen Anwalts, der das Empfangsbekenntnis einer Zustellung von Anwalt zu Anwalt ausstellen müßte, KG Rpfleger **81**, 121. Die Kosten der Hinzuziehung eines Anwalts in den neuen Bundesländern waren anfangs evtl in einer Eilsache notwendig, Ffm JB **91**, 1347. Die Mehrkosten der Zustellung durch einen Gerichtsvollzieher sind *nicht* erstattungsfähig, soweit die Zustellung andernfalls durch die Post usw zuverlässig genug erfolgt wäre.

Zwangsvollstreckung: § 104 Rn 22 ff.
Zweigstelle: Rn 166.

303 **22)** *VwGO: I* 1 und *II* 1 (1. Halbsatz) sind in § 154 I, § 162 I und II *VwGO* übernommen; zu erstatten sind nur notwendige Kosten, VGH Mannh VBlBW **91**, 342, VG Stuttgt NVwZ-RR **05**, 661 (auswärtiger RA), OVG Münst *KR* § 162 *VwGO* Nr 51, VGH Mü RiA **81**, 138. Ergänzend anwendbar, § 173 *VwGO*, sind *I* 2, BVerwG NVwZ **05**, 466 mwN, VGH Mannh NVwZ-RR **92**, 447 u **90**, 665 mwN (keine Entschädigung für Zeitversäumnis *von Behördenvertretern, BVerwG aaO, OVG Lüneb NVwZ-RR 97, 143 mwN, insofern begrenzte Entschädigung für Beteiligte, VGH Kassel NVwZ-RR 99, 213 mwN; Behördenvertreter, die keine zugelassenen Rechtsanwälte sind, können keine Aufwandserstattung verlangen, VGH Mü Bay VBl 03, 29), und die weiteren Bestimmungen in II, die auf dem allgemein anwendbaren Grundsatz beruhen, daß Kosten niedrig zu halten sind, vgl BVerwG NWVBl 01, 14, OVG Greifsw LS AnwBl 99, 132. Zur Erstattung von Reisekosten des RA, oben Rn 163, vgl Hartmann RVG VV 7003 ff Rn 52, RedOe § 162 Anm 11 mwN, VGH Mannh VBlBW 91, 342, zur Erstattung der Kosten mehrerer RAe, II 3, vgl RedOe § 162 Anm 12 und VGH Kassel NJW 69, 1640. Auch II 4 (RA in eigener Sache) ist entsprechend anwendbar, auch für die Kosten des Vorverfahrens, OVG Münst NVwZ-RR 90, 668, KoppSch § 162 Rn 19 mwN, str, aM ua RedOe § 162 Anm 13 a, OVG Münst JB 78, 1334 mwN, VGH Mü NJW 78, 2414 mwN m abl Anm Czermak BayVBl 78, 704. II 4 greift auch dann ein, wenn der RA als gesetzlicher Vertreter oder Organ eines Beteiligten auftritt, OVG Lüneb NVwZ-RR 02, 237 mwN; II 4 gilt nicht für Hochschullehrer, BVerfG NJW 86, 422, OVG Münst NJW 76, 1333. Kosten sind auch im VerwProzeß die gesetzlichen Gebühren und Auslagen des RA, OVG Münst NJW 69, 709; die Notwendigkeit der Zuziehung eines RA ist nicht zu prüfen, RedOe § 162 Anm 10, auch nicht, wenn er eine jur Person des öffl Rechts oder eine Behörde vertritt (Ausnahme: Verstoß gegen Treu und Glauben, OVG Lüneb NVwZ-RR 05, 659, NVwZ-RR 02, 467 mwN, oder wenn Klage ausdrücklich nur zur Fristwahrung erhoben wird, VG Stuttgart NVwZ-RR 02, 292, str, aM KoppSch § 162 Rn 10 mwN). Zur Erstattung der Kosten eines Hochschullehrers s BVerwG NJW 78, 1173, VGH Mü NJW 92, 853, eines Privatgutachtens s Decker BayVBl 00, 518, BVerwG DVBl 01, 1763, OVG Greifsw NordÖR 05, 65, OVG Lüneb NVwZ-RR 02, 703, OVG Münst NVwZ-RR 02, 902, VGH Mannh NVwZ-RR 02, 315 mwN, VGH Mü BayVBl 02, 28.*

91a **Kosten bei Erledigung der Hauptsache.** [I 1] Haben die Parteien in der mündlichen Verhandlung oder durch Einreichung eines Schriftsatzes oder zu Protokoll der Geschäftsstelle den Rechtsstreit in der Hauptsache für erledigt erklärt, so entscheidet das Gericht über die Kosten unter Berücksichtigung des bisherigen Sach- und Streitstandes nach billigem Ermessen durch Beschluss. [2] Dasselbe gilt, wenn der Beklagte der Erledigungserklärung des Klägers nicht innerhalb einer Notfrist von zwei Wochen seit der Zustellung des Schriftsatzes widerspricht, wenn der Beklagte zuvor auf diese Folge hingewiesen worden ist.

[II 1] Gegen die Entscheidung findet die sofortige Beschwerde statt. [2] Dies gilt nicht, wenn der Streitwert der Hauptsache den in § 511 genannten Betrag nicht übersteigt. [3] Vor der Entscheidung über die Beschwerde ist der Gegner zu hören.

Vorbem. I 2 angefügt dch Art 1 Z 4 des 1. JuMoG v 24. 8. 04, BGBl 2198, in Kraft seit 1. 9. 04, Art 14 S 1 des 1. JuMoG, ÜbergangsR wegen I 2 § 29 Z 1 EGZPO idF Art 2 Z 2 des 1. JuMoG, wegen II 1, 3 § 26 Z 10 EGZPO, im übrigen Einl III 78.

Schrifttum: *Becker-Eberhard,* Die Entwicklung der höchstrichterlichen Rechtsprechung zur Erledigung der Hauptsache im Zivilprozeß, Festgabe *50 Jahre Bundesgerichtshof* (2000) III 273; *El-Gayar,* Die einseitige Erledigungserklärung des Klägers im Zivil-, Arbeits- und Verwaltungsgerichtsprozeß, 1998; *Grunsky,* Grenzen des Gleichlaufs von Hauptsache- und Kostenentscheidung. Zugleich ein Beitrag zur einseitigen Erledigungserklärung, Festschrift für *Schwab* (1990) 165; *Lüke,* Zur Erledigung der Hauptsache, Festschrift für *Weber* (1975) 323; *Richter,* Die Erledigung der Hauptsache im Verfahren der freiwilligen Gerichtsbarkeit, Diss Saarbr 1986; *Schiller,* Klageerneuerung nach Erledigung des Rechtsstreits in der Hauptsache im Zivilprozeß, Diss Bonn 1979; *Shen,* Die Erledigung der Hauptsache usw, 2000; *Stahlnecker,* Die einseitige Erledigungserklärung im Zivil- und Verwaltungsprozeß, 1994; *Ulrich* NJW 94, 2793 (Üb); *Vogeno,* Die einseitige Erledigungserklärung im Zivilprozeß, 1996; *Westermeier,* Die Erledigung der Hauptsache im Deutschen Verfahrensrecht usw, 2005; *Wosgien,* Konkurs und Erledigung der Hauptsache, 1984.

Gliederung

1) **Systematik, I, II** 1, 2	6) **Erledigterklärung, I** 62–95
A. Verhältnis der Vorschriften zueinander ... 1	A. Begriff der Erledigterklärung 62, 63
B. Aufbau der Kommentierung 2	B. Abgrenzung zum erledigenden Ereignis 64
2) **Regelungszweck, I, II** 3	C. Form 65
3) **Sachlicher Geltungsbereich, I, II** ... 4–21	D. Kein Anwaltszwang 66
A. Grundsatz: Umfassende Anwendbarkeit 4	E. Inhalt 67
B. Beispiele zur Frage des sachlichen Geltungsbereichs 5–21	F. Unwirksamkeit der Erledigterklärung vor Rechtshängigkeit der Hauptsache ... 68–70
4) **Hauptsache, I, II** 22	G. Wirksamkeit der Erledigterklärung bis zum Schluß der ersten Instanz 71
5) **Erledigung, I, II** 23–61	H. Erledigterklärung zwischen den Instanzen 72
A. Begriff des erledigenden Ereignisses .. 24	I. Wirksamkeit der Erledigterklärung in höherer Instanz 73
B. Abgrenzung zur Erledigterklärung ... 25	J. Keine Anfechtbarkeit 74
C. Kein erledigendes Ereignis vor Anhängigkeit der Hauptsache 26–29	K. Bedingte Erledigterklärung 75
D. Kein erledigendes Ereignis zwischen Anhängigkeit und Rechtshängigkeit .. 30–38	L. Hilfsweise Erledigterklärung 76
E. Möglichkeit eines erledigenden Ereignisses ab Rechtshängigkeit 39	M. Teilweise Erledigterklärung 77
F. Kein erledigendes Ereignis ab Rechtskraft bzw Wegfall der Rechtshängigkeit 40	N. Erledigterklärung bei Streitgenossenschaft 78
G. Beispiele zur Frage des erledigenden Ereignisses 41–61	O. Beispiele zum Vorliegen einer Erledigterklärung 79–95
	7) **Beiderseitige Erledigterklärungen, I** .. 96–105

§ 91a

- A. Begriff übereinstimmender Erledigterklärungen, I 1 96
- B. Kein Widerspruch des Bekl, I 2 97
- C. Notwendigkeit einer Wirksamkeit beider Erledigterklärungen 98
- D. Erster Rechtszug 99
- E. Zwischen den Instanzen 100
- F. Höherer Rechtszug 101, 102
- G. Beiderseitige teilweise Erledigterklärungen 103, 104
- H. Beispiele zum Vorliegen beiderseitiger Erledigterklärungen 105

8) **Folgen beiderseitiger wirksamer Erledigterklärungen: Kostenentscheidung, I** 106–141
   - A. Zulässigkeit der Kostenentscheidung .. 107
   - B. Entscheidung nur noch über die Kosten 108–111
   - C. Berücksichtigung des bisherigen Sach- und Streitstandes 112–117
   - D. Ermessen 118
   - E. Beispiele zur Kostenentscheidung 119–141

9) **Verfahren zur Kostenentscheidung nach beiderseitigen wirksamen Erledigterklärungen, I** 142–150
   - A. Grundsatz: Freigestellte mündliche Verhandlung 142–145
   - B. Kein Anwaltszwang 146
   - C. Kostenentscheidung von Amts wegen durch Beschluß 147
   - D. Beschlußinhalt 148
   - E. Mitteilung 149
   - F. Vollstreckbarkeit 150

10) **Sofortige Beschwerde, II 1, 2** 151–158
    - A. Geltungsbereich: Jede Entscheidung nach I 152, 153
    - B. Form 154
    - C. Frist: Zwei Wochen 155
    - D. Zulässigkeitsgrenzen 156
    - E. Anschlußbeschwerde 157
    - F. Unzulässigkeit weiterer sofortiger Beschwerde 158

11) **Abhilfeprüfung der ersten Instanz, II** 159–163
    - A. Zulässigkeitsprüfung 159
    - B. Begründetheitsprüfung 160
    - C. Anhörung des Beschwerdegegners, II 3 161
    - D. Entscheidung des erstinstanzlichen Gerichts 162
    - E. Mitteilung 163

12) **Verfahren des übergeordneten Beschwerdegerichts, II 1, 3** 164

13) **Kostenfragen, I, II** 165

- A. Streitwert 165
- B. Gebühren 165

14) **Rechtskraft, I, II** 166, 167
    - A. Formelle (äußere) Rechtskraft 166
    - B. Persönliche und sachliche (innere) Rechtskraft 167

15) **Einseitige Erledigterklärung des Klägers** 168
    - A. Begriffe 168
    - B. Unwirksamkeit der Erledigterklärung vor Rechtshängigkeit der Hauptsache 168

16) **Folgen der einseitigen Erledigterklärung des Klägers** 169–188
    - A. Notwendigkeit einer Entscheidung zur Hauptsache 170, 171
    - B. Streit um Zulässigkeit und Begründetheit der Klageforderung 172
    - C. Feststellung der Erledigung 173–176
    - D. Fehlen der Erledigung: Klagabweisung 177–182
    - E. Kosten 183, 184
    - F. Vorläufige Vollstreckbarkeit 185
    - G. Mitteilung 186
    - H. Rechtsmittel 187
    - I. Rechtskraft 188

17) **Einseitige Erledigterklärung des Beklagten** 189–194
    - A. Begriff 189
    - B. Verfahren 190–194

18) **Erledigterklärung eines Rechtsmittels, I, II** 195–199
    - A. Begriff 195, 196
    - B. Folgen beiderseitiger derartiger Erledigterklärungen: § 91a entsprechend anwendbar 197, 198
    - C. Folgen einer einseitigen derartigen Erledigterklärung: Sachurteil des Rechtsmittelgerichts 199

19) **Teilerledigung, I, II** 200–205
    - A. Begriff 200
    - B. Auslegung erforderlich 201
    - C. Folgen beiderseitiger wirksamer Teilerledigterklärungen: Sachurteil über den Rest, einheitliche Kostenentscheidung im Urteil 202, 203
    - D. Folgen einer einseitigen Teilerledigterklärung: Wie bei einseitiger Vollerledigterklärung 204
    - E. Kosten 205

20) **Verfassungsbeschwerde** 206

21) *VwGO* 207

1 1) **Systematik, I, II.** Es gilt eine breit aufgefächerte Lehre und Rspr zu beachten.

A. Verhältnis der Vorschriften zueinander. Der nur scheinbar übersichtliche § 91a bietet in Wahrheit eine Fülle von Problemen. Das rührt vor allem daher, daß die Vorschrift nur einen Teil der Voraussetzungen und Folgen einer Erledigung der Hauptsache regelt. Denn sie behandelt nur den Fall der vollen beiderseitigen wirksamen Erledigterklärungen. Der praktisch sehr häufige Fall einer einseitigen vollen oder teilweisen Erledigterklärung des Klägers oder Widerklägers ist nur teilweise und indirekt miterfaßt und im übrigen von §§ 91, 92ff ZPO geregelt. Selbst im Fall beiderseitig übereinstimmender voller Erledigterklärungen erfaßt § 91a die Kostenfolge nicht stets. § 98 ist grundsätzlich vorrangig, Mü JB **83**, 1882. Vgl freilich § 98 Rn 30 „Anrufung des Gerichts" und Rn 41 „Hauptsache". Auch andere Vorschriften können vorrangig sein, zB §§ 93a ff, 619, 620c, Karlsr FamRZ **02**, 965, §§ 640, 640g, 788. Andererseits enthält *II* eine Sonderregelung gegenüber §§ 99, 269 (jetzt) V, Brdb Rpfleger **98**, 484. Es liegt also insgesamt ein Nebeneinander von Vorrang, Gleichrang und Nachrang vor. Man kann nur im bestimmten Einzelfall feststellen, welche der Vorschriften anwendbar ist.

2 **B. Aufbau der Kommentierung.** Aus der dogmatischen Unübersichtlichkeit nach Rn 1 folgen Probleme beim Aufbau einer Kommentierung. Man könnte zB den Komplex der einseitigen Erledigterklärung bei § 91 behandeln. Man könnte die von § 91a I, II ausdrücklich erfaßte Situation der beiderseitigen vollen Erledigterklärungen an den Beginn stellen.

Die folgende Kommentierung versucht *anders* vorzugehen: Nach der Klärung des Regelungszwecks und des sachlichen Geltungsbereichs ist es immerhin vertretbar, zunächst die Begriffe „Hauptsache", „erledigendes Ereignis" und „Erledigterklärung" zu erörtern. Denn sie sind sowohl im Fall der beiderseitigen Erledigterklärungen als auch im Fall einer nur einseitigen derartigen Erklärung beachtlich. Anschließend soll

Titel 5. Prozesskosten § 91a

der Fall der beiderseitigen Erledigterklärungen dargestellt werden. Ihm schließen sich die möglichen Fälle einseitiger derartiger Erklärungen an.

2) Regelungszweck, I, II. Wie schon die Stellung der Vorschrift im Abschnitt über die Prozeßkosten zeigt, dient § 91 a der Kostengerechtigkeit, Zweibr ZMR **92**, 403. Ohne die Vorschrift würde zB der Kläger trotz anfänglich zulässiger und begründeter Klage das volle Kostenrisiko tragen, wenn nur die Klageforderung vor der Entscheidung über die Hauptsache etwa durch Erfüllung erlischt. Er müßte dann nämlich entweder die Klage zurücknehmen, soweit noch zulässig, und dann die Kosten nach § 269 III 2 tragen, wenn nicht der Sonderfall § 269 III 3 zu seinen Gunsten ausfällt, oder er müßte sogar auf den Anspruch verzichten und ein Verzichtsurteil mit derselben Kostenlast nach § 306 riskieren. Insofern bietet § 91 a ein gewisses Grundstück zu § 93, dessen Grundgedanken evtl mitbeachtlich sind. Das alles gilt allerdings nur im Fall beiderseitiger wirksamer voller Erledigterklärungen. Bei nur einseitiger derartiger Erklärung sind aus § 91 a allenfalls die Anknüpfungsbegriffe anwendbar, während die Kostenfolgen nach den normalen Regeln eintreten, Rn 1.

Dogmatische Unsauberkeit beherrscht die praktische Handhabung der Vorschrift oft bis in die höchstrichterliche Rechtsprechung hinein. Das gilt zB dann, wenn man zwei äußerlich übereinstimmende volle Erledigterklärungen der Parteien als ausreichend erachtet, nur noch über die Kostenverteilung nachzudenken, ohne überhaupt zu prüfen, ob und unter welchen Bedingungen solche Parteiprozeßhandlungen überhaupt wirksam geworden sind, wie man es sonst für selbstverständlich halten würde, Grdz 47, 51 ff vor § 128. Gewiß soll das Kostenrecht kein Eigenleben führen. Der Prozeß ist ja kein Selbstzweck, Einl III 10. Ein Verzicht auf die Klärung elementarer Voraussetzungen prozessualer Erklärungen nur um rascherer und bequemer Arbeitsbeendigung willen ist aber verfänglich, Rn 24. Das Argument, die Parteien hätten es ja selbst so gewollt, ist eine Verdrehung von Voraussetzung und Folge: Es ist in Wahrheit ja gerade die zu klärende Vorfrage, ob sie es überhaupt auch rechtswirksam so wollten. Indessen redet man an diese Stelle in solcher Art gegen Windmühlenflügel.

3) Sachlicher Geltungsbereich, I, II. Der umfassende Grundgedanke des § 91 a bestimmt seinen Geltungsbereich.

A. Grundsatz: Umfassende Anwendbarkeit. Der Zweck einer Kostengerechtigkeit nach Rn 2 hat zur Folge, daß § 91 a und auch die Folgen einer nur einseitigen Erledigterklärung grundsätzlich in allen Verfahren anwendbar sind, auf die die ZPO überhaupt anwendbar ist. Das gilt in allen Instanzen. Freilich ist eine wirksame Erledigterklärung unter anderem davon abhängig, daß der Anspruch überhaupt der Parteiherrschaft, dem Beibringungsgrundsatz und der Verhandlungsmaxime unterliegt, Grdz 18 vor § 128, und daß überhaupt eine Kostengrundentscheidung in Betracht kam, BGH MDR **01**, 647. Soweit das nicht der Fall ist, gelten die in Rn 1 genannten Sonderregeln mit Vorrang, zB §§ 93 a, 619, 620 c, 640, 640 g. Die Regelung gilt entsprechend auch in einer Reihe von Verfahren außerhalb der ZPO.

B. Beispiele zur Frage des sachlichen Geltungsbereichs
Anerkenntnis: § 93 a ist vorrangig, BGH FamRZ **83**, 683.
Arbeitsgericht: Die Regelung ist im arbeitsgerichtlichen Verfahren grds anwendbar, BAG NZA **05**, 878. Wegen des arbeitsgerichtlichen Beschlußverfahrens, §§ 83 a I, 90 II, 9 S 4 ArbGG, BAG NZA **05**, 640, LAG Bln DB **76**, 420, Lepke DB **75**, 1938 und 1988.
Arrest, einstweilige Verfügung: Die Regelung ist in diesen Verfahrensarten anwendbar, Ffm OLGZ **94**, 92, Hamm MDR **79**, 407. Die Regelung gilt auch im Aufhebungsverfahren nach § 926, dort Rn 3 ff, 13, und im Beschwerdeverfahren, Ulrich GRUR **82**, 15.
Aufhebungsverfahren: S „Arrest", „einstweilige Verfügung".
Ausländisches Urteil: Für das Verfahren auf seine Vollstreckbarerklärung wendet Hbg MDR **89**, 553 *nicht* § 91 a, sondern bei „Erledigterklärung" den § 788 an.
Baulandsache: Die Regelung ist entsprechend in einer Baulandsache anwendbar, Kblz NJW **83**, 2036.
Beschwerdeverfahren: Die Regelung ist auch im Beschwerdeverfahren anwendbar, Rn 159. Wegen einer Erledigterklärung eines Rechtsmittels Rn 195, Kblz JB **82**, 1897.
S auch Rn 6 „Arrest", „einstweilige Verfügung".
Beweissicherung: Rn 16 „Selbständiges Beweisverfahren".
Deckungsprozeß: Rn 19 „Versicherung".
Eheaufhebung, -scheidung: Die Regelung ist grds anwendbar. Jedoch enthält § 93 a eine vorrangige Sonderregelung, dort Rn 1, 2, BGH RR **86**, 369, aM Karlsr RR **96**, 773 (aber § 93 a ist eindeutig, Einl III 39). Wegen § 620 g dort Rn 2. Wegen des Übergangsrechts nach dem KindRG Rn 9 „Folgesache".
Ehrengericht: Rn 15 „Rechtsanwaltsordnung".
Einstweilige Anordnung oder Verfügung: Rn 6 „Arrest, einstweilige Verfügung", Rn 8 „Ehescheidung", Rn 9 „Folgesache". Wegen §§ 620 ff vgl § 620 g.
Erinnerungsverfahren: Rn 21 „Zwangsvollstreckung".
Finanzgericht: Die Regelung ist im finanzgerichtlichen Verfahren entsprechend anwendbar, § 138 I FGO.
Folgesache: Die Regelung ist grds anwendbar. Jedoch enthält § 93 a eine vorrangige Sonderregelung, dort Rn 1. Wegen § 620 g dort Rn 2. Beachten mußte man auch die gesetzliche Unterstellung der Erledigung im Übergangsrecht des Art 15 § 2 IV, VI KindRG v 16. 12. 97, BGBl 2942, in Kraft gewesen nur bis 30. 6. 2003, Art 17 § 2 KindRG.
S auch Rn 8 „Ehescheidung".
Freiwillige Gerichtsbarkeit: In einem Verfahren nach dem FGG muß man unterscheiden, Windel ZZP **110**, 389: Soweit es sich um ein echtes streitiges Verfahren handelt, ist § 91 a entsprechend anwendbar, BGH NJW **82**, 2506, BayObLG NZM **99**, 320 (Prüfung wegen § 12 FGG von Amts wegen), Hamm FGPrax **99**, 49, aM KG ZMR **98**, 656. Im übrigen gilt § 13 a I 1 FGG (entsprechend), Köln OLGZ **88**, 296, AG Saarbr FamRZ **03**, 390, Lerch NJW **87**, 1923.
Gebrauchsmuster: Die Regelung ist im Löschungsverfahren vor dem Patentamt und -gericht entsprechend anwendbar, BGH **135**, 61.
Handlungsvornahme: Rn 21 „Zwangsvollstreckung".
Hausratssache: Rn 20 „Wohnungszuweisung".

Hartmann 339

§ 91a

11 Insolvenz, dazu *Wosgien*, Konkurs und Erledigung der Hauptsache, 1984: Die Regelung ist im Verfahren auf die Eröffnung eines Insolvenzverfahrens nach § 4 InsO entsprechend anwendbar, BGH NJW **02**, 516, Celle OLGR **01**, 96, Köln OLGR **02**, 261, aM AG Hbg ZIP **02**, 2270 (aber § 4 InsO verweist allgemein).
Kapitalanleger: § 91a ist unanwendbar, § 14 III KapMuG, SchlAnh VIII, Schneider BB **05**, 2255.
Kartellsache: Auf das Kartellverwaltungsverfahren sind §§ 70 II 2, 77, 78 GWB und *nicht* § 91a anwendbar, BGH BB **00**, 482, Mü GRUR **87**, 316. Zu § 96 II GWB Köln MDR **86**, 1025.
Kindschaftssache: Die Regelung ist grds anwendbar. Jedoch enthalten zB §§ 93a, 619, 620c, 640, 640g teilweise vorrangige Sonderregeln.
Kostenfestsetzung: § 91a ist im Verfahren nach §§ 103 ff entsprechend anwendbar, Kblz JB **95**, 208.
12 Mahnverfahren: Die Regelung ist im Mahnverfahren anwendbar, Karlsr MDR **88**, 1066.
Miete: Rn 21 „Zwangsvollstreckung".
13 Notarsache: Die Regelung ist entsprechend bei § 111 BNotO anwendbar. Bei einer Notarkostenbeschwerde ist nicht § 91a anwendbar, sondern § 13a I 1 FGG, Köln FGPrax **02**, 101.
14 Patentsache: Die Regelung ist entsprechend im Verfahren nach (jetzt) § 84 II PatG anwendbar, BGH **135**, 61, BPatG MDR **84**, 665. Dasselbe gilt im Verfahren nach § 110 III 2 PatG, BGH GRUR **84**, 339.
Prozeßkostenhilfe: Die Regelung ist grds *unanwendbar*. Denn das Verfahren verläuft nicht zwischen den Parteien der Hauptsache, § 118 Rn 6, Brdb MDR **00**, 1393, selbst bei gleichzeitiger Klagerhebung.
Räumung: Rn 21 „Zwangsvollstreckung".
15 Rechtsanwaltsordnung: § 91a ist entsprechend anwendbar bei §§ 90, 91 BRAO, BGH **84**, 151.
Rechtsweg: § 91a ist im Vorabverfahren zu seiner Klärung *unanwendbar*, BGH RR **01**, 1007.
Regelunterhalt: §§ 640, 640g, 645 ff sind *vorrangig*. Man kann eine Erledigung des Antrags auf Zahlung eines Regelunterhalts von Amts wegen annehmen, wenn ein Abstammungsantrag erledigt ist, zB infolge eines Todesfalles.
16 Selbständiges Beweisverfahren: Wegen der Kostenregelung im Fall der Erledigung eines selbständigen Beweisverfahren § 91 Rn 193.
Sozialgericht: Die Regelung ist im dortigen Verfahren entsprechend anwendbar, § 193 I Hs 2 SGG.
17 Tod: §§ 619, 640g sind vorrangig, Rn 1.
S auch Rn 15 „Regelunterhalt".
18 Unterhalt: Es gilt vorrangig § 93d, Nürnb MDR **01**, 590.
Unterlassung: Rn 21 „Zwangsvollstreckung".
19 Verfassungsgericht: Wegen § 89 BVerfGG sind *keine* übereinstimmenden Erledigterklärungen als Voraussetzung einer Kostenentscheidung notwendig, BVerfG **85**, 113.
Vergleich: Die Regelung ist grds auch auf den Fall anwendbar, daß die Erledigung durch einen Vergleich eintritt. Indessen muß man im einzelnen unterscheiden. Wenn die Parteien in einem Vergleich keine Kostenregelung getroffen haben, ist zunächst der vorrangige *§ 98* anwendbar, Saarbr RR **96**, 320. Nur wenn sie überdies die Anwendbarkeit des § 98 ausgeschlossen haben, § 98 Rn 22, ist § 91a anwendbar, aM ThP 3, 6. Im übrigen ist aber wiederum vorrangig § 98 anwendbar, und zwar sowohl auf einen Prozeßvergleich als auch (entsprechend) auf einen außergerichtlichen Vergleich, in dem sich die Parteien auch über die Kosten geeinigt haben. Denn in diesem Fall ist auch der Kostenstreit schon selbst erledigt, Hamm AnwBl **82**, 73, aM Bre MDR **79**, 500, StJL 30 (aber die Parteiherrschaft hat Vorrang, Grdz 18 vor § 128). Wegen der Einzelheiten vgl bei § 98.
Versicherung: § 91a ist im Deckungsprozeß anwendbar, LG Köln VersR **00**, 1412.
Vollstreckbarerklärung: Rn 6 „Ausländisches Urteil".
Vollstreckungsvereinbarung: Rn 21 „Zwangsvollstreckung". Im Fall einer internationalen derartigen Vereinbarung ist § 91a *unanwendbar*, Hbg NJW **87**, 2165.
Vornahme einer Handlung: Rn 21 „Zwangsvollstreckung".
20 Wahl: Rn 13, 15 „Rechtsanwaltsordnung".
Wettbewerbssache: Die Regelung ist grds im Wettbewerbsprozeß voll anwendbar. Einzelheiten zB bei Ulrich GRUR **82**, 14 (ausf).
S auch Rn 6 „Arrest, einstweilige Verfügung".
Wohnungszuweisung: Im Verfahren nach §§ 1, 5 HausratsVO ist der Grundgedanke des § 91a anwendbar, Köln FER **99**, 160.
Wohnungseigentum: dazu *Jenissen*, NZM **02**, 594 (Üb): Die Regelung ist in einer WEG-Sache entsprechend anwendbar, Rn 9 „Freiwillige Gerichtsbarkeit", BayObLG NZM **01**, 1043, Hamm FGPrax **99**, 49, Köln NZM **00**, 305, aM Zweibr ZMR **92**, 402 (Erledigung auch vor Rechtshängigkeit), Koss JR **96**, 359 (ausf). Freilich setzt BayObLG WoM **92**, 568 auch bei nur einseitiger Erledigterklärung als Wert lediglich das Kosteninteresse an.
21 Zwangsversteigerung: Die Regelung ist in einem Zwangsversteigerungsverfahren anwendbar.
Zwangsvollstreckung: Die Regelung ist im gesamten Bereich der Zwangsvollstreckung anwendbar, soweit nicht § 788 vorrangig gilt, BayObLG NZM **02**, 623, Düss JB **96**, 235 (§ 788 bei Erledigung), Karlsr FamRZ **05**, 50. Das gilt zB: Im Vollstreckungsverfahren nach § 733, Karlsr FamRZ **05**, 50; im Vollstreckungsschutzverfahren nach § 765a, Düss RR **96**, 637; im Erinnerungsverfahren nach § 766, LG Frankenth Rpfleger **84**, 361; im Verfahren nach § 794a, LG Waldshut-Tiengen WoM **93**, 621: wegen § 891 S 3 in einem Verfahren nach §§ 887–890, BGH WoM **05**, 140 (dort nur im Einzelfall verneint), BayObLG RR **97**, 489, Mü MDR **91**, 357. Freilich tritt eine Erledigung nicht schon durch bloße Leistung zwecks Vollstreckungsabwehr ein, BGH WertpMitt **77**, 1308.
S auch Rn 6 „Ausländisches Urteil", „Zwangsversteigerung".
Zwischenstreit: Die Regelung ist in einem Zwischenstreit beliebiger Art anwendbar. Das gilt zB in einem Verfahren nach § 71.

22 4) Hauptsache, I, II. Sowohl die Regelung des § 91a als auch die Grundsätze einer nur einseitigen Erledigterklärung setzen voraus, daß gerade die Hauptsache erledigt ist oder doch sein soll. Unter dem

Begriff „Hauptsache" versteht man den jeweiligen Streitgegenstand des Erkenntnisverfahrens, § 2 Rn 3. In den anderen Verfahrensarten muß man unter Hauptsache die vom Antragsteller begehrte Rechtsfolge verstehen, zB die Erklärung einer Pfändung als unzulässig. Nebenforderungen im Sinn von § 4 I Hs 2 bleiben unberücksichtigt. Sie werden erst nach Erledigung der anderen Hauptsache ihrerseits allenfalls zur Hauptsache, § 4 Rn 11. Auch die Kosten des Rechtsstreits zählen jedenfalls zunächst nicht zur Hauptsache. Sie werden auch nicht etwa schon dadurch zur Hauptsache, daß der Streitgegenstand ohne Kostenregelung voll durch Anerkenntnisurteil oder Vergleich erledigt ist. Die Formulierung, der Kostenpunkt sei „in der Hauptsache" erledigt, führt also nicht schon zur Anwendbarkeit von § 91 a.

5) Erledigung, I, II. Wie sich zeigen wird, kommt es sowohl bei übereinstimmenden Erledigterklärungen als auch bei nur einseitigen Erledigterklärung unter anderem auf die Frage an, ob die Hauptsache überhaupt objektiv erledigt ist, Rn 68. Von diesem Vorliegen des erledigenden Ereignisses muß man dann die entsprechende Erledigterklärung unterscheiden. Schon für die Frage, ob überhaupt objektiv eine Erledigung vorliegt, kommt es auf den Zeitpunkt des fraglichen Ereignisses an. 23

A. Begriff des erledigenden Ereignisses. § 91 a spricht nur von der Erklärung „für erledigt", nicht auch ausdrücklich davon, daß die Erledigung auch wirklich eingetreten sein muß. Die Vorschrift enthält auch weder den Begriff „Erledigung" noch denjenigen eines „erledigenden Ereignisses". Gleichwohl kommt es sehr wohl in jedem Fall unter anderem auf das erledigende Ereignis an. Denn wenn es in Wahrheit überhaupt fehlen würde, dann könnten die Parteien das Gericht auf eine bloße Kostengrundentscheidung abdrängen, die obendrein von bloßen Mutmaßungen über den ohne Erledigterklärungen voraussichtlichen Beurteilungsstand abhinge. Es käme dann überhaupt nicht darauf an, ob objektiv ein erledigendes Ereignis eingetreten wäre. Das würde unter einer weitgefaßten Parteiherrschaft nach Grdz 18 vor § 128 hinausgehen, selbst wenn keine Rechtskraftwirkung einträte. Das Gesetz soll eine Kostenabwägung gerade nicht auch für den Fall erlauben, daß in Wahrheit ein ganz anderer Vorgang als ein erledigendes Ereignis eingetreten ist. Denn wenn zB in Wahrheit gar kein Prozeßrechtsverhältnis nach Grdz 4, 6 vor § 128 eingetreten wäre, bleibt keinerlei Anlaß zu einer etwaigen Kostenverteilung bestehen, Rn 28. 24

Ein erledigendes Ereignis hängt keineswegs nur von dem sachlichrechtlichen Zustand ab, wie man nach Prütting/Wesser ZZP **116**, 302 vermuten möchte. Es liegt vielmehr schon und erst dann und insoweit vor, wenn und soweit ein tatsächlicher Vorgang dazu führt, daß man eine bei rechtlicher Betrachtung bisher zulässige und begründete Klageforderung *nicht mehr* mit *Erfolgsaussicht* weiter im Prozeß verfolgen kann, BGH NJW **92**, 2236, AG Hann ZMR **03**, 612, sei es, daß die Klage unzulässig geworden wäre, sei es, daß sie unbegründet geworden wäre, sei es, daß die Forderung nicht mehr gerichtlich durchsetzbar ist, etwa wegen Verjährung, Rn 59. Dabei kommt es zwar zunächst und immer auch darauf an, daß dieses Ereignis die Hauptsache betrifft, Rn 22. Es kommt aber sodann weiter darauf an, ob auch die Nebenforderungen nach § 4 I Hs 2, II im vorgenannten Sinn nunmehr wegfallen oder nicht mehr durchsetzbar sind. Soweit sie noch durchsetzbar bleiben, mögen sie allerdings ihrerseits zur Hauptsache werden. Soweit es nicht um ein Erkenntnisverfahren erster Instanz geht, sondern um ein anderes Verfahren, auf das die Regelung Anwendung findet, Rn 5 ff, tritt an die Stelle der Klageforderung der Hauptantrag oder das sonstige hauptsächliche Rechtsschutzbegehren, also in jedem Fall der Streitgegenstand, § 2 Rn 3, Grdz 11 vor § 916. Freilich darf man diesen Gegenstand des besonderen Verfahrens nicht mit demjenigen des Erkenntnisverfahrens verwechseln.

Keine Erledigung liegt vor, soweit die Klage auch ohne das angeblich erst „erledigende" Ereignis von vornherein unzulässig war, BGH NJW **91**, 1116, Hbg RR **96**, 1065, aM Ffm MDR **81**, 676 (vgl aber Rn 26 ff), oder soweit sie auch ohne „erledigendes" Ereignis von vornherein unbegründet war, BGH BB **05**, 1359, BAG **80**, 382, aM BGH MDR **86**, 560, BAG NZA **93**, 1054, Brox JA **83**, 292 (vgl aber auch hier Rn 26 ff).

B. Abgrenzung zur Erledigterklärung. Man muß scharf zwischen dem objektiv erledigenden Ereignis einerseits und einer Erklärung einer oder beider Parteien „für erledigt" unterscheiden, also der Erledigterklärung (auch: Erledigungserklärung), BGH NJW **86**, 589, Prütting/Wesser ZZP **116**, 302. Solange nicht mindestens eine der Parteien die objektiv eingetretene Erledigung auch dem Gericht gegenüber erklärt, Düss JB **91**, 409 (freilich ist eine mündliche Verhandlung nicht mehr nötig), mag sie zwar dem Gericht Anlaß zu einer Anregung nach § 139 geben, eine solche Erklärung abzugeben, um deren Rechtsfolgen herbeizuführen. Unterbleibt aber eine derartige Erledigterklärung, so ist jedenfalls nicht § 91 a anwendbar. Soweit umgekehrt eine oder mehrere Erledigterklärungen vorliegen, treten die Rechtsfolgen unter anderem erst dann ein, wenn auch objektiv ein erledigendes Ereignis vorliegt, wie unten auszuführen sein wird. Dabei unterscheidet BVerwG NVwZ **91**, 160 zwischen der Erledigterklärung und dem Antrag, die Hauptsache für erledigt zu erklären. Diese Unterscheidung ist indessen in Wahrheit gar nicht möglich. Denn im Antrag liegt stets die Erklärung, und umgekehrt, und zwar auch und gerade dann, wenn die Erledigungswirkung streitig ist. 25

Nachfolgend wird zunächst weiter dargelegt, unter welchen Voraussetzungen das objektiv erledigende Ereignis eintritt. In Rn 62 ff folgt sodann die Darstellung der Voraussetzungen wirksamer „Erledigterklärungen".

C. Kein erledigendes Ereignis vor Anhängigkeit der Hauptsache. Ein objektiv erledigendes Ereignis kann nicht eintreten, solange die Hauptsache nach Rn 22 noch nicht einmal anhängig ist, Hamm MDR **01**, 470 (mit falscher Folgerung), Köln FamRZ **92**, 334, Bonifacio MDR **02**, 499, aM Köln JB **89**, 217, LG Düss RR **03**, 213 (vgl aber Rn 28, 29). Die Klage wird grundsätzlich ihre Einreichung bei irgendeinem zuständigen oder unzuständigen Gericht anhängig, § 261 Rn 1. Maßgeblich ist der Eingang auf der Posteingangsstelle, auch im Nachtbriefkasten dieses Gerichts, § 233 Rn 20. Soweit es um einen anderen ein Verfahren einleitenden Antrag geht, zB den Scheidungsantrag oder den Antrag auf den Erlaß eines Arrests, einer einstweiligen Anordnung oder einer einstweiligen Verfügung nach §§ 916 ff, 935 ff, ist deren Eingang für die Anhängigkeit maßgeblich. Bei einer Erweiterung der Klage oder des sonstigen Antrags nach § 263 ist derjenige Zeitpunkt maßgeblich, in dem diese Erweiterung erstmals zur Kenntnis des Gerichts kommt, etwa 26

§ 91a Buch 1. Abschnitt 2. Parteien

beim Eingang des entsprechenden Schriftsatzes oder bei der Geltendmachung in einer mündlichen Verhandlung. Bei einer Widerklage im Sinn von Anh nach § 253 kommt es auf deren Eingang oder auf deren Geltendmachung in der mündlichen Verhandlung an.

27   Es ist unerheblich, ob der Antrag, die Klage usw zulässig sind, ob insbesondere das zunächst angegangene Gericht örtlich und sachlich zuständig ist. Auch eine *unzulässige* Klage kann die Anhängigkeit (und Rechtshängigkeit) begründen. Solange nach diesen Regeln noch keine Anhängigkeit vorliegt, kann auch keine Rechtshängigkeit bestehen. Selbst in den Fällen, in denen Anhängigkeit und Rechtshängigkeit zusammenfallen, geht die Rechtshängigkeit keineswegs zeitlich vor.

28   Im Stadium *vor der Anhängigkeit* liegt nämlich weder ein Sach- und Streitstand noch eine Hauptsache vor. Ein Ereignis, das den Kläger daran hindert, seine Forderung gerichtlich zu verfolgen, ist daher keineswegs ein erledigendes Ereignis nach § 91 a. Es fehlt nämlich noch die Grundlage jeder prozessualen Verpflichtung, das Prozeßrechtsverhältnis, Grdz 4, 6 vor § 128. Prozeßwirtschaftliche Erwägungen können daran nichts ändern. Sie würden nur tragende prozessuale Grundsätze verwischen. Daran ändert auch ein etwaiger sachlich-rechtlicher Schadensersatzanspruch nichts, auch nicht ein solcher aus dem Gesichtspunkt eines Verzugsschadens. Das alles verkennt AG Bln-Spandau ZMR **03**, 585.

29   Die Frage, ob es bei übereinstimmenden Erledigterklärungen auch auf das *wirkliche Vorliegen* eines objektiv erledigenden Ereignisses ankomme, ist streitig, Rn 24, 68. Auch zur Frage, ob vor Anhängigkeit ein erledigendes Ereignis eintreten kann, gibt es keine Einigkeit, Bücking ZZP **88**, 317, ThP 4, 5, aM ZöV 16. Aus der Unanwendbarkeit von § 91 a in diesem Stadium folgt die (auch nur entsprechende) Unanwendbarkeit des § 93 in diesem Stadium, aM Haubelt ZZP **89**, 196 (aber § 93 ist nur eine andere Ausprägung desselben Grundgedankens).

30   **D. Kein erledigendes Ereignis zwischen Anhängigkeit und Rechtshängigkeit.** Sofern zwar Anhängigkeit nach Rn 26 vorliegt, aber noch keine Rechtshängigkeit nach § 261 Rn 1, kann objektiv kein erledigendes Ereignis eintreten. Das ergibt sich schon sprachlich: Eine Hauptsache kann sich nur erledigen, wenn sie vorher bestanden hat, wenn also ein Prozeßrechtsverhältnis vorlag, Grdz 4 vor § 128. Das gilt unabhängig von § 269 III 3 Hs 2. Jene Vorschrift gilt nur für die dort dogmatisch ohnehin unsauber ausgeweitete Klagerücknahme. Ein Prozeßrechtsverhältnis kann grundsätzlich erst dann entstehen, wenn und soweit Beziehungen nicht nur zwischen einer Partei und dem Gericht entstanden sind, sondern auch zwischen den Parteien, Grdz 6 vor § 128. Denn erst von diesem Augenblick an können grundsätzlich irgendwelche prozessualen Pflichten des Antragsgegners beim Bekl eintreten. Vorher kann er ja noch gar nicht von seiner Einbeziehung in ein gerichtliches Vorgehen des Gegners wissen. Auch für das Stadium der Anhängigkeit vor dem Eintritt der Rechtshängigkeit müssen gegenüber diesen Erwägungen prozeßwirtschaftliche Gesichtspunkte außer Betracht bleiben. Man muß eben auch hier zwischen dem objektiv erledigenden Ereignis und der entsprechenden Erledigterklärung einer oder beider Parteien unterscheiden, Rn 25.

31   Die *Rechtshängigkeit* tritt bei der Klage nicht schon mit dem Eingang bei Gericht (Anhängigkeit), ein, sondern erst mit der ordnungsgemäßen Zustellung einer unbedingten Klage an den oder die Bekl, § 261 Rn 4, Bbg FamRZ **01**, 1380. Bei einem ein sonstiges Verfahren einleitenden Antrag kommt es grundsätzlich auf dessen Zustellung an den Gegner an. Bei einer Klagerweiterung nach §§ 263, 264 kommt es auf die Zustellung des entsprechenden Schriftsatzes an den Bekl oder ihre Geltendmachung in der mündlichen Verhandlung an. Das gilt auch bei einer Säumnis des Bekl. Die Widerklage nach Anh § 253 ist mit der Zustellung des entsprechenden Schriftsatzes an den Widerbekl oder mit der Geltendmachung in der mündlichen Verhandlung rechtshängig.

32   Ausnahmsweise genügt für die Möglichkeit eines erledigenden Ereignisses der Eingang bei Gericht. Denn insofern *fallen* Anhängigkeit und Rechtshängigkeit *zusammen,* § 920 Rn 7. Das gilt aber nur wegen der Eilsache, Rn 42.

33   Die *bloße Anhängigkeit genügt also* grds aus den Gründen Rn 30–32 *nicht,* BGH WettbR **97**, 211, Karlsr RR **02**, 220, Greger NJW Sonderheft „BayObLG" **05**, 39, aM Kblz RR **00**, 1092, Köln RR **00**, 1456, Naumb FamRZ **02**, 1043 (aber auch nach der ZPO-„Reform" vor 2001 ist ein Prozeßrechtsverhältnis nötig).

34   Wegen der Notwendigkeit eines *Prozeßrechtsverhältnisses* als einer der wesentlichen Voraussetzungen für die Herbeiführung sowohl der Wirkungen des § 91 a bei übereinstimmenden Erledigterklärungen als auch der Wirkungen der §§ 91, 92 ff bei einer einseitigen Erledigterklärung kann man auch nicht argumentieren, die übereinstimmenden Erledigterklärungen genügten, so daß dann nicht mehr zu prüfen sei, ob die Hauptsache auch wirklich vorhanden und erledigt worden sei.

35   *Noch weniger* würde übrigens eine *einseitige* Erledigterklärung des Klägers und eine zunächst zulässig und begründet erscheinende Klageschrift vor dem Stadium der Rechtshängigkeit ausreichen, Karlsr FamRZ **01**, 501, aM Mü NJW **79**, 274.

36   *Ohne Prozeßrechtsverhältnis* kann eben grds auch keine Lage entstehen, in der überhaupt von Prozeßkosten oder deren Erstattungsfähigkeit gesprochen werden könnte, Bbg FamRZ **01**, 1380, aM Kblz MDR **94**, 1046 (wendet § 93 entsprechend an), Feldhahn NJW **84**, 2929 (der Eintritt der Rechtshängigkeit sei allerdings „besser"). Daher ist auch keine Klage auf Feststellung der Erledigung möglich, Ffm MDR **89**, 166. Der Rechtsstreit kann auch insofern nicht etwa nur wegen der Kosten „fort"-geführt werden, § 99 I. Er hat ja noch gar nicht begonnen, Köln NJW **78**, 112, aM KG MDR **91**, 63, LG Stgt RR **87**, 660. Es ist vielmehr nach einer Rücknahme der bisherigen Klage wegen § 269 wegen der bisher entstandenen Unkosten des Klägers wegen des dadurch allenfalls entstandenen sachlichrechtlichen Ersatzanspruchs entweder ein Antrag nach § 269 III 3, IV oder mangels solcher Lösung ein neuer Prozeß möglich, BGH **83**, 16, Ffm MDR **89**, 166, aM Mertins DRiZ **89**, 289.

37   Er wäre mangels Verfahrens nach § 269 III 3, IV nur dann entbehrlich, wenn diese Unkosten sich schon für eine *Klagänderung* nach §§ 263, 264 beziffern ließen, BGH **83**, 16, Ffm MDR **89**, 166 (je zum alten Recht). Eine Änderung des Klagantrags auf Feststellung der Kostentragungspflicht ist aber schon deshalb unzulässig, weil ja nicht eine Leistungsklage vorbereitet werden soll sondern das (bisherige) Kostenfest-

Titel 5. Prozesskosten **§ 91a**

setzungsverfahren, Stöhr JR **85**, 491, ZöV 40, aM BGH WertpMitt **81**, 232, 387, KG MDR **91**, 63, LG Bln RR **04**, 647 (aber das sind Folgen eines leider unrichtigen systematischen Ansatzes. Prozeßwirtschaftlichkeit ist wichtig, Grdz 14 vor § 128, aber weder der einzige noch der stets vorrangige Gesichtspunkt).

Man kann auch nicht bei *Erfüllung vor Rechtshängigkeit* die Kosten trotz einer einseitigen sofortigen **38** Erledigterklärung des Klägers dem Bekl auflegen, nur weil dieser Klaganlaß gegeben hatte. Denn es liegt eben überhaupt noch kein erledigendes Ereignis vor. Das übersieht Ffm MDR **89**, 166 nur scheinbar eingangs nicht, im Ergebnis aber dann doch.

E. Möglichkeit eines erledigenden Ereignisses ab Rechtshängigkeit. Indessen kann ein erledigendes **39** Ereignis eintreten, sobald die Hauptsache nach Rn 22 rechtshängig geworden ist, § 261 Rn 4. Denn jetzt liegen im Prozeßrechtsverhältnis nach Grdz 4, 6 vor § 128, ein Sach- und Streitgegenstand, eine Hauptsache, ein Streitgegenstand vor, Karlsr GRUR **85**, 454.

F. Kein erledigendes Ereignis ab Rechtskraft bzw Wegfall der Rechtshängigkeit. Indessen endet **40** die Möglichkeit, objektiv ein erledigendes Ereignis anzunehmen, mit dem Eintritt der formellen Rechtskraft der Hauptsacheentscheidung nach § 322 oder mit dem Wegfall der Rechtshängigkeit. Denn jetzt endet derjenige Zeitraum, in dem der Kläger bzw Antragsteller überhaupt noch auf das Gericht im Sinn der gewünschten Hauptsacheentscheidung einwirken darf. Das übersieht BayObLG DB **96**, 927. Freilich bleibt bei einer einseitigen Erledigterklärung trotz I 2 die Grenze des § 296 a bestehen. Das übersieht LG Hbg MDR **95**, 204.

G. Beispiele zur Frage des erledigenden Ereignisses **41**
Abtretung: Wegen § 265 II kann der frühere Gläubiger den Prozeß nunmehr auf Leistung an den neuen Gläubiger weiterführen. Insofern ist die Abtretung *kein* erledigendes Ereignis, AG Köln WoM **89**, 31.
Abwehr der Zwangsvollstreckung: Rn 61 „Zwangsvollstreckung".
Aktivlegitimation: Ihr Verlust kraft Gesetzes kann ein erledigendes Ereignis sein, Karlsr RR **00**, 626.
Anhängigkeit: Vgl Rn 26, 30.
Anordnung der Klagerhebung: Rn 42 „Arrest, einstweilige Verfügung". **42**
Anschlußrechtsmittel: Die Rücknahme des Hauptrechtsmittels erledigt das unselbständige Anschlußrechtsmittel, Ffm FamRZ **95**, 945.
Arrest, einstweilige Verfügung: Ein Wegfall des Eilbedürfnis ist ein erledigendes Ereignis, Köln WRP **85**, 661, ebenso der Wegfall einer Wiederholungsgefahr.

Der Eingang des Gesuchs auf den Erlaß eines Arrests oder einer einstweiligen Verfügung macht zwar das Arrestverfahren in *seiner* „Hauptsache" nach § 261 Rn 6 rechtshängig, Köln GRUR **01**, 425, *nicht* aber auch die Hauptsache des geplanten oder laufenden Hauptprozesses. Denn Streitgegenstand des vorläufigen Verfahrens ist noch nicht der sachlichrechtliche Anspruch, sondern nur die Frage der Sicherung dieses Anspruchs, Grdz 11 vor § 916, § 920 Rn 9, 10. Infolgedessen liegt noch *kein* erledigendes Ereignis (wegen der eigentlichen Hauptsache) vor, solange zwar beim Gericht der Antrag im Eilverfahren eingegangen ist, das Gericht aber noch nicht zB eine Aufforderung an den Antragsgegner zustellen ließ, sich zu äußern, oder eine etwa verfügte Ladung zu einer mündlichen Verhandlung zustellen ließ, aM Köln GRUR **88**, 646, AG Weilheim MDR **85**, 148. Ein erledigendes Ereignis fehlt auch, wenn der Antragsgegner nach Eingang eines Antrags im Eilverfahren zufällig von diesem hört, Brdb RR **97**, 1470, aM Hbg MDR **77**, 498 (aber in dieser besonderen Lage sollte man auch im Eilverfahren noch kein Prozeßrechtsverhältnis annehmen).

Es reicht unter diesen Voraussetzungen auch nicht aus, daß sich der Antragsgegner (vor Zugang einer Aufforderung des Gerichts usw an ihn) von sich aus an einer Erledigterklärung des Antragstellers *beteiligt*. Wenn allerdings der Schuldner einen Antrag auf Aufhebung des Arrests usw nach § 926 II stellt und gezahlt hat, der Gläubiger ihn alsdann vor der Arrestlast befreit hat, ist auch die Hauptsache erledigt, § 926 Rn 4, 6, Ffm MDR **82**, 328, Mü MDR **76**, 761. Dasselbe gilt dann bei Erhebung der Hauptsacheklage, Ffm GRUR **87**, 651.

Die Versäumung der *Vollziehungsfrist* nach § 929 II ist *kein* erledigendes Ereignis, Düss OLGZ **94**, 95, Hamm GRUR **89**, 932. Dasselbe gilt für eine erst nach der Versäumung der Vollziehungsfrist abgegebene strafbewehrte Unterlassungserklärung, Hamm GRUR **89**, 932, Nürnb WRP **96**, 145. Wohl aber kann ein nach der vorgenannten Versäumung erklärter Verzicht auf die Rechte aus der einstweiligen Verfügung ein erledigendes Ereignis sein, Ffm OLGZ **94**, 92. Ein vorläufig vollstreckbarer Titel zur Hauptsache erledigt die Klage nicht stets, Schlesw WettbR **98**, 116. Der Schuldner kann zwischen Abschlußerklärung und Unterwerfung wählen, § 93 Rn 79.

Aufrechnung: Da auch durch eine Aufrechnung eine Erfüllung eintreten kann und grds jede Art von **43** Erfüllung reicht, kann auch die Aufrechnungserklärung ein erledigendes Ereignis darstellen, LG Bln (51. ZK) RR **02**, 1655 (sogar bei einer solche des Klägers), aM LG Bln ZMR **89**, 98. Das gilt auch, wenn die Aufrechnungslage vor der Rechtshängigkeit bestand, BGH **155**, 396 (zustm Luckey VersR **04**, 129, Schröcker NJW **04**, 2205, abl Lindacher LMK **04**, 13), BayObLG RR **02**, 373, Düss RR **01**, 492, aM Hamm MDR **00**, 297, ZöV 58 (aber es muß zum sachlichrechtlich nach § 389 BGB rückwirkenden Erlöschen infolge Aufrechnung prozessual die Aufrechnungserklärung hinzutreten).
Auskunft: Rn 55 „Stufenklage". **44**
Begründetheit: Erledigend kann ein Ereignis sein, das den Antragsteller, Kläger usw rechtlich daran hindert, den Streitgegenstand zu fordern, eine Rechtsfolge weiter zu begehren, meist also das bisher zulässige und begründete Klageforderung einschließlich der Nebenforderungen weiter geltend zu machen, BGH NJW **86**, 589, BAG NZA **85**, 636, Düss FamRZ **88**, 1071, aM RoSGo § 132 I 1 (aber auch dann würde sich der bisherige Klagantrag nicht aufrechterhalten lassen). Vgl im übrigen Rn 24. Die Klage usw muß aber bis in den Zeitraum der Rechtshängigkeit nach Rn 40 begründet gewesen sein. Daran fehlt es, wenn etwa wegen einer rückwirkenden Nichtigkeit einer Kündigung rechtlich eine Begründetheit in Wahrheit schon von vornherein fehlte, auch bei § 569 III Z 2 S 1 BGB, Rn 52 „Mietrecht". Eine erst nach dem erledigenden Ereignis und nicht rückwirkend eintretende Unbegründetheit ist als solche

§ 91a

unschädlich, BGH NJW **86**, 589. Der umgekehrte Fall, daß eine zunächst unbegründet gewesene Klage im Laufe des Prozesses nach Rechtshängigkeit zu einer begründeten wird, ist vom § 93 geregelt, falls der Bekl die dortigen Voraussetzungen seines Schutzes vor Kosten erfüllt.

S auch Rn 60 „Zulässigkeit".

Beteiligung: Rn 6, 42 „Arrest, einstweilige Verfügung".
Betriebsstillegung: Sie kann ein erledigendes Ereignis sein, BAG BB **01**, 2653.
Beweislast: Anh nach § 286 Rn 90.

45 Dritter: Die Erfüllung bzw Zahlung durch einen Dritten kann ein erledigendes Ereignis darstellen. Sie muß allerdings ebenso vorbehaltlos erfolgen wie diejenige des Schuldners.

S auch Rn 61 „Zwangsvollstreckung".

Drittschuldnerklage: Die Freigabe ist ein erledigendes Ereignis.

Ihre Hauptsache ist *nicht* erledigt, soweit erst die Erklärung des Drittschuldners ergibt, daß keine Forderung des Schuldners bestand, BGH **79**, 276, oder wenn der Drittschuldner eine verneinende Auskunft gab, BGH **91**, 130.

46 Ehesache: Rn 8 „Ehescheidung", Rn 56 „Tod".
Einreichung der Klageschrift: Rn 41 „Anhängigkeit".
Entwurf der Klageschrift: Rn 53 „Prozeßkostenhilfe".
Erbausschlagung: Der wirksam Ausschlagende gilt schon wegen § 1953 I BGB sachlichrechtlich von Anfang an als Nichterbe, BGH **106**, 364. Daher war die auf seine nur scheinbare Erbenstellung gestützte Klage in Wahrheit von Anfang an unbegründet, ähnlich wie im Fall des § 569 III Z 2 S 1 BGB, Rn 52 „Mietrecht". Eine Erledigung ist daher *nicht* eingetreten, aM BGH **106**, 366 (aber für das erledigende Ereignis kommt es nur auf die objektive Rechtslage an).
Erbschaft: Wenn eine Partei den Gegner beerbt, endet der Prozeß *von selbst*. Über die Kosten muß das Gericht dann entsprechend § 97 I entscheiden, BGH RR **99**, 1152. Eine Erbschaftsausschlagung kann ein erledigendes Ereignis sein, BGH **106**, 366.
Erfüllung: Jede Art von freiwilliger Erfüllung kann grds ein erledigendes Ereignis darstellen. Den Gegensatz bildet eine Leistung nur zur Abwendung einer drohenden Zwangsvollstreckung, Rn 61. Zur Erfüllung können zB zählen: Eine Aufrechnung; der Abdruck einer Gegendarstellung, Karlsr OLGZ **79**, 353; eine Herausgabe; die Vornahme der verlangten Handlung; der Wegfall einer Wiederholungsgefahr, BGH **81**, 222, Hamm GRUR **84**, 70; die vorbehaltlose Zahlung oder sonstige Leistung, Hamm OLGR **95**, 80 (erst die Gutschrift); die Leistung durch einen Gesamtschuldner, aM BGH NJW **00**, 1120 (aber § 422 I 1 BGB ist eindeutig, Einl III 39).

47 Erledigterklärung: Eine Erledigterklärung nach Rn 62, 168, 189 ist nicht mit dem objektiv erledigenden Ereignis zu verwechseln, Rn 25. Daher reichen auch übereinstimmende Erledigterklärungen der Parteien trotz aller scheinbarer Bequemlichkeit der Folge nach eines Beschlusses nach § 91 a in Wahrheit doch schon wegen Rn 24, 68, 69 nicht dazu aus, schon als solche auch objektiv zur Erledigung der Hauptsache zu führen. Erst wenn beides zusammentrifft, können die Kostenfolgen des § 91a eintreten, BGH NJW **99**, 955, aM BGH (I. ZS) NJW **04**, 508, Karlsr Just **85**, 51, Finkenauer FamRZ **99**, 81. Erst recht reicht eine Erledigterklärung des Klägers selbst dann nicht aus, wenn die Klage zunächst zulässig und begründet scheint. Es muß eben auch ein erledigendes Ereignis hinzutreten, aM Mü NJW **79**, 274.
Erlöschen des Anspruchs: Sie kann ein erledigendes Ereignis sein, Rn 46 „Erfüllung".
Feststellungsklage: Bei der verneinenden ist die folgende Leistungsklage des Bekl ein erledigendes Ereignis, BGH NJW **99**, 2517, Keller WRP **00**, 911. Auch der Wegfall des rechtlichen Interesses nach § 256 Rn 21 hat diese Wirkung.
Feststellungswiderklage: Wenn der Bekl eine leugnende Feststellungswiderklage in der Revisionsinstanz verfolgt und der Kläger nunmehr eine Leistungsklage erhebt, ist die Feststellungswiderklage nicht erledigt. Denn wenn der Widerkläger siegen würde, stünde fest, daß die Leistungsklage unbegründet war. Stets ist *nicht* § 91a, sondern sind §§ 91, 92 ff anwendbar.
Folgesache: Rn 9 „Folgesache".

48 Gegendarstellung: Der Abdruck einer Gegendarstellung kann als freiwillige Erfüllung ein erledigendes Ereignis darstellen, Rn 46 „Erfüllung", Karlsr OLGZ **79**, 353.

Anders muß man den Fall beurteilen, daß der Abdruck nur zwecks Abwendung einer Zwangsvollstreckung erfolgt, Rn 61 „Zwangsvollstreckung", BGH **94**, 274, Karlsr OLGZ **79**, 353, Mü NJW **88**, 349.

Gesellschaft: Vgl *Bräutigam*, Die Rechtsnachfolge in die Gesellschafterstellung als erledigendes Ereignis einer Ausschließungsklage, in: Festschrift für Quack (1991). Das Ausscheiden eines Gesellschafters kann ein erledigendes Ereignis sein, Karlsr RR **00**, 626.
Gesetzesänderung: Rn 54 „Rechtsänderung".

49 Handlung: Rn 59 „Vornahme einer Handlung".
Herausgabe: Die Herausgabe kann als freiwillige Erfüllung ein erledigendes Ereignis darstellen.

Anders muß man die Herausgabe nur zwecks Abwendung einer drohenden Zwangsvollstreckung beurteilen, Rn 61 „Zwangsvollstreckung", BGH **94**, 274.

Hinterlegung: Die Auszahlung erledigt meist umfassend, BGH ZMR **97**, 171.

50 Höchstpersönlicher Anspruch: Rn 56 „Tod".
Kindschaftssache: Rn 11 „Kindschaftssache".
Klagegrund: Der Wegfall nur eines einzelnen Klagegrundes ist *kein* erledigendes Ereignis, solange nicht die Klageforderung insgesamt wegfällt, Düss MDR **78**, 762.
Klageerhebung: Rn 54 „Rechtshängigkeit".
Konfusion: Rn 60 „Zusammenfall".
Kündigung: Eine wirksame Kündigung kann ein erledigendes Ereignis darstellen.

Das gilt aber *nicht*, soweit sie zum rückwirkenden Wegfall des sachlichrechtlichen Anspruchs führt, etwa bei § 569 III Z 2 S 1 BGB, Rn 52 „Mietrecht". Denn dann war die Forderung in Wahrheit von Anfang an unbegründet.

Titel 5. Prozesskosten § 91a

Mangelbeseitigung: Rn 59 „Vorschußklage". 51
Mahnverfahren, dazu *Liebheit* NJW 00, 2235, Schneider JB 02, 511, Wolff NJW 03, 553 (je: Üb): Auch im Mahnverfahren vor Abgabe an das Gericht des streitigen Verfahrens bzw vor einer Verweisung dieses Gerichts an ein anderes Gericht nach § 696 V kann ein erledigendes Ereignis eintreten, sofern die Hauptsache eben schon rechtshängig geworden war, KG Rpfleger 03, 162, Stgt MDR 84, 673, aM KG MDR 83, 323, Hofmann Rpfleger 82, 326 (aber es kommt stets auf die Rechtshängigkeit an). Diesen Zeitpunkt muß man nach § 696 III beurteilen. Es hängt also davon ab, ob die Streitsache alsbald nach Erhebung des Widerspruchs abgegeben wurde, unklar Karlsr MDR 88, 1066. Wegen alsbaldiger Abgabe § 696 Rn 14.
Mieterhöhung: Rn 52 „Mietrecht".
Mietrecht: Ein erledigendes Ereignis tritt *nicht* schon dadurch ein, daß der Bekl dem nach § 558 b III 1 52 BGB im Prozeß nachgeholten Mieterhöhungsverlangen in der Frist des § 558 b III 2 BGB zustimmt, LG Verden JG 76, 812, AG Hildesh NdsRpfl 76, 112. Denn dann war die Klage in Wahrheit zu keinem Zeitpunkt begründet. Im Fall des § 569 III Z 2 S 1 BGB kann im Umfang der Räumungsklage wegen der Rückwirkung der Nichtigkeit der Kündigung kein erledigendes Ereignis eintreten, PalH Üb 26 vor § 104 BGB. Das übersieht wohl LG Hbg WoM 98, 422 (aber sachliche Unbegründetheit führt zur Abweisung). Nur im Umfang der Zahlungsklage kann natürlich durch die Zahlung nach Rechtshängigkeit ein erledigendes Ereignis eingetreten sein, LG Bochum WoM 89, 411.
Motivation: Die bloßen Motive einer Partei für ihre Erledigterklärung sind *unbeachtlich*. Der Wegfall des Klagmotivs ist *kein* erledigendes Ereignis, AG Köln WoM 89, 31.
Parteifähigkeit: Es gilt dasselbe wie bei Rn 54 „Rechtsfähigkeit". 53
Prozeßkostenhilfe: Auch im Verfahren auf die Bewilligung einer Prozeßkostenhilfe kommt es auf die Rechtshängigkeit der Hauptsachen an, also auf die Zustellung der beabsichtigten oder zugleich erhobenen Klage usw. Soweit der Antragsteller die Klage nach § 117 Rn 8 nur für den Fall der Bewilligung der Prozeßkostenhilfe erheben will, kann ein erledigendes Ereignis grundsätzlich *nicht* schon ab Klageingang (Anhängigkeit, § 261 Rn 1) eintreten, sondern erst ab Zustellung der Klageschrift, Hamm FamRZ 01, 1514. Ein erledigendes Ereignis kann freilich auch dann vorliegen, wenn das Gericht den bloßen Klagentwurf gleichwohl schon bereits als Klageschrift und nicht nur als Anlage zum Prozeßkostenhilfegesuch dem Bekl hat förmlich zustellen lassen. Soweit der Bekl Prozeßkostenhilfe für die Verteidigung gegen eine bereits zugestellte Klage begehrt, kann ein erledigendes Ereignis sofort eintreten. Soweit er als Antragsgegner auf Grund seiner Anhörung im bloßen Bewilligungsverfahren seinerseits einen Prozeßkostenhilfeantrag stellt, bevor ihm die Klageschrift zugestellt wurde, kann noch kein erledigendes Ereignis eintreten. Denn es bezieht sich ja auf die Hauptsache, die der Kläger mit der Klage geltend machen will.
Prozeßrechtsverhältnis: Ein erledigendes Ereignis kann nur eintreten, sobald, soweit und solange ein Prozeßrechtsverhältnis zwischen den Parteien besteht, Grdz 4, 6 vor § 128.
S auch Rn 26, 30.
Räumungsklage: Jede freiwillige Räumung kann ein erledigendes Ereignis sein, Rn 46 „Erfüllung". 54
Rechnungslegung: Rn 55 „Stufenklage".
Rechtsänderung: Sie kann ein erledigendes Ereignis sein, BayObLG 92, 57, Ffm GRUR 95, 151, KG RR 95, 1511, Karlsr OLGR 02, 134.
S auch „Rechtsprechungsänderung", Rn 58 „Verfassungsverstoß".
Rechtsfähigkeit: Ein erledigendes Ereignis kann durch den Verlust der Rechtsfähigkeit eintreten, BGH NJW 02, 1207 (Erlöschen), ZöV 58 „Parteifähigkeit", aM Hamm RR 88, 1307, Kblz ZIP 98, 967 (aber das ist gerade ein typischer Fall).
S auch Rn 60 „Zulässigkeit".
Rechtshängigkeit: Vgl Rn 26, 30, 39.
Rechtsirrtum: Seine Aufklärung ist *kein* erledigendes Ereignis, LG Mü IPRax 01, 460.
Rechtsprechungsänderung: Sie ist *kein* erledigendes Ereignis, BGH NJW 04, 1665.
Rechtsverlust, -verzicht: Dergleichen ist ein erledigendes Ereignis, BGH RR 93, 1320, aM ZöV 5 (aber der Anspruch erlischt auch dadurch).
Rückgabe: Die Rückgabe kann als freiwillige Erfüllung ein erledigendes Ereignis darstellen. Etwas *anderes* gilt, soweit die Rückgabe nur zwecks Abwendung der drohenden Zwangsvollstreckung erfolgt, BGH 94, 274.
S auch Rn 46 „Erfüllung", Rn 61 „Zwangsvollstreckung".
Sachlichrechtlicher Anspruch: Die Erfüllung sachlichrechtlichen Anspruchs kann ein erledigendes Ereig- 55 nis sein. Im übrigen kann gerade beim Fehlen eines solchen Ereignisses etwa wegen des Wegfalls der bisherigen Klageforderung vor der Rechtshängigkeit der Hauptsache ein sachlichrechtlicher Anspruch entstehen, zB auf den Ersatz des Schadens des Klägers dadurch, daß er nun die Klage zurücknehmen muß. Rechtsgrund kann zB Verzug sein. Der Kläger mag zu einer bezifferten Kostenklage übergehen können, evtl sogar zu einer bloßen Klage auf die Feststellung der Pflicht des Bekl, die Kosten zu tragen, Sannwald NJW 85, 898. Freilich ist in der Regel ein neuer Prozeß erforderlich. Denn die Bezifferung läßt sich durchweg nicht sogleich vornehmen, und der bisherige Prozeß ist meist nunmehr entscheidungsreif geworden. Für eine Entscheidung nach § 91 a in einer in Wahrheit ja erst bevorstehenden Prozeß ist jedenfalls *kein* Raum, Üb 57 vor § 91, BGH 83, 16, Köln NJW 78, 112, Mü NJW 76, 974, aM LG Stgt RR 87, 660 (aber ein Prozeßrechtsverhältnis nach Grdz 4 vor § 128 ist nun wirklich unentbehrlich).
Schuldübernahme: Sie kann ein erledigendes Ereignis sein, BGH 61, 141.
Selbständiges Beweisverfahren: Die Vornahme der Mangelbeseitigung durch einen mithaftenden Dritten ist *kein* erledigendes Ereignis, Mü MDR 99, 639.
Stufenklage: Ein erledigendes Ereignis liegt vor, wenn der Bekl dem Kläger die Auskunft erst in der Rechtsmittelinstanz erteilt, BGH NJW 99, 2522 (wegen der Erteilung in erster Instanz § 254 Rn 8).
Ein erledigendes Ereignis *fehlt*, soweit der Kläger eine Stufenklage nach § 254 erhoben hat und nun den Anspruch auf eine Auskunft und auf eine Rechnungslegung fallen läßt, um zur Leistungsklage überzugehen, BGH MDR 01, 408, Düss FamRZ 96, 493, Karlsr FamRZ 02, 1719 (dann Bezifferung durch

§ 91a

Klagänderung), Naumb FamRZ **01**, 845, oder wenn sich ergibt, daß kein Leistungsanspruch bestand, BGH NJW **94**, 2895 (krit Bork JZ **94**, 1011), Karlsr FER **99**, 163, Naumb FamRZ **01**, 502 (ein sachlichrechtlicher Ersatzanspruch mag allerdings bestehen, Üb 43 vor § 91), aM Ffm OLGR **00**, 49, Karlsr RR **98**, 1434, Nürnb MDR **01**, 590 (aber es zählt nur das Endergebnis). Ein erledigendes Ereignis fehlt ferner, wenn sich der Kläger nach Auskunftserhalt außerstande erklärt, den Zahlungsanspruch zu beziffern, Karlsr FamRZ **02**, 1719. Bei Rücknahme des Leistungsantrags muß man nach § 269 vorgehen, Naumb FamRZ **01**, 845.

56 Teilweise Erledigung: Eine teilweise Erledigung kann wegen desjenigen Teils der Hauptsache eintreten, der sich überhaupt ziffernmäßig oder doch sonstwie bestimmbar vom restlichen Streitgegenstand, der restlichen Hauptsache, abgrenzen läßt. Die strengen Voraussetzungen des § 301 brauchen nicht vorzuliegen, soweit Teilerledigterklärungen wirksam sind und inhaltlich übereinstimmen, Rn 103, 104.

Titelschutz: Auch eine willkürliche Beendigung der Benutzung des nach dem UWG geschützten Titels reicht aus, BGH RR **93**, 1320, aM Schlesw RR **86**, 39, ZöV 5, 50 „Verjährung" (aber das ist geradezu ein klassischer Fall von Erledigung).

S auch Rn 59 „Verjährung".

Tod: Der Tod kann ein erledigendes Ereignis darstellen, soweit es um einen höchstpersönlichen Anspruch geht, BGH NJW **05**, 2385, oder soweit es sich um eine Ehesache handelt, § 619 (Erledigung kraft Gesetzes), Nürnb FER **97**, 117, aM BGH FamRZ **86**, 253, Albers § 619 Rn 2 (aber man kann den Erben dann durchweg nicht mehr belangen).

S auch Rn 46 „Erbschaft".

57 Übergang zur Leistungsklage: Rn 55 „Stufenklage".

Unbegründetheit: Rn 44 „Begründetheit".

Unterlassungsverpflichtung: Rn 59 „Wiederholungsgefahr".

Unzulässigkeit: Rn 60 „Zulässigkeit".

58 Veräußerung: Die Veräußerung der Sache durch den Käufer nach Erhebung seiner Rücktrittsklage bedeutet *nicht stets* eine Erledigung der Hauptsache. Denn er hat sich selbst klaglos gemacht, Schlesw MDR **02**, 475.

Verfahrensgebühr: Der Umstand, daß der Kläger die Verfahrensgebühr nach § 12 GKG noch nicht bezahlt hat, kann unschädlich sein, soweit das Gericht rechtswidrig gleichwohl die Klage hat zustellen lassen. Soweit letzteres noch nicht der Fall war, ändert auch die Zahlung der Verfahrensgebühr bis zur Zustellung noch nichts daran, daß mangels Rechtshängigkeit nach Rn 26–39 kein erledigendes Ereignis eingetreten sein kann.

Verfassungsverstoß: Die Nichtigkeit eines Gesetzes ist kein erledigendes Ereignis. Denn sie bestand in Wahrheit von Anfang an, BVerfG **66**, 153, Schumann Festschrift *50 Jahre BGH* (2000) 39.

59 Vergleich: Der Vergleich mit oder ohne eine Kostenregelung kann ein erledigendes Ereignis darstellen. Einzelheiten bei § 98.

Verjährung, dazu *El-Gayar* MDR **98**, 698 (Üb): Der bloße Ablauf der Verjährungsfrist stellt noch *kein* erledigendes Ereignis dar. Denn der sachlichrechtliche Anspruch fällt dadurch nicht weg, Peters NJW **01**, 2289. Soweit sich der Schuldner auch auf Verjährung beruft und damit die prozessuale Durchsetzbarkeit der Forderung vernichtet, halten Hamm BB **79**, 1378, Schlesw RR **86**, 38, Ulrich WRP **90**, 651 gleichwohl den Vorgang nicht für ein erledigendes Ereignis. Daran ist jedenfalls richtig, daß auch durch diese Einrede der sachlichrechtliche Anspruch nicht entfallen ist. Trotzdem müßte das Gericht aber die Klage jetzt abweisen, Ffm GRUR RR **02**, 184, Mü WRP **87**, 268, Stgt RR **96**, 1520, aM Peters NJW **01**, 2291 (aber § 214 I BGB schafft ein nun wirklich klares Leistungsverweigerungsrecht. Seine Geltendmachung beseitigt die Möglichkeit eines zusprechenden Urteils).

S auch Rn 56 „Titelschutz".

Versicherung: Im Deckungsprozeß liegt in der Deckungszusage ein erledigendes Ereignis, LG Köln VersR **00**, 1412.

Verwirkung: Die in jeder Lage von Amts wegen nach § 242 BGB zu berücksichtigende Verwirkung kann ein erledigendes Ereignis darstellen. Sie führt ja sogar weitergehend als bloße Verjährung zum Wegfall des sachlichrechtlichen Anspruchs, BAG NZA **05**, 363.

Vorbehalt: Soweit der Schuldner nur unter Vorbehalt zahlt, *fehlt* ein erledigendes Ereignis, BGH **80**, 272 und WertpMitt **77**, 1308, aM BGH FamRZ **88**, 263 (warum keine Vorlage?).

S auch Rn 61 „Zwangsvollstreckung".

Vornahme einer Handlung: Die Vornahme der verlangten Handlung kann als freiwillige Erfüllung ein erledigendes Ereignis darstellen.

Etwas anderes gilt, soweit die Vornahme nur zur Abwendung einer drohenden Zwangsvollstreckung erfolgt, BGH **94**, 274.

S auch Rn 46 „Erfüllung", Rn 61 „Zwangsvollstreckung".

Vorschußklage: Die Mangelbeseitigung kann ein erledigendes Ereignis sein, Kblz RR **90**, 981.

Wiederholungsgefahr: Der Wegfall einer Wiederholungsgefahr kann ein erledigendes Ereignis darstellen, BGH **81**, 222, Hamm GRUR **84**, 70, KG BB **79**, 487.

Wohnungseigentum: Ein erledigendes Ereignis liegt vor, wenn der Antrag nach Verfahrenseinleitung durch ein tatsächliches Ereignis gegenstandslos wird und die Fortführung des Verfahrens keinen Sinn mehr hat, BayObLG NZM **01**, 1043.

60 Zahlung: Die freiwillige Zahlung kann ein erledigendes Ereignis darstellen. Das gilt auch bei der Zahlung durch einen Dritten.

Wenn allerdings die Zahlung im Fall des § 569 III Z 2 S 1 BGB innerhalb der Monatsfrist seit Rechtshängigkeit erfolgt, gilt die Kündigung als rückwirkend nichtig und kann daher wegen der Räumungsklage anders als wegen der Zahlungsklage *kein* erledigendes Ereignis eingetreten sein, Rn 52 „Mietrecht". Auch eine Zahlung nur unter Vorbehalt stellt kein erledigendes Ereignis dar, BGH NJW **94**, 943.

Zeitablauf: Ein Zeitablauf kann ein erledigendes Ereignis darstellen, BGH MDR **84**, 665.

Titel 5. Prozesskosten **§ 91a**

Zulässigkeit: Da als erledigendes Ereignis der Umstand gilt, daß eine bisher zulässige und begründete Klageforderung usw nach Rechtshängigkeit unzulässig bzw unbegründet wird, ist die anfängliche Zulässigkeit eine der Voraussetzungen eines erledigenden Ereignisses, mag auch seinen Eintritt nicht hindern, und ist der nachträgliche Wegfall der Zulässigkeit ebenfalls durchweg ein erledigendes Ereignis, BGH GRUR **83**, 560. Diese Unzulässigkeit kann etwa durch den Verlust der Rechtsfähigkeit eintreten, BGH NJW **82**, 238 (zustm Grundmann JR **82**, 104). Eine erst nach dem erledigenden Ereignis und nicht rückwirkend eintretende Unzulässigkeit ist als solche unschädlich, BGH NJW **86**, 589.
Zusammenfall: Derjenige von Gläubiger und Schuldner ist *kein* erledigendes Ereignis, Grdz 16 vor § 50.
Zustellung der Klage: Solange die Klage nicht zugestellt wurde, kommt eine Erledigung der Hauptsache *nicht* in Betracht, da noch keine Rechtshängigkeit vorliegt, Rn 26–39.
  S auch Rn 55 „Sachlichrechtlicher Anspruch".
Zustimmung: Rn 52 „Mietrecht". 61
Zwangsvollstreckung: Eine Erledigung kann zwar insoweit eintreten, als nur eine vorläufige Vollstreckung erfolgt und noch keine Rechtskraft eingetreten ist, *nicht* aber während der endgültigen Zwangsvollstreckung. Denn die Rechtshängigkeit ist mit der Rechtskraft weggefallen, Rn 40. Das übersieht BayObLG DB **96**, 977. Die Beitreibung aus einem vorläufig vollstreckbaren Titel ist als auflösend bedingte Erfüllung ein erledigendes Ereignis, Czub ZZP **102**, 287, aM BayVerfGH NJW **97**, 1001, Saarbr RR **98**, 1068, Becker-Eberhard JuS **98**, 884. Soweit eine Leistung des Schuldners nur zur Abwendung einer drohenden Zwangsvollstreckung erfolgt, liegt *kein* erledigendes Ereignis vor. Denn der Bekl wendet sich ja in Wahrheit nach wie vor gegen den klagweisen Anspruch, BGH NJW **94**, 274, BayVerfGH NJW **97**, 1001, Saarbr RR **98**, 1068. Freilich kann eine Zahlung durch einen Dritten freiwillig und ohne Vorbehalt erfolgen. Das kann unabhängig von der Zwangsvollstreckung gegen den Schuldner zu einem erledigenden Ereignis führen.
  S auch Rn 59 „Vorbehalt".

6) Erledigterklärung, I. Die Kostenfolgen des § 91a wie diejenigen der §§ 91, 92ff hängen unter 62
anderem davon ab, daß der Rechtsstreit in der Hauptsache „für erledigt erklärt" wird.
  A. Begriff der Erledigterklärung. § 91a enthält weder den Begriff der „Erledigung" noch denjenigen eines „erledigenden Ereignisses", auch nicht denjenigen der „Erledigungserklärung", sondern denjenigen der „Erklärung für erledigt". Die Praxis benutzt die Ausdrücke „Erledigterklärung" und „Erledigungserklärung" gleichwertig. Die Erledigterklärung ist eine Parteiprozeßhandlung, Grdz 47 vor § 128, BGH RR **91**, 1211, Drsd JB **01**, 589, Beuermann DRiZ **78**, 312. Es müssen daher die allgemeinen Voraussetzungen einer Parteiprozeßhandlung vorliegen. Die Erledigterklärung bezweckt die Herbeiführung der Kostenfolgen des § 91a. Das gilt auch dann, wenn sie zunächst nur von einer der Parteien abgegeben wird. Sie dient zugleich der Verhinderung der ohne solche Erklärung evtl zu Lasten des Klägers eintretenden Kostenfolgen einer Klagerücknahme usw, Rn 3.
  Man muß diese Zielrichtung bei der nach Grdz 52 vor § 128 möglichen, aber oft nur unter Schwierig- 63
keiten möglichen *Auslegung* der Erklärung einer Partei beachten. Soweit sie keine Kostenfolge nach § 91a erstrebt oder sich nicht wenigstens der gegnerischen derartigen Zielrichtung notgedrungen anschließt, liegt auch mangels eindeutigen Wortlauts keine Erledigterklärung vor. Das gilt zunächst dann, wenn die Erklärung in Wahrheit selbst, wenn sie also etwa die Rücknahme der Klage nach § 269 Rn 1, des Antrags oder eines Rechtsmittels enthält, §§ 516, 565. Das gilt ferner auch dann, wenn die Erklärung inhaltlich in Wahrheit nicht lediglich noch auf die Kostenfolge des § 91a abzielt. Dagegen kommt es nicht entscheidend darauf an, ob die Erklärung ergibt, daß die in ihr stets enthaltene Rechtsansicht vom Eintritt eines erledigenden Ereignisses nach Rn 24 durchdacht war, zutreffen könnte oder überhaupt ein Motiv der Erklärung war. Die bloße Erledigterklärung reicht bereits zur Notwendigkeit der Prüfung aus, ob wirklich eine derartige Erklärung abgegeben ist und ob auch ein erledigendes Ereignis vorliegt usw.
  Man muß nicht das Wort „Erledigung" benutzen, BGH RR **91**, 1211. Die Erledigterklärung ist sogar *stillschweigend* möglich, Rn 88, BGH RR **95**, 1090. Im allgemeinen ist eine zu Gunsten des Erklärenden großzügige Auslegung statthaft, Ffm MDR **77**, 56. Das gilt allerdings nicht, wenn objektiv kein erledigendes Ereignis vorliegt, Hamm VersR **86**, 1113. Es reicht aus, daß die Partei eine Erklärung abgibt, die man nur im Sinn einer Erledigterklärung auslegen kann, BGH RR **91**, 1211, BFH BB **79**, 1595. Reines Schweigen mag im Einzelfall selbst dann nicht ausreichen, wenn das Gericht mitgeteilt hat, es gehe mangels Stellungnahme des Adressaten von dessen Anschließung aus, Düss MDR **03**, 1013 (streng).
  Freilich läßt sich die beliebte Erklärung, man stelle den Klageantrag „*abzüglich* am ... geleisteter *Zahlungen*" usw, keineswegs stets oder auch nur grundsätzlich, als auch nur teilweise Erledigterklärung auslegen, aM Ffm MDR **77**, 56. Denn der Kläger kann auch eine gänzliche oder teilweise Klagerücknahme gemeint haben, deren Kostenfolgen nur vordergründig für den Kläger ungünstig wären. Er mag auch einen außergerichtlichen Teilvergleich geschlossen haben usw. Solche Erklärungen muß das Gericht daher nach § 139 behandeln.
  B. Abgrenzung zum erledigenden Ereignis, dazu *Lange* NJW **01**, 2150 (ausf): Es gelten die in Rn 25 64
genannten Regeln.
  C. Form. Die Erledigterklärung ist auch in einem Verfahren mit notwendiger mündlicher Verhandlung 65
nach § 128 Rn 4 grundsätzlich zulässig, sobald sie in einer der drei der Partei zur Wahl gestellten Formen nach I 1 ergeht, also entweder in der mündlichen Verhandlung oder durch einen ankündigenden Schriftsatz, Hamm JB **96**, 85, Drsd JB **01**, 989, oder zum Protokoll der Geschäftsstelle, auch jedes anderen Amtsgerichts, § 129a. Freilich wird sie im letzteren Fall erst mit dem Eingang beim Prozeßgericht wirksam, § 129a Rn 14. Das alles gilt auch im schriftlichen Verfahren nach § 128 II und im schriftlichen Vorverfahren, §§ 276, 697 II, 700 IV. Nach schriftsätzlichen Erklärungen hat eine etwa doch noch mündliche Wiederholung nur die klarstellende Bedeutung, Hamm JB **96**, 85.
  Im übrigen ist sogar eine *stillschweigende* Erklärung möglich, Rn 63, 88. Es reicht also aus, daß sich aus dem Gesamtverhalten der Partei in der Verhandlung oder in ihren Schriftsätzen ergibt, daß sie eine Erledigt-

§ 91a

erklärung abgibt. Wegen der Auslegung Rn 62. Wer keinen Antrag zur Hauptsache stellt, kann bereits damit der Sache nach die Hauptsache für erledigt erklärt haben. Denn die Erledigterklärung tritt ja an die Stelle des ursprünglichen Hauptsacheantrags, weil sie eine zulässige Klage- bzw Antragsänderung ist, § 264 Z 2, also weder eine Klagerücknahme noch ein Anspruchsverzicht.

66 **D. Kein Anwaltszwang.** Auch soweit im Verfahren an sich Anwaltszwang herrscht, § 78 Rn 1, unterliegt die Erledigterklärung diesem Anwaltszwang doch nicht, Rn 146, BGH **123**, 266, BAG NZA **05**, 839 (zumindest nicht außerhalb der Verhandlung), Schlesw MDR **99**, 253, aM Pape/Notthoff JuS **95**, 913, ThP 10, ZöV 10 (aber § 78 V Hs 2 gilt auch hier).

67 **E. Inhalt.** Wie schon in Rn 62, 63 dargelegt, kommt es wesentlich darauf an, daß die Erklärung bezweckt, an die Stelle des ursprünglichen Hauptsacheantrags weder dessen Rücknahme noch den Verzicht auf den Anspruch zu setzen, sondern die Rechtsfolgen des § 91 a herbeizuführen. Man muß jede Erledigterklärung unter diesem Gesichtspunkt für sich allein auslegen. Allerdings ist natürlich eine zeitlich nachfolgende Erklärung meist schon sprachlich auf die vorangegangene gegnerische entsprechende Erklärung ausgerichtet. Das muß man bei der Auslegung berücksichtigen. Je weniger ein erledigendes Ereignis nach Rn 23 ff objektiv vorliegt, desto weniger darf das Gericht eine nicht eindeutige Erklärung als Erledigterklärung auslegen. Wegen der Möglichkeit stillschweigender Erledigterklärung nach Rn 65 kann schon im bloßen Ausbleiben eines Hauptsacheantrags eine Erledigterklärung liegen. Auch eine Antragsrücknahme nebst Kostenantrag kann eine Erledigterklärung sein, Köln RR **98**, 143, ebenso ein Anerkenntnis der Erledigung, ferner zB das Ausbleiben eines Widerspruchs gegenüber einer Erledigterklärung, BayObLG RR **99**, 1687, KG FamRZ **94**, 910, Müther MDR **97**, 528.

68 **F. Unwirksamkeit der Erledigterklärung vor Rechtshängigkeit der Hauptsache**, dazu *Herrlein/ Werner* JA **95**, 55 (ausf): Die zahlenmäßig wohl ganz überwiegende Meinung, zB BGH **83**, 14, Drsd RR **03**, 195, Karlsr FamRZ **04**, 960, geht dahin, jedenfalls bei übereinstimmenden vollen Erledigterklärungen aller Beteiligten sei das Gericht zu einem Kostenausspruch nach § 91 a auch dann berechtigt und verpflichtet, wenn objektiv gar kein erledigendes Ereignis vorliege. Denn die Parteien könnten infolge der Parteiherrschaft nach Grdz 18 vor § 128 über den Streitgegenstand ja noch weitergehend verfügen, zB durch Rücknahme der Klage nach § 269 oder durch Anerkenntnis, § 307. Infolgedessen bestehe bei übereinstimmenden Erledigterklärungen kein Bedürfnis zur Prüfung des Vorliegens der Tatsachen, die erst bei einseitiger Erledigterklärung Bedeutung erlangten.

Diese Auffassung ist zwar für das Gericht angenehm, aber sie *überzeugt nicht,* Rn 24, 25, 47. Über die Kosten entscheidet das Gericht von Amts wegen, § 308 II. Von dieser Regel gelten nur in denjenigen Fällen Ausnahmen, in denen das Gesetz eine Kostenfolge unmittelbar zwingend und abschließend selbst an eine Parteiprozeßhandlung knüpft, Grdz 47 vor § 128, etwa im Fall der Klagerücknahme, § 269 III 2, oder soweit das Gericht auf Antrag im Sonderfall § 269 III 3, IV entscheiden muß, oder soweit die Parteien sich direkt über die Kostenfolgen einigen, etwa in einem Prozeßvergleich mit umfassender Kostenregelung, Anh § 307. Im übrigen bleibt es bei der Pflicht des Gerichts zur Prüfung des Sachverhalts, wer welche Kosten zu tragen hat. § 91 a enthält auch nicht eine unmittelbare zwingende abschließende Kostenregelung für den Einzelfall. Denn er eröffnet dem Gericht gerade einen weiten Ermessensspielraum für den Einzelfall.

69 Zwar stellt I dem bloßen Wortlaut nach scheinbar nur auf die übereinstimmenden Erledigterklärungen ab, nicht auch auf das Vorliegen des objektiv erledigenden Ereignisses. Indessen setzt die Vorschrift erkennbar als *selbstverständlich* voraus, daß die Hauptsache auch *objektiv* erledigt ist. Denn es besteht kein Anlaß zu einer besonderen Kostenregelung, soweit überhaupt noch keine Hauptsache vorgelegen hat, Rn 24. Auch spricht I vom „bisherigen Sach- und Streitstand" als Grundlage der Kostenentscheidung. Ein „Sach- und Streitstand" setzt aber ein Prozeßrechtsverhältnis zwischen den Parteien voraus, Grdz 4, 6 vor § 128. Dieses entsteht erst mit der Rechtshängigkeit, Rn 26–39.

Parteiherrschaft reicht *nicht* allein. Trotz Parteiherrschaft kann nämlich zB beim Prozeßunfähigen Unwirksamkeit seiner Parteiprozeßhandlung vorliegen, § 51 Rn 5, um nur *eine* der Grenzen zu nennen. Das Gericht darf auch bei jeder Parteiprozeßhandlung ihre Wirksamkeit prüfen, also auch bei einer Erledigterklärung. Daran ändert auch gedankenlose, bequeme Übernahme einer (nur) bei § 91 a abweichenden und dann auch noch rasch als „allgemeine" Meinung überhöhten Übung in Wahrheit gar nichts. Das gilt erst recht beim geflissentlichen Verschweigen des Umstands, daß solche Meinung gar nicht so „allgemein" ist und daß das bewußte Übergehen einer Auseinandersetzung mit einer immerhin begründeten anderen Ansicht sonst sogar als Willkür gilt.

70 Aus alledem folgt: Eine Erledigterklärung ist als solche nur insoweit beachtlich, als sie während der Rechtshängigkeit der Hauptsache ergeht, auf die sie sich bezieht. Weder reicht das Stadium *vor* Anhängigkeit der Hauptsache, zu diesem Zeitraum Rn 26, noch reicht die Erklärung im Stadium *zwischen* Anhängigkeit und Rechtshängigkeit der Hauptsache, Rn 30 ff, noch reicht das Stadium nach dem Ende der Rechtshängigkeit, also etwa während der endgültigen Vollstreckung. Dasselbe gilt sogar bei übereinstimmenden vollen Erledigterklärungen aller Beteiligten. Jedenfalls ist BGH **21**, 298 (Ausreichen übereinstimmender Erledigterklärungen) längst durch BGH (1. ZS) RR **88**, 1151 und (5. ZS) **83**, 14 auch zur Frage des Ausreichens bloßer übereinstimmender Erledigterklärungen *überholt*, Hamm MDR **79**, 407, KG RR **98**, 1074, Köln NJW **78**, 111, aM Brüchert AnwBl **89**, 83 (ebenfalls überholt).

71 **G. Wirksamkeit der Erledigterklärung bis zum Schluß der ersten Instanz.** Eine Erledigterklärung ist bis zu demjenigen Zeitpunkt wirksam möglich, in dem die erste Instanz endet, BGH NJW **84**, 1901, LG Hbg MDR **95**, 204. Wegen der Einzelheiten Rn 41 ff.

72 **H. Erledigterklärung zwischen den Instanzen.** Eine Erledigterklärung zwischen den Instanzen kann wirksam sein, wenn sie vor dem Eintritt der Rechtskraft ergeht, Celle ZMR **02**, 813. Das gilt freilich nur, wenn beide Parteien übereinstimmende volle, wirksame Erledigterklärungen abgeben. Denn sie beenden die Rechtshängigkeit unmittelbar, Rn 108. Vgl freilich auch Rn 107.

Titel 5. Prozesskosten § 91a

I. Wirksamkeit der Erledigterklärung in höherer Instanz. § 91 a ist auch in jeder höheren Instanz ab 73 ihrem Beginn anwendbar, BGH GRUR-RR **04**, 350, KG WettbR **96**, 161, Karlsr JB **00**, 477. Für die Dauer dieser höheren Instanz gelten dieselben Regeln wie in der ersten Instanz. Das gilt auch dann, wenn das erledigende Ereignis schon in erster Instanz eingetreten war, Düss RR **01**, 1029. Erledigterklärungen zum Rechtsmittel können ein Anschlußrechtsmittel bestehen lassen, BGH NJW **86**, 852. Sie sind bis zur Rechtskraft wirksam möglich, BGH NJW **95**, 1096 rechts.

J. Keine Anfechtbarkeit. Die Erledigterklärung ist eine Parteiprozeßhandlung, Grdz 47 vor § 128. Sie 74 ist vor der Wirksamkeit ihrer Abgabe frei anfechtbar bzw widerrufbar, LG Nürnb-Fürth NJW **81**, 2587. Ab Wirksamkeit der Abgabe ist die Erledigterklärung grundsätzlich unanfechtbar bzw unwiderruflich, Grdz 56, 58 vor § 128, ZöV 11, aM BGH NJW **02**, 442, Düss FamRZ **94**, 170, Mü OLGR **95**, 107 (aber eine Parteiprozeßhandlung ist eben *doch* grundsätzlich unwiderruflich, Grdz 58 vor § 128. Die dort genannten Ausnahmen bestätigen gerade diese Regel).

K. Bedingte Erledigterklärung. Eine bedingte Erledigterklärung ist grundsätzlich zulässig, BPatG 75 GRUR **93**, 115, KG RR **98**, 1074, etwa für den Fall, daß die Parteien einen Prozeßvergleich mit Widerrufsvorbehalt geschlossen haben, Anh § 307 Rn 1, Ffm MDR **78**, 499, oder für den Fall der Zulässigkeit eines Rechtsmittels, Düss RR **98**, 777. Der Kläger kann übrigens neben einer unbedingten Erledigterklärung des bisherigen Antrags zur Hauptsache auch einen Hilfsantrag stellen, § 260 Rn 8. Dann muß das Gericht über den Hilfsantrag entscheiden, falls in Wahrheit kein erledigendes Ereignis vorliegt, BGH NJW **03**, 3203 links, BFH BB **79**, 1757. Allerdings ist eine Erledigterklärung wegen des gesamten Anspruchs, aber nur für einen seit dem erledigenden Ereignis nochmals eingeschränkten Zeitraum unzulässig, Brschw RR **96**, 380, aM Melullis GRUR **93**, 245 (aber entweder ist nun erledigt oder nicht).

L. Hilfsweise Erledigterklärung. Der Kläger darf neben dem Hauptantrag die Hauptsache hilfsweise für 76 erledigt erklären, LG Hanau RR **00**, 1234, Piepenbrock ZZP **112**, 364 (zulässige Klagerweiterung), aM BGH **109**, 369, Teubner/Prange MDR **89**, 588 (vgl aber § 260 Rn 8). Diese Möglichkeit besteht allerdings nur, solange sich der Bekl der Erledigterklärung nicht ebenfalls hilfsweise anschließt, BGH (I. ZS) RR **98**, 1572 (zustm Piepenbrock ZZP **112**, 353), LG Hanau RR **00**, 1234 (abl Lange NJW **01**, 2150), ZöV 13, aM BGH (IV a-ZS) **106**, 366, BVerwG NVwZ **82**, 560, Teubner/Prange MDR **89**, 586 (aber bei übereinstimmenden wirksamen, wenn auch nur hilfsweisen Erledigterklärungen liegt eine ganz andere Gesamtklage vor). Der Bekl darf zwar neben dem Hauptantrag auf Klagabweisung davon absehen, die Hauptsache hilfsweise für erledigt zu erklären, um einen Kostenbeschluß nach § 91 a zu verhindern. Er darf aber auch hilfsweise eine Erledigterklärung abgeben, BFH BB **80**, 1842, ZöV 13, aM Düss JB **91**, 1545, Teubner/Prange MDR **89**, 588 (aber seine Stellung darf insofern nicht schlechter sein als diejenige des Klägers). Das Gericht entscheidet dann im Urteil über den Hilfsantrag.

M. Teilweise Erledigterklärung. Es ist eine Erledigterklärung für einen Teil der Hauptsache statthaft, 77 soweit dieser abtrennbar ist, § 301 Rn 4.

N. Erledigterklärung bei Streitgenossenschaft. Der einfache Nebenintervenient nach § 67 braucht 78 nicht zuzustimmen. Der streitgenössische muß zustimmen, § 69 ThP 18, aM Mü MDR **00**, 1152 (aber auch übereinstimmende Erledigterklärungen müssen zur Beachtlichkeit wirksam sein). Jeder einfache Streitgenosse kann nur für seine Person wirksam für erledigt erklären. Beim notwendigen Streitgenossen gilt § 62. Die Kostenregelung muß nicht stets einheitlich ausfallen, BGH MDR **85**, 915.

O. Beispiele zum Vorliegen einer Erledigterklärung 79

Abweisungsantrag: Der Abweisungsantrag des Bekl scheint das Gegenteil einer Erledigterklärung zu sein. Denn er bezweckt die Herbeiführung eines Urteils, das den Klaganspruch abweist. Indessen mag Anlaß zur Erörterung nach § 139 bestehen, wenn zB ein nicht anwaltlich vertretener Bekl zwar unter den Abweisungsantrag stellt, der Sache aber erkennbar ebenfalls der Meinung ist, die Klage sei bis zur Rechtshängigkeit zulässig und begründet gewesen. Soweit er allerdings zum Ausdruck bringen will, das angeblich erledigende Ereignis habe in Wahrheit nicht bestanden, der Klaganspruch habe von Anfang an nicht existiert, ist zu solcher Auslegung des Abweisungsantrags *kein* Raum, BGH VersR **80**, 385. Das gilt auch dann, wenn der Bekl den Abweisungsantrag trotz einer jetzt außergerichtlich erfolgten vorbehaltlosen Leistung aufrechterhält, BGH NJW **81**, 686. Zur hilfsweisen Erklärung Rn 76.

„abzüglich am ... gezahlter ... EUR": Ein derartiger Antrag ist zwar in der Praxis beliebt. Er stellt 80 aber *keineswegs stets* auch nur grds eine auch nur teilweise Erledigterklärung dar, Rn 63, aM Ffm MDR **77**, 56. Denn es kann auch eine (teilweise) Klagerücknahme gemeint sein, deren Kostenfolgen nur vordergründig für den Kläger ungünstig wären. Er mag auch einen (außergerichtlichen) Teilvergleich geschlossen haben usw. Das Gericht darf und muß eine solche Erklärung daher nach § 139 behandeln. Mangels klarer Antwort liegt keine Erledigterklärung vor, Schneider MDR **83**, 370.

Anerkenntnis: Will der Bekl anerkennen, so kann ein Anerkenntnisurteil auf Feststellung der Erledigung sinnvoll sein, LG Tüb MDR **95**, 860.

Trotz eines Anerkenntnisses kann es ausnahmsweise an einer Erledigterklärung *fehlen*, Hamm RR **95**, 1073. Vgl aber Rn 174.

Anfechtung: Rn 74.

S auch Rn 93 „Widerruf".

Anhängigkeit: Die bloße Anhängigkeit der Hauptsache kann *nicht* zur Wirksamkeit einer in diesem Stadium abgegebenen Erledigterklärung führen, Rn 68.

Anschließung: Diejenige Partei, die sich der gegnerischen Erledigterklärung anschließen will, braucht ebensowenig wie der Gegner die Worte des Gesetzes zu benutzen. Jede Partei kann ihre Anschließung sogar stillschweigend erklären. Ihr Verhalten muß natürlich ergeben, daß sie gegenüber der gegnerischen Erledigterklärung keinen Widerspruch erheben will, Ffm MDR **77**, 56 (sehr großzügig), LG Oldb MDR **88**, 591. Ein Streit nur noch über die Kosten kann zB gerade die Folge beiderseitiger stillschweigender Erledigterklärungen sein und daher auch eine stillschweigende Anschließung an die gegnerische Erklärung

§ 91a

bedeuten. Die Erledigterklärung zur Hauptsache im Berufungsverfahren erfaßt nicht stets auch eine Anschlußberufung, BGH **139**, 15, aM Mü MDR **84**, 320 (aber die Anschließung erfolgt selbständig). Etwas anderes kann bei einer Rücknahme des Rechtsmittels zur Hauptsache gelten, Ffm FamRZ **92**, 81, aM Ffm FamRZ **95**, 945.

Antragsrücknahme: Rn 67.
Außergerichtlicher Vergleich: Rn 92 „Vergleich".
Auslegung: Vgl zunächst Rn 67. Sie ist stets zulässig und geboten, BFH BB **79**, 1595. Das Gericht darf sie grds großzügig zu Gunsten des Erklärenden vornehmen. Er kann die Erledigterklärung ja sogar stillschweigend abgeben.
    S auch Rn 80 „abzüglich am ... gezahlter ... EUR", „Anschließung", Rn 88 „Stillschweigende Erklärung".

81 **Bedingung:** Rn 75.
Begründung: Die Partei braucht grds keine Begründung für ihre Erledigterklärung zu geben, jedenfalls soweit übereinstimmende derartige Erklärungen vorliegen. Allerdings kann es zur Klärung des wahren Sinns ihrer Worte notwendig sein, sie nach § 139 zu ergänzenden Ausführungen zu veranlassen, um ihre Erklärung sachgerecht auslegen zu können. Im Fall einseitiger Erledigterklärung nimmt der Prozeß seinen streitigen Fortgang. Man muß dann zwar nicht die Rechtsauffassung begründen, der Rechtsstreit sei erledigt, wohl aber die zugehörigen Tatsachen darlegen und evtl beweisen, wie sonst.

82 **Feststellung der Erledigung:** Soweit eine Partei beantragt, die Erledigung der Hauptsache „festzustellen", gibt sie eine Erledigterklärung ab. In einem Streit um die Zulässigkeit und Begründetheit der Klage kann seitens des Klägers auch stillschweigend ein Antrag auf „Feststellung der Erledigung der Hauptsache" liegen. Das Gericht muß das durch Auslegung ermitteln.

83 **Hauptsacheantrag:** Die Erledigterklärung tritt an die Stelle des ursprünglichen Hauptsacheantrags. Sie ist jetzt der Sachantrag der Partei. Denn diese begehrt jetzt nur noch eine Kostenentscheidung. Die Unterlassung des früheren Hauptsacheantrags kann bereits eine stillschweigende Erledigterklärung darstellen. Das gilt erst recht dann, wenn keine der Parteien im Termin noch überhaupt ihre bisherigen Sachanträge stellt. Freilich empfiehlt sich ein Verhandeln ohne jeden Antrag trotz § 308 II schon wegen § 251 a III nicht. Im übrigen sollte das Gericht stets nach § 139 zu Protokoll klären, ob tatsächlich Erledigterklärungen vorliegen.
Hilfsantrag: Rn 75.
Höherer Rechtszug: Rn 71, 103, 159, 195.

84 **Klagänderung:** Eine Änderung des Klagantrags zur bisherigen Hauptsache dahin, daß der Kläger nur noch eine eingeschränkte Forderung stellt, kann eine Erledigterklärung sein, BGH RR **79**, 1211 (zustm Deubner JuS **91**, 761), Ffm MDR **77**, 56. Das gilt etwa dann, wenn der Kläger nur noch die Feststellung der Pflicht des Gegners zur Tragung der Prozeßkosten begehrt. Diese Umstellung ist auch als solche evtl als Klagänderung zulässig, § 264 Rn 16 „Leistung – Erledigung". Denn es soll ja nach dem Willen des Antragstellers nun nicht mehr um ein Urteil auf eine Leistung gehen, sondern er will nur das bisherige bloße Kostenfestsetzungsverfahren durch eine Kostengrundentscheidung nach § 91 a beeinflussen. Zum Problem Sannwald NJW **85**, 898, Stöhr JR **85**, 491.
Klagerücknahme: In der Erklärung der Partei kann sogar trotz der von ihr benutzten Worte, etwa einer Erklärung „für erledigt", in Wahrheit eine teilweise oder gänzliche *Klagerücknahme* stecken. Das gilt etwa dann, wenn die von ihr vorgetragenen oder zugestandenen oder die inzwischen bewiesenen Tatsachen ergeben, daß der Kläganspruch von Anfang an oder doch bis zur Rechtshängigkeit nicht bestand oder rückwirkend weggefallen ist usw. Im Fall einer nach Wortlaut und erkennbarem Sinn allerdings eindeutigen bloßen Erledigterklärung ist eine Umdeutung in eine Klagerücknahme und dergleichen schon wegen der dort evtl ganz anderen Kostenfolgen *unzulässig*, BayVGH BayVBl **86**, 87. Eine Erklärung des Bekl, der Kläger habe die Klage zurückgenommen, läßt sich *nicht* stets in eine Erledigterklärung umdeuten, Karlsr FamRZ **02**, 1719.
    S auch Rn 80 „abzüglich am ... gezahlter ... EUR".
Kosteneinigung: Rn 92 „Vergleich".
Kostenstreit: Ein Streit nur noch über die Kosten kann gerade die Folge von stillschweigenden Erledigterklärungen sein und schließt diese also keineswegs aus. Freilich kann in Wahrheit auch eine teilweise oder gänzliche Klagerücknahme vorliegen oder ein Vergleich erfolgt sein. Das Gericht muß die Erklärungen daher auslegen, wie stets.

85 **Leistung:** In der bloßen Leistung des Bekl entsprechend dem bisherigen Hauptsacheantrag des Klägers liegt *keine* Erledigterklärung des Bekl. Sie mag aber dem Kläger Anlaß für eine durch Auslegung zu ermittelnde stillschweigende Erledigterklärung geben. Im übrigen kann eine vorbehaltlose Leistung des Bekl evtl auch als stillschweigende Erledigterklärung auslegbar sein. Andernfalls ändert die Leistung nichts daran, daß das Gericht die Klage evtl abweisen muß, BGH NJW **81**, 686. Das gilt zB dann, wenn sich bei einseitiger Erledigterklärung des Klägers ergibt, daß jedenfalls ein Rechtsanspruch auf die Leistung von vornherein gar nicht bestand.

86 **Prozeßrechtsverhältnis:** Eine Partei kann ihre Erledigterklärung wirksam nur während eines Prozeßrechtsverhältnisses zwischen den Parteien erklären, Rn 68–71.
Prozeßvergleich: Rn 92 „Vergleich".
Prozeßvertrag: Im Fall eindeutiger übereinstimmender Erledigterklärungen ist ihre Umdeutung in einen Prozeßvertrag oder eine prozessuale Vereinbarung nach Grdz 48 vor § 128 nicht ohne weiteres zulässig. Indessen hängt auch hier alles von der Auslegung im Einzelfall ab.

87 **Rechtshängigkeit:** Eine Partei kann ihre Erledigterklärung nur während der Rechtshängigkeit der Hauptsache wirksam abgeben, Rn 68, 72.
Rechtskraft: Da man eine Erledigterklärung nur während der Rechtshängigkeit der Hauptsache wirksam abgeben kann, bildet die formelle äußere Rechtskraft grds den Zeitraum der Zulässigkeit einer Erledigterklärung, Hamm MDR **79**, 407.
    Eine *Ausnahme* gilt allerdings im Fall der Wiederaufnahme des Verfahrens.

Titel 5. Prozesskosten   § 91a

Ruhen des Verfahrens: Eine Erledigterklärung ist auch nach der Anordnung des Ruhens des Verfahrens wirksam möglich, solange noch keine Rechtskraft eingetreten ist. Denn die Anordnung des Ruhens beseitigt nicht die Rechtshängigkeit.
Schriftliches Verfahren: Im schriftlichen Verfahren ist die Erledigterklärung in Schriftform notwendig und 88 ausreichend, § 128 II, ebenso im schriftlichen Vorverfahren, Rn 65.
Schweigen: Das bloße Schweigen gilt jetzt nach I 2 unter den dortigen Voraussetzungen als Zustimmung. S aber auch „Stillschweigende Erklärung".
Stillschweigende Erklärung: Eine Erledigterklärung kann stillschweigend erfolgen, Rn 65. Es muß sich aus dem Verhalten der Partei nur eindeutig ergeben, daß sie eben eine Erledigterklärung und nicht etwa eine teilweise oder gänzliche Klagerücknahme, einen Anspruchsverzicht, einen bereits geschlossenen Vergleich mit Kostenfolge und dergleichen meint. Man kann sich auch der gegnerischen Erledigterklärung stillschweigend anschließen.
   S auch Rn 80 „Anschließung", „Auslegung", Rn 85, Rn 88 „Schweigen".
Streit über die Wirksamkeit der Erklärung: Soweit die Parteien über die Wirksamkeit einer oder 89 mehrerer Erledigterklärungen streiten, kann und muß das Gericht den bisherigen Rechtsstreit zur Klärung dieser Streitfrage fortführen, ähnlich wie dann, wenn Parteien über die Wirksamkeit eines Prozeßvergleichs streiten, Anh nach § 307 Rn 37. Soweit die Parteien vordergründig um die Wirksamkeit der Erledigterklärung des Klägers streiten, streiten sie nämlich in Wahrheit über die Zulässigkeit der Klage oder des sonstigen Verfahrens, BayObLG 83, 18, und über deren Begründetheit, BFH VersR 82, 296, LG Bochum MDR 82, 675, LG Mannh ZMR 77, 306, aM ZöV 35 (man müsse die Erledigterklärung des Klägers dann dahin verstehen, daß er nunmehr die Feststellung beantrage, die Hauptsache sei erledigt. Aber der Kläger muß keineswegs immer einen zum Antrag des Bekl passenden Gegenantrag stellen. Der Kläger und nicht der Bekl führt zunächst einmal den Rechtsstreit und verfügt über den Streitgegenstand. Außerdem besteht bei einem Streit um die Berechtigung einer Klagerücknahme dieselbe Prozeßlage).
   Vgl ferner Rn 169 ff.
Streitgenossenschaft: Wegen der Selbständigkeit jedes einfachen Streitgenossen nach § 61 Rn 4 ff wirkt 90 seine Erledigterklärung nur für ihn. Anders liegt es evtl bei notwendiger Streitgenossenschaft nach § 62, BGH MDR **85**, 915, Rape/Notthoff JuS **95**, 914.
Teilerledigterklärung: Vgl Rn 77.
Teilvergleich: Rn 92 „Vergleich".
Tod: Soweit die Erledigung kraft Gesetzes eingetreten ist, § 619, hat eine Erledigterklärung nur noch eine 91 bestätigende Bedeutung, Hamm FamRZ **95**, 101, aM Bbg FamRZ **84**, 302 (Rechtslage verkannt).
Unanfechtbarkeit: Rn 80 „Anfechtung".
Unterwerfung: Eine Unterwerfungserklärung des Bekl und damit sein freiwilliges Unterliegen können sachlichrechtlich dazu führen, daß der Kläger seinen bisherigen Hauptanspruch verliert und daß damit ein erledigendes Ereignis eintritt. Insofern kann in der Unterwerfungserklärung eine Erledigterklärung zumindest des Bekl stecken. Die bloße Leistung ist aber *nicht stets* als Erledigterklärung umdeutbar, Rn 85.
Urteilsverkündung: Eine Erledigterklärung kann während des gesamten Zeitraums der Rechtshängigkeit der Hauptsache wirksam erfolgen. Daher sie ist auch nach der Verkündung oder dem Erlaß des Urteils möglich, solange noch keine Rechtskraft eingetreten ist, ZöV 17, aM ThP 10. Man muß sie dann bei demjenigen Gericht abgeben, das das Urteil erlassen hat. Eine andere Frage ist freilich die, ob die Erklärung noch Einfluß auf den Prozeß hat. Das kann bei übereinstimmenden Erklärungen der Fall sein, weil diese die Rechtshängigkeit unmittelbar beenden, Rn 108. Eine einseitige Erledigterklärung nach Urteilserlaß usw mag in der nächsten Instanz Rechtswirkungen herbeiführen. Vgl auch Rn 71.
Vergleich: Man muß zwischen dem Prozeßvergleich einerseits, dem außergerichtlichen Vergleich anderer- 92 seits, dem Vergleich mit oder ohne Kostenregelung, mit oder ohne Widerrufsvorbehalt, dem teilweisen oder gänzlichen Vergleich unterscheiden. Im übrigen besteht für eine Umdeutung oder Auslegung in eine oder mehrere Erledigterklärungen nur insofern ein Bedürfnis, als die Parteien sich noch nicht auch über die gesamten Kosten des Rechtsstreits einschließlich derjenigen des Vergleichs oder etwa einbezogener weiterer Streitpunkte eindeutig geeinigt haben, Düss MDR **93**, 1120. Denn im Fall solcher völligen Einigung ist für eine Kostenentscheidung auch nach § 91 a ja kein Raum mehr, Naumb RR **96**, 1216.
   Einzelheiten bei § 98 Rn 18, 21.
Verzicht: Er liegt *meist nicht* schon in der Erledigterklärung, § 306 Rn 2.
Vorbehaltlose Leistung: Rn 85.
Vorverfahren: Eine Erledigterklärung ist auch im schriftlichen Vorverfahren möglich und dann natürlich schriftlich notwendig. Vgl Rn 65.
   S auch Rn 88 „Schriftliches Verfahren".
Wegfall der Rechtshängigkeit: Eine Erledigterklärung ist wirksam während der Rechtshängigkeit der 93 Hauptsache möglich. Sobald die Rechtshängigkeit wegfällt, kann man *keine* Erledigterklärung mehr wirksam einreichen, Hamm MDR **79**, 407. Vgl Rn 68, 71.
Widerruf: Da die Erledigterklärung eine Parteiprozeßhandlung ist, Rn 62, ist sie ab Wirksamkeit grds nicht mehr frei widerruflich, Grdz 56, 58 vor § 128, Düss WertpMitt **93**, 1750, ThP 15, ZöV 11, aM Mü JB **76**, 971 (aber eine Parteiprozeßerklärung ist etwas teilweise anderes als die evtl in ihr steckende sachlichrechtliche Willenserklärung). Von diesem Grundsatz gilt dann eine Ausnahme, wenn ein Wiederaufnahmegrund vorliegt. Denn man muß dann die Fortsetzung des Prozesses aus Gründen der Prozeßwirtschaftlichkeit zulassen, Grdz 14 vor § 128. Das gilt ähnlich wie bei einem Streit um die Wirksamkeit eines Vergleichs, Rn 89, oder nach dessen wirksamem Widerruf, Ffm MDR **78**, 499.
Widerspruch des Beklagten: Soweit der Bekl einer Erledigterklärung des Klägers erkennbar oder ein- 94 deutig widerspricht, will er zum Ausdruck bringen, der Kläger habe seine Erledigterklärung zu Unrecht abgegeben, tue dies also vermutlich auch jetzt. Ein erledigendes Ereignis habe die Hauptsache in Wahrheit nicht ereilt, vielmehr bestehe der Klaganspruch entweder von Anfang an nicht oder sei doch aus anderen Gründen oder zu einem anderen Zeitpunkt erloschen, BGH VersR **80**, 385. Das gilt auch dann, wenn der Bekl den

§ 91a

Abweisungsantrag trotz einer jetzt außergerichtlichen erfolgenden vorbehaltlosen Leistung aufrechterhält, BGH NJW **81**, 686. Das Gericht muß also in einem solchen Fall untersuchen, ob die Klageforderung bis zu demjenigen Zeitpunkt bestanden hatte, in dem das unbestrittene, zugestandene oder bewiesene Ereignis eintrat, das nach der Rechtsauffassung des Klägers zur Erledigung der Klage geführt haben soll. Es liegt also nur eine einseitige Erledigterklärung des Klägers vor, Rn 169 ff. Der Bekl will mit seinem Widerspruch zu verhindern, daß der Kläger im Laufe des Verfahrens infolge einer besseren Erkenntnis seiner Rechtslage durch eine bloße Erledigterklärung von einer Klage Abstand nimmt, die in Wahrheit von vornherein erfolglos war, nur um sich kostenmäßig eine bessere Stellung zu verschaffen, als er sie im Fall einer Klagrücknahme nach § 269 III 2 oder im Fall eines Anspruchsverzichts hätte, § 306, Bbg JB **77**, 1620, Düss MDR **78**, 763.

Fehlen eines Widerspruchs hat jetzt die Folgen I 2.
Widerrufsvorbehalt: Rn 93 „Widerruf".
Wiederaufnahme: Rn 87 „Rechtskraft", Rn 89.
Wohnungseigentumsverwalter: Soweit er nicht Anwalt oder Rechtsbeistand ist, darf er *nicht* nach Pauschsätzen abrechnen und sind solche Pauschsätze nicht erstattungsfähig, KG NJW **91**, 1304.

95 Zeitpunkt der Erledigterklärung: Eine Erledigterklärung ist nur insoweit wirksam, als sie während der Rechtshängigkeit der Hauptsache erfolgte, Rn 101–104. Innerhalb dieses zulässigen Zeitraums ist der Zeitpunkt ihrer Abgabe unbeachtlich und kommt es nur auf die weitere Frage an, wann das angeblich erledigende Ereignis eingetreten ist, BGH NJW **86**, 589, Ffm FamRZ **87**, 293, aM Grunsky AcP **186**, 525 (§ 93 entsprechend. Aber § 91 a hat Vorrang).
Vgl auch Rn 71.
Zwischen den Instanzen: Vgl Rn 72, 101.

96 7) Beiderseitige Erledigterklärungen, I. Die Vorschrift regelt direkt nur den Fall, daß beide Parteien bzw alle am Verfahren Beteiligten die Hauptsache übereinstimmend vollständig für erledigt erklären.

A. Begriff übereinstimmender Erledigterklärungen, I 1. Übereinstimmende Erledigterklärungen liegen vor, soweit jede Erklärung für sich allein betrachtet die Anforderungen an eine wirksame Erledigterklärung im Sinn von Rn 62 ff erfüllt und soweit außerdem die Erklärungen dem Sinn und der Zweckrichtung nach übereinstimmen. Dabei mögen die Parteien natürlich durchaus unterschiedliche Vorstellungen davon haben, zu wessen Gunsten das Gericht nun über die Kosten nach I entscheiden wird. Wesentlich ist nur, daß sie überhaupt inhaltlich übereinstimmend zum Ausdruck bringen oder bringen wollen, daß sie den Streit zur Hauptsache bis auf den Kostenpunkt abbrechen und beenden wollen, ohne daß der eine die Klage zurücknimmt, der andere den Klaganspruch anerkennt usw und ohne daß sie auch zur Kostenfrage einen Vergleich abschließen. Unter diesen Voraussetzungen mögen die Erklärungen einen durchaus unterschiedlichen Wortlaut haben, mag die eine Erklärung ausdrücklich, die andere stillschweigend erfolgen, mag die eine einer Auslegung bedürfen, die andere nicht. Wesentlich bleibt nur, daß sie sich schließlich als inhaltlich übereinstimmend herausstellen.

Soweit die Erledigterklärungen inhaltlich übereinstimmen, kommt es *nicht* auf die *Reihenfolge* an, in der sie abgegeben bzw wirksam wurden. Maßgeblich ist nur, daß jede Erklärung innerhalb des Zeitraums erfolgte, in der sie überhaupt wirksam werden konnte, Rn 68, 71. Eine im Urteil getroffene Feststellung übereinstimmender Erledigterklärungen hat die Beweishaft des Tatbestands nach § 314. Das gilt auch dann, wenn die Feststellung formell in den Entscheidungsgründen steht, § 313 Rn 17, Düss RR **04**, 564.

97 B. Kein Widerspruch des Bekl, I 2. Der Lage Rn 96 steht nach I 2 der Fall gleich, daß (nur) der Bekl der Erledigterklärung (nur) des Klägers nicht binnen einer Notfrist nach § 224 I 2 von 2 Wochen seit Zustellung der klägerischen Erledigterklärung trotz gerichtlichen Hinweises auf die Folgen widerspricht. Die Fristberechnung erfolgt nach § 222. Der Hinweis muß unmißverständlich sein. Der Widerkläger ist als solcher kein Bekl nach I 2.

98 C. Notwendigkeit einer Wirksamkeit beider Erledigterklärungen. Die Erledigterklärung jeder Partei bzw jedes Beteiligten muß nach den in Rn 62 ff dargelegten Grundsätzen wirksam sein, sowohl nach dem Zeitpunkt ihrer Abgabe, als auch nach der Form, dem Inhalt, etwaigen Einschränkungen usw.

99 D. Erster Rechtszug. Im ersten Rechtszug können übereinstimmende Erledigterklärungen usw nach Rn 96, 97 ab Rechtshängigkeit nach § 261 Rn 1 bis zu ihrem Ende oder Wegfall eintreten, Rn 68, 71, Hamm MDR **79**, 407. Sie können also auch nach der Anordnung des Ruhens des Verfahrens ergehen, §§ 251 a, 331 a, oder nach dem Schluß der Verhandlung, §§ 136 IV, 296 a, Karlsr JB **94**, 678, oder nach der Verkündung oder dem Erlaß des Urteils, solange es noch nicht nach § 322 rechtskräftig ist, ZöV 17, aM ThP 14 (aber mit der Rechtskraft erlischt die Prozeßrechtsverhältnis bis zur Zwangsvollstreckung). Man muß sie dann bei demjenigen Gericht abgeben, das das Urteil erlassen hat. Eine andere Frage ist die, welche Rechtsfolgen übereinstimmende Erledigterklärungen nach dem Verhandlungsschluß haben, Rn 142.

100 E. Zwischen den Instanzen. Übereinstimmende Erledigterklärungen usw nach Rn 96, 97 können bis zum Ende der Rechtshängigkeit oder ihrem Wegfall und daher auch zwischen den Instanzen grundsätzlich bis zur Rechtskraft ergehen, BGH NJW **95**, 1096 rechts. Vgl freilich auch Rn 101.

101 F. Höherer Rechtszug. Die Parteien können die Hauptsache auch in der höheren Instanz bis zum Ende der Rechtshängigkeit übereinstimmend für erledigt erklären, BGH GRUR **05**, 41, Hamm MDR **00**, 296, LG Tüb JB **01**, 157. Das bedeutet zunächst: Das Rechtsmittel muß überhaupt zur Hauptsache statthaft und auch im konkreten Einzelfall zulässig sein, BGH WertpMitt **86**, 534, Köln VersR **89**, 163. Es muß also zB eine ausreichende Beschwer wie sonst gegeben sein, Grdz 13 vor § 511, Köln VersR **89**, 163, Schlesw MDR **01**, 51. Sie bleibt auch nach einer Klagabweisung bestehen, sofern der Kläger eben das Rechtsmittel eingelegt hat. Die Zulässigkeit des Rechtsmittels fehlt, soweit ein erledigendes Ereignis zwar nach der Einreichung der Rechtsmittelbegründung eintritt, der Rechtsmittelgegner die etwa erforderliche Annahme des Rechtsmittels aber nicht vornimmt, BGH NJW **77**, 1883, oder wenn sich die Hauptsache dadurch erledigt, daß zB der Bekl zwischen den Instanzen zahlt bzw leistet, BGH NJW **00**, 1120, ThP 28, aM StJBo 48, 51, ZöV 20.

Titel 5. Prozesskosten § 91a

Die Zulässigkeit des Rechtsmittels fehlt ferner, wenn sich die Hauptsache *auf eine andere Weise erledigt*, etwa durch eine Zug-um-Zug-Leistung gegen Empfang, und der Beschwerdeführer erst anschließend sein Rechtsmittel einlegt, § 99 Rn 3, Bbg VersR **76**, 890, Hbg RR **89**, 570, aM Düss RR **98**, 776, Ffm OLGZ **94**, 93, Bergerfurth NJW **92**, 1656 (aber in diesen Fällen fehlt es wegen der Hauptsache an einer Beschwer).

Man muß zwischen Erledigterklärungen im höheren Rechtszug wegen der Hauptsache und Erledigterklä- 102 rungen des Rechtsmittels während des Rechtszugs zur Hauptsache *unterscheiden*. Zum letzteren Fall gilt Rn 195. Eine Anfechtung nur des Kostenpunkts ist wegen § 99 I unzulässig, aM Hbg VersR **83**, 1040, Zweibr OLGZ **75**, 46, Gottwald NJW **76**, 2251 (aber die Vorschrift ist nach Text und Sinn eindeutig, Einl III 39).

G. Beiderseitige teilweise Erledigterklärungen. Nach den vorstehend genannten Regeln kann sich 103 herausstellen, daß die Erledigterklärungen zwar teilweise, aber nicht voll übereinstimmen. Diesen Fall erfaßt I nicht direkt. Man muß in einem solchen Fall vielmehr wegen des streitigen Rests der Hauptsache wie sonst verfahren. Kommt es im streitigen Verfahren zu einer instanzabschließenden Entscheidung, so muß das Gericht nach §§ 91 ff über die gesamten Kosten entscheiden einschließlich derjenigen, die auf den übereinstimmend für erledigt erklärten Teil des Streitgegenstands entfallen. Das Gericht kann dabei die Grundsätze der Kostenverteilung des § 91 a entsprechend auf den übereinstimmend für erledigt erklärten Teil anwenden. Das bedeutet aber nicht, daß § 91 a den abschließenden Maßstab gäbe. Vielmehr finden seine Grundgedanken zur Kostenentscheidung nur auf die streitige Entscheidung über die gesamten Prozeßkosten entsprechende Anwendung, Ffm GRUR **89**, 934, Jena FamRZ **97**, 219.

Keineswegs darf das Gericht sogleich nach Wirksamkeit der beiderseitigen *Teil*erledigterklärungen über die 104 diesbezüglichen Kosten etwa durch Beschluß nach § 91 a entscheiden. Geschieht das dennoch, liegt ein Verstoß gegen § 308 I, §§ 91, 92 ff vor. Ihn kann der Benachteiligte mit den dagegen möglichen Rechtsmitteln bekämpfen, BGH NJW **02**, 1501. Es ist also unter anderem eine Anfechtung nur in diesem Kostenpunkt nach § 99 I unzulässig, aM Ffm GRUR **89**, 934 (aber die Vorschrift gilt uneingeschränkt). Im übrigen setzt die Wirksamkeit beiderseitiger teilweiser Erledigterklärungen voraus, daß überhaupt eine Teilerledigung vorliegt, Rn 56 „Teilweise Erledigung".

H. Beispiele zum Vorliegen beiderseitiger Erledigterklärungen. Vgl zunächst die in Rn 79 ff 105 dargestellten Beispiele. Man sollte sodann prüfen, ob jede Erledigterklärung den Anforderungen einer wirksamen derartigen Erklärung entspricht, Rn 68. Soweit das der Fall ist, muß man anschließend prüfen, ob und wie weit die Erklärungen inhaltlich übereinstimmen, Rn 96. Bei nur teilweiser inhaltlicher Übereinstimmung gelten die Regeln Rn 103.

8) Folgen beiderseitiger wirksamer Erledigterklärungen: Kostenentscheidung, I. Wenn die Par- 106 teien die Hauptsache übereinstimmend wirksam voll für erledigt erklären, liegt der einzige Fall vor, auf den I direkt anwendbar ist, Rn 1. In diesem Fall entscheidet das Gericht mangels einer vergleichsweisen Einigung der Parteien wegen der Kosten über die unter Berücksichtigung des bisherigen Sach- und Streitstandes von Amts wegen nach §§ 91 a, 308 II, BGH RR **97**, 510, Pape/Notthoff JuS **95**, 1016, Smid ZZP **97**, 273, aM Brox JA **83**, 290 (vgl aber Rn 103 ff).

Es entscheidet insoweit *nach billigem Ermessen* durch einen besonderen Beschluß. Es ist nochmals darauf hinzuweisen, daß auch bei inhaltlich übereinstimmenden vollen Erledigterklärungen die Rechtsfolgen nach I nach der hier vertretenen Auffassung zu dieser Streitfrage nur unter der weiteren Voraussetzung eintreten können, daß auch objektiv ein erledigendes Ereignis eingetreten ist, Rn 24, 68. In allen anderen Fällen ergeht die Entscheidung nach §§ 91, 92 ff zusammen mit derjenigen über die Kosten des gesamten restlichen Rechtsstreits wie sonst, meist also durch Urteil. Das gilt sowohl bei übereinstimmenden Erledigterklärungen nur wegen eines Teils der Hauptsache als auch dann, wenn und soweit die Erledigterklärungen inhaltlich nicht übereinstimmen oder soweit nur eine einseitige Erledigterklärung vorliegt.

A. Zulässigkeit der Kostenentscheidung. Selbst bei beiderseitigen vollen wirksamen Erledigterklärun- 107 gen ist die in I vorgesehene Kostenentscheidung nicht stets zulässig und notwendig. Sie setzt wie jede Entscheidung ein Rechtsschutzbedürfnis voraus, Grdz 33 vor § 253. Dieses kann fehlen. Das gilt zB bei einem Vergleich nach Anh § 307, in dem die Parteien auch den Kostenpunkt für die bisherige Hauptsache einschließlich des Vergleichs und etwa einbezogener weiterer Streitpunkte vollständig geregelt haben, § 98.

B. Entscheidung nur noch über die Kosten. Das Gericht entscheidet nur noch „über die Kosten", 108 BGH NJW **99**, 955. Denn der Streitgegenstand nach § 2 Rn 3 ist durch seine übereinstimmende vollständige wirksame Erledigterklärungen aller Beteiligten weggefallen, die Rechtshängigkeit eben bis auf die Kostenfrage unmittelbar kraft Gesetzes beendet worden, BGH NJW **99**, 1337, Bbg FamRZ **97**, 1225 (keine Klagerücknahme mehr), BayObLG ZMR **99**, 572. Es ist nicht schon infolge der Erledigung formelle Rechtskraft in der Hauptsache eingetreten, Celle FamRZ **98**, 684, Hamm FER **00**, 64. Freilich ist in der Hauptsache keine innere Rechtskraft entstanden, Rn 167. Etwa noch nicht rechtskräftige Sachentscheidungen sind rückwirkend wirkungslos geworden, BayVerfGH NJW **90**, 1784, Nürnb GRUR **96**, 79, ZöStö § 890 Rn 9 a, aM Hbg RR **87**, 1024, ThP § 890 Rn 10 (aber die Lage ist derjenigen eines wirksamen Einspruchs nach §§ 338 ff nur bedingt vergleichbar. § 91 a gilt gerade anders als § 343).

Daher kann keine Partei jetzt noch wirksam einen Sachantrag stellen, BayObLG JB **96**, 97. Daher darf das 109 Gericht jetzt auch *nicht mehr über die Hauptsache entscheiden*, § 308 I 1. Es gibt dazu auch keinen Hinweis mehr, Düss ZMR **04**, 29. Es darf der Rechtsstreit nicht einmal noch wegen Unzuständigkeit nach § 281 verweisen, Brdb RR **96**, 955, Ffm MDR **81**, 676, Mü MDR **86**, 61. Es darf nach dem Eingang schriftlicher Erledigterklärungen im Verfahren mit notwendiger mündlicher Verhandlung nach § 128 Rn 4 zur Hauptsache lediglich noch zwecks Herbeiführung der Wirksamkeit der Erklärungen und wegen der Kostenentscheidung einen Termin bestimmen. Eine weitere Terminsbestimmung kommt nur noch beim Streit über die Wirksamkeit von übereinstimmenden Erledigterklärungen in Betracht, Rn 89. Eine mündliche Verhandlung ist nicht mehr notwendig, § 128 III. Es ist keine Verfassungsbeschwerde mehr statthaft, BayVerfGH NJW **90**, 1784.

§ 91a   Buch 1. Abschnitt 2. Parteien

110   Infolge der unmittelbaren Beendigung der Rechtshängigkeit im Zeitpunkt der Wirksamkeit beiderseitiger
        wirksamer Erledigterklärungen kann keine innere Rechtskraft in der Hauptsachefrage entstehen, § 322
        Rn 9, 36 „Erledigung", Ffm MDR **81**, 676, LG Verden JB **78**, 431. Sie ist vielmehr nur zur etwa noch
        ergehenden Kostenentscheidung möglich, Nürnb NJW **79**, 169. Daher ist ein neuer Prozeß über denselben
        Streitgegenstand der Hauptsache grundsätzlich jederzeit zulässig, Hamm FamRZ **81**, 1065, ThP 50, aM
        Brox JA **83**, 295, RoSGo § 132 II 4 (für einen neuen Prozeß bestehe kein Rechtsschutzbedürfnis. Aber das
        Gericht hat im alten nicht mehr zur Sache entschieden). Erst recht darf nach übereinstimmenden bloßen
        Teilerledigterklärungen der Kläger den Rest weiterverfolgen und die Klage erweitern, BGH NJW **99**, 1337.
        Selbst über die Kosten darf keine Entscheidung mehr ergehen, soweit die Parteien wegen zu dieser Frage durch
        Vergleich u.a. abschließende eindeutige umfassende Regelung getroffen haben, § 98 Rn 22. Eine Kosten-
        entscheidung ergeht auch nicht im außerprozessualen selbständigen Beweisverfahren, § 91, Rn 193.
111   Ein besonderer *Ausspruch*, die Hauptsache sei erledigt, ist nicht gesetzlich notwendig, Wallisch/Spinner
        JuS **00**, 378. Er kann evtl zur Verwechslungen mit einer streitigen derartigen Feststellung auf Grund nur
        einseitiger Erledigterklärung führen. Das Gericht darf aber entsprechend § 269 III 1, IV die Wirkungslosig-
        keit eines etwa bereits erlassenen Urteils aussprechen.

112   **C. Berücksichtigung des bisherigen Sach- und Streitstandes.** Soweit es überhaupt noch nach
        Rn 108–111 zu einer Kostenentscheidung kommt, muß man klären, ob die Klage voraussichtlich Erfolg
        gehabt hätte, BAG NZA **05**, 878, Rostock WoM **05**, 261, LAG Düss NZA-RR **04**, 182. Diese Prüfung
        erfolgt summarisch, BAG NZA **05**, 878, unter Berücksichtigung nur des bisherigen Sach- und Streitstandes,
        BGH NJW **05**, 2385, Stgt RR **99**, 997, LG Freibg/Br WoM **02**, 371, LG Offenburg RR **05**, 555.
        Maßgeblich ist der Zeitpunkt des erledigenden Ereignisses, Rn 24 ff, BGH NJW **86**, 588, Köln RR **01**,
        1387 (also kein früherer Zeitpunkt), AG Lpz WoM **03**, 276. Dabei darf man von sachdienlichen Anträgen
        ausgehen, Ffm RR **99**, 980. Das bedeutet nicht, daß man die voraussichtliche weitere Entwicklung eines
        streitig weitergelaufenen Prozesses völlig unbeachtet lassen dürfte. Das Gericht darf und muß sie vielmehr im
        Rahmen der Prüfung der Kostenentscheidung in gewissem Umfang durchaus mitbeachten, BVerfG NJW
        93, 1061, BGH RR **04**, 377, Stgt WettbR **00**, 100, aM Hamm FamRZ **98**, 444 (stellt nur auf die
        Rechtshängigkeit ab. Inzwischen kann aber viel geschehen sein). Insofern sind also §§ 91, 92 ff mitbeacht-
        lich, Düss FamRZ **82**, 431, Zweibr NJW **86**, 939. Das gilt insbesondere auch für § 93, Rn 120 „Aner-
        kenntnis", ferner für § 93 b, LG Frankenth ZMR **91**, 303, für § 97 I, II, BGH RR **86**, 369, Ffm WRP **84**,
        692, für § 98, Rn 139 „Vergleich", für § 99 II, Hamm MDR **88**, 325, Köln RR **95**, 509, und für § 101,
        Stgt MDR **99**, 116. Es gilt auch für § 344, Brschw WRP **92**, 487. Bei einer Erledigung der Hauptsache in
        der Berufungsinstanz sind §§ 92 II, 97 II mitbeachtlich, Hamm MDR **00**, 296 (Hilfsaufrechnung mit
        unstreitiger Gegenforderung). Bei einer Erledigung in der Revisionsinstanz kommt es darauf an, ob das
        Rechtsmittel Erfolg gehabt hätte, BGH GRUR-RR **04**, 350.
        Das Gericht darf und muß aber nur diejenigen Tatsachen beachten, die die Parteien bis zum Eintritt des
        erledigenden Ereignisses *in den Prozeß eingeführt* hatten, Karlsr KTS **89**, 719, aM Ffm RR **99**, 981 (bevor-
        stehende Zustellung. Aber maßgeblich bleibt der vorgenannte Zeitpunkt. Denn es muß Klarheit über ihn
        bestehen). Das Gericht muß auch nur die zugehörigen Beweisangebote im Rahmen ihrer Zulässigkeit
        beachten, Ffm GRUR **87**, 472 rechts, KG BB **79**, 487, freilich auch 1102. Der Rechtsstreit braucht also
        keineswegs schon im Sinn von § 300 Rn 6 entscheidungsreif zu sein und schon gar nicht zur Entscheidungs-
        reife in der Hauptsache weitergeführt zu werden. Letzteres ist bei beiderseitigen vollen übereinstimmenden
        Erledigterklärungen sogar unzulässig. Etwaige Willkür ist wie stets mitbeachtbar AG Ludwigslust FamRZ
        05, 1493, links.
113   Diese Grundsätze gelten auch in der *Beschwerdeinstanz*, BayObLG ZMR **99**, 775, Hamm OLGR **99**, 316.
        § 570 ist jedenfalls grundsätzlich unanwendbar, Ffm GRUR **87**, 472 rechts, Mü GRUR **83**, 342. Freilich
        darf das Gericht dem Prozeßgegner die Möglichkeit einer Erwiderung auf einen Vortrag zur bloßen Kosten-
        frage nicht versagen. Das rechtliche Gehör nach Artt 2 I, 20 III GG (Rpfl), BVerfG **101**, 404, Art 103 I GG
        (Richter) ist vor einer Verwerfung oder Zurückweisung der sofortigen Beschwerde auch in diesem Stadium
        und in jeder Instanz notwendig. Das gilt auch in der Beschwerdeinstanz, Düss JR **95**, 205, und im
        Revisionsverfahren, BVerfG **64**, 227, BGH GRUR **05**, 41. Ein solcher Fall kann zB dann vorliegen, wenn
        der Bekl die Klageschrift bis zum Eintritt des erledigenden Ereignisses und seine Anschließung an die
        klägerische Erledigterklärung noch nicht näher beantworten konnte.
114   Andererseits kommt eine *Beweisaufnahme* grundsätzlich nicht mehr in Betracht, Rn 121, und zwar auch
        nicht mit Hilfe solcher Beweismittel, die das Gericht im Zeitpunkt des erledigenden Ereignisses oder der
        Wirksamkeit der beiderseitigen Erledigterklärungen sogleich auswerten könnte, Düss JR **95**, 205, Hamm
        AnwBl **90**, 48 (*Ausnahme:* Urkundenwürdigung), Köln GRUR **89**, 705, aM Bbg FamRZ **99**, 174, Stgt
        MDR **89**, 1000 (abl Becht MDR **90**, 162. Aber Text und Sinn von I sind eindeutig, Einl III 39, Rn 116).
115   Noch weniger kommt eine Beweisaufnahme in einem sog *Ausnahmefall* in Betracht, LG Mannh ZMR **77**,
        64, Smid MDR **85**, 191. Freilich: Welcher Fall ist ein Ausnahmefall?
116   Eine Beweisaufnahme läßt sich eben nicht mit der Anordnung schon des Gesetzeswortlauts vereinbaren,
        daß das Gericht nur den „*bisherigen*" Sach- und Streitstand berücksichtigen darf. Wo wäre auch das Ende
        einer solchen Beweisaufnahme? Das Gericht darf und muß natürlich eine bis zur Wirksamkeit der Er-
        ledigterklärungen bereits durchgeführte Beweisaufnahme nach §§ 286, 287 für die Kostenentscheidung wie
        sonst würdigen. Beim Streit über die Zulässigkeit einer Kostenentscheidung nach I mag eine Beweisauf-
        nahme stattfinden. Andererseits darf das Gericht nach übereinstimmend wirksamen Erledigterklärungen
        nicht einmal noch einen unstreitigen neuen Sachvortrag zulassen, Karlsr RR **90**, 978, aM Düss MDR **93**,
        1120, ThP 46, ZöV 26 (aber auch das wäre ein Überschreiten des „bisherigen" Sach- und Streitstandes).
117   Eine *Unterwerfungserklärung* der Partei und damit ihr „freiwilliges Unterlegen" erst nach Wirksamkeit der
        Erledigterklärungen ist nur noch bedingt beachtlich, Celle RR **86**, 1061, Kblz GRUR **88**, 569, LG Mannh RR
        00, 168. Es kann zB § 281 III 2 entsprechend anwendbar sein, Hbg GRUR **84**, 82. Der Bekl mag während der
        Rechtshängigkeit „freiwillig" und nicht nur zwecks Abwendung der Zwangsvollstreckung geleistet oder

Titel 5. Prozesskosten § 91a

sonstwie erfüllt haben, Karlsr MDR **86**, 240. Dann wird das Gericht den Kläger in der Regel von Kosten freistellen. In diesem Zusammenhang muß es allerdings prüfen, ob der Bekl vorwerfbar handelte oder nicht.

D. Ermessen. Soweit überhaupt noch eine Kostenentscheidung erfolgt, Rn 108, muß das Gericht nach **118** Rn 112 auf der Basis nur des bisherigen Sach- und Streitstandes „nach billigem Ermessen" entscheiden. Mit diesen letzteren Worten räumt das Gesetz dem Gericht den weitestmöglichen Spielraum ein, Hamm RR **00**, 212, ohne dem Gericht sachfremde Erwägungen und damit Willkür zu erlauben. Diesen Ermessensspielraum unterschätzt die Praxis gelegentlich unnötig. Es geht ja immerhin nicht mehr um die Hauptsache. Wenn auch die Kostenfragen insbesondere bei hohem Streitwert oft wirtschaftlich eine erhebliche Bedeutung haben, haben sie doch eben nach den Grundgedanken des Zivilprozeßrechts nicht die zentrale, alles überragende Bedeutung. Selbst bei streitiger Kostenentscheidung hat das Gericht zB bei einer Kostenteilung nach § 92 einen erheblichen Spielraum, ohne daß dort gar von „billigem" Ermessen gesprochen würde. Erst recht besteht dieser Ermessensspielraum im Fall des § 91a I, 1, aM LG Magdeb WoM **98**, 43, ZöV 24–26 a (systemwidrig zu eng). Ein Kosten-„Einverständnis" ist nur im Ermessensrahmen evtl mitbeachtlich, aM Köln MDR **98**, 1250 (solches sei stets beachtlich. Aber Ermessen zwingt gerade nicht zu steter Beachtung).

E. Beispiele zur Kostenentscheidung **119**
Abmahnung: Soweit in einem Wettbewerbsprozeß nach einer Abmahnung eine strafbewehrte Unterlassungserklärung erfolgt, sollte der Bekl nicht automatisch die Kosten tragen, sondern nur nach Abwägung der Gesamtumstände freilich meist, Hamm JB **81**, 278, Karlsr WRP **85**, 103, Stgt WRP **84**, 576. Zum zunächst nicht strafbewehrt gewesenen Unterlassungsversprechen § 93 Rn 68 ff.
S auch Rn 138 „Unterlassungsversprechen", Rn 140 „Wettbewerbsrecht".
Abschlußerklärung: Eine im Verfahren auf einen Arrest oder eine einstweilige Verfügung abgegebene Abschlußerklärung erledigt zwar auch eine gleichzeitige diesbezügliche Hauptklage. Jedoch ist § 93 mitbeachtlich, Hamm MDR **86**, 241.
S auch Rn 120 „Arrest, einstweilige Verfügung", Rn 138 „Unterlassungsversprechen".
Anerkenntnis: Soweit der Bekl die Verpflichtung wegen aller Hauptsacheanträge uneingeschränkt anerkannt **120** hat, ist zwar grds Anlaß vorhanden, ihn die Kosten tragen zu lassen, Ffm MDR **96**, 426, KG FamRZ **94**, 909 (Vaterschaft). Indessen ist § 93 mitbeachtlich, Rn 135 „sofortiges Anerkenntnis". Auch ist § 93 a mitbeachtlich, Brdbg FamRZ **01**, 503, Köln FamRZ **03**, 941. Im übrigen ist im Fall eines „sofortigen Anerkenntnisses" nach Rn 135 der Grundgedanke des § 93 zwar nicht allgemein mitanwendbar, wohl aber nach den Gesamtumständen des Einzelfalls, Ffm GRUR-RR **01**, 72, LG Bln NZM **99**, 1095, LG Brschw RR **02**, 1210. Wenn eine Partei erklärt, sie übernehme die Kosten, handelt es sich meist um eine „andere Vereinbarung" im Sinn von § 98 S 1. Sie bindet das Gericht, § 98 Rn 29 ff. § 307 ist entsprechend anwendbar, soweit die Partei eine Kostenpflicht anerkennt, BGH JZ **85**, 854, BAG NJW **04**, 533. Das Gericht muß eine derartige außergerichtliche Einigung in seinen Beschluß übernehmen, aM Hamm MDR **76**, 148 (aber die Parteiherrschaft hat Vorrang, Grdz 18 vor § 128). Soweit eine bloße schriftsätzliche Ankündigung eines solchen Anerkenntnisses vorliegt, das zu seiner Wirksamkeit nach § 307 Rn 8 der Erklärung in einer Verhandlung bedürfte, muß das Gericht prüfen, ob ein erledigendes Ereignis eingetreten ist, Mü MDR **93**, 475. Eine freiwillige Zahlung bedeutet nicht stets ein Anerkenntnis, AG Hbg WoM **93**, 458.
S auch Rn 127 „Gesetzesänderung", Rn 135 „Sofortiges Anerkenntnis".
Arrest, einstweilige Verfügung: Wenn in einem Verfahren auf den Erlaß eines Arrests oder einer einstweiligen Verfügung die Dringlichkeit fehlte oder wenn der Antragsteller die Vollziehungsfrist des § 929 II nicht eingehalten hatte und die Parteien nun die Hauptsache des Eilverfahrens für erledigt erklären, muß der Antragsteller meist die Kosten tragen, Hamm MDR **87**, 589, Kblz GRUR **81**, 93. Eine im Eilverfahren abgegebene Abschluß- und Unterwerfungserklärung erledigt zwar auch eine gleichzeitige diesbezügliche Hauptklage. Jedoch ist § 93 meist mitbeachtlich, Hamm MDR **86**, 241. Eine erst in der Widerspruchsbegründung erhobene Verjährungseinrede mag vor Kosten nicht bewahren, Celle GRUR-RR **01**, 285. Zur Kostenentscheidung im Arrestaufhebungsverfahren Ffm MDR **82**, 328, Mü MDR **76**, 761.
S auch Rn 119 „Abmahnung", Rn 138 „Unterwerfungserklärung".
Aufrechnung, dazu *Schneider* MDR **00**, 507 (ausf): Bei einer alsbald nach dem Eintritt der Rechtshängigkeit erklärten Aufrechnung kommt es darauf an, ob die Aufrechnungslage objektiv schon beim Eintritt der Rechtshängigkeit vorhanden war, großzügiger Düss RR **01**, 432, Heistermann NJW **01**, 3528 (aber das sprengt das Prozeßrechtsverhältnis, Rn 30). In solcher Lage kann es notwendig sein, dem Kläger die Kosten aufzuerlegen, Kblz FamRZ **02**, 1130, LG Köln WoM **87**, 232, Wiek WoM **89**, 549 (ausf zur Mieterkaution).
Auskunft: Rn 136 „Stufenklage".
Auszug: Rn 130 „Mietrecht".
Baulandsache: Wegen einer Baulandsache Kblz NJW **83**, 2036. **121**
Berufung: I 1 ist auch in der Berufungsinstanz anwendbar, BGH NJW **86**, 852 (auch zur Ausschlußwirkung auf eine Anschlußberufung), Celle MDR **78**, 235, Düss GRUR **84**, 385. Wenn die Partei in der Berufungsinstanz nur auf Grund neuen Tatsachenvortrags nach § 531 II gesiegt hat, muß das Gericht § 97 II mitbeachten. Zur entsprechenden Anwendung bei einem unselbständigen Anschlußrechtsmittel Ffm FamRZ **89**, 993.
Beschwerde: I 1 ist auch bei einer Erledigung der Hauptsache im Verfahren auf sofortige Beschwerde anwendbar, BAG DB **86**, 2396, BFH DB **83**, 2124, BayObLG ZMR **99**, 775 (WEG). (Jetzt) § 571 II 1 ist unanwendbar, Mü GRUR **83**, 342.
Bevollmächtigter: Es gilt nach § 85 II dasselbe wie bei Rn 127 „Gesetzlicher Vertreter".
Beweisaufnahme: Vgl zunächst Rn 112. Eine Beweisaufnahme kommt also grds nicht mehr in Betracht, Hamm AnwBl **90**, 48, Karlsr RR **90**, 978, Pape/Notthoff JuS **95**, 1017, aM Düss JR **95**, 205, Bergerfurth NJW **92**, 1657, Merz ZMR **83**, 365 (aber I ist nun wirklich mit dem Wort „bisherig" eindeutig, Einl III 39). Das gilt erst recht in der höheren Instanz, Karlsr RR **90**, 978, aM Düss JR **95**, 205 (aber damit würde man die klare Zeitgrenze „bisherig" vollends sprengen).

§ 91a

Soweit eine Beweisaufnahme nicht mehr stattfindet, kommt es auf die Gesamtumstände und die Beweislast an, Smid ZZP **97**, 278, aM Ffm BB **78**, 331, ZöV 26 (dann müsse man grds die Kosten gegeneinander aufheben. Aber die Beweislast gehört durchaus zum „bisherigen Sach- und Streitstand" und dort zur Frage der Erfolgsaussicht).

S auch § 91 Rn 193 „Selbständiges Beweisverfahren".

Bisheriger Sach- und Streitstand: Vgl Rn 112.

122 **Contergan-Gesetz:** Das Ermessen nach I 1 kann durch eine gesetzliche zwingende Kostenregelung ausgeschaltet sein, zB nach § 24 ConterganG (mit dem GG vereinbar, BGH **64**, 38).

123 **Dritter:** Rn 126.

124 **Ehesache:** Vgl § 93 a.

Einspruch: I 1 ist auch nach Einspruch gegen einen Vollstreckungsbescheid oder ein Versäumnisurteil anwendbar. Man muß beachten, daß ein zulässiger Einspruch den Prozeß in die Lage zurückversetzt, in der er sich vor dem Eintritt der Versäumnis befand, § 342. § 344 ist mitbeachtlich, Stgt Just **84**, 19.

Entscheidungsreife: Vgl Rn 112.

Der Rechtsstreit braucht also keineswegs schon entscheidungsreif zu sein und darf schon gar nicht mehr grds noch dorthin weitergeführt werden.

125 **Erfolgsaussicht:** Im Rahmen des „billigen Ermessens" darf und muß das Gericht prüfen, ob die Klage, der Antrag usw bis zum Eintritt des erledigenden Ereignisses der Hauptsache zulässig war, Hbg GRUR **84**, 82. Es muß sodann prüfen, ob sie auch begründet war, Brdb FamRZ **01**, 503, Düss GRUR **84**, 385, LG Schweinf VersR **90**, 618. Dabei reicht eine summarische Prüfung der Erfolgsaussichten aus, BVerfG **93**, 1061, BGH GRUR **05**, 41. Es ist also keineswegs eine abschließende Prüfung erforderlich, BGH WoM **04**, 725, Nürnb MDR **03**, 295, AG Lpz **03**, 276, aM Ffm GRUR **79**, 809, Herrmann JR **88**, 377 (aber das Gesetz spricht eben nur vom „billigen Ermessen"), Smid MDR **85**, 189 (grds trage der Bekl die Kosten. Aber ein Ermessensspielraum enthält stets eine Pflicht zu einer Gesamtabwägung der Umstände des Einzelfalls). ½ Seite der Begründung reicht meist aus. Manchmal genügt schon ein Satz, zB: „Das Gericht hätte den Bekl mangels seiner Zahlung verurteilen müssen, § 433 II BGB".

Im allgemeinen darf und muß das Gericht an dem Grundgedanken des Kostenrechts festhalten, daß ein *Verlierer die Kosten trägt*, §§ 91, 92, 97, 100, 101, 788, BGH GRUR **83**, 560, BayObLG ZMR **99**, 775 (WEG), LG Mainz RR **00**, 168, aM LG Mü ZMR **86**, 125 (aber man sollte nicht ohne schwerwiegenden Grund von solchen allgemein befolgten Grundsätzen abweichen).

Insbesondere bei einem rechtlich oder tatsächlich *schwierig* gelagerten Fall braucht das Gericht keineswegs jeder Rechtsfrage nachzugehen, BGH **67**, 345. Wenn der Streitstand noch völlig ungeklärt ist, kann schon deshalb eine Kostenverteilung zu gleichen Anteilen bzw die Aufhebung der Kosten gegeneinander angemessen sein, BGH WertpMitt **84**, 65, Kblz MDR **99**, 500, Köln GRUR **89**, 705. Das Gericht darf auch einen sachlichrechtlichen Anspruch auf die Erstattung von Kosten mitberücksichtigen, insbesondere Köln MDR **79**, 1028. Das gilt jedenfalls, soweit sich sein Bestehen ohne besondere Schwierigkeiten feststellen läßt, insbesondere ohne weitere Beweisaufnahme, BGH MDR **81**, 126, LAG Hamm MDR **82**, 659. Der Grundgedanke des § 93 ist nicht allgemein anwendbar, sondern nur im Einzelfall evtl brauchbar, Rn 135. Im übrigen kommt es auf den bisherigen Sach- und Streitstand an, Rn 112.

126 **Erfüllung:** Wenn der Bekl erst während des Prozesses „freiwillig" und nicht nur zwecks Abwendung einer drohenden Zwangsvollstreckung erfüllt oder in sonstiger Weise geleistet hat, muß das Gericht den Kläger im allgemeinen von Kosten freistellen, BGH BB **04**, 800, Karlsr MDR **86**, 240, Köln MDR **94**, 270, Saarbr RR **98**, 1068. In diesem Zusammenhang muß es allerdings prüfen, ob der Bekl vor seiner Leistung vorwerfbar gehandelt hatte, Köln MDR **85**, 505. Es kommt auf die Einzelumstände an, BGH NJW **94**, 943, KG MDR **00**, 853 (unschlüssige Klage), Kblz MDR **99**, 500 (wirtschaftlicher Hintergrund), AG Deggendorf JB **05**, 545 (Zahlung, dann Einspruch). Hat ein Dritter geleistet, so kann es trotzdem notwendig sein, dem Kläger die Kosten aufzuerlegen, wenn die Klage von vornherein unbegründet war, LG Bln MDR **95**, 638 (Haftpflichtversicherer), AG Mosbach MDR **89**, 72.

S auch Rn 120 „Anerkenntnis", Rn 135 „Sofortiges Anerkenntnis", Rn 139 „Vergleich".

Ergänzung: § 321 ist anwendbar, Stgt MDR **99**, 116.

Feststellungsklage: Soweit sie wegen Möglichkeit einer Leistungsklage unzulässig war, trägt der Kläger die Kosten, Rostock WoM **05**, 261.

„Freiwilliges Unterliegen": Es gilt das Ergebnis, wie sonst, Bonifacio MDR **04**, 1096.

127 **Gesetzesänderung:** Rn 133 „Rechtsänderung".

Gesetzlicher Vertreter: Sein Verschulden ist wie sonst mitbeachtlich, aM Köln FamRZ **98**, 443, ZöV 25 (aber § 51 II gilt allgemein).

Herausgabe: Die Herausgabe der herausverlangten Sache ist grds als Erfüllung bewertbar, Rn 126.

Höchstpersönliches Recht: Rn 137.

Höhere Instanz: I 1 ist auch in allen höheren Instanzen anwendbar, Rn 121 „Berufung", „Beschwerde", Rn 133 „Rechtsbeschwerde", „Revision". Eine Anfechtung nur des Kostenpunkts ist wegen § 99 I unzulässig, aM Hbg RR **89**, 570, Zweibr OLGZ **75**, 46, ThP 28 (aber die Vorschrift gilt uneingeschränkt).

128 **Insolvenz:** Es kommt darauf an, ob der Insolvenzantrag von Anfang an unzulässig war oder doch vor der Zahlung unzulässig wurde, Köln RR **94**, 445. Erfüllt der Insolvenzverwalter die Forderung, muß der Gläubiger die Kosten nicht stets schon deshalb tragen, weil die Leistungsklage inzwischen unzulässig geworden sein mag, Köln BB **95**, 2552.

Klaganlaß: Es kann mitbeachtlich sein, ob ein Klaganlaß bestand, Karlsr FamRZ **04**, 960, LG Düss VersR **05**, 1278, AG Köln AnwBl **03**, 598 (ja bei Verzug), aM Kblz RR **86**, 1443 (vgl aber Rn 120 „Anerkenntnis").

Klagantrag: Das Fehlen einer nach § 253 II Z 2 erforderlichen Bestimmtheit macht kostenpflichtig, LG Lpz WettbR **00**, 279.

Klagebefugnis: Ihr Wegfall ist ein erledigendes Ereignis, BGH NJW **96**, 2730.

Titel 5. Prozesskosten § 91a

Kostenlast des Klägers: Sie kommt in Betracht, wenn er den Gegenstand des Prozesses schuldhaft beiseitegeschafft hat, Hbg MDR **90**, 59, oder wenn er nach einer Klagänderung durch die Einbeziehung eines weiteren Bekl die Hauptsache infolge einer Leistung der neuen Partei für erledigt erklärt hat, Kblz JB **93**, 560.

Kostenlast des Verlierers: Im allgemeinen sollte man an dem Grundgedanken des Kostenrechts festhalten, daß der Verlierer die Kosten trägt, Rn 125.

Kostenübernahme: Wenn eine Partei bei übereinstimmenden Erledigterklärungen mitteilt, sie wolle die Kosten übernehmen, dann handelt es sich meist um eine „andere Vereinbarung" im Sinn von § 98 S 1. Sie bindet das Gericht, § 98 Rn 44. Es kann aber auch § 91 a anwendbar sein, § 98 Rn 30 „Anrufung des Gerichts" und Rn 41 „Hauptsache", BGH BB **04**, 800.
S auch Rn 139.

Kostenverteilung: Wenn der bisherige Sach- und Streitstand noch nicht annähernd eine abschließende Beurteilung ermöglichte, kann eine Kostenverteilung zu gleichen Anteilen angemessen sein, Ffm BB **78**, 331, Köln VersR **01**, 862, LG Bln MDR **95**, 638. Auch im übrigen kann es durchaus zu einer Kostenverteilung im Rahmen des billigen Ermessens kommen, ohne daß das Gericht sie näher oder gar noch präziser als zB im Fall streitiger Kostenverteilung nach § 92 begründen müßte, Rn 118. Eine Kostenaufhebung gegeneinander kann verfehlt sein, wenn nur eine Teilung zu je $1/2$ eine gerechte gleiche Kostenlast herbeiführt, Saarbr VersR **96**, 387, etwa dann, wenn nur eine der Parteien anwaltlich vertreten war und jeder in der Sache zur Hälfte verliert.
S auch Rn 135.

Leistung: Rn 126. **129**

Mietrecht: Soweit sich der Vermieter nicht klar sein konnte, ob und wann der Mieter nach wirksamer **130** Vermieterkündigung räumen werde, bestand Klaganlaß, LG Darmst WoM **93**, 610. Wenn der Mieter während eines Räumungsprozesses auszieht, liegt darin kein automatisches Anerkenntnis, zB Köln WoM **93**, 202, LG Wuppert WoM **91**, 592, aM LG Stgt ZMR **76**, 92 (aber es kann zahlreiche andere Gründe geben). Wegen der Rückwirkung der Nichtigkeit einer Vermieterkündigung kommt im Fall der Zahlung der Miete innerhalb der Frist des § 569 II Z 2 S 1 BGB, PalH Grdz 26 ff vor § 104 BGB, eine Entscheidung nur wegen des etwaigen gleichzeitigen Zahlungsverzugs nach I 1 in Betracht. Wegen des Räumungsanspruchs kann dann überhaupt kein erledigendes Ereignis eingetreten sein kann. Daher muß der Vermieter dann die diesbezügliche Klage zwecks Vermeidung ihrer Abweisung zurücknehmen. Eine Härte für den Mieter gegenüber dem Eigenbedarf kann erheblich sein, AG Stgt WoM **98**, 296. Ein klarer Zahlungsverzug führt zur Kostenlast des Mieters, BGH WoM **04**, 489, LG Dortm WoM **04**, 205.

Auch bei einer Aufrechnung des Vermieters gegenüber dem Anspruch auf *Rückzahlung einer Mieterkaution* kommt es auf die Gesamtlage an, zB auf die Aufrechnungslage, aM Wiek WoM **89**, 549 (ausf. Aber man muß stets eine Gesamtabwägung vornehmen). § 93 b ist vorrangig, LG Frankenth ZMR **91**, 303, LG Mü WoM **83**, 118, LG Stgt WoM **83**, 118, aM LG Essen WoM **83**, 118 (aber § 93 b III ist eine speziellere Sondervorschrift). Ein Muster-Vorprozeß kann maßgebend sein, LG Magdeb WoM **98**, 43.

Mutwille: Wer mutwillig klagt oder ein Rechtsmittel einlegt, trägt die Kosten, Einl III 54 ff, Bbg Rpfleger **95**, 289, Hamm RR **93**, 1280.

Nachverfahren: Der Grundgedanke des Kostenrechts, daß der Verlierer die Kosten trägt, läßt sich auch im **131** Nachverfahren berücksichtigen, sofern dafür überhaupt schon ein Prozeßstoff vorhanden war.
S auch Rn 141.

Neuer Tatsachenvortrag: Da es nur auf den bisherigen Sach- und Streitstand ankommt, ist ein neuer Tatsachenvortrag grds unbeachtlich, selbst wenn er unstreitig werden sollte, Rn 112 ff. Im Rechtsmittelverfahren ist § 97 II mitbeachtlich, Rn 112.
S allerdings auch Rn 133 „Rechtliches Gehör".

Patentsache: Auch nach einem Verzicht des Bekl auf das Streitpatent kann es angemessen sein, die Kosten dem Kläger aufzuerlegen, BGH GRUR **04**, 624.

Pfandfreigabe: Die Freigabe trotz Eigentumszweifels ist mitbeachtlich, Düss OLGR **99**, 479.

Prozeßbevollmächtigter: Es gilt nach § 85 II dasselbe wie bei Rn 127 „Gesetzlicher Vertreter".

Prozeßvoraussetzung: Ihr Fehlen, das nach Grdz 14 vor § 253 zur Klagabweisung als unzulässig geführt hätte, macht kostenpflichtig, LG Lpz WettbR **00**, 279.

Räumung: Rn 130 „Mietrecht". **132**

Rechnungslegung: Wenn das Gericht den Bekl zu einer Auskunft und Rechnungslegung verurteilt hat **133** und wenn sich aus dem Urteil nichts für den Kläger ergibt und dieser die Zahlungsklage sofort für erledigt erklärt und der Bekl sich vor der Rechtskraft des Urteils der Erledigterklärung anschließt, muß der Bekl grds trotzdem die gesamten Kosten tragen. Denn er hat den Klaganspruch nicht vor dem Zeitpunkt der Klagerhebung erfüllt, Ffm MDR **89**, 1108, Karlsr FamRZ **89**, 1101, Köln FamRZ **93**, 346, aM Bbg FamRZ **86**, 371, Kblz FamRZ **94**, 1608 (aber für die Möglichkeit des § 91 a kommt es nun einmal auf den Rechtshängigkeitszeitraum an).
S auch Rn 136 „Stufenklage".

Rechtliches Gehör: Trotz der grundsätzlichen Beschränkung auf den bisherigen Sach- und Streitstand nach Rn 112 kann das Gericht wegen Artt 2 I, 20 III GG (Rpfl), BVerfG **101**, 404, Art 103 I GG (Richter) gezwungen sein, dem Gegner das rechtliche Gehör zu geben, etwa dann, wenn er auf eine Klagschrift bis zum Eintritt des erledigenden Ereignisses und der beiderseitigen Erledigterklärungen noch nicht näher antworten konnte. Das rechtliche Gehör ist auch zB noch in der Revisionsinstanz notwendig, BVerfG **65**, 99, Smid ZZP **97**, 274. Eine Beweisaufnahme kommt aber selbst nach der Gewährung des Gehörs grds nicht in Betracht.

Rechtsänderung: Im Fall einer Gesetzesänderung, die zur Erledigung der Hauptsache führte, kann es notwendig sein, die Kosten dem jetzigen Sieger aufzuerlegen, Hbg ZMR **77**, 91 (etwas anderes gilt nur im Fall der Änderung der bloßen Rechtsprechung, ZöV 24, aM BFH BB **76**, 1445 (in dieser Situation trage der Verlierer die Kosten, auch wenn er sonst gesiegt hätte), Ffm GRUR **95**, 151. Es kommt

§ 91a

maßgeblich auf den mutmaßlichen Verlauf ohne die Rechtsänderung an, Ffm GRUR **95**, 151, KG RR **95**, 1511, aM BFH **119**, 407.
Rechtsbeschwerde: I 1 ist auch im Rechtsbeschwerdeverfahren nach (jetzt) §§ 574 ff anwendbar, BGH RR **87**, 1272.
Rechtsfrage: Rn 134 „Schwieriger Fall".
Rechtsmißbrauch: Er ist wie stets schädlich, Einl III 54, KG WettbR **98**, 160 rechts.
Rechtsschutzbedürfnis: Der Wegfall des Rechtsschutzbedürfnisses nach Grdz 33 vor § 253 ist ein typischer Fall eines erledigenden Ereignisses, Ffm NJW **91**, 49, Hamm MDR **86**, 241, Ulrich WRP **90**, 657. Infolgedessen muß das Gericht trotz dieses Umstands nun über die Kosten im Rahmen seines billigen Ermessens nach den Gesamtumständen des Einzelfalls entscheiden und darf die Kosten keineswegs stets dem Kläger auferlegen.
Revision: I 1 ist auch im Revisionsverfahren anwendbar, BGH NJW **99**, 2522, BFH BB **85**, 719.
134 Sachlichrechtlicher Ersatzanspruch: Das Gericht darf auch muß evtl auch sachlichrechtlichen Anspruch auf den Ersatz von Kosten mitberücksichtigen, BGH NJW **02**, 680, BayObLG **02**, 321, Köln FamRZ **01**, 1718, aM Hamm FamRZ **98**, 444 (vgl aber Rn 118). Das gilt allerdings nur dann, wenn sich sein Bestehen ohne besondere Schwierigkeiten feststellen läßt, insbesondere ohne weitere Beweisaufnahme, BGH NJW **02**, 680, LAG Hamm MDR **82**, 695.
S auch Üb 57 vor § 91, § 91 Rn 128 „Anerkenntnis", Rn 135, Rn 138 „Unterwerfungserklärung".
Schwieriger Fall: In einem rechtlich und/oder tatsächlich schwierigen Fall braucht das Gericht keineswegs jeder rechtlichen und/oder tatsächlichen Frage nachzugehen, sondern darf summarisch entscheiden, Rn 125. Wenn der Streitstand noch völlig ungeklärt ist, kann eine Kostenverteilung zu gleichen Anteilen bzw eine Kostenaufhebung gegeneinander angemessen sein, AG Lpz WoM **03**, 276.
S auch Rn 128 „Anerkenntnis", Rn 130, Rn 134 „Sachlichrechtlicher Anspruch".
135 Sofortiges Anerkenntnis: Der Grundgedanke des § 93 ist nicht allgemein anwendbar, sondern nur gemessen an den Umständen des Einzelfalls evtl brauchbar. Dann ist er aber durchaus mitbeachtlich. Das Gericht entscheidet ja ohnehin im Rahmen eines zwar pflichtgemäßen, aber weiten „billigen" Ermessens, BPatG GRUR **83**, 505, Köln ZMR **93**, 77, Mü WRP **96**, 931, aM Düss GRUR **80**, 135, Ffm BB **79**, 601, Hamm VersR **84**, 673 (aber man darf das Ermessen in keiner Weise grds einengen). Das Gericht prüft unter anderem, ob ein Anlaß zur Klage bestand, AG Düss AnwBl **03**, 598, AG Köln AnwBl **03**, 598, oder ob der Kläger eine billigere Möglichkeit zur Durchsetzung seines Anspruchs hatte.
Sofortige Beschwerde: Rn 121 „Beschwerde".
Streitverkündung: Es gelten keine Besonderheiten, BGH MDR **85**, 915, Celle AnwBl **83**, 176, Nürnb MDR **95**, 533.
136 Stufenklage: Bei der Stufenklage wird mit dem Anspruch auf Rechnungslegung auch der noch nicht bezifferte Leistungsanspruch in seinem ganzen vom Kläger noch festzulegenden Umfang rechtshängig, § 254 Rn 5. Das muß man bei I 1 mitbeachten, Hbg FamRZ **96**, 883. Daher kann es angemessen sein, dem Bekl die Kosten aufzuerlegen, wenn die Auskunftsstufe begründet war und nur die Leistungsstufe infolgedessen unbegründet wurde, ähnlich wie bei § 93 d, Brdb RR **03**, 795. Bei einer Rücknahme der Zahlungsklage ist § 92 anwendbar, dort Rn 22. Ein sachlichrechtlicher leicht feststellbarer Kostenerstattungsanspruch ist mitbeachtlich, Kblz FamRZ **96**, 882. Überzogene Wertvorstellungen des Klägers sind auch bei einer Stufenklage dem Kläger schädlich, Drsd JB **00**, 658.
S auch Rn 133 „Rechnungslegung".
Summarische Prüfung: Es reicht eine summarische Prüfung der Erfolgsaussichten aus, Rn 125.
137 Tod: Der Tod des Inhabers eines höchstpersönlichen Rechts eröffnet den Ermessensspielraum nach I 1, BGH NJW **05**, 2385 (Aufhebung gegeneinander). In einer Ehesache gilt der vorrangige § 93 a, Mü OLGR **97**, 131, aM Bbg RR **95**, 1289, Karlsr RR **96**, 773, Nürnb FamRZ **97**, 763 (aber § 93 a gilt umfassend).
138 Untergang: Der Untergang der herausverlangten Sache eröffnet den Ermessensspielraum nach I 1.
Unterhalt: Das Gericht muß natürlich den Zeitraum mitbeachten, Düss FamRZ **96**, 881. § 93 d ist ebenfalls mitbeachtlich, Nürnb MDR **01**, 590.
Unterlassungsversprechen: Soweit im Wettbewerbsprozeß nach einer Abmahnung eine strafbewehrte Unterlassungserklärung erfolgt, ist der Bekl nicht stets kostenpflichtig, sondern nur nach Abwägung der Gesamtumstände allerdings meist, § 93 Rn 67, Karlsr WRP **85**, 103, Stgt WRP **84**, 576. Erfolgte die Abmahnung erst nach Erlaß einer einsweiligen Verfügung und unterwirft sich der Abgemahnte nach vergeblicher Bitte um Fristverlängerung, können die Kosten des Eilverfahrens dem Antragsteller aufzuerlegen sein, Ffm GRUR-RR **01**, 72.
Unterwerfungserklärung: Eine Unterwerfungserklärung der Partei und damit ihr „freiwilliges Unterliegen" sind nur bedingt mitbeachtlich, Kblz MDR **99**, 500, Köln MDR **94**, 270, Stgt RR **99**, 148. Eine im Verfahren auf den Erlaß eines Arrests oder einer einsweiligen Verfügung abgegebene Abschluß- und Unterwerfungserklärung erledigt zwar auch eine gleichzeitige diesbezügliche Hauptklage, Hamm GRUR **84**, 68, KG WRP **87**, 672, Borck WRP **87**, 13. Indessen ist § 93 mitbeachtlich, Celle RR **86**, 1061, Hamm MDR **86**, 241, Kblz GRUR **88**, 566.
S auch Rn 120 „Anerkenntnis", Rn 135.
139 Vaterschaftsanfechtung: Mitbeachtlich ist, ob eine Partei Klaganlaß gab, Nürnb FamRZ **96**, 883. Etwas anderes gilt beim Klaganlaß durch einen Dritten, Köln FamRZ **98**, 443.
Vergleich: Wegen der Lage im Fall eines Vergleichs mit oder ohne Kostenentscheidung § 98 Rn 21 ff. Soweit nach dem Vergleich der § 91 a anwendbar bleibt, kann man bei der Prüfung des „bisherigen Sach- und Streitstands" den Vergleich ohne Bindung an § 98 zugrundelegen, Köln RR **95**, 509, Mü OLGZ **90**, 349, Nürnb OLGR **01**, 156.
Verjährung: Im Fall der Geltendmachung der Einrede der Verjährung besteht zwar der sachlichrechtliche Anspruch weiter. Er ist aber jedenfalls nicht mehr gerichtlich durchsetzbar. Das Gericht müßte die Klage von nun an schon deshalb abweisen. Diese Umstände muß es bei der Entscheidung nach I 1 mitbeachten, Ffm WRP **82**, 422, Kblz RR **96**, 1521, ThP 5, aM Schlesw RR **86**, 39, Stgt RR **96**, 1520 (aber Text und

Titel 5. Prozesskosten **§ 91a**

Sinn von I zwingen eindeutig zur Mitbeachtung der Situation zur Zeit des Eintritts des erledigenden Ereignisses, hier also der Einrede, Einl III 39).
Verlust des Prozesses: Im allgemeinen ist am Grundgedanken des Kostenrechts festzuhalten, daß der Verlierer die Kosten trägt, Rn 125.
Versicherung: Der Versicherer trägt die Kosten, wenn er mit der Deckungszusage trotz Aufforderung des Versicherungsnehmers über sechs Wochen gewartet hat, selbst wenn der letztere vorher eine andere Frist verfrüht gesetzt hatte, LG Köln VersR **00**, 1412.
Verspätung: Ihre Kosten können dem Säumigen aufzuerlegen sein, Hbg WettbR **96**, 200.
Verweisung: Man kann keineswegs eine bisher unzulässige Klage schon deshalb als gerade nach dem bisherigen Sach- und Streitstand erfolgreich ansehen, weil evtl ein Verweisungsantrag geholfen hätte, Brdb RR **96**, 955, Hamm RR **94**, 828, aM Stgt MDR **89**, 1000, AG Bln-Schöneb MDR **94**, 202, Emde MDR **95**, 239 (für §§ 17, 17 a GVG. Aber man weiß schon kaum je, ob die bisherige Unzuständigkeit das einzige Problem gewesen wäre).
Verzug: Er kann mitbeachtlich sein, AG Düss AnwBl **03**, 598, AG Köln AnwBl **03**, 598.
Vollziehungsfrist: Rn 120.
Wechselprozeß: Es kommt auf den mutmaßlichen Ausgang der Nachverfahren an. Ein Vorbehaltsurteil **140** kann wirkungslos werden, Ffm OLGR **96**, 69.
Weiterbetreiben des Prozesses: Wer nach dem Eintritt eines erledigenden Ereignisses den Prozeß zu Unrecht weiterbetreibt, muß im allgemeinen die diesbezüglichen Kosten tragen, Köln MDR **79**, 408.
Wettbewerbsrecht: Rn 119 „Abmahnung", Rn 120 „Anerkenntnis", „Arrest, einstweilige Verfügung", Rn 138 „Unterlassungsversprechen", „Unterwerfungserklärung".
Wiederholungsgefahr: Der Wegfall ist ein erledigendes Ereignis, Ulrich GRUR **82**, 16.
Willkür: Sie ist wie stets schädlich, Einl III 54, BGH RR **93**, 1320, Mü RR **93**, 1279.
Wirtschaftliche Lage: Diejenige der Parteien ist hier *unbeachtlich*.
Wohnungseigentum: § 47 WEG kann entsprechend anwendbar sein, AG Siegburg MDR **04**, 352.
Zeitablauf: Das Erlöschen eines Rechts infolge Zeitablaufs kann zur Ausübung des Ermessens nach I 1 **141** führen.
Zeitpunkt: Ein früher oder später Zeitpunkt der Erledigterklärung(en) ist mitbeachtlich, Düss OLGR **99**, 296, Ffm OLGR **98**, 71.
Zurückbehaltungsrecht: Wenn die Parteien in Wahrheit über ein Zurückbehaltungsrecht stritten, muß das Gericht prüfen, wie weit ein Gegenanspruch durchgegriffen hätte.
Zustimmung: Diejenige zur gegnerischen Erledigterklärung schadet dem Zustimmenden nicht stets, ZöV 25, aM Smid MDR **85**, 191 (vgl aber Rn 118).

9) Verfahren zur Kostenentscheidung nach beiderseitigen wirksamen Erledigterklärungen, I. 142
Soweit das Gericht auf Grund wirksamer übereinstimmender voller Erledigterklärungen nach I nur noch über die Kosten entscheiden darf und muß, geschieht das durch einen besonderen Beschluß, Rn 106.

A. Grundsatz: Freigestellte mündliche Verhandlung. Vor der Entscheidung zur Kostenfrage eine Verhandlung nicht notwendig, § 128 III, BAG NZA **05**, 878. Freilich erlaubt diese Vorschrift sehr wohl eine mündliche Verhandlung. Die Worte „können ... ergehen" in § 128 III stellen ja nicht nur in die Zuständigkeit, sondern in das pflichtgemäße Ermessen des Gerichts. Eine Verhandlung kann zB zur Klärung der Frage zweckmäßig oder notwendig sein, ob überhaupt ein erledigendes Ereignis und/oder wirksame Erledigterklärungen vorliegen. Das gilt insbesondere dann, wenn eine einseitige Erledigterklärung erst unmittelbar vor einem längst anberaumten und bisher notwendig gewesenen Verhandlungstermin eingeht, selbst wenn der Absender die entsprechende Erklärung des Gegners nur ankündigt. Nach Erledigterklärungen in der Verhandlung kann die Kostenentschädigung demnach ohne weitere Verhandlung ergehen.

Auch im *schriftlichen* Verfahren nach § 128 II und im schriftlichen Vorverfahren nach § 276 sowie im **143** Mahnverfahren nach § 688 ist eine mündliche Verhandlung zulässig. Es kann nach Ansicht des Gerichts ratsam oder notwendig sein, zur jetzt allein verbliebenen Kostenfrage in Rede und Gegenrede Klarheit herbeizuführen. Freilich liegt in der Anordnung mündlicher Verhandlung in einem bisher schriftlichen Verfahren der Übergang in das mündliche Verfahren. Soweit dieser kraft Gesetzes unzulässig wäre, darf er auch nicht nach I in Verbindung mit § 128 IV stattfinden. Soweit das Gericht eine mündliche Verhandlung nicht durchführen will, muß es den Gegner trotz der Aufhebung der früheren II 2 (ausdrückliche Anhörungspflicht) grundsätzlich doch schon wegen Artt 2 I, 20 III GG (Rpfl), BVerfG **101**, 404, Art 103 I GG (Richter) zur Kostenfrage anhören, weil es sich dazu nicht schon von sich aus geäußert hat. Die Anhörung erfolgt dann schriftlich. Das Gericht setzt dem Gegner eine zumutbare Frist zur Äußerung, § 128 Rn 14. Die Anhörung darf ausnahmsweise unterbleiben, wenn das Gericht zu Lasten des Gegners entscheiden will. Denn das rechtliche Gehör dient nur dazu, die Interessen des Anzuhörenden zu schützen.

Die Anordnung wie Ablehnung der mündlichen Verhandlung bedarf keiner Begründung. Denn sie ist **144** *unanfechtbar*, § 329 Rn 6. Indessen kann es ratsam sein, zur Vermeidung des Vorwurfs eines Ermessensmißbrauchs eine stichwortartige Begründung der Ablehnung der mündlichen Verhandlung zu geben. Es bedarf weder zur mündlichen Verhandlung noch zu ihrer Ablehnung eines Antrags einer oder beider Parteien. Denn das Gericht muß über die Kosten im Sinn von I von Amts wegen entscheiden, da § 308 II auch hier gilt. Einen Antrag muß das Gericht freilich als Anregung auslegen und zumindest zur Kenntnis nehmen. Denn er könnte einen beachtlichen Gesichtspunkt für oder gegen die mündliche Verhandlung enthalten.

Keine Partei kann die *Hinausschiebung* einer mündlichen Verhandlung von dem Zweck erzwingen, **145** sie müsse noch „ergänzend vortragen". Denn die Entscheidung erfolgt ohnehin nur nach dem bisherigen Sach- und Streitstand, Rn 112. Auch außergerichtliche Vergleichsverhandlungen zur Kostenfrage sind solange unbeachtlich, § 227 I 2 Z 3, bis es zum Abschluß eines wirksamen Vergleichs (auch außergerichtlich) gekommen ist. Soweit er mitgeteilt wird, darf und muß das Gericht prüfen, ob die Parteien die Kostenfrage tatsächlich abschließend und für das Gericht verbindlich geregelt haben, § 98 Rn 2. Andernfalls darf und muß das Gericht über die Kosten mit oder ohne mündliche Verhandlung entscheiden. In einem

§ 91a

solchen Fall empfiehlt sich in der Regel dringend die Anberaumung einer Verhandlung zur Klärung der meist den Parteien noch gar nicht bewußten, in Wahrheit vorhandenen Zweifelsfragen zur Kostenpflicht.

146 **B. Kein Anwaltszwang.** Es besteht kein Anwaltszwang für die Erledigterklärung, Rn 66. Denn nach I ist sie auch in einem Verfahren mit an sich notwendiger mündlicher Verhandlung nach § 128 Rn 4 doch nach der freien Wahl der Partei in der Verhandlung, durch Einreichung eines Schriftsatzes oder zum Protokoll der Geschäftsstelle zulässig. Daher entfällt für sie der Anwaltszwang nach § 78 V Hs 2, selbst wenn sie nicht vor der Geschäftsstelle erklärt wird. Das ist jedenfalls der Zweck der sprachlich unklaren Fassung von I 1, BGH **123**, 266, Lindacher Festgabe *50 Jahre Bundesgerichtshof* (2000) III 268, aM Bergerfurth NJW **92**, 1657, MusWo 12. Daher kann insbesondere auch ein beim Prozeßgericht nicht zugelassener Anwalt eine wirksame Erledigterklärung abgeben, selbst wenn er das durch einen Schriftsatz oder in einer Verhandlung etwa vor dem höheren Gericht tut.

147 **C. Kostenentscheidung von Amts wegen durch Beschluß.** Das Gericht entscheidet von Amts wegen über die Kosten ohne Antragsnotwendigkeit, Rn 144, Hamm JB **01**, 33. I nennt die Entscheidungsform: einen Beschluß, also nicht etwa ein Urteil (dazu Rn 152), BAG NZA **05**, 878, Karlsr JB **94**, 678. Ein Beschluß ist mit oder ohne mündliche Verhandlung notwendig. Für ihn gilt § 329 in Verbindung mit den dort genannten Vorschriften. Das Gericht muß also in voller Besetzung entscheiden, soweit das Verfahren nicht endgültig dem Einzelrichter nach §§ 348, 348a oder dem Vorsitzenden der Kammer für Handelssachen nach § 349 II Z 6 zugewiesen bzw übertragen worden ist. In einer Familiensache nach §§ 606 ff bleibt das FamG zuständig, Zweibr FamRZ **92**, 830. Im arbeitsgerichtlichen Verfahren zieht der Vorsitzende die ehrenamtlichen Richter nicht hinzu, BAG DB **00**, 152. Das Gericht muß seinen Beschluß grundsätzlich begründen, § 329 Rn 4, Hamm RR **94**, 1407, Schlesw MDR **97**, 1154. Allerdings ist eine Begründung nicht in weiterem Umfang als bei einem Urteil erforderlich. Sie soll schon bei einem Urteil auf eine knappe Zusammenfassung der maßgeblichen Erwägungen beschränkt sein, § 313 III. Daher bedarf auch der Beschluß nur entsprechend kurzer Gründe. Soweit ein Urteil überhaupt keine Entscheidungsgründe enthalten müßte, zB bei § 313a, ist ein Beschluß nach I zwar nicht automatisch vom Begründungszwang frei, Hamm MDR **89**, 919. Das Gericht braucht ihn jedoch meist nur rechtsmittelartig zu begründen.

148 **D. Beschlußinhalt.** Das Gericht entscheidet da nur noch „über die Kosten", Rn 108. Daher lautet sein Beschluß zB: „Nach beiderseitigen vollständigen wirksamen Erledigterklärungen trägt der Beklagte die Kosten". Das Gericht kann die kraft Gesetzes eingetretene rückwirkende Wirkungslosigkeit einer bereits ergangenen Sachentscheidung auf Antrag entsprechend § 269 III 1, IV zusätzlich deklaratorisch aussprechen, Ffm MDR **89**, 460, Hamm MDR **85**, 591, Wallisch/Spinner JuS **00**, 378. Erforderlich ist eine solche Erklärung oder Klarstellung jedoch ebensowenig wie ein zusätzlicher Satz, der die „Erledigung der Hauptsache feststellt". Letztere Feststellung könnte zu dem Mißverständnis führen, es handle sich nach dem Willen des Gerichts nur um eine einseitige Erledigterklärung. Indessen wäre auch ein solcher Ausspruch im übrigen unschädlich. Soweit die Hauptsache in Wahrheit nur zum Teil erledigt ist, muß das Gericht in seinem Urteil zur Hauptsache über die Kosten mitentscheiden, Rn 183. Die Parteien können auf die an sich nach § 329 Rn 4 notwendige Begründung evtl verzichten, Hamm RR **96**, 63. Dann liegt aber nicht stets auch ein Rechtsmittelverzicht vor, Hamm OLGR **02**, 360, Schlesw MDR **97**, 1154, Schneider MDR **00**, 987, aM Brdb RR **95**, 1212, Hamm RR **96**, 509, Köln OLGR **01**, 370 (aber es kann mehrere andere Gründe geben).

149 **E. Mitteilung.** Das Gericht muß seinen Beschluß verkünden, soweit er auf Grund einer mündlichen Verhandlung ergeht, § 329 I 1, oder förmlich zustellen, soweit er ohne mündliche Verhandlung ergeht. Denn er unterliegt grundsätzlich der sofortigen Beschwerde nach II 1, § 329 I 1.

150 **F. Vollstreckbarkeit.** Der Beschluß nach I ist als Kostenentscheidung kraft Gesetzes vollstreckbar, § 794 I Z 3 Hs 1. Er ist aber nicht zunächst nur vorläufig vollstreckbar. Denn § 708 nennt ihn in seiner abschließenden Aufzählung nicht mit. Er ist auch kein „Urteil" im Sinn jener Vorschrift. Die Vollstreckbarkeit ergibt sich also ohne jeden entsprechenden Ausspruch aus § 794 I Z 3.

151 **10) Sofortige Beschwerde, II 1, 2.** Gegen die nach Rn 147 getroffene erstinstanzliche Entscheidung findet grundsätzlich die sofortige Beschwerde statt, § 567 I Z 1, Karlsr FamRZ **05**, 50. Wegen der Ausnahme gilt Rn 156. Beim Rpfl gilt § 11 RPflG, § 104 Rn 41 ff. Eine theoretisch unter den Voraussetzungen des § 574 denkbare Rechtsbeschwerde gegen einen zweitinstanzlichen Beschluß kommt praktisch kaum infrage, BGH BB **04**, 1078.

152 **A. Geltungsbereich: Jede Entscheidung nach I.** II 1 bezieht sich auf jede Entscheidung nach I. Erfaßt werden also ein Beschluß oder eine Verfügung nur über die Kosten nach beiderseitigen vollständigen wirksamen Erledigterklärungen. Das gilt auch bei der Ablehnung einer Kostengrundentscheidung, Karlsr FamRZ **05**, 50. Soweit das Gericht trotz solcher Lage über die Kosten nicht durch Beschluß oder Verfügung entschieden hat, sondern fehlerhaft durch ein Urteil, gilt der sog Meistbegünstigungsgrundsatz, Grdz 28 vor § 511. Es ist dann wahlweise die sofortige Beschwerde, Schlesw FamRZ **00**, 1513, oder das gegen das Urteil zulässige Rechtsmittel (Berufung) statthaft, Karlsr JB **94**, 678. Über eine in diesem Sinne eingelegte Berufung muß das Berufungsgericht dann durch einen Beschluß und nicht durch Urteil entscheiden, Karlsr JB **94**, 678. Gegen diesen Beschluß ist keine Revision statthaft. Eine Rechtsbeschwerde an den BGH gegen einen Beschluß des OLG kommt nur unter den Voraussetzungen des § 574 I Z 2, II–IV in Betracht.

153 Soweit das Gericht den Bekl teilweise *streitig* verurteilt hatte und die Hauptsache im übrigen erledigt war, kommt allenfalls in der Hauptsache die Berufung in Betracht. Mit ihr könnte man auch den Kostenpunkt im Umfang der Teilerledigung angreifen. Dasselbe gilt grundsätzlich dann, wenn es einem durch streitiges Urteil oder unechtes Versäumnisurteil nach Üb 13 vor § 330 abgewiesenen Kläger vorwiegend oder nur auf eine Abänderung der ihn belastenden Kostenentscheidung ankommt. Soweit das Gericht im streitigen Urteil ohne sog unechtes Versäumnisurteil korrekt einheitlich über die Kosten des gesamten Rechtsstreits entschieden hat und soweit es dabei auf den übereinstimmend wirksam für erledigt erklärten Teil der Hauptsache im Rahmen seiner Kostenentscheidung nach §§ 91 ff auch die Grundsätze des § 91a

Titel 5. Prozesskosten **§ 91a**

mitbeachtet hat, kommt allenfalls die Berufung in Betracht. Das gilt freilich nur, soweit der Berufungskläger auch die Entscheidung zur restlichen Hauptsache angreift, Düss GRUR **84**, 61, aM Köln VersR **80**, 463, Schiffer ZZP **188**, 31 (II gelte dann zur Anfechtung nur der Entscheidung über die Kosten des für erledigt erklärten Teils. Aber insofern gilt § 99 I. Denn es liegt zumindest auch eine Entscheidung zur Hauptsache vor). In diesem Fall ist § 91a isoliert auch nicht entspechend anwendbar, Ffm VersR **81**, 538.

B. Form. Auf die sofortige Beschwerde ist § 569 II, III anwendbar. Im Umfang der sog Meistbegünsti- **154** gungsklausel nach Rn 152 muß man klären, welches der beiden möglichen Rechtsmittel vorliegt. Danach richtet sich die erforderliche Form. Im übrigen ist eine irrige Bezeichnung des in Wahrheit eindeutig gemeinten Rechtsmittels unschädlich. Das Gericht muß sie umdeuten, LG Bln ZMR **85**, 305. Man muß diejenige Form wählen, die für das gewollte Rechtsmittel erforderlich ist. Ein Anwaltszwang besteht wie sonst bei der sofortigen Beschwerde, §§ 78, 569 III, 571 IV. Die sofortige Beschwerde kann zu Protokoll nur unter den Voraussetzungen des § 569 III wirksam erfolgen.

C. Frist: Zwei Wochen. Man muß die sofortige Beschwerde nach §§ 329 III, 569 I 1, 2 Hs 1 grundsätz- **155** lich binnen einer Notfrist nach § 224 I 2 von 2 Wochen seit der Zustellung der angefochtenen, nach I ergangenen Kostenentscheidung einlegen. Die Notfrist beginnt nach § 569 I 2 Hs 2 spätestens 5 Monate nach der Verkündung des Beschlusses. Soweit das Gericht irrig durch Urteil nur über die Kosten entschieden hat und der Beschwerdeführer nach dem sog Meistbegünstigungsgrundsatz im Sinn von Rn 152 als Rechtsmittel die sofortige Beschwerde wählt, muß er deren Frist einhalten, andernfalls die Berufungsfrist.

D. Zulässigkeitsgrenzen. Es ist grundsätzlich zunächst die Beschwerdewert nach § 567 II von (jetzt) **156** über 200 EUR notwendig. Beim erstinstanzlichen Verstoß gegen Artt 2 I, 20 III GG, BVerfG **101**, 404 (Rpfl), Art 103 I GG (Richter) kann ein Beschwerdewert ausnahmsweise entbehrlich sein, Kblz FamRZ **98**, 1239. Ferner muß nach II 2 die fiktive Rechtsmittelgrenze der bisherigen Hauptsache nach § (jetzt) 511 II Z 1 von 600 EUR überschritten sein, Ffm RR **88**, 838, LG Hann JB **91**, 117. Das gilt jedenfalls im Fall des § 511 I Z 1 (Wertberufung). Im Fall des § 511 I Z 2 (Zulassungsberufung), der ja nur bei einem Wert bis höchstens 600 EUR infrage kommt, liegt wie bei § 99 II 2, dort Rn 44, ebenfalls eine Zulässigkeitsgrenze vor. Maßgeblich für II 2 ist grundsätzlich das voraussichtliche Unterliegen einer Partei, von dem das Gericht bei seinem Kostenanspruch ausgegangen ist, BGH BB **03**, 2093.

Im übrigen muß eine Entscheidung des AG als Prozeßgericht vorliegen, also nicht als Familiengericht im Verfahren nach §§ 620 ff, § 620 c, Ffm FamRZ **80**, 388.

Soweit die Parteien in einem *Vergleich* über die Kosten dem § 91a unterstellt hatten, gelten die allgemeinen Regeln zur Anfechtbarkeit, § 98 Rn 62. Gegen eine Entscheidung des OLG ist allenfalls unter den Voraussetzungen des § 574 I Z 2, II–IV eine Rechtsbeschwede an den BGH denkbar, BGH FamRZ **04**, 1021. Wer auf eine Begründung des angefochtenen Beschlusses verzichtet hatte, Rn 148, hat damit evtl einen Rechtsmittelverzicht vorgenommen, aber nicht stets, Rn 148.

E. Anschlußbeschwerde. Vgl § 567 III. **157**

F. Unzulässigkeit weiterer sofortiger Beschwerde. Eine weitere sofortige Beschwerde ist unstatthaft. **158** Das ergibt sich aus § 567 I (nur gegen erstinstanzliche Beschlüsse), § 574 (allenfalls Rechtsbeschwerde, auch dazu krit BGH NJW **03**, 3565). Das gilt auch im Fall der Erledigung der Hauptsache im Beschwerdeverfahren und bei einer Entscheidung des OLG über die Kosten.

11) Abhilfeprüfung der ersten Instanz, II. Das Beschwerdeverfahren richtet sich grundsätzlich nach **159** §§ 567 ff, so schon Karlsr NJW **87**, 287, aM ThP 52 (aber II sieht keine Abweichung von §§ 567 ff vor). Danach erfolgt zunächst eine erstinstanzliche Abhilfeprüfung, § 572 I 1, 2. Dabei bleibt § 318 unberührt, § 572 I 3.

A. Zulässigkeitsprüfung. Das erstinstanzliche Gericht muß zunächst die Statthaftigkeit der sofortigen Beschwerde prüfen. Es muß also die Frage klären, ob überhaupt eine Entscheidung nach I vorliegt und ob nach dem sog Meistbegünstigungsgrundsatz gemäß Rn 152 auch die sofortige Beschwerde statthaft ist. Sodann muß das erstinstanzliche Gericht die Zulässigkeit nach den Regeln Rn 154–156 prüfen. Beide Prüfungen sind zunächst Aufgabe des erstinstanzlichen Gerichts. Denn ungeachtet der Fristgebundenheit der sofortigen Beschwerde ist der bisherige Richter (judex a quo) nach § 572 I 1 Hs 1 berechtigt und daher auch verpflichtet zu prüfen, ob die sofortige Beschwerde begründet ist. Also muß er erst recht vorrangig auch die Zulässigkeitsfrage klären.

B. Begründetheitsprüfung. Sodann muß das erstinstanzliche Gericht wegen seiner in Rn 159 darge- **160** stellten Abhilfe-Zuständigkeit die Begründetheit der sofortigen Beschwerde prüfen. Es darf und muß also eine erneute Ermessensentscheidung nach den in Rn 108–118 genannten Regeln treffen. Dabei darf und muß das erstinstanzliche Gericht die gesamte Entscheidung überprüfen. Es darf und muß neue Tatsachen und Beweismittel im Rahmen des § 571 II 1, III und in den Grenzen des § 571 II 2 schon vom erstinstanzlichen Gericht berücksichtigen.

C. Anhörung des Beschwerdegegners, II 3. Schon das erstinstanzliche Gericht darf und muß im **161** Rahmen seiner Abhilfeprüfung den Beschwerdegegner vor einer ihm nachteiligen Entscheidung hören. Das ergibt sich aus der ausdrücklichen Anordnung in II 3. Sie ist ja ein Ausdruck von Art 103 I GG, BVerfG **64**, 227. Zur Anhörung muß das Gericht dem Beschwerdegegner eine angemessene Frist setzen.

D. Entscheidung des erstinstanzlichen Gerichts. Es kann zwei Arten von Entscheidungen treffen. **162**

Abhilfe erfolgt, wenn nach Ansicht des erstinstanzlichen Gerichts Zulässigkeit und Begründetheit zusammentreffen. Die Abhilfe erfolgt durch einen Beschluß. Das erstinstanzliche Gericht muß ihn begründen, § 329 Rn 4. Er muß im Rahmen der Abhilfe nach § 97 über die Kosten des Beschwerdeverfahrens mitentscheiden. Ihn muß das ganze Kollegium unterzeichnen, soweit keine Einzelrichtersache vorlag, als die angegriffene Entscheidung erging.

Vorlage beim übergeordneten „Beschwerdegericht" (nur das übergeordnete heißt nach §§ 568 ff so) ist notwendig, soweit das erstinstanzliche Gericht die sofortige Beschwerde für unstatthaft oder unzulässig oder

§ 91a

jedenfalls für unbegründet erkennt. Bei Unzulässigkeit darf deren Darlegung nicht schon deshalb unvollständig bleiben, weil jedenfalls auch Unbegründetheit vorliegt, ebensowenig wie beim Urteil, Grdz 17 vor § 253. Wie dort belegt, darf die Vorlagebegründung aber zusätzlich zur notwendigen und vollständigen Darlegung der Unzulässigkeit hilfsweise auch Erwägungen zur etwa erkannten Unbegründetheit enthalten. Das sollte auch getrost geschehen, um zB eine Beschwerderücknahme zu erleichtern.

Floskeln sind keine Begründung. Das erstinstanzliche Gericht muß seinen Nichtabhilfebeschluß vielmehr so begründen, daß das übergeordnete Beschwerdegericht die Ordnungsmäßigkeit der Abhilfeprüfung des Vordergerichts überprüfen kann. Andernfalls droht eine Zurückverweisung, obwohl §§ 567 ff keine ausdrückliche Vorschrift wie § 538 (Berufung) enthalten. Denn es handelt sich um einen allgemeinen Rechtsgedanken.

Das erstinstanzliche Gericht entscheidet nach *freigestellter mündlicher Verhandlung*, § 128 IV. Das Beschwerdegericht verwirft die Beschwerde nach § 572 II als unzulässig oder weist sie als unbegründet zurück oder gibt ihr statt. Das Beschwerdegericht darf und muß im Fall eines erheblichen Verfahrensfehlers von dem unteren Gerichts an dieses zurückverweisen, etwa dann, wenn das erstinstanzliche Gericht rechtsirrig über eine einseitige Erledigterklärung nicht nach § 91 durch Urteil entschieden hatte, sondern nach I durch Beschluß. Nach einer wirksamen Rücknahme der Berufung nach § 516 gegen das Urteil, das über die Kosten teils nach § 91 und teils nach § 91a einheitlich entschied, muß man über die etwa in der Berufung steckende Beschwerde nach II entscheiden, soweit sie in der Frist des § 569 I 2 einging.

Das Beschwerdegericht entscheidet über die *Kosten* des Beschwerdeverfahrens nach § 97. Die Vollstreckbarkeit richtet sich nach § 794 I Z 3. Entgegen seinem zu engen Wortlaut kommt es nur darauf an, daß die Entscheidung beschwerdefähig gewesen wäre, wenn sie in der ersten Instanz ergangen wäre, § 794 Rn 15.

163 **E. Mitteilung.** Das erstinstanzliche Gericht teilt die Entscheidung durch Beschluß mit, § 329. Soweit die Abhilfeentscheidung einen Vollstreckungstitel enthält, sei es auch nur über die Kosten des Beschwerdeverfahrens, bedarf sie nach § 329 III Hs 1 der förmlichen Zustellung. Andernfalls ist eine förmliche Zustellung wegen § 574 IV 1 notwendig, § 329 III Hs 2.

164 **12) Verfahren des übergeordneten Beschwerdegerichts, II 1, 3.** Dazu die ausführlichen Erläuterungen zu §§ 567 ff, insbesondere § 572 II–IV.

165 **13) Kostenfragen.** Man muß Wert- und Gebührenfragen unterscheiden.

A. Streitwert. Die Streitwertprobleme sind ausführlich im Anh § 3 Rn 45 „Erledigterklärung" dargestellt.

B. Gebühren. Im Fall des Beschlußverfahrens nach beiderseitigen vollen übereinstimmenden wirksamen Erledigterklärungen in erster Instanz gelten für die Gebühren des Gerichts: KV 1211, 1221 usw. Für den Anwalt gilt § 19 I 2 Z 9 RVG. Im Fall des Beschwerdeverfahrens gelten für das Gericht KV 1811 und für den Anwalt VV 3500.

166 **14) Rechtskraft, I, II.** Wie stets, muß man zwischen äußerer und innerer Rechtskraft unterscheiden.

A. Formelle (äußere) Rechtskraft. Der erstinstanzliche Beschluß nach I 1 wird mit dem fruchtlosen Ablauf der Frist zur Einlegung der sofortigen Beschwerde nach II 1 oder mit wirksamer Rücknahme usw des Rechtsmittels formell rechtskräftig, Einf 1 vor §§ 322–327. Der Beschluß des Beschwerdegerichts wird mit der gesetzmäßigen Mitteilung formell rechtskräftig.

167 **B. Persönliche und sachliche (innere) Rechtskraft.** Der erst- wie zweitinstanzliche Beschluß ist der sachlichen Rechtskraft fähig, Einf 2 vor §§ 322–327, Ffm FamRZ **00**, 240. Das gilt natürlich nur zur Kostenfrage, nicht auch zur Hauptsache, BGH NJW **99**, 1337, Celle FamRZ **98**, 684, Bergerfurth NJW **92**, 1657. Man kann daher die Klage grundsätzlich nicht wiederholen, BGH NJW **91**, 2281.

168 **15) Einseitige Erledigterklärung des Klägers,** dazu El Gayar, Die einseitige Erledigungserklärung des Klägers usw, 1998: Wie in Rn 1 dargestellt, erfaßt § 91a nicht direkt den Fall einer nur einseitigen Erklärung einer Partei. Man könnte daher diese Situation bei § 91 behandeln, Rn 2. Wegen des Sachzusammenhangs auf Grund des Umstands, daß immerhin eine wirksame Erledigterklärung vorliegen muß, soll die Situation aber hier behandelt werden.

A. Begriffe. Ob ein erledigendes Ereignis vorliegt, richtet sich nach den in Rn 24 dargestellten Regeln. Ob eine wirksame Erledigterklärung des Klägers vorliegt, ergibt sich aus den in Rn 62 ff erläuterten Umständen. Die einseitige Erledigterklärung ist eine Klagänderung, § 264 Rn 16 „Leistung – Erledigung". Als Parteiprozeßhandlung nach Grdz 47 vor § 128 ist die einseitige Erledigterklärung ab Wirksamkeit grundsätzlich unanfechtbar, Rn 74.

B. Unwirksamkeit der Erledigterklärung vor Rechtshängigkeit der Hauptsache. Insbesondere ist eine auch nur einseitige Erledigterklärung des Klägers nur wirksam, wenn sie nach dem Eintritt der Rechtshängigkeit der Hauptsache ergeht, Rn 68.

169 **16) Folgen der einseitigen Erledigterklärung des Klägers.** Wenn der Bekl mit der Erledigterklärung des Klägers nicht einverstanden ist, wenn er ihr also widerspricht, dann liegt in diesem Widerspruch seine Behauptung, daß der Kläger die Erledigterklärung zu Unrecht abgegeben habe. Der Bekl will also zum Ausdruck bringen, das vom Kläger genannte Ereignis habe die Hauptsache in Wahrheit nicht erledigt, vielmehr bestehe der Klaganspruch von Anfang an nicht, BGH VersR **80**, 385, Saarbr RR **89**, 1513. Das gilt auch dann, wenn der Bekl den Abweisungsantrag trotz einer jetzt außergerichtlich erfolgenden vorbehaltlosen Leistung aufrechterhält, BGH NJW **81**, 686. Die Hauptsache bleibt folglich grundsätzlich rechtshängig, BGH NJW **90**, 2682, Düss FamRZ **94**, 170, aM Piepenbrock ZZP **112**, 356 (vgl aber Rn 170). Im selbständigen Beweisverfahren liegt freilich in einer einseitigen Erledigterklärung durchweg eine Antragsrücknahme, BGH BB **04**, 2602 rechts unten.

170 **A. Notwendigkeit einer Entscheidung zur Hauptsache.** Das Gericht darf und muß in dieser Situation grundsätzlich (Ausnahme: Insolvenz-Eröffnungsverfahren, BGH NJW **02**, 516) prüfen, ob entweder die

Hauptsache tatsächlich erledigt ist, BGH FamRZ **04**, 868, KG MDR **99**, 185, oder ob es die Klage als unzulässig oder unbegründet abweisen muß, BGH RR **93**, 391, Celle FamRZ **93**, 438, Düss RR **97**, 1566. Die Hauptsache bleibt also Streitgegenstand, § 2 Rn 3. Es entfällt lediglich die Möglichkeit, der bisherigen Klageforderung noch stattzugeben, dem Kläger also die bis zu seiner Erledigterklärung verlangte Hauptsache noch zuzusprechen. Denn insofern hat er durch eine wirksame Erledigterklärung ja in einer das Gericht nach § 308 I bindenden Weise sein bisheriges Ziel eines Vollstreckungstitels zur Hauptsache aufgegeben, Rn 172, BGH NJW **86**, 589, Saarbr RR **89**, 1513, LAG Mü MDR **94**, 305. Dasselbe gilt bei einer Säumnis des Bekl, Martins DRiZ **89**, 288.

Der Kläger hat ein *Rechtsschutzbedürfnis* nach Grdz 33 vor § 253 an der feststellenden Klärung der Frage, **171** ob die Hauptsache wirklich erledigt ist, BGH NJW **99**, 2522. Auch der Bekl hat ein Rechtsschutzbedürfnis an seinem fortbestehenden Klagabweisungsantrag. Denn es liegt ja ein Prozeßrechtsverhältnis zwischen den Parteien vor, Grdz 4, 6 vor § 128. Der Kläger hat den Bekl in einen Rechtsstreit hineingezogen, über dessen Kosten noch entschieden werden muß, BGH NJW **92**, 2236. Das gilt zumindest, soweit nicht eine insofern das Gericht bindende vergleichsweise Einigung vorliegt, § 98 Rn 37. Daher muß die Prüfung auch dann erfolgen, wenn das erledigende Ereignis erst während der Rechtsmittelinstanz eingetreten sein soll, BGH RR **93**, 1123, LAG Stgt AnwBl **86**, 105, aM BVerwG ZZP **79**, 299 (aber maßgeblich ist der gesamte Rechtshängigkeitszeitraum). Der Bekl will ja mit seinem Widerspruch verhindern, daß der Kläger im Laufe des Verfahrens infolge einer besseren Erkenntnis seiner Rechtslage durch eine Erledigterklärung von einer nach Meinung des Bekl von vornherein unbegründeten Klage Abstand nimmt, nur um sich durch die Erledigterklärung kostenmäßig eine bessere Stellung zu verschaffen, als er sie sonst hätte, weil er die Klage sonst in Wahrheit zurücknehmen oder auf den Anspruch verzichten müßte, Rn 3.

B. Streit um Zulässigkeit und Begründetheit der Klageforderung. Vordergründig streiten die **172** Parteien zwar nach einer einseitigen Erledigterklärung des Klägers nur noch um die Feststellung dieser Erledigung und um die Kosten. In Wahrheit streiten sie aber unverändert über die Zulässigkeit, BayObLG **83**, 18, und über die Begründetheit der Klage oder des sonstigen Verfahrens, Rn 170–171, BFH NJW **99**, 2522, Celle FamRZ **93**, 438, Nürnb RR **89**, 445, aM LAG Mü MDR **94**, 305, ThP 31 ff, ZöV 35 (der Kläger habe eine Klagänderung vorgenommen. Dabei übersieht man, daß der Kläger keineswegs immer einen zum Antrag des Bekl passenden Gegenantrag stellen muß. Der Kläger und nicht der Bekl führt zunächst einmal den Rechtsstreit und verfügt über den Streitgegenstand. Außerdem besteht bei einem Streit zB um die Berechtigung einer Klagerücknahme dieselbe Prozeßlage und hat eine Klagerücknahme ganz andere Kostenrisiken).

C. Feststellung der Erledigung. Wenn die Wirksamkeit der einseitigen Erledigterklärung des Klägers **173** feststeht, muß das Gericht nicht nur klären, ob jetzt ein erledigendes Ereignis vorliegt. Wegen der Beweislast Anh § 286 Rn 90 „Erledigung der Hauptsache". Das Gericht muß ferner vor allem prüfen, ob die Klageforderung oder der bisherige sonstige Sachantrag bis zum Eintritt des erledigenden Ereignisses bestanden hatte, BGH NJW **92** 2236. Der Kläger trägt dazu die Beweislast, Anh § 286 Rn 90. Ist das der Fall, so muß das Gericht die Erledigung der Hauptsache in einem Urteil feststellen, § 300, BGH NJW **99**, 2522, BAG NJW **96**, 1364, KG MDR **99**, 185, aM BAG DB **90**, 2378 (für das arbeitsgerichtliche Beschlußverfahren), Assmann Erlanger Festschrift für Schwab (1990) 204, Künzl DB **90**, 2372 (für das arbeitsgerichtliche Urteilsverfahren).

Dieses Urteil ist eine Entscheidung in der Hauptsache, ein *Sachurteil*, Mü MDR **86**, 61, LG Nürnb-Fürth **174** NJW **81**, 2587. Es kann sich um ein streitiges Urteil handeln, OVG Saarlouis NJW **78**, 121. Das gilt auch bei vorbehaltloser Erfüllung, Rn 180, BGH NJW **81**, 686 (dann keine Anwendung von § 307). Dieses ist wie sonst anfechtbar, Ffm FamRZ **84**, 1118, Becker-Eberhard (vor Rn 1) 306. Es kann sich auch um ein Versäumnisurteil handeln, Köln MDR **95**, 103. Denn auch bei Säumnis des Bekl im Sinn der §§ 331 ff liegt ja eine nur einseitige Erledigterklärung des Klägers vor. Es kann sich daher auch um ein Versäumnisurteil im schriftlichen Vorverfahren nach § 331 III handeln, Beuermann DRiZ **78**, 312, vgl allerdings auch § 335 Rn 7. Es kann auch ein Anerkenntnisurteil nach § 307 in Betracht kommen, Hamm RR **95**, 1073, LG Hanau RR **00**, 1233, LG Tüb MDR **95**, 860, aM Lange NJW **01**, 2130 (§ 91 a. Aber diese Vorschrift ist dann gerade nicht anwendbar). Dann kann § 93 entsprechend anwendbar sein, LG Hbg RR **87**, 381, aM Kblz RR **86**, 1443 (inkonsequent). Das gilt aber nur bei sofortigem Anerkenntnis, Düss RR **97**, 1566, Stgt OLGR **03**, 139. Es kann auch ein Beschluß nach § 269 IV infragekommen.

Der *Tenor* des Urteils kann lauten: „Die Hauptsache ist erledigt", BGH VersR **82**, 296, Bbg VersR **76**, **175** 891. Vielfach wird auch so formuliert: „Es wird festgestellt, daß die Hauptsache erledigt ist". Das ist nur bei ungenauer Betrachtung zutreffend. Denn während beiderseits übereinstimmende wirksame Erledigterklärungen auf Grund eines tatsächlich eingetretenen erledigenden Ereignisses die Rechtshängigkeit der bisherigen Hauptsache unmittelbar beenden, bleibt die Hauptsache im Fall einer nur einseitigen Erledigterklärung des Klägers bis zur Rechtskraft des die Erledigung aussprechenden Urteils rechtshängig. In diesem Fall führt also genau betrachtet erst der Eintritt der formellen Rechtskraft des Urteils überhaupt die Erledigung der Hauptsache herbei. Indessen endet die Rechtshängigkeit auch bei einer Feststellungsklage nach § 256 erst mit der Rechtskraft des Urteils. Insofern ist also eine „Feststellung der Erledigung der Hauptsache" zulässig.

Der Erledigungsausspruch ist auch auf Grund eines bloßen *Hilfsantrags* nur des *Klägers* zulässig, Kblz **176** GRUR **85**, 326, aM RoSGo § 132 III 2, StJL 17 (vgl aber § 260 Rn 8). Eine vorangegangene Entscheidung zB durch ein abweisendes oder stattgebendes Versäumnisurteil muß zwar nicht stets, darf aber auch aufgehoben werden, zB wegen § 343, obwohl sie in Wahrheit bereits mit dem Eintritt des erledigenden Ereignisses wirkungslos geworden ist. Insofern ist § 269 III 1, 2 entsprechend anwendbar. Soweit ein solcher Ausspruch etwa in Beschlußform nach § 329 erfolgt, ist dieser Beschluß ein „Urteil" im Sinn von § 839 II BGB.

D. Fehlen der Erledigung: Klagabweisung. Wenn das Gericht im Anschluß an eine einseitige Er- **177** ledigterklärung des Klägers zu dem Ergebnis kommt, daß seine Klage von vornherein aussichtslos war, dann ist in Wahrheit kein erledigendes Ereignis eingetreten. Das gilt auch dann, wenn sich diese Beurteilung erst

§ 91a

während des Prozesses mit Rückwirkung vornehmen läßt, Celle FamRZ **93**, 438, oder wenn die Zulässigkeit oder Begründetheit jedenfalls *vor* dem „erledigenden Ereignis" wegfiel, BAG NJW **96**, 1980. Die Erledigterklärung des Klägers ist also insofern erfolglos, BFH BB **79**, 1757. Seine Erledigterklärung würde eine den Prozeß unmittelbar beendende Wirkung ja ohnehin nur dann haben, wenn sich der Gegner der Erledigterklärung wirksam anschließen würde.

178 Eine Erledigung *fehlt*, wenn die Klage von vornherein unzulässig war, Rn 60 „Zulässigkeit", BGH NJW **75**, 932, Mü MDR **86**, 61, Vossler NJW **02**, 2373 (notfalls auf Klägerantrag Verweisung, § 281). Sie fehlt auch, soweit die Zulässigkeit vor Rechtshängigkeit weggefallen ist, BGH RR **93**, 391. Sie fehlt auch, wenn die Klage von vornherein unbegründet war, LG Bochum MDR **82**, 675.

179 Es kann auch ein Ereignis eingetreten sein, das die zulässige und begründete Klageforderung gerichtlich *undurchsetzbar* machte, etwa die wirksame Einrede der Verjährung oder der Umstand, daß die der Klage zugrundeliegende Vorschrift durch das BVerfG rückwirkend für nichtig erklärt worden ist oder daß sachlichrechtlich eine rückwirkende Nichtigkeit eingetreten ist, etwa des Räumungsanspruchs des Vermieters im Fall der Zahlung der Mietrückstände durch den Mieter innerhalb der Frist des § 569 III Z 2 S 1 Hs 1 BGB. Allerdings hat dann infolge dieser rückwirkenden Nichtigkeit ein Klaganspruch eben in Wahrheit auch von Anfang an nicht bestanden. Dann ist auch § 93 nicht einmal entsprechend anwendbar.

180 Eine *vorbehaltlose Leistung* des Bekl ist zwar evtl als stillschweigende Erledigterklärung auslegbar. Andernfalls mag sich aber nichts daran ändern, daß ein Anspruch des Klägers in Wahrheit von vornherein nicht bestand. Daher bleibt seine einseitige Erledigterklärung wirkungslos, BGH NJW **81**, 686. Es kann sich allerdings auch ergeben, daß die Klage in Wahrheit noch zulässig und begründet wäre, wenn nicht der Kläger infolge Unwiderruflichkeit seiner einseitigen wirksamen Erledigterklärung eine der Klage stattgebende Entscheidung wegen § 308 I vereitelt hätte, Nürnb RR **89**, 445, AG Köln WoM **89**, 31. In diesem Fall würde auch ein Hinweis des Gerichts nach § 139 nur unter den Voraussetzungen Grdz 56–59 vor § 128 die Rückkehr zum bisherigen Sachantrag in diesem Verfahren zulassen. In allen diesen Fällen muß das Gericht dem Kläger nach § 139 evtl die Rücknahme der Klage nach § 269 oder einen Verzicht auf den sachlichrechtlichen Anspruch anheimgeben, Einf 2 vor §§ 306, 307, damit er entscheiden kann, ob er das Risiko einer Klagabweisung mit innerer Rechtskraftwirkung tragen will. Eine Klagerücknahme mag freilich nach § 269 I nur noch mit Einwilligung des Bekl wirksam möglich sein.

181 *Andernfalls* muß das Gericht die Klage in Gestalt ihres jetzigen Feststellungsantrags durch ein Urteil in der Hauptsache als unzulässig oder unbegründet *abweisen*, BGH NJW **92**, 2236, BAG ZIP **96**, 558, Nürnb RR **89**, 445.

182 Das gilt auch dann, wenn der Kläger den früheren Sachantrag nunmehr ausdrücklich dahin *umformuliert*, und zwar auch *hilfsweise*, das Gericht möge „die Erledigung der Hauptsache feststellen", oder wenn man seinen bisherigen Sachantrag nun so auslegen muß, oder wenn er den bisherigen Sachantrag zulässigerweise neben der Erledigterklärung als bloßen Hilfsantrag aufrechterhält. Die „Abweisung der Klage" kann und muß evtl auch durch ein sog unechtes Versäumnisurteil erfolgen, also trotz Säumnis des Bekl, § 331 II Hs 2. Eine Verweisung etwa nach § 281, auch eine nur hilfsweise beantragte, kommt jedenfalls nicht mehr in Betracht. Denn der Kläger will mit seiner einseitigen Erledigterklärung ja nur noch eine ihm günstige Kostenentscheidung herbeiführen. Er bleibt trotz des gegnerischen Abweisungsantrags oder der gegnerischen Säumnis bei dieser Haltung. Er wünscht also nicht mehr die Entscheidung über den bisherigen Hauptsacheantrag durch das in Wahrheit zuständige Gericht, § 308 I, Mü MDR **86**, 61.

183 E. Kosten. Über die Kosten muß das Gericht in seinem streitigen Urteil wie sonst nach §§ 91, 92 ff entscheiden, BGH **83**, 15, Ffm MDR **98**, 559, Stgt OLGR **03**, 139, aM Mü NJW **79**, 274, Althammer/Löhnig NJW **04**, 3080 (vgl aber Rn 172, 173). Soweit es die Erledigung feststellt, trägt der Bekl die Kosten. Denn sein Abweisungsantrag hat sich als erfolglos erwiesen, BGH **83**, 15, Köln FamRZ **83**, 1263, StJBo 41, aM Mü RR **93**, 571 (bei „verspäteter" klägerischer Erledigterklärung). Aber bei § 91 kommt es stets nur auf das Ergebnis an, Üb 29 vor § 91). Wegen des Streitwerts Anh § 3 Rn 45 ff.

§ 93 ist auch dann *nicht* entsprechend zu Lasten des Bekl anwendbar, wenn er einen Klaganlaß gegeben und zwischen *Anhängigkeit* und *Rechtshängigkeit*, § 261 Rn 1, geleistet hat. Im selbständigen Beweisverfahren gilt meist § 269 III 2 entsprechend, BGH BB **04**, 2602 rechts unten. Der Kläger muß dann mangels einer Klagerücknahme nebst Antrag auf eine Kostenentscheidung nach § 269 III 3 die Kosten evtl gesondert einklagen.

184 Wenn das Gericht die Klage *abweist*, muß der Kläger als Verlierer die Kosten tragen. Denn sein Antrag auf Feststellung der Erledigung hat sich als erfolglos erwiesen. Das würde sogar dann gelten, wenn die Klage in Wahrheit noch zulässig und begründet wäre, falls der Kläger nicht wirksam von der einseitigen Erledigterklärung Abstand nehmen kann und will.

185 **F. Vorläufige Vollstreckbarkeit.** Das Urteil, das die Erledigung feststellt, hat nur noch wegen der Kostenentscheidung den Charakter eines Vollstreckungstitels. Man muß daher nach § 708 Z 11 Hs 2 prüfen, ob eine Vollstreckung im Wert von nicht mehr als 1500 EUR wegen der Kosten infrage kommt. In diesem Fall ist das Urteil ohne Sicherheitsleistung des Klägers vorläufig vollstreckbar. Jedoch muß man § 711 beachten. Soweit das Gericht die Klage abweist, gelten für die vorläufige Vollstreckbarkeit ebenfalls die §§ 708 ff unbeschränkt.

186 **G. Mitteilung.** Das Gericht muß sein Urteil ist wie sonst mitteilen, also nach mündlicher Verhandlung verkünden, § 311, darüber hinaus nach § 317 zustellen, im schriftlichen Verfahren nach § 128 II ebenfalls so behandeln, § 228 II 2, und in den Fällen § 307 II, 331 III nur zustellen, § 310 III.

187 **H. Rechtsmittel.** Es gelten die für sonstige Urteile anwendbaren Regeln, BGH RR **92**, 1033, Köln RR **97**, 956, Nürnb FamRZ **00**, 1025. Es gilt auch der Meistbegünstigungsgrundsatz, Grdz 28 vor § 511, BGH RR **02**, 1501, Köln RR **97**, 956, Stgt RR **97**, 1222. Das gilt auch zur Errechnung des Beschwerdewerts und der Rechtsmittelsumme beim die Erledigung feststellenden Urteil. Vgl § 99 Rn 36.

Titel 5. Prozesskosten **§ 91a**

I. Rechtskraft. Das feststellende wie das abweisende Urteil erwachsen in äußere und innere Rechtskraft, **188** Einf 1, 2 vor §§ 322–327, BGH NJW **91**, 2281, Bergerfurth NJW **92**, 1659. Im Folgeprozeß ist das dortige Gericht an den Erledigungsausspruch des Gerichts des Erstprozesses gebunden, Schlesw JB **84**, 1741. Man muß den Umfang der inneren Rechtskraft wie sonst ermitteln, § 322 Rn 27. Dabei kann sich ergeben, daß die Klage von vornherein unzulässig war, Mü MDR **86**, 61, oder daß sie von vornherein unbegründet war, Mü RR **96**, 957, LG Bochum MDR **82**, 675, oder daß kein erledigendes Ereignis im Sinn von Rn 23 ff eingetreten ist, Nürnb RR **89**, 444.

17) Einseitige Erledigterklärung des Beklagten. Es kommt in der Praxis durchaus vor, daß der Bekl **189** die Hauptsache für erledigt erklärt, der Kläger jedoch den bisherigen Sachantrag auch weiterhin aufrechterhält.

A. Begriff. Ob eine einseitige Erledigterklärung des Bekl vorliegt, muß man nach den in Rn 62 ff dargelegten Regeln prüfen. Man muß also sowohl prüfen, ob der Bekl überhaupt eine Erledigterklärung abgibt, als auch, ob das Gesamtverhalten des Klägers dahin auszulegen ist, daß in Wahrheit auch er die Hauptsache für erledigt erklärt. Im letzteren Fall sind die Regeln über die Folgen beiderseitiger Erledigterklärungen anwendbar, Rn 142 ff.

B. Verfahren. Soweit die Auslegung ergibt, daß der Kläger einer Erledigterklärung des Bekl widerspricht **190** und seinen Klaganspruch aufrechterhält, ist die einseitige Erledigterklärung des Bekl unbeachtlich, BGH RR **95**, 1090, BAG NJW **94**, 2564, Bergerfurth NJW **92**, 1659.

Das gilt selbst dann, wenn nach der Ansicht des Gerichts in der Tat ein *erledigendes Ereignis* im Sinn von **191** Rn 23 ff vorliegt und der Kläger daher den bisherigen Sachantrag nicht mehr mit Erfolgsaussicht aufrechterhalten kann. Zwar mag das Gericht ihm dann einen entsprechenden Hinweis nach § 139 geben müssen. Er bestimmt aber allein den Streitgegenstand, § 2 Rn 3, BGH RR **95**, 1090, BAG NJW **94**, 2564, Bergerfurth NJW **92**, 1659, aM BFH **118**, 521 (Finanzamt. Vgl aber Rn 193). Der Bekl könnte ja auch mit einem unter diesen Umständen möglichen Klagabweisungsantrag mehr erreichen, als er mit der bloßen Erledigterklärung bezweckt.

Das Gericht muß also trotz der einseitigen Erledigterklärung des Bekl unverändert über den *Sachantrag des* **192** *Klägers* entscheiden. Das gilt auch dann, wenn der Bekl neben seinem Abweisungsantrag *hilfsweise* den Rechtsstreit für erledigt erklärt, § 260 Rn 8, Düss MDR **89**, 72, Piepenbrock ZZP **112**, 360, aM Bergerfurth NJW **92**, 1660. Das Gericht muß also der Klage stattgeben oder die Klage als unbegründet abweisen, Karlsr OLGR **02**, 167, aM BFH NJW **80**, 1592 (als unzulässig. Aber es hat eine Sachprüfung stattgefunden, ZöV 52). Zu einer Feststellung einer Erledigung ist kein Raum, ThP 42, StJBo 50, ZöV 52, aM BFH NJW **80**, 1592 (es bestehe dann zu einer Sachentscheidung kein Rechtsschutzbedürfnis im Sinn von Grdz 33 vor § 253 mehr. In Wahrheit besteht nur für eine einseitige Erledigterklärung des Bekl kein Rechtsschutzbedürfnis, während dasjenige des Klägers natürlich fortbesteht).

Freilich kann sich bei der erforderlichen Auslegung der „Erledigterklärung" des Bekl ergeben, daß er in **193** Wahrheit ein *Anerkenntnis* nach § 307 erklären wollte und erklärt hat, Brox JA **83**, 289. Darauf muß das Gericht den Kläger evtl nach § 139 zwecks Klärung der Notwendigkeit eines Anerkenntnisurteils nach § 307 hinweisen. Auch bei einem solchen Antrag muß man dann das Gesamtverhalten des Bekl im Rahmen des dann erforderlichen streitigen Endurteils als prozessuales Anerkenntnis würdigen. Es kann also infolgedessen zB die Notwendigkeit einer Beweisaufnahme entfallen. Freilich muß das Gericht natürlich auch den Bekl auf diese Rechtsfolgen seines Verhaltens evtl hinweisen.

Im übrigen kann natürlich der Bekl als *Widerkläger* nach Anh § 253 eine einseitige wirksame Erledigter- **194** klärung zur Widerklage abgeben. Das Gericht muß sie dann so wie sonst eine einseitige Erledigterklärung eines Klägers beurteilen. Zur Rechtslage im Fall der einseitigen Erledigterklärung des Antragsgegners im Insolvenzverfahren Wieser ZZP **100**, 373.

18) Erledigterklärung eines Rechtsmittels, I, II. Es kann der Fall eintreten, daß eine Partei nicht die **195** Hauptsache, sondern nur ein Rechtsmittel für erledigt erklärt. Das ist grundsätzlich zulässig, BGH RR **01**, 1008, Ffm MDR **98**, 559, 766, Stgr BauR **95**, 135, aM Karlsr FamRZ **91**, 464 (aber auch das Rechtsmittel kann nachträglich unzulässig oder unbegründet geworden sein, Rn 196). Dann muß man folgendes beachten.

A. Begriff. Zur Abgrenzung lassen sich drei Fälle unterscheiden. Es kann sich zunächst in Wahrheit um eine oder mehrere Erledigterklärungen zur Hauptsache während der Rechtshängigkeit der Hauptsache in einer höheren Instanz handeln. Dann gelten die Regeln Rn 73. Es kann sich auch um eine oder mehrere Erledigterklärungen zur Hauptsache während der Anhängigkeit eines Beschwerdeverfahrens nach II handeln. Dann gelten wiederum die Regeln Rn 73. Wie stets, ist auch hier eine Auslegung des Gesamtverhaltens der Parteien nach Grdz 52 vor § 128 notwendig, BGH RR **86**, 369. Dabei kann es sich darum handeln, daß eine oder mehrere Erledigterklärungen nur zu einem Rechtsmittel in der Hauptsache oder zur Beschwerde nach II vorliegen. Dieser Fall wird hier erörtert.

Das *Rechtsmittel* ist erledigt, wenn ein tatsächliches Ereignis ein bisher allgemein statthaftes, im Einzelfall **196** zulässiges und auch begründetes Rechtsmittel nunmehr im Ergebnis erfolglos macht. Dieser Fall kann zB dann eintreten, wenn das Urteil infolge einer Änderung der Gesetzgebung oder wegen des Eintritts einer Fälligkeit inzwischen richtig geworden ist und wenn der Kläger inzwischen an der weiteren Durchführung der Klage kein Interesse mehr hat, BGH RR **01**, 1007, Ffm MDR **98**, 559, 766, Karlsr JB **00**, 477, aM StJBo 52, ThP 8 (dies ist sogar ein typischer Fall). Dieselbe Situation kann bei einer wirksamen Klagerücknahme eintreten, BGH NJW **98**, 2454. Der Fall kann ferner eintreten, wenn eine Urteilsberichtigung nach §§ 319 ff dem schon eingelegten Rechtsmittel den Boden entzieht, BGH **127**, 76 (auch zu den Grenzen), Bbg Rpfleger **95**, 289, LG Bochum ZZP **97**, 215 (zustm Waldner 217), oder wenn ein Zeitablauf vorliegt, KG RR **87**, 766, oder wenn ein Verfahrensmangel inzwischen geheilt ist, Ffm RR **89**, 63, aM Karlsr OLGR **02**, 56, oder wenn es im Nachverfahren zur Aufhebung des Vorbehaltsurteils kommt, Deubner JuS **00**, 582. Zum Problem Heintzmann ZZP **87**, 199, Schneider MDR **79**, 499. Dagegen zählt eine Klagerücknahme

§ 91a

während des Rechtsmittelverfahrens nicht hierher, Ffm RR **95**, 956. Ebensowenig gehört der Fall der Rücknahme des Rechtsmittels nach (jetzt) §§ 516, 565 hierher, aM Ffm FamRZ **93**, 344 (aber Rücknahme ist wie bei der Klage etwas ganz anderes als eine Erledigterklärung).

197   **B. Folgen beiderseitiger derartiger Erledigterklärungen: § 91a entsprechend anwendbar.** Wenn die Gesamtauslegung ergibt, daß beide Parteien lediglich das Rechtsmittel wirksam für erledigt erklären, ist § 91a entsprechend anwendbar, BGH MDR **01**, 648 (zustm Gaier JZ **01**, 445), BFH DB **83**, 2124, Ffm MDR **98**, 559, aM Hamm FamRZ **86**, 717, KG FamRZ **77**, 562, Karlsr FamRZ **91**, 465 (aber es ist eine prozeßwirtschaftliche Betrachtung erlaubt und geboten, Grdz 14 vor § 128).

198   Wenn der *Patentinhaber* im Patentnichtigkeitsverfahren wegen einer erst während der Berufungsinstanz vorgelegten Veröffentlichung auf das Patent verzichtet, dann muß er auch wenn sonst hier nichts anderes gilt für das Patent die Kosten tragen. Wenn das erledigende Ereignis während des Beschwerdeverfahrens im Anschluß an eine einstweilige Anordnung nach §§ 620ff eintritt, dann faßt das Gericht in entsprechender Anwendung des § 91a seinen Beschluß wegen des § 620g nur für den Fall, daß das Beschwerdegericht eine Erfolgsaussicht verneint, Bre FamRZ **78**, 133, Düss FamRZ **80**, 1048. Denn es muß über die Kosten entscheiden.

199   **C. Folgen einer einseitigen derartigen Erledigterklärung: Sachurteil des Rechtsmittelgerichts.** Wenn nur der Rechtsmittelführer oder nur der Rechtsmittelgegner das Rechtsmittel einseitig für erledigt erklärt, ist für das Rechtsmittelgericht dieselbe Lage gegeben wie im Fall einer einseitigen Erledigterklärung in erster Instanz, Ffm RR **89**, 63. Es gelten also die Regeln Rn 168–194, BGH NJW **98**, 2453, Ffm MDR **98**, 559, Karlsr OLGR **02**, 56.

200   **19) Teilerledigung, I, II.** In der Praxis tritt häufig der Fall ein, daß eine oder beide Parteien nur einen Teil der Hauptsache für erledigt erklären und über die restliche Hauptsache weiterhin streiten.

    A. Begriff. Die Hauptsache ist dann teilweise erledigt, wenn das erledigende Ereignis nach Rn 24 einen solchen Teil der bisherigen Hauptsache betrifft, der sich durch Bezifferung, Bewertung oder auf andere Weise präzise beschreiben läßt, während ein ebenso definierbarer anderer nicht völlig unbeachtlicher Teil der bisherigen Hauptsache davon unberührt bleibt. Die strengen Voraussetzungen eines Teilurteils nach § 301 brauchen für den erledigten Teil nicht vorzuliegen, reichen aber aus. Die Erledigung kann einen oder mehrere aus der Gesamtheit der Klaganspräche betreffen. Sie mag auch innerhalb eines einheitlichen Anspruchs einen Teilbetrag oder einen Teilwert oder einen Teil der herausverlangten Sachgesamtheit betreffen. Sie kann einen Teil der verlangten Willenserklärungen, der geforderten Handlungen, Unterlassungen usw betreffen, zB einen Teilzeitraum, Hbg WRP **90**, 424, oder ein Teilgebiet oder eine Teilart. Maßgeblich ist nur, daß der erledigte Teil nach seiner Nämlichkeit und etwaigen Vollstreckbarkeit abtrennbar ist. Auch ein Teil eines Feststellungsbegehrens mag erledigt sein.

201   **B. Auslegung erforderlich.** Ob nach der Ansicht der einen, der anderen oder beider Parteien die Hauptsache teilweise erledigt ist, muß man im Wege der Auslegung der Erklärungen jeder Partei unter Berücksichtigung des Gesamtverhaltens der anderen Partei bzw des Gegners wie sonst ermitteln, BGH RR **02**, 1501. Es mag sich ergeben, daß in Wahrheit die Hauptsache nicht nur teilweise, sondern gänzlich für erledigt erklärt werden soll, Brschw RR **96**, 380, Nürnb WRP **96**, 145. Es mag sich auch ergeben, daß hinter der Teilerledigterklärung eine teilweise Klagerücknahme nach § 269 Rn 9 steckt, oder ein teilweiser Anspruchsverzicht nach § 306 Rn 1, ein außergerichtlicher oder gerichtlicher, etwa in einem anderen Prozeß mitgeschlossener Vergleich nach Anh § 307 über Kostenfolgen des vorliegenden Rechtsstreits. Es kann sich auch ergeben, daß in Wahrheit überhaupt keine Erledigterklärung vorliegt, BGH RR **02**, 1501. Deshalb ist auch der Antrag auf Zahlung einer Restsumme „abzüglich am ... gezahlter x EUR" auslegungsbedürftig und keineswegs stets eine Teilerledigterklärung, Kblz AnwBl **90**, 172.

202   **C. Folgen beiderseitiger wirksamer Teilerledigterklärungen: Sachurteil über den Rest, einheitliche Kostenentscheidung im Urteil.** Soweit sich ergibt, daß beiderseitige Teilerledigterklärungen vorliegen, die denselben Teil des bisherigen Streitgegenstands umfassen, § 2 Rn 3, muß das Gericht wie sonst über den streitig gebliebenen restlichen Prozeßstoff verhandeln und evtl durch Sachurteil entscheiden. Soweit es überhaupt noch zu einem solchen kommt, muß das Gericht dort eine Entscheidung über die Kosten des gesamten Rechtsstreits nach §§ 91, 92ff treffen. Denn es liegen nicht beiderseitige volle wirksame Erledigterklärungen vor, wie I 1 es voraussetzt.

203   Soweit die beiderseitigen Teilerledigterklärungen *unterschiedliche* Teile des bisherigen Streitgegenstands umfassen, gilt im Ergebnis dasselbe. Das Gericht muß also über den in Wahrheit streitig gebliebenen Teil des Gegenstands wie sonst verhandeln und evtl durch Sachurteil entscheiden. Es muß auch hier über die gesamten Kosten des Rechtsstreits in etwaigen Urteil einheitlich nach §§ 91, 92ff entscheiden. Es kommt also keineswegs etwa im Umfang der Teilerledigterklärungen ein Beschluß oder ein Urteilsspruch nach § 91a in Betracht, Ffm RR **93**, 183, aM ZöV 54 (aber es liegt eben keine wirksame Gesamterledigung vor). Daher gibt es auch keine sofortige Beschwerde nach II, aM Ffm WRP **90**, 342, Köln VersR **80**, 463. Das gilt selbst dann, wenn beide Parteien einen derartigen Antrag unzweideutig und unbedingt stellen. § 308 II verpflichtet das Gericht ohnehin, über die Kosten unabhängig von etwaigen Anträgen zu entscheiden. Wenn die Prüfung ergibt, daß § 91a mangels voller übereinstimmender wirksamer Erledigterklärungen gar nicht anwendbar ist, können die Parteien dem Gericht keine Kostenentscheidung nach jenen Regeln aufzwingen. Sie können dem Gericht nur eine Kostenentscheidung über den übereinstimmend für erledigt erklärten Teil durch Vergleich ganz entziehen, § 98 S 1 Hs 1. Ob eine solche „andere Vereinbarung" vorliegt, muß man wieder durch Auslegung ermitteln.

204   **D. Folgen einer einseitigen Teilerledigterklärung: Wie bei einseitiger Vollerledigterklärung.** Soweit es sich in Wahrheit nur um eine einseitige Erledigterklärung wegen eines Teils der Hauptsache handelt, treten dieselben Folgen wie bei einer vollen einseitigen Erledigterklärung ein, Rn 168–194. Man muß also zwischen der Erklärung des Klägers und derjenigen des Bekl unterscheiden. Wenn nach einseitiger Teilerledigterklärung des Klägers die Prüfung ergibt, daß die Hauptsache tatsächlich in diesem Umfang oder in einem geringeren als erklärt erledigt ist, muß das Gericht diese Erledigung im Sachurteil über den streitig gebliebenen Rest feststellen, etwa mit den Worten: „Die restliche Hauptsache ist erledigt" oder „im übrigen ist die Hauptsache erledigt". Ergibt die Prüfung, daß die Klage in dem vom Kläger einseitig teilweise für erledigt erklärten Umfang von vornherein unzulässig oder unbegründet oder undurchsetzbar war, muß die diesbezügliche Entscheidung zB lauten: „Im Umfang der Teilerledigterklärung des Klägers wird die Klage abgewiesen (oder: das Rechtsmittel verworfen usw)". Man könnte auch tenorieren: „Die restliche Klage wird abgewiesen" oder „im übrigen wird die Klage abgewiesen". Wenn der Bekl einseitig die Hauptsache teilweise für erledigt erklärt, treten die in Rn 189–194 dargestellten Folgen entsprechend ein. Hat das Gericht die Einseitigkeit verkannt und deshalb nach § 91 a durch Beschluß entschieden, kommt nach dem Meistbegünstigungsgrundsatz in Grdz 28 vor § 511 das gegen ein Urteil gegebene Rechtsmittel in Betracht, BGH RR **02**, 1501.

E. Kosten. Es sind §§ 91, 92 ff anwendbar, nicht dagegen § 91 a. Daher bleibt es bei dem Grundsatz des **205** Kostenrechts, daß das Gericht über die Kosten des gesamten Rechtsstreits einheitlich entscheiden muß, § 91 Rn 23. Es darf und muß evtl eine Kostenverteilung nach § 92 usw vornehmen. Soweit es zu dem Ergebnis kommt, daß die Hauptsache die vom Kläger einseitig teilweise für erledigt erklärten Umfang tatsächlich erledigt ist, darf das Gericht die bei § 91 a I genannten Kostengesichtspunkte nach Rn 112 ff im Rahmen der einheitlichen streitigen Kostenentscheidung mitberücksichtigen, KG MDR **86**, 241, Köln FamRZ **88**, 1274. Soweit es zB zum Ruhen des Verfahrens ohne Antrag auf neue Verhandlung oder zu einer wirksamen Klagerücknahme kommt, ist nicht etwa nunmehr § 91 a auf den erledigten Teil der Hauptsache entsprechend anwendbar. Vielmehr darf das Gericht dann überhaupt keine Kostengrundentscheidung mehr treffen. Es gilt der Meistbegünstigungsgrundsatz nach Grdz 28 vor § 511, BGH MDR **02**, 534. Für die Gerichtskosten gelten dann die im GKG für den Antragsteller usw genannten Haftungsregeln. Für die Anwaltskosten gilt im Verhältnis zwischen dem Anwalt und dem Auftraggeber das RVG.

Die Parteien muß ihre etwaigen Kostenerstattungsansprüche dann notfalls im Wege einer *neuen Klage* geltend machen. Soweit der für erledigt erklärte Teil der Hauptsache freilich ihren Rest betrifft, weil die gesamte übrige Hauptsache schon durch Teilurteil, Teilrücknahme, Teilvergleich usw entschieden oder aus dem Prozeß ausgeschieden ist, liegt in Wahrheit der Fall vor, daß das Gericht den gesamten eben restlichen Rechtsstreit für erledigt erklärt. Das ist keine Teilerledigung. Das Gericht muß den Vorgang vielmehr nach den Regeln der vollen einseitigen oder übereinstimmenden Erledigterklärung beurteilen, LG Mü MDR **89**, 647.

20) Verfassungsbeschwerde. Sie kann wie sonst zulässig sein, BVerfG **64**, 227, aber auch BVerfG NJW **206** **97**, 1693.

21) VwGO: *An Stelle des § 91 a tritt § 161 II VwGO, der trotz geringfügig abweichender Fassung inhaltlich das* **207** *gleiche bestimmt (gilt nicht im Fall des § 113 I 4 VwGO), vgl BVerwG NVwZ **04**, 353 (Asylverfahren); zur Erledigung eines Rechtsmittels vgl BVerwG NVwZ **95**, 372 mwN, Geiger BayVBl **00**, 395 u OVG Schlesw NordÖR **00**, 30 (Zulassungsverfahren), zur einseitigen Erledigungserklärung (s aber auch § 161 II 2 VwGO idF des 1. JuMoG), Kremer NVwZ **03**, 797 u Dietrich DVBl **02**, 745 mwN, BVerwG NVwZ **91**, 162, zur Rücknahme der Erklärung BVerwG NVwZ-RR **92**, 276, OVG Bre NordÖR **03**, 115, zur hilfsweisen Weiterverfolgung des ursprünglichen Antrags BVerwG NVwZ-RR **88**, 56, VGH Mü BayVBl **03**, 403. Eine übereinstimmende Erklärung der Hauptbeteiligten, daß die Hauptsache erledigt sei (dazu eingehend Pietzner VerwArch **75**, 79), läßt nur noch eine Kostenentscheidung zu, BVerwG DÖV **66**, 429; der Widerspruch auch des notwendigen Beigeladenen ist unbeachtlich, BVerwG **30**, 27. Bei Streit über die Erledigung wird durch Urteil oder durch Beschluß nach § 130 a VwGO zu entscheiden, BVerwG NVwZ-RR **94**, 362, in Beschlußverf durch Beschluß, vgl VGH Mü BayVBl **86** 86 mwN (auch zum Problem der „verschleierten Antragsrücknahme"). Bei teilweiser Erledigung kann über die Kosten des erledigten Teils im Urteil mitentschieden werden, BVerwG DVBl **63**, 522. Der Beschluß nach § 161 II VwGO ist unanfechtbar, § 158 II VwGO. Unanwendbar ist § 161 II VwGO im Vollstreckungsverfahren, hier gilt § 788 entsprechend, OVG Münst AS **35**, 106 u OVG Lüneb NJW **71**, 2324, str, aM für die Vollstreckung durch gerichtliche Entscheidung OVG Saarl NVwZ **82**, 254. – Für den Fall des § 75 VwGO trifft § 161 III VwGO eine besondere Kostenregelung, die für alle Untätigkeitsklagen gilt, Ring NVwZ **95**, 1191, BVerwG NJW **95**, 2867 u NVwZ **91**, 1180, VGH Mü VerwRspr **26**, 509, OVG Münst NJW **72**, 1485, alle mwN; die isolierte Kostenentscheidung ist auch hier unanfechtbar, § 158 II VwGO.*

92 *Kosten bei teilweisem Obsiegen.* ¹¹Wenn jede Partei teils obsiegt, teils unterliegt, so sind die Kosten gegeneinander aufzuheben oder verhältnismäßig zu teilen.² Sind die Kosten gegeneinander aufgehoben, so fallen die Gerichtskosten jeder Partei zur Hälfte zur Last.

II Das Gericht kann der einen Partei die gesamten Prozesskosten auferlegen, wenn

1. die Zuvielforderung der anderen Partei verhältnismäßig geringfügig war und keine oder nur geringfügig höhere Kosten veranlasst hat oder
2. der Betrag der Forderung der anderen Partei von der Festsetzung durch richterliches Ermessen, von der Ermittlung durch Sachverständige oder von einer gegenseitigen Berechnung abhängig war.

Schrifttum: *Grunsky*, Grenzen des Gleichlaufs von Hauptsache- und Kostenentscheidung usw, Festschrift für *Schwab* (1990) 165; *Köcher*, Kostenquote, Berechnungsprogramm für Personal Computer, 1993, mit Ergänzungslieferung; *Olivet*, Die Kostenverteilung im Zivilurteil, 3. Aufl 1996; *Schulte*, Die Kostenentscheidung bei der Aufrechnung durch den Beklagten im Zivilprozeß, Diss Bielef 1990.

§ 92

Buch 1. Abschnitt 2. Parteien

Gliederung

1) Systematik, I, II	1
2) Regelungszweck, I, II	2
3) Geltungsbereich, I, II	3
4) **Teilsieg, Teilverlust, I 1**	4–26
A. Begriff des Teilunterliegens	4
B. Abgrenzung zu den Fällen II	5
C. Beispiele zur Frage des Teilunterliegens	6–26
5) **Verhältnismässige Kostenteilung, I 1**	27–38
A. Begriff der Kostenteilung	27
B. Abgrenzung zur Aufhebung gegeneinander	28
C. Notwendigkeit der Klarheit und Einfachheit der Kostenentscheidung	29–32
D. Kostenteilung nach Bruchteilen	33–36
E. Kostenteilung nach Prozenten	37
F. Kostenteilung nach Summe und Rest	38
6) **Aufhebung gegeneinander, I 2**	39–43
A. Begriff der Aufhebung usw	40–42
B. Abgrenzung zur Kostenteilung	43
7) **Auferlegung der gesamten Prozeßkosten, II**	44–47
A. Begriff der Auferlegung usw	45
B. Abgrenzung zur verhältnismässigen Teilung und zur Aufhebung gegeneinander	46
C. Notwendigkeit der Kostengerechtigkeit	47
8) **Zuvielforderung verhältnismäßig geringfügig, II Z 1 Hs 1**	48, 49
A. Begriff der Zuvielforderung	48
B. Begriff der Geringfügigkeit	49
9) **Veranlassung keiner oder nur geringfügig höherer Kosten, II Z 1 Hs 2**	50
10) **Abhängigkeit der Forderung von richterlicher Festsetzung, II Z 2**	51–57
A. Richterliches Ermessen	52, 53
B. Ermittlung durch Sachverständige	54, 55
C. Gegenseitige Berechnung	56, 57
11) Rechtsmittelinstanz, I, II	58
12) Verstoß, I, II	59
13) *VwGO*	60

1 1) Systematik, I, II. Während § 91 den Grundsatz und den Umfang der Kostenpflicht des gänzlich Unterliegenden regelt, dort Rn 19, bringt § 92 die Regelung für den Fall teilweisen Siegs und teilweisen Unterliegens. Die Vorschriften stehen also gleichberechtigt zur Regelung unterschiedlicher Sachverhalte nebeneinander. § 92 ist auch für die Fälle anwendbar, daß beiderseitige Erledigterklärungen nur einen Teil des Streitgegenstands umfassen oder daß nur eine Partei die Hauptsache teilweise für erledigt erklärt. Soweit ein sofortiges Anerkenntnis nur zu einem Teil des Streitgegenstands ergeht, ist statt § 93 insoweit § 92 anwendbar. Demgegenüber enthalten §§ 93 a–d vorrangige Sonderregeln für die dort genannten Spezialfälle. Das gilt auch für die vorrangigen §§ 100, 101. Wegen der nur scheinbaren Sonderregelung des § 620 g (einstweilige Anordnung) vgl Rn 8 „Einstweilige Anordnung". Neben § 92 sind §§ 94–99 stets mitbeachtlich.

2 2) Regelungszweck, I, II. Auch § 92 dient der Kostengerechtigkeit, Üb 10 vor § 91, BGH VersR **92**, 1285. Die Vorschrift leitet aus dem Grundgedanken des gesamten Kostenrechts nach § 91 Rn 19, daß der Unterliegende die Kosten des Rechtsstreits trägt, Folgerungen für den Fall nur teilweisen Unterliegens ab; krit Grunsky (vor Rn 1) 165. Diesem auch hier fortgeltenden Grundgedanken entspricht es, daß es unerheblich ist, welche Kosten auf die einzelnen Prozeßteile entfallen, daß Billigkeitserwägungen über die in I, II genannten Ermessensspielräume hinaus zulässig sind und daß vor allem ein Verschulden beim Teilunterliegen ebenso unbeachtlich ist wie beim gänzlichen Unterliegen, von den Sonderfällen der §§ 95, 96 abgesehen, BGH VersR **92**, 1285.

Gefährlich weites Ermessen mit seinen oft ganz außerordentlich schweren zusätzlichen wirtschaftlichen Auswirkungen kennzeichnet den Spielraum des Gerichts. Zwar läßt sich mit Hilfe von Spezialvorschriften etwa der gerichtliche Streit- und damit auch der anwaltliche Gegenstandswert manchmal begrenzen, zB nach §§ 23 a, b UWG. Indessen können Honorarvereinbarungen auch diese Hürde weitgehend unwirksam machen. Nicht nur die Frage, ob der Wert x oder y EUR ausmacht, kann gewaltige Kostenunterschiede bedeuten, sondern auch die in § 92 anstehende Frage, ob x oder y % der Gesamtkosten von dem einen oder anderen oder gar (fast) alles nur von dem einen zu zahlen sind. Im Zeitalter des Taschenrechners sind die Berechnungen leichter und daher zu grobe Verteilungsmaßstäbe seltener geworden. Es bleiben dennoch viele Vergröberungen möglich und manchmal kaum vermeidbar. Die richtige Kostenverteilung von Amts wegen nach § 308 II ist zwar nicht die Hauptaufgabe des Gerichts, wohl aber ein für die Parteien oft fast ebenso wichtiger Faktor. Man kann durch § 92 das in der Hauptsache Zugesprochene gleich wieder faktisch nehmen. Das gilt es stets mitzubedenken.

3 3) Geltungsbereich, I, II. Vgl zunächst § 91 Rn 4–14. Die Vorschrift betrifft jede „Partei" des Rechtsstreits. Das gilt sowohl im Fall I als auch im Sonderfall II. Ergänzend und vorrangig behandeln § 100 die Kostenhaftung von Streitgenossen und § 101 ergänzt und vorrangig die Kosten der Nebenintervention. Der Parteibegriff ist derselbe wie sonst, Grdz 4 vor § 50. II Z 1 ist auch im WEG-Verfahren anwendbar, BayObLG **04**, 150, und beim Kapitalanlegerschutz entsprechend anwendbar, § 19 III KapMuG, SchlAnh VIII.

4 4) Teilsieg, Teilverlust, I 1. Für den Fall des Teilunterliegens enthält I nur einige der möglichen Kostenfolgen.

A. Begriff des Teilunterliegens. Eine Partei ist immer dann teilweise unterlegen, wenn sie im Prozeß im Ergebnis nicht völlig Erfolg hatte. Auch hier entscheidet also allein der Grundgedanke des Kostenrechts, daß es allein auf den Erfolg im Hinblick auf den Streitgegenstand ankommt, § 2 Rn 3, § 91 Rn 19, BAG KTS **80**, aM Köln MDR **83**, 226 (aber § 91 ist die „Muttervorschrift" der ganzen Reihe §§ 91 ff). Auch zur Klärung der Frage, ob ein Teilunterliegen vorliegt, muß man vom Streitgegenstand ausgehen, also nicht etwa von einzelnen Prozeßabschnitten, Prozeßbeendigungsgründen, Streitpunkten, selbständigen Anspruchsgrundlagen usw, Hamm WRP **81**, 111, Köln MDR **81**, 590, aM Kblz JB **84**, 1395 (aber es kommt eben nur auf das Endergebnis an). Dabei ist der sog Kostenstreitwert maßgeblich, Ffm JB **82**, 1701 (das OLG stellt auf das „gesamte Prozeßergebnis" ab).

Titel 5. Prozesskosten **§ 92**

B. Abgrenzung zu den Fällen II. I enthält nach dem Wortlaut eine scheinbar abschließende Regelung 5
mit nur zwei Wahlmöglichkeiten (Aufhebung gegeneinander oder verhältnismäßige Teilung). In Wahrheit
ist es zulässig, auch beim echten Teilunterliegen die Kostenlast evtl nur der einen Partei aufzuerlegen. Das ergibt
sich aus II. Diese letztere Vorschrift ist für einen Teil der Fälle des Teilunterliegens eine vorrangige, eng
auslegbare Sondervorschrift. Das muß man schon bei I mitbeachten. Sowohl im Bereich der Sachverhalte
nach I als auch derjenigen nach II ist die Vorschrift insofern zwingendes Recht, als das Gericht keine anderen
als die dort freigestellten Wahlmöglichkeiten hat.

C. Beispiele zur Frage des Teilunterliegens 6
Anschlußrechtsmittel: § 522 Rn 22, Jacoby ZZP **115**, 201.
Anspruchshäufung: Im Fall der Abweisung einzelner selbständiger, also teilbarer prozessualer Klagansprüche handelt es sich um ein Teilunterliegen. Denn man muß vom gesamten Kostenstreitwert ausgehen und darf nicht den einzelnen selbständigen Klaganspruch zum Ausgangspunkt wählen.
   Kein Teilunterliegen ist gegeben, wenn der Kläger nur mit einem Teil seiner Anspruchsgrundlagen Erfolg hat, gleichwohl aber im Ergebnis voll siegt, Rn 4.
Arrest, einstweilige Verfügung: Soweit das Gericht einem Antrag auf den Erlaß einer einstweiligen Verfügung nur teilweise stattgibt, handelt es sich zwar um ein Teilunterliegen. Jedoch kann der vorrangige II eingreifen. Denn das Gericht ist in der Fassung seiner Anordnung im Rahmen des Ermessensspielraums des § 938 ohnehin frei. Eine von ihm gewählte abweichende Fassung kann zwar, muß aber nicht stets gegenüber dem Antrag ein beachtliches Weniger darstellen. Soweit das Gericht einen Arrest oder eine einstweilige Verfügung nur gegen eine Sicherheitsleistung des Antragstellers vollziehbar werden läßt, handelt es sich um ein Teilunterliegen, Hamm GRUR **88**, 478.
Aufrechnung, dazu *Schulte* (vor Rn 1): Wenn eine Hauptaufrechnung nur teilweise Erfolg hat, handelt es sich um ein Teilunterliegen, Köln MDR **83**, 226, Schlesw JB **86**, 1064.
   S auch Rn 12.
Bedingte oder befristete Verurteilung: Bei einer nur bedingten oder befristeten statt der beantragten 7 unbedingten Verurteilung handelt es sich um ein Teilunterliegen.
Begründetheit: Wenn die Klage anfangs unbegründet, zuletzt aber begründet war, *fehlt* ein Teilunterliegen, aM LG Stgt ZMR **85**, 128 (aber es kommt im Kostenrecht immer nur auf den Enderfolg an). War die anfänglich begründete Klage schließlich teilweise unzulässig oder unbegründet geworden, so handelt es sich um ein Teilunterliegen wegen des teilweisen Enderfolgs.
Beweissicherung: Rn 21 „Selbständiges Beweisverfahren".
Billigkeitserwägungen: Für Billigkeitserwägungen über den Ermessensspielraum nach I, II hinaus bleibt kein Raum. Man muß die Frage des Teilunterliegens also unabhängig von solchen Erwägungen prüfen.
Ehesache: Für den Fall der Scheidung oder Aufhebung einer Ehe enthält § 93 a eine vorrangige Sonderre- 8 gelung auch wegen der gleichzeitig oder vorweg beschiedenen Folgesachen. Nur soweit § 93 a danach unanwendbar ist, kann man nach § 92 vorgehen, sofern der jeweilige Antrag nur teilweise Enderfolg hatte.
   S auch „Einstweilige Anordnung".
Einstweilige Anordnung: § 620 g enthält die vorrangige Regelung, daß die im Verfahren der einstweiligen Anordnung entstehenden Kosten für die Kostenentscheidung als Teil der Kosten der Hauptsache gelten und daß § 96 entsprechend anwendbar ist. Im Ergebnis liegt also in der Sonderregelung eine bloße Verweisung auf §§ 91 ff und auch auf § 92.
Einstweilige Verfügung: Rn 6 „Arrest, einstweilige Verfügung".
Erbenhaftung: Rn 53.
Folgesache: Rn 8 „Ehesache". 9
Gesamtschuldner: Soweit das Gericht mehrere Bekl nicht nur nach Kopfteilen wie beantragt verurteilt, 10 sondern als Gesamtschuldner, unterliegen sie *voll*. Denn ihre Haftung geht weiter als die beantragte.
   S auch Rn 15 „Kopfhaftung".
Hauptanspruch: Da man vom gesamten Streitgegenstand und vom gesamten Kostenstreitwert ausgehen 11 muß, besteht für die Frage des Teilunterliegens kein Unterschied zwischen einem Hauptanspruch und einem Nebenanspruch.
   S auch Rn 12.
Hilfsanspruch: Ein Teilunterliegen *fehlt* bei einem Erfolg zwar nicht des Hauptanspruchs, wohl aber des 12 nach dem Kostenstreitwert gleichwertigen Hilfsanspruchs, aM Düss NJW **91**, 3041 (aber es kommt nur auf den Erfolg auf Grund des Kostenstreitwerts an, wie bei Rn 18 „Nebenanspruch"). Freilich ist dann § 45 I 2, 3 GKG mitbeachtlich. Soweit das Gericht nicht nach dem weitergehenden Hauptantrag verurteilt, sondern nur nach dem auf Grund des Kostenstreitwerts geringerwertigen Hilfsantrag, handelt es sich um ein Teilunterliegen. Das gilt selbst dann, wenn der Kläger den Hilfsantrag erst im Berufungsrechtszug gestellt hat. Dann gilt dieselbe Kostenverteilung für die erste Instanz, aM ZöHe 8 (er verteilt dann nach Rechtszügen. Aber das widerspricht gerade dem auch von ihm Rn 5 vertretenen Prinzip der Kosteneinheit).
   Wenn das Gericht statt nach dem Hauptantrag nach einem auf Grund des Kostenstreitwerts *höherwertigen Hilfsantrag* verurteilt hat, BGH **126**, 372, liegt *kein* Teilunterliegen vor, sondern ist § 91 anwendbar. Denn der Hilfsantrag ist in diesem Fall in Wahrheit nur ein Ausdruck einer andersartigen Begründung des Hauptanspruchs, aM ZöHe 8 (er will dann nach prozessualen Verlauf entscheiden, also Abweisung des Hauptantrags. Aber es kommt nur auf das Gesamtergebnis an). Soweit das Gericht über einen Hilfsantrag nicht entscheidet, fehlt ein Teilunterliegen. Denn dann hat der Hilfsantrag keinen Einfluß auf den Kostenstreitwert, ZöHe 8, aM Merle ZZP **83**, 467 ([jetzt] §§ 269 III 2, 516 III 1 entsprechend).
Hilfsaufrechnung, dazu *Schulte* (vor Rn 1): Wenn bei einer bestrittenen und abgewiesenen Klageforderung 13 eine den Kostenstreitwert erhöhende Hilfsaufrechnung teilweise Erfolg hat, liegt ein Teilunterliegen vor,

§ 92

Buch 1. Abschnitt 2. Parteien

(jetzt) § 45 III GKG, BGH NJW **85**, 1556, Oldb JB **91**, 1257, Schlesw SchlHA **86**, 143, aM KG MDR **76**, 846 (aber maßgeblich war die Werterhöhung).
S auch Rn 6 „Aufrechnung".

14 Inzidentfragen: Da es nur auf den Enderfolg ankommt, sind bloße Zwischenfragen (Inzidentfragen) unbeachtlich.

15 Kindschaftssache: Es gilt zunächst der vorrangige § 93 c (Erfolg der Klage auf Anfechtung der Vaterschaft). In den übrigen Fällen muß man ein Teilunterliegen nach § 92 beurteilen. Man kann die Kosten von Mehrverkehrszeugen wegen gleichwertiger Parteiinteressen im Vaterschaftsverfahren teilen, AG Stralsund FamRZ **00**, 1514.

Klagänderung: Bei derjenigen im Berufungsverfahren wendet Münch MDR **04**, 785 II an.

Klaganspruch: Rn 11, 12.

Klagenhäufung: Rn 6 „Anspruchshäufung".

Klagerücknahme: Im Fall der wirksamen Teilrücknahme der Klage muß das Gericht bei der etwa noch erforderlichen Kostenentscheidung über den Rest der Klageforderungen prüfen, ob der Kläger mit diesem Rest voll oder wiederum nur teilweise siegt. Auf die danach erforderliche Entscheidung über die gesamten etwa restlichen Kosten ist § 92 mit der Maßgabe anwendbar, daß der Kläger das durch die teilweise Klagerücknahme ausgeschiedene Teil der Gesamtkosten tragen muß, BGH RR **96**, 256, Nürnb RR **00**, 599. Bei der Rücknahme der Klage nur gegen einen von mehreren Streitgenossen kann das Gericht nur sofort durch einen Beschluß die außergerichtlichen Kosten dieses Bekl dem Kläger auferlegen und muß über die Restkosten wie sonst nur bei einer nur teilweisen Klagerücknahme im Schlußurteil entscheiden, Köln MDR **76**, 496, Zweibr JB **83**, 1881.
Vgl im übrigen § 100.

Kopfhaftung: Soweit das Gericht mehrere Bekl nicht wie beantragt als Gesamtschuldner verurteilt, sondern nur nach Kopfteilen, handelt es sich um ein Teilunterliegen. Denn eine gesamtschuldnerische Haftung reicht weiter.

Kostenstreitwert: Für die Frage, ob es sich um ein Teilunterliegen handelt, muß man vom gesamten Kostenstreitwert ausgehen, Ffm JB **82**, 1701 (das OLG stellt auf das „gesamte Prozeßergebnis" ab).

16 Leistungsart: Soweit das Gericht den Bekl zu einer Art und Weise der Leistung verurteilt hat, die gegenüber der vom Kläger begehrten für diesen nicht ganz unwesentlich ungünstiger ist, handelt es sich um ein Teilunterliegen.

Leistungsort: Soweit das Gericht den Bekl zur Leistung an einem Ort verurteilt hat, der gegenüber dem vom Kläger beantragten für diesen nicht ganz unwesentlich schlechter ist, handelt es sich um ein Teilunterliegen.

Mahnantrag: Bei seiner teilweisen Rücknahme liegt ein Teilunterliegen vor, LG Schweinf JB **91**, 992.

17 Mietsache: Für Räumung von Wohnraum gilt zunächst der vorrangige § 93 b. Soweit in einer Räumungssache diese Vorschrift unanwendbar ist oder soweit es sich überhaupt nicht um eine Räumungssache handelt, muß man das Teilunterliegen nach § 92 beurteilen.
S auch Rn 20 „Räumungsfrist".

18 Nebenanspruch: Da es nur auf den Enderfolg ankommt, besteht kein Unterschied zwischen einem Hauptanspruch und einem Nebenanspruch, BGH VersR **92**, 1291, LG Ffm JB **91**, 118. Das gilt auch, soweit die Nebenforderung mehr als die Hälfte oder gar fast die Höhe der Hauptforderung erreicht, BGH VersR **92**, 1291, AG Freibg AnwBl **84**, 99.
S aber auch Rn 12, 13.

Nebenintervention: Es gilt der vorrangige § 101.

Nichteheliches Kind: Für den Fall, daß eine Klage auf Anfechtung der Vaterschaft Erfolg hat, schreibt § 93 c S 1 vorrangig verbindlich die Aufhebung der Kosten gegeneinander vor. In einem Verfahren über Unterhaltsansprüche bei Auskunftsmängeln enthält § 93 d eine vorrangige Sonderregelung. In den übrigen Fällen muß man das Teilunterliegen nach § 92 beurteilen.
S auch Rn 15 „Kindschaftssache".

19 Prozeßteil: Da es nur auf den Enderfolg ankommt, ist es unerheblich, welche Kosten auf die einzelnen Prozeßteile entfallen.

20 Räumungsfrist: Bei einer Klage auf Räumung von Wohnraum gilt zunächst der vorrangige § 93 b. Soweit in einem anderen Fall, etwa bei § 721 I, das Gericht den Bekl zur Räumung in einem Zeitpunkt oder mit einer Frist verurteilt, der gegenüber dem vom Kläger Beantragten nicht völlig unerheblich später liegen, handelt es sich um ein Teilunterliegen, aM Mü OLGR **94**, 172, AG Bln-Schöneb MietR **96**, 105, ZöHe 3 (aber dann geht es doch für das ganze Verfahren gerade um die Fristlänge).

21 Scheidung: Rn 8 „Ehesache".

Schmerzensgeld: Es handelt sich um eine Teilunterliegen, soweit der Kläger das Schmerzensgeld zulässigerweise nicht beziffert hatte und der ihm schließlich zugesprochene Betrag unter dem von ihm notwendigerweise angegebenen Mindestbetrag oder Eckwert liegt, BGH VersR **79**, 472, oder soweit der Endbetrag außerhalb der von ihm zumindest angegebenden Größenordnung liegt, § 253 Rn 56, Kblz AnwBl **90**, 398, Köln VersR **95**, 358, Lindacher AcP **182**, 275.

Selbständiges Beweisverfahren: Wenn in einem selbständigen Beweisverfahren die festgestellten Mängel hinter den behaupteten zurückbleiben, handelt es sich um ein Teilunterliegen, LG Verden JB **83**, 1897.

Sicherheitsleistung: Rn 6 „Arrest, einstweilige Verfügung".

Sozialklausel: Es gilt der vorrangige § 93 b. Erst soweit diese Vorschrift keine Regelung enthält, muß man ein Teilunterliegen nach § 92 beurteilen.
S auch Rn 17.

Streitgegenstand: Man muß zur Beurteilung des Teilunterliegens vom gesamten Streitgegenstand nach § 2 Rn 3 und insofern hier vom gesamten Kostenstreitwert ausgehen.
S auch Rn 15 „Kostenstreitwert".

Titel 5. Prozesskosten § 92

Streitgenossen: Vgl zunächst § 100.
S im übrigen Rn 15 „Klagerücknahme".
Streithilfe: Es gilt der vorrangige § 101.
Stufenklage: Soweit eine Partei mit einer Stufe einer Stufenklage unterliegt, handelt es sich um ein 22 Teilunterliegen, Hamm RR **95**, 959, Karlsr JB **99**, 37, Mü MDR **90**, 636, aM Zweibr NJW **86**, 939 (aber es liegt kein bloßer Enderfolg vor).
Unbezifferter Antrag: Rn 21 „Schmerzensgeld". 23
Unterhalt: Ungeachtet des § 42 I GKG muß man bei einer teilweisen Klagerücknahme nicht nur von den ersten 12 Monaten ausgehen, sondern vom voraussichtlichen Gesamtzeitraum der Klage, Nürnb RR **00**, 599.
Veröffentlichung: Soweit das Gericht nur die Veröffentlichung des Urteils untersagt, etwa in einem Fall 24 nach § 23 UWG, handelt es sich um ein Teilunterliegen.
Verschulden: Ein Verschulden bleibt bei der Frage, ob es sich um ein Teilunterliegen handelt, jedenfalls zunächst außer Betracht. Vgl freilich §§ 95, 96 mit vorrangigen Sonderregelungen.
Vorbehalt beschränkter Erbenhaftung: Rn 53.
Widerklage: Da es nach Rn 4 nur auf den Enderfolg des gesamten Prozesses ankommt, besteht kein 25 Unterschied zwischen der Klage und der Widerklage. Das Gericht muß auch in einem solchen Fall über die Gesamtkosten des Rechtsstreits einheitlich entscheiden. Maßgeblich ist das Verhältnis der Streitwerte, Naumb FamRZ **00**, 435, LG Meiningen MDR **04**, 171, Julius DRiZ **84**, 188. Das gilt, soweit man sie überhaupt gesondert berechnen muß. Dabei darf und muß das Gericht mitbeachten, ob zB nur für die Widerklage besondere Kosten entstanden, etwa durch eine Beweisaufnahme. Im Fall der Abweisung sowohl der Klage als auch der Widerklage handelt es sich für jede Partei um ein Teilunterliegen. Eine Berichtigung richtet sich nach § 319 Rn 5.
Zeitpunkt: Soweit das Gericht den Bekl zu der vom Kläger beantragten Leistung erst zu einem für den 26 Kläger nicht völlig unwesentlich späteren Zeitpunkt als dem begehrten verurteilt, handelt es sich um ein Teilunterliegen.
Zinsen: Soweit das Gericht dem Bekl zu einem geringeren Zinsfuß oder zu einem späteren Zinsbeginn als dem begehrten verurteilt, handelt es sich um ein Teilunterliegen. Dasselbe gilt, soweit das Gericht eine Verurteilung nur zu Zinsen statt zum Hauptanspruch ausspricht.
S auch Rn 11, 18 „Nebenanspruch".
Zug-um-Zug-Leistung: Soweit die Verurteilung nicht wie beantragt schlechthin erfolgt, sondern nur Zug um Zug, handelt es sich um ein Teilunterliegen. Freilich kann dann oft II anwendbar sein, Hamm MDR **78**, 403. Maßgeblich ist die wirtschaftliche Tragweite, Bachmann BauR **95**, 642, Hensen NJW **99**, 398, Weyer BauR **81**, 432, zB bei streitigem Kläganspruch, unstreitigem Zurückbehaltungsrecht kein Kostennachteil des Klägers, im entgegengesetzten Fall Maßgeblichkeit des Durchdringens mit dem Gegenanspruch, bei Streitigkeit beider Ansprüche Maßgeblichkeit der jeweiligen Einzelwerte.
Zwischenfrage: Da es nur auf den Enderfolg ankommt, sind bloße Zwischenfragen (Inzidentfragen) unbeachtlich.

5) Verhältnismäßige Kostenteilung, I 1. Soweit es sich um ein Teilunterliegen nach Rn 4 handelt, 27 muß das Gericht zunächst prüfen, ob nicht einer der vorrangigen Sonderfälle nach II oder nach den übrigen in Rn 6 ff erwähnten Sondervorschriften vorliegt. Ist keine jener Sonderregeln anwendbar, so muß das Gericht nach I 1 vorgehen.

A. Begriff der Kostenteilung. Oberbegriff ist derjenige der „Teilung" der gesamten Prozeßkosten. Man könnte auch von einer „Verteilung" sprechen. Sowohl die „verhältnismäßige" Teilung als auch die „Aufhebung gegeneinander" sind Unterfälle der Kostenteilung. Innerhalb der „verhältnismäßigen" Teilung sind wieder die in Rn 33–38 genannten Teilungsmöglichkeiten untergeordnete Wege.

B. Abgrenzung zur Aufhebung gegeneinander. Während I 1 den Begriff der „verhältnismäßigen 28 Teilung" nicht näher erläutert, enthält I 2 eine gesetzliche Bestimmung des Begriffs der Aufhebung der Kosten gegeneinander, Rn 40. Indessen kann zumindest im wirtschaftlichen Ergebnis auch eine nach dem Wortlaut der Kostenentscheidung unter I 1 fallende Teilung mit einer Aufhebung gegeneinander im Sinn von I 2 zusammenfallen oder dieser doch sehr nahekommen. Das gilt insbesondere dann, wenn das Gericht etwa entschieden hat, daß jede Partei die Kosten des Rechtsstreits zur Hälfte tragen müsse, und wenn die außergerichtlichen Kosten jeder Partei gleich oder nahezu gleich hoch sind.

Man kann im Zweifelsfall durch *Auslegung* ermitteln, ob in Wahrheit nicht eine Teilung nach I 1 gemeint war, sondern eine Aufhebung gegeneinander nach I 2. Letzteres ist nicht selten der Fall. Es kommen aber auch in der Praxis Fälle vor, in denen sich ergibt, daß das Gericht in Wahrheit nicht nach I 2 vorgehen wollte, sondern nach I 1. Insofern mag jeweils § 319 anwendbar sein, aM Schneider MDR **80**, 762 (aber die Vorschrift gilt allgemein).

C. Notwendigkeit der Klarheit und Einfachheit der Kostenentscheidung. Das Gericht sollte schon 29 wegen der in Rn 28 genannten möglichen Unklarheiten seiner Ausdrucksweise darauf achten, daß seine Kostenentscheidung gerade im Fall teilweisen Unterliegens einer Partei möglichst klar und einfach ist. Es muß darauf achten, den nach §§ 103 ff notwendigen Kostenausgleich durch seine Kostengrundentscheidung zu erleichtern und nicht zu erschweren. Es muß vor allem stets über die gesamten evtl restlichen Kosten des Rechtsstreits entscheiden, soweit nicht zB ein bloßes Teilurteil ergeht. Es muß gerade bei § 92 den Grundsatz der Kosteneinheit beachten, § 91 Rn 15.

Die Kostengrundentscheidung ist auch *im Kostenfestsetzungsverfahren auslegbar*, Einf 19 vor §§ 103–107, Mü Rpfleger **91**, 174. Es kommt auch an sich eine Berichtigung nach § 319 in Betracht. Vgl aber dort Rn 5. Es ist auch eine Ergänzung nach § 321 I Hs 2 denkbar. Der Tenor „Jede Partei hat ihre Kosten zu tragen" meint ihre außergerichtlichen und die von ihr bereits bezahlten Gerichtskosten, läßt aber wegen der restlichen Gerichtskosten eine evtl nur scheinbare Lücke. Ihre echte Ergänzung ist dem Rpfl im Kostenfestsetzungsver-

§ 92

fahren nicht erlaubt, Einf 17 vor §§ 103–107. Es hilft dann nur das System der Haftung von Kostenschuldnern nach dem GKG usw.

30 *Unzulässig* ist insbesondere eine Verteilung der Kosten nach der Klage einerseits, der Widerklage andererseits. Dann muß man vielmehr nach dem Verhältnis der Streitwerte verteilen, Mü Rpfleger **91**, 175, Naumb FamRZ **00**, 435. Unzulässig ist auch eine Verteilung nach einzelnen Anträgen oder Verfahrensgegenständen oder nach einzelnen Prozeßvorgängen, etwa „soweit der Bekl anerkannt hat", Hamm WRP **81**, 111, oder „soweit die Hauptsache erledigt ist". Man kann allerdings eine Verteilung gemäß einer teilweisen Klagerücknahme erlauben, § 269 Rn 9, BFH **141**, 338. Im übrigen kann in einer der eben skizzierten Formulierungen natürlich eine echte Streitwertquote liegen. Sie ist zulässig. Natürlich kann und muß man aber das Ergebnis einzelner Prozeßabschnitte mitberücksichtigen, zB einer Beweisaufnahme, wenn man die Gesamtquote festlegt.

31 Andererseits ist eine Verteilung nach den *Zeitabschnitten* der Instanz *unzulässig,* Kblz GRUR **84**, 838, Mü Rpfleger **91**, 175, StJL 3, aM Köln MDR **81**, 590 (bei einer Streitwertminderung im Laufe des Prozesses sowie beim Ausscheiden eines Streitgenossen könnten die Kosten für die verschiedenen Zeitabschnitte des Rechtsstreits getrennt in unterschiedlichen Quoten verhältnismäßig geteilt werden; zustm Zschockelt MDR **81**, 536, diesem zögernd zustm Schneider MDR **81**, 539. Aber solche scharfsinnig nachgerechneten und gutgemeinten Auslegungen unterlaufen im Ergebnis notgedrungen eine gesetzliche Regelung, die um leidlicher Klarheit willen kostenmäßige „Ungerechtigkeiten" in Kauf nimmt, die erfahrungsgemäß so oder so entstehen können. Das zeigt sich täglich zB bei der Anwendung von I 1).

32 Es entscheidet vorbehaltlich § 97 der endgültige Erfolg am Ende der letzten durchgeführten Instanz auf der Grundlage des Kostenstreitwerts, LG Mü WoM **94**, 337. Das *Wiederaufnahmeverfahren* nach §§ 578 ff mag man gesondert beurteilen müssen. Eine falsche Kostenverteilung mag man im Weg einer Auslegung als eine Verteilung nach Bruchteilen umdeuten können und müssen, Mü Rpfleger **91**, 175. Das gilt etwa dann, wenn das Gericht fälschlich „die durch die Mehrforderung von x EUR entstandenen Kosten dem Kläger" auferlegt hat oder wenn die Kostenentscheidung in Wahrheit in sich widersprüchlich ist, Mü Rpfleger **91**, 175 (unterschiedliche Kostenbelastung einer BGB-Gesellschaft und ihrer Gesellschafter). Wegen der Situation bei Streitgenossen § 100. Tabellenvorschläge bei Ehlert DRiZ **84**, 484, Held DRiZ **85**, 101. Vgl auch van Gelder DRiZ **85**, 102, Voormann DRiZ **85**, 57. Eine Kostenverteilung erfordert stets Sorgfalt. Denn es handelt sich um den Umgang mit fremdem Geld, Einl III 27–29 (Fürsorgepflicht, Haftung).

33 **D. Kostenteilung nach Bruchteilen.** Soweit das Gericht eine „verhältnismäßige" Teilung nach I 1 vornimmt, kann und sollte es möglichst die Kosten nach Bruchteilen oder Prozenten verteilen, van Gelder DRiZ **85**, 102, Voormann DRiZ **85**, 57. Dabei sollte es einerseits den Grundsatz der Klarheit und Einfachheit beachten, Rn 29. Es darf andererseits aber im Zeitalter des bequemen Taschenrechners versuchen, dem Verhältnis des Siegs und des Unterliegens auch bei der Festlegung der Brüche oder Prozentsätze möglichst nahezukommen. Das Gericht kann zB eine zu 3/4 siegende Partei mit 1/4 der gesamten Prozeßkosten belasten, die andere mit 3/4. Es kann auch die siegende Partei mit 1/4 der gesamten Prozeßkosten belasten und die restlichen 3/4 Kosten gegeneinander aufheben. Solche Kombinationen sollte man allerdings besser vermeiden und stattdessen entweder nur in Brüchen oder nur in Prozenten über die gesamten Kosten entscheiden. Statt einer Verteilung zu je 1/2 oder 50% kann sich eine Aufhebung gegeneinander empfehlen, wenn das als gerecht erscheint, Rn 39.

34 Wenn nur über einen Teil der Klagetatsachen eine *Beweisaufnahme* erforderlich war, kann das Gericht von entsprechenden Streitwerten ausgehen. Es kann also nach I 1 beachten, wieviel jeder Partei von jeder entstandenen Gebühr zur Last fällt, KV 1210 ff, VV 3100 ff.

35 Man darf das *Prozeßverhalten* einer Partei insofern mitberücksichtigen, als nicht die vorrangigen §§ 95, 96 anwendbar sind. Aber Vorsicht. Die Kostenverteilung darf nicht zur Prozeßstrafe werden und den Prozeßerfolg zum bloßen Pyrrhus-Sieg herabmindern.

36 Im Fall einer *Unterhaltsklage* muß das Gericht im allgemeinen § 42 GKG beachten. Es setzt also dann, wenn die Parteien teilweise unterliegen, die miteingeklagten rückständigen Beträge nach (jetzt) § 42 IV GKG zu dem Jahresbetrag in ein ungefähres Verhältnis, Lappe NJW **98**, 1112. Mit Rücksicht auf die verschiedenen Gewichte der beiden Klageteile müßte allerdings dem nach § 42 I GKG aus sozialen Gründen im Streitwert niedrig bewerteten künftigen Anspruch der erheblich größere Teil zufallen, Mü FamRZ **97**, 762, ähnlich Nürnb FamRZ **00**, 687 (§ 9). Nach einem Vorverfahren muß man das Verhältnis seines Kostenstreitwerts zu demjenigen des Hauptverfahrens mitberücksichtigen, Schlesw JB **85**, 216 (Beweissicherung).

37 **E. Kostenteilung nach Prozenten.** Vgl zunächst Rn 33. Die Verteilung nach Prozenten statt nach Bruchteilen kann präziser sein und dem tatsächlichen Verhältnis zwischen Sieg und Niederlage genauer entsprechen. Sie empfiehlt sich aber nur dann, wenn der Wert des gesamten Streitgegenstands nach § 2 Rn 3 beziffert ist oder wenn ihn das Gericht gleichzeitig durch Beschluß festsetzt. Man sollte Kommastellen hinter den Prozentsätzen nur bei sehr hohen Streitwerten für notwendig halten, um das Rechenwerk nicht noch mehr zu beschweren. Überhaupt ist eine gewisse vergröbernde Vereinfachung auch bei der Anwendung von Prozentsätzen durchaus statthaft und üblich, etwa 60 (und 40) statt 58 (und 42) Prozent bei geringem Streitwert.

38 **F. Kostenteilung nach Summe und Rest.** Das Gericht kann auch die eine Partei mit einem in EUR bezeichneten Teil der Gerichtskosten belasten, die andere mit dem Rest, etwa so: „Der Beklagte trägt die Kosten bis auf einen Betrag von 100 EUR. Diesen Betrag muß der Kläger zu den Gerichtskosten leisten". Auch in einem solchen Fall muß das Gericht zB mitbeachten, ob eine umfangreiche Beweisaufnahme nur durch das Verhalten einer Partei notwendig wurde. Wenn eine Partei insgesamt möglichst wenig belastet werden darf, kann sich eine Lösung nach dieser Rn empfehlen. Grundsätzlich sollte das Gericht aber eine Verteilung nach Bruchteilen oder Prozenten vorziehen. Denn sie ist einfacher.

6) Aufhebung gegeneinander, I 2. Soweit das Gericht nicht nach einer vorrangigen Sonderregel 39 einschließlich II vorgeht, kann es die Kostenteilung auch dadurch vornehmen, daß es die „Kosten gegeneinander aufhebt".

A. Begriff der Aufhebung usw. Sind die Kosten gegeneinander aufgehoben, „so fallen die Gerichts- 40 kosten jeder Partei zur Hälfte zur Last", BPatG GRUR **91**, 205, während jede Partei ihre außergewöhnlichen oft unterschiedlich hohen Kosten selbst trägt, LAG Düss MDR **02**, 725. Damit entfällt (nur) dann die Notwendigkeit einer Kostenfestsetzung nach §§ 103 ff. Die Gerichtskosten bestehen wie stets aus den Gebühren und den Auslagen des Gerichts, § 1 GKG, Köln RR **01**, 1656. Sie bestehen also auch aus den Beträgen, die das Gericht einem Sachverständigen oder Zeugen oder einem ehrenamtlichen Richter zahlen muß. Über die außergerichtlichen Kosten trifft I 2 nach dem bloßen Wortlaut scheinbar keine Bestimmung. Man muß die Vorschrift aber nach ihrem Sinn eindeutig dahin verstehen, daß jede Partei ihre außergerichtlichen Kosten im Fall der Aufhebung der Kosten gegeneinander selbst tragen muß. Das gilt unabhängig davon, ob überhaupt solche außergerichtlichen Kosten bei ihr entstanden sind und wie hoch sie geworden sind.

Zu den außergerichtlichen Kosten zählen vor allem die Gebühren und Auslagen der *Anwälte* (ProzBev, 41 Verkehrsanwälte, Terminsanwälte, Beweisanwälte usw), außerdem die Auslagen der Partei für Fahrten zum Termin, Köln RR **01**, 1656 (auch nach Anordnung des Erscheinens), zum Anwalt, wegen Zeitversäumnis, wegen Verdienstausfalls usw, BPatG GRUR **91**, 205, Hamm Rpfleger **82**, 80, aM Celle KTS **88**, 370 (jede Partei trage bei Aufhebung der Kosten gegeneinander auch ihre außergerichtlichen Kosten nur zur Hälfte, wobei von deren genauer Ermittlung allerdings abgesehen werde. Aber dieser Lösungsversuch ist jedenfalls formell wesentlich komplizierter und im Ergebnis auch nicht gerechter).

Man kann nur nach den *Gesamtumständen* des Einzelfalls entscheiden, ob eine Aufhebung der Kosten 42 gegeneinander oder eine verhältnismäßige Teilung auf andere Weise gerechter sind. Wenn beide Parteien durch eine gleiche Zahl von Anwälten jeweils derselben Funktionen vertreten sind und wenn beide Parteien in etwa unterschiedlichem Umfang siegen und unterliegen, ist durchweg die Aufhebung der Kosten gegeneinander angebracht, LG Hbg Rpfleger **85**, 374 (krit Schneider). Es kann allerdings auch dann eine Aufhebung der Kosten gegeneinander notwendig sein, wenn nur eine Partei anwaltlich vertreten ist. Das hängt allerdings davon ab, ob die Hinzuziehung eines Anwalts durch nur diese Partei ihrer Zulässigkeit bei vernünftiger Betrachtung aus der damaligen Sicht des Auftraggebers nicht sonderlich notwendig war. Dann mag er diesen Zusatzaufwand trotz etwa hälftigen Obsiegens allein tragen müssen. Andernfalls würde man den Gegner gerade wegen seiner Sparsamkeit evtl erheblich kostenrechtlich benachteiligen, Fischer DRiZ **93**, 317, aM LG Bln Rpfleger **92**, 175, LG Hbg Rpfleger **85**, 374 (abl Schneider).

B. Abgrenzung zur Kostenteilung. Vgl Rn 28. 43

7) Auferlegung der gesamten Prozeßkosten, II. Soweit das Gericht nicht eine der vorrangigen 44 Sonderregeln außerhalb von § 92 anwenden muß, muß es zunächst klären, ob trotz formellen Teilunterliegens einer Partei doch einer der Grenzfälle vorliegt, in denen der gegenüber I vorrangige II anwendbar ist.

A. Begriff der Auferlegung usw. Die Auferlegung der gesamten Prozeßkosten zu Lasten einer Partei ist 45 dasselbe wie die in § 91 für den Fall völligen Unterliegens vorgeschriebene Kostenauferlegung. Soweit II zur Anwendung kommt, muß die belastete Partei die gesamten gerichtlichen Gebühren und Auslagen und außerdem die gesamten Gebühren und Auslagen aller am Prozeß beteiligten Parteien tragen, soweit das Gericht nicht für einzelne Streitgenossen, den Streithelfer usw die vorrangigen Sonderregeln beachtet hat. Das muß man bedenken. Soweit man dieses Ergebnis nicht erzielen will, darf man nicht II anwenden, sondern muß eine der Möglichkeiten nach I wählen, Rn 27 ff, 39 ff.

B. Abgrenzung zur verhältnismäßigen Teilung und zur Aufhebung gegeneinander. Vgl Rn 27, 46 28, 39 ff. Eine Auferlegung der gesamten Prozeßkosten läßt sich trotz des scheinbar eindeutigen Wortlauts möglicherweise in eine Maßnahme nach I umdeuten. Aber Vorsicht!

C. Notwendigkeit der Kostengerechtigkeit. Gerade bei Anwendung von II muß das Gericht in 47 hohem Maße auf eine Kostengerechtigkeit achten. Zwar hat das Gericht schon nach dem Wortlaut („… kann") einen weiten Ermessensspielraum. Es muß aber pflichtgemäß ausfüllen und darf nicht willkürlich nur sachfremden Motiven vorgehen. Die Kostengrundentscheidung ist insbesondere bei Anwendung von II kein Weg einer Prozeßstrafe. Auf das Verschulden kommt es ohnehin nicht an. Nur der Enderfolg entscheidet. Das Gericht kann zwar die Verhaltensweise der Partei nach §§ 95 ff berücksichtigen. II schafft aber nicht eine zusätzliche weitere Möglichkeit solcher Berücksichtigung. Man darf insbesondere den Begriff der „verhältnismäßigen Geringfügigkeit" nicht dahin auslegen, daß man auch einen in Wahrheit mehr geringfügigen Teil als noch derart klein ansieht.

8) Zuvielforderung verhältnismäßig geringfügig, II Z 1 Hs 1. Die Auferlegung der gesamten 48 Prozeßkosten nur zu Lasten des Klägers wie des Bekl setzt voraus, daß entweder die in Rn 48–50 genannten Voraussetzungen sämtlich zusammentreffen oder daß die in Rn 51 ff dargestellten Voraussetzungen vorliegen.

A. Begriff der Zuvielforderung. Eine Zuvielforderung (Mehrforderung) liegt zunächst vor, wenn die begehrte Hauptsumme höher liegt als die zugesprochene. Sie kann aber auch dann vorliegen, wenn zB die im Eilverfahren nach §§ 935 ff beantragte Maßnahme bei vernünftiger Gesamtbetrachtung weiter reichte als die schließlich unter Berücksichtigung von § 938 angeordnete oder wenn beim unbezifferten Klagantrag der zunächst genannte Mindest- oder Eckbetrag oder die zunächst genannte Größenordnung höher lagen als die schließlich im Urteil beziffert zugesprochene Summe etwa des Schmerzensgelds, Mü VersR **89**, 862. Freilich kann man nicht einfach auch bei einem nun einmal bezifferten Antrag trotz halber Abweisung die Kosten trotzdem allein dem Bekl auferlegen, nur weil der Antrag auch unbeziffert zulässig gewesen wäre, wie es Köln NJW **89**, 720 vorsieht (es übersieht die Notwendigkeit, beim unbezifferten Antrag den Mindestbetrag oder die Größenordnung zu nennen). Es kommt also auf die Ermittlung des Kostenstreitwerts einerseits der Anfangsforderung, andererseits der zugesprochenen Leistung an.

§ 92

49 **B. Begriff der Geringfügigkeit.** Die Zuvielforderung darf nur geringfügig gewesen sein. Ob nur Geringfügigkeit vorliegt, muß man von Fall zu Fall nach den gesamten Umständen und durch Ermittlung des Verhältnisses der zugesprochenen Leistung zur ursprünglichen Klageforderung ermitteln, Herr MDR **93**, 837. Man kann eine Grenze der Geringfügigkeit bei 10% des Gesamtanspruchs ziehen, AG Freibg AnwBl **84**, 99 (Nebenforderung gleich hoch oder höher als Hauptforderung), ThP 8, aM Kblz AnwBl **90**, 398 (13% noch unschädlich), Köln NJW **89**, 720 (50%), Mü VersR **89**, 862 (über 40%: jeweils unhaltbar, Rn 48). Auch eine Verurteilung nur Zug um Zug kann nach II zu beurteilen sein. Es kommt aber sehr auf den Wert der Zug-um-Zug-Gegenleistung an. II ist natürlich auch zu Gunsten des fast ganz siegenden Bekl anwendbar.

50 **9) Veranlassung keiner oder nur geringfügig höherer Kosten, II Z 1 Hs 2.** Zu den Voraussetzungen nach Rn 48, 49 muß bei Anwendung von II hinzutreten, daß die Zuvielforderung überhaupt keine oder nur geringfügig höhere Kosten veranlaßt hat. Damit ist die frühere Streitfrage zum damaligen Begriff der „besonderen" Kosten erledigt. Zum Begriff der Geringfügigkeit Rn 49. Hierher kann zB das Überschreiten einer Gebührenstufe zählen.

51 **10) Abhängigkeit der Forderung von richterlicher Festsetzung, II Hs 2.** II ist auch dann anwendbar, wenn zwar nicht die Voraussetzungen Rn 48–50 vorliegen, wohl aber diejenigen Rn 52 ff bestehen. Das ergibt sich schon aus dem Wort „oder" in II Z 1 aE. Soweit II Z 2 anwendbar ist, genügt es, daß eine der in Rn 52–57 genannten Voraussetzungen vorliegt.

52 **A. Richterliches Ermessen,** dazu *Butzer* MDR **92**, 539, *Röttger* NJW **94**, 368, *Steinle* VersR **92**, 425 (je: Üb): Es reicht zunächst aus und ist erforderlich, daß der Betrag der Forderung von der Festsetzung durch richterliches Ermessen abhing. Dieser Fall liegt vor allem beim unbezifferten Klagantrag vor. Das gilt etwa beim Antrag auf die Zahlung eines ins Ermessen des Gerichts gestellten Schmerzensgelds nach (jetzt) § 253 BGB, Düss RR **95**, 955, Kblz AnwBl **90**, 398, Köln VersR **95**, 358.

53 *Weitere Beispiele:* §§ 315, 319 BGB, 355 HGB, 287 ZPO. Der Schmerzensgeldantrag muß sich freilich in vertretbaren Grenzen gehalten haben, Anh nach § 3 Rn 99, 100, Mü NJW **86**, 3090, Düss DNotZ **78**, 684. Unter solcher Voraussetzung kann II Z 2 ein Kostenrisiko des Geschädigten verringern, das seinen sachlich-rechtlichen Anspruch im Ergebnis mindern könnte, Gerstenberg NJW **88**, 1359, aM Husmann NJW **89**, 3126 (aber Kostenverteilung darf eben nicht zur sachlichrechtlichen Strafe werden, Rn 47). Freilich darf das Gericht das Kostenrisiko auch nicht entgegen dem Grundsatz des § 91 auf den Bekl verlagern. Wenn das Verfahren ergibt, daß der Kläger tatsächlich einen bestimmten Betrag verlangt, und wenn das Gericht ihm diesen Betrag nicht zusprechen kann, dann muß auch eine wirkliche Kostenteilung nach I stattfinden, sofern die Zuvielforderung nicht wirklich geringfügig war, Köln OLGR **94**, 284, Nürnb VersR **88**, 301. Ähnlich liegt es, wenn der Kläger einen vermeidbaren Schätzungsfehler beging und durch falsche Angaben eine vermeidbare Beweisaufnahme verursachte, Ffm GRUR **89**, 203. Im Fall einer Entscheidung nach § 938 kann sich ergeben, daß trotz der nach Wortlaut und Sinn gewissen Abweichung der Entscheidung vom Antrag in Wahrheit doch zumindest wirtschaftlich oder psychologisch ein voller Erfolg vorliegt, nur eine wenn auch nur geringfügige Zuvielforderung. Bei § 780 ist § 92 II Z 2 nur insoweit anwendbar, als der Kläger zunächst eine unbeschränkte Verurteilung begehrte, dann aber gegen den Vorbehalt der Haftungsbeschränkung keine Bedenken geltend macht, BayObLG NZM **00**, 44 (sonst ist I anwendbar), Celle OLGR **95**, 204.

54 **B. Ermittlung durch Sachverständige.** Es reicht auch aus, daß der Betrag der Forderung von der Ermittlung durch einen Sachverständigen abhängig war. Hier kann es sich sowohl um eine bezifferte als auch um eine unbezifferte Klageforderung handeln. In Betracht kommen alle Fälle, in denen das Gericht bei der Ermittlung der Schadenshöhe oder bei der Feststellung des Zustands einer Sache etwa im Rahmen einer Beweissicherung zumindest praktisch von einem Sachverständigen abhängig ist, mag er auch formell nur als Gehilfe des Richters gelten. Dagegen zählen nicht diejenigen Fälle hierher, in denen nur der Grund, nicht auch oder nur der Betrag einer Forderung von der Ermittlung durch einen Sachverständigen abhängt.

55 *Beispiel:* Die Feststellung der Vaterschaft als zwingende Voraussetzung einer Unterhaltspflicht dem Grunde nach.

56 **C. Gegenseitige Berechnung.** Es reicht schließlich aus, daß der Betrag der Forderung von einer gegenseitigen „Berechnung" oder Abrechnung abhängt.

57 *Beispiel:* Der Kläger kennt zunächst unverschuldet noch nicht die Höhe einer Gegenforderung des Bekl, vor allem bei einer Haupt- oder Hilfsaufrechnung.
Der Forderungsbetrag muß von solcher gegenseitigen Berechnung „abhängig" sein. Maßgebend ist der Zeitpunkt der Entscheidungsreife. Es reicht also nicht aus, daß etwa eine derartige Abhängigkeit nur im Fall einer bloßen *Hilfsaufrechnung* eintreten würde, § 145 Rn 13, solange das Gericht der Klage ohnehin schon wegen des Abweisungsantrags oder der Hauptaufrechnung des Bekl nicht stattgeben konnte.

58 **11) Rechtsmittelinstanz, I, II.** Die Vorschriften gelten in allen Instanzen, (zu II) Hamm MDR **80**, 233, Köln VersR **95**, 358, Mü MDR **83**, 1029 (Vorsicht bei der Herabsetzung eines Ordnungsgeldes nach § 890 in der Beschwerdeinstanz).

59 **12) Verstoß, I, II.** Im Fall eines Verstoßes gegen I oder II muß man § 99 beachten (Einschränkung der Anfechtbarkeit einer bloßen Kostenentscheidung; Ausnahme bei Anerkenntnis). Im übrigen bestehen die Rechtsmittelmöglichkeiten wie sonst.

60 **13) VwGO:** Eine entsprechende Regelung enthält § 155 I VwGO, die von II abweicht: die Kosten können einem Beteiligten nach § 155 I 3 VwGO dann ganz auferlegt werden, wenn der andere *„nur zu einem geringen Teil unterlegen ist"*. Ob die Zuvielforderung besondere Kosten verursacht, ist also ohne Bedeutung. II (letzter Halbsatz) ist nicht anzuwenden, weil dies durch die abweichende Fassung von § 155 I 3 VwGO ausgeschlossen wird.

Titel 5. Prozesskosten **§ 93**

93 *Kosten bei sofortigem Anerkenntnis.* Hat der Beklagte nicht durch sein Verhalten zur Erhebung der Klage Veranlassung gegeben, so fallen dem Kläger die Prozesskosten zur Last, wenn der Beklagte den Anspruch sofort anerkennt.

Schrifttum: Nink, Die Kostenentscheidung nach § 93 ZPO im Urteilsverfahren des einstweiligen Rechtsschutzes, Diss Gießen 1990.

Gliederung

1) **Systematik**	1–3
2) **Regelungszweck**	4
3) **Sachlicher Geltungsbereich**	5–27
A. Direkte Anwendbarkeit	5
B. Entsprechende Anwendbarkeit	6
C. Unanwendbarkeit	7
D. Beispiele zur Frage des sachlichen Geltungsbereichs	8–27
4) **Keine Veranlassung zur Erhebung der Klage**	28–84
A. Begriff der Klagerhebung	28
B. Begriff der Klageveranlassung	29
C. Maßgeblicher Zeitpunkt: Rückblick bei Entscheidungsreife	30
D. Beispiele zur Frage der Klageveranlassung	31–84
5) **Sofortiges Anerkenntnis des Anspruchs**	85–106
A. Begriff des Anspruchs	86
B. Begriff des Anerkenntnisses	87
C. Begriff der Sofortigkeit	88
D. Beispiele zur Frage der Sofortigkeit des Anerkenntnisses	89–106
6) **Rechtsfolgen: Kostenlast**	107–113
A. Kostenlast des Klägers	108
B. Kostenlast des Beklagten	109–111
C. Teilanerkenntnisfolgen	112, 113
7) **Verfahrensfragen**	114, 115
8) **Rechtsmittel**	116
9) **VwGO**	117

1) Systematik. Die Vorschrift ergänzt den § 307 wegen der Kostenfolgen für einen Teil seines Anwen- **1** dungsbereichs. Sie stellt nur scheinbar eine Ausnahme von der Grundregel des § 91 dar. In Wahrheit führt sie jene Grundregel folgerichtig fort, nur eben verfeinert. Die Frage, wer unterlegen ist, wird bei § 93 anders als bei dem notwendigerweise groben Schema des § 91 nicht vom äußeren Prozeßergebnis her beantwortet, sondern von dem im Grunde gerechteren Maßstab, ob ein Prozeß überhaupt notwendig war, LG Hbg GRUR-RR **84**, 191. Eine ähnliche Regelung enthält § 269 III 3.

Trotzdem muß man § 93 im System der §§ 91 ff formell als *Ausnahmevorschrift* ansehen, BGH NJW **94**, **2** 2895 (krit Bork JZ **94**, 1011), Köln FamRZ **88**, 96, LG Mü KTS **86**, 508. Daher ist eine enge Auslegung seiner Voraussetzungen erforderlich. Vgl aber Rn 5 ff. Die Vorschrift erfaßt nach dem Wortlaut nur das volle Anerkenntnis aller Klagansprüche. Beim bloßen Teilanerkenntnis ist § 93 auf die diesbezüglichen Kosten anwendbar, Rn 112. §§ 93 a ff, 94 ff enthalten teilweise vorrangige Sonderregeln. § 96 ist nicht entsprechend anwendbar, Streit/Schade JB **04**, 121.

Die Vorschrift stellt keine Einschränkung der Regel dar, daß das Gericht nach § 308 II über Kosten stets **3** *von Amts wegen* entscheiden muß. Sie macht die Kostenfolge ja ohnehin nicht von einem Antrag abhängig.

2) Regelungszweck. § 93 soll dazu beitragen, unnötige Prozesse zu vermeiden. Die Vorschrift dient also **4** der Prozeßwirtschaftlichkeit, Grdz 14 vor § 128, BPatG GRUR **89**, 588. Sie dient ferner dazu, in einem nun einmal unnötigerweise eingeleiteten Prozeß dem Bekl wenigstens die Chance der Entlastung vom Kostenrisiko zu geben, AG Bln-Charlottenb FamRZ **94**, 118. Außerdem ergibt sich als Nebenerfolg eine Möglichkeit zur Verkürzung und Vereinfachung des Verfahrens. Insofern dient die Vorschrift auch dem öffentlichen Interesse. Das sollte man trotz der an sich nach Rn 2 gebotenen engen Auslegung der Voraussetzungen mitbeachten.

Schillernd unscharf sind bei näherer Prüfung beide Voraussetzungen einer Kostenentscheidung zu Lasten des Klägers nach § 93. Man findet auch nicht immer eine klare Abgrenzung zu dem ja ohnehin stets zumindest auch anfangs erforderlichen Rechtsschutzbedürfnis, Grdz 33 vor § 253. Soweit es fehlt, muß der Kläger nicht nur die Kosten tragen, sondern verliert auch in der Hauptsache, weil die Klage unzulässig ist. § 93 setzt also ein Rechtsschutzbedürfnis geradezu voraus, auch wenn das Anerkenntnis das Gericht bindet. Wieso aber ein solches Bedürfnis mangels Veranlassung zur Klagerhebung? Jedenfalls darf sich der Blick bei der Auslegung von § 93 nicht nur auf *dessen* Voraussetzungen verengen.

3) Sachlicher Geltungsbereich. Während man wegen des formellen Ausnahmecharakters der Vorschrift **5** nach Rn 2 ihre Voraussetzungen an sich eng auslegen muß, läßt sich die Frage großzügig beantworten, ob die Vorschrift überhaupt anwendbar ist.

A. Direkte Anwendbarkeit. § 93 gilt grundsätzlich in jeder Verfahrensart nach der ZPO, in der der Bekl oder Antragsgegner mit Widerbekl ein nach § 307 wirksames Anerkenntnis erklären kann. Im neuen Verfahren muß also die Parteiherrschaft gelten, nicht nur der Ermittlungsgrundsatz, Grdz 18, 38 vor § 128.

B. Entsprechende Anwendbarkeit. Der Rechtsgedanke des § 93 ist auch in jedem Verfahren anwend- **6** bar, das wenigstens im Kern einem Zivilprozeß mit Parteiherrschaft vergleichbar ist und keine vorrangige Sonderregelung enthält.

C. Unanwendbarkeit. § 93 ist in einem Verfahren ohne Parteiherrschaft und damit ohne Möglichkeit **7** eines nach § 307 wirksamen Anerkenntnisses unwirksam, also in demjenigen Verfahren, in dem der Ermittlungsgrundsatz herrscht, Grdz 38 vor § 128.

D. Beispiele zur Frage des sachlichen Geltungsbereichs **8**
Anspruchsverzicht: Im Fall eines Verzichts auf den Klaganspruch nach § 306 ist § 93 *unanwendbar*, Hamm MDR **82**, 676, Kblz RR **86**, 1443, LG Hbg RR **87**, 381, aM Ffm OLGZ **93**, 299 (aber § 93 regelt gerade das Gegenteil eines Anspruchsverzichts).

§ 93

9 Arrest, einstweilige Verfügung: § 93 gilt auch im Verfahren auf den Erlaß eines Arrests oder einer einstweiligen Verfügung, Ffm RR **99**, 1742, KG RR **00**, 516, Köln RR **88**, 1341. Die Vorschrift gilt auch in dem Verfahren nach einem Widerspruch, §§ 924 ff, Schlesw WettbR **00**, 248, und im Aufhebungsverfahren nach § 927, dort Rn 11. Das gilt freilich nur, wenn in Wahrheit keine Gefährdung vorlag oder wenn eine Gefährdung keine Voraussetzung des Eilverfahrens war, etwa in den Fällen der §§ 885 I 2, 899 II 2, 1615 o III BGB, §§ 11 I 2, 21 II 3 SchiffsRG, § 25 UWG, Borck NJW **81**, 2725, Liesegang JR **80**, 99 (Fallfrage).

Aufgebotsverfahren: Im Aufgebotsverfahren nach §§ 946 ff ist § 93 *unanwendbar*. Das ergibt sich aus der über die Interessen des Antragstellers weit hinausgehenden Bedeutung jenes Verfahrens trotz seiner Anklänge an ein Erkenntnisverfahren.

Aufhebungsverfahren: S „Arrest, einstweilige Verfügung".

10 Beschlußverfahren: § 93 gilt auch in einem Beschlußverfahren, soweit überhaupt die Voraussetzungen Rn 5, 6 auf jene Verfahrensart zutreffen.

11 Drittwiderspruchsklage: § 93 gilt auch in einem Drittwiderspruchsprozeß nach § 771, Hamm FamRZ **99**, 725, oder nach § 878. Denn dieses Verfahren ist ein nur äußerlich bei der Zwangsvollstreckung mitgeregeltes, in Wirklichkeit selbständiges weiteres Erkenntnisverfahren.

S auch Rn 27 „Zwangsvollstreckung".

12 Eheverfahren: § 93 ist grds in jeder Art von Eheverfahren wegen des dort geltenden Ermittlungsgrundsatzes nach Grdz 38 vor § 128 *unanwendbar*, Ffm FamRZ **84**, 1123, Karlsr FamRZ **91**, 1456. I 1 kann jedoch entsprechend anwendbar sein, soweit der Versorgungsausgleich als selbständige Familiensache durchgeführt wird, BGH MDR **01**, 218.

S freilich auch Rn 23 „Unterhalt".

Erbausgleich: Rn 25 „Vorzeitiger Erbausgleich".

13 Feststellungsklage: § 93 ist auch bei einer bloßen Feststellungsklage wie sonst anwendbar.

Finanzgerichtsverfahren: § 93 ist im Finanzgerichtsverfahren allenfalls insoweit anwendbar, als dort ausnahmsweise im konkreten Fall kein Ermittlungsgrundsatz herrscht, Grdz 38 vor § 128.

Folgesache: Rn 12 „Eheverfahren", Rn 23 „Unterhalt".

Freiwillige Gerichtsbarkeit: Rn 15 „Hausratssache", Rn 26 „Wohnungseigentumssache".

14 Gebrauchsmuster: Der Rechtsgedanke des § 93 ist im Rahmen einer nach § 17 GebrMG in Verbindung mit § 62 PatG zu treffenden Kostenentscheidung anwendbar, BGH GRUR **82**, 364 und 417, BPatG GRUR **89**, 587.

Gesellschaft: § 93 ist auf eine Anfechtungsklage anwendbar, Naumb RR **98**, 1195.

15 Gestaltungsklage: § 93 ist auch bei einer Gestaltungsklage anwendbar, Düss RR **93**, 74, Naumb RR **98**, 1095.

Hausratssache: § 93 gilt entsprechend in Verbindung mit § 20 HausratsVO, Köln FamRZ **00**, 305.

Insolvenz: § 93 ist im Insolvenzverfahren *grds unanwendbar*. Denn dort herrscht der Ermittlungsgrundsatz. Grdz 38 vor § 128, Mü KTS **87**, 327, LG Ffm KTS **85**, 751. Die Vorschrift ist aber in einem aus Anlaß eines Insolvenzverfahrens entstehenden Zivilprozeß wie sonst anwendbar, BGH RR **94**, 1213, LG Gött KTS **90**, 137, LAG Hamm MDR **01**, 1379.

16 Kindschaftssache: § 93 ist in einem Kindschaftsverfahren wegen des dort herrschenden Ermittlungsgrundsatzes nach Grdz 38 vor § 128 *unanwendbar*.

S allerdings auch Rn 23 „Unterhalt", Rn 24 „Vereinfachtes Verfahren".

Klagerhöhung: § 93 ist auch auf den Mehrbetrag anwendbar. Man muß ihn wie eine weitere Klage beurteilen.

17 Klagerücknahme: § 93 ist im Fall § 269 III 2 *grds auch nicht entsprechend anwendbar*, Drsd MDR **03**, 1079, Stgt RR **97**, 1222. Denn der Kostenausspruch nach § 269 III 2, IV ist ungeachtet etwaiger „Kostenanträge" in Wahrheit ja nur die bloße Feststellung einer bereits kraft Gesetzes zwangsläufig eingetretenen Kostenfolge. Bei § 93 muß das Gericht immerhin eine (unter den Voraussetzungen der Vorschrift ebenso zwangsläufige) Kostenfolge durch eine Kostengrundentscheidung erst im Einzelfall herbeiführen, Hamm GRUR **83**, 608, Karlsr MDR **94**, 1245, Schlesw MDR **01**, 1078, aM AG Offenbach MDR **84**, 1032, Schneider MDR **84**, 548 (aber der vorgenannte Unterschied ist unübersehbar und erheblich).

Bei § 269 III 3 kann § 93 aber mitbeachtlich sein.

18 Kostenfestsetzungsverfahren: § 93 ist im Kostenfestsetzungsverfahren anwendbar, § 104 Rn 20. Das gilt trotz des Grundsatzes, daß das Gericht stets von Amts wegen über Kosten entscheiden muß, § 308 II, Karlsr OLGZ **86**, 125.

Künftige Leistung: § 93 ist auch in einem Verfahren auf künftige Leistung nach §§ 257 ff anwendbar, auch zB in einem Verfahren nach § 259. Denn § 93 setzt einen subjektiven Anlaß und nicht eine objektive Besorgnis voraus.

19 Leistungsklage: § 93 ist bei einer Leistungsklage wie sonst anwendbar.

20 Mahnverfahren: Nach einem Mahnverfahren tritt beim Übergang in das streitige Verfahren unter Umständen nach § 696 III eine Rückwirkung ein. Im übrigen ist § 93 anwendbar, soweit und sobald der Antragsgegner den Mahnanspruch nach § 307 überhaupt wirksam anerkennen kann oder soweit er nach Widerspruch und anschließender Zahlung der Hauptsumme und nach Klagänderung die Mahnkosten anerkennt, AG Hann JB **99**, 542.

Unanwendbar ist § 93, wenn der Gläubiger wegen mehrerer Rechnungen mehrere Mahnverfahren beantragt hat, AG Düss RR **03**, 862.

Markenrecht: § 93 ist anwendbar, Stgt RR **01**, 259.

21 Patentverfahren: § 93 ist in einem Verfahren nach § 84 II PatG anwendbar, BGH GRUR **04**, 141.

S auch Rn 14.

22 Prozeßkostenhilfeverfahren: § 93 ist in ihm *nicht* entsprechend anwendbar, Köln RR **04**, 64.

Scheidung: Rn 12.

Schriftliches Vorverfahren: § 93 ist auch bei § 307 II anwendbar.

Titel 5. Prozesskosten **§ 93**

Sozialgerichtsverfahren: § 93 ist im SGG-Verfahren *unanwendbar.* Denn dort herrscht der Ermittlungsgrundsatz, Grdz 38 vor § 128, LSG Essen NJW **87**, 1360.
Unterhalt: § 93 ist im Unterhaltsprozeß wie sonst anwendbar, Ffm FamRZ **98**, 445, Karlsr FamRZ **04**, 23 1659. Das gilt auch, soweit eine Folgesache lediglich Unterhaltsansprüche betrifft und nicht dem Ermittlungsgrundsatz nach Grdz 38 vor § 128 unterliegt.
S auch Rn 24 „Vereinfachtes Verfahren".
Vaterschaftsfeststellung: § 93 ist auch im Verfahren auf die Feststellung der Vaterschaft anwendbar, Köln 24 FamRZ **92**, 697.
Vereinfachtes Verfahren: Vgl §§ 648 I 2, 655 III 2.
Versäumnisverfahren: § 93 ist auch nach einem Versäumnisverfahren anwendbar, Köln VersR **92**, 635.
Verteilungsverfahren: § 93 ist bei § 878 wie sonst anwendbar.
Vollstreckbarkeit: § 93 ist anwendbar, soweit es um die Vollstreckbarkeit eines festgestellten Anspruchs 25 geht und nicht der Ermittlungsgrundsatz nach Grdz 38 vor § 128 herrscht. In Betracht kommt zB das Vollstreckbarkeitsverfahren nach § 1042, vgl § 794 I Z 5.
Vollstreckungsabwehrklage: § 93 ist bei §§ 767 ff wie sonst anwendbar.
Vorverfahren: Rn 22 „Schriftliches Vorverfahren".
Vorzeitiger Erbausgleich: § 93 ist im Verfahren auf Zahlung eines vorzeitigen Erbausgleichs anwendbar, Düss RR **93**, 74.
Widerspruchsverfahren: Rn 9 „Arrest, einstweilige Verfügung", Rn 20.
Wiederaufnahmeverfahren: § 93 ist im Wiederaufnahmeverfahren nach §§ 578 ff anwendbar. 26
Wiederkehrende Leistung: Rn 18 „Künftige Leistung".
Wohnungseigentumssache: § 93 ist anwendbar, LG Hbg ZMR **03**, 880.
Zwangsvollstreckung: Im Zwangsvollstreckungsverfahren ist § 93 wegen des dort grds geltenden Ermitt- 27 lungsprinzips nach Grdz 38 vor § 128 *an sich unanwendbar.* Jedoch ist § 93 auf einen aus Anlaß der Zwangsvollstreckung entstehenden Prozeß anwendbar, etwa nach §§ 767, 771, 878, Hamm FamRZ **99**, 725, ebenso wegen § 891 S 3 in den Fällen der §§ 887–890.
S auch Rn 11, Rn 25 „Vollstreckbarkeit".

4) Keine Veranlassung zur Erhebung der Klage. Erste Voraussetzung der Anwendbarkeit des § 93 ist, 28 daß der Bekl „nicht durch sein Verhalten zur Erhebung der Klage Veranlassung gegeben hat". Dafür trägt der Bekl grundsätzlich die Darlegungs- und Beweislast, Anh § 286 Rn 36. Ist diese Voraussetzung erfüllt, so muß man weiter prüfen, ob auch ein „sofortiges Anerkenntnis" vorliegt, Rn 85.

A. Begriff der Klagerhebung. Aus dem Regelungszweck nach Rn 4 folgt: Unter Klagerhebung muß man hier schon die Einreichung der Klage oder der Antragsschrift verstehen, Bbg JB **82**, 1884, Brschw OLGR **96**, 120. Denn bereits durch diesen Vorgang können Kosten entstehen. Diese will § 93 ja gerade vermeiden helfen. Der Begriff der Klagerhebung weicht hier also von demjenigen des § 253 I ab. Es kommt nicht auf die Rechtshängigkeit an, sondern die bloße Anhängigkeit genügt, § 261 Rn 1, AG Ludwigslust FamRZ **05**, 643.

B. Begriff der Klageveranlassung. Man gibt zur Erhebung der Klage durch ein Verhalten Anlaß, das 29 vernünftigerweise den Schluß auf die Notwendigkeit eines Prozesses rechtfertigt, BGH BB **05**, 1303, Mü RR **01**, 43, LG Hbg GRUR-RR **04**, 191. Vgl aber Rn 59 „Unschlüssigkeit".

C. Maßgeblicher Zeitpunkt: Rückblick bei Entscheidungsreife. Das Gericht muß bei der not- 30 wendigen Prüfung, ob objektiv ein Klaganlaß bestand, alle im Zeitpunkt der Entscheidungsreife nach § 300 Rn 5 vorliegenden Umstände über den jetzt noch einer Kostenentscheidung bedürfenden Teil des Rechtsstreits beachten. Es muß aber auf dieser Grundlage rückblickend darauf abstellen, ob im Zeitpunkt der Klagerhebung nach Rn 28 ein Klaganlaß schon bestand, Ffm RR **93**, 127, Nürnb VersR **98**, 1130. Es ist also eine rückschauende Betrachtungsweise erforderlich. Sie darf und muß freilich das Verhalten der Parteien bis zur Entscheidungsreife mitberücksichtigen, Ffm MDR **84**, 149, Zweibr JB **82**, 1083, aM BGH MDR **79**, 1016, Mü NJW **88**, 270 (aber es kann zumindest ein Anscheinsbeweis nach § 286 vorliegen). Einzelheiten bei den Beispielen in Rn 31 ff.

D. Beispiele zur Frage der Klageveranlassung. 31
Abänderungsklage: Bei der Klage nach § 323 darf man trotz des Interesses des Klägers an einer baldigen Klagerhebung nach § 323 III die Frage des Klaganlasses nicht anders als bei sonstigen Klagen beurteilen, Hbg FamRZ **88**, 1077. Vgl freilich jetzt § 323 III 2. Der Bekl hat einen Klaganlaß gegeben, wenn er zwar einen erhöhten Unterhalt zahlt, aber nicht dazu bereit findet, eine neue vollstreckbare Urkunde zu unterzeichnen, AG Freibg FamRZ **78**, 437, oder wenn er nicht auf die vorprozessuale Aufforderung reagiert, auf die Zwangsvollstreckung aus dem Unterhaltstitel in Höhe von Mehreinnahmen zu verzichten, Brdb FamRZ **05**, 537, Ffm FamRZ **01**, 502, Oldb FamRZ **00**, 1514 (abl Warfsmann). Erst ab Erhalt einer schlüssigen Klagebegründung nebst angemessener Prüfungsfrist kann eine Klagveranlassung vorliegen, Köln FamRZ **97**, 1415.
S auch Rn 23.
Abmahnung: Außerhalb einer Wettbewerbssache kann eine Abmahnung zB vor einer Leistungs- oder Unterlassungsklage ebenfalls notwendig sein, Hamm FamRZ **99**, 725, KG RR **00**, 516, Köln MDR **04**, 648. Eine für den Gläubiger zumutbare Überlegungsfrist des Schuldners ist auch hier erforderlich. Wegen der Notwendigkeit einer Abmahnung im Wettbewerbsrecht Rn 67 ff. Vor einer einstweiligen Verfügung mag eine Abmahnung außerhalb des Wettbewerbsrechts entbehrlich sein, KG RR **00**, 516, Köln RR **97**, 1242, Stgt RR **01**, 259 (insbesondere bei Vorsatz).
S ferner Rn 33, Rn 41 „Feststellungsklage", Rn 53 ff, Rn 66, 67 „Wettbewerbssache".
Abschlußschreiben: Rn 77 ff.
Änderung der Rechtslage: Rn 52 „Rechtsänderung".

§ 93

32 Anfechtungsgesetz: Der Bekl hat *nicht* schon deshalb einen Klaganlaß gegeben, weil er eine für den Gläubiger nachteilige anfechtbare Handlung vorgenommen hat, Düss KTS **84**, 495 (es komme aber stets auf die Gesamtumstände an), Schlesw MDR **77**, 321. Der Schuldner, der zur Duldung der Zwangsvollstreckung verpflichtet ist, ohne auch der persönliche Schuldner zu sein, gibt erst dann Klageveranlassung, wenn er die Duldung verweigert, Saarbr RR **00**, 1668.
S auch Rn 37 „Dingliche Klage".
Annahmeverzug des Gläubigers: Soweit ein solcher Annahmeverzug vorliegt, hat der Bekl *keinen* Klaganlaß gegeben. Dasselbe gilt, soweit der Gläubiger eine von ihm zu erbringende Gegenleistung nicht gewährt hat, § 298 BGB.

33 Arrest, einstweilige Verfügung, dazu *Liesegang* JR **80**, 95 (Üb): Man muß zwei Fallgruppen trennen.
Anlaß zum Antrag: Soweit der Antragsteller keine Gefährdung glaubhaft zu machen braucht, kann der Antragsgegner einen Anlaß zu dem Antrag gegeben haben, auch wenn sich der Antragsteller ohne eine weitere außergerichtliche Auseinandersetzung sogleich an das Gericht gewendet hat, Köln GRUR **88**, 646, oder wenn er die von ihm gesetzte Frist für eine strafbewehrte Unterlassungserklärung nicht abwartet und wenn die Erklärung dann erst während des Antragsverfahrens vor ihrem Fristablauf, Mü MDR **90**, 556. Dieser Fall kann zB eintreten: Bei § 885 I 2 BGB, Köln NJW **75**, 455 (das Gericht betont, der Antragsteller brauche den Antragsgegner auch nicht zur Bewilligung einer Vormerkung aufzufordern, aM Hamm NJW **76**, 1460, Köln ZMR **77**, 109); bei § 899 II 2 BGB; bei § 12 II UWG. Der Antragsteller braucht nicht auf ein Vertragsstrafeversprechen zu Vermeidung der Hauptsacheklage zu drängen, KG WRP **81**, 145.

34 *Kein Anlaß zum Antrag:* Der Antragsgegner hat keinen Anlaß zu dem Antrag gegeben, soweit er nach einem ohne seine Anhörung ergangenen Beschluß (also nicht nach einem Urteil) den Widerspruch zulässigerweise von vornherein auf die Kostenfrage beschränkt, § 924 Rn 9 (sog „Kostenwiderspruch"), Celle GRUR-RR **01**, 200, großzügiger Hbg RR **02**, 215 (auch Voll-Widerspruch unschädlich. Aber dann wehrt sich der Antragsgegner in höchstmöglichen Umfang. Ein solches Verhalten läßt sich nun wirklich als Klaganlaß mitbewerten). Denn der Antragsgegner kann nur durch den Widerspruch seine Bereitschaft zum alsbaldigen Anerkenntnis ausdrücken, sofern er nicht vor dem Beginn des Verfahrens gehört worden war. Das setzt allerdings voraus, daß sein vorheriges Verhalten nicht ergibt, daß er in Wahrheit doch einen Anlaß zu dem Eilverfahren gegeben hatte, Düss RR **86**, 37, Ffm AnwBl **85**, 642, Lemke DRiZ **92**, 339, aM Hbg GRUR **89**, 458, Mü GRUR **85**, 327 (aber es kommt auf das bisherige Gesamtverhalten an). Hat der Schuldner Widerspruch eingelegt und dann eine Frist zum Anerkenntnis oder zum Verzicht auf seine Rechte nach §§ 924, 926 verstreichen lassen, so hat er eine neben dem Eilverfahren gleichzeitig erhobene Hauptsacheklage veranlaßt, KG WRP **81**, 583.
Hat der Gegner auf eine Abmahnung auf Unterlassung nicht reagiert, so ist die Hauptsacheklage aber vom Bekl *nicht stets* veranlaßt, Drsd WettbR **96**, 138, KG RR **00**, 516. Vor einem selbständigen Aufhebungsantrag wegen Versäumung der Vollziehungsfrist muß man anders als im Widerspruchsverfahren den Antragsteller auf den Aufhebungsgrund hinweisen, damit er auf die Rechte verzichten kann, Ffm RR **99**, 1742.
S auch Rn 34 „Aufhebungsverfahren", Rn 64 „Verwahrung gegen die Kosten", Rn 67 „Wettbewerbssache".
Aufforderung: Rn 31 „Abmahnung", Rn 67 „Wettbewerbssache".
Aufhebungsverfahren: § 927 Rn 10.
S auch Rn 33, 34.
Auskunft: Sie muß zum Anerkenntnis hinzutreten, um einen Klaganlaß zu verhindern, Nürnb MDR **03**, 287. Ein Klaganlaß kann vorliegen, soweit der schon früher gegenüber dem Schuldner für den Gläubiger tätig gewesene Anwalt nur formell seine Vollmacht nicht sogleich im Original beigefügt hatte, Köln FamRZ **03**, 941.
Eine lückenhafte Auskunft gibt *keinen* Klaganlaß, solange eine weitere Auskunftsbereitschaft erkennbar bleibt, Köln WettbR **98**, 115.
S auch Rn 83.

35 Auslandsaufenthalt: Der bloße, wenn auch unbefristete, Auslandsaufenthalt gibt jedenfalls dann *keinen* Anlaß zur Klage, wenn der Schuldner sicherstellt, daß die Post nachgesandt wird, Köln VersR **92**, 635.
Bauhandwerkerhypothek: Man muß nach den Gesamtumständen abwägen, ob eine Abmahnung zur Bewilligung einer Vormerkung nötig ist, Heyers BauR **80**, 20, ZöHe 6 „Vormerkung nach §§ 648, 885 BGB", aM Ffm OLGR **92**, 150, LG Osnabr NdsRpfl **83**, 145 (sie sei nicht notwendig. Aber es kommt auf den Grad der Ranggefährdung an).
Bedingung: Rn 38 „Einwendung", Rn 64 „Verwahrung gegen die Kosten".
Befreiung: Rn 41 „Freistellung".
Behörde: Sie muß ausreichend Zeit für einen Bescheid nebst Leistung haben, LG Bonn VersR **78**, 356. Eine formlose Nachricht ändert aber *nichts* an der Klageveranlassung, Ffm OLGR **96**, 215.
Bestreiten: Soweit der Bekl zwar formell ein Anerkenntnis ausspricht, nach der stets erforderlichen Auslegung seines Gesamtverhaltens aber in Wahrheit die sachlichrechtliche Verpflichtung unverändert bestreitet, kann er einen Klaganlaß gegeben haben, Hamm MDR **88**, 971, Köln MDR **79**, 971. Das gilt auch bei einer bloßen Verwahrung gegen die Kosten, Rn 64.
Beweislast: Anh § 286 Rn 36.
Bürge: Er hat *keinen* Klaganlaß gegeben, wenn der Kläger ihn nicht zuvor zur Leistung aufgefordert hatte, Hamm DB **86**, 1719. Bei Voraushaftung muß der Kläger die Aufforderung begründet haben. Dasselbe gilt bei einem Wechselrückgriffsschuldner und in ähnlichen Fällen, BGH NJW **79**, 2041.

36 Darlegungslast: Anh § 286 Rn 36.
DDR, frühere: Wegen der Rechtslage bei einer Titelumstellung Karlsr FamRZ **92**, 576.
37 Dingliche Klage: Zu einer Klage auf Duldung der Zwangsvollstreckung auf Grund einer Hypothek usw hat der Bekl *keinen* Anlaß gegeben, wenn der Gläubiger ihn nicht aufgefordert hatte, sich in einer vollstreckbaren Urkunde der Zwangsvollstreckung in dieses Grundstück zu unterwerfen, Hamm MDR

Titel 5. Prozesskosten **§ 93**

99, 956, Mü MDR **84**, 674, Schlesw SchlHA **87**, 96, aM Ffm MDR **80**, 855, Köln NJW **77**, 256, RoSGo § 87 III 5 a (1) (aber solche Unterwerfung ist keine Selbstverständlichkeit).

Ein Klaganlaß fehlt auch dann, wenn der Bekl den Kläger auf Grund von dessen Mahnung *befriedigt* hatte oder wenn der Bekl auf eigene Kosten auch ohne eine weitere Aufforderung eine vollstreckbare Urkunde nach § 794 I Z 5 beigebracht hat. Wenn es um eine Zwangshypothek geht, hat der Bekl keinen Klaganlaß gegeben, falls der Kläger den Bekl nicht aufgefordert hat, eine vollstreckbare Urkunde nach § 794 I Z 5 zu übersenden, und wenn der Bekl nun den Klaganspruch sofort anerkennt, Mü MDR **84**, 674, aM Ffm MDR **80**, 855, Köln NJW **77**, 256 (vgl aber oben). Bei einer Löschungsklage ist eine angemessene Frist zur Beibringung der Urkunden erforderlich.

S auch Rn 32 „Anfechtungsgesetz".

Drittschuldnerklage: § 840 Rn 19.
Drittwiderspruchsklage: Rn 82.
Duldungspflicht: Der Beschl hat einen Klaganlaß gegeben, wenn er eine Duldungspflicht nachträglich von einer Bedingung abhängig macht, LG Hbg ZMR **03**, 880.

S auch Rn 37.

Ehesache: Der Bekl hat einen Anlaß zur Klage „auf vorzeitige Beendigung des Güterstands" gegeben, wenn **38** er zur Bedingung einer Einigung nach dreijähriger Trennung eine Einigung auch über den Zugewinnausgleich verlangte, Kblz FamRZ **90**, 1368.
Eidesstattliche Versicherung: Die Bereitschaft zu ihrer Abgabe schließt eine Klageveranlassung *aus*, Nürnb FamRZ **86**, 87.
Eigenbedarf: Rn 48.
Einstweilige Verfügung: Rn 33 „Arrest, einstweilige Verfügung".
Einwendung: Der Bekl hat einen Klaganlaß gegeben, wenn er vorprozessual nicht uneingeschränkt bei Fälligkeit usw anerkannt hatte, sondern nur unter einem Vorbehalt, nur bedingt, befristet, teilweise, Zug um Zug usw. Es kommt auch nicht darauf an, ob sich das Bestreiten auch prozeßverzögernd auswirkt, ZöHe 6 „Einwendungen", aM Bbg JB **82**, 1884.

S auch Rn 35 „Bestreiten".

Erbe: Er muß sich eine Klageveranlassung durch den Erblasser zurechnen lassen. Im übrigen kommt es zB für einen Verzug nach dem Erbfall auf den Erben an. Der Gläubiger muß den Erben evtl abmahnen. Der Erbe hat Veranlassung zur Klage gegeben, wenn er die Zahlungspflicht vorprozessual und dann mittels Widerspruch gegen den Mahnbescheid bestritten hat, selbst wenn er seine Schuldnerstellung als Erbe zunächst nicht kannte, Köln RR **94**, 767, oder wenn er als Bekl einer Klage auf Zustimmung zum Auseinandersetzungsplan vorprozessual eine Teilauseinandersetzung verweigert hat, Köln FamRZ **97**, 641.

Der Erbe hat *keinen* Klaganlaß gegeben, soweit er nach der Annahme der Erbschaft und nach dem Ablauf der Fristen der §§ 2014, 2015 BGB die Erfüllung einer Nachlaßverbindlichkeit verweigert hat oder wenn er nicht auf Grund einer Aufforderung eine vollstreckbare Urkunde unter dem Vorbehalt der Haftungsbeschränkung erteilt, solange noch aufschiebende Einreden liefen, Hamm JB **87**, 436, Mü JB **95**, 659. Der Vorerbe muß den Nacherben nach § 2120 BGB auffordern, Düss FamRZ **96**, 315.

S auch Rn 52 „Rechtsvorgänger".

Erfolgsaussicht: Im Zusammenhang mit der Prüfung, ob ein Klaganlaß bestand, muß das Gericht auch **39** untersuchen, ob die Klage objektiv überhaupt Erfolgsaussicht gehabt hätte, Zweibr JB **79**, 445, LG Köln WoM **76**, 186, ZöHe 6 „Unschlüssige Klage", aM LG Tüb MDR **81**, 410, ThP 5 (wegen § 307. Aber man muß die „Veranlassung" auch nach ihrer Meinung eben gesondert zum „Anerkenntnis" prüfen).
Erfüllung: Der Bekl hat Klaganlaß gegeben, wenn er zwar anerkennt, zugleich aber die Forderung bestritten hat, Rn 87, Schlesw GRUR **86**, 840.
Fälligkeit: Rn 42, 53 ff. **40**
Feststellungsklage: Der Bekl kann zur verneinenden Feststellungsklage jedenfalls außerhalb des Wettbe- **41** werbsrechts einen Anlaß gegeben haben, ohne daß der Kläger ihn abmahnen mußte. Denn der Bekl berühmt sich ja des umstrittenen Rechts, Ffm JB **81**, 1095, Hamm OLGR **92**, 38, AG Hbg WoM **93**, 458.

Etwas anderes kann beim Nachschieben neuer Klagegründe gelten, ZöHe 6 „Feststellungsklage".

S auch Rn 31 „Abmahnung", Rn 67 ff.

Fiskus: Rn 53.
Freistellung: Das bloße Anerkenntnis, sie zu schulden, genügt zur Entlastung des Bekl nicht. Er muß sie auch tatsächlich vornehmen, und zwar auch wegen der künftigen durch Sicherheitsleistung usw, Saarbr FamRZ **90**, 59. Er hat allerdings evtl dazu eine Gläubiger zumutbare Frist.
Gegendarstellung: Zur sog gebündelten Gegendarstellung Celle RR **95**, 794. Zur Teilgegendarstellung Brdb RR **00**, 326 rechts.
Geldforderung: Man muß zwei Fallgruppen unterscheiden. **42**

Klaganlaß: Soweit es um eine bereits fällige Geldforderung geht, hat der Bekl grds einen Klaganlaß gegeben, wenn er sie natürlich nur bei Zahlungsfähigkeit nicht alsbald bei deren Fälligkeit bezahlt hat. Ein Überweisungsauftrag reicht keineswegs stets, aM Köln MDR **92**, 813 (aber man kann ihn vor Eingang bei der Gläubigerbank zurückziehen). Denn das bloße Anerkenntnis schafft noch keine Vollstreckungstitel. Der Umstand, daß noch kein Verzug vorlag, läßt ja nur die Verzugsfolgen der §§ 286 ff BGB zunächst ausbleiben. Er läßt nicht aber die Zahlungspflicht und grds auch nicht das Rechtsschutzbedürfnis entfallen. Denn es kann ja sogar schon vor der Fälligkeit eintreten, §§ 257 ff, Düss RR **94**, 828, Köln FamRZ **95**, 1216, Saarbr FamR **95**, 58, aM BGH NJW **79**, 2041, Ffm RR **93**, 1472, Stgt Just **95**, 87 (aber es kann eine hochgradige Unsicherheit bestehenbleiben). Erst recht liegt natürlich ein Klaganlaß vor, wenn der Schuldner auch nach dem Verzugseintritt geraume Zeit hindurch nicht zahlt, Nürnb MDR **02**, 781 (keine Mahnung nötig).

§ 93 Buch 1. Abschnitt 2. Parteien

Ein Klaganlaß kann daher auch dann vorgelegen haben, wenn die Fälligkeit der Forderung erst *während des Prozesses* eintritt und wenn der Bekl die Forderung zwar sofort voll anerkennt, aber eben nicht gleichzeitig bezahlt, aM Schlesw MDR **97**, 887 (aber erst die Leistung schafft ausreichende Klarheit). Der Bekl hat ferner dann einen Klaganlaß gegeben, wenn er die Forderung zwar uneingeschränkt anerkennt, gleichzeitig aber erklärt, er könne den Anspruch etwa wegen seiner Vermögenslosigkeit nicht in absehbarer Zeit erfüllen, LG Freibg VersR **80**, 728, oder wenn er auf eine Abmahnung des Klägers nicht reagiert hat, Ffm BB **78**, 892, oder wenn er bei einer Bringschuld nicht auf Grund einer bloßen Aufforderung des Klägers erfüllt hat.

43 *Kein Klaganlaß:* Der Beklagte hat keinen Klaganlaß gegeben, wenn er eine noch gar nicht fällige Forderung anerkennt, Karlsr MDR **80**, 501, Köln MDR **00**, 910, oder wenn der Kläger zu hohe Zinsen forderte, Zweibr JB **79**, 445, oder wenn der Kläger seine Forderung trotz einer Bitte des Bekl nicht im einzelnen darlegt und belegt, LG Mü VersR **79**, 459. Freilich helfen unbegründete Bedenken dem Bekl nicht, Köln MDR **79**, 941, Ein Klaganlaß fehlt ferner, wenn der Bekl als persönlicher Schuldner nicht wußte, daß der Eigentümer die Hypothekenzinsen nicht bezahlt hatte, oder wenn der Kläger bei einer Holschuld nicht abgeholt hat, oder wenn der Kläger dem überschuldeten, unpfändbaren Bekl keinen Hinweis auf die Möglichkeit der Beibringung einer vollstreckbaren Urkunde gegeben hat, Ffm MDR **80**, 855. Man kann das prozessuale Verhalten des Bekl höchstens zur Beurteilung des vorprozessualen heranziehen, BGH NJW **79**, 2040, Mü NJW **88**, 271.

S auch Rn 53.
Geschäftsunfähigkeit: Rn 44 „Handlungsunfähigkeit".
Gesellschaft: Vor einer Anfechtungsklage muß der Kläger den beklagten Mitgesellschafter auffordern, den anzufechtenden Beschluß binnen angemessener Frist gemeinsam aufzuheben, KG MDR **00**, 594.
S auch Rn 49 „Nichtigkeitsklage".
Gesetzesänderung: Rn 52 „Rechtsänderung".
Gewerblicher Rechtsschutz: Rn 67 „Wettbewerbssache".

44 **Haftpflichtversicherung:** Rn 54.
Handlungsunfähigkeit: Ihre bloße Behauptung hilft dem Bekl nicht. Daher gibt er trotzdem bis zu ihrem Nachweis einen Klaganlaß, KG VersR **81**, 464. Vgl auch Anh § 286 Rn 99 „Handlungsunfähigkeit".
Hauptklage: Rn 33, 34.
Herausgabe: Der Bekl hat *keinen* Klaganlaß gegeben, wenn er die Sache bereithält (Holschuld), AG Rastatt JB **97**, 430.
Hilfsanspruch: Der Bekl hat *keinen* Klaganlaß gegeben, wenn der Kläger den Hauptantrag nach einem sofortigen Anerkenntnis des Hilfsanspruchs zurücknimmt oder wenn der Bekl den Hilfsanspruch in dem Termin anerkennt, in dem der Kläger ihn stellt, Schlesw MDR **98**, 439. Wegen des schriftlichen Verfahrens Drsd ZIP **95**, 1278.
Hypothek: Rn 35 „Bauhandwerkerhypothek".

45 **Insolvenz:** Es gelten zum Klaganlaß keine Sonderregeln, Karlsr KTS **89**, 720, Mü KTS **87**, 267. Auch der Insolvenzverwalter muß eine sonst erforderliche Abmahnung vornehmen, Bbg KTS **72**, 196. Auch der Aussonderungs- oder Absonderungsberechtigte oder der sonstige Kläger, der nach Unterbrechung den Prozeß aufnimmt, muß den Bekl zunächst auffordern und sein Vorrecht glaubhaft machen, um einen Klaganlaß herbeizuführen, LAG Hamm MDR **01**, 1379. Der Verwalter hat einen Klageanlaß gegeben, wenn er eine vorprozessuale Aufforderung des Klägers nicht beantwortet hat, LG Gött KTS **90**, 137, oder wenn er eine zur Tabelle angemeldete Forderung ungeprüft bestreitet und erst im Prozeß des Gläubigers sofort anerkennt, Köln JB **95**, 489.
Journalismus: Eine Abmahnung kann bei einem groben Verstoß gegen die Sorgfaltspflicht entbehrlich sein, Mü RR **01**, 43.
Klagänderung: Es kommt nicht darauf an, ob die ursprüngliche Klage berechtigt war, sondern darauf, ob der Bekl zur geänderten Klage einen Anlaß gegeben hat, Ffm MDR **84**, 238.
Klagefrist: Soweit der Versicherer die Frist nach § 12 III VVG nicht eindeutig verlängert usw, gibt er einen Klaganlaß, Kblz NVersZ **99**, 26.
Kostenprotest, Kostenverwahrung: Rn 33, 34, 64 „Verwahrung gegen die Kosten".
Kostenwiderspruch: Rn 33, 34.

46 **Mahnverfahren:** Ein Widerspruch oder gar Einspruch begründet grds einen „Klaganlaß", Hamm DB **88**, 959, Kblz JB **95**, 323, Köln OLGR **94**, 115, aM Celle MDR **01**, 1370, Fischer MDR **01**, 1338 (aber wer den Widerspruch nicht eindeutig zB auf die Kosten beschränkt, fordert geradezu zum streitigen Verfahren heraus).

Kein Klaganlaß liegt vor, wenn der Gläubiger dem Schuldner eine notwendige Unterrichtung vorenthalten hat, Hamm DB **88**, 960, oder wenn der Kläger eine Klagänderung nach § 263 vornimmt und der Bekl den neuen Anspruch sofort anerkennt, Ffm MDR **81**, 410.
S auch Rn 47, 48.

47 **Materielles Recht:** Rn 53 „Sachliches Recht".
Miete: Man muß zwei Fallgruppen unterscheiden.

Klaganlaß: Der Vermieter hat einen Klaganlaß gegeben, wenn er dem Mieter über die vereinbarte Kostenmiete nicht jederzeit Auskunft geben konnte, AG Langenfeld WoM **86**, 371. Der Mieter hat einen Klaganlaß gegeben, wenn er sich nicht ernsthaft um Erfüllung bemüht hat, AG Wiesb WoM **98**, 605, wenn er es zB wirklich zu einer Erhöhungsklage kommen ließ, LG Hann WoM **80**, 14 aE (das Gericht hält freilich die Kosten des vorprozessualen Gutachtens, das der Vermieter einholte, in einem solchen Fall nicht für notwendige Kosten nach § 91). Das gilt sogar dann, wenn der Mieter zwar zumindest aus Nachlässigkeit nicht der Mieterhöhung zustimmte, aber den verlangten Mehrbetrag tatsächlich zahlte, LG Mü RR **86**, 13, LG Trier WoM **94**, 217. Der Mieter hat zur Modernisierungsklage Anlaß gegeben, wenn er keinen erbetenen und zumutbaren Termin zur Durchführung der Arbeiten durch die Handwerker des Vermieters gegeben hatte, AG Hbg MDR **87**, 768. Verspätete Auskunft kann einen Klaganlaß bedeuten,

Titel 5. Prozesskosten **§ 93**

AG Köln MDR **90**, 637. Das gilt erst recht für ihr Ausbleiben, etwa bei einer Vermieteranfrage wegen Räumung, Stgt ZMR **99**, 553 (abl Breckerfeld NZM **00**, 328). Der gewerbliche Zwischenvermieter kann einen Klaganlaß gegeben haben, wenn er dem Hauptvermieter nicht rechtzeitig Auskunft über Untermieterfragen gegeben hat, AG Köln WoM **90**, 377. Der fristlos gekündigte Mieter von Gewerberäumen hat mangels sofortiger Räumung Klaganlaß gegeben, Mü ZMR **01**, 616. Der Mieter hat überhaupt Anlaß zur Räumungsklage gegeben, wenn er nicht räumen will, Rn 52.

Kein Klaganlaß: Der Mieter hat grundsätzlich für die Eigenbedarfsklage keinen Anlaß gegeben, wenn sie **48** erst die Kündigung enthielt, LG Münst WoM **91**, 105, oder wenn die letztere erst nachfolgte, LG BadBad WoM **96**, 472, oder wenn der Mieter vor Rechtshängigkeit auszog, LG BadBad WoM **96**, 473. Er hat nicht schon deshalb zur Räumungsklage Anlaß gegeben, weil er der Kündigung wegen Berufung auf die nicht derzeit „herrschende" Meinung widersprach, aM LG Köln WoM **93**, 541 (aber die „herrschende" Meinung ist ein ohnedies problematischer Begriff, Einl III 47). Er hat für eine Mietzinsklage keinen Klaganlaß gegeben, wenn der Vermieter den Betrag schon am Tag nach dessen Fälligkeit im Mahnverfahren geltend gemacht hat, AG Miesbach WoM **80**, 82, oder wenn das wenigstens in der Schonfrist geschah, LG BadBad WoM **96**, 472, oder wenn er das Mahnverfahren ohne Einschaltung der Hausverwaltung schon beim erstmaligen Rückstand einleiten läßt, AG Köln WoM **87**, 144. Der Mieter hat keinen Anlaß für eine Klage des Vermieters auf die Bezahlung von Mietnebenkosten gegeben, wenn er die Nebenkosten erst sofort nach dem Erhalt einer objektiv nachprüfbaren Nebenkostenabrechnung anerkannt hat, LG Kiel WoM **77**, 14, AG Brühl WoM **97**, 631.

Solange infolge einer erkennbaren *Unvollständigkeit* des vom Vermieter zur Begründung eines Mieterhöhungsverlangens verwendeten Gutachtens in Wahrheit noch kein wirksames Erhöhungsverlangen vorlag, hat der Mieter zur Zustimmungsklage *keinen* Anlaß gegeben, AG Bonn WoM **83**, 56. Er hat zu ihr auch keinen Anlaß gegeben, wenn er nicht nach § 558 BGB wirksame Zustimmungsverlangen erhalten hat, LG Bln ZMR **87**, 310, AG Trier WoM **04**, 343. Ein nur vorsorglicher Widerspruch gegen die Vermieterkündigung gibt nicht stets einen Anlaß zur Räumungsklage, LG Düss WoM **93**, 465. Der Mieter hat zur Klage nach § 259 keinen Anlaß gegeben, wenn der Vermieter nach einem Anerkenntnis der Räumungspflicht durch den Mieter nicht eine Einigung über den Räumungstermin versucht hat, AG Olpe WoM **96**, 352.

S auch Rn 52 „Räumung", Rn 63 „Vermieterpfandrecht".

Nachgutachten: Der Bekl hat auch bei einer Möglichkeit des Klägers zur Einholung eines vorprozessualen Nachgutachtens evtl Klageveranlassung gegeben, aM LG Düss VersR **05**, 1278 (zu streng).

Nachlaßanspruch: Rn 38 „Erbe". **49**

Nichtigkeitsklage: Der Bekl hat einen Anlaß zur Klage nach § 579 gegeben, wenn der Kläger die Nichtigkeitsgründe glaubhaft dargelegt hat. Vor Erhebung einer Nichtigkeitsklage wegen unwirksamer Gesellschaftsbeschlüsse einer GmbH braucht der Kläger die GmbH jedenfalls dann nicht abzumahnen, wenn eine Eintragung mit Rechtsschein zu befürchten ist, Ffm DB **93**, 35.

S auch Rn 50 „Patentverfahren".

Patentverfahren: Der Patentinhaber hat durch eine Verletzungsklage dem Bekl Veranlassung zur Nichtig- **50** keitsklage gegeben, ohne daß dieser den Inhaber zum Verzicht aufgefordert haben muß, BPatG GRUR **87**, 233.

Der Nichtigkeitsbekl hat *keinen Klaganlaß* gegeben, wenn er erst aus der Klage das entscheidende Material erfuhr, BPatG GRUR **83**, 504, aM (für § 91 a) BPatG GRUR **87**, 233.

Protest gegen die Kosten: Rn 33, 34, 64 „Verwahrung gegen die Kosten".

Prozeßkostenhilfe: Der Bekl hat einen Klaganlaß gegeben, wenn er die Forderung erst nach der Bewilligung der Prozeßkostenhilfe anerkennt, Karlsr FamRZ **04**, 1659. Ein Anerkenntnis bereits während des Bewilligungsverfahrens kann den Klaganlaß je nach der Lage des Einzelfalls beseitigen, Naumb FamRZ **01**, 923, aM LG Ludwigslust FamRZ **05**, 643, aM Karlsr FamRZ **02**, 1132.

Prozessuales Verhalten: Neben dem vorprozessualen Verhalten nach Rn 65 kann auch das Verhalten im **51** Prozeß für die Frage der Klagveranlassung Bedeutung haben. Das gilt zunächst für das Verhalten des Klägers, etwa dann, wenn es sich nicht um eine kalendermäßig fällige Forderung handelt und wenn der Kläger den Bekl nicht zur Erfüllung aufgefordert hat. Es gilt aber auch für das Verhalten des Bekl. Es kann zB erheblich sein, ob der Bekl zwar ein Anerkenntnis ausspricht, in Wahrheit aber die sachlichrechtliche Verpflichtung bestreitet, oder ob er ein Versäumnisurteil gegen sich ergehen läßt, dann aber Einspruch einlegt und sich nun auf § 342 beruft usw, Ffm MDR **84**, 149, Köln RR **88**, 187, ZöHe 3, aM BGH NJW **79**, 2041, Mü MDR **84**, 409 (aber es kommt auf das Gesamtverhalten an).

Räumung: Vgl zunächst den in seinem Bereich vorrangigen § 93 b. Im übrigen gilt: **52**

Klaganlaß: Der Mieter hat zu einer Räumungsklage Anlaß gegeben, wenn er zu erkennen gegeben hat, daß er nicht räumen will, Ffm OLGR **96**, 203, Das gilt zB dann, wenn er dem Vermieter nach einer ordnungsgemäß mitgeteilten Kündigung trotz Aufforderung keinen bestimmten Auszugstermin mitgeteilt und zugesichert hat, Mü ZMR **99**, 255 (evtl Ausnahme bei bloßer Bitte um kurze Räumungsfrist), LG Frankenth WoM **90**, 527, LG Zwickau WoM **97**, 335, aM Hamm ZMR **96**, 449 (aber es kommt auf den eindeutigen Auszugswillen an), oder wenn er nicht eine fehlerhafte Kündigungsfrist in eine objektiv richtige umgedeutet hat, LG Köln WoM **93**, 541, aM LG Gött WoM **91**, 266 (aber auch der Mieter muß sich um eine vernünftige Auslegung bemühen).

Kein Klaganlaß: Der Mieter hat keinen Anlaß für die Räumungsklage gegeben, wenn er die Kündigung erst bei oder nach der Klagezustellung erhalten hat und wenn ihn der Vermieter vorher weder zur Räumung aufgefordert noch ihm einen Räumungsprozeß angekündigt hatte, KarlsrRR **90**, 978, LG Freibg WoM **97**, 335, oder wenn der Mieter schon vor der Zustellung der Räumungsklage auszog, LG BadBad WoM **93**, 473.

S auch Rn 47, 48.

Rechtsänderung: Der Bekl, der den Anspruch zunächst zutreffend abgelehnt hat, hat *keinen* Klaganlaß gegeben, wenn sich die Rechtslage erst nachträglich zugunsten des Klägers ändert und wenn der Bekl sich auch unverzüglich auf diese Änderung einstellt, Celle OLGR **02**, 125, VGH Mannh NJW **91**, 859.

§ 93

Rechtsschutzbedürfnis: Man darf das Merkmal der Klageveranlassung nicht mit der Notwendigkeit eines Rechtsschutzbedürfnisses verwechseln. Beim Fehlen dieser Prozeßvoraussetzung nach Grdz 33 vor § 253 muß das Gericht die Klage durch ein Prozeßurteil als unzulässig abweisen. Beim Fehlen des Klaganlasses erfolgt lediglich eine bestimmte Kostenregelung im Zusammenhang mit einer Sachentscheidung.
Rechtsvorgänger: Der Rechtsnachfolger muß sich den vom Rechtsvorgänger geschaffenen Klaganlaß zurechnen lassen.
S auch Rn 38 „Erbe".

53 **Sachliches Recht:** Es kommt *nicht* stets auf die materielle Rechtslage an, Hamm OLGR **93**, 182, Schlesw JB **82**, 1569, Stgt OLGR **98**, 414.
Schadensersatz: Notwendigkeit einer Überprüfungszeit. Der Bekl hat *keinen* Klaganlaß gegeben, wenn ihm der Schädiger nicht eine ausreichende Zeit zur Überprüfung der Forderung gegeben hat, Rostock MDR **01**, 935. Das gilt trotz des Grundsatzes, daß eine fällige Geldforderung sofort bei Fälligkeit zu bezahlen ist, Rn 42. In Wahrheit gehört zur richtig verstandenen Fälligkeit die Vorlage ausreichend beigefügter Belege, soweit der Schuldner Art und Umfang des Schadens noch nicht selbst ausreichend übersehen und vor allem beziffern konnte. Treu und Glauben, § 242 BGB, erfordern eine gewisse Frist zur Überprüfung. Das gilt grds bei allen Arten von Schadensersatzforderungen und gegenüber allen Arten von Schuldnern, auch zB gegenüber dem Fiskus. Es gilt jedenfalls dann, wenn er einen Zwischenbescheid gibt, LG Bonn VersR **78**, 356. Andererseits kann der Schuldner vom Gläubiger nicht immer von vornherein den vollständigen Nachweis einer spezifizierten Schadensaufstellung verlangen, es sei denn, inzwischen wäre zB schon eine Reparatur durchgeführt, Köln VersR **88**, 1165 (dann nützt dem Gläubiger auch ein vorher eingeholtes Schadensgutachten nicht mehr).

54 *Versicherungsfragen:* Die vorstehenden Regeln gelten insbesondere im Verhältnis zwischen dem Geschädigten und der Haftpflichtversicherung des Schädigers, Rostock MDR **01**, 935. Sie gelten aber auch im Verhältnis zwischen Versicherungsnehmer und seiner Versicherung. Die Versicherung muß die Möglichkeit einer Schadensbesichtigung gehabt haben, Ffm VersR **97**, 645. Soweit Allgemeine Geschäftsbedingungen die Notwendigkeit eines Amtsarztattests vorsehen und der Versicherungsnehmer dieses nicht vorlegt, liegt *kein* Klaganlaß vor, Hamm VersR **83**, 1121.

55 Zur Prüfung muß die Versicherung unabhängig von einer tatsächlich gesetzten *Frist*, AG Münsingen VersR **97**, 893, eine nach den gesamten Fallumständen angemessen Frist erhalten, Ffm VersR **97**, 645, Saarbr AnwBl **92**, 397, AG Würzb VersR **02**, 1098. Eine vertragliche Frist reicht aus, auch wenn sie durch Allgemeine Geschäftsbedingungen bestimmt worden ist. Eine Frist von nur 5 Arbeitstagen ist regelmäßig zu kurz, Mü VersR **79**, 479, auch eine solche von nur 8 Arbeitstagen, Köln VersR **83**, 451, Mü VersR **79**, 480, auch eine solche von 10 Tagen, wenn der Versicherer innerhalb dieser Frist immerhin 2/3 der Forderung bezahlt und wegen des Rests eine Prüfung zugesagt hatte. Natürlich muß man die selbst gesetzte Frist abwarten, Ffm JB **92**, 164 (zu § 91 a). Auch eine Frist von 2 Wochen kann zu kurz sein, LG Düss VersR **81**, 582, LG Ellwangen VersR **81**, 564. Es kann vielmehr eine Frist von 3–4 Wochen notwendig sein, Ffm VersR **97**, 645, LG Köln VersR **89**, 303, LG Zweibr VersR **87**, 291, oder eine solche von 4–6 Wochen, Rostock MDR **01**, 935. Das gilt insbesondere bei einem ausgefallenen Sachverhalt, Karlsr VersR **80**, 877 (Stationierungsschaden), oder dann, wenn in die Frist eine Reihe von Feiertagen fällt, LG Ellwangen VersR **81**, 564 (Weihnachtszeit).

56 Allerdings darf der Versicherer auch *nicht allzulange zögern,* also grds nicht mehr, wenn er alle Unterlagen erhalten hat, Hamm VersR **99**, 436, oder wenn der Versicherungsnehmer annehmen kann, die Ermittlungen seien beendet, Karlsr VersR **93**, 1547, oder nach dem Ablauf mehrerer Monate, auch nicht in einem Normalfall. Das gilt selbst dann, wenn weder der Versicherungsnehmer noch der Geschädigte die längst erhoffte erbetene Akteneinsicht erhielten. Denn sonst müßte der Geschädigte allzulang warten. Mag der Versicherer unter Vorbehalt zahlen, aM Hamm VersR **88**, 1039 (aber wo läge die Zeitgrenze?).

Daher ist ein Prüfungszeitraum von etwa *4 Monaten* selbst nach einer Anzahlung *zu lang*, LG Mannh VersR **83**, 962. In einem Fall mit Auslandsberührung muß man zwar eine längere Prüfungsfrist als normal zubilligen, LG Trier VersR **73**, 189. Jedenfalls im Fall einer Grünen Versicherungskarte darf die Frist aber auch hier nicht allzulang andauern, also nicht mehrere Monate.

57 Nach einem *Sachverständigenverfahren* darf der Versicherer nicht wesentlich länger als die in § 11 AVB genannten 14 Tage bis zur Fälligkeit zögern, Hamm VersR **86**, 1173, LG Schweinf VersR **90**, 618.

58 Hat der Gegner einen *Vergleichsvorschlag* gemacht, so darf der Bekl nach Ablauf der Äußerungsfrist noch eine kurze Zeit prüfen. Nach dem Scheitern eines Regulierungsversuchs hat der Versicherer insofern etwa 8 Tage zur Zahlung Zeit, Köln VersR **83**, 451. Je früher der Versicherer eine Haftungsquote anerkannt und eine Teilzahlung geleistet hat, desto länger kann er endgültig prüfen. Soweit er trotz wiederholter Forderung 6 Wochen hindurch weder zahlt noch eine Zahlung ankündigt, liegt ein Klaganlaß vor. S auch Rn 42, 43.
Schlüssigkeit: Rn 59 „Unschlüssigkeit".
Schuldbefreiung: Rn 41 „Freistellung".
Schuldrechtliche Klage: Rn 42, 43, 53 ff, 60 ff.
Stufenklage: Ergibt die Auskunft, daß ein Leistungsanspruch besteht, muß man zur Kostenklage überwechseln, BGH MDR **94**, 717, Vogel FamRZ **95**, 370.
Teilanspruch: Wegen § 266 BGB reicht ein Teilanerkenntnis grds nicht, Schlesw DAVorm **79**, 176. Eine Ausnahme mag bei § 242 BGB gelten, Hamm FamRZ **97**, 1413, Schlesw SchlHA **83**, 138, LG Magdeb DAVorm **96**, 296. Der Schuldner mag für ihn *keinen* Klaganlaß gegeben haben, Brdb RR **00**, 326 rechts.
Telefax: Hat sich der Absender geweigert, die verlangte Originalerklärung ebenfalls zu übersenden, so bestehen die Wiederholungsgefahr und damit ein Klaganlaß fort, Mü NJW **93**, 3146.

59 **Überschuldung:** Der überschuldete Bekl hat trotz eines wirksamen sofortigen Anerkenntnisses bei der stets erforderlichen Einbeziehung von Treu und Glauben nach § 242 BGB, Einl III 54 trotzdem einen Klaganlaß gegeben. Denn der Kläger hat schon wegen etwa späterer Vermögensverbesserung des Bekl ein Rechtsschutzbedürfnis auf den Erhalt eines Vollstreckungstitels, Ffm MDR **80**, 855, Köln MDR **82**, 584.

Titel 5. Prozesskosten **§ 93**

Unfallschaden: Rn 53 ff.
Unpfändbarkeit: S „Überschuldung".
Unschlüssigkeit: Der Schuldner hat *keinen* Klaganlaß gegeben, soweit die Klage unschlüssig war, Köln MDR **00**, 910, Schlesw JB **00**, 657, Naumb FamRZ **03**, 1576, aM Hamm MDR **90**, 637, Düss (5. ZS) MDR **99**, 1349, ZöHe 6 „Unschlüssige Klage" (aber die Notwendigkeit, auch bei Unschlüssigkeit nach wirksamem Anerkenntnis gemäß § 307 Rn 14 ohne Sachprüfung zu verurteilen, hat schon wegen § 308 II nicht auch eine Bindung im Kostenpunkt zur Folge).
Unsicherheit: Bestand eine in der Natur der Sache liegende Unsicherheit zur Höhe des Anspruchs und hat der Bekl eine als vertretbar auszusehende Summe geboten, so mag ein Klaganlaß *gefehlt* haben, Schlesw JB **93**, 620 (aber Vorsicht!).
Unterbrechung: Wenn der Rechtsnachfolger im Fall des § 239 zur Fortsetzung des Rechtsstreits keine Veranlassung gegeben hatte und wenn er zur Fortsetzung des Rechtsstreits geladen wurde, ohne den Prozeß zu kennen oder verzögert zu haben, hat er *keinen* Klaganlaß gegeben.
Unterhalt: Der Schuldner hat im allgemeinen erst vom Eintritt eines Verzugs an einen Klaganlaß gegeben, Mü **60** FamRZ **93**, 454. Der Anlaß kann in einer Verweigerung des Realsplittings liegen, Hamm FamRZ **91**, 830. Bei einer Klage auf künftigen Unterhalt hat er nur im Fall einer objektiv vorliegenden Besorgnis der Verweigerung der Erfüllung einen Klaganlaß gegeben, Hbg FamRZ **81**, 583, Hamm FamRZ **92**, 832, Stgt RR **01**, 1010. Ein Klaganlaß kann infolge des Antrags auf eine zweite vollstreckbare Ausfertigung eintreten, Hamm FamRZ **99**, 725, oder infolge Verweigerung der Erfüllung einer erforderlichen Auskunft, Hamm FamRZ **99**, 1153.
Der Schuldner hat *keinen* Klaganlaß gegeben, wenn der Kläger den Klaganspruch trotz einer Aufforderung des Bekl nicht vorprozessual beziffert und belegt hatte, Düss AnwBl **82**, 485, Karlsr FamRZ **84**, 584, Kblz FamRZ **86**, 826 (zustm Bosch). Das gilt auch, wenn der Auskunftspflichtige rechtzeitig zur eidesstattlichen Versicherung bereit war, Mü MDR **88**, 782, Nürnb FamRZ **86**, 87. Es gilt allerdings nicht, wenn der Schuldner die erforderliche Auskunft zwar als Pflicht anerkannt, aber noch nicht gegeben hat, Bbg JB **89**, 690, Schlesw SchlHA **79**, 39, oder wenn er schon seit langem gezahlt hatte, Bre FamRZ **96**, 886. Vgl auch § 93 d.
Ein Klaganlaß *fehlt auch* insoweit, als der Erzeuger die Vaterschaft *anerkannt,* zwar die Unterschrift unter **61** einer Zahlungsverpflichtungsurkunde verweigert, aber den Unterhalt regelmäßig zahlt und keine Unterbrechung seiner Zahlung oder andere Unregelmäßigkeiten androht, Ffm FamRZ **98**, 445, Oldb FamRZ **03**, 1575, Stgt RR **01**, 1010, aM Düss FamRZ **94**, 1484, Nürnb MDR **02**, 886, AG Königswinter FamRZ **93**, 468 (aber dann besteht meist kein derzeitiges Rechtsschutzbedürfnis, Grdz 33 vor § 253).
Soweit der Schuldner den in Wahrheit bereits für den fraglichen Zeitraum voll geschuldeten Unterhalt **62** nach § 266 BGB unzulässigerweise nur *teilweise* anbietet, gibt er dem Gläubiger trotz dieses Angebots einen Anlaß zur Erhebung der vollen Unterhaltsklage für diesen Zeitraum, Köln RR **98**, 1703, Nürnb RR **01**, 1377, Zweibr FamRZ **02**, 1131, aM Brschw OLGR **98**, 332, Hamm FamRZ **93**, 712, Karlsr FamRZ **85**, 955 (bei einem nur geringen Rest. Aber auch einen kleinen Betrag darf und muß man einklagen, um vollstrecken zu können).
Ein Klaganlaß *fehlt* aber, wenn der Bekl sofort nach der *Auswechslung des Unterhaltszeitraums* durch den Kläger anerkennt, Bbg FamRZ **89**, 520, oder soweit er den Sockelbetrag stets zahlte und alles auch anerkennt, selbst wenn er dann auch zum bestrittenen Spitzenbetrag verurteilt wird, Nürnb MDR **99**, 1397, oder soweit der Schuldner zahlte und den Gläubiger vor einer Abänderungsklage nicht zum entsprechenden Verzicht aufforderte, Oldb FamRZ **00**, 1514 (zustm Warfsmann), aM Brdb FamRZ **03**, 1577 (aber der Kläger will jetzt mehr als vorher).
Unterlassung: Rn 31 „Abmahnung", Rn 58 „Telefax", Rn 63 „Verjährung", Rn 67 „Wettbewerbssache".
Unzuständigkeit: Rn 84 „Zuständigkeit".
Urkundenprozeß: Ein Vorbehalt gegen die Kosten kann im Nachverfahren zur Kostenlast führen, Schwarz ZZP **110**, 181.
Verbraucherverband: Er braucht *nicht* schon wegen § 93 die Namen der Mitglieder offenzulegen, Ffm GRUR-RR **01**, 287.
Verbindlichkeit, Befreiung von: Rn 41 „Freistellung". **63**
Verfrühte Klage: Rn 40.
Verjährung: Die Einrede der Verjährung bis zur Klärung etwa der Frage, wann ein Mahnbescheid zugestellt worden ist, kann *unschädlich* sein. Eine Aufforderung zum Verzicht auf die Verjährungseinrede ist nicht erforderlich, insbesondere nicht, solange keinerlei (Unterlassungs-)Titel vorliegt, Hamm GRUR **92**, 563.
Vermieterpfandrecht: Der Bekl hat wie bei einer Widerspruchsklage *keinen* Klaganlaß gegeben, soweit der angebliche Eigentümer nicht sein Eigentum glaubhaft gemacht hat.
Versäumnisverfahren: Der Bekl kann trotz rechtzeitigen Einspruchs und trotz der dann evtl eintretenden Rückwirkung nach § 342 sehr wohl schon zur Erhebung der Klage Anlaß gegeben haben, Köln FamRZ **92**, 831.
Verschulden: Es braucht *nicht* stets vorzulegen, Zweibr JB **82**, 1083.
Versicherungsfragen: Rn 45 „Klagefrist".
Vertagung: Soweit das Gericht eine Vertagung angeordnet hatte, kommt es darauf an, ob der Bekl im vertagten Termin zur Hauptsache einen Antrag hätte stellen können und müssen, aM ZöHe 6 „Vertagung" (§ 93 sei nach Vertagung stets unanwendbar). Aber es gelten die normalen Regeln, insbesondere bei vom Gericht oder vom Kläger verschuldeter Vertagung.
Vertreter: Er muß sich anrechnen lassen, daß der Vertretene einen Klaganlaß gegeben hatte. **64**
Verwahrung gegen die Kosten: Die beliebte Formulierung des Bekl, er erkenne an, verwahre sich aber gegen die Kosten und protestiere gegen sie, ist wie jede vorprozessuale Willenserklärung oder prozessuale Parteiauslegung auslegbar, Grdz 52 vor § 128. Das Gericht muß sie darauf prüfen, ob der Bekl eine den Klaganlaß gebende Bedingung des Anerkenntnisses oder nur eine Bitte aussprechen wollte, ungeachtet eines unbedingten Anerkenntnisses von Kosten möglichst verschont zu bleiben.
S auch Rn 33, 34.

§ 93

Verzug: Solange er im Sinn der §§ 286 ff BGB fehlt, kann ein Klaganlaß *fehlen*. Vgl freilich Rn 42 „Geldforderung". Ein Klaganlaß liegt jedenfalls vor, soweit der Bekl schon jetzt die Erfüllung endgültig verweigert hatte und schon eine Klage auf künftige Leistung nach §§ 257 ff zulässig ist. Auch die Zustellung einer Stufenklage in einfacher Abschrift schafft Verzug, Brschw FamRZ **95**, 876.
Vom *Eintritt* des Verzugs an hat der Bekl meist unabhängig vom prozessualen Verhalten des Klägers einen Klaganlaß gegeben, Mü ZMR **99**, 255.
Vollstreckbarkeit: Zumindest beim streitig gewesenen Anspruch kommt es für § 722 auf das deutsche Recht an, Köln JMBlNRW **02**, 42.
Vollstreckungsabwehrklage: Der Bekl hat als Gläubiger des Vorprozesses zum nachfolgenden Prozeß Klaganlaß gegeben, wenn er nicht die Vollstreckungsmaßnahmen aus dem Urteil aufgehoben und dessen Herausgabe nicht angeboten hat, Mü BB **00**, 744. Das gilt erst recht, soweit er auf Grund eines nichtigen Vollstreckungstitels vorgegangen ist, Hamm OLGR **96**, 27, oder soweit er eine weitere vollstreckbare Ausfertigung beantragt hat, Hamm FamRZ **99**, 725, oder sonstwie eine unberechtigte Vollstreckung betreibt, Köln RR **99**, 1520.
Er hat *keinen* Klaganlaß gegeben, wenn er dem Schuldner gegenüber zum Ausdruck bringt, auf die Durchsetzung des Anspruchs zu verzichten, zumindest sofern ein diesbezüglicher Vergleich möglich ist, Köln MDR **96**, 197 (warum eigentlich diese weitere Bedingung?).
Vorbehalt: Rn 38 „Einwendung".
Vormerkung: Rn 35 „Bauhandwerkerhypothek".
65 **Vorprozessuales Verhalten:** Das Verhalten des Bekl vor dem Prozeß ist von meist entscheidender Bedeutung dafür, ob er einen Klaganlaß gegeben hat, BGH NJW **79**, 2041, Köln RR **88**, 187.
S auch Rn 40, 51.
Vorzugsrecht: § 805: Rn 82.
66 **Wechselprozeß:** Der Bekl hat *keinen* Klaganlaß gegeben, solange ihm der Kläger den Wechsel nicht vorgelegt hat. Denn die Wechselforderung wird erst dann fällig, Art 38 I WG, Saarbr MDR **81**, 676.
67 **Wettbewerbssache:** Es gelten im wesentlichen die folgenden Regeln.
Abmahnung, dazu *Köhler,* „Abmahnverhältnis", „Unterwerfungsverhältnis", Festschrift für *Piper* (1996) 309; *Köhler,* Erstattungsfähigkeit von Abmahnkosten, in: Festschrift für *Erdmann* (2002); *Lührig,* Die Behandlung von Mehrfachverstößen gegen strafbewährte Unterlassungserklärungen, in: Festschrift für *Helm* (2002); *Steinmetz,* Der „kleine" Wettbewerbsprozeß, 1993; *Wilke/Jungeblut,* Abmahnung, Schutzschrift und Unterlassungserklärung im gewerblichen Rechtsschutz, 2. Aufl 1995: Es richtet sich nach den Gesamtumständen des Einzelfalls, ob der Gläubiger den Schuldner vor der Klagerhebung oder vor dem Antrag auf eine einstweilige Verfügung abmahnen muß, um anschließend einen entsprechenden Anlaß zu haben. Man muß also weder stets abmahnen, noch kann man eine Abmahnung grds oder gar stets entbehrlich.
68 Vielmehr muß man im Einzelfall *abwägen,* Drsd WettbR **99**, 17, Hbg MDR **02**, 716, Mü WettbR **99**, 239, strenger Düss GRUR-RR **01**, 200, KG NJW **93**, 3336, Zweibr GRUR **02**, 344 (diese fordern grds eine vorprozessuale Abmahnung), Mü RR **92**, 731, Borck NJW **81**, 2721, ThP 6 (sie fordern eine Abmahnung jedenfalls grds vor dem Antrag auf eine einstweilige Verfügung). Eine Abmahnung kann auch beim Eilantrag auf Sequestration flüchtiger Ware notwendig sein, Brschw GRUR-RR **05**, 103. Zur Problematik krit Prelinger AnwBl **84**, 472, Vogt NJW **80**, 1500.
69 Die Abmahnung ist *entbehrlich,* soweit ihre Erfolglosigkeit von vornherein voraussehbar ist (Vorsicht!), Hbg WettbR **96**, 94, Mü WettbR **99**, 239, Stgt WRP **81**, 116. Sie ist auch entbehrlich, soweit sie auf Grund besonderer Umstände dem Gläubiger unzumutbar ist, Düss WettbR **98**, 235 (Verzögerungsgefahr), Köln WettbR **00**, 303 (Markenpiraterie), LG Hbg GRUR-RR **04**, 191 (Tonträger/Internetverkaufsplattform). Das gilt etwa nach einem vorsätzlichen Wettbewerbsverstoß des Gegners oder in einer sonstigen Pressesache, Ffm GRUR **92**, 565, Köln GRUR **86**, 563, Mü RR **92**, 731, aM Oldb RR **90**, 1330 (aber Vorsatz verdient nun wirklich keine Nachsichtigkeit). Zumindest gilt das nach fortgesetzter Mißachtung des Verbots Rn 70, und zwar dann auch rückwirkend, Hbg MDR **02**, 716. An die Unzumutbarkeit muß man freilich wegen der Schnelligkeit moderner Nachrichtenübermittlungswege hohe Anforderungen stellen, KG NJW **93**, 3336 (Telefax, Stundenfrist), Schlesw WettbR **00**, 248.
70 Die Abmahnung ist *ferner entbehrlich,* wenn der Verletzer widerspricht, Stgt WRP **83**, 713, oder wem er im Hauptprozeß einen Verstoß bestreitet, Ffm GRUR **92**, 565. Sie ist entbehrlich, wenn der Verletzer trotz einer strafbewehrten Unterlassungsverpflichtung, die an sich die Wiederholungsgefahr beseitigen kann, BGH DB **96**, 771, kurz darauf einen erneuten Verstoß begangen hat, Ffm OLGR **97**, 47, Hbg GRUR **89**, 707, LG Nürnb-Fürth WRP **92**, 521, aM KG GRUR **87**, 942, Köln RR **87**, 1448 (aber solche Hartnäckigkeit verdient keinerlei Nachsicht mehr). Eine Abmahnung ist ferner entbehrlich, wenn der Verletzer eine vorausgegangene Unterwerfungserklärung widerrufen hat, Nürnb WRP **81**, 229, oder wenn zB in einer Messesache dann keine rechtzeitige Zustellung mehr möglich wäre, LG Köln GRUR **89**, 77, oder bei einer Sonderveranstaltung, Hamm OLGR **93**, 139, oder bei einem Räumungsverkauf usw, Nürnb WRP **81**, 342, oder dann, wenn es um eine verneinende Feststellungsklage geht, Hamm GRUR **85**, 84, LG Hbg RR **93**, 174, aM KG WRP **80**, 206, LG Köln GRUR **89**, 542 (aber dann muß meist sehr rasch Klarheit geben), oder wenn der Gegner die Abmahnungsfolgen kennt, KG NJW **05**, 2239 (Anwalt, Notar).
71 Die Abmahnung ist ferner meist dann *entbehrlich,* wenn besondere Umstände einen *erneuten Verstoß* aus der Sicht des Verletzten erwarten lassen, Köln RR **87**, 1448, Nürnb WRP **81**, 229. Sie ist jedenfalls nur dann erforderlich, wenn eine Verletzung begangen wurde, ferner dann, wenn ein Angestellter des Schuldners verboten handelte und wenn gegen den Betriebsinhaber selbst nichts spricht. Entbehrlichkeit bei Sequestation bedeutet solche auch bei zugehöriger Auskunft, Düss WettbR **98**, 235. Der Antragsteller muß die Entbehrlichkeit einer Abmachung beweisen, Mü WRP **96**, 930.
72 Soweit eine Abmahnung nach den Gesamtumständen *erforderlich* ist, muß sie eindeutig und *umfassend* sein, KG GRUR **88**, 242, Kblz WRP **83**, 700. Deshalb muß der Gläubiger den Schuldner unter anderem zur Abgabe einer ihm im Entwurf vorzulegenden sog strafbewehrten Unterlassungserklärung auffordern, Bre RR **88**, 625, Mü WettbR **98**, 65 (Vorsicht beim Telefon). Der Abmahner muß den Verstoß nachvoll-

Titel 5. Prozesskosten **§ 93**

ziehbar kennzeichnen, Stgt WettbR **96**, 281. Er muß den Abgemahnten instandsetzen, den Verstoß im Kern rechtlich zu würdigen, Bre RR **88**, 625, Kblz GRUR **81**, 671. Der Abmahner braucht zwar grds keine Belege beizufügen. Kündigt er sie aber an, trägt er die Beweislast für ihren rechtzeitigen Zugang, Rn 73. Der Abmahner kann zur Vorlage von Rechtsprechungsnachweisen verpflichtet sein, Ffm AnwBl **84**, 513.

Das Risiko des *Empfangs* trägt, wie stets, der Absender, Anh § 286 Rn 151–155, Drsd WettbR **99**, 17, **73** Düss OLGR **96**, 279, Stgt WettbR **96**, 163, aM Brschw NJW **05**, 373, Karlsr WettbR **97**, 128, Köln MDR **04**, 648 (sie übersehen aber das Problem, vgl auch Anh § 286 Rn 153 „Rechtsgeschäft").

Der Abmahner muß evtl ein Erwiderungsschreiben des Abgemahnten beantworten, Ffm JB **90**, 1217. **74** Er muß dem Empfänger eine nach den Gesamtumständen angemessene *Abmahnungsfrist* setzen, Köln WettbR **99**, 93. Eine zu kurze Frist ist kostenschädlich, Ffm WettbR **97**, 46, Karlsr WRP **96**, 1214, Mü OLGR **94**, 177 (je: Umdeutung in eine angemessene Frist). Der Schuldner darf eine objektiv angemessene Frist nicht überschreiten, Köln WettbR **99**, 93, Mü GRUR **80**, 1018. Er darf sie allerdings dann, wenn der Gläubiger keinen abweichenden Schlußzeitpunkt genannt hat, bis zum letzten Tag 24 Uhr ausnutzen. Der Abmahner muß auch in diesem Fall bis zum Fristablauf warten, Düss JB **87**, 1407, evtl bis 12 Uhr des folgenden Tags, KG GRUR **79**, 740. Er muß evtl sogar ein weiteres Mal abmahnen, KG DB **86**, 372 (auch zu den Grenzen dieser Anforderung. Rechtspolitisch Sack BB **86**, 954). Eine Abmahnfrist von nur wenigen Stunden kann zB bei der Gefahr einer Wiederholung einer Zeitungsanzeige ausreichend sein, Stgt WRP **83**, 305, eine solche von unter einer Stunde grundsätzlich nicht, Ffm WettbR **97**, 46. Wenn es freilich zB um einen Schlußverkauf geht und der Schuldner eine Karenzzeit vorher mißachtet hat, kann eine nur ganz kurze Abmahnfrist völlig ausreichen. Sie kann dann sogar ganz entbehrlich sein, Hbg GRUR **75**, 39 und 41. Je stärker für den Gläubiger der Eindruck entstehen konnte, der Schuldner wolle nur Zeit gewinnen, desto kürzer kann sich unter einer Abmahnfrist sein oder gar wegfallen, Düss DB **85**, 1076. Es sind evtl im Eilverfahren und in der Hauptsache unterschiedliche Fristen nötig, Mü BB **98**, 1443.

Die *Abmahnform* richtet sich nach den Gesamtumständen. Im Fall besonderer Eilbedürftigkeit kann zB **75** eine mündliche Abmahnung zulässig und ausreichend sein, Ffm JB **95**, 324, oder eine telefonische, aM Hamm OLGR **93**, 139 (aber es kommt wie stets auf die Gesamtumstände an). Sonst ist die Schriftform erforderlich und üblich, Hamm WRP **79**, 563, aM Ffm WRP **84**, 416 (aber es soll über Text und Frist Klarheit herrschen). Freilich ist auch zB ein Telefax usw ausreichend, KG NJW **93**, 3336. Die Erstattung von Anwaltskosten richtet sich nach § 91, AG Bad Kreuznach WettbR **99**, 208. Eine sachlichrechtliche Vollmacht entsprechend § 174 BGB wird meist gefordert, Düss WettbR **99**, 263, Nürnb NJW **91**, 1393, PalH § 174 BGB Rn 1, aM Karlsr RR **90**, 1332, Köln WRP **85**, 361 (aber auch sie dient der Klarheit). Eine Prozeßvollmacht ist zumindest auf Anforderung im Original vorzulegen, § 80 Rn 11, Drsd WettbR **99**, 140, Düss AnwBl **01**, 311, Stgt WettbR **00**, 125. Ein Zugang bei der in der beanstandeten Werbung genannten Filiale reicht, Naumb WettbR **99**, 241.

Der Abgemahnte gibt *Klaganlaß*, wenn er nur die Vollmachtsvorlage fordert, ohne eine Verpflichtungs- **76** erklärung anzukündigen, Hbg NJW **86**, 2119, aM Düss AnwBl **01**, 311, oder wenn er während einer erbetenen und gewährten Bedenkzeit einen weiteren Verstoß begeht, Ffm RR **87**, 37, oder wenn er nicht oder nur unzureichend reagiert, Ffm JB **85**, 131, zB wenn er nur erwidert, sein zuständiger Mitarbeiter sei im Urlaub und werde später antworten, Ffm GRUR **87**, 732, oder wenn er statt einer bestimmten Summe die „gerichtlich festzusetzende" Vertragsstrafe verspricht, KG DB **87**, 272 (dann kann freilich eine nochmalige Abmahnung erforderlich werden), oder wenn er eine frühere Unterwerfungserklärung völlig widerruft, Nürnb WRP **81**, 229. Der Abgemahnte braucht nicht vor Erhebung einer verneinenden Feststellungsklage seinerseits abzumahnen, Stgt WettbR **00**, 101, LG Hbg RR **93**, 173. Er muß nur im Rahmen der Abmahnung antworten, Kblz WRP **83**, 687, Mü WRP **93**, 42.

Abschlußschreiben: Wenn der Gläubiger eine einstweilige Verfügung erwirkt hat, muß er den Schuldner **77** unter Umständen in einem sog Abschlußschreiben auffordern, den Sachverhalt des Eilverfahrens „als Hauptsacheentscheidung" anzuerkennen, BGH WRP **83**, 264, Schlesw SchlHA **99**, 107, Zweibr GRUR-RR **02**, 344, und folglich auf die Einlegung aller Rechtsbehelfe nach §§ 924, 926, 927 verzichten, Hbg WettbR **96**, 64, Köln WettbR **99**, 92, Zweibr GRUR-RR **02**, 344, einschließlich einer etwaigen Einrede der Verjährung, Köln GRUR **99**, 96. Er muß dann zumindest auf die Einlegung eines Widerspruchs verzichten, bevor ein Klaganlaß für eine anschließende Klage zur Hauptsache (Hauptklage) gegeben ist, BGH WRP **83**, 264, Karlsr WettbR **96**, 257, Köln WRP **88**, 646. Ein solches Abschlußschreiben ist insbesondere dann erforderlich, wenn die einstweilige Verfügung den Streit praktisch erledigen könnte, weil sich der Antragsgegner möglicherweise nach ihr richten mag, KG WRP **81**, 277 und 583, Wedemeyer NJW **79**, 298.

Ein Abschlußschreiben ist erst recht grds dann erforderlich, wenn bereits eine mündliche *Verhandlung* **78** über den Widerspruch des Schuldners im Eilverfahren stattgefunden hat und wenn dort nur noch ein Urteil bevorsteht, Düss GRUR **84**, 81, aM Hbg GRUR **89**, 458 (aber dann muß sich der Abgemahnte entscheiden können). Das Abschlußschreiben braucht nicht ausdrücklich eine Frist zu setzen und Klage anzudrohen, Zweibr GRUR-RR **02**, 344. Soweit der Antragsteller das Abschlußschreiben vor dem Ablauf einer objektiv angemessenen Frist nach dem Erlaß der einstweiligen Verfügung usw absendet, kann ein Anlaß zur Erhebung der Klage in der Hauptsache (Hauptklage) *fehlen*, Köln GRUR **88**, 646 (12 Tage), Celle WRP **96**, 757 (12–14 Tage), AG Mönchengladb RR **86**, 342 (1 Monat, sehr großzügig), Lindacher BB **84**, 639, aM Düss MDR **01**, 344, Hamm GRUR **91**, 336 (aber das ist jeweils zu großzügig). Eine Abschlußerklärung nach Fristablauf hilft bei § 93 nicht mehr, Köln WettbR **99**, 93.

Es kann sogar ein *zweites* Abschlußschreiben nötig werden, Düss GRUR **91**, 479, Köln GRUR **88**, 646. **79** Der Gläubiger braucht allerdings mit dem Abschlußschreiben nicht auch bis zur Rechtskraft der zu seinen Gunsten ergangenen einstweiligen Urteilsverfügung zu warten, LG Hbg RR **88**, 252. Ein Abschlußschreiben ist ungeeignet, die Wiederholungsgefahr zu beseitigen, wenn der Störer zB statt des vom Gläubiger geforderten Verzichts auf „alle Rechte aus den §§ 926, 927" nur einen solchen „insbesondere auf die Rechte aus § 926" erklärt, Hamm GRUR **93**, 1002, oder wenn der Störer nach einer strafbewehr-

§ 93 Buch 1. Abschnitt 2. Parteien

ten Unterlassungsverpflichtung eine erneute Zuwiderhandlung begangen hat, Hamm BB **90**, 2074. Zumindest kann der Schuldner zwischen Abschlußschreiben und Unterwerfung wählen, Karlsr WettbR **98**, 140. Eine nur mündliche Abschlußerklärung reicht grds nicht, KG GRUR **91**, 258, erst recht nicht eine stillschweigende, großzügiger Stgt WRP **96**, 152 (aber es muß nun endlich Klarheit eintreten). Ein zweites Abschlußschreiben des Gläubigers ist entbehrlich, nachdem der Schuldner einen Widerspruch gegen die einstweilige Verfügung zurückgenommen hat, Hamm MDR **99**, 372.

80 *Geschmacksmustergesetz:* Zur Problematik beim Geschmacksmusterverstoß Ffm GRUR **84**, 758, Hbg GRUR **88**, 241. *Patentgesetz:* Wenn der Gläubiger einen Schutz beansprucht, der den Wortlaut eines Patents hinausgeht, dann muß er den Schuldner vorprozessual ausdrücklich auf diesen Schutzanspruch hinweisen und den Umfang des Unterlassungsbegehrens eindeutig abgrenzen, Düss GRUR **80**, 135. Aus der Reaktion auf die Abmahnung ergibt sich dann, ob ein Klaganlaß besteht, Schulte GRUR **80**, 472.
S auch Rn 33, 34.

81 **Widerspruch:** Rn 34.

82 **Widerspruchsklage,** § 771: Die Frage, ob der Bekl einen Klaganlaß gab, hängt von dem Gesamtumständen des Einzelfalls ab. Im allgemeinen muß der Kläger diejenigen Urkunden vorlegen, die das Recht beweisen sollen, das die Veräußerung hindert. Er muß überhaupt das die Veräußerung verhindernde Recht sorgfältig darlegen und nach § 294 glaubhaft machen, Ffm GRUR **90**, 1535, Mü WertpMitt **79**, 292. Der Gläubiger gibt eine Veranlassung zur Drittwiderspruchsklage, soweit er die Bemühung eines Dritten vereitelt, den Streit außergerichtlich beizulegen, Mü VersR **93**, 497. Wenn es um eine Sicherungsübereignung geht, muß der Kläger zB nicht nur die Übereignungsurkunden vorlegen, sondern auch diejenigen Unterlagen, aus denen sich ergibt, welchen Bestand die gesicherte Forderung derzeit hat, zB die Kontoauszüge.
Der Bekl hat *keinen* Klaganlaß gegeben, solange die Glaubhaftmachung fehlt, Ffm GRUR **90**, 1535, Mü WertpMitt **79**, 292. Ob der Bekl den Anspruch vorher bestritten hatte, ist unerheblich. Der Bekl muß aber insofern mitwirken, als er angeben muß, inwiefern er eine weitere Aufklärung wünscht. Er trägt das Risiko einer falschen Einschätzung der Rechtslage, Hamm RR **96**, 1024. Er kann warten, bis ihm diejenigen tatsächlichen Umstände und Unterlagen bekannt sein können, die den Klagantrag rechtfertigen. Der Bekl muß eine gewisse Frist zur Erkundigung und zur Prüfung der gegnerischen Glaubhaftmachung und Unterlagen haben, strenger Mü WertpMitt **79**, 292, ThP 6 (es sei stets auch deren voller Nachweis notwendig. Aber der Bekl darf meist nicht alles bis zum letzten Detail an Beweis abwarten). Das in der Klage behauptete die Veräußerung hindernde Recht muß dem Bekl immerhin einigermaßen wahrscheinlich gemacht worden sein, Ffm GRUR **90**, 1535, Gerhardt Gedächtnisschrift für Arens (1993) 133.
Unter Umständen schadet also dem Bekl sogar eine *Beweisaufnahme* nicht, Düss RR **98**, 790. Eine privatschriftliche eidesstattliche Versicherung des Klägers reicht zur Glaubhaftmachung in solchen Fällen keineswegs stets aus, Düss OLGR **98**, 126, wohl aber eine beglaubigte Abschrift einer vor Gericht abgegebenen eidesstattlichen Versicherung. § 771 ist ohnehin die Hoffnung aller faulen Schuldner. Schon nicht reicht ein Anruf eines dem Empfänger unbekannten Anwalts, Ffm GRUR **90**, 1535. Ein Pfändungsgläubiger haftet für die Angaben seines Anwalts nach § 278 BGB und nicht nur nach § 831 BGB. Vgl Einf 4 vor §§ 771–774. Im Fall eines Rechts auf bevorzugte Befriedigung nach § 805 gelten die Grundsätze zu § 771 entsprechend.

83 **Willenserklärung:** Der Bekl hat *keinen* Klaganlaß gegeben, solange er die Erklärung nur ankündigt oder nur anerkennt, zu ihrer Abgabe verpflichtet zu sein, ohne sie eben vorzunehmen, AG Euskirchen WoM **89**, 329, oder solange er bei ihrer Vornahme die erforderliche Form nicht einhält.
S auch Rn 40.

84 **Zug-um-Zug-Anspruch:** Der Bekl hat einen Klaganlaß gegeben, wenn er gegenüber einer berechtigten Forderung zur Leistung Zug um Zug eine völlige Abweisung der Klage beantragt hat.
Der Bekl hat *keinen* Klaganlaß gegeben, wenn er gegenüber einem unberechtigten Anspruch des Klägers auf eine Verurteilung des Bekl zur Leistung schlechthin lediglich eine vorhandene Verpflichtung zur Leistung Zug um Zug anerkannt hat.
Zulässigkeit: Rn 59 „Unschlüssigkeit".
Zurückbehaltungsrecht: Der Bekl hat *keinen* Klaganlaß gegeben, solange sich der Kläger zu einem vorprozessual geltend gemachten Zurückbehaltungsrecht nicht geäußert hat, BGH BB **05**, 1303.
S auch „Zug-um-Zug-Anspruch".
Zuständigkeit: Ein wirksamer Rügeverzicht nach § 295 kann dem Bekl nicht helfen, Karlsr OLGZ **85**, 495.
Zwangsvollstreckung: Der Bekl hat einen Klaganlaß gegeben, soweit er eine unberechtigte Vollstreckungsmaßnahme eingeleitet hat, Köln RR **99**, 1520.
S auch Rn 82.

85 **5) Sofortiges Anerkenntnis des Anspruchs.** Die Kostenfolgen des § 93 treten nur dann ein, wenn neben dem Fehlen eines Klaganlasses nach Rn 28 ein sofortiges Anerkenntnis des Anspruchs erfolgt ist. Beide Merkmale müssen also zusammen in allen ihren Teilen vorliegen.

86 **A. Begriff des Anspruchs.** Gegenstand des Anerkenntnisses muß gerade der „Anspruch" sein. Gemeint ist der in der Klage geltend gemachte prozessuale Anspruch, der Streitgegenstand, § 2 Rn 3. Nach einer Klagänderung gemäß §§ 263, 264 kommt es auf den neuen Klaganspruch an. Im Verfahren auf den Erlaß eines Arrestes nach §§ 916 ff, einer einstweiligen Anordnung nach §§ 620 ff oder einer einstweiligen Verfügung nach §§ 935 ff kommt es solange nur auf den Streitgegenstand jenes Eilverfahrens an, Grdz 11 vor § 916, wie nur jenes Eilverfahren anhängig ist. Sobald auch die zugehörige Hauptklage anhängig ist, kommt es für die in diesem Hauptverfahren entstehenden Kosten auf ihren Streitgegenstand an.

87 **B. Begriff des Anerkenntnisses.** § 93 übernimmt den Anerkenntnisbegriff des § 307. Es gelten die dortigen Erläuterungen. Das Anerkenntnis muß zB unumschränkt und vorbehaltlos sein, Schlesw GRUR **86**, 840. Es darf also auch keine Bedingung enthalten, BGH NJW **85**, 2716, Brdb FamRZ **02**, 1271. Der

Titel 5. Prozesskosten **§ 93**

Bekl muß es im jeweiligen Verfahren überhaupt wirksam abgeben können. Das Verfahren muß also der Parteiherrschaft unterliegen, Rn 5. Das Anerkenntnis muß in ausreichender Form erfolgen, Einf 1 ff vor §§ 306 ff. Das einmal danach wirksam und ausreichend erklärte Anerkenntnis darf nicht nachträglich rückwirkend unwirksam geworden sein. Zur Unwirksamkeit Grdz 51 ff vor § 128, Einf 8 vor §§ 306 ff.

C. Begriff der Sofortigkeit. Ein „sofortiges" Anerkenntnis liegt grundsätzlich nur dann vor, wenn der Bekl den Anspruch nach Rn 86 vor der Stellung seines angekündigten oder nicht angekündigten sonstigen Sachantrags nach § 137 I anerkennt, Düss OLGR **99**, 410, Mü WRP **85**, 446. Das muß in der ersten streitigen mündlichen Verhandlung geschehen, die vor dem endgültig zuständigen Gericht stattfindet und in der der Bekl diejenigen Tatsachen kennen kann, die den Klaganspruch objektiv begründen, Ffm GRUR **90**, 1535, Saarbr VersR **02**, 964 (evtl erst nach Beweisaufnahme!), Schlesw JB **00**, 657, aM Meiski NJW **93**, 1905 (gibt stets 4 Wochen Frist. Aber bis zur Verhandlung lief schon die Einlassungsfrist). Es ist nicht erforderlich, daß es infolge des sofortigen Anerkenntnisses auch zu einem Anerkenntnis-Urteil gekommen ist. 88

D. Beispiele zur Frage der Sofortigkeit des Anerkenntnisses 89

Arrest, einstweilige Verfügung: Grundsätzlich ist ein Anerkenntnis allenfalls ab Schlüssigkeit notwendig, also auch erst ab Glaubhaftmachung von Verfügungsanspruch und Verfügungsgrund, § 920 II, Köln RR **88**, 1341. Ein Anerkenntnis muß auch im Eilverfahren, also wegen des Verfügungsanspruchs, eindeutig und bedingungslos sein, Rn 87, Hamm NJW **76**, 1459 (Bauhandwerkerhypothek). Wegen der etwa notwendigen Abmahnung Rn 67 „Wettbewerbssache".

Aussetzung: Ein sofortiges Anerkenntnis kann auch noch nach einem Abweisungsantrag und anschließender Aussetzung vorliegen, Nürnb MDR **97**, 203 (sehr großzügig!).

Bedingung: Das Anerkenntnis muß grds bedingungslos sein, um als sofortiges gelten zu können, Rn 87. Wenn der Bekl die Auffassung vertritt, der Anspruch sei rechtlich unbegründet oder verjährt, oder wenn er die Zahlung von einer Abfindungserklärung des Klägers usw abhängig macht, auf die der Bekl keinen Anspruch hat, dann kann trotz äußeren Zahlungswillens ein sofortiges Anerkenntnis vorliegen, Karlsr FamRZ **04**, 1660, aber auch *fehlen*, Hamm MDR **88**, 971. Eine begründete Zulässigkeitsrüge des Bekl ist unschädlich, etwa diejenige der Unzuständigkeit des Gerichts. Eine unbegründete Zulässigkeitsrüge ist aber schädlich. Ein strafbewehrtes Unterlassungsversprechen muß schon mit dem Widerspruch gegen die einstweilige Verfügung abgegeben werden, Düss VersR **91**, 257. 90

Beweisaufnahme: Nach ihrer Durchführung kann man ein diesbezügliches Anerkenntnis grds *nicht mehr* als sofortiges werten. Eine Ausnahme mag gelten, falls die Grundlage erst durch die Beweisaufnahme geschaffen wird, Kblz VersR **00**, 351, Saarbr VersR **02**, 964.

Beweislast: Anh § 286 Rn 36.

Einsichtnahme: Es reicht aus, wenn der Versicherer erst im Prozeß Einsicht nehmen konnte und dann sofort anerkennt, LG Stgt VersR **89**, 408. 91

Einspruch: Rn 102 „Versäumnisverfahren".

Einwendung: Rn 35 „Bedingung".

Erfüllung: Soweit eine Forderung fällig ist, muß zur Anerkenntniserklärung grds die Erfüllung hinzutreten, um ein „sofortiges Anerkenntnis" herbeizuführen, Hbg FamRZ **89**, 990, Schlesw SchlHA **77**, 191, ZöHe 4, 6 „Geldschulden", aM Karlsr FamRZ **98**, 846, Mü MDR **03**, 1184, MüKoBe 617 (aber es kommt nicht auf hohle Worte an, sondern auf glaubhafte). 92

Allerdings muß man dem Bekl eine gewisse, angemessene *Prüfungsfrist* nach dem Eingang der die Forderung ausreichend darlegenden Belege usw zubilligen, erst recht einem Dritten, der zahlen soll, also dem Versicherer des Schuldners, Rn 54 „Schadensersatz", LG Bln VersR **00**, 716, LG Schweinf VersR **00**, 618. Das ändert aber an der grundsätzlichen Notwendigkeit der sofortigen Leistung im Zeitpunkt der Fälligkeit. Bei einer erst im Laufe des Prozesses eintretenden Fälligkeit mag ein sogleich daran anschließendes Anerkenntnis reichen, Zweibr RR **02**, 138.

Fälligkeit: Rn 92.

Form: Man muß zwischen dem Anerkenntis und der Erfüllung der anerkannten Schuld unterscheiden. Während zur letzteren zB bei der Abgabe einer verlangten Willenserklärung über ein Grundstücksgeschäft ein notarielle Beurkundung notwendig sein mag, ist zur bloßen Anerkennung der Schuld grds keine besondere Form erforderlich. Für ein „sofortiges" Anerkenntnis muß nach der hier vertretenen Auffassung zum Anerkenntnis die Erfüllung hinzutreten, Rn 92 „Erfüllung". Daher liegt ein sofortiges Anerkenntnis erst dann vor, wenn eben auch die Erfüllungshandlung selbst in der notwendigen Form erfolgt und wenn alles zusammen noch rechtzeitig geschieht. Ein Anerkenntnis mit einem der modernen Telekommunikationsmittel kann ausreichen, zB Telefax, § 129 Rn 44. 93

Früher erster Termin: Selbst dann, wenn der Bekl eine Äußerungsfrist erhalten hatte, reicht sein Anerkenntnis im Termin vor streitiger Verhandlung aus, Ffm RR **90**, 1535.

Nach streitiger Verhandlung im frühen ersten Termin kann man ein diesbezügliches Anerkenntnis *keineswegs* mehr stets als sofortiges werten, aM Kblz VersR **00**, 351 (aber auch ein früher erster Termin kann vollwertig sein).

Gesetzesänderung: Wenn der Kläger auf Grund einer erst nach dem Erlaß des Berufungsurteils eingetretenen Gesetzesänderung in der Revisionsinstanz voraussichtlich siegen wird, muß der Bekl sofort anerkennen, um die Kostenlast aller Instanzen zu vermeiden. 94

Haftungsbeschränkung: Ein Anerkenntnis mit einer Haftungsbeschränkung kann genügen, wenn der Bekl vorher nur die unbedingte Leistung verweigert und hilfsweise die eingeschränkte Leistung angeboten hatte und wenn der Kläger auf die unbedingte Leistung in Wahrheit keinen Anspruch hat, etwa bei einer Leistung Zug um Zug, Rn 106. 95

Handelssache: In einer Handelssache ist das Anerkenntnis nur dann sofortig, wenn es bis zu einem Verweisungsantrag nach § 98 GVG ergeht. Denn die Zivilkammer ist bis dahin bereits endgültig zuständig gewesen, Saarbr MDR **81**, 676, aM Düss ZIP **90**, 1429 (vgl aber Rn 104 „Verweisung").

Hartmann 387

§ 93

Hilfsvortrag: Eine etwaige Unrichtigkeit ist unschädlich, soweit der Hauptvortrag reicht, LG Bln VersR **00**, 716.

Insolvenz: Ein Bestreiten im Prüfungstermin nach § 179 InsO ist für den Schuldner *kostenschädlich,* Köln KTS **79**, 119, LG Mü WertpMitt **86**, 864. Ein vorläufiges Bestreiten kann bis zum Ablauf einer anschließenden Äußerungsfrist zum endgültigen Bestreiten für den Schuldner kostengünstig sein, Düss ZIP **82**, 201.

96 **Klagänderung:** Nach einer Klagänderung kommt es für die Sofortigkeit auf die erste streitige mündliche Verhandlung oder auf den ersten Schriftsatz nach der Klagänderung an, Köln RR **99**, 1509, LG Gött MDR **95**, 647, AG Bln-Charlottenb FamRZ **94**, 118.

97 **Klagerwiderung:** In einem schriftlichen Vorverfahren liegt ein sofortiges Anerkenntnis wegen § 307 II 1 nur dann vor, wenn der Bekl den prozessualen Anspruch schon in seinem ersten Schriftsatz anerkennt, § 307 II 1, Saarbr RR **00**, 1667, AG Ludwigslust FamRZ **05**, 642. Nur in diesem Sinn kann eine „Klagerwiderung" rechtzeitig sein, nicht dann, wenn der Bekl zunächst nur eine Verteidigungsanzeige nach § 276 I 1 eingereicht hatte und erst in der gesonderten Klagerwiderung nach §§ 276 I 2, 277 anerkennt, § 93b Rn 36ff, Brdb FamRZ **03**, 1574, Karlsr FamRZ **03**, 942, Zweibr RR **02**, 138, aM Hbg MDR **02**, 421, Nürnb FamRZ **03**, 941, Deichfuß MDR **04**, 190 (aber die bloße Verteidigungsanzeige leitet grds eine streitige Fortführung des Prozesses ein). Das gilt unabhängig davon, ob die Klageschrift zur Zulässigkeit oder Begründetheit ausreiche, aM Bre NJW **05**, 229 (aber der Bekl muß sich eben entscheiden, ob er sich aus welchem Grund auch immer zumindest zunächst verteidigungsbereit zeigen will).

Im übrigen ist ein Anerkenntnis in einer etwa eingereichten Klagerwiderung vor einer notwendigen mündlichen Verhandlung natürlich unschädlich, andererseits auch noch nicht notwendig. Die Klagerwiderung mag also sogar ein vorläufiges oder zunächst scheinbar endgültiges Bestreiten enthalten. Maßgeblich ist in diesen Fällen erst das Verhalten des Bekl in der ersten streitigen mündlichen Verhandlung zur Sache vor dem endgültig zuständigen Gericht, LG Köln GRUR **89**, 542, StJL 6, aM zB Bre FamRZ **94**, 1484 (aber wie lange soll der Kläger noch auf das Anerkenntnis warten?).

S auch Rn 102 „Verteidigungsanzeige".

98 **Nachverfahren:** Rn 101 „Urkunden-, Scheck-, Wechselprozeß".

Patentstreit: Der sofortige Verzicht oder die Herbeiführung der Patentbeschränkung reichen, eine nur beschränkte Verteidigung reicht nicht, BGH GRUR **04**, 138.

Räumung: Ein Auszug ist *nicht stets* ein Anerkenntnis, § 93b Rn 36ff, LG Arnsberg WoM **97**, 232.

99 **Sachantrag:** Ein sofortiges Anerkenntnis liegt grds nur dann vor, wenn es in der ersten streitigen mündlichen Verhandlung vor der Stellung des bisher angekündigten oder sonstigen Sachantrags ergeht, § 137 I, Mü WRP **85**, 446, aM Kblz VersR **00**, 351 (vgl aber Rn 97).

S auch Rn 99 „Schriftsatz".

Säumnis: Rn 102.

Schätzung: Soweit der Klaganspruch von einer richterlichen Schätzung abhängig ist, etwa beim unbezifferten Schmerzensgeldantrag, muß der Bekl „den vom Gericht für angemessen gehaltenen Betrag" rechtzeitig anerkennen.

Scheckprozeß: Rn 101 „Urkunden-, Scheck-, Wechselprozeß".

Schlüssigkeit: S „Substantiierung".

Schriftliches Verfahren: S „Schriftsatz".

Schriftliches Vorverfahren: Rn 97 „Klagerwiderung", Rn 99 „Schriftsatz", Rn 102 „Verteidigungsanzeige".

Schriftsatz: Im schriftlichen Verfahren ist der in § 128 II 2 Hs 1 genannte Zeitpunkt maßgeblich. Im schriftlichen Vorverfahren nach § 276 muß das Anerkenntnis wegen § 307 S 1 spätestens in der Klagerwiderung vorliegen, Rn 97 „Klagerwiderung". Im übrigen ist ein Anerkenntnis in einem vorbereitenden Schriftsatz natürlich zulässig, aber nicht nötig, sofern es in der ersten streitigen Verhandlung vor dem endgültig zuständigen Gericht vor Stellung des Sachantrags erfolgt, Ffm GRUR **90**, 1535. Das gilt sogar dann, wenn der Bekl den Klaganspruch im vorbereitenden Schriftsatz zunächst bestritten hat.

Streitige Verhandlung: Nach ihr kann man ein diesbezügliches Anerkenntnis *keineswegs* mehr als sofortiges werten, aM Kblz VersR **00**, 351 (aber wie lange soll der Kläger noch auf ein Anerkenntnis warten?).

Stufenklage: Es kann in jeder Stufe ein diesbezüglich rechtzeitiges Anerkenntnis ergehen, Bbg JB **89**, 690, Mü MDR **88**, 782, Rixecker MDR **85**, 635 (auch wegen einer entsprechenden Anwendung auf den Kläger). Zu großzügig stellt Hamm FamRZ **97**, 1414 nur auf die Verhandlung zum Zahlungsantrag ab.

Substantiierung: Soweit der Kläger sie erst im Prozeßverlauf vornimmt, kann das anschließende Anerkenntnis noch sofortig sein, BGH FamRZ **04**, 1021, Kblz JB **05**, 490, Schlesw JB **00**, 657.

100 **Teilanerkenntnis:** Rn 112.

Unschlüssigkeit: Rn 99 „Substantiierung".

101 **Unzuständigkeit:** Rn 106.

Urkunden-, Scheck-, Wechselprozeß: In diesen Verfahrensarten ist ein erst im Nachverfahren erfolgendes Anerkenntnis *nicht mehr* sofortig, Düss MDR **83**, 496. Denn das Nachverfahren bildet mit dem Vorverfahren eine Einheit, § 600 Rn 1. Daher reicht es auch nicht, daß der Bekl im Vorverfahren lediglich widersprochen hat, um im Nachverfahren eine Aufrechnung vorzunehmen, Düss MDR **83**, 496. Soweit der Bekl sich auf Verjährung beruft, liegt kein sofortiges Anerkenntnis vor, Hamm MDR **88**, 971.

Vaterschaftsfeststellung: Im Verfahren nach § 640 II Z 1 muß der Bekl durch ein sofortiges Anerkenntnis des Feststellungsanspruchs etwa nach § 641c den Kläger klaglos stellen, um die Kostenvorteile des § 93 zu erreichen, Köln FamRZ **92**, 697.

102 **Versäumnisverfahren:** Zugleich mit einem ordnungsgemäßen Einspruch, Köln VersR **92**, 635 (Auslandsfall), sogar nach einem solchen liegt ein sofortiges Anerkenntnis vor, wenn der Bekl es in der ersten streitigen Verhandlung nicht nur zum Einspruch, sondern auch zur Hauptsache vor der Stellung des dortigen Sachantrags erklärt. Das gilt selbst dann, wenn er bis zum Erlaß des Versäumnisurteils schrift-

sätzlich den Anspruch betritten hatte. Denn § 342 versetzt den Prozeß in den Zeitpunkt des Beginns der ersten streitigen Sachverhandlung zurück, Brdb RR **00**, 1668, LG Siegen WoM **83**, 118. Freilich kann das bisherige prozessuale Verhalten des Bekl bei der Prüfung eines Klaganlasses mitbeachtlich sein, Rn 51, Rn 63 „Versäumnisverfahren".

Verteidigungsanzeige: Soweit der Bekl im schriftlichen Vorverfahren eine Anzeige der Verteidigungsabsicht nach § 276 I 1 eingereicht hat, ist ein gleichzeitiges Erkenntnis unabhängig von einem Prozeßkostenhilfeverfahren sofortig, Brdb JB **03**, 324.

Es liegt wegen § 307 II 1 *kein* sofortiges Anerkenntnis mehr vor, wenn es erst nachträglich eingeht, sei es auch in der Klagerwiderung nach § 276 I 2, Rn 97.

Verwahrung gegen die Kosten: Das Gericht muß die beliebte Formulierung des Bekl, er erkenne an, **103** verwahre sich aber gegen die Kosten oder protestiere gegen sie, wie jede Parteiprozeßhandlung auslegen, Grdz 52 vor § 128. Das Gericht muß die Erklärung auch darauf prüfen, ob eine kostenschädliche Bedingung des Anerkenntnisses vorliegt oder ob der Bekl nur eine Bitte und Anregung auf den Erlaß einer ihm möglichst günstigen Kostenentscheidung äußern will. Nur im letzteren Fall kann das Anerkenntnis unter den weiteren Voraussetzungen ein „sofortiges" sein. Es kommt darauf an, ob der Bekl sich im Kern zumindest auch noch gegen den Klaganspruch wehrt.

Verweisung: Ein sofortiges Anerkenntnis liegt grds dann vor, wenn der Bekl bis zur ersten streitigen **104** mündlichen Verhandlung anerkennt, die vor dem endgültig zuständigen Gericht stattfindet. Daher kann es auch noch nach einer Verweisung rechtzeitig sein, Saarbr MDR **81**, 676. Allerdings ist eine Verweisung nach § 98 GVG bereits von einem zunächst endgültig zuständigen Gericht erfolgt, Rn 95 „Handelssache".

S aber auch Rn 97 „Klagerwiderung".

Verzug: Ein Anerkenntnis erst nach dem Verzugseintritt ist *nicht mehr* sofortig, LG Hbg ZMR **03**, 880.

Vorbehalt: Ein Anerkenntnis unter einem Vorbehalt ist *überhaupt nicht* wirksam und daher auch nicht „sofortig", Rn 90. Eine Ausnahme kann nur bei einem ausreichenden Teilanerkenntnis über den in Wahrheit lediglich begründeten Anspruchsteil gelten, Rn 112.

Vorverfahren: Rn 97 „Klagerwiderung", Rn 99 „Schriftsatz", Rn 102 „Verteidigungsanzeige".

Wechselprozeß: Rn 101. **105**

Zug-um-Zug-Leistung: Eine Anerkennung Zug um Zug kann genügen, sofern die Klage nur insofern **106** berechtigt ist, Köln FamRZ **89**, 878. Andernfalls liegt eine unzulässige Bedingung vor.

Zulässigkeitsrüge: Ein im übrigen ausreichendes Anerkenntnis verliert seine Sofortigkeit nicht dadurch, daß der Bekl gleichzeitig eine objektiv begründete Zulässigkeitsrüge erhebt, etwa diejenige der Unzuständigkeit des Gerichts. Denn das Gericht muß die Zulässigkeit vor der Begründetheit der Klageforderung prüfen. Eine objektiv unbegründete Zulässigkeitsrüge *nimmt* einem Anerkenntnis jedenfalls derzeit die Sofortigkeit.

Zuständigkeit: Rn 106 „Zulässigkeitsrüge".

6) **Rechtsfolgen: Kostenlast.** Sofern kein Klaganlaß und ein sofortiges Anerkenntnis vorliegen, „fallen **107** dem Kläger die Prozeßkosten zur Last". Das ist eine zwingende Kostenfolge ohne einen Ermessensspielraum des Gerichts, anders als zB bei § 91 a. Die Regelung unterscheidet sich aber von derjenigen etwa in § 269 III 2 (Kostenlast des Klägers nach Klagrücknahme) dadurch, daß sie trotz des insofern irreführenden Gesetzeswortlauts nach allgemeiner Ansicht eben nicht schon kraft Gesetzes eintritt und vom Gericht allenfalls auf Antrag bestätigend (deklaratorisch) auszusprechen wäre. Vielmehr ist eine konstitutive Kostengrundentscheidung mit Begründung erforderlich, Brdb MDR **00**, 233. Ohne sie kann keine entsprechende Kostenfestsetzung nach §§ 103 ff stattfinden.

A. **Kostenlast des Klägers.** § 93 nennt den Regelfall der Kostenlast des Klägers. Soweit kein Klaganlaß **108** und ein volles sofortiges Anerkenntnis aller Klagansprüche durch den Bekl vorliegt, muß der Kläger auch alle Prozeßkosten tragen. Das Gericht hat keinen diesbezüglichen Verteilungsspielraum mehr. Es muß seine Entscheidung als Folge des § 308 II von Amts wegen treffen, Karlsr OLGZ **86**, 125. Wegen eines Teilanerkenntnisses Rn 112.

B. **Kostenlast des Beklagten.** Man kann § 93 in bestimmten Fällen entsprechend zu Lasten des Bekl **109** anwenden und damit eine gewisse Umkehr der Vorschrift vornehmen. Das kommt dann in Betracht, wenn der Kläger den Antrag sofort nach dem Zeitpunkt, in dem seine bis dahin objektiv begründete Forderung *nach* dem Eintritt der Rechtshängigkeit (vorher § 91 a Rn 36) unzulässig oder unbegründet wurde, auf die Bitte beschränkt, dem Bekl die Kosten aufzuerlegen, BGH NJW **82**, 238, BPatG GRUR **86**, 811, LG Hbg RR **87**, 328, aM Kblz RR **86**, 1443, LG Tüb JB **91**, 720, StJL 1 (der Kläger habe ja die Möglichkeit, die Hauptsache für erledigt zu erklären, § 91 a. Aber dann bleibt für ihn ein größeres Kostenrisiko. Denn das Gericht hat dort einen Ermessensraum.

Beispiele der Anwendbarkeit: Es geht um einen Arrest oder eine einstweilige Verfügung, §§ 916 ff, 935 ff, **110** Ffm OLGZ **81**, 101, LG Hbg RR **87**, 382; es geht um die Aufrechnung mit einer erst nach Prozeßbeginn entstandenen Forderung, § 145 Rn 10; der Kläger tritt wegen eines Verschuldens des Bekl nach § 326 BGB im Prozeß vom Vertrag zurück; der Bekl wendet Verjährung ein, der Kläger verzichtet, § 306, aM Hbg GRUR **89**, 296 (aber das ist ein geradezu typischer derartiger Fall).

Beispiele der Unanwendbarkeit: Es handelt sich um eine wirksame Klagerücknahme (dann ist ein zusätzlicher Kosten-„Antrag" unbeachtlich, da die Kostenfolge des § 269 III 2 ohnehin kraft Gesetzes eintritt); es geht um ein Insolvenzeröffnungsverfahren, LG Bln Rpfleger **78**, 379 (§ 91 a entsprechend).

Das „Anerkenntnis" des Klägers bedeutet in solcher Situation ein Abstandnehmen vom Klaganspruch. Es **111** reicht dann aus, daß der Kläger diesen Verzicht *ohne schuldhaftes Zögern* in der nächsten prozessual möglichen Situation erklärt, Ffm OLGZ **81**, 101, aM Hbg GRUR **89**, 296, Hamm MDR **82**, 676, LG Köln GRUR **89**, 77 (der Gegner müsse vorher zum Verzicht aufgefordert haben. Aber es bedeutet schon ein Entgegenkommen, dem Kläger für den Fall eigener Initiative einen Kostenvorteil als Chance einzuräumen.

§§ 93, 93a   Buch 1. Abschnitt 2. Parteien

112   **C. Teilanerkenntnisfolgen.** Soweit der Bekl sein Anerkenntnis in zulässiger Weise auf einen Teil des
       Kaganspruchs begrenzt und rechtzeitig erklärt hat, § 301, Hamm FamRZ **97**, 1414, gelten die folgenden
       Regeln. Es kann von Amts wegen nach § 307 S 1 zum Anerkenntnisteilurteil oder Teilanerkenntnisurteil
       kommen. Damit befindet das Gericht über den anerkannten Teil der Klagansprüche in dieser Instanz
       endgültig. Die Voraussetzungen des § 301 müssen vorliegen. Es hängt von den Gesamtumständen ab, ob eine
       Kostenentscheidung über den anerkannten Teil der Klagansprüche erfolgen soll oder muß oder ob sie „dem
       Schlußurteil vorbehalten bleibt". Grundsätzlich sollte das Gericht über die Kosten des anerkannten Teils
       bereits jetzt entscheiden, aM Schlesw SchlHA **78**, 172 (aber es ist ungewiß, ob es tatsächlich noch zum
       Schlußurteil kommt. Es mag zB eine wirksame Klagerücknahme wegen des Rests erfolgen. Die Parteien
       mögen den streitigen Rest übereinstimmend für erledigt erklären. Es mag zum Ruhen des Verfahrens wegen
       des Rests ohne erneute Terminsbitte kommen usw).

113   Auf die Kostenentscheidung des Teilurteils ist *§ 93 anwendbar*. Die Entscheidung kann zB lauten: „Im
       Umfang dieses Teilurteils trägt der Beklagte die Kosten". Es läßt sich dann später evtl mit Hilfe eines
       Beschlusses über den (gesamten und aufgeteilten) Kostenstreitwert der auf das Teilurteil entfallende Prozent-
       satz oder Bruchteil errechnen. Dementsprechend könnte es dann im etwaigen Schlußurteil heißen: „Im
       Umfang dieses Schlußurteils trägt ... die Kosten", BGH RR **99**, 1741, ähnlich Jena OLGR **97**, 275
       (Beschluß). Freilich muß das Gericht schon bei der Prüfung, ob im Teilurteil eine diesbezügliche Kostenent-
       scheidung erfolgen soll, die gesamten Prozeßkosten einheitlich beurteilen und etwa verteilen. Es muß auf
       eine möglichst einfache und klare Fassung aller Aussprüche zu den Prozeßkosten achten. Daher kann es
       ratsam sein, zunächst überhaupt noch keine Kostenentscheidung zu fällen.

114   **7) Verfahrensfragen.** Beim Eingang eines schriftsätzlichen Anerkenntnisses in einem Verfahren mit
       notwendiger mündlicher Verhandlung nach § 128 Rn 4 setzt das Gericht wie sonst Verhandlungstermin an
       und wartet ab, ob der Bekl das Anerkenntnis auch im Termin erklärt. Es muß darauf achten, daß das
       Anerkenntnis vor der Stellung des Sachantrags des Bekl nach § 137 I erfolgt, insbesondere vor einem
       Klagabweisungsantrag (eine Zulässigkeitsrüge kann unschädlich sein, Rn 106 „Zulässigkeitsrüge").

115   Im *schriftlichen* Verfahren nach § 128 II oder im schriftlichen Vorverfahren nach §§ 276 f gelten wegen der
       dann bereits durch die Schriftform wirksamen Anerkenntniserklärung die dortigen Verfahrensregeln wie
       sonst, zB § 307 S 2 (Anerkenntnisurteil ohne Verhandlung). Da der Kläger keinen Kostenantrag stellen muß,
       da das Gericht die Kostenfolge vielmehr kraft zwingender gesetzlicher Vorschrift vom Gericht nach Rn 107
       konstitutiv aussprechen muß, bedarf es auch keiner Anhörung des Klägers zum Anerkenntnis, soweit nicht
       über dessen Wirksamkeit oder Umfang Zweifel vorhanden sein können. Im übrigen gelten die Regeln § 307
       Rn 14 ff zum Verfahren zum Anerkenntnisurteil und zu seiner Mitteilung. Wegen des Teilanerkenntnisses
       Rn 112. Wer sich als Bekl auf § 93 beruft, muß dessen Voraussetzungen darlegen und beweisen, Ffm RR **96**
       62.

116   **8) Rechtsmittel.** Vgl zunächst § 307 Rn 19. Die Kostenentscheidung im Anerkenntnisurteil ist nach
       § 99 nur eingeschränkt angreifbar. § 574 ist anwendbar, BGH FamRZ **04**, 1021.

117   **9) VwGO:** Eine gleichlautende Regelung enthält § 156 VwGO.

93a *Kosten in Ehesachen.* [I 1] Wird auf Scheidung einer Ehe erkannt, so sind die Kosten der Scheidungssache und der Folgesachen, über die gleichzeitig entschieden wird oder über die nach § 627 Abs. 1 vorweg entschieden worden ist, gegeneinander aufzuheben; die Kosten einer Folgesache sind auch dann gegeneinander aufzuheben, wenn über die Folgesache infolge einer Abtrennung nach § 628 Abs. 1 Satz 1 gesondert zu entscheiden ist. [2] Das Gericht kann die Kosten nach billigem Ermessen anderweitig verteilen, wenn

1. eine Kostenverteilung nach Satz 1 einen der Ehegatten in seiner Lebensführung unverhältnismäßig beeinträchtigen würde; die Bewilligung von Prozesskostenhilfe ist dabei nicht zu berücksichtigen;
2. eine Kostenverteilung nach Satz 1 im Hinblick darauf als unbillig erscheint, dass ein Ehegatte in Folgesachen der in § 621 Abs. 1 Nr. 4, 5, 8 bezeichneten Art ganz oder teilweise unterlegen ist.

[3] Haben die Parteien eine Vereinbarung über die Kosten getroffen, kann das Gericht sie ganz oder teilweise der Entscheidung zugrunde legen.

[II 1] Wird ein Scheidungsantrag abgewiesen, so hat der Antragsteller auch die Kosten der Folgesachen zu tragen, die infolge der Abweisung gegenstandslos werden; dies gilt auch für die Kosten einer Folgesache, über die infolge einer Abtrennung nach § 623 Abs. 1 Satz 2 oder nach § 628 Abs. 1 Satz 1 gesondert zu entscheiden ist. [2] Das Gericht kann die Kosten anderweitig verteilen, wenn eine Kostenverteilung nach Satz 1 im Hinblick auf den bisherigen Sach- und Streitstand in Folgesachen der in § 621 Abs. 1 Nr. 4, 5, 8 bezeichneten Art als unbillig erscheint.

[III 1] Wird eine Ehe aufgehoben, so sind die Kosten des Rechtsstreits gegeneinander aufzuheben. [2] Das Gericht kann die Kosten nach billigem Ermessen anderweitig verteilen, wenn eine Kostenverteilung nach Satz 1 einen der Ehegatten in seiner Lebensführung unverhältnismäßig beeinträchtigen würde oder wenn eine solche Kostenverteilung im Hinblick darauf als unbillig erscheint, dass bei der Eheschließung ein Ehegatte allein die Aufhebbarkeit der Ehe gekannt hat oder ein Ehegatte durch arglistige Täuschung oder widerrechtliche Drohung seitens des anderen Ehegatten oder mit dessen Wissen zur Eingehung der Ehe bestimmt worden ist.

[IV] Wird eine Ehe auf Antrag der zuständigen Verwaltungsbehörde oder bei Verstoß gegen § 1306 des Bürgerlichen Gesetzbuchs auf Antrag des Dritten aufgehoben, so ist Absatz 3 nicht anzuwenden.

Titel 5. Prozesskosten **§ 93a**

V Die Absätze 1 und 2 gelten in Lebenspartnerschaftssachen nach § 661 Abs. 1 Nr. 1 entsprechend.

Vorbem. Der in I 1 Hs 2, II 1 Hs 2 in Bezug genommene § 628 hat nur noch einen einzigen Absatz, Art 6 Z 25 b KindRG v 16. 12. 97, BGBl 2942; das hat der Gesetzgeber bei § 93 a mitzuändern vergessen.

Schrifttum: *Haberzettl,* Streitwert und Kosten in Ehe- und Familiensachen, 2. Aufl 1985; *Kindermann,* Kosten und Gebühren in Familiensachen, 2002; *Lappe,* Kosten in Familiensachen, 5. Aufl 1994; *Müller-Rabe,* Kosten, in: *Gerhardt pp,* Handbuch des Fachanwalts Familiensachen, 1997; *Putzier,* Anforderungen an eine sozialstaatliche Kostenregelung für die Inanspruchnahme der Justiz bei Ehescheidungen, Diss Bre 1981.

Gliederung

1) Systematik, I–V 1	8) Bei Scheidung: Beachtlichkeit einer Kostenvereinbarung, I 3 19–21
2) Regelungszweck, I–V 2	9) Bei Abweisung des Scheidungsantrags: Kostenhaftung des Antragstellers für die Scheidungssache, II 1 ..... 22, 23
3) Sachlicher Geltungsbereich, I–V 3	
4) Persönlicher Geltungsbereich, I–V 4	
5) Gemeinsame Begriffe, I–V 5–10	10) Bei Abweisung des Scheidungsantrags: Grundsatz der Unterliegenshaftung auch für gegenstandslos werdende Folgesachen, II 1 .... 24, 25
A. Kosten 5	
B. Aufhebung gegeneinander 6	
C. Anderweitige Verteilung 7	
D. Billiges Ermessen 8	11) Bei Abweisung des Scheidungsantrags: Ausnahmsweise anderweitige Verteilung, II 2 .... 26, 27
E. Unverhältnismäßige Beeinträchtigung in der Lebensführung: Härteklausel ... 9	
F. Unbilligkeit einer Aufhebung der Kosten gegeneinander: Billigkeitsklausel 10	12) Bei Aufhebung der Ehe: Grundsatz der Kostenaufhebung gegeneinander, III 1 28
6) Bei Scheidung: Grundsatz der Kostenaufhebung, I 1 11–14	
A. Begriff der Scheidung 12	13) Bei Aufhebung der Ehe: Ausnahmsweise anderweitige Verteilung, III 2 .. 29, 30
B. Scheidungssache und Folgesachen 13	
C. Einzelfragen 14	14) Bei Aufhebung der Ehe nach §§ 1306 (Drittantrag) oder 1316 BGB (Verwaltungsantrag): Unterliegenshaftung, IV 31
7) Bei Scheidung: Ausnahmsweise anderweitige Verteilung, I 2 15–18	
A. Härteklausel, I 2 Z 1 16	
B. Billigkeitsklausel, I 2 Z 2 .... 17, 18	15) Bei Lebenspartnerschaft: Im Aufhebungsverfahren I, II entsprechend, V 32

1) Systematik, I–V. Die Vorschrift regelt die Kosten im Scheidungsverfahren nach §§ 606 ff, AG Besig- **1** heim FamRZ **04,** 1504 (Rückkehr in Ehewohnung), im Verfahren auf Aufhebung einer Lebenspartnerschaft (Anwendbarkeit von I, II) und im Verfahren auf Aufhebung einer Ehe, §§ 631, 632. Sie bringt als Ausnahme von den Grundsätzen der §§ 91 ff eine vorrangige eng auslegbare Sonderregelung, Köln FamRZ **04,** 1661, Naumb FamRZ **99,** 1435, aM Köln MDR **96,** 1302 (aber § 93 a hat nun wirklich einen speziellen Inhalt und Zweck). Sie erfaßt aber nur einen Teil der in Ehesachen oder Lebenspartnerschaftssachen entstehenden Kostenfolgen. Insofern wirkt sie nur neben §§ 91 ff ergänzend. §§ 95 ff sind anwendbar, soweit das nach der Art des jeweiligen Verfahrens überhaupt in Betracht kommt. Es kann auch § 97 I, III anwendbar sein, BGH AnwBl **84,** 502, Düss (1. FamS) zitiert in (5. FamS) FamRZ **82,** 1014, KG FamRZ **81,** 381), aM Düss (5. FamS) FamRZ **82,** 1014 (abl Tietze FamRZ **83,** 291), Hamm FamRZ **95,** 377 (Vorrang von § 93 a). § 93 a kann bei Erledigung einer Folgesache in der Berufungsinstanz entsprechend anwendbar sein, Mü FamRZ **04,** 961. § 98 ist gegenüber I 3 nachrangig. § 620 g hat Vorrang gegenüber § 93 a. § 93 a enthält mehrere voneinander zum Teil abweichende Prinzipien der Kostenlast, gerade nicht das sonstige Prinzip der Kosteneinheit, aM KG FamRZ **88,** 1075 (aber die vorgenannten Abweichungen sind ganz unverkennbar). Bei einer Lebenspartnerschaft können §§ 97 I Z 4, 100 KostO zu beachten sein.

2) Regelungszweck, I–V. Die Vorschrift übernimmt nur indirekt und nur für den Fall der Abweisung **2** des Scheidungsantrags bzw des Antrags auf Aufhebung der Lebenspartnerschaft das in § 91 verankerte Prinzip, daß der Unterliegende die Kosten trägt, dort Rn 19. Im übrigen enthält die Vorschrift durch die Prinzipien der Aufhebung der Kosten gegeneinander einerseits, der Möglichkeit einer anderweitigen Verteilung andererseits eine Regelung, die bei der angestrebten Kostengerechtigkeit den Umstand berücksichtigt, daß das Eheverfahren wie das Lebenspartnerschaftsverfahren weit über die rechtlichen und wirtschaftlichen Interessen der Beteiligten hinaus wirkt. Das bloße Siegen oder Unterliegen könnte insbesondere seit der Abschaffung des Verschuldensprinzips bei der Scheidung und dem von vornherein erfolgten Fehlen eines Schuldprinzips bei Aufhebung einer Lebenspartnerschaft nicht zuletzt wegen der oft beträchtlichen Kostenstreitwerte zu unzumutbarer Belastung führen. Insofern hat das Gericht innerhalb dieser Ausnahmeregelung doch ein nach den gesamten Umständen zu bemessendes Ermessen.

„*Billig*" ist nur ein pflichtgemäßes Ermessen. Das bedeutet zumindest die Notwendigkeit einer ausreichend nachprüfbaren Abwägung und Begründung einer Abweichung von dem jeweiligen gesetzlichen Prinzip der Kostenaufhebung gegeneinander usw. Die Abweichungen vom jeweiligen „Normalfall" sind nach dem klaren Gesetzestext jeweils ziemlich drastisch, bevor das Ermessen eine sprengende Abweichung erlaubt. Ob die eine oder die andere Art der Gesetzesanwendung generell als gerechter erscheint, ist eine endlos diskutable, aber durch den Gesetzgeber doch deutlich und bindend vorentschiedene und auch rechtspolitisch akzentuierte Frage.

3) Sachlicher Geltungsbereich, I–V. I regelt die Kosten einer Ehescheidung oder Aufhebung der **3** Lebenspartnerschaft, II diejenigen der Abweisung des Scheidungs- bzw Aufhebungsantrags, III, IV diejenigen der Aufhebung der Ehe. Im jeweiligen Bereich der vorgenannten Hauptsachen sind auch die etwaigen Folgesachen teilweise ausdrücklich mitgeregelt, Karlsr RR **03,** 726. Im übrigen werden auch die Kosten

§ 93a

Buch 1. Abschnitt 2. Parteien

eines zugehörigen Verfahrens auf den Erlaß einer einstweiligen Anordnung insoweit miterfaßt, als nicht § 620 g eine wiederum gegenüber § 93 a vorrangige Sonderregelung enthält, Karlsr FamRZ **96**, 881. § 93 a gilt nicht beim vorzeitigen Zugewinnausgleich, Kblz FamRZ **90**, 1368.

4 **4) Persönlicher Geltungsbereich, I–V.** Die Vorschrift gilt nicht nur für die Ehegatten und Lebenspartner, sondern auch für die von Scheidungsfolgesachen erfaßten Kinder. Sie gilt auch für einen von der Scheidung oder der Aufhebung einer Lebenspartnerschaft betroffenen Dritten, zB einen Vermieter, Hamm FamRZ **81**, 695, aM Karlsr FamRZ **95**, 363 (Zusatzversorgungskasse). Sie erfaßt dagegen nicht die Kosten eines Rentenversicherungsträgers. Denn das Gericht darf grundsätzlich nur über die Kosten der Parteien entscheiden, Rn 5.

5 **5) Gemeinsame Begriffe, I–V.** In allen Teilen der Vorschrift treten gemeinsame Begriffe auf.

A. Kosten. § 93 a betrifft allein die prozessuale Kostenlast, also nur die im jeweiligen Verfahren entstandenen Kosten, nicht eine etwaige sachlichrechtliche Rückzahlungs- oder Ersatzpflicht, KG FamRZ **81**, 464, AG Hildesh FamRZ **88**, 61. § 269 III 2 bleibt anwendbar, aM KG FamRZ **88**, 1075 (aber § 93 a nennt den Fall der Klagerücknahme überhaupt nicht, und für eine Auslegung ist bei einem klaren Wortlaut kein Raum, Einl III 39. Freilich muß man § 269 III 2 Hs 2 beachten). Kosten sind sowohl Gebühren als auch Auslagen. Die Vorschrift gilt also jeweils auch für die gerichtlichen Auslagen für Sachverständige und Zeugen sowie für diejenigen Auslagen, die ein ProzBev im Rahmen des Prozeßauftrags machen durfte. Sie gilt nicht für außerprozessuale Kosten eines Anwalts.

6 **B. Aufhebung gegeneinander.** In I, III heißt es, daß das Gericht die Kosten „gegeneinander aufheben" muß. Das ist derselbe Vorgang wie in § 92 I 1, 2, § 92 Rn 40. Jede Partei muß also ihre außergerichtlichen Kosten selbst tragen. Jede Partei trägt außerdem die Hälfte der gerichtlichen Kosten. Ein Kostenfestsetzungsverfahren findet daher nicht statt.

7 **C. Anderweitige Verteilung.** I–III enthält als weitere Möglichkeit der Kostenregelung den Begriff der „anderweitigen Verteilung". Gemeint ist dasselbe wie die „verhältnismäßige Kostenteilung" in § 92 I, vgl § 92 Rn 27. Es kann also eine Kostenteilung nach Prozenten, nach Summe und Rest, auch nach Instanzen usw erfolgen, Brdbg FamRZ **94**, 1485. Das Gericht sollte auf Klarheit und Einfachheit seiner Entscheidung zur Kostenverteilung achten.

8 **D. Billiges Ermessen.** Soweit eine „anderweitige Verteilung" nach Rn 6 erfolgt, darf und muß das Gericht jeweils im Rahmen eines „billigen Ermessens" entscheiden. Das ergibt sich in I, III schon aus dem Wortlaut des Gesetzes, in II indirekt daraus, daß die Verteilung nach Rn 6 „unbillig erscheint". Unter billigem Ermessen versteht die Vorschrift jeweils dasselbe wie in § 91 a I 1, dort Rn 118. Das Gericht hat also einen weiten Spielraum. Es darf und muß alle Gesamtumstände des Einzelfalls abwägen. Es überschreitet seine Grenzen erst dann, wenn die Kostenentscheidung unter keinem denkbaren Gesichtspunkt mehr als sachlich gerechtfertigt erscheint.

9 **E. Unverhältnismäßige Beeinträchtigung in der Lebensführung: Härteklausel.** Einer der in I, III ausdrücklich erwähnten, in II indirekt anwendbaren Maßstäbe einer „anderweitigen Verteilung" nach Rn 6 besteht in der Prüfung, ob einer der Ehegatten oder Lebenspartner bei I in seiner Lebensführung unverhältnismäßig beeinträchtigt würde. Diese sog Härteklausel bedeutet nicht, daß das Gericht von vornherein durch die wirtschaftlichen Verhältnisse strikt gebunden wäre. Das Gericht soll und muß aber doch berücksichtigen, welcher der Ehegatten der wirtschaftlich stärkere ist. Einzelheiten s unten.

10 **F. Unbilligkeit einer Aufhebung der Kosten gegeneinander: Billigkeitsklausel.** Ein weiterer in I, III ausdrücklich, in II indirekt erwähnter Maßstab einer „anderweitigen Verteilung" nach Rn 7 besteht in der Prüfung, ob die bloße Aufhebung der Kosten gegeneinander nach Rn 6 als unbillig erscheinen würde. Diese sog Billigkeitsklausel ermöglicht eine Verteilung auch nach anderen Gesichtspunkten als denjenigen der wirtschaftlichen Lage der Beteiligten. Sie nimmt auch auf den jeweiligen Verlauf des Verfahrens und dessen Vorgeschichte Rücksicht. Einzelheiten s unten.

11 **6) Bei Scheidung: Grundsatz der Kostenaufhebung, I 1.** Im Fall der Ehescheidung trifft I 1 nur scheinbar eine zwingende Kostenregelung, nämlich die der Kostenaufhebung. In Wahrheit bleibt dem Gericht der weite Ermessensspielraum nach I 2 oder auch I 3. In Wahrheit enthält I 1 also nur eine Auffangklausel. Denn das Gericht muß stets zunächst prüfen, ob und wieweit es von seinen Ermessensmöglichkeiten nach I 2, 3 Gebrauch machen will. Freilich gibt I 1 auch zu erkennen, daß es immerhin mangels der besonderen Voraussetzungen in diesen Sätzen bei der Regel der Kostenaufhebung bleiben soll. Insofern enthält I 1 doch wieder einen Grundsatz.

12 **A. Begriff der Scheidung.** Es kommt nur darauf an, ob das Gericht „auf Scheidung einer Ehe erkennt". Es ist also unbeachtlich, auf wessen Antrag die Ehescheidung erfolgt, ob der Antragsgegner die Abweisung des Scheidungsantrags begehrt oder seinerseits ebenfalls die Scheidung beantragt hatte und ob der ursprüngliche Antragsteller seinen Scheidungsantrag zurückgenommen hatte, ohne daß dies auch der ursprüngliche Antragsgegner getan hat.

13 **B. Scheidungssache und Folgesachen.** I 1 stellt schon im Wortlaut klar, daß die Kostenregelung nicht nur die Scheidungssache erfaßt, sondern daß sie auch für diejenigen Folgesachen gilt, über die das Gericht gleichzeitig in seiner Entscheidungsverbund befindet. Das gilt auch bei einer nur nach ausländischem Recht zu beurteilende Folgesache, Karlsr RR **03**, 726. Darüber hinaus erfaßt I 1 auch diejenigen Folgesachen, über die das Gericht nach § 627 I „vorweg entschieden" hat, Mü JB **98**, 645, also wegen der Regelung der elterlichen Sorge über ein gemeinschaftliches Kind. Im Fall der gleichzeitigen Entscheidung über Scheidungssache und Folgesachen liegt der sog „Kostenverbund" in § 629 I 2 in Verbindung mit §§ 621 I, 623 I 1, Hamm FamRZ **02**, 104. Das gilt auch, soweit ein Antrag bzw eine sofortige Beschwerde wegen einer Folgesache inzwischen zurückgenommen worden ist, Ffm FamRZ **85**, 823, ZöHe 1, aM Drsd JB **02**, 542 (§ 516 III), Köln FamRZ **97**, 222, Stgt FamRZ **83**, 939 (§ 139 I 1 FGG).

Titel 5. Prozesskosten **§ 93a**

Beim *teilweisen Erfolg* der Berufung gegen ein Verbundurteil ist teils I 1, teils § 97 anwendbar, Hbg FamRZ **90**, 299. I 1 Hs 2 stellt außerdem klar, daß der Grundsatz der Kostenaufhebung auch eine solche Folgesache erfaßt, die das Gericht infolge einer Abtrennung nach § 628 S 1 gesondert bescheiden muß. Das betrifft also: Eine Folgesache nach § 621 I Z 6 (Versorgungsausgleich) oder Z 8 (güterrechtlicher Anspruch), § 628 S 1 Z 1, AG Pinneb SchlHA **84**, 184; eine ausgesetzte Folgesache über den Versorgungsausgleich, § 628 S 1 Z 2; eine Folgesache, die das Gericht nicht im Verbund bescheiden könnte, ohne daß es die Entscheidung über den Scheidungsantrag unzumutbar lange aufschieben würde, § 628 S 1 Z 4. I 1 ist auch dann anwendbar, wenn sich eine Ehesache infolge Tods eines Ehegatten erledigt, Köln FamRZ **00**, 620.

C. Einzelfragen. Das Gericht muß im Fall der Scheidung auch die Kosten eines am Verfahren beteiligten **14** Dritten berücksichtigen, Rn 4. Das gilt auch für etwaige diesbezügliche Folgesachen. Erfaßt werden auch die Kosten über ein zugehöriges Auskunftsverfahren. Aus I 1 folgt, daß eine etwaige Vorwegentscheidung nach § 627 I keine Kostenentscheidung enthalten darf. Sie darf vielmehr erst im Kostenverbund nachfolgen, Hamm AnwBl **78**, 423 (besondere Streitwertfestsetzung). Bei einer Kostenentscheidung wegen einer Abtrennung nach § 623 I 2 ist nicht § 93 a, sondern § 91 anwendbar. Im Fall des § 629 b (Zurückverweisung) sind I 1, § 97 unanwendbar, jedenfalls soweit der Scheidungsantrag verfrüht war, Zweibr FamRZ **83**, 627, aM Düss FamRZ **83**, 628.

7) Bei Scheidung: Ausnahmsweise anderweitige Verteilung, I 2. Das Gericht kann auch die Kosten **15** nach billigem Ermessen anderweitig verteilen, Karlsr RR **03**, 726. Infrage kommt jede einfache, klare Art der anderweitigen Aufteilung, Rn 7, Köln FamRZ **97**, 764 (auch wegen der Festsetzung: Differenzmethode). Wegen des weiten Ermessensspielraums Rn 8.

A. Härteklausel, I 2 Z 1. Eine derartige anderweitige Kostenverteilung kommt zunächst in Betracht, **16** wenn die Aufhebung der Kosten gegeneinander „einen der Ehegatten in seiner Lebensführung unverhältnismäßig beeinträchtigen würde". Das ist die sog Härteklausel, Rn 9. Das Gericht darf und soll sich bei seiner stets notwendigen Vorausschau mit einem Zeitraum begnügen, den es übersehen kann. Man kann bei Z 1 etwa 1 Jahr vorsehen. Z 1 Hs 1 bestimmt, daß die „Bewilligung von Prozeßkostenhilfe nicht zu berücksichtigen ist". Das Gericht muß also unterstellen, es sei oder werde keinem der beteiligten Ehegatten eine Prozeßkostenhilfe nach §§ 114 ff bewilligt. Die Vorschrift soll den wirtschaftlich stärkeren Ehegatten und nicht mehr praktisch die Staatskasse belasten. Der Stärkere soll zwar nicht schon wegen dieses Umstands stets, wohl aber meist im Rahmen der Billigkeit die überwiegenden oder alle Kosten tragen, wenn der andere Ehegatte ohne Prozeßkostenhilfe in wirtschaftliche Bedrängnis geriete, falls er einen größeren Kostenanteil tragen müßte, KG FamRZ **95**, 680. Der Schwächere und sein Anwalt sollen nicht auf die Prozeßkostenhilfe verwiesen werden.

B. Billigkeitsklausel, I 2 Z 2. Es kommt unabhängig von Z 1 als weitere Möglichkeit einer Abwei- **17** chung vom Grundsatz der Kostenaufhebung auch dann eine anderweitige Aufteilung in Betracht, wenn eine Aufhebung gegeneinander „im Hinblick darauf als unbillig erscheint", daß ein Ehegatte in einer der Folgesachen nach § 621 I Z 4, 5, 8 „ganz oder teilweise unterlegen" ist oder den Antrag zurücknimmt, Hamm FamRZ **97**, 765. Das ist die sog Billigkeitsklausel, Rn 10. Sie findet wegen ihres formellen Ausnahmecharakters nach Rn 11 nur dann Anwendung, wenn es sich bei der Folgesache um die gesetzliche Unterhaltspflicht gegenüber einem ehelichen Kinde handelt, § 621 I Z 4, oder um den Unterhalt gegenüber dem Ehegatten, § 621 I Z 5, oder um das Güterrecht, § 621 I Z 8. Sie gilt nur für die durch die Folgesache entstandenen Mehrkosten, Mü MDR **99**, 101.

Im Fall des *Versorgungsausgleichs* nach § 621 I Z 6 gelten nach § 621 a I demgegenüber die Regeln der **18** freiwilligen Gerichtsbarkeit, also § 13 a FGG, Hamm FamRZ **82**, 1093, Mü FamRZ **80**, 473, Sept FamRZ **83**, 937 (jedenfalls gegenüber den außergerichtlichen Kosten eines am Verfahren beteiligten Dritten), aM Ffm FamRZ **82**, 1093 (es gelte auch dann I). Es ist unerheblich, ob der Ehegatte ganz oder nur teilweise unterlegen ist. Freilich muß man den Grundgedanken des § 92 II Hs 1 (Geringfügigkeit der Zuvielforderung) mitbeachten. Wenn also ein Ehegatte in einer der genannten Folgesachen fast vollständig gesiegt hat, kommt die Billigkeitsklausel kaum in Betracht.

8) Bei Scheidung: Beachtlichkeit einer Kostenvereinbarung, I 3. Im Rahmen der Befugnis des **19** Gerichts, eine andere Kostenverteilung als die Aufhebung gegeneinander zu beschließen, kann und muß das Gericht auch beachten, ob die Parteien eine „Vereinbarung über die Kosten" getroffen haben. Im Fall solcher Vereinbarung ist das Gericht zur Berücksichtigung dieser Vereinbarung zwar nicht verpflichtet, aber im Rahmen eines auch hier geltenden billigen Ermessens berechtigt. Das ergibt sich zwar nicht aus dem Wortlaut von I 3, wohl aber aus dem Sinnzusammenhang mit I 2. Das Gericht kann, darf und muß also eine solche Kostenvereinbarung daraufhin prüfen, ob es sie seiner eigenen Entscheidung „ganz oder teilweise zugrunde legen" will.

Daraus wird zunächst deutlich: Eine Kostenvereinbarung ist in diesen Fällen für das Gericht nicht von **20** vornherein *bindend*. Das beruht darauf, daß der Streitgegenstand insofern nicht der Parteiherrschaft unterliegt, Grdz 38 vor § 128, Bbg JB **82**, 769, Düss AnwBl **92**, 48, Ffm Rpfleger **84**, 159, aM Hamm Rpfleger **82**, 482 (ein Kostenvergleich sei auch hier für das Gericht bindend). Aber das Scheidungsverfahren unterliegt der Parteiherrschaft nach Grdz 18 vor § 128 nur sehr eingeschränkt. Vgl allerdings Rn 21).

Das Gericht sollte insbesondere im Fall des § 630 III (die Ehegatten haben über die Regelung der **21** Unterhaltspflicht gegenüber einem Kind, die eheliche Unterhaltspflicht sowie die Ehewohnung und den Hausrat einen vollstreckbaren Schuldtitel herbeigeführt) möglichst eine zugehörige Kostenvereinbarung mitberücksichtigen, soweit nicht erhebliche Gründe dagegensprechen. Die Kostenvereinbarung dürfte schon mühsam genug zustande gekommen sein. Das Gericht sollte sie der Entscheidung nicht nur teilweise, sondern möglichst ganz zugrunde legen. Freilich wird die Entscheidung auch in diesem Fall nicht überflüssig. Denn jene Kostenvereinbarung bindet das Gericht nach Rn 20 eben formell noch nicht. Mangels Kostenvereinbarung gilt § 98, Hamm MDR **75**, 147, Kblz MDR **77**, 57 Göppinger AnwBl **77**, 436, aM KG MDR **75**, 763, Diederichsen NJW **77**, 601.

§ 93a

22 **9) Bei Abweisung des Scheidungsantrags: Kostenhaftung des Antragstellers für die Scheidungssache, II 1.** Weist das Gericht einen Scheidungsantrag ab, so muß der Antragsteller zunächst die Kosten der eigentlichen Scheidungssache tragen. Das ergibt sich daraus, daß II 1 diese Folge in Hs 1 als selbstverständlich voraussetzt. Das folgt aus dem Wort „auch". Insofern gilt also § 91 uneingeschränkt und zwingend. Der Abweisungsgrund ist also unerheblich. Soweit jeder Ehegatte die Scheidung begehrt hatte und das Gericht beide Scheidungsanträge abweisen muß, ergibt sich: Wer das außerhalb des § 93a geltende Prinzip der Einheitlichkeit der Kostenentscheidung anwendet, kommt meist zur Aufhebung der Kosten gegeneinander nach § 92. Wer dieses Prinzip auch im vorgenannten, in II nicht ausdrücklich miterwähnten Fall wegen des Vorrangs des § 93a zurücktreten läßt, wendet auf jeden abgewiesenen Scheidungsantrag § 91 an. Das Ergebnis stimmt jedenfalls dann wirtschaftlich überein, wenn die Werte der Scheidungsanträge gleich hoch sind. Das gilt unabhängig davon, ob man einen einheitlichen Kostenwert für das Gesamtverfahren bilden muß.

23 Der Fall der *Rücknahme* eines Scheidungsantrags fällt unter II, sondern unter § 269 III 1, 2, aM KG FamRZ **88**, 1075 (aber § 93a nennt den Fall der Antragsrücknahme überhaupt nicht, und für eine Auslegung ist bei klarem Wortlaut kein Raum, Einl III 39).

24 **10) Bei Abweisung des Scheidungsantrags: Grundsatz der Unterliegenshaftung auch für gegenstandslos werdende Folgesachen, II 1.** Der abgewiesene Scheidungsantragsteller muß auch die Kosten derjenigen Folgesachen tragen, die gerade infolge der Abweisung des Scheidungsantrags nach § 629 III 1 „gegenstandslos werden", Hs 1. Dazu zählen auch die Kosten einer solchen Folgesache, über die das Gericht infolge einer Abtrennung gesondert entscheiden muß. Das gilt freilich nur dann, wenn die Abtrennung entweder nach § 623 I 2 oder nach § 628 I 1 erfolgt ist. Das ist der Fall, wenn ein Dritter zum Verfahrensbeteiligten in einer Sache wegen der Unterhaltspflicht gegenüber Verwandten (§ 621 I Z 4) oder in einer Sache wegen der ehelichen gesetzlichen Unterhaltspflicht (§ 621 I Z 5) oder in einer Folgesache wegen des ehelichen Güterrechts geworden ist (§ 621 I Z 8), oder wenn das Gericht im Zeitpunkt der Scheidung noch nicht über Folgesachen wegen des Versorgungsausgleichs (§ 621 I Z 6) oder wegen des Güterrechts (§ 621 I Z 8) entscheiden konnte, oder wenn es wegen des Versorgungsausgleichs das Verfahren aussetzen mußte, weil ein Rechtsstreit über den Bestand oder die Höhe einer auszugleichenden Versorgung vor einem anderen Gericht anhängig war, oder wenn eine ungewöhnliche Verzögerung bei gleichzeitiger Entscheidung über Scheidung und Folgesache die Folge gewesen wäre.

25 Im Fall einer nach der Abweisung des Scheidungsantrags *selbständig* fortgeführten Folgesache nach § 629 III 2 gelten bei § 621 I, Z 4, 5, 8 die §§ 91ff, bei § 621 I Z 1–3, 6, 7, 9 der § 13a FGG bzw § 20 HausrVO. Entsprechend gilt bei Rücknahme des Scheidungsantrags nebst Vorbehalt der Fortführung einer nun selbständigen Folgesache nach § 626 II 2.

26 **11) Bei Abweisung des Scheidungsantrags: Ausnahmsweise anderweitige Verteilung, II 2.** In Abweichung von dem Grundsatz Rn 24 kann das Gericht zwar nicht wegen der Kosten der eigentlichen Scheidungssache, wohl aber wegen der Kosten der dadurch gegenstandslos gewordenen vorgenannten Folgesachen eine vom Grundsatz der Unterliegenshaftung abweichende „anderweitige Verteilung" vornehmen, wenn die Unterliegenshaftung „im Hinblick auf den bisherigen Sach- und Streitstand" als „unbillig" erscheint. Das ist die in Rn 10 erörterte Billigkeitsklausel. Sie betrifft allerdings nur solche gegenstandslos gewordenen Folgesachen, die sich auf die gesetzliche Unterhaltspflicht gegenüber Verwandten (§ 621 I Z 4), oder auf die durch die Ehe begründete gesetzliche Unterhaltspflicht (§ 621 I Z 5) oder auf das eheliche Güterrecht (§ 621 I Z 8) beziehen. Das ergibt sich aus dem klaren Gesetzestext von II 2. Eine ausdehnende Auslegung auf andere Folgesachen ist bei dieser formell ohnehin als Ausnahme gestalteten Vorschrift nicht zulässig.

27 Das Gericht muß bei seiner Billigkeitsprüfung den gesamten *bisherigen Sach- und Streitstand* bedenken. Das ist derselbe Begriff wie in § 91a I 1, dort Rn 112. Es findet also insbesondere nicht etwa zur Kostenentscheidung noch eine weitere Aufklärung oder gar Beweisaufnahme statt. Eine Herauszögerung von Terminen zwecks Überwindung des Trennungsjahres ist unstatthaft, aM KG FamRZ **87**, 724 (krit Meltendorf). In der Tat darf das Gericht niemals etwas bewußt hinausschieben, um Einfluß auf das Ende einer Ehe zu nehmen.

28 **12) Bei Aufhebung der Ehe: Grundsatz der Kostenaufhebung gegeneinander, III 1.** Hebt das Gericht eine Ehe auf, so muß es grundsätzlich die Kosten des Rechtsstreits „gegeneinander aufheben". Zu diesem Begriff Rn 6. Dieser Grundsatz folgt aus der Erwägung, daß es in einem solchen Fall nicht „Sieger" und „Verlierer" gibt, sondern daß das Gericht vor allem auch im öffentlichen Interesse entscheiden muß und daß daher das Prinzip des § 91 nicht paßt. Einen ähnlichen Grundsatz enthält § 93c in Kindschaftssachen. Allerdings muß man die nachfolgenden Ausnahmen beachten.

29 **13) Bei Aufhebung der Ehe: Ausnahmsweise anderweitige Verteilung, III 2.** In formeller Ausnahme von dem Grundsatz Rn 28 kann, darf und muß das Gericht im Rahmen stets notwendiger Prüfung der Gesamtumstände eine „anderweitige Verteilung" vornehmen, wenn die Kostenaufhebung gegeneinander entweder die in Rn 9 erörterte „unverhältnismäßige Beeinträchtigung eines Ehegatten in der Lebensführung" (Härteklausel) nach sich ziehen würde oder wenn eine „Unbilligkeit" im Sinn von Rn 10 eintreten würde (Billigkeitsklausel). In jedem dieser Fälle entscheidet das Gericht wiederum im Rahmen eines „billigen Ermessens", Rn 8. Erst wenn dieses Ermessen zu dem Ergebnis kommt, daß keine solche anderweitige Verteilung möglich ist, bleibt es bei dem „Grundsatz" von III 1, sofern III nicht ohnehin nach IV ausgeschlossen ist.

30 Im Rahmen der vorgenannten Billigkeitsklausel darf das Gericht hier allerdings *nur* den Umstand berücksichtigen, daß bei der Eheschließung „ein Ehegatte allein die Aufhebbarkeit der Ehe gekannt hat oder ein Ehegatte durch arglistige Täuschung oder widerrechtliche Drohung seitens des anderen Ehegatten zur Eingehung der Ehe bestimmt worden ist", Hs 2. Vgl §§ 1314, 1315 BGB. Das Gericht muß ein bloßes Mitverschulden bei einer Kostenverteilung entsprechend beachten. Die Kostenverteilung kommt nicht in Betracht, wenn einer der Fälle IV vorliegt. Beim Ausspruch der Trennung von Tisch und Bett nach materiellem Recht durch ein deutsches Gericht ist auf den dann erforderlichen Ausspruch der Verantwortlichkeit III 2 entsprechend anwendbar, Stgt RR **89**, 261.

Titel 5. Prozesskosten **§§ 93a, 93b**

14) Bei Aufhebung der Ehe nach §§ 1306 (Drittantrag) oder 1316 BGB (Verwaltungsantrag): Unterliegenshaftung, IV. Wenn das Gericht eine Ehe auf Antrag der zuständigen Verwaltungsbehörde nach § 1316 I Z 1, III BGB oder auf Antrag eines Dritten nach §§ 1306, 1313 I Z 1 S 1 BGB aufhebt, ist III gemäß IV unanwendbar. Das hat zur Folge: Es bleibt beim Grundsatz der Unterliegenshaftung, § 91. Keineswegs kann also eine Kostenaufhebung gegeneinander oder eine anderweitige Kostenverteilung stattfinden. Das stellt auch § 631 V für den Fall klar, daß die Verwaltungsbehörde unterliegt (Verweisung auf §§ 91–107). **31**

15) Bei Lebenspartnerschaft: Im Aufhebungsverfahren I, II entsprechend, V. Soweit es um die Aufhebung einer Lebenspartnerschaft gerade aufgrund des LPartG nach § 661 I geht, Z 1, verweist V auf I und II. Daher ist I entsprechend anwendbar, wenn das Familiengericht die Aufhebung der Lebenspartnerschaft ausspricht. II gilt sinngemäß, wenn es den Aufhebungsantrag zurückweist. In allen anderen Lebenspartnerschaftssachen nach § 661 I Z 2 ff ist § 93 a nicht auch nur entsprechend anwendbar. **32**

93b *Kosten bei Räumungsklagen.* I [1] Wird einer Klage auf Räumung von Wohnraum mit Rücksicht darauf stattgegeben, dass ein Verlangen des Beklagten auf Fortsetzung des Mietverhältnisses auf Grund der §§ 574 bis 574 b des Bürgerlichen Gesetzbuchs wegen der berechtigten Interessen des Klägers nicht gerechtfertigt ist, so kann das Gericht die Kosten ganz oder teilweise dem Kläger auferlegen, wenn der Beklagte die Fortsetzung des Mietverhältnisses unter Angabe von Gründen verlangt hatte und der Kläger aus Gründen obsiegt, die erst nachträglich entstanden sind (§ 574 Abs. 3 des Bürgerlichen Gesetzbuchs). [2] Dies gilt in einem Rechtsstreit wegen Fortsetzung des Mietverhältnisses bei Abweisung der Klage entsprechend.

II [1] Wird eine Klage auf Räumung von Wohnraum mit Rücksicht darauf abgewiesen, dass auf Verlangen des Beklagten die Fortsetzung des Mietverhältnisses auf Grund der §§ 574 bis 574 b des Bürgerlichen Gesetzbuchs bestimmt wird, so kann das Gericht die Kosten ganz oder teilweise dem Beklagten auferlegen, wenn er auf Verlangen des Klägers nicht unverzüglich über die Gründe des Widerspruchs Auskunft erteilt hat. [2] Dies gilt in einem Rechtsstreit wegen Fortsetzung des Mietverhältnisses entsprechend, wenn der Klage stattgegeben wird.

III Erkennt der Beklagte den Anspruch auf Räumung von Wohnraum sofort an, wird ihm jedoch eine Räumungsfrist bewilligt, so kann das Gericht die Kosten ganz oder teilweise dem Kläger auferlegen, wenn der Beklagte bereits vor Erhebung der Klage unter Angabe von Gründen die Fortsetzung des Mietverhältnisses oder eine den Umständen nach angemessene Räumungsfrist vom Kläger vergeblich begehrt hatte.

Gliederung

1) Systematik, I–III	1
2) Regelungszweck, I–III	2
3) Geltungsbereich, I–III	3–17
A. Nur bei Räumung von Miet-Wohnraum	3
B. Beispiele zur Frage des Geltungsbereichs	4–17
4) Gemeinsame Begriffe, I–III	18–22
A. Räumung von Wohnraum	18
B. Verlangen, Begehren des Beklagten auf Fortsetzung des Mietverhältnisses	19
C. Angabe von Gründen	20
D. Ermessen	21
E. Auferlegung der Kosten ganz oder teilweise	22
5) Räumungsurteil ohne Räumungsfrist, I 1	23–27
A. Fortsetzungsverlangen ist gestellt worden	23
B. Fortsetzungsverlangen ist begründet worden	24
C. Fortsetzungsverlangen ist wegen der berechtigten Interessen des Klägers nicht gerechtfertigt	25, 26
D. Obsiegen des Klägers wegen erst nachträglich entstandener Gründe	27
6) Abweisung der Klage auf Fortsetzung des Mietverhältnisses, I 2	28
7) Abweisung der Räumungsklage, II 1	29–33
A. Fortsetzungsverlangen des Beklagten ist gestellt worden	30
B. Fortsetzung wird bestimmt	31
C. Kläger hat Auskunft über die Gründe des Widerspruchs verlangt	32
D. Beklagter hat Auskunft nicht unverzüglich erteilt	33
8) Erfolg der Klage auf Fortsetzung des Mietverhältnisses, II 2	34
9) Räumungsfrist, III	35–45
A. Sofortiges Anerkenntnis des Räumungsanspruchs	36–38
B. Bewilligung einer Räumungsfrist	39, 40
C. Vorprozessuales Begehren des Beklagten	41
D. Angemessenheit der begehrten Räumungsfrist	42, 43
E. Vergeblichkeit des Begehrens des Beklagten	44
F. Entsprechende Anwendbarkeit	45
10) Verfahrensfragen, I–III	46
11) Rechtsmittel, I–III	47, 48
A. Räumung, I, Abweisung der Räumungsklage, II	47
B. Räumungsfrist, III	48

1) Systematik, I–III. Die Vorschrift enthält für ihren Geltungsbereich eine vorrangige, gegenüber **1** §§ 91 ff, 94 ff grundsätzlich eng auslegbare Sonderregelung. Sie ähnelt § 721, Köln WoM **97**, 336. Soweit sie unanwendbar ist, bleiben die genannten Vorschriften beachten. Zum Geltungsbereich Rn 3.

2) Regelungszweck, I–III. Die in § 93 b vorgesehenen Befugnisse des Gerichts zur Abweichung von **2** dem Grundsatz nach § 91 Rn 19, daß der Unterliegende die Kosten trägt, sind eine Folge des Umstands, daß §§ 574–574 b BGB aus sozialen Erwägungen ihrerseits Abweichungen von den eigentlich geltenden sachlichrechtlichen Folgen einer Vermieterkündigung darstellen. Soziale Gründe, die eine Fortsetzung des

§ 93b

Mietverhältnisses trotz eigentlich berechtigter Vermieterkündigung rechtfertigen, müssen auch entsprechend im Kostenrecht Beachtung finden, damit die Kostengerechtigkeit erhalten bleibt. Geht der Mieter in seinem Fortsetzungsverlangen zu weit, so erfordert dieselbe Kostengerechtigkeit eine entsprechende Besserstellung des Vermieters.

In beiden Fällen spielt das *vorprozessuale* wie prozessuale Verhalten der Beteiligten dabei eine erhebliche Rolle. Man sollte aber weder dem Mieter noch dem Vermieter insofern allzu viel zumuten. Zwar kann auch die schlichte unjuristische Darlegung von einfachen Umständen und Tatsachen ausreichen, dem Vertragspartner die eigene Lage verständlich zu machen. Das bürgerliche Recht ist aber in der Systematik der Folgen solcher Umstände schon so kompliziert, daß selbst der Mietrechtsspezialist aufpassen muß. Der Bürger ist oft glatt überfordert und bringt einfach nicht mehr diejenige Gewissenhaftigkeit auf, die das Gesetz in schöner, nahezu blauäugiger Selbstverständlichkeit schlicht erwartet. Das darf man bei der Auslegung auch der prozessualen Kostenfragen des § 93 b nicht übersehen. Deshalb sollte man auch keineswegs von einer Kostenstrafe sprechen, aM AG Hbg WoM **93**, 549 (aber warum muß eigentlich immer der Mieter besser wegkommen?).

3 **3) Geltungsbereich, I–III.** I–III gelten in den *neuen Bundesländern* entsprechend, Art 232 § 2 VI 2 EGBGB. Allgemein gilt:

A. Nur bei Räumung von Miet-Wohnraum. Wegen der Notwendigkeit, die Vorschrift angesichts ihres Ausnahmecharakters nach Rn 1 eng auszulegen, gilt sie nur im Bereich der Räumung eines zur Miete bezogenen Wohnraums. Sie ist also auf andere Arten von Räumlichkeiten und auf andere Nutzungsverhältnisse über Wohnraum oder anderen Raum unanwendbar.

4 **B. Beispiele zur Frage des Geltungsbereichs**
Anderer Anspruch: § 93 b ist auf einen anderen als den Räumungsanspruch aus einem Mietverhältnis oder Pachtverhältnis über Wohnraum *unanwendbar.* Das gilt selbst dann, wenn der Kläger diesen anderen Anspruch mit einem der in I–III genannten Ansprüche verbindet. Auf die erstere Forderung sind §§ 91 ff, 94 ff anwendbar. Das ändert freilich nichts an der Notwendigkeit einer einheitlichen Kostenentscheidung, soweit möglich. Das Gericht muß sie eben nur in ihren verschiedenen Bestandteilen aus unterschiedlichen Vorschriften begründen.
S auch Rn 9 „Geschäftsraum", Rn 13.
Anspruchshäufung: S „Anderer Anspruch".
Anerkenntnis: Man muß ein Anerkenntnis des Mieters wegen des Räumungsanspruchs zunächst nach § 93 b und nur dann, wenn diese Vorschrift nicht eingreift, nach § 93 beurteilen. Wegen der Einzelheiten Rn 36.
S auch „Auszug".
Auszug: Man muß den ohne Anerkenntnis des Räumungsanspruchs einfach ausziehende Mieter allein nach § 91 a beurteilen. Er hat ja nicht (vergeblich) die Fortsetzung des Mietverhältnisses begehrt.

5 **Beschlußverfahren:** Ein im Erkenntnisverfahren übergangener, nach § 721 I 3 in Verbindung mit § 321 nachgeholter Anspruch auf Gewährung einer Räumungsfrist soll auch die bisherige Kostenentscheidung ändern, und zwar nun ohne Berücksichtigung von III, § 321 Rn 9. Eine erst nachträglich im Beschlußverfahren nach § 721 II–IV gewährte Räumungsfrist macht § 93 b ebenfalls anwendbar, § 721 Rn 11.

6 **Dienstwohnung:** § 93 b ist auch auf die Dienstwohnung anwendbar. Denn auch sie ist ein Wohnraum, § 576 BGB.

7 **Erledigung der Hauptsache:** Im Fall beiderseitiger wirksamer Erledigterklärungen zur Hauptsache, auch nur wegen der Räumungsfrist, muß das Gericht über die Kosten im Rahmen der nach § 91 a zu treffenden Entscheidung die in § 93 b I genannten Abwägungsgesichtspunkte mitberücksichtigen, entscheidet aber *nicht direkt* nur nach dieser Vorschrift, LG Frankenth ZMR **91**, 303, LG Köln WoM **93**, LG Lübeck WoM **93**, 552.

8 **Fortsetzungsklage:** Rn 29, 34.

9 **Geschäftsraum:** Die Vorschrift ist anwendbar, soweit es sich zumindest auch um die Räumung gemieteten Wohnraums handelt. Das gilt selbst dann, wenn das Mietobjekt Wohn- und Geschäftsräume umfaßt. Die in § 29 a Rn 2 ff zur örtlichen Zuständigkeit des Gerichts für Wohnraumprozesse genannten Regeln dazu, welchen Anteil der Geschäftsraum am Gesamtobjekt haben darf, sind zwar nicht unmittelbar, wohl aber entsprechend anwendbar. Denn die kostengerechte Entscheidung nach § 93 b ist am ehesten dem nach § 29 a ausschließlich zuständigen Gericht möglich. Man kann III auch zwischen dem Hauptvermieter von Geschäftsraum und dem diesen als Wohnung nutzenden Untermieter anwenden, Köln MietR **97**, 247.
Gewerberaum: S „Geschäftsraum".
Gestaltungsurteil: II ist ein typischer Fall eines Gestaltungsurteils eben auf Fortsetzung des Mietverhältnisses.

10 **Herausgabe:** § 93 b ist *unanwendbar,* soweit der Räumungsanspruch nicht auf Grund eines, wenn auch inzwischen angeblich beendeten, Mietverhältnisses bestehen soll, sondern nur zB auf Grund von §§ 985 ff BGB. Insofern gelten §§ 91 ff, 94. Sofern dagegen der Kläger die Räumung sowohl auf Grund eines früheren Mietverhältnisses als auch nach §§ 985 ff BGB fordert, kommt es für die Entscheidungsgrundlage des Räumungsurteils an: Soweit sie auf das Mietverhältnis gestützt ist, ist § 93 b anwendbar. Das gilt auch, soweit das Gericht dem Räumungsanspruch hilfsweise nach §§ 985 ff BGB stattgibt. Soweit dagegen der Kläger nur nach den letzteren Vorschriften Erfolg hat, bleibt § 93 b unanwendbar. Soweit die Klage unter beiden Gesichtspunkten erfolglos bleibt, kann II anwendbar sein.

11 **Künftige Räumung:** § 93 b ist auch auf eine Klage mit dem Ziel einer künftigen Räumung unter den sonstigen Voraussetzungen anwendbar, § 259 Rn 5.

12 **Mietzahlungsanspruch:** Rn 4 „Anderer Anspruch".

13 **Pacht:** Die Vorschrift gilt trotz der Notwendigkeit einer engen Auslegung nach Rn 1, 3 vernünftigerweise beim Pacht- oder Unterpachtverhältnis ebenso wie beim Miet- oder Untermietverhältnis.

14 **Räumung ohne Frist:** Rn 4 „Auszug".

Titel 5. Prozesskosten **§ 93b**

Rechtzeitigkeit des Widerspruchs: § 93 b ist *unanwendbar*, soweit der Vermieter seine Einwilligung zur Fortsetzung des Mietverhältnisses verweigern kann, weil der Mieter nicht rechtzeitig nach § 574b II 1 BGB widersprochen hatte. Denn der Regelungszweck nach Rn 2 würde durch das Verhalten des Mieter vereitelt.

Untermiete, Unterpacht: Trotz der Notwendigkeit der grds engen Auslegung nach Rn 1, 3 gilt die 15 Vorschrift vernünftigerweise im Untermiet- oder Unterpachtverhältnis ebenso wie im Hauptmiet- oder Hauptpachtverhältnis. Der Begriff „Mietverhältnis" umfaßt alle diese Arten.

Verfrühte Klage: § 93 b ist anwendbar, wenn der Vermieter ohne vorherige Kündigung usw sofort auf Räumung geklagt hat, so daß der Mieter vor der Klagerhebung keine Möglichkeit hatte, die Angabe von Kündigungsgründen zu fordern und/oder ein Fortsetzungsverlangen zu stellen.

Versäumnisurteil: Es kommt darauf an, ob der Säumige die nach § 93 b erforderlichen Handlungen vor dem Eintritt der Säumnis wirksam vorgenommen hatte. Nur in diesem Fall ist § 93 b anwendbar. Auf das unechte Versäumnisurteil, § 331 II Hs 2, ist § 93 b wie sonst anwendbar. Die vorstehenden Regeln gelten bei Klage wie Widerklage.

Vorübergehende Überlassung von Wohnraum: Soweit der Vermieter den Wohnraum nur zur vorübergehenden Nutzung überlassen hat, §§ 549 II Z 1, 2, 574 III BGB, sind die in § 93 b genannten anderen Teile des § 574 III BGB *unanwendbar* und ist daher § 93 b insgesamt unanwendbar.

Werkmietwohnung: Rn 6. 16

Widerklage: § 93 b ist auch *anwendbar*, soweit es um eine Widerklage geht.

Wiederholtes Fortsetzungsverlangen: § 93 b ist *anwendbar*, soweit es sich um ein wiederholtes Fortsetzungsverlangen des Mieters handelt, § 574 c BGB, soweit die übrigen Voraussetzungen erfüllt sind.

Zurücknahme des Fortsetzungsantrags: § 93 b ist *unanwendbar*, soweit die Klage auf eine Räumung oder 17 auf die Fortsetzung des Mietverhältnisses zurückgenommen wird. Denn durch eine Klagerücknahme entsteht kraft Gesetzes ohne Notwendigkeit einer Kostengrundentscheidung grds bereits die Kostenfolge des § 269 III 2. Demgegenüber erfordert § 93 b ja erst eine Abwägung und auf ihrer Grundlage eine Kostengrundentscheidung.

4) Gemeinsame Begriffe, I–III. In allen Teilen der Vorschrift treten die folgenden gemeinsamen 18 Begriffe auf.

A. Räumung von Wohnraum. Es muß um die „Räumung von Wohnraum" gehen, und zwar von solchem, den der Benutzer zur Hauptmiete, Untermiete, Pacht oder Unterpacht innehatte, also nicht nur von solchem, den er ohne jeden Rechtsgrund innehatte, §§ 985 ff BGB, Rn 10. Auch eine erst künftige Räumung kann ausreichen. Die Verbindung von Wohn- und Geschäfts- bzw Gewerberaum ist unerheblich, solange der Wohnraum nicht völlig untergeordnete Bedeutung hat. Eine Dienst- oder Werkwohnung reicht aus. Eine bloß vorübergehende Nutzung reicht nicht aus. Vgl bei den einzelnen Stichworten in Rn 4 ff.

B. Verlangen, Begehren des Beklagten auf Fortsetzung des Mietverhältnisses. Bei einer Klage auf 19 Räumung des Wohnraums muß der Bekl verlangt haben, das Mietverhältnis nach §§ 574–574 c BGB fortzusetzen. Diese Anforderung gilt allerdings nicht im Fall III. Das „Verlangen" und „Begehren" ist eine Willenserklärung. Man wird sie im Prozeß als Parteiprozeßhandlung beurteilen, Grdz 47 vor § 128. Über den zulässigen Zeitraum vgl bei den nachfolgenden Anm. Das Hinzutreten weiterer Erklärungen ist unschädlich, soweit eben das Fortsetzungsverlangen als solches eindeutig ist. Im Zweifel muß man durch Auslegung nach Grdz 52 vor § 128 klären, ob schon und nicht ein solches Fortsetzungsverlangen vorliegt. Eine Bedingung kann, muß aber nicht schädlich sein. Es kommt auf die Gesamtumstände an. Man muß einen „Widerspruch gegen die Kündigung" zwar nach §§ 574 I 1, 574 b I 1 BGB von dem „Fortsetzungsverlangen" an sich unterscheiden. In der Praxis fällt aber zumindest die Zielrichtung der einen wie der anderen Erklärung zusammen. Daher reicht auch ein „Widerspruch gegen die Kündigung" meist aus. Indessen kommt es auch hier auf die Gesamtauslegung an. Es ist ja unerheblich, ob der Mieter die Rechtsgrundlage seines Begehrens kennt und nennt.

C. Angabe von Gründen. Der Mieter muß die Fortsetzung des Mietverhältnisses „unter Angabe von 20 Gründen" verlangt haben, § 574 b I 2 BGB. Das bedeutet nur: Er muß Tatsachen genannt oder in Bezug genommen haben, die nach seiner erkennbaren Ansicht ein Fortsetzungsverlangen rechtfertigen können. Eine bloße Verweisung auf § 574 b BGB reicht also nicht. Es ist an dieser Stelle noch nicht erforderlich, daß die Gründe auch objektiv aus der Sicht des Gerichts ausreichen. Es genügt also eine Substantiierung. Ihre Schlüssigkeit ist nicht erforderlich. Entsprechend dem Regelungszweck nach Rn 2 darf man die Anforderungen an das Vorliegen einer Begründung nicht überspannen. Die Vorschrift dient der Kostengerechtigkeit gerade in Fällen sozialer Härten und Unbilligkeiten, oft also in Verhältnissen, die ohnehin keine hohen Anforderungen an Schreib- und Redegewandtheit zulassen. Nur beim völligen Fehlen irgendeiner Grundangabe oder bei solchen Darlegungen, die schon aus der Sicht des Mieters offensichtlich völlig unsinnig oder abwegig sind, liegt keine „Angabe von Gründen" vor.

D. Ermessen. Das Wort „kann" stellt wie so oft nicht etwa nur in die Zuständigkeit, sondern in das 21 Ermessen des Gerichts. Es darf und muß eine Gesamtabwägung der Umstände innerhalb des von der Vorschrift jeweils genannten Rahmens vornehmen, LG Arnsberg WoM **95**, 322. Solange seine Begründung noch irgendwie sachlich vertretbar ist, bleibt es im Rahmen seines pflichtgemäßen Ermessens. Das Gericht hat allerdings nicht einen so weiten Spielraum wie bei einem „billigen" Ermessen, etwa bei § 91 a. Das Ermessen muß immerhin erkennen lassen, daß das Gericht sich von Bemühung um eine Kostengerechtigkeit leiten läßt.

E. Auferlegung der Kosten ganz oder teilweise. Das Gericht kann im Rahmen seines pflichtgemäßen 22 Ermessens nach Rn 21 der jeweiligen Partei die gesamten Prozeßkosten „ganz oder teilweise" auferlegen, LG Kaisersl WoM **90**, 446. Das ist im Kern die Übernahme der in § 92 I Hs 2, II genannten Möglichkeiten, § 92 Rn 27, 44. Es kommen also eine Kostenteilung nach Bruchteilen oder Prozenten in Betracht, aber auch eine solche nach Summe und Rest oder nach anderen Gesichtspunkten. Die Kostenentscheidung muß

§ 93 b

stets möglichst einfach und klar sein. Das Gericht darf im Rahmen der von I–III genannten Merkmale das vorprozessuale und prozessuale Verhalten der Beteiligten mitberücksichtigen, auch die bisherigen Erfolgsaussichten.

23 **5) Räumungsurteil ohne Räumungsfrist, I 1.** Die Vorschrift erfaßt den Fall, daß eine Klage auf Räumung von Wohnraum Erfolg hat, ohne daß das Gericht eine Räumungsfrist zubilligt. Es müssen die folgenden Voraussetzungen zusammentreffen.

A. Fortsetzungsverlangen ist gestellt worden. Die Räumungsklage muß erfolgreich geworden sein, obwohl der Bekl die Fortsetzung des Mietverhältnisses auf Grund der §§ 574–574 c BGB gefordert hatte, Rn 19. Das Fortsetzungsverlangen muß innerhalb der in § 574 b II 1, 576 a II BGB genannten Fristen dem Vermieter zugegangen sein, § 130 BGB. Es kommt also zunächst darauf an, ob der Vermieter rechtzeitig vor dem Ablauf der Widerspruchsfrist hin in § 574 b II 2 BGB bezeichneten Hinweis erteilt hatte, daß der Mieter die Möglichkeit des Widerspruchs und des Fortsetzungsverlangens nach § 574 BGB habe und daß er das in Schriftform und spätestens 2 Monate vor der Beendigung des Mietverhältnisses tun müsse. War diese Belehrung nicht erteilt worden, so reicht die Erklärung noch im ersten Termin des Räumungsrechtsstreits. Das Gericht muß den Mieter auf die etwaige Möglichkeit hinweisen, den Widerspruch noch im ersten Termin zu erklären, § 139.

24 **B. Fortsetzungsverlangen ist begründet worden.** Der Mieter muß sein Fortsetzungsverlangen auch mit Gründen versehen haben, Rn 20.

25 **C. Fortsetzungsverlangen ist wegen der berechtigten Interessen des Klägers nicht gerechtfertigt.** Das Gericht muß zu dem Ergebnis gekommen sein, daß das Fortsetzungsverlangen im Ergebnis nicht gerechtfertigt ist. Es muß zwar schlüssig gewesen sein. Es muß sich aber eben als unbegründet herausgestellt haben, weil die in § 574 I 1 BGB genannte Abwägung der Verhältnisse beider Parteien zu dem Ergebnis führte, daß keine derartige Härte für den Mieter vorliegt, daß er wohnen bleiben dürfte, sei es für eine sogleich zu bestimmende, sei es für eine zunächst unbestimmte Zeit.

26 Bei der *Interessenabwägung* muß das Gericht also §§ 574 I, 575 a II BGB mitbeachten. Die Interessen des Vermieters müssen im Ergebnis überwiegen. Das Fortsetzungsverlangen darf also nicht nur deshalb zurückzuweisen sein, weil der Mieter die Frist zur Mitteilung seiner Fortsetzungsgründe versäumt hatte oder weil sie für sich allein betrachtet nicht ausreichten, § 574 I 2 BGB. Das Gericht darf eine bloße Bezugnahme auf § 574 BGB aber wegen der Notwendigkeit großzügiger Auslegung des Fortsetzungsbegehrens nach Rn 24 nicht als Versäumung der Grundangabe beurteilen. Bei der Interessenabwägung muß das Gericht das Gesamtverhalten jeder Partei angemessen berücksichtigen. Das gilt zB für die Frage, ob der Vermieter dem Mieter auf Verlangen auch vor der Einlegung von dessen Widerspruch schon die Kündigungsgründe bekanntgegeben hatte. Es muß sich sowohl bei dem Kläger als auch bei dem Bekl um die subjektiv wahrhaftigen und vollständigen Gründe handeln, also um geeignete, bestimmte Tatsachen. Der Mieter muß seine Gründe auch unabhängig von einem Verlangen des Vermieters nach § 574 b I 2 BGB genannt haben.

27 **D. Obsiegen des Klägers wegen erst nachträglich entstandener Gründe, I 1 Z 1.** Soweit die Voraussetzungen nach Rn 23–26 vorliegen, müssen die bei der Abwägung zu Gunsten des Klägers ausschlaggebenden Gründe erst nach § 574 III BGB nachträglich entstanden sein. Sie dürfen also erst nach dem Kündigungsschreiben entstanden sein. Es kommt trotz der Zugangsbedürftigkeit einer Kündigung nicht auf den Zeitpunkt dieses Zugangs an, sondern auf den Zeitpunkt der Absendung. Denn von diesem Augenblick an hatte der klagende Vermieter keine Möglichkeit mehr, die Gründe bereits in dem Kündigungsschreiben im Sinn von § 574 III BGB „anzugeben". Z 1 erfordert, daß die schließlich zum Obsiegen des Klägers führenden Gründe erst nachträglich objektiv entstanden sind.

Beispiel: Der Eigenbedarf ergibt sich erst nach der Absendung der Kündigung und konnte daher nicht schon in ihr zumindest auch angeführt werden.

28 **6) Abweisung der Klage auf Fortsetzung des Mietverhältnisses, I 2.** Die in I 1 genannten Regeln gelten ebenso „in einem Rechtsstreit wegen Fortsetzung des Mietverhältnisses" nach §§ 574–574 c BGB entsprechend, soweit das Gericht diese Gestaltungsklage des Mieters abweist. Auch in einem solchen Fall muß also der siegende Vermieter als Bekl die Kosten ganz oder teilweise tragen, wenn der unterliegende Mieter zwar im Ergebnis keine überwiegenden Gründe für sein Fortsetzungsbegehren hatte, wenn aber die für den Räumungsanspruch den Ausschlag gebenden Gründe des Vermieters objektiv erst entstanden waren, nachdem der Vermieter die Kündigung abgesandt hatte, oder wenn der Vermieter dem Mieter nicht unverzüglich seine berechtigten und im Ergebnis überwiegenden Gründe für den Räumungsanspruch vor der Erhebung der Gestaltungsklage des Mieters auf Fortsetzung bekanntgegeben hatte.

29 **7) Abweisung der Räumungsklage, II 1.** Die Vorschrift betrifft eine Klage auf Räumung von Wohnraum, Rn 18. Das Gericht kann den Bekl ganz oder teilweise mit Kosten belasten, soweit das Gericht die Räumungsklage im Ergebnis aus den folgenden Gründen abweist.

30 **A. Fortsetzungsverlangen des Beklagten ist gestellt worden.** Der Bekl muß rechtzeitig und in wirksamer Weise die Fortsetzung des Mietverhältnisses verlangt haben, Rn 19. Das Fortsetzungsverlangen muß also schriftlich erfolgt sein, § 574 b I 2 BGB.

31 **B. Fortsetzung wird bestimmt.** Das Fortsetzungsverlangen nach Rn 30 muß auch im Ergebnis Erfolg gehabt haben. Das Gericht muß die Räumungsklage gerade dergestalt abgewiesen haben, daß es über die Fortsetzung des Mietverhältnisses und über deren Dauer sowie über die Bedingungen, nach denen es fortgesetzt wird, „durch Urteil bestimmt" hat, § 574 a II 1 BGB, evtl auch dahin, daß das Mietverhältnis „auf unbestimmte Zeit fortgesetzt" werde, § 574 a II 2 BGB. Es muß also im Urteil nach § 308 a I erfolgt sein. Es reicht aus, daß das Gericht diesen Ausspruch entweder nach § 319 oder nach § 321 nachholen kann und nachholt. Soweit das Gericht einen Fortsetzungsausspruch nicht vornehmen wollte und nicht vorgenommen hat, aus welchen Gründen auch immer, ist II unanwendbar.

Titel 5. Prozesskosten **§ 93b**

C. Kläger hat Auskunft über die Gründe des Widerspruchs verlangt. Der auf Räumung klagende 32
Vermieter muß den Mieter aufgefordert haben, über die Gründe seines Widerspruchs gegen die Kündigung und natürlich über die Gründe seines Fortsetzungsverlangens „Auskunft" zu erteilen. Es muß also zunächst ein „Verlangen" vorliegen, Rn 19, hier freilich nicht des Bekl, sondern des Klägers. Er muß die Auskunft nach der Sollvorschrift des § 574 b I 2 BGB erbeten haben. Die Auskunft braucht nicht schriftlich erfolgt zu sein. Nur der eigentliche Widerspruch nebst Fortsetzungsverlangen bedarf nach § 574 b I 1 BGB der Schriftform, nicht die zusätzliche Begründung. Eine Auskunft hat auch dann vorgelegen, wenn sie objektiv unvollständig war. Es reicht aus, daß der Mieter überhaupt „Gründe angegeben" hat, Rn 20.

D. Beklagter hat Auskunft nicht unverzüglich erteilt. Es muß hinzukommen, daß der die Fort- 33
setzung erbittende Bekl ein nach Rn 32 ausreichendes Auskunftsverlangen des Klägers nicht nach § 121 I 1 BGB unverzüglich erteilt hat, soeben nur schuldhaft zögernd. Dem schuldhaften Zögern steht natürlich das völlige Ausbleiben der erbetenen Auskunft bis zur Entscheidungsreife über die Räumungsklage gleich.

8) Erfolg der Klage auf Fortsetzung des Mietverhältnisses, II 2. Soweit das Gericht einer Ge- 34
staltungsklage des auf Räumung verklagten Mieters auf Fortsetzung des Mietverhältnisses auf bestimmte oder unbestimmte Zeit nach Rn 31 stattgibt, kann es zu einer teilweisen oder gänzlichen Kostenlast des siegenden Mieters kommen, wenn die entsprechend anwendbaren Voraussetzungen Rn 30–33 zusammentreffen. Die Vorschrift stellt ein Gegenstück zu I 2 dar. Es müssen also die zu Gunsten des Mieters sprechenden Gründe überwogen haben. Der im Gestaltungsprozeß beklagte Vermieter muß den Mieter aufgefordert haben, über diejenigen Gründe Auskunft zu geben, aus denen nach Auffassung des Mieters eine Fortsetzung des Mietverhältnisses in Betracht kommt. Der Mieter muß mit der Mitteilung dieser Erwägungen schuldhaft gezögert haben, Rn 33.

9) Räumungsfrist, III. Während I, II die Fälle behandeln, in denen eine Räumungsklage mit einem 35
Verlangen des Mieters nach Fortsetzung des Mietverhältnisses zusammentrifft, erfaßt III den Fall, daß der Bekl den Räumungsanspruch anerkennt und nur eine Räumungsfrist ohne eine echte Fortsetzung des Mietverhältnisses bewilligt erhält, sei es auch nach eigener Kündigung, LG Freibg WoM **97**, 716, AG Kassel WoM **93**, 541. In diesem Fall hängt eine teilweise oder gänzliche Kostenlast des Klägers vom Zusammentreffen der folgenden Voraussetzungen ab, LG Karlsr ZMR **97**, 303, Harsch WoM **95**, 246 (Üb).

A. Sofortiges Anerkenntnis des Räumungsanspruchs. Der Bekl muß den Räumungsanspruch „so- 36
fort anerkennen", AG Reutlingen WoM **89**, 430. Es muß also gerade um den Anspruch auf Räumung von Wohnraum gehen, Rn 18. Es muß ein wirksames Anerkenntnis gerade dieses Anspruchs vorliegen, § 93 Rn 86. Dieses Anerkenntnis muß auch sofort erfolgen, § 93 Rn 88. Es reicht also im Verfahren ohne eine mündliche Verhandlung aus, daß das Anerkenntnis im ersten Schriftsatz des Bekl erfolgt. Beim bloßen schriftlichen Vorverfahren darf er nicht zuvor eine gesonderte Verteidigungsanzeige erstattet haben, Kblz WoM **04**, 621 links, LG Lüb **93**, 552, LG Regensb WoM **93**, 552, aM LG Köln (6. ZK) WoM **93**, 553 und (10. ZK) WoM **96**, 567, LG Stgt WoM **04**, 620, AG Hann WoM **93**, 551 (vgl aber § 93 Rn 97).

Meldet sich der Bekl erstmals mit einem *Einspruch* oder *Widerspruch*, so reicht das dort erklärte Anerkenntnis aus, LG Kiel WoM **93**, 550, LG Köln NZM **98**, 663. Im Verfahren mit mündlicher Verhandlung reicht es aus, daß der Bekl vor der Stellung des angekündigten oder nicht angekündigten sonstigen Sachantrags nach § 137 I in der ersten streitigen mündlichen Verhandlung vor dem endgültig zuständigen Gericht anerkennt, und er diejenigen Tatsachen kennen kann, die den Räumungsanspruch objektiv begründen, LG Kblz WoM **89**, 429. Unter diesen Voraussetzungen ist es unschädlich, wenn der Bekl Anlaß zur Klage gegeben hatte, LG Freib WoM **93**, 553, ob er zB vor dem maßgeblichen Zeitpunkt der Kündigung widersprochen und/oder eine Fortsetzung des Mietverhältnisses verlangt hatte.

Wenn der Vermieter auf Räumung geklagt hatte, ohne einen *Einigungsversuch* unternommen zu haben, 37
und wenn der Mieter nun den Räumungsanspruch sofort uneingeschränkt anerkennt, ist III anwendbar.

Ein Anerkenntnis *vor Fälligkeit* ist immer sofortig, LG Regensb WoM **93**, 545. Soweit der Räumungsan- 38
spruch erst zugleich mit der Klagerhebung nach § 253 eintritt, weil der Vermieter erst in der Klageschrift kündigt, Grdz 61 vor § 128, kann III entsprechend anwendbar sein. Soweit der Räumunganspruch erst während des Prozesses nach dem Eintritt der Rechtshängigkeit nach § 261 Rn 1 entsteht, reicht das Anerkenntnis im folgenden Schriftsatz bzw in der folgenden Verhandlung, LG Karlsr WoM **93**, 461 (evtl sogar erst in der Berufungsinstanz), LG Köln WoM **93**, 542. Der Räumungsanspruch muß auch objektiv begründet gewesen sein, LG Köln WoM **76**, 185. Nach einer Umstellung der Begründung des Räumungsantrags zB von einer fristlosen auf eine ordentliche Kündigung reicht ein nunmehr sofortiges Anerkenntnis aus.

B. Bewilligung einer Räumungsfrist. Das Gericht muß dem sofort anerkennenden Bekl eine „Räu- 39
mungsfrist bewilligt" haben, AG Reutlingen WoM **89**, 430. Das muß an sich bereits im Räumungsurteil nach § 721 I 1, 2 geschehen sein. Die Bewilligung der Räumungsfrist braucht nicht auf Grund eines besonderen Antrags erfolgt zu sein. Denn das Gericht muß über die Bewilligung einer Räumungsfrist zwar auf Antrag, aber auch von Amts wegen entscheiden, § 721 I 1. Soweit der Mieter allerdings einen Antrag stellt, muß das bis zum Schluß der letzten mündlichen Verhandlung geschehen, § 721 I 2, es sei denn, daß das Gericht auf künftige Räumung erkennt und über eine Räumungsfrist bisher noch nicht entschieden hat. In diesem letzteren Fall ist der Antrag noch bis 2 Wochen vor dem Tage statthaft, an dem der Bekl nach dem Urteil räumen muß, § 721 II 1. Wegen der Wiedereinsetzungsmöglichkeiten §§ 721 II 2. Soweit das Gericht einen vor dem Schluß der mündlichen Verhandlung gestellten Antrag übergangen hatte, reicht freilich die Nachholung der Bewilligung nach § 321, § 721 I 3, § 321 Rn 12. Natürlich reicht auch eine Berichtigung nach § 319. Die bewilligte Räumungsfrist braucht nicht mit der etwa beantragten übereinzustimmen.

Eine erst *nachträglich* im Beschlußverfahren nach § 721 II–IV gewährte Räumungsfrist macht § 93b III 40
ebenfalls anwendbar, § 721 Rn 11. Das gilt auch dann, wenn der Kläger sich auf § 573 II BGB gestützt hat. Die Bewilligung muß allerdings insgesamt eindeutig gerade auf die Gewährung einer Räumungsfrist gehen,

§ 93b

LG Mannh WoM **89**, 32. Eine Bewilligung nur von Vollstreckungsschutz reicht also nicht. Das gilt selbst dann, wenn sie durch das Prozeßgericht erfolgt sein sollte.

41 **C. Vorprozessuales Begehren des Beklagten.** Der Bekl muß „bereits vor Erhebung der Klage" vom Kläger entweder die Fortsetzung des Mietverhältnisses oder eine Räumungsfrist begehrt gehabt haben, LG Köln NZM **98**, 663. Ausreichend ist meist ein „Kündigungswiderspruch", LG Köln WoM **98**, 499. Auch das Begehren einer zusätzlichen Frist reicht aus, LG Köln WoM **93**, 544, LG Tüb WoM **93**, 545, AG Lörrach WoM **93**, 543. Nicht ausreichend ist aber das Begehren einer dritten oder weiteren Frist, LG Stgt WoM **93**, 544. Das Begehren einer Fortsetzung ist als solches kein Begehren einer Räumungsfrist, LG Kiel WoM **93**, 550, LG Stgt WoM **93**, 550, aM Harsch WoM **95**, 247 (aber er will gerade nicht räumen). Auch eine bloße Bitte um Nachsicht reicht nicht. Zum „Begehren" Rn 19. Eine vage Andeutung von Ersatzraummöglichkeiten kann (kaum) als Begehren einer Räumungsfrist auslegbar sein, AG Münst WoM **93**, 550. Man muß die Klagerhebung nach § 253 I beurteilen. Der Mieter muß seinem Begehren die Angabe von Gründen beigefügt haben, Rn 20. Ein nach § 574b II 1, 2 BGB verspäteter Widerspruch läßt sich evtl in einen Antrag auf eine Räumungsfrist umdeuten.

42 **D. Angemessenheit der begehrten Räumungsfrist.** Für den Fall, daß der Bekl vor der Klagerhebung zwar nicht die Fortsetzung des Mietverhältnisses begehrt hatte, wohl aber eine Räumungsfrist, muß die verlangte Frist grundsätzlich (Ausnahme bei Rn 44) objektiv „angemessen" gewesen sein. Sie darf also nicht unangemessen lang gewesen sein, LG Heidelb WoM **82**, 302, LG Regensb WoM **93**, 545, AG Köln WoM **93**, 546. Diejenige Frist, die das Gericht dann aber schließlich zugebilligt hat, braucht nicht ebenso lang wie die vom Bekl begehrte gewesen zu sein, strenger AG Recklingh WoM **93**, 546. Der Vermieter brauchte keine Nachfrist zu gewähren, LG Stgt WoM **93**, 544.

43 Der Bekl braucht auch *keinen bestimmten Auszugstermin* genannt zu haben, LG Stgt WoM **93**, 544, aM LG Frankenth WoM **93**, 547, AG Recklingh WoM **93**, 545 (aber so genau kann man sich als Räumungsschuldner oft erst kurz vor dem tatsächlichen Auszug festlegen). Er muß freilich das nach seiner Meinung angemessene Frist einigermaßen sicher umschrieben haben, LG Frankenth WoM **93**, 547, AG Freibg/Br WoM **94**, 551, AG Langenfeld WoM **93**, 459, aM LG Heilbr NZM **98**, 329 (es setzt voraus, daß der Bekl eine bestimmte Frist gewollt hatte). Es kann aber zB dann, wenn er in eine noch im Bau befindliche Wohnung umziehen wollte, eine solche Frist nicht immer im voraus bestimmt genannt haben usw, AG Lörrach WoM **93**, 543, strenger LG Mannh DWW **76**, 89, ThP 14, ZöHe 8). Jedenfalls ist eine Bitte um eine erneute kurze Frist wegen eines Umzugs unschädlich.

44 **E. Vergeblichkeit des Begehrens des Beklagten.** Schließlich muß das Begehren des Bekl entweder um die Fortsetzung des Mietverhältnisses oder um eine angemessene Räumungsfrist nach Rn 42 auch „vergeblich" gewesen sein. Da der Bekl dieses Begehren ja bereits vor der Klagerhebung geäußert haben muß, muß also der Vermieter dieses Begehren auch bereits vor Klagerhebung endgültig abgelehnt haben. Freilich muß der Mieter für den Fall einer Räumungsfrist zur Zahlung einer Nutzungsentschädigung bereit gewesen sein, LG Tüb WoM **90**, 218. Hat der Vermieter eine Räumungsfrist abgelehnt und sogleich Räumungsklage erhoben, so mag es in Abweichung von Rn 42 unschädlich sein, daß die vom Mieter begehrte Frist objektiv zu lang war, LG Wuppert WoM **93**, 548. Eine Ablehnung kann auch stillschweigend erfolgt sein, etwa eben durch Klage auf eine künftige oder sofortige Räumung. Sie liegt auch dann vor, wenn der Vermieter die Räumungsfrist davon abhängig macht, daß der Mieter den Räumungsanspruch „in vollstreckbarer Form, notariell beurkundet, schriftlich anerkennt". Denn dergleichen wäre ein Verstoß gegen § 794 I Z 5, LG Mannh WoM **89**, 32.

45 **F. Entsprechende Anwendbarkeit.** III ist schließlich entsprechend anwendbar, wenn der Mieter schon eine Ersatzwohnung hat und daher keine Räumungsfrist mehr benötigt, LG Köln WoM **97**, 568, LG Mannh WoM **78**, 135.

46 **10) Verfahrensfragen, I–III.** Zuständig ist das Prozeßgericht, das über den Räumungsanspruch, das Fortsetzungsbegehren, die Räumungsfrist entscheiden muß. Eine Anhörung des Gegners zur Kostenfrage ist wie sonst erforderlich, also vor einer ihm nachteiligen Entscheidung, Artt 2 I, 20 III GG (Rpfl), BVerfG **101**, 404, Art 103 I GG (Richter). Das Gericht trifft seine Kostenentscheidung nach pflichtgemäßem Ermessen, LG Frankenth WoM **93**, 547. Es beachtet dabei ein Verständnis des Vermieters für die Lage des Mieters, LG Köln WoM **93**, 460. Das geschieht im Räumungsurteil oder soweit zulässig bei dessen Berichtigung oder Ergänzung, §§ 319, 321. Die Kostenentscheidung wird als Urteilsbestandteil mitgeteilt und ist nach Maßgabe des Urteilstenors vorläufig vollstreckbar.

47 **11) Rechtsmittel, I–III.** Die unterschiedlichen Ausgangslagen bedingen unterschiedliche Rechtsmittel.

  A. Räumung, I, Abweisung der Räumungsklage, II. In beiden Fällen hat der Sieger der Hauptsache, also der Mieter, kein Rechtsmittel. Wegen § 99 I hat er daher auch wegen der Kosten kein Rechtsmittel. Der Verlierer der Hauptsache, also der Vermieter, kann unter den sonstigen Voraussetzungen Berufung einlegen und, soweit er im Kostenpunkt ebenfalls beschwert ist, nach § 99 I ebenfalls Rechtsmittel einlegen.

48 **B. Räumungsfrist, III.** Gegen die Versagung einer Räumungsfrist kommt die sofortige Beschwerde des Mieters in Betracht, § 567 I Z 2. Gegen die Gewährung einer Räumungsfrist kommt die sofortige Beschwerde des Vermieters in Betracht, § 567 I Z 2. Gegen die bloße Bemessung der Räumungsfrist kommt die sofortige Beschwerde beider Parteien in Betracht, §§ 567 I Z 2. Sie muß aber jeweils auf die Frage der Versagung, Gewährung oder Bemessung beschränkt sein, § 721 VI Z 1. Es darf sich auch nicht um eine Räumungsfrist-Entscheidung des Berufungsgerichts handeln, § 721 VI 2. Soweit die Hauptsache durch eine auf Grund eines Anerkenntnisses ausgesprochene Verurteilung erledigt ist, also im Fall III, hat der Vermieter gegen die ihn belastende Kostenentscheidung die sofortige Beschwerde nach §§ 99 II 1, 567 I Z 1. Eine Rechtsbeschwerde kommt unter den Voraussetzungen des § 574 in Betracht.

Titel 5. Prozesskosten § 93 c

93 c *Kosten bei Klage auf Anfechtung der Vaterschaft.* ¹Hat eine Klage auf Anfechtung der Vaterschaft Erfolg, so sind die Kosten gegeneinander aufzuheben. ²§ 96 gilt entsprechend.

Schrifttum: *Kindermann,* Kosten und Gebühren in Familiensachen, 2002.

Gliederung

1) Systematik, S 1, 2 1	C. Mutter 8
2) Regelungszweck, S 1, 2 2	D. Streithelfer 9
3) Sachlicher Geltungsbereich, S 1, 2 3–5	5) Erfolg der Klage: Grundsatz der Kostenaufhebung gegeneinander, S 1 10–12
A. Anwendbarkeit bei Anfechtung der Vaterschaft, S 1 3	
B. Unanwendbarkeit beim Widerruf der Anerkennung, § 1597 III BGB 4	6) Erfolg der Klage: Ausnahmsweise Haftung des mit einem Angriffs- oder Verteidigungsmittel Unterlegenen, S 2 .... 13, 14
C. Unanwendbarkeit bei Vaterschaftsfeststellung, § 1600 d BGB 5	7) Klagabweisung: Unterliegenshaftung, S 1, 2 15
4) Persönlicher Geltungsbereich, S 1, 2 .. 6–9	
A. Ehemann, §§ 1592 Z 1, 1593, 1600 BGB 6–9	8) Rechtsmittel, S 1, 2 16
B. Kind 7	

1) Systematik, S 1, 2. Die Vorschrift enthält eine gegenüber §§ 91, 92 vorrangige Sonderregelung. Sie **1** ist insofern eng auslegbar. Sie verweist in S 2 auf § 96, der „entsprechend gilt". Neben ihr gelten ergänzend §§ 94 ff. Soweit § 93 c unanwendbar ist, gelten §§ 91–93, 94 ff.

2) Regelungszweck, S 1, 2. Die Vorschrift berücksichtigt den Umstand, daß man die Vaterschaft im **2** Sinn von § 1592 Z 1 BGB nur durch eine Anfechtungsklage rechtlich beseitigen kann. Damit liegt ein im öffentlichen Interesse wie im wohlverstandenen Interesse der Beteiligten geschaffenes manchmal kompliziertes und stets äußerst kostspieliges Verfahren vor. Bei ihm gibt es nicht im engeren Sinn Sieger und Besiegte, schon weil sich die Ergebnisse der durchweg notwendigen Gutachten keineswegs immer im voraus auch nur halbwegs sicher übersehen lassen. Die Kostengerechtigkeit erfordert jedenfalls dann eine gewisse Milderung der Kostenlast des „Unterliegenden", wenn die weitreichenden Folgen der Anfechtung der Vaterschaft eintreten. Nur bei Erfolglosigkeit der Klage kann es beim Grundsatz des § 91 bleiben. § 93 c bestimmt allerdings nicht den Umfang des sachlichrechtlichen Ausgleichsanspruchs des Scheinvaters gegen den wahren Vater abschließend, BGH 103, 163, LG Lüneb RR 91, 711.

3) Sachlicher Geltungsbereich, S 1, 2. Man muß die folgenden Fallgruppen unterscheiden. **3**

A. Anwendbarkeit bei Anfechtung der Vaterschaft, S 1. Es muß um eine Klage mit dem Ziel der Anfechtung der Vaterschaft nach §§ 1599 ff BGB gehen. Diese Klage ist nach § 1600 e I BGB je nach der Person des Anfechtenden gegen unterschiedliche Bekl notwendig, solange das Kind noch lebt, nach dem Tod gemäß § 1600 e II BGB. Zuständig ist das AG, weil es sich um eine Kindschaftssache handelt, § 640 II Z 2 in Verbindung § 23 a Z 1 GVG.

B. Unanwendbarkeit beim Widerruf der Anerkennung, § 1597 III BGB. § 93 c ist unanwendbar, **4** soweit derjenige Mann, der die Vaterschaft nach §§ 1592 ff BGB anerkannt hat, seine Anerkennung nicht durch Klage nach §§ 1600 ff BGB anficht, sondern nach § 1597 III BGB durch öffentlich beurkundete Erklärung widerruft.

C. Unanwendbarkeit bei Vaterschaftsfeststellung, § 1600 d BGB. § 93 c gilt ferner nicht für den **5** Fall, daß das Gericht die Vaterschaft nach § 1600 d BGB feststellen muß. Auf diesen Prozeß sind §§ 91 ff, 94 ff anwendbar.

4) Persönlicher Geltungsbereich, S 1, 2. Man muß zwischen den folgenden Beteiligten unterscheiden. **6**

A. Ehemann, §§ 1592 Z 1, 1593, 1600 BGB. § 93 c ist anwendbar, wenn es sich um die Klage des Ehemanns handelt, § 1593 Z 1 BGB. Dieser Klage steht der Fall gleich, daß die Voraussetzungen des § 1593 BGB vorliegen (Tod des Ehemanns usw, und solange kein Dritter nach § 1599 II BGB wirksam anerkannt hat). Es kann sich auch um eine Klage desjenigen Mannes handeln, der die Vaterschaft aus welchen Gründen auch immer zunächst anerkannt hatte, §§ 1592 Z 2, 1594 ff BGB, AG Uelzen FamRZ 02, 844. Zu dieser Klage ist dieser Mann nach § 1600 BGB berechtigt. Für den Fall seiner Einschränkung der Geschäftsfähigkeit gelten die Sonderregeln des § 1600 a BGB. Die Klage ist gegen das Kind zu richten, § 1600 e I BGB. Nach seinem Tod gilt § 1600 e II BGB.

B. Kind. § 93 c ist weiterhin anwendbar, wenn es um die Klage des Kindes auf Anfechtung wegen des **7** bisher als sein Vater anzusehenden Mannes geht. Das Kind hat ein Anfechtungsrecht unter den in §§ 1592 Z 1, 2, 1593, 1600 ff BGB genannten Voraussetzungen. Darüber hinaus ist aber auch dann eine solche Anfechtungsklage zulässig, wenn das Kind den wahren Vater aus rechtlich schutzwürdigen Gründen ermitteln möchte und wenn nicht überwiegende Interessen des Schutzes derjenigen Ehe entgegenstehen, in der es geboren ist, BVerfG BGBl **89**, 253 = BVerfG **79**, 266 ff (diese Entscheidung ist wegen des nach dem KindRG verbleibenden Problems weiter beachtlich). Das minderjährige Kind muß nach § 1600 a III, IV BGB vertreten werden. Das volljährig gewordenen Kind kann selbst anfechten, § 1600 b III BGB. Die Klage ist nach § 1600 e I 2 BGB gegen den Mann zu richten. Ferner gehört hierhin die Klage des Kindes, das der Mann als sein Kind anerkannt hatte, auf Anfechtung der § 1592 Z 2 BGB begründeten Vaterschaft. Dazu ist das Kind nach § 1600 BGB berechtigt. Soweit es in der Geschäftsfähigkeit beschränkt ist, muß man § 1600 a BGB beachten. Das Kind muß seine Klage nach § 1600 e I BGB gegen den Mann richten.

§§ 93c, 93d

8   **C. Mutter.** § 93 c findet ferner Anwendung auf eine Klage der Mutter auf Anfechtung der Vaterschaft nach §§ 1592 Z 1, 2, 1593 BGB. Die Klage ist gegen den Mann zu richten. Nach seinem Tod gilt § 1600 e II BGB. Soweit die Mutter in der Geschäftsfähigkeit beschränkt ist, muß man § 1600 a IV BGB beachten.

9   **D. Streithelfer.** § 93 c ist auf eine Klage des einfachen oder streitgenössischen Streithelfers (Nebenintervenienten) nach §§ 66 ff unanwendbar. Das ergibt sich schon aus dem klaren eng auslegbaren Wortlaut, Rn 1. Im übrigen bleibt insofern ja § 101 anwendbar. Danach muß das Gericht die durch die Streithilfe verursachten Kosten dem Gegner der Hauptpartei auferlegen, soweit er nach §§ 91 ff die Kosten des Rechtsstreits tragen muß. Andernfalls muß das Gericht sie dem Streithelfer auferlegen, § 101. Soweit der Streithelfer nach § 69 als Streitgenosse der Hauptpartei gilt, sind allerdings die Regeln nach § 100 anwendbar. Der Streithelfer muß seine Kosten im Ergebnis selbst tragen, wenn die von ihm unterstützte Partei unterliegt, Kblz DAVorm **76**, 633.

10 **5) Erfolg der Klage: Grundsatz der Kostenaufhebung gegeneinander, S 1.** Die Vorschrift erfaßt nur den Fall der erfolgreichen Anfechtungsklage. Ihr kann die erfolgversprechende bei einer Erledigung der Hauptsache in Verbindung mit § 91 a gleichstehen, Brdb MDR **00**, 1380. Wegen der erfolglosen Rn 15. Soweit der Kläger im Prozeß zulässig oder unzulässig mit dem Anfechtungsziel andere Anträge verbindet, ist § 93 c auf die nach dem gesamten Kostenstreitwert zu ermittelnde Quote der Gesamtkosten im Rahmen der dann erforderlichen einheitlichen Kostenentscheidung anwendbar.

11 „Aufhebung der Kosten gegeneinander" ist dasselbe wie in § 92 I 2: Halbierung der Gerichtskosten (Gebühren und Auslagen), Haftung jeder Partei für ihre außergerichtlichen Kosten (Gebühren und Auslagen), § 92 Rn 40. Mag der Scheinvater anschließend Ersatz vom wahren Erzeuger fordern, LG Dortm FamRZ **94**, 654.

12 Diese Kostenfolge ist beim Erfolg der vorgenannten Anfechtungsklagen *zwingend*. Das ergibt schon das Wort „sind" in S 1. Das Gericht hat also anders als bei § 92 I 1 keinen Ermessensspielraum, aM AG Uelzen FamRZ **02**, 844 (abl Heuer). Es sollte insofern auch keine vom Gesetzeswortlaut abweichende Fassung im Urteil wählen. Das gilt auch dann, wenn die Mutter mit ihrer Klage auf Anfechtung der Vaterschaft siegt, §§ 1600, 1600 e I BGB. Zwar war sie evtl an der Ursache der Anfechtung, nämlich an der Anerkennung, zumindest dann nicht beteiligt, wenn der anerkennende Vater schon volljährig war. Indessen trifft das Gesetz eine auch im Interesse der Kostenvereinfachung klare Regelung, Rn 8.

13 **6) Erfolg der Klage: Ausnahmsweise Haftung des mit einem Angriffs- oder Verteidigungsmittel Unterlegenen, S 2.** Soweit die Anfechtungsklage Erfolg hat, ist das Gericht wegen der Verweisung von S 2 auf § 96 in Abweichung von dem Grundsatz der Kostenaufteilung gegeneinander (S 1) dazu berechtigt, die Kosten eines dennoch „ohne Erfolg gebliebenen Angriffs- oder Verteidigungsmittel" derjenigen Partei aufzuerlegen, die es geltend gemacht hat, „auch wenn sie in der Hauptsache obsiegt". Das bedeutet also, daß der siegende Kläger die Kosten erfolgloser derartiger Mittel selbst tragen muß, wenn das angemessen ist und wenn das Gericht es auch so bestimmt.

14 Das Wort „können" in § 96 stellt wie so oft nicht in die Zuständigkeit, sondern ins pflichtgemäße *Ermessen*. Das Gericht muß wie stets die Gesamtumstände berücksichtigen, zB die Erfolgsaussicht bei Einlegung des Angriffs- oder Verteidigungsmittels. Wenn es sich um ein Gutachten eines Sachverständigen handelt, geht es um den weitaus größten Teil der gesamten Kosten, und zwar der Gerichtskosten wie beim Parteigutachten der außergerichtlichen. Das Gericht muß daher sorgfältig prüfen, ob der in der Hauptsache siegende Kläger zB die Kosten eines zur Vorbereitung eingeholten Parteigutachtens selbst tragen muß, obwohl sie nach den Grundsätzen der Unterliegenshaftung unabhängig von der Brauchbarkeit des Gutachtens im Ergebnis sehr wohl unter Umständen erstattungsfähig wären, § 91 Rn 278–282. Es kommt also auf die Gesamtumstände an, ob eine Partei die Kosten eines vorprozessualen Gutachtens selbst dann tragen muß, wenn das Gericht das Gutachten im Verfahren mitverwertet hat, aM Hamm Rpfleger **79**, 142 (die Partei müsse diese Kosten stets selbst tragen. Das ist eine zu große Verengung.

15 **7) Klagabweisung: Unterliegenshaftung, S 1, 2.** Soweit eine Anfechtungsklage erfolglos bleibt, ist § 93 c schon nach dem eindeutigen eng auslegbaren Wortlaut unanwendbar, Rn 1. Es gelten also §§ 91 ff, 94 ff, freilich ebenfalls auch § 96 diesmal nicht entsprechend, sondern direkt.

16 **8) Rechtsmittel, S 1, 2.** § 99 ist anwendbar. Daher ist ein Verstoß gegen § 93 c nur zusammen mit der Hauptsache anfechtbar, Ffm MDR **82**, 152.

93d

Kosten bei Unterhaltsklagen. Hat zu einem Verfahren, das die gesetzliche Unterhaltspflicht betrifft, die in Anspruch genommene Partei dadurch Anlass gegeben, dass sie der Verpflichtung, über ihre Einkünfte und ihr Vermögen Auskunft zu erteilen, nicht oder nicht vollständig nachgekommen ist, so können ihr die Kosten des Verfahrens abweichend von den Vorschriften der §§ 91 bis 93 a, 269 Abs. 3 Satz 2 nach billigem Ermessen ganz oder teilweise auferlegt werden.

Schrifttum: *Kindermann,* Kosten und Gebühren in Familiensachen, 2002.

Gliederung

1) Systematik 1	6) Verfahrensveranlassung 6
2) Regelungszweck 2	7) Auferlegung der Kosten ganz oder teilweise 7
3) Sachlicher Geltungsbereich 3	8) Ermessen 8
4) Persönlicher Geltungsbereich 4	9) Rechtsmittel 9
5) Unzureichende Auskunft 5	

Titel 5. Prozesskosten **§§ 93d, 94**

1) Systematik. Die Vorschrift enthält eine gegenüber §§ 91–93 a, 269 III vorrangige Sonderregelung, 1 Naumb FamRZ 03, 239, LAG Düss MDR 02, 1094. §§ 94 ff gelten daneben wie sonst.

2) Regelungszweck. Das Ob, Wie und Wieviel, der Beginn und die Dauer einer Unterhaltsforderung 2 hängen von vielen gesetzlichen Faktoren ab, von der Bedürftigkeit über die Zahlungsfähigkeit bis zur Zahl gleichberechtigter anderer Unterhaltsgläubiger oder -schuldner. In dieser Lage kann der Schuldner zur Einschätzung dessen, was er vernünftigerweise zahlen oder leisten muß, unter anderem auf Auskünfte des Gläubigers angewiesen sein, die dessen Einkünfte aus anderen Quellen oder dessen Vermögen betreffen. Erhält der Schuldner sie nicht ausreichend, so soll er beim Unterliegen wegen folglich zu geringer außergerichtlicher Zahlungen wenigstens vor daraus entstandenen unverschuldeten Prozeßkosten Schutz erhalten. Dasselbe gilt auf der Gläubigerseite bei zu hoher Forderung nur wegen unvollständiger Schuldnerauskünfte. Man muß die Vorschrift als Ausnahme vom Grundsatz der Kostenhaftung des Unterliegenden nach Üb 27 vor § 91 an sich eng auslegen. Indessen erlaubt das „billige Ermessen" doch in diesem mehr formellen Rahmen einen ziemlich weiten Spielraum. Bloß vertraglicher Unterhalt gehört nicht hierher, wohl aber der gesetzliche Teil weitergehenden vertraglichen Unterhalts. Man sollte allerdings nicht den griffigen, aber systematisch weniger passenden übertriebenen Begriff einer Kostenstrafe benutzen, aM Schlesw FamRZ 00, 1514, Blaese MDR 98, 1005.

3) Sachlicher Geltungsbereich. Die Vorschrift gilt in jedem Verfahren, das eine gesetzliche Unterhalts- 3 pflicht betrifft. Das kann ein Erst- oder Abänderungsverfahren sein, ein Urteils- oder Beschlußverfahren, ein auf den Unterhalt beschränktes oder der Unterhaltsteil eines weitergehenden Verfahrens sein.

4) Persönlicher Geltungsbereich. Die Vorschrift gilt im Verfahren zwischen beliebigen Beteiligten 4 eines Unterhaltsanspruchs. Es kommt nicht auf die Parteistellung des in Anspruch Genommenen an. Wohl aber ist erheblich, ob gerade er die erbetene oder geschuldete Auskunft verweigerte. Der Drittschuldner gehört nicht hierher, Rn 1, LAG Düss MDR 02, 1094.

5) Unzureichende Auskunft. Der in Anspruch Genommene muß die Auskunft geschuldet haben, 5 Brschw FamRZ 05, 643. Er muß sie dann aber entweder gar nicht oder doch jedenfalls nicht vollständig erteilt haben, sei es zur Art der Einkünfte oder des Vermögens, sei es zur Höhe oder Dauer, zu Abzügen oder Belastungen, zu vor- oder gleichrangigen, das Einkommen oder Vermögen schwächenden Positionen usw, Brdb FamRZ 03, 239, Köln FamRZ 00, 622, Naumb FamRZ 03, 239. Der Gläubiger mag die Auskunft erbeten, verlangt, eingeklagt haben. Sie mag auch ohne oder kraft Gesetzes oder Vertrag auch unabhängig von einer Bitte des Auskunftsberechtigten bestanden haben.

6) Verfahrensveranlassung. Der Auskunftsmangel nach Rn 5 muß für das Unterhaltsverfahren nach 6 Rn 3 zumindest eine Mitveranlassung gegeben haben. Zur Veranlassung § 93 Rn 28 ff. Eine völlig unbedeutende Mitveranlassung reicht nicht. Dergleichen dürfte aber auch nur selten vorliegen.

7) Auferlegung der Kosten ganz oder teilweise. Sofern die Voraussetzungen Rn 3–6 zusammentreffen, kann das Gericht der in Anspruch genommenen Partei Rn 5 unabhängig von ihrer formalen Parteistellung die Kosten „ganz oder teilweise auferlegen", ähnlich wie bei § 91 a Rn 136 „Stufenklage", Brdb RR 03, 795, Nürnb JB 01, 265. Das ist dasselbe wie die „Kostenteilung" in § 92 I 1, dort Rn 27. Es kommt also eine Kostenverteilung nach Bruchteilen, nach Prozenten oder nach Summe + Rest in Betracht. Auch hier ist eine klare und einfache Kostenentscheidung dringend geboten, § 92 Rn 29. Das gilt auch evtl bei einer Stufenklage, aM Karlsr FamRZ 03, 943 (einheitliche Kostenentscheidung. Vgl aber § 254 Rn 20). Es gilt keiner Kostenrückahme, Ffm FamRZ 00, 1516, Naumb FamRZ 01, 844.

8) Ermessen. Das Wort „billig" meint wie so oft kein unkontrollierbares, sondern nur ein pflichtgemäßes 8 Ermessen des Gerichts. Dabei ist das Gericht freilich nicht auf „besondere" Gründe beschränkt. Andererseits kommt eine Entscheidung nach Rn 7 nur dann nicht in Betracht, wenn eine ausreichende Entschuldigung des Auskunftspflichtigen vorliegt, Naumb FamRZ 03, 239.

9) Rechtsmittel. Es gelten die für das jeweilige Unterhaltsverfahren vorgesehenen Rechtsmittel. Freilich 9 bleibt stets § 99 zu beachten: Der Kostenpunkt ist nur anfechtbar, wenn auch in der Hauptsache ein Rechtsmittel eingelegt wird, also im jeweiligen Unterhalts- bzw Abänderungsverfahren, Nürnb MDR 05, 151. Eine Rechtsbeschwerde kommt unter den Voraussetzungen des § 574 in Betracht.

94

Kosten bei übergegangenem Anspruch. Macht der Kläger einen auf ihn übergegangenen Anspruch geltend, ohne dass er vor der Erhebung der Klage dem Beklagten den Übergang mitgeteilt und auf Verlangen nachgewiesen hat, so fallen ihm die Prozesskosten insoweit zur Last, als sie dadurch entstanden sind, dass der Beklagte durch die Unterlassung der Mitteilung oder des Nachweises veranlasst worden ist, den Anspruch zu bestreiten.

Gliederung

1) Systematik 1	5) **Keine Mitteilung des Übergangs vor Klageerhebung** 8–10
2) Regelungszweck 2	A. Erforderlichkeit der Mitteilung 8
3) Geltungsbereich 3	B. Form der Mitteilung 9
4) Geltendmachung des übergegangenen Anspruchs 4–7	C. Zeitpunkt der Mitteilung: Erst ab Klageerhebung 10
A. Jede Anspruchsart 4	6) **Kein Nachweis des Übergangs auf Verlangen** 11–13
B. Jede Übergangsart 5	A. Erforderlichkeit nur auf Verlangen 11
C. Jeder Übergangszeitpunkt 6	B. Form des Nachweises 12
D. Entsprechende Anwendbarkeit bei Prozeßstandschaft und Prozeßgeschäftsführung 7	C. Zeitpunkt des Nachweises: Erst ab Klageerhebung 13

Hartmann

§ 94

7) Durch die Unterlassung veranlaßt, den Anspruch zu bestreiten	14–17
A. Begriff des Bestreitens	14
B. Begriff der Veranlassung	15, 16
C. Beispiele	17
8) Kostenfolge: Insoweit Kostenlast	18–21
A. Begriff der Kostenlast	18
B. Kein Ermessen	19
C. Kostenlast nur insoweit	20
D. Notwendigkeit der Klarheit und Einfachheit der Kostenentscheidung	21
9) Rechtsmittel	22
10) *VwGO*	23

1 **1) Systematik.** Die Vorschrift enthält eine gegenüber §§ 91–92, 95 ff grundsätzlich vorrangige und daher eng auslegbare Sonderregelung. Sie ergänzt den § 93 für einen Prozeßabschnitt, in dem jene Vorschrift deshalb nicht anwendbar ist, weil jedenfalls kein sofortiges Anerkenntnis vorliegt. Soweit sich die Anwendungsbereiche von § 94 und § 96 überschneiden, geht § 94 wegen seiner zwingenden Kostenregelung vor. § 94 ist nicht etwa auf die Fälle anwendbar, in denen der bisherige Rechtsinhaber den Prozeß evtl nunmehr zugunsten des Rechtsnachfolgers selbst weiterführt und ein Urteil erwirkt, §§ 265, 325. In diesen Fällen gelten vielmehr §§ 91 ff wie sonst.

2 **2) Regelungszweck.** Die Vorschrift ermöglicht eine sog Kostentrennung, Üb 3 vor § 91. Sie schützt den Schuldner solange, wie dieser von einem Übergang des sachlichrechtlichen Anspruchs des Gläubigers auf den jetzigen Kläger schuldlos keine Kenntnis hat und nur insofern scheinbar mit Recht die Sachbefugnis (Gläubigerschaft) des Klägers bestreitet. Soweit der Bekl den Anspruch ohnehin sofort anerkennt, bedarf es keines besonderen Schutzes und ist § 94 unanwendbar, Rn 1. Soweit der Bekl den Anspruch aus anderen als den eben erwähnten Gründen weiter bestreitet, verdient er ebenfalls keinen Schutz und haftet nach §§ 91 ff.

Einen erst nach *Klagerhebung* stattfindenden Anspruchsübergang erfaßt natürlich der Regelungszweck nicht mit. Denn dieser Zweck setzt ja einen Schutz vor vermeidbarer Unterlassung durch den Kläger voraus. Das muß man bei der ja ohnehin ziemlich engen Auslegung dieser Spezialvorschrift mitbeachten.

3 **3) Geltungsbereich.** Vgl Üb 12, 13 vor § 91, § 91 Rn 4–14.

4 **4) Geltendmachung des übergegangenen Anspruchs.** Erste Voraussetzung ist, daß der Kläger „einen auf ihn übergegangenen Anspruch geltend macht". Es müssen die folgenden Bedingungen zusammentreffen.

A. Jede Anspruchsart. Die Art des übergegangenen sachlichrechtlichen Anspruchs und sein Rechtsgrund sind unerheblich. Es kann sich um einen schuldrechtlichen, dinglichrechtlichen oder sonstigen Anspruch handeln. Er mag auf Vertrag beruhen, auf einem vertragsähnlichen Verhältnis, ungerechtfertigter Bereicherung, unerlaubter Handlung oder sonstwie auf dem Gesetz fußen.

5 **B. Jede Übergangart.** Es ist unerheblich, auf welche Weise der Anspruch auf den Kläger übergegangen ist. Es kann sich um einen Übergang kraft Gesetzes, Rechtsgeschäfts oder in sonstiger Weise handeln.

Beispiele für gesetzlichen Übergang: Der Versicherungsträger macht nach Leistungen zugunsten eines bei ihm versicherten Verletzten deren Kosten nach §§ 823 ff iV in Verbindung mit dem SGB gegen den Täter geltend; die Sozialbehörde geht nach Sozialleistungen kraft Übergangs auf sie etwa nach dem KJHG gegen den unterhaltspflichtigen Angehörigen vor; der Erbe kraft gesetzlicher Erbfolge klagt gegen den Schuldner des Erblassers.

Beispiele für *rechtsgeschäftlichen* Übergang: Es geht um einen abgetretenen Anspruch; es liegt eine Vermögensübernahme vor.

6 **C. Jeder Übergangszeitpunkt.** Der Zeitpunkt des Übergangs des Anspruchs auf den Kläger ist unerheblich. Der Übergang mag vor der Anhängigkeit, vor der Rechtshängigkeit nach § 261 Rn 1, vor dem Schluß der mündlichen Verhandlung nach §§ 136 IV, 296 a und sogar nach ihrem Schluß eingetreten sein, soweit im letzteren Fall das Gericht aus anderen Gründen wie eines Verfahrensfehlers die mündliche Verhandlung wieder eröffnet, § 156. Keinesfalls muß er vor Klagerhebung nach § 253 I erfolgt sein. Etwas Abweichendes ergibt sich nur bei flüchtiger Prüfung des Gesetzeswortlauts. Daher kann der jetzige Kläger auch durchaus erst im Weg des Parteiwechsels als einer Klagänderung in den Prozeß eingetreten sein, § 263 Rn 6.

7 **D. Entsprechende Anwendbarkeit bei Prozeßstandschaft und Prozeßgeschäftsführung.** Soweit jemand als sog Prozeßstandschafter nach Grdz 26 vor § 50 oder als sog Prozeßgeschäftsführer nach Grdz 29 vor § 50 handelt, macht er zwar einen sachlichrechtlichen Anspruch geltend, der sich aber einem anderen zusteht oder zustand. Da er jedoch jeweils im eigenen Namen handelt, muß man trotz der nach Rn 1, 2, gebotenen engen Auslegung einen solchen Fall ebenfalls nach § 94 beurteilen, zumal die Kosteninteressen vergleichbar sind.

8 **5) Keine Mitteilung des Übergangs vor Klagerhebung.** Weitere Voraussetzung ist, daß der Kläger „vor der Erhebung der Klage dem Beklagten den Übergang nicht mitgeteilt" hat. Es gelten im einzelnen die folgenden Bedingungen.

A. Erforderlichkeit der Mitteilung. Die Mitteilung muß überhaupt erforderlich gewesen sein. Die Erforderlichkeit hängt zunächst von einer etwaigen gesetzlichen oder vertraglich ausdrücklich vereinbarten Mitteilungspflicht und im übrigen von den Gesamtumständen ab, § 242 BGB. Wie der Wortlaut ergibt, hängt nicht schon die Mitteilung von einem Antrag oder einem Begehren des Bekl ab, sondern erst der in Rn 11 dargestellte Nachweis. Andererseits reicht ein Antrag des Bekl auf eine Mitteilung nicht automatisch. Er wird allerdings meist schon wegen des Prozeßverhältnisses zwischen den Parteien nach Grdz 4, 6 vor § 128 beachtet werden müssen. In redlicher Kläger hat nichts zu verbergen, § 138 I, II. Eine Mitteilung ist nicht mehr erforderlich, wenn der Bekl aus einer anderen Quelle eine genügende Kenntnis vom Übergang des Anspruchs auf den Kläger hat. Das müßte freilich der Kläger beweisen. Bloßes Kennenmüssen reicht nach dem eindeutigen Gesetzeswortlaut nicht.

9 **B. Form der Mitteilung.** Soweit eine Mitteilung nach Rn 8 erforderlich ist, muß sie in der nötigen Klarheit erfolgt sein. Eine besondere Form ist nicht schon nach § 94 notwendig. Sie ist aber evtl nach den sonstigen einschlägigen gesetzlichen oder vertraglichen Vorschriften. Sie ist dann Bedingung für

Titel 5. Prozesskosten **§ 94**

eine „Mitteilung" im Sinn von § 94. Soweit die Mitteilung auch andere Punkte umfaßt und insofern mangelhaft ist, reicht es, daß sie jedenfalls zur hier allein erheblichen Frage des Anspruchsübergangs klar und unmißverständlich ist. Sofern sie im letzteren Punkt unklar ist, heilt auch nicht eine Ordnungsmäßigkeit des weiteren Inhalts der Mitteilung. Wie ausführlich sie sein muß, hängt von den Gesamtumständen und der etwaigen Anfrage des Bekl mit ab.

C. Zeitpunkt der Mitteilung: Erst ab Klagerhebung. Weitere Bedingung ist, daß der Kläger eine **10** nach Rn 8 erforderliche Mitteilung nicht vor, sondern erst ab oder nach der Klagerhebung gemacht hat. Die Klage wird durch Zustellung der Klage- bzw Antragsschrift erhoben, § 253 I. Soweit also vor diesem Zeitpunkt eine Mitteilung beim Bekl entsprechend § 130 BGB zuging, ist § 94 unanwendbar. Hier handelt es sich allerdings um eine sog Wissenserklärung.

6) Kein Nachweis des Übergangs auf Verlangen. Weitere Voraussetzung ist, daß der Kläger den **11** Anspruchsübergang dem Bekl nicht „auf Verlangen nachgewiesen hat". Es müssen die folgenden Bedingungen zusammentreffen.

A. Erforderlichkeit nur auf Verlangen. Der Bekl muß einen Nachweis des Anspruchsübergangs „verlangt" haben. Ohne eine solche Forderung braucht der Kläger den Anspruchsübergang nicht nur mitzuteilen, nicht nachzuweisen. Das ergibt sich schon aus dem Gesetzeswortlaut. Der Bekl braucht sein Verlangen nicht besonders begründet zu haben. Es braucht keine besondere gesetzliche oder vertragliche Befugnis vorhanden gewesen zu sein, ein solches Verlangen zu stellen. Es richtet sich nach den Gesamtumständen, ob ein auch stillschweigend mögliches Verlangen vorliegt.

B. Form des Nachweises. Soweit der Kläger nach Rn 11 einen Nachweis des Anspruchsübergangs **12** liefern muß, hängt die Form des Nachweises von den Gesamtumständen ab. „Nachweis" ist mehr als bloße „Glaubhaftmachung" nach § 294. Er ist fast dasselbe wie „Beweis". Andererseits spricht man im engeren Sinn erst dann von Beweis, wenn das Gericht und nicht schon der Empfänger einer Mitteilung überzeugt ist. Daher liegt ein Nachweis nicht immer erst dann vor, wenn man prozessual einen Vollbeweis erbracht hat, § 286 Rn 16. Ein Erbschein ist zB nicht stets notwendig, wohl aber meist auf Verlangen zumindest in einfacher Abschrift mit dem Anerbieten einer Einsichtnahme des Bekl könne in das Original oder die Nachlaßakten.

C. Zeitpunkt des Nachweises: Erst ab Klagerhebung. Weitere Bedingung ist, daß der Bekl den auf **13** Verlangen zu liefernden Nachweis nicht vor, sondern erst ab oder nach der Klagerhebung nach § 253 I geliefert hat, daß der Nachweis also erst dann dem Bekl zugegangen ist, § 130 entsprechend (Wissenserklärung). Vgl Rn 10.

7) Durch die Unterlassung veranlaßt, den Anspruch zu bestreiten. Weitere Voraussetzung ist, daß **14** der Bekl gerade „durch die Unterlassung der Mitteilung oder des Nachweises veranlaßt worden ist, den Anspruch zu bestreiten". Es müssen die folgenden Bedingungen zusammentreffen.

A. Begriff des Bestreitens. Der Bekl muß den sachlichrechtlichen Anspruch bestritten haben. Man muß den Begriff des Bestreitens wie sonst verstehen. Den Gegensatz bildet ein Anerkenntnis nach § 307 oder eine Säumnis nach § 331. Ihr steht das Nichtstellen eines Antrags im Termin trotz Anwesenheit gleich, § 333. Es kommt in diesem Zusammenhang noch nicht darauf an, bis zu welchem Zeitpunkt der Bekl hätte bestreiten müssen, Rn 12.

B. Begriff der Veranlassung. Das bloße Bestreiten muß auch gerade durch die Unterlassung der **15** Mitteilung oder des Nachweises nach Rn 7, 11 veranlaßt worden sein. Es muß also ein Ursachenzusammenhang zwischen der gesetzwidrigen Unterlassung des Klägers und dem Bestreiten des Bekl vorliegen. Sinn der ganzen Regelung ist ja, den Bekl nur von solchen Kosten freizustellen, die er nach der an sich geltenden harten Kostenhaftung des Unterliegenden unabhängig davon tragen müßte, ob er den Anspruch zunächst mit Recht bestreiten konnte.

An dieser Stelle wird auch die *Abgrenzung zu § 93* deutlich. Während dem Bekl dort nur ein „sofortiges" **16** Anerkenntnis hilft, zu diesem Begriff § 93 Rn 88, kann bei § 94 auch dann noch eine Veranlassung zum Bestreiten vorliegen, wenn der Bekl den Anspruch noch im schriftlichen Vorverfahren der §§ 276 f nach Einreichung einer Verteidigungsanzeige, im schriftlichen Verfahren des § 128 II nach Einreichung des ersten Schriftsatzes, im Verfahren mit mündlicher Verhandlung gemäß § 128 Rn 4 nach der Stellung des Sachantrags bestritten hatte, § 137 Rn 7. Denn über jene Zeitpunkte hinaus mag die erforderliche Mitteilung oder der verlangte Nachweis des Anspruchsübergangs ausgeblieben sein. Erst von den letzteren Zeitpunkten an fällt eine Veranlassung zum weiteren Bestreiten im Sinn von § 94 weg. Erst jetzt wäre ein weiteres Bestreiten nicht mehr unverschuldet. Insofern bedeutet „Veranlassung" in Wahrheit über die bloße Ursache hinaus. Schuldlosigkeit. Der Bekl braucht aber noch nicht auf Grund bloßer vager Hinweise auf einen Anspruchsübergang sein Bestreiten der Sachbefugnis fallenzulassen. Das bloße Kennenmüssen genügt nicht. Das Gesetz verlangt vielmehr die klare „Mitteilung" und den „Nachweis", also Umstände, die dem Bekl positive Kenntnis verschaffen. Im Zweifel muß daher der Kläger diese Kenntnis beweisen.

C. Beispiele: Nach einer Abtretung hat der neue Gläubiger nicht die nach § 409 I BGB vorgesehene **17** Abtretungsanzeige erteilt; der Erbe hat dem Schuldner des Erblassers nicht den erforderlichen Erbschein wenigstens in Fotokopie übersandt; es wurde dem Schuldner gemäß § 410 I BGB wirksam verlangte Aushändigung einer Abtretungsurkunde ist nicht erfolgt.

8) Kostenfolge: Insoweit Kostenlast. Soweit die Voraussetzungen Rn 3–17 zusammentreffen, ordnet **18** das Gesetz als Kostenfolge von Amts wegen nach § 308 II an, daß dem Kläger die Prozeßkosten „insoweit zur Last fallen".

A. Begriff der Kostenlast. „Prozeßkosten" sind sämtliche Gebühren und Auslagen des Gerichts und der Parteien, sofern sie überhaupt nach § 91 erstattungsfähig sind.

B. Kein Ermessen. Soweit das Gericht die Voraussetzungen der Kostenfolge bejaht, hat es bei der **19** Kostenlast kein Verteilungsermessen. Das ergibt sich aus dem klaren Wortlaut („so fallen ihm ... zur Last").

§§ 94, 95

20 C. Kostenlast nur insoweit. Der Kläger muß nur diejenigen Kosten tragen, die gerade durch seine pflichtwidrige Unterlassung veranlaßt wurden. Das ergibt sich aus dem Wort „insoweit". Zum Umfang der Veranlassung Rn 15–17.

Beispiel: Der Bekl hat die Sachbefugnis des Klägers bestritten; es ist zu einer Beweisaufnahme über sie gekommen. An dieser haben für beide Parteien in einem auswärtigen Termin Verkehrsanwälte teilgenommen; es war auch ein Gutachten einzuholen. Nach der Beweisaufnahme erklärt das Gericht, die Sachbefugnis sei erwiesen. Sofort anschließend erkennt der Bekl den Klaganspruch an. Alle Kosten der Beweisaufnahme können unter den weiteren Voraussetzungen dem Kläger aufzuerlegen sein.

21 D. Notwendigkeit der Klarheit und Einfachheit der Kostenentscheidung. Die Entscheidung, durch die das Gericht die Kosten nach § 94 trennt, sollte ebenso einfach und klar sein wie überhaupt jede Kostenentscheidung. Es gelten dieselben Grundsätze wie zB auch im Fall der Kostenteilung, § 92 Rn 30, 31.

Beispiel: „Der Beklagte trägt die Kosten des Rechtsstreits bis auf die durch die Beweisaufnahme entstandenen Kosten. Die letzteren Kosten werden dem Kläger auferlegt".

22 9) Rechtsmittel. Es gelten die allgemeinen Regeln. Insbesondere muß man § 99 beachten. Daher ist die Anfechtung der Entscheidung nach § 94 unzulässig, wenn nicht zugleich gegen die Entscheidung in der zugehörigen Hauptsache ein Rechtsmittel eingelegt wird. Ist die Hauptsache jedoch dadurch beendet worden, daß der Bekl wie hier meist ein wenn auch nicht sofortiges Anerkenntnis erklärt hat, so kommt sofortige Beschwerde auch isoliert über den Kostenpunkt in Betracht, § 99 II 1. Eine Rechtsbeschwerde kommt unter den Voraussetzungen des § 574 in Betracht.

23 10) *VwGO*: *Entsprechend anwendbar, § 173 VwGO, wenn auch kaum jemals praktisch werdend.*

---

95 Kostenfolge bei Säumnis oder Verschulden.
Die Partei, die einen Termin oder eine Frist versäumt oder die Verlegung eines Termins, die Vertagung einer Verhandlung, die Anberaumung eines Termins zur Fortsetzung der Verhandlung oder die Verlängerung einer Frist durch ihr Verschulden veranlasst, hat die dadurch verursachten Kosten zu tragen.

Schrifttum: *Seifert-Cramer,* Kostennachteil statt Präklusion, Diss Gießen 1989.

Gliederung

1) Systematik 1	D. Verlängerung einer Frist 11
2) Regelungszweck 2	E. Veranlassung: Ursächlichkeit 12
3) Geltungsbereich 3	F. Verschulden 13
4) Versäumung eines Termins oder einer Frist 4–7	6) Kostenfolge: Kostentragungspflicht ... 14–18
A. Begriff des Termins 4	A. Ausscheidbarkeit der besonderen Kosten 14
B. Begriff der Frist 5	B. Zwingende Folge 15
C. Begriff der Versäumung 6	C. Verfahrensfragen 16
D. Kein Verschulden notwendig 7	D. Entscheidungsform: Urteil 17
5) Verschuldete Veranlassung einer Prozeßverlängerung 8–13	E. Notwendigkeit der Klarheit und Einfachheit der Kostenentscheidung 18
A. Verlegung eines Termins 8	7) Rechtsmittel 19
B. Vertagung einer Verhandlung 9	8) VwGO 20
C. Anberaumung eines Termins zur Fortsetzung der Verhandlung 10	

1 1) Systematik. Die Vorschrift enthält eine gegenüber §§ 91 ff eng auslegbare Sonderregelung. Soweit die nach § 95 säumige oder schuldige Partei ohnehin wegen Unterliegens nach §§ 91, 92 die Kosten tragen muß, tritt § 95 zurück, Düss MDR **90**, 832. Soweit sie aber sonst keine Kosten tragen müßte, hat § 95 gegenüber §§ 91 ff den Vorrang. Freilich müssen Kosten nach § 95 überhaupt ausscheidbar sein, Düss MDR **90**, 832. Soweit der Geltungsbereich der Vorschrift mit demjenigen des § 238 IV (Kosten des Wiedereinsetzungsverfahrens) oder des § 344 (Kosten infolge eines Versäumnisurteils) übereinstimmt, gehen jene Vorschriften wegen ihres noch spezielleren Charakters dem § 95 vor. Soweit die Anwendungsbereiche sich nicht überschneiden, gelten jene Vorschriften gleichrangig neben § 96. Die Vorschrift gilt auch im Rechtsmittelverfahren. Sie hat Vorrang auch gegenüber § 97 II, III. Denn sie ist jenen Vorschriften gegenüber spezieller. §§ 98 ff gelten wie sonst. § 38 GKG (Verzögerungsgebühr), Anh § 95, hat teilweise denselben Geltungsbereich wie § 95 ZPO. Beide Vorschriften sind dann nebeneinander anwendbar. Denn sie verfolgen dasselbe Ziel mit unterschiedlichen Mitteln.

2 2) Regelungszweck. § 95 dient der Bekämpfung einer Prozeßverschleppung und damit der Prozeßwirtschaftlichkeit, Grdz 14 vor § 128. Die Vorschrift zwingt unter ihren gesetzlichen Voraussetzungen den Richter zu dem Ausspruch der entsprechenden Kostenfolge. Er hat also dann kein Ermessen. Die in der Praxis verschwindend selten infragekommende Kosten-Sonderverteilung ist selbst dann keineswegs immer gerechtfertigt, anders als die ebenso geringe Bedeutung der Ermessensmaßnahme nach § 38 GKG, Anh § 95. Beides gilt auch für den Familienrichter, Völker MDR **01**, 1332. Indessen entstehen im Fall einer Prozeßverschleppung keinesfalls stets solche Kosten, die sich überhaupt sauber als gerade durch solche Verschleppung bedingt aussondern lassen. Wegen der Notwendigkeit enger Auslegung nach Rn 1 ist § 95 im Zweifel nicht anwendbar.

3 3) Geltungsbereich. Vgl zunächst Üb 12, 13 vor § 91, § 91 Rn 4–14. Partei ist auch hier, wer tatsächlich klagt oder beklagt ist, auf wen sich die prozeßbegründenden Erklärungen wirklich beziehen, Grdz 4 vor § 50. Maßgeblich ist die Parteistellung in derjenigen Instanz, in der es um die Versäumung oder Veranlassung

Titel 5. Prozesskosten **§ 95**

der Terminsverlegung usw geht. Die Partei kraft Amts nach Grdz 8 vor § 50 ist ebenso Partei wie der Prozeßstandschafter nach Grdz 26 vor § 50 oder der Prozeßgeschäftsführer, Grdz 29 vor § 50. Der gesetzliche Vertreter oder der ProzBev sind als solche nicht Partei, Grdz 7 vor § 50. Soweit sie aber einen Termin versäumen, treten die Kostenfolge auch unabhängig von ihrem Verschulden ein. Denn sie treten ja für die Partei auf und führen für die Partei die Prozeßfolgen herbei. Soweit sie ihrerseits schuldhaft eine Verlegung usw veranlassen, haftet die Partei für sie ohnehin nach §§ 51 II, 85 II. Für den Streithelfer (Nebenintervenienten) nach § 66 gilt neben dem vorrangigen § 101 nicht etwa § 95, sondern die Normalregelung in §§ 91 ff.

4) Versäumung eines Termins oder einer Frist. Es reicht für die Kostenfolge des § 95 zunächst aus, **4** daß die Partei „einen Termin oder eine Frist versäumt".

A. Begriff des Termins. Unter einem „Termin" muß man an sich jede Terminsart verstehen, Üb 1 vor § 214. Auch ein Termin, den der Sachverständige etwa zur Besichtigung des Beweisobjekts unter Verständigung der Parteien anberaumt, § 407a Rn 15, ist ein „Termin", Schlesw SchlHA **75**, 135. Auch die Nichtwahrnehmung eines bloßen Verkündungstermins nach § 311 Rn 6 kann Kostenfolgen haben. Das gilt zB dann, wenn das Gericht im Termin einen fristschaffenden Beschluß etwa über eine Auflage wegen einer Zeugenanschrift oder eines Vorschusses gefaßt oder einen neuen Verhandlungstermin anberaumt hatte, § 218. In solchen Fällen liegt ein Verstoß zwar nicht gegen eine prozessuale Pflicht vor, wohl aber gegen eine prozessuale Obliegenheit.

B. Begriff der Frist. „Frist" ist jede gesetzliche oder richterliche Frist, Üb 9 vor § 214. Das Gericht **5** muß die Frist muß aber gerade der säumigen Partei gesetzt haben.

C. Begriff der Versäumung. „Versäumung" ist die Nichtvornahme, die verspätete oder unwirksame **6** Vornahme, Üb 1 vor § 230. Wenn allerdings ein Versäumnisurteil nach §§ 330 ff ergeht, muß der Säumige alle Säumnis- und sonstigen Kosten ohnehin nach §§ 91, 344 tragen. Insofern wäre ein zusätzlicher Kostenentscheid nach § 95 zwar denkbar. Er wäre aber praktisch überflüssig. Nur insoweit mag man § 91 als gegenüber § 95 vorrangig ansehen.

D. Kein Verschulden notwendig. Eine „Versäumung" ist hier ebensowenig wie sonst von einem **7** Verschulden des Säumigen abhängig. Das gilt unabhängig davon, daß in bestimmten Fällen der Schuldlosigkeit ein Versäumnisurteil nach §§ 335, 337 nicht zulässig wäre. Jene Ausnahmeregeln zur Versäumnis lassen sich nicht in die eng auslegbare Voraussetzung der bloßen Versäumung im Sinn von § 95 hineinkonstruieren.

5) Verschuldete Veranlassung einer Prozeßverlängerung. Statt der Versäumung nach Rn 4 reicht es **8** für die Kostenfolge nach § 95 auch aus, daß die Partei eine Prozeßverlängerung „durch ihr Verschulden veranlaßt".

A. Verlegung eines Termins. Es genügt, daß infolge Verschuldens eine Terminsverlegung notwendig wird. Auch hier ist jeder Termin gemeint, Rn 4. Praktisch geht es allerdings vor allem um die Verlegung eines Verhandlungstermins, und zwar meist auf einen späteren Zeitpunkt, theoretisch allerdings auch auf einen früheren. Denn auch dadurch können besondere Kosten entstehen. „Verlegung" bedeutet die Bestimmung eines anderen Termins vor dem Beginn des anberaumten, § 227 Rn 5. Sie schließt die Terminsaufhebung ein. Die bloße Änderung der Terminsstunde ist keine Verlegung. Es ist nur scheinbar unerheblich, ob die Verlegung gesetzmäßig war oder nicht. Im letzteren Fall müßten die Gerichtskosten ohnehin nach § 21 I 1, 2 GKG unerhoben bleiben. Die außergerichtlichen Kosten wären dann vernünftigerweise dann nicht durch auch noch schuldhaftes Verhalten der Partei „verursacht", sondern zumindest auch durch Verschulden des Gerichts. § 95 soll ja nicht das fehlerhafte Verhalten des Gerichts kostenmäßig zusätzlich den Parteien anlasten. Daher kommt es praktisch darauf an, ob zB „erhebliche Gründe" im Sinn von § 227 vorlagen.

B. Vertagung einer Verhandlung. Es reicht statt der Bedingung Rn 3 auch aus, daß die Partei „die **9** Vertagung einer Verhandlung" durch ihr Verschulden veranlaßt hat. Vertagung ist diejenige des § 227 I 1, also die Bestimmung eines neuen Termins nach dem Beginn des anberaumten Termins, § 227 Rn 6.
Beispiele: Es ergeht ein Beweisbeschluß, der einen neuen Termin erfordert, § 358; eine Partei erhält eine Nachfrist, § 283; es ist ein neuer Termin nach §§ 139, 279 erforderlich. Vgl Rn 8.

C. Anberaumung eines Termins zur Fortsetzung der Verhandlung. Es reicht statt der Voraus- **10** setzungen Rn 8, 9 auch aus, daß die Partei „die Anberaumung eines Termins zur Fortsetzung der Verhandlung" durch ihr Verschulden veranlaßt.
Beispiele: Die Partei trägt nach dem Verhandlungsschluß gemäß §§ 136 IV, 296a noch Tatsachen und/oder Rechtserwägungen, Beweisanträge usw vor, die das Gericht zu einer Wiedereröffnung der Verhandlung nach § 156 oder zu einer Nachfrist nach § 283 neben anschließendem neuen Verhandlungstermin über fristgerecht nachgereichte Schriftsätze veranlassen. Freilich ist eine Wiedereröffnung in solcher Lage grundsätzlich nur dann notwendig, wenn dazu ein wichtiger Grund vorliegt, § 156 Rn 6. Auch eine Nachfrist kommt keineswegs stets schon deshalb in Betracht, weil die Partei einfach Gründe nachschiebt. Man muß nach der Gesamtlage prüfen, ob die Anberaumung eines neuen Verhandlungstermins trotz des Verschuldens der Partei immerhin vertretbar war, § 283 Rn 10 ff. Ist das nicht der Fall, so fehlt es an der „Verursachung" der etwa zugehörigen besonderen Kosten gerade durch das Verschulden der Partei. Sie sind dann in Wahrheit zumindest auch vom Gericht mitverschuldet. Die Anberaumung eines bloßen ersten oder weiteren Verkündungstermins nach § 311 IV zählt nicht hierher.

D. Verlängerung einer Frist. Statt der Voraussetzungen Rn 8–10 reicht es auch aus, daß die Partei „die **11** Verlängerung einer Frist" durch ihr Verschulden veranlaßt. Frist ist jede prozessuale Frist nach Rn 5. Eine Verlängerung mag kraft Gesetzes eintreten oder durch eine richterliche Maßnahme erfolgen, § 224 II, III. Soweit zur Verlängerung ein Antrag notwendig ist, muß er natürlich wirksam gestellt sein. Die Länge der Fristverlängerung ist grundsätzlich unerheblich. Freilich entstehen bei nur sehr kurzer Verlängerung seltener zusätzliche Kosten.

§ 95, Anh § 95   Buch 1. Abschnitt 2. Parteien

12   **E. Veranlassung: Ursächlichkeit.** In allen Fällen Rn 8–11 muß die jeweilige prozessuale Folge gerade durch das Verhalten der Partei „veranlaßt" sein. Es muß also eine Ursächlichkeit vorliegen. Man muß sie wie sonst im Prozeß beurteilen, § 287 Rn 6. Eine Ursächlichkeit fehlt zB, wenn das Gericht die Maßnahme von Amts wegen oder wegen eines eigenen prozessualen Verstoßes oder nur wegen eines Verschuldens eines anderen Prozeßbeteiligten angeordnet hat oder doch hätte anordnen müssen. Im Zweifel liegt keine Veranlassung vor, Rn 1.

13   **F. Verschulden.** In allen Fällen 8–12 muß ein „Verschulden" der Partei vorliegen. Prozessuales Verschulden ist das bloße Verabsäumen der für einen gewissenhaft geführten Prozeß gebotenen Sorgfalt. Der allgemeine bürgerlichrechtliche Maßstab scheidet aus, Einl III 68. Immerhin gibt § 276 BGB einen gewissen Anhaltspunkt. Ein Verschulden des gesetzlichen Vertreters gilt als solches der Partei, § 51 II. Dasselbe gilt beim ProzBev, § 85 II. Es reicht danach aus, daß die Partei in vorwerfbarer prozessualer Nachlässigkeit gehandelt hat. Eine grobe Nachlässigkeit, also das Verabsäumen jeder prozessualen Sorgfalt nach § 296 Rn 62, ist nicht erforderlich.

14   **6) Kostenfolge: Kostentragungspflicht.** Soweit die Voraussetzungen entweder nach Rn 4–7 oder nach Rn 8–13 jeweils sämtlich vorliegen, muß das Gericht in Ausnahme von dem Grundsatz der Einheitlichkeit der Kostenentscheidung nach § 91 Rn 23 eine sog Kostentrennung vornehmen, Üb 3 vor § 91.

    A. Ausscheidbarkeit der besonderen Kosten. Es müssen gerade infolge der Säumnis und Schuld nach Rn 4–13 überhaupt gesondert berechenbare und ausscheidbare Kosten entstanden sein, Düss MDR **90**, 832. Das läßt sich erst am Instanzende übersehen, Düss MDR **90**, 832.

15   **B. Zwingende Folge.** Schon der Wortlaut ergibt eindeutig, daß das Gericht bei Bejahung der Voraussetzungen kein Ermessen zur Kostenentscheidung mehr hat. Es muß zwar eine zugehörige Kostenentscheidung treffen. Es muß dabei aber die zwingende Anordnung des Gesetzes befolgen. Das Gericht darf freilich zB nicht über § 95 einen Vorschuß einfordern, etwa für einen Sachverständigen, Düss MDR **90**, 832.

16   **C. Verfahrensfragen.** Obwohl das Gericht über die Kosten auch im Fall des § 95 nach § 308 II von Amts wegen entscheiden muß, muß es eine Partei vor einer für sie nachteiligen besonderen Entscheidung nach § 95 wegen Artt 2 I, 20 III GG (Rpfl), BVerfG **101**, 404, Art 103 I GG (Richter) grundsätzlich anhören. Die Anhörung mag unterbleiben, soweit die Partei zB anwaltlich vertreten ist und soweit § 95 ihrem ProzBev ohne Zweifel bekannt ist. Aber Vorsicht, die Vorschrift ist weitgehend unbekannt, Rn 2. Das Gericht muß stets prüfen, ob es in Wahrheit allein oder zumindest auch durch eigene Nachlässigkeit jene Sonderkosten veranlaßt hat. Soweit auch der Prozeßgegner als Veranlasser in Betracht kommt, kann das Gericht von Amts wegen verpflichtet sein, nach Anhörung beider Parteien gegen beide nach § 95 vorzugehen, soweit sich die Sonderkosten überhaupt der jeweiligen Veranlassung durch die eine oder andere Partei eindeutig zuordnen lassen. Im Zweifel darf überhaupt keine Kostentrennung ergehen, Rn 1.

17   **D. Entscheidungsform: Urteil.** Über die Kostenfolge nach § 95 entscheidet das Gericht im Endurteil zur Hauptsache. Es ergeht also nicht etwa ein besonderer Beschluß, Düss MDR **90**, 832. Denn § 95 ändert nichts an der Art der Kostenauferlegung. Außerdem fehlt ein Bedürfnis zu einer Vorwegnahme der Kostenentscheidung. Auch kann man erst am Instanzende übersehen, ob überhaupt ausscheidbare Kosten entstanden sind, Rn 14.

18   **E. Notwendigkeit der Klarheit und Einfachheit der Kostenentscheidung.** Stets muß das Gericht auch hier besonders auf eine klare und einfache Fassung im Urteil achten. Keineswegs wäre eine bloße Änderung der nach § 92 erfolgten Quotierung ausreichend.

    Beispiel: „Der Beklagte trägt die Kosten bis auf die durch die Verlegung des Termins vom ... entstandenen. Diese letzteren Kosten werden dem Kläger auferlegt".

19   **7) Rechtsmittel.** Die Entscheidung nach § 95 ist wegen § 99 I nicht isoliert anfechtbar, sondern nur zusammen mit der Hauptsache unter den für diese geltenden Voraussetzungen, Düss MDR **90**, 832. Ist trotzdem ein isolierter Kostenbeschluß ergangen, so ist er auch nach BVerfG NJW **03**, 1924 kaum noch wegen greifbarer Gesetzwidrigkeit mit sofortiger Beschwerde anfechtbar, § 99 Rn 19 „Unzulässige Kostenentscheidung", aM Düss MDR **90**, 832 (vgl aber § 127 Rn 25). Eine Rechtsbeschwerde kommt unter den Voraussetzungen des § 574 in Betracht.

20   **8) VwGO:** Nach § 155 V VwGO können ausscheidbare Kosten, die durch Verschulden eines Beteiligten entstanden sind, diesem auferlegt werden. „Können" bedeutet Ermächtigung, nicht Ermessen, Ey § 155 Rn 10, wohl auch RedOe § 155 Anm 5 u 6, aM KoppSch § 155 Rn 22. Deshalb umfaßt § 155 V VwGO auch die Fälle des § 95. Eine Verzögerungsgebühr nach § 38 GKG, Anh § 95, kann auch im Verwaltungsprozeß verhängt werden.

Anhang nach § 95

Verzögerungsgebühr

    GKG § 38. *Verzögerung des Rechtsstreits.* [1] **Wird außer im Fall des § 335 der Zivilprozeßordnung durch Verschulden des Klägers, des Beklagten oder eines Vertreters die Vertagung einer mündlichen Verhandlung oder die Anberaumung eines neuen Termins zur mündlichen Verhandlung nötig oder ist die Erledigung des Rechtsstreits durch nachträgliches Vorbringen von Angriffs- oder Verteidigungsmitteln, Beweismitteln oder Beweiseinreden, die früher vorgebracht werden konnten, verzögert worden, kann das Gericht dem Kläger oder dem Beklagten von Amts wegen eine besondere Gebühr in Höhe einer Gebühr auferlegen.** [2] **Die Gebühr kann bis auf ein Viertel ermäßigt werden.** [3] **Dem Kläger, dem Beklagten oder einem der Vertreter stehen gleich der Nebenintervenient, der Beigeladene, der Vertreter des Bundesinteresses beim Bundesverwaltungsgericht und der Vertreter des öffentlichen Interesses sowie ihre Vertreter.**

Titel 5. Prozesskosten   **Anh § 95, § 96**

GKG § 69. Beschwerde gegen die Auferlegung einer Verzögerungsgebühr. [1] Gegen den Beschluß nach § 38 findet die Beschwerde statt, wenn der Wert des Beschwerdegegenstands 200 Euro übersteigt oder das Gericht, das die angefochtene Entscheidung erlassen hat, die Beschwerde wegen der grundsätzlichen Bedeutung der zur Entscheidung stehenden Frage zugelassen hat. [2] § 66 Abs. 3, 4, 5 Satz 1 und 4, Abs. 6 und 8 ist entsprechend anzuwenden.

Vorbem. Neufassung des bisherigen I als § 38 GKG, des bisherigen II als § 69 GKG durch Art 1 KostRMoG v 5. 5. 04, BGBl 718, in Kraft seit 1. 7. 04, Art 8 S 1 KostRMoG. Übergangsrecht jeweils §§ 71, 72 GKG.

Schrifttum: *Hartmann* Teil I; *Schmidt* MDR **01**, 308; *Schneider* JB **76**, 5 (je: ausf).

1) Systematik, § 38 S 1–3. § 38 GKG sieht einen strafähnlichen Rechtsnachteil vor, so schon Düss **1** MDR **95**, 1172. Ihn kann das Gericht dann verhängen, wenn eine Partei ihre gesetzliche Prozeßförderungspflicht nach Grdz 12 vor § 128, § 282 schuldhaft verletzt hat und wenn es dadurch zu einer Verzögerung des Verfahrens gekommen ist, Mü RR **01**, 72, und zwar ohne Mitverschulden des Gerichts, Düss RR **99**, 860. Voraussetzung der Anwendung des § 38 GKG ist ein Verstoß der Partei als solcher. Er kann auch dann vorliegen, wenn das Gericht die Partei zur Aufklärung des Sachverhalts anhören wollte, § 141. Ein derartiger Verstoß ist aber unerheblich, wenn er im Zusammenhang mit einer förmlichen Parteivernehmung nach den §§ 445 ff erfolgt ist. Die Vorschrift ist vielen Juristen völlig unbekannt. § 38 GKG ist mit dem GG vereinbar. Die Verzögerungsgebühr ist von einer Kostenverteilung unabhängig. Deshalb ist eine Maßnahme nach § 38 GKG wirkungsvoller als eine Maßnahme nach § 95 Rn 2.

2) Regelungszweck, § 38 S 1–3. Die Vorschrift dient der Prozeßwirtschaftlichkeit, Grdz 14 vor § 128. **2** Sie ist die Folge der Prozeßförderungspflicht der Parteien, Grdz 12 vor § 128. Sinn ist auch eine Ahndung begangener prozessualer Verstöße und damit eine Abschreckung vor weiteren. Das muß man bei der Auslegung mitbeachten. Die Praxis macht von der Möglichkeit des § 38 GKG selten Gebrauch. Das gilt auch für den Familienrichter, Völker FamRZ **01**, 1332. Im übrigen bleibt ein Rest Problematik. Wer prozessuale Obliegenheiten vorwerfbar vernachlässigt, mag wegen der Parteiherrschaft nach Grdz 18 vor § 128 die Nachteile bis zum Prozeßverlust tragen. Der Richter braucht solche Nachlässigkeit nicht unbedingt auch noch zusätzlich zu ahnden.

3) Geltungsbereich, § 38 S 1–3. Man darf und muß evtl § 38 GKG in jedem Verfahren nach der ZPO **3** anwenden, Düss MDR **95**, 1172, Hamm FamRZ **03**, 1192, Mü FamRZ **79**, 300, sofern in ihm eine notwendige oder freigestellte mündliche Verhandlung stattfindet, § 128 Rn 2, 10. Die Bestimmung ist daher auch anwendbar: Im Verfahren auf den Erlaß eines Arrests oder einer einstweiligen Verfügung, §§ 916 ff, 935 ff; im Beschwerdeverfahren, §§ 567 ff; im Verfahren zur Vollstreckbarerklärung eines Schiedsspruchs, §§ 1060, 1061.

Im Verfahren vor den *Arbeitsgerichten* ist § 38 GKG anwendbar, § 1 Z 5 GKG. Dasselbe gilt für das **4** Verfahren vor den Finanzgerichten, (jetzt) § 1 Z 3 GKG, BFH DB **82**, 1444, vor den Verwaltungsgerichten, § 1 Z 2 GKG, und vor den Sozialgerichten, § 1 Z 4 GKG.

4) Einzelfragen, § 38 S 1–3, § 69. Dazu die Kommentierung bei Hartmann Teil I §§ 38, 69 GKG. **5**

5) *VwGO:* Die Vorschrift gilt auch für die Verwaltungsgerichtsbarkeit, § 1 Z 2 GKG; zur Nichtvorlage von Akten **6** VGH Kassel NVwZ-RR **97**, 669. Die Beschwerde richtet sich nicht nach § 146 VwGO, sondern nach §§ 69, 63 GKG, weil das GKG als Spezialgesetz den allgemeinen Verfahrensvorschriften vorgeht, VGH Kassel MDR **94**, 737, VGH Mannh JB **94**, 34 mwN (zustm Hellstab), OVG Hbg HbgJVBl **94**, 19 mwN, VGH Mü BayVBl **94**, 92, OVG Münst JB **93**, 167, str, aM OVG Hbg HbgJVBl **94**, 18 mwN, OVG Münst KR § 25 Nr 152 m abl Anm Lappe.

96 *Kosten erfolgloser Angriffs- oder Verteidigungsmittel.* **Die Kosten eines ohne Erfolg gebliebenen Angriffs- oder Verteidigungsmittels können der Partei auferlegt werden, die es geltend gemacht hat, auch wenn sie in der Hauptsache obsiegt.**

Gliederung

1) Systematik 1	C. Einfluß eines Verschuldens 9
2) Regelungszweck 2	8) Verfahrensfragen 10–13
3) Geltungsbereich 3	A. Anhörungspflicht 10
4) Angriffs- oder Verteidigungsmittel ... 4	B. Entscheidungsform: Urteil 11
5) Erfolglosigkeit 5	C. Notwendigkeit der Klarheit und Einfachheit 12
6) Sieg in der Hauptsache 6	D. Mitteilung 13
7) Kostenentscheidung 7–9	9) Rechtsmittel 14
A. Aussonderbarkeit der Kosten 7	10) VwGO 15
B. Ermessen des Gerichts 8	

1) Systematik. Die Vorschrift enthält einen Fall der sog Kostentrennung, Üb 3 vor § 91. Man muß sie als **1** eine Sonderregelung gegenüber §§ 91 ff eng auslegen. Sie hat in ihrem Geltungsbereich Vorrang vor §§ 94, 95. Die Vorschrift gilt auch in der Rechtsmittelinstanz. Sie hat insoweit Vorrang gegenüber § 97 II, III, soweit sich die Anwendungsbereiche überschneiden. § 38 GKG, Anh § 95, ist neben § 96 anwendbar. In einer Ehesache kann § 93 a vorrangig beachtlich sein. Ein Gegenstück enthält der vorrangige § 100 III für Streitgenossen. Vorrang haben § 75 S 2, 238 IV, 269 III 2, 344.

2) Regelungszweck. Natürlich dient auch diese Vorschrift der Kostengerechtigkeit. Ohne § 96 würde **2** der Grundsatz der reinen Unterliegenshaftung nach §§ 91 ff zumindest insofern zu problematischen Kosten-

§ 96

folgen führen, als etwa die Kosten eines erfolglosen einzelnen Angriffs- oder Verteidigungsmittels nach Einl III 70 erheblich waren. Das gilt etwa bei den Kosten einer umfangreichen Beweisaufnahme, auf die es schließlich wegen der erst anschließend geltend gemachten Einrede der Verjährung dann nicht mehr ankam. § 92 würde selbst bei sehr weiter Auslegung nicht helfen. Denn dort wird ja ein Teilunterliegen in der Hauptsache vorausgesetzt. Natürlich setzt § 96 die gesonderte Bezifferbarkeit einzelner Kosten voraus, seien es nun Gebühren oder „nur" Auslagen. Auch die letzteren können ja sehr erheblich sein, etwa bei einem umfangreichen oder schwierigen Gutachten, das ungünstig, aber nicht mehr entscheidungserheblich lautete.

3   3) **Geltungsbereich.** Die Vorschrift gilt in allen Verfahren nach der ZPO und in allen Instanzen. Sie gilt auch im Vaterschaftsfeststellungsverfahren nach §§ 640 ff und bei einer einstweiligen Anordnung oder Verfügung, zB nach § 620, oder bei § 641 d. § 620 g Hs 2 macht § 96 im Verfahren der einstweiligen Anordnung entsprechend anwendbar. Dasselbe gilt bei § 17 S 5 KapMuG, SchlAnh VIII, Schneider BB **05**, 2257. Wegen der Ehesachen nach §§ 606 ff kann zunächst § 93 a beachtlich sein.

4   4) **Angriffs- oder Verteidigungsmittel.** Erste Voraussetzung einer Kostentrennung ist, daß die Partei ein „Angriffs- oder Verteidigungsmittel" geltend gemacht hat. Hierzu zählt alles, was dem Prozeßangriff oder der Abwehr dieses Angriffs dient, Einl III 70, § 282 Rn 5, § 296 Rn 57.

Beispiele: Das Bestreiten, BGH JZ **77**, 102; eine Aufrechnung, § 145 Rn 9; ein Beweisantrag, Einf 23 vor § 284, oder eine Beweiseinrede, BGH NJW **84**, 1964; ein Klagegrund, § 264, BGH NJW **80**, 1794; ein Antrag auf ein selbständiges Beweisverfahren, § 486, BGH NJW **03**, 1323, KG Rpfleger **79**, 143, Schlesw SchlHA **75**, 88, AG Bielef RR **00**, 1240, vgl allerdings auch § 91 Rn 193; die Einrede der fehlenden Sicherheit für die Prozeßkosten, § 110 I, BGH NJW **80**, 839.

Keine Angriffs- oder Verteidigungsmittel sind zB: Die Klage, § 253, die Widerklage und deren Begründung, Anh § 253, BGH NJW **86**, 2258; ein neuer durch Klagänderung vorgebrachter Anspruch, Karlsr NJW **79**, 879; eine Klagerweiterung, §§ 263, 264, BGH JZ **82**, 512; ein Parteiwechsel § 263 Rn 5; ein Rechtsmittel.

5   5) **Erfolglosigkeit.** Weitere Voraussetzung ist, daß das Angriffs- oder Verteidigungsmittel nach Einl III 70 „ohne Erfolg geblieben" ist. Erfolglosigkeit bedeutet: Ausbleiben eines jeden für die Partei vorteilhaften Einflusses auf die Entscheidung in der Hauptsache. Erfolglosigkeit fehlt also, sobald das Angriffs- oder Verteidigungsmittel auf die Endentscheidung einen irgendwie erkennbaren Einfluß gehabt hat, sei es auch nur zu einem durch Teilurteil nach § 301 vorweg ausgeurteilten Teils der Klaganträge. Ein derartiger Einfluß nur auf die Hilfsbegründung in den Entscheidungsgründen genügt aber nicht. Das gilt zunächst dann, wenn das Gericht die Klage in erster Linie als unzulässig und hilfsweise als unbegründet abweist, vgl Grdz 17 vor § 253, aber auch bei einer Hilfsbegründung nur innerhalb der Prüfung der Begründetheit der Klagansprüche. Zwar hat das Gericht zu erkennen gegeben, daß es die Hilfserwägungen für ratsam hält. Die Entscheidung ist aber jedenfalls in erster Linie nicht auf sie gestützt.

6   6) **Sieg in der Hauptsache.** Weitere Voraussetzung der Anwendbarkeit von § 96 ist, daß die Partei, die das Angriffs- oder Verteidigungsmittel nach Einl III 70 ohne Erfolg geltend gemacht hat, dennoch „in der Hauptsache obsiegt". Der Sieg muß mindestens zu demjenigen Teil der Hauptsache vorliegen, zu dem dieses Angriffs- oder Verteidigungsmittel vorgebracht wurde, Streit/Schade JB **04**, 121, aM Matthies JR **93**, 181 (aber es kommt bei § 96 nur gerade auf diesen Teil der Hauptsache an).

Beispiel: Der Vermieter verlangt rückständige Miete und Räumung wegen fristloser Kündigung. Diese stützt er auch auf Störung des Hausfriedens. Dazu werden Zeugen vernommen. Sie bestätigen die Vorwürfe nicht. Der Räumungsanspruch hat schließlich wegen weiterer, im Termin fällig gewordener Mietrückstände dennoch Erfolg.

§ 96 ist im Fall der Rücknahme der diesbezüglichen Klage also *unanwendbar*, ebenso bei beiderseitigen wirksamen diesbezüglichen Erledigterklärungen. Dann hat die Partei ja nicht obsiegt, Streit/Schade JB **04**, 120.

7   7) **Kostenentscheidung.** Soweit die Voraussetzungen Rn 3–6 zusammentreffen, kommt die „Auferlegung der Kosten" auf die mit dem Angriffs- oder Verteidigungsmittel nach Einl III 70 erfolglose Partei in Betracht.

A. Aussonderbarkeit der Kosten. Man muß allerdings die gerade durch das erfolglose Angriffs- oder Verteidigungsmittel entstandenen Kosten von den übrigen Kosten klar aussondern können, etwa als Kosten einer besonderen Beweisaufnahme. Andernfalls mag die Verzögerungsgebühr Anh § 95 eher geeignet sein.

8   **B. Ermessen des Gerichts.** Das Wort „können" zeigt schon, daß das Gericht im Rahmen eines pflichtgemäßen Ermessens handelt, LG Frankenth MDR **81**, 941. Ein Antrag ist nicht erforderlich. Das Gericht darf und muß sein Ermessen von Amts wegen ausüben. Es muß eine Gesamtabwägung aller Umstände des Einzelfalls vornehmen. Dabei ist das Gericht nur in der Kostenfolge zum Ermessen befugt, nicht schon in der Feststellung der Voraussetzungen der Kostentrennung.

9   **C. Einfluß eines Verschuldens.** Nach dem Wortlaut kommt es auf ein Verschulden bei der Geltendmachung des erfolglosen Angriffs- und Verteidigungsmittels zwar scheinbar nicht an. Indessen ist ein etwaiges prozessuales Verschulden nach Einl III 68 im Rahmen des Ermessens zum Ob einer Kostentrennung doch vernünftigerweise mitbeachtlich.

Beispiele: Es kommt also darauf an, ob sich die Erfolglosigkeit mit hoher Wahrscheinlichkeit voraussehen lassen konnte, ob das Gericht vor der ihm durch Beweisanträge aufgezwungenen Beweisaufnahme auf solche Umstände hingewiesen hatte, ob die außergewöhnlich hohen Kosten eines Schriftsachverständigen im Verhältnis zum Streitwert standen usw.

10   8) **Verfahrensfragen.** Es ergeben sich im wesentlichen die folgenden Anforderungen.

A. Anhörungspflicht. Das Gericht muß beide Parteien anhören, bevor es eine Kostentrennung vornimmt oder auch unterläßt, Artt 2 I, 20 III GG (Rpfl), BVerfG **101**, 404, Art 103 I GG (Richter), es sei denn, daß zB der jeweilige ProzBev ersichtlich die Vorschrift bereits kennt und miterwogen hat, etwa durch

Titel 5. Prozesskosten §§ 96, 97

einen Antrag. Durch eine Kostentrennung wird ja die Partei belastet, deren Angriffs- oder Verteidigungsmittel erfolglos war. Durch die Unterlassung einer Kostentrennung wird aber deren Gegner wirtschaftlich ebenso belastet.

B. Entscheidungsform: Urteil. Das Gericht entscheidet über eine Kostentrennung oder über deren 11 Unterlassung erst im Endurteil zur Hauptsache, sei es auch im Teilurteil. Denn es handelt sich um einen Bestandteil seiner Kostengrundentscheidung. Für einen besonderen Beschluß würde schon deshalb ein Rechtsschutzbedürfnis nach Grdz 33 vor § 253 fehlen, ähnlich wie bei § 95, dort Rn 16. Der Rpfl klärt die Höhe der abgetrennten Kosten erst im Kostenfestsetzungsverfahren nach §§ 103 ff.

C. Notwendigkeit der Klarheit und Einfachheit. Das Gericht muß, wie stets, auf eine klare und 12 einfache Fassung der etwaigen Kostentrennung achten. Keinesfalls ist einfach eine andere Quotierung nach § 92 vorzunehmen.

Beispiel: „Der Beklagte trägt die Kosten mit Ausnahme der durch die Einholung des Gutachtens des Sachverständigen X entstandenen Kosten. Diese letzteren Kosten werden dem Kläger auferlegt". Soweit das Gericht von einer Kostentrennung absieht, braucht es diese im Urteilstenor nicht zu erwähnen, sollte aber in den Entscheidungsgründen stichwortartig angeben, warum es von solcher Erwähnung abgesehen hat. Denn hierin liegt die Beschwer des Gegners, der mit dem Angriffs- oder Verteidigungsmittel erfolglos gebliebenen Partei. Das Urteil muß ja insofern mitüberprüfbar sein.

D. Mitteilung. Es gelten die für das Urteil anzuwendenden Regeln. 13

9) **Rechtsmittel.** Es gelten die allgemeinen Regeln. Man kann grundsätzlich weder die Kostentrennung 14 noch deren Unterlassung ohne gleichzeitige Anfechtung der Hauptsache bekämpfen, § 99 I.

10) *VwGO:* Entsprechend anwendbar, § 173 VwGO, zB bei der Zurückweisung einer Zulässigkeitsrüge, RedOe 15 § 155 Anm 6.

97 *Rechtsmittelkosten.*
¹Die Kosten eines ohne Erfolg eingelegten Rechtsmittels fallen der Partei zur Last, die es eingelegt hat.

II Die Kosten des Rechtsmittelverfahrens sind der obsiegenden Partei ganz oder teilweise aufzuerlegen, wenn sie auf Grund eines neuen Vorbringens obsiegt, das sie in einem früheren Rechtszug geltend zu machen imstande war.

III Absatz 1 und 2 gelten entsprechend für Familiensachen der in § 621 Abs. 1 Nr. 1 bis 3, 6, 7, 9 bezeichneten Art, die Folgesachen einer Scheidungssache sind, sowie für Lebenspartnerschaftssachen der in § 661 Abs. 1 Nr. 5 und 7 bezeichneten Art, die Folgesache einer Aufhebungssache sind.

Schrifttum: *Schultzky,* Die Kosten der Berufung und der Revision im Zivilprozess, 2003.

Gliederung

1) Systematik, I–III 1	A. Begriff 42
2) Regelungszweck, I–III 2–5	B. Abgrenzung zur Zurückverweisung .. 42
3) Sachlicher Geltungsbereich, I–III 6	C. Völliges Obsiegen 43
4) Persönlicher Geltungsbereich, I–III ... 7–13	D. Teilweises Obsiegen 44
A. Partei 8	E. Obsiegen bei beiderseitigen Rechtsmitteln 45
B. Streitgenosse 9	10) Beim Obsiegen: Grundsatz der Unterliegenshaftung, II 46
C. Streithelfer 10	11) Beim Obsiegen: Ausnahmsweise Haftung des Siegers, II 47–68
D. Gesetzlicher Vertreter 11	A. Grund: Neues Vorbringen 48, 49
E. Prozeßbevollmächtigter 12	B. Säumigkeit des Rechtsmittelführers ... 50
F. Dritter 13	C. Beispiele zur Frage der Kostenlast des Siegers 51–68
5) Rechtsmittel, I–III 14–28	12) Kostenauferlegung ganz oder teilweise, II 69–71
A. Weite Auslegung 14	A. Eingeschränktes Ermessen 69
B. Abgrenzung zum Rechtsbehelf: Anfallwirkung 15	B. Möglichkeiten der Kostenverteilung .. 70
C. Beispiele zur Frage des Rechtsmittels 16–28	C. Notwendigkeit einer klaren und einfachen Kostenscheidung 71
6) Kosten des Rechtsmittels, I–III 29, 30	13) Entsprechende Geltung für Folgesache, III 72–74
7) Erfolglosigkeit, I 31–36	A. Begriff der Scheidungsfolgesachen 72
A. Begriff der Erfolglosigkeit 32	B. Begriff der Folgesachen der Aufhebung einer Lebenspartnerschaft 73
B. Abgrenzung zur Zurückverweisung .. 33	C. Kostenfolgen 74
C. Völlige Erfolglosigkeit 34	14) Zurückverweisung, I–III 75–78
D. Teilweise Erfolglosigkeit 35	A. Grundsatz: Noch keine Kostenentscheidung 76
E. Erfolglosigkeit bei beiderseitigen Rechtsmitteln 36	B. Ausnahmsweise: Kostenentscheidung 77
8) Bei Erfolglosigkeit: Kostenlast des Rechtsmittelführers, I 37–41	C. Teilweise Zurückverweisung 78
A. Begriff des Rechtsmittelführers 37	15) Rechtsmittel, I–III 79
B. Zwingende Kostenfolge 38	16) *VwGO* 80
C. Entscheidung des Rechtsmittelgerichts 39	
D. Entscheidung des Vordergerichts nach Zurückverweisung 40	
E. Erneute Entscheidung des Rechtsmittelgerichts 41	
9) Obsiegen, II 42–45	

§ 97

1) Systematik, I–III. Die Vorschrift erfaßt nur einen Teil der Kostenfragen in der Rechtsmittelinstanz. I gilt nur für das erfolglose Rechtsmittel, II nur für einen Teil der erfolgreichen Rechtsmittel. III gilt nur für einen Teil der Scheidungsfolgesachen. Daraus folgt: § 97 ist nicht etwa neben §§ 91 ff gleichberechtigt, sondern nach der Systematik des Gesetzes als vorrangige Ausnahmevorschrift gefaßt und daher grundsätzlich eng auslegbar. Wegen einer Ausnahme Rn 63 „Scheidungssache". Neben § 97 gelten nachrangig §§ 91 ff, 98 ff, Karlsr FamRZ **97**, 1276 (zu § 93 a). Wie weit §§ 94–96, 238 IV, 281 III, 344 gegenüber § 97 als noch speziellere Regelungen Vorrang haben, muß man nach den Gesamtumständen des Einzelfalles entscheiden. Man darf nicht II mithilfe von Prozeßkostenhilfe unterlaufen, Jena MDR **99**, 257.

2) Regelungszweck, I–III. Die Vorschrift dient in ihren drei Absätzen unterschiedlichen Zwecken.

I könnte sogar fehlen, streng betrachtet. Es handelt sich insofern nur um eine feststellende (deklaratorische) Vorschrift. Denn das erfolglose Rechtsmittel wird ja lediglich als unzulässig verworfen oder als unbegründet zurückgewiesen. Die angefochtene Entscheidung bleibt also auch ohne besonderen Ausspruch des Gerichts bestehen, und zwar einschließlich der dort für den ganzen (gemeint freilich nur: bisherigen) Prozeß getroffenen Kostenentscheidung. Diese umfaßt also nach ihrem Wortlaut sinn genommen auch die Kosten des weiteren gesamten Verfahrens. Insofern scheint II sogar überflüssig. Indessen zeigen die unten näher zu erörternden Mischfälle schon, daß es durchaus ratsam, ja notwendig sein kann, in der das Rechtsmittel zurückweisenden Entscheidung auch einen zusätzlichen Kostengrundtitel für die Rechtsmittelkosten zu schaffen. Jedenfalls ist das der Wille des Gesetzes, ein Fall der sog Kostentrennung, Üb 3 vor § 91.

II scheint demgegenüber nur lückenhafte Regelungen zu treffen. Denn bei Erfolg des Rechtsmittels hebt das Rechtsmittelgericht die bisherige Entscheidung nebst ihrer Kostenentscheidung ja auf. Es würde also stets einer nunmehr ersten, umfassenden Kostenregelung bedürfen. II setzt aber als selbstverständlich voraus, daß die in der Tat notwendige Kostenentscheidung des Rechtsmittelgerichts nach dem Grundprinzip der Kostenhaftung des letztendlich Unterliegenden nach § 91 die Kosten des gesamten Rechtsstreits umfaßt, Oldb FamRZ **98**, 1528, also auch diejenigen des erfolgreichen Rechtsmittels. Es würde zwar näherliegen, diese Folge gerade beim erfolgreichen Rechtsmittel ausdrücklich klarzustellen. Das ist indes unterblieben, ohne daß diese Folge irgendwie streitig wäre. II nennt vielmehr lediglich einen Fall der sog Kostentrennung, Üb 3 vor § 91, zum Zweck der Kostengerechtigkeit: Wenn im Grunde die ganze Rechtsmittelinstanz überflüssig war, weil das schließlich siegreiche Vorbringen schon in der Vorinstanz möglich war, soll der Sieger wenigstens die Kosten dieses überflüssigen Rechtsmittels tragen, Hamm FamRZ **93**, 456.

III dient der Durchsetzung des Grundsatzes der Einheit der Kostenentscheidung auch in denjenigen Scheidungssachen, die das Gericht zwar in der Hauptsache nach dem Kostenrecht der ZPO regeln muß, in den miterfaßten Folgesachen aber ohne III nach dem Kostenrecht des FGG behandeln soll.

3) Sachlicher Geltungsbereich, I–III. Die Vorschrift gilt in jeder Verfahrensart, auf die die ZPO anwendbar ist. Das gilt zB: Für ein Grundurteil nach § 304 oder ein Teilurteil, § 301, BGH **110**, 205, Oldb JB **92**, 492; für den Hauptprozeß und alle zugehörigen Nebenverfahren, Vorverfahren wie Nachverfahren. Wegen des Prozeßkostenhilfeverfahrens § 91 Rn 153, 154. Wegen der Streitwertbeschwerde Einf 10 ff vor § 3. Wegen des Kostenfestsetzungsverfahrens § 104 Rn 21. III erfaßt auch solche Scheidungsfolgesachen, die an sich nach dem FGG geregelt werden, um eine einheitliche Kostenbehandlung zu ermöglichen, Rn 2. Im Beschwerdeverfahren nach §§ 116 ff GWB gilt I entsprechend, BGH **146**, 216.

4) Persönlicher Geltungsbereich, I–III. Die Kosten eines Rechtsmittels können den folgenden Personen zur Last fallen.

A. Partei. I, II nennen als denjenigen, der die Kosten tragen muß, die „Partei" direkt. III nennt die Partei indirekt durch Bezugnahme. Partei nach Grdz 4 vor § 50 sind auch: Die Partei kraft Amts, Grdz 8 vor § 50, zB den Insolvenzverwalter; den Testamentsvollstrecker; den Sequester. Ferner gehört hierhin: Der Prozeßstandschafter, Grdz 26 vor § 50, zB der Elternteil nach § 1629 II 2, III BGB; der alleinverwaltende Ehegatte, § 1422 BGB); der Prozeßgeschäftsführer, § 29 vor § 50, zB der Inkassozessionar, der Verband zur Förderung geschäftlicher Interessen, § 13 I UWG.

B. Streitgenosse. Streitgenossen nach §§ 59 ff sind zwar zunächst wegen der Kostenhaftung nach § 100 beurteilbar. Soweit diese Vorschrift unanwendbar sein sollte, kann man § 97 anweden.

C. Streithelfer. Der Streithelfer (Nebenintervenient) nach § 66 ist wegen der Kostenhaftung zwar zunächst nach § 101 beurteilbar. Soweit diese Vorschrift unanwendbar ist, kann man aber § 97 anwenden.

D. Gesetzlicher Vertreter. Der gesetzliche Vertreter ist nicht Partei. Sein Verschulden nach § 51 II kann sich aber auch bei § 97 zu Lasten der Partei auswirken.

E. Prozeßbevollmächtigter. Der ProzBev nach § 81 ist ebenfalls nicht Partei. Auch sein Verschulden nach § 85 II kann sich zum Nachteil seiner Partei auswirken. Soweit ein Anwalt aus eigenem Recht Rechtsmittel einlegt, zB nach § 32 II RVG, ist er selbst Partei. Soweit er ohne Vollmacht für den Auftraggeber ein Rechtsmittel einlegt, muß das Gericht nicht nur evtl das Rechtsmittel auf Kosten des Vollmachtlosen verwerfen, sondern ihn sogar als Partei ansehen, § 88 Rn 13–27, es sei denn, der Vertretene hat das Auftreten veranlaßt oder nachträglich genehmigt.

F. Dritter. Soweit ein Dritter ein Rechtsmittel einlegt, etwa im Verfahren über eine Scheidungsfolgesache als Jugendamt oder Versorgungsträger, kommt seine Kostenhaftung nach § 97 ebenfalls in Betracht, KG FamRZ **81**, 381.

5) Rechtsmittel, I–III. Die Vorschrift erfaßt nur die Kosten eines „Rechtsmittels".

A. Weite Auslegung. Trotz des Ausnahmecharakters des § 97, Rn 1, muß man den Begriff Rechtsmittel weit auslegen. Denn die Vorschrift soll ersichtlich alle diejenigen Maßnahmen regeln, die dasselbe Gesetz unter unterschiedlichen Bezeichnungen mit unterschiedlichen Funktionen, aber gleicher Zielrichtung und derselben Anfallswirkung behandelt, Rn 15.

B. Abgrenzung zum Rechtsbehelf: Anfallwirkung. Ein Rechtsmittel unterscheidet sich vom bloßen Rechtsbehelf hauptsächlich durch die sog Anfallwirkung, also durch die Notwendigkeit der Nachprüfung in

Titel 5. Prozesskosten **§ 97**

einer höheren Instanz, Grdz 3 vor § 511. Ohne Anfallwirkung also kein Rechtsmittel im Sinn von § 97. Die Abgrenzung nach der Anfallwirkung (Devolutiveffekt) hat auch gerade kostenmäßig durchaus ihren Sinn. Gerade weil die Arbeit einer weiteren Instanz erforderlich wird, also weiterer Richter und etwa weiterer, nur bei dem Rechtsmittelgericht zugelassenen bzw postulationsfähigen Anwälte, entstehen ja meist überhaupt besondere Kosten.

C. Beispiele zur Frage des Rechtsmittels 16
Anschlußrechtsmittel: Auch das selbständige oder unselbständige Anschlußrechtsmittel zählt hierher, sofern das Gericht überhaupt über dieses Anschlußrechtsmittel entscheidet, BGH **67**, 306. Das gilt auch dann, wenn der Rechtsmittelführer etwa wegen § 522 II 2 das Rechtsmittel zurücknimmt, BGH RR **05**, 727, Zweibr RR **05**, 507, oder wenn die Anschlußberufung wegen Rücknahme des Hauptrechtsmittels wirkungslos geworden ist, LAG Drsd MDR **05**, 719. Zum Problem Celle NJW **03**, 2755, Düss FamRZ **99**, 1674, Maurer NJW **91**, 72.
Bedingtes Rechtsmittel: Auch ein bedingtes Rechtsmittel zählt hierher, mag die Bedingung zulässig sein oder nicht. Es kommt nur darauf an, ob das Gericht überhaupt über dieses bedingte Rechtsmittel entscheidet und es zB als unzulässig verwirft.
Berufung: Sie ist natürlich ein Rechtsmittel, BGH GRUR **92**, 109, Hbg FamRZ **90**, 299. Das gilt auch für 17
die selbständige oder unselbständige Anschlußberufung, Rn 16 „Anschlußrechtsmittel". Wer also die Berufung zurücknimmt, muß auch die Kosten der gegnerischen Anschlußberufung tragen, Ffm FamRZ **92**, 81. Es kommt nicht auf die Zulässigkeit an, sondern nur auf die Entscheidung über die Berufung insgesamt.
Beschwerde: Auch die sofortige Beschwerde nach §§ 567 ff und die Rechtsbeschwerde nach §§ 574 ff sind 18
Rechtsmittel. Das gilt auch für die selbständige oder unselbständige Anschlußbeschwerde, Rn 16 „Anschlußrechtsmittel". Eine Erinnerung nach § 573 I wird erst unter den Voraussetzungen des § 573 II zur sofortigen Beschwerde. Kosten der sofortigen Beschwerde liegen auch dann vor, wenn es nicht zu einer Vorlegung nach §§ 572 I 1 Hs 2, 573 II kommt. Von der Vorlegung ab gehören die vor ihr entstandenen Kosten erst recht zu denjenigen des Rechtmittels, mag auch die Vorlegung zulässig oder unzulässig sein. Das gilt, sofern nur das Rechtsmittelgericht über die nun sofortige Beschwerde zu beurteilende Erinnerung entscheidet. Hierher kann auch die Erinnerung nach § 104 III in Verbindung mit § 11 II RPfG gehören, Anh § 153 GVG, Ffm RR **00**, 362, Nürnb MDR **99**, 1408, oder die Erinnerung bzw Beschwerde nach (jetzt) § 11 RVG, Rn 19, Karlsr Rpfleger **96**, 83. S auch Rn 24 „Sofortiges Rechtsmittel".
Einspruch: Er ist zwar ein Rechtsbehelf, aber *kein* Rechtsmittel. Denn der Einspruch hat keine Anfall- 19
wirkung beim höheren Gericht. Das gilt sowohl beim Einspruch gegen das Versäumnisurteil als auch bei demjenigen gegen den Vollstreckungsbescheid oder bei einem sonstigen Einspruch, zB gegen einen die Wiedereinsetzung zurückweisenden Beschluß, der sich auf die Versäumung einer Einspruchsfrist bezieht, ThP § 338 Rn 1 (aM dieselben § 97 Rn 1), ZöHe § 338 Rn 1, aM ZöHe § 97 Rn 1 (aber die Situationen gleichen sich weitgehend).
Erinnerung: Sie ist zunächst ein Rechtsbehelf, aber *noch kein* Rechtsmittel, solange sie noch von dem Gericht bearbeitet werden muß, das die angefochtene Entscheidung erlassen hat. Die vorstehende Regelung gilt auch für die bedingte oder befristete (sofortige) Erinnerung. Es kommt nicht darauf an, ob die Vorlage zulässig oder unzulässig war, sondern nur darauf, ob sie erfolgt ist, § 104 Rn 69 ff.
Gegenvorstellung: Sie ist allenfalls ein Rechtsbehelf, jedenfalls aber *kein* Rechtsmittel. Denn sie richtet sich 20
auf eine Änderung der angefochtenen Entscheidung ohne Anrufung der übergeordneten Instanz, Üb 3 vor § 567. Man kann ihre Kosten also allenfalls nach §§ 91 ff beurteilen.
Nachverfahren: Das Nachverfahren ist als solches *kein* Rechtsmittel, sondern gerade die Fortsetzung des 21
vorangegangenen Verfahrens in derselben Instanz, zB im Urkundenprozeß, § 600 Rn 1, im Wechselprozeß, § 602, und im Scheckprozeß, § 605 a. Seine Kosten zählen zu denjenigen der nun weiterlaufenden Instanz.
Prozeßkostenhilfebeschwerde: Man muß sie an sich wie eine sonstige Beschwerde beurteilen, Rn 18. 22
Allerdings muß man auch § 127 IV beachten.
Rechtsbeschwerde: Rn 18 „Beschwerde". 23
Rechtspflegererinnerung: Rn 18 „Beschwerde", Rn 19 „Erinnerung".
Revision: Sie ist natürlich ein Rechtsmittel. Das gilt auch bei einer selbständigen oder unselbständigen Anschlußrevision, bei einer Sprungrevision, bei einer zulassungsgebundenen Revision.
Selbständige Anschließung: Rn 16 „Anschlußrechtsmittel". 24
Sofortiges Rechtsmittel: Sofern überhaupt ein Rechtsmittel vorliegt, bleibt es natürlich auch durch die Notwendigkeit befristeter Einlegung ein solches, unabhängig davon, ob die Frist eingehalten wurde oder nicht. Es kommt nur darauf an, ob das Gericht über das sofortige Rechtsmittel entscheidet.
S auch Rn 18 „Beschwerde".
Unselbständige Anschließung: Rn 16 „Anschlußrechtsmittel". 25
Verfassungsbeschwerde: Sie hat gerade *nicht* den Charakter eines Rechtsmittels. Denn sie wird ja über- 26
haupt erst nach Erschöpfung der Rechtsmittel statthaft. Ihre Kosten sind im BVerfGG und im GKG besonders geregelt.
Vollstreckungsabwehrklage: Sie ist *kein* Rechtsmittel, sondern eine rein prozessuale eigenständige Ge- 27
staltungsklage, § 767 Rn 1. Man muß sie wie die Klage überhaupt als Angriff der ersten Instanz beurteilen.
Widerklage: Sie ist eine zwar im Laufe des Prozesses des Klägers und gegen ihn, gleichwohl selbständig erhobene Klage, Anh § 253 Rn 1. Sie ist also gerade *kein* Rechtsmittel. Ihre Kosten gehören zu denjenigen der Instanz, vor der die Klage anhängig ist.
Widerspruch: Er ist zwar ein Rechtsbehelf, aber *kein* Rechtsmittel. Denn über ihn muß dieselbe Instanz abschließend entscheiden, die die angefochtene Entscheidung getroffen hat. Das geschieht auch evtl durch

§ 97

eine andere Gerichtsperson. Es entscheidet etwa der Richter über den Widerspruch gegen den Mahnbescheid des Rpfl oder des dem Rpfl funktionell nach dem etwaigen Landesrecht gleichgestellten Urkundsbeamten der Geschäftsstelle, Grdz 4 vor § 688. Die Widerspruchskosten zählen zu den Kosten der laufenden Instanz.

Wiederaufnahmeverfahren: Im Wiederaufnahmeverfahren sind natürlich *weder* die Nichtigkeitsklage nach § 579 *noch* die Restitutionsklage nach § 580 Rechtsmittel. Es sind aber Rechtsmittel auch in diesen Verfahren insoweit zulässig, als sie gegen die Entscheidung der mit den Klagen befaßten Gerichte überhaupt stattfinden, § 591. Vgl daher bei den einzelnen Rechtmitteln.

Wiedereinsetzungsverfahren: Der Wiedereinsetzungsantrag nach §§ 234 ff hat keine Anfallswirkung. Ihn muß vielmehr dasselbe Gericht beurteilen, dem die Entscheidung über die nachgeholte Prozeßhandlung zusteht, § 237, § 238. Er ist daher kein Rechtsmittel. Seine Kosten muß man zunächst nach § 238 IV und im übrigen nach §§ 91 ff in der jeweiligen Instanz mitbeurteilen. Ob ein nach § 238 III unzulässiger Angriff gegen eine Wiedereinsetzung oder ein Angriff gegen eine die Wiedereinsetzung ablehnende Entscheidung als Rechtsmittel einstufbar ist, richtet sich nach der Form der angegriffenen Entscheidung und den für sie geltenden Anfechtungsregeln.

28 **Zurückverweisung:** Rn 42.

29 **6) Kosten des Rechtsmittels, I–III.** Die Vorschrift erfaßt jedenfalls nach dem Wortlaut direkt nur die jeweiligen „Kosten des Rechtsmittels", oder „Rechtsmittelverfahrens". Gemeint sind sämtliche Kosten dieses Rechtsmittels, also gerichtliche wie außergerichtliche Gebühren und Auslagen. Für die letzteren kommt es wie bei § 91 I 1 auf ihre Notwendigkeit an. Hierher gehören sämtliche durch das Rechtsmittel objektiv veranlaßten, erforderlich gewordenen Kosten. Das gilt unabhängig davon, ob die ganze Rechtsmittelinstanz überhaupt erforderlich oder wie im Fall II im Grunde überflüssig war. Für die Zugehörigkeit zu den „Kosten des Rechtsmittels" reicht es, daß die Instanz eben entstand, sei es auch durch ein unstatthaftes oder unzulässiges Rechtsmittel, und daß die Kosten auch zB für den Rechtsmittelgegner notwendig waren. Der Rechtsmittelgegner darf sich auch gegenüber einem in der Zulässigkeit und Erfolgsaussicht sowie überhaupt in der Frage der weiteren Durchführung zweifelhaften Rechtsmittel grundsätzlich sogleich eines Anwalts bedienen, ohne zB eine notwendige Rechtsmittelbegründung abzuwarten, § 91 Rn 158.

30 Im Fall *beiderseitiger* (wechselseitiger) Rechtsmittel muß man für jedes dieser Rechtsmittel prüfen, ob und wie weit Kosten gerade durch diese Maßnahme entstanden und notwendig waren. Soweit die Trennung nicht möglich ist, bleibt § 97 eben unanwendbar. Zu den Kosten des Rechtsmittels zählen auch diejenigen, die bei einer Zurückverweisung an ein Rechtsmittelgericht entstehen. Denn diese Instanz ist dann zunächst noch nicht abgeschlossen gewesen. Das gilt auch zB in einer Ehesache wegen § 629 b I.

31 **7) Erfolglosigkeit, I.** Die Vorschrift stellt entsprechend dem Grundsatz der Unterliegenshaftung darauf ab, ob das Rechtsmittel nach Rn 14 „ohne Erfolg eingelegt" ist.

32 **A. Begriff der Erfolglosigkeit.** Man muß entsprechend dem Grundsatz des Kostenrechts auf das Endergebnis abstellen, § 91 Rn 19. Das gilt auch bei einer Gesetzesänderung während des Prozesses, Rn 55. Erfolglosigkeit liegt vor, wenn sich die rechtliche Lage des Rechtsmittelführers trotz des Rechtsmittels schließlich in keinem Punkt irgendwie verbessert hat. In der Regel treffen dabei rechtliche und wirtschaftliche Erfolglosigkeit zusammen. Maßgebend ist aber nur die rechtliche. Die Beschwer nach Grdz 13 vor § 511 muß schließlich voll geblieben sein. Es ist unerheblich, ob die Erfolglosigkeit wegen Unstatthaftigkeit bzw Unzulässigkeit (Verwerfung) oder Unbegründetheit (Zurückweisung) des Rechtsmittels eintritt. Dazu muß man den höchsten Antrag des Rechtsmittelführers mit der zugehörigen abschließenden Entscheidung vergleichen, Zweibr RR **99**, 1666. Es ist auch unerheblich, ob der Rechtsmittelgegner dem Rechtsmittel entgegentreten wollte, Nürnb MDR **99**, 1408. Soweit das Rechtsmittel wirksam teilweise zurückgenommen wurde, kommt es für den Vergleich auf den restlichen Rechtsmittelantrag und die dazu gehörende abschließende Entscheidung an. Soweit das Rechtsmittel erweitert wurde, muß man den erweiterten Antrag und die zugehörige abschließende Entscheidung vergleichen. Das Gericht muß jedes Rechtsmittel selbständig beurteilen, Rn 36. Im Fall einer Zurückverweisung nach Rn 33 ist der Vergleich erst am Ende der anschließenden erneuten ersten Instanz möglich, Rn 40.

33 **B. Abgrenzung zur Zurückverweisung.** Die Zurückverweisung wegen eines Verfahrensfehlers nach § 538 ist in I–III nur scheinbar nicht geregelt. In Wahrheit liegt im Zeitpunkt der Zurückverweisung weder eine Erfolglosigkeit im Sinn von I noch ein Obsiegen im Sinn von II vor. Daher kommt dann grundsätzlich überhaupt noch keine Kostenentscheidung in Betracht, Rn 76. Das gilt trotz des Umstands, daß die zurückverweisende Entscheidung die angefochtene zunächst regelmäßig „aufhebt". Es handelt sich eben noch nicht um eine abschließende Entscheidung über das Rechtsmittel. Wegen der Ausnahmen Rn 77.

34 **C. Völlige Erfolglosigkeit.** I erfaßt den Fall der völligen Erfolglosigkeit des Rechtsmittels. Das gilt sowohl dann, wenn sich das Rechtsmittel gegen die gesamte Entscheidung der Vorderinstanz richtet, als auch dann, wenn das Rechtsmittel von vornherein nur gegen einen Teil jener Entscheidung gerichtet war, aber eben in diesem beschränkten Umfang keinerlei Besserstellung bringt. Das gilt sowohl zur Hauptsache als auch zu denjenigen Nebenpunkten, die einen eigenen Streitwert auslösen, Karlsr JB **94**, 682. Ob das letztere der Fall ist, muß das Gericht von Fall zu Fall prüfen.

35 **D. Teilweise Erfolglosigkeit.** I gilt auch im Fall eines teilweise erfolglos gebliebenen Rechtsmittels. Das gilt sowohl für den Fall, daß sich das Rechtsmittel gegen die gesamte Entscheidung der Vorderinstanz richtet, als auch für denjenigen, daß das Rechtsmittel auf einen Teil der Entscheidung der Vorderinstanz beschränkt war und in diesem Bereich nun eben seinerseits teilweise erfolglos bleibt. Das gilt zur Hauptsache und zu den Nebenpunkten mit besonderem Streitwert, Rn 34. Soweit der erstrebte Erfolg nur zum Teil eingetreten ist, muß das Gericht freilich die Kosten nach § 92 verteilen, BGH NJW **92**, 2970, Karlsr JB **94**, 682. Das Gericht kann und muß dabei evtl die Kostenentscheidung der Vorinstanz nach Rn 39 ändern, und zwar auch diejenige, die einen im Rechtsmittelverfahren nicht mehr beteiligten Streitgenossen traf, BGH NJW

Titel 5. Prozesskosten   § 97

81, 2360. Das gilt auch bei wechselseitigen Rechtsmitteln oder bei Nichtannahme der Provision nebst Wertänderung, BGH MDR **01**, 596.

Im Fall einer nur *teilweisen Annahme der Revision* kommt eine Überprüfung der Kostenentscheidung allerdings nur in diesem Umfang in Betracht, BGH RR **86**, 549. Nach einem Teilurteil nach § 301 ohne Kostenentscheidung bleibt für die Verurteilung im Schlußurteil die Quote des Hauptsachespruchs im Teilurteil trotz Geltendmachung eines Restitutionsgrundes maßgeblich, BGH NJW **80**, 839. Im Fall der bloß teilweisen Zurückverweisung nach § 538 liegt insofern weder Erfolglosigkeit noch Teilerfolg vor, Rn 33. Man muß den nicht zurückverwiesenen Rest beurteilen. Nach der Rücknahme des Hauptrechtsmittels kann man über die diesbezüglichen Kosten zusammen mit denjenigen über ein Anschlußrechtsmittel entscheiden, Düss FamRZ **99**, 1674.

E. Erfolglosigkeit bei beiderseitigen Rechtsmitteln. Soweit beide Parteien Rechtsmittel bzw An- **36** schlußrechtsmittel eingelegt haben, mögen diese selbständig oder unselbständig sein, muß man jedes dieser Rechtsmittel kostenmäßig gesondert nach den Regeln Rn 32–35 beurteilen.

8) Bei Erfolglosigkeit: Kostenlast des Rechtsmittelführers, I. Soweit das Rechtsmittel erfolglos **37** blieb, Rn 31, tritt die in I genannte Kostenlast ein.

A. Begriff des Rechtsmittelführes. Die Kostenlast trifft den Rechtsmittelführer. Das mag die „Partei" sein, Rn 8, evtl aber auch einer der in Rn 9–12 genannten weiteren Beteiligten.

B. Zwingende Kostenfolge. Anders als nach II tritt die Kostenfolge nach I schon nach seinem Wortlaut **38** zwingend ein, aber auch nach dem Grundsatz der Unterliegenshaftung, § 91 Rn 19. Es handelt sich um einen Fall der sog Kostentrennung, Grdz 3 vor § 91. Denn die angefochtene Entscheidung bleibt mit ihrem Kostenausspruch ja bestehen. Es besteht nur ein Bedarf zur zusätzlichen Entscheidung über die Kosten des Rechtsmittels, Rn 29. Die Kostenfolge ist auch dann zwingend, wenn der Rechtsstreit im übrigen zB wegen einer Zurückverweisung weiterläuft. Das gilt auch im Fall eines Grundurteils nach § 304, Oldb JB **92**, 492, BGH GRUR **92**, 625, Hamm FamRZ **02**, 104, aM Ffm RR **88**, 1213 (aber dieses Rechtsmittel ist eben auf jeden Fall verloren). Die Kostenfolge tritt auch zB dann ein, wenn es wegen einer außergerichtlichen Vereinbarung der Rücknahme mangels ihrer Vornahme zur Verwerfung des Rechtsmittels kommt, BGH NJW **89**, 40, oder wenn das Rechtsmittel gegen ein Räumungsurteil nur dazu führt, daß der Mieter eine längere Räumungsfrist erhält, LG Stgt FamRZ **77**, 200, oder wenn nur eine Änderung bei den Zinsen erfolgt, oder nur bei den Kosten.

C. Entscheidung des Rechtsmittelgerichts. Das Rechtsmittelgericht darf und muß über die Kosten **39** seiner Instanz selbst entscheiden, soweit es in der Hauptsache über das Rechtsmittel abschließend entscheidet. Es darf und muß daher evtl eine fehlerhafte Kostenentscheidung der Vorinstanz wegen § 308 II von Amts wegen ändern, BGH GRUR **92**, 625, Hamm FamRZ **02**, 104, Kblz JB **93**, 115, aM Hamm OLGR **93**, 299 (aber § 308 II ist eindeutig, Einl III 39). Im Fall eines Verstoßes gelten die sonst zu beachtenden Regeln, §§ 319 ff, 329.

D. Entscheidung des Vordergerichts nach Zurückverweisung. Soweit das Rechtsmittelgericht den **40** Prozeß an die Vorinstanz zurückverwiesen hat nach § 538 und deshalb nach Rn 76 über die Kosten dieses Teils des Rechtsmittels noch nicht selbst entscheiden durfte, darf und muß es in der zurückverweisenden Entscheidung das Vordergericht anweisen, über die gesamten Kosten des Rechtsstreits einschließlich der durch den zurückverwiesenen Teil des Rechtsmittels entstandenen Kosten einheitlich zu entscheiden. Die bisherige erstinstanzliche Kostenentscheidung entfällt ja zusammen mit der notwendigen Aufhebung jener Entscheidung zur Hauptsache. Das untere Gericht kann erst nach erneuter Prüfung übersehen, welche Entscheidung in der Hauptsache treffen muß. Erst danach richtet sich die entsprechende Kostenentscheidung nach §§ 91 ff. Insofern mag sich also herausstellen, daß schließlich weder eine völlige noch eine teilweise Erfolglosigkeit des Rechtsmittels eingetreten ist. Der Enderfolg in der Sache entscheidet.

E. Erneute Entscheidung des Rechtsmittelgerichts. Nach einer Zurückverweisung und einer weite- **41** ren Entscheidung der Vorinstanz über die Kosten mag das Rechtsmittelgericht erneut vor die Frage kommen, ob ein gegen diese Entscheidung eingelegtes Rechtsmittel seinerseits erfolglos war. Er muß diese Frage dann nach Rn 37–40 entscheiden.

9) Obsiegen, II. Die Vorschrift trifft eine nur scheinbar lückenhafte Regelung, in Wahrheit eine voll- **42** ständige, Rn 2.

A. Begriff. Man kann sagen: Soweit ein Rechtsmittel nicht im Sinn von Rn 31 ff erfolglos war, hat der Rechtsmittelführer gesiegt. Das würde dem äußeren Aufbau von § 97 gerecht. Man kann auch sagen: Jeder rechtliche Erfolg, jede Verringerung der Beschwer nach Grdz 13 vor § 511 bedeutet einen Sieg. Auch hier kommt es wiederum auf den rechtlichen und nicht nur auf den wirtschaftlichen Vergleich an.

B. Abgrenzung zur Zurückverweisung. Es gelten dieselben Gesichtspunkte wie in Rn 33. Auch der Ausspruch der Aufhebung der angefochtenen Entscheidung in der zurückverweisenden des Rechtsmittelgerichts bedeutet weder Erfolg noch Unterliegen. Die Zurückverweisung kann zum einen wie zum anderen führen. Das übersieht Nürnb MDR **96**, 1301.

C. Völliges Obsiegen. II erfaßt zunächst den Fall des völligen Siegs mit dem Rechtsmittel. Das gilt **43** sowohl für den Fall, daß sich das Rechtsmittel gegen die gesamte Sachentscheidung der Vorinstanz richtete, als auch für denjenigen, daß es von vornherein oder nachträglich auf einen Teil jener Entscheidung beschränkt war und eben in diesem schließlichen Umfang vollen Erfolg hatte.

D. Teilweises Obsiegen. II meint aber auch den Fall eines jedenfalls teilweise Siegs. Hier sind genau wie **44** im Fall der teilweisen Erfolglosigkeit nach Rn 35 mehrere Kombinationen denkbar. Es können zB ein teilweiser Sieg und ein teilweises Unterliegen zusammentreffen, Hbg FamRZ **98**, 299. In Frage kommen aber auch teilweiser Sieg und eine restliche Zurückverweisung, schließlich ein teilweiser Sieg, eine teilweise Zurückverweisung und eine teilweise Erfolglosigkeit des Rechtsmittels. Bei einer nur teilweisen Annahme

§ 97

der Revision kommt eine Überprüfung der Kostenentscheidung nur in diesem Umfang in Betracht, BGH RR **86**, 549. In einer Ehesache gilt § 93 a, Hbg FamRZ **90**, 299.

45   **E. Obsiegen bei beiderseitigen Rechtsmitteln.** Es gelten dieselben Regeln wie bei der Erfolglosigkeit beiderseitiger Rechtsmittel, Rn 35. Man muß also jedes Rechtsmittel selbständig beurteilen.

46   **10) Beim Obsiegen: Grundsatz der Unterliegenshaftung, II.** Soweit die Partei siegt, muß ihr Gegner grundsätzlich die Kosten aller bisherigen Instanzen tragen. Es hätte zwar nahegelegen, diese Folgen ausdrücklich gesetzlich klarzustellen. Das ist indes unterblieben, ohne daß diese Folge irgendwie streitig wäre, Rn 2. Das Rechtsmittelgericht hebt also die angegriffene Entscheidung auf. Manche sprechen auch beim vollen Erfolg von „Abänderung". Das Rechtsmittelgericht formuliert die Sachentscheidung neu. Es verurteilt den Verlierer der Hauptsache zu sämtlichen Prozeßkosten aller bisherigen Instanzen nach §§ 91–96, 100–101, BGH VersR **79**, 444, Ffm RR **00**, 362. Denn die ZPO zählt die Kosten eines erfolgreichen Rechtsmittels stillschweigend grundsätzlich zu denjenigen des Rechtsstreits, Hbg MDR **02**, 479. Das Rechtsmittelgericht muß von Amts wegen über die gesamten Kosten entscheiden. Das gilt selbst dann, wenn die Vorinstanz ihrerseits einen Kostenausspruch fälschlich oder zu Recht unterlassen hatte.

Diese Regel gilt auch nach bloßem Zeitablauf zugunsten einer Partei, Oldb FamRZ **98**, 1528, oder entsprechend nach einer *Zurückverweisung* nach §§ 538 II, 563 I 1, 566 VII 2 für das erneut befaßte untere Gericht. Denn auch dann stellt sich ja der Erfolg oder Mißerfolg erst bei der anschließenden neuen Prüfung heraus, Rn 40. Von diesem Grundsatz der Unterliegenshaftung nach § 91 Rn 19 gibt es neben den in Rn 47–74 erläuterten Ausnahmen weitere Abweichungen nur nach den §§ 94–96, 238 IV, Hamm MDR **82**, 501, sowie nach § 254, Hamm OLGR **94**, 72, und nach §§ 281 III, 344.

47   **11) Beim Obsiegen: Ausnahmsweise Haftung des Siegers, II.** Auch soweit die Partei siegt, Rn 42, kann als Ausnahme vom Grundsatz der Haftung des unterliegenden Gegners nach Rn 46 eine Kostenentscheidung zu Lasten des Rechtsmittelführers eintreten. Man muß diese Ausnahmevorschrift eng auslegen. Es müssen die folgenden Voraussetzungen zusammentreffen.

48   **A. Grund: Neues Vorbringen.** Der Sieg darf gerade nur infolge eines neuen Vorbringens eben dieser Partei als Rechtsmittelführerin eingetreten sein. Das Rechtsmittel muß also rückblickend ohne das neue Vorbringen mit Sicherheit erfolglos gewesen sein. Eine bloß mögliche Erfolglosigkeit auf Grund des erstinstanzlichen Vorbringens reicht nicht aus. Es muß vielmehr feststehen, daß das neue Vorbringen die alleinige Ursache für den Erfolg des Rechtsmittels war, BVerfG NJW **81**, 272, Hbg FamRZ **85**, 712, aM BGH RR **05**, 867 (ohne Erwähnung der vorgenannten Entscheidung des BVerfG, schon deshalb nicht Einl III 16, 21 bedenklich, vgl auch die sonst so strenge Haltung des BGH zur Willkür etwa bei § 281 Rn 39). „Vorbringen" umfaßt alle Angriffs- und Verteidigungsmittel nach Einl III 70, alle Behauptungen, Beweismittel, Beweisantritte, Erklärungen, Tatsachen, Anträge, LG Freibg WoM **02**, 97, und alle sonstigen tatsächlichen Umstände. Nicht hierher zählt zB eine bloße Rechtsansicht.

49   „Neu" ist das Vorbringen, wenn die Partei es erstmals in der Rechtsmittelinstanz in den Prozeß einführt. Es ist unerheblich, ob das Vorbringen dem Rechtsmittelgegner und/oder dem Gericht in diesem Zeitpunkt schon bekannt war. Die Partei muß es eben nur in der ersten Instanz zurückgehalten haben, Ffm MDR **02**, 843, Hamm NJW **84**, 1244, StJL 13, aM Düss RR **89**, 600, Hamm MDR **84**, 1032, AG Überlingen MDR **84**, 588 (aber im Bereich der Parteiherrschaft nach Grdz 18 vor § 128 zählt systematisch zunächst noch nicht die bloße Möglichkeit einer Parteiprozeßhandlung nach Grdz 47 vor § 128, sondern deren tatsächliche Vornahme für Chance wie Risiko. Die Möglichkeit tritt erst als weiteres Merkmal *hinzu*, Rn 50). Arglist ist freilich wie stets schädlich, Rn 51.

Beispiele sind unter Rn 51 ff genannt.

50   **B. Säumigkeit des Rechtsmittelführers.** Zur Voraussetzung Rn 48, 49 muß hinzutreten: Der siegende Rechtsmittelführer muß „imstande" gewesen sein, sein neues Vorbringen „in einem früheren Rechtszug geltend zu machen", Brschw OLGR **94**, 228.

„*Imstandesein*" bedeutet: Vorwerfbare Säumigkeit, Nachlässigkeit, prozessuales Verschulden, Einl III 68. Es kommt also einerseits auf die prozessuale Sorgfaltspflicht einer jeden Partei, ihre Förderungspflicht an, Grdz 12 vor § 128, BGH GRUR **92**, 109, zB nach §§ 138 II, 282, 296. Eine Verschleppungsabsicht oder grobe Fahrlässigkeit ist nicht nötig, Rn 55. Andererseits kommt es aber unabhängig von den dortigen Verschuldensmaßstäben hier darauf an, daß der Partei das rechtzeitige Vorbringen bis zum Abschluß der Vorinstanz möglich war, im Fall einer mündlichen Verhandlung also bis zu deren Schluß, §§ 136 IV, § 296 a. Maßgeblich ist also, daß für eine vernünftige Partei Anlaß zum damaligen Vorbringen bestanden hatte, Ffm MDR **02**, 843, Schlesw SchlHA **78**, 172. Es mag zwar ein Anlaß erst im letzten Verhandlungstermin der Vorinstanz bestanden haben. Sie braucht weder Verschleppungsabsicht noch Nachlässigkeit im Sinn von § 296 Rn 61 vorgelegen zu haben. Man muß aber insgesamt den Vorwurf erheben können, der Rechtsmittelführer habe diesen Vortrag in der Vorinstanz unterlassen, BGH GRUR **92**, 109, Köln ZMR **93**, 415, Zweibr FamRZ **97**, 839 (ein gerichtliches Mitverschulden ist unerheblich).

In „*einem*" früheren Rechtszug bedeutet: Es ist schädlich, daß das neue Vorbringen in irgendeinem der vorangegangenen Rechtszüge vorwerfbar unterlassen worden war.

Beispiele: Unterlassung in erster Instanz; Zurückverweisung durch das Rechtsmittelgericht; endgültiger Erfolg bei erneuter Verhandlung vor dem Berufungsgericht nur auf Grund des jetzt erst neuen Vortrags.

51   **C. Beispiele zur Frage der Kostenlast des Siegers**
Abtretung: Eine jetzt erst erfolgte erfolgreiche Abtretung an den Kläger kann neues Vorbringen sein, Karlsr OLGR **00**, 128.
Von Amts wegen: Ein von Amts wegen zu beachtender Umstand, zB eine von Amts wegen durchzuführende oder jedenfalls durchgeführte Beweisaufnahme, sind *kein* neues Vorbringen, Karlsr OLGZ **80**, 385. Soweit es um ein Wechselvorbehaltsurteil in der Berufungsinstanz geht und das Gericht den Rechtsstreit in die erste Instanz zum Nachverfahren zurückverweist, kommt in Abweichung von dem Grundsatz, daß

Titel 5. Prozesskosten § 97

die zurückverweisende Entscheidung nicht über Kosten befindet, Rn 76, eine Kostenentscheidung in Betracht.

Anerkenntnis: Der Kläger siegt auch dann, wenn nach dem Berufungsurteil eine Gesetzesänderung erging und der Bekl den Kläganspruch nicht anschließend sofort anerkannt hat. Im bloßen Zeitablauf liegt *kein* neues Vorbringen, soweit der Gegner die erst jetzt fällige Forderung wirksam sofort anerkennen kann, § 93.

Angriffs- oder Verteidigungsmittel: Jeder derartige Vorgang, Einl III 70, kann ein neues Vorbringen sein. Vgl bei den einzelnen weiteren Stichworten.

Anschlußrechtsmittel, dazu *Jacoby* ZZP **115**, 185 (ausf): Soweit das Gericht über ein gegnerisches Anschlußrechtsmittel (Anschlußberufung, -revision, -beschwerde) gemeinsam mit dem Rechtsmittel entscheidet, kommt es auch für das Anschlußrechtsmittel auf die Voraussetzungen II an, Celle MDR **05**, 1018, aM Ludwig MDR **03**, 671 (aber II gilt uneingeschränkt, Einl III 39). Dasselbe gilt, wenn das Gericht über die Berufung nach § 522 II entscheidet und damit für die Anschlußberufung § 524 IV wirkt, Brdb MDR **03**, 1261. Bei der unselbständigen Anschlußberufung muß man Besonderheiten beachten, Düss NJW **03**, 1260, Pape NJW **03**, 1150. Man muß den Streitwert eines jeden Rechtsmittels gesondert klären.

Anspruchsverzicht: II gilt, wenn der Kläger nur wegen eines erst in 2. Instanz vom Bekl vorgetragenen Umstands auf den Anspruch verzichtet hat, Schlesw SchlHA **78**, 172.

Arglist: II setzt keine Arglist des Rechtsmittelführers voraus, ebensowenig wie seine Verschleppungsabsicht oder seine grobe Nachlässigkeit vorliegen müssen. Soweit der Gegner des Rechtsmittelführers die vom letzteren in der Rechtsmittelinstanz neu vorgebrachten Umstände aber nur infolge Arglist „nicht kannte", mag es an der Ursächlichkeit des neuen Vorbringens für den Rechtsmittelsieg fehlen, Einl III 54, Karlsr FamRZ **99**, 726.

Auskunft: Ihre verspätete Erteilung oder Berichtigung kann kostenpflichtig machen, Naumb FamRZ **01**, 1383 links.

Berichtigung: II ist auch dann anwendbar, wenn der mit dem Rechtsmittel erstrebte Erfolg auch durch eine bloße Berichtigung nach § 319 erreichbar war. Evtl muß man die Werte je Instanz unterschiedlich ansetzen, Ffm OLGZ **90**, 77. **52**

Beschwerdeinstanz: II ist direkt und nicht nur entsprechend anwendbar, aM KG Rpfleger **81**, 495 (aber die Anfallwirkung tritt bei einer Nichtabhilfe ein). Das gilt auch (jetzt) für eine Rechtsbeschwerde, Köln ZMR **96**, 86.

Betragsurteil: Rn 55 „Grundurteil".

Beweismittel: Jede Art von Beweismittel kann neues Vorbringen sein. Allerdings fehlt es an der erforderlichen Ursächlichkeit („... auf Grund"), soweit das Gericht eine erste oder weitere Beweisaufnahme von Amts wegen durchführen mußte oder durchgeführt hat, Karlsr OLGZ **80**, 385.

Ehesache: Rn 63. **53**

Erbschaft: § 91 o Rn 46 „Erbschaft".

Erklärung: Jede nachgeholte Erklärung kann ein neues Vorbringen darstellen. Das gilt allerdings nicht bei der bloßen Rechtsansicht, s dort.

S auch Rn 57 „Kündigung", Rn 65 „Unterlassungserklärung".

Fälligkeit: Rn 68 „Zeitablauf". **54**

Förderungspflicht: Ein vorwerfbarer Verstoß gegen Grdz 12 vor § 128 kann II anwendbar machen, Hamm MDR **84**, 1032.

Folgesache: Rn 72–74.

Genehmigung: Eine behördliche Genehmigung, die der Rechtsmittelführer erst nach dem Schluß der mündlichen Verhandlung der ersten Instanz nach §§ 136 IV, 296 a beantragt und erhalten hat, ist ein Umstand, der eine sachlichrechtliche Klagevoraussetzung nachträglich erfüllt. Er zählt *nicht* als neues Vorbringen, selbst wenn der Antrag und die Genehmigung früher möglich gewesen wären, aM Ffm FamRZ **94**, 119 (aber man muß II aus den Gründen Rn 4 eng auslegen). Schädlich wäre es aber, wenn der Rechtsmittelführer die Genehmigungsbedürftigkeit schon in einer früheren Instanz direkt gekannt hatte, KG Rpfleger **86**, 445, Kblz NJW **88**, 3099. **55**

Gesellschaft: Die Geltendmachung eines neuen, selbständigen Kündigungsgrundes kann ein neues Vorbringen sein, Ffm RR **94**, 500.

Gesetzesänderung: Ein Sieg des Klägers kann auch dann vorliegen, wenn der Bekl auf Grund einer erst nach dem Erlaß des Vorderurteils eingetretenen Gesetzesänderung den Kläganspruch nicht anschließend sofort anerkannt hat.

Kein neues Vorbringen liegt vor, soweit sich eine Partei lediglich auf eine erst während der Rechtsmittelinstanz eingetretene Gesetzesänderung beruft (vgl aber § 93 Rn 94).

Grobe Nachlässigkeit: Solche des Rechtsmittelführers braucht nicht vorgelegen zu haben, ebensowenig wie Verschleppungsabsicht oder Arglist. Solche des Rechtsmittelgegners mag dazu führen, daß ähnlich wie bei seiner Arglist nach Rn 51 eine Ursächlichkeit des neuen Vorbringens des Rechtsmittelführers vorliegt.

Grundurteil: Bei einem Grundurteil nach § 304 ist abweichend von dem Grundsatz, daß bei einer Zurückverweisung keine Kostenentscheidung erfolgt, ausnahmsweise eine Kostenentscheidung statthaft, Rn 74.

Hilfsantrag: Ein erst in der Rechtsmittelinstanz gestellter Hilfsantrag kann ein neues Vorbringen sein. **56**

Kenntnis des Gegners: Es ist bei II grds unerheblich, ob das neue Vorbringen des Rechtsmittelführers dem Rechtsmittelgegner bekannt war, Rn 49. Etwas anderes gilt bei Arglist des Gegners, Rn 51 „Arglist". **57**

Klagänderung: Eine Klagänderung kann ein neues Vorbringen sein, Düss FER **97**, 87, Zweibr FamRZ **97**, 839. Die Erwiderung auf sie unschädlich ist, Hamm RR **93**, 1720.

Klagegrund: Eine neue tatsächliche Begründung der Klage kann neues Vorbringen sein. Eine nur rechtlich neue Begründung desselben Tatsachenstoffs wäre als bloße Rechtsansicht kein „neues Vorbringen", Rn 62 „Rechtsansicht".

Kostenfestsetzung: Vgl § 104 Rn 20. Jedenfalls ist eine zurückhaltende Anwendung von II geboten, großzügiger AG Überlingen MDR **84**, 588.

§ 97

Kündigung: Wenn sie schon in erster Instanz möglich gewesen wäre, ist ihre Erklärung in zweiter Instanz trotz des durch sie erreichten Siegs kostenschädlich, Hamm MDR **90**, 450.

58 Leistungsverweigerungsrecht: Die Geltendmachung eines Leistungsverweigerungsrechts kann ein neues Vorbringen sein, Hamm MDR **78**, 403, Schlesw SchlHA **78**, 172.

59 Nebenverfahren: Soweit in einem Nebenverfahren in der Vorinstanz keine Kostenentscheidung erfolgt, weil die dortigen Kosten zu denjenigen der Hauptsache zählen, ergeht auch in der Rechtsmittelinstanz des Nebenverfahrens keine Kostenentscheidung, Ffm JB **82**, 934 (zu §§ 719, 769), § 127 Rn 21 (wegen Prozeßkostenhilfe).

Neues Vorbringen: Rn 48 ff.

60 Ordnungsmittel: Ein Sieg kann auch dann vorliegen, wenn sich ein Zeuge erfolgreich gegen einen Ordnungsmittelbeschluß wendet, Karlsr Just **77**, 97.

61 Prozeßbevollmächtigter: Man muß sein Verschulden dem Gegner gegenüber wie sonst nach § 85 II beurteilen und kann ihn dem Auftraggeber schadensersatzpflichtig machen, Köln VHR **98**, 265.

Prozeßförderungspflicht: Für die Frage, ob die Partei zum früheren Vortrag „imstande war", kommt es auf ihre Prozeßförderungspflicht an, BGH GRUR **92**, 209, Zweibr FamRZ **97**, 839, zB nach §§ 282, 296, aber auch darüber hinaus, Grdz 12 vor § 128.

S auch Rn 67 „Verschulden".

Prozeßstandschaft: Auch ein vorwerfbar erst in der höheren Instanz geltendgemachter Anspruch aus gewillkürter Prozeßstandschaft nach Grdz 29 vor § 50 kann die Folgen nach II auslösen, BGH GRUR **92**, 109.

62 Rechtsansicht: Die bloße Rechtsansicht ist *kein* neues Vorbringen, daher auch nicht die bloß rechtlich andere Begründung des Sachverhalts, Bbg JB **84**, 737.

Rücknahme: Soweit der Rechtsmittelführer sein Rechtsmittel wirksam zurücknimmt, ist es letztlich ohne Erfolg eingelegt, I, Ffm FamRZ **91**, 587, aM Karlsr FamRZ **02**, 1053 (aber Prozeßrecht ist kein Selbstzweck, Einl III 10). Das gilt auch dann, wenn der Anschlußberufungskläger der Rücknahme der Hauptberufung zustimmt, Mü MDR **89**, 552. Man mag auch § 269 III 2 entsprechend anwenden. Jedenfalls ist II insoweit *unanwendbar*.

Scheidungsfolgesache: Rn 72–74.

63 Scheidungssache: Der Ablauf des Trennungsjahres vor der Scheidung nach § 1565 II BGB mag trotz der grundsätzlichen Notwendigkeit einer engen Auslegung von II, Rn 1, ausnahmsweise als neues Vorbringen bewertbar sein, BGH NJW **97**, 1007, Brdb FamRZ **00**, 1417, Hamm FamRZ **00**, 498, es sei denn, beide hätten zu früh geklagt, Hamm FER **99**, 19, oder wenn offenbleibt, ob nicht auch die Voraussetzungen des § 1565 II BGB vor Ablauf des Trennungsjahres vorgelegen hatten, Brdb FamRZ **00**, 1417. Bei nur teilweisem Erfolg einer Berufung gegen ein Verbundurteil sind teilweise § 97, teilweise § 93 a I 1 anwendbar, Hbg FamRZ **90**, 299.

Schlußurteil: Rn 55 „Grundurteil".

Selbständiges Anschlußrechtsmittel: Rn 51 „Anschlußrechtsmittel".

Sorgfaltspflicht: Für die Frage, ob der Rechtsmittelführer zum Vorbringen schon in einer früheren Instanz „imstande war", kommt es auf seine prozessuale Sorgfaltspflicht an, auf sein prozessuales Verschulden, Einl III 68.

S auch Rn 51 „Arglist", Rn 61, Rn 67„Verschulden".

Straftat: Im Fall einer Straftat des Gegners hat eine vernünftige Partei grds einen Anlaß zum alsbaldigen Vorbringen gehabt.

II ist *unanwendbar*, soweit der Rechtsmittelführer lediglich eine eigene Straftat verschwiegen hatte.

64 Trennungsjahr: Rn 63 „Scheidungssache".

65 Übergang: Rn 57 „Klagänderung".

Umstand: Jeder dem Rechtsmittelsieger zurechenbare Umstand kann ein neues Vorbringen gewesen sein. Das gilt allerdings nicht bei einer bloßen Rechtsansicht, s dort.

Unselbständiges Anschlußrechtsmittel: Rn 51 „Anschlußrechtsmittel".

Unterlassungserklärung: Eine jetzt erst abgegebene Unterlassungserklärung kann ein vermeidbar spätes neues Vorbringen sein, Ffm WRP **76**, 47.

Unredlichkeit: Jede prozessuale Unredlichkeit des Rechtsmittelführers nach Einl III 54 kann eine Säumigkeit im Sinn von II sein, Schlesw SchlHA **78**, 172, Zweibr FamRZ **97**, 839.

II ist aber *unanwendbar*, wenn der Gegner des Rechtsmittelführers nur durch eine eigene unredliche Prozeßführung in der Vorinstanz gesiegt hatte, Hamm RR **97**, 1474, Karlsr FamRZ **99**, 727.

S auch Rn 61, Rn 67 „Verschulden".

66 Ursächlichkeit: Vgl zunächst Rn 48. S auch Rn 52 „Berichtigung".

Verbundurteil: Rn 63 „Scheidungssache".

Verjährung: Wenn die in der höheren Instanz erhobene Einrede der Verjährung Erfolg hat und wenn die Sache dadurch nach § 300 entscheidungsreif geworden ist, prüft das Gericht nicht der Sache nach, ob die Partei etwa auch noch aus einem anderen Grunde siegen würde, BGH **61**, 227. Als neues Vorbringen kann auch eine Einrede der Verjährung gelten, die eindeutig schon in einer früheren Instanz sinnvoll gewesen wäre, Hamm VersR **82**, 1080. Der Sieger trägt sowohl die erstinstanzlichen Beweis- als auch die zweitinstanzlichen Kosten, Düss RR **99**, 283.

II ist aber *unanwendbar*, soweit rückblickend objektiv zweifelhaft ist, ob die Einrede schon in einer früheren Instanz sinnvoll gewesen wäre, oder wenn Zweifel bestehen, ob die Verjährung objektiv überhaupt schon während der früheren Instanz eingetreten war, BGH **61**, 227, oder wenn der Gläubiger sich mit der Verjährungseinrede nicht zufrieden gegeben hätte, Hamm WRP **79**, 327.

67 Verschulden: Jedes einfache prozessuale Verschulden nach Einl III 68 führt zur Säumigkeit im Sinn von II, also dazu, daß die Partei „imstande war", Drsd NZM **02**, 437. Eine Arglist, eine Verschleppungsabsicht oder eine grobe Nachlässigkeit brauchen nicht vorgelegen zu haben. Es reicht, daß eine vernünftige Partei Anlaß zum Vorbringen bis zum Schluß der früheren Instanz gehabt hatte, zB nach §§ 282, 296,

Schlesw SchlHA **78**, 172. II ist anwendbar, soweit die Fälligkeit erst im Prozeß eintrat, Hamm FamRZ **96**, 1078.
S auch Rn 62.
Verwirkung: II kann *unanwendbar* sein, wenn der Gegner unredlich handelte, Hamm RR **96**, 1474.
Weitere Beschwerde: Rn 52 „Beschwerdeinstanz".
Zeitablauf: Ein bloßer Zeitablauf ist *kein* nach II schädlicher Umstand, soweit der Gegner die erst jetzt **68** fällige Forderung wirksam sofort anerkennen kann, § 93. II ist anwendbar, soweit die Fälligkeit erst im Prozeß eintrat, Hamm FamRZ **96**, 1078.
Zeuge: Rn 60.
Zurückbehaltungsrecht: Die Geltendmachung eines Zurückbehaltungsrechts kann ein neues Vorbringen sein, Hamm MDR **78**, 403. II ist nur dann anwendbar, wenn der Gegner sofort nach der Einrede den Klagantrag entsprechend beschränkt, Saarbr MDR **04**, 412.
S auch Rn 58.
Zwangsvollstreckung: II gilt, wenn die Auskunft nach Zwangsgeld und vor der Beschwerdeentscheidung ergeht, Mü FamRZ **98**, 180. Ein neues Vorbringen liegt vor, wenn der Gläubiger erst in dritter Instanz die Vollstreckungsvoraussetzungen nachweist, Köln JB **96**, 214.

12) Kostenauferlegung ganz oder teilweise, II. Soweit die Voraussetzungen Rn 47–68 vorliegen, hat **69** das Gericht die nachfolgenden Möglichkeiten.
A. Eingeschränktes Ermessen. Aus den Worten „die Kosten ... sind ... ganz oder teilweise aufzuerlegen" ergibt sich: Einerseits ist eine Kostenlast des siegenden Rechtsmittelführers zwingend vorgeschrieben. Das Gericht darf ihn von den Kosten des Rechtsmittels nach Rn 29 nicht völlig befreien. Andererseits hat das Gericht ein pflichtgemäßes Ermessen bei der Beurteilung der Frage, wieviel von diesen Kosten es ihm auferlegt, Brschw FamRZ **97**, 223, Köln NZM **01**, 715. Es kann sie ihm ganz oder teilweise auferlegen. Es muß alle Umstände des Einzelfalls abwägen. Es muß sich von dem Grundsatz der Kostengerechtigkeit leiten lassen, Üb 10 vor § 91. Der Umstand, daß Kosten gerade nur auf Grund des neuen Vortrags während der Rechtsmittelinstanz entstanden und daß der Rechtsmittelführer sie schon früher hätte geltend machen können, zwingt noch nicht dazu, ihm die Kosten des Rechtsmittelverfahrens ganz aufzuerlegen. Er eröffnet vielmehr gerade erst den Ermessensspielraum zum Wie der Kostenverteilung. Man muß also zusätzliche Umstände beachten, zB: Eine ungewöhnliche Höhe der Rechtsmittelkosten infolge jenes neuen Vorbringens; einen nur hier beachtlichen besonders hohen Grad prozessualen Verschuldens; eine durch das gerade noch zulässige neue Vorbringen verursachte erhebliche Verlängerung des Rechtsmittelverfahrens usw.
Die bloße Notwendigkeit einer *Zurückverweisung* ist regelmäßig kein zusätzlicher Umstand zu Lasten des letztlich siegenden Rechtsmittelführers. Denn die Zurückverweisung beruht grundsätzlich auf einem Verfahrensfehler nur des Gerichts, §§ 538, 562 II, 577 IV. Ein etwaiges sonstiges Mitverschulden des Gerichts und/oder des Rechtsmittelgegners ist erst recht in diesem Zusammenhang unbeachtlich. Es hat schon dazu geführt, daß II unanwendbar wurde, weil die Partei in Wahrheit nicht „auf Grund" des neuen Vorbringens obsiegt hat, Rn 48.
B. Möglichkeiten der Kostenverteilung. Es gelten ähnliche Möglichkeiten wie bei § 92 I, dort Rn 27, **70** 39. Das Gericht kann also die Kosten des Rechtsmittelverfahrens dem Sieger nach einem Bruchteil oder nach einem Prozentsatz oder nach einer festen Summe oder nach dem Rest auferlegen oder auch die Kosten des Rechtsmittelverfahrens gegeneinander aufheben. Das Gericht kann aber auch dem Rechtsmittelführer die gesamten Kosten (hier allerdings nur: des Rechtsmittelverfahrens) auferlegen, wie bei § 92 II. Vgl § 92 Rn 44.
C. Notwendigkeit einer klaren und einfachen Kostenentscheidung. Wie stets bei einer Kosten- **71** verteilung, um die es sich ja hier im Grunde handelt, muß das Gericht eine möglichst klare und einfache Fassung wählen, zB § 92 Rn 29.

13) Entsprechende Geltung für Folgesache, III. Die Vorschrift erfaßt abweichend von § 621 a solche **72** „Folgesachen einer Scheidungssache", die man sich nach dem FGG behandelt denken muß, um eine einheitliche Kostenbehandlung zu ermöglichen, BGH AnwBl **84**, 502, Ffm FamRZ **91**, 587, Naumb FamRZ **01**, 1383 links, aM Ffm FamRZ **86**, 368, Hamm FamRZ **82**, 1093, KG FamRZ **84**, 67 (sie wenden § 13 a FGG an). Das gilt auch für einen an solchem Verfahren beteiligten Dritten, zB den Versorgungsträger oder das Jugendamt, KG FamRZ **81**, 381, Mü FamRZ **04**, 709.
A. Begriff der Scheidungsfolgesachen. III macht I, II für die folgenden Verfahren nach § 621 I entsprechend anwendbar: Die Sorgerechtsregelung, Z 1; das Umgangsrecht, Z 2; die Herausgabe eines Kindes, Z 3; den Versorgungsausgleich, Z 6; den Hausrat und die Ehewohnung, Z 7; eine Ausgleichsforderung, Z 9. Man muß die in III nicht genannten Scheidungsfolgesachen nach § 621 I Z 4, 5, 8 in direkter Anwendung von I, II beurteilen, weil dort jene Verfahren überhaupt nach der ZPO ablaufen.
B. Begriff der Folgesachen der Aufhebung einer Lebenspartnerschaft. III macht I, II ferner für die **73** Fälle § 661 I Z 5 und 7 entsprechend anwendbar, also: Für die Regelung der Rechtsverhältnisse an der gemeinsamen Wohnung und am Hausrat der Lebenspartner, Z 5, und für die Entscheidungen nach § 6 II 4 LPartG in Verbindung mit §§ 1382, 1383 BGB, also den Vermögensausgleich, der in § 6 II 4 LPartG durch Verweisung auf §§ 1371–1390 BGB geregelt ist. Das gilt auch für einen an solchem Verfahren beteiligten Dritten, zB den Versorgungsträger, wie bei Rn 72.
C. Kostenfolgen. Es gelten die zu I, II dargestellten Regeln. Der Umstand, daß das Scheidungsverfahren **74** zum Teil von Amts wegen abläuft, bedeutet nicht, daß zB niemals eine Säumigkeit nach Rn 50 vorliegen könnte. Indessen muß man bei II die erforderliche Ursächlichkeit des neuen Vortrags für den Sieg angesichts der weitergehenden Fürsorgepflicht des Gerichts im Verfahren von Amts wegen besonders kritisch prüfen.

14) Zurückverweisung, I–III. Soweit das Rechtsmittelgericht das Verfahren zurückverweist, liegt in **75** diesem Zeitpunkt weder eine Erfolglosigkeit noch ein Sieg vor, Rn 33, 42. Denn es entscheidet ja erst der endgültige Ausgang im Umfang der Zurückverweisung über den Erfolg.

§§ 97, 98 Buch 1. Abschnitt 2. Parteien

76 **A. Grundsatz: Noch keine Kostenentscheidung.** Das zurückverweisende Gericht trifft grundsätzlich keine Entscheidung im Umfang der Zurückverweisung. Es überläßt vielmehr am besten ausdrücklich im Tenor oder in den Entscheidungsgründen dem erneut mit der Sache befaßten unteren Gericht die notwendige Entscheidung über die gesamten Kosten des Rechtsstreits einschließlich derjenigen des Rechtsmittelverfahrens, und zwar nach §§ 91 ff, aber natürlich auch nach § 97. Das hat zur Folge, daß das untere Gericht sehr wohl auch prüfen muß, ob die Voraussetzungen I–III vorliegen. Das wird oft übersehen, selbst wenn das zurückverweisende Gericht ausdrücklich im Entscheidungssatz darauf hingewiesen hatte, das untere Gericht müsse „auch über die Kosten der Rechtsmittelinstanz" befinden. Übrigens ist ein solcher Hinweis streng genommen überflüssig. Jedenfalls ist sein Fehlen unschädlich. Denn das untere Gericht muß § 97 von Amts wegen mitbeachten.

77 **B. Ausnahmsweise: Kostenentscheidung.** Nur in einigen wenigen Ausnahmefällen darf und muß das zurückverweisende Gericht im Umfang der Zurückverweisung sogleich eine eigene Kostenentscheidung treffen und dabei auch I–III mitbeachten.
Beispiele: Es handelt sich um ein Grundurteil nach § 304. In diesem Fall kann das Rechtsmittelgericht über die Kosten des Rechtsmittels selbst befinden, Köln OLGZ 76, 91, oder die Entscheidung dem Betragsurteil überlassen. Das letztere ist zweckmäßiger; es handelt sich um ein Wechselvorbehaltsurteil in der Berufungsinstanz, das Nachverfahren wird in die erste Instanz zurückverwiesen; das Rechtsmittelgericht hat wegen eines Streitgenossen endgültig entschieden und im übrigen zurückverwiesen; das Rechtsmittelgericht bestätigt zugleich mit der Zurückverweisung eine Vorabentscheidung über den Grund, § 538 Z 3. Dann muß der erfolglose Rechtsmittelkläger, der im Betragsverfahren obsiegt, die Kosten des Rechtsmittels zum Grundverfahren nach dem vollen Streitwert tragen, BGH MDR **76**, 379 (Erledigung in der Revisionsinstanz).

78 **C. Teilweise Zurückverweisung.** Soweit das Gericht die Sache nur teilweise zurückverweist, kann auf den endgültig beschiedenen restlichen Teil I–III anwendbar sein. Auf den zurückverwiesenen Teil sind die Regeln Rn 76, 77 anwendbar. Wenn irgend möglich, sollte das Gericht die Kostenentscheidung noch nicht treffen, aM ZöHe 8 (er will schutzwürdige Interessen des Erstattungsberechtigten zB durch die Zwangsvollstreckung beachten).

79 **15) Rechtsmittel, I–III.** Es gelten die allgemeinen Regeln. Insbesondere muß man § 99 beachten. Eine Ermessensentscheidung nach Rn 69 läßt sich nur eingeschränkt überprüfen, Köln NZM **01**, 715.

80 **16) VwGO: I** entspricht § 154 II VwGO. *Bei Obsiegen aufgrund neuen Vorbringens, § 128 S 2 VwGO, gilt* **II** *entsprechend, Ey § 155 Rn 12, abw RedOe § 154 Anm 3 u KoppSch § 154 Rn 4, die § 155 IV VwGO heranziehen wollen (vgl aber § 137 S 1 FGO).*

98 Vergleichskosten.
¹Die Kosten eines abgeschlossenen Vergleichs sind als gegeneinander aufgehoben anzusehen, wenn nicht die Parteien ein anderes vereinbart haben. ²Das Gleiche gilt von den Kosten des durch Vergleich erledigten Rechtsstreits, soweit nicht über sie bereits rechtskräftig erkannt ist.

Gliederung

1) Systematik, S 1, 2 1	B. Begriff der zugehörigen Kosten 19
2) Regelungszweck, S 1, 2 ..... 2, 3	C. Begriff des rechtskräftigen Erkenntnisses 20
3) Sachlicher Geltungsbereich, S 1, 2 4–10	7) Kostenfolgen: Grundsatz der Maßgeblichkeit einer anderen Vereinbarung, S 1, 2 21–56
A. Grundsatz: Umfassende Geltung 4	A. Vorrang der Kostenvereinbarung 22
B. Streit über Wirksamkeit des Vergleichs 5	B. Rechtsnatur der Kostenvereinbarung 23
C. Scheidungssache 6	C. Notwendigkeit weiter Auslegung 24, 25
D. Scheidungsfolgesache 7	D. Maßgeblicher Zeitpunkt: Kostenreife 26
E. Außergerichtlicher Vergleich oder Einigungsvertrag 8, 9	E. Teilweise Kostenvereinbarung 27
F. Rücknahme von Klage oder Rechtsmittel 10	F. Grenzen des Vorrangs: Rechtskräftige Erkenntnis über die Kosten 28
4) Persönlicher Geltungsbereich, S 1, 2 11–15	G. Beispiele zur Frage einer anderen Vereinbarung 29–56
A. Parteien 11	8) Kostenfolgen: Hilfsweise Aufhebung der Kosten gegeneinander, S 1, 2 57–60
B. Vertreter 12	A. Rechtsnatur: Kostenfolge kraft Gesetzes 58
C. Streitgenossen 13	B. Begriff der Kostenaufhebung 59
D. Streithelfer 14	C. Teilweise Kostenaufhebung 60
E. Dritter 15	9) Verfahrensfragen, S 1, 2 61
5) Kosten eines abgeschlossenen Vergleichs, S 1 ..... 16, 17	10) Rechtsmittel, S 1, 2 62
A. Begriff des Vergleichs 16	11) VwGO 63
B. Begriff der Vergleichskosten 17	
6) Kosten des durch Vergleich erledigten Rechtsstreits, S 2 18–20	
A. Begriff des erledigten Rechtsstreits 18	

1 **1) Systematik, S 1, 2.** Die Vorschrift ist nach ihrer Stellung im Kostenabschnitt eine vorrangige und deshalb scheinbar eng auslegbare Ausnahmebestimmung. Das gilt aber nur bedingt. Denn S 1 Hs 2, auf den auch S 2 verweist, enthält in Wahrheit im Geltungsbereich der ganzen Vorschrift einen Grundsatz, der über den Regeln der §§ 91 ff steht. Demgegenüber sind S 1 Hs 1, S 2 nur hilfsweise Auffangregelungen. Im übrigen enthält § 101 I Hs 1 wegen der durch eine Streithilfe (Nebenintervention) nach § 66 verursachten Kosten eine gegenüber § 98 wiederum vorrangige Sonderregelung.

Titel 5. Prozesskosten § 98

§§ 91 ff sind *grundsätzlich unanwendbar*. Denn § 98 setzt ja einen Vergleich nach Anh § 307 voraus und keine streitige Hauptsacheentscheidung usw. Freilich muß man die Begriffsbestimmung der Aufhebung von Kosten gegeneinander in § 92 I 2 natürlich auch bei § 98 anwenden. Die vorstehende Aufzählung enthält nur einen Teil der Rangverhältnisse. Vgl im übrigen bei den einzelnen Anm.

2) Regelungszweck, S 1, 2. Die Vorschrift dient unterschiedlichen Zwecken. 2
S 1 Hs 2, der Ausgangspunkt nach Rn 1, dient weniger einer Kostengerechtigkeit nach Üb 10 vor § 91 und auch nicht einer Vereinfachung der Kostenregelung, sondern vielmehr der Parteiherrschaft nach Grdz 18 vor § 128. Aus ihr folgt die Zulässigkeit eines Prozeßvertrags, Grdz 48 vor § 128. Soweit die Parteien überhaupt über den Streitgegenstand einen wirksamen Vergleich schließen können, tritt als Abweichung von § 308 II ihr übereinstimmender Wille wegen der Kosten an die erste Stelle. Er erübrigt eine gerichtliche Kostengrundentscheidung. Das gilt sowohl für die Kosten des Vergleichs als auch für die entsprechend geregelten Kosten des zugrundeliegenden Rechtsstreits, S 2. Bei ihnen hat lediglich die Rechtskraft nach § 322 Vorrang vor dem Parteiwillen, jedenfalls vor Gericht, wie stets.
S 1 Hs 1 mit einer Auffangklausel der Kostenaufhebung dient ebenfalls nicht so sehr der Kostengerechtig- 3
keit, sondern vielmehr der Vereinfachung. Die zwingende Kostenfolge braucht nicht das Vergleichsergebnis in der Hauptsache zu spiegeln. Wenn die Parteien eine Kostenregelung im Vergleich nicht für nötig hielten, soll sich auch das Gericht nicht sonderlich mit der Kostenfrage beschäftigen müssen. Das gilt selbst dann, selbst wenn die bloße Aufhebung gegeneinander dem „Erfolg" oder „Mißerfolg" der Vergleichspartner nicht annähernd entspricht. Man muß diese Regelungszwecke sowohl bei der Frage des Vorliegens einer Kostenvereinbarung als auch bei ihrer Auslegung im einzelnen berücksichtigen.

3) Sachlicher Geltungsbereich, S 1, 2. Maßgeblich kann die Verfahrensart sein. 4
A. Grundsatz: Umfassende Geltung. Die Vorschrift gilt grundsätzlich in jedem Verfahren, auf das die ZPO anwendbar ist. Das gilt auch bei einem sog streitigen Verfahren der FGG, BayObLG WoM 89, 468 (WEG). Es kommt allerdings weiter darauf an, daß die Parteien des Verfahrens überhaupt einen wirksamen Prozeßvergleich schließen können, Anh § 307 Rn 8. Das setzt voraus, daß das Verfahren der Parteiherrschaft unterliegt, Grdz 18 vor § 128.
B. Streit über Wirksamkeit des Vergleichs. Die Vorschrift gilt auch in einem Verfahren, in dem die 5
Parteien über die Wirksamkeit eines Prozeßvergleichs streiten. Denn dieser Streit führt zur Fortsetzung des bisherigen Prozesses trotz dessen umstrittener Beendigung durch den umstrittenen Vergleich, Köln RR 95, 509, aM ThP 3 (es sei denn ein neuer Prozeß erforderlich. Vgl aber Anh § 307 Rn 37). Wenn die Parteien also in dem Streit Einigkeit über die Wirksamkeit des bisherigen Vergleichs erzielen, gilt § 98 für den bisherigen. Wenn die Parteien sich im Streit über die Wirksamkeit des bisherigen Vergleichs nunmehr endgültig anders einigen, gilt § 98 zumindest für den endgültigen Vergleich.
C. Scheidungssache. Die Vorschrift gilt theoretisch in einem Scheidungsverfahren nach §§ 606 ff, so- 6
weit dieses überhaupt der Parteiherrschaft unterliegt, Grdz 18 vor § 128. Praktisch hat aber § 93 a I 3 den Vorrang. Das gilt insbesondere bei einer einverständlichen Scheidung nach § 630 III. Bei der Rücknahme eines Scheidungsantrags nach der Aussöhnung ist also S 1 Hs 1 unanwendbar, aM ZöHe 4 (§ 98. Aber es liegt keine Parteiherrschaft vor).
D. Scheidungsfolgesache. Soweit die Folgesache überhaupt der Parteiherrschaft nach Grdz 18 vor 7
§ 128 unterliegt, ist § 98 an sich anwendbar, Bergerfurth FamRZ 76, 583, Kblz MDR 77, 57, Göppinger AnwBl 77, 436. Praktisch geht allerdings auch insofern § 93 a I 3 meist vor. Soweit es um einen Vergleich geht, den die Parteien im Verfahren der einstweiligen Anordnung geschlossen haben, enthält § 620 g eine vorrangige Sonderregelung. Zwar spricht jene Vorschrift nicht ausdrücklich von Vergleichskosten. Sie bezieht sich aber insgesamt auf ein engeres Spezialgebiet, Hamm FamRZ 04, 1504, ThP 7, Düss VersR 77, 726, aM Karlsr MDR 82, 1025, Mü AnwBl 89, 234 (§ 98 sei vorrangig).
E. Außergerichtlicher Vergleich oder Einigungsvertrag. § 98 ist zumindest sinngemäß anwendbar, 8
soweit die Parteien innerhalb eines Rechtsstreits nach seinem Beginn und vor seinem Ende aus seinem Anlaß usw einen außergerichtlichen Vergleich nach § 779 BGB schließen, Rn 43 „Kostenübernahme", BGH WertpMitt 88, 1462, Brdb MDR 99, 188, Hbg JB 97, 482, Saarbr RR 96, 320. Dasselbe bei einer Einigung im Sinn von VV 1000, 1003, Ffm NJW 05, 2465. Denn auch dann ist es sinnvoll, zunächst den Parteiwillen wegen der Vergleichskosten zu beachten und hilfsweise den Grundsatz der Kostenaufhebung gegeneinander eintreten zu lassen, Rn 2. Die Geltendmachung erfolgt durch die Fortsetzung des Prozesses oder der Klage, soweit nicht das Gericht inzwischen nach § 322 rechtskräftig entschieden hat, LG Mü JB 98, 85, etwa RN § 269. Freilich können die Parteien auch beim außergerichtlichen Vergleich den § 98 9
ausdrücklich ausgeschlossen haben. Dann ist § 91 a anwendbar. Allerdings muß man diese letztere Vorschrift nicht schon deshalb beachten, weil der außergerichtliche Vergleich den Rechtsstreit überhaupt erledigt. Denn gerade den Erledigungsfall will § 98 schon nach außergerichtlichen Vergleichen regeln, BVerwG RiA 85, 46, Karlsr JB 91, 89, Kblz JB 91, 263, aM Bre MDR 79, 500 (§ 91 a sei stets anwendbar, Mü AnwBl 98, 287 (mangels Antrags keine Kostenentscheidung. Aber beide Varianten sehen nicht genug, daß Wortlaut und Sinn von § 98 ziemlich eindeutig sind, Einl III 39).
F. Rücknahme von Klage oder Rechtsmittel. § 98 ist auch anwendbar, soweit eine Klage oder ein 10
Rechtsmittel auf Grund eines gerichtlichen oder außergerichtlichen Vergleichs zurückgenommen worden sind. Denn insofern liegt eine Lage vor, die im Ergebnis mit einem „rechtskräftigen Erkenntnis" im Sinn von § 269 III 2 Hs 1 übereinstimmt, Stgt MDR 04, 717, LAG Mü MDR 94, 737, LAG Nürnb JB 94, 304, aM Düss Rpfleger 99, 132, Ffm Rpfleger 90, 91, Mü Rpfleger 92, 272 (aber Rücknahme ist Rücknahme).
Im Fall einer *Einigkeit der Parteien zur Hauptsache* kann trotz des Fehlens einer Kostenregelung im Vergleich ausnahmsweise (jetzt) § 516 III maßgeblich sein, BGH NJW 89, 40, KG MDR 85, 678. Für die Haftung der Staatskasse gegenüber gelten auch hier die allgemeinen Grundsätze, Üb 15 vor § 91.

4) Persönlicher Geltungsbereich, S 1, 2. Man muß die folgenden Personengruppen unterscheiden. 11

§ 98

A. Parteien. Die Vorschrift erfaßt den Vergleich zwischen den „Parteien" des Rechtsstreits, Grdz 4 vor § 50. Hierher gehören auch der Prozeßstandschafter nach Grdz 26 vor § 50 und der Prozeßgeschäftsführer, Grdz 29 vor § 50. Eine minderjährige Partei handelt durch den gesetzlichen Vertreter usw, § 51.

12 **B. Vertreter.** Da unter den Voraussetzungen des § 89 auch derjenige kostenpflichtig geworden sein kann, der als Bevollmächtigter ohne Prozeßvollmacht handelte, kommt bei einem anschließenden Vergleich § 98 auch insoweit zur Anwendung, als dieser Vertreter sich persönlich am Vergleich beteiligt hat. Er ist insofern kein Dritter.

13 **C. Streitgenossen.** Soweit nicht § 100 vorrangig gilt, ist § 98 auch auf Streitgenossen im Sinn von §§ 59 ff anwendbar.

14 **D. Streithelfer.** Auf den Streithelfer (Nebenintervenienten) nach § 66 ist der vorrangige § 101 I Hs 1 anwendbar. Freilich ist auch für die Kosten des Streithelfers ein Vergleich zur Hauptsache notwendig, damit § 101 anwendbar ist, Hbg JB **97**, 482, Zweibr OLGZ **83**, 21, aM Ffm MDR **79**, 763 (aber § 101 I Hs 1 nimmt eindeutig auch auf § 98 Bezug, Einl III 39). Es reicht aber aus, daß die Parteien den Vergleich dahin geschlossen haben, daß die Kosten der Streithilfe ausdrücklich von ihm ausgenommen sind. Das gilt selbst dann, wenn der Streithelfer am Vergleich nicht beteiligt war, Hbg JB **97**, 482, LG Rottweil AnwBl **83**, 558.

15 **E. Dritter.** § 98 ist nicht anwendbar, soweit es um einen Vergleich nur mit einem Dritten geht, Anh § 307 Rn 18, der auch nicht nach Rn 12 zu behandeln ist.

16 **5) Kosten eines abgeschlossenen Vergleichs, S 1.** Die Vorschrift behandelt die gerade durch den Vergleich entstandenen Kosten, Rn 17. Demgegenüber behandelt S 2 die restlichen Prozeßkosten.

A. Begriff des Vergleichs. Die Vorschrift umfaßt den Prozeßvergleich nach Anh § 307, Oldb RR **92**, 1466, aber auch in entsprechender Anwendung den außergerichtlichen, Rn 8. Man muß die Rechtsnatur des Prozeßvergleichs, seine Zulässigkeit, Wirksamkeit, die Formerfordernisse, die Fragen der Vertretung beim Vergleichsabschluß usw nach den in Anh § 307 dargestellten Regeln beurteilen.

17 **B. Begriff der Vergleichskosten.** S 1 erfaßt die gerade durch den Vergleich entstandenen Kosten.
Beispiele: Eine etwaige (jetzt) Einigungsgebühr nach (jetzt) VV 1000, soweit der Wert des Vergleichsgegenstands den Wert des Streitgegenstands übersteigt, Hartmann Teil I KV 1000; gerichtliche Auslagen, etwa für einen Sachverständigen, dessen Mitwirkung für das Zustandekommen des Prozeßvergleichs ursächlich war; vor allem die Einigungsgebühren der etwa beteiligten Anwälte, VV 1000, Hartmann Teil X, einschließlich der sog Differenzgebühr, Hamm JB **98**, 544, Köln MDR **01**, 653 (abl Schneider), Mü RR **98**, 430, und der gerade durch die Mitwirkung am Vergleich ausgelösten Auslagen, evtl auch die Gebühren und Auslagen eines zum Vergleichsabschluß eingeschalteten Verkehrsanwalts usw.

Den *Gegensatz* bilden die restlichen, nicht gerade durch den Vergleich ausgelösten Prozeßkosten, Rn 18, Drsd Rpfleger **02**, 98 (keine Vergleichsprotokollierung), aM LG Bonn JB **98**, 33 (aber man muß nun einmal eine klare Grenze ziehen).

Auch die Kosten des Vergleichs müssen sich wie alle Prozeßkosten im Rahmen des *Notwendigen* halten, um erstattungsfähig zu sein, soweit es überhaupt auf eine Kostenerstattung ankommt § 91 Rn 28.

18 **6) Kosten des durch Vergleich erledigten Rechtsstreits, S 2.** Die Vorschrift erfaßt alle diejenigen Prozeßkosten, die nicht gerade durch den Vergleichsabschluß ausgelöst wurden.

A. Begriff des erledigten Rechtsstreits. Der Wortlaut von S 2 ist etwas irreführend. Man sollte besser von den Kosten des durch Vergleich „beendeten" Rechtsstreits sprechen. Einerseits führt ja ein Vergleich im weiteren Sinne zur Erledigung der Hauptsache, soweit er sie voll erfaßt. Mit der Wirksamkeit des Vergleichs ist der Rechtsstreit beendet, die Rechtshängigkeit erloschen. Andererseits liegt im Vergleich nicht unbedingt stets die Abgabe übereinstimmender Erledigterklärungen. Denn die Kostenfolgen solcher Erledigterklärungen können durchaus von denen abweichen, die die Parteien im Vergleich vereinbaren oder die mangels Vereinbarung nach § 98 eintreten. Freilich ist Voraussetzung einer wirksamen Kostenvereinbarung auch, daß die zugehörige Hauptsache wenigstens gleichzeitig mit dem Abschluß des außergerichtlichen oder gerichtlichen Vergleichs zu ihr voll beendet ist, Brdb JB **03**, 324. Eine Kostenvereinbarung vor diesem letzten Zeitpunkt wäre wirkungslos. Dann auch ein Urteil zu den Kosten könnte dann noch nicht ergehen.

19 **B. Begriff der zugehörigen Kosten.** S 2 erfaßt sämtliche Gebühren und Auslagen des Gerichts und der am Vergleich Beteiligten, die weder gerade durch den Vergleich entstanden noch von einer bereits rechtskräftigen Kostengrundentscheidung erfaßt sind.

20 **C. Begriff der rechtskräftigen Erkenntnisses.** Eine etwa bereits rechtskräftig gewordene Kostengrundentscheidung nach Üb 34 vor § 91 bleibt gegenüber § 98 vorrangig stehen, soweit sie sich nur auf diejenigen Prozeßkosten bezieht, die nicht gerade im Sinn von Rn 17 durch den abschließenden Vergleich verursacht sind. Das stellt S 2 Hs 2 klar. Insofern können die Parteien auch nicht durch eine sachlichrechtliche Kostenabrede nach S 1 prozessual wirksam Abweichendes vereinbaren, Hamm Rpfleger **89**, 522. Denn S 1 erfaßt eben nur die gerade durch den Vergleich verursachten Kosten. Freilich kann das Gericht die Parteien nicht daran hindern, auch über restliche rechtskräftig ausgeurteilte Prozeßkosten andere Abreden zu treffen bzw sich nach anderen Regeln zu richten. Nur bleiben diese eben für das Kostenfestsetzungsverfahren nach §§ 103 ff unbeachtlich, soweit es überhaupt noch stattfinden muß. Das ist der Sinn des Hs 2. Im übrigen erfaßt zB eine „Kostenaufhebung" wegen der obigen Regelung die bereits rechtskräftig ausgeurteilten Kosten im Zweifel nicht mit, Stgt MDR **89**, 1108, aM Kblz MDR **87**, 852 (aber die Rechtskraft hat weitere gerichtliche Regelungsmöglichkeiten grundsätzlich beendet).

21 **7) Kostenfolgen: Grundsatz der Maßgeblichkeit einer anderen Vereinbarung, S 1, 2.** Soweit die Voraussetzungen von Rn 4–20 erfüllt sind, kommt es zunächst darauf an, ob und in welchem Umfang, mit welchem Inhalt die Parteien über die jeweiligen Kosten etwas „vereinbart" haben.

22 **A. Vorrang der Kostenvereinbarung.** Soweit überhaupt eine Kostenvereinbarung zulässig ist, hat sie auch Vorrang, Brdb FamRZ **03**, 1573 rechts Mitte, Celle RR **02**, 140, Kblz MDR **98**, 562. Das ist die Folge

Titel 5. Prozesskosten **§ 98**

des Grundsatzes der Parteiherrschaft, Grdz 18 vor § 128, ArbG Bln AnwBl **94**, 95. Es ist dann auch eine Folge der Zulässigkeit von Prozeßverträgen in diesem Rahmen, Grdz 48 vor § 128. Die Parteien können zB einen Verzicht auf die Erstattung von Vergleichs- oder Einigungskosten vereinbaren, Stgt NJW **05**, 2162. Freilich bleibt durch eine wirksame Kostenvereinbarung die gesetzliche Haftung für Gerichtskosten (Gebühren und Auslagen) nach §§ 22 ff, 29 GKG bestehen, Üb 16 ff vor § 91. Die Übernahme auch der Kosten kann zB eine Haftung als Übernahmeschuldner nach § 29 Z 2 GKG auslösen und den Schutz des § 31 II 2 GKG wegfallen lassen, Hartmann Teil § 31 GKG Rn 22. Ein Vergleich wirkt gegenüber der Staatskasse nur, soweit er sie nicht benachteiligt, LG Köln AnwBl **84**, 624.

B. Rechtsnatur der Kostenvereinbarung. Die Vereinbarung über die Kosten entweder des Vergleichs **23** oder des übrigen Rechtsstreits ist ein Prozeßvertrag nach Grdz 48 vor § 128. Man muß ihn darüber hinaus nach den Regeln Anh § 307 beurteilen.

C. Notwendigkeit weiterer Auslegung. Dem Regelungszweck des § 98 entspricht es, die etwaige **24** Kostenvereinbarung weit auszulegen, sei es nur über die Vergleichskosten, sei es über die übrigen Prozeßkosten, LAG Köln BB **96**, 2256. Man muß wie stets vom Wortlaut ausgehen, ergänzend aber den Sinn und Zweck der Regelung, den Parteiwillen erforschen und dabei Treu und Glauben nach § 242 BGB wie stets im Prozeßrecht mitbeachten, Einl III 54, Düss JB **89**, 1127, Mü Rpfleger **94**, 227, Nürnb MDR **98**, 861. Auch ist § 157 BGB beachtlich, LAG Hbg MDR **87**, 962.

Bei der *Auslegung* muß man beachten, daß die Parteien sowohl vor Gericht als auch beim außerge- **25** richtlichen Vergleich zwar sehr wesentlich und manchmal ganz vorwiegend an die Prozeßkosten denken. Erfahrungsgemäß verwenden aber bedauerlicherweise oft weder das Gericht noch die ProzBev noch die Parteien selbst die notwendige und wünschenswerte Sorgfalt bei der Formulierung der Kostenvereinbarung. Eine bei nachträglicher Prüfung insofern scheinbar lückenhafte, widersprüchliche oder sonst unklare Formulierung sollte nicht zu rasch zu der Beurteilung führen, es sei in Wahrheit keine ausreichende Kostenvereinbarung zustande gekommen und es müsse daher die ja nur hilfsweise annehmbare Kostenaufhebung gegeneinander stattfinden. Gerade in einer scheinbar lückenhaften Formulierung kann der deutliche Wille beider Parteien stecken, die Kosten anders als durch Aufhebung gegeneinander zu regeln.

Freilich darf man unklare Formulierungen auch *nicht überstrapazieren*. Man sollte bedenken, daß eine Auslegung ja regelmäßig erst im Kostenfestsetzungsverfahren durch den Rpfl stattfindet. Auch wenn er den Kostengrundtitel auslegen darf und muß, Einf 17–19 vor §§ 103–107, darf er ihn doch nicht abändern. Man darf ihn auch nicht überfordern, Naumb RR **96**, 1216. Dann aber hat auch das Gericht im etwaigen Erinnerungs- oder Beschwerdeverfahren nach § 104 nicht die Aufgabe, auf diesem prozessualen Nebenschauplatz nach einem Vergleich allzu quälende Erwägungen zur Ausdeutung unklarer Parteivereinbarungen anzustellen, nur um zur Kostengerechtigkeit zu einer Abweichung von einer gesetzlichen Hilfsregelung zu kommen, die ja gerade erkennbar der Vereinfachung den Vorrang vor Kostengerechtigkeit geben soll, Rn 2. Das alles bedenkt die Rspr zu § 98 oft zu wenig. Im Zweifel kann § 91 a ergänzend helfen, Köln RR **95**, 509. Mangels Kostenvereinbarung gelten die Kosten meist als gegeneinander aufgehoben, Rn 57.

D. Maßgeblicher Zeitpunkt: Kostenreife. Für die Auslegung der Kostenvereinbarung nach Rn 25 **26** muß man auf den Zeitpunkt abstellen, in dem die Parteien ihre Vereinbarung wenigstens im Kern getroffen haben. Der Wortlaut von S 1 deutet schon an, daß die „Vereinbarung" zeitlich nicht mit dem „Vergleich" zur Hauptsache zusammenfallen muß. Die Kostenvereinbarung kann wirksam bei Abschluß in anderer Urkunde usw oder nach dem Vergleichsabschluß zustande gekommen sein, aM Brdb FamRZ **03**, 1574 (aber eine Auslegung kann auch eine eindeutige nachträgliche Einigung ergeben. Die Parteiherrschaft nach Grdz 18 vor § 128 hat hohen Rang). Beim zeitlichen Auseinanderfallen kommt es also nicht auf den Zeitpunkt der Einigung zur Hauptsache an, sondern auf denjenigen zu Kosten sei es des Vergleichs, sei es auch nur der Hauptsache.

E. Teilweise Kostenvereinbarung. Soweit die Parteien eine Einigung nur über einen Teil der Kosten **27** des gerichtlichen oder außergerichtlichen Vergleichs bzw nur über einen Teil der restlichen Prozeßkosten getroffen haben, muß man diese Einigung mit dem Vorrang wie sonst beurteilen, Rn 22, Kblz AnwBl **90**, 48. Man muß auch hier versuchen, durch weite Auslegung nach Rn 25 zu einer vernünftigen und den Parteiwillen auch nicht überstrapazierenden Lösung zu kommen. Auf den Rest muß man die gesetzliche Hilfsregelung der Kostenaufhebung gegeneinander anwenden. Natürlich kann der Vergleich auch gerade die restliche Hauptsache erfassen, Zweibr OLGZ **83**, 80.

F. Grenzen des Vorrangs: Rechtskräftige Erkenntnis über die Kosten. Vgl Rn 22. **28**

G. Beispiele zur Frage einer anderen Vereinbarung **29**

Andere Instanz: Auch eine dem Wortlaut nach vollständige Kostenübernahme bedeutet *nicht stets* eine Erstattungsfähigkeit auch derjenigen Kosten, die durch die Mitwirkung des erstinstanzlichen ProzBev bei zweitinstanzlichen Vergleichsverhandlungen entstanden sind, Düss AnwBl **78**, 426. Es kommt aber auch hier auf die Gesamtumstände an.

Anderer Prozeßvergleich: Die Bezugnahme auf einen anderen Prozeßvergleich ohne ausdrückliche Mitbezugnahme auch dessen Kostenregelung reicht *meist nicht* aus, um eine Kostenvereinbarung auch im vorliegenden Rechtsstreit anzunehmen, LAG Hamm MDR **85**, 611.

Anrufung des Gerichts: Die Parteien können grds ausdrücklich vereinbaren, das Gericht solle über die **30** Kosten ganz oder teilweise (zB nur über die Gerichtskosten) entscheiden, Ffm NJW **05**, 2466, Kblz AnwBl **90**, 48. Dann kann gemeint sein, daß die Hilfsregelung des § 98 eintreten soll, also die Aufhebung der Kosten gegeneinander. Denn die Parteien übersehen meist, daß es nach dieser gesetzlichen Regelung überhaupt keiner „Entscheidung" des Gerichts mehr bedarf, weil sie ja von Amts wegen eintritt. Nur deshalb mögen sie rechtsirrig vereinbart haben, das Gericht solle „entscheiden". Es kann aber auch gemeint sein, daß das Gericht eine echte Entscheidung nach § 91 a oder nach anderen Vorschriften treffen solle, etwa nach § 92, Mü MDR **90**, 344, Nürnb FamRZ **01**, 1383, LG Gießen WoM **04**, 723.

§ 98

Das muß man insbesondere dann eher annehmen, wenn die Parteien anwaltlich vertreten waren und wenn über die Frage, wie die Vergleichskosten oder Prozeßkosten am gerechtesten aufzuteilen seien, *erheblicher Streit* herrscht. § 91 a gilt zumindest dann, wenn die Parteien ausdrücklich vereinbaren, das Gericht solle „über die Kosten entscheiden", Hamm MDR **03**, 116, oder es solle „an § 98 ZPO nicht gebunden sein", AG Haßfurt WoM **93**, 55, oder wenn sie Kostenanträge stellen, BGH RR **97**, 510, oder wenn sie vereinbaren, das Gericht solle „nach § 91 a ZPO entscheiden", Hbg MDR **97**, 202, Nürnb FamRZ **01**, 1383, LG Tüb RR **95**, 1142. Das gilt freilich nur, soweit eine solche Vereinbarung überhaupt zulässig ist.

S auch Rn 37, Rn 41 „Hauptsache", Rn 43.

Anwaltshaftung: Der Anwalt kann haften, wenn er nicht rechtzeitig auf den Umstand hinweist, daß die Haftung nach §§ 49 ff, 54 GKG bestehen bleibt, Rn 22, Schneider MDR **85**, 771.

Arbeitsrecht: Eine Ausgleichsklausel im Abfindungsvergleich erfaßt *grds keine* Verfahrenskosten, LAG Köln MDR **98**, 228.

31 **Ausklammerung:** Man muß durch Auslegung ermitteln, ob die Parteien bei einer Kostenvereinbarung bestimmte Teile der gesamten Kosten ausdrücklich oder doch stillschweigend eindeutig ausgeklammert haben, LAG Köln BB **96**, 2256. Sie mögen das auch ausdrücklich tun. In diesem Umfang gilt dann zunächst eine etwaige diesbezügliche Anrufung des Gerichts, Rn 30. Ganz hilfsweise gilt die gesetzliche Hilfsregelung der Aufhebung gegeneinander, Drsd Rpfleger **02**, 98.

Auslegung: Wegen der Notwendigkeit einer weiten Auslegung der Kostenvereinbarung Rn 25.

32 **Ausschluß:** Die Parteien können im gerichtlichen wie im außergerichtlichen Vergleich den § 98 ausdrücklich oder stillschweigend ausgeschlossen haben. Dann kann § 91 a anwendbar sein, Drsd JB **00**, 657. Dabei muß man den mutmaßlichen Fortgang des Prozesses mitbeachten. Die Parteien können auch zB das Gericht gebeten haben, über die Kosten zu entscheiden, dabei aber nicht nach § 91 a, sondern nach § 92 vorzugehen. Eine Kostenvereinbarung stets Vorrang hat, Rn 22. Daher darf und muß das Gericht im Rahmen einer wirksamen Kostenvereinbarung solche Ausschlüsse beachten.

Freilich kann sich ergeben, daß in Wahrheit überhaupt keine *wirkliche* Kostenvereinbarung vorliegt. Dann tritt doch wieder die gesetzliche Hilfsregelung des § 98 ein, also Kostenaufhebung.

Außergerichtliche Kosten: Die beim außergerichtlichen Vergleich entstandene Vergleichsgebühr ist erstattungsfähig, soweit er den Streit beenden sollte, Karlsr JB **91**, 89. Die bloße Übernahme der außergerichtlichen Kosten ohne eine Vereinbarung wegen der Gerichtskosten führt zu der Teilung beider Kostenarten in je 50%, Bre MDR **79**, 500. Kosten eines außergerichtlichen Vergleichs über einen rechtshängigen Anspruch sind nicht ohne besondere Vereinbarung von der gerichtlichen Kostengrundentscheidung erfaßt, Mü FamRZ **99**, 1674, aM Köln Rpfleger **00**, 208 (aber grds hat das Gericht nur mit den Kosten vor Gericht zu tun).

Außergerichtlicher Vergleich: Rn 8, 43 „Kostenübernahme".

Begründungsverzicht: Er kann einen stillschweigenden Rechtsmittelverzicht umfassen, Brschw MDR **01**, 1008 (abl Schneider).

33 **Berufungsrücknahme:** Rn 48 „Rechtsmittelrücknahme".

Beweissicherung: Rn 50.

34 **Bezugnahme:** Soweit die Parteien in ihrer Kostenvereinbarung auf Urkunden, andere Akten und andere Vorgänge Bezug nehmen, muß man prüfen, ob diese Bezugnahme überhaupt ausreichend bestimmt ist. Dabei gelten allerdings nicht die strengeren Grundsätze einer Bezugnahme in bestimmenden oder vorbereitenden Schriftsätzen. Denn es handelt sich ja um einen Prozeßvertrag.

S auch Rn 29 „Anderer Prozeßvergleich".

35 **Dritter:** Für einen Vergleich mit einem Dritten gilt § 98 nicht, Rn 15.

36 **Ehesache:** Rn 6, 7.

Einstweilige Anordnung: Rn 7.

Einverständliche Scheidung: Rn 6.

Erforderlichkeit: Die Parteien können die Frage der „Erforderlichkeit" oder „Notwendigkeit" und damit der Erstattungsfähigkeit von Kosten im Vergleich bindend regeln, KG Rpfleger **90**, 244.

S auch Rn 45.

37 **Erledigung:** Die Parteien können das Gericht bitten oder anweisen, über die Kosten des gerichtlichen oder außergerichtlichen Vergleichs oder die sonstigen Kosten des Rechtsstreits nach den Kostenvorschriften für den Fall der Erledigung der Hauptsache nach § 91 a zu entscheiden, Rn 30 „Anrufung des Gerichts". In diesem Zusammenhang muß das Gericht den Inhalt des Vergleichs und den Umfang des gegenseitigen Nachgebens bei der Ausübung seines Ermessens nach § 91 a mitberücksichtigen, Ffm MDR **99**, 189, Naumb FamRZ **01**, 1384, Nürnb FamRZ **01**, 1383, aM Bbg MDR **80**, 60, Drsd Rpfleger **02**, 98, Hamm AnwBl **82**, 73, (je: § 98 auch in einem solchen Fall. Ihn konnten aber die Parteien schon beim Abschluß der Kostenvereinbarung berücksichtigen. Sie wollten es ja gerade offensichtlich nicht so halten).

38 **Fortsetzung des Rechtsstreits:** Rn 51 „Streit über den Vergleich".

Freiwillige Gerichtsbarkeit: Ein Vergleich über die Kosten ist auch in einem sog streitigen Verfahren des FGG möglich und nach § 98 zu beurteilen.

39 **„Gericht soll entscheiden":** Rn 30 „Anrufung des Gerichts".

40 **Gesamtkosten:** Die Übernahme der „gesamten Kosten des Rechtsstreits" ergreift grds die gesamten Kosten aller Instanzen, Hamm Rpfleger **89**, 522, Kblz MDR **87**, 857, aM Ffm BB **80**, 1720 (diese Vereinbarung erfasse nicht ohne weiteres die Gerichtskosten einer nach dem Kostenpunkt rechtskräftig entschiedenen Berufung gegen ein vorangegangenes Grundurteil, Schlesw SchlHA **82**, 61 (aber „gesamte Kosten des Rechtsstreits" ist nun wirklich umfassend). Die „Gesamtkosten des Rechtsstreits" erfassen im Zweifel auch die Kosten des gerichtlichen wie außergerichtlichen Vergleichs, Düss MDR **99**, 119. Denn diese dienen ja der Beendigung des Rechtsstreits.

Anders müßte man die bloße Übernahme der „Kosten" (statt „Gesamt-" Kosten) beurteilen. Denn § 98 unterscheidet ja gerade zwischen den Kosten des Vergleichs und den übrigen Kosten des durch Vergleich

Titel 5. Prozesskosten **§ 98**

erledigten Rechtsstreits. Indessen muß man auch bei Übernahme nur der „Kosten" eine Auslegung vornehmen.
Gutachten: Die Erstattungsfähigkeit der Kosten eines Parteigutachtens ist mangels anderweitiger Absprachen nicht schon infolge des Vergleichs ausgeschlossen, LG Brschw MDR **79**, 320.
Hauptsache: Wenn die Parteien einen Vergleich ausdrücklich nur über die Hauptsache abschließen, ohne **41** zu den Kosten irgend etwas zu sagen, muß man durch Auslegung ermitteln, ob sie trotzdem in Wahrheit auch eine Kostenregelung getroffen haben. Falls das nicht der Fall ist, sind durch die Hilfsregelung des § 98 die Kosten als gegeneinander aufgehoben anzusehen.

Die Parteien mögen auch einen Vergleich nur zur Hauptsache abgeschlossen und eine Kostenregelung nach § 98 ausdrücklich oder erkennbar *ausgeschlossen* haben. Dann kann § 91 a anwendbar sein, obwohl er an sich nachrangig ist, Mü JB **83**, 1882. Denn die Parteien haben dann insofern „etwas anderes vereinbart", Bre OLGZ **89**, 101 (es läßt im Rahmen von § 91 a den Vergleich maßgebend sein), Karlsr FamRZ **96**, 1335, LG Bonn NJW **04**, 76, aM Bbg MDR **80**, 60, RoSGo § 87 II 4, StJL 7 (aber die hier vertretene Lösung ist einfach und prozeßwirtschaftlich, Grdz 14 vor § 128).

S auch Rn 30 „Anrufung des Gerichts", Rn 37, 43.
Höhere Gebühren: Wenn der Vergleich eine Erstattung anderer oder höherer als der gesetzlichen Anwaltsgebühren vorsieht, dann ist diese Regelung nur insofern beachtlich, als die Vereinbarung nach § 4 RVG wirksam geworden ist, Kblz Rpfleger **77**, 107. Dann aber ist die Vereinbarung auch für das Kostenfestsetzungsverfahren maßgeblich, KG Rpfleger **90**, 224.
Klagerücknahme: Vgl Rn 10. **42**
Kostenschuldner: Rn 51 „Staatskasse".
Kostenübernahme: Eine Partei kann im außergerichtlichen oder Prozeßvergleich „die Kosten des Prozes- **43** ses" übernehmen. Das kann mehr als die „notwendigen" Kosten nach Rn 45 bedeuten. Dann schließt diese Bereitschaft die Übernahme der Vergleichskosten grds mit ein, Mü MDR **97**, 787, LAG Düss MDR **01**, 655. Das gilt erst recht bei ausdrücklicher Mitübernahme auch außergerichtlicher Vergleichskosten, Brdb MDR **99**, 188. Natürlich muß man die Vereinbarung nach ihren Gesamtumständen auslegen, Karlsr MDR **88**, 1063 Nr 81. Immerhin meint die Übernahme der Kosten des Prozesses die Vergleichskosten wohl meist selbst dann, wenn der Vergleich Gegenstände umfaßt, die über diejenigen des Prozesses hinausgehen. Natürlich gelten diese Regeln nur, soweit die Parteien über die Vergleichskosten keine besondere ausdrückliche oder stillschweigende und ja vorrangige Regelung getroffen haben, Bbg AnwBl **89**, 111, Hbg JB **00**, 205.

S auch Rn 8, Rn 30 „Anrufung des Gerichts", Rn 40 „Gesamtkosten", Rn 41 „Hauptsache", Rn 45 „Notwendige Kosten".
Nachverfahren: Rn 53 „Urkundenprozeß". **44**
Nebenintervention: Rn 51 „Streithelfer".
Notwendige Kosten: Soweit kein eindeutiger abweichender Parteiwille erkennbar ist, bezieht sich eine **45** Kostenvereinbarung grds nur auf die notwendigen, also zu erstattenden Kosten im Sinn des § 91 Rn 28. Sie bezieht sich aber natürlich auch auf alle solchen Kosten, BPatG GRUR **82**, 485, Ffm MDR **83**, 760, Kblz Rpfleger **02**, 281, strenger LAG Hbg MDR **87**, 962. Diese Regelung gilt unabhängig davon, ob und wieweit den Parteien die Kosten schon bei Vergleichsabschluß bekannt sind. Im übrigen können die Parteien die Frage bindend regeln, welche Kosten „notwendig" sind, KG Rpfleger **90**, 224, Kblz Rpfleger **02**, 281.
Parteiwille: Man muß stets zunächst prüfen, ob und inwieweit die Parteien die Kosten des Vergleichs und/ **46** oder die übrigen Prozeßkosten regeln wollten, Rn 22. Dabei ist eine weite Auslegung erforderlich, Rn 25. Das gilt beim gerichtlichen wie beim außergerichtlichen Vergleich, Rn 16.
Prozeßkostenhilfe: Im Fall einer Prozeßkostenhilfe ist ein Kostenvergleich mit Wirkung gegen die Staats- **47** kasse zulässig, soweit er nicht die Staatskasse schädigen soll und vor der Rechtskraft der Kostenentscheidung zustande kommt, LG Köln AnwBl **84**, 624.

S auch Rn 51 „Staatskasse".
Prozeßvergleich: Rn 16.
Rechtskraft: Rn 20. **48**
Rechtsmittelrücknahme: Rn 10. Soweit das Rechtsmittel vor dem Vergleichsabschluß zurückgenommen worden war, kann die Vergleichsregelung über die Kosten „des Rechtsstreits einschließlich des Vergleichs" das Rechtsmittelverfahren umfassen, Kblz JB **91**, 116.
Rücknahme: Rn 48 „Rechtsmittelrücknahme".
„Sämtliche Kosten": Rn 40 „Gesamtkosten". **49**
Säumniskosten: Die Übernahme der „Kosten des Rechtsstreits" bezieht sich zwar auf alle notwendigen Kosten, s dort, nicht aber grds auf Kosten einer Säumnis, aM Düss MDR **80**, 233, Mü Rpfleger **79**, 345 (aber der Gegner des Säumigen will im Zweifel auch nicht mehr von den Kosten des Gegners auch nur mitübernehmen, als durch den Prozeß wirklich bedingt).
Scheidungsfolgesache: Rn 7.
Scheidungssache: Rn 6.
Selbständiges Beweisverfahren: Wenn eine Partei, die an einem den Streitgegenstand betreffenden **50** vorprozessualen Beweisverfahren nicht beteiligt war, zusammen mit dem damaligen Antragsgegner durch einen Vergleich in Kenntnis der damaligen Kosten jetzt die „Kosten des Rechtsstreits" übernimmt, dann umfaßt diese Übernahme auch die Kosten jenes Beweisverfahrens, Ffm VersR **81**, 265. Im übrigen muß man die Kostenvereinbarung wie sonst dahin prüfen, ob ihre Auslegung ergibt, daß die Kosten eines vorprozessualen Beweisverfahrens von ihr erfaßt sind, Hamm MDR **94**, 1051, Kblz MDR **98**, 562, Mü Rpfleger **94**, 227, aM Hbg MDR **86**, 591, Nürnb MDR **98**, 862 (aber auch eine Parteiprozeßhandlung unterliegt stets der Auslegung, Grdz 52 vor § 128). Die Vereinbarung der Aufhebung der Kosten gegeneinander bedeutet, daß man gegnerische außergerichtliche Beweiskosten nicht übernimmt, Ffm JB **83**, 1875. Die Kosten eines erst im Prozeß durchgeführten Beweisverfahrens zählen ohnehin zu den Prozeß-

§ 98 Buch 1. Abschnitt 2. Parteien

kosten, § 91 Rn 193. Wenn die Parteien das Gericht gebeten haben, nach § 91a auch über die Kosten des selbständigen Beweisverfahrens mitzuentscheiden, umfaßt dessen Kostenaufhebung gegeneinander auch die Kosten des Beweisverfahrens, Nürnb MDR **02**, 1275.

51 **Staatskasse:** Für die Haftung der Staatskasse gegenüber gelten auch hier die allgemeinen Grundsätze, Üb 16 vor § 91. Die Übernahme auch der Kosten kann eine Haftung als Übernahmeschuldner nach § 29 Z 2 GKG auslösen und den Schutz des § 31 II 2 GKG wegfallen lassen, Hartmann Teil I § 31 KG Rn 22. Ein Vergleich wirkt gegenüber der Staatskasse, soweit er sie nicht benachteiligt, LG Köln AnwBl **84**, 624 (Prozeßkostenhilfe).
Streitgenossen: Vgl zunächst § 100. Eine Teilübernahme durch Streitgenossen mit demselben Anwalt meint meist nicht fiktive, sondern tatsächliche Kosten, Mü AnwBl **86**, 542. Die vereinbarte Quote bildet die Obergrenze, Mü MDR **93**, 804.
Streithelfer: Die ausdrückliche Regelung in § 101 I Hs 1 hat gegenüber § 98 Vorrang, Rn 1. Es gilt für die durch eine Nebenintervention verursachten Kosten gerade dann die dortige Sonderregelung (Auferlegung zu Lasten des Gegners der Hauptpartei). Freilich hat ein Vergleich auch dann Vorrang, Rn 22, § 101 Rn 23, 25, Karlsr MDR **97**, 401, Köln RR **95**, 1215, Nürnb MDR **05**, 473. Kostenaufhebung gegeneinander im Vergleich kann dem Streithelfer einen Anspruch auf Erstattung seiner halben außergerichtlichen Kosten geben, § 101 Rn 27.
Streit über den Vergleich: Das Gericht muß einen Streit über die nach einem Prozeßvergleich zu erstattenden Kosten im Weg einer Fortsetzung des Prozesses entscheiden, Köln Rpfleger **87**, 430, aM ThP 3 (es sei ein neuer Prozeß notwendig. Vgl aber die entsprechende Lage nach Anh § 307 Rn 37 ff). Es kann dann ein lediglich feststellender Beschluß ergehen. Die vorstehende Regelung gilt auch wegen der Kosten eines außergerichtlichen Vergleichs, soweit das Gericht nicht darüber im Prozeß rechtskräftig entschieden hat, etwa nach § 269.

52 **Teilübernahme:** Bei einer Teilübernahme durch Streitgenossen mit demselben Anwalt sind meist nicht fiktive, sondern tatsächliche Kosten gemeint, Mü AnwBl **86**, 542.
S auch „Teilurteil", „Teilvergleich".
Teilurteil: Die Übernahme der Kosten „des Rechtsstreits" kann auch die Kosten eines bereits rechtskräftigen Teilurteils umfassen, aM Mü MDR **82**, 760 (für den Fall der Kostenteilung).
Teilvergleich: Im Fall eines Vergleichs nur über einen Teil des Streitgegenstands gilt nur S 1, Bre OLGR **99**, 239, es sei denn, es gehe jetzt in Wahrheit um den gesamten restlichen Streitgegenstand, Zweibr OLGZ **83**, 80.

53 **Übernahme:** Die Übernahme irgendwelcher Kosten ist eine Kostenvereinbarung. Vgl bei den einzelnen weiteren Stichworten.
Übernahmeschuldner: Rn 51 „Staatskasse".
Übersteigender Streitwert: Rn 44.
Unterhaltsverzicht: Beim Unterhaltsverzicht der Eheleute kann man § 98 anwenden.
Vgl im übrigen Rn 7.
Urkundenprozeß: Im Urkundenprozeß mit einem Nachverfahren meint eine Übernahme „der Kosten des Rechtsstreits" meist die gesamten Kosten des ja als einheitlich geltenden Verfahrens, Hamm Rpfleger **75**, 322.

54 **Verkehrsanwalt:** Wegen der Übernahme von Kosten des Verkehrsanwalts § 91 Rn 261, Düss MDR **99**, 119 (sie kann in der Übernahme „sämtlicher Kosten" stecken).
Versorgungsrechtlicher Anspruch: Rn 7.

55 **Verweisung:** Die Übernahme der Kosten „des Rechtsstreits" bezieht sich meist wohl auch auf solche Kosten, die nach § 281 III 2 entstanden sind, dort Rn 56, Düss MDR **99**, 568, LAG Bre MDR **02**, 606, LAG Düss MDR **02**, 725, aM Bre JB **87**, 285, Köln Rpfleger **87**, 430, Zweibr MDR **96**, 972 (aber die Parteien hätten vernünftigerweise sehr wohl eine Einschränkung erklären können und müssen. Diese Einschränkung haben sie jedoch eben gerade nicht erkennbar vorgenommen).
Verzicht: Die Parteien können auf die Erstattbarkeit von Vergleichskosten verzichten, Stgt NJW **05**, 2161.

56 **Zwangsvollstreckung:** Die Übernahme der Kosten „des Rechtsstreits" bezieht sich nicht stets auch auf die Kosten einer Zwangsvollstreckung, § 788 Rn 45, KG Rpfleger **81**, 410, Karlsr MDR **96**, 971.
Zwischenvergleich: Auch bei ihm kann § 98 anwendbar sein. Auch bei ihm kann eine „andere Vereinbarung" vorliegen, Kblz JB **91**, 120.

57 **8) Kostenfolgen: Hilfsweise Aufhebung der Kosten gegeneinander, S 1, 2.** Soweit die Parteien keine „andere Vereinbarung" getroffen haben, Rn 21 ff, sind die Kosten „als gegeneinander aufgehoben anzusehen", Naumb RR **96**, 1216, LG Kblz RR **04**, 1510, LAG Düss MDR **02**, 725. Das gilt sowohl wegen der Kosten des Vergleichs, S 1, als auch wegen der noch nicht rechtskräftig ausgeurteilten Kosten des durch diesen Vergleich beendeten Rechtsstreits, S 2.

58 **A. Rechtsnatur: Kostenfolge kraft Gesetzes.** Die mangels Vereinbarung vorgesehene Kostenfolge der Aufhebung gegeneinander tritt unmittelbar kraft Gesetzes ein, ebenso wie zB § 269 III 2 im Fall der Klagerücknahme eine unmittelbare Kostenfolge kraft Gesetzes eintritt. Das ergibt sich bei genauer Prüfung schon des Wortlauts. Denn während zB § 92 I 1 davon spricht, daß die Kosten gegeneinander „aufzuheben sind", setzt § 98 S 1 fest, daß die Kosten als gegeneinander „aufgehoben anzusehen sind". Das ist auch sinnvoll. Denn die Vorschrift erfaßt ja die Kostenfolgen eines Vergleichs zur Hauptsache. Diese Kostenfolge erfährt zwar der mitverantwortlichen Protokollierung durch das Gericht, soweit es sich um einen Prozeßvergleich handelt. Maßgebend ist aber letztlich der Parteiwille und nicht derjenige des Gerichts. Daher bleibt kein Raum für eine „Entscheidung" über die Kosten, auch nicht nach § 308 II. Soweit nun der Vergleich nicht auch eine Kostenvereinbarung enthält, will § 98 die Kostenabwicklung doch vor allem erleichtern und vereinfachen, Rn 2. Das geschieht am besten durch Unterstellung (Fiktion) eines Parteiwillens. Denn dadurch wird auch ebenfalls eine zusätzliche Entscheidung des Gerichts überflüssig.

Titel 5. Prozesskosten **§§ 98, 99**

Daher ist gerade beim Fehlen einer Kostenvereinbarung weder zu den Vergleichskosten noch zu den Prozeßkosten ein Kostenausspruch durch das Gericht erforderlich. Während § 269 IV immerhin vorsieht, daß das Gericht auf Antrag des Bekl die bei § 269 III 2 kraft Gesetzes eingetretene dortige Kostenfolge durch Beschluß ausspricht, ist eine entsprechende Regelung im § 98 nicht erfolgt. Das bedeutet: Das Gericht ist auch auf Antrag einer Partei *nicht verpflichtet,* die Aufhebung der Kosten gegeneinander auch nur bestätigend (deklaratorisch) auszusprechen. Einem solchen Antrag fehlt ein Rechtsschutzbedürfnis. Das Gericht müßte ihn allenfalls als unzulässig zurückweisen. Es ist zumindest zweifelhaft, ob das Gericht unter diesen Umständen überhaupt berechtigt wäre, eine derartige Bestätigung vorzunehmen, sei es von Amts wegen, sei es auf Antrag. Sie würde ja eine Kostengrundentscheidung im Sinn von §§ 103 ff ZPO schaffen. Auch § 308 II berechtigt nicht zu solcher Maßnahme, soweit für diese kein Rechtsschutzbedürfnis nach Grdz 33 vor § 253 besteht. Wenn freilich das Gericht einen solchen Ausspruch getan *hat,* muß man diese Kostengrundentscheidung im Festsetzungsverfahren ebenso wie andere Entscheidungen beachten.

B. Begriff der Kostenaufhebung. Obwohl § 98 den §§ 91 ff grundsätzlich vorgeht, Rn 1, ist natürlich mit der „Aufhebung gegeneinander" dasselbe wie im § 92 I 2 gemeint. Die Gerichtskosten fallen also jeder Partei zur Hälfte zur Last. Jede Partei trägt ihre außergerichtlichen Kosten selbst, § 92 Rn 40, LAG Mü AnwBl **88**, 72. Das gilt dann für die Kosten des Vergleichs wie für die Kosten des durch ihn beendeten Prozesses. Voraussetzung ist nur, daß die Hauptsache gleichzeitig mit dem Prozeßvergleich voll beendet ist. 59

C. Teilweise Kostenaufhebung. Soweit nur ein Teilvergleich vorliegt, also ein Vergleich über nur einen Teil des jetzt noch anhängigen Streitgegenstands, kommt es wiederum zunächst auf eine etwaige Kostenvereinbarung an, Rn 52 „Teilvergleich". Nur soweit diese fehlt, darf man die Kosten in dem Umfang dieses Teilvergleichs zur Hauptsache als gegeneinander aufgehoben ansehen. Über den streitigen Rest muß das Gericht dann je nach dem Ausgang des Prozesses nach §§ 91 ff wie sonst entscheiden. Nur wenn der Teilvergleich bereits den Rest einer irgendwie anderweitig zB durch früheren ersten Teilvergleich, durch teilweise Klagerücknahme nach § 269 Rn 9 oder durch teilweise übereinstimmende wirksame Erledigterklärungen nach § 91 a Rn 202, ausgeschiedenen Streitgegenstands erfaßt, bleibt es bei der kraft Gesetzes eintretenden hilfsweisen Kostenfolge nach § 98. 60

9) Verfahrensfragen, S 1, 2. Wie in Rn 58 dargelegt, ist mangels Kostenvereinbarung die Aufhebung gegeneinander kraft Gesetzes eingetreten. Es kommt grundsätzlich insofern keine „Entscheidung" mehr in Betracht. Im übrigen muß man § 98 im Kostenfestsetzungsverfahren nach §§ 103 ff beachten. Insbesondere muß bereits der Rpfl dort eine etwa gesonderte Kostenvereinbarung vorrangig beachten und zu diesem Zweck auch im Fall einer Unklarheit oder Widersprüchlichkeit ebenso wie eine derartige Kostengrundentscheidung auslegen, Einf 19 vor §§ 103–107. Denn auch ein Vergleich ist ja ein zur Kostenfestsetzung geeigneter Vollstreckungstitel, soweit es sich um einen Prozeßvergleich im Sinn von § 794 I Z 1 handelt, § 103 Rn 4 ff. Da § 98 auch auf den außergerichtlichen Vergleich nach § 779 BGB entsprechend anwendbar ist, Rn 8, 9, muß das hier auch für die Kostenfestsetzung entsprechend gelten. Soweit eine Auslegung stattfindet, muß das Gericht den davon etwa Benachteiligten unter angemessener Fristsetzung anhören, Artt 2 I, 20 III GG (Rpfl), BVerfG **101**, 404, Art 103 I GG (Richter). Zuständig sind die in § 104 Genannten. Für den Kostenfestsetzungsbeschluß, seine Mitteilung, Vollstreckbarkeit gelten §§ 103 ff. 61

10) Rechtsmittel, S 1, 2. Soweit das Gericht trotz einer Kostenvereinbarung oder wegen ihres angeblichen oder wirklichen Fehlens eine Entscheidung über die Kosten des gerichtlichen und/oder außergerichtlichen Vergleichs oder der übrigen Kosten jenes Rechtsstreits getroffen hat, liegt nun einmal eine – vorausgesetzt: äußerlich wirksame – Entscheidung vor, mag sie auch mangelhaft sein, Üb 19 vor § 300, evtl in Verbindung mit § 329. § 98 sieht anders als der vergleichbare 269 V I zwar nicht ausdrücklich vor, wie weit die Entscheidung anfechtbar sei. Denn das Gesetz sieht sie eben überhaupt nicht vor. Indessen gelten die allgemeinen Regeln zur Anfechtbarkeit einer mangelhaften Entscheidung, Kblz JB **91**, 263. Freilich muß man § 99 beachten, Nürnb MDR **97**, 974. Ein Verzicht oder eine Begründung einer Kostenentscheidung kann ein Rechtsmittelverzicht nach §§ 515, 565 sein, Brdb MDR **95**, 743, Brschw MDR **01**, 1008 (abl Schneider). Soweit das Gericht in seinem Kostenfestsetzungsbeschluß § 98 entweder durch Anwendung der dort festgestellten Kostenvereinbarung oder durch Anwendung der hilfsweisen gesetzlichen Kostenaufhebung beachtet hat oder soweit das Gericht diese Vorschrift fälschlich bzw gar nicht beachtet hat, gelten die Regeln zur Anfechtung des Kostenfestsetzungsbeschlusses, § 104. 62

11) VwGO: Es gilt § 160 VwGO, der inhaltlich § 98 entspricht. 63

99 Anfechtung von Kostenentscheidungen.

[I] Die Anfechtung der Kostenentscheidung ist unzulässig, wenn nicht gegen die Entscheidung in der Hauptsache ein Rechtsmittel eingelegt wird.

[II] [1] Ist die Hauptsache durch eine auf Grund eines Anerkenntnisses ausgesprochene Verurteilung erledigt, so findet gegen die Kostenentscheidung die sofortige Beschwerde statt. [2] Dies gilt nicht, wenn der Streitwert der Hauptsache den in § 511 genannten Betrag nicht übersteigt. [3] Vor der Entscheidung über die Beschwerde ist der Gegner zu hören.

Schrifttum: *Heintzmann,* Die Anfechtung der gemischten Kostenentscheidung, Festschrift für *Baumgärtel* (1990) 137.

§ 99

Gliederung

1) Systematik, I, II	1, 2	
2) Regelungszweck, I, II	3	
3) Sachlicher Geltungsbereich, I, II	4–21	
A. Grundsatz: Anfechtbarkeit der Kostenentscheidung	4	
B. Beispiele zur Frage des sachlichen Geltungsbereichs	5–21	
4) Persönlicher Geltungsbereich, I, II	22–26	
A. Parteien	22	
B. Vertreter	23	
C. Streitgenossen	24	
D. Streithelfer	25	
E. Dritter	26	
5) Anfechtung der Kostenentscheidung, I, II	27–29	
A. Begriff der Kostenentscheidung	27	
B. Begriff der Anfechtung: Rechtsmittel	28	
C. Teilurteil usw ohne Kostenentscheidung	29	
6) Statthaftigkeitsprüfung, I	30	
7) Zulässigkeitsprüfung zur Hauptsache, I	31–34	
A. Notwendigkeit der Zulässigkeitsprüfung	31	
B. Notwendigkeit einer Beschwer in der Hauptsache	32	
C. Notwendigkeit einer Beschwer im Kostenpunkt	33	
D. Keine weitere Prüfung zur Hauptsache	34	
8) Entscheidung in der Hauptsache, I	35, 36	
A. Begriff	35	
B. Erledigung der Hauptsache	36	
9) Verurteilung auf Grund eines Anerkenntnisses, II	37–39	
A. Begriff des Anerkenntnisses	37	
B. Wirksamkeitsprüfung	38	
C. Streitiges Urteil genügt	39	
10) Beendigung der Vorinstanz, II 1	40	
11) Sofortige Beschwerde, II 1	41–43	
A. Begriff	41	
B. Grenzen der Statthaftigkeit	42	
C. Notwendigkeit einer Beschwer	43	
12) Erreichen des Hauptsachewerts von 600,01 EUR, II 2	44	
13) Anhörung des Gegners, II 3	45	
14) Teilanerkenntnis und sonstige Mischfälle, I, II	46–58	
A. Grundsatz: Anfechtbarkeit	46	
B. Notwendigkeit einfacher und klarer Kostenentscheidung	47	
C. Teilurteil ohne Kostenentscheidung	48, 49	
D. Teilurteil in der Sache, Schlußurteil über die Hauptsache und die Kosten	50	
E. Teilurteil in der Sache, Schlußurteil nur über die Kosten	51	
F. Teilanerkenntnisurteil ohne Kostenentscheidung, Schlußurteil über den Rest und alle Kosten oder alles in einem Urteil	52	
G. Anerkenntnisurteil und gleichzeitiges streitiges Schlußurteil	53	
H. Streitiges Teilurteil, Schlußurteil über sämtliche Kosten	54	
I. „Schlußurteil", in Wahrheit Teilurteil mit Kostenentscheidung	55	
J. Prozeßvergleich über den Rest	56	
K. Rücknahme des Rests nebst Anerkenntnis- Schlußurteil über die Kosten des erledigten Teils	57	
L. Versäumnisurteil, Einspruch nur zu den Kosten, streitiges Kostenurteil	58	
15) Weitere Verfahrensfragen, I, II	59	
16) Verstoß, I, II	60	
17) Verfassungsbeschwerde, I, II	61	
18) VwGO	62	

1 **1) Systematik, I, II.** Die Vorschrift stellt eine in I erhebliche Einschränkung der sonstigen Regeln zur Statthaftigkeit eines Rechtsmittels dar. Ohne I würde die Anfechtung der Kostenentscheidung nur den allgemeinen Vorschriften für Rechtsmittel unterliegen. Insofern ist I eine Ausnahmevorschrift. Sie enthält nicht etwa einen gleichberechtigten weiteren Grundsatz. Sie enthält ja überhaupt keine abschließende Regelung der Voraussetzungen eines Rechtsmittels. Soweit es nach § 99 statthaft ist, muß man seine Statthaftigkeit, Zulässigkeit und Begründetheit nach den allgemeinen Regeln wie sonst zusätzlich prüfen.

2 Aus dem Ausnahmecharakter von I folgt die Notwendigkeit seiner *engen Auslegung*. Das ergibt auch die erhebliche Zahl der Fälle, in denen die Anfechtung der Kostenentscheidung eben doch zulässig ist, Hbg MDR **76**, 674, aM Mü GRUR **85**, 327, Oldb MDR **76**, 674 (aber die enge Auslegbarkeit einer Ausnahmevorschrift entspricht allgemeiner Methode. Vgl auch Rn 3).

Demgegenüber stellt II 1 eine „Ausnahme von der Ausnahme" dar. In seinem Umfang ist unter den weiteren allgemeinen Voraussetzungen ein nur gegen die Kostenentscheidung gerichtetes Rechtsmittel statthaft. Daher ist II 1 an sich als Rückkehr zum Grundsatz der Anfechtbarkeit *weit auslegbar*. Freilich sind seine Grenzen ziemlich klar gezogen. Man muß eine entsprechende Anwendbarkeit immerhin von Fall zu Fall sorgfältig prüfen, § 924 Rn 9 (Kostenwiderspruch). II 2 hat demgegenüber wieder Ausnahmecharakter und ist auch wegen des klaren Wortlauts nur begrenzt auslegbar, Rn 44.

3 **2) Regelungszweck, I, II.** Die Vorschrift dient in *I* der Prozeßwirtschaftlichkeit, Grdz 14 vor § 128. Das Rechtsmittelgericht soll nicht nur wegen der Kostenfrage tätig werden müssen, solange sie nicht zur Hauptsache geworden ist, BGH FamRZ **03**, 1269, Karlsr FamRZ **02**, 682, Köln RR **97**, 707. I nimmt zur Erreichung dieses Ziels bewußt eine evtl erhebliche Kostenungerechtigkeit gegenüber einer Partei in seinen engen Grenzen nach Rn 1 in Kauf.

II 1 dient demgegenüber der Vermeidung allzu ungerechter Kostenentscheidungen in den Fällen, in denen anders als bei I eine Anfechtung der Hauptsache praktisch nicht in Betracht kommt, weil der Bekl ja insofern anerkannt hat. Daraus kann man allgemein ableiten: Sofern nur eine Kostenanfechtung überhaupt in Betracht kommt, soll sie auch statthaft sein. Dieser Gedanke kommt in zahlreichen Einzelbeispielen aus der Praxis zum Ausdruck, Rn 5 ff.

II 2 hat freilich wiederum denselben Zweck wie I und ist entsprechend auslegbar, Rn 1, 44.

4 **3) Sachlicher Geltungsbereich, I, II.** Einem Grundsatz stehen manche Ausnahmen gegenüber.

A. Grundsatz: Anfechtbarkeit der Kostenentscheidung. Da I als Ausnahme und II als Rückkehr zum Grundsatz weit auslegbar sind, Rn 2, ist im Zweifel eine auf den Kostenpunkt beschränkte Anfechtung insofern statthaft. Freilich muß man die übrigen Voraussetzungen der Statthaftigkeit, Zulässigkeit und Begründetheit eines Rechtsmittels wie sonst prüfen.

B. Beispiele zur Frage des sachlichen Geltungsbereichs

Titel 5. Prozesskosten **§ 99**

Ablehnung einer Kostenentscheidung: Soweit das Gericht es abgelehnt hat, überhaupt eine Kostenent- 5
scheidung zu treffen, muß man zunächst prüfen, ob (kaum) ein Antrag auf Ergänzung nach § 321 sinnvoll
ist. Falls nicht, ist ein Kostenrechtsmittel jedenfalls nicht wegen I unstatthaft, Celle RR **03**, 1510, Zweibr
MDR **90**, 253. Denn es liegt in Wahrheit noch gar keine „Entscheidung über den Kostenpunkt" vor.
Dasselbe gilt, soweit das Gericht es einfach unterlassen hat, eine Kostenentscheidung zu treffen, Zweibr
FamRZ **97**, 622. Insofern mag es allerdings zusätzlich zunächst nötig sein, einen Berichtigungsantrag nach
§ 319 zu stellen, BGH KTS **87**, 738, Köln FamRZ **95**, 379, Zweibr MDR **90**, 253.
Anerkenntnis: Rn 37–58.
Anschlußrechtsmittel: Mit einem bloßen selbständigen oder unselbständigen Anschlußrechtsmittel kann
man auch eine auf den Kostenpunkt beschränkte Anfechtung vornehmen.
Arrest, einstweilige Verfügung: Die Vorschrift gilt auch im Verfahren auf den Erlaß eines Arrests oder
einer einstweiligen Verfügung. II ist bei einem auf die Kostenfrage beschränkten Widerspruch trotzdem
auch *nicht entsprechend* anwendbar, Mü WettbR **96**, 140. Das gilt schon deshalb, weil der Widerspruch
mangels Anfallwirkung nach Grdz 3 vor § 511 überhaupt kein Rechtsmittel ist, Rn 28, § 925 Rn 11.
Berichtigung: Rn 8 „Ergänzung der Hauptsacheentscheidung". 6
Beschluß: § 99 ist auf einen Beschluß entsprechend anwendbar, soweit nicht eine Beschwerde nur eine
Ergänzung der fehlenden Kostenentscheidung bezweckt.
Bloße Kostenentscheidung: Soweit die angefochtene Entscheidung überhaupt nur zum Kostenpunkt
ergangen ist, nicht auch zur Hauptsache, scheitert ein Rechtsmittel zum Kostenpunkt jedenfalls nicht an I.
Denn dieser setzt eine Entscheidung auch zur Hauptsache voraus, Karlsr FamR **02**, 682, Köln OLGZ **87**,
470, Teplitzky DRiZ **82**, 45, aM Mü GRUR **85**, 327, Zweibr FamRZ **83**, 1154 (aber Text und Sinn von
I sind eindeutig, Einl III 39).
S auch Rn 5 „Arrest, einstweilige Verfügung", Rn 9 „Finanzgericht".
Dritter: Rn 26. 7
Einspruch: Er ist wie sonst zulässig. Denn er stellt als bloßer Rechtsbehelf mangels Anfallwirkung nach 8
Grdz 3 vor § 511 überhaupt kein Rechtsmittel und daher auch keine „Anfechtung" im Sinn von I dar,
Rn 16.
Einstweilige Anordnung: § 99 ist auch im Verfahren über eine einstweilige Anordnung anwendbar. S auch
Rn 5 „Ablehnung einer Kostenentscheidung".
Einstweilige Verfügung: Rn 5 „Arrest, einstweilige Verfügung", Rn 16 „Rechtsbehelf"
Ergänzung der Hauptsacheentscheidung: Soweit es nur um einen Antrag auf eine Berichtigung nach
§§ 319 ff geht, liegt kein Rechtsmittel und daher auch keine „Anfechtung" im Sinn von I vor. Daher ist
der Antrag auch bei Beschränkung auf die Kostenfrage nicht schon wegen I unstatthaft, Zweibr FamRZ
83, 621. Das gilt unabhängig davon, ob der Antrag nach §§ 319 ff zulässig ist. § 99 ist auch im Fall der
Anfechtung einer Entscheidung nach § 321 anwendbar, Ffm OLGR **94**, 179, Zweibr FamRZ **83**, 621. Im
Fall des § 319 III (Stattgabe) geht jene Vorschrift aber vor, Karlsr RR **00**, 730.
Erinnerung: Die Statthaftigkeit einer auf den Kostenpunkt beschränkten Erinnerung ist von § 99 *unabhängig*.
Denn die Erinnerung ist als bloßer Rechtsbehelf mangels Anfallwirkung nach Grdz 3 vor § 511 kein
Rechtsmittel, Rn 16 „Rechtsbehelf". Sie stellt daher keine „Anfechtung" im Sinn von I dar, Rn 27.
Beim Rpfl gilt § 11 RPflG, § 104 Rn 41 ff.
Erledigung der Hauptsache: Rn 36.
Freiwillige Gerichtsbarkeit: II ist *unanwendbar*, Köln RR **97**, 707.
Finanzgericht: Gegen eine bloße Kostenentscheidung des Finanzgerichts ist keine Beschwerde statthaft, 9
BFH BB **76**, 1111.
S auch Rn 6 „Bloße Kostenentscheidung".
Greifbare Gesetzwidrigkeit: Rn 19 „Unzulässige Kostenentscheidung". 10
Insolvenzverfahren: I ist entsprechend anwendbar, Köln (2. ZS) JB **00**, 550, Zweibr RR **01**, 193, aM Köln 11
(2. ZS) JB **01**, 496 (es liege kein Widerspruch zur eigenen bisherigen Beurteilung vor. Aber § 4 InsO
macht I uneingeschränkt mitanwendbar).
Isolierte Kostenentscheidung: Rn 5 „Arrest, einstweilige Verfügung", Rn 6 „Bloße Kostenentscheidung".
Kapitalanleger-Musterverfahren: § 99 ist entsprechend anwendbar, § 19 IV 2 KapMuG, SchlAnh VIII.
Klagerücknahme: Im Fall einer Klagerücknahme ist § 99 *unanwendbar*. Denn die dann eintretende Kosten- 12
folge ergibt sich aus dem vorrangigen § 269 III 2, IV, § 91 Rn 17, Stgt RR **97**, 1222. Anders liegt es
allenfalls bei § 269 III 3, IV.
Kostenwiderspruch: § 924 Rn 9.
S auch Rn 5 „Arrest, einstweilige Verfügung", Rn 16 „Rechtsbehelf".
Mischfälle: Rn 46 ff. 13
Nebenforderung: Die Entscheidung über eine Nebenforderung zählt zur Entscheidung „in der Haupt- 14
sache", Rn 32.
Prozeßfähigkeit: Rn 19 „Unzulässige Kostenentscheidung". 15
Prozeßkostenhilfe: § 118 Rn 23.
S auch Rn 19 „Unzulässige Kostenentscheidung".
Prozeßvergleich: Rn 56.
Prozeßvoraussetzung: Die Entscheidung über eine Prozeßvoraussetzung zählt zur Entscheidung „in der
Hauptsache", Rn 35.
Rechtsbehelf: Auf den bloßen Rechtsbehelf ist § 99 *unanwendbar*. Denn er ist mangels Anfallwirkung 16
Grdz 3 vor § 511 kein Rechtsmittel, Rn 28. Beim Rpfl gilt § 11 RPflG, § 104 Rn 41 ff.
Reine Kostenentscheidung: Rn 6 „Bloße Kostenentscheidung".
Restkosten: Rn 56.
Sachlichrechtlicher Ersatzanspruch: Die Entscheidung über einen solchen Anspruch, Üb 43 vor § 91, 17
ist Teil der Entscheidung „in der Hauptsache", Rn 35.
Schlußurteil: Rn 46 ff.

Hartmann 429

§ 99   Buch 1. Abschnitt 2. Parteien

18 Teilurteil: Rn 46 ff.
19 Unterlassung der Kostenentscheidung: Rn 5.
   Unzulässige Kostenentscheidung: Soweit der Richter eine nach dem Gesetz völlig unzulässige, also freilich seit § 574 problematisch gewordene „greifbar gesetzwidrige" Kostenentscheidung erlassen hat, ist § 99 *unanwendbar*, § 494a Rn 19. Denn es kann nicht sein Zweck sein, der damit belasteten Partei auch in einem so krassen Fall nur zwecks Arbeitsentlastung der Gerichte eine solche Kostenungerechtigkeit aufzuerlegen. Die völlig unhaltbare Kostenentscheidung ist also nicht schon wegen § 99 unanfechtbar. Das Gericht darf und muß daher die Statthaftigkeit, Zulässigkeit und Begründetheit eines bloßen Kostenrechtsmittels nach den übrigen Rechtsmittelvorschriften prüfen, BGH MDR **97**, 1066, Karlsr FamRZ **03**, 943, Kblz VersR **92**, 634, aM Ffm MDR **82**, 152, Karlsr FamRZ **97**, 1417, Kblz MDR **85**, 852 (beim Übersehen oder bei der fälschlichen Heranziehung von Kostenvorschriften sei § 99 anwendbar. Aber wie will man eindeutig abgrenzen?). Nach einer unzulässigen Kostenentscheidung des Rpfl gilt § 11 RPflG, Brdb RR **00**, 1593.
20 Verfassungsbeschwerde: Rn 61.
   Versäumnisurteil: Rn 46 ff.
   Verweisung: Soweit in der verweisenden Entscheidung fälschlich eine Kostenentscheidung wegen der durch die Verweisung entstandenen Kosten enthalten ist, gelten die Regeln zur „unzulässigen Kostenentscheidung", Rn 19. Soweit das Gericht richtigerweise in der Verweisungsentscheidung nicht über die Verweisungskosten befunden hat, gilt für sie § 281 III. Soweit man die in der Kostenentscheidung des Schlußurteils usw nach jener Vorschrift behandelten Kosten angreift, gelten die Regeln nach § 99 wie sonst, § 281 Rn 58, 59.
   Vollstreckbarkeit: Die Entscheidung über die vorläufige oder endgültige Vollstreckbarkeit ist eine solche „in der Hauptsache", Rn 35.
   Widerspruch: Rn 16 „Rechtsbehelf".
21 Wiederaufnahme: § 99 gilt auch im Wiederaufnahmeverfahren. Denn es ähnelt einem Rechtsmittel in der Hauptsache vielfach.

22 4) Persönlicher Geltungsbereich, I, II. Man muß die folgenden Gruppen unterscheiden.
   A. Parteien. Die Vorschrift erfaßt die Parteien des Rechtsstreits. Grdz 4 vor § 50. Hierher gehören auch der Prozeßstandschafter nach Grdz 26 vor § 50 und der Prozeßgeschäftsführer, Grdz 29 vor § 50. Ein Minderjähriger handelt durch den gesetzlichen Vertreter usw, § 51.
23 B. Vertreter. Soweit ihn das Gericht nach § 89 persönlich zu den infolge seiner vollmachtlosen Zulassung entstandenen Kosten verurteilt hat, ist § 99 *unanwendbar*. Denn er ist ja nicht auch in der Hauptsache verurteilt worden. Die etwaige Verurteilung zur zusätzlichen Erstattung der infolge seiner vorläufigen Zulassung dem Prozeßgegner seiner Partei entstandenen Schäden nach § 89 I 3 Hs 2 ist ja nicht eine Verurteilung in der „Hauptsache" des Prozesses seiner Partei mit ihrem Gegner. Infolgedessen muß das Gericht die Statthaftigkeit eines Rechtsmittels des Vertreters gegen seine persönliche Verurteilung unabhängig von den Schranken des § 99 wie sonst prüfen, BGH NJW **88**, 50, Ffm OLGR **95**, 249, Schneider Rpfleger **76**, 232.
24 C. Streitgenossen. Soweit nicht § 100 vorrangig gilt, ist § 99 grundsätzlich auch auf Streitgenossen im Sinn von §§ 59 ff anwendbar. Allerdings ist ein durch Kosten beschwerter Streitgenosse, nicht stets auch in der Hauptsache ebenso wie ein anderer Streitgenosse beschwert. Er kann also in der Hauptsache evtl nicht zulässigerweise ein Rechtsmittel einlegen. Deshalb mag für ihn auch die Kostenanfechtung an I scheitern, Rn 31.
25 D. Streithelfer. Auf den Streithelfer (Nebenintervenienten) nach § 66 ist § 101 anwendbar. Im übrigen bleibt § 99 anwendbar.
26 E. Dritter. Wegen des vorläufig zugelassenen vollmachtlosen Vertreters Rn 23. Im übrigen ist § 99 anwendbar, soweit der Dritte in einem Zwischenstreit zu dessen Partei geworden ist, zB nach §§ 71 II, 135 II, 372a II, 387 ff, 402. In den Fällen, in denen eine Kostenentscheidung nicht zwischen den Parteien des Rechtsstreits oder eines Zwischenstreits ergingen ist, sondern nur während des Rechtsstreits zu Lasten eines Dritten, zB des ProzBev, ist das Kostenrechtsmittel dieses Dritten nicht von § 99 abhängig, BAG NZA **05**, 1076, Schneider MDR **87**, 729. Das gilt zB bei §§ 380 III, 409 II, Düss RR **93**, 828.

27 5) Anfechtung der Kostenentscheidung, I, II. Die Vorschrift begrenzt die Statthaftigkeit einer Anfechtung gerade der Kostenentscheidung.
   A. Begriff der Kostenentscheidung. I, II meinen mit der „Kostenentscheidung" diejenige zur prozessualen Kostenpflicht, Üb 26 vor § 91. Eine solche Entscheidung kann auch dann vorliegen, wenn nach Erledigung der Hauptsache die Kosten ihrerseits zur restlichen oder jetzigen Hauptsache geworden sind, solange es eben nur um die prozessuale Kostenerstattungspflicht geht, Schneider MDR **84**, 265.
   Keine Kostenentscheidung ist diejenige zur übrigen Hauptsache, BGH RR **92**, 315, und diejenige zur sachlichrechtlichen Kostenpflicht, Üb 43 vor § 91. Wegen der Überschneidung der prozessualen und der sachlichrechtlichen Kostenpflicht Üb 47 vor § 91. Vgl Rn 5 ff.
28 B. Begriff der Anfechtung: Rechtsmittel. Unter „Anfechtung" versteht I ein Rechtsmittel, nicht auch einen bloßen Rechtsbehelf, Rn 16. Das ergibt sich aus dem Umstand, daß die Kostenanfechtung nur zusammen mit einem „Rechtsmittel" in der Hauptsache statthaft ist. Zur Abgrenzung der Hauptsacheentscheidung von der Kostenentscheidung Rn 26. Unter „Rechtsmittel" muß man dasselbe wie in § 97 verstehen, dort Rn 14. Dazu gehören also: Berufung, §§ 511 ff; Revision, §§ 542 ff; sofortige Beschwerde, §§ 567 ff; Rechtsbeschwerde, §§ 574 ff; die einem Rechtsmittel ähnliche Wiederaufnahmeklage, §§ 578 ff; eine Ergänzungsentscheidung, Zweibr FamRZ **83**, 621.
   Nicht zu den Rechtsmitteln zählen mangels Anfallwirkung nach Grdz 3 vor § 511 die Rechtsbehelfe zB: Des Einspruchs, §§ 338, 700, Brdb RR **00**, 1668; der sofortigen Erinnerung, zB § 104 Rn 69 ff, Stgt

Titel 5. Prozesskosten **§ 99**

Rpfleger **84**, 200; des Widerspruchs, zB nach § 924, dort Rn 1 sowie § 925 Rn 11 (dort zum Streitstand). In diesen Fällen muß man also die Statthaftigkeit eines bloßen Kosten-Rechtsbehelfs unabhängig von § 99 prüfen. Vgl Rn 5 ff.

C. Teilurteil usw ohne Kostenentscheidung. Wegen der Fälle, in denen eine Sachentscheidung nicht 29 auch einen Kostenausspruch enthält, also eine Kostenentscheidung noch fehlt, vgl Rn 46.

6) Statthaftigkeitsprüfung, I. Die Vorschrift spricht zwar davon, daß die Kostenanfechtung evtl „un- 30 zulässig" sei. Sie meint aber schon die Unstatthaftigkeit. Diese zählt zwar zur Unzulässigkeit im weiteren Sinn. Sie besagt aber, daß das Rechtsmittel schon seiner Art nach überhaupt nicht gegeben ist. Das gilt unabhängig davon, ob es seiner Art nach in der Hauptsache zur Verfügung steht und dort nur von weiteren Zulässigkeitsvoraussetzungen abhängig wäre, etwa von einer Beschwer. Daß es sich in Wahrheit schon um die Statthaftigkeit handelt, ergibt sich indirekt aus den Worten „so findet ... statt" in II 1 für den dortigen weiteren Bereich.

7) Zulässigkeitsprüfung zur Hauptsache, I. Voraussetzung der Anfechtbarkeit der Kostenentscheidung 31 nach I ist, daß auch gegen die Entscheidung in der Hauptsache ein Rechtsmittel „eingelegt wird", BGH RR **91**, 510.

A. Notwendigkeit der Zulässigkeitsprüfung. Entgegen dem Wortlaut kommt es nicht nur darauf an, daß das Hauptsache-Rechtsmittel eben tatsächlich eingelegt „wird", sondern daß es auch *zulässigerweise* eingelegt ist. Die Einlegung eines in der Hauptsache unstatthaften oder unzulässigen Rechtsmittels macht die Kostenanfechtung nicht schon nach I statthaft. Andernfalls wären Umgehungen möglich. Man könnte ein zB offensichtlich unzulässiges Hauptsache-Rechtsmittel einlegen, zugleich die Kostenentscheidung anfechten und so deren Überprüfung erzwingen, wenn auch um den Preis der Verwerfung des Hauptsache-Rechtsmittels, falls man es nicht zurücknehmen könnte. Das ist nicht der Sinn des Gesetzes, BGH FamRZ **81**, 451, Düss FamRZ **91**, 351, LG Duisb JB **83**, 449. Freilich reicht ein bloßer derartiger Verdacht der Umgehung nicht aus, um die isolierte Kostenanfechtung unzulässig zu machen, BGH JR **76**, 246 krit Schreiber, Schlesw MDR **03**, 51. Die Abgrenzung zwischen bloßem Verdacht und eindeutiger Umgehung läßt sich nur nach den Gesamtumständen des Einzelfalls treffen. Dabei ist wegen des nach Rn 1 bloßen Ausnahmecharakters von I erst der eindeutige Umgehungsfall schädlich.

B. Notwendigkeit einer Beschwer in der Hauptsache. Da es auf die Zulässigkeit des Hauptsache- 32 rechtsmittels ankommt, muß unter anderem zur Hauptsache eine Beschwer vorliegen, Grdz 13 vor § 511. Sie muß allerdings nur bei Einlegung des Rechtsmittels vorliegen. Ein späterer Wegfall schadet regelmäßig nicht, Grdz 23 vor § 511. In der Hauptsache muß eine ausreichende Beschwerdesumme vorliegen, §§ 511 II Z 1 usw.

C. Notwendigkeit einer Beschwer im Kostenpunkt. Zusätzlich zur Beschwer in der Hauptsache nach 33 Rn 32 muß auch im Kostenpunkt die jeweils gesetzlich vorgeschriebene Beschwer vorliegen, zB nach § 567 II, BGH WertpMitt **82**, 1336, Schlesw SchlHA **78**, 67, LG Duisb JB **83**, 449. Diese Vorschrift gilt erst bei einer Rechtsbeschwerde nicht mehr, BGH BB **04**, 2602 rechts Mitte. Hier reicht allerdings das Vorliegen der Beschwerdesumme im Zeitpunkt der Einlegung des Kosten-Rechtsmittels aus. Eine Kostenanfechtung ist zulässig, wenn die Beschwerdesumme durch eine Aufrechnung mit einem Schadensersatzanspruch erreicht wird, nach dem der Kläger die Prozeßkosten der Vorinstanz nach dem sachlichen Recht erstatten müßte.

D. Keine weitere Prüfung zur Hauptsache. Das Gericht darf grundsätzlich nicht prüfen, ob das 34 Hauptsache-Rechtsmittel auch begründet wäre und ob die Partei an der Entscheidung des Rechtsmittelgerichts zur Hauptsache ein wirtschaftliches Interesse hat oder ob es ihr im wesentlichen doch nur auf die Kostenanfechtung ankommt. Es darf eben nur keine Umgehung vorliegen, Rn 31. Freilich bleiben so grundlegende Gesichtspunkte wie derjenige einer Sachbefugnis zur Hauptsache nach Grdz 22 vor § 50 auch bei der Prüfung der Zulässigkeit des Kostenrechtsmittels mitbeachtlich, Zweibr FamRZ **89**, 195 (sie liegt zB bei § 1629 III BGB nicht mehr nach Volljährigkeit des Kindes vor).

8) Entscheidung in der Hauptsache, I. Ob überhaupt eine Kostenanfechtung statthaft ist, hängt unter 35 anderem davon ab, ob überhaupt eine „Entscheidung in der Hauptsache" ergangen ist.

A. Begriff. Entscheidung in der Hauptsache ist jede Entscheidungsform (Urteil, Beschluß, Düss MDR **90**, 62, Verfügung), die zumindest auch den Streitgegenstand betrifft, § 2 Rn 3, und nicht nur den Kostenpunkt.

Beispiele: Die Entscheidung über eine Nebenforderung, § 4; über eine Prozeßvoraussetzung, Grdz 13 vor § 253; über die vorläufige Vollstreckbarkeit, §§ 708 ff.

B. Erledigung der Hauptsache. Eine Entscheidung „in der Hauptsache" kann auch dann vorliegen, 36 wenn es sich um die Erledigung der Hauptsache im Sinn von § 91a handelt, BGH NJW **92**, 1514, Karlsr FamRZ **05**, 50, Oldb RR **93**, 1339. Eine Erledigung der Hauptsache macht die Kosten nicht selbst stets zur Hauptsache. Im einzelnen sollte man zusätzlich zu den Erläuterungen zu § 91a im vorliegenden Zusammenhang folgende Regeln beachten: Wenn sich die Hauptsache zwischen dem Schluß der letzten mündlichen Verhandlung und der Urteilsverkündung erledigt, § 91a Rn 72, ist eine Berufung zum Zweck der Änderung nur der Kostenentscheidung unzulässig, aM Hbg RR **89**, 570, Hamm GRUR **84**, 69 (aber das wäre nicht der Sinn der Vorschrift, Rn 2, 3). Wenn sich die Hautpsache nach der Urteilsverkündung, aber vor der Einlegung des Hauptsache-Rechtsmittels erledigt hat, ist eine Anfechtung der Kostenentscheidung zulässig, falls kein sachlicher Streit mehr vorliegt, falls zB das Feststellungsinteresse erloschen ist oder falls der Bekl inzwischen erfüllt hat, Hamm GRUR **84**, 69. Wenn sich die Hauptsache erst nach der Einlegung des zugehörigen Rechtsmittels erledigt hat, bleibt das Kostenrechtsmittel grundsätzlich zulässig. Dann gilt dasselbe wie im Fall der Erledigung in der ersten Instanz. Der Rechtsmittelkläger trägt die Kosten, soweit er die Erledigung der Hauptsache willkürlich herbeigeführt hat. Wenn das Gericht nach wirksamen Teilerledigterklärungen teils nach § 91a und im Rest nach §§ 91, 92 II entschieden hat, ist eine isolierte Kostenanfechtung nur gegen den ersten Beschluß möglich, Saarbr JB **05**, 97.

§ 99

Buch 1. Abschnitt 2. Parteien

37   **9) Verurteilung auf Grund eines Anerkenntnisses, II.** Erste Voraussetzung der Statthaftigkeit einer sofortigen Beschwerde über den Kostenpunkt ist, daß eine „Verurteilung auf Grund eines Anerkenntnisses" erfolgt ist. § 93 d paßt nicht, dort Rn 9, Nürnb MDR **05**, 151.

A. Begriff des Anerkenntnisses. II meint die prozessuale Anerkenntniserklärung. Man muß sie von dem in ihr steckenden etwaigen sachlichrechtlichen Anerkenntnis unterscheiden, Einf 2 vor §§ 306 ff. Es muß sich also um ein Anerkenntnis im Sinn von § 307 I, II handeln. Das Anerkenntnis mag also in der notwendigen mündlichen Verhandlung nach § 128 Rn 4 erfolgt sein, Brdb MDR **99**, 504, oder im schriftlichen Verfahren nach § 128 II oder im schriftlichen Vorverfahren nach §§ 276, 277 schriftsätzlich, Brdb RR **00**, 1668. Es mag den Hauptanspruch ganz oder nur zum Teil umfassen usw. Im Eilverfahren kann ein Anerkenntnis im bloßen Kostenwiderspruch liegen, Stgt WettbR **00**, 125.

38   **B. Wirksamkeitsprüfung.** Das Gericht braucht das Anerkenntnis zwar im Verfahren der Kostenanfechtung nicht im einzelnen auf seine Voraussetzungen zu überprüfen. Das Anerkenntnis muß daber immerhin grundsätzlich wirksam erfolgt sein, § 307 Rn 10. Es darf also nicht eine Anerkennung über einen Punkt erfolgt sein, der der Parteiherrschaft nicht unterlag, Grdz 18 vor § 128, etwa in einer Ehesache nach §§ 606 ff oder in einer Familienstandsache, §§ 640 ff, Ffm FamRZ **84**, 1123, einschließlich des Falls der einverständlichen Scheidung, § 630, Kblz JB **82**, 446. Es darf auch nicht nur ein eingeschränktes oder bedingtes Anerkenntnis vorliegen § 307 Rn 4, 5, Düss MDR **89**, 825, Mü MDR **92**, 184, Naumb RR **97**, 893, es sei denn, das Gericht hätte trotz eines eingeschränkten Anerkenntnisses eine uneingeschränkte Verurteilung vorgenommen, Düss MDR **90**, 59, bzw das Gericht hätte fälschlich erklärt, es liege ein Anerkenntnis vor, Karlsr FamRZ **91**, 1456 (wendet II dann entsprechend an).

39   **C. Streitiges Urteil genügt.** Es ist nicht erforderlich, daß ein Anerkenntnisurteil im Sinn von § 307 in der Hauptsache ergangen ist, Mü MDR **92**, 184. Das ergibt sich schon aus dem Wortlaut von II: Er verlangt nur eine Verurteilung „auf Grund" eines Anerkenntnisses. Nach § 307 I erfolgt ein Urteil zwar „dem Anerkenntnis gemäß" durch Anerkenntnisurteil nicht nur dann, wenn zum Anerkenntnis des Bekl auch ein Antrag des Klägers gerade auf ein Anerkenntnisurteil hinzutritt, sondern von Amts wegen. Das Gericht darf und muß ein Anerkenntnis stets frei würdigen. Es muß sowohl ein Versäumnisurteil zB in einer dem Anerkenntnis folgenden Verhandlung treffen, in der der Bekl ausblieb, als auch ein streitiges Urteil „auf Grund", also unter Berücksichtigung des Anerkenntnisses fällen, wenn es das Anerkenntnis nicht als solches nach § 307 beurteilt. Das reicht auch bei II, Düss MDR **90**, 59, Mü MDR **92**, 184. Denn auch in diesem Fall wäre sonst eine Richtigstellung der Kostenentscheidung nicht möglich, auf die es ja bei II ankommt, Rn 3, Düss MDR **89**, 825, Köln FamRZ **89**, 878.

Eine *sofortige Beschwerde* ist auch dann statthaft, wenn das Gericht seine Entscheidung zur Hauptsache auf ein nach seiner Meinung wirksames Anerkenntnis gestützt hat, auch wenn zu Unrecht, Brdb FamRZ **98**, 1247, Düss MDR **89**, 825, aM ThP 10 (aber dann liegt ein wirksamer Staatshoheitsakt vor, Üb 19 vor § 300). Eine sofortige Beschwerde ist ferner dann statthaft, wenn das Gericht § 93 entsprechend zu Lasten des sonst siegenden Bekl angewendet hat, LG Verden MDR **98**, 1435, oder wenn das Gericht ein streitiges Urteil erließ, Düss MDR **89**, 825. Es findet also im Kostenanfechtungsverfahren keine Nachprüfung darüber statt, ob die Voraussetzungen des § 307 im Zeitpunkt des Erlasses eines vorliegenden Anerkenntnisurteils wirklich gegeben waren.

40   **10) Beendigung der Vorinstanz, II 1.** Durch die Verurteilung muß die Hauptsache „erledigt" sein. Damit ist aber nicht etwa eine Erledigung im Sinn von § 91 a gemeint. Der Wortlaut von II 1 ist insofern mißverständlich. In Wahrheit ist vielmehr eine Beendigung der Instanz durch ein Anerkenntnisurteil oder doch eine Schlußentscheidung gemeint, die auf einem prozessualen Anerkenntnis beruht.

41   **11) Sofortige Beschwerde, II 1.** Die sofortige Beschwerde ist unter den Voraussetzungen Rn 37–40 und unter folgenden weiteren Voraussetzungen möglich (beim Rpfl gilt § 11 RPflG, § 104 Rn 41 ff).

A. Begriff. Er ist derselbe wie in § 567 I. Man muß die Notfrist des § 224 I 2 der in § 569 I genannten Wochen bzw Monate beachten. Die Einlegung bei dem Beschwerdegericht genügt, § 569 I 1. Wegen einer Anschlußbeschwerde § 567 III.

42   **B. Grenzen der Statthaftigkeit.** Die sofortige Beschwerde ist unzulässig, soweit das OLG als Berufungs- oder Beschwerdegericht entschieden hat. Dann kommt allenfalls eine Rechtsbeschwerde nach § 574 I–III infrage.

43   **C. Notwendigkeit einer Beschwer.** Ferner muß eine Beschwer nach Rn 44 vorliegen, also ein Zurückbleiben des Zugesprochenen hinter dem Beantragten. Ferner muß eine Beschwerdesumme vorliegen, § 567 II 1, so schon Schlesw SchlHA **78**, 67, ThP 11, aM Gölzenleuchter/Meier NJW **85**, 2813 (aber eine Beschwer ist bei jedem Rechtsbehelf erforderlich). Der Beschwerdewert berechnet sich nach den Kosten. Der Beschwerdeführer kann nicht mehr rügen, die Klage sei unzulässig oder unbegründet gewesen. Er hätte ja nicht anzuerkennen brauchen, Hamm MDR **90**, 638. Nach einem Anerkenntnisurteil ohne Begründung der Kostenentscheidung trotz streitiger Kostenanträge muß das Gericht das Verfahren evtl auf Antrag zurückverweisen, Brdb MDR **00**, 233.

44   **12) Erreichen des Hauptsachewerts von 600,01 EUR, II 2.** Die Vorschrift fordert im Umkehrschluß ihres unglücklich verneinenden Wortlauts: Die zugehörige Hauptsache muß einen Wert von mindestens 600,01 EUR haben. Denn nur dann liegt in einer Berufung nach § 511 II Z 1 ausreichender Wert vor. Die Mindestsumme von 600,01 EUR für den Hauptsachewert gilt unabhängig davon, ob das Gericht eine Berufung nach § 511 II Z 2, IV zulassen dürfte, müßte oder zugelassen hat. Denn II 2 stellt schlicht auf einen „Betrag" in EUR ab, obwohl gleichzeitig die Zulassungsberufung unabhängig von *diesem* Wert eingeführt wurde. Ein Versehen des Gesetzgebers sollte daher nicht vorliegen. Auch würde der Sinn (keine Nebenentscheidung, soweit keine Hauptsacheentscheidung zulässig, wie bei I) eher für weite Auslegung sprechen. Sie findet aber am klaren Wortlaut von II 2 ihre Grenze, Einl III 39. Zumindest ist ohnehin eine enge Auslegung geboten, Rn 2, 3. Vgl auch die vergleichbare Lage bei § 91 a II 2, dort Rn 156.

Titel 5. Prozesskosten **§ 99**

13) Anhörung des Gegners, II 3. Die Vorschrift stellt eine überflüssige, weil selbstverständliche Er- 45 gänzung zu den im Verfahren der sofortigen Beschwerde nach §§ 567 ff geltenden Regeln dar. Sie ensprucht dem Art 103 I GG, BVerfG **64**, 227. Gegenstand der Anhörung kann freilich praktisch nur die Frage sein, ob § 91 oder §§ 93, 93b anwendbar waren oder ob überhaupt in einem Teilanerkenntnisurteil schon eine Kostenentscheidung zulässig war.

14) Teilanerkenntnis und sonstige Mischfälle, I, II. Im Fall eines bloßen Teilanerkenntnisses nach 46 § 307 Rn 5 und in zahlreichen weiteren sog Mischfällen gehen die Meinungen weit auseinander.

A. Grundsatz: Anfechtbarkeit. Der in Rn 4 dargestellte Grundsatz, daß die Kostenentscheidung im Zweifel anfechtbar ist, gilt zB auch beim unzulässigen streitigen Teilurteil, Drsd FamRZ **00**, 34, und auch im Bereich des Teilanerkenntnisses, Brdb FamRZ **99**, 725, und der weiteren Mischfälle, BGH RR **99**, 1741. Freilich muß man stets II 2 beachen, Rn 44.

B. Notwendigkeit einfacher und klarer Kostenentscheidung. Das Gericht sollte sich stets um eine 47 einfache und klare Formulierung der Entscheidung über das Kostenrechtsmittel usw gerade bei den sog Mischfällen bemühen, § 91 Rn 22. Sie verursachen ohnehin schon erhebliche Probleme. Diese sollte man nicht in das Kostenfestsetzungsverfahren verlagern. Zwar darf und muß der Rpfl die Kostengrundentscheidung auslegen, Einf 19 vor §§ 103–107. Das entbindet aber den Richter nicht von der Pflicht, gerade im sog Mischfall eindeutig festzulegen, wer welche Kosten tragen soll.

Beispiel: „Der Beklagte trägt die Kosten. Von den Kosten entfallen auf den streitig entschiedenen Teil des Rechtsstreits $3/4$, auf den für erledigt erklärten Teil des Rechtsstreits und auf den durch ein Anerkenntnisurteil behandelten Teil des Rechtsstreits je $1/8$". Durch solche Kostensonderung in der Entscheidungsformel kann man die Frage erleichtern, ob und in welchem Umfang eine Anfechtung zB die erforderliche Beschwerdesumme erreicht. Denn diese Frage wird ja nicht nach § 99 entschieden, sondern nach den sonstigen Vorschriften zu dem jeweiligen Rechtsmittel, Rn 31. Im übrigen kann man etwa die folgenden Situationen unterscheiden.

C. Teilurteil ohne Kostenentscheidung. Wenn sich ein Rechtsmittel in der Hauptsache gegen ein 48 Teilurteil ohne eine Kostenentscheidung richtet, § 301 Rn 19, dann ist neben diesem Rechtsmittel immer eine Anfechtung der Kostenentscheidung des Schlußurteils statthaft, BGH RR **99**, 1741, Karlsr RamRZ **02**, 682. Denn diese letztere Kostenentscheidung ergänzt das Teilurteil.

Man kann auch nicht etwa die Anfechtbarkeit der das Teilurteil betreffenden Kostenentscheidung des 49 Schlußurteils davon abhängig machen, ob in der Hauptsache im Rechtsmittel gegen das Teilurteil schon ist und über dieses Rechtsmittel schon entschieden wurde oder ob jedenfalls die Rechtskraft der Entscheidung über jenes Rechtsmittel noch nicht eingetreten ist. Eine solche Lösung ließe sich mit der *Kostengerechtigkeit* nach Üb 10 vor § 91 kaum vereinbaren, Ffm FamRZ **84**, 1230, ThP 8, aM BGH KTS **87**, 738, Ffm MDR **77**, 143 (aber auch bei der Gerechtigkeit des Hauptziel, Einl III 9). Jedenfalls muß man die Kostenentscheidung des Schlußurteils besonders angreifen, wenn sie nicht rechtskräftig werden soll, BGH VersR **86**, 1210, ThP 8, aM BGH NJW **84**, 496 (aber § 322 gilt auch hier).

D. Teilurteil in der Sache, Schlußurteil über die Hauptsache und die Kosten. In diesem Fall 50 empfiehlt sich die Lösung Rn 48, 49 ebenfalls, KG MDR **90**, 160.

E. Teilurteil in der Sache, Schlußurteil nur über die Kosten. Auch in diesem Fall empfiehlt sich die 51 Lösung Rn 48, 49.

F. Teilanerkenntnisurteil ohne Kostenentscheidung, Schlußurteil über den Rest und alle Kosten 52 **oder alles in einem Urteil.** Vgl zunächst Rn 48, 49. In solcher Lage ist die sofortige Beschwerde und nicht die Berufung statthaft, und zwar wegen der Kosten aus jeder der beteiligten Entscheidungen, Hamm FamRZ **97**, 221, Saarbr AnwBl **92**, 397, aM BGH RR **99**, 1741, Köln RR **94**, 767 (aber die sofortige Beschwerde ist die nach dem Sinn von § 99 näherliegende Lösung). Das gilt auch dann, wenn es sich um teilweises Anerkenntnis, eine teilweise Klagerücknahme und eine spätere streitige Schlußentscheidung handelt, Düss FamRZ **82**, 724.

G. Anerkenntnisurteil und gleichzeitiges streitiges Schlußurteil. In diesem Fall ist grundsätzlich die 53 Berufung statthaft, aM Kblz MDR **86**, 1032, Schlesw SchlHA **85**, 178, LG Stgt JB **90**, 98 (sofortige Beschwerde. Aber hier geht es auch um die Hauptsache. Falls die Berufung aber wegen § 511 II Z 1 unzulässig ist, kann und muß das Gericht sie unter Umständen in eine sofortige Beschwerde nach II umdeuten, LG Mannh WoM **75**, 15.

H. Streitiges Teilurteil, Schlußurteil über sämtliche Kosten. Hier ist vieles streitig. Wegen der 54 getrennt berechenbaren Kosten des „erledigten" Teils ist nur die sofortige Beschwerde zulässig, § 91a II, Bbg JB **89**, 1740, Karlsr FamRZ **97**, 221, Schlesw JB **86**, 107, aM KG MDR **86**, 241 (es sei auch die Berufung zulässig, auch eine Ausschlußberufung, BGH MDR **01**, 648. Aber es gilt die Erwägung Rn 52 entsprechend). Im übrigen ist die Berufung zulässig. Man kann eine sofortige Beschwerde gegen die Kostenentscheidung als durch die gleichzeitig erfolgte Berufung der Bekl mitumfaßt ansehen. Daher ist keine besondere Entscheidung über die sofortige Beschwerde erforderlich. Die Berufung ist auch zulässig, soweit das Gericht im einheitlichen Urteil zum Teil die Hauptsache für erledigt erklärt, zum Teil eine streitige Entscheidung bringt und über sämtliche Kosten befindet.

I. „Schlußurteil", in Wahrheit Teilurteil mit Kostenentscheidung. In diesem Fall ist die Berufung 55 statthaft, Grdz 29–33 vor § 511, Zweibr FamRZ **83**, 1154.

J. Prozeßvergleich über den Rest. Es gilt § 98. 56

K. Rücknahme des Rests nebst Anerkenntnis-Schlußurteil über die Kosten des erledigten Teils. 57 Es gilt II.

L. Versäumnisurteil, Einspruch nur zu den Kosten, streitiges Kostenurteil. I ist anwendbar, Stgt 58 JB **81**, 1894, aM Brdb RR **00**, 1668 (II sei entsprechend anwendbar. Aber I paßt wesentlich besser).

§§ 99, 100 Buch 1. Abschnitt 2. Parteien

59 **15) Weitere Verfahrensfragen, I, II.** Soweit nun einmal ein Rechtsmittel oder ein Rechtsbehelf gegen eine Kostenentscheidung vorliegen, trifft das Gericht seine Entscheidung darüber in dem für jene Anfechtungsart jeweils gesetzlich vorgesehenen Verfahren, zB bei II nach § 567. Das gilt, sofern es sich überhaupt um eine wirkliche sofortige Beschwerde handelt. Ist gegen die Kostenentscheidung sofortige Beschwerde und gegen die Hauptsacheentscheidung Berufung eingelegt, dann erfaßt das Berufungsverfahren zunächst das Beschwerdeverfahren mit, Hamm AnwBl **89**, 614. Wird dann die Berufung zurückgenommen, nicht aber die Beschwerde, so lebt das Beschwerdeverfahren wieder auf, Hamm AnwBl **89**, 614. Eine mündliche Verhandlung ist nicht notwendig, § 128 III.

60 **16) Verstoß, I, II.** Es gelten die für eine fehlerhafte Entscheidung des Rechtsmittelgerichts geltenden Vorschriften wie sonst.

61 **17) Verfassungsbeschwerde, I, II.** Eine Verfassungsbeschwerde ist allenfalls nach einer erfolglosen Gegenvorstellung nach Grdz vor § 567 statthaft, BVerfG NJW **03**, 1924. Sie ist nur zulässig, soweit sich der behauptete Verstoß nur auf die Kostenentscheidung bezieht und die Hauptsache nicht berührt, BVerfG MDR **87**, 555. Sie ist aber im übrigen unzulässig, soweit ein Beschwer nicht mehr wegen der streitig entschiedenen Hauptsache vorliegt, sondern nur noch wegen der Kosten, BVerfG **33**, 256.

62 **18) *VwGO:*** *Eine mit I inhaltlich übereinstimmende Regelung enthält* § 158 I VwGO, vgl BVerwG NVwZ-RR **90**, 56, OVG Greifsw NordÖR **01**, 106, OVG Bln NVwZ-RR **96**, 546, OVG Münst NWVBl **90**, 105; II ist im Fall des § 156 VwGO nicht entsprechend anwendbar, weil § 158 II VwGO entgegensteht, vgl KoppSch § 158 Rn 6. Nicht unter § 158 I VwGO fällt ein Beschluß nach § 162 II 2 VwGO, VGH Mannh Just **98**, 69 mwN, aM VGH Mü NVwZ-RR **93**, 221.

100 **Kosten bei Streitgenossen.** ¹Besteht der unterliegende Teil aus mehreren Personen, so haften sie für die Kostenerstattung nach Kopfteilen.

II Bei einer erheblichen Verschiedenheit der Beteiligung am Rechtsstreit kann nach dem Ermessen des Gerichts die Beteiligung zum Maßstab genommen werden.

III Hat ein Streitgenosse ein besonderes Angriffs- oder Verteidigungsmittel geltend gemacht, so haften die übrigen Streitgenossen nicht für die dadurch veranlaßten Kosten.

IV ¹Werden mehrere Beklagte als Gesamtschuldner verurteilt, so haften sie auch für die Kostenerstattung, unbeschadet der Vorschrift des Absatzes 3, als Gesamtschuldner. ²Die Vorschriften des bürgerlichen Rechts, nach denen sich diese Haftung auf die im Absatz 3 bezeichneten Kosten erstreckt, bleiben unberührt.

Schrifttum: *Olivet,* Die Kostenverteilung im Zivilprozeß, 3. Aufl 1996.

Gliederung

1) Systematik, I–IV	1
2) Regelungszweck, I–IV	2
3) Sachlicher Geltungsbereich, I–IV	3–24
A. Grundsatz: Nur im Außenverhältnis	3
B. Erfassung aller derartiger Kosten	4
C. Erfassung aller Gruppierungen von Streitgenossen	5
D. Beispiele zur Frage des sachlichen Geltungsbereichs	6–24
4) Persönlicher Geltungsbereich, I–IV	25–27
A. Streitgenossen	25
B. Abgrenzung zur Streithilfe	26
C. Gesamtschuldner	27
5) Unterliegen mehrerer Personen: Grundsatz der Kostenhaftung nach Kopfteilen, I	28–30
A. Abgrenzung zu den Mischfällen	28
B. Begriff der Kopfteilhaftung	29
C. Kostenfolge: Haftung zu gleichen Anteilen	30
6) Unterliegen mehrerer Personen: Ausnahmsweise Beteiligungshaftung, II	31–36
A. Verschiedenheit der Beteiligung	31
B. Erhebliche Verschiedenheit	32
C. Abgrenzung zum besonderen Angriffs- oder Verteidigungsmittel	33
D. Ermessen	34, 35
E. Beteiligung als Maßstab	36
7) Ausnahmsweise Einzelhaftung für besonderes Angriffs- oder Verteidigungsmittel, III	37–40
A. Begriff	38
B. Dadurch verursachte Kosten	39
C. Kostenfolge: Einzelhaftung dieses Streitgenossen	40
8) Verurteilung mehrerer Beklagter als Gesamtschuldner, IV	41–45
A. Zur Hauptsache gerade als Gesamtschuldner	42, 43
B. Kostenfolge: Grundsatz der gesamtschuldnerischen Kostenhaftung, IV 1	44
C. Ausnahmsweise Einzelhaftung für besonderes Angriffs- oder Verteidigungsmittel, IV 1, 2	45
9) Alle Streitgenossen siegen, I–IV	46–48
A. Keine Gesamtgläubigerschaft	47
B. Bei erheblicher Verschiedenheit der Beteiligung: Entsprechende Kostenverteilung	48
10) Ein Streitgenosse siegt, einer verliert, I–IV	49–53
A. Grundsatz der Kostenteilung	50
B. Grundsatz der Kostentrennung	51
C. Baumbach'sche Formel	52, 53
11) Ausscheiden eines Streitgenossen, I–IV	54
12) Kostenerstattungsfragen, I–IV	55–66
A. Grundsatz: Nur anteilige Erstattung	56, 57
B. Nur wegen notwendiger Kosten	58
C. Notwendigkeit von Anwaltskosten	59
D. Aufträge an gesonderte Anwälte	60
E. Aufträge an gemeinsamen Anwalt	61, 62
F. Gemeinsame Festsetzungsanträge	63
G. Verbot des Rechtsmißbrauchs	64
H. Notwendigkeit einer Glaubhaftmachung	65
I. Weitere Verfahrensfragen	66
13) Teilunterliegen, Teilsieg mehrerer Streitgenossen, I–IV	67
14) Rechtsmittel, I–IV	68
15) VwGO	69

Titel 5. Prozesskosten **§ 100**

1) Systematik, I–IV. Die Vorschrift erfaßt nach ihrem Wortlaut nur einen Teil, nach ihrem Sinn aber 1 zumindest weitere Teile der Fälle, in denen als Prozeßgegner mindestens zwei oder mehr Personen vorhanden sind. Sie enthält für diese Gruppierungen eine vorrangige Regelung des Außenverhältnisses der Prozeßgegner zueinander und ist insofern eng auslegbar. Zum Verhältnis von III zu I, II, IV Rn 38. Ergänzend gelten §§ 91 ff. Für einen einfachen Streithelfer nach § 66 gelten vorrangig § 101, sodann § 100 und schließlich hilfsweise §§ 91 ff. Den streitgenössischen Streithelfer nach § 69 muß man wie einen Streitgenossen im Sinn von § 59 nach § 100 beurteilen, § 101 II. II hat Vorrang gegenüber § 92. III, auch in Verbindung mit IV 1, hat Vorrang vor § 96. Allerdings enthalten §§ 97, 98 auf ihren engeren Spezialgebieten vorrangige Regelungen. §§ 238 IV, 788 bleiben unberührt. Auf das Innenverhältnis der Streitgenossen untereinander ist das sachliche Recht anwendbar, auch im Fall von Gesamtschuldnern.

2) Regelungszweck, I–IV. Die Vorschrift dient in erster Linie der Vereinfachung, einem Gesichtspunkt 2 der Prozeßwirtschaftlichkeit nach Grdz 14 vor § 128. Sie nimmt zu diesem Zweck gewisse Kostenungerechtigkeiten bewußt in Kauf. Das muß man bei der Auslegung mitbeachten. Der Vereinfachungszweck wird in I, IV 1 Hs 1 zum Grundsatz. Zur Vermeidung allzu erheblicher Ungerechtigkeit bietet II eine Möglichkeit der Anpassung. III enthält sowohl für die Fälle I, II als auch IV 1 zur Vermeidung offensichtlicher Ungerechtigkeit eine Ausnahmeklausel. Sie tritt im Gegensatz zu der vergleichbaren des § 96 zwingend ein.

Praktische Schwierigkeiten ergeben sich gerade beim Bemühen um eine möglichst gewissenhafte Beachtung des jeweiligen Regelungszwecks. Das zeigen nicht nur die unten aufgeführten Beispiele aus der umfangreichen Rechtsprechung zum richtigen Kostenausspruch, sondern auch die entsprechenden vielfältigen Auswirkungen bei der Kostenerstattung. Wie überhaupt bei §§ 91 ff und insbesondere bei § 92 gilt die Überlegung, daß man die Kostengerechtigkeit trotz ihrer enormen wirtschaftlichen Bedeutung für die Beteiligten nicht in den Mittelpunkt des Zivilprozesses stellen sollte. Das gilt selbst dann, wenn es praktisch „nur noch" um die Kosten geht, wie so oft. Das wünschenswerte Bestreben um Einzelfallgenauigkeit darf nicht zur Überbeanspruchung durch immer unübersichtlichere Verästelungen in der Auslegung führen.

3) Sachlicher Geltungsbereich, I–IV. Es stehen ein einschränkendes Prinzip und innerhalb von ihm 3 weitere Anwendungen gegenüber.

A. Grundsatz: Nur im Außenverhältnis. I gilt grundsätzlich nur im Verhältnis der Prozeßgegner zueinander, also im sog Außenverhältnis. Demgegenüber enthalten III, IV 1 Hs 2 ausnahmsweise Sonderregeln für das Innenverhältnis der Streitgenossen zueinander, die dem sachlichen Recht vorgehen, zB der für Gesamtschuldner geltenden Auffangklausel des § 426 I 1 BGB mit ihrer Haftung zu gleichen Anteilen wegen der unterschiedlichen prozessualen Gestaltungsmöglichkeiten. Eine weitere Ausnahme ist zB für den Fall möglich, daß ein Mitschuldner einen Freistellungsanspruch verletzt haben kann.

B. Erfassung aller derartigen Kosten. Soweit es um die in § 100 geregelten Bereiche geht, werden die 4 Kosten aller Beteiligten in jeder Prozeßlage und in jeder Instanz erfaßt. Das gilt unabhängig von der Art ihrer Entstehung und ihrem Umfang. Die Vorschrift regelt also sowohl gerichtliche als auch außergerichtliche Gebühren wie Auslagen.

C. Erfassung aller Gruppierungen von Streitgenossen. Entgegen dem Wortlaut und trotz der 5 systematisch an sich nach Rn 1, 2 gebotenen engen Auslegung, ergibt sich bei Streitgenossen nach § 59 aus § 100 zumindest in Verbindung mit §§ 91 ff nach übereinstimmender Lehre und Rspr jedenfalls auch in den nicht ausdrücklich geregelten Fällen von § 100 die Grundlage für die Kostenhaftung, die etwa erforderliche Kostengrundentscheidung und damit die Kostenerstattung (Kostenfestsetzung). Erfaßt ist also nicht nur die Lage, wenn dem Sieger A die Verlierer X und Y gegenüberstehen, sei es als einfache Schuldner (I), sei es als Gesamtschuldner (IV). Anhaltspunkte ergeben sich auch für die Variante, daß zwei Siegern A und B ein Verlierer X oder zwei Verlierer X, Y oder drei Verlierer X–Z gegenüberstehen oder daß drei Siegern A–C ein Verlierer X, zwei Verlierer X, Y oder drei Verlierer X–Z gegenüberstehen usw. Insbesondere ist § 100 mitbeachtlich, soweit von mehreren Streitgenossen einer siegt, der andere unterliegt, sei es nur auf der einen Seite, sei es auf beiden Seiten des Prozesses. Ferner gehört hierhin auch der Fall des Ausscheidens eines oder mehrerer Streitgenossen im Laufe einer Instanz. Alle diese Gruppierungen sind in Rn 46–66 erörtert.

D. Beispiele zur Frage des sachlichen Geltungsbereichs 6
Anschlußrechtsmittel: § 100 gilt für jede Art von selbständigem wie unselbständigem Anschlußrechtsmittel, sofern nicht § 97 eine speziellere, vorrangige Sonderregelung enthält. § 99 bleibt beachtlich.
Außenverhältnis: Vgl Rn 3. Im Innenverhältnis findet eine Kostenfestsetzung statt, soweit nicht das Urteil oder die sonstige Kostengrundentscheidung oder ein Vergleich etwas anderes bestimmen.
Außergerichtlicher Vergleich: Soweit nicht der vorrangige § 98 ff Abweichungen enthält, ist § 100 vorsichtig ergänzend zur Auslegung mit heranziehbar.
Ausgleichsanspruch: Der nur im Innenverhältnis geltende etwaige vertragliche oder gesetzliche Ausgleichsanspruch zB nach § 426 I 1 BGB bleibt durch § 100 grds unberührt. Ihn können allerdings die vorrangigen Regeln II, III, IV 1 Hs 2 verdrängen.
Ausscheiden eines Streitgenossen: Rn 56.
Berufung: Mehrere in der ersten Instanz als Gesamtschuldner verurteilte Bekl haften auch für die Kosten 7 ihrer erfolglosen Berufung nach §§ 97 I, 100 IV als Gesamtschuldner, ohne daß ein entsprechender Ausspruch im Berufungsurteil notwendig wäre, LG Köln MDR **81**, 502, ZöHe 11, aM ThP 9.
Beschwerde: § 100 ist neben § 97 anwendbar. III enthält auch für die Beschwerdeinstanz eine gegenüber § 96 vorrangige Sonderregelung.
S allerdings auch Rn 17 „Rechtsmittel".
Bürgschaft: Entgegen § 767 II BGB haften ein Hauptschuldner und ein Bürge nicht als Gesamtschuldner für die Kosten. Daher muß man die etwa sachlichrechtliche Haftung eines selbstschuldnerischen Bürgen im Weg einer besonderen Klage verfolgen, aM Mü MDR **98**, 624 (aber § 767 II BGB gilt uneingeschränkt).
Drittwiderspruchsklage: Vgl Meinhart DRiZ **84**, 188 (ausf). 8

§ 100

9 Einspruch: Mangels Anfallwirkung nach Grdz 3 vor § 511 ist er kein Rechtsmittel. Folglich gilt § 100 voll.
Erinnerung: Solange nicht das untere Gericht mangels Abhilfe die Erinnerung dem Beschwerdegericht zur Entscheidung vorlegt, ist die Erinnerung mangels Anfallwirkung nach Grdz 3 vor § 511 kein Rechtsmittel und gilt § 100 uneingeschränkt. Für die zur sofortigen Beschwerde gewordene Erinnerung gelten die Regeln der Beschwerde, Rn 7. Beim Rpfl gilt § 11 RPflG, § 104 Rn 41 ff.
10 Gesamtgläubiger: I, II, IV gilt auch für Gesamtgläubiger, Rn 46–66. IV ist auf unterliegende Gesamtgläubiger *unanwendbar.* Sie werden ja zu Gesamtschuldnern. Daher gilt ebenfalls I usw.
Vgl im übrigen Rn 41.
Gesamtschuldner: Rn 41.
Gesellschaft: Eine Gesellschaft und ihr Gesellschafter sind Gesamtschuldner im Sinn von IV, Tilmann GRUR **86**, 697. Das gilt selbst dann, wenn sie sachlichrechtlich keine Gesamtschuldner sind, Mü MDR **98**, 624, ThP 9, aM KG Rpfleger **75**, 144. Das gilt auch bei der BGB-Außengesellschaft. Bei ihr muß man streng zwischen dem Prozeß der Gesellschaft mit ihrer eigenen Rechts-, Partei- und Prozeßfähigkeit und dem Prozeß einzelner oder sämtlicher Gesellschafter unterscheiden, BGH **146**, 341, Schmidt NJW **01**, 999. Denn es kann dazu kommen, daß neben oder anstelle der Gesellschaft einzelne oder alle Gesellschafter auftreten. Das gilt gerade auch aus Vollstreckungs- wie Kostenerwägungen. Sind freilich die Gesellschafter nur zur Identifizierung der in Wahrheit allein klagenden oder beklagten Gesellschaft im Rubrum angeführt, so liegt keine Gesamtschuld vor, sondern die Alleinschuld der BGB-Außengesellschaft.
11 Hauptschuldner: Rn 7 „Bürgschaft".
12 Innenverhältnis: Vgl zunächst Rn 3. Die im Außenverhältnis nach II mögliche Verteilung der Kosten nach dem Verhältnis der Beteiligung am Rechtsstreit ist auch im Innenverhältnis nach § 426 BGB mitbeachtlich.
13 Kapitalanleger: §§ 100, 101 sind anwendbar, Schneider BB **05**, 2257.
Klagerücknahme: Rn 54.
14 Mehrheit von Prozeßbevollmächtigten: Rn 56 ff.
15 Nachträgliche Streitgenossenschaft: § 100 ist auch im Fall einer Prozeßverbindung nach § 147 und einer dadurch eintretenden oder zB infolge einer Klageerweiterung beginnenden nachträglichen Streitgenossenschaft zumindest ab ihrem Beginn anwendbar. Die Vorschrift erfaßt wegen des Grundsatzes der Unterliegenshaftung dann auch die vorangegangenen Kosten des alleinigen Streitgenossen, soweit insofern nicht II, III zu anderen Ergebnissen führen.
Nebenintervention: Es gilt zunächst § 101 und nur hilfsweise § 100, Rn 1.
Notwendige Streitgenossenschaft: § 100 ist sowohl bei der einfachen als auch natürlich bei der notwendigen Streitgenossenschaft des § 62 anwendbar. Der Fall, daß ein Streitgenosse siegt, der andere unterliegt, kann allerdings nur bei solchen Streitgenossen vorkommen, die keine notwendigen sind. Das Gericht muß dann § 92 anwenden, Rn 49 ff.
16 Patentsache: Bei einer Nichtigkeitsklage können I, III anwendbar sein, BGH RR **98**, 335.
Prozeßbevollmächtigter: Rn 56 ff.
Prozeßtrennung: Rn 15, 54.
Prozeßverbindung: Rn 15.
Prozeßvergleich: Auf einen am Prozeßvergleich beteiligten Streitgenossen sind I–III direkt, IV entsprechend anwendbar.
17 Rechtsbehelf: Mangels Anfallwirkung nach Grdz 3 vor § 511 handelt es sich nicht um ein Rechtsmittel. Daher gilt § 100 uneingeschränkt. Beim Rpfl gilt § 11 RPflG, § 104 Rn 41 ff.
S auch Rn 9 „Einspruch", „Erinnerung", Rn 23 „Widerspruch".
Rechtsmittel: § 100 ist anwendbar, soweit nicht §§ 97, 99 vorrangige Regeln enthalten. Soweit nur ein Streitgenosse ein Rechtsmittel einlegt und siegt, ist § 100 allerdings selbst im Fall einer in Wahrheit notwendigen Streitgenossenschaft *unanwendbar.* Das Rechtsmittelgericht darf dann die Kostenentscheidung der Vorinstanz ändern, auch zu Lasten des am Rechtsmittel unbeteiligten Streitgenossen, BGH NJW **81**, 2360, Schneider MDR **82**, 373. Beim Rpfl gilt § 11 RPflG, § 104 Rn 41 ff.
Rechtsmittelkosten: S „Rechtsmittel".
Revision: S „Rechtsmittel".
18 Sofortige Erinnerung, sofortige Beschwerde: Rn 7 „Beschwerde", Rn 17 „Rechtsmittel".
19 Staatskasse: Die Haftung eines jeden Streitgenossen, sei es trotz eines Siegs, sei es infolge des Unterliegens, bleibt unabhängig vom Zeitpunkt seines Eintritts oder Ausscheidens nach §§ 59 ff GKG bestehen, Hartmann Teil I.
Streitgenössische Streithilfe: § 100 ist anwendbar. Denn es handelt sich in Wahrheit um einen Fall der Streitgenossenschaft, § 69.
Streithilfe: Vgl § 101.
S aber auch „Streitgenössische Streithilfe".
20 Teilerledigung: § 91 a Rn 103, 200, ferner unten Rn 54.
Teilobsiegen, Teilunterliegen: Rn 49–66.
Teilrücknahme: S „Ausscheiden eines Streitgenossen":
Teilurteil: Wenn das Gericht die Klage durch ein Teilurteil gegen einen der Streitgenossen abweist, dann darf und soll es über seine außergerichtlichen Kosten entscheiden. Hat eine Klage gegen einen von mehreren Streitgenossen Erfolg, so darf insofern keine Kostenentscheidung schon im Teilurteil ergehen. Sie bleibt vielmehr dem Schlußurteil nach den Regeln Rn 49–66 vorbehalten. IV ist auch dann anwendbar, wenn das Gericht den einen Streitgenossen durch ein Teilurteil verurteilt hat, den anderen durch ein Schlußurteil.
S auch Rn 56.
Teilvergleich: Rn 6 „Außergerichtlicher Vergleich", Rn 16 „Prozeßvergleich".
Trennung: Rn 56.
21 Übernahme von Kosten: Rn 6 „Außergerichtlicher Vergleich", Rn 16 „Prozeßvergleich".

Titel 5. Prozesskosten § 100

Verbindung: § 100 ist auch im Fall einer Prozeßverbindung nach § 147 anwendbar. 22
Vollstreckungskosten: Rn 24.
Widerklage: Die Widerklage zB des Halters im Prozeß gegen ihn und den Haftpflichtversicherer wird 23 durch Zahlung des Versicherers an den Kläger nicht gegenstandslos. Das Gericht muß über die auf die Widerklage fallende Kostenquote entscheiden. Es muß eine Kostenentscheidung wegen der außergerichtlichen Erledigung im übrigen unterlassen, Schneider VersR **80**, 953, ZöHe 2, aM LG Freibg VersR **80**, 725 (der Widerkläger müsse die gesamten Kosten tragen, weil eine außergerichtliche Kostenvereinbarung erfolgt sei).
Widerspruch: Mangels Anfallwirkung nach Grdz 3 vor § 511 handelt es sich nicht um ein Rechtsmittel. Daher ist § 100 uneingeschränkt anwendbar.
Wiederaufnahmeverfahren: § 100 ist auf seine Kosten anwendbar.
Wiedereinsetzung: Es gilt zunächst § 238 IV und nur im übrigen § 100.
Wohnungseigentum: § 100 kann statt § 16 II WEG anwendbar sein, Düss WoM **03**, 45.
Zwangsvollstreckung: Die Zwangsvollstreckung aus einem Kostenfestsetzungsbeschluß kann ohne eine 24 Vorlage des zugrundeliegenden Urteils erfolgen. Daher sollte der Rpfl spätestens im Kostenfestsetzungsbeschluß klarstellen, ob eine gesamtschuldnerische oder eine andere Art von Kostenhaftung vorliegt. Freilich darf der Rpfl die Kostengrundentscheidung nur auslegen, nicht abändern oder berichtigen, Einf 19 vor §§ 103–107. Auf die Vollstreckungskosten ist in den Fällen der §§ 887–890 wegen § 891 S 3 der § 100 anwendbar. Im übrigen ist der vorrangige § 788 anwendbar.

4) Persönlicher Geltungsbereich, I–IV. Man muß Streitgenossen und Streithelfer unterscheiden. 25
A. Streitgenossen. Unter den Worten „mehrere Personen" in I muß man dasselbe wie unter „Beteiligung am Rechtsstreit" in II und „Verurteilung als Gesamtschuldner" in IV verstehen, nämlich die „Streitgenossenschaft", die III endlich direkt ausspricht. § 100 ist auf eine Streitgenossenschaft beliebiger Art im Sinn von §§ 59 ff anwendbar, insbesondere auf die notwendige Streitgenossenschaft, § 62. Er gilt auch für den Fall der streitgenössischen Streithilfe. Denn auch dieser stellt eine Streitgenossenschaft dar, § 69.
B. Abgrenzung zur Streithilfe. § 101 gilt mit Vorrang gegenüber § 100 für den Fall der einfachen 26 unselbständigen Streithilfe (Nebenintervention), §§ 66–68, Celle MDR **05**, 778. Aus § 101 II ergibt sich zusätzlich, was schon aus § 69 folgt: Eine streitgenössische Streithilfe ist ein Fall der Streitgenossenschaft und daher nach § 100 beurteilbar, Celle MDR **05**, 778.
C. Gesamtschuldner. I–III gilt, sofern Streitgenossen in der Hauptsache in Wahrheit keine Gesamt- 27 schuldner sind und auch nicht als Gesamtschuldner verurteilt werden oder soweit sie zwar in Wahrheit Gesamtschuldner sind, aus irgendwelchen Gründen aber nicht auch gerade „als Gesamtschuldner" verurteilt werden. Nur in diesem letzteren Fall gilt IV evtl in Verbindung mit III und den BGB-Sonderregeln. Dabei kommt es auf die etwa berichtigte oder ergänzte Kostenentscheidung an, §§ 319 ff.
Vgl im übrigen Rn 41.

5) Unterliegen mehrerer Personen: Grundsatz der Kostenhaftung nach Kopfteilen, I. Die Vor- 28 schrift erfaßt den Fall, daß einem oder mehreren Siegern mindestens zwei in der Hauptsache nicht gerade „als Gesamtschuldner verurteilte" Streitgenossen gegenüberstehen.
A. Abgrenzung zu den Mischfällen. I ist anwendbar, soweit die mehreren einfachen Streitgenossen nach § 59 jeweils zur Hauptsache voll unterliegen. Dieser Fall kann sowohl dann eintreten, wenn der Sieger nur aus einer Person besteht, als auch dann, wenn mehrere Streitgenossen völlig siegen. In diesem letzteren Fall gilt I–III für die Haftung der Verlierer wie für die entsprechenden Erstattungsansprüche der Sieger, zu den letzteren Rn 46 ff. Soweit von den einfachen Streitgenossen einer oder mehrere siegen, ein oder mehrere andere Streitgenossen aber unterliegen, sowie im Fall des Ausscheidens eines Streitgenossen gelten die Regeln Rn 49–66.
B. Begriff der Kopfteilshaftung. Man muß zunächst prüfen, ob das Gericht die Streitgenossen über- 29 haupt in der Hauptsache verurteilt hat, ob sie also überhaupt den „unterliegenden Teil" bilden. Das richtet sich natürlich nach dem Urteilstenor. Man kann ihn aber wie stets notfalls auslegen, sowohl aus dem Tatbestand als auch aus den Entscheidungsgründen, § 322 Rn 6. Maßgeblich ist die letztlich entstandene Fassung, evtl nach Berichtigung oder Ergänzung nach §§ 319 ff. Es ist nicht erforderlich, daß das Urteil usw ausspricht, daß eine Haftung „nach Kopfteilen" oder „anteilig" usw erfolge, Bbg FamRZ **93**, 588. Es reicht aus, daß es zB heißt: „Die Beklagten tragen die Kosten". Soweit die Auslegung keine Klarheit ergibt, ist keine Verurteilung gerade „als Gesamtschuldner" im Sinn von IV erfolgt. Es bleibt mangels solcher Verurteilung unerheblich, in welchem Umfang der eine oder der andere Streitgenosse im Prozeß beteiligt war, falls das Gericht nicht nach II vorgeht. Das gilt auch zwischen Eheleuten, und zwar auch im Fall des § 743. Die etwaigen Ersatzansprüche der Streitgenossen untereinander richten sich ja grundsätzlich nach dem sachlichen Recht.
C. Kostenfolge: Haftung zu gleichen Anteilen. Soweit eine Verurteilung nach Rn 29 erfolgt ist, 30 haften die Streitgenossen ein jeder mit demselben Kostenanteil, KG Rpfleger **75**, 143. Hierin kann eine Kostenungerechtigkeit liegen. I nimmt sie zwecks Vereinfachung bewußt hin, Rn 2. Man muß dann bei der Auslegung der Kostenentscheidung mitbeachten. Diese Haftung zu gleichen Anteilen gilt auch bei einer unterschiedlichen Beteiligung am Rechtsstreit, mag sie auch erheblich sein, solange nicht das Gericht eindeutig nach II vorgeht. Die gesetzliche Haftung gegenüber der Staatskasse bleibt unberührt, Rn 19 „Staatskasse".

6) Unterliegen mehrerer Personen: Ausnahmsweise Beteiligungshaftung, II. Das Gericht kann 31 unter den Voraussetzungen II eine von I abweichende Kostenverteilung vornehmen.
A. Verschiedenheit der Beteiligung. Erste Voraussetzung ist, daß überhaupt eine „Verschiedenheit der Beteiligung am Rechtsstreit" der nicht gerade als Gesamtschuldner verurteilten Streitgenossen bestand. Unter einer „Beteiligung am Rechtsstreit" muß man den Umfang verstehen, in dem ein Streitgenosse in den

§ 100 Buch 1. Abschnitt 2. Parteien

Rechtsstreit hineingezogen wurde und in dem er im Rechtsstreit verblieb, Kblz RR **99**, 728. Man muß diese Situation von derjenigen unterscheiden, in der mehrere zu gleichen Teilen in den Rechtsstreit gezogene Streitgenossen schließlich unterschiedlich siegen oder verlieren.
Beispiele: Eine verschiedene Beteiligung liegt vor, wenn nach dem Klagantrag X nur 900 EUR, Y nur weitere 100 EUR zahlen soll. Sie fehlt dagegen, wenn X und Y als Gesamtschuldner insgesamt 1000 EUR zahlen sollen und wenn das Gericht den X auf 900 EUR, Y auf weitere 100 EUR verurteilt und die Klage gegen beide im übrigen abweist.
Die letzteren Fälle lassen sich nach Rn 46–66 beurteilen.

32 **B. Erhebliche Verschiedenheit.** Weitere Voraussetzung ist, daß der Grad der Verschiedenheit der Beteiligung auch „erheblich" war. Diese Frage muß man nach den Gesamtumständen des Einzelfalls beantworten. Zwar darf man an sich die Vorfrage der Erheblichkeit nicht vom erwünschten Ergebnis her beantworten, nämlich nicht von der Absicht einer Kostenverteilung zu unterschiedlichen Anteilen statt nach Kopfteilen. Indessen spielt natürlich praktisch die Kostengerechtigkeit doch die entscheidende Rolle. Wenn eine Haftung zu gleichen Anteilen für die Kosten als unzumutbar erscheint, wird in der Regel auch eine erhebliche Verschiedenheit der Beteiligung vorliegen. Als Faustregel empfiehlt sich die Grenze von ²/₃ der Beteiligung. Man kann aber auch die Grenze bei etwa ³/₄ ziehen. Natürlich darf und muß man das etwaige Verschulden des einen wie des anderen Beteiligten in die Abwägung zu seinen Lasten einbeziehen.

33 **C. Abgrenzung zum besonderen Angriffs- oder Verteidigungsmittel.** Man muß zwischen der in II geregelten „erheblichen Verschiedenheit der Beteiligung am Rechtsstreit" und dem in III geregelten „besonderen Angriffs- oder Verteidigungsmittel" unterscheiden. Durch das letztere ändert sich der Grad der Beteiligung am Rechtsstreit grundsätzlich nicht. Ein Angriffs- oder Verteidigungsmittel nach Einl III 70 ist ja gerade nicht dasselbe wie der Angriff selbst, wie also zB eine Klagerweiterung nach § 263 oder eine Widerklage, Anh § 253. Deshalb kann sich auch der Grad der Verschiedenheit der Beteiligung zB durch Maßnahmen der letzteren Art ändern, ohne daß man dazu ein besonderes Angriffs- oder Verteidigungsmittel einführen müßte. Soweit sich die Beteiligung ändert und zu diesem Zweck oder soweit eine Partei unabhängig davon vorher, gleichzeitig oder anschließend ein besonderes Angriffs- oder Verteidigungsmittel eingeführt hat, können II, III nebeneinander anwendbar sein. Es kann also zunächst zu einer grundsätzlichen Kostenverteilung etwa ²/₃ : ¹/₃ und außerdem dazu kommen, daß eine Partei vorweg die Kosten ihres besonderen Angriffs- oder Verteidigungsmittels trägt. Das Gericht muß das in seinem Urteil eindeutig und klar aussprechen.
Beispiele für II: Die Sache hat sich gegenüber nur einem Streitgenossen in der Hauptsache erledigt; ein Streitgenosse ist durch Anerkenntnis vor Erörterung ausgeschieden, Kblz RR **99**, 728; ein Streitgenosse ist säumig gewesen, LG Münst JB **78**, 753. Man könnte auch das Anerkenntnis nur eines Streitgenossen hierher rechnen. Es zählt aber besser nach III.

34 **D. Ermessen.** Das Gericht kann im Fall II im Rahmen eines pflichtgemäßen Ermessens handeln, anders als bei III. Es ist also nur zur sorgfältigen Abwägung der Gesamtumstände verpflichtet. Es darf durchaus eine gewisse Kostenungerechtigkeit hinnehmen, um die einfache Haftung nach Kopfteilen nicht bestehen zu lassen, Rn 2. Es sollte aber in den Entscheidungsgründen wenigstens stichwortartig andeuten, daß es den Ermessensspielraum nach II gesehen und geprüft hat. Freilich ist ein Verstoß nur nach Maßgabe des § 99 anfechtbar, Rn 68. Die Ausübung des Ermessens ist dann auch bei dem sachlichrechtlichen Kostenersatz der Streitgenossen im Innenverhältnis mitbeachtlich, etwa § 426 BGB.
Soweit das Gericht von I abweichen und nach II anders verteilen will, muß eine richterliche *Kostengrundentscheidung* ergehen. Diese ist dann für das Kostenfestsetzungsverfahren nach §§ 103 ff verbindlich, Kblz RR **99**, 728, Schlesw SchlHA **83**, 173. Freilich kann man die Rpfl der Kostenentscheidung wie sonst auslegen, Einf 19 vor §§ 103–107, KG MDR **77**, 321, LG Mü JB **78**, 754, ebenso wie den zugehörigen Erstattungsantrag, Mü AnwBl **85**, 43. Er darf aber eine Verteilung nach II nicht von sich aus nachholen, Kblz RR **99**, 728, Mü MDR **89**, 167.

35 Die *Revisionsinstanz* kann das Ermessen des Gerichts grundsätzlich nicht voll überprüfen, wohl aber darauf, ob der Vorderrichter die Grenzen des Ermessens eindeutig verkannt hat. Wegen der gesetzlichen Hinnahme einer gewissen Kostenungerechtigkeit nach Rn 2 sollte man allerdings einen Ermessensmißbrauch nur sehr zurückhaltend annehmen. Das gilt selbst dann, wenn die Entscheidungsgründe zu diesem Punkt praktisch nichts hergeben. Das Urteil soll ohnehin schon zur Hauptsache ja nur noch eine „kurze Zusammenfassung" der tatsächlichen und rechtlichen Erwägungen sein, § 313 III. Vgl auch Rn 36.

36 **E. Beteiligung als Maßstab.** Soweit das Gericht eine von I abweichende Kostenverteilung beschließt, ist es trotz seines Ermessens nach Rn 34 nicht so frei wie zB in dem Fall des ähnlichen § 92 II. Vielmehr muß man die „Beteiligung zum Maßstab" nehmen. Das bedeutet: Die Auferlegung der gesamten Prozeßkosten auf nur einen oder einige der mehreren Streitgenossen ist erst dann zulässig, wenn sie fast völlig verloren haben, etwa zu 95% oder mehr. Andernfalls muß man eben die dem Hauptsacheurteil entsprechende Quotelung auch bei den Kosten wenigstens im Prinzip übernehmen und eine Abweichung von diesem Grundsatz mit sachlich vertretbaren Erwägungen etwa zum Verschulden eines Beteiligten begründen. Im übrigen lassen sich die Verteilungsmöglichkeiten wie bei § 92 wählen, dort Rn 33–39. Stets sollte das Gericht auf eine klare und einfache Fassung der Kostenverteilung achten.

37 **7) Ausnahmsweise Einzelhaftung für besonderes Angriffs- oder Verteidigungsmittel, III.** Sowohl bei gleicher Beteiligungshöhe als auch bei unterschiedlicher Beteiligung kann III anwendbar sein. Das gilt insbesondere bei erheblicher Verschiedenheit der Beteiligung. Die Vorschrift tritt zu I, II oder IV 1 jeweils hinzu, ohne jene Regeln zu verdrängen.

38 **A. Begriff.** Ein „Angriffs- oder Verteidigungsmittel" ist alles, was dem Angriff oder dessen Abwehr dient, zB ein Beweisantrag, eine Beweiseinrede, Einl III 70. Der Angriff oder die Verteidigung selbst, zB Klage nach § 253, Widerklage nach Anh § 253, Klagänderung nach § 263, sind keine Angriffs- oder Verteidigungsmittel. Zur Abgrenzung von einer „erheblichen Verschiedenheit der Beteiligung" Rn 33. Es ist für III anders als bei § 96 unerheblich, ob das besondere Angriffs- oder Verteidigungsmittel auch Erfolg gehabt hat.

Titel 5. Prozesskosten **§ 100**

Die Vorschrift ist aber nicht auf solche Mittel anwendbar, die nicht von, sondern gegenüber einem Streitgenossen benutzt worden sind. Auf ein Rechtsmittel ist § 97 I anwendbar.

Beispiele der Anwendbarkeit: Ein Streitgenosse hat den Kläganspruch nur für seine Person anerkannt; er hat eine Beweisaufnahme nur wegen seiner eigenen Behauptungen und/oder Beweisantritte verursacht.

Beispiel der Unanwendbarkeit: Die Beweisaufnahme war ohnehin von Amts wegen notwendig, etwa nach § 448 oder im Ehe- oder Statusverfahren.

B. Dadurch verursachte Kosten. III setzt weiter voraus, daß Kosten gerade „dadurch" veranlaßt **39** wurden, daß ein besonderes Angriffs- oder Verteidigungsmittel eingeführt wurde. Es muß also ein klarer Ursachenzusammenhang zwischen beidem vorliegen. Im Zweifel ist daher III unanwendbar.

C. Kostenfolge: Einzelhaftung dieses Streitgenossen. Soweit die Voraussetzungen Rn 38, 39 zusam- **40** mentreffen, schließt III anders als bei § 96 kraft Gesetzes die übrigen Streitgenossen von der Haftung für diese besonderen Kosten zwingend aus. Das bedeutet praktisch: Derjenige, der sie veranlaßt hat, haftet für sie stets allein und voll. Das Gericht hat nach Bejahung der Voraussetzungen keinen Ermessensspielraum mehr. Ein Verstoß wäre in den Grenzen des § 99 anfechtbar und auch in der Revisionsinstanz beachtlich.

Zwar wäre nach dem Wortlaut von III ein besonderer *Ausspruch* der zwingenden Kostenfolge nicht nötig. Indessen ist es dringend ratsam, sie zusätzlich und eindeutig in die Kostengrundentscheidung aufzunehmen, obwohl eine derartige Befugnis nicht wie zB in § 269 III 2, IV im Gesetz ausdrücklich vorgesehen ist. Sie versteht sich aus dem Sinn und Zweck der Regelung von selbst, Rn 2, Schlesw JB **93**, 742. Beim Verstoß gelten §§ 319 ff. Der Rpfl kann die etwa unklare oder fehlende Entscheidung nach III in einem nach dem Sachverhalt klaren Fall auslegen. Einf 19 vor §§ 103–107, Schlesw JB **93**, 743. Er darf sie aber nicht im übrigen nachholen, Schlesw JB **93**, 743.

Beispiel: „Von den Kosten des Rechtsstreits tragen der Beklagte X 1/3, der Beklagte Y 2/3. Jedoch trägt X die Kosten der Beweisaufnahme vom ...".

8) Verurteilung mehrerer Beklagter als Gesamtschuldner, IV. Für die Fälle, in denen in der Haupt- **41** sache eine gesamtschuldnerische Verurteilung erfolgt ist, enthält IV einige Sonderregeln. Im übrigen gelten I–III ergänzend. Auf das letztere weist IV 1 Hs 2 zusätzlich hin.

A. Zur Hauptsache gerade als Gesamtschuldner. Das Gericht muß mehrere Bekl gerade als Gesamt- **42** schuldner verurteilt haben. Das bedeutet: Es kommt nicht darauf an, ob sie tatsächlich sachlichrechtlich in der Hauptsache Gesamtschuldner waren, §§ 421 ff BGB. Auch die fälschliche Verurteilung gerade als Gesamtschuldner macht IV anwendbar. Umgekehrt ist die Vorschrift unanwendbar, soweit das Gericht echte Gesamtschuldner zur Hauptsache nicht auch gerade „als Gesamtschuldner" verurteilt hat, aus welchen Gründen auch immer. In diesem Fall bleiben I–III anwendbar.

Im Fall eines *Verstoßes* gelten zunächst §§ 319 ff. Im übrigen werden gerade in diesem Punkt schon zur **43** Hauptsache bloße Formulierungsfehler begangen. Man kann das Urteil dann wie stets unter Berücksichtigung des Tatbestands und der Entscheidungsgründe richtig auslegen, § 322 Rn 6, Ffm VersR **84**, 490, KG Rpfleger **75**, 144. Das gilt auch zB auch im Fall der Erfolgsigkeit eines Rechtsmittels gegen eine erstinstanzliche gesamtschuldnerische Verurteilung, Ffm VersR **84**, 490, LG Köln MDR **81**, 502. Auch der Rpfl darf die Entscheidung auslegen Rn 40, LG Mü JB **78**, 754. Er darf sie nur eben nicht wirklich nachholen, Einf 19 vor §§ 103–107. IV ist auch dann anwendbar, wenn das Gericht den einen Streitgenossen durch ein Teilurteil verurteilt hat, den anderen durch ein Schlußurteil. Es reicht aus, wenn sich die gesamtschuldnerische Haftung zur Hauptsache aus dem Schlußurteil ergibt. Der Hauptschuldner und ein Bürge haften aber nicht als Gesamtschuldner, Rn 7 „Bürgschaft". Eine Gesellschaft und ihr Gesellschafter sind Gesamtschuldner, Rn 10 „Gesellschaft".

IV ist auf unterliegende *Gesamtgläubiger* unanwendbar, Kblz MDR **91**, 257. In diesem Fall gilt vielmehr I, aM Deckenbrock/Dötsch JB **04**, 181. Für die Vollstreckungskosten ist § 788 anwendbar, dort Rn 1, 2. Auf einen im Vergabeverfahren Beigeladenen ist IV unanwendbar, Mü Rpfleger **05**, 572.

B. Kostenfolge: Grundsatz der gesamtschuldnerischen Kostenhaftung, IV 1. Soweit die Voraus- **44** setzungen Rn 42, 43 vorliegen, tritt die in IV 1 als Grundsatz festgelegte gesamtschuldnerische Haftung nicht nur nach § 58 I GKG gegenüber der Staatskasse ein, sondern „auch für die Kostenerstattung" kraft Gesetzes. Das Gericht braucht diese gesamtschuldnerische Haftung in der Kostenentscheidung nicht ausdrücklich auszusprechen, auch nicht im Rechtsmittelurteil, LG Köln MDR **81**, 502. Es darf aber die gesamtschuldnerische Kostenhaftung ebenso wie bei III im Urteil klarstellen, Rn 40. Soweit eine gesamtschuldnerische Kostenhaftung vorliegt, darf sich jeder erstattungsberechtigte Gläubiger wegen der Kosten an jeden der Gesamtschuldner und vor allem nach freier Wahl an denjenigen halten, den er für den Leistungsfähigsten hält, wie stets bei Gesamtschuldnerhaftung.

C. Ausnahmsweise Einzelhaftung für besonderes Angriffs- oder Verteidigungsmittel, IV 1, 2. **45** Durch die Verweisung auf III wird klargestellt, daß die zwingende Kostenfolge nach III auch in den Fällen IV an sich bestehen bleibt. Diese ausnahmsweise Einzelhaftung für besonderes Angriffs- oder Verteidigungsmittel nach Rn 37 mag nur in den Sonderfällen eingeschränkt sein oder entfallen, in denen sich die Haftung eines Kosten-Gesamtschuldners nach Vorschriften des Bürgerlichen Rechts auch auf diejenigen Kosten erstreckt, die durch ein besonderes Angriffs- oder Verteidigungsmittel geltend gemacht sind. Das stellt IV 2 als „Ausnahme von der Ausnahme" und damit weit auslegbar klar. Auch hier empfiehlt sich dringend ein entsprechender klarstellender Kostenausspruch im Urteil.

9) Alle Streitgenossen siegen, I–IV. Das Gegenstück zu den in § 100 ausdrücklich geregelten Fall des **46** Unterliegens mehrerer oder aller Streitgenossen ist der Sieg mehrerer oder aller Streitgenossen. Diesen Fall erfaßt § 100 nicht ausdrücklich. Es haben sich im wesentlichen die folgenden Regeln herausgebildet.

A. Keine Gesamtgläubigerschaft. Siegende einfache wie notwendige Streitgenossen nach §§ 59, 62 **47** sind selbst dann, wenn das Gericht ihnen die Hauptsache ausdrücklich als Gesamtgläubigern zugesprochen hat, nicht auch wegen der Kosten Gesamtgläubiger, sondern Gläubiger nach Kopfteilen, genauer hier: nach ihrem Anteil an der Hauptsache, also nicht stets zu gleichen Anteilen. Das gilt auch dann, wenn das Gericht die Verlierer „als Gesamtschuldner" verurteilt hat und wenn sie daher wegen der Kosten nach IV ebenfalls als

§ 100   Buch 1. Abschnitt 2. Parteien

Gesamtschuldner haften. Das alles gilt jedenfalls, soweit das Gericht nicht im Urteil ausdrücklich die Sieger auch wegen der Kosten fehlerhaft, aber nun einmal wirksam „als Gesamtschuldner" bezeichnet hat. Diese Beurteilung wirkt sich nicht nur auf die Fassung der Kostenentscheidung aus, sondern vor allem auf die Kostenerstattung. Alle diese Fragen sind heftig umstritten. Nachweise Rn 55 ff.

48 **B. Bei erheblicher Verschiedenheit der Beteiligung: Entsprechende Kostenverteilung.** Soweit eine erheblich verschiedene Beteiligung am Rechtsstreit dazu führt, daß jeder dieser unterschiedlich beteiligten Streitgenossen jeweils voll siegt, sind die in II enthaltenen Grundsätze entsprechend anwendbar. Vgl für die Kostenentscheidung Rn 31 ff und für die Kostenerstattung Rn 55 ff.

49 **10) Ein Streitgenosse siegt, einer verliert, I–IV.** Auch der Fall, daß von zwei Streitgenossen der eine voll siegt, der andere voll verliert, ist in § 100 nicht direkt geregelt. Dasselbe gilt für die Varianten, daß von mehr als zwei Streitgenossen einer oder mehrere ganz siegen, einer oder mehrere ganz verlieren oder daß zB der Streitgenosse A ganz siegt, B halb siegt, halb verliert und C ganz verliert usw. Diese Situationen können allerdings nur bei einfachen Streitgenossen bestehen, bei notwendigen ist es nicht notwendig. Für die *Kostenentscheidung* gelten die nachfolgenden Regeln. Für die *Kostenerstattung* ergeben sich daraus die in Rn 55 ff dargestellten Folgen.

50 **A. Grundsatz der Kostenteilung.** Das Gericht muß in allen diesen Fällen zunächst § 92 anwenden und darf § 100 nur ergänzend mit heranziehen. Es muß immer bedenken, daß es sich in Wahrheit nur um eine willkürliche Zusammenfassung mehrerer Klagen in demselben Prozeß handelt. Der siegende Streitgenosse soll natürlich grundsätzlich keine Kosten tragen und von § 96 abgesehen nur einen Erstattungsanspruch erhalten. Das Gericht darf den Gegner grundsätzlich nur seinem Teil entsprechend belasten, BGH FamRZ **05**, 1740. Ausnahmsweise mag bei vermögendem Elternteil und erwerbslosem Kind nur der erstere belastbar sein, Kblz JB **00**, 145.

51 **B. Grundsatz der Kostentrennung.** §§ 91 ff gehen an sich von der Regel aus, daß das Gericht im Interesse der Einheit der Kostenentscheidung nach § 91 Rn 23 nicht zwischen Gerichtskosten und außergerichtlichen Kosten unterschiedliche Quoten bilden soll und darf. Bei Streitgenossen ist aber gerade der entgegengesetzte Grundsatz erforderlich. Denn es liegt ja eine andere Ausgangsgrundlage vor. Es wäre nicht zu verantworten, denjenigen Streitgenossen mitzubelasten, der in diesem Umfang gar nicht unterlegen ist, und umgekehrt. Daher muß das Gericht in der Kostengrundentscheidung über die Gerichtskosten (Gebühren und Auslagen) einerseits und über die außergerichtlichen Gebühren und Auslagen andererseits gesonderte Aussprüche formulieren. Darüber besteht Einigkeit.

52 **C. Baumbach'sche Formel.** Streit besteht allerdings darüber, welche Fassung die Kostengrundentscheidung in solchen Mischfällen am zweckmäßigsten erhalten soll. Hierüber gingen die Meinungen früher noch erheblich stärker auseinander. Der von Baumbach angeregte Weg hat sich bewährt, BayVerfGH NJW **01**, 2962, lt ZöHe 7, 8 „trotz seiner Tücken ... seit vielen Jahrzehnten", LG Bonn Rpfleger **89**, 521. Er „beherrscht die Praxis völlig", Mü DRiZ **89**, 128, Stgt Rpfleger **89**, 90, 183, Herr DRiZ **89**, 87 (er versucht mit seiner von ihm selbst als „Säcketheorie" referierten Fortentwicklung eine Präzisierung und Vereinfachung mit eindrucksvoll komplizierten Rechenbeispielen). Die sog Baumbach'sche Formel erfaßt einen Fall, in dem bei einer etwa gleichhohen Beteiligung der Bekl X siegt, der Bekl Y unterliegt. *Sie lautet:*
„Die Gerichtskosten tragen der Kläger und der Beklagte Y je zur Hälfte. Von den außergerichtlichen Kosten tragen der Kläger die des Beklagten X voll und 1/2 der eigenen, der Beklagte Y die eigenen und 1/2 der dem Kläger erwachsenen Kosten".
Entsprechendes gilt dann, wenn von zwei *Klägern* der eine siegt, der andere unterliegt. Bei mehr als zwei Streitgenossen muß man die Quoten entsprechend ändern.

53 Diese Fassung ist anderen Lösungsversuchen, etwa von Roeder DRiZ **91**, 93 (im Ergebnis ähnlich), *erfahrungsgemäß vorzuziehen*. Man sollte also nicht etwa schreiben, der Kläger und der Bekl Y trügen je 1/2 der Kosten. Denn eine solche Fassung würde dem siegenden Bekl X endgültig eine Kostenteil nehmen. Unzweckmäßig wäre auch die Fassung, die dem siegenden Bekl X entstandenen besonderen Kosten trage der Kläger. Denn sie würde dem Kostenaufbau der ZPO widersprechen. Wenn das Gericht trotzdem in solcher Weise entschieden hat, bleibt nur übrig, die Kostenentscheidung bei der Kostenfestsetzung so auszulegen, daß der Gegner und der unterliegende Streitgenosse die Kosten im Verhältnis ihrer Beteiligung nach I–III tragen.

54 **11) Ausscheiden eines Streitgenossen, I–IV.** An sich soll das Teilurteil überhaupt keine Kostenentscheidung enthalten, § 301 Rn 19. Jedoch bleibt § 100 auf den Zeitraum bis zum Ausscheiden eines Streitgenossen anwendbar. Man darf also für diesen Zeitraum auch schon im Teilurteil eine Kostenentscheidung treffen. Man muß sie dann in einem etwaigen Schlußurteil mit berücksichtigen, BGH RR **91**, 187. IV ist auch dann anwendbar, wenn das Gericht den einen Streitgenossen durch ein Teilurteil, den anderen durch ein Schlußurteil. Es reicht aus, daß sich die gesamtschuldnerische Haftung zur Hauptsache aus dem Urteil ergibt. Wenn sich ein ausgeschiedener Streitgenosse nicht am Rechtsmittel beteiligt, dann ist § 100 unanwendbar. Das gilt selbst dann, wenn es sich um einfache, und erst recht, wenn es sich um notwendige Streitgenossen handelt. Auf die restlichen Streitgenossen ist § 97 anwendbar. Im Fall der Klagerücknahme nach § 269 gegenüber einzelnen Streitgenossen unterbleibt eine Kostenentscheidung. Wegen der Kostenerstattung Rn 55 ff.

55 **12) Kostenerstattungsfragen, I–IV.** Man muß die Frage, ob, wann und wie eine Kostengrundentscheidung notwendig ist und wie man sie berichtigen, ergänzen oder anfechten kann, von der Frage unterscheiden, welche Regeln in dem aus der Kostengrundentscheidung natürlich folgenden Kostenerstattung entstehen. Zwar darf der Rpfl die Kostenentscheidung im Erstattungsverfahren nur auslegen, nicht ändern, Einf 17–19 vor §§ 103–107. Gerade bei der Auslegung können aber zusätzliche Probleme entstehen. Fast alle Fragen zur Kostenerstattung sind vor allem in der Praxis heftig umstritten. Das hängt zum Teil damit zusammen, daß man mit erwünschten Ergebnissen her argumentiert und Widersprüche zu den eigentlich als Ausgangspunkt geltenden Grundsätzen hinnimmt, nach denen man die Kostenentscheidung formulieren müßte. Im wesentlichen ergeben sich etwa die folgenden Meinungen.

56 **A. Grundsatz: Nur anteilige Erstattung.** Aus den Grundsätzen der Kostenteilung und Kostentrennung nach Rn 50, 51 und aus der daraus am besten ableitbaren Baumbach'schen Formel nach Rn 52 folgt für die

Titel 5. Prozesskosten § 100

Kostenerstattung aus der Sicht des Gläubigers der Grundsatz: Jeder siegende Streitgenosse kann die Erstattung nur, aber auch aller derjenigen nach Rn 58 notwendigen Kosten fordern, die auf ihn persönlich entfallen, also auf seinen Kopfteil, BGH RR **03**, 1217 (krit Lappe LMK **03**, 200), BayObLG JB **04**, 554, Düss JB **05**, 90, es sei denn, er hätte entweder mit seinen Streitgenossen eine für ihn abweichende Vereinbarung getroffen, Mü MDR **95**, 856, oder er könnte glaubhaft machen, daß er im Innenverhältnis allein zahlungspflichtig sei, Kblz RR **04**, 72, Schütt MDR **04**, 137. Entsprechendes gilt beim ausgeschiedenen Streitgenossen: Er trägt seinen Kopfteil, Brdb MDR **04**, 842.

Er kann also auch *nicht von vornherein* ohne Notwendigkeit weiterer Glaubhaftmachung nach § 294 die 57 Erstattung derjenigen gesamten Summe fordern, für die er gemeinsamen Anwalt als *Gesamtschuldner* haftet. Denn solche Lösung könnte zu einer Bereicherung des Siegers führen, Kblz RR **04**, 72 (großzügig beim Haftpflichtversicherer), Schlesw JB **99**, 29, LG Saarbr JB **99**, 310, aM Düss MDR **88**, 325, Ffm JB **86**, 96, Hamm JB **05**, 91 (vgl aber Rn 56). Die weiteren Varianten im Meinungsbild sind in der Praxis ohne Bedeutung.

B. Nur wegen notwendiger Kosten. Auch soweit ein Streitgenosse nach Rn 56, 57 grundsätzlich eine 58 Kostenerstattung fordern kann, gilt das doch nur, aber auch sehr wohl wegen aller derjenigen Kosten, die für ihn im Sinn von § 91 auch objektiv notwendig waren, Kblz JB **00**, 85 rechts. Kosten, die er zwar für notwendig hielt, die aber ihrer Art oder Höhe nach schon außerhalb der Sonderfälle einer Streitgenossenschaft nach den Regeln des § 91 nicht erstattungsfähig wären, werden nicht dadurch erstattungsfähig, daß sie ein Streitgenosse geltend macht. Diese Einschränkung der Erstattungsfähigkeit ist im Grunde unabhängig von dem Meinungsstreit zu Rn 56, 57 unstreitig. Streitig ist nur weiterhin die Frage der Glaubhaftmachung, Rn 60.

C. Notwendigkeit von Anwaltskosten. Man muß die Frage, ob insbesondere Anwaltskosten notwendig 59 waren, nach § 91 beantworten, dort Rn 114, 124, 157, 220 usw. Hier nur einige Ergänzungen speziell für die Fälle der Streitgenossenschaft.

D. Aufträge an gesonderte Anwälte. Grundsätzlich darf jeder Streitgenosse einen eigenen Anwalt 60 beauftragen. Der Erstattungspflichtige muß also die Kosten der Anwälte aller Streitgenossen erstatten, soweit nicht mehr Anwälte als Streitgenossen eingeschaltet waren, Düss AnwBl **83**, 190, Ffm AnwBl **88**, 74, Kblz MDR **95**, 263 (jedenfalls bei Interessengegensätzen). Das gilt unabhängig von etwaigen AKB. Denn sie berühren nur das Innenverhältnis. Der vorstehende Grundsatz gilt nur eingeschränkt, wenn eine Versicherung ihren Anwalt auch für den Versicherungsnehmer beauftragt hatte und wenn der Versicherungsnehmer außerdem einen eigenen Anwalt hat, § 91 Rn 137.

E. Aufträge an gemeinsamen Anwalt. Wenn alle Streitgenossen oder einige von mehreren Streitgenos- 61 sen gemeinsam einen Einzelanwalt oder eine Anwaltssozietät beauftragt haben, muß man § 7 RVG beachten, § 91 Rn 136 „Sozius" zur Streitfrage. Die Streitgenossen können zusammen höchstens einmal die vollen Gebühren und Auslagen des gemeinsamen ProzBev fordern, Hbg JB **77**, 199, Mü Rpfleger **88**, 38. Wenn ein Streitgenosse eine Kostenerstattung verlangt, kann er grundsätzlich die Festsetzung derjenigen Kosten fordern, die ihn allein betreffen, BGH RR **03**, 1217, Ffm MDR **02**, 236. Er kann aber außerdem auch die Festsetzung derjenigen Kosten fordern, für die er dem Anwalt gesamtschuldnerisch haftet, Stgt Rpfleger **01**, 566 (Umsatzsteuer), LG Kref AnwBl **80**, 365, aM Ffm AnwBl **85**, 263 (inkonsequent). Er muß aber dazu nach § 294 glaubhaft machen, daß er die Kosten bezahlt hat oder daß seine Streitgenossen wegen eigener Vermögenslosigkeit nicht zahlen können. Es kommt also darauf an, ob er die Kosten dem Anwalt gegenüber bezahlen muß.

Soweit er nicht die Zahlung der gesamten gesamtschuldnerisch geschuldeten Vergütung glaubhaft machen 62 kann, kann er nur eine Erstattung des bei einem Kostenausgleich *auf ihn fallenden* Kostenteils fordern, Rn 56, 1217, BGH RR **03**, 1217, Celle JB **92**, 94, Kblz Rpfleger **81**, 122, aM Ffm VersR **81**, 194, KG JB **99**, 417, LAG Köln MDR **01**, 357 (je: inkonsequent).

F. Gemeinsame Festsetzungsanträge. Wenn Streitgenossen die Kostenfestsetzung gemeinsam betrei- 63 ben, dann muß der Rpfl für jeden Streitgenossen auf seinen Bruchteil nach dem Innenverhältnis zwischen ihnen festsetzen, falls der Gegner dadurch besonders berührt wird, KG RR **01**, 1435 (evtl auf Rechtsmittel hin). Diese Notwendigkeit wird in der Praxis nicht immer beachtet. Im Zweifel liegt Gesamtgläubigerschaft vor, BGH AnwBl **85**, 524 (zustm Japes/Joswig).

G. Verbot des Rechtsmißbrauchs. Rechtsmißbrauch ist auch bei der Kostenerstattung verboten, Einl 64 III 54. Das gilt zB dann, wenn im Komplementär einen eigenen ProzBev bestellt, Hamm Rpfleger **78**, 329, Stgt Just **80**, 20, aM Düss JB **81**, 762 (aber Rechtsmißbrauch sei nie erlaubt). Rechtsmißbrauch liegt auch bei einem grundlosen Anwaltswechsel vor, Bbg JB **86**, 923, Hbg JB **82**, 767, Mü MDR **90**, 555, aM Hbg JB **80**, 761, Mü JB **81**, 138 (mit bedenklicher Großzügigkeit beseitigt man aber kein Unrecht. Grundloser Anwaltswechsel auf Kosten des Gegners läßt sich nicht rechtfertigen).

H. Notwendigkeit einer Glaubhaftmachung. Vgl zunächst Rn 58, 61. Die Glaubhaftmachung erfolgt 65 wie sonst, § 294. Zusätzlich enthalten § 104 II 1 denselben Grundsatz. § 104 II 2 enthält einige Ausnahmen wegen der einem Anwalt entstandenen Auslagen an Post-, Telefax- und Fernsprechgebühren. Dazu genügt die bloße anwaltliche Versicherung.

I. Weitere Verfahrensfragen. Da der Rpfl die Kostenerstattung praktisch im Kostenfestsetzungsverfah- 66 ren prüfen muß, gelten §§ 103–107, insbesondere § 104.

13) Teilunterliegen, Teilsieg mehrerer Streitgenossen, I–IV. Soweit von mehreren Streitgenossen der 67 eine oder mehrere oder alle jeweils für die eigene Person teilweise siegen und teilweise unterliegen, liegt eine andere Situation als in den Fällen Rn 49 ff vor. Man muß indes die Grundsätze Rn 46–66 auch auf diese Fälle des Teilunterliegens und Teilobsiegens entsprechend anwenden und zusätzlich § 92 hinzufügen. Stets sollte das Gericht auf eine möglichst gerechte, aber auch einfache und klare Fassung der Kostengrundentscheidung achten. Es sollte versuchen, die obigen Grundsätze für und gegen einen jeden der Streitgenossen einzuhalten.

14) Rechtsmittel, I–IV. Gegen die Kostengrundentscheidung sind diejenigen Rechtsmittel gegeben, die 68 ihrer Form entsprechen, jeweils eingeschränkt durch § 99. Gegen die Entscheidungen im Kostenfestset-

§§ 100, 101

zungsverfahren sind die in § 104 genannten und erläuterten Rechtsbehelfe (Erinnerung) bzw Rechtsmittel (sofortige Beschwerde) möglich. Stets muß man bei der Anfechtung einer Kostenentscheidung beachten, daß ein Beschwerdewert von mehr als 200 EUR Voraussetzung ist, § 567 II (Kostengrundentscheidung, § 91 Rn 4). Beim Rpfl gilt § 11 RPflG, § 104 Rn 41 ff.

69 **15) VwGO:** Die Vorschrift ist entsprechend anzuwenden (§ 159 S 1 VwGO), wenn der kostenpflichtige Teil aus mehreren Personen besteht. Neben IV, der im VerwRechtsstreit nur in dem seltenen Fall einer Leistungsklage gegen mehrere Beklagte praktisch wird, tritt ergänzend § 159 S 2 VwGO für die Fälle notwendiger Streitgenossenschaft ohne Rücksicht auf die Klageart und die Parteistellung.

101 Kosten einer Nebenintervention.

I Die durch eine Nebenintervention verursachten Kosten sind dem Gegner der Hauptpartei aufzuerlegen, soweit er nach den Vorschriften der §§ 91 bis 98 die Kosten des Rechtsstreits zu tragen hat; soweit dies nicht der Fall ist, sind sie dem Nebenintervenienten aufzuerlegen.

II Gilt der Nebenintervenient als Streitgenosse der Hauptpartei (§ 69), so sind die Vorschriften des § 100 maßgebend.

Gliederung

1) Systematik, I, II	1
2) Regelungszweck, I, II	2
3) Geltungsbereich, I, II	3
4) Einfache unselbständige Nebenintervention, I	4–6
A. Begriff der Nebenintervention	4
B. Abgrenzung zur streitgenössischen Streithilfe	5
C. Geltung nur im Außenverhältnis	6
5) Durch eine Nebenintervention verursachte Kosten, I	7, 8
A. Begriff der Ursächlichkeit	7
B. Abgrenzung zu weiteren Kosten	8
6) Kostenlast des Gegners der Hauptpartei, I Hs 1	9–15
A. Begriff des Gegners	10
B. Zwingende Kostenfolge	11
C. Notwendigkeit einer Kostenentscheidung	12–15
7) Anwendbarkeit der §§ 91 bis 98, I Hs 1	16–18
A. Grundsatz: Soweit Gegner die Kosten zu tragen hat	17
B. Anwendbarkeit der allgemeinen Kostenvorschriften im einzelnen	18
8) Insbesondere: Rechtsmittel des Streithelfers (§ 97), I Hs 1	19, 20
9) Insbesondere: Vergleich (§ 98), I Hs 1	21–29
A. Begriff des Vergleichs	21
B. Beteiligung des Streithelfers am Vergleich	22
C. Maßgeblichkeit der Vereinbarungen über die Streithilfekosten	23
D. Notwendigkeit weiter Auslegung	24
E. Kostenfolge bei Aufhebung der Prozeßkosten gegeneinander	25, 26
F. Kostenfolge bei Halbierung der Prozeßkosten	27
G. Kostenfolge bei Teilübernahme der Prozeßkosten durch den Gegner der Hauptpartei	28
H. Kostenfolge bei Übernahme aller Prozeßkosten durch die Hauptpartei	29
10) Insbesondere: Streitgenossen (§ 100), I Hs 1	30
11) Kostenlast des Streithelfers, I Hs 2	31–33
A. Auffangklausel	31
B. Grundsatz: Gleichbehandlung mit der Hauptpartei	32
C. Zwingende Kostenfolge	33
12) Nebenintervenient gilt als Streitgenosse der Hauptpartei, II	34–36
A. Begriff der streitgenössischen Streithilfe	34
B. Geltung nur im Außenverhältnis	35
C. Kostenfolgen: Anwendbarkeit des § 100	36
13) Verfahrensfragen, I, II	37
14) Rechtsmittel, I, II	38
15) VwGO	39

1 **1) Systematik, I, II.** Die Vorschrift enthält in I, II zunächst jeweils nur scheinbar eine vorrangige Sonderregelung, in Wahrheit infolge der jeweiligen Verweisung in deren Umfang jeweils keine Sonderregeln, sondern nur die Bestätigung der Geltung der dort erwähnten anderen Vorschriften. Wegen des formellen Charakters einer Spezialvorschrift ist allerdings die Verweisung in I Hs 1, II an sich nur in einem eng auslegbaren Sinn gemeint. Die Praxis verfährt allerdings teilweise anders, Rn 21, 30. I Hs 2 enthält eine Auffangklausel zu Lasten des einfachen unselbständigen Streithelfers, §§ 66–68. Sie hat gegenüber §§ 91 ff Vorrang. §§ 99, 238 IV, 269 III ZPO, §§ 22 ff GKG bleiben unberührt.

2 **2) Regelungszweck, I, II.** Soweit die Vorschrift Verweisungen enthält, bezweckt sie sowohl im Interesse der Vereinfachung als einem Gesichtspunkt der Prozeßwirtschaftlichkeit nach Grdz 14 vor § 128 als auch im Interesse der Kostengerechtigkeit nach Üb 10 vor § 91 Angleichungen der Kostenfolgen der einfachen unselbständigen Streithilfe nach §§ 66–68 an die Kostenfolgen im Verhältnis zwischen den Parteien, Ffm MDR 00, 786, Saarbr MDR 96, 968. I Hs 2 enthält mit einer Auffangklausel im Grunde nur eine klarstellende Anweisung, über sämtliche entstandenen Kosten mitzuentscheiden. Man kann darüber streiten, ob die Gesamtregelung überzeugt, soweit sie zu Lasten der eigentlichen Parteien ergeht. Auch insofern ist aber der Vereinfachungsgedanke vorrangig. Das muß man bei der Auslegung mitbeachten.

3 **3) Geltungsbereich, I, II.** Vgl Üb 12, 13 vor § 91, § 91 Rn 4–14. Die Vorschrift gilt auch im WEG-Verfahren, LG Hbg ZMR **01**, 1014.

4 **4) Einfache unselbständige Nebenintervention, I.** Die Vorschrift erfaßt nur einen Teil der Fälle von Streithilfe.

A. Begriff der Nebenintervention. In I ist lediglich der Fall der sog einfachen unselbständigen Streithilfe erfaßt, §§ 66–68. Es ist unerheblich, ob der Streithilfe eine Streitverkündung nach §§ 72 ff vorausgegangen

Titel 5. Prozesskosten **§ 101**

ist. Soweit die Streitverkündung zur Streithilfe führte, muß man die Kosten des Verkündungsverfahrens mit als Kosten der Streithilfe beurteilen, § 74 I. Soweit keine Streithilfe eingetreten ist, muß der Verkünder die Kosten der Streitverkündung nach den in § 72 Rn 6 genannten Regeln selbst tragen, Mü MDR **89**, 548. Die Haftung für die Gerichtsgebühren ergibt sich ohnehin nach §§ 22 ff GKG (Antragsschuldner).

B. Abgrenzung zur streitgenössischen Streithilfe. Wie sich aus II ergibt, ist die streitgenössische 5 Streithilfe nach § 69 wegen der dort enthaltenen Gleichstellung dieses Streithelfers mit dem Streitgenossen nach § 61 auch kostenmäßig ein Fall der Streitgenossenschaft, Rn 34.

C. Geltung nur im Außenverhältnis. I betrifft nur das Verhältnis zwischen dem unselbständigen Streit- 6 helfer und „dem Gegner der Hauptpartei", also nur das sog Außenverhältnis, nicht das Innenverhältnis zwischen dem unselbständigen Streithelfer und der von ihm unterstützten „Hauptpartei" selbst. Denn zwischen diesen beiden besteht ja gar kein Rechtsstreit und daher auch jedenfalls keine hier allein zu beachtende prozessuale Erstattungspflicht, Hbg JB **80**, 932, Karlsr RR **96**, 448, Schneider MDR **83**, 801. Im Innenverhältnis ist wegen einer etwaigen sachlichrechtlichen Ersatzpflicht evtl ein besonderer Prozeß erforderlich, Bischof MDR **99**, 790. Es ist also jedenfalls kein Vollstreckungstitel im Prozeß zwischen den Hauptparteien statthaft, Hbg JB **80**, 932. Wechselt der Streithelfer die Fronten, so kann er die früheren Kosten nicht erstattet fordern, Hbg MDR **89**, 825.

5) Durch eine Nebenintervention verursachte Kosten, I. Die Vorschrift erfaßt nur diejenigen 7 Kosten, die gerade infolge der Streithilfe verursacht sind.

A. Begriff der Ursächlichkeit. Man kann grundsätzlich den Begriff der Ursächlichkeit übernehmen, wie ihn Lehre und Rspr entwickelt haben, § 287 Rn 6. Dabei ist allerdings wegen des formellen Ausnahmecharakters von I eine enge Auslegung notwendig.
Beispiele der Zugehörigkeit: Die dem Streithelfer entstandenen Kosten des Beitritts mit Ausnahme eines Zwischenstreits über dessen Zulässigkeit, § 71, Rn 8; Kosten der Zuziehung des Streithelfers mit Ausnahme der Kosten einer Streitverkündung, § 72, soweit sie erfolglos blieb, Rn 4; Kosten einer Zustellung und einer Vertretung; diejenigen Kosten, die der beigetretene Streithelfer durch eigene Prozeßhandlungen verursacht, da sie keine „eigentlichen" Kosten des Rechtsstreits sind, vielmehr in I mitbehandelt werden, Hamm AnwBl **85**, 215, aM ThP 5. Wegen eines Rechtsmittels des Streithelfers Rn 18 „§ 97".

B. Abgrenzung zu weiteren Kosten. Alle bei enger Auslegung nach Rn 2 nicht zu Rn 7 zählenden 8 Kosten sind nicht gerade solche der Streithilfe. Man darf sie daher nicht nach I beurteilen. Es gibt im übrigen keine allgemeine Rechtsgrundlage dafür, den Streithelfer mit solchen Kosten des Rechtsstreits zu belasten, die über die Kosten der Streithilfe hinausgehen. Eine so allgemeine Belastung ist auch nicht nach § 22 I 1 GKG möglich. Die letztere Vorschrift gilt nur für die durch gerade seine Anträge verursachten Kosten.
Beispiele der Nichtzugehörigkeit: Kosten der erfolglosen Streitverkündung, Rn 4; Kosten eines Zwischenstreits über die Zulassung nach § 71. Denn über sie muß das Gericht nach § 91 entscheiden und sie im Falle der Erfolglosigkeit des Streithilfeantrags dem Antragsteller auferlegen. Wegen eines Rechtsmittels des Streithelfers Rn 18 „§ 97".

6) Kostenlast des Gegners der Hauptpartei, I Hs 1. Die Vorschrift macht den Prozeßgegner der vom 9 Streithelfer unterstützten Hauptpartei kostenpflichtig, soweit er überhaupt Prozeßkosten tragen muß.

A. Begriff des Gegners. Wie schon der Wortlaut klarstellt, handelt es sich um den Gegner „der Haupt- 10 partei", also um den oder die Prozeßgegner des oder der Unterstützten. Dabei kommt es nur darauf an, ob und in welchem Umfang einer dieser Gegner mit Prozeßkosten überhaupt belastet wird. Daher scheiden diejenigen Gegner der Hauptpartei aus, die zwar zunächst in den Rechtsstreit hineingezogen wurden, dann aber ohne Kostengrundentscheidung über auch nur Teile der Prozeßkosten ihnen gegenüber ausgeschieden sind und auch nicht mehr nach §§ 91–98 belastet werden können und müßten. Allerdings mag insofern ein Antrag auf Berichtigung oder Ergänzung nach §§ 319 ff zulässig sein und zur Haftung der bisher noch nicht Belasteten auch für die Kosten der Streithilfe führen.

B. Zwingende Kostenfolge. Soweit die Hauptpartei Kosten des Rechtsstreits tragen muß, ist das 11 Gericht nicht nur im Rahmen eines Ermessens berechtigt, sondern nach dem eindeutigen Wortlaut verpflichtet, dieser Partei auch die Kosten der Streithilfe aufzuerlegen, KG RR **04**, 720. Andernfalls könnte ein unwirksamer Vertrag zu Lasten eines Dritten vorliegen, Nürnb MDR **01**, 415. Das Gericht muß diese Frage, wie schon in § 308 II geklärt, von Amts wegen beachten, Hamm AnwBl **85**, 215, Köln JB **83**, 1882, Nürnb MDR **01**, 415. Es darf in diesem Zusammenhang die Zulässigkeit des Beitritts nicht mehr nachprüfen, LG Itzehoe AnwBl **85**, 215.

C. Notwendigkeit einer Kostenentscheidung. Freilich tritt die zwingende Kostenfolge nach Rn 11 12 nicht schon in einer für das Festsetzungsverfahren nach §§ 103 ff ausreichenden Weise kraft Gesetzes ein. Vielmehr ist schon nach dem auch insofern eindeutigen Wortlaut von I („sind aufzuerlegen") eine Kostengrundentscheidung nach § 91 Rn 35 über die Kosten der Streithilfe notwendig, Hamm JB **02**, 39, Kblz MDR **02**, 1339, Nürnb MDR **05**, 473. Es empfiehlt sich dringend, im Urteil usw über diese Kosten der Streithilfe ausdrücklich gesondert zu entscheiden, um Mißverständnisse zu vermeiden. Freilich trifft der Richter nur die Kostengrundentscheidung darüber, wer die Kosten „des Rechtsstreits" und wer diejenigen „der Streithilfe" zu tragen hat, Celle RR **03**, 1510.
Der Richter überläßt die Klärung der Frage, was nun im einzelnen zu beiden Kostenarten zählt, dem *Kostenfestsetzungsverfahren*. Soweit das Urteil auslegungsfähig ist, darf und muß man es wie sonst notfalls unter Heranziehung des Tatbestands und der Entscheidungsgründe auslegen, s auch § 322 Rn 6, Kblz MDR **02**, 1339. Soweit Entscheidungsgründe zulässig fehlen, darf und muß man auch den Akteninhalt mitbeachten. Der Rpfl darf im Kostenfestsetzungsverfahren ebenso vorgehen. Er darf aber keine darüber hinausgehende Änderung oder Ergänzung oder Nachbesserung der Kostengrundentscheidung des Gerichts vornehmen, Einf 19 vor §§ 103–107.

§ 101   Buch 1. Abschnitt 2. Parteien

13   Die bloße Entscheidung über „die Kosten des Rechtsstreits" oder auch nur „die Kosten" kann, muß aber nicht auch diejenigen der Streithilfe mitumfassen. Auch hier kommt es also auf eine *Auslegung* an. Das gilt insbesondere beim „Frontenwechsel" des Streithelfers, BPatG GRUR **87**, 235, Hamm Rpfleger **89**, 127, Mü Rpfleger **89**, 128.

14   Notfalls muß man eine *Berichtigung oder Ergänzung* nach §§ 319 ff beantragen, Stgt MDR **99**, 116, LG Itzehoe AnwBl **85**, 215. Bei einer streitgenössischen Streithilfe gilt II, Rn 34, BPatG GRUR **87**, 235.

15   Im Fall eines Beitritts erst nach dem Verhandlungsschluß nach §§ 136 IV, 296 a ergeht allerdings weder im Urteil noch durch eine Ergänzung eine Entscheidung über die Kosten der Streithilfe. Denn dann liegt *Rechtsmißbrauch* vor, Einl III 54: Es wird nur noch ein Kostentitel erstrebt, selbst wenn zugleich ein Wiedereröffnungsantrag vorliegt. Dasselbe gilt beim „Beitritt" erst nach Vergleichsabschluß. Wegen eines Vergleichs Rn 21.

16   **7) Anwendbarkeit der §§ 91 bis 98, I Hs 1.** Unter den Voraussetzungen Rn 4–18 hängt die Kostenlast des Gegners der Hauptpartei wegen der Streithilfekosten ferner von folgenden Voraussetzungen ab.

17   **A. Grundsatz: Soweit Gegner die Kosten zu tragen hat.** Es kommt darauf an, ob und in welchem Umfang kraft Gesetzes oder infolge einer Kostengrundentscheidung des Gerichts der Gegner der Hauptpartei überhaupt mit Prozeßkosten belastet ist oder wird oder werden muß, Saarbr MDR **96**, 968. Auch im letzteren Fall muß er die Kosten der Streithilfe mittragen. Denn die Vorschrift sagt nicht nur, er sei insofern verpflichtet, soweit er Prozeßkosten „trägt", sondern, soweit er sie „zu tragen hat".

18   **B. Anwendbarkeit der allgemeinen Kostenvorschriften im einzelnen.** Es gelten die bei §§ 91 ff dargestellten Regeln zur Kostenlast der Hauptpartei gegenüber dem Gericht und dem Prozeßgegner, KG RR **04**, 720.
  § 91: Keine besonderen Abweichungen.
  § 91 a: Die Vorschrift ist grundsätzlich anwendbar, BGH MDR **85**, 914, ThP 10, aM Celle VersR **79**, 155, ZöHe 10 (aber I verweist auch auf § 91 a). Vgl im übrigen bei „§ 98".
  §§ 92–96: Keine besonderen Abweichungen.
  § 97: Vgl Rn 19. Soweit der Streithelfer erst im zweiten Rechtszug beitrat, muß der unterliegende Gegner der Hauptpartei die Kosten der Streithilfe auch dann tragen, wenn die siegende Partei Kosten nach § 97 II tragen muß, Hamm MDR **94**, 311.
  § 98: Vgl Rn 21.
  § 100: Vgl Rn 30.

19   **8) Insbesondere: Rechtsmittel des Streithelfers (§ 97), I Hs 1.** Soweit der Streithelfer nach § 66 II zwar zulässigerweise, aber im übrigen erfolglos oder sogar schon unzulässigerweise ein Rechtsmittel im Namen der unterstützten Hauptpartei oder für diese eingelegt hat, muß man wie folgt unterscheiden: Bei *Nichtbeteiligung* der Hauptpartei an dem Rechtsmittel muß der Streithelfer die Kosten des Rechtsmittels entsprechend § 97 und nicht nach § 101 tragen, soweit nicht das Gericht den Gegner der Hauptpartei zu den Kosten des Rechtsmittels verurteilt. Das gilt selbst dann, wenn die Hauptpartei dem Rechtsmittel auch nicht widersprochen hat. Bei *Nicht-mehr-Beteiligung* der Hauptpartei muß der Streithelfer auch diejenigen Kosten tragen, die von dem Zeitpunkt an entstehen, in dem die Hauptpartei erklärt hat, sie sei an der Fortführung des Rechtsmittels bzw Rechtsstreits nicht mehr interessiert, Mü Rpfleger **79**, 141.

20   Bei *Beteiligung* der Hauptpartei in irgendeiner Form, etwa durch Einreichung eines Schriftsatzes oder Erscheinen in der mündlichen Verhandlung, muß sie bei Erfolglosigkeit des Rechtsmittels ihre Kosten tragen, während er nur seine eigenen Kosten tragen muß, Hbg VersR **87**, 379. Bei *Erfolg* des Rechtsmittels des Streithelfers muß der Gegner der Hauptpartei die Kosten des Streithelfers auch dann tragen, wenn sich die vom Streithelfer unterstützte Hauptpartei am Rechtsmittel nicht beteiligte. Bei einer *Zurückverweisung* nach § 538 gilt: Wenn zB das Berufungsurteil anschließend aufgehoben wird, muß der Streithelfer die Kosten der Berufung und der Revision tragen. Es gibt aber keine Rechtsgrundlage dafür, den Streithelfer auch im übrigen mit den Kosten des Rechtsstreits zu belasten, und zwar auch nicht in Verbindung mit § 49 I 1 GKG. Bei einer *Zurücknahme* des Rechtsmittels des Streithelfers gilt § 516 III entsprechend, Mü Rpfleger **79**, 141. Wenn der Verfügungsbekl seinen Widerspruch nach § 924 Rn 10 zurücknimmt, trägt er die Kosten des Widerspruchsverfahrens, der Streithelfer diejenigen der Streithilfe, Mü JB **77**, 92.

21   **9) Insbesondere: Vergleich (§ 98), I Hs 1.** Die Anwendbarkeit auch des § 98 hat die folgenden Auswirkungen.
  A. Begriff des Vergleichs. Es muß sich entweder um einen Prozeßvergleich nach Anh § 307 oder um einen außergerichtlichen Vergleich nach § 779 BGB handeln. Denn auch auf den letzteren ist § 98 entsprechend anwendbar Rn 8, 9. Zur Rechtsnatur des Prozeßvergleichs usw Anh § 307.

22   **B. Beteiligung des Streithelfers am Vergleich.** Der unselbständige Streithelfer nach § 66, auf den sich ja I bezieht (wegen des selbständigen vgl II), muß am Zustandekommen des Vergleichs nicht persönlich mitgewirkt haben, Düss RR **98**, 1691. Es reicht vielmehr aus, daß die von ihm unterstützte Hauptpartei und deren Prozeßgegner den Vergleich geschlossen haben, Hamm MDR **90**, 252, Köln MDR **93**, 472, Nürnb MDR **03**, 598. Andernfalls würden die Kosten der Streithilfe „in der Luft hängen", wenn man die übrigen Prozeßkosten nach § 98 beurteilen muß. Das kann nicht der Sinn von I sein, Mü OLGZ **92**, 326.

23   **C. Maßgeblichkeit der Vereinbarungen über die Streithilfekosten.** Wie bei § 98 überhaupt, kommt es zunächst auf die „andere Vereinbarung" an. Maßgeblich sind also grundsätzlich die etwaigen Abreden der Parteien untereinander und die etwaigen Abreden, an denen der Streithelfer beteiligt ist, über die Streithilfekosten, § 98 Rn 22, Celle RR **02**, 140, Hamm JB **01**, 592, Zweibr RR **03**, 143. Freilich bleibt auch hier durch eine wirksame Kostenvereinbarung die gesetzliche Haftung für Gerichtskosten nach §§ 22 ff GKG bestehen, § 98 Rn 22. Die Parteien können dem Streithelfer allerdings nicht ohne seine Zustimmung wirksam Kosten insbesondere der Streithilfe auferlegen, auch nicht indirekt durch Kostenaufhebung gegeneinander. Denn das wäre ein verbotener Vertrag zu Lasten eines Dritten, Drsd RR **99**, 1668, Mü (28. ZS) MDR **98**, 989, Zweibr RR **03**, 143, aM BGH AnwBl **05**, 507, Mü (3. ZS) JB **95**, 480 (aber das bürgerliche Recht hat auch beim Prozeßvertrag Bedeutung). Soweit der Vergleich die Hauptsache eines weiteren Rechtsstreits

Titel 5. Prozesskosten **§ 101**

miterfaßt, muß man auch die in jenem anderen Rechtsstreit durch eine dortige Streithilfe verursachten Kosten evtl zu Lasten eines anderen als des jetzigen Streithelfers mit titulieren, Schlesw SchlHA **78**, 177.

D. Notwendigkeit weiter Auslegung. Dem Regelungszweck des § 98 nach dort Rn 2, 3 entspricht es, **24** die etwaige Kostenvereinbarung weit auszulegen, dort Rn 24, aM Mü Rpfleger **90**, 269 (aber eine gewisse Vertragsfreiheit gehört zur Prozeßwirtschaftlichkeit, Grdz 14 vor § 128). Das gilt auch für die Frage, ob und in welchem Umfang die Kosten der Streithilfe mit erfaßt sind. Es gilt aber auch für die Frage, ob der Vergleich mit oder ohne eine Beteiligung des Streithelfers zustande gekommen ist. Denn der Vergleich ist auch wegen der Streithilfekosten jedenfalls insoweit wirksam, als die Parteien sie unter sich aufgeteilt haben. Das gilt selbst dann, wenn der Streithelfer an diesem Vergleich nicht mitgewirkt hat. §§ 320, 321 sind allerdings beim Vergleich unanwendbar. Denn er ist kein Urteil.

E. Kostenfolge bei Aufhebung der Prozeßkosten gegeneinander. Soweit die Prozeßparteien im Ver- **25** gleich lediglich die „Aufhebung der Prozeßkosten (oder der Kosten) gegeneinander" vereinbart haben, ohne auch über die Kosten der Streithilfe eine ausdrückliche oder doch klare Vereinbarung zu treffen, muß man zunächst prüfen, ob sie auch wirklich eine Kostenaufhebung im Sinn von § 92 I 2 gemeint haben, dort Rn 40. Es könnte ja zB auch eine hälftige Teilung der Gesamtkosten der Parteien gemeint sein. Sie bedeutet etwas anderes.

Die Parteien können auch eine echte Aufhebung gegeneinander „nur" für die *Prozeßkosten* und nicht **26** eindeutig auch für die Streithilfekosten vereinbart haben. Das mag insbesondere bei ausdrücklicher Ausnahme der Streithilfekosten von der Regelung für die Prozeßkosten gelten. Dann muß der Prozeßgegner der unterstützten Hauptpartei unter anderem auch die Hälfte der Kosten des Streithelfers tragen. Das gilt unabhängig vom Verhältnis ihrer Höhe zu derjenigen der Parteikosten. Es gilt selbst dann, wenn der Streithelfer zwar am Vergleich beteiligt war, ihm aber wirksam widersprochen hatte, Karlsr Just **79**, 17, oder wenn der Vergleich ohne seine Beteiligung zustande gekommen war, Celle RR **02**, 140, Nürnb MDR **03**, 598, Stgt RR **02**, 215, aM BGH NJW **03**, 1948 (zustm Wax LMK **03**, 132), Drsd RR **99**, 1668, Stgt RR **02**, 215 (kein Erstattungsanspruch wegen der außergerichtlichen Kosten des Streithelfers. Aber die erstere Lösung ist gerechter). § 269 bleibt anwendbar, KG RR **04**, 720.

F. Kostenfolge bei Halbierung der Prozeßkosten. Die Parteien können die Prozeßkosten nicht **27** gegeneinander aufgehoben, sondern nur einfach halbiert haben, ohne daß sie über die Kosten der Streithilfe ebenfalls eine klare Einigung getroffen haben. Man muß dann also zunächst alle gerichtlichen und außergerichtlichen Kosten addieren und dann hälftig verteilen. Dann empfiehlt es sich, die Kosten der Streithilfe in die Gesamtkosten des Rechtsstreits einzubeziehen und ebenfalls hälftig von der unterstützten Hauptpartei und dem Prozeßgegner tragen zu lassen. Denn immerhin ist auch in einem solchen Fall § 98 anwendbar und der Prozeßgegner zu einer Beteiligung an den Prozeßkosten verpflichtet worden. Freilich kann man auch mit gewichtigen Gründen die Meinung vertreten, daß in solchem Fall der Streithelfer die eine Hälfte und der Prozeßgegner die andere übernehmen muß, Celle AnwBl **83**, 176, Karlsr Just **79**, 17.

G. Kostenfolge bei Teilübernahme der Prozeßkosten durch den Gegner der Hauptpartei. Es mag **28** auch der Gegner der unterstützten Hauptpartei im Prozeß einen Teil der Prozeßkosten in Höhe von mehr oder weniger als 50% übernommen haben, ohne daß die Parteien eine Kostenaufhebung gegeneinander vereinbart haben. Soweit diese Teilübernahme nicht eindeutig auch die Kosten der Streithilfe miterfaßt hat, empfiehlt sich eine entsprechende Quotelung der Kosten der Streithilfe zu Lasten des Prozeßgegners und der Übertragung der restlichen Streitkostenhilfe auf die unterstützte Partei, Nürnb MDR **01**, 416, Stgt Just **79**, 62, ZöHe 12, aM Mü Rpfleger **90**, 269 (besonderer Beschluß nötig. Aber das ist unnötig aufwendig).

H. Kostenfolge bei Übernahme aller Prozeßkosten durch die Hauptpartei. Soweit die vom Streit- **29** helfer unterstützte Hauptpartei im Vergleich alle Prozeßkosten übernimmt, ohne daß der Vergleich auch die Streithilfekosten eindeutig miterfaßt, ist die in Rn 27, 28 genannte Kostenfolge hier nicht möglich. Denn es liegt eben wegen der Streithilfekosten keine Vereinbarung gerade zu Lasten des Gegners der Hauptpartei vor, wie sie Hs 1 auch bei § 98 als weitere Voraussetzung nennt. Vielmehr liegt der Fall des Hs 2 vor. Der Streithelfer muß daher seine Kosten selbst tragen. Wenn eine Klagerücknahme nach § 269 auf einem außergerichtlichen Vergleich beruht, gilt dasselbe wie bei der vergleichsweisen „Übernahme aller Prozeßkosten" durch die Hauptpartei.

10) Insbesondere: Streitgenossen (§ 100), I Hs 1. Hier ist nicht die in II vorgeschriebene Anwendung **30** des § 100 gemeint, Rn 34. Vielmehr geht es hier um die Anwendbarkeit des § 100 in den Fällen, daß der „Gegner der Hauptpartei" aus mehreren Streitgenossen besteht, § 59. In solcher Situation ist § 100 wie sonst anwendbar. Das ergibt sich zwar nicht aus dem Wortlaut von I Hs 1 mit seiner bloßen Verweisung auf §§ 91–98. Es ergibt sich aber aus dem Sinn jener Vorschrift. Man muß sie zwar grundsätzlich eng auslegen, Rn 2. I Hs 1 soll aber natürlich den unterliegenden Gegner der Hauptpartei auch dann für die Kosten der Streithilfe mithaften lassen, wenn er seinerseits aus mehreren Streitgenossen besteht.

11) Kostenlast des Streithelfers, I Hs 2. Es gelten mehrere Auswirkungen. **31**

A. Auffangklausel. Schon aus dem Wortlaut ergibt sich der Charakter einer Auffangklausel des Hs 2. Man muß alle nicht eindeutig dem Hs I zuzuschreibenden Situationen kostenmäßig zu Lasten des Streithelfers beurteilen. Das ergibt sich auch aus der grundsätzlichen Notwendigkeit enger Auslegung des Hs 1, Rn 1.

B. Grundsatz: Gleichbehandlung mit der Hauptpartei. Das Gesetz stellt den Streithelfer in Hs 2 **32** wegen seiner Kosten nicht schlechter, aber auch nicht besser als die von ihm unterstützte Partei, Ffm MDR **90**, 929, Köln RR **95**, 1215. Eine Besserstellung wäre ja auch nicht gerecht. Soweit sie also Prozeßkosten tragen muß, soll er wenigstens die Kosten seiner Streithilfe ebenfalls tragen. Ist die Hauptpartei für die Prozeßkosten auf Grund eines Urteils oder eines Vergleichs allein kostenpflichtig, so muß auch der Streithelfer seine Kosten allein tragen. Das gilt sogar ohne Rücksicht auf etwa abweichende Parteiwünsche, soweit diese nicht in einem vorrangigen Vergleich ihren Niederschlag gefunden haben, Celle NJW **78**, 2170, Nürnb AnwBl **89**, 105.

Hartmann

§§ 101, 102, Einf §§ 103–107

33   **C. Zwingende Kostenfolge.** Auch im Fall der Kostenlast des Streithelfers gilt dasselbe wie bei einer Kostenlast des Gegners der Hauptpartei, Rn 11. Insoweit muß der Streithelfer die eigenen Kosten tragen und diejenigen des Gegners der Hauptpartei erstatten, §§ 91 ff.

34   **12) Nebenintervenient gilt als Streitgenosse der Hauptpartei, II.** Soweit eine streitgenössische Streithilfe vorliegt, gilt vorrangig II.
   A. Begriff der streitgenössischen Streithilfe. Nach § 69 gilt der Nebenintervenient im Sinn des § 61 als Streitgenosse der Hauptpartei, soweit nach dem BGB die Rechtskraft der im Hauptprozeß erlassenen Entscheidungen für das Rechtsverhältnis zwischen dem Streithelfer und dem Gegner der Hauptpartei wirksam ist, § 69 Rn 1–4.

35   **B. Geltung nur im Außenverhältnis.** Auch II hat ebenso wie I Geltung nur im Außenverhältnis zwischen dem hier streitgenössischen Streithelfer und dem Gegner der unterstützten Hauptpartei, nicht im Innenverhältnis zwischen Streithelfer und Hauptpartei, Rn 6.

36   **C. Kostenfolgen: Anwendbarkeit des § 100.** Soweit die Voraussetzungen Rn 34, 35 vorliegen, „sind die Vorschriften des § 100 maßgebend", also nicht diejenigen des § 101 I, BGH JZ **85**, 854. Der streitgenössische Streithelfer muß also beim Unterliegen seiner Partei nach Kopfteilen mithaften. § 100 IV ist allerdings unanwendbar. Denn der streitgenössische Streithelfer wird nicht zur Hauptsache verurteilt.

37   **13) Verfahrensfragen, I, II.** Das Gericht muß die Entscheidungen bei I, II jeweils grundsätzlich von Amts wegen treffen, § 308 II, Ffm MDR **90**, 929. Das gilt auch für die Vorschriften, auf die das Gesetz verweist, ihrerseits ein Ermessen gestatten. Es bezieht sich ja nur auf das Wie, nicht auf das Ob einer Kostengrundentscheidung. Das gilt auch in den Fällen eines Vergleichs, Anh § 307, Köln JB **83**, 1882, aM ZöHe 9 (nur auf Antrag. Aber eine Kostenregelung durch das Gericht ist ja überhaupt nur dann notwendig, wenn der Vergleich die Kosten der Streithilfe eben nicht eindeutig mitumfaßt hat. Dann dürfen diese nicht „in der Luft hängen"). Die Entscheidung über die Titulierung des Kostenerstattungsanspruches eines Streithelfers oder beigetretenen Streitverkündeten erfolgt durch einen Beschluß, Drsd RR **99**, 1668. Zuständig ist das Rechtsmittelgericht, Drsd RR **99**, 1668. Das gilt auch dann, wenn sich der Streithelfer am Rechtsmittel nicht beteiligt hat, Ffm MDR **90**, 929.

38   **14) Rechtsmittel, I, II.** Es gelten die allgemeinen Regeln zur Anfechtbarkeit der Entscheidung, in deren Form das Gericht über die Kosten der Streithilfe befunden hat. Man muß stets § 99 beachten. Beim Rpfl gilt § 11 RPflG, § 104 Rn 41 ff.

39   **15) VwGO:** Unanwendbar, Üb § 64 Rn 4. Hinsichtlich des Beigeladenen enthält die VwGO besondere Kostenvorschriften in den §§ 154 III u 162 III.

102 *(weggefallen)*

Einführung vor §§ 103–107
Kostenfestsetzung

Schrifttum: *Brieske,* Die anwaltliche Praxis in Kostensachen, 1991; *von Eicken/Hellstab/Lappe/Madert,* Die Kostenfestsetzung, 19. Aufl 2005; *Hünnekens,* Kostenabwicklung in Zivil- und Familiensachen und bei Prozeßkostenhilfe, 2. Aufl 1999; *Lappe,* Justizkostenrecht, 2. Aufl 1995; *Zenke/Brandenburg,* Kosten des finanzgerichtlichen Prozesses, 1997.

Gliederung

1) **Systematik**	1–5	B. Prüfungsumfang	9–11
A. Entstehung des Erstattungsanspruchs	1	C. Zwangsvollstreckungsfragen	12
B. Notwendigkeit der Kostenfestsetzung	2–5	D. Sicherheitsleistung	13
2) **Regelungszweck**	6	E. Rechtsschutzbedürfnis	14
3) **Geltungsbereich**	7	F. Sonstiges	15, 16
4) **Abhängigkeit des Festsetzungsverfahrens**	8–19	G. Abänderung der Kostenentscheidung	17–19
A. Kein selbständiger Vollstreckungstitel	8	5) **Prozeßkostenhilfe**	20
		6) **VwGO**	21

1   **1) Systematik.** Das Kostenfestsetzungsverfahren ist ein zur ersten Instanz gehörendes selbständiges Nebenverfahren, Düss MDR **91**, 357, Kblz RR **97**, 1023, AG Kiel JB **96**, 261.
   A. Entstehung des Erstattungsanspruchs. Der Anspruch auf eine Erstattung von Prozeßkosten entsteht bereits im Zeitpunkt der Begründung eines Prozeßrechtsverhältnisses, Üb 33 vor § 91. Er ist in diesem Zeitpunkt allerdings noch aufschiebend bedingt. Das noch nicht rechtskräftige Urteil wandelt die aufschiebende in eine auflösende Bedingung, Üb 35 vor § 91. Erst der Eintritt der Rechtskraft einer Entscheidung nach § 322 beseitigt diese auflösende Bedingung, BGH NJW **88**, 3205. Soweit aber eine Zwangsvollstreckung schon vor der Rechtskraft zulässig ist, Einf 1 vor §§ 708–720, ist auch schon vor der Rechtskraft eine Kostenerstattung möglich. Auch eine wirksame volle Klagerücknahme löst wegen der mit ihr verbundenen gesetzlichen Kostenfolge des § 269 III 2 oder wegen einer Kostengrundentscheidung nach § 269 III 3, IV den Erstattungsanspruch nach § 103 I aus, sobald der Kostenfestsetzungsbeschluß des § 103 II hinzutritt.

2   **B. Notwendigkeit der Kostenfestsetzung.** Das Urteil selbst stellt eine Erstattungspflicht immer nur dem Grunde nach fest, Üb 35 vor § 91. Das Gesetz überläßt dem Kostenfestsetzungsverfahren die Klärung

Titel 5. Prozesskosten **Einf §§ 103–107**

der Frage, welchen Betrag der Erstattungspflichtige an den Gegner zu zahlen hat, Üb 37 ff vor § 91, Schlesw SchlHA **78**, 22. Nur der Kostenfestsetzungsbeschluß nach § 104 entscheidet daher darüber, ob bestimmte Kosten auch als notwendige Kosten anerkannt werden. Eine Zwangsvollstreckung wegen der Kosten darf nur auf Grund eines Vollstreckungstitels stattfinden, § 103 I, also vor allem auf Grund des Kostenfestsetzungsbeschlusses, §§ 104, 794 I Z 2, Üb 37 vor § 91.

Das Kostenfestsetzungsverfahren der §§ 103 ff ist also grundsätzlich der *allein zulässige Weg*, eine Erstattung 3 der Prozeßkosten zu erlangen, BVerfG NJW **77**, 145, BGH **111**, 171, LG Bln ZMR **88**, 341 (auch bei vorprozessualen Mahnkosten, § 91 Rn 290. Anders ist es bei sachlichrechtlichen Kosten, Üb 9 vor § 91, Brschw WettbR **97**, 233). Wegen der Wahlmöglichkeit bei § 788 dort Rn 10 und Üb 43 vor § 91. Das Kostenfestsetzungsverfahren kommt auch gegenüber einem Ausländer zur Anwendung, Kblz JB **91**, 1508. Es ist ein selbständiges gerichtliches Nachverfahren, Rn 1. Es wird an die der ersten Instanz angehängt, Kblz RR **97**, 1023. Daher muß das Gericht dem Gegner vor einer ihm nachteiligen Entscheidung das rechtliche Gehör gewähren, Artt 2 I, 20 III GG (Rpfl), BVerfG **101**, 404, Art 103 I GG (Richter).

Das Gericht muß seine Entscheidung im Kostenfestsetzungsverfahren *grundsätzlich begründen*, § 329 Rn 4. 4 Es muß daher eine Begründung spätestens dann nachholen, wenn gegen seine Entscheidung die Erinnerung eingelegt worden ist.

Eine *Aussetzung* nach §§ 148 ff oder eine *Unterbrechung* des Hauptprozesses nach §§ 239 ff oder das *Ruhen* 5 des Verfahrens in erster Instanz nach §§ 251 a, 331 a können sich ohne weiteres auf das Kostenfestsetzungsverfahren auswirken, Hamm Rpfleger **88**, 380, wenn auch nicht stets, Mü MDR **90**, 252, Naumb MDR **94**, 514, Schlesw SchlHA **79**, 58, aM Brdb MDR **01**, 471, KG RR **00**, 731. Eine Aussetzung oder Unterbrechung in der zweiten Instanz wirkt sich grundsätzlich nicht auf den Fortgang des Kostenfestsetzungsverfahrens der ersten Instanz aus, Hbg MDR **90**, 350. Nach der Beendigung des Prozesses muß man eine Aussetzung und eine Unterbrechung im Kostenfestsetzungsverfahren selbständig beurteilen, §§ 239 ff, Üb 5 vor § 239. Wegen der Besonderheiten bei einer Unterbrechung infolge eines Insolvenzverfahrens § 240 Rn 2. § 246 ist anwendbar, Celle NdsRpfl **98**, 90.

Über das Verhältnis zwischen dem Kostenfestsetzungsbeschluß und einem *sachlichrechtlichen* Kostenersatzanspruch Üb 49 vor § 91. Zu Zweifelsfragen Mümmler JB **77**, 1169. Soweit im Kostenfestsetzungsverfahren einerseits und im Verfahren nach § 4 JVEG andererseits jeweils rechtskräftige Entscheidungen miteinander unvereinbar sind, bleibt eine Erinnerung nach § 66 GKG letztlich zu Lasten der Staatskasse denkbar, Kblz VersR **88**, 297. Man muß das Verfahren nach §§ 103 ff und dasjenige nach § 156 KostO unterscheiden, BayObLG FGPrax **99**, 78.

2) Regelungszweck. §§ 103–107 dienen der Durchführung der §§ 91 ff. Die Vorschriften dienen insbe- 6 sondere der Klärung, ob notwendige Kosten vorliegen, Rostock FamRZ **99**, 598. Sie dienen damit auch der Prozeßwirtschaftlichkeit, Grdz 14 vor § 128. Sie dienen in diesem Zusammenhang auch der Entlastung des Spruchrichters.

Genauigkeit der Kostengrundentscheidung ist eine wesentliche Voraussetzung einer brauchbaren Anmeldung zur Festsetzung von Prozeßkosten. Das gilt nicht nur für den eigentlichen Kostenausspruch, sondern auch für dessen Begründung. Fehlt sie oder beschränkt sie sich allzu sehr auf floskelhafte Wiederholung des Gesetzestextes oder gar nur auf die Erwähnung der angewandten Vorschriften, so kann es manchmal bei der Festsetzung erhebliche Schwierigkeiten geben. Freilich reicht im klaren Fall auch eine ganz knappe „Begründung".

Wirtschaftliches Verständnis ist eine weitere Bedingung einer überzeugenden Kostenfestsetzung. Man kann die Frage der Notwendigkeit etwa der Beauftragung des „Hausanwalts" mit dem auswärtigen Prozeß nicht nur vom grünen Tisch sauberer Dogmatik aus befriedigend beantworten, ebensowenig die Frage, von welcher Größe ab ein Unternehmen eine (billigere?) eigene Rechtsabteilung statt eines Anwalts oder gar Gutachters hätte einsetzen müssen.

Anfechtbarkeit scheint auf diesem „Neben-"Kampfplatz manchmal fast ein Luxus. In Wahrheit erzwingt die wirtschaftliche Bedeutung sehr wohl die Möglichkeit einer Überprüfung notfalls in höherer Instanz. In der Praxis scheint das mit deutscher Überperfektion geschaffene System der Rechtsbehelfe nach § 104 Rn 41 ff freilich alles andere als prozeßwirtschaftlich zu sein. Immerhin sind Erinnerungen in diesen Massenverfahren relativ selten.

Großzügige Auslegung sollte insgesamt dieses notwendige Ergänzungsverfahren zur Kostengrundentscheidung fördern. Es soll möglichst einfach und übersichtlich bleiben, Düss JB **02**, 590.

3) Geltungsbereich. Üb 12, 13 vor § 91. In Arbeitsgerichtsverfahren schließt § 12 a I 1 ArbGG die 7 Festsetzung von Anwaltskosten erster Instanz aus, LAG Köln MDR **01**, 775. §§ 103 ff gelten grundsätzlich auch im FGG-Verfahren wegen einer freilich begrenzten Verweisung in § 13 a III FGG, BGH WoM **04**, 689, Zimmermann Festschrift für Musielak (2004) 734, strenger Ffm MDR **81**, 280 (beim WEG-Verfahren erst ab Rechtskraft).

4) Abhängigkeit des Festsetzungsverfahrens. Sie wird vielfach verkannt. 8

A. Kein selbständiger Vollstreckungstitel. Der Kostenfestsetzungsbeschluß nach § 104 ergänzt nur das Urteil wegen des Kostenbetrages, BVerwG Rpfleger **87**, 172, Düss Rpfleger **01**, 273, Hüttenhofer AnwBl **89**, 153. Deshalb gibt es ohne Erstattungsanspruch keine Kostenfestsetzung, LG Frankenth Rpfleger **83**, 412, LG Weiden Rpfleger **98**, 532.

Der Kostenfestsetzungsbeschluß stellt *keinen selbständigen Vollstreckungstitel* im vollen Sinn dar, Ffm Rpfleger **80**, 481, Karlsr Rpfleger **00**, 555. Er bildet zunächst einen Vollstreckungstitel nach § 794 I Z 2. Er erwächst in innere und äußere Rechtskraft, § 104 Rn 31. Er teilt grundsätzlich unmittelbar und ohne die Notwendigkeit einer Aufhebungs- oder Erledigterklärung usw das Schicksal der Kostengrundentscheidung, sei es derjenigen eines Urteils, sei es einer in einem Prozeßvergleich, sog Akzessorietät, Karlsr Rpfleger **00**, 555, Mü MDR **01**, 414, Naumb Rpfleger **02**, 38.

Wegen einiger *Ausnahmen* Rn 10. Die Aufhebung ist zur Klarstellung zulässig, Hamm Rpfleger **76**, 408. Die unmittelbar kraft Gesetzes eintretende Kostenrechtsfolge des § 269 III 2 (und nicht erst der natürlich zusätzlich mögliche Feststellungsbeschluß nach § 269 IV) reichen bereits zur Kostenfestsetzung aus, § 269 Rn 33. Der

Einf §§ 103–107

9 Rpfl darf also nicht einen zusätzlichen Beschluß nach § 269 IV fordern. Erst recht ist natürlich eine Kostengrundentscheidung nach § 269 III 3, IV ausreichend. Soweit eine erforderliche Kostengrundentscheidung im Sinn von Üb 35 vor § 91 fehlt, ist ein auf ihrer Grundlage erlassener Kostenfestsetzungsbeschluß nichtig, Üb 16 vor § 300, OVG Saarlouis Rpfleger **95**, 128, und braucht nicht aufgehoben zu werden. Freilich sollte das zur Klarstellung geschehen, Hamm Rpfleger **76**, 408. Es ist ein neuer Antrag notwendig, KG Rpfleger **93**, 462.

9 **B. Prüfungsumfang.** Der Kostenfestsetzungsbeschluß darf nicht über die Kostengrundentscheidung hinausgehen, BVerfG **62**, 193, Hbg MDR **98**, 1502, Karlsr FamRZ **04**, 967 (auch zum Austausch, § 104 Rn 18). Er kann zB auf Grund einer Vollstreckungsabwehrklage nach § 767 nicht auch Kosten aus demjenigen Titel erfassen, gegen den sich die Vollstreckungsabwehrklage richtet, sondern nur Kosten, die im Abwehrprozeß entstanden sind, Stgt Rpfleger **80**, 195. § 145 ist grundsätzlich unanwendbar, LG Bln Rpfleger **96**, 397. Eine Verbindung etwa nach § 147 nur zur Kostenfestsetzung ist ebenfalls unzulässig, Hamm Rpfleger **80**, 439.

10 Der Rpfl darf nur die *formelle* Wirksamkeit der Kostengrundentscheidung prüfen, Rn 18, aM Nürnb FamRZ **01**, 1720 (aber man darf nicht einen zumindest wirtschaftlich oft ganz erheblichen Teil der typisch dem Spruchrichter vorbehalten Arbeit auf den erst mit der Durchführung des Richterspruchs betrauten Rpfl übertragen). Wenn das Gericht also zB eine Partei im Erkenntnisverfahren als prozeßfähig behandelt hat, dann gilt die Partei auch im Kostenfestsetzungsverfahren nach §§ 51, 52 als prozeßfähig, Hbg MDR **89**, 826, Hamm AnwBl **82**, 71, selbst wenn sie in Wahrheit nicht prozeßfähig ist, aM Zweibr JB **05**, 89. Das gilt auch für die sog Postulationsfähigkeit, Schlesw SchlHA **89**, 130. Hat der Spruchrichter Kosten entgegen § 281 III 2 verteilt, so ist der Rpfl daran gebunden, Rn 17.

Das *Prozeßrechtsverhältnis* nach Grdz 4 vor § 128 bleibt zu prüfen. Wenn der Vollstreckungstitel seine Vollstreckbarkeit zumindest im Kostenpunkt verliert, etwa nach § 718 oder deshalb, weil die Parteien nach dem Erlaß des Urteils einen Prozeßvergleich nach Anh § 307 schließen, dann verliert auch der inzwischen etwa ergangene Kostenfestsetzungsbeschluß grundsätzlich seine Vollstreckbarkeit, KG MDR **79**, 408, Stgt Rpfleger **88**, 39, ThP § 103 Rn 3, aM Hbg MDR **81**, 763 (aber der Kostenfestsetzungsbeschluß hat den Bestand der Kostengrundentscheidung als seiner Basis zum Ob der Kostenerstattung als eine ganz selbstverständliche Bedingung zur Voraussetzung). Wegen eines Vergleichs nach dem Eintritt der Rechtskraft Karlsr MDR **77**, 937. Nur soweit die Parteien im Vergleich das Fortbestehen der erstinstanzlichen Kostengrundentscheidung vereinbaren, wird der zugehörige Festsetzungsbeschluß vom Vergleich ausnahmsweise nicht berührt, Mü MDR **01**, 414.

11 Auch wenn der neue Kostentitel etwa wegen eines Einspruchs gegen ein Versäumnisurteil mit dem früheren sachlich *übereinstimmt*, ist für die Kostenfestsetzung nur der neue Titel maßgebend, Ffm MDR **83**, 941.

12 **C. Zwangsvollstreckungsfragen.** Die Festsetzung der nach § 788 I entstandenen, erstattungsfähigen Kosten erfolgt nach § 788 II 1 in Verbindung mit §§ 103 II 2, 104, 107, Drsd JB **05**, 50 (Zuständigkeit des Vollstreckungsgerichts). In den Fällen der §§ 887–890 gelten nach § 891 S 3 für die Festsetzung der Kosten nach §§ 91 ff die §§ 106, 107 entsprechend. Wenn das Urteil für die Zwangsvollstreckung besondere Voraussetzungen aufstellt, etwa eine Sicherheitsleistung oder die Möglichkeit der Abwendung der Zwangsvollstreckung nach §§ 708 ff, oder wenn es um eine in den Haupttitel aufgenommene und auf die Kostenentscheidung miterstreckte beschränkte Erbenhaftung nach § 780 Rn 4 geht, Hamm MDR **82**, 855, KG MDR **81**, 851, dann kann zwar die Kostenfestsetzung erfolgen. Jedoch muß der Rpfl die Vollstreckungsgerichts diese Voraussetzungen und Bedingungen in den Kostenfestsetzungsbeschluß ebenfalls aufnehmen, Düss Rpfleger **81**, 409, Ffm Rpfleger **80**, 481. Dasselbe gilt bei vollstreckungsbeschränkenden Vereinbarungen in einem Vergleich, Mü Rpfleger **79**, 466. Der Rpfl nimmt aber eine gegen den Gläubiger der Hauptsache angeordnete Zug-um-Zug-Leistung nicht in den Kostenfestsetzungsbeschluß auf, Ffm Rpfleger **80**, 481. Denn die Erstattungsfähigkeit der Prozeßkosten hängt nicht von dieser Zug-um-Zug-Leistung ab. Eine Vollstreckungsabwehrklage nach § 767 bleibt statthaft, und zwar ohne § 767 II, Schlesw SchlHA **78**, 22, aM Ffm Rpfleger **87**, 331.

13 **D. Sicherheitsleistung.** Der Rpfl darf im Kostenfestsetzungsbeschluß die Höhe einer vom Gericht angeordneten Sicherheitsleistung nicht abweichend vom Urteil festsetzen, KG Rpfleger **84**, 246, Stgt Rpfleger **87**, 39. Denn die Sicherheitsleistung bezieht sich auf den ganzen Urteilsinhalt. Eine Bemessung der Sicherheitsleistung nur in der Höhe der festgesetzten Kosten wäre unzulässig, aM Bbg Rpfleger **81**, 455 (aber das liefe auf eine Erhöhung der Sicherheit hinaus. Denn man dürfte diese neue Sicherheitsleistung nicht von derjenigen abziehen, die das Gericht im Urteil angeordnet hatte).

14 **E. Rechtsschutzbedürfnis.** Auch der Erlaß eines Kostenfestsetzungsbeschlusses setzt ein Rechtsschutzbedürfnis voraus, Grdz 33 vor § 253, Hbg MDR **96**, 209, Karlsr Rpfleger **98**, 174, LAG Düss Rpfleger **04**, 65 (es fehlt bei Masseunzulänglichkeit). Nach einer Kostenerstattung fehlt für eine weitere Kostenfestsetzung durchweg das Rechtsschutzbedürfnis, Oldb Rpfleger **92**, 407. Dasselbe gilt bei einer Aufhebung der Kosten gegeneinander nach § 92 Rn 40 für die außergerichtlichen Kosten jeder Partei, LG Bielef Rpfleger **92**, 406. Es gilt auch nach einer sog Generalquittung, mag sie auch anläßlich des Rechtsstreits in anderen Prozessen erteilt worden sein, Hbg MDR **96**, 209. Es gibt im Verhältnis zwischen der Partei und ihrem Anwalt keine Rechtskraft nach § 322. In einem solchen Fall ist § 11 RVG anwendbar, oder der Anwalt kann eine Gebührenklage erheben, BVerfG NJW **77**, 145. Im Fall einer Anhörung nach § 94 III BVerfGG ergeht im vorangegangenen Prozeß keine Kostenfestsetzung, Mü Rpfleger **78**, 420.

15 **F. Sonstiges.** Der Kostenfestsetzungsbeschluß darf und soll zwecks Klarstellung ungeachtet seiner Bindung an die Kostengrundentscheidung nach Rn 8 eine dort vorhandene Beschränkung wiederholen, etwa eine Sicherheitsleistung, Karlsr Rpfleger **00**, 555. Wenn freilich der Kostenfestsetzungsbeschluß eine notwendige Beschränkung nicht ausdrücklich ausspricht, dann gilt diese Beschränkung trotzdem, Stgt Rpfleger **88**, 39. Sobald aus einem Kostenfestsetzungsbeschluß ohne die Beschränkungen hinausgehende Zwangsvollstreckung beginnt, kann der davon Betroffene die Erinnerung nach § 766 einlegen, KG Rpfleger **84**, 246. Wenn das Gericht die Zwangsvollstreckung ohne eine Sicherheitsleistung schlechthin eingestellt hat, dann muß der Rpfl zwar einen Kostenfestsetzungsbeschluß erlassen. Die Zwangsvollstreckung aus diesem

Kostenfestsetzungsbeschluß kann aber derzeit nicht stattfinden. Deshalb muß der Rpfl im Kostenfestsetzungsbeschluß einen Hinweis auf die Einstellung der Zwangsvollstreckung geben, Stgt Rpfleger **88**, 39.

Wenn der *Haupttitel* bestehen bleibt und wenn nur seine Wirkung wegen der Hauptsache *aufgehoben* wird, **16** nicht wegen der Kosten, etwa im Fall einer Vollstreckungsabwehrklage nach § 767, dann berührt diese Aufhebung die Wirksamkeit des Kostenfestsetzungsbeschlusses ausnahmsweise nicht, LG Bln Rpfleger **82**, 482. Wenn die zweite Instanz den erstinstanzlichen Kostengrundtitel nur zugunsten derjenigen Partei ändert, die den Kostenfestsetzungsbeschluß erwirkt hat, bleibt er zur Rangsicherung in der Zwangsvollstreckung ebenfalls wirksam, LG Köln Rpfleger **84**, 112.

Man darf auf Grund desselben Haupttitels wiederholt eine Kostenfestsetzung beantragen, also auch Kosten *nachfordern*, § 103 Rn 40. Die Mehrkosten sind aber nicht erstattungsfähig. Auch derselbe Posten läßt grundsätzlich eine Nachforderung zu. Denn die Rechtskraft des ersten Kostenfestsetzungsbeschlusses bezieht sich nur auf die damals geforderten Kosten, § 104 Rn 33.

G. Abänderung der Kostengrundentscheidung. Der Rpfl darf die Kostengrundentscheidung nach **17** Üb 35 vor § 91 grundsätzlich nicht abändern, Kblz MDR **00**, 113. Das gilt selbst dann, wenn sie verfehlt ist, § 281 Rn 58, Mü Rpfleger **86**, 108, Naumb Rpfleger **01**, 372, Nürnb MDR **95**, 966, Schneider MDR **89**, 226 (wegen zu großzügiger Beiordnung eines Anwalts), aM Düss RR **98**, 71, Mü MDR **00**, 542 (aber der Kostenentscheidung nach § 281 III 2 ist allein Sache des Prozeßgerichts, Rn 10).

Ausnahmen gelten nur bei sofortiger Erinnerung nach § 104 III in Verbindung mit § 11 II 2 RPflG, Anh **18** § 153 GVG, nach Zurückverweisung an den Rpfl sowie in den Fällen der Abänderung der Kostengrundentscheidung, Hamm JB **01**, 593. Keine solche Ausnahme ergibt sich aber schon wegen der Wirkungslosigkeit der Kostengrundentscheidung, LG Bonn Rpfleger **91**, 359, aM LG Kblz Rpfleger **91**, 360 (vgl aber Üb 18 vor § 300). Keine Instanz darf die Kostenentscheidung einer höheren Instanz abändern oder ergänzen, Mü Rpfleger **79**, 388 und 465. Eine solche Abänderung ist auch dann nicht erlaubt, wenn die höhere Instanz zB eine zwingende Bestimmung mißachtet hatte, etwa den § 281 III 2, KG MDR **76**, 405, Kblz AnwBl **88**, 650, Schlesw SchlHA **80**, 220, aM Ffm MDR **81**, 58 (aber mit solcher Haltung verstößt ein unteres Gericht gegen einen Elementargrundsatz des Prozeßrechts. Man darf sich nicht einfach über die Entscheidung hinwegsetzen, die die höhere Instanz in derselben Sache ohne Zurückverweisung endgültig getroffen hat). Die insoweit unrichtige Kostengrundentscheidung läßt sich dann nur vom zuständigen Gericht ändern, sofern ihre Änderung überhaupt zulässig ist. Im Änderungsfall ist für die neue Kostenfestsetzung eine Aufhebung des früheren Festsetzungsbeschlusses vielleicht nicht nötig, Ffm VersR **84**, 895. Sie ist aber meist zur Vermeidung von Mißverständnissen usw ratsam.

Der Rpfl *darf und muß aber* eine unklare oder widersprüchliche Kostengrundentscheidung *auslegen*, Hamm **19** Rpfleger **89**, 522, Kblz VersR **04**, 491, Mü Rpfleger **91**, 175, strenger KG MDR **79**, 408, LAG Hbg MDR **87**, 962 (aber Auslegung ist nach Einl III 35 stets ein methodisch einwandfreies Mittel, solange nicht Wortlaut und Sinn eindeutig sind, Einl III 39). Der Rpfl muß eine praktisch brauchbare Auslegung wählen, soweit die Kostengrundentscheidung eine solche Auslegung irgend zuläßt, Kblz VersR **04**, 491, Mü Rpfleger **79**, 466.

5) Prozeßkostenhilfe. Eine Festsetzung derjenigen Kosten, die die Staatskasse einem im Verfahren auf die **20** Bewilligung einer Prozeßkostenhilfe nach § 121 beigeordneten Anwalt ersetzen muß, hat mit der Kostenfestsetzung nach den §§ 103 ff nichts gemeinsam. Die Festsetzung der Kosten im Zusammenhang mit der Prozeßkostenhilfe verlangt keinen vollstreckbaren Titel. Sie schafft auch keinen solchen. Sie wirkt nur der Staatskasse gegenüber wie eine Feststellung. Die §§ 45 ff RVG sprechen daher auch von einer „Vergütung".

6) *VwGO*: Da die Kostenfestsetzung nur knapp in § 164 *VwGO* (Zuständigkeit) und in § 165 *VwGO* **21** (Erinnerung) geregelt ist, sind §§ 103 bis 107 entsprechend anzuwenden, § 173 *VwGO*, allgM, OVG Münst DÖV **64**, 570, RedOe Anm 3 u KoppSch Rn 3 zu § 164 *VwGO*.

103 Kostenfestsetzungsgrundlage; Kostenfestsetzungsantrag.

¹Der Anspruch auf Erstattung der Prozeßkosten kann nur auf Grund eines zur Zwangsvollstreckung geeigneten Titels geltend gemacht werden.

II ¹**Der Antrag auf Festsetzung des zu erstattenden Betrages ist bei dem Gericht des ersten Rechtszuges anzubringen.** ²Die Kostenberechnung, ihre zur Mitteilung an den Gegner bestimmte Abschrift und die zur Rechtfertigung der einzelnen Ansätze dienenden Belege sind beizufügen.

Gliederung

1) Systematik, I, II 1	6) Festsetzungsantrag, II 31–43
2) Regelungszweck, I, II 2	A. Antragsteller 31
3) Geltungsbereich, I, II 3	B. Beispiele zur Frage eines Antragsrechts 32, 33
4) Erstattungsanspruch, I 4–16	C. Antragsgegner 34
A. Begriff des Vollstreckungstitels 4	D. Form, II 1 35
B. Beispiele zur Frage des Vorliegens eines Vollstreckungstitels 5–15	E. Kostenberechnung, II 2 36
	F. Abschrift, II 2 37
C. Gesetzliche Kostenfolge 16	G. Einzelnachweis, II 2 38
5) Gegenstand der Kostenfestsetzung, I, II 17–30	H. Weitere Unterlagen, II 2 39
	I. Frist; Nachforderung 40
A. Grundsatz: Nur Prozeßkosten 17	J. Zuständigkeit 41–43
B. Beispiele zur Frage des Vorliegens von Prozeßkosten 18–30	7) *VwGO* 44

§ 103 Buch 1. Abschnitt 2. Parteien

1 **1) Systematik, I, II.** Die Vorschrift regelt den erforderlichen Festsetzungsantrag und seine Voraussetzungen. § 104 regelt das anschließende Verfahren.

2 **2) Regelungszweck, I, II.** Die Vorschrift ist eine Folge der Parteiherrschaft, Grdz 18 vor § 128. Als eine das Verfahren einleitende Formvorschrift ist § 103 nicht zu großzügig auslegbar. Mag der Antragsteller mit aller ihm zuzumutenden Sorgfalt beantragen, was er erstattet haben will.

Überhöhte Festsetzung würde sich ergeben, wenn so mancher Antrag vollen Erfolg hätte. Selbst eine Zurückweisung in vollem Antragsumfang führt aber nicht zu einer weiteren (Kosten-)Folge. Das entspricht allerdings nicht dem Grundgedanken der §§ 91 ff, daß der Verlierer auch Verfahrenskosten tragen soll. Auch § 97 sieht ja für ein Rechtsmittel eine solche Folge vor. Man könnte also auch die oft beträchtliche erstinstanzliche Arbeit des Gerichts wie des ProzBev des Antragsgegners ohne Systembruch kostenrechtlich ausgleichen. Indessen entsteht ein Kostenrisiko erst im Beschwerdezug des Festsetzungsverfahrens. Eine erst- wie zweitinstanzliche Risikogrenze wird freilich beim Schritt zur Unwahrheit, zum bewußt nicht nur rechtlich Übererbetenen, sondern auch tatsächlich unbewußt überquert. Umso sorgfältiger darf und muß das Gericht den Antrag prüfen. Das gilt trotz der Anforderung bloßer Glaubhaftmachung in § 104 II 1 und noch weiteren Entgegenkommens in § 104 II 3. Vgl freilich auch Einf 6 vor §§ 103–107.

3 **3) Geltungsbereich, I, II.** Vgl Üb 12, 13 vor § 91. II 2 gilt auch in der Zwangsvollstreckung, § 788 II 1, und im FGG-Verfahren, LG Mü Rpfleger **01**, 205 (WEG).

4 **4) Erstattungsanspruch, I.** Die Vorschrift regelt den in Üb 26 ff vor § 91 dargestellten Anspruch näher.

A. Begriff des Vollstreckungstitels. Ein Anspruch auf die Erstattung von Prozeßkosten (freilich nicht schon der Festsetzungsantrag, II) setzt grundsätzlich voraus, daß ein beliebiger vorläufig vollstreckbarer oder rechtskräftiger zivilprozessualer bundesgesetzlicher oder landesgesetzlicher Vollstreckungstitel nach Grdz 15–27 vor § 704, § 794 mit einer für eine Festsetzung geeigneten Kostengrundentscheidung nach Üb 35 vor § 91 formell dasselbe Verfahren betreffend wirksam vorliegt, Ffm MDR **92**, 813, KG MDR **95**, 531, Kblz JB **05**, 262. Er darf auch nicht durch einen nachfolgenden Vergleich im Sinn von Anh § 307 überholt sein, Ffm JB **79**, 604, Schlesw SchlHA **88**, 31. Er darf ferner nicht wegen der vorläufigen Vollstreckbarkeit aufgehoben worden sein, etwa nach § 717 I.

5 **B. Beispiele zur Frage des Vorliegens eines Vollstreckungstitels**
Abweisende Entscheidung: Rn 6 „Beschluß", Rn 14 „Urteil", Rn 15 „Vollstreckungsabwehrklage".
Anwaltsvergleich: Vgl §§ 796 b Rn 7.
Arrest, einstweilige Verfügung: Es handelt sich zumindest insoweit um einen Vollstreckungstitel, als die Entscheidung einen Kostengrundausspruch enthält. Vgl aber wegen etwaiger Blankettabreden KG Rpfleger **79**, 388. Das gilt auch dann, wenn ein Vollzug der Entscheidung nicht mehr statthaft ist, § 928 Rn 4, zumindest bis zur Aufhebung, Hamm JB **97**, 151 (abl Schröder). Etwas anderes gilt bei einer einstweiligen Anordnung, Rn 5. Bei entgegengesetzten Entscheidungen nach § 927 ist jeder Titel für sich verwendbar, Mü AnwBl **88**, 416, Schlesw JB **95**, 308. Für die Kosten des Vollzugs nach § 929 ist der Eilbeschluß Vollstreckungstitel. Eine Kostenentscheidung nach § 942 I erfaßt auch die vor dem AG entstandenen Kosten, Zweibr JB **85**, 1715. Ein Aufhebungsbeschluß nach § 942 III ist ein Vollstreckungstitel, soweit er über die Kosten entscheidet.
Außergerichtliche Vereinbarung: Die außergerichtliche und nicht anschließend gerichtlich protokollierte Vereinbarung ist mit Ausnahme eines Anwaltsvergleiches nach §§ 796 a–c *kein* Vollstreckungstitel, Düss JB **82**, 1672, KG Rpfleger **80**, 233, Mü Rpfleger **90**, 136. Dasselbe gilt für eine entgegen § 12 a I 1 ArbGG getroffene Kostenerstattungsvereinbarung, LAG Düss NZA-RR **04**, 550.
S auch Rn 10 „Prozeßvergleich", Rn 12 „Schiedsvergleich".

6 **Bedingung, Betagung:** Eine Entscheidung, deren Vollstreckung in der Hauptsache bedingt oder betagt ist, ist ein Vollstreckungstitel wegen der Kosten. Denn die Bedingung oder Betagung ergreift die Kostenfolge nicht mit, es sei denn, die Parteien hätten auch die Kostenfrage unter eine Bedingung gestellt, Mü MDR **99**, 1157.
S auch Rn 13 „Sicherheitsleistung".
Beschluß: Der Beschluß kann beim Stattgeben zur Hauptsache und im übrigen stets wegen der Kosten ein Vollstreckungstitel sein. Es gelten grds die Regeln zum Urteil nach Rn 14 auch beim Beschluß.

7 **Eidesstattliche Versicherung:** Zwar muß man eine solche Erklärung dann vor dem Abgabegericht mit einer Kostengrundentscheidung beantragen, wenn der Schuldner sie nicht vor dem Prozeßgericht abgegeben hat, sondern vor einem FGG-Gericht. Wenn nun aber gleichwohl das Prozeßgericht eine solche getroffen hat, muß sich der Rpfl auch an sie halten, § 104 Rn 10 ff. Das übersieht KG RR **93**, 63.
Einstweilige Anordnung: Wegen der Eigenschaft als Vollstreckungstitel auch dann, wenn ein Vollzug nicht mehr statthaft ist, vgl § 620 q, MDR **82**, 328.
S auch Rn 3 „Arrest, einstweilige Verfügung".
Erledigung der Hauptsache: Soweit die Kostenentscheidung nach § 91 a ergibt, daß sie die Vergleichsprüfung mitregelt, liegt ein Vollstreckungstitel vor. Dasselbe gilt, soweit sich die Parteien darüber einig sind, KG MDR **88**, 1063, Karlsr MDR **88**, 1063, Mü MDR **96**, 1194.
Festsetzungsbeschluß: Er ist Vollstreckungstitel nach § 794 I Z 2.
Feststellungsurteil: Rn 14 „Urteil".
Insolvenztabelle: Eine dortige Eintragung ist wegen der Kosten der Zwangsvollstreckung ein Vollstreckungstitel, LG Köln KTS **85**, 124.
Klagerücknahme: Rn 8, § 269 Rn 33.
Mahnbescheid, dazu *Hofmann* Rpfleger **82**, 325, *Mertes* Rpfleger **82**, 117: Erst der etwa nachfolgende Vollstreckungsbescheid nach Rn 15 ist ein Vollstreckungstitel.

8 **Nicht vollstreckbare Entscheidung:** Eine in der Hauptsache nicht vollstreckbare Entscheidung ist ein Vollstreckungstitel, soweit sie äußerlich vollstreckbar ist, etwa wegen der Kosten, zB bei § 91 a, Rn 5 „Erledigung der Hauptsache", oder bei § 516 III.
S auch Rn 4 „Beschluß", Rn 14 „Urteil".

Titel 5. Prozesskosten **§ 103**

Ordnungsmittel: Eine Entscheidung zB nach § 380 ist ein Vollstreckungstitel, allerdings *nicht* zugunsten des ProzBev, LG Bln Rpfleger **78**, 331.
S auch Rn 4 „Beschluß".

Privatklage, Nebenklage: Wenn die Parteien in einem Prozeßvergleich andere Streitigkeiten mitvergleichen, ist der Vergleich natürlich auch insoweit ein Vollstreckungstitel, zB bei einem bürgerlichrechtlichen Anspruch aus Anlaß einer Privat- oder Nebenklage. 9
S auch Rn 13 „Strafverfahren".

Prozeßvergleich: Ein gerichtlicher Vergleich nach § 794 I Z 1 ist ein Vollstreckungstitel. Das gilt auch für den zwar von den Parteien außergerichtlich ausgehandelten, dann aber protokollierten Vergleich, BGH NJW **02**, 3713 (krit Scharf LMK **03**, 36), Düss AnwBl **84**, 383, Mü Rpfleger **90**, 136. Hierher gehört auch der Vergleich nach § 278 VI. Der Vergleich muß natürlich formell wirksam sein, §§ 160 III Z 1, 162, BGH VersR **04**, 395, Nürnb MDR **02**, 354, Zweibr Rpfleger **00**, 461. Das Nachgeben nur einer Partei genügt, Anh § 307 Rn 3, Zweibr MDR **89**, 362 (auch nach einem jetzt aufgehobenen Urteil). Es genügt auch ein Vergleich im Verfahren nach § 118 I 3 Hs 2 oder vor dem Arbeitsgericht, einschränkend LAG Nürnb MDR **00**, 1340. Ausreichend ist ein Vergleich ferner: Im Eilverfahren, auch wenn er die künftige Kostengrundentscheidung des Hauptsacheverfahrens für maßgeblich erklärt, KG MDR **79**, 1029 (ab Rechtskraft des letzteren); dann, wenn die Parteien andere Streitigkeiten mitverglichen haben, KG MDR **84**, 590, Mü JB **78**, 1024. 10
Gegen einen Dritten erfolgt *keine* Festsetzung, Ffm JB **98**, 599.

Scheidungsvergleich: Ein Vergleich in einem Scheidungsverfahren ist grds nur wegen der Kosten vollstreckbar, Zweibr JB **78**, 1884. Vgl aber § 93 a Rn 19–21. 11
S auch Rn 2 „Außergerichtlicher Vergleich", Rn 10 „Prozeßvergleich".

Schiedsgutachten: Es ist *kein* Vollstreckungstitel, Hbg JB **82**, 769. 12
Schiedsspruch: Er ist ein Vollstreckungstitel im Sinn von I, sofern er nach § 1055 rechtskräftig oder für vorläufig vollstreckbar erklärt ist, § 794 I Z 4 a.
S auch „Schiedsspruch mit vereinbartem Wortlaut".

Schiedsspruch mit vereinbartem Wortlaut: Der nach § 1053 zustande gekommene Vergleich ist ein Vollstreckungstitel, § 794 I Z 4 a.
S auch „Schiedsspruch".

Selbständiges Beweisverfahren: Man muß seine Kosten im Hauptprozeß nach §§ 103 ff festsetzen, § 91 Rn 195, BGH **132**, 104.

Sicherheitsleistung: Wenn der Haupttitel eine Sicherheitsleistung voraussetzt, handelt es sich um eine Bedingung der Beitreibung des Hauptanspruchs, aber nicht um eine Bedingung der Kostenfestsetzung. Vgl freilich Einf 13 vor § 103. 13
S auch Rn 4 „Bedingung, Betagung".

Sozietät: Der Titel muß jeden Sozius genau bezeichnen.
Strafverfahren: Auch im Strafprozeß ergangene Entscheidungen kann ein Vollstreckungstitel im Sinn von I wegen der Kosten sein, §§ 103 ff entsprechend, § 104 Rn 3, Kblz Rpfleger **89**, 78.
S auch Rn 9 „Privatklage, Nebenklage".

Unklarheit: Sie läßt sich evtl durch eine Auslegung beheben, KG MDR **02**, 722, Kblz JB **03**, 93, Mü JB **91**, 121, aber nicht durch eine Beweisaufnahme, Schlesw SchlHA **82**, 173. 14

Urteil: Das Urteil jeder Art über einen Leistungs- oder Gestaltungsanspruch ist, soweit es der Klage stattgibt, zur Hauptforderung und darüber hinaus wegen der Kosten und, soweit es die Klage abweist, wegen der Kosten ein Vollstreckungstitel. Das stattgebende positive oder negative Feststellungsurteil ist wegen der Kosten ein Vollstreckungstitel, das abweisende ebenso. Das stattgebende negative Feststellungsurteil kann zur Hauptsache indirekt ein Vollstreckungstitel sein.

Verfassungsbeschwerde: §§ 103 ff sind auf Entscheidungen des BVerfG *unanwendbar*, Mü VersR **79**, 90.
Vergleich: Rn 3 „Außergerichtlicher Vergleich", Rn 10 „Prozeßvergleich", Rn 12 „Scheidungsvergleich".
Vermerk: Ein richterlicher Vermerk, die Parteien hätten sich über eine bestimmte nicht protokollierte Kostenregelung geeinigt, genügt *nicht*, Mü JB **96**, 261.
Versäumnisurteil: S zunächst Rn 14 „Urteil". Ein Versäumnisurteil bleibt auch dann wegen seiner Kostenentscheidung ein Vollstreckungstitel, wenn die Parteien nach rechtzeitigem Einspruch des Unterlegenen die Hauptsache beiderseits wirksam für erledigt erklärt haben, solange keine Entscheidung nach § 91 a ergangen oder das Versäumnisurteil sonst gegenstandslos geworden ist, Kblz MDR **80**, 320.

Vollstreckbare Urkunde: Sie ist ein Vollstreckungstitel. 15
Vollstreckungsabwehrklage: Im Fall der Abweisung einer Klage nach § 767 gibt dieses Urteil *keinen* Vollstreckungstitel wegen der Kosten eines Vollstreckungsversuchs aus dem Ursprungstitel. Dieser bleibt auch bei einer stattgebenden Vollstreckungsklage wegen § 322 insoweit bestehen, BGH NJW **95**, 3318, Ffm Rpfleger **80**, 194.

Vollstreckungsbescheid: Der Vollstreckungsbescheid ist ein Vollstreckungstitel, § 699 III. Er muß freilich eine Kostengrundentscheidung enthalten, LG Bln Rpfleger **96**, 298, LG Saarbr JB **99**, 532, aM KG MDR **95**, 531, Kblz JB **85**, 780, LG Saarbr JB **01**, 532 (aber eine Kostengrundentscheidung ist fast stets Bedingung einer entsprechenden Vollstreckbarkeit, § 750). Zum Mahnverfahren generell Hofmann Rpfleger **82**, 325.

Vorläufige Vollstreckbarkeit: Wenn das Verfahren nach § 704 Rn 4 keine vorläufig vollstreckbare Entscheidung zuläßt, dann muß das Urteil rechtskräftig werden, um zum Vollstreckungstitel zu werden, Mü Rpfleger **81**, 71, Schlesw SchlHA **79**, 214.

Zwischenstreit: Seine Kostengrundentscheidung eignet sich nur zur Festsetzung der Kosten gerade dieses Zwischenstreits.

C. Gesetzliche Kostenfolge. Eine richterliche Entscheidung ist an sich nicht erforderlich, wenn die Kostenfolge kraft Gesetzes feststeht, zB bei § 269 III 2, IV, der vielfach verkannt wird, § 269 Rn 33. Freilich kann dann zB ein Beschluß nach § 269 IV notwendig werden. Dann bildet er den Vollstreckungstitel. 16

§ 103

17 4) Gegenstand der Kostenfestsetzung, I, II. Die Vorschrift grenzt gegenüber sachlichrechtlichen Erstattungsansprüchen ab.

A. Grundsatz: Nur Prozeßkosten. Der Kostenfestsetzung unterliegen grundsätzlich nur die Prozeßkosten, § 91 Rn 70 ff, Mü FamRZ **02**, 680, LAG Köln MDR **01**, 775, LAG Nürnb MDR **00**, 1340. Sie umfassen die Vorbereitungskosten, also solcher Kosten, die für den Beginn des Prozesses entstanden waren und zur Durchführung des Prozesses nötig wurden, § 91 Rn 270 ff, aM Ffm JB **03**, 201, Mü MDR **02**, 237, Naumb JB **02**, 371. Letztere muß man unabhängig von einer Prozeßkostenhilfe prüfen, Mü JB **97**, 535.

18 B. Beispiele zur Frage des Vorliegens von Prozeßkosten
Abmahnkosten: Sie können nach §§ 103 ff festsetzbar sein, Nürnb JB **92**, 614, aM Hbg MDR **93**, 388, Zweibr JB **05**, 313 (aber auch dann gelten die allgemeinen Regeln uneingeschränkt. Die Abmahnung erfolgt ja meist auch zwecks etwaiger Vorbereitung eines Prozesses. Auch Vorbereitungskosten sind Prozeßkosten, § 91 Rn 270 ff).
Darlehenskosten: Rn 21 „Kreditkosten".

19 Freiwillige Gerichtsbarkeit: Im FGG-Verfahren sind §§ 103 ff entsprechend anwendbar, § 13a II Hs 2 FGG, zB in einer WEG-Sache, BayObLG WoM **92**, 645.
Geschäftsgebühr: Eine solche nach (jetzt) VV 2300 ist *grds nicht* Teil der folgenden Prozeßkosten, Ffm NJW **05**, 759, Kblz AnwBl **05**, 436, Mü FamRZ **02**, 680.

20 Hebegebühr: Eine Hebegebühr nach VV 1009 gehört zu den Prozeßkosten, soweit sie erstattungsfähig ist, Schlesw AnwBl **89**, 170, LG Ffm AnwBl **89**, 109.
Hinterlegung: Kosten eines Hinterlegungsverfahrens unterliegen nur dann der Kostenfestsetzung, wenn die Parteien die Erstattung in einem Vergleich vereinbart haben, Düss MDR **75**, 675.

21 Kreditkosten: Kosten eines Darlehens, das der Kostenschuldner zwecks Bezahlung von Prozeßkosten aufgenommen hat, sind *nicht* Prozeßkosten im Sinn von I, Kblz AnwBl **88**, 296, Köln JB **92**, 819.

22 Mahnverfahren: Die Kosten eines Mahnverfahrens nach §§ 688 ff sind *nicht* Prozeßkosten im Sinn von I. Denn wegen der §§ 692, 699 fehlt es insofern ein Rechtsschutzbedürfnis.
Markensache: Im Verfahren vor dem Patentgericht nach §§ 66 ff MarkenG sind §§ 103 ff entsprechend anwendbar, § 71 V MarkenG. Dasselbe gilt im Rechtsbeschwerdeverfahren vor dem BGH, § 90 IV MarkenG.
Nicht entstandene Kosten: Solche Beträge sind natürlich *nicht* Prozeßkosten im Sinn von I, BVerfG **62**, 193.
Notwendigkeit der Kosten: § 91 Rn 28.

23 Prozeßkostenvorschuß: Ein derartiger Vorschuß eines Ehegatten an den anderen zählt *grds nicht* zu den Prozeßkosten im Sinn von I. Denn es handelt sich insofern um einen sachlichrechtlichen Unterhaltsanspruch. Deshalb ist zu dieser Frage evtl ein neuer Prozeß unvermeidbar, Düss MDR **96**, 610, Hamm FamRZ **99**, 728 (Verrechnung allenfalls, beim Erstattungsanspruch und Vorschuß die dem Gegner entstandenen Kosten übersteigen), Mü Rpfleger **95**, 84, aM Stgt FamRZ **87**, 968, Zweibr Rpfleger **98**, 261, RoSGo § 88 III 2 c (aber man darf nicht den prozessualen Anspruch mit einem etwaigen sachlichrechtlichen vermengen). Ausnahmen gelten bei Offenkundigkeit oder Unstreitigkeit, § 104 Rn 12, Düss JB **05**, 314, Kblz Rpfleger **85**, 209, Köln JB **98**, 309.

Ebenfalls nicht zu den Prozeßkosten gehört ein Vorschuß eines *Elternteils* an das auf Unterhalt klagende Kind, Kblz Rpfleger **85**, 209. Der Antrag des Erstattungspflichtigen zur Berücksichtigung eines *gezahlten* Vorschusses ist unbeachtlich, Zweibr Rpfleger **81**, 455.

24 Sachlichrechtlicher Anspruch: Ein solcher ist *kein* Teil der Prozeßkosten im Sinn von I. Das gilt zB: Für Verzugsschaden, selbst nach Antragsumstellung wegen Erledigung zwischen Anhängigkeit und Rechtshängigkeit, Kblz MDR **02**, 357; für den Anspruch eines Schiedsgutachters, §§ 317 ff BGB, Düss Rpfleger **90**, 135; für einen Anspruch nach § 717 II, dort Rn 13; für einen Anspruch nach (jetzt) VV 2300, Kblz AnwBl **87**, 53; für einen Prozeßkostenvorschuß nach § 1360a IV BGB, Rn 23; für einen von § 12a I ArbGG abweichenden Anspruch, LAG Mainz BB **99**, 2252.
Scheidungsfolgenvergleich: Rn 26 „Vergleich".
Selbständiges Beweisverfahren: Soweit ein Vollstreckungsbescheid eine Kostengrundentscheidung enthält, Rn 15, können auch die Kosten eines zugehörigen selbständigen Beweisverfahrens Prozeßkosten sein, LG Saarbr JB **99**, 532.

25 Überzahlung: Überzahlte Kosten, etwa auf einen dann abgerundeten Kostentitel, sind Prozeßkosten, wenn die Zahlung durch eine Quittung nachweisbar ist, KG Rpfleger **80**, 69. Das gilt nur dann *nicht*, wenn der Rpfl sachlichrechtliche Fragen entscheiden müßte, Düss Rpfleger **77**, 260, aM Kblz Rpfleger **86**, 674.
Umsatzsteuer: Vgl § 91 Rn 213 sowie § 104 II 3.

26 Vergleich: Es bedarf zur Festsetzung einer eindeutigen Regelung, LAG Nürnb MDR **00**, 1340.

Soweit die Parteien in einem Vergleich nur die Kosten „des Verfahrens" geregelt haben, gehören Kosten einer vorangegangenen Zwangsvollstreckung *nicht* zu den Prozeßkosten im Sinn von I, Dresden RR **99**, 943, Karlsr MDR **94**, 734, Kblz MDR **76**, 584. *Nicht* hierher gehören die Kosten eines Scheidungsfolgenvergleichs, Kblz JB **77**, 817, und Kosten außergerichtlicher Verhandlungen, selbst wenn die Parteien ihr Ergebnis in den Prozeßvergleich einbezogen haben, BGH BB **05**, 516.

S auch Rn 20 „Hinterlegung".
Verweisung: Anwaltskosten vor dem ArbG gehören im Fall einer Verweisung an das ordentliche Gericht *nicht* zu den Prozeßkosten, § 12a ArbGG, Ffm MDR **83**, 942.

27 Vorangegangene Vollstreckung: Rn 26 „Vergleich".
Vorprozeß: Kosten eines Vorprozesses sind *nicht* Kosten des jetzigen Verfahrens, Kblz BB **85**, 357.

28 Zeugengeld: Zeugengelder, die eine Partei verauslagt hat, zählen zu den Prozeßkosten. Für sie ist allerdings eine Festsetzung dann unzulässig, wenn die siegende Partei, die einen Kostentitel gegenüber dem Zeugen besitzt, nicht vorher erfolglos versucht hatte, eine Beitreibung gegenüber dem Zeugen zu erwirken, oder wenn es sich nur um Auslagen des zu den Kosten Verurteilten handelt, Hamm MDR **92**, 814.

Titel 5. Prozesskosten **§ 103**

Zwangsvollstreckungskosten: Die Kosten der Zwangsvollstreckung einschließlich derer nach § 887, dort **29** Rn 8, sind Prozeßkosten, BGH NJW **86**, 2438, Kblz JB **99**, 328. Der Gläubiger kann sie zwar ohne förmliches Festsetzungsverfahren beitreiben, § 788 I. Er darf es aber durchführen, § 788 II, § 891 S 3.
 Keine Prozeßkosten sind Schadensersatzansprüche gegen den Drittschuldner nach § 840, LAG Köln MDR **01**, 775.
 S aber auch Rn 26 „Vergleich".
Zweitschuldner: Kosten, die der Erstattungsberechtigte als Zweitschuldner an die Justizkasse gezahlt hat, **30** sind Prozeßkosten mit Ausnahme beigetriebener Kosten, LG Bln AnwBl **90**, 567.
6) Festsetzungsantrag, II. Man muß zwischen dem Erstattungsantrag nach I und dem auf ihn **31** abzielenden Festsetzungsantrag nach II unterscheiden. Der Kostenfestsetzungsbeschluß schafft den nach I erforderlichen Vollstreckungstitel, § 794 I Z 2. Denn erst er und nicht schon die gesetzliche oder richterliche Kostengrundentscheidung enthalten die Kostenbeträge, derentwegen die Zwangsvollstreckung möglich wird.
 A. Antragsteller. Es ist grundsätzlich ein Antrag erforderlich, Mü JB **95**, 427. Dieser ist nur im Fall § 105 II entbehrlich. Der Antragsteller muß den Rechtsstreit genau bezeichnen. Er muß gerade die Kostenfestsetzung begehren. Zum Antrag ist jeder berechtigt, den ein vollstreckbarer Titel zumindest wegen der Prozeßkosten als einen Gläubiger oder nach der Umschreibung der Vollstreckungsklausel als den Rechtsnachfolger des Gläubigers ausweist, §§ 727 ff, KG Rpfleger **82**, 353. Als einen Rechtsnachfolger darf und muß der Rpfl auch denjenigen ansehen, der den Erstattungsanspruch pfänden und sich überweisen ließ. Der Rpfl muß § 308 I beachten, Hamm AnwBl **02**, 437, Mü JB **95**, 427. Kein Rechtsnachfolger ist derjenige, der nach den Erlöschen des Vorgängers und anschließender gegnerischer Klagerücknahme nicht im Beklagtenrubrum genannt ist, Kblz JB **00**, 316, aM ZöHe 21 (aber bis zur etwaigen Berichtigung nach § 319 muß es schon wegen § 418 beim bisherigen Rubrum bleiben). Ein Festsetzungsantrag läßt sich nicht als Antrag auf Ergänzung der Kostengrundentscheidung nach § 321 umdeuten, Mü RR **03**, 1440.
 B. Beispiele zur Frage eines Antragsrechts **32**
Abtretung: Antragsberechtigt ist derjenige, dem der Erstattungsanspruch dem Grunde nach oder sicherungshalber abgetreten hat, BGH NJW **88**, 3205, LG Itzehoe AnwBl **89**, 164, aM Bre MDR **89**, 460. Es erfolgt freilich keine Festsetzung in der Weise, daß an den Abtretungsnehmer zu zahlen sei, und zwar auch dann nicht, wenn es sich bei ihm um den ProzBev handelt. Der neue Gläubiger muß den Anspruch nach § 727 ff auf sich umschreiben lassen, Stgt Just **78**, 472.
Ausgeschiedener: Antragsberechtigt ist eine ausgeschiedene Partei, Hamm JB **75**, 1503.
Ausländischer Anwalt: Ein Rechtsschutzbedürfnis zur Antragstellung kann trotz einer ausländischen Festsetzung von Kosten eines ausländischen Anwalts bestehen, Kblz Rpfleger **86**, 151.
Beigeordneter Anwalt: Antragsberechtigt ist der im Verfahren auf eine Prozeßkostenhilfe nach § 121 beigeordnete Anwalt, § 126, Lappe Rpfleger **84**, 129 (auch zum Verhältnis zu der begünstigten Partei als der etwaigen weiteren Antragstellerin).
Dritter: Antragsberechtigt ist an einer Kostenregelung beteiligter Dritter.
Höhere Instanz: Eine abändernde Rechtsmittelentscheidung führt nicht zur Unwirksamkeit des Festsetzungsgesuchs aus der Vorinstanz, Hamm AnwBl **82**, 384.
Parteifähigkeit: Antragsgegner ist derjenige, dessen Parteifähigkeit das Gericht in dem zugrunde liegenden Titel verneint hat, Schlesw SchlHA **78**, 178.
Parteiwechsel: Maßgebend ist der Gesamtinhalt des Urteils, Hamm JB **75**, 1503.
Pfändung: Rn 31.
Prozeßbevollmächtigter: Er ist für den Antraggeber antragsberechtigt und tut das im Zweifel auch bei der „Ich"-Form der Antragstellung, Kblz JB **02**, 199.
Prozeßfähigkeit: Der Beteiligte ist beim Streit prozeßfähig, Ffm JB **82**, 452, Hamm AnwBl **82**, 70, Köln OLGR **94**, 320.
Prozeßgegner: *Nicht* antragsberechtigt ist der Prozeßgegner mit Ausnahme der ihm selbst zustehenden **33** Erstattungsforderung, LG Wuppert Rpfleger **75**, 370.
Rechtsmittel: Rn 32 „Höhere Instanz".
Rechtsnachfolger: Rn 31.
Sozius: Jeder Sozius ist Gesamtgläubiger des zugunsten der Sozietät ergangenen Festsetzungsbeschlusses, BGH NJW **96**, 2859.
Streitgenosse: Antragsberechtigt ist ein Streitgenosse. Das gilt auch dann, wenn das Gericht den Ausgleichsanspruch im Urteil oder Vergleich geregelt hat, Rn 34. Dabei ist der Antrag mehrerer Streitgenossen nur zulässig, soweit jeder einzelne Antragsteller den gerade von ihm begehrten Erstattungsbetrag nennt, Kblz Rpfleger **90**, 436, Mü AnwBl **85**, 42, LG Bln Rpfleger **96**, 397.
 S auch Rn 32 „Ausgeschiedener".
Streithelfer: Antragsberechtigt ist ein Streithelfer, Mü NJW **75**, 1367.
Umschreibung: Rn 31.
Vergleich: Rn 32 „Dritter".
Verkehrsanwalt: Er ist *nicht* für sich antragsberechtigt, Kblz RR **97**, 1023, Mü MDR **81**, 502.
Wahlanwalt: Der zum Wahlanwalt gemachte ProzBev kann seine Vergütung gegenüber dem Vollmachtgeber nur nach § 11 RVG festsetzen lassen, hat also *kein eigenes* Antragsrecht nach § 103, Hüttenhofer AnwBl **89**, 153. Es besteht daher für eine Gebührenklage kein Rechtsschutzbedürfnis.
Zweitschuldner: Ein Zweitschuldner, den die Gerichtskasse nach § 31 II GKG in Anspruch genommen hat, kann die Gerichtskosten gegenüber dem Entscheidungsschuldner nach § 29 Z 1 GKG als dem Erstschuldner zur Zahlung an die Kasse festsetzen lassen.
 C. Antragsgegner. Man muß den Antrag auf die Festsetzung der Prozeßkosten gegenüber demjenigen **34** stellen, dem die Kostengrundentscheidung nach Üb 35 vor § 91 die Kosten auferlegt, Düss MDR **80**, 853, Naumb Rpfleger **02**, 369, ferner gegenüber dem Rechtsnachfolger oder gegenüber demjenigen, gegen den das Gericht sonst eine Vollstreckungsklausel nach §§ 724 ff erteilt hat. Wenn sich die Kostengrundentschei-

§ 103

dung in einem Vergleich nach Anh § 307 befindet, dann kommt als Antragsgegner auch ein Streitgenosse in Betracht, § 59, Köln VersR **93**, 203, Mü Rpfleger **75**, 323. Dasselbe gilt dann, wenn der Kostenausgleichsanspruch eines Streitgenossen gegen den anderen im Tenor eines Urteils oder in einem Vergleich eindeutig geregelt worden ist, Bre MDR **03**, 1080, LG Bln Rpfleger **96**, 397, aM LG Bln Rpfleger **82**, 391, ZöHe 21 „Streitgenossen" (keine Kostenerstattung zwischen Streitgenossen. Aber auch ihr Kostenausgleich läßt wegen der Prozeßwirtschaftlichkeit nach Grdz 14 vor § 128 eine Festsetzung sinnvollerweise zu). Ferner kommt ein Streithelfer in Betracht, § 66, Mü NJW **75**, 1367, oder ein Dritter, der die Kosten übernommen hat. Der Insolvenzverwalter nach Grdz 10 vor § 50 kommt als Antragsgegner nur bis zu dem Zeitpunkt der Einstellung des Insolvenzverfahrens in Betracht, Schlesw JB **78**, 445, und auch nicht mehr nach seiner Anzeige der Masseunzulänglichkeit, BGH Rpfleger **05**, 382 (Altgläubiger).

Eine Zwangsvollstreckung gegenüber einer Person, die nicht zur Bezahlung der Kosten verurteilt worden ist, kann nur nach einer *Umschreibung* des Vollstreckungstitels gegen diese Person stattfinden. Eine Unterbrechung oder eine Aussetzung des Verfahrens nach § 249 Rn 6 sind hier unerheblich. Denn es handelt sich bei der Kostenfestsetzung um ein Nebenverfahren. Die Unterbrechung oder die Aussetzung sind also nicht etwa nur dann wirkungslos, wenn man den Aussetzungsantrag erst während des Kostenfestsetzungsverfahrens nachgeholt hat.

35   **D. Form, II 1.** Man kann den Antrag schriftlich mit eigenhändiger Unterschrift nach § 129 Rn 9 oder elektronisch nach § 130 a oder zum Protokoll der Geschäftsstelle einreichen. Die allgemeinen Prozeßvoraussetzungen müssen zur Zulässigkeit des Antrags erfüllt sein, Grdz 12 vor § 253, Mü AnwBl **85**, 42. Für das gesamte Kostenfestsetzungsverfahren einschließlich des Erinnerungsverfahrens vor dem Rpfl besteht kein Anwaltszwang, § 13 RPflG, Anh § 153 GVG, Mü AnwBl **87**, 288. Über den Nachweis der Prozeßvollmacht § 88 Rn 1. Es gibt weder einen Formularzwang noch ein Abrechnungsschema, LAG Hamm AnwBl **85**, 106.

36   **E. Kostenberechnung, II 2.** Der Antragsteller muß eine Kostenberechnung vorlegen. Sie muß klar sein und die einzelnen Beträge nach Grund, Datum und Höhe angeben, Brdb AnwBl **01**, 306, LG Bonn Rpfleger **01**, 559. Das gilt insbesondere für ungewöhnliche Kosten, KG JB **76**, 814. Der Antragsteller muß die Kosten nachweisen, (jetzt) § 10 RVG, BVerfG **65**, 74, LG Bonn Rpfleger **01**, 559. Er muß die Kosten für mehrere Gegner getrennt berechnen, Mü JB **81**, 1512. Ein Sozius oder der allgemeine Vertreter können unterzeichnen, großzügiger Brdb AnwBl **01**, 306 (vgl aber § 10 I 1 RVG). Wenn die Kostenberechnung mangelhaft ist, muß der Rpfl den Antrag nach vergeblicher angemessen langer Frist zur Nachbesserung zurückweisen, BVerfG **65**, 74.

37   **F. Ablichtung, II 2.** Der Antragsteller muß neben der Urschrift eine Ablichtung der Kostenberechnung, nicht der Belege, für den Gegner beifügen. Wenn die Ablichtung fehlt, stellt die Geschäftsstelle die Abschrift auf Kosten des Antragstellers her, KV 9000.

38   **G. Einzelnachweis, II 2.** Der Antragsteller muß schließlich die Belege zu jedem einzelnen Kostenansatz beifügen, soweit sie sich nicht schon bei der Gerichtsakte befinden, Mü Rpfleger **93**, 104. Vgl aber § 104 II 2. Es reicht aus, daß ein Anwalt seine Handakten beifügt, wenn er sie übersichtlich geführt hat und wenn die Kostenrechnung auf die betreffende Stelle der Handakten verweist. Der Antragsteller braucht den Vollstreckungstitel nur dann beizufügen, wenn er sich nicht in den Gerichtsakten befindet, es sei denn zB um eine vollstreckbare Urkunde handelt, § 794 I Z 5. Eine bloße Bezugnahme auf die Gerichtsakten reicht grundsätzlich, soweit sich zB die Gerichtskosten dort einfach feststellen lassen. Nicht ausreichend ist eine bloße Bezugnahme auf Vollstreckungsunterlagen, etwa auf eine nicht vom Schuldner nachvollziehbare „Forderungsaufstellung" des Gläubigers, LG Bonn Rpfleger **01**, 559.

39   **H. Weitere Unterlagen, II 2.** Natürlich müssen der Vollstreckungstitel nach §§ 704, 794, die Prozeßvollmacht nach § 80, evtl ein Rechtskraftzeugnis nach § 706 und zB bei § 727 die entsprechenden Urkunden vorliegen. Der Antragsteller sollte prüfen, ob sich der Vollstreckungstitel zur Zwangsvollstreckung eignet, Grdz 15 ff vor § 704. Das Gericht prüft nicht, ob die Voraussetzungen einer Zwangsvollstreckung vorliegen, Grdz 14 vor § 704. Denn der Kostenfestsetzungsbeschluß ergänzt das Urteil, gehört also nicht zur Zwangsvollstreckung. Vgl aber Einf 8 vor §§ 103–107. Deshalb ist die Vorlage einer vollstreckbaren Ausfertigung entbehrlich, vgl auch § 105. Die Vorlage einer einfachen Ausfertigung reicht also. Sie ist auch nur dann erforderlich, wenn sich der Titel nicht bei den Akten befindet. Etwas anderes gilt nur dann, wenn der Vollstreckungstitel auf eine andere Person umgeschrieben worden ist. Eine Zustellung des Vollstreckungstitels ist nur zum Nachweis der Rechtskraft notwendig.

40   **I. Frist; Nachforderung.** Der Antrag unterliegt keiner Frist. Eine verspätete Antragstellung kann aber einen Rechtsmißbrauch darstellen, Einl III 54, § 104 Rn 13 „Rechtsmißbrauch". Formulare können nützlich sein, Engels AnwBl **78**, 222. Ein Antrag auf evtl nur teilweise Rücknahme ist bis zur Rechtskraft der Festsetzung zulässig, bindend und unwiderruflich, Grdz 58 vor § 128, Kblz Rpfleger **76**, 324. Dann ist ein Festsetzungsbeschluß nicht mehr statthaft. Ein ergangener, noch nicht rechtskräftiger Festsetzungsbeschluß ist entsprechend § 269 III 1 wirkungslos.

Eine *Nachforderung* (sog Nachliquidation) ist grundsätzlich zulässig, § 104 Rn 51 (zur Erinnerung), BVerfG NJW **95**, 1886, Mü Rpfleger **03**, 45, Zweibr JB **99**, 552, aM Karlsr MDR **94**, 413 (aber schon die Prozeßwirtschaftlichkeit spricht für Zulässigkeit, Grdz 14 vor § 128). Eine solche Nachforderung kann freilich rechtsmißbräuchlich bzw verjährt sein, Einl III 54, Hbg MDR **79**, 235, LAG Düss MDR **01**, 416.

41   **J. Zuständigkeit.** Für das Kostenfestsetzungsverfahren ist zunächst grundsätzlich der Rpfl des Prozeßgerichts der ersten Instanz zuständig, § 104 Rn 4, aber auch § 104 Rn 29. Das gilt auch nach einem Beschluß des Mahngerichts entsprechend § 269 nach der Rücknahme des Mahnantrags, BayObLG Rpfleger **03**, 35, Hamm Rpfleger **03**, 35, Köln RR **99**, 1737, oder bei einem Nebenverfahren, OVG Lüneb Rpfleger **86**, 319. Nur bei § 55 RVG (Prozeßkostenhilfe) ist der Urkundsbeamte der Geschäftsstelle zuständig, Mü Rpfleger **80**, 203, LG Bln AnwBl **83**, 573, Hartmann Teil X § 59 RVG Rn 15, 18. In einer Familiensache nach §§ 606 ff ist der Rpfl des Familiengerichts zuständig, BGH FamRZ **78**, 586, Celle FamRZ **79**, 57. Das gilt auch dann, wenn das Gericht eine Nicht-Familiensache mitbeschieden hat und eine einheitliche Kosten-

Titel 5. Prozesskosten **§§ 103, 104**

grundentscheidung getroffen hat, BGH MDR **78**, 739. Der Rpfl der ersten Instanz ist auch dann zuständig, wenn das zweitinstanzliche Gericht einen Arrest oder eine einstweilige Verfügung angeordnet hat, §§ 916 ff, 935 ff, OVG Lüneb Rpfleger **86**, 319, einschließlich eines Wiederaufnahmeverfahrens. Bei einer vollstreckbaren Urkunde nach § 794 I Z 5 ist das Vollstreckungsgericht des § 764 zuständig, § 788 Rn 11. Die Kosten eines Prozeßvergleichs nach Anh § 307 gehören zu den Kosten desjenigen Prozesses, in dem er geschlossen wurde, Mü Rpfleger **90**, 136.

Wenn es um die Festsetzung von *Zwangsvollstreckungskosten* geht, gelten §§ 788 II, 891 S 3. **42**

Welcher Rpfl innerhalb des Gerichts der ersten Instanz tätig sein muß, hängt von der etwaigen *Geschäfts-* **43** *verteilung für die Rechtspfleger* ab. Die Verwaltung kann diese Geschäftsverteilung nach pflichtgemäßem Ermessen vornehmen. Im Fall einer Teilverweisung können mehrere Rpfl zuständig sein, ein jeder für den dort verbliebenen bzw dorthin geratenen Prozeßteil, Oldb Rpfleger **84**, 432. Bei einer Zurückverweisung nach § 354 II 1 StPO wird dasjenige Gericht zuständig, an das zuletzt zurückverwiesen wurde, Mü Rpfleger **87**, 331. Soweit die Parteien einen Rechtsstreit in einem anderen ohne Verbindung nach § 147 mitverglichen haben, sind getrennte Festsetzungen notwendig, KG MDR **84**, 590.

7) *VwGO:* Entsprechend anzuwenden, § 173 VwGO, ist I; Vollstreckungstitel sind die in § 168 VwGO **44** genannten. II 1 entspricht § 164 VwGO (zur Zuständigkeit für die Kosten eines Verf nach § 80 VwGO OVG Lüneb SchlHA **86**, 127); II 2 ist ergänzend heranzuziehen, § 173 VwGO. Zuständig ist der Urkundsbeamte der Geschäftsstelle, § 164 VwGO, da das RPflG in der Verwaltungsgerichtsbarkeit nicht gilt, Anh § 153 GVG Rn 1. Zur Festsetzung der Gebühren des § 118 BRAGO vgl Haupt MDR **69**, 188.

104 **Kostenfestsetzungsverfahren.** I ¹ Über den Festsetzungsantrag entscheidet das Gericht des ersten Rechtszuges. ² Auf Antrag ist auszusprechen, dass die festgesetzten Kosten vom Eingang des Festsetzungsantrags, im Falle des § 105 Abs. 2 von der Verkündung des Urteils ab mit fünf Prozentpunkten über dem Basiszinssatz nach § 247 des Bürgerlichen Gesetzbuchs zu verzinsen sind. ³ Die Entscheidung ist, sofern dem Antrag ganz oder teilweise entsprochen wird, dem Gegner des Antragstellers unter Beifügung einer Abschrift der Kostenrechnung von Amts wegen zuzustellen. ⁴ Dem Antragsteller ist die Entscheidung nur dann von Amts wegen zuzustellen, wenn der Antrag ganz oder teilweise zurückgewiesen wird; im Übrigen ergeht die Mitteilung formlos.

II ¹ **Zur Berücksichtigung eines Ansatzes genügt, dass er glaubhaft gemacht ist.** ² Hinsichtlich der einem Rechtsanwalt erwachsenen Auslagen für Post- und Telekommunikationsdienstleistungen genügt die Versicherung des Rechtsanwalts, dass diese Auslagen entstanden sind. ³ Zur Berücksichtigung von Umsatzsteuerbeträgen genügt die Erklärung des Antragstellers, dass er die Beträge nicht als Vorsteuer abziehen kann.

III ¹ **Gegen die Entscheidung findet sofortige Beschwerde statt.** ² Das Beschwerdegericht kann das Verfahren aussetzen, bis die Entscheidung, auf die der Festsetzungsantrag gestützt wird, rechtskräftig ist.

Vorbem. I 2 geändert dch Art 3 III Z 2 VO v 5. 4. 02, BGBl 1250, in Kraft seit 12. 4. 02, Art 6 VO. Übergangsrecht je Einl III 78 (die Zinsen sind jedenfalls hier als Prozeßrecht und nicht als materielles Recht zu beurteilen, aM Kblz MDR **02**, 1218), und wegen einer Erinnerung § 26 Z 10 EGZPO. Wegen der jetzigen effektiven Höhe des Basiszinssatzes Rn 24.

Gliederung

1) **Systematik**, I–III 1	E. Rechtskraft, Berichtigung 31–33
2) **Regelungszweck**, I–III 2	F. Zwangsvollstreckung 34, 35
3) **Geltungsbereich**, I–III 3	7) **Berücksichtigung eines Ansatzes**, II .. 36–40
4) **Behandlung des Kostenfestsetzungsgesuchs**, I, II 4–10	A. Entstehung der Kosten 36
A. Zuständigkeit 4	B. Notwendigkeit der Kosten 37
B. Allgemeine Verfahrensregeln 5	C. Grundsatz: Notwendigkeit der Glaubhaftmachung, II 1 38
C. Vollstreckungstitel 6	D. Ausnahme: Versicherung von Postauslagen usw, II 2 39
D. Prozeßkosten 7	E. Weitere Ausnahme: Versicherung bei Umsatzsteuer, II 3 40
E. Kostenentstehung 8	8) **Rechsbehelfe-Übersicht:** Sofortige Beschwerde oder sofortige Erinnerung, III, § 11 I, II RPflG 41–48
F. Erforderlichkeit der Kosten 9	
G. Entbehrliche Punkte 10	
5) **Einwendungen gegen die Erstattungspflicht**, I, II 11–14	9) **Sofortige Beschwerde im einzelnen**, III, § 11 I RPflG 49–68
A. Grundsatz: Keine sachlichrechtliche Nachprüfung 11	A. Beschwerdeberechtigung, III 1 50
B. Ausnahmen: Evtl Nachprüfbarkeit bei Offenkundigkeit oder Unstreitigkeit .. 12	B. Beschwer 51–53
C. Beispiele zur Frage der Erheblichkeit einer Einwendung 13	C. Beschwerdewert über 200 EUR 54
D. Rückfestsetzung 14	D. Notfrist: 2 Wochen 55
6) **Entscheidung des Rechtspflegers**, I, II 15–35	E. Form 56
A. Erstattungsfähiger Betrag 15–19	F. Verfahren des Rechtspflegers bei sofortiger Beschwerde: Bei Begründetheit Abhilfe durch ihn selbst 57
B. Kosten des Festsetzungsverfahrens: Mitentscheidung; Bezifferung 20, 21	G. Verfahren des Rechtspflegers bei sofortiger Beschwerde: Bei Unbegründetheit Vorlage beim Beschwerdegericht 58, 59
C. Verzinsung der Prozeßkosten 22–26	
D. Mitteilung des Festsetzungsbeschlusses 27–30	H. Verfahren des Beschwerdegerichts ... 60, 61

§ 104

I. Entscheidung des Beschwerdegerichts	62–66
J. Aussetzung des Beschwerdeverfahrens, III 2	67
K. Gegenvorstellung, Verfassungsbeschwerde	68
10) Sofortige Erinnerung im einzelnen, III 1, § 11 II RPflG	69–96
A. Erinnerungsberechtigung	70
B. Beschwer, Beschwerdewert bis 200 EUR	71
C. Notfrist: 2 Wochen	72–76
D. Form	77–79
E. Aussetzung der Vollziehung	80
F. Allgemeines zum Verfahren des Rechtspflegers bei sofortiger Erinnerung, § 11 II 2, 3 RPflG	81–83
G. Abhilfe durch den Rechtspfleger, § 11 II 2 RPflG	84, 85
H. Keine Abhilfe durch den Rechtspfleger: Vorlage bei seinem Richter, § 11 II 3 RPflG	86, 87
I. Allgemeines zum Verfahren des Richters bei sofortiger Erinnerung, § 11 II 3, 4 RPflG	88–91
J. Entscheidung des Richters, § 11 II 3 RPflG	92–94
K. Zurückverweisung, Zurück- oder Weiterleitung durch erstinstanzlichen Richter, § 11 II 4 RPflG	95
L. Zurückverweisung durch Beschwerdegericht, § 11 II 4 RPflG	96
11) VwGO	97

1 **1) Systematik, I–III.** Die Vorschrift behandelt im Anschluß an die Regelung des Antrags nach § 103 das weitere Festsetzungsverfahren. Sie ist wegen der funktionellen Zuständigkeit des Rpfl bis zur Festsetzung nur zusammen mit § 21 Z 1 RPflG, Anh § 153 GVG, verständlich und für das dem Beschwerdeverfahren nach III vorgeschaltete Erinnerungsverfahren vor dem Rpfl und sodann vor seinem Richter nur zusammen mit § 11 II RPflG verständlich. Diese Verzahnung ist alles andere als übersichtlich, Rn 41 ff.

2 **2) Regelungszweck, I–III.** Die Vorschrift soll das Festsetzungsverfahren mit rechtsstaatlich gebotener Sorgfalt ablaufen lassen. Das funktioniert auch durchweg beim Rpfl gut. Bei der Nachprüfung im Erinnerungs- bzw Beschwerdeverfahren ergeben sich freilich nicht ganz selten erhebliche Verfahrensfehler des Rpfl, wie zB die Verletzung des Gebots eines fairen Verfahrens nach Rn 5 durch unkorrekte und daher nicht wirksame Fristsetzungen bei der Anhörung des Betroffenen, Ffm Rpfleger 99, 121, oder durch die Verkennung des Umstands, daß etwa im Fall der Klagerücknahme grundsätzlich bereits eine gesetzliche Kostenfolge nach § 269 III 2 eintritt (Ausnahme: § 269 III 3), sodaß der in § 269 IV für den Grundsatzfall ermögliche lediglich feststellende Ausspruch des Gerichts für die Kostenfestsetzung gar nicht nötig ist. In solcher Lage muß man zwar als Richter evtl zurückverweisen, Rn 95. Grundsätzlich sollte man aber an das Festsetzungsverfahren keine überspannten Anforderungen stellen, Einf 6 vor §§ 103–107.

Gesetzliche Fehlleistung ist die an den Möglichkeiten der Praxis völlig vorbeigedachte Zinssatzregelung in I 2. Die Verweisung auf § 247 BGB macht die dortige Fehlleistung nicht geringer. Welches kleinere erstinstanzliche Gericht besitzt schon den Bundesanzeiger, den sein Rpfl wegen Rn 24 nun ständig zum 1. 1. und 1. 7. neu einsehen muß? Welcher Anwalt? Das Internet hat noch nicht überall solchen Einzug gehalten und befindet sich bisher keineswegs stets sogleich auf neuestem Stand. Gerechtigkeit vom grünen Tisch aus, Hand in Hand von der Ersten und Zweiten Gewalt herbeizuzaubern versucht, keine Glanzleistung.

3 **3) Geltungsbereich, I–III.** Vgl Einf 3 vor §§ 103–107. Die Vorschrift gilt auch in der Zwangsvollstreckung, § 788 II 1. Sie gilt infolge der Verweisung in § 464 b S 3 StPO idF Art 16 Z 4 OLGVertrÄndG v 23. 7. 02, BGBl 2850, in Kraft seit 1. 8. 02, Art 34 S 1 OLGVertrÄndG, auch im Strafverfahren, BGH NJW 03, 763, Hamm Rpfleger 03, 97, Popp Rpfleger 04, 83, aM (jetzt) Düss Rpfleger 04, 121, Hamm Rpfleger 04, 733, Kblz NJW 05, 917. Das gilt einschließlich III 1 in Verbindung mit § 569 I 1 (Zweiwochenfrist). Es verweist nämlich § 464 b S 3 StPO schlicht auf die entsprechende Anwendung der „Vorschriften der Zivilprozessordnung". Dadurch ist die bisherige diesbezügliche Streitfrage überholt. I 2 gilt entsprechend im Bußgeldverfahren, § 106 I 2 OWiG idF Art 17 Z 2 des vorgenannten OLGVertrÄndG. Die Vorschrift gilt im Insolvenzverfahren ungeachtet einer Anzeige der Masseunzulänglichkeit, Naumb Rpfleger 02, 332, aM BGH JB 05, 424.

4 **4) Behandlung des Kostenfestsetzungsgesuchs, I, II.** Es sind zahlreiche Punkte zu beachten.

A. Zuständigkeit. Vgl zunächst § 103 Rn 41. Zur Prüfung des Kostenfestsetzungsgesuchs ist zunächst der Rpfl zuständig, § 21 Z 1 RPflG, Anh § 153 GVG, Düss Rpfleger 03, 146 (wegen des ArbGG LAG Kblz JB 78, 1253), § 103 Rn 41. Nach einem Mahnverfahren ist der Rpfl des Streitgerichts zuständig, BayObLG Rpfleger 04, 234. Zum Übergangsrecht nach dem EV LG Bln JB 91, 1107. Der Rpfl entscheidet selbständig, § 9 RPflG. Er darf nicht generell eine „Vorentscheidung" des Richters einholen. Er muß das Kostenfestsetzungsgesuch dem Richter aber dann vorlegen, wenn zwischen dem Rpfl-Geschäft und einem Richter-Geschäft ein zu enger Zusammenhang besteht, § 5 I Z 2 RPflG. Er kann vorlegen, wenn Auslandsrecht in Betracht kommt, § 5 II RPflG. Rechtliche Schwierigkeiten berechtigen nicht zur Vorlage. Soweit der Richter darauf eine Stellungnahme abgegeben hat, ist der Rpfl an die Auffassung des Richters gebunden, § 5 III RPflG.

5 **B. Allgemeine Verfahrensregeln.** Der Rpfl muß grundsätzlich den jeweils Betroffenen vor einer Entscheidung anhören, Artt 2 I, 20 III GG, BVerfG 101, 404 (faires Verfahren, Einl III 23, nicht Art 103 I GG), Drsd RR 01, 861, Nürnb MDR 04, 169, aM Bbg JB 90, 1478, Hbg MDR 76, 324, Mü Rpfleger 93, 104 (aber die vorgenannten Vorschriften des GG gelten uneingeschränkt). Das gilt evtl auch gegenüber dem Antragsteller, Ffm NJW 99, 1265, oder gegenüber dem Bezirksrevisor, LG Lüneb Rpfleger 99, 491. Ein Verstoß kann zur Zurückverweisung führen, §§ 567 ff, 538, LG Bln JB 00, 32 und 33. Er kann bei Willkür zur Verfassungsbeschwerde führen, BVerfG MDR 87, 373. Er ist aber unter Umständen heilbar, Rn 58, § 295 Rn 44. Der Rpfl prüft das Rechtsschutzbedürfnis, Düss Rpfleger 04, 321. Es kann nach umstrittener vorbehaltloser Zahlung fehlen, Düss Rpfleger 04, 321.

Der Rpfl muß dem Antragsgegner daher die in I 3 erwähnte *Abschrift der Kostenrechnung* schon vor der Entscheidung zur Stellungnahme übersenden, BayObLG AnwBl 89, 161, Mü Rpfleger 93, 104, Meyer-Stolte Rpfleger 82, 43, oder ihn mündlich anhören, Schneider MDR 91, 124. Er muß einen etwaigen Erörterungstermin unverzüglich bestimmen, § 216. Wegen der Zeit vom 1. 7. bis 31. 8. kommt es auf die Art des Erkenntnisverfahrens an, § 227 III 2 Hs 1. Die dortige Aufzählung von Sommersachen nennt das Kostenfestsetzungsverfahren nicht. § 139 ist zumindest entsprechend anwendbar, dort Rn 1.

Titel 5. Prozesskosten **§ 104**

Der Rpfl darf und muß in den Grenzen seiner Prüfungsaufgabe *alle Beweismittel berücksichtigen*, § 286, Kblz BB **05**, 1136. Er darf eine überwiegende Wahrscheinlichkeit ausreichen lassen, Kblz BB **05**, 1136. Pauschales Bestreiten kann ungenügend sein, Kblz BB **05**, 1136. Er darf auch nach § 287 verfahren, Kblz VersR **81**, 361. Er kann solche Beweise erheben, die eine Partei angetreten hat, Ffm Rpfleger **80**, 70. Er darf insbesondere einen Sachverständigen hinzuziehen, § 402, Kblz Rpfleger **85**, 333, zB zur Ermittlung des Streitwerts nach §§ 3 ff oder als eine Rechnungsperson. Der im Kostenfestsetzungsverfahren Unterliegende trägt die Kosten einer solchen Hinzuziehung aber nur dann, wenn es sich um eine besonders schwierige Berechnung handelte. Der Rpfl darf und muß unter Umständen schriftliche Äußerungen von Parteien, ProzBev, Zeugen und Sachverständigen einholen. Er darf und muß evtl Akten beiziehen oder dienstliche Erklärungen anfordern, soweit das Protokoll für die Kostenfestsetzung nicht ausreicht, Ffm Rpfleger **80**, 70, Kblz Rpfleger **80**, 393.

Der Rpfl nimmt eine Amtsprüfung vor, Grdz 39 vor § 128, Ffm AnwBl **83**, 186, LG Bln JB **00**, 364. Er betreibt aber grundsätzlich *keine Amtsermittlung,* Grdz 38 vor § 128, Brschw JB **99**, 301 (doppelt unrichtig zitierend), Drsd JB **99**, 301, Hägele AnwBl **77**, 139 und 403, aM Lappe AnwBl **77**, 302 (aber er handelt grundsätzlich im Prozeß mit Parteiherrschaft, Grdz 18 vor § 128). Es besteht kein Anwaltszwang, § 103 Rn 35. Eine erneute Vollmachtsprüfung ist grds entbehrlich, BVerwG AnwBl **87**, 236, Köln JB **92**, 421.

C. Vollstreckungstitel. Der Rpfl prüft, ob ein wegen Prozeßkosten zur Zwangsvollstreckung geeigneter **6** Titel vorliegt, § 103 Rn 5, BGH VersR **04**, 395, Düss Rpfleger **05**, 55 (Bindungswirkung). Soweit der Titel nicht auf einen Dritten umgeschrieben worden ist, prüft der Rpfl nicht den Einwand des Schuldners, der Dritte habe gepfändet, Mü MDR **93**, 83. Soweit eine gerichtliche Kostengrundentscheidung fehlt, Üb 35 vor § 91, ist die Tätigkeit des Rpfl im Kostenfestsetzungsverfahren wirkungslos, Einf 10 vor §§ 103–107. Soweit die höhere Instanz eine Kostengrundentscheidung der unteren Instanz aufgehoben, abgeändert oder durch einen Vergleich ersetzt hat, ist das bisherige Kostenfestsetzungsverfahren zugleich erledigt, Düss NJW **75**, 2301. Das gleiche muß diese Folge aussprechen, Ffm VersR **78**, 1073, Mü Rpfleger **70**, 98, aM Hbg JB **77**, 562 (eine Klärung sei im Kostenfestsetzungsverfahren zulässig. Aber es geht um die Kostengrundentscheidung. Sie bleibt gerade dem erkennenden Richter vorbehalten). Über eine Auslegung und Abänderung des Vollstreckungstitels Einf 19 vor § 103.

D. Prozeßkosten. Der Rpfl prüft, ob der Kostenansatz unter den Vollstreckungstitel fällt. Er klärt also, ob **7** die geltend gemachten Kosten zu den Kosten dieses Prozesses gehören, § 103 Rn 17. Maßgeblich sind nur die tatsächlich entstandenen Kosten. Nicht hierher gehören sachlichrechtliche Ansprüche, KG JB **04**, 437.

E. Kostenentstehung. Der Rpfl prüft, ob die angesetzten Kosten auch wirklich entstanden sind, Rn 36. **8**

F. Erforderlichkeit der Kosten. Der Rpfl prüft grundsätzlich, ob die geltend gemachten Kosten auch **9** wirklich notwendige Kosten waren, § 91 Rn 34, 70, Karlsr JB **93**, 295, Kblz MDR **99**, 444, Köln Rpfleger **87**, 173 (Verkehrsanwaltskosten), Bre NJW **02**, 2962 (FGG), LG Bre VersR **99**, 598 (nur außergerichtliche, aber auf den Prozeß bezogene Anwaltstätigkeit im WEG-Verfahren). Er prüft also evtl auch, ob Mehrkosten getrennter Verfahren vermeidbar waren, Düss FamRZ **86**, 824, Kblz AnwBl **88**, 654. Er prüft ferner, ob vom Gegner bezahlte Gerichtskosten überhöht waren, Mü JB **79**, 122, oder ob der Gegner zB Sachverständigenauslagen oder -vergütung hätte an die Staatskasse zahlen müssen, Kblz VersR **85**, 648 (großzügig!). Er prüft die Zahl der mit Beratungshilfe bedachten Angelegenheiten nach, LG Hann JB **88**, 194. Soweit zB Reisekosten wahrscheinlich wegen einer Amtspflichtverletzung entstanden, muß der Rpfl ihre Festsetzung vor der Klärung der Amtspflichtverletzung als zur Zeit unzulässig ablehnen, Kblz VersR **85**, 273, aM LG Bln MDR **88**, 237 (Festsetzung Zug um Zug gegen Abtretung des Anspruchs aus Amtshaftung. Aber für eine wie immer geartete Festsetzung besteht ein Rechtsschutzbedürfnis erst ab Klärung der Vorfrage).

Sämtliche unter Rn 5–8 genannten tatsächlichen Voraussetzungen bedürfen eines *Beweises*. Eine Glaubhaftmachung nach § 294 genügt nur für die einzelnen Ansätze, Rn 38. Die Prüfung der Erforderlichkeit erfolgt ohne Bindung an eine Stellungnahme des Prozeßrichters (anders nach altem Recht), Brschw MDR **90**, 935, Kblz AnwBl **95**, 108, Mü MDR **90**, 936. Die Prüfung entfällt ausnahmsweise, soweit die Parteien zB nach § 98 zulässig und wirksam vereinbart haben, daß Kosten als notwendig bzw erstattungsfähig anzusehen sind, KG Rpfleger **90**, 224.

G. Entbehrliche Punkte. Der Rpfl prüft grundsätzlich nicht, ob folgende Voraussetzungen vorliegen: **10** Ob die Kostenfestsetzung zweckmäßig oder notwendig ist, Düss Rpfleger **04**, 321; ob die Klage zulässig war, LG Dortm Rpfleger **81**, 319; die Partei ein Wahlrecht nach § 35 kostensparend ausgeübt hat, Hbg JB **78**, 920 (in diesem Zusammenhang kann aber eine ja stets von Amts wegen notwendige Prüfung erfolgen, ob ein Rechtsmißbrauch vorliegt, Einl III 54); ob die Beiordnung nach §§ 78 b, 121 erfolgte, Mü Rpfleger **86**, 108; ob der Vollstreckungstitel sachlichrechtlich oder prozessual zu Recht ergangen ist, Bbg JB **77**, 1515, Schlesw SchlHA **78**, 22; ob die gerichtliche Entscheidung richtig ist, daß ein Anwalt für einzelne Verfahrensabschnitte keine Vollmacht gehabt habe; wie das Innenverhältnis zwischen Streitgenossen ausgestaltet ist, § 100 Rn 49 ff. Freilich ist evtl eine Auslegung notwendig, Einf 19 vor § 103.

Soweit das Gericht den *Streitwert* nach § 63 GKG festgesetzt hat, bindet seine Entscheidung den Rpfl ebenfalls, Hamm Rpfleger **79**, 222. Evtl kommt eine Nachfestsetzung in Betracht, Hamm Rpfleger **82**, 80. Soweit eine solche Wertfestsetzung des Gerichts fehlt, darf und muß der Rpfl den Streitwert selbständig annehmen, (jetzt) § 63 GKG, Hamm Rpfleger **79**, 222. Notfalls, vor allem bei etwaigen Zweifeln, darf und muß der Rpfl das Gericht um eine Wertfestsetzung bitten, Hamm Rpfleger **79**, 222. Natürlich kann auch eine Streitwertbeschwerde vorliegen, Düss JB **88**, 1176. Diese Bitte mag schon deshalb praktisch sein, weil das Gericht den Wert ja nach § 63 III 1 GKG evtl anders festsetzen könnte. Das Gericht ist freilich zu einer Wertfestsetzung nur dann verpflichtet, wenn eine Partei, ein Verfahrensbeteiligter oder der Bezirksrevisor als der Vertreter der Staatskasse diesen Antrag stellen oder wenn es nicht um eine bestimmte Geldsumme in EUR geht, § 63 I 1 GKG. Der Rpfl mag sich deshalb notfalls zunächst an den Bezirksrevisor wenden. Soweit das Gericht eine Änderung der Wertfestsetzung vornimmt, muß der Rpfl die Gebührenansätze unabhängig von § 107 auch entsprechend von Amts wegen korrigieren.

§ 104 Buch 1. Abschnitt 2. Parteien

11 **5) Einwendungen gegen die Erstattungspflicht, I, II.** Einem Grundsatz stehen wichtige Ausnahmen gegenüber.

A. Grundsatz: Keine sachlichrechtliche Nachprüfung. Das Kostenfestsetzungsverfahren betrifft nicht die Kostengrundentscheidung, Ffm JB **82**, 744, Schlesw SchlHA **78**, 22, LG Hanau Rpfleger **00**, 184 (StPO). Es betrifft also nicht die Frage, ob überhaupt eine Kostenerstattung stattfindet, Üb 35 vor § 91. Das Festsetzungsverfahren betrifft vielmehr nur die Frage, wer wem welchen Betrag auf Grund der Kostengrundentscheidung erstatten muß, Ffm VersR **81**, 194, Köln JB **92**, 819. Daher sind Einwendungen gegen die Erstattungspflicht nur im Hinblick auf solche Umstände zulässig, die das unter Rn 5–9 erwähnte Verfahren betreffen. Ändert sich die Kostengrundentscheidung, so entfällt insoweit selbst ein rechtskräftiger Kostenfestsetzungsbeschluß, Einf 8, 17 vor §§ 103–107.

Das Kostenfestsetzungsverfahren ist *grundsätzlich in keiner Weise* dazu *geeignet, sachlichrechtliche Vorgänge* des Rechtsstreits *nachzuprüfen,* Düss JB **04**, 538, Hamm AnwBl **00**, 320, Nürnb JB **00**, 583. Man muß solche sachlichrechtlichen Einwendungen vielmehr nach § 767 oder nach § 775 Z 4, 5 geltend machen, BPatG GRUR **92**, 506, Kblz RR **98**, 718 (Kreditzinsen, § 91 Rn 301 „Zinsen"), Naumb Rpfleger **02**, 332, aM Celle FamRZ **94**, 1607, LG Kblz JB **96**, 424, Stgt Rpfleger **92**, 316 (aber das ist eine grundsätzliche Verkennung der ganz unterschiedlichen Funktionen der richterlichen Kostengrundentscheidung und ihrer bloßen Durchführung durch das Festsetzungsverfahren).

12 **B. Ausnahmen: Evtl Nachprüfbarkeit bei Offenkundigkeit oder Unstreitigkeit.** Soweit eine Einwendung auf einen unstreitigen oder offenkundigen Vorgang beruht, darf der Rpfl ausnahmsweise wegen der Prozeßwirtschftlichkeit nach Grdz 14 vor § 128 selbst eine Nachprüfung vornehmen, Düss Rpfleger **04**, 321, Hbg MDR **03**, 294 (Verzicht), Köln FamRZ **02**, 1134 (Vorschuß), Kblz Rpfleger **05**, 416, Naumb Rpfleger **02**, 332 (je: Masseunzulänglichkeit), Düss JB **78**, 1569, Hamm JB **79**, 54, LG Lpz **99**, 222 (je: Erfüllung. Aber Vorsicht!). Dabei ist § 138 III anwendbar, Hbg JB **76**, 516, KG Rpfleger **76**, 23, Oldb Rpfleger **92**, 407, aM Hamm MDR **77**, 408, Mü Rpfleger **87**, 336, Zweibr JB **89**, 1287 (aber die Vorschrift gilt allgemein). Das gilt sogar unabhängig von einer Kostenquotelung, § 106, sobald nur die gegenseitigen Festsetzungsanträge vorliegen, Mü MDR **00**, 850, aM Saarbr JB **78**, 1089.

13 **C. Beispiele zur Frage der Erheblichkeit einer Einwendung**
Anspruchsverzicht: Trotz seiner Erklärung nebst Titelherausgabe kann ein Recht aus der Kostenentscheidung als Einwendung beachtlich bleiben, Düss GRUR-RR **01**, 96.
Anwaltsvertrag: Seine Nichtigkeit ist hier *nicht* zu prüfen, Hamm AnwBl **00**, 320.
Aufrechnung: Der Einwand einer gänzlichen oder teilweisen Aufrechnung ist *grds unerheblich* (Ausnahme: Rn 12), Düss Rpfleger **96**, 373, LG Detm Rpfleger **90**, 477, LG Köln MDR **00**, 730. Etwas anderes gilt bei einer sachlichrechtlichen unstreitig wirksamen Aufrechnung, KG MDR **84**, 150.
Erbenhaftung: Die Einwendung einer etwaigen Erbenhaftung ist *unerheblich*. Dasselbe gilt für einen Vorbehalt beschränkter Erbenhaftung, Hamm AnwBl **82**, 385.
Erfüllung: Der Einwand einer gänzlichen oder teilweisen Erfüllung der Schuld ist *grds unerheblich,* aM Kblz FamRZ **96**, 887 (Vorschuß).
S aber auch Rn 12 sowie unten „Streitgenossen".
Erstattungsabrede: Die Einwendung einer Erstattungsabrede ist *grds unerheblich.*
S auch „Kostenteilung unter Anwälten", „Kostenvergleich".
Insolvenz: Die Einwendung einer Unzulänglichkeit der Masse ist *unerheblich,* Düss MDR **91**, 357, Mü MDR **04**, 175 (Beschränkung auf die Kostenerstattung der Höhe nach), aM LAG Erfurt Rpfleger **05**, 219 (unterscheidet zwischen Alt- und Neumassegläubigern). Eine Einwendung aus einem aufgehobenen Insolvenzverfahren ist unerheblich, LG Zweibr Rpfleger **04**, 379 (§ 767). Es gibt keinen Unterschied zwischen Kosten vor Insolvenz und nach deren Aufhebung, Düss Rpfleger **05**, 485.
Klagerücknahme: Das Fehlen einer Klagezustellung ist nach § 269 III 3 Hs 2 nicht mehr erheblich.
Die Einwendung einer von § 269 III abweichenden Kostenvereinbarung ist *unerheblich,* Zweibr JB **78**, 1882.
S auch „Kostenvergleich".
Kostenfreiheit: Sie ist eine zuverlässige Einwendung, Ffm JB **77**, 1778.
Kostenteilung unter Anwälten: Die Einwendung einer Kostenteilungsabrede unter Anwälten ist *unerheblich,* Ffm Rpfleger **91**, 126.
S auch „Kostenvergleich".
Kostenvergleich: Die Einwendung eines außergerichtlichen Kostenvergleichs ist grds (Ausnahme Rn 12) *unerheblich,* Hbg JB **85**, 1720, Kblz VersR **89**, 929, Zweibr JB **78**, 1881, aM Karlsr MDR **88**, 1063 (stellt auf Einigkeit der Parteien ab), LG Heilbr MDR **94**, 729, LG Köln JB **03**, 200 (aber das ist nur ein sachlichrechtlicher Vorgang, Rn 10). Das gilt auch für einen Gebührenverzicht, Nürnb MDR **00**, 908.
Kostenverzicht: Er kann eine erhebliche Einwendung sein, wenn er unstreitig ist oder als zugestanden gilt, § 138 III, Bbg JB **81**, 768, Hbg MDR **03**, 294.
Pfändung: Man darf sie (erst) nach der Titelumschreibung beachten, Mü MDR **93**, 83.
Prozeßkostenhilfe: Ein Anspruch auf Rückzahlung ist *unbeachtlich,* Oldb FamRZ **98**, 445. Eine gebührenmäßige Beschränkung der Beiordnung läßt sich nicht erst jetzt nachholen, Fischer JB **99**, 344.
Rechtliches Gehör: Der Rpfl prüft seine Gewährung durch das Prozeßgericht nicht, Düss MDR **78**, 677.
Rechtsmißbrauch: Die Einwendung, eine Geltendmachung des Kostenerstattungsanspruchs sei rechtsmißbräuchlich, kann erheblich sein. Denn Rechtsmißbrauch ist stets unstatthaft, Einl III 54, Düss JB **02**, 486, Mü MDR **87**, 677, Stgt MDR **02**, 117, aM Bbg JB **83**, 130 (abl Mümmler), ThP 12 (aber das Verbot des Rechtsmißbrauchs gilt nun wirklich uneingeschränkt).
S auch „Verjährung".
Rückerstattungsanspruch: Man kann ihn als Einwendung geltendmachen, Drsd MDR **01**, 476, Düss Rpfleger **85**, 255, Kblz JB **85**, 135, aM Mü AnwBl **90**, 396.
S auch Rn 14.

Streitgenossen: Es ist *unerheblich,* aus wessen Mitteln gezahlt worden ist. Etwas anderes gilt nur dann, wenn zwischen den Streitgenossen Einigkeit über ihre Zahlungen untereinander oder wegen der Zahlung des einen für den anderen besteht, Ffm Rpfleger **91**, 203 (zur Verrechnung eines sachlichrechtlichen Kostenvorschusses), Stgt FamRZ **92**, 1462, LG Landau FamRZ **92**, 1462.
S auch „Erfüllung".
Stundung: Der Einwand einer gänzlichen oder teilweisen Stundung der Schuld ist *unerheblich.*
Unzulässigkeit: S „Zulässigkeit der Klage".
Verjährung: Die Einrede der Verjährung ist *grds unerheblich,* aM Karlsr MDR **96**, 750, Kblz Rpfleger **86**, 319 (aber es handelt sich nicht nur um einen prozessualen Vorgang, sondern auch um ein sachlichrechtliches Leistungsverweigerungsrecht). Das gilt zB gegenüber einem Auftragsverhältnis, Bbg JB **77**, 1440, (solche Einrede ist nur nach § 775 Z 4 oder nach § 767 möglich). Eine Ausnahme ist evtl unter den Voraussetzungen Rn 12 möglich, VGH Mü Rpfleger **04**, 65. Im übrigen verjährt der Erstattungsanspruch vor Rechtskraft seiner Feststellung in 3 Jahren, § 195 BGB, ab Rechtskraft in 30 Jahren, § 197 I Z 3 BGB.
S auch „Rechtsmißbrauch".
Verwirkung: Eine gänzliche oder teilweise Verwirkung ist *grds unerheblich.* Denn auch sie betrifft den sachlichrechtlichen Vorgang, Rn 10, Düss MDR **88**, 972, KG Rpfleger **94**, 385, Karlsr FamRZ **93**, 1228, aM Bbg JB **87**, 1412, Ffm Rpfleger **77**, 261, LG Ffm Rpfleger **87**, 332 (aber Verwirkung führt zum Untergang des Anspruchs).
Verzicht: Er bleibt hier grds unbeachtet, Nürnb MDR **00**, 908.
Widerklage: Das Fehlen ihrer Rechtshängigkeit ist erheblich, Kblz JB **84**, 481.
Zulässigkeit der Klage: Der Rpfl prüft sie nicht, LG Dortm Rpfleger **81**, 319.

D. Rückfestsetzung, dazu *Schmidt-Räntsch* MDR **04**, 1329 (Üb). Eine Rückforderung überzahlter **14** gerichtlicher wie außergerichtlicher Kosten führt zur sog Rückfestsetzung, Düss MDR **91**, 449. Sie läßt sich auch nach § 91 IV im Weg einer befristeten Erinnerung oder sofortigen Beschwerde geltend machen, soweit der Empfänger die Richtigkeit des Rückzahlungsbetrags zugestanden hat, Kblz JB **03**, 200, Oldb MDR **05**, 418, Zweibr JB **04**, 657. Das gilt aus prozeßwirtschaftlichen Gründen nach Grdz 14 vor § 128 entsprechend § 717 II auch nach einer Änderung der erstinstanzlichen Entscheidung durch einen Vergleich im höheren Rechtszug, Anh § 307 Rn 19, Hbg JB **96**, 593, Oldb MDR **05**, 418, Zweibr JB **04**, 657. Es gilt ferner nach dem Wegfall einer Sachentscheidung, zB infolge beiderseitiger wirksamer Erledigterklärungen, § 91 a Rn 98, Düss Rpfleger **89**, 39. Dasselbe gilt, soweit der Rückzahlungsbetrag sonstwie feststeht, Düss JB **98**, 309, Kblz JB **03**, 199, Zweibr JB **04**, 657, aM KG Rpfleger **80**, 438, Köln Rpfleger **87**, 474, Mü MDR **93**, 1130 (aber auch dann bleibt die Prozeßwirtschaftlichkeit entscheidend).
Andernfalls ist vorbehaltlich § 91 IV ein besonderer Prozeß notwendig, Hbg MDR **03**, 416. Jedenfalls ist *keine* Rückfestsetzung zulässig, *solange* die Überzahlung *umstritten* ist, Düss Rpfleger **89**, 40, Ffm MDR **83**, 587, Oldb MDR **05**, 418 (Aufrechnung), aM Hbg JB **90**, 1483 (auch bei umstrittener Aufrechnung. Aber gerade dann müßte der Rpfl sachlichrechtlich entscheiden, also eine typische Spruchrichterentscheidung treffen, *Knauer/Wolf* NJW **04**, 2860). Eine Rückfestsetzung ist ferner dann unzulässig, wenn es um die Verrechnung eines Prozeßkostenvorschusses geht, KG Rpfleger **80**, 438, aM Nürnb MDR **99**, 506 (überbetonte Streitfrage), oder wenn der Staatskasse Gerichtskosten nach (jetzt) § 30 S 2 GKG zurückerstatten muß, LAG Düss JB **92**, 470, aM Drsd RR **01**, 862, oder wenn es um Nebenklagekosten geht, Hamm JB **98**, 265.
Das alles gilt trotz § 91 IV mit seiner Möglichkeit für den Verlierer, im Fall des späteren Siegs seine dem Gegner überzahlten Kosten als Prozeßkosten zur Erstattung nach §§ 103 ff anmelden zu können, *Knauer/Wolf* NJW **04**, 2860.

6) Entscheidung des Rechtspflegers, I, II. Man muß zahlreiche Punkte beachten. **15**

A. Erstattungsfähiger Betrag. Der Rpfl entscheidet unverzüglich, § 216 Rn 16, *Schneider* MDR **91**, 124 (auch zum Verstoß). Er entscheidet durch einen Beschluß, § 329. Er entscheidet auch in der Sommerzeit vom 1. 7.–31. 8. Der Beschluß muß schon wegen seiner Bestimmung als Vollstreckungstitel nach § 329 III Hs 1, § 794 I Z 2 ein vollständiges sog Rubrum (Parteibenennung) enthalten, § 313 Rn 4, § 329 Rn 15 „§§ 313–313 b", außerdem wegen der befristeten Anfechtbarkeit, § 329 III Hs 2, sei es nach § 11 I RPflG, Anh § 153 GVG, in Verbindung mit § 567 I, sei es nach § 11 II RPflG in Verbindung mit § 567 I, II. Der Rpfl muß den Beschluß grundsätzlich begründen, § 329 Rn 4, Brdb NJW **99**, 1266 (auch kein Nachschieben von Gründen), Hbg MDR **02** 1274, KG MDR **99**, 1151. Das gilt insbesondere bei einer Teil- oder Ganzabweisung, LG Bln JB **99**, 481, Hansens Rpfleger **99**, 109. Bloße Floskeln sind keine Begründung, Ffm JB **99**, 494. Die Begründung muß sich insbesondere auf Streitpunkte erstrecken, Mü MDR **99**, 630, LG Bln JB **99**, 481, LAG Düss JB **89**, 536. Er muß den Beschluß mit seinem vollen Nachnamen unterschreiben, § 329 Rn 8, Karlsr RR **04**, 1507. Andernfalls liegt rechtlich nur ein Entwurf vor, Brdb Rpfleger **98**, 208, Karlsr RR **04**, 1507. Die Entscheidung muß aus sich heraus nachprüfbar sein, Hbg MDR **02**, 1274. Sie ist auslegbar, KG MDR **02**, 722, Kblz JB **03**, 297. Der Rpfl darf nicht einfach einen Schriftsatz einer Partei von sich aus korrigieren, Kblz Rpfleger **78**, 330, Stgt JB **78**, 1252. Der Rpfl darf nicht die Kostenrechnung des Anwalts auf dem Original zwecks Anfertigung des Festsetzungsbeschlusses korrigieren, Kblz Rpfleger **78**, 329, Stgt Just **78**, 279.

Der Rpfl muß die *Parteien* sind schon zwecks Vollstreckungsfähigkeit nach § 794 I Z 2 genau bezeichnen, **16** § 329 Rn 15 „§§ 313–313 b", § 750 Rn 3 ff.

Der Rpfl muß den zugrunde liegenden Titel genau angeben. Er muß den erstattungspflichtigen Gesamt- **17** betrag *ziffernmäßig feststellen,* § 308 I, und zwar in EUR, Mü MDR **04**, 1347 (zum alten Recht). Er muß diejenigen Kosten absetzen, die die Gegenpartei unstreitig bezahlt hat. § 138 III ist unanwendbar. Ein beharrliches Schweigen auf den gegnerischen Vortrag und die Nichtbeachtung einer gerichtlichen Anfrage sind aber als eine stillschweigende Erklärung auslegbar, KG MDR **76**, 406. Der Rpfl muß auch einen

§ 104   Buch 1. Abschnitt 2. Parteien

Vorschuß absetzen, den der Unterliegende an den Anwalt der Gegenpartei gezahlt hat, etwa als Ehemann, § 103 Rn 23.

18   Der Rpfl darf keinen Betrag zusprechen, den der Antragsteller nicht zur Kostenfestsetzung beantragt hat, § 308 I, Einf 9 vor §§ 103–107. Indessen läßt die allgemeine Praxis mit Recht innerhalb des begehrten Gesamtbetrages eine anderweitige Abgrenzung bzw Auswechslung der Einzelposten zu, soweit nicht die Rechtskraft nach § 322 entgegensteht, Rn 31, Karlsr FamRZ **04**, 967, Kblz JB **92**, 474 (auch zu einer Ausnahme), OVG Münst AnwBl **00**, 377. Freilich ist eine solche anderweitige Abgrenzung von Einzelposten nur innerhalb derselben Kostenart zulässig, Kblz JB **92**, 610. Der Rpfl darf nicht zB statt unberechtigt geltend gemachter Anwaltskosten Parteiauslagen berücksichtigen, die der Antragsteller überhaupt nicht geltend gemacht hatte, Kblz JB **90**, 1012. Eine Haftungsbeschränkung im Urteil bezieht sich nur auf die Hauptforderung, Hamm MDR **82**, 855, KG MDR **81**, 851, es sei denn, das Gericht hätte sie in die Kostengrundentscheidung übernommen, KG MDR **81**, 851, Mü MDR **80**, 147, LG Bln JB **87**, 710. Eine Zug-um-Zug-Hauptentscheidung enthält solche Beschränkung nicht auch im Kostenfestsetzungsbeschluß, Einf 12 vor §§ 103–107.

19   Der Rpfl sollte im Beschluß aussprechen, ob eine *gesamtschuldnerische* Haftung oder eine Kopfhaftung besteht. Denn die Zwangsvollstreckung aus dem Kostenfestsetzungsbeschluß kann ohne eine Vorlage der zugehörigen Kostengrundentscheidung stattfinden, § 100. Über eine Sicherheitsleistung Einf 13 vor § 103. Es ist an sich Sache der Streitgenossen, die Haftung untereinander zu verteilen. Der Rpfl muß aber eine getrennte Kostenfestsetzung unter Beachtung von § 100 vornehmen, Kblz Rpfleger **95**, 382, LG Bln Rpfleger **78**, 422. Das gilt insbesondere für den Kläger und für den unterliegenden Streitgenossen des Bekl einerseits, für dessen siegenden Streitgenossen und den Kläger andererseits. Wegen der Kostenerstattung im Fall einer Streitgenossenschaft § 100 Rn 49. Wenn der Rpfl die Kostenfestsetzung im Prozeß A falsch vorgenommen hatte, dann kann er diesen Fehler nicht in dem zur Beweisaufnahme mit A verbundenen Prozeß B nach § 104 korrigieren, Schmidt AnwBl **79**, 156, aM Nürnb AnwBl **79**, 156 (aber auch ein Kostenfestsetzungsbeschluß bindet nach §§ 318, 329).

20   **B. Kosten des Festsetzungsverfahrens: Mitentscheidung; Bezifferung.** Der Rpfl muß im Kostenfestsetzungsbeschluß zugleich über die Kosten des Festsetzungsverfahrens entscheiden, § 308 II, § 329 Rn 14 „§ 308", Düss MDR **91**, 449, Zweibr Rpfleger **03**, 101, LG Karlsr MDR **03**, 178, und zwar in EUR, wie bei der Hauptforderung, Rn 17. In diesem Zusammenhang muß er die §§ 91–101 entsprechend anwenden, BVerfG NJW **77**, 145, Kblz JB **95**, 208 (§ 91 a). Er muß die Kosten des Festsetzungsverfahrens im Kostenfestsetzungsbeschluß der Höhe nach beziffern. Dazu gehören auch Zustellungskosten nach I 3, aM LG Bln AnwBl **87**, 493 (aber auch solche Auslagen unterliegen KV 9000). Es entscheidet hier allein das Unterliegen im Kostenfestsetzungsverfahren, Üb 27 vor § 91, Düss MDR **91**, 449, KG Rpfleger **78**, 384, nicht etwa eine Kostenübernahme in einem Vergleich, Anh § 307. Die Gegenpartei bleibt kostenfrei, wenn sie sich vorher dem Gegner gegenüber dazu bereit erklärt hat, die Kosten zu bezahlen, sobald er ihr eine Kostenrechnung übersandt habe, und wenn er ihr diese Kostenrechnung dann nicht übersandt hat, Ffm RR **00**, 362, aM Nürnb MDR **99**, 1407. § 516 III 1 ist entsprechend anwendbar, Kblz JB **02**, 651.

21   Nach einer *Zurückverweisung* trägt derjenige die Kosten des Erinnerungs- und Beschwerdeverfahrens, der diejenige Kostenfestsetzung betrieb, die nun etwa gegenstandslos geworden ist, KG Rpfleger **78**, 384. Auf Grund der Kostengrundentscheidung anstelle der bisherige aufhebenden Entscheidung leitet der Rpfl von Amts wegen ein neues Festsetzungsverfahren ein. In ihm ist evtl eine Bezugnahme auf den früheren Antrag und seine Anlagen ausreichend, LG Bln AnwBl **92**, 497. § 717 II 3 ist anwendbar, Hamm JB **77**, 1141, KG Rpfleger **78**, 384, aM LG Bln JB **78**, 432 (§ 91 a I). Das Festsetzungsverfahren ist gerichtsgebührenfrei, § 11 IV RPflG, Anh § 153 GVG. Es zählt bei der Anwaltsgebühren zum Rechtszug, § 19 I 2 Z 13 RVG. Man braucht die Kosten der Zustellung brauchen nicht vorzuschießen, LG Bln Rpfleger **86**, 73, aM ZöHe §§ 103, 104 Rn 7 (aber es handelt sich um eine Zustellung von Amts wegen). Sie sind auf Grund des Vollstreckungstitels mitfestsetzbar.

22   **C. Verzinsung der Prozeßkosten,** dazu *Schlamann* Rpfleger **03**, 7 (Üb): I 2 betrifft nur die Prozeßkosten der §§ 91 ff, nicht die Vollstreckungskosten des § 788 I, LG Bielef Rpfleger **89**, 522, LG Saarbr JB **91**, 970, MüKoBe 48, aM Hamm Rpfleger **92**, 315, Köln Rpfleger **93**, 121, AG Germersheim Rpfleger **96**, 255 (aber I 2 tritt hinter § 788 zurück, dort Rn 10, 11). Sie betrifft auch nicht die Vergütung des Insolvenzverwalters, Zweibr Rpfleger **02**, 477.

23   Die Prozeßkosten sind nur auf Grund eines *Antrags* festsetzbar. Der Antrag ist in allen Verfahrensarten zulässig, zB im Mahnverfahren, §§ 688 ff, AG Norden AnwBl **62**, 316, im FGG-Verfahren, ZöHe §§ 103, 104 Rn 6, aM AG Solingen Rpfleger **81**, 456, oder im SGG-Verfahren, SG Heilbr RR **00**, 952, SG Mü MDR **96**, 646, SG Trier RR **92**, 317, aM LG Münst AnwBl **82**, 394 (aber alle diese Verfahren brauchen eine Kostenfestsetzung und kennen keine Spezialvorschriften dazu). Der Antrag ist schon ab Titelerlaß bzw Vergleichsabschluß statthaft, Göppinger JB **80**, 803. Man kann ihn aber nachholen, auch noch nach Rechtskraft des Festsetzungsbeschlusses, Hamm Rpfleger **79**, 71, KG Rpfleger **78**, 385.

24   Die Kosten sind seit dem Tag zu verzinsen, an dem der erste Kostenfestsetzungsantrag beim Gericht *einging*, also *nicht für die Zeit vorher*, BSG MDR **87**, 171, SG Heilbr RR **00**, 952, SG Konst AnwBl **84**, 573. Das gilt auch in einer Ehesache, aM Mü Rpfleger **81**, 71 (erst ab Rechtskraft. Aber §§ 606 ff kennen keine Sonderregeln). Es gilt auch bei Kostenfreiheit des Erstattungspflichtigen, LG Stgt RR **98**, 1691. Nach Rechtskraft der Festsetzung kann man keine Nachforderung wegen einer Gesetzesänderung stellen, BGH NJW **03**, 1462, Düss JB **03**, 87.

Zum *Zinsfuß* vgl zunächst Rn 2. Er betrug seit 1. 10. 01 wegen Einl III 78 5 Prozentpunkte über dem jeweiligen Basiszinssatzes nach § 247 BGB, KG JB **02**, 482. Das galt auch beim Altfall, Düss JB **02**, 587, LG Landau JB **03**, 202, AG Mayen Rpfleger **02**, 732, AG Siegb AnwBl **02**, 733. Wegen der Zeit vom 1. 10.–31. 12. 01 vgl die 60. Aufl. Seit 1. 7. 02 betrug der Basiszinsatz nach § 247 I 2, 3, II BGB zunächst bis 31. 12. 02 2,47%, Bek v 25. 6. 02, BAnz Nr 118 S 14538. Seit 1. 1. 03 betrug der Basiszinssatz 1,97%, Bek v 30. 12. 02, BAnz **03** Nr 2 S 76. Seit 1. 7. 03 betrug er 1,22%, Bek v 24. 6. 03, BAnz Nr 117 S 13744. Seit

Titel 5. Prozesskosten **§ 104**

1. 7. 04 beträgt er 1,13%, Bek v. 29. 6. 04, BAnz Nr 122 S 14246. Evtl erfolgt eine Nachfestsetzung, Hamm JB **02**, 482, Mü MDR **02**, 1338, AG Siegb RR **02**, 1218.

Die Verzinsungspflicht besteht auch dann schon vom Zeitpunkt des *Eingangs des Kostenfestsetzungsgesuchs* **25** an, wenn der weiter erforderliche Verzinsungsantrag erst später eingegangen ist. Denn I 2 stellt auch in der jetzigen Fassung auf den Festsetzungsantrag nach I 1 ab, also nicht auf den Verzinsungsantrag. Damit ist der frühere diesbezügliche Streit geklärt. Wenn in demselben Verfahren mehrere Kostengrundentscheidungen oder -festsetzungen stattgefunden haben, etwa infolge eines Rechtsmittels, einer Streitwertänderung, wirksamen Erledigterklärungen oder einer Klagerücknahme, dann entscheidet für die Verzinsungspflicht der Zeitpunkt, in dem der erste Kostenfestsetzungsantrag beim Gericht einging, jedenfalls soweit der Erstattungsanspruch bestehen bleibt oder wiederhergestellt wird, Bbg JB **98**, 32, Karlsr Rpfleger **97**, 232, Kblz RR **00**, 70, aM Düss OLGR **97**, 12, Hamm MDR **93**, 585, Kblz MDR **88**, 61 (aber I 2 meint klar den erstmöglichen Festsetzungsantrag, Einl III 39). Wenn sich die Bezugsgröße freilich einmal oder wiederholt nach § 247 BGB nach oben oder unten ändert, ist jede solche Veränderung gegenüber dem Zeitpunkt des Eingangs des ersten Kostenfestsetzungsantrags mitbeachtlich. Denn das ist der Sinn eines gleitenden Zinsfußes.

Wenn die Parteien die Kostengrundentscheidung durch eine abweichende Kostenregelung in einem **26** nachfolgenden *Prozeßvergleich* nach Anh § 307 ersetzt haben, dann ist die Verzinsung erst ab seinem Zustandekommen statthaft, Hamm MDR **93**, 585, Karlsr MDR **92**, 1007, Mü MDR **96**, 532. Denn jetzt gibt es nur noch diese Kostengrundregelung als Basis der Kostenfestsetzung. Freilich kann der Verzinsungszeitraum grundsätzlich nicht vor dem Erlaß des Vollstreckungstitels zur Hauptforderung beginnen. Etwas anderes gilt eben nur, wenn die Parteien die Fälligkeit des Zinsanspruchs vorrangig abweichend vereinbart haben, Mü MDR **01**, 414. Im übrigen bleibt die Verzinsung ab Eingang des Festsetzungsantrags unverändert, wenn der Prozeßvergleich die erstinstanzliche Kostengrundentscheidung aufrecht erhält, also nicht durch eine andere Regelung ersetzt, Mü MDR **01**, 414. Eine Unterbrechung des Kostenfestsetzungsverfahrens nach §§ 239 ff etwa wegen der Insolvenz des Erstattungsberechtigten ist unschädlich, soweit der Insolvenzverwalter das Verfahren aufnimmt, § 240, Hamm Rpfleger **81**, 243. Die Voraussetzungen des § 103 müssen auch für den Zinsanspruch vorliegen, Ffm JB **75**, 662, KG Rpfleger **77**, 218, Mü Rpfleger AnwBl **82**, 124. Die Zinsen stehen dem Auftraggeber zu, nicht unmittelbar dem Anwalt. Mag der letztere einen Vorschuß fordern, Hüttenhofer AnwBl **89**, 153. Der Rpfl darf und muß eine etwaige bloße Teilentscheidung ergänzen, auch auf Grund einer dann umdeutbaren Erinnerung, Kblz RR **00**, 69.

D. Mitteilung des Festsetzungsbeschlusses. Der Rpfl muß seinen Kostenfestsetzungsbeschluß folgen- **27** dermaßen bekanntgeben.

Dem *Antragsteller* teilt der Rpfl seinen Beschluß formlos mit, soweit er seinem Antrag voll stattgegeben hat, § 329 II 1. Hier gilt also nicht II 2 oder III. Denn es ist keine Vollstreckung *gegen* den Antragsteller ergangen. Das setzt § 329 III Hs 1 als selbstverständlich voraus. Der Antragsteller ist auch nicht beschwert. Er hat daher keinen Rechtsbehelf nach § 329 III Hs 2. Soweit der Rpfl den Antrag zurückweist, läßt er den Beschluß dem Antragsteller förmlich zustellen, I 4, § 329 III Hs 2.

Dem *Antragsgegner* läßt der Rpfl seinen Beschluß in beglaubigter Abschrift insoweit förmlich zustellen, als **28** er dem Festsetzungsantrag stattgegeben hat, I 4, § 329 III Hs 1. Soweit der Rpfl den Festsetzungsantrag zurückgewiesen hat, braucht er den Antragsgegner überhaupt nicht zu benachrichtigen. Denn dann ist der Antragsgegner auch nicht beschwert. Soweit der Antragsgegner eine formlose Mitteilung erhält, § 329 II 1, fügt das Gericht eine beglaubigte oder einfache Abschrift der Kostenrechnung hinzu, § 103 II. Ein Verstoß dagegen ist nur dann erheblich, wenn der Beschluß die Kostenrechnung zu seinem Bestandteil machte und wenn der Rpfl die Abschrift der Kostenrechnung dem Antragsgegner nicht schon vor der Entscheidung zur Stellungnahme zugesandt hatte, LG Stade NdsRpfl **81**, 208, Meyer-Stolte Rpfleger **82**, 43.

Eine erforderliche Zustellung erfolgt im einzelnen (Durchführung) auf *Veranlassung der Geschäftsstelle,* **29** irreführend AG Köln Rpfleger **87**, 461. Sie kann und muß an den ProzBev der ersten Instanz gehen, (jetzt) § 172, Kblz RR **97**, 1023. Das gilt auch dann, wenn der Anwalt eine Schutzschrift nach § 91 Rn 192 eingereicht hatte, Hbg JB **80**, 771. Es gilt ferner, wenn es um Rechtsmittelkosten geht, es sei denn, die Partei hätte den Antrag oder das Rechtsmittel persönlich eingelegt. Dagegen ist eine Zustellung nicht an denjenigen zulässig, den die Partei nur zu einzelnen Prozeßhandlungen bevollmächtigt hat. In Beitreibungsverfahren nach § 126 muß das Gericht die Zustellung an den beigeordneten Anwalt richten, nicht an den etwa davon zu unterscheidenden erstinstanzlichen ProzBev.

Soweit der Auftrag des ProzBev *erloschen* ist, erfolgt die Zustellung an die Partei selbst, 104 Rn 7, Kblz **30** Rpfleger **78**, 316, Mü MDR **80**, 146, ZöHe §§ 103, aM Bre Rpfleger **86**, 99, Celle Nds Rpfl **77**, 21 (aber jetzt ist § 172 nicht mehr anwendbar). § 174 II ist auch hier beachtlich, Kblz Rpfleger **78**, 261. Der Rpfl muß eine öffentliche Zustellung bewilligen, § 186 Rn 3.

E. Rechtskraft, Berichtigung. Der Rpfl darf seinen Kostenfestsetzungsbeschluß nicht ohne einen **31** gesetzlichen Grund aufheben oder ändern, § 329 Rn 16 ff, Düss Rpfleger **78**, 269, Saarbr AnwBl **80**, 299. Eine Abänderung kommt freilich wegen eines Verstoßes gegen Art 103 I GG in Betracht, Mü AnwBl **82**, 533. Der Kostenfestsetzungsbeschluß erwächst grundsätzlich in innere und äußere Rechtskraft, Einf 1, 2 vor §§ 322–327, Düss Rpfleger **96**, 372, Kblz JB **95**, 92 (auch zu Ausnahmen), Mü MDR **00**, 666. Das gilt, sobald gegen ihn kein Rechtsbehelf mehr zulässig ist. Es gilt unabhängig davon, ob sich die Kostengrundentscheidung noch ändern mag und nur infolgedessen auch der Festsetzungsbeschluß entfallen kann, Einf 8 vor §§ 103–107, Hamm FamRZ **87**, 1289. Das gilt grundsätzlich auch bei einer sog Rückfestsetzung, Rn 14, BGH NJW **84**, 126, Kblz VersR **90**, 1161. Die Rechtskraft erstreckt sich aber nur auf den Gesamtbetrag und die Absetzung bestimmter Rechnungsposten, Rn 50, OVG Saarlouis Rpfleger **95**, 128.

Eine Rechtskraftwirkung tritt selbst dann ein, wenn der Kostenfestsetzungsbeschluß in einem *Widerspruch* **32** zur Kostengrundentscheidung des Erkenntnisverfahrens steht, § 318 Rn 7, aM OVG Saarlouis Rpfleger **95**, 128 (aber es liegt ein äußerlich wirksamer Staatsakt vor, Üb 10 vor § 300, solange überhaupt eine Kostengrundentscheidung vorhanden ist, dazu auch Üb 16 vor § 300). Soweit der bisherige Kostenfestsetzungsbeschluß über einen Posten nicht – und nicht etwa nur irrig nicht – entschieden hat, liegt auch keine Rechtskraft vor, Mü Rpfleger **87**, 263.

33 Der Rpfl kann und muß unter Umständen den Beschluß in einer entsprechenden Anwendung des § 319 *berichtigen*, Hamm MDR **77**, 760, Stgt Just **80**, 439, aM Zweibr Rpfleger **03**, 101 (aber die Vorschrift gilt in Verbindung mit § 329 allgemein). Wegen eines echten Rechtsfehlers ist aber nur ein Rechtsbehelf nach Rn 41 ff zulässig. Das Prozeßgericht kann keine Berichtigung des Kostenfestsetzungsbeschlusses vornehmen. Eine Ergänzung des Kostenfestsetzungsbeschlusses nach § 321 ist zulässig, § 329 Rn 20, Hamm Rpfleger **80**, 482, KG Rpfleger **80**, 158, Mü AnwBl **88**, 249. Ein Kostenfestsetzungsbeschluß ist auslegbar, KG AnwBl **83**, 324. Für eine Wiederaufnahmeklage nach §§ 578 ff besteht kein Rechtsschutzbedürfnis, Grdz 33 vor § 253. Denn innerhalb der für die Wiederaufnahmeklage gegebenen Klagefrist ist ein befristetes Rechtsmittel zulässig, Rn 41 ff. Die Rechtskraft des Kostenfestsetzungsbeschlusses steht nicht der Möglichkeit entgegen, solche Gebühren geltend zu machen, die im bisherigen Kostenfestsetzungsverfahren nicht genannt worden sind, sog Nachliquidation, § 103 Rn 40.

34 **F. Zwangsvollstreckung.** Der Kostenfestsetzungsbeschluß ermöglicht eine Zwangsvollstreckung, § 794 I Z 2, sofern er mit der Vollstreckungsklausel versehen ist, §§ 724, 725, 750, LG Ffm Rpfleger **81**, 204, außer im Fall § 105, s § 795 a. Der Gläubiger muß die zweiwöchige Wartefrist nach § 798 bzw die einmonatige nach § 798 a abwarten, außer im Fall des § 105. Mit der Zwangsvollstreckung auf Grund des Urteils hat die Zwangsvollstreckung auf Grund des Kostenfestsetzungsbeschlusses nichts zu tun. Der Kostenfestsetzungsbeschluß ist zwar ein von der zugrunde liegenden Kostengrundentscheidung abhängiger Titel, Einf 8 vor §§ 103–107. Er ist im übrigen aber ein selbständiger Vollstreckungstitel, § 794 I Z 2. Deshalb setzt eine Zwangsvollstreckung auf Grund des Kostenfestsetzungsbeschlusses nicht voraus, daß das Urteil bereits zugestellt worden ist, LG Ffm Rpfleger **81**, 204.

35 Eine *Einstellung* der Zwangsvollstreckung aus dem zugrunde liegenden Titel nach §§ 707, 719 wirkt sich auch auf den Kostenfeststellungsbeschluß aus, Einf 12 vor §§ 103–107. Eine Einstellung nur aus dem Kostenfestsetzungsbeschluß ist durchaus denkbar, zB im Fall eines Widerspruchs gegen einen Arrestbefehl nach § 924. Über die Einwirkung der Aufhebung des Urteils Einf 8 vor § 103.

Gebühren: Des Gerichts: keine; des Anwalts: keine, § 19 I 2 Z 13 RVG.

36 **7) Berücksichtigung eines Ansatzes, II.** Die Vorschrift regelt schwierige Einzelfragen.

A. Entstehung der Kosten. Der Rpfl darf einen Kostenansatz berücksichtigen, soweit Kosten entstanden sind, BVerfG NJW **83**, 809. Der Rpfl darf auch bloß unterstellte, fingierte Kosten nicht aufnehmen, vgl aber § 91 Rn 268 „Vermiedene Kosten". Eine bloße Rechtsauffassung der einen oder der anderen oder beider Parteien etwa dazu, ob eine Gebühr entstanden sei, bindet den Rpfl nicht, Ffm Rpfleger **80**, 158, LG Köln AnwBl **82**, 84. Wenn Auslagen noch nicht bezahlt worden sind, muß der Rpfl auch die Zahlung an den Dritten festsetzen. Doch genügt bei Gerichtskosten, Anwaltskosten, KG RR **92**, 404, oder Gerichtsvollzieherkosten der Umstand, daß eine Zahlungspflicht feststeht, Mü Rpfleger **82**, 115. Denn damit ist bereits glaubhaft gemacht, daß die Zahlung notwendig werden wird. Die Erstattungsfähigkeit bleibt davon unberührt, daß ein Dritter für den Erstattungsberechtigten zahlte, Köln JB **80**, 449.

Allerdings muß der Rpfl solche Gerichtskosten absetzen, für die auch der verurteilte *Gegner* dem Staat haftet, § 31 II GKG, und gezahlt hat. Denn sonst würde eine Doppelzahlung drohen. Aus demselben Grund muß der Rpfl solche Kosten absetzen, die der Gegner einer Partei gezahlt hat, der eine Prozeßkostenhilfe bewilligt worden war, § 122 II.

37 **B. Notwendigkeit der Kosten.** Die Kosten müssen notwendig sein, § 91 Rn 28. Der Antragsteller muß auch diese Notwendigkeit glaubhaft machen, § 294, LG Weiden MDR **75**, 669.

38 **C. Grundsatz: Notwendigkeit der Glaubhaftmachung, II 1.** Grundsätzlich ist eine Glaubhaftmachung nach § 294 im Kostenfestsetzungsverfahren über den Wortlaut von II 1 hinaus mangels Offenkundigkeit nach § 291 notwendig, Nürnb JB **75**, 191, LG Aachen AnwBl **99**, 59, LG Darmst Rpfleger **88**, 333. Sie ist grundsätzlich auch ausreichend. Zu Einzelfragen beim Verdienstausfall Marx Rpfleger **99**, 157 (ausf).

39 **D. Ausnahme: Versicherung von Postauslagen usw, II 2.** Soweit es um die Auslagen eines Anwalts wegen seiner Auslagen für Post- und Telekommunikationsdienstleistungen geht, genügt statt einer Glaubhaftmachung grundsätzlich die schlichte Versicherung des Anwalts wegen derjenigen Tatsachen, die zu ihrer Entstehung führten, II 2, Köln MDR **86**, 152, Mü MDR **92**, 1005, LG Aachen AnwBl **99**, 59. Es kann eine stichwortartige Angabe der Tatsachen ausreichen, LG Köln AnwBl **82**, 84. Allerdings dürfen die Anforderungen nicht gering bemessen, Kblz VersR **87**, 914, strenger Hbg JB **81**, 454 (Einzelnachweis), großzügiger Mü AnwBl **83**, 569. Soweit ein Streit über die Notwendigkeit der Porto- und Telefonauslagen usw besteht, genügt jetzt die Versicherung des Anwalts. Freilich bleiben unrichtige Angaben evtl strafbar, § 263 StGB. Immerhin muß der Gegner (Gegen-)Beweis erbringen, Karlsr JB **75**, 35. § 287 II ist freilich entsprechend anwendbar, Mü MDR **92**, 1005 (zum alten Recht). Für einen Vollstreckungsauftrag kann ein Pfändungsprotokoll nach §§ 762, 763 ausreichen, LG Darmst Rpfleger **88**, 333. Sofern es um derartige Auslagen eines anderen Bevollmächtigten geht, ist eine volle Glaubhaftmachung nach § 294 erforderlich. Die Glaubhaftmachung nach § 294 muß schriftlich oder zum Protokoll der Geschäftsstelle erfolgen. Denn sonst fehlt der Beleg, den § 103 II erforderlich macht. Die Unterschrift unter der Kostenrechnung reicht nicht stets. Bei ungewöhnlich hohen Auslagen entstehen entsprechend hohe Anforderungen an die Darlegung und auch an die Glaubhaftmachung, KG NJW **76**, 1272. § 139 ist anwendbar.

40 **E. Weitere Ausnahme: Versicherung bei Umsatzsteuer, II 3.** Soweit es um eine Umsatzsteuer geht, ist erforderlich und genügt nach II 3 ausnahmsweise die Erklärung des Antragstellers, daß er diese Beträge nicht als Vorsteuer abziehen kann, BGH NJW **03**, 1534, Saarbr MDR **99**, 61, Schlesw JB **96**, 260. Das gilt auch bei einer juristischen Person, Düss Rpfleger **04**, 184. Der Antragsteller braucht diese Erklärung also weder nach § 294 glaubhaft zu machen noch notwendig so zu bekräftigen, LG Hann JB **99**, 29. Es ist Sache des Gegners, den Gegenbeweis zu erbringen, BVerfG NJW **96**, 383, Düss JB **05**, 369, Karlsr MDR **94**, 1252, großzügiger Hbg MDR **98**, 1250. Die bloße Erklärung genügt aber nur, wenn sie wenigstens dem Sinn nach

Titel 5. Prozesskosten **§ 104**

eindeutig ist, Saarbr MDR **99**, 61. Die Erklärung muß auch unmißverständlich sein, KG MDR **95**, 321. Man darf eine stillschweigende Erklärung nur ausnahmsweise unter Berücksichtigung der Gesamtumstände annehmen, LG Karlsr JB **96**, 428, AG Bln-Charlottenb JB **96**, 428. Sie liegt nicht schon im bloßen Ansatz der Umsatzsteuer, Karlsr JB **00**, 477, LAG Ffm DB **99**, 2272. Der Rpfl braucht insofern nicht nachzufragen, Düss JB **02**, 590, Schlesw RR **04**, 356, VGH Mannh NVwZ-RR **04**, 311.

Greifbarer Unsinn bleibt aber ebenfalls unbeachtet, Einl III 54, BGH NJW **03**, 1534, Düss JB **05**, 369, VGH Mannh NVwZ-RR **04**, 311. Es gilt die letzte Erklärung, Düss JB **00**, 478. Eine Nachlieferung der Versicherung kann man nur im Rechtsmittelverfahren beachten, Mü RR **04**, 69. Sie kann als Rechtsmittel umdeutbar sein, Kblz RR **00**, 364, aber Vorsicht!, LAG Düss MDR **01**, 416 (schon nach 8 Monaten evtl „Verwirkung", dazu freilich Einl III 65). Bei Streitgenossen, die von demselben Anwalt vertreten werden und von denen nur ein Teil vorsteuerabzugsberechtigt ist, muß der Rpfl grundsätzlich von unterschiedlicher Beteiligung am Prozeß ausgehen, Karlsr Rpfleger **00**, 240, Köln JB **01**, 428 (zustm Schulte), LG Hagen JB **01**, 370.

8) Rechtsbehelfe – Übersicht: Sofortige Beschwerde oder sofortige Erinnerung, III, § 11 I, II RPflG. Das System der Rechtsbehelfe gegen die Entscheidung des Rpfl ist nach wie vor alles andere als übersichtlich. III 1 bestimmt, daß gegen die Entscheidung sofortige Beschwerde stattfindet. Gemeint ist dabei eine Erstentscheidung des Richters. Soweit indessen der Rpfl die Erstentscheidung trifft, weil er nach § 103 Rn 41 zuständig ist, muß man den in Anh § 153 GVG abgedruckten vorrangigen spezielleren § 11 I, II RPflG beachten. **41**

§ 11 I RPflG erklärt grundsätzlich dasjenige Rechtsmittel für gegeben, das nach den allgemeinen verfahrensrechtlichen Vorschriften zulässig ist, also die sofortige Beschwerde nach III 1. Insofern muß man also die Entscheidung des Rpfl ebenso behandeln wie eine Entscheidung, die der Richter getroffen hätte. Im einzelnen Rn 49 ff, BayLBG für Heilberufe Rpfleger **01**, 48. **42**

§ 11 II RPflG enthält demgegenüber eine vorrangige Ausnahmevorschrift für den in seinem S 1 genannten Fall, daß nach den allgemeinen verfahrensrechtlichen Vorschriften ein Rechtsmittel gegen eine Entscheidung, die der Richter getroffen hätte, nicht „gegeben" ist, gegen den Rpfl aber allgemein unstatthaft oder im Einzelfall unzulässig ist. Das gilt schon wegen Art 19 IV GG, BVerfG FamRZ **01**, 828. Nur die letztere Situation kommt hier infrage, sie aber immer dann, wenn der für eine sofortige Beschwerde nach § 567 II erforderliche *Beschwerdewert* von mehr als 200 EUR *nicht erreicht* wird, aM Nürnb MDR **05**, 534. Denn es handelt sich bei der Erstentscheidung des Rpfl um eine „Entscheidung über Kosten" im Sinn von § 567 II. Die frühere gesetzliche Unterscheidung zwischen der „Verpflichtung, die Prozeßkosten zu tragen", also der sog Kostengrundentscheidung, und andersartigen Kostenrechtsentscheidungen mit anderem Beschwerderecht ist übrigens weggefallen. **43**

Auch ein Verstoß gegen die *Beschwerdefrist* des § 569 I 2, 3 macht eine sofortige Beschwerde unzulässig und damit § 11 II RPflG anwendbar. Auch ein Formverstoß kann diese Rechtsfolge haben, etwa eine Unwirksamkeit oder gar ein Fehlen der für die sofortige Beschwerde wie für jeden sog bestimmenden Schriftsatz erforderlichen Unterschrift, § 129 Rn 9 ff. Auch alle übrigen Fehler, die zur Unzulässigkeit einer sofortigen Beschwerde führen, sodaß sie „nicht gegeben" ist, eröffnen nur den Rechtsbehelf nach § 11 II RPflG. **44**

Er besteht nach § 11 II 1 RPflG in der „Erinnerung binnen der für die sofortige Beschwerde geltenden Frist", also in der *sofortigen Erinnerung*. Das ist weder eine einfache unbefristete noch eine sog Durchgriffs-Erinnerung früherer Art, Ffm NJW **99**, 1265. Ebenso wie bei einer sofortigen Beschwerde die bisherige Instanz im Fall der Begründetheit dem Rechtsmittel abhelfen muß, § 572 I 1 Hs 1, bestimmt auch § 11 II 2 RPflG gerade für die sofortige Erinnerung ausdrücklich, daß der Rpfl ihr abhelfen „kann" und daher prüfen muß, ob er abhelfen muß. Hier liegt also keine Systemabweichung gegenüber §§ 567 ff mehr vor. **45**

Es gibt aber eine *wichtige Abweichung*. Während bei der sofortigen Beschwerde wegen der indirekten Verweisung von § 11 I RPflG auf III 1 und damit auch auf § 572 I 1 Hs 2 die untere Instanz die Sache der höheren zur Entscheidung vorlegen muß, soweit sie die sofortige Beschwerde nicht für begründet hält, muß der Rpfl im Fall einer sofortigen Erinnerung, der er nicht abhelfen will, die Sache nur seinem Richter und damit *derselben Instanz vorlegen*, § 11 II 3 RPflG. **46**

Es gibt noch eine *weitere* Abweichung vom Verfahren der sofortigen Beschwerde. Während die untere Instanz bei ihr unter den Voraussetzungen Rn 46 der oberen vorlegen muß, hat der Richter der unteren Instanz auf zulässige Vorlage seines Rpfl nach Rn 46 hin nur scheinbar wegen § 11 II 4 RPflG mit seiner Verweisung „im übrigen" auf § 567 ff der höheren vorzulegen (früher sog Durchgriffserinnerung). In Wahrheit *muß* er *stets selbst entscheiden*. Denn Voraussetzung der sofortigen Erinnerung statt sofortiger Beschwerde war ja gerade, daß gegen die Entscheidung des Rpfl dann, wenn sie von vornherein vom Richter getroffen worden wäre, nach den allgemeinen Verfahrensregeln kein Rechtsmittel gegeben gewesen wäre. Würde der Richter der unteren Instanz auf Vorlage des Rpfl nunmehr dem höheren Gericht vorlegen dürfen, so würde aus einer gesetzlich unangreifbaren Richterentscheidung eine angreifbare, nur weil der Rpfl zwischengeschaltet war. Diese Komplikation soll § 11 II RPflG nach jahrzehntelang verunglückter Praxis gerade verhindern. Die Vorlagepflicht nach § 11 II 3 RPflG beim Richter des Rpfl besteht nur aus verfassungsrechtlichen Erwägungen, Art 101 I 2 GG. Sie ist eine Folge der unveränderten Zwitterstellung des Rpfl. Er ist einerseits „Gericht", anderseits aber eben immer noch nicht echter „Richter", obwohl sich seine früher echt richterlichen Aufgaben verzehnfacht haben. **47**

Nimmt man noch hinzu, daß dieses ganze „System" eine Fülle von Falschbehandlungen bei sämtlichen Beteiligten nahezu unvermeidbar macht, so wird das *gesetzliche Durcheinander* erst in seinem ganzen seit 1998 in Wahrheit nur umgeschichteten Ausmaß deutlich, aM von König Rpfleger **00**, 8 (aber man kann angesichts der Gesetzesfassung leider nicht mit einem Entlastungszweck argumentieren, den der Gesetzgeber selbst nicht umgesetzt hat). Es bleibt die Alltagslast der Praxis, sich gegenseitig durch vernünftige und im Rahmen der Zuständigkeitsgrenzen großzügige Verfahrensweise zu helfen, um auf diesem Nebenschauplatz am Ende des Erkenntnisverfahrens den Prozeßbeteiligten vor der Zwangsvollstreckung nicht zusätzliche Probleme als Folge deutscher Überperfektion zu schaffen. **48**

§ 104   Buch 1. Abschnitt 2. Parteien

49 **9) Sofortige Beschwerde im einzelnen, III, § 11 I RPflG.** Vgl zunächst die Rechtsbehelfsübersicht Rn 41–48. III ist in Verbindung mit § 11 I RPflG, Anh § 153 GVG, als Rechtsmittel gegen die Entscheidung schon des Rpfl nach Rn 15–40 gegeben, soweit gegen diese Entscheidung dann, wenn der Richter sie erlassen hätte, eben die sofortige Beschwerde nach III statthaft und zulässig wäre. Dazu müssen die folgenden Voraussetzungen zusammentreffen.

50 **A. Beschwerdeberechtigung.** Zur sofortigen Beschwerde sind grundsätzlich nur die Parteien berechtigt, Grdz 4 vor § 50, nicht der Wahlanwalt oder ProzBev, § 81, BVerfG JB **98**, 78, Brdb FamRZ **02**, 254, VGH Kassel JB **99**, 36. Auch die Staatskasse ist grundsätzlich nicht zur sofortigen Beschwerde berechtigt. Das gilt auch dann, wenn der Rpfl die Auffassung vertreten hat, eine Anwaltsgebühr sei nicht entstanden. Die sofortige Beschwerde eines Anwalts kann in einen Antrag auf eine Festsetzung des Streitwerts nach §§ 3 ff bzw nach (jetzt) § 63 GKG umdeutbar sein, Bbg JB **76**, 185, Ffm JB **79**, 601 und 1873. Sie gilt im Zweifel als eine sofortige Beschwerde der von ihm vertretenen Partei. Soweit der Anwalt auf Grund seiner Beiordnung im Verfahren auf die Bewilligung einer Prozeßkostenhilfe nach §§ 114 ff selbst Antragsteller nach § 126 ist, ist er allerdings auch persönlich zur sofortigen Beschwerde berechtigt, § 126 Rn 18. Er kann freilich mit seiner eigenen Beschwerde nicht eine Umstellung des Verfahrens seiner Partei auf ihn selbst erreichen. Eine Anschlußbeschwerde ist möglich, Bbg JB **81**, 1679.

51 **B. Beschwer.** Der Beschwerdeführer muß wie bei jedem Rechtsmittel im Ergebnis beschwert sein, Celle MDR **75**, 498, KG Rpfleger **78**, 225, LG Bln JB **00**, 70. Das gilt zB auch dann, wenn der Kostenfestsetzungsbeschluß die im Urteil genannte Sicherheitsleistung nicht in voller Höhe oder nicht eine im Urteil genannte Vollstreckungsbeschränkung erwähnt, KG Rpfleger **84**, 246. Eine Beschwer durch einen Teil des Kostenfestsetzungsbeschlusses genügt, zB wegen einzelner zu- oder aberkannter Posten, Rn 52. Es kommt insofern auch ein Ergänzungsantrag in Betracht, Rn 33. Eine Beschwer im Kostenpunkt genügt hier entgegen § 99 I, Stgt Rpfleger **84**, 199 (freilich keine Durchgriffsbeschwerde). Eine Beschwer kann bei der Zurückweisung gar nicht beantragter Posten entstehen, Hamm AnwBl **02**, 437. Die sofortige Beschwerde ist auch wegen angeblich überhobener Gerichtskosten zulässig, aM LG Bln JB **00**, 90 (aber es ist die Aufgabe des Gegners, sich solche Kosten von der Staatskasse zurückzahlen zu lassen, § 6 GKG), oder wegen eines Kostenverstoßes gegen § 308 I, Hamm AnwBl **02**, 437. Die sofortige Beschwerde ist auch wegen überhöhter Zeugengebühren oder überhöhter Sachverständigengebühren nach dem JVEG zulässig, Hartmann Teil V. Wegen des Beschwerdewerts Rn 70.

Eine bloße *Nachliquidation* nach § 103 Rn 40 gehört nicht in das Beschwerdeverfahren und nimmt diesem das Rechtsschutzbedürfnis, Grdz 33 vor § 253, Kblz VersR **90**, 1255. Man muß vielmehr eine Ergänzung des bisherigen Kostenfestsetzungsbeschlusses beantragen, Ffm Rpfleger **78**, 29, Kblz JB **91**, 968, Saarbr AnwBl **80**, 299, aM KG MDR **91**, 356, Kblz JB **77**, 1778 (aber man darf an das Ergänzungsverfahren keine geringeren formalen Anforderungen stellen als an das Hauptverfahren).

52 Demgegenüber darf man einen berechtigten *Einzelposten* anstelle eines unberechtigten *nachschieben*, ähnlich einer Klagänderung, Ffm Rpfleger **88**, 163, KG RR **91**, 768. Das gilt, soweit nicht ein Teilverzicht auf die sofortige Beschwerde vorliegt, Stgt Just **78**, 234, und soweit der bisherige Kostenfestsetzungsbeschluß nicht schon rechtskräftig geworden ist. Man „soll" die sofortige Beschwerde begründen, § 571 I. Es besteht aber keine allgemeine Begründungspflicht. Vgl freilich § 571 III 2, 3. Im Zweifel gilt der gesamte Kostenfestsetzungsbeschluß als angegriffen. Ein vor dem Erlaß der Entscheidung des Rpfl nachgereichter Schriftsatz läßt sich nicht als eine rechtzeitige sofortige Beschwerde umdeuten, Stgt Rpfleger **82**, 309.

53 Ein *Berichtigungsantrag* nach § 319 ist unabhängig von einer sofortigen Beschwerde statthaft. Er zwingt den Rpfl zur Überprüfung und evtl Berücksichtigung. Daher kommt dann keine Vorlage beim Rechtsmittelgericht mehr in Betracht, LG Bln JB **99**, 538 (gegen Ablehnung sofortige Erinnerung). Er kann das Rechtsschutzbedürfnis für eine sofortige Beschwerde hemmen oder beseitigen, Bbg Rpfleger **95**, 289. Einen überhöhten Wertansatz muß man mit dem Verfahren nach (jetzt) §§ 63, 66 GKG bekämpfen, Ffm JB **79**, 601 und 1873 (evtl Umdeutung), anschließend mit dem Verfahren nach § 107.

Eine *Teilanfechtung* ist grundsätzlich statthaft, sofern die für jede Anfechtung selbständig erforderliche Beschwer vorliegt, Düss Rpfleger **98**, 104 (keine Addition). Soweit sie zur Zurückverweisung an den Rpfl führt, kann man beim Vorliegen einer weiteren Beschwer nun auch einen anderen Teil des Festsetzungsbeschlusses anfechten, Stgt JB **78**, 1251.

54 **C. Beschwerdewert über 200 EUR.** Die sofortige Beschwerde ist nur zulässig, wenn der Beschwerdewert von mindestens 200,01 EUR erreicht ist, (jetzt) § 567 II, Rn 43. Dabei zählen Zinsen und die Umsatzsteuer mit, Kblz MDR **92**, 196. Bei einer teilweisen Zurückweisung ist nur ihr Wert maßgeblich, Düss Rpfleger **98**, 103.

Der Beschwerdewert von mehr als 200 EUR gilt auch für die sofortige Beschwerde gegen eine Entscheidung über eine Umschreibung oder Änderung nach § 126. Der Beschwerdewert kann auch durch *Zusammenrechnung* erreicht sein, wenn der Rpfl statt eines einzigen Beschlusses mehrere erlassen hat, Nürnb JB **75**, 191, aM Stgt JB **78**, 609. Es kommt auf den Vorlagezeitpunkt an, also auf den Eingang beim Rechtsmittelgericht. Eine „Erinnerung" gegen den Streitwert kann eine Wertbeschwerde sein, Ffm JB **79**, 1873. Eine nachträgliche Erweiterung bei unverändertem Sachverhalt ist natürlich zulässig, Düss Rpfleger **78**, 188. Eine nachträgliche Ermäßigung unter die Beschwerdesumme zwingt nicht zur Rückgabe an den Rpfl, § 567 Rn 18, KG JB **91**, 1522.

Eine auch umdeutbare *Anschlußbeschwerde* ist auch ohne eine Überschreitung des Beschwerdewerts von 200 EUR zulässig und umgekehrt, (jetzt) § 567 III, Kblz VersR **80**, 338, Schlesw JB **93**, 489. Jedoch ist eine sog Nachliquidation nach Rn 51 auch auf diesem Weg unstatthaft, Ffm Rpfleger **78**, 29, Hamm JB **96**, 262, Kblz JB **91**, 968. Man kann die Entscheidung auch wegen derjenigen Kosten angreifen, die man im Erinnerungsverfahren nicht angegriffen hatte, sofern im früheren Teilangriff der Beschwerdewert erreicht worden war, Düss Rpfleger **76**, 188, aM Bbg JB **83**, 129.

55 **D. Notfrist: 2 Wochen.** Die sofortige Beschwerde unterliegt einer zweiwöchigen Notfrist, §§ 224 I 2, 569 I 1. Das gilt sowohl dann, wenn der Rpfl den Kostenfestsetzungsantrag aus förmlichen Gründen ohne sachliche Prüfung als unzulässig zurückgewiesen hatte, als auch insoweit, als der Rpfl über den Kostenfestsetzungsantrag aus sachlichen Gründen entschieden hat, also über dessen Begründetheit, etwa weil keine Erstattungsfähigkeit vorliege. Die Frist in beiden Fällen ergibt sich aus III 1 in Verbindung mit § 11 I RPflG, Anh § 153 GVG. Damit ist der frühere Streit darüber erledigt, ob die Frist auch bei einer Zurückweisung aus förmlichen Gründen einzuhalten ist. Die Einlegung beim Beschwerdegericht genügt zur Fristwahrung, § 569 I 1 Hs 2. Bei Fristversäumung kommt Wiedereinsetzung in Betracht, §§ 233 ff. Die Zweiwochenfrist gilt auch im Strafverfahren, Rn 3, Düss JB **05**, 422.

E. Form. Als bestimmender Schriftsatz nach § 129 Rn 5 bedarf die sofortige Beschwerde der grundsätz- 56
lich eigenhändigen und handschriftlichen Unterschrift des Rechtsmittelführers, § 129 Rn 9 ff. Beim Telefax muß man die Kopiervorlage unterschreiben, BGH NJW **94**, 2097. Zur digitalen Signatur § 129 Rn 19. Eine Paraphe nach § 129 ZPO Rn 31 reicht nicht, BAG BB **97**, 947, aM BGH DB **96**, 557 (aber erst durch die volle Unterschrift übernimmt der Beschwerdeführer erkennbar die volle Verantwortung).

Ein *Anwaltszwang* zur bloßen *Einlegung* besteht schon wegen des gegenüber §§ 78, 569 III vorrangigen § 13 RPflG, Anh § 153 GVG, *nicht*, Hbg MDR **01**, 1192, Nürnb (3. ZS) MDR **00**, 233 und (4. ZS) MDR **01**, 597, Zweibr RR **01**, 286, aM Ffm MDR **01**, 705, Nürnb (6. ZS) Rpfleger **99**, 268 (aber nach § [jetzt] 569 I 1 Hs 2 ist die Einlegung gerade nicht zwingend beim Beschwerdegericht notwendig und daher auch beim Rpfl möglich. Daher ist § 13 RPflG anwendbar).

F. Verfahren des Rechtspflegers bei sofortiger Beschwerde: Bei Begründetheit Abhilfe durch 57
ihn selbst. Es kann zunächst nach §§ 319, 329 zulässige Berichtigung auch notwendig sein, Bbg JB **95**, 648, Kblz RR **99**, 867, LG Bln JB **99**, 538. Sie entfällt zB oft beim bloßen Übersehen einer Entscheidung über einen angemeldeten Kostenpunkt, § 319 Rn 22 „Übersehen". Gegen ihre Ablehnung ist nach § 567 I Z 2 in Verbindung mit § 11 I RPflG, Anh § 153 GVG, sofortige Beschwerde statthaft. Mangels Notwendigkeit einer Berichtigung gilt: Soweit der Rpfl die sofortige Beschwerde nach pflichtgemäßer Prüfung für statthaft, zulässig und begründet hält, darf und muß er nach § 572 I 1 Hs 1 in Verbindung mit § 11 II RPflG der sofortigen Beschwerde selbst abhelfen. Das ist der wesentliche Unterschied zum früheren Verfahren des Rpfl bei sofortiger Beschwerde. Vgl auch Rn 59.

Das *Verfahren* des Rpfl erfolgt nach §§ 569 ff in Verbindung mit § 11 I RPflG. Neue Angriffs- oder Verteidigungsmittel sind zulässig, Kblz Rpfleger **02**, 319. Ein Anwaltszwang besteht im gesamten Verfahren des Rpfl bis zu seiner Abhilfeentscheidung wegen § 13 RPflG, § 78 I nicht. Der Rpfl muß den Beschwerdegegner vor einer Abhilfe anhören, Artt 2 I, 20 III GG, BVerfG **101**, 404 (faires Verfahren). Dazu muß er eine angemessene Frist setzen, und zwar durch eine förmlich zuzustellende Verfügung, § 329 II 2. Eine mündliche Verhandlung ist zulässig, aber nicht notwendig, § 128 IV.

Die *Abhilfeentscheidung* des Rpfl erfolgt durch einen Beschluß. Der Rpfl muß ihn nachvollziehbar begründen, § 329 Rn 4. Eine floskelhafte „Begründung" reicht nicht aus. Sie kann vielmehr zur Zurückverweisung wegen eines Verfahrensfehlers führen. Soweit im Abhilfeverfahren Kosten entstanden sein können, muß der Rpfl in seiner Abhilfeentscheidung über sie mitbefinden, § 97, Kblz AnwBl **03**, 315 (zu [jetzt] § 11 RVG), LG Karlsr MDR **03**, 178. Der Rpfl muß seine Abhilfeentscheidung verkünden oder mangels mündlicher Verhandlung dem siegenden Beschwerdeführer nach § 329 III Hs 1 zustellen, soweit sie auch nur wegen der ersten einen Hinweis auf Vollstreckungsrecht enthält, § 794 I Z 2, im übrigen formlos nach § 329 II 1 mitteilen. Dem unterliegenden Beschwerdegegner muß der Rpfl seine Abhilfeentscheidung förmlich zustellen. Denn sie kann entweder nach § 567 I Z 1, II (ausreichende Beschwer) in Verbindung mit § 11 I RPflG oder nach § 567 I Z 2 in Verbindung mit § 11 I RPflG (Zurückweisung des Antrags auf Kostenfestsetzung) nunmehr seitens des bisherigen Beschwerdegegners (Gläubigers) befristet anfechtbar sein, § 329 III. Mit der gesetzmäßigen Bekanntgabe bei Abhilfe endet das bisherige Beschwerdeverfahren. Es besteht ja kein Anlaß zu weiteren Maßnahmen.

Eine *irrige Verfahrensweise* muß der fälschliche Adressat, etwa der Richter des Rpfl oder des OLG, durch formlose Zurücksendung korrigieren, notfalls durch einen zurückverweisenden Beschluß.

G. Verfahren des Rechtspflegers bei sofortiger Beschwerde: Bei Unbegründetheit Vorlage beim 58
Beschwerdegericht. Soweit der Rpfl die sofortige Beschwerde nach Prüfung gemäß Rn 57 jedenfalls für unbegründet hält, muß er das Rechtsmittel unverzüglich im Sinn von § 121 I 1 BGB (allgemeiner Rechtsgedanke; ohne schuldhaftes Zögern) nach § 572 I 1 Hs 2 in Verbindung mit § 11 I RPflG dem Beschwerdegericht vorlegen, also dem LG nach § 72 GVG oder dem OLG nach § 119 I Z 1, III, IV GVG. Das muß ohne weitere Prüfung geschehen. Eine Klage beim BVerfG ist für ihn unzulässig, BVerfG **30**, 170. Die Vorlage erfolgt an das Kollegium, SchlHA **80**, 57, oder an den Einzelrichter, Hamm MDR **93**, 384.

Die *Nichtabhilfe- und Vorlageentscheidung* erfolgt durch Verfügung oder Beschluß des Rpfl. Beide Formen erfordern eine wenigstens im Kern nachvollziehbare kurze Begründung, Hamburg MDR **02**, 1274. Denn das Beschwerdegericht muß erkennen können, daß der Rpfl keinen Verfahrensfehler beging. Der Rpfl teilt diese Begründung den Parteien formlos mit. Die Vorlage enthält keine Kostenentscheidung. Eine floskelhafte „Begründung" reicht trotz aller Erlaubnis zur Kurzfassung nicht. Die Nichtbeachtung dieser Erfordernisse kann zur Zurückverweisung führen, Kblz JB **02**, 200.

Es ist *keine Vorlage beim Richter des Rechtspflegers* zulässig. Denn dieser ist in das Verfahren über die sofortige Beschwerde nicht eingeschaltet, Brdb NJW **99**, 1268, Düss AnwBl **99**, 288, Ffm NJW **99**, 1265. Eine Vorlage an den Richter des Rpfl kommt auch nicht im Fall des § 5 RPflG infrage. Denn der Rpfl muß bei unbegründeter sofortiger Beschwerde mangels eigener Abhilfe eben unverzüglich dem Rechtsmittelgericht vorlegen und alles weitere diesem überlassen.

Es gibt bei sofortiger Beschwerde *keinen Nichtabhilfebeschluß* des *Richters* des Rpfl. Folglich gibt es beim 59
Verstoß auch keine förmliche Zurückverweisung vom Richter an seinen Rpfl. Vielmehr gibt der Richter die Sache formlos an den Rpfl unter Hinweis darauf zurück, daß *dieser* dem Beschwerdegericht vorlegen muß, oder er leitet die Akte zweckmäßigerweise formlos an das Beschwerdegericht mit der Anregung weiter, den Nichtabhilfebeschluß des Rpfl als Vorlage umzudeuten. Freilich mag bei Sturheit des Rpfl auch einmal eine

§ 104 Buch 1. Abschnitt 2. Parteien

Aufhebung nur des Nichtabhilfebeschlusses nebst Zurückverweisung seitens des Richters des Rpfl ratsam sein und wäre wirksam.

60 **H. Verfahren des Beschwerdegerichts.** Sein Verfahren ist alles andere als einfach. Das Beschwerdegericht prüft zunächst, ob der Vorlagebeschluß des Rpfl berechtigt ist. Eine unberechtigte Vorlage hebt das Beschwerdegericht auf. Es kann und muß evtl das Verfahren entsprechend (jetzt) § 538 an den Rpfl der ersten Instanz (nicht an seinen Richter) zurückverweisen, BGH RR **05**, 1299, Ffm JB **99**, 482, Hamm MDR **00**, 174, Karlsr Rpfleger **93**, 484. Dann muß der Rpfl auch über die Beschwerdekosten entscheiden, Bbg JB **79**, 1713. Eine Zurückverweisung ist nicht in eine Vorlage umdeutbar, Ffm VersR **78**, 261, Hamm Rpfleger **78**, 421, KG Rpfleger **78**, 337. Sofern die Vorlage statthaft war, entscheidet das Beschwerdegericht nach § 572 II 1 über die Statthaftigkeit, Zulässigkeit und Begründetheit der sofortigen Beschwerde. Auch das Beschwerdegericht muß grundsätzlich den gesamten Beschluß überprüfen, aber nur im Rahmen von dessen Anfechtung, § 308 Rn 16, Mü MDR **00**, 666. Es braucht ungeachtet § 571 I nicht schon auf Grund eines bloßen Vorbehalts des Beschwerdeführers dessen Begründung abzuwarten. Es muß nur eine angemessene Frist ablaufen lassen, Brschw MDR **93**, 1116 (2–3 Wochen). Dabei beachtet das Beschwerdegericht §§ 567–572.

61 Ein *Anwaltszwang* ist für die *Einlegung* nach Rn 56 entbehrlich. Grundsätzlich besteht aber im Verlauf des Beschwerdeverfahrens vor dem OLG Anwaltszwang, § 78 I 2. Indessen kann dort im Beschwerdeverfahren nach § 571 IV 1 auch jeder vor einem AG oder LG zugelassenen bzw postulationsfähige Anwalt auftreten, § 78 Vorbem. Darüber hinaus besteht vor dem OLG insoweit überhaupt kein Anwaltszwang, als das Gericht eine schriftliche Erklärung angeordnet hat, falls die Beschwerde auch zu Protokoll der Geschäftsstelle eingelegt werden *durfte* (§ 569 III), selbst wenn sie nicht so eingelegt worden *war*. Denn dann entfällt der Anwaltszwang für die angeordnete Erklärung nach § 78 V Hs 2. Diese Ausnahme ist freilich nicht weit auslegbar. Eine mündliche Verhandlung findet nicht zwingend statt, §§ 128 IV, 572 IV. Wohl aber ist das rechtliche Gehör notwendig, Art 103 I GG, soweit das Beschwerdegericht zu Lasten des Anzuhörenden entscheiden will.

62 **I. Entscheidung des Beschwerdegerichts.** Das Beschwerdegericht entscheidet durch einen Beschluß, §§ 329, 572 IV. Es muß seinen Beschluß unabhängig von seiner etwaigen Anfechtbarkeit grundsätzlich begründen, § 329 Rn 4.

63 Das Beschwerdegericht darf dem Beschwerdeführer *nicht mehr* zusprechen, *als er begehrt* hat, § 308 I, vgl Rn 17, Ffm JB **75**, 662, OVG Hbg AnwBl **87**, 290. Das Beschwerdegericht verwirft eine *unzulässige* Beschwerde, § 572 II 2. Es weist eine zulässige, aber *unbegründete* sofortige Beschwerde zurück. Es hebt die angefochtene Entscheidung bei zulässiger und begründeter Beschwerde auf. Es entscheidet dann selbst, indem es die Kosten festsetzt. Es kann nach § 572 III an den Rpfl zurückverweisen, Rn 60. Im Umfang einer Zurückverweisung kann das Rechtsmittelgericht Weisungen für die neue Festsetzung erteilen, § 572 III. Soweit die Vorlage unzulässig war, zB wegen Nichterreichens der Beschwerdesumme, wird die Sache an den Rpfl zurückgegeben, ohne eine Aufhebung auszusprechen, so schon Kblz Rpfleger **76**, 11. Die Rechtskraft des Beschlusses des Beschwerdegerichts tritt nach § 322 unabhängig von derjenigen der Hauptsache ein. Das Beschwerdegericht muß mangels Zurückverweisung über die Kosten des Beschwerdeverfahrens entscheiden, §§ 91, 97, Kblz MDR **02**, 909. § 93 ist entsprechend anwendbar, auch wenn der sofortigen Beschwerde nicht entgegengetreten wurde, LG Halle MDR **00**, 480 (Üb z zur Streitfrage). Des Gerichts (jetzt) KV 1811, Kblz MDR **02**, 909, Auslagen wie sonst; des Anwalts: 5/10, VV 3500 ff. Das Rechtsmittel ist bis zur Wirksamkeit einer Rechtsmittelentscheidung rücknehmbar. Die Rücknahme ist als Parteiprozeßhandlung unwiderruflich, Grdz 58 vor § 128, Kblz JB **76**, 116. Der Rpfl muß die Anwaltsgebühren im Fall einer Rücknahme der sofortigen Beschwerde entsprechend § 516 III von Amts wegen festsetzen.

64 Das Beschwerdegericht muß grundsätzlich das *Verbot der Schlechterstellung* beachten, Mü Rpfleger **82**, 196, Oldb JB **78**, 1811, LG Würzb JB **79**, 1034. Es kann den angefochtenen Beschluß aber klarstellend aufheben, soweit die Kostengrundentscheidung weggefallen ist oder fehlt, Mü JB **82**, 1563, Pauling JB **82**, 61 (auch zu weiteren Ausnahmen). Es muß § 97 beachten, dort Rn 32, aber auch § 99 I beachten. Wegen der Kosten nach einer Zurückverweisung Rn 21. Wenn der Rpfl die sofortige Beschwerde zurückgewiesen hatte, statt die Akten vorzulegen, kann das Beschwerdegericht in der Sache entscheiden, ohne den angefochtenen Beschluß heben zu müssen, aM Ffm VersR **78**, 261, Kblz JB **76**, 1346 (das Beschwerdegericht müsse die angefochtene Entscheidung dann aufheben, wenn der Ablehnungswille der Vorderinstanz klar erkennbar sei. Aber die erstere Lösung ist prozeßwirtschaftlicher, Grdz 14 vor § 128). In einer Familiensache ist der Familiensenat des OLG für die Entscheidung über die sofortige Beschwerde zuständig, BGH FamRZ **78**, 586, Bischof MDR **78**, 716.

65 Das Beschwerdegericht muß seinen Beschluß *förmlich zustellen* lassen, § 329 III Hs 1, evtl auch §§ 329 III Hs 2, 574, und zwar stets dem ProzBev, § 172.

66 Das Beschwerdegericht darf seine Entscheidung *nicht abändern*, §§ 318, 329. Wegen der Einstellung der Zwangsvollstreckung § 570 III. Wegen einer weiteren sofortigen Beschwerde nach Zulassung im FGG-Verfahren BayObLG **02**, 275. Eine Rechtsbeschwerde nach § 574 ist nur nach ihrer Zulassung durch das Beschwerdegericht statthaft, BGH RR **04**, 356 (krit Timme/Hülk MDR **04**, 467), BayObLG Rpfleger **03**, 43.

67 **J. Aussetzung des Beschwerdeverfahrens, III 2.** Das Beschwerdegericht kann nicht nur die Vollziehung nach § 570 III Hs 2 aussetzen, sondern darüber hinaus das gesamte Beschwerdeverfahren solange aussetzen, bis die Kostengrundentscheidung nach Üb 35 vor § 91, auf die der Festsetzungsantrag gestützt ist, rechtskräftig ist. „Kann" stellt nicht nur in die Zuständigkeit, sondern in das pflichtgemäße Ermessen des Beschwerdegerichts. Ergänzend gilt § 570. Die Aussetzung oder deren Ablehnung sind unanfechtbar.

68 **K. Gegenvorstellung, Verfassungsbeschwerde.** Eine Gegenvorstellung ist unstatthaft. Eine Verfassungsbeschwerde kommt wie sonst in Betracht, zB bei einem Verstoß gegen das Willkürverbot durch grob fehlerhafte Berechnung, Einl III 21, BVerfG MDR **83**, 372.

Titel 5. Prozesskosten **§ 104**

Eine danach unzulässige erste Beschwerde liegt aber *nicht* vor, wenn es sich in Wahrheit um eine Erstbeschwerde im gesonderten Verfahren nach § 156 KostO handelt, BayObLG FGPrax **99**, 78.

10) Sofortige Erinnerung im einzelnen, III 1, § 11 II RPflG. Vgl zunächst wiederum die Rechtsbehelfsübersicht Rn 41–48. Soweit gegen die Entscheidung dann, wenn der Richter sie erlassen hätte, *keine* sofortige Beschwerde und kein anderes Rechtsmittel statthaft und zulässig wäre, kommt nach § 11 II RPflG, Anh § 153 GVG, der dort genannte Rechtsbehelf in Betracht, Rn 43. Das übersieht Schütt MDR **99**, 85. Eine solche Lage tritt auch dann ein, wenn der Rpfl die BayObLG entschieden hatte, BayObLG AnwBl **99**, 354. Dazu müssen die folgenden Voraussetzungen zusammentreffen. **69**

A. Erinnerungsberechtigung. Zur sofortigen Erinnerung sind alle in Rn 50 Genannten berechtigt. Die sofortige Erinnerung kann in einen Antrag auf die bloße Festsetzung des Gegenstandswerts umdeutbar sein, Bbg JB **76**, 185. Eine Anschlußerinnerung ist möglich, LG Bln Rpfleger **96**, 397 (auch zu den Grenzen). **70**

B. Beschwer, Beschwerdewert bis 200 EUR. Wegen der Beschwer Rn 51–53. Der Beschwerdewert darf 200 EUR nicht übersteigen. Denn nur dann wäre eine Entscheidung des Richters unangreifbar, § 567 II ZPO in Verbindung mit § 11 II 1 RPflG. Vgl im übrigen wie bei Rn 54, auch zur Nachliquidation. **71**

C. Notfrist: 2 Wochen. Zwar bezeichnet § 11 II 1 RPflG die dortige Anfechtungsform nur als „die Erinnerung", nicht als „sofortige Erinnerung" und schon gar nicht wie § 11 II RPflG als „sofortige Beschwerde". Trotzdem ist die Frist für die Einlegung eine Notfrist, § 224 I 2. Denn § 11 II 1 RPflG spricht von der „für die sofortige Beschwerde geltenden Frist", und das ist eine Notfrist, Rn 55. Daran ändert sich auch nichts durch den Umstand, daß zum einen § 11 II 2 RPflG ebenso wie der hier nachrangige § 572 I 1 Hs 1 ZPO den Rpfl ermächtigt und evtl verpflichtet, der Erinnerung abzuhelfen, und daß zum anderen nach § 11 II 4 RPflG „im übrigen" die Vorschriften über die „Beschwerde" (gemeint jetzt: über die „sofortige Beschwerde") sinngemäß auf die sofortige Erinnerung anwendbar sind. **72**

Auch *§ 224 I 2 ändert nichts.* Danach sind Notfristen nur diejenigen Fristen, die „in diesem Gesetz" als solche bezeichnet sind. Durch die Verweisung in § 11 II 1 RPflG auf die gerade für die sofortige Beschwerde der ZPO geltende Frist wird aber auf die ZPO Bezug genommen. **73**

Die Notfrist wird nach *§ 222 berechnet.* Es gibt keine Abkürzung oder Verlängerung, § 224. Die Notfrist beginnt mit der Zustellung des Festsetzungsbeschlusses, §§ 11 II 1 RPflG, 569 I 2 ZPO. §§ 233 ff sind anwendbar. Da der Rpfl aber in seinem Verfahren bis zum Erlaß seines Beschlusses das rechtliche Gehör gewähren mußte, Artt 2 I, 20 III GG, BVerfG **101**, 404, beginnt die Notfrist ferner nur dann zu laufen, wenn er spätestens bei der Zustellung des Kostenfestsetzungsbeschlusses eine Abschrift der Kostenberechnung des Prozeßgegners (nicht der Gerichtskosten, Hbg JB **85**, 1884) beigefügt hat, ThP 30, aM Mü Rpfleger **90**, 503, ZöHe 14 (aber es ist eine vollständige Fassung des Festsetzungsbeschlusses ohne dessen Unterlagen kaum vorhanden). Die Frist läuft ferner nicht, soweit der Rpfl eine Position einfach ohne Anhörung stillschweigend gestrichen hatte. Soweit der Festsetzungsbeschluß nach § 105 auf das Urteil oder den Vergleich gesetzt wurde, beginnt die Frist mit der Zustellung dieses einheitlichen Titels nach § 317. Eine inhaltliche Berichtigung erfordert eine neue Zustellung. **74**

Die sofortige Erinnerung muß innerhalb der Notfrist nach § 129 a II 2 bei demjenigen Gericht *eingehen,* dessen Rpfl den angefochtenen Beschluß erlassen hat, Hamm AnwBl **95**, 270, Mü Rpfleger **92**, 425, aM Bbg JB **75**, 1498 (aber das ist kein allgemeines Erfordernis jeder fristgebundenen Anfechtung). Der Eingang auf der Posteinlaufstelle ist ausreichend. Ein Eingang auf der Geschäftsstelle derjenigen Abteilung, deren Rpfl entschieden hat, ist nicht erforderlich. Soweit man die sofortige Erinnerung nach § 129 a I zum Protokoll des Urkundsbeamten der Geschäftsstelle eines anderen Gerichts eingelegt hat, wird sie erst dann wirksam, wenn sie bei demjenigen Gericht eingeht, dessen Rpfl den angefochtenen Beschluß erlassen hatte, § 129 a II 2. Eine Einlegung der Erinnerung bei dem Beschwerdegericht wahrt die Frist allerdings auch dann, wenn kein dringlicher Fall vorliegt. Das ergibt sich aus §§ 11 II 1 RPflG, 569 I Hs 2. Soweit der Erinnerungsführer auf einen Schriftsatz Bezug nimmt, muß er doch eine eindeutige Rechtsmittelerklärung innerhalb der Frist abgeben, MDR **78**, 477, Ffm Rpfleger **83**, 117, Stgt Rpfleger **87**, 309. **75**

Die *nachträgliche Erweiterung* der sofortigen Erinnerung ist zulässig, Karlsr Rpfleger **92**, 494, ebenso eine unselbständige Anschließung, Bbg JB **78**, 593. Das stellt § 567 III klar. Da es sich um eine Notfrist handelt, kommt gegen ihre Versäumung die Wiedereinsetzung nach §§ 233 ff in Betracht. **76**

D. Form. Man kann die sofortige Erinnerung schriftlich einlegen. Dann ist die eigenständige Unterschrift notwendig, § 129 I Rn 9, LG Bln MDR **76**, 407. Man kann die sofortige Erinnerung auch per Telefax, elektronisch nach § 130 a oder zum Protokoll der Geschäftsstelle einlegen, nicht aber telefonisch, auch nicht durch solche bloße Bezugnahme auf einen vor der Erinnerung eingegangenen Schriftsatz, Celle Rpfleger **94**, 290. Zur Entgegennahme ist der Urkundsbeamte der Geschäftsstelle sowohl desjenigen Gerichts zuständig, dessen Rpfl den angefochtenen Beschluß erlassen hatte, Köln MDR **75**, 671, als auch derjenige der Geschäftsstelle eines jeden anderen AG, § 129 a I. Im letzteren Fall wird die Erinnerung aber erst mit dem Eingang bei der Posteingangsstelle desjenigen Gerichts wirksam, dessen Rpfl den angefochtenen Beschluß erlassen hat, § 129 a II 2, Rn 75. **77**

Es besteht zur Einlegung *kein Anwaltszwang,* Rn 56, und zwar auch dann nicht, wenn der Rpfl der sofortigen Erinnerung nicht abhilft, § 11 II 2 RPflG, und sie daher dem Richter vorlegt. Das gilt, zumal dieser die sofortige Erinnerung nicht dem Beschwerdegericht zuleiten darf, sondern stets selbst abschließend entscheiden muß, Rn 92 ff. Ein Anwaltszwang besteht auch nicht, wenn der Richter die sofortige Erinnerung fälschlich dem Beschwerdegericht zuleitet, Bbg JB **78**, 1366, Düss JB **78**, 1570, Kblz VersR **80**, 539. Wegen des Anwaltszwangs im *weiteren* Verfahren Rn 61. **78**

Als Parteiprozeßhandlung nach Grdz 47 vor § 128 duldet die sofortige Erinnerung *keine Bedingung,* Stgt Rpfleger **82**, 309. Eine fehlerhafte Bezeichnung läßt sich heilen. Eine ausdrückliche Erklärung der sofortigen Erinnerung ist nicht stets notwendig. Vielmehr läßt sich die Eingabe wie jede Parteiprozeßhandlung auslegen, Grdz 52 vor § 128, Karlsr AnwBl **94**, 247 (Wiederholung in der Erinnerungsfrist). **79**

§ 104 Buch 1. Abschnitt 2. Parteien

80   **E. Aussetzung der Vollziehung.** Nach § 11 II 4 RPflG sind auf die sofortige Erinnerung „im übrigen" §§ 567 ff sinngemäß anwendbar. Nach § 570 II kann der Rpfl, dessen Entscheidung aufgehoben wird, im Erinnerungsverfahren bis zu seiner Entscheidung über Abhilfe oder Nichtabhilfe die Vollziehung des angefochtenen Beschlusses aussetzen. Dagegen ist kein Rechtsbehelf gegeben, § 567 I Z 1, 2.

81   **F. Allgemeines zum Verfahren des Rechtspflegers bei sofortiger Erinnerung, § 11 II 2, 3 RPflG.** Der Rpfl kann der sofortigen Erinnerung abhelfen, Rn 84, §§ 11 II 1, 21 Z 2 RPflG, Anh § 153 GVG, Stgt NJW **99**, 368, aM Schneider Rpfleger **98**, 500 (aber Wortlaut und Sinn sind eindeutig, Ffm Rpfleger **79**, 388. Daher ist er zunächst sowohl zur Prüfung der Zulässigkeit berechtigt und verpflichtet als auch zur Prüfung der Begründetheit der sofortigen Erinnerung, Hamm Rpfleger **86**, 484, LG Bln JB **99**, 313. Das gilt auch beim etwaigen Wiedereinsetzungsgesuch wegen einer Versäumung der Erinnerungsfrist, § 233, Düss Rpfleger **83**, 29, KG Rpfleger **85**, 456. Das alles gilt ferner trotz § 8 I RPflG auch dann, wenn der Richter rechtswidrig über die Abhilfe entschieden hatte, ohne die Entscheidung des Rpfl abzuwarten, LAG Düss Rpfleger **93**, 439. Man muß auch eine als sofortige Beschwerde bezeichnete Eingabe aus den Gründen Rn 41 ff, 57 ff zunächst dem Rpfl vorlegen.

82   Der Rpfl darf und muß insbesondere prüfen, ob er Erinnerung *teilweise* abhilft, Düss Rpfleger **86**, 404 (abl Lappe/Meyer-Stolte). Der Urkundsbeamte der Geschäftsstelle und notfalls der Richter des Rpfl, Hamm Rpfleger **86**, 277, legen daher die sofortige Erinnerung zunächst dem Rpfl vor. Eine mündliche Verhandlung ist statthaft, aber nicht notwendig, § 128 IV in Verbindung mit § 11 II 4 RPflG, § 572 IV.

Der Rpfl muß bereits von sich aus dem Gegner des Erinnerungsführers wie bei Rn 5 grundsätzlich das *rechtliche Gehör* gewähren, Artt 2 I, 20 III GG, BVerfG **101**, 404. Diese Anhörung ist nur dann nicht erforderlich, wenn der Rpfl der sofortigen Erinnerung nicht abhelfen will. Der Rpfl muß grundsätzlich den gesamten Kostenfestsetzungsbeschluß überprüfen, selbst wenn die sofortige Erinnerung nur den gesamten Beschluß angreift. Denn selbst die etwaige Unrichtigkeit einzelner Posten mag am Ergebnis des angefochtenen Beschlusses nichts ändern.

83   Im Verfahren vor dem Rpfl ist die *Rücknahme* der sofortigen Erinnerung zulässig. Sie führt auf Antrag des Gegners zur Auferlegung von dessen außergerichtlichen Kosten zu Lasten des Erinnerungsführers. Das Erinnerungsverfahren ist gerichtsgebührenfrei, § 11 IV RPflG, Anh § 153 GVG.

84   **G. Abhilfe durch den Rechtspfleger, § 11 II 2 RPflG.** Soweit der Rpfl der sofortigen Erinnerung abhilft, entscheidet er durch einen Beschluß, §§ 329, 572 I 1 Hs 1, IV. Er darf also nicht bei einer Vorlage an den Richter offen lassen, wie weit er abhilft, Düss MDR **86**, 503, Mü Rpfleger **81**, 412, LG Bln Rpfleger **89**, 56, aM Lappe/Meyer-Stolte Rpfleger **86**, 405 (vgl aber Rn 86). Er hebt den angefochtenen Beschluß auf und erläßt einen neuen Kostenfestsetzungsbeschluß oder einen Ergänzungsbeschluß, Mü Rpfleger **81**, 71, Meyer-Stolte Rpfleger **83**, 30. Der Rpfl muß seinen Beschluß begründen, soweit er den Beteiligten belastet, § 329 Rn 4. Kosten des Gerichts: Keine Gebühren, § 11 IV RPflG, jedoch Auslagen wie sonst, des Anwalts: $^{1}/_{2}$, VV 3500. Diese Entscheidung des Rpfl beendet das bisherige Erinnerungsverfahren. Sie ist, soweit sie eine neue Beschwer enthält, wiederum beschwerde- oder erinnerungsfähig, KG Rpfleger **82**, 230, Mü Rpfleger **89**, 55. Freilich muß der jetzt Beschwerte insoweit dann auch eine neue Notfrist einhalten, Mü Rpfleger **89**, 55. Das gilt auch dann, wenn der Rpfl auf eine sofortige Erinnerung den ursprünglichen Kostenfestsetzungsbeschluß wieder herstellt. Die erste Erinnerung lebt nicht wieder auf, Mü Rpfleger **89**, 55.

85   Der Rpfl muß auch dann den ganzen Festsetzungsbeschluß *neu fassen,* wenn er der sofortigen Erinnerung nur teilweise stattgeben will. Freilich muß der unveränderte Teil vollstreckbar bleiben, Mü Rpfleger **84**, 235. Er darf also nicht auch nur zunächst den übrigen Teil vorlegen, Düss MDR **86**, 503 (abl Lappe/Meyer-Stolte Rpfleger **86**, 404), auch nicht bei wechselseitigen Erinnerungen, aM LG Detm Rpfleger **96**, 238 (abl Lappe). Er ist aber an einen nur wegen der Höhe eingelegten Antrag auch dann gebunden, wenn die Kosten gar nicht entstanden waren. Wenn der Rpfl der sofortigen Erinnerung voll abhilft, muß er wegen § 308 II über die außergerichtlichen Kosten des Erinnerungsverfahrens entscheiden. Im Fall einer nur teilweisen Abhilfe ergeht keine Kostenentscheidung, Mü Rpfleger **77**, 70. Die Kostenentscheidung darf den Erinnerungsführer nicht schlechter stellen als vorher, Köln NJW **75**, 2347.

86   **H. Keine Abhilfe durch den Rechtspfleger: Vorlage bei seinem Richter, § 11 II 3 RPflG**, dazu *Peters,* Die Rechtsnatur des Nichtabhilfe- und Vorlagebeschlusses, Festschrift für *Gaul* (1997) 517: Nur soweit der Rpfl der sofortigen Erinnerung nicht abhilft, vermerkt er das in der Akte und verfügt die Vorlage an den Richter. Spätestens in diesem Zeitpunkt muß er eine etwa bisher fehlende Begründung des angefochtenen Beschlusses nachholen, § 329 Rn 5, Düss Rpfleger **85**, 255, Mü Rpfleger **92**, 382. Der bloße Vermerk des Rpfl „ich helfe nicht ab" ist ein Verstoß gegen Artt 2 I, 20 III GG, BVerfG **101**, 404 (also noch nicht Art 103 I GG). Er führt zur Zurückverweisung entsprechend § 538 an den Rpfl, BayObLG Rpfleger **93**, 485 (KostO), Mü Rpfleger **90**, 156. Besser, wenn auch nicht notwendig, ist ein förmlicher Nichtabhilfebeschluß, den der Rpfl natürlich ebenso begründen muß. Stets ist seine volle Unterschrift nötig, § 329 Rn 8, 9. Wegen teilweiser Nichtabhilfe Rn 85.

87   Eine *Bezugnahme* auf die Gründe des angefochtenen Beschlusses kann genügen. Jedoch muß sich der Rpfl mit den etwa zusätzlichen Erwägungen der Erinnerungsbegründung natürlich erkennbar ernsthaft auseinandersetzen. Eine Leerfloskel „aus den zutreffenden Gründen des angefochtenen Beschlusses" reicht ebensowenig wie beim Richter.

88   **I. Allgemeines zum Verfahren des Richters bei sofortiger Erinnerung, § 11 II 3, 4 RPflG.** Erst sobald der Rpfl auf Grund der Vorlage der Akte bei ihm nach Rn 81 den erforderlichen Nichtabhilfevermerk oder Nichtabhilfebeschluß unterschrieben hat, Hamm Rpfleger **86**, 277, darf und muß der Urkundsbeamte der Geschäftsstelle des Rpfl die Akten seinem Richter vorlegen. Das muß dann freilich auch unverzüglich geschehen, § 11 II 4 RPflG in Verbindung mit § 572 I 1 Hs 2, also ohne schuldhaftes Zögern, § 121 II 1 BGB (allgemeiner Rechtsgedanke).

Titel 5. Prozesskosten **§ 104**

Erst jetzt darf und muß dieser Richter den Beschluß in seinem *ganzen Umfang überprüfen,* soweit der Rpfl **89** ihn nicht bereits aufgehoben oder abgeändert hatte. Der Richter darf also nicht etwa über eine Abhilfe auch oder zunächst nur gewissermaßen für den Rpfl befinden, solange der Rpfl nicht in eigener Zuständigkeit über die Abhilfe nach Rn 80, 84 befunden hatte, LAG Düss Rpfleger **93**, 439. Denn nunmehr gilt der Fall so, als ob der Richter die Sache an sich gezogen hätte, BayObLG Rpfleger **90**, 201.

Hat der Rpfl also ordnungsgemäß in eigener Zuständigkeit eine *Abhilfe abgelehnt* und ist die Akte **90** anschließend dem Richter erstmals oder erneut vorgelegt worden, dann darf der Rpfl seine Entscheidung grundsätzlich nicht mehr von sich aus ändern, Mü Rpfleger, **82**, 196, es sei denn nach Zurückverweisung an ihn. Eine etwaige Abänderung darf den Erinnerungsführer nicht schlechter stellen als vorher, Mü MDR **00**, 665. Der Rpfl darf also jetzt nicht mehr doch noch abhelfen, KG Rpfleger **85**, 455. Soweit nicht bereits der Rpfl den Gegner des Erinnerungsführers nach Rn 82 angehört hatte, muß sein Richter diese Anhörung nachholen, und zwar erst jetzt nach Art 103 I GG, BVerfG **101**, 404, es sei denn, auch er will der sofortigen Erinnerung nicht abhelfen. Die Anhörung heilt einen früheren Verstoß, BVerfG **5**, 22. Zur Frage eines Anwaltszwangs Rn 61.

Der Richter prüft zunächst, ob die sofortige Erinnerung im vorgelegten Umfang *statthaft und zulässig* ist. **91** Wenn er sie für unzulässig hält, weil sie nicht rechtzeitig eingelegt worden ist, dann prüft er, ob eine etwa beantragte Wiedereinsetzung in den vorigen Stand notwendig ist, §§ 233 ff, Düss MDR **75**, 233, Mü Rpfleger **76**, 301 (abl Stöber), Schlesw SchlHA **80**, 56. Wenn er sie für unzulässig hält, weil wegen Überschreitung des Beschwerdewerts von 200 EUR sofortige Beschwerde gegeben ist, verfährt er nach Rn 59. Im Anschluß an eine Bejahung der Zulässigkeit der sofortigen Erinnerung klärt der Richter, ob sie auch *begründet* ist. Er muß den Eingang einer etwa fehlenden Erinnerungsbegründung abwarten oder dazu eine angemessene Frist setzen, § 224, LG Ffm Rpfleger **90**, 285.

J. Entscheidung des Richters, § 11 II 3 RPflG. Der Richter des Rpfl entscheidet unter Mitbeachtung **92** von §§ 569 ff über die sofortige Erinnerung, wenn sie im Zeitpunkt dieser seiner Entscheidung statthaft ist, Rn 43, Schlesw SchlHA **81**, 56. Das ist der Fall, wenn gegen einen von vornherein vom Richter erlassenen Festsetzungsbeschluß kein Rechtsmittel zulässig gewesen wäre, Rn 43, Kblz Rpfleger **91**, 298 (zu [jetzt] § 11 RVG). Dieser Fall kommt namentlich dann in Betracht, wenn der Wert des Beschwerdegegenstands 200 EUR nicht übersteigt oder unter die Beschwerdesumme sinkt, § 567 II 2, BVerfG FamRZ **01**, 828, Düss Rpfleger **98**, 104, Kblz Rpfleger **92**, 242.

Die Entscheidung erfolgt *in voller Besetzung.* Der Einzelrichter des § 348 muß allein entscheiden. Derjenige **93** des § 348 a muß über die sofortige Erinnerung entscheiden, soweit das Gericht den Rechtsstreit dem Einzelrichter übertragen hat und der Einzelrichter den Rechtsstreit weder an das Gericht in voller Besetzung zurückverwiesen noch zurückübertragen hat, so schon Kblz Rpfleger **78**, 329. Der Einzelrichter muß ferner im Rahmen von §§ 526, 527 III Z 5 entscheiden. Der Vorsitzende der Kammer für Handelssachen muß im Rahmen von § 349 II Z 12 selbst entscheiden. In einer Familiensache nach §§ 606 ff ist der Familienrichter zuständig.

Die Entscheidung erfolgt durch einen *Beschluß,* § 329 in Verbindung mit § 11 II 3 RPflG, § 572 IV ZPO. **94** Der Richter muß ihn begründen, § 329 Rn 4, Bbg JB **87**, 569. Er muß ihn voll unterschreiben, § 329 Rn 8, 9. Er darf den Erinnerungsführer nicht schlechter stellen als vorher. Der Richter darf auch nicht über die Anträge hinaus Kosten festsetzen. Er darf nicht formlos an den Rpfl zurück „abgeben". Soweit der Rpfl einen erheblichen Verfahrensfehler begangen hat, etwa wegen Mißachtung des rechtlichen Gehörs nach Rn 82 oder wegen rechtsfehlerhafter Anordnung einer in Wahrheit schon nach § 269 III, IV erfolgten Kostenfolge bzw Kostengrundentscheidung, Einf 8 vor §§ 103–107, § 269 Rn 33, darf und muß der Richter schon zwecks Vermeidung der Verkürzung der Instanz unter Aufhebung des angefochtenen Beschlusses entsprechend § 538 an den Rpfl zurückverweisen und evtl auch § 21 GKG anwenden. Das Gericht entscheidet bei einer vollen über die Kosten der sofortigen Erinnerung nach §§ 91, 97, BayObLG AnwBl **99**, 354, Zweibr Rpfleger **03**, 101, LG Karlsr MDR **93**, 178. Das gilt aber nicht bei einer bloß teilweilen Abhilfe, Mü Rpfleger **77**, 70. Das Erinnerungsverfahren ist freilich gerichtsgebührenfrei, § 11 IV RPflG, Anh § 153 GVG. Gerichtsauslagen wie sonst; Kosten des Anwalts: 5/10, VV 3500. Das Gericht muß seine Entscheidung den Beteiligten formlos mitteilen, § 329 I 1.

K. Zurückverweisung, Zurück- oder Weiterleitung durch erstinstanzlichen Richter, § 11 II 4 95 RPflG. Soweit der Richter die „sofortige Erinnerung" für eine in Wahrheit als sofortige Beschwerde nach § 11 I RPflG zu behandelnde Eingabe hält oder soweit das Verfahren des Rpfl sonstwie für fehlerhaft hält, kann er im ersteren Fall korrekterweise mangels eigener Sachzuständigkeit nur entweder die Akten unter Hinweis auf letztere formlos an den Rpfl zurückleiten oder sie ebenso formlos oft zweckmäßigerweise an das Beschwerdegericht weiterleiten. Die förmliche Zurückverweisung unter Aufhebung des angefochtenen Beschlusses kommt nur im Fall einer statthaften, aber vom Rpfl verfahrensfehlerhaft weiterbehandelten sofortigen Erinnerung in Betracht. In den übrigen Fällen hat der erstinstanzliche Richter ja keine Entscheidungsbefugnis. Freilich mag bei hartnäckiger Wiederholung fehlerhaft eingestufter Vorlagen durch den Rpfl auch im Fall des § 11 I RPflG eine förmliche Zurückverweisung zweckmäßig sein. Sie ist stets wirksam. Sie erfolgt durch einen zu begründenden Beschluß. Eine formlose Zurück- oder Weiterleitung wegen § 11 I RPflG sollte anstandshalber eine stichwortartige Kurzbegründung enthalten.

L. Zurückverweisung durch Beschwerdegericht, § 11 II 4 RPflG. Da über eine sofortige Erinne- **96** rung im Fall ihrer Statthaftigkeit nach Rn 43 stets entweder der Rpfl oder *sein* Richter entscheiden müssen, wäre eine Vorlage gar mittels Nichtabhilfebeschlusses durch den erstinstanzlichen Richter an das Beschwerdegericht insofern stets verfahrensfehlerhaft. Das Beschwerdegericht verweist in solchem Fall durch einen in voller Besetzung zu treffenden, zu unterschreibenden Beschluß nebst Kurzbegründung (Anstandspflicht) an den Richter zurück und unterrichtet die Beteiligten.

11) VwGO: *I 1* wird durch § 164 VwGO ersetzt; *I 2 (Verzinsung)* ist entsprechend anzuwenden, da sein Grund- **97** gedanke *für alle Gerichtszweige gilt,* VG Karlsr **KR** § 164 VwGO Nr 2 (vgl Meyer-Ladewig § 197 Rn 9 mwN), ebenso *I 3 u 4* sowie **II,** VGH Mannh NVwZ-RR **04**, 310 (zu II 3), § 173 VwGO. Zuständig ist der Urkunds-

§§ 104, 105

beamte, § 164 VwGO, vgl § 103 Rn 44; zur Bindung an die gerichtliche Kostenentscheidung VGH Mü BayVBl *04*, 284, OVG Saarl Rpfleger *95*, 128, VG Hann Rpfleger *90*, 388. Zur Vollstreckung s VG Bre NJW *98*, 2378. Rechtsbehelf ist nach § 165 VwGO, der auf § 151 VwGO verweist, die fristgebundene Erinnerung; zuständig ist das Gericht, iRv § 87a VwGO der Vorsitzende oder Berichterstatter, OVG Hbg NVwZ-RR *98*, 462 mwN, iRv § 6 VwGO u § 76 AsylVfG der Einzelrichter, VGH Kassel AnwBl *86*, 412. Ohne Änderung des Gesamtergebnisses zu Lasten des Erinnerungsführers dürfen einzelne Posten ausgewechselt werden, OVG Münst NVwZ-RR *99*, 348, VGH Mü BayVBl *83*, 478; sachlich-rechtliche Einwendungen sind ausgeschlossen, oben Rn 10 ff, VGH Mannh VBlBW *90*, 92. An die Stelle von III 1 tritt die Beschwerde nach §§ 146 ff VwGO, soweit sie nicht ausgeschlossen ist, vgl § 252 Rn 8. **III 2** ist entsprechend anwendbar, § 173 VwGO, s oben Rn 67. Zur Unabänderbarkeit rechtskräftiger Beschlüsse s VGH Mü NVwZ-RR *95*, 362.

105 *Vereinfachter Kostenfestsetzungsbeschluss.* **I** ¹ Der Festsetzungsbeschluss kann auf das Urteil und die Ausfertigungen gesetzt werden, sofern bei Eingang des Antrags eine Ausfertigung des Urteils noch nicht erteilt ist und eine Verzögerung der Ausfertigung nicht eintritt. ² Erfolgt der Festsetzungsbeschluss in der Form des § 130 b, ist er in einem gesonderten elektronischen Dokument festzuhalten. ³ Das Dokument ist mit dem Urteil untrennbar zu verbinden.

II ¹ Eine besondere Ausfertigung und Zustellung des Festsetzungsbeschlusses findet in den Fällen des Absatzes 1 nicht statt. ² Den Parteien ist der festgesetzte Betrag mitzuteilen, dem Gegner des Antragstellers unter Beifügung der Abschrift der Kostenberechnung. ³ Die Verbindung des Festsetzungsbeschlusses mit dem Urteil soll unterbleiben, sofern dem Festsetzungsantrag nur teilweise entsprochen wird.

III Eines Festsetzungsantrags bedarf es nicht, wenn die Partei vor der Verkündung des Urteils die Berechnung ihrer Kosten eingereicht hat; in diesem Fall ist die dem Gegner mitzuteilende Abschrift der Kostenberechnung von Amts wegen anzufertigen.

Vorbem. I 1 geändert, I 2 eingefügt, bisherige I 2–4 zu II 1–3, dadurch bisheriger II zu III dch Art 1 Z 2 a–c JKomG v 22. 3. 05, BGBl 837, in Kraft seit 1. 4. 05, Art 16 I JKomG, ÜbergangsR Einl III 78.

Gliederung

1) Systematik, Regelungszweck, I–III....	1	E. Ausfertigungsproblem	10
2) Geltungsbereich, I–III................	2	F. Kein Antrag	11
3) Verbindung von Kostenfestsetzung und Urteil, I, II	3–14	G. Arrest- oder Verfügungstitel	12
A. Zulässigkeit	3–5	H. Antragszurückweisung	13
B. Unzulässigkeit	6, 7	I. Weitere Einzelheiten	14
C. Teilzurückweisung	8	4) Kostenfestsetzung, III	15, 16
D. Teilunzulässigkeit der Zwangsvollstreckung	9	5) *VwGO*	17

1 1) Systematik, Regelungszweck, I–III. Die Vorschrift bringt im Interesse der Prozeßwirtschaftlichkeit nach Grdz 14 vor § 128 zwei gegenüber § 104 vorrangige Spezial-Vereinfachungen. Sie ist im Verfahren vor dem AG und LG anwendbar. Sie ist auch bei einem Versäumnisurteil nach § 331 III anwendbar, LG Stgt AnwBl *81*, 197. Sie ist bei anderen Vollstreckungstiteln als den Urteilen entsprechend anwendbar. Das gilt zB bei einem vollstreckbaren Beschluß oder bei einem Vergleich. Für die Zwangsvollstreckung bringt § 795 a weitere Erleichterungen.

2 2) Geltungsbereich, I–III. Vgl Einf 3 vor §§ 103–107.

3 3) Verbindung von Kostenfestsetzung und Urteil, I, II. Es besteht ein Ermessensspielraum.

A. Zulässigkeit. Der Rpfl darf den wie sonst nach §§ 103, 104 zu erstellenden Kostenfestsetzungsbeschluß und das Urteil nach seinem pflichtgemäßen Ermessen miteinander verbinden, wenn die Geschäftsstelle im Zeitpunkt des Eingangs des Kostenfestsetzungsantrags noch keine einfache oder vollstreckbare Ausfertigung des Urteils nach § 317 erteilt hatte und wenn durch die Verbindung die Erteilung der Urteilsausfertigung nicht verzögern würde. Der Rpfl fertigt unter diesen Voraussetzungen den Kostenfestsetzungsbeschluß nach II 1 nicht gesondert aus und stellt ihn auch nicht gesondert zu, sondern setzt ihn auf das Urteil und die Ausfertigungen, Rn 14.

Die Verbindung wirkt im allgemeinen rein räumlich. Die Voraussetzungen und die Anfechtbarkeit beider Vollstreckungstitel lassen sich so beurteilen, als ob die Titel nicht miteinander verbunden worden wären. Insbesondere muß jeder der Titel zur Zwangsvollstreckung geeignet sein. Soweit der Festsetzungsbeschluß nach § 130 b elektronisch erfolgt, muß das Gericht ihn nach I 2, 3 in einem gesonderten elektronischem Dokument festhalten und dieses mit dem Urteil elektronisch untrennbar zu verbinden.

Ein *Rechtsbehelf* gegen den Kostenfestsetzungsbeschluß nach § 104 und eine Anfechtung des Urteils sind unabhängig voneinander statthaft. Eine Entscheidung über den Rechtsbehelf gegen den Kostenfestsetzungsbeschluß läßt das Urteil unberührt. Die Notfristen für eine Anfechtung beider Titel beginnen freilich im Ergebnis deshalb zu demselben Zeitpunkt zu laufen. Denn beide Titel sind eben räumlich miteinander verbunden.

4 Darüber hinaus ergeben sich aber folgende *besondere Wirkungen:* Der Kostenfestsetzungsbeschluß wird für die Ausfertigungen und die Zustellungen zu einem Teil des Urteils. Deshalb braucht der Rpfl nur unter der Urteilsausfertigung zu unterschreiben, § 317 III. Die Zwangsvollstreckung auf Grund des Kostenfestsetzungsbeschlusses erfolgt wie eine Zwangsvollstreckung auf Grund des Urteils, also ohne eine besondere Vollstreckungsklausel nach § 795 a und ohne die Notwendigkeit der Einhaltung einer Wartefrist, § 798. Die Verbindung der beiden Vollstreckungstitel kann die Vollstreckbarkeit also fördern. Eine Einstellung der

Titel 5. Prozesskosten §§ 105, 106

Zwangsvollstreckung kann gegenüber jedem der beiden Vollstreckungstitel unabhängig vom anderen Titel erfolgen, §§ 707, 719.

Die Verbindung der beiden Vollstreckungstitel *kann jederzeit aufgehoben werden,* vor allem beim Bekannt- **5** werden eines der Gründe nach Rn 7–13 oder 14. Das geschieht durch eine Verfügung des Rpfl, § 329 Rn 11. Er muß nur den Festsetzungsbeschluß dem Schuldner gesondert in Ausfertigung zustellen lassen. Er vermerkt den Tag dieser Zustellung auf der vollstreckbaren Ausfertigung des Festsetzungsbeschlusses und leitet diesen dem Gläubiger formlos zu. Im Rechtsbehelfsverfahren nach § 104 ist das für den Rechtsbehelf nunmehr zuständige Gericht zur Aufhebung der Verbindung zuständig.

B. Unzulässigkeit. Eine Verbindung des Kostenfestsetzungsbeschlusses und des Urteils ist unzulässig, **6** wenn es sich um eine Kostenteilung nach Bruchteilen bzw Quoten handelt, § 106 I 2. Unzulässig ist es auch, wenn im Zeitpunkt des Eingangs des Kostenfestsetzungsantrags schon eine einfache oder vollstreckbare Ausfertigung des Urteils nach § 317 erteilt worden war, selbst wenn es sich nur um eine einfache Ausfertigung handelte. Denn im letzteren Fall ist eine gemeinsame Zustellung der beiden Vollstreckungstitel nicht gesichert und würde eine bereits erteilte Urteilsausfertigung unrichtig werden.

Eine Verbindung des Festsetzungsbeschlusses und des Urteils ist also nur möglich, wenn es sich um ein **7** nach §§ 708 ff vorläufig vollstreckbares Urteil der ersten Instanz und um eine Kostenentscheidung nach § 91 a handelt. Andere erstinstanzliche Urteile müssen bereits nach § 322 rechtskräftig sein. Ein Urteil der höheren Instanz wird nicht von der Geschäftsstelle der ersten Instanz ausgefertigt. Es ist allerdings nicht erforderlich, daß der Inhalt des Urteils in der Hauptsache zur Zwangsvollstreckung geeignet ist.

C. Teilzurückweisung. Die Verbindung ist nicht ratsam, wenn der Rpfl einen Festsetzungsantrag teil- **8** weise zurückgewiesen hatte, II 3. Da eine Sollvorschrift vorliegt, ist ein Verstoß ohne prozessuale Folgen.

D. Teilunzulässigkeit der Zwangsvollstreckung. Die Verbindung ist ferner nicht ratsam, wenn die **9** Zwangsvollstreckung zwar wegen der Kosten zulässig, nicht aber in der Hauptsache sofort zulässig ist oder wenn die Zwangsvollstreckung zB in der Hauptsache bedingt oder betagt ist, wie bei § 726 I. Eine Verbindung würde in diesem Fall die Zwangsvollstreckung wegen der Kosten erschweren.

E. Ausfertigungsproblem. Die Verbindung ist ferner nicht ratsam, wenn Bedenken gegen eine Aus- **10** fertigung nicht des Urteils, aber des Festsetzungsbeschlusses bestehen. Dann tritt eine Verzögerung ein.

F. Kein Antrag. Die Verbindung ist ferner nicht ratsam, wenn kein Antrag auf die Erteilung einer **11** Urteilsausfertigung vorliegt.

G. Arrest- oder Verfügungstitel. Die Verbindung ist ferner in der Regel dann nicht ratsam, wenn es **12** sich um einen derartigen Titel handelt, §§ 916 ff, 935 ff. Denn die Zwangsvollstreckung aus ihm erfolgt grundsätzlich ohne eine vollstreckbare Ausfertigung, §§ 929 I, 936.

H. Antragszurückweisung. Die Verbindung ist schließlich nicht ratsam, wenn der Rpfl den Kostenfest- **13** setzungsantrag zurückgewiesen hatte. Denn zur Verbindung dieses Beschlusses mit dem Urteil fehlt jeder vernünftige Grund.

I. Weitere Einzelheiten. Wenn der Rpfl die Verbindung vorgenommen hat, obwohl sie unzulässig oder **14** unzweckmäßig war, dann ordnet das Gericht auf Grund eines Rechtsbehelfs die Trennung an. Soweit eine Verbindung zulässig ist und der Rpfl die Kostenrechnung schnell prüfen kann, sollte er die Verbindung vornehmen. Denn die Partei hat dann von der Verbindung Vorteile. Der Kostenfestsetzungsbeschluß enthält dann nur die Formel. Der Rpfl muß sie unterschreiben. Er setzt sie auf die Urschrift des Urteils, im Fall des § 317 IV auf die Abschrift der Klage, um diese mitauszufertigen ist. Bei elektronischer Aktenführung verfährt er nach I 2, 3, Rn 3. Der Rpfl fügt für die Gegenpartei eine Abschrift der Kostenberechnung bei. Wenn diese Abschrift fehlt, kann die Zwangsvollstreckung dennoch stattfinden. Der Rpfl vermerkt die Übersendung der Kostenrechnung bei der Urschrift des Beschlusses. Er läßt die vollstreckbare Urteilsausfertigung und den Festsetzungsbeschluß dem Antragsteller formlos übersenden. Die 2-Wochen-Frist nach § 104 Rn 42 beginnt mit dem Ablauf des Tages der Urteilszustellung an den Schuldner.

4) Kostenfestsetzung, III. Wenn die Partei vor der Urteilsverkündung nach § 311 eine Kostenberech- **15** nung eingereicht hat, liegt darin der Sache nach ein stillschweigendes Kostenfestsetzungsgesuch. Daher ist ein ausdrückliches Gesuch hier abweichend vom Grundsatz des § 103 II 1 entbehrlich. Das stellt Hs 1 klar. Der Rpfl muß diesem Antrag stattgeben, falls die Partei die nötigen Belege beigefügt hat, § 103 II. Die Geschäftsstelle muß dann von Amts wegen eine Abschrift der Kostenberechnung für die Gegenpartei gebührenfrei anfertigen. Dieses Verfahren steht mit demjenigen nach I in keinem notwendigen Zusammenhang.

Wenn eine Verbindung nach I, II *unzulässig oder unzweckmäßig* ist, dann erläßt der Rpfl einen besonderen **16** Kostenfestsetzungsbeschluß. Auf Antrag besteht eine Verzinsungspflicht in Höhe von 5 Prozentpunkten über dem Basiszinssatz, § 104 Rn 22. Das Verfahren nach III ist unzulässig, wenn das Gericht die Kosten nach Bruchteilen verteilt hat, § 106 I 2.

5) *VwGO:* Entsprechend anwendbar, § 173 *VwGO,* aber wegen der Besonderheiten der Vollstreckung, §§ 169, **17** 170 *VwGO,* fast immer unzweckmäßig.

106 *Verteilung nach Quoten.* ¹¹Sind die Prozesskosten ganz oder teilweise nach Quoten verteilt, so hat nach Eingang des Festsetzungsantrags das Gericht den Gegner aufzufordern, die Berechnung seiner Kosten binnen einer Woche bei Gericht einzureichen. ²Die Vorschriften des § 105 sind nicht anzuwenden.

II ¹Nach fruchtlosem Ablauf der einwöchigen Frist ergeht die Entscheidung ohne Rücksicht auf die Kosten des Gegners, unbeschadet des Rechts des letzteren, den Anspruch auf Erstattung nachträglich geltend zu machen. ²Der Gegner haftet für die Mehrkosten, die durch das nachträgliche Verfahren entstehen.

§ 106

Gliederung

1) Systematik, I, II 1	6) Aufforderung, I 6
2) Regelungszweck: Keine Doppelfestsetzung, I, II 2	7) Ausreichende Kostenberechnung, II .. 7–11
3) Geltungsbereich, I, II 3	8) Keine ausreichende Kostenberechnung, II 12
4) Beiderseitige Kostengrundentscheidungen, I 4	9) Anfechtung nur einer Partei, II 13
5) Beispiele zur Frage der Anwendbarkeit, I 5	10) VwGO 14

1 **1) Systematik, I, II.** § 106 ist für seinen Geltungsbereich eine gegenüber § 104 vorrangige Sondervorschrift.

2 **2) Regelungszweck: Keine Doppelfestsetzung, I, II.** Die Vorschrift soll auch im Interesse der Prozeßwirtschaftlichkeit nach Grdz 14 vor § 128 verhindern, daß der Rpfl die Kosten doppelt festsetzen muß. Sie zwingt daher ohne einen Ermessensspielraum zu einer Kostenausgleichung, Rn 7. Das liegt im wohlverstandenen Interesse aller Beteiligten und sollte daher strikte Handhabung erfahren.

3 **3) Geltungsbereich, I, II.** Vgl Einf 3 vor §§ 103–107. Im Verfahren nach §§ 887–890 gilt § 106 nach § 891 S 3 entsprechend.

4 **4) Beiderseitige Kostengrundentscheidungen, I.** Voraussetzungen einer Kostenausgleichung ist stets, daß beide Parteien einen zur Kostenfestsetzung geeigneten Titel besitzen, § 103 Rn 1.

5 **5) Beispiele zur Frage der Anwendbarkeit, I**
Arrest, einstweilige Verfügung: § 106 ist *unanwendbar*, wenn das Eilverfahren und der Hauptprozeß jeweils selbständige Kostengrundentscheidungen enthalten, Karlsr MDR **89**, 826.
Berichtigung: S „Falschverteilung".
Falschverteilung: § 106 kann im Wege einer berichtigenden Auslegung anwendbar sein, soweit das Gericht Kosten offenkundig falsch verteilt hat, § 319.
Festbetrag: § 106 ist *unanwendbar*, wenn das Gericht die Kosten gemäß § 92 nach Festbeträgen verteilt hat, KG Rpfleger **77**, 107.
Gesamtschuldner: § 106 ist *unanwendbar*, soweit der Anteil eines gesamtschuldnerisch haftenden Kostenschuldners unbestimmt ist, Köln NJW **91**, 3157 (abl Schmitz Rpfleger **92**, 270).
Kostenaufhebung: § 106 ist *unanwendbar*, wenn das Gericht die Kosten nach § 92 I gegeneinander aufgehoben hat, Brschw Rpfleger **77**, 177, Hbg MDR **79**, 942.
S auch „Kostenbruchteile".
Kostenbeitrag: § 106 ist *unanwendbar*, soweit die Partei nur einen Beitrag zu den Prozeßkosten zahlen muß, zB nach § 281 III 2 (Verweisung), KG AnwBl **77**, 29, oder nach § 344 (Versäumniskosten), Bbg JB **82**, 1258, Köln Rpfleger **92**, 448.
Kostenbruchteile: § 106 ist anwendbar, wenn das Gericht die Kosten nach § 92 nach Bruchteilen verteilt hatte, KG RR **02**, 140, LG Bonn Rpfleger **84**, 33. Das gilt auch dann, wenn solche Art der Verteilung nur bei den Gerichtskosten oder nur bei den außerrichtlichen Kosten erfolgt war.
S auch „Kostenaufhebung".
Mehrheit von Instanzen: § 106 ist anwendbar, wenn nur eine Instanz eine Kostenverteilung vorgenommen hat oder wenn in jeder Instanz unterschiedliche Quoten entstanden sind, Hamm Rpfleger **77**, 373, LG Bln RR **98**, 216.
Nachforderung: Über sie ist ein gesonderter Festsetzungsbeschluß nötig, Saarbr AnwBl **80**, 299.
Nebenintervention: § 106 ist *unanwendbar*, soweit eine Partei, die einen Teil der Kosten der Nebenintervention tragen muß, gegenüber dem Erstattungsanspruch des Nebenintervenienten ihre eigenen allgemeinen Prozeßkosten erstattet haben will, LAG Düss MDR **96**, 644 (§ 12 a II ArbGG ist unanwendbar).
Prozeßabschnitt: § 106 ist *unanwendbar*, wenn das Gericht die Kosten nach Abschnitten aufgeteilt hat, Hbg MDR **79**, 942, ThP 3, ZöHe 1, aM BPatG GRUR **91**, 206 (aber I 1 spricht von und meint eindeutig nur Quoten, Einl III 39). Etwas anderes gilt aber dann, wenn dort ausdrücklich im Sinn des § 126 II aufgerechnet worden ist.
Säumnis: S „Kostenbeitrag".
Streitgenossen: § 106 ist anwendbar, wenn Streitgenossen nach einem Prozeßvergleich Kosten einander erstatten müssen, Mü MDR **75**, 1366.
§ 106 ist *unanwendbar*, wenn eine Kostenerstattungspflicht nur gegenüber einem von mehreren Streitgenossen besteht, LG Mü Rpfleger **85**, 254 (keine Berücksichtigung bloß gedachter Kosten der Beauftragung je eines eigenen Anwalts).
Streithilfe: § 106 ist *unanwendbar*, soweit es nur um eine Streithilfe geht, Hbg JB **77**, 724, LAG Düss MDR **96**, 644.
Teilentscheidung: § 106 ist *unanwendbar*, soweit das Gericht nur über einen Teil der Kosten entschieden hat, etwa nach § 301.
Teilunterliegen: S „Festbetrag", „Kostenaufhebung".
Vergleich: § 106 ist anwendbar, soweit es um einen Prozeßvergleich nach Anh § 307 geht, Kblz FamRZ **02**, 1134 (Vorschuß), Mü MDR **75**, 1366 (Streitgenossen).
Die Vorschrift ist *unanwendbar*, soweit es um einen nur außergerichtlichen Vergleich geht, Karlsr VersR **79**, 947.
Versäumniskosten: S „Kostenbeitrag".
Verweisung: S „Kostenbeitrag".

6 **6) Aufforderung, I.** Mit Rücksicht auf den allgemein geltenden Amtsbetrieb muß die Partei ihren Kostenfestsetzungsantrag bei dem Gericht einreichen, § 103 Rn 31. Es besteht kein Anwaltszwang, § 13

Titel 5. Prozesskosten **§ 106**

RPflG, Anh § 153 GVG. Im allgemeinen beantragt die Partei, die eine Erstattung verlangen kann, eine Kostenfestsetzung. Auch die Gegenpartei kann aber einen Festsetzungsantrag stellen. Denn auch sie hat ein Interesse am Ausgleich. Der Rpfl fordert den Antragsgegner zugleich mit der Zuleitung des Festsetzungsantrags wegen Artt 2 I, 20 III GG, BVerfG Rpfleger **101**, 404, zwingend unter Beifügung einer Abschrift der Kostenberechnung auf, seine eigene Kostenberechnung innerhalb einer Woche bei dem Gericht einzureichen. Die Frist wird nach § 222 berechnet. Sie ist eine gesetzliche Frist. Ihre Verlängerung ist unzulässig, § 224 II. Es reicht jedoch aus, daß der Antragsgegner seine Kostenberechnung bis zu demjenigen Zeitpunkt nachreicht, in dem der Rpfl über die Kostenausgleichung entscheidet, § 231 Rn 4.

Die Kostenberechnung des *Gegners* muß ebenfalls die einzelnen Ansätze enthalten. Es reicht also nicht aus, den Gesamtbetrag anzugeben oder zu erklären, man habe dieselben Kosten wie der Antragsteller gehabt, aM Oldb MDR **93**, 390 (aber die Anforderungen des § 104 gelten auch hier voll mit). Eine Aufforderung nach I ist dann entbehrlich, wenn man die Kosten des Gegners ohnehin nach § 107 auf Grund eines neuen Streitwerts berechnen muß.

7) Ausreichende Kostenberechnung, II. Wenn eine dem § 103 II genügende Kostenberechnung 7 eingeht, dort Rn 36, erläßt der Rpfl einen Beschluß, § 329. Der Beschluß erfaßt sämtliche gerichtlichen und außergerichtlichen Kosten aller bisherigen Rechtszüge einheitlich, Hamm Rpfleger **77**, 373, aM BVerfG Rpfleger **83**, 84 (abl Lappe). Der Rpfl hat insofern keinen Ermessensspielraum, Hamm Rpfleger **77**, 373, LG Bonn Rpfleger **84**, 33. Der Beschluß muß angeben, welchen Überschußbetrag eine Partei der anderen erstatten muß oder welche Ansprüche auf die Staatskasse übergegangen sind, (jetzt) § 59 RVG, Mü Rpfleger **82**, 119. Diejenigen Beträge, die eine Partei abgesetzt hat, werden in die Kostenausgleichung nicht einbezogen, § 308 I. Der Rpfl muß einen unstreitig erhaltenen Prozeßkostenvorschuß zwecks Vermeidung ungerechtfertigter Bereicherung absetzen, Brschw FamRZ **05**, 1190, Ffm JB **85**, 305, Mü FamRZ **94**, 1607, aM KG RR **02**, 140 (aber auch hier ist die Prozeßwirtschaftlichkeit ebenso wie die Gerechtigkeit maßgebend).

Bei *Prozeßkostenhilfe* nach §§ 114 ff vor allem an beide Parteien muß der Rpfl sie so behandeln, als ob sie 8 keine solche Hilfe erhielten, § 123, Bbg FamRZ **88**, 967, Brdb JB **99**, 419, Bre JB **84**, 609. Er muß den sich ergebenden Erstattungsanspruch zunächst auf die dem nach § 121 beigeordneten Anwalt aus der Landeskasse noch demnächst zu erstattenden Beträge verrechnen, sodann auf die Auslagen der Partei, Mü Rpfleger **82**, 119, nicht aber auf die von der Staatskasse bereits erstatteten Beträge, LG Bonn Rpfleger **84**, 34.

Der Erstattungsanspruch ist jedenfalls der Höhe nach *begrenzt durch* die Differenz zwischen dem Gesamtbetrag der Kosten einerseits und andererseits der Vergütung, die der Anwalt aus der Staatskasse erhalten oder zu beanspruchen hat, Bbg FamRZ **88**, 967. Wegen des an die Landeskasse nach § 59 RVG übergegangenen Anspruchs findet keine Ausgleichung nach § 106 statt, Kblz AnwBl **01**, 373, Schlesw SchlHA **82**, 32. Wegen einer teilweisen Prozeßkostenhilfe Lappe MDR **84**, 638. Bei einem gemeinsamen Anwalt von Streitgenossen muß man § 59 auch im Rahmen der Kostenausgleichung die Obergrenze des (jetzt) § 7 II 2 RVG beachten, Hbg JB **77**, 199.

Der Rpfl entscheidet in seinem Beschluß über die *Kosten* beider Parteien, Hamm AnwBl **82**, 385. Er muß 9 den Beschluß grundsätzlich *begründen*, § 329 Rn 4. Er läßt ihn jeder Partei von Amts wegen förmlich zustellen, § 329 III. Wenn der Streitwert nach §§ 144 PatG, 26 GebrMG, 12 UWG, 247 AktG herabgesetzt worden ist, erfolgt die Ausgleichung auf Grund des herabgesetzten Werts. Daneben erfolgt eine Festsetzung nach dem vollen Streitwert für den Anwalt der begünstigten Partei.

Jede Partei ist zum *Rechtsbehelf* nach § 11 RPflG berechtigt, soweit sie beschwert ist, § 104 Rn 41 ff, (je 10 zum alten Recht) Hbg JB **78**, 283, KG JB **78**, 1253. Im Rechtsbehelfverfahren kann die beschwerte Partei nicht verlangen, daß eine Gebühr berücksichtigt wird, die auf beiden Seiten gleich hoch ist oder die gar nicht entstanden ist, KG Rpfleger **78**, 225, aM Karlsr Rpfleger **96**, 374, oder daß ein Betrag in die Ausgleichung einbezogen wird, den sie bisher nicht mitgeteilt hatte. Insofern muß die Partei eine Ergänzung des Ausgleichungsbeschlusses beantragen, § 104 Rn 45, 51. Wegen einer unselbständigen Anschließung § 567 III und § 104 Rn 76. Das Rechtsschutzbedürfnis für eine sofortige Beschwerde entfällt mit der Möglichkeit nach II, Hbg MDR **05**, 1138.

Als *Streitwert* der Kostenfestsetzung kommt nur der beanspruchte Überschuß in Betracht. Je nachdem, ob 11 der Rpfl diesen Überschuß ganz oder teilweise zuspricht, muß er der Gegenpartei die ganzen Kosten auferlegen oder die Kosten verteilen. § 105 I ist unanwendbar.

Gebühren: Des Gerichts: keine; des Anwalts: keine, § 19 I 2 RVG.

8) Keine ausreichende Kostenberechnung, II. Wenn keine dem § 103 II genügende Kostenberech- 12 nung eingeht, entscheidet der Rpfl ohne Rücksicht auf die Kosten der Gegenpartei, BPatG GRUR **93**, 387 (auch betr Umsatzsteuer). Seine Entscheidung ergeht also dahin, daß die Gegenpartei dem Antragsteller einen Bruchteil seiner Kosten ersetzen muß, der dem Urteil entspricht. Der Rpfl muß bei der Berechnung des Erstattungsbetrags vom Gesamtbetrag ausgehen. Eine Änderung erfolgt auch dann nicht von Amts wegen, wenn die Entscheidung im Zeitpunkt des Eingangs einer verspäteten Kostenberechnung noch nicht herausgegangen war, Hamm JB **96**, 262, LG Bln Rpfleger **86**, 194, oder wenn sie gar schon hinausgegangen war, Köln Rpfleger **75**, 66, LG Hann Rpfleger **89**, 342, aM Oldb MDR **93**, 390, LG Bln Rpfleger **86**, 194 (abl Schriftleitung), in sich widersprüchlich ZöHe 4 (aber dann besteht die Bindungswirkung).

Die säumige Partei behält das Recht, ihren Kostenanspruch *nachträglich* in einem gesonderten weiteren Festsetzungsverfahren geltend zu machen, Lappe MDR **83**, 992. Sie muß aber die durch die Verspätung verursachten Mehrkosten tragen. Die Zwangsvollstreckung hindert dieses Recht nicht. Einer Erinnerung oder sofortigen Beschwerde statt eines solchen gesonderten späteren Festsetzungsantrags fehlen Rechtsschutzbedürfnis, Grdz 33 vor § 253, Celle NdsRpfl **76**, 92, Kblz RR **00**, 519, und Beschwer, Hbg JB **78**, 283.

9) Anfechtung nur einer Partei, II. Wenn nur eine Partei die Kostenfestsetzung anficht, darf das 13 Gericht das Ergebnis nicht zu ihren Lasten verschieben.

10) *VwGO:* Entsprechend anwendbar, § 173 *VwGO*. 14

§ 107

107 *Änderung nach Streitwertfestsetzung.* ¹ ¹ Ergeht nach der Kostenfestsetzung eine Entscheidung, durch die der Wert des Streitgegenstandes festgesetzt wird, so ist, falls diese Entscheidung von der Wertberechnung abweicht, die der Kostenfestsetzung zugrunde liegt, auf Antrag die Kostenfestsetzung entsprechend abzuändern. ² Über den Antrag entscheidet das Gericht des ersten Rechtszuges.

II ¹ Der Antrag ist binnen der Frist von einem Monat bei der Geschäftsstelle anzubringen. ² Die Frist beginnt mit der Zustellung und, wenn es einer solchen nicht bedarf, mit der Verkündung des den Wert des Streitgegenstandes festsetzenden Beschlusses.

III Die Vorschriften des § 104 Abs. 3 sind anzuwenden.

1 1) **Systematik, I–III.** Wenn das Gericht den Streitwert nach dem Erlaß eines Kostenfestsetzungsbeschlusses zum erstenmal oder im Weg einer Abänderung nach §§ 3 ZPO, 63 GKG festsetzt und wenn diese Festsetzung nach oben oder nach unten von demjenigen Wert abweicht, den der Rpfl der Kostenfestsetzung zugrunde gelegt hatte, dann geht diese Wertfestsetzung dem abweichenden bisherigen Wertansatz des Rpfl vor. § 107 zieht daraus eine Folgerung. Das entspricht einem allgemeinen Rechtsgedanken, Köln DGVZ **00**, 75.

2 2) **Regelungszweck, I–III.** Die Vorschrift dient einerseits der sachlichrechtlichen Gerechtigkeit, Einl III 9. Sie dient andererseits der Prozeßwirtschaftlichkeit, Grdz 14 vor § 128, wie auch der Parteiherrschaft, Grdz 18 vor § 128. Es erfolgt nämlich keine Änderung der Kostenfestsetzung von Amts wegen. Der Betroffene kann und muß sie vielmehr beantragen. Ein Rückfestsetzungsgesuch kann ausreichen, Rn 5, Kblz Rpfleger **89**, 40.

Anpassung an Veränderungen im Ausgangspunkt sind ja überall im Recht und auch im Kostenrecht zulässig und geboten, etwa über § 319, dort Rn 5. Freilich setzt II mit seiner Fristenregelung eine klare Grenze im Interesse der Rechtssicherheit auf diesem Nebenkampfplatz des Zivilprozesses, Einl III 43. Folglich darf man zwar I großzügig, muß aber II eng auslegen.

3 3) **Geltungsbereich, I–III.** Vgl zunächst Einf 3 vor §§ 103–107. § 107 gilt auch in der Zwangsvollstreckung, §§ 788 II 1, 891 S 3. § 107 gilt im Zeitraum vor dem Eintritt der Rechtskraft des Kostenfestsetzungsbeschlusses. Dann ist wahlweise der Rechtsbehelf nach § 11 RPflG, Anh § 153 GVG, oder ein Antrag nach § 107 zulässig, ThP 1, ZöHe 1, aM LG Mönchengladb Rpfleger **84**, 330 (krit Schmidt). Im Zeitraum seit der Rechtskraft des Kostenfestsetzungsbeschlusses nach § 322 ist nur der Antrag nach § 107 zulässig. Dieser Antrag geht stets an den Rpfl des Gerichts der ersten Instanz. Eine nur mittelbare Entscheidung etwa auf die Zulassung eines Rechtsmittels reicht nicht aus. Die Entscheidung muß sich auf die jeweilige Instanz beziehen. Denn sie betrifft sonst die Kostenberechnung.

4 4) **Verfahren, II, III.** Man muß den Antrag muß innerhalb eines Monats seit der Verkündung oder der förmlichen Zustellung des Streitwertbeschlusses bei dem erstinstanzlichen Gericht einreichen, § 329 III Hs 1, Mü Rpfleger **91**, 340 (formlose Mitteilung reicht nicht). Das gilt auch im Berufungsrechtszug, aM Hbg MDR **90**, 253 (erst als Verkündung gilt der Entscheidung zur Hauptsache. Aber II ist eindeutig von der Streitwertfestsetzung ab, Einl III 39). Das gilt sowohl dann, wenn die frühere Festsetzung antragsgemäß erfolgt war, Mü Rpfleger **91**, 340, als auch dann, wenn eine Partei den Beschluß angreift. Freilich kann die Frist dann, wenn die zugehörige Hauptsacheentscheidung noch aussteht, aus praktischen Gründen bis zu deren Verkündung „gehemmt" sein, Hbg MDR **90**, 253. Es handelst sich um eine gesetzliche Frist. Sie wird nach § 222 berechnet. Sie läuft unabhängig davon, ob der bisherige Festsetzungsbeschluß schon rechtskräftig ist, Mü Rpfleger **91**, 340, ZöHe 3, aM KG Rpfleger **75**, 324, ThP 2 (aber der Wortlaut ist eindeutig, Einl III 39). Das Gericht darf die Frist nicht verlängern, § 224 II. Das Verfahren verläuft wie nach den §§ 103 ff.

5 Die Entscheidung ändert wegen der Rechtskraftwirkung der früheren Festsetzung *nur diejenigen Posten* der früheren Kostenberechnung, *die von der Streitwertänderung betroffen* sind. Auf dieser Basis muß der Rpfl das Gesamtergebnis berichten. Dabei ist es ratsam, die etwa nachzuzahlende Summe als solche deutlich zu kennzeichnen. Im übrigen erfolgt keine Nachprüfung zB der Erstattungsfähigkeit, Hamm Rpfleger **83**, 456, Mü MDR **83**, 137, oder der Erfüllung, LG Bln Rpfleger **97**, 104. Der Rpfl kann eine Verpflichtung zur Rückgewähr des zuviel gezahlten Betrags aussprechen, also eine sog Rückfestsetzung vornehmen, sofern die in § 104 Rn 14 genannten Voraussetzungen vorliegen, Düss Rpfleger **81**, 409, Kblz Rpfleger **89**, 40.

Der Rpfl muß den Änderungsbeschluß *begründen*, § 329 Rn 4. Er läßt ihn jedem von der Änderung zu seinem Nachteil betroffenen Beteiligten bzw dessen ProzBev nach § 172 in Ausfertigung von Amts wegen förmlich zustellen, § 329 III Hs 2. Er läßt dem jeweils Begünstigten eine vollstreckbare Ausfertigung nebst Vermerk des Tages der Zustellung an den Gegner zustellen, § 329 III Hs 1. Gegen eine Vollstreckung aus dem früheren Beschluß hilft § 775 Z 4.

6 5) **Fristverstoß, II, III.** Wenn die Partei die Frist des II versäumt hat, dann kann sie bis zur Zwangsvollstreckung eine *Vollstreckungsabwehrklage* nach §§ 767, 794 I Z 2, 795 einreichen, Mü MDR **83**, 137. Nach der Beendigung der Zwangsvollstreckung hat sie noch die Möglichkeit einer Bereicherungsklage nach § 812 BGB, Mü MDR **83**, 137, ThP 2, ZöHe 3, aM KG AnwBl **75**, 236 (wenn die frühere Wertfestsetzung antragsgemäß erfolgt, dann aber geändert worden sei, laufe keine Frist. Aber das Ende der Zwangsvollstreckung beendet auch eines zugehörigen Rechtsbehelfs). Denn § 107 meint nur das Festsetzungsverfahren, Mü MDR **83**, 137.

Gebühren: Keine, § 104 Rn 35. Wegen des Kostenansatzes § 20 GKG.

7 6) **Rechtsbehelfe, I–III.** Gegen die geänderte Kostenfestsetzung ist derselbe Rechtsbehelf wie gegen eine erste Kostenfestsetzung zulässig, § 104 III, § 11 RPflG, § 104 Rn 41 ff.

8 7) *VwGO: I u II sind entsprechend anzuwenden, § 173 VwGO; zuständig ist der Urkundsbeamte, § 164 VwGO, vgl § 103 Rn 44. Rechtsbehelfe, III, wie gegen die erste Festsetzung, § 104 Rn 97.*

Titel 6. Sicherheitsleistung

Übersicht

Schrifttum: *Blomeyer,* Soll man die vermögenslose GmbH für den Fall ihrer Klage oder ihres Rechtsmittels zur Sicherheitsleistung für die Prozeßkosten verpflichten?, Festschrift für *Baumgärtel* (1990) 29; *Goedecke,* Grundfragen der Sicherheitsleistung im Zivilprozeß, Diss Hann 1988.

1) Systematik. Titel 6 betrifft nur eine prozessuale Sicherheitsleistung, durch die man einen prozessualen 1 Vorteil erreichen will, und gibt für diese Art von Sicherheitsleistung einige allgemeine Vorschriften.

2) Regelungszweck. §§ 108 ff sollen nur den Gegner sichern, nicht die Staatskasse, Stgt MDR **85**, 1032. 2 Damit ergibt sich als Regelungszweck die mögliche Wahrung der Gerechtigkeit durch Begrenzung des Kostenrisikos, wie es sich insbesondere aus der Haftung des Antragstellers nach §§ 49 ff GKG ergibt. Ihre Voraussetzungen, ihre Leistungen und ihre Folgen richten sich nach der ZPO. Man muß deren Vorschriften durch eine sinngemäße Anwendung des bürgerlichen Rechts nach §§ 232–240 BGB ergänzen. Eine sachlichrechtliche Sicherheitsleistung folgt wesentlich anderen Grundsätzen, §§ 232–240 BGB.

3) Geltungsbereich. §§ 108–113 gelten in allen Verfahren nach der ZPO. Sie gelten auch im arbeitsge- 3 richtlichen Verfahren, §§ 46 II 1, 80 II ArbGG.

4) Arten von Sicherheitsleistung. Eine prozessuale Sicherheitsleistung kommt vor: Als die des aus- 4 weislosen Prozeßvertreters, § 89; als die des Klägers für die Prozeßkosten, §§ 110 ff; als Sicherheitsleistung zur Erlangung der Vollstreckbarkeit, zur Abwendung oder Einstellung der Zwangsvollstreckung, §§ 707, 709–713, 719, 720, 720 a, 732, 769, 771, 890; zur Erlangung, Abwendung, Aufhebung eines Arrests oder einer einstweiligen Verfügung, §§ 921, 923, 925, 927, 936, 939; bei § 641 d, KG FamRZ **76**, 99. S auch §§ 69, 153 II ZVG. Auch wenn die ZPO eine Hinterlegung des Streitgegenstands oder des Erlöses vorschreibt, dient diese nur der Sicherheit, nicht der Erfüllung.

5) *VwGO*: Da auch die VwGO die prozessuale Sicherheitsleistung kennt, ohne sie besonders zu regeln, ist Titel 6 5 entsprechend anzuwenden, § 173 VwGO. Fälle: **a)** § 89 und **b)** § 110, die nach § 173 bzw § 165a VwGO entsprechend anzuwenden sind, **c)** Sicherheitsleistung zur Erlangung der Vollstreckbarkeit, § 167 VwGO und die oben in Rn 2 genannten Bestimmungen, **d)** § 80 V 4 VwGO, **e)** § 123 III VwGO in Verb m §§ 921, 923 u 939, OVG Lüneb FEVS **29**, 369.

108

Art und Höhe der Sicherheit. ¹ ¹ In den Fällen der Bestellung einer prozessualen Sicherheit kann das Gericht nach freiem Ermessen bestimmen, in welcher Art und Höhe die Sicherheit zu leisten ist. ² Soweit das Gericht eine Bestimmung nicht getroffen hat und die Parteien nichts anderes vereinbart haben, ist die Sicherheitsleistung durch die schriftliche, unwiderrufliche, unbedingte und unbefristete Bürgschaft eines im Inland zum Geschäftsbetrieb befugten Kreditinstituts oder durch Hinterlegung von Geld oder solchen Wertpapieren zu bewirken, die nach § 234 Abs. 1 und 3 des Bürgerlichen Gesetzbuchs zur Sicherheitsleistung geeignet sind.

II Die Vorschriften des § 234 Abs. 2 und des § 235 des Bürgerlichen Gesetzbuchs sind entsprechend anzuwenden.

Schrifttum: *Heinsius,* Bürgschaft auf erstes Anfordern usw, in: Festschrift für *Merz* (1992).

Gliederung

1) Systematik, I, II 1	B. Unwiderruflichkeit, Unbedingtheit, Unbefristetheit 14
2) Regelungszweck, I, II 2	C. Im Inland zum Geschäftsbetrieb befugtes Kreditinstitut 15
3) Geltungsbereich, I, II 3	D. Weitere Einzelfragen 16
4) Anordnung der Sicherheitsleistung, I 4–9	
A. Ermessen 4, 5	
B. Art der Sicherheitsleistung 6–8	6) Hinterlegung, I, II 17, 18
C. Höhe der Sicherheitsleistung 9	7) Rechtsbehelfe, I, II 19–23
5) Bürgschaft, I 2 10–16	8) *VwGO* 24
A. Schriftlichkeit der Bürgschaftserklärung 11–13	

1) Systematik, I, II. Nur das Gericht kann eine prozessuale Sicherheitsleistung anordnen oder zulassen. 1 Sie ist nur in den gesetzlich vorgesehenen Fällen statthaft. Sie folgt anderen Regeln als eine sachlichrechtliche Sicherheitsleistung, Böckmann/Kluth MDR **02**, 2046. Man muß zwischen der Art einer solchen Sicherheitsleistung und ihrer Höhe, ihrem Betrag unterscheiden. Grundsätzlich können die Parteien sowohl die Art als auch die Höhe einer prozessualen Sicherheitsleistung frei vereinbaren. Eine solche Vereinbarung ist auch im Anschluß an eine gerichtliche Anordnung und zum Zweck ihrer Abänderung zulässig und vorrangig.

2) Regelungszweck, I, II. Die Vorschriften der ZPO dienen nur dem Schutz der Parteien, also nicht 2 demjenigen der Staatskasse, Üb 2 vor § 108. Deshalb ist auch keine Verrechnung mit Gerichtskosten statthaft, Stgt Rpfleger **85**, 375. Eine gesetzliche Begrenzung der Höhe einer prozessualen Sicherheitsleistung enthält nur § 112 (Ausländersicherheit). In allen übrigen Fällen auch des § 709 ist auch für die Höhe der § 108 maßgebend.

Entgegenkommen sollte die Ermessensausübung kennzeichnen, soweit sie überhaupt erforderlich wird. Solches Entgegenkommen ist aber dann auch gegenüber den Wünschen *beider* Parteien geboten. Es führt evtl

§ 108

Buch 1. Abschnitt 2. Parteien

zur Notwendigkeit einer überzeugend begründbaren Abwägung. Durchweg ist ja eine Sicherheitsleistung die gesetzliche oder richterliche Bedingung für eine vorläufige Vollstreckbarkeit. Ein Schadensersatzanspruch des Vollstreckungsschuldners nach Aufhebung oder Änderung des Titels kann wirtschaftlich ins Leere laufen. Je höher solche Gefahr, desto strenger muß man schon beim Wie und Wie hoch der Sicherheitsleistung vorgehen. Die Sicherheitsleistung darf freilich auch nicht zur wirtschaftlichen Knebelung führen. Es gilt also eine ganze Reihe teils schwer überschaubarer Gesichtspunkte in die Abwägung einzubeziehen. Sie ist keineswegs immer so „frei", wie nach I 1 auf den ersten Blick zu vermuten.

3 3) **Geltungsbereich, I, II.** Vgl Üb 3 vor § 108.

4 4) **Anordnung der Sicherheitsleistung, I.** Man muß viele schwierige Fragen klären.

A. Ermessen. I ist ungenau. Das freie Ermessen des Gerichts ist nämlich nur insofern uneingeschränkt, als es um die Art einer prozessualen Sicherheitsleistung geht, LG Mannh DGVZ **88**, 187. Das Gericht kann zB statt einer Bürgschaft als Sicherheitsleistung eine Garantieerklärung zulassen, eine Mitschuldnerschaft eines zahlungsfähigen Dritten, eine Grundschuldbestellung, eine Sicherungsübereignung oder eine Sicherungsabtretung BayObLG **88**, 256. Es kommen auch alle nach § 232 BGB gleichwertigen Sicherheitsarten in Betracht, BayObLG **88**, 256. Die gewählte Art muß aber eine Befriedigung ermöglichen. Wegen des Sicherungszwecks wäre zB ein Pfandstück ungeeignet. Denn der Gläubiger könnte nach einer Aufhebung der Pfändung die Sicherheit verlieren. Auch ein Hypothekenbrief reicht nicht aus.

5 Ein *Antrag* und eine mündliche *Verhandlung* ist nur in den Fällen der §§ 110, 710, 712, 925, 927 erforderlich, § 128 Rn 4. Auch in diesen Fällen ist eine Verhandlung nur zur Höhe der Sicherheitsleistung erforderlich. In diesen Fällen kommt statt einer mündlichen Verhandlung auch ein Vorgehen nach § 128, 251 a, 331 a in Betracht. In allen anderen Fällen ist eine mündliche Verhandlung nicht notwendig, § 128 IV, insbesondere in keinem Fall zur Art der Sicherheitsleistung. Deshalb kann das Gericht in solchen anderen Fällen auch die im Urteil getroffene Anordnung ohne eine mündliche Verhandlung ändern oder ergänzen, Rn 21.

6 **B. Art der Sicherheitsleistung.** Das Gericht sollte die Art einer prozessualen Sicherheitsleistung nur dann bestimmen, wenn die Partei einen entsprechenden Antrag gestellt hat. § 232 BGB ist unanwendbar. Das Gericht wählt frei, Rn 2, §§ 232 II, 239 BGB, BayObLG **88**, 256. Zuständig ist auch wegen einer Abänderung dasjenige Gericht, das eine Sicherheit überhaupt angeordnet hat. Das gilt auch dann, wenn gegen das Urteil ein Rechtsmittel eingelegt worden ist (8. ZS) RR **86**, 486, Kblz MDR **90**, 733, Köln MDR **97**, 392, aM Ffm MDR **81**, 677 (aber es geht um die nähere Ausgestaltung eines noch nicht vom Rechtsmittelgericht geänderten Urteils der Vorinstanz). Zuständig sein können auch der Einzelrichter nach §§ 348, 348 a, 526, 527 oder der Vorsitzende der Kammer für Handelssachen, § 349 II Z 7. Soweit das Vollstreckungsgericht zB eine Einstellung nach §§ 707, 719, 732 II, 769 gegen Sicherheitsleistung verfügt oder deren Aufhebung gegen Sicherheitsleistung zugelassen hat, ist dieses Gericht für die Bestimmung der Art und Höhe zuständig, § 769 II.

7 Die Bürgschaft einer *angesehenen Bank* ist oft den anderen Wegen einer Sicherheitsleistung nach § 232 BGB vorziehbar, Rn 10. Das gilt, obwohl die letztere Vorschrift die Bürgschaft nur hilfsweise vorsieht. Das Gericht entscheidet nach pflichtgemäßem Ermessen, welche Banken es zur Bürgschaft zuläßt. Es muß in diesem Zusammenhang die Höhe der erforderlichen Sicherheitsleistung berücksichtigen. Die „Bürgschaft einer namentlich nicht bezeichneten Großbank" reicht aus, ZöHe 8, aM Ffm LG Bln Rpfleger **78**, 331 (aber der Kreis der Großbanken läßt sich leicht klären. Im übrigen reicht ja ein Kreditinstitut nach Rn 15. Notfalls kann das Gericht entsprechend zusätzlich entscheiden). Manche meinen, dann sei eine solche Bank zugelassen, die jederzeit eine Sicherheit gewährleisten könne, LG Düss DGVZ **77**, 43. Vgl dazu Rn 16.

8 *Wertpapiere* muß man nach dem Wert und der Deckungsfähigkeit genau bezeichnen, wenn sie nicht mündelsicher sind. Das Gericht muß bei allen Wertpapieren bestimmen, ob und wo man sie hinterlegen muß, etwa beim ProzBev einer Partei oder gesperrt bei einer Bank. Soweit das Gericht keine anderweitige Bestimmung getroffen hat, muß man die Wertpapiere nach Rn 17, 18 behandeln.

Hypotheken sind wegen der Gefahren und der Weiterungen, die sie dem Gläubiger auferlegen, regelmäßig nicht zu einer Sicherheitsleistung geeignet. Noch weniger ist eine Verweisung auf inzwischen gepfändetes Haushaltsgut geeignet. Ffm MDR **77**, 409 wendet bei einer Grundschuld § 238 BGB entsprechend an.

9 **C. Höhe der Sicherheitsleistung.** Die Bestimmung der Höhe einer Sicherheitsleistung muß von Amts wegen im Urteil erfolgen, § 709 Rn 5, 6. Dabei ist das Gericht in der Ausübung seines Ermessens eingeschränkt. Die Sicherheitsleistung soll ja den Gegner gegen etwaige Nachteile schützen. Daher muß das Gericht die Höhe der Sicherheitsleistung der Höhe des möglichen Nachteils des Gegners anpassen. Das Gericht muß also grundsätzlich den Hauptanspruch nebst Zinsen und Kosten zugrundelegen, Edelmann/Hellmann AnwBl **94**, 385. Andernfalls würde das Gericht sein Ermessen unsachgemäß ausüben. Es ist wegen § 709 S 2 jetzt ausreichend bestimmt, die Sicherheitsleistung „in Höhe des jeweils beizutreibenden Betrages" festzusetzen, § 709 Rn 6. Das gilt erst recht dann, wenn das Gericht einen bestimmten Prozentsatz zur Absicherung des etwaigen Schadens nach § 717 II zusätzlich festsetzt. Ein Pfandstück läßt sich zB bei der Einstellung der Zwangsvollstreckung nach einer Pfändung nur auf seine tatsächliche Höhe anrechnen. Eine Teilsicherheitsleistung ist statthaft, § 752, Beler JB **00**, 118, Nies MDR **00**, 131, Rehbein Rpfleger **00**, 55. Dann sollte das Gericht aber im Urteil klarstellen, für welchen Teil eine Sicherheit notwendig ist, Düss OLGR **94**, 197.

10 5) **Bürgschaft, I 2,** dazu *Foerste* ZBB **01**, 483 (Üb); *Schmitz*, Höchstbetragsbürgschaften, insbesondere bei mehreren Bürgen, in materiellen Recht und im Prozeß, 2000: Die Sicherheitsleistung durch eine Bürgschaft ist als eine hinterlegungsgleichwertige Sicherheit zulässig, BGH NJW **05**, 2159 (zustm Brehm JZ **05**, 956). Das gilt freilich nur unter den in I 2 aufgezählten Voraussetzungen. Sie müssen sämtlich zusammentreffen. Bei der Auslegung der Bürgschaftserklärung ist ihr Zweck beachtlich, zB bei § 717 II oder bei § 720 z Absicherung nicht nur eines Verzögerungsschadens, sondern des Anspruchs, Mü Rpfleger **91**, 67, Köln RR **89**, 1396, LG Saarbr DGVZ **97**, 170.

11 **A. Schriftlichkeit der Bürgschaftserklärung.** Erstes Wirksamkeitserfordernis ist die Schriftlichkeit der Bürgschaftserklärung. Der Bürgschaftsvertrag kommt nämlich nach den §§ 765, 766 BGB zustande. Die

Titel 6. Sicherheitsleistung § 108

sonst notwendige Annahme der Erklärung durch den Gläubiger, zu dessen Gunsten die Bürgschaft erfolgt, ist aber entbehrlich. Denn das Gericht hat ihn dadurch, daß es eine Bürgschaft als Sicherheitsleistung zugelassen hat, zur Annahme der Erklärung verpflichtet. Es hat also einen Zwangsvertrag begründet, § 151 S 1 BGB, BayObLG Rpfleger **76**, 67, Hbg MDR **82**, 588, LG Augsb Rpfleger **98**, 166, aM Pecher WertpMitt **86**, 1513 (diese Konstruktion sei entbehrlich. Aber sie liegt vor als eine rein öffentlichrechtliche Verpflichtung). Die Bürgschaft soll den Gläubiger nicht schlechter stellen als eine Hinterlegung, BGH **69**, 273, aM Hbg EWS **95**, 280 (aber die in der Praxis am weitesten verbreitete Art von Sicherheitsleistung würde kaum diesen Platz einnehmen, wenn sie nur eine geringere Sicherheit bieten könnte und sollte). Wenn ein Prozeßstandschafter nach Grdz 26 ff vor § 50 den Vollstreckungstitel erwirkt, kann man die Prozeßbürgschaft als Vertrag zugunsten des wahren Gläubigers ansehen, BGH MDR **89**, 252.

Deshalb kommt ein Bürgschaftsvertrag auch dann wirksam zustande, wenn eine ausreichende *Bürgschafts-* **12** *erklärung* dem Sicherungsberechtigten nach § 130 I BGB entweder je nach dem Vertragsinhalt in beglaubigter Abschrift oder in Urschrift zur Verfügung kommt. Denn mit diesen Formen der Urkunde kann der Begünstigte notfalls nie gerichtlich vorgehen, Hamm MDR **95**, 412, LG Kblz AnwBl **87**, 332. Es reicht auch aus, wenn der Gerichtsvollzieher die Bürgschaftserklärung dem Sicherungsberechtigten nach § 132 I BGB zustellt, Düss GRUR **87**, 577, Nürnb WertpMitt **86**, 215, LG Aachen Rpfleger **83**, 31, aM Meyer-Stolte Rpfleger **85**, 43 (aber auch dann ist der Zweck erfüllt).

Eine Übergabe und Zustellung *auch an den ProzBev* zB von Anwalt zu Anwalt nach §§ 174, 195 ist ohne **13** Verstoß gegen den Sicherungszweck zulässig. Das gilt trotz des Umstands, daß § 132 I BGB förmlich nur von der Zustellung „durch Vermittlung des Gerichtsvollziehers" spricht, Karlsr MDR **96**, 525, Kblz JB **01**, 213, LG Augsb Rpfleger **98**, 166, aM LG Aurich DGVZ **90**, 10, StJL 21 (aber die Übermittlungsform ist weit weniger wichtig als das Übermittlungsergebnis). Die Übergabe und Zustellung auch an den ProzBev ist aber nicht auch geradezu notwendig. (Jetzt) § 172 ist nicht anwendbar, Düss MDR **78**, 489, Karlsr MDR **96**, 525, LG Aurich DGVZ **90**, 10, aM Kblz JB **01**, 213, LG Augsb Rpfleger **98**, 166, LG Mannh JB **89**, 859 (vgl aber § 132 I BGB). Auch § 195 ist unanwendbar.

Ebensowenig ist eine *Hinterlegung* der Bürgschaftsurkunde notwendig, Schlesw JB **78**, 440. Sie ist aber jedenfalls dann zulässig und ausreichend, wenn das Gericht diese Hinterlegung gestattet hat, Hbg WertpMitt **82**, 915. Zulässig ist ein Bürgschaftsaustauch nach Treu und Glauben bei Gleichwertigkeit der neuen Bürgschaft, BGH NJW **94**, 1351, Düss OLGZ **94**, 442 (Verweigerung durch den Gläubiger kann Rechtsmißbrauch sein). Eine Bürgschaft für Gesamtgläubiger reicht aus, aM LG Düss Rpfleger **03**, 677 (aber § 432 I 1 BGB besagt das Gegenteil).

B. Unwiderruflichkeit, Unbedingtheit, Unbefristetheit. Weitere Wirksamkeitserfordernisse, die **14** sämtlich erfüllt sein müssen, sind die Unwiderruflichkeit, Unbedingtheit und Unbefristetheit. Eine bloße sog Ausfallbürgschaft oder sonstige befristete oder aufschiebend oder auflösend bedingte Bürgschaft ist ungeeignet. Denn das wäre zu ungewiß, Hamm MDR **95**, 412, Nürnb MDR **86**, 241, LG Bielef MDR **85**, 238. Es kommt auch keine auflösende Bedingung mehr in Betracht, bei der der Bürge evtl in bar hinterlegen will oder deren Eintritt in der Hand des Sicherungsberechtigten liegt, zB die Rückgabe der Erklärung an den Bürgen, aM Hbg MDR **82**, 588 (aber I 2 ist eindeutig, Einl III 39).

Natürlich muß eine Bürgschaft als selbstschuldnerische angeordnet und erklärt werden. Sie muß daher den *Verzicht auf die Einrede der Vorausklage* nach § 771 BGB enthalten, § 239 II BGB entsprechend, Beuthien/Jöstingmeier NJW **94**, 2071. Das ist bei einer Bank als Kaufmann kraft Gesetzes nach § 349 HGB ohnehin der Fall. Zur AGB-Problematik der Bürgschaft bzw Bankgarantie auf erstes Anfordern (ein wolkiger Begriff) BGH NJW **01**, 282.

C. Im Inland zum Geschäftsbetrieb befugtes Kreditinstitut. Letztes Wirksamkeitserfordernis, das zu **15** den in Rn 11–14 genannten hinzutreten muß, ist die Tauglichkeit des Bürgen, §§ 232 II, 239 I BGB, BayObLG MDR **88**, 256 entsprechend, Hbg NJW **93**, 2859. Er muß ein im Inland zum Geschäftsbetrieb befugtes Kreditinstitut sein. Es mag ausländisch sein, wenn es eben nur auch im Inland zugelassen ist.

Formell bestehen *keine weiteren* allgemeinen Anforderungen. Eine „Großbank" ist nicht erforderlich, Falkenkötter MDR **02**, 622. Auch eine kleinere Genossenschaftsbank kann daher als Bürgin ausreichen, so schon Beuthien/Jöstingmeier NJW **94**, 2073. Ein Unternehmen, das kein „Kreditinstitut" ist, kann schon deshalb nicht als Bürge ausreichen. Das ergibt sich aus dem klaren Wortlaut von I 2. Er läßt für eine Auslegung über den Kreis der „Kreditinstitute" hinaus keinen Raum, Einl III 39. Ob eine Versicherungsgesellschaft „Kreditinstitut" ist, kann zweifelhaft sein. Das gilt unabhängig von ihrer Größe und Finanzkraft, großzügiger Grams AnwBl **02**, 358. Zwar vergibt natürlich auch ein großes Versicherungsunternehmen Kredit. Das ist aber nicht seine eigentliche Haupttätigkeit. Jede große Firma kann auch Kredite vergeben, ohne damit zu einem Kredit-„Institut" zu werden, wie es I 2 voraussetzt.

D. Weitere Einzelfragen. Im übrigen kann das Gericht besondere Anforderungen stellen. Denn es kann **16** ja nach I 2 ohnehin vorrangig allgemein und daher auch zur Bürgschaft „Bestimmung" treffen. Es kann also zB den Kreis der tauglichen Banken bestimmen, Kblz JB **01**, 213 („deutsche Bank oder Sparkasse" meint auch eine Volksbank), AG Bln-Spandau DGVZ **97**, 189. Es kann verlangen, daß die Bürgschaftsurkunde die nach § 717 II zu ändernde Hauptforderung bezeichnet, LG Mannh DGVZ **95**, 27, daß die Unterschrift unter der Bürgschaftserklärung notariell beglaubigt wird und daß die Vertretungsbefugnis des Unterzeichners nachgewiesen wird. § 751 II schreibt im übrigen ohnehin vor, daß Unterschriften öffentlich beglaubigt werden müssen und daß der Nachweis der Vertretungsbefugnis durch eine öffentliche Urkunde nach § 415 oder durch eine öffentlich beglaubigte Urkunde erfolgen muß, § 751 Rn 8 (Streitfrage). Zwar soll man den Geschäftsverkehr nicht unnötig erschweren.

Dieser Gesichtspunkt darf aber nicht dazu führen, daß das Gericht die *Sicherung des Schuldners* vernachlässigt. Wenn es die vorgenannten Bedingungen nicht stellen würde, könnte zB der Gerichtsvollzieher dem Schuldner unmittelbar vor der Pfändung eine Bürgschaftserklärung mit der Unterschrift eines in Wahrheit nicht Vertretungsberechtigten zustellen. Man darf dem Schuldner auch nicht zumuten, eine Erinnerung nach § 766 einzulegen. Mit einer solchen Lösung würde man dem Schuldner die Aufklärung der Zweifelsfragen

§§ 108, 109   Buch 1. Abschnitt 2. Parteien

zumuten und dem Gläubiger damit die Zwangsvollstreckung in einer Weise erleichtern, die nach der Grundsatzentscheidung des Gerichts dazu, daß eine Sicherheitsleistung erforderlich sei, eben gerade nicht erfolgen darf, Vogel NJW **97**, 555.

Eine Bürgschaft, die den vorstehenden Anforderungen *nicht entspricht,* reicht als Sicherheitsleistung nicht aus, BGH MDR **89**, 252. Eine Bürgschaft, die den Anforderungen des § 751 II nicht entspricht, berechtigt nicht zu einer Zwangsvollstreckung. Angesichts der Gefahren, die dem Sicherungsberechtigten dann drohen, wenn die Bürgschaft nicht ausreicht, sollte das Gericht den Schuldner und den Gläubiger vor einer Bürgschaftsanordnung anhören. Das gilt mindestens insoweit, als es sich nicht um die Bürgschaft einer zuverlässigen Großbank handelt. Der Bürge darf den Gesicherten nicht auf eine Pfandsache verweisen. Der Bürge haftet nicht nur für einen Schaden infolge Verzögerung der Vollstreckung, sondern für die volle Urteilssumme, BGH NJW **79**, 417. Der Einwand nach § 777 trifft auf § 768 BGB nicht zu. Ein „Prozeßbürge" erkennt in der Regel den Ausgang des Rechtsstreits als für sich verbindlich an. Wegen einer einseitigen „Befreiungs"-Hinterlegung des Bürgen Rn 17. Die Klausel „Zahlung auf erstes Anfordern" reicht nicht, Weth AcP **189**, 329. Zum Problem Heinsius (vor Rn 1). Eine auflösende Bedingung ist unschädlich, soweit sie die Sicherheit des Gläubigers nicht beeinträchtigt. Das gilt unabhängig von §§ 109, 715, LG Mainz MDR **00**, 229.

17   **6) Hinterlegung, I, II.** Eine Sicherheitsleistung läßt sich durch eine Hinterlegung von Geld oder von mündelsicheren Papieren nach den §§ 234 I, III BGB zu erbringen, soweit sich die Parteien nicht über eine andere Sicherheitsleistung geeinigt haben und soweit das Gericht keine andere Art der Sicherheitsleistung angeordnet hat, etwa die Hinterlegung von Kostbarkeiten oder von ausländischem Geld, § 5 HO. Eine Einzahlung bei der Gerichtskasse bzw -zahlstelle steht einer Hinterlegung nicht gleich, BGH NJW **02**, 3260. Die Hinterlegung erfolgt beim AG als Hinterlegungsstelle, § 1 HO. Die Überweisung auf das Konto der Gerichtskasse reicht aus. Eine Verrechnung mit Gerichtskosten ist unzulässig. Denn die Sicherheitsleistung dient nur dem Gegner, Üb 1 vor § 108. Eine Annahmeanordnung ist stets erforderlich.

Unter *Geld* kann man jedes gesetzliche und jedes gesetzlich zugelassene Zahlungsmittel verstehen. Geld geht ins Eigentum des Staats über, § 7 HO. *Wertpapiere* sind nur im Rahmen des § 234 BGB zugelassen (Berechtigungsscheine nach II in Verbindung mit § 234 II BGB), und nur mit ¾ ihres Kurswerts, § 234 II BGB. Auch ein Umtausch nach § 235 BGB ist nur gegen Geld oder gegen Wertpapiere im Sinn des § 234 BGB zulässig. Zur Mündelsicherheit § 1807 Z 2–4 BGB, Art 212 EG BGB, die VO über die Mündelsicherheit der Pfandbriefe und verwandten Schuldverschreibungen v 7. 5. 40, RGBl 756, desgleichen wegen der Schiffspfandbriefe die VO v 18. 3. 41, RGBl 156.

18   *Andere Wertpapiere* kann das Gericht ausdrücklich zulassen. Es kann auch die Hinterlegung eines Sparbuchs bzw einer Sparcard anordnen. Am Hinterlegten erlangt der Gesicherte ein Pfandrecht, § 233 BGB. Deshalb ist ein Umtausch von seiner Zustimmung abhängig. Mit dem Eintritt des Sicherungsfalls kann er Auszahlung oder Herausgabe fordern, § 13 HO, auch durch eine Klage, § 894. Er kann auch auf die Feststellung seiner Berechtigung klagen, § 13 Z 2 HO. Er kann das Pfand verkaufen, § 1233 BGB. Er kann den Bürgen in Anspruch nehmen, BGH NJW **78**, 43. Es ist nicht wirksam, wenn der Bürge einseitig erklärt, er könne sich durch Hinterlegung befreien, Düss DGVZ **90**, 156, LG Wuppert DGVZ **90**, 124, AG Oberkirch DGVZ **92**, 14, aM LG Ffm JB **89**, 264 (aber die Bürgschaft läßt sich als Vertrag nicht einteilig ändern, Rn 11–13).

19   **7) Rechtsbehelfe, I, II.** Die gerichtliche Anordnung einer Sicherheitsleistung ist nach Grund und Höhe nur zusammen mit der Entscheidung in der Sache anfechtbar, BGH NJW **02**, 3259. Natürlich ist § 319 anwendbar, BGH RR **99**, 213. Soweit das Gericht versehentlich die Höhe nicht bestimmt oder offenbar fehlerhaft errechnet hat, sind §§ 321, 716, 717 anwendbar, BGH RR **99**, 213. Im übrigen ist gegen die Anordnung, daß überhaupt eine Sicherheitsleistung notwendig sei, kein Rechtsbehelf statthaft. Beim Rpfl gilt § 11 RPflG, § 104 Rn 41 ff.

20   Die Bestimmung der *Art* einer Sicherheitsleistung stellt nicht den Beginn einer Zwangsvollstreckung dar. Deshalb ist gegen die Bestimmung *keine* sofortige Beschwerde zulässig, Ffm (17. ZS) MDR **81**, 677, ZöHe 16, aM Ffm (13. ZS) MDR **75**, 323. Gegen die Ablehnung der beantragten Art der Sicherheitsleistung ist sofortige Beschwerde zulässig, § 567 I Z 2. Das gilt unabhängig von einer schon eingelegten Berufung, Düss MDR **84**, 852, aM Mü MDR **84**, 321 (aber § 567 I Z 2 gilt uneingeschränkt). Eine Rechtsbeschwerde kommt unter den Voraussetzungen des § 574 in Betracht.

21   Das Gericht kann die Bestimmung der Art der Sicherheitsleistung *abändern* oder ergänzen, BGH NJW **94**, 1351, Pecher WertpMitt **86**, 1516, Treber WertpMitt **90**, 343, zweifelnd Ffm MDR **81**, 677. Da die Sicherheitsleistung nicht der Staatskasse dient, sondern nur dem Gegner, Üb 1 vor § 108, lassen sich Art und Höhe jederzeit durch eine gerichtliche oder außergerichtliche Parteivereinbarung ergänzen oder ändern und kann der dadurch Begünstigte auch darauf klagen.

22   Wenn das Gericht einen Abänderungsantrag zurückweist, ist sofortige Beschwerde zulässig, § 567 I Z 2, aM Mü MDR **84**, 321, Nürnb MDR **86**, 241 (nur bei neuen Umständen). Eine Rechtsbeschwerde kommt auch hier unter den Voraussetzungen des § 574 in Betracht.

23   Gegen einen *Abänderungsbeschluß* ist kein Rechtsbehelf statthaft, Schneider MDR **83**, 906, ThP 18, aM Ffm MDR **75**, 323 (sofortige Beschwerde).

24   **8) VwGO:** Entsprechend anwendbar, § 173 VwGO, Üb § 108 Rn 5. Zuständig ist das VG, das die Sicherheit angeordnet hat, auch nach Rechtsmitteleinlegung, VGH Kassel DÖV **74**, 537 (LS). Wegen der Anfechtung vgl oben Rn 19 (nur zusammen mit der Entscheidung in der Sache).

---

109   *Rückgabe der Sicherheit.* [1] Ist die Veranlassung für eine Sicherheitsleistung weggefallen, so hat auf Antrag das Gericht, das die Bestellung der Sicherheit angeordnet oder zugelassen hat, eine Frist zu bestimmen, binnen der ihm von der Partei, zu deren Gunsten die Sicherheit geleistet ist, die Einwilligung in die Rückgabe der Sicherheit zu erklären oder die Erhebung der Klage wegen ihrer Ansprüche nachzuweisen hat.

Titel 6. Sicherheitsleistung **§ 109**

II ¹ Nach Ablauf der Frist hat das Gericht auf Antrag die Rückgabe der Sicherheit anzuordnen, wenn nicht inzwischen die Erhebung der Klage nachgewiesen ist; ist die Sicherheit durch eine Bürgschaft bewirkt worden, so ordnet das Gericht das Erlöschen der Bürgschaft an. ² Die Anordnung wird erst mit der Rechtskraft wirksam.

III ¹ Die Anträge und die Einwilligung in die Rückgabe der Sicherheit können vor der Geschäftsstelle zu Protokoll erklärt werden. ² Die Entscheidungen ergehen durch Beschluss.

IV Gegen den Beschluss, durch den der im Absatz 1 vorgesehene Antrag abgelehnt wird, steht dem Antragsteller, gegen die im Absatz 2 bezeichnete Entscheidung steht beiden Teilen die sofortige Beschwerde zu.

Schrifttum: *Sprick,* Kostentabelle zur Berechnung der Sicherheitsleistung und Abwendungsbefugnis (§§ 709 ff ZPO), DRiZ **81**, 116.

Gliederung

1) **Systematik, I–IV** 1	A. Grundsatz: Erreichen der Einwilligung zur Sicherheitsrückgabe 19
2) **Regelungszweck, I–IV** 2	B. Verfahren 20, 21
3) **Geltungsbereich, I–IV** 3–5	6) **Anordnung der Rückgabe bzw des Erlöschens, II** 22–25
A. Bestehender Anspruch 3	A. Verfahren 22–24
B. Nichtbestehender Anspruch 4	B. Verzinsung 25
C. Sonderfragen der Bürgschaft usw ... 5	7) **Antrag und Einwilligung, III** 26
4) **Wegfall der Veranlassung, I** 6–18	8) **Rechtsbehelfe, IV** 27–29
A. Grundsatz: Maßgeblichkeit des Zweckwegfalls 6	A. Fristantrag 27
B. Beispiele zur Frage des Wegfalls der Veranlassung 7–18	B. Rückgabe- bzw Erlöschensantrag 28
5) **Frist, I** 19–21	C. Gemeinsame Einzelheiten 29
	9) *VwGO* 30

1) Systematik, I–IV. Die Vorschrift erfaßt die Abwicklung einer prozessualen Sicherheitsleistung. Sie stellt dabei eine Ergänzung zu § 108 dar. Sie hat Vorrang vor einer Klage auf die Rückgabe der Sicherheitsleistung. Für diese besteht daher grundsätzlich kein Rechtsschutzbedürfnis nach Grdz 33 vor § 253, BGH NJW **94**, 1352 (auch zu einer Ausnahme). Zu ihr tritt eine weitere Ergänzung für den Fall einer Auslandsberührung nach § 110 hinzu. § 715 hat Vorrang. **1**

2) Regelungszweck, I–IV. Die Sicherheitsleistung dient je nach ihrem Grund der Sicherung eines entstandenen oder eines erwarteten Anspruchs und der Durchsetzbarkeit eines Schadensersatzanspruchs infolge Vollstreckung vor Rechtskraft, solange nicht die Veranlassung zur Sicherheitsleistung weggefallen ist, Ffm Rpfleger **93**, 410. Von diesem Zeitpunkt an hat das Interesse des Sicherheitsleistenden am Rückerhalt der Sicherheit Vorrang. § 109 soll die Rückgabe erleichtern und die Beendigung des Sicherungsverhältnisses klären, Pecher WertpMitt **86**, 1515. Ferner soll das Gericht zwecks Prozeßwirtschaftlichkeit nach Grdz 14 vor § 128 rasch über den Zwischenstreit entscheiden. Das muß man bei der Auslegung beachten, Hbg NJW **91**, 3103. **2**

Ermessen kennzeichnet bei näherer Prüfung auch diese Vorschrift. Denn letztlich kann man wohl in den meisten Fällen durchaus verschiedener Meinung darüber sein, ob der Zweck der Sicherheitsleistung inzwischen ganz oder doch so weitgehend erreicht ist, daß man dem Vollstreckungsschuldner solche Belastung abnehmen kann. Ob er die freie Verfügbarkeit immer dringender begehrt, ist die eine Frage. Ob man aber für den Gläubiger die durch gegnerische Sicherheitsleistung geminderte Gefahr oder die durch eigene Sicherheitsleistung erhöhte Möglichkeit jetzt wirklich anders beurteilen kann und muß, das ist die entscheidende andere Frage. Wiederum muß man vorsichtig abwägen und die Entscheidung überzeugend oder wenigstens vom höheren Gericht überprüfbar begründen können.

3) Geltungsbereich, I–IV. Vgl zunächst Üb 3 vor § 108. § 109 gilt für alle Arten von Sicherheitsleistung, BGH NJW **94**, 1351. **3**

A. Bestehender Anspruch. Soweit der Anspruch besteht, kann der Gesicherte gegen den Besteller auf eine Einwilligung in die Auszahlung an ihn oder in die Verwertung des Pfands klagen. Die Herausgabe erfolgt namentlich auf Grund einer rechtskräftigen Entscheidung oder einer schriftlichen Bewilligung der Beteiligten, § 13 HO.

B. Nichtbestehender Anspruch. Soweit der Anspruch nicht besteht oder nach Rn 6 weggefallen ist, kann der Besteller das Hinterlegte zurückverlangen, BGH NJW **90**, 2129, falls eine der folgenden Voraussetzungen erfüllt ist: **4**

– *Einwilligung des Gesicherten.* Der Gesicherte willigt in die Rückgabe ein, § 13 II 1 Z 1 HO. Wenn die Einwilligung des Hinterlegungsstelle nicht ausreicht, muß nach oben das Gericht die Einwilligung anordnen.

– *Rückgabeanordnung.* Die Rückgabe wird im Verfahren nach § 109 angeordnet. Soweit der Vollstreckungsschuldner auf eine Rückgabe verzichtet, kann eine Erfüllungswirkung eintreten, BGH Rpfleger **84**, 74.

– *Einwilligung des Bestellers.* Der Besteller klagt auf die Einwilligung zur Rückgabe. Dieser Weg kommt nur in Betracht, soweit das kürzere und billigere Verfahren nach § 109 nicht durchführbar ist. Denn für die Klage fehlt sonst ein Rechtsschutzbedürfnis, Grdz 33 vor § 253. Die Klage kommt etwa dann in Betracht, wenn feststeht, daß der Gesicherte einen Anspruch erhebt, oder wenn er die Frist nach § 109 unangemessen lang verlängern ließ.

– *Antrag nach § 717.* Im Prozeß wird nach § 717 ein Rückgabeantrag gestellt.

§ 109   Buch 1. Abschnitt 2. Parteien

Eine *Feststellungsklage* nach § 256 ist wegen der Unzulässigkeit der Rückgabe während des Verfahrens nach § 109 unstatthaft.

5   C. Sonderfragen der Bürgschaft usw. Die Vorschrift gilt auch dann, wenn der Schuldner die Sicherheitsleistung durch eine Bürgschaft erbracht hat, BGH NJW **79**, 417, KG NJW **76**, 1752. Das Gericht ordnet dann freilich nicht die Rückgabe der Sicherheitsleistung an, sondern das Erlöschen der Bürgschaft, II 2. Die Ausführung der gerichtlichen Anordnung erfolgt dadurch, daß die verwahrende Stelle die Bürgschaftsurkunde an den Schuldner zurückgibt oder daß der Gläubiger den Bürgen aus seiner Verpflichtung entläßt. § 109 gilt ferner wegen der §§ 1296, 1228 II BGB auch dann, wenn es sich um die Herausgabe fälliger Zinsscheine hinterlegter Wertpapiere handelt. Die bürgende Bank braucht ein Pfand erst nach Rückerhalt ihrer Bürgschaftsurkunde oder Entlassung durch den Bürgschaftsgläubiger aus ihrer Bürgschaft zurückzugeben.

6   4) Wegfall der Veranlassung, I. Ein einfacher Grundsatz läßt sich oft nur schwer durchführen.
A. Grundsatz: Maßgeblichkeit des Zweckwegfalls. Die Veranlassung für eine Sicherheitsleistung ist dann weggefallen, wenn ihr Zweck weggefallen ist, Köln MDR **93**, 270, wenn also zB der gesicherte Anspruch nach den Umständen des Falles nicht mehr entstehen kann, BGH NJW **90**, 2129, Düss Rpfleger **96**, 165. Das trifft namentlich dann zu, wenn eine vorläufige Maßnahme endgültig geworden ist, § 715 I, und wenn dem entstandenen Anspruch kein Hindernis mehr entgegensteht. Der Antragsteller muß den Wegfall der Veranlassung beweisen. Er braucht aber nicht zu beweisen, daß kein Schaden entstanden ist. Wenn das Gericht diejenige Maßnahme aufgehoben hat, die zur Anordnung der Sicherheitsleistung führte, dann ist der Fall der Sicherheitsleistung recht eigentlich eingetreten.
Das gilt zB dann, wenn das Gericht die Zwangsvollstreckung gegen eine Sicherheitsleistung eingestellt hatte und wenn dieser Beschluß aufgehoben worden ist. Denn dann deckt die Sicherheitsleistung denjenigen Schaden, der dem Gläubiger durch den früheren Einstellungsbeschluß entstanden sein mag. Wenn freilich feststeht, daß kein Schaden entstanden ist, dann ist das Verfahren nach § 109 unbedenklich. Dasselbe gilt dann, wenn sich der Schaden endgültig berechnen läßt. Denn dann kann der Gesicherte innerhalb der Frist klagen. Wenn die Veranlassung nur für einen Teil des Streitgegenstands weggefallen ist, dann ist § 109 auf diesen Teil anwendbar.

7   B. Beispiele zur Frage des Wegfalls der Veranlassung
Änderung, Aufhebung des Urteils: Rn 15 „Urteilsänderung".
8   Arrest, einstweilige Verfügung: Die Veranlassung für eine Sicherheitsleistung entfällt bei einer Aufhebung des Arrests oder der einstweiligen Verfügung nach § 923 Rn 2, § 943 Rn 4 oder dann, wenn es nicht zum Arrestvollzug gekommen und wenn die Frist des § 929 II, III verstrichen ist. Die Veranlassung entfällt ferner bei einer rechtskräftigen Klagabweisung im Hauptsacheverfahren, auch durch ein bloßes Prozeßurteil, § 926 Rn 9, Fingerhut BB **75**, 765, aM Mü NJW **75**, 1665 (die Veranlassung sei nur dann weggefallen, wenn die Klage als unbegründet abgewiesen worden sei. Aber auch ein Prozeßurteil beendet den Prozeß).
Die Veranlassung entfällt *nicht,* soweit der Arrest rechtskräftig bestätigt wird, wenn die Hauptsache anhängig ist.
S auch Rn 16 „Verzicht".
9   Ausländer: Die Veranlassung für eine Sicherheitsleistung entfällt bei einem Ausländer durch den Eintritt der Kostenpflicht oder durch den Wegfall der Sicherungspflicht oder durch die Rechtskraft eines klagabweisenden Urteils, Stgt Rpfleger **85**, 375.
10 Beiderseitige Sicherheitsleistungen: Die Veranlassung für eine Sicherheitsleistung entfällt, soweit beide Parteien eine Sicherheit erbracht haben, für diejenige des Schuldners, zumindest soweit der Gläubiger vollstreckt, Köln MDR **93**, 270, Oldb Rpfleger **85**, 504.
Die Veranlassung entfällt aber *nicht* schon dann, wenn das Gericht nunmehr dem Bekl gestattet, die Zwangsvollstreckung gegen eine Sicherheitsleistung abzuwenden, BGH NJW **90**, 2129, Mü OLGZ **85**, 458, ZöHe 3, aM Haakshorst/Comes NJW **77**, 2344 (aber bis zur Erbringung einer letzteren Sicherheit besteht die Unsicherheit fort).
Bestätigung des erstinstanzlichen Urteils: Die Veranlassung für die Sicherheitsleistung entfällt *nicht,* soweit das Berufungsgericht ein erstinstanzliches Urteil bestätigt, solange das Berufungsurteil noch nicht rechtskräftig ist, KG NJW **76**, 1753, Mü OLGZ **85**, 458, oder gar *vor* einer Bestätigung.
11 Einstweilige Einstellung: Die Veranlassung für eine Sicherheitsleistung entfällt *nicht* schon dann, wenn eine einstweilige Einstellung wegfällt, zB nach §§ 707, 719, BGH NJW **79**, 417, Düss Rpfleger **96**, 165, Ffm Rpfleger **93**, 410.
Gesetzesänderung: Die Veranlassung für eine Sicherheitsleistung entfällt bei einer Änderung der Gesetzeslage oder der Beurteilungslage, Hbg NJW **91**, 3103.
Landpachtvertrag: § 109 gilt entsprechend beim Landpachtvertrag, § 590 II 6 Hs 2 BGB.
Miete: Die Veranlassung für eine Sicherheitsleistung entfällt *nicht,* soweit noch eine Nutzungsentschädigung in Betracht kommt, LG Bielef Rpfleger **93**, 354.
12 Prozeßvergleich: Die Veranlassung für eine Sicherheitsleistung entfällt *nicht* beim noch nicht erfüllten Prozeßvergleich, Ffm MDR **87**, 239, aM ThP 4 (aber erst die Erfüllung beseitigt die Unsicherheit).
13 Räumung: Die Veranlassung für eine Sicherheitsleistung entfällt beim Räumungsurteil mit der Räumung, LG Ffm Rpfleger **04**, 235.
Rechtliche Würdigung: Rn 11 „Gesetzesänderung".
Rechtskraft: Die Veranlassung für eine Sicherheitsleistung entfällt mit dem Eintritt der Rechtskraft eines zB nach § 709 vorläufig vollstreckbar gewesenen Urteils, Ffm NJW **76**, 1326. Bei einem Ausländer entfällt sie auch durch die Rechtskraft eines klagabweisenden Urteils, Stgt Rpfleger **85**, 375.
Rechtsmittel: Rn 15 „Urteilsänderung", Rn 17 „Zurückverweisung", Rn 18 „Zurückweisung der Berufung".
14 Sicherheitsleistung des Beklagten: Rn 10 „Beiderseitige Sicherheitsleistung".

Titel 6. Sicherheitsleistung **§ 109**

Sicherungsvollstreckung: Die Veranlassung für eine Sicherheitsleistung entfällt bei einer bloßen Sicherungsvollstreckung auf Grund eines Urteils des OLG ohne Sicherheitsleistung, das ein erstinstanzliches Urteil bestätigt, Mü OLGZ **85**, 459.
S auch Rn 18 „Zurückweisung der Berufung".
Teilweiser Wegfall: Es ist auch ein teilweiser Wegfall der Veranlassung zu einer Sicherheitsleistung möglich, Düss MDR **82**, 413, Mü OLGR **97**, 23.
Übersicherung: Sie kann bei Unzumutbarkeit in ihrem Umfang § 109 anwendbar machen, Düss MDR **82**, 412.
Urteilsänderung: Die Veranlassung für eine Sicherheitsleistung entfällt, wenn endgültig feststeht, daß ein Schaden nach § 717 weder entstanden ist noch entstehen kann. Eine Leistung des Schuldners unter Vorbehalt genügt dazu *nicht*, KG NJW **76**, 1752. Unabhängig von einem Schaden entfällt die Veranlassung ferner mit der Aufhebung eines vorläufig vollstreckbaren Urteils, dessen Vollstreckung die Sicherheitsleistung abwenden sollte. Das gilt selbst dann, wenn noch keine Rechtskraft eingetreten ist, Düss RR **02**, 1252, Hamm MDR **82**, 942, Mü OLGR **94**, 226.
Vergleich: Es kommt auf seinen Inhalt an, Ffm MDR **87**, 239, Köln RR **87**, 251.
Verzicht: Die Veranlassung für eine Sicherheitsleistung entfällt mit einem Verzicht des Gesicherten auf eine Durchführung derjenigen Maßnahme, die die Sicherheitsleistung veranlaßt hat, Mü DB **78**, 2021, etwa auf die Rechte an einem Arrest. Der Schuldner kann nach dem Wegfall der Veranlassung auf die Rückgabe der Sicherheit schuldbefreiend verzichten, BGH WertpMitt **83**, 1337.
Vollmacht: Die Veranlassung zu einer Sicherheitsleistung entfällt mit einer Genehmigung im Fall des § 89.
Widerklage: Die Veranlassung zur Sicherheitsleistung entfällt *nicht*, soweit der Sicherungsnehmer klagt, Stgt RR **95**, 1148.
Zurückverweisung: Die Veranlassung für eine Sicherheitsleistung entfällt grds mit einer Zurückverweisung, Rn 9, Düss RR **02**, 1292, Ffm (21. ZS) Rpfleger **85**, 32 (zustm Acher), Karlsr OLGZ **85**, 82, aM Ffm (6. ZS) Rpfleger **76**, 222 (aber nun ist das bisherige Urteil als Grundlage einer Pflicht zur Sicherheitsleistung jedenfalls erst einmal aufgehoben).
Die Veranlassung entfällt ausnahmsweise *nicht* bei einer Zurückverweisung im Verfahren auf Grund einer Vollstreckungsabwehrklage nach § 767, BGH NJW **82**, 1397.
Zurückweisung der Berufung: Die Veranlassung für eine Sicherheitsleistung entfällt *nicht,* soweit es um die Vollstreckung aus einem Urteil des LG und um die Zurückweisung der Berufung geht und soweit das Urteil des OLG ohne eine Sicherheitsleistung vorläufig vollstreckbar ist, Mü OLGZ **85**, 458 (auch zur Ausnahme der bloßen Sicherungsvollstreckung).

5) Frist, I. Ihre Bestimmung erfordert sorgfältige Abwägung der Interessen.

A. Grundsatz: Erreichen der Einwilligung zur Sicherheitsrückgabe. Wenn die Veranlassung für eine Sicherheitsleistung weggefallen ist, dann macht das Gericht dem Gesicherten auf Grund eines Antrags eine Auflage. Ihm wird aufgegeben, innerhalb einer Frist in die Rückgabe der Sicherheitsleistung in der Form der §§ 13 II Z 1, 14 HO einzuwilligen oder nachzuweisen, daß er gerade wegen derjenigen Ansprüche eine Klage erhoben hat, deren die Sicherheitsleistung dienen sollte, Düss GRUR **82**, 168. Eine Androhung der Folgen oder eine Belehrung über sie sind notwendig, § 231 I. Eine Klage gegen den Bürgen reicht aus, Köln OLGZ **91**, 217.

B. Verfahren. Das Verfahren erfordert einen Antrag des Bestellers, auch zum Protokoll der Geschäftsstelle, Rn 26. Zuständig ist dasjenige Gericht, das die Sicherheitsleistung angeordnet oder zugelassen hat oder durch Verweisung des Rechtsstreits für diesen zuständig geworden ist. Das höhere Gericht ist nur insoweit zuständig, als es die Anordnung selbst getroffen und nicht nur die Anordnung des unteren Gerichts bestätigt hat. Wegen des vorläufigen Verfahrens auf den Erlaß eines Arrests oder einer einstweiligen Verfügung § 943 II. Im Gericht wird der Rpfl tätig, § 20 Z 3 RPflG, Anh § 153 GVG. Er gewährt das rechtliche Gehör, Artt 2 I, 20 III GG, BVerfG **101**, 404.
Der Rpfl braucht die Folgen nicht anzudrohen, § 231 I. Er entscheidet nach seinem pflichtgemäßen *Ermessen*. Im Rahmen dieses Ermessens bemißt er auch die Frist, §§ 221, 222. Er kann sie verlängern, § 224 II. Die Entscheidung ergeht durch einen Beschluß, III 2, § 329, auf Grund einer freigestellten mündlichen Verhandlung, § 128 IV. Der Rpfl muß seinen Beschluß grundsätzlich begründen, § 329 Rn 4. Der Beschluß enthält mangels Kosten, s unten, auch keine Kostenentscheidung. Der Rpfl muß ihn verkünden oder dann, wenn er den Antrag abgelehnt hat, dem Antragsteller förmlich zustellen und dann, wenn er dem Antrag stattgegeben hat, dem Antragsgegner förmlich zustellen und dem Antragsteller formlos mitteilen, § 329 II, III. Das Verfahren erhält keine Störung dadurch, daß schon eine Klage auf die Einwilligung in die Rückgabe der Sicherheit vorliegt. Denn für eine solche Klage fehlt das Rechtsschutzbedürfnis, Rn 5. Ein Nachweis der Einwilligung oder der Klagerhebung bis zu dem Augenblick, in dem das Gericht die Anordnung der Rückgabe nach § 329 Rn 23 hinausgibt, wahrt die Frist, § 231 Rn 6, Mü OLGR **95**, 155. Hieraus ergibt sich, daß die Klagerhebung nachweislich während des Erinnerungs- oder Beschwerdeverfahrens über die Freigabe erfolgen kann.
Gebühren: Des Gerichts: keine; des Anwalts: keine, § 19 I 2 Z 7 RVG (gehört zum Rechtszug).

6) Anordnung der Rückgabe bzw des Erlöschens, II. Der Rpfl muß sie unverzüglich vornehmen.

A. Verfahren. Nach einem ergebnislosen Fristablauf ordnet der Rpfl die Rückgabe der genau zu bezeichnenden Sicherheitsleistung an den genau zu bezeichnenden Empfänger bzw im Fall einer Sicherheitsleistung durch eine evtl genau zu bezeichnende Bürgschaft deren Erlöschen an. Er braucht die Rückgabe der Bürgschaftsurkunde nicht außerdem anzuordnen. Denn man kann ihre Rückgabe grundsätzlich nicht erzwingen, Pecher WertpMitt **86**, 1515. Im übrigen ist allerdings keine zusätzliche Anordnung der Herausgabe gegenüber der Hinterlegungsstelle notwendig. Diese Anordnung erfordert einen besonderen Antrag. Dieser Antrag läßt sich allerdings bereits mit dem Fristantrag verbinden. Er ist dann durch die Entscheidung über den Fristantrag bedingt. Der Rpfl darf und muß die Voraussetzungen des Fristantrags noch im Anordnungsverfahren prüfen, § 231 II.

§§ 109, 110

23 Es ist *unerheblich, ob* die *Klage aussichtsreich* wäre. Eine Klage gegen den Bürgen reicht aus, Köln OLGZ **91**, 217. Die Erhebung des Anspruchs nach § 717 steht einer Klagerhebung gleich. Auch die Rechtshängigkeitswirkung nach § 696 III genügt. Eine Widerklage im Prozeß des Gesicherten gegen den Besteller genügt, Anh § 253, ebenso ein Antrag auf eine Kostenfestsetzung nach §§ 103 ff, wenn die Sicherung nur noch die Prozeßkosten sichern soll. Eine Einwilligung in die Rückgabe dem Gericht gegenüber erspart die Anordnung, falls die Einwilligung schriftlich oder nach § 130 a elektronisch oder zum Protokoll des Gerichts oder des Urkundsbeamten der Geschäftsstelle erfolgt ist, § 13 II Z 1 HO. Andernfalls verfügt die Hinterlegungsstelle die Herausgabe der Sicherheitsleistung nur auf Grund des Nachweises eines rechtskräftigen Rückgabebeschlusses, § 13 II Z 2 HO. Denn die Anordnung der Rückgabe wird ebenso wie die Anordnung des Erlöschens der Sicherheitsleistung erst mit der Rechtskraft wirksam, II 2. Es kommt auch eine teilweise Anordnung in Betracht, Düss GRUR **82**, 169.

24 Die Entscheidung erfolgt durch den *Rechtspfleger*, § 20 Z 3 RPflG, Anh § 153 GVG. Er entscheidet auf Grund einer freigestellten mündlichen Verhandlung, § 128 IV, durch einen Beschluß, III 2. Er muß einen verspätet eingegangenen Nachweis usw bis zur Hinausgabe seiner Entscheidung berücksichtigen. Der Rpfl muß seinen Beschluß grundsätzlich begründen, § 329 Rn 4. Der Beschluß enthält keine Kostenentscheidung, Rn 12. Der Rpfl muß ihn beiden Parteien bzw deren ProzBev zustellen, § 329 III. Die Rückgabe erfolgt an den Besteller. Falls aber ein Dritter im eigenen Namen hinterlegt hat, erfolgt die Rückgabe an den Dritten.
Gebühren: Rn 12. Hinterlegungskosten sind landesgesetzlich geregelt, Hartmann Teil VIII B.

25 B. Verzinsung. Hinterlegte Gelder werden nach folgenden Ländervorschriften verzinst:
Baden-Württemberg: G v 23. 7. 56, GBl 106;
Bayern: G v 29. 10. 56, BayBS III 148;
Berlin: G v 12. 7. 56, GVBl 916;
Brandenburg:
Bremen: G v 3. 7. 56, GVBl 93;
Hamburg: G v 3. 7. 56, GVBl 138;
Hessen: G v 18. 10. 56, GVBl 147;
Mecklenburg-Vorpommern:
Niedersachsen: G v 21. 7. 56, GVBl 98;
Nordrhein-Westfalen: G v 3. 7. 56, GVBl 183;
Rheinland-Pfalz: G v 24. 10. 56, GVBl 122;
Sachsen:
Sachsen-Anhalt:
Saarland: G v 24. 5. 63, ABl 339;
Schleswig-Holstein: G v 16. 7. 56, GVBl 128;
Thüringen:

26 7) Antrag und Einwilligung, III. Der Antrag und die Einwilligung sind schriftlich oder nach § 130 a elektronisch oder zum Protokoll der Geschäftsstelle möglich. Es besteht kein Anwaltszwang, § 78 V Hs 2. Der Antrag ist eine Parteiprozeßhandlung, Grdz 47 vor § 128. Zum Antrag sind der Besteller und sein Rechtsnachfolger berechtigt, auch wenn ein Dritter die Sicherheit geleistet hat, BGH NJW **79**, 417. Ein Dritter ist also nicht antragsberechtigt, auch nicht als Bürge, MüKoBe 18, ThP 2, aM Schreiber JR **79**, 249, ZöHe 6 (aber der Bürge ist nur der Erfüllungsgehilfe des Schuldners). Dagegen ist auch ein Überweisungsgläubiger nach § 835 antragsberechtigt. Antragsgegner ist der Prozeßgegner oder sein Rechtsnachfolger. Eine Prozeßvollmacht berechtigt zur Antragstellung und Einwilligung, § 81 Rn 3. Der Antragsteller muß den Wegfall der Veranlassung darlegen und evtl beweisen.

27 8) Rechtsbehelfe, IV. Man muß je nach der Antragsart unterscheiden.
A. Fristantrag. Soweit der Rpfl einem Fristantrag stattgegeben hat, gilt § 11 II RPflG, § 104 Rn 41 ff, Ffm NJW **76**, 1326, Köln JB **05**, 554 (notfalls Zurückverweisung). Soweit der Richter dem Fristantrag stattgegeben hat, ist kein Rechtsbehelf statthaft. Das gilt auch dann, wenn das Beschwerdegericht dem Antrag stattgegeben hat. Soweit der Rpfl einen Fristantrag zurückgewiesen hat, gilt für den Antragsteller wiederum § 11 RPflG, Ffm Rpfleger **76**, 222. Soweit der Richter so handelte, ist die sofortige Beschwerde statthaft, IV, § 11 III RPflG, § 567 I Z 2.

28 B. Rückgabe- bzw Erlöschensantrag. Soweit das Gericht einem solchen Antrag stattgegeben oder einen solchen Antrag zurückgewiesen hat, gilt für jede Partei nach IV der § 11 RPflG, Düss GRUR **82**, 168, und zwar ohne eine aufschiebende Wirkung, § 570 I. Die Rückgabe der Sicherheit erfolgt wegen II 2 nicht vor dem Eintritt der Rechtskraft des Rückgabebeschlusses. Ein rechtskräftiger Rückgabebeschluß bindet die Hinterlegungsstelle, § 13 Z 2 HO.

29 C. Gemeinsame Einzelheiten. Im Fall einer sofortigen Beschwerde besteht stets ein Anwaltszwang, § 78 Rn 1, 2, sofern nicht §§ 569 III, 571 IV 2 anwendbar sind. Im Beschwerdeverfahren muß das Gericht die Rechtmäßigkeit der Fristsetzung nachprüfen. Eine Rechtsbeschwerde kommt unter den Voraussetzungen des § 574 in Betracht.

30 9) VwGO: *Entsprechend anwendbar,* § 173 VwGO, vgl Üb § 108 Rn 5. An die Stelle der sofortigen Beschwerde, IV, tritt die Beschwerde nach §§ 146 ff VwGO. Die Entscheidung erfolgt nicht durch den Rpfl, Rn 24, sondern durch das Gericht, Üb 1 Anh § 153 GVG.

110 *Prozesskostensicherheit.* [1] Kläger, die ihren gewöhnlichen Aufenthalt nicht in einem Mitgliedstaat der Europäischen Union oder einem Vertragsstaat des Abkommens über den Europäischen Wirtschaftsraum haben, leisten auf Verlangen des Beklagten wegen der Prozesskosten Sicherheit.

Titel 6. Sicherheitsleistung § 110

II Diese Verpflichtung tritt nicht ein:
1. wenn auf Grund völkerrechtlicher Verträge keine Sicherheit verlangt werden kann;
2. wenn die Entscheidung über die Erstattung der Prozesskosten an den Beklagten auf Grund völkerrechtlicher Verträge vollstreckt würde;
3. wenn der Kläger im Inland ein zur Deckung der Prozesskosten hinreichendes Grundvermögen oder dinglich gesicherte Forderungen besitzt;
4. bei Widerklagen;
5. bei Klagen, die auf Grund einer öffentlichen Aufforderung erhoben werden.

Schrifttum: *Ahrens,* Ausländersicherheit im einstweiligen Verfügungsverfahren, in: Festschrift für *Nagel* (1987) 1; *Gottwald,* Die Stellung des Ausländers im Prozeß, in: Tagungsbericht 1987 Nauplia, 1991; *Klamaris,* Der Ausländer im Prozeß, in: Tagungsbericht 1987, Nauplia, 1991; *Linke,* Internationales Zivilprozeßrecht, 3. Aufl 2001, § 6; *Sandrock,* Zur Prozeßkostensicherheit im internationalen Schiedsverfahren, Festschrift für *Gaul* (1997) 607; *Schütze* RIW **99**, 10 (Üb) und Toward Comparative Law in the 21st Century (Japan) **98**, 11.30 (737).

Gliederung

1) Systematik, I, II 1	9) Ausnahmen, II 13–18
2) Regelungszweck, I, II 2	A. Grundsatz: Ausreichen der Glaubhaftmachung, II Z 1–5 13
3) Sachlicher Geltungsbereich, I, II 3	B. Völkerrechtlicher Vertrag verbietet Sicherheit, II, Z 1 14
4) Persönlicher Geltungsbereich, I, II ... 4–6	C. Völkerrechtlicher Vertrag erlaubt Vollstreckung wegen Kostenerstattung, II Z 2 15
A. Gewöhnlicher Aufenthalt nicht in EU oder EWR 4	D. Hinreichendes Grundvermögen usw, II Z 3 16
B. Nicht Mitgliedstaat der EU oder Vertragsstaat der EWR 5	E. Widerklage, II Z 4 17
C. Maßgeblicher Zeitpunkt: Entscheidungsreife nach § 112 I 6	F. Klage auf Grund öffentlicher Aufforderung, II Z 5 18
5) Klägerstellung, I 7–9	10) VwGO 19
6) Verlangen des Beklagten, I 10	
7) Verfahren, I 11	
8) Höhe der Sicherheitsleistung, I 12	

1) Systematik, I, II. Die Vorschrift bringt in I eine Ausnahme vom innerdeutschen Grundsatz der **1** Freiheit von Sicherheitsleistung wegen Prozeßkosten. II bringt als „Ausnahme von der Ausnahme" die Rückkehr zum Grundsatz auch bei bestimmten Fällen mit internationalen Beziehungen. Das deutsche Recht kennt eine Sicherheitsleistung für die Prozeßkosten nur in einigen Fällen nach dem Gesellschaftsrecht, Üb 3 vor § 108, ferner jetzt eben nur in den in I abschließend genannten Fällen.

2) Regelungszweck, I, II. Aus den in Rn 1 genannten systematischen Gründen muß man I eng, II weit **2** auslegen, aM Köln JB **01**, 149 (Sicherheit auch bei schlechter Vermögenslage, die nicht gerade auf Ausländereigenschaft beruhe. Aber wo sind die Grenzen?). Die Forderung an einen im Ausland Lebenden, eine Sicherheitsleistung zu erbringen, ist dessen ungeachtet eine international anerkannte Einrichtung. Sie hat ihren Grund in der bekannten Schwierigkeit, eine Kostenentscheidung in manchem Ausland zu vollstrecken, BGH NJW **84**, 2762, Bork/Schmidt-Parzefall JZ **94**, 18. Maßgeblich ist also nicht das Interesse des Staatskasse, sondern nur noch demjenigen des Prozeßgegners, Üb 1 vor § 108. Daher darf die Gerichtskasse eine Einzahlung zwecks solcher Sicherheitsleistung nicht auf Gerichtskosten anrechnen, Stgt Rpfleger **85**, 375.

3) Sachlicher Geltungsbereich, I, II. Vgl zunächst Üb 3 vor § 108, ferner unten Rn 9, 13 ff. Die **3** Neufassung des § 110 berücksichtigt mehrere Grundsatzentscheidungen. Zunächst hat EuGH NJW **93**, 2431 entschieden, daß Artt 59, 60 EGV es verbieten, von einer in Ausübung ihres Berufs handelnden Person mit Wohnsitz in einem anderen Mitgliedstaat, die vor einem inländischen Gericht klagt, die Zahlung einer Prozeßkostensicherheit zu verlangen, nur weil sie Angehörige eines anderen Mitgliedstaates ist. Der EuGH hat dort auch das Bestehen von Gegenseitigkeitsabkommen insofern für unvereinbar mit dem im Gemeinschaftsrecht verankerten Anspruch auf Gleichbehandlung erklärt, Bork/Schmidt-Parzefall JZ **94**, 18, Schack ZZP **108**, 47, Steinz/Leible IPRax **98**, 162 (je ausf). EuGH NJW **96**, 3407 sowie NJW **98**, 2127 legt § 6 I EGV dahin aus, daß es verboten ist, von einer natürlichen oder juristischen Person eines anderen EG-Staates eine Sicherheitsleistung wegen Prozeßkosten zu fordern, wenn eine inländische solche Person davon frei ist und wenn die Klage eine vom Gemeinschaftsrecht gewährleistete Grundfreiheit berührt; krit Jäger NJW **98**, 3028. Zum bisherigen Recht ferner Mü NJW **93**, 865 (Art 7 I EWGV – Diskriminierungsverbot), Kaum IPRax **94**, 180, Schlosser EuZW **93**, 659. – Vgl ferner § 81 VII 1 PatG (dort Hs 2: § 110 II Z 1–3 ZPO entspr).

EuGH NJW **97**, 3299 hat ferner entschieden, daß eine Sicherheitsleistung entfällt, soweit es um den Angehörigen eines anderen Mitgliedstaats geht, der zugleich Angehöriger eines *Drittstaats* ist und dort Wohnsitz, im Mitgliedstaat aber weder Wohnsitz noch Vermögen hat und vor einem seiner Zivilgerichte als Aktionär gegen eine dort ansässige Gesellschaft klagt, sofern ein Erfordernis der Sicherheitsleistung für seine eigenen Staatsangehörigen, die im Inland weder Vermögen noch Wohnsitz haben, nicht gilt. Alles das gilt nicht im Verhältnis zu einem Nicht-EU-Staat, Kblz RR **98**, 65. LG Mü GRUR-RR **05**, 335 (USA). Daran ändern auch Artt 3, 4 TRIPS nichts, LG Mü GRUR-RR **05**, 335 (zustm Rinnert/von Falck 297), aM Ffm IPRax **02**, 222.

4) Persönlicher Geltungsbereich, I, II. Es besteht keine Vorschußpflicht der Staatskasse gegenüber zur **4** Sicherheit des Anspruchs auf Gerichtskosten mehr, so schon Stgt Rpfleger **85**, 375. Man kann eine Sicherheitsleistung nur wegen der Prozeßkosten des Gegners verlangen, nicht wegen der Hauptsache, I 1, auch nicht wegen etwaiger Prozeßschäden. Eine Sicherheit müssen die folgenden Personen leisten.

§ 110   Buch 1. Abschnitt 2. Parteien

A. Gewöhnlicher Aufenthalt nicht in EU oder EWR. In Abkehr vom früheren Anknüpfungsprinzip der Staatsangehörigkeit (ius sanguinis), LG Mü GRUR-RR **05**, 335, nennt I als maßgeblichen Anknüpfungspunkt jetzt den gewöhnlichen Aufenthalt (ius soli), also weder den Wohnsitz noch den letzten Wohnsitz oder letzten inländischen Wohnsitz, auch nicht schlicht – wie § 16 – den „Aufenthalt", erst recht nicht denjenigen im Ausland. Bei einer Personenvereinigung oder juristischen Person ist der Sitz nach § 17 in Verbindung mit § 24 BGB maßgeblich. Die Anknüpfung findet auch in anderer Weise statt als im gleichzeitig eingeführten § 917 II 2. Maßgeblich ist zunächst das deutsche Recht, Einl III 74 (lex fori), Schütze RIW **99**, 10.

„*Gewöhnlich*" ist mehr als „überhaupt" oder „derzeit" oder gar „vorübergehend". Eher nähert sich der Begriff dem „ständigen" Aufenthalt, ohne letzteren zu fordern. Man könnte auch vom „durchweg gewährten" Aufenthalt sprechen, ja sogar vom „grundsätzlich bevorzugten". Dabei kommt es nicht nur auf die subjektiven Vorstellungen des Klägers allein an. Sie spielen freilich eine erhebliche Rolle. Es kommt auch nicht nur auf die subjektiven Vorstellungen des Bekl an. Maßgeblich ist vielmehr die bei pflichtgemäßer Abwägung der Fallumstände festzustellende Lage, wie das Gericht sie beurteilt. Es betreibt dabei Amtsprüfung nach Grdz 39 vor § 128, aber keine Amtsermittlung im einzelnen nach Grdz 38 vor § 128, soweit nicht das ganze Verfahren der Amtsermittlung unterliegt.

Nicht entscheidend ist, ob und wo ihm polizeiliche oder ordnungsamtliche Anmeldung vorliegt. Sie bietet freilich einen erheblichen Ansatzpunkt auch für den gewöhnlichen Aufenthaltsort. Indessen mag jemand hier gemeldet sein, aber längst anderswo tatsächlich die meiste Zeit hindurch aufhältlich sein.

Mehrere gewöhnliche Aufenthaltsorte sind durchaus denkbar. Das gilt etwa bei stets beruflich pendelnden Leuten, die auch wirklich zweigeteilt den Lebensmittelpunkt haben, wo sie gerade arbeiten, und die etwa gleich starke solche Bindungen an verschiedene Orte haben. Wegen der Notwendigkeit enger Auslegung von I nach Rn 1 kommt es dann darauf an, ob alle solche Aufenthaltsorte außerhalb der EU bzw des EWR liegen.

5   **B. Nicht Mitgliedstaat der EU oder eines Vertragsstaats des EWR.** Der gewöhnliche Aufenthaltsort nach Rn 3, 4 muß außerhalb eines Mitgliedstaats der EU oder des Abk zum EWR liegen, BGH NJW **02**, 3259. Es kommt darauf an, ob das Aufenthaltsland eine der vorstehenden Vereinbarungen derart ratifiziert hat, daß sie in seinem Gebiet bereits gilt. Das EWR-Abk ist noch keineswegs allseitig ratifiziert. Üb bei Schütze RIW **99**, 10. Doppelmitgliedschaft wäre natürlich unschädlich.

6   **C. Maßgeblicher Zeitpunkt: Entscheidungsreife nach § 112 I.** Die in Rn 3–5 genannten Bedingungen müssen schon jetzt und noch in demjenigen Zeitpunkt vorliegen, in dem das Gericht nach § 112 I entscheiden muß oder nach § 112 III ergänzend entscheiden muß, also bei Entscheidungsreife, ähnlich wie bei § 119, dort Rn 5 ff, auch zur Notwendigkeit nachträglicher Anordnung, etwa bei Verlegung des gewöhnlichen Aufenthalts ins Ausland, Schütze RIW **99**, 10. Die Verhältnisse vor und nach den eben genannten Zeitpunkten sind grundsätzlich unerheblich. Insbesondere kommt es nicht auf den Zeitpunkt der Anhängigkeit oder der Rechtshängigkeit nach § 261 Rn 1 an. Das gilt schon deshalb, weil eine Entscheidung nach § 112 ja von einem Antrag des Bekl abhängt, einem „Verlangen" nach § 110 I.

7   **5) Klägerstellung, I.** Eine Pflicht zur Sicherheitsleistung besteht für einen Angehörigen des vorgenannten Personenkreises nur dann, wenn er als Kläger auftritt. Das ist auch dann der Fall, wenn er gegen ein klagabweisendes Versäumnisurteil Einspruch nach § 338 einlegt oder wenn er als ein Einmischungskläger im Sinn von § 64 gilt, oder wenn er nach § 69 ein streitgenössischer Streithelfer des Klägers ist, oder wenn er als Wiederaufnahmekläger auftritt, vgl § 578 ff. Es ist unerheblich, wer den Prozeß in Wahrheit betreibt. Wenn allerdings eine offenbare Umgehung des § 110 vorliegt oder wenn es sich lediglich um eine treuhänderische Berechtigung handelt, wenn zB ein Einziehungsabtretungsnehmer eines ausländischen Gläubigers klagt, ist eine Sicherheitsleistung erforderlich, unklar Hbg VersR **79**, 847. Ein gewöhnlicher Streithelfer des Klägers nach § 66 muß eine Sicherheit nur für die Kosten der Streithilfe leisten.

8   Auch in der *höheren Instanz* ist nur der Kläger zur Sicherheitsleistung verpflichtet, auch wenn er der Rechtsmittelbekl ist. Der Bekl wird nicht schon als Einspruchsführer oder als Rechtsmittelkläger zur Sicherheitsleistung verpflichtet. Der Widerkläger nach Anh § 253 ist nur nach einer Abtrennung der Widerklage zur Sicherheitsleistung verpflichtet, II Z 4.

9   Eine Pflicht zur *Sicherheitsleistung* besteht *nicht*, soweit keine Klage vorliegt, also zB nicht: Im Mahnverfahren, §§ 688 ff (sondern erst im anschließenden streitigen Verfahren); im selbständigen Beweisverfahren, §§ 485 ff; im Aufgebotsverfahren, §§ 946 ff; in einem vorläufigen Verfahren, §§ 620 ff, 916 ff, 935 ff; nach einem Widerspruch gegen einen Arrest usw entsprechend Z 2, RoSGo § 89 I 2 a, StJB 13, ZöHe 3, aM Köln NJW **87**, 76, Leible NJW **95**, 2819 (aber II ist die „Ausnahme von der Ausnahme" des I und daher sehr wohl weit auslegbar, Rn 1). Eine Pflicht zur Sicherheitsleistung fehlt ferner, wenn ein Angehöriger des in I genannten Personenkreises die Vollstreckbarerklärung eines Schiedsspruchs nach § 1042 beantragt und wenn das Gericht über diesen Antrag durch einen Beschluß entscheidet oder wenn das Gericht eine mündliche Verhandlung anberaumt und durch Urteil entscheidet, soweit der Gegner Aufhebungsgründe geltend macht. Die Staatsangehörigkeit oder der Aufenthaltsort des Bekl sind erst recht unerheblich. Die Aussichten der Klage sind ebenfalls unerheblich.

10 **6) Verlangen des Beklagten, I.** Man braucht eine Sicherheit nur insoweit zu leisten, als der Bekl es verlangt. Das Verlangen ist eine Parteiprozeßhandlung Grdz 47 vor § 128. Der Bekl macht mit seinem Verlangen eine verzichtbare Prozeßvoraussetzung geltend, Grdz 22 vor § 253, BGH NJW **01**, 3631, Zweibr NJW **95**, 538. Das ist eine Rüge der Unzulässigkeit, § 282 III, § 112 Rn 7, BGH NJW **01**, 3631, Zweibr NJW **95**, 538. Auch der streitgenössische Streithelfer des Bekl nach § 69 kann für den Bekl eine Sicherheitsleistung fordern. Der streitgenössische Streithelfer kann eine Sicherheitsleistung auch auf Grund des eigenen Rechts begehren, nicht aber der unselbständige Streithelfer (Nebenintervenient), § 66, Hbg NJW **90**, 650, aM Rützel NJW **98**, 2088 (aber Druck ist fragwürdig). Die Vermögensverhältnisse des Klägers sind jeweils unerheblich. Das Verlangen ist grundsätzlich bis zu den in § 111 Rn 1 genannten Zeitpunkten zulässig. Es ist

Titel 6. Sicherheitsleistung § 110

auch noch in der Berufungsinstanz und in der Revisionsinstanz statthaft, BGH NJW **01**, 3631, Ffm MDR **92**, 189, Hamm OLGR **99**, 248.

Das gilt auch schon *vor der Annahme* der Revision, BGH WertpMitt **80**, 504, aM BGH NJW **01**, 3631, Hamm VersR **01**, 734 (für alle Rechtszüge grundsätzlich vor der ersten erstinstanzlichen Verhandlung zur Hauptsache, später nur dann, wenn die Voraussetzungen erst danach entstanden oder die Rüge schuldlos unterblieb. Aber das ist eine Überspannung. Man kann nicht für eine noch gar nicht absehbare etwaige höhere Instanz von vornherein Obliegenheiten haben). Freilich muß man (jetzt) §§ 532, 565 beachten, BGH NJW **01**, 3631, Ffm MDR **92**, 189.

7) Verfahren, I. Soweit ein Antrag vorliegt, muß das Gericht die Voraussetzungen einer Sicherheits- **11** leistung nach § 110 von Amts wegen prüfen. Das geschieht freilich nur im Rahmen des Beibringungsgrundsatzes, Grdz 39 vor § 128, BGH NJW **82**, 1223. Muß den Kläger nach Rn 1 treffen. Das ist eine unberechtigte § 280 geschehen, dort Rn 1, BGH RR **93**, 1021, Zweibr NJW **95**, 538. Das die Sicherheitsleistung anordnende Zwischenurteil ist ausnahmsweise selbständig anfechtbar, § 112 Rn 3. Ein unberechtigtes Verlangen kann Kostenfolgen nach §§ 96, 97 haben, BGH NJW **80**, 839, und einen Schadensersatzanspruch begründen.

8) Höhe der Sicherheitsleistung, I. Vgl § 112. **12**

9) Ausnahmen, II. Es müssen bei weiter Auslegung nach Rn 1 die Voraussetzungen Rn 13 und wenig- **13** stens eine der weiteren Voraussetzungen Rn 14–18 zusammentreffen.

A. Grundsatz: Ausreichen der Glaubhaftmachung, II Z 1–5. Das Gericht muß die Ausnahmen des II von Amts wegen beachten, Grdz 39 vor § 128. Der Bekl braucht nur die Zugehörigkeit des Klägers zum Personenkreis nach I zu wecken, BGH NJW **82**, 1223. Zu diesem Nachweis genügt unter Umständen eine Glaubhaftmachung nach § 294, wenn der Kläger seinerseits nichts unternimmt, um nachzuweisen, daß er zumindest auch zum Personenkreis oder zu einem der Fälle nach II gehört. Der Kläger muß einen Ausnahmefall dartun und beweisen, BGH NJW **82**, 1223. Ratifizierte Staatsverträge sind aber deutsches Recht. Das Gericht muß sie kennen, § 293 Rn 1.

B. Völkerrechtlicher Vertrag verbietet Sicherheit, II Z 1. Aufgrund eines im Verhältnis zu Deutsch- **14** land wirksamen völkerrechtlichen Vertrages muß bestimmt sein, daß keine Sicherheit verlangt werden kann, BGH NJW **02**, 3259. Das ist meist, aber nicht mehr zwingend eine sachliche Gegenseitigkeit. Es kommt nur auf das Ergebnis der Befreiung an. Diese muß aber unverändert völlig und bedingungslos sein. Artt 3, 4 des TRIPS-Übk befreien von Falck/Rinnert GRUR **05**, 225, aM Ffm IPRax **02**, 222.

Wenn das jedenfalls in der Praxis *nicht* der Fall ist, ist der unter I fallende Kläger in Deutschland voll sicherheitspflichtig, BGH NJW **02**, 3259, LG Nürnb-Fürth MDR **89**, 74. Die Klausel „freier und ungehinderter Zutritt zu den Gerichten" gibt keine Befreiung von I, sondern eröffnet nur zusätzlich den Rechtsweg. Das Gericht muß aber auch eine etwaige teilweise Befreiung berücksichtigen, LG Hbg RR **98**, 430. Es kann zB eine Sicherheitsleistung nicht verlangen, wenn es sich um einen Grundbesitz oder einen Wohnsitz im Inland handelt, Anh Rn 3. Deshalb bleiben die dort genannten Verträge usw bedingt beachtlich.

Es ist unschädlich, wenn der Kläger persönlich, auch als juristische Person, zwar nach dem völkerrechtlichen Vertrag befreit wäre, aber aus abgetretenem Recht eines nicht Befreiten klagt, selbst wenn die Abtretung nur zum Inkasso erfolgte, BGH VersR **85**, 43. Dagegen ist eine Abtretung nur zum Zweck der *Umgehung* des II Z 1 als prozessualer Rechtsmißbrauch unstatthaft, Einl III 54, aM BGH VersR **85**, 43 (aber Rechtsmißbrauch ist stets verboten).

Im Patentnichtigkeitsverfahren gilt § 81 VII 1 PatG. Es stellt wegen Rn 1, 2 problematisch auf den ausländischen Wohnsitz ab. Dasselbe gilt in einer entsprechenden Anwendung auch bei einer Zwangslizenz nach § 11a GebrMG.

C. Völkerrechtlicher Vertrag erlaubt Vollstreckung wegen Kostenerstattung, II Z 2. Aufgrund **15** eines im Verhältnis zu Deutschland wirksamen völkerrechtlichen Vertrages muß man die Entscheidung über die Erstattung der Prozeßkosten an den Bekl vollstrecken können, SchlAnh V, VI. Eine Vollstreckung über vorgenannte Entscheidungsart muß nicht (mit)erlaubt sein. Wegen bedingter Erlaubnis einerseits, teilweiser anderseits Rn 13.

D. Hinreichendes Grundvermögen usw, II Z 3. Der unter I fallende Kläger muß „im Inland" ein zur **16** Deckung der Prozeßkosten hinreichendes Grundvermögen oder dinglich gesicherte Forderungen besitzen. „Inland" meint das deutsche Hoheitsgebiet. „Hinreichend" meint: im Zeitpunkt der Entscheidungsreife, Rn 6, die pflichtgemäße Schätzung (nicht mehr!) die voraussehbaren, überhaupt abzusichernden Kosten nicht erheblich unterschreitend. Abzusichern sind ungeachtet des mißverständlichen Ausdrucks „Prozeß"-kosten aus den Gründen Rn 1 nur die Kosten des Prozeßgegners, also gerade nicht die gesamten Prozeßkosten. Andernfalls würde sich die Staatskasse entgegen der klaren Zielbegrenzung von I auf den Hintertreppenweg von II Z 2 doch wieder als weiterer Schutzbedürftiger einschleichen können. Der voraussichtliche Prozeßverlauf läßt sich oft genug nur ganz grob abschätzen. Das darf auch kostenrechtlich nicht zur Benachteiligung des Klägers führen, zumal man II weit auslegen muß, Rn 1. Im Zweifel muß der Kläger also auch nach Z 3 befreit sein.

E. Widerklage, II Z 4. Vgl Anh § 253. **17**

F. Klage auf Grund öffentlicher Aufforderung, II Z 5. Vgl zB §§ 946 ff. **18**

10) VwGO: *Entsprechend anzuwenden,* § 165a VwGO, dazu Kuhla/Hüttenbrink DVBl **02**, 91; jedoch **19** brauchen Verfolgte, die früher die deutsche Staatsangehörigkeit besaßen, in Wiedergutmachungssachen keine Sicherheit zu leisten, BVerwG RzW **66**, 239. Nur der Kläger ist verpflichtet, Rn 7, nicht etwa der Beigeladene, mag seine Beiladung auch notwendig sein, § 65 II VwGO. Keine Sicherheitsleistung in Verfahren nach §§ 80 u 123 VwGO, oben Rn 9.

Anhang nach § 110
Zwischenstaatliche Vorschriften über Sicherheitsleistung nach § 110 II Z 1, 2

Gliederung

1) Systematik	1	4) Befreiung nach dem HZPrÜbk	4
2) Regelungszweck	2	5) Übersicht über die Pflicht der Ausländer zur Sicherheitsleistung	5–26
3) Geltungsbereich	3		

1 **1) Systematik.** Man kann die Staatsverträge, soweit sie die Sicherheit betreffen, in drei Gruppen teilen: Solche, die nur freien Zutritt zu den Gerichten (libre accès devant les tribunaux) geben; solche, die Ausländer und Inländer bei der gerichtlichen Verfolgung ihrer Rechte gleich stellen (ius standi in iudicio, Rechtsschutzklausel); solche, die Ausländer ausdrücklich von der Sicherheit befreien. Nur die **letztere Gruppe** genügt ungeachtet der Umstellungen in § 110 I, dort Rn 3 ff, dem § 110 II Z 1 und 2, nicht die beiden ersteren Gruppen. Daher ist die **Länderübersicht Rn 5 ff nur mit dieser Einschränkung** verwendbar. Sie gibt auch sonst keine abschließende Darstellung, sondern nur eine erste Orientierung.

Soweit ein völkerrechtlicher Vertrag nach II Z 1, 2 *im Ergebnis befreit,* wenn auch vielleicht nur teilweise, § 110 Rn 13, brauchen die Voraussetzungen § 110 I nicht mehr vorzuliegen. Vorsorglich sind in Rn 5 ff weiterhin alle nach bisherigem Recht beachtlichen Verträge usw weiterhin aufgeführt, auch schon wegen der in § 110 Rn 2 genannten Drittstaatsproblematik. Das gilt auch für Verträge usw mit einem der in § 110 I genannten Staaten.

Eine *Befragung der Justizverwaltung* kann zu evtl nicht (mehr) mit der maßgeblichen Praxis übereinstimmenden Auskünften führen, Rn 16 „Libyen". Deshalb empfiehlt sich eher eine Anfrage bei der deutschen Auslandsvertretung, LG Nürnb-Fürth MDR **89**, 74.

2 **2) Regelungszweck.** Die Vorschrift dient der Vermeidung unersetzbarer Nachteile für die inländische Partei und damit der Gerechtigkeit, Einl III 9. Das muß man bei der Auslegung mitbeachten.

3 **3) Geltungsbereich.** Vgl Üb 3 vor § 108.

4 **4) Befreiung nach dem HZPrÜbk**, zT auch HZPrAbk. Zum Geltungsbereich beider Verträge und zum Verhältnis zueinander (beide Art 17 beinhalten dasselbe) Einl IV 3 ff. Vgl auch Bülow/Böckstiegel/Geimer/Schütze A I 1 u A I 2. Im Übereinkommen ist Art 17 zusammen mit Art 18 und 19 überschrieben: „III. Sicherheitsleistung für die Prozeßkosten".

HZPrÜbk Art 17. [I] Den Angehörigen eines der Vertragsstaaten, die in einem dieser Staaten ihren Wohnsitz haben und vor den Gerichten eines anderen dieser Staaten als Kläger oder Intervenienten auftreten, darf wegen ihrer Eigenschaft als Ausländer oder wegen Fehlens eines inländischen Wohnsitzes oder Aufenthalts eine Sicherheitsleistung oder Hinterlegung, unter welcher Bezeichnung es auch sei, nicht auferlegt werden.

[II] Das gleiche gilt für Vorschüsse, die zur Deckung der Gerichtskosten von den Klägern oder Intervenienten einzufordern wären.

[III] Die Abkommen, durch die Vertragsstaaten für ihre Angehörigen ohne Rücksicht auf den Wohnsitz Befreiung von der Sicherheitsleistung für die Prozeßkosten oder von der Zahlung von Vorschüssen zur Deckung der Gerichtskosten vereinbart haben, sind weiter anzuwenden.

5 **5) Übersicht über die Pflicht der Ausländer zur Sicherheitsleistung**, dazu *Dilger* ZPP **72**, 408, *Schütze* RIW **99**, 15 (Üb). **Vgl zunächst Rn 1 (nur noch bedingte Geltung der Länderübersicht)!**

Es bedeuten mit der vorgenannten Einschränkung: *„ja"* befreit, *„nein"* nicht befreit, also sicherheitspflichtig: „*HZPrAbk*" Haager Zivilprozeßabkommen v 17. 7. 1905, Einl IV 3; „*HZPrÜbk*" Haager Übereinkommen v 1. 3. 54 über den ZivProz, Einl IV 3 ff sowie (Art 17) Rn 2; „*dt-brit Abk*" deutsch-britisches Abkommen v 20. 3. 28 über den Rechtsverkehr, Einl IV 6; „*UNÜbk*" Übereinkommen v 20. 6. 56 über die Geltendmachung von Unterhaltsansprüchen im Ausland, § 168 GVG Anh II; „*HUVÜbk 58*" Haager Übereinkommen v 15. 4. 58 über die Anerkennung und Vollstreckung von Entscheidungen auf dem Gebiet der Unterhaltspflicht gegenüber Kindern, BGBl **61** II 1005, **62** II 15, SchlAnh V A 2; „*NdlAbk*" Europäisches Niederlassungsabkommen v 13. 12. 55, BGBl **59** II 997, **65** II 1099; „*HUVÜbk 73*" Haager Übereinkommen v 2. 10. 73 über die Anerkennung und Vollstreckung von Unterhaltsentscheidungen, BGBl **86** II 825, **87** II 220, SchlAnh V A 2; „*LJM Kiel*" Bek des LJustMin Kiel v 7. 2. 89, SchlHA **89**, 55; „*BBGS*" Bülow/Böckstiegel/Geimer/Schütze, Der internationale Rechtsverkehr in Zivil- und Handelssachen (Loseblattsammlung), 3. Aufl 1990.

Nicht aufgeführte Staaten: nein, zumindest unklar. Wenn nach HZPrÜbk befreit ist, entfällt die Prüfung der Gegenseitigkeit des § 110 II Z 1, BGH **12**, 152. S auch Bülow BAnz 234/52.

Ägypten ja, Art 17 HZPrÜbk, BGBl **81** II 1028, beim Wohnsitz des Klägers in einem der Vertragsstaaten
Äthiopien ja, Art 200–202 äthiopische ZPO, wenn der Kläger entweder in Deutschland einen Wohnsitz oder ohne einen solchen hier ausreichenden Grundbesitz hat, in den eine Zwangsvollstreckung möglich ist, aM ZöGei Anh IV (nein)
Albanien nein, Schütze NJW **95**, 497
Afghanistan zumindest unklar, LJM Kiel
Algerien ja, wenn der Kläger in Deutschland einen ausreichenden Grundbesitz hat, LJM Kiel, aM Dilger ZZP **72**, 412 (nein, anders sofern der Gegner es nicht verlangt, aaO 416); Unterhalt ja, Art 9 II UNÜbk, BGBl **71** II 852
Andorra zögernd ja, BBGS/Rau. Wegen seiner Sonderstellung Schütze RIW **99**, 10 (aM 15)
Anguilla ja, wenn der Kläger seinen Wohnsitz in Deutschland hat, BGH MDR **05**, 45.
Angola nein
Antigua und Barbuda ja beim Wohnsitz des Klägers in Deutschland, BBGS/Schütze

Titel 6. Sicherheitsleistung **Anh § 110**

Argentinien ja, Art 17 HZPrÜbk, BGBl **88** II 939, beim Wohnsitz des Klägers in einem der Vertragsstaaten; außerdem Unterhalt ja, Art 9 II UNÜbk, BGBl **73** II 352, und ja bei Widerklage oder Prozeßkostenhilfe oder Zuständigkeitsvereinbarung, BBGS/Piltz
Armenien im Ergebnis wohl nein, vgl Meyer WiRO **97**, 216, aM (Art 17 HZPrÜbk) Schütze RIW **99**, 15
Asserbaidschan
Australien ja bei einem Wohnsitz des Klägers in Deutschland, Art 14 dt-brit Abk, BGBl **55** II 699, **57** II 744; außerdem Unterhalt ja, Art 9 II UNÜbk, BGBl **85** II 1003
Bahamas ja bei einem Wohnsitz des Klägers in Deutschland, Art 14 dt-brit Abk, BGBl **78** II 915, aM **6** ZöGei Anh IV (nein)
Bangladesch ja bei Wohnsitz oder unbeweglichem Vermögen in Deutschland, BBGS/Otto
Barbados ja bei einem Wohnsitz des Klägers in Deutschland, Art 14 dt-brit Abk, BGBl **60** II 1518, **71** II 467; außerdem Unterhalt ja, Art 9 II UNÜbk, BGBl **70** II 1045
Belarus im Ergebnis ja, Art 17 HZPrÜbk, Schütze RIW **99**, 15; Unterhalt außerdem ja, Art 9 II UNÜbk, Schütze RIW **99**, 15
Belgien ja, EU; außerdem ja bei einem Wohnsitz des Klägers in einem der Vertragsstaaten, Art 17 HZPrÜbk, BGBl **59** II 1388; außerdem bei einem Wohnsitz oder gewöhnlichen Aufenthalt im Gebiet eines anderen Vertragsstaats ja, Art 9 Z 1 NdlAbk, BGBl **65** II 1099; Unterhalt außerdem ja, Art 9 II UNÜbk, BGBl **66** II 1439, Art 9 II HUVÜbk **58**, BGBl **62** II 15, und nach HUVÜbk 73, Schütze RIW **99**, 15
Benin nein
Bermuda ja bei einem Wohnsitz des Klägers in Deutschland, Art 14 dt-brit Abk, BGBl **60** II 1518
Bhutan nein
Bolivien ja, Art 12 bolivianische ZPO, wenn der Kläger in Deutschland einen ausreichenden Grundbesitz hat, aM ZöGei Anh IV (nein)
Bosnien-Herzegowina ja, Art 17 HZPrÜbk, Art 9 II UNAbk, Schütze RIW **99**, 15
Botswana nein
Brasilien grds ja, wenn der Kläger in Deutschland ansässig ist oder (ausreichendes) Grundvermögen hat, Art 835 brasilian ZPO von 1973; ja ferner bei einer Vollstreckung eines ausländischen Titels oder bei einer Widerklage, Art 836 I, II brasilian ZPO von 1973; außerdem Unterhalt ja, Art 9 II UNÜbk, BGBl **61** II 80, Schütze RIW **99**, 15
Britische Jungferninseln s „Großbritannien und Nordirland", BGBl **60** II 1512
Bulgarien ja, Zivilprozeßkodex v 8. 2. 52, BGH NJW **82**, 1223, LJM Kiel, Schütze NJW **95**, 497, aM ZöGei Anh IV (nein)
Burkina Faso ja, wenn der Kläger in Deutschland einen ausreichenden Grundbesitz hat, LJM Kiel; Unterhalt ja, Art 9 II UNÜbk, BGBl **63** II 108 im Ergebnis ebenso Schütze RIW **99**, 15
Burma nein
Burundi nein
Chile ja, da Chile keine Vorschriften über eine Sicherheitsleistung kennt; Unterhalt, Art 9 II UNÜbk, **7** BGBl **61** II 356
China Volksrepublik jetzt wohl nein, LG Hbg RR **00**, 919. Taiwan ja für Unterhalt, Art 9 II UNÜbk, BGBl **59** II 1377, im übrigen nein, so wohl AG Bre JB **99**, 203
Costa Rica nein
Cuba zumindest unklar
Dänemark ja, EU; außerdem ja bei einem Wohnsitz des Klägers in einem der Vertragsstaaten, Art 17 **8** HZPrÜbk, BGBl **59** II 1388; außerdem ja bei einem Wohnsitz oder gewöhnlichen Aufenthalt des Klägers in einem anderen Vertragsstaat, Art 9 Z 1 NdlAbk, BGBl **65** II 1099; Unterhalt außerdem ja, Art 9 II UNÜbk, BGBl **59** II 1377, Art 9 II HUVÜbk **58**, BGBl **66** II 56, und Art 15 HUVÜbk 73, BGBl **88** II 98
Dominikanische Republik die Frage wird vom Freundschafts- und Handelsvertrag, G v 16. 12. 59, BGBl II 1468, nicht erfaßt, Prot Z 3; jedoch ja, Art 166, 167 dominikanische ZPO, bei Wohnsitz des Klägers in Deutschland oder bei einer Aufenthaltsgenehmigung einer natürlichen Person, aM ZöGei Anh IV (nein)
Dubai nein
Ecuador ja, da Ecuador keine Vorschriften über eine Sicherheitsleistung kennt; Unterhalt außerdem ja, **9** Art 9 II UNÜbk, BGBl **74** II 1395
Elfenbeinküste nein
El Salvador nein
Estland ja, Art 17 HZPrAbk 1905, Schütze RIW **99**, 15; ja außerdem bei Unterhalt, UNÜbk, Schütze RIW **99**, 15
Falklandinseln (Malvinen) s „Großbritannien und Nordirland", BGBl **60** II 1518   **10**
Fidschi ja bei einem Wohnsitz des Klägers in Deutschland, Art 14 dt-brit Abk, BGBl **72** II 904, aM ZöGei Anh IV (nein)
Finnland ja, EU; außerdem ja bei einem Wohnsitz des Klägers in einem der Vertragsstaaten, Art 17 HZPrÜbk, BGBl **59** II 1388; Unterhalt außerdem ja, Art 9 II UNÜbk, BGBl **63** II 108, Art 9 II HUVÜbk **58**, BGBl **67** II 2311, und Art 15 HUVÜbk 73, BGBl **87** II 220
Frankreich (einschließlich der französischen Überseegebiete) ja, EU; außerdem ja bei einem Wohnsitz des Klägers in einem der Vertragsstaaten, Art 17 HZPrÜbk, BGBl **59** II 1388, **61** II 355, **62** II 854; Unterhalt außerdem ja, Art 9 II UNÜbk, BGBl **60** II 2328, Art 9 II HUVÜbk **58**, BGBl **67** II 1810, **69** II 2124, und Art 15 HUVÜbk 73, BGBl **87** II 220
Gabun ja, wenn der Kläger in Deutschland einen ausreichenden Grundbesitz hat, aM ZöGei Anh IV (nein) **11**
Gambia ja bei einem Wohnsitz des Klägers in Deutschland, Art 14 dt-brit Abk, BGBl **60** II 1518, **69** II 2177, aM ZöGei Anh IV (nein)

Hartmann

Anh § 110 Buch 1. Abschnitt 2. Parteien

Georgien im Ergebnis ja, Art 17 HZPrÜbk, Schütze RIW **99**, 15
Ghana nein
Gibraltar s „Großbritannien und Nordirland", BGBl **60** II 518
Grenada s „Großbritannien und Nordirland", BGBl **75** II 366
Griechenland ja, EU; außerdem ja, Art 15 dt-griech Abk v 11. 5. 38, RGBl **39** II 848, BGBl **66** II 251; außerdem ja bei einem Wohnsitz oder gewöhnlichen Aufenthalt des Klägers in einem anderen Vertragsstaat, Art 9 Z 1 NdlAbk, BGBl **75** II 1090; Unterhalt außerdem ja, Art 9 II UNÜbk, BGBl **66** II 251
Großbritannien und Nordirland (einschließlich der Kanalinseln und der britischen Überseegebiete) ja, EU, BGH **151**, 209 (Jersey; zustm Gronstedt BB **02**, 2033); außerdem ja bei einem Wohnsitz des Klägers in Deutschland, Art 14 dt-brit Abk, BGBl **53** II 116; außerdem ja bei einem Wohnsitz oder gewöhnlichen Aufenthaltsort des Klägers in einem anderen Vertragsstaat, Art 9 I NdlAbk, BGBl **70** II 843 (auch wegen eines Vorbehalts), noch großzügiger Kblz IPRax **92**, 42 (im Ergebnis zustm Kaum IPRax **92**, 18); Unterhalt außerdem ja, Art 9 II UNÜbk, BGBl **73** II 927, **85** II 1207, und Art 15 HUVÜbk **73**, BGBl **87** II 220. Zur neueren britischen Praxis Kampf NJW **90**, 3057
Guatemala ja (das dortige Recht macht die Befreiung von der Gegenseitigkeit von dem Heimatrecht des Klägers abhängig), LJM Kiel; Unterhalt außerdem ja, Art 9 II UNÜbk, BGBl **59** II 1377
Guernsey: S „Großbritannien und Nordirland"
Guinea ja, Art 7 G 52/1962, wenn der Kläger in Deutschland einen ausreichenden Grundbesitz hat, aM ZöGei Anh IV (nein)
GUS Rn 21 „Russische Föderation" sowie bei den Einzelstaaten
Guyana ja bei einem Wohnsitz des Klägers in Deutschland, Art 14 dt-brit Abk, BGBl **60** II 1518, aM ZöGei Anh IV (nein)
12 **Haiti** ja, G v 27. 9. 1864; Unterhalt außerdem ja, Art 9 II UNÜbk, BGBl **59** II 1377
Honduras nein
Hongkong s China Volksrepublik
13 **Indien** nein, Stgt RIW **83**, 460 (zustm Schütze), aM zB Nagel IPR (1980) 113, Bek JM Baden-Württemb Just **73**, 234 (ja wegen der indischen Order 25 der rules zum Code Civil of Procedure, wenn der Kläger in Deutschland einen Wohnsitz oder einen ausreichenden Grundbesitz habe)
Indonesien nein, Karlsr RR **98**, 66
Irak bis zum Frühjahr 2003 ja, vgl irakisches Zivilprozeßgesetz Nr 83 von 1969, vgl auch BayJMBl **82**, 7, Erlaß des Hessischen Justizministers v 13. 12. 83 (1430 E/1 – II/7 – 887/83), LJM Kiel, aM Dilger ZZP **72**, 416, ZöGei Anh IV (nein). Jetzt wohl unklar
Iran ja, Art 218, 219 Nr 1 der iranischen ZPO, BGH NJW **81**, 2646 und NJW **82**, 1224, LJM Kiel v 30. 1. 92 – V 330/9200 – 100 –, abw Schütze JZ **83**, 386, ZöGei Anh IV (nein). Vgl aber auch Düss RR **99**, 1588
Irland (s auch Großbritannien) ja, EU; außerdem ja bei einem Wohnsitz oder gewöhnlichen Aufenthalt des Klägers in einem anderen Vertragsstaat, Art 9 Z 1 NdlAbk, BGBl **66** II 1519 (auch wegen eines Vorbehalts); Unterhalt außerdem ja, UNÜbk, Schütze RIW **99**, 15; nein bei Wohnsitz in China, LG Darmst IPrax **98**, 198
Island ja, EWR; außerdem ja bei einem Wohnsitz des Klägers in einem der Vertragsstaaten, Art 17 HZPrAbk v 17. 7. 05, RGBl **09**, 406, **26** II 553, vgl LJM Kiel, Dilger ZZP **72**, 408 ff Fußnote 26
Israel ja bei einem Wohnsitz des Klägers in einem der Vertragsstaaten, Art 17 HZPrÜbk, BGBl **68** II 809; außerdem ja, deutsch-israelischer Vertrag, Schütze RIW **99**, 15; Unterhalt außerdem ja, Art 9 II UNÜbk, BGBl **59** II 1377
Italien ja, EU; außerdem bei einem Wohnsitz des Klägers in einem der Vertragsstaaten, Art 17 HZPrÜbk, BGBl **59** II 1388, BGH **12**, 152; außerdem ja bei einem Wohnsitz oder gewöhnlichen Aufenthalt des Klägers in einem anderen Vertragsstaat, Art 9 Z 1 NdlAbk, BGBl **65** II 1099; Unterhalt außerdem ja, Art 9 II UNÜbk, BGBl **59** II 1377, Art 9 II HUVÜbk 58, BGBl **62** II 15, und Art 15 HUVÜbk 73, BGBl **73** II 220
14 **Jamaika** ja bei einem Wohnsitz des Klägers in Deutschland, Art 14 dt-brit Abk, BGBl **66** II 835, aM ZöGei Anh IV (nein)
Japan ja bei einem Wohnsitz des Klägers in einem der Vertragsstaaten, Art 17 HZPrÜbk, BGBl **70** II 751
Jemen nein
Jersey: Rn 11 „Großbritannien und Nordirland"
Jordanien ja, tatsächliche Übung, LJM Kiel, soweit die ordentlichen Gerichte zuständig wären, Dilger ZZP **72**, 419, aM BGH WertpMitt **82**, 880 (krit Schütze JZ **83**, 386), ZöGei Anh IV (nein)
Jugoslawien, früheres ja bei einem Wohnsitz des Klägers in einem der Vertragsstaaten, Art 17 HZPrÜbk, BGBl **63** II 1328, Hamm VersR **01**, 733 (Serbien); Unterhalt außerdem ja, Art 9 II UNÜbk, BGBl **59** II 1377: zu alledem Schütze RIW **99**, 10. Jetzige Bundesrepublik Jugoslawien (Serbien/Montenegro) Rn 22 „Serbien-Montenegro". S auch bei den einzelnen Staaten
15 **Kaimaninseln** s „Großbritannien und Nordirland", BGBl **70** II 43
Kamerun nein
Kanada ja bei einem Wohnsitz des Klägers in Deutschland, Art 14 dt-brit Abk, BGBl **54** II 15, aM ZöGei Anh IV (nein)
Kap Verde Unterhalt ja, Art 9 II UNÜbk, BGBl **68** II 415
Kasachstan im Ergebnis ja, Art 17 HZPrÜbk, Schütze RIW **99**, 15
Kenia ja bei einem Wohnsitz des Klägers in Deutschland, Art 14 dt-brit Abk, BGBl **60** II 1518, aM ZöGei Anh IV (nein)
Khmer, Republik nein
Kirgisistan im Ergebnis ja, Art 17 HZPrÜbk, Schütze RIW **99**, 15
Kolumbien nein, aM ZöGei Anh IV (ja, Art 9 II UNÜbk)
Kongo nein

Titel 6. Sicherheitsleistung **Anh § 110**

Korea, Süd nein
Kroatien ja für kroatische Bürger, Art 17 HZPrÜbk, Art 9 II UNÜbk, Ffm NJW **95**, 538, im übrigen nein, Schütze NJW **95**, 497
Kuba ja, Art 533 kubanisches Zivilprozeßgesetz, der eine Befreiung von der Verbürgung der Gegenseitigkeit abhängig macht
Kuwait nein
Lesotho ja bei einem Wohnsitz des Klägers in Deutschland, Art 14 dt-brit Abk, BGBl **60** II 1518, aM ZöGei Anh IV (nein)
Lettland ja, Art 17 HZPrÜbk von 1905, Schütze RIW **99**, 15
Libanon ja bei einem Wohnsitz des Klägers in einem der Vertragsstaaten, Art 17 HZPrÜbk, BGBl **75** II 42
Liberia nein
Libyen LJM Kiel meint, Libyen kenne keine Sicherheitsleistung, vgl Dilger ZZP **72**, 421. Indessen wird sie in der maßgeblichen Praxis derzeit offenbar doch verlangt, LG Nürnb-Fürth MDR **89**, 74
Liechtenstein ja, EWR; außerdem ja, §§ 57, 58, 62 II liechtensteinische ZPO, wenn der Kläger in Deutschland einen Wohnsitz oder einen ausreichenden Grundbesitz hat, sowie in Ehesachen; Unterhalt außerdem ja, Art 9 HUVÜbk **73**, BGBl **73** II 74, aM Schütze RIW **99**, 15 (HUVÜbk 58)
Litauen im Ergebnis ja, Art 17 HZPrÜbk, Schütze NJW **95**, 497, aM ZöGei Anh IV (nein)
Luxemburg ja, EU; außerdem ja bei einem Wohnsitz des Klägers in einem der Vertragsstaaten, Art 17 HZPrÜbk, BGBl **59** II 1388; außerdem ja bei einem Wohnsitz oder gewöhnlichen Aufenthalt des Klägers in einem anderen Vertragsstaat, Art 9 Z 1 NdlAbk, BGBl **69** II 1725; Unterhalt außerdem ja, Art 9 II UNÜbk, BGBl **72** II 31, und Art 15 HUVÜbk **73**, BGBl **87** II 220
Madagaskar ja, wenn der Kläger in Deutschland einen ausreichenden Grundbesitz hat, Art 13 madag ZPO, aM ZöGei Anh IV (nein)
Malawi ja bei einem Wohnsitz des Klägers in Deutschland, Art 14 dt-brit Abk, BGBl **57** II 1276, **67** II 1748, aM ZöGei Anh IV (nein)
Malaysia ja bei einem Wohnsitz des Klägers in Deutschland, Art 14 dt-brit Abk, BGBl **76** II 576, aM ZöGei Anh IV (nein)
Mali ja, wenn der Kläger in Deutschland einen ausreichenden Grundbesitz oder Wertpapiere hat, Art 20 malische ZPO, aM ZöGei Anh IV (nein)
Malta ja bei einem Wohnsitz des Klägers in Deutschland, Art 14 dt-brit Abk, BGBl **61** II 1108, **68** II 95, aM ZöGei Anh IV (nein)
Malvinen s „Großbritannien und Nordirland", BGBl **60** II 1518
Marokko ja, vgl jetzt Art 14 des deutsch-marokkanischen Vertrags v 29. 10. 85, BGBl **88** II 1055; vorher schon ja bei einem Wohnsitz des Klägers in einem der Vertragsstaaten, Art 17 HZPrÜbk, BGBl **72** II 1472, BGH NJW **88**, 3093, vgl Dilger ZZP **72**, 412, 421; Unterhalt schon vor dem deutsch-marokkanischen Vertrag ja, Art 9 II UNÜbk, BGBl **59** II 1377
Mauretanien nein
Mauritius ja bei einem Wohnsitz des Klägers in Deutschland, Art 14 dt-brit Abk, BGBl **72** II 695, aM ZöGei Anh IV (nein)
Mazedonien ja für mazed Kläger, Art 17 HZPrÜbk, Art 9 II UNÜbk, sonst nein, Schütze NJW **95**, 497
Mexiko ja, LG Bielef IPRax **90**, 110, Prinz von Sachsen Gessaphe IPRax **90**, 89, LJM Kiel; Unterhalt außerdem ja, UNÜbk, Schütze RIW **99**, 15
Moldau im Ergebnis ja, Schütze RIW **99**, 15
Monaco ja bei Unterhalt, Art 9 II UNÜbk, BGBl **61** II 1629
Montenegro Rn 22 „Serbien-Montenegro"
Montserrat ja bei einem Wohnsitz des Klägers in Deutschland, Art 14 dt-brit Abk, BGBl **60** II 1518
Nauru ja bei einem Wohnsitz des Klägers in Deutschland, Art 14 dt-brit Abk, BGBl **82** II 750
Nepal nein
Neuseeland (einschl Cookinseln) ja bei einem Wohnsitz des Klägers in Deutschland, Art 14 dt-brit Abk, BGBl **53** II 118; Unterhalt außerdem ja, UNÜbk, Schütze RIW **99**, 15
Nicaragua nein
Niederlande (einschließlich der niederländischen Antillen und Aruba) ja, EU; außerdem ja bei einem Wohnsitz des Klägers in einem der Vertragsstaaten, Art 17 HZPrÜbk, BGBl **59** II 1388, **68** II 95, **87** II 255; außerdem ja bei einem Wohnsitz oder gewöhnlichen Aufenthaltsort des Klägers in einem anderen Vertragsstaat, Art 9 Z 1 NdlAbk, BGBl **69** II 1988; Unterhalt außerdem ja, Art 9 II UNÜbk, BGBl **63** II 108, **69** II 2178, **87** II 255, Art 9 II HUVÜbk 58, BGBl **64** II 784, 1407, **87** II 255, und Art 15 HUVÜbk **73**, BGBl **73** II 220. S auch Rn 22 „Suriname".
Niger Unterhalt ja, Art 9 II UNÜbk, BGBl **67** II 2580
Nigeria ja bei einem Wohnsitz des Klägers in Deutschland, Art 14 dt-brit Abk, BGBl **60** II 1518, **67** II 827, aM ZöGei Anh IV (nein)
Norwegen ja, EWR; außerdem ja bei einem Wohnsitz des Klägers in einem der Vertragsstaaten, Art 17 HZPrÜbk, BGBl **59** II 1388; außerdem ja bei einem Wohnsitz oder gewöhnlichen Aufenthalt des Klägers in einem anderen Vertragsstaat, Art 9 Z 1 NdlAbk, BGBl **65** II 1099; Unterhalt außerdem ja, Art 9 II UNÜbk, BGBl **59** II 1377, Art 9 II HUVÜbk 58, BGBl **65** II 1584, und Art 15 HUVÜbk **73**, BGBl **73** II 220
Österreich ja, EU; außerdem ja bei einem Wohnsitz des Klägers in einem der Vertragsstaaten, Art 17 HZPrÜbk, BGBl **59** II 1388; Unterhalt außerdem ja, Art 9 II UNÜbk, BGBl **69** II 2055, Art 9 II HUVÜbk 58, BGBl **62** II 15
Oman nein
Pakistan ja, Order 25 der rules zur pakistanischen ZPO, wenn der Kläger in der BRep einen Wohnsitz oder einen ausreichenden Grundbesitz hat; Unterhalt außerdem ja, Art 9 II UNÜbk, BGBl **59** II 1377; aM ZöGei Anh IV (nein)

Panama seit 1. 10. 98 nein, auch für ein laufendes Verfahren, BGH NJW **01**, 1219 (wegen der Zeit davor vgl 59. Aufl); aM ZöGei Anh IV (nein)
Papua-Neuguinea ja, wenn der Kläger in Deutschland einen Wohnsitz hat, LJM Kiel
Paraguay ja, wenn der Kläger in Deutschland einen Wohnsitz hat, aM ZöGei Anh IV (nein)
Peru ja, peruanisches Zivilprozeßrecht, das keine Sicherheitsleistung kennt, aM ZöGei Anh IV (nein)
Philippinen ja für den ersten Rechtszug, da die Philippinen insoweit keine Sicherheitsleistung kennen; Unterhalt außerdem ja, Art 9 II UNÜbk, BGBl **63** II 508
Polen ja bei einem Wohnsitz des Klägers in einem der Vertragsstaaten, Art 17 HZPrÜbk, BGBl **63** II 1466; ja im Rahmen von Artt 17, 18 HZPrÜbk auch bei einer juristischen Person, Artt 8 ff der deutsch-polnischen Vereinbarung v 14. 12. 92, Bek v 21. 2. 94, BGBl II 361, Unterhalt außerdem ja, Art 9 II UNÜbk, BGBl **61** II 16, zu alldem Schütze NJW **95**, 498, außerdem HUVÜbk 73, Schütze RIW **99**, 15
Portugal (einschließlich Azoren, Madeira und portugiesischen Überseeprovinzen) ja, EU; außerdem ja bei einem Wohnsitz des Klägers in einem der Vertragsstaaten, Art 17 HZPrÜbk, BGBl **67** II 2299, **68** II 809; Unterhalt außerdem ja, Art 9 II UNÜbk, BGBl **66** II 251, Art 9 II HUVÜbk 58, BGBl **74** II 1123, und Art 15 HUVÜbk 73, BGBl **87** II 220
Quatar nein
21 **Rumänien** ja bei einem Wohnsitz des Klägers in einem der Vertragsstaaten, Art 17 HZPrÜbk, BGBl **72** II 78; Unterhalt außerdem ja, Art 9 II UNÜbk, BGBl **91** II 956
Russische Föderation wohl grds ja wie ihre Rechtsvorgängerin, die frühere Sowjetunion, Art 17 HZPrÜbk, BGBl **67** II 2046, Köln JB **01**, 149, LG Hbg VersR **94**, 242; wegen der Einzelstaaten s aber auch dort; vgl Schütze RIW **99**, 10
Rußland im Ergebnis ja, Art 17 HZPrÜbk, Schütze NJW **95**, 498
Rwanda nein
22 **Salomonen** ja bei einem Wohnsitz des Klägers in Deutschland, Art 14 dt-brit Abk, BGBl **80** II 1346
Sambia ja bei einem Wohnsitz des Klägers in Deutschland, Art 14 dt-brit Abk, BGBl **57** II 1276, aM ZöGei Anh IV (nein)
San Domingo s Dominikanische Republik
San Marino nein
San Salvador s El Salvador
Saudi-Arabien ja, Art 3 dt-saudiarabischer Vertrag v 26. 4. 29, RGBl **30** II 1063, BGBl **52** II 724, aM ZöGei Anh IV (nein)
Schweden ja, EU; außerdem ja bei einem Wohnsitz des Klägers in einem der Vertragsstaaten, Art 17 HZPrÜbk, BGBl **59** II 1388, außerdem ja bei einem Wohnsitz oder gewöhnlichen Aufenthalt des Klägers in einem anderen Vertragsstaat, Art 9 Z 1 NdlAbk, BGBl **72** II 38; Unterhalt außerdem ja, Art 9 II UNÜbk, BGBl **59** II 1377, Art 9 II HUVÜbk 58, BGBl **66** II 156, und Art 15 HUVÜbk 73, BGBl **87** II 220
Schweiz ja, LugÜbk; außerdem ja bei einem Wohnsitz des Klägers in einem der Vertragsstaaten, Art 17 HZPrÜbk, BGBl **59** II 1388; Unterhalt außerdem ja, Art 9 II UNÜbk, BGBl **77** II 1299, Art 9 II HUVÜbk 73, BGBl **87** II 220
Senegal ja, Art 111 senegalesische ZPO, wenn der Kläger in Deutschland einen ausreichenden Grundbesitz hat, aM ZöGei Anh IV (nein)
Serbien-Montenegro ja für serbische Kläger, Art 17 HZPrÜbk, Zweibr NJW **95**, 537 (im Ergebnis zustm Schweissfurth/Blöcker IPRax **96**, 9); Unterhalt außerdem ja, UNÜbk, Schütze RIW **99**, 15, aM ZöGei Anh IV (nein)
Seychellen ja bei einem Wohnsitz des Klägers in Deutschland, Art 14 dt-brit Abk, BGBl **77** II 1271
Sierra Leone ja bei einem Wohnsitz des Klägers in Deutschland, Art 14 dt-brit Abk, BGBl **60** II 1518, **67** II 2366, aM ZöGei Anh IV (nein)
Singapur, ja bei einem Wohnsitz des Klägers in Deutschland, Art 14 dt-brit Abk, BGBl **60** II 1518, **76** II 576, aM ZöGei Anh IV (nein)
Slowakei ja, Art 17 HZPrÜbk, BGBl **93** II 1936, Art 9 II UNÜbk, BGBl **94** II 3838, Unterhalt außerdem ja, Art 16 HUVÜbk 73, BGBl **93** II 2170, Schütze NJW **95**, 498
Slowenien ja für slowenische Bürger, Art 17 HZPrÜbk, BGBl **93** II 934, Art 9 II UNÜbk, BGBl **93** II 741, Schütze RIW **99**, 15
Somalia nein
Sowjetunion, frühere s Rn 21 „Russische Föderation" sowie Schütze RIW **99**, 15
Spanien (einschließlich Kanarischen Inseln) ja, EU; außerdem ja bei einem Wohnsitz des Klägers in einem der Vertragsstaaten, Art 17 HZPrÜbk, BGBl **61** II 1660; Unterhalt außerdem ja, Art 9 II UNÜbk, BGBl **66** II 1577, Art 9 II HUVÜbk 58, BGBl **73** II 1592, und Art 15 HUVÜbk 73, BGBl **87** II 404
Sri Lanka ja, lankische ZPO, wenn der Kläger in Deutschland einen Wohnsitz hat, LJM Kiel, abw Bülow/Arnold E 916, 31 (wenn beide Parteien in Deutschland einen Wohnsitz oder einen gewöhnlichen Aufenthaltsort haben); Unterhalt außerdem ja, Art 9 II UNÜbk, BGBl **59** II 1377
St. Christoph-Nevis-Anguilla ja bei Wohnsitz des Klägers in Deutschland, Art 14 dt-brit Abk, BGBl **60** II 1518
St. Lucia ja bei einem Wohnsitz des Klägers in Deutschland, Art 14 dt-brit Abk, BGBl **83** II 798
St. Vincent und die Grenadien ja bei einem Wohnsitz des Klägers in Deutschland, Art 14 dt-brit Abk, BGBl **87** II 523
Sudan nein
Südafrika ja, wenn der Kläger in der BRep einen Wohnsitz oder ausreichenden Grundbesitz hat, LJM Kiel, aM ZöGei Anh IV (nein)
Südkorea, nein, Ffm NJW **80**, 2032
Surinam ja bei einem Wohnsitz des Klägers in einem der Vertragsstaaten, Art 17 HZPrÜbk, BGBl **77** II 641; Unterhalt außerdem ja, Art 9 II UNVÜbk, BGBl **80** II 25, Art 9 II HUVÜbk 58, BGBl **77** II 467, **80** II 1416

Titel 6. Sicherheitsleistung **Anh § 110, § 111**

Swasiland ja bei einem Wohnsitz des Klägers in Deutschland, Art 14 dt-brit Abk, BGBl **60** II 1518, **71** II 224, aM ZöGei Anh IV (nein)
Syrien ja, da das syrische Zivilprozeßrecht keine Sicherheitsleistung kennt, aM ZöGei Anh IV (nein)
Taiwan s „China" 23
Tansania ja bei einem Wohnsitz des Klägers in Deutschland, Art 14 dt-brit Abk, BGBl **60** II 1518
Thailand Section 253 der thailänd ZPO enthält eine bedingt vergleichbare Regelung. Der dt-thailänd Vertrag v 30. 12. 37 besteht nicht mehr, Böhmer/Siehr, Das gesamte Familienrecht, Bd 2 Nr 6.7.3
Togo ja, togoisches Zivilprozeßrecht, wenn der Kläger in Deutschland einen ausreichenden Grundbesitz hat, aM ZöGei Anh IV (nein)
Tonga ja, da das tongaische Zivilprozeßrecht keine Sicherheitsleistung kennt
Trinidad und Tobago ja bei einem Wohnsitz des Klägers in Deutschland, Art 14 dt-brit Abk, BGBl **61** II 1681, **66** II 1564, aM ZöGei Anh IV (nein)
Tschad nein
Tschechien ja für tschechische Bürger, Art 17 HZPrÜbk, BGBl **93** II 934; Unterhalt außerdem ja, Art 9 II UNÜbk, BGBl **94** II 3838, Art 9 II HUVÜbk 58, Art 9 II UNÜbk, BGBl **71** II 988, und Art 15 HUVÜbk 73, BGBl **93** II 1008
Türkei ja, Art 2 dt-türk Abk, BGBl **52** II 608, Düss NJW **73**, 2165; außerdem ja bei einem Wohnsitz des Klägers in einem der Vertragsstaaten, Art 17 HZPrÜbk, BGBl **73** II 1415; Unterhalt außerdem ja, Art 9 II UNÜbk, BGBl **71** II 1074, Art 9 II HUVÜbk 58, BGBl **73** II 1280, und Art 15 HUVÜbk 73, BGBl **93** II 1008
Tunesien ja, Art 3 dt-tun Vertrag v 19. 7. 66, BGBl **69** II 889, **70** II 125; Unterhalt außerdem ja, Art 9 II UNÜbk, BGBl **69** II 764
Uganda nein
Ukraine im Ergebnis ja, Art 17 HZPrÜbk, Schütze RIW **99**, 15
Ungarn ja bei einem Wohnsitz des Klägers in einem der Vertragsstaaten, Art 17 HZPrÜbk, BGBl **66** II 84; 24 Unterhalt außerdem ja, Art 9 II UNÜbk, BGBl **59** II 1377, Art 9 II HUVÜbk 58, BGBl **65** II 123, zu alledem Schütze RIW **99**, 10
Uruguay ja, Art 120, 121 uruguayische ZPO, wenn der Kläger in Deutschland einen Wohnsitz oder einen ausreichenden Grundbesitz hat; Unterhalt außerdem ja, UNÜbk, Schütze RIW **99**, 15
Usbekistan ja, Art 17, HZPrÜbk, Schütze RIW **99**, 15
Vatikanstadt ja bei einem Wohnsitz des Klägers in einem der Vertragsstaaten, Art 17 HZPrÜbk, BGBl **67** II 25 1536; Unterhalt außerdem ja, Art 9 II UNÜbk, BGBl **65** II 462
Venezuela ja bei einem inländischen Wohnsitz oder hinreichendem Vermögen und in einer Handelssache, Rau RIW/AWD **77**, 339, aM LJM Kiel (ja, wenn der Kläger in Deutschland einen Wohnsitz oder ein ausreichendes Vermögen habe), ZöGei Anh IV (nein)
Vereinigte Arabische Emirate nein
Vereinigtes Königreich s „Großbritannien und Nordirland"
Vereinigte Staaten von Amerika, dazu *Schack*, Prozeßkostensicherheit im Verhältnis Deutschland – USA, Festschrift für *Schütze* (1999) 745: Maßgeblich sind zunächst bundesrechtlich für *alle* Einzelstaaten Artt VI Abs 1, XXVI Abs 1 Vertrag v 29. 10. 54, BGBl **56** II 487, 763 iVm Nr 6 des Protokolls zum Vertrag, BGBl **56** II 502, BGH NJW **02**, 3259. Danach darf einem Kläger *keine* Sicherheitsleistung auferlegt werden, soweit ein *eigener* Staatsangehöriger befreit ist, sofern er im Inland wohnt oder einen ausreichenden Grundbesitz hat.
Im Hinblick auf die zusätzlich zu beachtenden Vorschriften der *Einzelstaaten*, dazu Schütze JZ **83**, 386, StJBo § 110 Rn 41 FN 243, ist die Gegenseitigkeit wie folgt als verbürgt anzusehen:
Ja, wenn der Kläger in Deutschland einen *Wohnsitz* hat: Alabama, Alaska (wenn der Kläger einen Wohnsitz im Bezirk des Prozeßgerichts hat), Arizona (wenn der Kläger in Deutschland einen Wohnsitz oder ein ausreichendes Vermögen hat), Arkansas, California, Colorado, Connecticut, Delaware, District of Columbia, Florida, Georgia, Idaho, Illinois, Indiana, Iowa, Kansas, Kentucky, Maine, Maryland, Massachusetts, Michigan (wenn der Kläger einen Wohnsitz im Bezirk des Prozeßgerichts hat), Minnesota, BPatG GRUR **79**, 396 (vgl aber auch § 110 Rn 13), Missouri, Montana, Nebraska, Nevada, New Hampshire, New Jersey, New York, BGH DB **82**, 802, aM LG Hbg RR **98**, 430, North Dakota, Ohio, Oregon, Pennsylvania, Puerto Rico, Rhode Island, South Carolina, South Dakota, Utah, Virginia, Washington, West Virginia, Wyoming;
ja, wenn dem Kläger eine *Prozeßkostenhilfe* bewilligt wurde: Louisiana, North Carolina, Oklahoma, Tennessee, Texas, Wisconsin;
im übrigen *nein*, BGH NJW **02**, 3259 (Üb). Die Bundesgerichte wenden grds das Recht des Einzelstaats ihres Sitzes an
Zentralafrikanische Republik ja bei Unterhalt, Art 9 II UNÜbk, BGBl **63** II 108 26
Zypern ja bei einem Wohnsitz des Klägers in Deutschland, Art 14 dt-brit Abk, BGBl **60** II 1518, **75** II 1129; Unterhalt außerdem ja, UNÜbk, Schütze RIW **99**, 15

111 *Nachträgliche Prozesskostensicherheit.* **Der Beklagte kann auch dann Sicherheit verlangen, wenn die Voraussetzungen für die Verpflichtung zur Sicherheitsleistung erst im Laufe des Rechtsstreits eintreten und nicht ein zur Deckung ausreichender Teil des erhobenen Anspruchs unbestritten ist.**

1) Systematik, Regelungszweck. Die Forderung nach einer Sicherheitsleistung ist eine Zulässigkeits- 1 rüge, § 282 III. Sie ist grundsätzlich nach dem Ablauf der Frist des § 282 III 2 oder doch nach dem Beginn der Verhandlung zur Hauptsache nicht mehr zulässig, §§ 282 III 1, 296 III, Hamm OLGR **99**, 248.

§§ 111, 112

Abweichend von dieser Regel läßt § 111 die Rüge zwecks Prozeßwirtschaftlichkeit nach Grdz 14 vor § 128 auch nach diesem Zeitpunkt zu.

2 **2) Geltungsbereich.** Vgl Üb 3 vor § 108.

3 **3) Voraussetzungen.** Zunächst müssen die Voraussetzungen der Befreiung von der Sicherheitsleistung erst während des Prozesses weggefallen sein. Das kann auch in höherer Instanz geschehen sein. Das gilt auch in folgenden Fällen: Wenn ein Urkundenprozeß in das ordentliche Verfahren übergeht, § 600 I, Hbg NJW **83**, 526; wenn der Kläger die deutsche Staatsangehörigkeit oder die klagende juristische Person usw ihren inländischen Sitz verlieren; wenn ein Staatsvertrag abläuft; wenn der inländische Staatenlose seinen Wohnsitz ins Ausland verlegt; wenn ein Sicherheitspflichtiger anstelle des Befreiten in den Prozeß eintritt, etwa als Erbe, weil das inhaltlich gleichsteht.

4 Außerdem darf nicht ein zur Deckung der Prozeßkosten ausreichender Teil der Klageforderung *unstreitig* sein. In all diesen Fällen ist ein Verlangen des Bekl weitere Voraussetzung, wie bei § 110, dort Rn 10. Er darf auch nicht schon auf die Rüge wirksam vollständig verzichtet haben. Ein Verzicht wegen Geringfügigkeit des Streitwerts erstreckt sich im Zweifel nicht auf einen erst später anfallenden erheblich höheren Kostenanteil. Im übrigen muß man § 296 III beachten. Andernfalls geht die Rüge verloren, BGH MDR **90**, 432. Soweit die Sicherheitspflicht wegfällt, hebt das Gericht den Beschluß nach § 110 auf. Die Rückgewähr der Sicherheit erfolgt nach § 109. Wenn sich die Nämlichkeit des Klägers und seine Vermögensverhältnisse nicht wesentlich ändern, kann § 111 unanwendbar sein, BGH NJW **80**, 839.

5 **4) VwGO:** Entsprechend anwendbar, § 173 VwGO, vgl § 110 Rn 19. Der letzte Halbsatz ist bei Leistungsklagen und Feststellungsklagen wegen Geldansprüchen anwendbar, sonst gegenstandslos.

112 Höhe der Prozeßkostensicherheit.

¹ Die Höhe der zu leistenden Sicherheit wird von dem Gericht nach freiem Ermessen festgesetzt.

II ¹ Bei der Festsetzung ist derjenige Betrag der Prozeßkosten zugrunde zu legen, den der Beklagte wahrscheinlich aufzuwenden haben wird. ² Die dem Beklagten durch eine Widerklage erwachsenden Kosten sind hierbei nicht zu berücksichtigen.

III Ergibt sich im Laufe des Rechtsstreits, daß die geleistete Sicherheit nicht hinreicht, so kann der Beklagte die Leistung einer weiteren Sicherheit verlangen, sofern nicht ein zur Deckung ausreichender Teil des erhobenen Anspruchs unbestritten ist.

1 **1) Systematik, I–III.** Die Vorschrift ergänzt und vervollständigt zusammen mit § 113 die §§ 108–111.

2 **3) Regelungszweck, I–III.** § 112 dient sowohl den in Einf 2 vor § 108 genannten Zwecken als auch der Vermeidung eines Verstoßes gegen den Grundsatz der Verhältnismäßigkeit, Einl III 23. Das muß man ist bei der Auslegung mitbeachten.

3 **3) Geltungsbereich, I–III.** Vgl Üb 3 vor § 108.

4 **4) Voraussetzungen, I, II.** Das Gericht bestimmt die Höhe der Ausländersicherheit auf Grund einer notwendigen mündlichen Verhandlung, § 128 Rn 2. In Betracht kommen die folgenden Fälle.

A. Streit um Sicherheitsleistungspflicht. Es kann um einen Streit über die Pflicht gehen, auch wegen der Höhe. Hier können folgende Entscheidungen ergehen: Die Anordnung kann bei Streit über die Höhe nicht schon durch einen als solchen unanfechtbaren Beschluß erfolgen, BGH RR **90**, 378, sondern korrekterweise nur durch ein Zwischenurteil nach §§ 280 II, 303, BGH MDR **05**, 45. Es darf bei § 122 I Z 2 nicht zu Lasten des Begünstigten ergehen, Brdb RR **03**, 210. Es ist ausnahmsweise selbständig anfechtbar, Bre NJW **82**, 593, Karlsr MDR **86**, 593, Demharter MDR **86**, 186, aM BGH RR **90**, 378, Ffm IPRax **02**, 222 (unanfechtbar), Spieker MDR **97**, 223 (Beschluß). Eine Zurückweisung des Antrags auf Sicherheitsleistung erfolgt durch ein ebenfalls selbständig anfechtbares Zwischenurteil nach § 280 II, § 280 Rn 5–7, Bre NJW **82**, 2737. Das Gericht kann aber auch im Endurteil entscheiden.

5 **B. Frist.** Es kann auch um einen Streit nicht über die Pflicht zur Sicherheitsleistung und um die Höhe der Sicherheitsleistung gehen, sondern nur über die Frist nach § 113. In diesem Fall entscheidet das Gericht durch einen nicht anfechtbaren Beschluß. Ein fälschlich ergangener Beschluß ist nur mit dem Urteil anfechtbar. Er wirkt nicht nach § 113 S 2.

6 **5) Entscheidung, I, II.** II engt das freie Ermessen des § 107 wegen der Höhe der Sicherheitsleistung ein. Der Ermessensspielraum bleibt nur bei der Schätzung derjenigen Kosten erhalten, die gerade und nur dem Bekl vermutlich entstehen werden, BGH DB **82**, 802. Gerichtskosten bleiben unbeachtet, Einf 2 vor § 108. Das Gericht muß bei einem sonstigen Verlust der Rüge alle entstandenen und sämtliche bei überschläglicher nicht abschließender Schätzung bevorstehenden Kosten aller möglichen Instanzen berücksichtigen, BGH MDR **05**, 45, also unter Umständen auch schon die Kosten der Revisionsinstanz, BGH RR **90**, 378, LG Düss MDR **89**, 267, ZöHe 2, aM Schmieder GRUR **82**, 14 (zum Patentnichtigkeitsverfahren, § 81 VII PatG), StJL 6 (nur für diese und die nächsthöhere Instanz), Söffing MDR **89**, 599 (aber die Prozeßwirtschaftlichkeit fordert eine einzige Maßnahme ohne weiteres Hin und Her, Grdz 14 vor § 128). Daher erfolgt auch eine Anordnung nach § 109 erst nach dem Eintritt der Rechtskraft. Bei Streitgenossen muß das Gericht § 100 beachten. Die Art der Sicherheitsleistung liegt auch hier ganz im freien Ermessen des Gerichts. Allerdings darf das Gericht nur einen Erstattungsanspruch des Gegners berücksichtigen, nicht einen Anspruch der Staatskasse, Stgt Rpfleger **85**, 375. Kosten der Widerklage nach Anh § 253 sind unbeachtlich, II 2.

7 **6) Abänderung, III.** Wenn sich im Prozeß herausstellt, daß eine vom Ausländer geleistete Sicherheit unzulänglich ist, oder wenn der Wert der geleisteten Sicherheit sinkt, dann kann der Bekl von demjenigen Gericht, bei dem der Prozeß jetzt schwebt, eine Erhöhung der Sicherheitsleistung verlangen, BGH MDR

Titel 7. Prozesskostenhilfe und Prozesskostenvorschuss **§§ 112, 113, Übers § 114**

05, 45. Das gilt, soweit er nicht einen zur Deckung seiner Kosten ausreichenden Teil der unbestrittenen Forderung einbehalten kann.

Beispiele: Der Kläger erweitert die Klage, § 263; es entstehen unvorhergesehene Kosten; eine verlangte Sicherheit ist schon verbraucht, weil sie zu niedrig bemessen war; in der Berufungsinstanz reicht die erstinstanzliche Sicherheitsleistung nicht mehr aus, BGH RR **90**, 378, Ffm NJW **80**, 2032 (StPO).

Es handelt sich um eine verzichtbare *Rüge der Unzulässigkeit*, § 282 III, § 110 Rn 10. § 296 III ist anwendbar, BGH NJW **01**, 3630. Die Entscheidung ergeht wie bei § 112 I. III ist entsprechend zu Gunsten des Klägers anwendbar, wenn sich endgültig herausstellt, daß die geleistete Sicherheit zu hoch war. Das Gericht muß sie dann herabsetzen.

7) *VwGO: Entsprechend anwendbar, § 173 VwGO, vgl § 110 Rn 19.*   **8**

113 *Fristbestimmung für Prozesskostensicherheit.* ¹Das Gericht hat dem Kläger bei Anordnung der Sicherheitsleistung eine Frist zu bestimmen, binnen der die Sicherheit zu leisten ist. ²Nach Ablauf der Frist ist auf Antrag des Beklagten, wenn die Sicherheit bis zur Entscheidung nicht geleistet ist, die Klage für zurückgenommen zu erklären oder, wenn über ein Rechtsmittel des Klägers zu verhandeln ist, dieses zu verwerfen.

1) **Systematik, Regelungszweck, S 1, 2.** Vgl § 112 Rn 1.   **1**
2) **Geltungsbereich, S 1, 2.** Vgl Üb 3 vor § 108.   **2**
3) **Anordnung, S 1.** Bei der Anordnung einer jeden Sicherheitsleistung für die Prozeßkosten muß das **3** Gericht eine Frist für die Sicherheitsleistung bestimmen, und zwar wie bei § 112 Rn 4. Es handelt sich um eine richterliche Frist. Das Gericht darf sie verlängern, § 224 II. Gegen die Versäumung der Frist ist zwar keine Wiedereinsetzung statthaft, § 233. Der Kläger kann aber die Sicherheit bis zum Erlaß der Entscheidung nach S 2 nachleisten, Rn 3. Ist die Sicherheit geleistet, so bestimmt das Gericht einen Termin, §§ 216, 495.
4) **Erfolgloser Fristablauf, S 2.** Nach einem erfolglosen Fristablauf wird nicht etwa die Sicherheit **4** beigetrieben, sondern der Prozeß läuft weiter. Das Gericht bestimmt also auch in diesem Fall einen Verhandlungstermin und lädt wie sonst. Der Bekl darf nicht etwa die Verhandlung zur Sache verweigern, sondern nur nach S 2 den evtl zusätzlichen Antrag stellen, die Klage für zurückgenommen zu erklären, soweit nicht der Gegner nach § 122 I Z 2 begünstigt ist, Brdb RR **03**, 210. Bei Verweigerung der Einlassung zur Hauptsache könnte der Kläger gegen den Bekl ein Versäumnisurteil wie sonst erwirken, § 331. Der Kläger darf die Sicherheit bis zur Entscheidung leisten, § 231 II.

A. Erste Instanz. Dort ergeht ein Urteil. Das Gericht erklärt die Klage auf Antrag des Bekl, also nicht **5** von Amts wegen, für zurückgenommen. Das Gesetz unterstellt also ihre Rücknahme mit deren Wirkungen nach § 269. Im übrigen ergeht die Entscheidung wie bei § 269 III, IV. Gegen das Urteil ist die Berufung §§ 511 ff, bzw Sprungrevision nach den allgemeinen Grundsätzen zulässig, (jetzt) § 566, Karlsr MDR **86**, 593, ZöHe § 112 Rn 1, aM Demharter MDR **86**, 186, ThP 3 (aber die vorgenannten Vorschriften gelten uneingeschränkt). Zum Zwischenurteil § 112 Rn 4. Hat das Gericht fälschlich durch einen Beschluß entschieden, ist die sofortige Beschwerde nach § 567 ff zwecks Aufhebung des Beschlusses und Erlaß eines Urteils nach Zurückverweisung statthaft. Dann ist zwar keine Verlängerung einer bereits abgelaufenen Frist möglich. Es kann aber der Kläger die Sicherheit noch bis zum Erlaß des Urteils nachleisten.

B. Rechtsmittelinstanz. Dort ergeht ebenfalls ein Urteil, das die Klage für zurückgenommen erklärt, **6** falls der Sicherungspflichtige der Rechtsmittelbekl ist. Wenn er der Rechtsmittelkläger ist, dann verwirft das Berufungsgericht sein Rechtsmittel als unzulässig, BGH NJW **02**, 3260, Kblz JB **86**, 119. Das gilt auch dann, wenn das OLG fälschlich zur Sache entschieden hatte, BGH NJW **02**, 3260. Wenn beide Parteien Rechtsmittelkläger sind, dann muß das Gericht wie bei Rn 4 verfahren. Im Fall der Säumnis des Klägers kann der Bekl ein Versäumnisurteil beantragen, § 330, oder eine Entscheidung nach § 113 fordern (nach StJL 7, ZöHe 3 ist das kein Versäumnisurteil, weil es nicht auf einer Versäumnis beruht. Vgl aber Üb 11 ff vor § 330). Bei einer Säumnis des Bekl und einem Versäumnisurteil gegen ihn nach § 331 kann der Kläger nach einem Einspruch des Bekl die Sicherheitsleistung bis zur neuen Entscheidung nachholen. Eine ordnungsgemäße Bestimmung der Sicherheitsleistung nach § 112 I ist eine Voraussetzung der Entscheidung.

5) *VwGO: Entsprechend anwendbar, § 173 VwGO, vgl § 110 Rn 19.*   **7**

Titel 7. Prozesskostenhilfe und Prozesskostenvorschuss

Übersicht

Schrifttum: *Albers,* Prozeßkostenhilfe als Sozialhilfe, Gedächtnisschrift für *Martens* (1987) 283; *Behn,* Probleme der Prozeßkostenhilfe usw, 1985; *Burgdorf,* Prozeßkostenhilfe im Ehescheidungsverbundverfahren, Diss Gött 1984; *Dörndorfer,* Prozeßkostenhilfe für Anfänger, 3. Aufl 2002; *Engels,* Prozeßkostenhilfe, 1990; *Friedrich* NJW **95**, 617 (Üb); *Hoffmann,* Prozeßkostenhilfe: Berechnungsprogramm für Personal-Computer, 1990; *Hünnekens,* Kostenabwicklung ... Aufl 2002 (Bespr *Timmer* Rpfleger **02**, 492); *Kalthoener/Büttner/Wrobel-Sachs,* Prozeßkostenhilfe und Beratungshilfe, 4. Aufl 2005; *Keil,* Gerichtskosten und Prozeßkostenhilfe, in: Festschrift zum 100jährigen Bestehen des *Deutschen Arbeitsgerichtsverbandes,* 1993; *Künzel,* Unstimmigkeiten im Recht der Prozeßkostenhilfe, 1994; *Künzl/Koller,* Prozeßkostenhilfe usw, 2. Aufl 2003; *Nickel,* ADVOexpert Prozesskostenhilfe, Formular- und Berechnungsprogramm, 2002; *Philippi,* Prozeßkostenhilfe und Grundgesetz, Festschrift für *Schneider* (1997) 267; *Schoreit/Dehn,* Beratungshilfegesetz, Prozeßkostenhilfegesetz, Komm. 8. Aufl 2004 (Bespr *Hintzen* Rpfleger **05**, 336); *Smid,* Rechtsprechung: Zur Unterscheidung von Rechtsfürsorge und Prozeß, 1990; *Thalmann,* Prozeßkostenhilfe in Fami-

Übers § 114 Buch 1. Abschnitt 2. Parteien

liensachen, 1992; *Walters,* Leitfaden der Beratungs- und Prozeßkostenhilfe im Europäischen Wirtschaftsraum, 1997; *Wax,* Prozeßkostenhilfe. EDV-Programm-Benutzerhandbuch, 1991; *Zimmermann,* Prozeßkostenhilfe in Familiensachen, 2. Aufl 2000. Vgl die im Rechtspolitischen Ausblick (hinter dem Sachverzeichnis) abgedruckte EG-Richtlinie für grenzüberschreitende Prozeßkostenhilfe. Rechtsvergleichend: *Gottwald* ZZP **89**, 136.

Gliederung

1) Systematik	1, 2	6) Sorfältigkeit der Prüfung	8
2) Regelungszweck	3	7) Abgrenzung zu anderen Vergünstigungen	9, 10
3) Geltungsbereich	4	8) Kritik	11
4) Fürsorgepflicht	5	9) *VwGO*	12
5) Rechtsmißbrauch	6, 7		

1 **1) Systematik.** Die staatliche Prozeßkostenhilfe, die *Wipfelder* DRiZ **84**, 387 wohl zu hoch als soziales Grundrecht einstuft, ist eine Form der höchstpersönlichen Sozialhilfe im Bereich der Rechtspflege, Brdb FamRZ **02**, 1200, soweit sie erforderlich ist, BGH **109**, 168, Kblz MDR **97**, 268, LG Duisb WoM **02**, 378. Sie ist gegenüber dem KJHG vorrangig, Stgt FamRZ **94**, 385, OVG Hbg FER **97**, 43. Diese Aufgaben des Prozeßgericht sind mit dem GG natürlich vereinbar, § 21 GVG Anh I, BVerfG **35**, 355, Hbg FamRZ **78**, 916. Es handelt sich um eine Form staatlicher Daseinsvorsorge, BGH **109**, 168, Ffm FamRZ **92**, 838.

2 Sie wird aus Zweckmäßigkeitsgründen nicht im KJHG geregelt, sondern in der ZPO. Aus derselben Erwägung ist sie nicht Verwaltungsbehörden übertragen, sondern dem Gericht. Das gesamte PKH-Verfahren ist also ein eigenständiges gerichtliches Verfahren und *kein Zivilprozeß*, BGH RR **89**, 675, Karlsr RR **03**, 796, Mü MDR **82**, 761. Dem Antragsteller steht das Gericht „gegenüber", besser: zur Seite, BGH NJW **84**, 740. Der Prozeßgegner steht also dem Antragsteller nicht als direkte Partei des PKH-Verfahrens gegenüber, Brdb RR **03**, 796, Karlsr FamRZ **03**, 621. Das Gericht entscheidet in seiner Unabhängigkeit und nicht als eine Verwaltungsbehörde. Seine Entscheidung ist nicht als Verwaltungsakt anfechtbar, sondern nur nach § 127. Daher sind auch zB §§ 38 VwVfG, 34 SGB X unanwendbar. Der nach § 121 beizuordnende oder beigeordnete Anwalt ist nicht Verfahrensbeteiligter, nicht Geschützter und daher nicht Dritter im Sinn von § 839 I 1 BGB wegen seines Honorars, BGH **109**, 170.

3 **2) Regelungszweck.** Das GG gebietet es, dem Minderbemittelten einen Rechtsschutz zu sichern, der demjenigen des Bemittelten wenigstens einigermaßen entspricht, BVerfG RR **04**, 1153, BGH **109**, 168, LAG Mainz NZA-RR **04**, 233. Dieses Ergebnis läßt sich aus Art 1 I (Schutz der Menschenwürde) ableiten, ferner aus Art 2 I GG, BVerfG FamRZ **02**, 531, Art 3 I (Gleichheit vor dem Gesetz), BVerfG NVwZ **05**, 323, BGH **109**, 168, aus Artt 12 I, 20 III (Rechtsstaatsprinzip, Justizgewährungsanspruch), BVerfG NJW **04**, 2887, aus Art 19 IV (Rechtsweggarantie, effektiver Rechtsschutz), BVerfG NVwZ **04**, 335, VGH Mannh NVwZ-RR **05**, 438, aus Art 20 I (sozialer Rechtsstaat), BVerfG NJW **03**, 1857, BGH **109**, 168, Hbg FamRZ **01**, 235, aus Artt 2 I, 20 III GG (Rpfl: faires Verfahren), BVerfG **101**, 404, Naumb MDR **04**, 356, und aus Art 103 I GG (Richter: rechtliches Gehör). Das Kostenrisiko darf nicht zu einer Rechtswegsperre werden, BVerfG NVwZ **04**, 335, LG Siegen MDR **93**, 1116.

Hohes soziales Bemühen kennzeichnet die ganz außerordentlich vielfältige Rechtsprechung zur Prozeßkostenhilfe. Aus den in überreicher Fülle sprudelnden Belegen wird aber auch deutlich, welche merkwürdigen Vorstellungen manche Prozeßbeteiligten von der sozialen Aufgabe haben, die der Gesetzgeber statt den Sozialbehörden zusätzlich den Gerichten wahrhaft aufgebürdet hat, wenn auch aus sehr verständlichen Gründen und zur Vermeidung zusätzlicher Kämpfe vor Verwaltungsbehörden und -gerichten. Die Mühe bei dem Bestreben nach Gerechtigkeit, die manches Gericht auf diesem Nebenkampfplatz des Zivilprozesses aufwendet, ist bewundernswert, aber auch nicht ganz frei von Problematik.

Insbesondere Fragen der *Ratenzahlung,* der Beiordnung eines auswärtigen Anwalts oder der Anforderungen an ein Prozeßkostenhilfegesuch und die Darstellung der eigenen wirtschaftlichen Lage nehmen einen zu breiten Raum ein. Das gilt trotz aller wirtschaftlichen Bedeutung. Der Spruchrichter kann nicht annähernd nun auch noch das ganze finanzielle und soziale Umfeld etwa eines solchen Bürgers ausleuchten, der als Partei Prozeßkostenhilfe begehrt, aber im unbelasteten Eigenheim mit Pkw nicht weit draußen wohnt.

Großzügige Bewilligung ist wegen ihrer praktisch weitgehenden Unanfechtbarkeit für den überlasteten Praktiker ein oft fast zwingender und keineswegs „fauler" Weg zur Bewältigung der Probleme. Vereinzelt gibt es ähnlich wie bei § 323 Rn 38 Leitlinien zur PKH, zB des AG Hann (Stand 1. 1. 03). Sie sind ein zwiespältiger Weg zur Lösung der wuchernden Probleme. Wohin käme man, wenn auch solche Leitlinien wuchern würden? Etwas mehr Rechtssicherheit läßt sich doch wieder nur örtlich begrenzt erzielen. Der Richter soll das Gesetz und nicht als offizielle Leitlinien anwenden.

Supranational muß man auf Grund der Richtlinie 2003/8/EG des Rates der Europäischen Gemeinschaften zur Verbesserung des Zugangs zum Recht bei Streitsachen mit grenzübergreifendem Bezug vom 27. 1. 03, ABlEG Nr L 26 S 41, das Gesetz zur Umsetzung gemeinschaftsrechtlicher Vorschriften über die grenzüberschreitende Prozeßkostenhilfe in Zivil- und Handelssachen in den Mitgliedstaaten (EG-Prozeßkostenhilfegesetz) vom 15. 12. 04, BGBl 3392, mit seiner Festlegung gemeinsamer Mindestvorschriften für die Prozeßkostenhilfe und für andere mit Zivilverfahren verbundenen Aspekte sowie die zugehörige EG-Prozesskostenhilfevordruckverordnung – EGPKHVV vom 21. 12. 04, BGBl 3538, beachten. Beides ist an den zugehörigen Stellen (§§ 114, 116 S 1 Z 2, 1076–1078) kommentiert.

4 **3) Geltungsbereich.** §§ 114 ff gelten für jede Art des Erkenntnisverfahrens vor dem Prozeßgericht, seiner Nebenverfahren und der Zwangsvollstreckung. Sie gelten auch für vorläufige Verfahren. Einzelheiten § 114 Rn 22 ff, § 119 Rn 32 ff (zum Rechtszug). Sie gelten nicht für ein ausländisches Verfahren, KG IPRax **93**, 242 (zustm Böhmer 223). Der Beitritt Deutschlands zum bereits von allen anderen Mitgliedstaaten der EU

Titel 7. Prozesskostenhilfe und Prozesskostenvorschuss **Übers § 114, § 114**

ratifizierten Europäischen Übereinkommen über die Übermittlung von Anträgen auf Bewilligung der Prozeßkostenhilfe vom 27. 1. 77 steht noch aus. Vgl vielmehr Rn 3.

4) Fürsorgepflicht. Die stets geltende gerichtliche Fürsorgepflicht gilt nach Einl III 27 natürlich besonders im Bereich der Prozeßkostenhilfe. Gerade hier muß das Gericht Helfer und Schützer des Rechtsuchenden sein, weil er sozial schwach ist. Das muß man bei der Auslegung des Gesetzes über die allgemeinen Regeln hinaus nach Einl III 35 beachten. Das Gericht sollte eine gewisse Großzügigkeit gegenüber dem Antragsteller wahren, auch um den Nebenschauplatz der Prozeßkostenhilfe nicht zu einem weiteren Hauptkampfplatz zu machen, Herget MDR **85**, 617. Das Gericht ist ohnehin im Erkenntnisverfahren stark genug belastet, Rn 3. **5**

5) Rechtsmißbrauch. Andererseits ist jeder Rechtsmißbrauch verboten, wie auch sonst, Einl III 54. Das **6** gilt nicht nur beim Verbot der Unterstützung von Mutwillen, § 114. Es gilt vielmehr auch im gesamten übrigen Bewilligungsverfahren, Stgt FamRZ **97**, 1410, LAG Kiel MDR **96**, 644. Es soll kein Prozessieren aus fremder Tasche stattfinden, AG Syke RR **93**, 1479. Die Vorschiebung eines Bedürftigen zum Zweck der Benachteiligung des Prozeßgegners durch die Staatskasse führt zur Versagung der Prozeßkostenhilfe auch dann, wenn scheinbar alle übrigen Voraussetzungen vorliegen, Schneider DB **78**, 288. Der Versuch ihrer Erschleichung kann versuchter Prozeßbetrug sein, § 117 Rn 37.

Beispiele: Ein bemittelter Gläubiger nimmt eine Treuhandabtretung an einen Bedürftigen vor; bei der **7** Sicherungsabtretung kommt es im Prozeß des Treunehmers auf seine Lage an, Hamm VersR **82**, 1068; bei der uneigennützigen Treuhand kommt es grundsätzlich auch auf den Treugeber an, Hamm VersR **82**, 381; nur beim Fehlen eines eigenen Interesses des sachlichrechtlichen Rechtsinhabers an der Rechtsverfolgung kommt es lediglich auf die Partei an, BGH NJW **87**, 783; der Bemittelte nimmt im Prozeßführungsermächtigung eines bedürftigen Mitberechtigten vor; ein Scheidungsantragsteller könnte sich mühelos der Hilfe der Rechtsantragstelle bedienen, AG Syke RR **93**, 1479 (vgl allerdings Rn 102); ein Sozialhilfeempfänger geht mit Ermächtigung des Sozialhilfeträgers vor, § 114 Rn 18 „Sozialhilfe"; der Ehegatte, der nach § 1360a IV BGB einen Kostenvorschuß fordern kann, macht sich lästig, indem er auf ihn verzichtet oder den Prozeß verschleppt, Oldb FamRZ **94**, 1184; keine Partei betreibt noch das Scheidungsverfahren, Stgt FamRZ **05**, 810; der Begünstigte entzieht dem nach § 121 beigeordneten Anwalt grundlos das Mandat, Ffm MDR **88**, 501. Wegen einer einstweiligen Anordnung §§ 127a, 620 Z 9, 621f. Wegen einer Folgesache § 624 II.

6) Sorgfältigkeit der Prüfung. Trotz der in Rn 3 empfohlenen gewissen Großzügigkeit muß das **8** Gericht vor der Bewilligung sorgfältig prüfen, ob alle Voraussetzungen vorliegen, Rosenau NJ **97**, 151. Für die Staatskasse ist die Prozeßkostenhilfe mehr denn je eine schwere Belastung. So sehr der Minderbemittelte unverzüglich Beistand verdient, um zu seinem Recht zu kommen, so verwerflich ist es, ihm einen faulen Prozeß aus fremder Tasche zu ermöglichen. Freilich kann die Verweigerung einer Prozeßkostenhilfe aus grundsätzlichen Erwägungen, die keine sachliche Rechtfertigung haben, wegen eines Verstoßes gegen Art 3 I GG, verfassungswidrig sein, BVerfG **56**, 144 (zum alten Recht). Eine vermeidbare Verzögerung oder eine Überspannung kann gegen das Gebot eines fairen Verfahrens verstoßen, Einl III 23, Naumb MDR **04**, 356, OVG Mannh NVwZ-RR **05**, 438.

7) Abgrenzung zu anderen Vergünstigungen. Die Prozeßkostenhilfe heißt in manchen Verfahrens- **9** arten Verfahrenskostenhilfe, § 114 Rn 22ff. Neben ihr gibt es eine Reihe anderer kostenrechtlicher Vergünstigungsmöglichkeiten.

Beispiele: Persönliche Gebührenfreiheit, § 2 GKG; Möglichkeiten einer Herabsetzung des Streitwerts, **10** §§ 144 PatG, 12 IV UWG, 247 I AktG, 26 GebrMG, 54 GeschmMG, die zusätzlich zur Prozeßkostenhilfe statthaft sind; eine vorläufige Befreiung von einer Vorauszahlungspflicht, § 14 Z 1 GKG, Anh § 271; die Nichterhebung solcher Kosten, die durch eine falsche Sachbehandlung entstanden, §§ 21 GKG, 16 KostO; ein Absehen vom Kostenansatz, § 10 KostVfg; die Niederschlagung von Kosten wegen Vermögenslosigkeit, § 2 VO vom 20. 3. 35, RGBl 406, und die AV der Länder hierzu, Hartmann Teil VII D; die Möglichkeiten einer Reiseentschädigung an mittellose Personen, Hartmann Teil V § 25 JVEG Anh I, II; die Finanzierung der Kosten eines im Weg der Beratungshilfe beigeordneten Anwalts, Anh § 127; die Pflicht des Notars, auch Beteiligten, dem eine Prozeßkostenhilfe zu bewilligen wäre, seine Urkundstätigkeit vorläufig gebührenfrei oder gegen Zahlung von Monatsraten zu gewähren, § 17 II BNotO, Einzelheiten Appell DNotZ **81**, 596. Zum Verfahren nach dem AUG KG FamRZ **92**, 1319, Uhlig/Berard NJW **87**, 1521 (Üb).

8) Kritik. Vgl zunächst Rn 3. Die Regelung der Prozeßkostenhilfe stellt keine Meisterleistung dar, schon **11** abgesehen von der Frage, ob das Kostenrisiko überhaupt ausreichend abgedeckt wird, Müller JZ **87**, 1. Neben guten Lösungen enthält sie im Bereich des Sprachlichen als auch im Verfahren, vor allem aber auch unter dem Gesichtspunkt der Abänderbarkeit getroffener Bewilligungsentscheidungen erhebliche oder gar schwere Mängel, „Steine statt Brot", Bischof NJW **82**, 2549, Schneider MDR **84**, 815. Sie sind im nachfolgenden bei den einschlägigen Vorschriften erläutert. Dort ist auch angegeben, inwiefern unverändert verfassungsrechtliche Bedenken gegen einzelne Teile der Regelung bestehen.

9) VwGO: Nach § 166 VwGO gelten die Vorschriften über die Prozeßkostenhilfe entsprechend für alle Verfahren **12** der Verwaltungsgerichtsbarkeit. Eine Zuständigkeit des RPfl entfällt, Anh § 153 GVG Rn 1, vgl Nr 12 der DfRegelung, § 117 Rn 28. §§ 114ff gelten auch im DiszVerf, da 3 BDG v 9. 7. 2001 (BGBl 1510) ergänzend auf die Vorschriften der VwGO und damit auch auf § 166 VwGO verweist.

114

Voraussetzungen. ¹Eine Partei, die nach ihren persönlichen und wirtschaftlichen Verhältnissen die Kosten der Prozessführung nicht, nur zum Teil oder nur in Raten aufbringen kann, erhält auf Antrag Prozesskostenhilfe, wenn die beabsichtigte Rechtsverfolgung oder Rechtsverteidigung hinreichende Aussicht auf Erfolg bietet und nicht mutwillig erscheint. ²Für die grenzüberschreitende Prozesskostenhilfe innerhalb der Europäischen Union gelten ergänzend die §§ 1076 bis 1078.

§ 114

Vorbem. I 2 angefügt dch Art 1 Z 2 EG-ProzesskostenhilfeG v 15. 12. 04, BGBl 3392, in Kraft seit 21 12. 04, Art 9 G, ÜbergangsR Einl III 78.

Gliederung

1) Systematik, §§ 114–127	1–6
2) Regelungszweck, §§ 114–127	7
3) Antrag, S 1, 2	8
4) Partei, S 1, 2	9–21
A. Begriff der Partei	9
B. Beispiele zur Parteifrage	10–21
5) Sachlicher Geltungsbereich, S 1, 2	22–45
A. Umfassende Anwendbarkeit	22
B. Beispiele zur Frage des sachlichen Geltungsbereichs	23–45
6) Persönliche und wirtschaftliche Verhältnisse, S 1, 2	46–75
A. Bedürftigkeit	46
B. Prüfungsmaßstab: Großzügigkeit	47
C. Maßgeblicher Zeitpunkt: Bewilligungsreife	48
D. Beispiele zur Frage der Bedürftigkeit..	49–75
7) Kosten der Prozeßführung, S 1, 2	76–79
A. Gesamtkosten der Instanz	77
B. Schätzung	78
C. Maßgeblicher Zeitpunkt: Bewilligungsreife	79
8) Hinreichende Erfolgsaussicht, S 1, 2 ..	80–105
A. Vorläufigkeit der Prüfung	80, 81
B. Maßgeblicher Zeitpunkt: Bewilligungsreife	82, 83
C. Beispiele zur Frage der Erfolgsaussicht	84–105
9) Fehlen von Mutwillen, S 1, 2	106–132
A. Begriff des „Mutwillens"	107
B. Maßgeblicher Zeitpunkt: Bewilligungsreife	108
C. Beispiele zur Frage des Mutwillens ...	109–132
10) VwGO	133

1 **1) Systematik, §§ 114–127.** Vgl zunächst Üb 1–8 vor § 114. Das Verfahren beginnt nicht von Amts wegen, sondern nur auf Grund eines Antrags, § 117 I, II. Er erfordert zum einen eine Darstellung des Streitverhältnisses, zum anderen eine Erklärung über die persönlichen und wirtschaftlichen Verhältnisse. Die letztere muß der Antragsteller grundsätzlich durch einen Vordruck abgeben, § 117 III, IV.

2 Das Gericht nimmt nur eine *vorläufige* Prüfung der Erfolgsaussicht vor, §§ 114–116, BVerfG NJW 97, 2103. Es prüft vorher oder anschließend die Bedürftigkeit nach denselben Vorschriften. Es nimmt evtl ergänzende Ermittlungen vor, § 118. Es hört den Prozeßgegner an, § 118 I 1, 2. Es trifft dann seine Entscheidung nur für diesen Rechtszug, § 119. Eine mündliche Verhandlung findet nicht statt, § 127 I 1. Eine nur scheinbare Ausnahme gilt nach § 112 I 3. Diese Bestimmung ermöglicht in Wahrheit nur eine Erörterung, nicht Verhandlung.

3 *Zuständig* ist das Gericht des jeweiligen Rechtszugs, § 127 I 2, und zwar grundsätzlich der Richter, wegen der Zwangsvollstreckung der Rpfl des Vollstreckungsgerichts, §§ 117 I 3, 119 II, 764, 802, sonst nur in Ausnahmefällen der RPfl, § 20 Z 4, 17 RPflG, Anh § 153 GVG. Ein unzuständiges Gericht darf und muß vor einer Zurückweisung der Anträge eine Abgabe bzw einen Verweisungsantrag anregen, Brdb RR 03, 796. Die Entscheidung erfolgt durch einen Beschluß, § 329. Falls er im Laufe einer mündlichen Verhandlung zur Hauptsache ergeht, verkündet ihn das Gericht kraft Gewohnheitsrechts mündlich, § 329 I 1. Andernfalls wird er formlos dem Antragsteller, dem Prozeßgegner, nicht aber dem Vertreter der Landeskasse (Bezirksrevisor) mitgeteilt, § 329 II 1. Das Gericht muß seinen Beschluß an sich grundsätzlich begründen. Bei voller Bewilligung aber durchweg eine allenfalls stichwortartige Begründung, § 329 Rn 4. Der Beschluß enthält keine Entscheidung zu Kosten und vorläufiger Vollstreckbarkeit.

4 Das Gericht kann und muß evtl bestimmen, daß der Antragsteller *Monatsraten* aus dem Einkommen und/oder Beträge aus dem Vermögen zahlen muß, soweit er dazu instande ist, § 120.

5 Im Anwaltsprozeß nach § 78 Rn 1 muß das Gericht grundsätzlich einen bei ihm zugelassenen und nicht nur postulationsfähigen *Anwalt* beiordnen, § 121 I. Im Parteiprozeß nach § 78 Rn 1 ist die Beiordnung auf Antrag notwendig, falls eine anwaltliche Vertretung erforderlich erscheint, § 121 II. Grundsätzlich darf das Gericht nur einen von der Partei vorgeschlagenen und bereiten Anwalt beiordnen, § 121 Rn 2.

6 Die Bewilligung hat zur *Folge,* daß die Staatskasse jedenfalls bis zur Beendigung des Hauptverfahrens keine weiteren als die vom Gericht angeordneten Zahlungen vom Antragsteller fordern kann, § 122 I, und daß der beigeordnete Anwalt einen Vergütungsanspruch grundsätzlich nicht gegenüber dem Auftraggeber hat, sondern nur gegenüber der Staatskasse, § 122 I Z 3. Auch der Prozeßgegner ist einstweilen von Zahlungspflichten befreit. Wer im Hauptprozeß unterliegt, muß dem Gegner dessen Kosten erstatten, § 123. Im Fall der Täuschung und in anderen Ausnahmefällen kann und muß das Gericht die PKH aufheben, § 124.

Soweit eine Entscheidung den Antragsteller oder die Landeskasse nach Grdz 13 vor § 511 beschwert, können diese nach § 127 II, III *sofortige Beschwerde* einlegen bzw nach § 11 RPflG vorgehen, § 127 Rn 94 ff. Das ist grundsätzlich jedoch nicht an ein Gericht möglich, zu dem die Hauptsache nicht kommen könnte, § 127 Rn 37. Die sofortige Beschwerde ist nach Abschluß des Hauptverfahrens nur noch ausnahmsweise zulässig.

7 **2) Regelungszweck, §§ 114–127.** Vgl zunächst Üb 3 vor § 114. Zweierlei nahezu entgegengesetzte Ziele charakterisieren die Vorschrift. Einerseits soll sie dem mittellosen Bürger den Zugang zum Gericht eröffnen, Köln FamRZ 04, 1117. Andererseits soll sie ihn gerade davon abhalten. Beide Ziele haben Gewicht, das erstere wohl ein größeres, das letztere aber keineswegs ein geringes. Bei der Einschätzung soll der Richter etwas leisten, was eigentlich erst ganz am Schluß seiner Tätigkeit erlaubt ist, nämlich seine Bewertung nicht nur vornehmen, sondern auch noch immerhin festfest kundtun und begründen. Der deshalb notwendige Kompromiß einer bloßen Vorläufigkeit ist Hilfe und Belastung zugleich. Die eine Partei mag sich zu schnell auf Erfolgskurs wähnen, die andere zu rasch verzagen.

Behutsamkeit wie Mut sind in solcher Lage auch für das Gericht erforderlich. Es muß sich zu einer immerhin sorgfältigen Beurteilung durchringen, meist schon ganz am Anfang an. Es muß sich aber zugleich vor allzu weitgehender Festlegung hüten. Obendrein muß es wenigstens ein bißchen hinter die wirtschaftlichen Kulissen blicken. Es darf sich nicht einer auch nur verborgenen Befangenheit aussetzen. Es soll aber im Prozeßverlauf auch nicht hin- und herschwanken. Vor allem darf es nicht zu viel Energie auf die Frage der

Titel 7. Prozesskostenhilfe und Prozesskostenvorschuss § 114

Bedürftigkeit verwenden, wenn sie nicht ohnehin auch beim eigentlichen Streitgegenstand eine Rolle spielt. Alles das müssen alle Prozeßbeteiligten mitbedenken.

3) Antrag, S 1,2. PKH wird nur auf Grund eines „Antrags" bewilligt, nicht von Amts wegen, § 117 **8**
Rn 4. Zum Antrag ist die Partei berechtigt, Grdz 4 vor § 50. Wer im übrigen dazu zählt, das ergibt sich aus Rn 3 ff. Auch der ProzBev nach Üb 4 vor § 78, § 81 Rn 1 ist für die Partei antragsberechtigt. Wegen einer Antragswiederholung § 127 Rn 104. Wegen eines Verstoßes § 117 Rn 35.

4) Partei, S 1, 2. PKH kann nur eine Partei beantragen, Grdz 4 vor § 50. **9**

A. Begriff der Partei. Sie muß beim Antragseingang und auch noch im Zeitpunkt der Entscheidung über ihn Partei sein, § 119 Rn 4, 10. Der Antragsteller muß parteifähig sein, § 50. Er muß auch prozeßfähig sein, §§ 51, 52. Maßgeblich ist die Stellung im Haupt- einschließlich Nebenverfahren, etwa einer Folgesache.

B. Beispiele zur Parteifrage **10**
Abtretung: Es kommt darauf an, ob der Antragsteller schon und noch Gläubiger ist. Bei der Sicherungsabtretung kommt es im Prozeß des Treunehmers auf seine Lage an, Hamm VersR **82**, 1068. Bei der uneigennützigen Treuhand kommt es grds auch auf den Treugeber an, Hamm VersR **82**, 381. Nur beim Fehlen eines eigenen Interesses des sachlichrechtlichen Rechtsinhabers an der Rechtsverfolgung kommt es lediglich auf die Partei an, Celle NJW **87**, 783.
Antrag: Wer keinen eigenen Antrag stellen will, kann nicht Partei im Sinn von § 114 sein, Brdb FamRZ **03**, 1755.
Asyl: Der Bundesbeauftragte für Asylangelegenheiten kann Partei sein, zB wenn er gegen ein das Asyl gewährendes Urteil Rechtsmittel einlegt, VGH Kassel FamRZ **89**, 82.
S auch „Ausländer, Mehrstaater, Staatenloser".
Ausländer, Mehrstaater, Staatenloser, dazu Üb 4 vor § 114: Das Gericht muß diese Personen ebenso wie Inländer behandeln, BFH Rpfleger **97**, 171, Düss MDR **94**, 301, LAG Ffm MDR **01**, 478. Es kommt also auf eine etwaige Gegenseitigkeit nicht für einen Prozeß im Inland an, BFH Rpfleger **97**, 171, sondern allenfalls für einen solchen im Ausland. Das gilt allerdings nur für eine natürliche Person als Antragsteller. Das übersieht Grunsky NJW **80**, 2043. Bei einer juristischen Person oder einer parteifähigen Vereinigung stellt § 116 Z 2 das Erfordernis auf, daß sie ihren (Haupt-)Sitz im Inland haben muß, Düss MDR **94**, 301. Vgl freilich jetzt § 50 Rn 7. Wegen der zwischenstaatlichen Vorschriften Anh § 114. Wegen § 8 AUG kann der Generalbundesanwalt PKH beantragen, Hbg FamRZ **03**, 318. Wegen eines sog eingehenden Gesuchs um Auslandsunterhalt nach § 9 S 1 AUG vgl bei § 122.
S auch „Asyl".
Beitritt: Auch der nach § 640 e Beigetretene kann grds PKH beantragen, Düss FamRZ **01**, 1468, Hamm **11**
FamRZ **91**, 347, Karlsr FamRZ **92**, 701. Wegen einer Ausnahme Rn 10 „Vaterschaft".
Dritter: Soweit er nicht mit irgendeiner der in diesem ABC genannten Funktionen beteiligt ist, ist er *nicht* **12**
Partei im Sinn von § 114, Celle FamRZ **04**, 1879.
Flüchtling: Rn 10 „Ausländer, Mehrstaater, Staatenloser". **13**
Fremdes Recht: Rn 10 „Abtretung", Rn 16 „Nachlaßpfleger", Rn 17 „Partei kraft Amts", Rn 19 „Treuhand".
Gemeinschaft: Es kommt auf den einzelnen Gemeinschafter an. **14**
S auch „Gesetzlicher Vertreter".
Gesellschaft: S „Gemeinschaft".
Gesetzlicher Vertreter: Es kommt bei PKH für den Prozeß des Vertretenen grds auf diesen an, Stgt FamRZ **88**, 166.
S auch Rn 15, 16, 17 „Partei kraft Amts".
Juristische Person: § 116. Es kommt nicht auf die Verhältnisse ihres gesetzlichen Vertreters an, sondern auf **15**
ihre eigenen, Rn 14 „Gesetzlicher Vertreter".
Nachlaßpfleger: Es kommt auf den Nachlaßbestand an, Elzer Rpfleger **99**, 165 (ausf), aM OVG Hbg **16**
Rpfleger **96**, 464 (aber der Nachlaßpfleger haftet ohnehin nicht mit seinem eigenen Vermögen).
S auch Rn 14 „Gesetzlicher Vertreter", Rn 17 „Partei kraft Amts".
Partei kraft Amts: § 116. **17**
Parteiwechsel: Der Nachfolger rückt nicht automatisch in die Position des Ausgeschiedenen ein, Mü FamRZ **94**, 422, aM Hamm FamRZ **94**, 1268 (aber es kommt auf die individuelle Bedürftigkeit usw an). Der Nachfolger haftet nicht stets für Kosten des Ausgeschiedenen, Düss Rpfleger **88**, 42.
Prozeßstandschaft: Der Elternteil, der nach § 1629 III BGB nur im eigenen Namen vorgehen darf, ist Prozeßstandschafter kraft Gesetzes, Grdz 26 ff vor § 50, KG FamRZ **89**, 82, Naumb FamRZ **03**, 1115 (Vertretung des Kindes als Bekl). Wegen der Person, auf deren Bedürftigkeit man abstellen muß, vgl Rn 55 „Fremdes Recht".
S auch Rn 10 „Abtretung", Rn 16, Rn 17 „Partei kraft Amts", Rn 19.
Sozialhilfe: §§ 114 ff gehen grds zB dem SGB VIII vor, soweit sie nicht direkt darauf verweisen, Köln **18**
FamRZ **95**, 820, OVG Münst NJW **93**, 483. Vgl freilich § 115 I, II und die dort abgedruckten Regeln des KJHG. Es erlaubt dem Sozialhilfeträger, den auf ihn übergegangenen Unterhaltsanspruch im Einvernehmen mit dem Hilfeempfänger auf diesen zur gerichtlichen Geltendmachung rückzuübertragen und sich den geltend gemachten Unterhaltsanspruch abtreten zu lassen, Kblz FER **97**, 257, Köln FamRZ **95**, 176, Stgt FamRZ **96**, 1165, aM Hamm FamRZ **98**, 175, Karlsr FamRZ **99**, 1508, Kblz FamRZ **97**, 1086 (aber Wortlaut und Sinn des KJHG sind eindeutig, Einl III 39). Die Rückübertragung muß allerdings überhaupt wirksam sein, Celle FamRZ **97**, 1088, aM Nürnb FamRZ **97**, 1087 (aber die Wirksamkeit ist Bedingung der Rechtstellung). Das bleibt wegen eines Vorschusses unerheblich, soweit der Leistungsempfänger nun auch für die Zukunft klagt, KG FamRZ **00**, 758.
Streitgenossen, Streithelfer: §§ 114 ff gelten auch für ihn, Ffm FamRZ **84**, 1041, Kblz FamRZ **86**, 1233, Stgt DAVorm **84**, 610. Man muß jeden Streitgenossen grds unabhängig vom anderen beurteilen, Kblz JB

§ 114

04, 384, aM Bbg OLGR **01**, 28, Düss Rpfleger **97**, 533, Köln RR **99**, 725. Eine Ausnahme kann bei gleicher Beteiligung und der Möglichkeit vorliegen, sich durch den Anwalt des anderen mitvertreten zu lassen, BGH NJW **93**, 1715, Stgt JB **97**, 200 (Bewilligung nur wegen des Erhöhungsbetrags von (jetzt) VV 1008 amtliche Anmerkung I, abl Rönnebeck NJW **94**, 2273).

19 **Tod,** dazu *Fischer* Rpfleger **03**, 637 (Üb): Der Tod des Antragstellers macht die Bewilligung von PKH *unzulässig,* BSG MDR **88**, 610, Karlsr FamRZ **99**, 240, OVG Bautzen NJW **02**, 1667, soweit sie nicht rückwirkend erfolgen muß. Er kann aber auch zur Möglichkeit und Notwendigkeit eines etwaigen neuen Antrags des Erben führen, Karlsr FamRZ **99**, 240, OVG Hbg FER **97**, 43.

Treuhand: Bei der uneigennützigen Treuhand kommt es grds auch auf den Treugeber an, Hamm VersR **82**, 381. Nur beim Fehlen eines eigenen Interesses des sachlichrechtlichen Rechtsinhabers an der Rechtsverfolgung kommt es lediglich auf die Partei an, BGH NJW **87**, 783.

S auch Rn 10 „Abtretung".

20 **Vereinigung:** Wegen einer parteifähigen Personenvereinigung § 116.

S auch Rn 14 „Gemeinschaft", „Gesellschaft".

Vertreter: Rn 14 „Gesetzlicher Vertreter".

21 **Zeuge:** Er ist gerade *nicht* Partei, aM Stgt Rpfleger **92**, 313 (StPO). Er mag Beratungshilfe erhalten können, Anh § 127. Im Strafprozeß wendet Düss MDR **93**, 70 §§ 114 ff evtl entsprechend an, aM Böhmer IPRax **93**, 223.

Zwangsverwalter: Man muß ihn nach § 114 beurteilen, nicht nach § 116, soweit er aus abgetretenem Recht handelt, Hamm VersR **89**, 929.

22 **5) Sachlicher Geltungsbereich, S 1, 2.** Die scheinbar einfache Regelung enthält manche Unklarheit.

A. Umfassende Anwendbarkeit. PKH kann nur für alle Prozeß- und sonstigen gerichtlichen Verfahrensarten in Betracht kommen, AG Weilbg FamRZ **00**, 756. Das gilt unmittelbar für die nach der ZPO geregelten Verfahren, auch solche mit Amtsermittlung nach Grdz 38 vor § 128, Nürnb MDR **04**, 96. Viele andere Verfahrensgesetze verweisen auf ihre Bestimmungen. Unabhängig davon, daß das Gericht PKH auch § 119 Rn 29 je Rechtszug gesondert beantragt und bewilligen muß, kann sie auch für einzelne Verfahrensabschnitte in Betracht kommen. Das gilt etwa dann, wenn sie erst im Laufe des Rechtszugs beantragt wird und wenn trotz früheren Antrags bei der späteren Entscheidung keine rückwirkende Bewilligung in Betracht kommt. Im Zweifel umfaßt ein Antrag alle bei dem eingegangenen Spruchkörper anhängigen und erkennbar beabsichtigten Verfahren, strenger KG FamRZ **90**, 183. Soweit er nur an „das ... gericht" adressiert ist, kann eine Behandlung bei mehreren solchen Spruchkörpern notwendig werden. Im Zweifel umfaßt eine Bewilligung nur die eindeutig erfaßten Verfahren ohne Rückwirkung. Wegen der Zwangsvollstreckung §§ 117 I 3, 119. Für die grenzüberschreitende PKH im EU-Raum gelten nach S 2 nur ergänzend §§ 1076–1078.

Nicht hierher gehören bloße außergerichtliche Verfahren. Das ergibt sich schon aus den Worten „Kosten der Prozeßführung", Ffm AnwBl **90**, 176, LAG Nürnb JB **98**, 93.

23 **B. Beispiele zur Frage des sachlichen Geltungsbereichs**
Abschiebungsverfahren: Wegen den Anforderungen BVerfG NVwZ **05**, 323.
Abstammungsverfahren: PKH ist auch bei §§ 640 ff statthaft, Köln FER **01**, 131.
Arbeitsgericht: Im Verfahren vor den Arbeitsgerichten gelten die §§ 114 ff entsprechend, § 11 a I, III ArbGG, LAG Kiel NZA-RR **05**, 51, LAG Mainz NZA-RR **04**, 233, ArbGG Nürnb MDR **05**, 697. Darin liegt keine Befreiung von den Gerichtskosten, LAG Hamm DB **81**, 1576. Die erforderlichen Vordrucke für die Angaben über die persönlichen und wirtschaftlichen Verhältnisse des Antragstellers werden nach § 11 a IV ArbGG vom Bundesminister für Arbeit und Sozialordnung eingeführt. Vgl die VO v 24. 11. 80, BGBl 2163. Einzelheiten und Kritik Lepke DB **85**, 488. Eine Beiordnung nach § 11 a I ArbGG mag zwar eine Art beschränkter PKH sein. Man muß sie aber trotzdem nach den Voraussetzungen und Rechtsfolgen anders beurteilen, LG Halle MDR **97**, 1131. Manche sehen im Antrag nach §§ 114 ff ZPO als „minus" denjenigen nach § 11 a I ArbGG enthalten, LAG Bre MDR **86**, 525. Eine verspätete Entscheidung über das PKH-Gesuch kann gegen Art 103 I GG verstoßen, LAG Mü AnwBl **88**, 122.

Unanwendbar sind §§ 114 ff vor einem Schlichtungsausschuß nach § 111 II ArbGG, LAG Düss JB **90**, 748.

24 **Arrest:** PKH ist auch für dieses Verfahren statthaft.
Arzthaftung: PKH ist auch bei ihrer Klärung statthaft, Stgt VersR **05**, 524.
Asylverfahren: PKH ist auch für dieses Verfahren statthaft, OVG Weimar NJW **98**, 3660.
Auslandsunterhalt: Rn 41 „Unterhalt".
Beschwerdeverfahren: § 127 Rn 35.
Betreuungsverfahren: Rn 26 „Freiwillige Gerichtsbarkeit".
Beweissicherung: Rn 38.

25 **Eheverfahren:** PKH ist auch für dieses Verfahren statthaft, Ffm FamRZ **92**, 700, Köln FamRZ **04**, 1117, Wax FamRZ **85**, 10 (Üb). Man muß aber beachten, daß im Eheverfahren die Rechtsverteidigung schon dann aussichtsreich ist, wenn die Partei das Verfahren irgendwie in einem ihr günstigen Sinn beeinflussen kann, Celle FamRZ **78**, 606, Hamm NJW **78**, 171, etwa indem sie als Scheidungsantragsgegner die Aussöhnung behauptet. Es ist zumindest ein Antrag erforderlich, Düss FamRZ **79**, 158. Manche lassen die Zustimmung zum Scheidungsantrag des Gegners nur ausreichen, wenn die Voraussetzungen des § 1566 I BGB hinreichend dargetan sind, Düss FamRZ **79**, 159, AG Lüdenscheid FamRZ **94**, 314 betr § 1565 II BGB. Wegen der Beiordnung im Verfahren auf eine einstweilige Anordnung vgl §§ 620 ff. Wegen einer sog Schutzschrift Grdz 7 vor § 128.

Grds erfolgt die Bewilligung für *alle* anhängigen Folgesachen, Mü FamRZ **95**, 822, aM Zweibr FamRZ **01**, 1466 (aber § 624 II gebietet keineswegs eindeutig in einem schon grds gefährlichen Umkehrschluß die Unanwendbarkeit auf weitere Folgesachen).

Es gibt *keine* Bewilligung nur für die Folgesachen bei einer gleichzeitigen Ablehnung für den Scheidungsantrag, Düss NJW **78**, 1866, Hamm FamRZ **77**, 800, aM Karlsr FamRZ **78**, 124 (aber ohne

Titel 7. Prozesskostenhilfe und Prozesskostenvorschuss **§ 114**

Scheidung keine Folgesache), oder für Folgesachen, für die kein Antrag oder keine Erfolgsaussicht vorliegt, Schlesw SchlHA **78**, 162, oder nur für außergerichtliche Vergleichsverhandlungen, die nicht zu einem Prozeßvergleich führen sollen, Ffm MDR **89**, 550, oder nur für einen außergerichtlichen Vergleich, Ffm MDR **89**, 550. Eine Abtrennung kann einen neuen Antrag und eine neue Entscheidung zur PKH notwendig machen, Naumb FamRZ **01**, 1469 rechts.

Einrede: §§ 114 ff gelten *nicht* schon für solche einzelne Handlung.

Einstweilige Anordnung, Verfügung: PKH ist auch für diese Verfahren statthaft, Düss (6. ZS) Rpfleger **95**, 117, Ffm FamRZ **02** , 401 (sogar trotz Hauptverfahrens), KG FamRZ **05**, 526, aM Düss (10. ZS) Rpfleger **94**, 28 (aber Buch 1 gilt auch bei diesen Eilverfahren, solange sie keine Sonderregeln enthalten). Das gilt auch für eine notwendige Schutzschrift, aM Düss FamRZ **85**, 502 (nicht bei Unterhalt. Gerade dann mag sie aber geboten sein).

Entschädigungsverfahren: §§ 114 ff gelten auch in einer Entschädigungssache, § 209 I BEG. **26**

Finanzgericht, dazu *Zenke/Brandenburg,* Kosten des finanzgerichtlichen Prozesses, 1997: Im Verfahren vor dem Finanzgericht gelten nach § 142 FGO auch die §§ 114 ff, BFH DB **88**, 536. Der Antrag ist noch vor der Klagerhebung zulässig, BFH BB **87**, 221. Es kommen die Beiordnung eines ProzBev, BFH BB **86**, 2402, auch eines Steuerberaters und seine Vergütung im Weg der PKH in Betracht, § 46 StBGebV, Hartmann Teil VII B 6 C. Zur Begründung einer Ablehnung BFH DB **87**, 568. Zu einigen Besonderheiten des finanzgerichtlichen Verfahrens BFH BB **85**, 2160.

Folgesache: Rn 25 „Eheverfahren".

Freiwillige Gerichtsbarkeit: Wegen der Verweisung in § 14 FGG auf die ZPO, vgl auch § 103 I 1 SachenRBerG, ist PKH auch im FGG-Verfahren möglich, Celle FGPrax **03**, 30, Drsd FamRZ **05**, 1188 (je: auch wegen § 127, dazu aM Zimmer FamRZ **05**, 1146), Ffm FGPrax **03**, 175, Hbg FamRZ **01**, 775 (Verfahrenspfleger hat freilich Vorrang), aM Zweibr FamRZ **99**, 1092, AG Arnsbg FamRZ **85**, 834, Zimmermann Festschrift für *Musielak* (2004) 736 (nur begrenzt anwendbar, aber § 14 FGG ist eindeutig, Einl III 39). Das GKG ist nicht stets anwendbar, (zum alten Recht) Mü MDR **87**, 856, LG Bln FamRZ **89**, 209. § 9 LwVG verweist auf § 14 FGG.

S aber auch § 127 Rn 86.

Gebrauchsmustersache: §§ 129 ff PatG, Rn 34 „Patentgericht", sind entsprechend anwendbar, § 21 II **27** GebrMG.

Geschmacksmustersache: Rn 34 „Patentgericht".

Hilfsantrag: Rn 32 „Mehrheit von Klaganträgen". **28**

Insolvenz, dazu *König* NJW **00**, 2485 und 2487 (Rspr-Üb zur Verbraucherinsolvenz); *Lumpert,* Prozeßkostenhilfe im Verbraucherinsolvenzverfahren usw, Diss Würzb 2000: §§ 114 ff sind in jedem Verfahren nach der InsO anwendbar. § 4 InsO erfaßt nach seinem Wortlaut und Zweck *alle* Verfahrensarten, BGH NJW **03**, 2911, Köln DB **00**, 813, LG Gött Rpfleger **03**, 317, aM Ffm Rpfleger **99**, 559, LG Mannh JB **00**, 162, LG Memmingen RR **00**, 129 (je: Eröffnungsverfahren), LG Duisb Rpfleger **00**, 294 (nach Eröffnung), LG Bad Kreuznach BB **00**, 384, LG Mannh JB **00**, 162 (je: überhaupt nicht), AG Köln NJW **99**, 1642, AG Osnabr JB **00**, 271 (je: nur für einzelne Abschnitte), Maier Rpfleger **00**, 5 (nicht bei Vorstufe der Restschuldbefreiung), LG Bre MDR **00**, 110, Vallender MDR **99**, 601 (je: wegen § 26 I InsO nicht beim Eigenantrag des Schuldners. Aber § 4 InsO erfaßt entgegen AG Köln NJW **99**, 1642 auch alle diese Formen).

Wegen einer *Stundung* gelten §§ 4 a–d InsO. Sie verweisen auf einzelne Vorschriften der §§ 114 ff.

Justizverwaltung: §§ 114 ff gelten auch bei der Anfechtung einer Maßnahme der Justizverwaltung, § 29 III **29** EGGVG.

Kindschaftsverfahren: PKH ist auch für den Kindschaftsprozeß zulässig, Hbg FamRZ **96**, 224, Karlsr **30** FamRZ **95**, 1163, Wax FamRZ **85**, 10 (Üb). In einer Kindschaftssache muß man aus den obigen Gründen auch dem Bekl die PKH bewilligen, und zwar auch dann, wenn sich die Mutter des Kindes ungünstig zum Klagantrag geäußert hat, Ffm FamRZ **85**, 419. Es steht nicht entgegen, daß das Gericht den Sachverhalt dort von Amts wegen untersuchen muß. Darauf allein darf das Gericht die Ablehnung der PKH nicht stützen. Es würde nämlich Art 103 I GG verletzen, BVerfG NJW **57**, 1228.

Das schließt aber nicht aus, daß das Gericht dann, wenn das Kind der Anfechtungsklage nichts Er- **31** hebliches entgegensetzen kann, die PKH *ablehnen* darf und muß, BVerfG NJW **59**, 1028, großzügiger Köln FamRZ **87**, 400, ZöPh 53 (über die weiteren Regeln zu §§ 114 ff gelten hier ebenfalls). Ausreichend ist eine Widerklage des Kindes, das die Vaterschaft auf die gleichgerichtete Klage des Vaters ebenfalls anficht. Jedenfalls dürfen niemals fiskalische Interessen den Vorrang vor der Möglichkeit für die Partei erhalten, ihre Lage durch die Beiordnung eines Anwalts vorteilhafter zu gestalten, Mü AnwBl **81**, 507. Das gilt auch dann, wenn lediglich die Tatsachenerklärung erforderlich ist. Sie ist oft die schwierigste Seite eines Prozesses, Karlsr FamRZ **01**, 1532.

PKH kommt für eine Ehelichkeitsanfechtungsklage *nicht* in Betracht, wenn das in Deutschland lebende klagende Kind nach dem maßgeblichen (italienischen) Heimatrecht nicht als ehelich gilt, Düss FER **99**, 147. Die für ein Kindschaftsverfahren gewilligte PKH erstreckt sich *nicht* auf das Verfahren über eine einstweilige Anordnung nach § 641d, das ein selbständiges Verfahren im Sinn von § 114 ist. Denn dort liegt ein anderer Streitgegenstand und eine geringere Höhe des Streitwerts vor.

Mahnverfahren: PKH kommt zwar grds schon für das Mahnverfahren in Betracht, Hamm FamRZ **00**, **32** 1023, Köln Rpfleger **95**, 303, Oldb MDR **02**, 910. Wegen des dortigen Wegfalls einer Schlüssigkeitsprüfung nach § 691 Rn 6 erfolgt aber eine Prüfung der Erfolgsaussichten nach § 114 nur im Fall eines Rechtsmißbrauchs usw nach § 691 Rn 7 und ist eine PKH nur ausnahmsweise geboten, LG Stgt Rpfleger **94**, 170. Wegen der Fortwirkung im streitigen Verfahren § 119 Rn 40.

Markenrecht: PKH ist im markenrechtlichen Rechtsbeschwerdeverfahren entsprechend § 82 I, II 1 MarkenG möglich, BGH DB **99**, 1901, BPatG GRUR **03**, 728, im übrigen *nicht,* BPatG GRUR **02**, 735.

Mehrheit von Anträgen: Das Gericht kann PKH für den einen Klagantrag bewilligen, für den anderen ablehnen, Rn 40. Wenn auch der Hilfsantrag erfolgversprechend ist, kommt auch für ihn eine Bewilligung in Betracht. Das Gericht darf aber nicht mehrere Klagegründe trennen.

Hartmann 499

§ 114

33 Nebenkläger: Rn 39 „Strafgericht".

34 Patentgericht, dazu *Kelbel* GRUR **81**, 5 (Üb): Im Verfahren vor den Patentgerichten und vor dem BGH in Patentsachen gibt es neben dem Unterschied, daß das Gesetz dort von Verfahrenskostenhilfe spricht, einige inhaltliche Abweichungen, §§ 129 ff PatG. Im übrigen gelten die §§ 114 ff sinngemäß, § 130 I 1 PatG, BPatG GRUR **00**, 307. Dasselbe gilt nach § 21 II GebrMG, BPatG GRUR **86**, 734, auf den auch § 11 II Halbleiterschutzgesetz verweist, nach § 24 GeschmMG und nach § 44 V 2, 46 III 2 SortenSchG.

Privatkläger: Rn 39 „Strafgericht".

35 Prozeßkostenhilfeverfahren: Die Bewilligung von PKH kommt *grundsätzlich nicht* schon für das Bewilligungsverfahren in Betracht, BGH **159**, 265 (abl Wax LMK **04**, 236: rät, den BGH „nicht zu beachten"!?), Düss FamRZ **01**, 1155 („herrschende Meinung"), OVG Lüneb NVwZ-RR **03**, 790, aM Bbg RR **05**, 652, Düss FamRZ **01**, 1155, Mü MDR **97**, 891 (es hält sich für die „herrschende Meinung"). Vgl aber zu diesem Problembegriff Einl III 47). PKH kommt auch nicht schon deswegen stets in Betracht, weil im Bewilligungsverfahren eine Beweisaufnahme erfolgt, LG Aachen MDR **86**, 504 (krit Schneider MDR **86**, 857), aM Köln JMBlNRW **83**, 125, ThP 1 (vgl aber Rn 86). Sie kommt auch nicht schon deshalb in Betracht, weil das PKH-Verfahren dem Hauptsacheverfahren nahekommt, Nürnb MDR **02**, 237, oder weil der Gegner einen völlig überzogenen Anspruch stellt, aM AG Bergisch-Gladb JB **02**, 149, oder weil es um schwierige Tat- oder Rechtsfragen geht, aM Bbg RR **05**, 652.

PKH kommt allerdings *ausnahmsweise für* einen *Vergleich* nach § 118 in Betracht, Rn 43 „Vergleich". Sie kann ferner im Stadium der Anhängigkeit der durch Bewilligung von PKH bedingten Klage in Betracht kommen, Rn 84 „Anhängigkeit". Eine Bewilligung erfolgt auch nicht im Beschwerdeverfahren nach § 127, dort Rn 88.

Prozeßkostenvorschuß: §§ 114 ff sind für das Verfahren auf seinen Erhalt anwendbar, Bbg FamRZ **86**, 484.

36 Rechtsmittelinstanz: Die Bewilligung erfolgt für jeden Rechtszug gesondert, § 119 Rn 29. Wegen des Beschwerdeverfahrens nach § 127 Rn 35, PKH kommt auch für eine Rechtsbeschwerde infrage, BGH NJW **04**, 2022.

Ruhen des Verfahrens: Für seine Dauer kommt *keine* PKH infrage, LAG Hamm NZA **04**, 102.

37 Scheidung: Rn 25 „Eheverfahren".

Schiedsrichterliches Verfahren: PKH kommt *grds nicht* für dieses Verfahren in Betracht, Stgt BauR **83**, 486. Möglich ist aber PKH im Verfahren nach §§ 1032 II, III, 1041 ff, 1050, 1059.

Schmerzensgeld: Rn 41 „Unbezifferter Anspruch".

Schutzschrift: Grdz 9 vor § 128.

38 Selbständiges Beweisverfahren: PKH kommt auch für das selbständige Beweisverfahren in Betracht, Oldb MDR **02**, 910, Saarbr MDR **03**, 1436. Das gilt auch für das im Hauptprozeß stattfindende, Köln Rpfleger **95**, 303, LG Karlsr MDR **93**, 914, LG Stade MDR **04**, 470, aM LG Bonn MDR **85**, 415, LG Flensb SchlHA **87**, 154 (es reicht aber eine „beabsichtigte" Rechtsverfolgung). Dabei kommt es auf die Erfolgsaussicht nicht der beabsichtigten oder schon erhobenen Klage an, sondern nur auf diejenige des Beweisantrags, Oldb MDR **02**, 910, Saarbr MDR **03**, 1436, LG Stade MDR **04**, 470.

Eine Bewilligung ist grds auch für den *Antragsgegner* möglich, Saarbr MDR **03**, 1436, LG Augsb WoM **96**, 233, ZöPh 2, aM LG Hann JB **86**, 765 (aber §§ 114 ff stehen grds beiden Parteien offen). Eine gesonderte Bewilligung neben derjenigen für ein schon und noch anhängiges Hauptverfahren ist stets erforderlich. Denn das Verfahren nach §§ 485 ff gehört nicht zum Rechtszug, § 48 IV Z 4 RVG, § 119 Rn 43 „Selbständiges Beweisverfahren".

39 Sorgerecht: PKH kommt bei § 1640 I BGB nicht erst nach Anordnung einer Nachlaßverwaltung infrage, Köln FamRZ **04**, 1117.

Sortenschutzsache: Rn 34 „Patentgericht".

Sozialgericht: Im Verfahren vor den Sozialgerichten sind die §§ 114 ff entsprechend anwendbar, § 73a I 1 SGG, BSG JB **96**, 533, LSG Mü AnwBl **88**, 421 (strengere Maßstäbe), Becker SGB **02**, 428 (ausf). Dabei enthalten §§ 114–127 a auch für das sozialgerichtliche Verfahren eine abschließende Regelung, OVG Hbg FEVS **33**, 476. Wegen der evtl Zuständigkeit des EuGH BSG NJW **84**, 576. Die Versagung der Beiordnung eines Anwalts verstößt nicht stets gegen Art 3 I, 103 I GG, BVerfG AnwBl **86**, 211. Zur entsprechenden Anwendung von § 575 Behn DRiZ **88**, 331.

Sozialhilfe: Vgl Rn 18 „Sozialhilfe".

Strafgericht: §§ 114 ff gelten entsprechend auch im Strafprozeß, § 379 III StPO, BGH NJW **92**, 2306, Ruppert MDR **95**, 556 (je: Nebenkläger, Revision), Düss MDR **93**, 70 (evtl sogar für Zeugen), aM Düss MDR **88**, 990 (nur für den Privat*kläger*, nicht den dortigen Angeklagten). §§ 114 ff gelten ferner entsprechend im Strafvollzug, BVerfG Rpfleger **01**, 188. Zu den Anforderungen im Klageerzwingungsverfahren Düss MDR **92**, 1071.

Stufenklage: Die Stufenklage ist eine Verbindung mehrerer Ansprüche einer Klage nach § 254 Rn 1, die zugleich rechtshängig werden. Deshalb ist es *unzulässig*, PKH nur für die erste Stufe zu bewilligen, Jena FamRZ **05**, 1186. Denn der Kläger müßte dann für die nächsten Stufen einen Vorschuß leisten, § 119 Rn 43 „Stufenklage" (dort zur Streitfrage), Karlsr FamRZ **04**, 547, aM KG FamRZ **05**, 461. Das gilt auch für den Bekl, aM Brdb FamRZ **98**, 1177, Köln FamRZ **85**, 623 (aber die Voraussetzungen der PKH gelten grds für beide Parteien). Mag das Gericht PKH nur in einem vernünftigen Rahmen bewilligen oder den Leistungsantrag vorläufig beziffern, Karlsr FamRZ **04**, 547.

40 Teilklage: Die Notwendigkeit einer bloßen Teilklage ist keineswegs die Regel, ZöPh 36, aM Ffm FamRZ **84**, 809 (vgl aber § 322 Rn 51 ff „Nachforderung"). Im Fall einer notwendigen Teilklage darf das Gericht nur und muß für diese Teilforderung PKH bewilligen, JB **81**, 611, Bbg FamRZ **85**, 1142. Wenn freilich wegen des Restbetrags der Gesamtforderung eine Verjährung droht, hat der Antragsteller im allgemeinen ein Feststellungsinteresse wegen des Rests, § 256 I.

41 Unbezifferter Anspruch: Soweit er nach § 253 Rn 51 ff zulässig ist, muß das Gericht schätzen, ob er voll oder teilweise Erfolg haben kann, und evtl wie bei einer Teilklage vorgehen, Rn 40.

Titel 7. Prozesskostenhilfe und Prozesskostenvorschuss **§ 114**

Unterbrechung: Während ihrer Dauer kommt *keine* PKH infrage, LAG Hamm NZA **04**, 102.
Unterhalt: Die Entscheidung über PKH nach dem AUG erfolgt für das Verwaltungsverfahren durch das AG und ist nach § 23 EGGVG anfechtbar, §§ 114 ff sind also unanwendbar, Brschw IPRax **87**, 236, Ffm FamRZ **87**, 302, KG RR **93**, 69. §§ 114 ff gelten sowohl im Klage- als auch im Vereinfachten Verfahren der §§ 645 ff, Naumb Rpfleger **99**, 450. Vgl ferner Rn 25 „Eheverfahren", Rn 30, 31, Rn 43 „Vergleich".
Verfassungsgericht: §§ 114 ff gelten entsprechend auch im verfassungsgerichtlichen Verfahren, zB evtl im **42** Verfahren der Verfassungsbeschwerde, BVerfG NJW **95**, 1415 und 2911, oder bei einer Vorlage nach Art 100 I GG, BVerfG **93**, 180.
Vergleich: Grundsätzlich kommt zwar PKH grds nicht schon für das Bewilligungsverfahren in Betracht, **43** Rn 35 „Prozeßkostenhilfeverfahren". Indessen ist ausnahmsweise eine Bewilligung von PKH für einen gerichtlichen Vergleich im Verfahren nach § 118 I 3 Hs 2 statthaft, BGH **159**, 265 (abl Wax LMK **04**, 236), Köln MDR **02**, 232, AG Emmerich MDR **01**, 656. Der Vergleich darf über den beabsichtigten oder bereits eingeklagten Klaganspruch hinausgehen. Denn die Vorschrift gestattet die Protokollierung eines umfassenden Vergleichs, aM Hbg JB **96**, 26 (aber § 118 I 3 Hs 2 gibt gar nichts für eine solche Einschränkung her. Sie würde auch der Prozeßwirtschaftlichkeit klar widersprechen, Grdz 14 vor § 128). Daher kann die Bewilligung auch in diesem Vergleichsfall für das gesamte PKH-Verfahren in Betracht kommen, Düss FamRZ **01**, 1155, Hamm FamRZ **05**, 528, Mü RR **04**, 65. Das gilt jedenfalls dann, wenn die beabsichtigte Rechtsverfolgung bzw -verteidigung Erfolgsaussicht hat bzw gehabt hatte, Kblz FamRZ **90**, 181, Köln MDR **02**, 232. Die Bewilligung muß aber eindeutig sein, Hamm AnwBl **85**, 654, Köln MDR **02**, 232.
Eine solche Bewilligung erstreckt sich *nicht* auch auf einen *außergerichtlichen* Vergleich, Ffm MDR **89**, 550, Nürnb JB **92**, 49, Schneider MDR **85**, 814, aM Nürnb (10. FamS) FamRZ **02**, 760 (aber der Prozeß war schon Monate vorher erledigt). Überhaupt ist eine Bewilligung nicht für außergerichtliche Verhandlungen zulässig, die nicht zu einem Prozeßvergleich führen sollen.
Versäumnisurteil: §§ 114 ff gelten *nicht* schon für diese einzelne Handlung, Köln MDR **88**, 588.
Verwaltungsgericht: Rn 133, OVG Lüneb NVwZ-RR **03**, 906, Brehm/Zimmerling NVwZ **04**, 1208 (verstärkte Bedeutung seit 1. 7. 04).
Verwaltungssache: §§ 114 ff gelten *nicht* für ein Verwaltungsverfahren, AG Weilbg FamRZ **00**, 756.
Widerklage: Wenn das Gericht dem Kläger für seine Klage PKH bewilligt, dann sind trotz der grundsätz- **44** lichen Notwendigkeit getrennter Prüfung von Klage und Widerklage im allgemeinen auch die sachlichen Voraussetzungen für die Bewilligung von PKH zur Rechtsverteidigung gegenüber einer etwaigen Widerklage erfüllt, und umgekehrt. In einer Ehesache erstreckt sich die Beiordnung eines Anwalts auch ohne eine diesbezügliche ausdrückliche Anordnung auf die Rechtsverteidigung gegenüber der Widerklage, § 48 IV Z 4 RVG.
Zuständigkeitsbestimmung: PKH kann auch im Verfahren nach § 36 I Z 6 in Betracht kommen, **45** ZöPh 2, aM BGH MDR **84**, 214 (aber Buch 1 enthält allgemeine Vorschriften. Außerdem ist es prozeßwirtschaftlich, PKH auch in diesem Verfahren für statthaft zu halten, Grdz 14 vor § 128).
Zustellung: §§ 114 ff gelten *nicht* für solche einzelne Handlung, aM LG Trier DAVorm **87**, 684 (vgl aber § 119 I 1).
Zwangsversteigerung: PKH kommt auch im Zwangsversteigerungsverfahren in Betracht, BGH FamRZ **04**, 177 Rechts unten. Das gilt zB bei einer Teilungsversteigerung nach § 180 ZVG, LG Frankenth Rpfleger **02**, 219. Vgl aber § 119 Rn 68 (Notwendigkeit näherer Darlegung).
Zwangsverwaltung: PKH kommt auch im Zwangsverwaltungsverfahren in Betracht, § 117 Rn 23, Hamm VersR **89**, 929.
Zwangsvollstreckung, dazu *Fischer* Rpfleger **04**, 190 (Üb): § 119 Rn 68–70.

6) Persönliche und wirtschaftliche Verhältnisse, S 1, 2. Man sollte drei Aspekte beachten. **46**

A. Bedürftigkeit. Es kommt auf die persönlichen Verhältnisse gerade des Antragstellers an, § 115 Rn 5, Bbg NJW **05**, 1286, Karlsr JB **04**, 383 links, Köln FamRZ **03**, 1394 (also nicht auch der Angehörigen). Man muß sie nach dem Gesetzeswortlaut von seinen wirtschaftlichen Verhältnissen unterscheiden. In der Praxis läßt sich eine solche Trennung kaum durchführen. Immerhin ist zB denkbar, daß ein Antragsteller zwar derzeit noch bemittelt ist, jedoch nachweisbar langfristig derart erkrankt ist, daß diese immaterielle Beeinträchtigung dazu zwingt, ihm sein Vermögen und seine derzeitigen Einkünfte zu belassen, da man ihnen einen entsprechend hohen Augenblicksbedarf und eine ausreichende Vorsorgepauschale entgegensetzen muß. Das Gericht braucht nicht mehr zu prüfen, ob durch die auch nur teilweise Bezahlung der voraussichtlichen Prozeßkosten sogar eine Gefährdung des notwendigen Unterhalts des Antragstellers und seiner Familie eintreten würde. Insofern ist das jetzige Recht für den Antragsteller günstiger.
Eine Bewilligung kommt schon dann in Betracht, wenn man *noch keineswegs* von einer *Gefährdung* des notwendigen Unterhalts sprechen kann. Andererseits darf auch das Gericht eine PKH aber wegen in voller Höhe noch wegen eines Teils der Prozeßkosten schon dann bewilligen, wenn eine bloße Gefährdung der Zahlungsfähigkeit vage möglich ist oder sich nicht ausschließen läßt. Es muß im Zeitpunkt der Entscheidung über den Antrag nach Rn 48 ein echtes, wenn auch vielleicht nur teilweises oder vorübergehendes persönliches Unvermögen zur Zahlung vorliegen, Düss AnwBl **84**, 445, eine wenigstens wahrscheinliche Unfähigkeit. Nach bereits erfolgter Kostenzahlung gibt es daher keine PKH mehr, auch nicht zwecks rückwirkender Erstattung, AG Ffm DGVZ **89**, 190.

B. Prüfungsmaßstab: Großzügigkeit. Das Gericht sollte die Anforderungen an diese Voraussetzung **47** der Bewilligung bei aller Sorgfalt der Prüfung nach Üb 7 vor § 114 doch großzügig ansetzen, Düss FamRZ **89**, 883, Köln FamRZ **97**, 1087. Der Gesetzgeber hat zwar keinen Nulltarif eingeführt, Grdz 12 vor § 111. Er hat ebensowenig denjenigen nachgegeben, die in noch weit stärkerem Maße das finanzielle Risiko eines Zivilprozesses herabmindern wollten. Dennoch zwingt schon die Kompliziertheit des PKH-Rechts zu einer gewissen Großzügigkeit, Üb 3 vor § 114.

§ 114

Überspannte Anforderungen sind verboten, BVerfG NVwZ **04**, 335. So entgegenkommend das Gericht bei der Prüfung der formellen Voraussetzungen und der wirtschaftlichen Einzelfaktoren vorgehen darf, so wenig sollte es allerdings schon im Grundsatz jedem PKH bewilligen, der irgendwelche kaum nachprüfbaren Behauptungen aufstellt, durch die sein finanzielles Unvermögen dargetan werden soll. Die meisten Abgrenzungsgesichtspunkte sind dadurch überholt, daß das jetzige Recht die Möglichkeit der Ratenzahlung oder der finanziellen Beteiligung an den Prozeßkosten aus dem Vermögen des Antragstellers geschaffen hat und dadurch versucht, die Grenzfälle der nicht völlig Unbemittelten, aber eben auch nicht genügend Bemittelten zu erfassen. Eine Bewilligung kommt sowohl für die eine Partei des Hauptprozesses als auch für ihren Prozeßgegner gleichzeitig oder nacheinander in Betracht.

48   **C. Maßgeblicher Zeitpunkt: Bewilligungsreife.** Für die Frage, ob der Antragsteller die Kosten der Prozeßführung nach Rn 76 gar nicht, nur zum Teil oder nur in Raten aufbringen kann, ist wie bei der Prüfung der Erfolgsaussicht nach Rn 80 der Zeitpunkt maßgeblich, zu dem das Gericht im Fall einer ordnungsgemäßen Behandlung des Antrags über ihn entscheiden muß, § 119 Rn 5, Bbg JB **90**, 1644 (evtl also Zeitpunkt der Beschwerdescheidung), Köln FamRZ **97**, 177, OVG Greifswald FamRZ **96**, 98, OVG Hbg (4. Sen) FamRZ **05**, 464 (Eilverfahren), aM OVG Hbg FamRZ **05**, 45 (aber die Entscheidungsreife ist bei allen Teilfragen der durchgängig allein verantwortbare Zeitpunkt). Dieser Zeitpunkt kann erheblich vor demjenigen liegen, in dem das Gericht seine Entscheidung tatsächlich getroffen hat, § 119 Rn 4. In einem solchen Fall ist eine rückwirkende Bewilligung erforderlich und zulässig, § 119 Rn 3. Soll das Scheidungsverfahren im Zeitpunkt der Entscheidung über das PKH-Gesuch nicht mehr betrieben werden, so ist keine PKH mehr statthaft, auch kaum rückwirkend, Ffm FamRZ **84**, 306. Für den Zeitraum vor dem Eingang eines ordnungsgemäßen Antrags kommt eine rückwirkende Bewilligung in Betracht. Eine allzu lange Dauer des PKH-Verfahrens ist unzulässig, Art 19 IV GG, BVerfG NVwZ **04**, 335. Wegen einer Gesetzesänderung Karlsr FamRZ **05**, 630 (bitte im einzelnen lesen).

49   **D. Beispiele zur Frage der Bedürftigkeit**
Abfindung: Der Antragsteller braucht eine arbeitsrechtliche Abfindung kaum zur Beseitigung seiner Bedürftigkeit einzusetzen, LAG Bln NJW **81**, 2775, ebensowenig eine Entschädigung nach dem Contergan-Stiftungs-Gesetz, Celle FamRZ **83**, 1156, Hamm FamRZ **86**, 1102, oder eine Abfindung, durch deren Einsatz der durch sie gedeckte notwendige Unterhalt beeinträchtigt würde, Kblz FamRZ **87**, 1284.
Abtretung: Rn 55 „Fremdes Recht".
Abzahlungspflicht: Das Gericht darf eine PKH darf nicht schon deshalb ablehnen, weil der Antragsteller Abzahlungspflichten eingegangen ist, die seinem Einkommen angemessen waren, Hamm MDR **87**, 1031 (vor allem bei Unkenntnis vom bevorstehenden Prozeß), KG FamRZ **84**, 413, aM Düss MDR **84**, 150, Ffm FamRZ **82**, 416, Hbg AnwBl **75**, 139 (die Möglichkeit der §§ 114 ff dienten nicht der Finanzierung solcher Pflichten. Aber solche Pflichten können zu einer sorgfältigen Lebensplanung gehören und längst vor dem Prozeß entstanden sein).
Arbeitsaufnahme: Rn 72, 73.
Arbeitsgerichtsverfahren: Wegen der Bedürftigkeitsfrage gelten nicht § 19 a I 1 ArbGG, sondern §§ 114 ff, Leser NJW **81**, 791.
Ausländer: Das Gericht muß ihn ist auch für die Bedürftigkeit nach den in Rn 10 „Ausländer, Mehrstaater, Staatenloser" genannten Regeln beurteilen, BFH Rpfleger **97**, 172 (Niederländer).
50   **Bausparguthaben:** Rn 58 „Kapital".
Brandentschädigung: Der Antragsteller braucht sie ebensowenig wie eine andere Abfindung zu verwenden, Rn 49 „Abfindung".
51   **Contergan-Stiftungs-Gesetz:** Rn 49 „Abfindung".
52   **Darlehen:** Der Antragsteller muß sich die Möglichkeit anrechnen lassen, in zumutbarem Umfang ein Darlehen aufzunehmen, das zB seinen Unterhalt nicht gefährdet, Ffm MDR **79**, 587, KG FamRZ **83**, 1267, aM Kothe DB **81**, 1176, Schneider MDR **81**, 2 (aber der Staat ist kein billigerer Kreditgeber). Das gilt insbesondere bei nur kurzfristigem Zwischenkredit, Köln VersR **01**, 1307. Er braucht allerdings grds kein Darlehen aufzunehmen, wenn er nicht in größerem Umfang am Wirtschaftsleben teilnimmt, Ffm FamRZ **87**, 179, Mü NJW **81**, 2129, Schneider MDR **81**, 796, aM VG Ffm RR **87**, 1535, Christel NJW **81**, 790, ThP § 115 Rn 20 (aber eine Privatverschuldung ist oft eine sehr starke psychologische Familienlast). Eine vergleichsweise übernommene Tilgungspflicht ist keine Bedürftigkeitsbegründung, Zweibr FamRZ **02**, 1341.
Selbst bei Teilnahme am Wirtschaftsleben braucht man durch ein Darlehen, das dann grds zumutbar sein mag, Brdb JB **97**, 30, aber nicht die Existenz zu gefährden.
Deckungsprozeß: Rn 73 „Versicherung".
Dritter: Wenn die Partei zu einem am Prozeßausgang interessierten Dritten in engen Rechtsbeziehungen anderer als der in § 116 erwähnten Art steht, muß sie die Vermögenslosigkeit auch des Dritten glaubhaft machen, etwa beim ständigen Freund, Kblz FamRZ **87**, 612. Dazu gehört aber nicht ein Gläubiger-Schuldner-Verhältnis, Schneider DB **78**, 289. Man muß einen Unterhalt usw, den ein Dritter dem volljährigen Unterhaltsgläubiger freiwillig oder sonstwie zahlt, als Einkommen berücksichtigen, Hamm FamRZ **88**, 1271, Köln FamRZ **00**, 1093. Der Pfändungsschuldner ist trotz der Überweisung der Forderung zur Einziehung an einen Dritten weiter selbst an der Zahlung an diesen interessiert. Er braucht also keine Vermögenslosigkeit nachzuweisen, Schneider DB **78**, 289.
53   **Ehe:** Rn 56 „Getrenntleben", Rn 59, Rn 70 „Unterhalt".
Eheähnliche Gemeinschaft: Auch hier kommt es nur auf Einkommen und Vermögen des Antragstellers an, Rn 46, Karlsr FamRZ **05**, 44, aM LAG Köln NZA-RR **04**, 552 (fingiert 50% der Differenz der Einkommen als Zuwendung).
Eigenheim, Familienheim: Bei den nach § 115 abzugsfähigen Belastungen im Sinn des KJHG sind Zins- und Tilgungsleistungen für ein sozial angemessenes Eigenheim bedingt absetzbar. Es ist eine Gesamtabwägung erforderlich, OVG Münst FamRZ **86**, 188. So kann zB ein sehr hoher Zinsverlust zumutbar sein,

Titel 7. Prozesskostenhilfe und Prozesskostenvorschuss § 114

Düss FamRZ **86**, 1123. Der zu erwartende Überschuß aus einer Teilungsversteigerung zählt kaum hierher, Bre FamRZ **83**, 637, aM LG Saarbr Rpfleger **87**, 126 (aber eine bloße Erwartung ist noch keine gegenwärtige Verbesserung). Man muß den Erlös aus dem Verkauf eines Familienheims natürlich berücksichtigen, Ffm FamRZ **86**, 925, selbst wenn er der Beschaffung einer Wohnung dient, Schlesw SchlHA **84**, 128, Schneider Rpfleger **85**, 49. Allerdings kommt eine Teilungsversteigerung während des Getrenntlebens der Miteigentümer-Eheleute keineswegs stets als zumutbar in Betracht, Celle MDR **87**, 502. Der Nutzungswert der eigengenutzten Wohnung ist mitzubeachten, Haas DB **76**, 2198, aM Karlsr FamRZ **87**, 613, Christel NJW **81**, 787 (aber Wert ist Wert).
  S auch Rn 52 „Darlehen", Rn 58 „Kapital".
Einstweilige Verfügung: Die Grundsätze zur Berücksichtigung eines Anspruchs auf einen Kostenvorschuß nach Rn 59 sind nicht anwendbar, wenn es um eine einstweilige Anordnung oder Verfügung auf die Zahlung eines vorläufigen Unterhalts geht, Düss FamRZ **82**, 513, aM Karlsr MDR **86**, 242 (aber ein solcher Vorschuß kann auch dann voll bestehen). **54**
Erbengemeinschaft: Der mittellose Miterbe, der sich vom Anwalt des nicht hilfsbedürftigen anderen mitbeklagten Miterben mitvertreten lassen kann, verdient *keine* Begünstigung, Schneider DB **78**, 288. Die Erbengemeinschaft darf nicht einen mittellosen Miterben vorschieben, BGH VersR **84**, 989, Karlsr OLGZ **90**, 231. Schwierigkeiten der Ermittlung dürfen nicht zu überspannten Anforderungen führen, BVerfG RR **98**, 1082.
  S auch „Fremdes Recht".
Erkrankung: PKH kommt in Betracht, wenn der Antragsteller zwar derzeit noch bemittelt ist, jedoch nachweisbar langfristig derart erkrankt ist, daß diese immaterielle Beeinträchtigung dazu zwingt, ihm sein Vermögen und seine derzeitigen Einkünfte zu belassen, Rn 46.
Erstattungsanspruch: Rn 58 „Kostenerstattungsanspruch".
Familienrecht: Vgl *Wax* FamRZ **85**, 10 (Üb). **55**
  S auch Rn 56 „Getrenntleben", Rn 58 „Kostenvorschuß", Rn 70 „Unterhalt" usw.
Forderungsübergang: S „Fremdes Recht".
Fremdes Recht: Wer als Prozeßstandschafter ein fremdes Recht aus eigenem oder fremden Recht geltend macht, Grdz 26, 29 vor § 50, muß grds dartun, daß er und der Dritte unvermögend sind. Man darf also den Mittellosen *nicht vorschieben*, Bbg NJW **05**, 1286. Das gilt auch beim Rechtsmittelbekl, BGH VersR **92**, 594, Celle JB **02**, 540, KG FamRZ **96**, 38, aM Karlsr Rpfleger **01**, 245, Stgt MDR **99**, 41 (es komme nur auf die Bedürftigkeit des Kindes an), Hamm FamRZ **01**, 924, Karlsr Rpfleger **01**, 246 (es komme nur auf die Bedürftigkeit des Prozeßstandschafters an). Beide Varianten vernachlässigen die stets gebotene wirtschaftliche Gesamtabwägung).
  Der vermögende *Zedent* darf also den unvermögenden Antragsteller *nicht vorschieben*, um einen billigen Prozeß zu führen. Denn das ist Rechtsmißbrauch, Einl III 54, KG MDR **04**, 710, Kblz MDR **99**, 831, Köln FamRZ **95**, 940. Das gilt aber auch umgekehrt, KG MDR **04**, 710, Stgt VersR **87**, 1048. Auch die Sozialbehörde darf nicht den Hilfsbedürftigen vorschieben, auch nicht durch „treuhänderische Rückabtretung" oder „Einziehungsermächtigung", BGH NJW **96**, 3273, KG FamRZ **02**, 99, Karlsr RR **99**, 1227 (auch zu Ausnahmen), aM Köln FamRZ **03**, 100, Stgt FamRZ **02**, 1044, Zweibr FamRZ **02**, 105 (aber das ist ein geradezu klassischer Fall von Mißbrauch der PKH-Regeln, Einl III 54). Soweit aber der vermögenslose Zedent sein Prozeßführungsrecht sonst nicht durchsetzen könnte, kommen nur seine persönlichen Vermögensverhältnisse in Betracht, Celle RR **99**, 580.
Gefangener: Der sog Freigänger kann nur einen eingeschränkten Selbstbehalt geltend machen, Köln FamRZ **04**, 1744. **56**
Gesellschaft: Das Gericht darf einen mittellosen Gesellschafter, der sich vom Anwalt der nichthilfsbedürftigen beklagten Gesellschafter oder des mitbeklagten anderen Gesellschafters mitvertreten lassen kann, *nicht* begünstigen.
Gesetzlicher Forderungsübergang: Rn 55 „Fremdes Recht".
Getrenntleben: Eine Teilungsversteigerung kommt während des Getrenntlebens der Miteigentümer-Eheleute keineswegs stets als zumutbar in Betracht, Celle MDR **87**, 502.
  S auch Rn 59, Rn 70 „Unterhalt" usw.
Gewerkschaft: Man muß ein Mitglied so beurteilen wie jemanden, der eine Rechtsschutzversicherung abgeschlossen hat, Rn 67 „Rechtsschutzversicherung", BSG JB **96**, 533, LAG Bre MDR **92**, 269, LG Hamm NZA **05**, 544. Das gilt allerdings nur insoweit, als die Gewerkschaft eine Hilfe nicht verweigern kann und darf, LAG Hann AnwBl **84**, 164, LAG Kiel NJW **84**, 830 (abl Grunsky). Beim Vorliegen einer Vertrauensstörung ist dem Arbeitnehmer die Inanspruchnahme des gewerkschaftlichen Rechtsschutzes unter Umständen allerdings unzumutbar, LAG Bln MDR **89**, 572, LAG Bre MDR **95**, 293, LAG Kiel NZA **04**, 104.
Juristische Person: § 116. **57**
Kapital: Der Antragsteller muß ein verfügbares Kapital natürlich *einsetzen*, Bbg FamRZ **85**, 504 (evtl sogar die Klageforderung), Hamm FamRZ **84**, 725 (es muß realisierbar sein). Das gilt zB für ein Bausparguthaben, das die Freibeträge nach § 115, (jetzt) §§ 82 ff SGB XII, beträchtlich übersteigt, Kblz FamRZ **86**, 82 (auch zu einer Ausnahme), oder für eine Lebensversicherung, BGH VersR **85**, 455, Köln VersR **01**, 1307. Man muß auch die Erträge eines Hausverkaufs natürlich einsetzen, selbst wenn man davon ein Ferienhaus erworben hatte, Kblz AnwBl **90**, 164. Entscheidend ist die Höhe der sofort aufbringbaren Kosten im Verhältnis zum zumutbar Verfügbaren. Bei sehr hohen Kosten ist man also trotz verhältnismäßig hohen Einkommens evtl unbemittelt. **58**
  S auch Rn 49 „Abfindung", Rn 50 „Brandentschädigung", Rn 68 „Schmerzensgeld" usw.
Kostenerstattungsanspruch: Bei solcher gegen den Prozeßgegner *mindert* die Bedürftigkeit entsprechend, BGH AnwBl **90**, 328, sofern der Gegner leistungsfähig ist, Köln FamRZ **98**, 632. Freilich muß er schon fällig sein, LG Siegen MDR **93**, 1116, etwa aus einer anderen Sache. Ein Verzicht auf ihn durch Vergleich kann unschädlich sein, LG Köln Rpfleger **90**, 371.

§ 114

59 Kostenvorschuß, dazu *Caspary,* NJW 05, 2577, *Duderstadt* FamRZ 95, 1305 (je: Üb): Rechtsprechung und Lehre sind umfangreich.

a) Berücksichtigung. Das Gericht darf und muß einen Anspruch auf einen Prozeßkostenvorschuß nur berücksichtigen, soweit er bereits rechtlich unzweifelhaft besteht und darüber hinaus auch tatsächlich einigermaßen sicher durchsetzbar ist, BGH Mü MDR 02, 647, Ffm MDR 05, 590, KG FamRZ 03, 773, aM Kblz FamRZ 96, 226, Knops JB 92, 448 (aber dann liegt ein echter Vermögenswert vor). Der Antragsteller muß darlegen, daß beides nicht der Fall ist, Kblz FamRZ 02, 1126.

60 Dieser Grundsatz gilt auch dann, wenn der Anspruch auf den Vorschuß nur *ratenweise* durchsetzbar ist, BGH FamRZ 04, 1633 (zustm Wax LMK 05, 10), Drsd FamRZ 02, 1413, Köln FamRZ 03, 102 links, aM Bbg JB 90, 1643, Karlsr FamRZ 87, 1062 (aber bloße Raten ändern nichts am Anspruchsbestand). Der Grundsatz, daß ein durchsetzbarer Anspruch auf einen Vorschuß zu berücksichtigen ist, gilt ferner auch gegenüber einem neuen Ehegatten, Kblz FamRZ 86, 466, aM Schlesw FamRZ 91, 855 (aber Eheleute haben keine Sonderstellung). Er gilt ferner während der Scheidung gegenüber dem neuen nichtehelichen „Lebensgefährten", der ohnehin bereits voll Unterhalt zahlt, Kblz Rpfleger 91, 375, und auch gegenüber dem betreuenden Elternteil, der neben dem barunterhaltspflichtigen vorschußpflichtig sein kann, Karlsr FamRZ 96, 1100, Kblz FamRZ 01, 632, sowie gegenüber einem Ausländer, Karlsr MDR 86, 242. Derjenige, dem ein Dritter einen Vorschuß leisten muß, muß vergeblich versucht haben, einen Vorschuß zu erlangen, Köln FamRZ 79, 964. Er muß also diesen Versuch oder das Unvermögen des Vorschußpflichtigen dartun, Mü FamRZ 79, 42.

61 b) Keine Berücksichtigung. Das Gericht darf einen Anspruch auf Kostenvorschuß ausnahmsweise in folgenden Fällen nicht oder nur eingeschränkt anrechnen: Es geht um eine Ehelichkeitsanfechtung, Ffm FamRZ 83, 827, KG FamRZ 87, 303, Karlsr FamRZ 96, 872 (krit Gottwald); es geht um eine einstweilige Verfügung auf die Zahlung eines vorläufigen Unterhalts, Düss FamRZ 82, 513, aM Karlsr MDR 86, 242 (aber eine Eilsache erfordert großzügige Bewilligung); es gibt Schwierigkeiten bei der Durchsetzung des Anspruchs, Brdb FamRZ 03, 1933, Kblz FamRZ 86, 284 (der vorschußpflichtige Prozeßgegner hat einen Anspruch auf PKH), OVG Münst FamRZ 00, 21; im Verfahren nach § 127a ist eine Anrechnung abgelehnt oder nicht durchsetzbar, ZöPh § 127a Rn 3; über einen rechtzeitigen PKH-Antrag wurde erst nach Rechtskraft der Scheidung entschieden, Mü FamRZ 97, 1542; der Volljährige hat schon eine von den Eltern unabhängige Stellung, Hamm FamRZ 96, 1433, Köln (13. ZS) FER 00, 31 und (27. ZS) FamRZ 00, 757, Zweibr RR 05, 306 (also Berücksichtigung vor solcher Unabhängigkeit), aM Köln FamRZ 86, 1031; der Anspruch auf Vorschuß ist sonstwie nicht vollwertig, Ffm NJW 81, 2129, Karlsr FamRZ 84, 919, Mü AnwBl 84, 314 (PKH mit einer Ratenzahlungsanordnung, wenn solche auch dem Vorschußpflichtigen zustünde), aM Grunsky NJW 80, 2043 (aber man muß wirtschaftlich denken); der Vorschußpflichtige würde selbst hilfsbedürftig, Düss FamRZ 99, 1673, Köln RR 89, 967, Oldb MDR 94, 618; der Minderjährige fordert vom nicht Sorgeberechtigten Unterhalt und könnte einen Prozeßkostenvorschuß nur vom Sorgeberechtigten fordern, Mü FamRZ 91, 347; der Berechtigte könnte selbst PKH erhalten, Oldb FamRZ 99, 1148; der Unterhaltspflichtige würde selbst PKH erhalten, Düss FamRZ 93, 1474; das Kind hat die Ehelichkeit an und müßte den Scheinvater in Anspruch nehmen, Hbg FamRZ 96, 224. Wegen Rückabtretung bei Sozialhilfe Rn 18 „Sozialhilfe".

62 Krankheit: Rn 54 „Erkrankung".
Kreditaufnahme: Rn 51 „Darlehen".
63 Lebensversicherung: Der Antragsteller muß eine verfügbare Lebensversicherung natürlich *einsetzen,* BGH VersR 85, 455, Bbg FamRZ 85, 504 (evtl sogar die Klageforderung), Hamm FamRZ 84, 725.
64 Miete: Rn 67 „Rechtsschutzversicherung".
Minderjähriger: Maßgeblich sind grds nur *seine* Verhältnisse, Hamm MDR 03, 458, Naumb FamRZ 02, 1711, AG Essen FamRZ 02, 1713.
S aber auch Rn 55 „Fremdes Recht".
65 Nachlaßpfleger: Soweit er als Antragsteller auftritt, muß der Nachlaß bedürftig sein, aM OVG Hbg Rpfleger 96, 464 (aber der Nachlaßpfleger haftet ohnehin nicht mit seinem Vermögen).
Nutzungswert: Rn 74 „Wohnung".
66 Partei kraft Amts: § 116.
Pkw: Ein besonders teurer Pkw kann auch dann *gegen* die Bewilligung sprechen, wenn der Antragsteller angeblich von der Unterstützung anderer lebt, Ffm Rpfleger 82, 159.
Prozeßkostenerstattung: Rn 58 „Kostenerstattungsanspruch".
Prozeßkostenvorschuß: Rn 59–61.
Prozeßstandschaft: Rn 55 „Fremdes Recht".
67 Realisierbarkeit: Ein Anspruch oder ein Kapital müssen in absehbarer Zeit durchsetzbar sein, Hamm FamRZ 84, 725, Grunsky NJW 80, 2042.
Rechtsmißbrauch: Üb 6 vor § 114.
Rechtsschutzversicherung: Eine derartige Versicherung, die die Kosten dieses Prozesses deckt, führt im Umfang einer Deckungszusage zur *Versagung* der PKH, BGH NJW 91, 110, LSG Schlesw JB 04, 146, LAG Düss AnwBl 82, 77. Der Versicherungsnehmer muß evtl einen sog Stichentscheid nach § 17 II ARB herbeiführen, BGH BB 87, 1845, BSG JB 96, 533. Freilich braucht er sich nicht generell auf einen Deckungsprozeß verweisen zu lassen, LAG Düss AnwBl 82, 77. Der mitbeklagte Mitmieter ist auch wegen der Erhöhungsgebühr des § 6 I 2 BRAGO nach § 29 ARB mitversichert, Ffm ZMR 88, 231. Soweit kein Versicherungsschutz besteht, gibt es natürlich auch keine Erfolgsaussicht, LG Osnabr JB 04, 149.
S auch Rn 56 „Gewerkschaft".
68 Schmerzensgeld: Der Antragsteller braucht es wegen seines immateriellen Hintergrunds grds nicht zu verwenden, Jena MDR 00, 852, Köln FamRZ 04, 1499, Zweibr (5.ZS) VersR 03, 526, aM Hamm FamRZ 87, 1283, Nürnb JB 92, 756, Zweibr JB 98, 478 (aber damit würde man den Sinn des Schmerzensgelds entwerten). Freilich kann bei einem kleinen Streitwert die Verwendung eines *Teils* eines erhaltenen hohen Schmerzensgeldbetrags zumutbar sein, Hamm FamRZ 87, 1284, aM KG VersR 79,

Titel 7. Prozesskostenhilfe und Prozesskostenvorschuss **§ 114**

870, LG Mönchengladb ZfSH **82**, 206, Kohte DB **81**, 1177 (aber man darf und muß auch wirtschaftlich denken). Dabei sind (jetzt ca) 10 000 EUR kein kleiner Streitwert mehr, Düss RR **92**, 221, erst recht nicht (jetzt ca) 15 000 EUR, Oldb AnwBl **96**, 54, oder gar (jetzt ca) 20 000 EUR, Köln MDR **94**, 407. S auch Rn 49 „Abfindung".

Selbständiger: Eine Überschußrechnung zum Vorjahr reicht meist, Brdb FamRZ **98**, 1301. Eine Steuerberaterauskunft reicht zur Klärung der Bedürftigkeit *nicht stets* aus, LG Kblz FamRZ **96**, 806.

Sicherheitsleistung: Wer zu ihr imstande ist, *muß so* vorgehen, BGH FamRZ **96**, 933.

Sozialhilfe: Die Belastbarkeitsgrenzen ergeben sich im einzelnen aus § 115 und den dort genannten Vorschriften des KJHG bzw des SGB, großzügiger (keine Anrechnung) Düss Rpfleger **94**, 29, Karlsr FamRZ **94**, 714, Mü FamRZ **96**, 42 (aber § 115 gilt auch dann). Wegen Unterschreitung der Sozialhilfe LAG Bre MDR **93**, 696. Wegen einer Scheinehe Stgt FamRZ **97**, 1410.
S auch Rn 55 „Fremdes Recht", Rn 58 „Kapital", Rn 70 „Unterhalt".

Streitgenossen: Das Gericht muß jeden Streitgenossen grds für sich allein beurteilen, Stgt MDR **00**, 545. Vertritt ein Anwalt einen Bedürftigen und einen Nichtbedürftigen wegen desselben Streitgegenstands nach § 2 Rn 3, so beschränkt sich die PKH auf den Erhöhungsbetrag nach (jetzt) § 7 RVG, Naumb Rpfleger **04**, 168, AG Andernach FamRZ **02**, 1711.

Teilungsversteigerung: Rn 75. 69

Treuhand: Der Antragsteller muß als Treuhänder darlegen, daß auch der Treugeber bedürftig ist, Kblz MDR **99**, 831.

Umschulung: Der Eigenbedarf während einer längeren Umschulung kann demjenigen eines Erwerbstätigen 70
gleichstehen, Hamm FamRZ **84**, 727.
S auch Rn 70 „Unterhalt".

Unterhalt: Eine Möglichkeit, über eine Abtretung nach § 48 SGB I einfacher und kostengünstiger zum Unterhalt zu kommen, behindert den Anspruch auf PKH für eine Unterhaltsklage nicht, Rn 46, Oldb FamRZ **82**, 418. Man darf einen Unterhaltsanspruch gegen den neuen Ehegatten bei der Beurteilung, ob nachträglich PKH für das Scheidungsverfahren zuzubilligen ist, nicht berücksichtigen, Celle JB **92**, 187 (aber man muß auf den Zeitpunkt der Entscheidungsreife abstellen. Diese kann auch bei nachträglicher Bewilligung nicht nach der Scheidung eingetreten sein. Vorher gab es aber keinen Anspruch gegen den neuen Ehegatten). Wer sich wegen Leistungsunfähigkeit wehrt, muß hinreichende Bewerbungsnachweise vorlegen, Köln FamRZ **05**, 1098. Kindesunterhalt gehört grds ins Verfahren nach § 645 ff und nur bei bloßen Rechtsfragen ins Klageverfahren, Hamm FamRZ **99**, 995. Grundsätzlich schaden der Erhalt weder eines Vorschusses noch von Sozialhilfe beim laufenden Anspruch, Stgt FamRZ **04**, 1297. Es kann einen Berufsbonus geben, BGH FamRZ **04**, 1868 links.

Bei bloßem *Rückstand* für die Vergangenheit kann die Bedürftigkeit des Sozialhilfeberechtigten *fehlen*, aber nur insoweit, als der Sozialhilfeträger die Kosten erstatten muß, Ffm FamRZ **99**, 1283, KG FamRZ **03** 100, aM Zweibr FamRZ **01**, 629 (aber maßgebend ist die Bewilligungsreife, nicht das Prozeßende), sonst nicht, Kblz RR **00**, 78. Bei § 1629 III BGB kommt es auf die Verhältnisse beim Kind und nicht beim klagenden Elternteil an, Drsd FamRZ **02**, 1413, Hamm MDR **03**, 458, Köln FamRZ **01**, 1535, aM BGH FamRZ **05**, 1166 (stellt formell auf den Parteibegriff ab).
S auch Rn 18 „Sozialhilfe", Rn 55 „Fremdes Recht", Rn 59–62.

Vaterschaftsanfechtung: Ein Anspruch auf einen Prozeßkostenvorschuß ist nicht schon dann zu berück- 71
sichtigen, wenn es um eine Vaterschaftsanfechtung geht, Ffm FamRZ **83**, 827, Hbg FamRZ **96**, 224, aM Celle RR **95**, 6, Kblz MDR **97**, 267 (aber gerade dann ist ein solcher Anspruch oft zweifelhaft).

Vereinigung: Vgl § 116.

Vermögen: Rn 58 „Kapital", Rn 72 „Verschulden". 72

Verschulden: Die Rechtsprechung ist umfangreich.

a) Unschädlichkeit. Ein Verschulden bei der Entstehung des wirtschaftlichen Unvermögens steht der Bewilligung von PKH nicht grds entgegen, Ffm AnwBl **82**, 491, Hamm MDR **02**, 1208, Schlesw SchlHA **79**, 40. Das Gericht darf also nicht schon deshalb ablehnen, weil der Antragsteller vor Prozeßbeginn (sonst Rn 73) Abzahlungspflichten eingegangen ist, die seinem Einkommen angemessen waren, Hamm MDR **87**, 1031 (vor allem bei Unkenntnis vom bevorstehenden Prozeß), KG FamRZ **84**, 413, aM Düss MDR **84**, 150, Ffm FamRZ **82**, 416 (die Möglichkeiten der §§ 114 ff dienten nicht der Finanzierung solcher Pflichten. Vgl aber Rn 49 „Abzahlungspflicht").

b) Schädlichkeit. Eine im Entscheidungszeitpunkt nach Rn 48 vorliegende Bedürftigkeit bleibt aus- 73
nahmsweise *unbeachtet*, wenn sich der Antragsteller gezielt unvermögend gemacht hat, um PKH zu erlangen, BGH VersR **84**, 79, KG MDR **04**, 710, LG Düss RR **04**, 646 (das muß aber klar feststehen). Das gilt zB dann, wenn er sich durch die Aufnahme einer ihm zumutbaren Arbeit die erforderlichen Mittel unschwer beschaffen könnte, BGH FamRZ **85**, 159, KG MDR **04**, 710, Zweibr Rpfleger **02**, 84, großzügiger Düss FamRZ **87**, 398 (nur bei Rechtsmißbrauch). Dort ist (jetzt) das SGB XII nicht berücksichtigt, Albers Gedächtnisschrift für Martens [1987] 287), Karlsr AnwBl **86**, 161. Eine Bedürftigkeit bleibt ferner unbeachtlich, wenn sich der Antragsteller erst nach der Anhängigkeit unvermögend gemacht hat, Bbg FamRZ **85**, 503, Zweibr Rpfleger **81**, 366, oder wenn er es versäumt hat, vor der Rechtskraft des Scheidungsausspruchs eine einstweilige Anordnung auf einen Prozeßkostenvorschuß für eine Folgesache zu beantragen, Zweibr FamRZ **00**, 757. Der Antragsteller muß in solchen Fällen zumindest einen „Notgroschen" angreifen, Düss FamRZ **87**, 729.

Versicherung: Der Versicherungsnehmer braucht sich nicht auf einen Deckungsprozeß verweisen zu lassen, LAG Düss AnwBl **82**, 77. Er muß aber evtl einen sog Stichentscheid nach § 17 II ARB herbeiführen, BGH BB **87**, 1845. Neben der Kfz-Haftpflichtversicherung kommt es auf die Bedürftigkeit des mitbeklagten Fahrers grds nicht an, Hamm RR **05**, 760, Karlsr NJW **04**, 785 (Ausnahme etwa beim Interessenkonflikt).
S auch Rn 67 „Rechtsschutzversicherung".

Vertreter: Soweit er klagt, muß der Vertretene bedürftig sein, Rn 14 „Gesetzlicher Vertreter".

Völlige Mittellosigkeit: Vor ihrer Annahme ist Vorsicht geboten, noch strenger LAG Kiel NZA-RR **04**, 606.

§ 114

74 Vorschuß: Rn 59–62.
Wohnung: Das Gericht muß den Nutzungswert der eigengenutzten Wohnung mitbeachten, Haas DB **76**, 2198, aM Karlsr FamRZ **87**, 613, Christel NJW **81**, 787 (aber Wert ist Wert).
S auch Rn 52 „Darlehen".

75 Zwangsversteigerung: Das Gericht muß einen solchen Erlös mitberücksichtigen, der für die Prozeßkosten ausreicht, Hamm MDR **82**, 500. Es darf aber den aus einer Teilungsversteigerung während des Getrenntlebens fließenden Ertrag keineswegs stets berücksichtigen, Celle MDR **87**, 502. Ohnehin zählt der Erlös auch einer bloßen Teilungsversteigerung kaum zu den anrechenbaren Beträgen, Bre FamRZ **83**, 637, aM LG Saarbr Rpfleger **87**, 126 (aber man muß bedenken, daß solch Erlös meist unmittelbaren Bedürfnissen dient).

76 7) Kosten der Prozeßführung, S 1, 2. Die Bedürftigkeit nach Rn 46 muß sich gerade auf die Prozeßführungskosten beziehen, §§ 91 ff, also nicht auf außergerichtliche Verfahren, sei es, daß der Antragsteller diese Kosten nicht, nur zum Teil oder nur in Raten aufbringen kann.

77 A. Gesamtkosten der Instanz. Die Kosten umfassen sowohl die Gebühren als auch die Auslagen. Das gilt für die Gerichtskosten nach § 1 GKG und für die außergerichtlichen Kosten. Das Gericht muß grundsätzlich die voraussichtlichen Gesamtkosten des im Antrag genannten, bevorstehenden oder bereits anhängigen Rechtsstreits berücksichtigen. Das gilt aber naturgemäß nur für denjenigen Abschnitt, das jeweils zuständige Prozeßgericht prüfen darf, also nur für die jeweilige Instanz, §§ 119, 127 I 2. Das erstinstanzliche Gericht darf also keineswegs Kosten eines etwaigen anschließenden Rechtsmittelverfahrens einkalkulieren, und zwar auch dann nicht, wenn im Zeitpunkt seiner Entscheidung die erste Instanz nahezu beendet und eine höhere Instanz wahrscheinlich ist.

78 B. Schätzung. Natürlich kann man die Kosten auch für den jeweiligen Rechtszug nur überschlägig schätzen. Das gilt vor allem dann, wenn die Entscheidung in einem Zeitpunkt notwendig wird, in dem die Klage noch nicht eingereicht oder jedenfalls noch nicht zugestellt wurde. Aber auch im Stadium der Rechtshängigkeit nach § 261 Rn 1 mag der volle Kostenumfang schwer übersehbar sein. Zwar muß das Prozeßgericht vermeiden, daß es infolge oberflächlicher Erwägungen später zu krassen Abweichungen der wahren Kosten von den geschätzten kommen kann. Auch hier ist aber eine gewisse Großzügigkeit am Platz, wie überhaupt bei allen Fragen der PKH, Rn 47.

79 C. Maßgeblicher Zeitpunkt: Bewilligungsreife. Auch hier kommt es auf die Bewilligungsreife an, Rn 48, § 119 Rn 5. Daher ist evtl eine rückwirkende Schätzung nur auf den damaligen Zeitpunkt notwendig, § 119 Rn 11 ff.

80 8) Hinreichende Erfolgsaussicht, S 1, 2. PKH setzt neben der Bedürftigkeit grundsätzlich eine hinreichende Aussicht auf Erfolg der beabsichtigten Rechtsverfolgung oder Rechtsverteidigung voraus. Man muß bei beiden Parteien dieselben Maßstäbe anlegen, BVerfG RR **05**, 141, Ffm FamRZ **93**, 1333, Ffm MDR **87**, 61, Karlsr FamRZ **92**, 77 (aber Art 3 I GG gilt auch hier). Deshalb kommt auch PKH zugunsten beider Parteien infrage. Die Vorschrift ist mit dem GG vereinbar, BVerfG NJW **03**, 3191. Es darf keine Überspannung der Anforderungen erfolgen, die den in Rn 1 genannten Zweck der PKH gefährden könnte, BVerfG RR **04**, 1153.

A. Vorläufigkeit der Prüfung. Das Wort „hinreichend" kennzeichnet, daß sich das Gericht mit einer vorläufigen Prüfung der Erfolgsaussicht begnügen darf und muß, BVerfG NJW **03**, 3191. Das gilt schon wegen Art 19 IV 1 GG, VGH Mannh NVwZ-RR **05**, 438. Der Erfolg braucht also zwar noch nicht gewiß zu sein, Böncker NJW **83**, 2430. Er muß aber immerhin nach den bisherigen Umständen eine gewisse Wahrscheinlichkeit für sich haben, BFH DB **87**, 568, Kblz AnwBl **89**, 48. Eine nur entfernte Erfolgsaussicht reicht nicht, LAG Mainz NZA-RR **04**, 233. Der Standpunkt des Antragstellers muß zumindest objektiv vertretbar sein, BGH NJW **94**, 1161, Karlsr FamRZ **03**, 696, LAG Mainz NZA-RR **04**, 233. Es muß eine Beweismöglichkeit vorliegen, Stgt VersR **05**, 524 (großzügig bei Arzthaftung), LAG Mainz NZA-RR **04**, 233. Eine überwiegende Wahrscheinlichkeit ist aber nicht nötig, Kblz AnwBl **89**, 48, Schlesw SchlHA **89**, 111. Man darf keine Überspannung vornehmen, BVerfG RR **05**, 501 (im dortigen Fall seinerseits erschreckend selbst überspannend), BGH FamRZ **05**, 29 links, LAG Mainz NZA-RR **04**, 233. Eine bereits klar erkennbare Unschlüssigkeit zwingt zur Abweisung schon des PKH-Gesuchs, LG Itzehoe SchlHA **84**, 147.

81 Es ist also *keine abschließende* Erfolgsprüfung notwendig oder auch nur zulässig, BVerfG NJW **03**, 3191, Stgt FamRZ **05**, 1274, VGH Mannh NVwZ-RR **05**, 438. Es ist aber auch keine allzu summarische Abschätzung erlaubt. Im übrigen ist immerhin eine Glaubhaftmachung der tatsächlichen Angaben des Antragstellers nach § 294 nicht nur zu seinen persönlichen und wirtschaftlichen Verhältnissen ausreichend, sondern auch zu denjenigen Umständen, die für die Erfolgsaussichten maßgeblich sind, § 118 II 1. Eine solche Glaubhaftmachung befreit das Gericht zwar nicht von der Verpflichtung zur Amtsermittlung im Rahmen des § 118. Sie bietet aber immerhin stets erhebliche Anhaltspunkte für die Beurteilung.

Die Erfolgsaussicht der Rechtsverfolgung oder -verteidigung muß sich auf das Ergebnis in *tatsächlicher und rechtlicher Hinsicht* beziehen, Köln VersR **83**, 126. Sie muß zur Zulässigkeit und Begründetheit des Hauptanspruchs vorliegen. Sie darf sich also nicht nur auf ein Rechtsmittel beziehen, BVerfG NJW **97**, 2745. Das Gericht darf sie nicht so streng beurteilen wie bei § 78 b, dort Rn 3. Überhaupt ist eine gewisse Großzügigkeit geboten, wie stets im PKH-Verfahren, Rn 47. Das gilt besonders beim Bekl, Karlsr FamRZ **91**, 1458. Für die höhere Instanz enthält § 119 S 2 eine teilweise Sonderregelung.

82 B. Maßgeblicher Zeitpunkt: Bewilligungsreife. Es kommt auch hier mangels ausdrücklich abweichenden Beschlußzeitpunkts auf den Zeitpunkt einer ordnungsgemäßen Entscheidung des zuständigen Gerichts über das jeweilige Gesuch an, also auf die Bewilligungsreife nach § 119 Rn 5, BGH FamRZ **82**, 368, OVG Hbg FamRZ **05**, 464, VGH Mü NJW **05**, 1677, ArbG Nürnb MDR **05**, 697, aM Zweibr JB **00**, 483 links oben (aber das ist der praktisch allein halbwegs befriedigende Zeitpunkt). Der Zeitpunkt der Bewilligungsreife gilt auch für das Beschwerdegericht, Hamm FamRZ **85**, 825, LG Osnabr MDR **87**, 1031. Es genügt, daß das Beschwerdegericht eine Rechtsbeschwerde wegen grundsätzlicher Bedeutung zulassen

Titel 7. Prozesskostenhilfe und Prozesskostenvorschuss **§ 114**

würde, (jetzt) § 574, Karlsr FamRZ **88**, 297. Der Grundsatz gilt auch im Verfahren auf ein sog eingehendes Gesuch auf Auslandsunterhalt nach § 9 S 1 AUG, abgedruckt bei § 122.

Für den Fall tatsächlicher *Veränderungen* bleibt es bei dem Zeitpunkt der Bewilligungsreife. Denn die PKH **83** ergeht ja auf Grund einer nur vorläufigen Prüfung, Rn 78, und die wäre eben früher anders ausgefallen. Daher ist es durchaus zulässig und evtl nötig, in demselben Zeitpunkt die Bewilligung rückwirkend nach § 119 Rn 10 nachzuholen und zugleich ein dem Antragsteller ungünstiges Urteil zu fällen, Karlsr FamRZ **90**, 81, Kblz JB **94**, 232, Stgt MDR **05**, 1115, aM BFH BB **84**, 2249, Düss RR **89**, 384, Ffm MDR **86**, 857 (aber man muß nun einmal *einen* und denselben Zeitpunkt nehmen, um ein Hin- und Herschwanken zu vermeiden).

C. Beispiele zur Frage der Erfolgsaussicht **84**
Abänderungsklage: Soweit eine Klage nach § 323 in Betracht kommt, kann es *unzureichend* sein, lediglich auf die Unterhaltstabellen einzelner OLG abzustellen, KG FamRZ **78**, 933.
S auch Rn 103 „Unterhalt".
Abschiebungsverfahren: Dazu BVerfG NVwZ **05**, 323.
Abstammungsklage: Rn 104 „Vaterschaftsverfahren".
Abweichende Ansicht: Rn 100 „Rechtsfrage".
Amtsermittlung: Sie darf nicht schon als solche zur Versagung von PKH führen, BVerfG NJW **97**, 2104.
Amtshaftung: Man darf die Anforderungen auch hier nicht überspannen, BVerfG RR **04**, 933.
Anerkenntnis: Soweit der Antragsgegner nach § 93 keinen Klaganlaß gegeben hat, kann sein Anerkenntnis unschädlich sein, Brdb FamRZ **02**, 1271, Hamm FamRZ **03**, 459, Naumb FamRZ **01**, 923, aM Karlsr FamRZ **02**, 1132 (aber dann hat der Bekl doch sehr wohl Erfolgsaussicht wegen der allein verbleibenden Kostenfrage).
Protest gegen die Kosten ist aber schädlich, Brdb FamRZ **02**, 1271.
Anhängigkeit: Die bloße Anhängigkeit des Klaganspruchs reicht aus, § 261 Rn 1. Das gilt auch für die beabsichtigte Verteidigung, Karlsr RR **01**, 644, aM Karlsr FamRZ **88**, 1183, Zweibr FamRZ **85**, 301 (dann sei die Rechtshängigkeit des Klaganspruchs notwendig. Aber es kann auch schon vorher prozeßwirtschaftlich sein, jedenfalls nach einer vom Gericht verlangten Stellungnahme des Antragsgegners zumindest ihm PKH zuzubilligen, Grdz 14 vor § 128).
Anscheinsbeweis: Die Erfolgsaussicht kann *fehlen,* soweit ein Anscheinsbeweis nach Anh § 286 Rn 15 gegen den Antragsteller vorliegt oder ein angebotener Zeuge schon in einem Parallel-(Straf-) verfahren ungünstig ausgesagt hat, aM BFH DB **87**, 568, LG Duisb AnwBl **84**, 458 (aber andernfalls könnte der Mittellose PKH mit jedem fadenscheinigen, aber formell korrekten und prozessual nicht übergehbaren Beweisantritt erzwingen).
S auch Rn 86–88.
Asyl: Die Erfolgsaussicht des Antrags nur eines Familienangehörigen kann vor dem VG für die Beurteilung zugunsten seiner weiteren Angehörigen (Familienasyl) beachtlich sein, VGH Kassel FamRZ **92**, 315.
Aufrechnung: Die Erfolgsaussicht entfällt nicht schon wegen begründeter Hilfsaufrechnung, falls der Kläger nicht seinerseits aufrechnen konnte, Hamm FamRZ **98**, 1603, Karlsr FamRZ **00**, 1585, Köln FamRZ **91**, 1194.
Ausdrucksfähigkeit: Sie und ihre Grenzen sind mitbeachtlich, BVerfG Rpfleger **02**, 212.
Ausländisches Recht: Es kommt auf das anzuwendende Recht an, Ffm FamRZ **00**, 37, Hamm RR **98**, 1540, Stgt FamRZ **92**, 946. Das Gericht muß PKH gewähren, wenn es seine internationale Zuständigkeit nur auf Grund weiterer Nachforschungen klären kann, Ffm FamRZ **92**, 700. Erfolgsaussicht muß auch im Verfahren auf ein sog eingehendes Gesuch auf Auslandsunterhalt bestehen, § 9 S 1 AUG, abgedruckt bei § 122. Soweit eine Rechtshängigkeit im Ausland in Betracht kommt, ist die auch im Hauptverfahren evtl ausreichende bloße Prognose nach § 261 Rn 10 im PKH-Verfahren natürlich nicht noch strenger durchführbar, Hamm NJW **88**, 3103 (zustm Geimer).
Auslandsunterhalt: Rn 84 „Ausländisches Recht". **85**
Auslandswohnsitz: Ein solcher des Bekl schadet grds nicht, Hamm DAVorm **79**, 199.
Berufung: Bei Bedürftigkeit kann das Berufungsgericht keinen Entwurf der Berufungsbegründung verlangen, BGH RR **01**, 1147, Drsd BB **00**, 588. Ein Angriff gegen die erstinstanzliche Beweiswürdigung setzt voraus, daß sich eine Wiederholung der Beweisaufnahme förmlich aufdrängt, Drsd RR **03**, 211.
Die Erfolgsaussicht *fehlt* dann, wenn der Berufungsantrag nur teilweise mit einem Wert unterhalb der Berufungssumme als sinnvoll erscheint, Rn 105 „Zuständigkeit", BGH NJW **83**, 1063, Bbg FamRZ **00**, 1024, Ffm MDR **02**, 843, aM Hbg FamRZ **93**, 579, Kblz FamRZ **96**, 557 (aber es gibt nun einmal eine klare Beschwerdewertgrenze). Wenn der Gegner die Berufung schon zurückgenommen hat, kommt es darauf an, ob man selbst PKH beantragt hatte, § 91 Rn 159, aM Düss FamRZ **99**, 142.
Bestreiten: Für den zukünftigen oder gegenwärtigen Bekl kann bereits ein nach § 138 II–IV substantiiertes Bestreiten eine hinreichende Erfolgsaussicht geben, selbst wenn er überhaupt keinen Beweis antritt, Schneider MDR **77**, 621. Auch der Rechtsverteidigung ist im Grunde eine Rechtsverfolgung. Auch der künftige Bekl ist ja in ein gerichtliches Verfahren hineingezogen, § 118 Rn 6. Das beachtet Bre FamRZ **89**, 198 nicht genug. Das Gericht darf dem mittellosen Bekl PKH nur dann versagen, wenn für ihn keinerlei Erfolgsaussicht besteht, Ffm MDR **87**, 61, Karlsr FamRZ **92**, 78. Es kann also PKH für beide Parteien in Betracht kommen.
Beweisaufnahme: Man sollte die Anforderungen nicht überspannen, BVerfG RR **05**, 141, Hamm VersR **86** **83**, 577. Man muß wie folgt unterscheiden.
   a) Bewilligung. Sobald eine Beweisaufnahme im Zeitpunkt der Bewilligungsreife nach § 119 Rn 5 auch nur ernsthaft in Betracht kommt, sei es zu einer Behauptung des Antragstellers, sei es gar zu einer solchen des Prozeßgegners, darf und muß das Gericht die Erfolgsaussicht wegen der grundsätzlichen Notwendigkeit einer Beweiserhebung annehmen, BVerfG RR **05**, 141, Jena FamRZ **05**, 1186, Naumb RR **04**, 965. Das gilt bei gewisser nicht zu erheblicher Unwahrscheinlichkeit der Beweisbarkeit zwar nicht

§ 114

stets, BVerfG RR **04**, 61, Hamm RR **00**, 1669, Köln MDR **97**, 106. Es muß sie dann aber doch im allgemeinen bejahen, BVerfG RR **04**, 61, BGH NJW **88**, 267, Hamm VersR **02**, 1234. Das gilt grds selbst dann, wenn der Antragsteller zum Beweis lediglich ein Antrag auf die Vernehmung des Prozeßgegners als Partei stellen will oder kann, Schlesw SchlHA **79**, 142, es sei denn, dieser habe sich schon einigermaßen überzeugend eindeutig geäußert, Köln FER **01**, 67. Selbst dann darf man im bloß vorläufigen Prüfungsverfahren aber nicht einfach eine Beweiswürdigung vorwegnehmen, Rn 88 „Beweiswürdigung", § 286 Rn 35, BVerfG RR **04**, 61.

Freilich darf man sie ebensowenig *von vornherein verweigern,* BVerfG RR **05**, 141, KG DS **04**, 71. Der Gegner mag ja auch zB unter Eid anders aussagen wollen oder müssen. Auch eine Vergleichsbereitschaft beider Parteien kann ausreichen, Schlesw SchlHA **84**, 116. Erst recht muß das Gericht die Ergebnisse einer bereits stattgefundenen Beweisaufnahme beachten, Hamm RR **98**, 1686, VG Greifswald MDR **96**, 98.

87 **b) Versagung.** Freilich ist auch insofern kein Schematismus und keine gedankenlose Großzügigkeit zulässig, Becht NJW **99**, 2350. Es ist also zB nicht die grundsätzliche Höherbewertung der einen Beweismittelart gegenüber einer anderen erlaubt. Man muß evtl die Erfolgsaussicht trotz Beweisantrags und der Notwendigkeit einer Beweisaufnahme verneinen, weil bereits ein ungünstiges Urteil nach dortiger umfangreicher Beweisaufnahme vorliegt, Nürnb MDR **85**, 1033, oder weil eine Täuschung erfolgt ist, Düss FamRZ **97**, 1088.

88 Andernfalls könnte der Mittellose die PKH mit jedem fadenscheinigen, aber formell korrekten und prozessual nicht übergehbaren Beweisantritt erzwingen. Zwar darf im PKH-Verfahren nicht eine *unzulässige Vorwegnahme* der Beweiswürdigung stattfinden, BVerfG NJW **03**, 2976, Brdb MDR **03**, 111, Hamm VersR **02**, 1234, großzügiger BGH NJW **88**, 267, Karlsr FamRZ **99**, 92 (aber das wäre noch nicht einmal im Hauptverfahren erlaubt, § 286 Rn 13). Indessen darf sich das Gericht auch nicht seinen Ermessensspielraum nach §§ 114, 118 durch bloße Beweisanträge völlig verbauen lassen, BVerfG NJW **03**, 2976, BGH NJW **88**, 267, LAG Kiel NZA-RR **04**, 435 . Es darf aber nicht den Antrag zurückweisen und sogleich anschließend eine Beweisaufnahme vornehmen, BVerfG NVwZ **87**, 786, Hamm FamRZ **89**, 1203.

S auch Rn 84 „Anscheinsbeweis", Rn 88 „Beweiswürdigung", Rn 103 „Urkunde", Rn 105 „Zusatzgutachten" usw.

Beweisbedürftigkeit: Rn 86–88.
Beweissicherung: Rn 102 „Selbständiges Beweisverfahren".
Beweiswürdigung: Das PKH-Verfahren darf nicht zu einer Vorwegnahme der Beweiswürdigung führen, Rn 88. Das gilt insbesondere, soweit zB ein Zeuge noch nicht vor Gericht ausgesagt hat, Hamm VersR **02**, 1234. Indessen darf sich das Gericht auch nicht den Abwägungsspielraum durch bloße Beweisanträge völlig verbauen lassen, Rn 88. Er mag eine eindeutige Aussage würdigen müssen, wenn es die Glaubhaftigkeit überprüfen kann, Hamm VersR **01**, 1175. In der höheren Instanz hängt die Erfolgsaussicht des Angriffs auf die Beweiswürdigung der Vorinstanz natürlich von bestimmten ausreichenden Zweifeln an ihrer Richtigkeit ab, Drsd MDR **03**, 289.

89 **Bürgschaft:** Rn 99.
90 **Ehe:** Rn 101, 102 „Scheidung".
Ehelichkeitsanfechtung: Rn 104 „Vaterschaftsverfahren".
Erbrecht: Wegen eines DDR-Falls (Nachlaßspaltung) BayObLG FamRZ **02**, 1294.
Erfüllung: Die in Aussicht gestellte Erfüllung reicht grds *nicht* aus, LG Mannh WoM **88**, 269.
S aber auch Rn 96 „Mietrecht".
Erledigung der Hauptsache: Die Erfolgsaussicht kann *fehlen,* wenn die „Erledigung" schon vor Rechtshängigkeit eintritt, Bbg FamRZ **01**, 922, Köln FamRZ **97**, 1545, oder wenn der Antragsteller sein Rechtsmittel erst nach einer Erledigung der Hauptsache einlegen oder zur Entscheidung bringen könnte, BayObLG FamRZ **91**, 467 (FGG).
Erfolgsaussicht *fehlt,* wenn die Parteien die Hauptsache übereinstimmend wirksam für erledigt erklärt haben, OVG Schlesw NVwZ-RR **04**, 460.

91 **Familienrecht:** Vgl *Wax* FamRZ **85**, 10 (Üb).
S auch Rn 101, 102.
Feststellungsklage: Das bei § 256 I erforderliche Feststellungsinteresse ist bei einer bloßen Zwischenfeststellungsklage nach § 256 II entbehrlich. Dort muß das Gericht die Vorgreiflichkeit prüfen, Kblz AnwBl **89**, 48.
Folgesache: Rn 101, 102.
Fristversäumung: Eine verschuldete unheilbare Fristversäumung des Antragstellers ist *schädlich,* BayObLG JB **84**, 773, OVG Lüneb NVwZ-RR **03**, 906.
Gerichtsverschulden: Es kann ausnahmsweise zur Bewilligungspflicht trotz eigentlichen Fehlens einer Erfolgsaussicht führen, Karlsr FamRZ **99**, 994.
Gewerkschaft: Wegen eines Ausschlusses auf Grund des Verdachts verfassungswidrigen Verhaltens Düss RR **94**, 1402.

92 **Glaubhaftmachung:** Eine Glaubhaftmachung nach § 118 II 1 kann auch zur Erfolgsaussicht ausreichen. Sie befreit das Gericht aber nicht von der Verpflichtung zur Amtsermittlung im Rahmen des § 118. Sie bietet immerhin bereits erhebliche Anhaltspunkte für die Beurteilung.
S auch Rn 88 „Beweiswürdigung".
Glaubwürdigkeit: Das Gericht darf und muß ihr Vorliegen oder Fehlen mitbeachten, Karlsr MDR **02**, 882.
Gläubigerschaft: Der Antragsteller muß im maßgeblichen Zeitpunkt nach Rn 82, 83 schon und noch Gläubiger der fraglichen Forderung sein, Hamm FamRZ **80**, 457 (auch zu Ausnahmen in den Fällen der §§ 90, 91 BSHG).
Grundsätzliche Bedeutung: Sie führt meist zur Bejahung der Erfolgsaussicht, BGH NJW **03**, 1127 links.

93 **Haftungsausschluß:** Zur Erfolgsaussicht kann auf seiten des Bekl die Geltendmachung eines Haftungsausschlußgrunds ausreichen, etwa nach §§ 831 I 2, 832 I 2 BGB, 18 I 2 StVG.

Titel 7. Prozesskostenhilfe und Prozesskostenvorschuss **§ 114**

Hauptsache: Es kommt auf die Erfolgsaussicht gerade in der Hauptsache an, sofern für sie PKH beantragt ist, Saarbr RR **90**, 575. Soweit dagegen PKH nur für ein Nebenverfahren oder eine Folgesache beantragt ist, ist letztere maßgeblich.
S auch Rn 98.
Hilfsaufrechnung: Rn 84 „Aufrechnung".
Insolvenz: Wegen des Insolvenzverwalters gilt § 116. Im Verbraucherinsolvenzverfahren kann eine Prüfung der Erfolgsaussichten wegen tatsächlicher Unmöglichkeit evtl entfallen, LG Gött NJW **99**, 2886. Erfolgsaussicht besteht schon bei einer Möglichkeit nur teilweiser Befriedigung, selbst nach vergeblicher Einzelvollstreckung, LG Gött Rpfleger **03**, 371. Im Schuldenbereinigungsverfahren kann das Gericht die Erfolgsaussicht *verneinen* müssen, wenn nur 8% getilgt werden sollen, LG Lüneb NJW **99**, 2287.
Kindergeld: Die Forderung des Sorgeberechtigten auf Kindergeld für ein ihm vom anderen Elternteil widerrechtlich entzogenes Kind hat grds Erfolgsaussicht, BFH DB **97**, 1740.
Kindeswohl: Bei § 1666 BGB kann die Zustimmung eines Elternteils unschädlich sein, Karlsr FamRZ **04**, 706. Die Prüfung der Erfolgsaussicht erfolgt grds auch im Beschwerdeverfahren, Stgt FamRZ **05**, 1274.
Kindschaftssache: Auch hier darf man die Bewilligung nicht vom Beweisergebnis abhängig machen Karlsr OLGZ **88**, 128.
S auch Rn 104 „Vaterschaftsverfahren".
Klagerücknahme: In ihrem Umfang *entfällt* für den Bekl die Erfolgsaussicht, zumal er nach § 269 III vorgehen kann, Hamm FamRZ **03**, 1761, Mü FamRZ **01**, 1309, OVG Schlesw NVwZ-RR **04**, 460.
Letzter Augenblick: Solange die instanzbeendende Hauptsacheentscheidung, noch nicht erlassen ist, kann noch Erfolgsaussicht vorliegen, § 127 Rn 61, aM Düss Rpfleger **88**, 548 (zu § 127).
Mietrecht: Eine Wohnungsnot erhöht *nicht allgemein* die Erfolgsaussicht des auf Räumung beklagten Mieters, aM LG Detm WoM **90**, 355 (aber es können ganz individuelle Bedenken vorliegen). Der Mieter muß gegen Feuchtigkeit lüften, LG Aurich WoM **95**, 573. Bei einer Räumungsfrist nach § 721 I kann unter den Voraussetzungen des § 92 Rn 20 „Räumungsfrist" (Teilunterlagen des Gegners) eine Erfolgsaussicht vorliegen, aM AG Bln-Schöneb MietR **96**, 105. Die glaubhafte Ankündigung des auf Räumung in Anspruch genommenen Mieters, er könne und werde in der Schonfrist des § 569 II Z 2 BGB und vor der Entscheidungsreife noch Zahlung leisten oder eine Zahlungszusage einer öffentlichen Stelle beibringen, reicht wegen der dann eintretenden Nichtigkeit der Vermieterkündigung aus, LG Mannh WoM **88**, 269, aM LG Aachen RR **93**, 829, LG Bln WoM **92**, 143, LG Stade WoM **90**, 160 (aber das BGB konstruiert nun einmal dann evtl eine Rückwirkung).
S aber auch Rn 118 „Mietrecht".
Mitverschulden: Das Gericht muß ein Mitverschulden des Geschädigten von Amts wegen berücksichtigen, KG MDR **79**, 672.
Mitwirkung des Antragstellers: Eine Erfolgsaussicht kann *fehlen,* soweit der Antragsteller nicht im notwendigen Umfang bei der Sachaufklärung mitwirkt, Köln DAVorm **80**, 850.
Mutwille: Rn 106.
Nebenklage: Das Gericht muß ihre Erfolgsaussicht zwar nicht grds prüfen, BGH AnwBl **89**, 688, wohl aber ausnahmsweise dann, wenn mit ihr ein Rechtsmittel verbunden ist, BGH AnwBl **89**, 688.
Nichteheliche Gemeinschaft: Es besteht bis zu etwaiger besonderer Regelung kein Ausgleichs- oder Erstattungsanspruch wegen erbrachter Leistungen, Brschw MDR **98**, 1294.
Nichtigkeitsklage: Rn 104 „Wiederaufnahmeverfahren".
Notanwalt: Soweit das Gericht nach dem strengeren § 78 b, dort Rn 4, 5, sogar keinen Notanwalt beiordnen durfte, kommt auch *keine* PKH in Betracht, BGH FamRZ **88**, 1153.
Obligatorisches Güteverfahren: Es muß erfolglos geblieben sein, LG Itzehoe RR **03**, 353.
Parteivernehmung: Rn 66–68.
Prozeßfähigkeit: PKH kommt *nicht* in Betracht, solange kein wirksamer PKH-Antrag vorliegt. Das gilt auch bei § 57. Das Gericht darf eine PKH nicht schon wegen Zweifels an der Prozeßfähigkeit des Antragsgegners ablehnen, Ffm FamRZ **94**, 1125.
Prozeßkostenvorschuß: Das Gericht darf eine PKH *nicht* gewähren, wenn eine Erfolgsaussicht fehlt, BGH NJW **01**, 1646. Das darf man nicht mit Unbilligkeit verwechseln, Bißmaier FamRZ **02**, 866.
Prozeßvergleich: Rn 104 „Vergleich".
Prozeßvoraussetzung: Das Prozeßgericht muß auch schon im Vorverfahren über die PKH stets prüfen, ob die Prozeßvoraussetzungen des Hauptprozesses vorliegen, namentlich der Zuständigkeit. Die Zulässigkeit einer öffentlichen Zustellung gehört hierher, aM Karlsr FamRZ **98**, 486 (aber mangels ihrer kein Erfolg). Liegt bereits in der Hauptsache eine Entscheidung vor, so ist das Gericht an sie gebunden, Hamm FamRZ **85**, 825, aM Ffm MDR **83**, 137 (aber § 318 gilt uneingeschränkt).
Ratenkredit: Der in Anspruch genommene Bürge sieht sich bei dem angeblich sittenwidrigen Ratenkredit meist schwierigen Rechtsfragen gegenüber, Rn 100. Man sollte seine Verteidigungschancen insofern großzügig beurteilen, Düss RR **86**, 48, Kblz RR **86**, 405, Mü RR **90**, 112.
Räumungsfrist: Rn 96 „Mietrecht".
Rechtsfähigkeit: Mit ihrem Wegfall *entfällt* grds PKH, OVG Weimar NJW **98**, 2993 (auch zu einer Ausnahme).
Rechtsfrage: Man muß wie folgt unterscheiden.
  a) Bewilligung. Die Rechtsverfolgung und die Rechtsverteidigung sind im allgemeinen schon wegen Art 3 I GG hinreichend aussichtsreich, sobald sich Fragen von erheblicher rechtlicher Tragweite abzeichnen, BVerfG NJW **04**, 1789, Celle VersR **87**, 553, Ffm FamRZ **90**, 315 und 1030 (Verfassungsprobleme), oder soweit schwierigere, noch nicht eindeutig geklärte Rechtsfragen im Hauptprozeß entstehen, BVerfG NJW **04**, 1789, BGH FamRZ **05**, 29 links, Hbg FamRZ **05**, 927. Denn das Gericht ist im Verfahren über die PKH nicht befugt, über solche schwierigen Fragen des Hauptprozesses auch nur halbwegs abschließend zu entscheiden, BVerfG NJW **03**, 3191, BGH RR **03**, 1002, Stgt FamRZ **05**, 1274. Es genügt, daß das Beschwerdegericht (jetzt) eine Rechtsbeschwerde wegen grundsätzlicher Bedeutung zulassen würde, BGH NJW **03**, 1127 links, Celle FamRZ **01**, 700, Köln MDR **00**, 601.

§ 114

b) Versagung. Freilich ist auch für eine rückwirkende Bewilligung kein Raum mehr, wenn die für die Entscheidungen erheblichen Rechtsfragen höchstrichterlich in einem auch für den Antragsteller ungünstigen Sinn anderweitig geklärt sind, § 119 Rn 23, BGH MDR **03**, 109. Das gilt trotz etwaiger Zulassung der Revision, BGH MDR **03**, 109. Auch darf das Gericht eine bei ihm bestehende rechtliche Auffassung zugrunde legen, Schlesw SchlHA **84**, 148. Es darf auch nicht etwa wegen einer ihm bekannten bisher abweichenden Ansicht des vorgeordneten Gerichts entgegen der eigenen Überzeugung entscheiden. Das gilt selbst bei entgegenstehender höchstrichterlicher Rspr, aM Köln MDR **00**, 601 (aber diese Art vorauseilenden Gehorsams stößt im Ergebnis fast an Rechtsbeugung. Denn jedes Gericht muß nach *seinem* Gewissen entscheiden, auch vorläufig. Manchmal ändert auch ein hohes Gericht schließlich – zögernd – seine bisherige Haltung. Vgl auch Einl III 47). Wegen einer tatsächlichen Veränderung Rn 78.

Rechtsbeschwerde: Ist das Beschwerdegericht der Ansicht, daß die Voraussetzungen der Zulassung einer Rechtsbeschwerde vorliegen, dann muß es insoweit PHK bewilligen, BFH NJW **04**, 2033.

Rechtshängigkeit: Erfolgsaussicht *fehlt* für den Bekl vor ihrem Eintritt, Bre FamRZ **89**, 198, Karlsr FamRZ **00**, 1022, Kblz FamRZ **98**, 1300.

Rechtsmittel: Vgl zunächst § 119 I 2. Maßgeblich ist die Sache selbst, nicht das Rechtsmittel, BVerfG NJW **97**, 2745. Es kann auf eine Wiedereinsetzungschance ankommen Rn 104 „Wiedereinsetzung". Für den Revisionsbekl kommt PKH erst nach Vorliegen der Revisionsbegründung in Betracht, BGH RR **01**, 1009. Trotz Bindung an die Revisionszulassung kann das wahre Fehlen ihres Grundes der Erfolgsaussicht entgegenstehen, BGH FamRZ **03**, 1552.

Rechtsschutzbedürfnis: Das Gericht muß das Rechtsschutzbedürfnis wie bei jedem Antrag stets prüfen, BayObLG Rpfleger **90**, 127 (FGG). Es *fehlt* ab Erhalt eines Vollstreckungstitels, Ffm FamRZ **82**, 1223, Hamm FamRZ **80**, 708, Karlsr AnwBl **82**, 491.

Rechtsweg: Er muß zulässig sein. Auf Antrag muß das Gericht nach § 17 a III GVG vorab entscheiden, VGH Mannh NJW **92**, 707.

Restitutionsklage: Rn 104 „Wiederaufnahmeverfahren".

101 Schadensersatz: Das Gericht muß ein mögliches Mitverschulden mitbeachten, Düss JB **88**, 1057, KG MDR **79**, 672.

Scheidung: Die Rechtsprechung ist außerordentlich umfangreich. Der Antragsteller muß die für eine Scheidung sprechenden Tatsachen darlegen, Drsd FamRZ **02**, 891, Köln FamRZ **95**, 1503. Eine Erfolgsaussicht vor Ablauf des Trennungsjahrs besteht grds nicht, Köln FamRZ **04**, 1117. Das gilt auch beim Härtefall und dann, wenn die Voraussetzungen einer einverständlichen Scheidung vorliegen, Drsd FamRZ **02**, 891. Auch bei einem auf §§ 1565, 1566 I BGB gestützten Scheidungsantrag muß der Antragsteller für das PKH-Gesuch die Voraussetzungen des § 630 darlegen, Karlsr FamRZ **80**, 681, aM KG MDR **80**, 675 (aber aus einem Antragszwang folgt fast stets auch ein eigentlich auch selbstverständlicher gewisser Begründungszwang). Der Antragsteller muß seine Angaben auch evtl glaubhaft machen, § 118 II 1, Zweibr FamRZ **83**, 1132.

Wenn der *Gegner* des Scheidungsantrags PKH beantragt, muß das Gericht prüfen, ob sein Antrag eine hinreichende Erfolgsaussicht hat, Düss FamRZ **86**, 697, aM Bbg RR **95**, 6 (aber so allgemein darf man nicht vorgehen. Es ist die folgende Differenzierung notwendig). Es kommt auf der Erfolg der beabsichtigten Rechtsverfolgung oder Rechtsverteidigung für das Verbundverfahren als Ganzes an, weniger also auf die Abwehraussicht gegenüber dem Scheidungsantrag, Düss (2. FamS) FamRZ **86**, 697, (3. FamS) FamRZ **90**, 80, Jena FamRZ **98**, 619 rechts, aM Düss (5. FamS) JB **85**, 461 und (7. FamS) JB **82**, 1731 (aber es ist immer eine Gesamtabwägung notwendig). Ein Versöhnungsversuch ist unschädlich, Hbg FamRZ **03**, 1018. Vgl freilich zum etwaigen Mutwillen Rn 124.

102 Die *Ausfüllung der Formulare* in Scheidungsverfahren zB für den Versorgungsausgleich kann nicht stets eine Voraussetzung der Bewilligung für PKH werden, AG Syke RR **93**, 1479, wohl aber je nach Lage des Einzelfalls, Hamm FamRZ **80**, 180, Karlsr FamRZ **84**, 1233. Der Unterhaltsberechtigte braucht sich nicht mit freiwilligen Zahlungen ohne Vollstreckungstitel zu begnügen, BGH FamRZ **98**, 1165, Mü FamRZ **94**, 313, Zweibr FamRZ **97**, 620. Er kann dem Gegner den Einwand mangelnder Zahlungsfähigkeit überlassen, Hamm FamRZ **98**, 1602. Soll das Scheidungsverfahren im Zeitpunkt der Entscheidung über das PKH-Gesuch nicht mehr betrieben werden, so ist grds *keine* PKH statthaft, auch kaum rückwirkend, Ffm FamRZ **84**, 306. Vgl freilich § 119 Rn 10 ff und ausnahmsweise wegen § 1587 II BGB Karlsr FER **00**, 130. Für den unstreitigen Sockelbetrag des Unterhalts ist PKH trotz § 630 III *nicht* zulässig, Schlesw SchlHA **85**, 156. Das Gericht soll die Frage, ob eine Unbilligkeit nach § 1579 BGB vorliegt, *nicht*, im PKH-Verfahren entscheiden müssen, BVerfG FamRZ **93**, 664, Karlsr FamRZ **96**, 1289. Soweit in Wahrheit noch keine Entscheidung über eine Nutzungsentschädigung an der zugewiesenen Ehewohnung ergangen ist, kann trotz Rechtskraft der Scheidung Erfolgsaussicht zur Nutzungsentschädigung bestehen, Mü FamRZ **87**, 200.

Ist bei Anwendung *ausländischen* Recht auch eine Klagabweisung für einen späteren Scheidungsantrag hilfreich, kann Erfolgsaussicht infrage kommen, Brschw FamRZ **97**, 1409, Celle FamRZ **98**, 758. Solange kein Antrag nach Art 7 § 1 III FamRÄndG vorliegt, bleibt eine ausländische Ehescheidung unbeachtlich. Das Verfahren kann freilich zur Aussetzung führen, Karlsr RR **01**, 5.

Schlichtungsstelle: Ihr Gutachten bindet nicht, Enders Festschrift für Schneider (1997) 446.

Schmerzensgeld: Auch der Mittellose hat Anspruch auf ein so hohes Schmerzensgeld, wie es ein Bemittelter fordern könnte, Köln VersR **89**, 519. Wegen des Vorsatzumfangs beim Arbeitsunfall LAG Kiel NZA-RR **04**, 658.

Schwierige Frage: Rn 100 „Rechtsfrage".

Selbständiges Beweisverfahren: Das Gericht muß die Erfolgsaussicht auch im selbständigen Beweisverfahren prüfen, Rn 38 „Selbständiges Beweisverfahren". Es kommt auf die Erfolgsaussicht in *diesem* Verfahren an, nicht auf diejenige der Klage, Oldb MDR **02**, 910, Saarbr MDR **03**, 1436, LG Dortm RR **00**, 516.

Sorgerecht: Erfolgsaussicht besteht bei einem Handlungsbedarf, Nürnb FamRZ **02**, 109.

Titel 7. Prozesskostenhilfe und Prozesskostenvorschuss **§ 114**

Erfolgsaussicht für die Übertragung auf den Kläger *fehlt* bei dessen erheblichen alkoholischen Problemen, Brdb FamRZ **02**, 120.
Steuerklasse: Erfolgsaussicht besteht meist bei Streit um die sogar evtl rückwirkende Wahl der Steuerklasse bei getrennten Eheleuten wegen der schwierigen Rechtsfragen, Rn 100, BVerfG NJW **03**, 1858.
Streithilfe: Es kommt natürlich auch ihr auf die Gesamtumstände an, Hamm JB **04**, 38.
Stufenklage: § 119 Rn 43 „Stufenklage".
Teilerfolg: Soweit nur ein Teilbetrag usw Erfolgsaussicht hat, darf das Gericht PKH auch nur dementsprechend bewilligen, Drsd DAVorm **93**, 845, Düss FamRZ **93**, 1217, Karlsr FamRZ **92**, 966. Wegen des Rests muß es PKH ablehnen.
 S auch Rn 105 „Zuständigkeit".
Überspannung: Rn 80.
Umgangsrecht: Eine Erfolgsaussicht liegt vor, soweit der Antragsteller seine Lage irgendwie verbessern **103** kann, Nürnb MDR **01**, 875. Sie besteht bei einem Handlungsbedarf, Nürnb FamRZ **02**, 109.
 Erfolgsaussicht *fehlt* meist erst dann, wenn das Kindeswohl gefährdet ist und nicht durch Zusatzmaßnahmen gesichert werden kann, Düss FamRZ **99**, 1670.
Unterhalt: Auch schwierige Fragen sind evtl im PKH-Verfahren vorprüfbar, Karlsr FER **98**, 121 (§ 1579 Z 6 BGB). Die Billigkeitsprüfung nach § 1581 BGB muß dem Hauptprozeß vorbehalten bleiben. Daher ist insoweit im PKH-Verfahren Großzügigkeit geboten, Celle FamRZ **04**, 1573, und die die Wahrung des sog kleinen Selbstbehalts ausreichend, Karlsr FamRZ **91**, 1458. PKH für „$^1/_3$ der Sätze der Düsseldorfer Tabelle" ist mangels Bestimmtheit *nicht* statthaft, Ffm FamRZ **91**, 1458. PKH kommt auch für ein Gesuch nach dem Ausführungsgesetz zum UNÜbk über Unterhaltsansprüche im Ausland in Betracht, Ffm FamRZ **87**, 302.
 Ab Volljährigkeit des Berechtigten *entfällt* für den bisher nach § 1629 III BGB in eigenem Namen vorgegangenen Elternteil insoweit die Erfolgsaussicht, Mü FamRZ **96**, 422, Zweibr FamRZ **89**, 194. Das volljährige Kind muß am Wohnsitz des Unterhaltspflichtigen klagen, Hamm FamRZ **05**, 1259. Man muß Schwierigkeiten am Arbeitsmarkt beachten, Schlesw FER **98**, 187. Bei § 1603 II 1 BGB gelten strenge Maßstäbe, Nürnb FamRZ **98**, 982. Der Gläubiger kann zwischen dem vereinfachten Verfahren und einer Klage wählen, Naumb FamRZ **01**, 924 links oben. Hinreichende Erfolgsaussicht auf Verneinung der Inhaltspflicht kann bestehen, soweit eine Haftung des anderen Elternteils nach § 1603 II 3 BGB in Betracht kommt, Karlsr FamRZ **03**, 1676. Wenn der Schuldner eine Minderung erst in zwei Jahren vornehmen will, besteht jetzt noch keine Erfolgsaussicht für eine Titulierung, Köln RR **04**, 297.
 S auch Rn 101 „Scheidung".
Unwahrscheinlichkeit: Auch bei großer Unwahrscheinlichkeit der Beweisbarkeit kann die Erfolgsaussicht wegen der grundsätzlichen Notwendigkeit einer Beweiserhebung zwar nicht stets, aber doch im allgemeinen ausreichend vorhanden sein, Rn 86 „Beweisaufnahme".
Unzuständigkeit: Rn 105 „Zuständigkeit".
Urkunde: Ihre Vorlage begründet Erfolgsaussicht, es sei denn, das Beweisthema wird dort nur indirekt angesprochen, Köln FER **01**, 67.
Urkundenprozeß: Eine Erfolgsaussicht erst im Nachverfahren genügt auch für Verfahren bis zum Vorbehaltsurteil, Saarbr MDR **02**, 1211.
Vaterschaftsverfahren: Erfolgsaussicht besteht bei einer ernsthaften Möglichkeit einer Beweisaufnahme, **104** Rn 86, Hbg DAVorm **84**, 708, Karlsr Just **87**, 64. Bei der Vaterschaftsfeststellungsklage nach § 640 II Z 1 ist es unschädlich, daß der Aufenthalt des etwaigen Vaters noch unbekannt ist, Karlsr FamRZ **84**, 486, Stgt DAVorm **95**, 751, oder daß das etwa erforderliche Blutgruppengutachten erst später möglich sein wird, Hbg DAVorm **86**, 367, Karlsr FER **98**, 271, oder daß man das erbbiologische Gutachten erst später einholen kann, Ffm DAVorm **85**, 508, aM ZöPh 46 (aber es kommt auf die Chance bei Bewilligungsreife an. Das Gutachten kann ebenso positiv wie negativ ausfallen), oder daß das DNA-Gutachten heimlich entstand, Schlesw FamRZ **05**, 1097. Ein Auslandswohnsitz des Bekl schadet grds nicht, Hamm DAVorm **79**, 199. Ebensowenig schadet die Notwendigkeit einer Beweisaufnahme im Ausland, Hamm DAVorm **79**, 199.
 Für den *Beklagten* liegt Erfolgsaussicht bei einer ernsthaften Zweifel an seiner Vaterschaft vor, Köln FamRZ **03**, 1018, Nürnb MDR **04**, 96, Stgt MDR **05**, 1115 (je streng). Bei der Anfechtung der Anerkennung der nichtehelichen Vaterschaft kann die bloße Behauptung zur Vaterschaftsfrage kaum ausreichen, Karlsr FamRZ **95**, 1163, aM AG Bln FamRZ **95**, 1228 (zu großzügig. Man hat immerhin anerkannt gehabt). Nach dem Tod des angeblichen Vaters muß der Antragsteller Möglichkeit bzw Durchführbarkeit einer etwaigen Exhumierung darlegen, § 372a Rn 8, Köln FER **01**, 131. Eine Vergleichsbereitschaft ist deutliches Anzeichen einer Erfolgsaussicht, Karlsr FamRZ **04**, 550.
 Im *Anfechtungsprozeß* muß das Gericht der Mutter trotz § 640 e PKH auch nur zur Wahrung der eigenen Interessen gewähren, Celle NJW **01**, 3419, oder derjenigen des Unterstützten, Düss MDR **95**, 1038. Es kann die Behauptung ausreichen, der Kläger sei nicht der Vater, Köln NJW **98**, 2985, das Kind sei ihm ganz unähnlich, Düss FamRZ **85**, 1275. Zwar sind konkrete Anhaltspunkte notwendig, Karlsr FamRZ **01**, 1532. Man darf aber auch keine übertriebenen Anforderungen stellen, Karlsr MDR **01**, 1532. Deshalb kann der Beweisantrag „Parteivernehmung Kindesmutter" sehr wohl ausreichen, aM Köln FamRZ **05**, 43 (aber jeder zulässige Beweisantritt reicht grds. Denn sonst würde das Gericht das Beweisergebnis – negativ! – vorwegnehmen). In diesem Verfahren muß das Gericht der beklagten Partei wegen der Notwendigkeit ihrer Beteiligung PKH gewähren, Köln FamRZ **96**, 1290, Nürnb JB **93**, 231. Hier ist eine Erfolgsaussicht des Bekl zwecks Unterstützung des Antrags des Klägers ausreichend, Celle FamRZ **91**, 978 (erst recht für seine Widerklage), Karlsr JB **99**, 253, Stgt DAVorm **90**, 469, aM Düss Fam **96**, 616, Hamm FamRZ **92**, 454, KG FamRZ **87**, 502 (aber es kommt auf eine auch wirtschaftliche Gesamtabwägung an). Die Erfolgsaussicht entfällt für den Bekl nicht schon deshalb, weil er der Klage nicht entgegengetreten ist, Kblz FamRZ **02**, 1194. 3 erfolgreiche Anfechtungen ergeben nicht stets Erfolgsaussicht für eine vierte, Köln MDR **05**, 993.
Vereinfachtes Verfahren: Rn 103 „Unterhalt".

§ 114

Verfahrensfehler: Es kommt nur auf die infolge des Verfahrensfehlers selbst nach einer Zurückverweisung zu erwartende Endentscheidung an, Bbg FamRZ **95**, 378.

Verfassungsmäßigkeit: Rn 100 „Rechtsfrage".

Vergleich: Auch hier kommt es auf Erfolgsaussicht eines streitigen Verfahren wie sonst an, Kblz FamRZ **90**, 180, Köln FamRZ **02**, 760, Zweibr JB **88**, 221. Eine Vergleichsbereitschaft beider Parteien kann zur PKH ausreichen, Nürnb FamRZ **98**, 492. Das gilt auch in Amtsverfahren, LSG Mainz AnwBl **81**, 409. Freilich sind auch insofern kein Schematismus und keine gedankenlose Großzügigkeit zulässig. Ein Vergleich bedeutet zumindest Erfolgsaussicht in seinem Umfang, Köln FamRZ **00**, 1094. Er kann darüber hinaus Erfolgsaussicht des gesamten Verfahrens bedeuten, Bbg FamRZ **95**, 939, Köln FamRZ **02**, 760, Nürnb FamRZ **02**, 758, aM Köln FamRZ **98**, 835, Mü MDR **87**, 239, Mümmler JB **83**, 287 (aber es kommt auf die Gesamtumstände an). Ein Widerrufsvergleich kann reichen, AG Groß Gerau MDR **81**, 853.

Unzulässig ist PKH für das Bewilligungsverfahren *nach* PKH für den Hauptprozeß. Ein Vergleich nur zwecks Protokollierung vorgerichtlicher Einigung reicht nicht, Nürnb JB **92**, 49.

Verjährung: Die Einrede der Verjährung kann zur Erfolgsaussicht für den Bekl ausreichen. Eine Verjährung ist nur nach entsprechender Einrede (Rüge) beachtlich, LG Siegen DAVorm **78**, 651, ArbG Regensb JB **92**, 697.

S auch Rn 91 „Fristversäumung".

Vertretbarkeit: Der Standpunkt des Antragstellers muß vertretbar sein.

Widerklage: Man muß ihre Voraussetzungen selbständig prüfen.

Wiederaufnahme: Das Gericht muß die Erfolgsaussicht auch zur Hauptsache prüfen, BGH NJW **93**, 3140.

Wiedereinsetzung: Das Gericht muß ihre Möglichkeit mitbeachten, BVerfG Rpfleger **01**, 188 (StVollzG).

105 Zugewinnausgleich: Eine Erfolgsaussicht scheitert nicht an dem Besitz eines notwendigen Pkw, Kblz FamRZ **04**, 1880. Zum Problem auch Jena FamRZ **05**, 1186.

Zug-um-Zug-Leistung: Bei einem Zug-um-Zug-Anspruch muß die Gegenleistung im Sinn von §§ 756, 765 erbringbar sein, Düss MDR **85**, 59.

Zurückbehaltungsrecht: Für den Bekl kann die Geltendmachung eines Zurückbehaltungsrechts ausreichen. Es fehlt gegenüber einem Auskunftsanspruch nach § 1379 BGB, Jena FamRZ **97**, 135.

Zusatzgutachten: Seine Notwendigkeit kann ausreichen, Karlsr FamRZ **84**, 702.

S auch Rn 86–88.

Zuständigkeit: Erfolgsaussicht kann auch dann vorliegen, wenn das nach § 117 angerufene Gericht nach § 17 a GVG vorgehen müßte, Gsell/Mehring NJW **02**, 1994.

Es *fehlt* die Erfolgsaussicht vor diesem Gericht, wenn es unzuständig ist, BGH RR **04**, 1437, Hamm FamRZ **05**, 1259. Freilich kann dann eine Verweisung infragekommen und reichen, BGH RR **04**, 1437. Die Erfolgsaussicht kann ferner insgesamt fehlen, wenn nur ein in solcher Teil in seiner Erfolgsaussicht bestehenbleibt, dessen Wert unterhalb der sachlichen Zuständigkeit des angerufenen Gerichts liegt, Rn 85 „Berufung", BGH RR **04**, 1437, Brdb MDR **01**, 769, Köln (13. ZS) VersR **99**, 117 und (19. ZS) WoM **99**, 288 (evtl Verweisung), aM Drsd MDR **95**, 202, Mü MDR **98**, 922 (aber dann müßte das Gericht mangels Verweisung von Klagerücknahme die Klage als unzulässig abweisen). § 261 III Z 2 bleibt freilich beachtlich, aM Saenger MDR **99**, 853 (aber die Vorschrift gilt uneingeschränkt). Außerdem läßt sich bei einer statthaft unbezifferten Klage die Zuständigkeit des LG nicht schon deshalb bereits im PKH-Verfahren leugnen, weil ein Betrag aus seinem Zuständigkeitsbereich zweifelhaft ist, Schlesw RR **99**, 1667.

Zwangsvollstreckung: Ein erfolgversprechender Antrag nach § 765 a kann auch dann genügen, wenn das Gericht nicht von § 788 IV Gebrauch macht, LG Hann WoM **90**, 398. Die völlige Aussichtslosigkeit der Zwangsvollstreckung zumindest auf absehbare Zeit kann auch schon eine entsprechende Aussichtslosigkeit der Rechtsverfolgung im Erkenntnisverfahren bedeuten, Celle NJW **97**, 532, Köln JB **91**, 275, Hamm RR **99**, 1737 (Vorsicht!).

Erfolgsaussicht kann *fehlen*, soweit der Antragsteller eine nach §§ 756, 765 notwendige Gegenleistung nicht erbringen kann, Düss MDR **82**, 59, oder soweit die Vollstreckung von Amts wegen erfolgt, Brdb FamRZ **96**, 421.

S auch „Zug-um-Zug-Leistung".

Zwischenfeststellungsklage: Rn 91 „Feststellungsklage".

106 9) Fehlen von Mutwillen, S 1, 2. Selbst wenn die beabsichtigte Rechtsverfolgung oder Rechtsverteidigung hinreichende Erfolgsaussicht bietet, darf das Gericht eine PKH doch nur dann gewähren, wenn das gesamte Prozeßverhalten des Antragstellers nicht als mutwillig erscheinen, Köln FamRZ **87**, 1168. Das gilt auch im Verfahren auf ein eingehendes Gesuch um Auslandsunterhalt, § 9 S 1 AUG, abgedruckt bei § 122. Die Regelung ist mit dem GG vereinbar, BVerfG NJW **00**, 2098. Sie bezweckt nicht eine Sanktion, BFH RR **00**, 1374.

107 A. Begriff des „Mutwillens". Mutwillig handelt derjenige, der davon abweicht, was bei der auch hier erlaubten und notwendigen lediglich vorläufigen Prüfung nach Rn 80 eine verständige ausreichend bemittelte Partei in einem gleichliegenden Fall würde, BVerfG Rpfleger **02**, 213, Drsd FamRZ **04**, 1982, Karlsr FamRZ **04**, 550. So hat die Klage gegen einen völlig Vermögenslosen nur selten Sinn, selbst wenn derzeit ein gewisses Rechtsschutzbedürfnis bestehen mag. Es müßte wenigstens eine kleine Aussicht dafür bestehen, daß der Verurteilte einmal wieder zu Geld kommt, Peters FamRZ **75**, 121. Deshalb muß das Gericht die Bewilligung lediglich zur Erwirkung eines Kostenurteils gegen einen Vermögenslosen meist ablehnen.

Maßgeblich ist also der *Nutzen* einer Entscheidung *überhaupt*, BSG MDR **76**, 611. Mutwille liegt zB vor, wenn ein einfacherer, billigerer Weg möglich wäre, BFH RR **00**, 1374, Karlsr FamRZ **04**, 550, Kblz AnwBl **05**, 296 (Widerklage). Denn dann fehlt ein Rechtsschutzbedürfnis, Grdz 46 vor § 253. Man muß aber auch den Verhältnismäßigkeitsgrundsatz beachten, Einl III 23. Der Bedürftige darf den sichersten Weg gehen, Düss MDR **89**, 826, Ffm RR **86**, 944. Man muß den Begriff Mutwillen streng auslegen, Hbg FamRZ **98**, 1178 (nur bei schwerwiegendem Fall).

Titel 7. Prozesskostenhilfe und Prozesskostenvorschuss § 114

B. Maßgeblicher Zeitpunkt: Bewilligungsreife. Es kommt auch hier auf den Zeitpunkt der Entschei- 108
dungsreife an, § 119 Rn 5, Köln RR **04**, 64. Evtl muß das Gericht daher eine Rückwirkung aussprechen.
§ 119 Rn 10.

C. Beispiele zur Frage des Mutwillens 109
Abänderung: Mutwillig ist die Klage auf die Feststellung, daß kein Unterhaltsanspruch besteht, obwohl schon und noch ein Abänderungsverfahren nach § 620 b statthaft ist, Hamm FamRZ **87**, 962, aM Köln FamRZ **84**, 717, oder soweit ein solches Verfahren nach § 620 f statthaft ist. Mutwillig sein kann die Klage auf Herabsetzung von Unterhalt wegen eines Berufswechsels, den der Kläger zumindest grob leichtfertig verursacht hat, Bbg JB **90**, 1646.
S auch Rn 128 „Unterhalt", Rn 131 „Vorprozeß".
Abtretung: Mutwillig ist eine Klage auf Grund einer nur zu diesem Zweck erfolgten Abtretung oder Rückabtretung, Naumb FamRZ **04**, 381.
Anerkenntnis: Es bedeutet für den Gegner anschließend *nicht stets* Mutwillen, Bbg FamRZ **92**, 456.
Anhängigkeit: Mutwillig ist die Einreichung einer sog Schutzschrift nach Grdz 7 vor § 128 vor der Anhängigkeit des gegnerischen Antrags, § 261 Rn 1.
Arbeitserlaubnis: Rn 124.
Arbeitsgericht: Mutwille liegt vor, wenn der Arbeitgeber eine Kündigungsfrist nur ganz gering unterschritten hat und der Arbeitnehmer ohne vorherigen außergerichtlichen Klärungsversuch Klage einreichen läßt, LAG Mainz MDR **00**, 650. Mutwille kann beim Weiterbeschäftigungsantrag vorliegen, den der Kläger nicht als unechten Hilfsantrag stellt, LAG Düss JB **89**, 1441.
S auch Rn 128 „Unzuständigkeit".
Ärztliche Behandlung: Mutwille liegt *keineswegs stets* schon deshalb vor, weil der Antragsteller nicht vorher die Gutachterkommission für ärztliche Haftpflichtfragen angerufen hat, Düss MDR **89**, 826, Stegers AnwBl **89**, 140, aM LG Aurich NJW **86**, 792 (abl Matthies), LG Dortm JZ **88**, 255 (abl Giesen. Aber es kann gewichtige Zeit- und andere -gründe für die sofortige Ausrufung des Gericht geben).
Aufrechnung: Mutwille *fehlt*, solange eine gegnerische Aufrechnung noch nicht einmal angekündigt ist, evtl auch noch nach ihrer Vornahme, Karlsr MDR **00**, 902.
S auch Rn 131 „Widerklage".
Auskunft: Mutwillig ist eine Zahlungsklage, soweit eine Auskunftsklage zumutbar ist, Hamm FamRZ **86**, 924, Schlesw SchlHA **78**, 84, und umgekehrt, Schlesw FamRZ **86**, 1031. Mutwillig ist die Klage auf Zugewinnausgleich ohne Auskunft über das Endvermögen, Schlesw SchlHA **78**, 84. Mutwillig ist eine Auskunftsklage, obwohl kein Zweifel an der Leistungsunfähigkeit des Gegners besteht, Schlesw FamRZ **86**, 1031. Mutwillig sind getrennte Klagen statt der Stufenklage, soweit sie sinnvoll ist, Düss FamRZ **89**, 204. Die isolierte Auskunftsklage statt derjenigen im Verbundverfahren kann mutwillig sein, Düss FamRZ **91**, 94. Vgl aber auch Rn 131. Mutwillig sein kann die Auskunftsklage des Unterhaltsberechtigten neben derjenigen des Sozialhilfeträgers, Köln FamRZ **01**, 1713. Mutwillig ist die Rechtsverteidigung nach verspäteter Auskunft, Düss FamRZ **97**, 1017.
Auslandsunterhalt: Mutwillen muß auch im Verfahren auf ein sog eingehendes Gesuch um Auslandsunterhalt fehlen, § 9 S 1 AUG, abgedruckt bei § 122.
Mutwille *fehlt* grds bei einer Wahl des deutschen statt des ausländischen Gerichts, aM Hamm FamRZ **01**, 1534 (aber ein Auslandsverfahren ist aller Regel schon wegen der Entfernung und des Problematik eines inländischen Verkehrs- bzw Vertrauensanwalts mindestens ebenso schwierig durchführbar).
Auslandsvollstreckung: Mutwillig ist ein Verfahren auf Zwangsvollstreckung gegen einen im Ausland lebenden Schuldner, soweit sie dort kaum durchführbar wäre, Celle NJW **97**, 532, Drsd JB **04**, 147, LG Wuppert Rpfleger **85**, 210. Das gilt erst recht bei einer dortigen bloßen sog Briefkastenfirma, zu großzügig Hamm RR **05**, 723.
Beitritt: Mutwillig ist im Vaterschaftsanfechtungsprozeß, in dem das Kind durch einen von seiner Mutter als 110 gesetzlicher Vertreterin bestellten Anwalt vertreten wird, der Beitritt der Mutter zum Rechtsstreit, Düss FamRZ **80**, 1147, Hamm FamRZ **94**, 386, aM Karlsr FamRZ **98**, 485 (aber man muß auch die Prozeßwirtschaftlichkeit mitbedenken, Grdz 14 vor § 128).
S auch Rn 112 „Ehelichkeitsanfechtung".
Beratungshilfe: Mutwillig ist eine Klage, soweit man Beratungshilfe beanspruchen kann, Anh § 127, Oldb NdsRpfl **81**, 253.
Berufswechsel: Rn 109 „Abänderung".
Deckungsprozeß: Rn 130 „Versicherung". 111
Ehesache: Rn 124, 125, 128. 112
Ehescheidung: Rn 124, 125.
Einspruch: Rn 129 „Versäumnisurteil".
Einstweilige Anordnung, Verfügung: Mutwillig ist eine Unterhaltsklage, soweit schon eine einstweilige 113 Anordnung im Eheverfahren ergangen ist, Düss FamRZ **91**, 1083, Ffm FamRZ **82**, 1223, Kblz FamRZ **88**, 308 sowie 1182, aM Hbg FamRZ **90**, 181, Schlesw JB **91**, 1229, Stgt FamRZ **92**, 1196 (aber es liegt schon ein immerhin zunächst ausreichender Vollstreckungstitel vor).
Mutwille *fehlt*: Bei einer verneinenden Feststellungsklage gegen eine einstweilige Anordnung, Köln FamRZ **84**, 717; soweit im Fall einer Unterhaltsklage oder einer Sorgerechtsstreitigkeit eine einstweilige Anordnung noch nicht vorliegt, Düss FamRZ **78**, 192, Hbg FamRZ **90**, 642, KG FamRZ **88**, 93, aM Hamm FamRZ **83**, 1150 (abl Ricken), Schlesw SchlHA **78**, 67 (aber ungeachtet unterschiedlicher Chancen und Risiken sollte ein Verfahrens-Wahlrecht bestehenbleiben).
S auch Rn 126 „Sorgerecht", Rn 128 „Unterhalt".
Einwendung: Rn 122 „Rechtsmißbrauch".
Erledigung der Hauptsache: Mutwille liegt beim PKH-Gesuch nach ihrem Eintritt vor, OVG Schlesw NVwZ-RR **04**, 460.

§ 114

Erschleichung des Gerichtsstands: Mutwillig ist eine unnötige Zerreißung des Sachverhalts, um vor verschiedenen Gerichten Teilansprüche geltend zu machen, Einl III 56, Karlsr MDR **88**, 972, Schneider MDR **89**, 606.
Erwerb: Mutwille liegt vor, soweit sich der Antragsteller nicht zur Behebung seiner Bedürftigkeit um Erwerb bemüht, Brdb JB **05**, 371, Stgt DAVorm **86**, 728. Vgl auch Rn 46 ff.

114 **Feststellungsklage:** Mutwillig ist eine Widerklage mit dem Ziel der Feststellung des Nichtbestehens der ganzen Forderung gegenüber einer Klage auf die Leistung eines Teilbetrags, soweit die Widerklage vor jeder Klärung erhoben wird. Mutwillig ist eine verneinende Feststellungswiderklage, obwohl das Gericht voraussichtlich im Rahmen der Klage auf den Zugewinnausgleich über die Gesamthöhe der Ansprüche abschließend entscheiden wird, Hamm FamRZ **84**, 481.
 Mutwille *fehlt* bei einer verneinenden Feststellungsklage gegen eine einstweilige Anordnung, Köln FamRZ **84**, 717.

115 **Folgesache:** Rn 124, 125.
Gerichtsstand: Rn 113 „Erschleichung des Gerichtsstands".
Gesellschaft: Mutwillig sein kann eine Revision zwecks Umstellung des Titels auf die Gesellschaft bürgerlichen Rechts statt auf die Gesellschafter, aM BGH NZM **03**, 108 (aber man kann dadurch praktisch meist nicht mehr erreichen).

116 **Gutachterkommission:** Rn 109 „Ärztliche Behandlung".
Hausratssache: Rn 124, 125.
Insolvenz: Mutwillig ist der Antrag eines Gläubigers, wenn keine Masse vorhanden ist, § 26 InsO. Mutwillig ist die Aufnahme durch den Gegner des Schuldners, soweit der Insolvenzverwalter erklärt, er selbst werde nicht aufnehmen, Kblz OLGZ **88**, 124. Mutwillig ist die Einforderung einer Stammeinlage vom Gesellschafter und vom Rechtsvorgänger in getrennten Prozessen, Hamm MDR **05**, 350.
 Mutwille *fehlt*, wenn das Insolvenzverfahren über das Vermögen des Antragstellers nicht den Streitgegenstand erfaßt, Düss MDR **00**, 909, oder soweit er einen Anspruch auf Aufbringung oder Erhaltung von Kapital gegen einen Gesellschafter verfolgt, Hbg MDR **05**, 776.

117 **Klaganlaß:** Mutwillig ist eine Klage, obwohl voraussichtlich ein Antrag auf den Erlaß eines Mahnbescheids ausreicht, weil der Prozeßgegner die Forderung bisher nicht bestritten hat (wegen der PKH für die Zwangsvollstreckung Grdz 38 vor § 704), LG Lüneb RR **02**, 647. Mutwillig ist eine Unterlassungsklage, für die ein besonderes Interesse fehlt, zumal eine Privatklage billiger zu demselben Ziel führen wird. Mutwillig ist es, wenn der Antragsteller nicht die verneinende Feststellungsklage des Schuldners abwartet, soweit ihm ein solches Zuwarten zumutbar ist, Künkel DAVorm **83**, 348 (Vorsicht!). Mutwillig ist die Erhebung einer weiteren Klage statt der Erweiterung der bisherigen, Bbg FamRZ **90**, 187, LAG Düss JB **86**, 605.
 Vgl auch Rn 107.
Klagerücknahme: Mutwille liegt beim PKH-Gesuch nach Klagerücknahme vor, OVG Schlesw NVwZ-RR **04**, 460.
 Mutwille *fehlt*, soweit eine frühere Klagerücknahme unnötig war, Düss FamRZ **76**, 277. Die auch wiederholte – Rücknahme eines früheren Scheidungsantrags ist unschädlich, sofern an der Ernsthaftigkeit des jetzigen Scheidungsantrags kein Zweifel besteht, Ffm FamRZ **82**, 1224. Das kann sogar noch beim dritten Scheidungsantrag solcher Art gelten, Ffm FamRZ **82**, 1224. Strengere Maßstäbe gelten aber zB beim vierten Scheidungsantrag nach vorher jeweils eingetretener Aussöhnung, Köln FamRZ **88**, 92. Mutwille kann fehlen, wenn man ankündigt, die Klage nach Erhalt der PKH zurückzunehmen, LAG Mü AnwBl **90**, 176. Mutwille fehlt, wenn man die ohne eigenes Verschulden gescheiterte Klage neu und diesmal richtig erhebt.

118 **Kostenersparnis:** Rn 121 „Prozeßförderung".
Leistung statt Feststellung: Mutwillig ist eine Leistungsklage, soweit eine verneinende Feststellungsklage reicht, LAG Stgt NZA-RR **05**, 325. Freilich fließen die Grenzen.

119 **Mahnantrag:** Rn 117 „Klaganlaß".
Mediation: Mutwille *fehlt*, wenn man keine Mediation versucht hat, Hamm FamRZ **03**, 1758.
Mehrkosten: Rn 121 „Prozeßförderung".
Mietrecht: Mutwille kann im Einzelfall auch dann vorliegen, wenn der antragstellende Mieter den Rückstand schon vor Rechtshängigkeit hätte zahlen können, LG Mannh WoM **88**, 269.
 Mutwille kann *fehlen*, wenn der rechtskundige Vermieter vor dem zugesagten Räumungstermin klagt, aM AG Hagen WoM **90**, 83 (aber der Kläger kann kaum einigermaßen sicher wissen, ob das Gericht zB auch noch Vollstreckungsschutz gewähren wird).
 S auch Rn 96 „Mietrecht".

120 **Öffentliche Zustellung:** Mutwille *fehlt* bei ihrer Notwendigkeit, Köln FamRZ **05**, 460.
Offenbarungsversicherung: Mutwille *fehlt*, soweit eine oder mehrere Offenbarungsversicherungen des Schuldners mehr als drei Jahre zurückliegen, LG Saarbr Rpfleger **86**, 70.

121 **Patent:** Mutwillig liegt vor, soweit ein Patent nicht verwertbar sein dürfte, Rn 107, BPatG GRUR **00**, 307.
Patient: Rn 126 „Schiedsstelle".
Privatklage: Mutwillig ist eine Unterlassungsklage, für die ein besonderes Interesse fehlt, zumal eine Privatklage billiger zu demselben Ziel führen wird.
 S auch Rn 117 „Klaganlaß".
Prozeßförderung: Mutwillig liegt vor, soweit der Antragsteller seinen Prozeß nicht fördert, Düss FamRZ **79**, 159. Er muß auch den billigeren Weg wählen, wenn dieser ebenso zum Ziel führt, Hamm FamRZ **01**, 1533, Köln RR **93**, 1480, Zweibr FamRZ **00**, 756.
Prozeßkostenvorschuß: Mutwille kann vorliegen, wenn er sich doch nicht durchsetzen ließe, AG Westerburg FamRZ **03**, 1759, etwa durch einen gemeinsamen Anwalt, LG Tüb JB **90**, 506, oder durch eine Eingabe zum Protokoll einer nahen Geschäftsstelle, BayObLG FamRZ **90**, 648 und 1123.

122 **Rechtsanwalt:** S „Prozeßförderung".

Titel 7. Prozesskostenhilfe und Prozesskostenvorschuss § 114

Rechtsmißbrauch: Mutwillig ist jeder Rechtsmißbrauch, Einl III 54, Üb 6 vor § 114. Das gilt zB für das Vorschieben eines mittellosen Strohmannes, BPatG GRUR **98**, 45, oder des einzigen vermögenslosen Miterben, oder das Zurückhalten einer Einwendung, die zur teilweisen Versagung der gegnerischen PKH geführt hätte, Oldb FamRZ **02**, 1713.
S aber auch „Rechtswidrigkeit", Rn 131 „Vollstreckbarkeit".
Rechtsmittel: Mutwillig ist ein solches, das erst auf Grund von Vorbringen Erfolgsaussicht hat, das man auch in der Vorinstanz hätte vortragen können. Denn andernfalls würde man § 97 II unterlaufen, Jena MDR **99**, 257.
Rechtsschutzbedürfnis: Das Gericht muß das Rechtsschutzbedürfnis grds unabhängig von der Frage der Mutwilligkeit prüfen, BayObLG Rpfleger **90**, 127 (FGG). Freilich wird bei seinem Fehlen meist auch Mutwille vorliegen. Das Rechtsschutzbedürfnis kann zB dann *fehlen,* wenn eine Vorentscheidung des Berufungsgerichts in seiner Eigenschaft auch als Beschwerdegericht erschlichen werden soll, Köln JB **70**, 67.
Rechtsschutzversicherung: Mutwille kann vorliegen, soweit die Klage äußerst riskant ist, Kblz VersR **05**, 974.
S aber auch Rn 67 „Rechtsschutzversicherung".
Rechtsverteidigung: Mutwillig ist sie nur dann, wenn der Gegner dem Antrag in Wahrheit nicht entgegentritt, Köln RR **01**, 870.
Rechtswidrigkeit: *Nicht jedes* rechtswidrige Verhalten ist mutwillig, LG Heilbr Rpfleger **92**, 206.
S aber auch „Rechtsmißbrauch".
Sachantrag: Mutwille liegt vor, soweit der einen Prozeßantrag stellende Bekl anschließend gar keinen **123** Sachantrag stellen will.
Scheidungsverfahren: Mutwillig ist die Aufhebungs- oder Scheidungsklage desjenigen Partners, der dem **124** ausländischen Antragsgegner durch die Ehe lediglich gegen Entgelt ein späteres Aufenthaltserlaubnis verschaffen wollte, Hamm FamRZ **00**, 1092, Kblz RR **04**, 157, Nürnb RR **95**, 901, aM Ffm FamRZ **96**, 615, Hamm FamRZ **01**, 1081, Karlsr FamRZ **03**, 1760 (aber Rechtsmißbrauch verdient nie Schutz, Einl III 54).
Mutwillig ist grds ein Scheidungsantrag, gar nur 2 Monate, nach der Schließung der *Scheinehe,* Hamm FamRZ **82**, 1073, AG Bochum FamRZ **04**, 1497, aM Naumb FamRZ **01**, 629, Nürnb JB **96**, 255 (aber Rechtsmißbrauch ist stets schädlich, Einl III 54, BGH NJW **05**, 2782). Auch innere Vorbehalte bei der Eheschließung können eine Mutwilligkeit des Aufhebungsauftrags zur Folge haben, Naumb FamRZ **04**, 548. Mutwillig ist ein Scheidungsantrag vor Ablauf des Trennungsjahres nach § 1565 II BGB, Drsd FamRZ **02**, 941, AG Lüdenscheid FamRZ **94**, 314. Vgl freilich § 630, KG AnwBl **80**, 301. Nachvollziehbare Gründe können eine Ausnahme rechtfertigen, Karlsr FER **99**, 280, Stgt FamRZ **02**, 890. Mutwillig ist grds eine selbständige Klage auf Auskunft in einer Folgesache oder auf Unterhalt usw statt seiner Geltendmachung im Verbundverfahren, Brdb FamRZ **02**, 1412, Karlsr FamRZ **04**, 1880, Zweibr FamRZ **00**, 756, aM Hamm FamRZ **05**, 1100 links, Karlsr (20. ZS) FamRZ **05**, 1099, Oldb FamRZ **03**, 1757 (aber die Prozeßwirtschaftlichkeit muß stets eine erhebliche Bedeutung behalten, Grdz 14 vor § 128). Mutwillig sein kann auch die Unterlassung unaufgeforderter aktiver Mitwirkung an der Klärung der Vermögensverhältnisse beim Trennungsunterhalt, Brdb FamRZ **04**, 120 (dort wohl zu streng).
Mutwillig ist grds der *erneute* Antrag nach der Rücknahme des früheren, für den PKH bewilligt worden war, Hamm FamRZ **90**, 1375, Karlsr FamRZ **98**, 486, Köln RR **88**, 1477, es sei denn nach zwischenzeitlicher Versöhnung, Karlsr FamRZ **89**, 1313. Mutwillig ist die Geltendmachung von Zugewinnausgleich außerhalb des diesbezüglich laufenden Verfahrens, Jena FamRZ **98**, 1179 links, Köln FER **97**, 67. Mutwille liegt vor, soweit die Anerkennung der Auslandsscheidung nur an der Berufung auf einen Zustellungsmangel scheitert, Stgt FamRZ **03**, 1019. Mutwille liegt beim Antragsgegner vor, der die erforderliche Mitwirkung verweigert, zB beim Jugendamt nicht zum Gespräch erscheint, Karlsr FamRZ **04**, 549.
Mutwille *fehlt* zB in folgenden Fällen: Man hat die Trennung verschuldet, Ffm FamRZ **97**, 618; man **125** begehrt im Anschluß an den Scheidungsantrag des anderen Ehegatten jetzt auch selbst die Scheidung, Jena FamRZ **96**, 416, aM AG Syke RR **95**, 1479; man erhebt Klage auf Herstellung des ehelichen Lebens, selbst wenn man keine wirkliche Aussicht auf ihre Herstellung hat; man klagt, statt eine einstweilige Anordnung zu erwirken, Rn 113 „einstweilige Anordnung, Verfügung"; der nichtvermögende Partner stellt den Scheidungsantrag, Hamm FamRZ **86**, 1014, Karlsr FamRZ **94**, 1124; man richtet die Scheidungsklage gegen eine Scheinehe, die immerhin schon eine Reihe von Jahren formell bestanden hat, Karlsr FamRZ **86**, 681; man nimmt wegen der Versöhnungschance den ersten Scheidungsantrag zurück und stellt bei wieder verschlechterter Lage einen neuen, Karlsr FamRZ **89**, 1314; man macht aus besonderen, vernünftigen Gründen von der Möglichkeit Gebrauch, eine Folgesache, etwa eine Hausratssache oder Kindesunterhalt, nicht im Scheidungsverbund, sondern isoliert durchzuführen, Ffm FamRZ **01**, 629, Naumb Rpfleger **96**, 206, Schlesw MDR **04**, 398; man verfährt so wegen des Zugewinnausgleichs, BGH NJW **05**, 1497, Rostock FamRZ **99**, 597, oder wegen des nachehelichen Unterhalts, Kblz FamRZ **05**, 460; man konnte vor der Geltendmachung nachehelichen Unterhalts außerhalb des Verbundsverfahrens auf eine außergerichtliche Einigung hoffen, Schlesw FamRZ **03**, 318; man macht eine unterhaltsrechtliche Folgesache geltend, obwohl sie schon durch eine einstweilige Anordnung geregelt ist, Hbg FamRZ **90**, 181; man erstrebt eine Grundstücksübertragung durch Vergleich vor dem FamG statt vor dem Notar, Kblz FamRZ **02**, 836; man wählt statt des Wegs nach § 1599 II BGB den teureren, aber klareren Statusprozeß, Karlsr FamRZ **01**, 232.
S auch Rn 117 „Klagerücknahme", Rn 126 „Sorgerecht", Rn 128 „Unterhalt".
Schiedsstelle, dazu Sieg NJW **92**, 2992 (Üb): Mutwille *fehlt* meist, soweit es nur darum geht, daß der **126** Antragsteller nicht zuvor eine Gutachter- oder Schlichtungs-, oder Schiedsstelle angerufen hat, Hamm VersR **02**, 1002, aM Köln MDR **90**, 638, Oldb zit bei Giesen JZ **88**, 255, LG Dortm JZ **88**, 255 (abl Giesen. Meist kann man mit der Schiedsstelle dasselbe erreichen).

§ 114

Schutzschrift: Mutwillig ist die Einreichung einer Schutzschrift nach Grdz 7 vor § 128 vor Anhängigkeit des gegnerischen Antrags, § 261 Rn 1.

Sorgerecht: Mutwillig ist die Klage der Mutter auf Übertragung des Sorgerechts für die Zeit des Getrenntlebens, obwohl sie es schon einverständlich tatsächlich erhielt, Düss RR **92**, 197, Köln FamRZ **80**, 929, AG Hamm FamRZ **87**, 1069, aM Mü FamRZ **97**, 619 (aber dann fehlt das Rechtsschutzbedürfnis, Grdz 33 vor § 253). Mutwillig ist die Geltendmachung von Sorgerecht und Wohnung in getrennten Verfahren, Düss JB **91**, 708, Hamm FamRZ **00**, 1092, oder ein Antrag auf eine einstweilige Anordnung wegen bloß gelegentlicher verbaler Störungen, AG Westerstede FamRZ **96**, 1224. Mutwillig ist ein Antrag auf Übertragung des Sorgerechts, § 1672 BGB, obwohl das Gericht bereits das Ruhen des Sorgerechts des Gegners nach § 1674 I BGB festgestellt hat, Ffm FamRZ **92**, 583. Mutwillig ist ein Antrag wegen des Umgangsrechts, wenn ihn der Antragsteller nicht zuvor mit dem sorgeberechtigten Elternteil, dem Kind, Düss FamRZ **98**, 758, und dem Jugendamt besprochen hat, Brdb FamRZ **03**, 1761, AG Bochum FamRZ **03**, 772, AG Holzminden FamRZ **95**, 372, aM Hamm FamRZ **04**, 116, Karlsr FamRZ **04**, 1115 (aber man versucht sich grds vernünftigerweise vorgerichtlich zu besprechen).

Im übrigen kann Mutwille durchaus *fehlen*, weil das Getrenntleben Spannungen erzeugen kann, Nürnb FamRZ **95**, 371.

S auch Rn 113 „Einstweilige Anordnung, Verfügung", Rn 119 „Mediation", Rn 124 „Scheidungsverfahren".

Sozialhilfe: Rn 18 „Sozialhilfe", Rn 128 „Unterhalt".

Sozialversicherung: Mutwillig ist es, wenn der Antragsteller nicht abwartet, ob der Anspruch auf einen Sozialversicherungsträger übergeht.

Streithelfer: Auch beim Streithelfer muß das Gericht die vorliegenden Regeln Rn 107, 108 beachten, Düss FamRZ **80**, 1147, Kblz FamRZ **86**, 1233. Streit zwischen Streithelfer und Bekl kann für letzteren unschädlich sein, Köln VersR **97**, 597.

Stufenklage: Mutwillig ist meist ihre Beschränkung auf das Auskunftsverlangen, Düss FamRZ **97**, 1017, aM Bbg JB **92**, 622, Kblz FamRZ **85**, 416, Naumb FamRZ **94**, 1042 (vgl aber § 119 Rn 43). Sie ist aber trotz §§ 93 c, 643 *nicht* stets mutwillig, Naumb FamRZ **00**, 101.

127 **Teilforderung,** dazu *Schlößer/Mucke* MDR **98**, 753 (Üb): Mutwillig ist eine Widerklage zwecks Feststellung des Nichtbestehens der ganzen Forderung gegenüber einer Teilklage, soweit die Widerklage vor jeder Klärung erfolgt.

128 **Umgangsrecht:** Rn 126 „Sorgerecht".

Unbekanntheit des Aufenthalts: Rn 120 „Öffentliche Zustellung".

Unterhalt: Soweit § 644 anwendbar ist, kann Mutwille vorliegen, falls der Kläger Unterhalt im streitigen Verfahren fordert, bevor seine Notwendigkeit feststeht, Zweibr FER **00**, 95. Wegen § 644 *versagt* Zweibr MDR **99**, 486 sogar eine einstweilige Verfügung auf Notbedarf als mutwillig. Jedenfalls gilt sonst: Mutwillig ist die Aufspaltung in mehrere Prozesse für die Zeit vor und ab der Scheidung, Oldb FamRZ **99**, 240 (das ältere Verfahren hat Vorrang). Mutwillig ist eine Unterhaltsklage, soweit der Gläubiger schon einen ausreichenden Auskunftstitel gegen den Sozialhilfeträger besitzt, Kblz FamRZ **04**, 1118, Köln FamRZ **01**, 1713, oder wenn er schon einen nicht nur vorläufigen Unterhaltstitel besitzt, Zweibr FER **00**, 53 (er wirkt evtl über die Volljährigkeit hinaus). Mutwille liegt grds vor, soweit der Schuldner bisher stets pünktlich und vollständig freiwillig und vorbehaltslos bezahlt hat, Kblz FER **00**, 163 ([jetzt ca] 550 EUR Ausbildungsunterhalt), Karlsr NJW **03**, 2922 (auch zu einer Ausnahme), Zweibr RR **00**, 150 (je: jedenfalls mangels Aufforderung zur Titulierung; aM Düss FamRZ **03**, 1218, Köln FamRZ **97**, 618, Zweibr FamRZ **97**, 620 (bei § 323). Aber auch dort ist ein Rechtsschutzbedürfnis erforderlich). Ein nur einstweiliger Titel macht die endgültige Klärung aber *nicht* mutwillig, Naumb FamRZ **01**, 1082.

Mutwillig ist die Klage des Kindes auf Unterhalt, für den der Vater schon auf Grund eines *Scheidungsfolgenvergleichs* für das Kind an die Mutter zahlt, Schlesw SchlHA **84**, 164. Das betrifft aber nur den Unterhalt nach Scheidungsrechtskraft, Zweibr FR **98**, 80. Mutwillig ist eine Klage auf Zahlung des Unterhalts am jeweiligen 1. statt der am jeweiligen 15. stets erhaltenen Zahlung, Schlesw SchlHA **78**, 19, berichtigt 44, oder grds im isolierten statt im Verbundverfahren, Brdb FamRZ **03**, 458, Zweibr FamRZ **03**, 1759 (Ausnahme, wenn das volljährige Kind auch Unterhalt für die Zeit vor Rechtskraft der Scheidung fordert, Zweibr FER **99**, 15), Schlesw FamRZ **00**, 430, aM Mdb FamRZ **03**, 1757. Mutwille kann, muß aber nicht vorhanden sein, wenn schon ein hoher Rückstand besteht und nun auf Erhöhung geklagt wird, strenger Naumb FamRZ **01**, 1467 (abl Zieroth).

Mutwille *fehlt* infolge der Änderung des KJHG, Rn 18 „Sozialhilfe", soweit der Sozialhilfeträger den Unterhaltsanspruch auf den Sozialhilfeempfänger wirksam zurückübertragen hat, Köln FamRZ **03**, 101, aM Oldb FamRZ **98**, 435 (aber das Sozialrecht hindert nicht). Mutwille fehlt dem Bezieher von Sozialhilfe, soweit er künftigen Unterhalt einklagt, Stgt MDR **00**, 164, aM Naumb FamRZ **01**, 1082 links oben (aber Unterhalt hat andere Qualität als bloße Sozialhilfe). Mutwille fehlt, soweit die bisherigen Zahlungen nicht sämtliche Forderungen erfüllten, selbst wenn nur ein verhältnismäßig geringer Spitzenbetrag fehlte, aM Karlsr RR **94**, 68, Jena FamRZ **97**, 1016, Mü FamRZ **96**, 1021 (aber der Gläubiger kann den ganzen Betrag fordern und muß ihn eben notfalls einklagen). Mutwille fehlt bei Einbeziehung weiterer Ansprüche in die rückabgetretenen, Hamm FamRZ **05**, 1101. Mutwille fehlt, soweit die Antragsgegnerin nur derzeit aus einem Unterhaltstitel keinen Anspruch geltend machen will, Ffm RR **86**, 944. Mutwille fehlt, soweit es nur um Abgrenzungen der Pflichten beider Eltern geht, Zweibr FamRZ **97**, 178 (aber Nichterfüllung bleibt Nichterfüllung).

Mutwille fehlt ferner, soweit der Kläger die Einkommensverhältnisse des Bekl noch nicht kennt, Hamm FamRZ **98**, 1602. Mutwille fehlt, soweit der Gläubiger nach seiner freien Wahl das Klage- oder das Vereinfachte Verfahren nach §§ 645 ff einschlägt, Kblz FER **00**, 131, Naumb Rpfleger **99**, 450. Mutwille fehlt, soweit der Kläger keine Auskunft verlangt, sondern wegen Bezifferung des gegnerischen Einkommens sogleich auf Zahlung klagt, Hamm FamRZ **00**, 838. Mutwille fehlt, soweit der Kläger eine verneinende Feststellungsklage statt der Überprüfung einer einstweiligen Anordnung wählt, Kblz FER **00**,

Titel 7. Prozesskostenhilfe und Prozesskostenvorschuss §114

263 (anders, wenn der Gläubiger noch keine Forderung nennt, Brdb MDR **02**, 702), Naumb FamRZ **01**, 924, aM Hamm FamRZ **00**, 1021, Zweibr JB **00**, 655. Mutwille fehlt, soweit der Schuldner die Herabsetzung überhöht titulierten Unterhalts verlangt, es sei denn, der Gläubiger oder das Jugendamt machen die Spitze gar nicht geltend, Nürnb FamRZ **01**, 1084. Mutwille fehlt, soweit der Bekl zum gegnerischen PKH-Antrag nicht Stellung nahm, jetzt aber selbst PKH fordert, Karlsr FamRZ **02**, 1132. Mutwille fehlt beim isolierten Kläganspruch, wenn während eines Folgeverfahrens kein Vergleich zustandekam, Nürnb FamRZ **03**, 772. Mutwille fehlt, wenn eine Vollstreckbarkeit unsicher ist, Karlsr FamRZ **05**, 1099.
 S auch Rn 109 „Abänderung", Rn 124, 125 „Scheidungsverfahren".
Unterlassungsklage: Mutwillig ist die Unterlassungsklage, für die ein besonderes Interesse fehlt, zumal eine Privatklage zu demselben Ziel billiger führen wird.
Unwirtschaftlichkeit: Mutwille kann bei ihr *fehlen,* BPatG GRUR **98**, 45.
Unzuständigkeit: Mutwillig sind zB: Eine Klage vor dem LG, obwohl der Anspruch eindeutig zum AG gehört, Hamm VersR **85**, 77; eine Klage vor dem ordentlichen Gericht, obwohl eine Klagenverbindung vor dem Arbeitsgericht zulässig wäre, § 2 III, IV ArbGG; die Anrufung des unzuständigen Gerichts, das verweisen kann, Schlesw SchlHA **81**, 126.
Vaterschaft: Mutwillig ist die Einholung eines DNA-Gutachtens ohne Vorschuß trotz zuvor bewilligter 129 PKH, wenn die Vaterschaft biostatistisch praktisch erwiesen ist, Hamm FamRZ **92**, 455. Mutwillig ist im Anfechtungsprozeß, in dem das Kind durch einen von der Mutter als gesetzlicher Vertreterin bestellten Anwalt vertreten wird, der Beitritt der Mutter zum Rechtsstreit, Düss FamRZ **95**, 1506, Karlsr FamRZ **98**, 485, ZöPh 54, aM Düss (1. FamS) FamRZ **01**, 1468 (aber in solchem Sonderfall tritt der Grundsatz Rn 11 „Beitritt" zurück). Mutwillig ist die Klage des Mannes, der das Vaterschaftsanerkenntnis anficht, soweit er nicht die Unrichtigkeit des Anerkenntnisses darlegt, Köln FamRZ **83**, 736. Mutwillig ist die Klage der Mutter auf Anfechtung der Vaterschaft, Hamm FamRZ **93**, 842, zumindest, soweit sie die Anfechtungsklage des Kindes erreichen könnte, BVerfG FamRZ **93**, 1423 (streng), auch Hbg FER **00**, 28 (nicht, soweit keine Rechtskraft im Scheidungsverfahren absehbar ist), oder soweit die Mutter ein nicht vom Ehemann stammendes Kind gebiert, Köln FamRZ **01**, 244. Das gilt nicht schon mit dem Argument aus § 1592 Z 1 BGB, Köln FamRZ **01**, 244. Nach dem Tod des angeblichen Vaters muß klar sein, daß ein begüteter Antragsteller die Kosten einer etwa notwendigen Exhumierung nach § 372a Rn 8 tragen würde, Köln FER **01**, 131.
 Mutwille *fehlt* bei der Klage auf Feststellung der Vaterschaft, wenn der Bekl die Vaterschaft innerhalb eines Jahres nicht anerkannt hat, Hamm FamRZ **04**, 549, oder die Statusklage des Ehemanns, dessen Ehefrau im Scheidungsverfahren ein Kind gebiert, das angeblich vom Dritten stammt, Köln FamRZ **05**, 743.
 S auch Rn 112 „Ehelichkeitsanfechtung".
Vereinfachtes Verfahren: Mutwille *fehlt,* soweit ein streitiges Verfahren voraussichtlich unvermeidbar sein wird, Nürnb MDR **02**, 585, Zweibr JB **00**, 655.
Vergleich: Mutwillig sein kann ein streitwertüberschreitender Vergleich, Karlsr FamRZ **04**, 550.
Vermögenslosigkeit: Sie kann mangels jeglicher Vollstreckungsmöglichkeit Mutwilligkeit zur Folge haben, Kblz JB **00**, 99.
Versäumnisurteil: Mutwille *fehlt,* soweit der Antragsteller gegen ein Versäumnisurteil Einspruch einlegt, das vor einer notwendigen Entscheidung über sein PKH-Gesuch erging, LAG Mü AnwBl **88**, 122.
Verschulden: Mutwille liegt vor, soweit der Antragsteller im Verlaufe des Verfahrens die Entpflichtung des 130 beigeordneten Anwalts verschuldet, Köln FamRZ **87**, 1168. Wer auf Kosten des Staates prozessiert, muß den billigsten Weg wählen, wenn er ebenso zum Ziel führt, Hbg FamRZ **81**, 1095, Karlsr FamRZ **87**, 729, Köln FamRZ **83**, 736. Ein weniger effektiver Weg ist aber nicht notwendig vorrangig, Oldb NdsRpfl **82**, 13. Man darf grds den sichersten Weg wählen, Ffm RR **86**, 944. Das Gericht muß ein Verschulden des gesetzlichen Vertreters oder des ProzBev auch im PKH-Verfahren beachten, § 85 Rn 4, Brdb RR **05**, 872.
Versicherung: Mutwille *fehlt,* wenn der Versicherungsnehmer gegen den Versicherer im Deckungsprozeß klagt, bevor der Prozeß des Geschädigten gegen den Versicherer beendet ist, Hamm VersR **84**, 626.
Versorgungsausgleich: Mutwille liegt vor, wenn der Antragsteller einen Auskunftsanspruch zur Vorberei- 131 tung des Versorgungsausgleichs oder den Anspruch auf den Ausgleich im selbständigen Verfahren statt im billigeren Verbundverfahren geltend macht, Hamm FamRZ **92**, 576, AG Dettm FamRZ **87**, 1061, StJL 33, aM Kblz FamRZ **88**, 308 (nur beim Fehlen triftiger Gründe in Einzelfall vollige Mutwilligkeit vor), Saarbr FamRZ **82**, 948 (aber auch in diesem Fall muß man zwecks Schadensminderung den einfacheren und billigeren Weg wählen, wenn man schon PKH beantragt, Grdz 14 vor § 128). Mutwille liegt vor, sofern der Ehegatte auf den Zugewinnausgleich ohne Auskunft über das Endvermögen klagt, Schlesw SchlHA **78**, 84.
Vollstreckbarkeit: Mutwille kann beim endgültigen Fehlen der Vollstreckbarkeit vorliegen, Düss RR **98**, 503.
 Er *fehlt,* solange die Vollstreckbarkeit nur ungewiß ist, zB wegen der Notwendigkeit öffentlicher Zustellung, Köln FamRZ **05**, 460.
Vorprozeß: Mutwillig ist eine Klage, deren Ziel der Kläger bereits im Vorprozeß hatte geltend machen können Bbg RR **90**, 74.
Widerklage: Mutwille liegt vor, soweit eine Aufrechnung genügen würde, Naumb RR **03**, 210. Mutwille liegt für eine gesonderte „Gegen"-Klage vor, soweit die Widerklage reichen würde, Kblz AnwBl **05**, 296.
Zugewinnausgleich: Rn 125. 132
Zug-um-Zug-Leistung: Mutwillig ist eine Klage, soweit der Antragsteller finanziell nicht imstande ist, der zu erwartenden Zug-um-Zug-Verurteilung seine Gegenleistung zu erbringen, Düss MDR **82**, 59.
Zurückverweisung: War sie nur wegen der Bedürftigkeit erfolgt, so darf der Vorderrichter nicht jetzt wegen Mutwillens PKH ablehnen, Hamm FamRZ **05**, 528.

§ 114, Anh § 114, § 115   Buch 1. Abschnitt 2. Parteien

Zwangsvollstreckung: Mutwillig ist die Einleitung der Zwangsvollstreckung trotz des einfacheren Wegs nach § 767 oder trotz Zahlungen des Schuldners, LG Schweinf DAVorm **85**, 507. Mutwillig ist eine Vollstreckungsabwehrklage trotz der Versicherung des Gläubigers, nicht mehr vollstrecken zu wollen, Bbg FamRZ **92**, 456, Kblz FamRZ **84**, 1236, und der Rückgabe des Titels an den Schuldner, Ffm RR **86**, 944. Mutwillig kann vorliegen, wenn eine Zwangsvollstreckung langfristig keine Erfolgsaussicht hat, Köln MDR **90**, 1020, AG Westerburg FamRZ **03**, 1759 (aber Vorsicht, insbesondere bei Klage auf Mindestunterhalt, Hamm FamRZ **97**, 619). Mutwillig ist ein Antrag, soweit eine Vollstreckungsmaßnahme von Amts wegen durchzuführen ist, Mü FamRZ **95**, 373.

    Mutwille *fehlt*, wenn ein Antrag nach § 765 a Erfolg verspricht, LG Hann WM **90**, 398.

Zweitklage: Rn 117 „Klagerücknahme", Rn 124.

133   **10)** *VwGO:* Entsprechend anzuwenden, § 166 *VwGO*, in allen Urteils- und Beschlußverfahren, zB auch nach § 47 und § 99 II *VwGO* (aber nicht für das Vorverfahren, OVG Münst **KR** Nr 183). An die Stelle der „Partei" tritt der Beteiligte, Grdz § 50 Rn 51, so daß auch dem Beigeladenen PKH bewilligt werden kann. Ist das Verfahren gerichtskostenfrei, § 188 *VwGO*, zB in Sozialhilfesachen, kommt PKH nur in Betracht, wenn die Beiordnung eines RA von der Sache her und nach den persönlichen Umständen des Antragstellers geboten ist, Grube NordÖR **00**, 179 mwN, BVerwG NVwZ-RR **89**, 666 mwN, OGV Bre NordÖR **03**, 154, VGH Mannh Just **98**, 90 (vgl auch LSG Essen FamRZ **89**, 1315 u Geschwinder DÖV **80**, 869 zum SGG). Für einen Anspruch auf Übernahme von Prozeßkosten nach BSHG ist neben den §§ 114 ff kein Raum, oben Rn 18, Albers GedSchr Martens (1987) S 285 mwN, BVerwG Buchholz 310 § 166 Nr 30, OVG Münst NJW **93**, 483 mwN, OVG Hbg FamRZ **89**, 1202, VG Aachen AnwBl **86**, 457. Wegen der Ausländer s oben Rn 10. Zur Unzulässigkeit der Bewilligung von PKH für das PKH-Verfahren, oben Rn 35, s BVerwG Rpfleger **91**, 63, VGH Mannh NVwZ-RR **01**, 802 u VBlBW **97**, 425, OVG Hbg NVwZ **90**, 976, zur Bewilligungsreife, oben Rn 82 u 83, s § 127 Rn 104, zur Erfolgsaussicht vgl oben Rn 84 ff, dazu VGH Kassel NVwZ-RR **90**, 657 mwN (Notwendigkeit einer Beweisaufnahme), ferner OVG Greifsw NordÖR **05**, 307 u OVG Schlesw NordÖR **99**, 416 (vorweggenommene Beweiswürdigung), zur Frage des Kostenvorschusses, oben Rn 59 ff, s OVG Münst RR **99**, 1235, VGH Kassel NVwZ-RR **90**, 519 u OVG Saarl AS **28**, 286.

Anhang nach § 114

Zwischenstaatliche Vorschriften über die Prozeßkostenhilfe

Schrifttum: *Linke*, Internationales Zivilprozeßrecht, 3. Aufl. 2001, § 6.

1   **1) Systematik.** Vgl zunächst im Bereich der EU das EG-Prozesskostenhilfegesetz nebst VordruckVO, Üb 3 vor § 114. Ferner verweist § 43 IntFamRVG auf §§ 114 ff.

    Die *Staatsverträge* über das Armenrecht und die ausländischen einschlägigen Vorschriften zur Gegenseitigkeit beim Armenrecht haben nur noch dann Bedeutung, wenn der Rechtsstreit entweder vor dem ausländischen Gericht stattfindet oder wenn vor dem inländischen Gericht als Antragsteller eine ausländische juristische Person oder eine ausländische parteifähige Vereinigung auftritt. Mit dieser Einschränkung sind die in diesem Anh bis zur 46. Aufl genannten Bestimmungen weiterhin beachtlich, Artt 20–24 HZPrÜbk und das AusfG v 18. 12. 58, BGBl 939, Bülow/Böckstiegel/Geimer/Schütze, Der Internationale Rechtsverkehr in Zivil- und Handelssachen (Loseblattsammlung), 3. Aufl seit 1990, Gottwald ZZP **89**, 136, BAnz Nr 234 v 3. 12. 52 S 5 ff (Gegenseitigkeit bei PKH).

    Für *Marokko* gilt Art 17 des deutsch-marokkanischen Vertrags v 29. 10. 85, BGBl **88** II 1055. Für *Polen* gelten Artt 12, 13 der deutsch-polnischen Vereinbarung v 14. 12. 92, Bek v 21. 2. 94, BGBl II 361.

    Nach Art 5 Z 2 G v 13. 6. 80, BGBl 677, ist in völkerrechtlichen Vereinbarungen, die die Bezeichnung *Armenrecht* verwenden, bei der Anwendung auf die neuen Begriffe Prozeßkostenhilfe usw abzustellen. Das G v 13. 6. 80 enthält keine Klausel, nach der auch das nationale ältere Recht schlechthin sprachlich an die neuen Begriffe Prozeßkostenhilfe usw anzugleichen sei.

115   *Einsatz von Einkommen und Vermögen.* [1] [1] Die Partei hat ihr Einkommen einzusetzen. [2] Zum Einkommen gehören alle Einkünfte in Geld oder Geldeswert. [3] Von ihm sind abzusetzen:

1. a) die in § 82 Abs. 2 des Zwölften Buches Sozialgesetzbuch bezeichneten Beträge;
   b) bei Parteien, die ein Einkommen aus Erwerbstätigkeit erzielen, ein Betrag in Höhe von 50 vom Hundert des höchsten durch Rechtsverordnung nach § 28 Abs. 2 Satz 1 des Zwölften Buches Sozialgesetzbuch festgesetzten Regelsatzes für den Haushaltsvorstand;
2. a) für die Partei und ihren Ehegatten oder ihren Lebenspartner jeweils ein Betrag in Höhe des um 10 vom Hundert erhöhten höchsten durch Rechtsverordnung nach § 28 Abs. 2 Satz 1 des Zwölften Buches Sozialgesetzbuch festgesetzten Regelsatzes für den Haushaltsvorstand;
   b) bei weiteren Unterhaltsleistungen auf Grund gesetzlicher Unterhaltspflicht für jede unterhaltsberechtigte Person 70 vom Hundert des unter Buchstabe a genannten Betrages;
3. die Kosten der Unterkunft und Heizung, soweit sie nicht in einem auffälligen Missverhältnis zu den Lebensverhältnissen der Partei stehen;
4. weitere Beträge, soweit dies mit Rücksicht auf besondere Belastungen angemessen ist; § 1610 a des Bürgerlichen Gesetzbuchs gilt entsprechend.

[4] Maßgeblich sind die Beträge, die zum Zeitpunkt der Bewilligung der Prozesskostenhilfe gelten.
[5] Das Bundesministerium der Justiz gibt jährlich die vom 1. Juli bis zum 30. Juni des Folgejahres maßgebenden Beträge nach Satz 3 Nr. 1 Buchstabe b und Nr. 2 im Bundesgesetzblatt bekannt.

Titel 7. Prozesskostenhilfe und Prozesskostenvorschuss § 115

[6] Diese Beträge sind, soweit sie nicht volle Euro ergeben, bis zu 0,49 Euro abzurunden und von 0,50 Euro an aufzurunden. [7] Die Unterhaltsfreibeträge nach Satz 3 Nr. 2 vermindern sich um eigenes Einkommen der unterhaltsberechtigten Person. [8] Wird eine Geldrente gezahlt, so ist sie anstelle des Freibetrages abzusetzen, soweit dies angemessen ist.

II Von dem nach den Abzügen verbleibenden, auf volle Euro abzurundenden Teil des monatlichen Einkommens (einzusetzendes Einkommen) sind unabhängig von der Zahl der Rechtszüge höchstens 48 Monatsraten aufzubringen, und zwar bei einem

	einzusetzenden Einkommen (Euro)	eine Monatsrate von (Euro)
bis	15	0
	50	15
	100	30
	150	45
	200	60
	250	75
	300	95
	350	115
	400	135
	450	155
	500	175
	550	200
	600	225
	650	250
	700	275
	750	300
über	750	300 zuzüglich des 750 übersteigenden Teils des einzusetzenden Einkommens.

III [1] Die Partei hat ihr Vermögen einzusetzen, soweit dies zumutbar ist. [2] § 90 des Zwölften Buches Sozialgesetzbuch gilt entsprechend.

IV Prozesskostenhilfe wird nicht bewilligt, wenn die Kosten der Prozessführung der Partei vier Monatsraten und die aus dem Vermögen aufzubringenden Teilbeträge voraussichtlich nicht übersteigen.

SGB XII § 82. Begriff des Einkommens. II Von dem Einkommen sind abzusetzen

1. auf das Einkommen entrichtete Steuern,
2. Pflichtbeiträge zur Sozialversicherung einschließlich der Beiträge zur Arbeitsförderung,
3. Beiträge zu öffentlichen oder privaten Versicherungen oder ähnlichen Einrichtungen, soweit diese Beiträge gesetzlich vorgeschrieben oder nach Grund und Höhe angemessen sind, sowie geförderte Altersvorsorgebeiträge nach § 82 des Einkommensteuergesetzes, soweit sie den Mindesteigenbeitrag nach § 86 des Einkommensteuergesetzes nicht überschreiten,
4. die mit der Erzielung des Einkommens verbundenen notwendigen Ausgaben,
5. das Arbeitsförderungsgeld und Erhöhungsbeträge des Arbeitsentgelts im Sinne von § 43 Satz 4 des Neunten Buches.

SGB XII § 28. Regelbedarf, Inhalt der Regelsätze. II [1] Die Landesregierungen setzen durch Rechtsverordnung zum 1. Juli eines jeden Jahres die Höhe der monatlichen Regelsätze im Rahmen der Rechtsverordnung nach § 40 fest. [2] Sie können dabei die Träger der Sozialhilfe ermächtigen, auf der Grundlage der in der Rechtsverordnung festgelegten Mindestregelsätzen regionale Regelsätze zu bestimmen. [3] Die Regelsätze für den Haushaltsvorstand (Eckregelsätze) in den Ländern Brandenburg, Mecklenburg-Vorpommern, Sachsen, Sachsen-Anhalt und Thüringen dürfen bis zur Festsetzung im Jahre 2010 nicht mehr als 14 Euro unter dem durchschnittlichen Eckregelsatz in den anderen Ländern festgesetzt werden.

SGB XII § 83. Nach Zweck und Inhalt bestimmte Leistungen. I Leistungen, die auf Grund öffentlich-rechtlicher Vorschriften zu einem ausdrücklich genannten Zweck erbracht werden, sind nur so weit als Einkommen zu berücksichtigen, als die Sozialhilfe im Einzelfall demselben Zweck dient.

II Eine Entschädigung, die wegen eines Schadens, der nicht Vermögensschaden ist, nach § 253 Abs. 2 des Bürgerlichen Gesetzbuches geleistet wird, ist nicht als Einkommen zu berücksichtigen.

SGB XII § 84. Zuwendungen. I [1] Zuwendungen der freien Wohlfahrtspflege bleiben als Einkommen außer Betracht. [2] Dies gilt nicht, soweit die Zuwendung die Lage der Leistungsberechtigten so günstig beeinflusst, dass daneben Sozialhilfe ungerechtfertigt wäre.

II Zuwendungen, die ein anderer erbringt, ohne hierzu eine rechtliche oder sittliche Pflicht zu haben, sollen als Einkommen außer Betracht bleiben, soweit ihre Berücksichtigung für die Leistungsberechtigten eine besondere Härte bedeuten würde.

§ 115

SGB XII § 85. Einkommensgrenze. ¹Bei der Hilfe nach dem Fünften bis Neunten Kapitel ist der nachfragenden Person und ihrem nicht getrennt lebenden Ehegatten oder Lebenspartner die Aufbringung der Mittel nicht zuzumuten, wenn während der Dauer des Bedarfs ihr monatliches Einkommen zusammen eine Einkommensgrenze nicht übersteigt, die sich ergibt aus
1. einem Grundbetrag in Höhe des zweifachen Eckregelsatzes,
2. den Kosten der Unterkunft, soweit die Aufwendungen hierfür den der Besonderheit des Einzelfalles angemessenen Umfang nicht übersteigen und
3. einem Familienzuschlag in Höhe des auf volle Euro aufgerundeten Betrages von 70 vom Hundert des Eckregelsatzes für den nicht getrennt lebenden Ehegatten oder Lebenspartner und für jede Person, die von der nachfragenden Person, ihrem nicht getrennt lebenden Ehegatten oder Lebenspartner überwiegend unterhalten worden ist oder für die sie nach der Entscheidung über die Erbringung der Sozialhilfe unterhaltspflichtig werden.

II ¹Ist die nachfragende Person minderjährig und unverheiratet, so ist ihr und ihren Eltern die Aufbringung der Mittel nicht zuzumuten, wenn während der Dauer des Bedarfs das monatliche Einkommen der nachfragenden Person und ihrer Eltern zusammen eine Einkommensgrenze nicht übersteigt, die sich ergibt aus
1. einem Grundbetrag in Höhe des zweifachen Eckregelsatzes,
2. den Kosten der Unterkunft, soweit die Aufwendungen hierfür den der Besonderheit des Einzelfalles angemessenen Umfang nicht übersteigen und
3. einem Familienzuschlag in Höhe des auf volle Euro aufgerundeten Betrages von 70 vom Hundert des Eckregelsatzes für einen Elternteil, wenn die Eltern zusammenleben, sowie für die nachfragende Person und für jede Person, die von den Eltern oder der nachfragenden Person überwiegend unterhalten worden ist oder für die sie nach der Entscheidung über die Erbringung der Sozialhilfe unterhaltspflichtig werden.

²Leben die Eltern nicht zusammen, richtet sich die Einkommensgrenze nach dem Elternteil, bei dem die nachfragende Person lebt. ³Lebt sie bei keinem Elternteil, bestimmt sich die Einkommensgrenze nach Absatz 1.

III ¹Der maßgebende Eckregelsatz bestimmt sich nach dem Ort, an dem der Leistungsberechtigte die Leistung erhält. ²Bei der Leistung in einer Einrichtung sowie bei Unterbringung in einer anderen Familie oder bei den in § 107 genannten anderen Personen bestimmt er sich nach dem gewöhnlichen Aufenthalt des Leistungsberechtigten oder, wenn im Falle des Absatzes 2 auch das Einkommen seiner Eltern oder eines Elternteils maßgebend ist, nach deren gewöhnlichem Aufenthalt. ³Ist ein gewöhnlicher Aufenthalt im Inland nicht vorhanden oder nicht zu ermitteln, ist Satz 1 anzuwenden.

SGB XII § 86. Abweichender Grundbetrag. Die Länder und, soweit landesrechtliche Vorschriften nicht entgegenstehen, auch die Träger der Sozialhilfe können für bestimmte Arten der Hilfe nach dem Fünften bis Neunten Kapitel der Einkommensgrenze einen höheren Grundbetrag zu Grunde legen.

SGB XII § 90. Einzusetzendes Vermögen. ¹Einzusetzen ist das gesamte verwertbare Vermögen.
II Die Sozialhilfe darf nicht abhängig gemacht werden vom Einsatz oder von der Verwertung
1. eines Vermögens, das aus öffentlichen Mitteln zum Aufbau oder zur Sicherung einer Lebensgrundlage oder zur Gründung eines Hausstandes erbracht wird,
2. eines Kapitals einschließlich seiner Erträge, das der zusätzlichen Altersvorsorge im Sinne des § 10 a oder des Abschnitts XI des Einkommensteuergesetzes dient und dessen Ansammlung staatlich gefördert wurde,
3. eines sonstigen Vermögens, solange es nachweislich zur baldigen Beschaffung oder Erhaltung eines Hausgrundstücks im Sinne der Nummer 8 bestimmt ist, soweit dieses Wohnzwecken behinderter (§ 53 Abs. 1 Satz 1 und § 72) pflegebedürftiger Menschen (§ 61) dient oder dienen soll und dieser Zweck durch den Einsatz oder die Verwertung des Vermögens gefährdet würde,
4. eines angemessenen Hausrats; dabei sind die bisherigen Lebensverhältnisse der nachfragenden Person zu berücksichtigen,
5. von Gegenständen, die zur Aufnahme oder Fortsetzung der Berufsausbildung oder der Erwerbstätigkeit unentbehrlich sind,
6. von Familien- und Erbstücken, deren Veräußerung für die nachfragende Person oder ihre Familie eine besondere Härte bedeuten würde,
7. von Gegenständen, die zur Befriedigung geistiger, insbesondere wissenschaftlicher oder künstlerischer Bedürfnisse dienen und deren Besitz nicht Luxus ist,
8. eines angemessenen Hausgrundstücks, das von der nachfragenden Person oder einer anderen in den § 19 Abs. 1 bis 3 genannten Person allein oder zusammen mit Angehörigen ganz oder teilweise bewohnt wird und nach ihrem Tod von ihren Angehörigen bewohnt werden soll. Die Angemessenheit bestimmt sich nach der Zahl der Bewohner, dem Wohnbedarf (zum Beispiel behinderter, blinder oder pflegebedürftiger Menschen), der Grundstücksgröße, der Hausgröße, dem Zuschnitt und der Ausstattung des Wohngebäudes sowie dem Wert des Grundstücks einschließlich des Wohngebäudes,
9. kleinerer Barbeträge oder sonstiger Geldwerte; dabei ist eine besondere Notlage der nachfragenden Person zu berücksichtigen.

Titel 7. Prozesskostenhilfe und Prozesskostenvorschuss **§ 115**

III ¹ Die Sozialhilfe darf ferner nicht vom Einsatz oder von der Verwertung eines Vermögens abhängig gemacht werden, soweit dies für den, der das Vermögen einzusetzen hat, und für seine unterhaltsberechtigten Angehörigen eine Härte bedeuten würde. ² Dies ist bei der Hilfe nach dem Fünften bis Neunten Kapitel insbesondere der Fall, soweit eine angemessene Lebensführung oder die Aufrechterhaltung einer angemessenen Alterssicherung wesentlich erschwert würde.

Aus der VO zum SGB XII § 90 II Z 9:

VO § 1. ¹ ¹ Kleinere Barbeträge oder sonstige Geldwerte im Sinne des § 90 Abs. 2 Nr. 9 des Zwölften Buches Sozialgesetzbuch sind,
1. wenn die Sozialhilfe vom Vermögen der nachfragenden Person abhängig ist,
    a) bei der Hilfe zum Lebensunterhalt nach dem Dritten Kapitel des Zwölften Buches Sozialgesetzbuch 1600 Euro, jedoch 2600 Euro bei nachfragenden Personen, die das 60. Lebensjahr vollendet haben, sowie bei voll Erwerbsgeminderten im Sinne der gesetzlichen Rentenversicherung und den diesem Personenkreis vergleichbaren Invalidenrentnern;
    b) bei den Leistungen nach dem Fünften bis Neunten Kapitel des Zwölften Buches Sozialgesetzbuch 2600 Euro, zuzüglich eines Betrages von 256 Euro für jede Person, die von der nachfragenden Person überwiegend unterhalten wird.
2. wenn die Sozialhilfe vom Vermögen der nachfragenden Person und ihres nicht getrennt lebenden Ehegatten abhängig ist, der nach Nummer 1 Buchstabe a oder b maßgebliche Betrag zuzüglich eines Betrages von 614 Euro für den Ehegatten oder Lebenspartner und eines Betrages von 256 Euro für jede Person, die von der nachfragenden Person, ihrem Ehegatten oder Lebenspartner überwiegend unterhalten wird,
3. wenn die Sozialhilfe vom Vermögen einer minderjährigen unverheirateten nachfragenden Person und ihren Eltern abhängig ist, der nach Nummer 1 Buchstabe a oder b maßgebliche Betrag zuzüglich eines Betrages von 614 Euro für einen Elternteil und eines Betrages von 256 Euro für die nachfragende Person und für jede Person, die von den Eltern oder von der nachfragenden Person überwiegend unterhalten wird.

² Im Falle des § 64 Abs. 3 und des § 72 des Zwölften Buches Sozialgesetzbuch tritt an die Stelle des in Satz 1 genannten Betrages von 614 Euro ein Betrag von 1534 Euro, wenn beide Eheleute oder beide Lebenspartner (Nummer 2) oder beide Elternteile (Nummer 3) die Voraussetzungen des § 72 Abs. 5 des Zwölften Buches Sozialgesetzbuch erfüllen oder so schwer behindert sind, dass sie als Beschädigte die Pflegezulage nach den Stufen III bis VI nach § 35 Abs. 1 Satz 2 des Bundesversorgungsgesetzes erhielten.

II ¹ Ist im Falle des Absatzes 1 Satz 1 Nr. 3 das Vermögen nur eines Elternteils zu berücksichtigen, so ist der Betrag von 614 Euro, im Falle des § 64 Abs. 3 und des § 72 des Zwölften Buches Sozialgesetzbuch von 1534 Euro, nicht anzusetzen. ² Leben im Falle von Leistungen nach dem Fünften bis Neunten Kapitel des Zwölften Buches Sozialgesetzbuch die Eltern nicht zusammen, so ist das Vermögen des Elternteils zu berücksichtigen, bei dem die nachfragende Person lebt; lebt sie bei keinem Elternteil, so ist Absatz 1 Satz 1 Nr. 1 anzuwenden.

VO § 2. ¹ ¹ Der nach § 1 Abs. 1 Satz 1 Nr. 1 Buchstabe a oder b maßgebliche Betrag ist angemessen zu erhöhen, wenn im Einzelfall eine besondere Notlage der nachfragenden Person besteht. ² Bei der Prüfung, ob eine besondere Notlage besteht, sowie bei der Entscheidung über den Umfang der Erhöhung sind vor allem Art und Dauer des Bedarfs sowie besondere Belastungen zu berücksichtigen.

II Der nach § 1 Abs. 1 Satz 1 Nr. 1 Buchstabe a oder b maßgebliche Betrag kann angemessen herabgesetzt werden, wenn die Voraussetzungen der §§ 103 oder 94 des Gesetzes vorliegen.

Vorbem. *§ 115 ZPO:* Zunächst Änderungen von I 3 Z 1, 2, II 2 dch Art 34 Z 1 a, b G v 27. 12. 03, BGBl 3022. Sodann I 3 Z 1, 2 geändert, I 4–8 eingefügt, dadurch bisheriger I 4 zu II, bisherige II, III, zu III, IV dch Art 1 Z 2 a JKomG v 22. 3. 05, BGBl 837, in Kraft seit 1. 4. 05, Art 16 I JKomG, ÜbergangsR wg §§ 115, 120 ZPO: § 30 EGZPO, im übrigen: Einl III 78. VO zu I (jetzt) 5, 6 für die Zeit vom 1. 7. 04 – 30. 6. 05 zunächst idF der Bek v 21. 6. 04, BGBl 1283, ersetzt für die Zeit vom 1. 1. 05 bis längstens 30. 6. 05 durch idF der Bek v 21. 12. 04, BGBl 3842.
SGB XII: §§ 82–86, 90 idF Art 1 G v 27. 12. 03, BGBl 3022, in Kraft seit 1. 1. 05, Art 70 I G.
VO zum SGB XII: §§ 1, 2 geändert dch Art 15 G v 27. 12. 03, BGBl 3022.
Schrifttum: *Nickel* MDR **05**, 729 (Üb mit Synopse).

Gliederung

1) Systematik, I–IV 1	5) Einkommen, I 1, 2 .... 5, 6
2) Regelungszweck; Notwendigkeit großzügiger Auslegung, I–IV 2	A. Begriff des Einkommens, I 2 5
	B. Maßgeblicher Zeitpunkt: Bewilligungsreife 6
3) Geltungsbereich, I–IV 3	6) Absetzungen, I 3–6 7–40
4) Prüfungsreihenfolge, I–IV 4	A. Steuern usw I 3 Z 1 a, 4 7

Hartmann

§ 115

B. Unterhaltsleistungen: Grundsatz der Pauschale, I 3 Z 1 b, Z 2 a, b, 4 8
C. Ermittlung der Zahl der Unterhaltsberechtigten, I 3 Z 2 a, b, 4 9
D. Unterkunft und Heizung, I 3 Z 3 .... 10, 11
E. Besondere Belastungen, I 3 Z 4 12
F. Ermittlung der jährlich neu bekanntgemachten Betrags, I 5, 6 13
G. Verminderung durch eigenes Einkommen jedes Unterhaltsberechtigten, I 7 14
H. Geldrente, I 8 15
I. Beispiele zur Frage des Einkommens, I 3 Z 1–4 16–40
7) **Abrundung; Tabellenanwendung, II** .. 41
8) **Höchstens 48 Monatsraten, II** 42–46
   A. Abgrenzung von IV 43
   B. Betragsobergrenze 44
   C. Keine Zeitobergrenze 45
D. Unabhängigkeit von der Zahl der Rechtszüge 46
9) **Vermögen, III, IV** 47–68
   A. Begriff des Vermögens, III 1 .... 47, 48
   B. Zumutbarkeit des Einsatzes, III 1 49
   C. Maßgeblicher Zeitpunkt: Bewilligungsreife 50
   D. Beispiele zur Frage des Vermögens 51–68
10) **Bewilligungsgrenze: Kosten höchstens vier Monatsraten, IV** 69–73
    A. Abgrenzung von I–III 69
    B. Begriff der Kosten 70
    C. Begriff der Voraussichtlichkeit 71
    D. Begriff der Monatsraten 72
    E. Kritik 73
11) **Verfahren, Entscheidung, Rechtsbehelfe, I–IV** 74
12) *VwGO* 75

1) Systematik, I–IV. Während § 114 nur andeutet, daß PKH unter Umständen von Ratenzahlungen usw abhängt, nennt der verfassungsgemäße § 115 die Bedingungen und das Verfahren der Feststellung, ob und in welcher Zahl und Höhe der Antragsteller Raten aus dem Einkommen und/oder Leistungen aus dem Vermögen erbringen muß. Beides hat denselben Rang. Dabei kommt es im wesentlichen auf eine erhebliche Beeinträchtigung des angemessenen Lebensunterhalts an, wie I es nur scheinbar lediglich für den „reichen" Antragsteller vorschreibt. Raten dürfen das Existenzminimum nicht gefährden, BVerfG **78**, 118. Das Gericht muß das maßgebliche Einkommen nach I ermitteln. II ergibt die Höchstzahl der in Betracht kommenden Raten. Das Gericht muß das Vermögen nach III berechnen. IV ergibt, ob trotz Bedürftigkeit überhaupt keine PKH erfolgen darf, weil die gesamten Verfahrenskosten zu gering sind. § 115 gilt in Verbindung mit § 82 II SGB XII und damit praktisch auch §§ 83 ff sowie in Verbindung mit der jeweiligen VO zu (jetzt) § 82 II 1 SGB XII, (zum alten Recht) KG FamRZ **82**, 420.

2) Regelungszweck; Notwendigkeit großzügiger Auslegung, I–IV. Die Regelung entspricht typisch deutschem Perfektionismus, den Grunsky NJW **80**, 2048 nicht sieht. Sie ist zwar im Interesse der Einzelfall-Gerechtigkeit gut gemeint. Sie ist jedoch so kompliziert, daß man sie kaum noch verstehen kann. Was der Gesetzgeber gerade solchen Menschen zumutet, für die er Vorschriften schafft, in diesem Fall also vorwiegend Bürgern mit geringem Einkommen oder Vermögen und erfahrungsgemäß allenfalls knapp durchschnittlichen Rechtskenntnissen, streift die Grenze des Grotesken. Die Bezugnahme auf die Vorschriften des SGB XII mit deren Fachausdrücken und mit Berechnungsmethoden, die man erst nach vielfachem Lesen halbwegs versteht, bietet das genaue Gegenteil jener Rechtsklarheit, die als wesentlicher Bestandteil der Rechtssicherheit zum Kern der Rechtsidee gehört, Einl II 9, 36. Die Folge ist ein ständiges Herumbessern des Gesetzgebers. Krit auch Schachtel NJW **82**, 89.

Die ZPO verweist auf die *SGB XII*. Jenes verweist auf eine (jetzt) zum SGB XII gehörige VO, so schon Ffm FamRZ **90**, 1011. Diese verweist wiederum auf andere Vorschriften des SGB XII. Auf diese nimmt die ZPO jedenfalls nicht unmittelbar Bezug. Die in I 5 vorgeschriebene amtliche Bekanntgabe maßgebender Beträge kann zwar praktisch hilfreich sein (wehe, wenn sie Rechenfehler enthalten sollte. Dann würde man natürlich die in Wahrheit richtige Zahl mühsam genug errechnen müssen). Aber auch diese Erleichterung ändert wenig an einem neuerlichen meisterhaften gesetzgeberischen Verwirrspiel für Rechtsantragstelle und Anwälte wie Richter. Sie alle haben aber durchaus andere Hauptaufgaben.

Insgesamt wird vor allem der Prozeßrichter in ähnlicher Weise seiner eigentlichen Aufgabe der Entscheidung von Rechtsstreitigkeiten entkleidet und zu einer Art richterlichen Fürsorgebeamten gemacht, wie man es schon bei der Familienrechtsreform eindringlich erlebt hat. Er muß ja hier alle einschlägigen Fragen weitgehend *selbst entscheiden* und darf sie keineswegs dem Rpfl übertragen.

Die Formularisierung des Verfahrens weist in Verbindung mit der Amtsermittlungspflicht des Gerichts deutliche Ähnlichkeiten mit dem Verfahren auf für die Abgabe einer eidesstattlichen Versicherung zwecks Offenbarung im Rahmen einer Zwangsvollstreckung auf. Damit wird auch einer der *rechtspolitischen Zwecke* der Vorschriften fragwürdig. Sie sollen dem Bürger bekanntlich die angebliche Peinlichkeit des Gangs zur Sozialbehörde ersparen. In Wahrheit muß der Bürger umfassend und detailliert trotz §§ 117 II 2, 127 I 2 Auskunft über seine persönlichen und wirtschaftlichen Verhältnisse geben. Das gilt faktisch auch zur Kenntnis seines Prozeßgegners und möglicher anderer Prozeßbeteiligter.

Das Prüfungsverfahren ist bei gewissenhafter Beachtung des Gesetzes derart aufwendig, daß auch im Bereich des § 115 nur eine *großzügige Bejahung* der Voraussetzungen zur Bewilligung der PKH vor einem Wust von Problemen im bloßen Vorfeld die zukünftige und gerade neu anlaufenden Zivilprozesse retten kann, Düss FamRZ **89**, 883, Köln Rpfleger **81**, 319. Das darf natürlich theoretisch nicht dazu führen, eine PKH praktisch ohne die Beachtung der einschlägigen Vorschriften zu bewilligen. Das gilt unabhängig davon, daß die Bewilligung nur begrenzt anfechtbar ist, § 127 II 1, III. Bei einer erforderlichen Kurzbegründung eines auch nur teilweise ablehnenden Beschlusses nach § 329 Rn 4 braucht der Richter aber keineswegs in allen Einzelheiten über seine Abwägungen Auskunft zu geben, vgl auch § 313 II, III.

3) Geltungsbereich, I–IV. Vgl Üb 4 vor § 114, § 114 Rn 9–45. Im Stundungsverfahren nach der InsO verweisen § 4 b I 2 InsO auf I, II, § 292 I 5 InsO auf I. Im sozialgerichtlichen Verfahren ist § 115 anwendbar, Becker SGB **02**, 429 (ausf).

4) Prüfungsreihenfolge, I–IV. Die Reihenfolge der Prüfung der Voraussetzungen einerseits des § 114, andererseits des § 115 und bei ihm derjenigen von I–IV ist nicht vorgeschrieben. Man kann innerhalb des § 115 mit der Prüfung des Vermögens beginnen, Behr/Hantke Rpfleger **81**, 281, aber auch mit derjenigen

Titel 7. Prozesskostenhilfe und Prozesskostenvorschuss **§ 115**

des Einkommens, Kohte DB **81**, 1175, Schneider MDR **81**, 2. Bei den meisten Antragstellern kommt praktisch wohl nur eine Einkommensprüfung in Betracht.

5) Einkommen, I, 1, 2, dazu *Zimmermann,* Abzüge vom Einkommen im PKH-Recht, Festschrift für *Schneider* (1997) 277:

A. Begriff des Einkommens, I 2. Zum „Einkommen" gehören alle Einkünfte in Geld oder Geldeswert, I 2, § 114 Rn 46, BGH NJW **05**, 1722, Köln FamRZ **81**, 489, LAG Stgt BB **84**, 1810. Maßgeblich ist nur das tatsächliche Einkommen, Karlsr FamRZ **04**, 1120, und zwar dasjenige gerade der Antragstellers, Bbg JB **94**, 751, Kblz FamRZ **01**, 925, Köln FamRZ **03**, 1394, aM LAG Düss JB **89**, 1442, LAG Nürnb JB **90**, 512 (Familieneinkommen. Aber wo läge die Grenze?). Daher bleibt auch das Einkommen des Ehegatten nur nach IV beachten, Rn 22 „Ehe". Die Quelle ist unerheblich, BGH FamRZ **84**, 607, Hamm FamRZ **84**, 409, Kblz Rpfleger **85**, 323. Zwar muß man von Bruttoeinkommen ausgehen. Man muß aber nach I 3 Z 1 in Verbindung mit § 82 II SGB XII und der VO zu § 28 II 1 SGB XII, jeweils abgedruckt oben, Steuern, Sozialversicherungs- und andere Versicherungsbeiträge und Betriebsausgaben abziehen. Daher muß man praktisch das sog Nettoeinkommen feststellen, ähnlich Nickel MDR **05**, 1151. Selbst dieses mag sich vor der Festsetzung des anrechenbaren Betrags nach I 3 Z 4 um „weitere Beträge" mindern. Im übrigen muß man eine Unterhaltspflicht nach I 3 Z 2 in den dort bestimmten Grenzen ebenfalls einkommensmindernd abziehen. Daher kommt es schließlich auf einen Betrag unterhalb des sog Nettoeinkommens an.

B. Maßgeblicher Zeitpunkt: Bewilligungsreife. Es kommt auf den Zeitpunkt einer ordnungsgemäßen Entscheidung des Gerichts an, § 119 Rn 5, ArbG Regensb Rpfleger **94**, 70. Ein Einkommensteil, der nicht in Bargeld besteht, muß in diesem Einkommenszeitpunkt schon und noch Geldeswert haben. Er muß tatsächlich bestehen, Karlsr FamRZ **04**, 644 (Ausnahme: Arbeitsunwilligkeit). Er muß also zumindest alsbald und ohne unzumutbare Schwierigkeiten realisierbar sein, BVerwG **21**, 208, KG FamRZ **85**, 1068. Dabei ist eine Realisierung nur um den Preis erheblicher Unterlöse unzumutbar. Der Einkommensteil braucht der Partei noch nicht unmittelbar zur Verfügung zu stehen, aM Düss NJW **82**, 1792, Kohte DB **81**, 1175 (aber man muß auch wirtschaftlich denken). Evtl muß das Gericht also eine Rückwirkung aussprechen, § 119 Rn 10.

6) Absetzungen, I 3–6. Von dem nach Rn 5–6 ermittelten Einkommen muß man die in I 3 Z 1–3 genannten Beträge absetzen. Erst von dem danach verbleibenden Saldo darf das Gericht die nach II aus der Tabelle ablesbaren etwaigen Monatsraten errechnen.

A. Steuern usw, I 3 Z 1 a, 4. Absetzen muß man zunächst die in (jetzt) § 82 II SGB XII, oben abgedruckt, bezeichneten Beträge für Steuern usw in voller Höhe, Hbg Rpfleger **96**, 164, Zimmermann (bei Rn 5) 278.

B. Unterhaltsleistungen: Grundsatz der Pauschale, I 3 Z 1 b, 2 a, b, 4. Absetzen muß man ferner die in Z 1b, Z 2 a, b, 4 genannten Unterhaltsleistungen in Höhe der sich aus dieser Bestimmung ergebenden Beträge. Es findet also eine gesetzlich pauschalierte Berechnung des Absetzbaren statt, Schlesw JB **96**, 433. Das bedeutet einerseits eine Vereinfachung, andererseits eine Vergröberung des Maßstabs des Absetzbaren. Die „Vereinfachung" stellt dabei in Wahrheit eine äußerste Komplikation des Rechenwerks dar. Sie bleibt nur deshalb halbwegs erträglich, weil das Bundesministerium der Justiz jährlich zum 1. 7. die maßgebenden Beträge (hoffentlich fehlerfrei errechnet) im BGBl bekanntgibt, I 5. Die zahlreichen Streit- und Zweifelsfragen zum alten Recht sind durch die jetzige Regelung teilweise überholt. Es bleibt im Prinzip das folgende Rechenwerk.

C. Ermittlung der Zahl der Unterhaltsberechtigten, I 3 Z 2 a, b, 4. Man muß zunächst klären, ob und wie viele Personen der Antragsteller unterhalten muß. Denn I 3 Z 2 a, b berücksichtigt eine Unterhaltspflicht nicht nur gegenüber dem Ehegatten oder Lebenspartner, sondern gegenüber jedem weiteren Unterhaltsberechtigten. Freilich kommt nur eine „gesetzliche" Unterhaltspflicht in Betracht, nicht also auch eine freiwillig übernommene vertragliche. Dabei mindert die Unterhaltspflicht gegenüber dem Ehegatten oder Lebenspartner das Einkommen nach Z 2 a anders als eine Unterhaltspflicht gegenüber weiteren Personen nach Z 2 b. Auch der Grundbetrag nach dem SGB XII kann sich ändern. Man darf diese Änderung nicht mit der aus ihr erst abgeleiteten jährlichen Neubekanntmachung nach I 5 verwechseln.

D. Unterkunft und Heizung, I 3 Z 3. Absetzbar sind ferner unabhängig davon, ob Unterhaltsleistungen usw nach Z 2 abziehbar sind, jedenfalls die Kosten der Unterkunft und Heizung, Z 3. Das geschieht grundsätzlich in ihrer vollen tatsächlichen Höhe, also einschließlich aller weiteren umlagefähigen Mietnebenkosten, mithin in Höhe des monatlichen Brutto- (Gesamt-)Betrages. Bei Gemeinschaftsunterkunft usw sind die entsprechenden anteiligen Kosten absetzbar, Kblz FamRZ **97**, 680 (abl Atzler FamRZ **97**, 1018).

Allerdings sind die Bruttokosten insoweit nicht absetzbar, als sie in einem *„auffälligen Mißverhältnis"* zu den Lebensverhältnissen der Partei" stehen, Z 3 Hs 2. Luxus ist nicht schon deshalb voll absetzbar, weil er tatsächlich bezahlt wird. Nur derjenige Teil ist absetzbar, der angesichts der Gesamtverhältnisse des Antragstellers nicht auffällig übersteuert ist, Brdb FamRZ **01**, 1085. Der Spitzenverdiener darf natürlich auch luxuriös wohnen. Sein Luxus steht gerade nicht im auffälligen Mißverhältnis. Aber er dürfte natürlich auch nur bei extrem hohem Streitwert PKH erbitten müssen. Z 3 Hs 2 erfaßt daher praktisch denjenigen, der in normalen oder bescheidenen Verdienst- und Einkommensverhältnissen lebt, aber fürs Wohnen auffällig zu viel ausgibt, aus welchem Grunde auch immer, Brdb FamRZ **01**, 1085. Ein vernünftiger, nachvollziehbarer Grund führt nicht zu einem auffälligen Mißverhältnis, sondern allenfalls zu einem bedauerlich unvermeidbaren. Man darf natürlich auch nicht einen nur vorübergehend besonders teueren Zeitraum beachten. Wer sich an der Grundrenovierung des Hauses jetzt und dann frühestens nach 20 Jahren wieder beteiligen muß, lebt nicht schon deshalb in auffällig übersteuerten Wohnverhältnissen. Denn irgendwann muß man nun einmal renovieren oder reparieren. Vgl Rn 30 „Mietausgaben".

E. Besondere Belastungen, I 3 Z 4. Absetzbar sind schließlich unabhängig von den Möglichkeiten Rn 7–14 weitere Beträge, soweit das mit Rücksicht auf besondere Belastungen angemessen ist, Z 4 Hs 1.

§ 115
Buch 1. Abschnitt 2. Parteien

Diese Auffangklausel hat nicht mehr umfassenden Charakter, insbesondere weder bei der in Z 2 im Grundsatz abschließend geregelten Unterhaltspflicht noch bei den in Z 3 im Grundsatz umfassend geregelten Wohnungskosten. Sie erfaßt immerhin alle übrigen „besonderen" Belastungen mit dem Ziel einer gerechten Verminderung des Einkommens vor der Anwendung der Tabelle. Es kommen Belastungen jeder Art und Höhe sowie Dauer infrage. Sie müssen aber über das Übliche hinausgehen. Der Antragsteller darf sie nicht bewußt herbeigeführt haben (direkter oder bedingter Vorsatz). Seine bloße bewußte oder unbewußte Fahrlässigkeit bleibt demgegenüber meist unschädlich.

13   **F. Ermittlung des jährlich neu bekanntgemachten Betrags, I 5, 6,** dazu *Giers* FamRZ 05, 1220: Auf der Basis der Zahl der Unterhaltsberechtigten nach Rn 9 muß das Gericht grundsätzlich den jährlich zum 1. 7. neu bekanntgemachten Betrag ableiten, S 1 Hs 2, Bbg FamRZ **98**, 1604. Er betrug für den Zeitraum vom 1. 7. 04 unverändert bis zum 31. 12. 04 in ganz Deutschland für die Partei 364 EUR, für den Ehegatten oder Lebenspartner 364 EUR, für jede weitere Person, der die Partei auf Grund gesetzlicher Unterhaltspflicht Unterhalt leistet, 256 EUR, PKHB 2004 v 21. 6. 04, BGBl 1283 in Verbindung mit § 26 Z 3 EGZPO. Auch die Bek enthielt bereits den jeweils errechneten Prozentsatz, Büttner NJW **95**, 1472, aM *Friedrich* NJW **95**, 619 (je zur früheren Bek vom 10. 10. 94. Aber bitte möglichst nicht noch mehr Probleme im Gesetz hineinlesen als ohnehin schon reichlich vorhanden). Die so ermittelten Beträge erhalten anschließend eine Auf- oder Abrundung nach I 6.

Seit 1. 1. 05 galt sodann zunächst bis zum 31. 3. 05 die 1. PKHB 2005 vom 21. 12. 04, BGBl 3842, mit folgender verfassungsrechtlich evtl problematischen und auch zeitlich wie räumlich zumindest nicht direkt aus § 115 ZPO ableitbaren neuartigen Unterteilung:

Die vom 1. Januar 2005 bis zu einer Rechtsänderung, längstens jedoch bis zum 30. Juni 2005, maßgebenden Beträge, die nach § 115 Abs. 1 Satz 3 Nr. 2 Satz 1 Teilsatz 1 und 2 der Zivilprozessordnung vom Einkommen der Partei abzusetzen sind, betragen,

1. in den Ländern Baden-Württemberg, Berlin, Bremen, Hamburg, Hessen, Niedersachsen, Nordrhein-Westfalen, Rheinland-Pfalz, Saarland und Schleswig-Holstein
   a) für die Partei 442 Euro,
   b) für den Ehegatten oder Lebenspartner 442 Euro,
   c) für jede weitere Person, der die Partei auf Grund gesetzlicher Unterhaltspflicht Unterhalt leistet, 311 Euro;
2. in den Ländern Brandenburg, Mecklenburg-Vorpommern, Sachsen, Sachsen-Anhalt und Thüringen
   a) für die Partei 424 Euro,
   b) für den Ehegatten oder Lebenspartner 424 Euro,
   c) für jede weitere Person, der die Partei auf Grund gesetzlicher Unterhaltspflicht Unterhalt leistet, 298 Euro;
3. in Bayern
   a) für die Partei 436 Euro,
   b) für den Ehegatten oder Lebenspartner 436 Euro,
   c) für jede weitere Person, der die Partei auf Grund gesetzlicher Unterhaltspflicht Unterhalt leistet, 307 Euro;

sofern sich nicht aus Festsetzungen regionaler Regelsätze durch die Träger der Sozialhilfe abweichende Abzugsbeträge ergeben.

Seit 1. 4. 05 ist an die Stelle dieser 1. PKHB 2005 eine 2. PKHB 2005 vom 23. 3. 05 getreten, BGBl 924. Sie lautet wie folgt:

Die vom 1. April 2005 bis zu einer Neubekanntmachung, längstens bis zum 30. Juni 2006, maßgebenden Beträge, die nach § 115 Abs. 1 Satz 3 Nr. 1 Buchstabe b und Nr. 2 der Zivilprozessordnung vom Einkommen der Partei abzusetzen sind, betragen.

1. für Parteien, die ein Einkommen aus Erwerbstätigkeit erzielen (§ 115 Abs. 1 Satz 3 Nr. 1 Buchstabe b der Zivilprozessordnung), 173 Euro,
2. für die Partei und ihren Ehegatten oder ihren Lebenspartner (§ 115 Abs. 1 Satz 3 Nr. 2 Buchstabe a der Zivilprozessordnung), 380 Euro,
3. für jede weitere Person, der die Partei auf Grund gesetzlicher Unterhaltspflicht Unterhalt leistet (§ 115 Abs. 1 Satz 3 Nr. 2 Buchstabe b der Zivilprozessordnung), 266 Euro.

14   **G. Verminderung durch eigenes Einkommen jedes Unterhaltsberechtigten, I 7.** Von dem nach Rn 7–13 ermittelten Betrag muß das Gericht das eigene Einkommen eines jeden gesetzlich Unterhaltsberechtigten abziehen. Denn um diese Beträge vermindert sich nach S 2 die Absetzmöglichkeit des Antragstellers. Der Begriff Einkommen ist hier derselbe wie beim Antragsteller, I 2, Rn 5, 6.

15   **H. Geldrente, I 8.** Statt der Rechenweise Rn 7–14 ist dann, wenn statt eines gesetzlich geschuldeten Unterhalts eine Geldrente gezahlt wird, ihre tatsächliche Höhe abziehbar, „soweit dies angemessen ist", (jetzt) I 8, Karlsr FamRZ **04**, 1119. Eine Naturalleistung ist keine Geldrente. Ob eine Geldrente vorliegt, läßt sich nur nach den Gesamtumständen des Einzelfalls sagen. Sie kann über das gesetzlich Geschuldete hinausgehen. Sie kann aber auch hinter ihm zurückbleiben. Gerade im ersteren Fall ist sie daher nur im Rahmen des Angemessenen abziehbar. Ist sie zu hoch, so bleibt es bei ihrer Abziehbarkeit (statt Rn 7–14) in den Grenzen des Angemessenen.

16   **I. Beispiele zur Frage des Einkommens, I 3 Z 1–4**
Abfindung: Das Gericht darf eine zweckgebundene Abfindung zB wegen gerichtlicher Auflösung des Arbeitsverhältnisses *nicht* als Einkommen berücksichtigen, Nürnb FamRZ **95**, 942, LAG Bre MDR **98**, 801, LAG Hamm JB **98**, 593, aM Karlsr FamRZ **02**, 1196 (aber die Zweckbindung würde gefährdet. So

Titel 7. Prozesskostenhilfe und Prozesskostenvorschuss **§ 115**

weit darf der Schutz des Fiskus nicht gehen). Das gilt insbesondere dann, wenn das FamG oder ein Vergleich den Antragsteller verpflichtet hat, von der Abfindung Unterhalt zu zahlen, Kblz FamRZ **01**, 631, Köln JB **96**, 143, aM Celle Rpfleger **05**, 320.

Absetzungen: Vom Einkommen muß das Gericht nach I 3 Z 1 diejenigen Beträge absetzen, die § 82 II **17** SGB XII, oben abgedruckt, nennt. Vgl bei den folgenden Stichworten. Ferner sind nach I 3 Z 4 weitere Beträge absetzbar, soweit das „mit Rücksicht auf besondere Belastungen angemessen ist". Hier tut sich zunächst das weite Feld der entsprechenden Anwendbarkeit steuerlicher Maßstäbe auf. Die Finanzämter sind zur Hilfe durch Auskunft usw jedenfalls über allgemeine Berechnungsmethoden auch dann verpflichtet, wenn sie im konkreten Einzelfall ein Steuergeheimnis wahren müssen, Art 35 I GG. Zum anderen bietet die Generalklausel „angemessen" im Rahmen eines weiten, wenn auch pflichtgemäßen Ermessens bei der gebotenen Großzügigkeit nach § 114 Rn 47 dem Gericht die Möglichkeit zur Berücksichtigung im Prinzip aller denkbaren „besonderen" Belastungen, keineswegs nur zB der in § 34 EStG genannten. Das Gericht ist ohnehin nicht an steuerrechtliche Maßstäbe gebunden.

Abtretung: Ein wirksam abgetretener Anspruch ist *kein* Einkommen.

Arbeitnehmersparzulage: Sie zählt zum Einkommen.

Arbeitsamt: Rn 14.

Arbeitseinsatz: Ein unterlassener Arbeitseinsatz ist grds *kein* Einkommen, Karlsr FamRZ **04**, 1120, Kblz RR **01**, 940, Naumb FamRZ **01**, 924 rechts (je: nur bei Mißbrauch), aM Köln FamRZ **03**, 1394, Mü RR **99**, 433, Oldb FamRZ **96**, 41 (nur bei Schuldlosigkeit unschädlich. Man sollte aber die Gesamtumstände abwägen). Vgl aber auch Hamm FamRZ **96**, 958 (Überstunden usw).

Arbeitsförderungsgesetz: Mann kann § 138 I AFG anwenden und dem geringerverdienenden Ehegatten die Hälfte des Differenzbetrags zwischen seinem Einkommen und dem höheren des anderen Ehegatten anrechnen, Hbg FamRZ **86**, 187, LAG Köln MDR **87**, 964.
S auch Rn 35 „Streitgenossen".

Arbeitsloser: Er hat grds *kein* Einkommen im Sinn von § 115, Nürnb FamRZ **99**, 1673. Arbeitslosengeld und -hilfe können freilich zum Einkommen zählen, Naumb FamRZ **01**, 1471, LG Kblz JB **01**, 98.

Arztkosten: Sie können zu den *„besonderen Belastungen"* im Sinn von I 3 Z 4 zählen, soweit sie nicht erstattet werden, Düss FamRZ **81**, 76.

Aufwandsentschädigung: Sie läßt sich zu $1/3$ als Einkommen bewerten, Karlsr FamRZ **04**, 645 links unten.

Ausbildungsförderungsgeld: Es zählt auch als derzeit noch nicht rückzahlbares Darlehen zum Einkommen, Karlsr FamRZ **02**, 1195, Köln FamRZ **94**, 1534.

Auslandszuschuß: Er zählt zum Einkommen, BGH DAVorm **80**, 286.

Bankguthaben: Rn 24 „Geld, Geldeswert".

Behinderter: (jetzt) § 82 II SGB XII, oben abgedruckt, dazu LSG Stgt FamRZ **01**, 234.

Beihilfe: Die Zahlung erfolgt nur zum Ausgleich bereits erwachsener Unkosten und ist insofern *kein* **18** Einkommen.
S auch „Bundesentschädigungsgesetz".

Beitrag: Soweit er gesetzlich vorgeschrieben oder nach Grund und Höhe angemessen ist, ist ein Betrag zu einer öffentlichen oder privaten Versicherung oder einer ähnlichen Einrichtung nach § 82 II SGB XII, oben abgedruckt, vom Einkommen *absetzbar*.

Berufsschadensausgleich: Rn 19 „Bundesversorgungsgesetz".

Besondere Belastung: Sie ist nach I 3 Z 4 *abzugsfähig*. Dabei hat das Gericht ein ziemlich weites, wenn auch pflichtgemäßes Ermessen, Kohte DB **81**, 1176. Steigerungen der allgemeinen Lebenskosten zählen nicht hierher, Hamm Rpfleger **91**, 117.
S auch bei den einzelnen Stichworten.

Betriebsausgaben: Die mit der Erzielung des Einkommens verbundenen notwendigen Ausgaben sind nach § 82 II Z 4 SGB XII, oben abgedruckt, vom Einkommen *absetzbar*.

Blindengeld oder Blindenhilfe: Sie zählen zwar formell zum Einkommen. Man muß sie freilich im Zusammenhang mit (jetzt) § 82 II SGB XII, oben abgedruckt, beurteilen, Jena FamRZ **99**, 1673, Saarbr FamRZ **88**, 1183.

Bundesausbildungsförderungsgesetz: Leistungen nach dem BAföG zählen zum Einkommen, AG Recklingh FamRZ **87**, 729, aM Köln FamRZ **94**, 1534 (nicht bei Unzumutbarkeit. Aber die Quelle ist unerheblich, Rn 5).
S auch Rn 14.

Bundesentschädigungsgesetz: Eine Rente oder Beihilfe nach dem BEG zählt zum Einkommen, Albers Gedächtnisschrift für Martens (1987) 291.

Bundeserziehungsgeld: Rn 22 „Erziehungsgeld".

Bundessozialhilfegesetz: Eine Leistung (jetzt) nach dem SGB XII zählt grds zum Einkommen, Celle **19** NdsRpfl **85**, 311, AG Kblz Rpfleger **92**, 117. Das gilt zB für eine Hilfe zum Lebensunterhalt, Celle NdsRpfl **85**, 311, Hamm JB **86**, 768, LG Hbg WoM **93**, 462 (freilich ist sie ein Anhalt für PKH ohne Raten), aM Düss Rpfleger **94**, 29, Karlsr FamRZ **94**, 714, Köln MDR **93**, 805 (aber die Quelle ist unerheblich, Rn 5).

Bundesversorgungsgesetz: Die Grundrente nach dem BVG zählt zum Einkommen, Hamm NJW **92**, 515, LAG Stgt JB **89**, 667, OVG Münst JB **91**, 1371, aM LSG Celle NdsRpfl **84**, 24, Schneider MDR **85**, 443 (aber die Quelle ist unerheblich, Rn 5).

Bußgeld: Es ist als Teil normaler Lebenskosten *nicht* absetzbar, Brdb FamRZ **04**, 646.

Darlehen: Das Darlehen, das der Antragsteller von einem nahestehenden Dritten erhalten hat und in **20** absehbarer Zeit nicht zurückzahlen muß, zählt zum Einkommen, Hamm FamRZ **84**, 409, Köln FamRZ **84**, 304, aA Bbg FamRZ **86**, 700 (aber die Quelle ist unerheblich, Rn 5). Dasselbe gilt vor der Fälligkeit von einem als Darlehen gezahlten Unterhaltsgeld des Arbeitsamts, Karlsr FamRZ **02**, 1194, oder einer Bank, Hamm NVersZ **00**, 478. Tilgungsraten sind absetzbar, Jena FamRZ **97**, 622, wenn ein Darlehen vor

§ 115

Buch 1. Abschnitt 2. Parteien

Prozeßbeginn aufgenommen worden war, Köln MDR **95**, 314, strenger LAG Köln NZA-RR **04**, 663. Nicht rückgezahlte Beträge sind nicht absetzbar, Zweibr Rpfleger **00**, 537.
S auch Rn 26.

Dienstwohnung: Ihre Überlassung zählt evtl zum Einkommen.

21 **Doppelverdiener:** Bei doppelverdienenden Eheleuten darf man grds nur das Einkommen des Antragstellers ansetzen, Bbg JB **94**, 751, Celle FamRZ **93**, 1334, Köln JB **94**, 751, aM Hbg FamRZ **86**, 188, LG Flensb SchlHA **87**, 185 (stellt auf einen Unterhaltsanspruch des geringer Verdienenden ab), LAG Köln MDR **89**, 765 (1/2 der Differenz sei hinzuzurechnen. Aber zumindest beim gesetzlichen Güterstand besteht keine Gesamtverwaltung). Sind Ehegatten Streitgenossen, so muß man freilich ihr Einkommen zusammenrechnen, Rn 8 „Arbeitsförderungsgesetz". Das gilt zumindest nach § 138 I AFG.

Dritter: Leistungen, die ein Dritter als Unterhalt dem Unterhaltsgläubiger erbringt, zählen zum Einkommen des letzteren, Hamm FamRZ **88**, 1271, Köln FamRZ **96**, 873.

22 **Ehe:** Man muß auch eine Unterhaltspflicht gegenüber dem jetzigen Ehegatten berücksichtigen, mag er auch getrennt leben, und gegenüber dem früheren Ehegatten, soweit die Ehe sachlichrechtlich noch besteht. Soweit jener Ehegatte ein eigenes Einkommen hat, muß das Gericht IV beachten, Rn 42. Ob der mitverdienende Ehegatte des alleinigen Antragstellers unterhaltsberechtigt ist, richtet sich danach, wie weit der Antragsteller ihn sachlichrechtlich finanziell unterstützt bzw seine Bedürfnisse mitbezahlen muß. Wegen der Lage, falls beide Eheleute mit jeweils eigenem Einkommen gemeinsamen Kindern unterhaltspflichtig sind und falls beide PKH beantragen, LAG Bre NJW **82**, 2462 (Aufteilung der Freibeträge im Verhältnis der Einkommen und entsprechende Anrechnung, abl Christl Rpfleger **83**, 95), Düss Rpfleger **01**, 434 (Berücksichtigung nur der Angehörigen mit eigenem Einkommen).
S auch Rn 21 „Doppelverdiener", Rn 24 „Getrenntleben".

Eheähnliche Gemeinschaft: § 114 Rn 52.

Eigenes Einkommen des Unterhaltsberechtigten: Die Frage, ob man es dem Einkommen des Unterhaltspflichtigen zurechnen muß, läßt sich (jetzt) nach I 7 beantworten, Rn 69 ff, Hoppenz FamRZ **89**, 133.

Eigenheim: Rn 38 „Vermietung".

Einkommensteuer: Rn 35 „Steuern".

Erziehungsgeld: Das Gericht darf es *nicht* berücksichtigen, Kblz RR **01**, 940, Mü FamRZ **04**, 1498, Nürnb FamRZ **02**, 104, aM Bre FamRZ **98**, 759, Mü FamRZ **99**, 598 (aber dann wäre die vorrangige Zweckbindung gefährdet, wie bei Rn 17).
S auch Rn 23 „Familiengeld".

Essensgeld: Es zählt vernünftigerweise wie Fahrgeld *nicht* zum Einkommen, Düss FamRZ **89**, 883.

23 **Fahrgeld:** Es zählt *nicht* zum Einkommen. Fahrtkosten sind mit den üblichen Sätzen absetzbar, Karlsr FamRZ **05**, 465.

Familiengeld: Man muß es meist wie Erziehungsgeld beurteilen, KG FamRZ **90**, 1120.
S auch Rn 22 „Erziehungsgeld".

Feiertagsarbeitsgeld: Es zählt zum Einkommen.

Fiktives Einkommen: Rn 17 „Arbeitseinsatz".

Forderung: Eine anerkannte kann die Bedürftigkeit entfallen lassen, Brdb FamRZ **05**, 991.

Freiwillige Zahlung: Die erhaltene zählt zum Einkommen, Bbg JB **89**, 1108, Kblz FamRZ **92**, 1197, Köln FamRZ **96**, 1021.

24 **Geburt:** Ausgaben wegen einer Geburt können zu den *„besonderen Belastungen"* nach I 3 Z zählen.

Geld, Geldeswert: Bargeld zählt natürlich zum Einkommen, sofern es nicht zB zu den nach I 3 Z 1 in Verbindung mit § 76 II Z 2–4 BSHG absetzbaren, demnächst oder sofort zu zahlenden Belastungen zählt oder nach I 3 Z 4 unberücksichtigt bleiben muß.
Alles übrige „Geldeswerte" ist ebenfalls Teil des Einkommens, zB ein Bankguthaben, Bbg FamRZ **97**, 300. Wegen des maßgeblichen Zeitpunkts vgl Rn 6.

Geldstrafe: Sie kann *absetzbar* sein, Brdb FamRZ **04**, 646 (sogar bei Raten), Hbg FamRZ **01**, 235 (großzügig), aM AG Ludwigslust FamRZ **03**, 1934 (aber es sollte stets auf die gesamten Fallumstände ankommen).

Geschenk: Man sollte Geschenke etwa zum Geburtstag oder zum Jubiläum nur zurückhaltend zum Einkommen zählen.

Getrenntleben: Die zum „Doppelverdiener", Rn 21, geltenden Regeln sind natürlich erst recht bei getrennt lebenden Eheleuten anwendbar, Bischof AnwBl **81**, 370.

Gewerbesteuer: Rn 35 „Steuern".

Good will: Er kann zum Einkommen zählen.

Grundrente: Rn 19 „Bundesversorgungsgesetz".

25 **Haushalt:** Es ist grds unerheblich, ob ein Unterhaltsgläubiger außerhalb des Haushalts des Antragstellers oder bei ihm lebt. Das ergibt sich daraus, daß das Gesetz nur dem Wortlaut nach scheinbar zwischen einer Barleistung oder einer Naturalleistung unterscheidet, in Wirklichkeit aber Leistungen beider Arten im Rahmen der „Angemessenheit", als abzugsfähig ansieht, Rn 57 „Barleistung", Düss FamRZ **88**, 414, Köln FamRZ **89**, 525, aM Bbg FamRZ **87**, 961, Karlsr Just **86**, 21, Kblz Rpfleger **85**, 323 (aber auch die Naturalleistung hat einen Wert).

Heirat: Ausgaben wegen einer Heirat können zu den *„besonderen Belastungen"* nach I 3 Z 4 zählen.

Heizung: Rn 30 „Mietausgaben".

Hilfe zum Lebensunterhalt: Rn 19 „Bundessozialhilfegesetz".

Insolvenz: Die unverschuldete Insolvenz ist wegen ihrer Einkommensminderung beachtlich, Stgt FamRZ **04**, 297.

26 **Jubiläum:** Ausgaben aus Anlaß eines privaten oder geschäftlichen Jubiläums können zu den *„besonderen Belastungen"* im Sinn von I 3 Z 4 zählen.

27 **Kaltmiete:** Rn 30 „Mietausgaben".

Titel 7. Prozesskostenhilfe und Prozesskostenvorschuss § 115

Kapitalertragssteuer: Rn 35 „Steuern".
Kinderausgaben: Solche für Kinder über 15 Jahren können *besondere Belastungen* im Sinn von I 3 Z 4 sein, Naumb FamRZ **00**, 1093. Wer trotz Kleinkinds arbeitet, darf einen Mehrbedarf absetzen, Köln FamRZ **03**, 773.
 Kindergartenkosten sind *keine* besonderen Belastungen, Naumb FamRZ **00**, 1093.
Kindererziehungsleistung: Eine Kindererziehungsleistung nach §§ 294 ff SGB VI stellt *kein* Einkommen **28** dar, LSG Bln FmRZ **93**, 743, LSG Celle MDR **92**, 1160. Sie kann als Belastung nach I 3 Z 4 absetzbar sein, wenn dem Elternteil deshalb kein Beruf zumutbar ist, Karlsr RR **99**, 1228, Stgt FamRZ **05**, 1184 (auch bei mehreren Kindern höchstens insgesamt 40% des Eckregelsatzes nach § 22 BSHG – ? –).
Kindergeld: Es zählt zum Einkommen, zumindest insoweit, als es der Partei auch tatsächlich zufließt, BGH NJW **05**, 2394 (Grenze: notwendiger Kindesunterhalt), Karlsr FamRZ **05**, 465, Rostock FamRZ **05**, 992, aM Brdb FamRZ **01**, 1085, Ffm FamRZ **03**, 460, Köln FamRZ **03**, 103 (je: allenfalls Anrechnung mit 1/2), Kblz (9. ZS) FamRZ **04**, 120 (überhaupt nicht. Aber es gelten die sozialrechtlichen Begriffe schon wegen des sozialen Zwecks der §§ 114 ff, auch wenn das hier zu gewisser Strenge führt).
Kirchensteuer: Rn 35 „Steuern".
Know how: Er kann zum Einkommen zählen.
Kostenerstattung: Sie zählt *nicht* zum Einkommen. Denn sie bringt ja nur einen Ausgleich für erbrachte Ausgaben.
Kostgeld: Das Kostgeld des bei den Eltern lebenden Kindes ist keine besondere Belastung, es sei denn, es enthielte einen Anteil an der Kaltmiete von über 18%, LAG Köln MDR **91**, 1096.
Kraftfahrzeug: Seine Überlassung gilt evtl zum Einkommen, Köln FamRZ **81**, 489.
Krankengeld: Es zählt evtl zum Einkommen.
Krankheit: Es gilt dasselbe wie bei einer „Geburt", Rn 60.
Kurzarbeitergeld: Es zählt zum Einkommen.
Lebensgefährtin: Ihr Einkommen bleibt unbeachtet, Kblz JB **01**, 1153, Köln FamRZ **88**, 306, OVG Münst **29** Rpfleger **86**, 406, aM Kblz RR **92**, 1348 (s aber § 114 Rn 46, 53). Sie und das angeblich vom Antragsteller stammende Kind sind nicht unterhaltsberechtigt, ArbG Regensb BB **89**, 707 (abl Gottwald FamRZ **89**, 1104).
 S auch Rn 30 „Mietausgaben".
Lebenskosten: Ihre Erhöhung kann als *„besondere Belastung"* im Sinn von I 3 Z 4 gelten, freilich nicht generell, sondern nur im Ausnahmefall, § 114 Rn 133. Das gilt auch nach der Neuregelung von 1994 im Kern weiter, BFH FamRZ **85**, 214 (großzügig), KG FamRZ **94**, 713, Köln FamRZ **94**, 711, aM Kblz FamRZ **86**, 1230, LAG Düss Rpfleger **93**, 498, ArbG Regensb Rpfleger **94**, 70 (aber das Gericht darf und muß auch eine wirtschaftliche Gesamtabwägung vornehmen).
Lebensversicherung: Ihr Rückkaufswert ist oberhalb der Schongrenze (jetzt) des § 90 SGB XII Einkommen, KG FamRZ **03**, 1394.
Lohnsteuer: Der Anspruch auf Lohnsteuerjahresausgleich kann Einkommen sein, Bre FamRZ **98**, 1180.
 Er zählt jedenfalls dann *nicht* zum Einkommen, wenn es sich nur um einen geringen Betrag handelt, Düss FamRZ **81**, 986, Ffm FamRZ **83**, 633.
 S auch Rn 22 „Ehe", Rn 35 „Steuern".
Luxusausgaben: Das Gericht darf sie ebensowenig wie andere objektiv unvertretbare Belastungen vom Einkommen abziehen, Bbg FamRZ **86**, 700, Ffm FamRZ **87**, 179.
 S auch Rn 30 „Mietausgaben".
Mehrheit von Unterhaltsgläubigern: Man muß die Unterhaltspflicht des Antragstellers gegenüber jedem **30** Unterhaltsgläubiger zunächst gesondert ermitteln und sodann die sich ergebenden Beträge addieren, um zur anrechenbaren Gesamtbelastung zu kommen. Dabei können sich zB gegenüber gleichnahen Angehörigen wegen deren unterschiedlicher Verhältnisse verschieden hohe Unterhaltspflichten ergeben.
Mietausgaben: Normale negative Einkünfte und normale Mieten sind jetzt *abzugsfähig*, Karlsr FamRZ **05**, 465. Das gilt, soweit sie eben nicht in einem auffälligem Mißverhältnis zu den Lebensverhältnissen der Partei stehen, I 3 Z 3, also keine Luxusausgaben sind, Rn 13, 14, 29. Das gilt auch in Höhe fingierter Mietkosten für den Obdachlosen, Köln FamRZ **03**, 774. Ob Luxus vorliegt, läßt sich nur nach den Gesamtumständen des Einzelfalls beurteilen. Im Zweifel kein Luxus, Mü FamRZ **97**, 299. Die „Kosten der Unterkunft und Heizung" umfassen alle umlagefähigen festen oder schwankenden Nebenkosten, Karlsr FamRZ **99**, 600, Kblz MDR **95**, 1166, also die Bruttomiete. Im Wohnheim usw muß man den Bruttoanteil schätzen. Bei „Lebensgefährten" mit etwa gleichem Einkommen halbiert Kblz MDR **00**, 728 die Miete unabhängig vom Innenverhältnis. Maßgeblich ist nur die tatsächlich gezahlte Miete, LG Kblz FamRZ **01**, 1155, LAG Erfurt MDR **01**, 237. Bei durchschnittlichen Verhältnissen können 50% des Einkommens angemessen sein, Brdb FamRZ **01**, 1085. Es können bei höheren Mieten am Ort sogar über 50% des Nettoeinkommens absetzbar sein, LAG Erfurt MDR **01**, 237.
Mieteinnahmen: Rn 38 „Vermietung".
Mietzuschuß: Er zählt zum Einkommen, Bbg JB **85**, 1108. **31**
Nachtarbeitsgeld: Es zählt zum Einkommen.
Naturalunterhalt: Der erhaltene kann zum Einkommen zählen, Celle FamRZ **93**, 1334, LAG Stgt BB **84**, 1810, Anders kann es beim Heimbewohner liegen, LG Kblz FamRZ **98**, 487. Die Verpflichtung zu ihm kann eine *besondere Belastung* im Sinn von I 3 Z 4 darstellen, Bre FamRZ **89**, 300.
 S auch Rn 25 „Haushalt".
Nebeneinkünfte: Sie sind beim fleißigen Schuldner und keineswegs ganz armen Gläubiger evtl unbeachtlich, Stgt FamRZ **04**, 1380.
Pauschalsatz: Ein nach der VO zu (jetzt) § 90 SGB XII beachtlicher Pauschalsatz für Fahrten zur Arbeits- **32** stätte kann heraufsetzbar sein, Ffm FamRZ **90**, 1011, aM Mü FamRZ **94**, 898.
Pflegegeld: Es zählt zum Einkommen, BGH NJW **93**, 322, aM Karlsr FamRZ **04**, 645 (bei § 39 SGB VIII nur mit dem Anteil „Erziehungskosten").

§ 115

Pflegeversicherung: Rn 38 „Versicherung".

Prozeßkostenhilferaten: Der Unterhaltsschuldner darf nicht PKH-Raten vorab vom Einkommen als Schulden absetzen, die er für den laufenden Unterhaltsprozeß und weitere familienrechtliche Auseinandersetzungen aufbringen muß, Kblz FamRZ **91**, 438, Schlesw FamRZ **00**, 1586.

Prozeßkostenvorschuß: Man muß das volljährige unverheiratete in Ausbildung befindliche Kind evtl auf einen Anspruch verweisen, insbesondere bei einem wichtigen Prozeß, BGH NJW **05**, 1722 (zustm Borth FamRZ **05**, 886), Karlsr FamRZ **89**, 535, LG Kblz FamRZ **96**, 44, aM Bbg FamRZ **00**, 1093, Düss FamRZ **86**, Stgt FamRZ **88**, 758 (aber man muß eine behutsame wirtschaftliche Gesamtabwägung vornehmen). Im Ehelichkeitsanfechtungsverfahren kann das Kind einen Anspruch auf Prozeßkostenvorschuß gegen den Kläger haben, Kblz FamRZ **96**, 45, oder gegenüber dem Bekl, Kblz FamRZ **96**, 44, auch gegenüber Großeltern, Kblz Rpfleger **97**, 72. Er zählt zum Einkommen.

33 **Raten:** Bereits zu zahlende Raten nach § 120 aus anderen Verfahren können zu den *„besonderen Belastungen"* im Sinn von I 3 Z 4 zählen, Karlsr FamRZ **88**, 203, Köln VersR **98**, 76. Geldbußraten zählen nicht hierher, Kblz JB **97**, 31.

S auch Rn 30 „Mietausgaben".

Rente: Sie zählt grds zum Einkommen, Bre FamRZ **81**, 988. Freilich kann das Gesetz solche Zuordnung ausschließen.

S auch Rn 18 „Bundesentschädigungsgesetz", Rn 19 „Bundesversorgungsgesetz".

Rücklage: Man darf PKH nicht schon deshalb versagen, weil der Antragsteller ab Verfahrensbeginn aus dem Einkommen Rücklagen bilden könnte, KG FamRZ **88**, 1078.

Sanatorium: Die Verpflegung kann zum Einkommen zählen, LG Kblz FamRZ **95**, 941.

34 **Schulden:** Solche aus der Zeit *vor* der Antragstellung können als *„besondere Belastungen"* im Sinn I 3 Z 4 zählen, Bbg FamRZ **86**, 699, Köln FamRZ **96**, 873 (Fallfrage), ArbG Regensb Rpfleger **94**, 70. Schulden aus der Zeit *nach* der Antragstellung kommen insofern nur dann in Betracht, wenn sie aus einem lebenswichtigen Anlaß notwendig waren, BAG AnwBl **81**, 607, Köln FamRZ **92**, 80, strenger Stgt FamRZ **96**, 873. Der Antragsteller muß sie auch tatsächlich tilgen, um sie absetzen zu können, LAG Mainz MDR **04**, 718. Nicht rückgezahlte Beträge sind nicht absetzbar, Zweibr Rpfleger **00**, 537.

Schulungskosten: Sie können zu den *Belastungen* nach I 3 Z 4 zählen, Düss FamRZ **81**, 59.

Schwerbehinderter: Vgl *Zimmermann* (bei Rn 5) 291. Bei einem Behinderungsgrad bis 50% mag man nur den Pauschbetrag nach § 33 b EStG berücksichtigen dürfen, AG Bayreuth JB **91**, 756. Indessen sollte man stets die Gesamtumstände abwägen.

Selbstbehalt: Das Gericht muß einen angemessenen Selbstbehalt gegenüber einem volljährigen Kind ohne Unterscheidung nach erwerbstätigen und nicht erwerbstätigen Schuldnern beurteilen, Karlsr FamRZ **85**, 593, aM Düss FamRZ **82**, 1101. Eine pauschale Herabsetzung des Selbstbehalts wegen ländlicher Lebensverhältnisse ist unzulässig, Düss FamRZ **90**, 1028.

Sonntagsarbeitsgeld: Es zählt zum Einkommen.

Sozialhilfe: § 114 Rn 68 „Sozialhilfe" und oben Rn 19 „Bundessozialhilfegesetz".

Sozialversicherung: Die Pflichtbeiträge zählen zu den abzugsfähigen Beträgen im Sinn von I 3 Z 1 in Verbindung mit § 82 II Z 1 SGB XII, oben abgedruckt.

Sparguthaben: Es zählt grds zum Einkommen, Stgt FamRZ **05**, 1184.

S aber auch Rn 38 „Vermögenswirksame Leistungen".

35 **Steuern:** Sie zählen zu den abzugsfähigen Beträgen, Rn 7, im Sinn von I 3 Z 1 in Verbindung mit § 82 II Z 1 SGB XII, oben abgedruckt. Das gilt für alle Arten von Steuern. Der Antragsteller muß sie aber bereits „entrichtet" haben. Der noch im Vermögen des Antragstellers stehende, aber in allernächster Zeit mit Sicherheit zu bezahlende Betrag kann der bereits „entrichteten" Abführungssumme gleichstehen. Die Überschußrechnung reicht, Brdb FamRZ **98**, 1301. Man braucht sie nicht zu aktualisieren, BGH JB **93**, 106. Abschreibungen nach dem EStG sind kaum absetzbar, Jena FamRZ **97**, 622. Auch der Steuererstattungsanspruch ist evtl Einkommen, Bre FamRZ **98**, 1181.

Stiefeltern: Ein Unterhalt, der zwar nicht zur Erfüllung einer Rechtspflicht erfolgt, wohl aber einer sittlichen Pflicht entspricht, kann zumindest als *„besondere Belastung"* im Sinn von I 3 Z 4 abzugsfähig sein. Es kommt aber eine Berücksichtigung im Rahmen von V in Betracht.

Streitgenossen: Grundsätzlich muß das Gericht für jeden Antragsteller das Einkommen gesondert berechnen. Ebenso muß es die bei jedem Antragsteller abzugsfähigen Beträge und besonderen Belastungen gesondert ermitteln. Sind Ehegatten Streitgenossen, so muß man zumindest bei Anwendung von § 138 I AFG, Rn 8 „Arbeitsförderungsgesetz", ihr Einkommen freilich zusammenrechnen.

Stromkosten: Sie zählen *nicht* zu den Belastungen nach I 3 Z 4, Bbg FamRZ **05**, 1183.

Taschengeld: Es kann zum Einkommen zählen, Karlsr FamRZ **05**, 1182 (Ehepartner), Kblz RR **05**, 1167 (5%), Zweibr FamRZ **01**, 1470, aM Bbg JB **94**, 751 (aber Taschengeld ist grds auch pfändbar, § 850 b Rn 4). Zurückhaltung ist beim Heimbewohner geboten, LG Bayreuth FamRZ **98**, 487.

36 **Tilgung:** Eine Tilgungsleistung auf einen Kredit ist als *„besondere Belastung"* im Sinn von I 3 Z 4 abzugsfähig, soweit sie im Rahmen einer üblichen und vertretbaren Lebensführung entstanden und nicht in Kenntnis des bevorstehenden Prozesses eingegangen ist, LAG Kiel MDR **89**, 485. Eine Tilgungsleistung zur Finanzierung eines Eigenheims ist nur abziehbar unter einer fiktiven Miete abziehbar, Bbg FamRZ **84**, 721, Schlesw SchlHA **89**, 141, OVG Bre JB **85**, 1411, aM Mü MDR **81**, 852, OVG Bre JB **91**, 1114 (aber das Eigenheim hat auch einen immateriellen Wert. Ihn darf man möglichst nicht zugunsten der Staatskasse beseitigen).

Titulierter Anspruch: Einer Unterhaltszahlung kann ein titulierter Unterhaltsanspruch gleichstehen, LSG Essen FamRZ **87**, 731.

37 **Tod:** Ausgaben wegen eines Tods können zu den *„besonderen Belastungen"* nach I 3 Z 4 zählen.

Überstundenlohn: Er zählt zum Einkommen, BGH NJW **80**, 2251.

Überzahlung: Es ist grds unerheblich, ob ein Unterhaltsgläubiger weniger oder mehr als die in die Tabelle I 4 eingearbeiteten durchschnittlichen Leistungen erhält, Bre FamRZ **84**, 411 unten, Karlsr FamRZ **82**,

Titel 7. Prozesskostenhilfe und Prozesskostenvorschuss **§ 115**

948 (offen bei krassen Abweichungen), Nürnb FamRZ **84**, 409. Eine sog Interpolation der Tabelle findet ohnehin nicht statt.
Umsatzbeteiligung: Sie zählt zum Einkommen.
Umschulung: Wer sie nicht zumutbar nutzt, kann fiktives Einkommen haben, Bre FamRZ **96**, 957. Ein Erwerbstätigenfreibetrag ist auf ein Umschulungsgeld anrechenbar, Nürnb FamRZ **03**, 774 links unten.
Unterhalt: Erhaltener Unterhalt zählt grds zum Einkommen, Kblz Rpfleger **92**, 439, Mü FamRZ **99**, 598. Das gilt selbst beim Rückforderungsvorbehalt, Karlsr FamRZ **02**, 1195.
  Eine *besondere Belastung* im Sinn von I 3 Z 4 kann in freiwilliger Zahlung bestehen, Bre FamRZ **97**, 298. Auch das Einkommen eines Unterhaltsgläubigers des Antragstellers mindert sich nach § 115, zB wegen der Kosten für Unterkunft und Heizung, LAG Nürnb MDR **01**, 297.
  Nicht zum Einkommen zählt solcher Unterhalt, der hier zwecks Vermeidung einer Zwangsvollstreckung gezahlt worden ist, BGH VersR **99**, 1435.
  S auch Rn 20 „Darlehen", Rn 23 „Dritter".
Urheberpersönlichkeitsrecht: Es kann zum Einkommen zählen. Freilich muß es schon und noch einen „Geldeswert" haben, Rn 24.
Urlaubsgeld: Es zählt ebenso wie das Weihnachtsgeld zum Einkommen, Düss NJW **81**, 1791, Ffm FamRZ **38** **83**, 632, Karlsr FamRZ **04**, 1652, aM Düss FamRZ **89**, 883 (bei kleinem Einkommen. Aber Geld ist Geld).
Vermietung: Einnahmen aus Vermietung zählen zum Einkommen, BGH JB **84**, 51.
Vermögenswirksame Leistung: Sie ist eine besondere Belastung, Köln FamRZ **93**, 1333, Stgt FamRZ **05**, 1184, ArbG Regensb Rpfleger **94**, 70, aM Bbg JB **87**, 1414.
Vermögenssteuer: Rn 35 „Steuern".
Versicherung: Pflichtbeiträge zur Sozialversicherung einschließlich der Arbeitslosenversicherung sowie Beiträge zu öffentlichen oder privaten Versicherungen und ähnlichen Einrichtungen sind von dem Einkommen *absetzbar*, soweit sie gesetzlich vorgeschrieben sind oder nach Grund und Höhe angemessen sind, I 3 Z 1 in Verbindung mit (jetzt) § 82 II Z 2, 3 SGB XII, oben abgedruckt, LAG Stgt Rpfleger **89**, 29 (aM Bratfisch, auch zu den einzelnen Versicherungsarten), ArbG Regensb Rpfleger **94**, 70 (zu einer Lebensversicherung), Zimmermann (bei Rn 5) 278.
  Nicht zum Einkommen zählt eine Leistung der Pflegeversicherung, LG Kblz FamRZ **01**, 308.
Verwarnungsgeld: Es ist als Teil normaler Lebenskosten *nicht* absetzbar, Brdb FamRZ **04**, 646.
Volljährigkeit: Der volljährige Unterhaltsgläubiger steht dem minderjährigen grds gleich. Er wird freilich oft eigenes Einkommen haben. Dann muß das Gericht IV beachten. Im übrigen muß er Auskunft über das Einkommen der Eltern geben, wenn sie die Kosten als Sonderbedarf tragen müssen, AG Gießen FamRZ **91**, 581.
Wasserkosten: Sie zählen *nicht* zu den Belastungen nach I 3 Z 4, Nürnb FamRZ **97**, 1542. **39**
Weihnachtsgeld: Weihnachtsgeld muß man wie Urlaubsgeld zum Einkommen zählen, Düss NJW **81**, 1791, Ffm FamRZ **83**, 632, Karlsr FamRZ **04**, 1652, aM Düss FamRZ **89**, 883 (bei kleinem Einkommen. Aber Geld ist Geld).
Wohngeld: Es zählt zum Einkommen, BGH VersR **80**, 923, Drsd FamRZ **02**, 1413, ArbG Regensb JB **90**, 1302. Das gilt auch für den Auszahlungsanspruch, LAG Freibg NJW **82**, 847.
Wohnvorteil: Er muß *nicht* stets zum Einkommen zählen, Hbg FamRZ **05**, 927.
Zinsen: Es gelten dieselben Grundsätze wie bei der „Tilgung", Rn 36. **40**

7) Abrundung; Tabellenanwendung, II. Von dem nach sämtlichen Abzügen Rn 7–41 verbleibenden **41** auf volle EUR abgerundeten Monatsbetrag, dem sog „einzusetzenden Einkommen", muß das Gericht nach der amtlichen Tabelle in II ableiten, ob und welche Monatsraten der Antragsteller zahlen soll. Das Gericht mußte die Zahl der Unterhaltsberechtigten bereits vorher ermitteln und berücksichtigen, Rn 9. Daher enthält die Tabelle jetzt nur noch die Einkommens- und die Ratenspalte.

8) „Höchstens 48 Monatsraten", II. Dabei braucht der Antragsteller höchstens 48 Raten zu zahlen, II **42** Hs 1. Das gilt zwar unabhängig von der Zahl der Rechtszüge, II Hs 1. Die Mindestzahl der Raten beträgt fünf. Das läßt sich aus III ableiten. Wegen des Übergangsrechts § 26 Z 4 EGZPO. Die Vorschrift ist mit dem GG vereinbar, BVerfG BGBl **88**, 1040.

  A. Abgrenzung von IV. Während IV den Mindestbetrag umschreibt, den der Antragsteller wegen § 119 **43** je Rechtszug selbst zu den Prozeßkosten beisteuern muß, nennt II den Höchstbetrag der etwa überhaupt zu zahlenden Raten. Allerdings erfaßt II nicht den Fall, daß der Antragsteller außerdem oder nur Vermögensbeiträge aus dem Vermögen erbringen muß. Hier gibt es keine absolute Höchstgrenze.

  B. Betragsobergrenze. Das Gericht muß II auch dann beachten, wenn es nach § 120 IV nachträglich **44** eine Änderung über die Ratenzahlungen beschließt. Die mit der Einziehung befaßten Stellen müssen die Höchstgrenze von 48 Raten von Amts wegen in jeder Lage des Verfahrens beachten, Grdz 38 vor § 128. Ein im Ergebnis über die Höchstgrenze hinausreichender Gerichtsbeschluß ist ohne Notwendigkeit förmlicher Aufhebung insofern unbeachtlich. Er gibt dem trotzdem zahlenden Antragsteller einen Rückforderungsanspruch unabhängig davon, ob er gutgläubig war.

  C. Keine Zeitobergrenze. II bestimmt zwar eine Höchstzahl von Raten, nicht aber einen Höchstzeit- **45** raum, in dem man sie zahlen muß. Die Ratenzahlungspflicht kann sich daher zB nach anfänglicher Ratenfreiheit oder etwa im Fall einer Unterbrechung der Zahlungen auf eine Dauer von mehr als 4 Jahren solange verteilen, bis tatsächlich 48 Monatsraten erreicht sind. Das entspricht nicht nur dem Wortlaut, sondern auch dem Sinn der Regelung, Bbg JB **98**, 316, Karlsr FamRZ **95**, 1505, Fischer Rpfleger **97**, 465, aM Saarbr FamRZ **93**, 1335, Grunsky NJW **80**, 2046, MüKoWax 69 (aber „höchstens 48" ist schon eindeutig genug, Rn 46, Einl III 39).
  Beispiel: Das erstinstanzliche Gericht bejaht die Zumutbarkeit einer finanziellen Beteiligung des Antragstellers bei seiner Vorausschätzung nach § 120 I zunächst nur für etwa zwei Jahre, da man nach Ablauf dieser Frist

§ 115

mit einem wesentlich geringeren Einkommen rechnen muß, etwa wegen einer Pensionierung oder einer Berufsausbildung eines Kindes. Demgegenüber bejaht das zweitinstanzliche Gericht die Zumutbarkeit von Ratenzahlungen für weitere zwei Jahre. Es trifft seine Entscheidung aber erst nach Ablauf der ersten zwei Jahre.

46 **D. Unabhängigkeit von der Zahl der Rechtszüge.** II bestimmt ausdrücklich, daß die Höchstzahl von 48 Raten nicht etwa je Rechtszug, sondern insgesamt für alle Rechtszüge „unabhängig von der Zahl der Rechtszüge" gilt. Das gilt natürlich nur innerhalb desselben Prozesses. Bei einer Aufspaltung des einheitlichen Prozesses in mehrere selbständige Verfahren etwa nach § 145 würde der Sinn der Regelung unterlaufen, wenn der Antragsteller schon deshalb insgesamt mehr als 48 Raten zahlen müßte, Düss Rpfleger **92**, 30 Ratenzahlungen können allerdings innerhalb desselben Prozesses gleichzeitig für mehrere Instanzen in Betracht kommen, Behn Rpfleger **83**, 341. Zur Auswirkung einer Ratenzahlungsbewilligung nach einer Zurückverweisung BGH NJW **83**, 944.

47 **9) Vermögen, III, IV.** Man muß drei Aspekte beachten.

A. Begriff des Vermögens, III 1. Während I, II das „Einkommen" im wesentlichen im Sinn der laufenden Einnahmen in Geld oder Geldeswert auch aus einem Vermögen behandeln, Burgard NJW **90**, 3241, zwingt III auch zum Einsatz des „Vermögens". Die Vorschrift gibt durch die Verweisung auf § 90 SGB XII die Richtung dahin an, daß der Antragsteller sein „gesamtes verwertbares" Vermögen einsetzen muß, (zum alten Recht) Nürnb FamRZ **97**, 247. Auch hier ist die Quelle unerheblich. III 2 verweist auf (jetzt) § 90 SGB XII, (dazu OVG Münst NJW **97**, 2900). Zu § 90 SGB XII ist die oben ebenfalls abgedruckte VO ergangen. Beide Verweisungen führen den Zivilrichter weit in das Sozialrecht hinein. Sie machen mangels vorhandener Nachschlagewerke usw die Arbeit für ihn außerordentlich schwierig, aM Burgard NJW **90**, 3245 (wenig praxisnah).

48 Das Prozeßgericht ist *nicht* unmittelbar an diejenige Auslegung *gebunden,* die die Sozialgerichte, die Verwaltungsgerichte oder die Finanzgerichte den (jetzt) in SGB XII genannten Begriffen geben, Bbg FamRZ **84**, 721, Christl NJW **81**, 785, aM Burgard NJW **90**, 3241 (aber § 318 gilt dann gerade nicht). Andererseits darf der Prozeßrichter die zum Steuer-, Sozialversicherungsrecht usw entwickelten Kriterien nicht völlig außer Acht lassen. Denn er muß das deutsche Recht kennen, § 293 Rn 1. Er muß es notfalls von Amts wegen ermitteln. Er kann Amtshilfe nach Art 35 GG beanspruchen, Christl NJW **81**, 791. Die VO nach (jetzt) § 90 SGB XII ist als Rechtsverordnung im Sinn von Art 80 GG auch für den Prozeßrichter verbindlich, VG Freibg NJW **83**, 1926, Christl NJW **81**, 785.

49 **B. Zumutbarkeit des Einsatzes, III 1.** Der Antragsteller muß sein Vermögen einsetzen, „soweit dies zumutbar ist", Karlsr AnwBl **87**, 340. Das bedeutet: Bei der Auslegung darf und soll das Gericht den Antragsteller nicht allzu sehr finanziell bedrängen, BFH MDR **90**, 955, sondern ein „Schonvermögen" belassen, LG Oldb JB **97**, 543 (nicht nach dem Tod). Das gilt freilich nicht, wenn der Antragsteller das Schonvermögen erst in Kenntnis bevorstehender Prozeßkosten erworben hat, Nürnb MDR **02**, 171. Das Gericht sollte eine gewisse Großzügigkeit bei der Bewilligung auch hier beachten, § 114 Rn 47. Das gilt, obwohl die Zumutbarkeitsgrenze natürlich keine allzu ungehemmte Beurteilung der wirtschaftlichen Schwäche des Antragstellers erlaubt. Keinesfalls ist der Zivilrichter verpflichtet, in die letzten Verästelungen des Sozialrechts zu leuchten, zumal eine einigermaßen erschöpfende Aufklärung der Vermögensverhältnisse ohnehin praktisch kaum je möglich sein wird.

50 **C. Maßgeblicher Zeitpunkt: Bewilligungsreife.** Es gilt auch hier der Zeitpunkt, zu dem das Gericht bei ordnungsgemäßer Bearbeitung über den Antrag entscheiden muß, § 119 Rn 5. Evtl muß das Gericht also eine Rückwirkung aussprechen, § 119 Rn 10. Der Antragsteller brauchte nicht ab Antrag Rücklagen zu bilden, KG MDR **99**, 510. Das Vermögen muß bereits und noch verwertbar sein, Bbg JB **89**, 414, Hamm DAVorm **87**, 921, KG MDR **89**, 167, aM Bbg RR **86**, 62, Ffm RR **86**, 798 (aber man muß wirtschaftlich rechnen).

51 **D. Beispiele zur Frage des Vermögens**
Abfindung: Das Gericht darf eine zweckgebundene Abfindung zB wegen gerichtlicher Auflösung des Arbeitsverhältnisses *nicht* als Vermögen berücksichtigen, Kblz FamRZ **87**, 1284, Nürnb FamRZ **95**, 942, aM LAG Köln NZA-RR **05**, 217, LAG Mainz FamRZ **05**, 466 (freilich § 88 II Z 8 BSGH beachten), LAG Nürnb MDR **00**, 589 (aber die Zweckbindung hat vernünftigerweise Vorrang. Sonst könnte die Staatskasse solche Zweckbindung aushöhlen). Das gilt insbesondere dann, wenn das FamG den Antragsteller verpflichtet, von der Abfindung Unterhalt zu zahlen, Köln JB **96**, 143.
Alterssicherung: Soweit eine angemessene Alterssicherung wesentlich erschwert würde, liegt ein Fall der verbotenen *„Härte"* im Sinn von III Hs 2 in Verbindung mit (jetzt) § 90 III SGB XII vor, Ffm MDR **03**, 535, Karlsr FamRZ **04**, 1122, strenger Ffm FamRZ **05**, 466 (abl Weil), AG Pforzheim FamRZ **05**, 467. Das muß der Antragsteller darlegen, Drsd FamRZ **01**, 632.
Arbeitskraft: Ob auch sie zum Vermögen gehört, läßt sich schon *grds bezweifeln,* Biebrach NJW **88**, 1769, strenger Köln MDR **98**, 1434. Zumindest dann, wenn ein Berufswechsel erforderlich wäre, ist eine solche Auslegung zu streng, aM Bieberach NJW **88**, 1770 (aber ein solcher Berufswechsel kann auch zB Sozialleistungen erübrigen).
Auslandsvermögen: Der Antragsteller braucht es grds nur dann einzusetzen, wenn es sofort verwertbar ist, VG Ffm NJW **92**, 648 (nicht bei Grundvermögen).
S aber auch Rn 58 „Hausgrundstück".
52 Aussteuerversicherung: Das Gericht muß sie grds als Vermögensbestandteil beurteilen, Köln FamRZ **88**, 1298.
Bargeld: Zum Vermögen zählt ein größerer Betrag, zB aus einem Hausverkauf, Köln MDR **96**, 197, selbst wenn er während des Prozesses verbraucht worden ist, Kblz Rpfleger **89**, 417, oder wenn zum Erwerb eines Grundstücks oder einer Wohnung bestimmt ist, Celle Rpfleger **90**, 263, Zweibr JB **00**, 483 rechts unten, aM Nürnb Rpfleger **95**, 465 (aber eine Wohnung kann Schutz nach Rn 52 „Hausgrundstück" erhalten). Man muß aber *Schulden abziehen,* Bbg FamRZ **97**, 300.

Titel 7. Prozesskostenhilfe und Prozesskostenvorschuss § 115

Nicht zum Vermögen zählen „kleinere" Barbeträge und (gemeint: „kleinere") sonstige „Geldwerte", III Hs 2 in Verbindung mit § 90 II Z 9 SGB XII. Was unter „kleineren" Beträgen und Werten zu verstehen ist, besagt im einzelnen die oben abgedruckte VO zu (jetzt) § 90 SGB XII, Bbg FamRZ **97**, 300, Hbg FamRZ **84**, 71, KG FamRZ **82**, 420.

Bausparvertrag: Seine Einsatz ist grds erforderlich, BGH RR **91**, 1532, Drsd JB **00**, 314, Kblz Rpfleger **99**, 133. Dieser Einsatz kann aber ausnahmsweise *unzumutbar* sein, Köln RR **01**, 645, Naumb JB **03**, 650, LAG Hamm MDR **05**, 299 (zur Ablösung einer Zwischenfinanzierung bestimmt).

Berufsbedarf: *Nicht* zum Vermögen gehören Gegenstände, die bei der gebotenen großzügigen Auslegung zugunsten des Bedürftigen zur Aufnahme oder Fortsetzung der Berufsausbildung unentbehrlich sind, III Hs 2 in Verbindung mit § 90 II Z 5 SGB XII. In diesem Zusammenhang kann man die Vorschriften des Buchs 8 der ZPO über Unpfändbarkeit und Pfändungsfreibeträge usw berücksichtigen.
S auch Rn 35 „Arbeitskraft", Rn 63 „Pkw".

Berufswechsel: Rn 35 „Arbeitskraft". 53

Betriebsvermögen: Es ist ebenso wie Privatvermögen in den Grenzen der Zumutbarkeit einsetzbar, zumal wenn man es als Betriebsausgaben absetzen kann, Nürnb MDR **03**, 594.

Bundesschatzbrief: Rn 68 „Wertpapier".

Darlehen: Seine Aufnahme ist einem Vermögenderen zumutbar, BGH RR **90**, 450, Brdb FamRZ **97**, 681, Hamm JB **91**, 1231. Tilgungsraten können zum Vermögen zählen, Karlsr FamRZ **98**, 489. Aber Vorsicht, Fallfrage!

Eigenheim: Rn 58 „Hausgrundstück".

Eigentumswohnung: Sie kann (jetzt) zu § 90 II Z 8 SGB XII zählen. BVerwG NJW **91**, 1968, BayObLG **97**, 83, Kblz MDR **02**, 904. Freilich darf der Antragsteller sie nicht erst in Kenntnis bevorstehender Prozeßkosten erworben haben, Nürnb MDR **03**, 271, Stgt FamRZ **96**, 873. Er darf sie auch nicht zwecks Mieteinkünften besitzen, Kblz MDR **02**, 904. Ihre Belastung muß zumutbar sein, LG Rostock MDR **03**, 1438. Ihre Verwertung kann derzeit unzumutbar sein, AG Pankow/Weißensee FamRZ **04**, 1120.

Erbstück: *Nicht* zum Vermögen zählt ein Erbstück, dessen Veräußerung für den Antragsteller oder seine Familie eine besondere Härte bedeuten würde, III Hs 2 in Verbindung mit § 90 II Z 6 SGB XII, oder an dem er nur in ungeteilter mit Nießbrauch belasteter Erbengemeinschaft teilhat, Köln JB **95**, 143.

Erwerb: *Nicht* zum Vermögen zählen Gegenstände, die zur Aufnahme oder Fortsetzung einer Erwerbstätigkeit unentbehrlich sind, III Hs 2 in Verbindung mit § 90 II Z 5 SGB XII. In diesem Zusammenhang kann man die Vorschriften über Unpfändbarkeit und Pfändungsfreibeträge usw mitberücksichtigen.

Familienheim: Rn 36 „Bargeld", Rn 58 „Hausgrundstück". 54

Familienstück: *Nicht* zum Vermögen gehört ein Familienstück, dessen Veräußerung für den Antragsteller oder seine Familie eine besondere Härte bedeuten würde, III Hs 2 in Verbindung mit § 90 II Z 6 SGB XII. In diesem Zusammenhang kann man die Vorschriften des Buchs 8 der ZPO über Unpfändbarkeit, Pfändungsfreibeträge usw berücksichtigen.

Ferienhaus: Rn 42 „Hausgrundstück".

Festgeld: Das Guthaben zählt zum Vermögen, Köln FamRZ **94**, 1127.

Forderung: Auch eine Forderung kann statt zum Einkommen zum Vermögen zählen, Düss FamRZ **86**, 55 288, Kg MDR **89**, 167, LAG Düss JB **86**, 608. Das kann insbesondere bei einer anerkannten so sein, Brdb FamRZ **05**, 991. Sie muß aber bereits und noch verwertbar sein. Die erst in dem jetzigen Prozeß eingeklagte Forderung zählt also grds nicht hierher, Rn 34, KG MDR **89**, 167, Burgard NJW **90**, 3242, aM Bbg JB **90**, 1645 (auch künftige und bestrittene Forderungen), Nürnb FamRZ **89**, 995. (Aber man muß wirtschaftlich rechnen). Die Forderung muß auch gerade dem Antragsteller zurechenbar sein, Karlsr MDR **00**, 1136 (nicht, soweit Weiterleitung an zB einen Elternteil erforderlich bzw beabsichtigt, der Leistungen für einen minderjährigen Antragsteller erbracht hatte).

Geistiges Bedürfnis: *Nicht* zum Vermögen gehören Gegenstände, die zur Befriedigung geistiger, besonders 56 wissenschaftlicher oder künstlerischer, Bedürfnisse dienen und deren Besitz nicht Luxus ist, III Hs 2 in Verbindung mit § 90 II Z 7 SGB XII. In diesem Zusammenhang kann man die Vorschriften des Buchs 8 der ZPO zur Unpfändbarkeit, zu den Pfändungsfreibeträgen usw berücksichtigen, § 811 I Z 5.

Gewerkschaft: § 114 Rn 56 „Gewerkschaft" und Rn 67 „Rechtsschutzversicherung".

Grabpflege: Ihre Vorsorgeaufwendungen können zum sog Schonvermögen zählen, BVerwG NJW **04**, 2914.

Grundstück: *Nicht* zum Vermögen zählt ein Grundbesitz, der die einzige Einnahmequelle des Gläubigers ist, Zweibr RR **99**, 796, LG Ingolstadt Rpfleger **97**, 538.
Vgl auch Rn 42 „Hausgrundstück".

Härte: *Nicht* zum Vermögen gehört ein solches Familien- oder Erbstück, dessen Veräußerung für den 57 Antragsteller oder seine Familie eine besondere Härte bedeuten würde, III Hs 2 in Verbindung mit § 90 II Z 6 SGB XII. In diesem Zusammenhang kann man die Vorschriften des Buchs 8 der ZPO über Unpfändbarkeit, Pfändungsfreibeträge usw berücksichtigen. Ferner gehört nicht zum Vermögen ein solches Stück, dessen Einsatz für den Antragsteller und seine unterhaltsberechtigten Angehörigen eine Härte bedeuten würde, III Hs 2 in Verbindung mit § 90 III 1, 2 SGB XII. Dieser Gedanke stellt eine Wiederholung des Zumutbarkeitsmaßstabs des III Hs 1 dar, Rn 33. Auch hier ist eine gewisse Großzügigkeit zugunsten des Antragstellers ratsam.

Hausgrundstück: Zum Vermögen zählt ein gewerblich genutztes Haus als Kapitalanlage, Kblz FamRZ **04**, 58 468 links, oder ein Ferienhaus im Ausland, das auch im wesentlichen nur im Urlaub usw bewohnt wird, Nürnb FamRZ **96**, 41 (LS), Stgt JB **96**, 46. Freilich darf der Kreditrate nicht so hoch sein wie die nach § 115 geschuldete Monatsrate, KG FamRZ **01**, 631. Man muß zB einen Hausanteil auch dann angeben, wenn ein Angehöriger ihn mietfrei bewohnt, Celle MDR **03**, 356.

Nicht zum Vermögen zählt jedoch im übrigen ein einigermaßen ständig selbst bewohntes „angemessenes" Hausgrundstück. Es zählt vielmehr zum sog Schonvermögen, BVerwG Rpfleger **91**, 257, Bbg FamRZ **99**, 996, Kblz FamRZ **05**, 468 links. Das gilt besonders für ein Familienheim oder eine Eigentumswohnung im Sinn von §§ 7, 12 des 2. WoBauG, soweit der Antragsteller oder eine andere der in §§ 11, 28 BSHG

§ 115

genannten Personen ein solches Objekt allein oder zusammen mit Angehörigen ganz oder teilweise bewohnt, denen es nach seinem Tode weiterhin als Wohnung dienen soll, (jetzt) III Hs 2 in Verbindung mit (jetzt) § 90 II Z 8 SGB XII, Celle MDR **03**, 356, Ffm FamRZ **86**, 925, Kblz MDR **02**, 904, strenger LG Kblz MDR **96**, 744. Einzelheiten Bbg FamRZ **96**, 42 (Kauf einer Wohnung aus dem Zugewinnausgleich), Ffm FamRZ **90**, 643 (Zweifamilienhaus mit Wohnrecht eines Dritten), Bbg FamRZ **98**, 247 (Nießbrauch), Hamm Rpfleger **84**, 432 (Anteil am nicht selbstgenutzten Eigenheim), LG Bonn Rpfleger **88**, 104.

Man sollte angesichts überall gestiegenen Wohnkomforts den Begriff „*angemessen*" beim Hausgrundstück *großzügig auslegen*, Rn 33. Ein Einfamilienhaus mit 140 m² Wohnfläche auf 590 m² Boden ist wohl nicht mehr „klein", BGH FamRZ **90**, 389. Das gilt erst recht für ein Haus mit über 160 m² für 2 Personen, LG Kblz RR **03**, 662, oder für einen Elternteil und Kind im Wohnhaus von über 150 m², Kblz FamRZ **00**, 760, strenger Karlsr FamRZ **01**, 236 (130 m² für vier Personen). „Klein" ist ein Objekt im unteren Wertbereich vergleichbarer Stücke am Ort, BVerwG NJW **91**, 1968. Maßgeblich ist nur der Wohnteil, BVerwG JB **93**, 361.

Den Begriff der *Angemessenheit* bestimmt (jetzt) § 90 II Z 8 SGB XII, Karlsr FamRZ **01**, 236. Soweit die vorstehenden Voraussetzungen nicht zutreffen, kann allerdings eine Beleihung zumutbar sein, BGH RR **90**, 450, Celle FamRZ **05**, 1185, Köln FamRZ **04**, 1121. Ein Einsatz kommt auch dann in Betracht, wenn der Antragsteller das Grundstück doch in absehbarer Zeit veräußern will, Ffm FamRZ **86**, 925, Zweibr Rpfleger **03**, 253 (bis dahin Stundung), LG Kblz FamRZ **96**, 874. Grenzen zumutbarer Kreditkosten können beim Betrag der Tabelle zu § 115 liegen, Köln FamRZ **99**, 997. Beschaffungs- und Erhaltungsaufwand ist im Umfang von (jetzt) § 90 II Z 3 SGB XII ebenfalls kein Vermögen, Bbg FamRZ **99**, 996, Karlsr FamRZ **98**, 488.

Nicht zumutbar ist die unwirtschaftliche Veräußerung, Karlsr FamRZ **04**, 1499 (zu hohe Kosten), LAG Nürnb MDR **05**, 419 (Mißverhältnis), oder eine unwirtschaftliche Teilungsversteigerung des Anteils an einem Gartengrundstück, Nürnb MDR **98**, 50, oder an einem Auslandsgrundstücksanteil, Ffm FamRZ **99**, 1671. Unzumutbar ist ferner der Einsatz des Erlöses eines Familienheims, soweit von ihm eine neue Wohnung finanziert werden soll, strenger Bbg JB **91**, 255, Köln MDR **96**, 197, Schlesw JB **99**, 590. Nicht einsetzbar ist ein Schonbetrag nach (jetzt) § 90 II Z 9 SGB XII neben einem angemessenen Hausgrundstück, Köln FamRZ **04**, 647.

S auch Rn 36 „Bargeld".

Hausrat: *Nicht* zum Vermögen zählt angemessener Hausrat. Dabei muß das Gericht die bisherigen Lebensverhältnisse des Antragstellers berücksichtigen, III Hs 2 in Verbindung mit § 90 II Z 4 SGB XII. In diesem Zusammenhang kann man die Vorschriften des Buchs 8 der ZPO zur Unpfändbarkeit, zu den Pfändungsfreibeträgen usw berücksichtigen.

Hausstandsgründung: *Nicht* zum Vermögen gehören Vermögensteile, die aus öffentlichen Mitteln zur Gründung eines Hausstands gewährt werden, III Hs 2 in Verbindung mit § 90 II Z 2 SGB XII.

Haustier: Rn 67 „Tier".

59 **Kapitalabfindung:** Sie kann zum Vermögen zählen, Kblz FamRZ **01**, 631.

Kapitalanteil: Der Antragsteller muß ihn nach dem Zufließen zur Deckung von Prozeßkosten einsetzen, Bbg JB **90**, 1652.

Kraftwagen: Rn 63 „Pkw".

Künstlerisches Bedürfnis: Rn 40 „Geistiges Bedürfnis".

60 **Lebensgrundlage:** *Nicht* zum Vermögen zählt ein Vermögensstück, das aus öffentlichen Mitteln zum Aufbau oder zur Sicherung einer Lebensgrundlage gewährt wird, III Hs 2 in Verbindung mit (jetzt) § 90 II Z 1, III 2 SGB XII, Düss FamRZ **99**, 1673.

S auch Rn 63 „Pflegekosten".

Lebensversicherung: Ihr Rückkaufwert gehört *nicht* zum Vermögen, Bbg JB **91**, 977, Hbg FamRZ **01**, 925, großzügiger Köln RR **01**, 645 (Fallfrage), strenger BVerwG NJW **98**, 1879, Köln FamRZ **04**, 382, Stgt FamRZ **04**, 1651. Ihre Kündigung ist bei nur kleiner Rente unzumutbar, Hbg FamRZ **01**, 925, Köln VersR **01**, 1307.

Luxus: Zum Vermögen zählt ein solcher Gegenstand, dessen Besitz Luxus ist, selbst wenn er zur Befriedigung geistiger Bedürfnisse dient, III Hs 2 in Verbindung mit § 90 II Z 7 SGB XII. Man muß Luxus auch sonst dem Vermögen zurechnen, ebenso wie beim Einkommen, I 3 Z 3 Hs 2, Rn 13.

61 **Minderjähriger:** Rn 36 „Bargeld" sowie § 1 Z 3, II der VO zu § 90 SGB XII, oben abgedruckt.

62 **Notlage:** Das Gericht darf und muß eine besondere Notlage des Antragstellers stets zu seinen Gunsten berücksichtigen, nicht nur beim „kleineren" Barbetrag oder sonstigen Geldwert, III Hs 2 in Verbindung mit § 90 II Z 9 SGB XII & § 2 I der VO zu § 90 SGB XII, beide oben abgedruckt, sondern überhaupt.

63 **Öffentliche Mittel:** *Nicht* zum Vermögen zählt ein solches Stück, das aus öffentlichen Mitteln zum Aufbau oder zur Sicherung einer Lebensgrundlage oder zur Gründung eines Hausstands gewährt wird, III Hs 2 in Verbindung mit § 90 II 1 SGB XII.

Pflegekosten: *Nicht* zum Vermögen zählen diejenigen, selbst größeren, Werte, die man zur Deckung dauernder Pflegekosten braucht, Schlesw FamRZ **99**, 1672.

S auch Rn 60 „Lebensgrundlage".

Pkw: Ein solcher der Ober- oder Mittelklasse zählt meist zum verwertbaren Vermögen, Bbg JB **92**, 346 (Mercedes 230 E), Hbg FamRZ **96**, 42 (Frage der Zumutbarkeit), Karlsr FamRZ **99**, 1508.

Nicht zum Vermögen zählt ein zum Beruf nötiger Kraftwagen, Bbg FamRZ **99**, 1508, Karlsr FamRZ **04**, 646, Köln FamRZ **98**, 1522.

64 **Prozeßkostenvorschuß:** § 114 Rn 59–61.

65 **Rechtsschutzversicherung:** § 114 Rn 56 „Gewerkschaft", § 114 Rn 67 „Rechtsschutzversicherung".

Rente: Sie kann zum Vermögen zählen, KG FamRZ **82**, 624, aM Celle FamRZ **83**, 1156 (aber auch Rente kann durchaus beträchtlich hoch sein).

Rücklagen: Rn 50.

Titel 7. Prozesskostenhilfe und Prozesskostenvorschuss **§ 115**

Schmerzensgeld: § 114 Rn 68. 66
Schmuck: Er zählt grds zum Vermögen, Zweibr Rpfleger **02**, 368.
Sozialhilfe: Grundsätzlich ist das sog Schonvermögen nach BSHG *kein* Vermögen im Sinn von § 115, LG Münst FamRZ **99**, 1362. Nach Kenntnis eines Rechtsstreits muß man das verbleibende Vermögen aber ausnahmsweise evtl auch dann einsetzen, wenn es unter dem Schonbetrag nach § 90 II Z 9 SGB XII in Verbindung mit § 1 Z 1 VO zu (jetzt) § 90 SGB XII bleibt, Bbg JB **92**, 623. Ein Anspruch wegen Kostenübernahme des Sozialhilfeträgers ist einzusetzendes Vermögen, Karlsr FER **01**, 162, aM Zweibr FamRZ **02**, 105. Das gilt auch für einen Anspruch auf Rückübertragung von Unterhaltsansprüchen, Oldb RR **03**, 1227.
Sparguthaben: Rn 36 „Bausparvertrag". Der Antragsteller braucht einen Betrag von (jetzt ca) 1500 EUR *nicht* einzusetzen, BGH VersR **00**, 384, aM Celle FamRZ **05**, 992. Er braucht auch nicht einen solchen von (jetzt ca) 2500 EUR einzusetzen, Kblz FamRZ **00**, 1094. Ein künftig fälliger Sparbrief kann zum Vermögen zählen, Kblz FamRZ **00**, 1094.
Teilungsversteigerung: Ihr Erlös kann zum Vermögen zählen, Kblz FamRZ **01**, 1715. 67
Tier: Es kann zum Vermögen zählen, LAG Halle JB **02**, 376 (Zuchtstuten). Eine Ausnahme mag beim seelisch wichtigen Haustier gelten.
Unpfändbarkeit: Bei allen Fragen der Zurechenbarkeit zum Vermögen kann man das Buch 8 der ZPO im Zusammenhang mit der Unpfändbarkeit, Pfändungsfreibeträgen usw berücksichtigen.
Verwertbarkeit: Der Antragsteller muß ein Vermögensstück nur dann einsetzen, wenn es schon und noch verwertbar ist, Rn 48, Bbg FamRZ **85**, 504, Bre FamRZ **83**, 637, aM Bbg RR **86**, 62, Ffm RR **86**, 798 (aber man muß wirtschaftlich werten).
Wertpapier: Es zählt zum Vermögen, soweit es verwertbar ist, Nürnb MDR **97**, 1153 (Bundesschatzbrief). 68 Das gilt auch dann, wenn zB der Ehegatte ebenfalls verfügungsberechtigt ist, Kblz Rpfleger **04**, 110, oder wenn der Kurs schlecht ist, aM Bbg JB **82**, 293.
Wissenschaftliches Bedürfnis: Rn 40 „Geistiges Bedürfnis".
Wohnung: Rn 42 „Hausgrundstück".
Wohnwagen: Er kann wie ein Hausgrundstück geschützt sein, LG Bad Kreuzn JB **95**, 312.
Zugewinnausgleich: Ein Anspruch auf ihn kann zum Vermögen gehören, Bbg FamRZ **86**, 484, Maurer FamRZ **97**, 1393, aM Bbg FamRZ **96**, 42 (aber er ist ein echter Vermögenswert).
Zukunftssicherungsbrief: Der Auszahlungsanspruch zählt zum Vermögen, soweit er einen Schonbetrag von (jetzt ca) 2250 EUR übersteigt, Kblz MDR **99**, 1346.

10) Bewilligungsgrenze: Kosten höchstens vier Monatsraten, IV. Die Regelung ist problematisch. 69
A. Abgrenzung von I–III. Selbst wenn die Voraussetzungen der Bewilligung nach I–III vorliegen, darf das Gericht PKH nach dem zwingenden IV ohne einen Ermessensraum doch nicht bewilligen, falls die Kosten vier Monatsraten und die aus dem Vermögen etwa aufzubringenden Teilbeträge voraussichtlich nicht übersteigen, BayObLG FamRZ **84**, 73. Damit ist IV eine in jedem Fall ebenfalls zu prüfende Barriere zwecks Eindämmung von PKH bei kleinen Streitwerten oder ziemlich guten wirtschaftlichen Verhältnissen des Antragstellers, KG FamRZ **88**, 1079, Köln RR **01**, 644.
B. Begriff der Kosten. Gemeint sind die Gesamtkosten „der Prozeßführung", also dieses Rechtsstreits, 70 §§ 91 ff, also jedes selbständigen Verfahrens, § 114 Rn 76, freilich nicht jeder einstweiligen Anordnung. Es kommt auf die Kosten in dieser Instanz an, § 119 S 1. Einzubeziehen sind Gerichtskosten (Gebühren und Auslagen), die eigenen Parteikosten einschließlich der Anwaltskosten (Gebühren und Auslagen) und diejenigen des oder der Gegner (etwa mehrerer gegnerischer Anwälte), Karlsr Just **88**, 367.
C. Begriff der Voraussichtlichkeit. Maßgeblich sind natürlich nur die voraussichtlichen Gesamtkosten, 71 KG Rpfleger **84**, 477. Diese muß das Gericht freilich vollständig schätzen. Die Schätzung darf nicht nur grob sein, Schneider MDR **81**, 2, aM Mümmler JB **80**, 1452 (aber es kann um beträchtliche Summen gehen). Es muß vielmehr eine möglichst exakte Vorherberechnung enthalten, auch zB der Auslagenpauschalen und Umsatzsteuern der Anwälte. Freilich ist auch hier wieder die im PKH-Bewilligungsverfahren stets ratsame Großzügigkeit geboten.
D. Begriff der Monatsraten. Hier sind diejenigen Werte der Tabelle (jetzt) II gemeint, BayObLG 72 FamRZ **84**, 73, also zB im Fall IV 3 die schließlich herauskommenden geringeren Monatsraten, Rn 70.
E. Kritik. Selbst wenn der Antragsteller völlig vermögenslos ist, muß er solange wie ein vermögender oder 73 einkommenstarker Antragsteller auf staatliche Hilfe verzichten, bis einigermaßen feststeht, daß er voraussichtlich nicht mehr als vier Raten aufbringen müßte. Es gibt auch nicht etwa eine „Beweislast" zu Lasten des Staates. Denn das Gericht kann zu Erhebungen von Amts wegen nach § 118 verpflichtet sein, Grdz 38 vor § 128. Diese Situation zwingt manche Partei dazu, den Bewilligungsantrag solange zurückzustellen, bis sich abzeichnet, daß das Gericht zB eine Beweisaufnahme vornehmen wird. Denn erst dann mögen sich die voraussichtlichen Gesamtkosten so erhöhen, daß die Grenze von vier Monatsraten überschritten würde. Diese Situation ist eine der gesetzlichen Ungereimtheiten. Sie führt zur faktischen vorläufigen Versagung von PKH gerade in demjenigen Anfangsstadium des Prozesses, in dem die volle Intensität aller Prozeßbeteiligten notwendig ist, damit der Rechtsstreit rasch und möglichst billig beendet werden kann.
Ein *rechtlich komplizierter* Fall muß wegen IV unter Umständen monatelang ohne die Beiordnung eines Anwalts vorangetrieben werden, bis endlich klar wird, ob das Gericht eine Beweisaufnahme beschließen und damit zB erhebliche Auslagen für Sachverständige auslösen wird. Es hilft wiederum nur die stets gebotene Großzügigkeit.

11) Verfahren, Entscheidung, Rechtsbehelfe, I–IV. § 114 Rn 1–7. 74
12) VwGO: *Entsprechend anzuwenden,* § 166 *VwGO. Zur Berücksichtigung eines Anspruchs auf Prozeßkosten-* 75 *vorschuß s* OVG Lüneb NJW **02**, 2489 mwN, OVG Saarl AS **28**, 286, *zum einzusetzenden Vermögen, oben Rn 47 ff, s* OVG Greifsw NordÖR **05**, 309 (Bausparguthaben), VGH Mannh Just **03**, 38 (Lebensversicherung), OVG Münst NJW **97**, 540, *zur Festsetzung der Raten s* § 120 Rn 34.

§ 116

116 *Partei kraft Amtes; juristische Person; parteifähige Vereinigung.* [1]Prozesskostenhilfe erhalten auf Antrag
1. eine Partei kraft Amtes, wenn die Kosten aus der verwalteten Vermögensmasse nicht aufgebracht werden können und den am Gegenstand des Rechtsstreits wirtschaftlich Beteiligten nicht zuzumuten ist, die Kosten aufzubringen;
2. eine juristische Person oder parteifähige Vereinigung, die im Inland, in einem anderen Mitgliedstaat der Europäischen Union oder in einem anderen Vertragsstaat des Abkommens über den Europäischen Wirtschaftsraum gegründet und dort ansässig ist, wenn die Kosten weder von ihr noch von den am Gegenstand des Rechtsstreits wirtschaftlich Beteiligten aufgebracht werden können und wenn die Unterlassung der Rechtsverfolgung oder Rechtsverteidigung allgemeinen Interessen zuwiderlaufen würde.

[2]§ 114 letzter Halbsatz ist anzuwenden. [3]Können die Kosten nur zum Teil oder nur in Teilbeträgen aufgebracht werden, so sind die entsprechenden Beträge zu zahlen.

Vorbem. S 1 Z 2 idF Art 1 Z 3 EG-ProzesskostenhilfeG v 15. 12. 04, BGBl 3392, in Kraft seit 21. 12. 04, Art 9 G, ÜbergangsR Einl III 78.

Gliederung

1) Systematik, S 1, 2	1	8) **Inländische juristische Person, S 1 Z 2**	12–15
2) Regelungszweck, S 1, 2	2	A. Begriff der inländischen juristischen Person	13
3) Geltungsbereich, S 1, 2	3	B. Unzulänglichkeit des Vermögens	14, 15
4) Antrag, S 1	4	9) **Parteifähige Vereinigung, S 1 Z 2**	16, 17
5) Kosten, S 1 Z 1, 2	5	A. Begriff der parteifähigen Vereinigung	16
6) Maßgeblicher Zeitpunkt: Bewilligungsreife, S 1 Z 1, 2	6	B. Unzulänglichkeit des Vermögens	17
7) Partei kraft Amtes, S 1 Z 1	7–11	10) **Gefährdung allgemeiner Interessen, S 1 Z 2**	18–22
A. Begriff der Partei kraft Amtes	7	A. Zweck	19
B. Unzulänglichkeit der Vermögensmasse	8	B. Begriff der allgemeinen Interessen	20
C. Wirtschaftliche Beteiligung	9	C. Beispiele zur Frage allgemeiner Interessen	21, 22
D. Beispiele zur Frage einer wirtschaftlichen Beteiligung	10	11) **Hinreichende Erfolgsaussicht; Fehlen von Mutwillen, S 2**	23
E. Unzumutbarkeit	11	12) VwGO	24

1 **1) Systematik, S 1, 2.** § 116 enthält in seinem personellen Geltungsbereich vorrangige Sonderregeln gegenüber §§ 114, 115, LAG Bln AnwBl **88**, 421. Freilich ist die Mutwilligkeitsklausel des § 114 Hs 1 nach § 116 S 2 auch hier anwendbar. Die §§ 117–127 gelten auch für die in § 116 genannten Antragsteller voll.

2 **2) Regelungszweck, S 1, 2.** Die in Üb 1 ff vor § 114 genannten Bedürfnisse können auch bei den in § 116 aufgeführten Personen auftreten. Dem trägt das Gesetz in einer Weise Rechnung, die auf die besonderen Verhältnisse bei diesen Personen abzustellen bemüht ist. Dabei sollte man in behutsamer Abwägung der gerade in dem Geltungsbereich von § 116 auftretenden erheblichen Interessengegensätze eine letztlich auf Prozesswirtschaftlichkeit abstellende Linie wahren, Grdz 14 vor § 128.

Soziale Reibungspunkte treten sowohl beim Begriff der Unzumutbarkeit nach Rn 11 als auch bei demjenigen der Gefährdung allgemeiner Interessen auf, Rn 18. In beiden Fällen tut man gut daran, die in § 114 Rn 7 dargelegte Abwägung weder zu streng noch zu großzügig vorzunehmen. Allgemeine Interessen haben daher nicht stets einem höheren Rang als private. Den Kreis der wirtschaftlich Beteiligten nach Rn 9 darf man aber nicht zu klein ziehen. Schließlich soll man vor allem die öffentliche Hand nicht vor sich selbst schützen müssen.

3 **3) Geltungsbereich, S 1, 2.** Vgl Üb 4 vor § 114, § 114 Rn 9–45.

4 **4) Antrag, S 1.** Auch nach § 116 darf das Gericht eine PKH nur auf Grund eines Antrags bewilligen. Zu ihm und der gesetzlichen Vertreter und der ProzBev berechtigt. Einzelheiten § 117 Rn 4–7.

Unter den gesetzlichen Voraussetzungen hat jede Partei kraft Amtes nach Grdz 8 vor § 50 jede inländische juristische Person und jede inländische parteifähige Vereinigung einen Rechtsanspruch auf die Gewährung der PKH. Das ergibt sich aus der Formulierung „erhalten auf Antrag".

5 **5) Kosten, S 1 Z 1, 2.** PKH kommt nach § 116 nur in Betracht, wenn der Antragsteller die „Kosten" nicht oder nur teilweise aufbringen kann. Gemeint sind die Kosten „der Prozessführung", § 114 Rn 76 ff.

6 **6) Maßgeblicher Zeitpunkt: Bewilligungsreife, S 1 Z 1, 2.** Auch bei § 116 kommt es auf die Verhältnisse des Antragstellers zu dem Zeitpunkt an, zu dem das Gericht bei ordnungsgemäßer Behandlung seines Gesuchs entscheiden muß oder mußte, § 119 Rn 5. Notfalls muß das Gericht rückwirkend entscheiden, § 119 Rn 10.

7 **7) Partei kraft Amtes, S 1 Z 1.** Zum Kreis der nach § 116 Antragsberechtigter gehört zunächst die Partei kraft Amtes.

A. Begriff der Partei kraft Amtes. Die Partei kraft Amtes wird auf Grund eines amtlichen Treuhandverhältnisses tätig. Sie und nicht der Vertretene ist Partei. Wer Partei kraft Amtes sein kann, ergibt sich zunächst aus Grdz 8 von § 50. Hierher gehört auch der Sequester, LG Ffm RR **97**, 796, und der Kanzleiabwickler, LG Aachen JB **93**, 614. Z 1 unterscheidet im Gegensatz zu Z 2 nicht zwischen einer inländischen und einer ausländischen Partei. Begünstigt ist also auch eine ausländische Partei kraft Amtes. Der Nachlaßpfleger ist Partei kraft Amtes, ebenso zB der Insolvenzverwalter, Grdz 11 vor § 50, Düss MDR **02**, 846, Stgt

Titel 7. Prozesskostenhilfe und Prozesskostenvorschuss § 116

MDR **04**, 1206. Das gilt beim Anwaltszwang auch zugunsten eines Insolvenzverwalters, der selbst Anwalt ist, BFH Rpfleger **05**, 319. Auf ihn kann bei Insolvenz einer juristischen Person usw neben Z 1 auch Z 2 anwendbar sein, Art 102 EG InsO, Mü DB **90**, 1130, aM BGH NJW **91**, 41 (vgl aber Rn 18).

Nicht hierher gehören: Der Pfleger einer Leibesfrucht, § 1912 BGB, oder der Nachlaßpfleger, § 1960 BGB; sie sind gesetzliche Vertreter, vgl auch die weiteren Fälle gesetzlicher Vertretung § 51 Rn 12 ff. In diesen Fällen gelten also §§ 114, 115. Nicht hierher zählt auch der Generalbundesanwalt im Verfahren nach dem AUG, Üb 4, 8 vor § 78. Wegen des Prozeßstandschafters § 114 Rn 17, 55 „Fremdes Recht".

B. Unzulänglichkeit der Vermögensmasse. PKH nach Z 1 setzt voraus, daß der Antragsteller die **8** Kosten nach Rn 5 aus der „verwalteten Vermögensmasse" nicht bzw nur zum Teil oder nur in Teilbeträgen aufbringen kann, BGH FamRZ **05**, 1166. Ob eine solche Unzulänglichkeit vorliegt, muß das Gericht nach pflichtgemäßem Ermessen prüfen. Dabei kommt es auf die Zumutbarkeit an, Steenbuck MDR **04**, 1159. Dabei muß es die wirtschaftlichen Gesamtverhältnisse des Antragstellers einerseits und die absehbaren voraussichtlichen Kosten der gesamten Prozeßführung dieses Rechtsstreits andererseits abwägen.

Bei der Partei kraft Amtes kommt es auf die Vermögensverhältnisse der *verwalteten Masse* und nicht auf die eigenen persönlichen an, Ffm DB **88**, 1062. Messekosten und -schulden sind abziehbar, Köln ZIP **94**, 724, Mü OLGR **98**, 300, Stgt MDR **04**, 1206. Man darf dem Antragsteller nicht soviel Kapital entziehen, daß er seine sonstige außergerichtliche übliche Tätigkeit nahezu völlig einstellen müßte, Hamm MDR **98**, 1498. Man kann ihm aber auch ein gewisses Opfer ebenso wie einer natürlichen Person abverlangen, soweit er eine Rechtsverfolgung oder Rechtsverteidigung betreiben will. Deshalb gelten im wesentlichen dieselben Gesichtspunkte wie bei den persönlichen und wirtschaftlichen Verhältnissen im Sinn von § 114, dort Rn 46. Es kommt zB nicht nur auf den tatsächlichen Bestand an Bargeld an, sondern auch auf die zumutbaren Möglichkeiten der Beschaffung von Barmitteln, etwa durch Verkauf, Darlehensaufnahme oder Forderungseinzug ohne Schwierigkeiten. Wegen der Notwendigkeit nach Rn 5, auf den Zeitpunkt einer ordnungsgemäßen Entscheidung abzustellen, darf und muß das Gericht evtl Veränderungen zwischen der Antragseinreichung und diesem letzteren Zeitpunkt berücksichtigen. Daher muß der Antragsteller solche Veränderungen unverzüglich wahrheitsgemäß mitteilen. § 138 gilt auch im PKH-Bewilligungsverfahren.

C. Wirtschaftliche Beteiligung. Selbst wenn die Voraussetzungen Rn 6, 7 vorliegen, kommt PKH **9** nach Z 1 doch nur in Betracht, wenn man es den „am Gegenstand des Rechtsstreits wirtschaftlich Beteiligten" nicht zumuten kann, die Kosten aufzubringen, Mü JB **86**, 127. Das muß der Antragsteller belegen und auf Wunsch des Gerichts nach § 118 II 1 gemäß § 294 glaubhaft machen. Z 1 enthielt früher den Begriff des „an der Führung des Prozesses" wirtschaftlich Beteiligten. Durch die jetzige Fassung wird deutlich, daß man den Kreis größer ziehen muß. Man kann am „Gegenstand des Rechtsstreits" beteiligt sein, ohne schon an der eigentlichen Prozeßführung beteiligt zu sein. Wirtschaftlich beteiligt ist jedenfalls derjenige, dessen endgültigen Nutzen der geplante Rechtsstreit objektiv erbringen kann, Bbg RR **90**, 638, Düss MDR **02**, 846. Es ist unerheblich, ob man sich das auch erhofft, Mü JB **86**, 127.

D. Beispiele zur Frage einer wirtschaftlichen Beteiligung **10**
Erbe: S „Nachlaßpfleger", „Nachlaßverwalter", „Testamentsvollstrecker".
Finanzamt: Es ist grds wirtschaftlich beteiligt, Celle RR **00**, 728, Nürnb JB **05**, 156.
Gesellschafter: Er ist fast stets wirtschaftlich beteiligt, Stgt NJW **75**, 2022.
Gläubiger, vgl auch Rn 11: Wirtschaftlich beteiligt ist natürlich stets der Gläubiger, BGH NJW **99**, 1404, Celle RR **00**, 728, Nürnb JB **05**, 156 (je: Finanzamt), KG RR **00**, 1001 (Sozialbehörde), Düss MDR **02**, 846, Kblz JB **01**, 158, Nürnb JB **05**, 156 (je: Insolvenzgläubiger bei nicht ganz geringer Quotenerwartung).
Insolvenzschuldner: Wirtschaftlich beteiligt ist im Prozeß des Insolvenzverwalters (kraft Amtes) der Schuldner, BGH NJW **91**, 41, Köln Rpfleger **95**, 126. Das gilt auch bei einer Nachtragsverteilung, § 192 InsO.
S auch „Insolvenzverwalter", „Vorläufiger Insolvenzverwalter", „Zwangsverwalter".
Insolvenzverwalter: Er ist *nicht* wirtschaftlich beteiligt, LAG Erfurt MDR **00**, 231, Gundlach/Frenzel/Schmidt NJW **03**, 2413, und zwar schon wegen Art 12 I GG auch nicht als Honorargläubiger, BGH RR **04**, 136, aM Celle Rpfleger **95**, 178, Köln KTS **00**, 644, Jaeger VersR **97**, 1063 (denn das Verfahren dient nicht hauptsächlich dem Honorarinteresse). Das gilt auch im eigenen Prozeß kraft Amtes, es sei denn, es handle sich um eine Nebenintervention wegen freien Vermögens. Erforderlich ist eine Gesamtschau, auch auf ein Nachfolgeverfahren, also auf das Endergebnis, Hbg RR **02**, 1054. Dabei sollte man nicht zu streng sein, Hbg MDR **05**, 776, Schlesw ZIP **95**, 759, Gundlach/Frenzel/Schmidt NJW **03**, 2417, Köln JB **94**, 480.
S auch „Insolvenzschuldner", „Partei kraft Amtes".
Kirche: *Nicht* hierher gehört der Anspruch einer Kirchenstiftung katholischen Rechts (im Verhältnis zur katholischen Kirche), Bbg RR **90**, 638.
Nachlaßpfleger: Wirtschaftlich beteiligt ist im Prozeß des Nachlaßpflegers der unbekannte Erbe.
Nachlaßverwalter: Wirtschaftlich beteiligt sind im Prozeß des Nachlaßverwalters der Erbe und der Nachlaßgläubiger.
Öffentliche Hand: S „Gläubiger".
Partei kraft Amtes: Wirtschaftlich beteiligt ist die Partei kraft Amtes, zB der Insolvenzverwalter, nur wegen eines persönlichen Anspruchs, etwa auf ihr Honorar, s „Insolvenzverwalter".
Nicht hierher gehört ein Anspruch gegen die Partei kraft Amtes, BAG KTS **87**, 725.
Testamentsvollstrecker: Wirtschaftlich beteiligt sind im Prozeß des Testamentsvollstreckers der Erbe, der Pflichtteilsberechtigte und der Vermächtnisnehmer.
Verein: *Nicht* wirtschaftlich beteiligt sind Vorstand und Mitglieder eines Idealvereins, Hgb MDR **87**, 502.
Vorläufiger Insolvenzverwalter: In seinem Prozeß ist der Insolvenzgläubiger wirtschaftlich beteiligt, (je zum alten Recht) BGH NJW **98**, 3134, LG Ffm RR **97**, 796, aM Johlke ZIP **85**, 1013 (es gelte nur Rn 7. Aber man muß eine Gesamtabwägung vornehmen).

§ 116

Zwangsverwalter: Wirtschaftlich beteiligt ist im Prozeß des Zwangsverwalters der betreibende Gläubiger, Hamm VersR **89**, 929 (§ 102 VVG steht nicht entgegen).
   S auch „Gläubiger".

11   **E. Unzumutbarkeit.** Es darf dem wirtschaftlich Beteiligten „nicht zuzumuten" sein, die Kosten aufzubringen. Es kommt also nicht auf die bloße Zahlungswilligkeit an, sondern darauf, ob und in welchem Umfang man es aus der Sicht eines unbeteiligten, vernünftigen Dritten, also des Gerichts, den wirtschaftlich Beteiligten objektiv zumuten kann, die Kosten aufzubringen, Köln MDR **00**, 51, Rostock MDR **03**, 1077. Deshalb kann der Insolvenzverwalter keine PKH erhalten, soweit er die Beteiligten zu einem Vorschuß heranzuziehen kann, Düss MDR **02**, 846, Karlsr JB **99**, 477, Köln MDR **00**, 51, aM Uhlenbruck KTS **88**, 441 (aber Bargeld bleibt Bargeld). Er muß die Unzumutbarkeit ausreichend darlegen und beweisen, BGH MDR **98**, 1248, Hbg ZIP **87**, 385, Köln MDR **00**, 51.
   Das gilt auch zu Lasten der *öffentlichen Hand.* Denn § 2 GKG gibt ihr keine generelle Vorschußfreiheit, Rn 10 „Gläubiger", BGH RR **99**, 275, Celle RR **00**, 728, Köln VersR **02**, 912, aM BGH NJW **94**, 3171, Hbg RR **94**, 572, Hamm ZIP **94**, 1342 (aber die öffentliche Hand verdient nur im Rahmen von S 1 Z 2 Hs 2 eine Bevorzugung).
   Die Insolvenzgläubiger einer vom Verwalter *bestrittenen Forderung* sind nicht von der Vorschußpflicht ausgenommen, es sei denn, daß für sie kaum noch eine Quote übrig bliebe, BGH NJW **93**, 135. Sie ist freilich nicht allein maßgeblich, Rostock MDR **03**, 1077. Man darf allerdings Arbeitnehmer grundsätzlich nicht heranziehen, BGH NJW **93**, 135, Hamm ZIP **95**, 758, Schlesw ZIP **95**, 759, ebesowenig die Bundesagentur für Arbeit bei Insolvenz des Arbeitgebers, BGH NJW **91**, 41, Düss ZIP **95**, 1277, Hamm MDR **98**, 1498, auch nicht die Träger der Sozialversicherung, BGH **119**, 374, und auch nicht die AOK, Düss ZIP **95**, 1277, oder eine Berufsgenossenschaft, Ffm **95**, 1556, Köln ZIP **94**, 724. Wohl aber darf man Steuer- und Zollfiskus heranziehen, Kblz KTS **99**, 137, aM Düss RR **93**, 1149 (aber die öffentliche Hand verdient auch hier keine Bevorzugung). Unter anderem kommt es auf die zumutbaren Möglichkeiten an, Barmittel zu beschaffen, zB durch Verkauf, Darlehnsaufnahme oder Forderungseinzug ohne Schwierigkeiten. Auch hier muß das Gericht im Rahmen pflichtgemäßen Ermessens prüfen. Soweit das Gericht die Zumutbarkeit verneint, muß es jedoch eine PKH bewilligen, und umgekehrt.

12   **8) Inländische juristische Person, S 1 Z 2.** Als Antragsteller kommt auch die inländische juristische Person in Betracht, Ffm RR **96**, 552 (GmbH), Stgt NJW **75**, 2022 (OHG, KG). Die Vorschrift gilt auch im Verfahren vor den Finanzgerichten, BFH DB **88**, 536 (KG). Die gewisse Benachteiligung dieses Kreises ist mit dem GG vereinbar, BVerfG **35**, 355 (freilich gibt es auch dafür Grenzen).

13   **A. Begriff der inländischen juristischen Person.** In Betracht kommt nur die inländische Antragstellerin. Wer zum Kreis der juristischen Personen zählt, das ergibt sich aus § 50 Rn 6. Vgl freilich auch Art 50 EuGVVO, SchlAnh V C 4.

14   **B. Unzulänglichkeit des Vermögens.** PKH kommt nur in Betracht, wenn weder die inländische juristische Person selbst noch ein „am Gegenstand des Rechtsstreits wirtschaftlich Beteiligter" die Kosten ganz oder teilweise aufbringen kann. Es kommt also auf das wirtschaftliche Unvermögen an. Das muß sie darlegen, Mü JB **90**, 755, etwa durch eine Auskunft der Industrie- und Handelskammer. Im Gegensatz zu Z 1 scheint die Unzumutbarkeit der Mittelaufbringung unerheblich zu sein, aM Mü JB **86**, 127, OVG Bre JB **87**, 770. Freilich fließen die Begriffe des Unvermögens und der Unzumutbarkeit praktisch ineinander. Wegen des Begriffs der „Kosten" Rn 5. Wegen des Begriffs des „wirtschaftlich Beteiligten" Rn 9. Wirtschaftlich beteiligt ist hier derjenige, auf dessen Vermögenslage sich der Sieg oder die Niederlage der Partei wirtschaftlich auswirkt, zB der Gesellschafter, stille Gesellschafter, Gläubiger, Aufsichtsrat, Vorstand, auch die von einer Tagesstätte betreuten Personen, LAG Bln AnwBl **88**, 421. Solche Auswirkung ist auch auf ein Mitglied eines ideellen Vereins denkbar, LAG Halle MDR **97**, 858, Schneider DB **78**, 288. Im Prozeß der Aktiengesellschaft können die Aktionäre außerstande sein, die Kosten aufzubringen, wenn die Ausschüttung einer Dividende davon abhängt, daß die Gesellschaft gewinnt.

15   Ein *rechtliches* Interesse ist *nicht* erforderlich. Ein bloßes Gläubigerverhältnis reicht nicht aus. Die Mittellosigkeit ist oft durch eine amtliche Auskunft einer unterrichteten Stelle ermittelbar, etwa bei einer Industrie- und Handelskammer.

16   **9) Parteifähige Vereinigung, S 1 Z 2.** Antragsteller kann auch eine parteifähige Vereinigung sein.
   A. Begriff der parteifähigen Vereinigung. Die Worte „parteifähige Vereinigung" bedeuten nicht etwa nur eine Beschränkung auf einen Verein, etwa einen gemeinnützigen Sozialdienst, Düss FamRZ **95**, 374. Vielmehr zählen hierher alle diejenigen Personengesamtheiten, die einerseits parteifähig sind, § 50 Rn 8–23, andererseits keine juristische Person im Sinn von § 50 Rn 6 darstellen.
   Hierher zählen zB: Die OHG; die KG; die Reederei; der nicht rechtsfähige Verein, LAG Halle AnwBl **98**, 543, insbesondere als Bekl, Stgt NJW **75**, 2022. Das Wort „inländische" bezieht sich auf die 2. Alternative der Z 2. Begünstigt ist also nur die inländische parteifähige Vereinigung.

17   **B. Unzulänglichkeit des Vermögens.** Wie bei der juristischen Person, muß auch bei der parteifähigen Vereinigung ein Unvermögen vorliegen, die Kosten ganz oder teilweise aufzubringen. Vgl zu dem Begriff des Unvermögens Rn 14. Auch die am Gegenstand des Rechtsstreits „wirtschaftlich Beteiligten" müssen dazu außerstande sein, Stgt NJW **75**, 2022. Zum Begriff des Beteiligten Rn 10. Zu den Beteiligten zählen allerdings grundsätzlich nicht der Vorstand und die Mitglieder des gemeinnützigen Vereins, der im wesentlichen öffentliche Mittel erhält, Hbg MDR **87**, 502, ferner nicht die BGB-Gesellschaft, § 50 Rn 12. Das Gericht muß die Lage für jeden ihrer Gesellschafter gesondert nach §§ 114, 115 prüfen. Dasselbe gilt bei einer Miteigentümergesellschaft und bei einer Erbengemeinschaft.

18   **10) Gefährdung allgemeiner Interessen, S 1 Z 2.** Selbst wenn die Voraussetzungen der Rn 12 oder 16 erfüllt sind, kommt PKH doch nicht in Betracht, wenn außer der Unterlassung der Rechtsverfolgung oder der Rechtsverteidigung „allgemeinen Interessen zuwiderlaufen würde", Bbg JB **91**, 1671, Ffm RR **96**, 552, LAG Köln VersR **94**, 1254. Das gilt auch dann, wenn es um einen Fall nach S 1 Z 1 geht und die *Partei kraft*

Titel 7. Prozesskostenhilfe und Prozesskostenvorschuss §§ 116, 117

Amtes nach Grdz 8 vor § 50 eine juristische Person verwaltet (Insolvenzverwalter), Ffm NJW **88**, 2053, Mü Rpfleger **90**, 311, aM BGH NJW **91**, 41, Hamm ZIP **95**, 758, KG NJW **90**, 459 (aber Z 2 ist gegenüber Z 1 entgegen BGH auch im Insolvenzfall Sonderregel. Gerade aus den vom BGH genannten sozialen Erwägungen rechtfertigt sich bei Insolvenz der in Z 2 Genannten sein zusätzliches Erfordernis, BVerfG **35**, 353, BGH WerpMitt **86**, 405. Im übrigen liegen gerade in solchen Fällen meist die Voraussetzungen Rn 20, 21 vor).

A. Zweck. Die Einschränkung ist erforderlich, um zu verhindern, daß eine juristische Person oder parteifähige Vereinigung mit nur begrenzt vorhandenem oder haftendem Vermögen und nur begrenzter Möglichkeit des Rückgriffs auf das Vermögen der Mitglieder, Hintermänner oder Gesellschafter auf Staatskosten prozessiert, nur um private, wirtschaftliche Interessen wahrzunehmen, Ffm RR **96**, 552, Hbg MDR **88**, 783. Deshalb muß das Gericht die Einschränkung auch bei einer Abtretung eines Gesellschaftsanspruchs usw beachten, Hbg MDR **88**, 783. Die Regelung ist verfassungsrechtlich unbedenklich, BVerfG **35**, 348 (zum alten Recht), ThP 6, ZöPh 17 (zum neuen Recht). 19

B. Begriff der allgemeinen Interessen. Sie sind berührt, wenn die Antragstellerin ohne PKH gehindert würde, eine der Allgemeinheit dienende Aufgabe zu erfüllen, oder wenn die Entscheidung größere Kreise der Bevölkerung berührt oder auf das Wirtschaftsleben und soziale Wirkungen hat oder haben könnte, BVerfG **35**, 353, BGH DB **90**, 678, BFH Rpfleger **93**, 290. Der Antragsteller muß das darlegen, BFH BB **82**, 1586, und auf Verlangen des Gerichts nach § 294 glaubhaft machen, § 118 II 1. Das Gericht muß alle denkbaren allgemeinen Interessen berücksichtigen, BVerfG **35**, 362, BGH NJW **91**, 703. Es muß also im konkreten Einzelfall eine Auslegung und *Abwägung* der Interessen vornehmen. Es darf sich nicht auf allgemeine, für alle denkbaren Fälle gleichermaßen gültige Gesichtspunkte beschränken. 20

C. Beispiele zur Frage allgemeiner Interessen 21
Abtretung: Allgemeine Interessen sind *nicht* schon wegen der Abtretung eines Anspruchs zwecks Umgehung des § 116 betroffen, Hbg MDR **88**, 782, Köln VersR **89**, 277.
Einstellung des Geschäftsbetriebs: Allgemeine Interessen sind *nicht* betroffen, soweit der Geschäftsbetrieb bereits eingestellt worden ist, BFH Rpfleger **93**, 290, Celle RR **86**, 742, Hamm RR **89**, 383 (selbst bei Neugründungsplan usw).
Entlassung: Allgemeine Interessen sind betroffen, wenn man zahlreiche Entlassungen befürchten muß, BFH Rpfleger **93**, 290, LAG Bln AnwBl **88**, 421 (betreute Kinder).
   S auch „Gemeinwirtschaftlicher Nachteil".
Gemeinwirtschaftlicher Nachteil: Allgemeine Interessen sind betroffen, soweit ein Zusammenbruch weittragende gemeinwirtschaftliche Nachteile haben würde, soweit also zahlreiche am Prozeß nur mittelbar beteiligte Personen in Mitleidenschaft gezogen würden, BVerfG **35**, 353, BGH NJW **91**, 703, LAG Bre RR **87**, 894.
   S auch „Entlassung".
Gläubigerinteressen: Allgemeine Interessen sind nur dann betroffen, wenn sichergestellt ist, daß die Antragstellerin Gelder, die sie einklagen will, auch tatsächlich an ihre eigenen zahlreichen Gläubiger weiterleitet, BGH NJW **91**, 703, Ffm RR **96**, 552.
Großer Senat: Allgemeine Interessen sind *nicht* betroffen, soweit der BGH die Sache dem Großen Senat vorlegen müßte.
Quote: Allgemeine Interessen sind *nicht* betroffen, soweit nur eine begrenzte Zahl von Gläubigern eine geringere Quote erhalten würde, BFH Rpfleger **93**, 290, Bbg JB **82**, 1733. 22
Rechtsfrage: Allgemeine Interessen sind *nicht* betroffen, wenn es nur um die richtige Entscheidung einer bestimmten Rechtsfrage geht, BGH DB **90**, 679, LAG Bre RR **87**, 894.
Steuern: Allgemeine Interessen sind *nicht* betroffen, soweit Steuern beitreibbar würden, Bbg JB **82**, 1733, Köln JB **85**, 1259.
Straftat: Allgemeine Interessen sind *nicht* schon deshalb betroffen, weil sich der Anspruch infolge einer Straftat ergibt, Köln JB **85**, 1259.

11) Hinreichende Erfolgsaussicht; Fehlen von Mutwillen, S 2. Selbst wenn sämtliche vorstehenden Voraussetzungen erfüllt sind, muß das Gericht vor der Bewilligung prüfen, ob die beabsichtigte Rechtsverfolgung oder Rechtsverteidigung hinreichende Erfolgsaussicht bietet und nicht mutwillig ist. Das ergibt sich aus der Verweisung in S 2 in Verbindung mit 114 letzter Hs. Einzelheiten § 114 Rn 80–132. Eine Umgehungsabsicht ist schädlich, Hbg MDR **88**, 782, Köln VersR **89**, 277. 23

12) *VwGO:* Entsprechend anzuwenden, § 166 *VwGO*. Unter S 1 Z 2 fällt auch der nichtrechtsfähige Verein, § 61 Z 2 *VwGO*, vgl OVG Münst JMBlNRW **64**, 179. „Wirtschaftlich Beteiligte" können auch die Vereinsmitglieder sein, OVG Saarl AS **28**, 221. 24

117 *Antrag.* I ¹ Der Antrag auf Bewilligung der Prozesskostenhilfe ist bei dem Prozessgericht zu stellen; er kann vor der Geschäftsstelle zu Protokoll erklärt werden. ² In dem Antrag ist das Streitverhältnis unter Angabe der Beweismittel darzustellen. ³ Der Antrag auf Bewilligung von Prozesskostenhilfe für die Zwangsvollstreckung ist bei dem für die Zwangsvollstreckung zuständigen Gericht zu stellen.

II ¹ Dem Antrag sind eine Erklärung der Partei über ihre persönlichen und wirtschaftlichen Verhältnisse (Familienverhältnisse, Beruf, Vermögen, Einkommen und Lasten) sowie entsprechende Belege beizufügen. ² Die Erklärung und die Belege dürfen dem Gegner nur mit Zustimmung der Partei zugänglich gemacht werden.

III Der Bundesminister der Justiz wird ermächtigt, zur Vereinfachung und Vereinheitlichung des Verfahrens durch Rechtsverordnung mit Zustimmung des Bundesrates Formulare für die Erklärung einzuführen.

IV Soweit Formulare für die Erklärung eingeführt sind, muss sich die Partei ihrer bedienen.

§ 117

Buch 1. Abschnitt 2. Parteien

Vorbem. III, IV geändert dch Art 1 Z 3 JKomG v 22. 3. 05, BGBl 837, in Kraft seit 1. 4. 05, Art 16 I JKomG, ÜbergangsR Einl III 78.

Schrifttum: *Liebscher,* Datenschutz bei der Datenübermittlung im Zivilverfahren, 1994.

Gliederung

1) Systematik, I–IV	1
2) Regelungszweck, I–IV	2
3) Geltungsbereich, I–IV	3
4) Antrag, I 1, 3	4–7
A. Notwendigkeit ausdrücklicher Antragstellung	4
B. Auslegbarkeit des Antrags; erstinstanzlich keine Frist	5
C. Bedingung, Rücknahme, Wiederholung	6
D. Wirkung des Antrags	7
5) Bewilligungsantrag und Klage usw, I 1	8–11
A. Zulässigkeit	8
B. Bedingte Klage usw	9, 10
C. Nur für den Fall voller Bewilligung ...	11
6) Prozeßgericht, I 1 Hs 1	12
7) Vor der Geschäftsstelle zu Protokoll, I 1 Hs 2	13–15
A. Zuständigkeit	13
B. Kein Anwaltszwang, kein Unterschriftszwang zu Protokoll	14
C. Beratung durch Urkundsbeamten	15
8) Darstellung des Streitverhältnisses, I 2	16–22
A. Begriff des Streitverhältnisses	16–18
B. Angabe der Beweismittel	19
C. Glaubhaftmachung	20
D. Rechtsmittelinstanz	21
E. Zwangsvollstreckung	22
9) Für die Zwangsvollstreckung zuständiges Gericht, I 3	23
10) Erklärung der Partei, II 1	24–26
A. Kein Gang zur Sozialbehörde	24
B. Inhalt: Formularzwang	25
C. Entsprechende Belege	26
11) Persönlichkeitsschutz, II 2	27–29
A. Einschränkung des Einsichtsrechts ...	27
B. Gesonderte Beiakte	28
C. Schutzgrenzen	29
12) Formulare, III, IV	30–34
A. Formulareinführung, III	30
B. Benutzungszwang, IV	31
C. Ausnahmen vom Benutzungszwang ...	32–34
13) Verstoß, I–IV	35–38
A. Fristsetzung	35
B. Nach Fristablauf usw	36
C. Falsche Angaben	37
D. Wirksamkeit fälschlicher Bewilligung	38
14) VwGO	39

1 **1) Systematik, I–IV.** Während §§ 114–116 die persönlichen und sachlichen Bedingungen der PKH nennen, enthält § 117 die verfahrensmäßigen Bedingungen für den Antragsteller. Die Vorschrift wird durch § 118 ergänzt, der auch die vom Gericht zu erfüllenden „Bedingungen" nennt. I 2 wird durch § 138 ergänzt, Oldb NJW **94,** 807. Die weiteren Regeln bis zur Entscheidung über das Gesuch enthält § 127 I. § 119 stellt klar, daß jede Instanz ein eigenes Bewilligungsverfahren einhalten muß.

2 **2) Regelungszweck, I–IV.** Die Vorschrift dient zunächst der Rechtssicherheit, Einl III 43. Man muß sie aber auch im Interesse der Prozeßwirtschaftlichkeit sehen (Vermeidung unnötiger Nachfragen usw), Grdz 14 vor § 128. Daher darf man nicht in übertriebene Anforderungen verfallen. Freilich sollte man den dem Persönlichkeitsschutz der Artt 1, 2 GG dienenden Datenschutz durchaus streng durchführen. Man sollte auch in der Sache selbst nicht durch allzu großzügige Handhabung dazu verleiten, daß ein Antragsteller die Ausfüllung der Vordrucks usw kaum noch als Pflicht zu Wahrheit und Vollständigkeit auch auf diesem Nebenschauplatz des Prozesses erkennt.

Gewissenhaftigkeit ist keine Frage des wirtschaftlichen Vermögens. Der Staat kann sie von demjenigen erwarten, der seine Hilfe begehrt. Das gilt zum Ob, Wann und Wie des Antrags, seiner Begründung und deren vorgeschriebene Anlagen. Die Geschäftsstelle, meist die sog Rechtsantragstelle, darf und muß helfen. Sie kann dem Antragsteller aber die eigentliche Arbeit nicht abnehmen. Eine Nachfrist mag manchmal notwendig sein. Sie darf aber nicht dazu führen, daß Gericht und Gegner nicht vorankommen. Das muß auch ein ProzBev seinem Auftraggeber klarmachen. Wer Obliegenheiten versäumt, muß Nachteile daraus in Kauf nehmen. So darf man die Regelung ohne Notwendigkeit mühsamen Hinterherfragens handhaben.

3 **3) Geltungsbereich, I–IV.** Vgl Üb 4 vor § 114, § 114 Rn 9–45. Im Verfahren vor dem Patentgericht ist lediglich I 2 entsprechend anwendbar, und zwar nur im Einspruchsverfahren sowie im Verfahren wegen der Erklärung der Nichtigkeit oder der Zurücknahme eines Patents oder wegen der Erteilung einer Zwangslizenz, § 136 S 2 PatG. III gilt auch im Insolvenzverfahren, BGH BB **02,** 2410.

4 **4) Antrag, I 1, 3.** Man muß drei Voraussetzungen beachten. Das gilt für jedes bei diesem Gericht anhängige Verfahren gesondert, Bbg FamRZ **01,** 628.

A. Notwendigkeit ausdrücklicher Antragstellung. Das Gericht darf eine PKH grundsätzlich nur auf Grund eines ausdrücklichen Antrags hin bewilligen, nicht also schon auf Grund eines stillschweigenden, BGH NJW **94,** 2097, Karlsr AnwBl **87,** 340, Oldb MDR **89,** 268, aM BGH VersR **91,** 1424 (unwirksame Rechtsmittelschrift), Schneider MDR **85,** 441 (aber wo sind die Grenzen?). Es muß auch ein gerichtliches Verfahren schon und noch anhängig sein, Ffm JB **94,** 177, Hbg JB **96,** 26. Es müssen auch noch irgendwelche Kosten entstehen können, KG FamRZ **00,** 839, Karlsr FamRZ **02,** 1669, Zweibr JB **00,** 312. Andernfalls müßte das Gericht eine versehentliche Bewilligung evtl ausnahmsweise aufheben, Mü JB **84,** 1851. Der Antragsteller braucht keinen beiordnungsbereiten Anwalt zu nennen, VGH Mannh FamRZ **02,** 1197. Die Einreichung durch einen Anwalt läßt sich meist zugleich als Prozeßvollmacht bewerten, selbst ohne Beifügung einer solchen Urkunde, vgl § 88 II.

Eine Bewilligung *von Amts wegen* kommt nur ausnahmsweise beim Vorliegen der übrigen Voraussetzungen im Verfahren auf Grund eines sog eingehenden Gesuchs um Auslandsunterhalt in Betracht, § 9 S 1 AUG, abgedruckt bei § 122. Es kann eine Anregung des Gerichts zur Antragstellung ratsam sein, § 139. Eine möglich gewesene, nicht mit notwendigem Antrag eingeleitete Bewilligung bleibt wirksam, Oldb FamRZ **89,** 300, Zweibr Rpfleger **02,** 627, OVG Lüneb JB **90,** 637.

Titel 7. Prozesskostenhilfe und Prozesskostenvorschuss § 117

B. Auslegbarkeit des Antrags; erstinstanzlich keine Frist. Der Antrag ist eine Parteiprozeßhandlung, 5
Grdz 47 vor § 128. Er ist auslegbar, Grdz 52 vor § 128, BayObLG JB **84**, 773, Hbg FamRZ **83**, 1133. Er
erstreckt sich im Zweifel auf das gesamte Verfahren dieser Instanz, BGH RR **87**, 376 (PKH-Antrag und
Rechtsmittel), LAG Köln Rpfleger **96**, 414 (auch auf einen umfassenderen Vergleich), LAG Bre AnwBl **82**,
443. Er läßt sich umdeuten, Hbg FamRZ **83**, 1133.
Er ist in erster Instanz *nicht fristgebunden*, Rn 7, Bbg FamRZ **97**, 179 (daher keine Wiedereinsetzung). In
einem Antrag auf PKH-Bewilligung für ein Kindschaftsverfahren nach §§ 640 ff liegt meist der Antrag auf
Beiordnung eines Anwalts nach § 121, Düss FamRZ **95**, 486. Dasselbe gilt für einen Anwaltsprozeß, § 78
Rn 1, 2, Mü FamRZ **02**, 1196. Im Bewilligungsantrag für den Hauptprozeß kann auch ein solcher für das
Bewilligungsverfahren liegen, Hamm NJW **82**, 287. Er hat freilich als letzterer oft keinen Erfolg, § 114
Rn 35. Ein Vergleichs-PKH-Antrag kann rückwirkend das ganze Verfahren meinen, Karlsr RR **98**, 1085.
Ein PKH-Antrag kann zugleich eine Rechtsmittelbegründung sein, BGH RR **99**, 212. Ein Antrag für das
noch fehlende Rechtsmittel muß innerhalb der Rechtsmittelfrist eingehen.

C. Bedingung, Rücknahme, Wiederholung. Als Parteiprozeßhandlung duldet der Antrag grundsätz- 6
lich keine Bedingung, Grdz 54 vor § 128. Man kann aber wegen der Parteiherrschaft nach Grdz 18 vor
§ 128 die Zeitbestimmung einer Entscheidung erst nach Ablauf des Trennungsjahrs treffen, Stgt FamRZ **04**,
1298. Der Antragsteller kann ihn jederzeit zurücknehmen, Grdz 58 vor § 128. Das kann er auch ohne
Zustimmung des künftigen oder gegenwärtigen Prozeßgegners tun, selbst wenn dieser einer Klagerücknahme nach § 269 I bereits eine erforderliche Zustimmung verweigern könnte. Denn der Prozeßgegner ist
im Bewilligungsverfahren zwischen Antragsteller und Staat trotz der Anhörungspflicht des Gerichts nach
§ 118 I 1 nicht im engeren Sinne ein Verfahrensbeteiligter, Holch NJW **81**, 154. Eine Antragswiederholung
nach Rücknahme oder Ablehnung ist grundsätzlich zulässig, BVerfG **56**, 145. Es darf freilich kein Rechtsmißbrauch vorliegen, Einl III 54. Eine Antragswiederholung ist bei verändertem Sachverhalt zulässig, § 127
Rn 102. Sie kann auch als sofortige Beschwerde nach § 127 umdeutbar sein.

D. Wirkung des Antrags. Der Antrag hemmt nach (jetzt) § 204 I Z 14 BGB die Verjährung, (zum alten 7
Recht) BGH NVersZ **98**, 71 Schlee AnwBl **89**, 156. Das gilt auch dann, wenn der Schuldner auf die Einrede
der Verjährung nachträglich verzichtet, BGH VersR **81**, 483. Die Hemmung dauert an, solange der Antragsteller das Verfahren nicht weiter betreiben kann, BGH VersR **81**, 61. Freilich gilt das alles nur, soweit er den
Antrag ordnungsgemäß und rechtzeitig begründet und belegt hat, Rn 25, 26, BGH JZ **89**, 504, Brdb RR
99, 1297, Stgt FamRZ **05**, 527, großzügiger Bernards JB **99**, 119 (aber die Einhaltung der Form ist
selbstverständliche Voraussetzung der Wirkung). Die Hemmung endet nach § 204 II BGB sechs Monate
nach der Rechtskraft oder der sonstigen Beendigung des Hauptprozesses. Das gilt auch dann, wenn der
Antragsteller zwar eine sofortige Beschwerde einlegt, das Rechtsmittel aber freiwillig nicht weiter betreibt,
BGH FamRZ **95**, 797. Auch höhere Gewalt kann hemmen, § 206 BGB. Der Antrag hemmt, muß aber
nicht die Frist des § 12 III VVG oder des § 4 KSchG wahren, BGH RR **89**, 675, Hamm RR **01**, 1395. Der
Antrag hindert nicht den Eintritt der Rechtskraft, BGH **100**, 205.
Eine *unbedingte Klageinreichung* setzt grundsätzlich neben dem Verfahren auf die Bewilligung von PKH
auch den Rechtsstreit als solchen in Gang, Bbg JB **76**, 1195. Das ist im Interesse der Klarheit und wegen der
weittragenden Rechtsfolgen der Klagerhebung notwendig. Nur die unbedingte und endgültige Klage ist im
Sinn von §§ 167, 496 eingereicht. Dasselbe gilt beim Rechtsmittel, BGH VersR **86**, 40. Das Gericht stellt
aber auch die unbedingt eingereichte Klage zunächst nicht dem Bekl zu, § 271 I, bis es entweder die PKH
bewilligt hat oder bis der Kläger den erforderlichen Vorschuß bezahlt hat, (jetzt) § 12 I GKG, Celle AnwBl
83, 92. Vgl § 168. § 12 I GKG kann unanwendbar sein, etwa im Verfahren auf einen Arrest oder auf eine
einstweilige Verfügung nach §§ 916 ff, 935 ff, im Verfahren nach §§ 620 ff, bei einer Berufung nach
§§ 511 ff, mit Ausnahme des Falls § 12 I 2 GKG, im Fall einer Revision. Dann stellt das Gericht die Klage
bzw den Antrag allerdings sofort dem Bekl bzw dem Antragsgegner zu. Wegen der Abänderungsklage § 323
Rn 59.
Das Gericht sollte eine *formlose Mitteilung* der Klageschrift nach § 118 I 1 stets als solche in seiner
Übersendungsverfügung kennzeichnen. Man darf sie grundsätzlich nicht nach § 189 als eine Klagezustellung
ausdeuten, dort jeweils Rn 6. Im Zweifel muß das Gericht rückfragen. Eine Bewilligung ohne einen Antrag
läßt die folgende Bewilligung für alle Begünstigten eintreten.

5) Bewilligungsantrag und Klage usw, I 1. Die Regelung bringt nur bei genauer Beachtung Vorteile. 8

A. Zulässigkeit. Es steht dem Antragsteller frei, die Klage oder ein Rechtsmittel usw vor, zusammen mit
oder nach dem Antrag auf die Bewilligung von PKH einzureichen, Rn 7 (keine Frist), BGH FamRZ **96**,
1142, Kblz FamRZ **98**, 312, Zweibr RR **01**, 1653. Das kann nach Wahl des Antragstellers derart geschehen,
daß der Bewilligungsantrag unabhängig von der Klage, dem Scheidungsantrag usw gelten soll, BGH FER
96, 65. Der Bewilligungsantrag kann aber auch vorrangig sein, wenn der Kläger Klage usw nur für den Fall
der Bewilligung von PKH einreicht. Diese Bedingung ist zulässig, BGH FamRZ **96**, 1142, Bbg FamRZ **01**,
1380, Zweibr RR **01**, 1653. Etwas anderes gilt bei der Einlegung eines Rechtsmittels, BGH FamRZ **05**,
1537, VGH Kassel AnwBl **90**, 55 (zur VwGO), aM Ffm FamRZ **00**, 240 (Anschlußberufung), Stgt FamRZ
00, 240 (Berufung) (aber schon wegen der Rechtsmittelfrist muß Klarheit darüber bestehen, was der Antragsteller nun begehrt).

B. Bedingte Klage usw. Der Kläger darf die Klage, das Rechtsmittel usw auch nach seinem Belieben nur 9
für den Fall der Bewilligung von PKH einreichen, BGH MDR **03**, 1314. Er muß aber diese Bedingung
eindeutig zum Ausdruck bringen, BGH RR **00**, 879, Kblz MDR **04**, 177, Köln JB **05**, 546.
Er muß die Klageschrift zB als einen bloßen *Entwurf* kennzeichnen, BGH RR **00**, 879 (zur Berufung),
Karlsr FamRZ **03**, 1935 (dann ist selbst eine unterschriebene Klageschrift nicht bedingt), Köln FamRZ **80**,
1144. Er mag es auch unterlassen, die Klageschrift nach § 129 Rn 9 zu unterzeichnen. Er mag auch von
einer „bedingten Klage" schreiben, BGH MDR **03**, 1314. Wenn er den Antrag auf die Bewilligung der
PKH und die Klageschrift in demselben Schriftsatz einreicht, genügt es im allgemeinen, daß er zum

§ 117 Buch 1. Abschnitt 2. Parteien

Ausdruck bringt, er beantrage PKH „für die beabsichtigte Klage", BGH RR **00**, 879, aM LG Saarbr FamRZ **02**, 1260. Er kann auch die Klageschrift „im Prozeßkostenhilfe(prüfungs)verfahren" einreichen. Er kann ferner vorab um PKH bitten, Kblz MDR **04**, 177, oder er kann um PKH und „sodann" um Klagezustellung bitten, Karlsr FamRZ **88**, 92. Es kann sogar die bloße Verbindung „Klage und PKH-Gesuch" reichen, Celle FamRZ **81**, 791, Düss FamRZ **87**, 1281, VGH Mannh FamRZ **97**, 681. Indes insoweit Vorsicht, Kblz FamRZ **98**, 312, Köln FamRZ **97**, 375 (ein Antrag nach [jetzt] § 14 Z 1 GKG genügt als solcher nicht), Zweibr RR **01**, 1653. Eine spätere Klärung wirkt nicht zurück, Köln JB **05**, 546, Mü MDR **97**, 1063. Nach Widerspruch gegen einen Mahnbescheid kommt keine Bedingung mehr infrage.

10 Freilich kann trotz einer dem Wortlaut nach bloßen „*Ankündigung*" in Wahrheit schon die Vornahme der angekündigten Parteiprozeßhandlung vorliegen, Grdz 47 vor § 128, BGH FamRZ **90**, 995, LG Saarbr FamRZ **02**, 1261. Stets muß aber zum ausreichenden Inhalt der beabsichtigten Parteiprozeßhandlung der eindeutig erkennbare Wille hinzutreten, sie (bedingt) vorzunehmen, BGH VersR **91**, 937 (zur Berufungsbegründung), Kblz MDR **04**, 177 (Verjährungshemmung usw). Wegen eines Antrags auf PKH in Verbindung mit einer Berufung bzw deren Begründung § 518 Rn 22, 23, BGH VersR **91**, 937, Ffm FamRZ **99**, 1150.

11 **C. Nur für den Fall voller Bewilligung.** Die Zulässigkeit einer bedingten Klage usw ist eine Ausnahme vom Grundsatz, daß zumindest die den Prozeß oder die Instanz einleitende Prozeßhandlung keine Bedingung duldet, Grdz 54 vor § 128. Daher muß wenigstens der Umfang der Bedingung von vornherein klar sein. Daher ist im Fall einer nur teilweisen Bewilligung der PKH entweder eine berechtigte entsprechend beschränkte Klageschrift oder die Erklärung notwendig, die Klage bleibe voll aufrechterhalten, um den Rechtsstreit anhängig bzw rechtshängig zu machen, Mü MDR **88**, 972, aM Karlsr RR **89**, 512 (er werde nur im Bewilligungsumfang klagen usw). Aber eine solche Auslegung beachtet nicht genug die Parteiherrschaft, Grdz 18 vor § 128. Man muß es dem Kläger überlassen klar zu sagen, was er nun nach teilweiser Abweisung des PKH-Gesuchs noch begehren will.

12 6) **Prozeßgericht, I 1 Hs 1.** Man muß den Antrag für das Erkenntnisverfahren bei dem „Prozeßgericht" stellen. Das ist dasjenige Gericht, bei dem der Rechtsstreit derzeit schwebt oder anhängig werden soll, für den der Kläger PKH beantragt, BGH RR **94**, 706. Der Kläger kann den Antrag nach § 130 a elektronisch oder auch schriftlich einreichen. Dann muß er ihn als einen bestimmenden Schriftsatz unterzeichnen, § 129 Rn 9, BGH NJW **94**, 2097 (auch zum Telefax). In einer Familiensache nach §§ 606 ff ist das Familiengericht als Prozeßgericht zuständig. Prozeßgericht kann auch das Rechtsmittelgericht sein, §§ 606 ff, § 119 S 1. Für eine Revision beim BayObLG kann der BGH zuständig sein, wenn der BayObLG an ihn abgeben müßte, BGH **98**, 318.

In einer *Handelssache* kommt auch die Kammer für Handelssachen in Betracht, deren Vorsitzender zuständig ist, § 349 II Z 7. Im Rahmen einer Zwangsvollstreckung ist grundsätzlich das Vollstreckungsgericht zuständig, § 764. Denn es kann die Aussichten allein beurteilen, BGH Rpfleger **79**, 195, Celle NdsRpfl **81**, 232, LG Bielef AnwBl **82**, 534. Das gilt auch bei der Vollstreckung einer einstweiligen Anordnung nach §§ 620, 641d, f, Celle FamRZ **79**, 57, Düss FamRZ **79**, 843. Freilich kann das Prozeßgericht auch in der Zwangsvollstreckung zuständig sein, zB bei §§ 887, 888, 890 (nicht: bei § 889, dort Rn 3), Kblz FamRZ **78**, 605 (Familiengericht).

13 7) **Vor der Geschäftsstelle zu Protokoll, I 1 Hs 2.** Der Antrag ist ein bestimmender Schriftsatz, § 129 Rn 5. Er ist auch zu Protokoll der Geschäftsstelle zulässig, BGH NJW **94**, 2097.

A. Zuständigkeit. Zur Entgegennahme ist jedes Amtsgericht zuständig, § 129 a I. Den Antrag nimmt grundsätzlich der Urkundsbeamte der Geschäftsstelle oder der Rechtsantragsstelle entgegen. In einem schwierigen Fall soll der Rpfl den Antrag entgegennehmen, § 24 II Z 3 RPflG, Anh § 153 GVG. Er ist auch für einen Antrag im Vollstreckungsverfahren zuständig, § 20 Z 5 RPflG. Der Urkundsbeamte übersendet den Antrag unverzüglich an das Prozeßgericht, § 129 a II 1, oben Rn 12. Der Antrag wird erst dann wirksam, wenn er beim Prozeßgericht eingeht, § 129 a II 2, Rn 13. Die Geschäftsstelle des entgegennehmenden AG kann dem Antragsteller die Übermittlung an das Prozeßgericht überlassen, sofern dieser zustimmt, § 129 a II 3. Das alles gilt auch dann, wenn der Antrag erst in der höheren Instanz erstmalig oder erneut nunmehr für diesen Rechtszug erfolgt. Zur Verweisung und zu deren Bindungswirkung § 281 Rn 3.

14 **B. Kein Anwaltszwang, kein Unterschriftszwang zu Protokoll.** Ein Anwaltszwang besteht nicht, auch nicht im Anwaltsprozeß, § 78 V Hs 2. Eine Unterzeichnung des Antrags ist zwar grundsätzlich wie bei jedem bestimmenden Schriftsatz nötig, § 129 Rn 9 ff. Sie ist aber bei einer Einreichung zum Protokoll nicht erforderlich, Ffm AnwBl **83**, 319, Karlsr FamRZ **04**, 647. Sie ist freilich auch dann empfehlenswert, um klarzustellen, daß der Antrag auch wirklich eingereicht und daher bearbeitet werden muß.

15 **C. Beratung durch Urkundsbeamten.** Der Urkundsbeamte der aufnehmenden Geschäftsstelle und derjenige des wirklichen Prozeßgerichts sind verpflichtet, den Antragsteller sachgemäß zu beraten, BGH **91**, 314, und ihn insbesondere auf den gesetzlichen Zwang zur Benutzung des nach III eingeführten Vordrucks hinzuweisen, IV, Christl NJW **81**, 791. Der Urkundsbeamte des Prozeßgerichts darf und muß auf Grund eines Antrags die Akten heranziehen. Eine Bezugnahme auf die Akten ist nämlich grundsätzlich zulässig, Nürnb JB **84**, 610. Sie sollte freilich nicht sorglos erfolgen. Der Urkundsbeamte ist nicht zu einer umfassenden Beratung über die Aussichten der Rechtsverfolgung oder Rechtsverteidigung oder zu anderen Auskünften oder Ratschlägen verpflichtet oder berechtigt, die über die Erfordernisse des § 117 und evtl diejenigen des § 118 I, II hinausgehen.

16 8) **Darstellung des Streitverhältnisses, I 2.** Man muß mehrere Punkte beachten.

A. Begriff des Streitverhältnisses. In dem Antrag muß man das Streitverhältnis „darstellen". Zweck ist die Erleichterung des weiteren Bewilligungsverfahrens nach § 118. Zwar kann und muß das Gericht nach der letzteren Vorschrift notfalls ergänzende Fragen stellen. Das ändert aber nichts an der Notwendigkeit, schon dem Antrag die Darlegung des Streitverhältnisses beizufügen.

17 Für *Art und Umfang* dieser Darlegung kommt es einerseits auf die Festlegung der Nämlichkeit des Streitgegenstands an, § 2 Rn 3. Zum anderen kommt es auf die zur Zuständigkeitsklärung notwendigen Angaben

Titel 7. Prozesskostenhilfe und Prozesskostenvorschuss § 117

an und schließlich auf die Angaben, die das Gericht zur vorläufigen Beurteilung der Erfolgsaussicht und der Bedürftigkeit des Antragstellers benötigt, § 114 Rn 46 ff, 80 ff, Nürnb JB **96**, 25. Der Antragsteller muß einen bestimmten Anspruch geltend machen. Er muß den beabsichtigen Klagantrag formulieren und eine tatsächliche Begründung beifügen, § 253 II Z 2, zumal das Gericht den Sachverhalt grundsätzlich nicht nach Grdz 38 vor § 128 von Amts wegen ermittelt, LAG Hamm MDR **82**, 83. Er muß auch die übrigen nach § 253 II–IV für eine Klage- bzw Antragsschrift erforderlichen Angaben jedenfalls so weit machen, daß die beabsichtige Klage in ihren wesentlichen Umrissen erkennbar wird.

Als *Bekl* muß er im wesentlichen die beabsichtigten Verteidigungsmittel vorbringen, soweit es ihm derzeit **18** möglich ist, § 277 I. Er muß dabei bereits den auch im Bewilligungsverfahren geltenden Grundsatz der Wahrhaftigkeits- und Vollständigkeitspflicht beachten, § 138 I, Oldb NJW **94**, 807. Er muß sich auch bereits über die etwa vom Gegner schon vorgebrachten Tatsachen und Beweismittel erklären, § 138 II. Ein etwa unzulässiges Bestreiten mit Nichtwissen nach § 138 III, IV erleichtert dem Gegner das Ziel eigener PKH und kann sich im Hauptverfahren nachteilig auswirken. Die Antragsbegründung braucht zwar nicht in allen Einzelheiten schlüssig zu sein, zumal das Gericht rückfragen darf und muß, § 139. Indessen gehört nach I 2 die Angabe aller derjenigen Tatsachen in die Darlegung, aus denen das Gericht wenigstens im Kern und nicht bloß in vagen Umrissen erkennen kann, um was es gehen wird.

B. Angabe der Beweismittel. Bereits im Antrag muß man der Darstellung des Streitverhältnisses die **19** „Angabe der Beweismittel" beifügen. Der Antragsteller kann nicht stets damit rechnen, daß das Gericht etwa nach § 139 nach noch fehlendem Beweisantritt fragt, auch nicht nach § 118. Der Antrag kann also schon am Fehlen ausreichender Beweisanträge scheitern. Sie müssen für alle wahrscheinlich streitigen oder bereits vorprozessual streitig gewordenen, entscheidungserheblichen Tatsachen erfolgen, für die der Antragsteller nach Anh § 286 die Beweislast trägt oder der Gegner voraussichtlich Beweis antreten wird, soweit jeweils erkennbar. Das Gesetz sieht zwar vor, daß das Gericht den Prozeßgegner grundsätzlich anhört, § 118 I 1 Hs 1. Das Gericht ist aber nicht verpflichtet, dem Antragsteller eine etwaige gegnerische Stellungnahme zu einer Gegenerklärung vorzulegen. §§ 275 IV, 276 III sind auch nicht entsprechend anwendbar. Grundsätzlich muß der Antragsteller alle gesetzlich zulässigen Beweismittel angeben, §§ 371 ff. Jedoch muß eine Parteivernehmung nach der Darstellung des Antragstellers voraussichtlich zulässig sein, zB § 448.

C. Glaubhaftmachung. Eine Glaubhaftmachung ist noch nicht im Antrag erforderlich. Sie wird nur auf **20** Verlangen des Gerichts notwendig, § 118 II 1, Köln RR **00**, 288. Trotzdem kann eine Glaubhaftmachung schon bei Antragseinreichung im Interesse des Antragstellers liegen. Soweit sie erfolgt, gilt § 294. Als „Beweismittel" ist eine Glaubhaftmachung allenfalls im gesetzlichen Ausnahmefall ausreichend, §§ 920 II, 936. Ein „Untertauchen" reicht nicht zur Glaubhaftmachung, Köln RR **00**, 288.

D. Rechtsmittelinstanz. In der Rechtsmittelinstanz ist eine vollständige Darlegung des Streitverhältnis- **21** ses evtl nach § 119 I 2 und auch sonst nicht mehr erforderlich, Drsd MDR **03**, 1015. Der Antragsteller muß aber innerhalb der Rechtsmittelfrist das ihm nach den Umständen Zumutbare tun, um die persönlichen Bedürftigkeits- und sonstigen Voraussetzungen für die Bewilligung der PKH darzulegen, BGH RR **93**, 451 (betr eine Wiedereinsetzungsmöglichkeit), zumindest bis zum Ablauf der Frist des § 93 I 1 BVerfGG, BVerfG NJW **00**, 3344. Er muß dabei unter anderem die Erklärung über die persönlichen und wirtschaftlichen Verhältnisse nach II einreichen, BGH RR **93**, 451, BFH NJW **76**, 1232, Saarbr RR **00**, 664. Es kann eine Bezugnahme auf die richtigen und vollständigen erstinstanzlichen Angaben ausreichen, Drsd MDR **00**, 1272. Das gilt jedoch nur, falls sich die Verhältnisse nicht geändert haben, BGH RR **93**, 451, Bbg FamRZ **01**, 628.

Seine Angaben müssen auch jetzt *richtig und vollständig* sein, BGH VersR **76**, 932, Drsd MDR **00**, 1272. Er muß auch Tatsachen dazu angeben, in welchen Punkten und weshalb er das Rechtsmittel einlegen will, Schlesw RR **99**, 432, ob das Rechtsmittel statthaft und sonst zulässig ist, ob insbesondere die Rechtsmittelsumme erreicht ist. Eine Begründung ist im Zweifel nicht auch eine Rechtsmittelbegründung, Drsd MDR **03**, 1015. Als Rechtsmittelgegner braucht der Antragsteller jedenfalls zur Erfolgsaussicht der Rechtsverteidigung grundsätzlich keine Angaben mehr zu machen, § 119 Rn 57.

E. Zwangsvollstreckung. Im Vollstreckungsverfahren sind Darlegungen zum Erkenntnisverfahren im **22** Sinn von I 2 nicht mehr notwendig und ist die Bezugnahme auf Akten eher ausreichend, Bobenhausen Rpfleger **84**, 396.

9) Für die Zwangsvollstreckung zuständiges Gericht, I 3. Ein Antrag auf PKH ist nach § 119 II für **23** die gesamte Zwangsvollstreckung in das bewegliche Vermögen und außerdem nach allgemeiner Ansicht auch für eine Vollstreckung in das unbewegliche Vermögen möglich. I 3 klärt die funktionelle Zuständigkeit des Vollstreckungsgerichts, §§ 764, 802, also seines Rpfl, § 764 Rn 6.

10) Erklärung der Partei, II 1. Dem Antrag muß man eine Erklärung der Partei beifügen, auch einer **24** juristischen Person, BGH Rpfleger **93**, 290, bei Prozeßstandschaft des Antragstellers, Grdz 26 vor § 50, Saarbr FamRZ **91**, 961, über ihre persönlichen und wirtschaftlichen Verhältnisse (Familienverhältnisse, Beruf, Vermögen, Einkommen und Lasten), II 1. Die Erklärung dient der Klärung der Bedürftigkeit, Brdb RR **05**, 402. Die Einreichung einer Bescheinigung über Arbeitslosengeld macht eine Erklärung nach II, III nicht entbehrlich, Hamm RR **99**, 1679. Ohne Beifügung der nach II erforderlichen Belege ist das Gesuch unvollständig, BGH RR **00**, 879. Ihre Unterlassung führt nach vergeblicher Fristsetzung nach Rn 35 zu Antragsablehnung, BGH FamRZ **04**, 99, Brdb RR **05**, 872, Kblz Rpfleger **99**, 133. Notwendig sind auch Angaben über das Bruttoeinkommen eines zum Kostenvorschuß Verpflichteten und Angaben dazu, ob dieser über einsetzbares Vermögen verfügt, LG Kblz MDR **99**, 1410.

A. Kein Gang zur Sozialbehörde. Die Erklärung des Antragstellers ist kein sog Armutszeugnis alten Rechts und auch keine behördliche Bescheinigung. Der Antragsteller wendet sich direkt an das Gericht. Der Gang zur Sozialbehörde kann entfallen. Freilich erfordert auch die Erklärung einschließlich des Benutzungszwangs der bundeseinheitlichen Formulare nach III, IV eine weitgehende Offenbarung der eigenen Verhältnisse. Sie bringt damit erhebliche Probleme, Grunsky NJW **80**, 2044, Holch NJW **81**, 152.

§ 117

25 **B. Inhalt: Formularzwang.** Der Antragsteller muß die in II 1 genannten Einzelheiten über die persönlichen und wirtschaftlichen Verhältnisse praktisch nach den bundeseinheitlichen Vordrucken angeben. Für sie herrscht Benutzungszwang, Rn 30. Natürlich muß der Antragsteller solche Angaben hinzufügen, die ersichtlich für die Entscheidung erheblich sind, jedoch im Formular nicht oder nur ungenügend abgefragt werden. Der Formularzwang bedeutet nämlich keine Freigabe unvollständiger oder unwahrhaftiger Erklärungen. Die Angaben müssen insgesamt aus sich heraus verständlich sein, Ffm FamRZ **97**, 682.

26 **C. Entsprechende Belege.** Der Antragsteller muß der Erklärung „entsprechende Belege" beifügen, und zwar in deutscher Sprache, § 184 GVG, Hamm JB **00**, 259. Von dieser Pflicht zur Beifügung befreit ihn weder die Angabe der Beweismittel, noch die Angabe von Mitteln der Glaubhaftmachung, noch die Einreichung des vorgeschriebenen Vordrucks, BGH JZ **89**, 504, aM Karlsr FamRZ **04**, 647 (aber II 1 ist eindeutig, Einl III 39). Das Gesetz geht von ziemlich umfassender Belegpflicht aus. Denn die Belege sollen ersichtlich allen Angaben in der Erklärung und dem Vordruck entsprechen. Das ist in der Praxis kaum möglich und wird auch nicht verlangt. Einen ohnehin bereits glaubhaften Umstand braucht der Antragsteller aber nicht zusätzlich zu belegen, Karlsr FamRZ **86**, 372. Es ist freilich üblich und notwendig, zB Belege über Einkünfte aus nichtselbständiger Arbeit und Renten sowie über geltend gemachte Belastungen beizufügen, BGH JZ **89**, 504, und auch eine Steuererklärung beizufügen, obwohl sie durchweg auch Angaben enthält, die das Gericht keineswegs benötigt.

Das Gericht ist umso mehr verpflichtet, den *Datenschutz* zu beachten, Rn 27 ff. Eine einigermaßen aktuelle Einnahmenüberschußberechnung kann reichen, BGH Rpfleger **92**, 440. Selbst der letzte Steuerbescheid kann andererseits unzureichend sein, wenn er nicht den jetzigen Stand ergibt, BGH RR **91**, 637. Das Gericht ist berechtigt und wegen Art 103 I GG auch evtl verpflichtet, etwa fehlende Belege vor einer Zurückweisung des Antrags nach Rn 35 nachzufordern, soweit das sinnvoll erscheint, BFH Rpfleger **93**, 73, Bbg FamRZ **01**, 628 rechts unten (je: keine Überspannung der Nachforderungspflicht), VGH Mannh JB **91**, 1114. Es liegt gleichwohl im Interesse des Antragstellers, sie lieber zu großzügig als zu knapp schon dem Antrag beizufügen. Soweit nur einzelne Belege fehlen, darf das Gericht nur insoweit PKH ablehnen, Bbg FamRZ **01**, 628 rechts oben.

27 **11) Persönlichkeitsschutz, II 2.** Die Regelung findet oft nur ungenügend Beachtung.

A. Einschränkung des Einsichtsrechts. Das Gericht muß den Persönlichkeitsschutz des Antragstellers gewährleisten. Das gilt auch zugunsten seiner Angehörigen, soweit er über ihre Verhältnisse mitberichten muß. Das Gericht muß das BDSG beachten, Prütting ZZP **106**, 445. Es muß vor allem II 2 mitberücksichtigen. Deshalb darf das Gericht die Erklärung und die Belege dem Prozeßgegner nur mit vorheriger Zustimmung des Antragstellers zugänglich machen, BVerfG NJW **91**, 2078, BGH **89**, 65. Der diesbezügliche frühere Streit ist überholt. Vgl allerdings auch Rn 29.

28 **B. Gesonderte Beiakte.** Der Urkundsbeamte muß die Erklärung nach II–IV folglich in eine gesonderte Beiakte nehmen.

Auch die diesbezügliche Streitfrage ist infolge II 2 überholt. Dazu heißt es in den *Durchführungsbestimmungen* zum Gesetz über die Prozeßkostenhilfe und zur Stundung der Kosten des Insolvenzverfahrens (DB-PKHG/DB-InsO), abgedruckt zB bei Hartmann Teil VII B 5, geändert zuletzt mit Wirkung vom 1. 8. 04, vgl (soweit zugänglich):
Baden-Württemberg: AV v 9. 4. 96, Justiz 136;
Bayern: Bek zuletzt v 30. 6. 04, JMBl 133;
Berlin: AV v 1. 7. 96, ABl 2502;
Brandenburg: AV v 20. 6. 96, JMBl 81;
Bremen: VerwAnO v 10. 12. 80;
Hamburg: AV v 1. 8. 94, JVBl 62;
Hessen: RdErl v 13. 2. 96, JMBl 192;
Mecklenburg-Vorpommern: AV v 28. 6. 96, ABl 656;
Niedersachsen: AV v 30. 6. 04, NdsRpfl 173;
Nordrhein-Westfalen: AV v 18. 6. 04, JMBl 158;
Rheinland-Pfalz: VV v 24. 6. 04, JBl 182;
Saarland; AV v 21. 6. 04, ABl 1378;
Sachsen: AV v 24. 5. 96, JMBl 78, 86;
Sachsen-Anhalt: AV v 19. 6. 96, MBl 192;
Schleswig-Holstein: AV zuletzt v 20. 12. 01, SchlHA **02**, 33;
Thüringen: VV v 24. 6. 96, JMBl 68:

DB-PKHG/DB-InsO. I. 2.1. [I 1] Die Vordrucke mit den Erklärungen über die persönlichen und wirtschaftlichen Verhältnisse und die dazugehörenden Belege sowie die bei der Durchführung der Prozesskostenhilfe entstehenden Vorgänge sind in allen Fällen unabhängig von der Zahl der Rechtszüge für jeden Beteiligten in einem besonderen Beiheft zu vereinigen. [2] Das gilt insbesondere für Kostenrechnungen und Zahlungsanzeigen über Monatsraten und sonstige Beträge (§ 120 Abs. 1 ZPO).

[II 1] In dem Beiheft sind ferner die Urschriften der die Prozesskostenhilfe betreffenden gerichtlichen Entscheidungen und die dazugehörigen gerichtlichen Verfügungen aufzubewahren. [2] In die Hauptakten ist ein Abdruck der gerichtlichen Entscheidungen aufzunehmen. [3] Jedoch sind zuvor die Teile der gerichtlichen Entscheidungen zu entfernen, die Angaben über die persönlichen und wirtschaftlichen Verhältnisse der Partei enthalten. [4] Enthält die gerichtliche Entscheidung keine Angaben über die persönlichen und wirtschaftlichen Verhältnisse der Partei, so kann die Urschrift auch zur Hauptakte genommen werden; in diesem Fall ist ein Abdruck im Beiheft aufzubewahren. [5] Das Beiheft sowie die darin zu verwahrenden Schriftstücke erhalten

Titel 7. Prozesskostenhilfe und Prozesskostenvorschuss § 117

hinter dem Aktenzeichen den Klammerzusatz (PKH). ⁶ Werden die Prozessakten zur Entscheidung über ein Rechtsmittel dem Rechtsmittelgericht vorgelegt, so ist den Akten das Beiheft beizufügen. ⁷ Bei Versendung der Akten an nicht beteiligte Gerichte oder Dienststellen und an den Prozessbevollmächtigten des Verfahrensgegners sowie bei der Gewährung von Akteneinsicht für den Verfahrensgegner oder für seinen Bevollmächtigten an der Gerichtsstelle ist das Beiheft zurückzubehalten.

Dieses in deutscher Perfektionsliebe erdachte Beiheft dient also der Sache nach auch dem *Datenschutz* und dem Persönlichkeitsschutz des Antragstellers, wie ihn jetzt II 2 vorschreibt, so schon Liebscher (vor Rn 1) 78 ff, Prütting ZZP **106**, 445. Er funktioniert wegen der hoffnungslosen Überlastung der Geschäftsstellen und ihrer vielfach ungenügenden Ausbildung freilich in der Praxis kaum noch voll. Die Geschäftsstelle darf das Beiheft im Fall einer Versendung der Hauptakten an andere Stellen als den Antragsteller des Bewilligungsverfahrens oder an seinen Bevollmächtigten grundsätzlich nicht mit versenden. Eine Einsicht erhalten ebenfalls grundsätzlich nur die letzteren Personen, Düss FamRZ **84**, 391. Sie können das Gericht zur Weiterleitung der Akten usw ermächtigen, II 2. Nicht das Gericht, sondern allenfalls der Prozeßgegner kann solche Ermächtigung erzwingen. Sie sollte stets eindeutig vorliegen und aktenkundig sein.

C. Schutzgrenzen. Das alles gilt an sich trotz des schutzwürdigen Interesses des Prozeßgegners daran, **29** nicht durch falsche Angaben des Antragstellers zur Mittellosigkeit in einen Prozeß hineingezogen zu werden. Mag der Prozeßgegner des PKH-Gesuchs auch ohne Kenntnis der Angaben zur Mittellosigkeit auf diesbezügliche Zweifel aufmerksam machen. Indessen muß der Persönlichkeitsschutz evtl zurücktreten. Maßgeblich sind eine stets gebotene Interessenabwägung im Einzelfall und das Gebot der Verhütung eines Rechtsmißbrauchs, Einl III 54. Das gilt nach der Einführung von II 2 trotz seines verfassungsrechtlichen Ranges. Im übrigen mag ja der Antragsteller mit der Kenntnisnahme des Prozeßgegners einverstanden sein. Man darf ein solches Einverständnis freilich nicht als grundsätzlich stillschweigend erteilt ansehen. Soweit der Antragsteller in demselben Schriftsatz Angaben zur Mittellosigkeit und zur Erfolgsaussicht schon räumlich vermischt, stimmt er unwiderruflich ihrer gesamten Kenntnisnahme durch den Prozeßgegner zu. Treu und Glauben helfen auch hier, die Abgrenzung zu finden.

12) Formulare, III, IV. Die lästige Regelung ist unvermeidbar. **30**

A. Formulareinführung, III. Der Bundesjustizminister ist zur Einführung von Formularen zur Vereinfachung und Vereinheitlichung des Verfahrens durch Rechtsverordnung mit Zustimmung des Bundesrates berechtigt. Der amtliche schriftliche Vordruck ist veröffentlicht in der neugefaßten Prozeßkostenhilfevordruckverordnung (PKHVV) vom 17. 10. 94, BGBl 3001, geändert zuletzt durch Art 36 G vom 27. 12. 03, BGBl 3022, in Kraft seit 1. 1. 05, Art 70 I G (Änderung der Anlage). Er enthält Ausfüllhinweise. Er soll sicherstellen, daß die Erklärung aufgegliedert und substantiiert ist, vgl schon (zum alten Recht) BGH NJW **83**, 2146. Wegen des Rechtsmittelzugs § 119 Rn 64. Wegen des grenzüberschreitenden Verkehrs vgl § 1077 II sowie die EG-PKHVV vom 21. 12. 04, BGBl 3538.

PKHVV § 1. Vordruck. ᴵ Für die Erklärung der Partei nach § 117 Abs. 2 der Zivilprozeßordnung wird der in der Anlage bestimmte Vordruck eingeführt.

ᴵᴵ Absatz 1 gilt nicht für die Erklärung einer Partei kraft Amtes, einer juristischen Person oder einer parteifähigen Vereinigung.

ᴵᴵᴵ Für eine Partei, die die Erklärung nach § 2 in vereinfachter Form abgeben kann, gilt Absatz 1 nur, soweit ein Gericht die Benutzung des in der Anlage bestimmten Vordrucks anordnet.

PKHVV § 2. Vereinfachte Erklärung. ᴵ ¹ Ein minderjähriges unverheiratetes Kind, das in einer Kindschaftssache nach § 640 Abs. 2 der Zivilprozeßordnung oder in einem Verfahren über Unterhalt seine Rechte verfolgen oder verteidigen oder das einen Unterhaltsanspruch vollstrecken will, kann die Erklärung nach § 117 Abs. 2 der Zivilprozeßordnung formfrei abgeben, wenn es über Einkommen und Vermögen, das nach § 115 der Zivilprozeßordnung einzusetzen ist, nicht verfügt. ² Die Erklärung des Kindes muß in diesem Fall enthalten:
1. Angaben darüber, wie es seinen Lebensunterhalt bestreitet, welche Einnahmen es im Monat durchschnittlich hat und welcher Art diese sind;
2. die Erklärung, daß es über Vermögen, das nach § 115 der Zivilprozeßordnung einzusetzen ist, nicht verfügt; dabei ist, soweit das Kind oder sein gesetzlicher Vertreter davon Kenntnis hat, anzugeben,
    a) welche Einnahmen im Monat durchschnittlich brutto die Personen haben, die dem Kind auf Grund gesetzlicher Unterhaltspflicht Unterhalt gewähren;
    b) ob diese Personen über Vermögensgegenstände verfügen, deren Einsatz oder Verwertung zur Bestreitung eines dem Kind zu leistenden Prozeßkostenvorschusses in Betracht kommt; die Gegenstände sind in der Erklärung unter Angabe ihres Verkehrswertes zu bezeichnen.

³ Die vereinfachte Erklärung im Antragsvordruck für das Vereinfachte Verfahren zur Abänderung von Unterhaltstiteln bleibt unberührt; sie genügt auch, soweit die Verfahren maschinell bearbeitet werden.

ᴵᴵ Eine Partei, die nach dem Zwölften Buch Sozialgesetzbuch laufende Leistungen zum Lebensunterhalt bezieht, muß die Abschnitte E bis J des Vordrucks zunächst nicht ausfüllen, wenn sie der Erklärung den letzten Bewilligungsbescheid des Sozialamtes beifügt.

ᴵᴵᴵ Die Partei kann sich auf die Formerleichterung nach den Absätzen 1 und 2 nicht berufen, wenn das Gericht die Benutzung des in der Anlage bestimmten Vordrucks anordnet.

§ 117

PKHVV § 3. Zulässige Abweichungen. ¹ Folgende Abweichungen von dem in der Anlage bestimmten Vordruck und dem Hinweisblatt zu dem Vordruck sind zulässig:
1. Berichtigungen, die auf einer Änderung von Rechtsvorschriften beruhen;
2. eine Ergänzung oder Anpassung des Hinweisblattes zu dem Vordruck, soweit eine solche mit Rücksicht auf Besonderheiten des Verfahrens in den einzelnen Gerichtszweigen erforderlich ist.

II Wird das Hinweisblatt nach Absatz 1 Nr. 2 in einer abweichenden Fassung verwendet, so ist die Bezeichnung „Allgemeine Fassung" unten auf der ersten Seite des Hinweisblattes und des Vordrucks durch eine Bezeichnung des Gerichtszweiges und des Bundeslandes zu ersetzen, in dem die abweichende Fassung des Hinweisblattes verwendet wird.

Anlagen (Vordrucke bzw Formulare) sind hier nicht mit abgedruckt.

31   **B. Benutzungszwang, IV.** Die Partei muß sich eines für sie eingeführten Formulars „bedienen", BGH FER **01**, 58, auch als Prozeßstandschafter nach Grdz 21 ff vor § 50, Saarbr FamRZ **91**, 961. Das gilt auch nach Eröffnung des Insolvenzverfahrens über das Vermögen des Antragstellers, BGH NJW **02**, 2793. Wegen der Ausnahmen Rn 32. Die Benutzungspflicht bedeutet: Man muß sich das Formular selbst besorgen, etwa auf der Rechtsantragstelle jedes AG oder im Handel bzw im Internet. Man muß das Formular sorgfältig, vollständig und gewissenhaft ausfüllen, BGH FER **01**, 58, OVG Hbg FamRZ **92**, 79. Das gilt auch, soweit man die Fragen vernünftigerweise für unerheblich halten darf, BGH FamRZ **04**, 177 oder soweit man regelmäßige Einkünfte hat, BGH VersR **92**, 898. Soweit man eine Frage verneinen will, darf man sie nicht völlig unausgefüllt lassen. Vielmehr muß man sie eben entsprechend beantworten. Allerdings kann auch das wenigstens teilweise ausgefüllte Formular zur vernünftigen Auslegung zwingen, BGH RR **00**, 1520. Denn das ist bei jeder Parteiprozeßhandlung geboten, Grdz 52 vor § 128. Daher kann zB bei wiederholter Ausfüllung und anschließender Verschlechterung der Lage auch einmal eine Einzelausfüllung fehlen, BGH RR **00**, 1520.

Man darf und muß *Unzulänglichkeiten* des Formulars durch eigene Zusätze ergänzen oder berichtigen, ohne Teile der Fragen damit unbeantwortet zu lassen. Man ist nicht verpflichtet, nur zur Beantwortung des Formulars einen Anwalt einzuschalten. Man kann sich der Hilfe der Rechtsantragsstelle jedes AG bedienen. Die Bitte an das Gericht, etwa für notwendig gehaltene ergänzende Fragen zu stellen, kann eine Umgehung des Benutzungszwangs mit ihren Rechtsfolgen darstellen. Der Antragsteller muß das unterschriebene oder qualifiziert signierte Original einreichen. Denn nur damit übernimmt er die Verantwortung wie bei jedem bestimmenden Schriftsatz, § 129 Rn 9, aM Karlsr FamRZ **96**, 806 (aber es gibt keinen Anlaß zur Abweichung von § 129). Eine Bezugnahme auf einen früher eingereichten Vordruck reicht nur bei Fortbestand der damaligen Verhältnisse aus, BGH FamRZ **04**, 1961.

32   **C. Ausnahmen vom Benutzungszwang.** Nach § 1 II PKHVV sind die dort genannten Parteien kraft Amtes nach Grdz 8 vor § 50, juristische Personen oder parteifähige Vereinigungen grundsätzlich nicht zur Benutzung des Formulars verpflichtet. Sie müssen den Antrag individuell vorbringen. BFH Rpfleger **93**, 290. Ein minderjähriges unverheiratetes Kind unterliegt dem Formularzwang nach § 1 III, § 2 I PKHVV nur eingeschränkt (vereinfachte Erklärung) oder gar nicht (Formfreiheit), soweit es um einen Unterhaltsanspruch oder um die Feststellung der Vaterschaft geht, Kblz FER **98**, 114 (vgl aber § 2 I 2 Z 2a, b PKHVV, Rn 30, BGH FamRZ **04**, 1549 links oben). Es braucht zB keine Einnahmen der Großeltern anzugeben, LG Kblz FamRZ **00**, 761. Man darf die genannten Ausnahmefälle an sich als Ausnahmen von der Regel des Formularzwangs nicht weit auslegen. Die Ausfüllung des Formulars kann unterbleiben, soweit die Lücken in ihm durch Anlagen vollständig geschlossen werden, BGH NJW **86**, 62.

33   Ein *Sozialhilfeempfänger* muß die Abschnitte E–J des schriftlichen Formulars zusätzlich zum vorgelegten Sozialhilfebescheid nach § 2 III PKHVV nur auf Grund einer etwa notwendigen gerichtlichen Aufforderung inhaltlich nachtragen, aM Hamm MDR **96**, 861, OVG Hbg FamRZ **92**, 79, dann freilich sehr wohl, LG Kblz MDR **99**, 503.

34   Eine Befreiung vom Formularzwang läßt natürlich die Möglichkeit offen, das Formular dennoch zu benutzen. Die Befreiung vom Formular *befreit nicht auch von* der Erklärung nach II, Hamm FamRZ **88**, 1183, Kblz Rpfleger **97**, 72. Freilich genügt in der Regel eine dienstliche Erklärung des Jugendamts, das Kind habe weder einen durchsetzbaren Anspruch auf notwendigen Prozeßkostenvorschuß noch sonst Vermögen oder Einkommen, Brüggemann DAVorm **87**, 238, noch großzügiger Ffm DAVorm **81**, 871 (das Gericht dürfe die Zahlungsfähigkeit des nichtehelichen Kindes nur bei entsprechenden Anhaltspunkten prüfen), Kblz JB **98**, 651 (Vermögen der Großeltern evtl unerheblich), LG Dortm DAVorm **86**, 36 (aber allzu viel Großzügigkeit kann den Unterlaufen des Benutzungszwangs führen).

35   **13) Verstoß, I–IV.** Soweit der Antragsteller den Antrag, die persönliche Erklärung oder das Formular nicht, fehlerhaft, unvollständig, widersprüchlich oder sonst mangelhaft formulieren oder ausfüllen, gelten die folgenden Regeln.

A. Fristsetzung. Eine Bewilligungsreife entsteht erst bei Vorlage der vollständig ausgefüllten Erklärung, Rn 33, BGH FamRZ **05**, 196, Ffm JB **94**, 177, ArbG Regensb Rpfleger **02**, 319. Bis dahin ist der Antrag nicht gesetzmäßig, LAG Kiel NZA-RR **05**, 52. Das übersieht Mü FamRZ **96**, 418. Der Antrag muß grundsätzlich vor dem Ablauf einer gesetzlichen Klagefrist eingehen, LAG Kiel NZA-RR **05**, 51. Er muß außerdem vor dem Instanzende eingehen, LAG Köln MDR **05**, 1138, beim Prozeßvergleich vor dem Ablauf der Widerrufsfrist, § 119 Rn 21. Eine bloße Unordnung schadet nicht stets, Ffm FamRZ **97**, 682. Grundsätzlich darf und muß das Gericht bei rechtzeitiger Einreichung eine Frist zur Behebung des Mangels setzen, Rostock FamRZ **03**, 1396 links. Das ergibt sich aus Art 103 I GG und aus seiner Fürsorgepflicht, Einl III 27, Bbg FamRZ **01**, 628, Stgt MDR **84**, 58, VGH Mannh FamRZ **04**, 125, aM BFH JB **93**, 548, Oldb NdsRpfl **81**, 166. Sie ist ja insbesondere im Bereich der PKH ausgeprägt. Ein Hinweis erübrigt sich natürlich bei Ankündigung der Nachreichung, selbst wenn letztere dann ausbleibt, Bbg FamRZ **01**, 628.

Das Gericht muß seine *Frist unverzüglich* setzen, Mü FamRZ **98**, 630. Es muß die Frist so bemessen, daß der Antragsteller die etwa noch fehlenden Unterlagen voraussichtlich beschaffen kann. Er darf freilich auch nicht trödeln. Ist er bereits anwaltlich vertreten, so ist eine etwas längere Frist erforderlich. Das Gericht muß seine Frist in ordnungsgemäßer Form setzen, § 329 Rn 11, 13, 32. Freilich darf das Gericht den Gang des etwa schon anhängigen Hauptprozesses nicht schon wegen der PKH-Probleme verzögern lassen, Ffm JB **94**, 177. Eine Frist mag ausnahmsweise sogar über das Instanzende hinausgehen dürfen, Ffm Rpfleger **93**, 251, Karlsr FamRZ **99**, 305, Oldb JB **92**, 248. Andernfalls gilt § 119 Rn 19. Die Frist ist keine Notfrist nach § 224 I 2. Ihre Versäumung läßt daher keine Wiedereinsetzung zu, § 233 Rn 8 „Prozeßkostenhilfe".

Der Prozeßgegner hat im Fall der Entscheidungsreife einen Anspruch auf eine *unverzügliche Entscheidung zur Sache,* § 300 I. Daher kann sich ergeben, daß zB noch in demjenigen Termin eine Bewilligungsreife eintritt, an dessen Beginn das Gericht eine Frist setzte. In diesem Fall kommt eine rückwirkende Bewilligung in Betracht, § 119 Rn 10. Sie ist jedoch nicht stets notwendig. Es kommt auf die Gesamtsituation und die etwaige Fristverfügung des Gerichts an. Eine Frist mag zB auch deshalb entfallen, weil der Antragsteller schon in einem Parallelprozeß oder Vorverfahren wußte, daß er die jetzt fehlenden Unterlagen vorlegen müsse, und weil er dennoch keine diesbezüglichen Entschuldigungsgründe vorgebracht hat.

B. Nach Fristablauf usw. Geht das Fehlende nicht innerhalb einer etwaigen Frist nicht ein, muß das **36** Gericht prüfen, ob das Bild unzulässig bleibt, BGH NJW **86**, 62, Mü FamRZ **96**, 418, Naumb JB **94**, 231. Es muß auch die Entscheidungserheblichkeit des Fehlenden klären, Ffm Rpfleger **93**, 251, Hamm FamRZ **95**, 374, Schneider MDR **81**, 678, aM Köln MDR **82**, 152. Notfalls darf und muß das Gericht unverzüglich die Bewilligung von PKH „insoweit" abweisen, II 4, § 118 Rn 42. Denn ein Anspruch auf Staatskosten prozessierender Bürger muß sich zumindest der durchweg wirklich kleinen Mühe unterziehen, das Formular wenigstens innerhalb einer gewährten Nachfrist zu vervollständigen und bei auswärtigem Wohnsitz evtl stattdessen nochmals, diesmal vollständig ausgefüllt, einzureichen, BGH RR **02**, 138, Karlsr Rpfleger **04**, 168, LAG Kiel NZA-RR **05**, 217, **98**, 348, aM Hess MDR **89**, 870 (Verstoß gegen Sozialstaatsprinzip. Man kann das GG aber auch überstrapazieren). Dasselbe gilt, soweit eine vom Gericht erforderte Glaubhaftmachung fehlt. Freilich gilt das alles nur nach ordnungsgemäßer Fristsetzung, Rn 35, aM OVG Hbg FamRZ **92**, 79 (abl Gottwald). Man kann auch nicht durch Nachreichung im Beschwerdeverfahren eine Rückwirkung erzielen, LAG Kiel NZA-RR **05**, 217, LAG Köln NZA-RR **04**, 552, OVG Bautzen NVwZ-RR **03**, 791, aM Schneider MDR **89**, 965. Nur bei Schuldlosigkeit kommt eine rückwirkende Bewilligung infrage, ArbG Regensb Rpfleger **02**, 319.

C. Falsche Angaben. § 138 gilt auch im PKH-Bewilligungsverfahren. Angaben, die gegen jene Pflicht **37** zur Wahrhaftigkeit verstoßen, können erhebliche zivilprozessuale Nachteile nach sich ziehen, § 138 Rn 63, 64. Sie können zur Aufhebung der Bewilligung zwingen, § 124 Z 1, 2. Sie können Schadensersatzpflichten auslösen, § 138 Rn 65. Sie können als ein zumindest versuchter Prozeßbetrug usw strafbar sein, § 138 Rn 66.

D. Wirksamkeit fälschlicher Bewilligung. Eine zB ohne Antrag erfolgte Bewilligung ist bis zur **38** Aufhebung wirksam, Oldb MDR **89**, 268, Zweibr Rpfleger **02**, 627, aM Schneider MDR **83**, 441 (aber es liegt im Staatshoheitsakt vor, Üb 19 vor § 300).

14) VwGO: *Entsprechend anzuwenden,* § 166 *VwGO, allgM,* OVG Bln NVwZ **98**, 650, OVG Hbg NVwZ- **39** RR **00**, 125 u NordÖR **00**, 28, OVG Münst RR **99**, 1235. Prozeßgericht, I, im Verfahren der Nichtzulassungsbeschwerde, § 133 VwGO, ist das BVerwG, BVerwG NJW **65**, 2317, sofern die Vorinstanz nicht schon einer *eingelegten Beschwerde abhilft; das Gesuch kann auch zu Protokoll des Gerichts erklärt werden, bei dem das Rechtsmittel einzulegen ist. Das ist für den Berufungszulassungsantrag das VG,* VGH Kassel NVwZ-RR **03**, 390. *Nach § 67 I 2 VwGO besteht beim BVerwG und OVG kein Vertretungszwang. Wird der Antrag beim unzuständigen Gericht eingereicht, so ist er zur Weiterleitung im (nur) im normalen Geschäftsgang verpflichtet,* VGH Mannh Just **03**, 177. *Der Antrag muß vor Beendigung der Instanz gestellt werden,* BVerwG Buchholz 310 § 166 Nr 23, *und zwar in vollständiger Form,* OVG Lüneb FEVS **56**, 20, VGH Mü BayVBl **03**, 696. *Bei der Darstellung des Streitverhältnisses, I 2, ist die Angabe der Beweismittel wegen §§ 82 I, 86 I VwGO nicht nötig,* aM OVG Weimar NVwZ **98**, 868, *aber ratsam; bei der Nichtzulassungsbeschwerde gelten mit Rücksicht auf die besonderen Erfordernisse, § 133 III 3 VwGO,* BVerwG DVBl **63**, 680, zum abgesenkten Maßstab im Fall des Antrags auf Zulassung der Berufung, § 124 I *VwGO,* VGH Mannh NVwZ-RR **05**, 437 mwN *(Darlegung jedenfalls in laienhafter Weise) u bei Zulassung der Revision,* BFH NVwZ-RR **05**, 295, *zur Fürsorgepflicht des Gerichts bei unvollständigem Antrag s* VGH Mannh DÖV **03**, 913 und Rn 35. *Auch im VerwProzeß darf eine Klage unter der Voraussetzung der Bewilligung von PKH eingereicht werden,* oben Rn 7 *ff,* OVG Hbg Rpfleger **86**, 68, aM KoppSch § 82 Rn 8, BVerwG **59**, 302, OVG Schlesw NordÖR **99**, 193 mwN. Zu I 3 s § 764 Rn 10.

118 *Bewilligungsverfahren.*

¹¹ Vor der Bewilligung der Prozeßkostenhilfe ist dem Gegner Gelegenheit zur Stellungnahme zu geben, wenn dies nicht aus besonderen Gründen unzweckmäßig erscheint. ² Die Stellungnahme kann vor der Geschäftsstelle zu Protokoll erklärt werden. ³ Das Gericht kann die Parteien zur mündlichen Erörterung laden, wenn eine Einigung zu erwarten ist; ein Vergleich ist zu gerichtlichem Protokoll zu nehmen. ⁴ Dem Gegner entstandene Kosten werden nicht erstattet. ⁵ Die durch die Vernehmung von Zeugen und Sachverständigen nach Absatz 2 Satz 3 entstandenen Auslagen sind als Gerichtskosten von der Partei zu tragen, der die Kosten des Rechtsstreits auferlegt sind.

II ¹ Das Gericht kann verlangen, daß der Antragsteller seine tatsächlichen Angaben glaubhaft macht. ² Es kann Erhebungen anstellen, insbesondere die Vorlegung von Urkunden anordnen und Auskünfte einholen. ³ Zeugen und Sachverständige werden nicht vernommen, es sei denn, daß auf andere Weise nicht geklärt werden kann, ob die Rechtsverfolgung oder Rechtsverteidigung hinreichende Aussicht auf Erfolg bietet und nicht mutwillig erscheint; eine Beeidigung findet

§ 118

Buch 1. Abschnitt 2. Parteien

nicht statt. [4] Hat der Antragsteller innerhalb einer von dem Gericht gesetzten Frist Angaben über seine persönlichen und wirtschaftlichen Verhältnisse nicht glaubhaft gemacht oder bestimmte Fragen nicht oder ungenügend beantwortet, so lehnt das Gericht die Bewilligung von Prozeßkostenhilfe insoweit ab.

III Die in Absatz 1, 2 bezeichneten Maßnahmen werden von dem Vorsitzenden oder einem von ihm beauftragten Mitglied des Gerichts durchgeführt.

Schrifttum: *Lösch,* Die Stellung des Antragsgegners im Prozeßkostenhilfeverfahren usw, 1997.

Gliederung

1) **Systematik, I–III** ... 1	C. Keine Kostenentscheidung ... 27
2) **Regelungszweck: Zügigkeit des Verfahrens, I–III** ... 2–4	9) **Glaubhaftmachung, II 1** ... 28–30
	A. Umfassende Geltung ... 28
3) **Geltungsbereich, I–III** ... 5	B. Nur auf Verlangen des Gerichts ... 29
4) **Gelegenheit zur Stellungnahme, I 1, 2** ... 6–12	C. Mittel der Glaubhaftmachung: Alle Beweismittel ... 30
A. Gewährungspflicht, I 1 Hs 1 ... 6	D. Verstoß ... 30
B. Nur zur Erfolgsaussicht ... 7	10) **Erhebungen, II 2, 3** ... 31–37
C. Unzweckmäßigkeit, I 1 Hs 2 ... 8, 9	A. Zweck ... 31
D. Frist; Erklärung, I 2 ... 10	B. Begriff der Erhebungen ... 32
E. Keine Notwendigkeit zur Gegen-Stellungnahme des Antragstellers ... 11	C. Vorlegung von Urkunden, II 2 ... 33
F. Weitere Einzelfragen ... 12	D. Auskünfte, II 2 ... 34
5) **Mündliche Erörterung, I 3 Hs 1** ... 13–15	E. Zeugen und Sachverständige, II 3 Hs 1 ... 35, 36
A. Abgrenzung von Erörterung und Verhandlung ... 13	F. Keine Beeidigung, II 3 Hs 2 ... 37
B. Einigung zu erwarten ... 14	11) **Ablehnung mangels Glaubhaftmachung usw, II 4** ... 38–42
C. Ladung ... 15	A. Keine Glaubhaftmachung ... 38
6) **Vergleich, I 3 Hs 2** ... 16–20	B. Keine oder ungenügende Antwort ... 39
A. Rechtsnatur: Prozeßvergleich ... 16	C. Fristsetzung ... 40
B. Umfassender Vergleichsgegenstand ... 17	D. Ablehnungsumfang ... 41
C. Vergleichswirkung ... 18	E. Ablehnungspflicht ... 42
D. Protokollierung ... 19	12) **Zuständigkeit, III** ... 43–52
E. Streit über die Wirksamkeit ... 20	A. Prozeßgericht ... 44
7) **Keine Kostenerstattung, I 4** ... 21–23	B. Vorsitzender ... 45
A. Zweck ... 21	C. Beauftragtes Mitglied des Gerichts ... 46
B. Begriff der Kosten ... 22	D. Rechtspfleger/Urkundsbeamter kraft Gesetzes ... 47
C. Keine erstinstanzliche Kostenentscheidung ... 23	E. Rechtspfleger kraft Auftrags ... 48
8) **Gerichtskosten, I 5** ... 24–27	F. Ermessen bei der Beauftragung ... 49
A. Gebührenfreiheit ... 25	G. Beauftragungsverfahren im übrigen ... 50
B. Auslagen: Begrenzte Erstattungspflicht ... 26	H. Verfahren des Rechtspflegers ... 51, 52
	13) *VwGO* ... 53

1 **1) Systematik, I–III.** Während §§ 114–116 die personellen und sachlichen Bewilligungsvoraussetzungen nennen und § 117 den verfahrenseinleitenden Antrag regelt, nennt § 118 in Verbindung mit § 127 I den weiteren Verfahrensgang bis zur Entscheidung. Sie ist in §§ 119 ff geregelt.
I 1, 2 ist eine Ausprägung von § 20 III GG (Rpfl), BVerfG **101**, 404, Art 103 I GG (Richter), BVerfG **20**, 282, LSG Hbg JB **83**, 1181, Philippi (vor Üb 1 vor § 114) 272. Die Regelung behandelt die Anhörung des Prozeßgegners. *I 3* nennt die Voraussetzungen einer mündlichen Erörterung (nicht: Verhandlung). *I 4, 5* enthalten Regeln zur Erstattung von Kosten des etwaigen Anhörungsverfahrens. Dem I 3 entspricht im selbständigen Beweisverfahren § 492 III. *II* umschreibt die Einzelheiten etwaiger Erhebungen des Gerichts. Daneben gilt zB (jetzt) § 571 II, Schneider MDR **89**, 513, aM LAG Düss FamRZ **89**, 411 (aber die Vorschrift gilt uneingeschränkt). *III* enthält in Ergänzung zu § 127 I 2 und dem RPflG Zuständigkeitsregeln.

2 **2) Regelungszweck: Zügigkeit des Verfahrens, I–III.** Das Gericht ist einerseits zu einer sorgfältigen Klärung der Voraussetzungen der Bewilligung verpflichtet. Es muß andererseits dieses Vorverfahren im Interesse der Prozeßwirtschaftlichkeit unverzüglich abwickeln, Grdz 14 vor § 128, BGH FamRZ **89**, 416 links (jedenfalls so bald, daß die Entscheidung noch rechtzeitig vor einem dem Antragsteller drohenden Fristablauf ergeht), Karlsr MDR **95**, 636, LAG Nürnb MDR **03**, 1022. Das gilt, zumal sich in der Regel erst an das PKH-Verfahren das Hauptverfahren anschließt. Das Verfahren nach § 118 dient nicht dazu, den bevorstehenden oder bereits angelaufenen Rechtsstreit entscheidungsreif zu machen, BVerfG Rpfleger **01**, 554, Düss FamRZ **86**, 485, Mü FamRZ **94**, 1126. Deshalb darf und sollte das Gericht Erhebungen usw nur zurückhaltend anordnen. Andererseits besteht die Gefahr einer unrichtigen Einschätzung der Verhältnisse. Das Gericht muß daher von Fall zu Fall sorgfältig prüfen, ob es unter diesen Umständen die Erklärung nach § 117 II ausreichen läßt oder wenigstens eine Glaubhaftmachung nach II 1 verlangt.

3 Gerade eine korrekte Handhabung sowohl des PKH-Gesuchs insbesondere des Bekl als auch des gleichzeitigen Hauptverfahrens kann dazu führen, daß eine Entscheidung über das Bewilligungsgesuch erst *nach* einem *Gütetermin* bzw einem Fristablauf sinnvoll ist, LAG Nürnb MDR **03**, 1022. Sie mag sogar erst im Termin des Hauptverfahrens möglich werden, Kblz MDR **90**, 255, Klein FamRZ **89**, 1203, aM BVerfG RR **93**, 382, Jena FamRZ **03**, 1673, Naumb FamRZ **00**, 106 (aber dann müßte das Gericht PKH oft ablehnen, auch wenn es diese später rückwirkend bewilligen könnte). Gleichwohl mag (nicht: muß) eine

Titel 7. Prozesskostenhilfe und Prozesskostenvorschuss **§ 118**

Vertagung nötig werden, § 227 Rn 7. Soweit der ProzBev zur Sache verhandelt, braucht das Gericht nur zusammen mit der Hauptsache zu entscheiden, Köln RR **99**, 649. Mag der ProzBev die Antragstellung von der PKH-Bewilligung abhängig machen, Köln RR **99**, 649, Zweibr RR **03**, 1079. Mag er riskieren, daß mangels Sachantrags der Streitstoff noch nicht klar erkenbar ist und daß das Gericht daher derzeit eine PKH ablehnen muß.

Unzulässig ist aber trotz der Möglichkeit rückwirkender Bewilligung nach § 119 Rn 10 ff meist eine *Hinauszögerung* der Entscheidung bis zur Beendigung der Beweisaufnahme, Bbg JB **91**, 1669, Köln FamRZ **99**, 305, Mü FamRZ **98**, 630, erst recht nicht ihr nur gegen den Streitgenossen, § 59, Düss JB **80**, 1085.

Eine *Aussetzung* des Bewilligungsverfahrens zB nach §§ 148, 149 ist unzulässig, Fischer MDR **04**, 255. **4** Keine der gesetzlichen Voraussetzungen kann vorliegen, Hamm FamRZ **85**, 827, Mü MDR **88**, 783. Es kommt auch keine Unterbrechung nach §§ 239, 244, 246 in Betracht, sondern nur eine solche nach § 240, Köln MDR **03**, 526. Das Verfahren ist nur insoweit Sommersache, § 227 III, als auch der Hauptsache ist. Ein diesbezüglicher Verstoß ist allerdings unanfechtbar, Mü MDR **82**, 59. Eine Zurückstellung der Bewilligungsentscheidung kann im allseitigen eindeutigen Einverständnis in Betracht kommen, BVerfG **62**, 397. Der Tod, die Beendigung der Liquidation der Partei oder ihr Ausscheiden erledigen das Bewilligungsverfahren. Eine verzögerte Entscheidung kann einen Verstoß gegen Artt 2 I, 20 III GG (Rpfl), BVerfG **101**, 404, Art 103 I GG (Richter) bedeuten, LSG Hbg JB **83**, 1181. Sie kann zur Untätigkeitsbeschwerde führen, Jena FamRZ **03**, 1673. Dann kann auch eine Kostenniederschlagung nach (jetzt) § 21 GKG in Betracht kommen, OVG Hbg Rpfleger **86**, 68. Das gilt aber nicht, wenn zB der Bekl der Verzögerung nicht widersprochen hat, Köln FamRZ **99**, 998.

3) Geltungsbereich, I–III. Vgl Üb 4 vor § 114, § 114 Rn 9–45. II 1, 2 sind auf den Vergütungsantrag **5** betr Vormund usw entsprechend anwendbar, § 56 g II 2 FGG. § 278 VI ist auch bei § 118 I 3 anwendbar, LG Lüneb RR **03**, 1506.

4) Gelegenheit zur Stellungnahme, I 1, 2. Die bei folgender Bewilligung umgehbare Regelung hat **6** Vor- und Nachteile.

A. Gewährungspflicht, I 1 Hs 1. Grundsätzlich ist das Gericht verpflichtet, dem Prozeßgegner des Antragstellers eine Gelegenheit zur Stellungnahme zu geben, BGH **89**, 65, Brdb RR **03**, 796, Köln Rpfleger **02**, 573. Das ist eine Folge aus Artt 2 I, 20 III GG (Rpfl), BVerfG **101**, 404, Art 103 I GG (Richter), Rn 1. Die Anhörungspflicht scheint allerdings nicht selbstverständlich zu sein. Denn das Bewilligungsverfahren verläuft als eine Form der Sozialhilfe nach Üb 2 vor § 114 zwischen dem Antragsteller und dem Staat, nicht zwischen dem ersteren und dem Prozeßgegner, Brdb RR **03**, 796, Düss MDR **87**, 941, Karlsr FamRZ **95**, 1163. Das wird insbesondere dann deutlich, wenn der Antragsteller während des Bewilligungsverfahrens noch keine Klage einreicht. In diesem Stadium besteht noch kein engeres Prozeßrechtsverhältnis zwischen den Parteien, Grdz 6 vor § 128, Bre FamRZ **89**, 198. Demgemäß entsteht dann auch noch keine Rechtshängigkeit iS § 261 I schon durch die Übersendung des bloßen PKH-Antrags nebst seinen Unterlagen, Köln FamRZ **99**, 29. Es sind dann auch nur Maßnahmen nach § 769 II zulässig, nicht nach § 769 I, Ffm MDR **99**, 828, Köln FamRZ **87**, 963, Naumb FamRZ **01**, 839. Auch die Staatskasse ist zumindest erstinstanzlich kein Gegner, sondern hat nur ein Akteneinsichtsrecht, Karlsr JB **88**, 1226. Wohl aber besteht ein *öffentlichrechtliches* Verhältnis auch gegenüber dem Antragsgegner, soweit das Gericht ihn hineinzieht. Das beachtet Bre FamRZ **89**, 198 nicht genug.

I 1 Hs 1 stellt *indessen* schon nach dem Wortlaut „... ist ... zu geben" klar, daß eine *Anhörungspflicht* vorliegt, BVerfG **20**, 282 und 347, Schultz MDR **81**, 525. Das Verfahren läuft ja nicht als Verwaltungs-, sondern als gerichtliches, Üb 3 vor § 114. Im übrigen ist der Prozeßgegner allerdings nur insofern beteiligt, als er auf Grund der Bewilligung schon und noch in ein gerichtliches Hauptverfahren verwickelt werden kann, Hbg FamRZ **88**, 1077, Köln MDR **80**, 407, ohne daß er sich sonst gegen die Bewilligung wehren könnte, § 127 Rn 80, 89. Freilich begründet das zwar eine Obliegenheit, aber keine Rechtspflicht zur Stellungnahme, Kumme JB **91**, 1155. Ihre Unterlassung kann allerdings mutwillig sein, Kumme JB **91**, 1155 aM Cambeis JB **91**, 1603, Walter JB **91**, 1601 (aber §§ 114 ff begründen sehr wohl gewisse Obliegenheiten auch für den Prozeßgegner des Antragstellers schon vor Rechtshängigkeit).

B. Nur zur Erfolgsaussicht. Die Anhörungspflicht bezieht sich allerdings nur auf die Erfolgsaussicht der **7** beabsichtigten Rechtsverfolgung oder -verteidigung, § 114 Rn 80. Das Gericht darf den Prozeßgegner also nicht auch zu den persönlichen und wirtschaftlichen Verhältnissen des Antragstellers nach § 114 Rn 46 stets anhören, BVerfG NJW **91**, 2078, BGH **89**, 65, BFH Rpfleger **93**, 251. Eine Anhörung auch zur Bedürftigkeit des Antragstellers ist nur zulässig, soweit das Gericht den Persönlichkeitsschutz nach § 117 II 2 beachtet, § 117 Rn 27. Im einzelnen kann sie freilich auch durchaus zweckmäßig sein.

C. Unzweckmäßigkeit, I 1 Hs 2. Das Gericht kann von der Anhörung absehen, wenn das aus beson- **8** deren Gründen als unzweckmäßig erscheint. Es prüft diese Voraussetzung nach pflichtgemäßem Ermessen unter Abwägung aller Fallumstände, Grdz 38 vor § 128. Dabei kann sich die Lage während des Bewilligungsverfahrens dahin ändern, daß die Anhörung doch noch als notwendig erscheinen. Das Gericht muß diese Prüfung oder der Bewilligungsreife nach § 119 Rn 5 im Bewilligungsverfahren nochmals vornehmen. Als Ausnahmevorschrift ist Hs 2 jedenfalls eng auslegbar.

Beispiele der Unzweckmäßigkeit der Anhörung: Das Gericht will den PKH-Antrag ohnehin schon nach dem **9** Tatsachenvortrag des Antragstellers zurückweisen, Fischer MDR **04**, 670; oder der Prozeßgegner hält sich für längere Zeit im Ausland auf; das Verfahren ist besonders eilbedürftig, BVerfG **19**, 51, etwa weil es sich um einen Antrag auf Erlaß eines Arrests nach § 922 I 1 oder einer einstweiligen Verfügung nach § 937 II oder einer einstweiligen Anordnung auf Unterhalt handelt oder um eine Forderungspfändung nach § 834, Bobenhausen Rpfleger **84**, 396, um eine Wohnungsdurchsuchung oder das Rechtsmittel nach (jetzt) §§ 758, 758 a, Schneider NJW **80**, 2377, aM Behr/Hantke Rpfleger **81**, 269; der Streit geht bisher um bloße Rechtsfragen; es müßte eine öffentliche Zustellung stattfinden, § 185, Stgt DAVorm **95**, 751; der Aufwand wäre zu hoch, Fischer MDR **04**, 670; das Hauptverfahren ist schon beendet, Fischer MDR **04**, 670.

§ 118

10   D. Frist; Erklärung, I 2. Die Länge der Frist richtet sich nach den Gesamtumständen unter Beachtung des Zügigkeitsgebots nach Rn 2–4. Meist sind ca 2 Wochen nötig. Man kann die Stellungnahme schriftlich oder nach § 130 a elektronisch oder vor dem Urkundsbeamten der Geschäftsstelle des Prozeßgerichts oder jedes AG zum Protokoll erklären, I 2 in Verbindung mit § 129 a I. Unter den Voraussetzungen des § 24 II Z 3 RPflG, Anh § 153 GVG, ist der Rpfl zur Entgegennahme verpflichtet. Die Frist ist nur gewahrt, wenn die Stellungnahme vor ihrem Ablauf beim Prozeßgericht eingeht, § 129 a II 2, § 117 Rn 12, 13. Ein Anwaltszwang besteht in keinem Fall, § 78 V Hs 2 in Verbindung mit § 129 a. Er besteht also auch dann nicht, wenn für das Hauptverfahren Anwaltszwang nach § 78 Rn 1 besteht.

11   E. Keine Notwendigkeit einer Gegen-Stellungnahme des Antragstellers. Eine Stellungnahme des Antragstellers zur Stellungnahme des Antragsgegners, also eine Art sog Replik, ist keineswegs stets erforderlich. Ihre Einholung steht dem Gericht als weitere „Erhebung" im weiteren Sinn von II 2 zwar frei. Sie ist aber nur im Ausnahmefall ratsam. Das Bewilligungsverfahren ist schon umständlich genug. Es soll den Hauptprozeß oder keineswegs vorwegnehmen. Das gilt selbst bei Beweisanträgen des Antragsgegners, mit denen der Antragsteller offenbar noch nicht rechnet. Dann mag das Gericht PKH bewilligen.

12   F. Weitere Einzelfragen. Die Übersendung von PKH-Gesuch nebst Klageschrift bedeutet im Zweifel keine Zustellung nach §§ 253, 261, Karlsr FamRZ 88, 91 Köln NJW 94, 3360, Nürnb FamRZ 00, 36. Bei Schwierigkeiten des Klägers mit einer Vorauszahlung nach § 14 Z 3 a GKG mag zunächst die Klagezustellung geboten sein, Karlsr JB 92, 179. Die Stellungnahme nach I 1, 2 ist keine Parteivernehmung nach §§ 445 ff. Dessen ungeachtet ist der Prozeßgegner schon bei der Stellungnahme zur Wahrhaftigkeit verpflichtet. § 138 ist voll anwendbar, auch in III, IV, Karlsr FamRZ 02, 1132. Ein unzulässiges Bestreiten mit Nichtwissen kann also zum Erfolg des Bewilligungsantrags führen. Eine bewußte Unterlassung der Stellungnahme der beigeordneten Anwalts aus Gebührenerwägungen ist in jeder Hinsicht unhaltbar, Kumme JB 91, 1155, Lange AnwBl 88, 275.

13   5) Mündliche Erörterung, I 3 Hs 1. Das Gericht kann die Parteien zur mündlichen Erörterung laden, Zweibr RR 03, 1079. Dieselbe Regelung gilt im selbständigen Beweisverfahren, § 492 III. Dabei handelt das Gericht nach seinem pflichtgemäßen nicht nachprüfbaren Ermessen, Zweibr RR 03, 1079.

A. Abgrenzung von Erörterung und Verhandlung. Zwar ergeht die Entscheidung im Bewilligungsverfahren nach § 127 I 1 ohne mündliche „Verhandlung". Dem widerspricht § 118 I 3 aber auch nicht. Diese Vorschrift sieht nur eine mündliche „Erörterung" vor. Das Gesetz bestimmt die Begriffe „Erörterung" nicht, „Verhandlung" nach § 137 I usw als „Antragstellung". Gemeint sind dort die streitigen Sachanträge zur Hauptsache. Einen Antrag gibt es nun allerdings auch im PKH-Bewilligungsverfahren. Er kann sogar mit demjenigen zur Hauptsache zusammenfallen. Man kann ihn in streitiger Verhandlung zur Hauptsache (mit-) stellen. Trotzdem geht das Gesetz davon aus, daß zum PKH-Antrag allenfalls eine Erörterung und keine Verhandlung stattfindet, schon gar nicht stets bis zur Entscheidungsreife des Hauptprozesses, Hamm MDR 83, 674, Karlsr FamRZ 92, 1198. Die Praxis vermengt beides allerdings meist. Unter „Erörterung" ist eine tatsächliche und/oder rechtliche zu verstehen.

14   B. Einigung zu erwarten. Eine mündliche Erörterung darf nur stattfinden, „wenn eine Einigung zu erwarten ist", Zweibr RR 03, 1079. Sie muß nicht nur nach der Ansicht eines der Beteiligten zu erwarten sein, sondern auch nach derjenigen des Gerichts, Schlesw SchlHA 84, 116. Sie darf nicht nur vage möglich sein, sondern muß immerhin bereits einigermaßen naheliegen, Karlsr MDR 95, 635. Man darf die Anforderungen also nicht zu gering ansetzen, aM Grunsky NJW 80, 2044 (aber eine mündliche Erörterung soll die Ausnahme bleiben, Rogalsky DRiZ 85, 413). Wenn auch eine Einigung immerhin einigermaßen naheliegen muß, braucht sie noch nicht völlig vorzuliegen. Die Erörterung soll ja gerade dazu dienen, etwa restliche Probleme zu klären, die Gesamtumstände abzuwägen und Entscheidungsreife des Bewilligungsverfahrens herbeizuführen. Im übrigen soll das Gericht je nach § 278 I „in jeder Lage des Verfahrens", auf eine gütliche Beilegung des Streits bedacht sein, also auch im PKH-Verfahren, Lüke NJW 94, 234. Das muß man bei I 3 mitbeachten. Die Einigung braucht keineswegs in einem Vergleich zu bestehen. Sie kann zB auch in der Antragsrücknahme oder einem Schuldanerkenntnis liegen, auch in einem Verbindungsantrag oder in einer Vereinbarung von Ratenzahlungen auf die Schuld.

Eine Einigung ist *nicht* schon zu erwarten, wenn das Gericht lediglich die Erfolgsaussichten näher prüfen will, Karlsr FamRZ 92, 1198, oder den Prozeß der Entscheidungsreife näher bringen will, Hamm MDR 83, 674. Das Gericht muß überhaupt eine Vorwegnahme des Hauptprozesses verhindern, Grunsky NJW 80, 2044. Freilich kann aus praktischen Erwägungen auch in solcher Lage eine mündliche Erörterung ratsam sein. Denn sie kann der gütlichen Beilegung eher dienen als eine ablehnende Entscheidung mit nachfolgendem Beschwerdeverfahren, dessen Ergebnis den eine PKH erstinstanzlich ablehnenden Richter nicht für den Hauptprozeß bindet und die Parteien zusätzlich dort belasten mag.

15   C. Ladung. Die Befugnis des Gerichts, die Parteien zur Erörterung zu „laden", beinhaltet nicht das Recht, das persönliche Erscheinen nach § 141 sei es des Antragstellers, sei es gar des Prozeßgegners anzuordnen oder gar zu erzwingen. Denn es handelt sich noch nicht um eine Verhandlung zwischen den Parteien zur Hauptsache, § 141 Rn 11, LG Hechingen Just 92, 158.

16   6) Vergleich, I 3 Hs 2. Das Gericht muß einen bei der mündlichen Erörterung zustandekommenden Vergleich protokollieren.

A. Rechtsnatur: Prozeßvergleich. Wie die Anweisung zeigt, den Vergleich „zu gerichtlichem Protokoll zu nehmen", handelt es sich um einen Prozeßvergleich, Anh § 307 Rn 3, nicht um einen außergerichtlichen. Das ist insofern eigenartig, als er in einem Verfahren zustandekommt, das überhaupt noch keinen „Prozeß" darstellen muß und das man mit ihm auch dann nicht verwechseln darf, wenn es gleichzeitig mit dem Hauptverfahren stattfindet.

17   B. Umfassender Vergleichsgegenstand. § 118 a III aF sprach von einer Einigung der Parteien „über den streitigen Anspruch". Die jetzige Fassung des Gesetzes enthält eine solche Präzisierung nicht. Sie spricht

Titel 7. Prozesskostenhilfe und Prozesskostenvorschuss § 118

nur von einer zu erwartenden „Einigung" und von einem „Vergleich". Das bedeutet, wie schon nach altem Recht, daß sich die Parteien im Vergleich auch über solche Punkte einigen dürfen, die sie weder im Verfahren auf die Bewilligung der PKH noch in der etwa gleichzeitig eingereichten Klageschrift oder im bereits rechtshängigen Hauptprozeß angesprochen hatten, Schlesw SchlHA **84**, 116. Das ist um so überraschender, als die Parteien einen Vergleich auch vor dem Rpfl schließen können, § 20 Z 4 a RPflG, Anh § 153 GVG. Im oft schwierigsten Teil des Bewilligungsverfahrens hält das Gesetz also den Rpfl für geeignet, den es für einfachere andere Abschnitte nicht für zuständig erklärt.

C. Vergleichswirkung. Der Vergleich muß vor der Bewilligung der PKH zustandegekommen sein, um **18** nach I 3 zu wirken, Köln AnwBl **82**, 113. Der wirksam zustandegekommene Prozeßvergleich im Bewilligungsverfahren ist ein Vollstreckungstitel nach § 794 I Z 1 und beendet dieses. Es gibt also keine nachträgliche Bewilligung mehr, sofern sie nicht rückwirkend erfolgen muß, § 119 Rn 10, Stgt AnwBl **86**, 414, aM Bbg JB **83**, 455 (aber nun ist das PKH-Verfahren beendet). Der Vergleich wirkt darüber hinaus so, als ob der Gegenstand des Bewilligungsverfahrens auch im Hauptprozeß rechtshängig gewesen wäre, Köln FamRZ **00**, 1094. Er kann sogar darüber hinaus auf andere bisher nur außergerichtlich umstrittene Punkte oder anhängige Ansprüche wirken. Er kann die etwa schon rechtshängige Hauptsache erledigen. Er hat also eine umfassende sachlichrechtliche und prozessuale Wirkung, Anh § 307 Rn 34. Er duldet dieselben Bedingungen wie ein im Hauptprozeß geschlossener Vergleich, Anh § 307 Rn 42. Mit dem Eintritt der auflösenden Bedingung ist der frühere Zustand wiederhergestellt. Der nicht im vorstehenden Sinn, etwa nicht vom beauftragten Rpfl, protokollierte Vergleich ist ein außergerichtlicher. Er kann als solcher wirksam sein.

D. Protokollierung. Das Gericht muß einen Vergleich protokollieren. Das gilt sowohl dann, wenn er im **19** Rahmen einer mündlichen Erörterung zustande kommt, als auch dann, wenn die Parteien sich im Bewilligungsverfahren außerhalb einer solchen vergleichen. Daher brauchen sie zur Protokollierung auch nicht gleichzeitig zu erscheinen. Zuständig ist der Rpfl nur für den Vergleich, nicht auch für PKH, § 20 Z 4 a RPflG, Köln Rpfleger **86**, 493, ferner der verordnete Richter nach §§ 361, 362. Für die Form der Protokollierung gilt dasselbe wie beim Prozeßvergleich im Hauptverfahren, Anh § 307 Rn 21. Es gibt während des PKH-Verfahrens für den Vergleich keinen Anwaltszwang, Anh § 307 Rn 26, wohl aber evtl für den erst später zustandegekommenen im Hauptprozeß, Köln AnwBl **82**, 113.

E. Streit über die Wirksamkeit. Es gelten dieselben Regeln wie beim Prozeßvergleich im Haupt- **20** verfahren, Anh § 307 Rn 37.

7) Keine Kostenerstattung, I 4. Die dem Prozeßgegner entstandenen erstinstanzlichen Kosten sind **21** nicht erstattungsfähig.

A. Zweck. Die Vorschrift widerspricht nur teilweise den §§ 91 ff. Denn der Prozeßgegner ist im Bewilligungsverfahren noch keine „unterliegende Partei" im Sinn von § 91 I 1. Das gilt auch nach einer Anhörung. Es gilt auch dann, wenn mit der Bewilligung der Hauptsache praktisch entscheidungsreif geworden ist, § 300 Rn 6. In seinem Geltungsbereich geht I 4 allerdings den §§ 91 ff, 123 vor, § 91 Rn 153–155. Das mag im Einzelfall unbillig wirken. Das Gesetz ist gleichwohl eindeutig. I 4 hat Vorrang vor § 269 III 3 bzw behandelt einen ganz anderen Fall, Hamm FamRZ **05**, 1185.

B. Begriff der Kosten. Von den Kosten sind sämtliche Unkosten des Prozeßgegners für seine wie immer **22** geartete Beteiligung, Vertretung oder Anhörung im Bewilligungsverfahren umfaßt. Kosten des Beschwerdeverfahrens sind in keinem Fall erstattungsfähig, § 127 IV, dort Rn 103. Wegen der Erstattungsfähigkeit der Kosten des PKH-Verfahrens im anschließenden Hauptprozeß § 91 Rn 153–155. Die vorgenannten Kosten können allerdings als ein Verzugsschaden eine sachlichrechtliche Ersatzforderung begründen, § 91 Rn 158 ff, Karlsr AnwBl **82**, 491, Schlesw SchlHA **78**, 170.

C. Keine erstinstanzliche Kostenentscheidung. Schon wegen des Wegfalls der Erstattungsfähigkeit **23** der Kosten des Prozeßgegners gibt es bei der erstinstanzlichen Bewilligung der PKH mit oder ohne Auflagen usw keine Kostenentscheidung, § 91 Rn 153–155, Ffm RR **05**, 943. Wegen der Beschwerdeinstanz § 127 Rn 20, 21. Dasselbe gilt, soweit das Gericht PKH erstinstanzlich versagt. Wegen der Beschwerdeinstanz auch insofern § 127 Rn 20, 21. Ein Beschluß, der dem Antragsteller oder dem Prozeßgegner zugleich mit der Entscheidung über das Bewilligungsgesuch die Kosten dieses Verfahrens fehlerhaft auferlegt, ist trotz § 99 (jetzt) mit der sofortigen Beschwerde entsprechend § 127 II, IV anfechtbar, § 99 Rn 19, LG Bln Rpfleger **88**, 204, Schneider MDR **87**, 725. Das Gericht kann ihn kann aber vor einer Abänderung im Kostenfestsetzungsverfahren nicht überprüfen, Einf 19 vor §§ 103–107.

8) Gerichtskosten, I 5. Diejenige Partei, der das Gericht die Kosten des Rechtsstreits auferlegt, muß **24** auch die durch eine Vernehmung von Zeugen und Sachverständigen nach II 3 entstandenen Auslagen als „Gerichtskosten" tragen.

A. Gebührenfreiheit. Das Bewilligungsverfahren ist gerichtsgebührenfrei. Das ergibt sich schon aus § 1 **25** GKG. Danach werden Gerichtskosten nur nach jenem Gesetz erhoben. § 1 Z 1 a GKG nennt zwar generell das Verfahren vor den ordentlichen Gerichten „nach der Zivilprozeßordnung". Jedoch sind die Vorschriften über die PKH gegenüber dem GKG vorrangig. Daher besteht auch ein Verbot der Analogie, BGH **91**, 314, Mü MDR **85**, 783, Hartmann Teil I § 1 GKG Rn 16. Das gilt selbst dann, wenn ein im nach I 3 zustandegekommener Prozeßvergleich im Sinn von Anh § 307 auch solche Ansprüche umfaßt, die nicht zum Gegenstand des Verfahrens auf die Bewilligung der PKH wurden, Hartmann Teil I KV 1900 Rn 7 ff. Es gilt auch dann, wenn die Parteien den Vergleich vor der Einlegung eines Rechtsmittels im Bewilligungsverfahren höherer Instanz geschlossen haben. Rechtsgrund ist die kostenrechtliche Begünstigung des gesamten PKH-Bewilligungsverfahrens. In der Beschwerdeinstanz haftet allerdings der unterliegende Beschwerdeführer für die Gerichtsgebühr, KV 1900. Es kommt auch eine Übernahmehaftung nach § 29 Z 2 GKG beim Vergleich in Betracht, § 123 Rn 6.

B. Auslagen: Begrenzte Erstattungspflicht. Das Bewilligungsverfahren ist zwar erstinstanzlich ge- **26** richtsgebührenfrei. Es ist aber nicht auslagenfrei. Allerdings gelten nur die durch die „Vernehmung von

§ 118

Buch 1. Abschnitt 2. Parteien

Zeugen und Sachverständigen" entstandenen Auslagen als Gerichtskosten. Diese Auslagen des KV 9005 fallen zunächst der Staatskasse zur Last, BGH 91, 314. Der Antragsteller haftet der Staatskasse nach § 22 I 1 GKG. Das Gericht darf zunächst keinen Vorschuß fordern. Es muß ja gerade über die Befreiung von der Vorschußpflicht befinden, § 122 I Z 1 a. Freilich entscheidet das Gericht auch im Rahmen der §§ 114 ff der Sache nach über eine Vorschußpflicht. Soweit das Gericht PKH bewilligt, muß der Verlierer des Hauptprozesses die oben genannten Auslagen nach §§ 91 ff tragen. Er ist als Entscheidungsschuldner nach § 29 Z 1 GKG ein sog Erstschuldner.

27   **C. Keine Kostenentscheidung.** Es gelten dieselben Regeln wie in Rn 23.

28   **9) Glaubhaftmachung, II 1.** Das Gericht kann im Rahmen pflichtgemäßen Ermessens verlangen, daß der Antragsteller seine tatsächlichen Angaben nach § 294 glaubhaft macht, Brdb FamRZ 02, 1415. Die Glaubhaftmachung ist dann nicht statt der Vordruckangaben nach § 117 notwendig, sondern neben ihnen zusätzlich erforderlich, Brdb FamRZ 02, 1415.

   A. Umfassende Geltung. Diese Forderung kann sich sowohl auf die Tatsachen zur Erfolgsaussicht der Rechtsverfolgung oder -verteidigung nach § 114 Rn 80 als auch auf die Tatsachen zur Hilfsbedürftigkeit des Antragstellers beziehen, § 114 Rn 46, Köln FER 97, 175. Das gilt freilich nur im Umfang der Beweislast, Schlesw SchlHA 82, 71, und zur Frage der Hilfsbedürftigkeit wegen § 117 II–IV nur hilfsweise, Köln FamRZ 82, 701. Es kann sich zB um die Glaubhaftmachung der im Vordruck nach § 117 III, IV eingetragenen Umstände handeln, Düss AnwBl 86, 162.

29   **B. Nur auf Verlangen des Gerichts.** Eine Glaubhaftmachung ist nicht von vornherein erforderlich, sondern nur, soweit das Gericht sie „verlangt", Hamm FamRZ 96, 417. Mü FamRZ 89, 83. Natürlich ist eine solche Maßnahme nur aus sachlich vertretbaren Erwägungen statthaft, Mü FamRZ 89, 83. Willkür wäre auch dem Gericht verboten. Freilich hat es ein weites Ermessen. Es sollte sein Ermessen auch hier wie im gesamten Bewilligungsverfahren großzügig zu Gunsten des Antragstellers nutzen. Es sollte aber auch nicht bedenkenlos handeln, sondern nur dann eine Glaubhaftmachung fordern, wenn bestimmte Zweifel an der Richtigkeit eines Parteivertrags bestehen, Hamm FamRZ 96, 417. Das Verlangen kann auch dann vorliegen, wenn das Gericht weder § 294 ausdrücklich nennt, noch ausdrücklich eine „Glaubhaftmachung" fordert. Indessen liegt im Zweifel keine solche Forderung vor. Die bloße Anberaumung einer mündlichen Erörterung stellt kein Verlangen nach Glaubhaftmachung dar.

30   **C. Mittel der Glaubhaftmachung: Alle Beweismittel.** Der Antragsteller kann sich „aller Beweismittel bedienen, auch zur Versicherung an Eides Statt zugelassen werden", § 294 I. Insofern darf das Gericht sein Verlangen daher nicht auf bestimmte Arten von Angaben oder Beweismitteln beschränken. Eine eidesstattliche Versicherung hat allerdings oft nur wenig Wert, Düss AnwBl 86, 162. Sie ist auch unzulässig, soweit es sich um Tatsachen handelt, für die der Antragsteller beweispflichtig ist, § 445, Hamm FamRZ 96, 417. Unstatthaft ist eine Beweisaufnahme, die nicht sofort erfolgen kann, § 294 II. Ein bloßer Beweisantritt reicht kaum, Köln FER 97, 175.

   D. Verstoß. Vgl Rn 38.

31   **10) Erhebungen, II 2, 3.** Sie finden im Rahmen pflichtgemäßen Ermessens nur notfalls statt, Köln FamRZ 98, 631. Sie kommen umso eher in Betracht, als der Antragsteller unbeholfen ist.

   A. Zweck. Das PKH-Bewilligungsverfahren bezweckt nicht eine Vorwegnahme des Hauptprozesses. Das bedeutet: Das Gericht braucht nur die Erhebungen vorzunehmen, die zu einer vorläufigen Klärung der Erfolgsaussicht führen. Es muß allerdings die Bedürftigkeit bereits endgültig klären. § 273 ist im Bewilligungsverfahren unanwendbar. §§ 114 ff sind vorrangige Spezialregeln. Keinesfalls darf eine umfassende Beweisaufnahme stattfinden, schon gar nicht sogleich nach einer Antragszurückweisung, BVerfG NVwZ 87, 786, Hamm FamRZ 89, 1203, sondern allenfalls eine begrenzte, zB eine Schätzungsvernehmung nach § 287, Kblz RR 92, 707. Eine Beweisaufnahme entfällt grundsätzlich, soweit der beweisbelastete Kläger als Antragsteller seine Behauptung nach § 294 glaubhaft macht, Brdb MDR 03, 111. Das Gericht darf nicht gegen die Regeln zur Beweislast nach Anh § 286 verstoßen, Hamm FamRZ 86, 80.

32   **B. Begriff der Erhebungen.** Das Gericht sollte den Regelungszweck nach Rn 31 beachten. Im übrigen ist „Erhebungen" ein allgemeiner Begriff. Er reicht weiter als bloße Beweiserhebungen. Er umfaßt auch die „Vorlegung von Urkunden" und die Einholung von „Auskünften", II 2. Das sind aber nur Beispiele zulässiger Erhebungen. Das ergibt sich aus dem Wort „insbesondere" in II 2. Das Gericht ist also im Prinzip zu allen sachdienlichen Maßnahmen zur Klärung des Sachverhalts befugt. Es darf und sollte auch mitbedenken, daß das objektive Fehlen der Voraussetzungen der Bewilligung eine Aufhebung nach § 124 Z 3 erzwingen kann. Eine Aufklärung erfolgt zur Erfolgsaussicht keinesfalls von Amts wegen, soweit das Hauptverfahren nicht nach dem Ermittlungsgrundsatz abläuft, Grdz 38 vor § 128, Hamm FamRZ 86, 80. Eine schriftliche Anhörung ist unbeschränkt zulässig. Eine mündliche Erörterung ist nur innerhalb Rn 6 zulässig.

33   **C. Vorlegung von Urkunden, II 2.** Als Urkunde kann auch eine Privaturkunde gelten, auch eine Strafakte. Zur Vorlegung sind neben dem Antragsteller zwar nicht sein Prozeßgegner verpflichtet (ihn braucht das Gericht nur anzuhören und kann ihn daher zu nichts zwingen), wohl aber evtl Behörden, Art 35 GG, vgl § 299.

34   **D. Auskünfte, II 2.** Das Gericht kann auch die Einholung einer Auskunft beschließen. Zu ihr ist auch der Antragsteller verpflichtet, Köln DAVorm 80, 850. Daneben ist dazu nicht der Antragsgegner verpflichtet, Rn 33, wohl aber unter Umständen ein Dritter, insbesondere Behörden, Art 35 GG. Die Auskunft braucht nicht von einer amtlichen Stelle zu stammen. Das Gericht kann jetzt zB auch von einer Bank oder dem Arbeitgeber eine Auskunft einholen. Die Parteien können auch der späteren Verwertung nicht widersprechen. Ob die angesprochene Stelle zur Auskunft verpflichtet und bereit ist, ist eine andere Frage.

   Zu beachten sein kann zB: Eine ärztliche Schweigepflicht; § 117 II 2; das BDSG, Becker SchlHA 80, 25, Wax FamRZ 80, 976; das Steuergeheimnis, solange der Betroffene keine Befreiung erteilt. Sie kann, muß aber nicht in der Antragstellung liegen, § 385 Rn 9. Das Gericht kann sie anheimstellen. Es darf aber im

Verfahren ohne Amtsermittlung im Sinn von Grdz 38 vor § 128 nicht zu dergleichen übergehen, Hamm FamRZ **86**, 80, Zweiter FamRZ **94**, 908, Wax FamRZ **80**, 976.

E. Zeugen und Sachverständige, II 3 Hs 1. Zeugen und Sachverständige werden „nicht vernommen, **35** es sei denn, daß auf andere Weise nicht geklärt werden kann, ob die Rechtsverfolgung oder Rechtsverteidigung hinreichende Aussicht auf Erfolg bietet und nicht mutwillig erscheint", Köln MDR **98**, 923. Die Vorschrift schränkt den Grundsatz der Zulässigkeit aller sachdienlichen Erhebungen ein, Rn 32, um eine Vorwegnahme der Beweisaufnahme des eigentlichen Hauptprozesses zu verhindern, BVerfG NJW **91**, 413, Brdb MDR **03**, 111, Nürnb FamRZ **03**, 1020. Der Wahrscheinlichkeitsgrad ist unbeachtlich, Bbg JB **91**, 1669. Das Gericht darf grundsätzlich eine Beweisperson des Antragstellers nur bei *seiner* Beweislast vernehmen, Brdb MDR **03**, 111, Köln FamRZ **88**, 1077, Schneider MDR **90**, 180. Eine Ausnahme mag bei Erheblichkeit der Tatsache für beide Parteien gelten, Köln MDR **90**, 728. § 357 ist anwendbar.

Soweit freilich die Vernehmung auch und nicht nur der Klärung der persönlichen und wirtschaftlichen **36** Verhältnisse und damit vor allem der *Bedürftigkeit* des Antragstellers dient, ist die Vernehmung zulässig, Grunsky NJW **80**, 2044. Im übrigen können weder der Antragsteller noch der Prozeßgegner verhindern, daß das Gericht einen Zeugen oder Sachverständigen außerhalb der gesetzlichen Voraussetzungen anhört, Bbg JB **91**, 1670. Eine entsprechende Anordnung ist unanfechtbar, Köln MDR **90**, 728, aM Köln FamRZ **99**, 306 (aber die Voraussetzungen des § 127 liegen nicht vor), es sei denn, die Anhörung soll erst nach einer so langen Zeit erfolgen, daß die Anordnung einer Aussetzung gleichkäme, Zweibr FamRZ **84**, 75. Infolge einer wenn auch evtl gesetzwidrigen Anordnung der Vernehmung entsteht ein evtl isolierter Anspruch auf eine PKH wenigstens für diesen Abschnitt, Köln MDR **83**, 323, Schneider AnwBl **87**, 466. Der Vernommene hat nach dem JVEG einen gesetzlichen Anspruch auf Entschädigung. Das Gericht muß allerdings solche Kosten unter Umständen nach § 21 GKG niederschlagen.

F. Keine Beeidigung, II 3 Hs 2. Eine Beeidigung „findet nicht statt", weder bei der Vernehmung eines **37** Zeugen oder Sachverständigen noch nach der Erörterung mit dem Antragsteller oder gar dem Prozeßgegner oder aus anderem Grund. Das Gesetz verbietet die Beeidigung schlechthin. Verboten ist natürlich auch eine eidesgleiche Bekräftigung nach § 484. Nicht verboten, sondern oft geradezu geboten ist aber eine eidesstattliche Versicherung als Mittel der „Glaubhaftmachung", Rn 28.

11) Ablehnung mangels Glaubhaftmachung usw, II 4. Das Gericht muß das Gesuch unter den **38** folgenden Voraussetzungen ablehnen, Bbg JB **92**, 623.

A. Keine Glaubhaftmachung. Der Antragsteller mag die Angaben über seine persönlichen und wirtschaftlichen Verhältnisse nicht glaubhaft gemacht haben. Ob und in welcher Art und Weise seine Glaubhaftmachung erforderlich ist, richtet sich nach den in Rn 28 erörterten Regeln. Freilich darf das Gericht den Antrag erst nach vergeblichem Verlangen nach II 1 zurückweisen, Köln MDR **96**, 310.

B. Keine oder ungenügende Antwort. Es reicht auch aus, daß der Antragsteller bestimmte Fragen des **39** Gerichts nicht oder ungenügend beantwortet hat, Schlesw SchlHA **78**, 197. Aus dem Ausdruck „beantwortet" ergibt sich, daß das Gesetz nur solche Fragen meint, die das Gericht gestellt hat, also nicht den Fall, daß der Antragsteller die gesetzlichen Voraussetzungen der Bewilligung von sich aus ungenügend dargelegt hat. Das Gericht muß ihm auch „bestimmte" Fragen gestellt haben. Es darf ihn also nicht allgemein zB zu ergänzenden Angaben zur Bedürftigkeit oder Erfolgsaussicht aufgefordert haben. Freilich genügt es, daß das Gericht die Richtung „bestimmt" angegeben hat, in der der Antragsteller antworten soll. Im Zweifel liegt mangels Bestimmtheit keine „ungenügende" Beantwortung vor. Nicht jede Antwort muß einer bestimmte Gerichtsfrage reicht aus. Sie muß auch der Frage genügen. Eine „ungenügende" Beantwortung kann auch mangels diesbezüglichen Verschuldens des Antragstellers vorliegen. Es kommt darauf an, ob er wenigstens im Kern ausreichend geantwortet hat. Dabei muß man den vorläufigen Charakter des Bewilligungsverfahrens im Hinblick auf die Erfolgsaussicht beachten. Evtl kommt nur eine entsprechend geringere Bewilligung in Betracht, Karlsr FamRZ **92**, 579. § 124 Z 2 ist aber in diesem Stadium noch nicht auch nur entsprechend anwendbar, Köln FamRZ **96**, 617.

C. Fristsetzung. Das Gericht muß im Fall Rn 38 und/oder Rn 39 vergeblich eine angemessene Frist **40** zur Beantwortung gesetzt haben, BFH Rpfleger **93**, 73, Mü MDR **98**, 559, LG Kblz FamRZ **96**, 806. Die Frist ist weder eine Ausschlußfrist, Bbg JB **91**, 623, noch eine Notfrist nach § 224 I 2, § 233 Rn 8. Das Gericht muß sie so bemessen, daß der Antragsteller die etwa noch fehlenden Unterlagen voraussichtlich beschaffen kann und Zeit zur Formulierung einer genügenden Antwort hat. Er darf freilich auch hier nicht trödeln. Ist er anwaltlich bereits vertreten, so ist eine etwas längere Frist erforderlich. Eine Woche mag zu kurz sein. Mehr als zwei Wochen werden außerhalb der Ferienzeit kaum nötig sein. Es kommt auf die Fragen des Gerichts und die Abhängigkeit etwa von einer Rückfrage beim Steuerberater oder beim Finanzamt an, auch auf einen etwa direkt bevorstehenden Urlaub des Antragstellers und dergleichen. Das Gericht muß seine Frist in ordnungsmäßiger Form gesetzt haben, § 329 Rn 11, 12, 32, Karlsr FamRZ **92**, 579.

D. Ablehnungsumfang. Eine Ablehnung der PKH kommt nach ergebnislosem Fristablauf nur „inso- **41** weit" in Betracht, als der Antragsteller säumig ist oder unzulänglich reagiert hat. Das Gericht mag also zB zwar eine Bewilligung aussprechen müssen, aber nur gegen Ratenzahlung statt ohne Raten, wenn der Antragsteller eine angebliche Darlehnsschuld nicht genügend glaubhaft gemacht hat usw, Karlsr FamRZ **92**, 579.

E. Ablehnungspflicht. Soweit die Voraussetzungen Rn 38–41 vorliegen, ist das Gericht nach dem **42** eindeutigen Gesetzeswortlaut verpflichtet, den Antrag zurückzuweisen, Düss JB **88**, 1722, Kblz FamRZ **90**, 537, LSG Essen FamRZ **89**, 411 (diese Gerichte gehen freilich selbst dann so vor, wenn das Fehlende vor der Entscheidung über die PKH nachgereicht wurde. Das ist zu förmelnd, Schneider MDR **89**, 965). Das Fehlende läßt sich dann auch nicht nachholen, BAG MDR **04**, 415, Düss MDR **04**, 410. Freilich bleibt ein neuer Antrag möglich, § 127 Rn 102.

§ 118   Buch 1. Abschnitt 2. Parteien

43   **12) Zuständigkeit, III.** Zur Anordnung einer Maßnahme nach I, II ist der Vorsitzende oder ein von ihm beauftragtes Mitglied des Gerichts zuständig.

44   **A. Prozeßgericht.** Zuständig ist das Prozeßgericht des jeweiligen Rechtszugs, § 127 I 2, § 117 Rn 12. Im Fall einer Revision ist evtl statt des BayObLG der BGH zuständig, BGH **98**, 322. Auch bei einer Unzuständigkeit für das Hauptverfahren bleibt das angegangene Gericht bis zu einer Abgabe oder Verweisung für das zugehörige PKH-Gesuch zuständig. Es muß dieses notfalls als unbegründet abweisen, Saarbr RR **90**, 575. Bei Unzuständigkeit für das Bewilligungsverfahren ist § 281 entsprechend anwendbar, § 281 Rn 3. Es ist dann also auch ein Antrag auf Verweisung zulässig. Das Gericht muß ihn evtl anregen, § 139 entsprechend. Wegen der Zuständigkeit für das Vollstreckungsverfahren § 119 Rn 53.

45   **B. Vorsitzender.** Innerhalb des Prozeßgerichts ist grundsätzlich der Vorsitzende allein zuständig also nicht das Kollegium. Das Verfahren der Bewilligung liegt also anders als teilweise das Änderungsverfahren nach § 120 IV grundsätzlich in der Hand des Richters und nicht des Rpfl, Bischof AnwBl **81**, 373, Schneider Rpfleger **80**, 365.

46   **C. Beauftragtes Mitglied des Gerichts.** Der Vorsitzende kann auch ein „Mitglied des Gerichts" beauftragen. Gemeint ist hier ein richterliches Mitglied, genauer: ein anderer Richter desselben Spruchkörpers (Kammer oder Senat). Es handelt sich also um einen beauftragten Richter, wie er zB auch bei § 361 I in Betracht kommt. Davon unberührt bleibt die Befugnis, in gesetzlich zulässigem Umfang ein Rechtshilfeersuchen an ein anderes Gericht zu richten, §§ 156 ff GVG. Der Vorsitzende trifft seine Entscheidung über die Beauftragung im Rahmen eines pflichtgemäßen Ermessens unter Abwägung der dafür und dagegen sprechenden Gesichtspunkte. Welches Mitglied er beauftragt, unterliegt demselben Ermessen.

47   **D. Rechtspfleger/Urkundsbeamter kraft Gesetzes.** Der Rpfl ist für die nach § 118 in Betracht kommenden Maßnahmen zuständig, soweit sie im Mahnverfahren erforderlich sind, das er ja selbständig bearbeitet, §§ 688 ff in Verbindung mit §§ 4 I, 20 Z 1 RPflG, Anh § 153 GVG. Infrage kommt auch der etwa landesrechtlich mit dem Mahnverfahren betraute Urkundsbeamte der Geschäftsstelle, Grdz 4 vor § 688. Wegen der Zuständigkeit für das Vollstreckungsverfahren § 119 Rn 53. Sofern freilich der Richter auch schon im Mahnverfahren tätig wird, ist er auch für die zugehörigen Maßnahmen nach § 118 zuständig.

48   **E. Rechtspfleger kraft Auftrags.** Der Rpfl ist ferner im Bewilligungsverfahren für die nach I 3 Hs 2 erforderliche Beurkundung eines Prozeßvergleichs nach Anh § 307 und für die nach II in Betracht kommenden Maßnahmen (nicht Entscheidungen) zuständig, soweit der Vorsitzende ihn mit solchen Geschäften beauftragt, § 20 Z 4 a RPflG, Anh § 153 GVG, LAG Düss Rpfleger **96**, 295 und 326. Der Rpfl bzw Urkundsbeamte wird also auch im Umfang der vorgenannten Geschäfte keineswegs schon auf Grund eines Antrags einer Partei oder gar von Amts wegen tätig. Der Rpfl legt einen Antrag, den die Geschäftsstelle irrig zunächst ihm vorgelegt hat, seinerseits dem Vorsitzenden zur Entscheidung darüber vor, ob der Vorsitzende ihn beauftragt.

49   **F. Ermessen bei der Beauftragung.** Der Vorsitzende trifft seine Entscheidung über eine Beauftragung des Rpfl/Urkundsbeamten in eigener Zuständigkeit und im Rahmen eines pflichtgemäßen Ermessens unter Abwägung der dafür und dagegen sprechenden sachlichen Erwägungen. Er muß dabei erwägen, ob der Rpfl bzw Urkundsbeamte nach der Art des Falls, der Persönlichkeit und der am Verfahren Beteiligten, aber auch nach der allgemeinen Geschäftsbelastung und nach der sonstigen personellen Gesamtsituation geeignet ist. Der Vorsitzende braucht den Rpfl bzw Urkundsbeamten keineswegs sofort zu beauftragen. Die Zweckmäßigkeit seiner Beauftragung mag sich vielmehr gerade erst im Laufe des Verfahrens ergeben, etwa dann, wenn sich eine Vergleichsbereitschaft der Parteien infolge einer Anhörung abzeichnet oder wenn die richterlichen Erhebungen ergeben haben, daß nur noch einzelne zugehörige Klärungen erforderlich sind.

Der Vorsitzende kann die Beauftragung des Rpfl bzw Urkundsbeamten auch auf *einzelne Maßnahmen* beschränken und ihn anweisen, die Akten anschließend unverzüglich wieder vorzulegen. Der Vorsitzende darf die Befugnis zur Beauftragung grundsätzlich ohne eine Angabe von Gründen ausnutzen, den Rpfl bzw Urkundsbeamten also routinemäßig einschalten, sofern er immerhin im Einzelfall noch einmal prüft, ob diese Maßnahme sachgerecht ist (Ermessen), Christl NJW **81**, 791. Er darf diese Befugnis natürlich nicht mißbrauchen. Ein Mißbrauch liegt noch nicht vor, wenn er sich und das Kollegium entlasten will. Denn genau diese Entlastung ist einer der Zwecke des Gesetzes.

50   **G. Beauftragungsverfahren im übrigen.** Die Beauftragung des Rpfl bzw Urkundsbeamten erfolgt durch prozeßleitende Verfügung des Vorsitzenden, § 329. Sie ist mehr als ein innerdienstlicher Vorgang. Denn durch sie wechselt die funktionelle Zuständigkeit auf eine andere Gerichtsperson über. Die Parteien haben einen Anspruch darauf, den genauen Umfang der Beauftragung des Rpfl bzw Urkundsbeamten zu erfahren. Denn davon mag auch einmal abhängen, ob und in welchem Umfang die Anordnungen des Rpfl bzw Urkundsbeamten folgen müssen. Deshalb muß der Vorsitzende die Verfügung dem Antragsteller und mit Rücksicht auf I 1 grundsätzlich auch dem Prozeßgegner formlos mitteilen, § 329 II 1. Die Verfügung bedarf jedoch nur in Ausnahmefällen einer stichwortartigen Begründung, § 329 Rn 4, 6, zumal sie grundsätzlich völlig unanfechtbar ist. Die Beauftragung des Rpfl bzw Urkundsbeamten bindet das Gericht nur im Rahmen des Auftrags und seiner Bedingungen. Im übrigen bleibt der Rpfl bzw Urkundsbeamte zuständig, solange er den Auftrag nicht erledigt hat und nicht zur Vorlage an den Richter nach § 4 f RPflG Veranlassung sieht oder gezwungen ist. Der Vorsitzende kann die Sache also nicht jederzeit ohne Angabe von Gründen wieder an sich ziehen.

51   **H. Verfahren des Rechtspflegers.** Der Rpfl bzw Urkundsbeamte bearbeitet die ihm übertragene Sache grundsätzlich bis zur Erledigung des Auftrags. Er ist im Rahmen der §§ 5/36 b RPflG, Anh § 153 GVG, zur Vorlage bei dem Gericht (Vorsitzendem) verpflichtet, also nicht mehr dann, wenn sich bei der Bearbeitung rechtliche Schwierigkeiten ergeben, etwa bei der Formulierung eines komplizierten Prozeßvergleichs, wohl aber evtl, wenn sich im Laufe des Verfahrens ergibt, daß ausländisches Recht anwendbar sein könnte. Im Umfang der Übertragung ist der Rpfl bzw Urkundsbeamte keinerlei Weisungen unterworfen und nur an Recht und Gesetz gebunden, § 9 RPflG. Soweit er ein Geschäft des Richters wahrnimmt, das dem Rpfl bzw Urkundsbeamten nicht übertragen wurde und auch nicht übertragen werden konnte, ist das Geschäft unwirk-

Titel 7. Prozesskostenhilfe und Prozesskostenvorschuss **§§ 118, 119**

sam, § 8 IV 1 RPflG, Köln Rpfleger **86**, 493. Umgekehrt ist ein Geschäft wirksam, das der Vorsitzende dem Rpfl bzw Urkundsbeamten übertragen hat, dann aber selbst vornahm oder durch das Kollegium vornehmen ließ, § 8 I RPflG, dort auch zu den weiteren Einzelheiten im Verhältnis zwischen Gericht und Rpfl.

Soweit der Rpfl bzw Urkundsbeamte die Sache dem Vorsitzenden *vorlegt*, verfährt dieser einerseits im Rahmen seines Ermessens nach § 20 Z 4 a RPflG, andererseits nach § 5 III 1, 2 RPflG. Soweit der Richter die Sache also erneut zur Bearbeitung an den Rpfl bzw Urkundsbeamten zurückgibt, ist dieser an eine von dem Richter mitgeteilte Rechtsauffassung gebunden, insbesondere bei der Protokollierung eines Prozeßvergleichs, § 5 III 3 RPflG. Rechtsbehelfe: § 127. **52**

13) *VwGO:* Entsprechend anzuwenden, § 166 VwGO, OVG Weimar NVwZ **98**, 868. Die Einschaltung des RPfl, oben Rn 47 ff, kommt nicht in Betracht, Anh § 153 GVG Rn 1. Ein Vergleich, oben Rn 16 ff, ist im Rahmen von § 106 VwGO zulässig. Keine Kostenentscheidung, oben Rn 23, auch nicht zulasten der Staatskasse, VGH Mü NVwZ-RR **90**, 336. **53**

119 *Bewilligung.* ¹ ¹ Die Bewilligung der Prozesskostenhilfe erfolgt für jeden Rechtszug besonders. ² In einem höheren Rechtszug ist nicht zu prüfen, ob die Rechtsverfolgung oder Rechtsverteidigung hinreichende Aussicht auf Erfolg bietet oder mutwillig erscheint, wenn der Gegner das Rechtsmittel eingelegt hat.

II Die Bewilligung von Prozesskostenhilfe für die Zwangsvollstreckung in das bewegliche Vermögen umfaßt alle Vollstreckungshandlungen im Bezirk des Vollstreckungsgerichts einschließlich des Verfahrens auf Abgabe der eidesstattlichen Versicherung.

Gliederung

1) Systematik, I, II	1
2) Regelungszweck, I, II	2
3) Geltungsbereich, I, II	3
4) Bewilligungszeitpunkt, I 1, 2	4–9
A. Ausdrückliche Festsetzung im Bewilligungsbeschluß	4
B. Mangels ausdrücklicher Festsetzung: Bewilligungsreife	5–7
C. Entsprechende Auslegbarkeit der Bewilligung	8, 9
5) Rückwirkung der Bewilligung, I 1, 2	10–27
A. Grundsätzlich keine Rückwirkung vor Antragseingang	10
B. Ausnahmsweise Rückwirkung ab Antragseingang	11–13
C. Sonstige Rückwirkung vor Instanzende	14, 15
D. Rückwirkung bei Antrag vor Instanzende	16–18
E. Unzulässigkeit bei Antrag nach Instanzende	19
F. Zulässigkeit bei Beschwerde gegen Ablehnung von Prozeßkostenhilfe	20
G. Zulässigkeit während Vergleichs-Widerrufsfrist	21
H. Zulässigkeit nach Rechtskraft einer günstigen Entscheidung	22
I. Unzulässigkeit nach Rechtskraft einer ungünstigen Entscheidung	23
J. Rückwirkung bei Erledigung der Hauptsache	24
K. Schädlichkeit von Verschulden des Antragstellers	25
L. Keine Rückwirkung bei Tod, Erlöschen, Ausscheiden usw	26, 27
6) Bewilligung, I 1	28
7) Für jeden Rechtszug besonders, I 1	29–54
A. Zweck	29
B. Begriff des Rechtszugs	30
C. Notwendigkeit gesonderter Antragstellung	31
D. Beispiele zur Frage des Rechtszugs	32–54
8) Frage erneuter Prüfung der Erfolgsaussicht und Mutwilligkeit im höheren Rechtszug, I 2	55–62
A. Begriff des höheren Rechtszugs	56
B. Gegnerisches Rechtsmittel: Grundsätzlich keine erneute Prüfung	57
C. Erneute Prüfung bei PKH-Antrag beider Parteien	58
D. Erneute Prüfung bei Änderung der Verhältnisse	59
E. Erneute Prüfung bei Streithilfe	60
F. Erneute Prüfung bei Anschließung	61
G. Eigenes Rechtsmittel: Grundsätzlich erneute Prüfung	62
9) Erneute Prüfung der Bedürftigkeit im höheren Rechtszug, I 2	63–65
A. Notwendigkeit	63
B. Beispiele zur Frage einer Bedürftigkeit	64, 65
10) Maßstab bei erneuter Prüfung im höheren Rechtszug: Großzügigkeit, I 2	66
11) Form der Entscheidung: Beschluß, I 1, 2	67
12) Bewilligung für die Zwangsvollstreckung, II	68–70
A. Zulässigkeit	68
B. Zuständigkeit: Vollstreckungsgericht	69
C. Einzelfragen	70
13) VwGO	71

1) Systematik, I, II. Während §§ 114–116 die grundsätzlichen Bewilligungsvoraussetzungen regeln und §§ 117, 118, 120 ff, 127 das Verfahren bis zur Entscheidung festlegen, regelt § 119 in S 1 nur für den Fall einer Bewilligung einen Teil ihres Umfangs, in S 2 eine Einzelfrage der Bedürftigkeitsprüfung im höheren Rechtszug. Insofern ist S 2 gegenüber § 114 vorrangig. **1**

2) Regelungszweck, I, II. Die Notwendigkeit einer neuen Prüfung und Entscheidung in jedem weiteren Rechtszug ergibt sich aus dem Umstand, daß durch die vorangegangene Entscheidung in der Hauptsache eine gerichtliche Beurteilung der Erfolgsaussicht stattgefunden hat. Daraus folgt für die erste Instanz eine Begrenzung der vor sie auch im PKH-Verfahren. **2**

Unterschiedliche Bewertung ist Chance und Risiko bei jedem Rechtsbehelf. Die höhere Instanz darf und muß sich ihr Urteil selbst bilden, soweit die Vorinstanz nicht teilweise auch für die höhere bindend entschieden hat. Auch die höhere Instanz sollte aber ein Hin und Her vermeiden. Die Vorläufigkeit auch

§ 119

ihrer Bewertung im PKH-Verfahren tritt gerade wegen der meist möglichen Unanfechtbarkeit der Hauptentscheidung wie derjenigen zur PKH wohltuend zutage, wenn sie in der anstandshalber gleichwohl ratsamen Kurzbegründung klar zum Ausdruck kommt, § 329 Rn 6.

3 3) **Geltungsbereich, I, II.** Vgl Üb 4 vor § 114, § 114 Rn 9–45.

4 4) **Bewilligungszeitpunkt, I 1, 2.** Man muß zwischen demjenigen Zeitpunkt unterscheiden, zu dem die Bewilligung erfolgen *soll* und *muß*, und demjenigen, zu dem sie tatsächlich erfolgt *ist*.

A. Ausdrückliche Festsetzung im Bewilligungsbeschluß. Maßgeblich ist zunächst derjenige Zeitpunkt, von dem ab das Gericht PKH ausdrücklich festsetzt, Drsd MDR **98**, 185, Mü RR **04**, 65, Stgt Rpfleger **03**, 200. Das gilt unabhängig davon, ob die Festsetzung zu einem anderen früheren oder späteren Zeitpunkt hätte erfolgen müssen oder gar nicht hätte erfolgen dürfen, Bbg JB **91**, 841, Düss JB **94**, 176, Köln FamRZ **97**, 1545, aM Nürnb MDR **00**, 657 (aber es liegt ein wirksamer Staatshoheitsakt vor, Üb 10 vor § 300). Im letzteren Fall mag der Beschluß anfechtbar sein. Er ist aber zunächst einmal nicht schon wegen fehlerhafter Festsetzung des Bewilligungsbeginns etwa unwirksam, sondern bis zu seiner Abänderung oder Aufhebung ebenso gültig wie andere gerichtliche Entscheidungen, Üb 19 vor § 300 (zum Urteil). Es liegt auch keineswegs stets schon wegen fehlerhafter Rückwirkung eine greifbare Gesetzwidrigkeit vor, zum problematischen Begriff § 127 Rn 25, Ffm Rpfleger **93**, 251. Zur Bindungswirkung § 329 Rn 16 „§ 318". Das Gericht bestimmt zweckmäßigerweise in seinem Bewilligungsbeschluß ausdrücklich den Anfangstag seiner Wirkung, Kblz AnwBl **78**, 316.

5 **B. Mangels ausdrücklicher Festsetzung: Bewilligungsreife.** Soweit das Gericht den Anfangstag der PKH-Bewilligung nicht im Beschluß nach Rn 4 ausdrücklich festgesetzt hat, nehmen zwar viele an, daß die Bewilligung grundsätzlich nur für die Zukunft gelte, also für die Zeit seit der formlosen Mitteilung der Bewilligung an den Antragsteller, § 329 Rn 27, BGH NJW **85**, 921, Karlsr RR **89**, 1465, Köln FamRZ **88**, 1297. Es kann aber nicht einfach der Wunsch des Antragstellers allein maßgeblich sein. Er kann ja nicht einfach mit sofortigem Gehorsam des Gerichts rechnen.

In Wahrheit gilt vielmehr die *Regel:* Maßgeblich ist der Zeitpunkt der *Bewilligungsreife*. Das ist derjenige Zeitpunkt, zu dem das Gericht PKH bei einem ordnungsgemäßen unverzüglichen Geschäftsgang bewilligen muß oder mußte, § 114 Rn 48, BGH BB **98**, 665, OVG Hbg FamRZ **05**, 464 (Eilverfahren), VGH Mü NJW **05**, 1677, aM BGH NJW **82**, 1104, Düss FamRZ **00**, 1224, Zweibr FamRZ **97**, 683 (wegen Bedürftigkeit stets nur der aktuelle Stand), LSG Erfurt Rpfleger **00**, 166 (Antragseingang), OVG Lüneb FamRZ **05**, 463 (tatsächlicher Entscheidungszeitpunkt. Aber auch ein Urteil gehört in den Zeitpunkt der Entscheidungsreife, nicht vorher und nicht später). Diese Regel ist praktisch unentbehrlich, um grobe Unbilligkeiten zu verhüten, evtl sogar einen Verstoß gegen Artt 2 I, 20 III GG (Rpfl), BVerfG **101**, 404, Art 103 I GG (Richter), Düss FamRZ **89**, 81.

Sie ist auch deshalb unentbehrlich, um den Antragsteller vor den Nachteilen zu schützen, die eine für ihn *unverschuldete Verzögerung* des Verfahrens bringen würde, Düss FamRZ **97**, 1088, aM Hamm FamRZ **97**, 1018, Köln RR **00**, 1606 (aber der Antragsteller hat Anspruch auf eine unverzügliche Entscheidung). Der Zeitpunkt der Bewilligungsreife entspricht dem Regelungszweck der gesamten PKH, Üb 1 vor § 114, und der gerichtlichen Fürsorgepflicht im gesamten Bewilligungsverfahren, Üb 5 vor § 114. Er schließt einerseits die Notwendigkeit einer sorgfältigen Prüfung der Bewilligungsvoraussetzung ein, Üb 8 vor § 114, andererseits das Gebot der Zügigkeit des Verfahrens, § 118 Rn 2. Bewilligungsreife setzt Kenntnis des beabsichtigten Sachantrags voraus. Der Bewilligungsantrag muß vollständig belegt vorliegen, Köln FamRZ **01**, 232.

6 Aus dem Grundsatz der Bewilligungsreife kann sich auch die Notwendigkeit einer *Rückwirkung* der Bewilligung ergeben, Rn 10, BGH BB **98**, 665, KG FamRZ **00**, 838 und 839, Zweibr FamRZ **04**, 1500, aM BGH NJW **87**, 2379, Düss FamRZ **89**, 81, Stgt MDR **87**, 329 (grundsätzlich nur für die Zukunft. Aber das ist nicht konsequent. Alle Beteiligten können und müssen sich auf eine Wirkung ab Bewilligungsreife einstellen. Auch ein Urteil kann und muß evtl rückwirkend ergehen).

Ebenso ergibt sich ein *Verbot* der Rückwirkung vor Bewilligungsreife. Daher gibt es keine Bewilligung für einen vom Antragsgegner zu vertretenden Verzögerungszeitraum, Karlsr FamRZ **96**, 1287, VGH Mannh JB **91**, 1115.

7 In der *Beschwerdeinstanz* tritt die Bewilligungsreife für das Beschwerdegericht erst mit der Vorlage des etwa notwendigen Nichtabhilfebeschlusses des erstinstanzlichen Gerichts ein, VGH Kassel AnwBl **90**, 55.

8 **C. Entsprechende Auslegbarkeit der Bewilligung.** Nach dem Grundsatz der Bewilligungsreife nach Rn 4–6 darf und muß man eine Entscheidung auslegen, die über den Zeitpunkt des Beginns der PKH keine ausdrückliche nach Rn 3 bindende abweichende Festsetzung enthält. Denn man muß dem Gericht seinen Willen zu einer sachgemäßen Entscheidung unterstellen. Deshalb kann eine Bewilligung auch ohne ausdrückliche rückwirkende Festsetzung rückwirkend gemeint und erfolgt sein, Bbg FamRZ **88**, 1081, Celle JB **78**, 125, OVG Bln JB **94**, 350.

9 Freilich muß die Absicht der Rückwirkung doch einigermaßen *eindeutig erkennbar* sein, BGH NJW **82**, 446, Hamm Rpfleger **84**, 448. Man kann nicht aus der Erkenntnis, daß PKH ab Bewilligungsreife erfolgen *soll*, stets darauf schließen, daß das Gericht auch den richtigen Zeitpunkt gewählt *hat*, Christl MDR **83**, 628, aM Düss Rpfleger **86**, 108, Mü Rpfleger **86**, 108, LAG Bre AnwBl **82**, 443 (im Zweifel wirke der Beschluß stets auf den Tag der Antragstellung zurück. Aber das ist ohnehin nur ausnahmsweise möglich). Man darf also keine gewaltsame Auslegung im Sinne des Gesollten statt des Gewollten vornehmen.

10 5) **Rückwirkung der Bewilligung, I 1, 2.** Es gelten wegen des Grundsatzes der Bewilligungsreife nach Rn 4 zur Rückwirkung ziemlich komplizierte oft verkannte Regeln.

A. Grundsätzlich keine Rückwirkung vor Antragseingang. Eine rückwirkende Bewilligung auf einen Zeitpunkt *vor* dem Eingang des PKH-Antrags ist grundsätzlich unzulässig, BGH JB **93**, 51, Karlsr FamRZ **04**, 122, LAG Ffm MDR **01**, 1017. Sie ist infolgedessen bei vernünftiger Auslegung auch nicht als gewollt einschätzbar, Rn 8. Sie wäre vielmehr grundsätzlich greifbar gesetzwidrig, soweit es noch darauf ankommt, § 127 Rn 25, Karlsr FamRZ **93**, 216, LG Landau Rpfleger **85**, 375, LAG Ffm MDR **01**, 1017.

Titel 7. Prozesskostenhilfe und Prozesskostenvorschuss § 119

Soweit unklar bleibt, ob der rechtzeitig gefertigte Antrag auch vor dem Instanzende eingegangen ist, muß das Gericht den Antrag jedenfalls dann zurückweisen, wenn sich der Antragsteller nicht im Verfahren nach seinem Schicksal erkundigt hat, Brdb AnwBl **98**, 670, Celle JB **96**, 141.

Allerdings muß das Gericht ausnahmsweise im *Amtsprüfungsverfahren* im Sinn von Grdz 38 vor § 128 zB nach §§ 640 ff auch einen PKH-Antrag anregen und beim Verstoß rückwirkend ab einem möglichen Antragseingang entscheiden, Brdb FamRZ **97**, 1542, Karlsr FamRZ **01**, 1156.

Fälschlich erfolgte absichtliche derartige Rückwirkung *vor* Antragseingang bindet allerdings, Rn 4, Bbg FamRZ **89**, 884.

B. Ausnahmsweise Rückwirkung ab Antragseingang. Das Gericht kann zu Recht oder zu Unrecht 11 nach Rn 4 bindend die Bewilligung rückwirkend auf den Zeitraum *seit* Antragseingang festgesetzt haben, KG FamRZ **80**, 580. Andernfalls kommt eine Rückwirkung auf diesen frühestmöglichen Bewilligungszeitpunkt nach Rn 10 nur ausnahmsweise in Betracht, Stgt Rpfleger **03**, 200. Sie kann zB dann erfolgen, wenn das Gericht den Prozeßgegner nicht nach § 118 I 1 hört, weil das „aus besonderen Gründen unzweckmäßig erscheint", dort Rn 18. Die Bewilligungsreife kann etwa dann bereits im Zeitpunkt des Antragseingangs eintreten, wenn der Antrag erst während einer mündlichen Verhandlung im Hauptprozeß erfolgt und wenn die Klagerwiderung usw schon vorliegt oder wenn schon eine Beweisaufnahme erfolgt ist oder wenn der Antragsteller zwar eine Frist voll ausnutzt, das Gericht aber eben deshalb nicht mehr vor dem Fristablauf entscheiden kann, KG JR **88**, 436, ArbG Regensb JB **91**, 1230. Es reicht kaum aus, den Antrag erst am Schluß der letzten Verhandlung zu stellen, §§ 136 IV, 296 a. Denn dann braucht man kaum noch Hilfe, Karlsr FamRZ **96**, 1288.

Der Antrag muß natürlich *vollständig* vorliegen, BGH JB **92**, 823 (StPO), LG Regensb JB **02**, 84, LAG Halle AnwBl **00**, 62. Der Antragsteller muß insbesondere die persönlichen Voraussetzungen nach § 117 ausreichend dargetan und etwa belegt haben, BGH JB **92**, 823, BVerwG JB **95**, 304, LG Regensb JB **02**, 84, aM Oldb JB **92**, 248, LAG Hamm MDR **93**, 91 (aber Bewilligungsreife nach Rn 5 liegt eben doch erst ab Eingang des zuvor Fehlenden vor. Das gilt auch dann, wenn das Gericht das Fehlende pflichtgemäß nachfordert). Eine unrichtige Namensschreibweise kann bei Eindeutigkeit der Nämlichkeit und formell ordnungsgemäßer Zustellung unschädlich sein, Bbg FamRZ **01**, 291.

Der Zeitpunkt des Antragseingangs kann also streng genommen niemals mit dem der Bewilligungsreife 12 zusammenfallen. Dazwischen muß immer die ordnungsgemäße *Prüfung* des Gesuchs liegen. Sie mag aber ja nur wenige Sekunden dauern müssen, BGH NJW **82**, 446, Düss FamRZ **89**, 81, Karlsr RR **89**, 1466, aM Düss Rpfleger **86**, 108, Ffm AnwBl **86**, 255, Hbg JB **85**, 655 (Rückbeziehung für den Bekl schon vom Zeitpunkt des Klageingangs beim Gericht ab. Aber dann liegt grundsätzlich noch gar kein Prozeßrechtsverhältnis vor, Grdz 4 vor § 128).

Man darf die Bewilligung auch nicht etwa schon dann auf den Zeitpunkt des Antragseingangs zurück- 13 beziehen, wenn der Antragsteller die erforderlichen *Unterlagen* zwar *nicht* schon vollständig oder gar *vorgelegt* hatte, wenn das Gericht aber eine angemessene Frist zur Nachreichung eingehalten hat, Karlsr FamRZ **96**, 1288. Denn die Bewilligungsreife nach Rn 5 ist dann eben erst mit dem Eingang des noch Fehlenden und seiner unverzüglichen Prüfung eingetreten, Karlsr FamRZ **96**, 1288, AG Regensb Rpfleger **92**, 29, aM Ffm Rpfleger **93**, 251, Nürnb MDR **01**, 1435 Oldb JB **92**, 248 (aber die fristgemäße Nachreichung ändert nichts am anfänglichen Fehlen des für PKH Entscheidungserheblichen). Rückwirkung kann geboten sein, wenn das Gericht das Fehlen der Unterlagen weder gerügt noch ihre Nachreichung befristet hatte, Karlsr FamRZ **99**, 305, oder wenn es einen sonstigen Verfahrensfehler gemacht hatte, Naumb AnwBl **00**, 456 (nur zur Erfolgsaussicht).

C. Sonstige Rückwirkung vor Instanzende. Soweit das Gericht nicht zu Recht oder zu Unrecht, aber 14 nach Rn 4 bindend den Beginn der PKH im Bewilligungsbeschluß ausdrücklich festgesetzt hatte, kommt nach dem Grundsatz der Bewilligungsreife im Sinn von Rn 5 eine sonstige Rückwirkung eines vor dem Ende dieser Instanz ergangenen oder zu erlassenden Bewilligungsbeschlusses auf einen Zeitpunkt nach dem Antragseingang in Betracht. Maßgebend ist also auch hier wiederum, ob das Gericht bei einerseits gründlicher, andererseits zügiger Behandlung über den Bewilligungsantrag früher hätte entscheiden können und müssen, Karlsr FamRZ **90**, 81, oder ob es einen Vertrauenstatbestand geschaffen hatte, wie oft durch Güteverhandlungen usw, etwa nach § 278 II–VI oder im Arbeitsgerichtsverfahren, LAG Halle AnwBl **00**, 62.

Beispiele: Das Gericht hatte den Antrag zunächst übersehen; es hat das Formular § 117 vermeidbar 15 verspätet geprüft; es hätte eine Frist zur Nachreichung von Belegen oder zur Glaubhaftmachung früher setzen müssen; es hat einen Beweisbeschluß erlassen und damit die Erfolgsaussicht bejaht, § 114 Rn 86, gleichwohl noch ergänzende Angaben zur Erfolgsaussicht gefordert, und entscheidet erst nach deren Eingang; es hat die Bezugnahme auf ein schwebendes Parallelverfahren zunächst als ausreichend erachtet und dann jene Akten versandt, Köln FamRZ **88**, 1297.

Freilich darf *kein Verschulden* des Antragstellers mitwirken, Köln FamRZ **99**, 1143.

D. Rückwirkung bei Antrag vor Instanzende. Soweit der Antrag vor dem Abschluß der Instanz 16 eingegangen war, kommt es mangels abweichender ausdrücklicher Festsetzung im Bewilligungsbeschluß nach Rn 4 zunächst darauf an, ob schon vor dem Instanzende eine *Bewilligungsreife* nach Rn 4 eingetreten war. Nur soweit das der Fall war, ist die Rückwirkung zulässig und notwendig, BGH NJW **85**, 922, Hamm FamRZ **05**, 463, LAG Köln MDR **05**, 1138, aM OVG Bre JB **90**, 1191 (nicht mehr nach Erledigung. Aber es kommt für die „Beabsichtigung" eben auf die Bewilligungsreife an).

Beispiele: Das Gericht hatte vor dem Ablauf einer von ihm gesetzten Frist zur Stellungnahme des Prozeß- 17 gegners bereits zur Hauptsache entschieden, Düss MDR **87**, 941 (zum gegenteiligen Fall); es war dem Antragsteller nicht zuzumuten, den Bewilligungsantrag vor dem Sachantrag der Hauptsache zu stellen, Karlsr FamRZ **87**, 1167 (Vorsicht!); der Antragsteller durfte die erforderlichen Unterlagen erst nach dem Abschluß der Instanz nachreichen, BGH VersR **84**, 600, Bbg JB **85**, 141, Zweibr FamRZ **04**, 1500; die Widerrufsfrist eines Vergleichs war noch nicht abgelaufen, LG Hbg FamRZ **99**, 600; das Gericht hatte die Partei durch eine unrichtige Belehrung von einem rechtzeitigen Antrag abgehalten, Brdb FamRZ **97**, 1542; es hatte nicht

§ 119

rechtzeitig einen Anwalt von Amts wegen beigeordnet, Karlsr FamRZ **01**, 1155, Mü FamRZ **02**, 1196; erst nach Instanzende konnte das Beschwerdegericht zurückverweisen, Kblz FamRZ **96**, 44.

18 Freilich muß der Wahlanwalt auch *bereit* gewesen sein, sich beiordnen zu lassen, Christl MDR **83**, 538 und 624.

19 **E. Unzulässigkeit bei Antrag nach Instanzende.** Soweit das Gericht nicht fälschlich, aber nach Rn 4 bindend eine rückwirkende PKH im Bewilligungsbeschluß nach Rn 10 ausdrücklich festgesetzt hat, Bbg FamRZ **89**, 884, ist eine Rückwirkung grundsätzlich unzulässig, soweit der Bewilligungsantrag erst nach dem Ende dieser Instanz im Sinn von § 119 S 1, Rn 30 bei Gericht vollständig eingegangen war, BGH JB **91**, 1116, Düss AnwBl **05**, 656, LAG Köln MDR **05**, 1138. Dasselbe gilt, wenn die Erklärung nach § 117 II–IV erst nach Instanzende eingeht, ohne daß das Gericht eine so lange Frist nach § 117 Rn 35 gesetzt hatte, Bbg FamRZ **01**, 628, KG FamRZ **00**, 839, Karlsr FamRZ **99**, 305. Eine Ausnahme kann im FGG-Verfahren vor einer Kostenentscheidung bestehen, Mü FamRZ **01**, 1309. Das Gericht dieser Instanz kann den erst nach ihrem Ende eingegangenen Antrag unbearbeitet in die Akten nehmen. Es kann aber die rückwirkende Bewilligung auch zur Klarstellung ausdrücklich ablehnen, BGH (St) AnwBl **87**, 55, BVerwG JB **92**, 346, Hbg WoM **93**, 462. Eine rückwirkende Bewilligung kommt nur ausnahmsweise bei Schuldlosigkeit des Antragstellers infrage, ArbG Regensb Rpfleger **02**, 319. Dem Antragsteller bleibt evtl ein neuer Antrag ohne Rückwirkung offen, Rn 102.

Ein *Anwaltsverschulden* gilt auch hier als solches der Partei, § 85 Rn 6, OVG Hbg FamRZ **92**, 79. Es kommt in solchen Fällen allenfalls eine Entscheidung der Justizverwaltung in Betracht, und zwar nicht nach § 23 EGGVG, dort Rn 3, sondern wie im Sinn von Art XI § 1 KostÄndG. Man kann sie nicht nach dieser Vorschrift anfechten, Hbg MDR **83**, 234, Hartmann Teil XII Art XI § 1 Rn 10 ff. Manche wenden bei greifbarer Gesetzwidrigkeit nach § 127 Rn 25 auch § 124 Z 3 an, Bbg FamRZ **89**, 884. Das gilt freilich nur, soweit es noch darauf ankommt, § 127 Rn 25.

20 **F. Zulässigkeit bei Beschwerde gegen Ablehnung von Prozeßkostenhilfe.** Soweit nicht das Gericht nach Rn 4 bindend im Bewilligungsbeschluß einen abweichenden Zeitpunkt bestimmt hat, kommt eine Rückwirkung auch im Fall einer Entscheidung erst nach dem Abschluß dieser Instanz im Sinn von § 119 I 1, Rn 30 auch dann in Betracht, wenn der Antragsteller gegen einen die PKH-Bewilligung ablehnenden Beschluß eine mit Gründen versehene sofortige Beschwerde eingelegt hat, LG Dortm AnwBl **84**, 222 (abl Chemnitz). Das gilt zunächst dann, wenn das erstinstanzliche Gericht den dortigen PKH-Antrag verzögerlich behandelt hatte, Schlesw JB **02**, 85. Es gilt ferner auch dann, wenn die sofortige Beschwerde gegen die PKH-Ablehnung vor dem Ende der Instanz der Hauptsache einging. Es gilt schließlich auch dann, wenn der Antragsteller seine sofortige Beschwerde schuldlos erst später eingelegt hatte, etwa deshalb, weil das Gericht die ablehnende Entscheidung dem Antragsgegner nicht vor dem Instanzende der Hauptsache mitgeteilt hatte, § 127 Rn 64.

Unstatthaft ist eine Rückwirkung jedoch, soweit erstinstanzlich kein Bedürfnis für die Beiordnung eines Anwalts bestand, VGH Mannh NVwZ-RR **05**, 367.

21 **G. Zulässigkeit während Vergleichs-Widerrufsfrist.** Soweit das Gericht nicht in seinem Beschluß nach Rn 4 bindend einen abweichenden Zeitpunkt des Beginns der PKH festgesetzt hat, ist eine rückwirkende Bewilligung auch dann statthaft, wenn der Antragsteller das Bewilligungsgesuch erst nach dem Abschluß eines widerruflichen Prozeßvergleichs nach § 307 Rn 42 vor dem Ablauf der Widerrufsfrist eingereicht hat, LG Hbg FamRZ **99**, 600, AG Groß Gerau MDR **81**, 853.

22 **H. Zulässigkeit nach Rechtskraft einer günstigen Entscheidung.** Soweit das Gericht den Bewilligungsbeginn nicht nach Rn 4 bindend ausdrücklich abweichend festgesetzt hat, steht die Rechtskraft eines dem Antragsteller günstigen Urteils einer Rückwirkung der Bewilligung grundsätzlich nicht entgegen, Ffm MDR **83**, 137, Hbg FamRZ **83**, 1230, Karlsr FamRZ **98**, 1086, aM FfM AnwBl **82**, 533 (zu einer Feststellungsklage. Aber auch dann ist die Bewilligungsreife der richtige Zeitpunkt). Der günstigen Entscheidung steht die Rücknahme des gegnerischen Rechtsmittels gleich, BGH AnwBl **88**, 420 (wegen [jetzt] § 516 III).

23 **I. Unzulässigkeit nach Rechtskraft einer ungünstigen Entscheidung usw.** Soweit das Gericht nicht nach Rn 4 bindend den Bewilligungsbeginn ausdrücklich abweichend festgesetzt hatte, kommt eine Rückwirkung jedenfalls insoweit nicht mehr in Betracht, als im Zeitpunkt der Entscheidung über das Bewilligungsgesuch bereits ein dem Antragsteller ungünstiges Urteil rechtskräftig geworden ist, Ffm MDR **86**, 857, Hamm FamRZ **85**, 825, OVG Lüneb NVwZ **05**, 470, aM VGH Mannh FamRZ **88**, 857, Hamm FamRZ **85**, 825, Albers § 127 Rn 106 (aber auch dann ist die Bewilligungsreife der richtige Zeitpunkt). Der dem Antragsteller ungünstigen Entscheidung steht seine Klagerücknahme in der Regel gleich, LAG Bln DB **89**, 2440, aM Köln MDR **97**, 690 (aber wer die Klage zurücknimmt, gibt zumindest zunächst den Kampf auf, wie es nicht einmal der Verlierer stets tut).

24 **J. Rückwirkung bei Erledigung der Hauptsache.** Soweit nicht das Gericht nach Rn 4 bindend den Bewilligungszeitpunkt ausdrücklich abweichend festgesetzt hat, kommt nach wirksamer Erledigung der Hauptsache eine rückwirkende Bewilligung jedenfalls nicht mehr für den früheren Hauptantrag in Betracht, BFH BB **86**, 187, LAG Hamm NZA **04**, 102, Pentz NJW **85**, 1820, aM ThP 4 (auch dann könne das Gericht unter den übrigen Voraussetzungen rückwirkend bewilligen. Aber inzwischen ist die Rechtshängigkeit entfallen, § 91 a Rn 110). Freilich kommt eine rückwirkende Bewilligung wenigstens noch im Umfang der inzwischen stattgefundenen Erledigterklärungen in Betracht, Köln FamRZ **81**, 486.

25 **K. Schädlichkeit von Verschulden des Antragstellers.** Sofern nicht das Gericht nach Rn 4 bindend den Beginn der PKH im Bewilligungsbeschluß ausdrücklich abweichend festgesetzt hatte, schadet in den Fällen Rn 19–24 ein Verschulden des Antragstellers wie sonst. Er muß sich das Verschulden eines gesetzlichen Vertreters nach § 51 II wie dasjenige eines ProzBev nach § 85 II anrechnen lassen, § 85 Rn 8. Ein solches Verschulden fehlt, soweit der Antragsteller die Entscheidung abwartet, statt das Gericht zu mahnen, Düss AnwBl **78**, 418. Dagegen kann man nicht nur deshalb ein Verschulden verneinen, weil ein stillschweigender Antrag vorliege. Denn er ist nicht ausreichend, § 117 Rn 4, aM AG Stgt AnwBl **82**, 254.

Titel 7. Prozesskostenhilfe und Prozesskostenvorschuss **§ 119**

L. Keine Rückwirkung bei Tod, Erlöschen, Ausscheiden usw. Durch den Tod des Antragstellers 26 würde PKH ohnehin enden, Ffm JB **96**, 141, Kblz FamRZ **96**, 809. Mit ihm erledigt sich das bisherige Bewilligungsverfahren. Daher kommt jetzt auch keine rückwirkende oder sonstige Bewilligung mehr in Betracht, BSG MDR **88**, 611, Hamm MDR **77**, 409, aM LSG Darmst Rpfleger **97**, 392 (aber es liegt kein Rechtsschutzbedürfnis mehr vor). Das scheint nicht selbstverständlich zu sein. Der Erbe rückt ja sachlich-rechtlich in die Position des Erblassers ein. Er kann und muß indessen für seine Person PKH und die Beiordnung eines Anwalts neu beantragen. Eine Anrechnung der vom Erblasser erbrachten Zahlungen ist übrigens nur in demselben Prozeß denkbar, aM KG Rpfleger **86**, 281, LG Bielef Rpfleger **89**, 113 (wegen der vor dem Erbfall entstandenen Kosten. Aber man sollte prozeßwirtschaftlich bewerten, Grdz 14 vor § 128).

Entsprechendes gilt beim *Erlöschen* der antragstellenden juristischen Person oder beim Ausscheiden und 27 ähnlichen endgültigen Vorgängen der Beendigung der Parteistellung im Sinn von § 114 S 1, dort Rn 15. Mit dem Ausscheiden usw desjenigen, dem PKH bewilligt war, erlischt sie nämlich. Das gilt unabhängig davon, daß eine Prozeßvollmacht nicht automatisch erlischt, § 86, so daß der Ausgeschiedene evtl entsprechend § 674 BGB gegen die Staatskasse vorgehen kann. Dem Erlöschen steht auch die Beendigung der Liquidation gleich, § 50 Rn 22.

6) Bewilligung, I 1. Die Vorschrift spricht zwar nur von der „Bewilligung". Gemeint ist aber nicht nur 28 die uneingeschränkte Bewilligung, sondern auch diejenige nur gegen Zahlung von Raten und/oder Vermögensbeiträgen, § 120 I, LAG Düss MDR **95**, 750. Gemeint ist auch jede Ablehnung eines PKH-Antrags. Jeder Antragsteller hat beim Vorliegen eines wie stets zu prüfenden Rechtsschutzbedürfnisses, BayObLG RR **90**, 1033, und der sonstigen gesetzlichen Voraussetzungen einen Anspruch auf die Bewilligung, KG FamRZ **88**, 1079. Mit der Bewilligung ist das PKH-Verfahren zunächst beendet, Köln MDR **97**, 299.

7) Für jeden Rechtzug besonders, I 1. Es ist für jedes Verfahren und für jeden Rechtzug ein 29 gesonderter Antrag nötig. Es ist eine gesonderte Entscheidung über die Bewilligung oder Ablehnung erforderlich, Rn 31. Der Antrag muß innerhalb der Rechtsmittelfrist beim Rechtsmittelgericht vorliegen, VGH Mannh FamRZ **03**, 104 (krit Gottwald).

A. Zweck. Sinn der Beschränkung auf den jeweiligen Rechtzug ist die Erwägung, daß nur das jeweils mit dem Streitstoff der Hauptsache voraussichtlich oder bereits in diesem gesamten Abschnitt des Hauptverfahrens befaßte Gericht eine einigermaßen vollständige Übersicht über die jetzige Prozeßlage hat und die Bedürftigkeit jetzt einigermaßen abschätzen kann. Das höhere Gericht soll außerdem nicht zusätzlich mit Erwägungen belastet werden, die es für die untere Instanz im Hinblick auf den damaligen Entscheidungszeitpunkt und daher stets rückwirkend anstellen müßte.

B. Begriff des Rechtzugs. „Rechtzug" bedeutet hier dasselbe wie in § 35 GKG. Denn es handelt sich 30 auch bei S 1 um eine Kostenvorschrift, Köln NJW **95**, 2728, Hamm MDR **83**, 847, VGH Kassel JB **97**, 648, anders als zB bei § 172. Daher sind in § 172 Rn 8, 16, 17 dargestellten Abgrenzungsmerkmale hier nur eingeschränkt brauchbar. Eher ergeben sich nützliche Wechselwirkungen zu den §§ 15 II 2, 19 RVG. Rechtzug ist auch jeder kostenträchtige Verfahrensabschnitt, BVerwG JB **95**, 309.

C. Notwendigkeit gesonderter Antragstellung. Die Befugnis des Gerichts zur Bewilligung ist auf den 31 jeweiligen Rechtzug begrenzt, BVerwG JB **92**, 346, LAG Düss MDR **95**, 750. Daraus folgt die Notwendigkeit, für jeden Rechtzug einen gesonderten Bewilligungsantrag zu stellen, BGH VersR **84**, 600, Bbg FamRZ **02**, 628, Stgt MDR **02**, 1396. Die allgemeinen Voraussetzungen der Wirksamkeit des Antrags müssen in jeder Instanz vorliegen, Schlesw SchlHA **80**, 72. Auch dann, wenn sich ein Antrag von vornherein oder nachträglich auf mehrere Rechtzüge erstreckt, darf das Gericht ihn nur für seinen zuständigen Rechtzug bearbeiten und bescheiden, und zwar für den ganzen jeweiligen Rechtzug, Köln MDR **88**, 588. Es muß den weitergehenden Teil des Antrags unter Umständen von Amts wegen an das Gericht des anderen unteren oder oberen Rechtzugs weiterleiten, VGH Mannh FamRZ **03**, 104. Zu den Einzelheiten des Antrags § 117 Rn 4 ff.

D. Beispiele zur Frage des Rechtzugs 32
Ablehnung: Die Ablehnung des Richters oder Sachverständigen und anderer Nebenverfahren innerhalb derselben Instanz gehören zum Rechtzug, Bischof AnwBl **81**, 373.
Angriffs-, Verteidigungsmittel: Es gehört zur jeweiligen Instanz. Jedoch ist eine Bewilligung für nur ein einzelnes Angriffs- oder Verteidigungsmittel unzulässig, Bre OLGZ **89**, 366 (Beweismittel).
Anschließung: Sie kann für den Anschließenden einen besonderen Rechtzug bedeuten.
Arrest, einstweilige Anordnung oder Verfügung: Man muß wie folgt unterscheiden. 33
   a) Anordnungsverfahren. Das Verfahren auf den Erlaß eines Arrests nach §§ 916 ff, einer einstweiligen Anordnung nach § 620 ff, oder einer einstweiligen Verfügung nach §§ 935 ff gehört grundsätzlich *nicht* zum Rechtzug des Hauptprozesses, Bbg FamRZ **86**, 701, Düss FamRZ **82**, 1096, Karlsr FamRZ **85**, 1274.
   b) Widerspruchsverfahren. Die Beiordnung für das Anordnungsverfahren umfaßt das Widerspruchsverfahren nach §§ 924, 936.
   c) Abänderungsverfahren. Die Beiordnung für das Anordnungsverfahren nach § 620 umfaßt ein Abänderungsverfahren nach § 620 b, Hamm MDR **83**, 847, KG JB **80**, 1673.
   d) Aufhebungsverfahren. Ein Verfahren auf die Aufhebung eines Arrests oder einer einstweiligen Anordnung oder Verfügung gehört *ebensowenig* wie das Anordnungsverfahren nach a) zum Rechtzug.
   e) Vollziehungsverfahren. Die Beiordnung eines Anwalts bei der Anordnung eines Arrests oder einer einstweiligen Verfügung schließt die Beiordnung für die Vollziehung ein, falls das Gericht nicht ausdrücklich etwas anderes bestimmt, § 45 IV Z 2 RVG, abgedruckt hinter § 121.
S auch Rn 50 ff.
Aufhebungsverfahren: Rn 33 „d) Aufhebungsverfahren". 34
Aufrechnung: Die Haupt- wie die Hilfsaufrechnung gehören zum Rechtzug, LG Bln AnwBl **79**, 273.
Außergerichtlicher Vergleich: Rn 46.

§ 119

35 Berufung: Die Berufung eröffnet natürlich einen *neuen* Rechtszug und erfordert daher eine neue Prüfung, Brdb FamRZ **01**, 1714.
Beschwerde: Jede sofortige Beschwerde eröffnet einen *neuen* Rechtszug, Hamm Rpfleger **81**, 322. Das gilt unabhängig davon, bei welchem Gericht sie eingelegt worden ist. Beim Rpfl gilt § 11 RPflG, § 104 Rn 41 ff.
Beweisaufnahme: Sie zählt zum Rechtszug.
Beweissicherung: Rn 43 „Selbständiges Beweisverfahren".
36 Ehesache: Rn 46.
Einmischungsklage: Das Verfahren auf Grund einer Einmischungsklage nach § 64 zählt *nicht* zum Rechtszug.
Einrede, Rüge: Sie zählen grds zum Rechtszug. Indessen ist eine Bewilligung für nur eine einzelne Einrede oder Rüge unstatthaft, Bre OLGZ **89**, 366.
Einspruch: Das Verfahren auf Grund eines Einspruchs gegen ein Versäumnisurteil nach § 338 oder gegen einen Vollstreckungsbescheid nach § 700 gehört zum Rechtszug.
Einstellung der Zwangsvollstreckung: Rn 68–70.
Einstweilige Anordnung, Verfügung: Rn 33.
Erinnerung: Rn 68–70.
Feststellung und Leistung: Es kommt darauf an, ob sich bei der Leistungsklage der Inhalt ändert.
Folgesache: Es gilt § 624.
37 Ganzer Rechtszug: Das Gericht darf PKH grds nur für den gesamten Rechtszug und als Ganzes bewilligen, Bre OLGZ **89**, 365.
38 Hilfsaufrechnung: Sie gehört ungeachtet ihrer streitwerterhöhenden Wirkung nach Anh § 3 Rn 16 zum Rechtszug, LG Bln AnwBl **79**, 273.
Insolvenzverfahren: Es besteht aus mehreren gesonderten Rechtszügen, LG Gött ZIP **99**, 890, LG Kblz MDR **00**, 542, LG Konst ZIP **99**, 1643: Aus dem Eröffnungsverfahren, dem eröffneten Verfahren, dem Schuldenbereinigungsverfahren und dem Restschuldbefreiungsverfahren.
39 Klagerücknahme: Im Fall der Klagerücknahme bleibt die Bewilligung für die Widerklage bestehen.
S auch Rn 48 „Widerklage".
Klagerweiterung: Das Verfahren, in dem der ursprüngliche Antrag und der erweiterte vor der Endentscheidung über den ersteren laufen, kann zu demselben Rechtszug zählen, LAG Bln DB **92**, 2404. Freilich kann sich die gewährte PKH nicht automatisch auf jede noch zu erhebliche Klagerweiterung miterstrecken. Es kommt auf die Gesamtumstände an. Im Zweifel muß man einen zusätzlichen PKH-Antrag stellen.
Das Verfahren nur auf Grund einer Klagerweiterung zählt *nicht* zum Rechtszug, Karlsr AnwBl **87**, 340, auch nicht für den Bekl.
Klagumdeutung: Die Bewilligung erfaßt auch eine Umdeutung, etwa zwischen § 323 und § 767, Brdb FamRZ **02**, 1194.
Kostenfestsetzung: Das Verfahren nach §§ 103 ff gehört nur zur ersten Instanz, § 103 Rn 41. Das gilt auch dann, wenn das Hauptverfahren durch mehrere Instanzen gelaufen war.
40 Mahnverfahren: Eine für das Mahnverfahren nach §§ 688 ff bewilligte PKH umfaßt das nachfolgende streitige Verfahren im Sinn von § 696, soweit sich dieses letztere Verfahren auf denselben Anspruch wie im Mahnverfahren bezieht. Denn insofern hat nur die Form der Durchführung gewechselt, Bischof AnwBl **81**, 372, aM ZöPh 16 (aber man darf und muß jede Parteiprozeßhandlung vernünftig auslegen, Grdz 52 vor § 128. Meist will der Antragsteller PKH natürlich auch gleich für das streitige Verfahren erhalten). Natürlich kann man seinen Antrag auch auf das Mahnverfahren beschränken, Mü MDR **97**, 891, Oldb NZM **99**, 134. Soweit im streitigen Verfahren eine Klagerweiterung erfolgt und soweit die Parteien über den ursprünglichen Anspruch sowie den jetzt hinzugekommenen vor der Endentscheidung über den ersteren verhandeln, liegt ebenfalls noch derselbe Rechtszug vor.
S auch Rn 39 „Klagerweiterung".
41 Nachverfahren: Das Verfahren im Anschluß an ein Grund- oder Vorbehaltsurteil auch im Urkunden- oder Wechselprozeß gehört grds zum Rechtszug, Saarbr MDR **03**, 1211, aM Fischer JB **99**, 341 (aber beides gehört grds zusammen).
S auch Rn 39 „Klagerweiterung".
Nebenverfahren: Ein Nebenverfahren innerhalb derselben Instanz gehört zum Rechtszug, Bischof AnwBl **81**, 373.
S auch Rn 32 „Ablehnung".
Nichtzulassungsbeschwerde: Das anschließende Revisionsverfahren gehört zum Rechtszug, BVerwG JB **95**, 309.
42 Prozeßkostenhilfeverfahren: Das Bewilligungsverfahren selbst gehört *nicht* zum Rechtszug. Die Bewilligung ist nicht schon für das Bewilligungsverfahren statthaft, § 114 Rn 35.
Vgl auch § 45 RVG, abgedruckt hinter § 121.
Prozeßvergleich: Rn 46.
Rechtsmittelverfahren: Es bildet einen *neuen* Rechtszug.
S aber auch Rn 41 „Nichtzulassungsbeschwerde".
43 Scheckprozeß: Rn 41 „Nachverfahren".
Selbständiges Beweisverfahren: Das Verfahren nach §§ 485 ff gehört *nicht* zum Rechtszug, § 45 IV Z 3 RVG, abgedruckt hinter § 121.
Stufenentscheidung: Sie ist außerhalb einer Stufenklage, zu ihr sogleich hinter diesem Stichwort, grds unzulässig, Naumb FamRZ **05**, 42.
Stufenklage: Bei der Stufenklage nach § 254 muß sich die PKH grds auf alle anhängig gemachten Ansprüche erstrecken, Jena FamRZ **05**, 1186, also auch auf einen noch nicht bezifferten Zahlungsanspruch, soweit er von der Auskunft gedeckt ist, Brdb MDR **03**, 172, Mü FamRZ **05**, 42, Zweibr FamRZ **05**, 46, aM Hamm FamRZ **00**, 429 (wegen des Bekl), Karlsr FamRZ **97**, 98, Naumb FamRZ **00**, 101

Titel 7. Prozesskostenhilfe und Prozesskostenvorschuss § 119

(aber man darf und muß jede Parteiprozeßhandlung vernünftig auslegen, Grdz 52 vor § 128. Meist will der Antragsteller PKH für alle Stufen erhalten). Sie erstreckt sich aber nicht auf eine Mehrforderung, Brdb MDR **03**, 172, Düss AnwBl **00**, 59, Nürnb FamRZ **97**, 100, aM Düss FamRZ **87**, 1281.
Teilanspruch: Eine Bewilligung nur für einen Teilanspruch setzt die Teilbarkeit des gesamten Streitgegen- 44
stands voraus, Bre OLGZ **89**, 366. Zur Formulierung Karlsr FamRZ **92**, 966.
Urkundenprozeß: Rn 41 „Nachverfahren". 45
Urteilsberichtigung: Das Verfahren nach § 319 gehört zum Rechtszug.
Urteilsergänzung: Das Verfahren nach § 321 gehört zum Rechtszug.
Vereinfachtes Unterhaltsverfahren: Es gilt dasselbe wie bei Rn 40 „Mahnverfahren".
Vergleich: Man muß die folgenden Situationen unterscheiden. 46
    a) **Prozeßvergleich.** Der die bisher erfaßten Ansprüche erledigende Prozeßvergleich gehört zum Rechtszug, Düss AnwBl **82**, 378, Oldb JB **93**, 155, LAG Köln MDR **90**, 747 (Mehrwert beim Gesamtvergleich). Das gilt auch dann, wenn ihn die Parteien zwischen den Instanzen geschlossen haben. Ausnahmsweise gehört eine Erörterung vor Vergleichsabschluß zum bisherigen Umfang der PKH, Celle Rpfleger **99**, 451. Der über die bisher erfaßten Ansprüche hinausgehende Prozeßvergleich gehört nur zum Rechtszug, als das Gericht auch für den antragsgemäß PKH bewilligt hatte, Kblz FamRZ **01**, 1394, Schneider MDR **85**, 814. Ein zusätzlicher Antrag und eine besondere Entscheidung sind nur über solche Gegenstände nötig, die (jetzt) in § 45 RVG nicht aufgeführt sind, Düss JB **81**, 399, Stgt JB **76**, 1062 (Befreiung von einer Verbindlichkeit des Ehegatten). Die Fortsetzung eines Verfahrens, das durch einen Prozeßvergleich beendet schien, wegen seiner Anfechtung zählt zum Rechtszug, Anh § 307 Rn 37.
    b) **Außergerichtlicher Vergleich.** Er zählt *nicht* zum Rechtszug, Kblz RR **95**, 1389, Nürnb JB **90**, 47
1170, Schneider MDR **85**, 814, aM Düss Rpfleger **92**, 449, Ffm MDR **91**, 450, Nürnb MDR **03**, 658 (aber es geht um *Prozeß*kostenhilfe).
Verordneter Richter: Das Verfahren vor dem verordneten (beauftragten, ersuchten) Richter nach §§ 361, 48
362 gehört zum Rechtszug, aM Düss RR **91**, 63 (wendet S 2 entsprechend an. Aber dazu besteht gar kein Bedarf).
Versäumnisurteil: Ein Antrag nur „für ein Versäumnisurteil" ist *unzulässig*, Köln MDR **88**, 588.
    S auch Rn 36 „Einspruch".
Verweisung: Das Verfahren nach einer Verweisung auf Grund der §§ 281, 506 ZPO, 48, 48 a ArbGG, 17 a 49
II 1, 96 ff GVG gehört zum Rechtszug, Köln NJW **95**, 2728.
    S auch Rn 49 „Zurückverweisung".
Vollstreckungsabwehrklage: Rn 70.
Vollstreckungsbescheid: Rn 40 „Mahnverfahren", Rn 32 „Einspruch". 50
Vorbehalt: Grundsätzlich ist ein Vorbehalt bei der Bewilligung von PKH *unzulässig,* Bre OLGZ **89**, 366. Freilich sind Auflagen von Ratenzahlungen usw nach § 115 zulässig.
Vorbehaltsurteil: Rn 41 „Nachverfahren".
Vorläufiges Verfahren: Rn 33.
Wechselprozeß: Rn 41 „Nachverfahren". 51
Widerklage: Das Verfahren auf Grund einer Widerklage nach Anh § 253 einschließlich der Verteidigung ihr gegenüber zählt *nicht* zum Rechtszug, Karlsr AnwBl **87**, 340. Etwas anderes gilt bei der Verteidigung in einer Ehesache, § 45 IV Z 4 RVG, abgedruckt hinter § 121. Im Fall der Klagerücknahme bleibt die Bewilligung für die Widerklage bestehen.
Widerspruchsverfahren: Rn 33.
Wiederaufnahme: Das Verfahren nach §§ 578 ff gehört *nicht* zum Rechtszug.
Wiedereinsetzung: Das Verfahren nach §§ 233 ff gehört zum Rechtszug. Es ist auch eine Bewilligung nur 52
für diesen kostenrechtlich evtl selbständigen Verfahrensabschnitt zulässig.
Zulassungsverfahren: Es kann einen *besonderen* Rechtszug darstellen, VGH Kassel JB **97**, 648.
Zurückverweisung: Das Verfahren nach einer Zurückverweisung nach §§ 538, 565 zählt zum Rechtszug, 53
Düss Rpfleger **87**, 263, OVG Münst JB **94**, 176. Zur weiteren Auswirkung einer vor der Zurückverweisung erteilten Bewilligung BGH NJW **83**, 944.
    S auch Rn 47 „Verweisung".
Zuständigkeit: Ihre Klärung gehört zum Rechtszug.
Zwangsvollstreckung: Rn 68–70.
Zwischenverfahren: Das Verfahren etwa über ein Zeugnisverweigerungsrecht nach §§ 387 ff zählt zum 54
Rechtszug.

8) Frage erneuter Prüfung der Erfolgsaussicht und Mutwilligkeit im höheren Rechtszug, I 2. In 55
Einschränkung von § 114 weist die Vorschrift das Gericht grundsätzlich an, von der Prüfung der hinreichenden Aussicht der Rechtsverfolgung oder Rechtsverteidigung ebenso wie von der Mutwilligkeitsprüfung abzusehen, wenn der Gegner Rechtsmittel eingelegt hat.
    A. Begriff des höheren Rechtszugs. Es muß sich bereits um eine höhere Instanz handeln, Rn 30, also 56
um das Verfahren auf Berufung oder Revision oder sofortige Beschwerde oder Rechtsbeschwerde, BGH MDR **03**, 1245. Die Prüfung der Voraussetzungen des § 114 erfolgt also unverändert, soweit das Verfahren zum bisherigen Rechtszug gehört, Rn 29, 32.
    B. Gegnerisches Rechtsmittel: Grundsätzlich keine erneute Prüfung. Der Wortlaut von I 2 ist 57
entgegen BVerfG NJW **05**, 409 nur scheinbar eindeutig. Danach darf das Gericht dann, wenn der Prozeßgegner Rechtsmittelführer ist, die Erfolgsaussicht des Antragstellers nach § 114 Rn 80 und seine etwaige Mutwilligkeit nach § 114 Rn 106 nicht prüfen. In Wahrheit ergibt sich: Nur grundsätzlich unterbleiben eine erneute Prüfung der Erfolgsaussichten der Rechtsverfolgung oder Rechtsverteidigung bzw der Mutwilligkeit, BVerfG NJW **05**, 409, Köln FamRZ **03**, 1664, LG Düss FamRZ **85**, 518 (zu einer FGG-Beschwerde). Daher darf das Gericht auch keineswegs stets den Eingang der Rechtsmittelbegründung abwarten, Karlsr (2. ZS) FamRZ **96**, 807 und (13. ZS) AnwBl **84**, 619, aM BGH FamRZ **03**, 522, BAG NJW **05**,

§ 119 Buch 1. Abschnitt 2. Parteien

1213, Düss MDR 03, 658 (aber das wäre inkonsequent). Es kommt auch nicht darauf an, ob der bisherige Sieger auch schon in der Vorinstanz PKH erhalten hatte. Denn sonst stünde er jetzt schlechter da als der von Anfang an Bedürftige. Die Vermutung der Richtigkeit des vorinstanzlichen Urteils kann sich als offensichtlich unhaltbar erweisen. Dann muß man die Erfolgsaussicht erneut prüfen, Köln FamRZ 03, 1664, Nürnb MDR 04, 962, Stgt MDR 05, 1071. Zum Versorgungsausgleich Karlsr FamRZ 04, 1500.

58 **C. Erneute Prüfung bei PKH-Antrag beider Parteien.** Solange das Gericht aber über einen etwaigen Antrag auch des gegnerischen Rechtsmittelführers auf die Bewilligung von PKH für den Rechtsmittelzug noch nicht entschieden hat oder nach Ablehnung jenes Antrags noch keinen Verhandlungstermin anberaumt hat und solange nicht feststeht, ob das gegnerische Rechtsmittel überhaupt durchgeführt werden wird, muß das Rechtsmittelgericht einen Antrag des Rechtsmittelgegners auf Bewilligung im allgemeinen vorläufig ablehnen, Celle MDR 04, 598, Schneider MDR 79, 367, es sei denn, daß der Rechtsmittelgegner jetzt schon anwaltliche Hilfe braucht, § 91 Rn 158, BGH AnwBl 88, 420, Karlsr FamRZ 87, 844. Das gilt auch dann, wenn das Berufungsgericht dem Rechtsmittelführer schon vor Terminsanberaumung mitteilt, er beabsichtige die Zurückweisung des Rechtsmittels, Düss MDR 03, 659.

Beispiele der Notwendigkeit sofortiger anwaltlicher Tätigkeit: Infolge eines Antrags zwecks Einstellung der Zwangsvollstreckung soll eine Anhörung erfolgen; es geht um eine selbständige Anschlußberufung.

59 **D. Erneute Prüfung bei Änderung der Verhältnisse.** Eine erneute Prüfung der Voraussetzungen der §§ 114 ff ist auch dann erforderlich, wenn seit der bisherigen Bewilligung Umstände im früheren oder jetzigen Rechtszug eingetreten oder bekanntgeworden sind, die eine Bewilligung für den Rechtsmittelzug jedenfalls nicht mehr rechtfertigen, BGH FamRZ 89, 266, Bbg FamRZ 99, 111, Kblz MDR 03, 1435.

Beispiele der Änderung: Die Sachlage hat sich infolge eines Wandels der Gesetzgebung oder der sonstigen Rechtlage einwandfrei geändert, Celle FamRZ 77, 648; der Gegner des jetzigen Antragstellers trägt etwas einwandfrei Neues vor, das offensichtlich zu einer Aufhebung der angefochtenen Entscheidung führen muß, Kblz MDR 03, 1435, LG Ffm JB 83, 1107, ZöPh 56, aM StJZ 17 (aber das bedeutet eine erhebliche Änderung der Verhältnisse); das Erstgericht hat einen offensichtlichen Fehler gemacht, BVerfG 71, 135, Brdb FamRZ 04, 1036, Düss FamRZ 88, 416; der Antragsteller hat das erstinstanzliche Urteil erschlichen, Bbg JB 85, 1111, Karlsr FamRZ 99, 728.

60 **E. Erneute Prüfung bei Streithilfe.** S 2 gilt nur zugunsten des Gegners des Rechtsmittelführers, nicht zugunsten seines Streithelfers, § 66. Außerdem liegt die Interessenlage des Streithelfers unter Umständen anders als diejenige des Gegners des Rechtsmittelführers. Denn das Rechtsmittel richtet sich nicht gegen den Streithelfer, Schneider MDR 79, 367.

61 **F. Erneute Prüfung bei Anschließung.** Eine Prüfung der Erfolgsaussicht bzw des Fehlens von Mutwilligkeit ist auch erforderlich, soweit das Gericht eine Anschließung an ein Rechtsmittel nach §§ 521, 556 beurteilen muß. Denn S 2 gilt nur zugunsten des Rechtsmittelführers. Bei einer unselbständigen Anschließung kommt es darauf an, ob die Annahme der Revision abgelehnt wird, BGH NJW 85, 498.

Karlsr MDR 90, 930 versagt PKH für eine unselbständige *Anschlußberufung* im Sinn von § 521 Rn 8 nach der Rücknahme der gegnerischen Berufung. BGH NJW 85, 498 versagt PKH für eine unselbständige Anschlußrevision, wenn die Annahme der Revision abgelehnt wird.

62 **G. Eigenes Rechtsmittel: Grundsätzlich erneute Prüfung.** Soweit der Antragsteller selbst Rechtsmittelführer ist, ist S 2 schon nach seinem Wortlaut unanwendbar. Insofern muß der Antragsteller zwar sein PKH-Gesuch nicht zur Erfolgsaussicht begründen, BGH RR 01, 1146, Drsd MDR 00, 659, Schneider MDR 79, 1036, aM Celle MDR 93, 420, Saarbr FamRZ 93, 715, Schlesw RR 99, 1036. Indessen darf und muß das Gericht grundsätzlich die Erfolgsaussicht prüfen, BGH FamRZ 03, 1378, Stgt FamRZ 05, 1274. Es muß auch das Fehlen von Mutwillen prüfen, Karlsr FamRZ 99, 726, Schlesw SchlHA 89, 111. Bei der Erfolgsaussicht gilt: Ein für den Antragsteller ungünstiges erstinstanzliches Urteil schließt die Erfolgsaussicht für das Rechtsmittel keineswegs automatisch aus, BVerfG NJW 03, 3191, Karlsr FamRZ 99, 726, Schlesw SchlHA 76, 10, aM BGH BB 84, 2249, Düss FamRZ 02, 1713 (aber das käme einer Mißachtung des Rechtsmittelgerichts nahe). Freilich muß der erfolgversprechende Anspruch oder Anspruchsteil die Rechtsmittelsumme erreichen, § 114 Rn 85 „Berufung".

Im übrigen muß der Antragsteller *wenigstens stichwortartig* darlegen, warum und in welchem Punkt das Urteil unrichtig sein soll, Drsd MDR 03, 1443, Fischer MDR 04, 1162. Man muß die Prüfung der Erfolgsaussicht wie bei § 114 Rn 80 vornehmen und die Prüfung des Fehlens von Mutwillen wie bei § 114 Rn 109 durchführen. Ein Angriff gegen die erstinstanzliche Beweiswürdigung setzt voraus, daß sich die Wiederholung förmlich aufdrängt, Drsd RR 03, 211. Besteht Erfolgsaussicht nur auf Grund eines vorwerfbar erst jetzt abgeschlossenen neuen Vertrags, kann Mutwille vorliegen, Karlsr FamRZ 99, 726. Das Gericht muß ein im letzten Moment vor dem Ablauf der Rechtsmittelfrist eingehendes, unzureichend begründetes und belegtes Gesuch für die Rechtsmittelinstanz zurückweisen, Celle FamRZ 03, 470, Düss RR 90, 126, Hbg FamRZ 97, 1410 (LS), aM BGH MDR 93, 172, Drsd MDR 00, 659 (aber man darf nicht mithilfe von PKH den § 97 II unterlaufen, Jena MDR 99, 257).

Bei zu erwartender *Rückverweisung* kommt es auf das anschließende voraussichtliche Endergebnis an, BGH MDR 03, 1245. Hat der Berufungskläger alsbald nach einer gegnerischen unselbständigen Anschlußberufung das eigene Rechtsmittel zurückgenommen, so muß das Rechtsmittelgericht sein PKH-Gesuch grundsätzlich ohne Prüfung der Erfolgsaussicht abweisen, Karlsr FamRZ 94, 386. Dasselbe gilt natürlich erst recht, soweit der Beschwerdeführer rechtskräftig in der Vorinstanz unterlegen war, Drsd AnwBl 00, 59. Auch eine Revisionszulassung nach (jetzt) § 543 II 1 Z 1 läßt die Prüfungsnotwendigkeit bestehen, BGH NJW 98, 1154.

63 **9) Erneute Prüfung der Bedürftigkeit im höheren Rechtszug, I 2.** Sie wird zu wenig beachtet.

A. Notwendigkeit. In jedem Fall muß das Rechtmittelgericht für diesen Rechtszug erneut prüfen, ob und inwieweit der Antragsteller nach seinen persönlichen und wirtschaftlichen Verhältnissen nunmehr die Kosten der Prozeßführung dieser Rechtsmittelinstanz nicht, nur zum Teil oder nur in Raten aufbringen

Titel 7. Prozesskostenhilfe und Prozesskostenvorschuss § 119

kann, § 114 Rn 46, OVG Münst FamRZ **93**, 715. Das gilt sowohl dann, wenn der Antragsteller Rechtsmittelführer ist, als auch dann, wenn der Prozeßgegner das Rechtsmittel eingelegt hat, BGH VersR **86**, 342, BayObLG FamRZ **85**, 520 (zu einer FGG-Beschwerde), Hamm FamRZ **86**, 1015. Das Gericht hat die Pflicht, die Bedürftigkeit der Partei auch anhand der vorhandenen Unterlagen neu nachzuprüfen, Celle FamRZ **78**, 783. Das gilt natürlich erst recht insofern, als das Rechtsmittelgericht Anlaß zu dem Verdacht hat, daß die Voraussetzungen der Bedürftigkeit nicht oder nicht mehr vorliegen.

B. Beispiele zur Frage einer Bedürftigkeit   64
Besserung der Lage: Eine Bedürftigkeit kann *fehlen*, wenn dem Gericht eine zwischenzeitliche Besserung der wirtschaftlichen Lage der Partei bekanntgeworden ist.
Bezugnahme: S „Erklärung".
Durchführungsabsicht: Es muß einigermaßen feststehen, daß der Rechtsmittelkläger das Rechtsmittel auch wirklich durchführen wird.
Erklärung: Das Rechtsmittelgericht muß erneut eine Erklärung nach § 117 II anfordern, BGH Rpfleger **90**, 372. Sie wird deshalb erforderlich, weil etwaige Änderungen der persönlichen und wirtschaftlichen Verhältnisse trotz § 120 IV jedenfalls in der höheren Instanz grds nicht von vornherein zu einer Änderung der in der Vorinstanz getroffenen Bestimmungen führen sollen, § 120 Rn 22, LAG Düss MDR **95**, 750, und weil die Partei auch nicht zu einer Anzeige der Änderung ihrer persönlichen und wirtschaftlichen Verhältnisse abgesehen von den Fällen § 120 IV 2 verpflichtet sein soll. Die Erklärung muß in der Rechtsmittelfrist eingehen, BGH FamRZ **03**, 89.
Wie weit man aber in höherer Instanz auf *erstinstanzliche* Erklärungen und deren Anlagen Bezug nehmen darf, ist eine andere Frage, BGH Rpfleger **148**, 69. Auch hier ist eine gewisse Großzügigkeit geboten, Rn 66, BGH NJW **01**, 2721, Bbg FamRZ **01**, 628, strenger BGH VersR **97**, 383. Die Partei muß allerdings dann, wenn sie verweist, in der jetzigen Erklärung zu ihren gegenwärtigen Verhältnissen Stellung nehmen, BGH Rpfleger **90**, 372. Sie muß zumindest unmißverständlich erklären, es seien keine Änderungen eingetreten, BGH BB **148**, 69, Ffm MDR **99**, 569, Hamm MDR **00**, 1094. Es genügt nicht, daß sich das Fortbestehen der Verhältnisse aus der Rechtsmittelbegründung ergibt, BGH RR **00**, 1520. Sie muß unter dem jetzigen Datum eine neue Glaubhaftmachung vornehmen, soweit das Gericht des höheren Rechtszugs diese fordert, § 118 II 1. Das muß innerhalb der Rechtsmittelfrist geschehen, § 234 Rn 10, BGH FamRZ **03**, 90. Eine erkennbare Bezugnahme auf die vorinstanzlichen Angaben ist zumindest erforderlich, BGH VersR **98**, 1397. Das gilt auch, soweit eine Änderung der Verhältnisse seither eindeutig ausscheidet, BGH VersR **97**, 383.
Nicht erforderlich ist innerhalb der Rechtsmittelfrist ein Beiordnungsantrag, VGH Mannh FamRZ **02**, 1197.
Fristablauf: S „Nachweis".   65
Fristverlängerung: Eine Bewilligung kann zu *versagen* sein, wenn der Rechtsmittelkläger wiederholt eine Verlängerung der Rechtsmittelbegründungsfrist beantragt, § 225 II.
Nachweis: Das Gericht kann und muß evtl ergänzende Nachweise fordern, BFH BB **83**, 1656. Auch nach dem Ablauf der Rechtsmittelfrist kann die Partei solche Nachweise erbringen oder erbieten. Sie darf aber nicht trödeln, BGH MDR **75**, 129, BFH BB **78**, 292.
Raten: Eine erneute Prüfung muß auch wegen der Ratenfrage erfolgen, aM KG Rpfleger **85**, 166 (aber I 2 befreit von keinem Teil der Bedürftigkeitsprüfung). Dabei muß das Gericht auf die Gesamtkosten aller bisherigen Instanzen abstellen, AG Emden FamRZ **97**, 385. Bewilligung ohne Raten im 2. Rechtszug beseitigt die erstinstanzliche Ratenpflicht, Hamm FamRZ **86**, 1014, Stgt MDR **02**, 1396, aM KG Rpfleger **85**, 166 (inkonsequent). Dasselbe gilt bei zweitinstanzlich geringeren Raten, BGH NJW **83**, 944, Hamm FamRZ **86**, 1014, Stgt Just **85**, 317. Ratenauferlegung im 2. Rechtszug gilt für diesen 2. Rechtszug, Oldb MDR **03**, 110, LAG Düss MDR **95**, 750. Sie berechtigt den erstinstanzlichen Rpfl nicht zur nachträglichen erstinstanzlichen Auferlegung von Raten, Stgt MDR **02**, 1396, soweit nicht § 120 IV 2 gilt, Köln FamRZ **97**, 521, Oldb MDR **03**, 110, aM Hamm Rpfleger **94**, 469, AG Emden FamRZ **97**, 385 (inkonsequent). Solange das nicht geschieht, bleibt es ohnehin bei der erstinstanzlichen Ratenfreiheit, Oldb MDR **03**, 110.
Rechtsschutzversicherung: Eine Bedürftigkeit kann *fehlen*, wenn jetzt eine Rechtsschutzversicherung besteht, BGH ZIP **81**, 1034, KG VersR **79**, 479.
Rückwirkung: Rn 20.
Vaterschaftssache: Eine Bewilligung kommt in Betracht, wenn das Jugendamt das Kind vertritt.
Verschlechterung der Lage: Eine Bedürftigkeit kann vorliegen, wenn dem Gericht eine Verschlechterung der wirtschaftlichen Lage der Partei bekanntgeworden ist oder bekannt geworden sein muß, LAG Bre AnwBl **88**, 78.
Vollstreckbarkeit: Eine Bewilligung kann zu *versagen* sein, wenn eine einstweilige Einstellung der Vollstreckbarkeit beantragt worden ist, etwa nach § 719.
Zeitablauf: Eine Bedürftigkeit kann *fehlen*, wenn seit der letzten Erklärung nach § 117 II längere Zeit verstrichen ist.
Zulässigkeit: Das Rechtsmittelgericht muß auch die Zulässigkeit neuen Vorbringens prüfen. Daher darf es dem Rechtsmittelbekl PKH erst dann bewilligen, wenn die Zulässigkeit des Rechtsmittels feststehen.

10) Maßstab bei erneuter Prüfung im höheren Rechtszug: Großzügigkeit, I 2. Das schon in erster 66 Instanz nach § 114 Rn 47 gebotene generelle Großzügigkeitsgebot gilt naturgemäß erst recht in der höheren Instanz, solange die Verhältnisse unverändert sind, BGH FamRZ **05**, 789. Nur andernfalls kann eine erneute Prüfung notwendig sein, BGH (12. ZS) FamRZ **00**, 750, strenger BGH VersR **97**, 383 (stellt auf Förmelei ab). Das Gericht sollte auch von der Beurteilung der Vorinstanz bei unveränderten Verhältnissen nur zurückhaltend abweichen. Es muß die zulässige Höchstzahl von 48 Raten für alle Instanzen beachten, § 115 Rn 84. §§ 707, 719 sind entsprechend anwendbar, Brdb JB **05**, 430.

11) Form der Entscheidung: Beschluß, I 1, 2. Die Bewilligung wie die Ablehnung erfolgt durch 67 einen Beschluß, § 329. Das Gericht muß ihn jedenfalls insoweit begründen, als das Gericht vom Wortlaut

§§ 119, 120

des S 2 abweicht, schon um nicht gegen das Willkürverbot zu verstoßen, § 329 Rn 4, BVerfG **71**, 135, Ffm RR **97**, 1085. Es ergeht keine Kostenentscheidung, § 127 Rn 20. Eine Bewilligung für den Rechtsmittelzug umfaßt im Zweifel nicht auch eine solche für die Vorinstanz. Eine förmliche Zustellung ist weder bei Bewilligung noch übrigens bei Ablehnung notwendig, § 329 Rn 31. Wegen der Wirksamkeit und der Mitteilung § 329 Rn 23–30. Vor einer Ablehnung muß das Gericht über einen auch nur hilfsweisen Abgabe- oder Verweisungsantrag entscheiden, Köln FER **99**, 190 rechts. Vgl § 127 Rn 10.

68 12) **Bewilligung für die Zwangsvollstreckung, II.** Die Neuregelung befriedigt nur bedingt.
A. Zulässigkeit. Soweit der Gläubiger nicht zulässigerweise eine nur begrenztere Bewilligung beantragt, etwa bei einer zunächst geplanten bloßen Sicherungsmaßnahme oder Teilvollstreckung, sondern einfach PKH „für die Zwangsvollstreckung" beantragt, darf und muß die Bewilligung durch das nach § 117 I 3 zuständige Gericht nach dort Rn 69 grundsätzlich zunächst nur „für die Zwangsvollstreckung in das bewegliche Vermögen" erfolgen, LG Rostock JB **03**, 385. Sie umfaßt dann auch § 850 d, LG Deggendorf JB **02**, 663. Diese sog eingeschränkte Pauschalbewilligung umfaßt alle Vollstreckungshandlungen im Bezirk des Vollstreckungsgerichts nach §§ 764, 802 einschließlich des Verfahrens auf Abgabe der Offenbarungsversicherung nach §§ 807, 899 ff, LG Rostock JB **03**, 385, aM LG Deggendorf JB **02**, 663 (aber gerade das Offenbarungsverfahren kann besondere Probleme bringen). Für die Vollstreckung in das unbewegliche Vermögen nach §§ 864 ff bleibt es bei der Notwendigkeit besonderer Antragstellung und Bewilligung, Behr/Hantke Rpfleger **81**, 266 (Zwangshypothek: Grundbuchamt). Dazu muß der Antragsteller darlegen, gegen welche Vollstreckungsmaßnahme er sich wendet und wie er sich sonst am Verfahren beteiligen will, BGH FamRZ **04**, 177 rechts unten.

69 **B. Zuständigkeit: Vollstreckungsgericht.** Die Bewilligung erfolgt durch das Vollstreckungsgericht, § 764. Das ist dasjenige Gericht, in dessen Bezirk die erste Vollsteckungshandlung erfolgen soll, Brüggemann DAVorm **87**, 238. Funktionell zuständig ist dort grundsätzlich der Rpfl, § 20 Z 5 RPflG, Anh § 153 GVG. Landesrechtlich kann im Mahnverfahren der Urkundsbeamte zuständig sein, Grdz 4 vor § 688. Dem Richter bleibt in jedem Abschnitt die Bewilligung nur in den dort genannten Sonderfällen vorbehalten, LG Stgt Rpfleger **82**, 309. Allerdings bleibt für einen während der Zwangsvollstreckung erforderlichen Rechtsstreit das Prozeßgericht und damit der Richter zuständig, Rn 52. Zuständig ist das Prozeßgericht auch in den ihm in der Zwangsvollstreckung zugewiesenen Fällen, zB nach §§ 887, 888, 890, LG Frankenth Rpfleger **82**, 235, LG Stgt AnwBl **82**, 309. Es erfolgt evtl eine Abgabe von Amts wegen, LG Wuppert DAVorm **86**, 909. Der Gerichtsvollzieher ist auch dann an die Bewilligung gebunden, wenn sie durch ein unzuständiges Gericht erfolgt ist, AG Ffm DGVZ **93**, 29.

70 **C. Einzelfragen.** Die Zwangsvollstreckung umfaßt an sich auch Handlungen vor dem Grundbuchamt, die zugleich ein Vollstreckungsakt sind, etwa zwecks Eintragung einer Zwangshypothek. Indessen ist insofern ein besonderer Bewilligungsantrag zumindest ratsam. Er ist erforderlich, soweit es um PKH für eine sofortige Beschwerde innerhalb der Zwangsvollstreckung geht, S 1. Die Bewilligung „für die Zwangsvollstreckung" umfaßt nicht einen im Rahmen der Vollstreckung notwendig werdenden Rechtsstreit, etwa eine Vollstreckungsabwehrklage nach § 767 oder eine Drittwiderspruchsklage, § 771. In diesen Fällen muß man den Bewilligungsantrag auch vor dem Prozeßgericht stellen. Diesen Antrag muß auch der Richter bearbeiten, nicht der Rpfl. Eine rückwirkende Bewilligung erfolgt grundsätzlich nicht, AG Essen DGVZ **97**, 46. Das Gericht hat die Frage der Beiordnung eines Anwalts ist wohl nicht zu prüfen, § 121, LG Ulm AnwBl **00**, 63.
Zu den zahlreichen weiteren *Einzelfragen* Behr/Hantke Rpfleger **81**, 265, Bobenhausen Rpfleger **84**, 394, Brehm DAVorm **82**, 497. Eine fehlerhafte Bewilligung bleibt allerdings bis zur Aufhebung wirksam. Ein Antrag auf die Bewilligung für das Erkenntnisverfahren kann auch schon einen solchen für die Zwangsvollstreckung umfassen, auch stillschweigend. Für den letzteren besteht ein Rechtsschutzbedürfnis freilich erst ab vorläufiger Vollstreckbarkeit, LG Wuppert DAVorm **86**, 908.

71 13) *VwGO: Entsprechend anzuwenden,* § 166 VwGO, und zwar ohne Einschränkung auch I 2, BVerfG NJW **87**, 1619, OVG Kblz NVwZ-RR **94**, 123 (auch zu den Grenzen, vgl oben Rn 58 ff). Die Nichtzulassungsbeschwerde und das anschließende Rechtsmittelverfahren sind verschiedene Rechtszüge, § 14 II 1 BRAGO, nicht dagegen das Zulassungsverfahren vor dem OVG und das Berufungsverfahren, § 14 II 2 BRAGO, VGH Kassel ESVGH **50**, 288 u NJW **98**, 553, VGH Mannh DVBl **99**, 108 mwN, OVG Weimar NVwZ **98**, 867. Nicht zum Rechtszug gehört das Vorverfahren iSv § 68 VwGO, VGH Mannh NVwZ-RR **95**, 303. Zur Rückwirkung der Bewilligung bei mit der Klagerhebung bzw Rechtsmitteleinlegung gleichzeitiger Antragstellung vgl BVerwG DÖV **95**, 384, OVG Bre NordÖR **00**, 290, OVG Bln JB **94**, 350. Wegen der Einzelheiten s auch § 127 Rn 104 ff. Wegen II, oben Rn 68 ff, s § 764 Rn 10.

120 *Festsetzung von Zahlungen.* ¹¹Mit der Bewilligung der Prozesskostenhilfe setzt das Gericht zu zahlende Monatsraten und aus dem Vermögen zu zahlende Beträge fest. ²Setzt das Gericht nach § 115 Abs. 1 Satz 3 Nr. 4 mit Rücksicht auf besondere Belastungen von dem Einkommen Beträge ab und ist anzunehmen, dass die Belastungen bis zum Ablauf von vier Jahren ganz oder teilweise entfallen werden, so setzt das Gericht zugleich diejenigen Zahlungen fest, die sich ergeben, wenn die Belastungen nicht oder nur in verringertem Umfang berücksichtigt werden, und bestimmt den Zeitpunkt, von dem an sie zu erbringen sind.

II Die Zahlungen sind an die Landeskasse zu leisten, im Verfahren vor dem Bundesgerichtshof an die Bundeskasse, wenn Prozesskostenhilfe in einem vorherigen Rechtszug nicht bewilligt worden ist.

III Das Gericht soll die vorläufige Einstellung der Zahlungen bestimmen,
1. wenn abzusehen ist, dass die Zahlungen der Partei die Kosten decken;
2. wenn die Partei, ein ihr beigeordneter Rechtsanwalt oder die Bundes- oder Landeskasse die Kosten gegen einen anderen am Verfahren Beteiligten geltend machen kann.

IV ¹Das Gericht kann die Entscheidung über die zu leistenden Zahlungen ändern, wenn sich die für die Prozesskostenhilfe maßgebenden persönlichen oder wirtschaftlichen Verhältnisse wesentlich geändert haben; eine Änderung der nach § 115 Abs. 1 Satz 3 Nr. 1 Buchstabe b und Nr. 2 maßgebenden Beträge ist nur auf Antrag und nur dann zu berücksichtigen, wenn sie dazu führt, dass keine Monatsrate zu zahlen ist. ²Auf Verlangen des Gerichts hat sich die Partei darüber zu erklären, ob eine Änderung der Verhältnisse eingetreten ist. ³Eine Änderung zum Nachteil der Partei ist ausgeschlossen, wenn seit der rechtskräftigen Entscheidung oder sonstigen Beendigung des Verfahrens vier Jahre vergangen sind.

Vorbem. IV 1 Hs 2 geändert dch Art 1 Z 3a JKomG v 22. 3. 05, BGBl 837, in Kraft seit 1. 4. 05, Art 16 I JKomG, ÜbergangsR § 30 EGZPO.

Schrifttum: *Huhnstock*, Abänderung und Aufhebung der Prozeßkostenhilfebewilligung, 1995.

Gliederung

1) Systematik, I–IV	1
2) Regelungszweck, I–IV	2
3) Geltungsbereich, I–IV	3
4) Festsetzung mit der Bewilligung, I 1 ..	4–8
A. Kein Zwang zu Raten usw	4
B. Keine Einheit von Bewilligung und Ratenfestsetzung usw	5
C. Ermessen des Gerichts	6
D. Mangels Festsetzung keine Zahlungspflicht	7
E. Zuständigkeit	8
5) Monatsraten usw I 1	9, 10
A. Anordnung zugleich mit Bewilligung	9
B. Zahlungszeitpunkte	10
6) Raten usw: Keine Bewilligungsbedingungen, I	11
7) Voraussichtlicher Wegfall besonderer Belastungen, I 2	12, 13
A. Pflicht zur Vorausschau	12
B. Einzelfragen	13
8) Zahlungsgläubiger: Landeskasse, Bundeskasse, II	14
9) Vorläufige Einstellung der Zahlungen, III	15–19
A. Voraussichtliche Kostendeckung, III Z 1	15, 16
B. Beitreibungsmöglichkeit gegen anderen Beteiligten, III Z 2	17
C. Anordnung der Wiederaufnahme der Zahlungen, III Z 1, 2	18
D. Verfahren des Rechtspflegers bzw Urkundsbeamten, III Z 1, 2	19
10) Änderung der Entscheidung, IV	20–32
A. Wesentliche Änderung, IV 1	21
B. Änderungspflicht, IV 1	22, 23
C. Keine völlige Versagung, IV 1	24
D. Kritik, IV 1	25–27
E. Einzelfragen, IV 1	28
F. Erklärungspflicht nur auf Verlangen des Gerichts, IV 2	29
G. Verböserungsverbot, IV 3	30, 31
H. Verfahren des Rechtspflegers bzw Urkundsbeamten, IV 1–3	32
11) Rechtsbehelfe, I–IV	33
12) *VwGO*	34

1) Systematik, I–IV. § 114 deutet an, daß das Gericht eine PKH evtl nur gegen Ratenzahlungen und/ **1** oder Vermögensbeiträge bewilligen darf. § 115 ausschließlich seiner Tabelle bestimmt, wie das Gericht solche Leistungen des Antragstellers ermitteln muß. § 120 enthält zusammen mit § 124 als Ergänzung zu § 119 für den Fall der Bewilligung nur gegen Raten und/oder Vermögensbeiträge weitere Regeln für das Festsetzungsverfahren und für eine nachträgliche Einstellung oder sonstige Änderung dieses Teils der Gesamtentscheidung. III Z 1 enthält die notwendige Begleitvorschrift zur Regelung, daß man seinen Zahlungsanspruch im Verwaltungszwang beitreiben kann, § 1 Z 4 a JBeitrO, Hartmann Teil IX A, daß der Zahlungsanspruch aber nur bis zur Höhe der gesamten Prozeßkosten entsteht, Bischof AnwBl **81**, 371. IV erfaßt nur die Entscheidung über die notwendigen Zahlungen, nicht die Entscheidung über einen völligen Wegfall von PKH. Den letzteren regelt § 124. Auch Entscheidungen nach § 120 ergehen ohne mündliche Verhandlung, § 127 I 1. Ihre Anfechtbarkeit richtet sich nach § 127 II.

2) Regelungszweck, I–IV. Das komplizierte Geflecht von Möglichkeiten der Anordnung, Änderung **2** oder Beendigung bzw Aufhebung von Ratenzahlungspflichten ist Ausdruck der Bemühung des Gesetzes um Gerechtigkeit auch auf diesem Nebenschauplatz des Prozesses, Einl III 43. Man kann aus noch so achtbaren fiskalischen Gründen mit erheblicher Mühe die schon ständig überlastete Gerichte aber auch wirklich mit den nach §§ 115, 120 erforderlichen Kontrollen überstrapazieren. Deshalb sollte das Gericht die letztere Vorschrift ebensowenig wie die erstere zu streng auslegen, zumindest nicht zu Lasten des Antragstellers.

Überlastung berechtigt zwar nicht zu einer völlig unüberlegten Bewilligung ohne Raten, obwohl sie in ihrer Unanfechtbarkeit verführerisch lockt. Das Gericht braucht sich aber auch wahrhaftig nicht zwecks Schonung der Staatskasse noch mehr von seiner Hauptaufgabe abhalten zu lassen. Man kann bei §§ 115, 120 infolge ganz penibler Anwendung zum Verzweifeln kommen und doch oft das Gefühl nicht loswerden, nur die halbe Wahrheit berücksichtigt zu haben. Solche Mißlichkeiten begleiten schon so manche Hauptentscheidung zur Genüge.

3) Geltungsbereich, I–IV. Vgl Üb 4 vor § 114, § 114 Rn 9–45. II gilt entsprechend im FGG-Verfahren, **3** § 14 FGG, KG FamRZ **95**, 629, ebenso II, III, IV 1, 2 nach § 56 g II 1 FGG. § 4 b I 2, II 3 InsO verweisen im dortigen Stundungsverfahren auf II bzw IV 1.

4) Festsetzung mit der Bewilligung, I 1. Der scheinbar einfache Wortlaut bedarf näherer Prüfung. **4**
A. Kein Zwang zu Raten usw. Entgegen dem Wortlaut muß das Gericht keineswegs immer mit der Bewilligung Raten usw festsetzen. Denn die Bedürftigkeit kann so erheblich sein, daß weder Raten noch Vermögensbeiträge in Betracht kommen, §§ 114, 115. Es kann also zu einer uneingeschränkten Bewilligung kommen. Nur diesen Fall meinen § 127 II 1, III (Anfechtung nur durch die Staatskasse). Hat das Gericht weder Raten noch Vermögensbeiträge festgesetzt, so kommt eine Änderung nur unter den Voraussetzungen nach IV 2 in Betracht. Das ist rechtspolitisch bedenklich. Einzelheiten Rn 29.

§ 120

5 B. Keine Einheit von Bewilligung und Ratenfestsetzung usw. Eine Festsetzung von Monatsraten und/oder Vermögensbeiträgen nach § 120 ist zwar grundsätzlich zeitlich und räumlich mit der eigentlichen Bewilligung im Sinn von § 119 verbunden. Dieser Grundsatz gilt aber nicht lückenlos. Ebensowenig bildet die Entscheidung nach § 120 mit derjenigen nach § 119 eine untrennbare Einheit. Die Bewilligung nach § 119 befindet darüber, ob das Gericht überhaupt PKH gewähren darf. Im Grunde erst nach Bejahung dieser Vorfrage muß das Gericht prüfen, ob es dem Antragsteller wenigstens Ratenpflichten usw auferlegen muß. Diese Unterscheidung hat erhebliche Folgen für die Anfechtbarkeit, § 127 Rn 23 ff, Köln FamRZ **84**, 1121, LAG Köln MDR **82**, 789, aM Bbg RR **86**, 742, Hbg MDR **83**, 584, Hamm Rpfleger **84**, 432 (aber es handelt sich um durchaus unterschiedliche Arten von Beschwer).

6 C. Ermessen des Gerichts. Die Formulierung in I 1 „setzt das Gericht ... fest" bedeutet: Das Gericht hat zwar ein pflichtgemäßes Ermessen. Es ist aber an I 2, IV und an §§ 114–118 gebunden, insbesondere an § 115. Das Gericht muß also anhand aller dieser Vorschriften feststellen, ob und in welchem Umfang eine finanzielle Beteiligung des Antragstellers an den Prozeßkosten in Betracht kommt. Maßgebend ist der Entscheidungszeitpunkt. Raten kommen nur in Betracht, soweit der Antragsteller eine Forderung auch nur in Raten einziehen kann, Naumb FamRZ **00**, 1095. Nur im Rahmen der dortigen Kriterien ist ein Ermessen vorhanden. Deshalb bindet auch eine bloße Zusage der künftigen Bewilligung nicht, ZöPh 1, aM KG FamRZ **86**, 925 (aber das Verfahren ist eben gerade kein bloßes Verwaltungshandeln, sondern ein gerichtliches Verfahren, Üb 3 vor § 114).

7 D. Mangels Festsetzung keine Zahlungspflicht. Soweit das Gericht nicht ausdrücklich und eindeutig Raten usw festsetzt, besteht schon wegen des Fehlens eines Zwangs zu solchen Anordnungen keine Zahlungspflicht, Rn 3.

8 E. Zuständigkeit. Zuständig ist „das Gericht". Gemeint ist dasjenige Gericht, das im Sinn von § 119 überhaupt über die Bewilligung entscheidet, also dasjenige Gericht, für dessen Rechtszug der Antrag vorliegt, § 117 Rn 12, § 119 Rn 12. Es entscheidet grundsätzlich in voller richterlicher Besetzung, nicht durch den Vorsitzenden allein. Er darf bei I 1 die Entscheidung auch nicht dem Rpfl übertragen, § 20 Z 4 RPflG, Anh § 153 GVG, sieht insofern keine Möglichkeit der Beauftragung des Rpfl vor. Das Gericht muß seinen Beschluß begründen, § 329 Rn 4, Karlsr FamRZ **91**, 349 (sonst evtl Zurückverweisung). Die Beschwerdeinstanz kann grundsätzlich auch rückwirkend verbösern, LG Osnabr Rpfleger **94**, 363.

9 5) Monatsraten usw, I 1. Ob und in welchem Umfang der Antragsteller entweder wegen § 115 II aus dem Vermögen einen einmaligen oder theoretisch auch insofern ratenweisen Betrag zahlen oder wegen § 115 I aus dem Einkommen (Selbstbehalt, Hamm FamRZ **94**, 446) Monatsraten nach der Tabelle in § 115 zahlen muß, und zwar wegen § 115 III mindestens 5 Raten, ergibt sich aus den dortigen Vorschriften.

A. Anordnung zugleich mit Bewilligung. Sofern überhaupt Raten und/oder Vermögensbeiträge notwendig sind, ist das Gericht grundsätzlich verpflichtet, über die Zahl der Raten und die Höhe der Vermögensbeiträge zugleich mit der Bewilligung von PKH zu entscheiden, Hamm MDR **03**, 1021, ArbG Münster MDR **82**, 84. Das Gericht hat also keinen Ermessensspielraum, ob es etwa die weitere wirtschaftliche Entwicklung des damals „Begünstigten" noch einige Wochen oder Monate hindurch abwarten will. Es darf auch *nicht* eine Entscheidung nach I „*vorbehaltlich* einer erneuten Überprüfung nach ... Monaten" oder unter einem ähnlichen Vorbehalt oder einer ähnlichen Bedingung treffen, Hbg FamRZ **96**, 1424, Kblz VersR **80**, 1176. Es muß vielmehr unter Beachtung von I 2 bereits jetzt eine endgültige finanzielle Beurteilung im Zeitpunkt der Bewilligung der PKH überhaupt vornehmen, Bre FamRZ **83**, 637. Ein etwaiger Vorbehalt der Ratenzahlungsanordnung entfällt jedenfalls mit einer Hauptsacheentscheidung, Düss FamRZ **96**, 1424, Hbg FamRZ **96**, 1424, Hamm MDR **03**, 1021, und gar mit deren Rechtskraft, Düss Rpfleger **96**, 808. Das Gericht muß auch über den Beginn einer Zahlungsfrist bereits jetzt entscheiden. Die gesetzliche Fälligkeit gilt nur mangels abweichender gerichtlicher Bestimmung, ThP 11, ZöPh 11, aM LAG Hamm MDR **82**, 612, Fischer SchlHA **81**, 5 (maßgebend seien §§ 7, 12 GKG, 59 RVG und in einer Arbeitssache § 11 a III ArbGG), Grunsky NJW **80**, 2045 (aber Wortlaut und Sinn der Vorschrift sind eindeutig, Einl III 39).

Im Fall einer *rückwirkenden Bewilligung* nach § 119 Rn 10 kommen Raten usw trotzdem durchweg erst ab Mitteilung ihrer Anordnung in Betracht. Denn sonst müßte der Antragsteller evtl eine erhebliche Kapitalsumme sofort zahlen. Das wäre systemfremd. Eine rückwirkende Verschlechterung der Bewilligung ist nur unter den Voraussetzungen des § 124 zulässig, Zweibr AnwBl **79**, 440.

10 B. Zahlungszeitpunkt. Während das Gericht für den Fall, daß es überhaupt Raten festsetzt, in ihrer jeweiligen Höhe an die amtliche Tabelle in § 115 gebunden ist, hat es im Rahmen seines pflichtgemäßen Ermessens nach Rn 6 in den Grenzen von I 2 und unter Beachtung der gesetzlichen Höchstzahl von 48 Monatsraten einerseits und der Mindestzahl von 5 Raten andererseits nach § 115 III einen weiteren Spielraum für die Entscheidung, zu welchen Zeitpunkten und in welcher Reihenfolge der Antragsteller finanzielle Beiträge aus dem Vermögen oder Raten leisten soll, Düss FamRZ **86**, 1124, KG Rpfleger **84**, 477. Im Zweifel beginnt die Ratenzahlungspflicht usw mit dem Wirksamwerden des Beschlusses, § 329 Rn 26, und der Fälligkeit von Gebühren sowie der Zahlungsaufforderung, KG JB **97**, 52, Schneider MDR **81**, 793, LAG Hamm MDR **82**, 612, aM Nürnb Rpfleger **92**, 399 (6–8 Wochen nach der Beschlußfassung. Aber das Gesetz nennt eine solche Stundungsmöglichkeit nicht einmal andeutungsweise). Es kommt auch eine Stundung bis zur Zumutbarkeit von Zahlungen in Betracht, Düss FamRZ **86**, 1123, Kblz FamRZ **00**, 1094, Nürnb JB **95**, 312. Eine rückwirkende Zahlungsanordnung ist unzulässig, KG MDR **99**, 510, ebenso eine Ratenfälligkeit erst ab Rechtskraft der Entscheidung zur Hauptsache, Zweibr JB **85**, 1264.

11 6) Raten usw: Keine Bewilligungsbedingungen, I 1. Es wäre ungenau, eine Zahlungspflicht aus dem Vermögen oder Einkommen des Antragstellers als eine aufschiebende oder auflösende Bedingung der Bewilligung der PKH zu bezeichnen. Sie wäre ohnehin ebenso wie eine bloße Bewilligung unter einem Vorbehalt unzulässig, Rn 9, Kblz VersR **80**, 1076. Denn die PKH setzt nach der Konstruktion des Gesetzes im bewilligten Umfang sogleich und nicht etwa erst dann ein, wenn und solange die Partei die ihr auferlegten

Titel 7. Prozesskostenhilfe und Prozesskostenvorschuss § 120

eigenen Zahlungen pünktlich leistet. Die PKH läuft vielmehr in einmal bewilligten Umfang fort, bis das Gericht sie nach I 2 oder IV ändert oder nach § 124 aufhebt. Selbst im letzteren Fall steht die Bewilligung aber nicht unter einer auflösenden Bedingung. Denn dann würde die Bewilligung mit dem Eintritt der Bedingung automatisch enden, § 158 II BGB. Eine Aufhebung nach § 124 wäre nicht erforderlich. Im Umfang der Bewilligung treten deren Wirkungen also unabhängig davon ein, ob die Zahlungspflichten endgültig sind, ob der Antragsteller sie pünktlich erfüllt, ob eine vorläufige Einstellung nach III erfolgt usw.

7) Voraussichtlicher Wegfall besonderer Belastungen, I 2. Man sollte nicht kleinlich prüfen. **12**

A. Pflicht zur Vorausschau. Nach § 115 I 3 Z 4 kann es notwendig sein, von dem Einkommen Beträge abzusetzen, soweit das mit Rücksicht auf besondere Belastungen angemessen ist. Jedoch mag das Gericht schon im Zeitpunkt der Bewilligung der PKH erkennen können, daß solche besonderen Belastungen vor Ablauf derjenigen vier Jahre ganz oder teilweise entfallen, für die der Antragsteller höchstens Raten zahlen muß. In diesem Fall wäre es unzweckmäßig, die voraussichtliche Verbesserung der Verhältnisse des Antragstellers zunächst völlig unbeachtet zu lassen. Deshalb verpflichtet I 2 das Gericht dazu, bereits mit der Erstentscheidung über die Raten usw und daher zugleich mit der Bewilligung der PKH überhaupt zu bestimmen, von welchem Zeitpunkt an der Antragsteller höhere Raten bzw Vermögensbeiträge leisten soll, Ffm FamRZ **92**, 1451.

B. Einzelfragen. Die Entscheidung darf nur auf fällige bzw vorzuschießende Kosten des Gerichts und **13** eines etwa beizuordnenden Anwalts abstellen, VGH Kassel MDR **93**, 914, dagegen nicht auf die noch nicht fälligen Kosten, Rn 21. Das Gericht darf trotz der Notwendigkeit einer Vorausschau nicht versuchen, allzu ungewisse zukünftige Entwicklungen schon jetzt einzubeziehen, etwa eine mögliche Beförderung usw, BGH MDR **87**, 918, strenger Ffm FamRZ **84**, 809 (streitige Forderung), LG Saarbr Rpfleger **87**, 125 (Versteigerungserlös. Aber dergleichen ist doch meist ganz ungewiß). Es darf und muß aber einen gesicherten Einkommens- und Vermögenszuwachs berücksichtigen, Düss Rpfleger **90**, 305, Hamm FamRZ **93**, 1474, KG RR **89**, 511. Ein bloß vorläufig titulierter Anspruch bleibt unbeachtet, Hbg JB **89**, 1145, Zweibr JB **87**, 1704. Es muß im Zweifel zugunsten des Antragstellers entscheiden. Denn nur so läßt sich das Gebot der Sozialstaatlichkeit verwirklichen, Üb 2, 4 vor § 114. Die Staatskasse muß etwaige Ungerechtigkeiten hinnehmen. Man darf auch nicht etwa im Zweifel schärfere Bedingungen schon wegen eines möglichen neuen Antrags stellen.

8) Zahlungsgläubiger: Landeskasse, Bundeskasse, II. Die Vorschrift enthält wegen der Zahlungs- **14** gläubiger eine Klarstellung, die der Verteilung des Gebührenaufkommens im übrigen Bereich der Justiz im wesentlichen entspricht. Nach Zurückverweisung an ein OLG und dessen PKH-Bewilligung ist die Landeskasse Gläubigerin, BGH NJW **83**, 944.

9) Vorläufige Einstellung der Zahlungen, III. Man muß zwischen der vorläufigen Zahlungseinstel- **15** lung unter den Voraussetzungen Z 1, 2 einerseits und einer Änderung der Entscheidung über Zahlungen unter den Voraussetzungen IV unterscheiden.

A. Voraussichtliche Kostendeckung, III Z 1. Die Anordnung der vorläufigen Einstellung der Zahlungen erfolgt, sobald „abzusehen ist, daß die Zahlungen der Partei die Kosten decken". Denn dann besteht natürlich kein Bedarf mehr für Leistungen des Begünstigten. Der Rpfl bzw der etwa im Mahnverfahren landesrechtlich nach Grdz 4 vor § 688 zuständige Urkundsbeamte leitet das Verfahren nach III, Rn 19. Er darf nur die bisher fälligen gerichtlichen und außergerichtlichen Kosten berücksichtigen, Rn 10, nicht auch die erst in Zukunft evtl anfallenden Gebühren, Schlesw SchlHA **83**, 142.

Das Gericht muß die Raten allerdings nach der verfassungsrechtlich problematischen Regelung des § 50 **16** I 1 RVG bis zur instanzübergreifenden vollen Deckung der Regelgebühren des beigeordneten Anwalts, der sog *Differenzgebühr*, einziehen, Köln Rpfleger **97**, 313, LG Mainz AnwBl **03**, 374, Hartmann Teil X § 50 RVG Rn 6, aM Hamm Rpfleger **94**, 469, LAG Hbg AnwBl **95**, 204, LAG Kiel AnwBl **02**, 62 (aber Wortlaut und Sinn der Regelung ist eindeutig, Einl III 39).
Beispiele voraussichtlicher Kostendeckung: Es erfolgt eine teilweise Klagerücknahme, LG Bln MDR **82**, 413; ein teures Gutachten ist nicht mehr erforderlich; es findet eine Unterbrechung nach § 240 statt, LG Bln MDR **83**, 413.

B. Beitreibungsmöglichkeit gegen anderen Beteiligten, III Z 2. Die Anordnung der vorläufigen **17** Einstellung der Zahlungen erfolgt auch dann, wenn „die Partei, ein ihr beigeordneter Rechtsanwalt oder die Bundes- oder Landeskasse die Kosten gegen einen anderen am Verfahren Beteiligten geltend machen kann", BGH RR **91**, 827. Dieser Fall kann zB dann eintreten, wenn der Begünstigte siegt, Köln FamRZ **86**, 926, und der Prozeßgegner keine PKH erhalten hatte, Düss JB **86**, 1878, oder wenn er durch einen Vergleich einen Kostenerstattungsanspruch erhält, BGH Rpfleger **91**, 259, oder wenn sonst die Voraussetzungen des § 123 erfüllt sind. Man muß allerdings mitbeachten, daß die Staatskasse die Haftung eines anderen Kostenschuldners nur dann geltend machen soll, wenn eine Zwangsvollstreckung in das bewegliche Vermögen des Entscheidungs- oder des Übernahmeschuldners nach § 29 Z 1, 2 GKG erfolglos geblieben ist oder als aussichtslos erscheint. Ferner soll die Staatskasse die Haftung eines anderen Kostenschuldners nicht geltend machen, soweit ein Entscheidungsschuldner PKH bewilligt erhalten hatte, (jetzt) § 31 II GKG, Hamm Rpfleger **82**, 197, Köln FamRZ **86**, 926. Daher hat Z 2 kaum Bedeutung.

C. Anordnung der Wiederaufnahme der Zahlungen, III Z 1, 2. Unter den nachfolgenden Voraus- **18** setzungen darf und muß das Gericht eine „Wiederaufnahme der Zahlungen" anordnen. Das ergibt sich aus § 20 Z 4 b RPflG, Anh § 153 GVG, und auch aus der Natur der Sache.
Beispiele: Es stellt sich eine restliche Kostenschuld heraus; die Beitreibung gelingt nicht, Hbg MDR **85**, 941, Bischof AnwBl **81**, 374, Lappe MDR **85**, 463; der Antragsteller haftet als Zweitschuldner, LG Gött JB **90**, 1466.
Eine *Stundung* zählt nicht hierher, Hamm Rpfleger **82**, 197.

§ 120   Buch 1. Abschnitt 2. Parteien

19   **D. Verfahren des Rechtspflegers bzw Urkundsbeamten, III Z 1, 2.** Das Verfahren und die Entscheidung nach III Z 1, 2 ist dem Rpfl übertragen, § 20 Z 4 b RPflG, Anh § 153 GVG. Das gilt auch beim Berufungsgericht, OVG Hbg FamRZ **90**, 81. Im Mahnverfahren kann landesrechtlich auch der Urkundsbeamte zuständig sein, Grdz 4 vor § 688. Damit der Rpfl bzw Urkundsbeamte die erforderliche Überwachung vornehmen kann, muß ihm der Registraturbeamte die Akten nach Maßgabe des § 3 I KostVfg unverzüglich vorlegen, Hartmann Teil VII A. Eine Verzögerung usw kann einen Staatshaftungsanspruch des Begünstigten auslösen. Er kann unter den Voraussetzungen III einen Antrag auf die Prüfung der Frage einreichen, ob eine vorläufige Zahlungseinstellung erforderlich ist. Hat der Rpfl bzw Urkundsbeamte nicht nur „vorläufig", sondern „endgültig" gehandelt, so hat er einen Vertrauenstatbestand geschaffen. Dieser verbietet eine Nachforderung, Kblz Rpfleger **99**, 497. Evtl muß eine Rückzahlung erfolgen, Kblz FamRZ **00**, 1095.

20   **10) Änderung der Entscheidung, IV,** dazu *Büttner* Rpfleger **97**, 347 (Üb): Während III bei voraussichtlicher Kostendeckung oder anderer Beitreibungsmöglichkeit die Anordnung vorläufiger Einstellung oder deren Wiederaufnahme vorsieht, schafft IV die Möglichkeit einer Änderung der Entscheidung über die Zahlungspflicht überhaupt bei einer wesentlichen Änderung der Verhältnisse.

21   **A. Wesentliche Änderung, IV 1.** Sowohl im Fall einer objektiven Verschlechterung der persönlichen oder wirtschaftlichen Verhältnisse des Antragstellers bzw der ihm gegenüber Unterhaltsberechtigten als auch vor allem bei einer Verbesserung der objektiven Gesamtsituation ist das Gericht zu einer Änderung einer Entscheidung über die zu leistenden Zahlungen berechtigt, Brdb Rpfleger **04**, 54, Kblz MDR **05**, 107, Mü FamRZ **98**, 631. Die Änderung muß freilich nach der bisherigen Entscheidung eingetreten sein, Bbg FamRZ **03**, 1199, Kblz RR **03**, 1079, Köln RR **01**, 644. Es reicht nicht aus, daß das Gericht die bisherige objektiv fortbestehende Lage fehlerhaft beurteilt hatte, Bbg NJW **05**, 1286, Köln MDR **97**, 404, Nürnb MDR **04**, 593. Wegen dieses Falls § 124 Rn 48.

Die Änderung muß *bereits vorliegen*. Sie darf also nicht nur bevorstehen, Ffm FamRZ **92**, 1451, Karlsr FamRZ **99**, 1145, großzügiger Köln Rpfleger **99**, 30. Sie kann schon einige Zeit zurückliegen, Köln MDR **94**, 1045. Eine vorwerfbare erneute Verarmung ist dann unbeachtlich, Bbg FamRZ **95**, 1590, Brdb FamRZ **97**, 1543, Kblz FamRZ **96**, 617. Eine Schuldentilgung hat nicht stets Vorrang, Bbg FamRZ **95**, 374, Hamm FamRZ **97**, 682, Zweibr MDR **97**, 885. Eine Anhebung der Pfändungsfreigrenzen reicht nicht, LAG Bre MDR **93**, 695. Im Fall der Verschlechterung der Verhältnisse kommt auch ein neuer PKH-Antrag in Betracht, Karlsr Just **83**, 388, Mü OLGZ **85**, 490.

Die Änderung muß *„wesentlich"* sein, Celle MDR **01**, 230, Karlsr FamRZ **92**, 704. Hier ist grundsätzlich die Tabelle zu § 115 anwendbar, Brdb FamRZ **96**, 1291, LAG Mainz NZA-RR **03**, 660. Auch kann man die bei § 323 entwickelten Regeln übernehmen, dort Rn 36 ff, LAG Rpfleger **99**, 282. Die Salidierung sollte also etwa 10% überschreiten, LAG Düss JB **89**, 1446, strenger Hamm MDR **91**, 62, ZöPh 22 (aber selbst § 323 ist nicht so streng). (Jetzt) ca 50 EUR sind kaum wesentlich, Düss Rpfleger **91**, 425, ebensowenig 7,7%, Nürnb FamRZ **93**, 818.

Beispiele: Es ist ein erheblicher Vermögenserwerb eingetreten, Brdb FamRZ **02**, 403, Celle MDR **01**, 230, auch durch Erhalt einer Vergleichssumme, LG Mainz NJW **05**, 230; der Antragsteller hat geerbt und nicht die Einrede nach § 1990 BGB erhoben, Sommerfeld Rpfleger **89**, 113; es haben beim Erstschuldner sechs Erbausschlagungen stattgefunden, Brdb FamRZ **04**, 384; der Antragsteller ist arbeitslos geworden; er hat eine wesentliche Gehaltserhöhung erhalten; er hat eine Abfindung bekommen, LAG Mainz NZA-RR **03**, 660; er hat bei einem Vergleich unerwartet viel erhalten, Hamm JB **93**, 687 (Vorsicht!); er ist vom leiblichen Vater anerkannt worden, Mü FamRZ **97**, 1284, Nürnb FamRZ **95**, 1593; er braucht eine neue Waschmaschine, Zweibr FamRZ **04**, 1501 (großzügig; der Gegner hat gezahlt, Kblz MDR **05**, 107.

Gegenbeispiele: Im Rahmen des Zugewinnausgleichs ist Geld zugeflossen, das zum Erwerb eines Familienheims dient, das vom Schutzzweck (jetzt) des § 90 II Z 8 SGB XII, (abgedruckt bei § 115) erfaßt würde, Bbg FamRZ **96**, 42, oder von demjenigen (jetzt) des § 90 II Z 9 SGB XII, Celle MDR **01**, 230, aM Mü FamRZ **99**, 303; ein Unterhaltsanspruch kann nach § 1613 II 1 Hs 2 BGB nicht mehr geltend gemacht werden, Bbg FamRZ **95**, 1591; die Partei hat es versäumt, eine Ratenzahlungsanordnung rechtzeitig mit der sofortigen Beschwerde nach § 127 anzugreifen, und später treten nur geringe Änderungen ein, Bbg FamRZ **95**, 1592; es besteht nach Feststellung der Nichtehelichkeit kein hochgradig durchsetzbarer Anspruch gegen den leiblichen Vater, Drsd FamRZ **99**, 303; ein theoretisch erworbener Anspruch läßt sich nicht realisieren.

Soweit es nur um eine Änderung der *Unterhaltslage* geht, darf das Gericht eine Änderung nur auf Antrag und nur dann berücksichtigen, wenn der Antragsteller infolge dieser Änderung keinerlei Raten mehr zahlen muß, IV 1 letzter Hs in Verbindung mit § 115 I 3 Z 1 b, 2.

22   **B. Änderungspflicht, IV 1.** Das Wort „kann" stellt, wie so oft, nur in die Zuständigkeit. Es bedeutet also hier keine Ermessensfreiheit, aM Bbg FamRZ **89**, 1204 (aber der Sinn des Gesetzes ist eindeutig, der III 39. Das Gericht soll die Ungerechtigkeiten einer unveränderten PKH trotz veränderter Verhältnisse beseitigen können). Das Gericht ist daher beim Vorliegen der gesetzlichen Voraussetzungen zur Änderung seiner Entscheidung von Amts wegen verpflichtet, nicht nur berechtigt, Grdz 38 vor § 128, LAG Köln Rpfleger **91**, 512, Bratfisch Rpfleger **87**, 100, ferner bei einer Verschlechterung der Verhältnisse in weit auslegbarer Hinweis als Antrag des PKH-Empfängers, LAG Bre AnwBl **88**, 78. Es kommt auch ein Antrag der Staatskasse in Betracht, Bratfisch Rpfleger **87**, 100. Der nach § 121 beigeordnete Anwalt kann eine Änderung nur anregen, Schlesw JB **98**, 93. Wegen des Antrags nach IV 1 letzter Hs Rn 21.

23   Eine Änderung kommt nur insoweit in Betracht, als es um „die zu leistenden Zahlungen" geht, also um *Ratenzahlungen* oder Vermögensbeiträge, I 1, Brdb FamRZ **02**, 403, KG MDR **90**, 450 (es übersieht bei seiner Kritik das vorstehende Wort „Vermögensbeiträge"), Kblz Rpfleger **96**, 206 (sofortige Fälligkeit aller Raten), Maurer FamRZ **89**, 245. Das Gericht darf und muß aus einer Bewilligung ohne Raten usw (sog Nulltarif) eine solche gegen Raten usw machen, Bbg JB **90**, 1651, KG MDR **89**, 167, Köln VersR **93**, 1379, aus einer niedrigeren Ratenpflicht eine höhere, Bbg JB **93**, 28, aus einer bisher ratenlosen Bewilligung eine solche nur noch gegen Raten, Bbg JB **93**, 28, Karlsr FamRZ **94**, 1268, Nürnb Rpfleger **94**, 421, und jeweils umgekehrt, Zweibr Rpfleger **92**, 357. Der Rpfl kann auch die sofortige Zahlung aller fälligen Raten

566   *Hartmann*

Titel 7. Prozesskostenhilfe und Prozesskostenvorschuss § 120

anordnen, Brdb FamRZ **02**, 403, Drsd FamRZ **02**, 1415. Das zeigt insbesondere IV 1 letzter Hs in Verbindung mit § 115 I 3 Z 2 S 1.

C. Keine völlige Versagung, IV 1. Das Gericht darf aber nicht aus einer Bewilligung mit oder ohne **24** Raten usw nunmehr eine völlige Versagung bzw Aufhebung jeder Art von PKH machen, BGH NJW **94**, 3294, Brdb FamRZ **02**, 403, Köln FamRZ **99**, 304. Das gilt selbst dann, wenn das verfassungsrechtlich zulässig wäre, BVerfG NJW **85**, 1767, und wenn es auch fiskalisch wünschenswert wäre, Brdb FamRZ **97**, 1544, Karlsr MDR **99**, 1408, aM Köln AnwBl **93**, 299, Mü Rpfleger **91**, 26, LG Frankenth Rpfleger **01**, 194 (zustm Bachmann. Aber Wortlaut und Sinn der Vorschrift verbieten ungeachtet Rn 25–27 doch eindeutig solche Auslegung, Einl III 39).

D. Kritik, IV 1. Die Regelung ist rechtspolitisch unbefriedigend, Maurer FamRZ **89**, 245 (IV sei **25** „stumpf genug geraten"). Es kann sich zB ergeben, daß derjenige, der als Unbemittelter heute PKH ohne Ratenanordnung usw für einen voraussichtlich allein in dieser Instanz jahrelangen Rechtsstreit erhält, übermorgen durch Erbschaft, Lottogewinn oder neue Geschäftsabschlüsse zum Millionär werden und trotzdem grds ungerührt PKH nunmehr gegen Raten genießen kann, ohne vor sich aus aktiv werden zu müssen und ohne sich insofern vor einem etwaigen Abänderungsbeschluß des Gerichts irgendwie rechtswidrig zu verhalten. Wenn das Gericht ihm bisher PKH ohne eigene finanzielle Beteiligung bewilligt hatte, muß die Staatskasse, soweit eine sofortige Beschwerde nach III nicht mehr in Betracht kommt, unverändert sogar darauf verzichten, wenigstens vom Prozeßgegner Vorschüsse zu fordern usw, § 122 II.

Soweit der vorgenannte Antragsteller einen *Anwalt* beauftragt hat, muß die Staatskasse schon deshalb auch **26** seinem Prozeßgegner dessen Anwalt zumindest vorfinanzieren, sofern die persönlichen und sachlichen Voraussetzungen für eine PKH beim Prozeßgegner vorlagen. Das gilt selbst im Parteiprozeß, § 121 II 1 Hs 2. Alle diese Ergebnisse haben mit einer Gerechtigkeit der angestrebten Art kaum noch etwas gemein, sobald sich die wirtschaftliche Lage des ohne Zahlungsanordnung Begünstigten nach der Entscheidung über die Bewilligung verbessert hat.

Andererseits läuft der Antragsteller auch dann kein Risiko, wenn sich seine wirtschaftliche Lage seit der **27** Entscheidung wesentlich *verschlechtert* hat. Denn jedenfalls bis zur Entscheidung in der Hauptsache kann er unabhängig von einem Änderungsantrag nach IV jederzeit auf Grund neuer Zahlenangaben ein neues PKH-Gesuch stellen bzw eine Herabsetzung oder Streichung der Ratenzahlungspflicht beantragen, Bbg JB **83**, 456, Celle NS Rpfl **83**, 31, Hbg MDR **83**, 234, aM Brschw FamRZ **82**, 82, Mü MDR **85**, 942 (aber diese Möglichkeit besteht stets und reicht aus). Die Staatskasse ist demgegenüber bis auf die in § 127 III genannten Fälle an die Entscheidung des Gerichts gebunden, Ffm FamRZ **91**, 1327, Nürnb JB **92**, 756. Daher bleibt im Ergebnis eine erhebliche Verlagerung des wirtschaftlichen Risikos zu Lasten der Staatskasse bestehen.

E. Einzelfragen, IV 1. Wirksam ist, auch für das Rechtsmittelgericht, nur die zuletzt erfolgte Ratenfest- **28** setzung. Das gilt unabhängig davon, in welcher Instanz das Gericht sie beschlossen hat, BGH NJW **83**, 944, Hamm FamRZ **86**, 1014. Auch nach einem rechtskräftigen Abschluß des Prozesses bleibt das Prozeßgericht zuständig. Nicht etwa ist der Verwaltungsweg eröffnet, Bbg JB **92**, 251, Düss (6. FamS) FamRZ **94**, 1268, Köln Rpfleger **99**, 282, aM (teilweise zum alten Recht) Düss (10. ZS) AnwBl **88**, 125, Hbg MDR **83**, 234, Schlesw SchlHA **88**, 67 (aber der Wortlaut und Sinn von IV ist eindeutig, Einl III 39). Im Insolvenzverfahren kann die Staatskasse nur zur Tabelle anmelden, Bbg FamRZ **05**, 1187.

F. Erklärungspflicht nur auf Verlangen des Gerichts, IV 2. Der Antragsteller hat keine gesetzliche **29** Anzeigepflicht über Veränderungen seiner Lage im Sinn von IV 1, Bbg FamRZ **95**, 374. Er braucht nur „auf Verlangen des Gerichts" Erklärungen abzugeben. Das stellt IV 2 klar, Mü FamRZ **92**, 702, Zweibr MDR **97**, 886. Darin liegt eine weitere Schwäche und Inkonsequenz der geltenden Regelung. Sie ist indes eindeutig hingenommen worden. Sie läßt Änderungsmöglichkeiten praktisch davon abhängen, daß der Antragsgegner eine Änderung der Verhältnisse des Antragstellers anzeigt oder daß das Gericht sonstwie im Verfahren zufällig davon erfährt. Ein nochmaliges Formular ist § 117 ist nicht erforderlich, Hamm MDR **05**, 341, Naumb JB **02**, 539, LG Mainz FamRZ **01**, 1157. Der Betroffene kann einen Antrag nach IV stellen. Ein Hinweis auf Verschlechterung im Verfahren nach § 124 IV kann als Antrag nach § 120 IV umzudeuten sein, Brdb FamRZ **01**, 633.

Das Gericht ist zu einer *Anfrage* nach IV 2 aber auch beim Verdacht oder gar bei Kenntnis von Veränderungen unverzüglich verpflichtet, LAG Köln Rpfleger **91**, 512. Der Antragsteller hat keinen Vertrauensschutz dahin, daß eine Überprüfung nach IV 2 unterbleibt, LAG Köln Rpfleger **91**, 512. Das Gericht kann nur eine Glaubhaftmachung der gemachten Angaben im Sinn von § 118 II 4 fordern, Hamm FamRZ **96**, 1291. Das Gericht muß eine angemessene Frist setzen, LAG Bre JB **90**, 2196. Es muß dabei die erforderliche Form einhalten, § 329 Rn 11, 12, 31, aM Hamm Rpfleger **03**, 35 (aber § 329 II 2 gilt bei jeder Frist). Die Frist ist keine Notfrist nach § 224 I 2 und keine Ausschlußfrist, BAG NZA **04**, 1063, Brdb FamRZ **02**, 403, Hamm Rpfleger **03**, 35. Die Äußerung kann in dem Beschwerdeverfahren iSd §§ 567 ff nachfolgen, BAG NZA **04**, 1063, Hamm FamRZ **00**, 1225 links, Karlsr FamRZ **02**, 1419. Das gilt nicht nur bei Schuldlosigkeit am Fristablauf, BAG NZA **04**, 1063, Bbg FamRZ **99**, 308. Im übrigen muß das Gericht § 118 II 4 mitbeachten. Nach Instanzende geht das Verlangen des Gerichts an die Partei selbst und nicht an ihren früheren ProzBev, Brdb FamRZ **02**, 403, LAG Düss Rpfleger **03**, 138. Mangels fristgemäßer ausreichender Antwort kommt eine Aufhebung der PKH nach § 124 Z 2 Hs 2 in Betracht, Zweibr JB **95**, 310.

G. Verböserungsverbot, IV 3. Die Änderung *zugunsten* des Antragstellers ist zwar, wenn überhaupt, **30** sogar rückwirkend zulässig und notwendig, Düss FamRZ **95**, 1592, Mü Rpfleger **94**, 218, LAG Kiel SchlHA **88**, 91, aM (teilweise zum alten Recht) Düss FamRZ **92**, 837, Ffm RR **86**, 358, Mü OLGZ **89**, 382 (aber IV 3 ist eindeutig, Einl III 39). Eine Änderung zum Nachteil des Antragstellers ist aber abweichend von den eben genannten Regeln nur unter den folgenden besonderen Voraussetzungen statthaft. Sie ist zum Schutz des Antragstellers zunächst nur bis zum Ablauf von immerhin vier Jahren seit der Rechtskraft der Entscheidung oder seit der sonstigen Verfahrensbeendigung zulässig, § 322, also seit der Beendigung dieses gesamten Hauptsachestreits, Brdb FamRZ **02**, 1416, Drsd FamRZ **02**, 1416 (je: also evtl erst nach Ende des

§§ 120, 121

Scheidungsverbundverfahrens), Naumb FamRZ **01**, 237 (auch infolge Untätigkeit des Gerichts), nicht etwa schon seit der Bewilligung der PKH, Kblz Rpfleger **94**, 259, Mü Rpfleger **94**, 219.

Sonstige Beendigung ist zB ein Prozeßvergleich nach Anh § 307; das Nichtweiterbetreiben oder die Anordnung des Ruhens.

Innerhalb der Frist muß die Entscheidung ergehen. Die Einleitung des Änderungsverfahrens reicht also grundsätzlich nicht, Naumb FamRZ **00**, 1225 rechts, aM ZöPh 15 (aber IV 3 nennt und meint eindeutig andere Fristbeginnzeitpunkte, Einl III 39). Eine Ausnahme kann beim Trödeln der Partei mit einer Antwort gelten, Kblz FamRZ **02**, 892, Naumb FamRZ **96**, 1425, aM Bbg FamRZ **95**, 1590, Zweibr JB **95**, 310 (aber Arglist ist in keiner auch nur abgeschwächten Form erlaubt, Einl III 54). Während dieser langen Frist ist das Gericht und auf sein Verlangen auch der Antragsteller zu einer notfalls jahrelangen Rückaufrollung der Verhältnisse angehalten, Düss (3. ZS) FamRZ **95**, 1592, aM Düss (2. FamS) FamRZ **92**, 837 (aber diese lästige Aufgabe folgt nun einmal aus dem klaren Gesetzesauftrag). Es handelt sich um eine sog uneigentliche Ausschlußfrist, Üb 11 vor § 214. Sie ist keine Notfrist, § 224 I 2, und ermöglicht daher keine Wiedereinsetzung nach § 233.

31 Eine *rückwirkende Verböserung* ist allerdings entgegen dem Wortlaut von IV 3 in Wahrheit ohnehin grundsätzlich unzulässig, Düss FamRZ **98**, 837, Karlsr MDR **83**, 1031, ZöPh 17, aM Lepke DB **85**, 493. Das gilt jedenfalls dann, wenn es im Ergebnis nur um eine Änderung der Ratenzahl gehen dürfte. Die gerichtlichen Aufgaben im PKH-Verfahren entfernen den Richter ohnehin schon bedenklich weit von seiner verfassungsmäßigen Aufgabe der Streitentscheidung. Nach dem Abschluß des Prozesses kommt keine Änderung mehr in Betracht, § 119 Rn 16, Düss (10. ZS) AnwBl **88**, 125, aM Düss (3. ZS) Rpfleger **90**, 306 und (9. ZS) Rpfleger **93**, 165 (aber nun ist der Gesamtprozeß beendet).

32 **H. Verfahren des Rechtspflegers bzw Urkundsbeamten, IV 1–3.** Für das Verfahren und die Zuständigkeit nach IV ist der Rpfl kraft Gesetzes zuständig, § 20 Z 4 c, 17 RPflG, Anh § 153 GVG, Bbg JB **92**, 251, Ffm FamRZ **91**, 1327, Köln Rpfleger **00**, 398. Es kann im Mahnverfahren auch der landesrechtlich etwa bestimmte Urkundsbeamte zuständig sein, Grdz 4 vor § 688. Der Bezirksrevisor hat kein Recht, den Rpfl bzw Urkundsbeamten zur Einhaltung einer bestimmten Prüfungsfrist anzuhalten, Köln Rpfleger **00**, 398. Nach Aktenrücksendung ist der erstinstanzliche Rpfl bzw Urkundsbeamte zuständig, Celle Rpfleger **96**, 278. Er muß den Betroffenen vor der Entscheidung anhören, Artt 2 I, 20 III GG, BVerfG **101**, 404, also evtl auch den früheren ProzBev, LAG Hamm JB **98**, 593. Maßgeblich ist also nur die jetzige Gesamtlage, Karlsr FamRZ **86**, 1126, Zweibr JB **83**, 1720. Der Rpfl nimmt bei der Beurteilung der Entwicklung der Vermögensverhältnisse eine Saldierung vor, Bbg JB **93**, 233. Er erfaßt auch die sog Differenzkosten nach (jetzt) § 50 RVG, Düss Rpfleger **01**, 245. Er entscheidet durch einen Beschluß, § 329. Diesen muß er begründen, § 329 Rn 4. Er muß ihn wegen § 127 Rn 94 ff nach § 329 III förmlich zustellen. Es ergeht keine Kostenentscheidung. Jede Instanz prüft gesondert, § 119 Rn 31.

33 **11) Rechtsbehelfe, I–IV.** Vgl zunächst § 127. Bei einer Entscheidung des Rpfl gilt § 11 RPflG, Anh § 153 GVG, § 127 Rn 94 ff. Bei einer Entscheidung des Urkundsbeamten gilt § 573 I. Der Antragsteller kann bei IV 2 die Erklärung im Beschwerdeverfahren nachholen. Daher darf das Beschwerdegericht evtl auch noch nach dem Abschluß des Hauptprozesses zugunsten des Antragstellers entscheiden, Drsd JB **98**, 478, Ffm MDR **92**, 293. Der beigeordnete Anwalt hat kein Beschwerderecht, Düss FamRZ **86**, 1230, Schlesw JB **98**, 92, Zweibr Rpfleger **00**, 339, aM bei III Ffm JB **85**, 1728, Köln FamRZ **97**, 1283, Stgt AnwBl **85**, 49 (aber der Anwalt muß sich der Staatskasse fügen).

34 **12) *VwGO:*** Entsprechend anzuwenden, § 166 VwGO, OVG Hbg FamRZ **90**, 81. Die Zuständigkeit des Rpfl nach III, oben Rn 19 u 32, entfällt, Anh § 153 GVG Rn 1, vgl Nr 12 der DfRegelung, § 117 Rn 39, OVG Hbg aaO. Die Verpflichtung zur Ratenzahlung beginnt bei Fälligkeit der Gerichts- oder Anwaltskosten, VGH Kassel MDR **93**, 167.

---

121 **Beiordnung eines Rechtsanwalts.** ^IIst eine Vertretung durch Anwälte vorgeschrieben, wird der Partei ein zur Vertretung bereiter Rechtsanwalt ihrer Wahl beigeordnet.

^{II} Ist eine Vertretung durch Anwälte nicht vorgeschrieben, wird der Partei auf ihren Antrag ein zur Vertretung bereiter Rechtsanwalt ihrer Wahl beigeordnet, wenn die Vertretung durch einen Rechtsanwalt erforderlich erscheint oder der Gegner durch einen Rechtsanwalt vertreten ist.

^{III} Ein nicht bei dem Prozessgericht zugelassener Rechtsanwalt kann nur beigeordnet werden, wenn dadurch weitere Kosten nicht entstehen.

^{IV} Wenn besondere Umstände dies erfordern, kann der Partei auf ihren Antrag ein zur Vertretung bereiter Rechtsanwalt ihrer Wahl zur Wahrnehmung eines Termins zur Beweisaufnahme vor dem ersuchten Richter oder zur Vermittlung des Verkehrs mit dem Prozessbevollmächtigten beigeordnet werden.

^V Findet die Partei keinen zur Vertretung bereiten Anwalt, ordnet der Vorsitzende ihr auf Antrag einen Rechtsanwalt bei.

Vorbem. Vgl dazu § 48 RVG. Schönfelder Nr 117, Hartmann Teil X.

Gliederung

1) Systematik, I–V 1	A. Grundsatz: Wahlrecht 4
2) Regelungszweck, I–V 2	B. Form der Wahl 5
3) Geltungsbereich, I–V 3	C. Wählbarkeit nur eines einzelnen Anwalts 6
4) Freie Wahl des Anwalts, I–IV 4–6	5) Rechtsanwalt, I–V 7

Titel 7. Prozesskostenhilfe und Prozesskostenvorschuss § 121

6) **Vertretungsbereitschaft, I–IV**	8, 9
A. Keine Vertretungspflicht vor Anwaltsvertrag	8
B. Kein Beiordnungsanspruch des Anwalts	9
7) **Beiordnung, II, III**	10–12
A. Beiordnungspflicht des Gerichts	10
B. Umfang der Beiordnung	11
C. Verstoß	12
8) **Beiordnungsfolgen, I–V**	13–16
A. Übernahmepflicht	13
B. Notwendigkeit eines Anwaltsvertrags .	14
C. Fürsorgepflicht des Anwalts	15
D. Unterstützungspflicht der Partei	16
9) **Beiordnung und Prozeßvollmacht, I–V**	17–24
A. Keine automatische Vollmacht	17
B. Möglichkeit der Vollmachtsverweigerung	18
C. Mitwirkungspflicht des Gerichts	19
D. Mitwirkungspflicht des Anwalts	20
E. Weitere Einzelfragen	21
F. Einige Vergütungsfragen	22
G. Rechtsbehelfe	23, 24
10) **Anwaltsprozeß, I**	25–28
A. Begriff des Anwaltsprozesses	25
B. Selbstvertretung des Anwalts	26
C. Einzelfragen	27, 28
11) **Parteiprozeß, II**	29, 30
A. Begriff des Parteiprozesses	29
B. Beiordnung nur auf Antrag	30
12) **Erforderlichkeit der Vertretung, II Hs 1**	31–50
A. Zweck: Waffengleichheit	31
B. Begriff der Erforderlichkeit	32
C. Ermessen des Gerichts	33
D. Maßgeblicher Zeitpunkt: Bewilligungsreife	34
E. Beispiele zur Frage der Erforderlichkeit	35–50
13) **Gegner durch einen Rechtsanwalt vertreten, II Hs 2**	51–57
A. Zweck: Waffengleichheit	52
B. Keine Erforderlichkeit der Vertretung	52
C. Begriff des Gegners	53
D. Gegnerischer Rechtsanwalt	54
E. Maßgeblicher Zeitpunkt: Bewilligungsreife	55
F. Einzelfragen	56, 57
14) **Nicht bei dem Prozeßgericht zugelassener Rechtsanwalt, III**	58–63
A. Keine Zulassung des Wahlanwalts	59
B. Keine weiteren Kosten	60
C. Notwendigkeit einer Kostenschätzung.	61
D. Beiordnung zu den Bedingungen eines Ortsansässigen	62
E. Hinweispflicht des Gerichts	63
15) **Beweisanwalt, Verkehrsanwalt, IV**	64–71
A. Zweck: Kostendämpfung	64
B. Besondere Umstände	65
C. Antrag, Verfahren	66
D. Termin zur Beweisaufnahme vor dem ersuchten Richter, IV Hs 1	67
E. Vermittlung des Verkehrs mit dem Prozeßbevollmächtigten, IV Hs 2	68, 69
F. Beiordnung: Ermessen	70
G. Weitere Einzelfragen	71
16) **Kein zur Vertretung bereiter Anwalt, V**	72–74
A. Zweck: Keine Verkürzung des Rechtsschutzes	73
B. Vergebliche Suche der Partei	74
17) **Beiordnung, V**	75–79
A. Auswahlrecht des Vorsitzenden	75
B. Ermessen des Vorsitzenden	76
C. Zuständigkeit nur des Vorsitzenden ...	77
D. Entscheidung	78
E. Tätigkeitspflicht des beigeordneten Anwalts	79
18) **VwGO**	80

1) Systematik, I–V. Man muß zwischen der Bewilligung von PKH und der logisch stets, zeitlich oft **1** nachfolgenden Beiordnung eines Anwalts einerseits, seiner Bevollmächtigung durch die Partei und seiner Bestellung zum ProzBev nach § 81 andererseits unterscheiden, Düss MDR 89, 827, LG Ulm AnwBl 00, 63. § 121 regelt die Beiordnung und deutet an, daß eine Bevollmächtigung nach §§ 78 ff hinzutreten muß. § 172 Rn 5 ff nennen die Voraussetzungen der Bestellung zum ProzBev. Der Vergütungsanspruch des beigeordneten Anwalts richtet sich nach § 122 I Z 1 b, Z 3, § 126 sowie (jetzt) nach §§ 45 ff RVG, LG Bln Rpfleger 96, 294. Eine Aufhebung der Beiordnung erfolgt nach Rn 21.

2) Regelungszweck, I–V. Derjenige, dem PKH bewilligt ist, könnte ohne Anwaltshilfe im Anwalts- **2** prozeß fast nichts erreichen, im Parteiprozeß oft nichts, § 78 Rn 1. Daher muß PKH auch eine Anwaltshilfe im rechtlich gebotenen Umfang zur Folge haben, LAG Hamm NZA 05, 544, OVG Münst AnwBl 93, 300 linke Spalte. Diesen Umfang klärt § 121. Damit dient die Vorschrift der Durchführung eines wesentlichen Teils der Ziele von PKH und insoweit allen Teilen der Rechtsseite. Gleichwohl darf man nicht durch allzu großzügige Beiordnung die Begrenzung von Kosten, die ja letzthin der Unterliegende tragen muß, auf das wirklich notwendige vernachlässigen, § 91 Rn 28. Vgl ferner Rn 31, 52, 64, 73.

Auswärtige Anwälte machen den Gerichten wegen III oft Schwierigkeiten, wenn sie Mehrkosten gegenüber Ortsansässigen verursachen würden. Nach den Regeln Rn 58 ff sind die Möglichkeiten einer derartigen Beiordnung sehr begrenzt. Allerdings ist letzthin nur dasjenige maßgeblich, was im Bewilligungsbeschluß richtig oder falsch steht. Umso unangenehmer kann eine zu großzügige Handhabung mindestens psychologisch werden, wenn dann der Prozeßverlierer zahlen soll und verständlicherweise prüft, ob er solche Mehrkosten tatsächlich miterstatten muß. Deutliche Worte der Kritik durch das Rechtsmittelgericht sollten sich an dieser Stelle vermeiden lassen.

3) Geltungsbereich, I–V. Üb 4 vor § 114, § 114 Rn 9–45. § 11 a ArbGG ist anwendbar. Auch § 4 a **3** II 2 InsO ist anwendbar, BGH RR 03, 697. Die Vorschrift verweist im dortigen Stundungsverfahren auf III–V. Wegen des sozialgerichtlichen Verfahrens LSG Erfurt NZS 04, 56 (Unanwendbarkeit), Keller NZS 03, 521.

4) Freie Wahl des Anwalts, I–IV. Die Regelung wird oft übersehen. **4**

A. Grundsatz: Wahlrecht. Der Antragsteller hat eine freie „Wahl", welchen Anwalt er beiordnen lassen will, Celle FamRZ 04, 1881, Düss FamRZ 95, 241. Diesen Grundsatz nennt I und wiederholt ihn sowohl für den ProzBev im Anwalts- wie Parteiprozeß nach § 78 Rn 1 in III als auch für den Beweis- oder Verkehrsanwalt in IV. Nur für den Fall, daß die Partei keinen Anwalt ihrer Wahl findet, enthält V Sonderregeln. Der Antragsteller hat also einen grundsätzlichen Rechtsanspruch darauf, daß das Gericht nur den Anwalt seines Vertrauens (Wahlanwalt) und keinen anderen beiordnet, soweit dieser Anwalt überhaupt für diese Partei tätig werden darf, Schlesw SchlHA 82, 197. Freilich darf zB ein Streitgenosse nicht mutwillig

§ 121

einen anderen als den Anwalt des anderen Streitgenossen benennen, Einl III 54. Das Gericht darf dem Antragsteller keinen Anwalt durch Beiordnung aufzwingen, den der Antragsteller nicht wünscht, solange er einen anderen zu seiner Vertretung bereiten und, soweit erforderlich, zugelassenen bzw postulationsfähigen Anwalt findet. Aber auch dann, wenn er keinen solchen findet, erfolgt die Beiordnung nicht von Amts wegen, sondern nur „auf Antrag". Das stellt V klar.

5 **B. Form der Wahl.** Die Wahl ist eine Parteiprozeßhandlung, Grdz 47 vor § 128. Sie kann dem Gericht gegenüber ausdrücklich oder durch schlüssiges Verhalten erfolgen, Köln MDR **83**, 847. Wenn ein Anwalt beim Prozeßgericht für eine Partei einen PKH-Antrag stellt, liegt darin regelmäßig die Mitteilung, die Partei habe ihr Wahlrecht zu seinen Gunsten ausgeübt, soweit er zur Prozeßführung bevollmächtigt ist, Rn 15, Köln MDR **83**, 847, Mü FamRZ **02**, 1196. Die Bemessung ist ebenso eine Obliegenheit wie diejenigen nach § 117. Sie läßt sich aber im Gegensatz zu dort nachholen, sogar noch in einer Wiedereinsetzungsfrist, BVerwG NVwZ **04**, 888.

6 **C. Wählbarkeit nur eines einzelnen Anwalts.** Gewählt werden kann stets nur ein einzelner Sozius, auch wenn die Partei die gesamte Sozietät bevollmächtigt bzw beauftragt hat, Düss AnwBl **91**, 223, Karlsr FamRZ **96**, 1428, LAG Nürnb MDR **02**, 1094 (auch wegen seines Ausscheidens), aM Köln JB **93**, 616 (aber eine Bestellungsanzeige mehrerer Sozies ändert nichts an der Wählbarkeit nur eines einzelnen Sozius). Im Zweifel ist der Unterzeichner oder Bearbeiter der Sozietät gewählt, Rn 5, Karlsr FamRZ **96**, 1428, Zweibr FamRZ **86**, 288, aM Ffm MDR **88**, 874 (aber man darf und muß den Vorgang vernünftig auslegen, Einl III 36 ff).

7 **5) Rechtsanwalt, I–V.** In allen Fällen des § 121 kommt nur ein „Rechtsanwalt" zur Beiordnung in Betracht. Zu diesem Kreis gehören grundsätzlich zumindest alle in Deutschland zugelassenen Anwälte, Bbg NJW **77**, 113, Köln NJW **75**, 1607. Dazu zählt wegen § 59 BRAO auch eine Anwalts-GmbH, Nürnb NJW **02**, 3715. Die Zulassungsbeschränkungen ausländischer Anwälte nach SchlAnh VII sind weitgehend nichtig, EuGH NJW **88**, 887 (zum alten Recht). Zu ihrer Beiordnung Bbg FamRZ **97**, 1543, Bach Rpfleger **91**, 9 (auch zur Vergütung). Auch ein angestellter Anwalt kommt infrage, BGH FamRZ **05**, 261. Ein Rechtsbeistand nach § 157 Rn 6 kommt evtl nicht in Betracht, Düss MDR **89**, 1108. Vgl aber für II jetzt § 25 EGZPO, unten abgedruckt, wegen eines in die Anwaltskammer nach § 209 BRAO aufgenommenen Erlaubnisträgers, BGH NJW **03**, 2244, aM LSG Mainz JB **86**, 458 (aber § 209 BRAO stellt ihn gleich). Ein selbst bedürftiger Anwalt läßt sich nicht beiordnen, Rn 26. Auch ein Rentenberater oder ein Prozeßagent kommen nicht infrage, LSG Schlesw NZS **04**, 390.

8 **6) Vertretungsbereitschaft, I–IV.** Soweit der Antragsteller einen Wahlanwalt nennt, muß das Gericht prüfen, ob dieser auch „zur Vertretung bereit" ist.

A. Keine Vertretungspflicht vor Anwaltsvertrag. Der Wahlanwalt ist zur Vertretung des Antragstellers nicht verpflichtet, solange er sich mit diesem noch nicht über das Mandat geeinigt hat. Das Gericht darf den noch nicht „bereiten" Anwalt also jedenfalls nicht nach I–IV beiordnen. Es kann der Partei keinen Anwalt durch Beiordnung aufzwingen, soweit die Partei von ihrem Wahlrecht Gebrauch macht, Rn 4. Es darf den Anwalt vor Abschluß des Anwaltsvertrags nicht gegen seinen Willen nach I–IV beiordnen.

9 **B. Kein Beiordnungsanspruch des Anwalts.** Der zugelassene bzw postulationsfähige Wahlanwalt hat trotz seiner Bereitschaft zur Vertretung nicht aus eigener Person einen Anspruch auf seine Beiordnung und daher auch kein entsprechendes Beschwerderecht, Rn 23, BGH **109**, 166, Karlsr FamRZ **96**, 1428, LAG Nürnb MDR **02**, 1084, aM Hbg FamRZ **00**, 1227 (aber die Beiordnung ist allenfalls von der Partei abhängig). Erst von der Beiordnung ab entstehen zwischen ihm persönlich und dem Staat verfahrensrechtliche, standesrechtliche und gebührenrechtliche Beziehungen.

10 **7) Beiordnung, II, III.** Man sollte die Vorschrift genau beachten. Zuständig ist das Gericht der PKH-Bewilligung, evtl das Beschwerdegericht, Köln Rpfleger **83**, 124.

A. Beiordnungpflicht des Gerichts. Soweit es um die Beiordnung eines ProzBev nach § 81 und nicht nur um die Beiordnung eines Beweis- oder Verkehrsanwalts nach IV geht, ist das Gericht unter den gesetzlichen Voraussetzungen zur Beiordnung verpflichtet und nicht nur berechtigt, hat also kein Ermessen, Hamm FamRZ **00**, 1226. Das ergibt sich schon aus dem Wortlaut „... wird beigeordnet". Die Beiordnung ist unverzüglich erforderlich, also ohne schuldhaftes Zögern, § 121 I 1 BGB. Die Beiordnung ist gegenüber dem Beigeordneten keine Amtspflicht nach § 839 I BGB, BGH NJW **90**, 836. Das Beschwerdegericht kann die Auswahl und Beiordnung dem Prozeßgericht überlassen, § 575, Karlsr MDR **92**, 1178.

11 **B. Umfang der Beiordnung.** Die Beiordnung muß grundsätzlich in demjenigen Umfang erfolgen, in dem das Gericht dem Antragsteller in gesetzlicher Weise PKH bewilligt, Celle MDR **00**, 1038. Das gilt auch im Fall der rückwirkenden Bewilligung, § 119 Rn 10, Christl MDR **83**, 539. In der Regel erfolgt die Beiordnung für den gesamten Rechtszug, § 119 S 1. Was dazugehört, ist in § 119 Rn 30 dargestellt. Auch für die Zwangsvollstreckung erfolgt die Beiordnung umfassend, § 119 Rn 49 „Zwangsvollstreckung". Der beigeordnete Anwalt darf im Umfang der Beiordnung umfassend tätig werden, also auch bei einem Prozeßvergleich nach Anh § 307, Schneider MDR **85**, 814 (also nicht beim außergerichtlichen), oder in einem Beweistermin vor einem beauftragten oder ersuchten Richter. Vgl freilich § 46 II 1 RVG.

Für den Fall einer *Beweisaufnahme* vor dem ersuchten Richter usw nach §§ 361, 362 enthält IV aber die Möglichkeit der zusätzlichen Beiordnung eines Beweisanwalts. Daher ist sie insofern auch zusätzlich erforderlich. Es kommt allerdings auch eine innerhalb des Rechtszugs oder der Zwangsvollstreckung beschränkte Beiordnung auf einen oder mehrere selbständige Verfahrensabschnitte in Betracht, soweit der Beiordnungs- bzw Bewilligungsantrag nicht weitergeht, BPatG GRUR **88**, 368. Einen vollen Untervertreter oder einen solchen nur für eine Verhandlung darf das Gericht nicht zusätzlich beiordnen, BVerwG NJW **94**, 3243, Brdb AnwBl **96**, 54, Schneider MDR **99**, 959.

12 **C. Verstoß.** Eine überhaupt fehlerhafte Beiordnung zB trotz des Fehlens der Bewilligung nach § 119 schafft keinen Vergütungsanspruch gegen die Staatskasse, aM LG Bln Rpfleger **96**, 294. Eine fehlerhafte rückwirkende Bewilligung ist für den beigeordneten Anwalt bis zur etwaigen Aufhebung wirksam, Bbg JB **86**, 768. Dasselbe gilt zu seinen Gunsten für das Kostenfestsetzungsverfahren nach §§ 103 ff, Mü Rpfleger **86**, 108. Eine verzögerte Beiordnung kann Staatshaftung auslösen.

8) Beiordnungsfolgen, I–V. Sie sind vielfältig. 13
A. Übernahmepflicht. Der beigeordnete Anwalt ist zur Übernahme des Mandats verpflichtet, Bbg JB **92**, 622, Kleinwegener FamRZ **90**, 1067. Er hat ja bereits vor der Beiordnung seine Bereitschaft zur Übernahme der Partei und/oder dem Gericht gegenüber erklärt. Andernfalls wäre die Beiordnung nicht ordnungsgemäß erfolgt. Es ist also zwischen der Partei und dem Anwalt strenggenommen bereits vor der Beiordnung nach I–IV ein Anwaltsvertrag nach Rn 14 zustandegekommen. Er stand lediglich unter der aufschiebenden Bedingung einer ordnungsgemäßen Beiordnung. Mit dem Eintritt dieser Bedingung ist der Vertrag endgültig wirksam. Für den Fall einer Beiordnung nach V gilt Rn 68, 69.

B. Notwendigkeit eines Anwaltsvertrags. Die Beiordnung ersetzt nach allgemeiner Ansicht nicht die 14 Notwendigkeit einer besonderen zusätzlichen vertraglichen Einigung zwischen dem Anwalt und der begünstigten Partei, §§ 164, 670 ff BGB. Der Anwaltsvertrag kann spätestens dadurch entstehen, daß der Anwalt im Einverständnis der Partei für sie tätig wird, BGH FamRZ **05**, 261, Karlsr FamRZ **05**, 384. Die Beiordnung ersetzt auch nicht die Notwendigkeit einer Vollmachtserteilung durch die Partei, Rn 16. Die Beiordnung bedeutet auch keineswegs eine Weisungsgebundenheit des beigeordneten Anwalts gegenüber dem Gericht. Sie bewirkt weder ein besonderes Gewaltverhältnis zwischen der Justizverwaltung und dem Anwalt, Kleinwegener FamRZ **90**, 1067, noch greift sie in die freie Berufsausübung des Anwaltsstandes ein, Hamm AnwBl **75**, 95 (nach altem Recht).

C. Fürsorgepflicht des Anwalts. Der beigeordnete Anwalt hat von der Beiordnung an Fürsorge-, 15 Belehrungs- und Betreuungspflichten, § 85 Rn 8 ff. Das gilt zB wegen der Frage, ob und welche Eilmaßnahmen er treffen und welche Fristen er sogleich beachten muß. Der beigeordnete Anwalt kann sogar schon vor der Vollmachtserteilung an ihn in solchem Umfang haften, sofern die Parteien schon in Verhandlungen über den zukünftigen Vertrag standen (Verschulden bei Vertragsschluß). Ihm kann auch schon vor dem Erhalt der Prozeßvollmacht ein Anspruch gegen den Vertragspartner und gebührenrechtlich wegen § 122 I Z 3 nur gegen die Staatskasse daraus entstehen, daß er die vorgenannten Fürsorgepflichten usw bereits wahrgenommen hat, etwa aus auftragsloser Geschäftsführung, BAG ZIP **80**, 404, KG Rpfleger **85**, 39. Eine Genehmigung der Partei heilt. Beim Verstoß kann sich der Anwalt schadensersatzpflichtig machen.

D. Unterstützungspflicht der Partei. Aus der Förderungspflicht der Partei nach Grdz 12 vor § 128 ergibt 16 sich, daß die Partei sich zur Vermeidung von Nachteilen nach Kräften bemühen muß, den beigeordneten Anwalt durch unverzügliche Vollmachtserteilung, ausreichende und rechtzeitige Information, durch Vermeidung einer Gefährdung des Vertrauensverhältnisses usw zu unterstützen. Natürlich kann der Anwalt an seinem Ausscheiden alleinschuldig sein. Daran kann aber auch die Partei schuld sein. Eine Verwirkung ist zwar in der Form eines Rechtsmißbrauchs denkbar, Einl III 54. Sie sollte aber allenfalls als Mutwillen nach § 114 gelten.

9) Beiordnung und Prozeßvollmacht, I–V. Es handelt sich um ganz verschiedene, sorgfältig auseinan- 17 derzuhaltende Vorgänge.
A. Keine automatische Vollmacht. Weder die PKH-Bewilligung noch die Beiordnung noch der Abschluß eines Anwaltsvertrags zwischen der begünstigten Partei und dem beigeordneten Anwalt haben automatisch eine Prozeßvollmacht auf den Anwalt zur Folge, BGH NJW **87**, 440, BPatG GRUR **86**, 734, BSG MDR **83**, 877. Das übersieht Hbg MDR **98**, 1123. Erst recht erhält der Bewilligungsantrag noch keine Bevollmächtigung, selbst wenn die Partei dem Gericht die Auswahl ausdrücklich überläßt, BGH **60**, 258, aM ZöPh **30** (aber sie muß die Verantwortung für einen so weitreichenden Schritt schon selbst übernehmen). Vgl auch Rn 18). Das gilt auch wegen der Auslagen, § 46 RVG, Hartmann Teil X.

B. Möglichkeit der Vollmachtverweigerung. Die Partei kann auch davon absehen, dem beigeord- 18 neten Anwalt eine Prozeßvollmacht zu erteilen, Goebel FamRZ **91**, 1271. Das gilt sowohl dann, wenn sie ihn selbst gewählt hatte, I–IV, als auch dann, wenn sie keinen Anwalt gefunden hatte, V. Eine Partei, die aus unzureichenden Gründen eine Vollmacht verweigert oder eine erteilte Vollmacht widerruft, kann im Hauptprozeß nach §§ 330 ff als säumig gelten. Eine Zustellung muß bei der Erteilung der Vollmacht an die Partei gehen. Sie darf also noch nicht an den beigeordneten Anwalt gehen, § 172 Rn 5. Die Partei kann sich dem Anwalt gegenüber schadensersatzpflichtig machen, soweit er auf Grund ihrer Wahl inzwischen bereits Aufwendungen gemacht hatte, dann aber keine Vollmacht erhält.

C. Mitwirkungspflicht des Gerichts. Soweit der beigeordnete Anwalt aus rechtlichen oder tatsäch- 19 lichen Gründen nicht tätig werden kann, muß das Gericht in den Fällen I–IV abwarten, ob die Partei einen anderen Anwalt ihrer Wahl benennt, Karlsr MDR **92**, 1178. Je nach Lage des Falls besteht die Pflicht des Gerichts, die Partei von Amts wegen auf die Hinderungsgründe beim bisher beigeordneten Anwalt hinzuweisen und ihr eine Gelegenheit zu geben, einen anderen Wahlanwalt zu benennen, Grdz 39 vor § 128. Im Fall V muß das Gericht abwarten, ob die Partei beantragt, ihr einen anderen Anwalt beizuordnen, Köln FamRZ **92**, 967. Das Gericht sollte grundsätzlich darauf dringen, daß die Partei einen solchen Antrag stellt. Dem beigeordneten Anwalt muß genügend Zeit zur Einarbeitung verbleiben. Andernfalls könnte in einer voreiligen Maßnahme des Gerichts eine Verweigerung des rechtlichen Gehörs der begünstigten Partei liegen, Art 103 I GG. Die Beiordnung bleibt als solche bestehen, bis der Anwalt vom Tod usw des Begünstigten Kenntnis hat oder haben kann.

D. Mitwirkungspflicht des Anwalts. Der beigeordnete Anwalt muß unabhängig von etwa notwendi- 20 gen Eilmaßnahmen nach Rn 15 einerseits auf die Erteilung einer Vollmacht an ihn dringen. Er muß andererseits eine solche abwarten. Soweit die begünstigte Partei den Anwalt mit der Wahrnehmung ihrer Interessen betraut, muß er sie auch über andere Klagemöglichkeiten beraten, wenn die erste Klage nicht zum Erfolg führt, selbst wenn das über den Rahmen seiner Beiordnung hinausgeht. Im Auftrag, einen Antrag auf PKH-Bewilligung einzureichen, liegt die Ermächtigung, die Entscheidung entgegenzunehmen.

§ 121   Buch 1. Abschnitt 2. Parteien

21   **E. Weitere Einzelfragen.** Der beigeordnete Anwalt wird nicht etwa zum gesetzlichen Vertreter der begünstigten Partei. Die Prozeßvollmacht ist auch dann wirksam, wenn das Gericht PKH zu Unrecht bewilligt hat. Die Partei kann dem beigeordneten Anwalt Weisungen geben. Sie kann ihm die Vollmacht wie einem Wahlanwalt sonstiger Art jederzeit entziehen, Ffm FamRZ **01**, 237, Rostock FamRZ **03**, 1938. Eine solche Maßnahme kommt auch dann infrage, wenn der Anwalt etwa krankheitsbedingt nicht mehr tätig werden kann. Das Gericht hat in solchen Fällen zum Ob kein Ermessen, Hamm FamRZ **00**, 1226. Dann muß es zumindest im Anwaltsprozeß nach § 78 Rn 1 auf Parteiantrag auch ohne wichtigen Grund unverzüglich einen anderen Anwalt beiordnen, Hamm FamRZ **05**, 1263, Nürnb MDR **03**, 713, Rostock FamRZ **03**, 1938 (zumindest mangels Mehrkosten), aM Brdb FamRZ **02**, 38, Ffm FamRZ **01**, 237 (nur beim Entzug aus triftigem Grund), Brdb FamRZ **04**, 213, Köln FamRZ **04**, 124 (nur mangels zusätzlicher Kosten. Aber die Fürsorgepflicht geht deutlich weiter, Einl III 27).

Das Gericht ist an die Benennung eines anderen Anwalts durch die Partei *gebunden,* Düss JB **86**, 298. Das gilt allerdings nicht bei Rechtsmißbrauch, Einl III 54. Dann entsteht kein neuer Beiordnungsanspruch, Ffm MDR **88**, 501, Zweibr JB **94**, 749. Der Beigeordnete ist nicht Verfahrensbeteiligter und nicht Dritter nach § 839 I 1 BGB wegen seines Honorars, BGH **109**, 170.

22   **F. Einige Vergütungsfragen.** Das Gericht darf eine Beiordnung nicht von der später nach § 55 RVG usw zu klärenden Höhe der Vergütung abhängig machen, LG Bln Rpfleger **96**, 294, auch nicht beim notwendigen Anwaltswechsel, Köln RR **02**, 134. Der beigeordnete Anwalt kann für den Beiordnungszeitraum und nur im Beiordnungsumfang Gebühren und Auslagen ab Rechtshängigkeit fordern, § 261, KG FamRZ **80**, 580, und zwar nach den §§ 45 ff RVG und nur aus der Staatskasse, Zweibr JB **99**, 590. Diese Möglichkeit besteht auch nur bis zur Kenntnis oder bis zum Kennenmüssen des Tods des Begünstigten, § 674 BGB. Das gilt allerdings nicht, wenn dieses Ergebnis vor der Bewilligung eingetreten war. Eine Aufhebung der Beiordnung darf zwecks Vermeidung einer Verkürzung der Vergütung nicht rückwirkend erfolgen, Brdb FamRZ **04**, 213.

Der Anwalt kann seine Kostenansprüche also für die Dauer der Bewilligung der PKH *nicht gegenüber dem Auftraggeber* geltend machen, § 122 I Z 3. Er kann außerdem nach § 126 I unmittelbar aus eigenem Recht gegenüber dem in die Prozeßkosten nach §§ 91 ff verurteilten Prozeßgegner seines Auftraggebers vorgehen. Soweit das Gericht eine PKH nach § 124 aufgehoben hat, kann er seine gesetzlichen Ansprüche nunmehr gegenüber dem Auftraggeber geltend machen, und zwar auch rückwirkend. Der anstelle eines anderen Anwalts jetzt beigeordnete Anwalt hat einen vollen Vergütungsanspruch gegenüber der Staatskasse. Seine Beiordnung kann nicht wirksam zu einem nur eingeschränkten Maß erfolgen, Karlsr FamRZ **98**, 633, aM Bre JB **93**, 51 (aber Beiordnung ist Beiordnung). Die Festsetzung der Vergütung ist kein Justizverwaltungsakt, Naumb NJW **03**, 2921.

Einen *Auslagenvorschuß* kann der beigeordnete Anwalt von der Staatskasse nur im Rahmen des § 47 RVG verlangen. Eine Vergütungsvereinbarung mit dem Auftraggeber begründet keine Verbindlichkeit. Soweit der Auftraggeber aber freiwillig und vorbehaltlos gezahlt hat, hat er kein Rückforderungsrecht, (jetzt) § 4 V 2 RVG, AG Würzb DGVZ **79**, 188.

23   **G. Rechtsbehelfe.** Beim Rpfl gilt § 11 RPflG, § 104 Rn 41 ff, § 127 Rn 94 ff. Beim etwa landesrechtlich nach Grdz 4 vor § 688 für das Mahnverfahren zuständigen Urkundsbeamten gilt § 573 I. Sowohl gegen die Ablehnung der Beiordnung als auch gegen die Beiordnung etwa eines nicht gewählten Anwalts durch den Richter ist für die Partei bei ausreichendem Hauptsachewert über 600 EUR grundsätzlich die sofortige Beschwerde nach § 567 I Z 1 zulässig, (jetzt) § 127 II 2 Hs 1 (Ausnahme: Hs 2), Celle NdsRpfl **95**, 46, Drsd FamRZ **01**, 634, Mü FamRZ **99**, 1355, aM Düss JB **87**, 1830, Kblz AnwBl **85**, 48 (aber die Vorschrift gilt uneingeschränkt). Eine Ausnahme gilt, soweit das Berufungsgericht die Entscheidung getroffen hat. Dagegen kommt allenfalls unter den Voraussetzungen des § 574 eine Rechtsbeschwerde in Betracht. Auch gegen die Ablehnung der Aufhebung der Beiordnung hat die Partei sofortige Beschwerde, (jetzt) § 567 I Z 2, Düss FamRZ **95**, 241. Das gilt trotz eigenen Kündigungsrechts. Denn sie ist zu solchem Schritt mit weitergehenden Folgen nicht gezwungen. Gegen die Ablehnung der Beiordnung der vorgeschlagene Anwalt nicht ein Beschwerderecht aus eigenem Recht, § 127 Rn 73, BGH **109**, 166, Karlsr RR **96**, 1339, aM Hbg FamRZ **00**, 1227 (aber er hat auch keinen eigenen Beiordnungsantrag, Rn 9). Die vorgenannten Rechtsbehelfe sind auch insofern statthaft, als der angefochtene Beschluß fälschlich vom Vorsitzenden statt vom gesamten Prozeßgericht erlassen wurde. Sofern der Vorsitzende fälschlich durch eine Verfügung entschieden hat, ist ebenfalls sofortige Beschwerde zulässig.

Die *Staatskasse* hat keinen Rechtsbehelf, § 127 Rn 23 ff, Düss MDR **89**, 827. Eine Dienstaufsichtsbeschwerde ist nur bei krassem, offensichtlich völlig sachfremdem Mißbrauch des Auswahlrechts statthaft.

24   Der beigeordnete Anwalt kann nach § 48 II BRAO aus wichtigem Grund einen Antrag auf die *Aufhebung* seiner Beiordnung stellen und daher nach einer erstinstanzlichen Ablehnung solcher Aufhebung sofortige Beschwerde einlegen, Bbg FamRZ **01**, 633, Karlsr FamRZ **99**, 306, Köln JB **95**, 127. Das gilt zB bei erheblicher Beeinträchtigung des Vertrauensverhältnisses, BGH RR **92**, 189, nicht aber mangels Erfolgsaussicht. Ist der Prozeß nach langer Dauer und Beweisaufnahme nach § 300 Rn 6 entscheidungsreif, so reicht selbst eine tiefgreifende Störung des Vertrauensverhältnisses nicht mehr zur Aufhebung, Ffm MDR **89**, 167. Der Anwalt kann gegen die Ablehnung der Aufhebung seiner Beiordnung keinen Rechtsbehelf einlegen, soweit das Berufungsgericht abgelehnt hat.

25   **10) Anwaltsprozeß, I.** Die Vorschrift regelt die Beiordnung für den Fall des sog Anwaltsprozesses. Hier muß eine Beiordnung auch ohne Beiordnungsantrag erfolgen.

A. Begriff des Anwaltsprozesses. Vgl § 78 Rn 1. Im Revisionsverfahren nach dem BEG kann ein OLG-Anwalt amtieren, § 224 IV BEG, soweit er erklärt, keine höheren Kosten als ein BGH-Anwalt entstehen zu lassen, BGH RR **97**, 507.

26   **B. Selbstvertretung des Anwalts.** Soweit die Partei oder ihr gesetzlicher Vertreter ein beim Prozeßgericht zugelassener und nicht nur postulationsfähiger Anwalt ist, kann das Gericht sie auch selbst nach I zu

ihrer eigenen Vertretung beigeordnen, Mü AnwBl **81**, 507, Wax FamRZ **85**, 18, AG Holzminden FamRZ **02**, 760, aM Ffm FamRZ **92**, 1320 (aber ein Anwalt kann sich auch sonst selbst vertreten, auch mit erheblichen kostenrechtlichen Folgen für den etwaigen gegnerischen Verlierer). Die Zulässigkeit der Selbstvertretung gilt auch dann, wenn ein Betreuer oder ein Pfleger ein Anwalt ist, Bre RR **86**, 309, LSG Darmst Rpfleger, **97**, 392, aM OVG Bre Rpfleger **86**, 12 (abl Damrau). Das gilt ferner, soweit der Anwalt als Partei kraft Amtes tätig wird, Grdz 8 vor § 50, etwa als Insolvenzverwalter, BGH MDR **02**, 1142. Denn die Partei kraft Amtes darf nicht schlechter dastehen. Die Beiordnung erfolgt nicht bei Mißbrauch, Einl III 54, Kblz FamRZ **86**, 376, Mü AnwBl **81**, 507. Sie erfolgt auch nicht in einer eigenen Sache des Anwalts. Evtl muß das Gericht ihm aber einen anderen Anwalt beiordnen.

C. Einzelfragen. Soweit der Anwalt zur Übernahme des Mandats bereit ist, muß er entsprechend tätig **27** werden, § 48 I Z 1 BRAO, solange das Gericht die Beiordnung nicht auf Antrag des Anwalts aus wichtigem Grund aufhebt, § 48 II BRAO, Brangsch AnwBl **82**, 99. Soweit der beigeordnete Anwalt ohne ein Verschulden der Partei wegfällt, hat die Partei die Befugnis zur Benennung eines anderen zu ihrer Vertretung bereiten Anwalts und das Gericht eine entsprechende Beiordnungspflicht, Rn 21.

Beispiele des Wegfalls: Die Partei kündigt dem Anwalt aus triftigem Grund, Kblz FamRZ **86**, 375; der **28** Anwalt legt das Mandat ohne einen von der Partei zu vertretenden Grund nieder.

Soweit der in Wahrheit zur Übernahme des Mandats nicht endgültig bereit gewesene, dennoch zunächst beigeordnete Anwalt die Tätigkeit auch nach der Beiordnung ablehnt, kann das Gericht die Beiordnung nicht bestehen lassen. Denn das Gesetz enthält zwingend als Wirksamkeitserfordernis der Beiordnung die Bereitschaft des Anwalts zur Übernahme des Mandats, Rn 8. Der Anwalt kann sich zwar im Verhältnis zur Partei schadensersatzpflichtig machen, wenn er zB zunächst eine Bereitschaft angekündigt hatte, diese dann aber erst nach der Beiordnung endgültig ablehnt. Die Partei mag sogar die Möglichkeit haben, den Anwalt auf Abgabe der Bereitschaftserklärung zu verklagen, § 894. Das Prozeßgericht muß aber im Bewilligungsverfahren abwarten, ob er seine Bereitschaft erklärt. Das Prozeßgericht prüft, ob Anwaltszwang besteht, § 78 Rn 1. Es stellt anheim, einen Anwalt zu benennen, Grdz 39 vor § 128. Im Zweifel liegt im Bewilligungsantrag der Beiordnungsantrag, Rn 4, Düss MDR **81**, 502, LAG Bre Rpfleger **86**, 279.

11) Parteiprozeß, II. Die Vorschrift regelt die Beiordnung des ProzBev im sog Parteiprozeß. **29**

A. Begriff des Parteiprozesses. Vgl § 78 Rn 1, 35 ff. Wegen des Selbstvertretungsrechts des Anwalts Rn 26. Im Zwangsvollstreckungsverfahren besteht grundsätzlich kein Anwaltszwang, § 764 I. Anwaltszwang herrscht aber, soweit im Vollstreckungsverfahren das LG oder ein höheres Gericht als Prozeßgericht tätig wird, zB nach §§ 767, 887, 888, 890.

B. Beiordnung nur auf Antrag. Während im Anwaltsprozeß nach Rn 25 die Beiordnung keinen **30** besonderen Beiordnungsantrag voraussetzt, sondern „nur" die Wahl eines Anwalts und dessen Bereitschaft, erfordert im Parteiprozeß die Beiordnung einen Beiordnungsantrag. Das Gericht braucht einen Beiordnungsantrag zwar nicht grundsätzlich anzuregen, wohl aber unter den Voraussetzungen des § 139. Das gilt zB dann, wenn das Gericht erkennt, daß der Partei die Befugnis zur Benennung eines Anwalts unbekannt ist oder daß sie die Erforderlichkeit einer Vertretung durch einen Anwalt nicht erkennt. Ein Beiordnungsantrag ist formlos und stillschweigend möglich (Vorsicht!), LAG Hamm MDR **99**, 190, VGH Kassel AnwBl **90**, 571. In einem Kindschaftsverfahren nach §§ 640 ff enthält der Antrag auf Bewilligung von PKH durchweg den Antrag auf die Beiordnung, Drsd FamRZ **01**, 634, KG JB **00**, 312, ZöPh 7, aM LG Bayreuth JB **82**, 1735 (aber die Beiordnung entspricht fast stets dem von Amts wegen mitzubeachtenden Sinn eines nur scheinbar auf bloße PKH-Bewilligung gerichteten Anwaltsantrags, Einl III 40).

Ähnliches kann vor dem *Arbeitsgericht* gelten, LAG Halle MDR **97**, 1131. In einer vom ProzBev unterzeichneten PKH-Antrag liegt durchweg ein Beiordnungsantrag der Partei, Bbg JB **87**, 139, Düss MDR **81**, 502, LAG Hamm MDR **99**, 190, aM LG Bayreuth JB **82**, 1735, LAG Kiel NZA-RR **05**, 327, VGH Mannh JB **89**, 124 (aber was meint der Anwalt dann eigentlich?). Das gilt auch bei einer Klagerweiterung, LAG Düss JB **86**, 609, aM Karlsr AnwBl **87**, 340, oder im Beschwerdeverfahren, Köln AnwBl **83**, 847, oder beim Prozeßvergleich. Das Gericht darf den Anwalt nur dann beiordnen, wenn er zur Vertretung bereit ist, Rn 8. Der Antragsteller kann die Benennung im Laufe des Bewilligungsverfahrens nachholen.

12) Erforderlichkeit der Vertretung, II Hs 1. Im Parteiprozeß muß das Gericht prüfen, ob die **31** Vertretung durch einen Anwalt erforderlich erscheint oder ob der Prozeßgegner durch einen Anwalt vertreten ist. Ihm steht ein Erlaubnisträger nach § 209 BRAO gleich, § 25 EGZPO.

A. Zweck: Waffengleichheit. Sinn der Regelung ist wie bei Hs 2 die Durchsetzung des Gebots der Waffengleichheit, Art 3 GG, Einl III 21, BVerfG NJW **88**, 2597, Drsd FamRZ **04**, 122 (FGG), Köln FamRZ **03**, 1397 links.

B. Begriff der Erforderlichkeit. Eine Vertretung durch einen Anwalt erscheint dann als „erforderlich", **32** wenn aus der Sicht des Gerichts die anwaltliche Vertretung und nicht nur Beratung nützlich, förderlich oder beschleunigend wirken könnte und außerdem als unentbehrlich erscheint, KG FamRZ **95**, 629 („Bedürfnis"), LAG Erfurt MDR **00**, 231, LAG Hamm NZA **05**, 544. Dabei muß man auf den bestimmten Antragsteller mit seinen erkennbaren rechtlichen, kaufmännischen oder sonstigen Fähigkeiten zur Meinungsbildung und zur Formulierung abstellen, Hamm FamRZ **90**, 892. Andererseits muß man zwar die Fürsorgepflicht des Gerichts nach Einl III 27 berücksichtigen, Köln FamRZ **03**, 1399. Man darf sie aber nicht in den Vordergrund stellen. Aus der Sicht der Partei mag anwaltliche Beratung und Vertretung auch dann als dringend erforderlich erscheinen, wenn das Gericht zB im weiteren Verfahren helfend eingreifen könnte und will. Die Erforderlichkeit kann sich aus tatsächlichen und/oder rechtlichen Gründen ergeben, Nürnb MDR **01**, 819, LAG Hamm NZA **05**, 544. Sie kann auch bei einem einfachen Sachverhalt und/oder einer einfachen Rechtslage vorliegen, soweit die Partei hilflos scheint, LSG Mü AnwBl **88**, 421, oder wenn das Gericht fehlerhaft gehandelt hatte, Bbg RR **90**, 1407, oder wenn der Anwalt die Fremdsprache der Partei versteht, LG Duisb MDR **04**, 538.

§ 121

33   **C. Ermessen des Gerichts.** Das Gericht muß bei der Klärung der Erforderlichkeit anwaltlicher Vertretung nach pflichtgemäßem Ermessen unter Abwägung aller für und gegen die Erforderlichkeit sprechenden Gesichtspunkte vorgehen, Hamm FamRZ **97**, 1096 (FGG). Notwendig ist ein objektiver Maßstabs, LAG Hamm NZA **05**, 544, OVG Bre AnwBl **84**, 49. Man darf aber die Erforderlichkeit nicht kleinlich verneinen, Brdb FamRZ **97**, 1285, Nürnb FamRZ **97**, 215, LG Aachen FamRZ **98**, 109 (FGG). Fiskalische Gesichtspunkte sind zwar nicht unbeachtlich, aber auch nicht entscheidend, Mü FamRZ **99**, 793. Unerheblich ist es, ob es als zweifelhaft erscheint, ob zwischen dem benannten Anwalt und dem Antragsteller ein Vertrauensverhältnis entstehen kann und ob der Wahlanwalt ein besonders hohes Vertrauen des Prozeßgerichts genießt usw.

34   **D. Maßgeblicher Zeitpunkt: Bewilligungsreife.** Für die Erforderlichkeit der anwaltlichen Vertretung kommt es wie immer im PKH-Bewilligungsverfahren auf den Zeitpunkt an, zu dem das Gericht bei ordnungsgemäßer Behandlung über den Beiordnungsantrag entscheiden muß, § 119 Rn 5, Köln FamRZ **99**, 1146. Das Gericht darf und muß daher evtl eine Rückwirkung der Bewilligung aussprechen, § 119 Rn 10 ff.

35   **E. Beispiele zur Frage der Erforderlichkeit**
Abstammungsprozeß: Im Verfahren nach §§ 640 ff ist eine Beiordnung im allgemeinen erforderlich, BVerfG **7**, 53, Köln MDR **02**, 1195, Schlesw FamRZ **04**, 1881, aM Karlsr FER **99**, 120 (Beweisaufnahme, nennt irrig II 2), Oldb MDR **02**, 35, Schlesw (13. FamS) MDR **03**, 393 (nur von Fall zu Fall klärbar. Aber auch der Untersuchungsgrundsatz ändert nichts am wohlverstandenen Interesse der Partei, in derart weitreichenden Fragen gerade *ihren* Standpunkt überzeugend vortragen zu lassen). Das gilt auch dann, wenn der Anwalt als Pfleger bestellt ist, Köln FamRZ **03**, 1397 links, aM OVG Bre JB **85**, 1103 (aber auch dann bleiben meist schwierige Rechtsfragen zu klären usw).
   Allerdings gilt dieser Grundsatz *nicht,* soweit kein vernünftiger Grund für die Beiordnung besteht, Bbg FamRZ **97**, 377, Köln FamRZ **96**, 1290 (Bekl will anerkennen), Hamm AnwBl **95**, 110, Köln MDR **02**, 1195, Schlesw MDR **03**, 393 (je: tatsächlich und rechtlich einfache Sache). Die Beiordnung ist für eine Partei insbesondere grds nicht erforderlich, soweit das Jugendamt für sie bereits tätig wird, Drsd FamRZ **99**, 600, Jena FamRZ **96**, 419, großzügiger Saarbr AnwBl **84**, 624, strenger Kblz FamRZ **87**, 503, Köln FamRZ **87**, 401 (nur bei echtem Streit. Aber das Jugendamt ist meist kundig genug). Freilich braucht man sich das Jugendamt keineswegs stets als Beistand aufdrängen zu lassen, Köln RR **04**, 1590.
   Freilich ist in den letztgenannten Fällen die Beiordnung für den *Gegner* meist erforderlich, Düss MDR **94**, 1224, Hamm FamRZ **95**, 747, Nürnb JB **93**, 231, aM Brdb FamRZ **97**, 1285, Hbg RR **00**, 1605, Schlesw DAVorm **91**, 1112 (aber das verstößt gegen den Gleichheitsgrundsatz: Das Jugendamt ist besser sachkundig und wirkt nicht stets ganz objektiv). Auch der nach § 640 e benachrichtige Beigetretene, den das Gericht nach § 114 Rn 11 als Partei behandeln muß, kann die Beiordnung beantragen, Hamm FamRZ **91**, 348.
Amtsermittlung: Im Verfahren nach Grdz 38 vor § 128 kann eine Beiordnung geboten sein, BVerfG Rpfleger **02**, 212, Hamm FamRZ **95**, 747, aM Oldb FamRZ **02**, 106, LG Frankenth DAVorm **84**, 320 (aber gerade dann können schwierige Fragen auftreten).
Analphabet: Bei einfacher Sach- und Rechtslage liegt *keine* Bedürftigkeit schon wegen des Analphabetentums vor, Hbg FamRZ **89**, 525.
   S auch Rn 47 „Sorgerechtsverfahren".
Anwaltsprozeß: Im Verfahren mit Anwaltszwang nach § 78 Rn 1 kann die Partei evtl einzelne Prozeßhandlungen nicht selbst wirksam vornehmen. In diesem Umfang ist eine Beiordnung durchweg erforderlich, BGH NJW **84**, 2413. Das gilt auch zugunsten eines Anwalts, der sich selbst vertritt, BGH NJW **02**, 2179.
Ausdrucksfähigkeit: Man muß sie bei der Abwägung mitbeachten, BVerfG FamRZ **02**, 531, Brdb FamRZ **02**, 1199, Drsd FamRZ **01**, 634.
Auskunft: Die Beiordnung ist grds erforderlich, wenn ein gerade Volljähriger vom Vater Auskunft zwecks Unterhaltsklärung begehrt, Zweibr FamRZ **86**, 287.
Ausländer: Eine Beiordnung kann erforderlich sein, wenn der Anwalt die Sprache der ausländischen Partei versteht, LG Duisb MDR **04**, 538.

36   **Bankkonto:** Die Beiordnung ist erforderlich, soweit es um die Pfändung eines Bankkontos geht, LG Heidelb AnwBl **86**, 211.
   S auch Rn 50 „Zwangsvollstreckung".
Bedeutung der Sache: Sie kann eine Erforderlichkeit begründen, KG FamRZ **95**, 629.
Betreuungsverfahren: Eine Beiordnung ist schon wegen der Hilflosigkeit des Betreuten nach Rn 40 meist dringend erforderlich, LG Karlsr FamRZ **99**, 1091.
Beweisanwalt: Das Erfordernis seiner Beiordnung richtet sich nach III, Rn 67.

37   **Ehesache:** Die Beiordnung ist grds geboten, Brdb FamRZ **99**, 1357. Das gilt auch dann, wenn der Antragsteller selbst Anwalt ist, Ffm FamRZ **01**, 1533.
Ehewohnung: Die Beiordnung kann erforderlich sein, Hamm FamRZ **90**, 892.
Einfachheit der Sach- und Rechtslage: Rn 40 „Hilflosigkeit".
Einstellung: Rn 50 „Zwangsvollstreckung".
Einstweilige Anordnung oder Verfügung: Eine Beiordnung ist grds schon wegen des Eilcharakters erforderlich, Düss FamRZ **82**, 513, Hamm FamRZ **90**, 892, aM Hbg FamRZ **83**, 1133, Hamm FamRZ **84**, 1245 (aber gerade ein Eilverfahren bringt oft erhebliche tatsächliche und rechtliche Probleme mit sich). Diese Regel gilt im einzelnen auch bei einer einstweiligen Verfügung auf die Zahlung eines vorläufigen Unterhalts, Düss FamRZ **82**, 513.
   S auch Rn 47 „Sorgerechtsverfahren".
Entfernung: Auch eine weitere Entfernung (ca 35 km) erfordert eine Beiordnung erst bei Unzumutbarkeit einer Reise zum Gericht, LAG Kiel NZA-RR **05**, 383.

Titel 7. Prozesskostenhilfe und Prozesskostenvorschuss § 121

Erinnerung: Rn 50 „Zwangsvollstreckung".
Fiskus: Fiskalische Gesichtspunkte sind zwar nicht unbeachtlich, aber auch nicht entscheidend. 38
Freiwillige Gerichtsbarkeit: Rn 47 „Sorgerechtsverfahren".
Gegnerische Vertretung: Vgl Rn 29 ff, 51 ff. 39
Grundbuchsache: Eine Beiordnung ist zumindest bei nicht ganz einfacher Lage erforderlich, BayObLG FamRZ **93**, 348, strenger Ffm FamRZ **98**, 31.
Hausanwalt: Man kann die zur Erstattung von Verkehrsanwaltskosten entwickelten Gesichtspunkte auch 40 für die Frage der Erforderlichkeit einer Beiordnung miteranziehen, 91 Rn 255–258.
Hilflosigkeit: Eine Beiordnung kann auch bei einem einfachen Sachverhalt und/oder angesichts einer einfachen Sachlage erforderlich sein, soweit die Partei hilflos zu sein scheint, BVerfG NJW **83**, 1600, Nürnb NJW **80**, 1054, OVG Bre JB **84**, 133, LG Karlsr FamRZ **99**, 1091. So liegt es leider oft, aber wegen der Fürsorgepflicht des Gerichts nach Einl III 39 keineswegs stets, aM ZöPh 9 (aber die Fürsorgepflicht ist heutzutage ziemlich umfassend). Das gilt zB bei einer Betreuung, Rn 36.
Insolvenzverfahren: Sehr großzügig zählt LG Hann AnwBl **85**, 596 auch die Anmeldung einer Insolvenz- 41 forderung zu den Lagen, in denen die Beiordnung als erforderlich erscheint. Erforderlich ist eine Beiordnung auch im Insolvenzverfahren nur, soweit nicht auch ein Nichtjurist mit Erfolg tätig werden kann, BGH NJW **04**, 3261, AG Mannh RR **04**, 208, LAG Erfurt MDR **00**, 231, großzügiger LG Hann AnwBl **85**, 596. Hat der Gegner einen Anwalt, so ist II Hs 2 anwendbar, aM BGH RR **03**, 697 (aber der Wortlaut ist eindeutig, Einl III 39).
Eine Erforderlichkeit *fehlt* zB grds im Verbraucherinsolvenzverfahren, AG Ffo Rpfleger **03**, 144 (streng), bzw evtl dann, wenn der Gegner eine Rechtsabteilung hat, BGH RR **03**, 697, oder dann, wenn das Scheitern des Schuldenbereinigungsplans schon feststeht, LG Gött Rpfleger **00**, 227, LG Kblz AnwBl **02**, 66.
Isoliertes Sorgerechtsverfahren: Rn 47 „Sorgerechtsverfahren".
Jugendamt: Soweit für die Partei bereits das Jugendamt tätig ist, *fehlt meist* die Erforderlichkeit der Beiordnung auch eines Anwalts. Etwas anderes gilt bei nachfolgender Vertretung des Gegners durch einen Anwalt, Karlsr JB **04**, 383 rechts.
S auch Rn 35 „Abstammungsprozeß".
Kindschaftsverfahren: Rn 35 „Abstammungsprozeß". 42
Mahnverfahren: Es gibt durchweg keine Erforderlichkeit in diesem vereinfachten Verfahrensabschnitt, Mü FamRZ **99**, 1355, LG Stgt Rpfleger **94**, 170.
Mietrecht: Eine Beiordnung kann erforderlich sein, soweit der Gegner einen sachkundigen Vertreter hat, den Haus- und Grundstückseigentümerverein oder den Mieterverein, LG Trier WoM **93**, 203.
Nebenkläger: Auch zu seinen Gunsten kann eine Beiordnung erforderlich sein, Bbg AnwBl **85**, 319, Düss 43 MDR **86**, 166, Ffm NJW **86**, 2587.
Vgl aber auch Rn 57.
Pfändung: Rn 50 „Zwangsvollstreckung". 44
Pfleger: Rn 26, Rn 35 „Abstammungsprozeß". Wegen der Aufhebung einer Amtspflegschaft im FGG-Verfahren LG Bln FamRZ **89**, 209.
Rechtsfrage: Wenn das Gericht eine schwierige Rechtsfrage klären muß, ist eine Beiordnung grds er- 45 forderlich, Zweibr FamRZ **86**, 287, LG Gött AnwBl **84**, 516.
S auch Rn 37 „Einfachheit der Sach- oder Rechtslage".
Schwierigkeit der Sach- oder Rechtslage: Eine Beiordnung kommt in Betracht, wenn der Sachverhalt 46 tatsächlich oder rechtlich schwierig gelagert ist, KG FamRZ **95**, 629, Zweibr FamRZ **86**, 287, AG Mannh RR **04**, 208.
Sorgerechtsverfahren: Bei ihm ist eine Beiordnung grds erforderlich, Hamm FamRZ **96**, 808, Karlsr 47 FamRZ **98**, 248, Köln FamRZ **87**, 180. Das gilt auch bei einem isolierten Sorgerechtsverfahren nach dem FGG, Hamm MDR **03**, 957, Mü FamRZ **99**, 793, Nürnb MDR **96**, 609, aM Hbg FamRZ **89**, 525, Köln FamRZ **04**, 289, Nürnb FamRZ **95**, 371 (aber ist die Sache schon einfach?).
Die Beiordnung kommt *ferner* etwa in folgenden Fällen in Betracht; Die Eltern haben einen einverständlichen Vorschlag zur Regelung des Sorgerechts gemacht, Düss FamRZ **87**, 963; es geht um eine Unterbringung, LG Arnsb FamRZ **84**, 1150.
Nicht stets erforderlich ist die Beiordnung im Verfahren nach § 52 a FGG, Hamm FamRZ **98**, 1303, großzügiger Drsd FamRZ **04**, 122, Mü FamRZ **00**, 1225, Nürnb MDR **01**, 819, oder dann, wenn es bei Einigkeit über das Sorgerecht nur noch um die Abgabe der Erklärung nach § 1671 II Z 1 BGB geht, Bbg FamRZ **00**, 763.
Sozialverfahren: Im Rahmen der grds entsprechenden Anwendbarkeit nach § 114 Rn 39 „Sozialgericht" können strengere Maßstäbe gelten, LSG Mü AnwBl **88**, 421. Bei einem Schwerbehinderten kommt es wie stets auf die Gesamtumstände an, LSG Essen FamRZ **89**, 1315.
Statusverfahren: Rn 35 „Abstammungsprozeß".
Streithelfer: Soweit das Gericht für die Hauptpartei einen Anwalt beiordnen muß, gilt das auch für den Streithelfer, Köln MDR **02**, 661.
Umfang der Sache: Sie kann eine Erforderlichkeit begründen, KG FamRZ **95**, 629.
Umgangsrecht: Rn 47 „Sorgerechtsverfahren". 48
Unterbringungsverfahren: In einem solchen Fall ist eine Beiordnung grds erforderlich, LG Arnsb FamRZ **84**, 1150.
Unterhalt: Im Unterhaltsprozeß ist wegen seiner regelmäßigen Schwierigkeiten die Beiordnung meist erforderlich, Köln MDR **02**, 1195, Mü FamRZ **99**, 793, Luthin FamRZ **89**, 135. Das gilt auch bei der zugehörigen Zwangsvollstreckung, BGH FamRZ **03**, 1921 (Fallfrage), LG Kassel FamRZ **88**, 1211, LG Verden FamRZ **03**, 1938, aM LG Stgt Rpfleger **90**, 128 (aber gerade sie bringt oft erhebliche Probleme, Rn 50 „Zwangsvollstreckung"). Es gilt auch bei einer Auskunft zwecks Unterhaltsklärung, Zweibr FamRZ **86**, 287. Es kommt allerdings auch hier auf die Gesamtumstände des Einzelfalls an, BGH FamRZ

§ 121
Buch 1. Abschnitt 2. Parteien

04, 790, Köln MDR **02**, 1195 (keine Beiordnung in leichtem Fall), Mü MDR **99**, 301 (nicht bei § 646), zB darauf, ob man nach dem Vereinfachten Verfahren mit einem streitigen rechnen kann, Hamm Rpfleger **00**, 339. Im Hauptprozeß ist für den Bekl Rechtshängigkeit Bewilligungsbeginn, KG FamRZ **05**, 526.
  Nicht stets erforderlich ist die Beiordnung im Vereinfachten Verfahren nach §§ 645 ff, Bbg JB **00**, 312, Brdb JB **02**, 31 (je: Fallfrage), Brschw FamRZ **02**, 539, großzügiger Brdb (2. FamS) FamRZ **02**, 1199, Hamm FamRZ **02**, 403, Naumb FamRZ **02**, 892 (aber dieses Verfahren ist doch trotz fortbestehender Probleme einfacher).

49 Vaterschaftsverfahren: Rn 35 „Abstammungsprozeß".
Verkehrsanwalt: Rn 68.
Versorgungsausgleich: Die Beiordnung ist im Verfahren auf ihn grds erforderlich, Hamm AnwBl **78**, 461, Schlesw SchlHA **78**, 117.
Vertrauensverhältnis: Es ist unerheblich, ob zwischen dem beizuordnenden Anwalt und dem Antragsteller ein Vertrauensverhältnis erwachsen kann oder ob der Wahlanwalt des Antragstellers ein besonders hohes oder nicht sonderlich hohes Vertrauen des Prozeßgerichts genießt.

50 Zeuge: Hs 2 paßt *nicht* auf den Rechtsbeistand eines Zeugen, BVerfG AnwBl **83**, 457, aM LG Verden MDR **90**, 1135 (StPO).
Zwangsvollstreckung: Sowohl für die Vollstreckung im ganzen als auch für die einzelne Parteihandlung des Gläubigers oder Schuldners im Vollstreckungsverfahren ist eine Beiordnung grds *nicht* schon wegen § 119 II geboten, LG Ulm AnwBl **00**, 63. Es kommt vielmehr außerhalb von Anwaltszwang oder gegnerischer Anwaltsvertretung auf die Erforderlichkeit an, LG Kblz Rpfleger **05**, 201. Sie läßt sich nicht stets von vornherein für die ganze Zwangsvollstreckung übersehen, LG Rostock Rpfleger **03**, 304. Natürlich kann eine Beiordnung erforderlich werden, LG Bayreuth JB **93**, 546. Das gilt zB bei rechtlichen Problemen, etwa einer Erinnerung oder einem Einstellungsantrag, LG Bln Rpfleger **03**, 35, LG Hann JB **86**, 766, LG Kblz Rpfleger **05**, 201.
  Das gilt ferner zB: Bei der Vollstreckung eines Unterhaltsanspruchs, LG Arnsberg FamRZ **00**, 1226, LG Bln FamRZ **03**, 318, LG Kblz Rpfleger **05**, 201, zu streng LG Münst JB **93**, 360; bei der Pfändung, BGH NJW **03**, 3136, LG Bayreuth JB **93**, 546, zB eines Bankkontos, LG Heidelb AnwBl **86**, 211, freilich nicht stets, LG Düss JB **93**, 361, LG Münst JB **93**, 360; bei der Pfändung des Taschengeldanspruchs, LG Zweibr JB **97**, 665; bei einer Neufestsetzung nach § 48 SGB X, LSG Essen FamZRZ **87**, 731; bei der Offenbarungsversicherung, LG Kblz JB **02**, 321; bei der Eintragung einer Zwangssicherungshypothek, LG Detm Rpfleger **05**, 32 (meist keine Erforderlichkeit – ? –).
  Die Beiordnung eines Anwalts für eine *Mobiliarzwangsvollstreckung* ist aber meist *nicht* erforderlich, LG Kleve Rpfleger **00**, 554, LG Trier Rpfleger **02**, 271, LG Ulm AnwBl **00**, 63, aM Kblz FamRZ **05**, 529.

51 13) Gegner durch einen Rechtsanwalt vertreten, II Hs 2. Eine Beiordnung erfolgt auch insoweit, als der Prozeßgegner des Antragstellers bereits durch einen Anwalt in dem Verfahren vertreten ist, für das die Beiordnung erfolgen soll, KG FamRZ **86**, 1024, LAG Kiel NZA-RR **05**, 327.
  A. Zweck: Waffengleichheit. Sinn auch dieser Regelung ist wie bei Hs 1 die Durchsetzung des Gebots der Waffengleichheit der Prozeßbeteiligten, ähnlich wie in § 11 a I 1 ArbGG, Art 3 GG, Einl III 21, BVerfG NJW **89**, 3271, Zweibr FamRZ **03**, 1936, LG Mainz JB **04**, 42 (zustm Reicholt), aM KG RR **01**, 902.

52 B. Keine Erforderlichkeit der Vertretung. Wegen des Gebots der Waffengleichheit nach Rn 51 kommt es für die Beiordnung dann, wenn der Prozeßgegner bereits anwaltlich vertreten ist, nicht darauf an, ob eine Vertretung des Antragstellers durch einen Anwalt als erforderlich erscheint, Ffm FamRZ **98**, 32, Zweibr Rpfleger **03**, 303.

53 C. Begriff des Gegners. „Gegner" ist jeder Prozeßgegner in dem Verfahren, für das man die Beiordnung beantragt. Es reicht eine prozessuale Gegnerschaft, Grdz 1 vor § 50, ZöPh 10 a. Ein schon angekündigter oder bereits vorliegender gegnerischer streitiger Antrag ist nicht erforderlich, aM Hamm MDR **83**, 410, ThP 7 (aber schon die Vorbereitung kann einen Anwalt erforderlich gemacht haben). Eine derartige Gegnerschaft fehlt zwischen Streitgenossen nach § 59 oder bei der Streithilfe, § 66.

54 D. Gegnerischer Rechtsanwalt. Der Prozeßgegner muß bereits durch einen „Rechtsanwalt" nach Rn 7 vertreten sein, Karlsr JB **04**, 383 rechts. Soweit der Prozeßgegner nicht durch einen Anwalt vertreten ist oder soweit eine solche Vertretung nicht mehr wirksam besteht, entfällt die Notwendigkeit einer Beiordnung nach Hs 2 und bleibt die Notwendigkeit einer Beiordnung nach Hs 1 zu prüfen. Freilich kann die Notwendigkeit der Beiordnung nach Hs 2 zB später deshalb entstehen, weil der Prozeßgegner jetzt anwaltlich vertreten ist, Grunsky NJW **80**, 2045. Man darf einen rechtskundigen Beamten nicht einem Anwalt gleichsetzen, LSG Essen AnwBl **86**, 457, wohl aber evtl eine Versicherungsfirma, BVerfG NJW **97**, 2103.

55 E. Maßgeblicher Zeitpunkt: Bewilligungsreife. Wie stets im Bewilligungsverfahren kommt es auch hier auf den Zeitpunkt an, in dem das Gericht bei ordnungsgemäßer Bearbeitung entscheiden muß, zB § 119 Rn 5, Bbg FamRZ **90**, 538. Es kann daher notwendig sein, eine Rückwirkung der Bewilligung auszusprechen, Oldb JB **93**, 155, oder die Beiordnung im Laufe des Prozesses vorzunehmen, Köln FamRZ **98**, 1522.

56 F. Einzelfragen. II besagt nicht, daß das Gericht dem Gegner einer anwaltlich vertretenen Partei immer PKH bewilligen und einen Anwalt beiordnen müsse, BGH **91**, 314, Hamm FamRZ **00**, 1228, Köln FamRZ **97**, 1543 (zB nicht bei Einigkeit in der Sache), LG Stgt Rpfleger **94**, 170 (nicht im Mahnverfahren), großzügiger Köln (4. ZS) FamRZ **98**, 1522. Die Regelung der Beiordnung wegen gegnerischer anwaltlicher Vertretung gilt zB auch im Verfahren der freiwilligen Gerichtsbarkeit, § 114 Rn 26 „Freiwillige Gerichtsbarkeit", BayObLG FamRZ **91**, 224, Hamm (7. FamS) FamRZ **86**, 488, Köln FamRZ **87**, 180, aM Hamm (2. FamS) FamRZ **86**, 83 und (10. FamS) FamRZ **84**, 1245, Zweibr RR **87**, 953 (aber dort entsteht oft ein gesteigertes Bedürfnis nach Anwaltshilfe trotz Amtsermittlung. Das zeigt die Praxis). Waffengleichheit nach Rn 51 gilt auch als Gebot im Sorgerechtsverfahren, Bbg JB **87**, 1098, Hamm FamRZ **86**, 82, Köln FamRZ **97**, 377, aM Nürnb FamRZ **87**, 731, und im Umgangsrechtsverfahren, Köln FamRZ **86**, 1015.

Titel 7. Prozesskostenhilfe und Prozesskostenvorschuss § 121

Auf den *Nebenkläger bzw Privatkläger* im Strafverfahren paßt Hs 2 (anders als Hs 1) nicht, BVerfG 63, 380, **57** KG JR **82**, 169, Düss MDR **88**, 990. Zur Anwendbarkeit in anderen Verfahrensordnungen, insbesondere im SGG, LSG Essen AnwBl **86**, 456, Behn MDR **84**, 106. Zu den Grenzen der Anwendbarkeit BVerfG NJW **89**, 3271 (Insolvenz).

14) Nicht bei dem Prozeßgericht zugelassener Rechtsanwalt, III. In allen Fällen des bloßen Partei- **58** prozesses kommt die Beiordnung eines auswärtigen Anwalts auch nach dem Wegfall des Lokalisierungsgebots beim LG wegen Rn 62 grundsätzlich nur unter den nachfolgenden eng auslegbaren Voraussetzungen in Betracht, Zweibr FamRZ **04**, 1882, und zwar trotz § 46 RVG, Nürnb NJW **05**, 687 (großzügige Anwendung von § 121 III ratsam).

A. Keine Zulassung des Wahlanwalts. Man muß grundsätzlich erstinstanzlich nicht mehr prüfen, ob **59** eine von der Postulationsfähigkeit nach § 78 zu unterscheidende Zulassung des Wahlanwalts vor dem Prozeßgericht fehlt. Das übersieht BAG NJW **05**, 3083. Diese Frage richtet sich, wo noch erforderlich, nach §§ 18–36 BRAO und für ausländische Anwälte nach den internationalen Abkommen, die im Bereich der EU vorrangig gelten und die innerstaatlichen Zulassungsbeschränkungen, SchlAnh VII, weitgehend überholt haben, EuGH NJW **88**, 877. Es kommt in teilweiser Abweichung von § 46 RVG nicht auf die Übereinstimmung von Wohnsitz oder Kanzleisitz mit dem Sitz des Prozeßgerichts an, sondern nur darauf, bei welchem AG der Anwalt förmlich zugelassen ist.

B. Keine weiteren Kosten. Soweit der auswärtige Anwalt nicht zugelassen ist, darf das Gericht nur dann **60** beiordnen, wenn dadurch weitere Kosten nicht entstehen, BGH MDR **84**, 924 (zu § 519 b aF), KG RR **05**, 924, LAG Hamm MDR **01**, 1322 („eindeutige Rechtslage"). Daher kommt er neben einem am Prozeßgericht residierenden Anwalt allenfalls als Verkehrsanwalt in Betracht, Rn 68, Karlsr MDR **99**, 959, Zweibr FamRZ **04**, 707, ZöPh 12, aM Schütt MDR **03**, 236 (aber III ist verfassungsgemäß, BVerfG **81**, 357).

C. Notwendigkeit einer Kostenschätzung. Das Gericht muß von Fall zu Fall nach der voraussicht- **61** lichen Kostenentwicklung abschätzen, ob durch die Zulassung des auswärtigen Anwalts weitere Kosten entstehen können, Köln JB **05**, 429. Diese Schätzung kann im einzelnen nach den bei § 114 Rn 78 dargelegten Regeln auf vorläufiger Basis erfolgen.

D. Beiordnung zu den Bedingungen eines Ortsansässigen. Sinn der Regelung ist eine Entlastung **62** der Staatskasse, ArbG Hbg MDR **88**, 434. Eine Beiordnung des Auswärtigen kann auch insoweit erfolgen, als er gegenüber dem Prozeßgericht wirksam erklärt, er wolle zu den Bedingungen eines beim Prozeßgericht zugelassenen bzw (jetzt ausreichend:) postulationsfähigen Anwalts tätig werden, (je zum alten Recht) Rostock FamRZ **01**, 510, LG Hbg Rpfleger **97**, 443, LAG Halle NZA-RR **04**, 210, großzügiger Hamm NJW **05**, 1724 bei Unklarheit über Umfang und Schwierigkeit in einer Familiensache, ferner aM Düss FamRZ **93**, 819 (aber dann entstehen eben keine weiteren Kosten. Außerdem sind Wortlaut und Entlastungssinn hier auch seit § 46 RVG eindeutig, Einl III 39). (Jetzt) § 46 RVG steht nicht entgegen, Köln JB **00**, 480, LAG Bre MDR **88**, 698, LAG Stgt DB **90**, 944, aM Celle AnwBl **81**, 196 (aber die Regelung der ZPO ist von jenen anderen Vorschriften unabhängig). Der Anwalt mag auch sein Einverständnis mit Anrechnung auf seine späteren etwaigen Verkehrsanwaltsgebühren erklären dürfen, Karlsr FamRZ **00**, 838.

Die Erklärung kann auch *stillschweigend* erfolgen, Hbg FamRZ **00**, 1227, Hamm MDR **01**, 832, Mü MDR **00**, 1456. Sie liegt im Zweifel im Beiordnungsantrag, Brdb Rpfleger **00**, 280, Hamm MDR **01**, 832, aM Köln JB **05**, 429, Oldb FamRZ **03**, 107, Fischer MDR **02**, 733 (aber auch eine Parteiprozeßhandlung ist auslegbar, Grdz 52 vor § 128). Man darf diesen aber nicht entgegen der erkennbaren Zielrichtung auslegen, Karlsr FamRZ **91**, 348, Schneider MDR **89**, 226. Das Einverständnis des Anwalts ist allerdings auch unverzichtbar. Sonst darf das Gericht ihn grundsätzlich überhaupt nicht beiordnen, Brdb JB **05**, 370 links, Düss Rpfleger **05**, 710, LAG Hamm MDR **01**, 1322 („eindeutige Rechtslage"), aM BGH NJW **04**, 2750, Nürnb NJW **05**, 687, LAG Kiel NZA-RR **04**, 212 (je: Reisekosten evtl auch dann erstattbar. Aber das widerspricht direkt dem Sinn von III, Rn 60). Das Gericht muß die Beschränkung auf die Kosten des Ortsansässigen im Beiordnungsbeschluß eindeutig aussprechen. Andernfalls sind die Kosten des Auswärtigen voll zu erstatten, Kblz MDR **02**, 175, Oldb FamRZ **04**, 707, LAG Halle NZA-RR **04**, 210, strenger Düss Rpfleger **04**, 710.

E. Hinweispflicht des Gerichts. Das Gericht muß vor der Ablehnung der Beiordnung eines auswär- **63** tigen Anwalts den Antragsteller auf seine Bedenken hinweisen und ihm die Gelegenheit geben, innerhalb einer angemessenen Frist einen beim Prozeßgericht zugelassenen bzw postulationsfähigen Anwalt statt des bisher Vorgeschlagenen zu wählen oder eine Einverständniserklärung des Auswärtigen zu den Bedingungen eines Ortsansässigen beizubringen, Rn 62, Grdz 39 vor § 128, aM BAG NJW **05**, 3083, Hbg FamRZ **00**, 1227, KG RR **05**, 924 (aber § 139 geht – leider – sehr weit).

15) Beweisanwalt, Verkehrsanwalt, IV. Unterschiedliche Aufgaben sind einheitlich geregelt. **64**

A. Zweck: Kostendämpfung. PKH führt grundsätzlich zur Beiordnung nur eines ProzBev, nicht auch eines auswärtigen, zu weiteren Funktionen, Brdb AnwBl **96**, 54, Zweibr FamRZ **04**, 708. Denn man darf die Staatskasse nicht übermäßig strapazieren. Man kann vom beigeordneten ProzBev daher in erhöhtem Maße einen Einsatz mit dem Ziel erwarten, daß er die Einschaltung eines Beweis- und/oder Verkehrsanwalts auch überflüssig macht. Natürlich muß das Gericht ihm die entsprechenden Mehraufwendungen vergüten. Indessen kann es aus prozessualen oder terminlichen Gründen usw in besonderen Lagen erforderlich werden, neben dem ProzBev auch einen Beweisanwalt und/oder einen Verkehrsanwalt beizuordnen, BGH NJW **04**, 2750, Karlsr FamRZ **02**, 472. Diesen Fall regelt III. Die Vorschrift ist also neben I, II immer nur ergänzend anwendbar, Hamm JB **78**, 1569, aM ThP 9 (aber die vorgenannte Systematik ist eindeutig). Sie gilt im Anwaltsprozeß und im Parteiprozeß. Der Beigeordnete muß Anwalt sein, Bbg NJW **77**, 113, Köln MDR **75**, 669. Er kann auch ein nach § 209 BRAO behandelter Rechtsbeistand sein.

B. Besondere Umstände. Aus dem Regelungszweck nach Rn 64 folgt, daß man den Begriff „besondere **65** Umstände" als Voraussetzung der Beiordnung eng auslegen muß, BGH NJW **04**, 2750, Köln FamRZ **91**,

§ 121   Buch 1. Abschnitt 2. Parteien

349, LG Hbg Rpfleger **97**, 443. Die Beiordnung gerade des Beweis- und/oder Verkehrsanwalts muß aus der Sicht eines unbeteiligten Dritten nach einem parteiobjektiven Maßstab wie demjenigen des § 42 Rn 10 geradezu unentbehrlich sein, BGH NJW **04**, 2750. Das gilt etwa wegen zu großer Entfernung zum ProzBev, Karlsr FamRZ **04**, 1299 (250 km), Alters, Krankheit, Behinderung, sozialer oder wirtschaftlicher Bindung, Hamm FamRZ **00**, 1227 rechts, wegen Sprachschwierigkeiten, BGH NJW **04**, 2750, BayObLG Rpfleger **78**, 315, oder wegen Unerfahrenheit, Brdb JB **01**, 429. Die Partei kann die Gründe für diese „besonderen Umstände" in ihrem Antrag darlegen. Diese binden das Gericht aber nicht. Eine rein tatsächliche Verhinderung reicht nur unter den Voraussetzungen Rn 67–69, OVG Bre JB **85**, 1421, OVG Weimar FamRZ **96**, 418.

66   **C. Antrag, Verfahren.** Die Beiordnung erfolgt nur auf Grund eines Antrags, also nicht von Amts wegen, Mü AnwBl **89**, 58. Das Gericht kann und muß evtl einen solchen Antrag im Rahmen seiner Fürsorgepflicht nahelegen, Einl III 27, Grdz 39 vor § 128. Der Antrag muß vor dem Instanzende eingehen, Zweibr JB **80**, 1888. Zuständig ist das Prozeßgericht, § 127 I 2, sein Vorsitzender nur nach V. Es gibt keine mündliche Verhandlung, § 127 I 1. Die Entscheidung erfolgt durch einen Beschluß.

67   **D. Termin zur Beweisaufnahme vor dem ersuchten Richter, IV Hs 1.** In Betracht kommt die Beiordnung zunächst für einen auswärtigen Beweistermin (auch einen Termin nach § 613 I 2, Brdb AnwBl **96**, 54, Köln FamRZ **91**, 349), den nicht das Prozeßgericht, sondern ein ersuchtes Gericht ausführt, § 362 (nicht § 361), BVerwG NJW **94**, 3243. Zur Abgrenzung des Beweisanwalts vom Verkehrsanwalt Mü AnwBl **89**, 58.
Beispiele zur Frage der Erforderlichkeit eines Beweisanwalts: Große Entfernung; besondere tatsächliche oder rechtliche Schwierigkeiten; erhöhte Glaubwürdigkeitszweifel; die Notwendigkeit einer besonderen Sachkunde bei der Befragung; höhere Reisekosten des ProzBev.

68   **E. Vermittlung des Verkehrs mit dem Prozeßbevollmächtigten, IV Hs 2.** Es kommt auch die Beiordnung eines sog Verkehrsanwalts in Betracht, BAG NJW **05**, 3082, BVerwG NJW **94**, 3243, freilich kaum im Revisionsverfahren, BGH WertpMitt **82**, 881. Er ist nicht ProzBev, auch nicht bloßer Beweisanwalt, Mü AnwBl **89**, 58. Er übt auch nicht in der mündlichen Verhandlung lediglich Parteirechte aus, ohne ProzBev zu sein. Er vermittelt eben vielmehr den Verkehr der Parteien mit dem ProzBev. Zur Abgrenzung Hartmann Teil X VV 3400. Die Prüfung erfolgt weder strenger noch milder als bei der Frage der Erstattungsfähigkeit der Kosten eines Verkehrsanwalts, § 91 Rn 220, Hamm FamRZ **86**, 374, Mü MDR **83**, 675, strenger Naumb FamRZ **03**, 107 (aber dafür ergibt sich kein Anhalt im Gesetz).

69   *Beispiele* zur Frage der Erforderlichkeit eines Verkehrsanwalts: Die Partei hätte unverhältnismäßig hohe Reisekosten, BAG NJW **05**, 3082, Hamm MDR **76**, 319; es geht um eine Scheidungssache, Bbg FamRZ **97**, 1543 (sogar ausländischen Verkehrsanwalt), Brdb FER **01**, 243, Köln FamRZ **92**, 1349, aM Hamm FamRZ **86**, 375 (eine schriftliche Information müsse auch hier unzumutbar, eine Informationsreise zu teuer sein), Karlsr FamRZ **99**, 304 (aber wann ist eine Scheidungssache schon wirklich einfach), Köln FamRZ **82**, 1226 (es reiche aus, daß eine bemittelte Partei einen Anspruch auf die Erstattung eines Verkehrsanwalts haben würde); es geht um den Unterhalt bei einem nicht Rechtskundigen, Brdb FamRZ **99**, 1219, oder bei einem Schreibungewandten oder bei jemandem, dem man keine Informationsreise zumuten kann, Hamm FamRZ **00**, 763, Karlsr FamRZ **99**, 304, Naumb FamRZ **03**, 107; die Partei kann nicht einmal die Telefonkosten für die an sich mögliche Information des ProzBev aufbringen, strenger ArbG Regensb Rpfleger **01**, 357 (sie könne ihn um Rückruf bitten. Aber er ist nicht ihre Bank).
Weitere Beispiele: Die Partei hat Sprachprobleme, BayObLG Rpfleger **78**, 315, oder kann den ProzBev aus sonstigen Gründen nicht selbst informieren, Bbg JB **84**, 616; die Partei hat während des Verfahrens den Wohnsitz gewechselt; es wären mehrere Parteiinformationsreisen notwendig, Kblz JB **97**, 593. Es kommt auch eine Beiordnung desjenigen Anwalts in Betracht, der Betreuer ist, Hamm FamRZ **00**, 763, oder die Beiordnung des Pflegers, LG Ffm AnwBl **89**, 274, aM Schlesw SchlHA **76**, 140 (aber gerade seine Beiordnung kann sinnvoll sein. Denn er kennt die Partei).

70   **F. Beiordnung: Ermessen.** Das Gericht hat bei IV anders als bei I, II auch beim Vorliegen der Voraussetzungen der Beiordnung nach dem Wortlaut einen Ermessensspielraum. Das zeigt wie das Wort „kann" im Gegensatz zu „wird". Indessen erfordert schon die Fürsorgepflicht nach Üb 4 vor § 114 beim Vorliegen der besonderen Umstände in aller Regel auch die Beiordnung des Beweis- und/oder Verkehrsanwalts. Eine Rückwirkung ist unstatthaft, Zweibr JB **80**, 1888.

71   **G. Weitere Einzelfragen.** Die Beiordnung als Verkehrsanwalt bedeutet nicht auch zugleich die Beiordnung als Beweisanwalt, Mü AnwBl **89**, 58, und umgekehrt. Sie umfaßt auch nicht stets einen Vergleichsabschluß, Bbg MDR **99**, 569, Mü JB **03**, 469, Fischer JB **99**, 341, aM Oldb JB **92**, 100 (aber man muß auf die Gesamtumstände abstellen). Die Beiordnung eines Berufungsanwalts als Verkehrsanwalt während der Revisionsinstanz ist grundsätzlich nicht statthaft, BGH WertpMitt **82**, 881. Eine Beiordnung zu Gunsten einer im Ausland lebenden Partei kommt nicht in Betracht, aM Bbg FamRZ **97**, 1543, Nürnb MDR **04**, 1017 (je: Beiordnung sogar eines ausländischen Anwalts. Aber das ist nicht der Sinn von IV). Der Wechsel der Zulassung des Verkehrsanwalts macht nicht die Beiordnung eines anderen notwendig, Bbg JB **92**, 624. Ein bloßer Unterbevollmächtigter zählt als solcher nicht hierher, Rn 11.

72   **16) Kein zur Vertretung bereiter Anwalt, V.** In Abweichung von dem Grundsatz der Wahlfreiheit des Antragstellers nach Rn 2 kommt eine Beiordnung eines vom Gericht ausgewählten und damit verpflichteten Anwalts in Betracht.

73   **A. Zweck: Keine Verkürzung des Rechtsschutzes.** V soll gewährleisten, daß der Rechtsschutz einer Partei nicht dadurch verkürzt wird, daß sie keinen Anwalt ihrer Wahl finden kann. Damit entspricht die Vorschrift in vollem Maße dem Regelungszweck des ganzen PKH-Bewilligungsverfahrens, Üb 1, 2 vor § 114. Das erfordert eine großzügige Auslegung wie auch sonst, § 114 Rn 47. Man darf IV nicht mit dem allerdings ähnlich konstruierten § 78b I bzw mit § 78c verwechseln. Die letzteren Vorschriften gelten im Hauptprozeß. Demgegenüber gilt V im Bewilligungsverfahren als Spezialvorschrift vorrangig. Ergänzend

Titel 7. Prozesskostenhilfe und Prozesskostenvorschuss § 121

kann man allerdings Rechtsprechung und Lehre zu §§ 78 b, c beiziehen, soweit die dortigen Konstruktionen nicht abweichen. Dem Regelungszweck entsprechend gilt V sowohl im Anwaltsprozeß nach I als auch im Parteiprozeß nach II. V gilt im übrigen auch in den Fällen der Notwendigkeit eines Beweis- und/oder Verkehrsanwalts, IV.

B. Vergebliche Suche der Partei. Der Antragsteller muß unter den nach I–IV in Betracht kommenden **74** Anwälten vergeblich nach einem zu seiner Vertretung bereiten Anwalt gesucht haben, BFH NJW **78**, 448 (zu § 78 b). Man darf die Anforderungen an die Bemühungen des Antragstellers nicht überspannen, Rn 73, 74. Er braucht nicht sämtliche bei dem Gericht zugelassenen bzw postulationsfähigen Anwälte gebeten zu haben. Er muß allerdings jedenfalls in einer Großstadt zumindest eine gewisse Anzahl von Anwälten nachweisbar vergeblich um eine Übernahme der Vertretung gebeten haben, KG OLGZ **77**, 247 (zu § 78 b). Die Notlage kann auch, muß aber nicht schon infolge eines verschuldeten oder unverschuldeten Wegfalls des bisherigen Anwalts eingetreten sein. Sie kann auch zB bei dem als Anwalt tätigen Pfleger fehlen, BVerwG NJW **79**, 2170. Überhaupt ist ein Verschulden des Antragstellers daran unerheblich, daß niemand ihn vertreten will. Auch der unbeliebte oder querulatorisch wirkende Antragsteller bedarf des Rechtsschutzes. Soweit der Antragsteller die Vergeblichkeit seiner Bemühungen zwar behauptet, aber nicht im einzelnen dargelegt hat, kommt eine angemessene Frist zur Nachreichung von Belegen oder zur Glaubhaftmachung nach § 118 II 1, § 294 in Betracht.

17) Beiordnung, V. Zuständig ist das Gericht der PKH-Bewilligung, evtl das Beschwerdegericht. Die **75** Sonderbestimmung ist eng auslegbar.

A. Auswahlrecht des Vorsitzenden. Die Partei hat in den Fällen I–IV einen Anspruch darauf hat, daß das Gericht nur den Anwalt ihrer Wahl beiordnet, Goebel FamRZ **91**, 1271. Sie hat aber im Fall V keinen solchen Anspruch. Sie kann die Beiordnung eines ihr nicht genehmen Anwalts nur dadurch verhindern, daß sie notfalls den Beiordnungsantrag ganz zurücknimmt. Das ist bis zur Entscheidung jederzeit zulässig. Die Regelung ist rechtspolitisch nicht selbstverständlich. Es ist denkbar, daß eine Partei gerade einen bestimmten Anwalt beigeordnet haben möchte, der nur zu ihrer Vertretung nicht bereit ist. Es wäre keineswegs abwegig, der Partei auch in einem solchen Fall ein Wahlrecht zu geben, etwa um sicherzustellen, daß ein objektiv mit den Problemen besonders vertrauter Anwalt für sie tätig werde. Indessen hat das Gesetz die früheren diesbezüglichen Grundsätze zur Standespflicht der Anwälte, BGH **60**, 258, nur eingeschränkt aufrechterhalten. Der Anspruch der Partei ist auf die Beiordnung eines Anwalts beschränkt. Die Bestimmung der Person des Anwalts bleibt dem Vorsitzenden überlassen.

B. Ermessen des Vorsitzenden. Der Vorsitzende übt bei der Auswahl ein pflichtgemäßes Ermessen aus. **76** Er ist nicht mehr durch den Kreis derjenigen Anwälte beschränkt, die beim Prozeßgericht bzw im Fall eines auswärtigen Beweistermins beim dortigen Gericht und im Fall des Verkehrs mit dem ProzBev nach den dann maßgeblichen Gesichtspunkten zugelassen sind. Vielmehr reicht die jeweilige Postulationsfähigkeit aus, § 78 Rn 2. Er muß zwar nicht, sollte aber eine Anregung der Partei zurückhaltend miterwägen, soweit sie vernünftig scheint, Schlesw SchlHA **78**, 84. Er sollte die Erforderlichkeit besonderer Sachkunde des Auszuwählenden bedenken. Er ist aber in seiner Auswahl nicht davon abhängig, daß der fragliche Anwalt zur Übernahme des Mandats auch bereit ist.

C. Zuständigkeit nur des Vorsitzenden. Zur Beiordnung nach V ist anders als nach I–IV nur der **77** Vorsitzende des Prozeßgerichts des Rechtszugs und evtl des höheren Gerichts zuständig, also nicht das Kollegium. Er darf diese Zuständigkeit nicht auf den Rpfl übertragen. Denn § 20 Z 4 RPflG, Anh § 153 GVG, ist eine solche Übertragungsmöglichkeit nicht vorgesehen. Soweit der Rpfl als Prozeßgericht zuständig ist, zB im Mahnverfahren nach §§ 688 ff, § 20 Z 1 RPflG ist er der „Vorsitzende" im Sinne von IV. Dasselbe gilt vom etwa landesrechtlich nach Grdz 4 vor § 688 bestimmten Urkundsbeamten.

D. Entscheidung. Eine mündliche Verhandlung findet nicht statt, § 127 I 1. Die Beiordnung umfaßt die **78** Tätigkeit als ProzBev dieser Instanz. Das Gericht entscheidet grundsätzlich zugleich mit der PKH-Bewilligung. Es entscheidet für diese Instanz. Es entscheidet durch einen Beschluß, § 329. Es muß ihn zumindest bei einer Ablehnung der Beiordnung grundsätzlich begründen, § 329 Rn 4. Es teilt die Beiordnung dem Antragsteller, dem Prozeßgegner, dem beigeordneten Anwalt entsprechend § 172 und den etwa sonst am Verfahren Beteiligten formlos mit, § 329 II 1, BGH VersR **85**, 68. Es muß die Ablehnung der Beiordnung förmlich zustellen, §§ 127 II 2 Hs 1, 329 III Hs 2. Wirksam wird die Beiordnung bereits mit der Hinausgabe, § 329 Rn 27, aM Stgt Just **79**, 137 (aber ist das der allgemein geltende Zeitpunkt). Er kann auch wie die PKH-Beteiligung rückwirken, § 119 Rn 10 ff. Er bindet das Gericht, auch wenn es ihn fälschlich erlassen hat, da Staatshoheitsakt nach Üb 10 vor § 300 bis zur etwa zulässigen und wirksam erfolgten Änderung oder Aufhebung. Das gilt auch im Kostenfestsetzungsverfahren nach §§ 103 ff, Schneider MDR **89**, 226. Der Beiordnungsbeschluß enthält anders als eine Entscheidung nach § 78 b nicht nur die grundsätzliche Entscheidung darüber, daß irgendein Anwalt beizuordnen sei, sondern bereits die Bezeichnung der Person des Beigeordneten. Insofern enthält der Beschluß im Fall des IV Elemente des § 78 c. Der Beiordnungsbeschluß enthält keine Kostenentscheidung, § 127 Rn 20. Eine fälschlich vorgenommene Kostenentscheidung ist anfechtbar, § 118 Rn 23.

E. Tätigkeitspflicht des beigeordneten Anwalts. Anders als der Wahlanwalt nach I–IV ist der nach V **79** beigeordnete Anwalt zur Übernahme der Vertretung verpflichtet. Es herrscht sog Abschlußzwang, § 48 I Z 1, 2 BRAO, Brangsch AnwBl **82**, 99, zum erforderlichen Anwaltsvertrag Zweibr JB **94**, 749. Die Übernahme ist eine Berufspflicht, BGH **60**, 258. Das ist mit der Menschenrechtskonvention vereinbar, EKMR AnwBl **75**, 137. Der beigeordnete Anwalt hat im Umfang der Beiordnung einen Anspruch nur gegen die Staatskasse, § 122 I Z 3. Wegen der Prozeßvollmacht Rn 16 ff. Der beigerodnete Anwalt kann zB wegen Unzumutbarkeit oder Kündigung des Auftraggebers die Aufhebung der Beiordnung verlangen, § 48 II BRAO, BGH RR **92**, 198, Bbg JB **92**, 622, aber nicht aus anderen Gründen, Karlsr FamRZ **99**, 306. Das gilt auch beim Wegfall (jetzt) der Postulationsfähigkeit oder bei Interessenskollision, Celle FamRZ **83**, 1045, LG Siegen AnwBl **93**, 401.

§§ 121, 122
Buch 1. Abschnitt 2. Parteien

80 **18) VwGO:** Entsprechend anzuwenden, § 166 VwGO, BVerwG NVwZ **64**, 833. **I** gilt im Verfahren vor dem BVerwG und OVG; die Beiordnung eines Hochschullehrers, der dort nach § 67 I VwGO postulationsfähig ist, ist nicht zulässig, BVerwG DÖV **66**, 432, aA KoppSch § 166 Rn 13. Auch **II 1** ist entsprechend anwendbar, so daß nur ein RA, nicht dagegen ein Rechtsbeistand beigeordnet werden kann, OVG Hbg FamRZ **95**, 95, 1453. Für die Beiordnung genügt nicht, daß der Gegner eine jur Person des öff Rechts ist und durch einen volljuristisch ausgebildeten Bediensteten vertreten wird, OVG Hbg **KR** Nr 16, LSG RhPf LS SGb **82**, 115, Schuster SGb **82**, 186f (diese Regelung ist verfassungsgemäß, BVerfG NJW **88**, 2597). Nur wegen des Ermittlungsgrundsatzes, § 86 VwGO, darf die Beiordnung nicht abgelehnt werden, BVerwG Buchholz 310 § 108 VwGO Nr 48, OVG Bre NordÖR **03**, 154. Zur Beiordnung eines anderen RA aus triftigem Grund VGH Kassel **KR** Nr 73, zur Beiordnung nach Abschluß der Instanz OVG Hbg bei Sinhuber MDR **88**, 543, zur Beiordnung eines auswärtigen RA OVG Münst AnwBl **93**, 300 (keine Anwendung von III). Die Beistandsbedürftigkeit der Partei ist in den gerichtskostenfreien Verfahren des § 188 VwGO besonders sorgfältig zu prüfen (und oft zu bejahen), BVerwG NVwZ-RR **89**, 666, OVG Hbg NVwZ-RR **01**, 805 mwN, ebenso in Verfahren auf Zulassung zum Studium, OVG Hbg HbgJVBl **00**, 87; ist die Notwendigkeit einer Beiordnung zu verneinen, muß die PKH in diesen Fällen abgelehnt werden, § 114 Rn 133 (zur Frage, ob ein PKH-Gesuch auch hier die WiedEins rechtfertigt, s OVG Hbg HbgJVBl **98**, 28 u VGH Mannh Just **97**, 99 gg OVG Münst NJW **83**, 2046). Zur Darlegung und Glaubhaftmachung der vergeblichen Suche nach einem RA, OVG Münst DVBl **01**, 1226, VGH Mannh FEVS **02**, 472. Beigeordnet werden kann (und muß ggf) auch der zum Vormund, Pfleger, Betreuer oder Vertreter nach § 57 bestellte RA, OVG Hbg HbgJVBl **85**, 169 mwN. Zu **V**, oben Rn 72 ff, s VGH Mannh DÖV **02**, 579, OVG Münst NVwZ-RR **01**, 613 mwN. Rechtsbehelf: § 127 Rn 105.

122 *Wirkung der Prozesskostenhilfe.* ¹Die Bewilligung der Prozesskostenhilfe bewirkt, dass
1. die Bundes- oder Landeskasse
    a) die rückständigen und die entstehenden Gerichtskosten und Gerichtsvollzieherkosten,
    b) die auf sie übergegangenen Ansprüche der beigeordneten Rechtsanwälte gegen die Partei nur nach den Bestimmungen, die das Gericht trifft, gegen die Partei geltend machen kann,
2. die Partei von der Verpflichtung zur Sicherheitsleistung für die Prozesskosten befreit ist,
3. die beigeordneten Rechtsanwälte Ansprüche auf Vergütung gegen die Partei nicht geltend machen können.

II Ist dem Kläger, dem Berufungskläger oder dem Revisionskläger Prozesskostenhilfe bewilligt und ist nicht bestimmt worden, dass Zahlungen an die Bundes- oder Landeskasse zu leisten sind, so hat dies für den Gegner die einstweilige Befreiung von den in Absatz 1 Nr. 1 Buchstabe a bezeichneten Kosten zur Folge.

AUG § 9. Prozeßkostenhilfe. ¹Bietet die beabsichtigte Rechtsverfolgung hinreichende Aussicht auf Erfolg und erscheint sie nicht mutwillig, so wird für Verfahren auf Grund von eingehenden Gesuchen nach diesem Gesetz auch ohne ausdrücklichen Antrag des Unterhaltsberechtigten Prozeßkostenhilfe mit der Maßgabe bewilligt, daß Zahlungen an die Landes- oder Bundeskasse nicht zu leisten sind. ²Durch die Bewilligung der Prozeßkostenhilfe nach diesem Gesetz wird der Antragsteller endgültig von der Zahlung der in § 122 Abs. 1 der Zivilprozeßordnung genannten Kosten befreit, sofern die Bewilligung nicht nach § 124 Nr. 1 der Zivilprozeßordnung aufgehoben wird.

Gliederung

1) Systematik, I, II	1
2) Regelungszweck, I, II	2
3) Geltungsbereich, I, II	3
4) Kostenerleichterung für den Antragsteller, I	4
5) Bestimmungen des Gerichts, I Z 1 ...	5
6) Geltendmachung, I Z 1	6
7) Gerichts- und Gerichtsvollzieherkosten, I Z 1 a	7–20
A. Kostenbegriff	7
B. Rückständige und entstehende Kosten	8
C. Rückerstattungsfragen	9
D. Befreiung von der Vorauszahlungspflicht	10
E. Beispiele zur Frage des Vorliegens von Gerichts- und Gerichtsvollzieherkosten	11–20
8) Übergegangene Ansprüche der beigeordneten Rechtsanwälte, I Z 1 b	21–23
A. Zweck: Klarstellung	21
B. Umfang der Kostenerleichterung	22, 23
9) Befreiung von der Verpflichtung zur Sicherheitsleistung, I Z 2	24
10) Keine Geltendmachung der Ansprüche auf Vergütung der beigeordneten Rechtsanwälte gegen die Partei, I Z 3	25–28
A. Zweck: Schutz des Auftraggebers	25
B. Begriff der Geltendmachung	26–28
11) Kostenerleichterung für den Prozeßgegner, II	29–35
A. Zweck: Waffengleichheit	30
B. Kläger, Berufungskläger, Revisionskläger	31
C. Sachlicher Geltungsbereich	32
D. Keine Bestimmung von Zahlungen an die Staatskasse	33
E. Einstweilige Befreiung von den Gerichts- und Gerichtsvollzieherkosten	34
F. Einzelfragen	35
12) VwGO	36

1 **1) Systematik, I, II.** Die Vorschrift enthält Regelungen eines Teils der Wirkungen einer PKH-Bewilligung. Andere Wirkungen kraft Gesetzes ergeben sich zB aus § 204 I Z 1 BGB (Verjährungshemmung), BGH FamRZ **04**, 177, oder aus § 119 zB mit der Begrenzung der Bewilligung auf den jeweiligen Rechtszug

Titel 7. Prozesskostenhilfe und Prozesskostenvorschuss § 122

und §§ 123, 125, 126. § 119 enthält darüber hinaus diejenigen Wirkungen, die das Gericht von Fall zu Fall nach den Gesamtumständen aussprechen muß. Demgegenüber treten die Wirkungen nach § 122 in jedem Fall dem Grunde nach kraft Gesetzes ein. Die Möglichkeiten einer rückwirkenden Bewilligung sind in § 119 Rn 10 ff dargestellt. §§ 122 ff stehen in engem Zusammenhang einerseits mit §§ 20, 32 GKG, andererseits mit § 50 RVG. Dieser Zusammenhang ist unten im einzelnen näher dargestellt. Vgl auch Rn 21, 25, 30.

2) Regelungszweck, I, II. Er besteht auch in dieser Vorschrift darin, dem Antragsteller finanzielle **2** Erleichterung zu verschaffen, darüber hinaus aber auch evtl seinem Prozeßgegner aus Gründen der Waffengleichheit unabhängig von dessen finanzieller Lage gewisse Erleichterungen zu geben, Art 3 GG, Einl III 21. Das Gericht darf daher etwaige fiskalische Interessen im Rahmen der Auslegung nur begrenzt beachten. Insgesamt gilt wieder das allgemeine Gebot der Großzügigkeit zugunsten des Antragstellers, § 114 Rn 47.

Prozeßverlust beendet freilich auch für denjenigen, dem PKH bewilligt worden war, diesen angenehmen, aber eben nur vorläufigem Zustand. PKH ist kein gültiges Geschenk, soweit man nicht gewinnt. Der Sieger wird freilich von irgendeiner nur dadurch bedingten Erstattungspflicht gegenüber dem Staat wegen vorheriger PKH verschont. Das ist fiskalisch keineswegs selbstverständlich, aber gegenwärtiges Recht. Ob es gegenüber dem Verlierer gerecht ist, steht auf einem anderen Blatt.

3) Geltungsbereich, I, II. Üb 4 vor § 114, § 114 Rn 9–45. **3**

4) Kostenerleichterung für den Antragsteller, I. Die Vorschrift gibt dem Antragsteller in Z 1–3 **4** unterschiedliche Arten von Kostenerleichterungen. Sie gelten nur für ihn, nicht für einen Dritten, auch nicht für einen Streithelfer oder für den Rechtsnachfolger. Diese treten mit der PKH-Bewilligung kraft Gesetzes ein, Brdb RR **03**, 210. Sie sieht Einschränkungen bei der Geltendmachung von Gerichts- und Anwaltskosten in Z 1, 3 vor. Sie gelten allerdings grundsätzlich nur einstweilen. Z 2 sieht die Möglichkeit einer endgültigen Befreiung von der Pflicht zur Sicherheitsleistung vor.

5) Bestimmungen des Gerichts, I Z 1. Die in dieser Vorschrift vorgesehenen Kostenerleichterungen **5** treten zwar dem Grund nach kraft Gesetzes ein, Rn 1. Sie sind dem Umfang nach aber von dem jeweiligen Bewilligungsbeschluß abhängig. Dabei kommt es sowohl für den Bewilligungszeitpunkt als auch für den übrigen Umfang der Bewilligung auf die tatsächliche Bestimmung des Gerichts an, solange es diese nicht aufgehoben oder abgeändert hat. Insofern hängen also die Wirkungen von der Bewilligung nach § 119 ab.

6) Geltendmachung, I Z 1. Es erfolgt nur eine Einschränkung der „Geltendmachung". Das ist der **6** Sache nach die Einschränkung auf eine nur einstweilige Kostenbefreiung, also eine Stundung, AG Ffm DGVZ **89**, 191. Der Wegfall der früheren Worte des Gesetzestextes „einstweilen" und „vorläufig unentgeltlich" diente nur dazu, Mißverständnisse zu vermeiden, die dadurch eintreten könnten, daß die vorgenannten Zahlungen zulässig sind. Es kommt zB in Betracht, daß das Gericht die Ratenhöhen nach § 120 IV ändern muß oder daß es die Bewilligung teilweise aufheben muß, § 124. Demgegenüber hat die Pflicht zur Erstattung gegnerischer Kosten nach § 123 nichts mit dem vom Antragsteller zu zahlenden Gerichts- und Gerichtsvollzieherkosten und nichts mit den Ansprüchen des ihm beigeordneten Anwalts zu tun, BGH NJW **01**, 3188. Von diesem Grundsatz gilt nur im Bereich des vor Rn 1 abgedruckten § 9 AUG eine Ausnahme: Eine diesbezügliche Bewilligung hat eine endgültige Befreiung von den im § 122 I genannten Kosten zur Folge, soweit keine Aufhebung nach § 124 Z 1 erfolgt.

7) Gerichts- und Gerichtsvollzieherkosten, I Z 1a. Die einstweilige Kostenbefreiung erfaßt die **7** „rückständigen und die entstehenden" Gerichts- und Gerichtsvollzieherkosten, App DGVZ **90**, 166.

A. Kostenbegriff. Zu den Kosten zählen sowohl Gebühren als auch Auslagen, § 1 GKG, § 1 I RVG, §§ 1 ff JVEG (Ausnahme: [jetzt] § 13 JVEG, Ffm JB **86**, 79), § 1 I GVKostG. Gemeint sind natürlich nur die notwendigen Kosten, §§ 91 ff, LAG Stgt JB **92**, 401.

B. Rückständige und entstehende Kosten. Z 1a stellt folgendes klar: Es erfolgt eine einstweilige **8** Befreiung sowohl wegen der bei Wirksamkeit des Bewilligungsbeschlusses schon fällig gewordenen, aber noch nicht bezahlten und deshalb „rückständigen" Kosten, Düss JB **02**, 83, Kblz FamRZ **95**, 1367, Stgt Rpfleger **84**, 114, als auch wegen der im vorgenannten Zeitpunkt noch erst zukünftigen oder gleichzeitig „entstehenden" Kosten, Naumb JB **02**, 150. Es kommt daher nicht darauf an, ob die Kosten in diesem Zeitpunkt bereits fällig geworden waren.

C. Rückerstattungsfragen. Soweit der Antragsteller auf die rückständigen oder entstehenden Gerichts- **9** kosten und Gerichtsvollzieherkosten im Zeitpunkt der PKH-Bewilligung bereits Zahlungen über die vom Gericht getroffenen Anordnungen hinaus geleistet hat, aus welchem Grunde auch immer, erlischt natürlich ein Anspruch der Staatskasse, AG Ffm DGVZ **89**, 191. Soweit er auf Grund eines irrigen Kostenansatzes gutgläubig gezahlt hat, kommt ein Rückerstattungsanspruch in Betracht, Hbg MDR **99**, 1287, Köln JB **99**, 591, Stgt Rpfleger **03**, 201. Im übrigen muß man bereits erhobene Kosten nur insoweit zurückzahlen, als das Gericht die Bewilligung von § 124 aufgehoben hat, Düss FamRZ **90**, 299, KG NJW **84**, 456, AG Ffm DGVZ **89**, 191, aM Hbg MDR **99**, 1287, Köln Rpfleger **99**, 450, LG Hbg JB **99**, 478 (aber nur das Gericht kann in einem gerichtlichen Verfahren eben nach §§ 119, 124 klären, ob die Zahlungsverpflichtung fortbesteht oder nicht). Das gilt selbst dann, wenn die Zahlung der Partei unter einem Vorbehalt erfolgte. Freilich kann infolge einer wirksamen Rückwirkung nach § 119 Rn 10 eine Erstattungspflicht eintreten, § 9 KostVfg und Z 3.2 DB-PKHG, Hartmann Teil VII B 5, Düss Rpfleger **86**, 108, Hbg MDR **99**, 1287, LG Hbg JB **99**, 478, aM AG Leverkusen DGVZ **80**, 31 (aber § 119 muß auch insoweit Rechtsfolgen haben). Eine Aufhebung der Beiordnung steht nicht stets einer Aufhebung der allein maßgeblichen PKH-Bewilligung gleich, Bbg JB **84**, 292, KG MDR **84**, 410, Nürnb JB **84**, 293, aM Hbg MDR **85**, 416 (aber das sind ganz verschiedene Vorgänge).

D. Befreiung von der Vorauszahlungspflicht. Zur Frage, ob und in welchem Umfang der Antrag- **10** steller von einer Vorauszahlungspflicht befreit ist, §§ 7, 12 I GKG, Anh § 271.

E. Beispiele zur Frage des Vorliegens von Gerichts- und Gerichtsvollzieherkosten **11**

§ 122 Buch 1. Abschnitt 2. Parteien

Anordnung persönlichen Erscheinens: Die Reisekosten infolge einer solchen Anordnung zählen zu den Kosten nach Z 1 a, Mü Rpfleger **85**, 165.
Auflage des Gerichts: Soweit infolge einer Auflage des Gerichts zur Vornahme einer Parteihandlung nicht nur beim Antragsteller Kosten entstehen, sondern auch oder nur beim Gericht, werden sie natürlich von der einstweiligen Befreiung erfaßt, Mü Rpfleger **85**, 165.
S auch Rn 13 „Freigestellte Parteiprozeßhandlung".
Auslagenvorschuß: Die einstweilige Befreiung erfaßt einen Vorschuß nach §§ 379, 402 oder anderen Vorschriften. Das gilt auch zugunsten des Gegners, Hamm MDR **99**, 502. Deshalb kann das Gericht zB keinen Vorschuß für einen Zeugen oder Sachverständigen fordern, Hamm MDR **99**, 502 (bei Verstoß: evtl Zurückverweisung), Stgt MDR **84**, 151.

12 **Beamter:** Das Gesetz enthält nicht die Erwähnung der „Gebühren der Beamten" usw. Alle diese Kosten sind Gerichtskosten.
Bereitstellung des Beweisgegenstands: Soweit beim Gericht oder beim Sachverständigen Kosten zwecks oder infolge der Bereitstellung eines Beweisgegenstands entstehen, tritt die einstweilige Befreiung ein.
S auch Rn 16.
Dolmetscher: Die Kosten eines Dolmetschers zur Verständigung mit dem beigeordneten Anwalt gehören *nicht* zu den in Z 1 a genannten Kosten. Für sie ist (jetzt) § 46 RVG anwendbar, Brdb Rpfleger **02**, 367, AG Köln AnwBl **84**, 518 (zur Beratungshilfe), aM LAG Hamm AnwBl **85**, 276 (aber die vorgenannten Vorschriften haben Vorrang als Spezialregeln).
Entscheidung: Rn 18.

13 **Freigestellte Parteihandlung:** Kosten, die dadurch entstehen, daß das Gericht dem Antragsteller eine Handlung lediglich freistellt, zählen *nicht* zu den in Z 1 a genannten Kosten.
S aber auch Rn 9 „Auflage des Gerichts".
Hinweis auf Prozeßkostenhilfe. Ein Rückerstattungsanspruch kann auch dann entstehen, wenn die Partei bei der Zahlung zB von Gerichtsvollzieherkosten versäumt hatte, auf die gewährte PKH hinzuweisen, LG Wiesb JB **91**, 1234, AG Wiesb JB **91**, 1233.
Insolvenzverfahren: Die Vorschußpflicht nach § 26 I 2 InsO bleibt bestehen, LG Kblz JB **97**, 479.

14 **Parteihandlung:** Rn 9 „Auflage des Gerichts", Rn 13 „Freigestellte Parteihandlung".
Parteivernehmung: Rn 15 „Reisekosten".
Protokoll: Rn 18 „Übersetzung".

15 **Reisekosten:** Soweit sie durch eine Auflage des Gerichts verursacht sind, erfaßt Z 1 a auch sie, Brdb RR **04**, 64, Nürnb JB **90**, 1023, LAG Düss JB **05**, 483, aM KG Rpfleger **93**, 74, OVG Bre Rpfleger **87**, 386 (aber das Gericht hat sie direkt veranlaßt). Vgl wegen der Reisekosten im übrigen die Verwaltungsbestimmungen, abgedruckt bei Hartmann Teil V § 25 JVEG Anh I, II.
Es gibt also *keine automatische* Erstattung, Nürnb Rpfleger **90**, 172, großzügiger Düss MDR **91**, 679, Mü MDR **97**, 194 (unvollständig zitierend). Jedenfalls ist BGH NJW **75**, 1125 weitgehend überholt, aM Köln Rpfleger **88**, 80. Soweit das Gericht der Partei eine Handlung lediglich freistellt, ist Z 1 a nicht anwendbar. Gegen die Ablehnung der Reisekostenerstattung oder eines Reisekostenvorschusses ist Beschwerde statthaft, § 127 Rn 55 „Reisekostenvorschuß".

16 **Sachverständiger:** Zu den Gerichtskosten gehören auch Vorschüsse nach §§ 379, 402 und sonstige Auslagen für einen gerichtlich bestellten Sachverständigen, KV 9005, 9008, Stgt MDR **84**, 151. Sie umfassen die Kosten für die Bereitstellung des Beweisgegenstands. Das Gericht darf eine Beweiserhebung nicht von einem Auslagenvorschuß abhängig machen. Das gilt selbst dann, wenn der Beweis auch für den Prozeßgegner des Antragstellers wichtig sein mag.

17 **Teilweise Bewilligung:** Soweit das Gericht die PKH nur für einen Teil des oder der Ansprüche bewilligt hat, muß man den „bewilligten" Streitwert dem Gesamtstreitwert gegenüberstellen. Eine Kostenschuld ist nur wegen der sich ergebenden Differenzsumme begründet, Düss Rpfleger **05**, 268, Mü MDR **97**, 299, aM Köln JB **81**, 1013 (aber I Z 3 versagt in der Tat dem beigeordneten Anwalt jeden Anspruch gegen die Partei). Das gilt auch für die nichtausscheidbaren Auslagen.

18 **Übersetzung:** Die Kosten der Übersetzung eines Protokolls oder einer Entscheidung zählen zu den von Z 1 a erfaßten Kosten. Das gilt unter Umständen auch für Kosten der Übersetzung durch einen beigeordneten Anwalt, aM OVG Bre Rpfleger **87**, 386 (aber es ist dann oft Großzügigkeit geboten).

19 **Verdienstausfall:** Der reine Verdienstausfall als solcher fällt *nicht* unter Z 1 a, Ffm MDR **84**, 500, § 91 Rn 296, aM Stgt MDR **85**, 852 (vgl aber § 91 Rn 296).
S auch Rn 11 „Auflage des Gerichts".
Verlangen einer Handlung: Rn 11 „Auflage des Gerichts".
Verzögerungsgebühr: Die Verzögerungsgebühr nach § 38 GKG, Anh § 95, zählt *nicht* zu den Gerichtskosten nach Z 1 a, Hartmann Teil I § 38 GKG Rn 22.
Vorschuß: Rn 16 „Sachverständiger", Rn 20 „Zeuge".

20 **Zeitversäumnis:** Rn 19 „Verdienstausfall".
Zeuge: Zu den Gerichtskosten gehören auch Vorschüsse nach § 379 und sonstige Auslagen für einen Zeugen KV 9005, Stgt MDR **84**, 151.
Nicht hierher zählt die Differenz zwischen gesetzlicher und nach dem JVEG zugestandener höherer Zeugenentschädigung, Ffm JB **86**, 79.
S auch Rn 11 „Auflage des Gerichts", Rn 15 „Reisekosten".

21 **8) Übergegangene Ansprüche der beigeordneten Rechtsanwälte, I Z 1 b.** Im Umfang der Bewilligung von PKH und dazugehörigen Anordnungen des Gerichts kann die Staatskasse auch einen etwa auf sie gemäß § 59 RVG übergegangenen Anspruch eines beigeordneten Anwalts zunächst nicht gegen den Antragsteller geltend machen.

A. Zweck: Klarstellung. Der beigeordnete Anwalt hat einen Anspruch auf die Zahlung seiner Gebühren und Auslagen gegenüber der Staatskasse. Das ergibt sich nicht direkt aus §§ 121 ff ZPO, wohl aber dem

Grunde nach aus § 45 I RVG, der Höhe nach aus § 48 RVG, § 121 ZPO. Soweit die Staatskasse den beigeordneten Anwalt befriedigt, geht sein Anspruch auf sie nach § 59 RVG über. Soweit der Antragsteller diese Kosten durch seine Zahlungen bereits gedeckt hat, erlischt der Anspruch der Staatskasse. Aber auch soweit er noch nicht erloschen ist, muß jedenfalls der Antragsteller vorerst von Zahlungspflichten freibleiben. Deshalb stellt Z 1 b klar, daß auch die Staatskasse nach einem Übergang auf sie diesen Anspruch zunächst nicht geltend machen kann.

B. Umfang der Kostenerleichterung. Das Verbot der Geltendmachung erfaßt auch einen nach § 59 RVG übergegangenen Anspruch desjenigen Anwalts, den das Gericht nicht dem Antragsteller beigeordnet hatte, sondern seinem Prozeßgegner etwa auf Grund eines Antrags auch jenes Gegners nach §§ 114 ff. Das ist also diejenige Situation, die dann eintritt, wenn das Gericht PKH beiden Parteien bewilligt hat, LG Itzehoe SchlHA **84**, 79. Die ersatzpflichtige Partei soll auch immer nur höchstens diejenigen Beiträge an die Staatskasse zahlen, die das Gericht bestimmt hat, Brschw JB **90**, 509, Mü MDR **01**, 597, Zweibr Rpfleger **89**, 114, aM BGH JB **97**, 648, Düss Rpfleger **97**, 484, Nürnb Rpfleger **01**, 602 (aber auch der Gegner ist schutzbedürftig). 22

Man muß daher auch in einem solchen Fall die etwaigen nach § 115 erlassenen *Ratenzahlungsanordnungen* des Gerichts usw beachten und darf nicht seitens der Staatskasse darüber hinausgehen, Hbg MDR **85**, 941, Mü MDR **01**, 597. Auch ein nach § 59 RVG übergegangener Anspruch des beigeordneten Anwalts gegenüber dem nach § 126 zur Zahlung verpflichteten Gegner des Auftraggebers steht der Staatskasse nicht mehr zu, soweit die an den beigeordneten Anwalt geleistete Vergütung durch eine Zahlung des Antragstellers an die Staatskasse gedeckt ist. Soweit der Prozeßgegner in die Kosten verurteilt ist, kann der Antragsteller von ihm die Erstattung nach § 123 fordern. 23

Natürlich gilt Z 1 b *nicht* zu Lasten eines Anwalts, den der Antragsteller gar nicht auf Grund seiner Beiordnung, sondern ohne eine solche beauftragt hat, Schneider MDR **88**, 282.

9) Befreiung von der Verpflichtung zur Sicherheitsleistung, I Z 2. Die Vorschrift erfaßt die Verpflichtung des Angehörigen eines fremden Staats als Klägers, sowie eines Staatenlosen ohne inländischen Wohnsitz, dem Bekl auf sein Verlangen wegen der Prozeßkosten Sicherheit zu leisten. Soweit diese Verpflichtung nicht nach § 110 II ohnehin ausgeschlossen ist, entfällt sie im Umfang der Bewilligung von PKH nach I Z 2 nicht nur vorläufig, sondern endgültig, Brdb RR **03**, 210. Das gilt allerdings im Umfang des § 9 AUG, abgedruckt hinter § 122, ohnehin kraft Gesetzes. 24

Z 2 befreit *nicht* von der ganz andersartigen Sicherheitsleistung nach § 709. Sie erfolgt wegen § 717 II, § 709 Rn 1. Mag der Bedürftige die Rechtskraft abwarten.

10) Keine Geltendmachung der Ansprüche auf Vergütung der beigeordneten Rechtsanwälte gegen die Partei, I Z 3. Es handelt sich um eine stundungsähnliche Regelung, Kblz JB **00**, 146. 25

A. Zweck: Schutz des Auftraggebers. Da der beigeordnete Anwalt nach Rn 21 einen Vergütungsanspruch gegen die Staatskasse hat, kann man seinen Auftraggeber einstweilen von Zahlungspflichten dem beigeordneten Anwalt gegenüber freistellen, Stgt FamRZ **04**, 1802. Das gilt unabhängig davon, ob und wann und in welchem Umfang der beigeordnete Anwalt seine Vergütung von dem in die Prozeßkosten verurteilten Gegner des Auftraggebers im eigenen Namen beitreiben kann, § 126, Hamm JB **99**, 591. Denn zunächst haftet ja einmal die Staatskasse, wenn auch nur im verringerten Umfang nach § 45 RVG. Die Vorschrift bezweckt also den Schutz des Auftraggebers, Düss Rpfleger **88**, 505. Schon deshalb ist sie zwingend, Köln FamRZ **95**, 240. Das gilt auch dann, wenn der beigeordnete Anwalt den Anspruch gegen die Staatskasse wegen Verwirkung nicht mehr einklagen kann, Köln RR **95**, 634, oder wenn wegen nachträglichem Vermögenserwerbs eine Zahlung von Raten nach § 120 infrage kommt, Stgt FamRZ **04**, 1802. Die Vorschrift schützt einen persönlich nicht bedürftigen Erben des Auftraggebers.

Dem *unterliegenden Prozeßgegner* gegenüber bleibt ein Erstattungsanspruch in voller Höhe nach §§ 91 ff unberührt, Kblz JB **00**, 146. Das gilt auch bei nur teilweiser PKH, Hamm JB **99**, 591.

B. Begriff der Geltendmachung. Wie bei I Z 1 kommt auch bei Z 3 nur eine „Geltendmachung" nicht in Betracht. Das bedeutet: Der Vergütungsanspruch nach §§ 45 ff RVG besteht zwar sachlichrechtlich. Der beigeordnete Anwalt kann ihn aber während der Bewilligungszeit vor einer etwaigen Aufhebung der Bewilligung, Düss Rpfleger **05**, 268, oder vor dem im § 125 II genannten Zeitpunkt der rechtskräftigen Verurteilung des Prozeßgegners in die Prozeßkosten oder der Beendigung des Rechtsstreits ohne Entscheidung über die Kosten dem Auftraggeber gegenüber nicht geltend machen, Düss RR **92**, 1529, Hamm JB **99**, 591, Kblz JB **00**, 146. Während der Befreiung hat der PKH-Begünstigte folglich insoweit auch keinen Schaden, Köln WoM **99**, 288. 26

Das alles gilt unabhängig davon, ob der Auftraggeber den beigeordneten Anwalt entpflichtet hat und ob der Auftraggeber oder der Anwalt daran schuldig sind. Das Verbot der Geltendmachung gilt auch unabhängig von einer etwaigen *Gebührenvereinbarung*, Köln FamRZ **95**, 240, Nürnb AnwBl **83**, 570. Vgl freilich § 4 V 2 RVG. Es gilt ferner unabhängig davon, ob, inwieweit und warum der Auftraggeber dem beigeordneten Anwalt seine Vergütung als Ausfallhonorar zugesagt oder gegen die Staatskasse verzichtet hat, Düss Rpfleger **88**, 505, KG FamRZ **04**, 1737. Das Verbot gilt ferner auch für eine Vergütung auf Grund einer vorausgegangenen Tätigkeit als Wahlanwalt vor der Beiordnung, soweit diese nur denselben Gebührentatbestand wie die Beiordnung herbeiführte, KG Rpfleger **84**, 246, Stgt JB **97**, 649, VGH Mannh NVwZ-RR **04**, 156. Das gilt selbst dann, wenn das Gericht die Beiordnung (nicht aber die PKH) später aufhebt, BGH NJW **93**, 1715, Köln FamRZ **95**, 240, Stgt JB **97**, 649, aM Hbg MDR **85**, 416, LG Bayr JB **92**, 740 (aber es kommt nur auf den Tätigkeitszeitraum an, und der lag *vor* der Aufhebung, Rn 26). Das Verbot gilt natürlich nur, soweit der Anwalt beigeordnet war, Nürnb FamRZ **01**, 1157. 27

Bei *teilweiser* Bewilligung von PKH kann der beigeordnete Anwalt die *Differenzsumme* zwischen der von der Staatskasse zu zahlenden Vergütung und den Gebühren eines Wahlanwalts nicht gegenüber dem Auftraggeber geltend machen, Hbg MDR **89**, 74, Mü MDR **95**, 422. Vgl freilich § 120 Rn 16 sowie § 50 RVG. 28

§§ 122, 123

29 **11) Kostenerleichterung für den Prozeßgegner, II.** Während I Kostenerleichterungen für den Antragsteller enthält, gibt II auch seinem Prozeßgegner schon wegen dieser Eigenschaft ebenfalls gewisse Kostenerleichterungen.

30 **A. Zweck: Waffengleichheit.** Zwar ist der Gegner nach § 125 I ohnehin gegenüber der Staatskasse bis zur Rechtskraft seiner Verurteilung in die Kosten vor Zwangsmaßnahmen sicher. Da das Bewilligungsverfahren ohnehin nur zwischen dem Staat und dem Antragsteller läuft, von der grundsätzlichen Anhörungspflicht nach § 118 I 1 abgesehen, scheint eine zusätzliche einstweilige Kostenerleichterung auch zugunsten des Prozeßgegners zunächst nicht notwendig zu sein. Überdies könnte er ja seinerseits jederzeit einen eigenen PKH-Antrag stellen und sich so zum Antragsteller machen. Aus Gründen der Waffengleichheit nach § 121 Rn 31, 32 gibt II gleichwohl auch dem vermögenden Prozeßgegner eine einstweilige Kostenbefreiung. Sie dient auch der Vereinfachung der kostenrechtlichen Behandlung für die Dauer der Bewilligung. Aus diesem letzteren Grund ist die rechtspolitisch nicht unbedingt überzeugende Regelung immerhin vertretbar. Sie wird durch § 125 II ergänzt: Der einstweilen befreite Gegner muß mit Einziehung rechnen, sobald er rechtskräftig verurteilt ist oder der Prozeß ohne Urteil über die Kosten endet.

31 **B. Kläger, Berufungskläger, Revisionskläger.** Die einstweilige Befreiung kommt nur diesen Personen zugute. Bei einer solchen Partei ist unerheblich, ob sie in der vorangegangenen Instanz Bekl war. Maßgeblich ist vielmehr nur die Rolle des Angreifers in der jetzt zu beurteilenden Instanz. Soweit der Prozeßgegner des bisher alleinigen Antragstellers nun seinerseits jetzt als Angreifer auftritt, ist II auf ihn nicht anwendbar. Das gilt zB dann, wenn der Prozeßgegner Kläger ist, LG Kref Rpfleger **84**, 479, oder wenn er Widerkläger nach Anh § 253 oder Anschlußberufungskläger ist, § 524. Er mag dann seinerseits einen eigenen Antrag auf PKH-Bewilligung stellen, um eine einstweilige Befreiung zwar nicht nach II zu erreichen, wohl aber nach I.

32 **C. Sachlicher Geltungsbereich.** II gilt in allen Verfahren, für die das Gericht eine PKH bewilligen kann, § 114 Rn 22. Die Vorschrift umfaßt also auch zB das Kostenfestsetzungsverfahren, §§ 103 ff. Es steht in engste Verbindung mit dem Rechtszug, für den die Bewilligung jeweils erfolgt, § 119 Rn 30. Aus den Worten „Kläger", „Berufungskläger" und „Revisionskläger" wird aber deutlich, daß II nur für das Erkenntnisverfahren gilt, also nicht für eine vom Antragsteller betriebene Zwangsvollstreckung. Das gilt selbst dann, wenn er auch oder nur für sie PKH bewilligt erhalten hatte. Eine Rückwirkung kann wie sonst in Betracht kommen, § 119 Rn 10. In diesem Fall kommt sogar eine Rückforderung von Kosten in Betracht, die der Antragsteller vor der Bewilligung bezahlt hatte.

33 **D. Keine Bestimmung von Zahlungen an die Staatskasse.** Zu den Voraussetzungen Rn 31, 32 muß als weitere Bedingung der einstweiligen Befreiung des Prozeßgegners treten, daß das Gericht dem Antragsteller keine „Zahlungen an die Bundes- oder Landeskasse" nach § 120 auferlegt hatte. Das Gericht darf also weder „Monatsraten" noch „aus dem Vermögen zu zahlende Beträge" festgesetzt haben, § 120 I 1. Soweit das Gericht eine solche Belastungen dem Antragsteller gegenüber angeordnet und noch nicht aufgehoben hat, ist II auf seinen Prozeßgegner nicht anwendbar, Düss MDR **89**, 921. Das gilt, solange dieser nicht selbst durch einen eigenen PKH-Antrag zum Antragsteller wird. Eine bloße Änderung der zu leistenden Zahlungen nach § 120 IV reicht nicht aus, nun auch den Prozeßgegner einstweilen zu befreien.

34 **E. Einstweilige Befreiung von den Gerichts- und Gerichtsvollzieherkosten.** Während I nur die „Geltendmachung" solcher Kosten ausschließt und damit nach Rn 4 allerdings auch eine einstweilige Befreiung meint, spricht II direkt die „einstweilige Befreiung" aus. Sie beschränkt sich auf die in I Z 1 a genannten Kosten und damit praktisch auf einen Auslagenvorschuß nach §§ 379, 402, Hamm FamRZ **99**, 453. Sie endet nach §§ 125 I, II mit der Rechtskraft seiner Verurteilung in die Prozeßkosten oder mit der Beendigung des Rechtsstreits ohne Urteil über die Kosten. Man darf Kosten des Prozeßgegners für einen Anwalt niemals nach II behandeln. Um von der Zahlungspflicht gegenüber dem eigenen Anwalt auch nur einstweilen freizukommen, muß der Prozeßgegner selbst PKH erhalten.

35 **F. Einzelfragen.** Wegen der Anrechnung von Zahlungen an den beigeordneten Anwalt § 58 II RVG. Die Vorauszahlungspflicht entfällt, § 14 Z 1 GKG, Anh § 271.

36 **12) VwGO:** Entsprechend anzuwenden, § 166 VwGO.

123 Kostenerstattung. Die Bewilligung der Prozesskostenhilfe hat auf die Verpflichtung, die dem Gegner entstandenen Kosten zu erstatten, keinen Einfluss.

1 **1) Systematik.** § 122 regelt das Verhältnis zwischen dem Antragsteller und dem Staat einerseits, dem nach § 121 beigeordneten Anwalt andererseits und schließlich das Verhältnis des Prozeßgegners zur Staatskasse, und zwar jeweils nur für die Dauer des Hauptprozesses und ergänzt von § 125. Demgegenüber regelt § 123 das kostenrechtliche Verhältnis zwischen dem Antragsteller und seinem Prozeßgegner, also die sog Kostenerstattung für den Fall, daß der Antragsteller den Prozeß verliert, BGH NJW **01**, 3188. Diese Fragen sind schon in §§ 91 ff geregelt. Jene Vorschriften gelten nämlich auch im gesamten PKH- Verfahren. Insofern hat § 123 eine nur klarstellende (deklaratorische) Bedeutung, Düss MDR **91**, 451. Allerdings ist das Verbot der Erstattung von Kosten des PKH-Verfahrens nach § 118 I 4 eine gegenüber §§ 91 ff und auch gegenüber § 123 vorrangige Sondervorschrift, soweit überhaupt Überschneidungen vorliegen, § 118 Rn 21.

2 **2) Regelungszweck.** Die Kostenerstattungspflicht des im Hauptprozeß Unterlegenen soll die Staatskasse entlasten. Sie soll auch zugleich vor ungehemmter Prozessierlust des Mittellosen schützen. PKH bedeutet eben oft nur eine vorübergehende, einstweilige Kostenerleichterung. Das soll dem Antragsteller bewußt bleiben. Wenn sich eine der Hauptvoraussetzungen der Bewilligung, nämlich die Erfolgsaussicht, als schließlich doch nicht eingetreten herausstellt, soll der Antragsteller trotz Mittellosigkeit wenigstens die Kosten des Gegners wie jeder andere Unterlegene erstatten müssen. Diese Regelung ist nicht nur rechtspolitisch diskutabel, sondern auch verfassungsrechtlich problematisch, Grunsky NJW **80**, 2046. Denn sie engt im

Titel 7. Prozesskostenhilfe und Prozesskostenvorschuss §§ 123, 124

Ergebnis die verfassungsrechtlich gebotene Kostenerleichterung nach Üb 1 vor § 114 wieder beträchtlich ein. Zum Unterliegen kann es grundsätzlich ja nur kommen, weil dasselbe Gericht seine Beurteilung der Erfolgsaussichten nach § 114 Rn 80 im Laufe des Hauptprozesses entscheidend geändert hat. Sonst hätte es gar nicht erst PKH bewilligen dürfen. Vgl aber BVerfG **51**, 296.

Prozeßgewinn, das Gegenstück, löst keine Pflicht aus, dem Staat für dessen PKH-Leistung etwas zu zahlen, von restlichen schon festgesetzten Raten abgesehen, § 122 Rn 2. Das ist eben nicht selbstverständlich, aber geltendes Recht.

    3) **Geltungsbereich.** Vgl Üb 4 vor § 114, § 114 Rn 9–45.   **3**

    4) **Wirkung auf Kosten des Hauptprozesses.** Man muß unterschiedliche Situationen unterscheiden.   **4**

    A. **Grundsatz: Erstattungspflicht des Antragstellers.** Der im Hauptprozeß unterliegende Antragsteller, dem das Gericht PKH bewilligt hatte, muß grundsätzlich (Ausnahmen Rn 6) im Umfang der Kostengrundentscheidung nach §§ 91 ff dem siegenden Prozeßgegner grundsätzlich dessen Kosten erstatten, soweit sie eben im Hauptprozeß entstanden sind, BGH NJW **01**, 3188, Celle FamRZ **99**, 242, Nürnb FamRZ **97**, 755 (krit Rasch 1411). Der Gegner kann diese Kosten nach §§ 103 ff festsetzen lassen und mit dem Festsetzungsbeschluß nach § 794 I Z 2 vollstrecken. Dazu gehören die vollen Wahlanwaltskosten auch nach beiderseitiger PKH, Bbg FamRZ **88**, 967 (abzüglich der aus der Staatskasse gezahlten). Er muß dazu einen entsprechenden Antrag stellen, § 103 Rn 33. Das gilt insbesondere für diejenigen Gerichtskosten, die der siegende Prozeßgegner des Antragstellers bereits bezahlt hatte, BGH Rpfleger **89**, 376, Brschw MDR **97**, 1072, Düss Rpfleger **96**, 354, aM ZöPh § 123 Rn 24 f (aber dort besteht erst recht ein Erstattungsbedürfnis).

Erstattungspflichtig ist auch derjenige durch PKH Begünstigte, der in einem Vergleich Kosten *übernimmt*, BVerfG NJW **00**, 3271, BGH NJW **04**, 366, Mü AnwBl **03**, 376, aM Drsd Rpfleger **02**, 214, Ffm JB **02**, 1418, Vester NJW **02**, 3225. Das gilt auch bei anschließend gleicher Kostenentscheidung, Mü RR **01**, 1578. Es gilt ferner bei auch nur einem Kostenteil, etwa bei vereinbarter Kostenaufhebung gegeneinander, Karlsr MDR **00**, 113, Nürnb NJW **00**, 370, aM Hamm Rpfleger **00**, 554 (aber der Kostenübernehmer verdient nun wirklich keine Besserstellung mehr, Rn 6).

Soweit dem siegenden Prozeßgegner die Kosten im Verhältnis zur Staatskasse *endgültig* zur Last fallen, MDR **78**, 59, kann er diese Kosten von dem unterlegenen Antragsteller beitreiben, dem das Gericht die PKH bewilligt hatte, Bbg JB **77**, 1594, KG Rpfleger **77**, 76. Der unterliegende Antragsteller ist auch der Staatskasse erstattungspflichtig, soweit der Kostenerstattungsanspruch des siegenden Prozeßgegners nach (jetzt) § 59 RVG auf diese übergegangen ist, BGH MDR **97**, 887, KG MDR **88**, 420, LG Möchenglabd AnwBl **03**, 595, aM Mü JB **01**, 310 (aber die Entstehungsgeschichte interessiert gegenüber Wortlaut und Sinn nur begrenzt, Einl III 42).

    B. **Auswirkung auf vom Prozeßgegner gezahlten Vorschuß.** Soweit der siegende Prozeßgegner des **5** unterlegenen Antragstellers der Staatskasse einen Vorschuß gezahlt hatte, muß sie diesen an ihn zurückzahlen, LG Osnabr JB **78**, 107, AG Marbg AnwBl **88**, 248, aM Schlesw SchlHA **79**, 182 (aber jeder Zahlungsgrund ist entfallen). Das ist eine Auswirkung der Regelung des § 31 II GKG, Hartmann Teil I § 31 GKG Rn 16 ff.

    C. **Ausnahmen von der Erstattungspflicht des Antragstellers.** Entgegen dem Wortlaut des § 123 **6** gibt es einige Ausnahmen von dem in Rn 3 genannten Grundsatz der Erstattungspflicht. So haftet zB der siegende Prozeßgegner desjenigen Antragstellers, dem PKH bewilligt war, soweit der Sieger nach § 122 II ebenfalls einstweilen befreit war. Eine solche Befreiung fehlt allerdings, soweit dieser Sieger als Zweitschuldner nach § 31 II GKG haftet. Eine solche Haftung kommt freilich für die nach § 31 II 2 GKG zu beurteilenden Fälle kaum noch in Betracht, Ffm MDR **78**, 413, Hartmann Teil I § 31 GKG Rn 16 ff, aM Hamm Rpfleger **92**, 206, Mü MDR **80**, 855. BVerfG MDR **99**, 1089 (krit Schneider 1090, Schütt MDR **99**, 1405), Bre FamRZ **99**, 1147, AG Königswinter JB **99**, 594 sehen den durch PKH begünstigten, unterlegenen Bekl zu Unrecht ungleichmäßig benachteiligt: Der Bekl war im Gegensatz zum Kläger kein Antragsschuldner nach § 22 I 1 GKG.

Der siegende Prozeßgegner desjenigen Antragstellers, dem die PKH bewilligt wurde, haftet ferner als *Übernahmeschuldner* nach § 29 Z 2 GKG (Zweitschuldner) auch für solche Kosten, die er in einem Vergleich ganz oder teilweise übernommen hat, Rn 4. Das gilt auch dann, wenn der Übernahmeschuldner sonst verurteilt worden wäre, Hamm Rpfleger **79**, 230. Ob ein Vergleich eine Kostenübernahme vereinbart wurde, muß man nach den in § 98 Rn 21 ff genannten Regeln ermitteln. Andernfalls bleibt der Schutz des § 31 II 2 GKG bestehen.

    5) **Wirkung auf Kosten im Prozeßkostenhilfeverfahren.** Wegen des Vorrangs des § 118 I 4 vor **7** §§ 91 ff, 123, Rn 1, entfällt eine Kostenerstattungspflicht des im Hauptprozeß unterliegenden Antragstellers, dem das Gericht die PKH bewilligt hatte, gegenüber seinem Prozeßgegner auch insoweit, als jenem Gegner im Bewilligungsverfahren Kosten entstanden sind. Zu diesem Kostenbegriff § 118 Rn 22.

    6) *VwGO:* Entsprechend anzuwenden, § 166 VwGO.   **8**

124 Aufhebung der Bewilligung.
Das Gericht kann die Bewilligung der Prozesskostenhilfe aufheben, wenn

1. die Partei durch unrichtige Darstellung des Streitverhältnisses die für die Bewilligung der Prozesskostenhilfe maßgebenden Voraussetzungen vorgetäuscht hat;
2. die Partei absichtlich oder aus grober Nachlässigkeit unrichtige Angaben über die persönlichen oder wirtschaftlichen Verhältnisse gemacht oder eine Erklärung nach § 120 Abs. 4 Satz 2 nicht abgegeben hat;

§ 124 Buch 1. Abschnitt 2. Parteien

3. die persönlichen oder wirtschaftlichen Voraussetzungen für die Prozesskostenhilfe nicht vorgelegen haben; in diesem Falle ist die Aufhebung ausgeschlossen, wenn seit der rechtskräftigen Entscheidung oder sonstigen Beendigung des Verfahrens vier Jahre vergangen sind;
4. die Partei länger als drei Monate mit der Zahlung einer Monatsrate oder mit der Zahlung eines sonstigen Betrages im Rückstand ist.

Schrifttum: *Huhnstock,* Abänderung und Aufhebung der Prozeßkostenhilfebewilligung, 1995.

Gliederung

1) Systematik, Z 1–4	1
2) Regelungszweck, Z 1–4	2
3) Geltungsbereich, Z 1–4	3–15
A. Grundsatz	3
B. Beispiele zur Frage der Anwendbarkeit	4–15
4) Aufhebungspflicht, Z 1–4	16, 17
5) Verfahren, Z 1–4	18–22
A. Keine mündliche Verhandlung	18
B. Anhörungspflicht	19
C. Amtsermittlung	20
D. Keine Beweislast	21
E. Keine umfassende Prozeßaufklärung	22
6) Entscheidung: Beschluß, Z 1–4	23, 24
7) Wirkung der Aufhebung, Z 1–4	25–27
A. Stets Rückwirkung	25
B. Unbeschränkte Geltendmachung der Kosten	26
C. Fortbestand der Prozeßvollmacht	27
8) Vortäuschung beim Streitverhältnis, Z 1	28–34
A. Unrichtige Darstellung des Streitverhältnisses	28, 29
B. Täuschungshandlung	30
C. Irrtumserregung	31
D. Ursächlichkeit: durch unrichtige Darstellung	32
E. Vorsatz: Vortäuschung	33
F. Zuständigkeit des Richters, Z 1	34
9) Verschuldete Angaben über persönliche Verhältnisse usw, Z 2	35–40
A. Unrichtigkeit bei den persönlichen oder wirtschaftlichen Verhältnissen, Z 2 Hs 1	35, 36
B. Ursächlichkeit, Z 2 Hs 1	37
C. Absichtlichkeit, grobe Nachlässigkeit, Z 2 Hs 1	38
D. Nichtabgabe der Erklärung, Z 2 Hs 2	39
E. Zuständigkeit des Rechtspflegers, Z 2	40
10) Nichtvorliegen der persönlichen oder wirtschaftlichen Voraussetzungen, Z 3	41–51
A. Fehlen der Voraussetzungen: Geltungsbereich, Z 3 Hs 1	42
B. Objektives Nichtvorliegen, Z 3 Hs 1	43
C. Verschulden nicht erforderlich, Z 3 Hs 1	44
D. Aufhebungszwang, Z 3 Hs 1	45
E. Beispiele zur Frage des Fehlens der persönlichen oder wirtschaftlichen Voraussetzungen, Z 3 Hs 1	46
F. Bloße Änderung der Voraussetzungen, Z 3 Hs 1	47
G. Bloß unrichtige Beurteilung der damaligen Voraussetzungen, Z 3 Hs 1	48
H. Keine Aufhebung nach mehr als vier Jahren, Z 3 Hs 2	49, 50
I. Zuständigkeit des Rechtspflegers, Z 3	51
11) Zahlungsrückstand der Partei, Z 4	52–58
A. Monatsrate, sonstiger Betrag	52
B. Rückstand: Erforderlichkeit von Verzug	53
C. Im Zweifel kein Rückstand	54
D. Keine Aufhebung erst kurz vor Instanzabschluß	55
E. Länger als drei Monate	56
F. Keine Teilaufhebung	57
G. Zuständigkeit des Rechtspflegers, Z 4	58
12) Zusammentreffen von Z 3 und 4	59
13) VwGO	60

1 **1) Systematik, Z 1–4.** Während § 120 IV die Voraussetzungen nennt, unter denen das Gericht beim Fortbestand der Bewilligung doch deren Umfang durch Veränderung der zu leistenden Raten oder Vermögensbeiträge ändern kann, bestimmt § 124 abschließend die Voraussetzungen einer völligen oder teilweisen Aufhebung der Bewilligung dem Grunde nach, Köln MDR **03**, 771. Neben der Aufhebung der Bewilligung können infolge Verlusts des Rechtsstreits die nur einstweiligen Wirkungen der Bewilligung entfallen, § 125. Die Pflicht zur Erstattung der Kosten des Prozeßgegners im Fall des Unterliegens bleibt ohnehin unberührt, § 123.

2 **2) Regelungszweck, Z 1–4.** § 124 nennt Sanktionen, ungünstige Rechtsfolgen, Brdb FamRZ **05**, 47, LG Mainz FamRZ **01**, 1157, zwecks Einhaltung der Förderungspflicht nach Grdz 12 vor § 128. Die Vorschrift nennt Kostenfolgen, aber keine Strafe, Bbg JB **87**, 1419, Düss JB **86**, 296, LAG Düss JB **86**, 1097, enthält zwecks Rechtssicherheit im Sinn von Einl III 43 eine abschließende Aufzählung der Aufhebungsgründe, BGH NJW **94**, 3293, Brdb FamRZ **00**, 1229, Köln Rpfleger **99**, 30. Man darf diese Aufzählung nicht ausdehnend auslegen, sondern muß eine enge Auslegung vornehmen, Ffm Rpfleger **91**, 65. Denn eine Aufhebung der Bewilligung stellt einen Eingriff in einen sozialstaatlich geschützten Besitzstand des Antragstellers dar, Bbg FamRZ **89**, 884, ähnlich wie bei der Aufhebung eines sog begünstigenden Verwaltungsakts. Zwar sind die dort anwendbaren Regeln hier nicht direkt beachtlich. Denn das PKH-Verfahren ist eben nicht als Verwaltungsverfahren ausgestaltet, sondern als ein gerichtliches Verfahren, Üb 3 vor § 114. Trotzdem darf und muß man jene Grundgedanken auch hier im Kern entsprechend mitberücksichtigen.

Arglist oder sonstige Täuschungshandlungen ändern an alledem nichts. Zwar verdient Rechtsmißbrauch auch im PKH-Verfahren keinen Schutz, Einl III 54, Rn 4, Üb 5 vor § 114. Es liegt aber bereits eine in einem gerichtlichen Bewilligungsverfahren erarbeitete Bewilligungsentscheidung vor. Man darf eine solche Wirkung nicht durch sachlichrechtliche Erwägungen und eine daraus folgende zu weite Auslegung der Aufhebungsgründe beeinträchtigen, aM Bbg FamRZ **89**, 885 (aber ein Staatshoheitsakt nach Üb 10 vor § 300 verdient bis zum Zeitpunkt seiner Aufhebung Vertrauensschutz). Eine Aufhebung wegen Rechtsmißbrauchs außerhalb der Z 1–4 mag nur in seltenen Ausnahmefällen in Betracht kommen. Das gilt etwa dann, wenn der Begünstigte seinem beigeordneten Anwalt hartnäckig die Unterrichtung versagt oder wenn er von sich aus ohne triftige Gründe einen anderen Anwalt beauftragt und den beigeordneten Anwalt ohne Grund-

Titel 7. Prozesskostenhilfe und Prozesskostenvorschuss **§ 124**

angabe überhaupt nicht mehr informiert, KG Rpfleger **79**, 152, Köln MDR **75**, 236, oder wenn der Antragsteller eine bloße Scheinehe verschwiegen hat, § 114 Rn 124, aM Ffm FamRZ **04**, 1883.

Übertreibung der vorstehenden Erwägungen sollten natürlich auch nicht stattfinden. Das Gericht darf sich durchaus nicht scheuen, bei einem klaren Verstoß nach Z 1–4 alsbald und unmißverständlich zu reagieren. Man darf sich nicht ängstlich scheuen, solchen Verstoß festzustellen, nur weil man ihn etwa ausführlicher und vielleicht anfechtbar begründen müßte. Die Rechtsprechung hat schon genug Hindernisse vor einer Aufhebung errichtet.

3) Geltungsbereich, Z 1–4. Ein einfacher Grundsatz zeigt manchmal Probleme. **3**

A. Grundsatz. Die Vorschrift gilt in allen Verfahren nach der ZPO, Üb 4 vor § 114, § 114 Rn 9–45. Sie gilt auch im arbeitsgerichtlichen Verfahren, LAG Bre Rpfleger **01**, 308 (zu Z 4). Sie gilt ab Anhängigkeit, § 261 Rn 1.

B. Beispiele zur Frage der Anwendbarkeit **4**
Änderung der Beurteilung: Rn 8 „Beurteilungswechsel".
Änderung der Verhältnisse: Eine Aufhebung kommt in Betracht, soweit die Änderung zwischen Antrag **5** und Bewilligung eintrat und soweit der Antragsteller sie nicht mitgeteilt hatte, Mü FamRZ **98**, 633.

Sie kommt *nicht* schon deshalb in Betracht, weil sich die Verhältnisse seit ihrer Bewilligung irgendwie verändert haben, Kblz AnwBl **83**, 571, Köln MDR **03**, 771. Solche Veränderungen darf das Gericht allenfalls dann berücksichtigen, wenn es um eine vorausschauende oder spätere Änderung der Ratenzahlungspflichten geht, § 120 I 2, IV, oder wenn es über einen Rechtsbehelf entscheiden muß, oder wenn es im höheren Rechtszug der Hauptsache ein erneuter PKH-Antrag bearbeiten muß, Schuster NJW **81**, 28. Es kann also der Fall eintreten, daß der Antragsteller alsbald nach der Bewilligung in Verhältnisse gerät, die den Fortbestand der Vergünstigung eigentlich nicht mehr rechtfertigen würden.

Gleichwohl bleibt die Bewilligung *unberührt*, solange das Gericht sie nicht auf Grund eines statthaften Rechtsbehelfs oder nach § 124 aufhebt oder solange sie nicht ihre Wirkung auf Grund einer Entscheidung in der Hauptsache zumindest mittelbar verliert, Brdb FamRZ **97**, 1544, Hamm MDR **91**, 62, LAG Bre MDR **90**, 471, aM (vom BVerfG NJW **85**, 1767 überraschenderweise offenbar unter dem gar nicht einschlägigen Aspekt des § 124 Z 3 als mit dem GG vereinbar betrachtet) Düss RR **87**, 252, Ffm Rpfleger **86**, 69, Kblz (7. ZS) Rpfleger **84**, 160 (vgl aber zu alledem Rn 2).
Auslandsaufenthalt: Im Verfahren auf ein sog eingehendes Gesuch um Auslandsunterhalt kommt nur Z 1 **6** in Betracht, § 9 S 2 Hs 2 AUG, abgedruckt bei § 122.
Beurteilungswechsel: Eine Aufhebung kommt *keineswegs* schon deshalb in Betracht, weil das Gericht trotz **7** objektiv unveränderter wirtschaftlicher Verhältnisse die Frage der Mittellosigkeit jetzt aus einem anderen Grund als damals anders beurteilt. Das Gesetz will kein Hin- und Herschwanken nach dem jeweiligen Prozeßstand und der jeweiligen Besetzung des Gerichts, zumal praktisch nichts herausgekäme, Düss MDR **93**, 583, Ffm MDR **02**, 785, Hamm FamRZ **94**, 1269, aM Bre FamRZ **85**, 728, Köln FamRZ **82**, 1226, LAG Rpfleger **01**, 308 (aber wo lägen die Grenzen?).
Beweisergebnis: Eine Aufhebung der Bewilligung kommt *keineswegs* schon deshalb in Betracht, weil das **8** Gericht das Ergebnis einer Beweisaufnahme des Hauptprozesses zugunsten des Prozeßgegners des begünstigten Antragstellers bewertet, Düss ZMR **93**, 117, Hamm JB **77**, 98. Das gilt erst recht nicht, wenn der Hauptprozeß bereits entscheidungsreif ist. Auch hier soll kein Hin- und Herschwanken erfolgen, Rn 8 „Beurteilungswechsel".
Entscheidungsreife des Hauptprozesses: Rn 7 „Beweisergebnis". **9**
Erlöschen: Beim Erlöschen des Antragstellers ist eine Aufhebung nicht nötig und kommt daher *nicht* in Betracht, soweit nicht auch der Rechtsnachfolger PKH erhält, § 119 Rn 26, 27.
Juristische Person: Die Regeln Rn 2 gelten auch bei der juristischen Person als Antragsteller. **10**
Nebenkläger: Die Regeln Rn 2 gelten auch beim Nebenkläger als Antragsteller, Ffm NJW **86**, 2002. **11**
Partei kraft Amtes: Die Regeln Rn 2 gelten auch bei der Partei kraft Amtes als Antragsteller. **12**
Pfändung: Eine Aufhebung der Bewilligung kommt *nicht* in Betracht, wenn ein Dritter den Anspruch des klagenden Antragstellers pfändet, Schneider DB **78**, 289.
S auch Rn 15 „Zwangsvollstreckung".
Rechtsänderung: Eine Aufhebung der Bewilligung kommt *keineswegs* schon deshalb in Betracht, weil das Gesetz geändert wurde oder eine Änderung der Rechtsprechung eingetreten ist.
S auch Rn 8 „Beurteilungswechsel", Rn 13 „Rechtsirrtum".
Rechtsirrtum: Eine Aufhebung der Bewilligung kommt *keineswegs* schon deshalb in Betracht, weil das **13** Gericht die PKH nur wegen eines Rechtsirrtums bewilligt hatte, Brdb FamRZ **02**, 1293, OVG Münst JB **94**, 176, Zweibr Rpfleger **02**, 628, aM Bbg FamRZ **89**, 885, Bre FamRZ **85**, 728, Saarbr FamRZ **79**, 796 (aber § 124 zählt die Aufhebungsgründe abschließend auf, Rn 2, vgl auch §§ 318, 329).
S auch Rn 7 „Beurteilungswechsel", Rn 13 „Rechtslagenänderung".
Rechtsmißbrauch: Rn 2.
Tod: Beim Tod des Antragstellers oder bei seinem Erlöschen endet die PKH automatisch. Deshalb ist eine **14** Aufhebung nicht nötig, soweit nicht auch der Rechtsnachfolger PKH erhält, § 119 Rn 26, Düss MDR **99**, 830, Ffm JB **96**, 141, LG Bielef Rpfleger **89**, 1288.
Zwangsvollstreckung: Eine Aufhebung der Bewilligung erfolgt *nicht*, sofern mehrere Vollstreckungsver- **15** suche gegen einen böswilligen Schuldner erfolglos waren, LG Limburg AnwBl **79**, 274.
S auch Rn 12 „Pfändung".

4) Aufhebungspflicht, Z 1–4. § 124 enthält zwar dem Wortlaut nach eine Kannvorschrift. Das bedeutet **16** aber nicht die Einräumung eines Ermessensspielraums, sondern eine bloße Zuständigkeitsregelung. Diese Auslegung entspricht allein den Interessen des Prozeßgegners und vor allem demjenigen der Staatskasse. Sie haben beim Vorliegen der gesetzlichen Voraussetzungen einen Anspruch darauf, daß das Gericht die PKH aufhebt.

§ 124

17 Das Gericht übt nur insofern ein pflichtgemäßes *Ermessen* aus, als es klären muß, ob die Voraussetzungen einer der Z 1–4 vorliegen. Sobald diese Frage bejaht ist, besteht eine Rechtspflicht zu einer unverzüglichen Aufhebung der Bewilligung, Brdb FamRZ **05**, 47, Drsd FamRZ **97**, 1522, Düss Rpfleger **93**, 410, aM Drsd FamRZ **98**, 1523, Düss MDR **91**, 791, Hamm Rpfleger **92**, 257 (aber die Rechtssicherheit erfordert die Rechtspflicht, Einl III 43).

18 **5) Verfahren, Z 1–4.** Man muß fünf Aspekte beachten. Sie gelten abschließend, Rn 1.
A. Keine mündliche Verhandlung. Das Gericht trifft seine Entscheidung im Aufhebungsverfahren nach denselben Grundsätzen wie im Bewilligungsverfahren, also ohne mündliche Verhandlung, § 127 Rn 5.

19 **B. Anhörungspflicht.** Das Gericht muß den bisher Begünstigten und seinen beigeordneten Anwalt im Aufhebungsverfahren vor irgendeinem Nachteil anhören, sei es auch nur vor einem Nachteil nach §§ 122 ZPO, 31 II 2 GKG, Artt 2 I, 20 III GG (Rpfl), BVerfG **101**, 404, Art 103 I GG (Richter), Brdb FamRZ **02**, 1419, LG Kblz AnwBl **00**, 64. Denn ein Aufhebungsbeschluß würde in ihre Rechte eingreifen, Rn 3. Deshalb war es auch nicht notwendig, die in § 126 III 1 Hs 2 aF genannte Anhörungspflicht ausdrücklich in das geltende Gesetz zu übernehmen, BPatG GRUR **86**, 734.
Eine nach § 120 IV 2 gesetzte *Frist* ist keine Ausschlußfrist, § 120 Rn 29. Das Gericht muß den bisher Begünstigten insbesondere im Verfahren nach Z 4 anhören, LG Aachen AnwBl **83**, 327. Eine Anhörungsfrist läuft nur dann wirksam an, wenn das Gericht die Verfügung mit vollem Namen und nicht nur mit einer sog Paraphe unterzeichnet hat, § 329 Rn 8, 11, und wenn es seine Verfügung dem bisher Begünstigten in Ausfertigung oder beglaubigter Abschrift förmlich zugestellt hat, § 329 Rn 32, Bbg JB **92**, 251. Der beigeordnete Anwalt kann übrigens eine Aufhebung anregen, sofern er das mit seinen Pflichten gegenüber dem Auftraggeber vereinbaren kann.

20 **C. Amtsermittlung.** Das Gericht verfährt nach den Grundsätzen der Amtsermittlung, Grdz 38 vor § 128. Es findet also nicht nur eine Amtsprüfung statt, Grdz 39 vor § 128. Denn das gesamte Bewilligungsverfahren ist trotz seiner Ausrichtung auf einen gleichzeitigen oder zukünftigen Zivilprozeß doch kein solcher. Es entfließt vielmehr der sozialstaatlich verankerten Fürsorgepflicht, Üb 5 vor § 114. Es kennt ja auch gegenüber dem Antragsteller keinen echten Antragsgegner. Das alles gilt auch beim Rpfl, Lepke DB **85**, 491.

21 **D. Keine Beweislast.** Wegen der Amtsermittlungspflicht nach Rn 20 gibt es im Aufhebungsverfahren keine Beweislast. Im Zweifel erfolgt auch keine Aufhebung, Bbg FamRZ **96**, 1427. Das ändert nichts an den Folgen einer unzureichenden Mitwirkung des bisher Begünstigten bei der Aufklärung, Rn 39.

22 **E. Keine umfassende Prozeßaufklärung.** Trotz der Amtsermittlungspflicht nach Rn 20 dient das Aufhebungsverfahren ebensowenig wie das Bewilligungsverfahren einer umfassenden Aufklärung der Prozeßlage. Es gibt also weder eine vollständige Aufklärung des Sachverhalts gar von Amts wegen, noch etwa eine umfassende Vorwegnahme derjenigen sonstigen Klärungen, die das Gericht dem Hauptverfahren vorbehalten muß.

23 **6) Entscheidung: Beschluß, Z 1–4.** Die Entscheidung über eine Aufhebung erfolgt wie die Entscheidung über eine Bewilligung durch einen Beschluß, § 119 Rn 67. Das gilt unabhängig davon, ob die Aufhebung von Amts wegen oder auf Anregung eines Beteiligten erfolgt. Zu Einzelheiten § 127 Rn 10–22. Eine förmliche Zustellung ist nicht erforderlich, § 127 Rn 18. Denn der Beschluß enthält weder im Fall der Ablehnung der Aufhebung noch im Fall der Aufhebung einen Vollstreckungstitel, § 329 III. Zwar kann auf Grund der Aufhebung die Zwangsvollstreckung möglich werden, soweit es um die Nachentrichtung solcher Beträge geht, die der bisher Begünstigte während der Dauer der PKH nicht zu zahlen brauchte, § 122 I. Indessen bildet in diesem Fall nicht schon der bloße Aufhebungsbeschluß den Vollstreckungstitel, sondern dessen Grundlage ist die jeweilige Vorschrift über die Haftung der bisher Begünstigten als Kostenschuldner.

24 Insbesondere ist der Aufhebungsbeschluß auch nicht nach § 794 als *Vollstreckungstitel* bezeichnet. Insofern liegt auch nicht ein bloßes Redaktionsversehen des Gesetzgebers vor. Denn er hat § 794 I Z 1 seinerzeit gleichzeitig aus anderem Anlaß geändert. Eine Teilaufhebung zB wegen eines Teils der Bewilligung oder wegen einzelner Beweismittel usw ist unzulässig. Die Möglichkeit einer Abänderung nach § 120 IV bleibt in einem solchen Fall unberührt. Eine Aufhebung wegen einer Scheidungssache bezieht sich im Zweifel auch auf die Folgesachen.

25 **7) Wirkung der Aufhebung, Z 1–4.** Prozessuale und sonstige Folgen sind unterschiedlich.
A. Stets Rückwirkung. Wie in § 119 Rn 4 für den Bewilligungszeitpunkt dargestellt, geht es dort um die Bewilligungsreife. Demgegenüber muß man im Fall einer Aufhebung auf den Zeitpunkt abstellen, zu dem das Gericht die PKH tatsächlich fälschlich bewilligt hatte. Denn der Aufhebungsbeschluß korrigiert den fälschlichen Bewilligungsbeschluß, Ffm Rpfleger **91**, 65. Das zwingt dazu, den bisher fälschlich Begünstigten rückwirkend als zumindest ausreichend bemittelt zu behandeln, Karlsr FamRZ **90**, 1121. Nur das entspricht zumindest in den Fällen der Z 1, 2 und 4 der Gerechtigkeit. Bei Z 3 ist die Rückwirkung insofern verantwortbar, als eine Aufhebung dort ja ohnehin nur innerhalb einer 4-Jahres-Frist zulässig ist, Köln RR **86**, 358, Saarbr NJW **83**, 1068, Lepke DB **85**, 488, aM Düss Rpfleger **82**, 396, Zweibr Rpfleger **84**, 115, ZöPh 1, 2 (aber man muß gleichartige Lagen gleichartig beurteilen).
Hebt das *Beschwerdegericht* die erstinstanzliche Aufhebung seinerseits auf, kommt eine Erstattung der inzwischen eingezogenen Beträge infrage.

26 **B. Unbeschränkte Geltendmachung der Kosten.** Man kann die nach dem GKG und dem JVEG entstandenen Gerichtskosten und die nach dem GvKostG angefallenen Gerichtsvollzieherkosten sowie die nach § 59 RVG auf die Staatskasse übergegangenen Ansprüche des beigeordneten Anwalts nach dem RVG infolge der Aufhebung der PKH gegen den früheren Begünstigten unbeschränkt geltend machen. Dasselbe gilt für einen übergegangenen Vergütungsanspruch des beigeordneten Anwalts, soweit die Staatskasse ihn erst nach der Aufhebung der Bewilligung befriedigt, was er noch fordern kann, Kblz FamRZ **97**, 755, und wie sie noch tun darf, Zweibr Rpfleger **84**, 115, und was er wegen der zur Zeit der Aufhebung bereits entstandenen Ansprüche auch tun muß, Düss Rpfleger **82**, 396, LG Kblz JB **84**, 935.

Ferner ist der beigeordnete Anwalt nach der *Aufhebung der Bewilligung* nicht mehr durch § 122 I Z 3 gehindert, seinen Vergütungsanspruch gegenüber dem Auftraggeber geltend zu machen, BPatG GRUR **86**, 734. Das gilt auch im Verfahren nach § 11 RVG. Mit der Aufhebung der Bewilligung entfällt schließlich eine einstweilige Befreiung des Prozeßgegners von Kosten nach § 122 II. Wenn das Gericht die durch PKH begünstigte Partei in die Prozeßkosten nach § 91 verurteilt hat, dann schuldet sie nach § 29 Z 1 GKG auch diejenigen Beträge, von deren Zahlung der Prozeßgegner nach § 122 II einstweilen befreit war. Der Schutz nach (jetzt) § 31 II 2 GKG entfällt, Düss MDR **89**, 365. Eine neue Bewilligung in derselben Instanz kommt kaum in Betracht, Düss Rpfleger **95**, 467.

C. Fortbestand der Prozeßvollmacht. Die Prozeßvollmacht des beigeordneten Anwalts entfällt nicht **27** schon wegen der Aufhebung nun etwa nach § 87. Für ihren Fortfall gelten die sonstigen Regeln, §§ 86 ff.

8) Vortäuschung beim Streitverhältnis, Z 1. Die Aufhebung muß (nicht etwa nur: kann) erfolgen, **28** Rn 16, 17, wenn die nachfolgenden Voraussetzungen zusammentreffen.

A. Unrichtige Darstellung des Streitverhältnisses. Es muß um das „Streitverhältnis" gehen. Das ist derselbe Begriff wie in § 117 I 2, dort Rn 16. Es geht also nur um solche Unrichtigkeiten, die sich auf die Beurteilung der hinreichenden Erfolgsaussicht beziehen, § 114 Rn 80, Oldb NJW **94**, 807, und die sich auf das Fehlen eines Mutwillens erstrecken, § 114 Rn 106. Das Gericht muß die Bewilligung nach Z 1 auch dann aufheben, wenn die Partei zwar das Streitverhältnis unrichtig dargestellt und die dadurch sachlichen Bewilligungsvoraussetzungen vorgetäuscht hat, wenn sie aber zutreffende Angaben über die persönlichen und wirtschaftlichen Verhältnisse gemacht hat. Das Gericht darf eine Unrichtigkeit der Darstellung persönlicher Verhältnisse demgegenüber nur nach Z 2 prüfen.

Der Antragsteller muß das Streitverhältnis „*unrichtig*" dargestellt und dadurch die sachlichen Bewilligungs- **29** voraussetzungen „vorgetäuscht" haben, Kblz FamRZ **85**, 302. Das gilt auch im Verfahren auf ein sog eingehendes Gesuch um Auslandsunterhalt, § 9 S 2 Hs 2 AUG, abgedruckt bei § 122.

B. Täuschungshandlung. Die Lage ist ähnlich wie bei § 263 StGB, Köln FamRZ **88**, 470. Es ist also **30** zunächst eine Täuschungshandlung erforderlich, obwohl Z 1 keinen Straftatbestand schafft, Rn 2. Sie kommt bereits dann infrage, wenn der Antragsteller die maßgeblichen Tatsachen in einem nicht völlig unbeachtlichen Teil falsch angegeben hatte. Es müssen also zumindest diejenigen Angaben unrichtig gewesen sein, die das Gericht für seine Entscheidung der Bewilligung zunächst mitbenötigt hatte. Die Vortäuschung kann in der Behauptung unrichtiger günstiger oder im Verschweigen richtiger ungünstiger Umstände gelegen haben, Jena FamRZ **04**, 1501 (2. Instanz), Köln NJW **98**, 2985, LAG Mainz BB **96**, 2523. Denn es bestand für den Antragsteller eine Rechtspflicht zur Ehrlichkeit, § 138 I, II. Er durfte keinen Rechtsmißbrauch treiben, Einl III 54, Üb 5 vor § 114. Es kann zB ausreichen, daß er einen in Wahrheit unbrauchbaren Zeugen oder ein anderes untaugliches Beweismittel angeboten hat oder daß er die Aussichtslosigkeit einer Vollstreckung verschwiegen hat, Köln MDR **90**, 1020, oder daß er ein wichtiges Dokument unterdrückt hat, Oldb NdsRpfl **93**, 162.

Eine *Vortäuschung* kann auch darin liegen, daß der Antragsteller zur rechtlichen Seite Unkorrektheiten beging. Er mag etwa wahrheitswidrig behauptet haben, er habe eine Verjährung geltend gemacht. Es reicht aus, daß er ursprünglich richtige Angaben im Bewilligungsverfahren bis zur Bewilligung nicht berichtigt hatte, obwohl eine Pflicht zur Berichtigung während dieses Stadiums bestand, Zweibr FamRZ **95**, 374 (Vergleich während der Instanz). Es reicht aus, daß er ursprünglich unvollständige, aber richtige Angaben trotz der Möglichkeit der Vervollständigung nicht vervollständigt hatte, falls sich dadurch die Chancen des Antragstellers verschlechtert hätten usw.

C. Irrtumserregung. Das Gericht muß jedenfalls im Zeitpunkt der tatsächlichen Bewilligung und im **31** Fall einer rückwirkenden Bewilligung schon im Zeitpunkt der Bewilligungsreife nach § 119 Rn 5, 10 in einem Irrtum über die Voraussetzungen der Erfolgsaussicht und bzw oder des Fehlens von Mutwillen gehandelt haben.

D. Ursächlichkeit: durch unrichtige Darstellung. Der Antragsteller muß gerade „durch" seine un- **32** richtige Darstellung die Bewilligung erreicht haben. Es muß also zwischen der Täuschungshandlung, der Irrtumserregung und der Bewilligung eine Ursächlichkeit bestanden haben, Brdb Rpfleger **01**, 503, Köln FamRZ **98**, 1523, LAG Düss JB **86**, 1097, aM Hamm Rpfleger **86**, 238 (aber § 124 nennt keine Strafe, Rn 2). Zum Ursächlichkeitsbegriff § 287 Rn 5.

E. Vorsatz: Vortäuschung. Wie schon das Wort „vorgetäuscht" in Z 1 ergibt, ist ein mindestens **33** bedingter Vorsatz erforderlich, Kblz FamRZ **85**, 302, also eine völlige Gleichgültigkeit gegenüber den Folgen der als unrichtig erkannten Angaben. Das ist mehr als eine bloße Fahrlässigkeit oder auch grobe Nachlässigkeit. Von dieser spricht lediglich Z 2. Andererseits ist eine Vortäuschungs-„Absicht" nicht erforderlich, Kblz FamRZ **85**, 302. Vorsatz genügt. Denn auch bei ihm liegt schon eine Täuschungshandlung vor. Für die Frage, ob mindestens bedingter Vorsatz vorliegt, kommt es auf die Person an, auf die Rechtskenntnis, auf etwaige Beratung eines Anwalts vor der Beiordnung usw ebenso wie auf den Grad der Schwierigkeit des Sachverhalts, etwaige Vorprozesse, eine etwaige mündliche Erörterung nach § 118 I usw. Ein Verschulden dieser Art in der Person des gesetzlichen Vertreters nach § 51 II oder des ProzBev nach § 85 II gilt auch hier als solches der Partei, § 85 Rn 26.

F. Zuständigkeit des Richters, Z 1. Im Fall der Aufhebung nach Z 1 ist des § 117 I 1 zuständige **34** Prozeßgericht des jeweiligen Rechtszugs zuständig, § 127 I 2, Köln MDR **83**, 847, LAG Bre MDR **83**, 789. Funktionell ist das volle Kollegium zuständig, also nicht nur sein Vorsitzender. Der Einzelrichter entscheidet insofern, als ihm das Verfahren nach §§ 348, 348 a, 526, 527 zusteht bzw übertragen wurde, als volles Prozeßgericht. Der nach § 361, 362 beauftragte oder ersuchte Richter entscheidet keineswegs.

9) Verschuldete Angaben über persönliche Verhältnisse usw, Z 2. Eine Aufhebung muß (und nicht **35** nur: kann, Rn 16, 17) als Sanktion erfolgen, Brdb Rpfleger **02**, 34, Kblz Rpfleger **99**, 450, LG Kblz MDR **99**, 826, wenn die folgenden Voraussetzungen zusammentreffen.

§ 124   Buch 1. Abschnitt 2. Parteien

A. Unrichtigkeit bei den persönlichen oder wirtschaftlichen Verhältnissen, Z 2 Hs 1. Während Z 1 das „Streitverhältnis" betrifft, erfaßt Z 2 die „persönlichen oder wirtschaftlichen Verhältnisse" des Antragstellers. Das ist derselbe Begriff wie in § 114, dort Rn 46, und wie in § 117 II.

36 Es reicht aus, daß die fraglichen Angaben *teilweise* unrichtig oder unvollständig sind. Es ist unerheblich, ob sich die Unrichtigkeit oder Unvollständigkeit nur auf persönliche oder nur auf wirtschaftliche Fragen erstreckte. Es reicht zB aus, daß der Antragsteller den bevorstehenden oder doch endgültig geplanten nahen Verkauf eines erheblichen Vermögensobjekts verschwiegen hat.

37 **B. Ursächlichkeit, Z 2 Hs 1.** Auch bei Z 2 ist eine gewisse Ursächlichkeit der unrichtigen Angaben für die Bewilligung erforderlich, obwohl hier der Gesetzestext nicht das Wort „durch" enthält. Die Unrichtigkeit braucht für die Entscheidung über die Bewilligung nicht besonders erheblich gewesen zu sein, Hamm Rpfleger **86**, 238, aM ZöPh 8 (aber Z 2 gibt für solche Steigerung der Anforderungen nichts her). Es ist unerheblich, ob eine Veränderung der wirtschaftlichen Lage nach der Bewilligung eintrat, Hamm MDR **75**, 1024, aM Ffm JB **90**, 1193 (aber es kommt auf das Verhalten vor der Bewilligung an). Irgendeine Mitursächlichkeit für die Bewilligung bzw Abänderung oder deren Unterbleiben reicht aus, Köln Rpfleger **87**, 432. Sie reicht auch dann aus, wenn sie sich nur auf einen Teil des Anspruchs bezogen hat, BGH FamRZ **84**, 677, LAG Bre MDR **83**, 789.

Die Ursächlichkeit *fehlt*, soweit die Bewilligung auch bei Kenntnis der wahren wirtschaftlichen Verhältnisse notwendig gewesen wäre, Bbg FamRZ **87**, 1170, Zimmermann JB **93**, 646, aM Köln JB **88**, 649 (aber Wortlaut und Sinn von Hs 1 zwingen zur Ursächlichkeitsprüfung, Einl III 39. Diese Prüfung erfordert aber klar eine Abhängigkeit der Folge von einer Ursache).

38 **C. Absichtlichkeit, grobe Nachlässigkeit, Z 2 Hs 1.** Der Antragsteller muß entweder absichtlich oder direkt bzw bedingt vorsätzlich (Begriff Rn 33) oder doch zumindest „grob nachlässig" gehandelt haben, Düss JB **91**, 980, Kblz MDR **97**, 780. Grobe Nachlässigkeit ist die Versäumung der einem jeden einleuchtenden prozessualen Sorgfalt, Köln FamRZ **88**, 470, wie bei § 296 II, dort Rn 62, Bbg JB **89**, 510. Es kommt auf die Gesamtumstände an, wie stets, LAG Köln JB **91**, 1529, oder sich mutwillig bedürftig gemacht hat, Düss JB **87**, 1715. Grobe Nachlässigkeit kann zB vorliegen, wenn die Partei eine ausreichende Äußerungsfrist ohne Entschuldigung verstreichen läßt, LAG Köln JB **91**, 1529, oder sich mutwillig bedürftig gemacht hat, Düss JB **87**, 1715. Grobe Nachlässigkeit fehlt, wenn triftige Gründe eine Zurückhaltung rechtfertigen, Oldb MDR **79**, 503, oder wenn die Partei die Bedeutung des Vorbringens wirklich nicht erkennen konnte, Köln FamRZ **88**, 470, oder wenn sie eine Unterlage nicht erbringen konnte, Kblz FamRZ **01**, 1157.

Die zumindest *grobe* Nachlässigkeit braucht sich nicht auf die Darstellung des Streitverhältnisses ausgewirkt zu haben. Es genügt, daß die Partei zwar das Streitverhältnis richtig dargestellt, die Angaben über persönliche oder wirtschaftliche Verhältnisse aber grob nachlässig falsch gemacht hat. Ein Verschulden des gesetzlichen Vertreters nach § 51 II oder des ProzBev nach § 85 II gilt auch hier als ein Verschulden der Partei, § 85 Rn 26, aM Kblz Rpfleger **96**, 516 (aber § 85 II hat Vorrang vor strafrechtlichen, obendrein hier zu weitgehenden, Erklärungen). Leichte Fahrlässigkeit reicht nicht aus. Die Partei hat für das Fehlen von Verschulden keine Darlegungslast, aM LG Kblz MDR **99**, 826 (aber der Gesetzestext sagt das Gegenteil, Einl III 39).

39 **D. Nichtabgabe der Erklärung, Z 2 Hs 2.** Eine Aufhebung ist auch dann notwendig, wenn die Partei zwar nicht nach Rn 35–38 vorwerfbar unrichtige Angaben gemacht hat, wohl aber ähnlich § 118 II 4 die nach § 120 IV 2 erforderliche Erklärung überhaupt nicht abgegeben hat, Hamm FamRZ **00**, 1225 links, Kblz FamRZ **01**, 635, LAG Köln MDR **96**, 1304. Es handelt sich allerdings nicht um eine Ausschlußfrist, § 120 Rn 29. Eine Erklärungspflicht besteht allerdings nur „auf Verlangen des Gerichts", § 120 Rn 29. Daher liegt ein Verstoß gegen Z 2 Hs 2 vor, wenn und soweit die Partei gerade die Fragen des Gerichts eben überhaupt nicht beantwortet hat, wie soeben belegt. Die bloße Aufforderung zur erneuten Vorlage eines Vordrucks nach § 117 reicht nicht, Brdb FamRZ **96**, 806, Karlsr FamRZ **05**, 48 links, Naumb FamRZ **00**, 1224. Eine zwar formell vorhandene, inhaltlich aber völlig unzureichende Beantwortung kann der völligen Nichtbeantwortung gleichstehen, LG Hbg Rpfleger **97**, 442.

Wie bei Rn 35–38 muß auch hier die pflichtwidrige Unterlassung für die Entscheidung des Gerichts zumindest *mitursächlich* gewesen sein, Rn 37. Es ist zumindest grobe Nachlässigkeit erforderlich, Rn 38, Brdb Rpfleger **02**, 34, Hamm FamRZ **00**, 1225 links (je: Nachholung möglich), Kblz Rpflegr **97**, 442 (ein Beschwerdeführer ist freilich insoweit entlastungsbeweispflichtig). Die Pflicht zur Amtsermittlung bleibt, Rn 20, Bbg FamRZ **96**, 1427. Die bloße Nachholung reicht nicht, Brdb Rpfleger **98**, 205, Köln Rpfleger **98**, 434, LG Mainz FamRZ **01**, 1157, aM Kblz FamRZ **01**, 635, Köln (26. ZS) JB **99**, 249, Oldb FamRZ **04**, 37 (aber auch der Minderbemittelte muß sich ans Gesetz halten. § 571 II meint nur „neue" Angriffs- oder Verteidigungsmittel, keine mangelhaft vorgebrachten alten).

40 **E. Zuständigkeit des Rechtspflegers, Z 2.** Im Fall der Aufhebung nach Z 2 entscheidet im Prozeßgericht nach Rn 34 dessen Rpfl, § 20 I 2 c RPflG, Anh § 153 GVG, LAG Bre Rpfleger **83**, 365. Er entscheidet zwar von Amts wegen, Lepke DB **85**, 491, ohne daß es einer Beauftragung durch den Vorsitzenden bedurfte. Eine gleichwohl ergangene Entscheidung des Richters bleibt wirksam, § 8 RPflG, Köln FamRZ **88**, 740, Schlesw SchlHA **83**, 60. Düss MDR **86**, 325 hält nach der Rechtskraft der Hauptsacheentscheidung nach § 322 die Justizverwaltung für zuständig, aM Karlsr FamRZ **86**, 1126. Die Zustellung der Entscheidung erfolgt nach Instanzende an die Partei selbst und nicht an ihren früheren ProzBev, LAG Düss Rpfleger **03**, 138.

41 10) **Nichtvorliegen der persönlichen oder wirtschaftlichen Voraussetzungen, Z 3.** Eine Aufhebung muß (und nicht nur: kann, Rn 16, 17) auch beim Zusammentreffen von Rn 42–44 erfolgen.

42 **A. Fehlen der Voraussetzungen: Geltungsbereich, Z 3 Hs 1.** Während Z 1 das „Streitverhältnis" erfaßt, Z 2 die Frage der Erfolgsaussicht oder des Fehlens von Mutwillen, befaßt sich sowohl Z 2 als auch Z 3 mit den „persönlichen oder wirtschaftlichen Verhältnissen" bzw „Voraussetzungen", also der Bedürftigkeit des Antragstellers, § 114 Rn 46. Insofern haben sie denselben Geltungsbereich. Indessen ist eine Aufhebung nach Z 2 von dem dort genannten Verschuldensgrad abhängig. Demgegenüber setzt Z 3 kein

Titel 7. Prozesskostenhilfe und Prozesskostenvorschuss **§ 124**

Verschulden voraus, Rn 44. Dafür hat Z 3 aber eine Zeitschranke, Hs 2. Insofern ist Z 3 strenger als Z 2. Z 3 gilt nicht beim Fehlen der sachlichen Voraussetzungen (Erfolgsaussicht, Nichtvorlage von Mutwillen).

B. Objektives Nichtvorliegen, Z 3 Hs 1. Es reicht aus, daß die Voraussetzungen objektiv nicht **43** vorgelegen haben. Das muß sich bei einer rückschauenden Betrachtung ergeben, bezogen auf den Zeitpunkt der tatsächlichen Entscheidung und im Falle einer rückwirkenden Bewilligung im Zeitpunkt der Bewilligungsreife, § 119 Rn 5, 10.

C. Verschulden nicht erforderlich, Z 3 Hs 1. Während nach Z 1 oder 2 die dort genannten Verschul- **44** densgrade erforderlich sind, ist ein Verschulden für eine Aufhebung nach Z 3 nicht Voraussetzung, Brdb FamRZ **02**, 762 (sogar bei Mutwilligkeit), Hamm Rpfleger **84**, 432, Köln FamRZ **88**, 471, aM Bbg FamRZ **84**, 1244, Stgt FamRZ **86**, 1125, Schneider MDR **85**, 532 (es sei einfache Fahrlässigkeit erforderlich. Aber Hs 1 nennt im Gegensatz zu Z 1, 2 nicht einmal andeutungsweise ein Verschulden als Voraussetzung. Auch aus solchem Vergleich ergibt sich die Eindeutigkeit von Wortlaut und Sinn, Einl III 39). Natürlich reicht erst recht ein Hinzutreten eines etwaigen Verschuldens des Antragstellers aus. Insofern ist natürlich auch leichte Fahrlässigkeit ausreichend, Stgt FamRZ **86**, 1125.

D. Aufhebungszwang, Z 3 Hs 1. Auch bei Z 3 bedeutet das Wort „kann" im Eingangssatz des § 124 **45** nur, daß das Gericht beim Vorliegen der gesetzlichen Voraussetzungen aufheben darf und muß, Bre FamRZ **85**, 728, Kblz FamRZ **85**, 302, Hbg MDR **86**, 243, aM Ffm MDR **02**, 785, Stgt FamRZ **84**, 722 (aber die Voraussetzungen sind etwas anderes als die daraus zwingend abzuleitenden Folgen).

E. Beispiele zur Frage des Fehlens der persönlichen oder wirtschaftlichen Voraussetzungen, **46** **Z 3 Hs 1,** § 114 Rn 49 ff: Der Antragsteller hat eine Rechtsschutzversicherung abgeschlossen, die die Kosten des Hauptprozesses deckt, BGH Rpfleger **81**, 437; er hat eine Auflage nicht erfüllt, ein Negativattest des Versicherers nachzureichen, Düss MDR **93**, 583; die Entscheidung zur Ratenzahlung war nach den tatsächlichen damaligen Verhältnissen objektiv nicht vertretbar, Bbg FamRZ **84**, 1244, Düss JB **88**, 1059, Zweibr JB **85**, 1569.

F. Bloße Änderung der Voraussetzungen, Z 3 Hs 1. Z 3 erfaßt nur den Fall, daß die Voraussetzungen **47** überhaupt „nicht" vorgelegen haben. Wenn sie sich nur nachträglich geändert haben, ist Z 3 ersichtlich unanwendbar, Köln FamRZ **86**, 1224, Stgt FamRZ **86**, 1124, aM BVerfG NJW **85**, 1767 (die Entscheidung überrascht; Z 3 sei mit dem GG vereinbar. Die Vorschrift ist auf den dortigen Fall aber in Wahrheit gar nicht anwendbar).

G. Bloß unrichtige Beurteilung der damaligen Voraussetzungen, Z 3 Hs 1. Eine bloß unrichtige **48** Beurteilung der objektiv bereits damals unzureichenden Voraussetzungen durch das Gericht bei seiner Bewilligungsentscheidung reicht nicht zur Aufhebung nach Z 3 aus, Brdb MDR **00**, 174, Ffm MDR **02**, 785, Köln FamRZ **01**, 1534, aM Bre FamRZ **85**, 728, Köln FamRZ **82**, 1226 (aber der Grundsatz eines Vertrauensschutzes gegenüber einer staatlichen Einrichtung muß auch gegenüber einem Gericht gelten, Üb 10 vor § 300). Eine rückwirkende bloß belastende Änderung statt Aufhebung ist unzulässig, Zweibr Rpfleger **85**, 165.

H. Keine Aufhebung nach mehr als vier Jahren, Z 3 Hs 2. Selbst wenn die Voraussetzungen Rn 42– **49** 46 vorliegen, kommt eine Aufhebung doch nicht in Betracht, „wenn seit der Rechtskraft der Entscheidung nach § 322 oder sonstigen Beendigung des Verfahrens vier Jahre vergangen sind". Das entspricht § 120 IV 3.

Der schuldlose Antragsteller, den allein Z 3 belasten könnten, soll vor finanziellen Belastungen in einem Zeitpunkt *Schutz* erhalten, in dem er normalerweise nicht mehr mit einer Nachzahlungspflicht rechnen muß. Das ist eine Ausprägung des allgemein geltenden Rechtsgedankens der Verwirkung. Es ist konsequent, diesen Gedanken nur insofern anzuwenden, als den Antragsteller kein Verschulden trifft. Deshalb gilt die Zeitschranke nicht bei Z 1, 2 und 4.

Die *Vierjahresfrist beginnt* entweder mit einer „rechtskräftigen Entscheidung" oder einer „sonstigen Beendi- **50** gung des Verfahrens". Gemeint ist der jeweilige Hauptprozeß bzw das Hauptverfahren, aM Brdb FamRZ **05**, 47 (Rechtskraft der letzten Folgesachenentscheidung). Die Frist beginnt um 0.00 Uhr desjenigen Tages, der dem Tage folgt, an dem um 24.00 Uhr die Rechtskraft der Entscheidung eintrat oder an dem das Verfahren beendet wurde, §§ 187 ff BGB. Die Regelung ähnelt der Verjährungsregelung des § 5 I GKG. Dort ist als Beendigungsgrund auch ein Vergleich erwähnt. Obwohl Z 3 ihn nicht mitnennt, ist natürlich auch er geeignet, die Vierjahresfrist anlaufen zu lassen. Eine „sonstige" Beendigung kann auch zB dadurch eintreten, daß eine Aussetzung des Hauptverfahrens auf unbestimmte Zeit nach §§ 148 ff oder das Ruhen dieses Verfahrens eintreten, §§ 251 a, 331 a. Man muß notfalls den Parteiwillen ermitteln. Eine Verwirkung des Anspruchs der Staatskasse aus einer Aufhebung vor dem Fristablauf ist wie stets bei einer Verwirkung denkbar, aM ZöPh 18 (aber es reicht, sie nur zurückhaltend anzunehmen, Einl III 65).

I. Zuständigkeit des Rechtspflegers, Z 3. Es gilt dieselbe Regelung wie bei Z 2. Vgl Rn 40. **51**

11) Zahlungsrückstand der Partei, Z 4. Eine Aufhebung muß auch (und nicht nur: darf, Rn 16, 17) **52** dann erfolgen, wenn die Partei länger als drei Monate mit der Zahlung einer Monatsrate oder eines sonstigen Betrags in Rückstand ist, Brdb FamRZ **01**, 633, Nürnb MDR **05**, 48, aM ZöPh 19 (aber Wortlaut und Sinn der Z 3 sind eindeutig, Einl III 39). Anschließend kommt grundsätzlich keine Neubewilligung infrage, Bre FamRZ **01**, 1534, Kblz Rpfleger **96**, 354, Nürnb MDR **05**, 48, aM Zweibr Rpfleger **02**, 526 (dazu müßte freilich eine wirklich ganz andere Lage entstanden sein). Das gilt zumindest dann, wenn man die Veränderung im Aufhebungs- oder Beschwerdeverfahren hätte geltend machen können, Nürnb MDR **05**, 48. Eine Nachholung der Zahlung ist noch im Beschwerdeverfahren statthaft, Karlsr FamRZ **02**, 1199.

A. Monatsrate, sonstiger Betrag. Es muß sich um einen Rückstand derjenigen Leistungen des Begünstigten handeln, den das Gericht nach § 120 I 1 in Verbindung mit § 115 I, II festgesetzt hat, § 120 Rn 8.

§§ 124, 125　　　　　　　　　　　　　　　　　　　　　　　　Buch 1. Abschnitt 2. Parteien

53　**B. Rückstand: Erforderlichkeit von Verzug.** Zwar enthält Z 4 nicht den Begriff „Verzug", sondern nur das Wort „Rückstand". Sachlich ist aber doch ein Verzug erforderlich. Der Antragsteller kommt also nicht in „Rückstand", solange die Leistung infolge eines Umstands unterbleibt, den er nicht zu vertreten hat, (jetzt) § 286 IV BGB, BGH NJW **97**, 1077, Brdb FamRZ **01**, 633, Köln FamRZ **03**, 774, aM Bre FamRZ **84**, 411, LG Dortm JMBlNRW **83**, 162 (aber solche Grundregel gilt auch hier zumindest entsprechend). Für einen Verzug ist leichte Fahrlässigkeit ausreichend, etwa weil der Antragsteller nicht auf eine Mahnung reagiert hat, Hamm Rpfleger **92**, 257, Stgt Just **86**, 14. Andererseits ist keine absichtliche Nichtzahlung erforderlich. Wenn sich eine Partei in einem Vergleich verpflichtet Raten zu zahlen, ist nicht Z 4 anwendbar, sondern eine Ratenzahlungsanordnung aufzuheben, Köln FamRZ **95**, 372. Solange die Gerichtskasse keine Zahlungsaufforderung geschickt hat, tritt kein Verzug ein, Brdb FamRZ **01**, 633. Das Beschwerdegericht prüft nicht mit, ob im Beschwerdeverfahren wiederum ein Rückstand eintrat, Brdb FamRZ **02**, 1419.

54　**C. Im Zweifel kein Rückstand.** Man muß auch Z 4 als eine Ausnahmeregel eng auslegen, Rn 3. Das bedeutet: Im Zweifel liegt kein Rückstand (Verzug) vor und bleibt es bei der Bewilligung der PKH. Der nach Rn 58 ja zuständige Rpfl darf keine zu hohen Anforderungen an die Zahlungsfähigkeit des Antragstellers stellen. Er muß bedenken, daß auch die Prüfung der Zahlungsfähigkeit nur im Rahmen eines bloß vorläufigen Verfahrens erfolgt ist, § 114 Rn 2, trotz der umfangreichen gesetzlichen Regelung, der Vordruckeinzelheiten und der Möglichkeiten des Gerichts zu zusätzlich Erhebungen. In solcher Situation kann es leicht zu einer Fehleinschätzung der wirtschaftlichen Belastbarkeit des Antragstellers gekommen sein. Z 4 soll den Antragsteller nicht dafür bestrafen, daß das Gericht seine Zahlungsfähigkeit überschätzt hat, BGH NJW **97**, 1077, Celle FamRZ **97**, 1089, KG FamRZ **84**, 412. Das gilt unabhängig davon, ob er gegen einen Ratenzahlungsbeschluß den zulässigen Rechtsbehelf geltend gemacht hat. Auch mag ein Mitverschulden des Gerichts usw vorliegen, zB eine Ungenauigkeit bei der Angabe des Zahlungsbeginns, der Ratenhöhe oder der Zahlstelle, Brdb FamRZ **01**, 633, LAG Hamm NdsRpfl **85**, 1575. Man muß einen Hinweis der Partei auf eine Verschlechterung ihrer wirtschaftlichen Lage als Antrag auf Änderung der Ratenzahlungsanordnung ansehen und berücksichtigen, selbst wenn der Hinweis erst im Beschwerdeverfahren erfolgt, Nürnb MDR **05**, 646.

55　**D. Keine Aufhebung erst kurz vor Instanzabschluß.** Eine Aufhebung nach Z 4 sollte nicht mehr direkt vor dem Abschluß der Instanz erfolgen. Freilich darf die Hauptsache in ihrer Entscheidungsreife nicht durch Nebenentscheidung hinausgezögert werden, etwa durch eine Vertagung, aM ZöPh 20 (aber auch in solchem Fall kommt es auf das Ergebnis an).

56　**E. Länger als drei Monate.** Der Zahlungsverzug nach Rn 53 muß „länger als drei Monate" vorliegen. Der Verzug beginnt mit einer Nichtzahlung „nach dem Eintritt der Fälligkeit" trotz „Mahnung", § 286 I 1 BGB, und im Fall einer nach dem Kalender bestimmten Zahlungspflicht bei Nichtzahlung „zu der bestimmten Zeit" § 286 II Z 1 BGB. In der Regel hat das Gericht die jeweiligen Zahlungszeitpunkt im Bewilligungsbeschluß oder später festgesetzt. Bei Unklarheiten des Beschlusses oder beim sonstigen Zweifel über den Zahlungszeitpunkt müßte der Rpfl also zunächst klären, ob überhaupt Fälligkeit eingetreten ist, falls ja: ob das Gericht „gemahnt" hat. Im Zweifel unterbleibt auch insofern eine Aufhebung, Rn 54. Ein Hinweis der Partei auf Verschlechterung ihrer Lage kann als Antrag nach § 120 IV umdeutbar sein, Brdb FamRZ **01**, 633, LAG Bre MDR **88**, 81. Das Gericht muß dann evtl rückwirkend die Raten verringern oder wegfallen lassen, Düss FamRZ **93**, 1474, Hamm FamRZ **86**, 1127, LG Marbg Rpfleger **94**, 469.

57　**F. Keine Teilaufhebung.** Soweit die Voraussetzungen der Z 4 vorliegen, muß der Rpfl die Bewilligung insgesamt aufheben. Das Gericht darf nicht etwa nur die rückständigen Raten für sofort vollstreckbar erklären oder die Raten heraufsetzen usw, sofern nicht außerdem die Voraussetzungen des § 120 IV vorliegen. Dadurch können erhebliche Härten für den bisher Begünstigten eintreten. Es bleibt ihm dann nur übrig, einen neuen Bewilligungsantrag einzureichen. Das Gericht muß trotz der Aufhebung der bisherigen Bewilligung über einen solchen neuen Antrag unverzüglich entscheiden, soweit nicht ersichtlich wird, daß der Antragsteller lediglich Rechtsmißbrauch treibt, also auf Grund derselben Tatsachen eine unzulässige Zweitentscheidung fordert, Schlesw SchlHA **84**, 174. Im letzteren Fall nimmt das Gericht den neuen Antrag unbearbeitet zu den Akten. Denn Rechtsmißbrauch wird nirgends geschützt, Rn 4.

58　**G. Zuständigkeit des Rechtspflegers, Z 4.** Zur Aufhebung nach Z 4 ist im Prozeßgericht nach Rn 34 der Rpfl zuständig, wie bei Z 2 und 3, Rn 40. Der Rpfl muß den Antragsteller vor der Aufhebung anhören, Artt 2, 20 III GG, BVerfG **101**, 404, Brdb FamRZ **01**, 633.

59　**12) Zusammentreffen von Z 3 und 4.** Im Einzelfall können die Voraussetzungen der Z 3 und 4 zusammentreffen. Grundsätzlich umfaßt allerdings Z 4 nur die Frage, ob festgesetzte Raten usw gezahlt werden müssen, während Z 3 die weitergehende Frage umfaßt, ob die Gesamtsituation überhaupt so gut war, daß das Gericht gar keine PKH hätte bewilligen dürfen. Soweit die Voraussetzungen beider Vorschriften zusammentreffen, erfolgt die Aufhebung auch nach beiden Vorschriften.

60　**13) VwGO:** Entsprechend anzuwenden, § 166 VwGO, OVG Greifsw NordÖR **04**, 155.

125 *Einziehung der Kosten.* **I** Die Gerichtskosten und die Gerichtsvollzieherkosten können von dem Gegner erst eingezogen werden, wenn er rechtskräftig in die Prozeßkosten verurteilt ist.

II Die Gerichtskosten, von deren Zahlung der Gegner einstweilen befreit ist, sind von ihm einzuziehen, soweit er rechtskräftig in die Prozeßkosten verurteilt oder der Rechtsstreit ohne Urteil über die Kosten beendet ist.

Titel 7. Prozesskostenhilfe und Prozesskostenvorschuss **§ 125**

Gliederung

1) Systematik, I, II	1	A. Kosten nach § 122 II	6
2) Regelungszweck, I, II	2	B. Einziehung nach rechtskräftiger Verurteilung in die Prozeßkosten	7
3) Geltungsbereich, I, II	3	C. Einziehung auch nach Beendigung des Rechtsstreits ohne Urteil über die Kosten	8
4) **Einziehung nach einstweiliger Befreiung des Antragstellers, I**	4, 5		
A. Kosten nach § 122 I Z 1 a	4	D. Beispiele zur Frage der Beendigung des Rechtsstreits ohne Kostenurteil	9
B. Einziehung erst nach rechtskräftiger Verurteilung in die Prozeßkosten	5	6) *VwGO*	10
5) **Einziehung nach einstweiliger Befreiung des Antragstellers, II**	6–9		

1) Systematik, I, II. Während § 122 II die einstweilige Befreiung des Prozeßgegners des Antragstellers 1 von Kosten regelt und § 123 eine Kostenerstattungspflicht des Prozeßgegners des Begünstigten klarstellt, regelt § 125 das Verhältnis zwischen diesem Prozeßgegner und der Staatskasse für den Fall, daß er unterliegt. In Ergänzung dazu regelt § 126 das Verhältnis zwischen dem beigeordneten Anwalt des Begünstigten und dem verurteilten Prozeßgegner. Dabei erfaßt I nur diejenigen Kosten, die in § 122 I Z 1 a genannt sind, während II die in § 122 II genannten Kosten betrifft. § 125 enthält Regelungen, die zwar die grundsätzlichen Kostenvorschriften der §§ 91 ff unberührt lassen, wohl aber den §§ 7, 17, 18 GKG vorgehen.

2) Regelungszweck, I, II. Die Vorschrift soll einen unersetzbaren Schaden verhindern, der dem Prozeß- 2 gegner des Begünstigten drohen würde. Denn der unterliegende Prozeßgegner wird nach § 29 Z 1 GKG zum sog Entscheidungsschuldner. Er müßte daher ohne die Sonderregelung des § 125 mit einer Einziehung vor Rechtskraft seiner Verurteilung rechnen. Würde er dann im Rechtsmittelzug oder zB infolge eines gerichtlichen oder außergerichtlichen Vergleichs im Ergebnis doch keine Kosten tragen müssen, so bestünde das Risiko, daß er mit einem dann natürlich theoretisch entstehenden Erstattungsanspruch nach §§ 91 ff gegenüber dem nun erst endgültig kostenpflichtigen „Begünstigten" leer ausginge, weil jener mittellos ist. Auch die einstweilige Befreiung des Prozeßgegners nach § 122 II würde nicht helfen, nachdem das Gericht eine Kostengrundentscheidung zu seinen Lasten erlassen hat.

Aus diesem Schutzzweck ergibt sich auch die *unterschiedliche Regelung* von I und II. Kosten, die zunächst nur der Antragsteller hätte zahlen müssen, soll das Gericht vom unterliegenden Prozeßgegner erst nach Rechtskraft einziehen dürfen. Kosten, die eigentlich von ihm zu entrichten waren und von denen er nur nach § 122 II einstweilen (mit)befreit worden war, können von ihm auch dann schon eingezogen werden, wenn der Rechtsstreit ohne Urteil über die Kosten beendet ist, also nicht nur bei rechtskräftigem Unterliegen.

3) Geltungsbereich, I, II. Vgl Üb 4 vor § 114, § 114 Rn 9–45. 3

4) Einziehung nach einstweiliger Befreiung des Antragstellers, I. Man muß die Spezialvorschrift 4 eng auslegen.

A. Kosten nach § 122 I Z 1 a. Es geht um diejenigen Gerichtskosten und Gerichtsvollzieherkosten, die die Staatskasse infolge der Bewilligung der PKH dem Antragsteller gegenüber nur nach den Bestimmungen geltend machen konnte, die das Gericht nach § 120 I getroffen hatte.

B. Einziehung erst nach rechtskräftiger Verurteilung in die Prozeßkosten. Ohne I würde der 5 Prozeßgegner des durch PKH Begünstigten nach dem Prozeßverlust als sog Entscheidungsschuldner nach § 29 Z 1 GKG (Erstschuldner) der Staatskasse gegenüber schon ab Wirksamkeit der Bekanntgabe der Kostengrundentscheidung haften. Sie brauchte weder rechtskräftig noch vorläufig vollstreckbar zu sein, Hartmann Teil I § 29 GKG Rn 3. Diesen kostenrechtlichen Grundsatz schränkt I ein. Die Staatskasse kann sowohl Gerichtskosten als auch Gerichtsvollzieherkosten von dem unterliegenden Prozeßgegner des Begünstigten erst dann einziehen, wenn die ihn belastende Kostengrundentscheidung nach Üb 35 vor § 91 rechtskräftig geworden ist. Eine bloß vorläufig vollstreckbare Entscheidung zur Kostenentscheidung oder gar nur zur Hauptsache nach §§ 708 ff erlaubt der Staatskasse die Einziehung insofern also noch nicht. Es kommt auf die Rechtskraft der Entscheidung zu den Prozeßkosten an, § 322. Die Verurteilung nur zur Sache bedingt nicht stets eine Verurteilung auch in die Prozeßkosten, zB § 344. § 31 III Hs 1 GKG mit seiner Haftung eines anderen Kostenschuldners, wenn dem Entscheidungsschuldner PKH bewilligt worden war, gilt übrigens sachlich unverändert für den Fall fort, daß auch der unterliegende Prozeßgegner PKH bewilligt erhalten hatte.

5) Einziehung nach einstweiliger Befreiung des Antragsgegners, II. Auch diese Vorschrift ist eng 6 auslegbar.

A. Kosten nach § 122 II. Die Vorschrift erfaßt diejenigen Gerichtskosten, von denen nicht der Antragsteller nach § 122 I Z 1a, sondern infolge jener Befreiung nun nach § 122 II auch sein Prozeßgegner einstweilen befreit war. Wegen dieser Kosten § 122 Rn 29.

B. Einziehung nach rechtskräftiger Verurteilung in die Prozeßkosten. Die Einziehung ist zunächst 7 dann möglich, wenn das Gericht den Prozeßgegner des Begünstigten nach § 322 rechtskräftig gerade in die Prozeßkosten verurteilt hat. Insofern gelten dieselben Regeln wie in Rn 5.

C. Einziehung auch nach Beendigung des Rechtsstreits ohne Urteil über die Kosten. Eine 8 Einziehung von dem Prozeßgegner des bisher Begünstigten kommt allerdings unabhängig von der Rechtskraft eines ihm ungünstigen Kostenurteils nach Rn 7 auch dann in Betracht, wenn der Rechtsstreit „ohne Urteil über die Kosten beendet ist". Insofern gelten wie bei § 124 Z 3, dort Rn 56, ähnliche Erwägungen wie bei § 5 I GKG.

D. Beispiele zur Frage der Beendigung des Rechtsstreits ohne Kostenurteil: Das Gericht hat schon 9 vor längerer Zeit das Ruhen des Verfahrens angeordnet, § 251; die Parteien betreiben den Rechtsstreit längere Zeit hindurch absichtlich nicht weiter; das Verfahren ruht auch ohne eine entsprechende gerichtliche

Hartmann 593

§§ 125, 126

Anordnung; der Kläger nimmt die Klage zurück, ohne daß das Gericht über die Kosten nach § 269 III 3 beschließt; die Parteien haben einen außergerichtlichen Vergleich nach § 779 BGB oder einen Prozeßvergleich geschlossen, Anh § 307, und der Prozeßgegner des Begünstigten ist durch eine Kostenübernahme nach § 98 Rn 43 zum sog Übernahmeschuldner nach § 29 Z 2 GKG geworden. Eine Kostenübernahme liegt evtl auch in einer Erklärung des ProzBev „Kosten zahle ich", nicht aber stets in „Ich sage für die Kosten gut", Hartmann Teil I § 29 GKG Rn 11 ff. Es ist auch eine Teilübernahme und dann eine entsprechende Teileinziehung möglich.

10   6) *VwGO:* Entsprechend anzuwenden, § 166 VwGO, OVG Greifsw NordÖR **04**, 155.

126 *Beitreibung der Rechtsanwaltskosten.* [I] Die für die Partei bestellten Rechtsanwälte sind berechtigt, ihre Gebühren und Auslagen von dem in die Prozesskosten verurteilten Gegner im eigenen Namen beizutreiben.

[II] [1] Eine Einrede aus der Person der Partei ist nicht zulässig. [2] Der Gegner kann mit Kosten aufrechnen, die nach der in demselben Rechtsstreit über die Kosten erlassenen Entscheidung von der Partei zu erstatten sind.

Gliederung

1) **Systematik, I, II**	1	
2) **Regelungszweck, I, II**	2	
3) **Geltungsbereich, I, II**	3	
4) **Beitreibungsberechtigung, I**	4–6	
A. Für die Partei bestellter Rechtsanwalt	4	
B. Nur wegen des Beiordnungszeitraums	5	
C. Mehrheit von Rechtsanwälten	6	
5) **Umfang des Beitreibungsrechts: Gebühren und Auslagen, I**	7–10	
A. Volles Beitreibungsrecht	8	
B. Auch wegen der Differenzkosten	9	
C. Keine Beitreibung schon erhaltener Teilbeträge	10	
6) **Kostenschuldner: In die Prozeßkosten verurteilter Gegner, I**	11	
7) **Im eigenen Namen, I**	12, 13	
A. Gesetzlicher Erstattungsanspruch	12	
B. Entstehung des Anspruchs: Aufschiebend bedingt	13	
8) **Beitreibung, I**	14–19	
A. Anspruch auf Festsetzung der Vergütung	14	
B. Kein Klagerecht des Anwalts gegenüber dem Prozeßgegner	15	
C. Notwendigkeit eines Antrags	16	
D. Weitere Einzelheiten	17	
E. Rechtsbehelfe	18	
F. Haftung aus der Beitreibung	19	
9) **Nebeneinander der verschiedenen Erstattungsansprüche, I**	20–24	
A. Mehrheit beitreibender Anwälte	20	
B. Erstattungsanspruch des Auftraggebers	21, 22	
C. Erstattungsanspruch der Staatskasse	23, 24	
10) **Umschreibung, I**	25–27	
A. Zulässigkeit	25	
B. Folgen für die bisherige Festsetzung	26, 27	
11) **Unzulässigkeit einer Einrede aus der Person der Partei, II 1**	28–39	
A. Zweck: Entlastung der Staatskasse	29	
B. Einrede aus der Person der Partei	30	
C. Umfang des Einreden – Ausschlusses	31	
D. Beispiele zur Frage der Zulässigkeit einer Einrede	32–39	
12) **Befugnis zur Aufrechnung, II 2**	40–43	
A. Eigener Kostenerstattungsanspruch	41	
B. Derselbe Rechtsstreit	42	
C. Erstattungsanspruch auf Grund einer über die Kosten erlassenen Entscheidung	43	
13) *VwGO*	44	

1   **1) Systematik, I, II.** Der nach § 121 beigeordnete Anwalt kann nach § 122 I Z 3 seinen Vergütungsanspruch gegen den Auftraggeber während des Hauptverfahrens einstweilen nicht geltend machen. Er braucht aber natürlich nicht kostenlos tätig zu werden. Daher hat er aus eigenem und nicht nur kraft Gesetzes auf ihn übergegangenen Vergütungsanspruch gegen die Staatskasse nach (jetzt) §§ 45 ff RVG, Düss FamRZ **98**, 847, Schlesw RR **04**, 718. Dadurch erhält er einen stets zahlungsfähigen Kostenschuldner. Er hat insofern sogar eine bessere Stellung als ein Wahlanwalt im Verfahren ohne PKH. Trotzdem gibt § 126 ihm zusätzlich zu jener Möglichkeit einen Weg, seine Vergütung nicht nur geltend zu machen, sondern beizutreiben, also zu vollstrecken. Er kann sich nämlich auch an den in die Prozeßkosten verurteilten oder zur Kostenübernahme bereit erklärten Gegner des Auftraggebers halten. Dieses eigene Beitreibungsrecht des Anwalts steht selbständig neben dem verbleibenden Erstattungsanspruch des Auftraggebers, Schlesw RR **04**, 718.

Insofern stellt die Vorschrift eine *Ergänzung* zu §§ 91 ff, 103 ff dar, nach denen der unterliegende Prozeßgegner des Begünstigten die gesamten Kosten des Rechtsstreits tragen und gegen sich festsetzen lassen muß, Hamm AnwBl **88**, 544. Die Beitreibung nach § 126 erfolgt nämlich im Weg der Kostenfestsetzung. Auf Grund des Festsetzungsbeschlusses findet dann die Zwangsvollstreckung nach § 794 I Z 2 statt. Demgegenüber regelt § 123 in Verbindung mit §§ 91 ff die etwaige Kostenerstattungspflicht des bisher beigeordneten, dennoch unterliegenden Auftraggebers. § 126 schafft auch keine Regelung im Verhältnis des beigeordneten Anwalts zu seinem Auftraggeber. Das gilt selbst dann, wenn dieser unterliegt. Insofern entfällt zwar schließlich das Verbot der Geltendmachung nach § 122 I Z 3 mit dem Ende des Hauptverfahrens. Der beigeordnete Anwalt ist aber auch nicht ohne PKH gewählt worden darauf angewiesen, seine Vergütungsansprüche im Innenverhältnis zu seinem Auftraggeber geltend zu machen, sei es im Verfahren nach § 11 RVG, sei es mangels Anwendbarkeit jener Vorschrift auf dem Klageweg.

2   **2) Regelungszweck, I, II.** Sinn der Regelung ist nicht etwa eine Sicher- oder Besserstellung des beigeordneten Anwalts. Er ist ja bereits durch den Anspruch gegen die Staatskasse jedenfalls hinsichtlich der Durchsetzbarkeit gesichert, Rn 1. Das gilt, auch wenn er erheblich geringere Gebühren erhält als ein ohne Beiordnung, weil ohne Prozeßkostenhilfe beauftragter Anwalt. Es geht daher zumindest auch um eine gewisse weitere Entlastung der Staatskasse. Sie kann und darf zwar den beigeordneten Anwalt nicht zu einem Antrag

Titel 7. Prozesskostenhilfe und Prozesskostenvorschuss § 126

nach § 126 zwingen oder auch nur durch Hinhaltetaktik faktisch drängen. Er kann aber nach freier Wahl nur oder auch die unmittelbare Beitreibung nach § 126 vornehmen, wenn er sich zB von diesem Weg einen rascheren oder problemloseren Erfolg verspricht. Insofern bringt ihm die Vorschrift doch einen unter Umständen jedenfalls aus seiner Sicht merkbaren Vorteil. Das alles geschieht allerdings auf dem Rücken des unterliegenden Prozeßgegners. Denn er kann sich unter Umständen Ansprüchen des siegenden PKH-Begünstigten, der Staatskasse und dem beigeordneten Anwalts gegenübersehen. Insofern ist die Regelung problematisch. Freilich braucht er in keinem Fall mehr als diejenigen gegnerischen Anwaltskosten zu bezahlen, die bei einem Prozeß ohne PKH entstanden wären. Daher ist die Regelung immerhin erträglich. Vgl auch Rn 29. Sie beschränkt nicht die Entscheidungsfreiheit des Auftraggebers in seiner Prozeßführung.

3) Geltungsbereich, I, II. Vgl Üb 4 vor § 114, § 114 Rn 9–45. 3

4) Beitreibungsberechtigung, I. Man muß mehrere Punkte unterscheiden. 4

A. Für die Partei bestellter Rechtsanwalt. Der Anwalt muß „für die Partei bestellt" worden sein. Gemeint ist die „Beiordnung" nach § 121. Wegen der Beiordnung eines Patentanwalts vgl § 136 S 2 PatG. Danach ist § 126 nur im Einspruchsverfahren sowie im Verfahren zur Klärung der Nichtigkeit oder der Rücknahme eines Patents oder wegen der Erteilung einer Zwangslizenz entsprechend anwendbar.

B. Nur wegen des Beiordnungszeitraums. Aus der Notwendigkeit der „Bestellung", also Beiordnung 5 nach Rn 4 folgt: Eine Beitreibung nach I ist nur wegen solcher Vergütungsansprüche zulässig, die für eine Tätigkeit während des Beiordnungszeitraums entstanden. Sie ist also unstatthaft, sofern der später beigeordnete Anwalt eine Vergütung für eine Tätigkeit vor der Wirksamkeit der Beiordnung oder für einen Zeitraum nach ihrer Beendigung verlangt. Dabei ist unerheblich, ob das Gericht ihn auch für diese Tätigkeit hätte beiordnen dürfen oder müssen, solange es das nicht wenigstens rückwirkend getan hat. Eine Tätigkeit, für die die gesetzliche Vergütung eines Wahlanwalts ohne PKH bereits entstanden war, fällt nicht deshalb unter die nach I beitreibungsfähigen Gebühren und Auslagen, weil der Anwalt sie im Beiordnungszeitraum fortgesetzt hatte. Sie wird erst dann beitreibungsfähig, wenn sie im Beiordnungszeitraum nach dem RVG erneut und zusätzlich entsteht, etwa infolge einer jetzt erst vorgenommenen Klagerhöhung nach § 263.

C. Mehrheit von Rechtsanwälten. Wie schon der Wortlaut von I andeutete, können unter Umständen 6 mehrere Anwälte unabhängig voneinander einen Beitreibungsanspruch haben. Das gilt zunächst für den praktisch allerdings kaum denkbaren Fall, daß das Gericht (theoretisch möglich) nicht nur „einen", sondern mehrere Anwälte nach § 121 I beiordnet. Praktisch häufiger ist der Fall der Beiordnung eines zusätzlichen Beweis- oder Verkehrsanwalts nach § 121 III. Hinzu tritt der praktisch eine notwendigen Wechsels des beigeordneten Anwalts, sei es als ProzBev, Beweis- oder Verkehrsanwalt. Sie alle haben ja für eine Tätigkeit im Beiordnungszeitraum Vergütungsansprüche unabhängig von den übrigen beigeordneten Anwälten. Jeder kann aber natürlich nur wegen seiner eigenen Vergütung nach § 126 vorgehen, aM Kblz JB 00, 145.

5) Umfang des Beitreibungsrechts: Gebühren und Auslagen, I. Das Beitreibungsrecht jeder der 7 nach Rn 4–6 Berechtigten umfaßt „Gebühren und Auslagen", also die gesetzliche Vergütung, § 1 RVG.

A. Volles Beitreibungsrecht. Die Vergütung ist der Staatskasse gegenüber auf die in §§ 45 ff RVG 8 ermäßigten Beträge beschränkt. Sofern der beigeordnete Anwalt nach dem Wegfall des Verbots der Geltendmachung nach § 122 I Z 3 ZPO seine Vergütung auch auf Grund des Anwaltsvertrags vom Auftraggeber fordern kann, kann er die volle gesetzliche Vergütung eines ohne PKH gewählten Anwalts fordern, also auch die sog Differenzkosten zwischen dieser und der niedrigeren Vergütung nach §§ 45 ff RVG, Rn 9. Der sowohl für das Erkenntnisverfahren als auch für die zugehörige Zwangsvollstreckung beigeordnete Anwalt kann die Beitreibung auch wegen der Vollstreckungskosten vornehmen. Denn der Kostentitel umfaßt die Vollstreckungskosten nach § 788 I mit. Der nur für die Zwangsvollstreckung beigeordnete Anwalt kann allerdings nur auf Grund einer im Vollstreckungsverfahren ergangenen Kostenentscheidung eine Beitreibung vornehmen, LG Bln Rpfleger 79, 346.

B. Auch wegen der Differenzkosten. Diese Differenzkosten sind auch gegenüber dem Prozeßgegner 9 beitreibungsfähig, Düss JB 93, 29, Zweibr JB 93, 680. Denn er muß ja ohnehin nach §§ 123, 91 ff dem siegenden Begünstigten die gesamten Prozeßkosten erstatten. Er stünde auf Kosten des beigeordneten Anwalts besser da, wenn jedenfalls das Beitreibungsrecht dieses Anwalts nach § 126 nicht auch die Differenzkosten umfassen würde. Das ist nicht einzusehen. Das alles gilt unabhängig davon, daß eine PKH die sog Differenzkosten im Verhältnis zur Staatskasse nicht deckt, Kblz Rpfleger 96, 253.

C. Keine Beitreibung schon erhaltener Teilbeträge. Natürlich kann der Anwalt nicht mehr solche 10 Teile der gesetzlichen Gesamtvergütung eines ohne PKH gewählten Anwalts fordern, die er bereits von dem Auftraggeber, einem Dritten oder der Staatskasse erhalten hat, bei letzterer nach §§ 45 ff und wegen § 59 RVG, VGH Mannh JB 92, 542. Denn er kann die gesamte Vergütung natürlich insgesamt nur einmal von allen Kostenschuldnern fordern.

6) Kostenschuldner: In die Prozeßkosten verurteilter Gegner, I. Die Beitreibung kann und darf nur 11 gegen den „in die Prozeßkosten verurteilten Gegner" (gemeint: des Auftraggebers des beigeordneten Anwalts) erfolgen. Es muß also eine Kostengrundentscheidung gegen den Prozeßgegner vorliegen. Das gilt auch nach einer Klagerücknahme, Brdb FamRZ 96, 683, Düss Rpfleger 99, 132, § 788 ist anwendbar, soweit der Anwalt schon im Erkenntnisverfahren beigeordnet war, LG Bln Rpfleger 79, 346. Die Beitreibung ist also nicht gegen den eigenen Auftraggeber möglich, auch nicht gegenüber der Staatskasse. Dort gilt § 55 RVG. Sie ist auch nicht gegenüber einem Dritten zulässig. Das gilt selbst dann, wenn dieser sich gegenüber dem beigeordneten Anwalt und/oder dessen Auftraggeber oder gar gegenüber dem Prozeßgegner des Begünstigten in rechtswirksamer Form zu einer Kostenübernahme verpflichtet hat. Das wiederum gilt selbst dann, wenn das Gericht diesen Dritten auf Grund einer solchen Verpflichtungserklärung zur Zahlung rechtskräftig verurteilt hatte. Denn er ist auch dann nicht der „Gegner" im Sinn von I geworden. Dem Verurteilten steht der Übernehmer gleich, Düss JB 93, 29.

§ 126 Buch 1. Abschnitt 2. Parteien

12 7) Im eigenen Namen, I. Das Beitreibungsrecht ist ein gesetzlicher Anspruch des Beitreibungsberechtigten „im eigenen Namen".

A. Gesetzlicher Erstattungsanspruch. I schafft nicht einen privatrechtlichen Gebührenanspruch, sondern einen gesetzlichen Erstattungsanspruch. Dieser tritt zu demjenigen des siegenden Auftraggebers nach §§ 91 ff, 103 hinzu, Rn 1, 21, 22. Es handelt sich also weder um eine Abtretung kraft Gesetzes oder um einen Forderungsübergang kraft Gesetzes noch um eine bloße Prozeßstandschaft. Vielmehr entsteht das Beitreibungsrecht aus eigenem gesetzlichen Recht. Es ist vergleichbar allenfalls dem Einziehungsrecht nach § 835, Düss Rpfleger **97**, 484, Kblz AnwBl **90**, 56. Der Umstand, daß I weder die §§ 91 ff (Erstattungsanspruch des Auftraggebers) noch § 59 RVG (Erstattungsanspruch der Staatskasse aus übergegangenem Recht) beeinträchtigt, ergibt sich schon aus § 123, dort Rn 1, 2, Dörndörfer Rpfleger **87**, 448.

13 B. Entstehung des Anspruchs: Aufschiebend bedingt. Wie jeder gesetzliche Kostenerstattungsanspruch entsteht auch der Beitreibungsanspruch nicht erst im Zeitpunkt der Kostengrundentscheidung des Hauptverfahrens, Üb 35 vor § 91. Es entsteht vielmehr aufschiebend bedingt schon im Zeitpunkt der Begründung des auf Grund der Beiordnung abgeschlossenen Anwaltsvertrags, § 121 Rn 14. Diesen aufschiebend bedingten Anspruch verwandelt eine nicht rechtskräftige in die Kosten verurteilende Entscheidung in einen auflösend bedingten, Üb 35 vor § 91, Ffm Rpfleger **90**, 468. Er entfällt mit der Rechtskraft einer abändernden Entscheidung oder mit einem Vergleich nach Anh § 307, Stgt MDR **89**, 744, LG Köln AnwBl **84**, 624. Dann kann eine Anwaltshaftung nach § 717 II eintreten, Rn 19.

14 8) Beitreibung, I. Mit der Berechtigung, die Vergütung im eigenen Namen „beizutreiben", gibt I dem beigeordneten Anwalt den Anspruch nicht nur auf die Geltendmachung, sondern auch auf die Vollstreckung seines Vergütungsanspruchs.

A. Anspruch auf Festsetzung der Vergütung. Die Beitreibung erfolgt im Kostenfestsetzungsverfahren nach §§ 103 ff, und zwar durch den Rpfl, § 21 I Z 1 RPflG, Anh § 153 GVG. Es findet also nicht etwa das Festsetzungsverfahren nach § 11 RVG statt. Denn dort ist Antragsgegner nur der Auftraggeber, Hbg MDR **84**, 593, Schlesw SchlHA **85**, 31. Gegen diesen ist die Festsetzung und daher Beitreibung nach § 126 I jedenfalls solange ja ohnehin nicht zulässig, als der Anwalt dem Auftraggeber gegenüber einen Anspruch gar nicht geltend machen kann, § 122 I Z 3. Das Erwirken eines Festsetzungsbeschlusses als eines zur Vollstreckung nach § 794 I Z 2 geeigneten Titels ist ja bereits eine Geltendmachung. Im Fall einer Kostenverteilung nach Bruchteilen nach § 92 ZPO ist § 106 auch auf den Beitreibungsanspruch anwendbar.

15 B. Kein Klagerecht des Anwalts gegenüber dem Prozeßgegner. Soweit der beigeordnete Anwalt nach I die Beitreibung im Kostenfestsetzungsverfahren vornehmen kann, fehlt das Rechtsschutzbedürfnis nach Grdz 33 vor § 253 für eine Klage auf Zahlung der Vergütung auch gegenüber dem in die Prozeßkosten verurteilten Gegner des Auftraggebers. Denn das Festsetzungsverfahren ist grundsätzlich wegen seiner größeren Einfachheit und speziellen Ausrichtung der allein zulässige Weg, Kosten erstattet zu verlangen, Üb 3 vor §§ 103–107. Deshalb ist auch im Fall einer Klagerücknahme ein Beschluß nach § 269 III 2, 3 erforderlich, KG MDR **88**, 420. Der beigeordnete Anwalt hat neben dem Bekl kein eigenes derartiges Antragsrecht.

16 C. Notwendigkeit eines Antrags. Wie bei jedem Kostenfestsetzungsverfahren ist ein Antrag erforderlich, § 103 Rn 31–35. Man muß ihn eindeutig auf eine Beitreibung des beigeordneten Anwalts im eigenen Namen richten. Natürlich kann der beigeordnete Anwalt sich auch darauf beschränken, ein Kostenfestsetzungsverfahren nach §§ 91 ff, 103 ff nur im Namen und Auftrag des siegenden Auftraggebers zu betreiben. Dann ist natürlich § 126 unanwendbar, Schlesw JB **90**, 1195. Solange unklar ist, ob der Anwalt nach I nur oder auch im eigenen Namen oder nur im Namen des Auftraggebers die Festsetzung fordert, muß das Gericht evtl nach § 139 rückfragen.

Nach Ablauf einer angemessenen *Frist* muß es mangels Klärung davon ausgehen, daß der Antrag nur im Namen des Auftraggebers vorliegt, Brdb FamRZ **99**, 1219, Kblz JB **82**, 775, AG Nürnb AnwBl **86**, 455, aM ZöPh 8 (aber man kann erwarten, daß sich der Anwalt klar ausdrückt). Eine solche Festsetzung wäre natürlich nicht nur wegen der eigenen Zahlungen des Auftraggebers statthaft, sondern auch wegen der Vergütung des beigeordneten Anwalts. Denn auch sie zählt zu den Prozeßkosten im Sinne von §§ 91 ff, aM KG AnwBl **83**, 324 (aber der Beitreibungsanspruch des Anwalts und der Festsetzungsanspruch des siegenden Auftraggebers stehen nebeneinander, Rn 20). Eine etwaige Sicherheitsleistung ist nur wegen der Anwaltskosten notwendig, Bbg Rpfleger **81**, 455.

17 D. Weitere Einzelheiten. Für das weitere Festsetzungsverfahren gelten §§ 103 ff hier zugunsten des beigeordneten Anwalts und nicht seines Auftraggebers. Zustellungen erfolgen nur an den beitreibenden Anwalt, nicht etwa an den jetzt inzwischen in höherer Instanz beigeordneten anderen Anwalt oder gar an den Auftraggeber. Der beitreibende Anwalt ist auf denjenigen Betrag beschränkt, der für seinen Auftraggeber festzusetzen wäre, und erstreckt sich selbst dann nicht auf Reisekosten des Auftraggebers, Jena MDR **98**, 1438, und auch nicht auf Gebühren, die nicht beim Anwalt entstanden sind, aM Kblz JB **00**, 145. Auf den Festsetzungsbeschluß ist § 319 wie sonst anwendbar, § 329 Rn 19 „§ 319". Diese Vorschrift gilt also zB dann nicht, wenn der Rpfl den Antrag anders verstanden hatte, KG Rpfleger **77**, 451. Der Beitreibungsanspruch verjährt in 3 Jahren, § 195 BGB entsprechend, und in 30 Jahren beim rechtskräftig festgesetzten Anspruch, § 197 I Z 3 BGB. Er läßt als ein prozeßrechtlicher Anspruch keinen Verwirkungseinwand zu, Schlesw SchlHA **79**, 58. Eine Pfändung wirkt nicht gegenüber dem beigeordneten Anwalt, soweit sie dem Zeitpunkt der sog „Umschreibung" nach Rn 25 auf den Anwalt nachfolgt, wohl aber vorher, Mü Rpfleger **92**, 257, aM Habscheid/Schlosser ZZP **75**, 336 (sie halten eine Pfändung für unwirksam, bevor der durch PKH Begünstigte seinen Anwalt befriedigt hat).

Für die *Kosten des Festsetzungsverfahrens* haftet derjenige, auf dessen Namen die Festsetzung erfolgt. Vgl aber auch § 19 I Z 13 RVG. Soweit die Festsetzung auf den Namen der siegenden Partei erfolgte und soweit diese ihren beigeordneten Anwalt persönlich bezahlt hat, muß er die Vergütung zurückzahlen, soweit der Vollstreckungstitel wegfällt. Mehrwertsteuer ist nicht erstattungsfähig, soweit der Auftraggeber vorsteuerabzugsberechtigt ist, Hamm JB **02**, 33.

Titel 7. Prozesskostenhilfe und Prozesskostenvorschuss   § 126

E. Rechtsbehelfe. Der beitreibende Anwalt ist im Festsetzungs-(Beitreibungs-)Verfahren Partei. Er hat 18
also die einer Partei zustehenden Rechtsbehelfe. Sein Auftraggeber und die Staatskasse sind insofern nicht
beteiligt. Infolgedessen haben die letzteren auch nicht Rechtsbehelfe.

F. Haftung aus der Beitreibung. Soweit der beitreibende Anwalt aus dem Festsetzungsbeschluß nach 19
§ 794 I Z 2 vollstreckt, kommt seine Haftung auf Schadensersatz nach § 717 II in Betracht, wenn die
Kostengrundentscheidung des Hauptprozesses aufgehoben oder abgeändert wird. Denn bis zu ihrer Rechtskraft
ist sein Erstattungsanspruch nur auflösend bedingt.

9) Nebeneinander der verschiedenen Erstattungsansprüche, I. Wie in Rn 1, 2 angedeutet, ver- 20
drängt § 126 nicht etwa die übrigen Erstattungsansprüche, sondern tritt zu ihnen hinzu, bis der jeweils
beitreibende beigeordnete Anwalt befriedigt ist, BGH NJW **94**, 3293.

A. Mehrheit beitreibender Anwälte. Soweit das Gericht mehrere Anwälte beigeordnet hat, kann jeder
von ihnen die Beitreibung vornehmen, Rn 6.

B. Erstattungsanspruch des Auftraggebers. Soweit der beigeordnete Anwalt überhaupt noch einen 21
Beitreibungsanspruch nach I hat, darf auch sein siegender Auftraggeber gleichberechtigt neben seinem
Anwalt nach den §§ 91 ff, 103 ff die Kostenfestsetzung und die Zwangsvollstreckung in die Kosten gegenüber
dem insofern unterlegenen Prozeßgegner betreiben, Ffm JB **79**, 714, Hamm AnwBl **82**, 384. Das stellt § 123
zusätzlich klar, Dörndörfer Rpfleger **87**, 448. Das kann natürlich auch für ihn der beigeordnete Anwalt tun,
Rn 16, ohne dadurch auf das Beitreibungsrecht im eigenen Namen zu verzichten, aM Kblz MDR **87**, 1032
(aber man muß Rn 22 miterwägen).

Zu weitgehend halten Kblz Rpfleger **91**, 323 („Verzicht"), ThP 2 den Festsetzungsanspruch des Auftragge- 22
bers für durch den Anspruch des beigeordneten Anwalts gleichsam verstrickt. Beide Ansprüche stehen
vielmehr voll *gleichberechtigt nebeneinander,* bis der jeweilige Kostengläubiger befriedigt ist, BGH NJW **94**, 3292,
Düss FamRZ **98**, 847, Hbg JB **90**, 1312. Es liegt ja auch nicht etwa eine Abtretung oder gar Prozeßstandschaft
zugunsten des beigeordneten Anwalts vor. Der beigeordnete Anwalt kann daher auch keinen Rechtsbehelf
gegen die Festsetzung zugunsten des Auftraggebers mit dem Ziel einer Festsetzung nur auf sich selbst einlegen,
Kblz JB **82**, 775. Sein eigenes Beitreibungsrecht entsteht im eigenen Namen, Rn 12. Das bedeutet für den in
die Kosten verurteilten Prozeßgegner: Er muß evtl dem Anspruch des seinem siegenden Gegner beigeordneten
Anwalts sowohl auf Grund der Kostenfestsetzung des Prozeßgegners als auch derjenigen des beigeordneten
Anwalts solange zahlen, bis der beigeordnete Anwalt die volle gesetzliche Vergütung erhalten hat, Rn 8.
Freilich kann der in die Kosten verurteilte Prozeßgegner infolge dieser Haftung natürlich jedenfalls in dem
Festsetzungsverfahren des siegenden Prozeßgegners die Erinnerung usw nach § 104 einlegen oder Vollstreckungsabwehrklage
nach § 767 erheben, Lappe Rpfleger **84**, 130. Wegen der sog „Umschreibung" Rn 25.

C. Erstattungsanspruch der Staatskasse. Soweit der beigeordnete Anwalt nach §§ 45 ff RVG auch 23
oder zunächst nur die Staatskasse in Anspruch nimmt und von ihr befriedigt worden ist, geht sein Vergütungsanspruch
auf sie § 59 I 1 RVG über, Düss Rpfleger **90**, 80. Für die Geltendmachung des Anspruchs
gelten nach § 59 II RVG die Vorschriften über die Einziehung der Kosten des gerichtlichen Verfahrens
sinngemäß. Der auf die Staatskasse übergegangene Anspruch besteht zunächst unabhängig von dem Beitreibungsrecht
nach § 126 I und unabhängig von dem Festsetzungsanspruch und Vollstreckungsrecht des
siegenden Prozeßgegners nach §§ 91 ff, 103 ff, bis der in den Prozeßkosten verurteilte die volle Vergütung des
beigeordneten Anwalts bezahlt hat oder bis ein Vergleich den Anspruch nach § 126 beseitigt, Rn 13. Er kann
sich also sogar drei Beitreibungs-, Festsetzungs- bzw Vollstreckungsverfahren wegen der Vergütung jenes
beigeordneten Anwalts gegenübersehen, Rn 1, 2.

Natürlich braucht er insofern auch die *Gesamtschuld nur einmal zu erfüllen.* Er kann daher Erinnerung nach 24
§ 766 oder Vollstreckungsabwehrklage nach § 767 erheben, Rn 21, 22. Trotz der Zahlung der Staatskasse
geht kein Erstattungsanspruch auf sie über, soweit die durch die PKH begünstigte Partei wirksam auf eine
Kostenerstattung verzichtet hatte oder soweit ihr Prozeßgegner gegen einen auf sie erlassenen Festsetzungsbeschluß
wirksam aufgerechnet hatte. Der Geltendmachung nach § 59 RVG steht nicht entgegen, daß das
Gericht dem erstattungspflichtigen Gegner ebenfalls PKH bewilligt hatte, KG MDR **88**, 420.

10) Umschreibung, I. Die Praxis läßt vielfach eine sog „Umschreibung" des auf die siegende Partei 25
lautenden Vollstreckungstitels auf den Namen des ihr beigeordneten Anwalts zu. Freilich gibt es auch
Bestrebungen, solche Umschreibungsmöglichkeiten einzuschränken.

A. Zulässigkeit. Jedenfalls ist im Fall der Zulassung einer solchen „Umschreibung" § 727 auch nicht
entsprechend anwendbar. Denn es handelt sich nicht um eine vollstreckungsrechtliche Umschreibung,
Schlesw SchlHA **79**, 181, sondern auch dann um einen neuen selbständigen Kostenfestsetzungsbeschluß,
Düss AnwBl **80**, 377, Hamm AnwBl **82**, 383. Man muß ihn auch wegen der Rechtsbehelfe nach § 104 III
als einen selbständigen Festsetzungsbeschluß behandeln, Düss FamRZ **98**, 847, KG Rpfleger **77**, 451.

B. Folgen für die bisherige Festsetzung. Der auf den beigeordneten Anwalt lautende Beschluß muß 26
den früheren Beschluß, der auf seinen siegenden Auftraggeber lautete, nach der „Umschreibung" wegen der
Erstattungspflicht im Umfang der Kosten des beigeordneten Anwalts für wirkungslos erklären. Es ist also
nicht erforderlich, daß der Inhaber, der siegende Auftraggeber, den bisherigen Festsetzungsbeschluß an das
Gericht zurückgibt, Stgt RR **01**, 718 (jedenfalls nicht mandatsende), aM KG Rpfleger **77**, 451 (aber
die Partei soll ohnehin alle ihr entstehenden Kosten einheitlich festsetzen lassen). Soweit die siegende Partei
bestreitet, sind §§ 732, 768 entsprechend anwendbar.

Die *Rechtskraft* des ersten Festsetzungsbeschlusses für den siegenden Auftraggeber nach § 322 hindert eine 27
„Umschreibung" auf seinen beigeordneten Anwalt nicht. Ebensowenig hindert ein Verlust seiner Zulassung,
solange sein Vergütungsanspruch nicht verjährt ist. Eine unbedingte Voraussetzung für die „Umschreibung"
ist natürlich, daß er in ihrem Zeitpunkt noch ein eigenes Beitreibungsrecht nach I hat. Daher muß das
Gericht vor einer Umschreibung den unterlegenen Prozeßgegner anhören, Artt 2 I, 20 III GG
(Rpfl), BVerfG **101**, 404, Art 103 I GG (Richter). Eine Umschreibung erfolgt zB dann nicht, wenn der
siegende Auftraggeber auch nur behauptet, vor dem Zeitpunkt der Zustellung des ihm günstigen Fest-

§ 126

setzungsbeschlusses über den Erstattungsanspruch bereits eine Verfügung getroffen zu haben. Im übrigen muß der beigeordnete Anwalt die Tilgung des Erstattungsanspruchs durch eine Zahlung gegenüber seinem Auftraggeber gegen sich gelten lassen, soweit diese Tilgung vor der Zustellung des auf den beigeordneten Anwalt lautenden Festsetzungsbeschlusses erfolgt ist, KG JB **02**, 374.

28 **11) Unzulässigkeit einer Einrede aus der Person der Partei, II 1.** Die Vorschrift schränkt die Verteidigungsmöglichkeiten des in die Prozeßkosten verurteilten Prozeßgegners des durch PKH Begünstigten ein.

29 **A. Zweck: Entlastung der Staatskasse.** Würde der Kostenschuldner alles dasjenige geltend machen können, was ihm gegen den Erstattungsanspruch seines siegenden Prozeßgegners an Einreden zustände, so könnte er auch den Beitreibungsanspruch des diesem beigeordneten Anwalts erheblich beeinträchtigen. Damit wäre die durch I bezweckte Entlastung der Staatskasse nach Rn 3 im Ergebnis doch wieder oft gefährdet. Deshalb soll man dieser Beitreibung nur begrenzt mit Einreden entgegentreten dürfen, Schlesw RR **04**, 718. Die Regelung ist mit dem GG vereinbar, BGH JB **91**, 714. Einreden sind lediglich in II 2 und in einigen weiteren Fällen zugelassen, Düss JB **93**, 29.

30 **B. Einrede aus der Person der Partei.** Der schwerverständliche Text meint: Der in die Kosten verurteilte Prozeßgegner kann keine solchen Einreden geltend machen, die ihm gegenüber dem siegenden Gegner direkt zustehen würden, Düss Rpfleger **90**, 80, Hamm AnwBl **88**, 544, Kblz VersR **84**, 473. Im Gegensatz dazu kann er schon nach dem Wortlaut von II 1 ohne weiteres solche Einreden geltend machen, die ihm nur gegenüber der Person des beitreibenden beigeordneten Anwalts zustehen. Da die Beitreibung stets nur aus eigenem Recht erfolgt, nicht infolge Abtretung oder Prozeßstandschaft usw, Rn 12, kann man auch nicht die Personen trennen, aus denen der Kostenschuldner eine Einrede geltend macht. Wohl aber können sich seine Einreden aus der Person des beitreibenden Anwalts und des siegenden Gegners ergeben. Dann sind nur die ersteren zulässig, nicht auch die letzteren, von der unten genannten Ausnahme II 2 abgesehen.

31 **C. Umfang des Einreden-Ausschlusses.** II 1 erfaßt alle Einreden gegenüber dem siegenden Prozeßgegner. Das gilt jedenfalls, soweit eine Einrede nur das Erlöschen des Erstattungsanspruchs und dieses auch erst jetzt herbeiführen könnte. Nicht verboten sind Einreden gegenüber einem Anspruch, den der beigeordnete Anwalt des siegenden Prozeßgegners gegenüber seinem Auftraggeber hat.

32 **D. Beispiele zur Frage der Zulässigkeit einer Einrede**
Abtretung: Zulässig ist die Einrede der Abtretung des für den Auftraggeber festgesetzten Erstattungsbetrags, Hbg JB **83**, 291, Mü Rpfleger **92**, 257.
Aufrechnung: Rn 40.
33 **Befriedigung:** Rn 34 „Erfüllung", Rn 39 „Zahlung".
34 **Erfüllung:** Rn 39 „Zahlung".
Erlaßvertrag: Die Einrede, die Prozeßparteien hätten einen Vertrag auf Erlaß der Kostenerstattungsschuld des Unterliegenden geschlossen, ist als bloße Einrede aus der Person des Gegners grundsätzlich gegenüber dem beigeordneten Anwalt *unzulässig*, Hamm AnwBl **88**, 544, aM Mü MDR **97**, 786.
35 **Mehrheit von Anwälten:** Wenn mehrere beigeordnete Anwälte Ansprüche nach I verfolgen, gehen diejenigen des zeitlich früher beigeordneten Anwalts vor. Inwieweit der später beigeordnete Anwalt eine Erstattung fordern kann, richtet sich nach § 91. Im übrigen muß man jeden Anwalt selbständig beurteilen.
Pfändung: Es gilt dasselbe wie bei Rn 32 „Abtretung".
36 **Rechtskraft:** Rn 37 „Vergleich".
37 **Vereinbarung:** Rn 34 „Erlaßvertrag", Rn 37 „Vergleich".
Vergleich: Soweit die Prozeßparteien nach dem Erlaß einer lediglich vorläufig vollstreckbaren Entscheidung *vor* deren Rechtskraft einen gerichtlichen oder außergerichtlichen Vergleich geschlossen haben, in dem sie auch über die Kostenerstattungsfrage Bestimmungen trafen, ist das Recht des beigeordneten Anwalts mitbetroffen, Düss FamRZ **90**, 420. Denn sein Anspruch hängt vom Erstattungsanspruch des Auftraggebers dem Grunde nach ab, §§ 91 ff, 123. I erweitert nur die Beitreibungsmöglichkeiten.
Dagegen kann ein zulässiger *außergerichtlicher* Vergleich der Prozeßparteien über Kostenerstattungsfragen, den sie erst *nach* der Rechtskraft schließen, dem beigeordneten Anwalt seinen Erstattungsanspruch *nicht mehr* nehmen.
Verschulden des beigeordneten Anwalts: Soweit der Kostenschuldner geltend macht, der beigeordnete Anwalt habe sein Amt schuldhaft falsch geführt oder zB vorwerfbar niedergelegt, ist die Einrede zulässig. Vgl allerdings auch § 91 Rn 128.
38 **Verzicht:** Grundsätzlich ist die Einrede *unstatthaft*, der siegende Prozeßgegner habe auf eine Kostenerstattung dem Unterliegenden gegenüber verzichtet, Hamm AnwBl **88**, 544. Zulässig ist aber der Einwand, der beigeordnete Anwalt habe selbst auf sein Beitreibungsrecht nach I verzichtet, Düss FamRZ **98**, 847. Soweit er den Auftraggeber nur bei dessen Festsetzungsgesuch vertritt, kann darin ein stillschweigender Verzicht auf das eigene Recht nach I liegen, Kblz MDR **87**, 1032. Sollte das Gericht die Festsetzung fälschlich auf den Namen des Auftraggebers vorgenommen haben, kann der Prozeßgegner mit Befreiungswirkung an diesen zahlen und ist durch die fehlerhafte Festsetzung dann auch nicht mehr beschwert, Bre JB **86**, 1413. Ein Verzicht des siegenden Prozeßgegners auf Kostenerstattung ist natürlich nur insofern wirksam, als er über einen solchen Anspruch überhaupt durch einen Vergleich verfügen kann.
Vollstreckungsabwehrklage: Eine Einrede, die die Entstehung des Anspruchs betrifft, richtet sich nicht nur gegen die Person des siegenden Prozeßgegners, sondern auch oder nur gegen diejenige des beitreibenden Anwalts. Denn sein Vergütungsanspruch ist ja dem Grunde nach von einem Kostenerstattungsanspruch seines Auftraggebers abhängig. Daher ist insofern eine Vollstreckungsabwehrklage zulässig, § 767, Düss AnwBl **79**, 184.
Vorläufige Vollstreckbarkeit: Rn 37 „Vergleich".

Zahlung: *Unstatthaft* ist der Einwand der Zahlung, soweit sie erst nach der Zustellung eines sog „Umschrei- **39** bungsbeschlusses" nach Rn 25 erfolgt ist oder soweit eine solche Umschreibung überhaupt nicht erfolgt ist, Ffm Rpfleger **90**, 468, Hamm AnwBl **88**, 544, Stgt Rpfleger **87**, 218, aM Mü Rpfleger **97**, 485 (aber dann liegt eine Einrede gerade aus der Person der Partei vor). Zulässig ist natürlich die Einwendung, der Kostenschuldner habe direkt an den beitreibenden beigeordneten Anwalt gezahlt oder dieser sei von seinem Auftraggeber und/oder einem Dritten und/oder aus der Staatskasse befriedigt worden. Denn durch solche Zahlungen erlischt das Erstattungs- und Beitreibungsrecht des beigeordneten Anwalts nach I, Bre JB **86**, 1413, Ffm Rpfleger **90**, 468.

Zustimmung: Soweit der Schuldner behauptet, der beitreibende Anwalt habe im Hinblick auf eine Ermäßigung oder einen Erlaß des Kostenerstattungsanspruchs aus eigenem Recht und/oder aus dem Recht seines Auftraggebers selbst nicht nur im Namen des Auftraggebers zugestimmt, ist eine Einrede statthaft.

12) Befugnis zur „Aufrechnung", II 2. Als Ausnahme vom Grundsatz der Einschränkung von Ein- **40** redemöglichkeiten nach Rn 28, 29 läßt II 2 in beschränktem Umfang die Einrede des Kostenschuldners mit Ansprüchen an den siegenden Prozeßgegner auch im Beitreibungsverfahren von dessen Anwalt zu, KG JB **02**, 374, Mü AnwBl **91**, 167, Schlesw RR **04**, 718, aM Hamm AnwBl **88**, 544 (läßt die Aufrechnung offenbar schon grundsätzlich nicht zu. Aber das Gesetz differenziert sehr wohl).

A. Eigener Kostenerstattungsanspruch. Der nach I in Anspruch genommene Prozeßgegner des **41** Auftraggebers muß einen eigenen Kostenerstattungsanspruch gegen den Auftraggeber des beitreibenden Anwalts haben. Denn er „kann mit Kosten aufrechnen, die ... von der Partei zu erstatten sind". Dieser Fall kann zB dann eintreten, wenn das Gericht die Kosten nach §§ 92 ff aufgeteilt hat oder soweit der Prozeßsieger Kosten infolge einer Verweisung nach § 281 III 2 oder Kosten einer eigenen Säumnis nach § 344 tragen muß. Denn zu diesen Kosten können solche zählen, die zunächst beim Prozeßgegner entstanden waren.

B. Derselbe Rechtsstreit. Es muß sich allerdings um solche Kosten handeln, die der siegende Prozeß- **42** gegner gerade nach der „in demselben Rechtsstreit" erlassenen Kostenentscheidung erstatten muß, Düss Rpfleger **90**, 80. Es ist unerheblich, ob die Kosten in einer anderen Instanz entstanden sind, Hamm JB **75**, 946, oder ob es sich um eine Kostenverteilung nach Verfahrensabschnitten handelt. Unzulässig ist die Aufrechnung mit einer Kostenforderung aus einem anderen Verfahren, Jena MDR **98**, 1438, LG Bln AnwBl **83**, 327, ZöPh 26, aM Zweibr JB **84**, 1044 (abl Mümmler). Das vorangegangene Mahnverfahren zählt aber zu „demselben Rechtsstreit", aM LG Bln AnwBl **83**, 327 (aber wozu soll es denn sonst eigentlich zählen?).

C. Erstattungsanspruch auf Grund einer über die Kosten erlassenen Entscheidung. Die Aufrech- **43** nung ist nur auf Grund eines solchen Anspruchs statthaft, den der dem beigeordneten Anwalt an sich zahlungspflichtige Prozeßgegner des Auftraggebers gerade auf Grund einer „über die Kosten erlassenen" Entscheidung selbst erstattet fordern kann, Schlesw RR **04**, 718. Es muß also ein ihm günstiger Kostengrundtitel vorliegen, sei es inform eines Beschlusses, sei es infolge eines Urteils.

Unzulässig ist eine Aufrechnung vor dem Zeitpunkt der Festsetzung zugunsten der Partei, KG Rpfleger **77**, 451, Kblz AnwBl **90**, 56, Stgt Rpfleger **87**, 218, StJBo 01, aM Schlesw JB **79**, 1205, ZöPh 18 (aber die Festsetzung ist die Grundlage). Man kann die Aufrechnung allerdings für zulässig halten, sobald ein auf den Namen der Partei des beigeordneten Anwalts lautender Festsetzungsbeschluß vorliegt, BGH NJW **94**, 3294, Düss FamRZ **98**, 847, Schlesw JB **90**, 1195.

Unzulässig ist die Aufrechnung auf Grund eines *fehlerhaften* Kostenfestsetzungsbeschlusses, Kblz Rpfleger **94**, 422. Unzulässig ist ferner eine Aufrechnung auch dann, wenn die Gegenforderung des Aufrechnenden schon fällig war, ehe der Erstattungsanspruch nach I durch die Beiordnung verstrickt wurde, Schlesw JB **97**, 368. Die Aufrechnung ist nicht schon dann unzulässig, wenn der nur im eigenen Namen beitreibende Anwalt die Kostenfestsetzung betrieben hat, aM Ffm Rpfleger **90**, 468 (aber der überzeugt nicht, sofern die übrigen Voraussetzungen Rn 41–43 vorliegen). Solange der beigeordnete Anwalt keinen Antrag nach I im eigenen Namen gestellt hat, ist II nach Rn 16 unanwendbar und der Anwalt daher an eine Aufrechnung des Gegners gebunden, Schlesw RR **04**, 718. Man kann auch nicht zB mit einem Kostenvorschuß aufrechnen, den man siegenden Prozeßgegner etwa auf Grund von § 1360 a IV BGB geleistet hat.

13) VwGO: Entsprechend anzuwenden, § 166 VwGO. **44**

127

Entscheidungen. I ¹Entscheidungen im Verfahren über die Prozesskostenhilfe ergehen ohne mündliche Verhandlung. ²Zuständig ist das Gericht des ersten Rechtszuges; ist das Verfahren in einem höheren Rechtszug anhängig, so ist das Gericht dieses Rechtszuges zuständig. ³Soweit die Gründe der Entscheidung Angaben über die persönlichen und wirtschaftlichen Verhältnisse der Partei enthalten, dürfen sie dem Gegner nur mit Zustimmung der Partei zugänglich gemacht werden.

II ¹Die Bewilligung der Prozesskostenhilfe kann nur nach Maßgabe des Absatzes 3 angefochten werden. ²Im Übrigen findet die sofortige Beschwerde statt; dies gilt nicht, wenn der Streitwert der Hauptsache den in § 511 genannten Betrag nicht übersteigt, es sei denn, das Gericht hat ausschließlich die persönlichen oder wirtschaftlichen Voraussetzungen für die Prozesskostenhilfe verneint. ³Die Notfrist des § 569 Abs. 1 Satz 1 beträgt einen Monat.

III ¹Gegen die Bewilligung der Prozesskostenhilfe findet die sofortige Beschwerde der Staatskasse statt, wenn weder Monatsraten noch aus dem Vermögen zu zahlende Beträge festgesetzt worden sind. ²Die Beschwerde kann nur darauf gestützt werden, dass die Partei nach ihren persönlichen und wirtschaftlichen Verhältnissen Zahlungen zu leisten hat. ³Die Notfrist des § 569

§ 127   Buch 1. Abschnitt 2. Parteien

Abs. 1 Satz 1 beträgt einen Monat und beginnt mit der Bekanntgabe des Beschlusses. ⁴Nach Ablauf von drei Monaten seit der Verkündung der Entscheidung ist die Beschwerde unstatthaft. ⁵Wird die Entscheidung nicht verkündet, so tritt an die Stelle der Verkündung der Zeitpunkt, in dem die unterschriebene Entscheidung der Geschäftsstelle übermittelt wird. ⁶Die Entscheidung wird der Staatskasse nicht von Amts wegen mitgeteilt.

IV Die Kosten des Beschwerdeverfahrens werden nicht erstattet.

Vorbem. III 5 geändert dch Art 1 Z 52 a JKomG v 22. 3. 05, BGBl 837, in Kraft seit 1. 4. 05, Art 16 I JKomG, ÜbergangsR Einl III 78.

Gliederung

1) Systematik, I–IV 1	D. Unzulässigkeit der sofortigen Beschwerde gegen Beschluß des OLG ... 39
2) Regelungszweck, I–IV 2	E. Unstatthaftigkeit weiterer Beschwerde 40
3) Geltungsbereich, I–IV 3	F. Beispiele zur Frage der Zulässigkeit der sofortigen Beschwerde nach II 2 .. 41–60
4) Entscheidungen, I 1 4	14) Zur Beschwerdefrist, II 3, zusätzliche zeitliche Grenzen des Beschwerderechts, II 2 61–69
5) Keine Verhandlung, I 1 5	A. Zulässigkeit bis zum Instanzende ... 61
6) Zuständigkeit, I 2 6–8	B. Grundsatz: Unzulässigkeit ab Instanzende 62
A. Prozeßgericht 6	C. Zulässigkeit bei Rückwirkung der angefochtenen Entscheidung 63
B. Vollstreckungsgericht 7	D. Zulässigkeit bei Beschlußzugang erst kurz vor Instanzende 64
C. Rechtsmittelgericht 8	E. Zulässigkeit bei Beschlußzugang erst mit oder nach Instanzende 65
7) Entscheidungsform: Beschluß, I–IV .. 9	F. Unzulässigkeit bei Verwirkung 66
8) Entscheidungsbegründung, I–IV 10–17	G. Unzulässigkeit bei Entscheidung auch des Rechtsmittelgerichts zur Hauptsache 67
A. Uneingeschränkte Bewilligung; Kein Begründungszwang zur Erfolgsaussicht usw 11	H. Unzulässigkeit bei Prozeßvergleich zur Hauptsache 68
B. Uneingeschränkte Bewilligung: Begründungszwang allenfalls zur Bedürftigkeit 12	I. Unzulässigkeit bei Rechtskraft der Entscheidung zur Hauptsache 69
C. Eingeschränkte Bewilligung: Begründungszwang 13	15) Beschwerdeberechtigung, II 2 70–82
D. Ablehnung: Grundsatz eines Begründungszwangs 14	A. Notwendigkeit einer Beschwer 70
E. Ablehnung: Kein Begründungszwang bei Unzulässigkeit einer Beschwerde .. 15	B. Antragsteller 71
F. Rechtsmittelentscheidung: Bedingter Begründungszwang 16	C. Streitgenosse, Streithelfer 72
G. Nichtabhilfe bei Erinnerung: Begründungszwang 17	D. Noch nicht beigeordneter Anwalt 73
9) Mitteilung der Entscheidung, I–IV ... 18–20	E. Beigeordneter Prozeßbevollmächtigter 74
A. Verkündung 18	F. Beigeordneter Beweisanwalt 75
B. Formlose Mitteilung 19	G. Beigeordneter Verkehrsanwalt 76
C. Förmliche Zustellung 20	H. Beigeordneter Notanwalt 77
10) Kostenentscheidung, I–IV 21	I. Staatskasse 78, 79
11) Keine Prozeßkostenhilfe für das Bewilligungsverfahren, I 22	J. Prozeßgegner 80
12) Sofortige Beschwerde der Staatskasse gegen uneingeschränkte Bewilligung, II 1, III 23–33	K. Anwalt des Prozeßgegners 81
A. Beim Fehlen jeglicher Zahlungsanordnung, III 1 24	L. Weitere Einzelfragen 82
B. Bisher auch wegen greifbarer Gesetzwidrigkeit 25	16) Beschwerdeverfahren, II 2 83–93
C. Nur wegen Zahlungspflicht, III 2 26	A. Beschwerdesumme: 600,01 EUR, II 2 Hs 2 erster Fall 84
D. Beschwerdefrist, III 3-5 .... 27, 28	B. Keine Beschwerdesumme, II 2 Hs 2 zweiter Fall 85
E. Keine Mitteilung der Entscheidung an die Staatskasse, III 6 .... 29, 30	C. Beschwerdefrist: 1 Monat, II 3 86
F. Kein Beschwerderecht des Prozeßgegners 31	D. Bedingter Anwaltszwang; Form 87
G. Keine sofortige Beschwerde gegen Bewilligung durch das OLG 32	E. Keine Prozeßkostenhilfe für das Beschwerdeverfahren 88
H. Weitere Einzelfragen 33	F. Anhörung des Beschwerdegegners 89
13) Sofortige Beschwerde gegen Untätigkeit, Übergehung oder nur eingeschränkte Bewilligung, teilweise oder gänzliche Versagung, II 2, 3 34–60	G. Anhörung der Staatskasse 90
A. Ausgangspunkt: Tatsächlich ergangene Entscheidung 34	H. Abhilfe: Entscheidung des unteren Gerichts 91
B. Grundsatz: Statthaftigkeit, II 2 Hs 1, 3 35–37	I. Nichtabhilfe: Vorlage beim Beschwerdegericht 92
C. Unzulässigkeit neuer Prüfung der Erfolgsaussicht usw bei Nichterreichen des Hauptsache-Berufungswerts von über 600 EUR, II 2 Hs 2 38	J. Einfluß auf das Hauptverfahren 93
	17) Gegen Entscheidung des Rechtspflegers bzw des Urkundsbeamten: Sofortige Beschwerde oder sofortige Erinnerung, II, III, § 11 RPflG bzw § 573 I 94–98
	A. Voraussetzung: Entscheidung des Rechtspflegers 94
	B. Abhängigkeit von Anfechtbarkeit unterstellter Richterentscheidung 95

Titel 7. Prozesskostenhilfe und Prozesskostenvorschuss **§ 127**

C. Keine Rechtsbehelfssumme, bedingte Abhängigkeit vom Hauptsache-Berufungswert, bedingter Anwaltszwang, Formzwang, keine Prozeßkostenhilfe	96	
D. Abhilfe durch den Rechtspfleger	97	
E. Weiteres Verfahren	98	
18) Rechtsbeschwerde, § 574	99	
19) Zulässigkeit einer Gegenvorstellung, II, III	100	
20) **Keine Kostenerstattung, IV**	101	
21) **Neuer Antrag auf Prozeßkostenhilfe**	102	
22) **Verfassungsbeschwerde**	103	
23) **VwGO**	104–106	

1) Systematik, I–IV. Während § 117 die Einzelheiten des erforderlichen Bewilligungsantrags regelt und **1** § 118 Einzelheiten des Bewilligungsverfahrens erfaßt, stellt I 2 die Zuständigkeit klar und nennt I 1 den Grundsatz, daß keine mündliche Verhandlung über den Bewilligungsantrag als solchen erfolgt. Die „Erörterung" in § 118 I 3 ist keine „Verhandlung", § 118 Rn 13. §§ 119 ff regeln die Art der Entscheidung. II, III beschreiben die Rechtsbehelfe. Die dortige Aufzählung ist lückenhaft. Ergänzend sind für I § 329 und die dort in Bezug genommenen Vorschriften über Beschlüsse und für II, III die §§ 567 ff anwendbar.

2) Regelungszweck, I–IV. Der Grundsatz des Bewilligungsverfahrens ohne mündliche Verhandlung in I **2** bezweckt im Interesse der Prozeßwirtschaftlichkeit nach Grdz 14 vor § 128 eine gewisse Vereinfachung und Beschleunigung schon des PKH-Bewilligungsverfahrens. Er ist aber nicht nur in § 118 vielfach durchbrochen, sondern erweist sich auch als in der Praxis oft unbrauchbar. Nicht selten muß das Gericht über einen erst in der mündlichen Verhandlung zur Hauptsache eingereichten Antrag sogleich entscheiden. Oft ist auch der Antrag erst so spät eingereicht, daß das Gericht erst in der Verhandlung zur Hauptsache die erforderliche Anhörung des Prozeßgegners vornehmen kann. Es kann daher dann praktisch doch nur auf Grund derjenigen „Verhandlung" entscheiden, die eigentlich gar nicht stattfinden soll. Die Regelung II, III bezweckt eine Eindämmung der Rechtsmittel. Auch diese Regelung ist lückenhaft. Man kann sie aber im Prinzip begrüßen. Jedenfalls gibt es keine Erlaubnis, II 2 einfach durch entsprechende Anwendung zu Lasten des Beschwerten zu umgehen, aM Bbg FamRZ 04, 38.

Abhilfe ist eine schon der ersten Instanz nach wie vor eröffnete Möglichkeit und gegebenenfalls auch ihre Pflicht. Sie liegt also nicht in ihrem Ermessen, § 572 I 1 Hs 1. Das liegt gerade auch im PKH-Verfahren eher im Sinn einer möglichsten Entlastung wenigstens des Beschwerdegerichts. Deshalb muß man spätestens die etwa erforderliche Nichtabhilfeentscheidung mit mehr als nur mit der Floskel „aus den zutreffenden Gründen des angefochtenen Beschlusses" begründen, um keine Zurückverweisung wegen eines erheblichen Verfahrensfehlers der mangelnden Nachprüfbarkeit zu riskieren. Immerhin ergibt sich ja im Abhilfe-Prüfungsverfahren auch die Möglichkeit, die vorangegangene Entscheidung noch besser verständlich darzulegen und/oder weitere neue Gründe hinzuzufügen.

3) Geltungsbereich, I–IV. Vgl Üb 4 vor § 114, § 114 Rn 9–45. Die Vorschrift gilt auch im FGG- **3** Verfahren, Bbg FamRZ 03, 1199, Drsd FamRZ 04, 1979 (mit § 22 FGG), Köln FamRZ 04, 715 (zu III 4–6). Sie gilt auch im Insolvenzverfahren, BGH NJW 00, 1869.

4) Entscheidungen, I 1. Das PKH-Verfahren führt zu einer Entscheidung, wenn es nicht zB durch Tod **4** des Antragstellers ohne sie kraft Gesetzes endet. Die einzelnen Arten der möglichen Entscheidungen sind in §§ 119–121, 124 aufgeführt und in den zugehörigen Anm erläutert. Eine Ablehnung kann schon darin liegen, daß das Gericht seine abschließende Entscheidung über den PKH-Antrag vorwerfbar hinauszögert, Rn 44 „Aussetzung", Rn 58 „Verzögerung der Entscheidung". Allerdings kann eine Verzögerung bis zur Verhandlung über die Hauptsache erforderlich sein. Das gilt zB dann, wenn der Prozeßgegner nicht früher Gelegenheit zur Stellungnahme nach § 118 I 1 erhalten kann oder wenn das Gericht in Anwesenheit der Parteien noch Punkte klären muß, § 118 II 2. Eine stillschweigende Ablehnung oder Einschränkung der bisherigen Bewilligung ist unzulässig und unwirksam, Ffm JB 86, 79 (zur Stufenklage), aM Köln MDR 90, 728 (aber wenigstens jede evtl rechtsmittelfähige Entscheidung braucht eine ausdrückliche Form).

5) Keine Verhandlung, I 1. Durch den Wortlaut ist zusätzlich zu § 128 IV und deshalb überflüssiger- **5** weise wohl infolge eines bloßen Redaktionsversehens des Gesetzgebers klargestellt, daß eine mündliche Verhandlung nicht erfolgen darf, und zwar scheinbar ausnahmslos, Rn 2. Auch sind die in § 118 I 1, II 2 genannten Anhörungs-, Erörterungs- und Erhebungsmöglichkeiten und -pflichten nicht notwendig mit einer „Verhandlung" im Sinn von § 127 I 1 verbunden. Dasselbe gilt, soweit das Gericht Artt 2 I, 20 III GG (Rpfl), BVerfG 101, 404, Art 103 I GG (Richter) beachten muß. Auch im Aufhebungsverfahren erfolgt keine mündliche Verhandlung mit streitigen Anträgen auch nur zum Aufhebungspunkt. Indessen kann man aus den in Rn 2 dargelegten Gründen in der Praxis oft ein kaum noch trennbares Durcheinander von mündlicher Verhandlung zur Hauptsache und mündlicher Erörterung zum Bewilligungsantrag usw beobachten. Es ist auch kaum vermeidbar, aM Karlsr FamRZ 89, 768 (aber die Praxis zeigt das Durch- und Nebeneinander allzu oft). Jedenfalls ist eine tatsächlich auch zur PKH durchgeführte „Verhandlung" kein Anfechtungsgrund. Sie ist daher auch nicht geeignet, die Wirksamkeit der folgenden Entscheidung zu beeinträchtigen.

Andererseits ist die Entscheidung *ebensowenig unwirksam* oder anfechtbar, nur weil das Gericht keine echte mündliche Verhandlung auch über den Bewilligungsantrag durchgeführt habe. Der Prozeßgegner des Antragstellers hat ohnehin kein eigenes Beschwerderecht. Schon gar nicht soll das Gericht im Bewilligungsverfahren eine Entscheidungsreife zur Hauptsache herbeiführen, § 300 Rn 5. Daran ändert der Umstand nichts, daß der Bewilligungsantrag erst zugleich mit dem Hauptsacheantrag entscheidungsreif werden mag.

6) Zuständigkeit, I 2. Man muß drei Zuständigkeitsarten unterscheiden. **6**

A. Prozeßgericht. Unter „Gericht" versteht die Vorschrift das Prozeßgericht, soweit es um eine Bewilligung für das Erkenntnisverfahren geht oder um ein vorläufiges Verfahren (Arrest, einstweilige Anordnung, einstweilige Verfügung, §§ 620 ff, 916 ff, 935 ff). Das ergibt sich schon aus § 117 I 1. Im Mahnverfahren ist der Rpfl nach § 20 Z 1 RPflG oder der etwa nach Landesrecht betraute Urkundsbeamte nach Grdz 4 vor § 688 funktionell zuständig. Der Einzelrichter ist nach §§ 348 I 1, 526 I zuständig, auch nach §§ 348 a I, 527 IV nach Übertragung auf ihn. Wegen weiterer Einzelheiten § 117 Rn 12. Das Prozeßgericht ist auch

§ 127   Buch 1. Abschnitt 2. Parteien

zuständig, soweit es um PKH für ein im Buch 8 der ZPO (§§ 704 ff) geregeltes Verfahren geht und für dieses nicht nach §§ 802 das Vollstreckungsgericht zuständig ist, sondern eben das Prozeßgericht, zB in den Fällen der §§ 758, 887, 888, 890.

7 **B. Vollstreckungsgericht.** Soweit es um PKH für die Zwangsvollstreckung oder einzelne Akte in ihr geht und nicht nach Rn 6 auch dort das Prozeßgericht zuständig ist, ist als „Gericht" im Sinn von I 2 das Vollstreckungsgericht nach §§ 764, 802 zuständig, also zunächst der Rpfl, § 764 Rn 6. Das gilt auch für ein Aufhebungsverfahren nach § 124 während der Zwangsvollstreckung.

8 **C. Rechtsmittelgericht.** Wie Hs 2 klarstellt, ist das Gericht des „höheren Rechtszugs" zuständig, soweit das Verfahren in diesem höheren Rechtszug zur Hauptsache schon „anhängig" ist. Das ist natürlich nur für das Rechtsmittelverfahren gemeint, BayObLG RR **89**, 836. Soweit ein Antrag noch oder schon wieder das Verfahren erster Instanz oder das der Zwangsvollstreckung betrifft, bleiben die nach Rn 6, 7 genannten Gerichte zuständig, Karlsr Rpfleger **00**, 448. Das gilt auch, soweit sich die Akten schon oder noch wegen eines anhängigen Rechtsmittelverfahrens beim Rechtsmittelgericht befinden, aM OVG Hbg FamRZ **90**, 81 (aber diese Zuständigkeitsregel gilt allgemein im Prozeßrecht). Das Rechtsmittelgericht sendet die Akten an das erstinstanzliche Gericht, soweit zur unverzüglichen Bearbeitung erforderlich.

Das Rechtsmittelgericht entscheidet allerdings auch, soweit eine Partei die PKH für ein erst *beabsichtigtes* Rechtsmittel beantragt, selbst wenn also das Verfahren im höheren Rechtszug noch nicht anhängig ist, sondern erst anhängig werden soll, BGH **98**, 322, BFH BB **81**, 1513, Drsd AnwBl **94**, 87. Nach der Beendigung des Rechtsmittelverfahrens durch die Verkündung oder wirksame Mitteilung der dortigen Entscheidung ist für das jetzt folgende Verfahren wiederum das Prozeß- oder Vollstreckungsgericht der ersten Instanz zuständig, Karlsr Rpfleger **00**, 448. Nach einer Zurückverweisung im Bewilligungsverfahren wie im Hauptverfahren nach § 538 ist wiederum das erstinstanzliche Gericht zuständig. Dazu, wer im jeweils zuständigen Gericht funktionell tätig werden muß, vgl die einschlägigen Anm in den genannten Vorschriften.

9 **7) Entscheidungsform: Beschluß, I–IV.** Alle Entscheidungen im Bewilligungs-, Änderungs- und Aufhebungsverfahren müssen ausdrücklich erfolgen, also nicht stillschweigend, Ffm JB **87**, 79. Sie ergehen in der Form eines Beschlusses, § 329 I oder II. Eine bloße Verfügung beeinträchtigt allerdings die Wirksamkeit der Entscheidung nicht, sofern das zuständige Gericht sie in ebenso verständlicher nachprüfbarer Weise erlassen und ordnungsgemäß unterzeichnet hat, § 329 Rn 8, 11, 23.

10 **8) Entscheidungsbegründung, I–IV.** Entsprechend der allgemeinen Regel zur Begründungspflicht von Beschlüssen und Verfügungen nach § 329 Rn 4 gilt der Grundsatz: Ein eindeutiger Tenor des Beschlusses nebst Begründung ist eine Rechtspflicht, soweit eine Nachprüfbarkeit durch die Partei wie durch das Gericht erforderlich ist. Das kann nicht nur bei einer durch Rechtsmittel angreifbaren Entscheidung der Fall sein, sondern auch dann, wenn es um eine Verfassungsbeschwerde geht. Diese braucht das Gericht freilich nicht von vornherein einzukalkulieren.

11 **A. Uneingeschränkte Bewilligung: Kein Begründungszwang zur Erfolgsaussicht usw.** Soweit das Gericht PKH uneingeschränkt ohne Ratenzahlungen oder Vermögensbeiträge für alle genannten Ansprüche des Hauptverfahrens bewilligt, ist eine Begründung zur Bejahung der Erfolgsaussicht und zum Fehlen von Mutwillen nicht erforderlich. Denn insoweit ist die Entscheidung weder von der Staatskasse noch gar vom Prozeßgegner anfechtbar, Rn 26.

12 **B. Uneingeschränkte Bewilligung: Begründungszwang allenfalls zur Bedürftigkeit.** Allenfalls muß das Gericht stichwortartig begründen, warum es auch die Bedürftigkeit als so erheblich angesehen hat, daß es weder Ratenzahlungen noch Vermögensbeiträge festsetzen durfte. Denn insoweit unterliegt gerade die uneingeschränkte Bewilligung grundsätzlich der sofortigen Beschwerde der Staatskasse, II 1 in Verbindung mit III. Diese besteht allerdings eher theoretisch, Rn 19. Die Begründungspflicht besteht evtl auch dann, wenn der Antragsteller bisher keine Zustimmung zur Mitteilung dieses Teils der Gesamtscheidung an den Prozeßgegner erfüllt hat. Denn I 3 verbietet dann nur die entsprechende Mitteilung. Letzteres Verbot gilt freilich dann auch im Beschwerdeverfahren, Brdb JB **00**, 367.

13 **C. Eingeschränkte Bewilligung: Begründungszwang.** Soweit das erstinstanzliche Gericht PKH nur gegen Ratenzahlungen und/oder Vermögensbeiträge bewilligt, ist eine Begründung erforderlich, Brdb FamRZ **04**, 389, Schlesw JB **96**, 534, LAG Stgt JB **83**, 293. Denn eine sofortige Beschwerde ist zwar seitens der Staatskasse unzulässig, weil sie nur gegen eine uneingeschränkte Bewilligung statthaft wäre, III 1, und der Prozeßgegner ohnehin kein Rechtsmittel. Jedoch kann der Antragsteller die sofortige Beschwerde einlegen, Rn 35. Wegen des Fehlens einer nach I 2 erforderlichen Zustimmung Rn 12.

14 **D. Ablehnung: Grundsatz eines Begründungszwangs.** Soweit das erstinstanzliche Gericht den Bewilligungsantrag ablehnt, sei es wegen Fehlens der Erfolgsaussicht, sei es wegen Mutwilligkeit des Antrags, sei es mangels Bedürftigkeit, sei es wegen mehrerer solcher Bedenken (umfassende Begründung ratsam), ist grundsätzlich eine Begründung notwendig. Denn der Antragsteller kann die Entscheidung grundsätzlich nach II 2 Hs 1 anfechten, Celle NdsRpfl **90**, 43, Köln DAVorm **93**, 586. Wegen des Fehlens einer nach I 2 erforderlichen Zustimmung Rn 12. Ein Verstoß kann zur Zurückverweisung nach § 572 III führen, Karlsr FamRZ **91**, 349.

15 **E. Ablehnung: Kein Begründungszwang bei Unzulässigkeit einer Beschwerde.** Soweit eine sofortige Beschwerde ausnahmsweise nach Rn 37, 38 unzulässig wäre, braucht das Gericht auch die erstinstanzliche ablehnende Entscheidung nicht zu begründen.

16 **F. Rechtsmittelentscheidung: Bedingter Begründungszwang.** Das im PKH-Verfahren entscheidende Rechtsmittelgericht braucht seine Entscheidung unabhängig von deren Art nur zu begründen, soweit es eine Rechtsbeschwerde zuläßt, § 574 I Z 2. Denn dann muß für den BGH erkennbar sein, ob das OLG verfahrensfehlerfrei entschieden hat, § 329 Rn 4.

17 **G. Nichtabhilfe bei Erinnerung: Begründungszwang.** Soweit der Rpfl entschieden und einer sofortigen Erinnerung nicht abgeholfen hat, Rn 98, ist es nicht nur eine Anstands-, sondern Rechtspflicht, seinen

Titel 7. Prozesskostenhilfe und Prozesskostenvorschuss § 127

erforderlichen Nichtabhilfebeschluß zu begründen. Denn sonst würde auch hier die Grundlage der Nachprüfbarkeit durch die Partei wie durch das Gericht fehlen, § 329 Rn 4. Wegen Fehlens einer Zustimmung nach I 2 vgl Rn 12. Dasselbe gilt, soweit im Mahnverfahren der etwa nach dem Landesrecht nach Grdz 4 vor § 688 zuständige Urkundsbeamte entschieden hat, wegen der befristeten Erinnerung nach § 573 I.

9) Mitteilung der Entscheidung, I–IV. Man muß die folgenden Fälle unterscheiden. **18**

A. Verkündung. Soweit das Gericht entgegen I 1 nach einer auch zum PKH-Gesuch mündlichen Verhandlung entscheidet, muß es den Beschluß verkünden, § 329 I 1. Eine Verkündung ist auch zulässig, soweit sie nur anläßlich der mündlichen Verhandlung zur Hauptsache und ohne eigene mündliche Verhandlung zum PKH-Verfahren erfolgt. § 329 verbietet diesen Mitteilungsweg nicht. Er ist sogar notwendig, wenn das Gericht die Entscheidung nur auf diese Weise in der erforderlichen Zügigkeit und zur Vermeidung des Vorwurfs der verzögerlichen Behandlung mitteilen kann und muß. Das gilt zB dann, wenn die Bewilligungsreife erst im Laufe der Verhandlung zur Hauptsache eintritt, aber noch vor dem Eintritt in die dortige Beweisaufnahme. Soweit das Gericht den PKH-Antrag nur anläßlich einer Verhandlung zur Hauptsache usw entgegengenommen hat, ist eine Verkündung nicht erforderlich, wenn die PKH-Entscheidung noch nicht während jener Verhandlung zur Hauptsache ergehen muß. Insoweit können die Parteien das Gericht auch nicht durch einen „Antrag auf sofortige Entscheidung" zu einer Verkündung noch in jenem Termin zwingen. Das können sie ohnehin faktisch nicht erreichen.

Soweit die Entscheidungsgründe auch nur „Angaben" zu den persönlichen und wirtschaftlichen Verhältnisses der Partei enthalten, darf das Gericht diesen Teil der Gesamtentscheidung dem Prozeßgegner nach I 3 nur mit *Zustimmung der Partei* „zugänglich" machen. Es darf ihn also weder in Gegenwart des Prozeßgegners oder in öffentlicher Sitzung mitverkünden noch dem Gegner übersenden. Das gilt auch im Beschwerdeverfahren, Brdb MDR **00**, 1095. Zur Vermeidung von Mißverständnissen empfiehlt es sich, an den geschwärzten Stellen oder am Schluß einen Hinweis zu geben, daß wegen I 3 eine Schwärzung erforderlich war.

Ein *Verstoß* hat freilich keine direkten prozessualen Folgen. Er kann aber Amtshaftung auslösen. Er kann allerdings wegen des umfassenden Spruchrichterprivilegs nicht von der Dienstaufsicht überprüft werden, solange das PKH-Verfahren dem Gericht zugeordnet ist.

Die *Staatskasse* erhält ungeachtet III 3 keine Nachricht. Sie muß vielmehr die Akten anfordern, Karlsr JB **88**, 1226. Das ist mit dem GG vereinbar, BVerfG NJW **95**, 581.

B. Formlose Mitteilung. Sie kommt nur dann in Betracht, wenn die Entscheidung unzweifelbar **19** unanfechtbar ist. Den Parteien formlos mitteilbar ist zB meist ungeachtet Rn 12 in der Praxis die uneingeschränkte Bewilligung von PKH, BGH VersR **85**, 69.

C. Förmliche Zustellung. Das Gericht muß eine auch nur teilweise ablehnende Entscheidung schon **20** wegen II 2, III 1 nach § 329 III Hs 1 förmlich dem Benachteiligten zustellen, nicht auch der Staatskasse, Philippi Rpfleger **95**, 466. Eine förmliche Zustellung der PKH-Entscheidung ist ferner erforderlich, soweit sie zugleich eine Terminsbestimmung enthält, § 329 II 2. Dabei muß man natürlich prüfen, ob solche Maßnahmen gerade im PKH-Verfahren ergehen oder in Wahrheit im zugehörigen Hauptsacheverfahren erlassen sind und ob das Gericht sie nur irrig oder zwecks Vereinfachung äußerlich in den Beschluß des PKH-Verfahrens aufgenommen hat. Wegen I 2 vgl Rn 12. Von der Notwendigkeit einer förmlichen Zustellung wegen einer Terminsbestimmung muß man wieder eine Ausnahme für den Fall machen, daß das AG den Kläger zugleich zum ersten Verhandlungstermin lädt, § 497 I 1. Eine Fristbestimmung erfolgt zB auch nach § 234 I, II. Diese Fristen beginnen aber auch bei einer formlosen Mitteilung, BGH VersR **85**, 69. Auch eine Entscheidung, die an sich förmlich zuzustellen wäre, braucht das Gericht der Staatskasse nur formlos mitzuteilen, selbst wenn sie beschwerdeberechtigt ist. Denn das Gericht braucht sie ihr überhaupt nicht von Amts wegen mitzuteilen, III 6.

10) Kostenentscheidung, I–IV. Eine Entscheidung über Kosten (gemeint: des PKH-Verfahrens) findet **21** weder im Fall einer uneingeschränkten oder eingeschränkten Bewilligung statt, noch im Fall einer völligen oder ganzlichen Ablehnung, noch im Fall einer Änderung nach § 120 der Aufhebung nach § 124, noch im Fall des vollen Erfolgs des Beschwerdeverfahrens, § 91 Rn 153, 154. Denn das PKH-Verfahren kennt eine Gerichtsgebühr nur im Fall einer Verwerfung oder Zurückweisung der sofortigen Beschwerde, KV 1956, Düss FamRZ **90**, 892, Schlesw SchlHA **89**, 162. Es kennt keine Pflicht zur Erstattung der außergerichtlichen erstinstanzlichen Kosten des Antragsgegners, selbst wenn das Gericht ihn angehört hat, § 118 I 4, dort Rn 21. Die Kosten des Beschwerdeverfahrens werden ohnehin in keinem Fall erstattet, IV, Rn 103. Nur bei teilweiser oder völliger Verwerfung oder Zurückweisung der sofortigen Beschwerde ist daher eine Kostenentscheidung möglich. Man muß den Wert dann nach § 3 berechnen, evtl nach dem erfolglosen Teil, Nürnb FamRZ **89**, 201.

Ob eine etwa vorhandene Kostenentscheidung in Wahrheit nur oder zumindest auch das zugehörige *Hauptverfahren* erfassen soll und insofern erforderlich und wirksam sein mag, ist eine Frage der Auslegung. Eine Kostenentscheidung ist auch nicht etwa deshalb erforderlich, weil Gerichtskosten in der Form von Auslagen aus Anlaß der Vernehmung von Zeugen und Sachverständigen nach § 118 I 5 entstehen können. Denn sie folgen als Gerichtskosten der Kostengrundentscheidung im Hauptprozeß nach §§ 91 ff. Wenn es nicht zu einer solchen kommt, muß man sie nach den §§ 22, 29, 31 GKG einziehen. Eine Kostenentscheidung ist auch nicht wegen der Haftung des Antragstellers gegenüber dem beigeordneten Anwalt für den Zeitpunkt nach der Aufhebung der Bewilligung erforderlich. Denn er erhält seine Vergütung zumindest auf Antrag aus der Staatskasse, §§ 45 ff RVG, wenn er sie nicht schon vom Auftraggeber, einem Dritten oder dem nach § 126 I im Wege der Beitreibung in Anspruch genommenen Prozeßgegner erhalten hat. Wegen einer fälschlichen Kostenentscheidung § 118 Rn 23.

11) Keine Prozeßkostenhilfe für das Bewilligungsverfahren, I. Für das Bewilligungsverfahren gibt es **22** keine PKH, § 114 Rn 35. Daher enthält die Entscheidung insofern auch keinen Ausspruch, es sei denn, daß der Antragsteller ausdrücklich für das Bewilligungsverfahren PKH beantragt hatte. Insoweit muß das Gericht den Antrag zurückweisen.

§ 127

23 12) Sofortige Beschwerde der Staatskasse gegen uneingeschränkte Bewilligung, II 1, III, dazu in *Baden-Württemberg* AV v 15. 4. 87, Just 176: Gegen die Bewilligung von PKH durch den Richter ist eine (jetzt) sofortige Beschwerde der Staatskasse nicht schlechthin unzulässig, KG JB **90**, 908, insofern mißverständlich BGH **119**, 374. Diese Regelung ist anders als im Strafprozeß, §§ 397a II 2, 403, 404 V 3 Hs 2 StPO, Düss JB **90**, 909, Kblz Rpfleger **91**, 209 (kein Beschwerderecht). Eine sofortige Beschwerde der Staatskasse ist vielmehr nur dann statthaft, wenn das Gericht überhaupt keine Monatsraten oder überhaupt keine aus dem Vermögen zu zahlenden Beträge festgesetzt hat, III 1 in Verbindung mit II 1 und mit § 567 I Z 1 (je zum alten Recht), Brdb RR **04**, 64, KG FamRZ **00**, 839 LAG Nürnb Rpfleger **02**, 17, aM Nürnb Rpfleger **95**, 465 (aber es bleibt der Weg Rn 94 ff). Die Staatskasse wird dabei durch den Bezirksrevisor als ihren gesetzlichen Vertreter tätig. Er darf auf Grund von Stichproben vorgehen, BVerfG **91**, 122.

24 A. Beim Fehlen jeglicher Zahlungsanordnung, III 1. Wie schon der Gesetzestext klarstellt, hängt die Zulässigkeit der sofortigen Beschwerde zunächst davon ab, daß das Gericht „weder Monatsraten noch aus dem Vermögen zu zahlende Beträge festgesetzt" hat, Jena FamRZ **93**, 821, Zweibr Rpfleger **00**, 339. Irgendwelche Anordnungen nach §§ 115, 120 I führen zur Unzulässigkeit der sofortigen Beschwerde auch dann, wenn das Gericht die Anordnung nicht schon im Bewilligungsbeschluß getroffen hatte, sondern in einem gesonderten gleichzeitigen oder späteren Beschluß, aber noch vor der Einlegung der sofortigen Beschwerde der Staatskasse. Eine Zahlungsanordnung usw nach der Beschwerdeeinlegung macht das Rechtsmittel ebenso erfolglos wie sonst der nachträgliche Wegfall einer Beschwer, Nürnb FamRZ **88**, 1080.
Die sofortige Beschwerde der Staatskasse ist *auch dann unzulässig,* wenn die Staatskasse die vom Gericht bereits festgesetzten *Monatsraten* und/oder Beträge aus dem Vermögen als zu gering, zu variabel oder sonst nicht belastend genug ansieht. Ebensowenig ist ihre sofortige Beschwerde gegen die Ablehnung einer Nachzahlungsanordnung nach § 120 IV zulässig, Ffm FamRZ **91**, 1327, ZöPh 45, aM Nürnb Rpfleger **95**, 465 (aber Wortlaut und Sinn von III 1 sind eindeutig, Einl III 39). Unzulässig ist eine sofortige Beschwerde auch gegen die Ablehnung der Aufhebung von PKH, aM ZöPh 45 (aber auch diese Fälle werden vom klaren Wortlaut des III 1 nicht gedeckt, Einl III 39, ebensowenig von III 2, und § 567 I Z 2 tritt jedenfalls hinter der Spezialregelung des § 127 III 1, 2 zurück). Auch bei der bloßen Rüge unzulässiger Rückwirkung der Bewilligung ist die sofortige Beschwerde der Staatskasse unstatthaft, Köln FamRZ **97**, 683. Sie ist ferner dann unstatthaft, wenn wegen getrennter Verfahren höhere Anwaltskosten entstanden, Oldb FamRZ **96**, 1428.

25 B. Bisher auch wegen greifbarer Gesetzwidrigkeit, dazu *Ebbeler,* Die Fragwürdigkeit der Judikatur zur greifbaren Gesetzwidrigkeit, 1995; *Jauernig,* Außerordentliche Rechtsbehelfe, Festschrift für *Schumann* (2001) 241; *Kley,* Die außerordentliche Beschwerde usw, 1999; *Kreft,* „Greifbare Gesetzeswidrigkeit" – Gedanken zur Entlarvung eines Phantoms, in: Festschrift für *Graßhof* (1998); *Lotz* NJW **96**, 2130 (ausf); *Pawlowski,* Zu den „Außerordentlichen Beschwerden" wegen „Greifbarer Gesetzeswidrigkeit", Festschrift für *Schneider* (1997) 97; *Schneider* MDR **02**, 1047; *Wax,* Von der Beschwerde wegen greifbarer Gesetzeswidrigkeit zur Beschwerde wegen unzumutbarer Härte, Festschrift für *Lüke* (1997) 941:
Entgegen dem scheinbar eindeutigen Wortlaut von II 1, III in Verbindung mit § 567 I war bisher eine sofortige Beschwerde der Staatskasse (nicht zum BGH, s unten) gegen die uneingeschränkte Bewilligung von PKH in wenigen Ausnahmefällen nach verbreiteter Ansicht evtl auch mit der Begründung statthaft, das stelle einen Rechtsmißbrauch dar, Einl III 54, nämlich eine *greifbare Gesetzwidrigkeit,* sie stelle also einen Widerspruch zu Wortlaut und Sinn des Gesetzes dar, eine mit dem Gesetz schlechthin unvereinbare, dem Gesetz fremde, durch das Gesetz ersichtlich nicht gewollte Anwendung, § 567 Rn 6, § 707 Rn 17, § 769 Rn 13, (teils zum alten Recht) BGH NJW **02**, 1577 (s aber unten), Ffm (1. FamS) FamRZ **02**, 401, Hbg JB **01**, 34. Demgegenüber BVerfG (Plenum) NJW **03**, 1924 (Verstoß gegen Rechtsmittelklarheit), Ffm Rpfleger **93**, 251, Oldb JB **94**, 44, LAG Köln MDR **90**, 747, aM BGH (12. ZS) BB **03**, 2314, Rößler BB **03**, 1701. Das ist wegen Einl III 54 (Rechtsmißbrauch verdient nie Schutz) nicht unproblematisch, aber wohl das letzte Wort des BVerfG.
Diese Erwägungen galten wohl auch wegen des in II 2 Hs 2 geregelten Grundsatzes, daß das PKH-Verfahren grundsätzlich nicht vor ein Gericht kommen soll, vor das die Hauptsache nicht kommen kann. Zwar enthält die ZPO diesen Grundsatz so an manchen Stellen. Um so näher hätte es gelegen, das Problem der greifbaren Gesetzwidrigkeit gesetzlich mitzuregeln. Der Gesetzgeber soll nun lt BVerfG NJW **03**, 1924 bis Ende 2004 sprechen. Daher kann man die bisherigen dazu entwickelten Maßstäbe nur sehr bedingt vorerst noch mit beachten. Im übrigen gestattet II 2 Hs 3 eine sofortige Beschwerde in der Bedürfnisfrage unabhängig vom Berufungswert.
Die Notwendigkeit der *Beseitigung krassen Unrechts* hat allerdings an sich Vorrang vor Entlastungsbestrebungen. Man muß die Zulässigkeit eigentlich im Kern ähnlich beurteilen wie zB im Fall eines schweren Verfahrensverstoßes bei einer Verweisung, § 281 Rn 38–40, oder im Fall eines schweren Gesetzesverstoßes bei einer vorläufigen Einstellung der Zwangsvollstreckung, § 707 Rn 17, § 769 Rn 13. Freilich muß man streng prüfen, ob wirklich eine so schwere Gesetzeswidrigkeit vorliegt, BGH RR **99**, 1585, Ffm Rpfleger **93**, 251, Hbg JB **01**, 34, Schwarze ZZP **115**, 50. Man muß auch klären, ob die untere Instanz auf Gegendarstellung zu Grdz 3 vor § 567 abändern darf und muß, BGH NJW **98**, 82 (krit Schneider). Was noch streitig und/oder nicht unzumutbar hart ist, ist nicht greifbar gesetzwidrig. Was aus sich heraus verständlich ist, ist ebenfalls nicht greifbar gesetzwidrig, BGH RR **99**, 1585, ebensowenig eine unkorrekt rückwirkende Bewilligung von PKH, KG FamRZ **00**, 839. Im übrigen wäre angesichts des Instituts der Rechtsbeschwerde § 574 I jedenfalls keine außerordentliche Beschwerde zum BGH mehr zulässig. Es wäre allenfalls nach erfolgloser Gegenvorstellung eine Verfassungsbeschwerde denkbar, BGH NJW **02**, 1577.

26 C. Nur wegen Zahlungspflicht, III 2. Die sofortige Beschwerde der Staatskasse „kann nur darauf gestützt werden, daß die Partei nach ihren persönlichen und wirtschaftlichen Verhältnissen Zahlungen zu leisten hat". Sie ist also auf die Rüge einer zu günstigen Beurteilung der Bedürftigkeit des Antragstellers nach § 114 Rn 46 beschränkt, Bbg JB **90**, 1642. Zwar ist die Staatskasse auch dann belastet, wenn das Gericht die Erfolgsaussicht bzw das Fehlen von Mutwillen zu günstig beurteilt hatte. Indessen soll die nochmalige Bemühung des Gerichts zwecks Entlastung der Staatskasse eben auf die reine Frage der Bedürftigkeit

Titel 7. Prozesskostenhilfe und Prozesskostenvorschuss § 127

beschränkt bleiben, BGH 119, 374. Das gilt, obwohl nach II 2 Hs 3 eine sofortige Beschwerde zur Frage der Erfolgsaussicht ausnahmsweise an eine Instanz gelangen darf, zu der die Hauptsache nicht kommen könnte. Die sofortige Beschwerde der Staatskasse nach II 1, III ist auch nicht zur Überprüfung der Person des beigeordneten Anwalts und/oder der Bedingungen seiner Beiordnung zulässig, § 121 Rn 22, Düss MDR **89**, 827. Die Staatskasse muß also vor der sofortigen Beschwerde geltend machen, das Gericht habe mindestens 5 Monatsraten von derzeit mindestens 15 EUR und/oder einen gewissen Vermögensbeitrag festsetzen müssen. Soweit sie auch zur Erfolgsaussicht usw kritisch Stellung nimmt, muß das Gericht die sofortige Beschwerde nach erfolglosem Hinweis als unzulässig verwerfen.

D. Beschwerdefrist, III 3–5. Die sofortige Beschwerde der Staatskasse ist an eine Notfrist gebunden, 27 Brdb Rpfleger **04**, 54. Diese beträgt, wie von § 569 I 1 erlaubt, in Abweichung von der dortigen 2-Wochen-Regelfrist wegen der vorrangigen Sonderregel des III 3 einen Monat seit der Bekanntgabe des Beschlusses durch förmliche Zustellung, Brdb Rpfleger **04**, 54. § 189 ist anwendbar. In jedem Fall gilt außerdem: Die sofortige Beschwerde der Staatskasse ist nur bis zum Ablauf von drei Monaten seit der Verkündung der Entscheidung oder bis zu dem Zeitpunkt statthaft, in dem das Gericht die unterschriebene Entscheidung der Geschäftsstelle übermittelt, III 5, aM Brdb Rpfleger **04**, 54 (fünf Monate). Nach diesem Zeitraum ist die sofortige Beschwerde grundsätzlich unzulässig, Brdb FamRZ **02**, 1714, Köln FamRZ **03**, 1399. Wegen der Lage im Fall einer Berichtigung der Hauptsacheentscheidung LAG Bre AnwBl **88**, 123. Mit „Entscheidung" meint das Gesetz hier diejenige über die uneingeschränkte Bewilligung der PKH nicht etwa die Entscheidung im zugehörigen Hauptsacheverfahren. Das gilt allseits als selbstverständlich und wird daher nirgends näher erörtert. III meint in allen seinen Teilen im Gegensatz zu II 2 die Entscheidung im PKH-Verfahren. Das ergibt sein Sinnzusammenhang.

Wenn indessen die PKH-Bewilligung unter dem *Vorbehalt nachträglicher Auferlegung von Raten* erfolgte und 28 wenn eine solche dann bis zur Hauptsacheentscheidung nicht nachfolgte, mag die Dreimonatsfrist erst ab Verkündung der Hauptsacheentscheidung laufen, III 4, Nürnb Rpfleger **95**, 260. Wegen III 5 sollte das Gericht darauf achten, daß der Urkundsbeamte jeden Eingang einer uneingeschränkten PKH-Bewilligungsentscheidung auf der Geschäftsstelle mit Datum und Uhrzeit notiert, ähnlich wie jeden Eingang eines im schriftlichen Vorverfahren erlassenen Versäumnisurteils wegen § 331 III 1 Hs 2. Fehlt ein solcher Nachweis in der Akte, so mag eine dienstliche Äußerung des Urkundsbeamten erforderlich werden. Bringt auch sie keine Klarheit, so mag man zugunsten der Staatskasse von der Rechtzeitigkeit der sofortigen Beschwerde ausgehen.

E. Keine Mitteilung der Entscheidung an die Staatskasse, III 6. „Die Entscheidung wird der Staats- 29 kasse nicht von Amts wegen mitgeteilt". Das ist eine Maßnahme zur Begrenzung der Arbeit der Geschäftsstelle. Das Gesetz nimmt in Kauf, daß infolgedessen vielfach eine an sich zulässige sofortige Beschwerde der Staatskasse durch Fristablauf mangels Kenntnis der Staatskasse von der Bewilligung unstatthaft wird. Wie die Worte „wird ... nicht ... mitgeteilt" zeigen, ist der Urkundsbeamte nicht einmal berechtigt, von Amts wegen eine Mitteilung vorzunehmen.

Ob er freilich dem Bezirksrevisor eine Akte oder auch ganze Bündel von Fällen zu „routinemäßiger 30 Prüfung" usw zur *Einsicht* vorlegen sollte, ist eine andere Frage. Immerhin ist III 6 mit dem GG vereinbar, BVerfG **91**, 122 (zum alten Recht). Stichproben genügen also. III verbietet dem Bezirksrevisor auch nicht, sich aus anderem Anlaß Kenntnis zu verschaffen. Er kann die gesamten Prozeßakten einsehen, § 299 Rn 9, Karlsr Rpfleger **88**, 424. Ein etwaiger Mißbrauch nach Einl III 54 droht schon wegen der Überlastung der Bezirksrevisoren wohl kaum. Die Beschwerdefrist von einem Monat beginnt mit dem Akteneingang. Die Staatskasse muß stets auch die 3-Monats-Frist einhalten, Mü Rpfleger **94**, 218, Nürnb FamRZ **95**, 751.

F. Kein Beschwerderecht des Prozeßgegners. Wie sich aus II 1 in Verbindung mit III 1 und mit 31 § 567 I Z 1, 2 schon dem Wortlaut nach eindeutig ergibt, hat der Prozeßgegner gegen die uneingeschränkte Bewilligung kein Beschwerderecht insbesondere nicht gegen das Fehlen von Zahlungsanordnungen usw, Grunsky NJW **80**, 2045, Holch NJW **81**, 154. Das gilt trotz des Umstands, daß ihn gerade das Fehlen einer vielleicht objektiv nur zu sehr gebotenen Zahlungsanordnung im Ergebnis mit einer Prozeßführung gegen sich belastet, die bei Ratenzahlungspflichten vielleicht unterblieben wäre.

G. Keine sofortige Beschwerde gegen Bewilligung durch das OLG. Gegen eine Entscheidung des 32 OLG ist allenfalls eine Rechtsbeschwerde an den BGH unter den Voraussetzungen des § 574 statthaft, Rn 25.

H. Weitere Einzelfragen. III ist im Verfahren vor den Patentgerichten entsprechend anwendbar, § 135 33 III 2 PatG. Man darf III nicht verwechseln mit dem Beschwerderecht der Staatskasse für den Fall einer nur eingeschränkten Bewilligung, teilweisen oder gänzlichen Versagung von PKH, Rn 78.

13) Sofortige Beschwerde gegen Untätigkeit, Übergehung oder nur eingeschränkte Bewilli- 34 gung, teilweise oder gänzliche Versagung, II 2, 3. Die Regelung ist ziemlich kompliziert.

A. Ausgangspunkt: Tatsächlich ergangene Entscheidung. Eine sofortige Beschwerde ist in einer Reihe von Fällen statthaft. II 2 umschreibt sie nur mit den Worten „im Übrigen" vage. Das Gesetz meint im Prinzip jede Entscheidung, die keine Bewilligung im Sinn von II 1 ist, Hamm FamRZ **89**, 412. Dazu kann auch eine vorwerfbare Untätigkeit des Gerichts zählen, Hamm FamRZ **85**, 827, ferner die Übergehung eines Gesuchs etwa nach § 118, Düss FamRZ **86**, 485, Köln MDR **99**, 444, Schneider MDR **99**, 1035. Was man unter einer derartigen „Bewilligung" verstehen muß, ist in Rn 23 ff dargestellt. Die Frage, ob eine sofortige Beschwerde auch „im Übrigen" statthaft ist, hängt zunächst davon ab, wie die tatsächlich ergangene Entscheidung lautet, nicht davon, wie sie hätte lauten sollen oder müssen. Denn die Entscheidung gilt so, wie sie äußerlich vorliegt. Das gilt unabhängig davon, ob sie irgendwie falsch war, Kblz VersR **80**, 1076, Schlesw SchlHA **82**, 13. Es ist also zB unerheblich, ob das Gericht seine PKH-Entscheidung irrig in ein Urteil aufgenommen hat oder ob es sie in der Form einer bloßen Verfügung gekleidet hat. Allerdings darf man eine bloße Anordnung nach § 118 grundsätzlich nicht als eine „Entscheidung" im Sinn von § 127 I ansehen, Zweibr FamRZ **84**, 75, aM Celle MDR **85**, 591, ThP 2 (aber jede rechtsmittelfähige Entscheidung, die gesetzlich ein Beschluß sein soll, muß wenigstens formell auch solche Fassung haben). Es kommt

§ 127   Buch 1. Abschnitt 2. Parteien

auch darauf an, wer tatsächlich entschieden hat, also nicht darauf, wer hätte entscheiden sollen, Köln FamRZ **88**, 740 (Richter statt Rpfl).

35   **B. Grundsatz: Statthaftigkeit, II 2 Hs 1, 3.** Wie schon der Wortlaut ergibt, ist „im Übrigen" eine sofortige Beschwerde grundsätzlich statthaft. Das gilt also für alle diejenigen Fälle, die man nicht als eine uneingeschränkte Bewilligung im Sinn von II 1, III bewerten kann, Hs 1. Beschwerdefähig sind also grundsätzlich jede nur eingeschränkte Bewilligung, wie zB eine solche nur gegen Ratenzahlungen und/oder Vermögensbeiträge, Karlsr FamRZ **91**, 350, Schlesw JB **96**, 534, oder gegen eine Bewilligung zu einem späteren als dem beantragten Zeitpunkt oder gegen eine ungesetzliche Auflage, Mü FamRZ **92**, 702, und jede teilweise oder gänzliche Versagung bzw Ablehnung von PKH sowie jede Entscheidung, die die Elemente der eingeschränkten Bewilligung und der Versagung verbindet, etwa bei einer Bewilligung wegen eines Teils der Klagansprüche (jedoch nur gegen Raten) in Verbindung mit einer Ablehnung wegen des Rests der Klagansprüche. Ausreichen kann auch eine Antragsänderung, Brdb FamRZ **98**, 1521, oder ein Verstoß gegen § 118 II 3, Nürnb FamRZ **03**, 1020, oder ein Verstoß gegen § 120 III oder IV 1 oder gegen § 124.

36   Auch eine Verzögerung kann einer Ablehnung gleichstehen, Rn 58. Solche Untätigkeit kann zB in einer Anordnung des Ruhens liegen, Rn 55.

37   Statthaft nach Hs 3 ist auch die sofortige Beschwerde an dasjenige Gericht, zu dem die *Hauptsache* nicht kommen könnte. Das gilt, sofern es in der Beschwerdeinstanz nur um die persönlichen oder wirtschaftlichen Verhältnisse des Beschwerdeführers gehen soll, nicht auch oder nur um die Frage der Erfolgsaussicht nach § 114 Rn 80 oder nur um die Frage der Mutwilligkeit, § 114 Rn 106. Diesen Fall darf man nicht mit dem in Rn 37 behandelten entgegengesetzten Fall verwechseln, Hamm FamRZ **89**, 412, LG Mainz Rpfleger **86**, 297, ZöPh 22, aM LAG Bre Rpfleger **86**, 279. Allerdings ist die Abgrenzung oft nur schwer möglich.

38   **C. Unzulässigkeit neuer Prüfung der Erfolgsaussicht usw bei Nichterreichen des Hauptsache-Berufungswerts von über 600 EUR, II 2 Hs 2.** Nach II 2 Hs 2 ist eine sofortige Beschwerde ausnahmsweise insoweit unzulässig, als sie auch oder nur die Frage der Erfolgsaussicht und/oder des Fehlens von Mutwillen zur Überprüfung stellt und zu demjenigen Beschwerdegericht kommen müßte, zu dem die zugehörige Hauptsache gerade nur wegen Nichterreichens der in § 511 II Z 1 genannten Berufungssumme von über 600 EUR nicht kommen könnte, so schon Düss MDR **91**, 895, LAG Düss JB **86**, 775, Dauster JB **00**, 455, 512. Es handelt sich insofern um eine Regelung zur Eindämmung der Arbeitslast der Beschwerdegerichte. Sie entspricht jetzt einem allgemeinen Rechtssatz, daß der Beschwerderechtszug nicht länger als der Rechtszug in der Hauptsache sein darf, Brdb JB **03**, 267. Das gibt aber nun auch nicht die Erlaubnis, II 2 einfach zu Lasten eines Beschwerdeführers notfalls entsprechend anzuwenden, aM Bbg FamRZ **04**, 38.

39   **D. Unzulässigkeit der sofortigen Beschwerde gegen Beschluß des OLG.** Gegen seine Entscheidung ist allenfalls eine Rechtsbeschwerde an den BGH unter den Voraussetzungen des § 574 statthaft, BayObLG NJW **02**, 2573, Hamm RR **02**, 1375.

40   **E. Unstatthaftigkeit weiterer Beschwerde.** Eine weitere Beschwerde kommt angesichts der Möglichkeit einer Rechtsbeschwerde unter den Voraussetzungen des § 574 nicht mehr in Betracht.

41   **F. Beispiele zur Frage der Zulässigkeit der sofortigen Beschwerde nach II 2**
Abänderung: S „Änderung".
Ablehnung: Die sofortige Beschwerde ist grds gegen eine erstinstanzliche teilweise oder gänzliche Ablehnung von PKH zulässig, LG Oldb Rpfleger **99**, 560 (Insolvenzverfahren), LAG Köln MDR **93**, 798. Sie ist auch dagegen zulässig, daß das Gericht eine unverzügliche Entscheidung über den Bewilligungsantrag zurückstellt oder ablehnt. Denn auch die pflichtwidrige Unterlassung der Entscheidung ist eine Ablehnung, Rn 3. Auch die Ablehnung der Beiordnung des gewählten Verteidigers ist anfechtbar.
Änderung: Die sofortige Beschwerde ist gegen eine den beigeordneten Anwalt beschwerende Änderungsentscheidung statthaft, Schlesw SchlHA **82**, 13, Zweibr Rpfleger **84**, 115. Sie ist auch grds gegen eine Änderungsentscheidung im Sinn von § 120 IV statthaft, dort Rn 33.
Anforderung von Vorschuß: Rn 58 „Vorschuß".
Anhörung: Auch soweit eine sofortige Beschwerde an sich unzulässig wäre, ist eine solche Beschwerde insoweit statthaft, als das erstinstanzliche Gericht dem Beschwerten nicht ein erforderliches rechtliches Gehör gewährt hatte, LG Kiel MDR **86**, 944. Zum Umfang der Anhörungspflicht Rn 89, 90.

42   **Antragswiederholung:** Soweit eine sofortige Beschwerde vorliegt, aber unzulässig ist, darf und muß das Gericht sie evtl in einen neuen Antrag umdeuten. Dieser mag zulässig sein, soweit der Antragsteller einen veränderten Sachverhalt zur Erfolgsaussicht usw und/oder zur Bedürftigkeit vorträgt. Denn der ablehnende Erstbeschluß hat keine innere Rechtskraft, Karlsr FamRZ **86**, 1126, Köln MDR **88**, 501. Allerdings muß das Gericht das Rechtsschutzbedürfnis streng prüfen. Das gilt insbesondere dann, wenn zweifelhaft ist, ob neue Umstände vorliegen, Köln MDR **88**, 501. Es kann auch *fehlen*, soweit eine Gegenvorstellung in Betracht kommt, Rn 102, Köln MDR **88**, 501.
Anwaltswechsel: Der „Begünstigte" kann im Fall eines notwendigen Anwaltswechsels nach § 121 Rn 21 gegen die Verweigerung der Beiordnung des gewählten neuen Anwalts sofortige Beschwerde einlegen. Dem Prozeßgegner steht *kein* solches Recht zu, Rn 80.

43   **Aufhebung:** Soweit sie eine Beschwer herbeiführt, kann man sie mit sofortiger Beschwerde grds angreifen. Das gilt zB für die Partei gegen die Aufhebung der Beiordnung des gewählten, zur weiteren Vertretung bereiten und von der Partei nicht entlassenen Anwalts, gegen die Aufhebung der PKH im ganzen oder wegen eines Teils der Hauptansprüche nach § 124, Karlsr FamRZ **97**, 756, Köln FamRZ **88**, 1184. Gegen die Ablehnung der Aufhebung der PKH-Bewilligung hat der Begünstigte natürlich kein Beschwerderecht, ebensowenig die Staatskasse oder der beigeordnete Anwalt oder der Prozeßgegner, Zweibr JB **86**, 1096. Der beigeordnete Anwalt kann die gegen seinen Willen erfolgte Aufhebung der Beiordnung angreifen, Brdb FamRZ **04**, 213. Insofern hat der Antragsteller dasselbe Recht, Nürnb AnwBl **85**, 219. Auch der beigeordnete Anwalt kann durch eine Aufhebung der PKH beschwert sein, Karlsr FamRZ **96**, 1428, Zweibr Rpfleger **84**, 115. Gegen die Ablehnung der Aufhebung der Beiordnung hat der Anwalt keinen Rechtsbehelf, soweit

Titel 7. Prozesskostenhilfe und Prozesskostenvorschuss § 127

das Berufungsgericht abgelehnt hat, § 78 c III 3 entsprechend, Ffm MDR **89**, 168, auch nicht die Partei, § 574. Der Prozeßgegner ist durch die Aufhebung grds nicht beschwert, LG Kblz FamRZ **98**, 252.
S auch Rn 45 „Beiordnung".

Aussetzung: Soweit im Vorgehen des Gerichts eine gesetzwidrige Aussetzung des Bewilligungsverfahrens **44** liegt, ist sofortige Beschwerde zulässig, Rn 58 „Verzögerung der Entscheidung". Der beigeordnete Anwalt hat dieses Recht auch dann, wenn er schon in dieser Eigenschaft tätig geworden war und insofern Vergütungsansprüche nach §§ 45 ff RVG behält.

Auswahl des Anwalts: Der noch nicht beigeordnete Anwalt hat gegen die Ablehnung gerade seiner Beiordnung *kein* eigenes Beschwerderecht, § 121 Rn 9. Gegen die Auswahl des nach § 121 IV beigeordneten Notanwalts ist sofortige Beschwerde zulässig.

Auswärtiger Anwalt: Soweit das Gericht den auswärtigen Anwalt nur zu den Bedingungen eines ortsansässigen beigeordnet und damit öffentlichrechtlich verpflichtet hat, statt seine Beiordnung in einer für ihn nur dann unanfechtbaren Weise ganz abzulehnen, kommt sofortige Beschwerde in Betracht, Brdb Rpfleger **00**, 279, aM Hamm FamRZ **04**, 708, Schlesw SchlHA **85**, 127 (aber das Gesetz unterscheidet eindeutig so, wie zuvor dargelegt).

Beiordnung: Der Antragsteller wie auch der beigeordnete Anwalt haben grds ein Beschwerderecht, soweit **45** sie beschwert sind, § 121 Rn 23. Das gilt auch bei einer Beiordnung nur zu den Bedingungen eines Ortsansässigen nach § 121 Rn 62, soweit sie ohne oder gegen seinen Willen erfolgt war, Brdb FamRZ **00**, 1385, Hbg FamRZ **00**, 1227, Nürnb FamRZ **02**, 106, aM Düss FamRZ **93**, 819 (aber er ist dann beschwert).

Der *beizuordnende Anwalt* hat gegen die Ablehnung von PKH kein eigenes Beschwerderecht, BGH **109**, 169, Köln RR **00**, 238. Er hat auch gegen die Ablehnung gerade seiner Beiordnung kein eigenes Beschwerderecht, § 121 Rn 9 und 23. Dasselbe gilt gegen die Beiordnung nur zu den Bedingungen eines Ortsansässigen nach § 121 Rn 62, soweit er damit einverstanden war. LAG Ffm BB **89**, 1982 prüft bei der bloßen Anfechtung der Beiordnung die Voraussetzung des § 114 in der Beschwerdeinstanz nicht nochmals. Die Staatskasse hat aus den Gründen Rn 78, 79 gegen die Beiordnung *keine* sofortige Beschwerde, LG Bielef JB **87**, 1100.

S auch Rn 43 „Aufhebung", Rn 44 „Auswärtiger Anwalt" usw.

Berufungssumme: Rn 38.

Beschwer: Sie ist stets notwendig, Rn 70.

Beschwerdesumme: Eine Beschwerdesumme ist im PKH-Verfahren an sich nicht erforderlich. Denn im Fall einer sofortigen Beschwerde liegen die Voraussetzungen des § 567 II nicht vor, Rn 85. Stets ist aber eine Beschwer erforderlich. Auch kann das Fehlen der Rechtsmittelsumme zur Hauptsache die Beschwerde *unzulässig* machen, II 2 Hs 2.

Beweisaufnahme zur Hauptsache: Sie kann eine sofortige Beschwerde rechtfertigen, wenn sie vor einer PKH-Entscheidung erfolgt, Köln FamRZ **00**, 1588.

Dritter: Er hat *kein* Beschwerderecht, Rn 82. **46**

Einstellung: Der beigeordnete Anwalt kann sofortige Beschwerde gegen die Anordnung der Einstellung **47** von Ratenzahlungen vor der Deckung der sog Differenzkosten einlegen, Ffm JB **85**, 1728, Hamm FamRZ **89**, 412, aM Düss FamRZ **86**, 1230 (aber auch dann ist der Anwalt beschwert).

Freiwillige Gerichtsbarkeit: Gegen die Ablehnung von PKH in einem FGG-Verfahren ist eine sofortige **48** Beschwerde grds auch an das OLG zulässig, Karlsr OLGZ **86**, 129, aM BayObLG (GSZ) Rpfleger **92**, 165, Bre FamRZ **92**, 584 (aber gegen Sinn und eindeutig, Einl III 39).

Unzulässig ist aber die sofortige Beschwerde im Verfahren der einstweiligen Anordnung nach §§ 620, 620 b, 644, BGH NJW **05**, 1659.

Eine *weitere* Beschwerde ist als solche wegen § 574 (Rechtsbeschwerde) auch dann *nicht statthaft*, so schon BayObLG NJW **02**, 2573, Hamm FamRZ **03**, 165, Zweibr Rpfleger **92**, 166, aM BayObLG FamRZ **02**, 1714 (aber § 574 läßt sich nicht entsprechend anwenden).

Gegenvorstellung: Zu ihrer Zulässigkeit Rn 100. **49**

Geschäftsunfähiger: Auch er kann beschwerdeberechtigt sein, § 51 Rn 6, LG Mannh AnwBl **82**, 23.

Gesetzlicher Vertreter: Er ist im Namen der Partei so beschwerdeberechtigt wie sie, im eigenen Namen nur, soweit er selbst beschwert ist. Als Partei kraft Amtes ist er nicht nur gesetzlicher Vertreter und hat daher ein eigenes Beschwerderecht.

Greifbare Gesetzwidrigkeit: Vgl zunächst Rn 25. Die zu II 1, III in Rn 25 dargelegten Regeln können **50** auch bei einer an sich unanfechtbaren Entscheidung nach II 2 anwendbar sein, BGH FamRZ **89**, 266, Hamm Rpfleger **91**, 160.

Insolvenzverfahren: Es gelten wegen § 114 Rn 28 „Insolvenz" keine Einschränkungen, aM LG Kassel RR **99**, 1137.

Kostenanforderung: Bis zur Aufhebung der PKH-Bewilligung hat der Begünstigte die sofortige Beschwerde. Der Prozeßgegner kann als Belasteter ebenfalls sofortige Beschwerde einlegen.

Kostenfestsetzung: Gegen eine fehlerhafte Festsetzung kann der Beschwerte bei ausreichendem Beschwerdewert sofortige Beschwerde einlegen, Schlesw SchlHA **94**, 100, Schneider MDR **87**, 725.

Mißbrauch: Rn 55 „Rechtsmißbrauch". **51**

Nichtigkeitsklage: Eine sofortige Beschwerde ist *nicht* im Fall der Ablehnung einer Nichtigkeitsklage **52** gegenüber einem Berufungsurteil des LG zulässig, Rn 38. Wegen einer Rechtsbeschwerde § 574.

Notanwalt: Gegen die Beiordnung eines Notanwalts, die das Gericht ermessensfehlerhaft vornahm, kommt für den Antragsteller sofortige Beschwerde in Betracht, § 121 Rn 78.

Partei kraft Amts: Die Staatskasse hat wegen Rn 78, 79 gegen die Anwendung des § 116 Z 2 *keine* sofortige Beschwerde.

Prozeßgegner: Er hat grds *kein* eigenes Beschwerderecht, Zweibr JB **86**, 1096, Holch NJW **81**, 154. Denn **53** das Bewilligungsverfahren verläuft insgesamt ungeachtet der Notwendigkeit seiner gewissen Anhörung nach § 118 nur zwischen dem Antragsteller und dem Staat, § 118 Rn 11. Vgl ferner Rn 80.

Hartmann

54 Raten: Die sofortige Beschwerde des Begünstigten ist gegen die Anordnung von Raten wie gegen die Ablehnung einer Aufhebung von Ratenzahlungsanordnungen statthaft, Karlsr FamRZ **85**, 724, Nürnb AnwBl **85**, 219. Die sofortige Beschwerde der Staatskasse ist gegen die Ablehnung einer Anordnung von Raten beschwerdeberechtigt, Mü Rpfleger **94**, 218, Nürnb FamRZ **95**, 1592, aM Ffm FamRZ **91**, 1326 (aber dann liegt III 1 vor). Ihre sofortige Beschwerde ist auch gegen die vorläufige Einstellung der auferlegten Ratenzahlungen statthaft, Schlesw AnwBl **00**, 63.
S auch Rn 41 „Änderung", Rn 43 „Aufhebung", Rn 45 „Einstellung".

55 Rechtliches Gehör: Rn 41 „Anhörung".
Rechtskraft: Die sofortige Beschwerde ist ab Rechtskraft der Hauptsacheentscheidung *unzulässig*, Bbg JB **96**, 254, Köln JB **96**, 254.
Rechtsmißbrauch: Er ist, wie stets, verboten und führt zur *Unzulässigkeit* auch einer sonst statthaften Beschwerde. Das gilt zB im Fall einer Verwirkung, wenn also das Bewilligungsverfahren längst beendet ist und die Partei die zugehörige Entscheidung seinerzeit als sachlich berechtigt hingenommen hatte, sie aber jetzt erst nach längerer Zeit angreift, selbst wenn die Beschwerdefrist noch nicht abgelaufen wäre, Kblz RR **03**, 1080, Köln FamRZ **85**, 828, Schlesw SchlHA **84**, 174. Es kann Rechtsmißbrauch vorliegen und das Rechtsschutzbedürfnis daher fehlen, wenn die Partei nur noch Sachfragen vorentscheiden wissen will. Eine Partei, der das Gericht die angefochtene Entscheidung über den rechtzeitigen Antrag allerdings erst nach dem Abschluß der Instanz bekanntgegeben hatte, kann zunächst abwarten, freilich nicht bis zum Ende der Rechtsmittelinstanz, aM Celle MDR **85**, 591 (aber dann ist der Gesamtprozeß beendet).
Keine Verwirkung liegt vor, wenn man zB die Frist nach § 120 IV 2 schuldlos ablaufen ließ, Bbg FamRZ **99**, 308.
Rechtsmittelsumme: Rn 45 „Berufungssumme", „Beschwerdesumme".
Rechtsschutzbedürfnis: Das Gericht muß das Rechtsschutzbedürfnis wie stets prüfen. Es fehlt im Fall des Rechtsmißbrauchs, s dort, und evtl auch insoweit, als eine Gegenvorstellung in Betracht kommt, Rn 102, Köln MDR **88**, 501.
Reisekostenvorschuß: Die Ablehnung der Bewilligung eines Reisekostenvorschusses für den Antragsteller, dazu Hartmann Teil V § 25 JVEG Anh I, II, ist für den Antragsteller anfechtbar, BGH **64**, 139.
Rückwirkende Bewilligung: Die Staatskasse hat wegen Rn 78, 79 gegen sie *keine* sofortige Beschwerde, KG FamRZ **00**, 839, Köln FamRZ **97**, 683.
Ruhen des Verfahrens: Solche Anordnung kann als Verzögerung eine sofortige Beschwerde statthaft machen, Karlsr MDR **95**, 635.

56 Staatskasse: Rn 23–33 sowie § 121 Rn 23.
Tod: Mit dem Tod des Beschwerdeführers *endet* das Rechtsschutzbedürfnis, Brdb FamRZ **02**, 1199, Kblz Rpfleger **96**, 808.

57 Umdeutung: Eine sofortige „Beschwerde" kann als bloßer Änderungsantrag nach § 120 IV oder auch als ein neuer Antrag auslegbar sein, Rn 42 „Antragswiederholung".
Untätigkeitsbeschwerde: Sie kommt wegen Verweigerung des Rechtsschutzes in Betracht, Zweibr RR **03**, 1654.

58 Verfahrenspfleger: Man darf die Problematik der Vergütung des Verfahrenspflegers in einer Unterbringungssache nicht durch seine gesetzwidrige Beiordnung unterlaufen. Geschieht das dennoch, liegt eine greifbare Gesetzwidrigkeit vor. Daher ist die sofortige Beschwerde der Staatskasse zulässig, Rn 25, LG Brschw FamRZ **94**, 525, aM Klüsener FamRZ **94**, 488 (aber Rechtsmißbrauch verdient kein Schutz, Einl III 54).
Vergleich: Die Staatskasse hat gegen die Ausdehnung der PKH-Bewilligung auf einen Vergleich aus den Gründen Rn 78, 79 *keine* sofortige Beschwerde, Ffm Rpfleger **88**, 380, LAG Köln MDR **90**, 747.
Verkehrsanwalt: Die Beiordnung eines Verkehrsanwalts ist für die Staatskasse anfechtbar, Düss MDR **88**, 61.
S auch Rn 45 „Beiordnung".
Vermögensbetrag: Die Auferlegung eines Vermögensbetrages im Bewilligungsbeschluß oder die Ablehnung der Aufhebung einer solchen Anordnung berechtigen zur sofortigen Beschwerde.
Verwirkung: Rn 55 „Rechtsmißbrauch", „Rechtsschutzbedürfnis".
Verzögerung der Entscheidung: Gegen die vorwerfbare Hinauszögerung einer Entscheidung ist sofortige Beschwerde statthaft, Köln MDR **99**, 444, Zweibr RR **03**, 1079, Schneider MDR **04**, 1098, aM Karlsr FamRZ **89**, 769, Köln MDR **98**, 179, OVG Bre NJW **84**, 992 (aber das läuft auf wie stets auf eine Ablehnung hinaus, § 216 Rn 31).
S auch Rn 41 „Ablehnung", Rn 44 „Aussetzung".
Vorschuß: Rn 55 „Reisekostenvorschuß".

59 Wiederholung: Rn 42 „Antragswiederholung".
Wirtschaftlich Beteiligter: Bei § 116 ist nur der Antragsteller beschwerdeberechtigt. Er kann aber die sofortige Beschwerde darauf stützen, das Gericht habe einen wirtschaftlich Beteiligten falsch beurteilt.

60 Zwangsversteigerung: Eine sofortige Beschwerde ist im Zwangsversteigerungsverfahren *unzulässig*, Stgt Just **86**, 423, insbesondere gegen die Versagung im Verfahren nach § 74 a V ZVG, Ffm Rpfleger **77**, 66.
Zweitschuldner: Der Prozeßgegner hat auch dann *kein* Beschwerderecht, wenn es um die Aufhebung nach § 124 geht und er nun als Zweitschuldner haftet, (jetzt) § 31 III Hs 1 GKG, KG Rpfleger **79**, 152.

61 14) Zur Beschwerdefrist, II 3, zusätzliche zeitliche Grenzen des Beschwerderechts, II 2. Auch eine grundsätzlich statthafte sofortige Beschwerde ist zeitlich nicht unbegrenzt zulässig. Das gilt unabhängig von der in II 3, § 569 1, genannten und in Rn 27 erläuterten Notfrist.

A. Zulässigkeit bis zum Instanzende. Solange die sofortige Beschwerde nicht nur innerhalb der Notfrist des II 3 eingeht, sondern außerdem vor dem Zeitpunkt, in dem eine die Instanz beendete Entscheidung zur Hauptsache ergeht, ist sie schon deshalb durchweg zulässig, vom seltenen Fall einer bei extrem langer Verfahrensdauer schon jetzt denkbaren Verwirkung abgesehen, Rn 55 „Rechtsmißbrauch", Jena FamRZ **94**, 1596, aM Düss Rpfleger **88**, 548 (Unzulässigkeit beim Eingang erst so kurz vor Instanzende, daß das Beschwerdeverfahren erst nach dem Ende der Hauptsacheinstanz durchführbar sei. Aber man darf eine

Titel 7. Prozesskostenhilfe und Prozesskostenvorschuss § 127

Frist stets bis zum letzten Moment ausnutzen). Sie ist also auch dann zulässig, wenn die PKH-Entscheidung schon am Anfang der Hauptsacheinstanz erging und diese wegen einer Beweisaufnahme, des Ruhens des Verfahrens, Vertagungen usw bereits lange andauert.

B. Grundsatz: Unzulässigkeit ab Instanzende. Soweit das Gericht zur Hauptsache bereits eine die erste **62** Instanz beendende Entscheidung verkündet oder sonstwie mitgeteilt hat, ist eine erst gleichzeitig oder später eingelegte sofortige Beschwerde unabhängig von der Einhaltung Notfrist des II 3 grundsätzlich unzulässig geworden, so schon BFH BB **86**, 187, Ffm MDR **98**, 494, Mü MDR **00**, 1456, aM Karlsr RR **01**, 656, Naumb FamRZ **00**, 69, Nürnb FamRZ **04**, 1220 (aber jetzt ist ein Rechtsschutzbedürfnis entfallen, Rn 55).

C. Zulässigkeit bei Rückwirkung der angefochtenen Entscheidung. Soweit sich die sofortige **63** Beschwerde allerdings gegen eine PKH-Entscheidung richtet, die das Gericht nach § 119 Rn 16 mit einer Rückwirkung auf einen Zeitpunkt vor der die Instanz zur Hauptsache beendenden Entscheidung getroffen hatte, ist die sofortige Beschwerde auch dann wirksam, wenn sie zwar innerhalb der Notfrist des II 3 eingeht, aber erst nach dem Erlaß jener Hauptsacheentscheidung, so schon Hamm MDR **85**, 592, Köln FamRZ **85**, 1168, OVG Münst AnwBl **85**, 54, aM Düss Rpfleger **88**, 548 (aber eine Rückwirkung muß konsequent durchführbar sein).

D. Zulässigkeit bei Beschlußzugang erst kurz vor Instanzende. Soweit die angefochtene PKH- **64** Entscheidung erst kurz vor dem Erlaß der die Instanz zur Hauptsache beendenden Entscheidung dem Beschwerdeführer zugegangen ist, ist die innerhalb der Notfrist des II 3 eingelegte sofortige Beschwerde auch noch dann zulässig, wenn sie erst bei oder nach dem Erlaß dieser Hauptsacheentscheidung eingeht. Denn er konnte die sofortige Beschwerde dann praktisch nicht mehr vor dem Abschluß der Hauptsacheinstanz zumutbar einlegen, BFH DB **84**, 2495, Bbg FamRZ **90**, 181, Karlsr FamRZ **90**, 82, aM KG FamRZ **86**, 825, Schlesw SchlHA **84**, 175, Zweibr FamRZ **80**, 909 (aber das würde auf einen Verstoß zumindest gegen Art 103 I GG hinauslaufen).

E. Zulässigkeit bei Beschlußzugang erst mit oder nach Instanzende. Soweit die angefochtene **65** PKH-Entscheidung dem Beschwerdeführer zwar innerhalb der Notfrist des II 3 zugegangen ist, aber erst im Zeitpunkt der die Hauptsache in dieser Instanz beendenden Entscheidung oder gar erst hinterher, kann die sofortige Beschwerde zulässig sein, falls er sie nicht bis zum Instanzende einreichen konnte, Brdb MDR **99**, 55, Karlsr FamRZ **00**, 102, Oldb RR **91**, 189. Freilich muß der Beschwerdeführer dann innerhalb der Frist II 3, § 569 I 2 Hs 2, unverzüglich und daher ohne schuldhaftes Zögern handeln, um nicht die Zurückweisung wegen Verwirkung zu riskieren, Rn 55 „Rechtsmißbrauch", Brdb MDR **99**, 55.

F. Unzulässigkeit bei Verwirkung. Rechtsmißbrauch erhält auch im Prozeßrecht nie Schutz, Einl III **66** 54, auch nicht im PKH-Verfahren, Üb 6 vor § 114. Daher ist auch eine nach den Regeln Rn 61–65 an sich sowohl innerhalb der Notfrist II 3 eingelegte, sofortige Beschwerde im Ergebnis doch unzulässig, soweit Verwirkung vorliegt, Rn 55 „Rechtsmißbrauch", so schon Kblz MDR **97**, 498, Karlsr FamRZ **92**, 705. Das ist der Fall, wenn die sofortige Beschwerde vorwerfbar erheblich nach dem zumutbaren Zeitpunkt eingegangen ist, LAG Mainz BB **98**, 1539. Es richtet sich nach den Gesamtumständen des Einzelfalls, ob Verwirkung vorliegt, Bbg FamRZ **90**, 182. Dabei muß das Gericht eine gewisse Großzügigkeit zugunsten des Antragstellers beachten, wie stets im PKH-Verfahren. Anderseits ist diese Regel durch die andere eingeschränkt, daß eine erst nach dem Instanzende eingehende sofortige Beschwerde nicht mehr zulässig ist, Rn 62.

Es kommt also doch im Ergebnis auf den *Einzelfall* an. Die nach altem Recht (einfache Beschwerde) für vertretbar gehaltenen Zeiträume sind angesichts der Notfrist des II 3 überholt. Ein Verschulden des gesetzlichen Vertreters oder des ProzBev ist wie sonst schädlich, §§ 51 II, 85 II, dort Rn 26. Die Partei, der die Entscheidung über einen rechtzeitigen Antrag erst nach dem Abschluß der Instanz zur Hauptsache bekanntgegeben wurde, kann allerdings innerhalb der Fristen II 3, § 569 I 2 Hs 2 zunächst abwarten, wenn auch nicht bis zum Ende der Rechtsmittelinstanz.

G. Unzulässigkeit bei Entscheidung auch des Rechtsmittelgerichts zur Hauptsache. Soweit **67** inzwischen sogar das Rechtsmittelgericht der Hauptsache in jener Rechtsmittelinstanz abschließend entschieden hat, ist eine sofortige Beschwerde trotz Einlegung innerhalb der Notfrist des II 3 auch dann unzulässig, wenn jene Rechtsmittelentscheidung zur Hauptsache noch nicht rechtskräftig geworden ist. Denn das PKH-Verfahren muß nun ein Ende haben. Das gilt jedenfalls dann, wenn eine Revision nicht zulässig ist, Karlsr MDR **87**, 240. Eine Ausnahme mag innerhalb der Fristen II 3, § 569 I 2 Hs 2 notwendig sein, soweit das Gericht seine Entscheidung zum PKH-Gesuch vorwerfbar hinausgezögert hat, Celle MDR **85**, 592, Düss FamRZ **86**, 485.

H. Unzulässigkeit bei Prozeßvergleich zur Hauptsache. Soweit eine nach Rn 61–65 an sich zuläs- **68** sige sofortige Beschwerde zwar innerhalb der Notfrist des II 3 eingeht, aber erst nach dem Zeitpunkt, in dem ein Prozeßvergleich zur Hauptsache nach Anh § 307 wirksam geworden ist, ist sie doch im Ergebnis unzulässig geworden, ZöPh 27, aM KG FamRZ **86**, 825 (aber inzwischen ist ein Rechtsschutzbedürfnis entfallen). Hier gilt dieselbe Erwägung wie bei der Rechtskraft, Rn 69.

I. Unzulässigkeit bei Rechtskraft der Entscheidung zur Hauptsache. Soweit eine nach Rn 61–65 **69** an sich zulässige sofortige Beschwerde zur Frage der Erfolgsaussicht zwar innerhalb der Notfrist des II 3 eingeht, aber erst nach demjenigen Zeitpunkt, in dem die Entscheidung zur Hauptsache im Umfang des PKH-Antrags nach § 322 rechtskräftig geworden ist, ist die sofortige Beschwerde unzulässig geworden, Karlsr FamRZ **95**, 240. Denn auch in diesem Fall muß das PKH-Verfahren mit dem Hauptverfahren ein Ende haben, BFH DB **84**, 2495, Hamm MDR **01**, 349, Naumb FamRZ **01**, 358, aM BGH DB **84**, 2495, Karlsr (20. FamG) MDR **00**, 1212 (Verstoß gegen Art 19 IV GG), LG Saarbr JB **99**, 144 (Zulässigkeit, aber Unbegründetheit). Aber das GG garantiert bekanntlich keine zweite Instanz.

15) Beschwerdeberechtigung, II 2. Der Kreis der Beschwerdeberechtigten ist umfangreich. **70**

§ 127

Buch 1. Abschnitt 2. Parteien

A. Notwendigkeit einer Beschwer. Beschwerdeberechtigt ist grundsätzlich jeder, den die angefochtene Entscheidung beschwert. Wer nicht beschwert ist, kann auch keine sofortige Beschwerde einlegen.
Beschwert ist derjenige, dem die Entscheidung irgendwie abträglich ist, Grdz 13 vor § 511, KG AnwBl **79**, 434, Schlesw SchlHA **76**, 9. Dabei kommt es auf den tatsächlichen Inhalt der angefochtenen Entscheidung an, nicht auf denjenigen, den sie haben sollte. Zur Beschwer auch Rn 45.

71 **B. Antragsteller.** Der Antragsteller ist beschwert, soweit das Gericht irgendwie hinter seinem Antrag zurückgeblieben ist. Wer PKH beantragt, bittet jedenfalls im Zweifel um eine uneingeschränkte Bewilligung ohne Raten und/oder Vermögensbeiträge für alle derzeit beabsichtigten Anträge zur Hauptsache und um die Beiordnung des Anwalts seiner Wahl und der etwa zusätzlich erbetenen Beweis- oder Verkehrsanwälte. Jedes Zurückbleiben hinter diesen Anträgen führt grundsätzlich zu einer Beschwer. Sie kann auch zB darin liegen, daß das Gericht ablehnt, einen vom Begünstigten aus triftigem Grund entbundenen Anwalt durch Beiordnung eines anderen Anwalts der Wahl des Antragstellers zu ersetzen, oder daß das Gericht es ablehnt, seine Entscheidungen zur Zahl oder Höhe der Raten oder Vermögensbeiträge zugunsten des Antragstellers zu ändern oder einen Aufhebungsbeschluß nach § 124 zurückzunehmen, Rn 43.

72 **C. Streitgenosse, Streithelfer.** Soweit sie nach § 114 Rn 9 überhaupt Partei sind, gelten für sie auf seiten des Antragstellers dieselben Regeln wie Rn 71, auf seiten seines Prozeßgegners dieselben Regeln wie Rn 80.

73 **D. Noch nicht beigeordneter Anwalt.** Der noch nicht beigeordnete Anwalt hat gegen die Ablehnung gerade seiner Beiordnung grundsätzlich kein eigenes Beschwerderecht, § 121 Rn 9, 23, BGH **109**, 166, Karlsr RR **96**, 1339. Freilich kann sein Auftraggeber als Antragsteller ein solches haben, Rn 71.

74 **E. Beigeordneter Prozeßbevollmächtigter.** Der nach § 121 wirksam zum ProzBev beigeordnete Anwalt hat aus eigenem Recht nur gegen jede gerade *ihn* beschwerende Entscheidung eine Beschwerdemöglichkeit, Brdb JB **97**, 481, Karlsr RR **96**, 1339, Köln JB **05**, 429. Außerdem kann er natürlich im Namen und Auftrag des Antragstellers nach Rn 71 vorgehen. Das gilt sowohl für den beim Prozeßgericht zugelassenen bzw postulationsfähigen ortsansässigen Anwalt als auch für den auswärtigen, zB soweit das Gericht ihn ohne sein Einverständnis nach § 121 Rn 62 nur zu den Bedingungen eines ortsansässigen Anwalts beigeordnet und damit öffentlichrechtlich verpflichtet hat, statt seine Beiordnung in einer für ihn nur dann unanfechtbaren Weise ganz abzulehnen, Köln JB **05**, 429, ZöPh 36, aM Schlesw SchlHA **85**, 127 (aber im Ergebnis liegt eindeutig eine Beschwer vor, Rn 70, 71). Der beigeordnete Anwalt kann ferner die ohne seinen Willen erfolgte Aufhebung der Beiordnung anfechten. Dasselbe gilt gegen die Anordnung der Einstellung von Ratenzahlungen vor der Deckung der sog Differenzkosten, Düss Rpfleger **92**, 399, Köln Rpfleger **97**, 313 (nicht bei § 120 IV), aM Düss FamRZ **86**, 1230 (aber auch insofern liegt eine zumindest wirtschaftliche Unsicherheit und damit eine Beschwer vor). Dasselbe gilt auch gegen eine ihn beschwerende Änderungsentscheidung, Schlesw SchlHA **82**, 13, Zweibr Rpfleger **84**, 115, oder gegen die Ablehnung der Aufhebung der PKH.

75 **F. Beigeordneter Beweisanwalt.** Der nach § 121 III beigeordnete Beweisanwalt hat wie ein ProzBev gegen eine ihn beschwerende Entscheidung aus eigenem Recht eine Beschwerdemöglichkeit. Allerdings kann er in vollem Umfang auch im Namen des Auftraggebers Beschwerde einlegen, im Zweifel also nicht. Denn das Beschwerderecht dürfte grundsätzlich nach dem Vertrag zwischen dem Auftraggeber und dem Beweisanwalt nicht diesem, sondern nur dem ProzBev übertragen sein. Es gibt auch kein Beschwerderecht wegen der Differenzgebühr nach § 120 Rn 16 Köln FamRZ **97**, 1283.

76 **G. Beigeordneter Verkehrsanwalt.** Der nach § 121 III zum Verkehrsanwalt beigeordnete Anwalt hat dort Rn 68 hat dieselben Beschwerdemöglichkeiten wie ein Beweisanwalt, Rn 75.

77 **H. Beigeordneter Notanwalt.** Der nach § 121 IV beigeordnete Notanwalt hat gerade wegen seiner Tätigkeitspflicht nach § 121 Rn 79, die ihn natürlich beschweren kann, ein Beschwerderecht. Auch der Antragsteller hat wegen ermessensfehlerhafter Beiordnung eines Notanwalts ein Beschwerderecht, auch gegen den Willen des Notanwalts.

78 **I. Staatskasse.** Man muß zunächst scharf unterscheiden zwischen einerseits der uneingeschränkten Bewilligung von PKH ohne Monatsraten oder Vermögensbeiträge und andererseits der nur eingeschränkten Bewilligung oder gänzlichen bzw teilweisen Versagung. Im ersteren Fall richtet sich das Beschwerderecht der Staatskasse nach II 1 in Verbindung mit III. Dieses Recht ist in Rn 23–33 dargestellt. Hier interessiert nur der letzter Fall, II 2. Insofern gilt: Soweit eine sofortige Beschwerde überhaupt nach Rn 34–69 statthaft ist, kann auch die Staatskasse als Beschwerdeführer auftreten. Denn das gesamte Bewilligungsverfahren verläuft zwischen dem Antragsteller und dem Staat. Es ist ein Ausfluß des Gebots der Sozialstaatlichkeit mit seiner Fürsorgepflicht, Üb 5 vor § 114. Es berührt die finanziellen Interessen der Staatskasse unmittelbar.

79 Dabei vertritt den *Bezirksrevisor* der örtlich zuständigen LG oder dem jeweils zuständigen höheren Gericht die Staatskasse, Düss MDR **88**, 61, Hamm FamRZ **84**, 724, Kblz FamRZ **88**, 417, aM Düss Rpfleger **83**, 39, Ffm FamRZ **91**, 1326, Hbg MDR **83**, 584 (aber man darf und muß auch prozeßwirtschaftlich auslegen, Grdz 14 vor § 128).
Den Bezirksrevisor kann man als einen weisungsgebundenen Beamten der Verwaltung *nicht als befangen ablehnen*, Kblz MDR **85**, 257. Er kann allerdings nicht mit Hilfe eines formellen Beschwerderechts nach II 2 gegen eine Entscheidung nur nach § 120 I oder III angehen, wenn sich herausstellt, daß sich die Verhältnisse des Antragstellers seit der Entscheidung zu seinen Gunsten und damit zu Lasten der Staatskasse geändert haben und wenn kein Fall nach § 120 IV oder nach § 124 vorliegt, Mü Rpfleger **94**, 218, Nürnb FamRZ **95**, 1592, aM Ffm FamRZ **91**, 1326.

80 **J. Prozeßgegner.** Der Prozeßgegner des Antragstellers in dem von diesem beabsichtigten oder durchgeführten Verfahren zur Hauptsache hat grundsätzlich kein Beschwerderecht, BGH MDR **02**, 1388. Das gilt selbst dann, wenn er im Sinn von Rn 70 beschwert sein mag. Denn er ist überhaupt nicht Partei des Bewilligungs-, Änderungs- oder Aufhebungsverfahrens, selbst wenn das Gericht ihn im Verfahren nach § 118 anhören muß. Das gilt nicht nur gegenüber einer uneingeschränkten Bewilligung nach Rn 29, sondern auch gegenüber der eingeschränkten oder gegenüber der teilweisen Versagung, Zweibr JB **86**, 1096,

Titel 7. Prozesskostenhilfe und Prozesskostenvorschuss　　　　　**§ 127**

Holch NJW 81, 154. Der Prozeßgegner hat sogar dann kein Beschwerderecht, wenn infolge einer Aufhebung nach § 124 jetzt seine Haftung als Zweitschuldner in Betracht kommt, (jetzt) § 31 III Hs 1 GKG, KG Rpfleger **79**, 152.

Als *Ausnahme* kommt eine sofortige Beschwerde des Prozeßgegners allenfalls in Betracht, soweit das Gericht unter einem Verstoß gegen § 122 II von ihm einen Vorschuß anfordert. Beim Fehlen eines solchen Verstoßes gibt aber die Vorschußpflicht kein Beschwerderecht.

K. Anwalt des Prozeßgegners. Der vom Prozeßgegner bestellte ProzBev, Beweisanwalt oder Verkehrs- 81
anwalt hat persönlich ebensowenig ein Beschwerderecht wie sein Auftraggeber.

L. Weitere Einzelfragen. Ein Dritter hat ein Beschwerderecht, sofern ihn eine fälschlich einbeziehende 82
Entscheidung beschwert. Er muß die sofortige Beschwerde unverzüglich einlegen. Ein Geschäftsfähiger kann beschwerdeberechtigt sein, § 51 Rn 6, LG Mannh AnwBl **82**, 23. Das Verschulden eines gesetzlichen Vertreters oder ProzBev ist wie sonst beachtlich, § 51 II, § 85 II, dort Rn 26. Ein wirtschaftlich Beteiligter hat auch im Fall des § 116 grundsätzlich kein eigenes Beschwerderecht, selbst wenn er beschwert sein mag. Indessen hat der Antragsteller insofern eine Beschwerdemöglichkeit.

16) Beschwerdeverfahren, II 2. Die sofortige Beschwerde nach II, III ist lediglich ein Sonderfall der in 83
§§ 567 ff geregelten sofortigen Beschwerde. Es gelten daher für das Verfahren jene Vorschriften, soweit nicht §§ 114–127 vorrangige Sonderregeln enthalten. Nötig ist die endgültige Absicht, die bisherige Entscheidung der Nachprüfung durch die höhere Instanz zu unterstellen, also nicht nur eine Ankündigung von dergleichen Absicht, BayObLG RR **00**, 672 (zu § 238). Man muß nicht unbedingt „Beschwerde" oder „sofortige Beschwerde" einlegen, Rn 100, Gottwald FamRZ **05**, 49. Es sind zB in den Grenzen des (jetzt) § 571 II, III neue Tatsachen und Beweismittel zulässig, Brdb FamRZ **02**, 1419, Hamm FamRZ **00**, 1230, Karlsr FamRZ **97**, 756. Beschwerdegegenstand ist das gesamte Bewilligungsverfahren. Daher kann zB die Zurückweisung der sofortigen Beschwerde wegen des Fehlens jeglicher Bewilligungsmöglichkeit notwendig werden, auch wenn der Beschwerdeführer nur die Ratenfrage angegriffen hat, Bbg JB **88**, 771, BayObLG FamRZ **91**, 1341, aM BGH NJW **93**, 135, Schlesw JB **91**, 1371, oder wenn es nur um eine Beiordnung ging, aM Köln FamRZ **99**, 1146. Das Rechtsschutzbedürfnis muß wie nach Grdz 33 vor § 253 vorliegen, Bbg FamRZ **97**, 757.

Das *Verschlechterungsverbot,* gilt auch hier, Celle FamRZ **93**, 1334, Ffm FamRZ **92**, 1451, Nürnb FamRZ **84**, 410. Eine Zurückverweisung ist möglich, etwa wegen des Fehlens einer Begründung des erstinstanzlichen Nichtabhilfebeschlusses, Karlsr FamRZ **91**, 349, Köln DAVorm **93**, 586. Die Verjährung wird wie beim Antrag gehemmt, Rn 6, BGH BB **01**, 1380.

Die *Entscheidung* erfolgt durch einen Beschluß. Er enthält wegen IV keine Kostenentscheidung, Rn 101. Eine Begründung erfolgt nach den Regeln § 329 Rn 4. Der Prozeßgegner erhält keine Mitteilung über die Bedürftigkeitsgründe, Brdb FamRZ **01**, 636.

A. Beschwerdesumme: 600,01 EUR, II 2 Hs 2 erster Fall. Die Zulässigkeit der sofortigen Be- 84
schwerde hängt in diesem Fall davon ab, daß die Hauptsache einen Streitwert von mindestens 600,01 EUR hat. Das ergibt sich im Umkehrschluß aus II 2 Hs 1 erster Fall. Denn dort wird auf § 511 und damit auf § 511 II Z 1 verwiesen, also auf ein Übersteigen von 600 EUR. Es kommt in diesem ersten Fall nicht darauf an, ob eine Zulassung nach § 511 II Z 2 erfolgen könnte, müßte oder erfolgt ist. Denn II 2 Hs 2 erster Fall stellt nur auf den Mindestwert der Hauptsache von 600,01 EUR ab. Dieser Betrag ist immer dann notwendig, wenn es nicht ausschließlich um den in Rn 85 erläuterten zweiten Fall geht. Vgl auch Rn 37, 38.

B. Keine Beschwerdesumme, II 2 Hs 2 zweiter Fall. Die Zulässigkeit der sofortigen Beschwerde hängt 85
in diesem Fall nicht von einer Beschwerdesumme ab, wenn es nur darum geht, daß das erstinstanzliche Gericht zu Unrecht die Bedürftigkeit verneint hatte, also nur um die persönlichen oder wirtschaftlichen Verhältnisse, §§ 114–116. Das stellt II 2 Hs 2 zweiter Fall klar. Dann ergibt sich auch keine Notwendigkeit einer Beschwerdesumme aus § 567 II 1, 2. Denn trotz § 122 ist eine PKH-Beschwerde keine solche über „die Verpflichtung, die Prozeßkosten zu tragen", weil damit nur die Kostengrundentscheidung nach § 91 Rn 4 gemeint ist. Die PKH-Beschwerde ist auch keine „andere Entscheidung über Kosten". Vgl auch Rn 37, 38.

C. Beschwerdefrist: 1 Monat, II 3. Vgl zunächst Rn 27, 28. Mangels Verkündung oder Zustellung 86
beginnt die Frist fünf Monate nach dem Erlaß des Beschlusses im Sinn von § 329 Rn 24. Das folgt aus § 569 I 2, Kblz RR **03**, 1079. Die Frist nach § 22 FGG beträgt nur zwei Wochen, Drsd NJW **04**, 1964, Zweibr NJW **05**, 1956.

D. Bedingter Anwaltszwang: Form. Im Beschwerdeverfahren ist ein Anwaltszwang nur eingeschränkt 87
vorhanden. Denn die Erklärungen sind auch im Beschwerdeverfahren unter den Voraussetzungen des § 569 III Z 1–3 zu Protokoll der Geschäftsstelle statthaft, § 78 V Hs 2.

Die sofortige Beschwerde bedarf *der Form* des § 569 II 1, 2. Man kann sie in den Fällen § 569 III Z 1–3 auch zu Protokoll der Geschäftsstelle des erstinstanzlichen Gerichts oder des Beschwerdegerichts einlegen.

E. Keine Prozeßkostenhilfe für das Beschwerdeverfahren. Für das Beschwerdeverfahren ist eine 88
PKH nicht möglich, ebensowenig wie für das erstinstanzliche Bewilligungsverfahren, § 114 Rn 35, Karlsr JB **94**, 606, LAG Ffm BB **95**, 468, ThP § 114 Rn 1, aM Celle NdsRpfl **77**, 190, Waldner JB **82**, 801 (vgl aber die auch hier maßgeblichen Erwägungen § 114 Rn 35). Im Verfahren vor dem BFH gelten Abweichungen, BFH DB **87**, 144.

F. Anhörung des Beschwerdegegners. Soweit das Beschwerdegericht nicht die sofortige Beschwerde 89
schon nach dem Vortrag des Beschwerdeführers als unzulässig oder unbegründet zurückweisen muß, ist eine Anhörung des Beschwerdegegners erforderlich, soweit es um die Erfolgsaussicht und das Fehlen von Mutwillen geht. Das ergibt sich schon aus Art 103 I GG. Als Beschwerdegegner muß man in den Fällen Rn 71–77 die Staatskasse und im Fall ihrer Beschwerde den Antragsteller ansehen.

G. Anhörung der Staatskasse. Soweit das Gericht die Staatskasse nicht nach Rn 89 als Beschwerde- 90
gegner anhören muß, braucht es sie in den Fällen II 2 keineswegs einzuschalten. Die routinemäßige Benachrichtigung des Bezirksrevisors von sämtlichen Anträgen, Verfahrensvorgängen und Entscheidungen in jedem

§ 127 Buch 1. Abschnitt 2. Parteien

Bewilligungsverfahren oder Beschwerdeverfahren würde zum Zusammenbruch des Betriebs bei den Bezirksrevisoren führen. Sie ist ersichtlich auch nicht durch den Kontrollzweck erfordert, den der Bezirksrevisor zugunsten der Staatskasse beachten muß, ArbG Münst DB **81**, 1940.

91 **H. Abhilfe: Entscheidung des unteren Gerichts.** Zunächst muß das erstinstanzliche Gericht prüfen, inwieweit überhaupt eine sofortige Beschwerde vorliegt. Sodann muß es prüfen, ob es sie als zulässig und begründet erachtet und ihr insofern selbst abhelfen darf und muß, § 572 I 1 Hs 1. Dabei muß das erstinstanzliche Gericht neues Vorbringen beachten, Ffm FamRZ **92**, 838. Soweit eine Abhilfe erfolgt, ist eine erneute Entscheidung durch das erstinstanzliche Gericht erforderlich. Sie ergeht in Beschlußkosten. In ihr muß das erstinstanzliche Gericht den abzuändernden Teil des angefochtenen Beschlusses entweder insgesamt aufheben oder besser: abändern und die neue Entscheidung treffen. Das Gericht muß seine neue Entscheidung nach denselben Grundsätzen wie bei einer erstinstanzlichen Erstentscheidung begründen, Rn 13, 14. Es handelt sich ja auch noch nicht um eine „Rechtsmittelentscheidung", Rn 15. Denn auf Grund der neuen Entscheidung des erstinstanzlichen Gerichts kommt wiederum eine sofortige Beschwerde nun evtl des anderen am Verfahren Beteiligten in Betracht. Die Abhilfeentscheidung enthält keine Kostenentscheidung. Das erstinstanzliche Gericht teilt sie ebenso wie die angefochtene mit.

92 **I. Nichtabhilfe: Vorlage beim Beschwerdegericht.** Soweit das erstinstanzliche Gericht der angefochtenen Entscheidung nicht abhilft, muß es sie dem Beschwerdegericht unverzüglich zur Entscheidung vorlegen, § 572 I 1 Hs 2. Das gilt auch dann, wenn das erstinstanzliche Gericht die sofortige Beschwerde für unstatthaft bzw unzulässig hält. Zuständig ist das Kollegium, wenn es die angefochtene Entscheidung erlassen hat, aber nicht der Vorsitzende, Stgt MDR **03**, 110. Die Nichtabhilfe erfolgt durch einen Beschluß, § 329, also nicht durch eine bloße Verfügung. Eine Begründung nach § 329 Rn 4 ist zumindest dann erforderlich, wenn die Beschwerde neue Tatsachen vorbringt, die das Erstgericht für widerlegt oder unerheblich hält, oder wenn dem angefochtenen Beschluß die erforderliche Begründung fehlte, oder wenn die sofortige Beschwerde darauf gestützt ist, die tatsächlichen Gründe der angefochtenen Entscheidung träfen nicht zu, Köln FamRZ **94**, 1126. Eine wenigstens stichwortartige Begründung ist aber auch im übrigen ratsam, schon um einer Zurückverweisung vorzubeugen, Celle NdsRpfl **90**, 43, Mü Rpfleger **04**, 168. „Ich helfe nicht ab" ist keine Begründung, Köln FamRZ **02**, 893. Die bloße Bezugnahme „auf zutreffende Gründe" eines Schriftsatzes usw kann ausreichen. Man sollte aber nicht auf Floskeln zurückgreifen, statt den Sachverhalt umfassend nachzuprüfen, § 329 Rn 4. Auch der Nichtvorlagebeschluß enthält keine Kostenentscheidung.

Zugleich mit dem Beschluß *benachrichtigt* das erstinstanzliche Gericht den Beschwerdeführer, die Staatskasse zwingend nur als Beschwerdeführerin, von der Nichtabhilfe und übersendet die Akten dem Beschwerdegericht.

93 **J. Einfluß auf das Hauptsacheverfahren.** Die Beschwerde beeinträchtigt den weiteren Ablauf des Verfahrens zur Hauptsache grundsätzlich nicht, auch nicht zur Zulässigkeitsfrage. Sie hat dort keine aufschiebende Wirkung. Denn sie zählt nicht zu den in § 570 I genannten Ausnahmefällen. Sie gehört ja überhaupt nicht in das Hauptsacheverfahren. Deshalb kann das Gericht auch nicht nach § 570 II die Aussetzung der Vollziehung im Hauptsacheverfahren oder des angefochtenen PKH-Beschlusses anordnen.

94 **17) Gegen Entscheidung des Rechtspflegers bzw des Urkundsbeamten: Sofortige Beschwerde oder sofortige Erinnerung, II, III, § 11 RPflG bzw § 573 I.** Soweit im PKH-Verfahren der Rpfl bzw der im Mahnverfahren nach Grdz 4 vor § 688 etwa landesrechtlich zuständige Urkundsbeamte entschieden hat, ist entgegen dem Wortlaut von II, III entweder sofortige Beschwerde nach § 11 I RPflG, Naumb Rpfleger **02**, 526, oder sofortige Erinnerung jeweils nur des Beschwerten zulässig, § 11 II 1 RPflG, LAG Nürnb Rpfleger **02**, 464, bzw befristete Erinnerung nach § 573 I. Es kommt dabei beim Rpfl darauf an, ob gegen eine entsprechende Entscheidung des Richters sofortige Beschwerde statthaft wäre. Eine sofortige Beschwerde nach §§ 567 ff ist nur in den Fällen Rn 23 statthaft. Zum Verfahren § 104 Rn 41 ff bzw § 573 Rn 3 ff, dort jeweils ausführliche Erläuterungen. Deshalb hier nur einige Haupthinweise zum Verfahren gegen eine Entscheidung des Rpfl.

A. Voraussetzung: Entscheidung des Rechtspflegers. Es muß zunächst eine Entscheidung des Rpfl vorliegen, LAG Nürnb Rpfleger **02**, 464. Maßgeblich ist, ob er entschieden hat, nicht, ob er entscheiden durfte, Rn 34. Soweit statt des an sich zuständigen Rpfl der Richter entschieden hat, kommt allenfalls direkt sofortige Beschwerde in Betracht, Köln FamRZ **88**, 740. Eine bloße Anordnung nach § 118 oder andere Maßnahme ohne Anhörung des Antraggegners ist keine Entscheidung.

95 **B. Abhängigkeit von Anfechtbarkeit unterstellter Richterentscheidung.** Es kommt entweder sofortige Beschwerde oder sofortige Erinnerung in Betracht, Rn 94. Im Zweifel muß man die für den Rechtsmittelführer richtige, statthafte Rechtsbehelfsart annehmen.

96 **C. Keine Rechtsbehelfssumme, bedingte Abhängigkeit vom Hauptsache-Berufungswert, bedingter Anwaltszwang, Formzwang, keine Prozeßkostenhilfe.** Es gelten dieselben Regeln wie bei der sofortigen Beschwerde, Rn 84–88.

97 **D. Abhilfe durch den Rechtspfleger.** Der Rpfl kann sowohl bei Statthaftigkeit einer sofortigen Beschwerde nach § 11 I RPflG als auch bei Statthaftigkeit einer sofortigen Erinnerung nach § 11 II 1 RPflG jetzt stets prüfen, ob er abhelfen will, § 572 I 1 Hs 1 bzw § 11 II 2 RPflG. Er muß daher eine derartige Prüfung vornehmen, Köln FamRZ **99**, 1144, Naumb Rpfleger **02**, 526. Dabei darf und muß er neues Vorbringen beachten, Rn 91. Soweit er die Akten sogleich dem Beschwerdegericht nach § 572 I 1 Hs 2 bzw dem erstinstanzlichen Richter nach § 11 II 3 RPflG vorlegt, statt wenigstens stichwortartig mitzuteilen, daß und warum (!) er nicht abhelfe, geben diese sie ihm zur Entscheidung über die Nichtabhilfe zurück.

Titel 7. Prozesskostenhilfe und Prozesskostenvorschuss **§ 127**

E. Weiteres Verfahren. Soweit der Rpfl die Nichtabhilfe mit einer Begründung versehen hat, LG **98** Bayreuth JB **93**, 546, richtet sich das weitere Verfahren nach der Rechtsbehelfsart, § 104 Rn 41 ff, dort ausführliche Erläuterungen.

18) Rechtsbeschwerde, § 574. Gegen eine Entscheidung des Beschwerdegerichts kommt allenfalls eine **99** Rechtsbeschwerde an den BGH unter den Voraussetzungen des § 574 in Betracht, BGH FamRZ **05**, 1165 (kein BGH-Anwaltszwang für Bezirksrevisor). Eine „weitere" sofortige Beschwerde ist grundsätzlich nicht statthaft (Ausnahme evtl im FGG-Verfahren, BGH RR **04**, 1077, Ffm FGPrax **03**, 175, KG NZM **03**, 816). Indessen mag eine Umdeutung einer „weiteren Beschwerde" in eine Rechtsbeschwerde, eine Gegenvorstellung nach Rn 100, einen Abänderungsantrag oder einen neuen Bewilligungsantrag möglich und notwendig sein. Der Gegner kann die Bewilligung selbst dann nicht mit der Rechtsbeschwerde anfechten, wenn das Gericht sie irrig zugelassen hatte, BGH NJW **02**, 3554 (zustm Fölsch MDR **02**, 1388). Der Umfang einer Abweisungsbegründung läßt für § 574 noch keinen ausreichenden Anhalt zu, BGH FamRZ **04**, 1868 links.
Eine *außerordentliche* Beschwerde ist nicht mehr statthaft, BGH NJW **02**, 1577, BFH FamRZ **03**, 677, BVerwG NJW **02**, 2657, auch keine Nichtzulassungsbeschwerde.

19) Zulässigkeit einer Gegenvorstellung, II, III. Im Gesetz nicht ausdrücklich geregelt, aber all- **100** gemein anerkannt ist die Zulässigkeit einer Gegenvorstellung unter den Voraussetzungen Grdz 3 vor § 567, VerfGH Sachsen NJW **99**, 780, Köln FamRZ **96**, 809, also nicht für den Gegner des mit dem PKH-Antrag Abgewiesenen, AG Sinzig FamRZ **00**, 1095, aM Karlsr FamRZ **05**, 49 (abl Gottwald. Vgl auch Rn 102).

20) Keine Kostenerstattung, IV. Die Kosten des Beschwerdeverfahrens werden unabhängig vom Aus- **101** gang des Hauptprozesses in keinem Fall erstattet, Hbg MDR **02**, 910, Kblz MDR **95**, 101 (je: IV ist mit dem GG vereinbar), Mü JB **93**, 160. Das stellt IV klar, Mü RR **01**, 1437. Die Kosten des Antragstellers können dann, wenn das Gericht eine PKH erst in der Beschwerdeinstanz bewilligt hatte, nach einem anschließenden Prozeß insofern erstattungsfähig sein, als sie für die erste Instanz des PKH-Verfahrens entstanden, § 91 Rn 153, 154.

21) Neuer Antrag auf Prozeßkostenhilfe. Unabhängig von der Zulässigkeit einer sofortigen Be- **102** schwerde oder sofortigen Erinnerung ist ein neuer PKH-Antrag auf Grund neuer Tatsachen sei es auf Bewilligung, sei es auf Aufhebung einer Ratenzahlungsanordnung usw grundsätzlich zulässig, BVerfG **56**, 145, Celle Rpfleger **04**, 294, Karlsr JB **05**, 545. Denn ein belastender Beschluß im PKH-Verfahren erwächst zwar in äußere, aber nicht in innere Rechtskraft, Einf 2 vor §§ 322–327, BGH NJW **04**, 1806 (abl Gottwald FamRZ **04**, 941), Düss MDR **04**, 410, Hamm FamRZ **04**, 1218, Zweibr MDR **04**, 237, aM Nürnb MDR **04**, 410 rechts Mitte, Oldb MDR **03**, 1071. Indessen muß das Gericht das Rechtsschutzbedürfnis nach Grdz 33 vor § 253 streng prüfen, BGH Rpfleger **04**, 359. Das Rechtsschutzbedürfnis dürfte durchweg fehlen, soweit neue Tatsachen nicht oder ersichtlich nur vorgeschützt sind, zB § 124 Rn 52, (Rechtsmißbrauch, Einl III 54), Hamm FamRZ **04**, 648, Nürnb MDR **05**, 48, OVG Lüneb NVwZ-RR **05**, 437. Andernfalls könnte der Antragsteller das Gericht mit immer neuen PKH-Anträgen im Laufe des Verfahrens zur Hauptsache zu fortgesetzter neuer Prüfung der Erfolgsaussicht und der Bedürftigkeit zwingen. Das ist nicht der Sinn des PKH-Gedankens. Andererseits kann das Rechtsschutzbedürfnis gerade auch für eine erste sofortige Beschwerde fehlen, wenn nur unterlassenes Vorbringen nachgeschoben werden soll, Karlsr MDR **89**, 918. Bei neuen Tatsachen kann die Nichtbeachtung eines „aufrechterhaltenen" neuen Antrags gegen Art 103 I GG verstoßen, BSG NJW **98**, 2998. Eine Rückwirkung auf die Zeit vor dem neuen Antrag kommt nicht infrage, LAG Hamm NZA **04**, 102.

22) Verfassungsbeschwerde. Ihre Zulässigkeit richtet sich nach den für sie allgemein geltenden Regeln. **103** Sie kommt zB in Betracht, wenn das Gericht eine Prüfung nach §§ 114 ff ohne zureichenden Grund unterlassen hat, BVerfG **78**, 96, BSG NJW **98**, 2998. Wegen ihrer bloßen Hilfsfunktion nach Einl III 17 muß man die Rechtsbehelfe erschöpft haben, zB ein Wiedereinsetzungsgesuch, BVerfG AnwBl **99**, 487, oder eine Gegenvorstellung nach Rn 100, BVerfG NJW **87**, 1319.

23) VwGO: *Entsprechend anzuwenden, § 166 VwGO.* **Entscheidung, I:** *Die Zuständigkeit des Rpfl (§ 118* **104** *Rn 47 ff, § 120 Rn 19 u 32, § 124 Rn 40, 51 u 58) entfällt, Anh § 153 GVG Rn 1, vgl Nr 12 der DfRegelung; zuständig ist das Gericht des Rechtszuges jeweils für dieses, BVerwG Buchholz 310 § 166 Nr 23, iRv § 6 VwGO u § 76 AsylVfG der Einzelrichter, VGH Kassel AnwBl **86**, 412, bei Erledigung der Berichterstatter oder Vorsitzende, § 87 a I 3 idF des 1. JuMoG, sonst nur das vollbesetzte Gericht, VGH Kassel NVwZ **91**, 594, in der mündlichen Verhandlung mit den ehrenamtlichen Richtern, OVG Bre NordÖR **00**, 102. Das Rechtsmittelgericht befindet auch über PKH für das beabsichtigte Rechtsmittel, Rn 8, auch BVerwG Münst NWVBl **92**, 374 mwN (betr Nichtzulassungsbeschwerde). Über die Bewilligung ist unverzüglich (mit Rückwirkung auf den Zeitpunkt des formgerecht gestellten Antrages) zu entscheiden, nicht erst zusammen mit der Entscheidung in der Hauptsache, OVG Hbg NVwZ-RR **01**, 805 mwN, VGH Kassel NJW **85**, 218 (anders in Verf des einstw Rechtsschutzes, OVG Hbg FamRZ **97**, 178, VGH Mannh NVwZ-RR **05**, 438, VGH Kassel NVwZ-RR **90**, 223; falls die Entscheidung ungerechtfertigt verzögert wird, ist für die Beurteilung der Erfolgsaussicht, § 114 (nicht dagegen hinsichtlich der wirtschaftlichen Voraussetzungen, OVG Münst FamRZ **93**, 715 mwN), auch in der Beschwerdeinstanz der Zeitpunkt maßgeblich, in dem spätestens hätte entschieden werden müssen, § 114 Rn 82 u § 119 Rn 71, Ey § 166 Rn 40, OVG Hbg NordÖR **04**, 201, FamRZ **05**, 464 (auch im Eilverfahren), VGH Mü NJW **05**, 1677, OVG Greifsw NordÖR **05**, 308 mwN, OVG Münst NVwBl **92**, 72 mwN, OVG Kblz NVwZ **91**, 595 mwN, OVG Bre NVwZ-RR **03**, 389, VGH Mannh FEVS **56**, 31, aM OVG Kblz NVwZ-RR **90**, 384 mwN, OVG Lüneb FamRZ **05**, 463. Schon deshalb ist eine auf den Zeitpunkt der Antragstellung zurückwirkende Bewilligung auch nach Abschluß der Instanz, § 119 Rn 16, VGH Mü BayVBl **02**, 348 mwN, OVG Weimar NVwZ **98**, 866, OVG Bln NVwZ **98**, 650 mwN, VGH Kassel DÖV **92**, 124, OVG Frankfurt NVwZ-RR **02**, 789, VGH Mannh VBlBW **02**, 529, OVG Münst AnwBl **85**, 54, Werner NordÖR **03**, 52, Linke NVwZ **03**, 421, und sogar nach*

§ 127, Anh § 127

*rechtskräftiger Abweisung der Klage möglich, OVG Hbg NordÖR **04**, 201; aM Hartmann § 119 Rn 23, OVG Kblz NVwZ-RR **94**, 123, VGH Kassel LS DVBl **91**, 1102, VGH Mannh Just **88**, 140 mwN, OVG Kblz NJW **82**, 2834 (abl Bönker NJW **83**, 2430 u AnwBl **83**, 278), offen gelassen VGH Mannh VBlBW **87**, 296. Nach Klagrücknahme kommt dagegen eine Bewilligung idR nicht mehr in Betracht, § 119 Rn 23, OVG Schlesw NVwZ-RR **04**, 460, OVG Münst NVwZ-RR **94**, 124 mwN; das Gleiche gilt im Fall des Todes einer Partei, OVG Bautzen NVwZ **02**, 492 ü § 119 Rn 26; keine Bewilligung ferner, wenn bei Antragstellung bereits sämtliche Kostenpflichten entstanden sind, VGH Mü BayVBl **05**, 351; wegen der Pflicht zur kurzen Begründung der*
105 *Beschlüsse, durch die die PKH versagt oder entzogen wird, vgl § 122 II 1 VwGO – Als **Rechtsmittel**, oben Rn 34ff, ist die Beschwerde, §§ 146ff VwGO, entspr II statthaft (ohne Beschränkung auf einen bestimmten Wert, VGH Mü BayVBl **03**, 573), die seit dem 1. 1. 02 nicht der Zulassung bedarf und vom Vertretungszwang ausgenommen ist, §§ 146 IV, 67 I 2 sowie 166 VwGO iVm § 569 III Z 2 ZPO (idF des RmBereinVpG v 20. 12. 01, BGBl 3987), Kienemund NJW **02**, 1234. Es gilt die Frist des § 147 I VwGO, OVG Greifsw NVwZ-RR **04**, 544 mwN. Zulässig ist auch die Beschwerde gegen die Nichtbescheidung des Antrags, VGH Mü NVwZ **00**, 693 mwN, aM VGH Kassel DVBl **99**, 114, OVG Münst JZ **98**, 947 (krit Ziekow), OVG Frankfurt AuAS **03**, 45, VGH Mannh VBlBW **03**, 242. Die erfolglose Beschwerde ist kostenpflichtig, OVG Lüneb AnwBl **87**, 197; eine*
106 *Kostenerstattung findet nicht statt, IV, VGH Mü BayVBl **02**, 284. – Zur Unzulässigkeit eines **erneuten Antrags** ohne Änderung der Sach- u Rechtslage s OVG Lüneb NVwZ-RR **05**, 437, OVG Bre NVwZ-RR **92**, 219 (abw OVG Münst DVBl **83**, 954).*

Anhang nach § 127
Beratungshilfegesetz
(Auszug)

BerHG § 1. Voraussetzungen. [I] Hilfe für die Wahrnehmung von Rechten außerhalb eines gerichtlichen Verfahrens und im obligatorischen Güteverfahren nach § 15a des Gesetzes betreffend die Einführung der Zivilprozessordnung (Beratungshilfe) wird auf Antrag gewährt, wenn

1. der Rechtsuchende die erforderlichen Mittel nach seinen persönlichen und wirtschaftlichen Verhältnissen nicht aufbringen kann,
2. nicht andere Möglichkeiten für eine Hilfe zur Verfügung stehen, deren Inanspruchnahme dem Rechtsuchenden zuzumuten ist,
3. die Wahrnehmung der Rechte nicht mutwillig ist.

[II] Die Voraussetzungen des Absatzes 1 Nr. 1 sind gegeben, wenn dem Rechtsuchenden Prozeßkostenhilfe nach den Vorschriften der Zivilprozeßordnung ohne einen eigenen Beitrag zu den Kosten zu gewähren wäre.

BerHG § 2. Beratung, Vertretung. [I] [1] Die Beratungshilfe besteht in Beratung und, soweit erforderlich, in Vertretung.

[II] Beratungshilfe nach diesem Gesetz wird gewährt in Angelegenheiten

1. des Zivilrechts einschließlich der Angelegenheiten, für deren Entscheidung die Gerichte für Arbeitssachen zuständig sind,
2. des Verwaltungsrechts,
3. des Verfassungsrechts,
4. des Sozialrechts.

[2] In Angelegenheiten des Strafrechts und des Ordnungswidrigkeitenrechts wird nur Beratung gewährt. [3] Ist es im Gesamtzusammenhang notwendig, auf andere Rechtsgebiete einzugehen, wird auch insoweit Beratungshilfe gewährt.

[III] Beratungshilfe nach diesem Gesetz wird nicht gewährt in Angelegenheiten, in denen das Recht anderer Staaten anzuwenden ist, sofern der Sachverhalt keine Beziehung zum Inland aufweist.

BerHG § 3. Beratungshelfer. [I] Die Beratungshilfe wird durch Rechtsanwälte und durch Rechtsbeistände, die Mitglied einer Rechtsanwaltskammer sind, gewährt, auch in Beratungsstellen, die auf Grund einer Vereinbarung mit der Landesjustizverwaltung eingerichtet sind.

[II] Die Beratungshilfe kann auch durch das Amtsgericht gewährt werden, soweit dem Anliegen durch eine sofortige Auskunft, einen Hinweis auf andere Möglichkeiten für Hilfe oder die Aufnahme eines Antrags oder einer Erklärung entsprochen werden kann.

BerHG § 4. Zuständigkeit. Antrag. [I] [1] Über den Antrag auf Beratungshilfe entscheidet das Amtsgericht, in dessen Bezirk der Rechtsuchende seinen allgemeinen Gerichtsstand hat. [2] Hat der Rechtsuchende im Inland keinen allgemeinen Gerichtsstand, so ist das Amtsgericht zuständig, in dessen Bezirk ein Bedürfnis für Beratungshilfe auftritt.

[II] [1] Der Antrag kann mündlich oder schriftlich gestellt werden. [2] Der Sachverhalt, für den Beratungshilfe beantragt wird, ist anzugeben. [3] Die persönlichen und wirtschaftlichen Verhältnisse des Rechtsuchenden sind glaubhaft zu machen. [4] Wenn sich der Rechtsuchende wegen Beratungshilfe unmittelbar an einen Rechtsanwalt wendet, kann der Antrag nachträglich gestellt werden.

BerHG § 5. Verfahren. Für das Verfahren gelten die Vorschriften des Gesetzes über die Angelegenheiten der freiwilligen Gerichtsbarkeit sinngemäß, soweit in diesem Gesetz nichts anderes bestimmt ist.

Titel 7. Prozesskostenhilfe und Prozesskostenvorschuss **Anh § 127**

BerHG § 6. Berechtigungsschein. ¹ Sind die Voraussetzungen für die Gewährung von Beratungshilfe gegeben und wird die Angelegenheit nicht durch das Amtsgericht erledigt, stellt das Amtsgericht dem Rechtsuchenden unter genauer Bezeichnung der Angelegenheit einen Berechtigungsschein für Beratungshilfe durch einen Rechtsanwalt seiner Wahl aus.
II Gegen den Beschluß, durch den der Antrag zurückgewiesen wird, ist nur die Erinnerung statthaft.

BerHG § 7. Angaben des Rechtsuchenden. Der Rechtsuchende, der unmittelbar einen Rechtsanwalt aufsucht, hat seine persönlichen und wirtschaftlichen Verhältnisse glaubhaft zu machen und zu versichern, daß ihm in derselben Angelegenheit Beratungshilfe bisher weder gewährt noch durch das Amtsgericht versagt worden ist.

BerHG § 9. Kostenerstattung. ¹Ist der Gegner verpflichtet, dem Rechtsuchenden die Kosten der Wahrnehmung seiner Rechte zu ersetzen, hat er die gesetzliche Vergütung für die Tätigkeit des Rechtsanwalts zu zahlen. ²Der Anspruch geht auf den Rechtsanwalt über. ³Der Übergang kann nicht zum Nachteil des Rechtsuchenden geltend gemacht werden.

BerHG § 10. Grenzüberschreitender Bezug. ¹ Bei Streitsachen mit grenzüberschreitendem Bezug nach der Richtlinie 2003/8/EG des Rates vom 27. Januar 2003 zur Verbesserung des Zugangs zum Recht bei Streitsachen mit grenzüberschreitendem Bezug durch Festlegung gemeinsamer Mindestvorschriften für die Prozesskostenhilfe in derartigen Streitsachen (ABl. EG Nr. L 26 S. 41, ABl. EU Nr. L 32 S. 15) wird Beratungshilfe gewährt
1. für die vorprozessuale Rechtsberatung im Hinblick auf eine außergerichtliche Streitbeilegung,
2. für die Unterstützung bei einem Antrag nach § 1077 der Zivilprozessordnung, bis das Ersuchen im Mitgliedstaat des Gerichtsstands eingegangen ist.
II § 2 Abs. 3 findet keine Anwendung.
III Für die Übermittlung von Anträgen auf grenzüberschreitende Beratungshilfe gilt § 1077 der Zivilprozessordnung entsprechend.
IV ¹ Für eingehende Ersuchen um grenzüberschreitende Beratungshilfe ist das in § 4 Abs. 1 Satz 2 bezeichnete Amtsgericht zuständig. ²§ 1078 Abs. 1 Satz 2, Abs. 2 Satz 2 und Abs. 3 der Zivilprozessordnung gilt entsprechend.

BerHG § 13. Übergangsrecht. § 9 ist in Fällen, in denen die Bundesgebührenordnung für Rechtsanwälte nach § 61 des Rechtsanwaltsvergütungsgesetzes weiter anzuwenden ist, in der vor dem 1. Juli 2004 geltenden Fassung anzuwenden.

Vorbem. § 8 I, § 9 S 4 aufgehoben, § 15 zunächst neugefaßt dch Art 4 XIX Z 1–3 KostRMoG v 5. 5. 04, BGBl 718, in Kraft seit 1. 7. 04, Art 8 S 1 KostRMoG, Übergangsrecht §§ 57, 58 RVG entsprechend. § 10 idF Art 2 Z 3 EG-ProzesskostenhilfeG v 15. 12. 04, BGBl 3392, in Kraft seit 21. 12. 04, Art 9 G, ÜbergangsR Einl III 78. Sodann § 13 ummuneriert doch Art 2 Z 5 EG-ProzesskostenhilfeG v 15. 12. 04, BGBl 3392, in Kraft seit 21. 12. 04, Art 9 G, ÜbergangsR Einl III 78.
Das BerHG *gilt* nach seinem § 14 *I nicht* in Bremen und Hamburg und nach § 14 II in (ganz) Berlin nach Wahl des Rechtsuchenden statt Inanspruchnahme der öffentlichen Rechtsberatung, wenn das Landesrecht nichts anderes bestimmt. Systemwidrig werden in § 14 I Lübeck, München, Traunstein, Würzburg trotz der auch dort vorhandenen Gütestellen (§ 794 Rn 4) nicht genannt.

Schrifttum: *Greißinger,* Beratungshilfegesetz, 1990; *Greißinger* AnwBl **89,** 573 (Rspr-Üb); *Kalthoener/ Büttner/Wrobel-Sachs,* Prozeßkostenhilfe und Beratungshilfe, 4. Aufl 2005; *Kammeier* Rpfleger **98,** 501 (Üb); *Lindemann/Trenk-Hinterberger,* Beratungshilfegesetz, Komm, 1987; *Schoreit/Dehn,* Beratungshilfegesetz, Prozeßkostenhilfegesetz, Komm, 8. Aufl 2004 (Bespr *Hintzen* Rpfleger **05,** 336); *Vallender,* Beratungshilfe, 1990; *Walters,* Leitfaden der Beratungs- und Prozeßkostenhilfe im Europäischen Wirtschaftsraum, 1997.

1) **Systematik.** Das BerHG stellt eine Ergänzung zu §§ 114 ff für seinen vor- und außergerichtlichen **1** Geltungsbereich dar. Es folgt eigenen Regeln. Sie gelten vorrangig und lassen eine entsprechende Anwendung der §§ 114 ff nur begrenzt zu, obwohl sich viele Grundgedanken ähneln. Auch die übrigen Vorschriften des Buches 1 der ZPO sind in dem Geltungsbereich dieser Norm nur ganz bedingt anwendbar. Vielmehr folgt sein Verfahren nach § 5 BerHG dem FGG.

2) **Regelungszweck.** Im Prinzip bestehen dieselben Ziele wie bei der Prozeßkostenhilfe. Vgl daher Üb 3 **2** vor § 114. Die Einschaltung des AG in diese Aufgabe der Sozialhilfe ist noch weniger selbstverständlich als bei der Prozeßkostenhilfe. Das gilt auch für die Überprüfbarkeit. Diese Ungereimtheit wird durch Zweckmäßigkeitserwägungen wie Vorprüfung eines möglichen Prozesses nur bedingt aufgewogen. Das ändert nichts an der Ratsamkeit, über einen Beratungshilfeantrag nicht zu streng zu entscheiden. Die Prüfung braucht auch nicht den letzten Rest an gerichtlicher Arbeitskraft zu beanspruchen. Das Verfahren ist schon kompliziert genug, etwa bei der Abgrenzung einzelner Beratungssachen voneinander beim Auftreten einer Gruppe von Antragstellern derselben Zielsetzung.

3) **Geltungsbereich.** Das BerHG gilt auch für Ausländer, Deumeland JB **93,** 707 (ausf). § 43 Int- **3** FamRVG verweist auf das BerHG. Es gilt nach seinem § 1 nur für den Bereich außerhalb eines gerichtlichen Verfahrens und „im" obligatorischen Güteverfahren nach § 15 a EGZPO, aM AG Nürnb JB **02,** 147 (denn das ganze BerHG hat seine Funktion gerade nur im außergerichtlichen Bereich). Zur Problematik des außergewöhnlichen Einigungsversuchs nach der InsO Landmann Rpfleger **00,** 196. „Außerhalb" kann auch: (nur) außergerichtlich während eines gerichtlichen Verfahrens bedeuten, Hamm Rpfleger **87,** 82, LG Mainz

Rpfleger **87**, 160 (auch zu den Grenzen), Reuter NJW **85**, 2012, aM AG Montabaur AnwBl **83**, 476 (aber auch insofern gilt die Begrenzung auf den außergerichtlichen Bereich). Unter gerichtlichem Verfahren muß und darf man ein Verfahren beliebiger Art vor einem beliebigen staatlichen Gericht verstehen, auch zB ein FGG-Verfahren, LG Mainz Rpfleger **87**, 160, jetzt auch bei einer Zuständigkeit der Arbeitsgerichte, § 2 II Z 1 Hs 2. Das Gesetz lehnt sich zum Teil an die Vorschriften zur PKH nach §§ 114 ff ZPO an. „Im" Güteverfahren meint „Zusammenhang mit" und „zwecks" dieses Verfahrens, Hartmann NJW **99**, 3749.

4 **4) Antrag; Zuständigkeit.** Das gerichtliche Verfahren findet auf Antrag statt. Man muß ihn mit Hilfe eines Vordrucks stellen. Ihn regelt die BerHVV idF vom 17. 12. 94, BGBl 3839, zuletzt geändert durch Art 6 Z 1–3 G zur Einführung des Euro in Rechtspflegegesetzen usw vom 13. 12. 01, BGBl 3574, in Kraft seit 1. 1. 02, Art 36 I G. Das Verfahren ist zum Teil dem Rpfl übertragen, §§ 3 Z 3 f, 24 a RPflG. Zuständig ist insoweit der Rpfl der in §§ 3 II, 4 I 1 BerHG genannten AG, Düss Rpfleger **84**, 471, Köln Rpfleger **84**, 471, und zwar derjenige des Prozeßgerichts, nicht derjenige des FamG, Hamm Rpfleger **84**, 271, aM Schlesw SchlHA **84**, 55 (aber der Gesetzgeber hätte wie sonst das FamG extra genannt).

5 Für die Entscheidung über eine *nachträgliche* Gewährung ist jetzt grundsätzlich nach § 4 I 1 BerHG ebenfalls nur dasjenige AG zuständig, in dessen Bezirk der Rechtsuchende seinen inländischen allgemeinen Gerichtsstand hat, §§ 12 ff, BayObLG JB **95**, 366. Maßgebend ist dabei die Zeit des Antragseingangs, Zweibr JB **98**, 197. Nur beim Fehlen eines inländischen allgemeinen Gerichtsstands kommt es darauf an, wo ein Beratungsbedürfnis auftritt, § 4 I 2 BerHG. Wegen des Verfahrens bei einem Zuständigkeitsstreit BayObLG Rpfleger **88**, 470.

6 Das *obligatorische* Güteverfahren erfordert ebenfalls einen Antrag. Das folgt zumindest indirekt aus § 15 a I 3 EGZPO, Hartmann NJW **99**, 3749. Auch deshalb muß man bei der Anwaltstätigkeit schon „zwecks" oder „im Zusammenhang mit" einem bevorstehenden oder etwaigen Antrag als „im" Güteverfahren beurteilen, Rn 1.

7 **5) Mehrheit von Beratungen.** Die Abgrenzung der einen Beratung von einer weiteren erfolgt am besten entsprechend § 13 II 1 RVG nach dem Begriff derselben Angelegenheit. Man sollte die im BerHG angestrebte einfache Handhabung des Vergütungsanspruches sollte nicht bei der Festsetzung unterlaufen, AG Gött AnwBl **88**, 126.

8 **6) Rechtsbehelfe,** dazu *Landmann* Rpfleger **00**, 320 (Üb): Es gilt § 6 II BerHG in Verbindung mit § 11 RPflG, § 127 Rn 94 ff, AG Kblz JB **03**, 369.

9 **7) Weitere Einzelheiten.** Wegen weiterer Verfahrenseinzelheiten Bischof NJW **81**, 894, Derleder MDR **81**, 448, Herget MDR **84**, 529.

10 **8)** *VwGO:* Gilt auch für Angelegenheiten des VerwRechts, § 2 II Z 2 des Ges.

127a

Prozesskostenvorschuss in einer Unterhaltssache. ¹ In einer Unterhaltssache kann das Prozessgericht auf Antrag einer Partei durch einstweilige Anordnung die Verpflichtung zur Leistung eines Prozesskostenvorschusses für diesen Rechtsstreit unter den Parteien regeln.

II ¹ Die Entscheidung nach Absatz 1 ist unanfechtbar. ² Im Übrigen gelten die §§ 620a bis 620g entsprechend.

Schrifttum: *Kirchner,* Die Erstattung nach §§ 1360a Abs. 4, 1336 Abs. 4 Satz 4 BGB geleisteten Prozeßkostenvorschüsse und ihre Berücksichtigung im Kostenfestsetzungsverfahren, Diss Münst 1989; *Pauly,* § 127 a ZPO – Eine Regelung von praktischer Notwendigkeit?, Diss Bonn 1995.

Gliederung

1) Systematik, I, II	1, 2
2) Regelungszweck, I, II	3, 4
3) Geltungsbereich, I, II	5–20
A. Begriff der Unterhaltssache	5
B. Abgrenzung zur Ehesache, Familiensache und Kindschaftssache	6
C. Beispiele zum Vorliegen einer Unterhaltssache	7–20
4) Erfolgsaussicht, Fehlen eines Mutwillens, I	21, 22
A. Notwendigkeit der Prüfung	21
B. Prüfungsmaßstab: Großzügigkeit	22
5) Regelungspflicht, I	23
6) Notwendigkeit eines Antrags der Partei, I	24–26
A. Zulässigkeit ab Anhängigkeit der Unterhaltssache	24
B. Zulässigkeit bis zur Rechtskraft in der Unterhaltssache	25
C. Weitere Antragseinzelheiten	26
7) Einstweilige Anordnung, I	27
8) Vorschuß nur für diesen Rechtsstreit, I	28
9) Unter den Parteien, I	29
10) Unanfechtbarkeit, II 1	30–33
A. Grundsatz: Unzulässigkeit sofortiger Beschwerde	31, 32
B. Ausnahme: Zulässigkeit sofortiger Beschwerde bei greifbarer Gesetzwidrigkeit	33
11) Entsprechende Geltung der §§ 620a bis 620g, II 2	34–44
A. Keine mündliche Verhandlung (§ 620 a I)	35
B. Antragseinzelheiten (§ 620 a II)	36
C. Anhörung des Antragsgegners (§ 620 a III)	37
D. Einzelheiten zur Zuständigkeit (§ 620 a IV)	38
E. Aufhebung und Änderung der Entscheidung (§ 620 b)	39
F. Begründung der Entscheidung (§ 620 d)	40
G. Aussetzung des Vollzugs (§ 620 e)	41
H. Außerkrafttreten der einstweiligen Anordnung (§ 620 f)	42
I. Kosten (§ 620 g)	43
J. Neuer Antrag	44

Titel 7. Prozesskostenhilfe und Prozesskostenvorschuss   § 127a

1) Systematik, I, II. Während §§ 620a–g in Ehesachen, 621f in anderen Familiensachen und § 641d in Vaterschaftsverfahren einstweilige Anordnungen zulassen, erfaßt § 127a den in jenen vorrangigen Sondervorschriften nicht geregelten Bereich von Unterhaltssachen, Rn 5. Soweit die Vorschrift anwendbar ist, kommt neben ihr eine einstweilige Verfügung nicht in Betracht, § 940 Rn 3. Denn insofern ist § 127a seinerseits vorrangig. Man muß freilich beachten, daß der vorrangige § 621f nicht alle Familiensachen im Sinn von § 23b GVG erfaßt. Denn seine Verweisung auf § 621 I bezieht sich nur auf dessen Z 1–3, 6–9, also zB nicht auf § 621 I Z 4 (gesetzliche Unterhaltspflicht gegenüber Verwandten) und nicht auf § 621 I Z 5 (die durch Ehe begründete gesetzliche Unterhaltspflicht). In diesen Fällen ist also im Ergebnis doch wieder nur § 127a sehr wohl anwendbar.

Die Vorschrift schafft keinen sachlichrechtlichen Anspruch. Sie setzt einen solchen vielmehr voraus. Sie regelt nur seine raschere *prozessuale Durchsetzbarkeit*, Karlsr FamRZ **81**, 1195, Oldb FamRZ **82**, 385, ZöPh 1, aM MüKoWa § 1360a BGB Rn 21. Wegen des Verhältnisses zur PKH Rn 15.

2) Regelungszweck, I, II. Wer sachlichrechtlich voll unterhaltsberechtigt ist, hat ja in der Regel keinerlei eigenes Vermögen. Daher würden sich seine Ansprüche gegen den voll Unterhaltspflichtigen in der Praxis nur schwer vor Gericht überhaupt einleiten oder gar erst durchsetzen lassen, wenn er die Vorschußpflicht eines Klägers gegenüber dem Gericht und evtl gegenüber dem eigenen Anwalt aus eigenen Mitteln erfüllen müßte. Nun kann zwar auch der Unterhaltsberechtigte bei Erfolgsaussicht und Bedürftigkeit usw PKH nach §§ 114ff beantragen und wird durch ihre Bewilligung jedenfalls zunächst von Zahlungspflichten sowohl gegenüber der Staatskasse als auch gegenüber dem eigenen Anwalt frei. Falls er obsiegt, bleibt es bei diesem Ergebnis. Insofern scheint § 127a auf den ersten Blick überflüssig zu sein. Indessen wird durch PKH die Staatskasse belastet. Das ist unbillig, soweit ein sachlichrechtlich Zahlungspflichtiger und Zahlungsfähiger vorhanden ist, nämlich der Unterhaltsverpflichtete. Daher ist es angemessen, ihn direkt zahlen zu lassen, soweit der Antragsteller eben unterhaltsberechtigt ist. Da das Gericht diese Vorschußpflicht durch einstweilige Anordnung rasch und zu Beginn des gerichtlichen Verfahrens bestimmen kann, wird dem Unterhaltsberechtigten die Durchsetzung seines Hauptanspruchs ermöglicht, ohne daß die Staatskasse belastet wird.

Entlastung der Staatskasse ist also zumindest und wohl in erster Linie der wahre Sinn des § 127a. Daraus folgt unter anderem: Soweit eine einstweilige Anordnung möglich ist, kann das Rechtsschutzbedürfnis für PKH fehlen, Rn 15. Soweit andererseits PKH zulässig wäre, entfällt keineswegs das Rechtsschutzbedürfnis für eine einstweilige Anordnung nach I. Indessen können Situationen eintreten, in denen beides nebeneinander statthaft ist. Im übrigen dient nämlich § 127a anders als PKH auch der rascheren und nicht nur der „billigeren" Durchsetzung eines Anspruchs, von dem die ganze Existenz des Klägers abhängen kann und daher eines besonderen Schutzes bedarf. Auch deshalb gibt es für den Prozeßkostenvorschuß auch außerhalb des Bereichs von Ehe- und Familiensachen im Rahmen einer Unterhaltssache die Möglichkeit einer beschleunigten Regelung nach I.

3) Geltungsbereich, I, II. Vgl zunächst Üb 4 vor § 114, § 114 Rn 9–45. Die Vorschrift erfaßt freilich nur solche „Unterhaltssachen", die die vorrangigen §§ 620a–g, 621f, 641d nicht erfassen, Rn 1.

A. Begriff der Unterhaltssache. Die Vorschrift gibt nicht direkt an, was unter „Unterhaltssache" zu verstehen ist. Man kann den Geltungsbereich daher nur durch Beachtung der §§ 1601ff BGB einerseits, der vorrangigen Ehe- und Familiensachen andererseits bestimmen. Danach bleiben in der Regel nur der Unterhaltsanspruch des ehelichen oder des nichtehelichen Kindes sowie anderer Verwandter. Wegen des Anspruchs eines Ehegatten gegen den anderen Rn 1. Im verbleibenden Geltungsbereich ist es unerheblich, ob es sich um einen von vornherein gesetzlichen Anspruch handelt oder einen zwar gesetzlich begründeten, zusätzlich aber vertraglich evtl abweichend geregelten Unterhalt oder einen nur vertraglich begründeten Unterhalt. Ferner ist die Form der Geltendmachung des sachlichrechtlichen Unterhaltsanspruchs unerheblich. Auch der Anspruch auf Abänderung, Aufhebung, Vollstreckungsabwehr usw zählt hierher, Rn 7 „Abänderungsklage".

B. Abgrenzung zur Ehesache, Familiensache und Kindschaftssache. Wegen des Vorrangs der §§ 620a–g, 621f, § 641d nach Rn 1 muß das Gericht stets zunächst klären, ob nicht eine „Ehesache" vorliegt, Üb 1 vor § 606, oder eine „Familiensache", § 23b GVG Rn 3, oder „Kindschaftssache", § 640 II. Auch ein Abänderungsbegehren nach § 323, eine Wiederaufnahmeklage nach §§ 578ff oder eine Vollstreckungsabwehrklage in jenen Sachen nach § 767 bleiben Ehesache bzw Familiensache oder Kindschaftssache. Man darf sie daher nicht nach § 127a beurteilen.

C. Beispiele zum Vorliegen einer Unterhaltssache

Abänderungsklage: Auch eine Abänderungsklage nach § 323 kann eine Unterhaltssache sein. Man muß sie freilich evtl auch als Ehesache oder Familiensache usw behandeln.

Anspruchshäufung: Im Fall der Verbindung eines Anspruchs auf Unterhalt mit einem anderen Anspruch gilt I nur für den Unterhalt, nicht überhaupt. Das ergibt sich aus den Worten „für diesen Rechtsstreit". Daher muß man den *übrigen* Vorschuß notfalls durch eine *Klage* einholen.

Arrest, einstweilige Verfügung: § 127a hat Vorrang vor anderen vorläufigen Verfahren, soweit sie nur seinen Geltungsbereich betreffen, also nicht zu den Ehe-, Familien- oder Kindschaftssachen gehören, Rn 6. Einem Antrag auf einen Arrest oder auf eine einstweilige Verfügung *fehlt* daher durchweg das Rechtsschutzbedürfnis, § 940 Rn 3.

Auskunft: Der auf Unterhalt gerichtete Auskunftsanspruch ist bereits eine Unterhaltssache, Zweibr FER **98**, 77.

Ausländer: Auch ein Ausländer kann einen Anspruch in einer Unterhaltssache haben, Karlsr MDR **86**, 242, und zwar auch auf Grund von Vorschriften seines Heimatrechts, Oldb FamRZ **81**, 1176 (Türke). Für die Frage, nach welchem Recht das deutsche Gericht die sachlichrechtliche Unterhaltspflicht beurteilen muß, ist Art 18 EGBGB maßgeblich. Insofern ist Karlsr MDR **86**, 242 (grds Inlandsrecht) teilweise überholt.

§ 127a

8 Bedürftigkeit: Neben der Zahlungsfähigkeit des Antragsgegners muß man die Bedürftigkeit des Antragstellers im Sinn von §§ 1601 ff BGB natürlich auch schon bei der Frage prüfen, ob man überhaupt durch eine einstweilige Anordnung auch nur einen Prozeßkostenvorschuß vom Gegner verlangen kann, Celle FamRZ **97**, 757, Ffm FamRZ **79**, 732, AG Warendorf FamRZ **99**, 165. Vgl für Kindschaftssachen §§ 640 II, 641 d.

9 Ehesache: Soweit sie vorliegt, gilt der *vorrangige § 620 Z 9*. Für jenes Verfahren gelten die vorrangigen §§ 620 a–620 g, Zweibr RR **99**, 796. Das gilt auch beim Trennungsunterhalt, aM Zweibr FamRZ **96**, 227 (aber er gehört nach seiner Rechtsnatur zu §§ 620 a–g).
   Zum Begriff der Ehesache Rn 6.
Einstweilige Verfügung: Rn 7 „Arrest", „einstweilige Verfügung".
Erfolgsaussicht: Vgl Rn 21.

10 Familiensache: Soweit eine der in § 621 f I genannten Familiensachen vorliegt, ist nur jene *vorrangige* Vorschrift anwendbar. Sie verweist auf nur einen Teil der in § 621 I genannten Sachen. Zu diesen gehört zwar die gesetzliche Unterhaltspflicht gegenüber einem ehelichen Kinde, nicht aber die vertragliche. Die Unterhaltspflicht gegenüber dem nichtehelichen Kind gehört nicht dazu. Daher kann auch in einer Familiensache § 127 a anwendbar sein, Rn 6.
Feststellungsanspruch: Auch der Anspruch auf bloße Feststellung der Unterhaltspflicht kann eine Unterhaltssache sein. Indessen zählt der Anspruch auf die Feststellung eines nur vorgreiflichen Rechtsverhältnisses *nicht* hierher, insbesondere nicht der Anspruch auf Feststellung der Vaterschaft oder Nichtvaterschaft. Insofern kann § 641 d anwendbar sein, Düss RR **95**, 1412, aM Karlsr Just **76**, 430.
   S auch Rn 9 „Ehelichkeitsanfechtung".

11 Geschiedenenunterhalt: Der Anspruch eines früheren Ehegatten gegen den geschiedenen anderen Ehegatten ist nach den vorrangigen §§ 620 Z 9 bzw 621 f I geregelt. Man kann ihn daher *nicht* nach § 127 a beurteilen, BGH **89**, 33, BayObLG **80**, 79 (Unanwendbarkeit des § 127 a jedenfalls nach der Beendigung der Instanz), Hbg FamRZ **78**, 902, aM BGH NJW **80**, 1392, Mü FamRZ **79**, 42, Stgt NJW **79**, 1168 (aber eine Spezialvorschrift hat Vorrang und ist hier klar anwendbar).
   Nach der Rechtskraft des Scheidungsurteils stellt eine etwaige Unterhaltspflicht im übrigen ja auch nur eine *Nachwirkung* der früheren Ehe dar. Deshalb kommt die Vorschußpflicht innerhalb der Ehe, die in Wirklichkeit nur eine andere Seite der Unterstützungspflicht aus der Lebensgemeinschaft heraus darstellt, hier *nicht* in Betracht, BGH **89**, 35, Hbg FamRZ **78**, 902, ThP, aM Düss FamRZ **99**, 44, Ffm FamRZ **81**, 165, Oldb NJW **82**, 2736 (aber die Ehe ist schon beendet).
Getrenntleben: Rn 9 „Ehesache", Rn 10 „Familiensache", Rn 11 „Geschiedenenunterhalt".

12 Kind: Sein Unterhaltsanspruch gegenüber dem gesetzlich Unterhaltspflichtigen zählt grds zu den Familiensachen, § 23 b I Z 5 GVG. Indessen erfaßt das vorrangige § 621 f I nicht die Familiensachen, sondern nur die dort ausdrücklich erwähnten. Dazu gehört *nicht* die in § 621 I Z 4 geregelte gesetzliche Unterhaltspflicht gegenüber Verwandten. Daher ist im Ergebnis doch wieder § 127 a anwendbar.
   Unterhaltspflichtige Eltern müssen dem unterhaltsberechtigten Kind im Rahmen von § 1610 BGB die Kosten für Führung des Prozesses in einer persönlichen Angelegenheit des Kindes vorschießen, soweit das der *Billigkeit* entspricht, Düss FamRZ **75**, 45. Das gilt auch dann, wenn das unterhaltsberechtigte Kind schon volljährig ist, Hamm RR **98**, 1376, freilich nur, soweit es sich um eine persönlich lebenswichtige Angelegenheit handelt, strenger Knops NJW **93**, 1241. Das Gericht darf die Erfolgsaussicht des vom Kind geplanten Prozesses im Rahmen seiner Billigkeitserwägungen prüfen. Man muß auch § 1613 II BGB (Sonderbedarf) beachten, Stgt FamRZ **88**, 207.
Kindschaftssache: Rn 10 „Feststellungsanspruch", Rn 18 „Vaterschaftsanfechtung".
Klage: Eine Klage auf einen Prozeßkostenvorschuß bleibt an Stelle einer einstweiligen Anordnung statthaft, BGH NJW **79**, 1508.
   S auch Rn 7 „Anspruchshäufung".

13 Mutwille: Vgl Rn 11.
14 Nachehelicher Unterhalt: Rn 11 „Geschiedenenunterhalt".
Neufestsetzung: Auch ein Antrag auf eine Neufestsetzung kann als Unterhaltssache gelten.

15 Prozeßkostenhilfe: Soweit ein sachlichrechtlicher Anspruch auf einen Prozeßkostenvorschuß besteht, kann das Rechtsschutzbedürfnis für PKH fehlen. Es kann aber trotzdem vorhanden sein, Rn 4. Das gilt zB dann, wenn immerhin zweifelhaft ist oder wird, ob ein sachlichrechtlich bestehender Anspruch auf Prozeßkostenvorschuß auch durchsetzbar sein wird. Umgekehrt kann trotz bereits gewährter PKH ein Rechtsschutzbedürfnis für eine einstweilige Anordnung nach § 127 a bestehen. Das gilt etwa dann, wenn anschließend deutlich wird, daß ein zahlungsfähiger Unterhaltspflichtiger doch vorhanden ist, oder wenn ein Vorschuß sich im Verfahren nach § 127 a voraussichtlich rascher durchsetzen läßt. Auch nach der Ablehnung einer einstweiligen Anordnung bleibt ein PKH-Gesuch zulässig, § 114 Rn 62.
   Man muß daher nach den *Gesamtumständen* des Einzelfalls abwägen, inwieweit PKH und einstweilige Anordnung einander ausschließen würden. In beiden Fällen muß das Gericht allerdings die Bedürftigkeit und das Fehlen des Mutwillens beim Antragsteller sowie im Verfahren nach § 127 a eher noch vorläufiger als in demjenigen nach §§ 114 ff die Erfolgsaussicht der Hauptsache prüfen.

16 Rechtskraft: Vgl Rn 42.
   S auch Rn 11 „Geschiedenenunterhalt".
Rechtsschutzbedürfnis: Das Gericht muß es wie stets in jeder Lage des Verfahrens von Amts wegen prüfen.
   S auch Rn 7 „Arrest, einstweilige Verfügung"; Rn 15 „Prozeßkostenhilfe".

17 Scheidung: Rn 11 „Geschiedenenunterhalt".
Sonderbedarf: Der Anspruch auf einen Prozeßkostenvorschuß ist auch als Sonderbedarf nach § 1613 II BGB möglich.
Statusverfahren: Rn 10 „Feststellungsanspruch", Rn 18 „Vaterschaftsanfechtung".
Trennungsunterhalt: Rn 10 „Ehesache".

Titel 7. Prozesskostenhilfe und Prozesskostenvorschuss **§ 127a**

Vaterschaftsanfechtung: Sofern ein Kind die Vaterschaft durch eine Klage gegen den Vater anficht oder umgekehrt, braucht er ihm *keinen* Prozeßkostenvorschuß zu zahlen, Ffm FamRZ **83**, 827, Kblz FamRZ **76**, 359, aM Celle DAVorm **95**, 109, Kblz FamRZ **96**, 44 (aber das wäre eine auch immaterielle Überforderung). Vgl § 641d Rn 1. Es kommt aber eine einstweilige Verfügung in Betracht, § 940 Rn 23 „– (Prozeßkostenvorschuß)".
S auch Rn 10 „Feststellungsanspruch".
Vertragsanspruch: Eine Unterhaltssache kann auch dann vorliegen, wenn die Parteien einen an sich gesetzlich geregelten Anspruch zusätzlich vertraglich geregelt haben oder wenn nur eine vertraglich begründete Unterhaltspflicht vorliegt.
Verwandter: Alle nach §§ 1601 ff BGB unterhaltspflichtigen Verwandten können Antragsgegner sein, Mü MDR **02**, 647.
Volljähriger: Auch ein Volljähriger kann bekanntlich noch Unterhaltsansprüche haben. Auch sie können folglich zu einem Verfahren nach § 127a führen, aM Hamm FamRZ **96**, 1022 (aber das Verfahren ist nur die Folge des unstreitigen Anspruchs).
Vollstreckungsabwehrklage: Auch eine Klage nach § 767 kann als Unterhaltssache gelten. Sie kann folglich zu einem Verfahren nach § 127a führen, Düss FamRZ **78**, 427.
Wiederaufnahmeklage: Auch eine Wiederaufnahmeklage nach §§ 578 ff kann als Unterhaltssache gelten. Sie kann folglich zu einem Verfahren nach § 127a führen.
Zahlungsfähigkeit: Zum sachlichrechtlichen Unterhaltsanspruch, der die Voraussetzung eines Verfahrens nach § 127a ist, gehört durchweg die Zahlungsfähigkeit des Gegners, auch wegen der Kosten dieses Verfahrens, Ffm FamRZ **79**, 732.

4) Erfolgsaussicht, Fehlen eines Mutwillens, I. Die Vorschrift nennt diese Merkmale nicht ausdrücklich. Gleichwohl muß man sie aus folgenden Gründen beachten.
   A. Notwendigkeit der Prüfung. Der Zweck der Regelung nach Rn 3 macht eine Prüfung notwendig und geradezu selbstverständlich. Sie erstreckt sich auf die Erfolgsaussicht, vgl AG Linz/Rh FamRZ **01**, 927. Sie erfaßt ferner das Fehlen von Mutwillen in der ja bereits notwendigerweise anhängigen Unterhaltssache, Rn 24. Denn sonst wäre ja überhaupt keine Förderung der rascheren Durchsetzbarkeit eines Unterhalts-„Anspruchs" gerechtfertigt, der in Wahrheit voraussichtlich gar nicht bestünde.
   B. Prüfungsmaßstab: Großzügigkeit. Die Prüfung der Erfolgsaussicht usw erfolgt wie bei § 114, dort Rn 78, 107. Wie auch dort, ist entsprechend dem Regelungszweck nach Rn 3 der Maßstab einer gewissen Großzügigkeit zu Gunsten des Antragstellers ratsam. Das entbindet das Gericht allerdings nicht von der Notwendigkeit einer Gesamtabwägung. Es muß auch bedenken, daß ein gezahlter Vorschuß für den Gegner trotz eines Siegs im Unterhaltsprozeß faktisch meist verloren ist.

5) Regelungspflicht, I. Das Wort „kann" in I bedeutet wie so oft nicht die Einräumung eines Ermessensspielraums dazu, ob das Gericht überhaupt auf einen Antrag tätig werden will, sondern nur eine Regelung seiner Zuständigkeit. Diese ist allerdings kompliziert, Bosch FamRZ **79**, 767, Schneider JB **78**, 1278. Soweit also die gesetzlichen Voraussetzungen von I vorliegen, ist das örtlich und sachlich zuständige Gericht verpflichtet und nicht nur berechtigt zu prüfen, ob es eine einstweilige Anordnung treffen muß. Insofern liegt im Rahmen der erforderlichen Gesamtabwägung natürlich doch wieder ein gewisser Ermessensspielraum vor. Das gilt freilich nicht zur Zuständigkeit und zum Ob der Prüfung, sondern nur dazu, zu welchem Ergebnis sie führt.

6) Notwendigkeit eines Antrags der Partei, I. Eine einstweilige Anordnung erfolgt nicht von Amts wegen, sondern nur „auf Antrag einer Partei". Der Antrag ist also eine notwendige Parteiprozeßhandlung, Grdz 47 vor § 128.
   A. Zulässigkeit ab Anhängigkeit der Unterhaltssache. Wie das Einleitungswort „In" zeigt, muß bereits eine Unterhaltssache vorliegen. Sie muß gerichtlich anhängig sein. Dazu reicht der Eingang der Klageschrift oder des sonstigen das Hauptverfahren in der Unterhaltssache einleitenden Antrags, § 261 Rn 1. Eine rechtshängig infolge Zustellung des Antrags an den Prozeßgegner, Begründung des Prozeßverhältnisses zwischen den Parteien des Hauptverfahrens, Grdz 6 vor § 128 ist nicht erforderlich, aber natürlich auch nicht schädlich. Ein PKH-Gesuch zur Unterhaltssache genügt, II 2 in Verbindung mit § 620a II 1. Das gilt selbst dann, wenn das Gesuch als solches keinen Erfolg haben könnte. Allerdings könnte eine einstweilige Anordnung außer Kraft treten, wenn eine Partei ihr PKH-Gesuch vor der Rechtshängigkeit der Unterhaltssache zurücknimmt, Düss FamRZ **85**, 1271.
   B. Zulässigkeit bis zur Rechtskraft in der Unterhaltssache. Wie das Einleitungswort „In" ebenfalls ergibt, bleibt ein Antrag solange zulässig, bis die Unterhaltssache rechtskräftig oder auf andere Weise endgültig beendet ist, etwa durch dortige wirksame Antragsrücknahme oder durch einen wirksamen Vergleich. Nach Instanzende kommt ein Antrag jedenfalls insoweit noch in Betracht, als man während der Instanz rechtzeitig eine einstweilige Regelung beantragt hatte, Karlsr FER **99**, 267.
   C. Weitere Antragseinzelheiten. Vgl Rn 36.

7) Einstweilige Anordnung, I. Wie schon das Wort „einstweilig" zeigt, kann das Gericht immer nur eine vorläufige Regelung treffen. Sie steht also unter dem gesetzlichen Vorbehalt einer abweichenden Entscheidung über diesen Teil der Unterhaltspflicht im Hauptverfahren. Daraus folgt: Soweit der Antragsteller im Unterhaltsprozeß jedenfalls mit demjenigen Teil der Unterhaltsforderung unterliegt, die sich auch auf einen Prozeßkostenvorschuß bezieht, hat der Antragsgegner trotz einstweiliger Anordnung doch rückwirkend betrachtet ohne Rechtsgrund geleistet und daher einen Rückforderungsanspruch nach §§ 812 ff BGB, sofern diese nicht durch §§ 1601 ff BGB ausgeschlossen sind. Daraus ergibt sich auch die grundsätzliche Haftung des am Ende mit der Forderung auf Prozeßkostenvorschuß im Hauptverfahren erfolglosen Unterhaltsberechtigten nach § 717 II. Die Vorschrift ist entsprechend anwendbar, dort Rn 25 „Einstweilige Anordnung".

§ 127a

28 **8) Vorschuß nur für diesen Rechtsstreit, I.** Wie diese Worte klarstellen, ist eine einstweilige Anordnung natürlich nur insoweit zulässig, als eine Partei den begehrte Prozeßkostenvorschuß gerade in der „Unterhaltssache" nach Rn 7 ff begehrt und als er auch objektiv nötig ist, soweit im Zeitpunkt der Entscheidung über den Antrag nach I objektiv erkennbar. Es kommt auch als Vorschußanordnung die Auferlegung von PKH-Raten in Betracht, Köln FamRZ **88**, 1300. I ist also zB unanwendbar, soweit ein Unterhaltsberechtigter gegen einen Unterhaltspflichtigen auch oder sogar nur Ansprüche anderer Art vor Gericht bringt oder gar bringen will, selbst wenn er auch einen Vorschuß gerade in einer Unterhaltssache geltend machen könnte.

29 **9) Unter den Parteien, I.** Wie diese Formulierung klarstellt, muß es sich um eine Unterhaltssache gerade des jetzigen Antragstellers gerade gegen den jetzigen Antragsgegner handeln. I ist also zB unanwendbar, soweit der Unterhaltsberechtigte einen Vorschuß von einem Unterhaltspflichtigen A fordert, während er bisher nur eine Unterhaltsforderung (Unterhaltssache) nur gegenüber einem weiteren Unterhaltspflichtigen B anhängig gemacht hat. Das gilt selbst dann, wenn er auch den A in gleicher Weise als Gesamtschuldner oder sogar als vorrangig Haftenden in Anspruch nehmen könnte. Wegen der Rechtsnachfolge auf seiten der einen oder anderen Partei gelten die allgemeinen Regeln.

30 **10) Unanfechtbarkeit, II 1.** Nach dem eindeutigen Wortlaut ist eine wie immer geartete wirkliche Entscheidung im Verfahren über einen Antrag auf einstweilige Anordnung für keinen der an diesem Verfahren Beteiligten anfechtbar. Die Gerichte sollen nicht mit Rechtsmitteln in einem solchen Nebenverfahren überlastet werden. Das Gesetz nimmt in Kauf, daß der unterliegende Antragsgegner das Gezahlte evtl faktisch nicht zurückerhält.

31 **A. Grundsatz: Unzulässigkeit sofortiger Beschwerde.** Anders als zB bei § 620c ist eine sofortige Beschwerde grundsätzlich unstatthaft. Das ergibt sich auch mittelbar daraus, daß II 2 nur „im übrigen" die §§ 620a–620g entsprechend anwendbar macht, also nicht wegen der Frage der Anfechtbarkeit, die II 1 vorrangig regelt. Das gilt sowohl bei einer ablehnenden als auch bei einer stattgebenden als auch bei einer teilweise versagenden Entscheidung. Es gilt auch unabhängig davon, ob das Gericht die Entscheidung in der gesetzlich vorgesehenen Beschlußform oder fälschlich durch Verfügung oder im Urteil erlassen hat. Es ist auch unerheblich, ob eine Zurückweisung als unzulässig oder unbegründet erfolgte. Die Unanfechtbarkeit gilt grundsätzlich in allen diesen Fällen, Ffm FamRZ **79**, 538.

32 Man kann den Beschluß nach § 329 auch *nicht* auch dem *Umweg* über eine sofortige Beschwerde im PKH-Bewilligungsverfahren nach § *127* anfechten, Ffm FamRZ **79**, 594, Köln FamRZ **88**, 1300, Zweibr FamRZ **84**, 74, aM ZöPh 3 (aber das wäre Erschleichung, Einl III 54).

33 **B. Ausnahme: Zulässigkeit sofortiger Beschwerde bei greifbarer Gesetzwidrigkeit.** Indessen ist über den Wortlaut von II 1 hinaus sofortige Beschwerde statthaft, soweit die angefochtene Entscheidung auf greifbarer Gesetzwidrigkeit beruht und den Beschwerdeführer beschwert, soweit es noch darauf ankommt, § 127 Rn 25, § 567 Rn 6, § 707 Rn 17, § 769 Rn 13. Dieser Fall liegt allerdings nicht schon stets dann vor, wenn das Gericht den Antragsgegner nicht ausreichend angehört hat, Rn 37.

34 **11) Entsprechende Geltung der §§ 620a bis 620g, II 2.** In ungeschickter Reihenfolge nennt II zunächst in S 1 die Unanfechtbarkeit der Entscheidung und erst im anschließenden S 2 das vorangehende Verfahren. Es ist in den Anm zu §§ 620a–620g ausführlich dargestellt. Daher hier nur Andeutungen.

35 **A. Keine mündliche Verhandlung (§ 620a I).** Eine mündliche Verhandlung ist nicht erforderlich, aber zulässig. Das ergibt sich daraus, daß § 620 I nur bestimmt, daß das Gericht durch Beschluß entscheidet, sodaß § 128 IV anwendbar ist.

36 **B. Antragseinzelheiten (§ 620a II).** Der Antrag ist zulässig, sobald die Unterhaltssache anhängig oder ein Antrag auf Bewilligung von PKH eingereicht ist, Rn 24. Man kann den Antrag zum Protokoll der Geschäftsstelle eines jeden Amtsgerichts stellen, II 2 in Verbindung mit §§ 129a, 620a II 2. Daher unterliegt er keinem Anwaltszwang § 78 V Hs 2. Er ist auch bis zur rechtskräftigen Ablehnung eines PKH-Gesuchs zulässig, Rn 25. Der Antragsteller „soll" (nicht: muß) die Voraussetzungen der Anordnung glaubhaft machen, II 2 in Verbindung mit §§ 294, 620a II 3. Die Glaubhaftmachung ist aber nicht erst auf Grund einer Anforderung des Gerichts ratsam. In Abweichung vom PKH-Verfahren nach § 118 II 1 hängt ihre Notwendigkeit nicht von einem Verlangen des Gerichts ab.

37 **C. Anhörung des Antragsgegners (§ 620a III).** Das Gericht „soll" (nicht: muß) den Antragsgegner anhören. Das gilt trotz Art 103 I GG. Denn der Eigenart eines Eilverfahrens entspricht es ohne Verfassungsverstoß, unter besonderen Umständen von einer Anhörung des Gegners abzusehen, § 937 Rn 4. Soweit eine Anhörung erfolgen muß oder soll, muß das Gericht dazu eine angemessene Frist bestimmen und darf das Gericht nicht vor ihrem Ablauf entscheiden. Denn das wäre eine „greifbare Gesetzwidrigkeit", Rn 33.

38 **D. Einzelheiten zur Zuständigkeit (§ 620a IV).** Zuständig ist das Prozeßgericht des ersten Rechtszuges der Unterhaltssache und in deren Berufungsinstanz das Berufungsgericht, II 2 in Verbindung mit § 620a IV 1. § 620a IV 2, 3 (Sonderregelungen für Folgesachen) dürfte unanwendbar sein, aM Köln FamRZ **90**, 768 (aber die Vorschrift paßt hier nicht).

Beispiele: Für einen Erhöhungsantrag wegen des Unterhaltsprozesses vor dem FamG bleibt dieses auch nach einer Berufung für die Entscheidung nach § 127a zuständig, AG Bln-Charlottenb DAVorm **82**, 383. Bei Berufung nur in einer Folgesache ist für einen Antrag nach § 127 a für das Berufungsverfahren OLG zuständig, BGH NJW **81**, 2305. Während der Revisionsinstanz des Unterhaltsprozesses ist für einen Antrag nach § 127 a das erstinstanzliche Gericht zuständig. Die Zuständigkeit kann mit derjenigen für die Ehesache übergehen, BGH MDR **80**, 565.

Das Gericht darf schon wegen des Beschleunigungszwecks nach Rn 3 *nicht trödeln*. Es darf zB den Antragsteller nicht auf einen ebenfalls unterhaltspflichtigen anderen Angehörigen verweisen. Es muß im Rahmen der erforderlichen und ausreichenden vorläufigen Gesamtabwägung auch bedenken, daß ein gezahlter Vorschuß für den Antragsgegner trotz Siegs im Unterhaltsverfahren faktisch verloren sein könnte.

Buch 1. Abschnitt 3. Verfahren § **127a, Grdz § 128**

E. Aufhebung und Änderung der Entscheidung (§ 620 b). Das Gericht kann auf Antrag den **39** ablehnenden bzw teilweise oder gänzlich stattgebenden Beschluß aufheben oder ändern und von Amts wegen dazu entscheiden, soweit eine notwendige Anhörung des Jugendamts unterblieben war, II 2 in Verbindung mit § 620 b I 1, 2. Ob eine Anhörung des Jugendamts erforderlich war, ergibt das sachliche Unterhaltsrecht.

F. Begründung der Entscheidung (§ 620 d). Das Gericht muß seine wie immer geartete Entscheidung **40** grundsätzlich begründen, II 2 in Verbindung mit § 620 d, § 329 Rn 4. Das gilt trotz der grundsätzlichen Unanfechtbarkeit, Rn 30. Denn die Begründung hat immerhin einigen Wert für das weitere Unterhaltsverfahren. Freilich ist eine stichwortartige Kurzbegründung durchweg ausreichend. Nach einer mündlichen Verhandlung verkündet das Gericht die Entscheidung über den Antrag auf einstweilige Anordnung. Mangels mündlicher Verhandlung teilt es die Entscheidung den Beteiligten formlos mit. Denn sie ist unanfechtbar, § 329 II 1.

G. Aussetzung des Vollzugs (§ 620 e). Der Beschluß des Gerichts ist grundsätzlich sofort vollziehbar. **41** Das gilt auch dann, wenn in ihm darüber nicht ausdrücklich eine Anordnung steht. Das Gericht kann aber vor einer Entscheidung in der Unterhaltssache die Vollziehung einer einstweiligen Anordnung aussetzen, II 2 in Verbindung mit § 620 e. Auch dieser Aussetzungsbeschluß ist wegen II 1 unanfechtbar, Hamm FamRZ 80, 174. Trotzdem muß das Gericht auch ihn begründen, Rn 40.

H. Außerkrafttreten der einstweiligen Anordnung (§ 620 f). Wegen ihres vorläufigen Charakters **42** tritt eine einstweilige Anordnung beim Wirksamwerden einer anderweitigen Regelung sowie dann außer Kraft, wenn in der Unterhaltssache der Antrag oder die Klage zurückgenommen oder rechtskräftig abgewiesen wird oder wenn die Unterhaltssache in der Hauptsache als erledigt gilt, II 2 in Verbindung mit § 620 f I 1. Das Außerkrafttreten gilt zwar bereits kraft Gesetzes. Das Gericht muß diese Folge aber auf Antrag auch durch Beschluß bestätigend aussprechen, § 620 f I 2. Gegen diese Entscheidung ist allerdings keine sofortige Beschwerde statthaft. § 620 f I 3 tritt hinter § 127 a II 1 (Unanfechtbarkeit) zurück.

I. Kosten (§ 620 g). Die im Verfahren der einstweiligen Anordnung entstehenden Kosten gelten für die **43** Kostenentscheidung der Unterhaltssache als Teil der Kosten der Hauptsache. § 96 gilt entsprechend, II 2 in Verbindung mit § 620 g.
Gebühren: Des Gerichts: KV 1700; des Anwalts: § 18 Z 1 a RVG.

J. Neuer Antrag. Nach Beendigung des Verfahrens auf Erlaß einer einstweiligen Anordnung infolge **44** Ablehnung oder teilweise Ablehnung ist ein neuer Antrag zwar grundsätzlich statthaft. Jedoch muß das Gericht das Rechtsschutzbedürfnis nach Grdz 33 vor § 253 für ihn ähnlich streng prüfen wie bei einem neuen PKH-Antrag, § 127 Rn 104.

Abschnitt 3. Verfahren

Grundzüge

Gliederung

1) **Systematik** 1	I. Prüfung in sonstigen Verfahren 32
2) **Regelungszweck** 2	J. Wahrheitspflicht 33
3) **Geltungsbereich** 3	K. Informationspflicht 34
4) **Prozeßrechtsverhältnis** 4–17	L. Würdigungsfreiheit des Gerichts 35, 36
A. Allgemeines 4	M. Verstoß 37
B. Einzelne Partei und Gericht 5	N. Amtsermittlung im einzelnen 38
C. Parteien untereinander; Schutzschrift ... 6–10	O. Amtsprüfung im einzelnen 39, 40
D. Mitwirkungspflicht, Obliegenheit 11	6) **Rechtliches Gehör** 41–45
E. Förderungspflicht 12, 13	A. Allgemeines 41–44
F. Prozeßwirtschaftlichkeit 14, 15	B. Verstoß 45
G. Lauterkeitspflicht 16	7) **Prozeßhandlung** 46–64
H. Rechtsnachfolge 17	A. Allgemeines 46
5) **Parteiherrschaft, Beibringungsgrundsatz, Verhandlungsmaxime** 18–40	B. Parteiprozeßhandlung 47
A. Parteiherrschaft 18, 19	C. Rechtsgeschäft, Prozeßvertrag 48–50
B. Beibringungsgrundsatz, Verfügungsgrundsatz 20, 21	D. Einzelnes 51–55
C. Tatsachenstoff 22–24	E. Willensmangel 56
D. Durchbrechung des Beibringungsgrundsatzes: Allgemeines 25–27	F. Treu und Glauben 57
E. Aufklärungspflicht 28	G. Widerruf 58, 59
F. Beweiserhebung von Amts wegen 29	H. Sachlichrechtliche Folgen 60
G. Zurückweisungspflicht 30	I. Prozeßhandlung und Rechtsgeschäft ... 61
H. Ermittlung im Eheverfahren usw 31	J. Beispiele zur Frage einer Verbindung von Prozeßhandlung und Rechtsgeschäft 62–64
	8) *VwGO* 65

1) Systematik. Die Vorschriften des Abschnitts 3 enthalten etwas bunt gemischt einen Teil der all- **1** gemeinen Verfahrensregeln. Andere befinden sich zB in §§ 12ff. Die nachfolgenden Regeln Rn 3ff enthalten eine Zusammenfassung des wohl Wichtigsten. Nach dem Aufbau des Gesetzes ist das Verfahren der ersten Instanz das Kernstück des gesamten Zivilprozesses.

2) Regelungszweck. Das erstinstanzliche Verfahren zielt darauf ab, den tatsächlichen Sachverhalt mög- **2** lichst erschöpfend aufzuklären. Freilich besteht keine Pflicht zur Ermittlung von Amts wegen im Sinn von Rn 38, von besonderen Verfahrensarten wie etwa dem Kindschaftsverfahren usw abgesehen. Trotzdem hat

Grdz § 128 Buch 1. Abschnitt 3. Verfahren

das Gericht eine erhebliche Pflicht zur Mitwirkung an der Aufklärung des Sachverhalts. Die Parteien sind freilich in noch größerem Maße zu einer solchen Mitwirkung verpflichtet. Grundlage dieser Pflicht ist das Prozeßrechtsverhältnis, Rn 4. Durch eine Verletzung dieser Pflicht können schwere Rechtsfolgen entstehen.

Fürsorge ist eine wichtige Aufgabe des Gerichts in jeder Verfahrenslage, Einl III 27. Manche geben ihr aber ein ungebührliches Gewicht, Rn 26, 27. In so verstandener Fürsorge würde auch ein Element der kalten Bevormundung stecken, Rn 27. Das verträgt sich weder mit Artt 1, 2 GG noch mit der den Zivilprozeß immer noch gerade deshalb bestimmenden Parteiherrschaft, Rn 18. Auch aus § 139 läßt sich keine umfassende ständige Bemutterungspflicht ableiten. Hilfe ist etwas anderes und Besseres. Sie ist auch in vernünftigen Grenzen etwas für die Partei Würdevolleres und deshalb auch Sozialeres. Diese Erkenntnis zieht sich durch alle grundlegenden Verfahrensvorschriften und bestimmt Umfang und Grenzen der Gerichtsaufgaben mit.

Parteiobliegenheiten haben also eine erhebliche Bedeutung. Zwar bleibt Taktik in Grenzen durchaus erlaubt, § 282 Rn 8. Indessen führt zumutbare Bemühung um Offenheit, Wahrhaftigkeit, Vollständigkeit und Unverzüglichkeit von Vortrag und Erwiderung erfahrungsgemäß doch weiter. An solchen Maßstäben darf das Gericht die Auslegung und Einordnung des Parteiverhaltens messen. Daß es solche Maßstäbe auch an sich selbst legen sollte, bedarf hoffentlich keiner Betonung.

3 **3) Geltungsbereich.** Die Regeln Rn 3–65 und §§ 128 ff gelten teils in allen Verfahren nach der ZPO, teils nur in denjenigen, aus denen sie sich gerade ableiten lassen, zB bei Rn 31, 38. Vgl daher bei den einzelnen Vorschriften. Ergänzend gelten §§ 169 ff GVG. In arbeitsgerichtlichen Verfahren gelten die Regeln grundsätzlich ebenfalls, §§ 46 II 1, 80 II ArbGG. Im FGG-Verfahren gelten §§ 128 ff eingeschränkt, BGH FamRZ **00**, 814. Es aber zB § 139 mindestens so wie im Zivilprozeß, § 139 Rn 5. Wegen des Kapitalanleger-Musterverfahrens SchlAnh VIII § 9.

4 **4) Prozeßrechtsverhältnis**

Schrifttum: Arens, Die Grundprinzipien des Zivilprozeßrechts, in: *Gilles,* Humane Justiz (1977) 1; *Baumann,* Grundbegriffe und Verfahrensprinzipien des Zivilprozeßrechts, 2. Aufl 1979; *Baur,* Grundlagen und Grundsätze des Zivilprozesses (Beiträge zur Gerichtsverfassung und zum Zivilprozeßrecht, 2. Kapitel), 1983; *Damrau,* Die Entwicklung einzelner Prozeßmaximen usw, 1975; *Jestaedt,* Prozeßförderungs- und Mitwirkungspflichten im Patentnichtigkeitsverfahren, Festschrift für *Piper* (1996) 695; *Kawano,* Wahrheits- und Prozeßförderungspflicht als Verhaltenspflicht der Parteien gegeneinander, Festschrift für *Henckel* (1975) 411; *Konzen,* Rechtsverhältnisse zwischen Prozeßparteien usw, 1976; *Peters,* Auf dem Wege zu einer allgemeinen Prozeßförderungspflicht der Parteien?, Festschrift für *Schwab* (1990) 399; *Schmidt,* Mehrseitige Gestaltungsprozesse bei Personengesellschaften, 1992; *Schmidt,* Das Prozeßrechtsverhältnis bei Umstrukturierung, Auflösung und Konkurs einer Handelsgesellschaft, Festschrift für *Henckel* (1995) 749.

A. Allgemeines. Die Lehre vom Prozeßrechtsverhältnis erschließt das Verständnis vieler prozessualer Vorgänge. Aus dem Prozeßrechtsverhältnis ergeben sich zahlreiche unmittelbare Rechtsfolgen. Das Prozeßrechtsverhältnis äußert sich in einer Reihe von Grundsätzen und Pflichten.

Es ist allerdings *keineswegs unstreitig,* ob, zwischen wem und mit welchem Inhalt ein Prozeßrechtsverhältnis besteht. Manche ließen ein Prozeßrechtsverhältnis nur zwischen dem Gericht einerseits, den Parteien andererseits bestehen. Andere ließen ein solches Verhältnis auch zwischen den Parteien entstehen. Man hat ein solches Verhältnis auch ganz geleugnet und den Prozeß auf sog Rechtslagen zurückgeführt, also auf bloße Aussichten, Möglichkeiten und Lasten, auf Entwicklungsstufen des Prozesses (Goldschmidt). Aus solchen bloßen Entwicklungsstufen lassen sich keine unmittelbaren Pflichten ableiten. Demgegenüber sehen manche im Prozeßrechtsverhältnis die Gesamtheit der Rechtsfolgen, welche die Prozeßordnung an die Tatsache knüpft, daß ein Prozeß begonnen hat und fortgeführt wird. Der früher fast allgemein vertretene Standpunkt, es gebe keine prozeßrechtlichen Pflichten, war immer falsch, vgl nur § 138 I.

5 **B. Einzelne Partei und Gericht.** Die Beziehungen einer jeden einzelnen Partei zum Gericht lassen sich kaum als Prozeßrechtsverhältnis kennzeichnen. Denn diese Beziehungen sind nicht anders als die Beziehungen sonstiger Personen zu beliebigen anderen Behörden. Jede Behörde muß ihr Amt pflichtgemäß ausüben. Wer ihren Schutz beansprucht, muß sich ihren Anordnungen in einem gesetzlich bestimmten Umfang fügen und muß die Behörde in einem gesetzlich bestimmten Umfang durch seine Mitwirkung unterstützen. Insofern besteht allerdings eine Mitwirkungspflicht, wie sie auch innerhalb eines Prozeßrechtsverhältnisses vorliegt, Rn 11. Dessen ungeachtet sind solche Beziehungen zwischen der einzelnen Partei und dem Gericht eben nicht typisch prozessual.

6 **C. Parteien untereinander; Schutzschrift.** Das Prozeßrechtsverhältnis ist eine Beziehung zwischen mindestens zwei Parteien. Manche sehen bei bestimmten Fällen uneinheitlicher Gestaltungsprozesse zB nach §§ 117, 127, 133, 140 HGB auch ein mehrseitiges Prozeßrechtsverhältnis, das nicht nur jeden Streitgenossen nach § 59 mit je einem Prozeßgegner betreffe, sondern auch die Streitgenossen untereinander verbinde, Schmidt (bei Rn 3) 118. Die dem Prozeßrechtsverhältnis entfließenden Rechte und Pflichten wirken sich im Spannungsfeld zwischen dem Gericht und beiden Parteien aus. Deshalb entsteht das Prozeßrechtsverhältnis auch grundsätzlich erst mit der Klagerhebung nach § 253 bzw mit der Zustellung der Rechtsmittelschrift an den Gegner, Mü MDR **87**, 1030, also evtl dann für diesen Rechtszug neu, Mü MDR **87**, 1030. Die bloße Einreichung der Klage begründet zunächst nur Rechtsbeziehungen zwischen dem Einreicher und dem Gericht. Solange der Gegner des Einreichers von dem Vorgang nichts weiß und nichts zu wissen braucht, kann man ihm in Bezug auf diesen Vorgang weder Rechte noch Pflichten zusprechen.

Von diesem Grundsatz gibt es allerdings erhebliche *Ausnahmen,* etwa im Verfahren auf die Bewilligung einer Prozeßkostenhilfe nach §§ 114 ff, aM Bre FamRZ **89**, 198 (förmelnd), oder im vorläufigen Verfahren auf den Erlaß eines Arrests oder einer einstweiligen Verfügung nach §§ 916 ff, 935 ff. Dort muß das Gericht schon wegen des evtl notwendigen Unterbleibens einer an sich ja nach Artt 2 I, 20 III GG (Rpfl), BVerfG **101**, 404, Art 103 I GG (Richter) gebotenen Anhörung des Antragsgegners für ihn eine Prozeßtreuhänderstellung, Düss JZ **95**, 316. Sie begründet für ihn ein Prozeßverhältnis, § 261 Rn 8, § 920 Rn 7.

Zur sog *„Schutzschrift"*, auch „vorbeugender Schriftsatz" genannt, Köln MDR **98**, 432 (zustm Schneider); **7**
Ehler BB **00**, 978 (zum arbeitsgerichtlichen Verfahren); *Hirte* ZZP **104**, 64 (auch zum amerikanischen „amicus-curiae-brief"); *Wilke/Jungeblut*, Abmahnung, Schutzschrift und Unterlassungserklärung im gewerblichen Rechtsschutz, 2. Aufl 1995.

Das *Gesetz* sieht die Schutzschrift *nicht* vor. Sie ist schon als eine bedingte Parteiprozeßhandlung nach **8**
Rn 47, 54 sowohl dogmatisch als auch praktisch problematisch, Leipold RdA **83**, 164. Das gilt zumindest insofern, als sie auf Pflichten des Gerichts abzielt, die zumindest teilweise unbestimmt lange Zeit vor der bloßen Anhängigkeit eines Rechtsschutzgesuchs des Klägers bzw Antragstellers entstehen sollen, Pastor Mü NJW **93**, 1604. Das Recht auf rechtliches Gehör setzt einen verfahrenseinleitenden Antrag voraus, Schneider MDR **98**, 433. Andernfalls müßte das Gericht jede Eingabe irgendeines Bürgers schon deshalb bearbeiten, weil er irgendwann in Verfahren gegen sich etwas befürchtet. Das kann nicht rechtens sein.

Die Schutzschrift hat sich freilich bedauerlicherweise im *Wettbewerbsrecht* eingebürgert, KG MDR **88**, 239, **9**
Deutsch GRUR **90**, 327, Teplitzky NJW **80**, 1667. Manche empfehlen sogar ihre vorsorgliche Einreichung bei jedem etwa zuständigen Gericht, ThP § 935 Rn 9. Zu diesem „Unsinn" Herr GRUR **86**, 436. Zu welchen uferlosen Folgen die allgemeine Zulassung von Schutzschriften führen kann, zeigt sich erschreckend am Beispiel des Familienrechts, van Els FamRZ **96**, 651, oder am Gedanken, die Schutzschrift auch im Vollstreckungsverfahren einzuführen, Vogel NJW **97**, 554. Das zeigt das Ausmaß der Problematik, insbesondere bei einer Anwendbarkeit des § 32. Prozeßkostenhilfe kommt für sie allenfalls innerhalb des Wettbewerbsrechts in Betracht, LG Lübeck JB **05**, 265, und außerhalb des Wettbewerbsrechts kaum, Düss FamRZ **85**, 503. Die Kosten der Schutzschrift können erstattungsfähig sein, § 91 Rn 192.

Die *Klagerhebung* erfolgt durch die Zustellung der Klage. Für die Entstehung des Prozeßrechtsverhältnisses **10**
ist es grundsätzlich unerheblich, ob die Klagezustellung mangelhaft ist, § 589. Die Klagerhebung zieht den privatrechtlichen Anspruch aus dem privaten Bereich in denjenigen der Rechtsgemeinschaft. Der Kläger ruft sie in Form der Staatsgewalt an. Sie muß darüber wachen, daß Recht Recht bleibt. Das Prozeßrechtsverhältnis ist öffentlichrechtlich. Die privaten Beziehungen der Parteien untereinander während des Prozesses sind für das Prozeßrechtsverhältnis grundsätzlich unwesentlich. Das Prozeßrechtsverhältnis begründet prozessuale Pflichten. Ihre Verletzung zieht prozessuale Nachteile nach sich. Sie kann außerdem sachlichrechtliche Folgen haben. Sie kann strafbar sein.

D. Mitwirkungspflicht, Obliegenheit. Keine Partei ist wie ein Zeuge genötigt, zur Vermeidung eines **11**
unmittelbaren Zwangs zu handeln oder Erklärungen abzugeben. Nur ihr Ausbleiben kann zu einem unmittelbaren Rechtsnachteil führen, § 141. Wer sich aber an einem Verfahren nicht beteiligt, obwohl er einen anderen oder obwohl ihn ein anderer vor Gericht gezogen hat, der erleidet als „Säumiger" erhebliche prozessuale Nachteile. Sie können bis zum Verlust des Prozesses gehen, §§ 330 ff. Wer unzureichende Erklärungen abgibt, kann entsprechende Nachteile erleiden. Insofern bestehen sehr erhebliche und weitreichende sog Obliegenheiten, Mitwirkungs-„Pflichten" im weiteren Sinn.

E. Förderungspflicht. Während die Mitwirkungspflicht die Frage regelt, ob eine Partei überhaupt durch **12**
ihr Erscheinen und/oder ihre Erklärungen am Fortgang des Verfahrens mithelfen muß, regelt die Förderungspflicht der Parteien (wegen derjenigen des Gerichts § 139 Rn 8) zusammen mit dem Grundsatz der Prozeßwirtschaftlichkeit und zusammen mit der Lauterkeitspflicht nach Rn 14–16 den Umfang der erforderlichen Mitwirkung näher. Die Förderungspflicht ist die Pflicht, nach Kräften dazu beizutragen, daß Gericht den Prozeßstoff unverzüglich voll sammeln kann. Diese Pflicht kann sich sowohl in zeitlicher Beziehung als auch in räumlicher Hinsicht und schließlich in der Art und Weise der Mitwirkung ausdrücken. In jeder dieser Beziehungen muß jede Partei während des gesamten Prozesses den Grundsatz von Treu und Glauben beachten, Einl III 54.

Die *Verletzung* der Förderungspflicht kann erhebliche Nachteile herbeiführen, etwa die Aufhebung der **13**
Bewilligung einer Prozeßkostenhilfe nach § 124 oder eine Zurückweisung des Vortrags wegen Verspätung, § 296. Die Verletzung der Förderungspflicht kann als Prozeßbetrug strafbar sein. Die Geltendmachung eines Rechts kann überhaupt als Rechtsmißbrauch unzulässig sein, Einl III 54. Die Förderungspflicht kann recht weit gehen. Zu ihr kann die Pflicht gehören, sich einer erbkundlichen Untersuchung zu unterwerfen, § 372 a.

Bei einem *Verstoß* gegen die Förderungspflicht sollte man allerdings nicht von prozessualer Verwirkung sprechen. Denn der Prozeß als ein öffentlichrechtliches Verhältnis kennt keine Verwirkung.

F. Prozeßwirtschaftlichkeit **14**

Schrifttum: *Hütten*, Die Prozeßökonomie usw, Diss Würzb 1975; *Noske*, Die Prozeßökonomie als Bestandteil des verfassungsrechtlichen Grundsatzes der Verhältnismäßigkeit, Diss Mainz 1989.

Das Gericht und beide Parteien haben die Pflicht, den Prozeß möglichst *zweckmäßig* und *billig* zu gestalten, BVerfG NJW **04**, 501, BGH FamRZ **05**, 972, AG Ffm NJW **04**, 1605. Es handelt sich nicht um eine nur technische Aufgabe, sondern um eine ethische und daher auch rechtliche Pflicht des Gerichts. Das Gericht ist für die Rechtsuchenden da und nicht umgekehrt. Die Pflicht der Parteien zur Prozeßwirtschaftlichkeit entfließt dem Prozeßrechtsverhältnis, Rn 4, BGH **92**, 211, BPatG GRUR **78**, 559. Wer die Rechtsgemeinschaft anruft, muß sich einordnen. Diese Einordnung verlangt auch eine Rücksicht auf berechtigte Belange des Prozeßgegners, soweit eine Rücksicht zumutbar ist.

Darum muß nicht nur das Gericht, sondern auch jede Partei den *einfachsten und billigsten Weg* zur Erreichung des Ziels wählen. Jede Partei muß unter anderem darauf achten, die Prozeßkosten möglichst niedrig zu halten, § 91 Rn 31, AG Ffm NJW **04**, 1605. Auf dem Grundsatz der Pflicht zur Prozeßwirtschaftlichkeit beruhen teilweise die Wirkungen der Rechtshängigkeit und Rechtskraft. Die Grenzen der Beachtlichkeit der Prozeßwirtschaftlichkeit liegen dort, wo man grundlegende andere Erfordernisse preisgeben müßte, BGH NJW **99**, 2119.

Ein *Verstoß* gegen die Pflicht zur Prozeßwirtschaftlichkeit kann dazu führen, daß der Kläger das Rechts- **15**
schutzbedürfnis verliert, Grdz 33 vor § 253, Düss FamRZ **85**, 1153. Das gilt zB bei einer objektiven und

bereits deshalb verbotenen Gerichtsstandserschleichung, Einl III 56, § 2 Rn 7, Üb 22 vor § 12, oder bei einer sonstigen Zerlegung desselben Anspruchs in Teilklagen vor verschiedenen Gerichten, AG Ffm NJW **04**, 1605. In solchen Fällen muß das Gericht die Klage durch ein Prozeßurteil ohne eine Sachprüfung als unzulässig abweisen, Grdz 53 vor § 253. So kann zB eine Leistungsklage dazu führen, daß die daneben erhobene Feststellungsklage zu demselben Sachverhalt unzulässig wird. Man sollte aber das Rechtsschutzbedürfnis nicht zu schnell verneinen. Eine solche Methode wäre nämlich ein Mißbrauch des Gebots der Prozeßwirtschaftlichkeit.

16 **G. Lauterkeitspflicht.** Die Parteien haben ebenso wie das Gericht die Pflicht, alle ihre Handlungen, Unterlassungen und Entscheidungen in voller Aufrichtigkeit zu treffen und zu führen, also Treu und Glauben zu beachten, Einl III 54. Man kann diese Pflicht gar nicht ernst genug nehmen. Sie enthält vor allem die Wahrhaftigkeitspflicht, die § 138 besonders ausspricht.

17 **H. Rechtsnachfolge.** Wer zum Rechtsnachfolger einer Partei wird, wird auch ihr Rechtsnachfolger im Prozeßrechtsverhältnis. Etwas anderes gilt nur dann, wenn eine Rechtsnachfolge außerhalb der im Gesetz geregelten Fälle stattfindet, § 263. Nur in diesem letzteren Fall wirkt eine Prozeßhandlung der alten Partei nicht für oder gegen die neue.

18 **5) Parteiherrschaft, Beibringungsgrundsatz, Verhandlungsmaxime**

Schrifttum: *Bathe,* Verhandlungsmaxime und Verfahrensbeschleunigung bei der Vorbereitung der mündlichen Verhandlung, 1977; *Brehm,* Bindung des Richters an den Parteivortrag und Grenzen freier Verhandlungswürdigung, 1982; *Goebel,* Zivilprozeßdogmatik und Verfahrenssoziologie, 1994; *Grunsky,* Dispositionsgrundsatz und Verfahrensbeteiligung im europäischen Vergleich, Festschrift für *Baur* (1992) 25; *Hahn,* Kooperationsmaxime im Zivilprozeß? usw, 1983; *Hahn,* Anwaltliche Rechtsausführungen im Zivilprozeß, 1998; *Heinze,* Parteiherrschaft versus Richtermacht im Zivilprozeß, Festschrift für *Beys* (Athen 2004) 515; *Jacoby,* Der Musterprozeßvertrag, 2000; *Kawano,* Verfahrensstruktur und Parteiverhalten im Zivilprozess, Festschrift für *Beys* (Athen 2004) 675; *Rimmelspacher,* Zur Prüfung von Amts wegen im Zivilprozeß, 1966; *Rinsche,* Prozeßtaktik, 1987; *Schmidt-Hieber,* Richtermacht und Parteiherrschaft über offenkundige Tatsachen, Diss Freibg 1975; *Schönfeld,* Zur Verhandlungsmaxime im Zivilprozeß usw, 1981; *Stickelbrock,* Die Kollision von Prozeßmaximen in Scheidungsverbundverfahren, 1996; *Stürner,* Die Aufklärungspflicht der Parteien im Zivilprozeß, 1976; *Stürner,* Verfahrensgrundsätze des Zivilprozesses und Verfassung, Festschrift für *Baur* (1981) 647 (650); *Stürner,* Parteidisposition über das anwendbare Recht im europäischen Zivilprozess?, in: Festschrift für *Weber* (2004); *Stürner,* Parteidisposition über Anfang, Gegenstand und Umfang des Verfahrens in wichtigen europäischen Prozessordnungen, Festschrift für *Heldrich* (2005); 1061; *Trepte,* Umfang und Grenzen des sozialen Zivilprozesses, 1994; *Ullmann,* Gedanken zur Parteimaxime im Patentverletzungsstreit usw, Festschrift für *Ballhaus* (1985) 809; *Vollkommer,* Die Stellung des Anwalts im Zivilprozeß, 1984; *Wagner,* Prozeßverträge, Privatautonomie im Verfahrensrecht, 1998.

19 **A. Parteiherrschaft.** Private Rechtsbeziehungen lassen ganz überwiegend eine freie Gestaltung durch die Beteiligten zu. Oft setzt allerdings das Gesetz dieser Freiheit Schranken. Eine gesetzliche Aufhebung dieser Gestaltungsfreiheit ist selten. Sie liegt meist dann vor, wenn die Belange der Allgemeinheit überwiegen. Das gilt zB im Ehe-, Kindschafts- oder Aufgebotsrecht, also bei einem Rechtsverhältnis, dessen Austragung im Rechtsweg systematisch in das Verfahren der freiwilligen Gerichtsbarkeit führt, Einl III 2, § 621 e. Zum Patentverletzungsstreit Ullmann Festschrift für Ballhaus (1985) 809.

Soweit die Parteien ihre Rechtsbeziehungen frei gestalten dürfen, müssen sie das auch im Prozeß tun können, BVerfG **63**, 392. Denn der Prozeß bezweckt ja nur die Durchsetzung eines *privaten Rechts,* KG JR **82**, 170. Deshalb kann man von einer Parteiherrschaft im Zivilprozeß sprechen, BGH MDR **05**, 767. Sie ist auch Ausdruck des Grundrechts der informationellen Selbstbestimmung und des statt Mißtrauen und verborgener Bevormundung notwendigen Vertrauens auf die Fähigkeit des mündigen Bürgers, seine Interessen im Prinzip ganz gut darstellen und erkämpfen zu können. Die Parteiherrschaft kann zB sogar zur Unterlassung einer Terminierung nach § 216 II führen, BGH MDR **05**, 767. Soweit die Parteien freilich keine hiernach zulässigen abweichenden Regelungen treffen, gilt die ZPO als „zwingendes" öffentliches Recht, BAG MDR **83**, 1053.

Die Parteien bestimmen den Gegenstand des Prozesses grundsätzlich selbst, auch soweit sie nicht postulationsfähig sind Üb 1 vor § 78, Hamm MDR **98**, 286 (Geständnis). Freilich geschieht das meist durch ihre *Anträge.* Das Gericht darf einer Partei bis auf die Kostenfrage nichts zusprechen, was sie nicht begehrt hat, § 308 I. Mit dem Beibringungsgrundsatz, unter den diese Regel meistens gebracht wird, hat das nichts zu tun.

20 **B. Beibringungsgrundsatz, Verfügungsgrundsatz.** Selbst wenn zwei Parteien ihre privaten Rechtsbeziehungen grundsätzlich frei untereinander gestalten dürften, ist damit noch nicht gesagt, daß sie auch den Zivilprozeß völlig frei gestalten dürften. Die ZPO geht trotz zahlloser tiefgreifender Änderungen im Kern immer noch von liberalen Grundsätzen aus. Sie läßt den Parteien immer noch und bei genauer Betrachtung heutzutage wieder erheblich mehr als in vergangenen Jahrzehnten eine erhebliche Macht, Bettermann ZZP **91**, 387, Herr AnwBl **85**, 187, Leipold JZ **82**, 448. Diese Macht nennt man üblicherweise den Verhandlungsgrundsatz, die *„Verhandlungsmaxime",* BGH NJW **90**, 3151, Celle NZS **04**, 216. Kennzeichnender ist aber der Ausdruck Beibringungsgrundsatz, BGH **146**, 211.

21 Der Beibringungsgrundsatz bezeichnet die noch in weitem Umfang bestehende Herrschaft über das *Verfahren,* BVerfG **67**, 42. Die Herrschaft über den sachlichen *Anspruch* nennt man zweckmäßig den Verfügungsgrundsatz *(Dispositionsgrundsatz).* Die Entscheidungsfreiheit einer Partei, ob sie das Gericht überhaupt anrufen will, gehört weder zum Beibringungsgrundsatz noch zum Verfügungsgrundsatz. Sie folgt einfach daraus, daß der Staat seinen Schutz im zivilrechtlichen Bereich niemandem aufdrängt, sofern Belange der Allgemeinheit nur in zweiter Linie berührt werden. Die Prozeß- und Entscheidungsvoraussetzungen sind der Parteiverfügung weitgehend entzogen. Der Richter, der den Beibringungsgrundsatz verletzt, riskiert seine Ablehnbarkeit, LG Gött RR **01**, 64.

Buch 1. Abschnitt 3. Verfahren **Grdz § 128**

C. Tatsachenstoff. Der Beibringungsgrundsatz hat namentlich die Folge, daß die Parteien darüber 22
entscheiden können, welchen Tatsachenstoff sie dem Gericht unterbreiten, also behaupten, bestreiten, zugestehen wollen, BVerfG NJW **79**, 1927, BGH NJW **90**, 3151, LG Ffm RR **01**, 589.
Das Gericht darf solche *Tatsachen, die die Parteien nicht vorbringen* bzw nur vermuten und nicht nach § 138 23
behaupten, grundsätzlich *nicht berücksichtigen*, BGH NJW **01**, 1287, LG Bln NJW **78**, 1061, LG Kassel ZMR
99, 713. Das gilt selbst dann, wenn es sich um offenkundige Tatsachen handelt, § 291 Rn 1, oder wenn ein
Zeuge eine vom Beweisführer vorinstanzlich gerade nicht behauptete Tatsache der Aussage zugrundelegt,
Celle NZS **04**, 216. Vgl freilich auch § 291 Rn 6. Das Gericht darf auch nicht an die Stelle nicht
vorgetragener Tatsachen solche Tatsachen setzen, die sonst aufgetaucht sind. Was die Parteien übereinstimmend nicht berücksichtigt haben wollen, scheidet für die Urteilsfindung aus. Das gilt sogar in der zweiten
Instanz für solche Tatsachen, die die Parteien nur in der ersten Instanz vorgebracht hatten. Dieser Grundsatz
wird auch nicht etwa dadurch durchbrochen, daß das Gericht zB eine von den Parteien übersehene Textstelle
eines Vertrags zur Sprache bringt oder eine gerichtskundige Tatsache pflichtgemäß als solche mitteilt, aM
Schneider DRiZ **80**, 221 (aber er prüft nicht genügend, wie weit man den Begriff der Beibringung ziehen
muß).
Andererseits ist das Gericht an eine *übereinstimmend* vorgetragene Tatsache *gebunden*, LG Bln NJW **78**, 24
1061, Cahn AcP **198**, 36, aber nur an den reinen Tatsachenvortrag, nicht an eine etwa übereinstimmende
rechtliche Beurteilung beider Parteien, Rn 35, BGH NJW **78**, 1255. Vgl aber auch § 138 Rn 28.

D. Durchbrechung des Beibringungsgrundsatzes: Allgemeines. Der Gesetzgeber hat den Beibrin- 25
gungsgrundsatz fortlaufend abgeschwächt. Er hat ihn allerdings *keineswegs restlos abgeschafft*, Bettermann ZZP
91, 390, aM Baur AnwBl **86**, 424 (er spricht sogar von einer „Richterherrschaft"), Schmidt Festschrift für
Schneider (1997) 203 (er spricht in schlimmer Verkennung der Würde der Parteien nach Rn 27 von einem
„inhaltlosen Schlagwort"), Wassermann DRiZ **83**, 5 (er spricht beim richtigen Hinweis auf die Notwendigkeit einer „anregenden Verhandlungsleitung" verfehlt von einer heute nur noch „angeblichen" Verhandlungsmaxime. Die Praxis zeigt täglich das genaue Gegenteil).
Daran ändern auch die wünschenswerten und in der Praxis erfreulich zunehmenden Richtungen nichts, 26
statt von der Privatautonomie von einer „Sozialautonomie" zu sprechen, Schmidt JZ **80**, 153, oder vom
„bürgerlichen Prozeß" zum „sozialen Prozeß" zu kommen, Wassermann AnwBl **83**, 482, oder zum
„Runden Tisch" als Konfliktlösungsform zu führen, Greger DRiZ **05**, 28, Wassermann NJW **98**, 1686, oder
von einer „Kooperationsmaxime" zu sprechen, ähnlich Greger, Kooperation als Prozessmaxime, in: *Gottwald/Greger/Prütting*, Dogmatische Grundfragen des Zivilprozesses im geeinten Europa (2000), Hamacher
DRiZ **85**, 331, Reischl ZZP **116**, 81, oder von „Servicebetrieb Justiz", zu schwärmen, Marly, Wettbewerbsprozeß und kommunikatorisches Verfahren usw, 1988, oder gar die Ziviljustiz „als Reservat des Obrigkeitsstaats" zu beschreiben, Greger JZ **97**, 1079, und schließlich (Hahn) den Zeugenbeweis von Amts wegen
in das Gesetz hineinzulesen. Gegen seine Vorstellung vom Prozeß als einer „Arbeitsgemeinschaft" Henckel,
Gedächtnisschrift für Bruns (1980) 125. Birk NJW **85**, 1496 spricht von einer „Arbeitsteilung", aM Brinkmann NJW **85**, 2460, Herr DRiZ **85**, 349 (aber ungeachtet einer ständigen Arbeitsteilung in jedem Prozeß
liegt der Kern im beantragten Urteil).
Vielmehr zeigt das Gesetz überall, daß der Zivilprozeß in erheblichem Umfang der *Prozeß zweier Parteien*
ist, die um ihr Recht miteinander streiten mögen und an dessen objektiv gerechtem Ausgang die Allgemeinheit durch das Gericht nur in begrenztem Maße interessiert ist, nämlich nur insoweit, als die Parteien die
Allgemeinheit nicht übermäßig lange oder übermäßig umfangreich in Anspruch nehmen.
Gerade das entspricht der auch in Artt 1, 2 GG den Richter verpflichtenden *Würde* der Parteien als der 27
eigentlichen Herren des Zivilprozesses weit eher als einer allzu „soziale" Bevormundungen. Deren Befürworter
verwechseln die Herrschaft der Parteien über den Anspruch mit ihrer notgedrungen nur eingeschränkten
Herrschaft über das Wo, Wann und Wie seiner verfahrensmäßigen Durchsetzbarkeit, Rn 2, Herr DRiZ **88**,
57, Stürner JZ **86**, 1095.
Deshalb verdienen auch weder die bewußten Versuche einer versteckten oder direkten „*Sozialisierung*" des
Zivilprozesses noch die ihnen im Ergebnis nahezu gleichstehenden Bemühungen Unterstützung, ständig nur
einer Komponente der Rechtsidee, der Gerechtigkeit, vor den anderen Komponenten der Zweckmäßigkeit
und Rechtssicherheit den Vorrang einzuräumen. Vgl auch § 296 Rn 2. Dabei hat das Wort Gerechtigkeit oft
ohnehin nur eine weltanschaulich mitgeprägte wolkige Bedeutung ohne ausreichende Einbeziehung der
gerade sozialen Einbindung in jene anderen Bestandteile der Rechtsidee. Abschwächungen des Beibringungsgrundsatzes finden sich etwa in den folgenden Beziehungen.

E. Aufklärungspflicht. Das Gericht hat im Rahmen seiner Aufgabe der Prozeßleitung eine Frage- und 28
Aufklärungspflicht, Üb 7 vor § 128 und § 139. Diese besteht aber trotz Artt 2 I, 20 III GG (Rpfl), BVerfG
101, 404, Art 103 I GG (Richter) nicht allgemein und umfassend, BVerfG **42**, 79, 85, BGH **85**, 291. Die
Parteien haben eine Wahrhaftigkeitspflicht, § 138 I.

F. Beweiserhebung von Amts wegen. Das Gericht darf von Amts wegen anordnen, daß im Zivilprozeß 29
der Beweis des Augenscheins oder der Sachverständigenbeweis erhoben werden soll, § 144. In einem
Verfahren mit dem Amtsermittlungsgrundsatz nach Rn 38 zB im Eheverfahren nach §§ 606 ff darf das
Gericht alle Arten von Beweis von Amts wegen erheben. Das gilt auch in einer Baulandsache nach § 221 II
BauGB trotz des dort abgeschwächten Ermittlungsgrundsatzes.

G. Zurückweisungspflicht. Das Gericht darf und muß unter Umständen ein verspätetes Vorbringen 30
zurückweisen. Das gilt selbst dann, wenn beide Parteien um die Berücksichtigung des verspäteten Vortrags
bitten. Denn der Parteiherrschaft unterliegt nur die Frage, welche Tatsachen die Parteien wann vorbringen,
nicht aber die Frage, mit welchem Grad von Sorgfalt das Gesetz ihr Tun mißt, aM Schneider NJW **79**, 2506
(aber damit würde man jede prozessuale Sorgfalt der Willkür der Parteien überlassen, statt sie vor allem dem
Gericht aufzuerlegen).

31 **H. Ermittlung im Eheverfahren usw.** Im Ehe-, Familien- und Kindschaftsverfahren nach §§ 606 ff, 640 ff besteht in erheblichem Umfang der Grundsatz der Ermittlung von Amts wegen, Rn 38. Dasselbe gilt im Aufgebotsverfahren nach §§ 946 ff und während der Zwangsvollstreckung, Grdz 37 vor § 704. Wegen des arbeitsgerichtlichen Beschlußverfahrens Fenn Festschrift für Schiedermair (1976) 139. Abgeschwächt gilt dieser Grundsatz auch in einer Baulandsache, § 221 I, II BauGB.

32 **I. Prüfung in sonstigen Verfahren.** Im Bereich Rn 39 muß das Gericht Vorgänge und Umstände unabhängig vom Parteiwillen beachten. Das gilt etwa für die Rechtskraft nach Einf 23 vor §§ 322–327 oder für eine anderweitige Rechtshängigkeit, § 261 III Z 1, BGH NJW **89**, 2064.

33 **J. Wahrheitspflicht.** Trotz des Beibringungsgrundsatzes gilt die Wahrhaftigkeitspflicht der Parteien, § 138 I. Sie bedeutet freilich nicht, daß die Partei nur solche Tatsachen vortragen darf, die sie höchstwahrscheinlich oder sicher kennt, BGH VersR **85**, 545.

34 **K. Informationspflicht.** Es kann eine Amtspflicht des Gerichts bestehen, einen Betroffenen von der Einleitung einer Klage gegen einen anderen oder Mitbetroffenen zu informieren. Solche Pflicht besteht etwa wegen § 640 e ZPO gegenüber der Kindesmutter im Vaterschaftsfeststellungsverfahren oder wegen Art 103 I GG gegenüber einem Mitgesellschafter, BVerfG **60**, 14.

35 **L. Würdigungsfreiheit des Gerichts.** Der Beibringungsgrundsatz besagt nur, daß die Parteien die Herrschaft über den Tatsachenstoff haben. Das Gericht behält die alleinige Entscheidungsfreiheit über die Würdigung der beigebrachten Tatsachen in tatsächlicher und rechtlicher Hinsicht: da mihi facta, dabo tibi ius. Das Gericht kann also einen rechtlichen Gesichtspunkt grundsätzlich auch dann heranziehen, wenn keine Partei ihn für erheblich hält oder wenn beide Parteien meinen, das Gericht dürfe ihn nicht beachten.

Eine Ausnahme von dieser Auswirkung mag etwa dann bestehen, wenn es um die Frage geht, ob das Gericht eine *Verjährung* beachten darf. Denn es muß dem Schuldner freistehen, die Einrede der Verjährung geltend zu machen. Sie bedeutet ja ein bloßes Leistungsversteigerungsrecht, § 214 I BGB. Das Gericht darf eine beigebrachte Tatsache anders als die Parteien würdigen. Das gilt sowohl für die tatsächliche Beurteilung, etwa die Prüfung der Glaubhaftigkeit einer Erklärung, als auch für die rechtliche Einordnung.

36 Das Gericht darf und muß Erklärungen der Partei und Urkunden frei *auslegen*, Rn 52. Es ermittelt und benutzt etwaige Erfahrungssätze grundsätzlich nach eigenem Befinden. Das gilt auch im Bereich des sog Anscheinsbeweises, Anh § 286 Rn 15. Die etwaige Frage- und Erörterungspflicht des Gerichts nach § 139 ändert an dieser grundsätzlichen Würdigungsfreiheit nichts.

Die Parteien können also zB das *Gericht nicht dazu zwingen,* einen nach seiner Auffassung nichtigen Grundstückskaufvertrag als einen gültigen Vertrag zu behandeln. Was eine Partei vorträgt, muß sie umgekehrt regelmäßig auch dann gegen sich gelten lassen, wenn sie die Rechtsfolge ihres Tatsachenvortrags nicht eintreten lassen möchte.

37 **M. Verstoß.** Ein Verstoß gegen die Parteiherrschaft oder den Beibringungsgrundsatz ist ein wesentlicher Verfahrensmangel. Dieser Verstoß kann aber durch einen Verzicht oder nach § 295 heilen, BGH VersR **77**, 1125.

38 **N. Amtsermittlung im einzelnen.** Im Gegensatz zum Beibringungsgrundsatz steht der Amtsermittlungsgrundsatz (Inquisitionsgrundsatz), Rn 31. Man muß ihn wiederum von dem Grundsatz einer bloßen Prüfung von Amts wegen nach Rn 39 unterscheiden.

Der Amtsermittlungsgrundsatz nötigt das Gericht zu einer Ermittlung der entscheidungserheblichen Tatsachen und sonstigen Umstände *von Amts wegen,* BGH JZ **91**, 371, Stgt FamRZ **95**, 1161. Er beherrscht den Strafprozeß, das Bußgeldverfahren, in großem Umfang auch das Ehe-, Familien-, Kindschaftsverfahren, §§ 606 ff, 640 ff, BGH JZ **91**, 371, Düss RR **95**, 1219, sowie das Aufgebotsverfahren, §§ 946 ff, also die sog Ermittlungsverfahren (Offizialverfahren). Er hat aber auch im „normalen" Zivilprozeß eine gewisse Bedeutung. Das gilt etwa dann, wenn das Gericht im Zusammenhang mit der Klärung von Schadensersatzansprüchen das Ausgang eines stattgefundenen oder nur zu unterstellenden Vorprozesses nur mit Hilfe fremder Verfahrensordnungen feststellen kann. Zu seiner Bedeutung im Patentnichtigkeitsverfahren Schmieder GRUR **82**, 348. Wegen einer Markensache §§ 73 ff MarkenG.

39 **O. Amtsprüfung im einzelnen.** Man muß den Grundsatz der Amtsprüfung (Offizialprüfung, Prüfung von Amts wegen) vom Amtsermittlungsgrundsatz nach Rn 32 unterscheiden, Rn 31. Bei einer Amtsprüfung findet *keine amtliche Untersuchung* statt. Das Gericht macht vielmehr nur von Amts wegen nach § 139 III auf gewisse Bedenken aufmerksam, BVerfG NJW **92**, 361, BGH NJW **95**, 1354, Zweibr MDR **98**, 123. Das übersieht Zweibr FamRZ **98**, 1446. Das Gericht fordert daher die Parteien auf, diese Bedenken durch Nachweise zur Gewißheit zu machen oder zu entkräften, BVerfG NJW **92**, 361, BGH NJW **76**, 149. Im Rahmen einer Amtsprüfung muß das Gericht eine volle Überzeugung von der Wahrheit desjenigen Punkts erlangen, der der Amtsprüfung unterliegt, Ffm Rpfleger **80**, 70, also ohne eine Bindung an ein Geständnis im Sinn von § 288, Balzer NJW **92**, 2722, und unabhängig von einem Verzicht nach § 306 oder von einer Säumnis, §§ 330 ff, BGH NJW **76**, 149. In einem Eilverfahren nach §§ 620 ff, 916 ff, 935 ff genügt meist statt voller Überzeugung derjenige Grad von Wahrscheinlichkeit, der zur Glaubhaftmachung ausreicht, § 294.

40 Die Amtsprüfung findet vor allem im Zusammenhang mit der Prüfung der *Zulässigkeit* des Prozesses statt, ferner bei § 56, dort Rn 4, oder im Zusammenhang mit der Prüfung der Zulässigkeit einer Prozeßhandlung. Sie findet ferner bei der Prüfung der Rechtskraft statt, Einf 23 vor §§ 322–327, oder bei der Prüfung der Rechtshängigkeit, § 261 III Z 1, BGH NJW **89**, 2064. Darüber hinaus benutzt man den Ausdruck Amtsprüfung oft bei der Klärung der Voraussetzungen einer Rechtsanwendung. Das gilt etwa bei der Prüfung einer Notfrist, § 224 I 2, BGH NJW **76**, 149. Ferner hat die Amtsprüfung Bedeutung bei der Würdigung eines Beweisergebnisses nach § 286. Hier entfällt eine Einwirkungsmöglichkeit der Parteien weitgehend, §§ 452, 439, 391. Das Gesetz spricht diesen letzteren Umstand nur bei §§ 617, 640 besonders aus.

41 **6) Rechtliches Gehör**

Buch 1. Abschnitt 3. Verfahren **Grdz § 128**

Schrifttum: *Schwartz,* Gewährung und Gewährleistung des rechtlichen Gehörs usw, Diss Bln 1977; *Waldner,* Der Anspruch auf rechtliches Gehör, 1989. Zu den Sanktionen *Henckel* ZZP **77**, 321. Vgl auch Einl III 19, 24.

A. Allgemeines. Das rechtliche Gehör bzw ein faires Verfahren (Rpfl) ist ein Verfassungsgebot, Artt 2 I, 20 III GG (Rpfl), BVerfG **101**, 404, Art 103 I GG (Richter), Einl III 16–20, BVerfG **42**, 367. Das rechtliche Gehör ist ein Eckpfeiler des gesamten Zivilprozeßrechts und jedes geordneten Verfahrens. Das Gericht darf eine jede Entscheidung grundsätzlich nur im Anschluß an eine ausreichende Anhörung beider Parteien treffen. Diesen Grundsatz beachtet die Praxis vielfach noch zu wenig. Er durchzieht jede einzelne einfache Verfahrensvorschrift und hat ihr gegenüber den *Verfassungsvorrang,* Däubler JZ **84**, 357. Ihn durchbrechen nur wenige Ausnahmen.

Das rechtliche Gehör erfolgt dann, wenn das Gesetz nach § 128 Rn 4 eine mündliche Verhandlung **42** vorschreibt, grundsätzlich nur mündlich ausreichend. Soweit das Gesetz dem Gericht die Durchführung einer mündlichen Verhandlung nach § 128 IV freistellt oder ein schriftliches Verfahren nach § 128 II zuläßt oder anordnet, darf das Gericht das Gehör auch *schriftlich* gewähren, Nürnb MDR **82**, 943, Geffert NJW **78**, 1418.

Das rechtliche Gehör besteht darin, daß der Betroffene eine *ausreichende Gelegenheit* erhält, *sich sachlich zu äußern,* BVerfG **42**, 367. Das Gericht darf der Entscheidung demgemäß nur solche Tatsachen, Beweisergebnisse und nach § 139 II auch nur solche rechtlichen Gesichtspunkte zugrunde legen, zu denen die Beteiligten ausreichend Stellung nehmen konnten. Wie lange Zeit eine Partei benötigt, um ausreichend Stellung nehmen zu können, das hängt natürlich von den gesamten Umständen ab. Gesetzliche Mindestfristen reichen unter dem Gesichtspunkt des Art 103 I GG nicht immer aus. Sie sind aber als Rahmenbedingungen des Gesetzgebers immerhin erhebliche Anhaltspunkte dafür, welche Fristen das Gericht oberhalb der gesetzlichen Mindestfristen im allgemeinen als ausreichend ansehen darf. Soweit eine Partei von dem ihr gewährten rechtlichen Gehör keinen Gebrauch macht, läuft das Verfahren fort. Die Partei muß unter Umständen in einem zumutbaren Umfang im Rahmen der Prozeßregeln um das Gehör bitten, bevor sie einen Verstoß gegen Artt 2 I, 20 III GG (Rpfl), BVerfG **101**, 404, Art 103 I GG (Richter) rügen kann. Das gilt zB dann, wenn das Gesetz die Verlesung einer Aussage nicht vorschreibt, BVerwG NJW **76**, 1283.

Das Gericht muß die Gewährung des rechtlichen Gehörs im Fall einer mündlichen Verhandlung im *Protokoll* feststellen, § 160 II. In anderen Fällen muß es die Gewährung des rechtlichen Gehörs in einem Aktenvermerk feststellen.

Das Gericht muß die Notwendigkeit auch eines erneuten rechtlichen Gehörs *in jeder Lage* des Verfahrens **43** von Amts wegen prüfen, Rn 39. Diese Notwendigkeit kann sich unter Umständen erst in einem fortgeschrittenen Prozeßstadium ergeben. Wenn zB zunächst die Voraussetzungen einer öffentlichen Zustellung nach §§ 185 ff vorlagen und dem Gericht dann die neue Anschrift des zunächst Unbekannten bekannt wird, dann muß das Gericht ihm jetzt noch eine ausreichende Gelegenheit zu einer Äußerung geben.

Man sollte nun allerdings das Gebot des rechtlichen Gehörs auch *nicht überstrapazieren*. Das Gericht kann **44** insbesondere von einer anwaltlich vertretenen Partei erwarten, aber auch von einem nicht rechtskundig beratenen Prozeßbeteiligten erhoffen, daß er im Rahmen seiner Pflichten aus dem Prozeßrechtsverhältnis nach Rn 4 mitdenkt, mithandelt und mitreagiert. Das Gericht braucht nicht wegen jeder winzigen Veränderung der tatsächlichen oder rechtlichen Situation oder wegen jeder sonstigen Einzelheit ängstlich zu einer Stellungnahme aufzufordern, die bei einer vernünftigen Betrachtung schon durch das bisherige Verhalten der Partei zumindest stillschweigend zum Ausdruck gekommen ist.

B. Verstoß. Wenn das Gericht das rechtliche Gehör nicht oder nicht in der richtigen Weise gewährt hat, **45** liegt darin ein wesentlicher Verfahrensmangel, BVerfG **42**, 373. Das gilt zB: Dann, wenn das Gericht einen eingereichten Schriftsatz nicht beachtet, § 286 Rn 14, BVerfG DRiZ **78**, 282, besonders wenn es ihn trotz § 222 II als zu spät betrachtet, obwohl er nach einer scheinbar an einem Feiertag abgelaufenen Frist am darauf folgenden Werktag eingegangen ist, BVerfG NJW **65**, 579; wenn das Gericht die Sache unkorrekt aufgeklärt hatte, BVerfG JZ **77**, 22 (OWiG); wenn es nur einer Partei das rechtliche Gehör gewährt hatte; wenn es den Betroffenen nicht vor der Verhängung einer Verzögerungsgebühr nach § 38 GKG angehört hatte. Ein etwaiger Mangel ist gleichwohl heilbar. Die Partei könnte ja sogar ein Versäumnisurteil hinnehmen. Dann kann sie auch auf rechtliches Gehör verzichten. Eine Rechtsmittelfrist läuft unabhängig vom Verstoß, BGH FamRZ **01**, 830. Vgl auch § 139.

7) Prozeßhandlung **46**

Schrifttum: *Beys,* Stillschweigend vorzunehmende Prozeßhandlungen?, Festschrift für *Baumgärtel* (1990); *Fenge,* Prozeßrecht und materielles Recht als Teilsystem einer Rechtsordnung, in: Rechtstheorie, Beiheft 10 (1986) 251; *Gaul,* „Prozessuale Betrachtungsweise" und Prozeßhandlungen in der Zwangsvollstreckung, Gedächtnisschrift für *Arens* (1993) 89; *Orfanides,* Die Berücksichtigung von Willensmängeln im Zivilprozeß, 1982; *Schwab,* Probleme der Prozeßhandlungslehre, Festschrift für *Baumgärtel* (1990) 503; *Stadlhofer-Wissinger,* Das Gebot in der Zwangsversteigerung – eine nicht anfechtbare Prozeßhandlung, 1993; *Wagner,* Prozeßverträge, Privatautonomie im Verfahrensrecht, 1998; *Weber,* Prozessuale Regelungen im materiell-rechtlichen Gewand, 1988; *Würthwein,* Umfang und Grenzen des Parteieinflusses auf die Urteilsgrundlagen im Zivilprozeß, 1977.

A. Allgemeines. Unter den Oberbegriff der prozeßrechtlichen Tatsachen fallen Prozeßhandlungen und andere Umstände, wie der Tod eines Beteiligten oder die Eröffnung eines Insolvenzverfahrens über sein Vermögen. Prozeßhandlung im weiteren Sinn ist eine auf die Prozeßentwicklung gerichtete Handlung des Gerichts, BGH **134**, 389, oder einer Partei gegenüber einer Partei, BGH VersR **89**, 602, oder der Partei gegenüber dem Gericht. Zur Prozeßentwicklung gehören die Einleitung, die Führung und die Beendigung des Prozesses. Nicht dazu gehört aber die Vorbereitung der Einleitung, soweit nicht ihr Ziel die unmittelbare Einleitung ist, wie im Fall der Bestellung eines Prozeßbevollmächtigten, § 80 Rn 6. Zu den Handlungen gehören auch Unterlassungen, bei denen die Handlungen mit dem Willen der Parteien unterbleiben. Etwas

Grdz § 128 Buch 1. Abschnitt 3. Verfahren

anderes gilt bei solchen Handlungen, die ohne den Willen der Parteien unterbleiben, bei denen es sich also um ein bloßes Unterbleiben handelt. Das zeigen die §§ 44 IV, 296 II, 510, 531 II. Sie gehen ja von einem subjektiven Verhalten aus. Den Handlungen der Parteien stehen diejenigen ihrer gesetzlichen Vertreter, Prozeßbevollmächtigten und Beistände gleich, BGH BB **02**, 1067.

47 **B. Parteiprozeßhandlung.** Prozeßhandlung im engeren und gewöhnlichen Sinn ist nur eine solche, die eine Partei vornimmt, nicht eine solche, die das Gericht vornimmt. Die Einteilung der Prozeßhandlungen in reale Handlungen oder Realakte, BGH NJW **83**, 123, Willenserklärungen und Wissenserklärungen führt im allgemeinen zu nichts. Eine Ausnahme gilt zB bei § 840 Rn 10. Eine reale Handlung, zB die Einreichung eines Schriftsatzes, gibt ja auch einen Willen kund. Auch die Einteilung in Prozeßrechtsgeschäfte und Prozeßrechtshandlungen führt in der Praxis kaum weiter.

48 **C. Rechtsgeschäft, Prozeßvertrag,** dazu *Jacoby*, Der Musterprozeßvertrag, 2000; *Wagner*, Prozeßverträge, 1998: Man muß von der Prozeßhandlung das sachlichrechtliche Rechtsgeschäft über prozessuale Beziehungen unterscheiden, also den Prozeßvertrag, BVerwG JB **99**, 599. Ein solches Rechtsgeschäft ist immer dann zulässig, wenn es nicht in die Justizhoheit oder in gesetzlich geregelte Tätigkeiten der Staatsorgane eingreift, Einl III 10, BGH NJW **01**, 2551, Häsemeyer AcP **188**, 163, Teubner/Künzel MDR **88**, 726, und wenn es nicht sittenwidrig ist, BGH **109**, 28. Es unterliegt auch im Anwaltsprozeß keinem Anwaltszwang, § 78 Rn 1, BGH RR **87**, 307, Saarbr FamRZ **92**, 111.

49 *Zulässig ist zB:* Ein Mediationsvertrag mit Vertraulichkeitsklausel, Wagner NJW **01**, 1398 (er ist dann freilich vor Gericht evtl nur bedingt verwertbar, schon wegen der grundsätzlichen Öffentlichkeit einer etwaigen mündlichen Verhandlung, § 169 GVG, vgl allerdings auch § 171b GVG); der Verzicht auf eine Klage, BGH FamRZ **82**, 784, BAG BB **85**, 1071 (Ausgleichsquittung); ein Geständnis, BGH NJW **01**, 2551, Drsd FamRZ **02**, 681; die Vereinbarung der Klagerücknahme, § 269, BGH RR **87**, 307, wohl auch des Rechtsmittelverzichts, § 515, BGH **109**, 28, Brschw MDR **01**, 1009 (abl Schneider), Naumb FamRZ **01**, 831, aM BGH VersR **89**, 602 (einseitige Parteiprozeßhandlung, auch wenn gegenüber dem Gegner erklärt. Einen solchen Verzicht kann man aber jedenfalls auch vereinbaren); die Vereinbarung der Rechtsmittelrücknahme, § 516, BGH RR **87**, 307, Aden BB **85**, 2282; die Vereinbarung einer bestimmten Beweisbeschränkung; die Vereinbarung eines bestimmten Verfahrens bzw des Absehens von einer bestimmten Prozeßart, BGH **109**, 28; die auch vorprozessuale Vereinbarung, daß der Verlierer gegen ein Urteil nur Sprungrevision und keine Berufung einlegen darf, BGH NJW **86**, 198; die Vereinbarung der Behandlung weiterer Ansprüche in demselben Prozeß, soweit eine Klageänderung nach § 263 oder eine Widerklage nach Anh § 253 zulässig ist; der Verzicht auf Entscheidungsgründe, § 313a I, Ffm NJW **89**, 841.

50 *Unzulässig* kann eine Vereinbarung über die Maßgeblichkeit und alleinige Zulässigkeit eines Musterprozesses sein, BGH BB **84**, 1575. Ein zulässiges Rechtsgeschäft verpflichtet zu einer entsprechenden Prozeßhandlung. Es begründet die Einrede der Arglist, wenn der Gegner sich anders verhält, Einl III 54, §§ 269 Rn 10, BGH RR **87**, 307, großzügiger Teubner/Künzel MDR **88**, 726.

51 **D. Einzelnes.** Man darf und muß jede Prozeßhandlung nach dem deutschen Recht beurteilen. Das gilt unabhängig davon, wo sie erfolgte. Es entscheidet der Zeitpunkt der Vornahme der Prozeßhandlung. Über die Form einer Prozeßhandlung läßt sich nichts Allgemeines sagen. Die Prozeßhandlung muß zum Prozeßvorgang und damit grundsätzlich zu den Gerichtsakten erfolgen. Eine Erklärung zum Protokoll ersetzt regelmäßig eine etwa notwendige Schriftform. Soweit die Beteiligten eine Schriftform vereinbart haben, richtet sie sich nicht nach dem BGB, aM BGH FamRZ **01**, 1704 (aber für die Beurteilung einer Prozeßhandlung ist das Prozeßrecht die einzige Quelle, Rn 52). Mangels Notwendigkeit einer Schriftform kann auch eine stillschweigende Parteiprozeßhandlung vorliegen und wirksam sein, Jena NJW **03**, 1843.

52 Deshalb darf und muß auch das Revisionsgericht eine Prozeßhandlung *frei nachprüfen*, § 286, BGH GRUR **01**, 1036. Der BGH ist also nicht an die Auffassung des Berufungsgerichts gebunden, BGH FamRZ **01**, 1704, BAG MDR **83**, 1053. Das Gericht muß zwar den Willen der Partei möglichst erforschen, BGH GRUR **01**, 1036, namentlich durch eine Befragung. Es kommt aber nur derjenige Wille in Betracht, der in der Erklärung verkörpert ist, BGH NJW **94**, 1538, BFH BB **79**, 362.

Auslegen darf und muß das Gericht den Parteiwillen daher mangels eindeutiger Formulierung zur Klärung des wahren Inhalts, BGH MDR **05**, 164, BAG NJW **04**, 2260, Kblz RR **00**, 364, Zweibr RR **01**, 1653. Maßstab ist dasjenige, was vernünftig ist und der recht verstandenen Interessenlage entspricht, BGH BB **05**, 2100, BPatG FamRZ **04**, 1713, Drsd FamRZ **02**, 681. Dabei muß das Gericht jede Kleinlichkeit vermeiden, Einl III 40, Anh § 307 Rn 11. Ein klarer Wortlaut und Sinn bindet, wie beim Gesetz, Einl III 39, Zweibr RR **01**, 1653, Henke ZZP **112**, 437. Insoweit kann auch eine *Umdeutung* zB eines unzulässigen Rechtsbehelfs in einen zulässigen anderen notwendig sein, BGH NJW **83**, 2200, Karlsr RR **87**, 1337. Ebenso kann die Umleitung einer unwirksamen Rechtsmittelrücknahme in einen Rechtsmittelverzicht infrage kommen, BGH BB **02**, 1067, oder die Umdeutung einer unzulässigen Nachforderungsklage in eine zulässige Abänderungsklage, BGH FamRZ **04**, 1713. Nur die Vorschriften des sachlichen Rechts sind bei der zulässigen Auslegung unanwendbar, OGB BGH **75**, 348, zumindest mißverständlich BGH NJW **91**, 1176, BVerwG JZ **90**, 824 (das sachliche Recht sei direkt oder entsprechend anwendbar), aM BAG NJW **82**, 1174, Teubner/Künzel MDR **88**, 726 (vgl aber Rn 51). Bei alledem darf die Auslegung nicht eine nachlässige Partei zu Lasten des korrekten Gegners begünstigen, BGH BB **03**, 1866.

53 Eine *Berichtigung* einer Prozeßhandlung wegen eines offenbaren Irrtums ist ausnahmsweise zulässig, BGH NJW **88**, 2541, BVerwG NVwZ-RR **05**, 739. Doch muß im Fall einer empfangsbedürftigen Prozeßhandlung die Unrichtigkeit dem Empfänger irgendwie erkennbar gewesen sein, BVerwG NVwZ-RR **05**, 739. Fast alle Prozeßhandlungen sind empfangsbedürftig.

54 Eine Prozeßhandlung läßt grundsätzlich *keine Bedingung* zu, soweit die Prozeßhandlung eine Einleitung oder Beendigung eines Prozesses oder einer Instanz usw betrifft. Denn dann verträgt sie keinen Schwebezustand, BGH RR **90**, 68, BayObLG **87**, 49, StJL 209 vor § 128, aM Karlsr FamRZ **90**, 84 (die sog bloße Rechtsbedingung sei unschädlich. Aber man muß auf Rechtssicherheit achten, Einl III 43).

Beispiele: Es gibt keinen bedingten Antrag, Zweibr FamRZ **82**, 1094; keine bedingte Klage, Drsd RR **00**, 903 (wegen der ausnahmsweisen Zulässigkeit einer Klage „nur bei Bewilligung von Prozeßkostenhilfe" usw § 117 Rn 7–11); keine bedingte Klagerücknahme (vgl wegen der etwa erforderlichen Einwilligung des Bekl aber § 269 Rn 17–21); keine bedingte Erledigterklärung, § 91 a, OVG Kblz JZ **77**, 796; keine bedingte Berufung (freilich ist auch hier eine Auslegung nötig, BGH FamRZ **01**, 1704, Pantle NJW **88**, 2775 für den Fall der Zweitberufung wegen Fehlerhaftigkeit der ersten); keinen bedingten Scheidungsantrag, Ffm FamRZ **78**, 432; keine bedingte Erinnerung, Düss AnwBl **78**, 234; keine bedingte Streithilfe, § 66; keine bedingte Streitverkündung, § 72, BGH MDR **89**, 539; keine Berufung nur für den Fall der Unzulässigkeit der gleichzeitig eingelegten Beschwerde.

Zulässig ist aber ein *Hilfs-(Eventual-)Vorbringen* für den Fall der Erfolglosigkeit des in erster Linie Vorge- **55** brachten, § 260 Rn 8. Diese Möglichkeit besteht zB bei einem Klagegrund oder bei einer Einrede. Vereinzelt läßt die ZPO sonst eine Bedingung zu. KG OLGZ **77**, 130 läßt eine bedingte Beschwerde unter der Bedingung zu, daß überhaupt eine Entscheidung vorliege. Über eine bedingte Widerklage § 253 Rn 3, Anh § 253 Rn 11. Eine unzulässige Bedingung macht die ganze Prozeßhandlung unwirksam. Zur Genehmigung einer unwirksamen Prozeßhandlung § 56 Rn 9, 10, § 78 Rn 33, 34. Zum Begriff der Prozeßhandlungsvoraussetzung Grdz 18 vor § 253.

E. Willensmangel. Der Willensmangel einer Partei ist bei einer Prozeßhandlung unerheblich, soweit **56** nicht das Gesetz einen Widerruf usw ausdrücklich gestattet. Die Grundsätze des sachlichen Rechts über eine Nichtigkeit oder Anfechtbarkeit sind in diesem Zusammenhang *nicht* einmal sinngemäß *anwendbar*, BGH JR **94**, 21 (Ausnahme evtl bei § 580), BGH RR **94**, 568 (Auslegbarkeit), Düss RR **99**, 1514, Naumb FamRZ **01**, 831 (Rechtsmittelverzicht). Eine Vortäuschung (Simulation) ist unbeachtlich. Denn sie ist unerkennbar. Billigkeitserwägungen dürfen im Prozeß nicht zur Untergrabung der Rechtssicherheit führen, Einl III 43, Karlsr NJW **75**, 1933. Auch die Vorschriften über eine Schikane sind unanwendbar. Möglicherweise besteht in einem solchen Fall ein Rechtsschutzbedürfnis, Grdz 33 vor § 253. Freilich ist das Problem der Heilbarkeit einer fehlerhaften Prozeßhandlung noch nicht voll durchdacht. Man sollte solche Situationen möglichst elastisch beurteilen, BGH FamRZ **01**, 1704 (Auslegbarkeit).

F. Treu und Glauben. Dieser Grundsatz beherrscht das gesamte Prozeßrecht, Einl III 6, 54. Deshalb **57** greift die prozessuale Einrede einer Arglist oder eines Rechtsmißbrauchs auch gegenüber einer Prozeßhandlung durch.

Das gilt zB: Bei einer rechtswidrigen Drohung; bei einer Erschleichung des Gerichtsstands, 42 Rn 9, Üb 22 vor § 12 usw; bei der Erschleichung einer öffentlichen Zustellung, §§ 185 ff; dann, wenn die Partei A entweder offenbar irrig, BGH FamRZ **88**, 496, oder arglistig die Partei B zu einer Prozeßhandlung verursacht hat und sie nun trotz des Vorliegens eines Restitutionsgrundes an dieser Prozeßhandlung festhalten will, BGH NJW **85**, 2335 (zustm Zeiss JR **85**, 424).

Die *Einrede* macht zwar die ganze Prozeßhandlung wirkungslos. Eine auf dieser Prozeßhandlung beruhende Entscheidung des Gerichts bleibt aber grundsätzlich wirksam, Üb 20 vor § 300. Das gilt zB für die Bewilligung einer öffentlichen Zustellung und für deren Vornahme, (jetzt) §§ 185 ff, BGH **64**, 8. Diese Entscheidung läßt sich nur mit dem jeweils zulässigen Rechtsbehelf beseitigen. Über die Einrede gegenüber einem rechtskräftigen Urteil Einf 25 vor § 322. Davon abgesehen gibt es eine Nichtigkeit wegen einer Sittenwidrigkeit im Zivilprozeß nicht. Eine Prozeßhandlung ist nur insoweit nichtig, soweit sie nicht in derjenigen Form oder unter denjenigen anderen gesetzlichen Voraussetzungen erging, die für ihre Wirksamkeit notwendig waren. Ob eine sittenwidrige Prozeßhandlung ersatzpflichtig macht, ist eine Frage des sachlichen Rechts. Über die Wirkung der Verletzung prozessualer Vorschriften Einl III 30–34.

G. Widerruf. Das Gesetz sieht an verschiedenen Stellen die Möglichkeit des Widerrufs einer Prozeß- **58** handlung vor. Auch unabhängig von diesen Spezialvorschriften ergibt sich die Zulässigkeit eines Widerrufs oft aus dem Zweck einer gesetzlichen Vorschrift. So darf eine Partei ihr tatsächliches Vorbringen im Prozeß regelmäßig willkürlich ändern. Sie muß freilich die Wahrhaftigkeitspflicht beachten, § 138 I, II. Eine Prozeßhandlung, die einen Prozeßvorgang endgültig feststellen soll, ist aber *grundsätzlich unwiderruflich*, BGH JR **94**, 21 (zustm Zeiss), Hamm NZM **03**, 685, LAG Köln MDR **04**, 902.

Das gilt zB: Für das Geständnis, § 288, vgl freilich § 290, BGH DB **77**, 628; für ein Anerkenntnis, § 307, **59** BGH **80**, 392, Düss RR **99**, 1514, Mü FamRZ **92**, 698 (auch wegen etwaiger Widerruflichkeit bei § 323 oder bei §§ 578 ff); für eine Aufrechnung, Zweibr FamRZ **04**, 1032; für den Verzicht auf den Anspruch, § 306; für den Verzicht auf Entscheidungsgründe, § 313 a I 2, Ffm NJW **89**, 841; für den Verzicht auf ein Rechtsmittel, (jetzt) §§ 515, 565, BGH FamRZ **94**, 301; für eine Rücknahme der Klage, § 269, oder des Rechtsmittels, §§ 516, 565, BGH DB **77**, 628, LAG Köln AnwBl **01**, 71; für das Unterlassen einer Mängelrüge nach § 295; für das Einverständnis mit einer schriftlichen Entscheidung, § 128 II (etwas anderes gilt bei einer wesentlichen Änderung der Prozeßlage), Hamm. Freilich ist ein „Widerruf" einer in Wahrheit noch gar nicht wirksamen Erklärung möglich, BGH BB **02**, 1067. Ebenso ist ausnahmsweise die Richtigstellung einer ganz offensichtlich unrichtigen, widersprüchlichen Prozeßhandlung denkbar, LAG Köln AnwBl **01**, 71. Über den Widerruf beim Vorliegen eines Wiederaufnahmegrundes Grdz 5 vor § 578.

H. Sachlichrechtliche Folgen. Oft knüpft das sachliche Recht an eine Prozeßhandlung eine Folge, **60** etwa an die Klagerhebung, § 253. Dann folgt die sachlichrechtliche Wirksamkeit der prozeßrechtlichen. Von solchen Fällen abgesehen besteht zwischen einer Prozeßhandlung und einem sachlichrechtlichen Rechtsgeschäft folgender Unterschied: Das letztere kann schlechthin gestaltend wirken, die erstere liefert nur die Grundlagen für eine richterliche Entscheidung. Wenn die richterliche Entscheidung unterbleibt, sind diese Grundlagen verpufft, BGH **84**, 208.

I. Prozeßhandlung und Rechtsgeschäft. Die Prozeßhandlung und eine rechtsgeschäftliche Erklärung **61** können rein äußerlich verbunden sein. Dann muß man jeden Teil getrennt beurteilen. Die Prozeßhandlung und eine rechtsgeschäftliche Erklärung können auch inhaltlich verbunden sein, indem die Prozeßhandlung zugleich eine sachlichrechtliche Verfügung enthält, BGH **88**, 176, Saarbr FamRZ **92**, 111. In diesem Fall muß man grundsätzlich den prozessualen Inhalt von dem sachlichrechtlichen unterscheiden, Saarbr FamRZ **92**, 111. So kann zB eine schriftsätzliche Erklärung sachlichrechtlich bereits im Zeitpunkt des Zugangs des Schriftsatzes wirksam werden, § 130 BGB. Demgegenüber mag sie prozessual erst im Zeitpunkt ihres Vortrags in der mündlichen Verhandlung wirksam werden. Freilich muß man prüfen, ob der Schriftsatz die Erklärung tatsächlich enthält oder ob er nur deren Ankündigung für die mündliche Verhandlung darstellen soll. Eine prozessual wirksame Prozeßhandlung ist für die Form und den Zeitpunkt des Wirksamwerdens immer auch sachlichrechtlich wirksam. Alles das ist allerdings umstritten.

62 **J. Beispiele zur Frage einer Verbindung von Prozeßhandlung und Rechtsgeschäft**
Anerkenntnis: Eine inhaltliche Verbindung kann bei einem Anerkenntnis vorliegen.
Anfechtung: Eine inhaltliche Verbindung kann bei einer Anfechtung vorliegen, BGH **88**, 176.
Aufrechnung: Eine inhaltliche Verbindung kann bei einer Aufrechnung vorliegen, BGH **88**, 176.
Ehescheidung: Eine inhaltliche Verbindung kann bei einer Zustimmung zur Scheidung vorliegen, Saarbr FamRZ **92**, 111.

63 **Gestaltungsrecht:** Eine inhaltliche Verbindung kann bei ihm vorliegen, BayObLG FamRZ **79**, 952.
Kündigung: Eine inhaltliche Verbindung kann bei einer Kündigung vorliegen, BGH RR **87**, 395 (auch zum Formerfordernis), Hamm RR **93**, 273 (eindeutige rechtsgeschäftliche Erklärung nötig), LG Hbg WoM **87**, 209 (auch zur Unverzüglichkeit einer Zurückweisung wegen Fehlens einer Vollmacht), LG Tüb RR **91**, 972 (die zur Akte gereichte Prozeßvollmacht reicht).
Mieterhöhung: Eine inhaltliche Verbindung kann beim Erhöhungsbegehren nach (jetzt) § 558 BGB vorliegen, LG Karlsr WoM **85**, 320, LG Mannh WoM **85**, 320 (mit Recht fordert das LG eine klare Erklärung), ebenso bei der Zustimmung des Mieters.
Prozeßvollmacht: Eine inhaltliche Verbindung kann bei der Erteilung einer Prozeßvollmacht einerseits und dem Abschluß des zugrundeliegenden Vertrags andererseits vorliegen. Dann muß man jeden Vorgang getrennt beurteilen.

64 **Rücktritt:** Eine inhaltliche Verbindung kann bei einem Rücktritt vorliegen.
Unterhalt: Eine inhaltliche Verbindung kann bei einem Bestimmungsrecht nach § 1612 II 1 BGB vorliegen, Hbg FamRZ **82**, 1112.
Widerruf: Eine inhaltliche Verbindung kann bei der Verteidigungsanzeige nach § 276 I 1 vorliegen, Karlsr RR **98**, 1438.

65 **8) *VwGO*:** *Im Verfahren vor den VerwGerichten haben die Beteiligten die Herrschaft über das Verfahren als Ganzes (Parteiherrschaft), oben Rn 18; statt des Beibringungsgrundsatzes, oben Rn 20ff, gilt aber der Ermittlungsgrundsatz, oben Rn 31, nach § 86 I VwGO, vgl dazu Geiger BayVBl* **99**, *321 (eingehend). Dieser Grundsatz bestimmt vielfach darüber, ob Vorschriften der ZPO nach § 173 VwGO entsprechend angewendet werden können. Zur Mitwirkungslast der Beteiligten vgl § 138 Rn 68.*

Titel 1. Mündliche Verhandlung

Übersicht

Schrifttum: *Klein*, Die Grundsätze der Öffentlichkeit und Mündlichkeit im Zivilprozeß usw, Diss Köln 1995; *Leipold*, Wege zur Konzentration von Zivilprozessen, 1999; *Möhring/Nirk*, Die mündliche Verhandlung in der Revisionsinstanz usw, Festschrift „*25 Jahre BGH*" (1975), 305; *Stürner*, Verfahrensgrundsätze des Zivilprozesses und Verfassung, Festschrift für *Baur* (1981) 647 (661).

1 **1) Systematik, Regelungszweck.** Vgl zunächst Grdz 1, 2 vor § 128. Der Titel 1 enthält mit seinen Kernvorschriften in §§ 128–139 und der Fülle der sich anschließenden Ergänzungen in §§ 140–165 die Grundsätze jeder mündlichen Verhandlung in jeder Instanz und jeder Verfahrensart, § 495a. Sonderregeln anderer Art zB in §§ 606ff, 640ff wandeln diese Grundsätze freilich vielfältig ab.

2 **2) Geltungsbereich.** Vgl Grdz 3 vor § 128.

3 **3) Mündlichkeit.** Einem Grundsatz stehen gewichtige Ausnahmen gegenüber.
A. Grundsatz: Notwendigkeit. Die ZPO von 1877 war vom grünen Tisch aus auf den Grundsatz der unbedingten Mündlichkeit des Verfahrens zugeschnitten. Sie ahmte damit den Code de Procédure Civile nach, ging aber weit über ihr Vorbild hinaus. Dieses Verfahren versagte in der Handhabung. Verschiedene Novellen schwächten daher den Grundsatz der Mündlichkeit immer mehr ab. Er war praktisch zu einer Spiegelfechterei geworden. Trotzdem beherrscht der in vernünftigen Grenzen segensreiche Gedanke der Mündlichkeit grundsätzlich den gesamten Zivilprozeß noch heute, Köln FamRZ **05**, 1205, Hendel DRiZ **92**, 91. Das verkennt Karlsr MDR **91**, 1195 bei seiner Ansicht, das Gericht müsse seine Wahl der mündlichen Verhandlung statt des beantragten schriftlichen Verfahrens auch noch näher als mit dem Hinweis auf seine ständige Praxis begründen. Wesentlich ist der Vorrang des Mündlichen vor dem Schriftlichen, BGH NJW **04**, 3778, Bettermann ZZP **91**, 374. Die mündliche Verhandlung ist immer noch der Kern des Verfahrens und ein Ausfluß von Art 103 I GG. Dieser gibt nämlich einen Anspruch auch auf ein Rechtsgespräch, (jetzt) § 139 II, Möhring/Nirk Festschrift „25 Jahre BGH" (1975), 312. Das folgt auch aus Art 6 I EMRK und aus Art 14 I des Internationalen Pakts vom 19. 12. 66, BGBl **73** II 1534, Knauer/Wolf NJW **04**, 2861. Freilich gibt Art 103 I GG nicht stets einen Anspruch auf eine mündliche Verhandlung, BVerfG NJW **05**, 1486.

4 **B. Ausnahmen.** Dem Grundsatz Rn 3 stehen gewichtige ebenfalls nachfolgend genannte Ausnahmen gegenüber. Der Satz ist nicht mehr haltbar, eine mündliche Verhandlung sei immer dann geboten, wenn das Gesetz nicht eindeutig eine Ausnahme vorschreibe. Soweit das Gesetz keine Mündlichkeit vorschreibt, muß man prüfen, ob eine mündliche Verhandlung im Geist des Gesetzes sinnvoll ist. Ein bloßer Antrag führt bei Unterlassung einer nicht notwendigen Verhandlung keineswegs stets zum Verstoß gegen Art 103 I GG, aM BGH GRUR **03**, 1066 (aber eine Partei muß auch dann mit einem gesetzmäßigen Vorgehen des Gerichts rechnen, wenn sie sich einen anderen Verfahrensablauf erhofft hat). Eine mündliche Erörterung findet aber

Titel 1. Mündliche Verhandlung　　　　　　　　　　　　　　　　　Übers § 128, § 128

im allgemeinen beim Gericht zu selten statt. Sie fördert oft Wichtiges zutage, ermöglicht eine straffe Leitung des Verfahrens und eine enge Fühlung mit den Parteien und ist gerade deshalb ein unentbehrliches Mittel einer schnellen und richtigen Prozeßerledigung, auf die das Gesetz mit Recht besonderes Gewicht legt. Auch für die Parteien und ProzBev ist ein geschickter mündlicher Vortrag oft wirksamer als die beste schriftliche Vorbereitung.

4) Prozeßleitung. Man sollte drei Hauptaspekte beachten. **5**

A. Allgemeines. Eine sichere, sorgfältige und souveräne Prozeßleitung hat für einen sachgemäßen Verlauf des Prozesses die größte Bedeutung, Möhring/Nirk Festschrift „25 Jahre BGH" (1975), 308 ff, Wassermann DRiZ **86**, 41. Die Prozeßleitung umfaßt die förmliche Leitung, die Sorge für ein geordnetes Verfahren. Hierher gehören die Aufrechterhaltung der äußeren Ordnung (Sitzungspolizei) nach §§ 176 ff GVG und die Sorge für einen äußerlich geordneten Prozeßbetrieb, soweit er sog Amtsbetrieb ist. Das gilt für die Terminsbestimmung, die Ladung, den Aufruf, die Reihenfolge und Art der mündlichen Vorträge, §§ 136 I, II, IV, 137. Die Prozeßleitung umfaßt ferner die sachliche Leitung, also die Sorge für ein gesetzmäßiges und zweckmäßiges Verfahren, BGH RR **86**, 1061. Das gilt von der Terminsbestimmung nach § 216 über Fristenänderungen, etwa nach § 226 III, oder eine Entscheidung nach § 227 oder die Bestimmung des Vorbereitenden Einzelrichters nach § 527 bis zur Verkündung des Urteils nach §§ 310, 311. § 140 benutzt den Ausdruck „Sachleitung". Die ZPO vermengt die förmliche und die sachliche Prozeßleitung. Man kann nur aus dem Zusammenhang einer Vorschrift ersehen, was jeweils gemeint ist.

B. Zuständigkeit. Die Prozeßleitung steht zu: teils dem Vorsitzenden bzw dem Originären Einzelrichter **6** nach § 348 oder dem obligatorischen Einzelrichter des § 348a bzw dem Vorsitzenden der Kammer für Handelssachen nach § 349 bzw dem Entscheidenden Richter nach § 526 oder dem Vorbereitenden Einzelrichter nach § 527 bzw dem Amtsrichter nach § 495, teils dem gesamten Gericht, zB § 172 GVG. Sie ist eine richterliche Tätigkeit, keine Verwaltungstätigkeit. Das Ob ihrer Ausübung ist eine Amtspflicht, die Art ihrer Ausübung steht weitgehend im richterlichen, freilich ebenfalls pflichtgemäßen Ermessen. Sie unterliegt regelmäßig der Nachprüfung ihrer Sachgemäßheit in der höheren Instanz.

C. Umfang. Die sachliche Prozeßleitung umfaßt die gesamte Beschaffung des Prozeßstoffs, soweit das **7** Gericht bei seiner Beschaffung mitwirken darf oder muß, zB nach § 273, ferner im Prozeßkostenhilfeverfahren, § 118. Sie bürdet dem Richter eine schwere Verantwortung für die sachgemäße und schnelle Erledigung des Prozesses auf. Die Richter und nicht die Partei ist auch nach dem jetzt geltenden Recht in weitem Umfang der Herr des Verfahrens, Grdz 28 ff vor § 128.

Zu den wichtigsten Pflichten des Vorsitzenden gehören die *Aufklärungs-(Frage-)pflicht* nach § 139. Das ist also die Pflicht, durch Fragen und Anregungen die Klärung und Vervollständigung des Parteivorbringens herbeizuführen. Ferner gehört hierher der gerichtliche Förderungszwang. Hier muß man von der parteilichen Förderungspflicht nach Grdz 12 vor § 128 unterscheiden. Das ist also die Pflicht, auf eine rasche Prozeßerledigung bedacht zu sein. Diese Pflicht folgt aus vielen Vorschriften, wie etwa aus den §§ 141, 251a, 272, 273, 275, 278, 279, 296, 530. Die Erfüllung dieser letzteren Pflicht ist sehr wichtig. Nichts schädigt das Ansehen der Zivilrechtspflege mehr als eine langsame Prozeßerledigung. Freilich darf die Güte der Bearbeitung dabei nicht leiden.

5) Inhalt des Titels 1. Dieser Titel enthält eine Reihe von allgemeinen Vorschriften. Sie gelten für die **8** gesamte ZPO, soweit sich nicht aus dem Gesetz oder aus dem Zweck der jeweiligen Vorschrift etwas anderes ergibt.

6) VwGO: Auch hier gilt im Grundsatz die Mündlichkeit, § 101 VwGO (Ausnahme: § 84 VwGO). Die **9** *Prozeßleitung hat im Verfahren der VerwGerichte wegen des Ermittlungsgrundsatzes, § 86 VwGO, erhöhte Bedeutung;* vgl Ule VPrR § 27.

128　*Grundsatz der Mündlichkeit; schriftliches Verfahren.* [I] Die Parteien verhandeln über den Rechtsstreit vor dem erkennenden Gericht mündlich.

[II] [1] Mit Zustimmung der Parteien, die nur bei einer wesentlichen Änderung der Prozeßlage widerruflich ist, kann das Gericht eine Entscheidung ohne mündliche Verhandlung treffen. [2] Es bestimmt alsbald den Zeitpunkt, bis zu dem Schriftsätze eingereicht werden können, und den Termin zur Verkündung der Entscheidung. [3] Eine Entscheidung ohne mündliche Verhandlung ist unzulässig, wenn seit der Zustimmung der Parteien mehr als drei Monate verstrichen sind.

[III] Ist nur noch über die Kosten zu entscheiden, kann die Entscheidung ohne mündliche Verhandlung ergehen.

[IV] Entscheidungen des Gerichts, die nicht Urteile sind, können ohne mündliche Verhandlung ergehen, soweit nichts anderes bestimmt ist.

Schrifttum: *Klein,* Die Grundsätze der Öffentlichkeit und Mündlichkeit im Zivilprozeß usw, Diss Köln 1995; *Westerwelle,* Der Mündlichkeitsgrundsatz in der deutschen Zivilprozeßordnung, Diss Bochum 1998.

Gliederung

1) Systematik, I–IV	1
2) Regelungszweck, I–IV	2
3) Geltungsbereich, I–IV	3
4) Mündlichkeit, I	4, 5
A. Grundsatz: Notwendigkeit einer Verhandlung	4
B. Ausnahme: Entbehrlichkeit einer Verhandlung	5
5) Verhandlungsgrundregeln, I	**6–9**
A. Verhandlung vor dem erkennenden Gericht	6
B. Mündlicher Vortrag	7, 8
C. Verstoß	9

§ 128

6) **Freigestellte mündliche Verhandlung, I, III, IV**	10–15	G. Ermessensvoraussetzungen	26–30
A. Oft Zulässigkeit	10	H. Sachverhaltsklärung	31
B. Anordnung der mündlichen Verhandlung	11, 12	I. Dreimonatsfrist	32
C. Unterbleiben einer mündlichen Verhandlung	13–15	J. Sachentscheidung	33
		K. Verstoß	34, 35
7) **Schriftliches Verfahren mit Zustimmung der Parteien, II**	16–35	8) **Restliche bloße Kostenentscheidung, III**	36, 37
A. Grundsatz: Zulässigkeit bei Entbehrlichkeit einer Verhandlung	16	A. Ermessen des Gerichts	36
		B. Verfahren	37
B. Grenzen der Zulässigkeit	17	9) **Beschluß, IV**	38, 39
C. Notwendigkeit der Zustimmung beider Parteien	18	A. Freigestellte mündliche Verhandlung, IV Hs 1	38
D. Zustimmungserklärung	19–21	B. Notwendige mündliche Verhandlung, IV Hs 2	39
E. Nächste Entscheidung	22–24	10) *VwGO*	40
F. Ermessensgrundsatz	25		

1 **1) Systematik, I–IV.** § 128 enthält zwei Verfahrensgrundsätze. Es gibt zunächst den Grundsatz der *Mündlichkeit*, Üb 1 vor § 128. Ihn schwächen II–IV und § 495 a S 1 (Kleinverfahren) ab. § 128 enthält ferner den Grundsatz der *Unmittelbarkeit*. Beide Regeln gelten nicht für alle Teile des Verfahrens. Das Gericht muß aber beide möglichst weitgehend beachten, soweit sie gelten. Unmittelbarkeit bedeutet: Die Parteien müssen vor dem Gericht selbst verhandeln, nicht vor einem Dritten oder vor einem anderen Gericht, das nur dasjenige übermitteln kann, was vor ihm geschehen ist. Während sich aber die Mündlichkeit nur auf das Verfahren vor dem erkennenden Gericht erstreckt, beherrscht die Unmittelbarkeit grundsätzlich auch die Beweisaufnahme vor einem ersuchten Gericht, § 355. Im schriftlichen Vorverfahren gelten andere Regeln, §§ 307 II, 331 II. I ist im abgetrennten Verfahren über den Versorgungsausgleich unanwendbar, BGH NJW **83**, 824, KG FamRZ **84**, 495 (es gilt § 53 b I FGG, aM Diederichsen NJW **77**, 656 (aber § 53 b I FGG hat als Spezialvorschrift Vorrang). Im schriftlichen Vorverfahren gelten andere Regeln, §§ 307 II, 331 II.

2 **2) Regelungszweck, I–IV.** Die Vorschrift dient in beiden unterschiedlichen Bereichen von I einerseits, II–IV andererseits im Grunde denselben Prinzipien der Gerechtigkeit nach Einl III 9 wie der Prozeßwirtschaftlichkeit nach Grdz 14 vor § 128, nur eben auf verschiedene Art und Weise. Dabei wird wegen des letzteren Prinzips auch die Parteiherrschaft nach Grdz 18 vor § 128 begrenzt. Die Vorschrift dient auch dem rechtlichen Gehör nach Art 103 I GG, BayObLG NZM **04**, 392. Das alles sollte man bei der Auslegung mitbeachten.

In der Praxis besteht weitverbreitet die Gewohnheit, ein weitgehend schriftliches Verfahren auch ohne ausdrückliche vorherige Parteizustimmung bald einzuleiten, bald zu unterbrechen und dann wieder nach einer Verhandlung ganz unumwunden erneut aufzunehmen, manchmal mehrfach in demselben Prozeß und derselben Instanz. Dazu ergehen dann prozeßleitende Anordnungen, auch in Beschlußform, die im ja nun schon genügend ausgeklügelten System der ZPO so gar nicht vorgesehen sind. Die Parteien, insbesondere ihre ProzBev, spielen erstaunlicher-, aber auch verständlicherweise mit. Denn sie gewinnen dabei meist diejenige Zeit, die sie sonst sogar beantragen würden. Das überlastete Gericht hat ähnliche Motive des Zeitgewinns. Das gilt vor allem dann, wenn man die Sach- und Rechtslage erstmalig früher hätte genauer durchdenken müssen. *Gerichtsmacht* ist groß. Überzeugend wirkt sie nicht schon deshalb. Freilich verscherzt man sich nicht ohne triftigen Grund das Wohlwollen des Richters, den favor judicis. Auch diese Erkenntnis will beachtet werden, selbst lange nach Ablauf der Dreimonatsfrist des II 3. Ob das alles im Grunde noch mehr Arbeit schafft, ist eine ganz andere Frage.

3 **3) Geltungsbereich, I–IV.** Vgl Grdz 3 vor § 128. Im Urteilsverfahren vor dem ArbG ist II unanwendbar. Im übrigen ist II im arbeitsgerichtlichen Verfahren anwendbar, §§ 46 II, 64 VI, 72 V ArbGG, ferner im markenrechtlichen Verfahren, § 82 I MarkenG, BGH GRUR **03**, 547.

4 **4) Mündlichkeit, I.** Vgl zunächst Üb 3, 4 vor § 128.

A. Grundsatz: Notwendigkeit einer Verhandlung. Vor dem erkennenden Gericht müssen die Parteien in jedem Verfahren nach der ZPO und in jedem Rechtszug grundsätzlich mündlich verhandeln, Zweibr OLGZ **83**, 329. Das gilt auch zB nach einem Grundurteil zu § 304, BGH NJW **79**, 2307, oder nach einer Zurückverweisung gemäß § 538, oder evtl beim Antrag auf Vollstreckbarerklärung eines ausländischen Schiedsspruchs, § 1063 II, BayObLG **99**, 56. Dieser Grundsatz bedeutet: Das Gericht darf nur dasjenige berücksichtigen, das die Parteien in der mündlichen Verhandlung vorgetragen haben, Rn 7. Im Kleinverfahren ist eine Verhandlung stets erlaubt und auf Antrag notwendig, § 495 a S 2.

Ein *Parteiantrag* kann allerdings Voraussetzung einer mündlichen Verhandlung sein. Das gilt zB bei § 320 III (Tatbestandsberichtigung), § 495 a S 2 (Kleinverfahren beim AG).

5 **B. Ausnahme: Entbehrlichkeit einer Verhandlung.** Oft stellt die ZPO eine mündliche Verhandlung allerdings in das freie, nicht nachprüfbare Ermessen des Gerichts. Das ist immer dann so, wenn das Gericht in Beschlußform entscheiden kann, IV Hs 1, § 329, und wenn das Gesetz nicht ausdrücklich eine mündliche Verhandlung anordnet, IV Hs 2. Man spricht dann von einer freigestellten (fakultativen) mündlichen Verhandlung. Oft verbietet die ZPO sogar eine an sich notwendige mündliche Verhandlung.

Das gilt in folgenden Fällen: Im Verfahren vor dem verordneten (beauftragten oder ersuchten) Richter, §§ 361, 362; bei einer Maßnahme der Prozeßleitung, Begriff Üb 5 vor § 128, etwa bei einer Terminsbestimmung, § 216, einer Prozeßverbindung, § 147, einer Aussetzung des Verfahrens, §§ 148 ff; bei einer Handlung der Justizverwaltung und bei gewissen rechtspflegerischen Geschäften, Begriffe Anh § 21 GVG; bei einem Zwischenstreit zwischen der einen Partei bzw neben den Parteien einerseits, einem Dritten andererseits, §§ 71, 135, 387; bei einer Beweisaufnahme, § 355 ff; bei Erledigterklärungen, § 91 a I 2; bei einer Verweisung wegen Unzuständigkeit, § 281 II 2; bei einem schriftlichen Verfahren, II, III; bei einer Entscheidung nach Lage der Akten, §§ 251 a, 331 a; im Fall eines schriftlichen Nachbringens, § 283.

Titel 1. Mündliche Verhandlung § 128

5) Verhandlungsgrundregeln, I. Soweit eine mündliche Verhandlung stattfindet, muß man drei Aspekte 6
beachten.

A. Verhandlung vor dem erkennenden Gericht. „Verhandlung" ist die Abgabe einer den Prozeß betreffenden Erklärung, Grdz 41–44 vor § 128, Zweibr OLGZ **83**, 329. Die Erklärung kann einseitig oder zweiseitig sein. Bei einer einseitigen Erklärung verhandelt der Erklärende nur mit dem Gericht, bei einer zweiseitigen verhandelt er außerdem mit seinem Gegner. Die Erklärung kann die Hauptsache oder eine Prozeßfrage bzw eine Vorfrage betreffen, § 39 Rn 1. Hierher zählt auch die Verhandlung etwa über ein Ablehnungsgesuch nach § 46 I, oder über ein Prozeßkostenhilfegesuch, § 118 I 3, aM ThP 4 (aber auch das ist eine echte Verhandlung). Die Beweisaufnahme ist als solche keine Verhandlung. Wohl aber ist natürlich die Erörterung ihrer Ergebnisse eine Verhandlung, § 285. „Parteien" nach Grdz 4 vor § 50 sind in § 128 also auch: Der Streithelfer, §§ 66 ff; ein Vertreter der Partei, mag er ein gesetzlicher Vertreter, § 51, ein ProzBev, § 81 oder ein Beistand sein, § 90. Sie alle unterliegen dem Mündlichkeitsgebot. „Erkennendes Gericht" sind auch die Einzelrichter der §§ 348, 348 a, 526, 527, 568 und der Vorsitzende der Kammer für Handelssachen, § 349.

Nicht hierher gehören: Der verordnete (beauftragte, ersuchte) Richter, § 361, 362; der Vorsitzende bei einer nur ihm außerhalb der Verhandlung zustehenden Maßnahme; der Rpfl; der Urkundsbeamter der Geschäftsstelle; ein Zustellungsbeamter; ein bloßer Justizverwaltungsakt, etwa über eine Entschädigung.

B. Mündlicher Vortrag. Grundsätzlich darf das Gericht nur den mündlichen Vortrag seiner Entschei- 7
dung zugrunde legen, BGH NJW **99**, 1339, LG Saarbr RR **93**, 830. Zu den Entscheidungen zählen neben denjenigen durch Urteil auch zB nach §§ 714, 925, 926 II, 927 II, 1054 diejenigen durch Beschluß, soweit sie nur auf Grund einer mündlichen Verhandlung ergehen dürfen, zB nach § 320. Gebärdensprache usw ist beim Behinderten ausreichend, §§ 6, 9 I 2 BGG, §§ 186, 191 a GVG. Das Gericht darf dasjenige, das keine Partei vorträgt, allenfalls als Erfahrungswissen berücksichtigen. Das gilt zB beim Anscheinsbeweis, § 286 Rn 15, BGH WertpMitt **78**, 244. II sowie §§ 137 III, 251 a, 283, 307 II, 331 III, 358 a durchbrechen diese Regel. § 137 III läßt trotz der grundsätzlichen Notwendigkeit des mündlichen Vortrags auch eines Schriftsatzes mit einem allseitigen Einverständnis einen Bezug auf Schriftstücke zu, LG Saarbr RR **93**, 830. Eine Urkunde muß zum Gegenstand der mündlichen Verhandlung geworden sein. Das gilt aber nicht, wenn sie sich in einer Beiakte befindet, in die eine Partei keinen Einblick nehmen darf, § 299 Rn 12. In diesem Fall ist freilich auch keine Verwertung zulässig. Das Gericht braucht eine längere Urkunde grundsätzlich nicht ihrem ganzen Inhalt nach zu verlesen. Denn das ist sinnlos, weil doch niemand folgen kann.

Die Parteien und an sich nicht das Gericht müssen das Ergebnis einer Beweisaufnahme mündlich *vortragen*, 8
§ 285 II, am besten inhaltlich. Dasselbe gilt für den Prozeßstoff der Vorinstanzen. Eine Bezugnahme auf eine andere mündliche Verhandlung ist insoweit zulässig, als das gesamte Gericht den Streitstoff aus der früheren Verhandlung derselben oder einer ganz gleichliegenden Sache weiß. Wenn die Richter auch nur zum Teil gewechselt haben, muß trotz der Einheit der gesamten Verhandlung nach Üb 58 vor § 253 doch wegen § 309 eine neue mündliche Verhandlung stattfinden. Dabei darf man aber auf schriftsätzliche Ausführungen oder auf den Inhalt der Protokolle Bezug nehmen. Vorherige unwiderrufliche Prozeßhandlungen nach Grdz 47 vor § 128 behalten ihre Wirkung.

Die *Praxis* verfährt freilich gerade mit der Notwendigkeit des mündlichen Vortrags reichlich *lax*, Rn 2, Redeker NJW **02**, 193. Daher sind mündliche Verhandlungen in Zivilsachen für Außenstehende oft überhaupt nicht mehr verständlich. Zwar kommt es nicht in erster Linie auf den Zuhörer an, sondern auf die Verständnismöglichkeit der Parteien. In diesem Zusammenhang nimmt man aber auf anwesende, nicht rechtskundige Parteien, Zeugen usw oft zu wenig Rücksicht. Andererseits ist der Prozeß kein Selbstzweck und kein Ritual, Einl III 10. Er dient vielmehr harten Interessen und soll ohne jede vermeidbare Verzögerung ablaufen. Die Grenzen zulässiger Abweichungen vom strikten Gebot des mündlichen Vortrags liegen jedenfalls dort, wo die Gefahr erheblicher Mißverständnisse eintritt.

C. Verstoß. Ein Verstoß gegen die Grundsätze der Mündlichkeit und Unmittelbarkeit ist zwar ein 9
wesentlicher Verfahrensmangel, BGH NJW **90**, 839, Zweibr FamRZ **01**, 638. Durch einen solchen Verstoß wird aber ein auf ihm beruhendes Urteil nicht etwa zu einem Scheinurteil im Sinn von Üb 11 vor § 300. Der Betroffene muß es vielmehr wie jedes andere Urteil mit einem etwa zulässigen Rechtsbehelf anfechten, Üb 20 vor § 300, BGH NJW **90**, 839. Dasselbe gilt für einen Beschluß, den das Gericht unter einem Verstoß gegen die Grundsätze der Mündlichkeit oder Unmittelbarkeit erlassen hat. § 514 II ist grundsätzlich unanwendbar, vom Fall II abgesehen (dazu Rn 34). Diese Auffassung verstößt nicht gegen das GG, BVerfG **72**, 121. Eine Heilung erfolgt entweder infolge eines ausdrücklichen Verzichts oder nach §§ 295, 534. Die Grundsätze der Mündlichkeit und Unmittelbarkeit nach Üb 1 vor § 128 dienen ja nur den Belangen der Parteien, und II zeigt, daß die Parteien ein schriftliches Verfahren vereinbaren können, § 295 Rn 16 ff.

6) Freigestellte mündliche Verhandlung, I, III, IV. Es gibt zahlreiche Punkte zu beachten. 10

A. Oft Zulässigkeit. Ein Verfahren mit einer freigestellten mündlichen Verhandlung ist nach IV Hs 1 bei vielen Vorschriften möglich, in denen das Gericht eben durch Beschluß entscheidet. Es setzt grundsätzlich einen Antrag voraus, falls nicht das Gesetz etwas anderes bestimmt. Ein Anwaltszwang besteht für das Gesuch nur dann, wenn keine Erklärung zum Protokoll der Geschäftsstelle zulässig wäre, § 78 V Hs 2, also zB insoweit, als das Gericht von der Möglichkeit der mündlichen Verhandlung auch Gebrauch macht. Die Anordnung oder Ablehnung der freigestellten mündlichen Verhandlung erfolgt nach einem zwar pflichtgemäß vorzunehmenden, jedoch in dieser Instanz seitens der Parteien nicht überprüfbaren richterlichen Ermessen. Man kann das Gesuch bis zur Entscheidung zurücknehmen. Außerhalb der Verhandlung muß die Rücknahme in derselben Form erfolgen, die für die Einlegung des Gesuchs vorgeschrieben ist. Innerhalb der Verhandlung wird die Rücknahme mündlich erklärt. Der Gegner kann die Rücknahme nicht verhindern. Er hat aber nach einer wirksamen Rücknahme ein Recht auf den Erlaß einer Kostengrundentscheidung.

Wenn die Geschäftsstelle eine *Ladung* herausgegeben hat, ohne daß das Gericht eine mündliche Verhandlung angeordnet hatte, dann ist die Ladung ungesetzlich und daher unbeachtlich. Das Gericht kann die Anordnung einer mündlichen Verhandlung ausnahmsweise auch von Amts wegen treffen, zB bei § 319. Es

§ 128

Buch 1. Abschnitt 3. Verfahren

kann die Anordnung der Verhandlung auch bis zu ihrem Beginn jederzeit rückgängig machen. Es kann aber nicht die Verhandlung selbst ungeschehen machen.

11 **B. Anordnung der mündlichen Verhandlung.** Die Anordnung erfolgt durch eine Entscheidung des Gerichts oder durch eine prozeßleitende Verfügung des Vorsitzenden, § 329. Wenn die Anordnung nach § 216 zugleich die Bestimmung des Verhandlungstermins enthält, muß das Gericht sie den Parteien förmlich zustellen, § 329 II 2. Sowohl im Parteiprozeß als auch im Anwaltsprozeß erfolgt in der Regel gleichzeitig eine Terminsbestimmung und eine Ladung von Amts wegen, § 168 I. Der Grundsatz, daß das Gericht in seiner Entscheidung nach Rn 7 nur das Vorgetragene verwerten darf, gilt hier nicht. Denn das Verfahren dient nur einer besseren Unterrichtung des Gerichts. Deshalb darf das Gericht neben dem Ergebnis der mündlichen Verhandlung auch den Akteninhalt benutzen. Es kann zB ein Geständnis verwerten, das in einem Schriftsatz enthalten ist. Die Beweisaufnahme erfolgt wie sonst. Eine Parteivernehmung nach §§ 445 ff ist statthaft, auch eine Parteibeeidigung.

12 Die Entscheidung ergeht durch einen *Beschluß*, § 329, es sei denn, daß eine Vorschrift ausdrücklich ein Urteil vorschreibt, etwa bei den §§ 922, 937. Das Gericht muß seinen Beschluß grundsätzlich begründen, § 329 Rn 4. Das Verfahren läuft wie bei einer notwendigen mündlichen Verhandlung ab, Rn 4, zB §§ 922 I, 936, 1047 ff. Anwaltszwang herrscht ab Anordnung wie sonst, § 78 Rn 1. Ein Versäumnisverfahren nach §§ 330 ff ist nicht möglich. Das Gericht darf und muß die Säumnis der einen oder der anderen Partei frei würdigen, soweit es sich nicht um eine Versäumung einer einzelnen Prozeßhandlung handelt. Diese ist den allgemeinen Vorschriften unterworfen. Im Verfahren auf den Erlaß eines Arrests oder einer einstweiligen Verfügung nach §§ 916 ff, 935 ff findet ein notwendiges Versäumnisverfahren wie bei einer mündlichen Verhandlung statt. Denn es handelt sich dann um ein Verfahren wie vor einem Urteil. Das Gericht muß eine Kostengrundentscheidung treffen, wenn sein Beschluß eine Endentscheidung nach § 91 darstellt, Üb 35 vor § 91. Im Fall einer Antragsrücknahme ist § 269 II anwendbar.

13 **C. Unterbleiben einer mündlichen Verhandlung.** Das Gericht muß in diesem Fall prüfen, ob es den Gegner anhören muß, Artt 2 I, 20 III GG (Rpfl), BVerfG **101**, 404, Art 103 I GG (Richter). Diese Anhörung ist grundsätzlich erforderlich, vgl auch (jetzt) § 139 II, BVerfG **50**, 285. Eine solche Anhörung erfolgt schriftlich. Das Gericht setzt dem Gegner eine zumutbare Frist zur Äußerung. Die Anhörung des Gegners darf ausnahmsweise unterbleiben, wenn das Gericht auch ohne diese Anhörung zu Lasten des Antragstellers entscheiden muß. Denn das rechtliche Gehör dient nur dazu, die Interessen des Antragsgegners zu schützen.

14 Soweit eine Anhörung des Antragsgegners notwendig ist, wäre eine Entscheidung vor dem Ablauf der ihm gesetzten Äußerungsfrist ein wesentlicher *Verfahrensmangel,* sofern das Gericht bei rückschauender Betrachtung, einen erheblichen Vortrag des Antragsgegners unbeachtet gelassen hat. Wenn das Gericht den Antragsgegner mündlich anhören will, muß es eine mündliche Verhandlung anordnen. Wenn das Gericht unzweckmäßigerweise keine bestimmte Äußerungsfrist gesetzt hat, muß es vor seiner Entscheidung während einer angemessenen Zeit abwarten, ob sich der Antragsgegner meldet. Auch im Fall einer Fristsetzung genügt es, daß die Äußerung des Antragsgegners bis zu demjenigen Zeitpunkt beim Gericht eingeht, in dem das Gericht seine Entscheidung hinausgibt. Der Eingang in der Posteinlaufstelle reicht aus. Ein Eingang auf der Geschäftsstelle der zuständigen Abteilung oder Kammer ist nicht erforderlich.

15 *Anwaltszwang* besteht wie sonst, § 78 Rn 1. Ein Geständnis innerhalb eines Schriftsatzes ist grundsätzlich wirksam, § 288. Eine Beweisaufnahme ist zulässig, §§ 355 ff, insbesondere eine Zeugen- oder Parteivernehmung. Sie geschieht nach den allgemeinen Vorschriften. Das Gericht muß dabei die Parteiöffentlichkeit nach § 357 unter allen Umständen wahren. Eine Glaubhaftmachung nach § 294 genügt nicht.

Die *Entscheidung* ergeht durch einen Beschluß, § 329. Das Gericht muß ihn grundsätzlich begründen, § 329 Rn 4. Es muß ihn von Amts wegen nach § 329 II, III je nachdem formlos mitteilen oder förmlich zustellen. Er wird mit dieser Bekanntmachung wirksam. Er bindet das Gericht vom Zeitpunkt der Hinausgabe ab, nicht aber schon vom Zeitpunkt der Beschlußfassung oder der Unterschrift ab. Bis zur Hinausgabe bleibt der Beschluß also ein innerer Vorgang des Gerichts und ist frei abänderlich, § 329 Rn 24. Eine Kostenentscheidung ergeht wie im Fall einer mündlichen Verhandlung nach §§ 91 ff.

16 **7) Schriftliches Verfahren mit Zustimmung der Parteien, II.** Die Regelung ist kompliziert und nicht sehr praxisfreundlich.

A. Grundsatz: Zulässigkeit bei Entbehrlichkeit einer Verhandlung. II mildert den starren Mündlichkeitsgrundsatz des I im Interesse der Vereinfachung und Beschleunigung, nicht etwa zwecks Verschleppungsmöglichkeit. Eine mündliche Verhandlung ist entbehrlich, wenn alle Prozeßbeteiligten sie für entbehrlich halten. Das schriftliche Verfahren ist grundsätzlich auch nach einer mündlichen Verhandlung zulässig (Ausnahme: Entscheidungsreife, Rn 17). II ist in allen Verfahrensarten und Instanzen vor dem ordentlichen Gericht anwendbar, soweit eine Entscheidung an sich nur auf Grund einer mündlichen Verhandlung ergehen dürfte. Das gilt auch in einem Eheverfahren nach §§ 606 ff. Jedoch darf man die isolierte Anfechtung der Entscheidung über den Versorgungsausgleich nicht als einen Fall des II behandeln, Hamm FamRZ **80**, 702, Mü FamRZ **80**, 699, aM Diederichsen NJW **77**, 656. Wegen Art 101 I GG ist eine Änderung von II dahin erwägenswert, daß das Gericht auch den Beratungszeitpunkt in einer den Parteien mitgeteilten Form bestimmen müsse, Krause MDR **82**, 186.

17 **B. Grenzen der Zulässigkeit.** Das Gericht darf das schriftliche Verfahren wegen des Grundsatzes der Prozeßwirtschaftlichkeit nach Grdz 14 vor § 128 nur dann anwenden, wenn es vereinfacht und verkürzt, BGH NJW **92**, 2147. Es darf auch vor dem AG nicht eine schreibungewandte Partei schädigen. In einer Ehesache ist ein schriftliches Verfahren zwar nicht grundsätzlich unzulässig, meist aber doch unangebracht. Denn das Gericht muß die Parteien persönlich anhören. Das schriftliche Verfahren ist unzulässig, wenn bereits eine volle mündliche Verhandlung stattgefunden hatte und wenn eine Entscheidungsreife eingetreten ist, § 300 Rn 6. Das gilt selbst dann, wenn ein besonderer Verkündungstermin nach § 310 I in Betracht kommt. Das Gericht muß diese Entscheidungsreife also zunächst prüfen. Es handelt sich insofern aber nicht

Titel 1. Mündliche Verhandlung § 128

um einen unbedingten Revisionsgrund. Das schriftliche Verfahren ist auch dann unzulässig, wenn seit der Zustimmung der Parteien mehr als drei Monate verstrichen sind. In diesem Fall ist auch die Nachholung einer versäumten Verkündung nicht mehr zulässig, Ffm FamRZ **78**, 430. Die Parteien können nämlich weiteres tatsächliches Material vorlegen wollen und deshalb das schriftliche Verfahren beantragen, BGH ZMR **76**, 55.

C. Notwendigkeit der Zustimmung beider Parteien. Eine schriftliche Entscheidung nach II setzt die **18** Zustimmung beider Parteien voraus. Im Fall einer gewöhnlichen Streitgenossenschaft nach § 59 handelt jeder Streitgenosse nur für sich. Im Fall einer notwendigen Streitgenossenschaft nach § 62 müssen alle zustimmen, bei einer mündlichen Verhandlung also nur alle anwesenden Streitgenossen. Bei einem außerhalb der Verhandlung erklärten Einverständnis müssen sämtliche notwendigen Streitgenossen zustimmen, BVerwG NJW **81**, 1852. Der Streithelfer kann seine Zustimmung für seine Partei in der mündlichen Verhandlung wirksam erklären, wenn die Partei abwesend ist oder nicht widerspricht, § 67, oder auch nicht mehr widersprechen darf, § 71. Im letzteren Fall kann er seine Zustimmung auch schriftlich erklären. Im übrigen ist seine Zustimmung weder notwendig noch ausreichend. Ein streitgenössischer Streithelfer nach § 69 kann die Zustimmung durch seinen Widerspruch vereiteln. Bei § 387 ist auch die Zustimmung der Zeugen notwendig. Soweit eine notwendige Zustimmung fehlt, kommen eine Trennung nach § 145 oder ein Teilurteil nach § 301 in Betracht, wenn nicht das Gericht ganz vom schriftlichen Verfahren absieht. Ein ProzBev muß bei diesem Gericht postulationsfähig sein, Zweibr FamRZ **99**, 456.

D. Zustimmungserklärung. Die Zustimmung ist eine einseitige, dem Gericht gegenüber erforderliche **19** Parteiprozeßhandlung, Grdz 47 vor § 128. Sie muß unzweideutig sein, BVerwG NJW **81**, 1853. Maßgeblich ist der objektive Erklärungsinhalt, Zweibr FamRZ **99**, 456. Unter diesen Voraussetzungen kann sie stillschweigend erfolgen. Wenn das Gericht der Partei geschrieben hat, es werde beim Schweigen auf seine Anfrage eine Zustimmung annehmen, dann kann man das Schweigen der Partei nicht stets als wirksame Zustimmungserklärung umdeuten, LG Nürnb-Fürth NJW **81**, 2586. Denn das Schweigen genügt grundsätzlich nicht, Beuermann DRiZ **78**, 312. Freilich kann das Schweigen zB bei einer klaren Unzuständigkeit als Zustimmung gelten, ebenso bei einer Anfrage, ob gegen eine Verweisung Bedenken bestehen, § 281 Rn 9, BGH **102**, 341. Das Gericht darf einen Antrag auf eine Entscheidung nach Lage der Akten nach §§ 251 a, 331 a nicht als eine Zustimmung zum schriftlichen Verfahren umdeuten. Denn eine Entscheidung nach Lage der Akten ist etwas ganz anderes als eine schriftliche Entscheidung.

Die Zustimmung duldet *keine Bedingung,* BAG BB **75**, 1486. Sie ist zB unstatthaft „für den Fall, daß ein **20** Beweisbeschluß ergeht", oder bei dem Abhängigmachen in einer bestimmten Besetzung des Gerichts oder einer bestimmten Art der Entscheidung. Eine solche Erklärung ist also keine wirksame Zustimmung. Zulässig ist aber eine Zustimmung für den Fall des Vergleichswiderrufs, Anh § 307 Rn 10. Zulässig ist auch die „Bedingung", das Gericht müsse noch einen Sachvortrag bis zu einem angemessenen Fristablauf berücksichtigen, Rn 21. Wenn noch keine mündliche Verhandlung stattgefunden hat, kann sich der Bekl allerdings beim Antrag auf ein schriftliches Verfahren nach II die Rüge der örtlichen Unzuständigkeit vorbehalten.

Die Partei muß eine ausdrückliche Zustimmung ist entweder in der *mündlichen* Verhandlung *oder schriftlich* oder nach § 130 a elektronisch oder per Telefax erklären. Man kann sie im Parteiprozeß nach § 78 Rn 1 auch zum Protokoll jeder Geschäftsstelle erklären. Insoweit herrscht auch wegen § 78 V Hs 2 kein Anwaltszwang. Wenn die Partei ihre Zustimmung nicht gegenüber der Geschäftsstelle des Prozeßgerichts abgibt, wird sie erst mit dem Eingang bei dieser Geschäftsstelle wirksam, § 129 a II 2. Eine fernmündliche Erklärung genügt grundsätzlich nicht. Denn eine solche Erklärung gewährleistet meist nicht die Nämlichkeit der Person des Erklärenden. Unwirksamkeit liegt zumindest beim geringsten Zweifel über den Inhalt der telefonischen Erklärung vor, BVerwG NJW **81**, 1853. Ein Anwaltszwang besteht nicht, wie sonst, § 78 Rn 1.

Die Zustimmungserklärung kann sich auf einen Teil des Prozeßstoffs *beschränken,* den das Gericht durch **21** eine selbständige Entscheidung erledigen kann, auch auf ein Vorbehaltsurteil nach §§ 302, 599 oder auf eine Vorabentscheidung über den Grund, § 304. Sie kann sich aber nicht auf einen Teil des in demselben Rechtsstreit geltend gemachten sachlichrechtlichen Anspruchs beschränken, also auch nicht auf die Kostenfrage, solange die Hauptsache noch anhängig ist, es sei denn, daß ein Teil der Hauptsache erledigt ist oder daß der noch anhängige Teil durch die Entscheidung nicht berührt wird. Die Partei kann ihre Erklärung nicht auf die derzeitige Besetzung des Gerichts beschränken. Denn darin läge eine unzulässige Bedingung. Eine Befristung ist zulässig, etwa dahin, daß jede Partei noch einen Schriftsatz einreichen soll, Rn 20.

E. Nächste Entscheidung. Die Zustimmung bezieht sich immer nur auf die nächste Sachentscheidung **22** des Gerichts, BSG MDR **78**, 348, also auf eine solche Entscheidung, die die Endentscheidung unmittelbar und wesentlich sachlich vorbereitet, Kramer NJW **78**, 1412. Dazu gehören zB: Ein Beweisbeschluß, § 358; eine Verweisung, § 281. Die Zustimmung vor dem Vorsitzenden deckt auch die Entscheidung durch die Kammer für Handelssachen. Die Zustimmung vor dem Einzelrichter nach §§ 348 a, 527 deckt nicht die Entscheidung durch das Kollegium. Eine rein förmliche prozeßleitende Maßnahme des Gerichts oder ein Hinweis nach § 139 oder eine Auflage des Gerichts gegenüber einer Partei mit dem Ziel einer Erklärung nach § 273 erschöpft den Wirkungsbereich der erteilten Zustimmung nicht.

Denn die förmliche Maßnahme ist ein *innerer Vorgang* des Gerichts, keine Entscheidung in der Sache. Auch eine Auflage nach § 273 ist eine prozeßleitende Maßnahme und ebenfalls keine Entscheidung. Vgl aber auch Rn 40. Eine Zustimmungserklärung vor einer Beweisaufnahme, aber nach dem Erlaß des Beweisbeschlusses ermöglicht die Berücksichtigung des Ergebnisses der Beweisaufnahme bei der Entscheidung. Verfehlt ist die Meinung, das Gericht dürfe noch nicht mündlich verhandelt haben. Vgl aber Rn 17.

Die Zustimmung ist ein Verzicht auf die Unmittelbarkeit, BGH **66**, 274. Sie ist unanfechtbar, Grdz 56 vor **23** § 128. Sie ist grundsätzlich *unwiderruflich,* BGH NJW **01**, 2480, sobald der Gegner ebenfalls eine Zustimmungserklärung abgegeben hat, Grdz 59 vor § 128 (Prozeßhandlungen). Die Partei darf ihre Zustimmungserklärung aber ausnahmsweise dann widerrufen, wenn sich eine wesentliche Änderung der Prozeßlage ergeben hat, II 1. Das gilt etwa bei neuen gegnerischen Sachanträgen, Beweismitteln oder Behauptungen, Kramer NJW **78**, 1412. Auch ein rechtlicher Hinweis nach § 139 II kann eine solche wesentliche Verän-

§ 128 Buch 1. Abschnitt 3. Verfahren

derung der Sachlage mit sich bringen. Ein schlechter Ausgang der Beweisaufnahme reicht aber nicht, OVG Lüneb NVwZ-RR **04**, 390. Das zum Widerruf Gesagte gilt entsprechend bei (jetzt) § 527 IV, BGH **105**, 273. Entscheidend ist der Umstand, daß die Partei dem Gericht durch die Zustimmungserklärung erlaubt, von dem gewöhnlichen Verfahrensablauf abzuweichen. Wenn das Gericht eine solche Abweichung nicht für zweckmäßig hält, etwa deshalb, weil der Sachverhalt noch nicht genügend aufgeklärt ist, darf und muß das Gericht trotzdem eine mündliche Verhandlung anordnen. Die Zustimmungserklärung bindet also zwar die Partei, nicht aber das Gericht.

24 Ein *Irrtum* über die Voraussetzungen der Zustimmungserklärung ermöglicht keine Anfechtung, Grdz 56 vor § 128. Eine mündliche Abgabe der Zustimmungserklärung muß sich entweder aus dem Sitzungsprotokoll oder aus dem Tatbestand der anschließenden Entscheidung ergeben.

25 **F. Ermessensgrundsatz.** Das Gericht kann jede nach der Prozeßlage zulässige Entscheidung treffen. Es ist nur im Fall des § 251 a vor einer Endentscheidung von einer früheren mündlichen Verhandlung zur Sache abhängig. Das Gericht kann und muß im Rahmen eines pflichtgemäßen nicht nachprüfbaren Ermessens auch beim Vorliegen der Voraussetzungen von II klären, ob es ohne erstmalige oder wiederholte Verhandlung entscheiden will. So mag ein Widerruf der Zustimmungserklärung das Gericht selbst dann veranlassen, von einer schriftlichen Entscheidung abzusehen, wenn der Widerruf unzulässig und damit unwirksam ist. Das Gericht darf von einer schriftlichen Entscheidung ohne einen ausdrücklichen Beschluß absehen, Rn 11–15. Es muß in diesem Fall geeignete Förderungsmaßnahmen anordnen. Es muß etwa einen Verhandlungstermin nach § 216 bestimmen oder einen Auflagenbeschluß nach § 273 fassen. Wenn das Gericht das Ruhen des Verfahrens nach §§ 251 a, 331 a angeordnet hat, liegt in einem gemeinsamen Antrag beider Parteien auf eine schriftliche Entscheidung ein Antrag, das Verfahren aufzunehmen. Das Gericht stimmt dieser Aufnahme durch den Erlaß einer Entscheidung zu, § 251. Gegen die Ablehnung einer schriftlichen Entscheidung ist kein Rechtsbehelf statthaft.

26 **G. Ermessensvoraussetzungen.** Die Voraussetzungen einer Entscheidung nach II sind nicht dieselben wie diejenigen einer Entscheidung nach § 251 a. Denn bei II fehlt jede Säumnis. Die Sache liegt vielmehr so, als ob die Parteien den gesamten Akteninhalt in einer mündlichen Verhandlung vorgetragen hätten. Dem Beginn der mündlichen Verhandlung nach §§ 39, 267 entspricht der Eingang der letzten Zustimmungserklärung.

27 Das Gericht ordnet das schriftliche Verfahren durch einen Beschluß an, § 329. Es muß seinen Beschluß begründen, § 329 Rn 4. Es muß ihn entweder verkünden oder „alsbald" mitteilen, II 2, also unverzüglich nach dem Eingang der letzten notwendigen Zustimmungserklärung. Zugleich muß das Gericht einen *Zeitpunkt bestimmen,* bis zu dem die Parteien *Schriftsätze einreichen* können, BGH NJW **86**, 3080. Der Zeitpunkt muß nicht stets für alle Beteiligten derselbe sein. Das Gericht muß zugleich den Termin zur Verkündung einer Entscheidung bestimmen, II 2. Dieser Termin steht dem Verhandlungsschluß nach §§ 136 IV, 296 a gleich. Er hat vielfache Bedeutung, §§ 322, 323 II 1, (jetzt) 348 a I Z 3, Mü RR **86**, 1512. Er ist formell nicht an eine bestimmte gesetzliche Frist seit dem Zeitpunkt gebunden, bis zu dem Schriftsätze eingereicht werden konnten. Vgl aber II 3, Rn 32. Für eine vorschriftsmäßige Besetzung des Gerichts ist derjenige Zeitpunkt maßgeblich, in dem die letzte Beratung über den Stoff stattfindet, den das Gericht seinem Urteil zugrunde legt, wie bei § 309. Wenn das Fristende auf einen Sonnabend, Sonntag oder allgemeinen Feiertag fällt, muß das Gericht einen am nächsten Werktag eingehenden Schriftsatz berücksichtigen, § 222 II, BVerfG **61**, 122.

28 Wenn erst kurz vor dem Ablauf der Schriftsatzfrist ein erheblicher Schriftsatz eingeht, auf den der Gegner nicht mehr vor dem Fristablauf erwidern kann, dann muß das Gericht die mündliche *Verhandlung* unter Umständen nach § 156 *wieder eröffnen* oder den Verkündungstermin verlegen, § 227, BVerfG **86**, 285. Dasselbe gilt trotz der grundsätzlichen Ausschlußwirkung des Fristablaufs nach §§ 136 IV, 296, 296 a, 323 II, 767 II doch ferner auch dann, wenn nach dem Ablauf der Schriftsatzfrist noch vor der Beratung ein erheblicher Schriftsatz eingeht. Das Gericht darf nicht eine Ergänzung des Vorbringens und der bisherigen Beweisantritte durch Urkunden auferlegen, ohne eine mündliche Verhandlung entscheiden. Denn in dieser Situation hätte ein Auflagen- und Beweisbeschluß ergehen müssen, und das Gericht hätte auf Grund dieses Beschlusses grundsätzlich nach Rn 43, 44 mündlich verhandeln lassen müssen.

29 An dem Verfahren ändert sich nichts, insbesondere auch nicht an den Anträgen, wenn ein Anwalt die Vertretung der Partei erst nach dem Zeitpunkt der Wirksamkeit einer Zustimmungserklärung niederlegt. Soweit schon eine mündliche Verhandlung stattgefunden hat, darf und muß das Gericht auch das Ergebnis dieser Verhandlung *verwerten*. Insoweit schadet ein Wechsel in der Besetzung des Gerichts nicht, BGH GRUR **03**, 547, aM Krause MDR **82**, 184, ZöGre 15 (wegen Art 101 I 2 GG). Aber das Verfahren bleibt ein schriftliches).

Soweit das Gericht freilich das Ergebnis der Beweisaufnahme nicht protokolliert hat, ist eine *Verwertung* nur möglich, falls richterliche Aufzeichnungen bei den Akten sind. Ein Vortrag in der mündlichen Verhandlung, der von dem schriftsätzlichen Vortrag abweicht, muß insofern aktenkundig sein. Maßgeblich ist der spätere Vortrag. Wenn weder der richterliche Aufzeichnung noch der Vermerk zu den Akten vorliegt, können nur dieselben Richter entscheiden, die an der mündlichen Verhandlung teilgenommen hatten. Bei einem verspäteten Schriftsatz muß das Gericht §§ 156, 296 a beachten.

30 Ein *Versäumnisverfahren* ist unstatthaft. Zur Notwendigkeit des rechtlichen Gehörs Schneider MDR **79**, 793.

31 **H. Sachverhaltsklärung.** Ob eine genügende Klärung des Sachverhalts die Voraussetzung einer Entscheidung nach II ist, das richtet sich nach dem Sinn der Zustimmungs- oder sonstigen Erklärung. Wenn die Erklärung den Inhalt hat, daß die Partei keineswegs etwas Neues vorbringen will, dann verzichtet die Partei dadurch auf eine weitere etwa mögliche Klärung des Sachverhalts. Andernfalls muß das Gericht einen rechtzeitig eingereichten Schriftsatz in seinem ganzen Umfang berücksichtigen. Soweit der Schriftsatz etwas Wesentliches enthält, muß das Gericht dann in der Regel die Verhandlung schon deshalb wieder eröffnen, weil es dem Gegner das rechtliche Gehör gewähren muß. Für eine Bindung der Partei an den in den Prozeß

Titel 1. Mündliche Verhandlung **§§ 128, 128a**

eingeführten Stoff gilt das in § 251 a Rn 15 Gesagte nicht ganz entsprechend. Eine Bindung tritt bei II nicht nur bei einem Urteil ein, sondern auch bei einem Beweisbeschluß. Denn beim Beweisbeschluß ist die Prozeßlage dieselbe wie im Fall einer mündlichen Verhandlung.

I. Dreimonatsfrist. Das Gericht muß eine Entscheidung ohne eine mündliche Verhandlung entsprechend § 310 verkünden und nach § 317 zustellen. Eine Zustellung kann die Verkündung nicht ersetzen, Ffm MDR **80**, 320. Die Verkündung ist wegen des Beschleunigungszwecks von II nur binnen drei Monaten seit dem Eingang der letzten Zustimmungserklärung zulässig, II 3, BGH NJW **92**, 2147. Andernfalls muß das Gericht einen Verhandlungstermin bestimmen, § 310 Rn 3, Franzki DRiZ **77**, 165, ZöGre 18, aM Schneider MDR **79**, 795 (aber eine Frist beansprucht stets strenge Beachtung). Die Frist läuft auch in der Zeit vom 1. 7. bis 31. 8. weiter. Denn § 227 III betrifft nur einen Termin, nicht eine Frist. **32**

J. Sachentscheidung. Das Gericht muß sie wie sonst verkünden, § 310. **33**

K. Verstoß. Soweit das Gericht ohne eine mündliche Verhandlung entscheidet, obwohl eine erforderliche Zustimmung fehlte, liegt in diesem Verfahren ein Verstoß gegen das Gebot des rechtlichen Gehörs. Er kann zur Zurückverweisung nach (jetzt) § 538 führen, Köln RR **87**, 1152. Er ist aber kein unbedingter Revisionsgrund nach § 547 Z 4. Er ist auch kein Grund zur Erhebung der Nichtigkeitsklage nach § 579 I Z 4, dort Rn 7. Allerdings kann eine Partei ihre erforderliche Zustimmung auch nach dem Urteilserlaß wirksam erteilen, Rn 9.
Ein Verstoß gegen das Gebot der Festsetzung des Zeitpunkts des II 2 ist *kein absoluter Revisionsgrund*, BGH NJW **86**, 3080. Eine solche Zustimmung wirkt wie ein Verzicht auf den bis zu diesem Zeitpunkt bestehenden Anfechtungsgrund. Nach einer anderen Entscheidung als einem Urteil kann eine Heilung des Verstoßes nach denselben Grundsätzen wie bei § 295 eintreten, dort Rn 7. Soweit die Voraussetzungen des II fehlten, ist das Urteil zwar wirksam. Man kann es aber mit dem gegen dieses Urteil zulässigen Rechtsmittel anfechten. (Jetzt) § 514 II ist nach Rn 9 nur in diesem Fall II entsprechend anwendbar, BVerfG NJW **99**, 1177, BGH NJW **90**, 839, ZöGre 19, aM Schlesw NJW **88**, 68 (aber die Vorschrift unterliegt als Ausnahme einer engen Auslegung). Ein nicht verkündetes, sondern nur zum Zweck der Verkündung zugestelltes Urteil ist ein Scheinurteil, Üb 12 vor § 300, Kblz GRUR **89**, 75. **34, 35**

8) Restliche bloße Kostenentscheidung, III. Es müssen die folgenden Voraussetzungen zusammentreffen. **36**

A. Ermessen des Gerichts. Wenn das Gericht nur noch eine Kostenentscheidung treffen muß, kann es zur Erleichterung und Beschleunigung des Verfahrens und zur Begrenzung des Kosten- und Zeitaufwands der Prozeßbeteiligten von Amts wegen von einer mündlichen Verhandlung absehen. Fast dasselbe gilt, soweit ein bloßer Beschluß zur Hauptsache infragekommt, IV. Das Gericht ist zu einem Verfahren ohne mündliche Verhandlung nach III berechtigt, aber keineswegs verpflichtet. Es trifft seine Entscheidung dazu im Rahmen eines pflichtgemäßen Ermessens.

B. Verfahren. Ein Antrag nach III ist zulässig, aber nicht notwendig und jedenfalls auch nicht bindend. Eine Anhörung der Parteien ist nicht notwendig. Das Gericht ist bei einem Zeugen nicht zu dessen Vernehmung gezwungen, sondern kann ihn auch ohne eine Zustimmung der Parteien unter den übrigen Voraussetzungen des § 377 III zu einer schriftlichen Beantwortung der Beweisfragen nebst Versicherung der Richtigkeit veranlassen, um das Verfahren zu beschleunigen. **37**

9) Beschluß, IV. Man muß zwei Fallgruppen unterscheiden. **38**

A. Freigestellte mündliche Verhandlung, IV Hs 1. Eine Entscheidung des Gerichts (Richter oder Rpfl), die kein Urteil ist, kann ohne mündliche Verhandlung ergehen. Hs 1 regelt diese Möglichkeit für alle nach der ZPO in Betracht kommenden Lagen einheitlich, wie es für andere Gerichtsbarkeiten in § 90 I 2 FGO, § 124 III SGG, § 101 III VwGO geschieht. Hs 1 erfaßt also alle Vorschriften, nach denen das Gericht „durch Beschluß" entscheiden muß oder darf. Auch eine Verfügung ist evtl eine Entscheidung und dann eben keine solche durch Urteil. Sie ist folglich nach Hs 1 ohne mündliche Verhandlung zulässig. Ein Urteil gleich welcher Art fällt nicht unter Hs 1. Soweit es ohne mündliche Verhandlung zulässig ist, muß das Gesetz diese Möglichkeit ausdrücklich bestimmen, zB in § 341 II (Einspruchsverwerfung).
Zulässig bleibt eine mündliche Verhandlung nach pflichtgemäßem Ermessen des Gerichts auch in allen Fällen des Hs 1. Dann gelten die in Regeln Rn 10–15.

B. Notwendige mündliche Verhandlung, IV Hs 2. Nicht etwa nur als förmliche Ausnahme, sondern als gegenüber Hs 1 formell vorrangige weitere Regel schreibt Hs 2 eine mündliche Verhandlung auch vor einer solchen Entscheidung vor, die kein Urteil ist, soweit im Gesetz eine Verhandlung vorgeschrieben ist. Beispiele: §§ 320 III 1, 1063 II. Dagegen fällt ein wirksamer Verzicht auf eine mündliche Verhandlung im Urteilsverfahren etwa nach II, §§ 331 III, 341 I nicht unter Hs 2. Denn Hs 2 bezieht sich nach Hs 1 nur auf Entscheidungen ohne Urteilsform.
Zuässig bleibt eine mündliche Verhandlung nach pflichtgemäßem Ermessen des Gerichts auch in allen Fällen des Hs 2. Dann gelten auch hier die Regeln Rn 10–15. **39**

10) VwGO: Es gilt ausschließlich § 101 VwGO, eine entsprechende Anwendung von § 128 ist ausgeschlossen, BVerwG NJW **80**, 1482 mwN; dies gilt auch für II 1 (aM OVG Lüneb NVwZ-RR **04**, 390, Dolderer DVBl **99**, 1023 mwN), II 3 (BVerwG BayVBl **03**, 535 mwN) und III, BVerwG Buchholz 310 § 101 Nr 24, stRspr. Wegen der Entscheidung durch Gerichtsbescheid vgl § 84 VwGO. **40**

128a *Verhandlung im Wege der Bild- und Tonübertragung.* ¹¹ Im Einverständnis mit den Parteien kann das Gericht den Parteien sowie ihren Bevollmächtigten und Beiständen auf Antrag gestatten, sich während einer Verhandlung an einem anderen Ort aufzuhalten und dort Verfahrenshandlungen vorzunehmen. ² Die Verhandlung wird zeitgleich in Bild und Ton an den Ort, an dem sich die Parteien, Bevollmächtigten und Beistände aufhalten, und in das Sitzungszimmer übertragen.

§ 128a

II [1] Im Einverständnis mit den Parteien kann das Gericht gestatten, dass sich ein Zeuge, ein Sachverständiger oder eine Partei während der Vernehmung an einem anderen Ort aufhält. [2] Die Vernehmung wird zeitgleich in Bild und Ton an den Ort, an dem sich ein Zeuge oder Sachverständiger während der Vernehmung aufhalten, und in das Sitzungszimmer übertragen. [3] Ist Parteien, Bevollmächtigten und Beiständen nach Absatz 1 gestattet worden, sich an einem anderen Ort aufzuhalten, so wird die Vernehmung zeitgleich in Bild und Ton auch an diesen Ort übertragen.

III Die Übertragung wird nicht aufgezeichnet. Entscheidungen nach Absatz 1 und 2 sind nicht anfechtbar.

Vorbem. II 2 geändert dch Art 1 Z 4 JKomG v 22. 3. 05, BGBl 837, in Kraft seit 1. 4. 05, Art 16 I JKomG, ÜbergangsR Einl III 78.

Schrifttum: *Kodek* ZZP **111**, 445 (Üb); *Nissen*, Die Online-Videokonferenz im Zivilprozess, 2004; *Haug* AnwBl **05**, 327 (Beispiel); *Schultzky* NJW **03**, 313; *Stadler* ZZP **111**, 413 (je: Üb).

Gliederung

1) Systematik, I–III 1	8) Zeitgleiche gegenseitige Übertragung, I 2, II 2, 3 8
2) Regelungszweck, I–III 2	9) Ermessen, I–III 9
3) Geltungsbereich, I– III 3	10) Keine Aufzeichnung, III 1 10
4) Einverständnis, I, II 4	11) Unanfechtbarkeit, III 2 11
5) Antrag, I 5	12) *VwGO* 12
6) Anderer Ort, I–III 6	
7) Vornahme einer Verfahrenshandlung, I 1 7	

1 **1) Systematik, I–III.** Die Vorschrift ermöglicht die sog Videokonferenz auch im Zivilprozeß. Sie gilt für jede Art von „Verhandlung", nicht nur für die eigentliche „mündliche" Verhandlung. Sie geht als Sonderregel den anderen Vorschriften zur Anwesenheitspflicht vor. Sie macht diese aber ergänzend anwendbar, soweit nicht direkte Besonderheiten nach § 128 a bestehen. Man muß § 128 a von § 130 a (elektronisches Dokument) unterscheiden. § 128 a setzt indes wie § 130 a natürlich die Einführung brauchbarer technischer Vorrichtungen bei allen im Einzelfall derzeit konkret Beteiligten als selbstverständlich voraus und gibt keine Möglichkeit, dergleichen bei einem Beteiligten zu erzwingen. Man muß das Urheberrecht an Bild und Ton mitbeachten, ebenso ein Persönlichkeitsrecht.

2 **2) Regelungszweck, I–III.** Die Vorschrift dient der Prozeßwirtschaftlichkeit, Grdz 14 vor § 128. Sie kann den Prozeß erheblich vereinfachen, weil verbilligen und beschleunigen. Sie macht den Prozeßbeteiligten die modernste Technik zunutze. Dem kann der Verlust der Atmosphäre bei persönlicher Anwesenheit aller im Sitzungssaal entgegenstehen. Es hängt wesentlich von technischen wie psychischen Faktoren ab, ob die Videokonferenz den wahren Hergang wiedergeben kann. Wenn die Kamera beim bloßen Schwarz-Weiß-Bild das Erröten des Betroffenen nicht erkennbar macht, wenn der Bildausschnitt des Schwörenden nicht die „Abschwör"-Bewegung seiner linken Hand mitzeigt, wenn gar der hinter der Kamera postierte heimliche „Zuflüsterer" oder „Teleprompter" dem Gericht nicht bekannt wird, können erhebliche Täuschungseffekte eintreten.

3 **3) Geltungsbereich, I–III.** Die Vorschrift gilt in allen Verfahrensarten nach der ZPO und der auf sie verweisenden anderen Gesetze. Vor den Finanzgerichten gelten die inhaltlich entsprechenden §§ 91 a, 93 a FGO, Schaumburg ZRP **02**, 313 (ausf). § 128 a gilt auch im patentgerichtlichen Verfahren, BPatG GRUR **03**, 176.

4 **4) Einverständnis, I, II.** Stets ist das Einverständnis aller Beteiligten erforderlich. Das gilt nach dem ausdrücklichen Text von I 1 zunächst für die Parteien, ihre ProzBev und sonstigen Bevollmächtigten oder Beistände nach § 90 und im Fall II über seinen Wortlaut hinaus wohl schon wegen Artt 1, 2 GG (Persönlichkeitsschutz) auch für den betreffenden Zeugen oder Sachverständigen. Das gilt außerdem in allen Fällen für das Gericht einschließlich einer etwa gesonderten Urkundsperson. Es muß nämlich schon aus den eben genannten Gründen für alle diejenigen gelten, die man über Bild- oder/und Tonleitung beobachten kann. Das Gericht muß auch Zuhörer, die an einer per Videokonferenz veranstalteten Verhandlung teilnehmen wollen, vorher auf die Videokonferenzfolgen aufmerksam machen. Erst wenn sie anschließend im Raum bleiben, können sie sich nicht mehr gegen Abbildungen wehren, § 24 KUG, aM Schultzky NJW **03**, 315 (aber so weit sollte man diese Vorschrift nicht auslegen). Zuhörer sind nicht zum Zweck der Rechtspflege nötig. Im übrigen zeigt schon das Erfordernis des „Einverständnisses", daß sogar die unmittelbar Beteiligten nicht wegen § 24 KUG schutzlos sind. Der ganze § 128 a geht nach Wortlaut und Sinn eher für alle Beteiligten als Spezialvorschrift vor. Er stellt damit eine Rückkehr zu den Artt 1, 2 GG dar. Auch deshalb darf und muß man ihn weit auslegen. Das Gericht darf die Öffentlichkeit im Sinne von §§ 169 ff GVG nicht durch Kameras und Mikrofone faktisch auf solche Zuhörer beschränken, die sich vor solcher Technik nicht scheuen. Ob ein Einverständnis vorliegt, muß man durch vernünftige Abwägung des Gesamtvorgangs ermitteln. Im Zweifel kein Einverständnis.

5 **5) Antrag, I.** Selbst beim Einverständnis Rn 4 ist im Fall I nur auf Antrag eine Videokonferenzschaltung zulässig, Schaumburg ZRP **02**, 313 (FGO), also nicht von Amts wegen. Anwaltszwang besteht wie sonst, § 78 I, II. Der Antragsteller kann *sein* Einverständnis wirksam erklären. Die Prozeßvollmacht nach § 80 umfaßt solche Erklärung auch für den Auftraggeber. Bei II ist ein Antrag nur scheinbar entbehrlich. In Wahrheit steckt der Fall II ja durchweg als Verhandlungsteil im Fall I.

6) Anderer Ort, I–III. Dieser Begriff meint natürlich nicht schon ein nur hundert Meter entferntes Anwaltsbüro usw, sondern vernünftigerweise erst einen wirklich deutlich weiter vom Prozeßgericht entfernten Raum, wenn auch vielleicht in Berlin, Hamburg oder München schon einen solchen am anderen Ende der Stadt. Der Raum mag sich in einem privaten oder öffentlichen Gebäude befinden, in einem eigenen des Zugeschalteten oder in einem gemieteten oder sonstwie fremden. Wegen Art 35 I GG, § 158 GVG muß jedes andere Gericht, jede andere Staatsanwaltschaft oder Behörde grundsätzlich im Rahmen des Zumutbaren ihre Geräte und Vorrichtungen nur dem Prozeßgericht und den von *ihm* dorthin beorderten Beteiligten zur Verfügung stellen. Eine öffentlichrechtliche oder privatrechtliche Fernsehanstalt ist dazu nicht schon kraft Gesetzes verpflichtet. Für eine Zuschaltung aus dem Ausland wäre eine zwischenstaatliche Regelung nötig, Schaumburg ZRP **02**, 315 (FGO), zumindest ein Rechtshilfeersuchen, Niebling NJW **03**, 123. **6**

7) Vornahme einer Verfahrenshandlung, I 1. Gemeint ist jede denkbare Parteiprozeßhandlung nach Grdz 47 vor § 128 von einem Antrag bis zur Rücknahme der Klage, des Antrags, des Rechtsmittels usw. Die Handlung muß nur verfahrensbezogen sein. Auch eine Frage, eine Einwendung oder Rüge gehören hierher. Es ist unerheblich, ob die Handlung die Statthaftigkeit, Zulässigkeit oder Begründetheit betrifft und ob sie sich an das Gericht, den Gegner oder einen sonstigen Verfahrensbeteiligten richtet. **7**

8) Zeitgleiche gegenseitige Übertragung, I 2, II 2, 3. Voraussetzung der Wirksamkeit einer Verhandlung per Videokonferenz ist die ständige Live-Übertragung von jedem beteiligten Ort zu jedem anderen, evtl also zB zwischen einem in München aufhältlichen ProzeßBev, einem anderen in Berlin, einem Zeugen in Frankfurt und dem Gericht in Hamburg. Sobald die Übertragung auch nur auf einem Teil dieser Wege und/oder auch nur für entscheidende Sekunden gestört ist, muß das Gericht mangels sofortiger Nachbesserungsmöglichkeit diese Verhandlung abbrechen und später unter erneuter Einhaltung von Ladungsfristen usw auf dieselbe Art oder am Gerichtssitz in herkömmlicher Weise fortsetzen. **8**

9) Ermessen, I–III. Selbst beim Vorliegen der Voraussetzungen Rn 4–8 steht die Anordnung im pflichtgemäßen Ermessen des Gerichts, Schaumburg, ZRP **02**, 314 (FGO). „Kann" in I 1, II 1 stellt nicht nur in die Zuständigkeit. **9**

10) Keine Aufzeichnung, III 1. Zwar muß das Gericht im Protokoll nach § 160 I Z 4 vermerken, welche Orte an der Videokonferenz teilnehmen. Eine Aufzeichnung der Übertragung ist aber weder im Bild noch im Ton gestattet, Schaumburg ZRP **02**, 314 (FGO, auch zu einer Ausnahme), zumindest nicht mangels diesbezüglicher zusätzlicher eindeutiger Zustimmung aller Beteiligten nach Rn 4. Das dient dem Datenschutz und Persönlichkeitsrecht. Man muß die etwaigen Beweiserschwerungen hinnehmen. **10**

11) Unanfechtbarkeit, III 2. Entscheidungen nach I, II sind grundsätzlich unanfechtbar, Schaumburg ZRP **02**, 314 (FGO). Das gilt sowohl für die Gestattung einer Übertragung als auch für ihren Abbruch, ihre Wiederaufnahme, eine Einschränkung und andere zugehörige Entscheidungen, natürlich auch für die Ablehnung einer Gestattung. Nicht der auswärtige Beteiligte darf über die Notwendigkeit einer Reise zum Gerichtsort das letzte Wort haben, sondern nur das Gericht. Sein pflichtgemäßes Ermessen soll nicht zum Gegenstand irgendwelcher Auseinandersetzungen auf diesem nicht unwichtigen Nebenschauplatz werden. **11**

Greifbare Gesetzwidrigkeit, ein problematischer, aber um sich greifender Begriff, § 127 Rn 25, den der Gesetzgeber bezeichnenderweise nicht einmal seiner vielen Reformen 2001 aufgegriffen hat, kann im Einzelfall unter ganz besonderen Umständen zur Anfechtbarkeit einer Entscheidung mithilfe der §§ 252, 567 ff führen. Man sollte dazu strenge Anforderungen stellen. Man darf einen Ausfall der Technik nicht zu Lasten der Parteien hinnehmen. Ein Verstoß gegen das Gebot eines fairen Verfahrens nach Einl III 23, könnte Verfassungswidrigkeit bedeuten, Schaumburg ZRP **02**, 314 (FGO).

12) *VwGO: Entspr anwendbar,* § 173 *VwGO,* VG Freiburg VBlBW **02**, 536, Heckel VBlBW **01**, 1. **12**

129 *Vorbereitende Schriftsätze.* I In Anwaltsprozessen wird die mündliche Verhandlung durch Schriftsätze vorbereitet.

II In anderen Prozessen kann den Parteien durch richterliche Anordnung aufgegeben werden, die mündliche Verhandlung durch Schriftsätze oder zu Protokoll der Geschäftsstelle abzugebende Erklärungen vorzubereiten.

Schrifttum: *Braun,* Metaphysik der Unterschrift, Festschrift für *Schneider* (1997) 447; *Heinemann,* Neubestimmung der prozessualen Schriftform, 2002; *Kuntz-Schmidt,* Das Unterschriftserfordernis für bestimmende Schriftsätze im Zivilprozeß, Diss Marbg 1985; *Lindemeyer,* Der Verzicht auf das Erfordernis einer eigenhändigen Unterschrift im demnächstigen Prozeßrecht, 1985; *Michel/von der Seipen,* Der Schriftsatz des Anwalts im Zivilprozeß, 6. Aufl 2003; *Schwarz,* Strukturierter Parteivortrag und elektronische Akte, Diss Tüb 1992; *Stenz,* Anwendung von Telekommunikationsmitteln im Prozeß, 1993; *Vollkommer,* Formzwang und Formzweck, in: Festschrift für *Hagen* (1999).

Gliederung

1) Systematik, I, II 1	6) Unterschriftszwang, I, II 8–49
2) Regelungszweck, I, II 2	A. Grundsatz: Notwendigkeit eigenhändiger und handschriftlicher Unterzeichnung 9, 10
3) Sachlicher Geltungsbereich, I, II 3	B. Keine Überspannung 11
4) Persönlicher Geltungsbereich, I, II ... 4	C. Zulässigkeit der Nutzung moderner Übermittlungswege 12
5) Schriftsatz, I, II 5–7	D. Beispiele zur Frage des Vorliegens einer ausreichenden Unterschrift 13–49
A. Bestimmender Schriftsatz 5	
B. Beispiele eines bestimmenden Schriftsatzes 6	7) Parteiprozeß, II 50–53
C. Vorbereitender Schriftsatz 7	

§ 129

Buch 1. Abschnitt 3. Verfahren

A. Scheingrundsatz: Kein Schriftsatzzwang 50	D. Evtl Ausreichen einer Erklärung zu Protokoll 53
B. Wahrer Grundsatz: Schriftsatzzwang bei richterlicher Anordnung 51	8) **Verstoß der Partei, I, II** 54
C. Folge: Insoweit Unterschriftszwang wie im Anwaltsprozeß 52	9) **Rechtsbehelfe, I, II** 55
	10) *VwGO* 56

1 **1) Systematik, I, II.** Die Vorschrift enthält eine Grundregel einerseits des Anwaltsprozesses, andererseits des Parteiprozesses, § 78 Rn 1. §§ 129 a ff gestalten sie näher aus. Sie sind keineswegs die einzigen Vorschriften über Schriftsätze. Solche finden sich vielfach verstreut, zB in § 253 (Klageschrift), dort insbesondere IV (Verweisung auf die allgemeinen Vorschriften über die vorbereitenden Schriftsätze), ferner in § 273 II Z 1 (Anordnung eines ergänzenden Schriftsatzes), in § 275 III, IV (Anordnung einer schriftlichen Klageerwiderung oder einer Stellungnahme auf diese), in § 283 (Regelung des nachgereichten Schriftsatzes), in § 296 (Zurückweisung eines verspäteten Schriftsatzes) usw. Im Verfahren vor dem Amtsgericht gilt II über § 495. § 130 a (elektronisches Dokument, Signatur) hat als Spezialvorschrift Vorrang.

2 **2) Regelungszweck, I, II.** Die Vorschrift dient schon ihrem Wortlaut nach der „Vorbereitung" der mündlichen Verhandlung. Sie soll den Prozeßstoff sammeln helfen. Sie soll dem Gegner wie dem Gericht die Übersicht über das Vorbringen der Partei erleichtern. Sie soll prozeßleitende Anordnungen ermöglichen, zB nach § 273. Sie soll die Entscheidungsreife möglichst schon im ersten Termin erreichbar machen, § 300 Rn 6, Düss RR **95**, 639. Sie dient damit im Interesse der Prozeßwirtschaftlichkeit nach Grdz 14 vor § 128 der Verfahrensbeschleunigung. Darüber hinaus dient sie auch der Wahrhaftigkeit des Vortrags der Parteien, § 138 I, II. Sie dient der Vermeidung unnötiger Prozeßkosten durch überflüssige Beweisaufnahmen wegen ungenügender Erklärung, ob der wesentliche Vortrag bestritten werde. Sie dient der Information eines Dritten, etwa des Streitverkündeten usw. In der Praxis haben Schriftsätze auch im Parteiprozeß eine außerordentliche Bedeutung. Auch dort treten ja überwiegend Anwälte auf und machen von der Möglichkeit Gebrauch, ihren mündlichen Vortrag schriftsätzlich vorzubereiten. Soweit dies freiwillig geschieht, gelten die Regeln zum Inhalt wie beim Schriftsatzzwang. Das sollte man bei der Auslegung bedenken. Es wird leider oft übersehen.

3 **3) Sachlicher Geltungsbereich, I, II.** I gilt nur im Anwaltsprozeß, § 78 Rn 1. II gilt in allen „anderen" Prozessen, also im Parteiprozeß, Begriff § 78 Rn 1. Innerhalb der jeweiligen Prozeßart kann je nach Instanz zunächst nur II, in der nächsthöheren Instanz wegen des dortigen Anwaltszwangs I anwendbar sein. Im übrigen gelten die Vorschriften in allen der ZPO unterworfenen Verfahrensarten in jeder Lage des Prozesses. II ist im arbeitsgerichtlichen Verfahren grundsätzlich anwendbar, BAG NJW **01**, 316. Bei einer arbeitsgerichtlichen Güteverhandlung hat aber § 47 II ArbGG den Vorrang, Lorenz BB **77**, 1003.

4 **4) Persönlicher Geltungsbereich, I, II.** Die Vorschriften gelten für alle Parteien nach Grdz 4 vor § 50, für den ProzBev nach § 81, für den gesetzlichen Vertreter nach § 51, für den Bestand nach § 90, für jeden Streitgenossen nach § 59, für den gewöhnlichen und streitgenössischen Streithelfer, §§ 66, 69. Andere, die sich als Dritte im Prozeß melden, mögen zwar grundsätzlich etwa im Hinblick auf ihre Wahrhaftigkeitspflicht inhaltlich im Kern denselben Regeln wie die Parteien unterliegen. Sie brauchen aber jedenfalls § 129 nicht förmlich zu beachten, solange sie nicht mit dem Anspruch auftreten, förmliche Prozeßbeteiligte zu sein oder werden zu wollen.

5 **5) Schriftsatz, I, II.** Man unterscheidet die folgenden Arten von Schriftsätzen.

A. Bestimmender Schriftsatz. Der Ausdruck stammt aus den Motiven. Die ZPO verwendet ihn nicht. Es handelt sich um einen solchen Schriftsatz, der eine für das Verfahren wesentliche Parteiprozeßhandlung nach Grdz 47 vor § 128 unmittelbar vollzieht oder doch vollziehen soll, BGH **92**, 253, BAG DB **88**, 920, der zB eine Parteierklärung in die notwendige Form faßt, LG Heidelb VersR **78**, 357. Insbesondere gehört hierher jeder Schriftsatz, der ein Verfahren einleiten oder beendigen soll.

6 **B. Beispiele eines bestimmenden Schriftsatzes:** Das schriftlich eingereichte Gesuch um die Bewilligung einer Prozeßkostenhilfe, § 117; die Klage, § 253 Rn 102, BGH NJW **94**, 2097, BAG DB **88**, 920; der Scheidungsantrag, BGH RR **87**, 323, Zweibr FamRZ **89**, 191; das Gesuch um einen Arrest oder um eine einstweilige Verfügung, §§ 920, 936; der Beitritt eines Streithelfers, § 70; die Streitverkündigung, § 72, BGH NJW **85**, 328; die Klagerücknahme, § 269; eine Erledigterklärung, § 91 a Rn 62; der Einspruch, § 340 I, 700, LG Bln NJW **00**, 3291, LG Heidelb RR **87**, 1214, LG Kiel SchlHA **87**, 43; die Rechtsmittelschrift, (jetzt) §§ 519, 549, 566 II, 569 II, 575 I, BGH VersR **02**, 589, BAG NJW **90**, 3165, BFH BB **84**, 1673, einschließlich der Angabe der Parteien, BGH NJW **85**, 2650; die Rechtsmittelbegründung, BGH VersR **02**, 589, LAG Hamm DB **99**, 644; ein Antrag auf eine Verlängerung der Rechtsmittelbegründungsfrist, §§ 520 II 2, 551 II 4; der Vergleichswiderruf, Anh § 307 Rn 42, LAG Düss BB **90**, 562, LAG Mü DB **89**, 836; ein Rechtsmittelverzicht, (jetzt) §§ 515, 565, Volhard DNotZ **87**, 528; ein Wiedereinsetzungsantrag, § 236; ein Empfangsbekenntnis, (jetzt) §§ 174, 195, Hamm NJW **89**, 3289 (auch zur Ausnahme bei einem Rechtsmißbrauch).

7 **C. Vorbereitender Schriftsatz.** Vgl § 130 Rn 4. Hierher zählt also derjenige Schriftsatz, der einen späteren mündlichen Vortrag zunächst nach § 130 schriftsätzlich ankündigen soll, ohne als ein bestimmender Schriftsatz zu gelten, BAG DB **88**, 920, LG Heidelb VersR **78**, 357. Er kann den mündlichen Vortrag nur im schriftlichen Verfahren nach § 128 II sowie bei einer Entscheidung nach Aktenlage ersetzen, §§ 251 a, 331 a, 358 a. Grundsätzlich macht erst der mündliche Vortrag in der Verhandlung das Vorbringen prozessual wirksam. Sachlichrechtlich kann es unabhängig vom Vortrag wirksam werden, Grdz 61–63 vor § 128, Mü NJW **79**, 2570. Die meisten bestimmenden Schriftsätze bereiten zugleich vor.

8 **6) Unterschriftszwang, I, II.** Zunächst gilt der vorrangige § 130 a (elektronisches Dokument nebst Signatur). Über die grundsätzliche Notwendigkeit einer eigenhändigen und handschriftlichen Unterzeichnung findet man in § 130 Z 6 direkte Anweisungen einerseits für den Anwaltsprozeß, § 78 Rn 1. Dort ist die Unterschrift des Anwalts erforderlich. Sie finden sich andererseits für die sonstigen Prozeßarten. Dort ist

Titel 1. Mündliche Verhandlung **§ 129**

die Unterschrift der Partei selbst oder desjenigen erforderlich, der für sie als Bevollmächtigter oder als Geschäftsführer ohne Auftrag handelt. Dazu zunächst § 130 Rn 25. Zur Frage, ob eine Unterschrift insbesondere unter einem sog bestimmenden Schriftsatz nach Rn 5 erforderlich ist und wie man sie in einem solchen Fall vornehmen muß, hat sich eine umfangreiche Lehre und Rechtssprechung mit teilweise unterschiedlichen Auffassungen entwickelt.

A. Grundsatz: Notwendigkeit eigenhändiger und handschriftlicher Unterzeichnung. Zunächst gilt § 130 a, Rn 8. Den bestimmenden Schriftsatz muß grundsätzlich derjenige eigenhändig und handschriftlich unterschreiben, der ihn nach § 130 Z 6 überhaupt einreicht, BGH FamRZ **05**, 434, und zwar in deutscher Sprache, § 184 GVG, FG Saarbr NJW **89**, 3112 (auch zu einer Ausnahme). Daher reicht auch nicht eine persönliche Abgabe eines Schriftsatzes auf der Geschäftsstelle aus, der nicht unterzeichnet wurde, BGH NJW **80**, 291. 9

Es soll schon aus dem Schriftsatz selbst erkennbar sein und feststehen, daß kein bloßer Entwurf vorliegt, auch kein versehentlich etwa vom Büropersonal vor der Genehmigung durch den Verfasser usw und daher zu früh in den Postweg gegebener „auf Verdacht" abgezeichneter Text, wie es in der Praxis durchaus vorkommt, Schmidt BB **99**, 1127. Vielmehr soll feststehen, daß es sich um eine prozessual gewollte Parteiprozeßhandlung oder Erklärung handelt. Es soll feststehen, daß sie vom Unterzeichner herrührt und daß er für ihren gesamten Inhalt die zivilrechtliche, strafrechtliche, standesrechtliche und sonstige volle *Verantwortung* übernimmt, BGH NJW **05**, 2087 und 2709, BAG NJW **01**, 316, LG Wiesb NJW **03**, 3636, aM Ffm NJW **77**, 1246, Kuntz-Schmidt NJW **87**, 1301 (aber die in Rn 9 genannte Form ist eigentlich selbstverständlich. Daran ändert das unerfreuliche Bild Rn 13 ff ebensowenig etwas wie zB das kaum noch überblickbare Fallrecht an der Notwendigkeit des § 233 zu sorgfältiger Ausformung der dortigen Voraussetzungen). Eine Scannerunterschrift kann ausreichen, Rn 41. 10

B. Keine Überspannung, dazu *Schneider* NJW **98**, 1844: Indessen darf man die Anforderungen an das Unterschriftserfordernis auch nicht überspannen, etwa bei Verschiedenartigkeit der Unterschriften eines Anwalts, die natürlich ein Anwalt sein müssen, BGH VersR **02**, 590. Überhaupt ist beim Anwalt seine Sorgfaltspflicht als Organ der Rechtspflege auch zu seinen Gunsten mitbeachtl, BGH NJW **01**, 2888. Das Prozeßrecht dient zwar auch der Rechtssicherheit, Einl III 43. Man muß daher oft strenge Formerfordernisse stellen. Prozeßrecht ist aber kein Selbstzweck, Einl III 10. Deshalb darf man es nicht so handhaben, daß sachlichrechtliche Ansprüche schlechterdings undurchsetzbar werden, BVerfG **78**, 126 (es meint sogar, man solle eine „durchaus wünschenswerte Großzügigkeit" zeigen. Damit geht es sehr weit, strenger denn auch BVerfG NJW **98**, 1853), BGH **97**, 285 (kein Selbstzweck), BAG NJW **76**, 1285 (eine bloße Unterschrift der rechtzeitig eingereichten Vollmacht reicht aber nicht aus), Karlsr FamRZ **88**, 82 (im Parteiprozeß kann eine Durchschrift, auf der die Unterschrift der nicht anwaltlich vertretenen Partei durchgedruckt vorhanden ist, reichen). Im einzelnen bestehen zwischen den verschiedenen Prozeßordnungen erhebliche Unterschiede, OGB BGH **75**, 349, BAG NJW **01**, 316, BVerwG NJW **89**, 1175. 11

C. Zulässigkeit der Nutzung moderner Übermittlungswege, dazu *Fritzsche/Malzer* DNotZ **95**, 3 (rechtspolitisch), *Kuhn*, Rechtshandlungen mittels EDV und Telekommunikation, 1991: Gerichtliches Gewohnheitsrecht läßt auch bei einem fristgebundenen Schriftsatz und erst recht bei einem unbefristeten bestimmenden Schriftsatz grundsätzlich diejenige Übermittlungsart zu, die sich aus dem Fortschritt der Technik und der Eilbedürftigkeit zwingend ergibt, zB beim Scanner, Rn 41, bzw beim Telefax, Rn 44, BGH RR **97**, 250. Freilich muß man je nach Übermittlungsweg unterschiedliche Sorgfaltsanforderungen beachten, zB beim Computerfax, BGH NJW **98**, 3649. 12

D. Beispiele zur Frage des Vorliegens einer ausreichenden Unterschrift 13
Abschrift: Zwar muß man grds eine ordnungsgemäß unterzeichnete Urschrift als Original des Schriftsatzes einreichen. Indessen kann es ausnahmsweise ausreichen, daß man eine diesen Anforderungen nicht genügende nicht oder fehlerhaft unterzeichnete Urschrift zusammen mit einer diesen Anforderungen entsprechenden ordnungsgemäß unterschriebenen Abschrift einreicht. Die Stelle der Urschrift kann insbesondere eine eigenhändig und handschriftlich beglaubigte Abschrift einnehmen, BGH VersR **93**, 459, LG Kiel SchlHA **87**, 43.
S auch Rn 15 „Begleitschreiben", „Beiheftung", Rn 28 „Kopie", Rn 38 „Prozeßvollmacht".
Absicht der Unterschrift: Man muß aus dem Schriftsatz erkennen können, daß der Unterzeichner auch die Absicht hatte, eine volle Unterschrift zu leisten und nicht nur mit einem Namenskürzel (Paraphe) abzuzeichnen, BGH VersR **91**, 117.
S auch Rn 26, Rn 30 „Nachahmung", Rn 41.
Adelsname: Ein vor dem 14. 8. 1919 erworbener Adelstitel ist nach Art 109 III Weimarer Reichsverfassung als Bestandteil des Namens bestehen geblieben. Das gilt auch nach Inkrafttreten des GG zumindest als Gewohnheitsrecht. Daher darf und muß der Adlige einen Schriftsatz unter Hinzufügung des Adelsprädikats unterschreiben, wenn er eine ganz korrekte Unterschrift vornehmen will. Die Praxis verstößt ständig und vielfach gegen diese Anforderungen. Immerhin ist der Nichtgebrauch eines Adelsprädikats im formellen Rechtsverkehr keine bloß gesellschaftliche Attitüde, sondern ein Formverstoß. Er könnte bei streng formgebundenen Schriftsätzen durchaus erheblich sein, falls auch der verbleibende Namensbestandteil nach den übrigen Regeln mangelhaft ausgestaltet wäre.
S auch Rn 19 „Doppelname".
Amtlich bestellter Vertreter: Der Umstand, daß er nach § 53 VII BRAO dieselben anwaltliche Befugnisse wie der vertretene Anwalt hat, gibt ihm *nicht* das Recht, die Namen des Vertretenen oder zwar unter seinem eigenen Namen, jedoch insofern nicht nach den für ein Handeln im eigenen Namen notwendigen Regeln zu unterzeichnen. Der Zusatz unter dem eigenen Namen „als amtlich bestellter Vertreter für ..." ist korrekt. Der bloße Zusatz „im Auftrag" kann *unzureichend* sein, Rn 14 „Im Auftrag". 14
Anderer Name: Es besteht der Grundsatz der Notwendigkeit einer eigenhändigen handschriftlichen Unterzeichnung desjenigen, der nach dem Inhalt des Schriftsatzes sein Absender sein soll oder will und mit der

§ 129

Unterschrift die inhaltliche Verantwortung übernimmt. Daher ist eine Unterzeichnung zwar mit Genehmigung des wahren Absenders, jedoch durch einen anderen nur mit dem fremden Namen bedenklich. Das gilt unabhängig davon, ob dieser andere mit seinem eigenen Namen denselben Schriftsatz wirksam unterzeichnen könnte. Selbst bei einer Blankounterschrift nach Rn 16 handelt es sich ja immerhin um eine echte eigenhändige Unterschrift mit dem eigenen Namen. Sofern ganz ausnahmsweise im Zeitpunkt des Zugangs des Schriftsatzes oder etwa zulässig in einem späteren etwa heilenden Zeitpunkt feststeht, daß derjenige die inhaltliche Verantwortung übernahm oder übernimmt, dessen Namen zur Unterzeichnung benutzt wurde, mag der Vorgang unschädlich bleiben. Zurückhaltung bleibt ratsam.

Anwaltszwang: In seinem Bereich genügt die Unterschrift des Anwalts. Er braucht sich nicht als solcher zu bezeichnen, LAG Ffm DB **97**, 938.

Arrest, einstweilige Verfügung: Rn 37 „Parallelprozeß".

Im Auftrag: Ausreichen kann die Unterschrift „für XY", etwa mit Zusatz „nach Diktat verreist", BGH NJW **03**, 2028.

Grundsätzlich *unzureichend* ist eine Unterschrift nur „im Auftrag" oder „i. A." (statt: „in Vertretung"), BGH NJW **93**, 2057, LAG Ffm DB **02**, 1116 (je auch wegen einer Ausnahme), LG Rostock MDR **03**, 1134, aM Späth VersR **78**, 605 (aber ob zB eine Berufung vorliegt, darf nicht so unklar sein, daß das Gericht erst noch dazu eine Rückfrage halten müßte).

S auch Rn 14 „Amtlich bestellter Vertreter", „Anderer Name", Rn 28 „I. V.", Rn 48 „Vertreter".

15 Beglaubigung: Soweit überhaupt die Unterzeichnung nur einer Abschrift ausreicht, Rn 13 „Abschrift", ist die Beglaubigung dieser Abschrift nicht unbedingt notwendig. Immerhin ist diese Frage noch nicht vollständig geklärt. Eine eigenhändig und handschriftlich beglaubigte Abschrift kann die Stelle der Urschrift einnehmen, BGH MDR **04**, 1252, LG Kiel SchlHA **87**, 43. Das gilt selbst dann, wenn die beglaubigte Abschrift bei den Akten verbleibt. Die Unterschrift des Anwalts unter einem Beglaubigungsvermerk gilt als Unterschrift unter der Urschrift.

S auch Rn 40.

Begleitschreiben: Für die Wirksamkeit zB einer Rechtsmittelbegründung kann die Unterzeichnung (nur) eines beigehefteten Begleitschreibens genügen, BGH NJW **86**, 1760. Indessen ist Vorsicht ratsam. Es kommt auf den Text des Begleitschreibens an. Er muß unzweideutig ergeben, daß sein Unterzeichner die eigentliche Schrift ebenfalls schon und noch einreichen will und für deren Inhalt auch die volle Verantwortung übernimmt.

S aber auch „Beiheftung", Rn 16 „Bezugnahme".

Behörde: Rn 19 „Dienstsiegel".

Beiheftung: Die Beiheftung einer nichtunterschriebenen Schrift, etwa einer Rechtsmittelbegründung, an eine unterschriebene Schrift, etwa die Rechtsmittelschrift, genügt den Anforderungen an die nur beigeheftete Eingabe *nicht,* Kirberger Rpfleger **76**, 238.

S aber auch „Begleitschreiben", Rn 16 „Bezugnahme".

16 Bezugnahme: Es kann ausreichen, daß der Unterzeichner eines Begleitschreibens in ihm eindeutig auf die nicht ordnungsgemäß unterzeichnete Eingabe Bezug nimmt, Rn 15 „Begleitschreiben". Es kann auch ausreichen, in einem weiteren Schreiben auf eine nicht unterzeichnete Anspruchsbegründung des Mahnverfahrens Bezug zu nehmen, selbst wenn sie erst nach der Abgabe an das Gericht des streitigen Verfahrens eingeht, BGH **84**, 136. Es kann auch genügen, auf einen parallelen Arrest- oder Verfügungsprozeß Bezug zu nehmen, soweit man den dort unterzeichneten Schriftsatz im jetzigen Prozeß in Abschrift vorlegt. Ausreichend auch die Bezugnahme auf ein vom Anwalt selbst unterzeichnetes Prozeßkostenhilfegesuch. Vgl auch § 137 III.

Nicht ausreichend ist es, daß ein ProzBev im Anwaltsprozeß auf die Unterschrift nur der Partei unter der Klageschrift oder auf diejenige eines Dritten Bezug nimmt, BGH **92**, 251. Grundsätzlich ausreichend auch nicht die Bezugnahme des bei diesem Gericht zugelassenen bzw postulationsfähigen Anwalts auf einen Schriftsatz, den ein hier nicht zugelassener bzw postulationsfähiger anderer Anwalt unterschrieben hat, BGH NJW **90**, 3087. In solcher Bezugnahme kann aber eine Genehmigung liegen, BGH NJW **90**, 3087.

S auch Rn 15 „Begleitschreiben", „Beiheftung".

Blankounterschrift: Die Verwendung einer Blankounterschrift ist nur in einem unvorhersehbaren Fall und nur auf Grund einer ansich auf jeden Einzelfall bezogenen Anleitung und Überwachung zulässig, BAG DB **83**, 1052, Mü NJW **89**, 1166. Die weisungsgemäße Fertigstellung eines blanko unterschriebenen Schriftsatzes reicht aus, eine nur stichwortartige Vorgabe nicht, BGH NJW **05**, 2709.

Btx-Telex: Rn 21, 22.

17 Bleistift: Er ersetzt *weder* Tinte *noch* den Kugelschreiber. Denn er ist seiner Natur nach „kurzlebig" und kann zu leicht verwischen oder ausradiert und verfälscht werden.

Buchstaben: Es kommt darauf an, daß die Unterschrift zeigt, daß der Unterzeichner für den gesamten Inhalt des Schriftsatzes die volle Verantwortung übernimmt und ihn auch endgültig einreichen will. Das muß man bei der oft nicht einfachen Frage beachten, ob die etwa noch erkennbaren Buchstaben des Namens des Unterzeichners ausreichen. Es genügt freilich, daß jeder, der den Namen bereits kennt, ihn aus der Unterschrift herauslesen kann. Man muß allerdings herauslesen können, daß der Unterzeichner eindeutig beabsichtigte, seinen vollen Namen zu schreiben, BAG NJW **01**, 316, und nicht nur eine bloße Namensabkürzung (Paraphe) vornehmen wollte.

Es reicht *nicht* aus, nur mit dem Anfangsbuchstaben zu unterzeichnen, LAG Bln NJW **02**, 990, oder mit einem anderen erkennbaren einzelnen Buchstaben oder mit nur einer solchen Buchstabenfolge, die sich als eine bewußte und *gewollte Namensabkürzung* darstellt, BGH NJW **85**, 1227, LAG Düss BB **90**, 562. Eine Auflösung des Schriftbilds in willkürliche Striche und Linien ohne charakteristische Merkmale ist nicht ausreichend, BGH NJW **82**, 1467, BAG BB **77**, 899. Eine ausreichende Unterschrift fehlt also auch, wenn man überhaupt keine Buchstaben mehr erkennen kann, BGH NJW **85**, 1227, aM BGH NJW **92**, 243 (zu großzügig), oder nur einen einzelnen, BFH NJW **87**, 343.

S auch Rn 41 „Schlangenlinie".

Titel 1. Mündliche Verhandlung § 129

Büropersonal: Man muß unterscheiden. Grundsätzlich reicht die Unterschrift eines Mitarbeiters nur dann 18 aus, wenn er seinerseits ein zugelassener Anwalt ist. Das gilt im Anwaltsprozeß derart, daß auch dieser Mitarbeiter bei demselben Prozeßgericht zugelassen bzw postulationsfähig sein muß, im Parteiprozeß derart, daß er überhaupt zur Anwaltschaft und damit bei irgendeinem Gericht zugelassen sein muß. Soweit er dann allerdings nur „im Auftrag", statt „in Vertretung" unterzeichnet, kann selbst diese Unterschrift unzulänglich sein, Rn 14 „Im Auftrag". Dieselben Regeln gelten bei einer Übermittlung durch Telefax, Telekopie und die ihnen gleichstehenden Arten technischer Übermittlung zumindest für die Aufgabeschrift (Original beim Absender).
S auch Rn 14 „Anderer Name".
Computerfax: Rn 19 „Digitale Signatur", Rn 44 „Telefax".
Dienstsiegel: BGH (GmS) 75, 348 hält zB im Verfahren nach dem SGG eine Revisionsschrift einer 19 Behörde oder einer Körperschaft oder Anstalt des öffentlichen Rechts dann für ausreichend, wenn der Verfasser nur maschinenschriftlich unterzeichnet worden ist und wenn ein handschriftlicher Beglaubigungsvermerk des dazu zuständigen Beamten mit oder ohne Beifügung eines Dienstsiegels beiliegt, LG Köln JB 91, 1410. Grundsätzlich dürfte ein bloßes Dienstsiegel aber *keineswegs* ausreichen, sonstige Mängel der Unterzeichnung auszugleichen. Selbst wenn feststeht, daß der Unterzeichner alleiniger Verwahrer des Dienstsiegels war, ist nicht gesichert, daß die Beidrückung Ausdruck gerade der Übernahme der inhaltlichen Verantwortung und des endgültigen Absendewillens war.
Digitale Signatur, dazu *Richtlinie* 1999/93/EG, ABl L 13 v 19. 1. 00: Es gilt der gegenüber § 129 vorrangige § 130 a. Wegen der VwGO VG Ffm NJW 02, 2488.
S auch Rn 44 „Telefax".
Doppelname: Es reicht aus, daß bei einem Doppelnamen der eine Bestandteil lesbar voll geschrieben ist, der andere aber gar nicht geschrieben wurde, BGH NJW 96, 997, Karlsr JB 00, 207, oder daß nur abgekürzt worden ist, BAG DB 88, 920. Denn die Unterschrift soll nur sicherstellen, daß das Schriftstück auch vom Unterzeichner stammt, BGH BB 96, 612. Freilich muß das gesamte Schriftbild klar ergeben, wer unterzeichnet hat. Wenn zB in einer Sozietät einer der Anwälte einen Namen trägt, der in demjenigen eines anderen einen Bestandteil bildet (etwa bei Verwandten oder Eheleuten), kann zweifelhaft sein, ob die Wiedergabe nur des „gemeinsamen" Namens den Träger des Doppelnamens ausreicht. Das gilt selbst dann, wenn er seinen weiteren Namensbestandteil andeutet. Das hätte BGH NJW 96, 997 miterörtern sollen. Das würde jedenfalls selbst dann gelten, wenn die Sozien bei unterschiedlichen Gerichten zugelassen bzw postulationsfähig wären. Es kommt auf die Gesamtumstände an.
S auch Rn 13 „Adelsname".
Durchschrift: S zunächst „Abschrift", „Beglaubigung". Im Parteiprozeß kann eine Durchschrift, auf der die Unterschrift der nicht anwaltlich vertretenen Partei durchgedruckt vorhanden ist, ausreichen, Karlsr FamRZ 88, 82.
S ferner Rn 47 „Überspannung".
Eigenhändigkeit: Rn 9. S ferner Rn 49 „Willenslosigkeit". 20
Einstweilige Verfügung: Rn 37 „Parallelprozeß".
Elektronische Übermittlung: § 130 a.
Endgültigkeit: Rn 9. Es muß stets erkennbar sein, daß es sich um eine endgültige Erklärung handelt, BAG NJW 82, 1016. Daran kann bei einer bloßen Namensabkürzung (Paraphe) Zweifel bestehen, auch wenn die Übung vorherrscht, Schriftsätze nur noch recht flüchtig zu unterzeichnen. Es kommt auch in solchem Fall auf die Gesamtumstände an. Der Anwalt, dessen Art der „Unterzeichnung" dem Richter bekannt ist, mag eher zu erkennen geben, daß er den Schriftsatz endgültig einreichen will, als ein unbekannter.
Entzifferbarkeit: Rn 26.
Erkennbarkeit: Rn 26.
Erklärungen beider Parteien: Übereinstimmende Erklärungen beider Parteien, die Unterschrift sei ein bloßes Handzeichen, binden das Gericht nicht, BGH NJW 78, 1255. Ebensowenig kann es dann aber durch übereinstimmende Erklärungen dahin gebunden sein, es handle sich um eine volle Unterschrift.
Faksimilie: Rn 34. 21
Firma: Sie reicht aus, § 17 I HGB.
Fotokopie: Rn 19 „Durchschrift", Rn 21 „Fernschreiben". 22
Fremder Name: Rn 14 „Anderer Name"
Frist: Soweit ein Schriftsatz fristgebundene Erklärungen enthält, muß auch seine Unterschrift innerhalb der 23 Frist ordnungsgemäß erfolgen. Das ist selbstverständlich. Eine Nachreichung einer ordnungsgemäßen Unterschrift nach dem Fristablauf reicht also nicht. Es mag dann allenfalls ein Wiedereinsetzungsgesuch möglich sein, §§ 233 ff. Nur in diesem letzteren Zusammenhang kommt es also auf die Frage an, ob der Einreicher mit rechtzeitigem Eingang gerechnet hat, rechnen konnte, das ihm Zumutbare zur Fristeinhaltung getan hatte usw.
Generell gilt: Der Eingang am letzten Tag der Frist nach Dienstschluß reicht, BVerfG 41, 323. Der Eingang auf einer gemeinsamen Empfangsstelle mehrerer Behörden kann ausreichen. BVerfG 69, 385, BGH RR 88, 894 (die Weitergabe durch Boten wahrt keine Frist), BGH NJW 90, 990 (das Schriftstück ist nur bei demjenigen Gericht eingereicht, an das es adressiert ist). Soweit das Postamt am Gerichtsort die Telekopie aufnimmt (empfängt) und fristgerecht als Postsendung an das Gericht weitergibt, ist das Verfahren ordnungsgemäß, BGH 87, 63, BAG NJW 84, 199, BGH NJW 82, 2520. Dasselbe gilt, soweit ein Brief usw fristgerecht in das Postfach des Gerichts kommt, BGH NJW 86, 2646.
S auch Rn 44 „Telefax", „Telefonische Einreichung, Übermittlung", Rn 45.
Genehmigung durch Auftraggeber: Rn 14 „Anderer Name", „Im Auftrag", Rn 16 „Blankounter- 24 schrift".
Handschriftlichkeit: Vgl zunächst Rn 9. S ferner Rn 17 „Buchstaben", Rn 21 „Faximile", Rn 41. 25
Handzeichen: Rn 31–33.

§ 129

Heilung: Eine Nachholung der Unterschrift bzw Vervollständigung oder Verbesserung bisher mangelhafter Schriftzüge ist grds zulässig, LSG Schlesw MDR **84**, 260, ebenso wie eine ausdrückliche Genehmigung des bisher nicht ordnungsgemäß unterschriebenen Schriftsatzes durch den Einreicher (Unterzeichner) in einer weiteren schriftlichen oder mündlichen, fernmündlichen oder sonstigen Erklärung. Man muß durch den Nachholakt klarstellen, daß man für den mangelhaften Erstvorgang die volle Verantwortung übernimmt und daß er auch endgültig eingereicht sein sollte. Im Fall eines fristgebundenen Schriftsatzes gelten Einschränkungen: Grundsätzlich ist keine rückwirkende Heilung möglich, BAG NJW **88**, 210.
S auch Rn 23.

26 Herauslesenkönnen: Vgl zunächst Rn 9 und BVerfG NJW **98**, 1853. Es genügt, daß gegen den Ursprung der Unterschrift kein begründeter Verdacht besteht, daß vielmehr jeder, der den Namen kennt, ihn aus der Unterschrift auch als einen eindeutig beabsichtigten vollen Namenszug und nicht nur als eine evtl beabsichtigte bloße Namensabkürzung (Paraphe) herauslesen kann, BGH FamRZ **97**, 610 und 737, BAG NJW **01**, 316, Ffm MDR **05**, 919. Es muß immerhin ein individuell gestalteter Namensteil vorliegen, der eine Unterscheidung gegenüber anderen Unterschriften zuläßt und die Absicht einer vollen Unterschrift erkennen läßt, BGH FamRZ **97**, 610.
Nicht ausreichend ist eine Unterzeichnung nur mit dem Anfangsbuchstaben oder einer anderen bewußten und gewollten Namensabkürzung (Paraphe), oder gar eine Auflösung des Schriftbilds in willkürliche Striche und Linien ohne charakteristische Merkmale, so daß man keine Buchstaben mehr erkennen kann, BGH NJW **85**, 1227, aM BGH NJW **92**, 243 (zu großzügig), oder daß zB man von zehn zum Namen gehörenden Buchstaben nur einen einzigen entziffern kann, BFH NJW **87**, 343.
S auch Rn 17 „Buchstaben", Rn 31 „Namensabkürzung", Rn 41 „Schlangenlinie".

Hinnahme: Eine langjährige Hinnahme der objektiv unzureichenden Unterschrift mag bei diesem Gericht eine plötzliche Beanstandung in diesem ersten solchen Fall unzulässig machen, LAG Bln MDR **04**, 52.

27 „I. A.": Rn 14 „Im Auftrag", Rn 27 „I. V.".
Identität: Rn 35 „Nämlichkeit".
Individualität: Vgl zunächst Rn 9. Es muß mindestens ein individuell gestalteter Namensteil vorliegen, der eine Unterscheidung gegenüber anderen Unterschriften zuläßt und die Absicht einer vollen Unterschrift erkennen läßt, BGH FamRZ **97**, 610, BAG NJW **01**, 316, und der die Nachahmung durch einen beliebigen Dritten mindestens erschwert, BGH FamRZ **97**, 610, Ffm MDR **05**, 919, Nürnb NJW **89**, 235. Das gilt selbst dann, wenn der Verfasser ihn nur flüchtig geschrieben hat, BGH VersR **89**, 167 und 588. Diese Anforderung ist aber auch unerläßlich. Die lediglich bewußte und gewollte Namensabkürzung (Paraphe) reicht nicht aus.
S auch Rn 17 „Buchstaben", Rn 26, Rn 31 „Namensabkürzung", Rn 41 „Schlangenlinie".

„I. V.": Dieser Zusatz läßt die Unterschrift wirksam, Kblz VersR **91**, 1034 (anders als „i. A."), LAG Ffm DB **02**, 1116 (im Arbeitsrecht reicht auch „i. A.").

28 Kenntnis des Namenszuges: Rn 26.
Klagefrist: Mangels ausreichender Unterschrift ist sie allenfalls dann eingehalten, wenn ein in der Frist nachgereichter Schriftsatz ergibt, daß die ursprüngliche Eingabe mit Wissen und Wollen des Verfassers erfolgt war, LAG Hamm BB **90**, 1708.
Kopie: Im Parteiprozeß kann eine solche Durchschrift ausreichen, auf der die Unterschrift der nicht anwaltlich vertretenen Partei durchgedruckt vorhanden ist, Karlsr FamRZ **88**, 82. Trotz des Verbots einer Überspannung nach Rn 11 reicht aber *nicht* jede Durchschrift (Kopie) aus. Es kommt auf die Gesamtumstände der Einzelfalls an. Ein Abzug oder eine Fotokopie, deren Original (Matrize) eigenhändig unterschrieben worden ist, reicht meist ebenfalls *nicht* aus, Rn 34.
Kreuz: Es ist jedenfalls beim Schreibgewandten natürlich *keine* Unterschrift, Karlsr NJW **90**, 2475.
Kugelschreiber: Er ist statt Tinte ausreichend. Das gilt trotz der Möglichkeit, ihn zu „killen". Denn er beherrscht die Praxis.

29 Mahnverfahren: § 690 II, III Hs 2.
Mängelheilung: Rn 25 „Heilung".
Maschinenschrift: Wegen des grundsätzlichen Erfordernisses der eigenhändigen und handschriftlichen Unterzeichnung Rn 9, 10, BFH **106**, 4. Im Parteiprozeß kann es immerhin ausreichen, daß eine Durchschrift vorliegt, auf der die Unterschrift der nicht anwaltlich vertretenen Partei durchgedruckt vorhanden ist, Karlsr FamRZ **88**, 82. Im Verfahren nach dem SGG ist eine Revisionsschrift einer Behörde oder einer Körperschaft oder Anstalt der öffentlichen Rechts zulässig, wenn der Verfasser nur maschinenschriftlich unterzeichnet ist und wenn ein handschriftlicher Beglaubigungsvermerk des dazu zuständigen Beamten mit oder ohne eine Beifügung des Dienstsiegels beiliegt, BGH (GmS) **75**, 348. Bei einer bloßen Abschrift muß immerhin die Unterschrift wiederum ihrerseits grds handschriftlich, wenn auch nicht notwendig stets beglaubigt, vorhanden sein, BGH **92**, 255, LG Kiel SchlHA **87**, 43.
S auch Rn 13 „Abschrift", Rn 21, 22, 45, 46.

30 Nachahmung: Es soll schon aus dem Schriftsatz selbst erkennbar sein und feststehen, daß eine prozessual gewollte endgültige Erklärung vorliegt und daß sie auch vom Unterzeichner herrührt. Daher muß zumindest ein individuell gestalteter Namensteil vorliegen, der unter anderem die Nachahmung durch einen beliebigen Dritten mindestens erschwert, BGH FamRZ **97**, 610, Ffm NJW **93**, 3079, Nürnb NJW **89**, 235. Das gilt, selbst wenn der Verfasser ihn nur flüchtig geschrieben hat, BGH VersR **89**, 167 und 588.
S auch Rn 26, 31–33, 41–43.

Nachholung: Rn 25 „Heilung".

31 Namensabkürzung (Paraphe): Dem in Rechtsprechung und Lehre klaren Grundsatz der Notwendigkeit einer eigenhändigen und handschriftlichen Unterzeichnung mit vollem Namen als Gewähr für die Übernahme der vollen inhaltlichen Verantwortung und der Absicht der endgültigen Einreichung nach Rn 9, 10 steht eine in der Praxis weitverbreitete Übung der Unterzeichnung mit einer bloßen mehr oder minder knappen oder klaren Namensabkürzung auch unter bestimmenden Schriftsätzen gegenüber. Dieser Mißstand ist eine Quelle erheblicher rechtlicher Fehler im folgenden Verfahren sowohl durch die Gerichte als

Titel 1. Mündliche Verhandlung   § 129

auch durch die übrigen Prozeßbeteiligten. Er wird überdies meist glatt übersehen oder überlesen. Nun dient zwar das Prozeßrecht den Parteien und nicht umgekehrt. Der Prozeß ist kein Selbstzweck, Einl III 10. Immerhin gibt es unverzichtbare formelle Mindestanforderungen, insbesondere beim bestimmenden Schriftsatz, Rn 5. Beides muß man bei der Beurteilung des Einzelfalls in die Abwägung einbeziehen. Dabei achte es auf das äußere Erscheinungsbild an, BGH NJW **94**, 55.

Beispiele des Ausreichens: Es liegt ein paraphenähnlicher Schriftzug vor, der eindeutig den ganzen Namen **32** des Unterzeichners darstellen soll, BGH NJW **92**, 243 (äußerst großzügig); es liegt ein individuell gestalteter Namensteil aus Buchstaben einer üblichen Schrift vor, BGH NJW **85**, 1227, LG Düss MDR **88**, 149, oder wenigstens aus deren Andeutungen, BGH VersR **89**, 167 (großzügig!). Er läßt eine Unterscheidung gegenüber anderen Unterschriften zu. Er läßt die Absicht einer vollen Unterschrift erkennen, BGH FamRZ **97**, 610, BAG NJW **01**, 316. Er erschwert mindestens die Nachahmung durch einen beliebigen Dritten, BGH FamRZ **97**, 610, Nürnb NJW **89**, 235. Das gilt selbst dann, wenn er nur flüchtig geschrieben worden ist, BGH FamRZ **97**, 610. Es genügt, daß gegen den Ursprung der Unterschrift kein begründeter Verdacht besteht, daß vielmehr jeder, der den Namen kennt, ihn aus der Unterschrift auch als einen eindeutig beabsichtigten vollen Namenszug und nicht nur als eine evtl beabsichtigte bloße Namensabkürzung herauslesen kann, Rn 26. Wegen Wiedereinsetzung § 233 Rn 167.

Beispiele des Nichtausreichens: Es handelt sich nur um die Anfangsbuchstaben, BFH BB **96**, 520 (zustm **33** Woerner), oder um einen anderen erkennbaren Buchstaben oder um eine Buchstabenfolge, die sich als eine bewußte und gewollte bloße Namensabkürzung darstellt, BGH NJW **97**, 3380, Ffm NJW **93**, 3079, LAG Düss BB **90**, 562; es handelt sich um eine Auflösung des Schriftbilds in willkürliche Striche und Linien ohne charakteristische Merkmale, BGH NJW **82**, 1467, BAG BB **77**, 899; man kann keine Buchstaben mehr erkennen, BGH NJW **85**, 1227; von zehn zum Namen gehörenden Buchstaben ist nur ein einziger entzifferbar, BFH NJW **87**, 343; der Schriftzug hat keinen individuellen Charakter mehr, BGH NJW **84**, 142, BFH BB **84**, 1089, LG Heidelb VersR **78**, 357; es liegt ein Handzeichen nur auf Begleitpapieren vor, BGH VersR **01**, 915. Dabei kommt es nicht darauf an, daß der Einreicher nachträglich versichert, er habe die unzulänglich unterzeichnete Schrift einreichen wollen, sofern man nicht aus dieser späteren Erklärung eine Nachholung oder Genehmigung des gesamten Inhalts der ursprünglichen, ungenügend unterzeichneten Schrift ableiten kann und muß. Selbst im letzteren Fall ist eine Heilung bei einem fristgebundenen Schriftsatz nicht stets rückwirkend möglich, Rn 23 „Frist", Rn 25 „Heilung".

Namensstempel (Faksimile): Ein Namensstempel reicht grds *weder* in der Form von Druckbuchstaben **34** *noch* in der Form einer von einem Original abkopierten handschriftlichen Form des Schriftzugs aus, BGH NJW **98**, 3649, BFH DB **75**, 88 linke Spalte, VG Wiesb NJW **94**, 537 (zum Telefax). Soweit überhaupt keine Unterschrift erforderlich ist, kann freilich ein Namensstempel beliebiger Art nicht schädlich sein. Er mag vielmehr ein Anzeichen dafür sein, daß der Unterzeichner die Schrift einreichen wollte und daß er die inhaltliche Verantwortung übernimmt. Indessen kommt es auch hier auf die Gesamtumstände des Einzelfalls an.

Nämlichkeit (Identität): Man muß grds schon aus dem Schriftsatz selbst erkennen können, daß die **35** Erklärung unter anderem vom Unterzeichner herrührt und daß er für ihren gesamten Inhalt die volle Verantwortung übernimmt, Rn 9. Es genügt, daß gegen den Ursprung der Unterschrift kein begründeter Verdacht besteht, daß vielmehr jeder, der den Namen kennt, ihn aus der Unterschrift auch als einen eindeutig beabsichtigten vollen Namenszug und nicht nur als eine evtl beabsichtigte bloße Namensabkürzung herauslesen kann, Rn 26.

S auch Rn 19 „Doppelname", Rn 21, 22, Rn 25 „Heilung", Rn 44 „Telefonische Einlegung, Übermittlung", Rn 45, 46.

Nicht zugelassener Anwalt: Man muß zwischen dem Anwaltsprozeß und „anderen Prozessen", unter- **36** scheiden, Rn 3.

Im *Anwaltsprozeß* nach § 78 Rn 1 reicht die Unterschrift eines beim Prozeßgericht nicht postulationsfähigen Anwalts selbst dann *nicht* aus, wenn er bei einem anderen Gericht zugelassen ist und mit dem Zugelassenen in einer Sozietät arbeitet. Auch reicht in einem solchen Fall der gemeinsame Briefkopf usw nicht aus. Denn es soll je gerade sichergestellt werden, daß der Schriftsatz gerade von dem Postulationsfähigen inhaltlich voll verantwortet wird und endgültig eingereicht werden sollte, Rn 9. Daher reicht auch die Unterschrift mit dem Zusatz „Im Auftrag" (im Gegensatz zu derjenigen „In Vertretung" oder „i. V.") grds nicht aus, BGH NJW **88**, 210. Unzulässig ist ferner die Unterzeichnung durch einen nicht beim Prozeßgericht zugelassenen postulationsfähigen Anwalt unter Benutzung des Namens eines anderen, beim Prozeßgericht zugelassenen bzw postulationsfähigen, selbst wenn dieser das erlaubt hatte, BGH MDR **76**, 569. Andererseits kann es ausreichen, daß ein bei dem Gericht zugelassener Anwalt eine nicht unterschriebene Rechtsmittelschrift zum Rechtsmittelgericht bringt und sich dort die Einlegung des Rechtsmittels bescheinigen läßt, Ffm NJW **77**, 1246. Im Anwaltsprozeß ist die Unterschrift des amtlich bestellten Vertreters ausreichend.

Im *Parteiprozeß* reicht die Unterschrift eines solchen Anwalts aus, der überhaupt bei irgendeinem deutschen Gericht zugelassen ist, wie es ja stets der Fall sein muß. Eine Zulassung auch beim Prozeßgericht ergibt sich aus der allgemeinen Zulassung für den Parteiprozeß von selbst.

Wegen eines *ausländischen* Anwalts usw SchlAnh VII.

Paraphe: Rn 31.

Parallelprozeß: Grundsätzlich muß die Unterschrift unter demjenigen Schriftsatz stehen, dessen Original **37** beim Prozeßgericht vorliegt und sich auf diesen und keinen anderen Prozeß bezieht. Das gilt jedenfalls, solange keine Verbindung mehrerer Verfahren stattgefunden hat. Ab Verbindung und bis zur Trennung ist es unerheblich, ob die Geschäftsstelle den Schriftsatz richtig eingeheftet hat. Maßgeblich ist, an welches Gericht und zu welchem Prozeß er sich richtete oder richten sollte. Das gilt selbst dann, wenn der Absender das derzeitige oder frühere Aktenzeichen irrig falsch angegeben hat. Es kann ausreichen, auf einen parallelen Arrest- oder Verfügungsprozeß Bezug zu nehmen, soweit der dort unterzeichnete Schriftsatz im jetzigen Verfahren in Abschrift vorliegt.

Personal: Rn 18.

§ 129　　　　　　　　　　　　　　　　　　　　　　　Buch 1. Abschnitt 3. Verfahren

Postamt: Rn 21, 22, Rn 44 „Telefonische Einlegung, Übermittlung", Rn 45, 46.
Postfach: Rn 21, 24, Rn 44 „Telefonische Einlegung, Übermittlung", Rn 45, 46.
Postulationsfähigkeit: Beim Telefax ist die Unterschrift eines postulationsfähigen Anwalts unter der Kopiervorlage erforderlich, BGH NJW **90**, 188. Auch im übrigen muß der Unterzeichner natürlich grundsätzlich postulationsfähig sein.
Private Aufnahme: Die Absendung eines Telefax vom Privatanschluß eines Dritten kann genügen, BAG NJW **89**, 1822. Die Weitergabe eines solchen Schreibens durch einen privaten Boten wahrt keine Frist, BGH RR **88**, 894. Eine Übermittlung an einen privaten Teilnehmer und die Weiterleitung durch ihn können genügen, VGH Mü BB **77**, 568.
　　　　S auch Rn 23 „Frist".
Private Übermittlung: S „Private Aufnahme".
38 Prozeßkostenhilfe: Soweit der Anwalt seinen Schriftsatz mangelhaft unterzeichnet hatte, kann es ausreichen oder heilen, daß er auf ein von ihm selbst unterzeichnetes Prozeßkostenhilfegesuch in demselben Verfahren Bezug nimmt. Freilich kann grds keine rückwirkende Heilung dadurch eintreten, Rn 23 „Frist", Rn 25 „Heilung".
Prozeßvollmacht: Die Unterschrift nur unter der gleichzeitig eingereichten Vollmacht reicht für den unzulänglich unterzeichneten Schriftsatz *nicht* aus, BAG NJW **76**, 1285.
39 Rechtsmittelbegründung: Für die Wirksamkeit der Rechtsmittelbegründung kann die Unterzeichnung (nur) des beigehefteten Begleitschreibens genügen, BGH NJW **86**, 1760. Die Beiheftung einer nicht unterschriebenen Berufungsbegründung an eine unterschriebene Berufungsschrift genügt den Anforderungen an eine Berufungsbegründung *nicht,* Kirberger Rpfleger **76**, 238. Wegen der Überprüfbarkeit in der Revisionsinstanz Rn 55.
　　　　S auch Rn 13 „Abschrift", Rn 23 „Frist".
40 Rechtsmittelschrift: Eine Berufung ist auch dann wirksam eingelegt, wenn die Urschrift ohne Unterschrift und eine richtig beglaubigte Abschrift eingehen. Dasselbe gilt für eine Revisionsschrift. Es reicht auch aus, daß ein bei dem Gericht zugelassener bzw postulationsfähiger Anwalt eine nicht unterschriebene Berufungsschrift zum Berufungsgericht bringt und sich dort die Einlegung der Berufung bescheinigen läßt, Ffm NJW **77**, 1246.
　　　　Es reicht aber *nicht* aus, wenn diese Bescheinigung fehlt, BGH NJW **80**, 292. Es reicht auch nicht aus, daß lediglich eine beglaubigte Abschrift ohne eine unterschriftslose Urschrift eingeht, BAG BB **78**, 1573. Nicht ausreichend ist ferner eine Unterzeichnung durch einen Dritten „iA", selbst auf einem Briefbogen der Partei, LG Rostock MDR **03**, 1134 (zur sofortigen Beschwerde).
　　　　S auch Rn 13 „Abschrift", Rn 15 „Beglaubigung", Rn 23 „Frist", Rn 36, Rn 39 „Rechtsmittelbegründung".
Revision: Rn 55.
41 Sachbearbeiter: Rn 18, 36, Rn 43 „Sozius".
Scanner: Er kann ausreichen, OGB NJW **00**, 2340, BGH DGVZ **05**, 94 (erst recht bei nachfolgender Unterschrift), LAG Rostock MDR **98**, 368 (evtl reiche Scanner-„Unterschrift" beim Telefax), aM LG Ingolstadt DGVZ **03**, 39 (zu § 753. Aber dort darf es keine höheren Anforderungen geben).
　　　　S auch Rn 19 „Digitale Signatur", Rn 44 „Telefax".
Schlangenlinie: Es soll grds bereits aus dem Schriftsatz selbst erkennbar sein und feststehen, daß kein bloßer Entwurf vorliegt, sondern daß der Unterzeichner eine prozessual endgültig einreichen will und für ihren gesamten Inhalt die volle Verantwortung übernimmt, Rn 9. Daher ist es trotz des Verbots einer Überspannung nach Rn 11 im allgemeinen erforderlich, daß ein individuell gestalteter Namenszug vorliegt, der eine Unterscheidung gegenüber anderen Unterschriften zuläßt und die Absicht einer vollen Unterschrift erkennen läßt, BGH FamRZ **97**, 610, und der die Nachahmung durch einen beliebigen Dritten mindestens erschwert, BGH FamRZ **97**, 610, Nürnb NJW **89**, 235. Das gilt selbst dann, wenn er nur flüchtig geschrieben worden ist, BGH FamRZ **97**, 610. Es genügt, daß gegen den Ursprung der Unterschrift kein begründeter Verdacht besteht, daß vielmehr jeder, der den Namen kennt, ihn aus der Unterschrift als einen eindeutig beabsichtigten vollen Namenszug und nicht nur als eine evtl beabsichtigte bloße Namensabkürzung herauslesen kann, Rn 26. Auf diesen Boden ist eine Auflösung des Schriftbilds in willkürliche Striche und Linien ohne charakteristische Merkmale *nicht* ausreichend, BGH NJW **82**, 1467, BAG BB **77**, 899.
42　　Eine ausreichende Unterschrift *fehlt* also, wenn man *keine Buchstaben mehr erkennen kann,* BGH NJW **85**, 1227, oder wenn man von zehn zum Namen gehörenden Buchstaben nur einen einzigen entziffern kann, BFH NJW **87**, 343, oder wenn der Schriftzug keinen individuellen Charakter mehr hat, BGH VersR **84**, 142, BFH BB **84**, 1089, LG Heidelb VersR **78**, 357.
　　　　Aus den in Rn 31–33 zur Namensabkürzung entwickelten Erwägungen ergibt sich, daß eine bloße *Schlangenlinie* erst recht *keine* ausreichende Unterschrift darstellt. Das gilt selbst dann, wenn sie einer schlechten Gewohnheit des Anwalts wie manchem Richters entsprechen mag. Es kommt auch nicht darauf an, daß das Gericht oder der Prozeßgegner diese Unsitte des Absenders bereits kennen und daß der Briefkopf immerhin eindeutig ist. Die Art und Weise der Unterschrift soll eben mitklären, daß der Unterzeichner nicht nur einen bloßen Entwurf abzeichnen oder eine vorläufige Unterschrift vornehmen wollte, sondern daß er eine endgültige prozessual wirksame Erklärung abgeben und die volle Verantwortung in jeder Beziehung übernehmen wollte. Das läßt sich bei einer bloßen Schlangenlinie beim besten Willen nicht sagen. Es ist unter diesen Umständen unerheblich, ob die Linie mehr in „Schlangen"-Form oder in willkürlichen Ab- und Aufstrichen und dergleichen besteht.
43　　Im Einzelfall muß man die *Abwägung* unter Beachtung aller Umstände vornehmen, auch des bisherigen Prozeßverlaufs und der dort vorliegenden „Unterschriften" dieses Absenders. Diese Abwägung darf weder zu streng noch zu großzügig sein.
Schreibhilfe: Sie ist unschädlich, sofern es nicht um eine willenlose, rein passiv bleibende Person geht, BGH NJW **81**, 1901.

Titel 1. Mündliche Verhandlung **§ 129**

Schriftliches Verfahren: Das schriftliche Verfahren nach § 128 II verlangt streng genommen bei jedem Schriftsatz die Unterschrift. Denn das Gericht darf in diesem Verfahren keine Parteierklärung berücksichtigen, deren Echtheit nicht feststeht. Doch kann das Fehlen der Unterschrift im schriftlichen Verfahren zweckmäßigerweise insoweit unschädlich sein, als es sich nicht um einen bestimmenden Schriftsatz handelt, Rn 5. Zur letzteren Gruppe gehört allerdings auch schon der Antrag auf ein schriftliches Verfahren. Wie das schriftliche Verfahren muß man auch das schriftliche Vorverfahren beurteilen.

Sozius: Sofern er bei demselben Gericht zugelassen bzw postulationsfähig ist wie der von ihm Vertretene, reicht natürlich die Unterschrift des ersteren aus, sofern sie ihrerseits ordnungsgemäß ist. Soweit im Anwaltsprozeß nach § 78 Rn 1 ein beim Prozeßgericht nicht postulationsfähiger Anwalt unterzeichnet, reicht das grds selbst dann *nicht,* wenn er mit dem Zugelassenen bzw Postulationsfähigen in Sozietät arbeitet. Eine Heilung nach Rn 25 ist zwar grds zulässig. Sie hat aber meist keine Rückwirkung, Rn 23. Zum Problem BGH RR **87**, 323, Zweirb FamRZ **89**, 191 (abl von Mettenheim).

Telefax, dazu *Bodendorf,* Vorab per Fax, eine zweifelhafte Methode, Festschrift für *Schütze* (1999) 129; *Hennecke* NJW **98**, 2194; *Liwinska* MDR **00**, 500; *Maniotis* ZZP **112**, 315 (je: Üb): *Schnittmann,* Telefaxübermittlung im Zivilrecht usw, 1999: Zunächst darf man Telefax nicht mit der elektronischen Übermittlung nach § 130 a verwechseln. Beim Telefax gelten im wesentlichen folgende Regeln. Das Telefax ist schriftformwahrend, BAG NJW **01**, 989 (für außergerichtliches Schreiben), LG Köln NJW **05**, 79, FG Hbg NJW **01**, 99 (für bestimmenden Schriftsatz). Es ist auch fristwahrend, BVerfG MDR **00**, 836, Kblz MDR **04**, 409, LG Wiesb NJW **01**, 3636, aM LG Bln NJW **00**, 3291 (nur bei zusätzlichen rechtzeitigem Schriftsatz. Aber gerade das letztere würde die moderne Technik übergehen). Das gilt auch bei einer Textdatei mit eingescannter Unterschrift (Computerfax), OGB NJW **00**, 2340 (zustm Wirges AnwBl **02**, 88, verfassungsrechtlich krit Düwell NJW **00**, 3334), BGH NJW **01**, 828, strenger BGH (11. ZS) NJW **05**, 2087 (aber die moderne Technik erzwingt die vorgenannte großzügigere Haltung des BGH). Diese eingescannte Unterschrift läßt sich allenfalls durch den Vermerk ersetzen, die Unterzeichnung könne wegen der gewählten Übertragungsform nicht erfolgen, Brschw NJW **04**, 2024 (reichlich großzügig). Der Absender muß die Kopiervorlage unterschreiben, BGH FamRZ **98**, 425 (dann reichen deren Übermittlung an das eigene Büro und von dort weiter an den Empfänger), Kblz MDR **04**, 409, LG Wiesb NJW **01**, 3636. Evtl reicht sogar eine maschinenschriftliche Absenderangabe, LG Köln NJW **05**, 79. Der Absender muß als ProzBev postulationsfähig sein, Kblz MDR **04**, 409. Eine Paraphe nach Rn 31 reicht *nicht,* BAG BB **97**, 947, aM BGH DB **96**, 557 (vgl aber Rn 31 ff). Noch weniger reicht grds das Fehlen der Unterschrift, aM LG Köln NJW **05**, 79, AG Kerpen NJW **04**, 2761. Denn man darf den Grundgedanken Rn 10 nicht aufweichen, BGH NJW **98**, 3650. Ausnahmsweise kann das Fehlen unschädlich sein, soweit die Übernahme der Verantwortung anderswie eindeutig klar ist, BGH NJW **05**, 2087 (in dieser Frage großzügig widersprüchlich zu seiner Haltung zu demselben Urteil beim Computerfax, s oben). Ein Telefax ist bei einem Formularzwang *unzulässig,* LG Hagen (zu § 703 c).

S auch Rn 19 „Digitale Signatur", Rn 34 „Namensstempel", Rn 48 „Verstümmelung". 44

Telefonische Einlegung, Übermittlung: Wegen des grundsätzlichen Erfordernisses einer eigenhändigen 45 handschriftlichen Unterschrift nach Rn 9, 10 reicht *nicht einmal* eine persönliche Abgabe eines nicht unterzeichneten Schriftsatzes auf der Geschäftsstelle aus, BGH NJW **80**, 291. Noch weniger reicht folglich eine nur telefonische Einreichung einer dem Inhalt nach einen bestimmten „Schriftsatz" darstellenden Erklärung. Das gilt auch dann, wenn der Empfänger eine amtliche Notiz über das Telefonat anfertigt. Von der lediglich telefonischen Einreichung muß man den Fall unterscheiden, daß man den Schriftsatz per Telefax usw einreicht oder übermittelt oder zustellt und daß man auf diesem Übermittlungsweg auch (nicht: nur!) das Telefon einschaltet. Zur grundsätzlichen Zulässigkeit dieser letzteren Übermittlungswege Rn 44 „Telefax".

Telekopie: Rn 20 „Elektronische Übermittlung", Rn 44 „Telefax". 46
Telex: Rn 21, 22.
Titel: Der akademische oder sonstige Titel ist kein Bestandteil des bürgerlichen Namens mit Ausnahme der früheren Adelstitel, Rn 13 „Adelsname". Daher ist seine Aufnahme in die Unterschrift überhaupt nicht erforderlich. Sofern sie erfolgt, ist daher ihre etwaige Unvollständigkeit oder sonstige Mangelhaftigkeit unerheblich, soweit die Nämlichkeit des Unterzeichners nicht beeinträchtigt ist.
Übermittlung: Rn 36 „Nicht zugelassener Anwalt", Rn 37 „Private Aufnahme, Übermittlung", Rn 44 47 „Telefonische Einlegung, Übermittlung".
Überspannung: Rn 11.
Untervollmacht: Sie kann ausreichen, soweit der Unterbevollmächtigte erkennbar die Verantwortung (mit)übernimmt, BAG NJW **90**, 2706.
Urheberschaft: Es soll schon aus dem Schriftsatz selbst erkennbar sein und feststehen, daß die Erklärung vom Unterzeichner herrührt und daß er für ihren gesamten Inhalt die zivilrechtliche, strafrechtliche, standesrechtliche Verantwortung übernimmt, Rn 9. Ein Zusatz eines nach außen als Sozius auftretenden Anwalts mit dem Hinweis auf die Eigenschaft eines anderen als des Sachbearbeiters läßt dennoch die Übernahme der Verantwortung des Unterschreibenden durchweg erkennen, BAG NJW **87**, 3297 (offen für den im Briefkopf oder der Vollmacht nicht Erwähnen). Es genügt, daß gegen den Ursprung der Unterschrift kein begründeter Verdacht besteht. Sie soll nur sicherstellen, daß das Schriftstück auch vom Unterzeichner stammt.

Verantwortlichkeit: Es soll schon aus dem Schriftsatz selbst erkennbar sein und feststehen, daß der Unter- 48 zeichner für den gesamten Inhalt des Schriftsatzes die zivilrechtliche, strafrechtliche, standesrechtliche Verantwortung übernimmt, Rn 9.
S auch Rn 31–33.
Verfasserschaft: Rn 47 „Urheberschaft".
Verstümmelung: Ein unlesbares oder verstümmeltes Telefax reicht nur insoweit aus, als erst der Empfänger diese Fehler zu verantworten hatte, so schon (zum Fernschreiben) BGH FamRZ **91**, 548, BVerwG NJW **91**, 1193. Beim Telefax bestätigt der sog Übertragungsbericht *nicht* den Inhalt und das Fehlen einer

§ 129 Buch 1. Abschnitt 3. Verfahren

etwaigen Störung des Empfangsgeräts, Köln NJW **89**, 594. Überhaupt besteht wegen der vorhandenen Manipulationsmöglichkeiten zumindest Anlaß zu genauer Überprüfung im Einzelfall, ob dieser Übermittlungsweg ausreicht, LAG Hamm NJW **88**, 3286.
Vertreter: Rn 14 „Amtlich bestellter Vertreter", „Anderer Name", Rn 28 „I. V.", Rn 35 „Nämlichkeit", Rn 36 „Nicht zugelassener Anwalt", Rn 43 „Sozius", Rn 46 „Urheberschaft".

49 Vorname: Er reicht *nicht* aus, BGH BB **03**, 328 (zu § 13 BeurkG), Karlsr JB **00**, 2070.
Weiterleitung: Rn 21, 22, 23, 45, 46.
Willenlosigkeit: Rn 43 „Schreibhilfe".

50 7) **Parteiprozeß, II.** Es gelten unterschiedliche Regeln.

   A. Scheingrundsatz: Kein Schriftsatzzwang. Die Parteien sind nach dem bloßen Gesetzeswortlaut grundsätzlich nicht verpflichtet, die mündliche Verhandlung überhaupt durch Schriftsätze vorzubereiten, § 496, KG MDR **86**, 503. Daher ist scheinbar auch keine Unterschrift unter einem eingereichten Schriftsatz erforderlich, BGH **75**, 340. Folglich wäre ein Mangel der Unterschrift schon aus diesen Gründen unerheblich.

51   **B. Wahrer Grundsatz: Schriftsatzzwang bei richterlicher Anordnung.** Der Scheingrundsatz Rn 50 ist in der Praxis weitgehend durch die Übung durchbrochen, daß das Gericht entsprechend seiner in II ausdrücklich eröffneten Befugnis durch Anordnung der einen oder anderen oder beiden Parteien aufgibt, „die mündliche Verhandlung durch Schriftsätze oder zum Protokoll der Geschäftsstelle abzugebende Erklärungen vorzubereiten". Das ist auch im Verfahren mit einem frühen ersten Termin zulässig, § 275 I 1, III, IV. Es ist auch vielfach üblich, wenn auch keineswegs zwingend vorgeschrieben. Es ist erst recht im schriftlichen Vorverfahren notwendig. Das gilt zwar nicht unmittelbar kraft Gesetzes, wohl aber wegen der zwingenden gesetzlichen Anweisung an den Vorsitzenden, dem Bekl nach § 276 I 2 eine Frist zu einer schriftlichen Klagerwiderung zu setzen, und wegen der auch dort vorgesehenen Möglichkeit zu weiteren Fristsetzungen, §§ 276 III, 277. Die Möglichkeit einer Anordnung nach II besteht auch in allen anderen Verfahrensarten außerhalb des Anwaltszwangs und in jedem dortigen Verfahrensstadium, zB nach § 273 I, II Z 1, 2. Ohnehin kann natürlich jede Partei mit oder ohne Anwalt oder sonstigen ProzBev auch im Parteiprozeß jederzeit einen bestimmenden oder vorbereitenden Schriftsatz einreichen.

52   **C. Folge: Insoweit Unterschriftszwang wie im Anwaltsprozeß.** Die Partei muß also insoweit, als das Gericht einen Schriftsatz verlangt, die Unterschrift wie im Anwaltsprozeß vornehmen. Das gilt auch für den ProzBev, BGH **92**, 251. Es soll ja auch dann schon aus dem Schriftsatz selbst erkennbar sein und feststehen, daß der Unterzeichner eine endgültige prozessuale Erklärung einreichen will und für ihren gesamten Inhalt die zivilrechtliche, strafrechtliche, standesrechtliche Verantwortung übernimmt, wie im Anwaltsprozeß, Rn 10. Es gilt lediglich die Abweichung, daß der unterzeichnende Anwalt nicht auch bei dem Prozeßgericht, sondern nur überhaupt bei irgendeinem Gericht zugelassen sein muß.

53   **D. Evtl Ausreichen einer Erklärung zu Protokoll.** Das Gericht kann in seiner Anordnung der Partei aufgeben, einen Schriftsatz einzureichen. Es kann ihr auch anheimstellen oder aufgeben, eine Erklärung zum Protokoll der Geschäftsstelle abzugeben. Das Gericht übt insofern ein pflichtgemäßes Ermessen aus. II bedeutet nicht etwa, daß das Ermessen bei der Partei verbleibe, ob ein Schriftsatz oder eine Erklärung zum Protokoll erfolgen soll. Der Wortlaut von II würde zwar beide Auslegungen zulassen. Auch kann eine Erklärung zum Protokoll der nicht anwaltlich vertretenen Partei zunächst Kosten zB eines Vorschusses gegenüber einem Anwalt ersparen und Formulierungshilfe durch die Rechtsantragsstelle bedeuten. Gerade wegen dieser unterschiedlichen Auswirkungen soll zunächst das Gericht entscheiden, welche Form der Erklärung die Partei einhalten muß. Wenn das Gericht beide Möglichkeiten zuläßt oder keine von ihnen ausdrücklich als allein zulässige nennt, hat die Partei das Wahlrecht zwischen dem schriftlichen Verfahren und zum Protokoll. Soweit sie einen Schriftsatz wählt, gelten die im Anwaltsprozeß notwendigen Regeln zur Unterschrift wie sonst, Rn 10. Soweit eine Erklärung zum Protokoll der Geschäftsstelle zulässig ist und gewählt wird, gelten §§ 129 a, 496. Im übrigen muß man §§ 282, 335 I 3 beachten.

54 8) **Verstoß der Partei, I, II.** Bei einem Verstoß gegen eine erforderliche Unterschrift können empfindliche prozessuale, strafrechtliche, standesrechtliche und sachlichrechtliche Folgen eintreten. Der Vortrag kann rechtlich bedeutungslos sein, AG Bln-Tempelhof-Kreuzb FamRZ **05**, 1261. Für sie kann die Partei im Außenverhältnis nach §§ 51 II, 85 II auch beim Verstoß ihres gesetzlichen Vertreters oder ProzBev verantwortlich sein, während sie im Innenverhältnis ihnen gegenüber Rückgriff nehmen mag. Bei einem Verstoß im Parteiprozeß nach § 78 Rn 1 können dieselben Folgen wie im Anwaltsprozeß eintreten. So kann auch eine Zurückweisung wegen Verspätung in Betracht kommen, § 296. Wegen der Heilungsmöglichkeiten Rn 23 „Frist", Rn 25 „Heilung". Eine Nachholung der fehlenden Unterschrift erst nach dem Schluß der mündlichen Verhandlung nach §§ 136 IV, 296 a kann unbeachtlich sein, §§ 296 a, 156.

55 9) **Rechtsbehelfe, I, II.** Bei einem Verstoß des Gerichts gegen § 129 durch zu großzügige Anerkennung einer Unterschrift als wirksam oder wegen einer zu strengen Zurückweisung kann sofortige Beschwerde wegen Zurückweisung eines das Verfahren betreffenden Gesuchs statthaft sein, § 567 I Z 2. Im übrigen mag die Partei noch ohne Fristverstoß das vom Gericht angeblich zu Unrecht Beanstandete einfach nachholen können. Eine Rechtsbeschwerde kommt unter den Voraussetzungen des § 574 in Betracht. Im übrigen ist erst gegen die auf dem Verstoß beruhende Endentscheidung das dafür statthafte Rechtsmittel möglich. Das Revisionsgericht muß die Ordnungsmäßigkeit der Unterschrift von Amts wegen selbständig überprüfen, BGH NJW **92**, 243. Soweit in der Zurückweisung ein Verstoß gegen Art 103 I GG liegt, mag nach Erschöpfung des Rechtswegs auch die Verfassungsbeschwerde in Betracht kommen, Einl III 17.

56 10) *VwGO:* Es gilt die Sonderregelung (Sollvorschrift) in § 86 IV VwGO. Wegen der Form, oben Rn 8 ff u BVerw AuAS **03**, 102, vgl § 130 Rn 33, wegen der rechtzeitigen Übermittlung BVerwG NVwZ **87**, 1071.

Titel 1. Mündliche Verhandlung § 129a

129a *Anträge und Erklärungen zu Protokoll.* [1] Anträge und Erklärungen, deren Abgabe vor dem Urkundsbeamten der Geschäftsstelle zulässig ist, können vor der Geschäftsstelle eines jeden Amtsgerichts zu Protokoll abgegeben werden.

[II] [1] Die Geschäftsstelle hat das Protokoll unverzüglich an das Gericht zu übermitteln, an das der Antrag oder die Erklärung gerichtet ist. [2] Die Wirkung einer Prozesshandlung tritt frühestens ein, wenn das Protokoll dort eingeht. [3] Die Übermittlung des Protokolls kann demjenigen, der den Antrag oder die Erklärung zu Protokoll abgegeben hat, mit seiner Zustimmung überlassen werden.

Vorbem. II 1 geändert dch Art 1 Z 5 JKomG v 22. 3. 05, BGBl 837, in Kraft seit 1. 4 05, Art 16 I JKomG, ÜbergangsR Einl III 78.

Gliederung

1) Systematik, I, II 1	B. Eingang beim zuständigen Gericht ... 14
2) Regelungszweck, I, II 2	10) Überlassung der Übermittlung, II 3 ... 15, 16
3) Sachlicher Geltungsbereich, I, II 3	A. Wahlfreiheit des Erklärenden 15
4) Persönlicher Geltungsbereich, I, II ... 4	B. Wirkung wie sonst 16
5) Anträge und Erklärungen, I, II 5	11) Verstoß, I, II 17–19
6) Abgabe vor der Geschäftsstelle, I 6	A. Prozessuale Folgen 17
7) Zuständigkeit, I 7–9	B. Amtshaftung, Wiedereinsetzung 18
A. Örtliche Zuständigkeit jedes AG 7	C. Bestrafung 19
B. Abgabe zu Protokoll 8	12) Rechtsbehelfe, I, II 20–23
C. Pflicht zur Entgegennahme 9	A. Sofortige Beschwerde gegen Ablehnung der Aufnahme 20
8) Übermittlungspflicht, II 1 10–12	B. Anfechtung der Endentscheidung 21
A. Unverzüglichkeit 10	C. Wiedereinsetzung 22
B. Empfangsgebühr der Weiterleitung ... 11, 12	D. Dienstaufsichtsbeschwerde 23
9) Wirkung einer Prozeßhandlung, II 2 .... 13, 14	13) Verfassungsbeschwerde 24
A. Begriff der Prozeßhandlung 13	14) *VwGO* 25

1) Systematik, I, II. § 78 I, II nennt die Fälle, in denen sich die Parteien durch einen Anwalt vor Gericht **1** vertreten lassen müssen (sog Anwaltsprozeß, selbst dort Ausnahmen, Rn 6). In den übrigen Fällen, in denen eine Vertretung durch einen Anwalt nach § 79 nicht geboten ist (sog Parteiprozeß), kann man die Erklärung mangels einer nach § 129 II abweichenden Anordnung des Gerichts nach seiner eigenen Wahl schriftlich einreichen, auch nach § 130 a elektronisch, per Telefax, durch einen Bevollmächtigten oder mündlich zu Protokoll der ständigen Geschäftsstelle abgeben bzw das Schriftstück dort einreichen. Grundsätzlich ist zur Entgegennahme zunächst diejenige Geschäftsstelle zuständig, die die Akten desjenigen Prozesses oder Verfahrens führt, zu dem man die Erklärung einreicht oder abgibt. Das kann ein örtlich weit entferntes Gericht sein. Für diesen Fall gibt § 129 a eine erleichternde Zusatzbestimmung. Man kann also der Vorschrift nicht entnehmen, ob die Erklärung zu Protokoll überhaupt statthaft ist. Das ergibt sich vielmehr erst aus den jeweiligen einschlägigen Einzelvorschriften, Rn 6.

2) Regelungszweck, I, II. Wenn die Erklärung zu Protokoll überhaupt zulässig ist, Rn 1, dann schafft **2** § 129 a eine erleichternde zusätzliche örtliche Zuständigkeit eines jeden AG. Damit soll die Vorschrift dazu beitragen, daß die anwaltlich nicht vertretene Partei sich der Fach- und Rechtskunde des Urkundsbeamten der Geschäftsstelle bedienen kann, statt ihre Erklärung in einem vielleicht unklar formulierten, mißverständlichen und zu Rechtsnachteilen führenden Schriftsatz niederzulegen. Damit dient § 129 a nicht nur der Erleichterung der Prozeßführung, sondern auch der Rechtssicherheit nach Einl III 43 und der Gerechtigkeit. Freilich bleibt der Erklärende für den Inhalt in erster Linie selbst verantwortlich. Ob eine vom Urkundsbeamten mißverständlich oder fehlerhaft aufgenommene Erklärung eine Amtshaftung wegen Mitverschuldens des Beamten auslösen kann, ist eine andere Frage. Im übrigen gibt § 129 a nur eine örtliche Erleichterung, keine zeitliche. Das stellt II 2 klar. Andernfalls könnte man jede gesetzliche oder richterliche Frist bequem nach eigenem Belieben dadurch verlängern, daß man als Auswärtiger bis zum letzten Moment wartet und dann einfach zum nächsten AG geht, statt dafür zu sorgen, daß die Erklärung fristgerecht beim auswärtigen Prozeßgericht eingeht. Das könnte nicht rechtens sein.

3) Sachlicher Geltungsbereich, I, II. Die Vorschrift gilt in jeder Verfahrensart nach der ZPO und in **3** jedem Verfahrensstadium, soweit eben kein Anwaltszwang herrscht, Rn 1. Sie ist anwendbar zB: Im Verfahren auf die Bewilligung einer Prozeßkostenhilfe, § 114; im Mahnverfahren, § 688; zwecks Stellung eines sonst verfahrenseinleitenden Antrags. Es kommt zB ein Antrag auf einen Arrest oder eine einstweilige Verfügung selbst dann in Betracht, wenn das weitere Verfahren ab Eingang des Antrags dem Anwaltszwang unterliegt, §§ 920 III, 936. I ist auch im arbeitsgerichtlichen Urteilsverfahren anwendbar, Lorenz BB **77**, 1003 (§ 13 ArbGG beachten), Philippsen pp NJW **77**, 1133, ebenso natürlich über § 4 InsO bei § 305 InsO.

4) Persönlicher Geltungsbereich, I, II. Die Vorschrift ist zugunsten jeder Partei und jedes anderen **4** irgendwie am einzuleitenden oder bereits laufenden Verfahren Beteiligten anwendbar.
Beispiele: Der Streithelfer, § 66; der Zeuge, § 373; der Sachverständige, § 402; ein Beauftragter; ein Bevollmächtigter, auch der ProzBev, § 81, falls er diesen Weg wählt; ein sonstwie Beteiligter, etwa der andere Elternteil im Kindschaftsprozeß nach § 640 e.

5) Anträge und Erklärungen, I, II. Innerhalb des sachlichen und persönlichen Geltungsbereichs nach **5** Rn 3, 4 erfaßt § 129 a jeden Antrag und jede Erklärung, soweit kein Anwaltszwang herrscht, Rn 6. Zu den Anträgen und Erklärungen gehören nicht nur die Parteiprozeßhandlungen nach Grdz 47 vor § 128, sondern

§ 129a Buch 1. Abschnitt 3. Verfahren

jede wie immer geartete Äußerung, die man abgeben möchte oder etwa nach §§ 129 II, 273 usw abgeben muß.

In Frage kommen zB: Der Mahnantrag, § 690; der Antrag auf Prozeßkostenhilfe, § 117; die Klageschrift, § 253; die Klagerwiderung; eine Widerklage, Anh § 253; eine Streitverkündung, § 72; der Beitritt zum Prozeß; ein Gesuch um Terminsverlegung oder Fristverlängerung, §§ 224, 227; eine Stellungnahme zu einem gegnerischen Schriftsatz; die Beantwortung einer gerichtlichen Anfrage oder Auflage; ein Rechtsmittel oder ein Rechtsbehelf, soweit man ihn auch ohne Anwalt wirksam einlegen kann, etwa ein Einspruch gegen ein amtsgerichtliches Versäumnisurteil, § 340; ein Arrestantrag, § 920; ein Antrag auf eine einstweilige Anordnung oder Verfügung, §§ 620 ff, 635 ff; ein Kostenfestsetzungsgesuch, § 103 II; ein Antrag auf Einstellung der Zwangsvollstreckung, §§ 707, 719, 769; ein Vollstreckungsschutzantrag, zB § 765 a; ein Räumungsfristgesuch, § 721.

6 **6) Abgabe vor der Geschäftsstelle, I.** Es muß nach irgendeiner gesetzlichen Vorschrift statthaft sein, den Antrag oder die Erklärung nach Rn 5 wegen § 78 V Hs 2 ohne Anwaltszwang vor dem Urkundsbeamten der Geschäftsstelle abzugeben. Das Gesetz enthält solche Fälle in großer Zahl.

Beispiele: §§ 44 I Hs 2, 109 III 1, 117 I 1 Hs 2, 129 II Hs 2, 248 I Hs 2, 381 I, 386 I, 389 I, 406 II 3, 486 I Hs 2, 496, 569 II 2, 920 III, 924 II 3, 947 I 1, 952 II Hs 2.

Soweit das Gesetz die Schriftform vorschreibt, erlaubt es meistens ausdrücklich *wahlweise* auch die Abgabe zum Protokoll. Ist das nicht der Fall, so kann im Einzelfall die Erklärung zum Protokoll unzureichend sein, auch wenn ein trotzdem angefertigtes gerichtliches Protokoll grundsätzlich jede andere Form ersetzt. Man muß bedenken, daß § 129 a ja nur die Protokollierung durch den Urkundsbeamten behandelt, nicht eine solche vor dem Richter.

7 **7) Zuständigkeit, I.** Man muß drei Aspekte beachten.

A. Örtliche Zuständigkeit jedes AG. Soweit die Voraussetzungen Rn 3–6 vorliegen, ist jedes Amtsgericht zur Entgegennahme berechtigt und verpflichtet. Es muß ein amtliches Protokoll durch den zuständigen Urkundsbeamten der Geschäftsstelle aufnehmen. Das Protokoll hat die Beweiskraft einer öffentlichen Urkunde, § 415. Es ist unerheblich, ob der Erklärende im Bezirk dieses AG wohnt, ob er sich dort aufhält, ob er anderswo einen Wohnsitz oder gewöhnlichen Aufenthalt hat und ob er ein Deutscher ist. Es ist ebenso unerheblich, ob das Prozeßgericht nahe oder weit entfernt ist, ob das aufnehmende AG im Bezirk des Prozeßgerichts liegt usw. Der etwaige Geschäftsverteilungsplan oder Organisationsplan bestimmt, welche Geschäftsstelle zur Protokollierung zuständig ist. Im allgemeinen ist die bei jedem AG vorhandene Rechtsantragsstelle jedenfalls ebenfalls zuständig. Andernfalls ist zumindest diejenige Geschäftsstelle zuständig, die den Vorgang bearbeiten müßte, falls das Verfahren, zu dem er gehört, bei jenem AG anhängig wäre. Wegen einer Ablehnung des Urkundsbeamten § 49.

Die Tätigkeit nach § 129 a ist als solche *gebühren- und auslagenfrei*, § 1 GKG. Das gilt also auch für die Kosten der Weiterleitung an das Prozeßgericht. Denn die Weiterleitung als solche erfolgt zwar auch auf Grund eines gestellten Sachantrags nebst Bitte um Weiterleitung, aber doch in Wahrheit in Erfüllung einer auch ohne solche Bitte bestehenden Amtspflicht, Rn 10, also von Amts wegen. Ob das Prozeßgericht freilich für die weitere Bearbeitung etwa der Klage einen Vorschuß zB nach § 12 GKG fordern kann oder muß, ist eine andere Frage.

8 **B. Abgabe zu Protokoll.** Der Erklärende braucht keine schriftliche Fassung anzufertigen oder gar mitzubringen. Er ist nicht verpflichtet, sein Anliegen in einer bereits rechtlich geordneten Form vorzutragen. Freilich darf er nicht mit völlig wirren Worten die Arbeit der ganzen Geschäftsstelle lahmlegen. Man kann von ihm eine ernsthafte Bemühung um einen sachbezogenen, verständlichen Vortrag und vor allem um eine in der Laiensphäre klare Zielrichtung seiner Wünsche erwarten. Immerhin muß der Urkundsbeamte infolge seiner Fürsorgepflicht nach Einl III 27 bemüht sein, das Anliegen in rechtlich brauchbare Worte zu kleiden. Das gilt insbesondere auf der Rechtsantragsstelle. Soweit dem Antrag oder der Erklärung Unterlagen beigefügt werden sollen, muß man sie grundsätzlich bei der Abgabe zu Protokoll übergeben, und zwar im Original. Soweit das nicht erfolgt, ist jedoch das aufnehmende AG gleichwohl nach II 1 zur unverzüglichen Weiterleitung des Protokolls eben noch ohne Anlagen berechtigt und verpflichtet, soweit nicht der Antragsteller die Übermittlung selbst vornehmen will, II 3. Das aufnehmende AG muß dann die Nachforderung der Anlagen dem Prozeßgericht überlassen.

9 **C. Pflicht zur Entgegennahme.** II 1 spricht nur von der Pflicht zur unverzüglichen Übermittlung an das Prozeßgericht. Natürlich ist auch die unverzügliche Entgegennahme Amtspflicht, § 839 BGB. Das gilt freilich nur gegenüber dem Erschienenen, nicht auch bei einer bloß telefonischen Erklärung oder solcher durch e-mail usw. Gerade bei einer fristgebundenen Parteiprozeßhandlungen nach Grdz 47 vor § 128 kann es auf eine unverzügliche Aufnahme ankommen. Deshalb darf der Urkundsbeamte den Antragsteller keineswegs ohne triftigen Grund hinhalten, gar bis zum nächsten Arbeitstag. Die Einzelheiten der Protokollierung richten sich in entsprechender Anwendung von §§ 159 ff nach den Erfordernissen des Einzelfalls. Der Erklärende muß das Protokoll insoweit unterzeichnen oder qualifiziert signieren, als nach dem Gesetz eine Unterschrift erforderlich ist, § 129 Rn 2, § 130 Z 6 Hs 2 usw. Es empfiehlt sich dringend, dem Erklärenden vorzulesen und von diesem genehmigen zu lassen und einen entsprechenden Vermerk anzufertigen. Denn hiervon kann die Wirksamkeit des Antrags abhängen. Das Protokoll ist eine öffentliche Urkunde nach §§ 415, 418.

10 **8) Übermittlungspflicht, II 1.** Sie besteht im engeren Sinn nur für einen dort nach I eingegangenen Antrag, Ffm RR **05**, 1157. Es gibt zeitliche und örtliche Aufgaben.

A. Unverzüglichkeit. Der Urkundsbeamte der Geschäftsstelle ist zur Unverzüglichkeit verpflichtet, Rn 8, 9. Das gilt nicht nur bei der Aufnahme der Erklärung, sondern vor allem bei ihrer Weiterleitung von Amts wegen an das Prozeßgericht. Unverzüglich bedeutet wie stets: ohne schuldhaftes Zögern, § 121 I 1 BGB. Schuldhaft ist vorwerfbares Verhalten. Vorsatz ist nicht erforderlich, schon leichte Fahrlässigkeit genügt. Die Pflicht zur Unverzüglichkeit bedeutet keinen Zwang zu jagender Hetze, Zweibr MDR **05**, 592, LAG Bln MDR **04**, 1378. Der Urkundsbeamte braucht nicht alles stehen und liegen zu lassen, nur weil ein

650

Titel 1. Mündliche Verhandlung **§ 129a**

Antragsteller am Tag vor dem Fristablauf gegen Dienstschluß erscheint oder weil zB ein Rechtsmittel erst am Tag des Fristablaufs unzuständig eingeht, Zweibr MDR 05, 591. Andererseits liegt eine Eilsache vor, so daß andere Aufgaben zunächst zurückzustellen sein können. Im Eilfall ist es ratsam, nachdrücklich auf die Möglichkeit aufmerksam zu machen, daß der Antragsteller die Übermittlung des Protokolls nach II 3 selbst vornimmt, zB das nun erst einmal ausreichend formulierte Gesuch mit dem eigenen Pkw zum Nachtbriefkasten des Prozeßgerichts bringt, wo es auf dem Amtsweg keineswegs mehr vor 24.00 Uhr eintreffen könnte, oder es per Telefax weiterleitet, soweit das aufnehmende AG zur Stunde nicht über ein funktionierendes Telefaxgrät verfügt. Andernfalls wäre es am Tag eines Fristablaufs zu dessen Einsatz verpflichtet, Rn 12.

B. Empfangsgericht der Weiterleitung. Die Übermittlung muß in der Regel an das Prozeßgericht **11** erfolgen, gelegentlich aus anderen Gründen, etwa im Fall einer Beweissicherungsantrags an das Gericht des § 486 II oder im Fall einer einstweiligen Verfügung an das Gericht der Belegenheit, § 942 I. Der Urkundsbeamte hat die Amtspflicht, das richtige Gericht herauszufinden, soweit ihm möglich. Er ist freilich an diejenige Beziehung und Adressierung gebunden, die der Antragsteller nach Belehrung wünscht. Auf solchen Umstand sollte der Urkundsbeamte im Protokoll oder in einem Vermerk hinweisen, um nicht zu haften.

Die *Art und Form* der Übermittlung richtet sich nach den Gesamtumständen und vor allem nach dem **12** etwaigen Zeitdruck. Im Zweifel sollte der Urkundsbeamte die schnellstmögliche Übermittlungsart wählen, die dem Gericht zur Verfügung steht, Rn 10. Der Urkundsbeamte nach § 129 a kann nicht immer zuverlässig übersehen, ob die Frist wirklich in drei oder vier Tagen abläuft. Die Postlaufzeiten lassen sich leider in der Praxis keineswegs immer zuverlässig berechnen. Portoersparnisse dürfen kein ausschlaggebender Gesichtspunkt sein. Andererseits muß der Urkundsbeamte eine zuverlässige sichere Übermittlungsart wählen, die auch einen gesetzmäßigen Eingang sicherstellt. Wegen Telefax usw § 129 Rn 21, Rn 48 „Verstümmelung". Der Urkundsbeamte wählt die Übermittlungsform nach seinem pflichtgemäßen Ermessen. Es ist an Weisungen des Antragstellers nicht gebunden. Wenn diesem die vom Urkundsbeamten beabsichtigte Übermittlungsart nicht gefällt, mag er nach II 3 die Übermittlung selbst vornehmen. Zu übermitteln ist bei schriftlicher Übersendung die Urschrift des Protokolls nebst Urschrift der Anlagen. Denn meist muß die Urschrift eingehen, damit überhaupt ein wirksames Gesuch beim Prozeßgericht eingeht. Das gilt natürlich nicht bei elektronischer Übermittlung.

9) Wirkung einer Prozeßhandlung, II. 2. Wenn die Partei die Erklärung nicht vor der Geschäftsstelle **13** des Prozeßgerichts zum Protokoll abgegeben hat, sondern vor der Geschäftsstelle eines anderen AG, tritt ihre Rechtswirkung erst mit dem Zeitpunkt des Eingangs bei demjenigen Gericht ein, an das der Antrag oder die Erklärung gerichtet sind.

A. Begriff der Prozeßhandlung. Gemeint ist jede Parteiprozeßhandlung, Grdz 47 vor § 128. **14**

B. Eingang beim zuständigen Gericht. Man muß abstellen auf den tatsächlichen Eingang bei dem letztendlich zuständigen Gericht. Das gilt auch und gerade bei einer fristgebundenen Maßnahme oder Prozeßhandlung. Andernfalls könnte den Antragsteller die Frist auch dann retten, wenn er einen falschen, aber falschen Adressaten nennt. Das wäre unhaltbar. Deshalb besagt II 2, die Rechtswirkung trete „frühestens" mit dem eben genannten Eingang beim in Wahrheit zuständigen Gericht ein. Deshalb muß ein zunächst angegangenes objektiv ebenfalls nicht zuständiges Gericht für eine unverzügliche Weiterleitung sorgen und notfalls die schnellstmögliche Weiterleitung vornehmen. Auch diese ist als solche gebührenfrei, § 1 GKG. Sie ist freilich nicht auslagenfrei, KV 9000, 9002 (auch bei Versendung der Akten von Amts wegen). Maßgeblich ist bei dem letztendlich zuständigen Gericht der Zeitpunkt des Eingangs bei der Posteinlaufstelle, nicht erst der Eingang bei der objektiv richtigen Einzelgeschäftsstelle. Es kommt auf den Eingangsstempel an. Der Nachweis seiner Unrichtigkeit ist zulässig. Beim Nachtbriefkasten gelten die üblichen Regeln, § 233 Rn 20.

10) Überlassung der Übermittlung, II 3. Geregelt sind Voraussetzungen und Wirkung. **15**

A. Wahlfreiheit des Erklärenden. Der Urkundsbeamte darf die Übermittlung dem Antragsteller nur dann überlassen, wenn dieser seine Zustimmung dazu erklärt. Er hat also die Wahlfreiheit einer Übermittlung von Amts wegen oder der persönlichen Übermittlung. Wenn er den letzteren Weg nicht wählt, ist der Urkundsbeamte zur unverzüglichen amtlichen Übermittlung verpflichtet. Der Urkundsbeamte muß den Antragsteller über beide Übermittlungsmöglichkeiten aufklären. Er darf keinerlei Druck auf ihn ausüben. Er kann und muß dem Antragsteller die Vor- und Nachteile des einen oder anderen Übermittlungswegs verständlich erläutern. Je eilbedürftiger die Übermittlung ist, um so eher kann es ratsam sein, sie dem Antragsteller insbesondere dann zu überlassen, wenn er elektronisch ausgerüstet oder doch motorisiert ist und sich imstande sieht, selbst zum vielleicht weit entfernten Empfangsgericht sofort zu fahren. Freilich kann gerade beim Fristablauf an demselben Tag eine Übermittlung von Amts wegen durch Telefax in Betracht kommen, Rn 10. Es kommt also auf die Gesamtumstände an.

B. Wirkung wie sonst. Auch im Fall einer Übermittlung durch den Antragsteller nach II 3 tritt die **16** Wirkung einer Parteiprozeßhandlung nach Grdz 47 vor § 128 nach II 2 frühestens beim Eingang des Protokolls beim Empfangsgericht ein, Rn 14. Auch darauf muß der Urkundsbeamte den Antragsteller eindeutig und unmißverständlich hinweisen. Es empfiehlt sich, diesen Hinweis in das Protokoll oder in einen Vermerk zu den Akten aufzunehmen.

11) Verstoß, I, II. Es kommen die folgenden Möglichkeiten in Betracht. **17**

A. Prozessuale Folgen. Eine nicht rechtzeitig beim Prozeßgericht eingegangene Erklärung (Protokoll) wahrt eine Frist auch dann nicht, wenn die Verzögerung auf einem Verschulden nur des aufnehmenden Urkundsbeamten oder einer weiteren an der Übermittlung von Amts wegen beteiligten Gerichtsperson beruht. Das ergibt sich eindeutig aus II 2. Ein Verschulden des gesetzlichen Vertreters oder des ProzBev gilt nach §§ 51 II, 85 II wie sonst als das Verschulden der Partei, LAG Bln MDR **04**, 1378. Soweit das beim Prozeßgericht eingehende Protokoll gegenüber der Originalfassung lückenhaft oder sonstwie nachteilig verändert ist, etwa durch den Verlust von Teilen auf dem Übermittlungsweg, gilt nur diejenige Fassung, die

§§ 129a, 130

beim Prozeßgericht tatsächlich eingeht. Man muß die Verschuldensfragen wie beim Fristablauf beurteilen. Soweit der Antragsteller die Übermittlung nach II 3 selbst übernommen hat, endet natürlich die Verantwortlichkeit des aufnehmenden Urkundsbeamten mit der Aushändigung des Protokolls an den Antragsteller. Wegen einer Wiedereinsetzung Rn 22.

18 **B. Amtshaftung, Wiedereinsetzung.** Soweit der aufnehmende Urkundsbeamte oder eine weitere bei der Übermittlung beteiligte Gerichtsperson vorsätzlich oder fahrlässig ihre Amtspflicht verletzt, kommt eine Haftung nach § 839 I, III BGB in Betracht. Unabhängig vom Verschulden kann ferner die Amtshaftung nach Art 34 GG eintreten. Außerdem kann eine Wiedereinsetzung infragekommen, BVerfG NJW 05, 2138 links.

19 **C. Bestrafung.** Aus dem Bereich der Urkundendelikte nach §§ 276 ff, 348 StGB kommt vor allem § 274 StGB (Urkundenunterdrückung) in Betracht.

20 **12) Rechtsbehelfe, I, II.** Es gibt sehr unterschiedliche Wege.
A. Sofortige Beschwerde gegen Ablehnung der Aufnahme. Soweit der Urkundsbeamte die Aufnahme eines Antrags oder einer Erklärung nach I ablehnt oder die erbetene Übermittlung von Amts wegen nach II 1 ablehnt oder hinauszögert oder untätig bleibt, liegt eine Entscheidung vor, die eine mündliche Verhandlung nicht erfordert und die ein das Verfahren betreffendes Gesuch zurückweist. Daher ist die befristete Erinnerung nach § 573 I 1 statthaft, KG RR 95, 638 (nicht das Verfahren nach § 23 EGGVG). Man muß sie ist entweder bei dem ablehnenden Gericht oder beim Beschwerdegericht einlegen, §§ 569 I 1, 2 usw, 573 I 2. Eine Rechtsbeschwerde kommt unter den Voraussetzungen des § 574 in Betracht.

21 **B. Anfechtung der Endentscheidung.** Soweit die Verweigerung einer Aufnahme oder die fehlerhafte, insbesondere verzögerte, Aufnahme oder Weiterleitung an das Prozeßgericht zum Nachteil des Antragstellers den Prozeßausgang beeinflußt hat, kommen gegen die Endentscheidung des Prozeßgerichts die sofortige Beschwerde nach §§ 567 ff in Betracht. Das Rechtsmittelgericht darf und muß dann über das Verhalten des nach § 129 a angegangenen Gerichts mitentscheiden. Beim Rpfl gilt § 11 RPflG, § 104 Rn 41 ff.

22 **C. Wiedereinsetzung.** Wenn der Einreicher die Frist in einem der Fälle des II nicht eingehalten hatte, etwa wegen nicht unverzüglicher Weiterleitung von Amts wegen, kommt unter den Voraussetzungen der §§ 233 ff eine Wiedereinsetzung in den vorigen Stand in Betracht, Düss MDR 04, 831. Das Gericht muß sie evtl auch dann gewähren, wenn der Antragsteller die Übermittlung nach II 3 selbst übernommen hatte und nun schuldlos an der Einhaltung der Frist verhindert wurde, etwa durch einen unverschuldeten Unfall auf dem Weg zum Prozeßgericht.

23 **D. Dienstaufsichtsbeschwerde.** Gegen denjenigen, der bei der Aufnahme oder Weiterleitung bis zum Eingang beim Prozeßgericht Amtspflichten verletzte, kann eine Dienstaufsichtsbeschwerde in Betracht kommen, KG RR 95, 638. Sie richtet sich an den Dienstvorgesetzten desjenigen Beamten, der den Fehler begangen haben soll. Sie darf aber den Fortgang des Prozesses in keiner Weise hinauszögern.

24 **13) Verfassungsbeschwerde.** Soweit etwa infolge fehlerhafter Behandlung des Antrags oder seiner Übermittlung ein Grundrecht verletzt wurde, insbesondere infolge verzögerter Weiterleitung der Anspruch auf rechtliches Gehör, Art 103 I GG, kommt nach der Erschöpfung des Rechtswegs eine Verfassungsbeschwerde in Betracht, Einl III 17.

25 **14) VwGO:** Unanwendbar, weil die VwGO, sofern sie eine Erklärung zur Niederschrift des Urkundsbeamten vorsieht, den Urkundsbeamten des jeweils zuständigen Gerichts meint, vgl § 81 I 2 VwGO, aM Sch/SchmA/P § 81 Rn 11, KoppSch § 81 Rn 12 (es besteht aber kein Bedürfnis, die Protokollierung vor jedem VG oder sogar einem AG zuzulassen).

130 Inhalt der Schriftsätze.

Die vorbereitenden Schriftsätze sollen enthalten:
1. die Bezeichnung der Parteien und ihrer gesetzlichen Vertreter nach Namen, Stand oder Gewerbe, Wohnort und Parteistellung; die Bezeichnung des Gerichts und des Streitgegenstandes; die Zahl der Anlagen;
2. die Anträge, welche die Partei in der Gerichtssitzung zu stellen beabsichtigt;
3. die Angabe der zur Begründung der Anträge dienenden tatsächlichen Verhältnisse;
4. die Erklärung über die tatsächlichen Behauptungen des Gegners;
5. die Bezeichnung der Beweismittel, deren sich die Partei zum Nachweis oder zur Widerlegung tatsächlicher Behauptungen bedienen will, sowie die Erklärung über die von dem Gegner bezeichneten Beweismittel;
6. die Unterschrift der Person, die den Schriftsatz verantwortet, bei Übermittlung durch einen Telefaxdienst (Telekopie) die Wiedergabe der Unterschrift in der Kopie.

Schrifttum: *Fischer*, Bezugnahmen ... in Schriftsätzen im Zivilprozeß usw, 1994; *Heinemann*, Neubestimmung der prozessualen Schriftform, 2002 (Bespr *Karst* NJW 03, 2892); *Michel/von der Seipen*, Der Schriftsatz des Anwalts im Zivilprozess, 6. Aufl 2004; *Oelkers/Müller*, Anwaltliche Strategien im Zivilprozeß ..., 4. Aufl 2001; *Schwarz*, Strukturierter Parteivortrag und elektronische Akte, Diss Tüb 1992; *Stenz*, Anwendbarkeit von Telekommunikationsmitteln im Prozeß, 1993.

Gliederung

1) Systematik, Z 1–6 1	4) Begriff des vorbereitenden Schriftsatzes, Z 1–6 .... 4, 5
2) Regelungszweck, Z 1–6 2	5) Inhaltlich weitergehende Mußvorschriften, Z 1–6 6
3) Geltungsbereich, Z 1–6 3	

Titel 1. Mündliche Verhandlung **§ 130**

6) **Bezeichnung der Parteien usw, Z 1** ...	7–15
A. Parteien	7
B. Gesetzlicher Vertreter	8
C. Namen, Stand oder Gewerbe	9
D. Wohnort	10
E. Parteistellung	11
F. Gericht	12
G. Streitgegenstand	13
H. Zahl der Anlagen	14
I. Sonstige Angaben	15
7) **Anträge usw, Z 2**	16, 17
A. Sach- und Prozeßanträge	16
B. Notwendigkeit einer Antragsankündigung	17
8) **Angabe der tatsächlichen Verhältnisse, Z 3**	18, 19
A. Umfassende tatsächliche Angaben	18
B. Nur ausnahmsweise Rechtsausführungen nötig	19
9) **Erklärung über die tatsächlichen Behauptungen des Gegners, Z 4**	20, 21
A. Umfassende tatsächliche Erklärung ...	20
B. Nur ausnahmsweise Rechtsausführungen notwendig	21
10) **Bezeichnung der Beweismittel usw, Z 5**	22–24
A. Notwendigkeit genauer Angaben	22
B. Notwendigkeit von Angaben zum Hauptbeweis wie Gegenbeweis	23
C. Notwendigkeit umfassender Angabe der Beweismittel	24
11) **Unterschriftszwang, Z 6**	25–27
A. Grundsätzliche Notwendigkeit eigenhändiger und handschriftlicher Unterzeichnung	25
B. Verantwortung	26
C. Telekopie	27
12) **Vollmachtsnachweis, Z 1–6**	28
13) **Verstoß, Z 1–6**	29–32
A. Prozeßrechtliche, sachlichrechtliche, strafrechtliche, standesrechtliche Folgen	29
B. Verschulden des Vertreters oder des Prozeßbevollmächtigten	30
C. Rückgaberecht des Gerichts	31, 32
14) *VwGO*	33

1) **Systematik, Z 1–6.** Die Vorschrift regelt nicht das Ob, sondern das Wie eines vorbereitenden Schriftsatzes. Sie enthält insofern wiederum nur die Grundregeln. Ergänzungen finden sich zB in §§ 131 ff, 138, 356, 373 ff. Für die Klageschrift als eine besondere Form des vorbereitenden Schriftsatzes gilt zunächst der vorrangige § 253 I–III, V. Sein IV verweist ergänzend indirekt auch auf §§ 130 ff. Ähnliche Vorschriften über den wesentlichen Inhalt des Parteivortrags finden sich bei den Regelungen zum Protokoll nach §§ 160 ff und zum Urteilsinhalt, § 313. **1**

2) **Regelungszweck, Z 1–6.** Die Vorschrift dient zunächst der Klarstellung des Kreises der Prozeßbeteiligten und von Art und Umfang des Streitgegenstands. Sie dient darüber hinaus im Interesse der Prozeßwirtschaftlichkeit nach Grdz 14 vor § 128 der Prozeßförderung nach Grdz 12 vor § 128, der Wahrhaftigkeit des Parteivortrags nach § 138 I, II und der Klärung der Verantwortlichkeit eines Parteivertreters, §§ 51 II, 85 II. Alles das sind wesentliche Verfahrensziele. Sie tragen zur Straffung, Beschleunigung und gleichzeitig zur Redlichkeit des Prozesses bei. Deshalb enthält § 130 trotz des scheinbar bloßen Sollinhalts in Wirklichkeit weitgehende Mußvorschriften, Rn 6. Man darf daher auch die Anforderungen der in Z 1–6 im einzelnen genannten Voraussetzungen keineswegs zu großzügig gering bemessen. Es ist vielmehr eine strenge Auslegung erforderlich. **2**

Taktische Zurückhaltung ist allerdings in Grenzen erlaubt. Niemand braucht sich selbst ans Messer zu liefern, § 282 Rn 8. Oft kann man beim besten Willen nicht genau voraussagen, ob das Gericht eine Einzelheit überhaupt für entscheidungserheblich halten und ob der Gegner eine Tatsache überhaupt bestreiten wird. Angesichts immer weiterer Verschärfung richterlicher Frage- und Hinweispflichten nach § 139 mag es mehr und mehr im Ergebnis statthaft und sogar sinnvoll sein, zunächst im Zweifel abzuwarten, welche Details und Beweisantritte man noch nennen soll.

Parteiherrschaft nach Grdz 18 vor § 128 ist aber kein Freibrief für derart pure Taktik. Das zeigen nicht nur §§ 183, 296 usw. Wenn das Gericht nach § 139 IV 1 so bald wie überhaupt nur möglich auf Lücken, Unklarheiten und dergleichen aufmerksam machen muß, dann kann es auch eine ebenso von Anfang an funktionierende Bemühung der Parteien um Lückenlosigkeit und Klarheit erwarten. Auch das sollte man mitbedenken.

3) **Geltungsbereich, Z 1–6.** Die Vorschrift gilt entgegen ihrem Wortlaut nicht nur für den sog vorbereitenden Schriftsatz, sondern auch und vor allem für den sog bestimmenden, § 129 Rn 5. Sie gilt also in Wahrheit für jeden wie immer gearteten Schriftsatz in jeder wie immer gearteten Prozeßart nach der ZPO in jedem Verfahrensstadium, in jedem Rechtszug und für alle Prozeßbeteiligten. Das gilt unabhängig davon, ob und welche etwaigen vorrangigen Spezialvorschriften vorhanden sind, etwa in §§ 253 II (Klageschrift), 275 I, III, IV, 276 I 2, III (schriftliches Vorverfahren), 518 II (Berufungsschrift), 519 II (Berufungsbegründung), 553 I (Revisionsschrift), 554 III (Revisionsbegründung), 587 (Wiederaufnahme) usw. Diejenigen Vorschriften, die einen wesentlich präziseren Vortrag als nach § 130 erforderlich machen, gehen dem § 130 als Sonderregeln vor. Z 6 gilt nicht im FGG-Verfahren, Hamm **NZM 03**, 685. **3**

4) **Begriff des vorbereitenden Schriftsatzes, Z 1–6.** § 129 I erörtert die Vorbereitung der mündlichen Verhandlung durch Schriftsätze. Alle diesem Zweck dienenden Schriftsätze sind vorbereitende. Einige unter ihnen haben darüber hinaus einen besonderen Charakter. In ihnen vollzieht der Absender eine für das Verfahren wesentliche Parteiprozeßhandlung nach Grdz 47 vor § 128 und faßt sie in die notwendige Form. Diese Art des vorbereitenden Schriftsatzes ist der bestimmende Schriftsatz, § 129 Rn 5. Vorbereitend ist auch ein solcher Schriftsatz, der weder einen neuen tatsächlichen Vortrag noch neue rechtliche Ausführungen noch neue Beweismittel enthält, sondern etwa nur Anregungen für den weiteren Verfahrensfortgang gibt, eine bisher schon vertretene Behauptung oder Ansicht ausdrücklich aufrechterhält, den bisherigen Streitgegenstand einschränkt, eine erst in mündlicher Verhandlung wirksam werdende verfahrensbeendende Erklärung enthält usw. Auch die bloße Nachreichung etwa einer bisher fehlenden Zeugenanschrift nach § 373 Rn 2 oder die Einreichung von Kostenmarken und dergleichen geschieht technisch durch einen vorbereitenden Schriftsatz. Vgl ferner § 129 Rn 7. **4**

§ 130

5 Es *kommt nicht darauf an, ob* die Ausführungen entscheidungserheblich sind oder nicht, ob sie aus der Sicht des Absenders, des Gegners oder des Gerichts auch sachlichrechtliche Erklärungen enthalten, ob sie verfrüht erfolgen (Rechtsmitteleinlegung vor Verkündung der anzufechtenden Entscheidung) oder verspätet sind. Auch der Schriftsatz eines Streithelfes nach § 66, eines Streitgenossen nach § 59, eines in den Rechtsstreit ohne seine erforderliche Zustimmung einbezogenen Dritten ist zumindest dann ein vorbereitender, wenn eine mündliche Verhandlung über den Vorgang wenigstens zulässig oder gar notwendig ist. Im schriftlichen Vorverfahren nach §§ 276, 277 und im schriftlichen Verfahren nach § 128 II liegt auch dann ein vorbereitender Schriftsatz vor, wenn es voraussichtlich überhaupt nicht zu einer mündlichen Verhandlung kommen wird.

6 **5) Inhaltlich weitgehende Mußvorschriften, Z 1–6.** Entgegen dem Wortlaut enthält § 130 nicht nur sog Sollvorschriften, sondern weitgehend zwingende Mußvorschriften. Das gilt nicht nur für Z 1, BGH **102**, 335 (zustm Nierwetberg NJW **88**, 2095), BVerwG NJW **99**, 2609, und für Z 6, BAG NJW **90**, 3165, sondern in Wahrheit für die gesamte Vorschrift, Rn 2, aM BVerfG NJW **93**, 1319 (aber nur durch solche strenge Auslegung des Gesetzes läßt sich sein Zweck der Verfahrensförderung usw erreichen, Rn 2).

7 **6) Bezeichnung der Parteien usw, Z 1.** Es gelten dieselben Regeln wie bei § 253 Rn 22 ff. Es treffen also mehrere Voraussetzungen zusammen.

A. Parteien. Gemeint sind wie stets diejenigen Personen, die tatsächlich klagen oder beklagt werden, Grdz 4 vor § 50, auf die sich also die prozeßbegründeten Erklärungen wirklich beziehen. Soweit also der vorbereitende Schriftsatz jemanden als Partei bezeichnet, ist damit noch nicht immer entschieden, wer tatsächlich diese Partei ist oder sein soll. Das muß das Gericht notfalls im Wege der Auslegung ermitteln, Grdz 4 vor § 50. Bei einer Partei kraft Amtes nach Grdz 8 vor § 50, zB beim Insolvenzverwalter, muß man beachten, daß sie nicht gesetzlicher Vertreter, sondern selbst Partei ist. Daher ist eine entsprechende Klarstellung schon bei Rn 7 erforderlich.

8 **B. Gesetzlicher Vertreter.** Gemeint ist derjenige, der eine nicht prozeßfähige Partei im Prozeß vertreten muß, § 51 I. Wer tatsächlich gemeint ist, das muß das Gericht wiederum wie stets notfalls durch Auslegung ermitteln. Beispiele einer gesetzlichen Vertretung: § 51 Rn 12 ff. Der Kläger kann die Benennung eines gesetzlichen Vertreters insbesondere bei einer Kapitalgesellschaft nachholen. Allerdings trägt der Kläger das Risiko einer ordnungsgemäßen Klagezustellung etwa im Fall des § 204 I Z 1 BGB, Ffm MDR **84**, 943. Wegen einer Vollmachtsurkunde Rn 28.

Auch den *Prozeßbevollmächtigten* muß man schon wegen § 172 ausreichend genau benennen. Bei einer Sozietät genügt deren Angabe. Stets ist die dafür maßgebende unter mehreren Kanzleianschriften erforderlich.

9 **C. Namen, Stand oder Gewerbe.** Dem Zweck der Festlegung der Nämlichkeit der Prozeßbeteiligten entsprechend sind alle diejenigen Angaben notwendig, die zur Abgrenzung des Betreffenden von einer anderen natürlichen oder juristischen Person unentbehrlich sind. Grundsätzlich erforderlich sind wenigstens der Rufname, Nachname, ferner eine möglichst genaue Bezeichnung des erlernten oder gegenwärtigen Berufs. Bei mehreren etwa in demselben Haus wohnenden Leuten mit denselben Vor- und Nachnamen kann die Hinzufügung der unterscheidenden Merkmale erforderlich werden, etwa „junior" oder „Vater".

10 **D. Wohnort.** Entsprechend dem Sinn der Vorschrift, den Prozeß zu fördern, ist nicht nur die Gemeinde oder der Gemeindeteil erforderlich, sondern grundsätzlich die volle ladungsfähige Anschrift, soweit das nach § 253 Rn 22 ff zumutbar ist, bei einem Zeugen also dessen Privatanschrift, § 373 Rn 4, 5, Stgt RR **01**, 427. Auch insofern handelt es sich nach dem Wortlaut scheinbar nur um eine Sollvorschrift, Späth VersR **78**, 605. In Wahrheit handelt es sich gerade bei dieser Einzelheit um eine Mußbestimmung, Rn 6. Es kann innerhalb der ladungsfähigen Postanschrift ein weiterer Zusatz notwendig werden, etwa die Etage oder die Bezeichnung der Wohnung im Mehrparteienhaus oder die Angabe „rechts" oder „Hinterhaus".

11 **E. Parteistellung.** Entsprechend dem Zweck der Klarstellung der Rolle der Prozeßbeteiligten muß man angeben, ob das Gericht den Betreffenden als Kläger, Bekl, Widerkläger nach Anh § 253, als Rechtsmittelkläger behandeln soll oder als Streitverkündeten nach § 72, als Dritten im Beanspruchstreit nach § 75 oder als einen Sachbesitzer oder der Urheberbenennung nach §§ 76, 77.

12 **F. Gericht.** Jeder vorbereitende Schriftsatz muß dasjenige Gericht nennen, an das der Absender sich wendet. Man muß das Gericht so genau bezeichnen, daß Fehlleitungen unterbleiben können. Das gilt zunächst bei einem fristgebundenen Schriftsatz. Bei ihm könnte die vermeidbare Falschbezeichnung des Gerichts zur Versagung einer Wiedereinsetzung führen. Es gilt aber auch bei jedem wie immer gearteten sonstigen Schriftsatz. Dabei kann eine nähere Bezeichnung Funktion erforderlich sein, in der der Absender das Gericht anspricht, etwa beim AG der Zusatz „Familiengericht" oder „Abteilung für freiwillige Gerichtsbarkeit" oder „Abteilung für Zivilstreitigkeiten". Beim LG empfiehlt sich der Zusatz „Kammer für Zivilsachen" oder „Kammer für Handelssachen". Entsprechend sollte der Absender bei jedem Gericht möglichst sorgfältig darstellen, an welchen Senat, welche Kammer, welche Abteilung usw sich der Schriftsatz richtet. Indessen können das Fehlen oder die irrige Angabe eines solche Zusatzes unschädlich sein, wenn der Schriftsatz in der Posteinlaufstelle des insgesamt richtig bezeichneten Gerichts rechtzeitig eingegangen ist.

13 **G. Streitgegenstand.** Dem Zweck der Vorschrift, den Prozeß nicht nur in seiner Nämlichkeit von vornherein möglichst präzise festzulegen, sondern auch zu fördern, entspricht eine möglichst genaue Angabe des Streitgegenstands. Zu diesem Begriff § 2 Rn 3. Üblich und meist ausreichend ist eine stichwortartige Umschreibung, etwa „wegen Kaufpreisforderung" oder „wegen Verkehrsunfalls".

14 **H. Zahl der Anlagen.** Die Vorschrift dient nicht zuletzt der Selbstkontrolle des Absenders. Mit ihr soll verhindert werden, daß er durch Nachlässigkeit bei der Zusammenstellung eines mit Anlagen zu versehenden Schriftsatzes prozessuale Nachteile erleidet, weil sich etwa der Prozeßgegner nicht zu Anlagen äußern kann, die der Absender nicht einmal dem Gericht in Urschrift vorgelegt hatte. In diesem Punkt verfahren viele

Titel 1. Mündliche Verhandlung **§ 130**

auch gerade anwaltlich vertretene Parteien erstaunlich und bedauerlich oberflächlich. Das kann zu einer Verzögerungsgebühr nach § 38 GKG führen, auch zu einer besonderen Kostenauferlegung nach § 95, vor allem aber zur Zurückweisung wegen verspäteten Nachreichens, § 296. Deshalb ist Sorgfalt auch bei der Angabe der Anlagen durchaus geboten.

I. Sonstige Angaben. Z 1 nennt zwar die erforderlichen Einzelheiten zur Festlegung der Nämlichkeit 15
der Prozeßbeteiligten und des Gerichts grundsätzlich abschließend. Indessen kann sich aus der Eigenart des konkreten Prozesses ergeben, daß schon dazu weitere Angaben durchaus erforderlich sind. Im übrigen enthalten Z 2–6 zahlreiche weitere Mußvorschriften zum Inhalt des vorbereitenden Schriftsatzes. Die Angabe des etwa schon vorhandenen Aktenzeichens ist zwar natürlich dringend ratsam, aber nur dann notwendig, wenn die verwerfbare Unterlassung dieser Angabe etwa bei einem fristgebundenen Schriftsatz zur Versagung der Wiedereinsetzung nach §§ 233 ff führen könnte, falls der Schriftsatz nicht von Amts wegen rechtzeitig an das in Wahrheit richtige Gericht weitergeleitet werden konnte, § 129 a Rn 17, BGH WoM 03, 636.

7) Anträge usw, Z 2. Es gibt Antragsart und -zeitpunkt zu beachten. 16

A. Sach- und Prozeßanträge. Die Vorschrift meint entsprechend dem Zweck einer möglichst klaren Festlegung des Streitgegenstands nach § 2 Rn 3 und des Umfangs, über den das Gericht nach § 308 I entscheiden soll, sowohl den sog Sachantrag als auch den sog Prozeßantrag, zu den Begriffen § 297 Rn 1, 5. Natürlich kann man den Antrag schon nach dem Wortlaut von Z 2 nur in derjenigen Fassung ankündigen, in der man ihn in der (gemeint: nächsten) Verhandlung stellen will, um prozessual wirksam zu werden. Ankündigen muß man auch jede Art von Hilfsantrag nach § 260 Rn 8, jede Hilfsaufrechnung nach § 145 Rn 9, jeden Widerklageantrag nach Anh § 253, jede Anschließungserklärung usw, §§ 524 I, 554 I, 567 III. Eine Bezugnahme, sogar in einem anderen Schriftsatz, etwa in einem Prozeßkostenhilfegesuch nach § 117, kann bei einem engen zeitlichen und sachlichen Zusammenhang ausreichen, BGH NJW **92**, 840 links oben (großzügig), aM BGH NJW **92**, 840 links unten (aber eine vernünftige Auslegung ist stets erlaubt und geboten, Grdz 52 vor § 128). Auch eine Änderung der bisher angekündigten Anträge muß durch einen vorbereitenden Schriftsatz erfolgen, soweit überhaupt ein Schriftsatzzwang besteht. Dasselbe gilt für die Zurücknahme eines bereits schriftsätzlich angekündigten oder mündlich gestellten Antrags, soweit der Absender meint, die Zurücknahme überhaupt noch wirksam vornehmen zu können, sei es auch erst nach einer noch fehlenden Einwilligung des Prozeßgegners.

B. Notwendigkeit einer Antragsankündigung. Nach dem Wortlaut von Z 2 braucht man die Anträge 17
nur dann anzukündigen, wenn es überhaupt zu einer mündlichen Verhandlung kommen soll. In Wahrheit sind auch im schriftlichen Vorverfahren und überhaupt immer dann notwendig, wenn der Absender nicht übersehen kann, ob das Gericht schon und noch eine mündliche Verhandlung anberaumen muß. Das gilt etwa im Fall einer Erledigterklärung nach § 91 a Rn 62, wenn man mit einer entsprechenden Erklärung des Prozeßgegners rechnen kann und wenn die Sachlage einfach ist. Es gilt ebenso etwa dann, wenn man im schriftlichen Vorverfahren mit einer Entscheidung nach § 331 III rechnen kann. Im schriftlichen Verfahren nach § 128 II ist natürlich erst recht eine schriftsätzliche Antragstellung notwendig.

8) Angabe der tatsächlichen Verhältnisse, Z 3. Man sollte Notwendigkeiten und bloße Befugnisse 18
unterscheiden.

A. Umfassende tatsächliche Angaben. In Wahrheit ist auch Z 3 eine Mußvorschrift, aM ZöGre 4 (aber die Partei ist ohnehin nach § 138 I zur vollständigen und wahrhaftigen Angabe aller tatsächlichen Umstände verpflichtet). Der Umfang des Erforderlichen richtet sich nach den Gesamtumständen des Einzelfalls und der konkreten Prozeßlage, in der der Schriftsatz dem Gericht zugeht. Maßgeblich ist wie stets dasjenige, was nach Treu und Glauben zumutbar ist, § 138 Rn 23. Dabei erfaßt Z 3 dasjenige, was die Partei selbst (gemeint: erstmals) in den Prozeß an Tatsachen einführt, während Z 4 die Erklärungspflicht zu gegnerischen tatsächlichen Behauptungen erfaßt, § 138 II. Es ist weder dem Gericht noch dem Prozeßgegner zumutbar, sich das möglicherweise „Passende" aus umfangreichen Unterlagen des Einreichers herauszusuchen, BVerfG NJW **94**, 2683, Hamm RR **05**, 894. Köln RR **03**, 540. Allerdings bleibt eine ungenügend substantiierte Klage zulässig. Das gilt etwa im Fall einer Teilklage oder Anspruchshäufung. Ob sie die Verjährung hemmen kann, ist eine andere Frage. Dasselbe gilt für die Frage, ob die Klagerhebung eine Ausschlußfrist wahren kann. Einzelheiten auch zur nachträglichen Heilung solcher Mängel bei § 253 und bei § 295.

B. Nur ausnahmsweise Rechtsausführungen nötig. Trotz der grundsätzlichen Notwendigkeit einer 19
strengen Auslegung im Interesse der Prozeßförderung nach Rn 2 stellt doch Z 3 mit dem bloßen Wort „tatsächlich" klar, daß Rechtsausführungen grundsätzlich nicht erforderlich sind. Von dieser Regel gelten Ausnahmen, etwa im Revisionsrechtszug nach §§ 542 ff oder im Wiederaufnahmeverfahren nach §§ 578 ff. Im übrigen kann eine rechtliche Darlegung auch in der Tatsacheninstanz ratsam sein, etwa im Interesse der Partei Irrtümer oder Versehen des Gerichts zu verhindern. Das Gericht darf eine Partei auch im Rahmen des § 139 zwar grundsätzlich nicht zu einer Darlegung einer Rechtsauffassung oder zu einer Stellungnahme zu einer gegnerischen Rechtsauffassung nötigen. Es darf aber im Rahmen des Zumutbaren eine gewisse aktive Teilnahme auch an einem schriftlichen Rechtsgespräch im Rahmen der allgemeinen Prozeßförderungspflicht des § 282 und daher auch im Rahmen des § 130 erwarten und voraussetzen. Schon daher kann man nicht sagen, rechtliche Ausführungen seien nie erforderlich, aM ZöGre 4 (aber gerade § 139 II kann geradezu dazu zwingen, sich auch zu einer Rechtsfrage schriftsätzlich zu äußern).

9) Erklärung über die tatsächlichen Behauptungen des Gegners, Z 4. Man muß dieselben Unter- 20
schiede wie bei Rn 18, 19 beachten.

A. Umfassende tatsächliche Erklärung. Die Vorschrift entspricht dem § 138 II. Im Rahmen des nach § 138 Rn 30 Zumutbaren ist eine umfassende Erklärung über die gesamten tatsächlichen Behauptungen des

§ 130

Gegners geboten. Der Umfang des Zumutbaren richtet sich nach Treu und Glauben und nach dem Umfang des gegnerischen Vortrags und der Art des Rechtsstreits, etwa danach, ob es sich um eine sog Posten- oder Punktensache handelt. Es gilt auch hier das Verbot der sog Leerformel, § 138 Rn 33.

21 **B. Nur ausnahmsweise Rechtsausführungen notwendig.** Vgl Rn 19.

22 **10) Bezeichnung der Beweismittel usw, Z 5.** Man muß drei Bedingungen erfüllen.

A. Notwendigkeit genauer Angaben. Gerade bei der Bezeichnung der Beweismittel der Partei enthalten vorbereitende Schriftsätze bedauerlich oft vermeidbar ungenaue Angaben. Diese können zum Verlust des Rechtsstreits führen, weil etwa die Voraussetzungen einer Nachfrist aus den Gründen § 356 Rn 1–5 nicht gegeben sind, zB beim „Zeugnis NN". Auch die beliebte Angabe einer Anschrift eines Polizisten lediglich unter seinem Revier statt unter seiner Privatanschrift ist ungesetzlich, § 373 Rn 5, soweit nicht das Gericht diesen Zustellweg als ausreichend erachtet. Ferner ist beim Urkundenbeweis die bloße Bezeichnung „auf Anfordern nachzureichen" und dergleichen unzureichend, § 420. Auch ist die bloße pauschale Bezugnahme auf irgendwelche Parallellakten, Ermittlungsakten, Vorprozeßakten usw ebenso wie eine pauschale Bezugnahme auf andere einzelne Schriftsätze als in Wahrheit bloßer Ausforschungsbeweisantrag meist unzulässig, Einf 27 vor § 284, Düss MDR **93**, 798, Hamm RR **05**, 894, Lange NJW **89**, 441 (ausf), aM BGH **105**, 200 (zu § 340, zu großzügig) und NJW **93**, 1866 (betr viele Urkunden ist § 519 III Z 2. Aber auch dann gilt § 420). Freilich muß das Gericht den § 139 beachten, Schlesw MDR **76**, 50.

23 **B. Notwendigkeit von Angaben zum Hauptbeweis wie Gegenbeweis.** Schon der Wortlaut von Z 5 stellt klar, daß man auch diejenigen Beweismittel bezeichnen muß, deren man sich lediglich zur Widerlegung tatsächlicher gegnerischer Behauptungen bedienen will, § 138 II. Man muß also auch dann die Beweismittel präzise angeben, wenn man sich nicht für beweispflichtig hält. Daher ist auch eine Zurückhaltung mit bloßen Gegenbeweisanträgen evtl ein Verstoß gegen die Prozeßförderungspflicht nach § 282 und kann zur Zurückweisung wegen Verspätung führen, § 296.

24 **C. Notwendigkeit umfassender Angabe der Beweismittel.** Aus den Erwägungen 22, 23 folgt auch: Die Bezeichnung der Beweismittel muß so umfassend erfolgen, wie es dem Absender nach den Gesamtumständen in der konkreten Prozeßlage zumutbar ist. Trotz der Zulässigkeit einer gewissen Taktik im Zivilprozeß nach § 282 Rn 8 bleiben doch die in § 138 festgesetzten Grundsätze maßgeblich. Sie müssen auch im Inhalt der vorbereitenden Schriftsätze ihren Niederschlag finden.

11) Unterschriftszwang, Z 6. Man muß Form und Prozeßart beachten.

25 **A. Grundsätzliche Notwendigkeit eigenhändiger und handschriftlicher Unterzeichnung.** Der Absender muß zumindest seinen sog bestimmenden Schriftsatz grundsätzlich eigenhändig und handschriftlich unterschreiben, BGH VersR **02**, 589 (das muß das Revisionsgericht ohne Bindung an das Berufungsgericht prüfen). Wegen der Einzelheiten § 129 Rn 11 ff.

26 **B. Verantwortung.** Wie es eigentlich selbstverständlich ist, muß einen Schriftsatz derjenige unterschreiben, der ihn „verantwortet", auch im Anwaltsprozeß, so schon (je zum alten Recht) BGH VersR **00**, 646, Brdb MDR **95**, 1263. Wegen der Einzelheiten § 129 Rn 11 ff.

Z 6 verlangt nur die Unterschrift des Verantwortenden, *nicht weitere Angaben* über ihn. Ein Zusatz „als amtlich bestellter Vertreter" oder „als Abwickler" ist nicht notwendig. Er ist wohl aber schon zur Vermeidung unnötiger Rückfragen zweckmäßig. Das am Gericht Zugelassene bzw Postulationsfähige darf als Unterbevollmächtigter „für" einen dort nicht Zugelassenen bzw Postulationsfähigen unterzeichnen, soweit er selbst erkennbar die Verantwortung (mit)übernimmt, BAG NJW **90**, 2706. Der Praxisvertreter oder Abwickler muß jedoch im Text des Schriftsatzes zumindest diese Funktion zu erkennen geben. Wegen der Übermittlung per Telefax usw § 129 Rn 12, 44. Auch im sog Parteiprozeß ohne Anwaltszwang nach § 78 Rn 1 muß die Partei persönlich oder derjenige unterzeichnen, der für sie als gesetzlicher Vertreter, AG Coesfeld WoM **93**, 468, oder als Bevollmächtigter oder als Geschäftsführer oder Auftrag handelt, also derjenige, der den Schriftsatz „verantwortet", BGH NJW **87**, 2588. Wegen der Form der Unterschrift und der Art der sonstigen Übermittlung § 129 Rn 13 ff.

27 **C. Telekopie.** Beim Telefax genügt und ist erforderlich, daß die Telekopie die Originalunterschrift nach Rn 25, 26 wiedergibt, also daß man dort das Bild des Originalschriftzugs erkennt, Kblz MDR **04**, 409. Nicht ausreichend wäre etwa stattdessen ein maschinenschriftlicher Vermerk „gez. Name" usw oder gar das gänzliche Fehlen der Unterschrift, aM AG Kerpen NJW **04**, 2761 (vgl aber § 129 Rn 44).

28 **12) Vollmachtsnachweis, Z 1–6.** Die Notwendigkeit des Nachweises einer Vollmacht ergibt sich nicht aus § 130. Sie kann sich aber aus den §§ 78 ff und aus anderen Spezialvorschriften ergeben. Freilich gilt das nur in den Grenzen wie bei § 80 Rn 13, § 88 Rn 8, 9.

29 **13) Verstoß, Z 1–6.** Es zeigen sich unterschiedliche Folgen.

A. Prozeßrechtliche, sachlichrechtliche, strafrechtliche, standesrechtliche Folgen. Es gelten die Regeln § 138 Rn 63–67. Wenn ein Schriftsatz etwa wegen einer ungenügenden Beachtung von Z 1 nicht zu den richtigen Akten gelangt, trägt die Partei oder ihr Anwalt oder gesetzlicher Vertreter die Folgen. Das gilt namentlich dann, wenn das Gericht den Schriftsatz infolgedessen nicht demnächst dem richtigen Empfänger zustellen kann, (jetzt) § 167, Ffm MDR **84**, 943, oder im schriftlichen Verfahren. Ein falsches Aktenzeichen im Schriftsatz kann allerdings unschädlich sein. Das Fehlen einer nach Rn 26 erforderlichen Unterschrift läßt sich nicht schon durch die Unterschrift eines zugelassenen bzw postulationsfähigen Anwalts unter einem bloßen Verweisungsantrag heilen. Denn damit deckt er nicht eindeutig den Inhalt auch des von ihm nicht unterzeichneten Schriftsatzes des Kollegen, § 129 Rn 10, BGH VersR **00**, 646.

30 **B. Verschulden des Vertreters oder des Prozeßbevollmächtigten.** Ein etwaiges Verschulden (Vorsatz oder Fahrlässigkeit) des gesetzlichen Vertreters oder des ProzBev gilt auch hier als ein Verschulden der Partei, §§ 51 II, 85 II. Rückfragepflichten des Gerichts mögen nach § 139 bestehen. Sie mögen auch zu einer Auflage nach § 273 Veranlassung geben. Sie dürfen aber nicht dazu führen, daß man allzu grobe oder allzu

Titel 1. Mündliche Verhandlung §§ 130, 130a

zahlreiche Fehler, Unsauberkeiten, Widersprüchlichkeiten und dergleichen einfach unkorrigiert dem Gericht zumuten darf. Das Gericht braucht einen nicht unterzeichneten Schriftsatz im Sinn von Rn 26 im Säumnisverfahren nicht auch nur (mit)zubeachten, aM Brdb MDR **95**, 1263 (aber das unterläuft direkt die Hauptregel des § 331 I 1).

C. Rückgaberecht des Gerichts. Ein Schriftsatz soll bündige Kürze haben. Weitschweifigkeit ist meist **31** ein Zeichen mangelhaften Durchdenkens oder mangelhafter Konzentrationsfähigkeit und oft eine Folge der Schreibmaschine oder des Diktatgeräts usw. Sie ist meist unnötig und psychologisch bedenklich. Sie ist außerdem eine Ungehörigkeit gegenüber dem Gericht und gegenüber dem Prozeßgegner. In einem krassen Fall oder dann, wenn ein Schriftsatz entweder äußerlich unlesbar ist oder wenn er allzu viele sinnentstellende Diktat- oder Schreibfehler enthält oder wenn sein ungeordnet zahlreiche Anlagen die Übersicht allzu erschweren, darf das Gericht den Schriftsatz zurückgeben und dem Absender anheimstellen, ein lesbares bzw geordnetes Stück einzureichen, Karlsr RR **87**, 127. Es wäre grotesk (aber ist manchmal zu beobachten), solchen Schritt dem Gericht auch noch vorzuwerfen, gar durch die höhere Instanz.

Es empfiehlt sich freilich nicht zuletzt deswegen, von dem fehlerhaften Originalschriftsatz eine *Kopie in* **32** *der Gerichtsakte* zu belassen. Der Absender riskiert, daß erst der Eingangszeitpunkt eines daraufhin verbesserten Schriftsatzes diejenigen Rechte wahrt, die fristgebunden sein mögen. Das Gericht sollte die häufige Nachlässigkeit auch im Verkehr mit ihm durchaus nicht als scheinbar unvermeidliche Zeiterscheinung hinnehmen. Es ist das Recht und vielfach die Pflicht des Gerichts, auch eine anwaltlich vertretene Partei von Anfang an und mit allem Nachdruck dazu anzuhalten, selbstverständliche Mindestanforderungen im Schriftverkehr zu erfüllen, Karlsr RR **87**, 127. Eine Rechtsmittel-„Schrift" auf einem Empfangsbekenntnis kann zB unzureichend sein, Hbg NJW **86**, 3090. Infolge der Rückgabe des derart fehlerhaften Schriftsatzes mag auch eine Verzögerungsgebühr nach § 34 GKG oder eine Kostenfolge nach § 95 notwendig werden.

14) VwGO: Die entsprechende Anwendung, § 173 VwGO, als Ordnungsvorschrift zur Ergänzung von § 86 IV **33** VwGO ist unbedenklich, vgl KoppSch § 82 Rn 4. Zu **Z 1:** BVerwG NJW **99**, 2609, VGH Mannh Just **05**, 258, OVG Münst NVwZ-RR **97**, 390 mwN. Zu **Z 6:** In bestimmten Schriftsätzen ist eigenhändige Unterschrift, § 129 Rn 8 ff, grundsätzlich nötig, BVerwG in stRspr, MDR **84**, 343 (dazu Willms NVwZ **87**, 479), sofern sie nicht telegrafisch oder fernschriftlich usw eingereicht werden, § 129 Rn 44 ff, oder von einer Behörde stammen (hier genügt Beglaubigungsvermerk), GmS NJW **80**, 172, BVerwG **10**, 1. In der Regel genügt eine vervielfältigte Unterschrift, BVerwG **36**, 296; überhaupt reicht aus, daß sich aus der Schrift allein oder iVm Anlagen ohne Rückfrage oder Beweiserhebung ergibt, daß sie von dem betreffenden Beteiligten herrührt und mit seinem Willen in den Verkehr gelangt ist, BVerwG **30**, 274, vgl BSG FEVS **52**, 412.

130a *Elektronisches Dokument.* **I** ¹Soweit für vorbereitende Schriftsätze und deren Anlagen, für Anträge und Erklärungen der Parteien sowie für Auskünfte, Aussagen, Gutachten und Erklärungen Dritter die Schriftform vorgesehen ist, genügt dieser Form die Aufzeichnung als elektronisches Dokument, wenn dieses für die Bearbeitung durch das Gericht geeignet ist. ²Die verantwortende Person soll das Dokument mit einer qualifizierten elektronischen Signatur nach dem Signaturgesetz versehen. ³Ist ein übermitteltes elektronisches Dokument für das Gericht zur Bearbeitung nicht geeignet, ist dies dem Absender unter Angabe der geltenden technischen Rahmenbedingungen unverzüglich mitzuteilen.

II ¹Die Bundesregierung und die Landesregierungen bestimmen für ihren Bereich durch Rechtsverordnung den Zeitpunkt, von dem an elektronische Dokumente bei den Gerichten eingereicht werden können, sowie die für die Bearbeitung der Dokumente geeignete Form. ²Die Landesregierungen können die Ermächtigung durch Rechtsverordnung auf die Landesjustizverwaltungen übertragen. ³Die Zulassung der elektronischen Form kann auf einzelne Gerichte oder Verfahren beschränkt werden.

III Ein elektronisches Dokument ist eingereicht, sobald die für den Empfang bestimmte Einrichtung des Gerichts es aufgezeichnet hat.

Vorbem. I 3 angefügt dch Art 1 Z 6 JKomG v 22. 3. 05, BGBl 837, in Kraft seit 1. 4. 05, Art 16 I JKomG, ÜbergangsR Einl III 78.

Schrifttum: *Ahrens,* Elektronische Dokumente und technische Aufzeichnungen als Beweismittel usw, Festschrift für *Geimer* (2002) 1; *Becker,* Elektronische Dokumente als Beweismittel im Zivilprozess, 2004; *Fischer,* Justiz-Kommunikation usw, 2004; *Gassen,* Digitale Signaturen in der Praxis, 2003; *Kodeck* ZZP **111**, 445; *Konecny,* Neue Technik und alte Verfahrensprobleme usw, in: Festschrift für *Beys* (Athen 2003); *Krüger/Bütter* MDR **03**, 181; *Maniotis,* Über die Rechtswirkung elektronischer Signaturen usw, Festschrift für *Geimer* (2000) 615; *Dästner* NJW **01**, 3469; *Nowak* MDR **01**, 841; *Roßnagel* NJW **01**, 1817 (je: Üb); *Schoenfeld* DB **02**, 1629 (FGO); *Stadler* ZZP **111**, 413 (Üb).

Gliederung

1) Systematik, I–III 1	5) Mitteilung mangelnder elektronischer Bearbeitungsmöglichkeit, I 3 5
2) Regelungszweck, I–III 2	6) Rechtsverordnungen, II 6
3) Elektronische Aufzeichnung statt Schriftform, I 1 3	7) Einreichung, III 7
4) Signatur, I 2 4	8) Verstoß, I–III 8
	9) *VwGO* 9

§ 130a

Buch 1. Abschnitt 3. Verfahren

1 **1) Systematik, I–III.** Die Vorschrift ist eine Ergänzung zu § 130. Sie gilt demgemäß nur für die in I 1 genannten Schriftstücke usw der Parteien, nicht auch für solche des Gerichts. Für das letztere muß man § 174 III beachten. § 130 a hat gegenüber § 130 als Spezialregelung Vorrang. Ihn ergänzen §§ 292 a, 299 III, 299 a, 371. § 690 III hat Vorrang vor § 130 a. Letztere Vorschrift fußt auf dem Gesetz über Rahmenbedingungen für elektronische Signaturen und zur Änderung weiterer Vorschriften vom 16. 5. 01, BGBl 876, in Kraft seit 22. 5. 01, Art 5 S 1 G. Dessen Begriffe muß man folglich stets mitheranziehen. Die Vorschrift zwingt nicht zum elektronischen Dokument, sondern nur für den Fall seiner Wahl zur Einhaltung zugehöriger Wirksamkeitsbedingungen.

Nicht hierher gehört das Telefax einschließlich des sog Computerfax, § 129 Rn 44 „Telefax". Dästner NJW **01**, 3470.

2 **2) Regelungszweck, I–III.** Die Vorschrift dient der Prozeßwirtschaftlichkeit, Grdz 14 vor § 128. Das erfordert eine an sich weite Auslegung. Als Spezialvorschrift nach Rn 1 muß man § 130 a aber nach allgemeinen Regeln eigentlich eher eng auslegen. Die Praxis sollte sich beider Umstände bei einer vernünftigen Abwägung bewußt sein. Der Perfektionismus im Gesetz nach Rn 4 mit seinem als Art 1 neugefaßten Signaturgesetz 2001 erfordert schon genug Exaktheit und zeigt wenig von der ohnehin die Sache etwas einseitig akzentierenden Forderung nach „Bürgerfreundlichkeit".

3 **3) Elektronische Aufzeichnung statt Schriftform, I 1.** Sie genügt, soweit sie für die Bearbeitung durch das Gericht geeignet ist. Die Eignung setzt eine Zulassung der elektronischen Form nach II voraus. Elektronisches Dokument ist auch eine Video-, Audio- oder Grafikkartei sowie Software, Berger NJW **05**, 1017. Darüber hinaus muß natürlich auch das einzelne Dokument brauchbar elektronisch verwertbar sein. Das muß man nach den Regeln Rn 2 beurteilen.

4 **4) Signatur, I 2.** Es handelt sich um eine bloße Sollvorschrift, keine Muß-Bestimmung. Qualifizierte elektronische Signatur ist nach § 2 Z 3 a, b Signaturgesetz 2001 eine elektronische Signatur im Sinn von § 2 Z 2 SignG, die auf einem zum Zeitpunkt ihrer Erzeugung gültigen qualifizierten Zertifikat beruht und mit einer sicheren Signaturerstellungseinheit erzeugt wird. Letztere liegt nach § 2 Z 10 SignG vor, wenn es sich um eine Soft- oder Hardwareeinheit zur Speicherung und Anwendung des jeweiligen Signaturschlüssels handelt usw. Signaturschlüssel ist ein in § 2 Z 4 SignG bestimmter Begriff: Einmalige elektronische Daten wie öffentliche kryptographische Schlüssel, die zur Überprüfung einer elektronischen Signatur verwendet werden. Elektronische Signatur sind nach § 2 Z 1 SignG Daten in elektronischer Form, die anderen elektronischen Daten beigefügt oder logisch mit ihnen verknüpft sind und die zur Authentifizierung dienen. Wieder einmal eine deutsche begriffliche Überperfektion zwecks Vereinfachung des Prozesses! Zur Problematik der Bankkarte Roßnagel NJW **05**, 385.

5 **5) Mitteilung mangelnder elektronischer Bearbeitungsmöglichkeit, I 3.** Soweit das Empfangsgericht ein elektronisches Dokument noch nicht oder überhaupt nicht bearbeiten kann, muß das Gericht das dem Absender unverzüglich und daher ohne schuldhaftes Zögern im Sinn von § 121 I 1 BGB mitteilen, und zwar auf dem Gericht technisch möglichen Weg. Das setzt eine gewisse Lesbarkeit der Eingabe voraus, Viefhues NJW **05**, 1011. Das Gericht muß seine derzeitigen technischen Rahmenbedingungen derart nennen, daß der Absender erkennen kann, welchen Übermittlungsweg er insbesondere zur Frist- und Formwahrung wählen kann bzw muß.

6 **6) Rechtsverordnungen, II.** Es sind die folgenden Rechtsverordnungen ergangen.
Bund: ERVVOBGH v 26. 11. 01, BGBl 3225 (Einreichbarkeit beim BGH); VO über den elektronischen Rechtsverkehr beim BVerwG und beim BFH v 26. 11. 04, BGBl 3091.

Die amtliche Anlage zu § 2 *ERVVOBGH* lautet:
1. Die elektronischen Dokumente sind nach Maßgabe der Nummer 5 als Dateianhang an eine elektronische Nachricht (E-Mail) anzufügen und mittels des Protokolls SMTP (Simple Mail Transfer Protocol) zu übermitteln.
2. [1] Im Betreff der Nachricht soll, sofern bekannt, das gerichtliche Aktenzeichen angegeben werden. [2] Bei verfahrenseinleitenden elektronischen Dokumenten soll stattdessen das Wort „Neueingang" verwendet werden.
3. [1] Zur qualifizierten elektronischen Signatur ist die von der DATEV eG, 90329 Nürnberg, vertriebene Software GERVA Version 1.11 zu verwenden. [2] Die Verwendung einer anderen Software ist zulässig, wenn die qualifizierte elektronische Signatur mit Hilfe von GERVA Version 1.11 verifiziert werden kann. [3] Die Signatur soll nur den Dateianhang einbeziehen, nicht die elektronische Nachricht selbst. [4] Mehrere Dateianhänge sollen einzeln signiert werden.
4. [1] Die Nachricht kann zur Übermittlung verschlüsselt werden. [2] Hierzu sind die vom Gericht bekannt gegebenen öffentlichen Schlüssel und Zertifikate zu verwenden. [3] Die Nachricht kann zum Zwecke der Transportsicherung zusätzlich mit einer elektronischen Signatur versehen werden. [4] Für Verschlüsselung und Signatur der Nachricht ist die Software GERVA Version 1.11 oder ein hierzu kompatibles Produkt zu verwenden.
5. Das elektronische Dokument muss eines der folgenden Formate aufweisen:
   a) Adobe PDF (Portable Document Format) Version 1.0 bis 1.3;
   b) Microsoft Word 97 oder 2000 (Version 8 oder 9);
   c) Microsoft RTF (Rich Text Format) Version 1.0 bis 1.6, ohne Erweiterung für Microsoft Word 2000;
   d) HTML (Hypertext Markup Language), sofern mit Microsoft Internet Explorer 5.x darstellbar;
   e) XML (Extensible Markup Language), sofern mit Microsoft Internet Explorer 5.x darstellbar.
6. Der Dateiname des elektronischen Dokumentes soll enthalten:
   a) eine schlagwortartige Bezeichnung des Inhalts,

Titel 1. Mündliche Verhandlung §§ 130a–131

b) den Namen des Einsenders,
c) das Datum im Format JJJJ-MM-TT.

7. ¹ Zur Sicherung der Authentizität kann die qualifizierte elektronische Signatur abweichend von Nummer 5 an einer Datei vorgenommen werden, die das elektronische Dokument als Grafik darstellt. ² Die Grafik muss mit der Software GERVA Version 1.11 darstellbar sein.

Baden-Württemberg: VO v 15. 6. 04, GBl 590;
Bayern:
Berlin:
Brandenburg:
Bremen:
Hamburg: VO v 9. 4. 02, GVBl 41 (Einreichungsmöglichkeit beim FG; Ermächtigung an JBehörde im übrigen, zB nach § 130 a ZPO; noch keine Ausnutzung dieser Ermächtigung);
Hessen:
Mecklenburg-Vorpommern:
Niedersachsen:
Nordrhein-Westfalen:
Rheinland-Pfalz:
Saarland:
Sachsen:
Sachsen-Anhalt:
Schleswig-Holstein:
Thüringen:

7) Einreichung, III. Die Vorschrift setzt den allgemeinen Grundsatz um, daß es zum Eingang ausreicht, wenn ein Schriftstück usw in den Machtbereich des Empfängers kommt, § 130 BGB. Das Empfangsgerät kann zB ein zentrales elektronisches Postfach sein, Viefhues NJW **05**, 1011. Eine Aufzeichnung muß natürlich einigermaßen fehlerfrei erfolgen. Vgl dazu die zum Telefax entwickelten Regeln bei § 233 Rn 164. Zum Eingang beim E-Mail Bacher MDR **02**, 669 (ausf). 7

8) Verstoß, I–III. Es gelten die normalen Regeln, § 189, ferner zB §§ 233 ff, 295. 8

9) *VwGO: Eine entsprechende Regelung enthält § 86 a VwGO, Geis NVwZ* **02**, *391, krit Geiger NJW* **02**, *1250.* 9

130b *Gerichtliches elektronisches Dokument.* Soweit dieses Gesetz dem Richter, dem Rechtspfleger, dem Urkundsbeamten der Geschäftsstelle oder dem Gerichtsvollzieher die handschriftliche Unterzeichnung vorschreibt, genügt dieser Form die Aufzeichnung als elektronisches Dokument, wenn die verantwortenden Personen am Ende des Dokuments ihren Namen hinzufügen und das Dokument mit einer qualifizierten elektronischen Signatur versehen.

Vorbem. Eingefügt dch Art 1 Z 7 JKomG v 22. 3. 05, BGBl 837, in Kraft seit 1. 4. 05, Art 16 I JKomG, ÜbergangsR Einl III 78.

1) Systematik, Hs 1, 2. Während § 130 a I, III das elektronische Dokument einer Partei, eines ProzBev und eines anderen Beteiligten regelt, enthält § 130 b die Regelung der anstelle einer Unterschrift tretenden Form eines elektronischen gerichtlichen Dokuments (Urteil, Beschluß, Verfügung, Vermerk). Wann dergleichen technisch und rechtlich möglich wird, richtet sich nach § 130 a II und damit nach den Rechtsverordnungen des Bundes und der Länder für ihre Gerichte. 1

2) Regelungszweck, Hs 1, 2. Er ist derselbe wie bei § 130 a Rn 2. 2

3) Elektronische Aufzeichnung, Hs 1. Sie kann die nach der ZPO sonst etwa erforderliche handschriftliche Unterzeichnung im Sinn von § 129 Rn 8 ff, § 130 Rn 25 ff ersetzen, soweit überhaupt eine elektronische Bearbeitung nach § 130 a II in Betracht kommt. 3

4) Signatur, Hs 2. Es ist erforderlich und ausreichend, daß alle das Dokument formell und etwa darüber hinaus inhaltlich verantwortenden Personen gerade am Ende des Dokuments und nicht etwa vorweg, nur zwischendurch oder nur irgendwo am Rande des Inhalts mindestens ihren vollen Nachnamen ohne politische oder akademische Titel, aber mit dem seit der Weimarer Verfassung in Verbindung mit Art 140 GG zum Bestandteil des bürgerlichen Namens gewordenen Adelstitels hinzufügen und außerdem das Dokument mit einer sog qualifizierten elektronischen Signatur versehen. Zu ihr im einzelnen § 130 a Rn 4 und die dort aufgeführten Vorschriften des Signaturgesetzes 2001. Einzelheiten Viefjues NJW **05**, 1011 (Smartcard usw). 4

5) Verstoß Hs 1, 2. Es gelten wie bei § 130 a Rn 7 die normalen Regeln, § 189, ferner zB §§ 233 ff, 295. 5

131 *Beifügung von Urkunden.* ¹ Dem vorbereitenden Schriftsatz sind die in den Händen der Partei befindlichen Urkunden, auf die in dem Schriftsatz Bezug genommen wird, in Urschrift oder in Abschrift beizufügen.

II Kommen nur einzelne Teile einer Urkunde in Betracht, so genügt die Beifügung eines Auszugs, der den Eingang, die zur Sache gehörende Stelle, den Schluss, das Datum und die Unterschrift enthält.

§ 131

III Sind die Urkunden dem Gegner bereits bekannt oder von bedeutendem Umfang, so genügt ihre genaue Bezeichnung mit dem Erbieten, Einsicht zu gewähren.

Gliederung

1) Systematik, I–III	1	9) Ausreichen des Einsichtserbietens, III	14–18
2) Regelungszweck, I–III	2	A. Entweder: Urkunde dem Gegner bekannt	14, 15
3) Sachlicher Geltungsbereich, I–III	3	B. Oder: Urkunde von bedeutendem Umfang	16
4) Persönlicher Geltungsbereich, I–III	4	C. Notwendigkeit einer genauen Bezeichnung	17
5) Vorbereitender Schriftsatz, I–III	5	D. Notwendigkeit des Erbietens einer Einsichtnahme	18
6) Urkundenbegriff, I–III	6	10) Verstoß der Partei, I–III	19, 20
7) Beifügungspflicht, I, II	7–10	11) Rechtsbehelfe, I–III	21
A. In Händen der Partei	8	12) VwGO	22
B. Bezugnahme	9		
C. Urschrift oder Abschrift	10		
8) Ausreichen eines Auszugs, II	11–13		
A. Erheblichkeit nur einzelner Teile	11, 12		
B. Auszugsumfang im einzelnen	13		

1 **1) Systematik, I–III.** Die Vorschrift stellt zunächst eine Ergänzung zu § 130 dar, der ja nur denjenigen Inhalt regelt, den ein vorbereitender Schriftsatz unmittelbar vollständig enthalten soll. § 131 zwingt den Einreicher dazu, auch ohne Aufforderung des Gerichts die dort genannten Urkunden bereits bei der Einreichung des Schriftsatzes beizufügen. Sofern das Gericht dergleichen etwa bei der Anforderung einer Stellungnahme zu einem gegnerischen Schriftsatz für erforderlich hält, kann und darf der Vorsitzende usw nach § 273 II Z 1 auch von sich aus die Vorlegung einer Urkunde fordern, noch bevor die Partei den zugehörigen Schriftsatz überhaupt eingereicht hat. Er darf dergleichen natürlich erst recht nach jener Vorschrift zur Ergänzung oder Erläuterung des vorbereitenden Schriftsatzes anordnen. Soweit es um die Durchführung eines Urkundenbeweises geht, enthalten §§ 420 ff vorrangige Sonderregeln. Im Urkundenprozeß gelten vorrangig § 593 II, im Wechsel- oder Scheckprozeß in Verbindung mit §§ 602, 605 a. Soweit es um die bloßen Abschriften des Schriftsatzes und seiner Anlagen geht, die ja rein formell ebenfalls Urkunden sind, gilt § 133. Im übrigen enthalten §§ 134, 135, 142 in allen Fällen des § 131 besondere Regeln zur Durchführung der in § 131 nur grundsätzlich festgelegten Beifügungspflicht. Der Tarnschutz eines gefährdeten Zeugen hat Vorrang, § 10 II ZSHG, abgedruckt bei § 383. § 130a ist anwendbar.

2 **2) Regelungszweck, I–III.** Die Vorschrift dient der in § 138 I, II genannten Pflicht der Parteien zur Vollständigkeit und Wahrhaftigkeit. Sie dient darüber hinaus der Beschleunigung des Prozesses in allen Verfahrensstadien. Sie dient insbesondere der Entlastung der mündlichen Verhandlung und der Herbeiführung einer Entscheidungsreife schon im ersten Termin, § 300 Rn 6. Das gilt auch dann, wenn das Gericht ihn zwar als frühen, aber doch als einen vollwertigen Verhandlungstermin angesetzt hatte, § 272 Rn 5. Sie ist damit letzthin ein Ausdruck des Gebots von Treu und Glauben, Einl III 54. Diese Regelungszwecke muß man bei der Auslegung stets beachten.

Verlust der Urkunde ist eine häufig befürchtete Gefahr der Einreichung des Originals. Man braucht aber nach dem klaren Wortlaut von I zunächst nur eine einfache Kopie beizufügen, solange nicht ein Beweisantritt nach § 420 notwendig wird und auch dann nur mithilfe einer Kopie erfolgen könnte, dort Rn 4. Unnötige Offenbarung eines voraussichtlich zwar den Gegner brennend mitinteressierenden, gleichwohl voraussichtlich gar nicht entscheidungserheblichen Teils eines Vertrags oder einseitigen Dokuments oder Attests läßt sich nach II ebenfalls durchaus vermeiden, ohne das ganze Dokument zurückzuhalten. Das Gericht müßte ein wertvolles Dokument ohnehin besonders gesichert verwahren. Manchmal muß es einem ProzBev regelrecht zureden, ehe er die Urkunde herausrückt. Eine Rückgabe nach sofortiger amtlicher Anfertigung von Kopien für die Beteiligten löst solches Problem erfahrungsgemäß eher.

3 **3) Sachlicher Geltungsbereich, I–III.** Die Vorschrift gilt in allen der ZPO unterliegenden Verfahren. Das gilt unabhängig davon, ob diese dem Beibringungsgrundsatz nach Grdz 20 vor § 128 oder dem Ermittlungsgrundsatz unterstellt sind, Grdz 38 vor § 128. Ebenso ist § 131 anwendbar, soweit das Gericht auf gewisse Bedenken nur von Amts wegen aufmerksam macht (Amtsprüfung), Grdz 39 vor § 128. Die Vorschrift gilt in allen Instanzen und Verfahrensabschnitten innerhalb und außerhalb der mündlichen Verhandlung. Wegen der vorrangigen Sonderregeln Rn 1.

4 **4) Persönlicher Geltungsbereich, I–III.** Die Vorschrift gilt für alle Parteien nach Grdz 4 vor § 50, also auch zB für die Partei kraft Amts nach Grdz 8 vor § 50, für die Partei kraft Ladung nach Grdz 14 vor § 50, ferner für den unselbständigen und selbständigen Streithelfer, §§ 66, 69. Soweit eine Urkunde sich in Händen nicht der Partei persönlich befindet, sondern in denjenigen ihres ProzBev oder ihres gesetzlichen Vertreters, ist § 131 unmittelbar anwendbar. Soweit ein sonstiger Dritter die Urkunde in Händen hat, ist jedenfalls § 131 unanwendbar. §§ 420 ff bleiben unberührt.

5 **5) Vorbereitender Schriftsatz, I–III.** Die Vorschrift bezieht sich auf solche Urkunden, auf die die Partei gerade in einem vorbereitenden Schriftsatz Bezug genommen hat. Zum Begriff dieses Schriftsatzes § 130 Rn 4. Soweit die Bezugnahme in der mündlichen Verhandlung ohne Einreichung eines solchen Schriftsatzes erfolgt, ist § 131 auch dann unanwendbar, wenn kraft Gesetzes oder richterlicher Anordnung Schriftsatzzwang herrscht. § 131 wird allerdings anwendbar, soweit die Partei den Schriftsatz bereits vorher eingereicht hat oder soweit sie ihn gleichzeitig angekündigt oder später nachgereicht hat.

6 **6) Urkundenbegriff, I–III.** Die Vorschrift erfaßt alle Arten von Urkunden im Sinn von §§ 415 ff. Sie erfaßt auch die in § 142 I gesondert genannten Stammbäume, Pläne, Risse und sonstigen Zeichnungen.

Titel 1. Mündliche Verhandlung § 131

§ 131 bezieht sich auch und gerade auf die fremdsprachige Urkunde. Das zeigen die Worte „Urschrift oder Abschrift" in I. Ob man sie vorher übersetzen muß, richtet sich nach § 142 III und nach § 184 GVG.

7) Beifügungspflicht, I, II. Die Vorschrift stellt klar, daß grundsätzlich eine Pflicht der Partei besteht, **7** die in Bezug genommene Urkunde dem Schriftsatz beizufügen, sie also nicht nur zu zitieren oder zu erläutern, sondern körperlich beizulegen. Denn erst durch die Inaugenscheinnahme des Originals oder einer Abschrift läßt sich oft der prozeßentscheidende Eindruck von der Brauchbarkeit oder Bedeutung der Urkunde gewinnen. Wie der Vergleich mit II zeigt, muß man nach I grundsätzlich die gesamte Urkunde beifügen. Das gilt unabhängig von ihrem Umfang, ihrem Format, ihrer Art, ihrem Gewicht, ihrer Empfindlichkeit usw. Mag der Einreicher die Vorkehrungen durch richtige Verpackung sowie entsprechende Hinweise an das Gericht und dergleichen dagegen treffen, daß die Urkunde beschädigt oder zerstört wird. Natürlich hat auch das Gericht eine der Urkunde entsprechende Sorgfaltspflicht bei der Verwahrung. Die Art der Einreichung unterliegt keiner besonderen Vorschrift. Die Einreichung soll grundsätzlich gleichzeitig mit dem Schriftsatz erfolgen. Eine alsbaldige Nachreichung kann unschädlich sein, Rn 20.

A. In Händen der Partei. Beifügen muß man nur eine solche Urkunde, die sich im Zeitpunkt der **8** Bezugnahme wie Einreichung des vorbereitenden Schriftsatzes schon und noch in den Händen der Partei befindet, Rn 4. Ob die Partei auf Anordnung des Gerichts etwa nach § 273 II Z 1 zur Herbeischaffung auch einer derzeit nicht in ihren Händen befindlichen Urkunde verpflichtet ist, richtet sich jedenfalls nicht nach § 131. Wie schon der Wortlaut von I zeigt, muß das Original (Urschrift) in Händen der Partei sein. Hat sie freilich nur eine Abschrift oder Fotokopie in Händen bezieht sie sich auf diese, so ist sie auch nur zu deren Vorlegung verpflichtet.

B. Bezugnahme. Weitere Voraussetzung ist, daß die Partei auch gerade auf diese Urkunde im Schriftsatz **9** Bezug genommen hat. Eine Bezugnahme kann auch indirekt oder stillschweigend erfolgen. Sie muß aber eindeutig gemeint sein. Was nicht in Bezug genommen ist, gilt nicht als vorgetragen oder behauptet und unterliegt daher jedenfalls zunächst nicht dem § 131. § 273 II Z 1 kann auch in einem solchen Fall zu einer gerichtlichen Anordnung der Vorlegung oder Herbeischaffung führen. §§ 420 ff enthalten auch hier vorrangige Sonderregeln, Rn 1.

C. Urschrift oder Abschrift. Die Partei hat ein Wahlrecht, LAG Hamm AnwBl **84**, 316. Sie muß **10** freilich die Kosten und damit auch die Auslagen möglichst gering halten, § 91 Rn 29. Im Fall der Beifügung einer Abschrift ist deren Beglaubigung grundsätzlich nicht erforderlich. Eine Fotokopie kann einer Abschrift gleichstehen. Eine Sonderregelung gilt beim Urkundenbeweis, § 422. Das Gericht kann die Vorlage weder der Urschrift noch der Abschrift im § 131 direkt erzwingen. Es kann freilich eine Anordnung nach §§ 142, 273 II Z 1 usw erlassen. Die Urschrift der Urkunde bleibt bei einer Zustellung von Anwalt zu Anwalt jedenfalls bis zum Instanzende in den Handakten des empfangenden Anwalts, § 135. Sonst bleibt sie bei den Gerichtsakten. Der Gegner und im Fall einer Zustellung von Anwalt zu Anwalt auch das Gericht erhalten eine Abschrift, § 133. Der Gegner kann sich auch durch die Geschäftsstelle im Rahmen des Zumutbaren nach § 299 Abschriften fertigen lassen.

8) Ausreichen eines Auszugs, II. Abweichend von dem Grundsatz in I, daß man die gesamte Urkunde **11** beifügen muß, gestattet II die Einreichung eines bloßen Auszugs unter den folgenden wegen des Ausnahmecharakters eng auslegbaren Voraussetzungen.

A. Erheblichkeit nur einzelner Teile. Es muß bei einer objektiven Bewertung durch das Gericht nach seinem pflichtgemäßen Ermessen derzeit jedenfalls wahrscheinlich sein, daß nur einzelne Teile der Urkunde, auf die Partei Bezug nimmt, entscheidungserheblich sein werden. Dabei mag es sich um einen kleinen, mittleren oder größeren Teil handeln. Es muß jedenfalls klar sein, daß man nicht die gesamte Urkunde benötigt.

Entscheidend ist weder die subjektive Auffassung des Einreichers noch diejenige des Prozeßgegners. Das gilt **12** trotz des Umstands, daß jedenfalls im Verfahren mit dem Beibringungsgrundsatz nach Grdz 20 vor § 128 an sich der Umfang des Tatsachenvortrags zunächst von der Partei abhängt und daß sie eben das Risiko des Unterliegens im Fall unzureichenden Vortrags trägt. § 131 zwingt die Partei eben grundsätzlich auch dann zur Einreichung der vollen Urkunde, wenn sie nur überhaupt auf diese irgendwie Bezug nimmt. Würde die Vorlage eines bloßen Auszugs von ihrem persönlichen Gutdünken abhängen, so wäre weder dem Gegner noch dem Gericht eine Überprüfung der Wahrhaftigkeit auch nur einigermaßen möglich. Zu ihr ist der Einreicher ja schon nach § 138 I, II verpflichtet. Erst wenn nach dem Tatsachenvortrag auch aus der Sicht des Gerichts ersichtlich nur einzelne Urkundenteile erheblich sein können, darf sich der Einreicher also mit einem entsprechenden Auszug begnügen.

B. Auszugsumfang im einzelnen. Den Mindestumfang eines etwa überhaupt ausreichenden Auszugs **13** bestimmt II ausdrücklich. Zum Eingang (Rubrum) gehören Absender, Empfänger, etwaiger Betreff, Bezug usw. Was „zur Sache gehört", ergibt sich zunächst aus dem Parteivortrag, dann aber letztlich aus dem Ermessen des Gerichts, soweit es den Gesamtumfang überhaupt nach dem Parteivortrag erahnen kann. Zum Auszug gehören auch diejenigen Partien, die nach Aussonderung anderer nicht zur Sache gehörender Teile wieder auf die hier entscheidenden Abschnitte zurückkommen und zB eine Frist, allgemeine Bedingungen und dergleichen enthalten. Der Auszug muß die Unterschrift in vollständiger Form wiedergeben, um dem Leser eine Überprüfung zu ermöglichen.

9) Ausreichen des Einsichtserbietens, III. In Abweichung von I und auch von II kann nach III die **14** bloße Bezeichnung mit dem Einsichtserbieten genügen. Das gilt unter den folgenden wegen des Ausnahmecharakters ebenfalls eng auslegbaren Voraussetzungen.

A. Entweder: Urkunde dem Gegner bekannt. Es reicht aus, daß die Urkunde dem Prozeßgegner bereits bekannt ist. Das muß nicht nur nach Ansicht der Partei der Fall sein, die auf die Urkunde Bezug nimmt, sondern auch nach Ansicht des Gerichts. Sofern das Gericht nach pflichtgemäßer Prüfung zu diesem Ergebnis kommt, ist die bloße Behauptung des Gegners unbeachtlich, er kenne die Urkunde noch nicht,

§§ 131, 132 Buch 1. Abschnitt 3. Verfahren

nicht mehr oder nicht vollständig. Ob die Urkunde dem Gegner bereits bekannt ist, muß notfalls diejenige Partei beweisen, die das behauptet.

15 Eine *frühere Kenntnis* kann ausreichen. Sie kann aber auch unzureichend sein. Es kommt auf die Gesamtumstände im Zeitpunkt der letzten mündlichen Verhandlung an. Maßgeblich ist nach dem Sinn und Zweck, ob der Gegner jetzt schon und noch nach Treu und Glauben im Sinn von Einl III 54 jedenfalls im Kern noch so Kenntnis vom Urkundeninhalt hat, ihm das überflüssig wäre, ihm die Urkunde auch nur in einem Auszug wenigstens abschriftlich vorzulegen. Es kommt nicht darauf an, ob auch dem Gericht die Urkunde bereits bekannt ist oder war. Das zeigt sich schon am Wortlaut an III. Das bloße Kennenkönnen oder Kennenmüssen steht dem Bekanntsein nicht gleich. Selbst grob fahrlässige Unkenntnis ist also für III nicht ausreichend. Indessen sind die Grenzen zum Bekanntsein fließend. Im Zweifel ist III als eine Ausnahmevorschrift unanwendbar.

16 **B. Oder: Urkunde von bedeutendem Umfang.** Statt der Voraussetzung Rn 14 genügt es auch, daß die Urkunde einen bedeutenden Umfang hat. Ob ihr Umfang bedeutend ist, hängt von der Beurteilung des Gerichts ab. Es ist freilich weitgehend auf die Darstellung des Umfangs durch die vortragende Partei angewiesen. Es darf aber auch die Bewertung durch den Prozeßgegner berücksichtigen. Denn Rn 16 kann sowohl dann anwendbar sein, wenn er die Urkunde kennt, als auch dann, wenn er sie nicht kennt oder kennen muß.

Beispiele: Große Handelsbücher; wissenschaftliche Nachschlagewerke; eine schon in prozeßentscheidenden Teil ungewöhnlich zahlreiche Sammlung von Belegen; eine jahrelange Korrespondenz; die Unterlagen einer langfristigen Abrechnung. Denn III erfaßt auch eine Vielzahl von solchen Urkunden, die einzeln keinen besonderen Umfang haben, sofern der Gesamtumfang aller Urkunden bedeutend ist.

17 **C. Notwendigkeit einer genauen Bezeichnung.** Unter den Voraussetzungen von entweder Rn 14 oder Rn 16 ist III unter der weiteren stets zu beachtenden Voraussetzung anwendbar, daß die Partei diejenige Urkunde, denjenigen Auszug oder diejenigen Urkundenteile genau bezeichnet, die sie lediglich zur Einsicht anbietet. Auch hierbei kommt es weder auf die Ansicht der Partei an noch auf diejenige des Prozeßgegners, sondern auf diejenige des Gerichts. Denn dieses muß im Rahmen der Sachaufklärung prüfen, ob der Einsichtnehmer durch die von der Partei gegebenen Bezeichnungen ausreichend fähig wird, auch wirklich das Entscheidungserhebliche einzusehen. Die Art der Bezeichnung im einzelnen hängt von der Buchführung, Beschriftung der Urkunden usw ab.

18 **D. Notwendigkeit des Erbietens einer Einsichtnahme.** Unter den Voraussetzungen von entweder Rn 14 und Rn 17 oder Rn 16 und Rn 17 hängt die Anwendbarkeit von III schließlich davon ab, daß die Partei sich eindeutig erbietet, Einsicht zu gewähren. Das bezieht sich auf eine Einsicht zunächst durch den oder die Prozeßgegner. Dazu gehören natürlich auch deren ProzBev oder gesetzliche Vertreter. In Wahrheit muß die Partei aber die Einsicht auch jedem Mitglied des erkennenden Gerichts gestatten, sei es in der Regel an der Gerichtsstelle, sei es in den Räumen der Partei, etwa die einer nur dort lagerfähigen Dokumentensammlung. Das Erbieten kann sich aus dem gesamten Inhalt des Parteischriftsatzes stillschweigend ergeben. Es darf unter keinen den Vortrag nun wieder einengenden Bedingungen stehen. Bedingungen technischer Art, die sich vernünftigerweise nicht umgehen lassen, sind aber keine derart störenden. In Frage kommt etwa eine Einsicht in Mikrokopien unter Beachtung von Schutzvorschriften in dem Einsichtsraum oder das Einverständnis mit der Einsicht nur zu derjenigen Zeit, in der die Bank in ihren Tresorräumen dem Kunden (Einreicher) Einsicht geben muß. Es ist unerheblich, ob die Partei die durch die Einsicht dem Prozeßgegner oder Gericht entstehenden Kosten vorschießt. Solche Kosten können als Prozeßkosten gelten.

19 **10) Verstoß der Partei, I–III.** Gegen I finden zahlreiche Verstöße statt. Das Gericht kann die Vorlage der Urkunde ebensowenig direkt erzwingen wie eine Einsichtsgewährung. Es kann freilich eine Anordnung nach § 142 erlassen. Ein Verstoß der Partei hat jedenfalls dieselben Folgen wie ein Verstoß gegen § 129. Etwas anderes gilt im Urkundenprozeß, § 593 II 1. Das Gericht würdigt den Verstoß der Partei frei, § 286. Soweit es um die Nichtbefügung oder Verweigerung der Vorlage oder Einsichtsgewährung im Rahmen eines vom Gericht bereits angeordneten Urkundenbeweises geht, können die in §§ 420 ff genannten vorrangigen Sonderregeln eingreifen. Auch kann ein vorwerfbarer Verstoß der Partei eine Beweisvereitelung sein, Anh § 286 Rn 26.

20 Ein nur kurzfristiger Verstoß kann durch rechtzeitige *Nachreichung* usw vor dem Schluß der letzten mündlichen Verhandlung der Instanz nach §§ 136 IV, 296 a heilen. Das Gericht braucht allerdings nicht schon wegen der Nachreichung im letzten Moment eine Verhandlung zu vertagen oder die bereits ordnungsgemäß geschlossene Verhandlung etwa nach § 296 a wieder zu eröffnen, auch nicht sein Verfahren im übrigen ordnungsgemäß durchgeführt hatte, § 156. Daran ändert auch Art 103 I GG nichts. Der Prozeßgegner der Partei wird durch die Nichtbeachtung des verspätet Angebotenen ohnehin nicht in seinen Rechten verkürzt. Das Gericht darf und muß vor der Gewährung einer Nachfrist nach § 283 prüfen, ob sich der Einreicher auf II, III berufen kann. Falls ja, mag der Prozeßgegner sofort Stellung nehmen müssen, um zB eine Unterstellung nach § 138 III, IV oder eine Zurückweisung wegen Verspätung nach § 296 zu vermeiden.

21 **11) Rechtsbehelfe, I–III.** Gegen einen Verstoß des Gerichts kann die davon benachteiligte Partei grundsätzlich erst zusammen mit dem auf ihm beruhenden Endurteil durch das dort vorgesehene Rechtsmittel vorgehen. Soweit im Verhalten des Gerichts die Zurückweisung eines das Verfahren betreffenden Gesuchs liegt, kommt sofortige Beschwerde nach § 567 I Z 2 in Betracht. Eine Rechtsbeschwerde kommt unter den Voraussetzungen des § 574 in Betracht. Beim Rpfl gilt § 11 RPflG, vgl § 104 Rn 44 ff.

22 **12) VwGO:** *Gleichartige Regelung in § 86 V VwGO.*

---

132 *Fristen für Schriftsätze.* [1]Der vorbereitende Schriftsatz, der neue Tatsachen oder ein anderes neues Vorbringen enthält, ist so rechtzeitig einzureichen, dass er mindestens eine Woche vor der mündlichen Verhandlung zugestellt werden kann. [2]Das Gleiche gilt für einen Schriftsatz, der einen Zwischenstreit betrifft.

Titel 1. Mündliche Verhandlung **§ 132**

II ¹ Der vorbereitende Schriftsatz, der eine Gegenerklärung auf neues Vorbringen enthält, ist so rechtzeitig einzureichen, dass er mindestens drei Tage vor der mündlichen Verhandlung zugestellt werden kann. ² Dies gilt nicht, wenn es sich um eine schriftliche Gegenerklärung in einem Zwischenstreit handelt.

Gliederung

1) **Systematik, I, II**	1	A. Begriff des Zwischenstreits	13
2) **Regelungszweck, I, II**	2	B. Unerheblichkeit neuer Ausführungen ..	14
3) **Sachlicher Geltungsbereich, I, II**	3	C. Zustellbarkeit vor Verhandlung	15
4) **Persönlicher Geltungsbereich, I, II** ..	4	9) **Gegenerklärung auf neues Vorbringen, II 1**	16–18
5) **Vorbereitender Schriftsatz, I, II**	5	A. Begriff der Gegenerklärung	16
6) **Neue Tatsachen oder ein anderes neues Vorbringen, I 1**	6–8	B. Begriff des neuen Vorbringens	17
A. Begriff der neuen Tatsachen	6	C. Zustellbarkeit vor Verhandlung	18
B. Begriff des anderen Vorbringens	7	10) **Schriftliche Erklärung im Zwischenstreit, II 2**	19, 20
C. Unanwendbarkeit auf Rechtsausführungen	8	A. Begriffe	19
7) **Rechtzeitigkeit der Einreichung, I 1** ..	9–12	B. Unanwendbarkeit der Frist des II 1 ...	20
A. Begriff der Einreichung	10	11) **Verstoß der Partei, I, II**	21, 22
B. Zustellbarkeit vor Verhandlung	11, 12	12) **Rechtsbehelfe, I, II**	23
8) **Schriftsatz im Zwischenstreit, I 2**	13–15	13) *VwGO*	24

1) Systematik, I, II. Die Vorschrift enthält Ergänzungen zu den für jeden vorbereitenden Schriftsatz **1** geltenden gesetzlichen Fristen. Soweit das Gericht eine Frist gesetzt hat, hat seine Anordnung als Sonderregel im konkreten Einzelfall Vorrang auch vor § 132. Das gilt auch dann, wenn das Gericht die Fristen des § 132 unterschreitet. Man muß dann klären, ob ein etwaiger Verstoß zB gegen Artt 2 I, 20 III GG (Rpfl), BVerfG **101**, 404, Art 103 I GG (Richter) vorliegt, Rn 23. Soweit das Gesetz oder das Gericht überhaupt keine sonstige Frist enthält oder setzt, muß man § 132 jedenfalls in seinem sachlichen Geltungsbereich beachten, Rn 3.

2) Regelungszweck, I, II. Die Vorschrift dient der rechtzeitigen Vorbereitung der mündlichen Ver- **2** handlung. Sie dient damit der Chance, auch im Fall eines frühen ersten Termins zur Entscheidungsreife nach § 300 Rn 6 zu kommen, wenn das Gericht ihn als vollgültigen Verhandlungstermin geplant hat und durchführt, § 272 Rn 4. Die Vorschrift dient auch der Gewährung des rechtlichen Gehörs, Rn 1. Die Überrumpelung des Prozeßgegners soll unterbleiben, Einl III 54. Dabei gelten im einzelnen unterschiedliche Voraussetzungen. In einem Zwischenstreit kommt es nicht darauf an, daß der Schriftsatz neues Vorbringen enthält oder beantwortet. Das ergibt sich aus dem Wesen des Zwischenstreits. Er enthält ja fast stets ein gewissermaßen neues, überraschendes Element, das den Hauptprozeß vorübergehend beeinflußt. Trotz der damit verbundenen Hinauszögerung des Hauptprozesses soll doch auch der Zwischenstreit ohne würdelose Hetze durchführbar sein.

Stramme Terminierung macht manchmal die Einhaltung der Vorschrift unmöglich. Anderseits könnte der Gegner mit der Rüge ihrer Nichtbeachtung so manchen gar nicht überrasch anberaumten Termin platzen lassen. Das Gericht kann bei seiner Terminierung meist nicht wissen, ob es noch wegen § 132 zusätzlich Zeit geben muß. Im Ergebnis kann daher der Vorschrift nur eine begrenzte Bedeutung zukommen. Das sollte man bei ihrer Handhabung besser mitbedenken.

3) Sachlicher Geltungsbereich, I, II. § 132 gilt nur im sog Anwaltsprozeß, § 78 I. Denn nur in ihm **3** sind vorbereitende Schriftsätze stets vorgeschrieben, § 129 I. Im sog Parteiprozeß ohne Anwaltszwang nach § 78 Rn 35ff ist die Einreichung des mangels Anordnung nach § 129 II der Partei ja nur freigestellten Schriftsatzes noch in der mündlichen Verhandlung statthaft. Daher braucht man jedenfalls keine Frist nach § 132 zu beachten, Ffm FamRZ **93**, 1468. Ob ein Schriftsatz, den die Partei ohne Anwaltszwang im letzten Moment einreicht, das Gericht zur Vertagung zwingt oder eine Zurückweisung etwa wegen Verspätung herbeiführt, ist eine andere Frage. Soweit überhaupt Anwaltszwang herrscht, gilt § 132 auch zB: Nach einem Mahnverfahren nach §§ 688ff, Hamm MDR **80**, 147; für eine Klageerweiterung nach § 263, überhaupt für einen neuen Klagantrag; für ein Beweismittel nach §§ 371ff; für eine Einwendung.

Indessen gilt § 132 eben nur für den vorbereitenden Schriftsatz, Rn 5. Die Vorschrift gilt daher zB *nicht*: Für die Klageschrift selbst nach § 253; für eine Rechtsmittelschrift. In diesen Fällen laufen besondere Fristen, §§ 74 III, 520, 523 II, 569 III; im Verfahren auf den Erlaß eines einstweiligen Verfügung nach §§ 916ff, 935ff, weil die Vorschrift nicht der Natur dieser vorläufigen Verfahrensarten entspricht. Im Urkunden- und Wechselprozeß enthalten §§ 593 II 2, 602 vorrangige Sonderregeln.

4) Persönlicher Geltungsbereich, I, II. Es gilt dasselbe wie bei § 131, dort Rn 4. **4**

5) Vorbereitender Schriftsatz, I, II. Es gilt dasselbe wie bei § 131, dort Rn 5. **5**

6) Neue Tatsachen oder ein anderes neues Vorbringen, I 1. Die Vorschrift ist nur unter den folgen- **6** den wegen des ergänzenden Sondercharakters eng auslegbaren Voraussetzungen anwendbar.

A. Begriff der neuen Tatsachen. Der Schriftsatz muß jedenfalls auch neue Tatsachen enthalten. Zum Tatsachenbegriff Einf 17 vor § 284. Den Gegensatz zur Tatsache bildet eine bloße rechtliche Würdigung. Ob eine Tatsache neu ist, richtet sich nach den Gesamtumständen des Einzelfalls. Maßgeblich ist die pflichtgemäße Beurteilung durch das Gericht, nicht die Bewertung durch die Partei oder den Prozeßgegner allein. Was die Partei jedenfalls im Kern bereits vorgetragen hatte, braucht trotz einiger klärender weiterer Einzelheiten insgesamt nicht neu zu sein. Was die Partei nur scheinbar bereits derart vorgetragen hatte, kann gerade deshalb neu sein, weil sie die wesentliche Einzelheit erst jetzt vorträgt.

Hartmann

§ 132

7 B. Begriff des anderen Vorbringens. Es reicht auch aus, daß statt neuer Tatsachen ein anderes Vorbringen vorliegt, wenn es nur ebenfalls „neu" ist. Scheinbar umfaßt diese Alternative alle anderen denkbaren Inhalte eines vorbereitenden Schriftsatzes. In Wahrheit bezieht sich I 1 aber überhaupt nicht auf bloße Rechtsausführungen, Rn 8. Deshalb hat der in Rn 7 behandelte Begriff in der Praxis kaum Bedeutung. Die Vorschrift bezieht sich überhaupt nicht auf die bloßen Sachanträge der Klageschrift. Sie bezieht sich vielmehr allenfalls auf eine Klagerweiterung oder Klagänderung, Rn 3.

8 C. Unanwendbarkeit auf Rechtsausführungen. Aus dem Regelungszweck nach Rn 2 folgt: Bloße Rechtsausführungen unterliegen auch dann keiner Frist nach I 1, wenn die Partei sie bisher überhaupt nicht oder jedenfalls nicht so geäußert hatte. An eine Rechtsansicht ist das Gericht so gut wie nie gebunden. Daher braucht der Gegner auch grundsätzlich keine Frist zu einer Äußerung. Unberührt bleiben die Pflichten des Gerichts, die Partei vor einer rechtlichen Überrumpelung zu schützen und daher im Rahmen eines etwa nach § 139 II erforderlichen Rechtsgesprächs auch dem Betroffenen Gelegenheit zur Stellungnahme zur gegnerischen Rechtsansicht oder zu derjenigen des Gerichts zu geben.

9 7) Rechtzeitigkeit der Einreichung, I 1. Sofern die Voraussetzungen Rn 6–8 vorliegen, muß die Partei im Anwaltsprozeß nach Rn 3 den vorbereitenden Schriftsatz so rechtzeitig einreichen, daß das Gericht ihn mindestens eine Woche vor der mündlichen Verhandlung zustellen kann. Das gilt nicht vor einem frühen ersten Termin ohne Fristsetzung nach § 275 und überhaupt bei Unzumutbarkeit früherer Einreichung etwa wegen eines erst kurz vor dem Termin erhaltenen Hinweis des Gerichts.

10 A. Begriff der Einreichung. Maßgeblich ist der Eingang bei der Posteinlaufstelle des erkennenden Gerichts. Das ergibt sich aus dem Sinn der Vorschrift. Erst das erkennende Gericht kann die in I 1 genannte Zustellung an den Prozeßgegner wirksam veranlassen. Daher reicht eine Einreichung bei einem anderen Gericht nur dann, wenn der vorbereitende Schriftsatz rechtzeitig beim erkennenden Gericht eingeht. § 129a II 2 ist insoweit entsprechend anwendbar. Bei einer Zustellung von Anwalt zu Anwalt nach § 195 kommt es auf den Zeitpunkt des tatsächlichen Eingangs beim Empfänger und nicht auf denjenigen an, in dem dieser das Empfangsbekenntnis unterschreibt. Den Zeitpunkt muß der Absender notfalls beweisen.

11 B. Zustellbarkeit vor Verhandlung. Zwischen der Einreichung nach Rn 10 und dem Beginn der (gemeint: nächsten tatsächlichen) mündlichen Verhandlung zur Hauptsache muß mindestens eine Woche liegen. Die Frist berechnet man nach § 222 in Verbindung mit §§ 187 ff BGB. Es kommt nicht darauf an, wann der Schriftsatz nun tatsächlich vom Gericht oder von Anwalt zu Anwalt zugestellt wird. Maßgeblich ist, daß eine rechtzeitige Zustellung nach dem gewöhnlichen, vorhersehbaren Lauf der Ereignisse möglich ist. Daher bleibt eine unvorhersehbare Verzögerung der Zustellung an sich unbeachtlich. Das gilt nach einem Poststreik. Sie kann aber zu einer Verletzung des rechtlichen Gehörs führen, Rn 1. Insofern kann sie dann doch beachtlich sein.

12 Eine *Fristabkürzung* nach § 226 darf nicht zur Versagung ausreichenden Gehörs führen. Eine Fristverlängerung nach § 224 kann im Einzelfall geboten sein, Hamm NJW 80, 294, Mü MDR 80, 147. Soweit der Prozeßgegner den Schriftsatz rechtzeitig erhalten hat, kommt es nicht darauf an, ob auch das Gericht ihn rechtzeitig erhielt, soweit die Vorbereitung des Gerichts auf die mündliche Verhandlung nicht beeinträchtigt wurde, aM ZöGre 2 (aber der Prozeß ist kein Selbstzweck, Einl III 10). Eine Verhandlung zwar zur Hauptsache und nicht nur zum Zwischenstreit, dort aber nur zu Verfahrensfragen oder nur zur Zulässigkeit kann als Verhandlung im Sinn von I 1 gelten, soweit sich der vorbereitende Schriftsatz gerade auch auf die dort anstehenden Fragen erstreckt.

13 8) Schriftsatz im Zwischenstreit, I 2. Die Vorschrift enthält eine Sonderregel wegen eines Schriftsatzes in einem sog Zwischenstreit.

A. Begriff des Zwischenstreits. Vgl § 303 Rn 1, 2. Es muß also um einen einzelnen verfahrensrechtlichen Streitpunkt zwischen den Parteien oder zwischen einer von ihnen und einem Dritten gehen, der für den Hauptprozeß entscheidungserheblich sein kann, aber nicht sein muß.

14 B. Unerheblichkeit neuer Ausführungen. Trotz der nach dem Wortlaut mißverständlichen Formulierung „Das gleiche gilt" in I 2 ist beim Schriftsatz, der einen Zwischenstreit betrifft, keine Neuheit der Tatsachen oder des sonstigen Vorbringens erforderlich. Das ergibt sich aus dem Regelungszweck. Ein Zwischenstreit ist seiner Natur nach ja fast stets ein gewissermaßen unvermutbares und insofern „neues" Ereignis im Laufe des Hauptprozesses. Gerade weil er sich in den Hauptprozeß schiebt und ihn aufhält, stellt I 2 klar, daß die in I 1 genannte Frist stets zwingend ist, sofern überhaupt Anwaltszwang herrscht.

15 C. Zustellbarkeit vor Verhandlung. I 2 setzt dieselbe Frist wie I 1, Rn 11.

16 9) Gegenerklärung auf neues Vorbringen, II 1. Auch die Stellungnahme auf gegnerisches Vorbringen zB nach § 138 II kann eine gewisse Besinnung vor der mündlichen Verhandlung erforderlich machen.

A. Begriff der Gegenerklärung. Die Gegenerklärung ist eine Stellungnahme zum gegnerischen Vortrag. Dieser kann in der Klageschrift liegen. Dann liegt die Gegenerklärung in der Klagerwiderung im Sinn von §§ 275 I 1, III, 276 I 2. Die Gegenerklärung kann aber auch eine Erwiderung auf die Äußerung des Bekl darstellen, beispielsweise auf seine Klagerwiderung. Sie stellt dann eine „Stellungnahme" im Sinn von §§ 275 IV, 276 III usw dar. Sie braucht sich nicht auf diesen Charakter zu beschränken.

17 B. Begriff des neuen Vorbringens. Vgl Rn 6–8. Auch hier ist also eine bloße Rechtsausführung nicht fristgebunden.

18 C. Zustellbarkeit vor der mündlichen Verhandlung. Unter der Voraussetzungen Rn 16, 17 muß man ab Einreichung der Gegenerklärung nach Rn 16 eine Frist beachten. Sie berechnet sich wie bei Rn 11, 15. Sie beträgt jedoch abweichend von dort nur drei Tage. Die Frist ermittelt sich nach § 222 in Verbindung mit §§ 187 ff BGB.

19 10) Schriftliche Erklärung im Zwischenstreit, II 2. In Abweichung von II 1 braucht man keine Frist zu beachten, wenn sich die schriftliche Gegenerklärung lediglich auf einen Zwischenstreit bezieht.

Titel 1. Mündliche Verhandlung **§§ 132, 133**

A. Begriffe. Zum Begriff einer Gegenerklärung Rn 16. Zum Begriff des Zwischenstreits Rn 13.
B. Unanwendbarkeit der Frist des II 1. Der Sinn ist: Um den Hauptprozeß nicht durch den ohnehin 20 lästigen Zwischenstreit zeitlich noch stärker zu belasten, soll zwar derjenige eine Frist erhalten, der erstmals mit einem gegnerischen Schriftsatz im Zwischenstreit überzogen wird. Die bloße Erwiderung auf jenen Schriftsatz soll man aber auch im Anwaltsprozeß notfalls noch in der Verhandlung über den Zwischenstreit einreichen dürfen. Insofern gelten Regeln wie beim Parteiprozeß 3.

11) Verstoß der Partei, I, II. Ein Verstoß hat dieselben Folgen wie ein solcher gegen § 129, dort 21 Rn 54, § 273 Rn 7. Wenn man eine Frist versäumt hat, darf der Prozeßgegner außerdem eine Erklärung im Verhandlungstermin ablehnen. Er darf den gegnerischen Vortrag aber nicht einfach bestreiten. Denn das würde gegen seine Pflicht zur Wahrhaftigkeit nach § 138 I verstoßen, BVerfG NJW 80, 277, BGH NJW 85, 1543, Mü MDR 80, 148.

Die Ablehnung einer Erklärung gegenüber einem gegnerischen erheblichen Vorbringen kann das Gericht 22 dazu zwingen, die Verhandlung nach §§ 227, 337 zu *vertagen* oder nach § 273 oder § 283 eine *Frist* zu setzen. Die Unterlassung einer entsprechend notwendigen Maßnahme wäre eine Verweigerung des rechtlichen Gehörs, Artt 2 I, 20 III GG (Rpfl), BVerfG **101**, 404, Art 103 I GG (Richter), BGH NJW **89**, 716, Hamm NJW **80**, 294, Mü MDR **80**, 147. Indessen besteht keineswegs stets ein Anspruch auf eine Vertagung usw BVerfG NJW **87**, 705, BGH **94**, 195, Mü MDR **80**, 148. Es gelten vielmehr die allgemeinen Regeln zu den Grenzen der Beachtlichkeit allzu späten Vorbringens, §§ 283, 296. Das Gericht sollte eine solche Partei, die durch eine verspätete Einreichung eines Schriftsatzes zu einer Vertagung zwingt, zumindest mit einer Verzögerungsgebühr belegen, (jetzt) § 38 GKG, Anh § 95, aM Mü MDR **75**, 495 (die Gebühr sei unzulässig. Aber sie ist eine gerade auch für solche Fälle gedachte gesetzliche Möglichkeit). Zwar kann § 296 I anwendbar sein. § 296 II ist allerdings grundsätzlich unanwendbar, BGH MDR **89**, 49. Vgl im übrigen § 296 a.

12) Rechtsbehelfe, I, II. Gegen einen Verstoß des Gerichts kann die Partei grundsätzlich nur nach dem 23 darauf beruhenden Endurteil durch das insoweit gegebene Rechtsmittel vorgehen. Soweit man das Verhalten des Gerichts als Zurückweisung eines das Verfahren betreffenden Gesuchs beurteilen muß, kann aber die sofortige Beschwerde statthaft sein, § 567 I Z 2. Eine Rechtsbeschwerde kommt unter den Voraussetzungen des § 574 in Betracht. Soweit das Gericht durch einen Verstoß des Gerichts das Gebot des rechtlichen Gehörs verletzt hat, Rn 22, kommt nach Erschöpfung des Rechtsmittelzugs eine Verfassungsbeschwerde in Betracht, Einl III 17. Beim Rpfl gilt § 11 RPflG, § 104 Rn 41 ff.

13) *VwGO:* Als Mußvorschrift unanwendbar, weil § 129 I nicht gilt. Als Sollvorschrift zur Ergänzung von 24 § 86 IV *VwGO* ist § 132 unbedenklich heranzuziehen, *§ 173 VwGO*, so daß bei Verstoß Vertagung oder Fristsetzung in Frage kommt, oben Rn 22. Wegen der rechtzeitigen Übermittlung s BVerwG NVwZ **87**, 1071.

133

Abschriften. [I] [1] Die Parteien sollen den Schriftsätzen, die sie bei dem Gericht einreichen, die für die Zustellung erforderliche Zahl von Abschriften der Schriftsätze und deren Anlagen beifügen. [2] Das gilt nicht für elektronisch übermittelte Dokumente sowie für Anlagen, die dem Gegner in Urschrift oder in Abschrift vorliegen.

[II] Im Falle der Zustellung von Anwalt zu Anwalt (§ 195) haben die Parteien sofort nach der Zustellung eine für das Prozessgericht bestimmte Abschrift ihrer vorbereitenden Schriftsätze und der Anlagen bei dem Gericht einzureichen.

Vorbem. I 2 erweitert dch Art 1 Z 8 JKomG v 22. 3. 05, BGBl 837, in Kraft seit 1. 4. 05, Art 16 I JKomG, ÜbergangsR Einl III 78.

Gliederung

1) Systematik, I, II	1	7) Entbehrlichkeit beim elektronischen Dokument und von Anlagen, I 2	10
2) Regelungszweck, I, II	2	8) Zustellung von Anwalt zu Anwalt, II	11–14
3) Sachlicher Geltungsbereich, I, II	3	A. Begriff	11
4) Persönlicher Geltungsbereich, I, II	4	B. Einreichung beim Gericht	12
5) Schriftsatz, I 1	5	C. Abschrift für Prozessgericht	13
6) Notwendigkeit der Beifügung von Abschriften und Anlagen, I 1	6–9	D. Sofort nach Zustellung	14
A. Umfang der Schriftstücke	6	9) Verstoß der Partei, I, II	15
B. Zahl der Abschriften	7	10) Rechtsbehelfe, I, II	16
C. Ausreichen einfacher Abschriften	8	11) *VwGO*	17
D. Keine Abschrift der Prozeßvollmacht	9		

1) Systematik, I, II. Die Vorschrift ergänzt § 129. Sie gilt für jeden vorbereitenden Schriftsatz, unabhän- 1 gig davon, ob das Gericht ihn angefordert hat oder nicht, ob er eine Erwiderung auf einen gegnerischen Schriftsatz darstellt, ob er ein Verfahren einleitet oder nicht. Zusätzlich kann das Gericht zB nach § 273 im Weg einer vorbereitenden Anordnung auch die Zahl von Abschriften der Schriftsätze und deren Anlagen bestimmen und über den Umfang Anordnungen treffen, um die Partei etwa Anlagenteile auch in Abschrift beifügen soll. Im Urkundenprozeß usw enthalten §§ 593 II, 602, 605 a vorrangige Sonderregeln. Beim förmlichen Urkundenbeweis reicht die Einreichung einer bloßen Abschrift grundsätzlich nicht aus, §§ 420 ff. Das gilt auch dann, wenn sich die Urkunde nach der Behauptung des Beweisführers in den Händen eines Dritten befindet, § 428. Das Gericht kann auch dann die Vorlage auch einer Abschrift anordnen.

2) Regelungszweck, I, II. Die Vorschrift soll dem Vorsitzenden und dem Berichterstatter die Vorberei- 2 tung des Verhandlungstermins ermöglichen oder wenigstens erleichtern. Sie soll die Information des Prozeß-

§ 133

Buch 1. Abschnitt 3. Verfahren

gegners durch die Geschäftsstelle erleichtern. Sie dient damit auch der Prozeßwirtschaftlichkeit, Grdz 14 vor § 128. Sie dient nämlich der Verfahrensförderung und der Beschleunigung. Sie hat auch Kostenwirkungen. Soweit die Geschäftsstelle eine von der Partei nicht eingereichte notwendige Abschrift von Amts wegen herstellen muß, kann eine Dokumentenpauschale entstehen, Hartmann Teil I KV 9000 Rn 15.

Erst im Termin erhält das Gericht oft einen Schriftsatz nebst Anlagen. Das gilt vor allem im frühen ersten Termin ohne notwendige vorangegangene Güteverhandlung. Auch der Gegner kann dann erst jetzt seine Abschrift erhalten. Das alles hat weder bei § 133 noch übrigens bei anderen Vorschriften stets nachteilige Folgen. Die Verteilung von mehreren Schriftsätzen in Abschriften an den jeweiligen Gegner zum Terminsbeginn ist ein Alltagsvorgang. Er berechtigt keineswegs stets zur Vertagung.

3 **3) Sachlicher Geltungsbereich, I, II.** § 133 betrifft sowohl den Anwaltsprozeß als auch den Parteiprozeß, § 78 Rn 1, § 195 Rn 3. Im Familienverfahren gilt § 133 wegen des vorrangigen § 624 IV allerdings nur eingeschränkt. Im übrigen gilt die Vorschrift in jeder Verfahrenslage und in jeder Instanz. Nach dem Schluß der letzten mündlichen Verhandlung nach §§ 136 IV, 296 a hat allerdings eine Partei außerhalb einer ihr nach § 283 gewährten Nachfrist grundsätzlich nicht mehr das Recht, einen Schriftsatz auch nur in Original einzureichen. Freilich darf und muß das Gericht einen trotzdem eingereichten Schriftsatz durchprüfen, etwa unter dem Gesichtspunkt, ob die Wiedereröffnung der Verhandlung notwendig wäre, § 156. Das darf allerdings nicht zu dem Mißbrauch führen, in einem nachgereichten Schriftsatz einfach das mündlich Vorgetragene noch einmal niederzulegen. Es ist oft gerade zweifelhaft, ob sich der nachgereichte Vortrag auf die bloße Wiederholung beschränkt. Immerhin muß die Partei auch § 133 vorsorglich mitbeachten, wenn sie überhaupt einen Schriftsatz nachreicht.

4 **4) Persönlicher Geltungsbereich, I, II.** Die Vorschrift gilt für jede Partei, Grdz 4 vor § 50. Soweit sie durch einen ProzBev nach § 81 oder durch ihren gesetzlichen Vertreter nach § 51 einschreitet, müssen natürlich diese letzteren den § 133 beachten. Die Vorschrift gilt auch für den gewöhnlichen und streitgenössischen Streithelfer nach §§ 66, 69 und für den Widerkläger bzw Widerbekl nach Anh § 253, für Streitgenossen nach § 59, ferner in einem Zwischenstreit. Dem Anwalt steht in II ein Erlaubnisträger nach § 209 BRAO gleich, § 25 EGZPO.

5 **5) Schriftsatz, I 1.** § 133 gilt für jeden von der Partei beim Gericht eingereichten oder einzureichenden Schriftsatz. Es kann sich um einen vorbereitenden Schriftsatz nach § 129 handeln, um die Klageschrift, die Klagerwiderung, Widerklage usw. Zum Einreichungsbegriff § 132 Rn 10. Im Fall der Zustellung von Anwalt zu Anwalt nach II handelt es sich immerhin ebenfalls um einen Schriftsatz, der auch und gerade zur Kenntnis des Gerichts bestimmt ist, wenn die Partei ihn auch nicht direkt dort im Original einreicht. Bei einem Schriftsatz, den sie zwar aus Anlaß des Prozesses verfaßt und absendet, der aber nur zur Kenntnis des Prozeßgegners oder eines Dritten bestimmt ist, ist § 133 unanwendbar. Natürlich steht es der Partei frei, dem Gericht nachträglich Kenntnis auch von ihm zu geben.

6 **6) Notwendigkeit der Beifügung von Abschriften und Anlagen, I 1.** Grundsätzlich soll die Partei dem beim Gericht eingereichten Schriftsatz die für die Zustellung erforderliche Zahl von Abschriften sowohl des Schriftsatzes selbst als auch seiner etwaigen Anlagen beifügen. Davon kann nach § 130 a eine Ausnahme gelten.

A. Umfang der Schriftstücke. Vom eigentlichen Schriftsatz ist natürlich stets eine vollständige Abschrift erforderlich. Dasselbe gilt auch von denjenigen Anlagen, die zum Original des Schriftsatzes gehören sollen. Selbst wenn die Partei etwa nach § 131 II nur Teile einer Urkunde beifügt, muß sie wenigstens diese Teile abschriftlich auch der Abschrift des Schriftsatzes beifügen. Dieser Grundsatz gilt, soweit der Prozeßgegner keine Urschrift oder Abschrift des betreffenden Teils besitzt.

7 **B. Zahl der Abschriften.** Beifügen muß man diejenige Zahl von Abschriften, die zur ordnungsgemäßen Zustellung an den oder die Prozeßgegner nach dem Gesetz erforderlich sind. Das ist streng genommen je Prozeßgegner nur ein Exemplar, selbst wenn er zB anwaltlich vertreten ist. Denn in diesem Fall darf und muß die Zustellung nur an den ProzBev erfolgen, § 172. Üblich und ratsam ist indessen eine solche Zahl von Abschriften, daß jeder Prozeßgegner und jeder, der ihn vertritt, ein Exemplar erhalten kann, also meist zwei Abschriften neben der Urschrift, Karlsr AnwBl **86**, 546, Mü Rpfleger **82**, 438, LG Mü MDR **91**, 256. Sie sind aber nicht Zwang, Düss WoM **03**, 621, Mü OLGR **94**, 105. Das alles gilt auch beim Telefax, VGH Kassel NJW **91**, 316.

8 **C. Ausreichen einfacher Abschriften.** § 133 fordert anders als § 270 keine Beglaubigung oder Beurkundung. Das gilt selbst dann, wenn das Original solcher Form bedarf. Auch ein Anwalt braucht die von ihm hergestellte Abschrift nicht zu beglaubigen. Zweckmäßig vermerkt er bei einer eigenen Zustellung deren Tag wegen der §§ 128 II, 251 a auf der Abschrift. Eine sachlichrechtliche Erklärung kann formbedürftig sein.

9 **D. Keine Abschrift der Prozeßvollmacht.** Man muß eine Prozeßvollmacht zwar stets im Original einreichen, § 80 Rn 11, auch im Fall einer sog Generalvollmacht, dort Rn 13. Man braucht aber nicht von ihr eine auch nur einfache Abschrift beizufügen, soweit der vorbereitende Schriftsatz nicht auch sachlichrechtliche Erklärungen enthält, die zur Wirksamkeit der Aushändigung einer Vollmacht bedürfen, etwa die Kündigung, § 130 BGB. In diesem Fall muß man zwischen der sachlichrechtlichen Vollmacht und der Prozeßvollmacht unterscheiden. Soweit der ProzBev die Kündigung usw auf seine sachlichrechtliche Vollmacht stützt und stützen kann, muß er natürlich zumindest diesen Teil der Prozeßvollmacht unter Beachtung der für Urkundenauszüge in § 131 II genannten Grundsätze dem Gegner übersenden (lassen), und zwar in Urschrift.

10 **7) Entbehrlichkeit beim elektronischen Dokument und von Anlagen, I 2.** Natürlich braucht der Prozeßgegner nicht eine Abschrift, wenn es um ein elektronisch übermitteltes Dokument geht oder wenn er bereits die Urschrift oder eine Abschrift besitzt. Das stellt I 2 als eine eng auslegbare Ausnahmevorschrift klar. Die Beifügung ist daher nur insoweit entbehrlich, als dem Gegner bereits mindestens derselbe Umfang

Titel 1. Mündliche Verhandlung §§ 133, 134

des elektronischen Dokuments oder des Schriftstücks oder der Anlage vorliegen. Soweit er sie bereits früher erhalten hatte, jetzt aber zumindest schuldlos glaubhaft nicht mehr besitzt, liegen sie ihm eben nicht mehr im Sinn von I 2 vor. Vorwerfbare Vernichtung erst nach Erkennbarkeit der auch nur etwaigen Prozeßerheblichkeit mag als Verstoß gegen Treu und Glauben unbeachtlich sein, Einl III 54. Indessen hätte der Prozeßgegner dann zumindest dem Gericht gegenüber die Möglichkeit, gegen Vorschuß den Ausdruck eines elektronischen Dokuments oder dessen Übermittlung oder eine Abschrift des in der Gerichtsakte liegenden Originals anzufordern.

8) Zustellung von Anwalt zu Anwalt, II. Während I die Einreichung des Schriftsatzes beim Gericht **11** und die Zustellung an den Prozeßgegner von Amts wegen meint, enthält II eine vorrangige Sonderregel für den Fall der zulässigen Zustellung von Anwalt zu Anwalt, § 195. Vgl auch Rn 5 (Erlaubnisträger).

A. Begriff. Die Voraussetzungen einer Zustellung von Anwalt zu Anwalt im Sinne von § 195 müssen vollständig vorliegen, dort Rn 2 ff.

B. Einreichung beim Gericht. Soweit der Inhalt des nach § 195 zugestellten Schriftstücks überhaupt **12** zur Kenntnis auch des Gerichts bestimmt ist, muß die Partei eine Abschrift usw beim Gericht einreichen, Rn 13. Erst damit löst sie die daraus etwa folgenden Rechtswirkungen aus. Die Abschrift gelangt zu den Gerichtsakten. Über ihre Führung Piller/Hermann, Justizverwaltungsvorschriften (Loseblattausgabe). Es genügt die Zusendung durch die Post. Maßgeblich ist auch dann der Eingang auf der Posteinlaufstelle, nicht erst derjenige auf der Geschäftsstelle des erkennenden Gerichts.

C. Abschrift für Prozeßgericht. Man muß eine für das Prozeßgericht bestimmte Abschrift des vorbe- **13** reitenden Schriftsatzes und seiner sämtlichen Anlagen einreichen. Das ist eigentlich selbstverständlich. Keineswegs darf die Einreichung weniger als dasjenige umfassen, was von Anwalt zu Anwalt zugestellt wurde. Bei einem elektronischen Dokument genügt zur Einreichung die Aufzeichnung durch die für den Empfang bestimmte Stelle des Gerichts, § 130 a III.

D. Sofort nach Zustellung. Die Einreichung muß sofort und nicht nur unverzüglich nach der Zu- **14** stellung von Anwalt zu Anwalt erfolgen. Andernfalls wäre das erkennende Gericht über den Prozeßstand schlechter informiert als die Parteien. Das würde niemandem nützen.

9) Verstoß der Partei, I, II. Soweit die Partei gegen die Sollvorschrift des I oder gegen die Mußvor- **15** schrift des II verstößt, kann und muß zunächst die Geschäftsstelle das Fehlende unter einer angemessenen Fristsetzung nachfordern oder nach ihrem pflichtgemäßen Ermessen auch sogleich eine Anfertigung veranlassen. Das gilt insbesondere bei einem bereits anberaumten nahen Termin, insbesondere auch von Abschriften oder Ablichtungen sämtlicher Anlagen. Das alles erfolgt auf Kosten des nach § 133 Verpflichteten, KV 9000. Der Urkundsbeamte muß diese Schriftstücke dem Prozeßgegner zuleiten. Im übrigen kann natürlich auch der Vorsitzende dergleichen veranlassen. Ein Verstoß der Partei zieht keinen sachlichen Nachteil nach sich. Das Gericht muß allerdings den Verhandlungstermin notfalls von Amts wegen vertagen, um sich genügend vorbereiten zu können. Es kann auch erforderlich sein, den Prozeßgegner nach Artt 2 I, 20 III GG (Rpfl), BVerfG **101**, 404, Art 103 I GG (Richter) anzuhören, soweit das Gericht überhaupt einen Vortrag des Einreichers berücksichtigen muß. Das Gericht kann eine Verzögerungsgebühr nach § 38 GKG verhängen, Anh § 95. Er kann auch dem Säumigen Kosten nach § 95 auferlegen.

10) Rechtsbehelfe, I, II. Ein Verstoß des Gerichts ist ein Verfahrensfehler. Gleichwohl kann der **16** Betroffene den Verstoß grundsätzlich nur zusammen mit der darauf beruhenden Endentscheidung anfechten. Soweit das Verhalten des Gerichts eine Zurückweisung eines das Verfahren betreffenden Gesuchs wäre, kommt sofortige Beschwerde nach § 567 I Z 2 in Betracht. Eine Rechtsbeschwerde kommt unter den Voraussetzungen des § 574 in Betracht. Soweit ein Verstoß zur Versagung des rechtlichen Gehörs führte, Rn 15, kommt nach der Erschöpfung des Rechtswegs eine Verfassungsbeschwerde in Betracht, Einl III 17. Beim Rpfl gilt § 11 RPflG, § 104 Rn 41 ff.

11) VwGO: *Es gilt § 81 II VwGO, zu dessen Ergänzung hinsichtlich der Anlagen sowohl* **I 1**, *VGH Mü* **17** *BayVBl* **86**, *379, als auch* **I 2** *entsprechend anzuwenden ist, § 173 VwGO, weil diese Erleichterung für alle Verfahren gilt.* **II** *ist unanwendbar, weil Schriftsätze nicht zugestellt, sondern vAw übersandt werden, § 86 IV 3 VwGO.*

134 *Einsicht von Urkunden.* **¹** Die Partei ist, wenn sie rechtzeitig aufgefordert wird, verpflichtet, die in ihren Händen befindlichen Urkunden, auf die sie in einem vorbereitenden Schriftsatz Bezug genommen hat, vor der mündlichen Verhandlung auf der Geschäftsstelle niederzulegen und den Gegner von der Niederlegung zu benachrichtigen.

II ¹ Der Gegner hat zur Einsicht der Urkunden eine Frist von drei Tagen. ² Die Frist kann auf Antrag von dem Vorsitzenden verlängert oder abgekürzt werden.

Gliederung

1) Systematik, I, II 1	10) Einsichtsfrist, II 1 10
2) Regelungszweck, I, II 2	11) Fristverlängerung oder -abkürzung, II 2 11
3) Sachlicher Geltungsbereich, I, II 3	12) Verbleib der niedergelegten Urkunde, I, II 12
4) Persönlicher Geltungsbereich, I, II ... 4	13) Vorstoß der Partei, I, II 13
5) Rechtzeitigkeit der Aufforderung, I .. 5	14) Vorstoß des Gerichts, I, II 14
6) Urkunde in Parteihänden, I 6	15) Rechtsbehelfe, I, II 15
7) Bezugnahme, I 7	16) VwGO 16
8) Niederlegung auf Geschäftsstelle, I .. 8	
9) Benachrichtigung des Gegners, I 9	

§ 134   Buch 1. Abschnitt 3. Verfahren

1   **1) Systematik, I, II.** Die Vorschrift stellt eine Ergänzung zu §§ 131, 133 dar. Eine weitere Ergänzung enthält § 135. Die Abgrenzung ist nur fein, aber doch deutlich erkennbar. Sie beruht auf den unterschiedlichen Regelungszwecken der Vorschriften, vgl ihre jeweiligen Rn 2. Im Urkundenprozeß ist § 134 ungeachtet des § 593 II anwendbar. Beim förmlichen Urkundenbeweis gelten die vorrangigen Sonderregeln der §§ 420 ff. Wegen der Handelsbücher enthalten §§ 258 ff HGB vorrangige Sonderregeln.

2   **2) Regelungszweck, I, II.** Der Zweck des § 134 besteht darin, dem Prozeßgegner derjenigen Partei, die sich auf eine Urkunde bezieht, die Einsicht des Urstücks zu ermöglichen, auch die Einsicht in eine nicht eingereichte Prozeßvollmacht. Diese Einsicht kann deswegen bedeutungsvoll sein, weil sich die Partei über die Echtheit der Urkunde klarwerden und notfalls unverzüglich dazu eine Erklärung abgeben muß. § 131 würde zu dieser Frage oft nicht weiterhelfen. Denn nach ihm würde die Beifügung einer bloßen unbeglaubigten Abschrift ausreichen. § 133 wäre aus demselben Grund nicht ausreichend. Dem Regelungszweck nach enthält § 134 ähnliche Gedanken wie §§ 420 ff. Letztere gelten aber nur beim förmlichen Urkundenbeweis, nicht im Stadium der Klärung, ob man zB die Echtheit der Urkunde überhaupt bestreiten soll. Auch dem Gericht dient § 134. Denn auch das Gericht soll unverzüglich instande sein, sich über die Brauchbarkeit und Echtheit einer Urkunde nicht nur nach einer Abschrift Gewißheit zu verschaffen, sondern eben durch Einsicht in das Urstück. Insofern dient die Vorschrift ebenfalls der Prozeßförderung und Beschleunigung, Grdz 14 vor § 128. Sie hat trotz der Möglichkeiten der Fotokopie usw keineswegs an Bedeutung verloren. Erst die Einsicht in das Original ergibt oft den entscheidungserheblichen Eindruck, nicht nur für den Sachverständigen.

3   **3) Sachlicher Geltungsbereich, I, II.** Die Vorschrift gilt in jeder Verfahrensart, in jedem Verfahrensstadium und in jeder Instanz. Sie gilt im Anwalts- wie im Parteiprozeß, § 78 Rn 1.

4   **4) Persönlicher Geltungsbereich, I, II.** Die Vorschrift gilt für alle Parteien, Grdz 4 vor § 50. Im Fall der Vertretung durch einen ProzBev nach § 81 oder durch einen gesetzlichen Vertreter nach § 51 gilt sie auch für diese Personen. Sie gilt auch für den Widerkläger oder Widerbekl nach Anh § 252 sowie für den Streitgenossen nach § 59, den gewöhnlichen und streitgenössischen Streithelfer nach §§ 66, 69 und den an einem Zwischenstreit Beteiligten.

5   **5) Rechtzeitigkeit der Aufforderung, I.** Erste Voraussetzung einer Niederlegungspflicht ist, daß die Partei „rechtzeitig aufgefordert wird". Die Aufforderung kann durch den Prozeßgegner oder durch das Gericht erfolgen, das auch von Amts wegen tätig wird, §§ 142, 273, und zwar formlos. Sie kann also auch stillschweigend erfolgen, sofern sie nur eindeutig den Willen erkennen läßt, in das Original Einblick nehmen zu können.
    Rechtzeitig bedeutet: So früh, daß die Partei der Aufforderung bei unverzüglicher Bemühung nachkommen kann, also ohne schuldhaftes Zögern, § 121 I 1 BGB, noch vor dem Schluß der nächsten mündlichen Verhandlung zur Sache, §§ 136 IV, 296 a, im schriftlichen Verfahren vor dem diesem Schluß gleichstehenden Zeitpunkt, § 128 II. Es richtet sich nach den Gesamtumständen des Einzelfalls, welcher Zeitraum dazu erforderlich ist. Er kann Wochen betragen, sich aber auch auf wenige Minuten beschränken, wenn zB die Herbeischaffung durch einen Mitarbeiter des Anwaltsbüros aus den dort lagernden Handakten noch im Laufe desselben Termins möglich ist. Im Rahmen des § 134 besteht kein Anwaltszwang, also auch nicht für die Aufforderung.

6   **6) Urkunde in Parteihänden, I.** Weitere Voraussetzung der Niederlegungspflicht ist, daß sich die Urkunde derzeit schon und noch gerade in den Händen derjenigen Partei befindet, die auf sie im vorbereitenden Schriftsatz Bezug genommen hat. Vgl § 131 Rn 8.

7   **7) Bezugnahme, I.** Weitere Voraussetzung ist, daß die Partei auf die Urkunde gerade in einem vorbereitenden Schriftsatz auch Bezug genommen hat. Vgl § 131 Rn 9. Eine gerichtliche Anordnung nach §§ 142, 273 reicht hier nicht.

8   **8) Niederlegung auf Geschäftsstelle, I.** Unter den Voraussetzungen Rn 5–7 besteht die vorgenannte Verpflichtung. Es handelt sich also nicht nur um eine Sollvorschrift. Man muß diese Verpflichtung bereits vor der mündlichen Verhandlung erfüllen, soweit dies noch möglich ist. Erfolgt die Aufforderung nach Rn 5 zu spät, so kann § 134 zur entsprechenden Anwendung während der Verhandlung führen. Wegen der Niederlegung § 133 Rn 12. Die Niederlegung erfolgt natürlich auf der Geschäftsstelle des Prozeßgerichts. Das Gericht darf einem Antrag auf eine Versendung nach außerhalb stattgeben. Es muß so entscheiden, wenn keine unzumutbare Verzögerung und kein anderer Hinderungsgrund erkennbar sind, aM ZöGre 3 (aber auch das Gericht darf nicht Formalismus betreiben). Durch die Niederlegung entsteht ein öffentlich-rechtliches Rechtsverhältnis zwischen dem Staat und der Partei. Es hat eine gewisse Ähnlichkeit mit einer Verwahrung.

9   **9) Benachrichtigung des Gegners, I.** Zusätzlich zu der Pflicht zur Niederlegung nach Rn 8 entsteht unter den Voraussetzungen Rn 5–7 die weitere Pflicht, den Prozeßgegner von der Niederlegung nach zu benachrichtigen. Die bloße Niederlegung reicht also selbst dann nicht aus, wenn sie rechtzeitig erfolgt ist. Der Sinn besteht darin, dem Prozeßgegner die möglichst baldige Einsicht in das Original zu ermöglichen. Er soll nicht ständig beim Gericht rückfragen müssen, ob die Urkunde dort niedergelegt worden ist. Die Benachrichtigung muß ebenfalls rechtzeitig und mindestens unverzüglich nach der Niederlegung erfolgen. Sie kann formlos geschehen. Sie muß aber unmißverständlich sein. Gegenüber dem anwaltlich vertretenen Prozeßgegner erfolgt die Benachrichtigung an ihn, vgl den in § 172 enthaltenen Grundgedanken.

10   **10) Einsichtsfrist, II 1.** Der Prozeßgegner hat zur Einsicht des Originals auf der Geschäftsstelle des Prozeßgerichts eine Frist von drei Tagen. Diesen Grundsatz muß man auch im Rahmen des Begriffs „rechtzeitige Aufforderung" mitbeachten, Rn 5. Indessen darf man nicht starr darauf bestehen. Das ergibt sich schon aus II 2. Vielmehr ist die Drei-Tages-Frist lediglich ein Anhaltspunkt eines ausreichenden Zeitraums. Die Frist ist keine Notfrist. Denn das Gesetz bezeichnet sie nicht als solche, § 224 I 2.

Titel 1. Mündliche Verhandlung **§§ 134, 135**

11) Fristverlängerung oder -abkürzung, II 2. Der Vorsitzende kann auf Antrag die Frist verlängern **11** oder abkürzen. Das stellt II 2 klar. Insofern bestehen Abweichungen von § 224 I 1, der ja eine Vereinbarung der Parteien fordert, aber auch ausreichen läßt. In II ist ein Antrag des an der Friständerung Interessierten erforderlich, aber auch ausreichend. Aber auch gegenüber § 224 II bestehen Abweichungen. Dort ist eine Friständerung nur aus erheblichen Gründen statthaft. Hier sind solche Gründe nicht von vornherein erforderlich. Freilich darf und muß der Vorsitzende im Rahmen seines pflichtgemäßen Ermessens abwägen, ob der Antrag ausreichend begründet ist. Er muß dabei einerseits den Grundsatz der Prozeßförderung beachten, Grdz 12 vor § 128, andererseits das Gebot ausreichenden rechtlichen Gehörs, Einl III 16. Drei Tage können auch heute sehr kurz sein. Sie werden nach § 222 berechnet. Das Verfahren bei einer Friständerung richtet sich nach § 225. Daher ist eine Abkürzung oder wiederholte Verlängerung nach § 224 nur nach Anhörung des Gegners statthaft.

12) Verbleib der niedergelegten Urkunde, I, II. Die Urkunde wird abgesehen von der Prozeßvoll- **12** macht im Parteiprozeß nach § 80 I nicht zum Bestandteil der Gerichtsakten, § 299. Sie wird zwar dort eingeheftet oder im hinteren Aktendeckel verwahrt. Der Urkundsbeamte muß sie aber bei korrekter Behandlung bei Prozeßende aussondern und von Amts wegen dem Einreicher zurückgeben, zweckmäßig durch Einschreiben gegen Rückschein, Empfangsbekenntnis oder Zustellungsurkunde. Die Partei kann die Urkunde auch jederzeit zurückfordern. Sie muß freilich die Einsichtsfrist des Gegners beachten. Bei einer verdächtigen Urkunde gilt § 443. Der Vorsitzende entscheidet über Umfang und Zeitpunkt der Rückgabe.

13) Verstoß der Partei, I, II. Die Bezugnahme der Partei bleibt bei ihrer Verweigerung der Niederlegung **13** unbeachtlich. Bei einer Verzögerung können §§ 282, 296 anwendbar sein, ZöGre 3, aM StjL 4 (aber diese Vorschriften gelten uneingeschränkt im dort genannten Umfang). Soweit der Gegner der niederlegenden Partei eine ihm mögliche und ihm zumutbare Einsicht unterläßt, verliert er das Recht, aus der Unkenntnis der Urkunde etwas herzuleiten. Außerdem kann auch in einem solchen Fall eine Einwendung gegenüber der Partei verspätet sein, § 296 II. Im übrigen wirkt ein Verstoß gegen I wie ein solcher gegen § 129.

14) Verstoß des Gerichts, I, II. Soweit der Richter oder der Urkundsbeamter usw eine ordnungsgemäß **14** niedergelegte Urkunde vorwerfbar unsachgemäß behandeln, beschädigen, vernichten oder abhanden kommen lassen, kann eine Staatshaftung in Betracht kommen, § 839 BGB. Vgl Rn 15.

15) Rechtsbehelfe, I, II. Die Partei kann grundsätzlich erst die auf einem Verstoß des Gerichts **15** beruhende Endentscheidung anfechten. Die Anfechtung eines Beschlusses nach § 329, durch das Gericht ein Gesuch um Fristverlängerung nach II 2 zurückgewiesen hat, ist unzulässig, § 225 III. Im übrigen kann § 567 I Z 2 bei Zurückweisung eines Antrags anwendbar sein. Eine Rechtsbeschwerde kommt unter den Voraussetzungen des § 574 in Betracht. Beim Rpfl gilt § 11 RPflG, § 104 Rn 41 ff.

16) *VwGO:* Entsprechend anwendbar, § 173 *VwGO,* als Ergänzung zu § 86 V *VwGO,* jedoch mit der sich aus **16** § 99 *VwGO* ergebenden Beschränkung.

135 *Mitteilung von Urkunden unter Rechtsanwälten.* ^IDen Rechtsanwälten steht es frei, die Mitteilung von Urkunden von Hand zu Hand gegen Empfangsbescheinigung zu bewirken.

^{II} Gibt ein Rechtsanwalt die ihm eingehändigte Urkunde nicht binnen der bestimmten Frist zurück, so ist er auf Antrag nach mündlicher Verhandlung zur unverzüglichen Rückgabe zu verurteilen.

^{III} Gegen das Zwischenurteil findet sofortige Beschwerde statt.

Gliederung

1) **Systematik, I–III**	1	B. Fristverstoß	9
2) **Regelungszweck, I–III**	2	C. Antragserfordernis	10
3) **Sachlicher Geltungsbereich, I–III**	3	D. Notwendigkeit mündlicher Verhandlung	11
4) **Persönlicher Geltungsbereich, I–III**	4	E. Verurteilung zur unverzüglichen Rückgabe	12
5) **Wahlrecht des Anwalts, I**	5	F. Kosten	13
6) **Mitteilung von Hand zu Hand, I**	6	G. Vollstreckung	14
7) **Empfangsbescheinigung, I**	7	9) **Sofortige Beschwerde, III**	15
8) **Rückgabestreit, II**	8–14	10) *VwGO*	16
A. Rückgabefrist	8		

1) Systematik, I–III. I bezieht sich anders als § 133 II weder auf den von Anwalt zuzustellenden Schrift- **1** satz noch auf dessen Abschriften oder die Abschriften seiner Anlagen, sondern auf die im Schriftsatz etwa in Bezug genommene Urkunde, mag sie nun als Anlage zum Schriftsatz oder anderswo in ihm nur erwähnt worden sein. Die Vorschrift gilt nicht nur im Falle des Einsichtsverlangens nach § 134, sondern auch unabhängig davon. Das gilt, wenn das Gericht die Partei zur Vorlage des Originals an den Gegner aufgefordert hat. Es gilt auch, wenn die Partei dem Gegner das Original unabhängig von solcher Aufforderung zukommen lassen will, um ihn zB zu einer zweckmäßigen Stellungnahme dazu zu veranlassen, ob er die Echtheit der Urkunde usw bestreiten will. II, III enthalten Verfahrensregeln für den Fall, daß der Empfänger die Urkunde nicht ordnungsgemäß zurückgibt. Ergänzend findet § 195 bei I, § 280 bei II Anwendung. Im Urkundenprozeß nach §§ 592 ff gelten ansich vorrangig §§ 420 ff. Sie enthalten aber zu II, III keine Sonderregeln.

§ 135 Buch 1. Abschnitt 3. Verfahren

2 **2) Regelungszweck, I–III.** Wie bei § 134 Rn 2 besteht auch bei § 135 der Zweck insgesamt darin, das Verfahren zur Hauptsache im Interesse der Prozeßwirtschaftlichkeit nach Grdz 14 vor § 128 zu erleichtern und zu beschleunigen. Die sachlichrechtliche Haftung des jeweiligen Gewahrsamsinhabers der Urkunde gegenüber dem Gericht bzw den anderen Prozeßbeteiligten bleibt unberührt. § 135 enthält also eine rein prozessuale Vorschrift. Freilich dient II auch der Rechtssicherheit, Einl III 42. Die Vorschrift soll das Vertrauen des bisherigen Urkundsbesitzers auf den Rückerhalt stärken. Immerhin ist ein Rückgabe-Zwischenurteil auch ein Vollstreckungstitel. Allerdings nimmt die nach II notwendige Einschränkung einer Unverzüglichkeit mit ihrer indirekten Verweisung auf § 121 I 1 BGB auf den Umstand Rücksicht, daß der ProzBev evtl die etwa an den Auftraggeber zu dessen vorübergehender Einsicht übergebene Urkunde wegen dessen Verzugs derzeit nicht nach II zurückgeben kann. Vor diesem Risiko kann § 135 nicht bewahren.

3 **3) Sachlicher Geltungsbereich, I–III.** Die Vorschrift setzt voraus, daß beide Parteien anwaltlich vertreten sind. Sie gilt unter dieser Bedingung aber auch im Parteiprozeß, § 78 Rn 1. Sie gilt in jeder Verfahrenslage und in allen Instanzen. Beim förmlichen Urkundenbeweis kann sich aus §§ 420 ff eine vorrangig geregelte abweichende Art der Vorlage oder Übermittlung von Urkunden ergeben.

4 **4) Persönlicher Geltungsbereich, I–III.** Die Vorschrift bezieht sich auf die „Rechtsanwälte" der Parteien, genauer: Auf den oder die jeweiligen ProzBev, insbesondere auch nach deren Ausscheiden aus dem Amt nach §§ 86, 87 und im Fall des Mangels der Prozeßvollmacht, §§ 88, 89. Soweit ein Anwalt als gesetzlicher Vertreter der Partei nach § 51 auftritt, kann § 135 wie § 195 ebenfalls anwendbar sein. § 135 gilt auch für denjenigen Anwalt, der sich als Partei selbst nach § 172 zum ProzBev bestellt. Dem Anwalt steht ein Erlaubnisträger nach § 209 BRAO gleich, § 25 EGZPO.

5 **5) Wahlrecht des Anwalts, I.** Die Vorschrift stellt klar, daß der Anwalt das in I und in § 195 genannte Verfahren wählen darf, aber nicht einhalten muß. Er kann die Übermittlung so auch dadurch bewirken, daß er die Urkunde dem Gericht einreicht und von dort die Zustellung nach §§ 166 ff von Amts wegen vornehmen läßt. Dieses Verfahren kann im Interesse des Auftraggebers ratsam und ausnahmsweise sogar geboten sein. Das gilt etwa dann, wenn er in früheren Prozessen mit dem gegnerischen Anwalt bezüglich Urkundenrückgabe schlechte Erfahrungen gemacht hatte oder wenn der ProzBev schon häufiger auf die Rückgabe des Empfangsbekenntnisses oder auf dessen ordnungsgemäße Unterzeichnung durch den gegnerischen Kollegen hatte warten müssen. Die Art der Wahl bedarf weder dem Prozeßgegner noch dem Gericht gegenüber einer Begründung.

6 **6) Mitteilung von Hand zu Hand, I.** Der Anwalt darf also die Mitteilung einer Urkunde von Hand zu Hand gegen Empfangsbescheinigung bewirken. Gemeint ist das in § 195 im einzelnen geregelte Verfahren. Die Art der Übermittlung von Hand zu Hand steht dem Übermittler frei. Sie kann zB durch direkte Aushändigung erfolgen, aber auch durch Übersendung mit der Post auf den verschiedenen zulässigen Postwegen.

7 **7) Empfangsbescheinigung, I.** Die Vorschrift stellt klar, daß das ohnehin nach § 195 vorgeschriebene anwaltliche Empfangsbekenntnis im Fall der Übermittlung von Hand zu Hand stets erforderlich ist. Einzelheiten bei § 195.

8 **8) Rückgabestreit, II.** Gibt ein Anwalt die ihm eingehändigte Urkunde nicht fristgemäß zurück, muß das Gericht ihn auf Antrag nach mündlicher Verhandlung zur unverzüglichen Rückgabe verurteilen.
A. Rückgabefrist. Zunächst ist der Empfänger nach der in 134 II genannten und evtl vom Vorsitzenden nach § 224 verlängerten oder abgekürzten Frist von sich aus unverzüglich verpflichtet. Der aushändigende Anwalt kann dem empfangenden auch eine abweichende Frist gesetzt haben. Im Zweifel ist eine solche Frist „bestimmt" worden, die zu einer gründlichen, unverzüglichen Prüfung der Echtheit usw ausreichte.

9 **B. Fristverstoß.** Weitere Voraussetzung eines Zwischenstreits nach II ist, daß der Anwalt die Urkunde nicht nach Rn 8 fristgerecht zurückgegeben hat. Die Art der Rückgabe mag wiederum durch Übermittlung von Hand zu Hand nach § 195 erfolgen sollen oder über das Gericht oder formlos, etwa auf dem Postweg. Maßgeblich ist, ob der ursprünglich einhändigende Anwalt die Urkunde vom gegnerischen Kollegen tatsächlich zurückerhalten hat. Der Einwurf in das Anwaltsfach im Gerichtsgebäude reicht.

10 **C. Antragserfordernis.** Der in II geregelte Zwischenstreit erfolgt nicht von Amts wegen, sondern nur „auf Antrag", und zwar des ursprünglich einreichenden Anwalts oder seines Auftraggebers gegen den gegnerischen Anwalt. Der Antrag bedarf keiner Form. Es herrscht wie ja überhaupt bei § 135 kein Anwaltszwang, § 78 Rn 1. Daher kann zB die nun nicht mehr anwaltlich vertretene Partei den Antrag auf Rückgabe an sich selbst auch persönlich stellen. Sie muß also dazu nicht einmal einen anderen Anwalt beauftragen.

11 **D. Notwendigkeit mündlicher Verhandlung.** Erforderlich ist über die Rückgabepflicht grundsätzlich eine mündliche Verhandlung vor dem Prozeßgericht im Zwischenstreit, § 128 Rn 4. Das Gericht kann anordnen, daß der Zwischenstreit gesondert zu verhandeln ist, § 280. Es kann über ihn aber auch zusammen mit der Hauptsache verhandeln lassen, § 137 Rn 7. Das Gericht sollte das zur Vermeidung einer Verzögerung möglichst tun. Parteien des Zwischenstreits sind der einhändigende Anwalt bzw sein Auftraggeber und der sich weigernde gegnerische Anwalt persönlich, soweit er die Urkunde noch in Händen hat, also nicht sein Auftraggeber. Eine mündliche Verhandlung ist allerdings nicht erforderlich, wenn das Gericht ein schriftliches Verfahren nach § 128 II zur Hauptsache durchführt.

12 **E. Verurteilung zur unverzüglichen Rückgabe.** Soweit das Gericht die Rückgabepflicht bejaht, muß es den Bekl des Zwischenstreits zur unverzüglichen Rückgabe verurteilen. Andernfalls erfolgt eine Abweisung des Antrags des Zwischenklägers. Das Wort „unverzüglich" in II hat allerdings verständigerweise nicht nur die Bedeutung eines Handelns ohne schuldhaftes Zögern, § 121 I 1 BGB. Vielmehr meint es in der Regel eine sofortige Rückgabe. Das muß das Gericht auch klarstellen. Denn es ist es nämlich in solcher Lage schon zuviel Zeit verlorengegangen. Es gibt kein Säumnisverfahren. Vielmehr muß auch im Fall einer Säumnis des einen oder anderen Beteiligten des Zwischenstreits ein streitmäßiges Urteil ergehen. Das Urteil ist ein Zwischenurteil, § 280. Das ergibt sich aus III. Es ergeht also nicht nur ein Beschluß, § 329. Ist die

Titel 1. Mündliche Verhandlung **§§ 135, 136**

Entscheidung trotzdem als Beschluß bezeichnet oder gemeint, so muß man sie in ein Zwischenurteil umdeuten. Das gilt zumindest wegen des Rechtsbehelfs, III.

F. Kosten. Die Kosten trägt je nach dem Ausgang des Zwischenstreits entweder der beklagte Anwalt **13** persönlich, also nicht sein Auftraggeber, oder der Auftraggeber des Klägers des Zwischenstreits. *Gebühren:* Des Gerichts: Für das Zwischenurteil keine, § 1 GKG. Wegen des Rechtsmittels Rn 15. Des Anwalts: Gehört erstinstanzlich zum Rechtszug, § 19 I 2 Z 3 RVG. Wegen des Rechtsmittelzugs Rn 15.

G. Vollstreckung. Da die sofortige Beschwerde nach Rn 15 keine aufschiebende Wirkung hat, § 570 I, **14** ist eine sofortige Zwangsvollstreckung nach §§ 794 I Z 3, 883 statthaft.

9) Sofortige Beschwerde, III. Gegen das Zwischenurteil nach II ist die sofortige Beschwerde statthaft, **15** § 567 I Z 1. Sie hat keine aufschiebende Wirkung, § 570 I. Eine Rechtsbeschwerde kommt unter den Voraussetzungen des § 574 in Betracht. Für das Beschwerdeverfahren entstehen bei Verwerfung oder Zurückweisung der sofortigen Beschwerde Kosten nach KV 1811 (Gericht) und VV 3500 (Anwalt).

10) VwGO: Entsprechend anwendbar, § 173 VwGO, wenn RAe auf beiden Seiten stehen. Rechtsmittel, III, gegen **16** *das Zwischenurteil ist die Beschwerde, §§ 146 ff VwGO.*

136 Prozessleitung durch Vorsitzenden.
¹Der Vorsitzende eröffnet und leitet die Verhandlung.

II ¹Er erteilt das Wort und kann es demjenigen, der seinen Anordnungen nicht Folge leistet, entziehen. ²Er hat jedem Mitglied des Gerichts auf Verlangen zu gestatten, Fragen zu stellen.

III Er hat Sorge zu tragen, dass die Sache erschöpfend erörtert und die Verhandlung ohne Unterbrechung zu Ende geführt wird; erforderlichenfalls hat er die Sitzung zur Fortsetzung der Verhandlung sofort zu bestimmen.

IV Er schließt die Verhandlung, wenn nach Ansicht des Gerichts die Sache vollständig erörtert ist, und verkündet die Urteile und Beschlüsse des Gerichts.

Schrifttum: *Heilmann/Schlichting,* Verfahrensgestaltung im Zivilprozeß, 1984; *Scheuerle,* Vierzehn Tugenden für vorsitzende Richter, 1983.

Gliederung

1) **Systematik,** I–IV 1	A. Begriff der erschöpfenden Sacherörterung, III Hs 1 22
2) **Regelungszweck,** I–IV 2	B. Begriff der Verhandlung ohne Unterbrechung bis zum Ende, III Hs 1 23
3) **Geltungsbereich,** I–IV 3	C. Begriff der Sitzungsbestimmung zur Fortsetzung der Verhandlung, III Hs 2 . 24, 25
4) **Vorsitzender,** I–IV 4, 5	D. Verstoß, III 26
A. Begriff 4	9) **Verhandlungsschluß,** IV 27–35
B. Aufgabenübertragung 5	A. Begriff des Verhandlungsschlusses, IV Hs 1 . . . . 28, 29
5) **Eröffnung und Leitung der Verhandlung,** I 6–9	B. Vollständige Sacherörterung, IV Hs 1 . 30
A. Begriff der Verhandlung 6	C. Maßgeblichkeit der Ansicht des Kollegiums, IV Hs 1 31
B. Begriff der Eröffnung 7	D. Entscheidungsbefugnis des Vorsitzenden, IV Hs 1 32
C. Begriff der Leitung 8	E. Rechtsfolgen des Verhandlungsschlusses, IV Hs 1 33
D. Verstoß, I 9	F. Begriff der Verkündung, IV Hs 2 34
6) **Worterteilung, Wortentzug,** II 1 10–17	G. Verstoß, IV Hs 1, 2 35
A. Begriff der Worterteilung 10–13	10) **Rechtsbehelfe,** I–IV 36–44
B. Begriff des Wortentzugs 14	A. Ablehnung des Vorsitzenden 36, 37
C. Voraussetzung des Wortentzugs: Ungehorsam 15	B. Anrufung des Kollegiums 38
D. Rechtsfolgen des Wortentzugs 16	C. Eventuell sofortige Beschwerde 39
E. Verstoß, II 1 17	D. Anfechtung der Sachentscheidung 40
7) **Gestattungspflicht,** II 2 18–21	E. Dienstaufsichtsbeschwerde 41–43
A. Gegenüber jedem Mitglied des Gerichts 18	F. Verfassungsbeschwerde 44
B. Nur auf Verlangen 19	11) **VwGO** 45
C. Umfang: Fragestellung 20	
D. Verstoß, II 2 21	
8) **Erschöpfende Sacherörterung,** III 22–26	

1) Systematik, I–IV. Die Vorschrift ist Teil eines Geflechts von Regeln, die sich an verschiedenen Stellen **1** der ZPO und des GVG befinden und erst insgesamt die Arbeitsweise des Vorsitzenden mit ihren Möglichkeiten und Grenzen darstellen. Dabei muß man grundsätzlich zwischen der Prozeßleitung und der sog Sachleitung unterscheiden, Üb 5 vor § 128. § 136 betrifft die förmliche und die sachliche Leitung durch den Vorsitzenden während der Verhandlung. Dabei erfaßt die Vorschrift nicht nur die „mündliche" Verhandlung nach § 279 I 1, sondern jede „Verhandlung", also auch die Güteverhandlung des § 278 II–V. §§ 139, 140 betreffen die Sachleitung, insofern gilt ergänzend § 279. Im einzelnen ist die Sachleitung an vielen Stellen der ZPO geregelt, zB bei der Zeugenvernehmung in § 396. Sowohl bei der Prozeß- als auch bei der Sachleitung können Fragen der sog Sitzungspolizei auftreten. Sie liegt nach §§ 176 ff GVG beim Vorsitzenden.

I stellt die umfassende Befugnis des Vorsitzenden zur Leitung der gesamten Verhandlung klar. *II* präzisiert diese Befugnis. *III* nennt den Grund dieser Befugnis, nämlich die Pflicht zur erschöpfenden Erörterung des Tatsachenstoffs usw. *IV* verdeutlicht ein gewisses Spannungsverhältnis zwischen dem Vorsitzenden und dem Kollegium, aber auch seinen Vorrang bei der Verhandlungsleitung.

§ 136

2 2) Regelungszweck, I–IV. Die gesamte Verhandlung muß in der Hand nur eines der Mitglieder des Kollegiums liegen, eben des Vorsitzenden. Andernfalls bestünde die Gefahr endloser Diskussionen und eines erheblichen Autoritätsverlusts des Gerichts. Während der Vorsitzende bei der Beratung und Abstimmung nur eine grundsätzlich lediglich gleichberechtigte Stimme haben soll, wäre es fast undurchführbar, jede einzelne Frage des Fortgangs der Verhandlung durch Abstimmung (Beratung) klären zu müssen. Die Vorschrift dient also der Straffung der Verhandlung wie dem Ansehen des Gerichts. Zwar ist das Gericht für die Parteien da, nicht umgekehrt. Es kann seine Aufgabe aber nur auf der Basis klarer Leitungsbefugnis erfüllen. Daher ist auch der Anwalt der Partei trotz seiner Stellung als unabhängiges Organ der Rechtspflege nach § 1 BRAO in den Grenzen der §§ 176 ff GVG den Anordnungen des Vorsitzenden unterworfen. Das gilt erst recht für alle übrigen Prozeßbeteiligten und sonstigen Anwesenden, bis hin zum Hausherrn nach Rn 6 oder bis zum Gerichtspräsidenten oder Justizminister. Zur Behandlung der Prozeßbeteiligten Correll DRiZ **87**, 178. Zu der gebotenen Fürsorge für Zeugen im Gerichtsgebäude Schädler ZRP **89**, 4. Der Vorsitzende muß auf einen Behinderten Rücksicht nehmen, § 6, 9 I 2, 10 usw BGG.

Ausnahmsweise kann freilich zB die Parteiherrschaft nach Grdz 14 vor § 128 den kurzfristigen, manchmal nur sekundenkurzen Vorrang vor § 136 haben. Das gilt etwa dann, wenn man im letzten Moment eine Berufung zurücknimmt, Hartmann NJW **01**, 2591. In solcher Lage muß man auch ohne förmliche Wortbitte und -erteilung sprechen dürfen, solange das in ruhiger Form geschieht. Kein vernünftiger Vorsitzender wird dergleichen auch noch als Ungebühr ahnden. Die Verfahrenslage kann Blitzreaktionen notwendig machen. Wenn der Vorsitzende nach einem Ortstermin vergessen hat, die Beweisnahme im Sitzungssaal zu schließen und die Plädoyers nebst letztem Wort zuzulassen, vielmehr stattdessen im Saal sogleich den Tenor seiner Verurteilung zu verkünden begonnen hat, wie sollte wohl ein Verteidiger anders als mit einer blitzschnellen Ablehnungserklärung mitten in die Verkündung hinein zu retten versuchen, was noch zu retten ist? Prozeßrecht ist niemals Selbstzweck, Einl III 10. Eine souveräne Prozeßleitung verträgt einen Einwurf, der um der Sache willen nur scheinbar zur Unzeit erfolgt, mit Verblüffung, mit hilflicher Anerkennung des Reaktionstempos und mit Gelassenheit. Man darf ja eine Frist bis zur letzten Sekunde ausnutzen, BVerfG NJW **91**, 2076, BGH NJW **89**, 2392. Dann darf man das auch beim Angriff oder seiner Beendigung in einem Verfahren tun, das obendrein gerade diese beiden Schritte weitgehend eben den Parteien überläßt, Rn 13.

3 3) Geltungsbereich, I–IV. Vgl Grdz 3 vor § 128. Im arbeitsgerichtlichen Verfahren gilt grundsätzlich dasselbe, §§ 53 II, 80 II ArbGG, mit Abweichungen in § 53 I 1 ArbGG.

4 4) Vorsitzender, I–IV. Auf ihm ruht die Hauptlast der Verantwortung für einen sachgemäßen Prozeßbetrieb, Rn 2. Wenn ein Kollegium langsam und unsachgemäß arbeitet, ist er durchweg jedenfalls mitschuldig.

A. Begriff. Man muß stets darauf achten, ob das Gesetz von dem Gericht spricht, also vom gesamten Spruchkörper, oder vom Vorsitzenden. Er bildet freilich in der jeweiligen Verhandlung oft den gesamten für sie zuständigen Spruchkörper, sei es als Einzelrichter nach §§ 348, 348 a, als beauftragter oder ersuchter Richter nach §§ 361 ff, 372 II, 375, sei es als Amtsgericht, §§ 495 ff. Im Sprachgebrauch heißen auch alle diese einzelnen Richter in der Verhandlung Vorsitzender. Soweit im Kollegialgericht der Vorsitzende in der Verhandlung einen der übrigen Richter nach Rn 5 mit einem Teil der Aufgaben des Vorsitzenden betraut, etwa mit einer Vernehmung, übernimmt dieser Beisitzer die Funktion des Vorsitzenden nur bis zu demjenigen Zeitpunkt, in dem der eigentliche Vorsitzende diese Funktion wieder auch nur stillschweigend an sich zieht. Inzwischen wirkt er als Mitglied des Kollegiums.

Obwohl das Gesetz unter Gericht grundsätzlich den für die Verhandlung zuständigen gesamten Spruchkörper meint, also das Kollegium, ist der *Sprachgebrauch* des Gesetzes *keineswegs einheitlich*. Man muß von Fall zu Fall prüfen, ob das Gesetz im Verfahren vor dem Kollegialgericht unter dem Ausdruck Gericht das Kollegium oder doch nur seinen Vorsitzenden meint. Soweit es das Kollegium meint, ist der Vorsitzende nicht etwa ausgeschlossen, sondern gleichberechtigtes Mitglied.

Nicht zum Gericht zählen hier der Protokollführer oder ein dem Kollegium zugeteilter Referendar, soweit ihn der Vorsitzende nicht zulässigerweise mit richterlichen Aufgaben betraut.

5 B. Aufgabenübertragung. Soweit der Vorsitzende einem Beisitzer oder einem Referendar nach Rn 4 Aufgaben des Vorsitzenden übertragt, hat dieser anstelle und in dem Umfang die volle Funktion des Vorsitzenden, also alle Rechte und Pflichten. Der Vorsitzende darf freilich eine solche Aufgabenübertragung keineswegs systematisch und ohne sachlichen Grund vornehmen. Verstößt er dagegen, so bleibt eine formell ordnungsgemäße Übertragung wirksam. Seine Haftung etwa im Fall ungenügenden rechtlichen Gehörs durch den Vertreter bleibt bestehen, auch dienstrechtlich.

6 5) Eröffnung und Leitung der Verhandlung, I. Die knappen Gesetzesworte umfassen eine Fülle unterschiedlichster Aufgaben, Üb 5 vor § 128.

A. Begriff der Verhandlung. Das Gesetz verwendet den Begriff mit unterschiedlicher Bedeutung. Dabei bestehen insbesondere zwischen dem Prozeßrecht und dem Gebührenrecht teilweise erhebliche Unterschiede. Infolge des Wegfalls des früheren Worts „mündliche" (Verhandlung) stellt § 137 klar, daß auch die Güteverhandlung des § 278 II–V 1 hierher gehört. Entsprechend dem Regelungszweck nach Rn 2 meint § 136 den gesamten Ablauf der Ereignisse im Sitzungssaal sowie zB vor der Saaltür (Aufruf, Aushang des Terminzettels usw). Darüber hinaus meint die Vorschrift dasjenige, was zur Durchführung der Verhandlung im Sitzungssaal erforderlich ist. Allerdings überschneiden sich die Befugnisse des Vorsitzenden zum Teil mit denjenigen des Hausherrn. So kann zB der Vorsitzende einen Pressefotografen aus dem Sitzungssaal weisen, nicht aber stets auch aus dem gesamten Gerichtsgebäude. Er kann und muß notfalls insofern den Behördenleiter zum Erforderlichen veranlassen. Andererseits darf der Hausherr den Verlauf im Sitzungssaal keineswegs ohne zwingende Gründe (etwa Attentatsdrohung, Feuergefahr) stören oder gar unterbrechen. Mit den letzteren Einschränkungen unterliegt auch er der Sitzungspolizei des Vorsitzenden, Rn 2.

7 B. Begriff der Eröffnung. Da der Termin mit dem Aufruf der Sache beginnt, § 220 I, gehört schon diese Aufgabe zur Eröffnung der Verhandlung, nicht erst der nochmalige Aufruf im Saal mit der Feststellung

Titel 1. Mündliche Verhandlung § 136

derjenigen, die erschienen sind usw. Soweit der Vorsitzende den Aufruf einem Wachtmeister, dem Protokollbeamten oder etwa einem hilfsbereiten Dritten (etwa einem Anwalt) überträgt, bleibt der Vorsitzende für die ordnungsmäßige Durchführung des wichtigen Aufrufs nach § 220 Rn 1, 2 verantwortlich.

C. Begriff der Leitung. Die Verhandlungsleitung umfaßt sowohl die Prozeßleitung als auch die Sachleitung, Rn 1, Üb 5 vor § 128. Damit hat der Vorsitzende Aufgaben der unterschiedlichsten Art und Bedeutung. Seine Funktion ist bis zum Schluß der gesamten Verhandlung einschließlich der etwa sogleich anschließenden Beratung und Verkündung der Entscheidung umfassend. Sie ist nur in den gesetzlich bestimmten eng auslegbaren Sonderfällen durch ein Votum des gesamten Kollegiums oder etwa durch ein wirksames Ablehnungsgesuch nach §§ 42 ff begrenzt. Soweit der Vorsitzende verhandlungsunfähig wird, geht seine Aufgabe auf den dienstältesten Beisitzer über. Freilich kann das Kollegium zunächst beschlußunfähig werden. Der einspringende Beisitzer ist dann nur zu den unaufschiebbaren Maßnahmen zwecks Beendigung dieses Termins befugt und verpflichtet. § 136 regelt nicht die Befugnisse des Vorsitzenden zur Leitung des Prozesses außerhalb der Verhandlung. Das gilt für die Verteilung der Geschäfte unter die Mitglieder nach § 69 GVG ebenso wie für alle anderen prozeßleitenden und -fördernden Maßnahmen. Beim sog Sammeltermin nach § 216 Rn 20 bestimmt der Vorsitzende die Reihenfolge. Er sollte aber keineswegs anwaltliche „Vortrittslisten", BVerwG NJW **84**, 191, beachten, wenn nicht alle Zurücktretenden eindeutig auch von sich aus und nicht nur auf Grund standesrechtlichen Drucks einverstanden sind. 8

D. Verstoß, I. Soweit der Vorsitzende bei der Verhandlungsleitung gegen das Gesetz verstößt, sind die in Rn 36 ff dargestellten Rechtsbehelfe gegeben. Soweit ein anderes Mitglied des Kollegiums oder eine sonstige Gerichtsperson die Verhandlungsleitung stört, darf und muß der Vorsitzende im Rahmen der Sitzungspolizei nach §§ 176 ff GVG vorgehen. Stört ein sonstiger Prozeßbeteiligter die Verhandlungsleitung, sind §§ 175 ff GVG mit unterschiedlichen Rechten beachtlich, je nachdem, ob es sich um einen Anwalt handelt, insbesondere um einen ProzBev, oder um einen sonstigen Dritten. Es empfiehlt sich, bei kritischer Zuspitzung der Lage im Sitzungssaal eine kurze Pause anzuordnen und zu veranlassen, daß die Gerichtspersonen den Saal verlassen und daß Hausherr und Wachtmeisterei veranlaßt werden, die äußere Ordnung wieder herzustellen, bevor das Gericht die Verhandlung fortführt. 9

6) Worterteilung, Wortentzug, II. An sich umfaßt die in I geklärte Verhandlungsleitung natürlich auch die Worterteilung und den Wortentzug. II stellt die letzteren Befugnisse klar. 10

A. Begriff der Worterteilung. Der Vorsitzende hat mit der Worterteilung natürlich keine Befugnis zur Willkür. Er erhält andererseits ein weites Ermessen, insbesondere zum Zeitpunkt und zur Reihenfolge der Worterteilungen, BGH **109**, 44. Es ist nur durch die vom Gesetz zwingend vorgeschriebenen Pflichten begrenzt, etwa der Erteilung des rechtlichen Gehörs, Artt 2 I, 20 III GG (Rpfl), BVerfG **101**, 404, Art 103 I GG (Richter). Soweit man die Entscheidung über die Erteilung und den Entzug des Worts noch mit irgendwelchen sachlich vertretbaren Argumenten begründen kann, muß jeder Anwesende sie unbedingt beachten und führt jeder Verstoß gegen die Anordnung des Vorsitzenden zu den gesetzlich vorgesehenen Folgen, zB §§ 176 ff GVG.

Insbesondere liegt es beim Vorsitzenden, *ob und wann* er einem Beisitzer das Wort erteilt, einem Anwalt oder sonstigen ProzBev, einer Partei oder gar einem Dritten, etwa einem Zeugen oder einem Zuhörer. Man muß auch eine Abweichung vom „normalen" Gang einer Verhandlung bei der Worterteilung durchaus respektieren. Denn sie kann sich aus einer ungewöhnlichen und unvermuteten Situation ergeben, etwa dadurch, daß der Anwalt des Bekl erklärt, er wolle nur zunächst rasch seinen Sachantrag stellen und verzichte dann auf weitere Teilnahme an der Verhandlung, so daß das Gericht zunächst den Antrag des Bekl, dann erst später denjenigen des Klägers aufnimmt. Die Befugnis zur Worterteilung ist ein wesentliches Instrument der geordneten Verhandlungsleitung. Das müssen alle Beteiligten stets beachten. Es ist die Pflicht des Vorsitzenden dafür zu sorgen, daß immer nur zur Zeit spricht, daß auch ein Angegriffener sich zurückhält, eben bis er das Wort erhält, und daß eine ruhige, sachliche, weder steife noch gekünstelt würdevolle, aber auch nicht allzu temperamentvolle, allzu streitbare Atmosphäre entsteht. Er braucht zur Ausübung dieser viel Fingerspitzengefühl erfordernden Aufgabe die vertrauensvolle Disziplin aller Anwesenden. Wer ein kritisches Argument hat, wird es auch einige Minuten später noch rechtzeitig vortragen können und kann daher warten, bis er das verlangte, ihm evtl durchaus zustehende Wort erhält. 11

Der Vorsitzende muß seine Pflicht nach II 2, jedem Mitglied des Gerichts auf Verlangen zu gestatten, *Fragen zu stellen,* nach dem eindeutigen Sinn jener Vorschrift jeweils in dem sachlich gebotenen Zeitpunkt ausüben. Der Vorsitzende muß zB bereits unmittelbar nach der eigenen Vernehmung eines Zeugen einem Beisitzer ergänzende Fragen gestatten, noch bevor der Beweisführer das Wort zu weiteren Fragen an den Zeugen erhält. Gleichwohl bleibt die etwa zu Unrecht getroffene Entscheidung des Vorsitzenden wirksam, dem Beisitzer das Wort noch nicht zu gestatten. Weder eine Partei oder ihr ProzBev noch gar irgendein anderer im Saal darf zB demjenigen, der das Wort erhalten hat, durch störende Zwischenrufe, Vorhalte, Fragen oder Entrüstungsrufe Schwierigkeiten bereiten. Selbst „hilfreiche" Zwischenbemerkungen können aus der Sicht des Vorsitzenden durchaus im Augenblick störend sein, auch wenn sie harmlos gemeint sind. 12

Das alles bedeutet *keine sklavische Unterordnung* unter den Vorsitzenden, sondern Wahrnehmung der Mitverantwortung gerade auch dann, wenn man den Prozeß – wie bei manchen, Grdz 25, 26 vor § 128 – als bloße „Arbeitsgemeinschaft" betrachtet. Das Recht auf Gehör nach Rn 10 gibt wegen des Grundsatzes der Einheit der Verhandlung nach Üb 3 vor § 253 nicht schon in demjenigen Augenblick einen Anspruch auf das Wort, in dem der Anlaß zur Äußerung entsteht, sondern erst dann, wenn der Vorsitzende der Wortmeldung stattgibt, evtl also erst am Schluß der Verhandlung.

Selbst ein *Ablehnungsgrund* nach § 42 rechtfertigt grundsätzlich nicht ein völlig ungezügeltes Dazwischenreden, nur um ihn in derselben Sekunde bereits vorzubringen. Ausnahme Rn 2 und unten. Würde gleichwohl derart unkontrolliert vorgetragen, so handelt der Vorsitzende im Rahmen einer „unaufschiebbaren" Handlung nach § 47, wenn er sich etwa in der Zeugenvernehmung nicht mitten im Satz unterbrechen läßt. Eine nach Ansicht eines Prozeßbeteiligten vom Vorsitzenden unkorrekt in den Protokollent- 13

§ 136   Buch 1. Abschnitt 3. Verfahren

wurf diktierte Maßnahme oder Äußerung gibt dem Betroffenen schon deshalb kein Recht, das Wort an sich zu ziehen, weil überhaupt noch kein fertiges Protokoll vorliegt. Entsprechend muß man alle vergleichbaren anderen Situationen beurteilen.

Auch und gerade derjenige Vorsitzende verdient Respekt, der sich aus irgendwelchen Gründen in *sich plötzlich zuspitzender Situation* nicht sofort als souveräner Verhandlungsleiter zeigt. Auch er bleibt nämlich Mensch. Auch er darf irren oder auch einmal unbeherrscht sein oder wirken, ohne seine Funktion als die Verhandlung leitender Vorsitzender zu verlieren. Mag man ihn später mit den gesetzlichen Mitteln zur Rechenschaft ziehen. Fast jeder kritische Einwand hat in der Verhandlung in Wahrheit durchaus noch ein paar Sekunden oder Minuten Zeit, bis man ihn wirklich vorbringen muß. Das gilt selbst dann, wenn der Vorsitzende etwa einen Zeugen nach Ansicht der Partei oder ihres Anwalts zu hart anpackt oder wenn er den Sachverhalt nicht richtig verstanden zu haben scheint. Der Vorsitzende mag im Rahmen seines auch hier weiten Ermessens durchaus die Notwendigkeit oder doch Berechtigung sehen so zu verfahren, um die Wahrheit herauszubekommen oder ein besseres Bild von der Glaubwürdigkeit zu gewinnen usw. Es bleibt eben dabei: Der Vorsitzende und kein anderer leitet die Verhandlung. Er soll das im menschlichen, verständlichen Stil tun, Wassermann DRiZ **90**, 34. Aber er leitet einen Prozeß, also meist einen Kampf und keine Arbeitsgemeinschaft, Grdz 26 vor § 128.

Sogar nach Verhandlungsschluß im Sinn von Rn 27 mag allerdings ausnahmsweise eine Pflicht entstehen, das Wort nochmals zu erteilen, etwa dann, wenn ein Prozeßbeteiligter auf eine gerade erst in dieser letzten Sekunde entstandene Lage blitzschnell reagiert und zB ein Ablehnungsgesuch oder eine Rechtsmittelrücknahme unter Ausnutzung der Prozeßlage gerade noch rechtzeitig erklären möchte, Rn 2, Hartmann NJW **01**, 2591. Das übersieht v Cube NJW **02**, 40. Es mag durchaus eine Wiedereröffnung der Verhandlung notwendig sein, § 156, solange das Gericht sein Urteil noch nicht vollständig verkündet hat, BGH NJW **02**, 1427.

14   **B. Begriff des Wortentzugs.** Der Wortentzug ist eine Maßnahme der Verhandlungsleitung. Seine bloße Möglichkeit soll einen heilsamen Einfluß auf die Selbstdisziplin aller Anwesenden ausüben. Deshalb hat der Vorsitzende auch hier ein weites Ermessen. Dessen Grenzen beginnen erst bei klarem Mißbrauch ohne jegliche sachlich vertretbare Erwägung.

Der Wortentzug bedeutet *keineswegs stets* eine *Verletzung* des rechtlichen *Gehörs,* Art 103 I GG. Das gilt jedenfalls dann, wenn das Gericht nicht mit ihm zugleich den Verhandlungsschluß verkündet. Denn der Betroffene mag in der restlichen Verhandlung sehr wohl das Wort auf Antrag erneut erhalten können. Sogar dann bleibt der in der Unterbrechung liegende vorübergehende Wortentzug meist im Rahmen seines Ermessens und deshalb beachtlich, wenn der Vorsitzende etwa die Verhandlung unterbricht, um zB in einer später anberaumten Sache lediglich einen Antrag auf ein Versäumnisurteil zu protokollieren und dann in der unterbrochenen umfangreichen Verhandlung fortzufahren.

Ein bloßer *Vorhalt,* eine Ermahnung, die Androhung von Rechtsfolgen im Fall der Fortsetzung der bisherigen Ausführungen sind kein Wortentzug. Dasselbe gilt für eine lediglich technisch bedingte Unterbrechung der Anhörung, etwa deshalb, weil sich das Gericht um einen plötzlich unruhigen oder kranken Dritten kümmern muß. Wer das Wort nicht derzeit erhalten hatte, dem wird es auch nicht schon dadurch entzogen, daß er es nicht jetzt sogleich erhält. Der Wortentzug kann auch stillschweigend erfolgen, etwa dadurch, daß der Vorsitzende ersichtlich nicht nur vorübergehend nicht mehr zuhört. Man kann und muß aber evtl als Vorsitzender gleichzeitig zuhören und seine Aufmerksamkeit auch auf einen anderen Vorgang in der Verhandlung lenken können, etwa auf einen verspätet eintretenden Zeugen, ohne daß dies letztere einem Wortentzug gleichkäme. Man muß die in II genannte Befugnis des Gerichts unterscheiden von der in § 157 II genannten Befugnis des Gerichts zur Untersagung des weiteren Vortrags unterscheiden. Freilich kann der Vorsitzende vor Herbeiführung eines Beschlusses des Gerichts nach der letzteren Vorschrift doch schon in eigener Zuständigkeit zunächst nach II vorgehen.

15   **C. Voraussetzung des Wortentzugs: Ungehorsam.** Trotz allen Ermessens nach Rn 12–14, ist natürlich die Voraussetzung einer berechtigten Entziehung des Worts, daß der Betroffene ungehorsam war. Das ist nicht stets dasselbe wie eine Ungebühr im Sinn von § 178 I 1 GVG. Auch eine zwar ruhige und sachbezogene, aber allzu weitschweifige oder gegenüber der augenblicklichen Lage im Verhandlungsraum rücksichtslose Erklärung eines Prozeßbeteiligten kann einen Ungehorsam darstellen. Es empfiehlt sich, das Wort erst nach einer ernsthaften Androhung und dem Versuch der gütlichen Beilegung zu entziehen, dann aber auch den Vorgang sogleich nach § 160 II in den Protokollentwurf aufzunehmen.

16   **D. Rechtsfolgen des Wortentzugs.** Der Betroffene darf zwar anwesend bleiben, solange er keine allzu störende Ungebühr nach §§ 173 ff GVG zeigt, Rn 17. Er darf und muß in diesen Grenzen zumindest beobachtend seine bisherige Funktion zur Vermeidung von Rechtsnachteilen weiter ausüben. Der Anwalt, dem der Vorsitzende das Wort entzogen hat, darf nicht schon deshalb für die gesamte weitere Verhandlung den Saal verlassen, ohne zB ein Versäumnisurteil gegen seine Partei zu riskieren. Er kann ja nicht wissen, ob sich die Lage dahin ändert, daß er das Wort vor Verhandlungsschluß erneut erhält und erhalten muß. Bis zur Wiedererteilung darf sich der Betroffene aber nur zum Zweck dieser Wiedererteilung äußern. Über die genannten Obliegenheiten hinaus ist er bis zum Wiedererhalt des Worts von Verantwortung frei.

17   **E. Verstoß, II 1.** Soweit der Vorsitzende das Wort zu Unrecht nicht erteilt oder entzieht, kann man das Kollegium anrufen, § 140. Im übrigen kann im endgültigen Wortentzug bis zum Verhandlungsschluß die Verletzung des Gebots des rechtlichen Gehörs nach Rn 10 mit all ihren verfahrensrechtlichen und sonstigen Folgen liegen. Vgl ferner Rn 36. Ein Verstoß der Partei gegen den Wortentzug hat zunächst zur Folge, daß ihre Äußerungen nicht mehr beachtlich sind und daß das Gericht sie nicht mehr protokollieren braucht. Es sollte freilich vielleicht vorsichtshalber einen Vermerk über ihr Verhalten im Protokoll festhalten, falls zB eine Beschwerde droht. Ein von ihr dennoch nicht wirksam gestellter Antrag kann nun nicht mehr wirksam erfolgen, solange die Partei bzw der ProzBev das Wort nicht erneut erhalten hat. Es treten daher vergleichbare Rechtsfolgen wie bei § 333 ein (Nichtverhandeln der erschienenen Partei). Die noch anwesende Partei bleibt trotz Wortentzugs der Sitzungsgewalt des Vorsitzenden §§ 176 ff GVG unterworfen. Die Partei, der

der Vorsitzende das Wort mit Recht entzogen hat, kann sich nicht mehr auf Verletzung des rechtlichen Gehörs berufen, es sei denn, daß nach dem Wortentzug eine prozessual neue Situation eintritt, die keinen weiteren Wortentzug mehr rechtfertigt. Auf den gesetzlichen Vertreter ist § 51 II anwendbar. Auf den ProzBev ist § 85 II anwendbar.

7) Gestattungspflicht, II 2. Die Vorschrift enthält eigentlich eine selbstverständliche Pflicht des Vorsit- **18** zenden. Deren Klarstellung stärkt die Stellung jedes Beisitzers im Kollegium. Sie engt das Ermessen des Vorsitzenden bei der sachlichen Verhandlungsleitung ein.

A. Gegenüber jedem Mitglied des Gerichts. II 2 meint jeden Besitzer, jedes richterliche Mitglied dieses Spruchkörpers in dieser Verhandlung. II 2 meint nicht solche Mitglieder des Senats oder der Kammer, die nicht an dieser bestimmten Verhandlung teilnehmen, aus welchem Grunde auch immer. Denn II 2 betrifft ohnehin grundsätzlich nur die Vorgänge in der Verhandlung. Anderseits erlischt das Recht des Beisitzers zur Fragestellung keineswegs dadurch, daß er im ersten Termin schweigt. Er kann es im folgenden selbstverständlich ausüben. Die klare Befehlsform von II 2 stellt klar, daß der Vorsitzende grundsätzlich kein Recht hat, eine Frage des Beisitzers als ungehörig oder als zur Unzeit gestellt zurückzuweisen. Die Grenze des Fragerechts liegt aber jedenfalls dort, wo die äußere Sitzungsgewalt des Vorsitzenden nach § 176 GVG beginnt. Anderseits kann der Vorsitzende gegen den Beisitzer selbstverständlich nicht nach §§ 177 ff GVG vorgehen.

B. Nur auf Verlangen. Der Vorsitzende braucht nicht von sich aus zu fragen, ob die Beisitzer das Wort **19** wünschen. Er kann abwarten, ob sie es fordern. Er kann im übrigen in einem gewissen, allerdings ziemlich engen Rahmen die Worterteilung zurückstellen, wenn er zB in der Befragung eines Zeugen zunächst noch selbst sogleich fortfahren möchte und bei pflichtgemäßer Abwägung auch die Zurückstellung der Worterteilung verantworten kann. Andernfalls könnte jeder Beisitzer durch Fragestellungen die Verhandlungsleitung des Vorsitzenden nahezu zu einer Farce machen. Das ist nicht der Sinn von II 2. Anderseits mag die besondere Entwicklung etwa bei der Vernehmung eines Zeugen oder Sachverständigen eine vom Vorsitzenden noch nicht gestellte Frage so unaufschiebbar machen, daß der Beisitzer das Wort mit guten Gründen sogleich fordern kann. Es gehört auch hier zum Fingerspitzengefühl des Vorsitzenden, bei allem Freimut der Verhandlung die Leitung straff in den eigenen Händen zu behalten, ohne den Beisitzer zu brüskieren.

C. Umfang: Fragestellung. Der Wortlaut von II 2 stellt klar, daß der Beisitzer das Wort nur zu einer **20** Fragestellung fordern kann, nicht zur Übernahme der Verhandlungsleitung oder zu Erörterungen oder Hinwirkungen im Sinn von § 139, erst recht nicht zu irgendeinem Referat oder Plädoyer. Notfalls bittet der Vorsitzende den Beisitzer, eine präzise Frage zu formulieren, und kann im äußersten Notfall nach II 1 auch einem Beisitzer trotz II 2 das Wort entziehen. Bei Unstimmigkeit empfiehlt sich eine gewissenhafte Protokollierung der Vorgänge, für deren zutreffende Darstellung ja nur der Vorsitzende und der Protokollführer verantwortlich sind. Denn ein Verstoß kann erhebliche Verfahrensfolgen haben.

D. Verstoß, II 2. Es gelten dieselben Regeln wie bei § 139, dort Rn 96, 97. **21**

8) Erschöpfende Sacherörterung, III. Die Vorschrift umschreibt die wesentliche Pflicht des Vorsitzen- **22** den und die Grundlagen seiner Befugnisse nach I, II und IV. Erst eine gewissenhafte Erfüllung der dem Vorsitzenden übertragenen Aufgaben rechtfertigt seine Machtbefugnisse in der Verhandlung.

A. Begriff der erschöpfenden Sacherörterung, III Hs. 1. Der Vorsitzende muß zumindest den Tatsachenstoff nach § 286 so weit klären, daß Entscheidungsreife eintritt, § 300 Rn 6. Darüber hinaus kann eine Pflicht bestehen, für ein gewisses Rechtsgespräch zu sorgen, Möhring/Nirk Festschrift „25 Jahre BGH" (1975) 312, 323, § 139 Rn 75 „Rechtsgespräch". Der Vorsitzende muß dieses Rechtsgespräch im Rahmen des § 139 II auf entscheidungserhebliche rechtliche Gesichtspunkte erstrecken. Er muß auch dafür sorgen, daß die Verhandlung nicht zur Farce wird, LG Duisb RR 91, 1022. Vor der Entscheidung des Vorsitzenden darüber, ob die Erörterung „erschöpfend" war, muß er sich zumindest kurz mit den Beisitzern darüber verständigen, ob auch nach deren Ansicht die Sache „vollständig" im Sinn von IV erörtert ist. Er trifft aber die abschließende Entscheidung auch zu dieser Frage selbst.

Es kommt nicht darauf an, ob auch die Partei oder deren gesetzliche Vertreter oder ProzBev die Erörterung für erschöpfend halten. Wegen des Grundsatzes der *Einheit der Verhandlung* nach Üb 3 vor § 253 gilt im Zweifel der gesamte Akteninhalt als mündlich vorgetragen und erörtert. Das wird oft übersehen. Es ermöglicht den Verhandlungsschluß oft zu einem Zeitpunkt, den mancher andere Prozeßbeteiligte für zu früh halten mag. Notfalls kann man die Verhandlung wiedereröffnen, § 156. Dessen ungeachtet sollte der Vorsitzende im Zweifel einen von der Partei noch gewünschten tatsächlichen oder rechtlichen Gesichtspunkt wenigstens stichwortartig anschneiden. Der Vorsitzende darf nicht Gefahr laufen, die Partei tatsächlich oder rechtlich zu überrumpeln. Es kann ratsam sein, im Protokoll kurz zu vermerken, daß die Parteien auf Fragen das Wort nicht mehr wünschten, § 160 II. Nach einer Beweisaufnahme ist eine nochmalige kurze Verhandlung bzw evtl eine Erörterung nach § 285 I, II ohnehin notwendig, Rn 22, 25.

B. Begriff der Verhandlung ohne Unterbrechung bis zum Ende, III Hs 1. Aus dem Zusammenfas- **23** sungsgrundsatz nach Üb 6 vor § 253, § 273 Rn 1 folgt unter anderem: Das Gericht muß die Verhandlung grundsätzlich ohne eine Unterbrechung bis zu dem an diesem Tag möglichen und zumutbaren Punkt führen, wenn möglich bis zur Entscheidungsreife, § 300 Rn 6. Es muß sie sogar möglichst ohne eine Pause durchführen. Denn auch diese schwächt die Konzentrationsfähigkeit der Prozeßbeteiligten und kann erfahrungsgemäß zu unerwünschten Unterhaltungen von Zeugen untereinander usw führen.

Anderseits kann eine kurze *Pause* oder eine längere Unterbrechung an demselben Sitzungstag durchaus verfahrensfördernd wirken, etwa um den Parteien Gelegenheit zur Vereinbarung eines Prozeßvergleichs nach Anh § 307 zu bieten oder um einen ausgebliebenen Prozeßbeteiligten herbeizuschaffen. Auch mögen eine vorgerückte Terminsstunde, eine schon lange Verhandlungsdauer, eine Übermüdung eines Prozeßbeteiligten usw eine Pause oder Unterbrechung sogar notwendig machen. Eine Zwischenberatung ist keine Unterbrechung im Sinn von Hs 1. Der streitigen Verhandlung soll eine Beweisaufnahme grundsätzlich unmittelbar folgen, § 279 II. Im Anschluß an die Beweisaufnahme muß das Gericht den Sach- und Streitgegenstand

§ 136 Buch 1. Abschnitt 3. Verfahren

grundsätzlich sogleich erneut mit den Parteien erörtern, § 279 III, und über das Beweisergebnis grundsätzlich sogleich verhandeln, Rn 22, 25.

24 **C. Begriff der Sitzungsbestimmung zur Fortsetzung der Verhandlung, III Hs 2.** Die Regelung ist eine Folge der auch und gerade dem Vorsitzenden obliegenden Förderungspflicht, Grdz 12 vor § 128, § 272 I. Hs 2 regelt die Anberaumung eines neuen Verhandlungstermins, während § 310 I diejenige eines etwa notwendigen bloßen Verkündungstermins erfaßt. Das gilt auch dann, wenn der Vorsitzende dann im Verkündungstermin einen neuen Verhandlungstermin anberaumen muß, § 218.

25 Wenn am Ende der Verhandlung ein neuer Termin zur Verhandlung erforderlich wird, muß ihn der Vorsitzende nicht nur „sofort" anberaumen, dh noch in der bisherigen Verhandlung, sondern außerdem unverzüglich, § 216 II. Eine Ladung der erschienenen Prozeßbeteiligten zum nächsten Verhandlungstermin ist jedenfalls nur dann entbehrlich, wenn der Vorsitzende den neuen Termin entweder noch während der bisherigen Verhandlung oder in einem in ihr bestimmten Verkündungstermin bekanntgibt, § 218. Auch eine bloße Beweisaufnahme vor dem Prozeßgericht ist eine „Fortsetzung der Verhandlung" im Sinn von Hs 2. Überdies muß das Gericht allerdings schon nach § 285 auch zur Vermeidung eines Verstoßes gegen Artt 2 I, 20 III GG (Rpfl), BVerfG **101**, 404, Art 103 I GG (Richter) über das Ergebnis der Beweisaufnahme stets noch streitig oder unstreitig „verhandeln", Rn 22, 23. Es ist dringend ratsam, den Charakter des neuen Termins „zur Beweisaufnahme und Fortsetzung der mündlichen Verhandlung" klarzustellen. Soweit das Kollegium den Rechtsstreit nach Beginn der ersten Verhandlung dem Einzelrichter oder dem beauftragten oder ersuchten Richter zunächst oder endgültig überträgt, bleibt die Bestimmung eines Termins vor ihm diesem anderen Richter überlassen.

26 **D. Verstoß, III.** Soweit der Vorsitzende gegen Hs 2 verstößt, kommen die in Rn 36 ff genannten Rechtsbehelfe in Betracht.

27 **9) Verhandlungsschluß, IV.** Der Verhandlungsschluß hat prozessual erhebliche Bedeutung, § 296 a. Er beendet nicht auch die Sitzungsgewalt nach §§ 176 ff GVG. Das gilt selbst dann, wenn mit dieser Verhandlung der Sitzungstag endet. Zumindest aus der letzten Verhandlung dieses Tages ergibt sich gegenüber allen noch Anwesenden, auch Zuhörern, das Recht und die Pflicht des Vorsitzenden, im Rahmen des Schlusses jener Verhandlung und der Sitzung für eine geordnete Beendigung des Geschehens im Sitzungsraum zu sorgen, notfalls unter Hinzurufung der Wachtmeisterei.

28 **A. Begriff des Verhandlungsschlusses, IV Hs 1.** Die Vorschrift meint diejenige Maßnahme, an die sich die Rechtswirkung anschließt, daß keine Partei mehr Angriffs- oder Verteidigungsmittel im Sinn von Einl III 70 vorbringen kann, § 296 a. Der Verhandlungsschluß kann ausdrücklich oder stillschweigend erfolgen, auch durch die Verkündung eines Beweisbeschlusses oder durch die Bestimmung eines Verkündungstermins nach § 310 oder durch den Aufruf einer anderen Sache, Meyer-Stolte Rpfleger **91**, 520. Eine bloße Vertagung nach §§ 227 I, 275 II, 278 IV, 335 II, 337 ist noch kein Verhandlungsschluß. Denn es gilt der Grundsatz der Einheit der gesamten Verhandlung, Üb 3 vor § 253.

Beim *Vergleich mit Widerrufsvorbehalt* liegt der Verhandlungsschluß in der Verkündung der Widerrufsbedingungen mit oder ohne gleichzeitige Mitteilung, wann das Gericht für den Fall rechtzeitigen Widerrufs eine Entscheidung verkünden werde. Denn es bleibt nichts mehr zu verhandeln, bis der Vergleich entweder endgültig wirksam wird oder bis die auflösende oder aufschiebende Bedingung eines wirksamen Widerrufs eintritt. Erst im letzteren Fall bleibt dann zu beachten, ob wegen Entscheidungsreife das Urteil ergeht oder ob das Gericht die Verhandlung nun infolge eines jetzt erst notwendigen oder jetzt erst weiter zu erledigenden Beweisbeschlusses oder zwecks jetzt erst entscheidungserheblicher Notwendigkeit weiterer Erörterung usw wieder aufnehmen muß. Daran ändert auch die Notwendigkeit nichts, selbst einen nicht nachgelassenen Schriftsatz zu prüfen, ob er zum Wiedereintritt in die mündliche Verhandlung etwa zwecks Vermeidung eines Verstoßes gegen Art 103 I GG Veranlassung gibt. Denn falls ja, gibt es eben einen Wiedereintritt, nicht einfach die Fortsetzung einer gar nicht beendeten Verhandlung.

29 Der Schluß der Verhandlung erfolgt also dadurch, daß der Vorsitzende mitteilt, daß er bzw das Kollegium nunmehr zunächst beraten und eine *Entscheidung an einem anderen Tag* verkünden werden, oder daß die bereits verkündeten Maßnahmen, etwa ein Beweisbeschluß, an einem anderen Sitzungstag stattfinden sollen, wenn auch evtl am folgenden. Weder eine größere oder längere Pause bis zur Fortsetzung an demselben Tag noch eine Unterbrechung aus irgendeinem Grund bis zu einer späteren Terminsstunde an demselben Tag bedeuten einen Verhandlungsschluß. Im schriftlichen Verfahren ergibt sich der dem Verhandlungsschluß rechtlich gleichstehende Zeitpunkt aus § 128 II 2, dort Rn 27. Die etwaige Notwendigkeit einer Frist zum weiteren Vortrag nach § 283 oder zur Wiedereröffnung der bereits geschlossenen Verhandlung nach § 156 ändert nichts daran, daß der Vorsitzende zumindest die bisherige Verhandlung für beendet erklären darf und muß. Zeugen dürfen sich erst bei Entlassung vor oder nach dem Verhandlungstermin entfernen, ebenso Sachverständige.

30 **B. Vollständige Sacherörterung, IV Hs 1.** Begriff Rn 22.

31 **C. Maßgeblichkeit der Ansicht des Kollegiums, IV Hs 1.** Wie sich aus dem Gesetzeswortlaut ergibt, kommt es darauf an, ob auch nach Ansicht „des Gerichts" die Sache (gemeint: an diesem Sitzungstag) vollständig erörtert ist. Daher muß der Vorsitzende sich mit dem übrigen Kollegium abstimmen. Das kann freilich ohne förmliche Beratung im Sitzungssaal geschehen. Stillschweigen der Beisitzer bedeutet durchweg ihre Zustimmung.

32 **D. Entscheidungsbefugnis des Vorsitzenden, IV Hs 1.** Ungeachtet der Pflicht nach Rn 31 bleibt der Vorsitzende zur Anordnung des Verhandlungsschlusses nach außen allein funktionell zuständig. Er handelt auch ohne Abstimmung mit dem Kollegium wirksam. Das ergibt sich ebenfalls aus dem Wort „Er" in Hs 1.

33 **E. Rechtsfolgen des Verhandlungsschlusses, IV Hs 1.** Der Verhandlungsschluß bewirkt unter anderem den Eintritt der Folgen einer Versäumnis, §§ 220 II, 231 II, 330 ff. Er bewirkt den Ausschluß des Rechts auf weiteren Vortrag nach § 296 a, Köln NJW **75**, 788. Es tritt auch die Folge ein, daß sich die Gerichtsbesetzung bei Entscheidungsreife nicht mehr ändern darf, § 309. Der Verhandlungsschluß führt in

Titel 1. Mündliche Verhandlung **§ 136**

den Fällen § 138 III, IV zur Geständniswirkung und beendet eine Unterbrechungswirkung, § 249 III. Es tritt auch die Ausschlußwirkung nach §§ 323 II, 767 II ein.

F. Begriff der Verkündung, IV Hs 2. Wie § 310 I 1 Hs 1 klärt, muß das Gericht sein Urteil in dem **34** Termin verkünden, in dem der Vorsitzende die mündliche Verhandlung geschlossen hat. Das gilt, wenn nicht ein sofort anzuberaumender besonderer Verkündungstermin erforderlich wird. Entsprechendes gilt für eine abschließende Verfügung oder einen abschließenden Beschluß, § 329 Rn 14 „§§ 309, 310 I". Die Verkündung eines Urteils nach § 300, eines Versäumnisurteils nach §§ 336 ff, oder eines Anerkenntnisurteils nach § 307 bzw eines entsprechenden Teil- oder Grundurteils nach §§ 301, 304 erfolgt in den Formen des § 311. Beim Beschluß oder der Verfügung sind § 311 I–III grundsätzlich unanwendbar, § 311 IV anwendbar, § 329 I 2.

G. Verstoß, IV Hs 1, 2. Wegen der erheblichen Bedeutung der korrekten Verkündung jedenfalls eines **35** Urteils auch im Fall der befugten oder unbefugten Abwesenheit der betroffenen Partei ergibt sich die Folge eines Verstoßes in solchem Fall nach den in § 310 Rn 3, 10, § 311 Rn 7 genannten Regeln. Im übrigen gelten die in Rn 36 ff dargestellten Rechtsbehelfe.

10) Rechtsbehelfe, I–IV. Beim Rpfl gilt § 11 RPflG, § 104 Rn 41 ff. Im übrigen gilt folgendes: **36**

A. Ablehnung des Vorsitzenden. Es gelten §§ 42 ff. Die Ablehnung kann sich zB aus der Ausdrucksweise des Vorsitzenden ergeben, also etwa seinem Festhalten an einer verfehlten Ansicht, seiner Gestik oder Mimik, dem Verharren auf einem Irrtum, einer politischen Äußerung in der Verhandlung, einem unerlaubten Ratschlag, einer in der Verhandlung aufgetretenen Spannung zwischen ihm und einem übrigen Prozeßbeteiligten, überhaupt bei irgendeiner Unsachlichkeit und insbesondere auch bei einem unberechtigten Wortentzug, § 42 Rn 10. Wie stets kann die Partei nach § 43 eine Ablehnung nicht mehr anbringen, wenn sie sich auf eine Verhandlung eingelassen oder Anträge gestellt hat, ohne den ihr bekannten Ablehnungsgrund geltend zu machen. Das gilt selbst dann, wenn der Ablehnungsgrund objektiv erst unmittelbar vorher erfolgte.

Ein auch nur irgendwie möglicherweise begründetes Ablehnungsgesuch zwingt dazu, die bisherige Ver- **37** handlung *zunächst* zu *schließen*. Der Vorsitzende darf und muß aber darauf achten, daß nicht durch ein fadenscheiniges Ablehnungsgesuch versucht wird, eine ihr ungünstige, erkennbar direkt bevorstehende Sachentscheidung in letzter Minute abzuwenden. Zwar ist auch ein erkennbar rechtmißbräuchliches oder sonst unzulässiges Ablehnungsgesuch zunächst einmal vorhanden. Wenn es lediglich unflätige oder hemmungslose Beschimpfungen usw enthält, braucht das Gericht es aber nicht zu bearbeiten, Einl III 66, § 42 Rn 5, § 46 Rn 4. Ein eindeutig rechtmißbräuchliches Ablehnungsgesuch läßt die Rechte und Pflichten des Vorsitzenden unverändert bestehen, und zwar nicht etwa nur als „unaufschiebbare Handlung" im Sinn von § 47, sondern wegen der von Amts wegen zu beachtenden prozessualen völligen Unbeachtlichkeit prozessualer Arglist, Einl III 59. Die Partei, die nach rechtsmißbräuchlicher Ablehnung den Saal verläßt, kann säumig werden. Unabhängig von der Zulässigkeit eines Ablehnungsgesuchs unterliegt der Ablehnende weiterhin der Sitzungspolizei bis zum Verhandlungsschluß, § 47, §§ 176 ff GVG.

B. Anrufung des Kollegiums. Vgl § 140. **38**

C. Eventuell sofortige Beschwerde. Soweit der Vorsitzende einen solchen Antrag eines Prozeßbetei- **39** ligten zurückweist, der das Verfahren betrifft, ist nach § 567 I Z 2 eine sofortige Beschwerde nur dann zulässig, wenn die Entscheidung des Vorsitzenden keine mündliche Verhandlung erforderte. § 136 erfaßt seine Entscheidungen innerhalb einer Verhandlung im weiteren Sinn, Rn 1. Dazu kann die Güteverhandlung nach § 278 II–V zählen. Sie ist gerade noch keine „mündliche" Verhandlung. Das zeigt § 279 I 1. Insofern kommt also eine sofortige Beschwerde in Betracht. Soweit es aber gerade um eine mündliche Verhandlung und nur diese geht, ist § 567 I Z 2 grundsätzlich unanwendbar. Deshalb ist ja gerade § 140 maßgeblich.

D. Anfechtung der Sachentscheidung. Soweit eine Maßnahme des Vorsitzenden in der Verhandlung **40** Einfluß auf die später verkündete Sachentscheidung des Gerichts bzw des Vorsitzenden hatte, ist der gegen solche Entscheidung jeweils statthafte Rechtsbehelf nach den für ihn geltenden Regeln gegeben.

E. Dienstaufsichtsbeschwerde. Neben oder anstelle der anderen Rechtsbehelfe ist die Dienstaufsichts- **41** beschwerde denkbar. Sie ist gesetzlich kaum geregelt. Sie findet die Grenzen ihrer Zulässigkeit dort, wo der Bereich der richterlichen Unabhängigkeit beginnt. Zur Abgrenzung § 26 DRiG, SchlAnh I A. Vgl ferner etwa die bei § 216 Rn 29 genannten Regeln. Der Dienstvorgesetzte hat das Recht und auch sehr wohl die Pflicht der Fürsorge für den Untergebenen und nicht in erster Linie für die Prozeßbeteiligten. Letzteres ist zunächst Sache des erkennenden Gerichts. Das wird bedauerlicherweise bei allzu eilfertigen Bemühungen, den Beschwerdeführer zufriedenzustellen, oft „übersehen". Zwar macht auch in der Verhandlung der Ton die Musik. Der Vorsitzende, der sich eindeutig erheblich unfair oder vorwerfbar im Ausdruck oder in der sonstigen Verhaltensweise vergreift, kann schon und nur deshalb der Dienstaufsicht unterliegen.

Der Vorgesetzte sollte sich aber *peinlich hüten*, auch nur den Anschein zu erwecken, unter dem Deckmantel **42** einer ihm vorliegenden Dienstaufsichtsbeschwerde irgendeinen Einfluß auch nur auf verfahrensleitende Maßnahmen während jener Sitzung oder in Zukunft nehmen zu wollen. Auch eine solche Maßnahme, die zum Verfahrensstillstand führt, kann sehr wohl in richterlicher Unabhängigkeit erarbeitet und mit vertretbaren Argumenten begründbar, sogar zwingend notwendig sein, etwa wegen eines unbehebbaren oder geringen erheblichen Mangels der Klageschrift usw. Auch ein kritisches Wort des Vorsitzenden gegenüber irgendeinem anderen im Saal kann bei vernünftiger, die Aufgaben des Vorsitzenden gebührend berücksichtigender Betrachtungsweise sehr wohl noch gerechtfertigt sein, § 193 StGB (Wahrnehmung berechtigter Interessen), und eine Einmischung des Vorgesetzten verbieten. Der ihm nur bedingt unterstellte Richter ist kein der ständigen Aufsicht bedürftiges Kind, selbst wenn er sich sehr individuell verhält. Die Verwaltung dient auch dann noch dem Richter und nicht umgekehrt, wenn er ihr unbequem ist.

Die Justiz wäre gut beraten, ggf unmißverständlich zu verdeutlichen, daß eine unberechtigte Dienstauf- **43** sichtsbeschwerde immerhin als *falsche Anschuldigung* nach § 164 StGB und/oder Beleidigung nach §§ 185 ff

§§ 136, 137   Buch 1. Abschnitt 3. Verfahren

StGB gelten kann und daß sie übrigens auch zu standesrechtlichen Folgen führen könnte. Ein diesbezügliches Unterlassen des Vorgesetzten könnte als Begünstigung des unberechtigten Beschwerdeführers und sogar als Teilnahme an einer evtl fortdauernden Beleidigung zu werten sein.

44   F. **Verfassungsbeschwerde.** Soweit der Vorsitzende insbesondere das Wort unberechtigt nicht erteilt oder entzogen hat oder keine erschöpfende Sacherörterung durchführte, kann nach der Erschöpfung des Rechtswegs eine Verfassungsbeschwerde insbesondere wegen Verstoßes gegen Art 103 I GG durch den Richter in Betracht kommen, Einl III 17. Das setzt freilich die übrige Unanfechtbarkeit der auf dem Verstoß beruhenden Sachentscheidung des Gerichts voraus.

45   11) *VwGO:* Entsprechende Vorschriften enthalten §§ 103 I und III, 104 I und III *VwGO* (zur Wartepflicht des Gerichts OVG Münst *AnwBl* **01**, 187). **II** ist entsprechend anwendbar. § 173 *VwGO* (Ergänzung zu § 103 III *VwGO*), ebenso **IV** Halbsatz 2 (Ergänzung zu § 116 I *VwGO*).

137   Gang der mündlichen Verhandlung. ᴵ Die mündliche Verhandlung wird dadurch eingeleitet, dass die Parteien ihre Anträge stellen.

ᴵᴵ Die Vorträge der Parteien sind in freier Rede zu halten; sie haben das Streitverhältnis in tatsächlicher und rechtlicher Beziehung zu umfassen.

ᴵᴵᴵ ¹ Eine Bezugnahme auf Dokumente ist zulässig, soweit keine der Parteien widerspricht und das Gericht sie für angemessen hält. ² Die Vorlesung von Dokumenten findet nur insoweit statt, als es auf ihren wörtlichen Inhalt ankommt.

ᴵⱽ In Anwaltsprozessen ist neben dem Anwalt auch der Partei selbst auf Antrag das Wort zu gestatten.

Vorbem. III 1, 2 geändert dch Art 1 Z 9a, b JKomG v 22. 3. 05, BGBl 837, in Kraft seit 1. 4. 05, Art 16 I JKomG, ÜbergangsR Einl III 78.

Schrifttum: *Fischer,* Bezugnahmen ... in Schriftsätzen usw, 1994.

Gliederung

1) Systematik, I–IV	1	B. Begriff der Bezugnahme	29
2) Regelungszweck, I–IV	2	C. Abgrenzung zur Antragstellung	30
3) Geltungsbereich, I–IV	3	D. Kein Parteiwiderspruch	31
4) Einleitung der mündlichen Verhandlung: Antragstellung, I	4–19	E. Angemessenheit der Bezugnahme	32
		F. Rechtsfolgen der Bezugnahme	33
		G. Verstoß	34
A. Begriff der Einleitung der mündlichen Verhandlung	4, 5	7) Vorlesung von Dokumentenen, III 2	35–39
		A. Begriff des Dokuments	35
B. Bloße Sollvorschrift	6	B. Begriff der Vorlesung	36
C. Begriff der Antragstellung	7	C. Erheblichkeit des Wortlauts	37
D. Verhältnis zur Anhörung oder Erörterung	8, 9	D. Rechtsfolgen der Vorlesung	38
		E. Verstoß	39
E. Form der Antragstellung	10–12	8) Vortrag der Partei persönlich im Anwaltsprozeß, IV	40–47
F. Rechtsfolgen der Antragstellung	13–16	A. Begriff des Anwaltsprozesses	40
G. Begriff der Parteien	17	B. Sonstiger sachlicher Geltungsbereich	41
H. Kosten	18	C. Begriff der Partei	42
I. Verstoß	19	D. Neben dem Anwalt	43
5) Vorträge der Parteien, II	20–27	E. Auf Antrag	44
A. Begriff der Partei	20	F. Vortragsrecht	45
B. Begriff des Vortrags	21	G. Rechtsfolgen der Gestattung des Worts	46
C. Begriff der freien Rede	22, 23		
D. Begriff des Streitverhältnisses	24		
E. Rechtsfolgen des Vortrags	25, 26		
F. Verstoß	27	H. Verstoß	47
6) Bezugnahme auf Dokumente, III 1 ...	28–34	9) Rechtsbehelfe, I–IV	48
A. Begriff des Dokuments	28	10) *VwGO*	49

1   **1) Systematik, I–IV.** Die Vorschrift enthält einige, aber keineswegs alle Regeln zum Gang der eigentlichen mündlichen Verhandlung im Sinn von § 279 I 1 im Gegensatz zur bloßen „Verhandlung" nach § 278 II–V. Für die letztere kann aber § 137 jedenfalls entsprechend mitbeachtlich sein. § 137 ist also nur ein Teil eines ganzen Geflechts einschlägiger Vorschriften. Zu den letzteren gehören zB die Regelung der Befugnisse des Vorsitzenden nach § 136 und derjenigen etwa für den frühen ersten Termin nach § 275, für den Haupttermin nach § 279, für alle Verhandlungstermine nach §§ 138–140, für die Beweisaufnahme nach § 357 I und etwa für die Vernehmung eines Zeugen nach §§ 394 ff usw.

I scheint sogar dem § 279 III zu widersprechen. In Wahrheit meint *I* jedoch nur den Beginn der eigentlichen streitigen Verhandlung. *III* wird, soweit es um die Anträge geht, durch den vorrangigen § 297 verdrängt, ergänzt ihn aber hilfsweise. *IV* tritt zB im Eheverfahren neben § 613 und ergänzt diesen.

2   **2) Regelungszweck, I–IV.** Die Vorschrift dient unterschiedlichen Zwecken. *I* soll zur Klärung des Streitgegenstands im Sinn von § 2 Rn 3 bewirken, daß die eigentlichen Sachanträge am Beginn der Verhandlung stehen. *II*, *III* enthalten nicht nur den Mündlichkeitsgrundsatz nach Üb 1 vor § 128, sondern zwecks noch schärferer Durchführung dieses Grundsatzes sogar innerhalb der mündlichen Verhandlung noch den Grundsatz des Gebots der freien Rede zum Zweck der in aller Öffentlichkeit und in Rede wie Gegenrede sich entwickelnden Klärung des Streitstoffs bis zur erschöpfenden Erörterung, zur Entscheidungsreife, § 300 Rn 6. *IV* dient vor allem der Verhinderung prozessualer und sachlichrechtlicher Nachteile der

Titel 1. Mündliche Verhandlung **§ 137**

Partei infolge ungenügender Information des ProzBev. Bei einem Widerspruch hat ja sogar der Parteivortrag unter Umständen Vorrang vor demjenigen des ProzBev, § 78 Rn 17. Man muß den jeweiligen Regelungszweck bei der Auslegung mitbeachten.

Wolken anderer Äußerungen als gerade der Anträge geben manche Kläger- wie Beklagtenvertreter zu Beginn der Verhandlung von sich. Es mag dann zunächst um Vertagung, Unzuständigkeit, Nachfrist, Gegenäußerung gehen oder gleich um Vergleichsverhandlung, Fehlen von Information, Überlastung oder Erwägungen einer Erledigterklärung, Klagerücknahme, eines Anerkenntnisses oder einer Widerklage usw. Jeder dieser Gesichtspunkte mag durchaus nach sofortiger Vorweg-Erörterung statt sofortiger Stellung der Sachanträge schreien. Ein verständiger Vorsitzender zeigt sich deshalb bereit, die Klärung der Anträge zurückzustellen, Rn 6. Es kann ja auch Kostengründe haben, vorerst einmal abzutasten, was Gericht und Gegner denn vom eigenen Vortrag halten.

Flucht in die Säumnis kann aber auch eine der Folgen richterlicher Sorglosigkeit sein. Verlängerung der Wirksamkeit einer einseitigen Klagerücknahme ohne gegnerische Zustimmungsbedürftigkeit kann eine andere Folge sein. Die Souveränität des Gerichts kann, muß sich aber durchaus nicht stets darin zeigen, daß es den vom Gesetz aus guten Gründen vorgeschriebenen eigentlichen Gang der Verhandlung mehr oder minder regelmäßig ins Gegenteil verkehrt. Fingerspitzengefühl im Einzelfall und Erfahrung helfen bei einer unmerklichen, umso klareren Führung.

3) Geltungsbereich, I–IV. Vgl Grdz 3 vor § 128. 3

4) Einleitung der mündlichen Verhandlung: Antragstellung, I. Die Vorschrift scheint sowohl zu 4
§ 220 I (Terminsbeginn mit Aufruf) als auch jedenfalls im Haupttermin nach schriftlichem Vorverfahren zu § 139 in einem Widerspruch zu stehen. In Wahrheit sind die Vorschriften durchaus aufeinander abgestimmt. Das Gesetz drückt sich nur nicht ganz unmißverständlich aus. Es erfaßt auch nicht alle Vorgänge in zeitlicher Reihenfolge in einer einzigen Bestimmung.

A. Begriff der Einleitung der mündlichen Verhandlung. Während der Aufruf der Sache nach § 220 I 5
den Beginn des Termins darstellt, also den zeitlich ersten Abschnitt des Gesamtgeschehens, meint I mit dem Ausdruck „mündliche Verhandlung" einen späteren Vorgang. Zwischen dem Aufruf und dem Zeitpunkt nach I liegen noch grundsätzlich die Eröffnung der Verhandlung nach § 136 I, die weiteren Vorgänge formeller Art und daher sogar die etwaige Einführung des Gerichts in den Sach- und Streitstand, Nürnb RR **94**, 1343 (für die Berufungsinstanz), nebst persönlicher Anhörung der Parteien hierzu, soweit sie zur Zulässigkeit und evtl sogar zur Klagebegründetheit gehören, und eine etwaige Einigungsversuch im Rahmen jenes Verfahrensabschnitts, §§ 278 I, 279. Die in I erfaßte Einleitung der mündlichen Verhandlung bezieht sich daher erst auf die eigentliche streitige Verhandlung. Düss MDR **87**, 852, Jena MDR **99**, 501, Mü RR **89**, 575.

Eine *Erörterung* und persönliche Anhörung mag zwar sogar den Schwerpunkt des Verhandlungstermins bilden. Sie unterfällt auch im Sinn des § 136 I sowie § 176 GVG der Funktion des Vorsitzenden, Bauer ZZP **91**, 329 Sie gehört aber noch nicht zur „eigentlichen streitigen Verhandlung", Mü MDR **85**, 943. Soweit es dann überhaupt nicht zu streitigen Sachanträgen kommt, ist doch jedenfalls erst die nach dem Aufruf usw am Beginn der eigentlichen Klärung des Streitstands erfolgende Antragstellung die „Einleitung der mündlichen Verhandlung" nach I. Damit ist allerdings wiederum nur der Regelfall umschrieben, und auch er nur im prozessualen Sinn. Gebührenrechtlich können andere Maßstäbe gelten.

B. Bloße Sollvorschrift. I stellt trotz des scheinbar zwingenden Wortlauts („wird ... eingeleitet") in 6
Wahrheit jedenfalls in der Praxis eine bloße Sollvorschrift dar. Denn der Akteninhalt bis zum Terminsbeginn sowie derjenige von etwa unmittelbar nach dem Aufruf dem Gericht überreichten Schriftsätzen oder andere Erwägungen können dazu führen, daß der Vorsitzende es für ratsam hält, die Entgegennahme der Sachanträge zunächst zurückzustellen und zunächst in den Sach- und Streitstand einzuführen, Rn 2, BGH **109**, 44, zB um eine Klagerücknahme nach § 269 statt der angekündigten Forderung zu erreichen. Auch mag etwa bei sich abzeichnender Unzuständigkeit des Gerichts eine Erörterung erfolgen mit dem Ziel, daß der Kläger seinem angekündigten Sachantrag zumindest sogleich hilfsweise einen Verweisungsantrag nach § 281 hinzufügt, § 260 Rn 8. Es wäre lebensfremd, solche unter Umständen auch zeitlich ausgedehnten Phasen der Erörterung nicht als „mündliche Verhandlung" zu betrachten, nur weil die Sachanträge etwa erst am Schluß des gesamten Gesprächs zu Protokoll gestellt werden. Es wäre andererseits auch keineswegs gerechtfertigt, die Anträge in solchen Fällen als schon zu Beginn der Erörterung grundsätzlich zulässigerweise stillschweigend gestellt anzusehen. Daraus folgt vernünftigerweise der bloße Sollcharakter von I.

C. Begriff der Antragstellung. Weder I noch übrigens §§ 139 I 1, 297 enthalten gesetzliche Bestim- 7
mungen des Begriffs „Anträge". Gemeint ist jeweils der sog Sachantrag nach § 297 Rn 1, Nürnb RR **94**, 1343 (für die Berufungsinstanz), im Gegensatz zum bloßen Prozeßantrag, § 297 Rn 5. Denn die Antragstellung nach I leitet ja die eigentliche streitige Verhandlung zur Sache, zum Streitgegenstand ein, Rn 4 ff. Freilich kann die Partei einen Prozeßantrag etwa auf Verweisung oder auf das Ruhen des Verfahrens zumindest gleichzeitig mit dem Sachantrag stellen, wenn nicht schon vor ihm, oder doch jedenfalls vor weiterer Erörterung im Anschluß an den Sachantrag stellen.

D. Verhältnis zur Anhörung oder Erörterung. Die Antragstellung ist der förmliche Höhepunkt des 8
Parteivortrags. Mit dem Sachantrag legt die Partei den Umfang ihres Angriffs oder ihrer Verteidigung und damit den Umfang desjenigen Streitstoffs fest, über den das Gericht entscheiden darf und muß, § 308 I. Dieser Grundsatz gilt lediglich nicht bei den Kosten, § 308 II, und nicht im Verfahren mit Amtsermittlungsgrundsatz, Grdz 38 vor § 128.

Demgegenüber zählen die Formen der *Anhörung*, Erörterung usw zu den vorbereitenden oder nachberei- 9
tenden Formen, in denen das Gericht mit der einen oder anderen oder beiden Parteien spricht. Sie können der Herbeiführung oder der Verhinderung von Sachanträgen dienen. Sie können streitig oder unstreitig erfolgen. Sie können mit einer Einigung oder ohne solche enden. Sie können einseitig oder beiderseitig stattfinden. Natürlich kann auch bei Anwesenheit einer Partei ihr Sachantrag, aus welchen Gründen auch immer unterbleiben, so daß sie im Sinn von § 333 „nicht verhandelt" und daher säumig ist.

Hartmann

§ 137
Buch 1. Abschnitt 3. Verfahren

10   **E. Form der Antragstellung.** Die Form ergibt sich aus § 297 I, II. Die Vorschrift enthält mehrere grundsätzlich gleichberechtigte Formen, in denen man den Sachantrag wirksam stellen kann. Jede Partei ist in der Wahl einer dieser Formen unabhängig von der anderen frei. Bei einer der Formen muß allerdings der Vorsitzende genehmigend mitwirken, um den Sachantrag wirksam werden zu lassen. Wegen der erheblichen Auswirkung einer wirksamen Antragstellung empfiehlt sich eine gewissenhafte Beachtung des § 297 bei der erforderlichen Protokollierung, § 160 III Z 2. Anwaltszwang herrscht wie sonst, § 78 I, II.

Zulässig sind also: Die Verlesung aus einem vorbereiteten Schriftsatz, § 297 I 1, oder aus einer dem Protokoll als Anlage beizufügende Schrift, § 297 I 2; die Erklärung zum Protokoll, soweit der Vorsitzende sie gestattet, § 297 I 3; die Bezugnahme auf einen Schriftsatz, § 297 II. Die etwa notwendige Gestattung muß eindeutig vorliegen. Sie kann aber auch stillschweigend erfolgt sein.

11   *In der Praxis* liest der Vorsitzende freilich die schriftsätzlich angekündigten Anträge meist vor oder weist auf ihre Fundstelle in den Gerichtsakten hin und befragt die Partei nur, ob sie bei diesen Anträgen bleibe. Sie braucht dann nur etwaige Abänderungen oder Ergänzungen von sich aus zur Sprache zu bringen. Sie hat aber keinen Anspruch auf Einhaltung dieser praxisüblichen Methode und muß ganz besonders bei der Antragstellung streng darauf achten, ihre Rechte zu wahren.

Zwar soll der Vorsitzende in jeder Verfahrenslage für *sachdienliche Anträge* sorgen, § 139 I 2 Hs 2. Dennoch ist eine korrekte und vollständige Stellung derjenigen Anträge, die jetzt schon und noch gestellt werden sollen, in allererster Linie die Aufgabe (Obliegenheit) der Partei, auch und gerade der nicht anwaltlich vertretenen. In der Praxis verstößt so mancher Anwalt in erstaunlichem Maße gegen diesen sehr wesentlichen Teil seiner prozessualen wie sachlichrechtlichen Pflichten. Diese Erfahrungstatsache darf nicht dazu führen, daß man etwa eine Art gewohnheitsrechtlicher Entlastung von der Parteipflicht bejaht, die Anträge in eigener Verantwortung vorzubereiten und zu stellen.

12   Stillschweigend kann man den Antrag zwar nicht verlesen. Denn das ist ein Vorgang des unmittelbaren Sprechens. Stillschweigend kann man auch nicht die Erklärung zum Protokoll geben. Denn auch sie erfordert ein Sprechen. Wohl aber kann die bloße *Bezugnahme* auf einen Schriftsatz je nach der gesamten Lage auch stillschweigend erfolgen, Hbg JB **95**, 30. Denn das Gericht darf und muß das gesamte Verhalten einer Partei, ihres gesetzlichen Vertreters und ihres ProzBev als Inbegriff ihrer Parteiprozeßhandlungen nach Grdz 47 vor § 128 wie jede Willenserklärung auslegen, Grdz 52 vor § 128, und zwar nach Treu und Glauben, Grdz 3 vor § 128. Wegen des Grundsatzes der Einheit der Verhandlung nach Üb 52 vor § 253 kann diese stillschweigende Antragstellung als sogar schon an einem früheren Terminstag erfolgt gelten. Man darf und muß dergleichen im Protokoll verdeutlichen, auch durch nachträgliche Klarstellung bzw Berichtigung. Das kann erhebliche Auswirkungen auf den gesamten Prozeßverlauf haben. Wegen eines noch oder endgültig unrichtigen Protokolls oder Tatbestands § 314 Rn 7, 8.

13   **F. Rechtsfolgen der Antragstellung.** Die Sachanträge haben eine ganze Reihe von prozessualen und sachlichrechtlichen wie gebührenrechtlichen Auswirkungen. Sie bestimmen den Umfang des derzeitigen Streitstoffs, der Entscheidungsbefugnis des Gerichts. Das gilt sowohl zur Zulässigkeit, hier vor allem zur Zuständigkeit, als auch zur Begründetheit, hier vor allem der Beweisbedürftigkeit. Erst der Sachantrag läßt überhaupt klar erkennen, ob das Gericht zB örtlich oder sachlich zuständig ist. Daher ist die weitverbreitete Ansicht, im Fall der Unzulässigkeit genüge ein Verweisungsantrag des Klägers, falsch: Erst der entgegengenommene Sachantrag ermächtigt und befähigt das Gericht zu einer abschließenden Beurteilung seiner Zuständigkeit. Daher darf es die Partei nach § 139 I 2 Hs 2 auffordern, zunächst ihren Sachantrag zu stellen, und muß den bloßen Verweisungsantrag mangels Sachantrags als einen Fall von Säumigkeit nach § 333 behandeln. Der Verweisungsantrag hängt ohne den Sachantrag „in der Luft". Das wird oft übersehen. Freilich kann der Sachantrag stillschweigend gestellt worden sein, Rn 10.

14   Vom Sachantrag einer jeden Partei hängt der weitere Prozeßverlauf schon in dieser Verhandlung entscheidend ab. Andererseits ist auch eine wirksame Stellung der Sachanträge zunächst nur ein bloß formeller Vorgang und *nicht immer* schon eine *Verhandlung* im Sinn von § 333, Düss MDR **87**, 852, Schlesw SchlHA **86**, 91, LG Tüb RR **87**, 1212. Das gilt zB bei einer Güte- oder Vergleichsverhandlung, Bbg MDR **88**, 148. Der Antrag zur Widerklage nach Anh § 253 ist freilich eine Verhandlung zur Klage, wenn ein Gerichtsstand für die Widerklage nur aus § 33 folgt.

15   Die Antragstellung ist auch *nicht stets* eine *Verhandlung zur Hauptsache* im Sinn der §§ 39, 282 III, 253 usw. Wegen der mündlichen Verhandlung auch des Bekl vgl §§ 269 I, 516 I, BGH **100**, 390. Freilich gibt das Protokoll oft nicht klar genug wieder, daß die Parteien zB nach Antragstellung auf eine Frage des Vorsitzenden, ob sie noch etwas vortragen wollten, verneinend antworteten und zumindest dadurch verhandelt haben. Bei einer späteren Verhandlung in demselben Rechtszug vor demselben Richtern ist eine ausdrückliche Wiederholung der schon zum Protokoll gestellten Anträge entbehrlich, Hbg MDR **86**, 65. Dasselbe gilt wegen des Grundsatzes der Einheit der Verhandlung nach Üb 3 vor § 253 und wegen des Grundsatzes der Gleichwertigkeit aller Verhandlungsteile nach Üb 5 vor § 253 aber auch beim Wechsel der Besetzung des Gerichts, ThP 1, aM StJL § 128 Rn 38, ZöGre 1 (eine stillschweigende Bezugnahme auf frühere Anträge reiche aus. Aber eine solche Hilfskonstruktion ist gar nicht notwendig).

16   Die *erneute Feststellung* der Anträge zum Protokoll empfiehlt sich aber zur Klärung der Rechtsfolgen ausnahmslos. Der Umfang des nach § 286 Rn 13 entscheidungserheblichen Streitstoffs sollte in jeder Phase einer mündlichen Verhandlung völlig eindeutig klarliegen. Die Rechtsfolgen treten auch im Hinblick auf scheinbar nebensächliche Punkte ein. Das gilt etwa im Hinblick auf die Frage, welche Zinsen der Kläger für welchen Zeitraum auf welchen Teilbetrag der Gesamtforderung geltend macht. Nach einer teilweisen Klagerücknahme im Sinn von § 269 Rn 9 entstehen oft Formulierungsschwierigkeiten. Dasselbe gilt: Nach einem teilweisen Anerkenntnis, § 307 Rn 5; nach einer teilweisen einseitigen Erledigterklärung, § 91 a Rn 204; nach beiderseitigen solchen Erklärungen, § 91 a Rn 202; nach einem Einspruch gegen einen Vollstreckungsbescheid, §§ 699, 700, oder gegen ein Versäumnisurteil usw, §§ 338 ff. Wegen der auch dann erheblichen Rechtsfolgen sollte das Gericht solche Formulierungsprobleme sofort und mit allem Nachdruck

Titel 1. Mündliche Verhandlung § 137

beseitigen, damit alle Prozeßbeteiligten übersehen können, welche restlichen Anträge noch der Entscheidung des Gerichts unterstehen sollen.

G. Begriff der Parteien. Zum Parteibegriff Grdz 4 vor § 50. Auch der Streithelfer nach § 66 gilt als 17 Partei. Daher erfaßt I auch seine Anträge.

H. Kosten. Es kann unabhängig von einem Sachantrag eine Terminsgebühr entstehen, VV 3104 usw. 18

I. Verstoß. Soweit das Gericht gegen die Pflicht zur Herbeiführung und Aufnahme ordnungsgemäßer 19 Sachanträge und/oder Prozeßanträge verstößt, können die in Rn 48 genannten Rechtsbehelfe anwendbar sein. Eine Partei kann einen Sachantrag oder den notwendigen Prozeßantrag unterlassen, auch einen etwa nur fehlerhaft notwendigen, sei es infolge mangelhafter Hinweise des Gerichts nach § 139 I 2 und anderen Vorschriften, sei es „in der Eile des Gefechts" wegen bloßer Vergeßlichkeit aller Prozeßbeteiligten einschließlich des Vorsitzenden, sei es deshalb, weil sie einen Antrag nicht stellen will, aus welchen Gründen auch immer. Dann kann sie nach § 333 als säumig gelten. Das kann zu einem Antrag zur Zurückverweisung nach (jetzt) § 538 führen, Kblz MDR **02**, 415. Das kann ferner etwa im Termin zum Einspruch gegen ein ihr ungünstig gewesenes Versäumnisurteil zum endgültigen Prozeßverlust führen, § 345. Nach früherer streitiger Verhandlung kann der Prozeßverlust auch nach §§ 251 a II, 331 a eintreten. Andererseits kann die Partei durch solche „Flucht in die Säumnis" unter Umständen die strengen Vorschriften zum verspäteten Vorbringen nach § 296 unterlaufen.

5) Vorträge der Parteien, II. Die Vorschrift enthält eine konsequente Durchführung des Mündlichkeits- 20 grundsatzes, Üb 1 vor § 128. Nach dem klaren Wortlaut ist sie zwingend. Dessen ungeachtet wird sie in der Gerichtspraxis oft nicht genug beachtet.

A. Begriff der Partei. Vgl Rn 17.

B. Begriff des Vortrags. Der Parteivortrag soll eine zumindest im Bereich der Tatsachen erschöpfende 21 Erörterung bewirken, §§ 136 III, 138 I, II, 139. Der Vortrag umfaßt sämtliche Äußerungen in der Verhandlung einschließlich aller Bezugnahmen auf vorbereitende Schriftsätze usw. Er umfaßt darüber hinaus aber auch diejenigen eindeutigen stillschweigenden Reaktionen der Partei auf gegnerisches Vorbringen oder Hinweise des Gerichts, die man durch Auslegung als solche Reaktionen erkennen kann und muß.

C. Begriff der freien Rede. Die Parteien dürfen sich keineswegs auf eine bloße Bezugnahme auf 22 vorbereitende Schriftsätze im Sinn von § 129 Rn 7 beschränken, soweit nicht das Gericht sie nach III 1 gestattet. Eine Vorlesung kommt nur unter den Voraussetzungen III 2 in Betracht. Grundsätzlich sollen die Parteien also in Rede und Gegenrede zur Sache verhandeln. Daher kann der Vorsitzende jede Partei, ihren gesetzlichen Vertreter oder ihren ProzBev auffordern, alle nach Auffassung der Partei in tatsächlicher und rechtlicher Beziehung derzeit schon und noch entscheidungserheblichen Gesichtspunkte, Tatsachen, Beweismittel usw auch mündlich zusammenfassend vorzutragen, auch wenn sie schon mehr oder minder umfangreiche Schriftsätze eingereicht hatte. Gerade in verwickelten Fällen kann ein solcher Zwang zum Vortrag in freier Rede sehr heilsam sein und dem Gericht zeigen, auf was es der Partei eigentlich überhaupt noch ankommt und was sie noch für streitig hält. Dadurch kann das Gericht den weiteren Verfahrensablauf erfahrungsgemäß ganz erheblich vereinfachen und beschleunigen. Oft ergibt sich gerade erst bei einem solchen auf Aufforderung des Gerichts gehaltenen mündlichen Vortrag eine vom Gegner oder Gericht bisher übersehene Einzelheit, die dem Verfahren eine völlige Wendung geben kann. Das alles gilt auch im frühen ersten Termin, insbesondere wenn das Gericht ihn als abschließenden Termin mit dem Ziel der Entscheidungsreife plant und durchführt, § 272 Rn 5.

Deshalb darf die Partei oder ihr Anwalt *keineswegs erklären*, sie sei auf einen solchen mündlichen Vortrag 23 *nicht vorbereitet*. Das gilt auch und gerade für denjenigen ProzBev, der für einen Sozius oder einen verhinderten Anwalt eingesprungen ist. Das Gericht ist keineswegs dazu da, einem ersichtlich überhaupt nicht mit dem Sachverhalt vertrauten ProzBev aus den Akten klarzumachen, um was es sich handelt, oder gar, wen er eigentlich vertritt usw. Der Vortrag eines Richters ersetzt den Parteivortrag nicht. Auch die Einführung des Gerichts nach § 139 I 1 ersetzt die Notwendigkeit des Parteivortrags grundsätzlich nicht. Dasselbe gilt für Ausführungen etwa des Vorsitzenden oder des Berichterstatters zu seiner Auslegung des Akteninhalts usw. Das Gericht darf sich im Anschluß an einen mündlichen Parteivortrag aber auch nicht rein zuhörend verhalten, solange nach seiner Auffassung noch irgendein Punkt zu klären ist, (jetzt) § 139, Möhring/Nirk Festschrift „25 Jahre BGH" (1975) 312. Das Gericht muß selbstverständlich jeder Ausführung einer Partei im tatsächlichen und rechtlichen Bereich mitdenkend folgen und durch Rückfragen usw reagieren. Das Recht und die Pflicht zum Vortrag in freier Rede bedeutet keine Befugnis zu uferlosen Weitschweifigkeiten. Nach vergeblicher Ermahnung kann und muß der Vorsitzende in solchem Fall notfalls das Wort entziehen, §§ 136 III, 157 II.

D. Begriff des Streitverhältnisses. Unter diesem Ausdruck muß man zunächst den Streitgegenstand 24 verstehen, § 2 Rn 3. Darüber hinaus gehört aber auch jeder Punkt zum Streitverhältnis, den die Partei nicht zu ihrem Streitgegenstand zählt, den aber das Gericht oder ein anderer Prozeßbeteiligte zur Sprache gebracht und für erheblich gehalten hat, sei es auch nach Ansicht der Partei überflüssigerweise. Denn die Verhandlung dient einer erschöpfenden Sacherörterung, § 136 III. Diese umfaßt auch die Klärung der Unbeachtlichkeit etwaiger Gegenargumente. Im übrigen stellt Hs 2 dar, daß auch die rechtliche Beziehung des Streitverhältnisses in den Vortrag gehört, also nicht nur der Tatsachenstoff. Das bedeutet allerdings nur scheinbar eine Pflicht der Partei zu einer umfassenden eigenen rechtlichen Beurteilung. Grundsätzlich braucht die Partei die von ihr erstrebten Rechtsfolgen nicht juristisch zu benennen, § 253 Rn 37 (Kläger). Das gilt, zumal das Gericht in der Würdigung des unterbreiteten Tatsachenstoffes ohnehin frei ist, Grdz 35 vor § 128. Immerhin verpflichtet schon Hs 2 und darüber hinaus auch die allgemeine Mitwirkungs- und Förderungspflicht der Parteien nach Grdz 11, 12 vor § 128 wenigstens bei einem Rechtsgespräch nach § 139 die Partei dazu, im Rahmen des ihr Zumutbaren auf die rechtlichen Gesichtspunkte wenigstens im Kern einzugehen.

§ 137

25 E. Rechtsfolgen des Vortrags. Alle Beteiligten müssen das einmal wirksam mündlich Vorgetragene wegen der Grundsätze der Einheit der Verhandlung und der Gleichwertigkeit aller Verhandlungsteile nach Üb 3, 4 vor § 253 solange beachten, bis die Erklärung (Tatsachenbehauptung, Angriffs- oder Verteidigungsmittel, Einl III 70) wirksam widerrufen oder zurückgenommen oder sonstwie aufgegeben wird.

26 Eine *Änderung* der Einlassung macht die frühere keineswegs automatisch unbeachtlich. So kann zB ein anfängliches bloßes Bestreiten mit Nichtwissen nach einem Hinweis auf dessen Unbeachtlichkeit nach § 138 III, IV nicht durch die bloße Erklärung, dann wolle man eben unbedingt bestreiten, zu einem beachtlichen Vollbestreiten werden. Vielmehr bleibt die Widersprüchlichkeit des Parteivortrags als solche solange bestehen und beachtlich, bis sie eine befriedigende Aufklärung findet. Ein Geständnis nach § 288 bleibt bis zum Widerruf nach § 290 wirksam. Entsprechendes gilt für alle anderen prozessual oder sachlich-rechtlich wirksam abgegebenen Erklärungen. Wegen einer Bedingung, einer Irrtumsanfechtung usw Grdz 51–61 vor § 128. Die Erklärung kann unabhängig davon wirksam vorgetragen sein, ob das Gericht sie ordnungsgemäß protokolliert hatte. Alle wesentlichen Vorgänge und daher auch Teile des Parteivortrags gehören nach § 160 II in das Protokoll. Das Gericht muß insbesondere die in § 160 III Z 1–3, 8, 9 genannten Vorgänge im Protokoll feststellen. Ebenso muß das Gericht auf Antrag der Partei solche Vorgänge oder Äußerungen protokollieren, von deren Aufnahme das Gericht nach § 160 IV 2, 3 absieht.

27 F. Verstoß. Soweit das Gericht gegen die Pflicht verstößt, den Vortrag der Partei anzuordnen, zu gestatten und störungsfrei zu halten, gelten die in Rn 48 genannten Rechtsbehelfe. Soweit die Partei gegen ihre Obliegenheit zum Vortrag in freier Rede verstößt, kann sie als säumig gelten, § 333. Ferner muß sie mit Zurückweisung eines etwa später erfolgenden Vortrags etwa nach § 296 rechnen. Überdies kann eine Verzögerungsgebühr nach § 38 GKG, Anh § 95, oder eine Kostenfolge nach § 95 eintreten. Ferner kann der Vorsitzende der trotz Ermahnung weiterhin lediglich vorlesenden oder bezugnehmenden Partei oder der zu weitschweifig vortragenden das Wort entziehen, §§ 136 III, 157 II.

28 6) Bezugnahme auf Dokumente, III 1. Wegen des Grundsatzes des freien Parteivortrags nach Rn 20 ff ist eine bloße Bezugnahme nur unter den eng auslegbaren Voraussetzungen der Sonderregelung nach III 1 statthaft. Das gilt für Dokumente sei es des Gegners, sei es eines eigenen oder generischen Streitgenossen, Schneider MDR **97**, 527, sei es eines anderen Prozeßbeteiligten, auch eines Zeugen oder Sachverständigen, soweit sich diese schriftlich oder elektronisch geäußert haben.

A. Begriff des Dokuments. Der Begriff umfaßt sowohl den Schriftsatz nach § 129 I als auch ein elektronisches Dokument nach §§ 130 a, b als auch jede Erklärung oder einen Antrag, den die Partei bereits zu irgendeinem Protokoll gegeben hat, § 129 a, BGH NJW **04**, 1732, als auch alle dem Gericht eingereichten Urkunden und sonstigen Beilagen, Anlagen und Ergänzungen, §§ 131 ff, BGH NJW **02**, 681. Das gilt unabhängig von ihrer Form. Daher gehören hierher auch zB Fotos, Fotokopien, Telefax- und Teletex-Schriftstücke, Tonbänder und sonstige technische Aufzeichnungsmittel, Gegenstände, die man als Anlage zu Schriftsätzen usw eingereicht hatte, etwa der beschädigte Pullover oder ein Bild. Insofern ist wegen des Ausnahmecharakters von III 1 eine enge Auslegung geboten. Es darf keine Bezugnahme auf irgendein Dokument außerhalb der Voraussetzungen des Gesetzes erfolgen.

29 B. Begriff der Bezugnahme. Die Partei braucht natürlich nicht ausdrücklich „Bezug zu nehmen". Es genügt vielmehr, daß sie erkennbar den Inhalt des Dokuments zum Gegenstand ihres mündlichen Vortrags macht. Im Zweifel gilt mit der Antragstellung ohnehin der gesamte Inhalt der bisher dem Gericht vorgelegten Dokument nebst Anlagen als vorgetragen, also zumindest stillschweigend in Bezug genommen. Es erstreckt sich die mündliche Verhandlung und insbesondere die vorbehaltlose Antragstellung auch im Zweifel auf den gesamten bis zum Termin angefallenen Akteninhalt, Üb 3 vor § 253, BGH NJW **99**, 2123, Hamm RR **97**, 764, Lange NJW **89**, 444, und zwar auch auf den vorinstanzlichen, KG NJW **90**, 844, strenger BVerfG RR **95**, 828 (aber das wäre ziemlich praxisfern). Evtl muß das Gericht nachfragen, BGH NJW **98**, 2977. Ein ausdrücklicher Hinweis auf einen der dokumentarisch erfolgten Beweisanträge enthält dagegen grundsätzlich nicht den Verzicht auf die übrigen. Man braucht solchen Beweisantritt im Verhandlungstermin nicht ausdrücklich zu wiederholen, BGH RR **96**, 1459, Hamm RR **97**, 764. Die pauschale Bezugnahme auf zB eine ganze Akte reicht aber erst insoweit, als die Partei sie näher eingrenzt oder als die Akte diesen Sachverhalt betrifft, BGH NJW **94**, 3296.

Eine nicht beigefügte, auch nicht nachgereichte *Anlage* wird trotz „Bezugnahme" nicht zum Vortrag, soweit die Partei sie nicht im Hauptdokument inhaltlich wiedergibt, BGH NJW **95**, 1842. Es empfiehlt sich zur Vermeidung von Mißverständnissen, die erfahrungsgemäß leider bis zur Strafanzeige wegen Falschbeurkundung (Falschprotokollierung) gehen können, im Protokoll durch die Formulierung ganz klarzustellen, daß eine Bezugnahme erfolgt ist. Das geschieht durch die Worte „Die Partei nahm Bezug auf ..." besser als durch die Formulierung „Die Partei verhandelt wie im Dokument vom ..." oder gar nur „Die Partei stellt den Antrag aus dem Dokument vom ...". Natürlich ist aber auch das Protokoll nach Treu und Glauben auslegbar.

30 C. Abgrenzung zur Antragstellung. Man kann den Antrag nach § 297 II auch ohne Genehmigung des Gerichts durch bloße Bezugnahme auf ein Dokument wirksam stellen, § 297 Rn 8. Demgegenüber ist eine wirksame Bezugnahme auf den übrigen Teil eines Antrags-Dokuments oder gar auf andere Dokumente oder gar deren Anlagen nach dem klaren Wortlaut von III 1 von weiteren Zulässigkeitsvoraussetzungen abhängig, Rn 31, 32. Das scheint nur auf den ersten Blick formell zu sein. Zwar hat der Antrag eine besondere Bedeutung. Er erhält auch grundsätzlich im Dokument eine besondere Hervorhebung. Deshalb wird der Sinn des Parteivortrags auch ohne Zustimmung des Gegners und des Gerichts deutlich, wenn die Partei auf den Antrag Bezug nimmt. Wenn sie dagegen schon durch eine eigene pauschale Bezugnahme auf alle möglichen Dokumente wirksam vortragen könnte, wäre für den Gegner wie das Gericht oft kaum erkennbar, was wirklich noch als vorgetragen gelten soll. Man könnte sich zB durch pauschale Bezugnahme auf umfangreiche Vorkorrespondenz oder erst noch beizuziehende Ermittlungsakten fast völlig um die Notwendigkeit drücken, als Kläger schon wegen § 253 II Z 2 mit seiner sog Darlegungslast zu präzisieren, welche Tatsachen man für entscheidungserheblich hält.

Titel 1. Mündliche Verhandlung § 137

D. Kein Parteiwiderspruch. Aus den Gründen Rn 29, 30 erfordert daher die Bezugnahme auf ein 31 Dokument zunächst, daß keine der übrigen Parteien widerspricht. Sie braucht nicht ausdrücklich oder stillschweigend zuzustimmen. Es genügt eben, daß sie nicht mindestens erkennbar Bedenken hat. Anfängliche Bedenken mögen sich im Lauf der Verhandlung beiseite räumen lassen. Es empfiehlt sich, den Vorgang im Protokoll zu verdeutlichen. Das bloße Schweigen des Prozeßgegners ist noch kein erkennbarer Widerspruch. Sein Bestreiten ist keineswegs stets auch ein Widerspruch im Sinn von III 1. Da der Prozeß der Kampf zweier gleichberechtigter Parteien ist und der Parteiherrschaft, dem Beibringungsgrundsatz und der Verhandlungsmaxime unterliegt, Grdz 20 vor § 128, mag sich die Partei erkennbar widersprechend melden. Daher liegt im Zweifel kein Widerspruch vor.

E. Angemessenheit der Bezugnahme. Zusätzlich muß aber auch das Gericht die Bezugnahme schon 32 nach dem klaren Wortlaut von III 1 für angemessen halten, um die Bezugnahme zulässig zu machen. Das Gericht hat in dieser Frage ein pflichtgemäßes Ermessen. Es darf weder eine Bezugnahme grundsätzlich unbeschränkt zulassen noch sie ausnahmslos verbieten. Maßgeblich ist der Sinn und Zweck der Vorschrift, Rn 2. Das Gericht darf und muß dafür sorgen, daß der Parteivortrag nicht durch bloße Bezugnahme unklar, uferlos, unübersehbar wird, BGH NJW **05**, 2929. Es muß den Grundsatz der Prozeßwirtschaftlichkeit beachten, Grdz 14 vor § 128. Es muß auch nach § 138 das Recht und die Pflicht dafür sorgen, daß die Erklärungen der Partei eindeutig und präzise sind, LG Ffm AnwBl **01**, 589, Lange NJW **89**, 442. Jedenfalls darf das Gericht sich nicht zwingen lassen, sich das Wesentliche selbst aus umfangreichen Dokumenten, Anlagen oder Beiakten, Ermittlungsakten usw zusammenzusuchen, BGH NJW **94**, 3296. Im Berufungsrechtszug ist eine Bezugnahme auf erstinstanzliches Vorbringen eher zulässig, BVerfG **60**, 311.

F. Rechtsfolgen der Bezugnahme. Eine ordnungsgemäße Bezugnahme hat dieselben Rechtsfolgen wie 33 Rn 25, BGH RR **96**, 1460.

G. Verstoß. Soweit das Gericht eine Bezugnahme gesetzwidrig zuläßt oder verbietet, gelten die in Rn 48 34 genannten Rechtsbehelfe. Soweit die Partei eine gesetzwidrige Bezugnahme vornimmt, kann sie wegen Verstoßes gegen den Grundsatz der Prozeßwirtschaftlichkeit nach Grdz 14 vor § 128 das Rechtsschutzbedürfnis verlieren, Grdz 33 vor § 253, Düss FamRZ **85**, 1153. Im übrigen darf und muß das Gericht nach erfolglosem Hinweis nach §§ 138, 139 den Vortrag unberücksichtigt lassen, soweit die Partei ihre bloße Bezugnahme nicht wenigstens in dem vom Gericht genannten Punkten präzisiert oder ergänzt. Bei Nichtberücksichtigung kann eine Zurückverweisung nach (jetzt) § 538 erfolgen, Düss RR **98**, 1530.

7) Vorlesung von Dokumenten, III 2. Eine Vorlesung des Antrags ist wegen des vorrangigen § 297 I 1 35 nicht nur erlaubt, sondern sogar ansich stets geboten, sofern schon ein vorbereitendes Dokument vorliegt. Eine Vorlesung anderer Teile von Dokumenten ist von weiteren Voraussetzungen abhängig.

A. Begriff des Dokuments. Es gelten dieselben Regeln wie Rn 28.

B. Begriff der Vorlesung. Gemeint ist das direkte Ablesen vom Papier oder vom Bildschirm, wenn auch 36 das Dokument vielleicht nur aus Kürzeln, Telegrammstil usw besteht. Natürlich muß das abgelesene Dokument anschließend zur Gerichtsakte kommen, wenn es nicht schon in ihr liegt.

C. Erheblichkeit des Wortlauts. Nach dem Wortlaut von III 2 „findet die Vorlesung nur insoweit statt". 37 Das ist eine Zulässigkeitsvoraussetzung. Sie tritt verständigerweise zu denjenigen von III 1 hinzu, also zum Fehlen eines Widerspruchs des Prozeßgegners und der Erlaubnis durch das Gericht, Rn 31, 32. Andernfalls könnte die Partei zwar nicht eine Bezugnahme, wohl aber eine Vorlesung leichter erzwingen. Das steht im direkten Widerspruch zum Grundsatz zur Prozeßwirtschaftlichkeit, Grdz 14 vor § 128. Es kommt weder auf die bloße Ansicht der Partei zur Bedeutung des wörtlichen Inhalts an noch auf diejenige des Prozeßgegners, sondern auf diejenige des Gerichts. Es muß sich seine Meinung nach dem gesamten bisherigen Akteninhalt und Verhandlungsinhalt bilden und sollte bloße Ablesereien energisch unterbinden. Wenn alle anderen Prozeßbeteiligten den Wortlaut bereits in Händen haben, mag eine Vorlesung wesentlich sein, um etwa die nach Ansicht der Partei erforderliche besondere Art der Betonung oder Aussprache etwa eines fremdsprachlichen Ausdrucks zu klären oder um darzustellen, daß sie das Gesetz anders liest. Zur Problematik § 380 Rn 12 (dritte und weitere Auferlegung von Kosten usw).

D. Rechtsfolgen der Vorlesung. Das wirksam Vorgelesene ist unmißverständlich vorgetragen und zu 38 beachten. Das Gericht sollte es im Protokoll nach § 160 II–IV festhalten. Man muß die Vorlesung durch die Partei von derjenigen durch das Gericht unterscheiden. Das gilt etwa bei der Protokollierung einer Zeugenaussage oder eines Prozeßvergleichs. Deshalb braucht das Gericht keinen zusätzlichen Genehmigungsvermerk in das Protokoll aufzunehmen.

E. Verstoß. Soweit das Gericht eine Vorlesung gesetzwidrig anordnet oder verbietet, gelten die in Rn 48 39 genannten Rechtsbehelfe. Soweit die Partei eine Vorlesung gesetzwidrig vornimmt, darf und muß evtl das Gericht ihr den weiteren diesbezüglichen Vortrag verbieten und ggf das Wort entziehen, §§ 138 III, 157 II. Es kann auch ein Ungehorsam vorliegen, §§ 176 ff GVG. Das trotzdem weiter einfach Vorgelesene bleibt prozessual und sachlichrechtlich unbeachtlich. Soweit die Partei eine gebotene Vorlesung trotz Aufforderung durch das Gericht nicht vornimmt, liest einfach der Vorsitzende die Partei vor und macht sie damit zum Gegenstand der Verhandlung. Im übrigen kann er nach § 138 III und natürlich auch dann, wenn es auf die Entscheidung der Partei ankommt, nach vergeblichem Hinweis auf die Rechtsfolgen unklar bleibender Ausführungen den ganzen diesbezüglichen Vortrag unbeachtet lassen. Das gilt zB bei der Frage, ob ein angekündigtes Anerkenntnis nun tatsächlich erfolgt. Dasselbe gilt insbesondere wegen unklarer sachlichrechtlicher Erklärungen für den Prozeßgegner.

8) Vortrag der Partei persönlich im Anwaltsprozeß, IV. Die Vorschrift dient der Verhütung von 40 Unklarheiten, Auslassungen oder Widersprüchlichkeiten infolge mangelhafter Information des ProzBev zum Schaden seines Auftraggebers und der Prozeßwirtschaftlichkeit. Sie soll unnötige Verzögerungen durch sonst notwendige Rückfragen verhindern. Oft kann ja nur die Partei etwa aus einer Zeugenaussage die entscheidend falsche oder widersprüchliche Stelle sogleich erkennen und zur Sprache bringen.

§§ 137, 138　　　　　　　　　　　　　　　　　　　　　Buch 1. Abschnitt 3. Verfahren

　　　A. **Begriff des Anwaltsprozesses.** Es gilt die gesetzliche Begriffsbestimmung in § 78 I.

41　　B. **Sonstiger sachlicher Geltungsbereich.** In einigen Fällen ist die Anhörung der Partei unabhängig davon, ob ein Anwaltsprozeß im Sinn von § 78 Rn 1 vorliegt, zusätzlich zu den Ausführungen ihres von ihr freiwillig eingeschalteten Anwalts ein zwingendes Formerfordernis. Das gilt zB beim Erbvertrag nach § 2274 BGB oder beim Erbverzicht nach § 2347 II BGB oder bei einem Prozeßvergleich, Anh § 307. Wegen einer Aufrechnung im Prozeß § 145 Rn 10–12. In einer Patent-, Gebrauchsmuster- oder Markensache muß das Gericht auf Grund eines Antrags der Partei auch ihrem Patentanwalt das Wort gestatten, § 4 I PatAnwO.

42　　C. **Begriff der Partei.** Vgl Grdz 4 vor § 50. Auch der Streithelfer nach §§ 66 ff ist Partei. Ein Dritter hat keinen Anspruch darauf, persönlich zu Wort zu kommen. Das gilt auch für den gesetzlichen Vertreter und für einen bloß rechtsgeschäftlichen Vertreter der Partei oder des Streithelfers. Das Gericht kann der Partei aber gestatten, das Recht auf eine persönliche Erklärung ausnahmsweise durch einen Dritten auszuüben, etwa durch einen technischen Beistand. Einen Prokuristen muß das Gericht in dieser Eigenschaft als Zeugen behandeln.

43　　D. **Neben dem Anwalt.** Im Anwaltsprozeß erhält die Partei das Wort nur „neben", dem Anwalt, nicht „anstelle" ihres ProzBev. Das gilt jedenfalls, soweit es um den „Vortrag" im Sinn von II, III geht. Weitere Anhörungsrechte hat die Partei zB bei der Vorlegung einer Frage an einen Zeugen, § 397 I. Daher hat die Partei im Anwaltsprozeß keinen Anspruch nach IV, wenn ihr Anwalt entweder nicht erscheint oder nicht verhandelt oder gar um Vertagung gebeten hat, BVerwG NJW **84**, 625. Dasselbe gilt für den anstelle der Partei zum persönlichen Vortrag antragsberechtigten Verkehrsanwalt.

44　　E. **Auf Antrag.** Die Partei usw erhält das Wort „auf Antrag", also nicht zwingend von Amts wegen. Das ändert natürlich nichts an der Befugnis des Gerichts, der Partei Fragen vorzulegen und sie zum ergänzenden Vortrag aufzufordern, sofern es sie nicht ohnehin kraft Gesetzes persönlich anhören muß. Andererseits darf nicht der Prozeßgegner erzwingen, daß die Partei selbst neben dem Anwalt das Wort nimmt. Es kommt auf den Antrag gerade derjenigen Partei an, die neben dem Anwalt sprechen will oder soll. Ein bloßes Handerheben kann als Antragshandlung zu wenig sein. Die Partei mag vernehmlich das Wort erbitten, BayVGH NJW **84**, 1027. Auch ohne einen Parteiantrag soll das Gericht die erschienene Partei auch im Anwaltsprozeß zum Sach- und Streitstand mündlich anhören, nicht ununterbrochen.

45　　F. **Vortragsrecht.** Unter den Voraussetzungen Rn 41–44 hat die Partei einen Anspruch darauf, das Wort neben dem Anwalt zu erhalten, ThP 4, ZöGre 4, aM Röhl NJW **84**, 278 (aber das wäre evtl ein Verstoß gegen Art 103 I GG). Sie kann das Wort grundsätzlich jederzeit fordern. Freilich darf sie es nicht zur Unzeit verlangen. Es bleibt dabei, daß der Vorsitzende und nicht die Partei oder irgendein anderer, etwa der ProzBev, das Wort erteilt und entzieht. Das Gericht mag durchaus Gründe dafür haben, die Partei noch ein wenig warten zu lassen, bevor sie neben ihrem Anwalt persönlich zu Wort kommt. Dafür kann zB die Absicht reichen, eine entstandene Erregung abklingen zu lassen. Das muß die Partei respektieren, auch wegen des Grundsatzes der Einheit der gesamten Verhandlung, Üb 3 vor § 253.

46　　G. **Rechtsfolgen der Gestattung des Worts.** Soweit die Partei neben ihrem Anwalt gesetzmäßig zu Wort kommt, sind ihre Erklärungen auch im Anwaltsprozeß für alle Prozeßbeteiligten wirksam und beachtlich. Sie kann lediglich nicht „anstelle" des ProzBev wirksame Anträge stellen. Soweit der Vortrag der Partei persönlich von einer Erklärung ihres ProzBev abweicht, kann er sogar den Vorrang haben, § 85 Rn 6, § 288 Rn 7.

47　　H. **Verstoß.** Soweit das Gericht der Partei persönlich gesetzwidrig das Wort gestattet oder entzieht, gelten die Rechtsbehelfe Rn 48. Soweit die Partei, die das Wort erhält, sachwidrig oder sonst rechtsmißbräuchlich redet, Einl III 54, darf und muß ihr der Vorsitzende das Wort entziehen, §§ 136 II, 157 II. Soweit die Partei trotz Gestattung des Worts nichts etwa vom Gericht erbetenen persönlichen Ergänzungen gibt oder sich gar gesetzwidrig mit Nichtwissen erklärt, kann zB der gegnerische Vortrag nach § 138 III, IV als zugestanden gelten und können auch bei später nachfolgendem Vortrag etwa die Folgen des § 296 eintreten, also eine Zurückweisung verspäteten Vorbringens erfolgen. Eine Übergehung des Antrags Rn 44 trotz klarer Wortmeldung kann nach Erschöpfung des § 140 einen Verstoß gegen Art 103 I GG bedeuten, BayVerfGH NJW **84**, 1026.

48　　**9) Rechtsbehelfe, I–IV.** Es gelten grundsätzlich dieselben Rechtsbehelfe wie bei § 136, dort Rn 36 ff. Eine unberechtigte Versagung des persönlichen Vortrags nach IV ist ein Verfahrensmangel, BVerfG NJW **84**, 626. Er kann auf Antrag zur Zurückverweisung führen, § 538. Er ist zusammen mit dem Endurteil anfechtbar. Er kann auch eine Versagung des rechtlichen Gehörs darstellen, Artt 2 I, 20 III GG (Rpfl), BVerfG **101**, 404, Art 103 I GG (Richter), wenn die Partei den Vortrag des ProzBev in tatsächlicher Hinsicht ergänzen wollte, für die Revisionsinstanz mit Recht einschränkend BVerwG NJW **84**, 625. Beim Rpfl gilt § 11 RPflG, Rn 41 ff.

49　　**10) VwGO:** Statt **I** gilt § 103 II VwGO (Vortrag des wesentlichen Akteninhalts), so daß die mündliche Verhandlung im Sinne des Kostenrechts nicht erst mit der Stellung der Anträge, § 103 III VwGO, beginnt, OVG Hbg NJW **70**, 1094 mwN. **II u III** sind entsprechend anwendbar, § 173 VwGO, als Ergänzung zu §§ 103, 104 VwGO, OVG Hbg MDR **69**, 252 (zu III). **IV** ist im Verfahren vor dem BVerwG und dem OVG entsprechend anwendbar, § 67 I VwGO, BVerwG NJW **84**, 625, VGH Mü BayVBl **00**, 349 (das Recht auf Äußerung besteht nur bei Anwesenheit des ProzBev).

138 *Erklärungspflicht über Tatsachen; Wahrheitspflicht.* ¹ Die Parteien haben ihre Erklärungen über tatsächliche Umstände vollständig und der Wahrheit gemäß abzugeben.

II Jede Partei hat sich über die von dem Gegner behaupteten Tatsachen zu erklären.

III Tatsachen, die nicht ausdrücklich bestritten werden, sind als zugestanden anzusehen, wenn nicht die Absicht, sie bestreiten zu wollen, aus den übrigen Erklärungen der Partei hervorgeht.

Titel 1. Mündliche Verhandlung **§ 138**

IV Eine Erklärung mit Nichtwissen ist nur über Tatsachen zulässig, die weder eigene Handlungen der Partei noch Gegenstand ihrer eigenen Wahrnehmung gewesen sind.

Schrifttum: *Ambs*, Bestreiten mit Nichtwissen usw, 1997; *Bottke*, Materielle und formelle Verfahrensgerechtigkeit im demokratischen Rechtsstaat, 1991; *Brehm*, Die Bindung des Richters an den Parteivortrag und Grenzen freier Verhandlungswürdigung (1982) § 10; *Eckstein-Puhl*, Prozessbetrug im Schiedsverfahren usw, 2004; *Fleck*, Die Redlichkeitspflicht der Parteien im Zivilprozess usw, 2004; *Garbe*, Antrags- und Klageerwiderungen in Ehe- und Familiensachen, 3. Aufl 2003; *Grunsky*, Taktik im Zivilprozeß, 6. Aufl 1996; *Hackenberg*, Die Erklärung mit Nichtwissen (§ 138 IV ZPO), 1995; *Hahn*, Anwaltliche Rechtsausführungen im Zivilprozeß usw, 1998; *Hartwieg*, Die Kunst des Sachvortrags im Zivilprozeß, 1988 (rechtsvergleichend); *Kawano*, Wahrheits- und Prozeßförderungspflicht als Verhaltenspflicht der Parteien gegeneinander, Festschrift für *Henckel* (1995) 411; *Lindenberg*, Wahrheitspflicht und Dritthaftung des Rechtsanwalts im Zivilverfahren, 2002 (Bespr *Schmidt* ZZP **116**, 252); *Michel/von der Seipen*, Der Schriftsatz des Anwalts im Zivilprozeß, 6. Aufl 2004; *Morhard*, Die Informationspflicht der Parteien bei der Erklärung mit Nichtwissen, 1993; *Oelkers*, Anwaltliche Strategien im Zivilprozeß usw, 2001; *Peters*, Auf den Wege zu einer allgemeinen Prozeßaufklärungspflicht der Parteien?, Festschrift für *Schwab* (1990) 399; *Popp*, Die Verpflichtung des Anwalts zur Aufklärung des Sachverhalts, 2001; *Prange*, Materiell-rechtliche Sanktionen bei Verletzung der prozessualen Wahrheitspflicht durch Zeugen und Parteien, 1995; *Prechtel*, Erfolgreiche Taktik im Zivilprozess, 2. Aufl 2003; *Rinsche*, Prozeßtaktik, 4. Aufl 1999; *Roth*, Die Wahrheitspflicht der Parteien im Zivilprozeß, Diss Erl/Nürnb 1991; *Ruppel*, Standeswidriges Verhalten des Anwalts im Zivilprozeß und seine prozessualen und materiellrechtlichen Folgen, Diss Gießen 1984; *Schlosser*, Wirtschaftsprüfervorbehalt und prozessuales Vertraulichkeitsinteresse der nicht primär beweis- und substantiierungsbelasteten Prozeßpartei, Festschrift für *Großfeld* (1999) 997; *Schoofs*, Entwicklung und aktuelle Bedeutung der Regeln über Geständnis und Nichtbestreiten im Zivilprozeß, Diss Münster 1980; *Schwarz*, Strukturierter Parteivortrag und elektronische Akte, Diss Tüb 1992; *Singer*, Das Verbot widersprüchlichen Verhaltens, 1993; *Stürner*, Die Aufklärungspflicht der Parteien im Zivilprozeß, 1976.

Gliederung

1)	Systematik, I–IV	1	H. Zeitraum: Bis zum Verhandlungsschluß	35
2)	Regelungszweck, I–IV	2–4	I. Verstoß	36
3)	Sachlicher Geltungsbereich, I–IV	5	7) Nichtbestreiten, III	37–44
4)	Persönlicher Geltungsbereich, I–IV	6–12	A. Bloße Tatsache	37
	A. Parteien	6	B. Kein ausdrückliches Bestreiten	38, 39
	B. Gesetzlicher Vertreter	7	C. Keine Absicht des Bestreitens	40
	C. Prozeßbevollmächtigter	8–11	D. Zeitraum: Bis zum Verhandlungsschluß	41
	D. Sonstige Beteiligte	12	E. Beibringungsgrundsatz	42
5)	Wahrheitspflicht, I	13–26	F. Folgen: Unterstellung des Zugeständnisses	43
	A. Begriff der Erklärung über tatsächliche Umstände	13	G. Verstoß	44
	B. Abgrenzung zu Rechtsausführungen	14	8) Erklärung mit Nichtwissen, IV	45–62
	C. Wahrhaftigkeitspflicht	15–17	A. Begriff	45–48
	D. Verbot der Halbwahrheit	18	B. Grundsatz der Unzulässigkeit	49
	E. Hilfsvortrag	19, 20	C. Ausnahme: Zulässigkeit beim Fehlen eigener Handlung	50
	F. Verbot der Ausforschung des Gegners	21	D. Weitere Ausnahme: Zulässigkeit beim Fehlen eigener Wahrnehmbarkeit	51–56
	G. Anerkenntnis	22	E. Nachfrist	57
	H. Maßstab: Zumutbarkeit, Treu und Glauben	23, 24	F. Sonderfall des beiderseitigen Bestreitens mit Nichtwissen	58
	I. Zeitraum: Bis zum Verhandlungsschluß	25	G. Zulässigkeit einer Hilfserklärung	59
	J. Verstoß	26	H. Zeitraum: Bis zum Verhandlungsschluß	60
6)	Erklärungspflicht, II	27–36	I. Rechtsfolgen des zulässigen Bestreitens mit Nichtwissen	61
	A. Begriff der von dem Gegner behaupteten Tatsachen	28	J. Verstoß	62
	B. Begriff der Erklärung	29	9) Weitere Verstoßfolgen, I–IV	63–67
	C. Maßstab: Zumutbarkeit, Treu und Glauben	30	A. Prozeßrechtliche Folgen	63, 64
	D. Verbot des pauschalen Bestreiten ins Blaue	31	B. Bürgerlichrechtliche Folgen	65
	E. Postensache, Punktensache	32	C. Strafrechtliche Folgen	66
	F. Verbot der sog Leerformel und vorweggenommenen Bestreitens	33	D. Standesrechtliche Folgen	67
	G. Weitere Einzelfragen	34	10) VwGO	68

1) Systematik, I–IV. Während §§ 136, 139 einige der Hauptaufgaben des Vorsitzenden in der Sitzung **1** regeln, enthält § 138 als eine außerordentlich wichtige Vorschrift einige der Hauptregeln zum Vortrag der Parteien und ihrer ProzBev, *Popp* (vor Rn 1). Die Bestimmung steht zwar im Abschnitt über die mündliche Verhandlung. Sie gilt aber auch für jedes schriftsätzliche Vorbringen, auch im Parteiprozeß ohne Anwaltszwang, § 78 Rn 1. Die Vorschrift regelt die Pflichten der Parteien keineswegs umfassend. Sie steht in einem Geflecht weiterer Regeln. Zu ihnen zählen vor allem §§ 282, 283, aber auch zB die Vorschriften über den Antritt eines jeweiligen Beweismittels, also etwa beim Zeugenbeweis § 373. Ergänzend muß man zur Parteivernehmung auch § 453 II mit seinen Folgen der Verweigerung der Aussage beachten. Auf die Klagerwiderung im schriftlichen Vorverfahren ist ergänzend § 277 I anwendbar. Auf die Stellungnahme zur Klagerwiderung ist § 277 IV anwendbar. II, III darf man nicht mit dem Geständnis nach § 288 verwechseln. Sie können aber auch bei seinem Fehlen anwendbar sein, BGH NJW **99**, 580.

§ 138

2 **2) Regelungszweck, I–IV.** Der Hauptzweck besteht in der Herbeiführung eines möglichst hohen Grades von Wahrhaftigkeit und Aufrichtigkeit bei der Aufklärung des entscheidungserheblichen Sachverhalts, oft einer wahren Knochenarbeit des Gerichts. Sie sollte freilich keineswegs zur Amtsermittlung nach Grdz 38 vor § 128 ausarten. Die Wahrhaftigkeitspflicht ist unabhängig von einer sachlichrechtlichen Pflicht zur Wahrheit oder Offenbarung etwa nach §§ 242, 666, 1379, 2027, 2028, 2314 BGB ein Teil der prozessualen Lauterkeitspflicht, Grdz 16 vor § 128. Sie ist schon wegen des Beibringungsgrundsatzes nach Grdz 20, 28 vor § 128 notwendig. Sie ist aber auch durch ihn begrenzt. Es gibt zwar keine allgemeine Aufklärungspflicht der Parteien, BGH **116**, 56, BAG NJW **04**, 2851, Hamm NJW **98**, 3558. Wenn das Gesetz aber schon den Parteien gestattet, den Streitstoff selbst beizubringen, über den das Gericht entscheiden soll, muß zur Vermeidung bloßer Willkür und abgekarteten Spiels wenigstens eine Pflicht zur Wahrhaftigkeit bestehen.

3 Daher hat jede Partei sowohl gegenüber dem Prozeßgegner als auch gegenüber dem Gericht die prozessuale *Pflicht,* ihre Erklärungen über Tatsachen durch Behauptungen, Bestreiten, Beweisantritt, Beweisinrede usw entsprechend ihrer notgedrungen subjektiven Vorstellung wahrheitsgemäß, genauer also: *wahrhaftig richtig* abzugeben, Rn 15. Sie darf sich also nicht nur das ihr Günstige heraussuchen. Darüber hinaus muß sie ihre Erklärungen auch vollständig abgeben. Sie darf sich nicht auf lückenhafte Halbwahrheiten beschränken, Dieckmann Gedächtnisschrift für Arens (1993) 63. Diese Regeln gelten grundsätzlich unabhängig von der Frage der Beweislast. Zum Problem Arens ZZP **96**, 1. Der ProzBev muß selbstverständlich die Wahrhaftigkeitspflicht des Auftraggebers achten. Er kann beim Verstoß (mit)haften.

4 Die Vorschrift soll eine redliche Prozeßführung sichern. Sie ist im Grunde ein Ausfluß von *Treu und Glauben* im Prozeß, Einl III 54. Daher darf keine Partei etwas ihr bewußt Unwahres gegen besseres Wissen vorbringen. Sie darf auch nicht bewußt eine zur Klarstellung erkennbare erforderliche Tatsache verschweigen. Sie darf nicht lügen, weder bei einer Behauptung noch bei deren Bestreiten, mag sie noch sehr von ihrem Recht überzeugt sein und mag die Wahrheit ihre Aussichten im Prozeß auch noch so stark gefährden. Treu und Glauben beherrschen ja die gesamte Prozeßführung. Darüber hinaus entnimmt Peters (vor Rn 1) 407 auch dem I eine allgemeine Prozeßförderungspflicht der Parteien, auch bei der Sammlung des Tatsachenstoffes. Diese Zwecke sind bei der Auslegung von I–IV, die keineswegs immer einfach ist, mit zu beachten.

Bestreiten mit persönlichem (Noch-)Nichtwissen ist eine häufige Art der Einlassung so manches ProzBev. Verständlich ist das oft. Jeder Anwalt weiß, wie oft der Auftraggeber absichtlich oder arglos Einzelheiten „vergißt" mitzuerwähnen, die juristisch entscheidende Bedeutung haben, ohne dem Auftraggeber immer als so wichtig zu erscheinen. Unerbittlichkeit kann sich selbst der „Hausanwalt" manchmal bei seiner Befragung nur unter der Gefahr leisten, diesen Mandanten jedenfalls in Zukunft zu verlieren.

Unerheblich sind solche Entschuldigungen dennoch im Außenverhältnis zum Gericht und zum Gegner. Sie werden dort viel zu häufig und zu großzügig zugelassen. Das Gericht darf Halbwahrhaftigkeit, Trödelei, Verkennung prozessualer Obliegenheiten im Verhältnis zu weniger lästigen anderen Aufgaben nicht zu Lasten der Prozeßbeteiligten praktisch immer wieder hinnehmen. Insbesondere anwaltliche Überlastung ist eben gerade kein Entschuldigungsgrund, auch nicht vorläufig. Jeder Auftraggeber kann die volle Konzentration verlangen. Gegner und Gericht haben dieselben Pflichten und deshalb keine geringeren Rechte. Es ist obendrein gerade bei starker Arbeitsbelastung unwirtschaftlich, die Erteilung der Information immer neu hinauszuschieben. Das muß das Gericht bei der Zumutbarkeitsprüfung nach Rn 23 mitbeachten, Rn 45.

5 **3) Sachlicher Geltungsbereich, I–IV.** Die Pflichten zur Wahrhaftigkeit und Vollständigkeit gelten grundsätzlich in jedem nach der ZPO geregelten Verfahren. Sie gelten in allen Instanzen und in jeder Verfahrenslage, also auch in der Revisionsinstanz, §§ 542 ff, BAG NJW **90**, 2642, im Kostenfestsetzungsverfahren, §§ 103 ff, LG Heilbr Rpfleger **93**, 260, und grundsätzlich in der Zwangsvollstreckung, §§ 704 ff, Düss RR **91**, 1088 (zu III), LG Lüneb MDR **99**, 704 (zu IV). Wegen des schiedsrichterlichen Verfahrens vgl §§ 1025 ff. Sie gelten ansich auch in denjenigen Verfahrensarten, in denen der Ermittlungsgrundsatz oder der Grundsatz der Amtsprüfung herrschen, Grdz 38, 39 vor § 128. Allerdings gilt III nur in einem Verfahren mit dem sog Beibringungsgrundsatz, Grdz 20 vor § 128, BVerfG RR **93**, 382, BPatG GRUR **92**, 507 (also auch im Kostenfestsetzungsverfahren), Karlsr FamRZ **77**, 205 (also nicht in einer Kindschaftssache nach §§ 640 ff). III ist bei § 727 unanwendbar, dort Rn 11. I–IV können auch im arbeitsgerichtlichen Verfahren gelten, BAG NJW **99**, 1131 (zu III).

6 **4) Persönlicher Geltungsbereich, I–IV.** Es gibt zahlreiche Beteiligungsarten.

A. Parteien. Wie schon der Wortlaut von I–IV zeigt, gilt die gesamte Vorschrift für jede Partei nach Grdz 4 vor § 50. Das gilt unabhängig von ihrer Stellung als Kläger, Bekl usw. Die Vorschrift gilt auch zB für die Partei kraft Amts oder kraft Ladung usw, Grdz 8, 14 vor § 50. Sie gilt auch für den einfachen oder notwendigen Streitgenossen nach §§ 59 ff und für den unselbständigen oder streitgenössischen Streithelfer, §§ 66 ff.

7 **B. Gesetzlicher Vertreter.** Wie stets, muß auch der gesetzliche Vertreter die Pflichten der Partei einhalten. Das zeigt schon zB ihre Haftung für sein Verschulden, § 51 II. Zum Begriff des gesetzliches Vertreters § 51 Rn 12 ff.

8 **C. Prozeßbevollmächtigter.** Auch der ProzBev nach § 81 hat dieselbe Pflicht wie die Partei. Das ergibt sich bereits aus ihrer Haftung für sein Verschulden, § 85 II. Das hat in der Praxis eine erhebliche, immer wieder verkannte Bedeutung mit oft irreparablen prozessualen Nachteilen für die Partei. Ein Anwalt darf insbesondere die Behauptung eines Prozeßgegners nur dann dahin bestreiten, daß er eine gegenteilige Behauptung aufstellt, wenn er von der Unrichtigkeit der gegnerischen Behauptung überzeugt ist. Er darf sich also keineswegs eine als unwahr erkannte Behauptung seines Auftraggebers zu eigen machen. Ein Anwalt hat zu einem bloßen Bestreiten ins Blaue hinein um so weniger Anlaß, Köln RR **92**, 573, als § 283 helfen mag, soweit der Auftraggeber bisher unvorwerfbar nicht genügend über die vom Gegner behauptete Tatsache unterrichtet worden war.

Titel 1. Mündliche Verhandlung **§ 138**

Ein Anwalt darf insbesondere keineswegs schon dann eine gegnerische Behauptung bestreiten, wenn er 9
zwar persönlich bisher über diesen Punkt nichts weiß, wenn aber die *Partei* im Rahmen der Prozeßförderungspflicht nach Grdz 12 vor § 128, § 282 *Veranlassung gehabt* hätte, ihren Anwalt bereits zuvor auch über diesen Punkt *aufzuklären*, oder wenn der Anwalt im Rahmen seiner Vertragspflichten gegenüber seinem Auftraggeber wie im Rahmen seiner Stellung als ein Organ der Rechtspflege und als ProzBev verpflichtet gewesen wäre, sich über diesen Punkt zuvor Näheres sagen zu lassen oder dazu Ermittlungen anzustellen usw, § 85 Rn 20 „Sachverhaltsklärung". Ein Anwalt darf auch nicht etwa zunächst erklären, er sei zu einer Erwiderung auf eine gegnerische Behauptung außerstande, er beantrage zB eine Nachfrist nach § 283, und nach einer Ablehnung dieses Antrags erklären, unter diesen Umständen bestreite er die gegnerische Behauptung. Das letztere ist vielmehr erst dann zulässig, wenn der Anwalt nunmehr von der Unrichtigkeit der gegnerischen Behauptung überzeugt ist und auch sein darf.

Die vorstehenden Grundsätze gelten auch dann, wenn der Prozeßgegner eine Behauptung erst in der 10
Verhandlung aufstellt. Es richtet sich dann nach den *Gesamtumständen* des Einzelfalls, ob eine Nachfrist in Betracht kommt, § 283. Man kann sie als ProzBev keineswegs schon deshalb erzwingen, weil man persönlich die gegnerische Behauptung im Termin erstmals hört. Das Gericht ist vielmehr gerade in solcher Lage durchaus berechtigt und auch verpflichtet, sogleich in Rede und Antwort klären zu lassen, ob diese angeblich neue Behauptung wenigstens dem Auftraggeber des Anwalts schon vor dem Termin bekannt gewesen sein soll, etwa durch schriftliche Mitteilung in der vorprozessualen Korrespondenz. In einem solchen Fall darf der Anwalt auch keineswegs stets einfach erklären, er bestreite er den Zugang eines solchen Schreibens. Zumindest darf und muß das Gericht eine solche Erklärung nach § 286 frei und sehr kritisch würdigen. Der Anwalt hat ja persönlich meist keine Schuld, wenn ihn der Auftraggeber über solche Vorgänge nicht umfassend genug informiert hatte. Dieser Umstand ermächtigt ihn aber noch nicht, einfach ins Blaue hinein vorsorglich wegen nur höchstpersönlich derzeitiger Noch-Unkenntnis zu bestreiten.

Oft wird bei dieser Problematik die Stellung des Gerichts verkannt. So verständlich es ist, daß der nur 11
höchstpersönlich „überraschte" Anwalt Zeit zu gewinnen versucht, so sehr muß er bedenken, daß das Gericht wegen des Gebots seiner Unparteilichkeit nach § 139 Rn 13 auch die Interessen des Prozeßgegners wahren muß. Die Förderungspflicht nach Grdz 12 vor § 128 zwingt jede Partei, ihren ProzBev unter Umständen schon zB im schriftlichen Vorverfahren nach §§ 276 ff bis zur vom Gericht geforderten Stellungnahme, spätestens aber bis zum Termin umfassend auch über solche Umstände zu unterrichten, die vernünftigerweise im Prozeß entscheidungserheblich sein können. Das gilt trotz des Grundsatzes, daß keine Partei sich selbst ans Messer liefern muß, § 282 Rn 8. Sie kann ja ihrem Anwalt alle Prüfung überlassen, wieviel von ihrer Information er dann tatsächlich dem Gericht und dem Gegner gegenüber verwendet. Das ändert nichts an ihrer internen Obliegenheit, ihn rechtzeitig redlich und umfassend auch über solche Umstände zu informieren, die ihr möglicherweise unangenehm sind, die aber im Termin zur Sprache kommen können.

D. Sonstige Beteiligte. Die Vorschrift gilt auch für alle sonstigen Prozeßbeteiligten, jedenfalls in ent- 12
sprechender Anwendung.

5) Wahrheitspflicht, I. Es handelt sich um wirklich zentrale, zu oft mißachtete Aufgaben. 13

A. Begriff der Erklärung über tatsächliche Umstände. Bereits der Gesetzeswortlaut stellt klar, daß sich die Wahrhaftigkeitspflicht nach I nur auf „tatsächliche Umstände" bezieht, Cahn AcP **198**, 37. Das sind alle inneren und äußeren Vorgänge, die der Nachprüfung durch einen Dritten offenstehen, Einf 19 vor § 284. Wie dort dargelegt, kann auch im Rahmen eines Werturteils zu den „tatsächlichen Umständen" gehören. Die Grenzen können fließend sein. Zum Begriff der inneren Tatsache Einf 20 vor § 284. Auch eine juristische Tatsache nach Einf 21 vor § 284 zählt hierher, BGH NZM **98**, 413. Dasselbe gilt für einen Erfahrungssatz, Einf 22 vor § 284. Es kommt nicht darauf an, ob die Partei den tatsächlichen Umstand für entscheidungserheblich hält und er auch wirklich entscheidungserheblich ist, sondern nur darauf, ob sie ihn überhaupt vorträgt, BGH NZM **05**, 705. Sie trägt ein ihr günstiges Beweisergebnis wegen dessen Tatsachen im allgemeinen stillschweigend mit vor, BGH GRUR **04**, 50 (dann besteht freilich in Wahrheit gerade kein „Zweifel" mehr).

B. Abgrenzung zu Rechtsausführungen. I bezieht sich schon nach seinem Wortlaut nicht auch auf 14
Rechtsausführungen. Zu ihnen ist die Partei grundsätzlich nicht verpflichtet: Jura novit curia. Die Partei mag allerdings verpflichtet sein, im Rahmen einer rechtlichen Erörterung etwa nach § 139 II jedenfalls insofern eine Stellungnahme abzugeben, als sie rechtskundig oder anwaltlich vertreten ist. Auch muß sie bei einer sog Rechtstatsache § 138 beachten, also zB bei der Verwendung der Begriffe Kauf, Eigentum, BGH DtZ **95**, 328, Erbe, öffentlicher Weg, BGH NJW **98**, 2060, Besitz, Vergleich usw. Wegen des ausländischen Rechts § 293 Rn 5 ff, Küppers NJW **76**, 489. Die Äußerung einer bloßen Rechtsauffassung hat aber grundsätzlich nichts mit der Wahrheitspflicht nach I zu Tatsachenerklärungen zu tun.

C. Wahrhaftigkeitspflicht. Mit den Worten „der Wahrheit gemäß" meint I entgegen der amtlichen 15
Überschrift „Wahrheitspflicht" in Wirklichkeit nur eine subjektive, der Überzeugung der Partei entsprechende Wahrheit, Rn 3, BGH **116**, 56 und MDR **80**, 214, also eine Wahrhaftigkeit, Graf von Westphalen AnwBl **04**, 668, Olzen ZZP **98**, 415. Eine objektive, auch der Überzeugung eines verständigen Dritten entsprechende Wahrheit, deren Ermittlung die Aufgabe des Gerichts ist, ist der Partei oft unbekannt, BGH VersR **85**, 545. „Unsere Augen, unsere Ohren, unser Geruchssinn, unser Geschmack schaffen so viele Wahrheiten, als es Menschen auf Erden gibt" (de Maupassant, „Der Roman"). Daher ist die Partei grundsätzlich auch sehr wohl verpflichtet, ihre Angaben zu nur inneren Vorgängen beim Prozeßgegner in Erfüllung der Wahrhaftigkeitspflicht zu machen, soweit man der Partei überhaupt solche Angaben zumuten kann. Das kann zB sehr wohl dann gelten, wenn es um den angeblichen Vorsatz oder über böse Absicht bei der behaupteten unerlaubten Handlung geht. Soweit der Kläger Anhaltspunkte für mindestens völlige Gleichgültigkeit des Gegners und damit für dessen bedingten Vorsatz hat, darf und muß er die Anhaltspunkte seiner subjektiven Überzeugung entsprechend wahrheitsgemäß schildern. Das gilt auch im Zweitprozeß etwa beim Rückgriffsanspruch, Köln VersR **02**, 1107.

§ 138

16 I soll eine *redliche* Prozeßführung sichern. Die Vorschrift ist ein Ausfluß von Treu und Glauben im Prozeß, Einl III 54. Daher darf keine Partei etwas ihr bewußt Unwahres wider besseres Wissen vorbringen. Sie darf also nicht lügen, weder bei einer Behauptung noch bei deren Bestreiten, mag sie noch so sehr von ihrem Recht überzeugt sein und mag die Wahrheit ihre Aussichten im Prozeß auch noch so stark gefährden. Sie darf auch nicht in zweiter Instanz direkt widersprüchlich zur ersten vortragen, Köln MDR **04**, 391. Prozeßtaktik erlaubt keinen Verstoß gegen die Wahrhaftigkeitspflicht, Köln MDR **05**, 168.

17 Eine *ins Blaue hinein* aufgestellte Behauptung, an die die Partei im Grunde selbst gar nicht glaubt, ist eine nach Rn 21 unzulässige sog Ausforschungsbehauptung nach Einf 27 vor § 284 (Ausforschungsbeweis). Das Gericht darf sie nicht anders beurteilen, BGH BB **04**, 1360, Köln RR **92**, 573. Das Gericht kann erst nach einer Erörterung mit der Partei über deren Anhaltspunkte für das Behauptete feststellen, ob die Partei ins Blaue hinein geredet hat, BGH NJW **95**, 2111. Das Gericht darf nicht die Anforderungen überspannen, also keine unzumutbaren Kenntnisse fordern, BGH NJW **95**, 1161. Freilich darf es zumutbare Bemühungen fordern, wie bei Rn 30, 54. Die Partei darf sich in vielen Fällen auch nicht mit einem bloßen Nichtwissen erklären, IV. Sie kann dann aber geeignetenfalls mehrere Behauptungen in einer Wahlform aufstellen. Eine bloße Vermutung ist keine Behauptung, LG Kassel ZMR **99**, 713. Die Bezugnahme auf ein Privatgutachten ist nicht schon dann schädlich, wenn dieses das nach § 286 erforderliche Beweismaß verkennt, BGH RR **03**, 71.

Beispiel: Der Bekl meint, er habe die eingeklagte Forderung bereits bezahlt, sei sich aber nicht sicher. Er darf behaupten, er habe bezahlt, zumindest sei ihm die Schuld gestundet worden. Die Partei ist dem Gericht in der Regel keine Rechenschaft darüber schuldig, wie sie ihre Kenntnis von einer Tatsache erlangt hat, BGH VersR **85**, 545. Sie darf eine Behauptung unter Zeugenbeweis stellen, wenn sie hinreichend darlegen kann, der Zeuge habe anders als sie selbst das notwendige Wissen, BGH FamRZ **03**, 1741; Kiethe MDR **03**, 1329.

Die Partei mag auch eine gegnerische Behauptung gegen sich gelten lassen, deren Unwahrheit ihr bekannt ist, und einen ihr günstigen Umstand verschweigen.

18 **D. Verbot der Halbwahrheit.** Schon aus dem Gesetzeswort „vollständig" folgt: Die Partei darf nicht bewußt eine zur Klarstellung erkennbar erforderliche Tatsache verschweigen, BGH MDR **99**, 1069. Sie darf also nicht bei einer sog Halbwahrheit stehen bleiben, Graf von Westphalen AnwBl **04**, 665. Sie hat eine Darlegungslast, BGH NZM **05**, 705, Düss VersR **95**, 568, Köln RR **99**, 1155 (je: Unfallhergang). Sie darf und muß es dem Gericht überlassen, ob es auch seinerseits diese weitere Tatsache im Grunde für entscheidungsunerheblich hält, § 253 Rn 32, Köln RR **99**, 1155. Natürlich ist die Abgrenzung zwischen dem Notwendigen und dem Entbehrlichen gerade in diesem Bereich oft schwierig. Sie muß wiederum nach dem Grundsatz von Treu und Glauben erfolgen, Einl III 54, BGH RR **95**, 725. Eine gewisse Prozeßtaktik ist erlaubt, § 282 Rn 8. Man braucht dem Gegner nicht dessen Darlegungslast abzunehmen, BGH MDR **91**, 226, BAG NJW **04**, 2851. Eigenes strafbares oder sonstwie unehrenhaftes Verhalten berechtigt nicht zu bewußter Halbwahrheit. Vgl aber Rn 24. Dabei kommt es auch auf den eigenen Wahrnehmungsbereich an, BGH NJW **99**, 1407 oben links.

Im Zweifel sollte die Partei lieber etwas zu viel als etwas zu wenig vortragen, ohne weitschweifig zu werden. Gerade die bloße Halbwahrheit kann beim Gericht wie beim Prozeßgegner zu Mißverständnissen und zum Prozeßverlust führen. Allerdings wird ein Vortrag nicht schon dadurch unvollständig, daß der Prozeßgegner sich nicht bloßem Nichtwissen erklärt, Kblz VersR **90**, 591. Man darf die Anforderungen an die Schlüssigkeit nicht überspannen, BGH RR **99**, 813, Köln RR **99**, 1155 („Ausrotten" als Kritik ist freilich ein starker Ausdruck), strenger Seutemann MDR **97**, 619.

19 **E. Hilfsvortrag.** Auch ein Hilfsantrag ist statthaft, selbst wenn er sich mit dem Hauptantrag nicht verträgt, § 260 Rn 8, BGH NJW **85**, 1842. So kann man auch in verschiedenen Verfahrensarten (ZPO, FGG) Ansprüche mit widersprechenden Begründungen geltend machen. Der Kläger kann sich auch für den Fall, daß er seine Klagebehauptung nicht beweisen kann, hilfsweise auf eine Behauptung stützen, die er im Hauptvortrag für unrichtig hält, BGH NJW **95**, 2846, krit Musielak ZZP **103**, 220. Das ist ein sog gleichwertiges, äquipollentes Vorbringen, dazu Jauernig Festschrift für Schwab (1990) 247, Schneider MDR **00**, 193. Es muß freilich unmißverständlich erfolgen. Der Kläger kann derart vorgehen, um wenigstens im Ergebnis eine Verurteilung des Bekl zu einer Teilleistung zu erreichen (zB: Der Kläger behauptet einen Kaufpreis von 15 000 EUR, der Bekl gibt nur einen Preis von 5000 EUR zu). Eine Hilfsaufrechnung kann für den Fall zulässig sein, daß die gegnerische Behauptung wahr ist. Bei einer Abrechnung muß der Kläger so genau vortragen, daß sich der Bekl sachgerecht verteidigen kann. Der Kläger darf dabei aber im Verlauf abweichend vortragen, BGH RR **02**, 1532.

20 Der Bekl *darf aber zB nicht* die Schuld leugnen, nur um Zeit zur Auffindung einer Quittung zu gewinnen. Soweit eine Partei auf einen widersprüchlichen gegnerischen Vortrag auch nur zwecks Beweisantritts Bezug nimmt, muß sie klären, auf welchen Teil dieses Vortrags sie sich genau bezieht, BGH RR **87**, 1469.

21 **F. Verbot der Ausforschung des Gegners.** Nicht ganz selten ist auch eine sog Ausforschung des Gegners zum Zweck der Ermittlung einer Grundlage für den eigenen Vortrag, vgl auch bei § 282 und Einf 27 vor § 284. Sie ist ein Rechtsmißbrauch, Einl III 54. Sie berechtigt den Gegner zur Verweigerung einer Erklärung, Rn 17, BGH **93**, 205. Denn die Wahrheitspflicht hat nicht den Sinn, der Partei eine Behauptungslast (Darlegungslast) abzunehmen, BGH NJW **83**, 2879, BAG NJW **04**, 2851. Auch braucht keine Partei dem Gegner die Grundlage für einen Gegenanspruch zu verschaffen, für eine Widerklage, für eine Einrede, für eine Mitschuldigerklärung usw. Die Partei ist in den strafrechtlichen Grenzen nach Rn 26 nicht verpflichtet, mehr zu offenbaren als ein Zeuge, aM Gottwald BB **79**, 1782 (er stellt darauf ab, ob der genaue Hergang der Tat nur einer Partei bekannt sein kann. Aber auch die genaue in der Tat erhöhte Mitwirkungspflicht verändert nicht die Grenzen der Wahrhaftigkeitspflicht und des Beibringungsgrundsatzes nach Grdz 20 vor § 128). Die Partei braucht auch insbesondere nichts zu erklären, was ihr zur Unehre gereichen oder ihre Strafverfolgung oder eine Verfolgung wegen einer Ordnungswidrigkeit herbeiführen könnte, § 384 Z 2, LG Kblz MDR **75**, 766, ThP 7, aM Celle VersR **77**, 361, Gottwald BB **79**, 1785 (aber niemand braucht sich selbst ans Messer zu liefern). Die Partei muß aber in einem Fall der letzteren Art schweigen oder eine Erklärung ablehnen.

G. Anerkenntnis. Aus dem Beibringungsgrundsatz nach Grdz 20 vor § 128 folgt: In seinem Umfang ist ein prozessuales Anerkenntnis zulässig und unter den Voraussetzungen des gegenüber § 138 vorrangigen § 307 wirksam. Das bedeutet aber nicht, daß die Partei schon vor einem Anerkenntnis mit Rücksicht auf die bloße Absicht, es vielleicht abzugeben, beliebig lange mit der Wahrheit zurückhalten dürfte. 22

H. Maßstab: Zumutbarkeit, Treu und Glauben. Insgesamt gilt im gesamten Bereich von I als Maßstab das Gebot von Treu und Glauben, Einl III 54, und der Grundsatz der Zumutbarkeit, BGH NJW 99, 580, Hök MDR 95, 773 (ausf). Es gibt keine allgemeine Aufklärungspflicht der Parteien, Rn 2. Eine Überspannung kann gegen das Gebot rechtlichen Gehörs verstoßen, Artt 2 I, 20 III GG (Rpfl), BVerfG 101, 404, Art 103 I GG (Richter), BVerfG NJW 91, 2824. Ob sie freilich vorliegt, darf das Gericht weder zu streng noch zu ängstlich prüfen, insofern problematisch BVerfG NJW 91, 2824, BGH RR 98, 1409 (aber gerade an dieser Stelle sollte das Gericht nicht eine behutsame Abwägung *aller* Gesichtspunkte für und gegen die Beachtung der Zentralvorschrift des I unterlassen). Die Wahrhaftigkeitspflicht entfließt nicht nur dem Prozeßrechtsverhältnis nach Grdz 4 vor § 128, sondern auch der Stellung der Partei zur Allgemeinheit. Sie soll daher nicht nur den Prozeßgegner schützen. 23

Treu und Glauben beherrschen auch die Prozeßführung. Daraus erwächst jeder Partei eine echte Rechtspflicht zur Wahrhaftigkeit, Einl III 54. Daher kann man die Partei auch nach § 290 an einem bewußt unwahren Geständnis einer ihr ungünstigen Tatsache festhalten. Sie darf und muß jederzeit die bisherige Unwahrheit bekennen. Freilich kann eine Zurückweisung des nun endlich ehrlichen Vortrags nach § 296 geboten sein. Die Partei darf im übrigen nicht arglistig mit dem Prozeßgegner zu Lasten eines Dritten zusammenwirken. Der Prozeß ist ungeachtet manchmal zu lesender pointierter Schlagwörter wie „Abseitsfalle" kein Sport und keine Spiegelfechterei.

Man darf allerdings auch die Pflichten nach I *nicht überspannen*. Die Partei ist nur im Rahmen des ihr Zumutbaren verpflichtet, BGH 116, 56, Hamm NJW 98, 3358, Köln VHR 96, 38. Es kommt daher auf die Umstände des Einzelfalls an. Die Pflicht zur Wahrhaftigkeit und Vollständigkeit gilt zwar für alle bei redlicher Bemühung möglichen Angaben, BVerfG NJW 91, 29 (Rechtsstaatsprinzip, Wahrnehmung berechtigter Interessen). Sie gilt aber nicht darüber hinaus, BGH NJW 01, 2633. Freilich kann man von der Partei durchaus eine gewisse Anstrengung und Bemühung fordern. Man darf annehmen, daß eine Partei ein ihr günstiges gegnerisches Vorbringen zumindest hilfsweise stillschweigend übernimmt, BGH RR 95, 684. Erschwerungen seitens des ProzBev können zwar die Anforderungen an den Vortrag der Partei persönlich herabsetzen, BGH NJW 02, 826. Das darf aber nicht auf dem Rücken des Prozeßgegners geschehen. Die Zumutbarkeitsgrenze liegt dort, wo man eine eigene Straftat offenbaren würde, aM LAG Ffm DB 04, 444 (aber man darf sogar als Angeklagter lügen). 24

Vertraulichkeitsaspekte wie der sog Wirtschaftsprüfervorbehalt können Zurückhaltung rechtfertigen. Sie können den gegnerischen ProzBev nicht nach Entgegennahme der Information zum Schweigen gegenüber seinem Auftraggeber verpflichten. Evtl sollte das Gericht nach § 273 vorgehen, Schlosser (vor Rn 1) 1015.

I. Zeitraum: Bis zum Verhandlungsschluß. Alle vorstehenden Anforderungen gelten in jeder Lage des Verfahrens bis zum Verhandlungsschluß nach §§ 136 IV, 296 a. Sie gelten bei nachgereichtem Vortrag evtl noch später, §§ 283, 156. Das gilt für jede Instanz. Im schriftlichen Verfahren nach § 128 II, III gilt der dem Verhandlungsschluß entsprechende Zeitpunkt. Die Partei muß eine Änderung der Verhältnisse während der Instanz mitteilen, und zwar ungefragt, Rn 41, BGH MDR 99, 1069. 25

J. Verstoß. Rn 63. 26

6) Erklärungspflicht, II, dazu *Schlosser* (vor Rn 1); *Zerbe,* Die Einlassung des Beklagten auf die Klage aus anwaltlicher Sicht, 1998: Schon aus dem Prozeßrechtsverhältnis nach Grdz 4 vor § 128, aber auch aus der Wahrhaftigkeitspflicht nach Rn 15 ergibt sich für jede Partei die Notwendigkeit, auf die im Prozeß aufgestellten Behauptungen des Gegners zu erwidern. Anwaltszwang herrscht wie sonst, § 78 I, II. 27

A. Begriff der von dem Gegner behaupteten Tatsachen. Es muß sich zunächst um den Tatsachenvortrag des Prozeßgegners der Partei handeln. Dazu zählt der gegnerische Streithelfer nach § 66, der Streitgenosse nach § 59, ferner ein Dritter, auf dessen Erklärungen der Prozeßgegner schriftsätzlich oder mündlich Bezug nimmt und sie so zum Teil des eigenen Vortrags macht. Das gilt zB bei Ausführungen in einem Privatgutachten, das der Gegner eingeholt hat und das Tatsachen enthält, Üb 21 vor § 402. Ferner muß der Gegner seine Behauptung auch im Prozeß aufgestellt haben. Es reicht also nicht, daß er lediglich irgendwann vorprozessual Behauptungen aufgestellt hat, BGH NJW 83, 2880. Natürlich mag er aber durch die Bezugnahme im Prozeß den vorprozessualen Vortrag zum prozessualen gemacht haben. Schließlich muß es sich beim gegnerischen Vortrag gerade um die Behauptung einer Tatsache und nicht nur um eine rechtliche Beurteilung handeln. Zur Abgrenzung der Tatsache von einer Rechtsausführung Rn 13, 14. Eine scheinbar bloße Wertung kann in Wahrheit zumindest auch eine Tatsachenbehauptung sein, Einf 21 vor § 284. 28

B. Begriff der Erklärung. Die Pflicht, „sich ... zu erklären", die sog sekundäre Behauptungslast, Mü RR 02, 1428, ist in II nur scheinbar abweichend von I umschrieben. In Wahrheit verlangt natürlich auch II eine „vollständige und der Wahrheit gemäße" Erklärung. Daher gilt auch hier die Wahrhaftigkeitspflicht nach Rn 15 ebenso wie die Vollständigkeitspflicht, Rn 18. 29

C. Maßstab: Zumutbarkeit, Treu und Glauben. Wie schon bei der Wahrhaftigkeitspflicht nach I, Rn 23, gelten auch bei der Erklärungspflicht nach II als Maßstab der sog sekundären Behauptungs- oder Darlegungslast, das Gebot von Treu und Glauben, Einl III 54, und der Grundsatz der Zumutbarkeit, BGH NJW 05, 2615, Kblz FamRZ 05, 1007, Mü RR 02, 1428. Das wird oft mit erheblichen prozessualen nachteiligen Folgen verkannt. Es gibt auch bei II keine allgemeine Auskunftspflicht, BAG NJW 04, 2851. Es kommt vielmehr wie stets auf den bestimmten Einzelfall an, BGH NJW 96, 1827. Es kommt im übrigen darauf an, wie präzise und ausführlich der Prozeßgegner vorgetragen hat, BGH NJW 05, 2615, 2711 und 30

§ 138

RR 05, 988, BAG NZA 05, 1131, Mü RR 02, 1428. Man darf dabei aber die Parteipflichten zur Aufklärung des Sachverhalts auch im Rahmen von II keineswegs unterschätzen, Arens ZZP 96, 1, Lange DRiZ 85, 248, Stürner ZZP 98, 254. Zwar darf man auch die Pflichten nach II nicht überspannen, insbesondere nicht beim Vertraulichkeitsinteresse, wie bei Rn 24, Naumb MDR 99, 1441, Schlosser (vor Rn 1) 1015. Man kann aber auch hier durchaus eine gewisse Anstrengung und Bemühung fordern. Andererseits kann der Fall eintreten, daß nur man selbst und nicht der Prozeßgegner die maßgebende Tatsache näher kennt. Dann ist ein näheres Bestreiten zumutbar und notwendig, Rn 34, BGH 159, 13 und VersR 99, 775, LG Mü WoM 02, 379.

Diese Regeln gelten zunächst in Verfahren mit dem sog *Beibringungsgrundsatz*, Grdz 20 vor § 128. Es ist der Prozeß der Parteien und nicht des Gerichts. Mögen sie den Tatsachenstoff in redlicher Bemühung auch durch gewissenhaftes Eingehen auf gegnerische Behauptungen zusammentragen, um dem Gericht eine gerechte Entscheidung zu ermöglichen. Aber auch im Zivilprozeß mit Ermittlungsgrundsatz oder bei der sog Amtsprüfung nach Grdz 38, 39 vor § 128 verdrängt die Pflicht des Gerichts zur verstärkten Mitwirkung an der Klärung des Sachverhalts keineswegs die Parteipflicht nach II.

31 **D. Verbot des pauschalen Bestreitens ins Blaue.** Wie bei I, Rn 15, ist auch bei der Erklärung über die vom Gegner behaupteten Tatsachen ein pauschales Bestreiten ins Blaue hinein verboten und daher unbeachtlich, BGH NJW 96, 1827, Düss OLGZ 94, 80, AG Recklingh RR 98, 1495. Die Erklärungspflicht ist ja auch ein Teil der prozessualen Förderungspflicht, Grdz 12 vor § 128. Sie gibt keineswegs auch das Recht, irgendetwas an Behauptungen aufzustellen, was in Wahrheit der bloßen Fantasie ohne konkrete tatsächliche Anhaltspunkte entspricht, Köln RR 99, 1154 (Vorsicht!). Man darf keineswegs einfach schon deshalb schlicht und klar bestreiten, weil man in Wahrheit überhaupt nicht übersehen kann, ob der Prozeßgegner die Wahrheit sagt oder lügt. Man darf erst recht nicht in solcher Lage zusätzliche abweichende Schilderungen geben, die man glatt erfunden hat oder die nur irgendwelchen denkgesetzlichen Möglichkeiten entstammen. Ob in einem solchen Fall ein Nichtbestreiten nach III zulässig ist, das ist eine andere Frage. Vor der Annahme einer Willkür ist eine Zurückhaltung geboten, Einl III 21, BGH RR 99, 361, Köln RR 99, 1154.

32 **E. Postensache, Punktensache.** Da es auf Art und Umfang des gegnerischen Vortrags ankommt, Rn 30, gilt im sog Posten- oder Punkteprozeß: Jede Partei muß auf jeden gegnerischen Rechnungsposten usw ebenso sorgfältig antworten, wie etwa auf eine ebenso eingehende Gegenrechnung aufstellen, BGH RR 90, 80, Köln MDR 75, 848. Dasselbe gilt beim sachlichrechtlichen Auskunftsanspruch des Gegners, Köln FamRZ 79, 179. Andererseits setzt die Erklärungspflicht keineswegs erst dann ein, wenn der Gegner seinerseits vollständig dargelegt oder gar Beweis angetreten hat, BAG NJW 04, 2851, aM ZöGre 8 (aber das würde zum genauen Gegenteil der Förderung des Verfahrens führen können). Keine Partei muß dem Gegner dasjenige verschaffen, über das er nicht schon selbst verfügt, BAG NJW 04, 2851. Es ist ratsam, sich der vom Gegner gewählten Reihenfolge seiner einzelnen Rechnungsposten usw auch in der Erwiderung grundsätzlich anzuschließen, es sei denn, die gegnerische Aufstellung ist weder zeitlich noch sachlich geordnet. Beide Parteien sollten durchaus schon zur selbstkritischen Überprüfung einzelne Rechnungsposten am Schluß jeder Seite des Schriftsatzes addieren und die Zwischensumme entsprechend übertragen. Denn so lassen sich erfahrungsgemäß Rechenfehler aufdecken, bevor sie zu falschen Endsummen in den Sachanträgen führen.

33 **F. Verbot der sog Leerformel und vorweggenommenen Bestreitens.** Die beliebte Floskel, man bestreite alles, was man nicht im folgenden ausdrücklich zugestehe, ist als Leerformel unbeachtlich, Schlesw SchlHA 81, 189. Ihre Benutzung kann zur Zurückweisung späterer „Ausfüllung" als verspätet führen, § 296. Das gilt natürlich erst recht von dem verbreiteten Versuch, dem Gericht die Ermittlung des Sachverhalts dadurch aufzubürden, daß man nur verlangt, das Gericht möge zusätzliche Fragen stellen, soweit es ihm erforderlich erscheine. § 139 macht keineswegs § 138 I, II überflüssig, aM Doms MDR 91, 499 (aber beide Vorschriften stehen seit jeher kraftvoll nebeneinander). Auch das sog vorweggenommene Bestreiten ist wegen II unzulässig, BVerfG FamRZ 91, 1284.

34 **G. Weitere Einzelfragen.** Solange Zweifel an der Richtigkeit der gegnerischen Behauptung bestehen, mag man eine Tatsache schlicht bestreiten dürfen, wenn man sich von deren Gegenteil nicht dem Gegner möglich ist, BAG RR 92, 13, Hamm FamRZ 96, 641. Das gilt zB beim sog „Insiderwissen", BGH RR 87, 754. Auch an die prozessuale Mitwirkungspflicht des Klägers muß man ja strenge Anforderungen stellen, BAG DB 84, 885. Andererseits sind die Anforderungen an die Erklärung zur gegnerischen Behauptung umso höher, je leichter man sich selbst dazu äußern kann, während der Gegner dazu nicht oder nur schwer imstande sein mag, Rn 30. Daher muß zB der Arbeitgeber bei einer Kündigung wegen häufiger Kurzerkrankungen nur diese darlegen, der Arbeitnehmer aber dartun, weshalb trotzdem die Besorgnis weiterer Erkrankungen unberechtigt sein soll, BAG NJW 90, 2340 und 2342, Anh nach § 286 Rn 46–49. Es ist also unzulässig, „das gesamte Vorbringen" des Gegners oder sämtliche Posten einer Rechnung zu bestreiten, die man selbst ohne unzumutbaren Aufwand in einzelnen Punkten präzisieren könnte, Schlesw SchlHA 81, 189, LG Hbg Rpfleger 85, 35. Soweit der Gegner allerdings sein bereits bestrittenes Vorbringen nur wiederholt, braucht man die früheren eigenen gegenteiligen Behauptungen und Darlegungen nicht stets ausdrücklich zu wiederholen, Schlesw SchlHA 78, 68.

35 **H. Zeitraum: Bis zum Verhandlungsschluß.** Wie bei I, Rn 25, gelten alle vorstehenden Anforderungen in jeder Lage des Verfahrens bis zum Verhandlungsschluß nach §§ 136 IV, 296 a, bei nachgereichtem Vortrag evtl noch später, §§ 156, 283. Das Bestreiten braucht der gegnerischen Behauptung nicht stets nachzufolgen, BVerfG NJW 92, 679, BGH RR 01, 1294. Das alles gilt für jede Instanz. Im schriftlichen Verfahren nach § 128 II, III gilt der dem Verhandlungsschluß entsprechende Zeitpunkt.

36 **I. Verstoß.** Rn 63.

37 **7) Nichtbestreiten, III.** Das Gericht darf und muß eine nicht ausdrücklich bestrittene Tatsache unter den nachfolgenden Voraussetzungen als zugestanden behandeln (bejahende Einlassung, kauderwelsch: affirmative Litiskontestation), BAG NJW 94, 3246. Dann entfällt die Beweisbedürftigkeit. Zum Unterschied vom gerichtlichen Geständnis Einf 2 vor §§ 288–290, BVerfG NJW 01, 1565.

Titel 1. Mündliche Verhandlung **§ 138**

A. Bloße Tatsache. Es muß sich um eine reine Tatsache handeln. Es darf also kein Umstand vorliegen, der eine wertende Beurteilung erfordert, BGH NJW **89**, 1084, Lappe Rpfleger **89**, 318. Zur Abgrenzung eines tatsächlichen Umstands von einer Rechtsausführung Rn 13, 14.

B. Kein ausdrückliches Bestreiten. Die Geständniswirkung nach III kann eintreten, wenn die Partei **38** die gegnerische Behauptung weder ausdrücklich noch durch eine schlüssige Handlung bestritten hat, Karlsr GRUR **94**, 135, Köln RR **05**, 704. Der bloße Klagabweisungsantrag bedeutet nicht ohne weiteres auch ein Bestreiten der gegnerischen Tatsachenbehauptungen. Unzureichend ist auch die bloße Bitte, das Gericht möge erkennen, „was rechtens ist", BAG NJW **90**, 2643. Ein einfaches, schlichtes Bestreiten genügt nur, soweit man der Partei keine näheren Angaben zumuten kann, Rn 25, 30, BGH NJW **89**, 162, BAG NZA **05**, 1131, Kblz FamRZ **05**, 1007. Ein stillschweigendes Bestreiten kann in einem früheren widersprechenden Vertrag liegen, BGH NJW **01**, 1294, LAG Hamm NZA-RR **05**, 524. Ein nicht unterschriebener Schriftsatz reicht nicht, AG Bln-Tempelhof-Kreuzb FamRZ **05**, 1261.

Der notwendige *Grad der Anforderungen* ist eine Fallfrage, BGH RR **97**, 985. Man darf auch hier die **39** Anforderungen nicht überspannen, BGH RR **90**, 80. Die Anforderungen an die Ausführlichkeit des Bestreitens hängen auch hier davon ab, wie ausführlich der darlegungspflichtige Gegner vorgetragen hat, BVerfG NJW **92**, 1031, BGH GRUR **82**, 683, BAG NZA **04**, 492. Man muß sich stets so genau ausdrücken, daß das Gericht nicht irrig davon ausgehen kann, man wolle die gegnerische Behauptung nicht mit Gründen bestreiten, Rn 30–35, BVerfG NJW **92**, 1031, Schlesw SchlHA **78**, 172. Zur Abgrenzung vom bloßen Bestreiten mit Nichtwissen Rn 45.

C. Keine Absicht des Bestreitens. Die Geständniswirkung hängt davon ab, daß auch nicht schlüssig **40** bestritten wird, daß also nicht „aus den übrigen Erklärungen der Partei hervorgeht", daß sie bestreiten will, Kblz RR **93**, 572. In diesem Zusammenhang kommt es nicht darauf an, ob sie nähere Angaben machen müßte, sondern nur darauf, ob sie erkennbar ernsthaft bestreiten will. Dabei ist freilich eine unzulässige sog Leerformel nach Rn 33 unbeachtlich. Man darf keineswegs im Zweifel unterstellen, die Partei wolle die fragliche gegnerische Behauptung ebenfalls bestreiten. Es kommt auch hier auf die Gesamtumstände an. Die Partei kann die Geständniswirkung nach III nicht durch eine eindeutig unzulässige „übrige Erklärung" verhindern. Man darf ihr aber auch nicht einfach unterstellen, sie wolle nicht über ihre ausdrücklichen Erklärungen hinaus bestreiten.

D. Zeitraum: Bis zum Verhandlungsschluß. Vgl 25, 35. Die Partei muß im Verhandlungstermin **41** anwesend gewesen sein und verhandelt haben. Wegen des schriftlichen Verfahrens § 128 II, III. Im Fall einer Säumnis gelten §§ 330 ff, 542. Man kann also die Erklärung, nicht (mehr) bestreiten zu wollen, bis zum Verhandlungsschluß nachholen, BGH NJW **83**, 1497, ZöGre 9, aM Mü MDR **84**, 322 (für den zweiten Rechtszug. Aber auch dann gilt der Einheitlichkeit der gesamten mündlichen Verhandlung). Dagegen muß das Gericht evtl ein erst im Laufe des Prozesses klar erkennbares Bestreiten nach §§ 296, 528 als verspätet beurteilen. Die Erklärung, die Partei wolle die gegnerische Behauptung „für diese Instanz nicht bestreiten", kann eine reine Prozeßtaktik sein. Sie beweist deshalb regelmäßig nichts gegen die Partei. Wenn die Partei aber auf eine Stellungnahme zu einem Sachverständigengutachten verzichtet, dann kann sie im allgemeinen dessen Unrichtigkeit oder Unvollständigkeit in der Revisionsinstanz nicht mehr rügen.

E. Beibringungsgrundsatz. Weitere Voraussetzung der Geständniswirkung ist, daß es sich um ein **42** Verfahren handelt, in dem weder der Ermittlungsgrundsatz nach Grdz 38 vor § 128 noch eine Amtsprüfung herrschen, Grdz 39 vor § 138, sondern in dem der Beibringungsgrundsatz besteht, Grdz 20 vor § 128. Daher ist III zB in einer Ehesache nach § 617 oder in einer Kindschaftssache nach §§ 640 ff unanwendbar, Karlsr FamRZ **77**, 205.

F. Folge: Unterstellung des Zugeständnisses. Soweit die Voraussetzungen Rn 34, 37–42 vorliegen, **43** unterstellt (fingiert) III ein Geständnis mit den Wirkungen des § 288, BGH **159**, 13. Das gilt allerdings nur unter den in § 288 Rn 3 ff genannten weiteren Voraussetzungen, BGH MDR **79**, 1001. Vgl im übrigen §§ 289, 532.

G. Verstoß. Rn 63. **44**

8) Erklärung mit Nichtwissen, IV **45**

Schrifttum: *Ambs*, Bestreiten mit Nichtwissen usw, 1997; *Hackenberg*, Die Erklärung mit Nichtwissen (§ 138 IV ZPO), 1995; *Morhard*, Die Informationspflicht der Parteien bei der Erklärung mit Nichtwissen, 1993.

A. Begriff. „Eure Rede aber sei: Ja, ja; nein, nein. Was darüber ist, das ist vom Übel" (Matth 5, 37). Man muß die Erklärung mit Nichtwissen von der Ablehnung einer Erklärung unterscheiden, ebenso aber vom direkten Bestreiten, vom bloßen Schweigen und vom Geständnis nach § 288. Die Frage, ob das eine oder das andere vorliegt, läßt sich oft nur schwer beantworten. Gerade derjenige, der die nachteiligen Rechtsfolgen einer bloßen Erklärung mit Nichtwissen kennt, bemüht sich erfahrungsgemäß, statt der schlichten Worte „Ich weiß nicht" um den „heißen Brei" herumzureden, sich „blindzustellen" oder zu „mauern", BAG NZA **05**, 600. Dergleichen Versuche dürfen das Gericht keineswegs davon abhalten, ganz klar und unmißverständlich herauszuarbeiten, ob die Partei bestreiten will oder sich nur mit Nichtwissen erklärt, Rn 2. Denn die Rechtsfolgen sind ganz erheblich unterschiedlich. Das Gericht darf und muß § 139 vorgehen. Es muß auch verdeutlichen, daß es ein bloßes Bestreiten mit Nichtwissen mit den Rechtsfolgen von III, IV annimmt, wenn die Partei ihren Vortrag nicht klarstellend ergänzt. Es mag zu einem solchen Hinweis auch und gerade einer anwaltlich vertretenen Partei gegenüber auch nach § 139 II verpflichtet sein.

Das Gericht darf sich aber auch *keineswegs* mit bloßen *Umschreibungen* der Partei zufriedenstellen lassen. **46** Wer zunächst ausgeführt hat, er könne sich zu einer gegnerischen Behauptung nicht erklären, hat bereits in Wahrheit mit bloßem Nichtwissen bestritten. Das gilt unabhängig davon, ob er einen Grund für seine Unfähigkeit zu weiterem Vortrag angegeben hat und ob ein solcher aus den Akten erkennbar ist. Wenn er nach einem Hinweis auf die möglichen Rechtsfolgen des bloßen Bestreitens mit Nichtwissen dann antwor-

§ 138

tet, unter diesen Umständen „bestreite er eben", so wechselt er seine Einlassung und verpflichtet das Gericht zur Prüfung, welche der widersprüchlichen Einlassungen nun die maßgebliche sein kann. Dabei ist keineswegs stets die zeitlich nachfolgende Art des Bestreitens die allein maßgebliche.

Es kommt vielmehr auf die *Gesamtumstände* an. Wenn erkennbar wird, daß das zeitlich nachfolgende direkte Bestreiten in Wahrheit nur der Verhinderung der Rechtsfolgen von IV dient, daß also in Wahrheit unverändert ein bloßes Nichtwissen vorherrscht, ist diese Wendung im Verhalten der Partei arglistig und daher unbeachtlich, Einl III 54. Denn sie verstößt ja gegen ihre Wahrhaftigkeitspflicht nach I, II. Zumindest darf und muß der Richter dann das zeitlich nachgeschobene direkte Bestreiten im Rahmen der freien Würdigung des gesamten Vortrags nach § 286 äußerst zurückhaltend beurteilen. Er darf sehr wohl zu der Überzeugung kommen, in Wahrheit habe sich die Partei eben doch nur mit bloßem Nichtwissen erklären können. Das alles gilt auch für den ProzBev, Rn 8–11 ff.

47 Wegen der oft prozeßentscheidenden Bedeutung dieser feinen Unterschiede ist *große Sorgfalt* ratsam. Es ist eine gewisse Beharrlichkeit des Gerichts nötig. Es ist im übrigen eine präzise Protokollierung der jeweiligen Äußerungen der Partei trotz allen gebotenen Verständnisses für ihre oft nicht leichte prozessuale Lage ratsam, § 160 II. Das Gericht ist gerade an dieser Stelle im wohlverstandenen Interesse beider Parteien und bei Beachtung seiner Pflicht zur Unparteilichkeit nicht nur berechtigt, sondern klar verpflichtet, im Rahmen des Zumutbaren durchaus ernsthafte Anforderungen zu stellen. Das gilt insbesondere wegen des Grundsatzes, daß das bloße Bestreiten mit Nichtwissen beim Fehlen der in Rn 50 ff erörterten Ausnahmen unzulässig ist. Daher muß man im Zweifel vom bloßen Bestreiten mit Nichtwissen ausgehen und darf erst dann prüfen, ob eine der Ausnahmen (Zulässigkeit) vorliegt. Bei alledem kommt es natürlich nicht auf den Wortlaut an, sondern auf den Sinn und die Gesamtumstände, wie stets.

48 Das bloße Bestreiten mit *Noch-Nichtwissen* ist ein Bestreiten mit bloßem Nichtwissen, Rn 45. Auch das wird oft übersehen und führt zu völlig anderen prozessualen Folgen als den eigentlich gebotenen. Auch insofern darf und muß das Gericht nach einem Hinweis gemäß § 139 von der Erklärung des bloßen Nichtwissens ausgehen. Das gilt auch und gerade bei einer solchen Erklärung, die ein gesetzlicher Vertreter oder ein ProzBev abgegeben hat, Rn 7, 8.

49 B. Grundsatz der Unzulässigkeit. Schon aus dem Wort „nur" in IV wird deutlich, daß das Gesetz von dem Grundsatz der Unzulässigkeit der Erklärung mit bloßem Nichtwissen ausgeht und sie nur unter den genannten Voraussetzungen ausnahmsweise zuläßt. Man kommt zu demselben Ergebnis, wenn man erkennt, das IV schon in seiner äußerlichen Stellung eine Ausnahme (Sonderregel) gegenüber I–III darstellt und daß man die Vorschrift daher in ihren Voraussetzungen eng auslegen muß, wie stets bei einer Ausnahmeregel, Einl III 41, ThP 20, aM ZöGre 2 (aber solche Art Auslegung ist seit jeher üblich). Man muß daher im Rahmen der Auslegung strenge Anforderungen an das Vorliegen der nachfolgenden Zulässigkeitsvoraussetzungen stellen. Unzulässig ist das Bestreiten mit Nichtwissen schon dann, wenn nach der Lebenserfahrung eigenes Wissen vorhanden sein muß, BAG NZA 05, 600.

50 C. Ausnahme: Zulässigkeit beim Fehlen eigener Handlung. Soweit eine Tatsache nicht in einer eigenen Handlung der Partei bestand, kann diese sich zur gegnerischen Behauptung mit Nichtwissen erklären, BGH NJW 93, 1783, LAG Hamm NZA 04, 215. Es ist eine strenge Prüfung der Frage erforderlich, ob man das Vorliegen einer eigenen Handlung der Partei verneinen darf. Denn es handelt sich um eine Ausnahmevorschrift, Rn 49. Zu den „eigenen Handlungen" zählen sowohl aktive Vorgänge in Wort und Tat als auch passive eigene Verhaltensweisen, also Unterlassungen in Wort oder Tat, sofern der Gegner gerade die letzteren behauptet. Es kommt nicht darauf an, ob der Gegner die Ansicht vertritt, man habe etwas gerade pflichtwidrig getan oder unterlassen, sondern nur darauf, ob er behauptet, man habe überhaupt eine eigene Handlung oder Unterlassung vorgenommen.

Dabei stehen Handlungen oder Unterlassungen des *gesetzlichen Vertreters* nach § 51 Rn 12 denjenigen gleich, die die Partei persönlich vorgenommen haben soll, Rn 7, 8, BGH NJW 99, 54, LG Bln VersR 01, 1226, Lange NJW 90, 3235. Dasselbe gilt bei Handlungen oder Unterlassungen des ProzBev der Partei nach § 81. Aber auch der Erfüllungs- oder Verrichtungsgehilfe der Partei nach §§ 278, 831 BGB ist „Partei" im Sinn von IV. Die Partei darf sich daher nicht mit bloßem Nichtwissen zur Behauptung des Prozeßgegners äußern, ihr derartiger Gehilfe habe etwas getan oder unterlassen.

51 D. Weitere Ausnahme: Zulässigkeit beim Fehlen eigener Wahrnehmbarkeit. Eine Erklärung mit bloßem Nichtwissen ist ferner ausnahmsweise auch dann zulässig, wenn es sich nach der Behauptung des Prozeßgegners um solche Tatsachen handelt, die nicht Gegenstand der eigenen Wahrnehmung bzw Wahrnehmbarkeit der bzw durch die Partei gewesen sind, BGH RR 93, 1262, Düss RR 00, 411 (Anwaltshaftung), LAG Hamm NZA 04, 215. Man muß auch hier einen strengen Maßstab vor der Bejahung einer solchen Situation anwenden, BVerfG NJW 92, 2217. Denn auch insofern liegt eine Ausnahme vom Grundsatz der Unzulässigkeit vor, Rn 49.

52 Zu den Wahrnehmungen gehören solche *beliebiger Art* mit jedem der menschlichen Sinne, BVerfG NJW 92, 2217, BGH 109, 208, Brause NJW 89, 2520. Die Wahrnehmung kann auch indirekt erfolgt sein, zB über ein Medium, etwa über das Fernsehen oder durch die Zeitung. Das gilt, sofern der Gegner nur behauptet, man habe eben die betreffende Sendung usw tatsächlich gesehen bzw gehört. Auch hier sind Wahrnehmungen des gesetzlichen Vertreters nach § 51 Rn 12 oder des ProzBev nach § 81 ebenso schädlich, Rn 7–11, wie solche eines Erfüllungs- oder Verrichtungsgehilfen, Rn 50.

53 Nur scheinbar ist das Bestreiten mit bloßem Nichtwissen dann zulässig, wenn die Tatsache nach der Behauptung des Prozeßgegners zwar nicht Gegenstand der tatsächlichen Wahrnehmung der Partei war, wohl aber Gegenstand ihrer *Wahrnehmungsmöglichkeit* war, LG Hann WoM 01, 444, LG Stendal WoM 94, 264 und 266. Aus dem Ausnahmecharakter der Zulässigkeit des Bestreitens mit Nichtwissen ergibt sich, daß auch die vom Gegner behauptete bloße Wahrnehmungsmöglichkeit dazu zwingt, mit einem klaren Ja oder Nein statt mit bloßem Nichtwissen zu antworten, sofern man dieses Nein überhaupt verantworten kann. Nur so läßt sich der Grundsatz der Zumutbarkeit wahren, BGH NJW 99, 580, LAG Köln MDR 99, 304. Er gilt im gesamten Bereich von § 138, auch bei IV. Nur dieser Grundsatz entspricht dem ohnehin von Amts wegen in

Titel 1. Mündliche Verhandlung § 138

Auch aus dem Prozeßrechtsverhältnis nach Grdz 4 vor § 128 und der ihm entstammenden Mitwirkungs- **54** und Förderungspflicht nach Grdz 11, 12 vor § 128 ergibt sich: Jedenfalls insoweit, als der Prozeßgegner behauptet, man habe eine Tatsache wahrnehmen können, ergibt sich meist eine gründliche *Informationspflicht*, BGH RR **02**, 613, Celle RR **97**, 290, LG Bln VersR **01**, 1226.

Das bloße Bestreiten mit Nichtwissen ist also *unzulässig, soweit* die Partei bei der ihr zuzumutenden **55** Sorgfalt nach § 283 Rn 6 zumindest bis zum Schluß des Verhandlungstermins nach Rn 60 *hätte wissen können und müssen*, ob sich der fragliche Vorgang ereignet hat oder nicht, LG Bln VersR **03**, 195 (Besichtigung des Regulierers genügt), LG Hann WoM **01**, 444 (Besichtigungsrecht genügt), sei es auch nur auf Grund zumutbarer Stichproben, AG Hanau FamRZ **00**, 306, LAG Bln MDR **02**, 1441. Auch dabei ist es wieder schädlich, wenn die Partei den fraglichen Vorgang zwar vielleicht nicht höchstpersönlich hätte wahrnehmen (lassen) können und müssen, aber doch mit Hilfe solcher Personen, die als ihr gesetzlicher Vertreter nach § 51 Rn 12 oder als ihr ProzBev nach § 81 oder als ihr Erfüllungs- oder Verrichtungsgehilfe tätig waren oder hätten tätig werden können und müssen, LG Bln VersR **01**, 1226, oder als ihr Zedent, Düss ZMR **02**, 588, Köln VersR **92**, 78.

Auch die *Prozeßförderungspflicht* nach § 282 zwingt dazu, in solchem Fall im Rahmen des Zumutbaren **56** Information einzuholen, bevor man einfach mit Nichtwissen bestreiten darf. Das gilt schon dann, wenn der Gegner wenigstens behauptet, man habe wahrnehmen (lassen) können, BGH **109**, 209, Celle RR **89**, 784. Im einzelnen verfahren allerdings viele zu großzügig. Man darf zB keineswegs schon die bloße Behauptung ausreichen lassen, die Partei könne sich nicht erinnern. Es kommt darauf an, ob sie auch darlegen und zumindest nach § 294 glaubhaft machen kann, daß sie sich auch beim besten Willen wirklich nicht erinnern kann. Das übersehen viele, BGH RR **02**, 213, Hamm VHR **96**, 204, LAG Bre BB **86**, 1992. Zu demselben Ergebnis führt auch die Darlegungslast nach § 253 Rn 32, die über die Pflichten nach I, II hinausgeht, BAG DB **86**, 1578.

Verdacht bösartigen Zusammenwirkens zB zwischen Fahrer und Unfallgegner mag andererseits ein Bestreiten mit Nichtwissen seitens der Versicherung und dem Halter erlauben, LG Erfurt VersR **03**, 193.

E. Nachfrist. Nur soweit man einer Partei eine Erklärung auf eine Behauptung des Gegners verständiger- **57** weise nicht sofort zumuten kann, darf und muß das Gericht auf Antrag der Partei nach § 283 eine Gelegenheit zur Unterrichtung und Nachholung geben, evtl auch durch eine Vertagung, BGH **94**, 214, Mü FamRZ **97**, 944. Das gilt vor allem dann, wenn der Gegner eine Partei mit Behauptungen überfällt, die immerhin abgelegen scheinen und die er die Partei in dem nach der Prozeßlage erforderlichen Maße angekündigt hatte. Indessen liegt kein ausreichender Grund zu solchen Maßnahmen vor, soweit sich am Verhandlungsschluß nach §§ 136 IV, 296 a ergibt, daß die Partei ihren gesetzlichen Vertreter oder vor allem ihren ProzBev nicht genügend vorbereitet und unterrichtet hatte. Dasselbe gilt, soweit man vor allem ihrem ProzBev den Vorwurf machen muß, sich nicht im zumutbaren Umfang bei der Partei kundig gemacht zu haben, §§ 51 II, 85 II, Rn 7, 8. Zwar mag zB der ProzBev in einem solchen Fall versuchen, eine Vertagung, eine Ladung der Partei nach § 141 oder eine Frist nach § 283 zu beantragen. Auch solche Möglichkeiten sind aber durchaus begrenzt. Vgl bei den einzelnen Vorschriften.

F. Sonderfall des beiderseitigen Bestreitens mit Nichtwissen. Soweit sich beide Parteien zu einer **58** vom Gericht für entscheidungserheblich gehaltenen und daher zur Sprache gebrachten tatsächlichen Frage übereinstimmend mit bloßem Nichtwissen erklären, kommt es nicht darauf an, ob eine solche Erklärung dann zulässig wäre, wenn der Gegner die Tatsache behauptet hätte. Denn IV setzt gerade eine direkte derartige Behauptung als erfolgt voraus. Vielmehr entfällt dann die Möglichkeit einer Geständniswirkung. Man muß dann diese Tatsache als nicht geklärt zu Lasten der insoweit beweispflichtigen Partei berücksichtigen.

G. Zulässigkeit einer Hilfserklärung. Eine Partei kann für den Fall, daß ihr Bestreiten mit bloßem **59** Nichtwissen unzulässig sein sollte, evtl eine Hilfserklärung abgeben, § 260 Rn 8.
Beispiel: Der Kläger behauptet, der Bekl habe ihm ein Darlehen versprochen. Der Bekl kann erwidern: Er bestreite dieses Versprechen mit Nichtwissen bzw als unbekannt. Falls er das Versprechen aber abgegeben habe, dann habe er es doch nur für einen späteren Zeitpunkt erklärt.

H. Zeitraum: Bis zum Verhandlungsschluß. Es gelten dieselben Erwägungen wie Rn 25, 41. Für die **60** Beurteilung auch der Zulässigkeit des Bestreitens mit Nichtwissen ist der Zeitpunkt maßgeblich, zu dem sich die Partei nach der Prozeßlage zu dieser Frage an sich äußern muß, BGH BB **01**, 2187. Spätestens ist der Schluß der letzten mündlichen Behandlung maßgeblich, §§ 136 IV, 296 a.

I. Rechtsfolgen des zulässigen Bestreitens mit Nichtwissen. Soweit die Erklärung mit bloßem **61** Nichtwissen zulässig ist, handelt es sich um ein echtes, schlichtes Bestreiten, BGH NJW **89**, 162.

J. Verstoß. Ein Verstoß gegen IV führt zur Geständniswirkung nach III, AG Bruchsal VersR **86**, 498. **62**
Beispiele: Der Empfänger von Allgemeinen Geschäftsbedingungen will sich an ihren Inhalt nicht erinnern können; der Haftpflichtversicherer beruft sich auf die Unauffindbarkeit des Versicherten; der Empfänger von Kontoauszügen will sie verloren haben, AG Geesthacht VersR **88**, 929. Vgl Rn 63.

9) Weitere Verstoßfolgen, I–IV. Neben den Folgen Rn 26, 36, 44, 62 können mehrere Konsequenzen **63** zusammentreffen.

A. Prozeßrechtliche Folgen. Das Gericht prüft zwar ansich wegen des Beibringungsgrundsatzes nach Grdz 20 vor § 128 auch die Wahrheit einer Parteibehauptung zunächst anhand des Merkmals, ob der Prozeßgegner die Tatsache überhaupt bestreitet. Es muß aber schon wegen des den ganzen Prozeß beherrschenden Grundsatzes von Treu und Glauben nach Einl III 54 zumindest ein arglistiges Zusammenwirken der Parteien etwa zum Nachteil eines Dritten unbeachtet lassen, Rn 56. Es muß überhaupt eine von ihm als offensichtlich unwahr erkannte Behauptung unbeachtet lassen, § 286, Seetzen WertpMitt **85**, 214, Vollkommer Rpfleger **78**, 83.

§§ 138, 139 Buch 1. Abschnitt 3. Verfahren

64 Eine unwahre Behauptung kann zu einer *der Partei nachteiligen Würdigung* führen. So kann zB ein widersprüchlicher Vertrag unbeachtlich sein, Köln MDR **04**, 391. Das Gericht kann von der Unwahrheit einer streitigen Behauptung auch insofern ausgehen, als eigentlich der Gegner beweispflichtig wäre, § 286 Rn 4, KG JR **78**, 379. Soweit eine Unwahrheit den Prozeß verzögert, ist neben der Zurückweisung wegen verspäteten Vorbringens nach §§ 296, 528 unter Umständen eine Verzögerungsgebühr nach § 38 GKG erforderlich, Anh § 95. Im übrigen erwächst der Partei kein unmittelbarer prozeßrechtlicher Nachteil. Die Partei darf und muß eine unwahre Erklärung jederzeit berichtigen. Durch die Berichtigung kann sie die unwahre Erklärung unwirksam machen, § 290 Rn 4. Eine fehlerhafte Beurteilung der Darlegungslast kann ein Verfahrensfehler des Gerichts sein, §§ 529 II 1, 557 III 2. Eine Verletzung der Wahrhaftigkeitspflicht kann im übrigen ein Anlaß für eine Restitutionsklage nach § 580 Z 4 sein, auch wenn sich die Partei nicht auf ein falsches Beweismittel beruft, aM BGH NJW **85**, 2335 (aber es kommt dort nur auf den objektiven Strafverstoß an). Bei einem Verstoß gegen IV tritt die Geständniswirkung nach III ein, Rn 62.

Ein *anschließendes Bestreiten* mag zulässig sein, Münzberg NJW **92**, 205. Das Gericht muß es aber natürlich mit großer Zurückhaltung würdigen. Der beliebte Satz im Anschluß an den Hinweis des Richters auf III, IV: „Dann bestreite ich eben" ist kaum geeignet, dieses „Bestreiten" anders zu werten als dahin, daß die Partei oder ihr Vertreter jetzt in eine Erklärung flüchtet, die sehr nahe beim versuchten Prozeßbetrug angesiedelt ist. Das Gericht darf deshalb die derart überraschend „bestrittene" Behauptung des Gegners glauben, § 286 Rn 4.

65 **B. Bürgerlichrechtliche Folgen**, dazu *Lindenberg* (vor Rn 1) 92 ff; *Prange*, Materiell-rechtliche Sanktionen bei Verletzung der prozessualen Wahrheitspflicht durch Zeugen und Parteien, 1995; *Schreiber* ZZP **105**, 129: Eine Schadensersatzpflicht besteht nach § 826 BGB, sobald eine Lüge der Partei zu einer Schädigung des Gegners führt. Außerdem bietet sich auf Grund eines Bestreitens wider besseres Wissen, das die Entscheidung beeinflußt hat, evtl ein Weg an, dem sachlichen Recht gegenüber der Rechtskraft zum Sieg zu verhelfen, Einf 25, 33 vor § 322. § 85 II gilt auch hier, Schlesw FamRZ **93**, 336. § 138 ist aber kein Schutzgesetz im Sinn von § 823 II BGB. Denn sein Sinn besteht darin, zur sachlichen Ordnung des Zivilprozesses beizutragen. Die Gegenmeinung brächte auch die Gefahr des Wiederaufrollens jeder rechtskräftig erledigten Sache mit sich, ThP 10, aM ZöGre 7 (aber man sollte sich vor jeder Verminderung der Rechtskraft hüten, Einf 27 ff vor §§ 322–327). Zum Ehrenschutz gegenüber Parteivorbringen Walter JZ **86**, 614. Der ProzBev kann als Anwalt vertraglich, vertragsähnlich, deliktisch haften.

66 **C. Strafrechtliche Folgen**, dazu *Piech*, Der Prozeßbetrug im Zivilprozeß, 1998: Ein Verstoß gegen die Wahrhaftigkeitspflicht kann ein zumindest versuchter Prozeßbetrug sein, BGH MDR **98**, 615, Kblz NJW **01**, 1364 (dort im Ergebnis großzügig verneint). Er kann auch eine Anstiftung, Beihilfe, Mittäterschaft oder mittelbare Täterschaft zu dieser Straftat darstellen, Saarbr DRiZ **85**, 279. Eine falsche Einlassung, die ein falscher Zeuge eidlich bekräftigt hat, kann für diejenige Partei ein Verfahren wegen Beihilfe zum Meineid oder zur uneidlichen Aussage zur Folge haben, die es unterläßt, dieser Einlassung entgegenzutreten, BGH MDR **98**, 615. Eine eidesstattliche Versicherung ist schon dann falsch, wenn so Wesentliches verschwiegen wurde, daß dadurch die Bedeutung des Erklärten grundlegend beeinträchtigt wurde. Zum Ehrenschutz Rn 65. Es kann infolge der Straftat ein Restitutionsgrund vorliegen, § 580 Z 4.

67 **D. Standesrechtliche Folgen**, dazu *Lindenberg* (vor Rn 1) 110 ff: Der Anwalt, der gegen I, II verstößt, muß sich regelmäßig auch standesrechtlich verantworten. Das dürfte im Prinzip auch nach der weitgehenden Aufhebung der bisherigen standesrechtlichen Grundsätze durch das BVerfG gelten. Denn auch jetzt wird es sich bei einem derartigen Verstoß meist um einen so schwerwiegenden handeln, daß die Grundlagen des ordnungsgemäßen Prozeßbetriebs berührt würden, auch wenn das im Einzelfall infolge mancher Umstände verdeckt bleiben mag. Hinzu treten auch für den Anwalt Schadensersatzansprüche des durch ihn Geschädigten, Rn 65.

68 **10)** *VwGO: I u II* sind entsprechend anwendbar, § 173 *VwGO*, weil sie sich aus der Mitwirkungs- und Lauterkeitspflicht der Beteiligten ergeben, BVerwG NJW **64**, 786, krit Menger VerwArch **64**, 389 (zur Mitwirkungspflicht vgl Köhler-Rott BayVBl **99**, 711, Wolff BayVBl **97**, 585, Bürck DÖV **82**, 227). III u IV sind gegenstandslos, weil der Ermittlungsgrundsatz, § 86 I *VerwGO*, gilt, vgl § 617 (für eine entsprechende Anwendung von III, soweit ein Beteiligter nach materiellem Recht verfügungsbefugt ist, Grunsky § 20 II).

139

Materielle Prozessleitung. [1]¹Das Gericht hat das Sach- und Streitverhältnis, soweit erforderlich, mit den Parteien nach der tatsächlichen und rechtlichen Seite zu erörtern und Fragen zu stellen. ²Es hat dahin zu wirken, dass die Parteien sich rechtzeitig und vollständig über alle erheblichen Tatsachen erklären, insbesondere ungenügende Angaben zu den geltend gemachten Tatsachen ergänzen, die Beweismittel bezeichnen und die sachdienlichen Anträge stellen.

II ¹ Auf einen Gesichtspunkt, den eine Partei erkennbar übersehen oder für unerheblich gehalten hat, darf das Gericht, soweit nicht nur eine Nebenforderung betroffen ist, seine Entscheidung nur stützen, wenn es darauf hingewiesen und Gelegenheit zur Äußerung dazu gegeben hat. ²Dasselbe gilt für einen Gesichtspunkt, den das Gericht anders beurteilt als beide Parteien.

III Das Gericht hat auf die Bedenken aufmerksam zu machen, die hinsichtlich der von Amts wegen zu berücksichtigenden Punkte bestehen.

IV ¹ Hinweise nach dieser Vorschrift sind so früh wie möglich zu erteilen und aktenkundig zu machen. ²Ihre Erteilung kann nur durch den Inhalt der Akten bewiesen werden. ³Gegen den Inhalt der Akten ist nur der Nachweis der Fälschung zulässig.

V Ist einer Partei eine sofortige Erklärung zu einem gerichtlichen Hinweis nicht möglich, so soll auf ihren Antrag das Gericht eine Frist bestimmen, in der sie die Erklärung in einem Schriftsatz nachbringen kann.

Titel 1. Mündliche Verhandlung **§ 139**

Schrifttum: *Baur,* Richterliche Verstöße gegen die Prozeßförderungspflicht, Festschrift für *Schwab* (1990) 53; *Born,* Wahrunterstellung zwischen Aufklärungspflicht und Beweisablehnung wegen Unerheblichkeit, 1984; *Bottke,* Materielle und formelle Verfahrensgerechtigkeit im demokratischen Rechtsstaat, 1991; *Brehm,* Die Bindung des Richters an den Parteivortrag usw, 1982; *Chang,* Das Verhältnis der gerichtlichen Aufklärungspflicht aus § 139 Abs. 1 S. 2 ZPO und der gerichtlichen Hinweispflicht aus § 139 Abs. 2 ZPO, 2003; *Hahn,* Anwaltliche Rechtsausführungen im Zivilprozeß usw, 1998; *Heilmann/Schlichting,* Verfahrensgestaltung im Zivilprozeß, 1984; *Hensen,* Das Rechtsgespräch im Zivilprozeß, Festgabe für *Reimers* (1979) 167; *Koch,* Die richterliche Förderungspflicht nach dem ZPO-Reformgesetz, 2003; *Kunz,* Rechtsmittelbelehrung durch die Zivilgerichte usw, 2000; *Leipold,* Wege zur Konzentration von Zivilprozessen, 1999; *Neuhaus* MDR **02**, 438 (Üb); *Nowak,* Richterliche Aufklärungspflicht und Befangenheit, 1991; *Peters,* Richterliche Hinweispflichten und Beweisinitiativen im Zivilprozeß, 1983; *Peters,* Wachsende Beachtung der richterlichen Hinweispflicht, Festschrift für *Beys* (Athen 2004) 1243. Es wächst aber gerade eine Gegenströmung; *Prütting,* Prozessuale Aspekte der richterlichen Rechtsfortbildung, Festschrift 600-Jahr-Feier der Universität *Köln* (1988) 305; *Prütting,* Die materielle Prozessleitung, Festschrift für *Musielak* (2004) 397; *Scheuerle,* Vierzehn Tugenden für vorsitzende Richter, 1983; *Schmidt,* Zivilgerichtliche Prozeßförderung – Zur Handhabung des § 139 Abs. 1 ZPO usw, Festschrift für *Schneider* (1997) 310; *Seelig,* Die prozessuale Behandlung materiellrechtlicher Einreden – heute und einst, 1980; *Smid,* Rechtsprechung – Zur Unterscheidung von Rechtsfürsorge und Prozeß, 1989; *Späth,* Die Parteiöffentlichkeit des Zivilprozesses – die Informationspflicht des Gerichts gegenüber den Parteien, 1995; *Spickhoff,* Richterliche Aufklärungspflicht und materielles Recht, 1999 (Bespr *Schmidt* ZZP **113**, 381); *Sticken,* Die „neue" materielle Prozeßleitung (§ 139 ZPO) und die Unparteilichkeit des Richters, 2004; *Strodthoff,* Die richterliche Frage- und Erörterungspflicht im deutschen Zivilprozess in historischer Perspektive, 2004; *Stürner,* Verfahrensgrundsätze des Zivilprozesses und Verfassung, Festschrift für *Baur* (1981) 647 (657); *Stürner,* Die richterliche Aufklärung im Zivilprozeß, 1982; *Ventsch,* Die materielle Prozeßleitung nach der Reform der Zivilprozessordnung: § 139 ZPO, 2005; *Vollkommer,* Der Grundsatz der Waffengleichheit im Zivilprozeß – eine neue Parteimaxime? –, Festschrift für *Schwab* (1990) 503. S auch bei § 278.

Gliederung

1) **Systematik,** I–V ... 1	B. Abgrenzung zu I ... 37
2) **Regelungszweck,** I–V ... 2–4	C. Tatsächlicher oder rechtlicher Gesichtspunkt ... 38
3) **Sachlicher Geltungsbereich,** I–V ... 5	D. Erkennbar übersehen usw ... 39–41
4) **Persönlicher Geltungsbereich,** I–V ... 6	E. Entscheidungserheblichkeit ... 42
5) **Fürsorgepflicht,** I–V ... 7–12	F. Hauptforderung ... 43
A. Förderungspflicht ... 8	G. Hinweis nebst Gelegenheit zur Äußerung ... 44, 45
B. Hinwirkungs- und Hinweispflicht ... 9, 10	H. Umfang der Hinweispflicht nach II ... 46
C. Fragepflicht ... 11	10) **Hinweispflicht,** III ... 47–50
D. Pflicht zur Fristsetzung ... 12	A. Begriff der Bedenken ... 48
6) **Pflicht zur Unparteilichkeit,** I–V ... 13–19	B. Von Amts wegen zu berücksichtigende Punkte ... 49
A. Bedeutung von Parteiherrschaft und Beibringungsgrundsatz ... 16	C. Pflicht, aufmerksam zu machen ... 50
B. Berücksichtigung von Amts wegen ... 17	11) **Beispiele zur Frage der Pflichten des Gerichts,** I–III ... 51–93
C. Abgrenzung von Fürsorge und Unparteilichkeit ... 18	12) **Frühzeitigkeit, Aktenkundigkeit,** IV ... 94
D. Würdigungsfreiheit ... 19	13) **Fristsetzung,** V ... 95
7) **Erörterungs- und Fragepflicht,** I 1 ... 20–24	14) **Verstoß,** I–V ... 96–99
A. Erforderlichkeit ... 21	A. Verstoß des Gerichts ... 97
B. Sach- und Streitverhältnis ... 22	B. Verstoß der Partei ... 98
C. Tatsächliche und rechtliche Seite ... 23	C. Verstoß des Prozeßbevollmächtigten usw ... 99
D. Gezielte Fragen ... 24	15) **Rechtsbehelfe,** I–V ... 100–104
8) **Hinwirkung auf vollständige Erklärungen usw,** I 2 ... 25–35	A. Anrufung des Gerichts, § 140; Gehörsrüge, § 321 a ... 100
A. Erheblichkeit einer Tatsache ... 25	B. Ablehnungsgesuch; Rechtsmittel ... 101, 102
B. Rechtzeitigkeit einer Erklärung ... 26	C. Aufsichtsbeschwerde ... 103
C. Vollständigkeit einer Erklärung ... 27	D. Nichterhebung von Kosten ... 104
D. Ergänzung ungenügender Angaben ... 28	16) **Verfassungsbeschwerde,** I–V ... 105
E. Bezeichnung der Beweismittel ... 29–33	17) *VwGO* ... 106
F. Sachdienlichkeit des Antrags ... 34, 35	
9) **Übersehener oder scheinbar unerheblicher Gesichtspunkt,** II ... 36–46	
A. Grundsatz: Keine Überrumpelung ... 36	

1) Systematik, I–V. Es handelt sich um eine der wichtigsten und auch schwierigsten Vorschriften der **1** ZPO. Sie enthält die Magna Charta des Zivilprozesses. Sie beschreibt einen Teil der Pflichten zur sachlich-rechtlichen Prozeßleitung, Üb 5 vor § 128. Sie ist Teil eines Geflechts anderer Vorschriften mit richterlichen Pflichten. Sie bildet aber deren Kernstück. Sie gilt in erster Linie während der mündlichen Verhandlung. Ihre Grundregeln sind aber im schriftlichen Verfahren nach § 104 zumindest entsprechend anwendbar, Köln JB **99**, 257. Dasselbe gilt im Verfahren nach § 128 II oder § 495 a. Sie hat Auswirkungen auch auf das Verhalten des Gerichts im Anschluß an die erste Verhandlung. Innerhalb und außerhalb der Verhandlung gelten ergänzend zahlreiche weitere teilweise vorrangige Vorschriften, zB §§ 141, 142, 144, 273, 396 II, 448. Diese Vorschriften enthalten eine nähere Festlegung bestimmter Handlungen, zu denen die Fürsorgepflicht des Gerichts führen kann, Einl III 27. Bei der Anwendung aller dieser weiteren Vorschriften ist aber eben § 139 mit seiner zentralen Zusammenfassung zumindest mitbeachtlich. Die Vorschrift regelt die richterliche Aufklärungs-, Frage- und Fürsorgepflicht im Tatsächlichen wie im Rechtlichen. Zum Verhältnis zu § 278 dort Rn 3.

§ 139   Buch 1. Abschnitt 3. Verfahren

2   **2) Regelungszweck, I–V.** Die Vorschrift dient der Herbeiführung einer Entscheidung. Sie soll das sachliche Recht verwirklichen helfen, Einl III 9, BGH NJW **98**, 156. Sie dient also auch der Gerechtigkeit und in diesem Rahmen einem fairen Verfahren und dem rechtlichen Gehör, Artt 2 I, 20 III GG (Rpfl), BVerfG **101**, 404, Art 103 I GG (Richter), BGH FamRZ **05**, 701. Das ändert nichts an der Unparteilichkeit, die das Gericht einzuhalten in jeder Lage des Verfahrens gegenüber jedem Prozeßbeteiligten strikt verpflichtet ist, Rn 13, BVerfG **42**, 78, Vollkommer (vor Rn 1) 520. Das kommt zwar nicht im Wortlaut des § 139 direkt zum Ausdruck. Es ist aber selbstverständlich. Es ergibt sich ohnehin aus der Stellung des Gerichts.

3   *Beide Gesichtspunkte,* Gerechtigkeitsstreben einerseits, Unparteilichkeit andererseits müssen bei der Auslegung des § 139 stets *zusammen* Beachtung finden, Zierl NJW **02**, 2695. Das klingt selbstverständlich. Es ist aber in der Praxis das eindeutige Hauptproblem. Die Rechtsidee hat drei Komponenten: Gerechtigkeit, Rechtssicherheit, Zweckmäßigkeit. Das muß man nicht nur zB bei § 296 beachten, dort Rn 2, sondern auch bei § 139. Der Richter, der sich nur von dem Bestreben nach sachlichrechtlicher Gerechtigkeit leiten lassen würde, läuft Gefahr, sich zum Rechtsberater bald der einen, bald der anderen Partei zu machen und schon deshalb dann schließlich auch ein falsches, ungerechtes Urteil zu fällen. Aber auch derjenige, der immer nur ängstlich auf seine Unparteilichkeit bedacht wäre, würde wesentliche Elemente seiner der Richtermacht entfließenden Fürsorgepflicht nach Einl III 27 mißachten und oft genug ungerechte Entscheidungen herbeiführen.

In Wahrheit bedarf es also im konkreten Einzelfall und dort in jeder bestimmten Einzelsituation im Laufe des Prozesses einer oft recht schweren *Abwägung* zwischen Erlaubtem, Ratsamen, Erforderlichem einerseits und Gefährlichem, Untunlichem, Verbotenem. Den richtigen Mittelweg zu finden ist nicht nur eine Sache des Fingerspitzengefühls, sondern auch eine Aufgabe, die vom Grundverständnis des Zivilprozesses mitbestimmt wird.

4   In diesem Zusammenhang muß man jedenfalls beachten, daß im Zivilprozeß meist die auch aus dem Grundrecht der informationellen Selbstbestimmung ableitbare *Parteiherrschaft* nach Grdz 18 vor § 128 und der Beibringungsgrundsatz nach Grdz 20 vor § 128 mit seiner Darlegungslast nach § 253 Rn 32 (von BGH MDR **98**, 1178 nicht genug erörtert) gelten und daß der Prozeß durchaus mehr als eine bloße „Arbeitsgemeinschaft" darstellt, Grdz 26 vor § 128. Die Würde der Parteien als der eigentlichen Herren des Zivilprozesses erfordert entgegen den in Grdz 20 ff vor § 128 Genannten durchaus keine „soziale" Bevormundung. Diese Erkenntnis hat direkte Auswirkungen auf Art und Umfang der Ausübung richterlicher Tätigkeit nach § 139 in jedem Einzelfall. Hinter allzu viel Fürsorge kann sich Mißtrauen und Bevormundung verstecken und das notwendige Vertrauen untergraben. Das muß man bei der Auslegung der Vorschrift stets mit beachten.

5   **3) Sachlicher Geltungsbereich, I–V.** Die Vorschrift gilt in allen Verfahrensarten der ZPO, LG Kblz AnwBl **87**, 332. Sie gilt auch zB bei § 287, BGH RR **87**, 797. Sie gilt natürlich auch im Scheidungsverfahren, §§ 606 ff, Ffm FamRZ **85**, 824. Sie gilt in der mündlichen Verhandlung, Rn 1, dort allerdings für jedes Mitglied des Spruchkörpers. Sie gilt auch für den Richter außerhalb der mündlichen Verhandlung in jeder Verfahrenslage ab Schriftsatzeingang, Stgt NJW **01**, 1145. Sie gilt auch für den Rpfl, Ffm Rpfleger **80**, 303, etwa im Zwangsversteigerungsverfahren, Hintzen Rpfleger **03**, 223. Vor der Verhandlung gilt auch § 273. Im Versäumnisverfahren nach §§ 330 ff ist § 139 nur anwendbar, soweit das Versäumnisverfahren eine solche Fragetätigkeit zuläßt. Es erfolgt also keine schriftliche Befragung des Säumigen. Die Vorschrift gilt im übrigen selbst in der mündlichen Verhandlung nur gegenüber einer nicht nur anwesenden, sondern auch überhaupt verhandlungsbereiten Partei.

Sie gilt natürlich auch im *schriftlichen Verfahren* nach § 128 II oder § 495 a, soweit es um eine schriftliche Aufklärung geht. Im Zwangsvollstreckungs- bzw -versteigerungsverfahren ist § 139 anwendbar und hat besondere Bedeutung, BVerfG NJW **93**, 1699, BayObLG ZMR **99**, 117, Jena FGPrax **02**, 100. Die Vorschrift ist auch im Verfahren der freiwilligen Gerichtsbarkeit anwendbar, BayObLG NJW **04**, 391 (nur in Ausnahmefällen), Ffm FGPrax **95**, 245. Freilich hat § 18 GBO Vorrang, BayObLG DNotZ **93**, 596. Sie ist auch im arbeitsgerichtlichen Urteilsverfahren anwendbar, BAG DB **92**, 1195, während das Arbeitsgericht im Beschlußverfahren weitergehende Ermittlungsaufgaben hat, BAG DB **81**, 897. Zum Patenterteilungsverfahren BPatG GRUR **87**, 286, aber auch BPatG GRUR **92**, 604. Die Vorschrift gilt in allen Instanzen und in jeder mündlichen Verhandlung. Allerdings sind die Aufgaben in den höheren Instanzen eingeschränkt, Rn 57 „Berufungsinstanz", Rn 80 „Revisionsinstanz".

6   **4) Persönlicher Geltungsbereich, I–V.** § 139 gilt schon nach seinem klaren Wortlaut in allen seinen Teilen für jedes Mitglied des Gerichts, nämlich für „das" Gericht, also auch für den Rpfl, LG Potsd GRUR-RR **05**, 240. Das gilt unabhängig von den Aufgaben des Vorsitzenden etwa nach §§ 136, 216, 273 II. Daraus folgt unter anderem für jeden Beisitzer das Recht und die Pflicht, das Wort zu Fragestellungen, Hinweisen usw zu fordern. Ein etwaiger besonderer Protokollführer wendet sich mit etwaigen Fragen, Bitten um Klarstellungen, Bedenken usw an den Vorsitzenden. Aus der Fürsorgepflicht des Gerichts nach Rn 7 ergibt sich ein Rechtsanspruch der Partei auf entsprechende Betreuung. Insofern hat § 139 unmittelbare Bedeutung auch für sie wie ihren ProzBev oder gesetzlichen Vertreter.

7   **5) Fürsorgepflicht, I–V.** Der Richter hat im Rahmen seiner ohnehin hohen Verantwortung schon nach Art 20 III GG eine prozessuale Fürsorgepflicht, Einl III 27. Sie geht über die Pflicht zur Gewährung des rechtlichen Gehörs nach Einl III 16 hinaus, BVerfG NJW **94**, 849. Es würde den Richter adeln, von seiner Fürsorgebefugnis zu sprechen. Er darf und soll im Rahmen des Beibringungsgrundsatzes nach Grdz 20 vor § 128 und der Parteiherrschaft nach Grdz 18 vor § 128 sowie des Gesetzes grundsätzlich unter Beachtung seiner Unparteilichkeit nach Rn 2, 13 alles tun, um eine sachlich richtige Entscheidung herbeizuführen, BGH NJW **80**, 1795, KG OLGZ **79**, 481, Schneider MDR **77**, 970. § 139 bestimmt dabei nur den gebotenen Mindestumfang seiner Aufgaben. I–V nennen in diesem Zusammenhang nur grob die Art und den Umfang der Aufgaben des Gerichts. Es richtet sich nach den Gesamtumständen des Einzelfalls und der jeweiligen prozessualen Lage, ob weniger oder mehr, als nach dem Gesetzeswortlaut, erforderlich ist. Der Vorsitzende wie auch jeder Beisitzer haben bei der Erfüllung aller dieser zahlreichen Aufgaben zumindest

Titel 1. Mündliche Verhandlung **§ 139**

tatsächlich ein weites Ermessen. Das gilt trotz der Worte „... hat dahin zu wirken" in I 2. Dabei darf der Richter auch außerhalb einer Verhandlung gegenüber beiden Parteien und auch nur gegenüber einer von ihnen tätig werden, auch per Telefon, Telefax, Internet, Videoschaltung usw. Das Gericht muß diesen Spielraum aber pflichtgemäß ausfüllen. Es muß auf einen Behinderten im Sinn des BGG Rücksicht nehmen.

A. Förderungspflicht. Jedes Mitglied des Spruchkörpers hat vor allem eine Pflicht, den Prozeß in jeder **8** Verfahrenslage im Rahmen des ihm Erlaubten und Zumutbaren nach Kräften bis zur Entscheidungsreife zu fördern, § 300 Rn 6. § 139 nennt nur einzelne Arten dieser Förderungspflicht, Grdz 12 vor § 128. Sie umfaßt in Wahrheit alle technisch möglichen im Rahmen der gebotenen Unparteilichkeit zulässigen Handlungen oder auch Unterlassungen des Gerichts, auch seitens der Vorsitzenden, etwa ein geduldiges schweigendes weiteres Zuhören statt einer Unterbrechung der nur scheinbar weitschweifig werdenden Partei. Sie könnte ja im nächsten Satz in Wahrheit etwas sehr Entscheidungserhebliches sagen. Auch etwa die Anordnung einer kurzen Pause zwecks Möglichkeit der kritischen Selbstbesinnung einer Partei oder deren Rücksprache mit einem Mitarbeiter oder dem ProzBev kann zur richtig verstandenen Förderungspflicht sehr wohl gehören.

B. Hinwirkungs- und Hinweispflicht. Die ZPO-Reform 2002 hat in Wahrheit nur den Kern schon **9** bisheriger Pflichten verstärkt und verdeutlicht, Schaefer NJW **02**, 852. Wie I 2 ausdrücklich bestimmt, trifft jeden Richter und natürlich wegen § 136 III zunächst und vor allem den Vorsitzenden eine Pflicht dahin zu wirken, daß sich die Parteien rechtzeitig und vollständig erklären und sachdienliche Anträge stellen. Das Gericht muß dabei natürlich als Maßstab auch § 138 beachten. Indessen gehen seine Pflichten weiter. Es darf und muß auch solche Vervollständigungen usw veranlassen, die eine Partei bei Erfüllung ihrer Wahrhaftigkeitspflicht nach § 138 Rn 15 nicht für notwendig halten mag. Das Gericht sollte an sich ohne Angst vor einem Befangenheitsantrag offenherzig sein, Piepenbrock NJW **99**, 1360. Es sollte ausdrücklich „vorläufig" seine Ansicht äußern und dazugehörige Hinweise geben und Fragen stellen, Redeker NJW **02**, 193. Freilich liegen die Grenzen solcher Richterpflichten unabhängig von der Aufgabe der Wahrung seiner Unparteilichkeit nach Rn 13 schon in dem Umstand begründet, daß der Zivilprozeß grundsätzlich von dem Beibringungsgrundsatz und der Parteiherrschaft geprägt ist, Grdz 18, 20 vor § 128, Doms MDR **91**, 499. Daher darf das Gericht auch zB nicht auf einen möglichen neuen Klagegrund hinweisen, den die Partei nicht einmal andeutungsweise genannt hat, BGH MDR **04**, 409. Im Verfahren mit Amtsermittlungsgrundsatz nach Grdz 38 vor § 128 gehen die Pflichten des Gerichts nach § 139 entsprechend weiter.

Das Gericht muß wegen § 136 III zunächst und vor allem der Vorsitzende nach dem ausdrücklichen **10** Befehl in I 1 im Rahmen des Erforderlichen zum Zweck der vollständigen Aufklärung des Sachverhalts das Sach- und Streitverhältnis mit den Parteien sowohl nach der tatsächlichen als auch nach der rechtlichen Seite erörtern. Auch und gerade hier muß er eine vorsichtige *Abwägung* zwischen dem Bestreben nach sachlichrechtlicher Gerechtigkeit und Wahrung seiner Unparteilichkeit nach Rn 2. Das klingt einfach und ist schwer. Einzelheiten Rn 51. Vollständig sein sollen die Erklärungen der Parteien sowohl über alle sachlichrechtlichen wie auch über alle aus der Sicht des Gerichts prozessual erheblichen Tatsachen, Kblz MDR **88**, 966. Das Gericht muß immer bestimmte Tatsachen oder Gesichtspunkte mit klaren und eindeutigen Fragen erörtern, BGH NJW **02**, 3317. Hinweise wie „der Vortrag ist unvollständig" oder Fragen wie etwa diejenige, ob noch etwas vorgetragen werde, besagen meist wenig und reichen evtl nicht aus, BGH NJW **99**, 2124. Eine Ausnahme mag am Ende einer nach der Meinung aller Prozeßbeteiligten ausreichenden Verhandlung gelten. Alle diese Pflichten gelten in allen Instanzen, Rn 5, Hamm MDR **77**, 940.

C. Fragepflicht. Es gibt keine allgemeine Aufklärungs- und Fragepflicht des Gerichts Rn 15, 20, BVerfG **11** NJW **94**, 1274, Düss RR **96**, 2021. Wie I 1 Hs 2 aber ausdrücklich bestimmt, muß das Gericht im vorstehenden Rahmen auch Fragen stellen. Das bedeutet eine Steigerung gegenüber einer bloßen Hinweisoder Erörterungspflicht nach Rn 9, 10. Denn das Gericht muß gezielte Fragen stellen, soweit erforderlich. Damit trägt jeder Richter die Verantwortung für eine hilfreiche Formulierung seiner zu präzisierenden Frage. Zwar darf er nicht den Parteien die Darlegungslast abnehmen, soweit er nicht den Sachverhalt von Amts wegen aufklären muß, Grdz 38 vor § 128. Im Rahmen des Beibringungsgrundsatzes nach Grdz 20 vor § 128 gibt es aber erfahrungsgemäß eine Fülle von Situationen, in denen die Fragepflicht sehr wohl und voll einsetzt. Einzelheiten Rn 51.

D. Pflicht zur Fristsetzung. Rn 95. **12**

6) Pflicht zur Unparteilichkeit, I–V. Die Fürsorgepflicht findet ihre Grenzen in der Pflicht des **13** Gerichts, in jeder Lage des Verfahrens und gegenüber jedem Prozeßbeteiligten die seiner eigenen streitentscheidenden Stellung entsprechende unbedingt erforderliche richterliche Unabhängigkeit zu bewahren, BVerfG NJW **79**, 1928, BPatG GRUR **04**, 953, Rostock RR **02**, 576 (abl Rensen MDR **02**, 1178 in gefährlicher Überbetonung einer Fürsorgeaufgabe zu Lasten einer Parteiherrschaft, der eine gerade beim Anwaltszwang zu fordernde Parteiverantwortung zugehört). Zur Unabhängigkeit ist das Gericht schon nach Art 97 I GG verpflichtet. Nur in ihrem Rahmen darf es überhaupt Recht sprechen. Daher darf es auch nur in ihrem Rahmen irgendeine prozessuale Fürsorge im Sinn von Einl III 27 ausüben. Die Würde des Gerichts gebietet eine ängstliche Überbetonung seiner Unparteilichkeit. Der Richter hat auch im Zivilprozeß einen weiten Handlungsspielraum. Er muß gerade in seiner Unabhängigkeit gerecht sein, Rn 2. Es liegt an seiner Persönlichkeit und seinem Feingefühl, ob er mit fürsorglichen Maßnahmen auch nur den Anschein der Parteilichkeit erweckt und sich damit der Gefahr der Ablehnung wegen Befangenheit nach § 42 aussetzt.

Es liegt aber auch an einer neuen Sicht der *Funktionsteilung* zwischen Gericht und Parteien im Zivilprozeß, **14** ob er einer Partei hilft oder das lieber unterläßt. Die Überbetonung der Sozialisierung und des Prozesses als eine „Arbeitsgemeinschaft" im Sinn von Grdz 26 vor § 128 ist dabei ebenso verfehlt wie eine allzu formalistische Beschränkung auf eine mehr oder weniger nur beobachtende Funktion des Gerichts. Nach dem Verständnis der ZPO darf und soll der Richter sehr wohl helfend, fördernd, lenkend auch bei der Sachaufklärung und darüber hinaus bei der rechtlichen „Weichenstellung" eingreifen.

Er handelt bei alledem also in einem *Kräftefeld*. Wie weit die richterlichen Pflichten im einzelnen gehen **15** dürfen, hängt von den gesamten Fallumständen und der jeweiligen Prozeßsituation ab. Das Gericht hat eine

§ 139
Buch 1. Abschnitt 3. Verfahren

recht weite, aber keine allgemeine Aufklärungs-, Frage- und Hinweispflicht, Rn 11, 20, 77. Indessen berechtigt eben keine noch so klar erforderliche Gerechtigkeit, BVerfG NJW **76**, 1391, und keine noch so soziale Zielsetzung des Prozesses den Richter dazu, sich zum Rechtsberater noch gar bald der einen, bald der anderen oder abwechselnd beider Parteien zu ernennen, Rn 3. Das gilt auch dann, wenn eine Partei erkennbar nicht näher vortragen kann oder will, BGH RR **04**, 395, Piepenbrock NJW **99**, 1360. Das muß er immer bedenken, und das sollten die Parteien stets ihrerseits achten.

16 **A. Bedeutung von Parteiherrschaft und Beibringungsgrundsatz.** Stets muß das Gericht also unter anderem darauf achten, daß der Zivilprozeß grundsätzlich unter der Parteiherrschaft und unter dem Beibringungsgrundsatz steht, Grdz 18, 20 vor § 128. Die Parteien bestimmen nicht nur den Umfang des Streitgegenstands durch ihre Anträge, § 308 I. Sie haben auch im Rahmen des nach § 138 Zulässigen die Möglichkeit sogar zu einer gewissen Prozeßtaktik, § 282 Rn 8. Sie können sich jederzeit vergleichen, Anh § 307. Sie können anerkennen, § 397. Sie können ein Versäumnisurteil gegen sich ergehen lassen usw, §§ 330 ff. Auch das darf der Richter mit bedenken, bevor er die Grenzen einer noch so gutgemeinten fürsorgerischen Tätigkeit überschreitet.

17 **B. Berücksichtigung von Amts wegen.** Soweit im Prozeß ausnahmsweise der Ermittlungsgrundsatz oder derjenige der Amtsprüfung herrschen, Grdz 38, 39 vor § 128, ergibt sich nicht nur aus § 139, sondern auch allgemein aus der Art jenes Verfahrens eine weitergehende Fürsorgepflicht. Auch dann muß das Gericht aber die Unparteilichkeit jederzeit unmißverständlich und strikt einhalten.

18 **C. Abgrenzung von Fürsorge und Unparteilichkeit.** Die rechte Abgrenzung zu finden gehört zu den schwierigsten Aufgaben auch des erfahrenen Richters. Er ist auf Verständnis und Achtung durch die Parteien und alle übrigen Prozeßbeteiligten angewiesen. So wenig er die Parteien mit seinen Entscheidungen überrumpeln darf, so wenig darf er sich durch noch so gutgemeinte Bestrebungen um das sachliche Recht zu ihrem Spielball machen lassen oder auch nur ungewollt mit seinen ansich richtigen, sogar naheliegenden Hinweisen dem Prozeß eine völlig andere Wendung geben, als die Parteien es bisher erkennbar überhaupt bezweckten. Zwar mag gerade rechtlich ein Gespräch zur Vermeidung von Überrumpelung oder Überraschung notwendig sein. Im übrigen vergibt sich derjenige Richter kaum etwas, der die Parteien freimütig an seinen bisherigen ja stets nur vorläufigen tatsächlichen und rechtlichen Erwägungen und Beurteilungen teilnehmen läßt. Er zeigt ja gerade durch solche freie Äußerung in der Verhandlung seine wahre Unparteilichkeit und Bereitschaft, sich eines Besseren belehren zu lassen. Das ehrt ihn. Indessen ist es nicht die Aufgabe des Gerichts, die Parteien an allen Verästelungen seines Denkprozesses in jeder Lage des Verfahrens vollständig teilnehmen zu lassen, BGH NJW **91**, 704.

19 **D. Würdigungsfreiheit.** Gerade auch aus den vorstehenden Erwägungen ergibt sich: Das Gericht bleibt jedenfalls in der Würdigung des Sachverhalts in tatsächlicher und rechtlicher Hinsicht frei. Das gilt unabhängig davon, ob und wie weit es nach § 139 gehen könnte oder hätte gehen dürfen und müssen. Das gilt sogar bei einem in Wahrheit eindeutigen Verstoß gegen § 139. Es gilt aber auch dann, wenn zB das Vorbringen einer Partei trotz der Bemühung des Gerichts nicht ausreicht, um ihren Vortrag hinreichend zu stützen. Mag der Verlierer gegen die Endentscheidung das zulässige Rechtsmittel einlegen. Dieser Gesichtspunkt darf den Richter nicht zur Mißachtung des § 139 verleiten. Er darf sich von dieser Vorschrift aber auch keineswegs in seiner stets verbleibenden Würdigungsfreiheit beeinträchtigen lassen.

20 **7) Erörterungs- und Fragepflicht, I 1.** Es gibt keine allgemeine Aufklärungs- und Fragepflicht des Gerichts, Rn 11, 15, 24, BVerfG NJW **94**, 1274, VerfGH Bln NZM **99**, 898. I 1 stellt aber klar: Das Gericht, wegen § 136 vor allem der Vorsitzende, muß aus der auch jeder Beisitzer, im Rahmen der im Einzelfall bestehenden Pflicht zur Hinwirkung auf vollständige Erklärungen und sachdienliche Anträge usw nach I 2 unter Umständen auch mehr als bloße Hinweise geben. Es muß vielmehr eine Erörterung anstellen und Fragen stellen. Es muß also in eine gezielte aktive und evtl gründliche Diskussion mit Rede und Gegenrede, Argument und Gegenargument eintreten. I 2 ergänzt und vertieft zugleich I 1.

21 **A. Erforderlichkeit.** Freilich stellt das Gesetz klar, daß die Erörterungspflicht keineswegs grundsätzlich alle entscheidungserheblichen Punkte umfassen muß. Sie ist nur dann gegeben, wenn eben aus der Sicht des Gerichts noch keine vollständigen Erklärungen vorliegen, keine sachdienlichen Anträge, ergänzungsbedürftige Tatsachen oder ungenügende Bezeichnungen von Beweismitteln. Es kommt auf die Sicht des Gerichts ohne Rücksicht auf deren wirkliche Richtigkeit an, BGH **90**, 341, und nicht auf diejenige der einen oder anderen Partei. Freilich muß das Gericht prüfen, ob es auf Grund der Äußerung oder Untätigkeit einer Partei deutlich wird, daß diese einer Erörterung oder einer Frage bedarf, um ihre Aufgaben nach § 138 vollständig und gewissenhaft erfüllen zu können.

Nur im Rahmen des *vom Gericht für erforderlich* gehaltenen Umfangs ist das Sach- und Streitverhältnis also erörterungsbedürftig. Das gilt sowohl in tatsächlicher als auch in sachlicher Hinsicht, BGH NJW **78**, 1379. Im übrigen liegt der Schwerpunkt in der Pflicht nach I 1 bei der Herbeiführung der nach I 2 erforderlichen Angaben, insbesondere bei dem Ziel sachdienlicher Anträge. Die Pflicht zur Erörterung und Fragestellung besteht auch gegenüber einer anwaltlich vertretenen Partei und einer solchen, die einen nach § 141 III 2 bestellten und unterrichteten Vertreter entsendet. Einzelheiten Rn 51.

22 **B. Sach- und Streitverhältnis.** Dabei muß das Gericht das gesamte Sach- und Streitverhältnis überprüfen, soweit erforderlich. Das gilt für den Vortrag zur Zulässigkeit der Klage, ihrer Begründetheit, der Schlüssigkeit von Einwendungen oder Einreden, überhaupt zu allen entscheidungserheblichen Gesichtspunkten.

23 **C. Tatsächliche und rechtliche Seite.** Die Vorschrift stellt klar, daß schon nach I und nicht erst nach II auch eine rechtliche Erörterung infrage kommt. Gerade auf diesem Gebiet soll keine Überrumpelung der Partei mit einer weder von ihr noch von dem Gegner gesehenen Würdigung der Tatsachen und demgemäß mit einer völlig anderen rechtlichen Beurteilung des Gerichts eintreten. Eine solche Überraschungsentscheidung wäre des Gerichts unwürdig. Sie würde nur zu oft das bessere Wissen der Parteien um solche Tatsachen ausschalten, die unter diesen Umständen erheblich würden und die die Parteien vorgetragen

Titel 1. Mündliche Verhandlung § 139

hätten, wenn das Gericht seine Fragepflicht ausgeübt hätte, BVerfG RR **93**, 765, BGH MDR **80**, 576, Düss RR **96**, 1021. Man kann einen Hinweis auf ein der Partei zustehendes Rügerecht für geboten halten, um einer Überraschungsentscheidung vorzubeugen. Neben I, II verpflichten auch Artt 2 I, 20 III GG (Rpfl), BVerfG **101**, 404, Art 103 I GG (Richter) zwar nicht stets zu einer allgemeinen, umfassenden Erörterung, wohl aber zu einem gezielten Rechtsgespräch, BGH NJW **82**, 582. Einzelheiten Rn 75.

D. Gezielte Fragen. Die Vorschrift schreibt nicht nur eine Erörterung vor, sondern soweit erforderlich **24** auch eine gezielte Fragestellung und Hinweisrichtung, BGH NJW **02**, 3317. Damit erhöht sie die Verantwortung des Gerichts für eine möglichst vollständige Aufklärung auch im Verfahren mit dem Beibringungsgrundsatz, Grdz 20 vor § 128. Der Ausdruck „Aufklärungspflicht", BGH NJW **84**, 2576, ist mißverständlich, Bettermann ZZP **91**, 390. Die Fragepflicht ist ein Kernstück der prozessualen Fürsorgepflicht, Einl III 27. Allerdings hat das Gericht keineswegs stets eine allgemeine, umfassende Fragepflicht, Einl III 29 Rn 11, 15, 20. Sie besteht auch nicht auf Grund von Artt 2 I, 20 III GG (Rpfl), BVerfG **101**, 404, Art 103 I GG (Richter). Es geht also nur um die Aufklärung des Sachverhalts im Rahmen des vom Kläger bzw Widerkläger bestimmten Streitgegenstands, § 2 Rn 3, § 308 I, BVerfG **67**, 95, BGH **85**, 291, aM Birk NJW **85**, 1491, Brinkmann NJW **85**, 2460, Herr DRiZ **85**, 349 (aber die Parteiherrschaft gilt uneingeschränkt im Verfahren mit Beibringungsgrundsatz, Grdz 18, 20 vor § 128). Das Gericht hat auch keineswegs stets eine Belehrungspflicht über Rechtsbehelfe und Rechtsmittel, BGH NJW **91**, 296. Weitere Einzelheiten Rn 51.

8) Hinwirkung auf vollständige Erklärungen usw, I 2. Es treffen mehrere Pflichten zusammen. **25**

A. Erheblichkeit einer Tatsache. Zu erfassen sind alle diejenigen Tatsachen, die nach der pflichtgemäßen vorläufigen Beurteilung des Gerichts, zumindest des Vorsitzenden, schon und noch entscheidungserheblich sein können oder sind, BVerfG RR **94**, 189. Es kommt also nicht nur darauf an, ob auch die Partei sie schon und noch für entscheidungserheblich hält. Noch weniger ist maßgeblich, wie ihr ProzBev oder gesetzlicher Vertreter insoweit denkt. Das Gericht muß also auch solche Behauptungen anschneiden, erwirken oder klären lassen, die nach der erkennbaren Meinung der Partei entweder nicht erheblich sind oder bereits vollständig vorgetragen wurden. Das Gericht braucht andererseits keineswegs auf weitere Klärung solcher Tatsachen hinzuwirken, die nur nach der Ansicht der Partei noch eine Bedeutung haben könnten.

B. Rechtzeitigkeit einer Erklärung. Das Gericht muß dahin wirken, daß sich die Parteien rechtzeitig **26** erklären. Es soll nach Möglichkeit keine Gefahr der Zurückweisung wegen Verspätung nach § 296 entstehen. Ebensowenig soll eine Nachfrist nach § 283 erforderlich werden, soweit bereits jetzt vermeidbar. Natürlich bleibt die Parteiherrschaft zu beachten, Grdz 18 vor § 128. Daher bleibt auch eine gewisse zeitliche Parteitaktik zu respektieren, § 282 Rn 2. Ein Hinwirken auf Rechtzeitigkeit des Vertrags ist trotzdem erlaubt und sinnvoll, solange es nicht zur Bedrängung oder gar Bedrohung wird. Sie könnte sogar eine Ablehnung wegen Befangenheit zur Folge haben.

C. Vollständigkeit einer Erklärung. Das Gericht muß dahin wirken, daß die Parteien sich auch **27** wirklich vollständig erklären. Die Vollständigkeit der Erklärung ist den Partei ohnehin nach § 138 I, II vorgeschrieben. § 139 I 2 bildet insofern das Gegenstück der richterlichen Aufgabe. Man muß auch die Vollständigkeit aus dem Blick des Gerichts und nicht nur der Partei beurteilen. Freilich kann oft nur die Partei übersehen, ob sie wirklich vollständig vorgetragen hat. Der Richter darf und muß sich in solcher Lage mit dem Hinweis auf die möglichen Rechtsfolgen des bisherigen möglicherweise unvollständigen Vortrags begnügen. Er muß die Partei veranlassen, nicht nur die selbst vorgetragenen Tatsachen zu vervollständigen, sondern auch zu den vom Gegner behaupteten Tatsachen vollständig Stellung zu nehmen, notfalls also auch auf sie Punkt für Punkt zu erwidern.

D. Ergänzung ungenügender Angaben. I 2 stellt klar, daß das Gericht eine direkte Pflicht hat, auf **28** ergänzende Angaben hinzuwirken, soweit ihm die bisherigen Angaben als ungenügend erscheinen, Köln ZMR **02**, 660. Es darf also nicht vor einem solchen Versuch zu einer Entscheidung kommen, die zum Nachteil der Partei darauf gestützt ist, sie habe ungenügende tatsächliche Angaben gemacht. Das gilt trotz der Pflicht der Partei, schon von sich aus vollständige Angaben zu machen. Das Gericht muß mitdenken und auch beachten, daß die Partei oft verständlicherweise Einzelheiten anzugeben vergißt, die in Wahrheit entscheidungserheblich sind.

Natürlich *braucht das Gericht der Partei nicht* wie einem „lahmen Esel *zuzureden".* Keineswegs muß das Gericht nunmehr von neuem darauf hinweisen, daß alle etwa bestehenden Bedenken nicht ausgeräumt habe, aM BGH FamRZ **04**, 262, Mü RR **97**, 1425 (aber wie lange soll es eigentlich so weitergehen?). Es genügt durchaus ein klarer Hinweis darauf, daß aus der Sicht des Gerichts in einem allerdings genau zu bezeichnenden Punkt oder Umfang der Vortrag als ergänzungsbedürftig erscheint. Keineswegs darf die Partei sich um die Pflicht zur vollständigen Darlegung damit drücken, daß sie das Gericht, wie neuerdings beliebt, einfach auffordert, es möge ergänzende Fragen stellen usw. Je weniger Bemühung die Partei zeigt, desto geringer sind auch die Hinweispflichten des Gerichts. Es ist und bleibt der Prozeß der Parteien, zumindest im Bereich des Beibringungsgrundsatzes, Grdz 20 vor § 128. Einzelheiten Rn 51.

E. Bezeichnung der Beweismittel. I 2 stellt ferner klar, daß das Gericht die Pflicht hat, die Partei zur **29** ausreichenden Bezeichnung ihrer Beweismittel aufzufordern, §§ 371 ff. Das ist eine weitreichende Aufgabe. Sie erfordert eine besonders vorsichtige Abwägung der Fürsorgepflicht nach Einl III 27 einerseits und der Unparteilichkeit andererseits, Rn 13. Zwar bestehen in der Regel keinerlei Bedenken dagegen, daß das Gericht eine beweispflichtige Partei auf deren Beweislast hinweist und hinzufügt, es liege noch kein oder kein prozessual geeigneter Beweisantritt vor. Schwieriger wird es, wenn die Partei zB erwidert, sie könne „keinen Beweis" oder doch „keinen Zeugenbeweis" antreten.

Einem *Laien* gegenüber muß das Gericht zB im Versicherungsprozeß gezielte Hinweise als Hilfe geben, auch beim Beweisantrag, LG Mü NVersRZ **00**, 568. Vielfach ist beachten, daß die Partei in solcher Lage jedenfalls beantragen darf, sich selbst förmlich vernehmen zu lassen, § 447. Mag der Prozeßgegner das erforderliche Einverständnis verweigern. Aus diesem letzteren Grunde darf er es auch nicht verübeln, daß das Gericht die Partei auf die Möglichkeit eines Antrags nach § 447 jedenfalls hinweist. Der Gegner hat es ja in

§ 139
Buch 1. Abschnitt 3. Verfahren

der Hand, einen solchen Antrag zu Fall zu bringen. Soweit sogar die Voraussetzungen einer Vernehmung der Partei von Amts wegen nach § 448 vorliegen, bedarf es natürlich nicht einer Anregung eines Antrags nach § 447. Freilich muß das Gericht dann auch nach § 448 vorgehen.

30 Schwierig kann die Lage für das Gericht auch dann werden, wenn zB eine *Urkundenvorlegung* nur durch den Prozeßgegner nach §§ 421 ff oder gar durch einen Dritten nach §§ 430 ff in Betracht zu kommen scheint. Da aber die Rechte und Pflichten des Besitzers der Urkunde jeweils ohnehin gesetzlich geregelt sind, kann der Prozeßgegner des Beweisführers dem Gericht einen Hinweis auf solche oft unbekannten Möglichkeiten des Urkundenbeweises nicht als Parteilichkeit auslegen.

31 Indessen ist das Gericht nicht verpflichtet, der nachlässigen oder gedankenlosen oder ungenügend informierten Partei oder ihrem ProzBev die erforderliche *Sorgfalt* beim Ermitteln und Zusammenstellen der prozessual richtigen Beweisantritte von vornherein oder doch im wesentlichen anschließend *abzunehmen*, ebenso Hamm RR **03**, 526. Das gilt erst recht nach einem schon vom Gegner gemachten Hinweis, Oldb RR **00**, 949. Solche Nachlässigkeiten treten bedauerlicherweise in einem viel größeren Umfang auf, als die Gerichte es im allgemeinen erkennen. Häufig gibt der Beweisführer etwa beim Zeugenbeweis nur irgendeine Arbeitsanschrift statt der erforderlichen vollständigen ladungsfähigen Privatanschrift an, § 373 Rn 1. Oft genug heißt es gar nur, die Anschrift werde „erforderlichenfalls nachgereicht", oder man findet nur die Angabe N. N. (nihil nomen). Beides ist prozessual grundsätzlich durchaus unstatthaft und nur ausnahmsweise erlaubt, wenn nämlich ein Hindernis im Sinn von § 356 vorliegt, dort Rn 4.

32 Nur dann bedarf es einer *Fristsetzung* nach jener Vorschrift. Im übrigen mag das Gericht zwar gehalten sein, auf die unzureichende bisherige Bezeichnung des Zeugen hinzuweisen. Es ist aber keineswegs verpflichtet, in solcher Lage grundsätzlich zusätzlich eine Frist zur Beseitigung des Hindernisses zu setzen. Keineswegs kann die Partei damit rechnen, das Gericht werde sich entweder mit der bloßen Arbeitsanschrift zufrieden geben oder doch großzügige Nachfristen gewähren. Daran ändern auch die abweichende verbreitete Unsitten solcher Art nichts. Ebensowenig ändert sich daran etwas durch die sicher oft auftretenden Schwierigkeiten bei der Ermittlung der richtigen Privatanschrift, insbesondere bei Polizisten als Zeugen. Vgl auch dazu § 373 Rn 2.

33 Wegen der Übung, auf das „Zeugnis" oder gar auf die „Auskunft" einer Bank zur Forderung von mehr als den gesetzlichen *Zinsen* zu verweisen, kann ein Hinweis darauf notwendig sein, daß solche „Auskunft" kein nach der ZPO zulässiges Beweismittel ist, allenfalls als Urkundenbeweisantritt umdeutbar ist und dazu führt, daß der Beweis erst mit der Vorlegung der Urkunde usw überhaupt angetreten ist, §§ 420 ff. Beim Beweisantritt „Sachverständige" kann es ratsam sein, dem Beweisführer zumindest innerhalb einer Frist Gelegenheit zum Vorschlag eines genau zu bezeichnenden, nach seiner Meinung geeigneten Sachverständigen zu geben, § 404 III. Auch kann es notwendig sein, auf das Fehlen von Unterlagen für den Sachverständigen hinzuweisen, sogar nach diesbezüglicher gleichartiger Rüge durch den Gegner des Beweisführers, BGH NJW **01**, 3270 (reichlich streng). Weitere Einzelheiten Rn 51.

34 **F. Sachdienlichkeit des Antrags.** Das Gericht muß nach I 2 schließlich darauf hinwirken, daß jede Partei einen sachdienlichen Antrag stellt, BGH NJW **00**, 1794, BAG NJW **03**, 2773, KG ZMR **00**, 403. Das gilt für einen Prozeßantrag nach § 297 Rn 2 wie für einen Sachantrag nach § 297 Rn 1. Es gilt für den Hauptantrag wie für den Hilfsantrag, § 260 Rn 8. Das Gericht würde gegen den Beibringungsgrundsatz nach Grdz 20 vor § 128 verstoßen, wenn es von sich aus einen anderen Antrag als denjenigen herbeiführen würde, den die Partei im Kern selbst stellen will oder schon gestellt hat, BAG NJW **03**, 2773. Das Gericht darf und soll einen zweckwidrigen oder gar unzulässigen Antrag nach Möglichkeit verbessern. Wenn die Partei mehrere Anträge gestellt hat, muß das Gericht klären, in welchem Verhältnis diese Anträge zueinander stehen.

35 „Sachdienlich" bedeutet: Das Gericht muß dafür sorgen, daß eine Lösung gefunden wird, die den Prozeßzweck fördert und gleichzeitig auch zur etwaigen Zwangsvollstreckung geeignet ist, BGH NJW **78**, 695, BAG NJW **03**, 2773. Das Gericht muß also darauf achten, daß der Antrag bestimmt genug ist, § 253 Rn 42 ff, BGH GRUR **05**, 570, und daß er in wirklichen Erledigung der Streitfrage dient, BGH RR **86**, 1061, KG ZMR **00**, 403. Die Grenze der Antragsklärung liegt dort, wo die Partei sich völlig klar und sachdienlich äußert und entsprechende Anträge stellt, BPatG GRUR **81**, 350. Das Gericht muß sich ja rein sachlich verhalten. Es ist zwar seine Aufgabe, die Partei zu einem zweckmäßigen Antrag zu veranlassen. Es ist aber nicht seine Pflicht, der Partei ein ihr günstiges Vorbringen auch nur nahezulegen, BPatG GRUR **82**, 360, Mü VersR **91**, 103, ZöGre 9, aM Schneider MDR **77**, 972 (aber das Gericht darf nicht zum Berater einer Partei werden, Rn 15). Einzelheiten Rn 51.

36 **9) Übersehener oder scheinbar unerheblicher Gesichtspunkt, II.** Hier zeigt sich das Niveau des Gerichts.

A. Grundsatz: Keine Überrumpelung. Jede rechtliche Überrumpelung ist verboten, BGH NVersZ **99**, 216. Diese Erkenntnis ist eine Ausgestaltung des Grundsatzes der Notwendigkeit eines fairen Verfahrens bzw des rechtlichen Gehörs, Artt 2 I, 20 III GG, BVerfG NJW **101**, 404 (Rpfl), 103 I GG (Richter), Einl III 16, Grdz 41 vor § 128, BGH GRUR **04**, 76, Hamm RR **99**, 369, Oldb MDR **99**, 89. II geht allerdings teilweise über jenen Grundsatz hinaus, BVerfG NJW **94**, 849. Daher ist nicht jeder Verstoß gegen II zugleich ein Verstoß gegen Art 103 I GG usw, BGH **85**, 291, BVerwG NJW **84**, 625, BayObLG FamRZ **83**, 1261, aM BVerfG VersR **91**, 1268 (es übersieht aber, daß § 296 verschiedenartige Tatbestände enthält und daß eine Beweiswürdigung gar keine „rechtliche" Erörterung erfordert, und überzieht die Anforderungen an das Gericht).

II enthält einen ausdrücklichen *Befehl*. Niemand soll aus dem Urteil mit Staunen erfahren müssen, daß das Gericht völlig andere rechtliche Gesichtspunkte als diejenigen für entscheidungserheblich hielt, die in der mündlichen Verhandlung zur Sprache kamen, BGH GRUR **04**, 77, oder die auf Grund der vorbereitenden Schriftsätze usw scheinbar allseitig zugrundelagen, BVerfG NJW **96**, 3202 (Änderung der Rechtsauffassung nach der Verhandlung). Das gilt auch in der Berufungsinstanz, BGH NJW **94**, 1880. Über das alles sollte

Titel 1. Mündliche Verhandlung **§ 139**

überhaupt kein Streit bestehen. Sogar ein „breit dahinfließendes Sach- und Rechtsgespräch" kann segensreich sein, Zeidler DRiZ **83**, 255.

Die Erörterung nach II gibt grundsätzlich natürlich *keinen Ablehnungsgrund*, § 42 Rn 45, BVerfG **42**, 91. Ihre kurze Protokollierung ist ratsam, evtl notwendig, § 160 Rn 6. Freilich darf II weder zu einer Gedankenfaulheit der Parteien oder ihrer ProzBev noch dazu führen, das Gericht zu einer Offenbarung zu zwingen, die dann zum Vorwand allzu durchsichtiger Ablehnungsversuche führen könnte. Auch braucht sich das Gericht keineswegs wegen II schon vor der Beratung irgendwie rechtlich festzulegen oder wegen jeder Nuance der rechtlichen Beurteilung zu vertagen, RoSGo § 78 III 1 d, Franzki NJW **81**, 1598, aM Hamm RR **95**, 957 (aber solche Überakribie würde das Gericht nahezu lähmen). Das Gericht braucht also nicht wegen jeder solchen Nuance stets erneut in die mündliche Verhandlung einzutreten, Bischof NJW **77**, 1901, Hinz NJW **76**, 1187. Gerade das wäre mit dem Ziel unvereinbar, den Verfahrensgang zu beschleunigen, Schneider MDR **77**, 881. Es wäre auch mit § 282 unvereinbar, Düss MDR **82**, 855. Das scheint Stgt VersR **88**, 1300 (L) zu übersehen: Das Gericht braucht keineswegs stets jede Auslegungsmöglichkeit zu erörtern, Rn 37.

B. Abgrenzung zu I. II ist einerseits enger, andererseits weiter gefaßt. Während I sehr wesentlich eine **37** Aufklärungspflicht zum Sachverhalt begründet, verpflichtet II nur zu tatsächlichen oder rechtlichen Hinweisen und keineswegs schon auf Grund von Art 103 I GG stets zu einer allgemeinen, umfassenden Erörterung, BVerfG **42**, 79, 85, BGH **85**, 291. Während andererseits I nur zur Überwachung der Anträge zwingt, fordert II eine Erörterung sämtlicher wesentlichen tatsächlichen und rechtlichen Gesichtspunkte. Daher können sich die Anwendungsbereiche beider Vorschriften im Einzelfall decken, BGH **85**, 292. Sie können aber auch auseinanderfallen. Folglich kann man nur von Fall zu Fall klären, ob I und/oder II anwendbar sind. Die Rspr zu I ist aber weitgehend bei II mitverwertbar, Schneider MDR **77**, 969. Im übrigen verpflichten I wie II alle Mitglieder des Kollegiums. Das bedeutet freilich strenggenommen, daß das Kollegium über die Notwendigkeit eines Hinweises nach II zuvor beraten und abstimmen müßte. In der Praxis trägt der Vorsitzende auch bei II die (Haupt-)Verantwortung, § 136.

Das Gericht sollte ein Rechtsgespräch eher *führen* als unterlassen. Es ehrt das Gericht, den Parteien seine vorläufige Beurteilung offen darzulegen und um etwa zur besseren Beurteilung brauchbare Gesichtspunkte zu bitten. Dergleichen selbstkritische Offenheit erweist sich in der Praxis täglich als ungemein anregend und förderlich. Sie führt oft genug zu überraschenden Wendungen. Sie können sich übrigens auch prozeßwirtschaftlich günstig auswirken. Eine Erörterung ist nach II 2 auch und gerade dann oft ratsam und evtl notwendig, wenn *beide* Parteien bzw ihre ProzBev oder gesetzlichen Vertreter oder Streithelfer wahrscheinlich oder gar ersichtlich die Rechtslage falsch beurteilen, Hamm RR **94**, 475. Daher kann eine Partei auf eine offene zur Selbstkritik bereite und erkennbar erst vorläufige Beurteilung keineswegs einen Ablehnungsantrag stützen, § 42 Rn 44, 45 „Rechtsansicht".

C. Tatsächlicher oder rechtlicher Gesichtspunkt. Eine Hinweispflicht besteht, wenn es sich um einen **38** rechtlichen oder einen tatsächlichen Gesichtspunkt handelt. „Gesichtspunkt" ist nicht nur eine in Betracht kommende gesetzliche Vorschrift, sondern auch zB eine Vertragsklausel, Düss MDR **82**, 855, ein Organisationsmangel, BGH BB **87**, 156, überhaupt jedes rechtliche Argument, jede in Rspr und/oder Lehre vertretene Ansicht, erst recht jeder gefestigte Begriff, aber auch zB Observanzen bzw Gewohnheitsrecht, krit Bischof NJW **77**, 1901. Vgl aber auch Rn 21. „Gesichtspunkt" meint auch einen tatsächlichen Vorgang, ein Ereignis, einen Gesprächspunkt, einen äußeren oder inneren Begleitumstand.

Die Abgrenzung zum *tatsächlichen* Gesichtspunkt ist unter Umständen fließend. Beispiel: Ob jemand eine Überholspur benutzt hat, ist eine tatsächliche Frage, wenn es um den Fahrverlauf in Metern geht, jedoch eine Rechtsfrage, wenn es darum geht, ob der so ermittelte oder unstreitige Fahrverlauf als Benutzung einer Überholspur zu werten ist. Klären muß das Gericht evtl auch, ob die Partei einen Beweisantrag gestellt hat und ob sie ihn aufrechterhält, Schneider VersR **77**, 164. Auch bei allen solchen Möglichkeiten besteht eine Hinweispflicht. Sie kann auch zB zur Art der Schadensberechnung bestehen.

D. Erkennbar übersehen usw. Eine Hinweispflicht besteht, wenn wenigstens die eine Partei den verfah- **39** rens- oder sachlichrechtlichen Gesichtspunkt bisher erkennbar übersehen hat, BGH MDR **90**, 1102, Hamm NJW **03**, 2543. LG Kref Rpfleger **88**, 34. „Partei" ist auch deren gesetzlicher Vertreter oder ProzBev, BGH MDR **90**, 1102, Köln RR **01**, 1724, auch der Streithelfer. Dasselbe gilt, wenn sie ihn erkennbar für unerheblich gehalten hat, Düss RR **92**, 1268, Hbg NJW **84**, 2710, LG Kref Rpfleger **88**, 34, sei es auch schuldhaft, Schneider MDR **77**, 882. Dasselbe gilt natürlich schon nach II 1 und nicht nur nach II 2 erst recht dann, wenn *beide* Parteien usw etwas übersehen haben. Dabei gehört das Wort „erkennbar" auch zur 2. Alternative, Bischof NJW **77**, 1901. Sonst müßte das Gericht Gedanken lesen.

Die *Erkennbarkeit* ist ein Rechtsbegriff. Er ist nachprüfbar. Maßgeblich ist eine objektive Beurteilung, also aus der Sicht eines den bisherigen Prozeßverlauf kennenden Rechtskundigen. Weder ist zur Erkennbarkeit die Ansicht der hinzuweisenden Partei maßgeblich noch diejenige des Gegners, sondern diejenige des Gerichts ohne Rücksicht auf deren wirkliche Richtigkeit, BGH RR **90**, 341. Ob auch der Prozeßgegner objektiv erkennen konnte, ist unerheblich, Bischof NJW **77**, 1901. Er darf ja trotz seiner Wahrhaftigkeits- und Prozeßförderungspflicht bei der rechtlichen Beurteilung schweigen, schon gar zu einem ihm evtl ungünstigen Argument.

Übersehen hat auch derjenige, der zwar evtl irgendwann einmal den tatsächlichen oder rechtlichen Ge- **40** sichtspunkt sogar selbst genannt hatte, aber ebenfalls jetzt erkennbar nicht mehr an ihn denkt oder ihn jetzt offenbar anders versteht. Für *unerheblich* gehalten hat auch derjenige, der ihn früher für erheblich hielt, inzwischen aber aus welchem Grund auch immer erkennbar seine Meinung geändert hat oder zB neuerdings einer abweichenden Ansicht folgen will, aM Bischof NJW **77**, 1901 (aber er übersieht, wie oft sich schon die rechtliche Beurteilung auch für eine sorgfältige Partei und eine sorgfältigen Richter ändern kann). Alles das gilt auch zB im Scheidungsverfahren, etwa wegen der Möglichkeit, Folgesachen in den Verbund einzubeziehen, Ffm FamRZ **85**, 824. Eine rechtskundig vertretene Partei mag weniger übersehen. Freilich sind auch hier Fehler denkbar, BGH Rpfleger **77**, 359. Im Zweifel ist ein Hinweis erforderlich, BGH NJW **01**, 2548.

§ 139 Buch 1. Abschnitt 3. Verfahren

Freilich muß das Gericht beim Anwalt das Grundwissen als vorhanden annehmen dürfen, BGH NJW **84**, 310. Deshalb geht es auch zu weit, aus der bloßen Nichterwähnung ein Übersehen auch nur in der Regel abzuleiten, BGH NJW **93**, 2441, aM BGH NJW **93**, 667 (aber damit unterstellt man zu rasch zumindest unbewußt in einer nach Rn 4 problematischen Überfürsorge dem anderen Organ der Rechtspflege erst einmal Mangel an Sorgfalt).

41 *Beispiele:* Eine weitere nicht erwähnte Anspruchsgrundlage; ein gerichtskundiger oder offenkundiger, von keiner Partei vorgetragener Sachverhalt; ein beabsichtigtes Abweichen von höchstrichterlicher Rechtsprechung, BAG BB **88**, 488, oder vom vorinstanzlichen Urteil, BGH RR **94**, 567, oder vom Sachverständigen, BVerfG JZ **60**, 124, oder von bisher erlassenen Beweisbeschluß, Köln RR **87**, 505; ausländisches Recht, BGH NJW **76**, 476; Bedenken gegen die Schlüssigkeit, VerfGH Bln NZM **99**, 898, Köln RR **01**, 1724, Mü OLGZ **79**, 355; eine Unklarheit darüber, ob die Partei einen früheren Beweisantritt noch aufrechterhält, BVerfG NJW **82**, 1637; die Verkennung der Beweislast, Anh § 286, BGH NJW **82**, 582; eine Nichtbeachtung Allgemeiner Geschäftsbedingungen, Düss MDR **82**, 855; ein Übersehen des von Amts wegen beachtlichen § 296. Zur Verjährung § 42 Rn 38, 39. Wer nur Tatsachen vorträgt, zwingt nicht stets zu einer Maßnahme nach Rn 14–16, sondern evtl zu einem Hinweis nach § 139, Franzki DRiZ **77**, 164.

42 **E. Entscheidungserheblichkeit.** Eine Hinweispflicht besteht, wenn das Gericht die nächste Entscheidung auf den fraglichen tatsächlichen oder rechtlichen Gesichtspunkt auch nur mitstützen will, BGH GRUR **04**, 76. Ausreichend ist ein Beweisbeschluß, eine Abgabe, eine Verweisung, die Anordnung des Ruhens des Verfahrens usw. Eine Hinweispflicht besteht also keineswegs nur vor einem Endurteil, aM Bischof NJW **77**, 1901 (er will allerdings eine Verweisung ausreichen lassen. Aber es gibt zahlreiche weitere hinweisbedürftige Situationen). Eine Absicht der bloßen Mitverwertung genügt, also auch die Absicht, den tatsächlichen oder rechtlichen Gesichtspunkt für eine Hilfsgründung (mit)zuverwerten, aM Bischof NJW **77**, 1901 (aber auch die bloße Mitverwertung kann zur Beschwer führen). Entscheidungserheblich kann sowohl eine sachlichrechtliche Frage als auch eine prozessuale sein, Franzki DRiZ **77**, 164, zB nach § 227 oder nach § 296.

Nicht entscheidungserheblich ist eine Frage, die das Gericht nur im Rahmen einer Hilfsbegründung erörtern möchte. Denn das Gericht geht bei ihr über den Mußinhalt seiner Entscheidung hinaus, aM Schneider MDR **77**, 881, ThP 7 (aber eine Hilfsbegründung trägt nicht die zur Rechtskraft reifende Hauptentscheidung). Etwas anderes gilt natürlich, soweit das Gericht eine weitere Hauptbegründung gibt. Offen bleibende Fragen sind nicht entscheidungserheblich.

43 **F. Hauptforderung.** Eine Hinweispflicht besteht, wenn es um mehr als um eine bloße Nebenforderung geht, also nun mehr als etwa Zinsen, Kosten usw nach § 4, Kblz MDR **88**, 966, vorläufige Vollstreckbarkeit. Auch ein geringfügiger Teil der Hauptforderung bleibt Hauptforderung, Franzki DRiZ **77**, 164, aM Bauer NJW **78**, 1239, StJL 48, ZöGre 8 (wirtschaftliche Betrachtung). Aber auch über eine kleine Forderung muß das Gericht zur Hauptsache vollstreckbar entscheiden.

44 **G. Hinweis nebst Gelegenheit zur Äußerung.** Sie sind *beide* erforderlich, sobald alle Voraussetzungen zu Rn 38–43 erfüllt sind, also unter Umständen schon vor dem Haupttermin in einer prozeßleitenden Maßnahme (Beschluß oder Verfügung) nach § 273 I, BVerfG RR **93**, 765, Putzo AnwBl **77**, 433, Schneider JB **78**, 638. II gilt auch im schriftlichen Verfahren nach § 128 II. Die Äußerung kann schriftlich, mündlich oder telefonisch geschehen, Franzki DRiZ **77**, 164. Die Partei muß sich in zumutbarer Weite sofort äußern, Hamm NJW **03**, 2543. Das gilt besonders dann wenn sie durch einen rechtskundigen ProzBev vertreten wird. II soll nur eine hemmungslose Fixigkeit verhindern. Freilich darf keine Farce herauskommen. Die Partei muß die Äußerung bedenken und ihre Tragweite absehen können. Das Gericht darf sie auch nicht für die etwaige Unfähigkeit oder Unerfahrenheit ihres ProzBev bestrafen, BGH NJW **91**, 1264, Mü RR **92**, 62, Schneider MDR **77**, 882 und 971. Vgl freilich auch § 85 II. Das Gericht sollte verständige Rücksicht nehmen, Wagner AnwBl **77**, 328. Es sollte schon zwecks Überprüfbarkeit durch das Rechtsmittelgericht seine Maßnahmen aktenkundig machen bzw protokollieren, § 160 II. Es soll sie zumindest kurz im Urteil darlegen, § 313 II.

45 Das Gericht muß nach den gesamten *Fallumständen* entscheiden, ob es eine Nachfrist nach § 283 setzt oder gar einen neuen Verhandlungstermin anberaumt, BGH NJW **81**, 1378, Hamm NJW **03**, 2543, Bischof MDR **93**, 616, aM Stein MDR **94**, 437 (aber auch ein so weitgehender Schritt kann unvermeidbar sein). Es muß prüfen, ob es wenigstens eine Pause einlegen muß, um der Partei zB das Nachschlagen in der Gerichtsbibliothek zu ermöglichen. Auch hier darf keineswegs auf einem Umweg doch wieder eine Überrumpelung der Partei stattfinden, diesmal durch den Fahrplan des Gerichts, Bischof NJW **77**, 1901. Oft ist freilich der Partei ohne weiteres eine sofortige Stellungnahme zumutbar. Das gilt auch dann, wenn sie nicht rechtskundig ist, zumal wenn sie nur irgendwelche ergänzenden, ihr bei gehöriger Vorbereitung ohnehin geläufigen Tatsachen vorzutragen braucht, Hamm GRUR **89**, 932. Sie darf ihr Recht zur Äußerung nicht zum Vorwand für Denkfaulheit oder Verzögerungstaktik mißbrauchen, Bischof MDR **93**, 616, aM LG Mönchengladb MDR **98**, 1182 (zustm Nerlich. Aber Rechtsmißbrauch ist nie erlaubt, Einl III 54). Daher gilt unter Umständen § 296.

46 **H. Umfang der Hinweispflicht nach II.** Das Gericht braucht seine rechtlichen Erwägungen nur knapp zu umreißen. Zwar sollen die Parteien miterwägen können, BVerfG RR **93**, 765. II darf aber nicht zur öffentlichen Beratung des gesamten Problems zwingen. Keineswegs ist eine erschöpfende Darlegung des wissenschaftlichen Meinungsstands notwendig, Baur ZZP **91**, 330, auch nicht zur Festlegung der Meinung des Gerichts, strenger BVerfG NJW **99**, 1387 (aber die Schlußberatung muß immer noch der Zeitpunkt der eigentlichen Meinungsbildung bleiben). Das Gericht muß sogar zu erkennen geben, daß es gerade erst auf Grund der Äußerung zum abschließenden Urteil kommen will. Sonst würde der Vorwurf der Befangenheit drohen. Diese darf man freilich gerade hier nicht schon wegen jeder Offenlegung bejahen, Karlsr OLGZ **78**, 226, Franzki DRiZ **77**, 165.

Eine *Unpünktlichkeit* geht der II vor. Das Gericht ist nicht befugt, einen Parteivortrag erst zum Schaden des Gegners schlüssig zu machen, Schneider MDR **77**, 885 betr Verjährung. Ferner ist § 308 zu beachten. II

Titel 1. Mündliche Verhandlung **§ 139**

treibt das Gericht ohnehin hart an den Rand einer Super-Berater-Funktion. Sie entspricht überhaupt nicht seiner wahren Aufgabe. Das gilt, auch wenn das Gericht den Schwachen schützen soll, § 139 Rn 18, aM Schmidt JZ **80**, 158, Schneider MDR **77**, 881 (aber soziale Fürsorge ist nicht die Hauptaufgabe. Sie besteht in sozialbewußtem Richten). Erst recht ist ein Hinweis entbehrlich, sobald und soweit ihn der Prozeßgegner schon gegeben hat, sei es auch in einem im übrigen verspäteten Vortrag. Das Gericht braucht keineswegs immer von neuem zu erklären, daß die Partei seine Bedenken noch nicht ausgeräumt hat, aM BGH FamRZ **04**, 262, Mü RR **97**, 1425 (aber dann würde nun wirklich auch keine Überraschungsentscheidung mehr folgen).

10) Hinweispflicht, III. Die Vorschrift enthält für den Bereich der „von Amts wegen zu berücksichtigenden Punkte" eine zusätzliche Formulierung. Das hängt damit zusammen, daß die Aufgaben des Gerichts in diesem Bereich ja ohnehin wesentlich weiter gehen als bei dem der Parteiherrschaft und dem Beibringungsgrundsatz, Grdz 18, 20 vor § 128, unterliegenden Verfahren. **47**

A. Begriff der Bedenken. Hierzu zählen alle tatsächlichen oder rechtlichen Umstände oder Gesichtspunkte, die sich aus dem bisherigen Vortrag der Partei nach Ansicht des Gerichts in entscheidungserheblicher Weise ergeben können. Ein Bedenken liegt schon dann vor, wenn es vorläufig zweifelhaft sein kann, ob der Vortrag der Partei Erfolg haben kann. Es muß also noch keineswegs feststehen, daß sie tatsächlich oder rechtlich unvollständig oder irrig vorgeht usw. Es ist unerheblich, ob der Mangel behebbar ist. **48**
III ist ein Unterfall von I. Daher besteht die Pflicht nach III nur in denselben Grenzen wie diejenige nach I.

B. Von Amts wegen zu berücksichtigende Punkte. Das sind alle diejenigen tatsächlichen oder rechtlichen Umstände oder Gesichtspunkte, die das Gericht unabhängig von der Verfahrensart entweder von Amts wegen ermitteln muß, Grdz 38 vor § 128, oder die es doch jedenfalls derart beachten muß, daß es die Parteien auffordert, die Bedenken durch Nachweise zur Gewißheit zu machen oder zu entkräften, Grdz 39 vor § 128, BGH NJW **89**, 2065. Das gilt evtl auch nach dem Verhandlungsschluß, § 296 a S 2. Wegen der Einzelheiten Rn 51. **49**

C. Pflicht, aufmerksam zu machen. Soweit nicht eine Amtsermittlung nach Grdz 38 vor § 128 stattfindet, ist es erforderlich und ausreichend, daß der Vorsitzende auf seine etwaigen Bedenken aufmerksam macht, den Parteien also Gelegenheit zur Beseitigung der Bedenken gibt, Grdz 39 vor § 128. Das stellt III klar. Notfalls muß das Gericht die Verhandlung wiedereröffnen, § 156, Düss ZMR **99**, 387. **50**

11) Beispiele zur Frage der Pflichten des Gerichts, I–III **51**
Abänderungsklage: Es kann die Anregung notwendig sein, von einer Abänderungsklage nach § 323 zu einer Vollstreckungsabwehrklage nach § 767 überzugehen, BGH NJW **81**, 979.
S auch Rn 93.
Abhilfe: Das Gericht verstößt gegen § 139, wenn es schriftlich eine Abhilfe ankündigt und dann doch ohne weiteres nicht abhilft, LG Potsd GRUR-RR **05**, 240.
Abtretung: Im Fall eines Streits über die Sachbefugnis des Klägers darf und muß das Gericht evtl zwar nicht eine Abtretung an den Kläger anregen. Wenn aber eine solche in Betracht kommt, muß das Gericht zu deren Nachweis auffordern bzw nach erfolgtem Forderungsübergang auf dadurch entstandene Bedenken wegen der Sachbefugnis hinweisen, Hamm RR **95**, 579 (Übergang auf Sozialhilfeträger).
Aktenbeiziehung: Das Gericht muß die Parteien auch über die Beiziehung von Akten unterrichten, soweit es diese auswerten will.
Aktivlegitimation: Sie kann erörterungsbedürftig sein, selbst wenn die anwaltlich bestrittene Bekl sie nicht bestritten hat, BGH RR **94**, 1085, Hamm RR **95**, 579. Das gilt erst recht nach erstinstanzlicher Bejahung bei zweitinstanzlichem Zweifel, BGH MDR **02**, 1139.
Allgemeinkundige Tatsache: § 291 Rn 4.
von Amts wegen: Rn 49 und bei den einzelnen speziellen Gesichtspunkten.
Änderung des Antrags: Rn 53 „Antragsänderung".
Anhörung: Rn 61.
Anordnung des persönlichen Erscheinens: Rn 69 „Persönliches Erscheinen".
Anregung: Es können Anregungen der unterschiedlichsten Art erforderlich sein, zB zur näheren Aufgliederung des Vortrags, zum Überdenken eines bisherigen Antrags unter dem Gesichtspunkt der Vollstreckbarkeit usw. Vgl bei den einzelnen Stichworten. **52**
Eine Anregung muß *unterbleiben,* soweit das Gericht mit ihr die erforderliche Unparteilichkeit aufgeben würde, Rn 13.
Anscheinsbeweis: Das Gericht muß darauf hinweisen, daß ein Anscheinsbeweis naheliegt.
Eine solche Pflicht oder auch nur ein entsprechendes Recht des Gerichts besteht aber *nicht,* wenn eine – noch dazu anwaltlich vertretene – Partei zB infolge einer erkennbaren Nachlässigkeit nur einen „Zeugen NN" angeboten hat, § 356 Rn 4. Die etwaige Vorwerfbarkeit des Irrtums usw scheint Köln MDR **80**, 674 nicht genug zu berücksichtigen.
Vgl im übrigen § II.
Anschlußrechtsmittel: Wegen der Pflicht zur Unparteilichkeit nach Rn 13 kann ein Hinweis auf die Möglichkeit eines Anschlußrechtsmittels *verboten* sein, Rostock RR **02**, 576.
Anspruchsübergang: Es kann erforderlich sein anzuregen, daß der Kläger von dem einen auf den anderen Anspruch übergeht, auch von den Feststellungs- zur Leistungsklage, wenn das Gericht die bisherige Anspruchsbegründung nicht für erfolgreich erachtet, die etwa neue aber für sinnvoll hält.
Allerdings muß das Gericht auch und gerade in einem solchen Fall sehr auf die Einhaltung seiner *Unparteilichkeit* achten. Es darf die Klage nicht überhaupt erst schlüssig machen lassen, Mü VersR **91**, 343. Der Prozeßgegner hat einen Anspruch darauf, im Fall der Entscheidungsreife nach dem bisherigen Sach- und Streitstand auch ein ihm günstiges Urteil zu erhalten. Das wird oft übersehen. Im übrigen muß das Gericht natürlich vor einer derartigen Anregung §§ 263, 264 beachten.

§ 139

Buch 1. Abschnitt 3. Verfahren

53 Antrag: Rn 34, 35.
S im übrigen auch Rn 58 „Beweisantrag", Rn 69 „Prozeßantrag", Rn 81.
Antragsänderung: Im Rahmen der Pflicht zur Hinwirkung auf „sachdienliche Anträge" nach I 1 kann auch ein Hinwirken auf eine Antragsänderung notwendig sein. Das gilt bei jeder Art von Antrag. Das Gericht würde zwar gegen den Beibringungsgrundsatz verstoßen, wenn es von sich aus einen anderen Antrag als denjenigen herbeiführen würde, den die Partei im Kern selbst stellen will oder schon gestellt hat, BGH DNotZ **94**, 299. Das Gericht darf und soll aber einen zweckwidrigen oder gar unzulässigen Antrag nach Möglichkeit verbessern helfen.
Antragsmehrheit: Es kann erforderlich sein, eine Klärung des Verhältnisses mehrerer Anträge zueinander herbeizuführen (Haupt- und Hilfsantrag).
Antragsrücknahme: Es kann notwendig sein, bei einem erkennbar entschuldbaren Versehen einer Partei oder ihres ProzBev zumindest zu fragen, ob das bisherige Vorbringen bestehen bleiben soll oder ob eine Antragsrücknahme gemeint ist oder als ratsam erscheint. Das Gericht darf auch durchaus darauf aufmerksam machen, daß etwa bei einer Klagerücknahme keine Gefahr des Verlusts des angeblichen sachlich-rechtlichen Anspruchs bestehe, während mangels Rücknahme mit einer Abweisung der Klage und damit mit der rechtskräftigen Aberkennung des Anspruchs zu rechnen sei, noch dazu möglicherweise ohne Rechtsmittelmöglichkeit. Soweit der Kläger den ursprünglichen Hilfsantrag fallen läßt, obwohl dieser nach seinem Vorbringen sachdienlich ist, kann ein Versehen vorliegen. Das Gericht muß dann aufklären, ob die Zurücknahme tatsächlich dem Willen der Parteien entspricht.

54 Anwaltliche Vertretung: Der Umstand, daß eine Partei oder beide anwaltlich vertreten sind, ändert grundsätzlich nichts an Art und Umfang der Pflichten des Gerichts nach § 139, BGH NJW **01**, 2549. Ein Hinweis usw kann also auch und sogar gerade dann notwendig sein, wenn im Verhandlungstermin ein ProzBev mitwirkt, BGH MDR **90**, 1102, Hamm RR **95**, 957, Köln MDR **98**, 1307, aM BGH NJW **84**, 311 (aber ein unzulängliches Verhalten eines ProzBev kann evtl gerade eine erhöhte Fürsorgepflicht des Gerichts auslösen).

Insbesondere hat das Gericht Pflichten nach § 139, wenn erkennbar wird, daß beim Anwalt ein rechtliches, *entschuldbares Versehen* vorliegt. Dasselbe gilt dann, wenn ein Anwalt einen Antrag versehentlich nicht gestellt oder eine Gegenantrag falsch verstanden hat, BGH RR **04**, 1248, oder wenn er einen Beweis infolge einer erkennbar falschen rechtlichen Beurteilung nicht angetreten hat, BayObLG **75**, 317, oder wenn ein Anscheinsbeweis naheliegt. Ein Rechtsgespräch zwischen dem Gericht und gerade der anwaltlich vertretenen Partei ist oft das wirksamste Mittel, Mißverständnisse auszuräumen und Überraschungsentscheidungen zu vermeiden.

Eine Pflicht gegenüber der anwaltlich vertretenen Partei kann aber je nach den *Gesamtumständen* des Einzelfalls auch in geringerem Umfang bestehen als dann, wenn sie keinen ProzBev im Termin hätte. Das gilt zB dann, wenn sie infolge einer erkennbaren Nachlässigkeit nur einen „Zeugen NN" angeboten hat, § 356 Rn 4. Die etwaige Vorwerfbarkeit des Irrtums usw scheint Köln MDR **80**, 674 nicht genug zu berücksichtigen. Im Anwaltsprozeß ist das Gericht auch nicht stets zu einem Hinweis auf die Möglichkeit eines Entlastungsbeweises verpflichtet.

55 Im übrigen braucht das Gericht jedenfalls seine speziell betreuende Tätigkeit (im Gegensatz zu bloßen Hinweisen) gegenüber einer anwaltlich vertretenen Partei oft *nicht so vollständig* vorzunehmen wie gegenüber einer nicht rechtskundig vertretenen, BGH RR **90**, 1243, BayVerfGH NJW **92**, 1094, Hamm NJW **84**, 1566. Das gilt, zumal der Anwalt seinerseits erhebliche Sorgfaltspflichten hat, zB das Gericht auf die Unschlüssigkeit des gegnerischen Vortrags hinweisen muß, § 85 Rn 9, § 296 Rn 4, Ffm FamRZ **84**, 396, Köln AnwBl **84**, 92, ThP 9, aM Hermisson NJW **85**, 2561, RoSGo § 78 III 1 (dann bestehe eine Pflicht in demselben Umfang auch gegenüber der anwaltlich vertretenen Partei. Aber es kommt auf die Gesamtumstände des Einzelfalls an).

Um so weiter kann auch gegenüber der anwaltlich vertretenen Partei die *Aufklärungs-, Frage- und Hinweispflicht* gehen, BVerfG **42**, 76. Das gilt etwa in einer Kindschaftssache, Hamm FamRZ **77**, 553. Hat der Prozeßgegner schon in einem Schriftsatz auf den fraglichen Umstand aufmerksam gemacht, dann braucht freilich das Gericht das nicht zusätzlich zu tun, BGH NJW **84**, 311, Jena FGPrax **02**, 100, LG Stade VersR **02**, 1014.

Indessen berechtigt keine noch so klar anzustrebende Gerechtigkeit, BVerfG NJW **76**, 1391, und keine noch so soziale Zielsetzung des Prozesses den Richter dazu, sich zum *Rechtsberater* der einen, der anderen, oder gar abwechselnd beider, noch dazu anwaltlich vertretenen, Parteien zu ernennen.

S auch Rn 71–73, 75–79, 89 usw.

56 Anwaltsprozeß: Rn 54, 55.
Aufklärung: Rn 69 „Persönliches Erscheinen".
Aufrechnung: Es kommt auf die Gesamtumstände an. *Zu großzügig* fordern BGH RR **93**, 570, Hamm RR **99**, 364 einen Hinweis, falls eine vorinstanzlich noch nicht so zu prüfende Aufrechnung nicht ausreichend dargelegt sei. Sie beachten nicht genug, daß § 138 I–II auch und gerade bei der ja immerhin in das Belieben einer Partei gestellten Aufrechnung gelten.
Ausländisches Recht: Das Gericht kann verpflichtet sein, den Parteien einen Hinweis darauf zu geben, daß ausländisches Recht in Betracht kommt und welchen Inhalt es hat, § 293. Das gilt insbesondere auch dann, wenn der Vorderrichter einen solchen Hinweis unterlassen hat, BGH NJW **76**, 474.
Eine Aufforderung zum Nachweis des ausländischen Rechts nach § 293 fällt *nicht* unter § 139.
Auslegung: Rn 91 „Vertragsauslegung".
Bedingung: Das Gericht darf eine Partei auf die Unzulässigkeit einer Bedingung hinweisen, BGH **149**, 124.

57 Beibringungsgrundsatz: Das Gericht muß den Beibringungsgrundsatz nach Grdz 20 vor § 128 im „normalen" Zivilprozeß beachten, anders zB im Verfahren mit Ermittlungsgrundsatz nach Grdz 38 vor § 128, etwa im Ehe-, Familien- oder Kindschaftsprozeß. Der Beibringungsgrundsatz ist Ausdruck der gleichberechtigten Stellung der Parteien. Er entspricht ihrer Würde und ihrer Herrschaft über den Tatsachenstoff, Grdz 18 vor § 128. Wer diese Gesichtspunkte mißachtet, verstößt als Richter gegen seine

Titel 1. Mündliche Verhandlung **§ 139**

Pflicht zur Unparteilichkeit. BGH RR **90**, 1243, Schlesw MDR **87**, 149, Jauernig ZPR § 25 V 1, aM Celle OLGZ **80**, 11, Peters ZZP **102**, 490, Schneider MDR **79**, 977 (wegen des Problems der Verjährung. Aber die Unparteilichkeit ist eine der wichtigsten Forderungen an ein Gericht. Dann muß man sie aber auch respektieren).

Beiziehung von Akten: Rn 51 „Aktenbeiziehung".

Belehrung: Das Gericht hat auch im Rahmen des § 139 keineswegs stets eine Belehrungspflicht, etwa über Rechtsbehelfe oder Rechtsmittel, BVerfG NJW **95**, 3173, BGH FamRZ **96**, 347, Hamm FamRZ **97**, 758, oder gar auf einem Nebenschauplatz wie der Kostenfestsetzung. Das hätten BGH Rpfleger **76**, 354, Lappe Rpfleger **96**, 183 (je zu [jetzt] § 11 RVG) deutlicher mitbedenken sollen. Der Zivilprozeß kennt eben anders als zB der Strafprozeß keine umfassende Belehrungspflicht über Fristen usw von Amts wegen. Das Gericht sollte auch keine gutgemeinten derartigen Belehrungen von sich aus bald geben, bald unterlassen. Es darf und muß eine klare Linie nach den klaren Grundsätzen halten, die sich eben aus dem Gesetz ergeben. Dieses sieht nur in einzelnen Ausnahmefällen derartige Belehrungspflichten vor, zB in § 277 II. Ausnahmevorschriften muß man aber stets eng auslegen.

Berichtigung: Das Gericht muß darauf achten, daß die Partei einen offenbaren Irrtum berichtigt, etwa bei einer Parteibezeichnung. Diese Pflicht gilt in allen Instanzen, Hamm MDR **77**, 940. Der Richter muß versuchen, Zweifel an der Ernstlichkeit oder Wahrhaftigkeit einer Darstellung durch eine etwaige Berichtigung ausräumen zu lassen. Er muß ja auch einen Widerspruch zwischen mehreren Schriftsätzen oder zwischen dem Schriftsatz der Partei und dem mündlichen Vortrag klären, Köln OLGZ **87**, 442.

Berufungsinstanz: In der zweiten Instanz hat das Gericht wegen derjenigen Punkte, auf die schon die **58** Vorinstanz ersichtlich hingewiesen hat, keine Fragepflicht. Erst recht braucht das Gericht jetzt die Partei nicht mehr dazu anzuregen, weitere Tatsachen vorzutragen, um weitere Anspruchsgrundlagen zu erschließen, Köln JB **75**, 1506. Wegen (jetzt) § 533 Schneider MDR **75**, 979. Das Gericht kann gehalten sein, auf mangelnde Substantiierung des Vortrags hinweisen, BGH NJW **99**, 3716, oder von dem Berufungskläger angebotenen Unterlagen mit Frist anzufordern, BGH NJW **91**, 2081. Das Gericht darf die Anforderungen nicht überspannen, BGH MDR **04**, 409.

Beschränkte Erbenhaftung: Das Gericht braucht auf den Vorbehalt nach § 780 nicht hinzuweisen, Düss MDR **04**, 469.

Bestimmtheit der Fragen: Rn 11.

Bestreiten: Wenn das Gericht das schlichte Bestreiten nicht für ausreichend hält, kommt es nach den Gesamtumständen darauf an, ob es einen Hinweis geben muß, aM Hamm MDR **93**, 271 (ein Hinweis sei stets erforderlich. Aber es kann ganz klar sein, daß hier weit mehr vorzutragen wäre. Oft will die Partei bzw ihr ProzBev nicht mehr vortragen, aus welchen Gründen auch immer. Das steht ihr frei, Grdz 18 vor § 128. Mag sie die Folgen tragen. Sie sind ihr dann meist als Risiko sehr wohl klar).

Beurteilung: Eine abweichende Beurteilung durch das Berufungsgericht führt keineswegs stets zur Annahme eines Verstoßes gegen § 139, BGH NJW **93**, 2318.

Beweis, Entlastungsbeweis: Es läßt sich nur nach den Gesamtumständen des Einzelfalls beantworten, ob und in welchem Umfang das Gericht eine Partei hinweisen oder gar veranlassen oder ob es gar erraten darf, daß und zu welcher Frage ein Beweis gar nicht notwendig sei, Düss ZMR **99**, 387, oder ein Beweis- oder Gegenbeweis- oder Entlastungsbeweisantritt fehle.

Weder hat das Gericht unter allen Umständen derartige Pflichten, zu großzügig BGH MDR **98**, 1178, Köln NJW **95**, 2116, noch darf es sich stets solcher Hinweise usw enthalten, BVerfG RR **95**, 828, Köln RR **98**, 1285, Mü VersR **92**, 375. Es kommt vor allem auf die Wahrung der Unparteilichkeit an. Das Gericht darf keineswegs zugunsten der einen Partei mit den Mitteln der Hinweise usw auf Beweismöglichkeiten die prozessuale Stellung der Gegenpartei schwächen. Es soll aber auch ein nur mangels Beweisantritts ungünstiges Urteil vermieden und damit eine hochgradig wahrscheinliche Ungerechtigkeit verhindern, Mü VersR **92**, 375. Es muß verhindern, daß eine Partei ein Beweismittel nur versehentlich nicht nennt, BGH NJW **98**, 156. An alledem ändert sich auch durch § 279 III Hs 2 im Grunde nichts, Schulz/Stickеn MDR **05**, 5.

Die anwaltlich vertretene Partei braucht zwar grds keine geringere Förderung nach § 139 Rn 54, 55. Immerhin mag ein Anwalt durchaus Gründe haben, einen Beweis nicht anzutreten, von dessen Fragwürdigkeit er vielleicht schon recht gut informiert ist. Demgegenüber ist bei einer nicht rechtskundigen und nicht anwaltlich vertretenen Partei oft gerade zum Stichwort „Beweisantritt" eine besondere Hilflosigkeit vorhanden. Es kann auch unabhängig von einer anwaltlichen Vertretung nicht dem Sinn des Gesetzes sein, den Richter nur wegen seiner Pflicht zur Unparteilichkeit zu zwingen, einen wahrscheinlich prozeßentscheidenden Hinweis auf Beweismöglichkeiten einer solchen Partei zu unterlassen, Mü VersR **92**, 375. Freilich ist Zurückhaltung zulässig und oft ratsam. Immerhin braucht das Gericht zB die Partei nicht unter Bekanntgabe seiner bisherigen vorläufigen Beweiswürdigung zum Antritt weiterer Beweise aufzufordern.

S auch § 42 Rn 79 „Beweisantritt".

Beweisantrag: Das Gericht muß evtl fragen, ob die Partei einen Beweisantrag noch stellt, BVerfG NJW **82**, 1637, Hamm MDR **93**, 270.

S auch Rn 53 „Antrag", Rn 58 „Beweis, Entlastungsbeweis", Rn 59 „Beweismittel".

Beweisbeschluß: Soweit das Gericht seinen bisherigen Beweisbeschluß nicht mehr ausführen will, mag ein entsprechender Hinweis und eine Anregung auf eine Antragsänderung geboten sein.

Beweislast: Es kann ein Hinweis auf die Beweislast aus der Sicht des Gerichts notwendig sein, BGH MDR **91**, 224, BayVerfGH NJW **92**, 1094. Das gilt auch gegenüber einer anwaltlich vertretenen Partei. Freilich hängen Art und Umfang solcher Hinweise von den Gesamtumständen des Einzelfalls ab.

S auch „Beweis, Entlastungsbeweis", Rn 59.

Beweismittel: Es kann notwendig sein, auf die Benennung eines Beweismittels jedenfalls dann hinzuwirken, **59** wenn sich aus dem übrigen Vortrag ergibt, daß die Partei ihre Behauptung beweisen möchte und offensichtlich vergessen hat, einen Beweis anzutreten, BGH NJW **98**, 156, oder daß sie insofern die Rechtslage falsch beurteilt, etwa die Beweislast, Anh § 286, BGH NJW **98**, 156, BayVerfGH NJW **92**,

§ 139

1094. Es kann auch notwendig sein, die Partei zur Präzisierung, Klarstellung oder Ergänzung eines Beweisantritts zu veranlassen, Saarbr RR **94**, 573. Das gilt etwa dazu, ob sie einen Beweisantrag noch aufrechterhält, BVerfG NJW **82**, 1637. Der Richter muß der Partei eine Gelegenheit zum Zeugenbeweisantritt geben, wenn er den Urkundenbeweis als nicht erbracht ansieht, BGH ZIP **83**, 738. Er muß unter Umständen fragen, ob er in der Vorlage einer eidesstattlichen Versicherung hilfsweise ein Zeugenbeweisantritt liegen soll.

Das Gericht braucht *nicht stets* einen Beweisantrag oder ein bestimmtes Beweismittel anzuregen. Das gilt erst recht nach einem gegnerischen Hinweis auf dessen Fehlen, Oldb RR **00**, 949. Das Gericht braucht auch nach dem Schluß einer Beweisaufnahme nicht zu einem neuen oder weiteren Beweisantrag oder zu einem Gegenbeweisantritt aufzufordern, Hamm OLGR **03**, 116, aM Ffm NJW **76**, 2026 (aber gerade die abschließende Beweiswürdigung gehört in die Schlußberatung). Auch die Auswahl und hinreichend genaue Benennung der Zeugen nach § 356 Rn 4 ist Sache der Partei, Mayer NJW **83**, 858, insbesondere im Anwaltsprozeß. Das übersieht Köln MDR **80**, 674. Im Anwaltsprozeß ist das Gericht auch nicht zu einem Hinweis auf die Möglichkeit eines Entlastungsbeweises verpflichtet.

60 Beweiswürdigung: Eine Erörterung der Beweiswürdigung gehört *grds nicht* zu den Pflichten nach § 139. Das gilt selbst dann, wenn ein Rechtsgespräch erforderlich war. Es ist ein Unterschied, ob das Gericht einen von der Partei erkennbar übersehenen rechtlichen Gesichtspunkt mit ihr erörtert oder weitergehend auch seine eigene vorläufige Gesamtbeurteilung oder Einzelbeurteilung mitteilt. Es kann aber zB notwendig sein mitzuteilen, daß das Gericht eine pauschale Bezugnahme auf Anlagen oder Beiakten nach Rn 79 für ungenügend hält oder daß es ein Privatgutachten für ausreichend bzw nicht ausreichend hält, oder daß es sich selbst für sachkundig hält, oder daß es ein Gutachten ganz anders als die Vorinstanzen werden will, BGH VersR **77**, 734. Im übrigen ist die Mitteilung der vorläufigen Rechtsansicht des Gerichts fast nie ein Verstoß gegen seine Unparteilichkeit. Sie ist daher auch fast nie ein Ablehnungsgrund.

Vielmehr *ehrt das Gericht die Parteien* dadurch, daß es freimütig Einblick in seinen eigenen Denkprozeß gewährt. Es zeigt ja gerade dadurch die Bereitschaft, sich eines Besseren belehren zu lassen, sei es in der Würdigung der Tatsachen, sei es in der Anwendung der Rechtsvorschriften. Gerade eine offene Mitteilung der Prozeßaussichten im Verlauf der Verhandlung und gerade nach einer Beweisaufnahme ermöglicht es den Parteien, etwaige Unklarheiten zu berichtigen, etwaige Lücken zu ergänzen und etwaige Irrtümer des Gerichts aufzudecken. Gerade dann entsteht am ehesten jene Atmosphäre einer „Arbeitsgemeinschaft". Sie macht zwar nicht das Wesen eines Prozesses aus, Grdz 26 vor § 128. Sie ist aber natürlich hilfreich. Sie kann entspannend wirken.

Bezugnahme: Es kann ein Hinweis darauf geboten sein, daß eine so weitgehende bloße Bezugnahme auf Akten usw nicht zulässig ist, Rn 79 – oder daß sie Unklarheiten bestehen läßt, BGH NJW **05**, 2929.

61 Dritter: Das Gericht muß einen Dritten nach §§ 305 ff BGB bzw beim UKlaG nach Grdz 30 vor § 253 usw anhören, also beim Streit um Allgemeine Geschäftsbedingungen.

Entlastungsbeweis: Rn 58 „Beweis, Entlastungsbeweis".

Entscheidungserheblichkeit: Das Gericht muß klarstellen, welchen Punkt es für entscheidungserheblich und aufklärungsbedürftig hält, BGH NJW **02**, 3320.

Erbbiologisches Gutachten: Das Gericht muß auf die Möglichkeit der Einholung eines erbbiologischen Gutachtens hinweisen, wenn ein solcher Antrag wahrscheinlich nur versehentlich nicht vorliegt.

S auch Rn 63 „Kindschaftssache".

Erfolgsaussicht: Das Gericht hat *grds keine* Pflicht zu einer verbindlichen oder umfassenden Mitteilung, wie es die Aussichten des jeweiligen Vorbringens beurteilen und die Beweise voraussichtlich würdigen will.

S auch Rn 60.

Ergänzung: Rn 91 „Vollständigkeit".

Erklärungsfrist: Wenn eine Partei auch unter Beachtung von § 138 wirklich eine angemessene Zeit zur Beantwortung einer Frage braucht, wenn man ihr also eine sofortige Antwort nicht zumuten kann, dann muß das Gericht entweder vertagen, KG OLGZ **77**, 481 (zum alten Recht), oder es muß der Partei eine angemessene Erklärungsfrist nach § 283 gewähren, Schlesw SchlHA **82**, 29. Art 103 I GG verpflichtet nicht zu einer förmlichen Fristsetzung, Köln Rpfleger **84**, 424. Eine überstürzte Entscheidung kann aber einen Verstoß gegen § 139 darstellen, Hamm AnwBl **84**, 93, Schlesw NJW **86**, 3146.

Freilich muß das Gericht sorgfältig und darf nicht zu großzügig klären, ob die Partei die *Antwort wirklich nicht sogleich* geben kann. Das gilt auch und gerade dann, wenn eine Partei anwaltlich vertreten ist. Das Gericht hat in diesem Fall die Pflicht der sofortigen Erörterung, ob der Anwalt bei der ihm persönlich zuzumutenden Sorgfalt oder ob die Partei bei der Anlegung eines entsprechenden Sorgfaltsmaßstabs vor dem jetzigen Zeitpunkt im Rahmen der Prozeßförderungspflicht nach § 282 imstande gewesen wären, sich auf die Frage so vorzubereiten, daß sie wenigstens im Kern sogleich hätten beantworten können. Das alles übersehen Hamm AnwBl **84**, 93, Schlesw NJW **83**, 348.

Erledigung der Hauptsache: Das Gericht muß im Fall der Erledigung der Hauptsache auf eine entsprechende Antragsänderung hinwirken. Es muß zumindest klären, ob die Parteien übereinstimmende Erledigterklärungen abgeben wollen und ob diese wirksam sein können. Angesichts der vielen Streitfragen zu § 91 a kann eine genauere Erörterung auch gegenüber einer anwaltlich vertretenen Partei notwendig sein.

Erörterung: Rn 75.

Ersatzzustellung: Der Vorsitzende muß nach III auch auf Bedenken wegen der möglichen Unwirksamkeit oder Unzulässigkeit einer Ersatzzustellung hinweisen, BGH NJW **76**, 149.

62 Fairneß: Rn 86.

Feststellungsklage: Eine Antragsänderung mag anzuregen sein, wenn statt eines Leistungsantrags ein Feststellungsantrag notwendig wäre, BGH **79**, 79. Das gilt auch zwecks Klärung, ob Kündigungsschutz infrage steht, BAG NZA **94**, 2782. Es hat natürlich nur dann Sinn, auf einen Übergang von der einen zur anderen Klagart hinzuwirken, wenn das Gericht den Anspruch für begründet hält.

Titel 1. Mündliche Verhandlung **§ 139**

Ein Hinweis ist daher evtl *nicht* nötig, wenn nicht genügend Tatsachen vorliegen, aus denen man auf das erforderliche besondere Feststellungsinteresse schließen kann.
Fragepflicht: Rn 11.
Fürsorgepflicht: Rn 7.
Gegenbeweis: Nach dem Schluß einer Beweisaufnahme braucht das Gericht *nicht* zu einem neuen oder weiteren Beweisantrag oder zu einem Gegenbeweisantritt aufzufordern, aM Ffm NJW **76**, 2026 (aber die abschließende Beweiswürdigung gehört in die Schlußberatung). Auch die Auswahl und hinreichend genaue Bezeichnung der Gegenzeugen nach § 356 Rn 4, 5 ist die Sache der Partei, Mayer NJW **83**, 858, insbesondere im Anwaltsprozeß. Das übersieht Köln MDR **80**, 674.
S auch Rn 58 „Beweis, Entlastungsbeweis", „Beweisantrag", Rn 59.
Gegenforderung: Das Gericht braucht *nicht* auf eine ungenügende Darstellung einer Gegenforderung hinzuweisen, wenn diese erst nach dem Schluß der mündlichen Verhandlung erster Instanz entstanden ist und erst durch eine genaue Darstellung die Sachdienlichkeit nach § 530 erreicht würde.
Gegnerischer Hinweis: Er macht einen zusätzlichen Hinweis nun auch noch des Gerichts *überflüssig*, aM Rensen AnwBl **02**, 637 (vgl aber Rn 15).
Gerichtsstand: Im Rahmen von III kann es notwendig sein, von Amts wegen auf Bedenken gegen die örtliche Zuständigkeit hinzuweisen, auch beim ausschließlichen Gerichtsstand, § 40 II.
Gesellschaft: Es kann ein Hinweis dahin notwendig sein, daß der Kläger statt eines bestimmten Anteils eine Auseinandersetzung fordern sollte.
Gesetzesänderung: Es kann ein Hinweis auf sie notwendig sein.
Gesetzlicher Vertreter: Im Rahmen von III kann ein Hinweis auf Bedenken wegen eines Problems im Zusammenhang mit der gesetzlichen Vertretung der Partei erforderlich sein, Schlesw SchlHA **78**, 108. Gegenüber der gesetzlichen vertretenen Partei ist das Gericht verpflichtet, auf die Kenntnisse und die zumutbaren Möglichkeiten des gesetzlichen Vertreters zumindest ebenfalls, wenn nicht in erster Linie, abzustellen.
Glaubhaftmachung: Die Partei muß sich zumindest auch selbst nach Kräften bemühen, BPatG GRUR **00**, 900.
Gleichberechtigung: Das Gericht muß stets bedenken, daß zumindest im Verfahren mit Beibringungsgrundsatz nach Grdz 20 vor § 128 beide Parteien eine gleichberechtigte Kampfstellung haben. Es darf durch seine Hinweise, Ratschläge, Anregungen usw diese Gleichberechtigung *nicht unterlaufen* oder umgehen, BGH NJW **84**, 310, Schlesw MDR **87**, 149, ThP 8, aM Celle OLGZ **80**, 11, Peters ZZP **102**, 490, Schneider MDR **79**, 977 (wegen der Verjährung. Aber die Unparteilichkeit ist eine der wichtigsten Forderungen an ein Gericht. Dann muß man sie aber auch respektieren).
S auch Rn 57.
Grundbuchberichtigung: Soweit der Kläger irrig statt auf eine Rückauflassung auf eine Grundbuchberichtigung klagt, muß das Gericht ihm einen entsprechenden Hinweis geben.
Grundsatzurteil: Die Berücksichtigung einer erst nach dem Verhandlungsschluß veröffentlichten solchen Entscheidung erfordert wegen II die Wiedereröffnung der Verhandlung, § 286 Rn 14.
Herrschende Ansicht: Zwar ist der Begriff der „herrschenden Ansicht" problematisch, Einl III 47, Zasius **63** DGVZ **87**, 80. Daher führt auch eine Abweichung von der „herrschenden" Ansicht keineswegs stets zur Unvertretbarkeit, aM LG Hbg NJW **88**, 215 (aber das führt leicht zu erschreckender Erstarrung einer Geisteswissenschaft). Ob man die Abweichung aber erörtern muß, hängt von den Gesamtumständen ab. Immerhin zwingt II 2 fast stets zur Erörterung, soweit das Gericht von der Ansicht beider Parteien abweichen will.
S auch Rn 75.
Hilfsantrag: Das Gericht muß darauf hinwirken, daß jede Partei einen sachdienlichen Antrag stellt, Rn 22, 23, BGH NJW **78**, 695, Kblz MDR **82**, 966. Das gilt für den Haupt- wie für den Hilfsantrag. Läßt der Kläger den ursprünglichen Hilfsantrag fallen, obwohl jener sachdienlich ist, so muß das Gericht klären, ob die Zurücknahme dem wirklichem Willen der Partei entspricht.
Hinweis: Vgl zunächst Rn 20. Es kann zB ein Hinweis auf die Beweislast notwendig sein, BGH VersR **86**, 1211. Es kann notwendig sein, auf eine erst in der Rechtsprechung entwickelte Möglichkeit hinzuweisen, etwa auf diejenige eines Vorschußanspruchs vor einem Schadensersatzanspruch des Bestellers eines Werkvertrags, Grunsky NJW **84**, 2548. Wenn das Gericht einen Hinweis gibt, muß es der Partei auch die Gelegenheit geben, dem Hinweis Rechnung zu tragen, BVerfG NJW **03**, 2524, BGH NJW **99**, 1264, Düss RR **92**, 1405. Ein Hinweis muß so vollständig sein, daß der Empfänger nicht meinen kann, weiteres Vorbringen sei nicht erforderlich, BGH RR **05**, 213.
Das Gericht braucht aber *keinswegs* den Hinweis immer von neuem zu wiederholen, aM BGH FamRZ **04**, 262, Mü RR **97**, 1425 (aber wie lange soll es eigentlich so weitergehen?).
S auch Rn 71, 75.
Irrtum: Das Gericht muß eine nur versehentlich vergessene Stellungnahme durch einen Hinweis usw herbeiführen, Köln FamRZ **92**, 460. Freilich ist ein solches Vorgehen nicht schon bei einer nur vagen Möglichkeit des Vergessens usw erforderlich. Das Gericht darf nicht einen Rechtsirrtum unterstützen. Es darf nicht sehenden Auges die Partei in solchem Irrtum beharren lassen, BGH NJW **01**, 2549, Düss RR **92**, 1405.
Keinerlei Angaben: Soweit ein Anwalt nicht etwa unklare, sondern überhaupt keine Angaben zu einer offensichtlich wesentlichen Frage macht, braucht ihn das Gericht *nicht* zu befragen, BGH JZ **75**, 449.
Kenntnis des Gerichts: Eine Hinweispflicht besteht grds *nicht*, solange das Gericht den auslösenden Parteivortrag noch gar nicht kennt, BGH NZM **03**, 371, und ihn auch nicht kennen muß.
Kindschaftssache: Vgl zunächst Rn 47. Im Kindschaftsverfahren besteht eine recht weitgehende Aufklärungs-, Frage- und Hinweispflicht, Hamm FamRZ **77**, 553. Das Gericht muß auch trotz des Ermittlungsgrundsatzes nach Grdz 38 vor § 128 unter Umständen auf die Möglichkeit der Einholung eines erbbiologischen Gutachtens hinweisen, wenn man annehmen kann, daß ein solches Gutachten sachdienlich wäre.

§ 139

64 Klagänderung: Das Gericht sollte mit Anregungen oder gar Ratschlägen in Richtung auf eine Klagänderung zurückhaltend sein. Denn es darf *nicht* zu Lasten des Prozeßgegners eine Klage erst schlüssig machen helfen. Das Gericht darf insbesondere einer Partei nicht anheimgeben, neue Klagegründe usw vorzutragen, die dann zu einer Klagänderung führen könnten, Hermisson NJW **85**, 2558. Es darf auch nicht die Partei veranlassen, einen anderen Antrag zu stellen, der seinem Wesen nach auf anderen Anspruchsgrundlagen beruht.
S auch Rn 53 „Antragsänderung".
Klagantrag: Rn 34, 35.
S im übrigen auch Rn 53 „Antragsänderung", „Antragsmehrheit", „Antragsrücknahme", Rn 58 „Beweisantrag", Rn 69 „Prozeßantrag", Rn 81.
Klagebefugnis: Rn 51 „Abtretung", „Aktivlegitimation".
Klageerweiterung: Rn 53 „Antragsänderung", Rn 64 „Klagänderung", Rn 71.
Klärung: Zwar muß das Gericht grds im Rahmen seiner Hinweispflicht auch auf die Klärung sachdienlicher Anträge, die Ergänzung ungenügender Angaben, die zusätzliche Bezeichnung von Beweismitteln usw hinwirken, Rn 20 ff.
Die *Grenzen* der Aufklärungspflicht liegen aber dort, wo der Sachverhalt schon genügend geklärt ist, wo sich bereits die Vorinstanz vergeblich bemüht hatte oder wo insbesondere eine anwaltlich vertretene Partei, trotz gerichtlicher Hinweise überhaupt keine Angaben zu dem fraglichen Punkt macht.
Kündigungsschutz: Das Gericht muß klären, ob der Kläger Kündigungsschutz oder Feststellung begehrt, BAG NZA **94**, 2782.

65 Mehrdeutigkeit: Sie gibt immer Anlaß zur Auflage, den Vortrag klarzustellen, BGH BB **02**, 804.
Mehrheit von Anträgen: Rn 53 „Antragsmehrheit", Rn 63 „Hilfsantrag".
Mindestbetrag: Das Gericht muß auf seine Angabe hinwirken, Köln ZMR **02**, 660.
Mißverständnis: Ein solches der Partei *kann* einen nochmaligen Hinweis notwendig machen, BGH NJW **02**, 3320. Aber Vorsicht! Wo liegt eigentlich die Grenze des derart Notwendigen? Doch wohl beim Verschulden der Partei bzw ihres ProzBev.
Mitverschulden: Eine Antragsänderung mag anzuregen sein, wenn das Gericht die Frage des Mitverschuldens jetzt anders als im vorangegangenen Verfahren auf die Bewilligung einer Prozeßkostenhilfe beurteilt, Köln MDR **75**, 148 (zustm Teplitzky).

66 Nachfrist: Das Gericht darf einen Antrag etwa nach § 283 *keineswegs stets* anregen, sondern nur dann, wenn er nach den Gesamtumständen Erfolgsaussicht hat, § 283 Rn 10.
Naturalherstellung: Rn 82 „Schadensersatz".

67 Neue Beurteilung: Das Gericht muß den Parteien eine Gelegenheit zur Stellungnahme geben, sich auf eine andere oder neue Beurteilung und dazu einzustellen, welche Tatsachen insofern noch streitig sind, Köln VersR **77**, 844, oder sich auf eine neue Rechtsauffassung einzurichten, II. Zur Abgrenzung des I von II vgl Rn 37. Das Gericht muß den Parteien auch dann Gelegenheit zur Äußerung geben, wenn die Parteien aus einem vorgetragenen Tatsachenstoff ersichtlich ganz andere rechtliche Schlüsse als das Gericht ziehen, II 2, so schon Köln MDR **84**, 151, und wenn das Gericht von den ausdrücklichen Ausführungen der Partei abweichen will. Das gilt insbesondere dann, wenn der Tatrichter zu einer Würdigung kommt, die keine Partei behauptet oder die der Vorderrichter anders vorgenommen hat, II 2, so schon BGH NJW **82**, 581 (abl Hartung VersR **82**, 141) und NJW **82**, 582, Hamm RR **95**, 957. Gerade in solcher Situation kann II also anwendbar sein, und zwar sowohl zur Selbstkritik des Gerichts (auch der Richter kann irren) als auch zur Verbesserung des Prozeßklimas und zur Erleichterung einer gütlichen Einigung. Man muß ja stets daran denken, daß das Gericht die Parteien nicht überrumpeln darf.
S auch Rn 75, 86 „Überraschungsentscheidung".
Neuer Antrag: Das Gericht darf einer Partei *nicht* eine ihr günstige tatsächliche oder rechtliche Begründung ihres Anspruchs überhaupt erst an die Hand geben oder gar auf die Erhebung völlig neuer Anträge, weiterer Klagansprüche bzw einer ganz neuen Klage dringen, Ffm NJW **86**, 389, Kblz OLGZ **88**, 373.
S auch Rn 53 „Antragsänderung", Rn 87 „Unparteilichkeit".
Neuer Beweis: Rn 58 „Beweis, Entlastungsbeweis", Rn 67 „Neuer Antrag".
Neuer Klagegrund: Das Gericht darf *nicht* einer Partei eine ihr günstige tatsächliche oder rechtliche Begründung ihres Anspruchs überhaupt erst an die Hand geben oder gar auf die Erhebung eines völlig neuen Klaganspruchs usw dringen, Ffm NJW **86**, 389, Kblz OLGZ **88**, 373. Es darf auch nicht „nur" die von Anfang an völlig unschlüssige Klage schlüssig machen lassen und damit den Beibringungsgrundsatz und die gleichberechtigte Kampfstellung der Parteien mißachten oder den Prozeß verzögern, Rn 61 „Gleichberechtigung".
Neuer Termin: Er kann wegen Artt 2 I, 20 III GG (Rpfl), BVerfG **101**, 404, Art 103 I GG (Richter) auf Grund eines Gerichtshinweises statt eines Versäumnisurteils notwendig sein, Köln MDR **00**, 658.
Neuer Vortrag: Rn 67 „Neuer Antrag", „Neuer Beweis", „Neuer Klagegrund".
Neutralität: Rn 87 „Unparteilichkeit".
Nichtigkeitsgrund: Zu den nach II von Amts wegen zu berücksichtigenden und evtl zu erörternden Punkten gehört auch ein Nichtigkeitsgrund etwa nach §§ 125, 134, 138 BGB.

68 NN: Es kommt auf die Gesamtumstände an, ob und mit welcher Intensität das Gericht auf die Ersetzung der bloßen Angabe „NN" (nihil nomen = kein Name) hinwirken muß. Sofern der Beweisführer die fehlenden Angaben meist zu Namen und genauer Anschrift des Zeugen vermutlich sogleich oder in einer kurzen Nachfrist ergänzen könnte, die zB ohnehin deshalb infrage kommt, weil das Gericht zu anderen Punkten bereits Beweis beschließt oder einen Verkündungstermin anberaumt hat, kann die Erörterung nebst etwaiger Fristsetzung ratsam oder gar notwendig sein. Sofern aber noch eine noch dazu anwaltlich vertretene Partei zB infolge einer bloßen erkennbaren Nachlässigkeit nur in Beweismittel „NN" angeboten hat, ist eine Nachfrist nach § 356 Rn 4 ohnehin nicht möglich. Daher ist dann auch keine Erörterung erforderlich. Die etwaige Vorwerfbarkeit eines Irrtums der Partei über die Notwendigkeit, ihre

Titel 1. Mündliche Verhandlung **§ 139**

Beweismittel von Anfang an mit präzisen Angaben anzubieten, § 373 Rn 1, scheint Köln MDR **80**, 674 nicht genug zu berücksichtigen.

Obligatorisches Güteverfahren: Dieses Verfahren kann eine in jeder Lage von Amts wegen zu beachtende Prozeßvoraussetzung sein, soweit es in dem Land des Gerichts eingeführt ist, § 15 a I I, V EGZPO, Grdz 49 vor § 253. Daher darf und muß das Gericht auf einen diesbezüglichen Mangel hinweisen und Gelegenheit zur Stellungnahme geben, bevor es die Klage als unzulässig abweist, Grdz 49 vor § 253 „Obligatorisches Güteverfahren". Denn letzteres wäre die notwendige Folge, Hartmann NJW **99**, 3747. Freilich würde mangels Heilungsmöglichkeit nach § 295 Rn 43 „Prozeßvoraussetzungen" nur eine Anheimgabe sinnvoll, die Klage zurückzunehmen, soweit das noch zulässig ist. Der Vorsitzende sollte das nicht „raten", sondern eben nur anheimgeben, um jede Ablehnungsgefahr zu verhindern.

Offenkundigkeit: Das Gericht darf auf sie hinweisen, § 291.

Parteibezeichnung: Das Gericht muß darauf achten, daß eine unrichtige Parteibezeichnung berichtigt wird. Diese Pflicht gilt in allen Instanzen, Hamm MDR **77**, 940. **69**

Parteiherrschaft: Rn 57.

Persönliches Erscheinen: Es kann eine Erörterung der Frage notwendig werden, ob das Gericht das persönliche Erscheinen nach §§ 141, 613 anordnen soll. Hat es die Partei „zur Aufklärung des Sachverhalts" geladen, dann muß es ihr vor einer ihr nachteiligen Entscheidung auch Gelegenheit zu solcher Aufklärung geben, BGH NVersZ **99**, 216.

Privatgutachten: Das Gericht darf es vorläufig beurteilen und derart erörtern.

Protokollierung: Sie ist zumindest in Form irgendeiner „Aktenkundigkeit" notwendig, IV, BGH BB **05**, 1818, Rensen MDR **03**, 483. Sie ist in Protokollform schon wegen § 160 II ebenfalls dringend ratsam, Rn 94.

Prozeßabweisung: Eine Abweisung der Klage als unzulässig wegen fehlender Substantiierung des Klagantrags ist ohne eine vorherige Bemühung des Gerichts um Aufklärung grds unzulässig, Schneider MDR **77**, 972, erst recht direkt nach Prozeßkostenhilfe, Naumb FamRZ **97**, 617.
S auch Rn 53 „Antrag".

Prozeßantrag: Die Pflicht des Gerichts, auf sachdienliche Anträge hinzuwirken, Rn 22, bezieht sich auch auf einen Prozeßantrag als Haupt- wie Hilfsantrag.
S auch Rn 53 „Antrag", Rn 69 „Prozeßabweisung".

Prozeßbevollmächtigter: Rn 54. **70**

Prozeßzinsen: Das Gericht sollte aufklären, warum die Partei statt Prozeßzinsen einen Verzugsschaden fordert, wenn sie dafür keinen Grund angibt. Der Kläger, der mehr als die gesetzlichen Zinsen fordert, beschränkt sich zur Begründung meist auf den Hinweis, er nehme Bankkredit in Anspruch. Bei einem im Geschäftsleben stehenden Kläger mag dafür Anscheinsbeweis vorliegen, sodaß selbst beim einfachen gegnerischen Bestreiten die Beweislast auf den Bekl übergehen könnte. Aber Vorsicht! Im übrigen ist der beliebte Beweisantritt „Auskunft der Bank" oder „Bankbescheinigung" meist unklar und bedarf der Klärung. Er kann ein noch unbrauchbarer Zeugenbeweisantritt sein, aber auch ein Urkundenbeweisantritt oder die Bitte, nach § 377 III zu verfahren. Davon hängt ab, ob das Gericht überhaupt noch an die ihm natürlich stets genau zu bezeichnende Bank schreiben muß oder sich mit der Anordnung der grds ja sofortigen Vorlage der bereits vom Beweisführer herbeizuschaffenden Zinsbescheinigung begnügen kann.

Das Gericht darf *nicht* einer Partei einen Antrag auf eine Zinsforderung nahelegen, die sie bisher gar nicht erhoben hat, Rn 87 „Unparteilichkeit", § 308 I.

Rat: Aus der Pflicht zur Unparteilichkeit nach Rn 13 ff ergibt sich unter anderem: Das Gericht muß mit **71** direkten Ratschlägen vorsichtig sein. Das gilt auch gegenüber einer anwaltlich, nicht selbst vertretenen Partei. Bei erkennbarer Hilflosigkeit der Partei kann eher ein Ratschlag erlaubt sein als sonst. Im übrigen muß man sorgfältig zwischen einer bloßen Erörterung oder einem bloßen Hinweis einerseits und einem doch mehr oder minder deutlichen Ratschlag andererseits unterscheiden. Zwar ist ein Ratschlag nicht stets ein Ablehnungsgrund. Er kann aber also gesehen werden, § 42 Rn 38 „Ratschlag". Das gilt zB dann, sich auf eine mögliche Verjährung zu berufen, § 42 Rn 38 „Ratschlag". Der Richter darf zB der Partei zwar einen Hinweis auf die Möglichkeit geben, ein bisher unwirksames Mieterhöhungsverlangen im Prozeß nachzuholen, (jetzt) § 558 b III 1 BGB, BayObLG ZMR **85**, 102. Er darf ihr aber *keinen* derartigen direkten Rat erteilen und sollte natürlich auch dann einen Hinweis geben, wenn er eine entsprechende Parteierklärung doch etwa als verspätet oder einen etwaigen Beweisantritt „Sachverständigengutachten" mangels eines geeigneten Sachverständigen zurückweisen müßte. Die meisten Sachverständigen dürfen ja die Identität der angeblich vergleichsgeeigneten Wohnungen nicht angeben.

Überhaupt berechtigt keine noch so klar anzustrebende Gerechtigkeit und keine noch so soziale **72** Zielsetzung des Prozesses den Richter dazu, sich gar zum *Rechtsberater* der einen, der anderen oder gar abwechselnd beider Parteien zu ernennen. Es ist die Aufgabe des Gerichts, die Partei zu einem zweckmäßigen Antrag zu veranlassen, BGH RR **98**, 1005, nicht aber zu einem ihr günstigeren Vorbringen nahezulegen, etwa durch eine Klagerweiterung, BPatG GRUR **82**, 360, ZöGre 9, aM Schneider MDR **77**, 972 (aber soziale Fürsorge ist nicht die Hauptaufgabe des Gerichts, Rn 46). Ein Richter, der einer Partei Ratschläge der letzteren Art geben würde, schon gar außerhalb der Verhandlung und ohne eine Benachrichtigung des Gegners, würde sich der Gefahr der Ablehnung wegen Befangenheit aussetzen. Das Gericht darf der Partei auch nicht solche Klagegründe nahelegen, die sie in ihrem bisherigen Sachvortrag nicht einmal angedeutet hatte, Hermisson NJW **85**, 2558. Es darf die Partei nicht zu einer Antragstellung veranlassen, die ihrem Wesen nach auf anderen Anspruchsgrundlagen beruht.

Das Gericht hat außerhalb des § 139 keine Beratungspflicht und daher erst recht *keine* Pflicht zu einer **73** *Rechtsauskunft* oder zu einer Mitteilung, wie es die Aussichten des jeweiligen Vorbringens beurteilt und die Beweise voraussichtlich würdigen will. Daran ändert auch die beliebte Wendung in manchem Schriftsatz nichts, das Gericht werde gebeten oder gar „ersucht", der Partei mitzuteilen, inwiefern es von der schriftsätzlichen Beurteilung abweiche, BGH RR **90**, 1243.
S auch Rn 60, 64 „Klagänderung", Rn 83 „Schlüssigkeit".

Rechtliches Interesse: Rn 62 „Feststellungsklage". **74**

§ 139

Rechtsansicht: Rn 75.

75 **Rechtsfortbildung:** Das Gericht kann zu einem Rechtsgespräch, verpflichtet sein, s dort, wenn es eine Rechtsfortbildung nach Einl III 50 beabsichtigt, Prütting (vor Rn 1) 305 ff.

Rechtsgespräch: Das Gericht darf und muß im Rahmen seiner Fürsorgepflicht nach Rn 7 und in den Grenzen seiner Pflicht zur Unparteilichkeit nach Rn 13 je nach der Gesamtlage auch die rechtliche Seite erörtern und auch diesbezügliche Fragen stellen. Das stellt I 2 schon nach seinem Wortlaut klar. Diese Pflicht kann auch gegenüber einem ProzBev bestehen, Rn 54. Dabei überschneiden sich die Bereiche von I und II. Zur Abgrenzung Rn 37. Das Rechtsgespräch ist keineswegs stets erforderlich, nicht einmal stets ein Hinweis des Gerichts auf seine vorläufige Rechtsansicht, BVerfG NJW **99**, 1387. Es kann aber zB dann erforderlich werden, wenn das Gericht erwägt, eine Rechtsfortbildung vorzunehmen, Einl III 50, Prütting (vor Rn 1) 305 ff. Im übrigen hat das Gericht eine Pflicht, den Parteien eine Gelegenheit dazu zu geben, sich auf eine andere oder eine neue Beurteilung einzustellen.

Sie müssen auch Gelegenheit zur Äußerung erhalten, wenn das Gericht aus dem vorgetragenen Tatsachenstoff ganz *andere rechtliche Schlüsse* als die Parteien zieht, Düss ZMR **99**, 387, Köln MDR **84**, 151. Das gilt auch dann, wenn das Gericht von den ausdrücklichen Ausführungen der Parteien zu rechtlichen Erwägungen abweichen will, insbesondere dann, wenn der Tatrichter zu einer Würdigung kommt, die keine Partei behauptet oder die der Vorderrichter anders vorgenommen hat, BGH NJW **82**, 581 (abl Hartung VersR **82**, 141) und BGH NJW **82**, 582, oder wenn eine Partei die rechtlichen Bedenken des Gegners falsch verstanden hat, BGH NJW **01**, 2549. Gerade in solcher Situation kann II ebenfalls anwendbar sein.

76 Das Rechtsgespräch vermeidet verbotene *Überrumpelungen* der Partei. Das gilt jedenfalls gegenüber einem gewissenhaft vorbereiteten Beteiligten, BVerfG NJW **94**, 1274. Es dient der Selbstkritik des Gerichts. Denn auch der Richter kann irren. Er dient auch der Verbesserung des Prozeßklimas und der Erleichterung einer gütlichen Einigung. Es kann daher fast stets nur nützlich sein.

77 Zwar verpflichten aus Artt 2 I, 20 III GG (Rpfl), BVerfG NJW **101**, 404, Art 103 I GG (Richter) *nicht stets* zu einer allgemeinen, *umfassenden Erörterung*, Rn 15, BVerfG NJW **94**, 1274, BGH NJW **91**, 704, BVerwG NJW **84**, 625. Wohl aber verpflichten die oben genannten Vorschriften nach den Umständen des Einzelfalls zu einem gezielten Rechtsgespräch, BVerfG NJW **96**, 3202, BGH NJW **82**, 582, VerfGH Bln NZM **99**, 898.

78 Das gilt zumindest dann, wenn das Gericht eine von den Parteien völlig abweichende Rechtsauffassung hat. Eine *Abweichung von der „herrschenden"* Ansicht nach Rn 63 (zur Problematik dieses Begriffs Einl III 47, Zasius DGVZ **87**, 80) führt keineswegs stets zur Unvertretbarkeit, aM LG Hbg NJW **80**, 215 (aber das führt leicht zu einer erschreckenden Erstarrung einer Geisteswissenschaft). Ob man sie erörtern muß, hängt von den Gesamtumständen ab.

79 Das Gericht muß zB die Partei auch darüber informieren, ob es eine *pauschale Bezugnahme* auf Anlagen oder Beiakten für ungenügend hält, Hamm OLGR **94**, 95, Schlesw MDR **76**, 50, oder daß es ein Gutachten ganz anders als die Vorinstanz würdigen will, BGH VersR **77**, 734. Eine Aufforderung zum Nachweis des ausländischen Rechts nach § 293 fällt nicht unter I. Wohl aber kann eine überraschende Anwendung des ausländischen Rechts hierher zählen, BGH NJW **76**, 474.

Eine Hinweis- oder Erörterungspflicht besteht aber *nicht* im bloßen Kosteninteresse einer Partei, LG Kblz AnwBl **87**, 332. Sie besteht natürlich auch insoweit nicht, als eine Partei den Punkt bereits angeschnitten hat, selbst wenn das nur vorläufig geschah, Kblz VersR **88**, 361. BVerfG NJW **96**, 3203 erwartet bei einer Änderung der vorläufigen Rechtsansicht einen Hinweis, insbesondere nach einem Richterwechsel. Man kann aber insofern auch übertreiben.

S auch Rn 54, 56 „Ausländisches Recht", Rn 80 „Rechtsunkenntnis", Rn 86.

Rechtsmittelbelehrung: Eine Rechtsmittelbelehrung ist nach der ZPO *nicht grds* vorgeschrieben, § 231 Rn 2, BVerfG NJW **93**, 3173, BGH NJW **02**, 3410, Schlesw MDR **03**, 1249. Sie ist schon deshalb nur ausnahmsweise ratsam. Sie ist jedenfalls außerhalb gesetzlich vorgeschriebener Fälle nicht notwendig, Greger JZ **00**, 131 (rechtspolitisch kritisch). Entgegenstehende Dienstanweisungen sind hochproblematisch. Sie können Haftung auslösen, wenn unrichtig verfaßt oder befolgt.

80 **Rechtsmittelfrist:** Zu den von Amts wegen zu berücksichtigenden Punkten gehören die Rechtsmittelfrist, BGH VersR **84**, 443, und die Rechtsmittelbegründungsfrist, BGH VersR **76**, 193. Das Gericht muß dann, wenn die Partei unter unzutreffender Berufung auf §§ 233 ff nur eine Glaubhaftmachung vornimmt, Vollbeweisantritt anheimstellen, BGH RR **92**, 314.

Rechtsnachfolge: Soweit eine Rechtsnachfolge nach § 265 in Betracht kommt, liegt eine prozessual wichtige Veränderung vor. Das Gericht kann dafür sorgen müssen, daß die Partei ihren Antrag entsprechend umstellt.

Rechtsprechungsänderung: Es kann ein Hinweis auf sie notwendig sein.

Rechtsprechungshinweis: Rn 63 „Hinweis".

Rechtsunkenntnis: Soweit sie erkennbar wird, ist das Rechtsgespräch nach Rn 75 auch gegenüber einem ProzBev erforderlich, Rn 54. Für die Erforderlichkeit kommt es auf objektive Kriterien an und nicht auf den Kenntnisstand des Gerichts, Köln Rpfleger **96**, 78.

Rechtsweg: Zu den nach III von Amts wegen zu erörternden Bedenken kann die Frage der Zulässigkeit des Rechtswegs zählen.

Revisionsinstanz: Ein Rechtsgespräch nach Rn 75 kann gerade auch in ihr notwendig werden. Der Revisionskläger muß genau angeben, welche bestimmten Tatsachen das Berufungsgericht hätte aufklären müssen und was er dann vorgetragen hätte, BAG NZA-RR **05**, 558.

Richtige Entscheidung: § 139 dient insgesamt vor allem dazu, die sachlichrechtlich richtige, gerechte Entscheidung herbeizuführen, BGH NJW **80**, 1975, KG OLGZ **77**, 481, Schneider MDR **77**, 970. Die Vorschrift bestimmt dabei nur den gebotenen Mindestumfang der Aufgaben des Gerichts.

Freilich ist die Befugnis zur Herbeiführung einer sachlichrechtlich richtigen Entscheidung *begrenzt*, zum einen durch die Pflicht des Gerichts zur Unparteilichkeit nach Rn 13 ff, zum anderen zB durch die jeweilige Beweislast, Stürner, Die richterliche Aufklärungspflicht im Zivilprozeß (1982) 17, oder durch den Zwang, im Interesse der Rechtssicherheit verspätetes Vorbringen nach den gesetzlichen Voraussetzungen zurück-

Titel 1. Mündliche Verhandlung § 139

zuweisen. Diesen Umstand muß man auch bei der Auslegung des § 139 berücksichtigen. Das geschieht zu wenig.
Rücknahme eines Antrags: Rn 53 „Antragsrücknahme".
Rügerecht: Rn 88.
Sachantrag: Die Notwendigkeit, auf sachdienliche Anträge hinzuwirken, Rn 34, 35, bezieht sich sowohl 81 auf die Prozeßanträge als auch auf die Sachanträge als Haupt- wie Hilfsanträge.
S auch Rn 53 „Antrag", „Antragsmehrheit" usw.
Sachbefugnis: Rn 51 „Abtretung", „Aktivlegitimation".
Sachdienlichkeit: Das Gericht muß darauf hinwirken, daß jede Partei einen sachdienlichen Prozeß- wie 82 Sachantrag, Haupt- wie Hilfsantrag stellt, Rn 34, 35, BGH NJW **78**, 695, BAG NJW **03**, 2773, Kblz MDR **82**, 966. Das Gericht würde zwar gegen den Beibringungsgrundsatz verstoßen, wenn es von sich aus einen ganz anderen Antrag als denjenigen herbeiführen würde, den die Partei im Kern erkennbar selbst stellen will oder schon gestellt hat, BAG NJW **03**, 2773. Das Gericht darf und soll aber einen zweckwidrigen oder gar unzulässigen Antrag nach Möglichkeit verbessern helfen. Wenn mehrere Anträge vorliegen, muß das Gericht klären, in welchem Verhältnis sie zueinander stehen.
S auch Rn 53 „Antrag", „Antragsmehrheit", „Antragsrücknahme" usw.
Sachkunde: Das Gericht darf auf die eigene Sachkunde hinweisen.
Sachvortrag: Es kann notwendig sein, einen Hinweis auf die Erforderlichkeit eines Sachvortrags des Bekl zu geben, wenn er ihn wegen Zweifeln an der Nämlichkeit und Aktivlegitimation des Klägers unterläßt, BVerfG NJW **03**, 2524, Düss MDR **93**, 1008, oder wenn der bisherige Vortrag mehrdeutig oder widersprüchlich ist, BGH RR **03**, 1718, Köln OLGZ **83**, 442.
Säumnis: Rn 90 „Versäumnisverfahren".
Schadensersatz: Das Gericht darf einen Antrag auf die Zahlung eines Geldersatzes anregen, soweit der Kläger eine Naturalherstellung nicht weiter verlangen kann. Es muß darauf hinweisen, daß die Klage nur zum Schadensgrund ausreichend begründet ist, nicht auch zur Schadenshöhe, BGH NJW **01**, 76 links.
Unzulässig ist aber wegen Rn 87 eine Anregung, statt Schadensersatzes etwas nach § 308 I ganz anderes zu fordern, etwa eine Herausgabe.
Schlüssigkeit: Das Gericht darf und muß zwar in jeder Lage des Verfahrens darauf achten, ob der Tatsachen- 83 vortrag der Partei ihren Anspruch oder dessen Abwehrbitte erfolgreich machen kann, BVerfG NJW **03**, 2524, BGH NJW **99**, 3716, Mü RR **97**, 944. Es darf aber *nicht* dazu übergehen, einer Partei einseitig dabei zu helfen, den Anspruch überhaupt erst schlüssig zu machen. Denn dadurch würde es die bisher erfolgreiche Position des gleichberechtigten Prozeßgegners dieser Partei gefährden und damit gegen die eigene Pflicht zur Unparteilichkeit verstoßen. Das Gericht darf die Partei also nicht auf eine andere tatsächliche Begründung des Antrags hinlenken oder überhaupt erst die anspruchsbegründenden Tatsachen „herbeireden", Mü VersR **91**, 103, aM Schneider MDR **77**, 974 (aber die Unparteilichkeit ist eine der wichtigsten Forderungen an ein Gericht). Dann darf man aber auch keine Rechtsberatung von ihm erwarten.

Das Gericht darf und muß auch eine anwaltlich vertretene Partei in diesen Grenzen *auf* die bisherige etwaige *Unschlüssigkeit hinweisen,* Brschw RR **02**, 1215 (großzügig: stets Fristsetzung), Celle MDR **98**, 306, Ffm NJW **89**, 722. Das Gericht darf insoweit zB bei einer ihm zu allgemeinen Darstellung sogar weiteres Vorbringen anregen, Schlesw SchlHA **82**, 29. Das gilt vor allem bei einer anwaltlich nicht vertretenen Partei, BVerfG **75**, 189.

Das Gericht darf aber *nicht* die von Anfang an völlig unschlüssige Klage durch seine Hinweise erst erfolgreich machen und damit den Beibringungsgrundsatz nach Grdz 20 vor § 128 und die gleichberechtigte Stellung der Parteien mißachten oder auch nur dadurch den Prozeß verzögern. Das Gericht braucht zumindest gegenüber einer anwaltlich vertretenen Partei auch nicht einen Hinweis zu geben, den der gegnerische Anwalt bereits schriftsätzlich gegeben hat, Nürnb MDR **00**, 227. Natürlich muß der Empfänger solchen Schriftsatz lesen und verarbeiten können.
S auch Rn 86 „Überraschungsentscheidung", Rn 87 „Unparteilichkeit".
Schriftsatzfrist: Sie kann nach V notwendig sein, Hamm NJW **03**, 2544, Rensen MDR **03**, 485.
Nicht notwendig ist sie nach wiederholten vergeblichen Hinweisen ohne Antrag, Hamm RR **04**, 646.
Streitfrage: Ihre Erörterung kann schon wegen der Kostenfolgen einer Mindermeinung notwendig sein, BVerfG RR **05**, 937.
Substantiierung: Rn 83 „Schlüssigkeit". 84
Teilbetrag: Zu der Pflicht des Gerichts nach Rn 34, 35 einen sachdienlichen Antrag herbeizuführen, kann 85 die Anregung gehören, geltend gemachte Teilbeträge mehrerer selbständiger Ansprüche eindeutig aufzuschlüsseln und zu beziffern, § 253 Rn 43.
Übergang zur Leistungsklage: Rn 52 „Anspruchsübergang", Rn 53 „Antragsänderung".
Überraschungsentscheidung: Die Parteien sollen nach dem Urteil mit Staunen erfahren müssen, daß 86 das Gericht den Prozeß ohne eine genügende Kenntnis der Streitfrage sachlich oder daß es unvorauszusehbar entschieden hat, BVerfG FamRZ **03**, 1447, BGH FamRZ **05**, 701, Schlesw MDR **05**, 890. Das Gericht muß den Prozeß fair mit Waffengleichheit gestalten, Einl III 21. Es darf die Parteien insbesondere weder tatsächlich noch rechtlich überrumpeln, BVerfG NJW **03**, 2524, BGH NJW **89**, 2757.

Oft trägt eine Partei eine Tatsache nicht vor, weil sie gerade an diese rechtliche oder tatsächliche Beurteilung *überhaupt nicht denkt.* Eine Überrumpelung der Partei mit einer weder von ihr noch vom Gegner gesehenen Würdigung der Tatsachen und demgemäß mit einer völlig anderen und insbesondere nach dem bisherigen Prozeßverlauf von keiner Partei vorauszusehenden rechtlichen Beurteilung ist des Gerichts unwürdig, Saarbr MDR **03**, 1372. Sie schaltet nur zu oft das bessere Wissen der Parteien um solche Tatsachen aus, die unter diesen Umständen erheblich würden und die die Partei vorgetragen hätten, wenn das Gericht sein Fragerecht ausgeübt hätte, II, BGH MDR **80**, 576. Man kann einen Hinweis auf ein der Partei zustehendes Rügerecht geben halten, um einer Überraschungsentscheidung vorzubeugen.
S auch Rn 54, 75 „Rechtsgespräch".
Überrumpelung: Rn 63 „Irrtum", Rn 86 „Überraschungsentscheidung". 87

§ 139

Unparteilichkeit, dazu *Sticken* (vor Rn 1): Das Gericht muß trotz aller Fürsorge doch stets eindeutig unparteilich bleiben, um überhaupt Richter sein zu können, Rn 13. Es darf sich *nicht* zum Berater bald der einen, bald der anderen, bald beider Parteien machen und nicht der einen Partei auf Kosten der anderen Partei helfen. Das Gericht muß schon jeden Anschein einer Parteilichkeit vermeiden, BVerfG **52**, 144, BGH VersR **85**, 397. Es ist zwar im Rahmen von I, II berechtigt und verpflichtet, einen notwendigen Hinweis usw auch dann zu geben, wenn sich dadurch die Stellung der einen Partei auf Kosten der anderen verbessern kann, Köln MDR **90**, 158.

Es darf aber einer Partei *nicht* eine ihr günstige tatsächliche oder rechtliche Begründung ihres Anspruchs überhaupt *erst in die Hand geben* (vor Rn 1) oder gar mit der Erhebung völlig neuer Anträge, weiterer Klageansprüche oder einer neuen Klage dringen, Ffm NJW **86**, 389, Kblz OLGZ **88**, 373. Das Gericht darf auch nicht „nur" die von Anfang an völlig unschlüssige Klage schlüssig machen lassen und damit den Beibringungsgrundsatz nach Grdz 20 vor § 128 und die gleichberechtigte Stellung der Parteien im Prozeß mißachten, BGH NJW **84**, 310, Hbg NJW **84**, 2410, aM Celle OLGZ **80**, 11, Peters ZZP **102**, 490, ThP 8 (aber die Unparteilichkeit ist eine der wichtigsten Forderungen an ein Gericht. Dann aber darf man keine Rechtsberatung von ihm erwarten).

Unschlüssigkeit: Rn 71 „Rat", Rn 83 „Schlüssigkeit".

Unvollständigkeit: Das Gericht muß seine Hinweise so vollständig geben, daß die Partei nicht irrig annehmen darf, weiteres Vorbringen sei entbehrlich, BGH NJW **05**, 213.

88 **Unzulässigkeit:** Rn 69 „Prozeßabweisung", Rn 94 „Zulässigkeit".

Verfahrensmangel: Beim Vorliegen eines Verfahrensmangels muß das Gericht fragen, ob die Partei auf die Rügemöglichkeit verzichtet, soweit das überhaupt nach § 295 wirksam möglich wäre. Soweit § 295 anwendbar ist, darf das Gericht eine Aufklärung nur insoweit vornehmen, als sonst die Partei unzumutbar überrascht würde. Im Anwaltsprozeß hat der Vorsitzende bei einem Verfahrensmangel insoweit, als die Partei wirksam auf die Rüge verzichten kann, nicht stets eine Fragepflicht, außer bei einem offensichtlichen Versehen der Partei.

89 **Verjährung:** Zwar muß das Gericht klar Gerechtigkeit anstreben, BVerfG NJW **76**, 1391. Keine noch so soziale Zielsetzung des Prozesses berechtigt aber den Richter dazu, sich zum *Rechtsberater* einer Partei zu ernennen. Deshalb darf er den Gesichtspunkt der etwaigen Verjährung zwar bei einer nicht anwaltlich vertretenen Partei als Hinweis anschneiden, KG NJW **02**, 1732, Prütting (vor Rn 1) 407, Rensen MDR **04**, 491, aM BGH **156**, 270 (zustm Becker-Eberhard LMK **04**, 32. Welches Menschenbild hat eigentlich derjenige, der offenbar stets damit rechnet, ein Schuldner werde den bloßen Hinweis auf sein etwaiges Leistungsverweigerungsrecht prompt mit dessen Geltendmachung beantworten?). Ein bloßer Hinweis ist zumindest dann erlaubt, wenn nicht sogar geboten, wenn die Partei erkennbar auch wegen des Zeitablaufs Bedenken gegen den Anspruch erhebt, Arens Festschrift für Schwab (1990) 32, Bergerfurth, Der Anwaltszwang usw Rn 189. Der Richter darf aber der Partei *nicht* dazu den *Rat* geben, die Einrede der Verjährung geltend zu machen, § 42 Rn 40, Bre NJW **86**, 999, Köln MDR **79**, 1027, Schlesw JB **95**, 44. Auch ein Hinweis auf das Fehlen der Erheblichkeit eines Einwandes gegen eine erfolgte Verjährungseinrede ist nur zurückhaltend geboten, aM Düss RR **95**, 636 (erst bei Substanzlosigkeit. Aber wenn der Rat zur Einrede verboten ist, dann auch der Rat, gegen die Einrede einen Einwand zu erheben).

Das Gericht sollte auch im *Protokoll* klarstellen, daß es lediglich einen Hinweis gegeben, nicht aber einen Ratschlag erteilt hat. Freilich kann man in der Praxis die Grenzen nur schwer ziehen. Um so sorgfältiger sollte der Richter erkennbar machen, daß er nicht so weit gehen darf, der Partei die Entscheidung abzunehmen, ob sie die Einrede erheben will. Er hat noch genügend um sie gesorgt, wenn er ihr verdeutlicht, daß sie sich überhaupt evtl auf eine Verjährung berufen kann.

Verkündungstermin: Wegen des Anhörungszwecks nach Rn 2 darf das Gericht nicht sofort nach einem Hinweis bei einem Verkündungstermin einen Antrag nach § 156 zurückweisen, BGH RR **97**, 441.

90 **Versäumnisverfahren:** Im Versäumnisverfahren nach §§ 330 ff ist § 139 nur anwendbar, soweit das Verfahren eine Fragetätigkeit des Gerichts überhaupt zuläßt, strenger ThP 1 (keine Anwendbarkeit). Es erfolgt also keine schriftliche Befragung des Säumigen. Das Gericht braucht nach Erhalt der Mitteilung, eine Partei wolle nicht zum Termin erscheinen, grds keineswegs den Gegner davon vor dem Termin zu benachrichtigen, selbst wenn er von weither anreist. Er will doch wahrscheinlich Versäumnisurteil nehmen, wenn nicht ein Aktenlageurteil. Natürlich darf und muß das Gericht den Anwesenden wie sonst betreuen. Es darf aber auch im Säumnisverfahren nicht aus der Unparteilichkeit heraustreten. Daran ändert auch § 331 II Hs 1 nichts. Zwar hat der Richter gegenüber dem Säumigen keine volle Fürsorgepflicht. Er muß aber auch gegenüber dem Anwesenden auch schon den Anschein der Parteilichkeit vermeiden. Immerhin ist zB der Hinweis erlaubt, daß ein Versäumnisurteil von einem entsprechenden zusätzlichen Antrag abhängen kann. Auch mag ein Hinweis darauf notwendig werden, daß mangels Schlüssigkeit trotz Antrags auf Versäumnisurteil eine Klagabweisung durch ein sog unechtes Versäumnisurteil nach § 331 II Hs 2 ergehen könnte, § 331 Rn 21. Auf Grund eines Gerichtshinweises kann wegen Artt 2 I, 20 III GG (Rpfl), BVerfG **101**, 404, Art 103 I GG (Richter) sogar eine Frist zur Stellungnahme nebst neuem Termin statt eines Versäumnisurteils notwendig sein, Köln MDR **00**, 658.

Versehen des Anwalts: Rn 54.

Verspätung des Vortrags: Das Gericht darf auf sie hinweisen. Es darf aber nicht eine Partei dazu beraten, etwa wie sie sie vermeiden könnte, Mü NJW **94**, 60, ZöGre 19, aM ZöV § 42 Rn 26. Es darf nicht einen Beweisantritt, den er durch eigenen Hinweis herbeigeführt hatte, dann ohne weiteres als verspätet zurückweisen, Hamm RR **03**, 1651.

91 **Vertragsauslegung:** Das Gericht muß auf etwaige Bedenken gegenüber der Vertragsauslegung des Vordergerichts hinweisen, wenn die Partei auf der Grundlage einer anderen Auffassung Unterlagen beibringen müßte. Das Gericht muß ja überhaupt den Parteien eine Gelegenheit dazu geben, sich auf eine andere oder eine neue Beurteilung einzustellen. Das gilt insbesondere dann, wenn die jetzt geplante Auslegung bisher in derselben oder in der Vorinstanz praktisch keine Rolle spielte, BGH RR **05**, 40.

S auch Rn 75, 86.

Titel 1. Mündliche Verhandlung § 139

Verzugsschaden: Rn 70.
Vollmacht: Es kann erforderlich sein, auf den Mangel der Vollmacht nach § 88 II und die Folgen des Auftretens eines vorläufig zugelassenen vollmachtlosen Vertreters hinzuweisen, § 89. Sie sind oft nicht bekannt.
Vollständigkeit: Rn 27, 28. Der Vorsitzende muß also darauf hinwirken, daß jede Partei eine vollständige Erklärung über alle sachlichrechtlich und prozessual erheblichen Tatsachen abgibt, Kblz MDR **88**, 966. Er muß dafür sorgen, daß sie vor allem unzureichende Erklärungen und Beweisantritte präzisiert, klarstellt oder ergänzt, Köln JB **92**, 720. Er muß etwa bei einem im Kern ausreichend dargelegten Schadensersatzanspruch auch auf eine vollständige Begründung im einzelnen hinwirken, Düss NJW **93**, 2543. Es kann zB notwendig sein darauf hinzuweisen, daß beim Schmerzensgeldanspruch die bloße unstreitige Angabe der Parteien unzulänglich sein kann, über den Grund des Anspruches herrsche Einigkeit, weil es bei § 853 II BGB unter anderem zur Höhe des Schmerzensgeldes auf den Verschuldensgrad ankommen kann. Auch nach einer Ergänzung des Parteivortrags kann ein Hinweis darauf notwendig sein, ihn weiter zu ergänzen, Mü RR **97**, 1425.
Vollstreckungsabwehrklage: Im Rahmen der Hinwirkung auf einen sachdienlichen Antrag nach Rn 34, 35 kann die Anregung notwendig werden, von einer Abänderungsklage nach § 323 zu einer Vollstreckungsabwehrklage nach § 767 überzugehen, BGH NJW **81**, 979.
S auch Rn 51 „Abänderungsklage".
Wertänderung: Vor ihr muß das Gericht dem davon Benachteiligten Gelegenheit zur Äußerung geben, **92** auch das Berufungsgericht, BGH FamRZ **04**, 1638 untere Mitte links.
Widerspruch: Das Gericht muß einen Widerspruch im Vortrag einer Partei aufzuklären versuchen, BGH RR **03**, 1718. Es muß jedenfalls auf die beabsichtigte eigene Auslegung hinweisen, Köln OLGZ **83**, 442. Das gilt sowohl bei einem Widerspruch zwischen mehreren Schriftsätzen als auch bei demjenigen zwischen einem Schriftsatz und dem mündlichen Vortrag oder zwischen einem Antrag und seiner Begründung. Es gilt ebenso bei einem Widerspruch zwischen Vortrag und Unterlagen, BGH RR **03**, 742. Das Gericht darf nicht in sich widersprüchlich handeln, Hamm RR **03**, 1651.
Wiedereinsetzung: Das Gericht muß auf die etwaige Unvollständigkeit des Wiedereinsetzungsgesuchs hinweisen.
Es braucht aber *nicht* auf die bloße Möglichkeit eines solchen Gesuchs hinzuweisen, solange nicht die Voraussetzungen einer Wiedereinsetzung von Amts wegen ohnehin gegeben sind.
Wiedereröffnung: Das Gericht kann zur Wiedereröffnung der Verhandlung verpflichtet sein, wenn es einen Hinweis erst in der bisherigen Verhandlung gegeben hatte und die Partei daraufhin entscheidungserheblich und nicht sofort klärbar vorträgt, BGH FamRZ **05**, 701.
Wiederholung von Vortrag: Das Gericht muß klären, ob die Partei ihr erstinstanzliches auch jetzt noch entscheidungserhebliches Vorbringen in der zweiten Instanz nur versehentlich oder absichtlich nicht wiederholt.
Es besteht aber *keine nochmalige* Aufklärungspflicht der höheren Instanz über einen Punkt, auf den schon das untere Gericht ersichtlich hingewiesen hat.
Würdigung: Rn 58 „Beurteilung".
Zeuge: Eine Pflicht zur zusätzlichen Befragung kann sich aus dem vorrangigen § 396 II ergeben, Kblz RR **93** **91**, 1471. Soweit eine Partei in der unteren Instanz auf einen Zeugen verzichtet hatte, muß das Rechtsmittelgericht klären, ob es diesen Zeugen jedenfalls in der höheren Instanz vernehmen soll, BVerfG NJW **82**, 1637. Denn der erstinstanzlich für unerheblich gehaltene Beweisantrag mag auch durch bloße pauschale Bezugnahme vom Berufungsführer aufrechterhalten bleiben. Das gilt insbesondere dann, wenn er die Beurteilung der Unerheblichkeit als fehlerhaft rügt, BGH MDR **82**, 29.
Zinsen: Rn 70.
Zulässigkeit: Zu den nach III von Amts wegen zu beachtenden Punkten gehören alle diejenigen, die die Zulässigkeit betreffen, BGH NJW **89**, 2065. Das gilt zB: Für die Klage; für eine Rechtsmittelfrist, BGH VersR **84**, 443; für eine Rechtsmittelbegründungsfrist, BGH VersR **76**, 193.
Zurückbehaltungsrecht: Das Gericht darf und muß der Partei insoweit helfen, als sie sich nur nicht juristisch korrekt auszudrücken versteht, der Sache nach aber eindeutig ein Zurückbehaltungsrecht meint Das gilt besonders dann, wenn das Zurückbehaltungsrecht nicht für den Abweisungsantrag ausreicht, BVerfG RR **93**, 764.
Das Gericht darf der Partei aber *nicht* nahelegen oder gar raten, ein solches Recht auszuüben, soweit sie es nicht eindeutig schon von sich ausüben will. Denn damit würden der Beibringungsgrundsatz und die Unparteilichkeit verletzt.
Zurücknahme: Rn 53 „Antragsrücknahme".
Zuständigkeit: Rn 62 „Gerichtsstand".
Zweifel an Ernstlichkeit: Das Gericht muß versuchen, Zweifel an der Ernstlichkeit oder Wahrhaftigkeit einer Darstellung ausräumen zu lassen.

12) Frühzeitigkeit, Aktenkundigkeit, IV. Die Vorschrift ist teilweise dem § 165 nachgebildet. Ihre **94** Notwendigkeit folgt daraus, daß das Gericht evtl auch außerhalb einer Verhandlung Hinweise geben muß und daß § 165 nur „Förmlichkeiten" erfaßt. Unter Beachtung dieser Unterschiede sind Rspr und Lehre zu § 165 mitverwendbar.
Hinweise nach IV 1 sind alle Maßnahmen nach I–III. Zur Beweisbarkeit der Erteilung gilt das in § 165 Rn 10 Ausgeführte entsprechend. Ohne Aktenkundigkeit läßt sich die Erteilung eines Hinweises nicht beweisen, IV 2, Ffm RR **04**, 429, Greger NJW **02**, 3049. Zur Entkräftung gilt § 165 Rn 11 entsprechend. Das Gericht muß seine Hinweise so *früh wie möglich* geben, IV 1. Das dient der Prozeßwirtschaftlichkeit, Grdz 14 vor § 128. Die Parteien sollen die Bedenken des Gerichts erfassen, sobald es diese Bedenken selbst entwickelt, hier bereits vor dem Termin, Hamm NJW **03**, 2544.
Frühzeitigkeit ist ausdrückliches Gebot in IV 1 Hs 1. Eigentlich ist es selbstverständlich, Hinweise unverzüglich zu erteilen, also ohne vorwerfbares Zögern, § 121 I 1 BGB. IV 1 Hs 1 verstärkt diese Pflicht noch

bis zur Grenze des Zumutbaren, Fellner MDR **04**, 730. Das Gericht darf und muß daher evtl zB auch schon im schriftlichen Vorverfahren oder bei einer Terminsvorbereitung nach § 273 einen Hinweis erwägen. Freilich steht § 139 direkt erst im Titel 1 „Mündliche Verhandlung". Ein Zuwarten bis zu ihr und sogar in ihr kann nach den Gesamtumständen eher förderlich sein, aber auch zur Wiedereröffnung zwingen, Rn 92 „Wiedereröffnung".

Aktenkundigkeit kann durch einen bloßen Vermerk erfolgen, soweit der Hinweis außerhalb der Verhandlung erfolgt. Der Vorsitzende muß einen solchen Hinweis in der Verhandlung und auch in derjenigen nach § 278 durch Protokollierung aktenkundig machen, BGH BB **05**, 1818. Denn der Hinweis zählt zu den wesentlichen Vorgängen nach § 160 II. Daher hat diese speziellere Vorschrift Vorrang vor dem wegen der Form allgemeineren § 139 IV. Indessen genügt auch eine Erwähnung der erfolgten Erörterung im Urteil, BGH BB **05**, 1818, Ffm MDR **05**, 647, aM 63. Aufl. Vielmehr muß das Gericht das Protokoll notfalls ergänzen, § 164 Rn 4. Andernfalls droht die Situation nach § 531 II Z 2 oder nach § 321 a. Es kann ein knapper zusammenfassender Text reichen.

95   **13) Fristsetzung, V.** Die Vorschrift ist dem § 283 nachgebildet. Ihre Notwendigkeit folgt daraus, daß eine Fristsetzung auch außerhalb der mündlichen Verhandlung in Betracht kommt, insbesondere zeitlich früher, und daß in § 283 ein Vortrag des Gegners Anlaß sein muß, in V aber eine Äußerung des Gerichts den Anlaß bildet. Unter Beachtung dieser Unterschiede sind Rspr und Lehre zu § 283 hier mitverwendbar.

Unzumutbarkeit sofortiger Erklärung ist der leitende Gedanke. Soweit sich auch bei Beachtung von § 138 ergibt, daß eine Partei die gestellte Frage oder eine selbst nur umrissene Äußerung nicht in der vom Gericht geforderten Klarheit oder Vollständigkeit sogleich beantworten kann, darf und muß das Gericht nach V ähnlich dem § 283 der Partei den Umständen nach angemessene Frist setzen und zu diesem Zweck meist nach § 227 vertagen, Greger NJW **02**, 3049. Entsprechendes gilt, soweit das Gericht die derzeitige Noch-Nichtkenntnis ihres ProzBev oder gesetzlichen Vertreters nicht aus prozessualen Gründen zu ihrem Nachteil auswerten darf oder gar muß, etwa nach § 138 III, IV. Mangels Rechtsmittelfähigkeit kann § 321 a anwendbar sein.

Nur *diese* Erklärung darf man nachbringen, also nur die Stellungnahme gerade zu demjenigen Punkt, zu dem man sich nicht sofort früher zumutbar äußern konnte. V erlaubt also nicht „eine", sondern nur „die" Erledigung. Das soll beliebiges Nachschieben verhindern und ist in diesem Sinne auszulegen.

96   **14) Verstoß, I–V.** Es kommt auf die Person an, aber auch auf die Art des Verstoßes.

97   **A. Verstoß des Gerichts.** Ein Verstoß gegen § 139 liegt nur vor, soweit das Gericht hätte erkennen können und müssen, daß die Partei noch mehr hätte vorbringen wollen dürfen usw. Ein Verstoß ist ein Verfahrensmangel, BGH RR **91**, 256, Köln FamRZ **92**, 460, Mü MDR **92**, 365. Er läßt sich in der Berufungsinstanz durch Nachholung evtl heilen, LG Hbg ZMR **04**, 39. Er zwingt notfalls zur Wiedereröffnung der Verhandlung, § 156 II Z 1, BGH NJW **99**, 2123. Er kann § 296 unanwendbar machen. Er kann ein Rechtsmittel gegen die Endentscheidung rechtfertigen, Rn 100. Er kann auch auf Antrag zu einer Zurückverweisung nach (jetzt) § 538 führen, BGH NVersZ **99**, 216, Düss ZMR **99**, 387, Hamm FamRZ **97**, 87. Das gilt freilich nicht, wenn die falsche Beurteilung keinen Anlaß zu einem Hinweis gab, BGH NJW **91**, 704. Es kommt auch ein Übergang in das schriftliche Verfahren nach § 128 II in Betracht.

Ein Verstoß liegt ferner vor, soweit ein Hinweis *so spät* erfolgt, daß die Partei nicht sofort Stellung nehmen kann, ohne daß sie eine Nachfrist erhalten hat, BGH MDR **99**, 758 rechts. Ferner kann man unter den Voraussetzungen des § 140 die Entscheidung des gesamten Kollegiums herbeiführen. Außerdem kommt eine Dienstaufsichtsbeschwerde in Betracht, soweit die Verhaltensweise des Vorsitzenden überhaupt der Beurteilung durch den Dienstvorgesetzten unterliegt, Rn 103.

98   **B. Verstoß der Partei.** Soweit eine Partei einen Hinweis, eine Frage, eine Anregung des Gerichts vermeidbar ungenügend oder falsch oder lückenhaft beantwortet oder gar nicht beachtet, verstößt sie gegen ihre Prozeßförderungspflicht, die sich schon aus der bloßen Tatsache bestehender Prozeßrechtsverhältnisse ergibt, Grdz 12 vor § 128. Sie verstößt dann auch gegen den Beibringungsgrundsatz, Grdz 20 vor § 128, sofern das Verfahren überhaupt diesem Grundsatz unterliegt. Dadurch können Rechtsnachteile eintreten, BGH RR **98**, 1005, die man später nicht mehr ausgleichen kann, etwa deshalb, weil das Rügerecht inzwischen nach § 295 verlorengegangen sein kann. Ferner kann zB ein Verzicht auf einen Zeugen eingetreten sein. Ein derartiger Parteiverstoß zwingt keineswegs stets zu einer Wiederholung des Hinweises, großzügiger Mü RR **97**, 1425 (aber dann brauchte die Partei zunächst gar nicht zu reagieren. Das würde der Prozeßförderungspflicht krass zuwiderlaufen, Einl III 54). Soweit eine Partei zumindest mitverantwortlich für einen Verstoß des Gerichts ist, muß das Gericht diesen Umstand bei jeder Überprüfung des Gesamtvorgangs natürlich ebenfalls mitberücksichtigen.

99   **C. Verstoß des Prozeßbevollmächtigten usw.** Das Gericht muß ein Verschulden des gesetzlichen Vertreters nach § 51 II oder das Verschulden des ProzBev nach § 85 II wie stets der Partei anlasten. Dabei kann ein Verschulden des ProzBev vorliegen, während die Partei nicht vorwerfbar gehandelt hat, und umgekehrt.

100   **15) Rechtsbehelfe, I–V.** Beim Rpfl gilt § 11 RPflG, § 104 Rn 41 ff.

A. Anrufung des Gerichts, § 140; Gehörsrüge, § 321 a. Sowohl gegen eine Maßnahme des Vorsitzenden als auch gegen eine solche eines anderen „Gerichtsmitglieds" kann jede bei der Verhandlung beteiligte Person mit der Rüge der Unzulässigkeit „das Gericht" anrufen, also das gesamte in dieser Verhandlung zu Gericht sitzende Kollegium. Einzelheiten bei § 140. Im übrigen kann eine Rüge nach § 321 a infragekommen.

101   **B. Ablehnungsgesuch; Rechtsmittel.** Ein Antrag nach § 42 ff, Beschwerde, Berufung oder Revision sind unter den für sie jeweils geltenden Voraussetzungen statthaft. Ein Verstoß gegen § 139 ist ein Verfahrensmangel. Er kann in einem schweren Fall zu der Notwendigkeit führen, das Verfahren auf Antrag an das untere Gericht zurückzuverweisen, Rn 97. Man sollte allerdings einen solchen schweren Fall nur zurückhaltend annehmen und nicht vorschnell zu.

102   Ein *Verstoß* ist ein neuer selbständiger Beschwerdegrund, Köln MDR **83**, 325. Er ist ein Revisionsgrund. Der Rechtsmittelführer muß allerdings angeben, was die Partei auf Grund einer vermißten Frage des

Titel 1. Mündliche Verhandlung §§ 139, 140

Gerichts überhaupt vorgebracht hätte, §§ 520 III 2 Z 2, 551 III 1 Z 2 a, BGH RR **98**, 1270. Wenn es sich nicht um revisibles Recht handelt, ist eine Revisionsrüge dahin möglich, das Gericht habe ein Vorbringen übersehen, das es selbst für beachtlich gehalten habe, oder das Gericht habe die Anwendung des ausländischen Rechts nicht angekündigt, § 293 Rn 19, BGH NJW **76**, 474.

C. Aufsichtsbeschwerde. Soweit der jeweilige Vorsitzende oder Beisitzer nicht im Rahmen der richter- **103** lichen Unabhängigkeit gehandelt hat, kommt auch eine Dienstaufsichtsbeschwerde in Betracht, § 26 DRiG, SchlAnh I A. Das gilt etwa wegen des angeblich ungehörigen Tons eines Vorhalts, eines Hinweises oder einer Rüge. Eine zu Unrecht eingelegte Dienstaufsichtsbeschwerde kann eine Straftat nach § 164 StGB darstellen. Der Dienstvorgesetzte muß sie auch unabhängig davon wegen seiner Fürsorgepflicht in aller Klarheit und Deutlichkeit zurückweisen, und zwar bei Entscheidungsreife unverzüglich. Andernfalls könnte er sich einer Begünstigung nach § 257 StGB schuldig machen. Eine unberechtigte Dienstaufsichtsbeschwerde kann auch eine zivilrechtliche Haftung des Beschwerdeführers auslösen. Der Dienstvorgesetzte hat keine Befugnis, sein Verfahren in die Länge zu ziehen, um auch nur indirekt Einfluß auf die Sachentscheidung zu nehmen, wie es bedauerlicherweise nicht ganz selten geschieht. Der Anwalt, der eine erkennbar unberechtigte Dienstaufsichtsbeschwerde einlegt, kann auch standesrechtlich zu belangen sein.

D. Nichterhebung von Kosten. Im Fall eines eindeutigen Verstoßes des Gerichts kommt die Nichter- **104** hebung der dadurch verursachten Gerichtskosten von Amts wegen in Betracht, § 8 GKG.

16) Verfassungsbeschwerde I–V. Es kann nach der Erschöpfung des Rechtswegs eine Verfassungsbe- **105** schwerde zulässig sein, Einl III 17, BVerfG **86**, 144, Möhring/Nirk Festschrift „25 Jahre BGH" (1975) 312, 323. Es kann ein Verstoß etwa gegen Art 3 I GG vorliegen, auch gegen das Gebot eines fairen Verfahrens oder des rechtlichen Gehörs, Einl III 16, Artt 2 I, 20 III GG (Rpfl), BVerfG **101**, 404, Art 103 I GG (Richter). Freilich kommen diese Möglichkeiten keineswegs bei jeder Verletzung in Betracht, BVerfG NJW **84**, 2147, BGH **85**, 291, BSG NJW **91**, 1910.

17) *VwGO:* Eigene Regelung in §§ 86 III, 104 I u II 1, BVerwG NVwZ **03**, 1132. **106**

140 *Beanstandung von Prozessleitung oder Fragen.* **Wird eine auf die Sachleitung bezügliche Anordnung des Vorsitzenden oder eine von dem Vorsitzenden oder einem Gerichtsmitglied gestellte Frage von einer bei der Verhandlung beteiligten Person als unzulässig beanstandet, so entscheidet das Gericht.**

Gliederung

1) **Systematik** 1	6) **Beanstandung als unzulässig** 9, 10
2) **Regelungszweck** 2	A. Begriff der Verhandlungsbeteiligung ... 9
3) **Geltungsbereich** 3	B. Begriff der Beanstandung als unzulässig 10
4) **Anordnung des Vorsitzenden** 4–6	7) **Entscheidung des Gerichts** 11, 12
A. Begriff der Sachleitung 4	A. Beschluß 11
B. Begriff der Anordnung 5	B. Mitteilung 12
C. Begriff des Vorsitzenden 6	8) **Rechtsbehelfe** 13–15
5) **Frage des Gerichts** 7, 8	A. Keine sonstige Anfechtbarkeit 13
A. Begriff des Gerichtsmitglieds 7	B. Dienstaufsichtsbeschwerde 14
B. Begriff der Frage 8	C. Verfassungsbeschwerde 15
	9) *VwGO* 16

1) Systematik. Die Vorschrift enthält einen Rechtsbehelf, Grdz 1 vor § 511. Dieser erfaßt das Verhalten **1** des Vorsitzenden nach §§ 136–139 und eine Frage eines Gerichtsmitglieds, etwa nach § 136 II 2. Ähnliche Regelungen finden sich zB in § 397 III. Die Vorschrift enthält eine gegenüber § 567 I grundsätzlich vorrangige Sonderregelung, Rn 13, zumal sie im Gegensatz zu jener Regelung nur ein solches Verhalten behandelt, das gerade in der Verhandlung zutage tritt.

2) Regelungszweck. Die Anrufung des gesamten Kollegiums dient im Interesse der Prozeßwirtschaft- **2** lichkeit nach Grdz 14 vor § 128 der Vereinfachung und Beschleunigung bei der Abwicklung einer erhobenen Beanstandung, Brdb RR **00**, 1455. Dasjenige, was der Vorsitzende oder der fragende Beisitzer etwa unzulässig getan oder unterlassen haben, läßt sich am besten sofort und von den unmittelbar an der Verhandlung beteiligten weiteren Mitgliedern des Kollegiums beurteilen. Darum schaltet § 140 statt des ohnehin grundsätzlich unanwendbaren § 567 I, der ja nur außerhalb der Verhandlung gilt, die Anrufung des Kollegiums ein, statt die Überprüfung dem Rechtsmittelgericht zu überlassen. Es könnte ja nur auf Grund der Anfechtung der Endentscheidung tätig werden.

3) Geltungsbereich. Vgl Grdz 3 vor § 128. Zur Beanstandung berechtigt ist jeder an der Verhandlung **3** Beteiligte, nicht aber ein Mitglied des erkennenden Kollegiums.

4) Anordnung des Vorsitzenden. Zu dieser Voraussetzung gelten die folgenden Regeln. **4**

A. Begriff der Sachleitung. § 140 spricht von der Sachleitung, meint aber die sachliche Prozeßleitung nach Üb 5 vor § 128 und auch diese nur während der mündlichen Verhandlung. Demgegenüber gehören die förmliche Prozeßleitung und hier vor allem die Sitzungspolizei nach § 176 GVG und die gesamte Prozeßleitung außerhalb der mündlichen Verhandlung zB nach § 273 nicht zum Bereich des § 140, Karlsr OLGZ **80**, 63.

B. Begriff der Anordnung. Hierunter muß man jede Maßnahme verstehen, auch eine solche pflicht- **5** widrige Unterlassung, die man als unzulässig beanstanden kann, ähnlich wie im Strafrecht, aM ThP 1 a, ZöGre 1 (aber die Interessenlagen sind durchaus vergleichbar).

§ 140

6 C. Begriff des Vorsitzenden, Vgl § 136 Rn 3, 4. Hierher gehört auch der Vorsitzende der Kammer für Handelssachen, § 349. Der Einzelrichter nach §§ 348, 348a, 526, 527, 568 wird zwar üblicherweise als Vorsitzender angesprochen. Er ist jedoch rechtlich das gesamte erkennende Gericht, solange er zuständig ist. Daher ist § 140 auf ihn unanwendbar. Man kann nicht etwa gegen seine Maßnahmen die Entscheidung desjenigen Spruchkörpers anrufen, dem er nach dem Geschäftsverteilungsplan angehört. Dasselbe gilt für den verordneten (beauftragten, ersuchten) Richter, §§ 361, 362.

7 5) Frage des Gerichts. Es müssen zwei Bedingungen zusammentreffen.

A. Begriff des Gerichtsmitglieds. Es muß sich um ein solches richterliches Mitglied des Spruchkörpers handeln, das gerade an dieser Verhandlung teilnimmt. Denn § 140 bezieht sich nur auf die mündliche Verhandlung. Freilich gilt der Grundsatz der Einheit der gesamten Verhandlung nach Üb 3 vor § 253 auch hier. Ein geschäftsplanmäßiges Mitglied der Kammer oder des Senats, das an der Verhandlung nicht teilnimmt, darf ja ohnehin keine Fragen stellen. Soweit der Vorsitzende etwa einem zur Ausbildung zugewiesenen Referendar Maßnahmen der Sachleitung oder Fragen gestattet hat, bleibt der Vorsitzende verantwortlich. Hat er die Maßnahmen oder Fragen ersichtlich gebilligt, wenn auch stillschweigend, so ist § 140 anwendbar. Andernfalls entscheidet zunächst er. Erst gegen seine Entscheidung ist dann § 140 anwendbar.

8 B. Begriff der Frage. Es kann sich auch um eine „rhetorische" Frage handeln, um einen Vorhalt, um eine Warnung, einen Hinweis usw, mag man das nun als „Anordnung" oder „Frage" betrachten. Der Sache nach meint § 140 eine jede Sachleitungstätigkeit und jede Verhaltensweise eines Beisitzers, zu der der Vorsitzende ihm nach § 136 II das Wort erteilt hat.

9 6) Beanstandung als unzulässig. Auch hier treffen zwei Voraussetzungen zusammen.

A. Begriff der Verhandlungsbeteiligung. Hierzu gehört jeder, der an dem in diesem Termin verhandelten Prozeß teilnimmt, und zwar als Partei nach Grdz 4 vor § 50, als ProzBev nach § 81, als Zeuge nach § 373, als Sachverständiger nach § 402 oder als Streithelfer nach § 66, auch als Beistand nach § 90 oder als Beigeladener etwa nach § 640 e. Das gilt, solange der Vorsitzende ihm nicht im Wege der Sitzungspolizei nach §§ 176 ff GVG oder nach § 136 II 1 das Wort entzogen hat. Freilich darf der Vorsitzende nicht eine zulässige Beanstandung nach § 140 schon deshalb mit einem Wortentzug unwirksam zu machen versuchen, weil sie nicht in ungehöriger Weise erfolgt. Ein Mitglied des Spruchkörpers ist in seiner Eigenschaft als erkennender Richter nicht „an der Verhandlung beteiligt", §§ 177, 178 GVG, 158 ZPO. Deshalb ist § 140 auch dann unanwendbar, wenn ein Beisitzer die Frage des Vorsitzenden mißbilligt oder umgekehrt oder wenn der Vorsitzende die Verhandlung gegen den Willen der Beisitzer geschlossen hat. Die Beisitzer können eine Wiedereröffnung der mündlichen Verhandlung usw erst in einer Beratung erzwingen.

10 B. Begriff der Beanstandung als unzulässig. Es muß eine solche Beanstandung vorliegen, die gerade den Vorwurf der Unzulässigkeit erhebt. Damit ist die rechtliche Unstatthaftigkeit gemeint. Unzulässig kann zB eine Frage entgegen dem § 383 III sein. Vgl aber auch § 139 Rn 40. Der Vorwurf reicht nicht aus, eine Maßnahme oder Frage sei nur unerheblich oder unzweckmäßig. Maßgeblich ist nicht die diesbezügliche Rechtsansicht des Beanstandenden, aber auch nicht diejenige des Vorsitzenden, sondern diejenige des gesamten Spruchkörpers. Im Zweifel muß also eine Beratung darüber stattfinden, ob überhaupt eine Beanstandung als unzulässig vorliegt. Verneint das Kollegium diese Voraussetzung, so weist es den Antrag auf eine Entscheidung des Gerichts zurück.

11 7) Entscheidung des Gerichts. Beim Vorliegen der Voraussetzungen Rn 4–10 ist das an dieser Verhandlung als Spruchkörper teilnehmende Kollegium einschließlich des Vorsitzenden und desjenigen Beisitzers, dessen Frage beanstandet wurde, zu einer förmlichen Entscheidung über die Zulässigkeit der Maßnahme oder der Frage berechtigt oder verpflichtet. Die Entscheidung ergeht auf Grund einer Beratung nach §§ 192 ff GVG.

A. Beschluß. Die Entscheidung ergeht durch einen förmlichen Beschluß, § 329 I. Das Kollegium muß ihn grundsätzlich begründen, obwohl er allenfalls zusammen mit der Endentscheidung anfechtbar wäre, § 329 Rn 4. Freilich kann das Gericht die Begründung im Laufe dieser Instanz nachholen. Das Gericht weist die Beanstandung als unzulässig zurück oder erklärt die beanstandete Anordnung oder Frage als unzulässig. Darin liegt das den Vorsitzenden bzw den beanstandeten Beisitzer bindende Verbot einer Wiederholung, auch in versteckter Form. Notfalls muß man mehrere Entscheidungen des Gerichts einholen.

12 B. Mitteilung. Der Vorsitzende verkündet den Beschluß auch dann, wenn die Beanstandung Erfolg hatte, § 329 I 1. Er wird nicht schon dadurch stets befangen. Ob er im Fall einer brüskierenden Entscheidung aus der Sicht der einen oder anderen Partei als befangen anzusehen wäre, können die Partei nach §§ 42 ff und er selbst evtl nach § 48 überprüfen lassen. Der Vorsitzende sollte die Begründung skizzieren, um der jeweils davon betroffenen Partei Gelegenheit zu geben, ihre etwaigen weiteren Anträge, etwa ein Ablehnungsgesuch, vorbereiten oder überprüfen zu können. Eine volle Begründung kann schriftlich nachfolgen. Das Gericht braucht sie nicht in das Protokoll aufzunehmen. Dieses muß aber den Vorgang der Beanstandung und der Entscheidung enthalten, § 160 II, III Z 6.

13 8) Rechtsbehelfe. Beim Rpfl gilt § 11 RPflG, vgl § 104 Rn 41 ff.

A. Keine sonstige Anfechtbarkeit. Mit der Entscheidung des Gerichts ist sowohl bei einer Zurückweisung der Beanstandung als auch bei deren Erfolg für diese Instanz eine endgültige Klärung der Streitfrage eingetreten. Man kann die Entscheidung des Gerichts nach § 140 grundsätzlich nicht mit sofortiger Beschwerde nach § 567 I anfechten, Rn 1, BGH **109**, 44, Ffm FamRZ **94**, 1401, LAG Mainz BB **82**, 191. Eine Ausnahme kann allenfalls im Fall einer greifbaren Gesetzwidrigkeit vorliegen, Begriff § 127 Rn 25, BGH NJW **90**, 840 (Vorsicht!). War die Beanstandung noch nicht in der Verhandlung erfolgt, so kann man das Rechtsmittel nicht auf die Zulässigkeit der Anordnung oder Frage stützen, § 295 I. Freilich gilt auch hier der Grundsatz der Einheit der gesamten Verhandlung, Üb 3 vor § 253.

Titel 1. Mündliche Verhandlung **§§ 140, 141**

B. Dienstaufsichtsbeschwerde. Theoretisch ist auch die Dienstaufsichtsbeschwerde statthaft, und zwar sogleich nach der beanstandeten Maßnahme oder Frage, zumindest sogleich nach der Entscheidung des Gerichts. Freilich wird es sich in aller Regel um solche Maßnahmen usw handeln, die als Teil der richterlichen Spruchtätigkeit der Dienstaufsicht entzogen sind, § 26 DRiG, SchlAnh I A. Es bleiben nur solche Situationen übrig, in denen etwa ein völlig unhaltbarer Tonfall oder ähnliche äußere Mißgriffe vorgekommen sind. Allerdings darf der Dienstvorgesetzte den Fortgang des Prozesses durch sein Verfahren weder stören noch verzögern. **14**

C. Verfassungsbeschwerde. Soweit eine Entscheidung nach § 140 einen Einfluß auf eine solche Endentscheidung hatte, die nicht mit einem Rechtsmittel anfechtbar ist, kann nach der Erschöpfung des Rechtswegs die Verfassungsbeschwerde in Betracht kommen, zB wegen Artt 2 I, 20 III GG (Rpfl), BVerfG **101**, 404, Art 103 I GG (Richter), Einl III 17. **15**

9) *VwGO:* Eigene Regelung in § 104 II 2. **16**

141 *Anordnung des persönlichen Erscheinens.* I ¹Das Gericht soll das persönliche Erscheinen beider Parteien anordnen, wenn dies zur Aufklärung des Sachverhalts geboten erscheint. ²Ist einer Partei wegen großer Entfernung oder aus sonstigem wichtigen Grunde die persönliche Wahrnehmung des Termins nicht zuzumuten, so sieht das Gericht von der Anordnung ihres Erscheinens ab.

II ¹Wird das Erscheinen angeordnet, so ist die Partei von Amts wegen zu laden. ²Die Ladung ist der Partei selbst mitzuteilen, auch wenn sie einen Prozessbevollmächtigten bestellt hat; der Zustellung bedarf die Ladung nicht.

III ¹Bleibt die Partei im Termin aus, so kann gegen sie Ordnungsgeld wie gegen einen im Vernehmungstermin nicht erschienenen Zeugen festgesetzt werden. ²Dies gilt nicht, wenn die Partei zur Verhandlung einen Vertreter entsendet, der zur Aufklärung des Tatbestandes in der Lage und zur Abgabe der gebotenen Erklärungen, insbesondere zu einem Vergleichsabschluss, ermächtigt ist. ³Die Partei ist auf die Folgen ihres Ausbleibens in der Ladung hinzuweisen.

Schrifttum: *Kollhosser,* Parteianhörung und Parteivernehmung im deutschen Zivilprozeß, Festschrift für *Beys* (Athen 2004) 755; *Polyzogopoulos,* Parteianhörung und -vernehmung usw, 1976; *Stein,* Die prozessleitenden Anordnungen gemäß §§ 141–144 ZPO usw, 2005.

Gliederung

1) Systematik, I–III	1
2) Regelungszweck, I–III	2–4
3) Sachlicher Geltungsbereich, I–III	5
4) Persönlicher Geltungsbereich, I–III	6–10
A. Partei	6
B. Gesetzlicher Vertreter	7
C. Prozeßbevollmächtigter	8
D. Streitgenössischer Streithelfer	9
E. Gewöhnlicher Streithelfer	10
5) Zuständigkeit, I–III	11–13
A. Außerhalb der Verhandlung	11, 12
B. In der Verhandlung	13
6) Anordnung des persönlichen Erscheinens, I 1	14–16
A. Ermessen	14
B. Erscheinen beider Parteien	15
C. Zur Aufklärung des Sachverhalts geboten	16
7) Keine Anordnung bei Unzumutbarkeit, I 2	17–21
A. Große Entfernung	18
B. Sonstiger wichtiger Grund	19
C. Unzumutbarkeit der Terminswahrnehmung	20
D. Unterlassung oder Rücknahme der Anordnung	21
8) Entscheidung, I 1, 2	22–25
A. Beschlußform	22
B. Begründung	23
C. Mitteilung	24
D. Kostenfragen	25
9) Ladung der Partei von Amts wegen, II 1, 2	26–28
A. Förmliche Ladung der Partei selbst, II 1	26
B. Mitteilung trotz Anwalts, II 2	27
C. Ladungsinhalt, II 1, 2	28
10) Zwang zum Erscheinen, jedoch nicht zur Einlassung, III 1	29
11) Möglichkeit eines Ordnungsgelds, III 1	30–34
A. Ausbleiben im Termin	30
B. Abgrenzung von der Verweigerung der Einlassung	31
C. Abgrenzung von der Säumnis der Partei	32
D. Abgrenzung vom Erscheinen des Prozeßbevollmächtigten	33
E. Kostenfragen	34
12) Entscheidung über Ordnungsgeld, III 1	35–38
A. Beschlußform	35
B. Höhe des Ordnungsgeldes	36, 37
C. Begründung	38
13) Unzulässigkeit einer Maßnahme, III 1	39–44
A. Keine Ordnungshaft	39
B. Kein Ordnungsgeld bei ausreichender Entschuldigung oder Entscheidungsunerheblichkeit	40
C. Kein Ordnungsgeld bei mangelhafter Anordnung des Erscheinens oder mangelhafter Ladung	41
D. Kein Ordnungsgeld vor Einlassung der Partei zur Sache	42
E. Keine Vorführungsanordnung	43
F. Nur begrenzt Kostenfolgen des Ausbleibens	44
14) Unterbleiben von Ordnungsgeld beim Auftreten eines Vertreters, III 2	45–51
A. Fähigkeit zur Aufklärung des Tatbestandes	46–48
B. Ermächtigung zur Abgabe der gebotenen Erklärungen usw	49, 50
C. Folgen unzureichender Vertretung: Ordnungsgeld	51
15) Notwendigkeit des Hinweises auf die Folgen des Ausbleibens, III 3	52, 53
16) Aufhebung der Anordnung des Erscheinens, I, II	54

§ 141

17) Aufhebung des Ordnungsgeldes, III	..	55	C. Gegen die Anordnung eines Ordnungsmittels	58, 59
18) Rechtsmittel, I–III	....	56–60	D. Gegen die Versagung von Reisekosten	60
A. Gegen das Unterbleiben der Anordnung	....	56	19) *VwGO*	61
B. Gegen die Anordnung des Erscheinens	....	57		

1 **1) Systematik, I–III.** Jede Partei hat eine prozessuale Mitwirkungspflicht, Grdz 11 vor § 128. Das Gericht kann die Mitwirkung aber grundsätzlich nicht unmittelbar erzwingen. § 141 macht von diesem Grundsatz eine gewisse Ausnahme. Die Vorschrift gibt dem Gericht die Möglichkeit, das persönliche Erscheinen einer Partei anzuordnen und zwar grundsätzlich nicht wie beim Zeugen durch eine Vorführungsanordnung zu erzwingen (§ 372 a bildet eine Ausnahme), wohl aber auf die Partei mit der Anordnung eines Ordnungsgelds einzuwirken, damit sie auch tatsächlich erscheine. § 141 ergänzt damit den § 139 als ein wirksames Mittel der sachlichen Prozeßleitung, Üb 5 vor § 128.

Die Vorschrift gilt *innerhalb* der mündlichen Verhandlung. Außerhalb der Verhandlung gilt § 273 II Z 3, in diesem Rahmen freilich auch § 141, Rn 11. Gegenüber § 141 regelt § 278 III 1 als vorrangige Sondervorschrift das persönliche Erscheinen der Partei zum Zweck eines Gütevorsuchs nach § 278 ohne eine Zwangsbefugnis des Gerichts. Soweit es um das Erscheinen der Partei nicht nur zur Aufklärung des Gerichts, zu seinem besseren Verständnis des Parteivertrags geht, sondern zum Zweck der förmlichen Beweisaufnahme, gehen die üblichen Beweisregeln keineswegs nach, BGH MDR **97**, 638 (Zeuge), und enthalten §§ 445 ff vorrangige Sonderregeln. Zur Abgrenzung Terbille MDR **96**, 408. § 613 enthält in einer Ehesache eine weitere vorrangige Sonderregel, Brdb MDR **00**, 585 (spricht unscharf von „Ergänzung"). Auf sie verweist § 640 I in einer Kindschaftssache.

2 **2) Regelungszweck, I–III.** Die Vorschrift dient nicht in erster Linie der Klärung streitiger Fragen oder einem Beweis, aM BGH NJW **03**, 3636 (empfiehlt die Vorschrift bei Schwierigkeiten mit § 448. Aber § 141 ist gerade kein Beweisersatz), ferner aM Brdb NVersZ **98**, 128, LG Bln MDR **00**, 882 (aber schon ihre Stellung im Buch 1 statt im Buch 2 und im übrigen ihre Existenz *neben* den Beweisregeln der §§ 355 ff sprechen gegen solche Ziele). Sie dient auch nicht vordringlich der Herbeiführung einer Einigung unter den Parteien, Brdb MDR **00**, 585. Sie bezweckt vielmehr eine Verfahrensförderung und die bessere Aufklärung des Gerichts durch einen persönlichen Eindruck von der Partei und ihrer Sicht, Rn 37, Brdb MDR **01**, 411, LAG Hamm MDR **02**, 1334, Hofrath JB **99**, 8. Natürlich geht es auch darum, den Parteien im Anwaltsprozeß das Gefühl zu geben, auch selbst einmal zu Wort zu kommen, auch damit sie das Verfahren und seine Ergebnisse eher akzeptieren können, Lange NJW **02**, 483. Die Anhörung kann auch dann notwendig sein, wenn der Sachverhalt im Grunde unstreitig ist. Denn der Parteivortrag mag unklar, widersprüchlich, ergänzungsbedürftig sein, KG JB **95**, 249. Die Vorschrift dient also dem besseren Verständnis des Gerichts. Das gilt insbesondere auch insoweit, als zwischen dem Vortrag des ProzBev und demjenigen seines Auftraggebers ein Widerspruch erkennbar wird. Denn in der Regel hat dann der Vortrag der Partei selbst den Vorrang. Die Erklärung gehört zum Verhandlungsinhalt nach § 286, BGH NJW **99**, 364, Lange NJW **02**, 480, Meyke MDR **87**, 358.

Daraus folgt unter anderem: Maßnahmen nach § 141 sind unzulässig, soweit sie einem anderen Zweck als der Aufklärung des Sachverhalts dienen. Natürlich darf aber das Gericht aus Anlaß der Erörterung mit der erschienenen und zur Aufklärung des Sachverhalts bereiten Partei auch solche tatsächlichen oder rechtlichen Fragen ansprechen, die möglicherweise oder bereits erkennbar streitig sind und daher des Beweises bedürften. Soweit das Gericht dabei freilich die Partei als solche förmlich vernehmen will, muß es zu dem Verfahren nach §§ 445 ff übergehen, aM Ffm RR **00**, 1344, Köln NVersZ **00**, 483, Schöpflin NJW **96**, 2138 (aber dann könnte und müßte das Gericht evtl sogar von Amts wegen die strengere Regelung der Parteivernehmung aushöhlen).

3 Das bedeutet ferner: Die Anordnung des persönlichen Erscheinens nach § 141 ist *keineswegs stets* eine *Beweisanordnung*, KG JB **95**, 249. Das gilt selbst dann, wenn das Gericht die Ergebnisse der Anhörung später im Urteil zulässigerweise mitverwertet, BGH RR **88**, 395, Hbg Rpfleger **85**, 507 Meyke MDR **87**, 359, aM Zweibr NJW **98**, 167, LG Bln MDR **00**, 882 (ein faires Verfahren erfordere evtl nach Beweisaufnahme eine Anhörung nach § 141. Das wäre aber eine Nichtbeachtung der Beweislast. Die gerichtliche Förderungspflicht hat auch beim fairen Verfahren Grenzen). Schon gar nicht darf man § 141 den §§ 445 ff wegen EGMR NJW **95**, 1414 stets gleichstellen, aM LAG Drsd MDR **00**, 724 (aber die Systematik und der Regelungszweck der §§ 445 ff mit ihren Rechtsfolgen sind nur bedingt vergleichbar, Üb 1, 2 vor § 455).

4 Soweit das Gericht allerdings das Ergebnis einer „Anhörung" als ein Beweismittel verwendet, muß die Erörterung auch den Erfordernissen der *§§ 160 ff* genügen, BGH RR **88**, 395. Das Gericht soll eine Anordnung nach § 141 auch grundsätzlich nicht dann erlassen, wenn es lediglich um einen voraussichtlich gar nicht streitigen Punkt geht. Denn die Anhörung soll ja nur den noch nicht durchsichtigen Sachverhalt klären, nicht etwa soll ein gar nicht mehr aufklärungsbedürftiger Punkt weiter zur Sprache kommen, Mü MDR **78**, 147, oder gar ein von den Parteien gar nicht vorgetragener Sachverhalt zur Erörterung kommen.

5 **3) Sachlicher Geltungsbereich, I–III.** Soweit § 141 nicht durch die in Rn 1 genannten Sondervorschriften verdrängt wird, gilt die Vorschrift grundsätzlich in allen von der ZPO geregelten Verfahrensarten und in allen Verfahrensabschnitten. Im Ehe- und Kindschaftsverfahren gelten §§ 613, 640 I, Zweibr FamRZ **82**, 1097. Auch in einer Ehesache kann eine Anhörung nicht nur nach dem vorrangigen § 613 statthaft sein, sondern auch nach § 141 erfolgen. Im arbeitsgerichtlichen Verfahren ist § 141 anwendbar, soweit nicht der vorrangige § 51 ArbGG abweicht, LAG Hamm BB **99**, 908, Philippsen pp NJW **77**, 1133. Die Vorschrift gilt auch vor dem Beschwerdegericht nach § 73 Z 2 GWB. Im Prozeßkostenhilfeverfahren nach §§ 114 ff ist § 141 unanwendbar. Denn es handelt sich in diesem Verfahren nicht um eine streitige Verhandlung zwischen den Parteien. Das gilt selbst dann, wenn das Gericht den Prozeßgegner des Antragstellers nach § 118 anhören muß. Es gilt auch dann, wenn die Partei einen Prozeßkostenhilfeantrag erst in oder nach der ersten streitigen

Titel 1. Mündliche Verhandlung § 141

mündlichen Verhandlung zur Hauptsache gestellt hat. Im FGG-Hausratsverfahren ist III ebenfalls unanwendbar, Bre FamRZ **89**, 305. Im Insolvenzverfahren ist jedenfalls III unanwendbar, LG Bln RPfleger **81**, 364.

4) Persönlicher Geltungsbereich, I–III. Es gibt mehrere Beteiligungsarten. 6

A. Partei. Die Vorschrift gilt gegenüber allen Parteien. Das ergibt sich schon aus den Worten „beider Parteien" in I 1, Brdb MDR **00**, 585. Es kommt also nur darauf an, ob der Betreffende schon und noch nach Grdz 4 ff vor § 50 Partei ist. Hierher zählt also auch die Partei kraft Amts, Grdz 8 vor § 50, also zB der Nachlaßpfleger, Testamentsvollstrecker oder Insolvenzverwalter (s aber Rn 5). Das Gericht kann die Partei auch gegen den Willen ihres ProzBev anhören.

B. Gesetzlicher Vertreter. Für eine prozeßunfähige Partei muß ihr gesetzlicher Vertreter erscheinen, 7 § 51 I, Köln MDR **76**, 937. Wegen der Einzelheiten der Ladung Rn 26.

C. Prozeßbevollmächtigter. Das Gericht kann keineswegs nach § 141 das persönliche Erscheinen eines 8 ProzBev nach § 81 anordnen oder gar gegen ihn nach dieser Vorschrift ein Ordnungsgeld verhängen. Denn er ist nicht selbst Partei. Bei einem in derselben Sache prozessierenden Anwalt muß das Gericht schon aus Kostengründen sorgfältig klären, ob er zugleich zulässigerweise als sein eigener ProzBev auftritt. In diesem letzteren Fall handelt er grundsätzlich dem Gericht und dem Gegner gegenüber eben als ProzBev und unterliegt in dieser Eigenschaft dem § 141 nicht. Indessen kann das Gericht ihn natürlich gleichwohl in seiner weiteren Eigenschaft als Partei des Rechtsstreits nach § 141 behandeln. Es sollte sorgfältig sowohl bei der Anordnung des Erscheinens als auch beim etwaigen Ordnungsgeld zwischen beiden Funktionen unterscheiden. Es sollte auch im Protokoll genau festhalten, ob es ihn auf seine unterschiedlichen Rechte und Pflichten einerseits als Partei, andererseits als des eigenen ProzBev hingewiesen hat. Wegen der Einzelheiten der Ladung Rn 26.

D. Streitgenössischer Streithelfer. Als Partei gilt auch der streitgenössische Streithelfer nach § 69. 9

E. Gewöhnlicher Streithelfer. Der gewöhnliche Streithelfer nach §§ 66 ff ist nicht Partei. Denn er 10 beteiligt sich am Verfahren nur freiwillig. Es reicht aber aus, daß er statt der Partei erscheint.

5) Zuständigkeit, I–III. Zuständig ist grundsätzlich das Prozeßgericht. Man muß im übrigen die folgen- 11 den Situationen unterscheiden.

A. Außerhalb der Verhandlung. Vor und nach einer mündlichen Verhandlung kann der Vorsitzende nach § 273 II Z 3 auch über eine Anordnung nach § 141 entscheiden. Ihm stehen der Einzelrichter nach §§ 348, 348 a, 526, 527, 568 und der Vorsitzende der Kammer für Handelssachen gleich, § 349. Freilich kann der Vorsitzende auch einen Beschluß des Kollegiums herbeiführen. Der verordnete (ersuchte, beauftragte) Richter nach §§ 361, 362 wird nur im Rahmen einer Beweisaufnahme tätig. Gleichwohl kann es auch in diesem Stadium für den derzeit zur Verfahrensförderung berufenen und verpflichteten verordneten Richter notwendig werden, sich über den Parteivortrag ein besseres Bild zu verschaffen, etwa um beurteilen zu können, ob er weitere Fragen an die Beweispersonen stellen muß. Rein förmlich betrachtet müßte er zu diesem Zweck die Akten an das ersuchende Prozeßgericht zurückgeben und dessen Aufklärung abwarten.

Das kann durchaus unzweckmäßig sein. Daher dürfte es *erlaubt* sein, daß auch der verordnete Richter im 12 Rahmen des bloßen Aufklärungsbedürfnisses das persönliche Erscheinen nach I, II anordnet. Man kann diese Lösung als entsprechende Anwendung des § 400 betrachten, aber auch als eine weite Auslegung des Gerichtsbegriffs des § 141. Dann muß man allerdings dem verordneten Richter auch die Befugnis nach § 380 zubilligen, sofern er die Voraussetzungen von III beachtet hat. Freilich dürfte es auch statthaft sein, solche Ordnungsmaßnahmen dem Prozeßgericht zu überlassen. Dieses kann andererseits von sich aus anordnen, daß die eine oder beide Parteien vor dem verordneten Richter erscheinen, Köln MDR **86**, 152, aM StJL 14, ThP 2, ZöGre 2 (das Erscheinen könne nur vor dem vollbesetzten Gericht angeordnet werden, daher sei eine Gegenüberstellung mit einem auswärts vernommenen Zeugen nur nach den §§ 445, 448 zulässig. Aber gerade vor dem auswärtigen Richter mag das Erscheinen eher zumutbar sein).

B. In der Verhandlung. Vom Beginn bis zum Ende der mündlichen Verhandlung ist das Kollegium 13 zuständig, LAG Bre BB **93**, 1952. Ihm steht der Einzelrichter nach §§ 348, 348 a, 526, 527, 568 gleich.

6) Anordnung des persönlichen Erscheinens, I 1. Man muß mehrere Aspekte beachten. 14

A. Ermessen. Die Vorschrift enthält nach dem klaren Wortlaut eine Sollregelung. Das Gericht hat aber zur Anordnung nicht nur eine Befugnis, sondern im Rahmen seines pflichtgemäßen Ermessens auch eine entsprechende Pflicht, Zweibr NJW **98**, 168. Die Anordnung ist im Parteiprozeß eher als im Anwaltsprozesses möglich, § 78 Rn 1. Die richterliche Ermessen ist sowohl durch I 1 Hs 2 als auch durch I 2 eingeengt. Andererseits muß das Gericht das Erscheinen anordnen, soweit eine Aufklärung anders nicht als möglich erscheint, Stgt JZ **78**, 690, und soweit das Erscheinen eben nicht nach I 2 unzumutbar ist. Soweit das Erscheinen zwar nicht geboten, aber sinnvoll ist, stellt „soll" nur die Befugnis des Gerichts klar. Voraussetzung der Anhörung ist auch die bisherige Glaubwürdigkeit der Partei, also zB keine Widersprüchlichkeit ihres bisherigen Verhaltens, Hbg VersR **00**, 1273.

B. Erscheinen beider Parteien. Die Vorschrift stellt klar, daß das Gericht das Erscheinen beider Parteien 15 nach Rn 6 anordnen darf und evtl muß, Brdb MDR **00**, 585. Das gilt aber natürlich nur, soweit das Gericht beide benötigt, um den Sachverhalt aufzuklären. Soweit der Vortrag nur einer Partei unklar oder widersprüchlich ist, ist die Anordnung des Erscheinens des Prozeßgegners grundsätzlich schon deshalb unzulässig. Etwas anderes mag gelten, wenn das Gericht befürchtet, bei weiterer Aufklärung werde auch der Vortrag dieses Prozeßgegners als in Wahrheit unklar oder widersprüchlich erscheinen.

C. Zur Aufklärung des Sachverhalts geboten. Schon der Wortlaut stellt klar, daß die Anordnung des 16 persönlichen Erscheinens keinesfalls zur bloßen Arbeitserleichterung oder Bequemlichkeit oder gar zur Umgehung eines vielleicht unliebsamen ProzBev usw zulässig ist. Sie darf nur schon deshalb erfolgen, weil eine Aufklärung als nützlich oder hilfreich erscheinen würde, Brdb JB **99**, 155. Sie muß vielmehr zur

§ 141

Aufklärung eines entscheidungsbedürftigen Punktes als geradezu geboten erscheinen, zB zur Klärung der Zuverlässigkeit einer Partei, Köln VersR **97**, 483, oder ihrer Glaubwürdigkeit, Karlsr MDR **02**, 882 (kein Zeuge vorhanden), oder beim Widerspruch zwischen dem Vortrag der Partei und ihres ProzBev, evtl sogar zwecks Waffengleichheit, BVerfG NJW **01**, 2531 (Vorsicht!). Andererseits ist nicht erforderlich, daß sie geboten „ist". Es genügt, daß sie aus der Sicht des Gerichts im Zeitpunkt der Anordnung als geboten „erscheint", daß das Gericht also wahrscheinlich ohne Rücksprache mit der Partei die notwendige Klarheit gewinnen wird. Zur Abgrenzung gegenüber der Notwendigkeit einer Beweisaufnahme (Parteivernehmung, §§ 445 ff) und anderer Prozeßzwecke Rn 1, 2.

17   **7) Keine Anordnung bei Unzumutbarkeit, I 2.** Die Vorschrift stellt klar, daß das Gericht selbst bei Aufklärungsbedürftigkeit das Erscheinen der Partei jedenfalls vor dem Prozeßgericht nicht anordnen darf, wenn die Voraussetzungen von I 2 vorliegen, Kahlert NJW **03**, 3391. Ob das Prozeßgericht das persönliche Erscheinen vor einem verordneten Richter anordnen darf, ist eine andere, nach §§ 361 ff zu klärende Frage. Jedenfalls darf aber die Übertragung auf ihn nicht zu einer Umgehung der Pflichten des Prozeßgerichts in seiner eigenen mündlichen Verhandlung führen.

18   **A. Große Entfernung.** Als Haupthindernis der Anordnung nennt I 2 eine große Entfernung, Düss VersR **05**, 855 (zu § 278). Gemeint ist diejenige des Wohnsitzes oder Aufenthaltsorts der Partei nach §§ 12 ff vom Sitz des Prozeßgerichts. Dabei muß das Gericht die Verkehrsverhältnisse ebenso berücksichtigen wie zB den Gesundheitszustand, den Beruf, LG Mönchengladb RR **97**, 764, oder die Bedeutung der Sache. Angesichts der heute meist guten Verkehrsbedingungen sind auch Entfernungen von mehreren hundert km oft nicht mehr „groß". Indessen kommt es natürlich auf die Gesamtumstände jedes Einzelfalls an.

19   **B. Sonstiger wichtiger Grund.** Die Vorschrift stellt klar, daß jeder wichtige Grund ein Hindernis darstellt, Düss VersR **05**, 855 (zu § 278). Hierin zählen zB: Die Partei hat am Terminstag ein dringendes privates Geschäft zu erledigen, LG Mönchengladb RR **97**, 764; sie ist in ihrer Arbeit derzeit überlastet; sie ist krank; sie möchte in einen bereits geplanten Urlaub fahren; sie würde unter dem Zusammentreffen mit dem Gegner leiden, aM Brdb MDR **00**, 585 (zu § 613. Aber man muß stets die Gesamtumstände abwägen). In diesem Zusammenhang muß das Gericht das unbedingte Recht eines jeden Bürgers auf einen ungestörten Urlaub berücksichtigen, § 233 Rn 14. Indessen kommt es auch hier auf die Gesamtumstände an, etwa darauf, ob die Partei den Urlaub erst nach Erhalt der Anordnung ihres persönlichen Erscheinens gebucht hatte und auch zu einem späteren Zeitpunkt hätte nehmen können.

20   **C. Unzumutbarkeit der Terminswahrnehmung.** Jedenfalls muß zu den Bedingungen Rn 18, 19 hinzutreten, daß gerade infolgedessen der Partei die persönliche Wahrnehmung des Termins nicht zumutbar ist. Ein Rentner hat mehr Zeit für eine längere Anreise als ein überlasteter Berufstätiger. Ein gesunder junger Mensch kann eine längere Reise eher antreten als ein Körperbehinderter. Es entscheiden die Gesamtumstände. Das Gericht muß sie sorgfältig gegeneinander abwägen. Dabei muß es natürlich auch mit prüfen, ob die Anordnung überhaupt einen Erfolg versprechen würde, den im richtigen Verhältnis zu der Belästigung der Partei steht. Es muß berücksichtigen, daß das Gesetz grundsätzlich jedenfalls eine Vertretung der Partei durch einen ProzBev auch im Parteiprozeß zuläßt, Karlsr VersR **05**, 1104, und diese Vertretung im Anwaltsprozeß ja sogar verlangt. Nur wenn die vorgebrachten Verhinderungsgründe nicht ausreichen, ist die Anordnung zulässig und muß die Partei erscheinen, Stgt JZ **78**, 689.

21   **D. Unterlassung oder Rücknahme der Anordnung.** Beim Zusammentreffen der Voraussetzungen Rn 18–20 ist das Gericht verpflichtet, die Anordnung des Erscheinens zu unterlassen oder zurückzunehmen. Hier endet sein Ermessen, LG Mönchengladb RR **97**, 764. Es muß daher eine fälschlich getroffene Anordnung unverzüglich aufheben und das der Partei auch mitteilen.

22   **8) Entscheidung, I 1, 2.** Das Gericht muß mehrere Punkte beachten.
A. Beschlußform. Das Gericht entscheidet innerhalb wie außerhalb der Verhandlung (zur Zuständigkeit Rn 11) durch einen Beschluß, § 329. Ihn muß das gesamte Kollegium fassen und unterzeichnen, Brdb JB **99**, 155. Auch eine prozeßleitende Verfügung ist indessen wirksam. Die Entscheidung ergeht dahin, daß das Gericht das persönliche Erscheinen der betreffenden Partei anordnet oder daß es die etwa beantragte Anordnung des Erscheinens ablehnt. Die Ablehnung kann natürlich auch stillschweigend durch die sonstigen verfahrensleitenden Entscheidungen des Gerichts erfolgen.

23   **B. Begründung.** Auch soweit die Entscheidung nicht anfechtbar ist, Rn 56, 57, muß das Gericht sie jedenfalls stichwortartig begründen, § 329 Rn 4, Brdb JB **99**, 155.

24   **C. Mitteilung.** Das Gericht muß seinen Beschluß in der Verhandlung verkünden, § 329 I 1. Es muß ihn im übrigen im Fall der Anordnung des Erscheinens der betroffenen Partei zusammen mit ihrer von Amts wegen notwendigen Ladung nach II 1 förmlich zustellen, § 329 II 2, im Fall der Ablehnung der Anordnung formlos mitteilen, § 329 II 1. Dem ProzBev teilt das Gericht die Ablehnung der Anordnung formlos mit, ebenso die Anordnung des Erscheinens. Dann sie ist als solche unanfechtbar, §§ 329, 567 I.

25   **D. Kostenfragen.** Soweit eine mittellose Partei die Mittel zur Durchführung einer notwendigen Reise zu einem Verhandlungstermin auf Grund der Anordnung voraussichtlich nicht hat, darf und muß das Gericht und im Notfall zum Aufsichtsrichter die Reisekosten vorschießen oder nachträglich ersetzen, KV 9008, Hartmann Teil V § 25 JVEG Anh I, II. Auch Soldaten erhalten einen Reisekostenvorschuß und -ersatz nach dem Erlaß v 23. 7. 1998 Z 20 ff, SchlAnh II.

26   **9) Ladung der Partei von Amts wegen, II 1, 2.** Es treffen zusätzlich zur normalen Terminsladung nach §§ 172 I, 214, 217, 218 mehrere Pflichten zusammen.

A. Förmliche Ladung der Partei selbst, II 1. Soweit das Gericht das Erscheinen einer Partei angeordnet hat, muß es diese Partei persönlich förmlich von Amts wegen laden. Das gilt unabhängig von der sonstigen Stellung der Partei im Prozeß. Diese Ladung ist auch im Fall des § 218 stets erforderlich. Sie ergeht im Fall der prozeßunfähigen Partei an ihren gesetzlichen Vertreter, Rn 7. Das gilt auch im Fall der Ladung einer juristischen Person, § 170, LG Hanau VersR **78**, 1049. Sie geht also an das nach der Satzung berufene

Titel 1. Mündliche Verhandlung **§ 141**

Organ. Sind mehrere Personen gesetzliche Vertreter, so muß die Ladungsanordnung klar ergeben, wer von ihnen erscheinen soll, LAG Düss MDR **96**, 98, strenger Köln OLGR **97**, 103. Die Ladung ergeht also nicht nur an den ProzBev, auch nicht im Fall des § 172. Das ergibt sich aus II 2 Hs 1 mit. Den ProzBev muß das Gericht freilich zusätzlich formlos informieren, Rn 27. Wegen des Anwalts, der sich im Prozeß selbst vertritt, Rn 8. Die Ladung erfolgt wie stets durch den Urkundsbeamten der Geschäftsstelle. Allerdings ist § 168 nicht stets anwendbar. Denn er betrifft nur eine von Amts wegen erforderliche „Zustellung", nicht die in § 141 II 1, 2 Hs 2 klargestellte Ladung ohne Notwendigkeit förmlicher Zustellung. Natürlich ist eine förmliche Zustellung statthaft, auch wenn sie Auslagen verursacht. Diese Auslagen muß der Verlierer nach § 91 mittragen. Der Richter kann die förmliche Zustellung anordnen. Er sollte das durchweg zur Sicherung des Zeitpunkts des Zugangs der Ladung und der zugehörigen Belehrungen nach III als Voraussetzung einer Anordnung von Ordnungsgeld tun. Dann ist auch § 168 anwendbar.

B. Mitteilung trotz Anwalts, II 2. Die Vorschrift stellt klar, daß das Gericht die Ladung der Partei 27 persönlich auch dann mitteilen muß, wenn sie einen ProzBev bestellt hat. Das gilt im Anwalts- wie Parteiprozeß, § 78 Rn 1. Es soll eben klar sein, daß diese Anordnung an die Partei persönlich ergeht, nicht an ihren ProzBev. Das ändert nichts an dem Umstand, daß das Gericht auch den ProzBev und den Prozeßgegner natürlich benachrichtigen muß, Rn 26, Köln MDR **75**, 321. Der ProzBev der geladenen Partei und der Prozeßgegner bzw dessen ProzBev erhalten zumindest dann eine formlose Mitteilung, wenn das Gericht die Anordnung nicht verkündet hat, § 329 II 1.

C. Ladungsinhalt, II 1, 2. Die Ladung muß ganz klarstellen, zu welchem Zweck sie erfolgt, also „zur 28 Aufklärung des Sachverhalts", I 1, nicht etwa „zur Beweisaufnahme" oder „zur Vernehmung als Partei" nach §§ 445 ff, auch nicht „zwecks Güteversuchs" nach § 278, oder aus anderen Gründen. Im übrigen muß das Gericht die Partei ja nach III 2 auf die Folgen eines Ausbleibens bereits in der Ladung hinweisen. Soweit das nicht geschieht, könnte das Gericht kein Ordnungsgeld nach III 1 festsetzen. Die Partei muß jedenfalls erkennen können, daß die Ladung zumindest auch der Aufklärung dient und insbesondere nicht nur einem Güteversuch. Denn (jetzt) § 278 III 2 verweist auch auf II, ZöGre 6, aM Ffm MDR **91**, 545, KG MDR **83**, 235, Burger MDR **82**, 91 (aber Wortlaut und Sinn sind eindeutig, Einl III 39). Das Gericht braucht der Partei aber im übrigen den Rechtsgrund oder den Zweck der Ladung nicht im einzelnen bekanntzugeben, Ffm MDR **91**, 545, KG MDR **83**, 235, aM Köln RR **04**, 1723 (aber das wäre eine Überspitzung).

10) Zwang zum Erscheinen, jedoch nicht zur Einlassung, III 1. Die Vorschrift regelt nur die Folgen 29 des Ausbleibens der Partei im Termin. Daraus ergibt sich: Die Partei ist zwar unter den Voraussetzungen von III zum Erscheinen verpflichtet, aM Naumb MDR **99**, 1020 (aber auch insofern sind Wortlaut und Sinn eindeutig, Einl III 39). Sie ist aber nicht dazu verpflichtet, sich auch zur Sache einzulassen, Hbg MDR **97**, 596, Naumb MDR **99**, 1020 (zustm Schneider 781). Die Partei braucht dann keine Einlassung zur Sache zu erklären, wenn sie sich schon in einem früheren Stadium schriftlich oder mündlich auf den Prozeß eingelassen hatte, Köln JB **76**, 1113, Mü MDR **78**, 147. Das Gericht kann die Partei eben nicht zur aktiven Beteiligung am Prozeß zwingen, LAG Hamm MDR **84**, 347. Es hat zu einem solchen Zwang auch angesichts der §§ 330 ff (Versäumnisurteil) keinen Anlaß, Grdz 11 vor § 128.

Freilich kann das Gericht das *Schweigen* der auf Anordnung zur Aufklärung geladenen und erschienenen Partei nach den Gesamtumständen des Einzelfalls nach §§ 282 I, 286 I, 296 II würdigen, wenn auch nicht als Ungehorsam im Sinn der §§ 177, 178 GVG, so doch als Verstoß gegen die Prozeßförderungspflicht einer jeden Partei, Grdz 12 vor § 128. Allerdings sollte man § 453 II, 446 (Verweigerung der Aussage der zur Beweisaufnahme förmlich geladenen Partei) nicht einmal entsprechend anwenden. Denn sie betreffen eine ganz andere Prozeßlage, nämlich eine förmliche Beweisaufnahme. Gegen eine aus dem Ausland geladene ausländische Partei ist ohnehin kein Zwang möglich, wie beim entsprechenden Zeugen, § 363 Rn 1, Mü RR **96**, 60.

11) Möglichkeit eines Ordnungsgelds, III 1. Die Vorschrift ist verfassungsgemäß, BVerfG NJW **98**, 30 892.

A. Ausbleiben im Termin. Das Gericht muß das persönliche Erscheinen der Partei zulässigerweise und in korrekter Form angeordnet und die Partei ordnungsgemäß geladen haben, Brdb MDR **01**, 411. Trotzdem muß die Partei unentschuldigt ausgeblieben sein, Köln FamRZ **93**, 339. Ob sie ihr Ausbleiben genügend entschuldigt hat, muß man nach den Gesamtumständen des Einzelfalls beurteilen. Das gilt unter Abwägung der von der Partei geltend gemachten Verhinderungsgründe einerseits, ihrer Pflicht zur Prozeßförderung andererseits. Man kann die an sich nicht unmittelbar anwendbaren Voraussetzungen einer Vertagung nach § 337 S 1 Hs 2 (Verhinderung der Partei am Erscheinen ohne ihr Verschulden) entsprechend anwenden. Das Gericht darf und muß das Ausbleiben der Partei nach § 286 frei würdigen, soweit nicht das Erscheinen ihres Vertreters nach III 2 genügt.

Das Gericht sollte aber ein Ordnungsmittel *nur zurückhaltend* verhängen, Brdb JB **99**, 155. Es darf das Ausbleiben der Partei nur zu ihrem Nachteil auswerten, wenn sie selbst rechtsfrei und schuldhaft handelte, also vorsätzlich oder fahrlässig, Düss OLGZ **94**, 577, Ffm MDR **80**, 234, Köln FamRZ **93**, 339. Ein Verschulden nur des ProzBev reicht für ein Verschulden der Partei Notz § 85 nicht stets, LAG Hbg NZA-RR **05**, 213. Das Gericht darf eine nachteilige Würdigung des Ausbleibens natürlich zumindest dann vornehmen, wenn die Partei das Gericht sogar bewußt mißachtet hat. Die Partei ist auch dann „im Termin ausgeblieben", wenn nur ihr ProzBev erscheint und nicht im Sinn von III 2 informiert und ermächtigt ist. War der Geschäftsführer einer GmbH geladen, so kommt es auf sein Ausbleiben an, LAG Hamm BB **99**, 908. Das Ordnungsgeld darf aber nur gegen die GmbH ergehen, aM Nürnb MDR **01**, 954 (aber auch die GmbH spürt den Betrag. Sie kann den Geschäftsführer zur Rechenschaft ziehen).

B. Abgrenzung von der Verweigerung der Einlassung. Man muß den Fall des Ausbleibens der Partei 31 mit oder ohne Entschuldigungsgründe von dem Fall ihres Erscheinens, aber ihrer Verweigerung der Einlassung unterscheiden. Soweit sie lediglich die Einlassung verweigert, gelten die Regeln Rn 29.

§ 141 Buch 1. Abschnitt 3. Verfahren

32 C. Abgrenzung von der Säumnis der Partei. Man muß das Ausbleiben der Partei im Sinn von III 1 von dem Fall ihrer völligen Säumnis im Sinn von §§ 330 ff unterscheiden, Köln RR **04**, 1723. Ob die Partei säumig ist, richtet sich nach den letzteren Vorschriften. Säumig ist sie insbesondere auch dann, wenn sie zwar erscheint, aber nicht wirksam verhandelt, § 333. Soweit auf Grund einer Anordnung des persönlichen Erscheinens zwar die Partei selbst oder ein Vertreter im Sinn von III 2 erscheinen, nicht aber ihr ProzBev, ist die Partei in einem Verfahren mit Anwaltszwang säumig. Dasselbe gilt beim Sichentfernen des ProzBev vor der Einlassung bzw Verhandlung. Das Gericht muß dann auf Grund eines Antrags des Prozeßgegners eine Versäumnisentscheidung gegen die persönlich erschienene Partei erlassen und darf sie nicht anhören.

33 D. Abgrenzung vom Erscheinen des Prozeßbevollmächtigten. Soweit nach einer wirksamen Anordnung des persönlichen Erscheinens der Partei und ihrer ordnungsgemäßen Ladung nicht die Partei, wohl aber ihr ProzBev erscheint, muß das Gericht prüfen, ob nicht ein Fall nach III 2 vorliegen. Soweit das nicht der Fall ist, darf und muß das Gericht das Ausbleiben der Partei nach § 286 frei würdigen, Rn 30.

34 E. Kostenfragen. Wegen der etwaigen Notwendigkeit eines Kostenvorschusses als einer der Voraussetzungen des Fehlens einer Entschuldigung des Ausbleibens Rn 25.

35 12) Entscheidung über Ordnungsgeld, III 1. Unter den den Voraussetzungen Rn 30–34 „kann" das Gericht gegen die ausgebliebene Partei Ordnungsgeld wie gegen einen im Vernehmungstermin nicht erschienenen Zeugen festsetzen. Das gilt unabhängig davon, ob infolge des Ausbleibens eine Verzögerung eingetreten ist, ZöGre 12, aM LAG Hamm MDR **02**, 1333 (aber es geht nicht um Prozeßbeschleunigung, Rn 2). Fahrlässiges Ausbleiben reicht, Düss OLGR **94**, 183. Ein Ordnungsgeld kann auch gegen den selbst geladenen gesetzlichen Vertreter ergehen, Nürnb MDR **01**, 954, aM LAG Hamm MDR **99**, 825 (aber auch er unterliegt dem Gesetz).

A. Beschlußform. Das Gericht verhängt ein Ordnungsgeld durch einen Beschluß, § 329. Ihn muß das gesamte Kollegium fassen, § 329 Rn 8, Brdb JB **99**, 155. Indessen ist auch eine etwa ergangene Verfügung wirksam. Zur Zuständigkeit Rn 11.

36 B. Höhe des Ordnungsgeldes. Das Gericht sollte von der Möglichkeit eines Ordnungsgelds trotz seiner Befugnis nur zurückhaltend Gebrauch machen, Düss OLGZ **94**, 577, KG MDR **84**, 325 (auch zum FGG), Köln VersR **92**, 254, strenger Mü MDR **92**, 513. Es ist zu einer solchen Maßnahme keineswegs stets verpflichtet, Köln MDR **75**, 321. Es muß bedenken, daß die ausgebliebene Partei ja nicht zu einer Einlassung verpflichtet gewesen wäre, Rn 29. Besser ist daher eine Würdigung dahin, daß die Partei die Einlassung verweigert oder doch wenigstens fahrlässig nicht erschienen ist, Rn 30, § 286, Düss OLGZ **94**, 577, Hamm MDR **91**, 545, Burger MDR **82**, 91, aM Schmid MDR **82**, 632 (aber das ist die vernünftigerweise nächstliegende Erklärung).

37 Der Sinn des Ordnungsgelds liegt nicht in einer Bestrafung, etwa wegen Mißachtung des Gesetzes oder des Gerichts, sondern in der *Verfahrensförderung*, Brdb MDR **01**, 411, Ffm FamRZ **92**, 73, LAG Hamm MDR **02**, 1334, aM Karlsr Just **77**, Stgt JZ **78**, 689 (der Sinn liege in der Ahndung der Mißachtung des Gerichts), Mü MDR **92**, 513 (auch Mißachtung des Gesetzes). Aber Mißachtung läßt sich schon nach §§ 330 ff, §§ 177 ff GVG wirkungsvoll ahnden). Diese Gesichtspunkte sollte das Gericht auch bei der Bemessung der Höhe eines Ordnungsgelds mitbeachten. Zurückhaltung ist zB dann geboten, wenn die Entscheidungsreife trotz des Ausbleibens eintritt, Brdb MDR **01**, 411, Hamm OLGR **97**, 235, oder wenn ein Vergleich zustandekommt. Das Gericht setzt ein Ordnungsgeld von 5–1000 EUR nach Art 6 I EGStGB fest, Vorbem vor § 380, Stgt JZ **78**, 689. Es darf der Partei eine Stundung dieses Betrags oder eine Ratenzahlung bewilligen, Vorbem vor § 380.

38 C. Begründung. Das Gericht muß seinen Beschluß grundsätzlich begründen, § 329 Rn 4, Brdb JB **99**, 155. Das Gericht muß verdeutlichen, daß es im Rahmen seines Ermessens eine pflichtgemäße Abwägung der für und gegen ein Ordnungsgeld sprechenden Gesichtspunkte vorgenommen hat, Köln VersR **92**, 254, und daß es natürlich auch eine Entschuldigung der ausgebliebenen Partei verneint hat, Brdb JB **99**, 155.

39 13) Unzulässigkeit einer Maßnahme, III 1. Jede der folgenden Lagen verbietet eine Maßnahme.

A. Keine Ordnungshaft. Die Anordnung einer Ordnungshaft ist anders als beim unentschuldigt ausbleibenden Zeugen unzulässig, Köln FamRZ **93**, 339. Das ergibt sich schon daraus, daß § 141 anders als § 380 nur vom Ordnungsgeld spricht, Bre FamRZ **89**, 306, und daß die Partei im Gegensatz zum Zeugen nie zu einer Einlassung verpflichtet ist, sondern nur im Fall der Verweigerung die prozessualen Nachteile einer freien Würdigung dieses Verhaltens durch das Gericht tragen muß. Außerdem dient das Ordnungsgeld nicht der Bestrafung, sondern der Prozeßförderung, Rn 37.

40 B. Kein Ordnungsgeld bei ausreichender Entschuldigung oder Entscheidungsunerheblichkeit. Soweit die Partei ihr Ausbleiben entschuldigt, kommt auch kein Ordnungsgeld in Betracht. Entschuldigungen können zB: weite Entfernung; Erkrankung, auch eines nahen Angehörigen; ein unaufschiebbarer wichtiger beruflicher Termin; eine Störung der Verkehrsverbindung. Das Gericht sollte allerdings das Vorliegen einer Entschuldigung streng prüfen. Die Partei darf sich keineswegs ohne irgendeine eigene Überlegung darauf verlassen, daß die Meinung ihres Anwalts gegenüber der gerichtlichen Anordnung vorrangig sei. Die Partei muß zumindest nach § 294 glaubhaft machen, daß sie ihren Anwalt unmißverständlich über den Charakter der ihr persönlich zugegangenen Ladung informiert hat, bevor er ihr abschließend erklärte, sie brauche gleichwohl nicht zu erscheinen, aM Schneider NJW **79**, 987, ThP 6 (aber auch eine Partei muß durchlesen, was das Gericht *ihr* schreibt). Mancher Anwalt meint aus irgendwelchen prozeßtaktischen Erwägungen auf eine Anordnung nach § 141 zumindest derzeit nicht Rücksicht nehmen zu müssen. Wenn er der Partei einfach abrät zu erscheinen, statt vorher mit dem Gericht hierüber Kontakt aufzunehmen, handelt er nach § 85 II zum Nachteil seiner Partei und kann sich schadensersatzpflichtig machen. Im übrigen ist § 381 entsprechend anwendbar. Mü RR **96**, 59 stellt das Nichterscheinen der ausländischen und im Ausland lebenden Partei einer ausreichenden Entschuldigung gleich.

Titel 1. Mündliche Verhandlung § 141

Auch eine *Entscheidungsunerheblichkeit* steht einem Ordnungsgeld aus den Gründen Rn 37 entgegen, Stgt MDR 04, 1020, LAG Hamm MDR 02, 1334.

C. Kein Ordnungsgeld bei mangelhafter Anordnung des Erscheinens oder mangelhafter Ladung. Das Gericht darf kein Ordnungsgeld verhängen, soweit die Anordnung des persönlichen Erscheinens unkorrekt erfolgt war, Rn 22–24, LG Mönchengladb RR 97, 764, etwa wegen zu kurzer Ladungsfrist oder soweit das Gericht die Partei nicht ordnungsgemäß hatte laden lassen, Rn 26, 28, Ffm FamRZ 92, 73. 41

D. Kein Ordnungsgeld vor Einlassung der Partei zur Sache. Das Gericht darf kein Ordnungsgeld verhängen, wenn sich die betreffende Partei noch nicht zur Sache auf den Prozeß eingelassen hatte, Rn 29. 42

E. Keine Vorführungsanordnung. Selbst im Fall des unentschuldigten Ausbleibens ist die Anordnung einer Vorführung der Partei etwa durch den für ihren Wohnsitz zuständigen Gerichtsvollzieher in keinem Fall des § 141 zulässig, Karlsr OLGZ 84, 451. Das gilt auch dann, wenn das schon festgesetzte Ordnungsgeld unbeitreibbar ist. 43

F. Nur begrenzt Kostenfolgen des Ausbleibens. Das Gericht kann der Partei zwar unter den Voraussetzungen des § 38 GKG, Anh § 95, eine Verzögerungsgebühr auferlegen oder ihr nach § 95 wegen Versäumung eines Termins oder einer Frist usw die dadurch verursachten Kosten auferlegen. Man muß aber zwischen der Versäumung und der Nichtbefolgung der Anordnung des persönlichen Erscheinens unterscheiden, Rn 32. Das Gericht darf die Partei nicht auch zu den durch die bloße Nichtbefolgung der Anordnung nach § 141 verursachten Kosten verurteilen, Köln FamRZ 93, 339, Schlesw JB 78, 284. 44

14) Unterbleiben von Ordnungsgeld beim Auftreten eines Vertreters, III 2. Das Gericht darf ein Ordnungsgeld unabhängig von den Fällen Rn 39–44 insbesondere auch dann nicht verhängen, wenn die Partei zur Verhandlung einen Vertreter entsendet, der zur Aufklärung des Tatbestandes in der Lage und zur Abgabe der gebotenen Erklärungen ermächtigt ist, insbesondere zu einem Vergleichsbeschluß. In einem solchen Fall kann die Partei natürlich neben ihrem Vertreter erscheinen. Sie ist dazu aber nicht verpflichtet, LG Kassel AnwBl 86, 104. 45

A. Fähigkeit zur Aufklärung des Tatbestandes. Erste Voraussetzung ist, daß der Vertreter ebensoviel mitteilen kann wie die Partei, soweit es um die vom Gericht gewünschte Aufklärung geht. Man muß den Begriff „Aufklärung" umfassend verstehen, Mü MDR 92, 513. Das Gesetz denkt zB an den Leiter oder leitenden Angestellten eines großen Unternehmens, der über den Streitstoff unterrichtet ist, Karlsr VersR 05, 1104, LG Hanau VersR 78, 1049. Es kann sich aber auch zB um einen Angehörigen oder Freund oder Nachbarn der Partei handeln. Auch kann etwa der Mitarbeiter des Reparaturbetriebs, um dessen Arbeiten es im Schadensersatzprozeß geht, anstelle der Partei als ihr Vertreter erscheinen. 46

Natürlich kann auch der *ProzBev* selbst als Vertreter nach III auftreten, Köln RR 04, 392, LG Brschw RR 04, 391, aM LAG Kiel NZA-RR 04, 154 (er verfüge meist nicht über eigene Sachkenntnis. Gerade die kann er aber vom Auftraggeber oder dessen Fachleuten erhalten haben). Ebenso natürlich muß die Partei ihn vollständig genug informiert haben, LG Bln NJW 04, 782. Es empfiehlt sich, diese Doppelfunktion im Termin klarzustellen und darauf zu achten, daß das Gericht die Auskünfte des ProzBev dann, wenn sie dem Gericht genügen, auch so protokolliert, wie sie erfolgen, damit die Rechtsfolgen des ungenügend informierten Vertreters nach III eintreten können.

Freilich ist der ProzBev als solcher grundsätzlich ebenfalls im Rahmen seines Auftrags verpflichtet, sich in dem für den Prozeß erforderlichen Umfang kundig machen zu lassen. Indessen kann die *Informationspflicht des Auftraggebers* nach I, III weitergehen. Deshalb ist es auch keineswegs ausreichend, daß der ProzBev oder sein Unterbevollmächtigter einerseits statt der ordnungsgemäß geladenen Partei erscheint, andererseits aber erklärt, sie habe ihn nicht voll in dem vom Gericht gewünschten Umfang informiert, Karlsr VersR 05, 1104. Er kann dann auch nicht etwa eine Nachfrist nach § 283 erbitten oder eine Vertagung erlangen, sofern aus der Sicht des Gerichts die Partei für den Fall des persönlichen Erscheinens voraussichtlich die Erklärungen hätte ausreichend geben können und müssen. Denn es kommt beim Auftreten der ProzBev als Vertreter nach III ja nicht auf seine im Auftragsverhältnis erworbenen Kenntnisse an, sondern auf diejenigen des Auftraggebers persönlich. 47

Daher muß jeder Vertreter über alle solche Fragen *unterrichtet sein*, die sich auf der Grundlage des bisherigen Sach- und Streitstands und der Anordnung des persönlichen Erscheinens der Partei nach einer sorgfältigen Prüfung des Streitstoffs aus der Sicht der Partei als klärungsbedürftig ergeben könnten, Ffm MDR 91, 545, Mü MDR 92, 513, LG Brschw RR 04, 391. Das Gericht darf und sollte Fragen, deren Aufklärung erforderlich ist, zwar nach § 273 II Z 1 vorbereitend mitteilen, Mü MDR 78, 147. Eine bloße Kenntnis der bisherigen Schriftsätze reicht aber für den Vertreter im allgemeinen nicht aus, Stgt JZ 78, 690. Denn diese Schriftsätze sind ja auch dem Gericht im Zeitpunkt der Anordnung des persönlichen Erscheinens bereits bekannt gewesen. Der Vertreter braucht allerdings nicht auch dazu instande zu sein, sofort oder auch überhaupt als Zeuge auszusagen, Mü MDR 78, 147. Denn § 141 dient nicht der Beweisaufnahme.

Der ProzBev der Partei kommt als Vertreter nach III insoweit nicht infrage, als es auf *höchstpersönliche Kenntnisse* der Partei ankommt, Ffm MDR 91, 545. Es kann ratsam sein, im Anordnungsbeschluß zum Ausdruck zu bringen, daß das Gericht die Entsendung eines – wenn auch informierten – Vertreters voraussichtlich nicht für ausreichend halten wird. Von diesem Fall abgesehen ist die Abgabe der Erklärung aber auch durch einen unterrichteten Vertreter zulässig, soweit sie für den weiteren Prozeßverlauf förderlich sein kann. Es kann aber unzureichend sein, daß die Partei den Vertreter nur erst zum Zweck der Wahrnehmung des Termins lückenhaft oder verspätet informiert. 48

B. Ermächtigung zur Abgabe der gebotenen Erklärungen usw. Weitere Voraussetzung des Unterbleibens von Ordnungsgeld ist, daß der als Vertreter nach III Erschienene die vorgenannten Erklärungen abgeben kann und auch darf, Köln RR 04, 1723. Soweit der Vertreter im Termin eine Erklärung abgibt, muß sie ebenso wie diejenige einer Partei wahrhaftig und zulässig sein, § 138. Die Aufnahme eines Protokolls über die Anhörung ist zwar nicht nach § 160 III Z 4 notwendig, § 160 Rn 11. Sie ist aber unter Umständen nach § 160 II oder IV erforderlich. Das Gericht darf die Einlassung nur insoweit verwerten, als es die Einlassung im Protokoll oder Urteil wiedergibt. Soweit eine Darstellung der Partei von derjenigen ihres 49

§ 141 Buch 1. Abschnitt 3. Verfahren

Vertreters abweicht, muß das Gericht mindestens in den Akten hierüber einen Vermerk anfertigen, auf den es im Urteil Bezug nehmen kann. Vgl aber auch § 161 und ferner § 85 Rn 6.

50 Der Vertreter muß im übrigen im Verhältnis zu seiner Partei eine jedenfalls nach III 2 volle Vollmacht haben, Karlsr VersR **05**, 1104. Sie muß insbesondere zum Abschluß eines unbedingten oder widerruflichen *Prozeßvergleichs* nach Anh § 307 ausreichen, wie das Gesetz ausdrücklich verlangt, Karlsr VersR **05**, 1104, Mü RR **92**, 827, Nürnb MDR **01**, 954, aM LG Hanau VersR **78**, 1049, Tschöpe/Fleddermann NZA **00**, 1274 (aber Wortlaut und Sinn sind eindeutig, Einl III 39). Sie muß aber auch zB zur Abgabe einer Erledigterklärung nach § 91a oder eines Verzichts nach § 306 oder zur Erklärung eines Anerkenntnisses nach § 307 ausreichen, Mü MDR **92**, 513. Dabei muß der Vertreter bevollmächtigt, instande und auch in einem Termin bereit sein, den Prozeßvergleich usw sogleich, voll und unbedingt abzuschließen, AG Königstein RR **03**, 136. Die Bereitschaft zum Vergleich lediglich unter Einräumung einer Widerrufsfrist ist eindeutig unzureichend. Sie führt die Folgen des Ausbleibens eines ordnungsgemäßen Vertreters nach III 1 herbei, AG Königstein RR **03**, 136. Andererseits muß der Vertreter natürlich nicht unter allen Umständen vergleichsbereit sein, LG Brschw RR **04**, 391.

Die oft zu hörende Äußerung, der ProzBev dürfe einen Vergleich usw nicht ohne eine telefonische *Rücksprache* mit der Partei abschließen, ist also *unzureichend*, ZöGre 16, aM Ffm OLGR **03**, 163. Das gilt selbst dann, wenn das Gericht dem ProzBev oder sonstigen Vertreter eine Nachfrist setzen dürfte und zugleich einen Verkündungstermin anberaumen könnte. Denn aus der nachgereichten Äußerung mag sich die Notwendigkeit zu einem Wiedereintritt in die mündliche Verhandlung nach § 156 ergeben, und der Prozeßgegner braucht sich auf die damit verbundenen Risiken und mögliche Verzögerungen überhaupt nicht einzulassen. Das darf und muß das Gericht schon im Rahmen von III im Termin berücksichtigen.

51 **C. Folge unzureichender Vertretung: Ordnungsgeld.** Soweit die Voraussetzungen Rn 46–50 nicht sämtlich erfüllt sind, ist das Gericht zum Ordnungsgeld gegen die Partei berechtigt. Das ergibt sich aus dem Zusammenwirken schon des Wortlauts von III 1, 2, Mü MDR **92**, 513, Stgt JZ **78**, 690.

52 **15) Notwendigkeit des Hinweises auf die Folgen des Ausbleibens, III 3.** Das Gericht muß die Partei nach dem zwingenden Wortlaut auf die Folgen ihres Ausbleibens bereits in der Ladung hinweisen. Es handelt sich um eine Amtspflicht des Gerichts. Auch der die Ladung evtl nach § 168 durchführende Urkundsbeamte muß von Amts wegen mit auf die Einhaltung der Vorschrift achten. Der Wortlaut des Hinweises ist in III 3 nicht vorgeschrieben. Er versteht sich aber aus dem Sinn und Zweck dahin, daß einerseits der Hinweis auf ein mögliches Ordnungsgeld notwendig ist, andererseits der Zusatz, daß dieses unterbleiben werde, wenn die Partei einen Vertreter entsende, der zur Aufklärung in der Lage und zu den gebotenen Erklärungen ermächtigt sei, insbesondere zum Vergleichsabschluß. Es reicht jedenfalls aus, den Wortlaut von III 1, 2 mitzuteilen. Immerhin muß die Partei ganz klar erkennen können, welche Rechtsfolgen ihr persönliches Ausbleiben oder mangelnde Information ihres Vertreters haben können.

53 Soweit der Hinweis nicht schon mit der Ladung erfolgte, muß das Gericht ihn so *rechtzeitig nachholen,* daß die Partei ihre Entscheidungen noch unter einer zumutbaren Abwägungsfrist vor dem Termin treffen und auch für die rechtzeitige Entsendung eines etwa noch zu informierenden Vertreters sorgen kann. Das darf aber nicht zu einer wesentlichen Erweiterung der Ladungs- oder Einlassungsfrist nach §§ 217, 274 III führen. Denn das Gericht ist im Interesse auch des Prozeßgegners gerade auch bei § 141 zur Prozeßförderung berechtigt und verpflichtet, Einl III 27. Darauf muß sich die Partei einstellen. Daher ist ihr auch eine sofortige Information eines Vertreters im notwendigen Umfang grundsätzlich sehr wohl zumutbar. Das gilt selbst dann, wenn sie andere wichtige private Aufgaben zurückstellen müßte. Soweit das Gericht einen ordnungsmäßigen Hinweis nach III 3 unterlassen hat, kann eine Maßnahme nach III 1 unzulässig und aufzuheben sein, Rn 54.

54 **16) Aufhebung der Anordnung des Erscheinens, I, II.** Das Gericht darf die Anordnung des persönlichen Erscheinens jederzeit aufheben. Es ist dazu nur verpflichtet, sobald und soweit sich ergibt, daß das Erscheinen der Partei persönlich zur Aufklärung des Sachverhalts als nicht mehr geboten erscheint, I 1. Soweit das Gericht das Erscheinen in solcher Lage nur noch für zweckmäßig hält, etwa zwecks Erleichterung eines beabsichtigten Vergleichs oder Gütersuchs, muß es gleichwohl jedenfalls die Anordnung nach I aufheben. Es ist dann ein entsprechender Zusatz ratsam, das Gericht stelle das Erscheinen aus den vorgenannten Gründen anheim oder empfehle es. Das Gericht darf und muß seine Anordnung des Erscheinens unter den Voraussetzungen I 2 unverzüglich aufheben. Es muß seine Anordnung des Erscheinens schließlich aufheben, sobald und soweit sich ergibt, daß die Ladung unkorrekt ergangen war, Rn 53.

55 **17) Aufhebung des Ordnungsgeldes, III.** Unabhängig davon, ob die Anordnung des Erscheinens ordnungsgemäß war, darf und muß das Gericht das Ordnungsgeld aufheben, sobald und soweit sich die Partei nachträglich genügend entschuldigt hat. Eine solche Entschuldigung kann zB dann vorliegen, wenn die Partei den Termin ohne persönliche Vorwerfbarkeit versäumt hat und auch eine Entschuldigung bis zum Termin nicht vorlegen konnte, Bbg MDR **82**, 585, oder wenn die Partei ihren Anwalt von der Anordnung des persönlichen Erscheinens schuldlos nicht informiert hatte und wenn er ihr daher erklärt hatte, sie brauche nicht persönlich zum Termin zu kommen, Köln MDR **75**, 321. Eine Entschuldigung liegt aber nicht vor, wenn der ProzBev der Partei trotz seiner Kenntnis oder trotz einer vorwerfbaren Unkenntnis der Anordnung ihres persönlichen Erscheinens abgeraten hatte, zum Termin zu kommen, § 85 II, Köln NJW **78**, 2516 (krit Schneider NJW **79**, 987), Stgt JZ **78**, 690. Eine Aufhebung des Ordnungsgelds ist ferner dann notwendig, wenn das Gericht zunächst im Termin ordnungsgemäß eine solche Maßnahme getroffen hatte, wenn dann aber noch in demselben Termin ein nach III 2 ausreichender Vertreter erscheint und Auskünfte usw abgibt.

56 **18) Rechtsmittel, I–III.** Beim Rpfl gilt § 11 RPflG, § 104 Rn 41 ff. Im übrigen gilt:

A. Gegen das Unterbleiben der Anordnung. In diesem Fall ist erst das Urteil wie sonst anfechtbar, nicht mit einer diesbezüglichen Verfahrensrüge, wohl aber evtl mit einer Rüge der Verletzung der Aufklärungspflicht, § 139.

57 **B. Gegen die Anordnung des Erscheinens.** Diese Anordnung ist als solche ebenfalls unanfechtbar, § 567 I.

Titel 1. Mündliche Verhandlung §§ 141, 142

C. Gegen die Anordnung eines Ordnungsmittels. Sowohl gegen die grundsätzlich statthafte Verhängung eines Ordnungsgeldes als auch gegen die grundsätzlich umstatthafte Verhängung einer Ordnungshaft oder Anordnung der Vorführung ist sofortige Beschwerde nach § 567 I Z 1 zulässig. Das ergibt sich aus der Bezugnahme von III auf das Verfahren gegenüber einem ausgebliebenen Zeugen, also auch auf § 380. Denn es wäre merkwürdig, wenn nicht zusammen mit § 380 I auch die sofortige Beschwerde nach § 380 III einschließlich ihrer aufschiebenden Wirkung nach § 570 I in Bezug genommen wäre, § 613, Brdb JB **99**, 155, Ffm FamRZ **92**, 73, Hamm RR **87**, 815. 58

Zur *Einlegung* der sofortigen Beschwerde ist die beschwerte Partei auch im Anwaltsprozeß persönlich berechtigt, Hamm FamRZ **84**, 183. Deshalb herrscht für sie im Beschwerdeverfahren im Rahmen von § 569 III kein Anwaltszwang. Auch eine nachträgliche Entschuldigung kommt wie bei § 381 I 2 in Betracht, Hamm RR **87**, 815. Gerichtskosten entstehen bei erfolgreicher Beschwerde nicht für die Beschwerdeinstanz, Brdb MDR **01**, 411. Wegen der außergerichtlichen Kosten des erfolgreichen Beschwerdeführers § 380 Rn 14, Brdb MDR **01**, 411, Ffm Rpfleger **88**, 106, aM Hamm OLGR **94**, 154. 59

D. Gegen die Versagung von Reisekosten. In diesem Fall ist entsprechend § 127 die sofortige Beschwerde zulässig. Auch in diesem Fall besteht kein Anwaltszwang, § 569 II 2 entsprechend. 60

19) *VwGO:* Statt *I* gilt § 95 *VwGO*, OVG Münst DÖV **88**, 1025, *II* 1 u 2 (2. Halbsatz) sind ersetzt durch § 56 *I* u *II VwGO*, *II* 2 (1. Halbsatz) ist dagegen entsprechend anwendbar, § 173 *VwGO*, da diese Durchbrechung von § 67 *III 3 VwGO* sachlich geboten ist, VGH Kassel NVwZ-RR **98**, 405 mwN. Ordnungsmittel, *III* 1 u 3, sind in § 95 I *VwGO* geregelt, OVG Lüneb NVwZ-RR **89**, 592, OVG Münst DÖV **88**, 1025; da *III* 2 bewußt nicht übernommen worden ist, kann er nicht entsprechend angewendet werden, hM, RedOe § 95 Anm 5, abw Ule § 95 Anm VI. 61

142 *Anordnung der Urkundenvorlegung.* ^{I 1} Das Gericht kann anordnen, dass eine Partei oder ein Dritter die in ihrem oder seinem Besitz befindlichen Urkunden und sonstigen Unterlagen, auf die sich eine Partei bezogen hat, vorlegt. ²Das Gericht kann hierfür eine Frist setzen sowie anordnen, dass die vorgelegten Unterlagen während einer von ihm zu bestimmenden Zeit auf der Geschäftsstelle verbleiben.

^{II 1} Dritte sind zur Vorlegung nicht verpflichtet, soweit ihnen diese nicht zumutbar ist oder sie zur Zeugnisverweigerung gemäß den §§ 383 bis 385 berechtigt sind. ²Die §§ 386 bis 390 gelten entsprechend.

^{III 1} Das Gericht kann anordnen, dass von in fremder Sprache abgefassten Urkunden eine Übersetzung beigebracht werde, die ein nach den Richtlinien der Landesjustizverwaltung hierzu ermächtigter Übersetzer angefertigt hat. ²Die Anordnung kann nicht gegenüber dem Dritten ergehen.

Schrifttum: *Niehr*, Die zivilprozessuale Dokumentenvorlegung im deutsch-englischen Rechtshilfeverkehr usw, 2004; *Schöpflin*, Die Beweiserhebung von Amts wegen im Zivilprozeß, 1992; *Stadler*, Inquisitionsmaxime und Sachverhaltsaufklärung – erweiterte Urkundenvorlagepflichten usw, Festschrift für *Beys* (Athen 2004) 1625; *Stein* (vor § 141 Rn 1).

Gliederung

1) **Systematik, I–III**	1	10) **Übersetzung, III**	17–21
2) **Regelungszweck, I–III**	2	A. Fremdsprachigkeit	18
3) **Sachlicher Geltungsbereich, I–III**	3	B. Beibringung einer Übersetzung	19
4) **Persönlicher Geltungsbereich, I–III**	4	C. Anfertigung durch Übersetzer	20
5) **Ermessen, I–III**	5	D. Anfertigung im unmittelbaren Gerichtsauftrag	21
6) **Urkunde in Besitz von Partei oder Drittem, I 1**	6–8	11) **Verfahren, I–III**	22–26
A. Urkundenbegriff	7	A. Zuständigkeit	22
B. Besitzbegriff	8	B. Entscheidungsform: Verfügung oder Beschluß	23
7) **Bezugnahme, I 1**	9	C. Begründung	24
8) **Sonstige Unterlagen, I 1**	10	D. Mitteilung	25
9) **Fristsetzung, Verwahrung, I 2**	11–16	E. Kosten	26
A. Vorgelegte Schriftstücke	13	12) **Verstoß der Partei oder eines Dritten, I–III**	27
B. Verbleib auf der Geschäftsstelle	14	13) **Rechtsbehelfe, I–III**	28
C. Verbleibzeitraum	15	14) *VwGO*	29
D. Verwahrungsverhältnis	16		

1) Systematik, I–III. § 142 gibt Ergänzungsvorschriften zu §§ 131, 134, 138, 139, Gruber/Kießling ZZP **116**, 333. Ähnliche Regelungen enthält auch § 273 II Z 1. § 142 wird durch § 144 ergänzt. § 142 bleibt von § 378 unberührt, dort I 2. § 428 macht auch § 142 anwendbar. Alle diese Vorschriften gelten unabhängig davon, ob die zugehörigen Tatsachen umstritten sind, Schäfer DS **04**, 179, aM ZöGre 2 (aber schon die Stellung im Buch 1 zeigt solche Unabhängigkeit). §§ 102, 258 ff HGB enthalten Spezialregeln für Handelsbücher, Rn 9. Für den Fall des förmlichen Urkundenbeweises enthalten §§ 420 ff vorrangige Sonderregeln. Diese gelten hier, soweit sich das Gericht nur zur besseren Anschauung verschaffen will, sei es auch zwecks Vorbereitung einer etwa erforderlichen Beweisanordnung. Der Tarnschutz eines Zeugen hat Vorrang, § 10 II ZSHG, abgedruckt bei § 383. 1

2) Regelungszweck, I–III. § 142 dient der Sachaufklärung, Schäfer DS **04**, 179. Er durchbricht dabei die Grenzen der Parteiherrschaft und des Beibringungsgrundsatzes, Grdz 18, 20 vor § 128, Wolf ZZP **116**, 2

§ 142

526. Die Vorschrift kann auch zur Vorbereitung einer etwaigen Beweisanordnung dienen, vgl auch § 144. Freilich gelten in der Beweisaufnahme vorrangig §§ 420 ff, Rn 1. § 142 darf jedenfalls nicht zu einer Ausforschung führen, Einf 27 vor § 284, Greger NJW **02**, 1478, Schäfer DS **04**, 180, aM Schlosser JZ **03**, 428 (aber Ausforschung ist weder „vernünftig begrenzt" zulässig, noch überhaupt. Das ist keine „dogmatische Zögerlichkeit", sondern ein notwendiges Abwehren der Anfänge, Einf 27 vor § 284). II findet seine Grenze auch bei Gefahr für einen fairen Prozeß, Einl III 23, Konrad NJW **04**, 713. III dient überdies der Durchsetzung des Grundsatzes, daß die Gerichtssprache deutsch ist, § 184 GVG.

Zögern ist eine häufig zu beobachtende Haltung einer Partei und natürlich gar keines Dritten, wenn es um eine auch nur vorübergehend kurze Aushändigung auch nur an das Gericht geht. Solches Zögern ist nur zu verständlich. Denn niemand kann die unbeschädigte vollständige Rückgabe wirklich garantieren, auch nicht der Staat. Das gehört leider auch zur gerichtlichen Lebenserfahrung. Daran ändern auch noch so präzise Anordnungen besonderer Verwahrung nur bedingt etwas. Andererseits mag die Technik der Kopie eine Aushändigung des Originals nur noch dann notwendig machen, wenn etwa der Graphologe die Echtheit einer Unterschrift nicht anders prüfen kann. Selbst in solcher Lage bleibt aber doch zweifelhaft, ob das Gericht die Wahrheitssuche so hoch ansetzen sollte, daß der Besitz- und Eigentumsschutz auch nur vorübergehend zurücktreten muß. Mag derjenige, der ihn höher bewertet als eine gerichtliche Vorlagebitte, die prozessualen und damit auch sachlichrechtlichen nachteiligen Folgen doch selbst tragen. Beweisvereitelung ist als prozessuale Arglist immer nachteilig, Anh § 286 Rn 26, auch wenn keine Lage nach § 444 vorliegt, Einl III 54. Deshalb sollte man jedenfalls bei II nicht zu konsequent vorgehen. Umso eher sollte man von III Gebrauch machen. Die Gerichtssprache ist deutsch, § 184 GVG. Auch die Spezialkammer braucht sich dessen durchaus nicht zu schämen. Das gilt sogar gegenüber englischen bzw amerikanischen Urkunden.

3 3) **Sachlicher Geltungsbereich, I–III.** § 142 gilt in jedem Verfahren, auf das die ZPO anwendbar ist, insbesondere auch im Verfahren mit Beibringungsgrundsatz nach Grdz 20 vor § 128, und auch im selbständigen Beweisverfahren, Schlosser Festschrift für Sonnenberger (2004) 151. Die Vorschrift durchbricht ihn teilweise, Grdz 25 ff vor § 128. § 142 gilt in jeder Verfahrenslage und in jeder Instanz. Auch das Revisionsgericht mag unabhängig davon, daß es keine Tatsacheninstanz bringt, ein Bedürfnis nach besserer Anschaulichkeit haben. Die Vorschrift gilt auch im FGG-Verfahren, BayObLG **96**, 165.

4 4) **Persönlicher Geltungsbereich I–III.** Die nach § 142 in Betracht kommende Anordnung kann sich auf jede Partei erstrecken, Grdz 4 vor § 50. Die Anordnung kann also zB auch gegenüber einer Partei kraft Amts nach Grdz 8 vor § 50 oder gegenüber dem gewillkürten Prozeßstandschafter ergehen, Grdz 29 vor § 50. Bei einer juristischen Person als Partei wird wie stets ihr gesetzlicher Vertreter verpflichtet. Vgl im einzelnen § 51 Rn 12. Die Anordnung kann auch gegenüber dem Streithelfer nach §§ 66 ff erfolgen.

Ein *Dritter* kann im Rahmen von I, II ebenfalls zur Vorlegung verpflichtet sein, Schäfer DS **04**, 182 (Haftpflichtversicherer). Das gilt aber nicht im Rahmen von III. Letzteres stellt III 2 klar, Rn 19. Auch bei I muß das Gericht Grenzen beachten, II in Verbindung mit §§ 383–390. Das stellen II 1, 2 ausdrücklich klar. Zunächst muß das Gericht die Zumutbarkeitsgrenze beachten. Das Gericht darf dem Dritten nach I, II I keine ihm körperlich, seelisch oder geistig unzumutbare Vorlegung abverlangen, etwa die Vorlegung eines extrem umfangreicher Aktenberge oder auch intimer Fotos, Tagebücher und anderer höchstpersönlicher Unterlagen, auf die es nicht gerade ankommt. Notfalls darf er auch solche Partien schwärzen usw. Ein Zeugnisverweigerungsrecht macht ebenfalls schon I unanwendbar. Freilich darf und muß das Gericht dessen Geltendmachung abwarten. Eine diesbezügliche Rückfrage eines Dritten vor einer Handlung nach I mag sinnvoll sein. Der Dritte braucht sich aber erst nach Erhalt einer Anordnung zu äußern.

5 5) **Ermessen, I–III.** Das Wort „kann" in I–III bedeutet nicht nur eine Zuständigkeitsregelung, sondern die Aufgabe des Gerichts, innerhalb eines pflichtgemäßen Ermessens zu entscheiden, BayObLG **96**, 165, Zekoll/Bolt NJW **02**, 3129. Es muß dabei alle Umstände des Einzelfalls im Rahmen des problematisch knappen Merkmals der Zumutbarkeit prüfen, dazu krit Schneider MDR **04**, 1 (ausf). Es muß alle diese Umstände gegeneinander abwägen, auch einen Persönlichkeitsschutz bzw ein Geheimhaltungsbedürfnis, Konrad NJW **04**, 713, Zekoll/Bolt NJW **02**, 3130. Das gilt auch wegen § 357, Schlosser JZ **03**, 428. Das Gericht muß einen genügenden sachlichen Grund zu einer Vorlegungsanordnung haben, Rn 2. Die Grenze des Ermessens ist in der Revisionsinstanz überprüfbar.

Bei der Ausübung des Ermessens muß das Gericht auf den *Regelungszweck* nach Rn 2 achten und im Verfahren mit Beibringungsgrundsatz nach Grdz 20 vor § 128 trotz seiner teilweisen Durchbrechung in I–III darauf achten, daß es nicht zu einer Ausforschung kommt, Rn 2. Andererseits darf auch sich das Gericht im gesamten ihm als zweckmäßig oder notwendig erscheinenden Umfang auch durch die Anordnung der Vorlegung von Urkunden usw die Anschauung verschaffen, die der sachgerechten Entscheidung dienen kann. Das gilt etwa bei einer Schadensberechnung nach § 287, Greger NJW **02**, 1478. Kostenerwägungen sind dabei zwar nicht unbeachtlich. Sie sind aber nicht vorrangig oder allein entscheidend.

6 6) **Urkunde in Besitz von Partei oder Drittem, I 1.** Erste Voraussetzung einer Anordnung nach I 1 ist, daß sich die fragliche Urkunde im Besitz einer Partei oder eines Dritten befindet. Dritter kann zB im Prozeß des Patienten gegen seine Krankenversicherung auch der Arzt sein, LG Saarbr VersR **03**, 234, Gehrlein MDR **03**, 424, oder eine Dokumentation. Maßgeblich ist der Zeitpunkt der Anordnung, also ihrer Verkündung oder gesetzmäßigen Mitteilung an den Betroffenen, Rn 25. Insofern entspricht I 1 den §§ 131 I, 134 I. Weitergehende Vorlegungsanordnungen wie bei §§ 421 ff in der förmlichen Beweisaufnahme ermöglicht I 1 nicht. Der Prozeßgegner ist also nur unter den Voraussetzungen der §§ 422, 423 vorlegungspflichtig, aM Zekoll/Bolt NJW **02**, 3130 (aber man darf nicht zu weit zur Amtsermittlung übergehen).

7 A. **Urkundenbegriff.** I 1 erfaßt jede Urkunde im Sinn von §§ 415 ff, also auch eine Privaturkunde. Es kommt nicht darauf an, ob die Urkunde einwandfrei oder etwa fehlerhaft ist oder sein soll, § 419. Es ist unerheblich, ob es sich auch um eine Urkunde im strafrechtlichen Sinn handelt. Es reicht aus, daß es sich nach dem Vortrag der Partei, die sich auf das Exemplar bezieht, bei seiner rechtlichen Würdigung um eine

Urkunde handeln dürfte. Auch ein Schriftwechsel gehört hierher, Greger NJW **02**, 1477. Eine umfangreiche Aktensammlung kommt wegen des Ausforderungsverbots nach Rn 2 kaum in Betracht.

B. Besitzbegriff. Die Partei bzw der Dritte muß die Urkunde gerade in Besitz haben, gerade anders als bei § 421. Das ist ein weiter Begriff, also ein Gewahrsam wie unmittelbarer Besitz, freilich kein nur mittelbarer Besitz nach § 868 BGB. Denn I 1 spricht nicht von „In-Händen-haben", aber meint doch ersichtlich nur die tatsächliche Sachherrschaft, aM Zekoll/Bolt NJW **02**, 3130. Andernfalls muß man gegen denjenigen weiteren Dritten vorgehen, der diese Sachherrschaft hat. Freilich kann derjenige bereits als Gewahrsamsinhaber gelten, der sich den Gewahrsam mühelos und alsbald verschaffen kann und darf, Schlosser Festschrift für Sonnenberger (2004) 144. Daher kommt eine Anordnung auch dann in Betracht, wenn die Partei bzw der Dritte eine Urkunde erst noch anfertigen müßte oder mitgeteilt hat, man habe die Urkunde aus behebbaren vorübergehenden Gründen noch nicht oder derzeit nicht oder nicht mehr in Besitz. **8**

7) Bezugnahme, I 1. Weitere Voraussetzung einer Anordnung nach I 1 ist, daß sich die Partei auf eine in ihrem Besitz oder in demjenigen eines Dritten befindliche Urkunde auch gerade bezogen hat, aM Zekoll/Bolt NJW **02**, 3130, aM ThP 1 (wegen § 273 II Z 1. Aber § 142 hat Vorrang). Eine Bezugnahme ist auch dann zulässig und die Anordnung der Vorlage ist daher auch dann statthaft, wenn es sich um das Handelsbuch eines Vollkaufmanns nach § 258 II HGB oder um das Tagebuch eines Handelsmaklers nach § 102 HGB handelt, noch weitergehend BAG BB **76**, 1020, Daniels NJW **76**, 349. Wegen der Vorlage von Handelsbüchern im übrigen §§ 258 I, 259, 260 HGB. Wegen der Vorlage von Unterlagen auf Bild- oder Datenträgern § 261 HGB. Die Bezugnahme kann auch stillschweigend erfolgt sein. Maßgeblich ist wie stets bei einer Parteiprozeßhandlung der auslegbare Gesamtinhalt des Parteivortrags, aM Schlosser Festschrift für Sonnenberger (2004) 146 (vgl aber Grdz 52 vor § 128). Man darf ihn freilich nicht überspannen, Greger NJW **02**, 3050, Zekoll/Bolt NJW **02**, 3130. Man sollte eine Bestimmtheit der Bezugnahme fordern, Schlosser Festschrift für Sonnenberger (2004) 146. Auch wenn eine Bezugnahme noch so ratsam wäre, mag die Partei von ihr bewußt abgesehen haben. In diesem Fall ist jedenfalls keine Anordnung nach I 1 statthaft. Mag die Partei die Folgen eines unvollständigen Vortrags zumindest nach einem pflichtgemäßen Hinweis des Gerichts auf diesen Umstand tragen, §§ 138, 139. Die Bezugnahme muß im Zeitpunkt der Anordnung schon und noch bestehen. **9**

8) Sonstige Unterlagen I 1. Eine Anordnung nach I 1 kommt auch in Betracht, wenn es sich um eine sonstige Unterlage handelt. Das gilt unabhängig davon, ob man ihr den Charakter einer Urkunde beimessen kann. Es sind alle Unterlagen gemeint, die sich im Besitz einer Partei oder eines Dritten befinden und auf sich beziehen. Daher kommt zB auch die Vorlage eines Bild-, Daten- oder Tonträgers in Betracht. Das gilt selbst dann, wenn das Gericht seinen gedanklichen Inhalt nicht ohne technische Hilfsmittel sinnlich wahrnehmen kann. Diese Auslegung entspricht allein dem weiten Aufklärungszweck der Bestimmung, Rn 2. **10**

9) Fristsetzung, Verwahrung, I 2. Das Gericht kann sich zwar auf die Vorlegungsanordnung nach I 1 beschränken. Es kann aber darüber hinausgehend auch nach I 2 anordnen, daß die Vorlegung innerhalb einer von ihm zu bestimmenden Frist erfolgt, II 2 Hs 1. Es kann darüber hinaus auch anordnen, daß die vorgelegten Schriftstücke während einer von ihm zu bestimmenden Zeit auf der Geschäftsstelle verbleiben. Diese letztere Anordnung scheint überflüssig. Denn die Partei soll nach § 133 ohnehin einem Schriftsatz auch die für die Zustellung erforderliche Zahl von Abschriften auch seiner Anlagen beifügen, II 2 Hs 2. Außerdem ist die Partei nach § 134 I ohnehin verpflichtet, die in ihren Händen befindlichen Urkunden, auf die sie Bezug genommen hat, bereits vor der Verhandlung auf der Geschäftsstelle niederzulegen und den Gegner zusätzlich zu benachrichtigen. Nach § 134 II hat der Gegner ohnehin zur Einsicht eine Frist von drei Tagen. **11**

Indessen geht I 2 *über diese Frist hinaus.* Das Gericht kann die Frist der Niederlegung selbst bestimmen, also eine längere Frist anordnen. Es kann überhaupt bestimmen, daß die Urkunden während der gesamten Instanz auf der Geschäftsstelle verbleiben sollen. Damit soll jeder Prozeßbeteiligte die Möglichkeit erhalten, an neutraler Stelle während der Geschäftsstunden grundsätzlich jederzeit und auch wiederholt Einsicht zu nehmen, zu vergleichen, etwaige Fehler aufzudecken usw. Auch mag das Gericht es für notwendig oder doch ratsam halten, irgendwelchen Veränderungen auch nur in der äußeren Reihenfolge oder Zusammenstellung der Urkunden oder gar dem Verlust in der Hand eines zur Akteneinsicht berechtigten Prozeßbeteiligten vorzubeugen. **12**

A. Vorgelegte Schriftstücke. Die Anordnung nach I 2 kann sich nur auf ein solches Schriftstück erstrecken, das die Partei bzw ein Dritter bereits auf Grund einer Anordnung nach I 1 oder ohne solche Anordnung dem Gericht vorgelegt hatte. Die Vorlegung besteht in der tatsächlichen Einreichung bei Gericht. Sie kann auch dann erfolgt sein, wenn die Partei sich nicht ausdrücklich auch auf dieses Schriftstück bezogen hat. Andererseits reicht eine bloße Bezugnahme ohne Vorlegung nicht aus. **13**

B. Verbleib auf der Geschäftsstelle. Die Anordnung nach I 2 Hs 2 ergeht dahin, daß das Schriftstück auf der Geschäftsstelle verbleibt. Das hat Bedeutung für den Fall, daß die Geschäftsstelle die Akte etwa nach § 299 von der Geschäftsstelle versendet oder auch nur an eine andere Abteilung desselben Gerichts schickt, etwa weil diese sie als Beiakte zu einem Parallelverfahren angefordert hat. Auch in einem solchen Fall verbleibt das nach I 2 Hs 2 betroffene Schriftstück bei derjenigen Geschäftsstelle, die die Hauptakte führt. Das gilt für die Dauer der jeweiligen Instanz. Ob das Gericht gestattet, auch das so verwahrte Schriftstück auf Anfordern dem Prozeßbeteiligten usw zu übersenden, ist eine vom Gericht nach § 299 zu beantwortende andere Frage. **14**

C. Verbleibszeitraum. Das Gericht muß im Rahmen seines pflichtgemäßen Ermessens nach Rn 4 auch die Dauer des Verbleibs des Schriftstücks auf der Geschäftsstelle bestimmen. Die Dauer hängt von der voraussichtlichen Zeit ab, während der das Schriftstück jederzeit zur Einsicht auf der Geschäftsstelle verfügbar bleiben muß oder vor unbefugten Eingriffen geschützt werden soll. Dabei muß das Gericht einerseits die Interessen des Vorlegers an einem baldigen Rückerhalt abwägen, insbesondere bei Geschäftsbüchern, Steuerunterlagen und dergleichen. Es muß andererseits das Interesse an zügiger Verfahrensförderung und dem Schutz vor Mißbräuchen bedenken. Das Gericht kann seine Entscheidung über die Dauer des Verbleibs nachträglich ändern, etwa durch eine Verlängerung oder Abkürzung oder durch eine teilweise Aufhebung oder Erweiterung. **15**

§ 142

16 **D. Verwahrungsverhältnis.** Durch die Anordnung nach I 2 Hs 2 begründet das Gericht für das vorgelegte Schriftstück während der von ihm bestimmten Zeit ein amtliches Verwahrungsverhältnis zwischen dem Vorleger (Hinterleger) und dem Staat. Die HinterlO ist nur insofern anwendbar, als nicht die vorrangigen Vorschriften der ZPO entgegenstehen. Eine amtliche Verwahrung ist freilich schon mit dem tatsächlichen Eingang der Schriftstücke in den Justizbereich ausgelöst worden.

17 **10) Übersetzung, III.** Die Gerichtssprache ist deutsch, § 184 GVG. Daran ändert auch der Umstand nichts, daß im Zuge der zunehmenden Internationalisierung auch des Rechtsverkehrs Fremdsprachen in der Alltagspraxis auch vor Gericht eine zunehmende Rolle spielen. Allerdings können die Europäische Menschenrechtskonvention und andere internationale Rechtsquellen Vorschriften enthalten, die sowohl dem § 184 GVG als auch dem § 142 III vorgehen können. Eine fremdsprachige Urkunde ist nicht schon deshalb unbeachtlich, weil sie ohne Anordnung einer Übersetzung im Original vorgelegt wird, § 420, § 184 GVG Rn 4, BGH NJW 89, 1433, Bacher/Nagel GRUR 01, 873. Nach III hat das Gericht ein Ermessen, ob es eine Übersetzung nach § 144 anordnet, Rn 4.

18 **A. Fremdsprachigkeit.** III gilt für alle Arten von Urkunden in einer beliebigen fremden Sprache. Ein dem erkennenden Gericht unbekannter deutscher oder deutschsprachiger Dialekt ist zwar keine „fremde" Sprache. Er nötigt das Gericht aber evtl zu einer entsprechenden Anwendung von III, um die Urkunde verstehen zu können. Soweit das Gericht die fremde Sprache selbst beherrscht, kann es die fremdsprachige Urkunde ohne einen Verstoß gegen § 184 GVG unmittelbar verwenden, BGH FamRZ 88, 828. Denn III dient nicht einer sinnlosen Förmelei. Das setzt aber voraus, daß alle Mitglieder des erkennenden Spruchkörpers ausreichende Sprachkenntnisse haben. Die Kenntnis nur des Vorsitzenden oder nur des Berichterstatters reicht nicht. Denn sie nimmt den übrigen Richtern die Möglichkeit, sich einen eigenen unmittelbaren Sinneseindruck vom Gedankeninhalt der Urkunde zu machen. Ohnehin muß ja jeder Richter zumindest instande sein, die gesamte Akte selbst zu lesen und zu verstehen, Einl III 18. Andererseits ist trotz Art 103 I GG nicht auch eine ausreichende Sprachkenntnis aller übrigen Prozeßbeteiligten erforderlich. Das Gericht kann es den Parteien und ihren ProzBev usw überlassen, sich Übersetzungen zu beschaffen. Ihre Kosten gehören zu den außergerichtlichen Prozeßkosten nach § 91. Dann ist § 11 JVEG nicht direkt anwendbar, sondern nur auf Grund einer etwaigen Vereinbarung der Partei mit dem Übersetzer. Denn dann zieht das Gericht den Übersetzer nicht im Sinn von § 1 I 1 Z 1 JVEG selbst heran. Vgl freilich § 184 GVG Rn 1. Der Vorsitzende sollte sich immerhin zumindest gehalten sehen, den Parteien in der Verhandlung den nach Meinung des Gerichts wesentlichen Inhalt der fremdsprachigen Urkunde auf etwaigen Wunsch kurz so darzustellen, wie ihn das Gericht versteht.

19 **B. Beibringung einer Übersetzung.** Das Gericht kann in jedem Fall nach III 1 schon im Interesse allseits übereinstimmenden Sprachverständnisses und zumindest mangels eigener Fremdsprachenkenntnis verlangen, daß die Partei von jeder von ihr eingereichten fremdsprachigen Urkunde eine Übersetzung beibringt. Das kann auch geschehen, wenn sich die Partei nicht im Sinn von I auf eine solche Urkunde bezogen hat. Die Urkunde braucht sich auch nicht im Sinn von I derzeit in den Händen der Partei zu befinden. Es reicht aus, daß sie irgendwie vom Gesamtvortrag der Partei erfaßt wird und entscheidungserheblich sein könnte, also nicht schon sein muß.

Gegenüber einem Dritten ist die Anordnung nach III 1 unstatthaft. Das stellt III 2 klar. Damit zieht III einen wesentlich engeren persönlichen Rahmen als I, II. Deshalb kommt es auch bei III anders als bei II nicht darauf an, ob der Dritte ein Ausageverweigerungsrecht hätte.

20 **C. Anfertigung durch Übersetzer.** Das Gericht kann sich mit einer beliebigen privatschriftlichen oder mündlichen Übersetzung begnügen, etwa durch einen zufällig anwesenden, sprachkundigen Dritten. Es kann aber auch eine Übersetzung durch einen nach den Richtlinien der Landesjustizverwaltung hierzu ermächtigten Übersetzer fordern. Das stellt der Wortlaut von III 1 klar. Soweit solche Richtlinien nicht existieren, entfällt natürlich eine solche Bedingung. Welche Richtlinien maßgeblich sind, läßt sich im allgemeinen den beim Gerichtsvorstand geführten Generalakten entnehmen. In der Wahl mehrerer in diesem Sinn ermächtigten Übersetzer ist das Gericht im Rahmen pflichtgemäßen Ermessens frei, Rn 4. Es kann die Wahl auch der Partei überlassen, der es die Beibringung auferlegt. Die Übersetzung mag in der Verhandlung mündlich erfolgen. Das Gericht kann auch die Beibringung einer schriftlichen Übersetzung anordnen. In diesem Fall ist eine persönliche Vernehmung des Übersetzers erst insoweit erforderlich, als das Gericht oder ein Prozeßbeteiligter die Übersetzung beanstandet.

21 **D. Anfertigung im unmittelbaren Gerichtsauftrag.** Das Gericht kann die Übersetzung auch von Amts wegen unmittelbar beim Übersetzer seiner Wahl bestellen, statt sie nach III der Partei zu überlassen. Das ergibt sich schon aus §§ 144 I, 273, aber auch aus § 184 I GVG. Nur dann ist § 11 JVEG direkt anwendbar. Denn nur dann zieht das Gericht den Übersetzer im Sinn des § 1 I 1 Z 1 JVEG selbst heran.

22 **11) Verfahren, I–III.** In allen Fällen des § 142 muß man mehrere Punkte beachten.

A. Zuständigkeit. Zuständig ist „das Gericht". Das ist also grundsätzlich das gesamte erkennende Kollegium. Der Einzelrichter ist im Rahmen seines Zuständigkeitsbereichs nach §§ 348, 348 a, 526, 527, 568 natürlich auch nach § 142 allein zuständig. Der Vorsitzende trifft die Entscheidung außerhalb der mündlichen Verhandlung im Rahmen von § 273 II in Verbindung mit § 142 in eigener Zuständigkeit. In der Verhandlung führt er die Entscheidung des Kollegiums herbei.

23 **B. Entscheidungsform: Verfügung oder Beschluß.** Außerhalb der mündlichen Verhandlung kann der Vorsitzende durch eine Verfügung nach § 273 II Z 5 entscheiden. Er kann auch die Beschlußform wählen, § 329. Sie ist in der Verhandlung notwendig.

24 **C. Begründung.** Das Gericht muß seine Entscheidung ist trotz ihrer grundsätzlichen Unanfechtbarkeit nach Rn 28 wenigstens stichwortartig begründen, § 329 Rn 4. Das gilt sowohl im Fall der Anordnung als auch im Fall der Ablehnung einer solchen Maßnahmen.

Titel 1. Mündliche Verhandlung **§§ 142, 143**

D. Mitteilung. Das Gericht verkündet seine Entscheidung oder stellt sie wegen Rn 11, 28 förmlich zu, **25**
§ 329 III Hs 2.

E. Kosten. Alle auf Grund einer Anordnung entstehenden Kosten werden Teil der Prozeßkosten. Sie sind **26**
im Rahmen der §§ 91 ff erstattungsfähig. Das gilt sowohl für die der Partei zur Durchführung der Anordnung entstandenen Unkosten als auch für die vom Gericht durch seinen unmittelbaren Auftrag veranlaßten Unkosten. Der Höhe nach richtet sich die Erstattungsfähigkeit nach den üblichen Regeln, zB beim Übersetzer §§ 8 ff JVEG, Hartmann Teil V.

12) Verstoß der Partei oder eines Dritten, I–III. Soweit die Partei oder ein nach I, II zur Vorlegung **27**
verpflichteter Dritter einer ordnungsgemäßen Anordnung nach I–III vorwerfbar nicht folgen, würdigt das Gericht den Ungehorsam der Partei nach § 286 frei, BAG DB **76**, 1020, Schäfer DS **04**, Zekoll/Bolt NJW **02**, 3130. Es verfährt gegenüber dem Dritten mit II 2 in Verbindung mit §§ 383 ff, Zekoll/Bolt NJW **02**, 3133. Wegen der Nichteinhaltung einer Frist des Gerichts und auch wegen der Fristwahrung durch eine fremdsprachige Urschrift kommt eine Zurückweisung nach § 296 I in Betracht. Denn der dort genannte § 273 II Z 1 verweist auch auf § 142. Im übrigen können die Regeln zur Beweisvereitelung nach Anh § 286 Rn 26 auch außerhalb eines förmlichen Beweisverfahrens entsprechend anwendbar sein.

13) Rechtsbehelfe, I–III. Soweit der Vorsitzende eine Anordnung getroffen oder abgelehnt hat, ist die **28**
Anrufung des Kollegiums statthaft, § 140 Hs 1. Das übersehen Zekoll/Bolt NJW **02**, 3130. Im übrigen kommt gegen die Ablehnung eines Antrags die sofortige Beschwerde nach §§ 387, 567 I Z 2 in Betracht, Schlosser Festschrift für Sonnenberger (2004) 154. Soweit das OLG als Berufungs- oder Beschwerdegericht entschieden hat, kommt allenfalls eine Rechtsbeschwerde an den BGH unter den Voraussetzungen des § 574 in Betracht. Gegen die Anordnung ist grundsätzlich kein besonderer Rechtsbehelf gegeben, § 567 I Z 1. Man kann allenfalls die auf ihr beruhende Endentscheidung wie sonst anfechten. Beim Rpfl gilt § 11 RPflG, § 104 Rn 41 ff.

14) VwGO: Eigene Regelung in § 96 I, die durch entsprechende Anwendung, § 173 VwGO, von **II u III** (dazu **29**
BVerwG NJW **96**, 1553 mwN) ergänzt wird. Für die Urkundenvorlage durch Behörden enthält § 99 VwGO eine Sonderregelung.

143 *Anordnung der Aktenübermittlung.* **Das Gericht kann anordnen, dass die Parteien die in ihrem Besitz befindlichen Akten vorlegen, soweit diese aus Dokumenten bestehen, welche die Verhandlung und Entscheidung der Sache betreffen.**

Vorbem. Überschrift nur scheinbar geändert (war in Wahrheit schon so vorhanden) dch Art 1 Z 1 b G v 18. 8. 05, BGBl 2477, in Kraft seit 27. 8. 05, dch Art 3 S 2 G. Text-Änderg dch Art 1 Z 10 JKomG v 22. 3. 05, BGBl 837, in Kraft seit 1. 4. 05, Art 16 I JKomG. ÜbergangsR im Einl III 78.

Schrifttum: *Liebscher,* Datenschutz bei der Datenübermittlung im Zivilverfahren, 1994; *Niehr,* Die zivilprozessuale Dokumentenvorlegung im deutsch-englischen Rechtshilfeverkehr usw, 2004; *Schöpflin,* Die Beweiserhebung von Amts wegen im Zivilprozeß, 1992; *Stein* (vor § 141 Rn 1).

Gliederung

1) **Systematik** 1	7) **Ermessen** 10
2) **Regelungszweck** 2	8) **Vorlageanordnung** 11–14
3) **Geltungsbereich** 3	A. Zuständigkeit 11
4) **Akten** 4	B. Form 12
5) **Parteibesitz** 5	C. Begründung 13
6) **Bezug auf Prozeß** 6–9	D. Mitteilung 14
A. Anwendbarkeit auf Prozeßvorgänge .. 6	9) **Auswertbarkeit** 15
B. Unanwendbarkeit auf interne Vorgänge 7	10) **Verstoß** 16
C. Entbehrlichkeit einer Bezugnahme ... 8	11) **Rechtsbehelfe** 17
D. Anwendbarkeit auf Kopien 9	12) *VwGO* 18

1) Systematik. Die Vorschrift ist eine Ergänzung zu §§ 131 ff, 142, Gruber/Kießling ZZP **116**, 333. Sie **1**
betrifft anders als § 432 nur solche Akten, die sich im Besitz einer Partei befinden. Sie stellt eine der nach § 273 möglichen Maßnahmen dar. Sie beinhaltet keinen Verstoß gegen den Beibringungsgrundsatz, Grdz 20 vor § 128. Denn sie betrifft genaugenommen nur solche Dokumente, die ohnehin bereits Aktenbestandteile waren, sind oder jedenfalls werden sollen. Der Tarnschutz eines gefährdeten Zeugen hat Vorrang, § 10 II ZSHG, abgedruckt bei § 383.

2) Regelungszweck. Die Vorschrift bezweckt eine Ermöglichung der (Wieder-)Herstellung vollständi- **2**
ger Gerichtsakten. Diese können aus unterschiedlichen Gründen unvollständig (geworden), sein, etwa wegen irriger Einheftung in einer fremden Akte, wegen des Versands an einen ersuchten Richter, wegen des Durcheinanderfallens bei der Bearbeitung auf der Geschäftsstelle usw. Ohne § 143 würde zwar aus dem Prozeßrechtsverhältnis nach Grdz 4 vor § 128 ohnehin eine generelle Pflicht der Parteien zur Mitwirkung an der Vervollständigung ableitbar sein, Grdz 11 vor § 128. Die Vorschrift stellt aber Art und Umfang der Pflicht zumindest klar. Sie umfaßt wegen ihres Zwecks natürlich auch die Pflicht zur Unverzüglichkeit.

3) Geltungsbereich. Grdz 3 vor § 128. **3**

4) Akten. § 143 erfaßt nicht jede Urkunde und nicht jedes Dokument, auch nicht jede Fotokopie, jedes **4**
Foto usw, sondern nur „Akten", die „aus Dokumenten bestehen". Natürlich muß man den Begriff Dokument nach dem jeweiligen Stand der Technik auch weit verstehen. Er umfaßt zB auch eine elektro-

§ 143

Buch 1. Abschnitt 3. Verfahren

nische Fassung oder die Kopie eines Telefax oder eine Skizze, in Wahrheit aber darüber hinaus jede Art von möglichem Aktenbestandteil, Rn 8. Allerdings gelten die Einschränkungen Rn 5, 6.

5 5) **Parteibesitz.** § 143 erfaßt nur solche Akten, die sich im Besitz einer Partei befinden. Besitz ist ganz weit zu verstehen. Er liegt auch dann vor, wenn die Partei die Akte derzeit vorübergehend nicht in ihrem tatsächlichen Gewahrsam hat, sich diesen aber tatsächlich und rechtlich ohne unzumutbare Schwierigkeiten alsbald (wieder) verschaffen kann. Er liegt auch dann vor, wenn die Partei die Akten an einem anderen Ort als ihrem Wohnsitz oder gewöhnlichen Aufenthaltsort verwahrt. Er fehlt, soweit die Partei etwa nur mit Hilfe eines Dritten, etwa ihres Miterben, die tatsächliche Verfügungsgewalt erlangen könnte und soweit dieser Dritte ihr eindeutig Schwierigkeiten macht. Sie braucht ihn nicht zu verklagen, um die Akten nach § 143 herausgeben zu können. Der Besitz des ProzBev genügt, ebenso derjenige des gesetzlichen Vertreters. Der Besitz eines Dritten kann genügen, sofern die Partei ohne jede Schwierigkeit sogleich den Gewahrsam erhalten kann. Sonst genügt dieser Besitz nicht, und zwar auch nicht beim streitgenössischen oder gewöhnlichen Streithelfer.

6 6) **Bezug auf Prozeß.** Es muß sich gerade um solche Dokumente handeln, die gerade zur Kenntnis des Gerichts und des Prozeßgegners bestimmt sind oder kommen müssen.

A. Anwendbarkeit auf Prozeßvorgänge. Es muß sich also um solche Dokumente handeln, die endgültig Aktenbestandteile waren, sein sollten oder werden sollen, von denen also das Gericht und der Prozeßgegner Kenntnis nehmen sollen und dürfen, wenn auch vielleicht nur nach dem Willen des Prozeßgegners oder desjenigen, der den Vorgang zur Akte eingereicht hatte oder einreichen will.

7 **B. Unanwendbarkeit auf interne Vorgänge.** Es reicht nicht aus, daß sich die Dokumente nur auf den Schriftwechsel zur Vorbereitung oder Begleitung oder Abwicklung des Außenverhältnisses (Prozeßrechtsverhältnisses) beziehen. Es genügt also nicht, daß sie nur interne Bedeutung oder Zweckbestimmung haben, nur für die Handakten der Partei oder ihres ProzBev bestimmt sind, mögen sie auch aus der Sicht des Gerichts oder des Prozeßgegners in Wahrheit sehr wohl zur Sache gehören und entscheidungserheblich sein. Andernfalls könnte man mit § 143 das gesamte Berufsgeheimnis des ProzBev glatt umgehen, jedes geschäftliche Geheimnis der Partei und überhaupt die Grundsätze der Parteiherrschaft und des Beibringungsprinzips, Grdz 18, 20 vor § 128. Das ist auch der Sinn von § 143. Auch ist der Datenschutz zumindest insoweit beachtlich, § 299 Rn 4, Liebscher (vor Rn 1), Prütting ZZP **106**, 427 ff.

8 **C. Entbehrlichkeit einer Bezugnahme.** Allerdings ist es nicht notwendig, daß sich die Partei oder auch nur der Prozeßgegner auf die Dokumente ausdrücklich oder stillschweigend bezogen haben. Es reicht vielmehr aus, daß es sich um Vorgänge handelt, die eben schon im Original Aktenbestandteil waren, sein sollten oder werden sollen.

9 **D. Anwendbarkeit auf Kopien.** Unter den Voraussetzungen Rn 6–8 können auch bloße Fotos, Kopien, Durchschläge, Entwürfe usw unter § 143 fallen, soweit sie oder „nur" die zugehörigen Originale Aktenbestandteile waren, sein sollten oder werden sollen, Rn 4. Freilich ist der bloße Entwurf eines solchen Aktenbestandteils ja noch nicht Teil der „Akte" und daher noch der alleinigen Befugnis der Partei darüber unterworfen, ob er überhaupt zur Kenntnis des Gerichts und des Gegners kommen soll.

10 7) **Ermessen.** Unter den Voraussetzungen Rn 4–6 ist das Gericht zur Anordnung der Vorlage befugt und im Rahmen seines Ermessens auch verpflichtet. Es kann auch dazu verpflichtet sein nachzufragen, ob sich ein Dokument im Besitz der Partei befindet. Der Prozeßrichter kann aber nicht etwa inswoeit eine Durchsuchungsanordnung erlassen, auch nicht im Verfahren mit Amtsermittlungsgrundsatz, Grdz 38 vor § 128. Es ist freilich denkbar, daß das Gericht wegen des Verdachts der Aktenunterdrückung nach § 274 StGB eine Durchsuchung durch die Staatsanwaltschaft oder den Strafrichter anordnen muß. Das Zivilgericht darf und muß versuchen, seine Akten vollständig zu halten oder wieder zu vervollständigen. Es kann daher nach § 143 gehalten sein, auch etwa eine Beiakte vorlegen zu lassen, die bereits Bestandteil der Hauptakte war, sein sollte oder werden soll.

11 8) **Vorlageanordnung.** Man muß mehrere Punkte beachten.

A. Zuständigkeit. Zuständig ist „das Gericht". Es handelt in der mündlichen Verhandlung durch das Kollegium, soweit eine Anordnung des Vorsitzenden beanstandet wird, § 140. Außerhalb der Verhandlung handelt das Gericht durch den Vorsitzenden, den Einzelrichter nach §§ 348, 348 a, 526, 527, 568 oder den verordneten (beauftragten, ersuchten) Richter §§ 361, 362, soweit diese Akten für ihre Verhandlung und Entscheidung benötigen.

12 **B. Form.** Die Anordnung erfolgt durch einen Beschluß nach § 329 oder durch eine prozeßleitende Verfügung nach § 273 II Z 1, bei § 432 auch für eine behördliche Akte.

13 **C. Begründung.** Das Gericht sollte seine Anordnung ist trotz ihrer grundsätzlichen Unanfechtbarkeit wenigstens stichwortartig begründen, § 329 Rn 4.

14 **D. Mitteilung.** Das Gericht verkündet seine Anordnung im Termin nach § 329 I 1. Außerhalb der Verhandlung der betroffenen Partei teilt das Gericht seine Anordnung formlos nach § 329 II 1 mit. Es läßt sie aber dann förmlich zustellen, wenn es zweckmäßigerweise eine Vorlagefrist setzt, § 329 II 2 Hs 2. In diesem letzteren Fall bedarf es der Zustellung einer Ausfertigung oder beglaubigten Abschrift und auch bei einer bloßen Verfügung nach § 273 II Z 2 der vollen Unterschrift des Richters unter dem Original, § 329 Rn 8. Andernfalls würde die Frist nicht zu laufen beginnen. Der Prozeßgegner erhält formlos Mitteilung.

15 9) **Auswertbarkeit.** Eine Verwertung der nach § 143 vorgelegten Akten erfolgt natürlich insoweit, als sie schon vorher Bestandteil der Gerichtsakte oder einer Beiakte waren. Im übrigen erfolgt die Verwertung nur, soweit die Akten zum Gegenstand der Verhandlung gemacht werden können oder gemacht worden sind, § 285. Bei einer behördlichen Akte erfolgt die Verwertung nur, soweit dem Gericht eine Mitteilung des Akteninhalts an die Parteien gestattet ist, auch nach dem BDSG. Dabei sind aber bloße selbst ministerielle

Titel 1. Mündliche Verhandlung **§§ 143, 144**

Verwaltungsanordnungen für den Prozeßrichter nicht bindend. Eine Dienstaufsichtsakte kann ihn sehr wohl berechtigen und verpflichten, die für die Sachentscheidung des Hauptprozesses schon und noch erheblichen Teile auch gegen ein erklärtes Verbot des Dienstvorgesetzten zum Gegenstand der Verhandlung zu machen. Das gilt schon deshalb, weil der betroffene Richter ja der eigentliche Träger des etwaigen Geheimnisschutzes jener Aufsichtsakte ist, nur daneben der Vorgesetzte. Man muß eine Befugnis zur Auswertung im übrigen insoweit annehmen, als eine behördliche Akte oder die Prozeßakte keinen gegenteiligen Vermerk hat oder soweit nicht die Geheimhaltungsbedürftigkeit sonstwie bekannt ist, § 299.

10) Verstoß. Soweit die Partei gegen eine wirksame Vorlageanordnung unentschuldigt verstößt, würdigt **16** das Gericht die Nichtbefolgung seiner Anordnung nach § 286 frei. Es hängt von den Gesamtumständen ab, ob es dem Säumigen eine Nachfrist setzt. Dabei darf und muß es auch an das Interesse des Prozeßgegners an einer unverzüglichen Prozeßbeendigung denken. Es kann die Glaubhaftmachung eines Hindernisses anordnen, § 294. Es muß aber natürlich auch zB die sicher oft nicht unbeträchtlichen Schwierigkeiten bei dem Zusammentragen etwa älterer Aktenbestandteile aus Kopien der Handakte der Partei oder ihres ProzBev mit bedenken.

11) Rechtsbehelfe. Soweit das Gericht ein das Verfahren betreffendes Gesuch zurückweist, kommt die **17** sofortige Beschwerde nach § 567 I Z 2 in Betracht. Sowohl die Unterlassung einer nach § 143 möglichen und etwa gebotenen Vorlegungsanordnung als auch die Anordnung selbst ist nur zusammen mit dem Endurteil anfechtbar. Soweit dieses unanfechtbar ist, kann eine ungenügende Bemühung um den Aktinhalt als Verstoß gegen das Gebot des rechtlichen Gehörs eine Verfassungsbeschwerde rechtfertigen, Artt 2 I, 20 III GG (Rpfl), BVerfG **101**, 404, Art 103 I GG (Richter). Im Falle des unentschuldigten Ungehorsams kommen auch Maßnahmen nach § 95 oder § 38 GKG, Anh § 95, in Betracht. Beim Rpfl gilt § 11 RPflG, § 104 Rn 41 ff.

12) *VwGO:* Eigene Regelung in §§ 96 I, 99 (Behördenakten). **18**

144 *Augenschein; Sachverständige.* [I] [1] Das Gericht kann die Einnahme des Augenscheins sowie die Begutachtung durch Sachverständige anordnen. [2] Es kann zu diesem Zweck einer Partei oder einem Dritten die Vorlegung eines in ihrem oder seinem Besitz befindlichen Gegenstandes aufgeben und hierfür eine Frist setzen. [3] Es kann auch die Duldung der Maßnahme nach Satz 1 aufgeben, sofern nicht eine Wohnung betroffen ist.

[II] [1] Dritte sind zur Vorlegung oder Duldung nicht verpflichtet, soweit ihnen diese nicht zumutbar ist oder sie zur Zeugnisverweigerung gemäß den §§ 383 bis 385 berechtigt sind. [2] Die §§ 386 bis 390 gelten entsprechend.

[III] Das Verfahren richtet sich nach den Vorschriften, die eine auf Antrag angeordnete Einnahme des Augenscheins oder Begutachtung durch Sachverständige zum Gegenstand haben.

Schrifttum: *Peters,* Richterliche Hinweispflichten und Beweisinitiativen im Zivilprozeß, 1983; *Schöpflin,* Die Beweiserhebung von Amts wegen im Zivilprozeß, 1992; *Schütze,* Probleme der Übersetzung in Zivilprozeßrecht, Festschrift für *Sandrock* (2000) 871; *Stein* (vor § 141 Rn 1).

Gliederung

1) **Systematik,** I–III	1	7) **Vorlegungsanordnung,** I 2, 3	14
2) **Regelungszweck,** I–III	2, 3	8) **Anordnungsgrenzen,** II	15
A. Veranschaulichung	2	9) **Verfahren: Maßgeblichkeit der Vorschriften eines Antragsverfahrens**	16
B. Klärung einer streitigen Tatsache	3		
3) **Geltungsbereich,** I–III	4	10) **Entscheidung,** III	17–20
4) **Ermessen,** I	5–11	A. Verfügung des Vorsitzenden	17
A. Bei Notwendigkeit besserer Veranschaulichung	6	B. Beschluß des Gerichts	18
B. Beim Fehlen eines Beweisantrags	7	C. Begründung	19
C. Beim Fehlen eines Vorschusses	8	D. Mitteilung	20
D. Beim Verfahren mit Ermittlungsgrundsatz	9	11) **Vorschußfragen,** I–III	21
		12) **Kosten,** I–III	22
E. Grenzen bei Unzulässigkeit eines Beweisantrags	10	13) **Verstoß der Partei,** I–III	23
F. Sonstige Grenzen: Keine Überspannung	11	14) **Rechtsbehelfe,** I–III	24
5) **Einnahme des Augenscheins,** I 1	12	15) **Verfassungsbeschwerde**	25
6) **Begutachtung durch Sachverständige,** I 1	13	16) *VwGO*	26

1) Systematik, I–III. Die Vorschrift stellt entsprechend ihren unterschiedlichen Regelungszwecken nach **1** Rn 2 eine Ergänzung einerseits zu §§ 142, 273 dar, auch in Verbindung mit §§ 138, 139, andererseits zu §§ 371 ff, 402 ff. Sie durchbricht den Beibringungsgrundsatz nach Grdz 25 ff vor § 128, wie es auch in anderen Vorschriften der ZPO geschieht. Das berechtigt den Richter freilich nicht zu Ermittlungen auf eigene Faust, LG Gött RR **01**, 64 (streng).

2) Regelungszwecke, I–III. Die Vorschrift dient unterschiedlichen Zwecken. Das wird zu wenig **2** beachtet. Es ist für die Auslegung wichtig. Man sollte weder in Ausforschung noch außerhalb eines dem Untersuchungsgrundsatz unterliegenden Verfahrens in übereifrige Sachverhaltserforschung verfallen, Rn 11, Greger DStR **05**, 484.

§ 144

A. Veranschaulichung. § 144 kann wie § 142 durchaus nur dem Zweck dienen sollen, dem Gericht im Rahmen seiner Förderungspflicht nach Grdz 12 vor § 128 eine bessere Veranschaulichung zu verschaffen. Das mag bei einer unstreitigen oder streitigen Tatsache geschehen, Ffm JB **00**, 138. Es mag sich auf eine technische Funktion beziehen, BGH GRUR **04**, 413, oder auf eine Verfahrensweise, auf den sinnlich wahrnehmbaren Zustand einer Sache oder einer Person. Der zu veranschaulichende Vorgang mag kompliziert oder im Grunde einfach sein. Es reicht, daß das Gericht zur Verbesserung seiner Beurteilungsfähigkeit einen von den Parteien übereinstimmend geschilderten Umstand mit eigenen Sinnen wahrnehmen oder durch einen Fachmann zusätzlich wahrgenommen oder erläutert wissen möchte, BAG DB **99**, 104. Ebenso kommt § 144 in Betracht, soweit das Gericht etwa eine nur wenig im Zeugenbeweis gestellte streitige Tatsache vom Zeugen nicht anschaulich genug erläutert bekommen konnte. Die Vorschrift kommt ferner in Betracht, wenn das Gericht Zweifel hat, ob die vom Zeugen als ausreichend geschilderte Funktion einer im Gebrauchszweck umstrittenen Sache tatsächlich ausreicht, und wenn es daher zusätzlich eine Wahrnehmung für notwendig hält, die der Beweisführer entweder nicht ausdrücklich beantragt oder etwa aus Kostengründen als angeblich nicht mehr erforderlich bezeichnet.

3 **B. Klärung einer streitigen Tatsache.** Es mag aber auch um die vom Gericht ebenfalls wegen seiner Förderungspflicht nach Grdz 12 vor § 128 für notwendig gehaltene erstmalige oder zusätzliche Aufklärung einer streitigen Tatsache gehen. Das kann vor allem immer dann der Fall sein, wenn es sich um ein Verfahren mit Ermittlungsgrundsatz nach Grdz 38 vor § 128 handelt, etwa im Ehe-, Familien- oder Kindschaftsverfahren, §§ 606 ff, 640 ff. Es kommt eine solche Aufklärung aber auch im Verfahren mit bloßem Beibringungsgrundsatz nach Grdz 20 vor § 128 in Betracht. Das gilt etwa dann, wenn der Beweisführer die irrige Auffassung vertritt, er brauche einen Beweisantrag „Augenscheinseinnahme" nach §§ 371 ff nicht zu stellen, BGH NJW **01**, 2465, oder wenn der Beweisführer einen Antrag auf die Einholung eines Gutachtens nach §§ 402 ff ersichtlich nur deshalb unterlassen hat, weil er die Sachkunde des Gerichts eben als ausreichend ansah, während sie in Wirklichkeit nicht ausreicht. Gerade in solchen Fällen muß man allerdings die Durchbrechung des Beibringungsgrundsatzes durch § 144 als bloße Ausnahme von einer den „normalen" Zivilprozeß beherrschenden Regel beachten. Das hat seine Auswirkungen bei der Ausübung des Ermessens, Rn 5.

4 **3) Geltungsbereich, I–III.** Die Vorschrift gilt in jedem Verfahren nach der ZPO, nicht nur im Verfahren von Amts wegen nach Grdz 38 vor § 128, sondern auch in demjenigen mit dem Beibringungsgrundsatz, Rn 2, 3. Sie gilt in jeder Prozeßlage, auch in der zweiten Instanz. Sie gilt innerhalb und außerhalb der mündlichen Verhandlung. Sie gilt auch im FGG-Verfahren, BayObLG **96**, 165.

5 **4) Ermessen, I.** Das Wort „kann" in I 1–3 bezieht sich nicht nur auf die Zuständigkeit, sondern räumt dem Gericht einen pflichtgemäßen Ermessensspielraum ein, BGH **66**, 68, Köln RR **98**, 1274, Habscheid ZZP **96**, 309. Immer dann, wenn es um einen Augenschein oder um einen Sachverständigen gehen könnte, muß das Gericht also prüfen, ob es von § 144 Gebrauch machen will und etwa mangels ausreichender Sachkunde auch machen muß, BGH NJW **87**, 591, Düss MDR **84**, 1033, Stgt VersR **91**, 230.

6 **A. Bei Notwendigkeit besserer Veranschaulichung.** Eine Anordnung nach I 1–3 kommt unabhängig von der Streitigkeit oder Unstreitigkeit einer Tatsache immer dann in Betracht, wenn das Gericht keine genügende Anschauung hat, Rn 2, BGH NJW **92**, 2019. Zwar ist das Gericht ja schon nach §§ 138, 139 dazu berechtigt und grundsätzlich verpflichtet, die Parteien zu Äußerungen darüber zu veranlassen, wie man sich die Person, die Sache oder den Vorgang vorzustellen habe. Indessen mögen die Parteien zB erkennbar überfordert sein, sei es auch nur im Ausdruck. Eine bessere Anschauung muß sich das Gericht schon wegen der Notwendigkeit einer umfassenden Prüfung des ihm unterbreiteten Tatsachenstoffs nach § 286 Rn 13–15 verschaffen. Das gilt in jeder Verfahrensart und in jedem Verfahrensstadium, Rn 4.

7 **B. Beim Fehlen eines Beweisantrags.** Eine Maßnahme nach I 1–3 kommt ferner dann in Betracht, wenn der Beweisführer für eine entscheidungsbedürftige streitige Tatsache keinen bestimmten Beweisantrag gestellt hat, BGH **66**, 68. Denn § 144 stellt eine Durchbrechung des Beibringungsgrundsatzes dar, Rn 1, 2. Das Gericht darf also keineswegs stets eine Entscheidung darauf stützen, die Partei habe in einem solchen Fall weder die Einnahme eines Augenscheins noch die Einholung eines Sachverständigengutachtens beantragt, also keinen Beweis angetreten, Köln RR **98**, 1274, aM Ffm MDR **93**, 82 (vgl aber die folgende Überlegung). Das Gericht ist nämlich zumindest im Rahmen des § 139 dazu berechtigt und grundsätzlich verpflichtet, die Partei zu einer Äußerung darüber zu veranlassen, warum sie einen solchen Antrag nicht gestellt habe, BGH GRUR **90**, 1054, Ffm MDR **93**, 82, Köln RR **98**, 1274. Das Gericht darf auch in solcher Lage nicht etwa das Vorbringen der Partei schon deshalb nach § 296 als verspätet zurückweisen, weil sie einen entsprechenden Beweisantrag verspätet gestellt habe. Eine solche Zurückweisung ist nur dann zulässig, wenn das Gericht auf Grund des bisherigen Vortrags keine Veranlassung gehabt hatte, nach § 144 und/oder nach § 273 II Z 4, 5 bzw nach § 358 a Z 2, 4, 5 auch ohne den Antrag der Partei vorzugehen, BGH VersR **82**, 146, LG Ffm VersR **93**, 1139. Allerdings ist ein Hinweis entbehrlich, soweit schon der Gegner ihn gab, Oldb RR **00**, 949.

8 **C. Beim Fehlen eines Vorschusses.** Eine Anordnung nach I 1–3 kommt ferner dann in Betracht, wenn der Beweisführer einen vom Gericht nach den §§ 379, 402 verlangten Vorschuß nicht bezahlt hat, Schneider MDR **00**, 751. Das gilt jedenfalls dann, wenn er erkennbar zur Zahlung außerstande war oder wenn die Anordnung auch ohne den Vorschuß im Interesse der Gerechtigkeit notwendig ist, BGH MDR **76**, 396. Indessen ist gerade im letzteren Fall Vorsicht geboten. Immerhin sieht das Gesetz als Regel die Durchführung einer nur auf Antrag in Betracht kommenden Beweisaufnahme erst nach der Zahlung eines angemessenen Vorschusses durch den Beweisführer vor, § 17 I 1, 2 GKG. Auch wenn das Gericht nicht vorrangig die Interessen der Staatskasse beachten muß, darf es doch diesen Teil der „Beweislast im weiteren Sinn" dem Beweisführer nicht einfach durch eine Anordnung nach § 144 abnehmen und damit die Aussichten des gleichberechtigten Prozeßgegners (Beweisgegners) schwächen helfen. Andererseits darf das Gericht einen Vorschuß insoweit nicht erheben, als das Gericht nun einmal nach § 144 von Amts wegen vorgeht, § 17 III GKG, BGH NJW **00**, 744, Hartmann Teil I § 17 GKG Rn 6.

9 **D. Beim Verfahren mit Ermittlungsgrundsatz.** Im Verfahren mit Ermittlungsgrundsatz nach Grdz 38 vor § 128 vor allem im Ehe-, Familien- und Kindschaftsprozeß nach §§ 606 ff, 640 ff einschließlich des

Titel 1. Mündliche Verhandlung § 144

zugehörigen Unterhaltsverfahrens darf und muß das Gericht ohnehin von Amts wegen einen Augenschein oder einen Sachverständigenbeweis anordnen, soweit das zur Aufklärung einer entscheidungsbedürftigen Tatsache erforderlich ist. Das gilt unabhängig davon, ob die Tatsache streitig ist. Bei Streitigkeit empfiehlt sich ein Beweisbeschluß nach §§ 358, 371.

E. Grenzen bei Unzulässigkeit eines Beweisantrag. Eine Anordnung nach I 1–3 soll nicht erfolgen, **10** soweit die Gericht einen entsprechenden Beweisantrag zB nach § 296 I ablehnen müßte von welcher die Anordnung überhaupt auf eine Ausforschung hinausliefe, Einf 27 vor § 284, Naumb FamRZ **03**, 386, aM Düss MDR **84**, 1033 (aber das Gericht darf nicht in sich widersprüchlich handeln).

F. Sonstige Grenzen: Keine Überspannung. Überhaupt sollte das Gericht seine Sorgfaltspflichten **11** auch bei § 144 nicht unzumutbar überspannen, BGH NJW **84**, 433, Düss VersR **94**, 1322 (aus Kostengründen), Greger DStR **05**, 484, aM Stgt VersR **91**, 230 (Arzthaftung. Aber auch dann gilt der Beibringungsgrundsatz, Grdz 20 vor § 128). Insbesondere eine anwaltliche vertretene Partei dürfte in aller Regel triftige Gründe haben, wenn sie weder einen Augenschein noch einen Sachverständigenbeweis beantragt. Das Gericht darf grundsätzlich davon ausgehen, daß das Fehlen eines solchen Antrags auf einer Absprache zwischen der Partei und ihrem ProzBev beruht. In solcher Situation besteht nur wenig Anlaß zu einer Maßnahme nach § 144, LG Ffm VersR **93**, 1139. Dazu hätte sich BGH NJW **87**, 591 vielleicht ebenfalls äußern sollen.

5) Einnahme des Augenscheins, I 1. In Betracht kommt zunächst die Anordnung einer Augenschein- **12** seinnahme, § 371. Das gilt unabhängig davon, ob und wie der Beweisführer einen Beweisantrag solcher Richtung formuliert hat. Maßgeblich ist allein, ob das Gericht eben eine bessere Anschauung erhalten möchte, BGH NJW **92**, 2019. Zur Abgrenzung zwischen dem Augenscheinsbeweis und dem Sachverständigenbeweis Üb 3 vor § 371 einerseits, § 403 Rn 3 andererseits.

6) Begutachtung durch Sachverständige, I 1. In Betracht kommt ferner die Anordnung der Ein- **13** holung eines Sachverständigengutachtens, § 402. Auch hier kommt es nicht darauf an, ob und wie der Beweisführer einen Beweisantrag dieser Richtung gestellt hat. Maßgeblich ist allein der Wunsch des Gerichts, sich sachkundig helfen zu lassen. Ein Gutachten kommt zum Beispiel dann in Betracht, wenn der Beweisführer sich nicht über die Möglichkeit eines Beweisantrags nach §§ 402ff klar zu sein scheint und einen solchen auch nicht nur zwecks Vermeidung einer Vorschußpflicht unterläßt und wenn das Gericht schon vor einer Erörterung solcher Fragen in einem Termin mit der Verfahrensförderung vorankommen möchte. Auch hier sollte das Gericht aber eine Überspannung vermeiden. Das hätte Oldb MDR **91**, 546 miterwägen sollen. Auch darf das Gericht nicht die gebotene Unparteilichkeit außer acht lassen, § 139 Rn 13. Auch die Kostenfrage will bedacht sein, Naumb FamRZ **03**, 386 (evtl [jetzt] § 21 GKG).

7) Vorlegungsanordnung, I 2, 3. Das Gericht kann zum Zweck I 1 und nur in diesem Rahmen der **14** Partei oder einem Dritten die Vorlegung eines im dortigen Besitz befindlichen Gegenstands mit oder ohne Fristsetzung oder auch die Duldung einer solchen Maßnahme unter Ausschluß des von Art 13 GG besonders betonten Wohnungsschutzes aufgeben. Es gelten dieselben Regeln wie bei § 142 1, 2 Hs 1 (nicht Hs 2), dort Rn 4ff. Zum Wohnungsbegriff § 178 Rn 4.

8) Anordnungsgrenzen, II. Es gelten gegenüber einem Dritten dieselben Grenzen wie bei § 142 II, **15** dort Rn 4. Vgl ferner oben Rn 2.

9) Verfahren: Maßgeblichkeit der Vorschriften eines Antragsverfahrens, III. Die Vorschrift stellt **16** klar, daß sich das gesamte Verfahren der Anordnung und ihrer Durchführung im übrigen nach denjenigen Regeln richtet, die eine auf Antrag angeordnete Augenscheinseinnahme oder Begutachtung zum Gegenstand haben. Vgl daher §§ 285, 357, 358a Z 2, 4, 5, 371ff, 402ff. Wegen des Vorschusses Rn 21.

10) Entscheidung, III. Es gibt Unterschiede und Gemeinsamkeiten. **17**

A. Verfügung des Vorsitzenden. Soweit es nur um eine bessere Veranschaulichung unstreitiger oder streitiger Tatsachen geht, nicht schon und noch um eine förmliche Beweisaufnahme, kann der Vorsitzende außerhalb der Sitzung durch prozeßleitende Verfügung vor allem nach § 273 II Z 1, 2, 5 eine Anordnung nach I treffen. Ihm steht diese Befugnis auch in der Sitzung zu.

B. Beschluß des Gerichts. Sowohl zwecks bloßer Veranschaulichung als auch zwecks Klärung einer **18** streitigen Tatsache kann das Kollegium innerhalb oder außerhalb der mündlichen Verhandlung nach §§ 358, 358a einen entsprechenden Beweis beschließen. Zum letzteren ist der Vorsitzende des Kollegiums nicht befugt, anders als der Einzelrichter der §§ 348, 348a, 526, 527, 568. Wegen des Vorsitzenden der Kammer für Handelssachen § 349 I 2.

C. Begründung. Die Entscheidung bedarf trotz ihrer grundsätzlichen Unanfechtbarkeit einer wenigstens **19** stichwortartigen Begründung, § 329 Rn 4.

D. Mitteilung. Das Gericht muß seine Entscheidung außerhalb der mündlichen Verhandlung formlos **20** mitteilen, § 329 II 1. In der Verhandlung verkündet es sie nach § 329 I 1.

9) Vorschußfragen, I–III. Zu der Frage, ob unter welchen Voraussetzungen auch bei der von Amts **21** wegen angeordneten Begutachtung wegen der Verweisung in II auf § 402 auch § 379 entsprechend anwendbar ist, § 402 Rn 2–5.

10) Kosten, I–III. Des Gerichts: Keine Gebühren, § 1 GKG. Wegen der Auslagen (Vorschuß) bei einem **22** Gutachten Rn 21. Des Anwalts: Es kommt nicht (mehr) darauf an, ob das Gericht die Klärung einer streitigen Tatsache bezweckt und herbeizuführen versucht. Denn es entsteht evtl ohnehin eine Terminsgebühr, VV 3104 usw.

11) Verstoß der Partei, I–III. Soweit eine Partei einer Anordnung nach I, II keine Folge leistet, gelten **23** dieselben Rechtsfolgen wie bei einem auf Antrag angeordneten Augenschein oder Sachverständigengutachten. Das ergibt sich aus der Verweisung in II. Im übrigen kommt in den Grenzen Rn 7 eine Zurückweisung nach § 296 I in Betracht. Denn der dort genannte § 273 II Z 5 nimmt auch auf § 144 Bezug.

24 12) **Rechtsbehelfe, I–III.** Gegen die Maßnahmen des Vorsitzenden in der mündlichen Verhandlung ist die Anrufung des Kollegiums statthaft, § 140. Soweit eine Anordnung trotz entsprechender Anregung (nicht Antragstellung) unterbleibt oder soweit das Gericht eine Anordnung pflichtwidrig vornimmt, kann man die auf ihr beruhende Endentscheidung anfechten. Soweit im Verhalten des Gerichts die Ablehnung eines das Verfahren betreffenden Gerichts liegt, kommt die sofortige Beschwerde in Betracht, § 567 I Z 2. Eine Rechtsbeschwerde an den BGH kommt unter den Voraussetzungen des § 574 in Betracht. Beim Rpfl gilt § 11 RPflG, § 104 Rn 41 ff.

25 13) **Verfassungsbeschwerde.** Soweit ein Rechtsmittel unstatthaft ist, kommt allen falls die Verfassungsbeschwerde in Betracht, etwa wegen Verstoßes gegen Art 103 I GG.

26 14) *VwGO:* Eigene Regelung in § 96 I.

145 Prozesstrennung.
^I Das Gericht kann anordnen, dass mehrere in einer Klage erhobene Ansprüche in getrennten Prozessen verhandelt werden.

^{II} Das Gleiche gilt, wenn der Beklagte eine Widerklage erhoben hat und der Gegenanspruch mit dem in der Klage geltend gemachten Anspruch nicht in rechtlichem Zusammenhang steht.

^{III} Macht der Beklagte die Aufrechnung einer Gegenforderung geltend, die mit der in der Klage geltend gemachten Forderung nicht in rechtlichem Zusammenhang steht, so kann das Gericht anordnen, dass über die Klage und über die Aufrechnung getrennt verhandelt werde; die Vorschriften des § 302 sind anzuwenden.

Schrifttum: *Bork,* Die Aufrechnung des Beklagten im internationalen Zivilverfahren, Festschrift für *Beys* (Athen 2004) 119; *Bucher,* Kompensation im Prozess: Zurück zum materiellen Recht, Festschrift für *Geimer* (2002) 97; *Coester-Waltjen,* Die Aufrechnung im internationalen Zivilprozeßrecht, Festschrift für *Lüke* (1997) 35; *Ernst,* Die Einrede des nichterfüllten Vertrages usw, 2000; *Gauter,* Die Aufrechnung mit dem oder gegen den prozessualen Kostenerstattungsanspruch, in: Festschrift für *Merz* (1992); *Häsemeyer,* Die sog „Prozeßaufrechnung" – eine dogmatische Fehlakzentuierung, Festschrift für *Weber* (1975) 215; *Kannengießer,* Die Aufrechnung im internationalen Privat- und Verfahrensrecht, 1998; *Noltze,* Aufrechnung im Prozeß, Diss Bonn 2000; *Schreiber,* Die Aufrechnung im Prozeß, Festgabe *50 Jahre Bundesgerichtshof* (2000) III 227; *Schumacher,* Prozeßtrennung (§ 145 ZPO) und -verbindung (§ 147 ZPO), Diss Bonn 1999; *Seelig,* Die prozessuale Behandlung materiellrechtlicher Einreden – heute und einst, 1980; *Varvitsiotis,* Einführung in die Rechtsnatur der Aufrechnungseinrede im Zivilprozeß, 1987.

Gliederung

1) Systematik, I–III 1	B. Vor dem Prozeß 9
2) Regelungszweck, I–III 2	C. Hauptaufrechnung im Prozeß 10–12
3) Geltungsbereich, I–III 3	D. Hilfsaufrechnung 13, 14
4) Anordnung, I 4–6	E. Aufrechnung und Rechtshängigkeit 15–19
A. Voraussetzungen 4	F. Rechtlicher Zusammenhang 20, 21
B. Trennungsbeschluß 5	G. Urkundenprozeß 22
C. Wirkung 6	H. Gegenaufrechnung 23
5) Widerklage, II 7	7) Aufrechnungsähnliche Einrede, III 24
6) Aufrechnung, III 8–23	8) *VwGO* 25
A. Zulässigkeit 8	

1 1) **Systematik, I–III.** Die Prozeßtrennung ist eine Maßnahme der Prozeßleitung, Üb 5 vor § 128. Sie kann nach § 145 gänzlich oder nach § 146 teilweise in den bisher einheitlichen Prozeß eingreifen. Sie ist eine Spaltung eines Prozesses in mehrere selbständige andere Prozesse. Wenn ein Anspruch zur Entscheidung reif ist, dann muß das Gericht über diesen Anspruch durch ein Teilurteil entscheiden, Rn 4. Das Urteil ist ein Vollurteil. Es enthält gleichzeitig die Aufhebung der bisherigen Verbindung. Das Gericht darf nicht die bisher verbundenen gleichzeitig entscheidungsreif gewordenen Sachen zum Zweck mehrerer Urteile trennen, gar zwecks Verhinderung der Revisionsfähigkeit. Derartige Urteile gelten als einheitliche Entscheidung. Ein Zwischenurteil kommt nur bei § 303 in Betracht.

2 2) **Regelungszweck, I–III.** Der Zweck der Vorschrift ist entweder die Erzielung einer größeren Übersichtlichkeit oder die Vermeidung einer Verschleppung wegen eines Streits über einzelne Teile des Prozesses, beides im Interesse der Prozeßwirtschaftlichkeit, Grdz 14 vor § 128. In Wahrheit hat eine Prozeßtrennung jedoch eher Nachteile als Vorteile von der Aktenbehandlung bis zur Kostenabrechnung. Deshalb sollte das Gericht mit einer Trennung zurückhaltend verfahren. Es sollte sie nur dann anordnen, wenn es bis zur Entscheidungsreife des Restprozesses nach § 300 Rn 6 voraussichtlich noch ungewöhnlich viel Zeit bzw Mühe aufwenden muß.

Arbeitserleichterung ist ein legitimes Trennungsziel. Ob es sich aber wirklich erreichen lassen wird, läßt sich meist schwer voraussbeurteilen. Immerhin hat eine Trennung je mindestens ein weiteres vollständiges Verfahren mit eigenen Terminen, Beschlüssen, Urteilen und Anfechtbarkeiten zur Folge. Beide neuen Verfahren bringen das Risiko, daß man doch immer wieder auf Teile der jeweils anderen Akte verweisen muß, daß es zu voneinander abweichenden Beurteilungen kommt, daß die jeweils andere Akte im Bedarfsfall nicht greifbar ist, daß Unterlagen falsch zugeordnet wurden, nur einmal existieren, daß man sie aber zugleich womöglich noch in verschiedenen Instanzen beider getrennten Prozesse benötigt. Das alles sollte man vor einer Prozeßtrennung miterwägen.

3 3) **Geltungsbereich, I–III.** Vgl Grdz 3 vor § 128. Die Vorschrift gilt auch im Urkundenprozeß, BGH NJW 03, 2386.

Titel 1. Mündliche Verhandlung **§ 145**

4) Anordnung, I. Die Trennung erfolgt auf Anregung oder von Amts wegen. Voraussetzung, Form und **4** Wirkung erfordern viel Aufmerksamkeit.

A. Voraussetzungen. Der Kläger kann mehrere selbständige prozessuale Ansprüche im Sinn von § 2 Rn 3 erheben, Hbg FamRZ **96**, 676, wenn auch evtl in einer Gesamtsumme, zB Schmerzensgeld, Arztkosten, Verdienstausfall. Dann kann das Prozeßgericht die Trennung anordnen. Sie steht grundsätzlich im pflichtgemäßen Ermessen des Gerichts. Sie kann aber zur Pflicht werden. Das gilt zB dann, wenn sich ein Anspruch nicht im Scheidungsverbund verhandeln läßt, BGH RR **05**, 87. Die Trennungsanordnung ist unzulässig, wenn der Kläger seinen einheitlichen prozessualen Anspruch nach § 2 Rn 3 lediglich mit mehreren sachlichrechtlichen Gesichtspunkten begründet, BGH FamRZ **83**, 156, oder wenn es zB um widersprechende Anträge zum Umgangsrecht geht, Hbg FamRZ **96**, 676, Mü RR **98**, 1080, oder wenn durch eine Trennung erhebliche, vermeidbare Kosten entstünden, BVerfG NJW **97**, 649, BGH RR **97**, 832, oder wenn wenigstens teilweise Entscheidungsreife vorliegt, §§ 300, 301, BayObLG NZM **99**, 85, Köln WoM **97**, 263, Mü OLGR **00**, 279. In einem solchen Fall kann § 36 I Z 6 anwendbar sein. § 295 ist aber anwendbar. Die Voraussetzung einer Trennung ist also dieselbe wie bei § 5. Sie umfaßt die Klägerhäufung nach §§ 59, 60, Mü MDR **96**, 642, und die Anspruchshäufung nach § 260. Das gilt unabhängig davon, ob die Häufung von Anfang an bestand oder nachträglich entstanden ist. Ein rechtlicher Zusammenhang hindert eine Trennung nicht. Er macht sie aber meist unzweckmäßig. Die Gefahr widersprüchlicher Entwicklung getrennter Prozesse ist unbeachtlich, BGH NJW **03**, 2386.

Die Trennung erfolgt nur, sofern die Ansprüche nach § 261 *rechtshängig* geworden sind, also noch nicht im Mahnverfahren nach § 688. Die Trennung ist nur dann zulässig, wenn ein Teilurteil, das eine Trennung überflüssig machen würde, unzulässig ist, Rn 1. Im Fall einer Verweisung nach den §§ 281, 506 erfolgt nach dem Verweisungsantrag keine Trennung. Soweit eine Verweisung nur wegen eines Teils des Klaganspruchs oder soweit sie an verschiedene Gerichte notwendig ist, erfolgt zunächst eine Trennung, Mü MDR **96**, 642. Anschließend erfolgt die entsprechende Verweisung. Soweit das Gesetz Verbindung vorschreibt, ist natürlich eine Trennung unzulässig, §§ 62, 518, 623, §§ 246 III, 249 II, 275 IV AktG, §§ 51 III, 112 I GenG.

Die Trennungsanordnung geschieht entweder auf Grund eines Antrags oder von Amts wegen. Sie ist *in jeder Lage* des Verfahrens zulässig, auch in der zweiten Instanz, BGH NJW **79**, 427, nicht aber bei einer Häufung in einer Familiensache §§ 606 ff und in einer anderen Streitsache, aM BGH NJW **79**, 660. Man kann § 145 auch in der Zwangsvollstreckung entsprechend anwenden, LG Bln Rpfleger **93**, 167. Es besteht an sich ein pflichtgemäßes Ermessen des Gerichts, BGH NJW **03**, 2386. Die Gefahr widersprüchlicher Entscheidung hindert eine Trennung nicht stets, BGH NJW **03**, 2386. Vgl aber § 610 Rn 3 und §§ 621, 623 I 2, 628. Soweit eine Anspruchsverbindung nach § 260 unzulässig wäre, ist eine Trennung notwendig, zB bei §§ 578 II, 633, 638, 640, 640 c, oder bei Ansprüchen in verschiedenen Verfahrensarten, etwa nach §§ 592 ff und im ordentlichen Prozeß. Das Gericht muß den Parteien vor der Entscheidung das rechtliche Gehör geben, Artt 2 I, 20 III GG (Rpfl), BVerfG **101**, 404, Art 103 I GG (Richter), Mü NJW **84**, 2228.

Wenn von zwei Mahnverfahren gegen *verschiedene Personen* das eine Verfahren nach dem Übergang in das streitige Verfahren nach § 696 Rn 9 an ein LG abgegeben wird, das andere Verfahren dagegen nach einem Einspruch gegen den Vollstreckungsbescheid beim AG verbleibt, erfolgt eine Trennung auch ohne eine besondere Anordnung. Einer Vollstreckungsanordnung steht nicht die etwaige Folge entgegen, daß in den getrennten Prozessen nun kein Rechtsmittel mehr zulässig ist, es sei denn, die Trennung wäre gesetzwidrig, BGH NJW **95**, 3120. Wegen § 640 c erfolgt eine Trennung auch dann, wenn der Kläger im Kindschaftsprozeß nach §§ 640 ff einen bezifferten Unterhalt geltend macht. Das gilt selbst nach einer Erledigung der Kindschaftssache zB infolge eines Anerkenntnisses.

B. Trennungsbeschluß. Die Trennungsanordnung erfolgt durch einen Beschluß, § 329. Er bedarf als ein **5** Ausfluß der Prozeßleitung Rn 1 keiner mündlichen Verhandlung, § 128 Rn 5, aM ThP 3, ZöGre 6 (aber es gibt vielfältige Entscheidungen ohne mündliche Verhandlung). Die Trennung kann sogar stillschweigend geschehen. Er liegt aber noch nicht stets in der bloßen Änderung des Rubrums, Stgt AnwBl **89**, 232. Das Gericht muß seinen Beschluß grundsätzlich begründen, § 329 Rn 4. Es teilt ihn den Parteien durch Verkündung oder schriftlich formlos mit, § 329 I 1, II 1. Er ist grundsätzlich nur zusammen mit dem Endurteil anfechtbar, BGH NJW **95**, 3120, Ffm RR **92**, 32, KG MDR **04**, 962. Das gilt auch dann, wenn das Gericht vor der Trennung den Parteien kein rechtliches Gehör gegeben hatte, Mü NJW **84**, 2228. Der Trennungsbeschluß des Berufungsgerichts unterliegt auf Rüge der Nachprüfung in der Revisionsinstanz, BGH NJW **95**, 3120. Ob die Ablehnung auf eine Aussetzung hinausläuft und deshalb § 147 Rn 15 anfechtbar ist, das ist eine andere Frage. Das Gericht kann die Trennung jederzeit wieder aufheben, § 150.

C. Wirkung. Mit dem Wirksamwerden des Trennungsbeschlusses werden die nunmehr getrennten **6** Prozeßteile zu selbständigen Prozessen mit einem eigenen Streitwert, §§ 3 ff, LG Saarbr MDR **01**, 1442, aM BVerfG NJW **97**, 649 (bei zweifelhafter Revisionsfähigkeit. Aber man muß auch kosten- und zuständigkeitsmäßig konsequent sein). Das Gericht muß über jeden der neuen Prozesse neue Akten anlegen, getrennt verhandeln und entscheiden. Die vor der Trennung liegenden Prozeßvorgänge bleiben in allen neuen Prozessen wirksam. Das gilt zB für die Rechtshängigkeit, die Zuständigkeit, selbst wenn durch § 5 oder durch § 33 begründet, die Beweisaufnahme, ein Geständnis. Das Gericht muß die Rechtsmittelsumme nach § 511 II Z 1 für jeden neuen Prozeß getrennt bestimmen, BayVerfGH NJW **01**, 2962. Daher kann eine Trennung zur Unanfechtbarkeit führen. Freilich hat eine unzulässige Trennung keinen Einfluß auf die Rechtsmittelfähigkeit, BayVerfGH NJW **01**, 2962. Man muß die Gerichts- und Anwaltskosten nach den neuen Streitwerten gesondert berechnen, soweit sie nach der Trennung anfallen, LG Saarbr MDR **01**, 1443, Wunderlich DB **93**, 2273. Für eine nach derselben Vorschrift zu vergütende Tätigkeit, die teils vor, teils nach der Trennung erfolgte, muß man die Vergütung in der Regel auf Grund des neuen Streitwerts nach der Trennung berechnen.

5) Widerklage, II. Wenn eine Widerklage nach Anh § 253 mit dem Klaganspruch nach § 33 Rn 8 in **7** keinem rechtlichen Zusammenhang steht, dann kann das Gericht die Klage und die Widerklage trennen, KG

§ 145 Buch 1. Abschnitt 3. Verfahren

MDR **04**, 962. Das kann zB dann erforderlich sein, wenn die Klage einen familienrechtlichen Anspruch nach §§ 606 ff betrifft, die Widerklage aber einen andersartigen, Düss FamRZ **82**, 513. II ist im Fall des § 506 I unanwendbar, Nieder MDR **79**, 12. Im Fall einer Zwischenfeststellungswiderklage nach § 256 II besteht der Zusammenhang stets. Eine Abtrennung der Eventualwiderklage ist unzulässig. Da das Gericht die Widerklage nach der Trennung als selbständige Klage behandeln muß, Anh § 253 Rn 5, drehen sich für sie die Parteirollen um. Das Verfahren und die Wirkung sind dieselben wie nach I, Rn 2–6. Wegen der Widerklage im Urkundenprozeß § 595 Rn 2.

8 **6) Aufrechnung, III.** Die Regelung ist recht kompliziert.

A. Zulässigkeit. Die Aufrechnung ist zumindest eine empfangsbedürftige Willenserklärung, § 387 BGB. Der Bekl kann sie vor dem Prozeß oder während des Prozesses erklären. Sie liegt nicht vor, soweit der Bekl nur einen Umstand geltend macht, der schon für den Klaganspruch erheblich ist, vor allem zur Forderungshöhe, BGH MDR **86**, 131, Mü MDR **87**, 670.

9 **B. Vor dem Prozeß.** Wenn der Bekl die Aufrechnung vor dem Beginn des Prozesses erklärt hat, dann sind der Klaganspruch und der zur Aufrechnung gestellte Gegenanspruch mit einer Rückwirkung auf den Zeitpunkt des Eintritts der Aufrechenbarkeit erloschen, § 389 BGB. Folglich muß das Gericht eine trotzdem erhobene Klage als von Anfang an sachlich unbegründet abweisen. Insofern gilt dasselbe wie dann, wenn der Bekl die Klageforderung in Wahrheit bereits vor dem Prozeß bezahlt hatte.

10 **C. Hauptaufrechnung im Prozeß.** Der Bekl kann die Aufrechnung gegen eine unstreitige Klageforderung während des Prozesses erklären, sog Hauptaufrechnung, Braun ZZP **89**, 93 (auch der Kläger kann unter Umständen „gegen"aufrechnen), Häsemeyer (vor Rn 1) 215. Das gilt auch im Urkundenprozeß, BGH NJW **86**, 2767. Dann muß man zwischen der sachlichrechtlichen Aufrechnung nach §§ 387 ff BGB und der prozessualen Erklärung unterscheiden, einer Parteiprozeßhandlung nach Grdz 47 vor § 128, BGH MDR **95**, 407. Diese Erklärung ist keine Klage nach § 261 I, sondern ein bloßes Verteidigungsmittel zwecks Erlöschens der Klageforderung im Sinn von § 389 BGB nach Einl III 70, für das die §§ 277 I, 282 I, 533 gelten. Beide fallen oft zusammen. Das gilt zB dann, wenn der ProzBev die Aufrechnung in der mündlichen Verhandlung erklärt. Seine Vollmacht nach § 81 erstreckt sich auch dann auf die Prozeßhandlung, wenn sie die sachlichrechtliche Erklärung nicht erlaubt. Die Partei kann eine sachlichrechtliche Aufrechnung aber auch selbst während des Prozesses erklärt haben, jedoch außerhalb des Verfahrens. Diese Erklärung ist sachlichrechtlich wirksam, auch durch eine Leistungsverweigerung, §§ 387 ff BGB. Sie wird aber erst durch eine entsprechende Erklärung innerhalb des Verfahrens prozessual wirksam. Man kann das auch so ausdrükken: Die Aufrechnung ist ein privatrechtliches Rechtsgeschäft. Ihre Geltendmachung im Prozeß ist dagegen eine Parteiprozeßhandlung, Grdz 47 vor § 128.

11 Wer dazu berechtigt ist, die Aufrechnung im Prozeß geltend zu machen, dem kann doch ein sachliches Aufrechnungsrecht fehlen. Das gilt etwa für den Streithelfer nach § 66 oder für einen im Prozeß beklagten Bürgen. Die Prozeßhandlung und die sachlichrechtliche Erklärung der Aufrechnung unterliegen eine *jede ihrem eigenen Recht*. Soweit die sachlichrechtliche Aufrechnungsmöglichkeit fehlt, ist eine im Prozeß erklärte Aufrechnung wirkungslos, § 67 Rn 14. Das gilt auch beim Bekl insoweit, als der Kläger schon seinerseits die Forderung des Bekl von der Klageforderung abgezogen und insoweit mit seiner eigenen Forderung gegen diejenige des Bekl sachlichrechtlich aufgerechnet hatte. Soweit die Aufrechnung sachlichrechtlich wirksam erfolgt, kann die Partei doch persönlich gehindert sein, diese Aufrechnung im Verfahren prozessual geltend zu machen. Ein solches Verbot mag sich aus zwingenden prozessualen Vorschriften ergeben, etwa aus dem Anwaltszwang im Anwaltsprozeß nach § 78 Rn 1. Es kann sich auch aus einer prozessualen Vereinbarung ergeben, BGH NJW **79**, 2478, etwa aus einer Schiedsvereinbarung, § 1025 ff, Düss NJW **83**, 2149. Andernfalls muß das Gericht auf Grund eines Antrags des Klägers die Hauptsache für erledigt erklären, § 91 a. Soweit der Kläger diesen Antrag allerdings nicht stellt, muß das Gericht die Klage durch ein Sachurteil als unbegründet abweisen. Eine bloße Hilfs-Erledigtklärung kommt nach § 91 a Rn 76 in Betracht.

12 Eine sachlichrechtliche Aufrechnung wird mit ihrer Erklärung *endgültig*. Die prozessuale Aufrechnung wird erst durch den ordnungsgemäßen Vortrag in der mündlichen Verhandlung wirksam. Sie liegt nicht stets als Prozeßaufrechnung schon in der Bezugnahme auf eine vorprozessuale Aufrechnung, aM MDR **94**, 1144 (aber die Wirkungen sind unterschiedlich). Eine „nochmalige" Aufrechnung ist aber insofern eindeutig, ZöGre 11. Die prozessuale Aufrechnung ist als Parteiprozeßhandlung nicht rücknehmbar, Grdz 58 (nicht 59) vor § 128, unten Rn 16, Zweibr FamRZ **04**, 1032, aM Braun ZZP **89**, 98. Der Bekl muß die Aufrechnungsforderung im einzelnen darlegen und evtl beweisen. Andernfalls erfolgt eine insoweit nach § 322 II rechtskräftige Aberkennung der Aufrechnungsforderung, § 322 Rn 21, BVerfG NJW **00**, 1937. Knöringer NJW **77**, 2339. Das Gericht muß zuständig sein, und zwar nach verbreiteter Ansicht meist auch international, Üb 6 vor § 12, Geimer IPRax **94**, 83, ZöGre 19, aM jetzt BGH NJW **02**, 2183 (zustm Vollkommer MDR **02**, 412, abl Gruber IPRax **02**, 289), Kannengießer (vor Rn 1) 317 unter Berufung auf EuGH NJW **96**, 42 mit sehr beachtlichen Argumenten (darunter: § 33 und [jetzt] die EuGVVO sind einmal entsprechend anwendbar). Zum Problem auch Wagner IPRax **99**, 65. Das Gericht muß ferner prüfen, ob der Klaganspruch bis zur Aufrechnung bestand. Denn sein Bestand ist eine der Voraussetzungen einer jeden wirksamen Aufrechnung, § 300 Rn 10 (Beweiserhebungslehre). Zur Rechtskraftwirkung § 322 Rn 21–26. Zur Klage bzw Gegenaufrechnung des Klägers Nikles MDR **87**, 96. Zur Aufrechnung mit rechtswegfremder Forderung Gaa NJW **97**, 3343.

13 **D. Hilfsaufrechnung.** Die Hilfsaufrechnung (Eventualaufrechnung) ist eine Erklärung der Aufrechnung lediglich für den Fall, daß die Erstverteidigung versagt, § 260 Rn 8. Das ist im Rahmen der Parteiherrschaft zulässig, Grdz 18 vor § 128. Das Gericht darf daher die Hilfsaufrechnung erst dann berücksichtigen, wenn es die Hauptforderung für begründet hält, VerfGH Bln ZMR **01**, 880. Die Hilfsaufrechnung ist keine bedingte Aufrechnung. Denn sie hängt nicht von einem zukünftigen ungewissen Ereignis ab, sondern vom Bestehen der Klageforderung, also von einem bestimmten gegenwärtigen Umstand. Deshalb bietet die Hilfsaufrechnung auch nichts besonderes. Eine Aufrechnung neben anderen Verteidigungsmitteln ist immer hilfsweise gemeint. Man würde sonst dem Aufrechnenden einen Widersinn unterschieben. Indessen ist das Gericht im Rahmen seiner Fragepflicht nach § 139 zumindest im Zweifel auch gegenüber einer anwaltlich vertretenen Partei zu einer eindeutigen Klärung der Frage verpflichtet, ob sie die Aufrechnung als eine sog Hauptaufrechnung oder lediglich als eine Hilfsaufrechnung erklärt. Man kann nämlich mehrere unselbständige Teilbeträge derselben Forderung zB nicht in einem Eventualverhältnis zum Gegenstand von Hilfsaufrechnungen machen, BGH MDR **95**, 407.

Der *Unterschied* beider Aufrechnungsarten kann beträchtlich sein, Zweibr Rpfleger **85**, 328. Im Fall einer **14** Hauptaufrechnung will der Bekl grundsätzlich den Klaganspruch nicht mehr bestreiten. Er will lediglich durch die Einführung eines nach seiner Meinung zur Aufrechnung geeigneten Gegenanspruchs eine Verurteilung im Ergebnis vermeiden. Er will freilich für dieses Ergebnis den Preis zahlen, daß er den zur Aufrechnung gestellten Anspruch in demjenigen Umfang, in dem das Gericht diesen Anspruch als zur Aufrechnung geeignet hält, nicht mehr anderweitig gegenüber dem Bekl geltend machen kann. Bei einer bloßen Hilfsaufrechnung wendet sich der Bekl demgegenüber grundsätzlich zunächst ebenso gegen den Klaganspruch, als wenn er keinen angeblich zur Aufrechnung geeigneten Gegenanspruch besitzen würde. Er erwartet vom Gericht zunächst die Abweisung der Klage ohne eine Zuhilfenahme des Gegenanspruchs. Er hofft daher, den letzteren auch nach dem erfolgreichen Abschluß dieses Verfahrens geltend machen zu können. Er möchte also den Gegenanspruch nur für den Fall als verbraucht ansehen, daß seine Verteidigung gegenüber dem Klaganspruch erfolglos bleiben sollte.

E. Aufrechnung und Rechtshängigkeit. Eine Aufrechnung macht den zur Aufrechnung gestellten **15** Anspruch nicht nach § 261 rechtshängig, BGH MDR **95**, 349 (meint statt „Anhängigkeit" richtig die Rechtshängigkeit), ZöGre 18, aM Schreiber (vor Rn 1) 251 (vgl aber § 322 Rn 21 ff). Das gilt für eine Hauptaufrechnung wie für die Hilfsaufrechnung, BGH NJW **99**, 1180 (auch wegen der Zulässigkeit der Kombination von Aufrechnung und Widerklage). § 322 II und damit auch die Notwendigkeit der Angabe der Reihenfolge mehrerer zur Aufrechnung gestellter Forderungen hat mit der Rechtshängigkeit nichts zu tun, § 261 Rn 12, 13, Schlesw MDR **76**, 50. Die Lehre von der „unentwickelten Widerklage" übersieht, daß etwas Unentwickeltes nicht wie das Entwickelte wirkt, Schreiber ZZP **90**, 399. Das ist durchaus dogmatisch argumentiert, aM Schmidt ZZP **87**, 34. Während das sachliche Recht die Aufrechnung ohne eine Einrede erlaubt, gibt eine vollzogene Aufrechnung im Prozeß die Möglichkeit einer Rüge.

Deshalb darf der Bekl die Aufrechnung auch *in mehreren Prozessen* geltend machen, sog Zweitaufrechnung, **16** BGH BB **04**, 576 (auch im Urkundenprozeß, evtl Aussetzung). Der Bekl darf die Aufrechnung ferner trotz Rechtshängigkeit seiner Gegenforderung in einem anderen Prozeß jetzt im vorliegenden erheben, BGH RR **94**, 379, aM Schmidt ZZP **87**, 29 (aber der Bekl kann mit der Aufrechnung seine Gegenforderung schneller und leichter durchsetzen. Das ist prozeßwirtschaftlich, Grdz 14 vor § 128). Eine Zurückweisung wegen Verspätung nach §§ 296, 528 ff ist nicht ausgeschlossen, Knöringer NJW **77**, 2339. Manche wollen in einem solchen Fall mit den Grundsätzen zur ungerechtfertigten Bereicherung helfen. Andere wenden dann § 767 I an, KG ZZP **86**, 441.

Die Rüge der Aufrechnung hat zwar grundsätzlich nichts mit den *Prozeßvoraussetzungen* nach Grdz 12 vor **17** § 253 zu tun, etwa mit der Zuständigkeit, BGH MDR **89**, 239, Schreiber ZZP **90**, 405 (Ausnahme Rn 18). Die Frage, ob das Gericht indessen über denjenigen Anspruch entscheiden darf, der der Aufrechnung zugrunde liegt, ist davon abhängig, ob zwingendes Prozeßrecht oder eine prozessuale Vereinbarung eine solche Entscheidung verbieten, BGH NJW **79**, 2478, Schreiber ZZP **90**, 417. Das Gericht muß zB das Fehlen der Gerichtsbarkeit beachten, BGH **60**, 88, BayObLG FamRZ **85**, 1059. Evtl muß oder darf das Gericht schon zur Vermeidung widersprüchlicher rechtskräftiger Entscheidungen den Prozeß mit der Hilfsaufrechnung nach § 148 aussetzen, BGH FamRZ **89**, 167, BVerwG NJW **99**, 161, BGH NJW **94**, 139. Auch kann das Rechtsschutzbedürfnis nach Grdz 33 vor § 253 für die Entscheidung über die nachfolgende Aufrechnung fehlen.

Das Gericht muß grundsätzlich auch das *Fehlen des ordentlichen Rechtswegs* beachten, §§ 13, 17 GVG, BFH NJW **02**, 3126, BVerwG NJW **93**, 2255, VGH Kassel NJW **94**, 1488, aM VGH Kassel NJW **95**, 1107, Gaa NJW **97**, 3343 (aber es liegt dann ein ganz andersartiger Anspruch vor, § 322 II). Das gilt zB bei einer öffentlichrechtlichen Gegenforderung, soweit sie streitig ist, BGH **60**, 88, Rupp NJW **92**, 3274, aM Schenk/Ruthig NJW **93**, 1375 (aber Rechtswegfragen sind Zulässigkeitsfragen). Etwas anderes gilt dann, wenn der Bestand der öffentlichrechtlichen Gegenforderung feststeht, BVerwG NJW **87**, 2530.

Das Gericht muß ferner beachten, ob der Bekl die Aufrechnung mit einem Anspruch erklärt, der dem **18** *schiedsrichterlichen Verfahren* unterliegt, § 1025 Rn 17, BGH **60**, 89, Düss NJW **83**, 2149, aM Schreiber ZZP **90**, 413 (aber auch eine Schiedsvereinbarung hindert die Zulässigkeit). Eine Vereinbarung der alleinigen Zuständigkeit eines ausländischen Gerichts kann auch die Wirksamkeit einer Aufrechnung verhindern. Zum Problem der internationalen Zuständigkeit Rn 12.

Demgegenüber ist es für die Wirksamkeit der zur Aufrechnung gestellten Forderung *unerheblich*, ob das **19** Gericht für die Aufrechnungsforderung *sachlich zuständig* wäre, so sich bei der Aufrechnungsforderung um eine Familiensache handelt, §§ 606 ff, BGH FamRZ **89**, 167, BayObLG FamRZ **85**, 1059, Düss FamRZ **87**, 706, und umgekehrt, Köln FamRZ **92**, 451, aM LAG Mü MDR **98**, 783. Es ist auch unerheblich, ob ein anderes ordentliches Gericht ausschließlich zuständig wäre oder ob zB ein Gericht der freiwilligen Gerichtsbarkeit, BGH FamRZ **89**, 167 (WEG), oder ein Arbeitsgericht, BGH FamRZ **89**, 167, oder ein Landwirtschaftsgericht zur Entscheidung über diese Forderung zuständig wären, BGH **60**, 88, und umgekehrt. Evtl muß oder darf das Gericht den Prozeß jedenfalls aussetzen, Rn 17, BGH FamRZ **89**, 167. Das gilt insbesondere bei einer Aufrechnung auch in einem weiteren Prozeß, der sog Zweitaufrechnung, BGH BB **04**, 576 (auch im Urkundenprozeß). Vgl ferner § 322 Rn 21–26.

Eine Aufrechnung im Prozeß hemmt die *Verjährung* nach § 204 I Z 5 BGB. Das gilt sogar dann, wenn sie prozessual unzulässig (aber sachlichrechtlich zulässig) ist, BGH MDR **82**, 651. Vgl aber auch § 215 II BGB, BGH MDR **81**, 44. Das gilt aber nicht für einen überschießenden Anspruch, BGH RR **86**, 1079, und nicht

§§ 145, 146

für eine Gegenaufrechnung des Klägers, Rn 23, Köln RR **89**, 1079. Dazu muß er die Klage erweitern, § 263, Köln RR **89**, 1080.

20 **F. Rechtlicher Zusammenhang.** Wenn zwischen dem Klaganspruch und der zur Aufrechnung gestellten Forderung nach § 33 Rn 8 ein rechtlicher Zusammenhang besteht, dann kommt nur eine Beschränkung der Verhandlung nach § 146 in Betracht. Wenn der rechtliche Zusammenhang fehlt, darf das Gericht vor einer Entscheidungsreife des ganzen Prozesses im Sinn von § 300 Rn 6 nach seinem pflichtgemäßen nicht nachprüfbaren Ermessen eine Trennung des Klaganspruchs und des zur Aufrechnung gestellten Anspruchs anordnen. Es kommt in diesem Zusammenhang nicht darauf an, ob der Bekl die Aufrechnung vor dem Prozeß oder im Prozeß erklärt hat und in welcher Instanz der Streit anhängig ist. Soweit das Gericht die Trennung anordnet, bleibt der Prozeß eine Einheit. Er zerfällt lediglich in zwei Teile mit jeweils selbständigen Verhandlungen.

Soweit der Klaganspruch nach dieser Trennung *entscheidungsreif* wird, erläßt das Gericht entweder ein Vorbehaltsurteil nach § 302, Mü FamRZ **85**, 85, oder es weist die Klage ab. Eine Klagabweisung erledigt beide Prozeßteile. Denn die Aufrechnung ist ja im Weg einer bloßen Einrede erfolgt. Soweit die zur Aufrechnung gestellte Forderung zuerst entscheidungsreif wird, darf das Gericht kein Teilurteil nach § 301 und kein Zwischenurteil nach § 303 erlassen. In diesem Fall kann es lediglich eine Aufhebung der Trennung nach § 150 anordnen.

21 Das Gericht darf über die beiden Prozeßteile nicht in verschiedenen Verhandlungsterminen entscheiden. Es darf aber natürlich auf Grund der nur zur Aufrechnungsforderung bestimmten Verhandlung *kein Versäumnisurteil* nach §§ 330 ff erlassen, aM StJL 70 (er hält gesonderte Termine für unstatthaft. Aber das ist zu streng und nicht prozeßwirtschaftlich, Grdz 14 vor § 128). Soweit der Bekl die zur Aufrechnung gestellte Forderung auch im Weg einer Widerklage nach Anh § 253 geltend macht, also in Höhe desjenigen Betrags, der den Klaganspruch übersteigt, ist eine Trennung des Klaganspruchs und des zur Aufrechnung gestellten Anspruchs unzweckmäßig. Wenn der Kläger nur einen Teilbetrag seines Anspruchs eingeklagt hat, darf das Gericht den Schuldner nicht wegen seiner Aufrechnung auf den anderen, nicht eingeklagten Teil des Klaganspruchs verweisen.

22 **G. Urkundenprozeß.** Soweit die zur Haupt- oder Hilfsaufrechnung gestellte Gegenforderung unstreitig oder urkundlich belegt ist und der Kläger sich nicht dagegen mit den im Urkundenprozeß statthaften Mitteln verteidigt, muß das Gericht die Klage als in der gewählten Prozeßart unzulässig abweisen, § 597 II, BGH NJW **86**, 2767. Soweit der Bekl die zur Aufrechnung gestellte Forderung nicht belegt hat, muß das Gericht ein Vorbehaltsurteil nach § 599 erlassen. Zur Aussetzung bei einer Zweitaufrechnung BGH BB **04**, 576.

23 **H. Gegenaufrechnung.** Eine Aufrechnung des Klägers gegenüber der vom Bekl zur Aufrechnung gestellten Forderung ist unbeachtlich. Denn beim Fehlen der ursprünglichen Klageforderung kommt es schon auf die Aufrechnung des Bekl nicht an. Beim Erfolg seiner Aufrechnung erlischt in Höhe der Klageforderung die Aufrechnungsforderung des Bekl, ThP 30, ZöGre 13, 22, aM Braun ZZP **89**, 100 (aber §§ 389 ff BGB gelten uneingeschränkt). Freilich mag der Kläger die Aufrechnungsforderung des Bekl bereits vor der Erklärung von der eigenen Forderung „abgesetzt" und insofern wirksam aufgerechnet haben.

24 **7) Aufrechnungsähnliche Einrede, III.** Ähnlich wirkende Einreden stehen der Aufrechnung nicht gleich. Das gilt auch für ein sachlichrechtliches Zurückbehaltungsrecht. Sofern dieses Recht aber ganz wie eine Aufrechnung wirkt, nämlich dann, wenn sich zwei fällige Geldforderungen gegenüberstehen, sollte man das Zurückbehaltungsrecht wie eine Aufrechnung behandeln, aM StJL 63 (er beruft sich auf den „klaren Wortlaut des Gesetzes". Aber das Gesetz sagt über diese Frage gar nichts). Eine Aufrechnung gegenüber einer Aufrechnung ist unstatthaft.

25 **8) VwGO:** Statt **I** gilt § 93 *VwGO*. **II** u **III** sind entsprechend anwendbar, § 173 *VwGO*, weil § 93 für diese Fälle keine Regelung trifft, Ule VPrR § 46 III 1, aM für II Ey § 93 Rn 8, RedOe § 93 Anm 3.

146

Beschränkung auf einzelne Angriffs- und Verteidigungsmittel. Das Gericht kann anordnen, dass bei mehreren auf denselben Anspruch sich beziehenden selbständigen Angriffs- oder Verteidigungsmitteln (Klagegründen, Einreden, Repliken usw.) die Verhandlung zunächst auf eines oder einige dieser Angriffs- oder Verteidigungsmittel zu beschränken sei.

1 **1) Systematik, Regelungszweck.** Die Vorschrift ist eine Ergänzung zu § 145. Sie unterscheidet sich aber doch wesentlich von der echten Trennung des Prozesses in mehrere selbständige Teile, wie sie § 145 vorsieht. § 146 bezweckt lediglich die Erzielung einer besseren Übersichtlichkeit der Verhandlung. Die Vorschrift ist überflüssig. Denn bereits § 136 erlaubt dem Vorsitzenden dieselben prozeßleitenden Anordnungen, wie sie nach § 146 zulässig sind. In der Praxis erfolgt eine Akzentuierung auf bald den einen Gesichtspunkt, bald einen anderen ohnehin oft genug auch ohne formelle Maßnahmen nach § 146. Natürlich kann die Vorschrift eine zeitweilige Konzentration ohne störendes Beiwerk fördern. Soweit sich eine Partei nicht an solche Anordnungen hält, bleibt ihr Vortrag aber nur theoretisch derzeit unbeachtet und braucht der Gegner nur formell darauf derzeit ohne Verspätungsgefahr noch nicht einzugehen. Lesen muß jeder Adressat das formell derzeit Ausgegrenzte praktisch doch. Auch kann unklar werden, ob das jetzt Unbeachtliche nach dem Ende der Beschränkungszeit automatisch auflebt oder nochmals vorzutragen ist. Das alles macht eine formelle Anordnung nach § 146 nur ganz selten ratsam.

2 **2) Geltungsbereich.** Vgl Grdz 3 vor § 128.

3 **3) Beschränkung der Verhandlung.** Das Gericht kann nach seinem pflichtgemäßen Ermessen anordnen, daß sich die mündliche Verhandlung zunächst auf mehrere Angriffs- oder Verteidigungsmittel beschränken soll, Begriff Einl III 70. Wegen dieser Ausnahme vom Zusammenfassungsgrundsatz nach Üb 6 vor § 253 sollte eine Anordnung nur bei einem ungewöhnlich umfangreichen und/oder schwierigen Prozeßstoff erfolgen. Sie ist nur dann zulässig, wenn die folgenden Voraussetzungen vorliegen.

Titel 1. Mündliche Verhandlung **§§ 146, 147**

A. Selbständigkeit. Das fragliche Angriffs- oder Verteidigungsmittel muß selbständig sein. Es muß also **4** bereits aus sich heraus rechtsbegründend oder rechtsvernichtend oder rechtshindernd oder rechtserhaltend wirken. Es ist unerheblich, ob eine dieser Wirkungen auf einem sachlichen Recht oder auf dem Prozeßrecht beruht oder ob das Gericht ein bereits erlassenes Urteil auf Grund dieses Rechtsmittels aufheben muß.
Beispiele für selbständige Angriffs- oder Verteidigungsmittel: Ein selbständiger Klagegrund; eine Zulässigkeitsrüge, § 280; einzelne Posten einer rechnerischen Aufstellung; die Prozeßvoraussetzungen, Grdz 12 vor § 128; ein Revisionsgrund, §§ 547 ff; eine Aufrechnung, § 145 Rn 9 (aber in einem solchen Fall ist es zweckmäßiger, eine Trennung nach § 145 vorzunehmen); ein unzulässiges Teilurteil, § 301 Rn 4 ff.
Beispiele des Fehlens eines selbständigen Angriffs- oder Verteidigungsmittels: Bloßes Bestreiten; eine einzelne Tatsache; ein Beweisantrag; ein Beweisanzeichen; ein Beweismittel. Kein Angriffs- oder Verteidigungsmittel ist eine bloße Rechtsfrage, zB Verursachung, Verschulden, Verjährung.

B. Zugehörigkeit zu demselben Anspruch. Das Angriffs- oder Verteidigungsmittel muß sich grund- **5** sätzlich auf denselben Anspruch beziehen. Gemeint ist der prozessuale Anspruch, oben Rn 3. Es genügt, daß einem Angriffsmittel ein Verteidigungsmittel gegenübersteht. § 146 ist allerdings unter Umständen auch bei einer Mehrheit von Ansprüchen anwendbar, auch bei einem Haupt- und Hilfsanspruch.

C. Entscheidung. Das Gericht entscheidet durch einen Beschluß, § 329. Es muß ihn grundsätzlich **6** begründen, § 329 Rn 4. Es verkündet ihn oder teilt ihn den Parteien formlos mit, § 329 I 1, II 1. Er ist nur zusammen mit dem Endurteil anfechtbar. Das Gericht darf ihn jederzeit abändern.

4) Wirkung. Die Wirkung der Beschränkungsanordnung ist rein tatsächlich. Der Beschluß schneidet **7** keine Einrede ab. Er wirkt nicht über das Ende der Instanz hinaus. Das Gericht darf über die einzelnen Rechtsbehelfe keine getrennten Verhandlungen anordnen. Soweit der Prozeß entscheidungsreif ist, muß das Gericht trotz einer Trennung in der Sache entscheiden, auch bei einem Versäumnisurteil, §§ 330 ff. Die Entscheidung über die einzelnen Rechtsbehelfe erfolgt nur im Endurteil. Es ist also zwar ein Vorbehaltsurteil nach §§ 302, 304, 305 zulässig, aber kein Zwischenurteil nach § 303, aM ZöGre 4 (aber das wäre inkonsequent), und kein Teilurteil nach § 301.

5) *VwGO*: Entsprechend anwendbar, § 173 VwGO, zB für die Verhandlung über Prozeßvoraussetzungen, oben **8** Rn 4, und bei mehreren Ansprüchen, oben Rn 5. Entscheidung durch Beschluß, OVG Münster JZ **61**, 393, der unanfechtbar ist, § 146 II VwGO.

147 ***Prozeßverbindung.* Das Gericht kann die Verbindung mehrerer bei ihm anhängiger Prozesse derselben oder verschiedener Parteien zum Zwecke der gleichzeitigen Verhandlung und Entscheidung anordnen, wenn die Ansprüche, die den Gegenstand dieser Prozesse bilden, in rechtlichem Zusammenhang stehen oder in einer Klage hätten geltend gemacht werden können.**

Schrifttum: *Schumacher,* Prozeßtrennung (§ 145 ZPO) und -verbindung (§ 147 ZPO), Diss Bonn 1999.

Gliederung

1) Systematik 1	F. Rechtlicher Zusammenhang 12
2) Regelungszweck 2	G. Keine Entscheidungsreife 13
3) Geltungsbereich 3	H. Sonstige Einzelfragen 14
4) Ermessen 4–6	6) Entscheidung 15
A. Notwendigkeit 4	7) Rechtsmittel gegen Verbindung ... 16, 17
B. Unzweckmäßigkeit 5	A. Grundsatz: Unanfechtbarkeit 16
C. Unzulässigkeit 6	B. Ausnahme: Sofortige Beschwerde 17
5) Voraussetzungen im einzelnen 7–14	8) Kein Rechtsmittel gegen Ablehnung
A. Anhängigkeit mehrerer Prozesse 7	einer Verbindung 18
B. Nämlichkeit des Gerichts 8	9) Wirkung 19–22
C. Nämlichkeit der Instanz 9	A. Verbindung 19–21
D. Nämlichkeit der Prozeßart 10	B. Unterbleiben einer Verbindung 22
E. Gleichzeitigkeit der Verhandlung und Entscheidung 11	10) *VwGO* 23

1) Systematik. Prozeßverbindung ist die vom Gericht durch die Verbindung mehrerer Prozesse her- **1** beigeführte Klägerhäufung (Streitgenossenschaft) nach § 59 oder Anspruchshäufung, § 260. Das Gericht handelt dabei nach seinem pflichtgemäßen Ermessen, §§ 25, 254, 260, BPatG GRUR **81**, 348 (spricht von „freiem" Ermessen), Kblz VersR **92**, 339, Stgt Rpfleger **01**, 617.

2) Regelungszweck. Geschickt gehandhabt, erspart eine Prozeßverbindung Arbeit und Kosten und **2** verringert die Gefahr unvereinbarer Entscheidungen, BAG DB **83**, 2579. Die Vorschrift dient damit der Prozeßwirtschaftlichkeit, Grdz 14 vor § 128, BGH **68**, 81. Sie sollte nicht unter dem Bestreben leiden, „Nummern zu machen". Sie ist namentlich dann angebracht, wenn der Kläger einen Anspruch in mehrere Prozesse zerlegt hat.
Abgabe an eine andere Abteilung oder Kammer ist leider gelegentlich unverkennbar ein weniger erfreuliches weiteres Ziel einer Anregung zur Übernahme zwecks Verbindung – natürlich unter Führung des dortigen Verfahrens. Anstandshalber sollte man aber auf das Auftreten auch des Gegenteils hinweisen, also auf den Vorschlag der Abteilung oder Kammer, ein in anderer Abteilung oder Kammer schwebendes Verfahren zu übernehmen. In beiden Fällen sollten allein sachliche Gesichtspunkte maßgeblich sein. Meist liegen sie auch eindeutig für oder gegen eine solche Abgabe bzw Übernahme vor. Allerdings kann ein derartiger Richterwechsel wegen Verbindung eine gewisse Abweichung vom Gebot des gesetzlichen Richters nach

§ 147

Art 101 I 2 GG darstellen und schon deshalb Zurückhaltung fordern. Freilich bleibt an sich die von § 147 geforderte Nämlichkeit des Gerichts formell meist gewahrt, Rn 8.

3 **3) Geltungsbereich.** Vgl Grdz 3 vor § 128. Die Vorschrift gilt auch vor dem Beschwerdegericht nach § 73 Z 2 GVG.

4 **4) Ermessen.** Beim pflichtgemäßen Ermessen nach Rn 1 muß das Gericht insbesondere folgendes beachten.

A. Notwendigkeit. Eine Verbindung ist nur ausnahmsweise notwendig, zB nach den §§ 238, 518, 623, 643 a IV ZPO, 246 III, 249 II, 275 IV AktG, 51 III 5, 112 I 3 GenG. Sie kommt ferner zB dann in Betracht, wenn der Unterhaltsgläubiger und der Unterhaltsschuldner mit Klage und Widerklage nach Anh § 253 für denselben Zeitraum jeder eine Abänderung in gegenläufiger Richtung beantragen, Zweibr FamRZ **88**, 421.

5 **B. Unzweckmäßigkeit.** Die Prozeßverbindung kann allerdings auch zu außerordentlichen Komplikationen führen. Es kann sich zB ergeben, daß einer der verbundenen Prozesse wesentlich komplizietere rechtliche oder tatsächliche Probleme enthält als der andere. Daher kann die Entscheidungsreife der verschiedenen Ansprüche nach § 300 Rn 6 unterschiedlich rasch eintreten, Kleveman MDR **99**, 975. Es können sich erhebliche Kostenprobleme ergeben. Deshalb kann es ebenso ratsam sein, statt einer Verbindung beide Prozesse rechtlich selbständig zu lassen und lediglich dafür zu sorgen, daß alle Termine in beiden Prozessen an demselben Tag und zu derselben Stunde stattfinden, Mü Rpfleger **90**, 184, Saarbr RR **89**, 1216. Man kann dann praktisch wie bei verbundenen Verfahren verhandeln und entscheiden, ohne daß nachteilige Wirkungen einer Prozeßverbindung eintreten können. In einem solchen Fall muß das Gericht allerdings darauf achten, daß alle Prozeßbeteiligten jeweils Klarheit darüber haben, welches der beiden Verfahren jeweils erörtert wird. Auch die Protokolle müssen in einem solchen Fall eine entsprechende Sorgfalt erhalten. Ferner errechnen sich dann die Anwaltsgebühren nach den Streitwerten jedes einzelnen Prozesses, Mü Rpfleger **90**, 184.

6 **C. Unzulässigkeit.** Eine Verbindung kann ausnahmsweise verboten sein, zB nach §§ 578 II, 610, 640 c, Art 50 § 5 CIM und CIV. Man darf nicht im Wechselprozeß nach § 602 und hilfsweise im normalen Urkundenprozeß nach §§ 592 ff klagen, BGH MDR **82**, 298. Unzulässig ist auch die Verbindung des Eilverfahrens zB nach §§ 916 ff mit dem Hauptsacheprozeß. Vgl auch Rn 7, 8. Im Fall der Zusammenführung oder Wiedervereinigung getrennter Patentanmeldungen ist § 147 nur bedingt entsprechend anwendbar, BPatG GRUR **81**, 348.

7 **5) Voraussetzungen im einzelnen.** Eine Verbindung ist unter folgenden Voraussetzungen zulässig.

A. Anhängigkeit mehrerer Prozesse. Es müssen mehrere bisher rechtlich selbständige Prozesse anhängig sein, § 261 Rn 1, etwa ein Prozeß gegen den Hauptschuldner und ein weiterer gegen den Bürgen, Kblz JB **81**, 547. Eine Rechtshängigkeit nach § 261 Rn 4 ist nicht erforderlich. LG Detm Rpfleger **92**, 427 wendet § 147 entsprechend bei mehreren Pfändungsanträgen desselben Gläubigers bei demselben Drittschuldner an. Eine Verbindung mehrerer Kostenfestsetzungsverfahren nach §§ 103 ff aus getrennt geführten Prozessen ist unzulässig, Hamm Rpfleger **80**, 439. Eine Verbindung tritt nicht schon stets dadurch ein, daß zB der bisherige Streitgenosse des Bekl nun den Kläger und einen Dritten verklagt, § 253 Anh Rn 1, BGH ZZP **86**, 67.

8 **B. Nämlichkeit des Gerichts.** Die bisherigen Prozesse müssen bei demselben Gericht anhängig sein, BPatG GRUR **81**, 347. Sie können grundsätzlich bei verschiedenen Abteilungen, Kammern oder Senaten anhängig sein. Deren Verbindung verletzt auch nicht etwa mangels Zustimmung der Parteien Art 101 I GG, Fischer MDR **96**, 240, aM StJL 15 (aber man kann das Gebot des gesetzlichen Richters auch übertreiben). Freilich soll man den gesetzlich gewollten Unterschied zwischen Einzelrichter- und Kollegiumssache nach §§ 348, 348 a usw nicht durch § 147 unterlaufen. Eine Anhängigkeit des einen Prozesses bei der Zivilkammer, des anderen bei der Kammer für Handelssachen kann allerdings nicht zur Verbindung führen, §§ 103 ff GVG.

9 **C. Nämlichkeit der Instanz.** Die zu verbindenden Prozesse müssen in derselben Instanz anhängig sein, BPatG GRUR **81**, 347. Es kann sich auch um eine höhere Instanz handeln. Eine Revision muß in jedem der bisher getrennt geführten Prozesse zulässig sein, BGH NJW **77**, 1152.

10 **D. Nämlichkeit der Prozeßart.** Alle zu verbindenden Prozesse müssen in derselben Prozeßart anhängig sein, BGH NJW **78**, 44, LG Stgt Rpfleger **96**, 167 (§§ 807, 900 ff).

11 **E. Gleichzeitigkeit der Verhandlung und Entscheidung.** Die Verbindung muß den Zweck haben, eine gleichzeitige Verhandlung und Entscheidung in allen bisher einzeln geführten Prozessen herbeizuführen, Mü Rpfleger **90**, 184. Eine nur tatsächlich gleichzeitige Verhandlung rechtlich getrennt bleibender Prozesse ist keine Verbindung, VGH Mannh JB **98**, 83. Eine Verbindung nur zum Zweck einer Beweisaufnahme oder nur zum Zweck der Verhandlung ist unzulässig. Das Gericht kann die Prozesse aber vor der Beweisaufnahme verbinden und sie nach ihr wieder trennen. In einer Ehesache muß man § 610 beachten. In einer Scheidungsfolgesache muß das Gericht § 623 beachten. Zwischen einer Einzelklage und einer Verbandsklage ist keine Verbindung zulässig, Sieg VersR **77**, 494. Wegen einer Massenklage Stürner JZ **78**, 500.

12 **F. Rechtlicher Zusammenhang.** Zwischen den Klagansprüchen der verschiedenen Prozesse muß ein rechtlicher Zusammenhang nach § 33 Rn 8 bestehen oder es müssen die Voraussetzungen einer Parteien- oder Anspruchshäufung nach §§ 59, 60, 260 erfüllt sein. Eine Gleichartigkeit der Ansprüche genügt. Es ist nicht erforderlich, daß der Kläger des einen Prozesses auch im anderen Prozeß Kläger ist. Dasselbe gilt für die Rolle des Bekl. Es kann aber in demselben Prozeß dieselbe Person nicht zugleich Kläger und Bekl sein. Daher muß notfalls der Kläger des einen Prozesses auch zum Widerbekl, der Bekl dieses Prozesses auch zum Widerkläger werden. Dabei wird die später rechtshängig gewordene Klage zur Widerklage, auch wenn deren Voraussetzungen an sich fehlen.

13 **G. Keine Entscheidungsreife.** Keiner der bisher getrennt geführten Prozesse darf allein nach § 300 Rn 6 entscheidungsreif sein.

Titel 1. Mündliche Verhandlung　　　　　　　　　　　　　　§ 147, Einf §§ 148–155

H. Sonstige Einzelfragen. Die Zustimmung einer Partei oder gar aller Beteiligten ist nicht erforderlich, **14**
BPatG GRUR **81**, 348.

6) Entscheidung. Das Gericht entscheidet über die Prozeßverbindung auf Antrag oder von Amts wegen **15**
durch einen Beschluß, § 329, BPatG GRUR **81**, 348. Zuständig ist das Kollegium. Der Einzelrichter ist
nach §§ 348, 348 a, 526, 527, 568 nur insoweit zuständig, als alle zu verbindenden Sachen ihm kraft Gesetzes
oder durch Kollegialbeschluß zugewiesen sind. Eine Abgabe durch Verbindung ist unstatthaft. Der Beschluß
ist eine prozeßleitende Maßnahme, Üb 5 vor § 128. Er erfordert keine mündliche Verhandlung, § 128 IV,
LG Lpz MDR **05**, 648. Er ist sogar stillschweigend zulässig, § 145 Rn 5. In der einheitlichen Bewilligung
einer Prozeßkostenhilfe für mehrere bisher selbständige Prozesse nach § 119 kann nur ausnahmsweise eine
stillschweigende Prozeßverbindung liegen. Wenn sich ein Gericht in mehreren bisher getrennten Prozessen
über rechtlich zusammenhängende Ansprüche für unzuständig erklärt, handelt es sich meist nicht um eine
Verbindung, BGH NJW **80**, 192. Das Gericht muß seine Entscheidung trotz ihrer Unanfechtbarkeit grundsätzlich begründen, § 329 Rn 4. Die Entscheidung wird verkündet oder den Parteien formlos mitgeteilt,
§ 329 I 1, II 1. Das Gericht kann seine Entscheidung jederzeit abändern, § 150.

7) Rechtsmittel gegen Verbindung. Beim Rpfl gilt § 11 RPflG, § 104 Rn 41 ff. Im übrigen gilt: **16**
A. Grundsatz: Unanfechtbarkeit. Gegen den Verbindungsbeschluß ist grundsätzlich kein Rechtsbehelf
statthaft, BPatG GRUR **85**, 1041. Man kann erst das Urteil anfechten. Freilich bleibt zu prüfen, ob
überhaupt eine Verbindung vorliegt.

B. Ausnahmsweise: Sofortige Beschwerde. Soweit eine Verbindung auf einen auch nur teilweisen **17**
Verfahrensstillstand hinausläuft, Ffm RR **92**, 32, zB bei einer unzulässigen Verbindung eines Eilverfahrens
etwa nach §§ 916 ff mit dem Hauptsacheprozeß nach Rn 5, kann die sofortige Beschwerde nach §§ 252,
567 I Z 1 oder 2 zulässig sein.

8) Kein Rechtsmittel gegen Ablehnung einer Verbindung. Es ist kein Rechtsbehelf statthaft, BPatG **18**
GRUR **85**, 1041, Kblz JB **91**, 547.

9) Wirkung. Es kommt auf die Entscheidungsart an. **19**
A. Verbindung. Die bisher selbständigen Prozesse sind von der Wirksamkeit des Verbindungsbeschlusses
an für die Zukunft miteinander verbunden. Die in den bisherigen Prozessen erzielten Ergebnisse und
Wirkungen bleiben also bestehen. Manche befürworten eine Wiederholung der Beweisaufnahme, soweit
die Parteien nicht ausdrücklich darauf verzichten. Das kann zwar zB nach §§ 397 ff notwendig sein. Es würde
aber im übrigen dem mit der Verbindung erstrebten Zweck der Prozeßwirtschaftlichkeit nach Rn 1 zuwiderlaufen. Auch kann § 295 helfen. Mehrere Parteien in derselben prozessualen Stellung werden zu
Streitgenossen, §§ 61 ff. Dadurch kann die Zeugnisfähigkeit entfallen, Üb 22 vor § 373 „Streitgenosse".

Das Gericht muß über die verbundenen Ansprüche *gleichzeitig und einheitlich verhandeln und entscheiden*. Das **20**
gilt auch dann, wenn das Gericht die Verbindung unzulässig nur zum Zweck der Verhandlung oder nur zum
Zweck der Verhandlung und der Beweisaufnahme angeordnet hat. Es ist allerdings denkbar, daß das Gericht
in einem solchen Fall keine eigentliche Verbindung gemeint hat, sondern nur vorübergehende Vereinfachungsmaßnahmen treffen wollte, Rn 5. Das Revisionsgericht darf diese Frage nachprüfen. Soweit das
Gericht trotzdem getrennt entschieden hat, liegt für die Frage der Statthaftigkeit eines Rechtsmittels ein
einheitlicher Spruch vor.

Das Gericht darf im Anschluß an den Verbindungsbeschluß nur dann *sofort* verhandeln, wenn es den
Termin für alle nunmehr miteinander verbundenen Prozesse bestimmt hatte. Ob das der Fall war, muß man
durch Auslegung ermitteln, Stgt AnwBl **89**, 232. Eine Berufungssumme nach § 511 II Z 1 muß man nach
dem Gesamtwert der verbundenen Ansprüche berechnen, aM BGH NJW **77**, 1152.

Für die *Gebührenberechnung* muß man die nach der Verbindung vorgenommenen Handlungen nach dem **21**
neuen durch eine Zusammenrechnung gefundenen Streitwert berechnen, soweit sie nicht denselben Streitgegenstand betreffen, § 45 I GKG. Eine bereits vor der Verbindung entstandene Gebühr bleibt bestehen,
Bbg JB **76**, Mü Rpfleger JB **78**, 1853, Uhlenbruck KTS **87**, 567. Man muß die Höchstgrenze (jetzt)
des § 36 II GKG beachten, Meyer JB **99**, 240. Bei der Streitgenossenschaft vgl auch § 7 RVG. Eine
Prozeßverbindung läßt die sachliche Zuständigkeit grundsätzlich unberührt. Etwas anderes gilt nur dann,
wenn der Kläger die Zuständigkeit des AG erschlichen hatte, Einl III 56, § 2 Rn 7.

B. Unterbleiben einer Verbindung. In diesem Fall läuft jeder der bisherigen Prozesse unverändert **22**
weiter, Wieser ZZP **86**, 41. Eine Widerklage nach Anh § 253 wird nicht schon wegen der Ablehnung einer
Verbindung unzulässig, BGH ZZP **86**, 67, Wieser ZZP **86**, 41.

10) *VwGO: Eigene Regelung in § 93.* **23**

Einführung vor §§ 148–155
Aussetzung

Schrifttum: *Fichtner,* Grenzen des richterlichen Ermessens bei Aussetzung und Ruhen des Verfahrens in
der ZPO usw, 1996; *Heil,* Die Bindung der Gerichte an Entscheidungen anderer Gerichte, Diss Bochum
1983.

1) Systematik. §§ 148 ff regeln die Aussetzung des Verfahrens, ergänzt durch verstreute Sondervor- **1**
schriften, zB § 65 (Einmischungsklage). Aussetzung ist ein Stillstand des Verfahrens auf Grund einer gerichtlichen Anordnung, im Gegensatz zu demjenigen kraft Gesetzes, §§ 239 ff.

2) Regelungszweck. Eine Aussetzung scheint dem Grundsatz der Förderungspflicht nach Grdz 12, 13 **2**
vor § 128 zu widersprechen. Indessen dient die Aussetzung der Vermeidung vorschneller Entscheidungen
und dann unnötig folgender Rechtsmittel und damit in Wahrheit doch einer richtig verstandenen Verfah-

Einf §§ 148–155 Buch 1. Abschnitt 3. Verfahren

rensförderung sowie der Prozeßwirtschaftlichkeit, Grdz 14, 15 vor § 128. Freilich läßt sich so manche Aussetzung bei genauerer Prüfung sehr wohl vermeiden. Die Änderungs- und Aufhebungsmöglichkeiten nach §§ 150, 155 dienen dazu, den Prozeß wieder so bald wie möglich fortzuführen. Das Gericht sollte sie großzügig nutzen. Alles das muß man bei der Auslegung mitbeachten.

Die Interessenlage der Beteiligten verdient bei den Entscheidungen nach §§ 148 ff im Rahmen des jeweils Zulässigen eine wesentliche Beachtung. Die Interessen können gleichgeartet sein. Sie können aber auch äußerst unterschiedlich ausfallen. Weder das Interesse des Gerichts noch dasjenige eines sonstigen Prozeßbeteiligten hat beim Konflikt von vornherein Vorrang. Diesen hat vielmehr das Gebot möglichst sachgerechter Entscheidung und möglichst geringer Gefährdung der Einheitlichkeit der Beurteilung durch mehrere Gerichte oder Behörden, soweit diese auch das Gericht zumindest faktisch binden würden. Die Vorentscheidung über solche Bindung ist oft sehr schwierig. Auch ohne formelle Bindung mag doch eine Wirkung zu erwarten sein, die eine abweichende spätere eigene Gerichtsentscheidung als ziemlich unwahrscheinlich erscheinen läßt. In das Ermessen fließen also komplizierte Vorausschauen ein. Sie dürfen weder zur Scheu vor einer Aussetzung führen noch zu deren allzu eifriger Befürwortung. Behutsames offen miteinander erfolgendes Abwägen in kollegialem Ton und Geist gerade auch gegenüber den ProzBev hilft erfahrungsgemäß dazu, eine allseits akzeptierte Lösung zu finden.

3 3) **Geltungsbereich.** Man unterscheidet am besten nach dem Ergebnis.

A. Zulässigkeit der Aussetzung. Die Aussetzung ist nur in den gesetzlich vorgesehenen Fällen zulässig, also nicht schon deswegen, weil sie auf Grund einer gesetzlichen Vorschrift, die eine Aussetzung nicht eindeutig erlaubt, zweckmäßig oder sogar eigentlich notwendig wäre, etwa im oder nach einem Ablehnungsverfahren, § 42 ff, Hamm MDR **99**, 374, oder im Fall des § 558 b III 2 BGB, § 148 Rn 1–6, 8 und 20 „Mietrecht". Das Gericht hat also in der Zulässigkeitsfrage nicht etwa einen Ermessensspielraum, Brschw FamRZ **77**, 132, KG FamRZ **77**, 51, Köln MDR **76**, 1026, aM LG Mü NJW **76**, 1637, Graf von Westphalen FamRZ **76**, 525 (vgl aber § 148 Rn 32). Ein Nichtaussetzungsbeschluß wegen der Neuregelung des Rechts der *Ehescheidung* ist nicht mit der Verfassungsbeschwerde anfechtbar, BVerfG FamRZ **77**, 34.

Die §§ 148–155 enthalten *nur einige* der gesetzlich zulässigen Aussetzungsfälle. Andere Fälle (Übersicht: § 148 Rn 12 ff) befinden sich zB in §§ 65, 251 (Ruhen des Verfahrens), §§ 246, 247, 578 II, 614, 640 f, 681, 953, ferner in vielen anderen Gesetzen. So kommt zB eine Aussetzung wegen der Zuständigkeit des BVerfG in Betracht, § 148 Rn 29 „Verfassungsrecht", ferner zB wegen der Zuständigkeit eines Kartellgerichts, § 96 II GWB, § 148 Rn 18 „Kartellrecht", oder nach § 108 II SGB VII, BGH VersR **04**, 931. Die Aussetzung des Verfahrens ist teils notwendig, teils dem Gericht freigestellt, BGH **97**, 145. Soweit sie notwendig ist, muß das Gericht aussetzen, sobald die Voraussetzungen insoweit vorliegen können, BGH NJW **86**, 1746.

4 **B. Unzulässigkeit der Aussetzung.** Übersicht: § 148 Rn 12 ff. In einem Verfahren auf den Erlaß eines Arrests oder einer einstweiligen Verfügung ist eine Aussetzung grundsätzlich unzulässig, Rn 13, Grdz 13, 14 vor § 916, ebenso im Verfahren auf eine einstweilige Anordnung nach §§ 620 a ff, im Prozeßkostenhilfeverfahren nach § 118 Rn 4, bei Entscheidungsreife nach § 300 I, im Urkundenprozeß nach Grdz 1 vor § 592, in der Zwangsvollstreckung, Grdz 38 vor § 704.

5 4) **Wirkung.** Es kommt nicht darauf an, wie das Gericht seine Anordnung nennt. Auch eine Vertagung ist eine Aussetzung, wenn die Vertagung in ihrer Wirkung einer Aussetzung gleichkommt, wenn das Gericht zB auf unbestimmte Zeit vertagt oder wenn es auf die Dauer eines Jahres vertagt, es sei denn, daß für eine so lange Frist schon jetzt ein sachlicher Grund erkennbar ist, etwa die monatelange Abwesenheit eines Zeugen. Die Wirkung jeder beliebigen Aussetzung richtet sich nach § 249. Eine Aufnahme des Verfahrens erfolgt nach § 250. Das Gericht kann die Aussetzung jederzeit aufheben, § 150. Wegen Hemmung der Verjährung und des Neubeginns der Verjährung Köln VersR **02**, 68 (zum alten Recht).

6 5) **Wegfall des Aussetzungsgrundes.** Soweit der Grund für die Aussetzung wegfällt, zB durch den Erlaß der vorgreiflichen Entscheidung, ist die Aussetzung auch ohne eine Aufnahmeerklärung von selbst beendet, BGH NJW **89**, 1729, Hbg ZZP **76**, 476. Dann beginnt die Verjährung von selbst neu zu laufen, BGH **106**, 298. Dasselbe gilt von einer sonstigen Frist. Evtl kommt eine Wiedereinsetzung infrage, BVerfG RR **97**, 188. Im übrigen kann die Partei das Verfahren entsprechend § 246 aufnehmen. Das gilt im Fall des § 148 dann, wenn der andere Prozeß erledigt ist. Im Fall des § 149 gilt es dann, wenn das Strafverfahren erledigt ist, in den Fällen der §§ 151–154 dann, wenn das betreffende Verfahren erledigt ist, im Fall des § 65 dann, wenn das Gericht über die Einmischung rechtskräftig entschieden hat.

7 6) **Vorgreiflichkeit.** Ein einfacher Grundsatz bereitet im Einzelfall viele Probleme.

A. Grundsatz: Vermeidung widersprüchlicher Entscheidungen. Zum Begriff § 148 Rn 3. §§ 148 bis 155 regeln die Aussetzung wegen einer Vorgreiflichkeit (Präjudizialität) für den Bereich der ZPO abschließend. Daneben bestehen allerdings Sondergesetze, Rn 3. Der Zweck dieser Art der Aussetzung des Verfahrens liegt hauptsächlich darin, mehrere widersprüchliche Entscheidungen zu vermeiden, Düss GRUR **79**, 637, LAG Bln JZ **81**, 32, LAG Hamm DB **83**, 2579. Zur Vermeidung eines solchen Ergebnisses kann aber statt einer Aussetzung eine Verbindung ratsam sein, LAG Hamm DB **83**, 2579. Diese Aussetzung soll aber außerdem verhindern, daß ein weniger gut unterrichtetes Gericht über eine Frage entscheiden muß, die ihm ferner liegt, Köln MDR **83**, 848.

Die Aussetzung darf in keinem Fall der *bloßen Bequemlichkeit* des Gerichts dienen, auch nicht unter dem Vorwand einer Prozeßwirtschaftlichkeit, Grdz 14 vor § 128, Köln MDR **83**, 848. Schon gar nicht darf die Aussetzung eine Prozeßverschleppung fördern. Sie darf also nur aus einem gesetzlich zugelassenen Grund erfolgen. Sie kommt im Fall der Entscheidungsreife nach § 300 Rn 6 nicht mehr in Betracht, auch nicht, soweit die Klage nur zur Zeit unbegründet ist. Andernfalls muß man eine Aussetzung als eine Anordnung des Ruhens des Verfahrens nach § 251 a ohne einen zugehörigen Rechtsgrund ansehen. In diesem Fall kann das Gericht sein Verfahren jederzeit wieder aufnehmen. Sofern das Gericht die Aufnahme ablehnt, ist die sofortige Beschwerde zulässig, § 252.

8 **B. Einzelfragen.** Übersicht: § 148 Rn 17 „Gesetzesänderung", § 148 Rn 28 „Vaterschaftsverfahren".

Titel 1. Mündliche Verhandlung **Einf §§ 148–155, § 148**

7) VwGO: Die Aussetzung ist besonders geregelt nur in § 94 (entspricht § 148; soweit darüber hinaus idF des 9 6. VwGOAndG eine Aussetzung zur Heilung von Verfahrens- und Formfehlern vorgesehen war, ist dies durch das RmBereinVpG wieder aufgehoben worden, s dazu Kuhla/Hüttenbrink DVBl 02, 87) und in § 93 a VwGO (Musterverfahren). Eine entsprechende Anwendung, § 173 VwGO, der §§ 149–155 ist geboten.

148 *Aussetzung bei Vorgreiflichkeit.* Das Gericht kann, wenn die Entscheidung des Rechtsstreits ganz oder zum Teil von dem Bestehen oder Nichtbestehen eines Rechtsverhältnisses abhängt, das den Gegenstand eines anderen anhängigen Rechtsstreits bildet oder von einer Verwaltungsbehörde festzustellen ist, anordnen, dass die Verhandlung bis zur Erledigung des anderen Rechtsstreits oder bis zur Entscheidung der Verwaltungsbehörde auszusetzen sei.

Schrifttum: *Brenner,* Der Einfluß von Behörden auf die Einleitung und den Ablauf von Zivilprozessen, 1989; *Schilken,* Zur Aussetzung des Zivilprozesses gemäß und analog § 148 ZPO, in: Festschrift für *Heinze* (2004); *Ströbele,* Die Bindung der ordentlichen Gerichte an Entscheidungen der Patentbehörden, 1975.

Gliederung

1) Systematik	1		8) Aussetzungsverfahren	31–36
2) Regelungszweck	2		A. Zuständigkeit	31
3) Geltungsbereich	3		B. Ermessen	32–34
4) Vorgreiflichkeit	4–6		C. Anhörung usw	35
A. Begriff	4, 5		D. Entscheidung	36
B. Entsprechende Anwendbarkeit	6		9) Verstoß	37
5) Fremde Entscheidung	7–10		10) Rechtsbehelfe	38–41
A. Gericht	7, 8		A. Gegen Aussetzung	38
B. Verwaltungsbehörde	9, 10		B. Gegen Ablehnung der Aussetzung	39
6) Bindungswirkung	11		C. Entscheidung im Urteil	40
7) Beispiele zur Frage der Zulässigkeit, Notwendigkeit oder Unzulässigkeit einer Aussetzung	12–30		D. Rechtsbeschwerde	41
			E. Keine Verfassungsbeschwerde	42
			11) VwGO	43

1) Systematik. Vgl zunächst Einf 1 vor §§ 148–155. Im Fall einer Vorgreiflichkeit im engeren Sinn hilft **1** § 148, bei einer solchen im weiteren Sinn § 149. Die Sondervorschriften der §§ 151–154 haben Vorrang. § 655 IV ist seinerseits vorrangig, KG FamRZ 02, 330.

2) Regelungszweck. Vgl zunächst Einf 2 vor §§ 148–155. Das Gebot der Prozeßwirtschaftlichkeit nach **2** Grdz 14 vor § 128 hat auch hier eine erhebliche Bedeutung, BVerfG NJW 04, 501. Man muß zwischen möglicher Arbeitsersparnis und dem Zügigkeitsgebot abwägen, LAG Ffm BB 02, 2075. Ob der Zivilrichter an die vorgreifliche Entscheidung auch wirklich formell gebunden wäre, kann durchaus fraglich sein. Unabhängig davon sollte die meist größere Sachkunde der zur vorgreiflichen Entscheidung berufenen Stelle im Interesse der Gerechtigkeit nach Einl III 9 den Ausschlag vor Erwägungen der Zügigkeit geben. Das gilt, zumal § 150 Korrekturen ermöglicht. Andererseits bleibt natürlich eine genaue Prüfung der Frage notwendig, ob wirklich eine Vorgreiflichkeit nach Rn 4–6 eindeutig oder wenigstens höchstwahrscheinlich besteht. Das gilt um so mehr, als man ja nie genau vorhersagen kann, ob und nicht nur wann im anderen Verfahren überhaupt eine Sachentscheidung ergehen wird, die vorgreifliche Ergebnisse enthält. Daher bleibt auch bei einer Aussetzung die den anderen Prozeß lang begleitende Beobachtung und Erkundigung nach dessen Fortgang eine eigentlich selbstverständliche Folgepflicht. Bloßes Abwarten („Wiedervorlage nach 1 Jahr") kann zunächst reichen. Es überzeugt aber keineswegs als Regel – „Bearbeitung". Natürlich mögen die Parteien am ehesten über das andere Verfahren wissen und berichten können. Sie sind ja aber an ihm nicht stets beteiligt. Das Gericht bleibt natürlich eine im Einzelfall angepaßt vorgehen, wenn es ausgesetzt hat. Das gilt unabhängig davon, ob die Sache mit der Aussetzung statistisch schon beendet ist.

3) Geltungsbereich. Einf 3 vor §§ 148–155. § 148 ist auch in einem Verfahren der freiwilligen Gerichts- **3** barkeit entsprechend anwendbar, Rn 16. Freilich sollte man trotz des Zwecks der Prozeßwirtschaftlichkeit nach Grdz 14 vor § 128 keine allzu weite Auslegung vornehmen, Rn 23.

4) Vorgreiflichkeit. Erste Voraussetzung ist Vorgreiflichkeit einer fremden Entscheidung. **4**

A. Begriff. Die Entscheidung über die ausgesetzten Sache muß also mindestens teilweise vom Bestehen oder dem Nichtbestehen eines Rechtsverhältnisses abhängen, § 256 Rn 5, BGH NJW 05, 1947, Köln RR **88**, 1172, LG Bochum WoM **84**, 335. Über gerade dieses Rechtsverhältnis muß grundsätzlich gerade ein anderes Verfahren vor einem Gericht oder einer Verwaltungsbehörde schweben, BGH NJW **05**, 1947, Hamm FamRZ **88**, 633, Kblz RR **05**, 678 (die tatsächlich abweichender Beurteilung der nächsthöheren Instanz reicht nicht.). In beiden Fällen muß die Feststellung über dasselbe Rechtsverhältnis voraussichtlich in einer der inneren Rechtskraft fähigen Entscheidung ergehen, Einf 2 vor §§ 322–327. Die Gültigkeit oder die Ungültigkeit eines Gesetzes stellen kein Rechtsverhältnis dar, Hamm FamRZ **79**, 164, ThP 9, aM Oldb NJW **78**, 2160, Skouris NJW **75**, 714 (aber ein Rechtsverhältnis ist die Folge eines wirksamen Gesetzes). Die bloße Eignung oder Möglichkeit einer Abhängigkeit reicht nicht aus, Jena MDR **00**, 1452. Wegen eines sog Musterprozesses Rn 20.

Eine bloße *Rechtsfrage* etwa eines sog Musterprozesses ist auch dann kein Rechtsverhältnis, wenn sie für die Beteiligten bedeutsam ist, § 256 Rn 11, Karlsr GRUR **81**, 761, Brommann AnwBl **85**, 6. Es ist aber nicht auch erforderlich, daß die Entscheidung in dem anderen Verfahren für den auszusetzenden Prozeß auch wirklich eine Rechtskraft schafft. Es genügt vielmehr jeder rechtliche Einfluß des anderen Verfahrens auf den auszusetzenden Prozeß, Hamm FamRZ **04**, 888, Köln RR **88**, 1172. Ein rechtlicher Einfluß reicht auch

§ 148   Buch 1. Abschnitt 3. Verfahren

insofern aus, als er einen bloßen Beweggrund darstellen würde, LG Freibg NJW **03**, 3424, LG Mainz VersR **79**, 334, oder als es um eine Tatsachenfeststellung geht, Mü RR **95**, 779, aM Drsd MDR **98**, 493, Köln MDR **83**, 848, Mü MDR **96**, 197 (aber man darf und muß scharf zwischen den tatsächlichen Voraussetzungen und den rechtlichen Folgen unterscheiden). Eine Nämlichkeit der Parteien braucht nicht vorzuliegen.

5   Andererseits berechtigt die *Nämlichkeit* der Parteien nach Grdz 4 vor § 50 und eine *Gleichartigkeit der Ansprüche* in beiden Verfahren *nicht* schon als solche zu einer Aussetzung, Celle ZMR **86**, 120, Köln MDR **83**, 848. Ebensowenig berechtigt eine Nämlichkeit der Streitgegenstände im Sinn von § 2 Rn 3 zur Aussetzung, LG Ffm RR **87**, 1424 (WEG). Denn in diesem Fall muß das Gericht den später rechtshängig gewordenen Prozeß nach § 261 III Z 1 abweisen. Auch die bloße Gefahr widersprechender Entscheidungen oder die Möglichkeit, daß der Prozeß durch den anderen gegenstandslos wird, reichen nicht. Dagegen ist § 148 anwendbar, wenn eine Partei denselben Anspruch in einem der Prozesse nur als eine Einrede geltend macht. Eine Aufrechnung mit einer anderweit rechtshängigen Forderung kann genügen, § 145 Rn 15.

Die Abhängigkeit muß sich nach dem Beibringungsgrundsatz gemäß Grdz 20 vor § 128 aus dem *Parteivorbringen* ergeben. BAG NJW **80**, 142 wendet den § 148 entsprechend an, wenn feststeht, daß für eine unstreitige Insolvenzforderung nicht mehr genug in der Masse vorhanden ist. Manche verneinen das Rechtsschutzinteresse nach Grdz 33 vor § 253 schon bei einer derartigen bloßen Möglichkeit, LAG Köln KTS **85**, 564 (zustm Uhlenbruck). Andere regen eine Umstellung auf einen Feststellungsantrag an, Uhlenbruck KTS **85**, 565. Wieder andere wenden wegen § 3 Z 8 PflVG den § 148 entsprechend an, wenn das Gericht die Klage gegenüber dem Versicherer durch ein Teilurteil abgewiesen hat, während die Berufungsinstanz noch nicht über die restliche Klage gegenüber dem Versicherungsnehmer erstinstanzlich entschieden hat.

6   **B. Entsprechende Anwendbarkeit.** § 148 ist ferner entsprechend anwendbar, wenn eine ähnliche Sache beim BVerfG anhängig ist, Rn 29 „Verfassungsrecht", oder wenn im Insolvenz-Eröffnungsverfahren ein allgemeines Verfügungsverbot ergeht, Jena RR **00**, 1075.

7   **5) Fremde Entscheidung.** Vorgreiflich muß als weitere Voraussetzung gerade eine fremde Entscheidung sein. Sie muß zur Aufgabe der einen oder der anderen der nachfolgend genannten Stellen gehören.

A. Gericht. Entweder muß im Zeitpunkt der Aussetzung des vorliegenden Verfahrens ein anderer Rechtsstreit vor einem anderen Spruchkörper desselben Gerichts oder vor einem anderen ordentlichen oder sonstigen Gericht schon und noch anhängig sein, § 261 Rn 1, Düss RR **95**, 832, Karlsr FamRZ **92**, 831. Seine bloße Anhängigkeit im Mahnverfahren vor dem Beginn des Übergangs in das streitige Verfahren nach § 697 genügt nicht. Es ist aber unerheblich, ob die Rechtshängigkeit im anderen Verfahren später als im auszusetzenden Verfahren eingetreten ist. Es ist auch unerheblich, ob der andere Prozeß zB vor einem Arbeits- oder Schiedsgericht oder vor einem kirchlichen Verwaltungsgericht rechtshängig ist, LG Mannh ZMR **78**, 86. Auch ein FGG-Verfahren kann ausreichen, Hbg FamRZ **83**, 643, etwa ein WEG-Verfahren, auch ein streitiges, Hbg WoM **91**, 310, Köln RR **88**, 1172. Ein ausländisches Gericht reicht an sich aus, Köln IPRax **92**, 89. Jedoch ist eine Aussetzung dann oft unzweckmäßig. Zumindest muß das Gericht die Bindungswirkung des ausländischen Urteils prüfen, Ffm NJW **86**, 1443.

8   Es setzt also *nicht* aus, daß dieses Prozeßgericht das Rechtsverhältnis im *gegenwärtigen* Prozeß klären muß, Kblz VersR **92**, 1536, etwa bei (jetzt) § 558b III BGB, Einf 1 vor §§ 148–155, AG Lübeck WoM **83**, 52, Barthelmess WoM **83**, 66, Sternel ZMR **83**, 79, aM Lessing DRiZ **83**, 463 (aber dann bestünde ja überhaupt kein Anlaß zur Aussetzung).

9   **B. Verwaltungsbehörde.** Oder es muß das fremde Verfahren vor einer Verwaltungsbehörde schweben, BGH VersR **88**, 75. Eine Anhängigkeit ist in diesem Fall nicht notwendig. Für den auszusetzenden Prozeß muß aber der ordentliche Rechtsweg zulässig sein, § 13 GVG. Andernfalls muß das Prozeßgericht diese Klage durch ein Prozeßurteil als unzulässig abweisen, Grdz 14 vor § 253. Freilich sollte man aussetzen, soweit die Zulässigkeit der Klage von einer Vorentscheidung der Verwaltungsbehörde abhängt, Köln RR **86**, 935, aber eben auch nur dann, BGH VersR **88**, 75, Brdb OLGR **00**, 112. Als eine Verwaltungsbehörde muß man evtl auch einen Richter der freiwilligen Gerichtsbarkeit ansehen. Denn § 148 stellt das Prozeßgericht anderen zu einer Entscheidung berufenen Stellen gegenüber. Eine Entscheidung des Richters der freiwilligen Gerichtsbarkeit hat aber keine geringere Bedeutung als diejenige einer anderen verwaltenden Stelle. Allerdings ist für dieses Gebiet keine einheitliche Beantwortung möglich. Es kommt also auf die Art des Verfahrens an, zB darauf, ob es sich um eine echte Streitsache handelt. Andererseits ist eine Aussetzung grundsätzlich nicht das Mittel, um Klagegründe oder Einwendungen zu liefern, Einf 10 vor § 148.

Ein *Verwaltungsgericht* zählt aber nicht zu Rn 9, sondern zu den Gerichten nach Rn 7, 8.

10 In bestimmten Fällen ist eine Aussetzung nach Rn 9 *zwingend* vorgeschrieben. Das gilt etwa dann, wenn man zunächst die Entscheidung der Kartellbehörde oder des Kartellsenats nach § 96 GWB abwarten muß, Rn 18 „Kartellrecht".

11 **6) Bindungswirkung.** Die fremde Entscheidung muß auf das jetzt zuständige Gericht eine Bindungswirkung haben. Das Gericht des auszusetzenden Verfahrens ist an die Entscheidung des anderen Verfahrens nur insoweit gebunden, als die andere Entscheidung für das vorliegende Verfahren eine Rechtskraftwirkung hat, Schmidt unten (Rn 16 „Europäischer Gerichtshof") 733. Das Gericht ist auch an eine Entscheidung eines Verwaltungsgerichts im Rahmen dieser Rechtskraftwirkung gebunden, etwa bei der Feststellung der Rechtswidrigkeit eines Verwaltungsakts, aM Schlesw FamRZ **78**, 153. Allerdings sprechen zahlreiche Gesetze auch unabhängig von einer Rechtskraftwirkung eine Bindungswirkung der Entscheidung des anderen Verfahrens aus, zB bei einer Entscheidung des Sozialgerichts, § 141 SGG. Wenn ein Gesetz bestimmt, daß der Kläger vor der Klagerhebung die Entscheidung einer Verwaltungsbehörde einholen muß, dann ist die Zulässigkeit der Klage von der Entscheidung der Verwaltungsbehörde und nicht von einer Prozeßaussetzung abhängig. Unter Umständen darf das Gericht den Prozeß aber auch in einem solchen Fall aussetzen.

12 **7) Beispiele zur Frage der Zulässigkeit, Notwendigkeit oder Unzulässigkeit einer Aussetzung**
Ablehnung: Eine Aussetzung ist *unzulässig*, soweit es um die Anfechtung einer Zurückweisung der Ablehnung geht, Hamm RR **99**, 651.

Titel 1. Mündliche Verhandlung **§ 148**

Abtretung: Eine Aussetzung ist zulässig, wenn in dem einen Prozeß ein Zessionar klagt, in dem anderen die Nichtigkeit der Abtretung behauptet wird oder wenn der Zedent als Zeuge eingesetzt werden soll, Köln RR **99**, 140.
Aktenverweigerung: Rn 29 „Verwaltungsbehörde".
Arbeitsrecht, dazu *Konzen* in Festschrift für *Zeuner* (1994): Das Gericht muß das Beschleunigungsgebot besonders beachten, LAG Ffm BB **02**, 2075, LAG Köln MDR **99**, 1392, LAG Mainz MDR **98**, 724. Eine Aussetzung ist zulässig, wenn es in dem einen Prozeß um einen Schadensersatzanspruch wegen eines Arbeitsunfalls geht, in dem anderen um den Rentenbescheid der Berufsgenossenschaft, oder es in dem einen Prozeß um eine Kündigung geht, in dem anderen um die nachträgliche Zulassung einer Kündigungsschutzklage nach § 5 KSchG, LAG Hamm DB **90**, 796, oder wenn es in dem einen Prozeß um Kündigungsschutz geht, im anderen um nicht eilbedürftigen Annahmeverzugslohn, LAG Ffm BB **02**, 2075 (vgl aber auch unten), oder wenn es nur noch um die Zustimmung der Hauptfürsorgestelle geht und wenn kein besonderes Beschleunigungsbedürfnis besteht, LAG Ffm DB **94**, 1628, LAG Köln MDR **99**, 1402, LAG Mainz MDR **98**, 725, oder wenn es um eine Tariffähigkeit geht, § 97 V ArbGG.

Eine Aussetzung ist in folgenden Fällen *unzulässig:* Es geht in dem einen Verfahren um einen Kündigungsgrund, den die Partei in einem anderen Prozeß bereits mehrfach geltend gemacht hat, LAG Hamm DB **77**, 1276; es geht in dem einen Prozeß um einen Kündigungsschutz, in dem anderen um einen kündigungsabhängigen Entgeltsanspruch usw, LAG Ffm NZA-RR **04**, 264, LAG Köln MDR **98**, 544, Seidel DB **94**, 1280; in dem einen Prozeß verlangt der Kläger die Räumung einer Dienstwohnung, in dem anderen streiten sich die Parteien darum, ob der Mieter seine Weiterbeschäftigung an einem entfernteren anderen Ort erreichen kann, LG Mannh ZMR **78**, 86.

S auch Rn 13 „Betriebsverfassungsrecht".
Arrest, einstweilige Verfügung: Wegen der besonderen Eilbedürftigkeit ist eine Aussetzung grds *unzulässig,* Grdz 13, 14 vor § 916. Das gilt zunächst im Eilverfahren, BVerfG NJW **92**, 2749, ferner aber erst recht im Hauptprozeß: Das Gericht darf ihn keineswegs schon deshalb aussetzen, weil ein zugehöriges vorläufiges Eilverfahren anhängig ist, Düss FamRZ **85**, 410, aM Düss GRUR **84**, 757 (aber das Eilverfahren kann dem Hauptprozeß nicht vorgreifen, sondern ihn nur einstweilen unterstützen). **13**
Aufrechnung: Eine Aussetzung ist zulässig, wenn es in dem einen Prozeß um eine Aufrechnung mit einer in dem anderen Prozeß früher rechtshängig gewordenen Forderung geht, § 145 Rn 15, Drsd NJW **94**, 139, oder um eine Aufrechnung mit einer Forderung, über die auch das FamG entscheiden dürfte, BGH FamRZ **89**, 169, Celle RR **00**, 7, oder über die ein Gericht im anderen Rechtsweg zu entscheiden hat, aM LAG Mü MDR **98**, 783 (vgl aber § 145 Rn 19).

Unzulässig ist die Aussetzung, wenn das Gericht nur über die Aufrechnungsbefugnis entscheiden darf, nicht nach § 322 II über den Bestand und Umfang der Gegenforderung, BGH **95**, 112, Drsd NJW **94**, 139, oder wenn es im anderen Prozeß nur um eine Hilfsaufrechnung geht, Drsd NJW **94**, 139.

S auch Rn 29 „Verwaltungsrechtsweg".
Ausländische Entscheidung: Rn 7, Rn 14 „Ehescheidung".
Aussagegenehmigung: Eine Aussetzung ist zulässig, wenn es darum geht, ob ein Vorgesetzter einem Zeugen oder Sachverständigen eine Aussagegenehmigung erteilen oder verweigern muß usw, Zweibr MDR **95**, 202.
Betriebsverfassungsrecht: Wegen einer betrieblichen Mitbestimmung Dütz BB **78**, 214. Wegen einer Betriebsvereinbarung LAG Ffm BB **88**, 77.

S auch Rn 12 „Arbeitsrecht".
Beweismittel: Sein drohender Verlust usw berechtigt grds *nicht* schon als solcher zur Aussetzung, Oldb OLGZ **91**, 451.
Bürge: Rn 26 „Teilforderung".
Dienstwohnung: Rn 12 „Arbeitsrecht".
Dritter: Eine Aussetzung ist zulässig, wenn in dem einen Prozeß der Beweisführer die Mitwirkung eines Dritten benötigt, in dem anderen diesen entsprechend verklagen will, Nürnb MDR **83**, 942.
EG-Vertrag: dazu *Dauses,* Das Vorabentscheidungsverfahren nach Art 177 EG-Vertrag, 2. Aufl 1995: Eine Aussetzung kann notwendig sein: Nach der (jetzt) EuGVVO, BGH MDR **02**, 50; nach Art 85, 86 EGV, BGH NJW **85**, 2896; nach Art 177 III EGV, Ffm NJW **83**, 294 (keine MWSt auf Verzugszinsen), Heß ZZP **108**, 59, Lenz NJW **93**, 2664 (auch rechtspolitisch), Pfeiffer NJW 1996, aM Karlsr GRUR **81**, 761; nach Art 234 EGV, BPatG GRUR **02**, 734. Das staatliche Gericht ist zur Vorlage verpflichtet, wenn man seine Entscheidung nicht mehr mit einem Rechtsmittel anfechten kann. Das gilt also zB für ein LG als Berufungsgericht, ein OLG in einer nicht revisionsfähigen Sache. Die Anrufung des EuGH kann auch dann notwendig sein, wenn es sich bei der Streitfrage nur um eine Vorfrage handelt, Düss VersR **94**, 1204. **14**

S auch Rn 16 „Europäischer Gerichtshof".
Ehescheidung: Eine Aussetzung ist zulässig, wenn in dem einen Prozeß ein Scheidungsbegehren vorliegt, in dem anderen ein Wiedereinbürgerungsantrag, oder wenn es in dem einen Prozeß um die Gewährung einer Sozialversicherungsrente geht, in dem anderen um die Forderung gegen den geschiedenen Ehegatten auf Zahlung des Differenzbetrages zwischen dem angemessenen und dem notwendigen Lebensbedarf, Düss (6. FamS) FamRZ **81**, 53, aM Düss (5. FamS) FamRZ **82**, 822 (aber die Rente kann sich natürlich auf die Unterhaltshöhe auswirken; wenn es in dem einen Ehesache um die Anerkennung einer ausländischen Entscheidung geht, § 328 Rn 59, Karlsr RR **01**, 5, Kblz FamR **05**, 1693.

S auch ferner § 328 Rn 59, ferner hier „Ehewohnung", „Einstweilige Anordnung" sowie Rn 17 „Gesetzesänderung".
Ehewohnung: Eine Aussetzung ist zulässig, wenn in dem einen Prozeß ein früherer Ehegatte verauslagte Wohnungskosten einklagt und der beklagte andere Ehegatte mit Unterhalts- und Zugewinnausgleichsansprüchen aufrechnet, die er in dem anderen Prozeß vor dem FamG schon und noch geltend macht, Mü FamRZ **85**, 85.

§ 148

Einstweilige Anordnung: Eine Aussetzung im Verfahren auf den Erlaß einer einstweiligen Anordnung, §§ 620 a ff kommt wegen seines vorläufigen Charakters grds *ebensowenig* in Betracht wie bei einem Arrest oder einer einstweiligen Verfügung, Grdz 13, 14 vor § 916.
Entscheidungsreife: In diesem Zeitpunkt nach § 300 I ist eine Aussetzung *nicht* mehr statthaft.
Erbrecht: Eine Aussetzung kann zulässig sein, wenn es im einen Prozeß um eine Auskunft über erbrechtliche Vorgänge geht, im anderen um den Erbschein, Mü RR **95**, 779.
  Eine Aussetzung ist *unzulässig,* wenn es in dem einen Prozeß um die Gültigkeit eines Testaments geht, in dem anderen um die Erteilung eines Erbscheins, BayObLG **86**, 244, KG OLGZ **75**, 356, aM Mü RR **95**, 779 (aber der Erbschein ändert die Erblage nicht).
15 **Erledigung:** Nach beiderseits wirksamen Erledigterklärungen nach § 91 a Rn 96 ff kommt grds *keine* Aussetzung mehr in Betracht, auch nicht zB in einer Kartellsache, Köln MDR **76**, 1025.
  S auch Rn 20 „Musterprozeß".
Ermessen: Rn 32 ff.
16 **Euratomvertrag:** Eine Aussetzung kann notwendig sein, Art 150 I Euratomvertrag, wenn die Parteien über die Auslegung des Vertrags streiten, über die Gültigkeit und über die Auslegung einer Handlung eines Organs der Gemeinschaft oder über die Auslegung der Satzung der durch den Rat geschaffenen Einrichtungen. Das gilt, soweit eine Satzung eine Aussetzung überhaupt vorsieht. Einzelheiten Schumann ZZP **78**, 77.
  Das staatliche Gericht ist *zur Vorlage verpflichtet,* wenn man seine Entscheidung nicht mehr mit einem Rechtsmittel anfechten kann. Das gilt also zB für ein LG als Berufungsgericht, ein OLG in einer nicht revisionsfähigen Sache. Die Anrufung des EuGH kann auch dann notwendig sein, wenn es sich bei der Streitfrage nur um eine Vorfrage handelt.
  S auch „Europäischer Gerichtshof".
Europäischer Gerichtshof, dazu *Basse,* Das Verhältnis zwischen der Gerichtsbarkeit des Gerichtshofes der Europäischen Gemeinschaften und der deutschen Zivilgerichtsbarkeit, 1966; *Brück,* Das Vorabentscheidungsverfahren vor dem Europäischen Gerichtshof als Bestandteil des deutschen Zivilprozesses, 2001; *Hakenberg,* Vorabentscheidungsverfahren usw, RabelsZ **66**, 367; *Prütting,* Das Vorabentscheidungsverfahren des EuGH, Gedächtnisschrift für *Arens* (1993) 339; *Schmidt,* Vorlageverfahren nach Art 177 EGV und Zivilprozeßordnung usw, Festschrift für *Lüke* (1997) 721:
  Soweit es sich um eine *letztinstanzliche Entscheidung* handelt, kann es notwendig sein, in einer das Europarecht der verschiedenen Ausprägungen betreffenden entscheidungserheblichen Frage das Verfahren auszusetzen, um (nur) zur allgemeinen Auslegung des Gemeinschaftsrechts die Entscheidung des EuGH einzuholen, Euratomvertrag Art 150 II, EGV Art 85, 177 II, 234 II, BVerfG NJW **02**, 1487, BGH MDR **02**, 50, Pfeiffer NJW **93**, 1996 aM Düss NJW **93**, 1661, Karlsr GRUR **81**, 761.
  Eine Aussetzung schon deshalb, weil ein anderes Gericht seine Sache dem EuGH vorgelegt hat, kommt jedenfalls dann *nicht* in Betracht, wenn vorlegendes und aussetzendes weiteres Gericht die Vorlagefrage unterschiedlich beurteilen, BGH BB **00**, 1061, aM Saarbr OLGR **01**, 408. Ein Berufungsgericht muß nicht vorlegen, EuGH EuZW **02**, 476. Eine Vorlage kommt ferner nicht in Betracht, wenn der EuGH schon entschieden hat oder wenn die Auslegung zweifelsfrei ist, EuGH NJW **83**, 1257, BGH **110**, 68.
  Zur *Bindungswirkung* der Entscheidungen des EuGH BVerfG MDR **88**, 204, BGH DB **94**, 2132, Ehricke, Die Bindungswirkung von Urteilen des EuGH usw, 1997.
  S auch „Euratomvertrag", Rn 20 „Montanvertrag".
Freiwillige Gerichtsbarkeit: Eine Aussetzung ist zulässig, wenn es in dem einen Verfahren um einen Zivilprozeß geht, in dem anderen um ein solches der freiwilligen Gerichtsbarkeit, auch der sog streitigen. § 148 ist dann zumindest entsprechend anwendbar, Brdb FamRZ **00**, 1423, Hamm FamRZ **04**, 888, Köln FamRZ **02**, 1124, aM Brschw FamRZ **02**, 1351 (nicht bei Zwangsgeld nach § 33 FGG. Aber auch dann kann jedenfalls im Ergebnis eine Vorgreiflichkeit eintreten. Dasselbe gilt beim Zusammentreffen von FGG-Verfahren und schiedsrichterlichem Verfahren, Düss RR **95**, 832, oder beim Zusammentreffen von Adoption und Sorgerecht, Naumb FamRZ **04**, 811 (krit Geimer).
  S auch Rn 30 „Wohungseigentum".
17 **Gebrauchsmuster:** Eine Aussetzung kann zulässig sein, wenn es im anderen Verfahren um ein Löschungsverfahren nach § 11 GebrMG geht.
Gegenseitigkeit der Aussetzung: Eine Aussetzung ist unzulässig, soweit das andere Gericht schon wegen der Frage des jetzt aussetzenden dasselbe getan hatte, BGH BB **05**, 1136.
Gesamtschuldnerausgleich: Rn 27 „Unterhalt".
Gesetzesänderung: Das Gericht darf ein Verfahren *nicht* schon deshalb aussetzen, weil zu der Streitfrage eine bestimmte gesetzliche Regelung demnächst zu erwarten steht. Denn die Parteien können eine unverzügliche Entscheidung nach dem derzeitigen Recht fordern, und das Gericht hat insofern ohnehin eine Amtspflicht. Es ist die Sache des Gesetzgebers, Überleitungsvorschriften zu schaffen, Hamm NJW **76**, 2325, Köln MDR **76**, 1026, Mü NJW **76**, 1850, aM Oldb FamRZ **03**, 614 (betrieblicher Versorgungsausgleich), Dieckmann FamRZ **76**, 635 (aber die Dritte Gewalt darf nicht der Ersten einfach vorgreifen). Noch weniger ist eine Aussetzung zulässig, solange eine gesetzliche Neuregelung nur geplant ist. Denn durch eine solche Aussetzung würde praktisch ein Stillstand der Rechtspflege eintreten.
Gesetzlicher Richter: Art 101 I 2 GG kann keine Aussetzung rechtfertigen, BVerfG NJW **03**, 3264, aM LG Ffm RR **03**, 215 (zur Besoldungsfrage nach § 348).
Gültigkeit eines Gesetzes: Eine Aussetzung kommt in Betracht, wenn eine Vorlage beim BVerfG erfolgen soll, Rn 29 „Verfassungsrecht".
  Unzulässig ist eine Aussetzung aber, soweit es um eine sonstwie auftretende Problematik zur Gültigkeit eines Gesetzes geht, aM Skouris NJW **75**, 717 (aber das Gericht muß über die Gültigkeit *entscheiden*).
Herstellung: Eine Aussetzung ist zulässig, wenn in dem einen Prozeß der Kläger die Unterlassung einer Herstellung fordert, in dem anderen streitig ist, ob der Bekl eine amtliche Erlaubnis zur Herstellung hat.

Titel 1. Mündliche Verhandlung **§ 148**

Hilfsaufrechnung: Rn 13 „Aufrechnung".
Insolvenz: Das Gericht kann den Prozeß eines Insolvenzgläubigers gegen den Verwalter entsprechend § 148 bis zum Ende des Insolvenzverfahrens aussetzen, wenn der Verwalter die Unzulänglichkeit der Masse einwendet, Köln BB **95**, 2552.
S auch Rn 6.
Internationale Zuständigkeit: Soweit eine Aussetzung nach der EuGVVO wegen einer Frage der internationalen Zuständigkeit erfolgt, ist das deutsche Gericht an das ausländische Verfahren grds nicht gebunden, LG Ffm IPRax **92**, 389.
Kartellrecht: Eine Aussetzung ist zulässig und geboten, wenn die Zuständigkeit eines Kartellgerichts in Betracht kommt, § 96 II GWB, Hamm MDR **86**, 769, Schmidt NJW **90**, 2112, von Winterfeld NJW **85**, 1816. Eine Aussetzung ist ferner zulässig bei einem Streit um die Auslegung der Artt 85, 86 EGV, §§ 96 II, 97 GWB. **18**

Eine Aussetzung ist *nicht* erforderlich, wenn das nach §§ 87, 89, 92–94 GWB zuständige Kartellgericht über den wettbewerbsrechtlichen Hauptanspruch und eine kartellrechtliche Vorfrage einheitlich entscheiden kann, Köln RR **94**, 1390.
S auch Rn 15 „Erledigung".
Kindschaftssache: Über die Zulässigkeit einer Aussetzung im Fall einer Kindschaftssache bis zur Möglichkeit der Einholung eines Blutgruppengutachtens oder eines erbbiologischen Gutachtens Einf 12 vor §§ 148–155.
Kommanditgesellschaft: Eine Aussetzung ist *unzulässig*, wenn es sich bei dem einen Prozeß um die Klage auf Auflösung einer KG handelt, in dem anderen um einen Anschließungsstreit eines Gesellschafters. Denn das Gericht kann diese Verfahren miteinander verbinden, da keine Abhängigkeit besteht.
S auch Rn 28 „Verbindung".
Kostenfestsetzung: Eine Aussetzung des Hauptprozesses ergreift auch das Kostenfestsetzungsverfahren, Hamm MDR **88**, 870, aM Mü MDR **90**, 252 (aber beides gehört zusammen). Freilich mag bei zweitinstanzlicher Aussetzung eine erstinstanzliche Festsetzung zulässig bleiben, LG Bln JB **85**, 619.
Kündigung, -sschutz: Rn 12 „Arbeitsrecht".
Leasingvertrag: Eine Aussetzung ist zulässig, wenn es in dem einen Prozeß (jetzt) um den Rücktritt von einem Leasingvertrag mit dem Lieferanten geht, in dem anderen um die Forderung auf Leasingraten, BGH NJW **86**, 1744. **19**
Maklervertrag: Eine Aussetzung ist zulässig, wenn in dem einen Prozeß der Kläger einen Maklerlohn fordert, in dem anderen streitig ist, ob der vermittelte Vertrag wirksam zustande gekommen ist. **20**
Markenrecht, dazu *Klicka*, Zur Unterbrechung eines Wettbewerbsprozesses nach der europäischen Gemeinschaftsmarkenverordnung (GMVO) und nach nationalem Recht, Festschrift für *Geimer* (2002) 449: Eine Aussetzung ist an sich zulässig, BPatG GRUR **02**, 734 (Vorlage beim EuGH), Hbg GRUR-RR **03**, 356. Sie kommt aber nur bei überwiegender Erfolgsaussicht eines Löschungsantrags näher in Betracht, Hbg GRUR-RR **04**, 71.
Massenklage, Müller VersR **98**, 1188 (Unfall), Stürner JZ **78**, 501.
S auch Rn 12 „Arbeitsrecht".
Mietrecht: Eine Aussetzung ist in folgenden Fällen *unzulässig*: Es geht in dem einen Prozeß vor dem VG um die Berechnung einer Kostenmiete, in dem anderen vor dem Zivilgericht um die Wirksamkeit einer Mieterhöhungserklärung, LG Bochum WoM **84**, 335; es geht um (jetzt) § 558 b III 2 BGB, AG Bad Homburg WoM **85**, 323, AG Lübeck WoM **83**, 52, aM Lessing DRiZ **83**, 463 (aber es liegt gar keine besondere Situation vor).
S auch Rn 12 „Arbeitsrecht", Rn 22 „Pachtsache".
Montanvertrag: Eine Aussetzung ist nach Art 41 Montanvertrag notwendig, wenn die Gültigkeit eines Beschlusses der Hohen Behörde oder des Rates in Frage steht. Das staatliche Gericht ist dann stets zur Vorlage beim EuGH verpflichtet, Rn 16 „Europäischer Gerichtshof".
Musterprozeß, dazu *Kähler* NJW **04**, 1132 (ausf): Als Ausnahme von dem Grundsatz Rn 26 „Teilforderung" ist eine Aussetzung zulässig, wenn die Parteien in dem einen Prozeß zB über eine Teilforderung vereinbart haben, das andere Verfahren als einen Musterprozeß anzusehen, BVerfG NJW **04**, 502, Hirte ZZP **104**, 56, aM BGH NJW **05**, 1947 (ohne Erwähnung der vorstehenden Entscheidung des BVerfG, obwohl der BGH sonst stets die Beachtung höchstrichterlicher Rspr fordert, Einl III 16, vgl auch § 281 Rn 39). Eine Aussetzung kommt auch in Betracht, wenn eine Entscheidung im anderen Prozeß die Hauptsache des ersten Prozesses sonstwie erledigen würde, Schmidt NJW **79**, 411. Man darf nicht schon eine Arbeitsersparnis ausreichen lassen, Einf 7 vor §§ 148–155. Man sollte die Aussetzung auf gesetzlich nicht ganz geklärte Fälle beschränken, Kähler NJW **04**, 1137, noch strenger Stgt OLGR **99**, 139.
NATO-Truppenstatut: Eine Aussetzung kommt nach Art VIII Abs 8 NTS in Verbindung mit Art 41 Abs II ZAbkNTS in Betracht, soweit eine dienstliche Handlung in Frage steht. **21**
Neue Tatsache: Eine Aussetzung ist abgesehen von einer Ausnahme im Patentrecht nach Rn 22 *unzulässig*, wenn der Revisionskläger das Rechtsmittel auf eine neue Tatsache stützt oder wenn die Revision nur durch deren Einführung zulässig werden könnte.
Öffentliches Recht: Rn 34.
Pachtrecht: Eine Aussetzung ist *unzulässig*, soweit es einerseits um einen vertragswidrigen Gebrauch der Pachtsache geht, andererseits um Pachtverzug, Hamm NZM **94**, 1051. **22**
Parallelfall: Eine Aussetzung kann zulässig sein, wenn die entscheidungserhebliche Frage bereits in einem anderen Prozeß dem BVerfG vorliegt, Stgt FamRZ **03**, 538.
Patentrecht: Eine Aussetzung ist zulässig, wenn es in dem Patenterteilungsverfahren um eine unübersichtliche Schutzrechtsklage des anderen Verfahrens geht, Mü GRUR **90**, 353, oder wenn das Gericht des einen Verfahrens die Erledigung einer älteren Anmeldung im anderen Verfahren abwarten will, BPatG GRUR **81**, 585. Für einen Aussetzungsstreit wegen einer gegen des Klagepatent erhobenen Nichtigkeitsklage ist eine Wahrscheinlichkeit für den Erfolg der Nichtigkeitsklage notwendig, BGH GRUR **87**, 284,

§ 148

Düss GRUR **79**, 637, von Maltzahn GRUR **85**, 172 (hohe Wahrscheinlichkeit nötig). Dann muß das Gericht nämlich die neue Tatsache der Patentvernichtung beachten, und zwar auch noch im Revisionsrechtszug und vor der Entscheidung über die Ablehnung der Annahme der Revision, BGH **81**, 399. Das Beschwerdegericht kann nicht überprüfen, ob das aussetzende Gericht zu Recht eine Schutzrechtsverletzung bejahen will, Düss GRUR-RR **03**, 359. Im Verletzungsprozeß ist die Aussetzung der Beschwerde gegen die Nichtzulassung der Revision bis zur Entscheidung im Nichtigkeitsprozeß zulässig, BGH GRUR **04**, 710. Wegen einer einstweiligen Verfügung der ersten Instanz in einem derartigen Fall Ffm GRUR **81**, 907, Lidle GRUR **78**, 95.

Pflegschaft: Eine Aussetzung ist zulässig, wenn es in dem einen Prozeß um die Sachbefugnis des Klägers geht, in dem anderen um die Beendigung der Pflegschaft.

Prozeßfähigkeit: Die Rüge ihres Fehlens im Vorprozeß reicht *nicht,* Zweibr FamRZ **98**, 380.

23 **Prozeßgrundlagen:** Eine Aussetzung ist *unzulässig,* wenn sie in dem einen Prozeß lediglich Zeit zur Beschaffung der Prozeßgrundlagen für den anderen Prozeß oder gar für denselben geben soll.
S allerdings auch Einf 7 vor §§ 148–155.

Prozeßkostenhilfe: Eine Aussetzung kommt im Verfahren nach §§ 114 ff grds *nicht* in Betracht, § 118 Rn 4.

Prozeßwirtschaftlichkeit: Da § 148 der Prozeßwirtschaftlichkeit dient, ist eine nicht zu enge Auslegung statthaft, auch um widersprechende Entscheidungen zu verhindern. Indessen darf man nun auch nicht durch eine zu weite Auslegung die Gefahr des Prozeßstillstands herbeiführen oder gar die Vorschrift mißbrauchen, um nicht den Prozeß arbeitsintensiv fördern zu müssen, Einl III 54.

24 **Rechtsfrage:** Eine Aussetzung kommt in Betracht, wenn es sich als notwendig erweist, das Verfahren zB dem Gemeinsamen Senat der Obersten Gerichtshöfe des Bundes vorzulegen, § 11 II G vom 19. 6. 68, BGBl 661.

Rechtshängigkeit: Rn 7, 8.

Rechtsschutzversicherung: Eine Aussetzung des Prozesses mit Rechtsschutzversicherung darf *nicht* bis zur Beendigung des Hauptprozesses erfolgen, Hamm VersR **94**, 1184.

Rente: Rn 14 „Ehescheidung", Rn 26 „Sozialrecht".

Revision: Eine Aussetzung ist in der Revisionsinstanz zulässig, wenn ein Enteignungsverfahren mit seinem Ergebnis vorgreiflich ist, BGH RR **92**, 1149.
S auch Rn 21 „Neue Tatsache".

25 **Scheckprozeß:** Rn 27 „Urkundenprozeß".

Schiedsgericht: Eine Aussetzung ist wegen § 1032 I zulässig, wenn es in dem anderen Verfahren um ein Schiedsgericht geht.

Schlichtungsstelle: Eine Aussetzung kommt *nicht* schon deshalb in Betracht, um ihr Gutachten abzuwarten, Endes Festschrift für Schneider (1997) 446.

Seeschiff: Eine Aussetzung ist zulässig, wenn es in dem einen Prozeß um einen Anspruch geht, zu dessen Höhe die Parteien in dem anderen Prozeß bei einem ausländischen Gericht mit dem Ziel einer Haftungsbeschränkung nach dem Internationalen Übereinkommen über die Beschränkung der Haftung der Eigentümer von Seeschiffen streiten, Schlesw SchlHA **79**, 953.

Unzulässig ist die Aussetzung bei einem (jetzt) Schiffahrtsrechtlichen Verteilungsverfahren, Rheinschiffahrtsobergericht Köln VersR **80**, 41.

Selbständiges Beweisverfahren: Eine Aussetzung des Hauptprozesses ist grds *unzulässig,* Üb 4 vor § 485. Denn das selbständige Beweisverfahren erschöpft sich meist in der Feststellung von Tatsachen und führt nicht zur Entscheidung über ein vorgreifliches Rechtsverhältnis, Drsd RR **98**, 1101, Düss RR **00**, 288, aM Mü RR **98**, 576. Freilich kann ein Gutachten praktisch streitentscheidend sein. Es muß dann aber auch uneingeschränkt nach § 493 I verwertbar sein, BGH NJW **03**, 3057. Daher kann auch ein Einverständnis der Parteien mit der Verwertung der Ergebnisse die Aussetzung des Hauptprozesses rechtfertigen, BGH NJW **04**, 2597.
S auch Rn 26 „Streitverkündung".

26 **Sozialrecht:** Eine Aussetzung kann bei § 114 II SGG zulässig sein, BSG MDR **93**, 61. Sie ist ferner zulässig, wenn es in dem einen Prozeß um die Anerkennung eines Härtefalls im Sinn von § 91 III 1 BSHG geht, über den das Gericht in einem anderen Verfahren endgültig befinden müßte, Nürnb MDR **80**, 1028, oder wenn es auch um Fragen geht, über die das Gericht im Anfechtungsverfahren nach § 76 V 4 BetrVG im Rahmen der Beurteilung eines Sozialplans entscheiden muß, LAG Hamm BB **78**, 1014, oder wenn das Gericht einen Sozialplan veränderten Umständen anpassen soll, BAG MDR **97**, 173, oder wenn es in dem einen Prozeß um die Gewährung einer Sozialversicherungsrente geht, in dem anderen um die Forderung gegen den geschiedenen Ehegatten auf Zahlung des Differenzbetrages zwischen dem angemessenen und der notwendigen Unterhalt, Düss (6. FamS) FamRZ **81**, 53, aM Düss (5. FamS) FamRZ **82**, 822 (aber von der Rente kann natürlich die Unterhaltshöhe abhängen), oder wenn das Gericht einen Betriebsunfall beurteilen muß.

Eine Aussetzung ist in folgenden Fällen *unzulässig:* In dem einen Prozeß geht es vor dem SG um eine gesetzliche Rente, in dem anderen vor dem Zivilgericht um eine private Zusatzversicherung, Hamm VersR **85**, 132; in dem einen Prozeß geht es um den Erlaß eines Sozialversicherungsanspruchs, nach § 76 II Z 3 SGB IV, in dem anderen um die Haftung dieser Partei, LG Wiesb NJW **85**, 2770; in dem einen Prozeß klagt der Sozialhilfeträger aus übergegangenem Recht, in dem anderen ficht der Schuldner die Überleitung an, Oldb MDR **98**, 181, Zeranski FamRZ **99**, 824, aM Seetzen NJW **78**, 1352.
S auch Rn 27 „Unterhalt".

Streithilfe: Eine Aussetzung des Interventionsprozesses bis zur Beendigung des Hauptprozesses entfällt meist wegen § 65, Düss JB **02**, 598.

Streitverkündung: Eine Aussetzung kann zulässig sein, wenn eine Streitverkündung erfolgt, Hamm MDR **94**, 619, Mü RR **98**, 576 (§§ 485 ff). Wegen §§ 68, 74 sollte man aber zurückhaltend vorgehen.

Teilforderung: Eine Aussetzung ist grds *unzulässig,* zB dann, wenn in dem einen Prozeß ein Teilbetrag einer Gesamtforderung oder eines Dauerschuldverhältnisses streitig ist, in dem anderen ein weiterer Teilbetrag.

Titel 1. Mündliche Verhandlung **§ 148**

Denn eine Entscheidung in dem anderen Prozeß schafft für den ersten keine Bindungswirkung, Celle ZMR **86**, 120, Ffm OLGR **99**, 39, Köln MDR **83**, 848. Dasselbe gilt, wenn im anderen Prozeß der dortige Kläger einen Bürgen in Anspruch nimmt, Mü MDR **96**, 197.
S aber auch Rn 20 „Musterprozeß".
Todeserklärung: Eine Aussetzung ist zulässig, wenn es in dem anderen Verfahren um eine Todeserklärung geht.
Unterhalt: Eine Aussetzung ist zulässig, wenn es in dem einen Prozeß um einen übergeleiteten Unterhalts- 27 anspruch geht, in dem anderen um die Wirksamkeit einer Überleitungsanzeige, zB nach dem SGB, LG Duisb MDR **83**, 139, LG Hann (8. ZK) FamRZ **77**, 755, Seetzen NJW **78**, 1352, aM Hamm FamRZ **88**, 633, LG Hann (11. ZK) MDR **82**, 586 (die Vorgreiflichkeit trete erst dann ein, wenn das VG die aufschiebende Wirkung des Widerspruchs angeordnet habe). Eine Aussetzung ist ferner dann zulässig, wenn es in dem einen Prozeß um eine Unterhaltsforderung geht, in dem anderen um einen Anspruch nach § 1612 II 2 BGB, Hbg FamRZ **83**, 643.
Unzulässig ist eine Aussetzung in folgenden Fällen: In dem einen Prozeß macht der Kläger eine Unterhaltsforderung geltend, über die ein Strafverfahren anhängig ist, Stgt FamRZ **79**, 40; in dem einen Verfahren geht es um eine Unterhaltsforderung eines noch als ehelich geltenden Kindes, dessen Ehelichkeit noch nicht durch eine Klage in einem anderen Verfahren angefochten worden ist, Schlesw SchlHA **78**, 222; in dem einen Prozeß geht es vor dem AG um eine Unterhaltsforderung, in dem anderen vor dem SG um eine Erwerbsunfähigkeitsrente, Karlsr FamRZ **85**, 1070; in dem einen Fall geht es um einen Gesamtschuldnerausgleich, in dem anderen um eine vor dem FamG zur Aufrechnung gestellte Unterhaltsforderung, Celle RR **00**, 7; es geht um die Anfechtung einer Überleitungsanzeige, Hamm FamRZ **88**, 633, Oldb FamRZ **98**, 434 (Ausnahme: § 80 VwGO, Zeranski FamRZ **99**, 824).
S auch Rn 14 „Ehescheidung".
Urkundenprozeß: Eine Aussetzung kommt in dieser Verfahrensart grds *nicht* in Betracht, Grdz 1 vor § 592, Hamm NJW **76**, 246, Karlsr GRUR **95**, 263, Köln OLGR **00**, 492. Es sind aber Ausnahmen denkbar, Mü JB **03**, 154.
Vaterschaftsverfahren: In den Fällen einer Feststellung der Vaterschaft oder einer Anfechtung der Aner- 28 kennung der Vaterschaft erfolgt eine Aussetzung von Amts wegen bis zu demjenigen Zeitpunkt, in dem das Kind ein solches Alter erreicht, das die Entnahme einer Blutprobe für das Blutgruppengutachten und evtl eine zusätzliche sichere erbbiologische Untersuchung erlaubt, §§ 640 ff. Gegen eine derartige Entscheidung wirkt § 155. Gegen eine solche Aufhebungsanordnung ist die sofortige Beschwerde nach § 252 zulässig. Im Beschwerdeverfahren prüft das Gericht summarisch, ob eine Blutgruppenbegutachtung oder eine erbbiologische Untersuchung überhaupt eine Erfolgsaussicht bieten würde, nicht aber zB, ob auch noch andere aussichtsreiche Beweismittel zur Verfügung stehen. Das Gericht darf also nicht etwa einen Beweisbeschluß aufheben, sondern nur den Fortgang des Verfahrens anordnen. Auch während einer Aussetzung ist eine einstweilige Verfügung über die vorläufige Verpflichtung zur Zahlung eines Unterhalts zulässig, § 641 d.
Bis zur *Rechtskraft* einer Entscheidung über die Vaterschaft wird der Prozeß über einen bestimmten Unterhalt (nicht über den Regelunterhalt) ausgesetzt, Art 12 § 18 II NEG, Üb 3 vor § 642. Bei einem Verstoß erfolgt keine Zurückverweisung. Im Vereinfachten Verfahren erfolgt eine Aussetzung bis zur Entscheidung über die Abänderungsklage nach §§ 645 ff, kaum umgekehrt, § 323 Rn 83.
Verbindung: Bei einer Verbindungsmöglichkeit ist eine Aussetzung *unzulässig*, Mü MDR **96**, 197, LAG Hamm MDR **84**, 173.
S auch Rn 18 „Kommanditgesellschaft".
Verfassungsrecht: Eine Aussetzung ist zulässig und geboten, wenn man das BVerfG in dieser Sache als 29 zuständig ansehen darf und muß, Artt 100, 125 GG, oder wenn es in dieser Sache um die Zuständigkeit eines Verfassungsgerichts eines Bundeslandes geht, § 1 GVG Rn 6, BVerfG WoM **87**, 207, BGH NJW **83**, 1313, Mü FamRZ **79**, 1027, aM Köln MDR **77**, 938 (aber auch dann kann natürlich eine sogar hochgradige Vorgreiflichkeit vorliegen). Eine Aussetzung zwecks Vorlage beim BVerfG ist ferner entsprechend § 148 zulässig, wenn eine ähnliche Sache beim BVerfG anhängig ist, BVerfG NJW **73**, 1319, BGH NJW **98**, 1957, Nürnb MDR **90**, 451 (es verneint freilich die Zweckmäßigkeit einer Aussetzung), aM BayObLG FamRZ **91**, 228, LAG Hamm MDR **83**, 789 (aber auch dann liegt durchweg bereits eine hochgradige Vorgreiflichkeit vor). Das Gericht darf die Frage der Verfassungsmäßigkeit bei Entscheidungserheblichkeit auch nicht offen lassen, Stgt FamRZ **03**, 538, aM BGH NJW **98**, 1957 (aber nur das Ruhenlassen nach § 251 könnte infragekommen). Eine Aussetzung kann zulässig sein, um abzuwarten, wie eine vom BVerfG angeordnete Neuregelung ausfällt, BGH, zit bei Greger MDR **01**, 486, Naumb OLGR **99**, 472. Freilich muß dergleichen einigermaßen bald bevorstehen. Eine Klärung der Vorlagepflicht nach Art 100 II GG ist wegen der Hilfsfunktion einer Verfassungsbeschwerde nach Einl III 17 schon im fachgerichtlichen Verfahren nötig, BVerfG NJW **04**, 1650.
Zum *Begründungszwang* beim Vorlagebeschluß BVerfG **62**, 229. Der Rpfl darf nicht nach Art 100 GG vorlegen, BVerfG **55**, 371. Es kann aber für das Gericht der Hauptsache geboten sein, vor einer Vorlage beim BVerfG einen vorläufigen Rechtsschutz zu gewähren, um einen effektiven Rechtsschutz zu erreichen, soweit die Hauptsache nicht vorweggenommen wird, BVerfG NJW **92**, 2749.
Verboten ist eine Aussetzung, soweit das Gericht die betreffende Vorschrift für verfassungsgemäß hält, selbst wenn es schon dazu ein Verfahren vor dem BVerfG gibt, BayObLG RR **91**, 1220.
Vergleich: Eine Aussetzung ist *unzulässig*, soweit „nur" über die Auslegung des unstreitig wirksamen Vergleichs Meinungsverschiedenheiten in einem anderen Prozeß bestehen, Drsd FamRZ **00**, 834.
Verkehrsunfall: Werden Halter und Versicherer verklagt, so ist eine Aussetzung gegenüber nur einem der beiden Bekl *unzulässig*, Kblz VersR **92**, 1536.
Versicherungsrecht: Eine Aussetzung ist zulässig, wenn in dem einen Prozeß ein Versicherungsnehmer Partei ist, der in dem anderen wegen einer Vorfrage einen Rechtsbehelf eingelegt hat, auch „nur" in einem Verwaltungsverfahren, BGH VersR **88**, 75.

§ 148 Buch 1. Abschnitt 3. Verfahren

Sie ist *unzulässig*, soweit ein Treuhandverfahren nach § 172 II VVG vorliegt, LG Hbg VersR **02**, 741. Sie ist ferner unzulässig im Prozeß gegen den Kfz-Halter zwecks Abwartens der Entscheidung über die Direktklage gegen den Haftpflichtversicherer, Karlsr VersR **91**, 539, Kblz VersR **92**, 1536, aM Celle VersR **88**, 1286, oder im Deckungsprozeß gegen den Rechtsschutzversicherer, Hamm RR **95**, 320.

Verwaltungsbehörde: Eine Aussetzung ist zulässig, wenn die Verwaltungsbehörde in dem anderen Verfahren eine den Klaganspruch des einen Verfahrens rückwirkend vernichtende Verfügung angekündigt oder die Löschung des Klagezeichens angeordnet hat, Köln RR **86**, 935, oder wenn die Behörde zB eine Amtshilfe verweigert, etwa eine Generalakte nicht zur Verfügung stellt, sodaß die Partei nach § 23 EGGVG vorgehen will, vgl § 273 Rn 16.

Verwaltungsrechtsweg: Mit Rücksicht auf die Unzulässigkeit des ordentlichen Rechtswegs muß der Zivilrichter den Prozeß wegen § 322 II auch dann aussetzen, wenn der Bestand einer Forderung streitig ist, man im Verwaltungsrechtsweg klären lassen muß, § 145 Rn 15, BVerwG NJW **87**, 2532, aM RedOe § 40 VwGO Rn 19. In einem solchen Fall ist ein Vorbehaltsurteil zweckmäßig.

Vorliegen einer Entscheidung: Eine Aussetzung ist *unzulässig*, wenn es in dem einen Prozeß nur darauf ankommt, ob in dem anderen Prozeß überhaupt eine Entscheidung ergangen ist, nicht auch darauf, welchen Inhalt sie hat.

30 **Wechselprozeß:** Rn 27 „Urkundenprozeß".
Wettbewerbsbeschränkung: Rn 18 „Kartellrecht".
Wettbewerbsrecht: Eine Aussetzung ist zulässig, wenn es in dem einen Prozeß um die Herausgabe von Schmiergeld geht, in dem anderen um deren Verfall nach § 12 III UWG.
S auch Rn 18 „Kartellrecht".
Widersprechende Entscheidungen: Wegen der bloßen Möglichkeit von Entscheidungen, die einander widersprechen, Schlesw FamRZ **78**, 153.
Wohnungseigentum: Eine Aussetzung ist grds zulässig, BayObLG WoM **95**, 67, zB wenn es in dem einen Prozeß um die Abberufung des Verwalters (WEG-Verfahren) geht, in dem anderen (Zivilprozeß) um die von der Abberufung abhängige Frage der Fortzahlung seiner Vergütung, Köln RR **88**, 1172, oder wenn es um § 46 II WEG geht, Anh II nach § 281.
Unzulässig ist eine Aussetzung grds dann, wenn es neben einem Verfahren nach § 43 I Z 1 WEG zu einem solchen nach § 43 I Z 4 WEG kommt. Ersteres läuft grds weiter, Karlsr ZMR **92**, 511.
Zeitgewinn: Rn 23 „Prozeßgrundlagen".
Zeuge: Eine Aussetzung ist zulässig, wenn in dem einen Prozeß ein Zeuge aussagen soll, in dem anderen der Beweisführer auf die Erteilung einer Genehmigung der Zeugenaussage nach § 376 I klagen muß.
Sie ist *unzulässig*, soweit man durch sie erreichen möchte, daß aus dem Streitgenossen infolge seines Ausscheidens ein (wenn auch einziger) Zeuge werden könnte, Köln RR **99**, 140. S auch Rn 12 „Abtretung".
Zurückbehaltungsrecht: Es kann eine Aussetzung rechtfertigen, Bbg FamRZ **01**, 1007 rechts oben.
Zurückverweisung: Eine Aussetzung kann zulässig sein, soweit das Revisionsgericht fehlerhaft an das Berufungsgericht zurückverwiesen hat, Köln OLGR **00**, 98.
Eine Aussetzung ist *unzulässig*, wenn es in dem einen Prozeß um eine Forderung nach § 717 II 1 geht, während in dem anderen eine Zurückverweisung erfolgt.
S auch „Zwangsvollstreckung".
Zwangsvollstreckung: Eine Aussetzung ist unter den Voraussetzungen des § 901 III 1 zulässig.
Sie ist im übrigen *unzulässig*, soweit es sich um ein Zwangsvollstreckungsverfahren handelt, Grdz 38 vor § 704 (dort zur Streitfrage). Das gilt auch bei § 717 II, § 717 Rn 13.
S auch „Zurückverweisung".

31 **8) Aussetzungsverfahren.** Das Gericht muß mehrere Aspekte beachten.
A. Zuständigkeit. Die Aussetzung steht dem Prozeßgericht zu, soweit es überhaupt zu einer Sachentscheidung berufen ist, also nicht dann, wenn es die Klage durch ein Prozeßurteil als unzulässig abweisen muß, Grdz 14 vor § 253. Die Aussetzung kommt natürlich auch in der zweiten Instanz in Betracht, LAG Bln BB **88**, 2040. Der Einzelrichter ist im Rahmen von §§ 348, 348 a, 526, 527, 568 zuständig, der Vorsitzende der Kammer für Handelssachen im Rahmen von § 349 II Z 3, der Vorsitzende im arbeitsgerichtlichen Verfahren nach § 55 I Z 8 ArbGG, Lakies BB **00**, 668. Soweit in einem Anfechtungsprozeß außerhalb des Insolvenzverfahrens, den der Gläubiger auf Grund eines vorläufigen vollstreckbaren Urteils führt, während der Revisionsinstanz das vorläufig vollstreckbare Urteil aufgehoben und diese Sache an die Vorinstanz zurückverwiesen werden müßte, kann das Revisionsgericht das Anfechtungsverfahren aussetzen, BGH NJW **83**, 1331. Soweit der Rpfl die Sache bearbeitet, muß er sie nach § 5 I Z 1 RPflG, Anh § 153 GVG, dem Richter vorlegen, soweit eine Entscheidung des BVerfG oder eines LVerfG wegen Art 100 GG notwendig wird.

32 **B. Ermessen,** dazu *Fichtner* (vor Einf 1 vor §§ 141–155): Das Prozeßgericht muß ohne Ermessen klären, ob Vorgreiflichkeit vorliegt, Düss GRUR-RR **03**, 359. Bejaht es diese, so handelt es erst bei der anschließenden Entscheidung darüber, ob es wegen dieser Vorgreiflichkeit nun auch aussetzen soll, grundsätzlich im Rahmen eines pflichtgemäßen Ermessens, BGH RR **92**, 1150, Düss GRUR-RR **03**, 359, LAG Kiel MDR **04**, 1191.

33 Eine Aussetzung kann *ausnahmsweise zwingend* geboten sein, zB wenn sonst keine Sachentscheidung möglich wäre, BGH **97**, 145. Die Entscheidung zur Vorfrage kann Rechtskraft erhalten.

34 *Sondergesetze* können das Ermessen des Gerichts eingrenzen, etwa § 1747 III Z 2 BGB, Naumb FamRZ **04**, 811 (krit Geimer), §§ 96 II, 97 GWB, Rn 10, Rn 18 „Kartellrecht". Die Notwendigkeit der Entscheidung einer Vorfrage des öffentlichen Rechts zwingt nur dann zu einer Aussetzung, wenn das Bundes- oder Landesrecht dem Gericht ein derartiges Ermessen schlechthin entzieht. Eine solche Wirkung ergibt sich nicht einmal dann, wenn das Gericht an die Entscheidung einer Verwaltungsbehörde gebunden ist. Indessen ist auch in einem solchen Fall eine Aussetzung regelmäßig notwendig. Vgl auch § 145 Rn 15. Dasselbe gilt dann, wenn der geltend gemachte Gegenanspruch zum öffentlichen Recht gehört. Eine solche beiläufige Aussetzungsentscheidung des Gerichts erwächst nicht in Rechtskraft.

Titel 1. Mündliche Verhandlung **§§ 148, 149**

Das Prozeßgericht muß im Rahmen seines Ermessens die Vorteile und Nachteile einer Aussetzung sorgsam gegeneinander *abwägen,* BGH RR **92**, 1150, Jena MDR **00**, 1452, LAG Ffm NZA-RR **04**, 264. Es setzt den Prozeß im allgemeinen nicht aus, wenn man nicht alsbald mit einer Entscheidung in dem anderen Verfahren rechnen kann oder wenn die Partei den anderen Prozeß vorwerfbar verspätet begonnen hatte, BPatG GRUR **98**, 407, LG Wiesb NJW **85**, 2770, oder wenn das andere Verfahren auf das vorliegende nur geringen oder gar keinen Einfluß mehr haben kann, Schlesw SchlHA **78**, 117, LG Mainz WoM **87**, 27. Andererseits kommt es nicht allein darauf an, ob das Prozeßgericht imstande wäre, das fragliche Rechtsverhältnis selbst zu beurteilen, aM LG Mainz WoM **87**, 27 (aber es kommt nun einmal auf das andere Gericht und dessen Bindungswirkung an). Es ist auch nicht erheblich, und ob die Prüfung von Amts wegen erfolgen müßte, Grdz 39 vor § 128.

C. Anhörung usw. Das rechtliche Gehör ist zwar erforderlich, Artt 2 I, 20 III GG (Rpfl), BVerfG **101**, 35 404, Art 103 I GG (Richter). Dazu ist aber eine mündliche Verhandlung nicht erforderlich, § 128 Rn 10. § 248 II gilt entsprechend. Denn die Aussetzungsentscheidung stellt eine prozeßleitende Anordnung dar, Üb 3 vor § 128, LAG Hamm MDR **70**, 874 (wegen § 149), Lepke BB **82**, 2191, von Maltzahn GRUR **85**, 171. Das Gericht muß die Parteien auch wegen der Tragweite der Aussetzung anhören, BPatG GRUR **77**, 679. Eine Aussetzung kann auf Grund eines Antrags einer oder beider Parteien geschehen. Sie kann aber auch von Amts wegen erfolgen, BGH NJW **79**, 2303.

D. Entscheidung. Das Gericht entscheidet im Urteil, LG Wiesb NJW **85**, 2770, AG Bad Homburg 36 WoM **85**, 323, oder durch einen besonderen Beschluß, § 329. Es muß ihn grundsätzlich begründen, § 329 Rn 4, Brdb OLGR **96**, 183. Er verkündet ihn oder stellt ihn den Parteien förmlich zu, § 329 III Hs 2. Er kann sich auch auf einen Teil des Klagenspruchs beschränken. Die Wirkung der Aussetzung richtet sich nach § 249. Das Gericht trifft grundsätzlich keine Kostenentscheidung. Denn es liegt kein selbständiges Verfahren vor. Streitwert: Anh § 3 Rn 25 „Aussetzungsantrag".

9) **Verstoß.** Soweit das Gericht einen Verfahrensfehler begangen hat, zB über einen Aussetzungsantrag 37 überhaupt nicht entschieden und daher sein Ermessen gar nicht ausgeübt hat, kommt auf Antrag eine Zurückverweisung in Betracht, KG FamRZ **02**, 330 (zu § 655 IV).

10) **Rechtsbehelfe.** Beim Rpfl gilt § 11 RPflG, § 104 Rn 41 ff. Das Beschwerdegericht darf nur eine 38 Überschreitung des Ermessens prüfen, LAG Nürnb NZA-RR **03**, 602. Ein falsches Verhalten kann auf Antrag zur Zurückverweisung nach § 538 führen, Rn 37.

A. Gegen Aussetzung. Gegen die Aussetzung des Verfahrens ist (jetzt) sofortige Beschwerde nach § 252 Hs 1 zulässig, § 567 I Z 1, LG Bochum FamRZ **83**, 166, Pfeiffer NJW **94**, 1999 (zu Art 177 EWG-Vertrag). Im FGG-Verfahren gilt das dortige Rechtsmittel, Köln FamRZ **02**, 1124.

B. Gegen Ablehnung der Aussetzung. Gegen die Ablehnung der Aussetzung ist die sofortige Be- 39 schwerde nach § 252 Hs 2 zulässig, § 567 I Z 2, Pfeiffer NJW **94**, 2001 (zu Art 177 EWG-Vertrag). Sie steht nur dem Beschwerten zu, also im Prozeß gegen Halter und Versicherer nur demjenigen, der die Aussetzung beantragt hatte, Kblz VersR **92**, 1536.

C. Entscheidung im Urteil. Soweit das Gericht über den Aussetzungsantrag erst im Urteil entschieden 40 hat, ist nur der gegen dieses Urteil zulässige Rechtsbehelf statthaft.

D. Rechtsbeschwerde. Sie kommt nach den Voraussetzungen des § 574 in Betracht. 41

E. Keine Verfassungsbeschwerde. Eine Verfassungsbeschwerde kommt wie überhaupt bei einer bloßen 42 Zwischenentscheidung kaum je in Betracht, BVerfG NJW **04**, 501.

11) **VwGO:** Eigene Regelung in § 94 (zur Aussetzung wegen einer Verfassungsbeschwerde oder Richtervorlage 43 s OVG Schlesw NordÖR **02**, 115, zur Aussetzung wegen einer Vorlage nach § 47 V VwGO s OVG Bre DÖV **86**, 980) und in § 93 a VwGO (Musterverfahren). Zur entspr Anwendung von § 94 VwGO s VGH Mannh Just **98**, 578 mwN. Rechtsbehelf: § 252 Rn 8.

149

Aussetzung bei Verdacht einer Straftat. [I] Das Gericht kann, wenn sich im Laufe eines Rechtsstreits der Verdacht einer Straftat ergibt, deren Ermittlung auf die Entscheidung von Einfluss ist, die Aussetzung der Verhandlung bis zur Erledigung des Strafverfahrens anordnen.

[II] [1] Das Gericht hat die Verhandlung auf Antrag einer Partei fortzusetzen, wenn seit der Aussetzung ein Jahr vergangen ist. [2] Dies gilt nicht, wenn gewichtige Gründe für die Aufrechterhaltung der Aussetzung sprechen.

Schrifttum: *Gaul,* Die Grenzen der Bindung des Zivilgerichts an Strafurteile, Festschrift für *Fasching* (Wien 1988) 157.

Gliederung

1) Systematik, I, II 1	B. Ursächlichkeit 5, 6
2) Regelungszweck, I, II 2	5) Verfahren: Entscheidung, I 7
3) Geltungsbereich, I, II 3	6) Aufhebung der Aussetzung, II 8
4) Voraussetzungen, I 4–6	7) VwGO 9
A. Verdacht einer Straftat 4	

1) Systematik, I, II. Vgl zunächst Einf 1 vor § 148. Ein Strafurteil bindet den Zivilrichter nicht, § 14 **1** II 1 EG ZPO, Gaul 157. Trotzdem läßt § 149 eine Aussetzung nach dem pflichtgemäßen Ermessen des Gerichts zu. Dieses Ermessen ist freilich zeitlich eingeschränkt, II, § 150 S 2. Denn das Strafverfahren klärt

§ 149

Buch 1. Abschnitt 3. Verfahren

die streitigen Fragen wegen des Amtsermittlungsgrundsatzes nach Grdz 38 vor § 128, §§ 160 ff, 206, 244 II StPO meist zumindest ebenso gut auf, wenn auch keineswegs stets.

2 **2) Regelungszweck, I, II.** Vgl zunächst Einf 2 vor § 148. Es soll auch schon unabhängig von *§ 415a* im Interesse der Prozeßwirtschaftlichkeit nach Grdz 14 vor § 128 eine doppelte Arbeitsleistung und auch zB eine Belastung der Parteien und der Zeugen mit einer doppelten Beweisaufnahme möglichst unterbleiben, Köln NJW **90**, 778, Stgt NJW **91**, 1556 (zustm Lippert), LAG Ffm DB **92**, 48. Auch sollen widersprüchliche Beurteilungen unterbleiben. Andererseits gebieten Prozeßwirtschaftlichkeit wie Rechtssicherheit nach Einl III 43 eine zeitlich nicht unzumutbar lange Aussetzung, zumal manches Strafverfahren jahrelang andauert, Mü MDR **03**, 1011 (zustm Fellner). Beide Aspekte muß man bei der Auslegung mitbeachten.

Das Gericht muß also im Rahmen seines pflichtgemäßen *Ermessens* und unter Beachtung des auch im Zivilprozeß geltenden Beschleunigungsgebots nach Grdz 12 vor § 128 sorgfältig und nachprüfbar abwägen, ob durch eine Aussetzung eine Verzögerung des Zivilprozesses eintritt und ob man die Streitfragen evtl im Strafverfahren besser aufklären kann, Düss MDR **98**, 797, Ffm RR **01**, 1649, LAG Ffm DB **92**, 48. Das Gericht muß auch den Grad des Interesses des Klägers daran abwägen, alsbald einen Vollstreckungstitel zu erhalten, Ffm RR **01**, 1649, Stgt NJW **91**, 1556 (Arzthaftung; zustm Lippert), LG Bln AnwBl **92**, 325. Dieses Ermessen führt natürlich nicht schon als solches zur Ablehnbarkeit nach § 42, aM LG Würzb MDR **85**, 850 (aber solche Folgerung aus pflichtgemäßer Richterhaltung wäre Rechtsmißbrauch, Einl III 54). Freilich muß das Gericht vor der Aussetzung den Gegner nach Art 103 I GG anhören, Ffm MDR **86**, 943.

Einfluß hat die strafrechtliche Ermittlung unabhängig davon, ob dort ein Urteil zustandekommt oder eine Einstellung erfolgt. Freilich darf sich der Zivilrichter weder von vornherein an das Ergebnis des strafrechtlichen Verfahrens gebunden fühlen noch trotzig wegen seiner Nichtbindung auch jedes Abwarten ablehnen. Der Amtsermittlungsgrundsatz im Strafverfahren hat an Gewicht angesichts heutiger „deal"-Praktiken nicht gerade zugenommen. Die Parteiherrschaft nach Grdz 18 vor § 128 unterstellt auch der richterlichen Aufgabe der Wahrheitsfindung im Zivilprozeß deutlich anderen Grenzen als im Strafverfahren. Ob man den trotz möglicher rechtskräftiger Bestrafung nun im Schmerzensgeldprozeß die Tat unbeirrt weiter leugnenden Bekl nach den Regeln der Beweislast auch bei Beweisnot der Klägerin „davonkommen" oder eben ganz einfach gewinnen läßt, ist eine schon bei der Aussetzungsfrage leider mitzubedenkende, schwer genug abwägbare Problematik. Wieder einmal sind Fingerspitzengefühl und Einfühlungsvermögen stärker gefragt als bei rascher Aussetzung scheinbar formell abklärbar, Hartmann NJW **02**, 2618.

3 **3) Geltungsbereich, I, II.** Die Vorschrift ist in allen Verfahrensarten der ZPO anwendbar. Sie ist beim Verdacht einer Ordnungswidrigkeit entsprechend anwendbar. Das gilt insbesondere dann, wenn man im Bußgeldverfahren eine Klärung der Umstände eines Verkehrsunfalls erwarten kann, von der die beiderseitigen Schadensersatzansprüche der Unfallbeteiligten abhängen können. Im Urkunden-, Scheck- und Wechselprozeß ist eine Aussetzung nur im äußersten Notfall angebracht, Einf 6 vor §§ 148–155, § 148 Rn 35.

4 **4) Voraussetzungen, I.** Es müssen zwei Voraussetzungen zusammentreffen.

A. Verdacht einer Straftat. Im Verlaufe des Zivilprozesses muß der Verdacht einer Straftat auftauchen. Ein sog Anfangsverdacht reicht nicht aus. Es braucht kein dringender Tatverdacht im Sinn von § 203 StPO vorzuliegen. Die bloße Parteibehauptung schafft keinen Verdacht. Der Verdacht mag eine Partei nach Grdz 4 vor § 50 oder ihren Rechtsvorgänger betreffen, einen Streithelfer nach § 66, einen Zeugen nach § 373, einen Sachverständigen nach § 402 oder einen anderen Prozeßbeteiligten.

5 **B. Ursächlichkeit.** Die Ermittlung der möglichen Straftat muß überdies einen Einfluß auf die Entscheidung des Zivilprozesses haben können. Es braucht kein Ermittlungsverfahren anhängig zu sein und kein gerichtliches Strafverfahren anhängig zu sein. Vielmehr reicht es, daß das Gericht die Akten der Staatsanwaltschaft zB nach § 183 GVG zuleiten muß. Ein solches Verfahren darf aber auch noch nicht abgeschlossen sein. Denn dann wäre § 273 II Z 2 anwendbar und ausreichend. Die mögliche Straftat mag sogar Anspruchsgrundlage sein, Ffm VersR **82**, 656. Der Einfluß muß sich auf die abschließende Beweiswürdigung erstrecken, BayObLG FamRZ **92**, 976, Düss MDR **85**, 239.

6 Deshalb darf das Gericht den Prozeß in folgenden Fällen *nicht aussetzen:* Das Verfahren ist erst im Prozeßkostenhilfeabschnitt anhängig, §§ 114 ff; es bereits in der Revisionsinstanz rechtshängig; es geht nur um eine Rechtsfrage, BayObLG FamRZ **92**, 976, Düss MDR **85**, 239; der Anwalt, der eine zu hohe Vergütung vereinbart hat, macht im Prozeß nur die gesetzliche geltend, LG Ffm AnwBl **89**, 671; der Prozeß geht nur noch um den Betrag der Forderung, § 304 II, während die mögliche Straftat nur den Grund des Anspruchs betrifft. Denn das Zivilurteil muß den Grund selbst feststellen; ein Zeuge will im Zivilprozeß erst nach dem rechtskräftigen Abschluß des Strafverfahrens aussagen (evtl muß das Gericht § 387 beachten), KG MDR **83**, 139, LG Frankenthal MDR **76**, 1026; eine Verurteilung im Strafverfahren ist eine Prozeßvoraussetzung für den Zivilprozeß, § 581. Denn die Aussetzung ist nicht dazu da, diese Prozeßvoraussetzung erst zu beschaffen; der Bekl müßte mit einer ihm nachteiligen Auswirkung auf ein Ermittlungsverfahren rechnen, Ffm RR **01**, 1649, LAG Düss MDR **02**, 54; es bestünde die Gefahr einer Selbstbezichtigung, Ffm VersR **02**, 635.

7 **5) Verfahren; Entscheidung, I.** Man muß die Form und die Wirkung einer Aussetzung nach § 149 ebenso wie bei § 148 beurteilen. Dasselbe gilt für die Notwendigkeit einer mündlichen Verhandlung, § 148 Rn 36. Das Gericht muß seine Entscheidung nachvollziehbar begründen, § 329 Rn 4, Köln VersR **89**, 518. Denn die höhere Instanz muß prüfen, ob das Gericht sein Ermessen erkannt und ausgeübt hat, Düss MDR **98**, 797, Mü OLGR **95**, 238, LAG Ffm DB **92**, 48. Freilich kann sich die Begründung aus dem Akteninhalt ergeben, Düss MDR **98**, 797. Das Beschwerdegericht kann mangels ausreichender Begründung zurückverweisen, Düss MDR **98**, 797, Mü OLGR **97**, 9, LG Bln AnwBl **92**, 325.

Titel 1. Mündliche Verhandlung　　　　　　　　　　　　　　　　　　　　　　§§ 149–152

6) Aufhebung der Aussetzung, II. Das Gericht *darf* die Aussetzungsanordnung jederzeit aufheben, **8**
§ 150. Das gilt auch dann, wenn die Aussetzung vor Inkrafttreten von II erfolgt war, Einl III 78, Mü MDR
03, 1011. Der Grund der Aussetzung fällt weg, sobald das Strafverfahren endgültig abgeschlossen ist, sei es
durch den Eintritt der Rechtskraft eines Strafurteils, infolge einer Einstellung des Verfahrens, infolge der
Ablehnung der Eröffnung des Hauptverfahrens, infolge der Rücknahme einer Privatklage usw.
　　Das Gericht *muß* nach § 150 S 2 auf Antrag einer Partei, also nicht von Amts wegen, die Verhandlung
fortsetzen, wenn einerseits seit der Aussetzung ein Jahr vergangen ist, II 1, und wenn andererseits keine
gewichtigen Gründe für die Aufrechterhaltung der Aussetzung sprechen, II 2. „Gewichtig" ist ähnlich wie
„triftig" mehr als ein nachvollziehbares Argument. In Frage kommen materielle wie immaterielle Erwägungen von Insolvenzgefahr bis zu Auswirkungen auf das Ehe- und Familienleben. Je mehr Zeit über ein Jahr
hinaus verstrichen ist, desto unwichtiger wird die Fortsetzung der Aussetzung. Wer für weitere Aussetzung
ist, hat die Beweislast für gewichtige weitere Aussetzungsgründe. Gegen die Ablehnung der Fortsetzung ist
die sofortige Beschwerde nach § 252 statthaft.
　　7) VwGO: *Entsprechend anwendbar, § 173 VwGO.*　　　　　　　　　　　　　　　　　　　　**9**

150 *Aufhebung von Trennung, Verbindung oder Aussetzung.* ¹ Das Gericht kann die von ihm
erlassenen, eine Trennung, Verbindung oder Aussetzung betreffenden Anordnungen
wieder aufheben. ² § 149 Abs. 2 bleibt unberührt.

1) Systematik, Regelungszweck, S 1, 2. Vgl zunächst Einf 1, 2 vor § 148. Man darf die Aufhebung **1**
der Aussetzung nicht mit der Aufnahme des Verfahrens durch eine Partei verwechseln, zB nach §§ 151–154,
246. Die Vorschrift dient im Interesse der Gerechtigkeit nach Einl III 9 einer möglichst elastischen Handhabung und alsbaldigen Anpassung nicht nur bei einer Veränderung der tatsächlichen oder rechtlichen
Verhältnisse, sondern im Gegensatz zu dem im übrigen vergleichbaren § 323 auch bei einer Änderung der
rechtlichen Beurteilung insbesondere in der Frage, die zur Aussetzung führte. Deshalb sollte man von § 150
großzügig Gebrauch machen.
　　2) Geltungsbereich, S 1, 2. Einf 3 vor §§ 148–155, § 149 Rn 3.　　　　　　　　　　　　　　　**2**
　　3) Verfahren, S 1, 2. Das Gericht und nicht sein Vorsitzender kann eine Trennung, Verbindung oder **3**
Aussetzung auf Antrag oder von Amts wegen jederzeit in den Grenzen des § 149 II wieder aufheben. Auf
diese Vorschrift verweist S 2. Das gilt auch in der zweiten Instanz. Die Aufhebung ist allerdings nicht zulässig,
soweit die Sache bereits entscheidungsreif ist. Die Aufhebung ist auch nicht nur zum Zweck einer Urteilsfällung zulässig. Ein solches Vorgehen wäre ein unsachgemäßes Nummernmachen. Die zweite Instanz kann
eine Aufhebungsanordnung der ersten Instanz aufheben, wenn sämtliche getrennten Prozesse in der zweiten
Instanz anhängig sind.
　　Die Entscheidung erfolgt grundsätzlich im Rahmen eines pflichtgemäßen *Ermessens*. Das Gericht prüft die
Sachdienlichkeit. Soweit es sich um die Aufhebung einer Aussetzung des Verfahrens handelt, muß allerdings
schon die Aussetzung im Ermessen des Gerichts gestanden haben. Soweit das Gericht das Verfahren auf
Grund eines Antrags aussetzen mußte, darf es seine Entscheidung nur im Einverständnis des Antragstellers
ändern. Soweit das Gericht eine Aussetzung nach den §§ 151–154 angeordnet hatte, darf es diese Anordnung
nur nach § 155 aufheben. Eine mündliche Verhandlung vor der Aufhebung ist in keinem Fall erforderlich,
§ 145 Rn 5, § 147 Rn 15, § 148 Rn 31. Das gilt sowohl dann, wenn die Aufhebung auf Grund eines
Parteiantrags erfolgt, als auch bei einer Aufhebung von Amts wegen, aM ThP 1, ZöGre 1 (aber § 128 IV gilt
uneingeschränkt).
　　4) Entscheidung, S 1. Die Entscheidung erfolgt durch einen Beschluß, § 329. Das Gericht muß ihn **4**
grundsätzlich begründen, § 329 Rn 4. Es läßt ihn förmlich zustellen, § 329 III Hs 2, soweit nach Rn 5 ein
Rechtsmittel in Betracht kommt. Andernfalls läßt es ihn formlos mitteilen, § 329 II 1.
　　5) Rechtsmittel, S 1, 2. Gegen die Aufhebung einer Trennung und gegen die Aufhebung einer Verbin- **5**
dung ist kein Rechtsbehelf statthaft. Gegen die Aufhebung einer Aussetzung ist sofortige Beschwerde nach
§ 252 Hs 2 zulässig. Freilich mag die Aussetzung in Wahrheit unabhängig vom dem Beschluß enden. Das gilt
etwa wegen des Erlasses der Entscheidung im vorgreiflichen anderen Verfahren, Hbg ZZP **76**, 476. Gegen
die Ablehnung einer Aufhebung der Aussetzung des Verfahrens ist sofortige Beschwerde zulässig, § 252 Hs 1
entsprechend, Nürnb MDR **04**, 231. Eine Rechtsbeschwerde kommt unter den Voraussetzungen des § 574
in Betracht. Beim Rpfl gilt § 11 RPflG, § 104 Rn 41 ff.
　　6) VwGO: *Entsprechend anwendbar, § 173 VwGO, in Ergänzung von §§ 93, 93 a und 94 VwGO, Ey § 94* **6**
Rn 7 (aus jedem sachlichen Grund).

151 (weggefallen)

152 *Aussetzung bei Eheaufhebungsantrag.* ¹ Hängt die Entscheidung eines Rechtsstreits davon ab, ob eine Ehe aufhebbar ist, und ist die Aufhebung beantragt, so hat das Gericht
auf Antrag das Verfahren auszusetzen. ² Ist das Verfahren über die Aufhebung erledigt, so findet
die Aufnahme des ausgesetzten Verfahrens statt.

§§ 152–154

1 1) **Systematik, Regelungszweck, S 1, 2.** Bis zur Rechtskraft der Aufhebung der Ehe nach § 322 ist die Ehe gültig, § 1513 S 2 BGB. Die Entscheidung zu dieser Frage darf nicht in einem anderen Rechtsstreit erfolgen. § 152 setzt voraus, daß der Aufhebungsantrag nach §§ 253, 261 rechtshängig geworden ist, § 631.

2 2) **Verfahren, S 1.** Das Gericht setzt zur Einreichung des Aufhebungsantrags keine Frist. Es kann sich um die Ehe der Parteien oder um die Ehe eines Dritten handeln. Eine Aussetzung nach § 152 erfolgt nur auf Grund eines Antrags. Zum Antrag ist derjenige befugt, der die Aufhebung der Ehe geltend macht. Allerdings kann das Gericht eine Aussetzung von Amts wegen nach § 148 vornehmen. Es muß die Vorgreiflichkeit wie bei § 148 prüfen. Nicht vorgreiflich ist der Bestand der Ehe zB für die Unterhaltsklage der Frau auf die Dauer des Aufhebungsprozesses.

3 3) **Aufnahme, S 2.** Die Aufnahme des Verfahrens erfolgt nach § 250. Im Fall der Verzögerung des Aufhebungsverfahrens kann das Prozeßgericht auch nach § 155 vorgehen. Wenn das Aufhebungsverfahren infolge des Todes eines Ehegatten erledigt ist, befindet das Gericht im Rahmen seines pflichtgemäßen Ermessens über die Gültigkeit der Ehe.

4 4) *VwGO: Entsprechend anwendbar, § 173 VwGO, mit der Maßgabe, daß es auf einen Antrag nicht ankommt.*

153 *Aussetzung bei Vaterschaftsanfechtungsklage.* **Hängt die Entscheidung eines Rechtsstreits davon ab, ob ein Mann, dessen Vaterschaft im Wege der Anfechtungsklage angefochten worden ist, der Vater des Kindes ist, so gelten die Vorschriften des § 152 entsprechend.**

1 1) **Systematik, Regelungszweck.** Vgl zunächst § 151 Rn 1. Solange ein Kind nicht im Vaterschaftsanfechtungsprozeß nach §§ 640 ff für nicht von diesem Mann abstammend erklärt worden ist, wird grundsätzlich die bisherige Vaterschaft vermutet, § 1600 c I BGB. Der Fall liegt ähnlich wie derjenige einer Eheaufhebung. Daher ist § 152 entsprechend anwendbar. Das Kind, seine Mutter oder der Mann brauchen nicht Partei des auszusetzenden Prozesses zu sein. Wenn der jeweilige Bekl nach § 1600 e I BGB verstorben ist, kann eine Aussetzung nach § 1600 e II BGB in Betracht kommen.

2 2) **Verfahren.** Das Gericht darf ein Verfahren auf den Erlaß einer einstweiligen Anordnung oder Verfügung mit Rücksicht auf den Zweck einer vorläufigen Unterhaltssicherung nicht nach § 153 aussetzen, Ffm FamRZ **85**, 409, Hamm FamRZ **87**, 1189, ZöGre 2, aM Düss FamRZ **82**, 1230 (aber man muß den Sinn einer Vorschrift stets gewichtig mitbeachten). Im übrigen kann etwaige Verwirkung eine Aussetzung begründen, Bre MDR **98**, 417.

3 3) **Aufnahme.** Die Aufnahme erfolgt nach § 250.

4 4) *VwGO: Entsprechend anwendbar, § 173 VwGO, § 152 Rn 4.*

154 *Aussetzung bei Ehe- oder Kindschaftsstreit.* **I Wird im Laufe eines Rechtsstreits streitig, ob zwischen den Parteien eine Ehe oder eine Lebenspartnerschaft bestehe oder nicht bestehe, und hängt von der Entscheidung dieser Frage die Entscheidung des Rechtsstreits ab, so hat das Gericht auf Antrag das Verfahren auszusetzen, bis der Streit über das Bestehen oder Nichtbestehen der Ehe oder der Lebenspartnerschaft im Wege der Feststellungsklage erledigt ist.**

II Diese Vorschrift gilt entsprechend, wenn im Laufe eines Rechtsstreits streitig wird, ob zwischen den Parteien ein Eltern- und Kindesverhältnis bestehe oder nicht bestehe oder ob der einen Partei die elterliche Sorge für die andere zustehe oder nicht zustehe, und von der Entscheidung dieser Fragen die Entscheidung des Rechtsstreits abhängt.

Vorbem. Überschrift idF Art 2 II Anl ZPO-RG v 27. 7. 01, BGBl 1887, in Kraft seit 1. 1. 02, Art 53 III ZPO-RG. I idF Art 3 § 16 Z 6 v 16. 2. 01, BGBl 266, in Kraft seit 1. 8. 01, Art 5 G, ÜbergangsR jeweils Einl III 78.

1 1) **Systematik, Regelungszweck, I, II.** Vgl zunächst § 151 Rn 1. I erfaßt den Fall einer Ehe- oder Lebenspartnerschafts-Feststellungsklage und denjenigen einer Klage im Verhältnis zwischen Eltern und Kindern nach § 640. Dort wirkt das Urteil für und gegen alle. Eine Zwischenfeststellungsklage ist nach § 256 II unzulässig.

2 2) **Ehestreit, Lebenspartnerschaftsstreit, I.** I soll nun eine einheitliche Feststellung aller derjenigen Verhältnisse sichern, die durch die Ehe oder Lebenspartnerschaft bedingt sind, soweit es sich um einen beiläufigen Streit über den Bestand der Ehe oder Lebenspartnerschaft der Parteien handelt. Im Fall der Ehe eines Dritten ist § 148 anwendbar. I gilt, wenn § 151 unanwendbar ist, wenn also die Eheschließung oder Begründung einer Lebenspartnerschaft selbst oder ihre Wirksamkeit streitig sind. Eine Aussetzung nach I erfolgt nur auf Grund eines Antrags. Soweit ein solcher Antrag fehlt, entscheidet das Gericht beiläufig. Eine solche Entscheidung ist aber nicht ratsam. Denn ihr fehlt die Rechtskraftwirkung, Einf 11 vor §§ 322–327. Eine Rechtshängigkeit des Ehe- oder Partnerschaftsverfahrens nach § 261 ist nicht erforderlich. Es gibt keine Fristsetzung wie bei § 151. § 155 ist unanwendbar. Es bleibt der interessierten Partei überlassen, Feststellungsklage nach § 256 zu erheben.

3 3) **Kindschaftsstreit, II.** Die Vorschrift gilt bei einem beiläufigen Streit über ein Kindschaftsverhältnis, außer einer Anfechtung der Vaterschaft, § 153. II gilt auch bei einem Streit darüber, ob die Anerkennung der Vaterschaft von vornherein wirksam oder unwirksam war, § 640 II Z 1 Hs 2. Eine leugnende Feststellungsklage nach § 256 ist für einen Unterhaltsanspruch des Kindes vorgreiflich, Hamm RR **88**, 1355. Die §§ 640 ff ordnen das Verfahren den Ehesachen entsprechend. Darum behandelt II diese Fälle wie diejenigen nach I. II ist in einem Verfahren nach § 323 unanwendbar.

Titel 1. Mündliche Verhandlung §§ 154–156

4) *VwGO:* Unanwendbar, weil im VerwProzeß ein beiläufiger Ehe- oder Kindschaftsstreit nicht vorkommt. Sofern **4** die Entscheidung ausnahmsweise (zB im Beamtenrecht) von einer solchen Frage abhängt, ist § 94 VwGO anwendbar.

155 *Aufhebung der Aussetzung bei Verzögerung.* In den Fällen der §§ 152, 153 kann das Gericht auf Antrag die Anordnung, durch die das Verfahren ausgesetzt ist, aufheben, wenn die Betreibung des Rechtsstreits, der zu der Aussetzung Anlass gegeben hat, verzögert wird.

1) Systematik, Regelungszweck. Vgl zunächst § 151 Rn 1. In den Aussetzungsfällen der §§ 152, 153 **1** kann das Gericht wegen seiner Förderungspflicht nach Grdz 12 vor § 128 den Aussetzungsbeschluß auf Grund eines Antrags aufheben, wenn die Partei das Aufhebungs- oder Anfechtungsverfahren verschleppt. Daneben ist § 150 anwendbar. § 155 ist in den Fällen des § 154 unanwendbar, § 154 Rn 1. Jede Partei kann nach Grdz 4 vor § 50 kann derjenigen Partei, an deren Sieg sie ein rechtliches Interesse hat, auch als deren streitgenössischer Streithelfer nach § 69 beitreten, sofern sie dort nicht selbst Partei ist. Ein solches Interesse mag schon wegen der Rechtskraftwirkung bestehen, § 640 h.

2) Verfahren. Das Wort „kann" im Gesetz bedeutet: Das Ermessen des Gerichts ist eingeschränkt. Sobald **2** das Gericht zu der Überzeugung kommt, daß eine Verzögerung vorliegt, ist es zur Aufhebung des Aussetzungsbeschlusses verpflichtet. Es muß freilich auch gerade die Vorwerfbarkeit der Verzögerung in seiner Entscheidung feststellen. Das Verfahren verläuft wie bei § 150 Rn 1. Gegen die Aufhebung der Aussetzung ist die sofortige Beschwerde nach § 252 Hs 2 zulässig. Gegen die Zurückweisung des Antrags ist ebenfalls die sofortige Beschwerde statthaft, § 252 Hs 1. Nach der Aufhebung der Aussetzung muß das Gericht die Ehe als gültig behandeln. Es muß dann das Kind nach § 1593 BGB als ehelich oder nach § 1600 d BGB als ein anerkanntes nichteheliches Kind ansehen.

3) *VwGO:* Entsprechend anwendbar, § 173 VwGO. **3**

156 *Wiedereröffnung der Verhandlung.* ¹Das Gericht kann die Wiedereröffnung einer Verhandlung, die geschlossen war, anordnen.
ᴵᴵDas Gericht hat die Wiedereröffnung insbesondere anzuordnen, wenn
1. das Gericht einen entscheidungserheblichen und rügbaren Verfahrensfehler (§ 295), insbesondere eine Verletzung der Hinweis- und Aufklärungspflicht (§ 139) oder eine Verletzung des Anspruchs auf rechtliches Gehör, feststellt,
2. nachträglich Tatsachen vorgetragen und glaubhaft gemacht werden, die einen Wiederaufnahmegrund (§§ 579, 580) bilden, oder
3. zwischen dem Schluss der mündlichen Verhandlung und dem Schluss der Beratung und Abstimmung (§§ 192 bis 197 des Gerichtsverfassungsgesetzes) ein Richter ausgeschieden ist.

Gliederung

1) Systematik, I, II 1	D. Versagung rechtlichen Gehörs 16
2) Regelungszweck, I, II 2	8) Wiederaufnahmefähige Tatsache, II Z 2 .... 17, 18
3) Geltungsbereich, I, II 3	A. Wiederaufnahmefähigkeit 17
4) Verfrühter Verhandlungsschluß, I, II .. 4	B. Nachträglicher Vortrag; Glaubhaftmachung 18
5) Begrenztes Ermessen, I 5–9	
A. Von Amts wegen 6	9) Ausscheiden eines Richters, II Z 3 ... 19
B. Wichtiger Grund 7	10) Verfahren, I, II 20–23
C. Kein wichtiger Grund 8, 9	A. Entscheidungsform: Beschluß ... 20
6) Zwang zur Wiedereröffnung, II ... 10	B. Absehen von Wiedereröffnung ... 21
7) Verfahrensfehler, II Z 1 11–16	C. Wiedereröffnung 22, 23
A. Entscheidungserheblichkeit 12, 13	11) Verstoß, I, II 24
B. Rügbarkeit 14	12) VwGO 25
C. Verletzung der Hinweis- und Aufklärungspflicht 15	

1) Systematik, I, II. § 156 stellt eine Ergänzung zum und eine Ausnahme vom Grundsatz des § 296 a **1** dar, daß mit dem Verhandlungsschluß auch die Möglichkeit endet, zum Sachverhalt weiter vorzutragen und Anträge zu stellen, BayVerfGH RR **01**, 1646. Vorrangig gilt das vorstehend mitabgedruckte Gesetz in den dort genannten Unterhaltsverfahren. Es gilt zeitlich begrenzt. Sein sachlicher Geltungsbereich ergibt sich aus seinem § 2, abgedruckt bei § 323. § 156 wird durch § 321 a ergänzt, dort Rn 10.

2) Regelungszweck, I, II. Es soll im Interesse der Gerechtigkeit nach Einl III 9 unterbleiben, daß nur **2** wegen der Förmlichkeit nach § 296 a auch nur eventuell oder gar sehenden Auges eine sachlichrechtliche Fehlentscheidung ergeht. Indessen umfaßt die Rechtsidee mehr als Gerechtigkeit, nämlich auch Rechtssicherheit und Zweckmäßigkeit, § 296 Rn 2. Daher ist auch das rechtliche Gehör Zweck der Regelung, Artt 2 I, 20 III GG (Rpfl), BVerfG **101**, 404, Art 103 I GG (Richter), BGH MDR **01**, 568. Das alles muß man bei der Auslegung mitbeachten.

Nachschieben von Tatsachen, Beweisanträgen oder Gegenäußerungen darf nicht zu ratloser Wiedereröffnung nach § 156 führen, BGH NJW **00**, 143. Auch die Gerechtigkeit als oberstes Prozeßziel nach Einl III 9 fordert nicht eine Übergehung von § 296 a. Bei Entscheidungsreife nach § 300 Rn 6 sollte man auch nicht jedes irgendwie erst jetzt auftauchende Argument zum Anlaß zögernden nochmaligen Verhandelns machen, nur weil sich seine Erheblichkeit nur ganz eventuell ergeben könnte. Natürlich zeigt sich in Selbstkritik oft

§ 156

eine wirkliche Stärke des Gerichts. Sie darf aber auch nicht zu purer Unentschlossenheit werden. Erst bei wirklichem, vertretbar begründbarem Zweifel wird in I aus „kann" ein „muß" wie bei II. Daher ergibt auch die Prozeßwirtschaftlichkeit nach Grdz 14 vor § 128 trotz ihrer erheblichen Bedeutung keineswegs schon stets von sich aus die Möglichkeit oder gar den Zwang zur Wiedereröffnung, BGH NZM 03, 371.

3 3) **Geltungsbereich, I, II.** Grdz 3 vor § 128.

4 4) **Verfrühter Verhandlungsschluß, I, II.** Das Gericht kann die mündliche Verhandlung zu früh geschlossen haben. Dieser Fall kann aus recht unterschiedlichen Gründen vorliegen. Einige dieser Gründe zählt II auf. Diese Aufzählung ist freilich keineswegs abschließend. Das ergibt sich schon aus dem Wort „insbesondere". Immerhin nennt II diejenigen Gründe, aus denen das Gericht die Wiedereröffnung „anzuordnen hat", in denen also kein Ermessen mehr besteht. Unter diesen Hauptgründen steht der in II Z 1 genannte ganz im Mittelpunkt. Er liegt vor, wenn das Gericht den Sachverhalt nicht hinreichend geklärt hat, § 136 IV. Das gilt insbesondere dann, wenn das Gericht in diesem Zusammenhang seine Hinweis- und Fragepflicht nach § 139 in entscheidungserheblicher Weise zumindest objektiv vernachlässigt hat, BGH MDR **01**, 568, BayVerfGH RR **01**, 1646, wenn also die bisherige Verhandlung lückenhaft war und wenn in der letzten Verhandlung bei einem sachgemäßen Vorgehen eine Veranlassung zur Ausübung des Fragerechts bestanden hätte oder wenn das Gericht die Partei durch sein Verhalten von einer richtigen Antragstellung abgehalten hat, Kblz FamRZ **90**, 770, Köln MDR **98**, 1307.

5 5) **Begrenztes Ermessen, I.** Das Wort „kann" in I bedeutet nicht etwa nur eine ja ohnehin klare Zuständigkeitsregelung, sondern die Einräumung eines pflichtgemäßen Ermessens, AG Bln-Tempelhof-Kreuzb FamRZ **05**, 1261, Schneider MDR **90**, 122. Das Gericht hat zur Wiedereröffnung der Verhandlung aber oft und „insbesondere" nach II nicht nur eine rechtliche Befugnis, sondern eine Pflicht, Rn 2, BAG NJW **96**, 2749. Insofern kann man nur von einem eingeschränkten Ermessen des Gerichts sprechen, Köln NJW **80**, 2362.

Im *Unterhaltsverfahren* hat das Gericht im zeitlich begrenzten Geltungsbereich des vor Rn 1 mitabgedruckten Unterhaltstitelanpassungsgesetzes kein Emessen, sondern auf Antrag auch nur einer Partei eine Pflicht zur unverzüglichen Wiedereröffnung der vor dem 1. 1. 01 geschlossenen Verhandlung. Der Antrag bedarf keiner Begründung.

6 **A. Von Amts wegen.** Keine Partei kann aber nicht schon durch einen Antrag eine Wiedereröffnung der Verhandlung erzwingen, BGH NJW **79**, 2110, Köln MDR **83**, 761. Sie kann die Wiedereröffnung lediglich anregen. Eine solche Anregung kann vor einer Verfassungsbeschwerde notwendig sein, Einl III 17, BVerwG NJW **92**, 3185 (es meint § 156). Man muß einen Antrag als eine solche Anregung auffassen. Die Entscheidung erfolgt also auch dann von Amts wegen, BGH NJW **79**, 2110, Köln MDR **83**, 761. Das gilt auch dann, wenn eine Partei in einer Ehesache eine Anschlußberufung einlegen will, nachdem sie sich zunächst nicht hat vertreten lassen. Wegen des Fehlens eines förmlichen Antragsrechts braucht das Gericht einen etwaigen Antrag auch nicht zu bescheiden. Wegen einer Wiedereröffnung im Fall des § 283 vgl die dortigen Anmerkungen. Ein Verstoß gegen § 139 kann dazu zwingen, auch wegen eines verspäteten Vortrags erneut in die mündliche Verhandlung einzutreten, Köln MDR **80**, 674 (sehr großzügig). Im übrigen bleibt das Rügerecht der Partei nach § 321a unbenommen. Nur insofern kann sie eine nochmalige Verhandlung mittelbar erzwingen.

7 **B. Wichtiger Grund.** Das Gericht darf bei der Entscheidung über eine Wiedereröffnung der Verhandlung nur denjenigen Prozeßstoff berücksichtigen, den die Parteien bis zum Ende der Verhandlung vorgetragen hatten, §§ 136 IV, 296a. Die Vorschrift nennt keinen Grundsatz für die Ausübung des Ermessens. Man kann aber aus dem in II erkennbaren Sinn auch einen Grundsatz für ausüben ableiten. Es muß ein wichtiger Grund zur Wiedereröffnung vorliegen. Das ergibt sich indirekt auch aus § 321a. Wenn also erst nach dem Schluß der Verhandlung wichtige Umstände eingetreten oder bekannt geworden sind oder wenn sich ergibt, daß das Gericht einen Verfahrensfehler begangen hat, BGH NJW **93**, 134, BAG NJW **96**, 2749, dann rechtfertigt der Grundsatz der Prozeßwirtschaftlichkeit eine Wiedereröffnung, Grdz 14 vor § 128, BayVGH NJW **84**, 1027.

Als wichtiger Grund gilt *ferner* evtl der Ablauf der Frist nach § 558b III 1 BGB, oder eine zulässige rechtzeitige Klagänderung, Kblz RR **01**, 65 (vgl aber Rn 8). Unter Umständen genügt auch ein Entzug des Anwaltsauftrags, BGH NJW **86**, 339.

8 **C. Kein wichtiger Grund.** Ein wichtiger Grund liegt aber keineswegs stets schon dann vor, wenn eine Partei nach einem ordnungsgemäßen Verhandlungsschluß im Sinn von §§ 136 IV, 296a bzw nach dem ihm im schriftlichen Verfahren nach § 128 Rn 27 gleichstehenden Zeitpunkt einfach einen Schriftsatz nachreicht, BGH NJW **93**, 134, BayObLG **97**, 361, Düss NJW **87**, 508, aM BGH FamRZ **96**, 1069 (aber eine „Zusage" ist eben keine Einreichung. Es muß auch einmal in Schlußbereich immer weiterer Schriftsätze möglich und hart durchsetzbar sein). Das gilt auch bei nachgerichtlicher einseitiger Erledigterklärung, aM LG Hbg WoM **98**, 422. Aber sie wäre sehr wohl früher möglich gewesen. Sie war dort obendrein unhaltbar. Es gilt erst recht, wenn der Einreicher im Fall des § 283 über die zur Stellungnahme freigegebenen Punkte hinausgeht oder wenn er gar jetzt eine Klagänderung oder -erweiterung §§ 263, 264 oder eine Widerklage versucht, etwa um die Rechtsmittelfähigkeit des Urteils zu erzwingen, Anh § 253 Rn 5, § 282 Rn 5, 6, § 296a Rn 2–4.

Noch weniger ist ein wichtiger Umstand nach dem Schluß der Verhandlung eingetreten, wenn eine Partei einfach stur unsubstantiiert bestreitet, LG Gießen ZMR **96**, 328, oder wenn sie in der mündlichen Verhandlung *verspätet* vorgetragen hatte, § 296, und wenn das Gericht ihr keine Nachfrist nach § 283 gesetzt hatte und setzen mußte, BGH NJW **93**, 134, BayVGH NJW **84**, 1027, aM BGH NJW **88**, 2302 (aber das rechtliche Gehör lag in der letzten mündlichen Verhandlung. Das immer weitere Nachschieben ist Mißbrauch des Art 103 I GG, Einl III 54). Freilich muß das Gericht auch einen nicht nachgelassenen Vortrag berücksichtigen, soweit es selbst verfahrensfehlerhaft gehandelt hatte, BGH NJW **00**, 143 links.

9 § 156 ist also *keineswegs* dazu geeignet, die Vorschriften zur Zurückweisung verspäteten Vorbringens zu *unterlaufen*. Das gilt unabhängig davon, daß das Gericht im Rahmen seiner allgemeinen Fürsorgepflicht nach

Titel 1. Mündliche Verhandlung § 156

Einl III 27 gehalten ist, von einen Vorbringen auch dann mindestens Kenntnis zu nehmen, BGH NJW **88**, 2303, wenn es erst nach dem Schluß der Verhandlung eingeht. Man sollte § 156 ohnehin zurückhaltend anwenden. Er kommt natürlich nicht zur Anwendung, wenn das Nachgetragene entscheidungsunerheblich ist, BGH NJW **93**, 2314. Das zeigt schon II Z 1.

Nach einem *Teilurteil* kann eine Wiedereröffnung aus einem der in § 156 genannten Gründe für den Rest des Streitstoffs infragekommen. Es mag aber auch ganz einfach eine Fortsetzung des Prozesses ausreichen, nun eben zum noch nicht ausgeurteilten Rest. Es mag mangels bisherigen diesbezüglichen Verfahrensfehlers keineswegs eine Wiedereröffnung notwendig oder auch nur zulässig sein.

6) Zwang zur Wiedereröffnung, II. Das in I grundsätzlich eröffnete Ermessen entfällt jedenfalls in den **10** Fällen, die II bewußt unvollständig aufzählt. Danach „hat" das Gericht „insbesondere" von Amts wegen anzuordnen, wenn eine der in II Z 1–3 genannten Situationen eingetreten ist.

7) Verfahrensfehler, II Z 1. Eine Wiedereröffnung ist zunächst insoweit notwendig, als das Gericht **11** einen Verfahrensfehler begangen hat, BPatG GRUR **03**, 531. Hierher gehört unter den folgenden Voraussetzungen jede Art von derartigem Fehler. Auch die Aufzählung in Z 1 ist ja nur „insbesondere" erfolgt.

A. Entscheidungserheblichkeit. Der Verfahrensfehler muß entscheidungserheblich sein, BGH NJW **12** **93**, 2314. Diese Erkenntnis muß im Zeitpunkt der Beschlußfassung über die Wiedereröffnung bestehen. Die Entscheidungserheblichkeit mag in einem tatsächlichen oder rechtlichen Gesichtspunkt liegen. Es mag sich um die Hauptsache handeln, um einen Teil der Hauptsache, um einen Nebenpunkt, sogar nur um den bloßen Kostenpunkt. Denn § 308 II befreit nicht von einwandfreier Verfahrensweise, und §§ 91 ff binden ja die Kostengrundentscheidung weitgehend an die Hauptsacheentscheidung.

Unbeachtlich bleibt lediglich ein prozessuales Ergebnis völlig unerheblicher Punkt, zB eine winzige **13** Abweichung vom Richtigen. Anderseits darf das Gericht nicht schon deshalb von einer Wiedereröffnung absehen, weil etwa kein Anlaß zur Kostenniederschlagung nach § 8 GKG bestünde oder weil es die Kosten nach § 92 II nur einer Partei auferlegen müßte. Im Zweifel empfiehlt sich schon zur Vermeidung eines Verfahrens nach § 321 a eine zwar nicht ängstliche, aber doch zur Selbstkritik bereite großzügige Anwendung von Z 1.

B. Rügbarkeit. Zur Entscheidungserheblichkeit nach Rn 12, 13 muß eine Rügbarkeit nach § 295 **14** hinzutreten, dort Rn 7 ff. Es darf also kein wirksamer Rügeverzicht und kein Verlust infolge Rügeunterlassung vorliegen. Dabei muß man natürlich ungeachtet der Verweisung in II Z 1 auf § 295 beachten, daß es oft um Verstöße des Gerichts geht, die der Betroffene gar nicht oder nur begrenzt vor dem Verhandlungsschluß rügen konnte.

C. Verletzung der Hinweis- oder Aufklärungspflicht. Zu den Voraussetzungen Rn 12–14 muß **15** entweder eine Verletzung der Hinweis- bzw Aufklärungspflicht nach § 139 oder ein Verstoß gegen den Anspruch auf rechtliches Gehör hinzugetreten sein, AG Bln-Tempelhof-Kreuzb FamRZ **05**, 1261. Zur ersten Verletzung vgl bei § 139, ferner BGH MDR **99**, 758 rechts, Düss ZMR **99**, 387.

D. Versagung rechtlichen Gehörs. Zu den Voraussetzungen Rn 12–14 mag auch statt derjenigen Rn 15 **16** eine Verletzung des Anspruchs auf rechtliches Gehör getreten sein. Zu diesem Begriff Einl III 16. Beim Rpfl tritt an die Stelle der rechtlichen Gehörs nach Art 103 I GG das Gebot eines fairen rechtsstaatlichen Verfahrens, Artt 2 I, 20 III GG, BVerfG **101**, 404. § 321 a nimmt die in § 156 II Z 1 genannten Gedanken für einen späteren Verfahrensabschnitt erneut auf. Zur Vermeidung eines Verfahrens nach § 321 a oder gar einer Verfassungsbeschwerde sollte man ohne Ängstlichkeit im Zweifel eher von einem bisherigen Verstoß ausgehen und daher die Wiedereröffnung anordnen. Sie ist das „kleinere Übel" und ehrt den Richter. Als Ausdruck des Mündlichkeitsgrundsatzes nach Üb 3 vor § 128 fordert II Z 1 mehr als eine bloße Gelegenheit schriftlicher Äußerung, BAG NJW **96**, 2749, solange kein schriftliches Verfahren nach § 128 II vorliegt.

8) Wiederaufnahmefähige Tatsache, II Z 2. Eine Wiedereröffnung ist unabhängig von Rn 10–16 **17** auch insoweit notwendig, als es um solche Tatsachen geht, die einen Wiederaufnahmegrund bilden würden.

A. Wiederaufnahmefähigkeit. Es muß sich um eine solche Tatsache handeln, die nach § 579 oder nach § 580 beachtlich wäre. Dabei sollte man beachten, daß zB in den Fällen des § 580 Z 1–5 erst eine rechtskräftige Bestrafung eine Restitutionsklage überhaupt statthaft macht, § 581 I.

B. Nachträglicher Vortrag; Glaubhaftmachung. Die Partei darf die Tatsache nach Rn 17 erst „nach- **18** träglich" vorgetragen haben, also nach dem Schluß der bisherigen letzten mündlichen Verhandlung nach §§ 136 IV, 296 a bzw im schriftlichen Verfahren nach dem ihm gleichstehenden Zeitpunkt. Die Glaubhaftmachung nach § 294 ausreichend erfolgt sein. Es darf sich aber keineswegs um ein bloßes Nachschieben handeln, Rn 2. Auch darf ein nach § 283 erlaubter Vertrag nichts Neues enthalten, das über eine Stellungnahme zum Gegner hinausgeht, BGH NJW **93**, 134, BayVerfGH NJW **84**, 1027.

9) Ausscheiden eines Richters, II Z 3. Eine Wiedereröffnung ist unabhängig von Rn 10–18 auch **19** dann notwendig, wenn ein Richter zwar erst nach dem Schluß der mündlichen Verhandlung nach §§ 136 IV, 296 a ausgeschieden ist, aber doch noch *vor* dem Schluß der Beratung und Abstimmung, §§ 192–197 GVG, BAG MDR **03**, 48. Diesen Fall muß man anders als denjenigen beurteilen, daß der Richter zwar vor der Verkündung weggefallen ist, aber erst *nach* der Beschlußfassung, § 309 Rn 4, BGH **61**, 370, Krause MDR **82**, 186. Wird infolge des Ausscheidens dieses Gericht beschlußunfähig, etwa beim Wegfall des Amtsrichters oder des Einzelrichters oder aller Mitglieder des Spruchkörpers, dann muß das Gericht ohnehin von vorn mit der Verhandlung beginnen.

10) Verfahren, I, II. Man muß zwischen Form und Inhalt unterscheiden. **20**

A. Entscheidungsform: Beschluß. Die Wiedereröffnung erfolgt ohne die Notwendigkeit einer diesbezüglichen mündlichen Verhandlung nach § 128 IV durch einen Beschluß, § 329. Im Fall des verfrühten Verhandlungsschlusses muß das Gericht über die Wiedereröffnung der Verhandlung in der bisherigen Besetzung entscheiden, II Z 3. Auch ein Beweisbeschluß kann der Sache nach zugleich eine Wiedereröffnung enthalten, ebenso die Anberaumung eines weiteren Verhandlungstermins, Rn 22.

§§ 156, 157

Das Gericht muß seinen Beschluß grundsätzlich *begründen,* zumindest in den Urteilsgründen, Fischer NJW **94,** 1320. Das gilt, obwohl die Entscheidung unanfechtbar ist, § 329 Rn 4, aM Sangmeister DStZ **89,** 33 (aber es handelt sich immerhin um eine oft entscheidungserhebliche Verlängerung des Prozesses. Seine Gründe sollte jeder Betroffene schon wenigstens im Kern erfahren, § 329 Rn 6). Das Gericht verkündet seinen Beschluß oder teilt ihn den Beteiligten formlos mit, § 329 I 1, II 1. Seine förmliche Zustellung ist nicht erforderlich. Denn dieser prozeßleitende Beschluß, kann nur auf Grund der letzten mündlichen Verhandlung ergehen, BFH DB **83,** 1184.

21 **B. Absehen von Wiedereröffnung.** Soweit das Gericht von einer Wiedereröffnung der Verhandlung absieht, braucht es keinen besonderen Beschluß zu fassen, sondern muß zur Sache entscheiden. Im Urteil ist eine besondere Erörterung der Ablehnung der Wiedereröffnung zwar nicht unbedingt vorgeschrieben. Sie ist aber meist ratsam, um eine Zurückverweisung wegen eines Verfahrensfehlers nach § 538 zu vermeiden, BGH NJW **00,** 143 links, BFH BStBl **86** II 187. Zumindest sollten der Vorsitzende oder Berichterstatter in einem Vermerk aktenkundig machen, daß das Gericht zB einen einfach nachgereichten Schriftsatz trotz § 296 a vorsorglich nach § 156 geprüft hat. Geht der Schriftsatz erst unmittelbar vor dem Verkündungstermin des § 311 IV ein, kommt eine solche Prüfung freilich nur noch ganz ausnahmsweise in Betracht. Denn der Prozeßgegner hat Anspruch auf die Verkündung. Soweit das Nachgereichte an dem für den Nachreicher günstigen Ergebnis nichts ändert, besteht ohnehin kein Anlaß zur näheren Prüfung.

22 **C. Wiedereröffnung.** Wenn die Parteien im Zeitpunkt der Verkündung des Wiedereröffnungsbeschlusses anwesend sind, kann das Gericht grundsätzlich sofort weiterverhandeln lassen, es sei denn, daß einer Partei diese sofortige Weiterverhandlung nicht zumutbar ist, etwa deshalb, weil sie mit einer so langen Gesamtdauer dieser Verhandlung nicht zu rechnen brauchte und durch andere anstehende Pflichten verhindert ist. Ein Versäumnisverfahren nach §§ 330 ff darf in dem sofort nach der Wiedereröffnung durchgeführten Verhandlungstermin nicht stattfinden. Denn nach dem Schluß der vorangegangenen mündlichen Verhandlung kann keine Säumnis eintreten, solange nicht eine ordnungsgemäße Ladung ergangen ist. Das Gericht kann einen neuen Verhandlungstermin anberaumen, § 216.

23 Eine Wiedereröffnung ergreift die gesamte Verhandlung. Die Parteien können also jetzt *neue Angriffs- und Verteidigungsmittel* im Sinn von Einl III 70 geltend machen. Sie können die Klage erweitern, §§ 263, 264, neue Beweise antreten usw, Schneider MDR **90,** 123. Die Wiedereröffnung gibt den Parteien ein unentziehbares Recht auf ein neues Gehör, Rn 1. Deshalb darf das Gericht seinen Wiedereröffnungsbeschluß auch nicht aufheben. Eine andere Frage ist freilich die, wann das Gericht die wiedereröffnete Verhandlung schließen darf, um nunmehr zur Entscheidung zu kommen.

24 **11) Verstoß, I, II.** Ein Verstoß gegen II Z 2 kann zu einem Verfahren nach § 321 a führen. Im übrigen gilt: Ein Verstoß ist nur zusammen mit dem Urteil als Verfahrensfehler in der Berufungsinstanz voll anfechtbar, Zweibr MDR **89,** 269. Er kann auf Antrag eine Zurückverweisung nach § 538 rechtfertigen, BGH NJW **00,** 143 links, Köln RR **90,** 1343. Das Revisionsgericht kann aber meist keine Nachprüfung vornehmen, BGH NJW **86,** 1868. Unter Umständen ist wegen gleichzeitigen Verstoßes gegen Artt 2 I, 20 III GG (Rpfl), BVerfG **101,** 404, Art 103 I GG (Richter), Schlesw OLGZ **81,** 247, nach der Erschöpfung des Verfahrens nach § 321 a und des Rechtswegs die Verfassungsbeschwerde möglich, Einl III 17, Deubner NJW **80,** 263.

25 **12) VwGO:** Eigene Regelung in § 104 III VwGO, dazu Dolderer DÖV **00,** 491, Sangmeister NVwZ **97,** 249, BVerwG BayVBl **03,** 601 u **93,** 413, VGH Kassel ESVGH **49,** 164, VGH Mannh NVwZ-RR **00,** 124.

157

Ungeeignete Vertreter; Prozessagenten. [I] [1] Mit Ausnahme der Rechtsanwälte sind Personen, die die Besorgung fremder Rechtsangelegenheiten vor Gericht geschäftsmäßig betreiben, als Bevollmächtigte und Beistände in der Verhandlung ausgeschlossen. [2] Sie sind auch dann ausgeschlossen, wenn sie als Partei einen ihnen abgetretenen Anspruch geltend machen und nach der Überzeugung des Gerichts der Anspruch abgetreten ist, um ihren Ausschluß von der Verhandlung zu vermeiden.

[II] [1] Das Gericht kann Parteien, Bevollmächtigten und Beiständen, die nicht Rechtsanwälte sind, wenn ihnen die Fähigkeit zum geeigneten Vortrag mangelt, den weiteren Vortrag untersagen. [2] Diese Anordnung ist unanfechtbar.

[III] [1] Die Vorschrift des Absatzes 1 ist auf Personen, denen das mündliche Verhandeln vor Gericht durch Anordnung der Justizverwaltung gestattet ist, nicht anzuwenden. [2] Die Justizverwaltung soll bei ihrer Entschließung sowohl auf die Eignung der Person als auch darauf Rücksicht nehmen, ob im Hinblick auf die Zahl der bei dem Gericht zugelassenen Rechtsanwälte ein Bedürfnis zur Zulassung besteht.

Gliederung

1) Systematik, I–III 1	D. Fremdes Geschäft 13
2) Regelungszweck, I–III 2	E. Vor Gericht 14
3) Sachlicher Geltungsbereich, I–III 3	F. Grenzen des Vertretungsverbots 15
4) Persönlicher Geltungsbereich, I–III ... 4–7	G. Entscheidung 16
5) Besorgung fremder Rechtsangelegenheit, I 1 8–20	H. Rechtsmittel 17, 18
A. Grundsatz: Erlaubnis nur an Anwalt 8	I. Wirkung 19
B. Besorgung 9	6) Umgehungsverbot, I 2 20
C. Geschäftsmäßigkeit 10–12	7) **Untersagung des Vortrags, II** 21–24
	A. Voraussetzungen 21
	B. Entscheidung 22

Titel 1. Mündliche Verhandlung **§ 157**

C. Rechtsmittel	23		B. Entscheidung	26	
D. Wirkung	24		C. Rechtsmittel	27	
8) Zulassung, I–III	25–28		D. Wirkung	28	
A. Bedürfnis	25		**9)** *VwGO*	29	

1) Systematik, I–III. § 157 ist eine von Amts wegen zu beachtende rein verfahrensmäßige Ordnungsvor- 1
schrift, Klinger NJW **93**, 3166. Ergänzend gilt neben II § 158 S 2. Maßnahmen nach §§ 176 ff GVG bleiben
möglich und evtl nötig. Das RBerG regelt die gesamte geschäftsmäßige Besorgung fremder Rechtsangelegenheiten. Im Bereich des § 157 hat aber diese Vorschrift als Spezialregelung Vorrang.

2) Regelungszweck, I–III. Die Vorschrift dient nicht dem Schutz der Rechtspflege allgemein, sondern 2
des Ablaufs jeder Art von mündlichen Verhandlung im Zivilprozeß, Köln AnwBl **88**, 493. Sie soll im
Parteiprozeß nach § 78 Rn 1 einer Schädigung der Parteien und des Ansehens der Gerichte durch das
Auftreten von Personen vorbeugen, die keine hinreichende Gewähr für eine gerade vor Gericht unentbehrliche Sachkunde und Zuverlässigkeit bieten, Köln AnwBl **88**, 493. Zu den Grenzen seiner Anwendbarkeit
Rn 8 ff. Das Gericht soll und muß evtl wegen des von Amts wegen zu beachtenden Verbots jeden Rechts-
mißbrauchs nach Einl III 54 einen Anwalt zurückzuweisen, der trotz eines Vertretungsverbots nach § 156 II
BRAO persönlich auftritt. Das Gericht muß die Partei des so Zurückgewiesenen entsprechend § 158 S 1
bzw nach § 333 behandeln.

Wenn das Gericht eine Person als *Bevollmächtigten* nach § 81 oder als Beistand nach § 90 zugelassen hat,
dann hat der Gegner insofern kein Beschwerderecht, LG Wuppert VersR **78**, 776. § 157 soll allerdings
keineswegs eine Umgehung eines Anwaltszwangs nach § 78 Rn 1 ermöglichen, EGH Mü AnwBl **82**, 447.
Denn im Anwaltsprozeß wird der Sachverstand des Anwalts als notwendig erachtet.

Verdacht reicht zur Zurückweisung nicht aus. Die Grenze zwischen Erlaubt und Verboten liegt erst dort,
wo aus Verdacht ziemliche Gewißheit wird. Sie kann sich freilich binnen weniger Sätze, ja Worte bilden und
nach tunlicher ruhiger vergeblicher Verwarnung zu alsbaldiger Zurückweisung zwingen oder diese jedenfalls
rechtfertigen. Bemühung um Sachlichkeit mag bei anscheinend doch Ungeeigneten eher eine freundliche
Erörterung, Unterstützung bei der Formulierung, Belehrung im besten Sinn nahelegen als eine unwirsche
Entscheidung nach § 157. Sie führt ja nur zu noch mehr Spannung und Ärger. Der offensichtlich Unbelehr-
bare, Besserwisserische sollte den weiteren Ablauf weder in einem Termin noch sonstwie im Verfahren länger
stören dürfen. Ausdruck des Bedauerns kann die Wirkung einer Zurückweisung eher steigern als eine vom
Störer vielleicht nur erhoffte Gereiztheit des Richters.

3) Sachlicher Geltungsbereich, I–III. Die Vorschrift gilt in allen Verfahrensarten nach der ZPO und in 3
allen Instanzen. Sie gilt infolge der Streichung des früheren Wortes „mündlichen" (Verhandlung) in I 1 auch
in der Güteverhandlung nach § 278. Wegen § 11 III ArbGG BAG DB **97**, 436, LAG Hamm AnwBl **01**,
523, ArbG Wiesb DB **01**, 2732. Sie gilt auch vor den Sozialgerichten, § 73 SGG, LSG Erfurt DB **02**, 1332,
LSG Essen DB **02**, 1332, LSG Mü DB **02**, 852. Wegen § 67 I 1 VwGO Rn 29 und VGH Mannh NJW **98**,
1330. I gilt nicht im insolvenzrechtlichen Schuldenbereinigungsverfahren, § 305 IV InsO.

4) Persönlicher Geltungsbereich, I–III. In I und II ist zwar an sich jede solche Person als Bevoll- 4
mächtigter nach § 81 oder als Beistand nach § 90 in der mündlichen Verhandlung ausgeschlossen, die vor
Gericht die Besorgung eines fremden Rechtsangelegenheit geschäftsmäßig betreibt. Das Gesetz nimmt aber
von dieser Regelung manche Berufe ausdrücklich aus, nämlich: Den Rechtsanwalt, also bei I 1, II 1 auch
einen Erlaubnisträger nach §§ 209 BRAO, 25 EGZPO, also unter den vorgenannten Umständen einen
Rechtsbeistand, BGH MDR **83**, 313; den Patentanwalt in einer Angelegenheit des gewerblichen Rechts-
schutzes, § 4 PatAnwO; in einer Arbeitssache vor dem Arbeitsgericht als Vertreter einer Arbeitgebervereinigung oder Gewerkschaft, § 11 ArbGG (etwas anderes gilt in einer solchen Sache vor den ordentlichen
Gericht); den Prozeßagenten (diesen nur wegen I, Rn 26). Ein Ausschluß nur wegen des Verdachts einer
Straftat des Anwalts im Zusammenhang mit seiner Tätigkeit als ProzBev ist unzulässig, BVerfG NJW **73**, 696
(StPO), §§ 177, 178 GVG.

Ein *Hochschullehrer* hat kein allgemeines Recht zur berufsmäßigen Vertretung vor Gericht, BVerfG NJW 5
88, 2535, BVerwG AnwBl **88**, 302, VGH Mü (25. Sen) NJW **88**, 2553, aM VGH Mü (9. Sen) NJW **87**, 460
und (20. Sen) NJW **88**, 2554. Dasselbe gilt bei einer Kreishandwerkerschaft, LG Tüb Rpfleger **99**, 454.
Zum ausländischen EU-Anwalt usw SchlAnh VII.

Unter I und II fällt auch der *Rechtsberater,* der nach dem RBerG eine Erlaubnis zur Rechtsberatung hat,
BVerfG **41**, 391, und nicht Erlaubnisträger nach § 209 BRAO ist (sonst gilt Rn 6). Das gilt unabhängig
davon, daß das RBerG zur Auslegung mit heranziehbar sein mag. Auch ein Verein zur Förderung gewerblicher Interessen kann hierher zählen, AG Ffm AnwBl **85**, 108. Ein Vermieter- oder Mieterverein ist daher
vom Vortrag in der mündlichen Verhandlung ausgeschlossen, LG Aachen AnwBl **83**, 528, LG Kiel AnwBl
78, 478, aM LG Flensb MDR **75**, 408, AG Miesbach WoM **77**, 215 (aber ungeachtet mancher praktischer
Vorteile muß man klare Grenzen setzen). Dasselbe gilt für einen bloßen Hausverwalter, KG NZM **03**, 70.
Vgl auch § 155 GVG Anh II Rn 2. Eine Erlaubnisfreiheit nach dem RBerG gibt nicht kein Anspruch auf
die Zulassung zur mündlichen Verhandlung, unklar OVG Kblz NJW **88**, 581.

Von den Rechtsanwälten kann im *Anwaltsprozeß* nur derjenige wirksam als ProzBev auftreten, der ein 6
beim Prozeßgericht postulationsfähiger Anwalt ist. Ein Erlaubnisträger nach § 209 BRAO steht jetzt dem
Anwalt gleich, § 25 EGZPO. Ein Notar steht dem Anwalt gleich, soweit es um eine notarielle Tätigkeit
geht.

Ein Rentenberater, Frachtprüfer, Versteigerer, *Inkassounternehmer* ist vom mündlichen Vortrag schon des- 7
halb ausgeschlossen, weil ihm die Erlaubnis zur Rechtsberatung nach § 1 I 2, 3 RBerG nur auf das jeweilige
Teilgebiet beschränkt erteilt werden darf, BVerfG **75**, 246 und 284, und er daher nicht Erlaubnisträger nach
§ 209 BRAO ist. Zum Inkassobüro BGH VersR **96**, 909 (mit Anwalt besteht Befugnis zur gerichtlichen
Geltendmachung), KG RR **90**, 429, aM Klinger NJW **93**, 3165.

§ 157 Buch 1. Abschnitt 3. Verfahren

Ein *Rechtsbeistand,* der kein Erlaubnisträger nach § 209 BRAO ist, ist vor den Arbeitsgerichten nicht vertretungsberechtigt, BAG BB **88**, 916. Über den Anwalt vor dem LAG und BAG § 11 ArbGG und § 78 Rn 11, 12. Dem II entspricht § 62 FGO, BFH DB **85**, 474. Ein Steuerberater und Wirtschaftsprüfer ist nicht vor den Sozialgerichten zum Auftreten berechtigt, LSG Mü DB **02**, 852.

8   **5) Besorgung fremder Rechtsangelegenheiten, I 1.** Ausgeschlossen ist man im Fall der Besorgung einer fremden Rechtsangelegenheit nach einem Grundsatz mit Ausnahmen.

A. Grundsatz: Erlaubnis nur an Anwalt. Das Gesetz schließt in der mündlichen Verhandlung grundsätzlich diejenige Person als Bevollmächtigten nach § 81 oder als Beistand nach § 90 aus, die eine fremde Rechtsangelegenheit geschäftsmäßig vor Gericht besorgt. Vgl aber wegen eines Anwalts, der dem Rat einer Gemeinde angehört, BVerfG NJW **80**, 33. Dem Rechtsanwalt stehen sein amtlich bestellter Vertreter nach § 53 BRAO und der dem Anwalt nach § 59 II BRAO zur Ausbildung überwiesene Referendar gleich, RoSGo § 29 II 2, StJSchu 11, ZöGre 2, aM BAG VersR **91**, 936 (auch der nebenberuflich tätige Referendar des Anwalts. Aber wo liegen ungeachtet Rn 10 die Grenzen des „Nebenberufs"?). Dem Anwalt gleich steht ferner der Erlaubnisträger nach §§ 209 BRAO, 25 EGZPO, Rn 4. Erforderlich ist, daß diese Personen im Parteiprozeß nach § 78 Rn 1 für den Anwalt und im Anwaltsprozeß nach § 78 Rn 1 im Beistand des Anwalts auftreten, soweit außerdem ein Lokalisierungsgebot besteht, § 78 Rn 2–13 usw. Das Gericht darf auch einem Bürovorsteher oder einem Auszubildenden des Anwalts das Auftreten in der mündlichen Verhandlung nicht untersagen, LG Oldb AnwBl **82**, 374, solange er nicht ständig auftritt. Die Partei selbst ist in keinem Fall von der mündlichen Verhandlung ausgeschlossen.

9   **B. Besorgung.** „Besorgung" bedeutet die unmittelbare Förderung einer bestimmten fremden Rechtsangelegenheit, LG Hbg VersR **84**, 668. Dazu gehören auch Hotline-Serviceleistungen an einen Anwalt, Mü BB **99**, 1895.

10   **C. Geschäftsmäßigkeit.** „Geschäftsmäßig" ist ein zeitgemäß auslegungsfähiger und -bedürftiger Begriff, bei dem man auch das Gebot der Verhältnismäßigkeit mitabwägen muß, BVerfG JZ **04**, 1121 (ziemlich wolkig; krit Schenke). Geschäftsmäßig bedeutet nicht notwendig gewerbsmäßig oder hauptberuflich. Es muß lediglich eine über einen bloßen Gelegenheitsfall hinausgehende öftere Wiederholung der selbständigen Tätigkeit geplant sein, BGH NJW **86**, 1051, BVerwG AnwBl **88**, 302, Hamm NJW **98**, 93, Karlsr AnwBl **89**, 244, oder bereits vorliegen, Bre FamRZ **04**, 1582. Sie kann dadurch zu einem dauernden oder wiederholten Bestandteil der eigenen Beschäftigung werden, BayObLG MDR **84**, 1048. Das gilt unabhängig davon, ob sie entgeltlich (gewerbsmäßig) oder unentgeltlich erfolgt, BVerwG AnwBl **88**, 302, Hamm NJW **98**, 93, LG Aachen AnwBl **83**, 528. Es gilt auch unabhängig vom Umfang und Aufwand in den Einzelfällen. Schon die erste von mehreren derartigen geplanten Tätigkeiten kann genügen, BVerwG AnwBl **88**, 302, Hamm NJW **98**, 93, Karlsr AnwBl **89**, 244.

11   Man muß eine Geschäftsmäßigkeit bei einem *Gewerkschaftsfunktionär* grundsätzlich annehmen. Denn er besorgt das Geschäft eines Dritten. Vgl jedoch § 11 I 2, 3, II 2, III ArbGG sowie § 73 VI SGG. Entsprechendes gilt zB bei einem sonstigen Vereinsfunktionär, Bre FamRZ **04**, 1582 und 1590, oder Verbandsfunktionär, unklar OVG Kblz NJW **88**, 581 (LS). An der Geschäftsmäßigkeit ändert sich auch nichts dadurch, daß man nur neben einer eigenen Angelegenheit Parallelfälle anderer bearbeitet, etwa solche von Nachbarn, BayObLG MDR **84**, 1048. Auch ein Referendar, der ohne anwaltlichen Beistand auftritt, zählt nach BVerfG NJW **05**, 966 stets hierher (etwas formell).

12   Die Geschäftsmäßigkeit *fehlt*, wenn ein *Angestellter* seinen Geschäftsherrn regelmäßig im Prozeß vertritt, LG Hagen AnwBl **77**, 69, etwa ein Bürovorsteher des Anwalts, oder wenn ein Beamter in Ausübung einer öffentlichrechtlichen Pflicht auftritt, etwa der Amtsvormund. Da das Gericht aber über Art 35 I GG (Amtshilfe) auf diesem Wege praktisch sämtliche Bundes- und Landesbehörden und über die entsprechenden Ländervorschriften auch alle Kommunalbehörden in noch so „artfremden" Sachen zulassen müßte, ist eine Zulassung auf die Vertretung des unmittelbaren oder nächsthöheren Vorgesetzten oder doch dieselbe Behörde begrenzt. Andernfalls würde der Zweck der Vorschrift unterlaufen. Daran kann auch ein praktisches Bedürfnis zu kostensparender Terminsvertretung, etwa eines kommunalen Haftpflichtverbandes nichts ändern. Man könnte praktisch noch Vertretungsgrenzen ziehen.

13   **D. Fremdes Geschäft.** „Fremd" bedeutet: wirtschaftlich nicht die eigene Sache, BayObLG NJW **93**, 476. Hierher zählt auch die Geltendmachung der bloßen Einziehungsabtretung oder die Geltendmachung oder Abwehr von Ansprüchen, die der Verwalter von Wohnungseigentum als Vertreter der Eigentümer oder in Prozeßstandschaft vornimmt, soweit er nicht auch persönliche Ansprüche oder Pflichten wahrnimmt, KG NJW **91**, 1304.

Nicht „fremd" ist aber eine Sicherungsabtretung oder eine Abtretung zahlungshalber oder an Zahlungs Statt. Ein „Regulierungsbeamter" einer Versicherungsgesellschaft fällt im Haftpflichtprozeß nicht unter das Verbot des § 157. Denn er nimmt überwiegend die Rechtsangelegenheit der eigenen Gesellschaft wahr.

14   **E. Vor Gericht.** „Vor Gericht" bedeutet das persönliche Auftreten in einer Verhandlung gleich welcher Art, BAG DB **97**, 436, auch in der Zwangsvollstreckung. Das mündliche Verhandeln braucht als solches nicht geschäftsmäßig zu sein. Wer eine fremde Rechtsangelegenheit geschäftsmäßig besorgt, darf kein einziges Mal verhandeln, LG Aachen AnwBl **83**, 528, LG Hagen AnwBl **77**, 69.

Nicht hierher gehört alle, außerhalb einer Verhandlung, LAG Hamm BB **76**, 555.

15   **F. Grenzen des Vertretungsverbots.** Die Ausschließung betrifft jede „Verhandlung", also nicht nur die mündliche Verhandlung. Sie betrifft aber nicht ein Verfahren außerhalb der Verhandlung. Daher darf auch derjenige, der nach I nicht in der Verhandlung auftreten darf, einen Schriftsatz einreichen und zumindest als Zustellungsbevollmächtigter eine Zustellung entgegennehmen, LAG Hamm BB **76**, 555, LG Aachen AnwBl **83**, 528, LG Hagen WoM **88**, 281. Über die schriftliche Eingabe eines Quenglers Einl III 66. Als Verhandlung ist jede Verhandlung vor dem Gericht in einem bestimmten Termin anzusehen, also auch das Güteverfahren nach § 278 oder eine Beweisaufnahme, §§ 355 ff. Soweit über die Zulässigkeit einer Ausschließung oder Zulassung Streit entsteht, muß das Gericht den Betroffenen zulassen.

Titel 1. Mündliche Verhandlung § 157

G. Entscheidung. Die Zurückweisung des Ausgeschlossenen erfolgt im Rahmen eines pflichtgemäßen 16 Ermessens darüber, ob die dann zwingenden Voraussetzungen des Gesetzes vorliegen, durch einen Beschluß. Er stellt nur fest, was bereits kraft Gesetzes gilt, Köln AnwBl **88**, 493. Das Gericht muß seinen Beschluß grundsätzlich begründen, § 329 Rn 4. Es verkündet ihm oder stellt ihn wegen Rn 17 förmlich zu, § 329 III Hs 2.

H. Rechtsmittel. Gegen den Ausschluß kann der Ausgeschlossene persönlich kein Rechtsmittel ein- 17 legen, LG Aachen AnwBl **83**, 528, auch nicht im Verwaltungsstreitverfahren, § 23 EGGVG Rn 1. Die von ihm vertretene Partei kann aber sofortige Beschwerde nach (jetzt) § 567 I Z 2 einlegen, LG Aachen AnwBl **83**, 528. Eine Rechtsbeschwerde kommt unter den Voraussetzungen des § 574 in Betracht. Beim Rpfl gilt § 11 RPflG, § 104 Rn 41 ff.

Der *Prozeßgegner* ist nicht beschwert. Er hat daher kein Rechtsmittel. Das Rechtsmittelgericht darf den 18 Beschluß, der den Vertreter zurückweist, nur zusammen mit der zugehörigen Sachentscheidung nachprüfen. Einspruch und Berufung lassen sich auch darauf stützen, die Partei sei ordnungsgemäß vertreten gewesen.

I. Wirkung. Da der Ausgeschlossene die Partei nicht wirksam vertreten kann, gilt die Partei ab Ausschluß 19 als nicht vertreten. Sie ist dann also säumig, §§ 251 a, 330 ff. Eine vorherige Prozeßhandlung bleibt wirksam, AG Saarbr ZMR **02**, 795. Auf Grund eines Antrags des Gegners darf und muß das Gericht unter den gesetzlichen Voraussetzungen eine Versäumnisentscheidung erlassen, LG Aachen AnwBl **83**, 528. Evtl darf es das aber erst nach einem Hinweis und Gelegenheit zur Stellungnahme tun. Es kommt auf die Gesamtumstände an, ob dergleichen nötig ist. Das Gericht darf und muß ja auch das Interesse des wirksam auftretenden Prozeßgegners an einer baldigen Sachentscheidung beachten. Eine etwaige Prozeßvollmacht nach § 80 bleibt unberührt, LG Aachen AnwBl **83**, 528, AG Saarbr ZMR **02**, 795. Die Klage kann aber trotzdem unzulässig sein, zB wegen des Fehlens eines Rechtsschutzbedürfnisses, Grdz 33 vor § 253. Es kommt keine Erstattung der Kosten wegen des Unbefugten in Betracht, LG Tüb Rpfleger **99**, 454.

6) Umgehungsverbot, I 2. Der Ausschluß läßt sich auch nicht dadurch umgehen, daß der Ausgeschlos- 20 sene als eine Partei kraft Abtretung auftritt. Die Vorschrift setzt voraus: Die Klage oder Widerklage nach Anh § 253 betrifft einen abgetretenen Anspruch; als Partei oder Streithelfer nach § 66 tritt der Abtretungsnehmer auf, läßt sich also nicht durch einen ProzBev vertreten; der Abtretungsnehmer gehört zu den in I genannten Personen, nicht zu den nach III zugelassenen, Rn 8; die Abtretung bezweckt nach der freien Überzeugung des Gerichts eine Umgehung des Verhandlungsverbots.

Ein Umgehungszweck kann auch dann vorliegen, wenn die Abtretung ernstlich zum Zweck einer *treuhänderischen* Wahrnehmung des abgetretenen Rechts erfolgt ist, etwa zum Zweck einer Einziehung. Die Umgehung braucht auch nicht der einzige Zweck der Abtretung zu sein. Maßgeblich ist der wirtschaftliche Zweck der Abtretung. Ihn muß der Auftretende nachweisen. Da I 2 eine Umgehung verhüten soll, muß das Gericht die Bestimmung ausdehnend auslegen. Es darf zB ein Ausgeschlossener nicht einen Angestellten als seinen Bevollmächtigten zum Termin senden. Er ist als solcher Angestellter ist dann ausgeschlossen.

7) Untersagung des Vortrags, II. II regelt die Voraussetzungen voll, die Wirkungen nur indirekt. 21

A. Voraussetzungen. Das Gericht kann über eine bloße Wortentziehung seitens des Vorsitzenden nach § 136 II hinaus im Anwalts- wie im Parteiprozeß den Vortrag untersagen, soweit die Partei usw vorübergehend oder dauernd ernstlich nicht fähig ist, geeignet vorzutragen. Das gilt gegenüber einer Partei und ihrem Streithelfer nach § 66, ihrem Bevollmächtigten nach § 81 oder ihrem Beistand nach § 90, nicht aber gegenüber dem Mitglied einer Anwaltskammer, also einem Anwalt oder zB einem Erlaubnisträger nach § 209 BRAO, Rn 6. Den Grund dazu mag zB bilden: Eine Unklarheit des Denkens, BFH DB **85**, 474 (zu § 62 II FGO); eine nur mangelhafte Ausdrucksfähigkeit; ein zu schwieriger Sachverhalt; eine Angetrunkenheit; eine ungenügende Selbstbeherrschung, §§ 185 ff GVG, BFH DB **85**, 474 (zu § 62 II FGO); die Erkenntnis, daß der Bevollmächtigte die Rechte seines Auftraggebers aus einem sonstigen Grund auf unabsehbare Zeit nicht wahrnehmen kann, BFH DB **85**, 474 (zu § 62 II FGO).

Die *Beherrschung einer Sprache* für den täglichen Umgang genügt im allgemeinen noch *nicht* zur Rechtsverfolgung vor dem Gericht. Eine bloße Ungewandtheit im Ausdruck ist aber beim AG noch nicht Grund genug, den Vortrag zu untersagen. Soweit der Betroffene die deutsche Sprache nicht beherrscht, muß das Gericht einen Dolmetscher hinzuziehen. Im Anwaltsprozeß kann allerdings auch eine Untersagung des Vortrags erfolgen, § 187 II GVG. Soweit die Partei wahrheitswidrig eine Unkenntnis behauptet, verwirkt sie ein Ordnungsmittel wegen Ungebühr. Dem Mitglied einer Anwaltskammer stehen auch hier die in Rn 6, 8 genannten Personen gleich. Andere Rechtskundige fallen unter II.

B. Entscheidung. Das Gericht entscheidet nach pflichtgemäßem Ermessen durch Beschluß, § 329. Es 22 muß ihn grundsätzlich begründen, § 329 Rn 4. Es verkündet ihn oder stellt ihn bei Anfechtbarkeit nach Rn 23 dem Betroffenen förmlich zu, § 329 III Hs 2. Andernfalls teilt es seinen Beschluß formlos mit, § 329 I 1, II 1.

C. Rechtsmittel. Der Beschluß ist grundsätzlich frei abänderlich, § 329 Rn 16. Er ist grundsätzlich 23 unanfechtbar. Soweit ein Fall der Untersagungsmöglichkeit objektiv überhaupt nicht vorlag, kann die von dem Beschluß betroffene Partei aber ausnahmsweise sofortige Beschwerde nach § 567 I Z 2 einlegen. Eine Rechtsbeschwerde kommt unter den Voraussetzungen des § 574 in Betracht. Der Gegner hat gegen einen Beschluß, der die Untersagung des Vortrags ablehnt, kein Rechtsmittel. Wegen sofortiger Beschwerde aus der inzwischen problematisch gewordenen „greifbaren Gesetzwidrigkeit" nach § 127 Rn 25 Pawlowski Festschrift für Schneider (1997) 41. Beim Rpfl gilt § 11 RPflG, § 104 Rn 41 ff.

D. Wirkung. Zwar ist die Partei jetzt nicht mehr ordnungsgemäß vertreten. Das Gericht darf aber in 24 demselben Termin nicht stets eine Versäumnisentscheidung treffen, LG Aachen AnwBl **83**, 528. Es muß vielmehr nunmehr nach § 158 Rn 4 verfahren.

8) Zulassung, III, dazu *Onderka* Rpfleger **01**, 526 (ausf): Hier nur Andeutungen zum Verwaltungshan- 25 deln.

§§ 157, 158

A. Bedürfnis. Die Justizverwaltung kann, soweit ein Bedürfnis besteht, geeignete Personen zu einer geschäftsmäßigen mündlichen Verhandlung vor dem Gericht zulassen. Die Bedürfnisprüfung ist mit Art 12 S 1 GG vereinbar, BVerfG NJW **76**, 1349. Das Bedürfnis der Zulassung eines sprachkundigen Prozeßagenten kann zB dann bestehen, wenn in einem Bezirk eine größere Gruppe von Ausländern wohnt, die die deutsche Sprache nicht beherrschen und denen keine ausreichende Zahl von solchen Anwälten zur Verfügung steht, welche sich mit ihnen in ihrer Muttersprache verständigen können, BGH **77**, 205. Der Umstand, daß ein Bewerber längere Zeit hindurch als Rechtsbeistand tätig war und die Prüfung als Steuerberater bestanden hat, gibt ihm beim Fehlen eines Bedürfnisses noch keinen Anspruch auf eine Zulassung als Prozeßagent, BGH **77**, 211. Die Bedürfnisprüfung ist keine Ermessensausübung, sondern eine Tat- und Rechtsfrage, BVerwG **59**, 546, Hamm AnwBl **80**, 68. Wenn das Gericht das Bedürfnis bejaht, muß es eine Zulassung aussprechen, hat also kein Ermessen mehr, Hamm AnwBl **80**, 68 (Vorlage), aM Düss Rpfleger **79**, 143. Es kommt nicht auf das wirtschaftliche Interesse des Bewerbers und auf dasjenige des Publikums an einer etwa billigeren Rechtsverfolgung an, BGH NJW **80**, 2310 und 2312.

26 B. Entscheidung. Die Zulassung erfolgt als ein widerruflicher Verwaltungsakt durch den Präsidenten des LG oder des AG. Die Bekanntgabe der Zulassung erfolgt im Amtsblatt. Der Zugelassene heißt Prozeßagent, Drsd NJW **98**, 92. Sein Unterbevollmächtigter kann ihm gleichstehen.
Wegen der *Gebühren* Art IX KostÄndG, Hartmann Teil XII.

27 C. Rechtsmittel. Gegen die Entscheidung ist die Dienstaufsichtsbeschwerde zulässig. Sie richtet sich an den Präsidenten des OLG. Außerdem ist ein Antrag auf eine gerichtliche Entscheidung zulässig. Er wird an das OLG gerichtet, § 23 EGGVG Rn 2, § 25 EGGVG, Hamm BB **80**, 553.

28 D. Wirkung. Die Zulassung nach III beseitigt nur den Ausschluß nach I, nicht die Möglichkeit einer Untersagung des Vortrags nach II. Das Gericht sollte aber gegenüber dem nach III Zugelassenen mit einem Ausschluß nach II nur zurückhaltend verfahren.

29 9) VwGO: I u III sind nicht entsprechend anwendbar, vgl BVerwG MDR **77**, 605 mwN, BVerfG NJW **76**, 1349, VGH Mannh NJW **98**, 1330 mwN. Trotzdem ist Zurückweisung geboten, sofern die Erlaubnis nach dem RBerG fehlt, BVerfG aaO, BVerwG **19**, 339, OVG Schlesw SchlHA **96**, 134, OVG Münst AS **38**, 297 u NJW **81**, 1173, VGH Mü BayVBl **81**, 48, hM (wegen der Zurückweisung von Hochschullehrern s § 78 Rn 57). Zur Zurückweisung wegen einer Kollision mit kommunalrechtlichen Bestimmungen vgl BVerfG NJW **88**, 694 mwN, BVerwG NJW **84**, 377, dazu Haufs-Brusberg AnwBl **85**, 177, Schoch NVwZ **84**, 626 (beide mwN), VGH Mannh BB **93**, 1690, zur (nicht zulässigen) Zurückweisung von Bediensteten eines Landkreises als Vertretern einer Gemeinde Bittner DVBl **73**, 24, VG Hann DVBl **75**, 52. **II** ist entsprechend anwendbar, vgl § 67 II 3 VwGO, BVerwG **19**, 339, RedOe § 67 Anm 21, OVG Lüneb NVwZ-RR **04**, 703, VGH Mü VerwRspr **16**, 374 (der einen Ausschluß für das Verf schlechthin für zulässig hält); das gilt auch für II 2, vgl VGH Mü NJW **73**, 111 (das über § 146 II VwGO zu demselben Ergebnis kommt), aM RedOe Anm 22, KoppSch Rn 47, beide zu § 67 VwGO. In allen anderen Fällen steht ein Beschwerderecht gegen die Zurückweisung sowohl dem Beteiligten als auch dem betroffenen Vertreter zu, VGH Kassel VerwRspr **21**, 884, OVG Hbg AnwBl **68**, 65, hM.

158

Entfernung infolge Prozessleitungsanordnung. [1]Ist eine bei der Verhandlung beteiligte Person zur Aufrechterhaltung der Ordnung von dem Ort der Verhandlung entfernt worden, so kann auf Antrag gegen sie in gleicher Weise verfahren werden, als wenn sie freiwillig sich entfernt hätte. [2]Das Gleiche gilt im Falle des § 157 Abs. 2, sofern die Untersagung bereits bei einer früheren Verhandlung geschehen war.

1 1) Systematik, Regelungszweck, S 1, 2. Die Vorschrift regelt die prozessualen Folgen einer Maßnahme der Ordnungsgewalt nach §§ 177 ff GVG und des Wortentzugs nach § 157 II. Die Gleichstellung des Entfernten mit dem nunmehr Säumigen nach §§ 333 ff ist ein wirksames Mittel gegenüber den Parteien. Einen Anwalt als ProzBev kann man nicht entfernen, wohl aber einen anderen ProzBev. Beim Zeugen usw tritt eine entsprechende Gleichstellung mit demjenigen ein, der sich vor der Entlassung unerlaubt entfernt hat, §§ 380, 402. Höher ist der Prozeßförderung Grdz 12 vor § 128. Das Gericht sollte es strikt beachten.

2 2) Sachlicher Geltungsbereich, S. 1, 2. Vgl Grdz 3 vor § 128.

3 3) Persönlicher Geltungsbereich: Beteiligte, S 1, 2. Die Vorschrift erfaßt die „bei der Verhandlung beteiligten Personen". Hierzu gehören: Die Parteien nach Grdz 4 vor § 50; ein Streithelfer nach § 66; ein Parteivertreter oder ProzBev nach § 81 mit Ausnahme des Anwalts; ein Beistand nach § 90; ein Zeuge nach § 373; ein Sachverständiger nach § 402. Alle diese Personen müssen gezwungen gewesen sein, den Verhandlungsraum wegen Ungehorsams oder Ungebühr zu verlassen, §§ 177, 179 GVG. Einen Anwalt, den das Gericht wegen der Verletzung eines Vertretungsverbots nach §§ 150, 156 II BRAO zurückgewiesen hat, muß das Gericht entsprechend behandeln, § 157 Rn 1.

4 4) Wirkung der Entfernung, S 1. Wenn das Gericht eine unter § 158 fallende Person entfernt hat, darf es nur auf Grund eines Antrags so gegen sie verfahren, als ob sie sich freiwillig entfernt hätte. Die Entfernung des gesetzlichen Vertreters der Partei gilt als die Entfernung der Partei selbst. Die Entfernung eines ProzBev gilt im Anwaltsprozeß nach § 78 Rn 1 als die Entfernung der Partei, selbst wenn sie anwesend bleibt. Die Entfernung des ProzBev gilt im Parteiprozeß nach § 78 Rn 1 ebenso, soweit die Partei nicht persönlich zugegen ist.

Das Verfahren nach § 158 steht im pflichtgemäßen *Ermessen* des Gerichts. Das Gericht kann auch vertagen oder das Ruhen des Verfahrens nach § 251 a anordnen. Es kann gegenüber einen Zeugen oder Sachverständigen so vorgehen, als ob er von vornherein ausgeblieben sei, §§ 380, 390, 409. Es kann bei einer Entfernung der Partei so verfahren, als ob die Partei säumig sei. Es darf und muß also evtl auf Antrag eine Versäumnisentscheidung erlassen, §§ 330 ff. Wenn das Gericht das persönliche Erscheinen dieser Partei nach § 141 angeordnet hatte, kann es die Erklärung als verweigert ansehen usw, § 141 III. Das Gericht sollte auf die Folgen der drohenden Entfernung vor der Anordnung der Entfernung hinweisen.

Titel 1. Mündliche Verhandlung § 158, Einf §§ 159–165

5) Wirkung der Untersagung des Vortrags, S 2. Wenn das Gericht einer unter § 158 fallenden Person 5
den Vortrag nach § 157 II untersagt hat, dann treten dieselben Wirkungen wie bei einer Entfernung dieser
Person ein, Rn 4. Das gilt, soweit das Gericht dieser Person den Vortrag schon in einer früheren Verhandlung
untersagt hatte, nicht notwendig in der letzten vorausgegangenen. Das Gericht muß der Person den Vortrag
also insgesamt zweimal untersagt haben, damit die Wirkungen wie in Rn 3 eintreten können.

6) Rechtsmittel, S 1, 2. Gegen die Anordnung vgl § 177 GVG Rn 4, § 181 GVG. Im übrigen sind die 6
gegen die folgende Entscheidung statthaften Rechtsmittel gegeben, zB gegen ein echtes erstes Versäumnisurteil der Einspruch, § 338. Beim Rpfl gilt § 11 RPflG, § 104 Rn 41 ff.

7) VwGO: *Entsprechend anwendbar, § 173 VwGO, mit den in Rn 4 u 5 genannten Folgen; jedoch darf keine* 7
Versäumnisentscheidung ergehen, vielmehr ist ohne den Entfernten zu verhandeln und zu entscheiden, § 102 II
VwGO.

Einführung vor §§ 159–165
Protokoll

1) Systematik. Die ZPO kennt verschiedene Arten der Beurkundung von Vorgängen: Das über jede 1
Verhandlung notwendige Sitzungsprotokoll, §§ 159 ff; das gerichtliche Protokoll außerhalb der Sitzung, etwa
für eine Verhandlung vor dem verordneten Richter nach §§ 159 II, 288 I, 361, 362 oder vor dem Rpfl; das
Protokoll des Urkundsbeamten der Geschäftsstelle, das Parteierklärungen außer Anwaltszwang beurkundet,
zB § 118 I 2, und erst vom Zeitpunkt des Eingangs beim gefaßten Gericht an wirkt, § 129 a II 2. Beim
letzteren fehlen Formvorschriften, die Unterschrift des Erklärenden ist erwünscht, aber nicht wesentlich, im
übrigen sind die §§ 159 ff entsprechend anwendbar. Eine Erklärung zum Sitzungsprotokoll genügt als das
Stärkere auch in solchen Fällen. Ferner kennt die ZPO das Protokoll des Gerichtsvollziehers in der Zwangsvollstreckung, §§ 762 f, 826. Auch die Zustellungsurkunde ist im Grunde ein Protokoll.

2) Regelungszweck. Das Protokoll ist der wichtigste Beleg über den Hergang des Termins, BGH VersR 2
85, 46, BayObLG 01, 218. Seine Bedeutung liegt in seiner Beweiskraft als öffentliche Urkunde über die
beurkundeten Vorgänge, §§ 139 IV, 165, 415, 418, BGH NJW 84, 1466, BSG MDR 81, 612, BayObLG
01, 218. Diese geht evtl selbst dem Tatbestand des Urteils vor, §§ 165, 314, dort Rn 7. Sie hält jede andere
privatschriftliche Formvorschrift ein, §§ 127 a, 925 I 3 BGB, BGH 105, 200, Köln FamRZ 02, 264, soweit
es auch inhaltlich den gesetzlichen Erfordernissen entspricht, aM Zweibr MDR 92, 998 (aber es gibt keine
ausgeprägte und strengere Form). Außerdem sichern die Vorschriften über das Protokoll, hinter denen die
Strafvorschriften zur Falschbeurkundung usw stehen, in erhöhtem Maß die Einhaltung eines gesetzmäßigen
Sitzungsablaufs wenigstens in seinen entscheidenden Teilen, BGH NJW 78, 2509. Das Protokoll ist grundsätzlich eine Bedingung für die Wirksamkeit eines Prozeßvergleichs, Anh § 307, soweit sein Inhalt nicht
anderswie feststeht, BGH 107, 147, und für ein Geständnis (nur) vor dem beauftragen oder ersuchten
Richter, § 288. Die Protokollierungsvorschriften sollen aber grundsätzlich nicht die Wirksamkeit des wäh-
rend der Verhandlung Geschehenen an die Feststellung im Protokoll binden, § 162 Rn 1–4.
Eine *Protokollauslegung* ist grundsätzlich zulässig, auch bei seiner Lückenhaftigkeit. Das Gericht darf und muß
ein fehlerhaftes Protokoll berichtigen, § 164. Man darf und muß ein noch fehlerhaftes Protokoll unter
Umständen frei würdigen, § 419, soweit nicht § 165 entgegensteht. Vgl auch die Sonderregelungen im
BeurkG. Die Handhabung der §§ 159 ff sollte weder zu Knappheit des Protokolls nur zwecks Arbeitserleich-
terung führen, noch zu kritikloser Aufnahme auf ein geduldiges Tonband. Einen Antrag nach § 160 IV sollte
das Gericht großzügig behandeln. Aus der Auslagenfreiheit bestimmter Protokollabschriften folgt keineswegs eine
Pflicht des Gerichts zur Übersendung des Protokolls von Amts wegen, Hartmann Teil I KV 9000 Rn 21.
Ausführlichkeit wie Knappheit haben bei genauerer Prüfung jeweils Vorteile wie Nachteile. Die Zeiten
erstklassiger Protokollführerinnen sind vorbei. Zweitklassige Schreibkräfte beanstanden ein erstklassiges
Protokolldiktat des Richters als zu lang und erhalten dabei noch in der Verwaltung Unterstützung, eine
groteske, aber sehr realistische Entwicklung in der Handhabung des immerhin noch nicht geänderten § 159
I 2. Dem auf solches Mobbing nachgiebig reagierenden Richter droht der Vorwurf eines Verstoßes gegen
§§ 139 IV, 160 II usw. Ein Abhilfeverfahren nach § 321 oder eine Zurückverweisung nach § 538 II 1 Z 1
können zu höchst unerfreulichen Folgen zu großer Nachgiebigkeit werden, zumal wenn ein gesonderter
Protokollführer als Beweisperson nicht existiert. Diktat mittels „Spracherkennung" ist eine keineswegs schon
überall erschwingliche, eingeführte Lösung mit mancherlei Mißverständnissen mit wörtlichen Sinn. Deshalb
ist bei der Überprüfung des Protokolls dort, wo es nicht auf Punkt und Komma ankommt, sondern auf den
Sinn, ein geradezu gnädiges Vorgehen im wohlverstandenen allseitigen Interesse empfehlenswert. Es darf
natürlich nicht dazu führen, etwas hineinzugeheimnissen, was nun wirklich nicht eindeutig herauslesbar ist.

3) Sachlicher Geltungsbereich. §§ 159 ff gelten für jede Art von Verhandlung in einem der ZPO 3
unterliegenden Verfahren, Rn 1, also auch beim Gütertermin nach § 278. Im FGG-Verfahren gelten §§ 159 ff
nicht, BayObLG WoM 96, 500, Ffm RR 05, 459 (zumindest nicht unmittelbar), aM KG NZM 05, 745.

4) Persönlicher Geltungsbereich. Urkundsperson ist grundsätzlich sowohl der Richter (Vorsitzender, 4
Einzelrichter, §§ 348, 348a, 526, 527, 568, verordneter Richter, §§ 361, 362) oder der als Gericht amtierende Rpfl als auch der etwa nach Grdz 4 vor § 688 landesrechtlich im Mahnverfahren als Gericht tätige
Urkundsbeamte der Geschäftsstelle als auch der „nur" mit der Protokollführung zugezogene Urkundsbeamte,
§ 49 ZPO, § 153 GVG. Der Richter überwacht in erster Linie die Richtigkeit und Vollständigkeit des
Inhalts. Der Urkundsbeamte der Geschäftsstelle überwacht in eigener Verantwortung außerdem auch die
formelle Korrektheit und allein die Richtigkeit der etwaigen Übertragung einer vorläufigen Aufzeichnung,
§ 163 Rn 4, 5. Der Richter ist also gegenüber früher erweitert mitverantwortlich. Er kann als Protokollführer amtieren, § 159 I 2, II. Möglich ist ferner eine Tätigkeit des Urkundsbeamten der Geschäftsstelle nur
bei der Übertragung einer vorläufigen Aufzeichnung, § 163 I 2.

Ferner ist jetzt in erweitertem Umfang der Einsatz von *Maschinen* zwecks Kurzschrift oder Tonaufnahmen oder sofortige Protokollanfertigung durch „Spracherkennung" usw zulässig, § 160a I. Sie ersetzen aber Urkundspersonen nicht schlechthin. Maßnahmen zur vorläufigen oder endgültigen Herstellung des Protokolls sind nur bei offensichtlicher Gesetzwidrigkeit nach § 127 Rn 25 durch die Dienstaufsicht nachprüfbar, BGH **67**, 187.

5) *VwGO*: Gemäß § 105 VwGO gelten §§ 159–165 entsprechend; zur Bedeutung des Protokolls, oben Rn 2, s BVerwG NVwZ **00**, 912.

159 *Protokollaufnahme.* ¹¹ Über die Verhandlung und jede Beweisaufnahme ist ein Protokoll aufzunehmen. ² Für die Protokollführung kann ein Urkundsbeamter der Geschäftsstelle zugezogen werden, wenn dies auf Grund des zu erwartenden Umfangs des Protokolls, in Anbetracht der besonderen Schwierigkeit der Sache oder aus einem sonstigen wichtigen Grund erforderlich ist.

II Absatz 1 gilt entsprechend für Verhandlungen, die außerhalb der Sitzung vor Richtern beim Amtsgericht oder vor beauftragten oder ersuchten Richtern stattfinden.

Vorbem. I 2 idF Art 1 Z 5 des 1. JuMoG v 24. 8. 2004, BGBl 2198, in Kraft seit 1. 9. 04, Art 14 S 1 des 1. JuMoG, ÜbergangsR Einl III 78.

Gliederung

1) Systematik, I, II 1	D. Entscheidung des Gerichts 8
2) Regelungszweck, I, II 2	E. Weigerung der Verwaltung 9, 10
3) Geltungsbereich, I, II 3	6) Ohne besonderen Urkundsbeamten, I 2 11–14
4) Protokollzwang, I 1 4	A. Keine besondere Anordnung.......... 11, 12
5) Urkundsbeamter der Geschäftsstelle, I 2 5–10	B. Änderung 13
A. Wichtiger Grund 5	C. Aufteilung 14
B. Zuteilungspflicht der Verwaltung 6	7) Außerhalb der Sitzung, II 15
C. Eignung des Protokollführers 7	8) *VwGO* 16

1) Systematik, I, II. Vgl zunächst Einf 1 vor §§ 159–165. Die Vorschrift regelt das Ob und durch Wen, §§ 160–163 regeln das Wie eines Protokolls.

2) Regelungszweck, I, II. Vgl zunächst Einf 2 vor §§ 159–165. Gerade der erstaunliche Vergleich mit der StPO zeigt, welchen Wert die ZPO auf ein auch inhaltlich ergiebiges Protokoll legt. Das hat zusätzliche Auswirkungen auf die Anforderungen an die Person des richterlichen wie nichtrichterlichen Protokollführers. Das müßte die Verwaltung theoretisch mitbeachten, Rn 5.

3) Geltungsbereich, I, II. Vgl Einf 3, 4 vor §§ 159–165.

4) Protokollzwang, I 1. Jede Verhandlung nach §§ 128 I, 136 I, 278, 279 vor dem erkennenden Gericht erfordert ein Protokoll. Das gilt unabhängig davon, ob sich die Verhandlung auf die Bemühung um eine gütliche Beilegung beschränkt, ob die Verhandlung einseitig oder zweiseitig, streitig oder unstreitig ist oder wird, ob sie sich auf Fragen der Zulässigkeit oder einen Zwischenstreit beschränkt, § 280, ob sie zu einer Verkündung nach § 320 I 1, zu einer Vertagung nach § 227 oder zu einer Verweisung führt, § 281, ob sie vor dem vollbesetzten Spruchkörper oder vor dem Einzelrichter stattfindet, §§ 348 ff, 348 a, 526, 527, 568, und ob sie mit einem Urteil nach § 300 endet oder mit einem Prozeßvergleich nach Anh § 307, mit einer Klagerücknahme nach § 269, mit der Erledigung der Hauptsache nebst Kostenentscheidung § 91a oder sonstwie. Auch der Ort der Verhandlung und ihr Zeitpunkt sind unerheblich. Auch eine Beweisaufnahme nach § 160 zwingt als ein Teil der mündlichen Verhandlung im weiteren Sinn zur Anfertigung eines Protokolls. Das gilt selbst dann, wenn sich der Termin in der Beweisaufnahme erschöpft und zu keinerlei Anträgen führt. Es gilt auch dann, wenn die Beweisaufnahme vor dem beauftragten oder ersuchten Richter stattfindet, §§ 361 ff. Wegen der Ausnahmen § 161.

Der Protokollzwang gilt auch im *selbständigen Beweisverfahren,* soweit es vor dem Gericht stattfindet, §§ 485 ff. Denn man muß die §§ 159 ff als einen Teil des Buchs 1 grundsätzlich bei allen weiteren Büchern der ZPO mitbeachten. Soweit der Sachverständige die Beweisaufnahme nach § 407 a Rn 11 vornimmt, ist er zu einer Darstellung ihres Hergangs verpflichtet.

Der Protokollzwang besteht ferner für einen bloßen *Verkündungstermin* nach § 311 IV, Holtgrave DB **75**, 821. Er besteht auch im Verfahren auf den Erlaß eines Arrests oder einer einstweiligen Verfügung, §§ 916 ff, 935 ff. Die Bezeichnung des Protokolls ist unerheblich, sofern eindeutig erkennbar ist, daß ein Protokoll vorliegen soll. Ein Protokoll liegt nicht vor, sofern die Aufzeichnung völlig unbrauchbar ist.

5) Urkundsbeamter der Geschäftsstelle, I 2. Die Bestimmung hat ihren wahren Sinn geändert. Die Hinzuziehung eines Urkundsbeamten der Geschäftsstelle ist eine Kannbestimmung geworden. Zwar bleibt es dem jetzt begrenzten pflichtgemäßen richterlichen Ermessen überlassen, ob und in welchem Umfang *er* davon Gebrauch macht. Soweit *er* die Hinzuziehung verfügt, muß die Verwaltung ihm im Rahmen ihrer objektiven Möglichkeiten und organisatorischen Pflichten Folge leisten. Sie darf den Richter nicht mit einer bequemen bloßen Behauptung abspeisen, keine Protokollkraft stellen zu können. Notfalls mag diese mit Langschrift arbeiten.

A. Wichtiger Grund. Allerdings ist das richterliche Ermessen auf den Fall begrenzt, daß die Hinzuziehung „erforderlich" ist. Diese Erforderlichkeit darf der Richter erst dann bejahen, wenn ein „wichtiger Grund" vorliegt. Er darf sich aus jeder der drei in I 2 genannten Bedingungen ergeben. Es muß also entweder ein solcher Umfang des Protokolls oder eine solche besondere Schwierigkeit der Sache oder ein solch

Titel 1. Mündliche Verhandlung **§ 159**

sonstiger wichtiger Grund bevorstehen oder schon vorliegen, daß man nicht auf eine nichtrichterliche zusätzliche Protokollführung verzichten kann.

Ob eine dieser drei Voraussetzungen zu erwarten ist, darf der Richter theoretisch nur anhand dieser sog unbestimmten Rechtsbegriffe ohne Ermessensraum klären. Erst *wenn* eine dieser Voraussetzungen bevorsteht oder vorliegt, tritt das „Kann"-Ermessen und keine bloße Zuständigkeit des Richters ein. Praktisch darf und muß der Richter aber schon wegen seiner Unabhängigkeit nach § 26 I DRiG, SchlAnh I A, ohne auch nur andeutungsweise erlaubte Einmischung der Verwaltung entscheiden, ob überhaupt eine der obigen Voraussetzungen vorliegt, Rn 8, 10. Das darf man bei der Auslegung von I 2 nicht übersehen.

B. Zuteilungspflicht der Verwaltung. Das Gericht muß entweder einen Urkundsbeamten der Geschäftsstelle im Sinn von Üb 3 vor § 153 GVG hinzuziehen oder diese Aufgabe selbst mitübernehmen. Nach dem Wortlaut des Gesetzes muß die Gerichtsverwaltung dem Gericht auf dessen Verlangen einen solchen Urkundsbeamten zuteilen. Die Verwaltung ist grundsätzlich an die Terminierung des Gerichts gebunden. Personalknappheit, Raumnot oder andere organisatorische Schwierigkeiten dürften an sich nicht dahin führen, daß praktisch die Verwaltung und nicht mehr das Gericht die Entscheidung darüber trifft, ob ein Urkundsbeamter zur Verfügung steht. Indessen gibt es mittlerweile kaum noch Mitarbeiterinnen mit Stenographiekenntnissen, erst recht keine als Urkundsbeamtinnen speziell für den zivilprozessualen Sitzungsbetrieb ausgebildeten. Außerdem haben Diktiergerät und Computer mit allen Spracherkennung inzwischen längst auch den Gerichtssaal erobert. Deshalb sehen sich die Justizverwaltungen gezwungen, die Gerichte dazu zu bewegen, auf die Hinzuziehung eines Urkundsbeamten der Geschäftsstelle zu verzichten. Man beruft sich neben der Personalnot auf Finanzschwierigkeiten usw. Nach I 2 kann jedenfalls die Verwaltung allerdings theoretisch weder der Vorsitzenden noch das Gericht dazu zwingen, ohne besonderen Urkundsbeamten der Geschäftsstelle zu amtieren, (je zum alten Recht) BGH NJW **88**, 417, Stanicki DRiZ **83**, 271, ThP, ZöStö 2, aM Rabe AnwBl **81**, 303 (aber Wortlaut und Sinn sind auch jetzt eindeutig, Einl III 39). Vielmehr muß die Verwaltung theoretisch wegen ihrer Betriebssicherungspflicht für eine von ihr auszuwählenden geeigneten Protokollführer sorgen, BGH NJW **88**, 417, Putzo NJW **75**, 188, Putzo NJW **75**, 188, und zwar einschließlich des für ihn erforderlichen Geräts, Franzki DRiZ **75**, 98.

Das hat an sich seinen *guten Grund*. Der Urkundsbeamte der Geschäftsstelle hat als Protokollführer viele wichtige Funktionen. Er kann die Arbeit des Gerichts ganz erheblich erleichtern. Das gilt trotz der Einsatzmöglichkeiten noch so moderner Maschinen von dem Tonbandgerät bis zum Schreibautomaten mit seinen sofortigen Korrektur- und Druckmöglichkeiten usw. Das Gericht ist dazu berechtigt und schon wegen der überall vorhandenen Überlastung sogar dazu verpflichtet, seine Arbeitskraft jedenfalls unter den in Rn 5 genannten Voraussetzungen voll auf die rasche und gerechte Entscheidung des Einzelfalls zu konzentrieren. Viele Richter üben aus Gutmütigkeit, mangelnder Kenntnis der zu ihrer Entlastung vorhandenen Gesetzesvorschriften, falsch verstandenem Perfektionismus, gutgemeinten, aber überhaupt nicht mit ihren vordringlichen Rechtsprechungsaufgaben vereinbarenden Sparbestrebungen solche Aufgaben aus, die sie nach dem Gesetz sehr wohl auf den Urkundsbeamten der Geschäftsstelle innerhalb und außerhalb der Verhandlung übertragen dürfen.

Im übrigen kann der Urkundsbeamte der Geschäftsstelle als Protokollführer dort zu einer rascheren Durchführung des Verhandlungstermins beitragen, wo noch nicht das vom Vorsitzenden in die Maschine diktierte Wort sofort für wenigstens ihn, besser alle Prozeßbeteiligten auf einem Bildschirm nachlesbar erscheint. Damit erspart das Gericht den Parteien, ihren ProzBev, den Beweispersonen und sich selbst unnötige Zeitverluste. Aus allen diesen Gründen sollte sich das Gericht dem verständlichen versteckten oder direkten *Druck der Verwaltung theoretisch energisch widersetzen,* sofern es an sich die Hinzuziehung eines Urkundsbeamten der Geschäftsstelle als Protokollführer auch nur für förderlich hält.

C. Eignung des Protokollführers. Die Verwaltung muß theoretisch auch dafür Sorge tragen, daß nur **7** eine solche Person als protokollführender Urkundsbeamter der Geschäftsstelle zur Verfügung steht, die einer solchen Aufgabe im Zivilprozeß wenigstens einigermaßen gewachsen ist, Franzki DRiZ **75**, 98, MüKoPe 7, StJSchu 22. Nur in diesen Grenzen kann die Verwaltung über die Person des Protokollführers entscheiden, BGH NJW **88**, 417. Das Gericht braucht weder eine unwürdigen Sitzungsraum noch eine unbrauchbare Urkundsperson hinzunehmen. Notsituationen mögen Ausnahmen rechtfertigen und liegen mittlerweile vielerorts vor.

Faktische Entwicklungen erzwingen indes weitgehenden Abschied von an sich wichtigen Arbeitsmethoden. Zwar darf die Verwaltung den Richter nicht noch mehr in ihr organisatorisches Korsett zwängen. *Sie dient ihm,* nicht etwa dient er *ihr.* Er dient dem Recht und soll alle Kraft auf die nach *seiner* pflichtgemäßen Ansicht notwendige Konzentration auf die Parteien und auf die Sache der Verhandlung verwenden. Welche fatalen Folgen das Fehlen eines besonderen Protokollführers zB für die Befangenheitsfrage haben kann, zeigt Celle MDR **88**, 970. Wenn es aber kein brauchbares Personal mehr für traditionelle Hilfe gibt, muß sich der Richter wohl meist dieser Entwicklung anpassen. Junge Richter tun das oft auch gern und mit Erfolg.

Der Staat ist an sich zu einer ausreichenden personellen Besetzung der Justiz verpflichtet, MüKoPe 7, StJSchu 22. Der Gesetzgeber wünscht einen raschen Zivilprozeß. Das muß die Verwaltung respektieren und unterstützen. Die Verwaltung ist für den rechtsprechenden Richter da (und dieser für die Parteien, nicht etwa für deren Anwälte), nicht umgekehrt, Rn 4. Selbst bei Beachtung dieser Regeln dürfte sich aber kaum noch ein Urkundsbeamter der Geschäftsstelle als Protokollführer finden.

D. Entscheidung des Gerichts. Die Prüfung, ob das Gericht einen besonderen Urkundsbeamten der **8** Geschäftsstelle hinzuziehen will, kann in jeder Lage des Verfahrens erneut erfolgen. Das Gericht ist in den Grenzen von I 2 weder den Parteien noch der Verwaltung zu einer Auskunft über die Erwägungen verpflichtet, die zu seiner Entscheidung über die Hinzuziehung oder der Nichthinzuziehung führen, solange es noch keine geeignete Protokollkraft gibt. Es bedarf auch insofern keines Aktenvermerks, keiner Verfügung und keines Beschlusses. Bei Schwierigkeiten empfiehlt sich freilich ein diesbezüglicher Aktenvermerk. Die Entscheidung ist in den Grenzen Rn 9, 10 unanfechtbar. Sie ist auch nicht einer Dienstaufsicht unterworfen, Rn 5, 10, von

§ 159

Buch 1. Abschnitt 3. Verfahren

offensichtlichen krassen Mißbrauchsfällen abgesehen. Die Prüfung, ob der zugeteilte Urkundsbeamte der Geschäftsstelle die erforderlichen Voraussetzungen erfüllt, erfolgt in jeder Lage des Verfahrens von Amts wegen, Üb 3 vor § 153 GVG. Der Urkundsbeamte kann nach § 49 ausgeschlossen sein oder abgelehnt werden. Ein Wechsel des Urkundsbeamten ist jederzeit zulässig. Man muß ihn sogleich im Protokoll vermerken. Jeder Urkundsbeamte ist nur für den von ihm bearbeiteten Tätigkeitsabschnitt verantwortlich.

9   E. **Weigerung der Verwaltung.** Wenn sich die Verwaltung weigert, einen vom Gericht nach I 2 zu Recht gewünschten Urkundsbeamten der Geschäftsstelle als Protokollführer zur Verfügung zu stellen, sei es auch nur für einen Teil der in Betracht kommenden Sitzungsstunden, dann darf und muß das Gericht die Verwaltung zu einer nicht nur floskelhaften, sondern nachvollziehbaren aktenkundig gemachten Äußerung nebst Begründung nach Rn 5 dazu veranlassen, warum kein geeigneter Protokollführer zur Verfügung steht. Der Staat kann für die durch solche Notmaßnahmen entstehenden Schäden der Prozeßbeteiligten haftbar sein. Er dürfte seine Haftung keineswegs auf den Richter abwälzen. Das Gericht braucht die Protokollführung auch dann nicht zu übernehmen, wenn es zur Protokollierung nach seiner Ansicht oder nach der Ansicht der Verwaltung imstande wäre. Nicht die Verwaltung darf formell darüber bestimmen, ob der Urkundsbeamte der Geschäftsstelle entbehrlich ist, Putzo NJW **75**, 188. Unter einer nach Rn 5 ausreichend begründeten Erklärung, es sei kein geeigneter Urkundsbeamter vorhanden, darf der Prozeßablauf aber nicht leiden. Der Vorsitzende muß abwägen, ob er auf einem nur die Langschrift beherrschenden Protokollbeamten besteht, etwa, wenn auch kein Diktiergerät funktioniert usw. Spätestens dann muß die Verwaltung eine Protollkraft bereitstellen. Ein von der Verwaltung gestellter Sprachcomputer ist kein Urkundsbeamter der Geschäftsstelle.

10   Die *Entscheidung* des Vorsitzenden bzw des Gerichts über die Hinzuziehung eines Urkundsbeamten der Geschäftsstelle ist in den Grenzen Rn 8 auch *jeder Dienstaufsicht entzogen,* BGH NJW **88**, 417, MüKoPe 7, ZöStö 2. Jeder nicht durch wirklich nachweisbar unverschuldeten Entwicklungszwang begründbare Eingriffsversuch der Verwaltung wäre ein Angriff auf die Unabhängigkeit des Gerichts. Zwar kann die Verwaltung theoretisch bestimmen, daß keine speziell für Kurzschrift ausgebildete Kanzleikraft zur Verfügung steht, BGH NJW **88**, 418, krit Rudolph DRiZ **88**, 74. Sie muß dann aber auch überzeugen, daß sie den Urkundsbeamten der Geschäftsstelle nicht mehr entsprechend ausbilden kann. Sie hat auch insofern eine prozessuale „Verkehrssicherungspflicht", § 823 BGB. Andernfalls treten die obigen Verzugsfolgen ein. Rechtspolitisch DRiZ **85**, 67, 69, 107 und 108.

11   6) **Ohne besonderen Urkundsbeamten, I 2.** Natürlich kann die heutige Technik die richterliche Arbeit erleichtern. Die Konzentration auf die typisch richterlichen Aufgaben der Verhandlungsleitung, Prozeßförderung, Einigungserleichterung, Entscheidungsfindung hat zwar Vorrang vor noch so gutgemeinten oder insbesondere beim Proberichter oder vor dem „Dritten Staatsexamen" verständlichen und praktisch fast unvermeidbaren Bemühungen, zur Personalentlastung beizutragen, Rn 5. Zunehmend viele Richter möchten aber sogar ganz gern die Protokollführung aus vielen Gründen selbst mitübernehmen und erzielen dabei ausgezeichnete Ergebnisse. Das ist einer der Gründe für den Grundsatz I 2, ohne besonderen nichtrichterlichen Urkundsbeamten zu amtieren.

A. **Keine besondere Anordnung.** Der Vorsitzende braucht nicht besonders anzuordnen, keinen Urkundsbeamten der Geschäftsstelle als Protokollführer hinzuzuziehen. Vorsitzender ist auch der Einzelrichter, §§ 348, 348 a, 526, 527, 568, bzw der Amtsrichter, II. Der Vorsitzende darf und muß sich allerdings jeden ungebührlichen Drucks von irgendeiner Stelle auf ihn verwahren, Rn 4–10, etwa nach dem tatsächlich vorgekommenen Motto: Nur wer selbst auch als Protokollführer amtiert, erhält Protokoll usw sogleich geschrieben (ein krasser Verstoß gegen Art 3 GG gegenüber den Parteien). Mangels eines besonderen Urkundsbeamten muß das Gericht das Protokoll selbst anfertigen. Grundsätzlich ist der Vorsitzende zur Anfertigung und alleinigen Unterschrift berechtigt und verpflichtet, § 163 I 1. Im Fall seiner Verhinderung muß man § 163 II beachten. Der Richter wird also zugleich zum Protokollführer. Der Vorsitzende kann die Protokollführung mangels eines gesonderten Urkundsbeamten der Geschäftsstelle auch einem Beisitzer übertragen, auch dem Proberichter.

12   Die Anordnung einer etwaigen ausdrücklichen *Abstandnahme* erfolgt durch eine prozeßleitende Verfügung, Üb 5 vor § 128. Sie bedarf weder einer Begründung noch einer Verkündung oder Mitteilung oder gar einer Beurkundung. Freilich ist ihre Aufnahme in das Protokoll oder doch in die Akten zweckmäßig. Der Vorsitzende muß die Entscheidung im Rahmen seines pflichtgemäßen Ermessens treffen. Die Grenzen seines Ermessens können dann überschritten sein, wenn der außerordentliche Umfang oder sonstige besondere Schwierigkeiten des Einzelfalls eine Arbeitsteilung praktisch unerläßlich machen. Der Vorsitzende braucht das Kollegium vor seiner Entscheidung nicht anzuhören, noch weniger die Parteien, die sonstigen Prozeßbeteiligten oder gar die Gerichtsverwaltung. Eine Abstimmung zumindest im Kollegium dürfte in den meisten Fällen allerdings ratsam sein.

13   B. **Änderung.** Der Vorsitzende darf seine etwaige klärende Anordnung in jeder Lage des Verfahrens aufheben, um nunmehr einen Urkundsbeamten der Geschäftsstelle hinzuzuziehen. Er darf von dieser Hinzuziehung anschließend jederzeit wieder absehen. Keine dieser weiteren Entscheidungen bedarf an sich einer Begründung, solange noch kein Urkundsbeamter der Geschäftsstelle vorhanden wäre, Rn 9, 10. Der Vorsitzende sollte sein Motiv freilich zur Vermeidung eines Vorwurfs des Ermessensmißbrauchs aktenkundig machen. Er kann auch einen Beisitzer zum Protokollführer bestimmen, Rn 11. Er kann auch eine solche Anordnung beliebig ändern. Auch diese Maßnahmen sind unanfechtbar. Auch sie erfolgen durch prozeßleitende Verfügungen. Sie bedürfen weder einer Begründung noch einer Verkündung oder Mitteilung an andere als die betroffenen Kollegen. Der Vorsitzende bleibt jedoch stets für das Protokoll ohne Hinzuziehung eines Urkundsbeamten der Geschäftsstelle verantwortlich, Holtgrave DB **75**, 821. Er unterschreibt auch als Vorsitzender wie als Protokollführer. Das gilt selbst dann, wenn er zur richterlichen Protokollierung einen Beisitzer hinzugezogen hatte, Holtgrave DB **75**, 823. Er sollte einen Übergang zum Abschnitt mit besonderem Protokollführer als solchen protokollieren. Nach dem Schluß der Verhandlung kann man keine Änderung der Protokollführung mehr vornehmen.

Titel 1. Mündliche Verhandlung §§ 159, 160

C. Aufteilung. Der Vorsitzende kann auch anordnen, daß die Protokollführung nach Zeitabschnitten 14
oder nach anderen Gesichtspunkten aufgeteilt wird, daß etwa der Urkundsbeamte der Geschäftsstelle für die
Niederschrift zuständig sein soll, der Beisitzer für die Bedienung eines Aufzeichnungsgeräts. Solche Teilungsanordnungen sind unbedenklich, solange entweder nur der Urkundsbeamte oder nur der vom Vorsitzenden
bestimmte Richter bzw der Vorsitzende selbst für das Gesamtprotokoll verantwortlich bleiben.

7) Außerhalb der Sitzung, II. Eine Verhandlung außerhalb der Sitzung unterliegt ebenfalls dem 15
Protokollzwang, sofern sie vor dem AG oder vor einem beauftragten oder ersuchten Richter stattfindet, zB
nach §§ 118 I 3, 375, 434, 479, 764 III. Insofern gilt I entsprechend. Man muß also auch für eine solche
Verhandlung wenn möglich einen besonderen Urkundsbeamten der Geschäftsstelle als Protokollführer
hinzuziehen. Die Partei hat aber auf ihn keinen Anspruch, solange der Richter nicht als Protokollführer
offensichtlich überfordert ist.

8) *VwGO: I* gilt entsprechend, *II* in Terminen nach §§ 87 S 2 u 96 II *VwGO*, § 105 *VwGO*. 16

160 *Inhalt des Protokolls.* ¹ Das Protokoll enthält
1. den Ort und den Tag der Verhandlung;
2. die Namen der Richter, des Urkundsbeamten der Geschäftsstelle und des etwa zugezogenen Dolmetschers;
3. die Bezeichnung des Rechtsstreits;
4. die Namen der erschienenen Parteien, Nebenintervenienten, Vertreter, Bevollmächtigten, Beistände, Zeugen und Sachverständigen und im Falle des § 128 a den Ort, von dem aus sie an der Verhandlung teilnehmen;
5. die Angabe, dass öffentlich verhandelt oder die Öffentlichkeit ausgeschlossen worden ist.

II Die wesentlichen Vorgänge der Verhandlung sind aufzunehmen.
III Im Protokoll sind festzustellen
1. Anerkenntnis, Anspruchsverzicht und Vergleich;
2. die Anträge;
3. Geständnis und Erklärung über einen Antrag auf Parteivernehmung sowie sonstige Erklärungen, wenn ihre Feststellung vorgeschrieben ist;
4. die Aussagen der Zeugen, Sachverständigen und vernommenen Parteien; bei einer wiederholten Vernehmung braucht die Aussage nur insoweit in das Protokoll aufgenommen zu werden, als sie von der früheren abweicht;
5. das Ergebnis eines Augenscheins;
6. die Entscheidungen (Urteile, Beschlüsse und Verfügungen) des Gerichts;
7. die Verkündung der Entscheidungen;
8. die Zurücknahme der Klage oder eines Rechtsmittels;
9. der Verzicht auf Rechtsmittel;
10. das Ergebnis der Güteverhandlung.

IV ¹ Die Beteiligten können beantragen, dass bestimmte Vorgänge oder Äußerungen in das Protokoll aufgenommen werden. ² Das Gericht kann von der Aufnahme absehen, wenn es auf die Feststellung des Vorgangs oder der Äußerung nicht ankommt. ³ Dieser Beschluss ist unanfechtbar; er ist in das Protokoll aufzunehmen.

V Der Aufnahme in das Protokoll steht die Aufnahme in eine Schrift gleich, die dem Protokoll als Anlage beigefügt und in ihm als solche bezeichnet ist.

Gliederung

1) **Systematik, I–V** 1	D. Aussagen, Videokonferenzort, III Z 4 .... 11, 12
2) **Regelungszweck: Nachprüfbarkeit, I–V** 2	E. Ergebnisse des Augenscheins, III Z 5 13
	F. Entscheidungen, III Z 6 14
3) **Sachlicher Geltungsbereich, I–V** 3	G. Verkündung, III Z 7 15
4) **Persönlicher Geltungsbereich, I–V** 4	H. Zurücknahme der Klage oder eines Rechtsmittels, III Z 8 16
5) **Aufgabenerteilung, I–V** 5	I. Rechtsmittelverzicht, III Z 9 17
6) **Kennzeichnung der Sache und der Beteiligten, I** 6	J. Ergebnis der Güteverhandlung, III Z 10 18
7) **Wesentliche Vorgänge, II** 7	9) **Antragsrecht der Beteiligten, IV** 19–21
8) **Weiterer Hauptinhalt, III** 8–18	A. Voraussetzungen 19
A. Anerkenntnis, Verzicht, Vergleich, III Z 1 8	B. Verfahren 20, 21
B. Anträge, III Z 2 9	10) **Protokollanlage, V** 22
C. Geständnis, Erklärung über einen Antrag auf Parteivernehmung usw, III Z 3 10	11) *VwGO* 23

1) Systematik, I–V. Vgl zunächst Einf 1 vor §§ 159–165. Die Vorschrift regelt den Inhalt und damit den 1
Kern des Protokolls. §§ 160 a ff enthalten Ergänzungen. § 164 regelt eine Berichtigungsmöglichkeit.

2) Regelungszweck: Nachprüfbarkeit, I–V. Vgl zunächst Einf 2 vor §§ 159–165. Das Protokoll muß 2
grundsätzlich alles dasjenige enthalten, was ein Beteiligter oder ein fachkundiger Dritter zur Kennzeichnung

§ 160

Buch 1. Abschnitt 3. Verfahren

der Sache gegenüber einem anderen Prozeß braucht, zur Nachprüfbarkeit des Verfahrenshergangs sowie zur Klärung aller wesentlichen Anträge, sonstigen Erklärungen und Vorgänge. Es soll zB auch einem erst nach dem Termin beauftragten Anwalt oder der höheren Instanz dienen, BGH NJW **90**, 122, BVerwG NJW **88**, 579. Ein Protokoll ist auch insoweit erforderlich, als die voraussichtliche Entscheidung grundsätzlich oder schlechthin anfechtbar ist. Eine Annahme von Protokollzwang besteht nur bei § 161 I. Man darf die Vorschrift nicht ausdehnend auslegen. Zwar muß man nur die wesentlichen Vorgänge in das Protokoll aufnehmen, II. Jedoch bestimmen I, III und auch IV dasjenige, was man zumindest als wesentlich ansehen muß. Der Umfang des Protokolls ist im übrigen unabhängig davon, ob der Vorsitzende einen besonderen Protokollführer hinzugezogen hat.

§ 139 IV ändert an alledem grundsätzlich nichts. Die dort verlangte Aktenkundigkeit braucht auch nach einer mündlichen Verhandlung nicht unbedingt in der Form eines Protokolls zu erfolgen. Sie kann vielmehr auch durch einen bloßen Aktenvermerk geschehen. Jene Vorschrift erweitert jedenfalls nicht den richtig gehandhabten § 160 II. Es kann schon im Protokoll notwendig sein, alle möglichen Einzelheiten mit großer Präzision sogar im Wortlaut einer Äußerung silbengenau wiederzugeben. Es kann aber auch nach II ebenso wie nach § 139 IV durchaus reichen, eine vielleicht halbstündige Erörterung mit nur einer oder zwei den Kern treffenden Formulierungen zu markieren. Der Richter ist nicht Sklave, sondern Herr auch des Protokolls. Das entbindet ihn nicht von Gewissenhaftigkeit der Aufzeichnung oder Nichterwähnung. Aber es ist jedenfalls in dieser Instanz seine und seines etwaigen gesonderten Protokollführers Entscheidung und nicht diejenige der sonstigen Prozeßbeteiligten, ob und was in ein Protokoll oder auch in den Tatbestand oder die Entscheidungsgründe des Urteils hineinkommt. Das darf man bei der Auslegung mitbeachten und muß es mitverantworten, auch disziplinarisch, sogar strafrechtlich, §§ 267 ff StGB.

3 3) **Sachlicher Geltungsbereich, I–V.** Vgl Einf 3 vor §§ 159–165.

4 4) **Persönlicher Geltungsbereich, I–V.** Vgl Einf 4 vor §§ 159–165.

5 5) **Aufgabenteilung, I–V.** Das Gesetz bestimmt weder, daß der Vorsitzende den Wortlaut des Protokolls bis ins einzelne bestimmen dürfe, noch, daß der Urkundsbeamte der Geschäftsstelle oder der mit der Funktion des Protokollführers betraute Beisitzer grundsätzlich den Wortlaut in alleiniger eigener Verantwortung formulieren müsse, aM ZöStö 3 vor §§ 159–165 (aber das verkennt die offenkundige gemeinsame Mitverantwortung aller am Protokoll Beteiligten). In der Praxis legt allerdings der Vorsitzende gottlob oder notgedrungen oder einfach aus Gewohnheit durch sein Diktat den Wortlaut fast sämtlicher Einzelteile des Protokolls jedenfalls vorläufig fest, BGH NJW **84**, 2039. Der Protokollführer hat also eine nur geringe Selbständigkeit bei der Formulierung. Er ist also weniger selbständig als zB im Straf- oder Bußgeldverfahren. Diese Lösung ist keineswegs zwingend und auch nicht immer ideal. Wenn der Urkundsbeamte der Geschäftsstelle im Strafprozeß vielfach jedenfalls zunächst eigenverantwortlich festhält, was geschieht und gesagt wird, und dazu die eigene Formulierung wählt, dann sollte man ihm dieselben Fähigkeiten auch im Zivilprozeß grundsätzlich zutrauen dürfen.

Allerdings muß man im Zivilprozeß vielfach *Formalien* beachten. Ihre Reihenfolge, rechtliche Einordnung usw erfordert Rechtskenntnisse. Diese mag der Urkundsbeamte der Geschäftsstelle zwar als Erfahrung besitzen. Aber er mag sie doch nicht so einzusetzen geschult sein wie der Vorsitzende. Aus diesem Grund ist das Diktat des Vorsitzenden bis in alle Einzelheiten hinein jedenfalls zulässig und oft auch ratsam, ja unvermeidbar.

Es entbindet den Urkundsbeamten der Geschäftsstelle aber keineswegs von seiner vollen *Mitverantwortlichkeit* und damit von seinem Recht und seiner Pflicht, auch wegen der Art und Weise der Formulierung eine vom Vorsitzenden abweichende Vorstellung zu haben und zu äußern. Solche Meinungsverschiedenheiten müssen notfalls wahrheitsgemäß im Protokoll zum Ausdruck kommen. Man sollte sie freilich wenn irgend möglich noch während der Sitzung austragen, solange dort noch kein endgültiges Protokoll entstanden ist. Zulässig ist es aber auch, daß der Vorsitzende dem Urkundsbeamten zunächst ebensolche Freiheit wie in einem Strafprozeß einräumt und seine abweichenden Vorstellungen erst auf Grund der Leistung des Urkundsbeamten mit diesem abstimmt.

6 6) **Kennzeichnung der Sache und der Beteiligten, I.** Z 1–5 enthalten die wichtigsten Formalien. Hier ist eine besondere Sorgfalt der Protokollierung erforderlich.

I Z 1: Wenn das Gericht die Sitzung in einen anderen Raum als den in der Ladung usw mitgeteilten verlegt hat, muß es im Protokoll auch wegen II festhalten, daß es einen entsprechenden, ausreichenden, aber auch erforderlichen Anschlag usw an den bisherigen Sitzungsraum angebracht hat, LG Oldb Rpfleger **90**, 471. Notwendig ist die Angabe des Sitzungstags und -orts, nicht auch des Sitzungsraums. Zwar nicht zwingend notwendig, Köln RR **92**, 1022, aber praktisch oft ratsam ist es, die genaue Uhrzeit des Verhandlungsbeginns zu protokollieren, zB zwecks Klärung, wie lange das Gericht auf einen verspäteten Beteiligten gewartet hat. Daher sollte das Gericht auch unbedingt die Uhrzeit der Verkündung etwa eines gar Zweiten Versäumnisurteils protokollieren, ebenso die Uhrzeit des Auftretens des Verspäteten. Auch die Besonderheiten einer Videoverhandlung nach § 128a erfordern eine genaue Protokollierung, Rn 12.

I Z 2: Das Protokoll muß auch die Namen eines etwaigen Ergänzungsrichters enthalten. Zum Dolmetscher Jessnitzer, Dolmetscher (1982) 7. Abschnitt M III.

I Z 4: Das Protokoll muß nicht nur eine gesetzliche Vertretung klären, sondern jede Art einer etwaigen Vertretung, zB eine Vertretung nach § 141 III 2. Auch die nach § 128a bei einer Videoschaltung erforderlichen Feststellungen gehören hierher, Rn 11. Soweit das Protokoll einen Vollstreckungstitel darstellt, verlangt ZöStö 2 wegen § 313 I 1–3 die vollen Anschriften. Das entspricht allerdings nicht der verbreiteten Praxis. Sie begnügt sich nämlich auch dann mit dem kurzen Rubrum und entnimmt das volle der Klageschrift usw, soweit zB eine vollstreckbare Ausfertigung entsteht. Beim Zeugen und Sachverständigen ist die Protokollierung des Erscheinens schon wegen §§ 380, 402 und des JVEG auch dann notwendig, wenn keine Aussage, Vernehmung, Begutachtung stattfindet. Dann ist die Beifügung der Uhrzeit der Entlassung zulässig, aber nicht notwendig. Sie steht durchweg im Gebührenanweisungsformular, das der Richter unterzeichnet. Das Gericht sollte einen Verzicht auf Entschädigung stets protokollieren.

Titel 1. Mündliche Verhandlung **§ 160**

I Z 5: Vgl §§ 169 ff GVG. Ein Vermerk, es sei keine an der Verhandlung unbeteiligte Person anwesend, genügt nicht. Das Gericht braucht nach einem Gewohnheitsrecht solche Personen, deren Anwesenheit es in einer nichtöffentlichen Sitzung zuläßt, nicht zu erwähnen, Köln OLGZ **85**, 319, von Ausnahmefällen abgesehen. Es braucht also zB nicht die Namen der in anderer Sache wartenden Anwälte aufzuführen. Es braucht auch den Dienstaufsichtsführer nach § 175 III GVG nicht zu erwähnen. Ob man diese Personen zwecks Klärung im Protokoll vermerkt, falls sie als spätere Zeugen über den Verhandlungsablauf infrage kommen, ist eine andere Frage.

7) Wesentliche Vorgänge, II. Das Gericht muß alle wesentlichen Vorgänge angeben. Es braucht nur **7** diese in das Protokoll aufzunehmen. Was wesentlich ist, bestimmen zunächst I, III und IV, ferner zB Art 103 I GG, §§ 139, 278, 279, 285, BGH NJW **90**, 122, Hamm OLGZ **88**, 71, oder § 182 GVG, KG MDR **82**, 330. Die Bestimmung trifft im übrigen der Vorsitzende im Rahmen eines weiten Ermessens, Köln FamRZ **98**, 1444. Es ist freilich von den Grundsätzen Rn 1–5 begrenzt. Auf keinen Fall ist die Aufnahme dessen notwendig, was nur theoretisch evtl bedeutsam werden könnte. Eine bündige Kürze ist erlaubt und ratsam, zumal das Protokoll nicht für jedermann gedacht ist, § 313 Rn 15. Das Antragsrecht der Parteien ist durch IV 2, 3 begrenzt. § 314 kann ergänzend wirken, BGH NJW **91**, 2085. Vor dem AG gilt ferner § 510a. Auch ein Beweisbeschluß nach § 358, eine Beweisverhandlung nach §§ 278, 279, 285, BGH NJW **90**, 121, eine Zwischenentscheidung nach §§ 280, 281, 301, 304 usw oder eine andere prozeßleitende Verfügung nach Üb 3 vor § 128 können ergeben, was in der Verhandlung zur Sprache gekommen ist. Was für die Entscheidung oder das sonstige Verhandlungsergebnis wesentlich wurde oder werden kann, gehört ins Protokoll. Ratsam sein kann die Klarstellung, ob das Gericht eine Urkunde zur bloßen Erörterung oder zwecks Beweises betrachtet hat. Das Gericht muß auch eine Erklärungs- oder Nachreichungsfrist protokollieren, schon wegen §§ 296, 538, 545, 546.

Das Protokoll soll nur so ausführlich sein, daß der weitere Gang des Verfahrens verständlich bleibt. Ein Satz „zuviel" im Protokoll kann durchaus *nützlich* sein. Ein sachlichrechtlicher Vorgang, etwa eine Abtretung und deren Annahme, sind zwar streng genommen grundsätzlich nicht für den Verfahrensgang wesentlich. Das Gericht sollte die Bitten um Protokollierung aber großzügig erfüllen, solange nicht Unklarheiten entstehen. Es muß natürlich derartige Erklärungen protokollieren, soweit sie zu einem Vergleich gehören, Rn 8. Der Vermerk über einen Hinweis nach § 139 kann schon wegen IV 2, 3 notwendig sein, Zweibr Rpfleger **78**, 108 (wegen eines Zwangsversteigerungsverfahrens). Bei einem Streit darüber, ob ein Richter nach § 42 befangen sei, ist eine ausführliche Protokollierung oft besser als eine ausführliche dienstliche Äußerung. Stets ist eine Feststellung dazu ratsam, ob die Parteien zur Hauptsache streitig verhandelt haben, § 137 Rn 7. Da eine Erörterung ohne eine streitige Verhandlung gebührenrechtlich seit 1. 7. 04 keine Bedeutung mehr hat, ist ein diesbezüglicher Hinweis nicht mehr schon aus Kostengründen ratsam oder gar notwendig. Ein Hinweis auf eine kurze Pause ist nicht stets notwendig, BFH **195**, 503, aber evtl ratsam, zB zur Klärung, daß das Gericht auf solche Weise die Gemüter mit oder ohne Erfolg zu beruhigen bemüht war.

8) Weiterer Hauptinhalt, III. Z 1–10 gelten wegen II und IV nicht abschließend. Sie geben indessen **8** Anhaltspunkte dafür, was wesentlich und jedenfalls in das Protokoll gehört. Im einzelnen muß das Gericht die folgenden Vorgänge protokollieren.

A. Anerkenntnis, Verzicht, Vergleich, III Z 1. In das Protokoll gehören: Ein Anerkenntnis nach § 307, Ffm AnwBl **88**, 119, auch ein „Anerkenntnis" im Kindschaftsverfahren, Hamm Rpfleger **87**, 414, ferner ein Verzicht nach § 306 oder ein Prozeßvergleich nach Anh § 307, BGH VersR **04**, 395, Ffm FamRZ **91**, 839, Zweibr RR **92**, 1408, auch eine Einigung über den Versorgungsausgleich nach § 1587 o II 2 BGB, Brdb FamRZ **00**, 1157, Saarbr OLGR **98**, 40. Ins Protokoll gehören diese Erklärungen jeweils im Wortlaut, der die Vorlesung und Genehmigung nach § 162 I 1 vorbereitet und dokumentiert. Die notarielle Beurkundung wird durch das gerichtliche Protokoll ersetzt, § 127 a BGB. Ein nicht protokollierter Vergleich ist kein Prozeßvergleich, Ffm FamRZ **80**, 907, Köln FamRZ **94**, 1048, Zweibr RR **92**, 1408. Er ist vielmehr allenfalls ein außergerichtlicher Vergleich, § 779 BGB, § 1053, Anh § 307 Rn 24. Ein Vergleichsvorschlag nach § 278 VI gehört ins Protokoll, Lüke NJW **04**, 233 (zu § 106 S 2 VwGO). In das Protokoll muß das Gericht auch einen solchen Vergleich aufnehmen, der über den Streitgegenstand im Sinn von § 2 Rn 3 hinausgeht, falls der Vergleich in der mündlichen Verhandlung zustandekommt. Auch eine Vereinbarung nach § 1587 o I BGB gehört hierher. Brdb FamRZ **00**, 1157.

B. Anträge, III Z 2. Gemeint sind nur die Sachanträge nach § 297 Rn 4, nicht auch die unter II **9** fallenden Prozeßanträge nach § 297 Rn 5, BVerwG NJW **88**, 1228, Düss NJW **91**, 1493, Köln RR **99**, 288. Die Vorschrift gilt auch im Anwaltsprozeß, § 78 Rn 1. Angaben muß das Gericht auch der Art der in § 297 wahlweise genannten Antragstellung. Die Feststellung der Verlesung reicht, Holtgrave DB **75**, 821. Beim LG wie beim AG ist jetzt eine Aufnahme in eine Protokollanlage ausreichend, V. Eine Bezugnahme auf „Rotklammer" usw reicht aus, Hamm MDR **99**, 316.

C. Geständnis, Erklärung über einen Antrag auf Parteivernehmung usw, III Z 3. Das Gericht **10** muß ein Geständnis nach den §§ 288 ff oder eine Erklärung über den Antrag des Gegners auf die Vernehmung einer Partei nach §§ 446, 447, 453 II protokollieren. Das gilt auch ohne einen entsprechenden Antrag von Amts wegen. Eine Prüfung der Wesentlichkeit oder Erforderlichkeit erfolgt grundsätzlich nur im Rahmen des § 510a. Jedoch ist die Protokollierung beim Geständnis vor dem verordneten Richter nach §§ 361, 362, 375 eine Bedingung seiner Wirksamkeit, § 288 Rn 6. Es ist schon zwecks etwaiger Nachprüfbarkeit durch das Rechtsmittelgericht ratsam, einen Widerspruch zwischen Erklärungen ins Protokoll aufzunehmen.

D. Aussagen, Videokonferenzort, III Z 4. Die Vorschrift gilt auch vor dem Berufungsgericht, BGH **11** NJW **01**, 3270. Eine Wiedergabe der Aussagen von Zeugen, Sachverständigen und Parteien in direkter Rede kann ratsam sein. Das gilt zumindest für die Kernsätze einer Aussage. So verfährt auch die Praxis, Doms MDR **01**, 73. Das Gericht sollte sie jedenfalls bei einem äußerst streitigen Punkt von Amts wegen im Wortlaut wiedergeben. Das gilt auch dann, wenn es auf jede Einzelheit ankommt, etwa bei der Beeidigung,

§ 160

Buch 1. Abschnitt 3. Verfahren

§§ 391, 410, 452, 481, oder beim Wechsel einer Darstellung im Laufe der Verhandlung. Eine wörtliche Wiedergabe kann auch nach IV auf Grund eines Antrags notwendig sein. Die wörtliche Wiedergabe ist zumindest außerordentlich fördernd. Die Partei kann sie freilich wegen IV 3 nicht erzwingen, BGH NJW **84**, 2039. Sie kann allenfalls den sich weigernden Vorsitzenden wegen einer Besorgnis der Befangenheit abzulehnen versuchen. Andererseits ist allgemein bekannt, daß ein Protokoll mit der Wiedergabe einer Aussage in direkter Rede durchweg doch vom Vorsitzenden vorformuliert worden ist, sofern die Aussagen nicht direkt auf ein Tonband gesprochen wurden. Aber auch eine derart gefilterte direkte Rede ist besser als ein Bericht in der bloßen Erzählform.

12 Im Fall einer *erneuten Vernehmung* ist nur im Umfang einer etwaigen Abweichung ein weiteres Protokoll notwendig, §§ 398, 411 III, BGH RR **93**, 1035, Schlesw MDR **01**, 711. Freilich ist eine Erwähnung erforderlich, wer wann erneut ausgesagt hat, und zwar zusätzlich zu der Feststellung der erneuten Anwesenheit nach I 3. Vgl im übrigen § 161. Es kann sogar ratsam sein, die Körpersprache zugleich zu protokollieren, zB das unwillkürliche Kopfnicken eines nach seiner Vernehmung auf der Zuhörerbank sitzenden Zeugen im Augenblick der Aussage des nächsten Zeugen zum umstrittenen Punkt.

III Z 4 ist auf eine *Parteivernehmung* nach §§ 445 ff anwendbar, BGH FamRZ **89**, 158, ferner auf eine solche nach § 613. Die Vorschrift ist auf eine Anhörung nach § 141 unanwendbar, BGH FamRZ **89**, 158. Sie ist ebenso unanwendbar auf eine Anhörung nach § 279. Sie gilt entsprechend für eine amtliche Auskunft in mündlicher Form, BVerwG NJW **88**, 2492. Das Protokoll muß auch im Fall einer Videokonferenz nach § 128 a den jeweiligen Ort angeben, von dem aus ein Auswärtiger an der Verhandlung über Mikrofon und Kamera zugeschaltet ist. Die Ortsangabe braucht nicht bis zur Angabe der Zimmer-Nr zu gehen.

Den *Umfang* der Wiedergabe bestimmt II, Rn 2. Die Wiedergabe in den Urteilsgründen kann genügen, BGH NJW **01**, 3270, ebenso in einem Vermerk des Berichterstatters, auf den das Urteil verweist, BGH FamRZ **91**, 45. Freilich muß das Gericht § 285 beachten. Das Gericht muß einen Vermerk so formulieren, daß das höhere Gericht ihn nachprüfen kann, BGH NJW **01**, 3270. Eine bloße Erwähnung der Tatsache einer inhaltlich nicht wiedergegebenen Aussage im Protokoll reicht grundsätzlich nicht aus, BGH DS **04**, 262, LG Hagen WoM **89**, 439. Ein Verstoß ist ein unheilbarer Verfahrensmangel, § 161 Rn 9. Er kann auf Antrag zur Zurückverweisung führen, (jetzt) § 538, BGH RR **93**, 1034.

13 E. **Ergebnisse des Augenscheins, III Z 5.** Aufnehmen muß das Gericht seinen Eindruck, damit die Prozeßbeteiligten sogleich vor Ort prüfen können, ob sie ergänzende Feststellungen protokollieren lassen möchten. Die bloße Würdigung im Urteil reicht nicht, Hamm MDR **03**, 830. Soweit der Vorsitzende und der Urkundsbeamte der Geschäftsstelle beim Augenschein nach § 371 voneinander abweichende Wahrnehmungen gemacht haben, muß das Protokoll erkennen lassen, wer was wahrgenommen hat. Das Protokoll braucht keine Schlußfolgerungen zu enthalten. Auch der beauftragte Richter muß III Z 5 beachten, BayObLG MDR **84**, 324 (betr ein FGG-Verfahren). Ein Mangel ist heilbar, § 295 Rn 7 ff. Er kann auf Antrag zur Zurückverweisung nach § 538 führen, Hamm MDR **03**, 830. Ein Vermerk des beauftragten Richters über seinen Augenschein, der den Parteien bekanntgegeben und von ihnen nicht beanstandet worden ist, hat auch dann einen vollen Beweiswert, wenn der Richter inzwischen ausgeschieden ist. § 161 ist auch hier beachtlich.

14 F. **Entscheidungen, III Z 6.** Jedes Urteil nach § 311 II, III, jeder Beschluß und jede Verfügung nach § 329 gehören nach Form und Inhalt ihrer Verkündung ins Protokoll, BGH NJW **04**, 1666. Eine bloße prozeßleitende Anordnung des Vorsitzenden nach Üb 5 vor § 128 bedarf nicht stets der Protokollierung. Beim abgekürzten Urteil nach § 313 b II genügt eine Verweisung auf die Klageschrift, § 253 II Z 2. Bei einer anderen Entscheidung muß das Protokoll die Formel aufnehmen. Der wesentliche Inhalt der Entscheidungsgründe des Urteils kann ihre gesonderte Fertigung ersetzen, wenn ihn das Gericht in das Protokoll aufgenommen hat, §§ 313 a I 2 Hs 2, 540 II. § 540 I geht noch weiter, BGH NJW **04**, 1666. Das Protokoll darf freilich auch insofern auf eine Protokollanlage verweisen, V, BGH RR **91**, 1084. Ein bloßer Hinweis im Urteil nach § 540 I 2 auf das Protokoll ersetzt nicht die Verbindung, BGH NJW **04**, 1666. Wegen eines Tonträgers LG Ffm Rpfleger **76**, 257. Die der Reinschrift des Protokolls beigefügte Anlage braucht nicht mit der bei der Verkündung vorhanden gewesenen identisch zu sein, BGH VersR **85**, 46.

Der *Sachinhalt* einer Gerichtsentscheidung ist natürlich allein den Richtern überlassen. Keinesfalls darf ein Protokollführer in solcher Eigenschaft in den Sachinhalt eingreifen. Hier liegen auch Befugnisse und Grenzen seiner Mitwirkung an einer Berichtigung. Soweit sie nach § 319 erfolgen kann oder muß, ist er daran als Protokollführer nicht beteiligt. Er zeichnet lediglich getreulich auf, was der Richter insofern geäußert hat. Die Grenzlinien zur Berichtigung auch des Protokolls verlaufen freilich oft haarfein. An solcher Nahtstelle bedarf es eines verständnisvollen Fingerspitzengefühls der Beteiligten. Im Zweifel bleibt der Protokollführer aber an der Berichtigung einer Entscheidung unbeteiligt.

15 G. **Verkündung, III Z 7.** Das Gericht muß eine Verkündung nach §§ 310 ff, 329 I unabhängig davon protokollieren, ob sie in demselben Termin oder in einem späteren stattfindet, BGH NJW **04**, 1666, Stgt AnwBl **89**, 232. Die Angabe, welche der beiden Verkündungsarten des § 311 II 1 einerseits, IV 2 andererseits stattgefunden hat, ist nicht erforderlich, BGH NJW **94**, 3358. Es reicht ein Vermerk aus, die Entscheidung sei „erlassen" oder „verkündet", BGH NJW **94**, 3358. Das gilt selbst dann, wenn diese Fassung zu Zweifeln über die Form der Verlautbarung führen kann, BGH NJW **94**, 3358, Rostock OLGR **01**, 43, Jauernig NJW **86**, 117. Bei einer „Verlesung" steht nach § 165 fest, daß die Urteilsformel zumindest in abgekürzt notierter Form etwa auf den hinteren Aktendeckel bei der Verkündung existierte, BGH NJW **99**, 794. Vgl §§ 310–313 b. Man darf die Protokollierung der Verkündung nach Z 7, die der Richter mitunterzeichnen muß, nicht mit dem Verkündungsvermerk nach § 315 III verwechseln, den allein der Urkundsbeamte der Geschäftsstelle unterschreiben muß, BGH FamRZ **90**, 507, und der das Verkündungsprotokoll nicht ersetzt, § 315 Rn 14. Die Protokollierung der Verkündung dient auch der Klärung des Beginns der Rechtsmittelfrist nach §§ 517, 548, 552, 577, BGH NJW **99**, 794. Die Verkündung ist nicht ordnungsgemäß im Protokoll festgestellt, wenn der Gegenstand der Verkündung weder aus dem Protokoll selbst

Titel 1. Mündliche Verhandlung **§ 160**

erkennbar ist noch aus einer dem Protokoll beigefügten und im Protokoll als solche bezeichneten Anlage besteht, BGH FamRZ **90**, 507. Es liegt dann in Wahrheit allenfalls ein Entscheidungsentwurf vor, Brdb RR **02**, 356.

H. Zurücknahme der Klage oder eines Rechtsmittels, III Z 8. Das Protokoll muß eine Klage- **16** rücknahme nach § 269 oder die Rücknahme eines Einspruchs nach § 346 oder eines Rechtsbehelfs bzw Rechtsmittels nach §§ 346, 516, 565 enthalten, KG NZM **05**, 745. Es kommt nicht darauf an, ob die Zurücknahme wirksam geworden ist. Denn sonst wäre ja gerade keine unbeschränkte Prüfung möglich, ob die Erklärung wirksam zustande gekommen ist. Freilich muß der Vorsitzende im Zweifel zunächst klären, ob tatsächlich eine Rücknahmeerklärung beabsichtigt ist und vorliegt. Es ist ratsam, über die Vornahme dieser Klärung einen Vermerk in das Protokoll aufzunehmen, insbesondere zum etwa notwendig gewesenen und erfolgten oder nicht erfolgten Einverständnis des Prozeßgegners, § 162. Ratsam ist auch die Aufnahme des etwaigen Kostenantrags des Prozeßgegners nach (jetzt) § 269 IV, Franzki DRiZ **75**, 98. Vgl im übrigen § 161. Die Wirksamkeit der Klagerücknahme ist allerdings nicht davon abhängig, daß das Gericht die Erklärung der Klagerücknahme ordnungsgemäß protokolliert hat, BSG MDR **81**, 612, OVG Bre DÖV **83**, 38.

I. Rechtsmittelverzicht, III Z 9. Vgl §§ 346, 515, 565. Einzelheiten wie bei Rn 16, aM Hamm **17** Rpfleger **82**, 111, ZöStö 13 (die Wirksamkeit sei von einer ordnungsgemäßen Protokollierung abhängig).

J. Ergebnis der Güteverhandlung, III Z 10. Vgl § 278. Jedes wie immer geartete Ergebnis gehört **18** hierher, also auch der Fehlschlag usw.

9) Antragsrecht der Beteiligten, IV. Man sollte es großzügig bejahen. **19**

A. Voraussetzungen. Jeder Beteiligte hat ein Antragsrecht, IV 1. Als Beteiligter gilt jede in I Z 4 genannte Person, außerdem der ProzBev. Der Urkundsbeamte der Geschäftsstelle ist kein Beteiligter. Er protokolliert vielmehr einfach seine abweichende Meinung. Unter einem Vorgang versteht das Gesetz auch die Mimik, Gestik, die Reaktionen, Zwischenrufe, kurz alles, was irgendwie zur Beurteilung des Verfahrens während der Verhandlung, aber im Fall des § 159 II auch außerhalb der Verhandlung erheblich sein kann.

Unter *Äußerungen* versteht das Gesetz auch eine Erklärung außerhalb der Beweisaufnahme, etwa bei einer Anhörung nach § 141 oder bei einem Güteversuch nach § 278 oder eine Rechtsansicht, soweit sie zB zur Prüfung der Glaubwürdigkeit einer Partei oder zur Prüfung beachtlich ist, ob das Gericht nach § 139 einen Hinweis geben mußte oder eine abweichende Ansicht mitteilen mußte. Man muß einen unklaren oder widersprüchlichen Antrag unter Umständen in die Anregung einer Aufnahme von Amts wegen umdeuten, wenn ihn der Partei nicht verbessert. Der Antrag bedarf keiner Form. Er ist nur bis zum Schluß der Verhandlung zulässig, §§ 136 IV, 296a, Ffm RR **05**, 459. Im Anwaltsprozeß nach § 78 Rn 1 braucht das Gericht einen Antrag der Partei persönlich, den ihr ProzBev nicht seinerseits aufgenommen hat, nur dann nach IV 2 zu bescheiden, wenn es die Partei persönlich hört oder vernimmt.

B. Verfahren. Vor einer Entscheidung über die Aufnahme ins Protokoll oder die Ablehnung dieser **20** Aufnahme muß das Gericht den Antragsgegner grundsätzlich anhören, Artt 2 I, 20 III GG (Rpfl), BVerfG **101**, 404, Art 103 I GG (Richter), BVerfG **34**, 346. Die Anordnung der Aufnahme in das Protokoll erfolgt durch den Vorsitzenden. Die Ablehnung der Aufnahme erfolgt durch das Gericht in voller Besetzung. Die Entscheidung muß unverzüglich erfolgen. Denn von der Entscheidung mag abhängen, ob die Partei einen Befangenheitsantrag nach § 42 stellt. Das Gericht darf der Aufnahme nur dann ablehnen, wenn der Vorgang oder die Äußerung unerheblich sind, IV 2. Soweit das Gericht später seine Meinung ändert, muß es über einen fortbestehenden Antrag erneut entscheiden.

Es muß notfalls durch die Ausübung der *Fragepflicht* nach § 139 klären, ob der Antrag fortbesteht. Soweit das Gericht die Aufnahme ins Protokoll anordnet, protokolliert es einfach den Vorgang oder die Äußerung. Soweit es die Aufnahme in das Protokoll ablehnt, entscheidet es durch einen Beschluß nach § 329, soweit der Antragsteller nach der Erörterung auf eine förmliche Entscheidung besteht, Doms NJW **02**, 780. Das Gericht muß seinen Beschluß sogleich verkünden, § 329 I 1. Es muß ihn grundsätzlich kurz begründen, § 329 Rn 4. Es kommt in das Protokoll, IV 3 Hs 2. Den Antragsinhalt braucht das Gericht nicht unbedingt mitzuprotokollieren.

Der Beschluß ist *grundsätzlich unanfechtbar*, IV 3 Hs 1. Das gilt auch bei einem Antrag auf Protokollergän- **21** zung, BayObLG WoM **89**, 49 (WEG). Der Beteiligte kann eine Erklärung schriftsätzlich zu den Akten einreichen. Wenn das Gericht die Voraussetzungen seines Ermessens verkannt oder die Aufnahme in das Protokoll ohne jede gesetzliche Grundlage abgelehnt hat, § 127 Rn 25, ist eine sofortige Beschwerde nach § 567 I Z 2 denkbar, vgl den zu § 707 von der Rechtsprechung entwickelten Grundgedanken, § 707 Rn 17, aM ThP 13 (der Beschluß sei schlechthin unanfechtbar). Aber es liegt dann eine greifbare Gesetzwidrigkeit vor). Im WEG-Verfahren kommt eine weitere Beschwerde infrage, KG NZM **05**, 745. Eine Rechtsbeschwerde kommt unter den Voraussetzungen des § 574 in Betracht. Das Gericht muß seine Entscheidung verkünden oder grundsätzlich formlos mitteilen, § 329 II 1. Es muß sie im Fall vorstehender etwaiger Anfechtbarkeit ausnahmsweise förmlich zustellen, § 329 III Hs 2. Das Gericht kann seine Entscheidung ändern.

10) Protokollanlage, V. Die im Protokoll und nicht notwendig auch auf der Anlage als solche bezeich- **22** nete und dem Protokoll beigefügte Urkunde ist ein Bestandteil des Protokolls, Zweibr Rpfleger **04**, 508. Sie hat auch dessen Beweiskraft, §§ 165, 415, 418. Die Regelung gilt überall bei § 160. Eine Unterschrift durch den Vorsitzenden ist zwar oft ratsam. Sie ist aber nur insoweit notwendig, als der Vorsitzende unter Urkundsbeamten der Geschäftsstelle zugezogen hatte, großzügiger ZöStö 15 (auch dann kein Wirksamkeitserfordernis). Wegen der Kurzschrift und wegen einer Tonaufnahme usw § 160a. Ein vorbereitender Schriftsatz wird erst dann zu einer Protokollanlage, wenn das Gericht ihn im Protokoll als Anlage gekennzeichnet hat, Leppin GRUR **84**, 698, und wenn der Nämlichkeit dieser Anlage feststeht. Das Gericht darf und sollte die Anlage selbst als solche bezeichnen. Das muß aber nicht unbedingt geschehen. Das gilt auch bei § 297. In entsprechender Anwendung des § 1 I BeurkÄndG ist im Fall eines Prozeßvergleichs nach Anh § 307 eine Verweisung auf die Protokollanlage zulässig, Dietlein DNotZ **80**, 211.

§§ 160, 160a Buch 1. Abschnitt 3. Verfahren

Nicht hierher gehört ein vorbereitender Schriftsatz als solcher, § 129 I. Er nimmt als bloßer Parteivortrag ja auch nicht an der Beweiskraft des Protokolls teil. Natürlich muß das Gericht seine Überreichung protokollieren, schon um zu klären, wann wer was überreicht, gelesen, erörtert, dem Gegner in Abschrift weitergegeben, mit Frist zur Stellungnahme versehen hat.

23 **11)** *VwGO:* Die Vorschrift gilt entsprechend, § 105 VwGO, BVerwG NVwZ **85**, 337, auch V, BVerwG Buchholz 310 § 102 Nr 15. Zu I Z 3 vgl BVerwG **18**, 19. Unter I Z 4 fallen alle Beteiligten, § 63 VwGO. Zu II vgl BVerwG LS DÖV **83**, 949 u Buchholz 310 § 117 VwGO Nr 1, OVG Bln NJW **70**, 486, zu III Z 4 BVerwG NJW **88**, 579 u 2491, NVwZ **86**, 748 u **85**, 182 sowie DÖV **83**, 550, zu III Z 9 OVG Bre DÖV **83**, 38. Anträge nach IV sind nur bis zum Schluß der mündlichen Verhandlung zulässig, BVerwG NJW **63**, 730. Einen Verstoß gegen III Z 4 muß ein in der Verh anwaltlich vertretener Beteiligter idR bei der nächsten mündlichen Verhandlung rügen, § 295 I, BVerwG NJW **88**, 579 mwN, Kohndorfer DVBl **88**, 476 (vgl dazu § 295 Rn 63); der Verstoß ist kein absoluter Revisionsgrund, BVerwG NVwZ **85**, 182, NJW **76**, 1705. Die nach § 160 III Z 3–5 protokollierten Vorgänge sind im Tatbestand nicht nochmals wiederzugeben, BVerwG VerwRspr **30**, 1018 mwN.

160a *Vorläufige Protokollaufzeichnung.* ¹ Der Inhalt des Protokolls kann in einer gebräuchlichen Kurzschrift, durch verständliche Abkürzungen oder auf einem Ton- oder Datenträger vorläufig aufgezeichnet werden.

II ¹ Das Protokoll ist in diesem Fall unverzüglich nach der Sitzung herzustellen. ² Soweit Feststellungen nach § 160 Abs. 3 Nr. 4 und 5 mit einem Tonaufnahmegerät vorläufig aufgezeichnet worden sind, braucht lediglich dies in dem Protokoll vermerkt zu werden. ³ Das Protokoll ist um die Feststellungen zu ergänzen, wenn eine Partei dies bis zum rechtskräftigen Abschluss des Verfahrens beantragt oder das Rechtsmittelgericht die Ergänzung anfordert. ⁴ Sind Feststellungen nach § 160 Abs. 3 Nr. 4 unmittelbar aufgenommen und ist zugleich das wesentliche Ergebnis der Aussagen vorläufig aufgezeichnet worden, so kann eine Ergänzung des Protokolls nur um das wesentliche Ergebnis der Aussagen verlangt werden.

III ¹ Die vorläufigen Aufzeichnungen sind zu den Prozessakten zu nehmen oder, wenn sie sich nicht dazu eignen, bei der Geschäftsstelle mit den Prozessakten aufzubewahren. ² Aufzeichnungen auf Ton- oder Datenträgern können gelöscht werden,
1. soweit das Protokoll nach der Sitzung hergestellt oder um die vorläufig aufgezeichneten Feststellungen ergänzt ist, wenn die Parteien innerhalb eines Monats nach Mitteilung der Abschrift keine Einwendungen erhoben haben;
2. nach rechtskräftigem Abschluss des Verfahrens.

IV Die endgültige Herstellung durch Aufzeichnung auf Datenträger in der Form des § 130 b ist möglich.

Vorbem. IV angefügt dch Art 1 Z 11 JKomG v 22. 3. 05, BGBl 837, in Kraft seit 1. 4. 05, Art 16 I JKomG, ÜbergangsR Einl III 78.

Schrifttum: *Werner,* Untersuchungen zum Datenschutz und zur Datensicherung bei der Anwendung elektronischer Datenverarbeitung im Zivilprozeß, Diss Bonn 1994.

Gliederung

1) Systematik, I–IV	1	D. Eingeschränkte Ergänzung des Protokolls, II 4	12
2) Regelungszweck, I–IV	2	6) Aufbewahrung der vorläufigen Aufzeichnung, III	13–16
3) Geltungsbereich, I–IV	3	A. Aufbewahrungsort, III 1	13
4) Vorläufige Aufzeichnung, I	4–7	B. Abhör- und Ablesemöglichkeit, III 1	14
A. Grundsatz: Zulässigkeit	4	C. Löschungsvoraussetzungen, III 2	15
B. Grenzen der Vorläufigkeit	5	D. Löschungszuständigkeit, III 2	16
C. Verfahren bei Unstimmigkeit	6	7) Endgültige elektronische Herstellung, IV	17
D. Aufzeichnungstechnik	7		
5) Endgültige schriftliche Herstellung, II	8–12		
A. Grundsatz Unverzüglichkeit, II 1	8	8) Rechtsbehelfe, I–IV	18
B. Bloßer Vermerk, II 2	9		
C. Volle Ergänzung des Protokolls, II 3	10, 11	9) VwGO	19

1 **1) Systematik, I–IV.** Die Vorschrift enthält in Abweichung vom stillschweigenden Grundsatz sofortiger endgültiger Protokollierung nach § 160 eine Reihe von Anweisungen für eine Art der Herstellung des Protokolls, die jahrzehntelang die Praxis völlig beherrschte und erst seit der Einführung des Computers mit sofortigem Druck in manchem Gerichtssaal nur scheinbar an Bedeutung verloren hat, Jaeger MDR **96**, 757.

2 **2) Regelungszweck, I–IV.** Im Zeitalter geschwundener Fähigkeiten zur Kurzschrift und vergangener Fähigkeit zur Bereitstellung solcher Protokollführer hat sich auch der Zweck der Vorschrift geändert. Am elegantesten scheint die sofortige endgültige Formulierung mit oder ohne Hilfe von Spracherkennung und Bildschirm auch vor den anderen Prozeßbeteiligten. So sinnvoll solche Art Protokollierung unter den kontrollierenden Augen der Prozeßbeteiligten sein kann, so sehr kann sie doch dasjenige „Tempo" und diejenige Atmosphäre auch hinderlich beeinflussen, die nicht selten vor allem Ruhe und Konzentration aller Beteiligten auf die Sache erfordert und eine etwas spätere, vorläufige Aufzeichnung als durchaus vorteilhaft erscheinen läßt. Man kann auch etwaige Schärfen usw ohne Wahrheitsverstoß mildern, wenn man in der Sitzung noch kein endgültiges Protokoll fertigen muß.

Kein Anspruch auf Sofortprotokoll – das ist jedenfalls eine zu wenig bekannte Folge der Vorschrift. Sie hat manche Konsequenz. Bei nur vorläufiger Protokollierung gleich welcher technischen Art kann kein Prozeß-

Titel 1. Mündliche Verhandlung **§ 160a**

beteiligter eine sofortige „Berichtigung des Protokolls" fordern. Denn ein solches endgültiges besteht noch gar nicht. Ausgenommen von dieser Lage sind allenfalls diejenigen Teile, die das Gericht schon pflichtgemäß vorgelesen hat und die der Betroffene nun gesetzmäßig genehmigen soll oder genehmigt hat. Man kann durch nur vorläufige Aufzeichnung und den Hinweis auf diese Vorläufigkeit manche Auseinandersetzung über die Notwendigkeit, hier noch etwas anzufügen oder dort etwas wegzulassen oder hinzuformulieren, mildern und erst einmal in der Verhandlung, Vernehmung usw fortfahren.

3) Geltungsbereich, I–IV. Vgl Einf 3, 4 vor §§ 159–165. 3

4) Vorläufige Aufzeichnung, I. Sie ist immer noch weit verbreitet. 4

A. Grundsatz: Zulässigkeit. In der Sitzung braucht das Gericht noch keine endgültige Langschriftfassung herzustellen. Ein Protokoll ist vielmehr nur „über" die Sitzung erforderlich, § 159 I 1. Dieses Wort überliest ZöStö § 160 Rn 5. Daher ist es zulässig, den Inhalt des Protokolls ganz oder in beliebigen Teilen vorläufig aufzuzeichnen, BGH VersR **85**, 46. Maßgeblich ist die Anordnung des Vorsitzenden. Das Gesetz meint mit dem Ausdruck „vorläufig" nicht nur die Art der Aufzeichnung, sondern auch deren Inhalt. Ausreichend ist also zB eine zunächst nur knappe Zusammenfassung einer Zeugenaussage oder eines Augenscheins, etwa: „Der Zeuge erklärte im wesentlichen, er habe …". Freilich birgt eine derart indirekte Wiedergabe erhebliche Gefahren. Das gilt besonders dann, wenn später eine Ergänzung nach II 3 notwendig wird. Deshalb ist es dringend ratsam, wenigstens bei einer Aussage im Sinn von § 160 III Z 4 auch die vorläufige Aufzeichnung sowohl dann in direkter Rede vorzunehmen, wenn der Vorsitzende sie diktiert, als auch dann, wenn der Urkundsbeamte der Geschäftsstelle sie mitschreibt, etwa: „Der Zeuge erklärte (im wesentlichen): Ich habe …".

Das *Wortprotokoll* kann heilsam, aber auch umständlich sein. Letzteres sollte man vermeiden, Franzki DRiZ **75**, 99. Die Prozeßbeteiligten können grundsätzlich kein vollständiges Wortprotokoll fordern, Schmidt NJW **75**, 1309. Sie können eine genaue Wortwiedergabe entscheidungserheblicher Passagen erwarten, auf deren Wortlaut es voraussichtlich ankommen wird, sei es auch nur wegen Kostenfolgen, erst recht wegen der Rechtsmittelfähigkeit oder der Möglichkeit, durch ein anschließendes Strafverfahren gegen den Zeugen usw auch den Zivilprozeß spätestens im Wege einer Wiederaufnahme nach §§ 578 ff zu „retten".

B. Grenzen der Vorläufigkeit. Eine Protokollerleichterung darf nicht zu einer auch nur möglichen 5 Erschwerung der Feststellung desjenigen führen, was vor allem die Beweispersonen gesagt haben, Franzki DRiZ **75**, 99. Das Antragsrecht des § 160 IV erlaubt dem Gericht keineswegs, mangels eines Antrags flusig oder gar zunächst überhaupt nichts auch nur vorläufig zu protokollieren. Was nach II wesentlich ist, muß auch bei einer vorläufigen Aufzeichnung von Amts wegen so präzise ins Protokoll kommen, daß man es ohne erst später einsetzende Gedächtnisarbeit mit allen ihren Risiken jederzeit in die Langschrift übertragen kann. Daher muß die vorläufige Aufzeichnung verständlich sein. Ihre Entzifferung darf einem technisch und juristisch Fachkundigen keine besonderen Schwierigkeiten bereiten.

C. Verfahren bei Unstimmigkeit. Dagegen ist keineswegs schon bei der vorläufigen Aufzeichnung eine 6 abschließende Entschließung des Vorsitzenden und/oder des Urkundsbeamten der Geschäftsstelle dazu notwendig, mit welchen Worten das Gericht einen Vorgang endgültig im Protokoll festhalten will. Das übersieht mancher Anwalt, wenn er beantragt, eine „Berichtigung" eines Protokolls vorzunehmen, das im Augenblick des Diktats des Vorsitzenden überhaupt noch nicht als Protokoll entstanden ist, oder wenn er meint, einen Befangenheitsantrag schon auf eine solche lediglich vorläufige Formulierung beim Diktat des Vorsitzenden stützen zu können. Das gilt selbst dann, wenn man im allgemeinen damit rechnen kann, daß aus der vorläufigen Aufzeichnung eine entsprechend lautende endgültige werden mag. Solange keine endgültige Aufzeichnung vorliegt, mag die Partei anregen, die vorläufige Formulierung zu überdenken. Sie hat aber noch nicht die Rechte, die gegenüber einem endgültigen Protokoll vorhanden sein können.

Deshalb sind auch *Unebenheiten* oder solche Widersprüchlichkeiten zunächst durchaus unschädlich, die beim Diktat des Vorsitzenden oder bei der vorläufigen Aufzeichnung des Urkundsbeamten entstehen. Vorsitzender und Urkundsbeamter können und müssen natürlich vor der endgültigen Abfassung des Protokolls miteinander zu klären versuchen, welche Fassung sie wählen sollen. Notfalls muß jeder seine eigene Version zu Protokoll nehmen und unterschreiben. Gerade bei kniffligen Formulierungsproblemen, bei angeblich nicht gemachten Äußerungen, nicht gestellten Anträgen usw sind aber weder der Vorsitzende noch der Urkundsbeamte in der Sitzung und gar gegenüber einer Partei oder ihrem ProzBev dazu verpflichtet, sofort und endgültig zu entscheiden, wie das Protokoll lauten solle. Manches Gericht läßt sich insofern zu vorschnellen Formulierungen drängen, die es bei einer sorgsamen Abwägung gar nicht von sich aus wählen würde. Es ist das Recht und die Pflicht des Vorsitzenden, aufdringliche Formulierungsforderungen eines Prozeßbeteiligten vor der Abfassung des endgültigen Protokolls zurückzuweisen.

D. Aufzeichnungstechnik. Unter diesen Bedingungen ist die Art der vorläufigen Aufzeichnung belie- 7 big. I nennt die derzeit in Betracht kommenden Techniken allgemeinen. Zu ihnen gehören zB der Schreibautomat nebst Bildschirm-Lesegerät sowie der Computer mit seinem Speicher auf Diskette oder Festplatte, Jaeger MDR **96**, 757. Bei einer unmittelbaren Aufnahme ist die Art des Ton- oder Datenträgers beliebig. Auf ein zusammenfassendes Diktat des Richters kann man dann verzichten, BVerwG NJW **76**, 1282. Ein Wechsel der Aufnahmetechnik ist auch innerhalb der Sitzung zulässig, sofern kein „Loch" im Aufzeichnungsvorgang entsteht. Sammelton- oder Datenträger für mehrere Verhandlungen sind zulässig.

Die Zuziehung eines *Urkundsbeamten* der Geschäftsstelle ist keine Voraussetzung der Zulässigkeit einer vorläufigen Aufzeichnung. Die Benutzung eines Bandgeräts ist zB gerade dann möglich, wenn der Vorsitzende oder der von ihm beauftragte Beisitzer das Protokoll nach § 159 I 2 selbst führen. Vgl wegen einer weiteren Vereinfachungsmöglichkeit beim Augenschein usw § 161. Im übrigen dürfen die Aufnahmetechniken nicht so kompliziert sein, daß die Prozeßbeteiligten abgelenkt, verwirrt, gestört werden. Es mag zB unzumutbar sein, vom Zeugen zu verlangen, er möge den Wortlaut seiner soeben in den Schreibautomat geschriebenen Aussage vom bereitgehaltenen Bildschirm-Lesegerät ablesen, um etwaige Korrekturwünsche

§ 160a

anzubringen, falls der Zeuge seine Brille nicht in die Verhandlung mitgebracht hat oder falls er noch zu aufgeregt wirkt.

8 5) **Endgültige schriftliche Herstellung, II.** Die Praxis tut sich mit ihr oft schwer. Zur endgültigen elektronischen Aufzeichnung Rn 17.

A. Grundsatz: Unverzüglichkeit, II 1. Nach der Sitzung muß das Gericht ein ganz oder teilweise schriftlich vorläufig aufgezeichnetes Protokoll stets von Amts wegen grundsätzlich in seiner endgültigen vollständigen Fassung herstellen, S 1, BayObLG **01**, 218. Das muß unverzüglich geschehen, BGH VersR **85**, 46, Schneider JB **75**, 130. Das Gericht muß also ohne eine vorwerfbare Verzögerung, § 121 I 1 BGB, Schneider JB **75**, 130, eine in Langschrift verfaßte Urkunde anfertigen und unterschreiben. Sie muß grundsätzlich sämtliche überhaupt ins Protokoll gehörenden Angaben und Feststellungen enthalten, LG Ffm Rpfleger **76**, 257. Alle nach § 163 Unterschreibenden verantworten sie. Die derart nachträglich hergestellte endgültige Fassung hat dieselbe Beweiskraft wie eine von vornherein endgültig hergestellte nach § 165, BGH NJW **99**, 794. Das gilt auch bei einer verzögerten Herstellung, BGH NJW **94**, 3358, aber nicht bei späterer Herstellung nur nach dem Gedächtnis. Der Lauf einer Frist, etwa für ein Rechtsmittel, kann unabhängig vom Zeitpunkt der endgültigen Herstellung des Protokolls schon mit der Verkündung der Entscheidung beginnen, BayObLG **01**, 218.

9 **B. Bloßer Vermerk, II 2.** Jedoch erlaubt S 2 ausnahmsweise einen bloßen Vermerk, daß die Aussagen von Zeugen, Sachverständigen und vernommenen Parteien sowie die Ergebnisse eines Augenscheins mit einem Ton- oder Datenaufnahmegerät vorläufig aufgezeichnet wurden, zB den Vermerk: „Die Aussagen der Zeugen X und Y wurden auf Tonband festgehalten". Eine zusätzliche Zusammenfassung der wesentlichen Ergebnisse ist dann umso ratsamer, aber nicht vorgeschrieben. Im Urteilstatbestand kann eine Verweisung auch auf diese Art von Protokoll erfolgen, § 313 II 2, soweit nicht die Aufzeichnung zB unverständlich oder lückenhaft ist, weil auch das Rechtsmittelgericht das Urteil dann nicht überprüfen kann, BVerwG MDR **77**, 604.

Ein solcher Vermerk *reicht aber nicht aus,* wenn eine vorläufige Aufzeichnung der Aussage in einer Kurzschrift oder mit Hilfe einer Kurzschriftmaschine oder im Weg von Abkürzungen erfolgt war. In diesen Fällen muß das Gericht stets eine Langschrift herstellen, ZöStö 4, aM Schneider JB **75**, 130 (aber eine Ausnahmevorschrift erlaubt keine weite Auslegung, Einl III 36). Der Vorsitzende ist dann auch für die Richtigkeit der Übertragung mitverantwortlich.

10 **C. Volle Ergänzung des Protokolls, II 3.** Eine Ergänzung um solche Teile, die infolge einer nur vorläufigen Aufzeichnung zuvor nur abgekürzt oder unvollständig waren, ist jederzeit von Amts wegen zulässig und oft ratsam, ja notwendig. Das gilt vor allem dann, wenn sich ergibt, daß das Gericht in der Beratung oder wegen des Eingangs eines weiteren Schriftsatzes den vollen Text des Diktierten benötigt. Eine solche Ergänzung darf nur dann im Verfahren nach § 164 erfolgen, wenn zugleich Unrichtigkeiten vorliegen. Sie erfolgt außerdem auf formlosen Antrag einer Partei nach II 3, wegen §§ 67, 74 auch auf formlosen Antrag des Streithelfers oder des Streitverkündeten, oder auf formlose Anforderung des Rechtsmittelgerichts. Dann muß das Gericht nur die Zulässigkeit der Ergänzung prüfen, nicht ihre Zweckmäßigkeit.

11 Der Ergänzung unterliegt alles, was das Gericht nur *vorläufig* aufgezeichnet hatte. Bei dieser Gelegenheit darf das Gericht die Fassung kürzen, soweit die bisherige Formulierung Unwesentliches enthielt, § 160 II. Das wäre allerdings noch keine Berichtigung einer Unrichtigkeit. Jedoch muß das Gericht wegen § 160 IV in diesem Fall zunächst die Beteiligten oft anhören. Eine nachträgliche Erweiterung erfolgt grundsätzlich nur nach § 164. Denn auch das, was man als unvollständig erkennt, ist unrichtig. II 2 bezieht sich aber ohnehin nur auf den § 160 III Z 4, 5. Nach dem Ablauf der Monatsfrist nach III Z 1 kann die Partei eine Berichtigung nur noch beschränkt fordern, Schneider JB **75**, 131. Für einen förmlichen und daher zu einer Entscheidung zwingenden Antrag der Partei auf eine Ergänzung des Protokolls herrscht ein Anwaltszwang wie sonst, anders als bei einer bloß formellen Anregung zu einer Tätigkeit von Amts wegen.

Das Antragsrecht *erlischt* mit dem Eintritt der Rechtskraft in demjenigen Prozeß, in dem das Protokoll entstanden war. Es gibt also kein Antragsrecht in einem anderen oder späteren Prozeß, selbst wenn dieselbe Partei auch dort auftritt. Wohl aber gibt es ein Antragsrecht, solange der ursprüngliche Prozeß noch nicht insgesamt rechtskräftig beendet ist. Das gilt selbst dann, wenn die dem fraglichen Protokoll zugrunde liegende Verhandlung zu einem rechtskräftigen Zwischenurteil usw geführt hat.

12 **D. Eingeschränkte Ergänzung des Protokolls, II 4.** Eine bloß eingeschränkte Ergänzung nach II 4 findet dann statt, wenn das Gericht die Aussage unmittelbar auf einen Ton- oder Datenträger aufgenommen hatte, wenn also eine vollständige Fixierung vorhanden ist und wenn das Gericht bereits während der Verhandlung wenigstens eine Zusammenfassung der wesentlichen Ergebnisse der Aussage vorläufig aufgezeichnet hatte. Dann kann man nur die Herstellung einer Langschrift dieser Zusammenfassung verlangen.

13 6) **Aufbewahrung der vorläufigen Aufzeichnung, III.** Die Bestimmung hat praktisch wenig Bedeutung.

A. Aufbewahrungsort, III 1. Die vorläufige Aufzeichnung ist keine Anlage zum Protokoll. Sie wird aber evtl noch gebraucht, zB für eine Ergänzung des Protokolls nach II 2, 3 oder im Fall eines Antrags auf eine Berichtigung, §§ 164, 320. Deshalb wird die vorläufige Aufzeichnung bei den Prozeßakten aufbewahrt, wenn sie zu dieser Aufbewahrung geeignet ist. Das ist bei einer Kurzschrift einschließlich einer maschinellen und bei Abkürzungen stets so, bei einem Ton- oder Datenträger dann, wenn er nur diesen Prozeß erfaßt und wenn man ihn ohne einen unzumutbaren Aufwand sowie ohne eine Beschädigung zB in eine Hülle nehmen kann. Bei einer Festplatte im Computer wird die Herstellung einer gesondert verwahrbaren Diskette selbst dann notwendig, wenn die Kapazität der Festplatte noch längst nicht erschöpft ist. Das Gericht verwahrt die vorläufige Aufzeichnung nämlich überhaupt dort, wo die Akten zu lagern pflegen, also auf der Geschäftsstelle. Das gilt auch dann, wenn die Prozeßakten dem Gericht vorliegen oder versandt sind oder wenn sie in der Kanzlei bearbeitet werden usw. Die Verwaltung kann eine Geschäftsstelle mit der Sammelverwahrung beauftragen. Wenn Akten ins Archiv kommen und das Gericht eine vorläufige Aufzeichnung noch aufbewahren muß, gehört auch die letztere ins Archiv. Solange Verwaltungsvorschriften über Einzelheiten fehlen,

Titel 1. Mündliche Verhandlung **§§ 160a, 161**

sind die AktO und deren Durchführungsverordnungen entsprechend anwendbar. Die Parteien haben auch wegen dieses Aktenteils bis zur Löschung nach Rn 15, 16 ein Einsichtsrecht nach § 299, Karlsr Rpfleger **94**, 312. Das gilt aber schon wegen der Gefahr versehentlicher Beschädigung nur auf der Geschäftsstelle.

B. Abhör- oder Ablesemöglichkeit, III 1. Die Partei darf zwecks Überprüfung der Richtigkeit des **14** Protokolls bzw des darauf gründenden Urteilstatbestands nach §§ 164, 320 die Aufzeichnung auf der Geschäftsstelle abhören oder ablesen, § 299. Diese Befugnis endet schon mit dem Ablauf der Monatsfrist des III 2 Z 1, sondern erst mit der Löschung, ZöStö 10, aM StJR 18 (aber es gibt keine Notwendigkeit vermeidbarer Formstrenge). Der Gerichtsvorstand muß die Möglichkeiten nach III 1 organisatorisch eröffnen. Die Partei darf die Aufzeichnung nicht von dem Einsichts- oder Abspielort entfernen oder auf einen eigenen Ton- oder Datenträger überspielen, solange nicht sämtliche Beteiligten einverstanden sind, Franzki DRiZ **75**, 101, aM ZöStö 10 (das Überspielen sei zu gestatten, wenn es technisch gefahrlos möglich sei. Aber es geht um vorrangigen Datenschutz). Auch ein Anwalt muß das beachten. Eine Erlaubnis erteilt der Vorsitzende wegen seiner Sachnähe. Das Gericht muß den Persönlichkeits- und Datenschutz beachten. Es besteht keine Hinweispflicht des Gerichts auf eine Löschungsmöglichkeit. Ein Hinweis ist aber ratsam. Hierzu kann das Gericht auch ein Formular benutzen.

Eine *Parteiaufnahme* der Verhandlung ist nur bei Zustimmung aller Anwesenden zulässig. Wegen Presseaufnahmen § 169 S 2 GVG.

C. Löschungsvoraussetzungen, III 2. Eine Löschung nach III 2 erfolgt keineswegs sofort nach der **15** Herstellung des vollständigen Protokolls. Vielmehr geht zunächst von Amts wegen je eine Abschrift des Protokolls ohne den Inhalt des Ton- oder Datenträgers an jede Partei bzw an den ProzBev, § 172. Das ist eine Abweichung von dem Grundsatz, daß das Gericht den Parteien keineswegs stets von Amts wegen eine Protokollabschrift schicken muß. Nach der Versendung muß das Gericht entweder nach III 2 Z 1 einen Monat hindurch oder nach III 2 Z 2 bis zur Rechtskraft des Verfahrensabschlusses auf etwaige Einwendungen warten. Es ist eine förmliche Zustellung notwendig. Zwar liegt weder ein Beschluß noch eine Verfügung des Richters im Sinn von § 329 II 2 vor, sondern eine Anordnung der Geschäftsstelle, Rn 16, ThP 5, ZöStö 9, aM Schmidt NJW **75**, 1309. Ihre Entscheidung ist aber mit befristeter Erinnerung nach § 573 I 1 anfechtbar. Daher ist § 329 III Hs 2 weitgehend anwendbar.

D. Löschungszuständigkeit, III 2. Da der Vorsitzende für das volle Protokoll mitverantwortlich ist, **16** sollte der Urkundsbeamte der Geschäftsstelle vor einer Löschung mit dem Vorsitzenden Rücksprache nehmen, obwohl der Urkundsbeamte für die Aufbewahrung und damit auch für die Löschung allein verantwortlich ist, MüKoPe 7, StJR 14, aM ZöStö 9 (der Vorsitzende bestimme allein. Aber es handelt sich nicht um eine nur vom Richter zu bewältigende Aufgabe). Vor einer etwa beantragten Entscheidung über eine beantragte oder von Amts wegen beabsichtigte Berichtigung nach § 164 darf keine Löschung erfolgen. Auch insofern sind bis zum Erlaß etwaiger Verwaltungsvorschriften die AktO und deren Durchführungsverordnungen entsprechend anwendbar.

7) Endgültige elektronische Herstellung, IV. Sie ist durch eine Aufzeichnung auf Datenträger nach **17** § 130b zulässig.

8) Rechtsbehelfe, I–IV. Vgl zunächst Rn 15. Gegen die Anordnung einer vorläufigen Aufzeichnung oder **18** gegen die Art der Aufzeichnungstechnik ist grundsätzlich kein Rechtsmittel statthaft. Kein Prozeßbeteiligter hat einen Anspruch auf ein ungekürztes Wortprotokoll, Schmidt NJW **75**, 1309. Freilich kann eine unverständliche oder unvollständige vorläufige Aufzeichnung eine Zurückverweisung erfordern, BVerwG MDR **77**, 604. Eine sture Benutzung einer offensichtlich unbrauchbaren vorläufigen Aufzeichnung kann den Vorwurf der Befangenheit begründen. Im Fall der Verweigerung der Abhör- oder Ablesemöglichkeit gilt § 299 Rn 18. Gegen eine verzögerliche Anfertigung des endgültigen Protokolls ist die Dienstaufsichtsbeschwerde nach § 26 II DRiG zulässig. Ferner kann die Staatshaftung usw eintreten, Art 34 GG, § 839 BGB.

9) *VwGO*: Die Vorschrift gilt entsprechend, § 105 VwGO. Die Ergänzung nach II 3 kommt nicht in Betracht, **19** wenn neben der Tonbandaufzeichnung eine richterliche Zusammenfassung der Aussage vorhanden ist, BVerwG DÖV **81**, 840. Einwendungen, III 2 Z 1, dürfen alle Beteiligten, § 63 VwGO, erheben. Zur Frage, wann die Entscheidung auf einem Verstoß gegen die Aufbewahrungspflicht beruht, BVerwG NJW **88**, 2492.

161 *Entbehrliche Feststellungen.* [1] Feststellungen nach § 160 Abs. 3 Nr. 4 und 5 brauchen nicht in das Protokoll aufgenommen zu werden,

1. wenn das Prozeßgericht die Vernehmung oder den Augenschein durchführt und das Endurteil der Berufung oder der Revision nicht unterliegt;
2. soweit die Klage zurückgenommen, der geltend gemachte Anspruch anerkannt oder auf ihn verzichtet wird, auf ein Rechtsmittel verzichtet oder der Rechtsstreit durch einen Vergleich beendet wird.

II [1] In dem Protokoll ist zu vermerken, dass die Vernehmung oder der Augenschein durchgeführt worden ist. [2] § 160a Abs. 3 gilt entsprechend.

Gliederung

1) Systematik, I, II 1	C. Weitere Einzelfragen, I Z 1, 2 6
2) Regelungszweck, I, II 2	5) Vermerk, II 1 7
3) Geltungsbereich, I, II 3	6) Aufbewahrung, II 2 8
4) Entbehrlichkeit einer Feststellung, I ... 4–6	7) Verstoß, II 2 9
A. Kein Rechtsmittel, I Z 1 4	8) *VwGO* 10
B. Klagerücknahme usw, I Z 2 5	

§ 161

1) Systematik, I, II. Im vorläufigen wie im endgültigen Protokoll können alle unwesentlichen Feststellungen fehlen. § 160 I, III bestimmen den Mußinhalt. Als eine Ausnahme von § 160 III Z 4, 5 darf das Protokoll über die Aussagen eines Zeugen, eines Sachverständigen oder einer vernommenen Partei sowie über die Ergebnisse eines Augenscheins in zwei unterschiedlichen Fallgruppen fehlen. Das gilt auch und nur, soweit deren Voraussetzungen nur zum Teil vorliegen. Es ist also zB ein Protokoll erforderlich, soweit die Vernehmung vor dem ersuchten Richter stattfindet oder soweit der Kläger seine Klage nicht zurückgenommen hat.

2) Regelungszweck, I, II. Die Vorschrift dient vor allem der Prozeßwirtschaftlichkeit, Grdz 14 vor § 128. Ein Protokollzwang entfällt freilich nur, soweit überhaupt ein ausscheidbarer Vorgang vorliegt. In allen anderen Fällen und im Zweifel ist im Interesse der Rechtssicherheit nach Einl III 43 wegen der weitreichenden Folgen des Protokolls nach § 314 Rn 6 ein volles Protokoll notwendig, BVerwG NJW **88**, 579. § 161 erübrigt nicht die Notwendigkeit der Beweiswürdigung, § 313 Rn 42. Insgesamt ist oft genug ein Protokoll auch zu denjenigen Punkten hilfreich, zu denen es nicht erforderlich wäre. Das gilt nicht zuletzt für die Verwertbarkeit in einer Rechtsmittelinstanz, in einem späteren Parallelverfahren oder in einem Strafprozeß. Es empfiehlt sich aber auch zwecks Klärung von Kosten- oder Entschädigungsfragen. Auch vermeidet der jetzt „fleißigere" Richter später in solchen Fällen die Mühe der Wiedereinarbeitung und den Ärger über die Unzulässigkeit seines Gedächtnisses nach Jahr und Tag.

3) Geltungsbereich, I, II. Einf 3, 4 vor §§ 159–165. I ist im Beschlußverfahren entsprechend anwendbar.

4) Entbehrlichkeit einer Feststellung, I. Maßgeblich ist das pflichtgemäße Ermessen des Vorsitzenden. Die Praxis protokolliert oft zu viel.

A. Kein Rechtsmittel, I Z 1. Wenn das Prozeßgericht einen Zeugen oder einen Sachverständigen vernommen oder einen Augenschein durchgeführt hat, können die Ergebnisse als entbehrlich fehlen, soweit das Endurteil und im Fall des § 321 a die neue Entscheidung eindeutig weder mit der Berufung noch mit der Revision anfechtbar ist, weil entweder das Rechtsmittel unstatthaft ist oder weil die Berufungssumme nach § 511 II Z 1 nicht erreicht ist oder keine Zulassung der Revision erfolgt ist, § 543. Etwas anderes gilt, wenn die Summe später wichtig wird, Franzki DRiZ **75**, 100, oder wenn eine Nichtzulassungsbeschwerde nach § 544 in Betracht kommt, BGH NJW **03**, 3057. Bei einem unanfechtbaren Beschluß ist I entsprechend anwendbar. Als Prozeßgericht gilt auch der Einzelrichter nach §§ 348, 348 a, 526, 527, 568, nicht aber der beauftragte oder ersuchte Richter, §§ 361, 362, 375. Auch nach einem Richterwechsel ist I Z 1 anwendbar.

Für die Frage, ob die Berufung oder die Revision voraussichtlich *statthaft* sind, kommt es auf den Zeitpunkt einer ordnungsmäßigen Herstellung des Protokolls an, also auf einen Zeitpunkt in oder unverzüglich nach der Sitzung. Man muß die Statthaftigkeit des Rechtsmittels auch dann vorerst bejahen, wenn es von einer Zulassung abhängen kann, BGH MDR **04**, 44, aM ZöStö 3 (die Statthaftigkeit müsse zweifelsfrei vorliegen. Aber das kann man vor einer endgültigen Entscheidung über die erstinstanzliche Zulassung selbst bei deren grundsätzlicher Bindungswirkung als Vorderrichter evtl nicht ganz zweifelsfrei feststellen). Wenn nur entweder die Berufung oder die Revision statthaft sein kann, muß das Protokoll auch die Ergebnisse der Vernehmungen oder des Augenscheins enthalten, BVerwG NJW **77**, 313. Das gilt selbst dann, wenn das Rechtsmittel vor der tatsächlichen Herstellung des vollständigen Protokolls unstatthaft geworden ist.

B. Klagerücknahme usw, I Z 2. Feststellungen sind entbehrlich, soweit eine Klagerücknahme nach § 269 vorliegt bzw wirksam wird oder soweit dergleichen in folgenden Fällen geschieht: Beim Anerkenntnis nach § 307; beim Anspruchsverzicht nach § 306; beim Rechtsbehelfs- bzw Rechtsmittelverzicht nach den §§ 346, 515, 565; beim Prozeßvergleich, Anh § 307, auch zur Kostenfrage, Hamm OLGR **97**, 23; bei beiderseitigen teilweisen oder vollständigen Erledigterklärungen nach § 91 a, aM OLGR **97**, 23 (aber auch sie bringen eine Beendigung der eigentlichen Streitigkeit). Man kann I Z 2 bei § 516 entsprechend anwenden. In diesen Fällen hängt die Entbehrlichkeit der Feststellung nicht davon ab, ob die Berufung oder die Revision bis zum maßgeblichen Vorgang statthaft gewesen sind. Im übrigen gelten dieselben Voraussetzungen wie bei I Z 1.

C. Weitere Einzelfragen, I Z 1, 2. Die eben genannten Ziffern können zusammentreffen. Eine Heilung ist nach § 295 möglich, BGH VersR **80**, 751, BVerwG NJW **76**, 1283, Schmitz DRiZ **76**, 313. Ein Verzicht eines Beteiligten auf ein vollständiges Protokoll entbindet das Gericht nicht von der Notwendigkeit der Prüfung von Amts wegen darüber, ob es gleichwohl ein vollständiges Protokoll anfertigen muß. Freilich bleibt dann meist nichts Wesentliches im Sinn von § 160 II mehr. Im übrigen bleibt ein Verzicht auf die Verlesung usw statthaft, § 162 II 2. Unberührt bleibt die Notwendigkeit der Feststellung, wer erschienen ist, § 160 I 4, II, und ob eine Beeidigung stattfand.

5) Vermerk, II 1. Ein Vermerk darüber, daß die Vernehmung und etwaige Beeidigung oder der Augenschein erfolgte, ist stets im Protokoll notwendig. Da gar keine weitere Niederschrift notwendig ist, ist die Zuziehung einer Hilfsperson ebenso zulässig wie ein Vermerk des Berichterstatters, Doms MDR **01**, 74. Das Gericht muß einen solchen Vermerk den Parteien wegen Artt 2 I, 20 III GG (Rpfl), BVerfG **101**, 104, Art 103 I GG (Richter) so rechtzeitig mitteilen, daß sie ihn verwerten können, Doms MDR **01**, 74. Mangels Berufungsfähigkeit hilft evtl § 321 a. Bei I Z 1 ist weder ein solcher Vermerk noch die Wiedergabe der Aussage im Urteil notwendig.

6) Aufbewahrung, II 2. Eine Aufbewahrung kommt in Frage, wenn das Gericht in einem Fall nach I eine vorläufige Aufzeichnung oder einen sonstigen Vermerk anfertigt. Zwar kommt eine Ergänzung des Protokolls anders als bei § 160 a II 3, 4 nicht in Betracht. Denn es besteht ja überhaupt kein diesbezüglicher Protokollzwang, I. Dennoch darf man eine etwaige freiwillige vorläufige Aufzeichnung oder einen Vermerk nur nach Maßgabe des entsprechend anwendbaren § 160 a III behandeln. Der Richter darf ihn also nicht irgendwo im Schreibtisch verwahren. Er gehört vielmehr in die Prozeßakten bzw auf die Geschäftsstelle. Das gilt schon zwecks Aufklärung etwaiger Zweifel. Das Gericht darf eine Tonaufzeichnung nur nach § 160 a III 2 Z 1, 2 löschen. Vgl außerdem Rn 3.

Titel 1. Mündliche Verhandlung **§§ 161, 162**

7) Verstoß, II 2. Soweit eine Protokollierung unter Verstoß gegen § 161 unterblieben ist, Franzki DRiZ **9** 75, 200 (Rechtsmittelfähigkeit), muß das Gericht seine Feststellung im Tatbestand des Urteils treffen. Es muß sie zumindest in den Entscheidungsgründen von der Beweiswürdigung klar abgrenzen, BGH RR **93**, 520. Beides ist notwendig, um die Nachprüfbarkeit zu ermöglichen, § 313 Rn 30. Unter den Voraussetzungen des § 160 a genügt freilich eine bloße Bezugnahme, auch auf eine vorläufige, den Parteien vor der Urteilsverkündung mitgeteilte Aufzeichnung des Berichterstatters. Der Tatbestand des Urteils mag einen Protokollmangel im Einzelfall beheben können, BGH RR **93**, 1034, Hamm RR **03**, 1006. Im übrigen sind §§ 319, 320 anwendbar. Eine Heilung nach § 295 ist andernfalls grundsätzlich nicht möglich, BGH RR **93**, 1034, Hamm RR **03**, 1006, ZöStö 9, aM BVerwG NJW **88**, 579, StJSchu 11 (aber es handelt sich um abschließende Spezialregelungen). Die höhere Instanz muß notfalls aufheben und auf Antrag zurückverweisen, §§ 538, 550, 561 I. Eine Verwirkung der Rüge eines fehlerhaften Protokolls ist freilich denkbar, Einl III 54, Ffm FamRZ **84**, 302, aM BVerwG NJW **88**, 579 (aber Rechtsmißbrauch ist nie erlaubt, Einl III 54).

8) VwGO: Die Vorschrift gilt entsprechend, § 105 VwGO, jedoch ist I Z 1 unanwendbar, weil jedes Endurteil **10** eines VG oder OVG der Berufung oder Revision unterliegen kann, wenn auch uU erst nach Zulassung. Ein Verstoß ist kein absoluter Revisionsgrund, BVerwG **48**, 369. Der Verlust des Rügerechts entsprechend § 295 I für anwaltlich vertretene Beteiligte ist möglich, BVerwG NJW **77**, 313 (stRspr), nicht aber in anderen Fällen, BVerwG NJW **77**, 263.

162 *Genehmigung des Protokolls.* I 1 Das Protokoll ist insoweit, als es Feststellungen nach § 160 Abs. 3 Nr. 1, 3, 4, 5, 8, 9 oder zu Protokoll erklärte Anträge enthält, den Beteiligten vorzulesen oder zur Durchsicht vorzulegen. ² Ist der Inhalt des Protokolls nur vorläufig aufgezeichnet worden, so genügt es, wenn die Aufzeichnungen vorgelesen oder abgespielt werden. ³ In dem Protokoll ist zu vermerken, dass dies geschehen und die Genehmigung erteilt ist oder welche Einwendungen erhoben worden sind.

II ¹ Feststellungen nach § 160 Abs. 3 Nr. 4 brauchen nicht abgespielt zu werden, wenn sie in Gegenwart der Beteiligten unmittelbar aufgezeichnet worden sind; der Beteiligte, dessen Aussage aufgezeichnet ist, kann das Abspielen verlangen. ² Soweit Feststellungen nach § 160 Abs. 3 Nr. 4 und 5 in Gegenwart der Beteiligten diktiert worden sind, kann das Abspielen, das Vorlesen oder die Vorlage zur Durchsicht unterbleiben, wenn die Beteiligten nach der Aufzeichnung darauf verzichten; in dem Protokoll ist zu vermerken, dass der Verzicht ausgesprochen worden ist.

Gliederung

1) Systematik, Regelungszweck, I, II 1	B. Ausnahme bei unmittelbarer Aufzeichnung, II 1 7
2) Geltungsbereich, I, II 2	C. Weitere Ausnahme bei Diktat und Verzicht, II 2 8
3) Vorlesung, Vorlage, I 1 3–5	
A. Grundsatz: Amtspflicht 3	5) Protokollvermerk I 3, II 9
B. Zeitpunkt 4	6) Verstoß, I, II 10–12
C. Weitere Einzelfragen 5	A. Grundsatz: Nachholung 10
4) Vorläufige Aufzeichnung, I 2, II 6–8	B. Ausnahmen 11, 12
A. Grundsatz: Notwendigkeit des Abspielens oder Vorlesens, I 2 6	7) VwGO 13

1) Systematik, Regelungszweck, I, II. Die Vorschrift bezieht sich sowohl auf das sogleich endgültige **1** als auch auf das vorläufige Protokoll, §§ 160, 160 a. Sie enthält lästige, aber grundsätzlich im allseitigen Interesse liegende und der Rechtssicherheit dienende Anordnungen, Einl III 43. Die Praxis verfährt allerdings unzählig oft ohne erkennbare Schäden einfacher, Rn 8 (stillschweigender Verzicht, oft genug sogar seitens sonst mißtrauischer Beteiligter). Das zeigt, daß man den Formalismus auch nicht übertreiben sollte. Auch die nicht vorgelesene und nicht genehmigte Niederschrift kann voll wirksam sein, aM Bbg FamRZ **02**, 1122 (zu formell. Der Prozeß ist nicht Selbstzweck, Einl III 10). Sie unterliegt natürlich der Nachprüfung in jeder Richtung und der Verantwortung der Urkundspersonen.

2) Geltungsbereich, I, II. Vgl Einf 3, 4 vor §§ 159–165. **2**

3) Vorlesung, Vorlage, I 1. Die Praxis verfährt gelegentlich ziemlich nachlässig, Rn 1. **3**

A. Grundsatz: Amtspflicht. Das Gericht muß grundsätzlich von Amts wegen alle Feststellungen nach § 160 III Z 1, 3, 4, 5, 8, 9 und außerdem alle Anträge den Beteiligten vorlesen oder zur Durchsicht vorlegen, die weder aus einem Schriftsatz noch aus einer Protokollanlage verlesen wurden, sondern nach § 297 I 2 zum Protokoll erklärt wurden. Das geschieht aus dem bereits in Langschrift fertigen Protokollentwurf, BGH NJW **84**, 1466, Ffm AnwBl **88**, 119. Beteiligte sind die im Termin anwesenden Parteien, gesetzlichen Vertreter, ProzBev, Beistände, Streithelfer, ferner wegen ihrer Aussagen bzw Beurteilungen Zeugen und Sachverständige. Der Protokollführer muß den Vorsitzenden notfalls erinnern. I 3 ergibt, daß der Sinn darin besteht, die Genehmigung der Beteiligten zu erwirken, Düss FamRZ **83**, 723. Das Gericht muß die Genehmigung von dem Erklärenden bzw der Partei erwirken, also nicht nur zB vom Zeugen. Ein Verzicht eines Beteiligten auf die Vorlesung ist grundsätzlich zulässig, Rn. 8, aM Ffm FamRZ **80**, 907, Zweibr FamRZ **04**, 1381 (aber das wäre Formalismus, Rn 1). Das Gericht darf solchen Verzicht aber nicht beachten, wenn er die Rechte eines anderen Beteiligten beeinträchtigen kann.

B. Zeitpunkt. Die Vorlesung usw braucht nicht unbedingt schon in der Verhandlung zu erfolgen. Denn **4** das Protokoll ist ja insgesamt „über" die Verhandlung notwendig, nicht schon „in ihr" aufzunehmen, § 159 I 1. Freilich wachsen die Probleme bei einer erst nachträglichen Aufnahme.

§ 162
Buch 1. Abschnitt 3. Verfahren

5 **C. Weitere Einzelfragen.** Bei einem bloßen Vermerk nach § 161 II ergibt sich keine Anwendung von § 162. Ein solcher Vermerk liegt auch vor, wenn zB „Zeuge X vernommen wurde und erklärte, er habe ..." oder eine ähnliche indirekte Gedächtnisstütze vorliegt. Dagegen ist bei einem echten Wortprotokoll, auch einem diktierten, § 162 selbst dann anwendbar, wenn nach § 161 überhaupt kein Protokoll notwendig wäre, aM BGH VersR **80**, 751 (aber das wäre inkonsequent). § 160 II kann eine Maßnahme nach § 162 erübrigen. § 160 IV ist anwendbar.

6 **4) Vorläufige Aufzeichnung, I 2, II.** Ein Grundsatz kennt mehrere Ausnahmen.

A. Grundsatz: Notwendigkeit des Abspielens oder Vorlesens, I 2. Im allgemeinen reicht die Vorlesung der vorläufigen Aufzeichnung der Aussage eines Zeugen, Sachverständigen oder einer Partei usw aus. Das Gericht braucht also weder die vorläufige Aufzeichnung noch deren Übertragung in die Langschrift vorzulegen. Vorlesen muß das Gericht zB den Wortlaut des Prozeßvergleiches, auch wenn er als Anlage zum Protokoll kommt, Hamm NJW **00**, 3222, Zweibr Rpfleger **00**, 461, Schneider MDR **97**, 1091. Beim Bildschirm reicht das Vorlesen von ihm aus, LG Stralsund NJW **97**, 3178, aM Mihm NJW **97**, 3122 (je zum notariellen Protokoll, das wegen I 2, 3 nicht direkt vergleichbar ist. § 162 ist großzügiger und moderner). Bei einem Tonträger reicht das Abspielen aus. Die Vorlesung bzw das Abspielen sind freilich erforderlich, Zweibr Rpfleger **00**, 461. Ein lautes Diktat genügt also grundsätzlich nicht, OVG Münst NJW **76**, 1228. Das gilt selbst dann, wenn der Betroffene das Diktat genehmigt hat, Schlesw SchlHA **80**, 73, aM Brdb FamRZ **00**, 548 (aber II 1 ist eng auslegbar). Ebensowenig reicht die bloße Vorlage zur Durchsicht. Wegen eines Verzichts Rn 3. Beim Verzicht kann § 160 II anwendbar sein.

7 **B. Ausnahme bei unmittelbarer Aufzeichnung, II 1.** Ausnahmsweise braucht das Gericht weder vorzulesen noch abzuspielen, wenn es die Originalaussage des Zeugen, Sachverständigen oder der vernommenen Partei nach § 160 III Z 4 unmittelbar in ihrem vollen Wortlaut auf einen Tonträger aufgenommen hat, § 160 a Rn 5. Es darf also bloß eine Kurzschriftaufnahme erfolgt sein, BVerwG NJW **76**, 1283. Ein stillschweigender Verzicht ist zulässig, unklar BGH RR **88**, 395. Derjenige, dessen Aussage aufgezeichnet wurde (nicht ein anderer Beteiligter), kann ein Abspielen verlangen, II 1 Hs 2. Das Gericht braucht auf dieses Recht aber nicht hinzuweisen, BVerwG NJW **76**, 1282. Das Gericht braucht auch keinen Vermerk dahin aufzunehmen, daß das Abspielen sei nicht verlangt worden. Erst recht braucht das Gericht die Aussage nicht abzuspielen, soweit das Abspielen nicht beantragt wurde, BVerwG NJW **76**, 1282, Franzki DRiZ **75**, 98. Das Gericht muß eine vorläufige Aufzeichnung neben einer unmittelbaren vorlesen, BVerwG NJW **83**, 2275.

8 **C. Weitere Ausnahme bei Diktat und Verzicht, II 2.** Das Gericht braucht ferner ausnahmsweise weder vorzulesen noch abzuspielen, wenn es den Text ins Stenogramm oder auf einen Tonträger diktiert hat und wenn alle Beteiligten auf die Vorlesung wirksam verzichtet haben, strenger Ffm FamRZ **80**, 907 (vgl aber Rn 1). Den Verzicht müssen alle Beteiligten ausgesprochen haben, also nicht bloß die Beweispersonen, Putzo NJW **75**, 188, Schmidt NJW **75**, 1308. Das muß nach der Aufzeichnung geschehen sein, nicht nur vor ihr oder während der Aufzeichnung. Das gilt allerdings nur gegenüber der Aussage eines Zeugen, Sachverständigen, der vernommenen Partei und bei einem Augenschein, § 160 II Z 4, 5. Ausreichend ist zB auch ein protokollierter und verlesener Verzicht auf die nochmalige Verlesung des erhaltenen Vergleichstextes. Ein stillschweigender Verzicht nach Rn 7 erfolgt in der Praxis insbesondere dann, wenn die Parteien anwaltlich vertreten sind. Im Zweifel empfiehlt sich eine Rückfrage des Vorsitzenden. Es läßt sich nur nach den Umständen des Einzelfalls beurteilen, ob alle Beteiligten einen Verzicht nach Rn 7 oder Rn 8 erklärt haben. Das Gericht muß jeden Verzicht protokollieren.

Wenn eine *anwaltlich vertretene* Partei keinen Antrag stellt, liegt in ihrem Verhalten grundsätzlich ein stillschweigender Verzicht. Wenn sich ein Zeuge bei seiner Aussage weder in Widersprüche verwickelte noch irgendwelche sonstigen Schwierigkeiten bereitete, liegt mangels eines Antrags auch bei ihm grundsätzlich ein wenigstens stillschweigender Verzicht vor. Das gilt auch dann, wenn der Zeuge rechtsunkundig ist.

Ein *nachträglicher Verzicht* auf die Vorlesung kommt zwar grundsätzlich ebenfalls in Betracht, aM LG Brschw MDR **75**, 322 (zu formstreng). Er reicht aber nicht aus, wenn das Gericht die Aussage oder das Ergebnis des Augenscheins nicht in der Gegenwart aller Beteiligten diktiert hatte, BVerwG NJW **76**, 1283, Schmidt NJW **75**, 1308.

9 **5) Protokollvermerk, I 3, II.** Das Gericht muß grundsätzlich wegen I 3, II letzter Hs einen Protokollvermerk über die Vorlesung oder das Abspielen und die Genehmigung oder Einwendungen bzw über den Verzicht anfertigen. Das gilt besonders dann, wenn das Protokoll einen Vollstreckungstitel schafft. Ausreichend ist zB: „nach Diktat genehmigt", ferner zB „v. gel.", „a. g.", „auf V. verz.". Die Unterschrift der Beteiligten ist unnötig, Einf 2 vor §§ 159–165. Sie ist aber zulässig und evtl ratsam, jedoch nicht erzwingbar. Eine Verweigerung läßt sich nicht durch Ordnungsmittel ahnden. Bei einem stillschweigenden Verzicht nach Rn 8 läßt die Praxis auch einen entsprechenden Vermerk vielfach ausnahmsweise entfallen. Soweit ein Beteiligter eine vom Gericht ordnungsgemäß vorbereitete und erbetene Genehmigung endgültig verweigert, kommt diese Verweigerung ins Protokoll. Das Gericht würdigt diesen Umstand frei, § 286, BGH NJW **84**, 1466, BVerwG NJW **86**, 3157.

10 **6) Verstoß, I, II.** Einem Grundsatz stehen Ausnahmen gegenüber. Die Rüge eines Formverstoßes kann wegen Rechtsmißbrauchs unbeachtlich sein, Einl III 54, Ffm FamRZ **84**, 302.

A. Grundsatz: Nachholung. Ein Verstoß kann die Beweiskraft des Protokolls als öffentliche Urkunde beeinträchtigen, BGH NJW **84**, 1465, Brdb FamRZ **04**, 1655. Er zwingt das Gericht zur Nachholung in einer notfalls neuen mündlichen Verhandlung, § 156. Soweit die Nachholung nicht möglich ist, ist grundsätzlich kein wirksames Protokoll entstanden, BGH NJW **84**, 1466, KG FamRZ **84**, 285, Köln FamRZ **84**, 1048. Sofern der Vorgang in der Verhandlung korrekt ablief und nur seine Protokollierung unrichtig erfolgte, ist § 164 anwendbar. Soweit das Gericht und ein Beteiligter voneinander abweichen, I letzter Hs, muß das Gericht im Protokoll nicht nur vermerken, daß eine Abweichung vorliegt, sondern auch, worin sie besteht. Auf Grund eines etwaigen Antrags nach § 139 zu veranlassenden Antrags ist sodann § 160 IV anwendbar.

Titel 1. Mündliche Verhandlung **§§ 162, 163**

B. Ausnahmen. Freilich ist die Wirksamkeit des Protokolls nicht stets von einer Genehmigung abhängig, 11
Rn 8, BGH NJW **99**, 2806, BSG MDR **81**, 612, strenger ZöStö 6. Im übrigen ist die Wirksamkeit der
protokollierten Handlung grundsätzlich nicht von der Ordnungsmäßigkeit des Protokolls abhängig, BGH
107, 146, Brdb FamRZ **00**, 558, Ffm RR **88**, 547 (je zum Anerkenntnis), aM Bbg FamRZ **02**, 1122 (zu
einer Scheidungsvereinbarung), Karlsr FamRZ **89**, 645 (zum Anerkenntnis), BSG MDR **81**, 612 (zur
Klagerücknahme), BGH RR **94**, 386, Brdb FamRZ **04**, 1655 (je zum Rechtsmittelverzicht. Aber in allen
diesen Fällen bleiben die Erwägungen Rn 8).

Wegen der Ausnahmen beim Geständnis vor dem verordneten Richter § 288 Rn 6, und beim *Prozeßver-* 12
gleich Anh § 307 Rn 21 ff. Ein Verstoß kann auch die Wirksamkeit einer Vereinbarung über den Versorgungsausgleich nach § 1587 o II 2 BGB beseitigen, Saarbr OLGR **98**, 40. Das Gericht darf und muß unter
Umständen die ursprüngliche Fassung des Protokolls trotz Einwendungen nach I 3 bestehen lassen. Gemeint
ist also vielmehr eine urkundliche Klärung darüber, inwieweit das Gericht und die Beteiligten über die
Richtigkeit des Protokollentwurfs übereinstimmen, BGH NJW **84**, 1466.

7) *VwGO:* Die Vorschrift gilt entsprechend, § 105 *VwGO* (BVerwG *NJW* **74**, *1916 ist durch die Neufassung* 13
überholt); nach I bedarf es keines Antrags, BVerwG NJW **83**, 2275. Ein Verstoß kann bei anwaltlicher Vertretung
durch Unterlassen einer rechtzeitigen Rüge, § 295, geheilt werden, BVerwG NJW **83**, 2275 mwN, DÖV **81**, 840
u NJW **76**, 1283. Ein nicht verlesener oder zur Durchsicht vorgelegter Vergleich ist unwirksam, BVerwG Buchholz
310 § 161 Nr 99, wirksam dagegen die nicht verlesene Klagrücknahme, OVG Bre DÖV **83**, 38; die Verweigerung
der Genehmigung durch einen Zeugen steht der Verwertung seiner Aussage nicht entgegen, BVerwG NJW **86**,
3154.

163 *Unterschreiben des Protokolls.* ¹¹ Das Protokoll ist von dem Vorsitzenden und von dem
Urkundsbeamten der Geschäftsstelle zu unterschreiben. ² Ist der Inhalt des Protokolls
ganz oder teilweise mit einem Tonaufnahmegerät vorläufig aufgezeichnet worden, so hat der
Urkundsbeamte der Geschäftsstelle die Richtigkeit der Übertragung zu prüfen und durch seine
Unterschrift zu bestätigen; dies gilt auch dann, wenn der Urkundsbeamte der Geschäftsstelle zur
Sitzung nicht zugezogen war.

II ¹ Ist der Vorsitzende verhindert, so unterschreibt für ihn der älteste beisitzende Richter;
war nur ein Richter tätig und ist dieser verhindert, so genügt die Unterschrift des zur
Protokollführung zugezogenen Urkundsbeamten der Geschäftsstelle. ² Ist dieser verhindert, so
genügt die Unterschrift des Richters. ³ Der Grund der Verhinderung soll im Protokoll vermerkt
werden.

Gliederung

1) **Systematik,** I, II	1	A. Voraussetzungen	6
2) **Regelungszweck,** I, II	2	B. Folgen	7
3) **Geltungsbereich,** I, II	3	C. Vermerk	8
4) **Gemeinsame Unterschrift,** I 1	4	7) **Verstoß,** I, II	9
5) **Tonaufnahme usw,** I 2	5	8) *VwGO*	10
6) **Verhinderung an der Unterschrift,** II ..	6–8		

1) Systematik, I, II. Die Vorschrift schließt die Reihe der gesetzlichen Anordnungen über die Her- 1
stellung des Protokolls. Sie ist mit §§ 130 Z 6, 315 vergleichbar im Fall eines Beschlusses mit den Anforderungen § 329 Rn 8, 9.

2) Regelungszweck, I, II. Der Zweck ist derselbe wie in allen diesen Fällen, dazu § 129 Rn 10. Es soll 2
sichergestellt sein, daß jede Urkundsperson die in ihren Zuständigkeitsbereich fallende Verantwortung für
die Beweiskraft einer öffentlichen Urkunde nach § 415, 418 voll und umfassend übernimmt. Deshalb muß
man dieselben Anforderungen an die Ausführung der Unterschrift stellen wie sonst, auch an diejenige durch
den besonderen Urkundsbeamten, § 129 Rn 9 ff.

Der Richter als gleichzeitiger Protokollführer muß stets das Protokoll ebenso unterschreiben wie ein etwa noch
amtierender Protokollführer. Er wird ja in verschiedenen Funktionen tätig. Er haftet in jeder
dieser Funktionen durchaus unterschiedlich. Sein „Verzicht auf eine besondere Protokollkraft" entbindet
nicht von der Notwendigkeit eines gesetzmäßigen Protokolls und der Einhaltung der dazu erforderlichen
Form.

3) Geltungsbereich, I, II. Einf 3, 4 vor §§ 159–165. 3

4) Gemeinsame Unterschrift, I 1. Die Vorschrift gilt auch für eine Protokollergänzung oder -berichti- 4
gung, BVerwG NJW **77**, 264. Unterschreiben müssen sowohl der Vorsitzende bzw der Amtsrichter oder
Einzelrichter nach §§ 348, 348 a, 526, 527, 568, ferner Vorsitzende der Kammer für Handelssachen nach
§ 349, ferner der verordnete Richter nach §§ 361, 362, 375, bzw der als Gericht amtierende Rpfl als Gericht
im Mahnverfahren nach Grdz 4 vor § 688 oder als der etwa als Protokollführer zugezogene Urkundsbeamte
der Geschäftsstelle. Sie alle müssen das als eine einheitliche Urkunde herzustellende Protokoll jeweils in
eigener Verantwortung unterschreiben, BGH VersR **89**, 604. Das gilt auch für Vorgänge nach § 160 a II 3,
4, BVerwG NJW **77**, 264. Der Vorsitzende ist wegen der Aufnahme der Niederschrift von Zeugenaussagen
usw mitverantwortlich, BVerwG NJW **77**, 264.

Natürlich ist er nicht für die *inhaltliche Richtigkeit* der etwa nach § 313 a I 2 ins Protokoll aufgenommenen Entscheidungsgründe mitverantwortlich, wohl aber für getreue Übertragung des Diktats in die Reinschrift. Er muß die inhaltliche Richtigkeit und Vollständigkeit mitprüfen. Er darf sich aber auf sein

§ 163

Buch 1. Abschnitt 3. Verfahren

Gedächtnis und auf etwaige eigene Notizen beschränken. Er muß im Zweifel die Beisitzer und den Urkundsbeamten der Geschäftsstelle befragen. Er kann aber die Hauptverantwortung für die zutreffende Aufnahme und Wiedergabe der vorläufigen Aufzeichnung gleich welcher Art dem Urkundsbeamten der Geschäftsstelle überlassen.

Die vollständigen und ordnungsgemäßen Unterschriften sind Voraussetzungen der Bereitschaft nach §§ 165, 425 ff, BGH VersR **89**, 604. Sie müssen *handschriftlich und eigenhändig* mit vollem Namen erfolgen. Es gelten dieselben Formerfordernisse wie sonst, zB § 129 Rn 9, § 315 Rn 1, 2, § 329 Rn 8, 9, 13, BGH NJW **88**, 713. Eine bloße Namensabkürzung (Paraphe) genügt insbesondere nicht, § 129 Rn 31. Eine gleichzeitige Unterzeichnung ist nicht erforderlich. Meist unterschreibt zunächst der etwa als Protokollführer zugezogene Urkundsbeamte. Alle Unterschriften müssen unverzüglich erfolgen, also ohne vorwerfbare Verzögerung, wie bei § 121 I 1 BGB. Eine Nachholung mag bis zum Ende des Richteramts rückwirkend möglich sein, Vollkommer Rpfleger **76**, 259. Sie gibt jedenfalls einen Wiedereinsetzungsgrund nach § 233, BGH VersR **89**, 604. Es muß derjenige unterschreiben, der die Verhandlung leitet. Das ist im Fall eines Prozeßvergleichs vor dem beauftragten Richter der letztere, nicht etwa später der Vorsitzende des Kollegiums, Stgt JB **76**, 92.

5 **5) Tonaufnahme usw, I 2.** Der Tonaufnahme steht eine Übertragung aus einer Kurzschrift entgegen dem zu engen Wortlaut von I 2 gleich, ThP 1, aM StJR 8 (aber der Regelungszweck nach Rn 2 ist derselbe). In diesem Fall ist der Urkundsbeamte der Geschäftsstelle für die Richtigkeit der Übertragung in die Langschrift stets allein verantwortlich. Es geht zunächst um eine Tonaufnahme usw nach § 160 I, III 2. Infolge eines Redaktionsversehens des Gesetzgebers ist I 2 nicht mitgeändert worden. Daher geht es auch um I 2. Die Vorschrift gilt I 2 unabhängig davon, ob der Urkundsbeamte bei der Tonaufnahme usw anwesend war, BVerwG NJW **87**, 264. Die Vorschrift gilt auch unabhängig davon, ob der Urkundsbeamte das Aufnahmegerät bedient hat, ob er oder die Kanzlei die Übertragung technisch vorgenommen haben und ob die Übertragung unverzüglich nach der Sitzung oder das Protokoll insofern erst später von Amts wegen oder auf Grund eines Antrags oder auf Grund der Anforderung eines Beteiligten nach § 160 a II 3, 4 ergänzt wurde.

Die Bestätigung einer richtigen Übertragung erfolgt nur durch die *Unterschrift* des Urkundsbeamten der Geschäftsstelle. Es ist also kein besonderer Bestätigungsvermerk notwendig. Er ist aber zulässig und zur Vermeidung von etwaigen Mißverständnissen ratsam. Das gilt besonders dann, wenn nicht derselbe Urkundsbeamte das übrige Protokoll angefertigt hat. Die Nachholung zumindest der Funktionsbezeichnung „Urkundsbeamter der Geschäftsstelle" ist noch in der Revisionsinstanz zulässig, BVerwG NJW **77**, 264. Nur derjenige darf die Bestätigung geben, der die Aufnahme abhört. Der Vorsitzende bleibt für die inhaltliche Richtigkeit und Vollständigkeit der Übertragenen insofern mitverantwortlich, BVerwG NJW **77**, 264, als er evtl auf kritische Nachprüfung durch den Urkundsbeamten hinwirken muß.

6 **6) Verhinderung an der Unterschrift, II.** Man muß Voraussetzungen und Folgen unterscheiden.

A. Voraussetzungen. Diese Verhinderung tritt ein, sobald der Vorsitzende seine Beurkundungsfähigkeit nicht nur vorübergehend verliert, § 315 Rn 4–6, oder sobald ein weiteres Zuwarten auf seine Unterschrift prozessual unverantwortbar oder sinnlos ist. Das ist bei einer Versetzung des Vorsitzenden möglich. Es muß aber nicht sogleich eintreten, BGH VersR **81**, 553, aM Stgt Rpfleger **76**, 258 (abl Vollkommer). Zum blinden Vorsitzenden BFH BStBl **84** II 532.

7 **B. Folgen.** Wenn der Vorsitzende verhindert ist, unterschreibt der dienstälteste, nicht der an Lebensjahren älteste, bei gleichem Dienstalter aber der lebensältere Beisitzer, II 1 Hs 1, §§ 21 f II, 197 GVG, § 315 I 2. Er zeichnet zusätzlich zur eigenen Unterschrift „zugleich für den verhinderten Vorsitzenden". Im Fall der Verhinderung des Vorsitzenden und des dienstältesten Beisitzers unterschreibt der im Dienst nächstälteste Beisitzer, nicht etwa der Urkundsbeamte allein. Wenn nur ein Richter tätig war, sei es beim AG, sei es als Einzelrichter nach §§ 348, 348 a, 526, 527, 568, sei es als ein beauftragter oder ersuchter Richter nach §§ 361, 362, 375, oder wenn alle Richter oder wenn der als Gericht tätig gewesene Rpfl bzw Urkundsbeamte nach Grdz 4 vor § 688 verhindert sind, dann unterschreibt bei seiner Verhinderung der Urkundsbeamte der Geschäftsstelle, soweit er als Protokollführer tätig gewesen war, also nicht, wenn er nur nach I 2 Hs 2 tätig werden muß. Im letzteren Fall ist kein wirksames Protokoll möglich.

Bei einer *Verhinderung des* zur Unterschrift als Protokollführer befugten *Urkundsbeamten* der Geschäftsstelle genügt die Unterschrift des Vorsitzenden oder notfalls diejenige des dienstältesten Beisitzers usw, Rn 6, II 2. Das gilt auch dann, wenn der Urkundsbeamte eine vorläufige Aufzeichnung aufgenommen hatte, § 160 a I. Wegen weiterer Einzelheiten zur Verhinderung § 315 Rn 4–10. Sind alle Personen verhindert, deren Unterschrift erforderlich ist oder ausreicht, dann ist kein wirksames Protokoll möglich.

8 **C. Vermerk.** Das Gericht soll, nicht muß, den Verhinderungsgrund im endgültigen Protokoll kurz vermerken, II 3, zB „Vorsitzender X ist wegen einer Erkrankung an der Unterschrift verhindert".

9 **7) Verstoß, I, II.** Im Fall der Unleserlichkeit oder Lückenhaftigkeit oder Unverständlichkeit der Übertragung muß das Gericht den Vorgang frei würdigen, § 286. Eine Berichtigung richtet sich nach § 164. Man kann eine fehlende, unrichtige oder unzulängliche Unterschrift auf Grund einer Rüge jederzeit nachholen, Vollkommer Rpfleger **76**, 259 (auch noch nach der Einlegung eines Rechtsmittels oder nach einem Wechsel des Richters, Rpfl oder Urkundsbeamten durch den bisherigen ZöStö 8, aM bei Versetzung zu streng Stgt MDR **76**, 673). Das gilt natürlich nicht mehr nach dessen Ausscheiden aus diesem Amt oder gar aus dem Dienst, BVerwG NJW **77**, 264, Mü MDR **83**, 410, Stgt JB **76**, 380. Mangels wirksamer Nachholung ist keine wirksame Unterschrift und daher kein wirksames Protokoll vorhanden und eine freie Würdigung nach § 286 auch insoweit geboten.

10 **8) VwGO:** *Die Vorschrift gilt entsprechend, § 105 VwGO.*

Titel 1. Mündliche Verhandlung **§ 164**

164 *Protokollberichtigung.* ¹ Unrichtigkeiten des Protokolls können jederzeit berichtigt werden.
II Vor der Berichtigung sind die Parteien und, soweit es die in § 160 Abs. 3 Nr. 4 genannten Feststellungen betrifft, auch die anderen Beteiligten zu hören.
III ¹ Die Berichtigung wird auf dem Protokoll vermerkt; dabei kann auf eine mit dem Protokoll zu verbindende Anlage verwiesen werden. ² Der Vermerk ist von dem Richter, der das Protokoll unterschrieben hat, oder von dem allein tätig gewesenen Richter, selbst wenn dieser an der Unterschrift verhindert war, und von dem Urkundsbeamten der Geschäftsstelle, soweit er zur Protokollführung zugezogen war, zu unterschreiben.
IV ¹ Erfolgt der Berichtigungsvermerk in der Form des § 130b, ist er in einem gesonderten elektronischen Dokument festzuhalten. ² Das Dokument ist mit dem Protokoll untrennbar zu verbinden.

Vorbem. IV angefügt dch Art 1 Z 12 JKomG v 22. 3. 05, BGBl 837, in Kraft seit 1. 4. 05, Art 16 I JKomG, ÜbergangsR Einl III 78.

Gliederung

1) **Systematik, I–IV** 1	C. Berichtigung: Unanfechtbarkeit 11
2) **Regelungszweck, I–IV** 2	7) **Ablehnung der Berichtigung, III, IV** 12, 13
3) **Geltungsbereich, I–IV** 3	A. Grundsatz: Beschluß 12
4) **Berichtigungspflicht, I** 4–7	B. Unterschrift oder Signatur 13
A. Von Amts wegen oder auf Antrag 4	8) **Rechtsmittel gegen Ablehnung der Berichtigung: Grundsatz der Unanfechtbarkeit, III, IV** 14
B. Unrichtigkeit 5	
C. Zuständigkeit 6	
D. Unzulässigkeit 7	9) **Rechtsmittel gegen Ablehnung der Berichtigung: Ausnahmsweise sofortige Beschwerde oder befristete Erinnerung, III, IV** 15
5) **Anhörung, II** 8	
6) **Durchführung der Berichtigung, III, IV** 9–11	
A. Vermerk 9	10) *VwGO* 16
B. Unterschrift oder Signatur: Bisheriger Richter und Urkundsbeamter 10	

1) Systematik, I–III. Die Vorschrift entspricht der beim Urteil geltenden § 319. Sie geht aber über **1** dessen Unrichtigkeitsbegriff hinaus, Rn 4. Zur Abgrenzung von der Berichtigung des Sachinhalts einer richterlichen Entscheidung § 160a Rn 14.

2) Regelungszweck, I–III. Die Vorschrift dient wie § 319 einem praktischen Bedürfnis. Sie dient **2** sowohl der Gerechtigkeit nach Einl III 9 als auch der Prozeßwirtschaftlichkeit, Grdz 14 vor § 128. Sie hilft auch ein Folgeverfahren zu vermeiden, gar ein solches wegen angeblicher Falschbeurkundung. Aus allen diesen Gründen ist sie großzügig auslegbar.
Das Rangverhältnis zwischen Protokoll, Tatbestand und Entscheidungsgründen kann sich zwar auf § 164 auswirken. Das ändert aber grundsätzlich nichts an Umfang und Grenzen einer Berichtigung oder deren Ablehnung nach dieser Vorschrift. Ob sich aus der Entscheidung über die Behandlung der einen Urkunde eine Folge für die Behandlung der anderen ergibt, ist jedenfalls nur eine Folgefrage.

3) Geltungsbereich, I–III. Vgl Einf 3, 4 vor §§ 159–165. **3**

4) Berichtigungspflicht, I. Man muß mehrere Voraussetzungen klären. **4**

A. Von Amts wegen oder auf Antrag. Das Protokoll kann insgesamt unrichtig sein oder bei einer nachträglichen Herstellung unrichtig werden. Seine Berichtigung ist in allen Fällen von Amts wegen zulässig, Mü OLGZ **80**, 466. Sie ist auch auf Grund eines Antrags erlaubt. Das gilt auch dann, wenn eine Partei oder ein sonstiger Beteiligter die Unrichtigkeit schon in der Rechtsmittelinstanz gerügt hatte, BVerwG MDR **81**, 166, Hamm Rpfleger **79**, 30. Die Berichtigung ist auch nach dem Ablauf einer Frist zum Vergleichswiderruf zulässig. Eine Erklärung der rechtskundigen Partei, sie sei trotz Anwesenheit nicht aufgerufen worden, ist meist als Berichtigungsantrag auslegbar, BVerfG **42**, 369.

B. Unrichtigkeit. Das Gericht muß nicht nur eine offenbare Unrichtigkeit berichtigen. Es muß vielmehr **5** jede förmliche oder inhaltliche Unvollständigkeit oder sonstige Unrichtigkeit beseitigen, Hamm MDR **83**, 410 (Vergleich), Mü OLGZ **80**, 466, aM Stgt Rpfleger **76**, 278 (aber Unrichtigkeit ist nach Wortlaut und Sinn ein umfassender Begriff, Einl III 39). Das gilt unabhängig davon, ob die Berichtigung im einzelnen Prozeß entscheidungserheblich sein kann. Denn die öffentliche Urkunde des Protokolls kann anderswie beachtlich sein. Sie muß ja auch wegen ihrer allgemeinen Beweiskraft usw richig sein. Insofern geht § 164 weiter als § 319. Eine Richtigstellung im Urteil oder in einer anderen Sachentscheidung erübrigt das Verfahren nach § 164 nicht. Verständlichkeit für die Parteien bei erlaubter und zumutbarer Auslegung genügt wie beim Tatbestand nach § 313 Rn 15. § 164 ist auf eine notarielle Urkunde entsprechend anwendbar, Kanzleiter DNotZ **90**, 484. Eine sprachliche Klarstellung bzw ein sonstiger bloßer Übertragungs- oder Schreibfehler sind bzw erfordern keine Berichtigung. Sie sind jederzeit auch ohne Anhörung und ohne einen besonderen Protokollführer möglich, Franzki DRiZ **75**, 101. §§ 318, 319 schaden nicht. Wer die Unrichtigkeit als Partei usw behauptet, muß sie beweisen, § 418 Rn 7. Er kann sich aber evtl auf einen Anscheinsbeweis berufen, Anh § 286 Rn 15, BGH NJW **85**, 1782.

C. Zuständigkeit. Das Wort „kann" bedeutet, wie so oft: Das Gericht ist zuständig. Es liegt also nicht **6** etwa ein Ermessensspielraum vor. Man muß vielmehr eine erwiesene Unrichtigkeit auch berichtigen, Düss AnwBl **02**, 119, Kanzleiter DNotZ **90**, 483. Diese Pflicht besteht auch dann, wenn die Auswirkung der

Hartmann 781

§ 164

Unrichtigkeit derzeit noch unerheblich ist. Ob eine Unrichtigkeit vorliegt, müssen alle diejenigen prüfen, die für das Zustandekommen der fraglichen Stelle mitverantwortlich waren, also grundsätzlich der Vorsitzende und bei seiner fortdauernden Verhinderung der dienstälteste Beisitzer usw nach § 163 Rn 6 bzw der allein tätig gewordene Richter und außerdem der als Urkundsbeamter der Geschäftsstelle für die fragliche Protokollstelle tätig gewordene Protokollführer. Sie müssen in ihrer Meinung übereinstimmen, LG Ffm JB **93**, 745. Berichtigen kann und muß nur derjenige, der mitgewirkt hat, Mü OLGZ **80**, 467. Das gilt selbst dann, wenn er inzwischen versetzt worden ist. Ist der Richter zum Staatsanwalt ernannt und der Urkundsbeamte entlassen, sind beide verhindert, Mü OLGZ **80**, 467.

7   **D. Unzulässigkeit.** Nach dem Ablauf der Monatsfrist des § 160a III Z 1 ist die Berichtigung nur noch beschränkt zu fordern, Schneider JB **75**, 131. Soweit es um die Berichtigung einer Tatsache geht, die „vorgelesen und genehmigt" usw worden war, ist eine Berichtigung des bisherigen Protokolls grundsätzlich unzulässig etwa bei einem Prozeßvergleich, Hamm MDR **83**, 410, Nürnb MDR **03**, 652, Vollkommer Rpfleger **76**, 258. Das Gericht holt dann evtl in einem neuen Termin eine richtige Protokollierung nach, Hamm MDR **83**, 410. Zulässig ist aber die Berichtigung nur der an eine vorläufige Aufzeichnung nach § 160a anschließenden späteren Niederschrift, Ffm MDR **86**, 152.

8   **5) Anhörung, II.** Soweit das Gericht eine Berichtigung des Protokolls von Amts wegen oder auf Grund eines Antrags beabsichtigt, hat es ein Anhörungsrecht, Mü OLGZ **80**, 467. Es muß schon wegen §§ 165, 313 II stets beide Parteien anhören, Artt 2 I, 20 III GG (Rpfl), BVerfG **101**, 404, Art 103 I GG (Richter). Das gilt einschließlich der Streithelfer, § 68, und Streitverkündeten, § 74 II, MüKoPe 4, StJR 7. Denn sie alle können beteiligt bzw betroffen sein. Es gilt natürlich nur, soweit sie infolge der Berichtigung beschwert sein würden, BGH VersR **86**, 488, Hamm Rpfleger **84**, 193. Anhören muß das Gericht außerdem auch den Zeugen nach § 373, den Sachverständigen nach § 406 und die vernommene Partei nach §§ 445 ff persönlich, soweit die Berichtigung die Feststellung von deren Aussagen betrifft. Dabei ist eine weite Auslegung des Begriffs „Betroffenheit" erforderlich. Das Gericht muß dem Beteiligten eine angemessene Frist setzen. Die Anhörung braucht nicht mündlich zu erfolgen. Sie ist in einem klarliegenden Fall entbehrlich, Franzki DRiZ **75**, 101 (Vorsicht!).

9   **6) Durchführung der Berichtigung, III, IV.** Das Gericht muß die folgenden Formen einhalten.

A. Vermerk. Die Berichtigung erfolgt durch einen Vermerk, eine Richtigstellung, BGH VersR **86**, 488, Hamm Rpfleger **84**, 193, Mü OLGZ **80**, 467. Das Gericht bringt ihn entweder auf dem zuvor falschen Protokoll selbst oder auf einer mit ihm zu verbindenden Anlage an. Im letzteren Fall ist ein Hinweis auf die Anlage im Protokoll selbst erforderlich, damit man bei der Durchsicht des Protokolls oder bei der Erteilung einer Abschrift eine Berichtigung nicht übersieht, BGH VersR **86**, 487. Wenn die Parteien bzw ProzBev das Protokoll schon besitzen, genügt die Übersendung der Berichtigung. Die Beschlußform nach § 329 ist unnötig. Sie ist aber natürlich erlaubt, Hamm Rpfleger **84**, 193. Die berichtigte Stelle muß in ihrer unrichtigen früheren Form erkennbar bleiben. Bei elektronischer Aktenführung erfolgt der Vermerk nach IV in Verbindung mit § 130b durch Festhaltung in einem gesonderten elektronischen Dokument nach IV 1, das mit dem Protokoll nach IV 2 elektronisch verbunden sein muß, ähnlich wie bei § 105 I 2, 3 usw.

10   **B. Unterschrift oder Signatur: Bisheriger Richter und Urkundsbeamter.** Die Berichtigung wird unabhängig von ihrer Form grundsätzlich von demjenigen Richter unterschrieben bzw nach § 130b elektronisch signiert, der das Protokoll unterschrieben bzw signiert hatte, also evtl vom Einzelrichter nach §§ 348, 348a, 526, 527, 568, nicht etwa von seinem Vorsitzenden oder Amtsnachfolger. Der als Protokollführer etwa zugezogene Urkundsbeamte der Geschäftsstelle unterschreibt oder signiert gemeinsam mit dem Richter, III 2, also wie bei § 163 Rn 3, Hamm Rpfleger **84**, 193. Die Unterschrift oder Signatur erfolgt auf dem berichtigten Protokoll, nicht bloß auf der berichtigten Anlage. Eine Namensabkürzung genügt ebensowenig wie sonst bei einer erforderlichen Unterschrift, § 129 Rn 31, LG Ffm JB **93**, 745. Unterschreiben usw muß auch derjenige Richter, der bei dem unrichtigen Protokoll an der Unterschrift usw verhindert gewesen war und für den kein anderer Richter unterschrieben usw hatte oder der inzwischen versetzt wurde, ohne aus dem Dienst zu scheiden, Mü OLGZ **80**, 465 (mit Dienstende keinerlei Funktion mehr wahrnehmbar). Der Urkundsbeamte der Geschäftsstelle muß nur unterschreiben usw, soweit er als Protokollführer zugezogen gewesen war, also im Fall einer bloßen Tätigkeit nach § 163 I 2 nur, soweit ein Übertragungsfehler vorlag. Der Urkundsbeamte unterschreibt usw auch, wenn er an der Unterzeichnung des unrichtigen Protokolls verhindert gewesen war. Er unterschreibt usw natürlich nicht, soweit er bei dem unrichtigen Protokoll überhaupt nicht mitgewirkt hat, Mü OLGZ **80**, 466. Im Fall der *Verhinderung* des Richters oder des Urkundsbeamten als Protokollführer unterschreibt usw der andere. Das genügt, ThP 2, ZöStö 6, aM Franzki DRiZ **75**, 101 (aber auch hier hat Prozeßwirtschaftlichkeit Gewicht, Grdz 14 vor § 128). Sind beide verhindert, dann ist eine wirksame Berichtigung nicht möglich, Franzki DRiZ **75**, 101, aM StJR 12, ThP 3, ZöStö 6 (dann Unterschrift usw nur des Urkundsbeamten. Aber auch der ist ja gerade verhindert). Die Berichtigung hat grundsätzlich eine Rückwirkung, Kanzleiter DNotZ **90**, 484. Das gilt aber nicht, soweit das Protokoll eine sachlichrechtliche notwendige Form ersetzen soll.

Formlose Mitteilung der Berichtigung genügt schon wegen ihrer Unanfechtbarkeit, Rn 10, § 329 II 1, es sei denn, erst die bloße Berichtigung schafft oder ändert einen Vollstreckungstitel, § 329 III Hs 1.

11   **C. Berichtigung: Unanfechtbarkeit.** Die Berichtigung ist grundsätzlich unanfechtbar, BGH FamRZ **04**, 1637. Denn das Rechtsmittelgericht ist zu einer Beurteilung durchweg gar nicht imstande, Rn 14. Das gilt unabhängig von ihrer Form, Hamm Rpfleger **84**, 193, Abramenko NJW **03**, 1358. Vgl aber auch § 319 Rn 2 sowie Ffm MDR **83**, 410 je wegen eines Vergleichs.

12   **7) Ablehnung der Berichtigung, III, IV.** Man muß die folgenden Formen beachten.

A. Grundsatz: Beschluß. Das Gericht lehnt eine Berichtigung in der Form eines Beschlusses ab, § 329. Er muß seinen Beschluß grundsätzlich begründen, § 329 Rn 4. Er verkündet ihn oder teilt ihn den Beteiligten formlos mit, § 329 I 1, II 1.

Titel 1. Mündliche Verhandlung **§§ 164, 165**

B. Unterschrift oder Signatur. Den Ablehnungsbeschluß müssen dieselben Personen unterschreiben **13** oder signieren, die eine Berichtigung unterzeichnen oder signieren müßten, StJR 18, aM ZöStö 10 (aber auch der Ablehnung liegt die gemeinsame Verantwortung zugrunde).

8) Rechtsmittel gegen Ablehnung der Berichtigung: Grundsatz der Unanfechtbarkeit, III, IV. 14 Der Ablehnungsbeschluß ist grundsätzlich unanfechtbar, auch wenn eine Ergänzung beantragt worden war, BayObLG WoM **89**, 49 (WEG), Ffm FGPrax **96**, 160. Die höhere Instanz hat ja an der fraglichen Sitzung nicht teilgenommen und die Vorgänge nicht selbst wahrgenommen. Sie kann sie daher nur selten ohne weiteres überprüfen, Rn 11, Brschw DGVZ **92**, 120, Hamm NJW **89**, 1680, Holtgrave DB **75**, 824, aM Kblz MDR **86**, 593 (aber in aller Regel gibt es eben leider keine Überprüfungsmöglichkeit ohne unvertretbaren Aufwand). Soweit das LG als Berufungs- oder Beschwerdegericht entschieden hat, ist eine sofortige Beschwerde ohnehin unzulässig, § 567 III 1.

9) Rechtsmittel gegen Ablehnung der Berichtigung: Ausnahmsweise sofortige Beschwerde 15 oder befristete Erinnerung, III, IV. Ausnahmsweise ist sofortige Beschwerde nach (jetzt) § 567 I Z 2 oder befristete Erinnerung nach § 573 I denkbar, wenn die höhere Instanz zB mit Hilfe einer dienstlichen Äußerung oder eines Aktenvermerks aller an der Sitzung beteiligt gewesenen Gerichtspersonen den Sachverhalt doch überprüfen kann oder wenn es nicht um den Protokollinhalt geht, sondern um Fehler des Berichtigungsverfahrens, Düss AnwBl **02**, 119, LAG Hamm MDR **88**, 172, Abramenko NJW **03**, 1357. Das gilt auch dann, wenn das Gericht oder eine überhaupt nicht zur Entscheidung berufene Person die Berichtigung als unzulässig abgelehnt hatten, Düss AnwBl **02**, 119, Hamm MDR **83**, 410, Abramenko NJW **03**, 1357, aM Hamm Rpfleger **79**, 31 (aber ein derart grober Fehler kann nicht aus formellen Gründen bestehen bleiben). Eine Rechtsbeschwerde kommt unter den Voraussetzungen des § 574 in Betracht. Beim Rpfl gilt § 11 RPflG, § 104 Rn 41 ff.

10) *VwGO*: Die Vorschrift gilt entsprechend, § 105 VwGO; Parteien, II, sind auch hier die Beteiligten iSv § 63 **16** VwGO. Auch bereits mit einem Rechtsmittel gerügte Fehler dürfen berichtigt werden, oben Rn **3**, BVerwG NJW **81**, 166. Die Berichtigung, oben Rn 3 ff, und die Ablehnung, oben Rn 11 u 12, sind grundsätzlich unanfechtbar und können deshalb auch vom RevGericht nicht überprüft werden, BVerwG DÖV **81**, 180. Eine Beschwerde, § 146 VwGO, gegen die Ablehnung ist allenfalls ausnahmsweise, oben Rn 15, zulässig, BVerwG DÖV **81**, 180 u 840, VGH Mannh NVwZ-RR **03**, 318 mwN, weitergehend VGH Mü BayVBl **01**, 568.

165 *Beweiskraft des Protokolls.* ¹ Die Beachtung der für die Verhandlung vorgeschriebenen Förmlichkeiten kann nur durch das Protokoll bewiesen werden. ² Gegen seinen diese Förmlichkeiten betreffenden Inhalt ist nur der Nachweis der Fälschung zulässig.

Gliederung

1) **Systematik**, S 1, 2 1	5) **Beispiele zur Frage einer Förmlichkeit**, S 1 5–9
2) **Regelungszweck**, S 1, 2 2	6) **Weitere Einzelfragen**, S 1 10
3) **Geltungsbereich**, S 1, 2 3	7) **Entkräftung**, S 2 11
4) **Förmlichkeit**, S 1, 2 4	8) ***VwGO*** 12

1) Systematik, S 1, 2. Es handelt sich um eine den §§ 286, 415 II, 418 II vorgehende gesetzliche **1** Beweisregel, § 286 Rn 4, und insofern um eine Einschränkung des Grundsatzes der Freiheit der Beweiswürdigung, § 286 Rn 4.

2) Regelungszweck, S 1, 2. Die Vorschrift hat ihren Grund in der zentralen Bedeutung der Förmlich- **2** keiten für den weiteren Prozeßverlauf. Es soll ein Streit über die Behandlung dieser Zentralpunkte im Protokoll möglichst unterbleiben. Wegen des Ausnahmecharakters muß man § 165 eng auslegen.

Schutz wie Last ist die Begleitwirkung für den Richter wie den etwa hinzugezogenen besonderen Protokollführer. So selten wie der Nachweis des Verbrechens der Urkundenfälschung im Amt ist die Beweisbarkeit der Abweichung des Tatsächlichen von Protokollierten bei den von S 1 genannten Förmlichkeiten. Indessen hat der Grundsatz freier Beweiswürdigung natürlich auch bei § 165 eine gewisse Mitbedeutung. Das gilt zumindest bei der Frage, ob die Vorschrift überhaupt anwendbar ist.

3) Geltungsbereich, S 1, 2. Vgl Einf 3, 4 vor §§ 159–165. Die Vorschrift gilt seit der Streichung des **3** früheren Worts „mündliche" (Verhandlung) in S 1 auch für die Güteverhandlung des § 278 II 1 Hs 1.

4) Förmlichkeit, S 1, 2. Bei der nach Rn 2 gebotenen engen Auslegung ergibt sich: Das Gesetz meint **4** unter „Förmlichkeiten" nur den äußeren Hergang der Verhandlung, im Gegensatz zu ihrem Inhalt, BGH NJW **04**, 1666. Soweit keine Förmlichkeit eindeutig vorliegt, besteht aber immerhin noch die volle Beweiskraft einer öffentlichen Urkunde, § 418 Rn 4, BGH FamRZ **94**, 301, Ffm JB **78**, 446, Kblz JB **80**, 1846 (je: Gebührentatbestand).

5) Beispiele zur Frage einer Förmlichkeit, S 1 **5**
Anerkenntnis, Verzicht, Vergleich, § 160 III Z 1: *Nicht* zu den Förmlichkeiten gehören Angaben über ein Anerkenntnis nach § 307, einen Anspruchsverzicht nach § 306, oder einen Prozeßvergleich nach § 307 Anh, BGH **142**, 89, oder gar über einen außergerichtlichen Vergleich, Brschw MDR **76**, 673, Stgt FamRZ **85**, 609. Einzelheiten § 160 Rn 8.
Antrag, § 160 III Z 2: Zu den Förmlichkeiten zählen die Angaben über die gestellten Sachanträge, § 297 Rn 3, BGH VersR **86**, 488, Düss OLGR **01**, 387, Stgt AnwBl **89**, 232.
Nicht zu den Förmlichkeiten zählen die Angaben über einen bloßen Prozeßantrag, § 297 Rn 3, Kblz MDR **75**, 63. Einzelheiten § 160 Rn 9.

§ 165

Anwesenheit: Zu den Förmlichkeiten gehören die Angaben zur Ab- oder Anwesenheit eines Beteiligten, BGH RR **90**, 342.
Aufruf: Zu den Förmlichkeiten gehören die Angaben über den Aufruf der Sache, § 220.
Augenschein, § 160 III Z 5: *Nicht* zu den Förmlichkeiten gehören die Ergebnisse eines Augenscheins. Einzelheiten § 160 Rn 13.
Aussage, § 160 III Z 4: *Nicht* zu den Förmlichkeiten gehören die Angaben über den Inhalt der Aussage eines Zeugen, eines Sachverständigen und einer förmlich vernommenen Partei, BGH FamRZ **94**, 301, KG AnwBl **00**, 57. Einzelheiten § 160 Rn 11, 12.
Beschluß, § 160 III Z 6: S „Entscheidung".
Bezeichnung des Rechtsstreits, § 160 I Z 3: Zu den Förmlichkeiten gehört die Bezeichnung des Prozesses nach seinem Aktenzeichen, *nicht* auch die etwa zusätzliche Angabe „wegen ..." usw.
Beweisergebnis: Zu den Förmlichkeiten gehören die Angaben über eine Verhandlung zu den Beweisergebnissen, §§ 279 III, 285, BGH NJW **90**, 122, LG Brschw WoM **77**, 11.
Entscheidung, § 160 III Z 6: *Nicht* zu den Förmlichkeiten gehören die Angaben über die Entscheidungen (Urteile, Beschlüsse, Verfügungen). Einzelheiten § 160 Rn 14.
  S auch Rn 8 „Verkündung".
Erledigterklärung: Zu den Förmlichkeiten gehören die Angaben über eine oder mehrere gänzliche oder teilweise Erledigterklärungen, § 160 II, ZöStö 2 (Klagänderung), aM ThP 2 (aber solche Erklärungen haben weitreichende Wirkungen, § 91 a Rn 106 ff).
Erörterung: *Nicht* zu den Förmlichkeiten gehören die Angaben über eine Erörterung der Sach- und/oder Rechtslage, § 160 Rn 7, Düss AnwBl **97**, 178, aM BGH NJW **90**, 121 (aber das betrifft schon den Verhandlungsinhalt, Rn 3).
Geständnis usw, § 160 III Z 3: *Nicht* zu den Förmlichkeiten gehören Angaben über ein Geständnis nach § 288 sowie über einen Antrag auf Parteivernehmung nach §§ 446, 447 usw und über eine sonstige Erklärung, deren Feststellung vorgeschrieben ist, Stgt FamRZ **85**, 609. Einzelheiten § 160 Rn 10.
Güteverhandlung: Zu den Förmlichkeiten gehört die Tatsache einer Güteverhandlung zB nach § 278.

6 **Inhalt des Parteivorbringens:** Grds *nicht* zu den Förmlichkeiten gehören Angaben über den Inhalt eines Parteivorbringens, ZöStö 2, aM Düss ZMR **88**, 336 (aber dann kann es um den Kern des Gesamtanliegens gehen).
Klagerücknahme, § 160 III Z 8: *Nicht* zu den Förmlichkeiten gehören die Angaben über eine Klagerücknahme. Einzelheiten § 160 Rn 16.
Namen der Gerichtspersonen usw, § 160 I Z 2: Zu den Förmlichkeiten gehören die Angaben über die Namen der Richter, die sich evtl sogar als Protokollführer abweichenden Urkundsbeamten der Geschäftsstelle und der etwa hinzugezogenen Dolmetscher. Einzelheiten § 160 Rn 6.
Namen der Parteien usw, § 160 I Z 4: Zu den Förmlichkeiten gehören die Angaben über die Namen der erschienenen Parteien, Nebenintervenienten (Streithelfer), gesetzlichen Vertreter (Prozeß- oder sonstigen) Bevollmächtigten, Beständen, Zeugen und Sachverständigen, BGH RR **90**, 342. Einzelheiten § 160 Rn 6.

7 **Öffentlichkeit,** § 160 I Z 5: Zu den Förmlichkeiten gehören die Angaben dazu, daß öffentlich verhandelt oder die Öffentlichkeit ausgeschlossen worden sei, Köln OLGZ **85**, 319. Einzelheiten § 160 Rn 6.
Ort und Tag der Verhandlung, § 160 I Z 1: Zu den Förmlichkeiten gehört die Angabe über Ort und Tag der Verhandlung. Einzelheiten § 160 Rn 6.
Parteivernehmung, § 160 III Z 3, 4: Rn 5 „Aussage", „Geständnis usw".
Prozeßantrag: Rn 5 „Antrag".
Rechtsmittelrücknahme, § 160 III Z 8: *Nicht* zu den Förmlichkeiten gehören die Angaben über eine Rechtsmittelrücknahme. Einzelheiten § 160 Rn 16.
Rechtsmittelverzicht: *Nicht* zu den Förmlichkeiten gehören die Angaben über einen Rechtsmittelverzicht, § 515 usw, BGH NJW **84**, 1465, aM BGH RR **94**, 386 (aber er hat weitreichende Wirkung, § 515 Rn 12 ff). Einzelheiten § 160 Rn 17.
Sachantrag: Rn 5 „Antrag".
Sachverständiger: Rn 5 „Aussage", Rn 6 „Namen der Gerichtsperson usw".

8 **Urteil,** § 160 III Z 6: Rn 5 „Entscheidung".
Verfügung, § 160 III Z 6: Rn 5 „Entscheidung".
Vergleich: Rn 4 „Anerkenntnis, Verzicht, Vergleich".
Verkündung, § 160 III Z 7: Zu den Förmlichkeiten gehören die Angaben über die Verkündung einer Entscheidung, BGH FamRZ **04**, 1479, BayObLG WoM **98**, 623 (Verkündung der vollständigen Gründe), Brdb RR **02**, 356. Einzelheiten § 160 Rn 15.
  S auch Rn 5 „Entscheidung".
Vernehmung: Rn 5 „Aussage".
Verzicht: Rn 5 „Anerkenntnis, Verzicht, Vergleich", Rn 7 „Rechtsmittelverzicht".
Vorläufige Aufzeichnung, § 160 a: *Nicht* zu den Förmlichkeiten gehören die Angaben über die Vorläufigkeit der Aufzeichnung usw, BGH VersR **85**, 46.

9 **Wesentlicher Vorgang,** § 160 II: Zu den Förmlichkeiten gehören die Angaben über jeden wesentlichen Vorgang der Verhandlung, Bbg JB **91**, 1642. Dazu kann zB die Protokollierung einer oder mehrerer Erledigterklärungen zählen, Rn 5 „Erledigterklärung". Einzelheiten § 160 Rn 7.
Wiederholte Vernehmung: Rn 5 „Aussage".
Zeuge: Rn 5 „Aussage".
Zuständigkeit: *Nicht* zu den Förmlichkeiten gehören Angaben über eine Zuständigkeitsrüge. Wohl aber gehört hierher ein Hinweis nach § 504.

10 **6) Weitere Einzelfragen, S 1.** Unzulässig ist zB der Hinweis, daß etwas anderes verkündet worden sei oder daß andere Anträge gestellt worden seien, BAG NJW **91**, 1631. Das Protokoll beweist das Geschehen

Titel 2. Verfahren bei Zustellungen   § 165, Übers § 166

wie das Nichtgeschehen, Bbg JB **91**, 1642, Ffm FamRZ **82**, 810. Jeder andere Beweis oder Gegenbeweis ist grundsätzlich ausgeschlossen. Eine Ausnahme gilt nach S 2. Natürlich geht eine Berichtigung nach § 164 vor, LG Kiel SchlHA **76**, 95. Gegen die Beweiswirkung schützt auch nicht ein sofortiger Widerspruch, soweit er nicht zur Änderung des Entwurfs oder zur Berichtigung des fertigen Protokolls führt. Das Protokoll geht wegen der Förmlichkeiten dem Urteilstatbestand vor, Stgt FamRZ **85**, 609. Soweit das Protokoll schweigt, während der Tatbestand des Urteils etwas feststellt, widerlegt das Protokoll den Tatbestand nicht.

Soweit das Protokoll *lückenhaft* ist, würdigt das Gericht es im Wege der Auslegung frei, Einl III 36, § 286, Ffm FamRZ **82**, 810, Hbg JB **95**, 30. Ob es lückenhaft ist, muß man von Fall zu Fall prüfen, insbesondere bei Formularen, Köln OLGZ **85**, 319. § 165 gilt nur für dasjenige Verfahren, in dem die Verhandlung stattfand, nicht für das anschließende Kostenfestsetzungsverfahren, Ffm JB **78**, 446, Kblz JB **80**, 1846, oder für einen anderen Prozeß. Wenn der Ablauf der Verhandlung in einem anderen Prozeß streitig wird, muß das dortige Gericht den Ablauf frei würdigen, § 286.

7) Entkräftung, S 2. Man kann den Beweis einer Förmlichkeit nur durch seine Berichtigung nach § 164 **11** oder durch den Nachweis der Fälschung entkräften, also durch den Nachweis einer wissentlich falschen Beurkundung oder einer nachträglichen Verfälschung, §§ 267, 271, 348 StGB, BGH VersR **85**, 47. Es muß sich um einen äußeren Mangel im Sinn von § 419 handeln, der aus dem Protokoll selbst hervorgeht, BGH VersR **85**, 46. Es gilt ein strenger Maßstab, BGH VersR **85**, 47. Dieser Nachweis ist mit allen Beweismitteln zulässig. Ein Anscheinsbeweis kann ausreichen, Anh § 286 Rn 15 ff, BGH NJW **85**, 1782. Man braucht nicht unbedingt ein Strafurteil oder gar dessen Rechtskraft abzuwarten. Es reicht, daß das Protokoll eindeutig erst nachträglich vervollständigt wurde, BGH VersR **86**, 488. Der Nachweis eines Irrtums oder einer bloßen Unrichtigkeit genügt nicht, Ffm JB **78**, 447 (nur für [jetzt] § 11 RVG), ebensowenig ein bloßer Zweifel oder selbst die Wahrscheinlichkeit einer Unrichtigkeit.

8) VwGO: Die Vorschrift gilt entsprechend, § 105 VwGO. Zu S 1 OVG Bln NJW **70**, 486, zu S 2 BVerwG **12** RiA **69**, 56 mwN. § 165 gilt nicht für die Verwertung bestimmter Erkenntnisquellen, BVerwG NVwZ **85**, 337 mwN, und auch nicht für den Nachweis, daß eine mdl Verh stattgefunden hat, BVerwG Buchholz 312 Nr 40.

Titel 2. Verfahren bei Zustellungen

Übersicht

Schrifttum: Hartmann NJW **01**, 2580, Heß NJW **02**, 2451, Hornung Rpfleger **02**, 493, Nies MDR **02**, 69 (je: Üb); *Sadler*, Verwaltungs-Vollstreckungsgesetz, Verwaltungszustellungsgesetz, 5. Aufl 2002; *Wolst*, Von der Zustellung auf Betreiben der Partei zur Amtszustellung, Festschrift für *Musielak* (2004) 713.

Gliederung

1) **Systematik** 1	G. Deutsche Post AG, andere Lizenznehmer 8
2) **Regelungszweck: Möglichkeit der Kenntnisnahme** 2	H. Insolvenzverwalter, vorläufiger Insolvenzverwalter 8
3) **Geltungsbereich** 3	9) **Zustellungsadressat** 9
4) **Begriff der wirklichen Zustellung** 4	10) **Zustellungsempfänger** 10
5) **Begriff der unterstellten (fingierten) Zustellung** 5	A. Unmittelbare Zustellung 10
A. Öffentliche Zustellung 5	B. Ersatzzustellung 10
B. Aufgabe zur Post 5	C. Zustellungsbevollmächtigter 10
C. Niederlegung 5	11) **Weitere Einzelfragen** 11
6) **Geltung außerhalb der ZPO** 6	12) **Zustellungsurkunde** 12
7) **Zustellungsarten** 7	13) **Mangelhafte Zustellung** 13–16
A. Amtszustellung 7	A. Grundsatz: Unwirksamkeit 13
B. Parteizustellung 7	B. Heilung 14
8) **Zustellungsorgane** 8	C. Verzicht 15
A. Gericht 8	D. Haftung 16
B. Gerichtsvollzieher; Justizbediensteter 8	14) **Ausreichen einer formlosen Mitteilung** 17
C. Urkundsbeamter 8	15) **Zustellung an Soldaten** 18
D. Anwalt 8	16) **VwGO** 19
E. Sonstiger Beamter 8	
F. Diplomat, Konsul 8	

1) Systematik. §§ 166 ff regeln in einem unübersichtlichen System das Verfahren von Zustellungen nicht **1** abschließend. Dabei ist zunächst die Zustellung von Amts wegen geregelt, §§ 166–190, sodann die Zustellung im Parteibetrieb, §§ 191–195. Diese Reihenfolge entspricht der praktischen Vorherrschaft der ersteren Zustellungsart. Ergänzungen finden sich zB in §§ 270, 271, 497 I. Die Übergabe ist ein sehr bedeutungsvoller Vorgang. An ihn knüpfen sich wichtige prozessuale Wirkungen, zB: Die Rechtshängigkeit, § 261 Rn 1; der Beginn einer Frist; die Ersetzung der Urteilsverkündung, § 310 III.

2) Regelungszweck: Möglichkeit der Kenntnisnahme. Es geht um die Grundsätze des rechtlichen **2** Gehörs, Zweibr FamRZ **02**, 469, und eines fairen Verfahrens, Einl III 16, 22, Artt 2 I, 20 III GG (Rpfl), BVerfG **101**, 404, Art 103 I GG (Richter), BVerfG NJW **88**, 2361, BGH **78**, 1858. §§ 166 ff dienen der tatsächlichen Kenntnisnahme von einem prozessualen Vorgang oder doch zumindest ungehinderter Möglichkeit, BVerfG NJW **88**, 2361, BGH **118**, 47. Das muß man bei der Auslegung mitbeachten. Der Zweck der Zustellung besteht ferner darin, den Zeitpunkt und die Art der Übergabe des Schriftstücks nachweisen zu können, § 418, BVerfG **67**, 211, BVerwG DGVZ **84**, 150.

Übers § 166 Buch 1. Abschnitt 3. Verfahren

Rechtssicherheit nach Einl III 43 ist ein weiteres Hauptziel aller Zustellungsvorschriften. Das gilt insbesondere bei der öffentlichen Zustellung nach §§ 185 ff. Die Möglichkeit der Kenntnisnahme ist zwar nur die erste von mehreren Voraussetzungen einer wirklich eigenverantwortlichen Entscheidung, ob, wann und wie man sich in einem Verfahren mit oder ohne Parteiherrschaft nach Grdz 18 vor § 128 auf Gericht und Gegner einlassen will. Diese Möglichkeit muß aber wirklich einigermaßen zuverlässig nachweisbar bestehen. Freilich passen Lebensgewohnheiten, Arbeitspflichten, verständliche persönliche Wünsche oft nicht zu den Notwendigkeiten einer Erreichbarkeit für das Gericht. Das Gesetz versucht deshalb, unter möglichster Beachtung etwa des vom BVerfG bestätigten Rechts auf ungestörten Urlaub, aber auch sonstwie den Rechten aus Artt 1, 2 GG Vorrang zu bewahren.

Die Gerechtigkeit erfordert aber auch *Prozeßwirtschaftlichkeit*, Grdz 14 vor § 12. So, wie das Gesetz Ausgleich in diesem Spannungsverhältnis sucht und bietet, muß man sich auch bei der notwendigen Auslegung der Zustellungsregeln stets um solchen Ausgleich bemühen. Dadurch ergeben sich bald Aufgaben der Großzügigkeit, bald solche der Strenge bei Vorschriften, die nur vordergründig bloße Formalien klären, zu Wahrheit aber eine Menge sozialen Zündstoffs eindämmen sollen.

3 **3) Geltungsbereich.** §§ 166 ff gelten grundsätzlich in allen Verfahrensarten nach der ZPO, auch bei §§ 916 ff, Drsd RR 03, 1722. Wegen der weiteren Gesetze Rn 6 sowie bei §§ 166 ff.

4 **4) Begriff der wirklichen Zustellung.** Als Zustellung sieht man diejenige Übergabe eines Schriftstücks an, die dem Zustellungsgegner Gelegenheit zur Kenntnisnahme eines Schriftstücks zwecks Einrichtung seiner Rechtsverfolgung und -verteidigung verschafft, BVerfG NW **88**, 2361, BGH **118**, 47. Das gilt, wenn die Zustellung in einer gesetzlichen Form geschieht, BFH DB **88**, 1935, und wenn die Zustellung in derselben Form beurkundet wird, sodaß man Art, Ort und Zeit nachweisen kann, Rn 1, BGH NJW **78**, 1858, BVerwG DGVZ **84**, 150, Ffm Rpfleger **78**, 134. Den Gegensatz zu einer förmlichen Zustellung bildet eine formlose Mitteilung. Bei ihr erfolgt eine Information ohne direkte Folgen für Rechte oder Pflichten im Verfahren, Rn 17. Man unterscheidet ferner zwischen einer wirklichen Zustellung und einer nur unterstellten, Rn 4. Die Zustellung ist keine selbständige Prozeßhandlung, Schütze BB **78**, 589, sondern immer ein öffentlichrechtlicher Staatsakt.

5 **5) Begriff der unterstellten (fingierten) Zustellung.** Zu ihr gehören drei Zustellungsarten.

A. Öffentliche Zustellung. Das Gericht ordnet sie nach §§ 185–188 an. Der Urkundsbeamte der Geschäftsstelle führt sie aus, § 168 I 1 (gilt in Wahrheit auch bei §§ 185 ff).

B. Aufgabe zur Post. Hierher gehört ferner die Zustellung durch eine Aufgabe zur Post, § 184.

C. Niederlegung. Hierher gehört schließlich die Zustellung durch Niederlegung nach §§ 183, 184.

6 **6) Geltung außerhalb der ZPO.** Die Vorschriften der ZPO über die Zustellung sind insgesamt oder mit gewissen Abweichungen vielfach anderweit anwendbar. Das gilt zB: Bei der Unterstellung des Zugangs einer Willenserklärung, § 132 I 2 BGB; in einer Strafsache, § 37 StPO; im Verfahren nach dem StrEG, BGH MDR **83**, 1002; im Insolvenzverfahren, § 4 InsO, BGH RR **03**, 626. Eine Postsperre läßt die Anwendbarkeit der §§ 166 ff keineswegs stets zurücktreten, zB bei einer Zustellung, die nicht die Insolvenzmasse betrifft, BayObLG JZ **79**, 318; im Zwangsversteigerungsverfahren, §§ 3 ff ZVG; in einem Verfahren der freiwilligen Gerichtsbarkeit, § 16 FGG, LG Gött Rpfleger **01**, 31; im arbeitsgerichtlichen Verfahren (dort erfolgt aber immer eine Urteilszustellung nach §§ 46 II 1, 50, 64 VII, 72 VI, 80 IV ArbGG); im finanzgerichtlichen Verfahren, § 53 II FGO, OFD Magdeb BB **01**, 2205 (im Verfahren vor der Finanzverwaltung bleibt aber das VwZG anwendbar); im Verfahren nach dem IStGHG, dort § 57 I (keine Ersatzzustellung, § 57 II; im Zustellungsverfahren der Bundesbehörden usw nach dem VwZG v 12. 8. 05, BGBl 2354).

7 **7) Zustellungsarten.** Die Zustellung geschieht teils im Betrieb von Amts wegen, teils im Parteibetrieb.

A. Amtszustellung. Die Amtszustellung nach §§ 166–190 war ursprünglich die Ausnahme. Sie ist jetzt die Regel, zB §§ 168 I 1, 317 I, 329, 699 IV. Bei ihr kommen die Urschrift des zuzustellenden Schriftstücks und die Zustellungsurkunde zu den Gerichtsakten. Die Partei kann den Tag der Zustellung nur aus diesen Akten erfahren, § 173. Wenn eine Entscheidung von Amts wegen zuzustellen ist, muß die Geschäftsstelle auch ohne besondere richterliche Anordnung vorgehen, § 168 I 1. Die Amtszustellung erfolgt auf ihre Veranlassung durch einen Justizbediensteten oder die Post, § 168 I 2, auf Anordnung des Vorsitzenden auch durch den Gerichtsvollzieher usw, § 168 II.

B. Parteizustellung. Im Parteibetrieb nach §§ 191–195 erfolgt oft eine Zustellung des Vollstreckungsbescheids nach § 699 IV 2, ferner durchweg eine Zustellung in der Zwangsvollstreckung nach §§ 726–729, 750, 751 II, 756, 765, 794 I Z 1, 5, 795, 798, 826 II, 829 III, 835 III, 843, 845, wie zB die Ladung des Gerichtsvollziehers zur Abgabe der eidesstattlichen Versicherung zwecks Offenbarung, § 900 Rn 15. Schließlich erfolgt eine Parteizustellung im Eilverfahren, §§ 922 II, 929 II, III, 936. Die Parteizustellung eines sonstigen Urteils oder Beschlusses hat nur unter den Voraussetzungen der §§ 750 I, 751 II, 756, 765 eine Bedeutung. Bei der Parteizustellung stellt der Gerichtsvollzieher selbst zu, § 192 I, oder mit Hilfe der Post, §§ 168 I 1, 191, 192 I 1. Der Antragsteller erhält die Urschrift der Zustellungsurkunde, der Zustellungsempfänger erhält eine beglaubigte Abschrift.

8 **8) Zustellungsorgane.** Die Zustellung nehmen unterschiedliche Organe vor.

A. Gericht. Das Gericht wird bei einer Zustellung im Ausland oder an einen Exterritorialen tätig.

B. Gerichtsvollzieher; Justizvollzugsanstaltsbeamter. Der Gerichtsvollzieher wird unmittelbar oder mit Hilfe der Post tätig. Ein Beamter der Justizvollzugsanstalt steht bei der Zustellung an einen Gefangenen dem Gerichtswachtmeister gleich.

C. Urkundsbeamter. Der Urkundsbeamte der Geschäftsstelle wird nach § 153 GVG als ein unabhängiges Organ der Rechtspflege tätig, Ffm OLGR **02**, 167. Er wird mit Hilfe des Gerichtsvollziehers oder der Post tätig, soweit er die Zustellung im Parteibetrieb vermittelt. Soweit er die Zustellung von Amts wegen veranlaßt, nimmt er sie mit Hilfe der Post, eines Justizbediensteten oder an einen Anwalt vor, § 168 I 1, 2.

Titel 2. Verfahren bei Zustellungen **Übers § 166**

D. Anwalt. Der Anwalt wird bei einer Zustellung von Anwalt zu Anwalt tätig, §§ 174, 195.

E. Sonstiger Beamter. Ein Beamter wird gegenüber dem an der Amtsstelle Erschienenen tätig, § 173.

F. Diplomat, Konsul. Ein deutscher Diplomat oder Konsul amtiert gegenüber einer Person in seinem Bezirk auf Grund des Ersuchens eines deutschen Gerichts, § 183 I Z 2, § 16 KonsG. Von mehreren Möglichkeiten der Zustellung darf und muß das Zustellungsorgan nach seinem pflichtgemäßen Ermessen die den Umständen nach beste wählen. Eine Weisung der Partei bindet das Zustellungsorgan nicht.

G. Post, andere Lizenznehmer, dazu *Heinze* 00, 111 (Üb, krit): Die Deutsche Post AG und andere Lizenznehmer sind zur Zustellung berechtigt und verpflichtet, § 33 I PostG, § 168 I 2.

H. Insolvenzverwalter, vorläufiger Insolvenzverwalter. Sie können vom Insolvenzgericht mit der Durchführung von Zustellungen beauftragt werden, § 168 II in Verbindung mit §§ 8 III, 21 II Z 1 InsO.

9) Zustellungsadressat. Als Zustellungsadressat oder Zustellungsgegner gilt diejenige Person, der zugestellt werden muß, § 182 II Z 1. Eine solche Person ist zB: Die Partei nach Grdz 4 vor § 50; ihr ProzBev nach § 81, 172; ihr gesetzlicher Vertreter nach § 51 Rn 12; ein rechtsgeschäftlich bestellter Vertreter nach § 171; der Leiter einer Personenmehrheit usw nach § 170; ein Deutscher; ein Ausländer, jeweils im Inland oder Ausland, zu letzterem §§ 183, 184.

10) Zustellungsempfänger. Zustellungsempfänger im engeren Sinn ist diejenige Person, an die tatsächlich zugestellt worden ist, die das zuzustellende Schriftstück tatsächlich erhält, §§ 178, 182 II Z 2, 189.

A. Unmittelbare Zustellung. Bei ihr gehören hierher die vorgenannten Personen.

B. Ersatzzustellung. Bei einer sog Ersatzzustellung gehören hierher auch, §§ 181 ff: Der erwachsene Hausgenosse; der Hauswirt; ein Vermieter; ein Gewerbegehilfe im Geschäftsraum; Beamte und Angestellte einer öffentlichrechtlichen Körperschaft oder eines derartigen Vereins.

C. Zustellungsbevollmächtigter. In gewissen Fällen gehört er hierher, § 184.

11) Weitere Einzelfragen. Man kann im Prozeß nur an den ProzBev der Instanz wirksam zustellen, § 172 I 1. Etwas anderes gilt nur im Fall einer Unterbrechung des Verfahrens oder bei der Anordnung des persönlichen Erscheinens einer Partei. Vereinzelt ist die Ersatzzustellung verboten, § 178 II.

12) Zustellungsurkunde. Über jede Zustellung muß eine Zustellungsurkunde erfolgen, § 182. Der Einwand, man habe die Zustellung nicht gekannt, ist prozessual durch das Wesen der Zustellung ausgeschlossen. Sachlichrechtlich ist er beachtlich. Eine unverschuldete Nichtkenntnis von der Zustellung ermöglicht ausnahmsweise eine Wiedereinsetzung in den vorigen Stand nach § 233, dort Rn 28 ff „Partei".

13) Mangelhafte Zustellung. Einem Grundsatz stehen mehrere Ausnahmen gegenüber.

A. Grundsatz: Unwirksamkeit. Schrifttum und Rechtsprechung bemühten sich, die schon reichlich förmelnden Vorschriften der ZPO über die Zustellung noch mehr zu versteinern. Grundsätzlich ist zwar eine Zustellung unwirksam, bei der wesentliche Vorschriften verletzt wurden, BVerfG NJW **88**, 2361 (Art 103 I GG), BVerwG DGVZ **84**, 150, Mü RR **87**, 895 (keine Wohnung). Man darf aber nicht fast jede Vorschrift für wesentlich erklären. Wichtige Prozeßhandlungen würden nämlich sonst an geringen förmlichen Mängeln scheitern. Schließlich ist aber doch das Wesentliche, ob und wann der Zustellungsempfänger das zuzustellende Dokument vollständig erhalten hat, § 189, Mü NJW **05**, 1130. Denn nur diesem Zweck dient die Zustellung, Rn 2, LG Paderborn NJW **77**, 2077. Eine unwirksame Zustellung mag zu wiederholen sein, BGH RR **86**, 1119. Freilich kann dadurch keine Rückwirkung auf den Zeitpunkt der früheren Zustellung eintreten. Die Unterlassung einer Zustellung ist kein Verstoß gegen das GG, wenn der Betroffene eine Obliegenheit verletzt hat, BVerfG RR **99**, 1149.

B. Heilung. § 189 läßt eine rückwirkende Heilung zu. Das gilt nach dem ersatzlosen Wegfall von § 187 S 2 aF auch dann, wenn es sich um eine Notfrist nach § 224 I 2 handelt. Diese Heilungswirkung liegt auch nicht mehr im pflichtgemäßen Ermessen des Gerichts. Das gilt auch dann, wenn die Zustellung die Voraussetzungen der Zwangsvollstreckung begründen soll, bei § 750. Eine Zustellung an den falschen Empfänger ist ebenso zu behandeln. Eine wirksame Neuzustellung bleibt stets statthaft. Sie kann freilich nichts an einem etwa wirksame Zustellung eingetretenen Fristablauf ändern.

C. Verzicht. Ein Verzicht auf eine förmliche Zustellung, auch nach § 295, kann eine Zustellung trotz etwaiger Mängel rückwirkend voll wirksam machen, BGH NJW **92**, 2100, soweit die Verfügungsmacht der Parteien reicht. Die Parteien können freilich keine Notfrist nach § 224 I 2 von sich aus verlängern, BGH NJW **94**, 2296. Sie können also auch keine verspätete Zustellung nachträglich zu einer rechtzeitigen machen. Für die Fristwahrung muß das Gericht aber auch § 167 beachten. Das Gericht muß eine etwaige Unwirksamkeit der Zustellung von Amts wegen beachten, Grdz 39 vor § 128. Unwirksam sind ein vorheriger Verzicht auf eine formgültige Zustellung oder eine Vereinbarung dahin, statt einer förmlichen Zustellung solle eine formlose Mitteilung genügen, ThP § 183 Rn 3, aM Schmidt IPRax **04**, 14, ZöGei § 183 Rn 27 (aber eine förmliche Zustellung unterliegt nicht von vornherein der Parteiherrschaft). Das gilt jedenfalls insoweit, als das Gesetz eine förmliche Zustellung verlangt. Über ein ausländisches Zustellungsersuchen Anh § 183.

D. Haftung. Der Gerichtsvollzieher und der Urkundsbeamte der Geschäftsstelle handeln bei der Zustellung nur als Beamte, nicht auch als Vertragspartner eines „Auftraggebers". Deshalb gründet sich ihre Haftung für ein Verschulden bei der Zustellung nur auf eine etwaige Verletzung der Amtspflicht, Art 34 GG, § 839 BGB, Üb 3 vor § 153 GVG, Üb 3 vor § 154 GVG.

14) Ausreichen einer formlosen Mitteilung. In sehr vielen Fällen begnügt sich das Gesetz mit einer formlosen Mitteilung statt der förmlichen Zustellung.

Das *gilt* zB in den §§ 73 S 2, 104 I 4, 105 I 3, 141 II 2, 251 a II 3, 270 S 1, 329 II 1, 357 II 1, 360 S 4, 362 II, 364 IV 1, 365 S 2, 377 I 2 Hs 2, 386 IV, 497 I 1, 660 S 1, 693 III, 694 II 2, 695 S 1, 696 I 3, 733 II, 900 II 2, III 2, 986 V, 988 S 3.

Hartmann 787

Übers § 166, § 166, § 167   Buch 1. Abschnitt 3. Verfahren

In diesen Fällen muß das Gericht zum Zweck der *Ersparnis von Arbeitskraft und Kosten* von einer förmlichen Zustellung absehen, sofern es diese nicht anordnen darf und nicht von dieser Möglichkeit pflichtgemäß Gebrauch machen will, zB bei § 377 I 2 Hs 1. Eine dennoch vorgenommene förmliche Zustellung ist natürlich wirksam. Ihre Kosten mögen nach § 21 GKG niederzuschlagen sein.

18   **15) Zustellung an Soldaten.** SchlAnh II, III Art 32–37.

19   **16)** *VwGO:* Durch Art. 2 XVIII ZustRG ist § 56 II VwGO mWv 1. 7. 02 dahin geändert worden, daß die Zustellungen in verwaltungsrechtlichen Verfahren von Amts wegen nach der ZPO erfolgen. Das betrifft aber nur die Form der Zustellung. In welchen Fällen zuzustellen ist, ergibt sich aus § 56 I VwGO, KoppSch § 56 Rn 2. Die Sondervorschriften in § 10 AsylVfG, Meissner in SchSchmAP § 56 Rn 68, 69, gelten fort, dazu BVerfG DVBl 02, 696.

Untertitel 1. Zustellungen von Amts wegen

166 *Zustellung.* ^I Zustellung ist die Bekanntgabe eines Dokuments an eine Person in der in diesem Titel bestimmten Form.

^{II} Dokumente, deren Zustellung vorgeschrieben oder vom Gericht angeordnet ist, sind von Amts wegen zuzustellen, soweit nicht anderes bestimmt ist.

Vorbem. I, II geändert dch Art 1 Z 13 a, b JKomG v 22. 3. 05, BGBl 837, in Kraft seit 1. 4. 05, Art 16 I JKomG, ÜbergangsR Einl III 78.

1   **1) Systematik, I, II.** Die Vorschrift bringt in I die amtliche Begriffsbestimmung (sog Legaldefinition) der Zustellung, in II den Vorrang der Zustellung von Amts wegen vor derjenigen auf Betreiben der Parteien, §§ 191 ff.

2   **2) Regelungszweck, I, II.** Das Wunschziel jeder Zustellung ist die Kenntnis*gabe* des Inhalts. Üb 2 vor § 166. Die zugehörige Kenntnis*nahme* muß dem Zustellungsadressaten überlassen bleiben. Die Möglichkeit der Kenntnisnahme ist ein Gebot der Rechtsstaatlichkeit nach Art 20 GG und der Rechtssicherheit, Einl III 43. Beides läßt sich am besten durch die Art der Amtszustellung erreichen. Sie sichert auch am besten das Gebot des rechtlichen Gehörs, Art 103 I GG. Das alles sollte man bei der Auslegung unterstützen.

3   **3) Geltungsbereich, I, II.** Die Vorschrift gilt in allen Verfahren nach der ZPO und den auf sie verweisenden Gesetzen.

4   **4) Bekanntgabe, I.** Darunter darf man nicht einen Zwang zur tatsächlichen vollinhaltlichen Kenntnisnahme verstehen, sondern die effektive Möglichkeit dazu, Rn 2, wie sie dann in den §§ 166–195 im einzelnen genau genannten Form vom Aushändigen über die Gelegenheit zur Abholung (Ersatzzustellung) bis zur Veröffentlichung durch Aushang (öffentliche Zustellung). Zur Form gehört die Beurkundung der Bekanntgabe vom Aktenvermerk über die Zustellungsbescheinigung bis zur Zustellungsurkunde.

5   **5) Amtszustellung, II.** Sie ist in der Praxis längst ganz üblich. Sie kann gesetzlich vorgeschrieben sein. Das Gericht mag sie auch eine solche Vorschrift nach pflichtgemäßem Ermessen angeordnet haben. Das ist oft ratsam, etwa bei einer Zeugenladung, § 377 Rn 4. Der Urkundsbeamte ist an die gerichtliche Anordnung gebunden. Sie hat nun auch formell Vorrang. Sie bietet am ehesten eine auch später funktionierende Kontrolle der zur Wirksamkeit einer Zustellung ja oft notwendigen komplizierten Einzelschritte vor allem bei der Ersatz- und der öffentlichen Zustellung. Diese Kontrolle ist wegen ihrer prozeßentscheidenden und auch strafprozessual wesentlichen Auswirkungen außerordentlich bedeutsam bis hin zum Verlust von Rüge- oder Rechtsmittelchancen. Im Zweifel ist die Amtszustellung erforderlich und nicht diejenige auf Betreiben der Parteien.

6   **6) Verstoß, I, II.** Ein Verstoß kann die ganze Zustellung unwirksam machen und Amtshaftung nach Art 34 GG, § 139 BGB auslösen. Er kann aber auch einen Wiedereinsetzungsantrag nach §§ 233 ff erübrigen, weil eben mangels Zustellung gar keine Frist an- oder abgelaufen ist. Das wird oft übersehen. Im übrigen können §§ 189, 295 heilen.

7   **7)** *VwGO:* s Einf § 166 Rn 19. Die Zustellung erfolgt nach § 56 II VwGO regelmäßig vAw.

167 *Rückwirkung der Zustellung.* Soll durch die Zustellung eine Frist gewahrt werden oder die Verjährung neu beginnen oder nach § 204 des Bürgerlichen Gesetzbuchs gehemmt werden, tritt diese Wirkung bereits mit Eingang des Antrags oder der Erklärung ein, wenn die Zustellung demnächst erfolgt.

Gliederung

1) Systematik 1	C. Eingang 10, 11
2) Regelungszweck 2	D. Demnächstige Zustellung: Keine schuldhafte Verzögerung 12–14
3) Geltungsbereich 3	E. Beispiele zur Frage der Schädlichkeit einer Verzögerung 15–25
4) Fristwahrung, Verjährungsneubeginn 4–25	
A. Grundsatz: Möglichkeit bei demnächstiger Zustellung 4, 5	5) Verstoß 26
B. Beispiele zur Frage des Geltungsbereichs 6–9	6) *VwGO* 27

1   **1) Systematik.** Die Vorschrift (vgl auch §§ 214, 261) enthält eine Folge des Grundsatzes des § 166, daß eine förmliche Zustellung im Amtsbetrieb von Amts wegen erfolgt, also nicht auf Betreiben der Parteien,

Titel 2. Verfahren bei Zustellungen **§ 167**

§§ 191 ff. Dieser Grundsatz kennt nur in den ausdrücklich im Gesetz vorgesehenen Fällen Ausnahmen, zB in § 497 I 1.

2) Regelungszweck. Die Vorschrift dient zwar teilweise auch der Prozeßwirtschaftlichkeit nach Grdz 14 **2** vor § 128, Üb 2 vor § 166, in einem aus vom erfahrenen Praktiker erstaunlich oft verkannten Maße. Sie dient aber vor allem der Rechtssicherheit, Einl III 43. Sie dient insbesondere der Sicherstellung des rechtlichen Gehörs, Artt 2 I, 20 III GG (Rpfl), BVerfG **101**, 404, Art 103 I GG (Richter). Denn bei Mißachtung einer notwendigen förmlichen Zustellung läuft oft eine Frist nicht an und daher auch nicht ab. Die dennoch getroffene Entscheidung kann auf solchem schweren Verfahrensfehler beruhen. Deshalb sollte man § 167 insofern streng auslegen, Mü RR **05**, 1109. Andererseits dient die Vorschrift dem Schutz desjenigen, der zur Wahrung einer Frist auf die unverzügliche Mitwirkung des Gerichts angewiesen ist, LAG Hamm AnwBl **00**, 60. Auch das muß man mitbeachten.

3) Geltungsbereich. Die Vorschrift gilt in allen Verfahrensarten nach der ZPO und nach den auf sie **3** verweisenden anderen Verfahrensgesetzen. Sie gilt auch im WEG-Verfahren, Schlesw NZM **02**, 960, Zweibr FGPrax **03**, 216.

4) Fristwahrung, Verjährungsneubeginn. Die Vorschrift hat erhebliche Bedeutung. **4**

A. Grundsatz: Möglichkeit bei demnächstiger Zustellung. Die Vorschrift knüpft eine Vorwirkung an die Klageinreichung an, falls die Zustellung demnächst wirksam erfolgt, BGH **86**, 322, LG Paderb NJW **77**, 2077. Das gilt für die Fristwahrung und für einen Neubeginn der Verjährung, BGH JZ **89**, 504, Brand NJW **04**, 1141, zum Schutz des Gläubigers (nicht des Schuldners) vor den Nachteilen des Amtsbetriebs, Ffm GRUR **87**, 651. Für sonstige Folgen der Zustellung und insbesondere für den Eintritt der Rechtshängigkeit nach § 261 hat § 167 keine unmittelbare Geltung, Ffm GRUR **87**, 651.

Die Vorschrift gilt *für sämtliche Zustellungen*, BGH NJW **79**, 265. Sie gilt ohne obere Wertgrenze, BGH **5** VersR **99**, 218. Erforderlich ist, daß die Zustellung eine Frist wahren oder daß die Verjährung neu beginnen soll, BGH NJW **91**, 1745, Düss FamRZ **91**, 958 (§ 167 gilt entsprechend, wenn der Schuldner gegenüber dem Gläubiger auf die Verjährungseinrede bis zum Ablauf einer bestimmten Frist verzichtet hat). Das gilt auch bei einer Notfrist nach § 224 I 2.

B. Beispiele zur Frage des Geltungsbereichs **6**
Aktiengesetz: § 167 ist auf eine Klage nach § 242 II AktG anwendbar, BGH NJW **89**, 905, ebenso auf § 245 Z 1 oder § 246 AktG, Karlsr RR **86**, 711, oder auf § 256 VI 2 AktG, LG Düss KTS **88**, 797.
Anfechtungsgesetz: § 167 ist auf eine Klage nach § 4 AnfG anwendbar, Ffm OLGR **94**, 263, ArbG Bln DB **88**, 1608.
Anfechtung von Willenserklärung: § 167 ist *unanwendbar*, soweit es um die Anfechtungsfrist des § 121 BGB geht, BGH NJW **75**, 39.
Arbeitsrecht: § 167 ist grds anwendbar, LAG Hamm AnwBl **00**, 62, zB auf § 4 KSchG.
Dagegen ist § 167 auf § 2 S 2 KSchG *unanwendbar*, BAG DB **98**, 2171. Dasselbe gilt bei einer tarifvertraglichen Ausschlußfrist, BAG NJW **76**, 1520.
Arrest, einstweilige Verfügung: § 167 ist auf eine Klage nach § 926 I anwendbar.
Bürgschaft: § 167 ist *unanwendbar*, soweit es um eine Willenserklärung wegen eines Bürgschaft-Endtermins geht, BGH NJW **82**, 581. Denn dazu muß man das Gericht nicht einschalten.
Eingeschränkte Anwendung: § 167 ist entsprechend anwendbar, wenn eine gesetzliche oder vertragliche Regelung einer eingeschränkten Anwendung entgegensteht, BGH **75**, 312 und (6. ZS) **109**, 56, Saarbr FamRZ **83**, 175, aM BGH (8. ZS) NJW **82**, 172, Raudzus NJW **83**, 668 (aber man darf und muß die Prozeßwirtschaftlichkeit in die Abwägung einbeziehen, Grdz 14 vor § 128).
Enteignung: § 167 ist anwendbar, soweit es um eine Enteignungsentschädigung und die zugehörige Klagefrist geht, BayObLG **95**, 67.
Erbrecht: § 167 ist *unanwendbar*, soweit es um den Ausschluß des gesetzlichen Erbrechts des überlebenden **7** Ehegatten nach § 1933 BGB geht, BayObLG RR **90**, 517 (auch keine entsprechende Anwendbarkeit).
S auch Rn 8 „Schmerzensgeld".
Handelsvertreter: § 167 ist auf den Ausgleichsanspruch nach § 89 b II HGB anwendbar, BGH **75**, 307.
Insolvenzverfahren: § 167 ist auf die Anfechtung anwendbar, Düss KTS **99**, 534.
Irrtumsanfechtung: § 167 ist *unanfechtbar* auf eine Anfechtung nach § 121 I 2 BGB, BGH NJW **75**, 39.
Mahnverfahren: § 167 ist auch dann anwendbar, Ebert NJW **03**, 732.
Mieterhöhung: § 167 ist im Prozeß um eine Mieterhöhung usw nach §§ 558 ff BGB anwendbar, LG Ellwangen WoM **97**, 118, LG Hann WoM **78**, 33, AG Dortm RR **95**, 971.
Mietvertragsverlängerung: § 167 ist *unanwendbar*, soweit es um die Widerspruchsfrist des BGB geht, Stgt WoM **87**, 114.
Rechtshängigkeit: Wegen eines Verzichts auf den „Einwand der mangelnden Rechtshängigkeit" BGH **109**, 56.
Rechtsmißbrauch: Er ist stets *schädlich*, Einl III 54, BGH NJW **02**, 3110, Ffm VersR **00**, 308 (unklarer Briefkopf führt zum Fristverstoß des Gegners).
Reisevertrag: § 167 ist *unanwendbar*, soweit es um § 651 g I 1 BGB geht, LG Paderb MDR **84**, 581, AG Düss NJW **86**, 593.
Sachlichrechtliche Frist: § 167 ist *unanwendbar*, soweit es um eine sachlichrechtliche Frist nach italieni- **8** schem Recht geht, LAG Mü IPRax **92**, 97.
S auch bei den einzelnen Fristarten.
Stationierungsschaden: § 167 ist auf eine Klage wegen eines Stationierungsschadens anwendbar, BGH NJW **79**, 2110, Karlsr NJW **90**, 845.
Strafverfolgung: § 167 ist auf eine Klage nach dem StrEG anwendbar, Hamm MDR **93**, 385.
Stufenklage: § 167 kann auf eine Stufenklage nach § 254 anwendbar sein, aM Celle RR **95**, 1411 (aber das verkennt die Regel § 254 Rn 12).

§ 167

Tarifrecht: § 167 ist *unanwendbar*, soweit es um eine tarifliche Ausschlußfrist geht. Denn dazu muß man das Gericht nicht einschalten, BAG NJW **76**, 1520.
Unterhalt: § 167 ist auf den nachehelichen Unterhalt nach § 1585 b III BGB anwendbar, Düss FamRZ **02**, 327.
Unwirksamkeit: § 167 ist *unanwendbar*, soweit es um die Zustellung einer unwirksamen Klage oder -erweiterung geht, BGH **103**, 26.
Unzuständigkeit: § 167 ist anwendbar, soweit der Kläger ein unzuständiges Gericht anruft (vgl aber Rn 10), BGH **86**, 323, Hamm NJW **84**, 375, LG Aachen VersR **87**, 696, aM KG NJW **83**, 2709 (aber die Prozeßwirtschaftlichkeit ist mitbeachtlich, Grdz 14 vor § 128).

9 **Vaterschaftsanfechtungsklage:** § 167 ist anwendbar, BGH FamRZ **95**, 1485.
Vereinfachtes Unterhaltsverfahren: § 167 ist nach § 647 II entsprechend anwendbar.
Versicherungsvertragsgesetz: § 167 ist auf die Frist nach § 12 III VVG anwendbar, BGH RR **95**, 253, Hamm VersR **98**, 1493, LG Ffm NVersZ **02**, 121.
Versorgungsausgleich: § 167 ist auf den Antrag nach § 1408 II 2 BGB anwendbar, BGH RR **92**, 1346, Bbg FamRZ **84**, 485.
Werkvertrag: § 167 ist auf den Fall § 16 Z 3 II VOB anwendbar, BGH **75**, 307.
Die Vorschrift dagegen auf den Fall des § 13 Z 5 VOB/B *unanwendbar*, LG Lpz MDR **99**, 1493.
Widerruf: § 167 ist *unanwendbar* auf einen solchen nach § 355 I 2 BGB, BGH NJW **82**, 173.
Wohnungseigentumsgesetz: § 167 ist auch im Verfahren nach dem WEG anwendbar, Köln NZM **02**, 299, Schlesw WoM **02**, 226.
Zuständigkeit: Rn 8 „Unzuständigkeit".

10 **C. Eingang.** In diesen Fällen genügt ein rechtzeitiger Eingang, also das tatsächliche Gelangen in die Verfügungsgewalt des Gerichts, BVerfG **57**, 120, Hbg RR **88**, 1277, ArbG Bielef BB **76**, 844. Es genügt auch die Beendigung der etwa zulässigen Protokollierung des Antrags oder der Erklärung beim Urkundsbeamten oder beim Rpfl. Ausreichend sind zB: Der Eingang nach § 130a III, dort Rn 6; der Eingang per Telefax, § 233 Rn 164; der Eingang in der Posteinlaufstelle oder im Tages- oder Nachtbriefkasten oder im Eingangskorb, § 233 Rn 19 ff „Gericht", BVerfG NJW **91**, 2076, BGH NJW **90**, 43; der Eingang im Gerichts-Postfach, BGH MDR **87**, 134; die Übergabe an den Richter. Es ist unerheblich, wann der Antrag anschließend vorgelegt und bearbeitet wird, Hamm VersR **76**, 233. Vgl freilich § 496 Rn 3, 4. Der Eingang bei der Zweigstelle kann reichen, Karlsr NJW **84**, 744 (auch umgekehrt). Der Eingang auf der gemeinsamen Einlaufstelle mehrerer Gerichte reicht nur für das dort adressierte Gericht, BGH NJW **97**, 892, BAG NJW **02**, 845.
Ein Eingang beim vom Absender vorwerfbar irrig oder absichtlich falsch bezeichneten objektiv *unzuständigen* Gericht reicht nicht, § 129a II, BGH RR **97**, 892, Köln RR **89**, 572, Naumb FamRZ **00**, 899. Vgl Rn 15 „Anschrift". Ebensowenig reicht der Eingang in einem gerichtsinternen Austauschkorb, LAG Bre MDR **96**, 417. Das Fehlen einer Adresse ist schädlich, aM BGH NJW **92**, 1047 (aber man kann Eindeutigkeit erwarten und darf solchen Brief evtl gar nicht öffnen). Freilich fordert ein faires Verfahren nach Einl III 23 die im ordentlichen Geschäftsgang unverzügliche amtliche Weiterleitung an den als richtig erkennbaren Adressaten, BVerfG NJW **95**, 3173. Nicht ausreichend ist die telefonische „Einreichung".

11 Die Klage gilt als in der mündlichen *Verhandlung* eingereicht, wenn der Kläger in ihr den bisherigen Klagentwurf oder eine Begründung des Antrags auf die Bewilligung einer Prozeßkostenhilfe nach §§ 114 ff eindeutig als Klage behandelt, indem er zB aus ihr den Sachantrag stellt, aM ZöPh § 117 Rn 10 (maßgeblich sei die Bewilligung der Prozeßkostenhilfe. Aber eine Parteiprozeßhandlung ist stets auslegbar, Grdz 52 vor § 128). Der bloße Klagentwurf zusammen mit dem Antrag auf eine Prozeßkostenhilfe reicht also noch nicht, BGH RR **89**, 675. Bei einer Einziehungsermächtigung nach Grdz 29 ff vor § 50 muß man diese in der Klageschrift angeben. Der Eingang von Klage und Kostenvorschuß (Scheck) bei der Gerichtskasse kann die Frist wahren, BGH NJW **84**, 1239.

12 **D. Demnächstige Zustellung: Keine schuldhafte Verzögerung.** Die Frist gilt nur dann als gewahrt, wenn eine Zustellung vom Fristablauf an gemessen „demnächst" erfolgt, BGH FamRZ **95**, 1485, dh in einer den Umständen nach angemessenen Frist, ohne besondere von der Partei zu vertretende Verzögerung, BGH **161**, 140, Hamm VersR **05**, 390. Die Vorschrift soll denjenigen, in dessen Interesse die Zustellung erfolgt, vor Verzögerungen schützen, auf die er keinerlei Einfluß hat, an denen er also auch nur leicht fahrlässig mitschuldig ist, die man ihm nicht zurechnen kann, BVerfG NJW **94**, 1853 (extrem lange Instanzwege), BGH NJW **04**, 3776, Karlsr MDR **04**, 581, krit Weimar Rpfleger **01**, 526 (zu § 693 II aF). Maßgeblich ist bei alledem das pflichtgemäße Ermessen, Schlesw NJW **88**, 3104, und zwar des Tatrichters, BGH ZMR **78**, 18.

13 Man darf den Gegner aber *nicht unbillig belasten*, BGH NJW **99**, 3125, Düss ZMR **96**, 609, Ffm FamRZ **88**, 83. Daraus ergibt sich im übrigen die Verpflichtung, daß derjenige, der die Frist wahren will, seinerseits alles ihm Zumutbare tut, damit die Zustellung auch demnächst erfolgen kann, BGH **161**, 140, Hbg RR **88**, 1277, LAG Hamm AnwBl **00**, 62. Er muß mithin nicht nur Verzögerungen vermeiden, sondern auch im Sinne einer möglichen Beschleunigung wirken, BGH **69**, 363, Ffm NVersZ **00**, 430, LG Hann NZM **98**, 628, aM BGH **70**, 237 (aber es gibt auch eine unbestrittene Förderungspflicht der Parteien, Grdz 12 vor § 128). Sie ist eigentlich selbstverständlich.

14 Es kommt unter diesen Voraussetzungen nicht auf die Länge der zu wahrenden Frist an, Hbg RR **88**, 1277. Schon *leichtes Verschulden schadet*, BGH **161**, 140, Düss ZMR **96**, 609.

15 **E. Beispiele zur Frage der Schädlichkeit einer Verzögerung**
Abschrift: Unschädlich ist die verzögerte Einreichung der zur Zustellung erforderlichen Abschriften, §§ 133 I 1, 253 V, es sei denn, die Partei wäre insofern schuldlos.
Aktenzeichen: *Unschädlich* ist es, wenn man bei der Klageinreichung eine Gebühr zu einem falschen Aktenzeichen gezahlt und diesen Irrtum auf Anfrage des Gerichts sogleich mitgeteilt hat, Stgt VersR **80**, 158. Andernfalls muß sich die Partei § 85 II entgegenhalten lassen, BGH RR **95**, 255. Schädlich ist es, wenn man nur das Aktenzeichen, nicht aber das Gericht richtig bezeichnet hat, AG Buxtehude VersR **87**, 1024.

Titel 2. Verfahren bei Zustellungen § 167

Anschrift: Schädlich kann es sein, wenn der Kläger die Zustellung verzögert hat, weil er zunächst eine falsche Zustellanschrift angegeben hat, Rn 10.
Unschädlich sind eine vom Adressaten stammende Falschadresse, BGH NJW **88**, 413, oder ein dem Absender schuldlos unbekannter Umzug des Adressaten, BGH NJW **93**, 2615.
Auslandszustellung: Abweichend von den Regeln zur inländischen Verzögerung Rn 26 „Verzögerungs- 16 dauer" gelten bei einer Zustellung im Ausland zB nach § 917 Rn 16 im wesentlichen folgende Erwägungen: Auch bei ihr muß man zwar alle zulässigen Anträge zumindest vorsorglich unverzüglich stellen, also ohne schuldhaftes Zögern, § 121 I 1 BGB, Schlesw NJW **88**, 3105 (zu § 693, abl Pfennig NJW **89**, 2172). Im übrigen braucht der Kläger weder eine besondere Zustellungsart zu beantragen noch unaufgefordert Doppel beizulegen, BGH NJW **03**, 2831. Es kann eine Zustellung 2 Monate nach der Klageinreichung noch „demnächst" sein. Das gilt auch für eine solche nach fast 4 Monaten, BGH NJW **03**, 2831, ebenfalls für eine solche mit diplomatischem Wege nach 6 Monaten, BGH VersR **75**, 374, oder sogar nach 9 Monaten, BGH VersR **83**, 832.
S auch Rn 22 „Verjährungsfrist."
Berichtigung: Sie kann *unschädlich* sein, BGH NJW **02**, 3110 (Bezeichnung der nämlichen Partei).
Beweislast: Der Gläubiger muß seine Schuldlosigkeit beweisen, Kblz VersR **89**, 164. 17
Ehesache: Rn 21 „Scheidung".
Einfaches Schreiben: Schädlich ist es, wenn man die Frist durch ein einfaches Schreiben hätte einhalten können, BGH NJW **82**, 173, BAG NJW **76**, 1520, aM BGH NJW **80**, 455 (aber es gibt auch eine unbestrittene Förderungspflicht der Parteien, Grdz 12 vor § 128. Sie ist eigentlich selbstverständlich).
Fehlbuchung: Schädlich ist es, wenn der ProzBev monatelang unterläßt, eine Fehlbuchung des rechtzeitig gezahlten Vorschusses zu rügen, Ffm VersR **76**, 346.
Fristablauf: Rn 19 „Letzter Tag".
Gerichtsbezeichnung: Rn 15 „Aktenzeichen". 18
Gerichtskostenvorschuß: Rn 24 „Vorschußanforderung", „Vorschußzahlung".
Gerichtsverschulden: Eine vom Gericht verschuldete Verzögerung der Klagezustellung hemmt die Anfechtungsfrist, BGH FamRZ **95**, 1485, Brdb RR **99**, 545. Das gilt aber höchstens für 4 Wochen, Hamm RR **98**, 1104. Gerichtsverschulden verlängert für seine Dauer die Frist selbst dann, wenn auch Parteiverschulden vorliegt, BGH NJW **00**, 2282. Gerichtsverschulden liegt bei einer nicht schriftlichen Anforderung vor, Rn 24 „Vorschußanforderung", Hbg NVersZ **02**, 133.
Gesetzlicher Vertreter: Rn 25 „Verschulden Dritter".
Heilung: Die Zustellung muß im Fall eines Mangels infolge Nichtrüge geheilt sein, um „demnächst" erfolgt zu sein.
S auch Rn 19 „Keine Klagezustellung".
Hinweis des Gerichts: Das Gericht braucht nicht auf den Ablauf einer durch die Zustellung zu wahrenden Frist besonders hinzuweisen.
Inlandszustellung: Rn 23 „Verzögerungsdauer".
Klagänderung: Sie ist schädlich, BGH NJW **78**, 1058. 19
Klageschrift: Ihr Mangel ist grds schädlich, BGH FamRZ **88**, 1154 (Anschrift), BGH NJW **92**, 1822 (Vorname). Eine Ausnahme gilt bei falschen Angaben des Adressaten, Rn 10.
Klagezustellung: Wenn eine wirksame Klagezustellung fehlt und dieser Mangel durch Unterlassung der entsprechenden Rüge geheilt worden ist, § 253 Rn 16, 17, dann muß der Zeitpunkt der Nichtrüge, durch die die Rechtshängigkeit dann eintritt, noch einer „demnächst" erfolgenden Zustellung entsprechen.
Kostenvorschuß: Rn 24 „Vorschußanforderung", „Vorschußzahlung".
Letzter Tag: *Unschädlich* ist es, eine Klage, durch die man eine Frist wahren soll, erst am letzten Tag der Frist einzureichen, BGH VersR **99**, 218, Hamm VersR **76**, 233. Das gilt auch bei einem Antrag auf eine Prozeßkostenhilfe, BGH VersR **89**, 642, KG FamRZ **78**, 927, Schlesw FamRZ **88**, 962.
Mahnverfahren: Es gelten keine Besonderheiten, Saarbr MDR **04**, 710, aM BGH NJW **02**, 2794, Ebert NJW **03**, 732 (aber auch im Mahnverfahren kann und muß man vom Antragsteller die Sorgfalt Rn 12, 13 erwarten, erst recht, wenn er schon das Gericht angerufen hat).
Nachfrage: Ihre bloße Unterlassung ist meist kein Verschulden gegenüber gerichtlicher Verzögerung, AG Augsb WoM **03**, 358.
Postweg: Seine Benutzung statt Telefon usw ist grds unschädlich, BGH VersR **92**, 434. Eine Ausnahme mag beim Zuwarten bis zum letzten Tag gelten.
Prozeßbevollmächtigter: Rn 20 „Fehlbuchung", Rn 22 „Unzuständigkeit", „Verschulden Dritter".
Prozeßkostenhilfe: *Unschädlich* ist eine Verzögerung durch das Prozeßkostenhilfeverfahren nach §§ 114 ff, 20 soweit sie unverschuldet ist, BGH **70**, 239, Jena FamRZ **94**, 1596, Schlesw FamRZ **02**, 1635. Das müßte allerdings der Antragsteller beweisen, Rn 17 „Beweislast". Er muß nach der Entscheidung über das Prozeßkostenhilfegesuch eine zulässigerweise bisher nur im Entwurf vorgelegte Klage nun unverzüglich voll einreichen, LAG Hamm AnwBl **00**, 62. Dabei muß er auf das PKH-Verfahren genau hinweisen, Karlsr VersR **92**, 1205. Ausreichend sind zB: Eine Zustellung unverzüglich nach der Mitteilung des Beschlusses über die Ablehnung oder Bewilligung der Prozeßkostenhilfe, BGH NJW **91**, 1746, oder binnen 10 Tagen, BGH VersR **77**, 666, oder 2 Wochen nach dieser Entscheidung, Jena FamRZ **94**, 1596.
Nicht ausreichend ist es, wenn die Partei das Formular nach § 117 vorwerfbar verzögert nachreicht, § 117 Rn 31, 13 (Sozialhilfe entbindet nicht vom Ausfüllzwang), DüssVersR **92**, 892; wenn sie die zusätzlich zum Formular vorgeschriebenen Belege nicht mit vorlegt, BGH JZ **89**, 504; wenn die Partei gegen die Ablehnung der Prozeßkostenhilfe erst nach fast 4 Wochen sofortige Beschwerde einlegt, Hamm MDR **93**, 385, oder erst nach mehr als 4 Wochen, BGH NJW **91**, 1745, Hamm VersR **98**, 1493, oder gar erst nach 6 Monaten, Karlsr FamRZ **00**, 1290; wenn die Klage nur für den Fall der Bewilligung der Prozeßkostenhilfe eingereicht worden war und erst fünfzehn Monate nach der Ablehnung der Prozeßkostenhilfe ein neuer Tatsachenvortrag erfolgt; wenn das Gericht eine Prozeßkostenhilfe versagt hat und eine kurze Überlegungsfrist abgelaufen ist, Düss KTS **99**, 534 (mehr als 2 Wochen schädlich), Schlesw

§ 167
Buch 1. Abschnitt 3. Verfahren

MDR **78**, 235 (ein neuer Antrag auf eine Prozeßkostenhilfe auf Grund neuer Tatsachen heilt nicht), aM Hamm VersR **83**, 64.

S auch Rn 19 „Letzter Tag".

21 Rückfrage des Gerichts: *Unschädlich* kann eine Verzögerung sein, die infolge einer überflüssigen Rückfrage des Gerichts eintritt, BGH NJW **84**, 242, aM Köln MDR **76**, 231 (aber das ist ein klassischer Fall von Schuldlosigkeit nach Rn 12).

Scheck: Rn 24 „Vorschußzahlung".

Scheidung: Schädlich ist eine nicht bloß geringfügige auch nur fahrlässige Hinauszögerung, soweit man nach § 65 VII 1 Z 3, 4 GKG ohne Vorschuß hätte vorgehen können, Zweibr FamRZ **95**, 745.

Sommersache: Die Frage, ob eine Sommersache im Sinn von § 227 III 2 vorliegt, hat bei der Prüfung ob eine Verzögerung schädlich oder unschädlich ist, grds keine Bedeutung.

Streitwert: Es ist unschädlich, den Streitwertvorschlag nicht schon entsprechend (jetzt) § 61 S 1 GKG in Verbindung mit § 253 III in der Klageschrift mitzuteilen, Düss MDR **76**, 848, Hbg MDR **76**, 320, aM Celle VersR **76**, 854, Düss MDR **76**, 848, LG Bonn NJW **77**, 55 (Anfrage notwendig, warum die Vorschußanforderung ausbleibe. Aber das ist jedenfalls vor dem Ablauf einiger Wochen grds eine Überspannung der Sorgfaltsanforderungen, Rn 24 „Vorschußanforderung").

Ursächlichkeit: *Unschädlich* ist eine Verzögerung, die sich nicht auf den Prozeßgang ausgewirkt hat, BGH NJW **03**, 1949 (zum alten Recht).

22 Unzuständigkeit: Schädlich kann die Einreichung beim unzuständigen Gericht schon dann sein, wenn dieses nicht an das zuständige verweist, sondern formlos abgibt, BayObLG **95**, 70, und wenn der Unterzeichner beim Gericht, an das abgegeben wurde, nicht als ProzBev zugelassen bzw dort (jetzt) nicht wenigstens postulationsfähig ist, BGH **90**, 251.

Verjährungsfrist: Die Länge der Verjährungsfrist ist unerheblich, aM Köln MDR **00**, 1151 (aber das würde den Begriff „demnächst" in § 167 in unverjährter Zeit unverantwortbar ausdehnen). Eine verschuldete Säumnis zwischen der Klageeinreichung und dem Ablauf der Verjährungsfrist ist unschädlich, soweit den Kläger jedenfalls keine Schuld an der Verzögerung zwischen dem Ablauf der Verjährungsfrist und der Zustellung trifft, BGH NJW **86**, 1348, aM Köln NZM **98**, 768. Eine Klage gegen eine nicht mehr bestehende Partei ist unwirksam, auch bei (jetzt) § 167, BGH NJW **02**, 3111 (evtl auch nach Verschmelzung). Bei einer Auslandszustellung zieht Brand NJW **04**, 1141 die Zeitgrenze bei neun bis zehn Monaten. Wegen der Auswirkungen des Europäischen Zustellungsrechts Kuntze-Kaufhold/Beichel-Benedetti NJW **03**, 1998 (ausf).

S auch Rn 21 „Rückfrage des Gerichts".

Verschulden Dritter: Der Partei zurechenbar ist ein Verschulden des gesetzlichen Vertreters, § 51 II, oder des ProzBev, § 85 II, BGH NJW **03**, 2831, oder des Versicherers, BGH RR **95**, 255, LG Ellwangen WoM **97**, 118. Dabei ist schon eine leichte Fahrlässigkeit schädlich, BGH RR **95**, 255, Ffm FamRZ **88**, 83, LG Ellwangen **97**, 118. Auch ist ein Mitverschulden des Gerichts evtl unerheblich, LG Ellwangen WoM **97**, 118. Man sollte insofern eher auf die Gesamtumstände abstellen.

Verschulden des Gerichts: Rn 18 „Gerichtsverschulden".

Verschulden des Gerichts und der Partei: Vgl BGH NJW **00**, 2282, Ffm FamRZ **88**, 83.

Versicherer: S „Verschulden Dritter".

23 Verzögerungsdauer: Es gibt keine absolute Zeitobergrenze, BGH MDR **03**, 568. Vielmehr gibt es im wesentlichen folgende nicht immer folgerichtigen und einheitlichen Meinungen: Eine vermeidbare, aber unerhebliche Verzögerung ist *unschädlich*, BGH MDR **04**, 959, Hamm NZM **02**, 562. Im einzelnen gilt: 4 Tage: *unschädlich*, BGH NJW **93**, 2320 (dort sogar unvermeidbar), Brdb RR **05**, 872; 1 Woche: evtl schon schädlich, Hamm VersR **05**, 391, *unschädlich*, BGH NJW **02**, 1140, Köln NVersZ **00**, 375; 10 Tage: *unschädlich*, BAG NJW **76**, 1422; 11 Tage: *unschädlich*, BGH NJW **04**, 3776; 12 Tage: *unschädlich*, BGH **113**, 394; 13 Tage: *unschädlich*, soweit vom Gericht mitverschuldet, BGH **116**, 375; 14 Tage: *unschädlich*, BGH **161**, 140, Hamm VersR **04**, 363 (anders in einer Wettbewerbssache, Düss DB **86**, 2596); mehr als 14 Tage: *unschädlich*, BayObLG **02**, 165, KG NVersZ **01**, 358, aM BGH NJW **61**, 140; 18 Tage: schädlich, BGH **96**, 1061, Hamm NJW **77**, 2364, Karlsr MDR **04**, 581; mehr als 18 Tage: *unschädlich*, KG VersR **94**, 922; 14–21 Tage: *unschädlich*, Kblz VersR **89**, 164 (zu § 693 aF); 19 Tage: *unschädlich*, Hamm RR **92**, 480, aM Hamm VersR **91**, 1237; ca 21 Tage: schädlich, Brschw MDR **03**, 772, *unschädlich*, BGH VersR **92**, 433, Düss MDR **84**, 854; über 21 Tage: im allgemeinen schädlich, BGH VersR **83**, 663, Hamm MDR **73**, 385; knapp 28 Tage: evtl noch *unschädlich*, BGH **86**, 322; fast 1 Monat: schädlich, Kblz VersR **02**, 176; 1 Monat: evtl *unschädlich*, BGH VersR **03**, 1827, Saarbr MDR **04**, 710, ArbG Bln NZA-RR **04**, 368; über 1 Monat: schädlich, Hamm RR **98**, 1104, Karlsr VersR **89**, 352, LG Mü VersR **91**, 911 (auch in einem Auslandsfall); 6 Wochen: *unschädlich*, Ffm NVersR **00**, 430; 49 Tage: *unschädlich*, Hamm VersR **92**, 303; 2 Monate: schädlich, BGH NJW **76**, 216, Ffm WoM **03**, 633, aM BGH **103**, 28 (zu § 696 III), Hamm FamRZ **04**, 1973, Schlesw SchlHA **79**, 22; mehr als 2 Monate: schädlich, BGH NJW **87**, 257, Düss ZMR **96**, 609, LG Ffm NVersR **02**, 121, aM BGH NJW **05**, 1195; 3 Monate: schädlich, LG Ellwangen WoM **97**, 118, LG Hann NZM **98**, 628; 6 Monate: *unschädlich*, Hamm NZM **02**, 562; 9 Monate: schädlich, Ffm VersR **02**, 599, Naumb RR **03**, 1663; 10 Monate: schädlich, BGH MDR **04**, 959, LG Düss VersR **04**, 853; fast 2 Jahre: schädlich, BGH NJW **88**, 1082; über 2 Jahre: *unschädlich*, soweit unverschuldet oder vom Gericht mitverschuldet, Ffm FamRZ **88**, 83.

Besonderheiten gelten bei einer *Auslandszustellung*, Rn 16.

S auch Rn 20 „Prozeßkostenhilfe", Rn 21 „Sommersache".

24 Vorschußanforderung: Wegen des Zeitraums nach der Anforderung durch das Gericht s „Vorschußzahlung". Bis zum Erhalt der Anforderung gilt: Der Kläger bzw Antragsteller darf grds bis zur gesetzmäßigen Anforderung warten, BVerfG NJW **01**, 1126, BGH **161**, 140, Hbg NVersZ **02**, 133. Das gilt zumindest dann, wenn der Streitwert einer Festsetzung bedarf. Es gilt auch dann, wenn die Klage erst kurz vor dem Ablauf der Verjährungsfrist eingereicht wird, Hbg NVersZ **02**, 133, Hamm FamRZ **77**, 553, Saarbr RR **02**, 1027. Zur gesetzmäßigen Anforderung gehört die Schriftform, eine nur telefonische Anforderung

Titel 2. Verfahren bei Zustellungen §§ 167, 168

reicht nicht, Hbg NVersZ **02**, 133. Freilich sollte man jedenfalls nach einigen Wochen vorsorglich beim Gericht anfragen, BGH VersR **94**, 455, Hamm VersR **05**, 390, Nies NZM **00**, 275 (WEG). Unschädlich ist es, wenn das Gericht gar keinen Vorschuß fordern durfte und dann erst Monate nach Vorschußeingang die Zustellung veranlaßte, Köln NZM **02**, 299. Im WEG-Verfahren besteht nur eine bedingte Vorschußpflicht, Zweibr FGPrax **02**, 247.

Vorschußzahlung: Wegen des Zeitraums bis zur Anforderung durch das Gericht s „Vorschußanforderung". Nach Erhalt der Anforderung ist es schädlich, den Vorschuß nicht unverzüglich, zu zahlen, also ohne schuldhaftes Zögern, § 121 I 1 BGB, also meist binnen etwa zwei Wochen, BGH NJW **86**, 1347, Hbg NVersZ **02**, 133, LG Ffm NVersZ **02**, 121. Ein Scheck kann reichen, BGH RR **93**, 429.

S auch Rn 21 „Scheck", „Scheidung", Rn 23 „Verzögerungsdauer".

Zahlungserinnerung: Es gelten dieselben Regeln wie nach einer Anforderung, Rn 24 „Vorschußanforderung", Köln VersR **75**, 1001. 25

Zustellempfänger: Schädlich ist die unzureichende Bezeichnung des Empfängers, BGH VersR **83**, 662, bzw die Angabe einer längst überholten Anschrift, Düss JB **02**, 654. Unschädlich für die Partei ist die Nichtbeachtung der richtigen Bezeichnung des Empfängers durch das Gericht trotz Parteiwarnung, Brdb RR **99**, 545.

5) Verstoß. Gegen eine verzögerliche oder unterbliebene Zustellung ist die Dienstaufsichtsbeschwerde an den Gerichtsvorstand zulässig. Auch kommt eine Amtshaftung infrage, BGH VersR **83**, 831. Der Spruchrichter muß aber auch von sich aus auf eine Erledigung hinwirken, ohne Zwangsmittel zu besitzen. 26

6) VwGO: Unmittelbar anwendbar, Einf § 166 Rn 19. 27

168 *Aufgaben der Geschäftsstelle.* I ¹Die Geschäftsstelle führt die Zustellung nach §§ 173 bis 175 aus. ²Sie kann einen nach § 33 Abs. 1 des Postgesetzes beliehenen Unternehmer (Post) oder einen Justizbediensteten mit der Ausführung der Zustellung beauftragen. ³Den Auftrag an die Post erteilt die Geschäftsstelle auf dem dafür vorgesehenen Vordruck.

II Der Vorsitzende des Prozeßgerichts oder ein von ihm bestimmtes Mitglied können einen Gerichtsvollzieher oder eine andere Behörde mit der Ausführung der Zustellung beauftragen, wenn eine Zustellung nach Absatz 1 keinen Erfolg verspricht.

1) Systematik, Regelungszweck, I, II. Die Vorschrift regelt jede Art von Amtszustellung, auch diejenige aus Gründen der Klarheit der Zuständigkeitsverteilung mit einer Ladung, § 214, soweit dazu überhaupt eine förmliche Zustellung angeordnet wird oder erforderlich ist, zB nicht bei mündlicher Ladung eines Zeugen oder Sachverständigen oder bei § 497 I. Wegen des Vordruckzwangs gelten § 190 ZPO, § 24 a EGZPO und dazu die in § 190 Rn 2 abgedruckte ZustVV. 1

2) Geltungsbereich, I, II. Die Vorschrift gilt in allen Verfahren nach der ZPO und den auf sie verweisenden Gesetzen. § 50 III ArbGG hat Vorrang. 2

3) Zuständigkeit des Urkundsbeamten, I 1. Zuständig ist der Urkundsbeamte der Geschäftsstelle desjenigen Gerichts, bei dem der Prozeß schon und noch anhängig ist, § 261 Rn 1. Er muß für jede von Amts wegen zu bewirkende Zustellung sorgen, BGH RR **89**, 58. Das gilt entgegen der nur scheinbar auf die Fälle der §§ 173–175 beschränkten Zuständigkeit umfassend, soweit nicht zB nach §§ 183, 184 andere Ausführungsorgane vorgesehen sind. Denn sonst würden Durchführungslücken entstehen. Das wäre nicht der Sinn der §§ 166 ff. 3

Der Urkundsbeamte muß die Zustellung einschließlich der Überwachung der Durchführung und des Eingangs einer ausreichenden Zustellungsurkunde und eines ordnungsgemäßen Empfangsbekenntnisses auch *ohne* eine *Anweisung des Richters* oder des Rpfl auf Grund einer eigenen Prüfung veranlassen, sobald sie geboten ist, Üb 8 vor § 166, BGH NJW **90**, 177. Bei Einschaltung einer Hilfskraft, etwa eines Auszubildenden, behält er natürlich die Verantwortung. Diese Vorschrift ist vielen unbekannt. Das führt zu überflüssigen Anweisungen.

4) Vorrang des Richters, I 1. Andererseits ist eine ausdrückliche richterliche Bestimmung der förmlichen Zustellung zulässig. Sie ist in den Fällen §§ 183 I Z 2, 3, 184 I 1, 186 I, 187 notwendig. Sie ist im übrigen bei so mancher richterlicher Verfügung ratsam. Das gilt insbesondere dann, wenn das Gericht bestimmt, welche Beweispersonen usw der Urkundsbeamte laden soll. Denn der zusätzliche Hinweis auf die Notwendigkeit einer förmlichen Zustellung vermindert Terminsaufhebungen usw infolge fehlerhafter Rechtskenntnisse des Urkundsbeamten der Geschäftsstelle. Eine Anweisung zur förmlichen Zustellung durch den Richter ist wirksam. Sie ist für den Urkundsbeamten der Geschäftsstelle auch dann verbindlich, wenn er eine förmliche Zustellung nicht für nötig hält, BGH RR **93**, 1214. Freilich darf und soll er schon zur Vermeidung einer etwa notwendigen Niederschlagung von Gerichtskosten nach § 21 GKG im Zweifel beim Richter eine Rückfrage halten, ob es bei der Anweisung zur förmlichen Zustellung bleiben soll. 4

Im übrigen bleiben die Pflichten des Urkundsbeamten nach Rn 3 auch bei einer richterlichen Weisung bestehen, BGH RR **93**, 1214. Unberührt bleibt auch seine Prüfungspflicht, ob er vor Ausführung die Akte dem Richter vorlegen muß, etwa wegen einer Terminsbestimmung oder eines Beweisbeschlusses nach § 358 a oder einer prozeßleitenden Verfügung nach § 273, und ob überhaupt eine formlose Übersendung ausreicht, Rn 6.

Abschriften, die die Partei entgegen § 133 I 1, II nicht beigefügt hat, fordert der Urkundsbeamte unter kurzer Fristsetzung an oder veranlaßt ihre Anfertigung durch den Schreibdienst usw auf Parteikosten, KV 9000.

5) Zustellungsweg, I 1–3. Den Zustellungsweg bestimmt der Urkundsbeamte der Geschäftsstelle beim Fehlen näherer gesetzlicher Vorschriften oder einer richterlichen Anweisung nach seinem pflichtgemäßen Ermessen selbst, BGH NJW **90**, 2125, BVerwG NJW **75**, 1796. Dabei sollte er den sichersten Weg wählen und zugleich auf Vermeidung unnötiger Unkosten achten, Nies MDR **02**, 69. Er entscheidet auch darüber, 5

§§ 168, 169 Buch 1. Abschnitt 3. Verfahren

wie oft eine Zustellung versucht werden soll, auch nach postalischen Fehlern. Eine (Rücksprache beim Richter zwecks dessen mahnender Verfügung an die Post kann ratsam sein. Der Urkundsbeamte prüft auch, ob notfalls eine öffentliche Zustellung stattfinden soll. Der Urkundsbeamte stellt selbst nur an den Anwalt nach § 174 oder an eine beliebige Person an der Amtsstelle nach § 173 zu. Er kann auch die Zustellung durch Einschreiben mit Rückschein nach § 175 S 1 wählen.

Er muß sich im übrigen zunächst der *Kanzlei seines Gerichts* für das Schreibwerk usw bis zum Hinausgehen der zuzustellenden Sendung und sodann mangels abweichender Richteranweisung nach seiner Wahl der Post bedienen. Dazu gehört nach § 33 I PostG jedes beliehene Unternehmen. Er kann sich ferner eines Justizbediensteten bedienen, I 2, dazu zB in Hessen NJW 04 Heft 4 S XIV, Schleswig-Holstein AV v 26. 9. 02, SchlHA 253 (Wachtmeister, Serviceeinheit, Schreibdienst, evtl in Nebentätigkeit). Dabei muß er grundsätzlich nach § 1 Z 3 ZustVV, abgedruckt in § 190 Rn 2, den in Anlage 3 ZustVV vorgeschriebenen Vordruck benutzen. Er kann nach § 2 II ZustVV ein Sichtfenster verwenden usw und andere Abweichungen nach § 2 III Z 1–3 ZustVV vornehmen. Er kann bei einer Zustellung an den Anwalt das Schriftstück einem Justizbediensteten übergeben, der es dem Anwalt gegen ein Empfangsbekenntnis aushändigt. Dieser Weg ist zB bei besonderem Eilbedürfnis geboten, Schlesw NJW **88**, 569. Er kann sich bei der etwaigen Anwaltsfächer im Gericht bedienen. Er muß überwachen, mahnen und notfalls wiederholen. Das gilt auch beim Eingang der Zustellungsurkunde usw, BGH NJW **90**, 177.

6   **6) Formlose Mitteilung, I, II.** Bei ihr benutzt der Urkundsbeamte ebenfalls die Post oder bedient sich des Justizbediensteten etwa in den Fällen der §§ 270, 377 I. Er muß die vermittelnden Zustellungsstellen überwachen, auch der Partei gegenüber. Urschrift und Zustellungsurkunde kommen zu den Gerichtsakten, anders als bei der Parteizustellung.

7   **7) Beteiligung des Gerichtsvollziehers usw, II.** Der Gerichtsvollzieher oder eine andere Behörde nehmen am Verfahren der Amtszustellung grundsätzlich nur auf Grund einer nach pflichtgemäßem Ermessen getroffenen richterlichen Anordnung auch des Einzelrichters oder des als Gericht tätigen Rpfl bzw des nach Grdz 4 vor § 688 ermächtigten evtl anderen Urkundsbeamten unter den Voraussetzungen II teil. Ihre Teilnahme kommt nur ausnahmsweise in Betracht, soweit eine Zustellung nach I keinen Erfolg verspricht. Das gilt etwa dann, wenn die Partei hartnäckig behauptet, die Zustellungsurkunden der Post seien fehlerhaft. Eine bloße Arbeitserleichterung reicht für II nicht. Die Durchführung dieser Zustellung erfolgt nach §§ 176 ff. § 49 ist unanwendbar.

8   **8) Verstoß, I, II.** Amtshaftung nach Art 34 GG, § 839 BGB kommt in Betracht, soweit der Urkundsbeamte eine der in Rn 3–7 erläuterten Amtspflichten verletzt, BGH NJW **90**, 177. Auch kann die in Rn 4 genannte Niederschlagung von Gerichtskosten geboten sein. Daneben kann eine Dienstaufsichtsbeschwerde sinnvoll sein, auch zur Verhinderung fehlerhafter Gebräuche. Ein Verstoß gegen II läßt die erfolgte Zustellung nicht schon deshalb unwirksam sein.

9   **9) VwGO:** *Unmittelbar anwendbar, Einf § 166 Rn 19.*

169   *Bescheinigung des Zeitpunktes der Zustellung; Beglaubigung.* **I Die Geschäftsstelle bescheinigt auf Antrag den Zeitpunkt der Zustellung.**
II ¹**Die Beglaubigung der zuzustellenden Schriftstücke wird von der Geschäftsstelle vorgenommen.** ²**Dies gilt auch, soweit von einem Anwalt eingereichte Schriftstücke nicht bereits von diesem beglaubigt wurden.**

1   **1) Systematik, Regelungszweck, I, II.** Die Vorschrift enthält eine Ergänzung zu §§ 166–168 ff im Interesse der fristgerechten Einlegung eines Rechtsmittels oder einer zügigen Vollstreckbarkeit. Der Gläubiger muß nämlich den Zustellungszeitpunkt zB zur Errechnung einer Rechtsmittelfrist kennen und auch nach § 750 I (falls er nicht nach dessen S 2 selbst zustellt) oder nach § 798 nachweisen, um die Zwangsvollstreckung beginnen zu können. Soweit die Zustellungsurkunde wegen der Amtszustellung nach § 317 I, 329 II 2, III bei den Akten ist, hilft I. Er schafft eine öffentliche Urkunde, § 418 I, Köln Rpfleger **97**, 31 (auch zur Widerlegbarkeit nach § 418 II. Vgl aber § 418 Rn 7 ff).

Bei der Zustellung von Amts wegen wird *nicht die Urschrift* zugestellt, sondern eine von Amts wegen beglaubigte Abschrift des bei der Akte bleibenden Schriftstücks. Evtl muß das Gericht auch eine Ausfertigung zustellen, Begriff § 317 Rn 8 ff. Das gilt etwa bei §§ 377, 402. Die Beglaubigung dient der Rechtssicherheit, Einl III 43. Es soll sichergestellt sein, daß die Abschrift mit der Urschrift übereinstimmt. Die letztere bleibt bei den Gerichtsakten.

2   **2) Geltungsbereich, I, II.** Üb 3 vor § 166.

3   **3) Bescheinigung, I.** Es ist ein Antrag erforderlich. Er unterliegt keinem Anwaltszwang, § 78 V Hs 2. Er liegt auch im Antrag auf die Erteilung einer vollstreckbaren Ausfertigung des Vollstreckungstitels, § 724, 795, oder auf den Erlaß eines Vollstreckungsbescheids, § 699, 796 I. Der Urkundsbeamte der Geschäftsstelle ist für die Erteilung einer Bescheinigung nur über den Zeitpunkt der Zustellung zuständig, Meyer-Stolte Rpfleger **82**, 43. Er muß die Wirksamkeit der Zustellung prüfen. Er bescheinigt nicht nur mit Handzeichen (Paraphe), sondern mit eigenhändiger Unterschrift, wie bei § 129 Rn 9, LG Bln MDR **78**, 411, unter der Angabe der Dienstbezeichnung. Vgl aber auch § 703 b. Ein Siegel ist anders als bei den §§ 317 III, 725 nicht notwendig, LG Bln MDR **78**, 411. Die Bescheinigung hat die Beweiskraft einer öffentlichen Urkunde nach § 418, LG Neubrdb Rpfleger **05**, 37. Sie läßt sich extra ausfertigen oder auf eine Ausfertigung oder Abschrift des zugestellten Schriftstücks setzen. Der Urkundsbeamte vermerkt ihre Erteilung in der Akte. Das Vollstreckungsorgan ist an die Bescheinigung gebunden, LG Neubrdb Rpfleger **05**, 37.

4   **4) Beglaubigung, II.** Die Vorschrift besagt, wer eine beglaubigte Abschrift erteilt, nicht aber, wann sie ausreicht. Sie reicht zB nicht beim vollständigen oder abgekürzten Urteil, § 317 Rn 8. Der Urkundsbeamte

der Geschäftsstelle nimmt die Beglaubigung der Abschrift vor, sofern das nicht bereits durch den auch bei einer Amtszustellung zur Beglaubigung befugten und die derartige Abschrift einreichenden Anwalt geschehen ist. Deshalb wirken sich Mängel der beglaubigten Abschrift oder gar deren Fehlen auf die Wirksamkeit der Zustellung aus, BGH NJW **95**, 2231, Brdb FamRZ **98**, 1439. Im Verfahren nach dem AUG kann der Generalstaatsanwaltschaft als Zentrale Behörde die Beglaubigung vornehmen. Der Urkundsbeamte unterschreibt mit dem vollen Namen wie bei § 129 Rn 9, BGH NJW **85**, 1227, und mit dem Zusatz „als Urkundsbeamter der Geschäftsstelle". Zumindest muß erkennbar sein, daß ein Urkundsbeamter den Beglaubigungsvermerk unterzeichnet hat. Ein bestimmter Wortlaut ist nicht für die Beglaubigung nötig, BGH **76**, 228.

5) Rechtsmittel; Kosten, I, II. Gegen die Entscheidung des Urkundsbeamten ist die befristete Erinnerung nach § 573 I zulässig, Meyer-Stolte Rpfleger **82**, 43. Dasselbe gilt bei einer pflichtwidrigen Untätigkeit. Sodann ist die sofortige Beschwerde nach § 573 II statthaft. Eine Rechtsbeschwerde kommt unter den Voraussetzungen des § 574 in Betracht. 5
Gebühren: Des Gerichts: In erster Instanz keine, § 1 GKG, bei Verwerfung oder Zurückweisung einer sofortigen Beschwerde, KV 1811; des Anwalts: § 19 I 2 Z 9 RVG, VV 3500.

6) VwGO: Unmittelbar anwendbar, Einf § 166 Rn 19. 6

170 *Zustellung an Vertreter.* **I** ¹Bei nicht prozeßfähigen Personen ist an ihren gesetzlichen Vertreter zuzustellen. ²Die Zustellung an die nicht prozeßfähige Person ist unwirksam.
II Ist der Zustellungsadressat keine natürliche Person, genügt die Zustellung an den Leiter.
III Bei mehreren gesetzlichen Vertretern oder Leitern genügt die Zustellung an einen von ihnen.

Gliederung

1) Systematik, Regelungszweck, I–III	1	5) Mehrere Vertreter oder Leiter, III	5
2) Geltungsbereich, I–III	2	6) Beispiele zur Frage des Geltungsbereichs, I–III	6–14
3) Zustellung an gesetzlichen Vertreter, I	3		
4) Keine natürliche Person, II	4	7) VwGO	15

1) Systematik, Regelungszweck, I–III. Die Vorschrift zieht eigentlich selbstverständliche Folgerungen aus dem Umstand, daß der Prozeßunfähige des gesetzlichen Vertreters bedarf, Grdz 7 vor § 50, § 51 Rn 1. II, III dienen der Vereinfachung zwecks Prozeßwirtschaftlichkeit, Grdz 12, 14 vor 128. Das wird bei der zu sehr auf Rechtssicherheit nach Einl III 43 achtenden Auslegung bisweilen übersehen. 1

2) Geltungsbereich, I–III. Vgl Üb 3 vor § 166. 2

3) Zustellung an gesetzlichen Vertreter, I. Die Vorschrift betrifft die prozessuale Wirksamkeit einer Zustellung. Sie betrifft aber die Frage, wer Empfänger ist, VG Münst FamRZ **84**, 1149. Eine Zustellung an eine nicht voll prozeßfähige Partei nach Grdz 4 vor § 50, § 51 Rn 1, die im wesentlichen richtig bezeichnet sein muß, BGH NJW **89**, 2689, oder an einen nicht prozeßfähigen Streithelfer nach § 66 ff oder Streitverkündeten nach §§ 72 ff oder Drittschuldner nach §§ 829 II, 845 I geht wirksam nur an deren gesetzlichen Einzelvertreter als Zustellungsadressaten nach § 182 II Z 1, BVerfG **75**, 214 (auch zum FGG), BGH DB **88**, 1210, LG Bielef DGVZ **03**, 93. Wegen dieses Begriffs Grdz 7 vor § 50. 3
Der Absender muß den *gesetzlichen Vertreter* nach § 51 Rn 12 grundsätzlich nennen, § 191 Rn 6. Die Zustellung an den Prozeßunfähigen selbst kann auch bei einer bloßen Ersatzzustellung an den Vertreter vorliegen. Sie ist nach I 2 unheilbar unwirksam, wenn sie nur an den Prozeßunfähigen erfolgt, nicht wenigstens durch Ersatzzustellung nur oder auch an den gesetzlichen Vertreter. Die Zustellung an den Schuldner ist nicht schon wegen der Eröffnung des Insolvenzverfahrens unwirksam, KG Rpfleger **90**, 311.
Eine *Nachholung* ist geboten, und zwar unter Umständen an einen inzwischen Volljährigen, § 56 Rn 9, 10. Evtl muß das Gericht einen Vertreter nach § 57 bestellen, LG Bln MDR **88**, 588. Tritt die Prozeßunfähigkeit im Laufe des Prozesses ein, ist § 86 unanwendbar, dann tritt eine Unterbrechung nach § 241 ein. Man kann nicht sich selbst als dem gesetzlichen Vertreter des Gegners zustellen, § 178 II, BGH NJW **84**, 58, LG Ffm Rpfleger **88**, 72. § 178 II ist aber auf eine Zustellung nach § 170 nicht entsprechend anwendbar, BVerfG **67**, 211, BGH NJW **84**, 57. Eine Ersatzzustellung nach §§ 178 ff durch eine Übergabe an den Vertretenen ist zulässig. Zur Anwendbarkeit nach § 621 a I 2, Saarbr NJW **79**, 2620.

4) Keine natürliche Person, II. Infrage kommt eine nicht natürliche Person beliebiger Konstruktion, zB eine Behörde, Gemeinde, Körperschaft, juristische Person, Hager NJW **92**, 353, oder ein rechtsfähiger Verein. Bei ihnen kann die Zustellung grundsätzlich an den Leiter erfolgen, mag er der gesetzliche Vertreter sein oder nicht, Hager NJW **92**, 353. Vgl freilich wegen eines ausgeschiedenen Vorstandsmitglieds BGH RR **91**, 926, Ffm Rpfleger **78**, 134, aM Hager NJW **92**, 353. Leiter ist derjenige, der dazu bestellt ist, die Behörde usw nach außen zu vertreten, zB der Vorstand, Behördenchef, Präsident des Gerichts, aufsichtsführende Richter, Bürgermeister. Bei einer Ersatzzustellung erlaubt § 178 I Z 3 die Zustellung auch an jeden dazu ermächtigten Vertreter einer Gemeinschaftseinrichtung. 4

5) Mehrere Vertreter oder Leiter, III. Die Vorschrift ist mit dem GG vereinbar, BVerfG **67**, 211. Es genügt die Zustellung an einen von ihnen, auch wenn sie nur Gesamtbefugnis haben, BGH NJW **84**, 57, Ahrens ZZP **103**, 52. Es genügt also zB grundsätzlich die Zustellung an einen Elternteil, § 1629 I 2 BGB, BFH NJW **77**, 544, LG Ravensb Rpfleger **75**, 370. Das gilt auch beim Fiskus, aber nur innerhalb derselben Verwaltungsabteilung, § 18 Rn 5, 8. 5

6) Beispiele zur Frage des Geltungsbereichs, I–III 6
Abwickler: Auf ihn ist III anwendbar.

§ 170

Aktiengesellschaft: II ist auf die Aktiengesellschaft anwendbar. Im Fall des § 246 II 2 AktG sind der Vorstand und der Aufsichtsrat zusammen Zustellungsadressat, also mindestens je ein Mitglied dieser Gremien. Eine Heilung tritt nach § 189 ein. Sie tritt auch nach § 295 durch das rügelose Verhandeln des ProzBev beider Organe ein. Das alles gilt auch dann, wenn Vorstand und Hauptversammlungsmehrheit personengleich sind, Drsd RR **97**, 739. Das Gericht muß die Klage eines ausgeschiedenen Vorstandsmitglieds wegen § 112 AktG dem Aufsichtsrat zustellen, nicht dem jetzigen Vorstand, BGH RR **91**, 926, Hager NJW **91**, 353 (teleologische Reduktion). Auch III ist anwendbar, § 78 II AktG.
Anstalt: Auf sie ist I anwendbar.

7 **BGB-Gesellschaft:** II, III sind auf sie anwendbar, Celle Rpfleger **04**, 508, Müther MDR **02**, 989.
Behörde: II ist schon nach seinem Wortlaut anwendbar, BayObLG **90**, 256 (Vollstreckungsbehörde).
  S ferner Rn 6 „Fiskus".
Betriebsrat: II ist auf ihn anwendbar. Zustellungsadressat ist sein Vorsitzender, BAG BB **76**, 510.
Betreuer: Auf ihn ist III anwendbar.
Doppelte Eigenschaft: Eine Zustellung ist nicht schon deshalb unwirksam, weil bei einer in doppelter Eigenschaft tätigen Person irrig nicht die maßgebende Funktion angesprochen ist.
  S auch Rn 10 „Mehrgliedrige Organe".
Doppelvertretung: Rn 10 „Mehrgliedrige Organe".
Drittschuldner: Auf ihn ist I–III anwendbar.
Eheleute: An mehrere Parteien muß das Gericht getrennt zustellen, selbst wenn sie miteinander verheiratet sind, BAG BB **75**, 1486 (bei einem Verstoß kann aber jetzt nach § 189 eine Heilung eintreten).
Fiskus: Auf ihn ist II anwendbar, Rn 5 „Behörde". Das Gericht braucht seine Endvertretungsbehörde nach § 18 Rn 5 ff nicht richtig anzugeben, Zweibr OLGZ **78**, 108. Überhaupt ist seine unrichtige Bezeichnung heilbar, KG Rpfleger **76**, 222. Zustellungsadressat ist nur der einschlägige gesetzliche Vertreter und nicht derjenige, der den Fiskus etwa in einer anderen Beziehung vertritt. Notfalls muß man zwecks Heilungschance zurückverweisen, Hager NJW **92**, 353, aM BGH RR **91**, 926.

8 **Gemeinde:** II ist anwendbar. Leiter ist der Bürgermeister.
  S ferner Rn 6 „Fiskus".
Generalbundesanwalt: II ist auf den Generalbundesanwalt als Zentrale Behörde im Verfahren nach dem AUG anwendbar, Üb 1, 6 vor § 78.

9 **Genossenschaft:** II ist auf die Genossenschaft anwendbar. Im Fall des § 51 III GenG sind der Vorstand und der Aufsichtsrat zusammen Zustellungsadressat, also mindestens je ein Mitglied dieser Gremien, BGH NJW **92**, 2099. Eine Heilung tritt nach § 189 oder nach § 295 durch das rügelose Verhandeln des ProzBev beider Organe ein. Bei einer Genossenschaft in Liquidation nach §§ 84 ff GenG sind Liquidatoren und Aufsichtsrat Zustellungsadressat.
  Auch III ist anwendbar, aM Düss NJW **87**, 2524 (es übersieht III).
Gericht: I–III sind anwendbar, BayObLG **90**, 256 (Gläubiger von Zwangsgeld).
Gesellschaft mit beschränkter Haftung: II, III sind auf die GmbH anwendbar, § 35 II GmbHG, BGH DB **83**, 1971.
Inkassounternehmen: Soweit es in dem Schuldbereinigungsplan als Vertreter des Gläubigers bezeichnet ist, kommt eine Zustellung an das Inkassounternehmen infrage, Köln RR **01**, 267.
Juristische Person: Vgl zunächst bei den einzelnen Arten juristischer Personen. Bei ihr kann die Zustellung grds an den Vorsteher erfolgen, mag er der gesetzliche Vertreter sein oder nicht, Hager NJW **92**, 353.

10 **Kommanditgesellschaft:** II ist auf die KG anwendbar. Auch III ist anwendbar, § 161 II HGB, BGH DB **88**, 1210, Ahrens ZZP **103**, 35.
Körperschaft: II ist anwendbar.
Liquidator: Auf ihn ist III anwendbar.
Löschung: Der gesetzliche Vertreter bleibt, Mührer Rpfleger **99**, 13.

11 **Mehrgliedrige Organe:** Wie bei der Genossenschaft und der Aktiengesellschaft können auch sonst dann, wenn die juristische Personen durch mehrgliedrige Organe vertreten wird, diese mehreren Organe zusammen Zustellungsadressat sein. Denn man könnte sonst den mit der Doppelvertretung angestrebten Zweck infrage stellen.
  S auch Rn 5 „Doppelte Eigenschaft".
Minderjähriger: I–III sind auf den Minderjährigen anwendbar, Ffo DGVZ **02**, 92, LG Bielef DGVZ **03**, 93, AG Gütersloh DGVZ **03**, 92.
Offene Handelsgesellschaft: II ist auf die OHG anwendbar. Auch III ist anwendbar, § 125 II HGB, Ahrens ZZP **103**, 35.

12 **Partei kraft Amtes:** III ist anwendbar, soweit mehrere als Parteien kraft Amtes gemeinsam verwalten, Grdz 8 vor § 50.
Pfleger: Auf ihn ist III anwendbar.
Post, Postbank, Telekom: Wegen III § 18 Rn 6 „Bundespost".

13 **Sachverständiger:** I–III sind auf einen Sachverständigen *unanwendbar*.
Stiftung: I, II ist auf eine Stiftung anwendbar, aM ZöStö 5.
Strafprozeß: I–III sind im Strafverfahren auch *nicht entsprechend anwendbar*, Düss MDR **93**, 70.
Testamentsvollstrecker: Auf ihn ist III anwendbar. Das gilt auch bei Gesamtvollstreckern nach § 2224 BGB.

14 **Verein:** Ist ein nicht rechtsfähiger Verein beklagt, kann man jedem Vorstandsmitglied zustellen, III.
Vermögensmasse: Auf sie ist I anwendbar.
Vormund: Auf ihn ist III anwendbar.
Zeuge: I–III sind auf einen Zeugen *unanwendbar*.
Zweckvermögen: II, III sind anwendbar.

15 7) *VwGO:* Unmittelbar anwendbar, Einf § 166 Rn 19.

Titel 2. Verfahren bei Zustellungen §§ 171, 172

171 *Zustellung an Bevollmächtigte.* ¹ An den rechtsgeschäftlich bestellten Vertreter kann mit gleicher Wirkung wie an den Vertretenen zugestellt werden. ² Der Vertreter hat eine schriftliche Vollmacht vorzulegen.

1) Systematik, Regelungszweck, S 1, 2. § 172 geht dem § 171 vor. Dasselbe gilt für § 27 II Z 3 WEG. Letztere Vorschrift gilt für den Zeitpunkt der Ausführung der Zustellung. Eine Zustellung im anhängigen Prozeß kann also auch im Fall des § 171 an den ProzBev erfolgen. Der Zusteller handelt nach pflichtgemäßem Ermessen („kann"). Die Vorschrift dient der Klarstellung und damit der Rechtssicherheit, Einl III 43.

2) Sachlicher Geltungsbereich, S 1, 2. Beim Wohnungsverwalter ist § 27 II Z 3 WEG anwendbar. Beim Hauptbevollmächtigten einer ausländischen Versicherungsgesellschaft ist § 170 I anwendbar. In einer nichtvermögensrechtlichen Angelegenheit nach Grdz 11 vor § 1 ist § 171 nur eingeschränkt anwendbar, §§ 609, 640 I.

3) Persönlicher Geltungsbereich: Rechtsgeschäftlich bestellter Vertreter, S 1, 2. § 171 läßt in den Grenzen des § 172 nach Rn 2 eine Zustellung an jeden wirksam gerade durch Rechtsgeschäft bevollmächtigten Vertreter zu, Köln GRUR-RR **05**, 143. Der Auftraggeber muß ihn ausreichend bezeichnen. An einen in doppelter Eigenschaft tätigen Adressaten kann eine Zustellung auch dann wirksam erfolgen, wenn das zuzustellende Schriftstück nicht die hier maßgebliche Eigenschaft anspricht, sondern die andere, BAG NZA **04**, 455.

A. Allgemeines. Die Vertretungsbefugnis für den fraglichen Prozeß ist unerheblich. Es ist auch eine Ersatzzustellung zulässig. Zustellungsadressat nach § 182 II Z 1 bleibt der Vertretene. Gegen ihn wirkt auch die Zustellung, § 164 I BGB. Die Zustellung an einen anderen zum Zustellungsempfang durch Sondervollmacht oder Gesetz Ermächtigten schließt § 171 nicht aus. Sie ist im Rahmen der Vertretungsmacht zulässig, wenn es unerheblich ist, ob der Empfänger die Zustellung entgegennehmen will oder ob er sich gar weigert. § 181 BGB ist hier unbeachtlich, LG Ffm Rpfleger **88**, 72. Wer sich auf eine Zustellung nach § 171 beruft, muß die Empfangsberechtigung beweisen. Bei einer Adressierung an jemanden persönlich ist § 171 unanwendbar, BayObLG WoM **00**, 566.

B. Generalbevollmächtigter. Die Zustellung kann zB an einen Generalbevollmächtigten erfolgen, also an eine Person, die für alle Vermögensangelegenheiten oder für einen größeren Kreis solcher Angelegenheiten umfassend bevollmächtigt ist, Hamm MDR **93**, 1237 (Steuerberater eines Ausländers). Die Berechtigung zur Entgegennahme aller Postsendungen kann genügen, Hamm MDR **93**, 1237, ebenso die Befugnis zur Entgegennahme von Zustellungen, sog gewillkürte Zustellungsvollmacht, BGH RR **93**, 1083. Eine einfache Postvollmacht reicht aber nicht aus, Nürnb RR **93**, 496. Ein Versicherungs-Generalagent gehört nicht hierher.

C. Prokurist. Die Zustellung kann auch an einen Prokuristen erfolgen, §§ 48 ff HGB, mit einer Beschränkung auf die durch den Betrieb des Handelsgewerbes hervorgerufenen Prozesse, § 49 I HGB, insofern aber ohne die Beschränkung des § 49 II HGB. Bei einer Filialprokura besteht die Beschränkung auf den Betrieb dieser Filiale, § 50 III HGB. Bei einer Gesamtprokura genügt die Zustellung an einen Prokuristen nach § 170 III, Coenen DGVZ **02**, 183. Das gilt auch dann, wenn er zusammen mit einem Gesellschafter nach § 125 III HGB oder zusammen mit dem Geschäftsführer einer GmbH oder mit einem Vorstandsmitglied amtiert, § 78 III AktG. Der Handlungsbevollmächtigte nach § 54 HGB kann ebenfalls hierher gehören. Bei ihm erfolgt eine Ersatzzustellung nach § 178 I Z 2.

4) Vorlage schriftlicher Vollmacht, S 2. Eine Zustellung nach S 1 ist nur dann wirksam, wenn der rechtsgeschäftlich bestellte Vertreter im Zustellungszeitpunkt eine ihm vorliegende schriftliche Vollmacht auch tatsächlich vorlegt, BGH RR **93**, 1083, aM ZöStö 4 (aber § 2 ist eindeutig, Einl III 39). Diese Bescheinigung dient dem Schutz sowohl des Zustellenden als auch desjenigen Vertreters, der die Zustellung ausgehändigt erhält. Eine Vollmacht muß zumindest zum Empfang dieser Zustellung ermächtigen. Eine Vollmacht für ein Abmahnverfahren enthält evtl keine solche für ein Eilverfahren nach §§ 916 ff, 935 ff, Köln GRUR-RR **05**, 143. Eine Post-Empfangsvollmacht reicht zumindest beim nach § 33 PostG Beliehenen, aM Nürnb RR **98**, 496, Coenen DGVZ **02**, 183 (vgl aber § 168 Rn 5). Geht die Vollmacht etwa bei einer Prokura darüber hinaus, so wäre sie nach dem Wortlaut von S 2 in jedem Einzelfall als Original vorzulegen. Damit stellt S 2 eine insofern praktisch unerfüllbare Bedingung auf. Die Praxis muß sie durch vernünftige Handhabung erfüllbar auslegen. Es mag zB praktisch ausreichen, daß ein Mitarbeiter eine Kopie der Originalvollmacht oder gar -prokura auf Verlangen des mit den Verhältnissen in der Firma nicht vertrauten Zustellers vorlegt. Mangels Aufforderung zur Vorlage mag die Vollmacht entbehrlich sein, Hentzen MDR **03**, 363. Eine Aushändigung an den Zusteller ist nicht nötig. Der Zusteller braucht die Ordnungsmäßigkeit der ihm vorgelegten Vollmacht nicht in allen Einzelheiten zu prüfen. Denn damit wäre er überfordert. Einen Verstoß kann ohnehin § 189 heilen.

5) Verstoß, S 1, 2. Soweit eine Empfangsberechtigung fehlt, kommt eine Heilung nach § 189 infrage.

6) VwGO: Unmittelbar anwendbar, Einf § 166 Rn 19.

172 *Zustellung an Prozessbevollmächtigte.* ¹¹ In einem anhängigen Verfahren hat die Zustellung an den für den Rechtszug bestellten Prozessbevollmächtigten zu erfolgen. ² Das gilt auch für die Prozesshandlungen, die das Verfahren vor diesem Gericht infolge eines Einspruchs, einer Aufhebung des Urteils dieses Gerichts, einer Wiederaufnahme des Verfahrens, einer Rüge nach § 321a oder eines neuen Vorbringens in dem Verfahren der Zwangsvollstreckung betreffen. ³ Das Verfahren vor dem Vollstreckungsgericht gehört zum ersten Rechtszug.

§ 172

II ¹ **Ein Schriftsatz, durch den ein Rechtsmittel eingelegt wird, ist dem Prozessbevollmächtigten des Rechtszuges zuzustellen, dessen Entscheidung angefochten wird.** ² **Wenn bereits ein Prozessbevollmächtigter für den höheren Rechtszug bestellt ist, ist der Schriftsatz diesem zuzustellen.** ³ **Der Partei ist selbst zuzustellen, wenn sie einen Prozessbevollmächtigten nicht bestellt hat.**

Vorbem. I 2 erweitert dch Art 1 Z 0 b G v 9. 12. 04, BGBl 3220, in Kraft seit 1. 1. 05, Art 22 S 2 G, ÜbergangsR Einl III 78.

Gliederung

1) Systematik, I, II 1	6) Verfahren vor dem Vollstreckungsgericht, I 3 31
2) Regelungszweck: Vereinigung des Prozeßstoffs, I, II 2	7) Reihenfolge, II 32–34
3) Sachlicher Geltungsbereich: Alle Verfahrensarten, I, II 3	A. Prozeßbevollmächtigter der unteren Instanz, II 1 32
4) Persönlicher Geltungsbereich: Prozeßbevollmächtigter, I, II 4–8	B. Prozeßbevollmächtigter der höheren Instanz, II 2 33
A. Begriff 4	C. Fehlen eines Prozeßbevollmächtigten, II 3 34
B. Bestellung 5, 6	8) Wirkung, I, II 35
C. Rechtszug 7	9) Verstoß, I, II 36, 37
D. Beginn und Ende der Instanz 8	10) *VwGO* 38
5) Beispiele zur Frage des sachlichen und persönlichen Geltungsbereichs, I, II 9–30	

1   1) Systematik, I, II. Die Vorschrift stellt einerseits eine Ausnahme von dem Grundsatz dar, daß Zustellungen an die Parteien zu erfolgen haben, zB §§ 270, 271. Sie enthält andererseits einen eigenen Grundsatz, nämlich den Vorrang eines ProzBev für alle Zustellungen und die Pflicht, nur an ihn zuzustellen, BGH NJW 02, 1783, zB nach § 178, BAG DB 96, 2088. Von diesem Grundsatz gilt es wieder in anderen Vorschriften Ausnahmen, zB bei §§ 141 II 2, 239 III 1, 273 IV 2, 278 III, 450 I 3, 613, 900 III 3. I 2 ergänzt den wichtigen I 1. II regelt die Zustellung einer Rechtsmittelschrift vorrangig.

2   2) Regelungszweck: Vereinigung des Prozeßstoffs, I, II. *I 1* soll im Interesse der Prozeßwirtschaftlichkeit nach Grdz 14 vor § 128 die Vereinigung des gesamten Prozeßstoffs in einer Hand fördern, BGH NJW 02, 1783, Ffm OLGZ 86, 121, Hbg RR 88, 1278, und zwar in der berufensten und verantwortlichsten. Das Gesetz geht davon aus, daß die Partei durch die Bestellung eines ProzeßbevollmächtigtenJedenfalls ist die auf die persönliche Fortführung des Prozeßbetriebs verzichtet hat, Ffm Rpfleger 78, 376. Die Vorschrift ist ihrem umfassenden Zweck entsprechend weit auslegbar.

I 2 bezweckt eine Klärung und Vereinfachung im Interesse der Prozeßförderung und Prozeßwirtschaftlichkeit nach Grdz 12, 14 vor § 128 wie auch im Interesse der Rechtssicherheit, Einl III 43. Der Instanzbegriff wird sehr weit gezogen, um die Zustellung zu erleichtern. Damit bürdet das Gesetz zunächst dem bisherigen ProzBev vielerlei Zusatz- und Abwicklungspflichten auf und überläßt es ihm, das Ende des Mandats nach § 87 anzuzeigen, um das Ende der Pflichten aus I 2 herbeizuführen.

Unanwendbar ist I 2 auf ein selbständiges Verfahren im Sinn von § 82, Nürnb MDR 02, 232. Dazu gehören zB: ein Verfahren auf Antrag eines Dritten, etwa nach §§ 64, 771 ff, 805, 810 II, 878; ein vorläufiges Verfahren nach §§ 916 ff, 935 ff, Nürnb MDR 02, 232. Das gilt unabhängig davon, welches das Hauptsachegericht ist oder wäre. Soweit freilich die Erteilung der Prozeßvollmacht auch solche Verfahren miterfaßt, ist eine Zustellung an den ProzBev zulässig, Nürnb MDR 02, 232.

II dient einer möglichst frühzeitigen Information des Prozeßgegners und damit der Prozeßförderung, Grdz 12 vor § 128. Die Vorschrift hat praktisch nur eine geringe Tragweite. Denn das Rechtsmittel wird im allgemeinen durch seine Einreichung beim Gericht eingelegt, §§ 519 I, 549 I, 569 I 1. Jedenfalls ist die Zustellung nach II für die Wirksamkeit der Einlegung des Rechtsmittels nicht wesentlich. Wegen des Übergangs vom Mahnverfahren in das streitige Verfahren Rn 8.

3   3) Sachlicher Geltungsbereich: Alle Verfahrensarten, I, II. Darum gilt die Vorschrift zB: In allen Verfahrensarten der ZPO, Üb 3 vor § 166, Ffm OLGZ 86, 121, in allen Instanzen, auch im Mahnverfahren, im Familienverfahren, soweit dort auch die ZPO gilt, § 621a I 2, KG FamRZ 78, 728, sowie in der Zwangsvollstreckung mit der alleinigen Ausnahme des Verfahrens auf die Abgabe der eidesstattlichen Versicherung zur Offenbarung nach § 900 I 2, LG Gießen Rpfleger 81, 26, LG Köln NJW 86, 1180, aM LG Bochum Rpfleger 85, 33, Biede DGVZ 77, 75 (aber Buch 1 gilt grundsätzlich uneingeschränkt auch für Buch 8). Beispiele Rn 12 ff. Zum WEG-Verfahren BayObLG 01, 217, Hbg ZMR 85, 713, Drasdo NZM 03, 793 (zu § 27 II Z 3 WEG). Zum Abschiebungsverfahren BayObLG 98, 302.

4   4) Persönlicher Geltungsbereich: Prozeßbevollmächtigter, I, II. Beispiele Rn 9 ff.

A. Begriff. Vgl zunächst § 80 Rn 1. Vor einem Kollegialgericht muß der ProzBev postulationsfähig sein. Soweit überhaupt noch ein Lokalisierungsgebot besteht (zur Problematik § 78 Rn 2 ff), muß er auch dort zugelassen sein, BGH VersR 84, 873, Hbg GRUR 81, 91, Hamm GRUR 92, 887, aM Düss MDR 85, 852 (aber das ist inkonsequent). Freilich kann eine Zulassung fortwirken. Das gilt auch für den amtlich bestellten Vertreter eines Anwalts nach § 53 BRAO oder für den Kanzleiabwickler, BayObLG NJW 04, 3722. Es gilt ferner für den vom ProzBev für die höhere Instanz bestellten Anwalt, § 81. Neben dem Vollvertreter behält der Anwalt selbst die Befugnis auch für eine Ersatzzustellung. Wenn es sich nicht um die Vertretung vor einem Kollegialgericht oder dort nicht um einen Hauptsacheantrag handelt, kann der ProzBev oder sonst Bevollmächtigte ein Nichtanwalt sein, BGH MDR 85, 30, zB ein Prokurist oder ein Generalbevollmäch-

Titel 2. Verfahren bei Zustellungen § 172

tigter, BAG DB **96**, 2088, auch auf Grund seiner allgemeinen Vertretungsbefugnis, oder die Ehefrau, Zweibr Rpfleger **01**, 558.

B. Bestellung. Die Partei muß den ProzBev im Zeitpunkt der Zustellung schon und noch wirksam **5** gerade als solchen „bestellt" haben, Pardey ZIP **85**, 462. Das kann auch zugunsten einer Personenmehrheit geschehen sein, zB zugunsten mehrerer Einzelanwälte, BVerfG **81**, 128, BGH **118**, 322 (je: Zustellung an *einen* genügt), oder zugunsten einer Sozietät, bei der jeder Sozius empfangsberechtigt ist, BGH NJW **80**, 999, auch ein später eingetretener, BGH VersR **94**, 874, bei überörtlicher grundsätzlich zumindest auch der am Gerichtsort kanzleiführenden, KG NJW **94**, 3111, LG Bln RR **03**, 429, Boin MDR **95**, 882. Ferner kann die Bestellung zugunsten einer Anwalts-GmbH usw erfolgt sein, § 59 S 1 BRAO, oder zugunsten einer Partnerschaft, § 7 IV 1 PartGG.

Die Bestellung hat *nichts* mit der *Vollmachtserteilung* nach § 80 und ihrer Wirksamkeit zu tun, BGH NJW **02**, 1728, Ffm FamRZ **94**, 835, Hbg RR **88**, 1278, aM Naumb FamRZ **00**, 166, Stgt WettbR **96**, 281, LAG Köln BB **96**, 1119 (aber man muß beide sauber trennen, § 80 Rn 4, 5). Das gilt schon deshalb, weil das Gericht die Vollmachtserteilung nicht von Amts wegen prüft, soweit ein Anwalt als Bevollmächtigter auftritt, § 88 II. Es genügt daher, daß jemand eindeutig dem Gericht oder einem Fall einer Parteizustellung dem Gegner gegenüber gerade für diesen Prozeß als ProzBev gekennzeichnet worden ist, BGH NJW **02**, 1728, Hbg RR **95**, 444, Hamm RR **01**, 1088, aM Ffm RR **86**, 587, sei es durch ihn selbst, BGH RR **00**, 445, KG MDR **87**, 329, sei es durch den Auftraggeber, BGH NJW **87**, 440, aM KG MDR **87**, 329 (aber das ist gerade der typische Hauptfall), sei es durch eine ausdrückliche oder durch schlüssige Handlung, Rn 24 „Termin", BGH NJW **02**, 1783, Hbg RR **95**, 444, Hamm RR **01**, 1088, aM Ffm RR **86**, 587 (aber jede Parteiprozeßhandlung ist auslegbar, Grdz 52 vor § 128).

Die *Prozeßvollmacht* braucht zwecks Bestellung nicht beizuliegen, BGH FamRZ **92**, 665. Es ist erforderlich und genügt auch, daß man den ProzBev in der vorbezeichneten Art selbst auch gerade als solcher erkennbar bestellt, BGH NJW **02**, 1783, BPatG GRUR **87**, 813, Hbg ZMR **98**, 713, also nicht nur für außerprozessuale Maßnahmen, Hbg RR **93**, 958, Hamm RR **01**, 1088. Dabei muß auch erkennbar werden, daß der Vertreter eine Prozeßvollmacht haben soll, also eine das ganze Verfahren umfassende Vertretungsmacht, BGH MDR **85**, 30, Düss GRUR **84**, 80.

Nicht ausreichend ist es, wenn sich ein Anwalt vorprozessual dem Gegner oder dessen ProzBev lediglich als einen „Zustellungsbevollmächtigten" usw bestellt, BGH MDR **81**, 126, Bbg OLGR **01**, 27, Düss GRUR-RR **05**, 102. Das gilt unabhängig, ob die Voraussetzungen der §§ 183, 184 vorlägen. Denn der ProzBev hat eine ganz andere viel umfassendere Stellung. Das weiß jedenfalls ein sorgfältiger Anwalt. Man kann ihm daher auch nicht im Zweifel einen bloßen Bezeichnungsirrtum unterstellen. Nicht ausreichend ist die bloße Behauptung im Rubrum der Klageschrift, Rn 15.

Es besteht also eine Zustellungspflicht gegenüber dem ProzBev erst ab dessen wirksamer Bestellung, BGH NJW **02**, 1783. Demgemäß besteht kein Zustellungsrecht, erst recht keine Zustellungspflicht an diesen ProzBev, sondern eine Zustellungspflicht an die Partei selbst, soweit und solange bis zum Zeitpunkt Rn 6 nur der *Gegner* die Bestellung *behauptet,* etwa in der *Klageschrift,* BGH NJW **81**, 1674, Hbg MDR **91**, 259, Karlsr RR **92**, 701, aM RR **00**, 445 (aber damit würde man das Prozeßrechtsverhältnis nach Grdz 4 vor § 128 sprengen. Die verhängnisvollen Folgen der aM zeigen sich darin, dem angeblichen gegnerischen ProzBev auch noch eilfertig Kenntnis von der an die Partei erfolgten Zustellung zu geben. Das wäre Bruch der Schweigepflicht und schon deshalb das Gegenteil eines fairen Verfahrens. Daran auch BVerfG NJW **97**, 2003 nichts). Der Kenntnis steht das Kennenmüssen gleich, BGH NJW **81**, 1674, BAG DB **77**, 920, Ffm JB **87**, 1832, aM StJR 21, ZöSto 10 (aber Unkenntnis schützt auch hier nicht vor dem Gesetz). Das Gericht prüft aber nicht von Amts wegen, Rn 5. Eine zusätzliche Ladung des ProzBev der Partei, die vor seiner Bestellung ordnungsgemäß geladen wurde, ist ebensowenig nötig wie ein Hinweis an ihn auf den Termin, LAG Mü VersR **86**, 692. Daher kann er auch in solcher Lage keine Vertragung wegen persönlicher Nichtladung fordern.

Die nachträgliche Bestellung heilt eine frühere Zustellung an den noch nicht Bestellten. Entscheidender **6** *Zeitpunkt* ist der Beginn der Zustellung, also die Aushändigung des zuzustellenden Schriftstücks an den Gerichtsvollzieher oder an den Urkundsbeamten der Geschäftsstelle im Parteibetrieb, an den Justizbediensteten oder an die Post im Amtsbetrieb, BGH NJW **81**, 1674, Hbg RR **88**, 1278. Im Zweifel ist die an demselben Tag wie die Durchführung der Zustellung an die Partei beim Gericht eingegangene Bestellung nach Rn 5 dort erst später eingegangen, aM Mü OLGR **99**, 10 (solcher Beweis ist der Partei unmöglich. Aber auch das Gericht hat durchweg keine Uhrzeitangabe auf der Zustellungsurkunde). Folglich ist dann eine Frist im Zweifel ebenfalls nicht eingehalten, aM BGH NJW **81**, 1674.

C. Rechtszug. Der ProzBev muß als solcher für den Rechtszug, also für die Instanz bestellt worden sein. **7** Der Begriff der Instanz schwankt. Er ist für die einzelnen Prozeßgesetze und sogar innerhalb der ZPO nicht gleich. Hier bedeutet Instanz das gesamte Verfahren in demselben Rechtszug, Hamm GRUR **92**, 888.

Zum Rechtszug gehören: Das Verfahren nach einem Einspruch, §§ 338, 700; das Verfahren mit dem Ziel oder nach einer Zurückverweisung, §§ 538, 563 I, 566 VIII, 572 III, 577 IV; ein Wiederaufnahmeverfahren, §§ 578 ff; ein Verfahren zwecks Einleitung der Zwangsvollstreckung, zB auf die Vornahme einer Zustellung, §§ 750, 751 II, 756, 765, LG Köln JB **90**, 916; das Verfahren vor dem Vollstreckungsgericht des § 764; ein Verfahren infolge eines neuen tatsächlichen Vorbringens in der Zwangsvollstreckungsinstanz, §§ 731, 767 ff, 781 ff. Damit ist ein Streit gemeint, der sich aus Anlaß einer Zwangsvollstreckung zwischen den Parteien entwickelt und nicht etwa mit einem Dritten, etwa in einem Streit nach § 767. I 2 reicht aber nicht so weit wie die §§ 81 ff. Nach den letzteren Vorschriften darf in den dort bezeichneten Fällen eine Zustellung an den ProzBev gehen. In den Fällen I 2 muß die Zustellung an ihn gehen.

D. Beginn und Ende der Instanz. Die Instanz beginnt mit der Einreichung des verfahrenseinleitenden **8** Antrags, Gesuchs, Schriftsatzes, zB: Mit dem Mahnantrag, § 690; mit dem Arrestantrag, § 920; mit dem Scheidungsantrag oder mit der Einreichung der Klage, der bloßen Anhängigkeit, § 261 Rn 1, also nicht erst mit der Rechtshängigkeit, mithin nicht erst mit der Zustellung der Klageschrift, BGH NJW **84**, 926. Sie

§ 172

endet noch nicht mit der Verkündung nach § 311, BGH **111**, 109, sondern erst mit der formellen Rechtskraft des Urteils, § 322, § 705 Rn 3, BGH NJW **95**, 1095, mangels eines solchen, etwa bei einem Prozeßvergleich, Anh § 307, oder bei einer Klagerücknahme ist, § 269, oder bei übereinstimmenden wirksamen Erledigterklärungen, § 91 a, mit der Rechtskraft zB der Kostenentscheidung oder grundsätzlich auch mit der Einlegung eines statthaften Rechtsmittels, BGH NJW **95**, 1096, aM Karlsr AnwBl **82**, 434 (aber in diesem Zeitpunkt beginnt nun wirklich die nächsthöhere Instanz). Die Instanz endet also noch nicht mit der Zustellung des Endurteils. Nach einer Abgabe oder Verweisung bleibt der Rechtszug grundsätzlich bestehen, Rn 27 „Verweisung". Die Kostenfestsetzung gehört zu Instanz, Rn 16.

Danach muß man eine die Rechtsmittelfrist in Lauf setzende Zustellung nach II 1 an den ProzBev der *unteren* Instanz oder mangels eines solchen bewirken, solange kein ProzBev für die höhere Instanz nach II 2 bestellt ist, sogar wenn das Rechtsmittel vorher eingelegt wurde. Sofern sich der ProzBev zwar nach dem Erlaß der Entscheidung, aber noch vor demjenigen Zeitpunkt bestellt hat, in dem ihre Herausgabe erfolgt ist, § 329 Rn 23, 24, muß die Zustellung an ihn erfolgen. Der Urkundsbeamte der Geschäftsstelle muß diese Maßnahme also unter Umständen auch noch dann veranlassen, wenn sich die Akte bereits in der Kanzlei befindet, Köln NJW **83**, 460. Andernfalls mag die Rechtsmittelfrist nicht wirksam angelaufen sein, BGH NJW **81**, 1674 (zum alten Recht).

9 **5) Beispiele zur Frage des sachlichen und persönlichen Geltungsbereichs, I, II**
Abgabe: Rn 17 „Mahnverfahren".
Abmahnung: Die Vollmacht nur zu ihr reicht *nicht*, Hbg RR **93**, 958.
Amtlich bestellter Vertreter: Rn 4.
Amtszustellung: § 172 gilt bei einer Zustellung von Amts wegen, §§ 166 ff, Köln NJW **83**, 460.
Anderer Prozeß: Die Bestellung zum ProzBev kann auch durch eine Mitteilung in einem anderen bei demselben Gericht anhängigen Prozeß erfolgen. Die Weiterleitung ist dann Amtspflicht.
Anhängigkeit: § 172 gilt im Stadium zwischen Anhängigkeit und Rechtshängigkeit, § 261 Rn 1, soweit schon ein ProzBev tätig geworden ist, BGH NJW **84**, 926, etwa durch die Einreichung eines Antrags auf eine Prozeßkostenhilfe.
Anhörungsrüge: § 172 gilt nach dem klaren Wortlaut und Sinn von I 2 auch bei einer Anhörungsrüge nach § 321 a.
Annahme der Zustellung: Rn 12 „Entgegennahme der Zustellung".
Antragstellung: Die Bestellung zum ProzBev kann durch die Stellung eines Prozeß- und/oder Sachantrags im Termin erfolgen, BGH VersR **79**, 255, Düss GRUR **84**, 80.
Anwalts-GmbH: Rn 5.
Anwaltsprozeß: § 172 gilt natürlich im Anwaltsprozeß, § 78 Rn 1.
10 **Arrest, einstweilige Verfügung:** § 172 gilt im Verfahren nach §§ 916 ff, 935 ff, Hbg RR **95**, 445, Hamm GRUR **92**, 887, Stgt WettbR **96**, 281. Vgl auch § 82 Rn 1. Eine Bestellung für das Eilverfahren kann sich auf das Hauptverfahren erstrecken, Ffm FamRZ **94**, 835 (Vorsicht!).
Aufgabe der Anwaltszulassung: Rn 26 „Vertretungsunfähigkeit".
Aufnahme des Verfahrens: In den Fällen der §§ 239 III, 246 ist eine persönliche Ladung der Partei unabhängig von der Bestellung eines ProzBev notwendig.
Ausländischer Anwalt: SchlAnh VII § 5.
11 **Baulandsache:** § 172 gilt in einer Baulandsache, BGH MDR **85**, 30.
Beiordnung: Rn 12 „Ehesache".
Berufsverbot: Rn 26 „Vertretungsverbot".
Drittwiderspruchsklage: Die Klage nach § 771 fällt zwar unter die Vollmacht, § 81. Daher kann die Zustellung an den ProzBev erfolgen. Es handelt sich aber *nicht* um den anhängigen Prozeß. Daher ist eine Zustellung an den Gläubiger persönlich zulässig.
12 **Ehesache:** Dem nach § 625 beigeordneten Anwalt kann man nur dann wirksam zustellen, wenn er außerdem zum ProzBev bestellt wurde, § 625 Rn 7, BGH NJW **95**, 1225.
Eidesstattliche Versicherung: Rn 17 „Offenbarungsversicherung".
Einmischungsklage: § 82 Rn 1.
Einstweilige Zulassung: Eine einstweilige Zulassung nach § 89 genügt als Bestellung zum ProzBev.
Einzelne Handlung: Eine Vollmacht nur für sie reicht *nicht*.
Entgegennahme der Zustellung: Die Bestellung zum ProzBev kann auch durch die Entgegennahme der Zustellung durch einen Sozius erfolgen, BGH **67**, 13.
Familiensache: Rn 3.
13 **Formlose Mitteilung:** § 172 gilt bei einer formlosen Mitteilung, BGH RR **86**, 287, BAG DB **77**, 920, Schneider MDR **85**, 641 (wegen § 882 a).
S auch Rn 20 „Schriftsatz".
Freiwillige Gerichtsbarkeit: § 172 gilt auch in einem streitigen Verfahren nach dem FGG, BGH NJW **91**, 2086, Hamm ZMR **97**, 156, Schlesw NJW **97**, 203, aM BGH **65**, 44, BayObLG Rpfleger **92**, 116, KG Rpfleger **85**, 193 (aber jenes Verfahren weist doch sehr viele Parallelen zum Zivilprozeß auf).
Beim *nichtstreitigen* Verfahren kommt es auf die Vollmacht an.
14 **Gegner:** Rn 15 „Klageschrift".
Hauptintervention: § 82 Rn 1.
Insolvenz: § 172 gilt auch im Insolvenzverfahren, BayObLG RR **02**, 988. Der ProzBev der Partei wird *nicht* schon dadurch, daß sie zum Schuldner wird, zum Zustellungsbevollmächtigten des Verwalters, § 86 Rn 11, BGH DB **89**, 377.
Internationales Übereinkommen: § 172 ist bei einem solchen Übereinkommen *unanwendbar*, BGH **65**, 298, soweit nicht dieses Übereinkommen auf die Vorschrift Bezug nimmt.
S auch Rn 10 „Ausländischer Anwalt".
Justitiar: Er kann als ProzBev bestellt sein.

Titel 2. Verfahren bei Zustellungen §172

Klageschrift: Die Angabe des Klägers in der Klageschrift, der Bekl sei durch den Anwalt X vertreten, 15
genügt nur dann als Bestellung, wenn schon ein außergerichtlicher Schriftwechsel mit diesem Anwalt
stattgefunden hatte, wenn dieser letztere Anwalt dabei erklärt hatte, er sei gerade zum ProzBev und nicht
etwa nur zum Zustellungsbevollmächtigten im Sinn von Rn 29 ausersehen worden, und wenn diese
letztere Mitteilung nicht nur aus dem Kopf (Rubrum) der Klageschrift indirekt zur Kenntnis des Gerichts
kommt, sondern aus ihrem *weiteren Inhalt* oder weiteren Angaben des Klägers oder seines ProzBev bis zu
dem für die Veranlassung der Zustellung maßgebenden Zeitpunkt, also insbesondere bis zum Hinausgehen
der Klageschrift an die Post, § 329 Rn 24, BVerfG JZ **87**, 719 (das Gericht muß unter Umständen sogar
nachfragen), BGH **61**, 310, Hbg ZMR **91**, 27 (offen, ob eine Fürsorgepflicht zur Mitteilung an den
etwaigen ProzBev bestehe), aM ThP 3 (die Mitteilung der Bevollmächtigung müsse dem Gericht gegenüber stets durch den ProzBev oder seinen Auftraggeber erfolgen. Aber das genügt nicht der verbreiteten
Übung und dem Gebot der Prozeßwirtschaftlichkeit, Grdz 14 vor § 128).

Eigentlich *darf* das Gericht ja *gar nicht* einem Empfänger Kenntnis von einem Prozeßvorgang geben, der
ihm gegenüber noch gar nicht gesetzmäßig als Prozeßbeteiligter ausgewiesen ist. Daher darf und muß die
Zustellung vor eindeutiger Bestellung eines ProzBev an seine Partei gehen.

Kostenfestsetzungsverfahren: Es gehört zur Instanz, Rn 8. § 172 gilt im Verfahren nach §§ 103 ff, 16
BVerfG **81**, 127 (nicht stets zwingend), KG NJW **94**, 3111, Mü Rpfleger **84**, 74.

Das gilt *nicht* im eigenen Verfahren nach (jetzt) § 11 RVG, solange die Partei nicht auch dafür Prozeßvollmacht erteilt hat, Mü Rpfleger **84**, 74.

Kündigung: Rn 28 „Widerruf usw".

Landwirtschaftsverfahren: § 172 gilt in einem Landwirtschaftsverfahren.

Mahnverfahren: § 172 gilt in Mahnverfahren, §§ 688 ff, Zweibr VersR **79**, 143, aM KG NJW **87**, 1339, 17
(aber Buch 1 gilt auch für Buch 7). Das gilt auch nach einer Abgabe oder Verweisung, Düss MDR **87**,
503, Zweibr FamRZ **89**, 192.

Niederlegung: Rn 28 „Widerruf usw".

Notanwalt: Eine Beiordnung als Notanwalt nach § 78c genügt *nicht*. Wohl aber genügt eine einstweilige
Zulassung.

Offenbarungsversicherung: Im Fall § 900 I 3 ist schon nach dessen Wortlaut eine persönliche Ladung des
Schuldners unabhängig von der Bestellung eines ProzBev notwendig.

Parteibetrieb: § 172 gilt bei einer Zustellung im Parteibetrieb, §§ 191 ff. 18

Parteiprozeß: § 172 gilt im Parteiprozeß, § 78 Rn 1, Köln MDR **76**, 50.

Parteivernehmung: Im Fall des § 450 I 2 ist eine persönliche Ladung der Partei unabhängig von der
Bestellung eines ProzBev notwendig.

Partnerschaft: Rn 9.

Passivrubrum: Rn 15 „Klageschrift".

Persönliches Erscheinen: In den Fällen der §§ 141 II 1, 2, 239 III 1, 273 II Z 3, 279 II 2, IV 2, 450 I,
613 I 1 ist eine persönliche Ladung der Partei unabhängig von der Bestellung eines ProzBev notwendig,
Brdb JB **99**, 155.

Prokurist: Er kann im Parteiprozeß zum ProzBev bestellt sein. 19

Prozeßkostenhilfe: § 172 gilt im Verfahren nach §§ 114 ff. Das Gericht muß zwar eine Meldung zunächst
nur mit einem Prozeßkostenhilfegesuch ohne weiteren Zusatz zurückhaltend würdigen. Eine solche
Meldung gibt aber doch wohl meist eine Bestellung zum ProzBev zumindest bis zur etwa erfolgenden
Ablehnung der Beiordnung zu erkennen, BGH NJW **02**, 1728. Freilich kann eine Rückfrage ratsam sein.
Es kommt auf die Gesamtumstände an. Im Zweifel liegt noch keine Bestellung vor, aM BGH BB **02**, 483
(aber das Prozeßkostenhilfeverfahren ist doch oft geradezu Bedingung für den Entschluß, erst nach
Bewilligung Klage zu erheben).

Nicht ausreichend ist die bloße Beiordnung nach § 121. Denn zu ihr muß eine Prozeßvollmacht gerade
hinzutreten, § 121 Rn 16. Freilich kann eine einstweilige Zulassung nach § 89 vorliegen. Eine Aufhe-
bungsentscheidung nach § 124 kann außerhalb des Hauptverfahrens erfolgen. Dann ist § 172 evtl unanwendbar, Kblz FamRZ **05**, 531. Das muß man aber von Fall zu Fall nach den Gesamtumständen prüfen.

Rechtshängigkeit: Rn 9 „Anhängigkeit". 20

Rechtsmittelinstanz: § 172 gilt in allen Instanzen.

Sachverhalt: Eine Bestellung zum ProzBev kann durch den Sachverhalt erkennbar sein.

Schiedsspruch: §§ 1042 II, 1054 IV.

Schriftsatz: Eine (Selbst-)Bestellung kann natürlich in erster Linie durch die Einreichung eines Schriftsatzes
des ProzBev erfolgen, BGH VersR **86**, 371, Karlsr RR **92**, 701. Das kann aber auch durch den Schriftsatz
eines nach § 157 *nicht* zum Verhandeln Befugten geschehen, § 157 Rn 7, 8, LG Hagen WoM **88**, 281 (er
ist Zustellungsbevollmächtigter).

S auch Rn 21 „Schutzschrift".

Schutzschrift: Vgl zunächst Rn 20 „Schriftsatz". Grds genügt die Einreichung einer sog Schutzschrift *nicht*, 21
Grdz 7 vor § 128, soweit sie außerhalb eines bereits anhängigen bestimmten Verfahrens (also vorher)
erfolgt, und zwar auch dann nicht, wenn der Einreicher beim Prozeßgericht zugelassen bzw postulationsfähig ist, Ffm OLGZ **88**, 105, Hbg RR **95**, 445, Karls RR **92**, 701, aM Ffm OLGZ **86**, 121, Hbg
GRUR-RR **03**, 108, ZöStö 5 (aber es liegt vor Anhängigkeit bzw Rechtshängigkeit überhaupt noch kein
Prozeßrechtsverhältnis vor, aus dem erst prozessuale Rechte und Pflichten entstehen können, Grdz 5 vor
§ 128). Hat das Gericht aber die Schutzfrist dem Antragsteller mit einer einstweiligen Verfügung zugestellt, muß er die Verfügung zugleich mit § 929, 935 ff vollziehen, daß er von der Schutzschriftanwalt
des Antragsgegners nach (jetzt) §§ 191 ff im Parteibetrieb zustellt, Köln GRUR-RR **01**, 71.

Selbständiges Beweisverfahren: § 172 gilt auch bei §§ 485 ff. Der Anwalt des Beweisverfahrens mag auch 22
als ProzBev des direkt anschließenden Hauptprozesses gelten, Düss MDR **91**, 1197.

Sozietät: Bei der örtlichen Sozietät ist grds jeder Sozius mitbestellt, BGH NJW **80**, 999, auch der später
eintretende, BGH VersR **94**, 874. Denn jeder arbeitet für jeden, ist Gesamtgläubiger und Gesamtschuld-

§ 172

ner. Bei der überörtlichen Sozietät will der Auftraggeber im Zweifel nur diejenigen Sozien mitbestellen, die vor dem oder den Gericht(en) auftreten können und dürfen, Rn 5.

Standesrecht: Rn 28 „Widerruf usw".

23 **Termin:** Das Auftreten im Termin wie ein ProzBev läßt sich als seine Bestellungsanzeige bewerten, BGH RR **92**, 699.

Terminsvertreter: Der bloß für einen oder mehrere Termine Bestellte ist *nicht* schon deshalb auch ProzBev, BGH RR **94**, 127.

Tod usw des Prozeßbevollmächtigten: Die Prozeßvollmacht endet mit diesem Ereignis, § 86 Rn 5, 6. Das Verfahren wird unterbrochen, § 244. Eine Zustellung der Rechtsmittelschrift mag an die Partei selbst notwendig werden, II 3.

24 **Unterbrechung:** Rn 10 „Aufnahme des Verfahrens".

Unterschrift: Die Bestellung zum ProzBev kann auch durch die Unterzeichnung eines zugestellten Schriftsatzes erfolgen.

25 **Untervertreter, -bevollmächtigter:** Er ist nicht stets (auch) ProzBev, BayVerfGH RR **92**, 1645, Nürnb OLGZ **76**, 481, ThP 2, aM ZöStö 3 (aber man sollte prozeßwirtschaftliches auslegen, Grdz 14, 52 vor § 128).

26 **Verkehrsanwalt:** Er ist *gerade nicht* der ProzBev. Das gilt auch dann, wenn er gegen den Kostenfestsetzungsbeschluß vorgeht. Er kann allerdings zB im Kostenfestsetzungsverfahren zum weiteren ProzBev bestellt sein, Kblz VersR **00**, 1039.

Vertretungsunfähigkeit: Die Prozeßvollmacht endet mit dem Eintritt der Vertretungsunfähigkeit des bisherigen ProzBev, § 86 Rn 5, 6. Hierher gehört nicht die Aufgabe seiner Zulassung zur Anwaltschaft oder eine Mitteilung ans Gericht, auch nicht der Wegfall der Zulassung, aM BFH BB **75**, 635 (aber es können Abwicklungspflichten Vorrang haben).

Vertretungsverbot: Es ändert nichts an der Wirksamkeit einer Zustellung an den Anwalt, § 155 V 2 BRAO.

27 **Verweisung:** Rn 17 „Mahnverfahren". Die Prozeßvollmacht endet nicht stets mit der Verweisung an ein anderes Gericht, Ffm AnwBl **80**, 292, Köln FamRZ **85**, 1278. Das gilt selbst dann, wenn der bisherige ProzBev dort nicht zugelassen oder postulationsfähig ist.

Vollmachtloser Vertreter: Für einen zugelassenen vollmachtlosen Vertreter tritt das Ende der Befähigung nach § 172 mit seiner Zurückweisung nach § 89 ein, Zweibr MDR **82**, 586.

Vollstreckungsabwehrklage: Sie gehört zur Instanz.

Vollstreckungsgericht: Rn 30 „Zwangsvollstreckung".

Vollstreckungstitel: Die Bestellung zum ProzBev kann sich aus seiner Anführung in einem Vollstreckungstitel ergeben, Üb 10 vor § 300, LG Gießen Rpfleger **81**, 26.

28 **Wegfall der Zulassung:** Rn 26 „Vertretungsunfähigkeit".

Widerruf usw: Das Ende der Bevollmächtigung tritt dem Wirksamwerden einer Niederlegung des Mandats ein, BGH **118**, 322. Es tritt auch mit dem Wirksamwerden eines Widerrufs oder einer Kündigung des Vollmachtsvertrags nach § 87 ein. Darum darf man im Anwaltsprozeß nach § 78 Rn 1 dem an die Stelle des bisherigen ProzBev getretenen neuen ProzBev eine Zustellung erst dann zuleiten, wenn er die Übernahme auch wirksam angezeigt hat, BGH NJW **80**, 999, Düss OLGZ **88**, 119. Im Parteiprozeß gilt § 78 Rn 1 genügt aber bei einer Kündigung oder Niederlegung die Kenntnis des Gerichts, BGH NJW **91**, 296, Hamm NJW **82**, 1887, LG Bln MDR **94**, 307. Vgl aber § 87 Rn 5. Der Anwalt muß ein ihm nach § 172 zugestelltes Schriftstück grds schon standesrechtlich und auch im Rahmen der Abwicklung des Anwaltsprozeß nach eine angemessene Zeit nach der Beendigung des Auftrags an die Partei weiterleiten. Das alles entfällt ab Bekanntgabe des Erlöschens der Zulassung nach §§ 13 ff BRAO. Das braucht aber in der Regel nicht noch nach einer Reihe von Monaten zu geschehen. Es entscheiden die Gesamtumstände des Einzelfalls. Die Mitteilung der Partei vom Ausscheiden des bisherigen ProzBev kann im Parteiprozeß genügen, LG Gießen Rpfleger **81**, 26, ebenso diejenige von der Bestellung eines neuen, Ffm Rpfleger **86**, 39, LG Gießen Rpfleger **81**, 26, oder die Mitteilung der Partei vom Wegfall eines ProzBev überhaupt, LG Trier Rpfleger **88**, 29.

Wiederaufnahmeverfahren: Es gehört zur Instanz.

Wohnungseigentumssache: Rn 13 „Freiwillige Gerichtsbarkeit".

Zulassung: Rn 26 „Vertretungsunfähigkeit".

29 **Zustellungsbevollmächtigter:** Wer nicht ProzBev ist, kann doch zumindest Zustellungsbevollmächtigter sein, § 184, BGH VersR **84**, 873, Düss MDR **85**, 852, LG Hagen WoM **88**, 281. Auch in manchem Anwaltsschriftsatz gehen die Begriffe durcheinander. Im Zweifel ist eine Rückfrage beim Einreicher ratsam. Beim angeblichen ProzBev des Gegners ist sie freilich nicht stets überhaupt erlaubt (Schweigepflicht vor Beginn des Prozeßrechtsverhältnisses!). Sie ist überhaupt keineswegs immer Amtspflicht. Das übersieht manche oberflächliche Rechtsmittelentscheidung. Denn die Aufgabenbereiche decken sich nicht annähernd, auch nicht kostenmäßig. Das übersehen manche leider bei voreiliger Annahme einer Bestellung als ProzBev.

30 **Zwangsvollstreckung:** Sie gehört zur Instanz, Rn 31. § 172 gilt in der Zwangsvollstreckung mit Ausnahme des Verfahrens auf die Abgabe einer eidesstattlichen Versicherung zwecks Offenbarung nach § 900 III 1, Ffm NJW **78**, 1442, LG Gießen Rpfleger **81**, 26, LG Köln NJW **86**, 1180, aM LG Bochum Rpfleger **85**, 33 (aber die Vorschrift regelt einen Sonderfall).

S auch Rn 11 „Drittwiderspruchsklage", Rn 13 „Formlose Mitteilung".

31 **6) Verfahren vor dem Vollstreckungsgericht, I 3.** Das Verfahren vor diesem Gericht und damit fast die gesamte Zwangsvollstreckung nach Rn 30 gehört stets zum ersten Rechtszug, LG Würzb DGVZ **79**, 126. Vgl nur §§ 764, 766, 789, 793, 822 ff, 828 ff, 899 ff (s aber § 900 I 2). Dasselbe gilt für Zwangsversteigerung und -verwaltung, § 869, § 1 I ZVG. Es ist also eine Zustellung an den erstinstanzlichen ProzBev nötig, Zweibr Rpfleger **01**, 558 (Ehefrau), LG Köln JB **90**, 916. Das ist auch dann so, wenn die Zwangsvoll-

Titel 2. Verfahren bei Zustellungen §§ 172, 173

streckung aus einem in zweiter Instanz zustandegekommenen Titel stattfindet, zB aus einem dort geschlossenen Vergleich, LG Köln JB **90**, 916. Dabei kommt es nicht auf den Wohnort des ProzBev an. § 900 I 2 enthält eine Sonderregelung für die Ladung im Verfahren zur Abgabe einer Offenbarungsversicherung. I 3 gilt auch dann, wenn das Gericht des ersten Rechtszugs nicht das Vollstreckungsgericht ist, LG Gießen Rpfleger **81**, 26.
  Wird ein *neuer* ProzBev für die Zwangsvollstreckung bestellt, Ffm Rpfleger **86**, 391, LG Gießen Rpfleger **81**, 26, oder die Partei ohne Anwaltszwang selbst tätig bzw teilt sie mit, das bisherige Mandat sei erloschen, LG Gießen Rpfl **81**, 26, so ist § 172 allenfalls auf den neuen ProzBev anwendbar, Mü Rpfleger **79**, 465, LG Gießen Rpfleger **81**, 26, LG Trier Rpfleger **88**, 29.

  7) Reihenfolge, II. Das Gericht muß einen Schriftsatz den folgenden Personen in der folgenden Reihenfolge zustellen. 32
  A. Prozeßbevollmächtigter der unteren Instanz, II 1. Die Zustellung ist zunächst an den ProzBev der unteren Instanz nötig, I. Zunächst muß die Zustellung an den ProzBev derjenigen Instanz versuchen, die die angefochtene Entscheidung erlassen hat.
  B. Prozeßbevollmächtigter der höheren Instanz, II 2. Die Zustellung muß allerdings an denjenigen 33 ProzBev erfolgen, den die Partei oder ihr erstinstanzlicher ProzBev etwa inzwischen für die höhere Instanz bestellt hat. Vor diesem Zeitpunkt bleibt der erstinstanzliche ProzBev richtiger Adressat, BGH NJW **75**, 120. Wenn es um mehrere Rechtsmittel in derselben Sache geht, muß man hier wiederum wie folgt unterscheiden. Wenn sich die Rechtsmittel auf verschiedene Urteile beziehen, etwa auf ein Teil-, Zwischen-, Grund- oder Schlußurteil, ist immer eine neue Prozeßvollmacht erforderlich. Man muß die Bestellung daher jeweils neu prüfen. Wenn sich die Rechtsmittel auf dasselbe Urteil beziehen, genügt die frühere Vollmacht. Ist die Sache zurückverwiesen, so ist der frühere Anwalt der Zustellungsadressat, Üb 8 vor § 166. Etwas anderes gilt dann, wenn die Sache wieder in die Revisionsinstanz kommt. Nach dem AUG ist der mitwirkende Generalstaatsanwalt als Zentrale Behörde der Zustellungsadressat.
  C. Fehlen eines Prozeßbevollmächtigten, II 3. Wenn ein ProzBev fehlt, dem das Gericht nach Rn 32 34 oder Rn 33 zustellen müßte, dann muß es die Klageschrift oder die Rechtsmittelschrift der Partei selbst zustellen, Rn 15.

  8) Wirkung, I, II. Gericht und Prozeßgegner sind nicht nur berechtigt, sondern verpflichtet, mit 35 Ausnahme der Fälle Rn 20 „Persönliches Erscheinen", Rn 19 „Offenbarungsversicherung" an den ProzBev zuzustellen, Schlesw MDR **01**, 231, soweit die Voraussetzungen des § 172 im Zeitpunkt der Heraus- oder Weggabe des zuzustellenden Schriftstücks vorliegen, BGH NJW **81**, 1673, Ffm OLGZ **86**, 121. Bei einer Mehrheit von ProzBev genügt die Zustellung an einen von ihnen, Rn 5. Bei mehreren Zustellungen ist für einen Fristlauf die erste wirksame maßgeblich, BGH **112**, 347, BVerwG NJW **98**, 3582, Zweibr Rpfleger **02**, 567.

  9) Verstoß, I, II. Jede Instanz muß einen Verstoß prüfen, BGH NJW **76**, 1940. Jeder Verstoß macht die 36 Zustellung jedenfalls zunächst grundsätzlich wirkungslos, BGH NJW **02**, 1783, BayObLG RR **02**, 988, Zweibr Rpfleger **01**, 558 (je nach altem Recht). Daher läuft zB eine Rechtsmittelfrist nicht an, BayObLG RR **02**, 988. Das gilt trotz des freilich stets beachtlichen § 189 mit seiner Heilungsmöglichkeit, BGH **84**, 562. Das gilt wohl selbst dann, wenn der ProzBev das Schriftstück aus *dritter* Hand erhalten hat oder wenn die Zustellung auch oder nur an den Vertretenen erfolgt ist, BGH **61**, 310, Köln MDR **76**, 50, LG Köln NJW **86**, 1180. Daraus können ein Anspruch auf einen neuen Termin nach § 227 und eine Amtshaftung entstehen, Art 34 GG, § 839 BGB. Man kann freilich unter Umständen eine Zustellung an den Zustellungsbevollmächtigten des § 184 annehmen, BGH VersR **84**, 873, BAG BB **77**, 1152. Wegen der Vollziehungsfrist des § 929 Hbg GRUR **87**, 66.
  Eine *Heilung* erfolgt nach § 189 (BGH NJW **02**, 1783 erging mit seiner aM noch zu § 187 aF) und nach 37 § 295. Sie erfolgt aber nach der letzteren Vorschrift jedenfalls dann nicht rückwirkend, wenn sonst eine zwingende Frist verletzt wäre, etwa eine Klagausschlußfrist oder Klagerwiderungsfrist, oder wenn es zB um § 1587 II BGB geht, BGH NJW **84**, 926, oder im Eilverfahren nach §§ 620 ff, 916 ff, 935 ff, Celle GRUR **89**, 541. Soweit der ProzBev mehrere Beteiligte vertritt, wirkt die Zustellung im Zweifel für bzw gegen alle, wenn nicht § 182 II Z 2 etwas anderes ergibt.

  10) VwGO: Unmittelbar anwendbar, Einf § 166 Rn 19; vgl § 67 III 3 VwGO. 38

173 Zustellung durch Aushändigung an der Amtsstelle.
¹ Ein Schriftstück kann dem Adressaten oder seinem rechtsgeschäftlich bestellten Vertreter durch Aushändigung an der Amtsstelle zugestellt werden. ² Zum Nachweis der Zustellung ist auf dem Schriftstück und in den Akten zu vermerken, dass es zum Zwecke der Zustellung ausgehändigt wurde und wann das geschehen ist; bei Aushändigung an den Vertreter ist dies mit dem Zusatz zu vermerken, an wen das Schriftstück ausgehändigt wurde und dass die Vollmacht nach § 171 Satz 2 vorgelegt wurde. ³ Der Vermerk ist von dem Bediensteten zu unterschreiben, der die Aushändigung vorgenommen hat.

  1) Systematik, S 1–3. Die Vorschrift umfaßt im wesentlichen die Fälle des § 174. Sie geht aber über 1 diesen hinaus, indem sie nicht nur auf Anwälte usw beschränkt. Sie bleibt andererseits hinter § 174 zurück, indem sie nur eine Aushändigung an der Amtsstelle genügen läßt, insofern unklar LG Bad Kreuznach DGVZ **82**, 189. § 497 II läßt im Gegensatz zu § 173 bei der Ladung eine mündliche Mitteilung ausreichen.

  2) Regelungszweck, S 1–3. Zweck ist eine Vereinfachung im Interesse der Prozeßförderung nach 2 Grdz 12 vor § 128 und der Prozeßwirtschaftlichkeit, Grdz 14 vor § 128. Deshalb sollte man in den Grenzen Rn 3 keine zu enge Auslegung vornehmen. Natürlich bürdet das Gesetz etwas riskant das Risiko des

§§ 173, 174 Buch 1. Abschnitt 3. Verfahren

Fehlschlagens der Möglichkeit einer Kenntnisnahme durch den eigentlichen Adressaten diesem auf. Das ist aber ein bei rechtsgeschäftlicher Vertretung gewöhnlicher und praktisch kaum vermeidbarer Vorgang. Immerhin ist ja die Vollmachtsvorlage Bedingung der Zulässigkeit solcher Zustellungsart. Freilich soll der Zusteller nicht auch noch einen äußerlich unerkennbaren Mangel prüfen müssen.

3 **3) Geltungsbereich, S 1–3.** Die Vorschrift gilt in allen Verfahren nach der ZPO und den auf sie verweisenden anderen Verfahrensgesetzen. S 2, 3 gilt entsprechend in den von § 62 II BeurkG erfaßten Fällen des § 62 I Z 2, 3 BeurkG.

4 **4) Aushändigung an der Amtsstelle, S 1–3.** Die Vorschrift gilt für jede beliebige Zustellung. Sie gilt auch für eine solche Zustellung, die eine Notfrist nach § 224 I 2 in Lauf setzen soll. Die Vorschrift verlangt nur eine Aushändigung des verschlossenen oder unverschlossenen Schriftstücks, MüKoFel 1, ZöStö 2, aM StJR 3, ThP 2 (aber im gesamten Zustellungsrecht genügt die bloße Möglichkeit der Kenntnis*nahme*, § 166 Rn 2). Gegenstand der Zustellung ist ein dem Antrag unter Bezugnahme beigefügtes Schriftstück auch dann, wenn der Antrag aus sich heraus verständlich ist, Mü RR 03, 1722. Die Zustellung erfolgt an den Zustellungsadressaten selbst im Sinne von Üb 8 vor § 166 an der Amtsstelle. Das ist nicht diejenige Stelle, an der die Behörde gesetzlich tätig wird, sondern die Geschäftsstelle des betreffenden Gerichts, § 153 GVG, oder einer seiner sonstigen Geschäftsräume, auch das Richterzimmer oder ein Sitzungsraum, auch bei einem Lokaltermin der dortige Raum. Es genügt aber auch die Amtsstelle eines sog Gerichtstags, § 3 VO v 20. 3. 35, § 22 GVG, oder ein Raum eines Ortstermins. Der Adressat mag hergebeten worden oder zufällig erschienen sein. Eine Zustellung an einen rechtsgeschäftlich bestellten Vertreter des Zustellungsadressaten im Sinn von § 171 ist nach S 1 zulässig, wenn er eine schriftliche Vollmacht vorgelegt hat, § 171 S 2.

5 Eine *Annahmebereitschaft* ist notwendig. § 168 gilt nicht. Denn das Erfordernis der „Aushändigung" ist enger und vorrangig. Ein ausdrücklicher Verzicht auf eine förmliche Zustellung ist nicht nötig. Denn § 173 schafft sie ohnehin. Ein Empfangsbekenntnis wird nicht verlangt. Es ist zwar zum Nachweis zweckmäßig. Es genügt aber zum Nachweis auch ein unterschriebener Vermerk nach S 2, 3. Für die Wirksamkeit der Zustellung ist der Vermerk unwesentlich, aM Saarbr FGPrax 95, 252, ThP 3 (vgl aber Üb 13 vor § 166). Es ist unerheblich, welcher „Bedienstete" aushändigt. Es kann sich um jeden mit einer Aktenbearbeitung Betrauten handeln, zB um einen Urkundsbeamten der Geschäftsstelle, dessen Stellvertreter, einen Justizwachtmeister, einen Angestellten, auch um den Richter oder Rpfl, nicht aber um sonstiges Behördenpersonal. § 173 verlangt nicht, daß es sich um den zuständigen Sachbearbeiter handele. Das Einwerfen in ein Postfach oder Schrankfach genügt allerdings nicht. Denn das führt noch nicht zu einem Besitz oder Gewahrsam. Das gilt insbesondere dann, wenn das Fach für mehrere Adressaten besteht, § 174 Rn 12. Zur Vollmachtsvorlage im Sinn von S 2 vgl § 171 Rn 6.

6 5) *VwGO: Unmittelbar anwendbar, Einf § 166 Rn 19.*

174 *Zustellung gegen Empfangsbekenntnis.* ^I Ein Schriftstück kann an einen Anwalt, einen Notar, einen Gerichtsvollzieher, einen Steuerberater oder an eine sonstige Person, bei der auf Grund ihres Berufes von einer erhöhten Zuverlässigkeit ausgegangen werden kann, eine Behörde, eine Körperschaft oder eine Anstalt des öffentlichen Rechts gegen Empfangsbekenntnis zugestellt werden.

^{II 1} An die in Absatz 1 Genannten kann das Schriftstück auch durch Telekopie zugestellt werden. ² Die Übermittlung soll mit dem Hinweis „Zustellung gegen Empfangsbekenntnis" eingeleitet werden und die absendende Stelle, den Namen und die Anschrift des Zustellungsadressaten sowie den Namen des Justizbediensteten erkennen lassen, der das Dokument zur Übermittlung aufgegeben hat.

^{III 1} An die in Absatz 1 Genannten kann auch ein elektronisches Dokument zugestellt werden. ² Gleiches gilt für andere Verfahrensbeteiligte, wenn sie der Übermittlung elektronischer Dokumente ausdrücklich zugestimmt haben. ³ Für die Übermittlung ist das Dokument mit einer elektronischen Signatur zu versehen und gegen unbefugte Kenntnisnahme Dritter zu schützen.

^{IV 1} Zum Nachweis der Zustellung genügt das mit Datum und Unterschrift des Adressaten versehene Empfangsbekenntnis, das an das Gericht zurückzusenden ist. ² Das Empfangsbekenntnis kann schriftlich, durch Telekopie oder als elektronisches Dokument (§ 130a) zurückgesandt werden. ³ Wird es als elektronisches Dokument erteilt, soll es mit einer qualifizierten elektronischen Signatur nach dem Signaturgesetz versehen werden.

Vorbem. II 2 geändert dch Art 1 Z 52 c JKomG v 22. 3. 05, BGBl 837, in Kraft seit 1. 4. 05, Art 16 I JKomG, ÜbergangsR Einl III 78.

Gliederung

1) Systematik, I–IV	1	A. Grundsatz: Vollzugsbedingung	8, 9
2) Regelungszweck, I–IV	2	B. Unterschrift, Signatur usw	10, 11
3) Sachlicher Geltungsbereich, I–IV	3	C. Gewahrsam	12
4) Persönlicher Geltungsbereich, I–IV ...	4	D. Zeitpunkt	13
5) Keine Zustellungsbescheinigung, I–IV	5	E. Beweiskraft	14
6) Ermessen, I–IV	6	9) Telekopie, II, IV	15
7) Annahmebereitschaft, I–IV	7	10) Elektronisches Dokument, III, IV	16–18
8) Empfangsbekenntnis, I–IV	8–14	11) Verstoß, I–IV	19, 20
		12) *VwGO*	21

Titel 2. Verfahren bei Zustellungen § 174

1) Systematik, I–IV. Die Zustellung durch Aushändigung, durch Zustellungsurkunde mit oder ohne 1
Posttätigkeit oder gar durch öffentliche Bekanntmachung usw ist oft kompliziert, teuer und langatmig. Daher
schafft § 174 einen weiteren, einfacheren Weg. Bei einer Parteizustellung gilt statt § 174 der § 195. Beim
elektronischen Partei-Dokument gilt vorrangig § 130 a.

2) Regelungszweck, I–IV. Die Vorschrift dient der Vereinfachung, Beschleunigung und Verbilligung. 2
Sie dient damit der Prozeßwirtschaftlichkeit, Grdz 14 vor § 128. So sollte man sie auch auslegen. Freilich
steht und fällt die Brauchbarkeit dieser Zustellungsart mit der Zuverlässigkeit und Ehrlichkeit des Empfängers
bei der Datierung, Unterzeichnung und alsbaldigen Rücksendung des Empfangsbekenntnisses, wie bei § 195
(Anwaltszustellung). Man sollte daher nicht zögern, zumindest in Zukunft von der Zustellung mit Empfangsbekenntnis gegenüber einem solchen Adressaten abzusehen, der sich als unzuverlässig oder gar unlauter
erwiesen hat. Das geschieht auch in der Praxis, Kblz JB 02, 40. Es ist durchaus nicht zumutbar, hinter einem
Empfangsbekenntnis auch noch herlaufen zu müssen oder gar Ärger wegen auffällig später Datierung
abarbeiten zu sollen.

3) Sachlicher Geltungsbereich, I–IV. Die Vorschrift gilt in allen Verfahren nach der ZPO und den auf 3
sie verweisenden Gesetzen, auch im finanzgerichtlichen nach Üb 5 vor § 166, OFD Magdeb BB
01, 2205, auch im Insolvenzverfahren nach § 8 I 1 InsO, BayObLG **01**, 239. § 8 I 2 InsO hindert das
Insolvenzgericht nicht, mangels Vorliegens von (jetzt) § 174 nach pflichtgemäßem Ermessen förmlich oder
durch Aufgabe zur Post zuzustellen, BGH RR **03**, 626.

4) Persönlicher Geltungsbereich, I–IV. Er ist gegenüber dem früheren Recht erheblich erweitert. Er 4
umfaßt neben den in I nur beispielhaft ausdrücklich genannten Berufen und Stellen jeden, bei dem aufgrund
seines Berufs „von einer erhöhten Zuverlässigkeit ausgegangen werden kann". Das ist ein unbestimmter
weiter Rechtsbegriff mit fast gefährlich unscharfer Begrenzung: Wo liegt die Grenze zwischen zuverlässig
und „erhöht" zuverlässig? Kann jemand aus der Sicht des einen Absenders „erhöht", aus der Sicht des anderen
aber nur „normal" zuverlässig sein? Ist ein Insolvenzverwalter, Zwangsverwalter, Testamentsvollstrecker,
Betreuer nur normal oder „erhöht" zuverlässig? usw. Man muß unter Beachtung des Regelungszwecks nach
Rn 2 eine vorsichtige Abwägung vornehmen, im Zweifel wohl doch eher gegen als für die Annahme
„erhöhter" Zuverlässigkeit. Die Praxis muß ergeben, ob der Begriff brauchbar ist. Gehört der Adressat zu
den in I genannten Berufsgruppen, ist er zB Anwalt oder dessen nach § 53 BRAO bestellter amtlicher
Vertreter, BGH NJW **82**, 1650, so kommt es *nicht* zusätzlich darauf an, ob man ihn auch als erhöht zuverlässig
ansehen kann. Das ist ein einigermaßen skurriles Ergebnis.

5) Keine Zustellungsbescheinigung, I–IV. Eine Zustellungsbescheinigung ist nicht erforderlich. Denn 5
der Zustellungsempfänger erhält bei einer Amtszustellung keine Zustellungsurkunde.

6) Ermessen, I–IV. Eine Zustellung nach § 174 erfolgt auf Grund eines pflichtgemäßen Ermessens des 6
Richters oder Rpfl oder des Urkundsbeamten der Geschäftsstelle, BGH NJW **90**, 2125. Der Urkundsbeamte
muß natürlich klären, ob die Voraussetzungen einer Amtszustellung vorliegen, ob zB der Adressat schon
und noch Anwalt ist, BGH **111**, 106. Freilich kann der Urkundsbeamte das meist nicht im einzelnen überprüfen.
Die Zustellung nach § 174 ist zwar grundsätzlich schon im Kosteninteresse ratsam, LAG Bre Rpfleger **88**,
165. Das gilt aber nicht, wenn es darum geht, ein wichtiges Schriftstück schnell und sicher zuzustellen. In
einem solchen Fall sollte eine Zustellung nur mit Zustellungsurkunde erfolgen. Zumindest auf Grund
richterlicher Anordnung kann die Zustellung auch durch Telefax erfolgen, Ffm NJW **00**, 1654 (StPO). Eine
nochmalige Zustellung per Post ist dann nicht nötig, zumal eine Frist schon durch die erste in Lauf gesetzt
wurde, Ffm NJW **00**, 1654 (StPO).
Der Urkundsbeamte der Geschäftsstelle kann das Schriftstück *beliebig übersenden,* zB durch Boten oder mit
einfachem Brief. Er braucht nicht verschlossen zu sein. Voraussetzung einer wirksamen Zustellung ist aber,
daß der Urkundsbeamte bzw der etwa anordnende Richter das Schriftstück dem Empfänger auch zuleiten
wollte, BGH VersR **01**, 606. In diesem Zusammenhang ist es unerheblich, ob der Kläger ein Schriftstück
erhält, das für den Bekl bestimmt war, und der Bekl dasjenige ausgehändigt bekommt, das für den Kläger
bestimmt war, BGH VersR **87**, 258 (es kann dann aber eine Wiedereinsetzung in den vorigen Stand zulässig
sein).
Eine Einschränkung der Zustellung auf *Teile des Schriftstücks* ist wirkungslos. Die Beifügung des Vordrucks
einer Empfangsbekenntnis zeigt grundsätzlich die Zustellabsicht. Eine solche Beifügung ist nicht immer
notwendig, BGH FamRZ **00**, 1565. Eine ausdrückliche Zustellerklärung ist nicht erforderlich. Ein Vermerk
„Vereinfachte Zustellung" ist unnötig, aber unschädlich, BGH VersR **78**, 563. Der Urkundsbeamte vermerkt
die Zustellungsart und deren Absendedatum in der Akte. Ein Rückruf zur Berichtigung hebt den Zustellungswillen nicht auf, BGH RR **93**, 114. Wohl aber hebt die Forderung der Rückgabe eines nicht
unterzeichneten Empfangsbekenntnisformulars auf, BGH RR **92**, 252.

7) Annahmebereitschaft, I–IV. Es gelten dieselben Regeln wie bei der Zustellung von Anwalt zu 7
Anwalt, § 195, BGH RR **93**, 1213, Düss AnwBl **89**, 291, LAG Köln MDR **87**, 699. Der bloße Eingang
einer Urteilsausfertigung reicht allein also nicht. Es muß vielmehr zunächst eine Prüfung erfolgen, ob
der Adressat die Zusendung als Zustellung gelten lassen will, BGH RR **92**, 252. Dazu muß dann eine
Empfangsbereitschaft des Anwalts usw hinzutreten, BVerfG NJW **01**, 1564, BGH FamRZ **99**, 579, BAG
NJW **95**, 1916, Düss AnwBl **89**, 291. Bloße Unterlassung der Rücksendung des Empfangsbekenntnisses
bedeutet nicht eine Annahmebereitschaft, KG FamRZ **88**, 323. Die bloße Eingangsbestätigung ist
insbesondere bei Notfristen nicht stets als Annahme zwecks Zustellung auslegbar, BGH RR **89**, 58 (sehr
streng). Die Unterschrift nach Rn 8–11 begründet eine Vermutung der Empfangsbereitschaft, BGH RR **93**,
1213. Ein Anwaltsbrief kann ausreichen, BGH NJW **94**, 2297.

8) Empfangsbekenntnis, I–IV. Es enthält viele praktische Probleme. 8
A. Grundsatz: Vollzugsbedingung. Der Zustellungsadressat nach Üb 10 vor § 166 übersendet das
datierte und unterschriebene bzw elektronisch signierte Empfangsbekenntnis üblicherweise als Zustellungskarte, BGH VersR **95**, 113, auch nach einer Zustellung an ihn per Telefax, Rn 6, Ffm NJW **00**, 1654

§ 174
Buch 1. Abschnitt 3. Verfahren

(StPO). Das geschieht infolge IV 1 Hs 2 auf Adressatenkosten, aM Hamm JB **97**, 601 (aber der Anwalt kann ins Gerichtsfach legen, wie auch sonst). Er kann aber auch eine andere Form wählen, BGH FamRZ **00**, 1565, zB ein Telefax oder die Briefform, BGH NJW **94**, 2297 (Rückwirkung), BayObLG FGPrax **97**, 74, bei II eine Telekopie, bei III die elektronische Übersendung oder eine Rechtsmittelschrift oder einen Antrag auf die Wiedereinsetzung je mit der Erklärung, wann die Zustellung erfolgt sei, BGH FamRZ **00**, 1565.

Die unverzügliche ordnungsgemäße Erteilung dieses Bekenntnisses ist grundsätzlich *Bedingung* des Vollzugs der Zustellung, BGH NJW **94**, 2296, Düss MDR **88**, 326, LAG Bln MDR **03**, 1376, aM BFH **159**, 427 (aber bei Zustellungen ist wenigstens in solcher Grundfrage eine klare Strenge erforderlich). Andererseits ist der Wiedereingangszeitpunkt beim Gericht nicht wesentlich, sofern der Empfänger das Empfangsbekenntnis überschrieben bzw signiert hat, BGH NJW **90**, 2125. Die Zustellung erfolgt also noch nicht mit dem Eingang der Urteilsausfertigung, sondern erst mit der Unterschrift, BGH FamRZ **99**, 579, BAG DB **95**, 1920, Düss MDR **88**, 326. Die bloße Empfangsbestätigung wegen eines gegnerischen Schriftstücks reicht nicht, BGH NJW **94**, 2295. Noch weniger reicht die bloße Kenntnisnahme, BGH NJW **89**, 1154, oder das bloße Behalten der Sendung. Freilich kann dann ein Anscheinsbeweis der Annahmebereitschaft vorliegen. Natürlich fehlt eine Annahmebereitschaft erst recht, wenn der Anwalt seine Unterschrift nach Rn 10, 11 verweigert, BGH RR **89**, 57, BAG NJW **95**, 1917, oder wenn er die Sendung sonstwie zurückweist, BGH NJW **89**, 1154. Die Erteilung des Empfangsbekenntnisses ist eine verantwortungsvolle Beurkundungstätigkeit des Anwalts, BGH NJW **89**, 838. Er muß vor seiner Unterschrift bzw qualifizierten elektronischen Signatur auch prüfen, ob dasjenige Schriftstück überhaupt beiliegt, dessen Empfang er bestätigen soll, BGH BB **00**, 1267. Er muß den zugestellten Schriftsatz eindeutig bezeichnen, BGH VersR **01**, 607, und zwar lesbar, BGH RR **86**, 1254, ebenso das Zustelldatum, Rn 13.

9 Die Erteilung eines Empfangsbekenntnisses ist keine prozessuale Pflicht. Letztere ergibt sich auch nicht aus IV 1 Hs 2. Denn diese Formulierung setzt voraus, daß der Empfänger überhaupt ein Empfangsbekenntnis erteilen will. Das Empfangsbekenntnis ist aber in der Regel bei einem Anwalt eine *Standespflicht*, BGH RR **89**, 58, KG MDR **84**, 593, LG Würzb JB **77**, 563. Ihre Verletzung kann ihn auch schadensersatzpflichtig machen, KG MDR **84**, 593. Es besteht jedenfalls eine besondere Sorgfaltspflicht, BGH NJW **92**, 574. Der Anwalt braucht nicht zu bescheinigen, daß er das Schriftstück „zugestellt" erhalten habe, BGH VersR **85**, 551. Er braucht auch das vielfach übliche Formular zu benutzen, BGH FamRZ **00**, 1565, auch wenn er es vom Gericht erhalten hat, Rn 8. Das Empfangsbekenntnis ist als gleichzeitige Rechtsmittel-„Schrift" ungeeignet, Hbg NJW **86**, 3090, aM Schneider MDR **87**, 374 (aber in einer so wesentlichen Formfrage sollte man zwecks Rechtssicherheit nach Einl III 43 auch äußerlich gesondert vorgehen. Sonst zerfließen die Grenzen zu leicht).

10 **B. Unterschrift, Signatur usw.** Eine Unterschrift bzw qualifizierte elektronische Signatur, auch die Freigabe des Namens im Fall IV 3 anstelle der Unterschrift, muß vom Anwalt selbst erfolgen, BGH NJW **94**, 2295 (keine Heilung durch den Anwalt der nächsten Instanz). Sie kann allerdings auch durch einen der in Rn 3, 4 genannten dem Anwalt gleichgestellten Bevollmächtigten erfolgen, BGH NJW **82**, 1650, nicht aber durch andere Mitarbeiter, auch nicht bei deren Ermächtigung, BGH NJW **82**, 1650, Schlesw NJW **82**, 1570, OVG Hbg NJW **94**, 965. Bei einer Behörde muß der Leiter nach § 170 II, sein Vertreter oder der nach der Geschäftsverteilung zuständige Mitarbeiter unterzeichnen, BAG NJW **95**, 1916. Die etwaige handschriftliche Unterschrift muß auch eigenhändig erfolgen, BGH RR **92**, 1150 (ein Faksimile-Stempel reicht also nicht), BAG DB **94**, 2638. Es gelten dieselben Maßstäbe wie bei einem bestimmenden Schriftsatz, § 129 Rn 9 ff, BAG NJW **97**, 989. Ein sonstiger Kanzleistempel reicht bei einer Wahl des Empfangsbekenntnisses nach I 2 oder II 3 nicht, BGH FamRZ **99**, 579. Eine „Unterschrift" nur mit den Anfangsbuchstaben des Namens oder durch eine sonstige Paraphe reicht in diesem Fall nicht aus, BGH NJW **95**, 533, Hamm NJW **82**, 3289. Es ist vielmehr auch hier ein individueller Charakter des Schriftbilds notwendig, § 129 Rn 9, 13 ff. Der Schriftzug muß einem Dritten, der den Namen des Unterzeichners nicht kennt, die Identifizierung des Namens ermöglichen, BAG NJW **97**, 989. Er muß zumindest eine Nachahmung erschweren, BGH VersR **85**, 571.

Dann ist eine Vereinfachung des Schriftzugs ausreichend, BGH VersR **85**, 571, sogar eine gewisse Flüchtigkeit, BGH VersR **85**, 503, eine *weitere Lesbarkeit nicht erforderlich*, § 170 Rn 10, BGH (1. ZS) VersR **85**, 571, aM BGH (5. ZS) VersR **83**, 274 (es sei ausreichend, daß der Dritte den Namen des Unterzeichners dann entziffern kann, wenn er ihn schon kennt. Aber das ist zu großzügig, Rn 9). Über den Zeitpunkt der Zustellung § 198 Rn 15, 19.

11 Beim *elektronischen Dokument* reicht zwar nach IV 3 anstelle der Unterschrift die Angabe des Namens des Adressaten. Aber auch bei III ist die Annahmebereitschaft nach Rn 7 wesentlich. Daher muß der sonst Unterschriftspflichtige seinen Namen gerade zwecks Empfangsbekenntnis freigegeben haben. Ob das der Fall ist, läßt sich nur nach den Gesamtumständen klären. Man darf eine generelle Freigabe nur vorsichtig unterstellen.

12 **C. Gewahrsam.** Der Empfänger muß einen Gewahrsam erhalten, BAG NJW **95**, 1917. Er muß zumindest vor der Unterzeichnung bzw Signatur einen solchen gehabt haben, BGH FamRZ **92**, 168. Die Kenntnis vom Inhalt ist aber entbehrlich, BGH FamRZ **92**, 168. Der Anwalt usw hat auch dann einen Gewahrsam, wenn die Geschäftsstelle das zuzustellende Schriftstück in das für den Anwalt zur Abholung bestimmte Fach gelegt hat. Dieser Weg setzt aber voraus, daß der Anwalt an dem Fach ähnlich einem Postschließfach die alleinige tatsächliche Gewalt besitzt, § 173 Rn 5, BAG MDR **83**, 962, Brause AnwBl **78**, 166. Eine solche alleinige tatsächliche Gewalt fehlt jedenfalls in der Regel dann, wenn sich Anwälte verschiedener Sozietäten ein gemeinsames Fach nehmen. Das gilt nicht nur dann, wenn sie im konkreten Fall auch noch Prozeßgegner sind. Bei einer bloßen Bürogemeinschaft, die in der Regel denselben Mitarbeiter zur Entleerung des Fachs entsendet, mag jeder der Bürogenossen den Alleingewahrsam haben. In Ausnahmefällen mag ein Alleingewahrsam auch dann vorliegen, wenn zB mehrere Anwälte seit langen Jahren dasselbe Fach benutzen, ohne daß sich jemals die geringsten Probleme ergeben haben.

Titel 2. Verfahren bei Zustellungen § **174**

D. Zeitpunkt. Die unverzügliche Erteilung oder Verweigerung des Empfangsbekenntnisses ist wenigstens **13** nach § 14 BerufsO eine anwaltliche Standespflicht (Wirksamkeit bezweifelt, AnwG Düss NJW **98**, 2286), von den Fällen fristabhängiger Zustellungswirkungen abgesehen, BGH NJW **94**, 526. Es ist jedoch im übrigen prozessual unerheblich, wann das geschieht, BGH NJW **94**, 2296, Kblz JB **02**, 40. Im Zweifel reicht insofern ein Eingangsstempel des Anwalts, Kblz Rpfleger **96**, 207. Bei nachträglicher Bestätigung muß freilich klar sein, daß sie gerade auch ein Empfangsbekenntnis sein soll. *Hat* der Anwalt das Empfangsbekenntnis im zeitlichen Zusammenhang mit dem Empfang erteilt, so ist unerheblich, ob er das Schriftstück noch besaß und gelesen hat, als er das Empfangsbekenntnis unterschrieb, BGH FamRZ **92**, 168. Vgl aber auch Rn 2. Der Anwalt muß die Kosten der Rücksendung nach I 2 selbst tragen. Es ist zwar üblich gewesen, aber eigentlich mit der Kostensparsamkeit des Staats wohl gar nicht mehr zu vereinbaren, der Sendung an den Anwalt einen, an frankierten, Umschlag zur Rücksendung beizufügen. Das bloße Fehlen einer Datierung ist nicht mehr stets schädlich.

E. Beweiskraft. Das Empfangsbekenntnis erbringt vollen Beweis nach § 418, dort Rn 4 „Empfangsbe- **14** kenntnis", § 195 Rn 20. Wegen äußerlicher Mängel § 419 und BGH NJW **88**, 62. Man kann und muß evtl mit dem Beweismittel den erforderlichen vollen Gegenbeweis erbringen, daß der Empfang gar nicht erfolgte, BGH VersR **80**, 555, oder daß er zB zu einer anderen Zeit als der bescheinigten erfolgte, § 418 Rn 7 ff, BGH NJW **97**, 3319, BayObLG NZM **00**, 296, LAG Köln MDR **87**, 699. Wegen der „Beweislast" BGH VersR **78**, 626. An solchen Gegenbeweis darf das Gericht keine zu strengen Anforderungen stellen, § 418 Rn 7, 10, 11, BGH NJW **97**, 3319, aM BGH NJW **02**, 3028, BSG RR **02**, 1652, BayObLG **00**, 606 (vgl aber § 419 Rn 11). Zweifel genügen aber nicht, BVerfG NJW **01**, 1563.

9) Telekopie, II, IV. Zur Telekopie im Sinn von II 1 zählen alle technisch möglichen Formen der **15** originalgetreuen, also auch optisch gleichen Fernübermittlung, zB das Telefax. Es gelten die zur Unterschrift in § 129 Rn 44 genannten Regeln, vgl auch § 233 Rn 164. II 2 enthält eine bloße Sollvorschrift. II 3 ermöglicht die auch bei Wahl von II 1 nach IV 2 Hs 2 erforderliche Rücksendung an das Gericht in schriftlicher Form (Brief, Zurückgabe durch Boten usw) oder ebenfalls durch Telekopie. Eine Nachsendung der Kopiervorlage ist natürlich erlaubt. Sie ist aber nicht notwendig. Sie ist fristunerheblich.

10) Elektronisches Dokument, III, IV. Zu diesem Begriff *III 1.* Vgl §§ 130 a, b und die dortigen **16** Erläuterungen.

III 2 erlaubt die Zustellung durch elektronisches Dokument an jeden „anderen Verfahrensbeteiligten" als **17** die in I genannten Adressaten, soweit er der Übermittlung eines elektronischen Dokuments ausdrücklich zugestimmt *hat,* also nicht nur sie erst nachträglich genehmigt, sondern sie eben bereits *vorher* gebilligt hatte. Eine „erhöhte Zuverlässigkeit" wie in I wird bei einem solchen „anderen" Verfahrensbeteiligten nicht ausdrücklich vom Gesetz verlangt. Sie sollte sich aber nach dem Sinn von I auch und gerade für III eigentlich als selbstverständlich ergeben. Das gilt trotz des unverkennbaren Zwecks einer Beschleunigung und Vereinfachung in III, IV. Denn sonst könnte man schriftlich nur an einen sehr Zuverlässigen wirksam zustellen, elektronisch aber an jeden Beliebigen. Das kann nicht der Sinn von III sein.

Elektronische Signatur, IV 3, ist der Gegensatz zu einer sog „qualifizierten" elektronischen Signatur, dazu **18** § 130a Rn 4. Der in III 3 Hs 2 geforderte zusätzliche „Schutz gegen unbefugte Kenntnisnahme Dritter" ist ein Auswuchs deutscher Überperfektion. Er macht den Begriffsdschungel eines § 130a und des SignaturG noch undurchdringlicher. Man wird solchen Schutz in der Praxis kaum erzielen können.

11) Verstoß, I–IV. Eine wirksame Zustellung fehlt, wenn der ProzBev usw das Mandat niedergelegt hat **19** und dem Gericht mitteilt, daß er die Zustellung nicht mehr entgegennehmen wolle, oder wenn ein Zustelldatum fehlt, BGH NJW **94**, 526, aM BGH NJW **05**, 3216, oder wenn der Stempelabdruck des Eingangsstempels auf dem Empfangsbekenntnis unleserlich ist, BGH DB **86**, 1920, großzügiger BGH NJW **92**, 512 (s **286**), oder wenn dem ProzBev usw nachträglich ein Empfangsbekenntnis übersendet und wenn er es auch unterschreibt, obwohl keine wirksame Zustellung im übrigen stattgefunden hat (formlose Übersendung des zuzustellenden Schriftstücks), oder wenn der Zustellungsadressat nicht ordnungsgemäß unterschrieben bzw signiert hat usw, BGH VersR **97**, 989, oder wenn der Anwalt seine Unterschrift vor der Rückgabe durchgestrichen hat, Nürnb MDR **76**, 939, oder wenn das Datum um Wochen von einem Parallelvorgang abweicht und der ProzBev in keiner Weise an der Aufklärung solcher Auffälligkeit mitwirkt, LAG Nürnb NZA-RR **05**, 209.

Es ist aber *unschädlich,* wenn das Empfangsbekenntnis das Urteil nur objektiv unrichtig bezeichnet, BGH RR **93**, 1213, Brdb MDR **97**, 1064, oder wenn der Anwalt usw die Datierung nachholt, BGH VersR **86**, 372, auch zB in der Rechtsmittelschrift, BGH NJW **87**, 2680, KG FamRZ **88**, 313, oder wenn er die Datierung korrigiert, BGH AnwBl **90**, 628 (StPO), oder wenn er im Betreff nur einen seiner Auftraggeber nennt. Es muß freilich in allen solchen Fällen wenigstens die Nämlichkeit der zugestellten Entscheidung feststehen, BGH VersR **87**, 989. Liegt ein Empfangsbekenntnis über ein nach dem Datum gekennzeichnetes Urteil vor, darf und muß man davon ausgehen, daß eine Ausfertigung oder beglaubigte Abschrift zugestellt worden ist. Eine bewußte Falschdatierung des Zeitpunkts der wahren Annahmebereitschaft nach Rn 7 ist zwar schwer nachweisbar, aber natürlich verboten und wegen ihrer erheblichen Rechtsfolgen zB für einen Fristablauf in jeder Hinsicht verwerflich.

Eine *Heilung* des etwaigen Mangels kann nach (jetzt) § 189 erfolgen, Düss Rpfleger **89**, 36. Das gilt also **20** auch bei einer Zustellung, die eine Notfrist in Gang setzen soll. Es gibt aber keine Heilung zB dann, wenn eine evtl wenigstens rückwirkende Empfangsbereitschaft fehlt, BGH NJW **89**, 1154, oder wenn der erstinstanzliche Anwalt nicht ordnungsgemäß unterschrieben hatte und nun ein zweitinstanzlicher oder ein Verkehrsanwalt den Schriftsatz lediglich in anderen Schriftsätzen mit einem angeblichen Zustelldatum erwähnen, BGH NJW **94**, 2295. Maßgeblich für einen Fristablauf ist das korrigierte Datum, wenn das Gericht von seiner Richtigkeit überzeugt ist, BGH AnwBl **90**, 628 (StPO).

12) *VwGO*: Unmittelbar anwendbar, *Einf* § 166 Rn 19. Zur Durchbrechung der Beweiskraft bei äußerem Mangel **21** iSv § 419 VGH Mannheim NVwZ-RR **05**, 364.

§§ 175, 176

175 *Zustellung durch Einschreiben mit Rückschein.* ¹ Ein Schriftstück kann durch Einschreiben mit Rückschein zugestellt werden. ² Zum Nachweis der Zustellung genügt der Rückschein.

1 **1) Systematik, S 1, 2.** Die Zustellung durch Einschreiben gegen Rückschein ist eine Unterart der Zustellung durch Aufgabe zur Post. Sie unterscheidet sich aber durch den Formzwang und die damit verbundenen Nachweise des Zugangs vom einfachen Brief. Zur derartigen Zustellung im EU-Ausland Art 14 VO (EG) 1348/60, abgedruckt in Einf 3 vor § 1067. Zur übrigen derartigen Auslandszustellung Schmidt IPRax **04**, 20 (grundsätzlich zulässig, soweit der Empfangsstaat nicht widersprochen hat).

2 **2) Regelungszweck, S 1, 2.** Die Vorschrift dient einerseits der Prozeßwirtschaftlichkeit nach Grdz 14 vor § 128 durch Erleichterungen gegenüber den Förmlichkeiten einer Zustellung mit Zustellungsurkunde. Sie dient andererseits der wenigstens im Kern erzielbaren Sicherung des tatsächlichen Zugangs und seines Nachweises. Beides muß man bei der Auslegung beachten. Eine Aushändigung des Rückscheins an den Absender läßt sich bei so zugestellten Einschreiben manchmal nicht unbeträchtlich auf sich warten. Wer den Rückschein bald braucht, sollte abwägen, ob er sinnvoll ist. Den Zustellzeitpunkt kann man mit ihm nicht beeinflussen, den Inhalt des Einschreibens mit dem Rückschein nicht beweisen. Auch das sollte man mitbedenken.

3 **3) Geltungsbereich, S 1, 2.** Keine Besonderheiten.

4 **4) Einschreiben mit Rückschein, S 1, 2.** Diese Zustellungsart ist zulässig, aber nicht zwingend. Notwendig ist freilich im Gegensatz zum Einschreiben ohne Rückschein diese letztere Urkunde. Es reichen also weder das sog Übergabe-Einschreiben als eine vom Empfänger dokumentierte Übergabe noch das sog Einwurf-Einschreiben als von der Post dokumentierter bloßer Einwurf in den Briefkasten. Das überrascht insofern, als die Post natürlich nur die Übergabe eines durchweg verschlossenen Sendung bestätigen kann, nicht auch den Inhalt, Schmidt IPRax **04**, 19. Immerhin liefert S 2 ähnlich wie § 1068 I 2 auch für den Inhalt eine gesetzliche Beweisregel, Schmidt IPRax **04**, 19. Für den Rückschein gilt § 418, dort Rn 5 „Post". Denn man muß die Post entsprechend § 168 I 2 wie eine Behörde behandeln, obwohl sie privatrechtlich organisiert ist, aM BSG NJW **05**, 1304, Hintzen Rpfleger **03**, 328. Die Wirksamkeit einer Aushändigung an einen bloßen Ersatzempfänger läßt sich keineswegs anhand Allgemeiner Geschäftsbedingungen der Deutschen Post AG abschließend beurteilen, BSG NJW **05**, 1303.

5 **5) Verstoß, S. 1, 2.** Es gilt § 189. Eine Annahmeverweigerung ist keine Übergabe an den Verweigernden, BSG NJW **03**, 382.

6 **6) VwGO:** Unmittelbar anwendbar, *Einf § 166 Rn 19.*

176 *Zustellungsauftrag.* ᴵ Wird der Post, einem Justizbediensteten oder einem Gerichtsvollzieher ein Zustellungsauftrag erteilt oder wird eine andere Behörde um die Ausführung der Zustellung ersucht, übergibt die Geschäftsstelle das zuzustellende Schriftstück in einem verschlossenen Umschlag und *ein vorbereitetes* Formular einer Zustellungsurkunde.

ᴵᴵ Die Ausführung der Zustellung erfolgt nach den §§ 177 bis 181.

Vorbem. I geändert dch Art 1 Z 52b JKomG v 22. 3. 05, BGBl 837, in Kraft seit 1. 4. 05, Art 16 I JKomG, ÜbergangsR Einl III 78. Dabei hat der Gesetzgeber vergessen, die beiden vor dem neuen Begriff „Formular" stehenden Worte „einen vorbereitenden" (Vordruck) stilistisch mit umzustellen, wie oben in Kursivschrift vom *Verf* nachgeholt.

1 **1) Systematik, I, II.** Während §§ 168 ff die Zuständigkeit und die Form des zu übermittelnden Schriftstücks regeln, gibt I in Ergänzung zu § 169 II nähere Anweisungen zur Durchführung einer Zustellung von Amts wegen im Stadium der Absendung. II regelt das Stadium des Zugangs, ergänzt durch §§ 173, 174.

2 **2) Regelungszweck, I, II.** Die Vorschrift dient einer möglichst zuverlässigen Übermittlung und damit der Rechtssicherheit, Einl III 43. Man muß sie entsprechend sorgfältig beachten. Die Auslegung sollte trotzdem nicht zu formalistisch streng sein, Einl III 10.

3 **3) Geltungsbereich, I, II.** § 168 Rn 3. Im Arbeitsgerichtsverfahren gilt vorrangig § 50 III ArbGG.

4 **4) Zustellungspersonen, I, II.** Bei der Zustellung von Amts wegen bedient sich der Urkundsbeamte der Geschäftsstelle beim Fehlen einer richterlichen Anweisung nach § 168 Rn 4 nach seinem pflichtgemäßen Ermessen entweder der Post oder eines Justizbediensteten, meist des Gerichtswachtmeisters, BayObLG **91**, 244, des letzteren zB bei einem besonderen Eilbedürfnis, Schlesw NJW **88**, 569, § 168 Rn 7, oder eines Gerichtsvollziehers oder einer anderen Behörde, soweit diese zu solcher Amtshilfe verpflichtet ist, Art 35 I GG, und sich auch ohne weiteres dazu erklärt (sonst könnten unzumutbare Kosten und Verzögerungen zu befürchten sein).

5 **5) Ausführung der Zustellung, I, II.** Der Urkundsbeamte übergibt das Schriftstück der Post bzw dem Gerichtswachtmeister usw, im Fall der Zustellung an einen Gefangenen auch einem Beamten dieser Justizvollzugsanstalt (nicht einer anderen), in einem Briefumschlag. Es kann sich auch um eine solche Person eines anderen Gerichts handeln. Dann erfolgt die Aushändigung durch Übersendung an diesen Gerichtswachtmeister, also an die Verwaltungsgeschäftsstelle seines Gerichts. Die Ausführung erfolgt nach §§ 177–181, BGH RR **03**, 208. Der Umschlag muß dem hierfür vorgesehenen Muster entsprechen. Die Beurkundung erfolgt nach § 182 auf der nach I von der Geschäftsstelle vorzubereitenden Zustellungsurkunde nach dem amtlichen Formular im Sinn von §§ 182 I 1, 190, also grundsätzlich nach § 1 Z 2, § 4 ZustVV, abgedruckt in § 190 Rn 2, mithin nach der Anlage 2 zur ZustVV, mit den Abweichungsmöglichkeiten nach § 2 II 1, III Z 1–3 ZustVV.

Titel 2. Verfahren bei Zustellungen **§§ 176, 177, Einf §§ 178–181**

A. Verschlossen. Der Umschlag muß verschlossen sein. Das folgt aus I. Ein Faltbrief ist zulässig. Ein Fensterumschlag ist nur dann zulässig, wenn er die notwendigen Angaben von außen erkennen läßt, LG Kref NJW **80**, 466.

B. Adressat. Der Umschlag muß die Anschrift des Zustellungsadressaten tragen.

C. Absender. Der Umschlag muß die absendende Stelle bezeichnen.

D. Geschäftsnummer. Der Umschlag muß eine Geschäftsnummer aufweisen.

E. Zustellangaben. Wenn es nach § 182 II Z 6 auf die Uhrzeit ankommt, ist ein Hinweis wie „bitte mit Zeitangabe zustellen" notwendig. Auch ein Hinweis nach § 178 II kann erforderlich sein, ebenso ein Hinweis auf eine etwa erforderliche Nachsendung.

6) Verstoß, I, II. Die Erfordernisse nach Rn 4 sind wesentlich. Das gilt für Rn 5 A–D deshalb, weil man sonst keine Gewähr für die Nämlichkeit der Sendung und ihren unveränderten Inhalt hat, für Rn 5 E deshalb, weil der Vermerk allein die Tatsache der zeitlich korrekten Zustellung ersichtlich macht. Ein Verstoß macht die Zustellung grundsätzlich unwirksam, LG Verden DGVZ **98**, 126, etwa beim unverschlossenen Brief oder beim falschen Aktenzeichen. Dieser Mangel ist aber bei einer Zustellung nach § 174 unschädlich, BGH VersR **78**, 564, aM StJSchu 1 (aber man darf nicht formalistisch sein, Rn 2). Der Mangel kann nach §§ 189, 295 heilbar sein, Üb 13 vor § 166. Ein Gerichtssiegels kann fehlen. **6**

7) Entbehrlichkeit einer Beurkundung, II. Eine förmliche Beurkundung der Aushändigung an die Post oder an den Gerichtswachtmeister oder Justizbediensteten oder Gerichtsvollzieher ist entbehrlich. Die Aushändigung kann durch den Einwurf in den Briefkasten oder durch die Niederlegung im Fach des Gerichtswachtmeisters oder Justizbediensteten oder Gerichtsvollzieher bzw seiner Verteilungsstelle erfolgen. Dabei muß der Gerichtswachtmeister aber auch §§ 180 ff beachten. Er kann daher zB bei einer juristischen Person nicht nach § 181 verfahren, BayObLG **91**, 244. Über die erfolgte Aushändigung zur Zustellung kommt in die Akte ein Vermerk. Zur Stellung des Wachtmeisters Anh § 155 GVG III. Auslagen: KV 9002 b, KVGv 700 ff. **7**

8) *VwGO:* Unmittelbar anwendbar, Einf § 166 Rn 19. **8**

177 **Ort der Zustellung. Das Schriftstück kann der Person, der zugestellt werden soll, an jedem Ort übergeben werden, an dem sie angetroffen wird.**

1) Systematik. Vgl zunächst den in Üb 1 vor § 166 dargestellten Zweck jeder Zustellung, die Ermöglichung einer tatsächlichen Kenntnisnahme, BGH BB **145**, 364. Eine Folgerung zieht § 177. Eine andere zieht das in §§ 178 ff geregelte Institut der sog Ersatz-Zustellung. Eine weitere zieht zwecks Heilung von Zustellungsmängeln § 189. **1**

2) Regelungszweck. § 177 dient der Vereinfachung und Beschleunigung und damit der Prozeßförderung und Prozeßwirtschaftlichkeit, Grdz 12, 14 vor § 128. Daher sollte man zB den Begriff des Antreffens großzügig auslegen. Natürlich darf es nicht dazu kommen, daß ein ahnungsvoller „Freund" des ahnungslosen wahren Adressaten sich zB auf der Straße gegenüber dem Urlaubsvertreter des Postboten als Adressat ausgibt und daß der Urlaubsvertreter die Nämlichkeit noch so gutgläubig einfach annimmt. Andererseits darf man einen draußen am ständigen Postboten vorbeikommenden Angehörigen des Adressaten natürlich praktisch diesem letzteren gleichsetzen, auch wenn er dann vergessen hat, den Brief richtig zu Hause weiterzuleiten. **2**

3) Geltungsbereich. Die Vorschrift gilt in allen Verfahren nach der ZPO und den auf sie verweisenden anderen Verfahrensgesetzen. **3**

4) Zustellungsort. Der Zustellungsbeamte darf das zuzustellende Schriftstück dem Zustellungsadressaten nach § 182 II Z 1 im Inland überall dort nach § 177 übergeben, wo er ihn antrifft, zB an der Arbeitsstelle, BGH **145**, 364, oder auf der Straße. Freilich soll er einen angemessenen, den Empfänger nicht unnötig störenden Platz wählen, § 27 GVGA. § 3 I 2 VwZG erlaubt eine Adressierung des zuzustellenden Schriftstücks (nur diese) per Postfach und eine Nachsendung, auch nach (jetzt) § 178, BFH BB **83**, 1713. Im übrigen ist eine förmliche Zustellung an ein Postfach jetzt wegen § 180 S 1 nicht möglich. „Ort" bedeutet: Ortsgemeinde, nicht Ortschaft. Eine Zustellung ist daher auch außerhalb der bebauten Fläche statthaft, also auch gegenüber dem Landwirt auf dem Feld. Eine Ersatzzustellung ist aber nur unter den Voraussetzungen der §§ 180 ff statthaft und wirksam, LG Hagen MDR **84**, 1034. Freilich ist die „an den Geschäftsführer" einer juristischen Person gerichtete Zustellung nach § 177 zulässig, BayObLG **91**, 244. Bei einer Annahmeverweigerung gilt § 179. **4**

5) Verstoß. Ein Verstoß macht die Zustellung nicht unwirksam, Ffm JB **98**, 209. **5**

6) *VwGO:* Unmittelbar anwendbar, Einf § 166 Rn 19. **6**

Einführung vor §§ 178–181

Ersatzzustellung

Schrifttum: *Allgaier,* Ersatzzustellung und Postgeheimnis, Archiv für das Post- und Fernmeldewesen **88**, 392.

1) Systematik. §§ 178 ff sind mit dem GG vereinbar, so schon BVerfG NJW **80**, 1480, BVerwG NJW **80**, 1480. Die Vorschriften stellen eine Not- und Hilfslösung der Aufgabe dar, BGH NJW **01**, 887. Diese Aufgabe besteht ja darin, dem Empfänger eine tatsächliche Kenntnisnahme als Ziel jeder Zustellung zu ermöglichen, Üb 1 vor § 166, BGH **145**, 364. Bei der Ersatzzustellung sind der Zustellungsadressat nach Üb 10 vor § 166 und der Zustellungsempfänger nach Üb 9 vor § 166 verschiedene Personen. Das zuzustel- **1**

Einf §§ 178–181, § 178 Buch 1. Abschnitt 3. Verfahren

lende Schriftstück erhält ein anderer. Er gilt als gesetzlicher Vertreter des Zustellungsadressaten für die Zustellung, nicht als Vertreter im Sinn von § 85 II. Jedermann darf einen besonderen Zustellungsempfänger bestellen, den Zustellungsbevollmächtigten, § 184. Dann darf der Zustellende diesen nicht geflissentlich umgehen. Er muß also zunächst die Zustellung an ihn versuchen, § 171.

2 **2) Regelungszweck.** Die Vorschriften dienen dem Interesse des Absenders wie des Empfängers, Düss FamRZ 90, 75. Man muß verhindern, daß sich jemand den Rechtswirkungen einer Zustellung entzieht. Man muß auch sicherstellen, daß sich ein Prozeß ohne endlose Fahndung nach dem zur Zustellzeit immer abwesenden, wenn auch dort wohnhaften bzw aufhältlichen Adressaten ungebührlich verzögert. Dem dient auch hilfsweise die öffentliche Zustellung bei der Unauffindbarkeit, §§ 185–188.

Risiken sind bei der Ersatzzustellung unverkennbar. Ob die Ersatzperson die Sendung wirklich weiterleitet, insbesondere unverzüglich, kann ebenso unsicher sein wie etwa, ob die Mitteilung über eine Niederlegung nach § 181 fest genug angeheftet bleiben wird und ob sie nicht irgendein Unbefugter entfernen wird. Auch kann sich eine formell scheinbar einwandfrei erfolgte Ersatzzustellung etwa deshalb als unwirksam herausstellen, weil der Adressat dort tatsächlich gar nicht mehr wohnte. Solche Risiken dürfen jedenfalls nicht auf dem Rücken eines solches schuldlos Ahnungslosen erfolgen. Das sollte man bei der Auslegung der Vorschriften stets ebenfalls mitbeachten.

3 **3) Geltungsbereich.** Vgl zunächst Üb 3 vor § 166. §§ 178 ff sind auch im Zwangsversteigerungsverfahren anwendbar, BVerfG NJW 92, 225, ferner im Strafverfahren, Düss NJW 00, 3511, oder im Unterbringungsverfahren, BayObLG FamRZ 02, 848. Sie sind bei der Übersendung eines Abdrucks aus dem Schuldnerverzeichnis unanwendbar, § 10 I 2 SchuVVO, abgedruckt bei § 915 h Rn 1.

4 **4) Eigenart der Ersatzzustellung.** Bei ihr ist belanglos, ob und wann der Zustellungsadressat das Schriftstück ausgehändigt bekommt oder ob er auch nur von seinem Vorhandensein Kenntnis erhält, LG Bln Rpfleger 97, 120. Das folgt aus der Natur des Ersatzempfängers als des gesetzlichen Vertreters. Die Wirkung der Zustellung tritt auch sofort mit der Übergabe an den Zustellungsempfänger bzw mit der Niederlegung ein, BVerwG NJW 80, 1480. Vgl freilich Rn 5. Die Ersatzperson ist aber gesetzlich verpflichtet, das Schriftstück dem Zustellungsadressaten auszuhändigen. Vgl auch §§ 246, 274 Z 1 StGB, §§ 677, 678, 681, 823 II BGB. Der Zustellungsadressat kann und muß beweisen, daß die äußerlich korrekte Ersatzzustellung unwirksam war, Köln Rpfleger 75, 260, AG Hbg-Altona FamRZ 92, 83, daß ihm zB die Ersatzperson das Schriftstück nicht ausgehändigt hat und daß er deswegen vom Inhalt des Schriftstücks keine Kenntnis hat.

5 **5) Mängel.** Der Zustellende muß den Zustellungsgegner und die Voraussetzungen einer Ersatzzustellung immer durch eigene Prüfung feststellen, BGH 111, 6, Zweibr MDR 85, 1048. Das gilt zB dann, wenn er einem Einzelkaufmann unter der Firma zustellt. Seine Feststellung bindet das Gericht nicht. Die Zustellung an einen ungesetzlichen Ersatzmann ist grundsätzlich unwirksam, Üb 13 vor § 166. Die Berufung auf einen Mangel kann rechtsmißbräuchlich sein, Einl III 54, Düss FamRZ 90, 75. Die Heilung erfolgt nach § 189. Sie erfolgt aber auch durch die Genehmigung des Zustellungsadressaten bzw durch rügelose Einlassung, § 295, AG Hbg-Altona FamRZ 92, 83, soweit diese Vorschrift überhaupt anwendbar ist. Denn wer einen Zustellungsbevollmächtigten bestellen kann, kann nach allgemeinen Rechtsgrundsätzen das Handeln desjenigen genehmigen, der als Zustellungsbevollmächtigter auftritt, aM StJSchu 30 vor § 166 (vgl aber Üb 14, 15 vor § 166).

Eine *gescheiterte* Übergabe läßt sich nicht in eine wirksame Ersatzzustellung umdeuten, Düss JB 95, 41. Eine nicht beurkundete Ersatzzustellung ist unwirksam, BFH NJW 79, 736. Eine Ersatzzustellung nach dem Tod des Adressaten ist unwirksam. Eine Ersatzzustellung ist nicht schon deshalb unwirksam, weil der Urkundsbeamte sich rechtswidrig im Zustellungsauftrag ausgeschlossen hatte, BGH BB 03, 124.

Wegen § 418 ist zwar grundsätzlich derjenige *beweispflichtig*, der sich auf die Unrichtigkeit der Zustellungsurkunde beruft. Sie beweist aber nur, daß weder der Adressat noch ein zur Entgegennahme der Ersatzzustellung in Betracht kommender anderer anwesend war. Sie beweist nicht auch, daß der Empfänger schon und tatsächlich „wohnhaft" war, Hamm RR 95, 224. Insoweit besteht immerhin ein Anzeichen, § 418 Rn 5.

6 **6) *VwGO*:** Unmittelbar anwendbar, Einf § 166 Rn 19.

---

178 *Ersatzzustellung in der Wohnung, in Geschäftsräumen und Einrichtungen.* [I] Wird die Person, der zugestellt werden soll, in ihrer Wohnung, in dem Geschäftsraum oder in einer Gemeinschaftseinrichtung, in der sie wohnt, nicht angetroffen, kann das Schriftstück zugestellt werden

1. in der Wohnung einem erwachsenen Familienangehörigen, einer in der Familie beschäftigten Person oder einem erwachsenen ständigen Mitbewohner,
2. in Geschäftsräumen einer dort beschäftigten Person,
3. in Gemeinschaftseinrichtungen dem Leiter der Einrichtung oder einem dazu ermächtigten Vertreter.

[II] Die Zustellung an eine der in Absatz 1 bezeichneten Personen ist unwirksam, wenn diese an dem Rechtsstreit als Gegner der Person, der zugestellt werden soll, beteiligt ist.

Gliederung

1) Systematik, I, II	1	
2) Regelungszweck, I, II	2	
3) Geltungsbereich, I, II	3	
4) Nichtantreffen, I Z 1–3		4
A. Wohnungsbegriff, I Z 1		4
B. Beispiele zur Frage des Vorliegens einer Wohnung, I Z 1		5–9
C. Familienangehöriger, I Z 1		10–12

Titel 2. Verfahren bei Zustellungen   § 178

D. Hausangestellter, I Z 1	13		6) Ersatzzustellung in Gemeinschaftseinrichtung, I Z 3		25–27
E. Ständiger Mitbewohner, I Z 1	14		7) Keine Ersatzzustellung bei Interessengegensatz, II		28–32
F. Erwachsensein, I Z 1	15		A. Weite Auslegung		29
5) Ersatzzustellung im Geschäftsraum, I Z 2	16–24		B. Beispiele zur Frage einer Ersatzzustellung nach II		30–32
A. Geschäftsraum, I Z 2	16		8) Verstoß, I, II		33
B. Dortige Beschäftigung, I Z 2	17		9) *VwGO*		34
C. Beispiele zur Frage einer Beschäftigung usw, I Z 2	18–24				

1) Systematik, I, II. Vgl zunächst Einf 1 vor §§ 178–181. Das Gesetz bezieht eine Reihe von Menschen **1** in den Kreis der Prozeßbeteiligten ein, die dem eigentlichen Zustellungsadressaten mehr oder auch durchaus weniger nahestehen. Denn der tatsächliche Empfänger erhält vom Gesetz mittelbar die Rechtspflicht zur sogar noch unverzüglichen Weiterleitung der Sendung an den wahren Adressaten. Andernfalls wäre ja überhaupt eine Zustellung mit ihren Rechtswirkungen auf dem in § 178 geregelten Weg unverantwortbar. Das Vertrauen des Gesetzes auf das Funktionieren einer Familien-, Haus-, Berufs-, Wohnungsgemeinschaft ist heute keineswegs mehr unproblematisch. Es läßt sich aber erstaunlicher- und beruhigenderweise immer noch durch die tatsächlich durchweg erfolgende Weiterleitung rechtfertigen. Das alles muß man bei der Auslegung mitbedenken. II regelt die Grenzen von I vorrangig.

2) Regelungszweck, I, II. Die Vorschrift dient unterschiedlichen Zwecken. Bei *I* hat der Gedanke der **2** Prozeßwirtschaftlichkeit nach Grdz 14 vor § 128 wesentlichen Raum. Erfahrungsgemäß kann man auch im allgemeinen auf die Zuverlässigkeit der in I Z 1–3 genannten unmittelbaren Empfänger bei der Weiterleitung an den eigentlichen Adressaten ganz gut vertrauen, BGH RR **97**, 1161. Die mit jeder Ersatzzustellung auch ohne Preisgabe des Sendungsinhalts verbundene deutliche Verringerung des Datenschutzes allein durch die Lesbarkeit des Absenders ist unerfreulich. Sie ist aber gerade noch vertretbar, solange nicht dadurch zB eine Sensationspresse Wind bekommt.

II hat eine ziemlich entgegengesetzte Zielrichtung. Jede Ersatzzustellung hat Gefahren, nämlich die tatsächliche Nichtaushändigung des zuzustellenden Schriftstücks oder wenigstens der Benachrichtigung über dessen Niederlegung usw. Man kann solche Gefahren nicht unbegrenzt in Kauf nehmen. Denn der Interessengegensatz von Prozeßgegnern würde diese Gefahren für den Absender unzumutbar vergrößern. Man darf den Edelmut des Menschen, der auch noch an seinen Gegner weiterleiten soll, nicht überstrapazieren. Dem trägt II vorrangig bei I Z 1–3 Rechnung.

Der *Grund des II* liegt in der in der allgemeinen berechtigten Besorgnis, der Prozeßgegner werde das Schriftstück dem Zustellungsadressaten nicht aushändigen, BGH NJW **84**, 57, Celle DGVZ **03**, 8, Karlsr Rpfleger **84**, 25. Er liegt aber auch im Schutzbedürfnis des Zustellungsadressaten, BAG NJW **81**, 1400, Karlsr Rpfleger **84**, 25, LG Fulda Rpfleger **87**, 27.

3) Geltungsbereich, I, II. Einf 3 vor §§ 178–181. I Z 1 gilt auch im finanzgerichtlichen Verfahren, **3** Üb 5 vor § 166, OFD Magdeb BB **01**, 2205. II gilt nur im Bereich der Ersatzzustellung, BVerfG **67**, 208. Man kann II auf den Verwalter nach dem WEG entsprechend anwenden, BayObLG WoM **89**, 535. Wegen II beim WEG (Verwalter) Abramenko ZMR **02**, 886.

4) Nichtantreffen, I Z 1–3. Der Zusteller darf den Zustellungsadressaten nicht antreffen. Das ist so, **4** wenn sich der Adressat in diesem Zeitpunkt nicht für den Zusteller erkennbar dort aufhält. Dafür reicht es, daß ein Angehöriger die Abwesenheit versichert, BFH **173**, 215. Dann ist eine tatsächliche Abwesenheit nicht nötig.

A. Wohnungsbegriff, I Z 1. Eine Ersatzzustellung nach I Z 1 darf nur in der Wohnung des Zustellungsadressaten stattfinden, Hamm RR **95**, 682. Ein scheinbar einfacher Begriff enthält Tücken. Man muß vom Regelungszweck ausgehen, Rn 2. Daher muß man prüfen, ob man vernünftigerweise damit rechnen kann, daß eine Sendung den Adressaten auch einigermaßen sicher und bald erreicht, BGH NJW **85**, 2197, Düss FamRZ **90**, 75, Köln NJW **89**, 443. Die Ersatzzustellung kann dann stattfinden, wenn der mit den örtlichen Verhältnissen vertraute Zusteller nach Üb 10 vor § 166 nicht in dessen für ihn vernünftigerweise als Wohnung erkennbaren Räumlichkeit antrifft, BGH WoM **04**, 677. Das gilt trotz des Postgeheimnisses, BVerwG BB **85**, 152 (zu § 51 PostO usw). Der Personenkreis, dem gegenüber eine Ersatzzustellung nach Z 1 zulässig ist, entspricht dem Empfangsboten bei § 130 I 1 BGB, Schwartz NJW **94**, 893. Wohnung ist der Rücksicht auf den Wohnsitz des § 13 gemeint, BGH NJW **78**, 1858. Wohnung ist jeder Raum, den der Zustellungsadressat zur Zeit der Zustellung tatsächlich für eine gewisse Zeit schon und noch bewohnt, BGH WoM **04**, 677, Brdb FER **01**, 81, Drsd Rpfleger **05**, 269, den er regelmäßig aufsucht, BGH RR **97**, 1161, wo er tatsächlich vorwiegend, nicht aber unbedingt ständig schläft, BGH WoM **04**, 677, BFH **173**, 215, Hamm MDR **98**, 183 (StPO), der also sein derzeitiger räumlicher Lebensmittelpunkt ist, Hamm RR **95**, 224.

B. Beispiele zur Frage des Vorliegens einer Wohnung, I Z 1 **5**
Anmeldung, Abmeldung: Rn 8 „Meldebehörde".
Annahmeverweigerung: Soweit der Zustellungsadressat die Annahme verweigert, gilt § 179. Es ist unerheblich, ob der Zustellungsadressat, der dort wohnt, dem Zusteller das Einlegen in den Briefkasten usw „verboten" hat, BayObLG RR **88**, 509.
Anschein: Auch der Anschein, den man selbst erweckt hat, kann zur Annahme oder Aufgabe einer Wohnung ausreichen, KG MDR **05**, 232, Naumb OLGR **02**, 449, Nürnb MDR **00**, 902, aM LG Bln MDR **99**, 1463.
    Das gilt freilich *nicht*, soweit der Zustellende die von der Anscheinswohnung getrennte wahre Wohnung kennt und die Zustellung dort bewirken könnte, Ffm NJW **85**, 1910, LG Bonn MDR **97**, 783.
Anwesenheit: Es ist unerheblich, ob der Zustellungsadressat tatsächlich anwesend ist, solange sich nicht der Lebensmittelpunkt an eine andere Stelle verlagert, BGH RR **94**, 565. Es genügt, daß man dem Zusteller

§ 178 Buch 1. Abschnitt 3. Verfahren

in der Wohnung sagt, der Zustellungsadressat sei abwesend, BFH **173**, 215, oder schwerkrank. Das braucht der Zusteller nicht zu überprüfen. Er darf es auch gar nicht etwa mittels Durchsuchens überprüfen. Es genügt auch, daß man dem Zusteller den Zutritt zur Wohnung oder zum Zustellungsadressaten verwehrt. Diese Umstände muß der Zusteller freilich in der Zustellungsurkunde angeben. Soweit der Zustellungsadressat die Annahme verweigert, gilt § 179.

Arbeitsstelle: Die Arbeitsstelle, an der der Zustellungsadressat nicht lebt und nicht ständig schläft, ist *keine* Wohnung, LG Hagen MDR **84**, 1034. Ausnahmen gelten evtl, wenn ein Bauführer einer Großbaustelle monatelang im dortigen Aufsichtscontainer nächtigt. Ausnahmen gelten auch im Fall I Z 2, aM Köln RR **89**, 443 (aber es kommt wesentlich auf die tatsächlichen Verhältnisse an).
  S auch Rn 6 „Geschäftsraum".
Aufgabe: Sie liegt vor, sobald man die Wohnung erkennbar, endgültig oder doch für recht lange Zeit nicht mehr als Ort des Lebens und Schlafens nutzen und anderswo leben will, BGH RR **94**, 565. Eine Wohnung fehlt bereits, soweit ein mit den Verhältnissen vertrauter Dritter erkennen kann, daß man sie aufgegeben hat, BGH RR **94**, 565, LG Bln WoM **95**, 121.
Aushändigung: Es kommt darauf an, ob der Zustellungsempfänger die Sendung dem Adressaten in absehbarer Zeit aushändigen kann, Mü RR **91**, 1470.
Auslandsreise: Es kommt auf die Länge der Reise an. Eine ungewöhnlich lange Reise führt evtl zum Wegfall der inländischen Wohnung, BGH **97**, 1161 (beruflicher Auslandsaufenthalt), BGH RR **02**, 137, Brschw MDR **97**, 884 (je: nicht beim Bewohnen durch Angehörige), AG Duisb RR **95**, 953. Eine einjährige Auslandsreise kann trotz Fortbestehens äußerlicher Wohnbedingungen zum Fehlen einer Wohnung an der bisherigen Stelle führen, LG Hagen DGVZ **99**, 156.
  S auch Rn 9 „Weltreise".
Auszug: Eine Wohnung *entfällt* nach ihm.
Bodenraum: Er begründet als solcher *keine* Wohnung.
Briefkastenanschrift: Die bloße Briefkastenanschrift begründet jedenfalls *keine* Zuständigkeit, BGH **132**, 196, und wohl auch meist *keine* Wohnung im Sinn von Z 1.
6 **Bundeswehr:** Es kommt auf die Dauer des Aufenthalts an, SoldErl Teil A Z 1, SchlAnh II. Ein längerer dortiger Aufenthalt begründet eine Wohnung, ein kürzerer *nicht*, Düss JB **92**, 54, Mü RR **92**, 1470, LG Aachen DGVZ **84**, 40, aM ThP 4 (aber es kommt wesentlich auf die tatsächliche Dauer an). Ein Auslandseinsatz kann die Kaserne der Stammeinheit als Wohnung wegfallen lassen, Düss MDR **99**, 497.
Ersatzdienst: Es gelten dieselben Regeln wie bei der „Bundeswehr".
Fahrradraum: Er begründet als solcher *keine* Wohnung.
Festnahme: Rn 7 „Haft".
Frauenhaus: Es dürfte meist I Z 3 anwendbar sein („Gemeinschaftseinrichtung"). Unabhängig davon gilt:
  Ein kurzer Aufenthalt in einem Frauenhaus während eines Ehe- oder Familienverfahrens begründet *keine* Wohnung, AG Warendorf RR **87**, 394 (FGG), großzügiger Karlsr RR **95**, 1220.
Garage: Sie begründet als solche *keine* Wohnung.
Garten: Ein vorübergehendes Wohnen im allein benutzten eigenen Garten genügt.
  Ein bloßer Vorgarten reicht *nicht*.
Gefängnis: Rn 7 „Haft".
Geschäftsraum: Man muß einen Geschäftsraum als Wohnung nach I Z 2 beurteilen, BVerfG NJW **98**, 1631, Hbg NJW **84**, 2898, LG Düss MDR **81**, 11. Er kann zB bei einer Einmannfirma evtl auch mit dem Wohnraum zusammenfallen, Coenen DGVZ **04**, 70.
  S auch Rn 5 „Arbeitsstelle".
Geschäftsreise: Ein kurzer Aufenthalt während einer Geschäftsreise begründet *keine* Wohnung, Köln NJW **80**, 2720, Mü RR **91**, 1470 (Hotel).
Getrenntleben: Innerhalb der Wohnung ist es unschädlich, LG Bln MDR **98**, 926.
Gewerberaum: S „Geschäftsraum".
Grund der Ersatzzustellung: Der Zusteller muß ihn in die Zustellungsurkunde aufnehmen, § 182 II Z 4.
7 **Haft:** Es dürfte meist I Z 2 anwendbar sein („Gemeinschaftseinrichtung"), VGH Mannh NJW **01**, 3569. Unabhängig davon gilt:
  Es entsteht schon dann eine Wohnung dort, wo jemand eine einmonatige Strafhaft verbüßt. Daher ist dann während dieser Haft eine etwa erfolgende Ersatzzustellung in der sonst benutzten Wohnung *unwirksam*, Hamm Rpfleger **77**, 177. Dasselbe gilt erst recht bei einer mehrmonatigen Strafhaft, BGH NJW **78**, 1858, BFH DB **88**, 378, LAG Halle MDR **98**, 924, aM Drsd Rpfleger **05**, 269. Das alles gilt auch dann, wenn bei einer längeren Haft der Kontakt des Gefangenen zu dem derzeitigen Benutzer der sonstigen Wohnung nicht abreißt, BFH DB **88**, 378, Düss FamRZ **80**, 179, Mü RR **87**, 895, aM VGH Kassel FamRZ **92**, 831 (maßgeblich sei die bisherige tatsächliche, nicht die gesamte Haftdauer. Aber es kommt auf das tatsäxhlichen Gesamtumstände an). Bei einer Untersuchungshaft ist die tatsächliche Abwesenheitsdauer bis zur Zustellung maßgeblich, Hamm Rpfleger **03**, 377.
  Keine Wohnung begründen aber zB: Die bloße Festnahme, LAG Mü DB **88**, 1608 (Auslieferungshaft); ein nur kurzer Aufenthalt im Gefängnis, BGH NJW **85**, 2197, Hamm Rpfleger **03**, 377 (17 Tage U-Haft); VGH Kassel FamRZ **92**, 831 (auch je zum Krankenhaus).
Hof: Ein vorübergehendes Wohnen im allein benutzten Hof genügt.
Hotel: Ein kurzer Aufenthalt in einem Hotel begründet *keine* Wohnung, Mü RR **91**, 1470.
Keller: Er begründet als solcher *keine* Wohnung.
Kontaktadresse: Sie begründet *keine* Wohnung, BGH RR **93**, 1083.
Krankenhaus: Es mag I Z 3 anwendbar sein („Gemeinschaftseinrichtung"). Unabhängig davon gilt:
  Es kommt auf die Dauer des Aufenthalts an. Ein längerer dortiger Aufenthalt begründet eine Wohnung, ein kürzerer *nicht*, BGH NJW **85**, 2197, Zweibr MDR **84**, 762, VGH Kassel FamRZ **92**, 831. Auch ein längerer hebt die sonstige Wohnung nicht stets auf, LG Bln ZMR **99**, 174 (anders in geschlossener Anstalt).

Titel 2. Verfahren bei Zustellungen § 178

Kur: Ein kurzer Aufenthalt während einer, wenn auch mehrwöchigen, Kur begründet dort *keine* Wohnung, BayObLG **80**, 267.
S auch Rn 8 „Reise".
Lebensgemeinschaft: Rn 8 „Nichteheliche Lebensgemeinschaft".
Lebensmittelpunkt: Es kommt für den Wohnungsbegriff grds auf den Lebensmittelpunkt an, BGH WoM **04**, 677, Hamm RR **95**, 224. Wenn der Aufenthalt zwar bekannt ist, wenn aber kein dauerhafter Mittelpunkt des Lebens besteht, kann man an dem Ort des relativen Lebensmittelpunkts zustellen, Köln MDR **83**, 139.
Lebenspartnerschaft: Sie kann eine Wohnung begründen.
Marktstand: Es ist keine Wohnung, AG Hbg DVGZ **81**, 63.
Mehrheit von Wohnungen: Man kann mehrere Wohnungen an demselben Ort oder an verschiedenen Orten in In- und Ausland haben, § 7 II BGB, Köln RR **89**, 443.
S aber auch bei den einzelnen Arten weiterer Aufenthalte.
Meldebehörde: Es ist unter den Voraussetzungen Rn 4 unerheblich, ob sich der Zustellungsadressat polizeilich bzw ordnungsbehördlich gemeldet hat, BGH WoM **04**, 677, Köln NJW **80**, 2720, Mü RR **91**, 1470. Das gilt auch dann, wenn der Zustellungsadressat die Wohnung zwar abgemeldet hat, sie aber tatsächlich innehat, oder wenn er eine Ab- bzw Ummeldung bewußt unterläßt, Rn 5 „Anschein", LG Kblz Rpfleger **96**, 165. BGH FamRZ **90**, 143 verlangt von demjenigen Zustellungsempfänger, der sich darauf beruft, am Zustellungsort nicht gewohnt zu haben, eine klare und vollständige Angabe seiner tatsächlichen Wohnverhältnisse. 8
Nachsendeauftrag: S „Postnachsendeauftrag".
Namensschild: Seine Entfernung durch den Namensträger kann die *Wohnungsaufgabe* signalisieren.
Nichteheliche Lebensgemeinschaft: Sie kann eine Wohnung begründen, OFD Magdeb BB **01**, 2205. Es ist dann unerheblich, ob der Zusteller das Verhältnis kennt, Köln VersR **01**, 1536.
Persönliche Habe: Es ist unerheblich, ob sich am bisherigen Aufenthaltsort des Zustellungsadressaten noch eine persönliche Habe von ihm befindet.
Postnachsendeauftrag: Wer einen Postnachsendeauftrag stellt, „wohnt" an der dort genannten neuen Anschrift auch dann, wenn er sich dort in Wahrheit nicht aufhält, LG Ffm Rpfleger **81**, 493, ZöStö 7, aM Bbg OLGR **98**, 83, Mü RR **95**, 59 (aber der Nachsendeauftrag signalisiert einen derzeitigen anderen Lebensmittelpunkt). Das gilt aber nur, wenn der Postkunde auch die Nachsendung von förmlichen Zustellungssendungen beantragt hat, BGH NJW **88**, 1999, VGH Mannh NJW **97**, 3330.
Die Adresse eines Dritten reicht *nicht*, solange der Adressat der Sendung nicht auch dort wohnt, Hbg MDR **82**, 1041, Mü RR **95**, 59.
Postvermerk: Ein Vermerk auf der Zustellungsurkunde, etwa „Empfänger soll verzogen sein", nimmt *nicht* an der Beweiskraft des § 418 teil, Hamm RR **95**, 224.
Reise: Eine Zustellung nach Z 1 erfolgt auch dann, wenn der Zustellungsadressat normal verreist ist, Köln NJW **80**, 2720. Wer nämlich verreist, muß grds dafür Vorsorge treffen, daß ihn Zustellungen erreichen können. Die Beauftragung eines minderjährigen, aber verständigen Kindes, telefonisch Nachricht zu geben, kann selbst bei einer Auslandsreise reichen, BGH RR **02**, 137. Vgl auch § 185 Rn 1, § 233 Rn 14, 15, 28.
S aber auch Rn 5 „Auslandsreise", Rn 7 „Kur", Rn 9 „Weltreise".
Renovierung: Ein kürzerer Aufenthalt an einer anderen Stelle während der Renovierung der sonstigen Wohnung begründet an der ersteren *keine (weitere)* Wohnung, BayObLG RR **88**, 509.
Scheinwohnung: Da sie objektiv *keine* Wohnung ist, scheitert die Möglichkeit einer dortigen Ersatzzustellung unabhängig davon aus, ob der Scheininhaber arglistig handelte, LG Bln MDR **99**, 1463, aM Düss FamRZ **90**, 75, Karlsr RR **92**, 700 (aber der Rechtsmißbrauch ist hier entscheidungsunerheblich nach Einl III 54). Dieser Grundsatz gilt aber nicht mehr, wenn der Empfänger einen Zustellungsbevollmächtigten ernannt hat, (jetzt) § 171, Köln RR **01**, 1512 (zum alten Recht).
Schiff: Ein Wohnen auf einem Schiff kann genügen, auch ein vorübergehendes, LG Stade DGVZ **77**, 175.
Schlafgelegenheit: Auch eine bloße Schlafgelegenheit kann genügen, Rn 4. Es kommt auf die Fallumstände an, BGH NJW **77**, 1858, Köln RR **89**, 443, Stgt Rpfleger **81**, 152.
Soldat: Rn 6 „Bundeswehr".
Strafvollzug: Rn 7 „Haft".
Unbewohnbarkeit: Es liegt *keine* Wohnung mehr vor, wenn der klagende Vermieter sie unbewohnbar gemacht hat, Köln WoM **96**, 483. 9
Untersuchungshaft: Rn 7 „Haft".
Urlaub: Ein kurzer Aufenthalt während eines Urlaubs begründet am Urlaubsort *keine* Wohnung, Köln NJW **80**, 2720, Mü RR **91**, 1470 (Hotel), und hebt die Heimatwohnung nicht auf, BGH RR **94**, 565, BayObLG **80**, 267 (Kur).
Verweigerung der Annahme: Rn 5 „Annahmeverweigerung".
Vorübergehendes Wohnen: Ein vorübergehendes Wohnen kann genügen. Vgl bei den Schlafstellenarten.
Wehrdienst: Rn 6 „Bundeswehr".
Weltreise: Eine siebenmonatige Weltreise kann zum *Wegfall* der vorherigen Wohnung führen, LG Bln MDR **92**, 791 (StPO).
S auch Rn 5 „Auslandsreise", Rn 8 „Reise".
Wochenendhaus: Ein kurzer Aufenthalt in einem Wochenendhaus begründet *keine* Wohnung, Celle DGVZ **92**, 41 (Fallfrage).
Wohnungsmehrheit: Rn 7 „Mehrheit von Wohnungen".
Wohnwagen: Ein Wohnen in einem Wohnwagen kann genügen, auch ein vorübergehendes, Mü RR **91**, 1470.
Zutritt: Rn 5 „Anwesenheit".
Zweitwohnung: Ein kurzer Aufenthalt in einer Zweitwohnung begründet *keine* Wohnung, BGH RR **94**, 565, Celle DGVZ **92**, 41 (Wochenendhaus, Fallfrage), großzügiger Wesser NJW **02**, 2138.
S aber auch Rn 7 „Mehrheit von Wohnungen".

§ 178
Buch 1. Abschnitt 3. Verfahren

10   **C. Familienzugehöriger, I Z 1.** Eine Ersatzzustellung kann an einen „erwachsenen Familienangehörigen" erfolgen. Er braucht kein Hausgenosse zu sein. Eine häusliche Gemeinschaft oder Hausgemeinschaft ist kein alleiniges Merkmal.
Zur *Familienzugehörigkeit* kommt nicht nur ein familienrechtliches Verhältnis infrage, BGH RR **97**, 1161. Natürlich zählen aber die echten Familienangehörigen dazu, also Verwandte, Coenen DGVZ **02**, 183, auch in der Seitenlinie; näher Verschwägerte, Coenen DGVZ **02**, 183; Ehegatten, auch nach Scheidung oder Trennung zurückgekehrte, den Haushalt wieder führende, LG Flensb MDR **82**, 238, Coenen DGVZ **02**, 183, aM BFH NJW **82**, 289, Hamm MDR **81**, 602 (aber es kommt auch auf die rechtlich gebilligten tatsächlichen Verhältnisse und Anschauungen an); evtl sogar Dauerbesuch, Celle FamRZ **83**, 203; das Kind, LG Köln MDR **99**, 889; das Pflegekind, Celle FamRZ **83**, 203, Coenen DGVZ **02**, 183; ein Verlobter, Celle FamRZ **83**, 203.

11   Es reicht *zB*: Eine Stellung als Schwiegervater, auch wenn er gleichzeitig Hauswirt ist, Schlesw JB **91**, 123; als Besuch, Celle FamRZ **83**, 203. Der Empfänger muß auch ständig dem Hausstand angehören, also mit dem Zustellungsadressaten zusammen wohnen, Coenen DGVZ **02**, 183. Ein bloßer Besucher oder Freund reicht nicht.

12   Der *Lebenspartner* zählt *nicht* hierher, so schon BGH NJW **87**, 1562, Saarbr FamRZ **91**, 1184, Heinze DGVZ **00**, 112, aM Schlesw NJW **99**, 2602 (Wirksamkeit, wenn zur „Lebensgemeinschaft" kein Dritter zähle), Coenen DGVZ **02**, 183, Schneider MDR **00**, 193 (aber Art 6 I GG schützt nur die aus Ehe entstehende Familie besonders. Daher kann „Familie" auch in I nicht anders gemeint sein. Daran hat auch das LPartG ungeachtet seiner Verfassungsmäßigkeit nichts geändert). Der Lebenspartner zählt freilich zu den „ständigen Mitbewohnern". Dasselbe gilt beim nichtehelichen Lebensgefährten, aM BGH **111**, 1 (Familienzugehörigkeit).

13   **D. Hausangestellter, I Z 1.** Eine Zustellung kann auch an eine in der Familie beschäftigte Person erfolgen. Sie muß anders als ein Familienangehöriger oder ein ständiger Mitbewohner nach dem klaren Text von Z 1 nicht ebenfalls erwachsen sein. Die Beschäftigung muß für die Dauer bestehen, Hamm MDR **82**, 516. Es genügt aber dann auch eine nur stundenweise Tätigkeit, Hamm MDR **82**, 516. Eine bloße vorübergehende Aushilfe reicht nicht aus. Nach der Lage des Einzelfalls kann auch eine Raumpflegerin hierher zählen, FG Bln NJW **86**, 344, und zwar auch im Haushalt eines Junggesellen. Es kommt nicht darauf an, ob der Hausangestellte von der Partei oder zB von ihrem Ehemann angestellt worden ist, FG Bln NJW **86**, 344. Eine vom Zwangsverwalter des Hauses angestellte Person reicht aber nicht aus. Die Person braucht nicht in demselben Haus zu wohnen. Sie muß auch nicht unbedingt gerade vom Zustellungsadressaten persönlich beschäftigt werden. Es mag sich auch um einen Dienst höherer Art handeln, etwa um denjenigen eines Hauslehrers. Ein faktisches Dienstverhältnis aus Gefälligkeit ohne ein Entgelt unter Verwandten reicht aus, Hamm MDR **82**, 516. Nicht ausreichend ist die bloße Weiterleitung von Post, Nürnb RR **98**, 495.

14   **E. Ständiger Mitbewohner, I Z 1.** Die Zustellung ist schließlich auch an einen „erwachsenen ständigen Mitbewohner" möglich. Er braucht nicht zur Familie zu gehören. Man muß ihn von der in der Familie beschäftigten Person unterscheiden. Es kann sich um den im demselben Haus wohnenden Vermieter handeln, freilich nur um ihn als Mitbewohner. Ein gemeinsamer Haushalt ist nicht nötig. Eine bloße Untermiete reicht nicht. Ein bloß vorübergehendes Mitbewohnen reicht nicht, BGH NJW **01**, 1947.

15   **F. Erwachsensein, I Z 1.** Erwachsensein bedeutet: Körperlich genügend entwickelt sein, BGH RR **02**, 137, LG Frankenth Rpfleger **82**, 384, LG Konst RR **99**, 1508. Eine Minderjährigkeit ist unter diesen Voraussetzungen unerheblich, BGH RR **02**, 137, LG Frankenth Rpfleger **82**, 384, LG Köln MDR **99**, 889. Heute wirken auch JR 13jährige Kinder oft schon einigermaßen erwachsen, LG Konst RR **99**, 1508, erst recht 14jährige, Schlesw SchlHA **80**, 214, LG Köln MDR **99**, 889, oder 15jährige, BSG MDR **77**, 83, LG Frankenth Rpfleger **82**, 384, AG Bonn WoM **97**, 559. Es entscheidet der Sprachgebrauch des täglichen Lebens, Schlesw SchlHA **80**, 214. Es reicht aus, daß man erwarten kann, daß der Empfänger das Schriftstück ordnungsgemäß weitergeben werde, BGH NJW **81**, 1614, LG Köln MDR **99**, 889, LG Konst RR **99**, 1508. Das gilt selbst dann, wenn er die Partei ist, § 175 GVG Rn 2. Es handelt sich um eine nach der äußeren Erscheinung zu beurteilende Tatfrage. Das Gericht ist insofern an die Auffassung des Zustellers nicht gebunden. Es darf aber seiner Beurteilung meist folgen, BSG MDR **77**, 83, LG Konst RR **99**, 1508.

16   **5) Ersatzzustellung im Geschäftsraum, I Z 2.** Sie kommt unter ihren gesetzlichen Voraussetzungen nach pflichtgemäßem Ermessen des Zustellers statt derjenigen nach I Z 1 oder 3 in Betracht. Es müssen die folgenden Voraussetzungen zusammentreffen.

A. Geschäftsraum, I Z 2. Eine Zustellung ist nur dann zulässig, wenn es sich im Zeitpunkt der Zustellung um einen „Geschäftsraum" handelt. Dort kann die Zustellung auch in einer Privatsache erfolgen, Mü Rpfleger **76**, 223. Geschäftsraum im Sinn von I Z 2 ist der für die Berufstätigkeit gerade des Zustellungsempfängers bestimmte Raum, BGH NJW **98**, 1958, BayObLG BB **88**, 1076. Er muß also für den Betrieb gerade dieser Firma, Gesellschaft, der Behörde, Gemeinde, des Vereins usw bestimmt sein, BFH DB **88**, 1935, oder als solcher bestimmt scheinen, BGH NJW **98**, 1958 (nicht schon stets beim Nachsendeauftrag), nicht notwendig für den Bürodienst. Hierher gehört auch ein freier Beruf, etwa als Arzt, Anwalt, Steuerberater usw. Es reicht auch zB bei einer Zustellung an den Betriebsrat evtl die Posteingangstelle des Betriebs, BAG BB **76**, 510. Es ist unerheblich, ob es sich um das Hauptgeschäft oder um eine Zweigniederlassung handelt. Der Geschäftsraum muß auch dem Kunden, Besucher, Patienten, Auftraggeber usw dienen. Er muß als solcher erkennbar sein, Ffm MDR **99**, 498. Es muß seine Benutzung in etwa auf Dauer angelegt sein. Man muß dort grundsätzlich auch erreichbar sein. Es kann aber auch ein Messestand reichen.
Nicht ausreichend ist ein Geschäftsraum, in dem der gesetzliche Vertreter usw ein anderes Geschäft oder Gewerbe betreibt, BGH DB **88**, 1210, oder eine bloße Betriebsstätte, etwa eine Fabrik, ein Warenlager oder eine Auslieferungsstelle, Köln MDR **90**, 1021 (zustm Schneider), oder ein dem Publikum nicht zugängliches Dienstzimmer, etwa ein Archiv. Das bloße Namens- oder Firmenschild reicht nicht.

Titel 2. Verfahren bei Zustellungen § 178

B. Dortige Beschäftigung, I Z 2. „Dort beschäftigt" ist jeder, den der Zustellungsempfänger mit einem 17 Dienst für ihn tatsächlich betraut hat. Das gilt ohne Rücksicht auf ein Arbeits- oder Angestelltenverhältnis, BFH BB **84**, 460. Man ist nicht schon deshalb Beschäftigter, weil der Adressat eine stillschweigende Zustellungsvollmacht erteilt hat, BayObLG WoM **00**, 566. *Beispiele:* Ein Laden; ein Büro; eine Kanzlei; eine Praxis; eine Werkstatt, Düss JB **82**, 1743; ein Lokal. Ein gemeinschaftlicher solcher Raum reicht, auch ein Messestand.

Nicht hierher gehören zB: Ein bloßes Warenlager; eine Auslieferungsstelle, Köln MDR **90**, 1021; ein zum Wohnen und Arbeiten benutzter Raum, ZöStö 8, aM StJR 10 (aber dann kann man das Merkmal „Geschäftsraum" meist nicht als den Schwerpunkt der Gesamtnutzung erkennen, auf die es ankommt).

C. Beispiele zur Frage einer Beschäftigung usw, I Z 2 18
Alleingesellschafter: Rn 21 „Handelsgesellschaft".
Angestellter: Er ist Beschäftigter nach I Z 2, BGH NJW **98**, 1958.
Apotheker: Z 2 ist bei ihm anwendbar.
Arbeiter: Er ist Beschäftigter nach I Z 2.
Architekt: Z 2 ist bei ihm anwendbar.
Arzt: Z 2 ist bei ihm anwendbar, BSG MDR **77**, 700.
Aufseher: Er kann Beschäftigter nach I Z 2 sein.
Aufsichtsrat: I Z 2 ist *unanwendbar*. Denn der Aufsichtsrat ist keine im Geschäftsraum beschäftigte Person(engruppe), so schon BGH NJW **93**, 2688 rechts (zum alten Recht).
Auszubildender: I Z 2 ist bei ihm anwendbar, OVG Münst Rpfleger **76**, 223.
Beamter: Er ist Beschäftigter nach I Z 2.
Bote: Er kann Beschäftigter nach I Z 2 sein.
Briefkastenanschrift: Sie reicht *nicht* zur Annahme eines Geschäftsraums nach I Z 2 aus, BGH MDR **93**, 900 (krit Zeiss JR **94**, 160).
Büro: Es ist Geschäftsraum nach I Z 2.
Büroangestellter: Er ist Beschäftigter nach I Z 2.
Ehegatte: Ob man ihn als Beschäftigten nach I Z 2 oder als Familienangehörigen nach I Z 1 ansehen muß, ist eine Fallfrage, BSG MDR **77**, 700, Düss JB **87**, 1743.
Eingetragener: Wer sich durch eine Eintragung im Handelsregister als Gewerbetreibender ausgibt, muß eine Zustellung nach I Z 2 gegen sich gelten lassen. Das gilt selbst dann, wenn ein Nachfolger den Betrieb ohne sein Wissen verlegt hat, solange er selbst seine Namensführung duldet, Köln DB **88**, 2303.
Eisdielenbesitzer: I Z 2 ist bei ihm anwendbar, LAG Hamm MDR **83**, 612.
Fabrikant: I Z 2 ist bei ihm anwendbar. 19
Filiale: Rn 24 „Zweigniederlassung".
Firmenschild: Es gelten dieselben Regeln wie bei Rn 18 „Eingetragener".
Gastwirt: I Z 2 ist bei ihm anwendbar. 20
Geschäftsführer: Man darf eine Zustellung, die an den Geschäftsführer einer Gesellschaft mit beschränkter Haftung usw persönlich gerichtet sein soll, nicht nach I Z 2 durchführen, BayObLG MDR **00**, 105, Brdb RR **96**, 766, Nürnb MDR **98**, 1369. Das gilt auch dann, wenn der Geschäftsführer alleiniger Gesellschafter ist, Hamm GRUR **92**, 888, Zweibr JB **91**, 721, oder wenn er Haupt- bzw Mitgesellschafter ist, Hamm GRUR **92**, 888, Nürnb MDR **98**, 1369. Man darf die Zustellung auch nicht an den Angestellten ausführen, wenn der Geschäftsführer kein Gewerbetreibender ist, sondern seinerseits ein Angestellter der gewerbetreibenden Gesellschaft, BGH **97**, 343, Coenen DGVZ **04**, 70. Das gilt auch dann, wenn es sich um den Alleingeschäftsführer handelt, Hamm NJW **84**, 2372. Eine Zustellung ist § 178 dann erlaubt, wenn der Geschäftsführer für den Zusteller eindeutig erkennbar mit dem Inhaber identisch ist. Das gilt freilich nicht, wenn er eine formell unkorrekte Zustellung selbst veranlaßt und gewollt hat, die eine Notfrist in Gang setzen soll, BayObLG ZMR **85**, 133.
Gesellschafter: Auf den nicht von der Vertretung ausgeschlossenen Gesellschafter einer OHG ist I Z 2 anwendbar.
Unanwendbar ist I Z 2 auf den Gesellschafter einer GmbH, BGH **97**, 843, Hamm NJW **83**, 2372, Zweibr JB **91**, 721.
S auch „Geschäftsführer".
Halbtagstätigkeit: Sie ändert nichts an der Anwendbarkeit von I Z 2.
Handelsgesellschaft: I Z 2 ist auf eine solche Gesellschaft auch dann anwendbar, wenn der Zustellungs- 21 adressat sie praktisch allein betreibt.
Handwerker: I Z 2 ist beim ihm anwendbar.
Insolvenzverwalter: Er kann hierher zählen, ArbG Bln JB **04**, 367.
Kaufmann: I Z 2 ist bei ihm anwendbar.
Kellner: Er ist Beschäftigter nach I Z 2.
Kommanditist: I Z 2 ist bei ihm anwendbar, soweit er vertretungsberechtigt sein sollte.
Komplementär: I Z 2 ist auf den Komplementär einer KG anwendbar, soweit die Zustellung in deren Geschäftsraum erfolgt.
Kontaktadresse: Rn 18 „Briefkastenanschrift".
Laden: Er ist Geschäftsraum nach I Z 2. 22
Minderjähriger: Die Minderjährigkeit eines Gewerbegehilfen ist unerheblich.
Mitinhaber: I Z 2 ist bei ihm anwendbar.
Nachsendeauftrag: Er begründet nicht Anscheinsbeweis dafür, daß auch am neuen Ort ein Geschäftslokal liegt, BGH NJW **98**, 1958.
Nießbraucher: I Z 2 ist beim Nießbraucher am Gewerbebetrieb anwendbar. Er betreibt aus eigenem Recht. Sein Büro ist Geschäftsraum nach I Z 2.
Pächter: I Z 2 ist bei ihm anwendbar.

§ 178

Patentanwalt: I Z 2 ist bei ihm anwendbar.
Pförtner: Er kann Beschäftigter nach I Z 2 sein.
Postnachsendeauftrag: S „Nachsendeauftrag".
Prokurist: I Z 2 ist bei ihm *nicht* anwendbar. Denn der betreibt nicht aus eigenem Recht. Sein Büro ist Geschäftsraum nach I Z 2.
Raumpflegerin: Sie ist Beschäftigte nach I Z 2.

23 **Rechtsschein:** I Z 2 kann bei ihm ausreichen, wie bei einer Anscheinsvollmacht, BGH RR **93**, 1083. Ein Postnachsendeauftrag reicht dazu *nicht*, BGH NJW **98**, 1898.
Registratur: Sie ist Geschäftsraum nach I Z 2.
Scheininhaber: I Z 2 ist auf den Konzessionsträger als Scheininhaber anwendbar, LAG Bre BB **96**, 539.
Sekretariat: Es ist Geschäftsraum nach I Z 2.
Steuerberater: I Z 2 ist bei ihm anwendbar.
Teilinhaber: Rn 22 „Mitinhaber".
Teilzeitbeschäftigter: Es kommt darauf an, ob er nur ausnahmsweise oder nur mit untergeordneten Hilfsdiensten beschäftigt ist, BGH VersR **95**, 1074.
Tierarzt: Rn 18 „Arzt".
Türsteher: Er kann Beschäftigter nach I Z 2 sein.
Unentgeltlichkeit: Sie ändert nichts an der Anwendbarkeit von I Z 2.
Verkäufer: Er ist Beschäftigter nach I Z 2.
Vertraglosigkeit: Sie ändert nichts an der Anwendbarkeit von I Z 2, BFH **94**, 960.
Volontär: Er ist Beschäftigter nach I Z 2, OVG Münst Rpfleger **76**, 223.
Vorraum: I Z 2 ist darauf nach I Z 2 nicht anwendbar, soweit dort Mitarbeiter einer anderen Firma Arbeiten ausführen, die der Geschäftstätigkeit des Zustellungsadressaten dienen, BFH BB **84**, 460.

24 **Wartezimmer:** Es ist Geschäftsraum nach I Z 2, BFH BB **84**, 460.
Werkstatt: Sie ist Geschäftsraum nach I Z 2, Düss JB **82**, 1743.
Wirtschaftsprüfer: I Z 2 ist bei ihm anwendbar.
Wohnung: Ein Geschäftslokal nach I Z 2 braucht von einer Wohnung nicht räumlich getrennt zu sein. Wenn es in der Wohnung liegt, gilt Rn 17.
Zweigniederlassung: Sie ist Geschäftsraum nach I Z 2.

25 **6) Ersatzzzustellung in Gemeinschaftseinrichtung, I Z 3.** Eine Zustellung kommt schließlich unter den gesetzlichen Voraussetzungen nach pflichtgemäßem Ermessen des Zustellers statt derjenigen nach I Z 1 oder 2 in Betracht. Sie kommt in einer Gemeinschaftseinrichtung infrage. Sie erfolgt dann an den Leiter oder einen dazu ermächtigten Vertreter. Letzterer muß seine Ermächtigung ähnlich wie bei § 171 S 2 zumindest im Zweifelsfall nachweisen. Es kann aber ein Anscheinsbeweis für seine Ermächtigung vorliegen.

26 Vorsicht vor zu großzügiger Annahme solcher Ermächtigung! Nicht jeder in einer solchen größeren Einrichtung, in deren Verwaltung oder Leitung Vorgefundene ist ein gerade auch zur Entgegennahme einer Ersatzzustellung Ermächtigter.

27 *Gemeinschaftseinrichtung* ist ein weiter Begriff. Dazu können alle möglichen Formen zählen, seien sie öffentlichrechtlich oder privatrechtlich organisiert, groß oder klein, religiös, politisch, wirtschaftlich, karikativ, gemeinnützig oder nicht, mit obrigkeitlichem Zwangsrecht versehen oder nur auf freiwillige Nutzung hin geschaffen.

Wohnen muß der Adressat auch bei I Z 3 dort, Rn 4–9.

28 **7) Keine Ersatzzustellung bei Interessengegensatz, II.** Die Vorschrift gilt bei jeder Art von Interessengegensatz, Düss FamRZ **93**, 583. Sie verbietet nur eine Ersatzzustellung an den Prozeßgegner des Zustellungsadressaten nach Üb 10 vor § 166. Sie verbietet auch eine Zustellung nach § 171, LG Ffm Rpfleger **88**, 72. Sie verbietet ferner einen Einwurf in einen gemeinschaftlichen Briefkasten, Nürnb MDR **04**, 1140, LG Fulda Rpfleger **87**, 27, ZöStö 1, aM MüKoFei 1 (aber es kommt auf einen Alleingewahrsam an). Sie verbietet nicht zB eine Zustellung nach § 170 III, BVerfG **67**, 211, BGH NJW **84**, 57.

29 **A. Weite Auslegung.** Wegen der Gründe Rn 2 muß man II weit auslegen, BGH NJW **84**, 57, Celle DGVZ **03**, 8, Düss FamRZ **93**, 584 (Zustellung an den Schuldner statt an den Drittschuldner).
§ *181 BGB* ist hier *unbeachtlich*, LG Ffm Rpfleger **88**, 72.

30 **B. Beispiele zur Frage einer Ersatzzustellung nach II**
Angehöriger: Eine Ersatzzustellung ist nach II *unzulässig*, soweit es um die Zustellung an einen nahen Angehörigen des Prozeßgegners des Zustellungsadressaten geht, BGH NJW **84**, 57. Das gilt etwa für den Ehepartner, Karlsr Rpfleger **00**, 405, für einen Sohn, eine Tochter oder ein Geschwister.
Zulässig ist aber eine Ersatzzustellung an einen Angehörigen des Zustellungsadressaten, selbst an die minderjährige Partei.
Beteiligter: Rn 32 „Streitgenosse".
Betriebsrat: *Zulässig* ist eine Ersatzzustellung an den Betriebsrat zu Händen desjenigen Arbeitnehmers, der in der Posteingangsstelle des Betriebs ständig auch für den Betriebsrat tätig ist, BAG BB **76**, 510.
Betreuer: Rn 32 „Streitgenosse".
Dritter: Eine Ersatzzustellung ist nach II *unzulässig*, soweit es um die Zustellung an einen Dritten geht, der von Weisungen des Prozeßgegners abhängig ist, etwa an seine Sekretärin, Karlsr Rpfleger **84**, 26.
S auch Rn 31 „Interessengegensatz".
Drittschuldner: Wegen Unterschlagungsgefahr ist eine Zustellung, die den Drittschuldner erreichen soll, durch Ersatzzustellung an den Schuldner nach II *unzulässig*, Celle DGVZ **03**, 8, Hamm NJW **94**, 1039, Köln DGVZ **02**, 42, aM LG Bonn DGVZ **98**, 12 (vgl aber § 829 Rn 38).
Zulässig kann aber eine Ersatzzustellung an den Drittschuldner statt an den Schuldner sein, LG Siegen JB **95**, 161.
Ehefrau: S „Angehöriger", „Dritter", Rn 32 „Streitgenosse".
Eltern: S „Angehöriger".

Titel 2. Verfahren bei Zustellungen §§ 178, 179

Geschwister: S „Angehöriger".
Gesetzlicher Vertreter: Eine Ersatzzustellung ist nach II an den Minderjährigen grds zulässig, wenn Zustellungsadressat der gesetzliche Vertreter ist.
Das gilt aber *nicht* in eigener Sache, Ffm Rpfleger **88**, 72.
Interessengegensatz: Eine Ersatzzustellung ist nach II bei der nach Rn 29 gebotenen weiten Auslegung 31 unabhängig davon *unzulässig*, ob es sich um denselben Prozeß handelt, soweit es eben um einen Empfänger geht, zu dem ein Interessengegensatz besteht, BGH NJW **84**, 57, Celle RR **00**, 485, Düss FamRZ **93**, 584.
S auch Rn 30 „Dritter".
Juristische Person: Zulässig ist bei der juristischen Person eine Ersatzzustellung an einen Mitarbeiter gleich welcher Rangstufe.
Unzulässig ist im Prozeß der Komplementär-GmbH gegen die KG eine Zustellung an die letztere zu Händen des Geschäftsführers der Klägerin, Celle RR **00**, 485.
Kenntnis des Zustellers: Die Kenntnis des Zustellungsbeamten ist für die Frage der Zulässigkeit oder Unzulässigkeit einer Ersatzzustellung nach II unerheblich. Es empfiehlt sich, auf dem Briefumschlag zu vermerken, wer ausscheidet.
Kind: Rn 30 „Angehöriger", „Gesetzlicher Vertreter".
Minderjähriger: Rn 30 „Angehöriger", „Gesetzlicher Vertreter".
Mitgesellschafter: II ist evtl *unanwendbar*, BVerfG **67**, 208, BGH NJW **84**, 57.
Pfleger: Rn 32 „Streitgenosse".
Prozeßbevollmächtigter: Eine Ersatzzustellung ist nach II zulässig, wenn Zustellungsadressat der ProzBev ist.
Rechtskrafterstreckung: Eine Ersatzzustellung ist nach II *unzulässig*, soweit es um die Zustellung an eine Person geht, auf die sich die Rechtskraft erstrecken kann, §§ 325–327. Eine Folge ist: Das Gericht muß die natürlich durch den ahnungslosen Postboten vorgenommene Zustellung wiederholen.
Strafprozeß: Gegner ist auch der Verletzte. 32
Streitgenosse: Eine Ersatzzustellung ist nach II *unzulässig*, soweit es um die Zustellung von einem oder an einen am Ausgang des Prozesses unmittelbar Beteiligten geht, etwa an den notwendigen Streitgenossen nach § 62, zB an die gütergemeinschaftliche Ehefrau oder auch an den Pfleger des Prozeßgegners, KG Rpfleger **78**, 106.
Streithelfer: Eine Ersatzzustellung ist nach II *unzulässig*, soweit es um eine Zustellung an einen Streithelfer des Prozeßgegners oder Streitverkündeten geht, Köln DGVZ **02**, 42.
Überleitungsanzeige: Sie ändert nichts an der Anwendbarkeit von II.
Vertreter: II kann unanwendbar sein, § 170.
Wohnungseigentum: Zur Situation beim Verwalter Abramenko ZMR **02**, 886.
Zustellungsbevollmächtigter: Zulässig ist eine Ersatzzustellung an den Zustellungsbevollmächtigten beider Parteien. Denn er gilt nicht als Prozeßgegner, LG Kaisersl Rpfleger **93**, 256.

8) Verstoß, I, II. Wer ihn behauptet, muß ihn beweisen, § 418 Rn 8 ff, BGH NJW **88**, 714. Das gilt zB 33 beim Wohnort, BGH FamRZ **90**, 143, Karlsr RR **92**, 701, Köln Rpfleger **75**, 260. Ein Verstoß macht die Zustellung unter den Voraussetzungen § 182 Rn 19 unwirksam, BayObLG FamRZ **02**, 848 (nicht bei bloßer Verwechslung in der Zustellungsurkunde), Celle DGVZ **03**, 8, KG Rpfleger **78**, 106, LG Ffm Rpfleger **88**, 72. Das gilt wegen § 189 freilich nur dann, wenn der Zustellungsadressat das Schriftstück nicht erhält, Üb 12 vor § 166. Das gilt unabhängig von einer Kenntnis des Zustellers. Freilich darf er ab Kenntnis nicht II zustellen. Er muß notfalls beim Postauftrag hinzufügen: „Keine Zustellung an . . .". Es ist aber eben eine Heilung nach §§ 189, 295 möglich. Im übrigen kommt eine Wiedereinsetzung in Betracht, §§ 233 ff. Ein bloßer Irrtum des Urkundsbeamten kann unschädlich sein, BGH RR **03**, 208.

9) *VwGO:* Unmittelbar anwendbar, Einf § 166 Rn 19. 34

179

Zustellung bei verweigerter Annahme. [1] Wird die Annahme des zuzustellenden Schriftstücks unberechtigt verweigert, so ist das Schriftstück in der Wohnung oder in dem Geschäftsraum zurückzulassen. [2] Hat der Zustellungsadressat keine Wohnung oder ist kein Geschäftsraum vorhanden, ist das zuzustellende Schriftstück zurückzusenden. [3] Mit der Annahmeverweigerung gilt das Schriftstück als zugestellt.

1) Systematik, Regelungszweck, S 1–3. Bei § 195 ist § 179 unanwendbar. Man kann die vom Gesetz 1 erstrebte tatsächliche Kenntnisnahme vom Inhalt eines zuzustellenden Schriftstücks nicht physisch erzwingen, ebensowenig wie die Vornahme einer Handlung nach §§ 887, 888 oder die Abgabe einer Willenserklärung, § 894. Das Gesetz muß sich mit Hilfskonstruktionen wie dort begnügen. Eine solche stellt § 179 dar. Die Vorschrift schafft eine begrenzte öffentlichrechtliche Bürgerpflicht. Dabei ist eine behutsame und nicht furchtsame Auslegung des Worts unberechtigt geboten, um Rechtsmißbrauch nach Einl III 54 ebenso wie eine Verletzung der Grenzen des Prozeßrechtsverhältnisses nach Grdz 4 vor § 128 gleichermaßen zu vermeiden.

2) Geltungsbereich, S 1–3. Die Vorschrift gilt bei allen Verfahren nach der ZPO und den auf sie 2 verweisenden anderen Verfahrensgesetzen.

3) Unterstellung einer Zustellung, S 1, 3. Die Verweigerung der Annahme eines zuzustellenden 3 Schriftstücks bei der Zustellung steht der Zustellung gleich, soweit die Verweigerung ohne einen gesetzlichen Grund erfolgt, das heißt entgegen den Vorschriften der ZPO, Saarbr RR **94**, 638. In diesem Fall kommt es nach S 1 darauf an, ob es eine Wohnung oder einen Geschäftsraum des Zustellungsadressaten gibt. Diese Frage muß man nach § 178 I Z 1, 2 beantworten. Falls ja, läßt der Zustellungsbeamte das Schriftstück in der

§§ 179, 180   Buch 1. Abschnitt 3. Verfahren

Wohnung oder im Geschäftsraum zurück. „Im" Raum heißt weder vor noch hinter ihm noch außerhalb des Raumes. Ausreichen kann zB das Hindurchschieben unter der Wohnungstür, ein bloßes Ankleben oder sonstiges Festheften oder auch ein bloßes Ablegen vor der Tür. Das Zurücklassen duldet keine Frost- oder Nässe- oder Entwendungsgefahr. Einen Briefkasten muß der Zusteller nach § 180 benutzen. Mit der Zurücklassung ist die Zustellung bewirkt, Saarbr RR 94, 638. Das gilt unabhängig davon, wann, wo und wie der Adressat dann davon tatsächlich Kenntnis erhält. Der Zusteller darf die Sendung aber nicht einer Person übergeben, die nach den gesetzlichen Vorschriften nicht zum Empfang des Schriftstücks berechtigt ist.

4   **4) Weigerungsrecht, S 1, 3.** Die Verweigerung der Annahme ist berechtigt, wenn die Voraussetzungen einer Ersatzzustellung nach § 178, §§ 180 ff fehlen. Das gilt etwa in folgenden Fällen: Bei einem bloßen Besucher; bei einem Angehörigen außerhalb von Wohnung oder Geschäftslokal; bei einer falschen Anschrift, sofern die Nämlichkeit zweifelhaft ist; bei gleichen Vornamen mehrerer Träger des Nachnamens, soweit ein Zusatz „senior" usw fehlt; beim Prozeßgegner des Zustellungsadressaten, § 178 II, LG Fulda MDR 87, 14; wenn das Zustellungsorgan nicht als solches für den Empfänger einwandfrei erkennbar ist; bei einem Zustellungsversuch zur Nachtzeit im Sinne von § 758 a IV 2, Coenen DGVZ 02, 61, an einem Sonn- oder Feiertag oder zur sonstigen Unzeit, zB während einer Trauerfeier. Denn auch das sind unpassende Gelegenheiten. Auf diese sollte man im Kern abstellen, Coenen DGVZ 04, 69.

Nicht hierher gehört der Fall, daß der Postbote zB wegen gefährlicher Angriffe des Hundes des Zustellungsempfängers überhaupt nicht direkt zustellen muß, (zum alten Recht) OVG Kblz NJW 90, 64. Dann erfolgt die Zustellung am besten nach § 181.

5   **5) Einzelfragen, S 1–3.** Die Verweigerung der Annahme und die Zurücklassung des zuzustellenden Schriftstücks werden nach § 182 II Z 5 beurkundet, Saarbr RR 94, 638.

6   **6) Zurücksendung, S 2.** Wenn der Zustellungsadressat im Zeitpunkt des Zustellungsversuchs jedenfalls dort keine Wohnung und keinen Geschäftsraum in Sinn von § 178 I 1, 2 hat, muß der Zusteller das zuzustellende Schriftstück zurücksenden. Denn in einer Gemeinschaftseinrichtung nach § 178 I Z 3 kann es zu leicht verlorengehen usw. Er darf es also nicht zurücklassen und auch keine Ersatzzustellung nach § 178, §§ 180 ff durchführen.

7   **7) Verstoß, S 1–3.** Es kann keine Heilung nach § 189 eintreten. Sonst mag ein weiterer und diesmal korrekter Zustellungsversuch erfolgen. Es kommt also nicht darauf an, ob der Adressat irgendwo sonst eine Wohnung hat, aM Coenen DGVZ 02, 184 (aber S 2 ist nur dem Wortlaut nach weiter, nicht auch dem Sinn nach. Denn die ganze Vorschrift erfaßt gerade nur diesen konkreten Zustellversuch).

8   **8) VwGO:** *Unmittelbar anwendbar, Einf § 166 Rn 19.*

180 *Ersatzzustellung durch Einlegen in den Briefkasten.* ¹Ist die Zustellung nach § 178 Abs. 1 Nr. 1 oder 2 nicht ausführbar, kann das Schriftstück in einen zu der Wohnung oder dem Geschäftsraum gehörenden Briefkasten oder in eine ähnliche Vorrichtung eingelegt werden, die der Adressat für den Postempfang eingerichtet hat und die in der allgemein üblichen Art für eine sichere Aufbewahrung geeignet ist. ²Mit der Einlegung gilt das Schriftstück als zugestellt. ³Der Zusteller vermerkt auf dem Umschlag des zuzustellenden Schriftstücks das Datum der Zustellung.

1   **1) Systematik, S 1–3.** Die Vorschrift regelt für den Fall, daß eine Zustellung nach § 178 I Z 1, 2 nicht durchführbar ist, eine Möglichkeit der Bekanntgabe, die der Zusteller *vor* einer Niederlegung nach § 181 erproben muß. Das ergibt dessen I. Sie hat also Nachrang nach § 178 I Z 1, 2 und Vorrang vor § 181. § 180 gilt nicht bei einer Gemeinschaftseinrichtung nach § 178 I Z 3.

2   **2) Regelungszweck, S 1–3.** Die Vorschrift dient ebenso der Prozeßwirtschaftlichkeit nach Grdz 14 vor § 128 wie der Rechtssicherheit, Einl III 43. Denn ein Briefkasten ist ebenso wie bei § 130 BGB Machtbereich des Besitzers. Das gilt jedenfalls dann, wenn er heil ist. Seine Ausnutzung soll den immer noch komplizierten Weg einer Niederlegung und die Gefahren ihrer bloßen Zugangsunterstellung vermeiden. Deshalb muß man § 180 im wohlverstandenen Interesse von Absender wie Adressat möglichst weit auslegen.

3   **3) Geltungsbereich, S 1–3.** Es gelten grundsätzlich keine Besonderheiten. Nach anderen Gesetzen ist im dortigen Geltungsbereich evtl keine Ersatzzustellung nach §§ 181 ff statthaft, zB § 57 II IStGHG, Üb 6 vor § 166.

4   **4) Unausführbarkeit der Zustellung nach § 178 I Z 1, 2 oder § 180, S 1.** Vgl die dortigen Ausführungen zu den Voraussetzungen solcher Zustellungen. Ihre Durchführung darf nicht nur schwierig sein. Sie muß sich vielmehr als praktisch unmöglich erwiesen haben, sei es auch „nur" bei ähnlichen Versuchen in anderen Fällen der letzten Tage oder wenigen Wochen.

5   **5) Einlegung in Briefkasten usw, S 1.** Unter den Voraussetzungen Rn 4 kann der Zusteller die Sendung in einen zur Wohnung oder dem Geschäftsraum erkennbar gehörenden Briefkasten oder in eine ähnliche Vorrichtung einlegen, also zB in einen Brief-Türschlitz oder Türspalt. Ein Gemeinschaftskasten usw kann genügen.

Unzulässig wäre diese Zustellungsart freilich bei einer Zugriffsmöglichkeit auch des Prozeßgegners des Zustellungsempfängers auf diesen Briefkasten, AG Bergisch Gladb FamRZ 04, 956.

A. Einrichtung zum Postempfang. Den Briefkasten usw muß gerade der Zustellungsadressat für den Zusteller im Zeitpunkt der Zustellung erkennbar für einen Postempfang eingerichtet haben. Ob das der Fall ist, läßt sich nur nach den Gesamtumständen klären. Ein offener oder gar beschädigter Briefkasten mit immerhin auch oder nur dem Namen des Adressaten mag in einem wenig gepflegten Haus reichen. Ein geschlossener Kasten ohne klare Besitzerangabe dürfte im Einfamilienhaus reichen, evtl auch im Mehrfamilienhaus, wenn der Zusteller die Verhältnisse kennt, sonst eher nicht. Ein Gemeinschaftskasten ist nicht stets auch gerade von *diesem* Adressaten eingerichtet.

B. Eignung für sichere Aufbewahrung. Neben der Bedingung Rn 5 muß der Briefkasten auch in einer zur Zeit der Zustellung für den Zusteller eindeutig erkennbaren Weise „in der allgemein üblichen Art für eine sichere Aufbewahrung geeignet" sein. Der Zusteller muß ein Schloß grundsätzlich abgeschlossen vorgefunden haben. Auch ein Haken *kann* genügen, wo man kaum mit Diebstahl rechnen muß. Aber wo findet man noch solche Ehrlichkeit? Ist abgeschlossen, mag eine kleine offene Ecke der Tür unschädlich sein. Im Zweifel Vorsicht! 6

Ungeeignet ist ein erheblich beschädigter oder aufgebrochener oder überquellender oder gar nicht bzw. höchst unklar bezeichneter Behälter usw.

6) Unterstellung der Zustellung, S 2. Soweit beide Bedingungen Rn 5, 6 erfüllt sind, bewirkt die Einlegung die Fiktion des Zugangs, ähnlich wie bei § 181 I 3. Von nun an beginnen zB Fristen zu laufen. Das gilt unabhängig davon, ob und wann der Adressat tatsächlich Kenntnis nimmt. Freilich kann eine Wiedereinsetzung infrage kommen, etwa nach einer Urlaubsabwesenheit usw, § 233. 7

7) Vermerk des Zustelldatums, S 3. Die dem § 181 I 4 entsprechende Vorschrift bringt dem Adressaten Klarheit über den Zustellzeitpunkt. Man darf sie nicht mit der Beurkundung nach § 182 verwechseln. 8

8) Verstoß, S 1–3. Es gelten dieselben Regeln wie bei § 181. 9

9) VwGO: *Unmittelbar anwendbar, Einf § 166 Rn 19.* 10

181 *Ersatzzustellung durch Niederlegung.* ¹ ¹ Ist die Zustellung nach § 178 Abs. 1 Nr. 3 oder § 180 nicht ausführbar, kann das zuzustellende Schriftstück auf der Geschäftsstelle des Amtsgerichts, in dessen Bezirk der Ort der Zustellung liegt, niedergelegt werden. ² Wird die Post mit der Ausführung der Zustellung beauftragt, ist das zuzustellende Schriftstück am Ort der Zustellung oder am Ort des Amtsgerichts bei einer von der Post dafür bestimmten Stelle niederzulegen. ³ Über die Niederlegung ist eine schriftliche Mitteilung auf dem vorgesehenen Formular unter der Anschrift der Person, der zugestellt werden soll, in der bei gewöhnlichen Briefen üblichen Weise abzugeben oder, wenn das nicht möglich ist, an der Tür der Wohnung, des Geschäftsraums oder der Gemeinschaftseinrichtung anzuheften. ⁴ Das Schriftstück gilt mit der Abgabe der schriftlichen Mitteilung als zugestellt. ⁵ Der Zusteller vermerkt auf dem Umschlag des zuzustellenden Schriftstücks das Datum der Zustellung.

II ¹ Das niedergelegte Schriftstück ist drei Monate zur Abholung bereitzuhalten. ² Nicht abgeholte Schriftstücke sind danach an den Absender zurückzusenden.

Vorbem. I 1 idF, I 2 angefügt dch Art 1 Z 6 a, b des 1. JuMoG v 24. 8. 04, BGBl 2198, in Kraft seit 1. 9. 04, Art 14 S 1 des 1. JuMoG. I 3 geändert dch Art 1 Z 52b JKomG v 22. 3. 05, BGBl 837, in Kraft seit 1. 4. 05, Art 16 I JKomG. ÜbergangsR jeweils Einl III 78.

Schrifttum: *Graßhof, Sein und Schein – wie weit reicht die Beweiskraft der Zustellungsurkunde über die Niederlegung hinsichtlich der Wohnung des Zustellungsadressaten?,* in: Festschrift für *Merz* (1992).

Gliederung

1) **Systematik, I, II** 1	B. Mitteilung über die Niederlegung: Übliche Weise, I 3 9
2) **Regelungszweck, I II** 2	C. Bei gewöhnlichem Brief übliche Weise 10
3) **Geltungsbereich, I, II** 3	D. Anheftung an der Wohnungstür usw ... 11
4) **Voraussetzungen, I** 4–7	E. Vordruck 12
A. Bestehen einer Wohnung usw (§ 178 I Z 1–3) 4	F. Beurkundung 13
B. Keine Anwesenheit 5	G. Beispiele zur Frage einer Mitteilung über die Niederlegung, I 1–3 14–17
C. Erfolgloser Versuch anderer Ersatzzustellung 6	6) **Wirkung, I 4** 18
D. Einzelfragen 7	7) **Bereithaltung, Rücksendung, II** 19
5) **Ausführung, I 1–3, 5** 8–17	8) **Verstoß, I, II** 20
A. Niederlegung, I 1, 2 8	9) **VwGO** 21

1) Systematik, I, II. Die Vorschrift schafft eine nach ihrem Wortlaut eindeutig auch gegenüber §§ 178 I Z 3, 180 nur hilfsweise geltende Ausnahme vom Grundsatz, daß eine Zustellung erst mit der tatsächlichen Aushändigung wirksam ist. Niederlegung ist ein Fall der unterstellten (fingierten) Zustellung, I 3. Denn bei ihr entfällt eine Übergabe. Es handelt sich methodisch um ein ähnliches Verfahren wie bei der öffentlichen Zustellung nach §§ 185 ff. Diese letztere ist aber dort wegen ihrer noch strikteren Unterstellung sogar ohne eine individuelle Benachrichtigung, bei ihren strengeren dortigen Voraussetzungen statthaft. Zur sachlichrechtlichen Wirkung bei Nichtabholung BGH DB **98**, 618. 1

2) Regelungszweck, I, II. Die Zustellung durch Niederlegung erfolgt zwecks Rechtssicherheit nach Einl III 43 bei einem Vorgang, von dem wichtige prozessuale und sonstige Wirkungen abhängen, BFH NJW **88**, 2000. Sie dient dem Interesse des Absenders wie demjenigen des Empfängers, Düss FamRZ **90**, 75. Ihre Wirkung wird durch das Recht auf einen ungestörten Urlaub nach BVerfG **35**, 298, § 233 Rn 11 ff nicht beseitigt, BGH RR **99**, 1150. § 181 verstößt nicht schon wegen einer manchmal recht weiten Entfernung des Niederlegungsorts vom Zustellort gegen Art 103 I GG, aM Hintzen Rpfleger **05**, 335, ZöStö 3 f (aber es gibt Autos usw). Die Vorschrift ist unabhängig davon freilich gefährlich. Das Gericht sollte sie mit Vorsicht behandeln, BVerfG NJW **88**, 817, Zweibr MDR **85**, 1048, LG Aachen MDR **91**, 451. Das gilt auch 2

§ 181

angesichts nachlassender Postqualität, LG Bonn DGVZ 04, 45. Der Vordruck läßt sich nicht beanstanden, BVerfG NJW 88, 817, Braun JZ 83, 623, aM LAG Mannh JZ 83, 621 (aber man darf nicht zu formalistisch vorgehen, Üb 13 vor § 166). Die bei § 178 genannten Probleme gelten bei § 181 vielfach ganz ähnlich. Sie führen auch in der Praxis eher als bei § 178 zum angeblichen oder tatsächlichen Verlust hier der Benachrichtigung von der Niederlegung. Man muß daher zurückhaltend beurteilen, ob eine Ersatzzustellung nach § 181 erfolgreich war.

Wiedereinsetzung nach §§ 233 ff setzt eine wirksame Ersatzzustellung voraus. Das wird oft übersehen und führt dann zu unnötigen Anträgen auf Wiedereinsetzung, für die gar kein Bedürfnis besteht. Auch deshalb ist eine Zurückhaltung vor Bejahung der Wirksamkeit einer Ersatzzustellung ratsam. Freilich darf das auch nicht zu lebensfremden Anforderungen an die Voraussetzungen und an die Durchführung der Niederlegung usw führen. Schließlich soll der Prozeß ja weitergehen.

3 3) **Geltungsbereich, I, II.** Vgl Einf 3 vor §§ 178–182.

4 4) **Voraussetzungen, I.** Es müssen die folgenden Voraussetzungen zusammentreffen.

A. Bestehen einer Wohnung usw (§ 178 I Z 1–3). Der Absender muß den Zustellungsadressaten nach Üb 10 vor § 166 im Zweifel auch mit dem Vornamen bezeichnen, LG Paderb NJW 77, 2077. Der Adressat muß am Niederlegungsort tatsächlich schon oder noch eine Wohnung oder einen Geschäftsraum oder einen Schlafplatz in einer Gemeinschaftseinrichtung innehaben, § 178 I Z 1–3, (zum alten Recht) BFH RR 97, 1161, Drsd Rpfleger 05, 269, LG Lübeck DGVZ 05, 141. Ein Geschäftsraum genügt aber. Die Zustellungsurkunde wirkt insoweit nicht nach § 418, sondern nur als Indiz, KG MDR 05, 107. Es bedarf einer schlüssigen Widerlegung, BVerfG NJW 92, 225, Düss MDR 99, 1499. Zum Problem Graßhof (vor Rn 1). Der Anschein einer Wohnung usw reicht evtl, Karlsr RR 92, 701. Der Zustellungsempfänger muß eine natürliche Person sein, BayObLG 91, 244. Ein Postfach reicht nur bedingt aus, § 177 Rn 4.

5 **B. Keine Anwesenheit.** Der Zusteller darf den Zustellungsadressaten in der jetzigen Wohnung usw nicht angetroffen haben, § 178 I, BFH NJW 88, 2000, BayObLG Rpfleger 84, 105.

6 **C. Erfolgloser Versuch anderer Ersatzzustellung.** Es muß ein erfolgloser Versuch der Ersatzzustellung nach den Vorschriften der §§ 178–180 stattgefunden haben, BayObLG Rpfleger 84, 105, LG Aachen MDR 91, 451. Die bloße Niederlegung weist nicht auch die Erfolglosigkeit des Zustellungsversuchs aus, LG Aachen MDR 91, 451. Eine Übergabe in der Wohnung usw muß also unmöglich sein.

7 **D. Einzelfragen.** Ein Versuch im bloßen Geschäftsraum ist jetzt erforderlich. Er reicht grundsätzlich aus. Das gilt auch dann, wenn der Zustellungsbeamte irrig annimmt, es handle sich um die Wohnung des Zustellungsadressaten. Es reicht auch dann, wenn der Zustellungsadressat den Geschäftsraum als seine Wohnung angegeben hat, BFH BB 75, 1142, oder wenn er den Geschäftsraum tatsächlich auch als seine Wohnung benutzt, LAG Köln MAR 96, 741. Die Voraussetzungen nach I sind auch dann erfüllt, wenn der Zustellungsadressat die Post beauftragt, alle Eingänge für eine gewisse Zeit an den Absender zurückgehen zu lassen. Auf eine Zustellung durch Einschreiben ist (jetzt) I unanwendbar, BSG NJW 91, 63.

8 5) **Ausführung, I 1–3, 5.** Es ist Rn 8, 9, 12 und eine der Arten Rn 10–11 erforderlich und ausreichend.

A. Niederlegung, I 1, 2. Der Zusteller muß das zuzustellende Schriftstück tatsächlich niederlegen, Düss NJW 00, 3511 (StPO). Das geschieht entweder auf der Geschäftsstelle des zuständigen AG, I 1, oder im Fall der Beauftragung der Post mit der Ausführung der Zustellung am Ort der Zustellung nach §§ 168 I 2, 176 I oder am Ort des AG bei der von der Post für die Niederlegung bestimmten Stelle und daher evtl auch bei einer Postagentur, I 2. Die frühere Streitfrage ist überholt. Eine Niederlegung bei der Polizei kommt nicht mehr in Betracht, ebensowenig diejenige beim Gemeindevorsteher bzw Bürgermeister. Manche halten eine Ersatzzustellung auch an einem Sonnabend durch eine Niederlegung in einem geschlossenen Postgebäude für wirksam, OVG Münst NJW 82, 2395. Diese Auffassung bleibt hinter der Sonnabendregelung nach § 222 II auffällig zurück. Sie schafft unnötige Wiedereinsetzungsmöglichkeiten. Der Zusteller wählt die für den Zustellungsadressaten voraussichtlich beste Art der Zustellung, § 31 Z 2 GVGA.

Niederlegung ist die Übergabe in der dortigen Geschäftsgang zwecks Aushändigung an den Adressaten, BVerwG Rpfleger 92, 71. Die weitere Bearbeitung ist dann unerheblich, BayObLG RR 99, 1379.

Folgt die Niederlegung zeitlich der Mitteilung in Wahrheit *erst nach,* wie meist, so gilt der spätere Zeitpunkt als derjenige der Zustellung und des Beginns einer erst daran geknüpften Frist und umgekehrt. Denn die Zustellung ist rechtlich erst beim Zusammentreffen aller ihrer Bedingungen erfolgt. Es kommt dann aber evtl nicht darauf an, ob der Postbote das Schriftstück zB erst nach Schalterschluß bei dem Postamt abliefert, BayObLG FamRZ 99, 1667. Freilich darf er nicht tagelang trödeln und dadurch die Abholmöglichkeit verkürzen.

9 **B. Mitteilung über die Niederlegung: Übliche Weise, I 3.** Außerdem muß der Zusteller dem Zustellungsadressaten eine schriftliche Mitteilung über die erfolgte Niederlegung machen. Die Mitteilung kann dadurch erfolgen, daß die Mitteilung in den Zugriffsbereich des Empfängers kommt, BayObLG FamRZ 90, 429. Dabei muß man nach § 1 Z 4, § 4 ZustVV, abgedruckt in § 190 Rn 2, grundsätzlich das Formular der Anlage 4 zur ZustVV benutzen. Abweichungen sind nach § 2 III Z 1–3 ZustVV möglich.

10 **C. Bei gewöhnlichem Brief übliche Weise.** Man muß die Mitteilung nach Rn 9 sowohl vom zuzustellenden Schriftstück als auch von der Zustellungsurkunde unterscheiden. Die Mitteilung kann dadurch erfolgen, daß der Zusteller sie in der Wohnung usw des Zustellungsadressaten „in der bei gewöhnlichen Briefen üblichen Weise" abgibt, wenn dieser Weg Erfolg verspricht, Rn 2. Grundsätzlich kommt es auf die vom Postzusteller bei den einzelnen Zustellungsadressaten praktizierte und von diesem jedenfalls hingenommene Übung an, BFH NJW 88, 2000, BVerwG NJW 88, 817, Mü AnwBl 00, 141. In einem solchen Fall reicht also zB meist ein Einwurf in den Briefkasten, BFH NJW 88, 2000, LG Darmst JB 75, 669, aM ZöStö 4 (§ 181 nur beim Fehlen eines Briefkastens usw. Aber eine vorrangige Zustellung nach §§ 178–180 kann auch beim Vorhandensein eines Briefkastens usw fehlschlagen.

Es reicht auch ein Einwurf in den einzigen Briefkasten oder Briefschlitz eines *Mehrfamilienhauses,* Mü AnwBl **00**, 141, aM Köln JB **79**, 607, LG Neuruppin NJW **97**, 2337 (StPO, abl Eyink NJW **98**, 206, Westphal NJW **98**, 2413). Natürlich reicht auch die Aushändigung an jemanden in der Wohnung, wenn das dort üblich ist und wenn nicht schon § 178 I 1 anwendbar ist. Eine Aushändigung an einen Nachbarn (ein unscharfer Begriff, Hbg MDR **93**, 685) zur Weitergabe an den eigentlichen Empfänger ist nicht mehr zulässig.

Der Briefkasten *muß weder verschlossen* noch verschließbar sein und auch den Namen nicht aufweisen, BayObLG RR **88**, 509. Er darf aber nicht erheblich beschädigt oder praktisch unbrauchbar oder überfüllt sein, Valentin DGVZ **97**, 5. Abgesehen davon reicht auch das Schieben unter die Türschwelle usw, Karlsr MDR **99**, 498, oder sogar die Ablage vor der Wohnungstür (Vorsicht!), BVerwG NJW **85**, 1180. Zur sachlichrechtlichen Wirkung solcher Methode nach § 130 BGB AG BergGladb WoM **94**, 193. Wenn ein zusätzlicher Aufkleber fehlt, mag die Behauptung der Unkenntnis durch den Empfänger unschädlich sein, BGH NJW **94**, 2898.

D. Anheftung an der Wohnungstür usw. Die im I 3 weiter vorgesehene hilfsweise Befestigung an der **11** Wohnungstür usw erfordert eine Verbindung des Schriftstücks mit der Tür in einer Weise, die die Gefahr der Beseitigung durch einen Unbefugten oder einer anderen Einwirkung möglichst gering hält, BFH BB **81**, 230. Das kann geschehen zB mit Klebeband, Reißzwecken, Schnur usw, hier aber nicht mit bloßem Einklemmen, BFH NJW **90**, 1500. Diese Art der Mitteilung kommt nur als äußerster Notbehelf in Frage, zumal die Gefahr der Beseitigung durch einen Unbefugten groß ist, erst recht im Geschäftsraum oder gar in einer Gemeinschaftseinrichtung. Man muß die Regeln über die Ersatzzustellung ohnehin formstreng auslegen, BVerfG NJW **88**, 817. Daher reicht zwar vielleicht eine Haustür auch dann aus, wenn es nur einige oder wenige Wohnungstüren gibt, also zB nicht im Hochhaus oder sonstigen Vielparteienhaus, noch strenger Düss DGVZ **98**, 121. Es reicht aber nicht eine bloße Gartentür, BVerfG NJW **88**, 817, auch nicht beim ständig bewohnten Gartengrundstück.

E. Vordruck. Für die Mitteilung über die Niederlegung muß der Zusteller den amtlich dafür vorgesehenen Vordruck benutzen. Man darf ihn nicht mit der in Rn 13 geschilderten Beurkundung verwechseln. **12**

F. Beurkundung. Die Beurkundung erfolgt nach (jetzt) § 182, Hbg MDR **93**, 685. Der Zusteller macht **13** den in I 5 vorgesehenen Vermerk auf dem Umschlag des zuzustellenden Schriftstücks für den Adressaten. Die Beurkundung beweist zwar grundsätzlich, daß der Zusteller die Mitteilung über die Niederlegung eingeworfen hat, BVerwG NJW **86**, 2127, Köln FamRZ **92**, 1082. Sie bringt aber keinen Beweis dafür, daß der Zustellungsadressat die Mitteilung über die Niederlegung auch tatsächlich erhalten hat, aM BGH VersR **86**, 787, Köln FamRZ **92**, 1082 (auch zur Erleichterung des Gegenbeweises. Aber der tatsächliche Erhalt ist ein ganz anderer Lebensvorgang als die Niederlegung. Sie tritt ja gerade an die Stelle einer tatsächlichen Aushändigung). Die Beurkundung beweist ferner nicht, daß der Zustellungsempfänger dort tatsächlich wohnt, Drsd JB **00**, 320. Freilich kann ein Anscheinsbeweis vorliegen, Anh § 286 Rn 13.

G. Beispiele zur Frage einer Mitteilung über die Niederlegung, I 1–3 **14**
Aufkleber: Wenn ein zusätzlicher Aufkleber fehlt, mag die Behauptung der Unkenntnis durch den Empfänger unschädlich sein, BGH NJW **94**, 2898.
Aushändigung an Ersatzperson: Ausreichend kann solche Maßnahme sein.
Blankoform: *Schädlich* ist eine Mitteilung, in der weder der Name des Zustellungsempfängers noch ein Aktenzeichen oder eine sonstige Angabe vorhanden ist, AG BadBad NJW **01**, 839.
Hund: Soweit der Postbote wegen der Gefährlichkeit eines Hundes des Zustellungsempfängers nach § 50 II PostO überhaupt nicht direkt zustellen muß, kommt die Aushändigung der Mitteilung über eine Niederlegung an Nachbarn in Betracht, OVG Kblz NJW **90**, 64.
Kind: *Unzureichend* ist die Aushändigung der Sendung an ein zehnjähriges Kind des Zustellungsadressaten, LAG Hamm MDR **78**, 82.
Küchentisch: *Unzureichend* ist die Hinterlassung der Sendung irgendwo in der Wohnung, zB auf dem Küchentisch.
Nachsendeantrag: Wenn der Zustellungsadressat einen Nachsendeantrag an die Post gestellt hatte, ohne **15** von der Möglichkeit Gebrauch zu machen, zusätzlich die Nachsendung niedergelegter Sendungen zu beantragen, die VGH Mannh NJW **97**, 3330 nicht erwähnt, dann reicht zur Wirksamkeit der Zustellung die Abgabe der Mitteilung über die Niederlegung in der Wohnung aus, BFH NJW **88**, 2000, BayObLG MDR **81**, 60. Zu weitgehend nicht BVerwG NJW **91**, 1904 auch ein Antrag auf Nachsendung von Zustellungsaufträgen für unerheblich. Der Zustellungsadressat darf grundsätzlich darauf vertrauen, daß die Post einen ordnungsgemäßen Nachsendeauftrag auch korrekt ausführt, BGH VersR **88**, 1162. Für die Zustellungswirkung ist ein diesbezüglicher Postverstoß freilich unerheblich, BGH MDR **94**, 484, BVerwG Rpfleger **92**, 71.
Nachträgliche Übersendung: *Unzureichend* ist eine nachträgliche einfache Übersendung durch die Post, AG Haßfurt DGVZ **89**, 74.
Postsendung: Die Mitteilung nur durch deren Übersendung per Post *reicht nicht aus*. **16**
Postlagerung: Eine Zuleitung der Mitteilung über die Niederlegung muß auch dann erfolgen, wenn der Zustellungsadressat im übrigen seine Post postlagernd empfängt.
Postschließfach: Ein Einwurf der Mitteilung über die Niederlegung in ein Postschließfach reicht grds *nicht* aus, BFH NJW **84**, 448, BVerwG NJW **99**, 2608, Düss RR **93**, 1151. Erst recht unzureichend ist der Einwurf in das Schließfach des Ehegatten des Zustellungsadressaten.
Schiffsbesatzung: Sie kann unter § 178 I Z 3 fallen. Aber Vorsicht (bloßer Notbehelf)!
Türschwelle: Ausreichen kann das Schieben unter die Türschwelle usw, Karlsr MDR **99**, 498. Zur sachlichrechtlichen Wirkung dieser Methode nach § 130 BGB AG BergGladb WoM **94**, 193.
Unzureichend ist meist die bloße Ablage vor der Tür. Denn das ist keine „Anheftung" im Sinn von Rn 11 mehr, aM BVerwG NJW **85**, 1180 (aber das Gesetz ist eindeutig, Einl III 39).
Türspalt: *Unzureichend* ist das Einschieben des zuzustellenden Schriftstücks ohne Festkleben oder Reißzwecke in einen seitlichen Türspalt, BFH BB **81**, 230, VGH Kassel NJW **90**, 1500.

§§ 181, 182

17 **Wegwurf:** Es ist grds unerheblich, ob der Zustellungsadressat die Mitteilung über die Niederlegung weggeworfen hat, LAG Ffm BB **86**, 1092. Man kann dann grds nicht etwa ein Verschulden im Sinn von § 337 verneinen, großzügiger LAG Mannh JZ **83**, 621 (krit Braun). Indessen kann auch bei einwandfreier Empfangsorganisation ein Benachrichtigungszettel einmal verlorengehen, etwa zwischen Werbematerial geraten, BGH RR **01**, 571.
Zeitungsrolle: Ausreichend ist die Ablage in einer Zeitungsrolle, wenn es keinen Briefkasten gibt und wenn der Postbote Briefe stets in der Rolle ablegt.

18 **6) Wirkung, I 4.** Bei Einhaltung von I 1–3 gilt das Schriftstück als bereits mit der Abgabe der Mitteilung über die Niederlegung zugestellt, BVerfG RR **02**, 1008, BGH RR **99**, 1151. Es kommt dann für die Wirksamkeit der Zustellung nicht darauf an, ob der Zustellungsadressat die Niederlegung beachtet. Es ist dann insbesondere unerheblich, ob er das niedergelegte Schriftstück erhalten oder gar abgeholt hat, ob er also von der Zustellung auch tatsächlich Kenntnis genommen hat, BGH VersR **84**, 82, BFH DB **88**, 2548, BayObLG WoM **99**, 187, aM Hamm MDR **82**, 501 (aber es reicht stets die bloße Möglichkeit der Kenntnisnahme, § 166 Rn 2).

19 **7) Bereithaltung, Rücksendung, II.** Die Geschäftsstelle des AG bzw die Post muß die zuzustellende Sendung drei Monate lang aufbewahren, II 1. Die Sendung muß an den Absender zurückgesandt werden, falls sich der Zustellungsadressat nicht binnen dieser drei Monate meldet, II 2, § 39 PostO. Die Rücksendung ändert nichts an der Wirksamkeit der Zustellung. Der Adressat kann sich die zurückgesandte Sendung dort abholen. Die Post braucht eine Anfrage, ob das niedergelegte Schriftstück abgeholt wurde, nach § 124 I der Dienstanweisung für den Postbetrieb Teil III nur im Notfall telefonisch durch einen Rückruf zu beantworten. Sie gibt in anderen Fällen eine schriftliche Formularauskunft. Sie darf die Sendung nur an den Zustellungsadressaten oder an denjenigen aushändigen, den er mit einer bei der Post niederzulegenden Postvollmacht versah, BGH **98**, 140. Die anderen Behörden benötigen eine Empfangsvollmacht.

20 **8) Verstoß, I, II.** Ein Verstoß macht die Zustellung grundsätzlich unwirksam, Üb 12 vor § 166, Düss NJW **00**, 3511 (StPO), Mü RR **87**, 895, LG Bln NJW **01**, 238 (StPO). Daher bedarf es einer Wiedereinsetzung nach §§ 233 ff. Das übersieht AG BadBad NJW **01**, 839. Das gilt auch dann, wenn nur eine Beurkundung über die tatsächliche Niederlegung fehlt, Düss NJW **00**, 3511 (StPO), oder wenn nur die schriftliche Mitteilung über die tatsächliche Niederlegung sehr wohl erfolgte Niederlegung fehlt oder fehlerhaft ist, BGH Rpfleger **89**, 418, BayObLG MDR **90**, 346, Hbg MDR **79**, 851. Indessen können §§ 189, 295 heilen lassen. Eine Vertauschung der Reihenfolge bei der schriftlichen Mitteilung über die Niederlegung nach Rn 9 ist unerheblich. Angesichts der Unsicherheit dieser Zustellung muß man die Förmlichkeiten der Ersatzzustellung durch eine Niederlegung im übrigen ernst nehmen, Rn 1. Indessen ist übertriebene Vorsicht auch hier verfehlt.
Unschädlich ist es, wenn die ordnungsgemäß vorgenommene Mitteilung über die Niederlegung nach Rn 9 nicht zur Kenntnis des Adressaten kommt, BayObLG FamRZ **90**, 429, aus welchem Grunde auch immer.

21 **9) VwGO:** Unmittelbar anwendbar, Einf § 166 Rn 19.

182 *Zustellungsurkunde.*

I ¹ Zum Nachweis der Zustellung nach §§ 171, 177 bis 181 ist eine Urkunde auf dem hierfür vorgesehenen Formular anzufertigen. ² Für diese Zustellungsurkunde gilt § 418.

II Die Zustellungsurkunde muss enthalten:
1. die Bezeichnung der Person, der zugestellt werden soll,
2. die Bezeichnung der Person, an die der Brief oder das Schriftstück übergeben wurde,
3. im Falle des § 171 die Angabe, dass die Vollmachtsurkunde vorgelegen hat,
4. im Falle der §§ 178, 180 die Angabe des Grundes, der diese Zustellung rechtfertigt und wenn nach § 181 verfahren wurde, die Bemerkung, wie die schriftliche Mitteilung abgegeben wurde,
5. im Falle des § 179 die Erwähnung, wer die Annahme verweigert hat und dass der Brief am Ort der Zustellung zurückgelassen oder an den Absender zurückgesandt wurde,
6. die Bemerkung, dass der Tag der Zustellung auf dem Umschlag, der das zuzustellende Schriftstück enthält, vermerkt ist,
7. den Ort, das Datum und auf Anordnung der Geschäftsstelle auch die Uhrzeit der Zustellung,
8. Name, Vorname und Unterschrift des Zustellers sowie die Angabe des beauftragten Unternehmens oder der ersuchten Behörde.

III Die Zustellungsurkunde ist der Geschäftsstelle unverzüglich zurückzuleiten.

Vorbem. I 1 geändert dch Art 1 Z 52b JKomG v 22. 3. 05, BGBl 837, in Kraft seit 1. 4. 05, Art 16 I JKomG, ÜbergangsR Einl III 78.

Gliederung

1) Systematik, I–III	1	E. Ersatzzustellung, II Z 4	10–12
2) Regelungszweck, I–III	2, 3	F. Annahmeverweigerung, II Z 5	13
3) Geltungsbereich, I–III	4	G. Übergabevermerk, II Z 6	14
4) Inhalt der Zustellungsurkunde, II Z 1–8	5–17	H. Ort und Zeit der Zustellung, II Z 7	15, 16
A. Inhalts des Briefs, II Z 1–8	5	I. Unterschrift usw, II Z 8	17
B. Zustellungsadressat, II Z 1	6, 7	5) Verbleib der Zustellungsurkunde, III	18
C. Zustellungsempfänger, II Z 2	8	6) Verstoß, I–III	19
D. Vollmacht, II Z 3	9	7) VwGO	20

Titel 2. Verfahren bei Zustellungen **§ 182**

1) Systematik, I–III. Die Vorschrift regelt eine wesentliche Einzelheit jeder Zustellung, nämlich den im **1** Interesse der Rechtssicherheit nach Einl III 43 notwendigen Vorgang einer Beurkundung. Dabei muß man nach I 1 gemäß § 1 Z 1, § 3 ZustVV, abgedruckt in § 190 Rn 2, grundsätzlich das Formular der Anlage 1 zur ZustVV verwenden. Abweichungen sind nach § 2 III Z 1–3 ZustVV möglich. Die Zustellung ist ja eine beurkundete Übergabe. Daraus folgt aber nur, daß eine wirksame Zustellung fehlt, soweit ein grundlegender Mangel vorliegt, soweit sie zB in Wahrheit überhaupt nicht beurkundet wurde. Es macht nicht etwa jeder Mangel der Urkunde die Zustellung unwirksam, Üb 13, 14 vor § 166. Der Zusteller soll die Urkunde am Zustellungsort aufnehmen, § 38 Z 1 GVGA. Er kann eine versehentlich falsch ausgefüllte Zustellungsurkunde berichtigen, indem er einen entsprechenden eindeutigen Vermerk unterschreibt, BVerwG DGVZ **84**, 149, aM Mü MDR **02**, 414 (aber das wäre zu formalistisch, Rn 2). Im übrigen gelten nach I 2 die §§ 415, 418, dort Rn 5, BVerfG RR **02**, 1008, BGH VersR **86**, 787, Ffm RR **97**, 957. § 419 ist zu beachten. Dabei muß die Leserlichkeit erhalten bleiben. Jedenfalls ist eine Heilung nach § 189 möglich. Es entscheidet also die Übergabe. Ein bloßer Mangel der Urkunde macht die Zustellung nicht unwirksam, Hamm RR **87**, 1279.

2) Regelungszweck, I–III. Es wäre ein ungeheuerlicher Formalismus, jedes einzelne Erfordernis des II **2** als für die Wirksamkeit der Zustellung notwendig anzusehen, Üb 13, 14 vor § 166, KG Rpfleger **76**, 222, OVG Bln NVwZ-RR **04**, 724. Die Vorschrift soll ja nur sicherstellen, daß dem Zustellungsadressaten nach Üb 10 vor § 166 das für ihn bestimmte Schriftstück zugeht und daß er sich darüber klar werden kann, daß er der Adressat ist, ArbG Bln Rpfleger **80**, 482. Die Eintragungen brauchen mit Ausnahme der Unterschrift nach II Z 8 nicht eigenhändig zu erfolgen. Sie müssen in zeitlichem Zusammenhang mit der Zustellung erfolgen, BGH NJW **90**, 177. Eine Ergänzung ist nach § 419 zulässig. Berichtigungen müssen die Lesbarkeit bestehenlassen. Der Inhalt der Zustellungsurkunde ist aber teilweise für die Wirksamkeit der Zustellung überhaupt nicht wesentlich, Rn 1.

Für die Wirksamkeit der Zustellung ist etwa beim Verlust der Zustellungsurkunde oder bei deren Fehler- **3** haftigkeit ein anderer *Beweis* als derjenige durch die Urkunde möglich, § 418 II, BGH NJW **81**, 1614, Düss JB **95**, 41, Köln FamRZ **92**, 1082. Es genügt zB zum Nachweis der Klagezustellung, daß die Partei in einem früheren Termin verhandelt hat. Ebenso läßt sich ein Mangel der Zustellungsurkunde durch den zB aus dem Zusammenhang folgenden Nachweis einer ordentlichen Zustellung entkräften. Gegen die Zustellungsurkunde ist auch ein Gegenbeweis statthaft. Er ist auch zwecks Entkräftung notwendig, § 418 Rn 7, BGH NJW **76**, 149 (betreffend den Zustellungsort), Karlsr MDR **76**, 161 (betreffend die Zustellungsart), Ffm Rpfleger **76**, 223 (betreffend die Zustellungszeit), § 191 Rn 1. Bloße Behauptungen reichen nicht zum Gegenbeweis, wohl aber evtl Anscheinsbeweis, Anh § 286 Rn 15.

3) Geltungsbereich, I–III. Vgl Üb 3 vor § 166. Auf die anders geartete Zustellung von Anwalt zu **4** Anwalt nach § 195 ist § 182 unanwendbar.

4) Inhalt der Zustellungsurkunde, II Z 1–8. Man hüte sich vor Übertreibung, Rn 1. Ausreichend und **5** notwendig ist das gesetzlich eingeführte Formular. Eigenhändig muß nur die Unterschrift nach Rn 17 erfolgen.

A. Inhalt des Briefs, II Z 1–8. Das Wichtigste fehlt in § 182: Die Zustellungsurkunde muß angeben, *was* zugestellt worden ist. Denn gerade das soll sie ja vor allem beurkunden. Unzureichend wäre das bloße Aktenzeichen, LG Stendal DGVZ **03**, 188. Im übrigen gilt im wesentlichen folgendes.

B. Zustellungsadressat, II Z 1. Begriff Üb 10 vor § 166. Aufführen muß man auch den gesetzlichen **6** Vertreter nach § 51 Rn 12, § 170, KG Rpfleger **76**, 222, AG Ansbach DGVZ **94**, 94, VGH Kassel NJW **98**, 920, aM BGH **107**, 299 (aber der Zusteller muß wissen, an wen er sich wenden muß). Aufzuführen sind ferner die rechtsgeschäftlich bestellten Vertreter nach § 171 bzw der ProzBev, § 172. Denn die Zustellung muß an sie und nicht an den Vertretenen erfolgen. Die Angabe der Partei ist nur dann notwendig, wenn ein Zustellungsadressat mehrere vertritt. Wenn mehrere die Partei vertreten, ist die Aufführung aller zulässig. Wegen mehrerer gesetzlicher Vertreter oder Leiter § 170 III. Die Angabe muß hinreichend genau sein, Kleffmann NJW **89**, 1143. Die Angabe des parteiinternen Bearbeiter- oder Geschäftszeichens ist nicht erforderlich, ArbG Regensb JB **91**, 435. Sie ist auch nicht ratsam. Die Angabe des Vertretenen allein genügt allerdings nicht, BayObLG BB **89**, 171, aM BGH NJW **89**, 2689 (vgl aber in diesem Absatz oben).

Eine *irrtümliche Bezeichnung* schadet nur dann nicht, wenn die richtige Bezeichnung für den Zustellungs- **7** adressaten erkennbar ist, Düss JB **82**, 1742 (Namensänderung infolge Heirat), Kblz JB **98**, 312 (Vorname), LG Marbg Rpfleger **79**, 67 (senior oder junior), und wenn die Zustellung im übrigen ordnungsgemäß ist, BGH BB **01**, 1706, BAG DB **79**, 409, ArbG Bln Rpfleger **80**, 482.

C. Zustellungsempfänger usw, II Z 2. Begriff Üb 11 vor § 166. Die Zustellungsurkunde muß zu- **8** nächst angeben, wem der Zusteller den Brief oder das Schriftstück tatsächlich übergeben hat, Hbg MDR **93**, 685. Das gilt auch dann, wenn er es dem Zustellungsadressaten nach Üb 10 vor § 166 übergeben hat, § 166 I. Er muß insbesondere bei einer Ersatzzustellung nach §§ 180 ff die Nämlichkeit von Zustellungsadressat und -empfänger einwandfrei angeben, BGH **93**, 74. Das gilt zB dann, wenn Vater und Sohn in demselben Haus wohnen, Schlesw SchlHA **84**, 91. Soweit feststeht, daß die Sendung dem nach einer Zustellungsvorschrift Ausreichenden übergeben wurde, ist eine fehlerhafte Bezeichnung unschädlich, Saarbr MDR **04**, 51, FG Hbg NJW **85**, 512.

D. Vollmacht, II Z 3. Bei einer Zustellung an den rechtsgeschäftlich bestellten Vertreter nach § 171 **9** muß die Zustellungsurkunde angeben, daß die nach § 171 S 2 „vorzulegende" Vollmacht auch wirklich „vorlag" (dazu aber § 171 Rn 6). Angeben muß der Zusteller sowohl die Form als auch das Datum der Vollmacht.

E. Ersatzzustellung, II Z 4. Die Zustellungsurkunde muß ergeben, daß und warum eine Ersatzzu- **10** stellung stattfand, BSG MDR **77**, 700, Düss JB **95**, 41 (in Wahrheit Direktzustellung), LG Aachen MDR **91**, 451 (daß also unter anderem ein erfolgloser „normaler" Zustellungsversuch erfolgte). Sie muß auch ergeben,

§§ 182, 183

in welchem Verhältnis der Zustellungsempfänger zum Zustellungsadressaten steht und ob die Ersatzperson im Sinn von § 178 I Z 1 erwachsen war.

11   Die Angabe der Straße und Hausnummer ist unentbehrlich, Mü MDR **02**, 414. Die Angabe nur einer *unrichtigen* Hausnummer ist unschädlich, Ffm JB **98**, 209, ebenso diejenige eines unrichtigen Grundes, wenn die Zustellung in Verbindung mit dem sonstigen Inhalt der Zustellungsurkunde anderweit als ordnungsgemäß nachweisbar ist. Schädlich ist das Fehlen der Bezeichnung der Ersatzperson, an die die Zustellung erfolgte, BGH **93**, 74. Unschädlich ist die unrichtige Angabe einer Hilfsperson, etwa einer Angestellten X des Anwalts statt der Angestellten Y oder der Ehefrau statt der Mutter oder Schwester, Hamm RR **87**, 1279, oder des Hauswirts als Hausgenosse (Angehöriger), Schlesw JB **91**, 122. Nach BGH Rpfleger **89**, 418, BVerwG DGVZ **84**, 150, Hbg MDR **93**, 685 lag ein unheilbarer Mangel vor, wenn die Zustellungsurkunde eine ordnungsgemäße Ersatzzustellung nicht erkennen ließ. Indessen kann jetzt § 189 heilen können.

12   Im Fall einer *Niederlegung* muß die Zustellungsurkunde erkennen lassen, daß der Zusteller (jetzt) § 181 beachtet hat, BGH NJW **90**, 176, Kblz JB **75**, 671, LG Aachen MDR **91**, 451. Sie muß über den Text des Formulars nach § 190 hinaus die konkrete Art der Mitteilung erkennen lassen, BGH NJW **90**, 176, Düss MDR **05**, 109, AG Neuruppin NJW **03**, 2250. Sie braucht nicht zu ergeben, daß der Adressat die Mitteilung über die Niederlegung nicht nur nach § 181, sondern auch tatsächlich erhalten hat, BGH VersR **84**, 82, aM Hamm MDR **82**, 501 (aber § 181 läßt doch gerade den Ersatz einer wirklichen Zustellung genügen. Das gilt auch wegen zugehöriger Mitteilung). Ein Vermerk des Schalterbeamten über eine „Zustellung" der niedergelegten Sendung durch Aushändigung (fehlerhaft: maßgebend ist der Zeitpunkt der Niederlegung und Benachrichtigung) entschuldigt nicht nach § 233, BGH RR **92**, 315. Es ist nicht bewiesen, daß der Adressat unter der angegebenen Anschrift auch tatsächlich eine Wohnung hatte, BGH FamRZ **90**, 143, LG Bln MDR **87**, 503. Die Angaben zu Rn 8–10 können dann von verschiedenen Postbediensteten stammen, wenn sie nur in derselben Urkunde vorliegen, LAG Hamm MDR **86**, 172.

13   F. **Annahmeverweigerung**, II Z 5. Vgl § 179 und Saarbr RR **94**, 638. Der Zusteller muß auch einen etwa mitgeteilten Verweigerungsgrund angeben.

14   G. **Übergabevermerk**, II Z 6. Vgl § 166 I.

15   H. **Ort und Zeit der Zustellung**, II Z 7. „*Ort*": § 177. Eine Zustellung außerhalb der Wohnung oder des Geschäftsraums nach § 177 macht eine Angabe zweckmäßig, zB die Bezeichnung der Straße und Hausnummer usw, Mü MDR **02**, 414, wenn der Empfänger mit Rücksicht auf den „Ort" die Annahme verweigert, § 179. Dasselbe gilt für eine Ersatzzustellung nach §§ 180 ff.

16   Als *Zeit* genügt regelmäßig das Datum, BGH NJW **84**, 57. Es darf keineswegs unklar sein oder fehlen, BVerwG Rpfleger **83**, 160, LG Bln NJW **01**, 238 (StPO). Eine nähere Angabe kann auf Anordnung der Geschäftsstelle zB in folgenden Fällen notwendig sein: Es handelt sich um eine Stundenfrist, § 38 Z 2 GVGA; es geht um die Zustellung zur Nachtzeit usw, § 758 a IV; es handelt sich um die Zustellung eines Pfändungs- und Überweisungsbeschlusses wegen § 804 III; es geht um eine Benachrichtigung nach § 845 an den Drittschuldner. Der Nachweis einer rechtzeitigen Zustellung ist § 418 Rn 7 ff heilt eine unklare oder unrichtige Datierung, BVerwG Rpfleger **83**, 160, Ffm OLGZ **76**, 311, aM Hamm NJW **75**, 2209 (aber § 418 erlaubt jeden Gegen-Vollbeweis, dort Rn 8 ff). Eine förmliche Zustellung ist mit dem nach Z 7 zu ermittelnden Zeitpunkt und nicht erst 3 Tage später erfolgt, FG Hbg NJW **88**, 848.

17   I. **Unterschrift usw**, II Z 8. Der Zustellungsbeamte muß die Zustellungsurkunde zum Abschluß der Beurkundung eigenhändig und handschriftlich unterschreiben, wie bei § 129 Rn 9, BGH FamRZ **81**, 250, Ffm NJW **93**, 3079. Das geschieht in der Praxis ohne Vornamen. Eine Namensabkürzung (Paraphe) reicht nicht, § 129 Rn 31. Eine Unterschrift des Empfängers ist entbehrlich. Die Nachholung der Unterschrift des Zustellungsbeamten ist zulässig.

18   5) **Verbleib der Zustellungsurkunde**, III. Die Zustellungsurkunde geht unverzüglich an die Geschäftsstelle, also ohne vorwerfbares Zögern des Zustellers und seiner Hilfspersonen, § 121 I 1 BGB. Sie heftet die Urkunde in die Akte ein. Sie erteilt auf Antrag nach § 169 I eine Bescheinigung des Zustellungszeitpunkts. Die Parteien dürfen die Zustellungsurkunde in den Gerichtsakten einsehen. Sie dürfen sich eine Abschrift erteilen lassen, § 299 I, Auslagen: KV 9002.

19   6) **Verstoß**, I–III. Ein Verstoß gegen § 182 hat die Unwirksamkeit der Zustellung zur Folge, soweit ein wesentlicher Mangel vorliegt, BGH NJW **90**, 177, BayObLG FamRZ **02**, 848. Im übrigen vermindert oder beseitigt er nur die Beweiskraft, § 419, Düss MDR **05**, 109. Eine Heilung ist nach § 189 möglich. Die Zustellungsurkunde erbringt als öffentliche Urkunde zwar den vollen Beweis der beurkundeten Tatsachen, §§ 415, 418, dort Rn 5, BGH VersR **84**, 82, BayObLG FamRZ **90**, 429. Es ist aber ein Gegenbeweis oder eine Ergänzung durch ein anderes Beweismittel statthaft. Vgl im einzelnen bei Rn 3 ff.

20   7) **VwGO**: *Unmittelbar anwendbar*, Üb § 166 Rn 19, vgl Steiner/Steiner NVwZ **02**, 437.

183 Zustellung im Ausland.
^I Eine Zustellung im Ausland erfolgt
1. durch Einschreiben mit Rückschein, soweit auf Grund völkerrechtlicher Vereinbarungen Schriftstücke unmittelbar durch die Post übersandt werden dürfen,
2. auf Ersuchen des Vorsitzenden des Prozessgerichts durch die Behörden des fremden Staates oder durch die diplomatische oder konsularische Vertretung des Bundes, die in diesem Staat residiert, oder
3. auf Ersuchen des Vorsitzenden des Prozessgerichts durch das Auswärtige Amt an einen Deutschen, der das Recht der Immunität genießt und zu einer Vertretung der Bundesrepublik Deutschland im Ausland gehört.

^{II 1} Zum Nachweis der Zustellung nach Absatz 1 Nr. 1 genügt der Rückschein. ² Die Zustellung nach den Nummern 2 und 3 wird durch ein Zeugnis der ersuchten Behörde nachgewiesen.

Titel 2. Verfahren bei Zustellungen **§ 183**

III ¹ Die Vorschriften der Verordnung (EG) Nr. 1348/2000 des Rates vom 29. Mai 2000 über die Zustellung gerichtlicher und außergerichtlicher Schriftstücke in Zivil- oder Handelssachen in den Mitgliedstaaten (ABl. EG Nr. L 160 S. 37) bleiben unberührt. ² Für die Durchführung gelten § 1068 Abs. 1 und § 1069 Abs. 1.

Vorbem. III neugefaßt durch Art 1 Z 2 G v 4. 11. 03, BGBl 2166, in Kraft seit 1. 1. 04, Art 2 G. ÜbergangsR Einl III 78.

Schrifttum: Anh § 183.

Gliederung

1) Systematik, I–III 1	A. Kein Einschreiben, I Z 1: Rückschein, II 1 7
2) Regelungszweck, I–III 2	B. Beim Ersuchen, I Z 2, 3: Zeugnis der ersuchten Behörde, II 2 8
3) Geltungsbereich, §§ 183, 184 3	7) EU-Recht, III 9
4) Antrag, I 4	8) Verstoß, I–III 10
5) Ersuchen, I Z 2, 3 .... 5, 6	9) *VwGO* 11
6) Zustellungsnachweis, II 7, 8	

1) Systematik, I–III. Das Gericht darf und muß eine im Inland befindliche ausländische Partei bei einer **1** inländischen Zustellung grundsätzlich wie einen Inländer behandeln. Demgegenüber behandelt § 183 eine Zustellung an einen Deutschen oder einen Ausländer, die sich im Ausland befinden oder an die eine Zustellung doch jedenfalls im Ausland erfolgen soll.

2) Regelungszweck, I–III. Natürlich muß auch eine Zustellung im Ausland möglich sein, obwohl die **2** Gerichtsbarkeit an den Grenzen des Hoheitsgebiets endet. Denn andernfalls wäre ein Zivilprozeß mit Auslandsbezug fast undurchführbar. Das wäre ein unhaltbares Ergebnis. §§ 183, 184 regeln zusammen mit internationalen Verträgen nach dem Anh § 183 diese grenzübergreifende Zustellungsart im Bestreben einer Abwägung des zwecks Prozeßförderung nach Grdz 12 vor § 128 Erwünschten und des im zwischenstaatlichen Rechtsverkehr Üblichen und Praktikablen.
Empfindlich kann auch das Zustellungsrecht im internationalen Bereich sein. Man sollte sich stets bewußtmachen, daß trotz aller Internationalisierung und Europäisierung von Abkommen, Verträgen und Ausführungsregeln andere Länder eben oft ganz andere Anschauungen etwa zur Bedeutung einer juristischen Formvorschrift haben. Wenn sogar die Anerkennung einer ausländischen Hauptsacheentscheidung nach § 328 möglichst auch dann erfolgt, wenn sie nicht ganz deutschen Wünschen entspricht, dann darf die Wirksamkeit einer im Ausland erfolgten Zustellung nicht von strengeren Bedingungen abhängen, auch nicht bei der Auslegung der Zustellungsregeln. Andererseits darf man auch nicht aus Bequemlichkeit bzw Mangel an Sprachkenntnis allzu großzügig bei der Beurteilung eines im Ausland beurkundeten Zustellungsvorgangs oder -versuches sein. Es heißt also wieder einmal behutsam abzuwägen.

3) Geltungsbereich, §§ 183, 184. Die Zustellung im Ausland außerhalb des Prozesses geschieht nach **3** § 132 II BGB. Innerhalb des Prozesses erfolgt eine Auslandszustellung nur nach I–III. Wenn sich eine Zustellung auf diesem Weg nicht durchführen läßt, erfolgt eine öffentliche Zustellung nach § 185. Eine Zustellung im Ausland ist in den Fällen der §§ 841, 844, 875 entbehrlich. Das Mahnverfahren ist nur ausnahmsweise statthaft, wenn der Mahnbescheid im Ausland zuzustellen wäre, § 688 III. In einem solchen Fall muß auch den Vollstreckungsbescheid nach den §§ 183, 184 zustellen, LG Ffm NJW **76**, 1597. Folglich kommt die Inlandszustellung nach (jetzt) § 184 I 2 in Betracht, BGH **98**, 266. Manche wenden (jetzt) § 183 nur auf die Klagezustellung an, Köln MDR **86**, 244.
Wegen NATO-Streitkräften SchlAnh III Art 32, 36.

4) Antrag, I. Jede Zustellung im Ausland setzt einen Antrag einer Partei voraus, soweit das Gericht die **4** Zustellung nicht von Amts wegen vornehmen muß. Der Antrag ist eine Parteiprozeßhandlung, Grdz 47 vor § 128. Man muß den Antrag an den Vorsitzenden des Prozeßgerichts richten, § 183 I. Denn §§ 192–194 sind bei einer Auslandszustellung grundsätzlich unanwendbar, § 191, aM Möller NJW **03**, 1573 (zwingend), Schmidt IPRax **04**, 15 (möglich). Ein Anwaltszwang besteht wie sonst, § 78 Rn 1, aM Bergerfurth, Der Anwaltszwang usw (1981) Rn 108 (aber § 78 gilt in weitem Umfang). Der Antragsteller muß allerdings die zur Zustellung nach § 192 II 1 erforderlichen Urkunden in Urschrift, Ausfertigung oder beglaubigter Abschrift beifügen, soweit keine Zustellung durch Einschreiben mit Rückschein nach §§ 175, 183 I, II 1 erfolgt. Es ist Fallfrage, ob der Antragsteller eine Übersetzung beifügen muß. Die Beglaubigung nehmen der Anwalt oder der Urkundsbeamte der Geschäftsstelle vor. Die Entscheidung erfolgt stets ohne eine Prüfung der Zweckmäßigkeit der Zustellung. Wenn es sich um eine Klagschrift handelt, darf der Vorsitzende auch die Zuständigkeit des Gerichts in der Sache selbst nicht prüfen.

5) Ersuchen, I Z 2, 3. Regelmäßig muß das Gericht eine Auslandszustellung so durchführen, daß es **5** durch den Vorsitzenden des Prozeßgerichts unter Beachtung der ZRHO die zuständige fremde Behörde oder den zuständigen Konsul oder diplomatischen Vertreter des Bundes ersucht. Welche dieser Zustellungs*arten* stattfinden soll, bestimmt die Justizverwaltung, soweit nicht vorrangige bundesrechtliche Vorschriften bestehen, namentlich Staatsverträge, BGH NJW **03**, 2831. Unter den deutschen Konsuln ist derjenige zuständig, in dessen Bezirk sich der Zustellungsempfänger aufhält, § 16 KonsG. Für ihn gilt deutsches Recht. Der Rechtshilfeverkehr mit dem Ausland ist eine Angelegenheit der Justizverwaltung, Anh I nach § 168 GVG Rn 1. Die Partei kann auf eine ordnungsmäßige Maßnahme der Justiz vertrauen, BGH NJW **03**, 2831. Deshalb binden etwaige *Weisungen* der Justizverwaltung, zB die ZRHO, das Gericht nur wegen der *Art* der von ihm dem Grunde nach natürlich in eigener Zuständigkeit angeordneten Zustellung. Das gilt auch bei politischen Erwägungen der Verwaltung. Zu beachten sind aber Staatsverträge. Im übrigen entscheidet das pflichtgemäße Ermessen des Vorsitzenden. Einzelheiten s Anh § 183.

§ 183, Anh § 183   Buch 1. Abschnitt 3. Verfahren

6   Für das Ersuchen ist der Vorsitzende des *Prozeßgerichts* zuständig, auch der Einzelrichter. Soweit das Verfahren insgesamt dem Rpfl übertragen ist, ist er auch für das Ersuchungsschreiben zuständig. Das ergibt sich aus § 4 I RPflG, Anh § 153 GVG. Der Gerichtsvorstand und seine Verwaltung sind nicht zuständig. Sie führen aber im einzelnen bis zur Unterschriftsreife vorbereitend aus, ZRHO. Über die Dauer der Instanz § 172 Rn 7, 8. Das Ersuchen kann nach Maßgabe etwaiger Staatsverträge teils unmittelbar an die ausländische Behörde gehen. Es kann nur durch die Vermittlung des Landesjustizministers und im Fall I Z 3 durch das Auswärtige Amt nach dort weitergeleitet werden. Das Gericht teilt sein Ersuchen aber nicht etwa in der Form einer beglaubigten Abschrift der Originalverfügung mit. Eine Übermittlung durch Telefax ist möglich, soweit ein unmittelbarer Geschäftsverkehr stattfindet.

7   **6) Zustellungsnachweis, II.** Man muß zwischen den Zustellungsarten unterscheiden.
A. Beim Einschreiben, I Z 1: Rückschein, II 1. Soweit eine Zustellung durch Einschreiben gegen Rückschein nach I Z 1 in Verbindung mit § 175 erfolgt, genügt als Zustellungsnachweis der Rückschein, Schmidt IPRax **04**, 14 (Üb). Wegen des Gerichtsvollziehers Möller NJW **03**, 1571 (Üb), aM Hornung DGVZ **03**, 167 (aber § 183 steht selbständig neben den Vorschriften zur Inlandszustellung, und im übrigen ist die dem Gerichtsvollzieher nach §§ 192 I, 193 I 2 ausdrücklich erlaubte Zustellung durch Aufgabe zur Post auch bei § 175 vorhanden, dort Rn 1). Wegen des EU-Raumes Einf 1 vor § 1067 (VO [EG] Art 14 I).

8   **B. Beim Ersuchen, I Z 2, 3: Zeugnis der ersuchten Behörde, II 2.** Soweit eine Zustellung nach Ersuchen des Vorsitzenden erfolgen soll, ist ein Zeugnis der ersuchten Behörde erforderlich und ausreichend, BGH NJW **02**, 522, BVerwG NJW **00**, 683, nicht des ausführenden, nicht auch des Zustellungsbeamten. Der Zustellungsnachweis ist eine öffentliche Urkunde mit deren Beweiskraft nach § 418, BGH NJW **02**, 522. Die Echtheit richtet sich nach § 438. Ein Gegenbeweis ist zulässig. Die Partei kann ihn aber nicht darauf stützen, daß eine Vorschrift des ausländischen Rechts verletzt worden sei, StJR 6, ZöStö 2, aM MüKoFel 2. Das Zeugnis beweist die Übergabe. Ohne sie ist begrifflich keine Zustellung denkbar, abgesehen von der unterstellten Zustellung, § 184 II. Das Zeugnis wird der ersuchenden Stelle übersandt, § 16 S 2 KonsG. Das kann auch durch Telefax geschehen.
Das Zeugnis muß zur *Wirksamkeit* mindestens den Zustellungsempfänger angeben, § 182 II Z 2. Es muß ferner stets auf den Ort und den Zeitpunkt der Zustellung sowie das zugestellte Schriftstück angeben. Eine bloße Mitteilung einer erfolgten Zustellung ohne nähere Angaben oder des bloßen Inhalts ist keine Zustellung im Sinn der ZPO, BVerwG NJW **00**, 683. Ebenso fehlt eine Zustellung dann, wenn der Empfänger die Annahme des Schriftstücks verweigert und wenn der Zusteller das Schriftstück nicht am Zustellungsort ausweislich des Zeugnisses nach II 2 zurückgelassen hat. Im übrigen entscheidet das ausländische Recht über die Art der Ausführung der Zustellung. Im Geltungsbereich des HZPrÜbk genügt nach dessen Art 5 I ein datiertes beglaubigtes Empfangsbekenntnis des Zustellungsgegners, Anh § 183. Etwas ähnliches gilt nach manchem Staatsvertrag.

9   **7) EU-Recht, III.** Vgl §§ 1066 ff.
10 **8) Verstoß, I–III.** § 189 ist anwendbar.
11 **9) VwGO:** *Unmittelbar anwendbar, Einf § 166 Rn 19.*

Anhang nach § 183

Zwischenstaatliches Zustellungsrecht

(außer EU-Recht)

Schrifttum: *Bischof,* Die Zustellung im internationalen Rechtsverkehr in Zivil- und Handelssachen, Zürich 1998; *Fleischhauer,* Inlandszustellung an Ausländer, 1996; *Geimer,* Neuordnung des internationalen Zustellungsrechts, 1999; *Geimer/Geimer,* Internationale Zustellung im Rahmen notarieller Vermittlungsverfahren nach dem Sachenrechtsbereinigungsgesetz, Festschrift für *Geimer* (2002) 189; *Gottwald,* Grenzen zivilgerichtlicher Maßnahmen mit Auslandswirkung, Festschrift für *Habscheid* (1989) 131; *Gottwald,* Sicherheit vor Effizienz? – Auslandszustellung in der Europäischen Union in Zivil- und Handelssachen, Festschrift für *Schütze* (1999) 225; *Junker,* Der deutsch-amerikanische Rechtshilfeverkehr in Zivilsachen – Zustellungen und Beweisaufnahmen, JZ **89**, 121; *Linke,* Die Probleme der internationalen Zustellung, in: *Gottwald* (Hrsg), Grundfragen der Gerichtsverfassung, 1999; *Pfeil/Kammerer,* Deutsch-amerikanischer Rechtshilfeverkehr in Zivilsachen. Die Anwendung der Haager Übereinkommen über Zustellungen usw, 1987; *Pfennig,* Die internationale Zustellung in Zivil- und Handelssachen, 1988; *Schack,* Einheitliche und zwingende Regeln der internationalen Zustellung, Festschrift für *Greiner* (2002) 931; *Schlosser,* EuGVÜ usw, 1996. Wegen des EU-Übk vgl ABl EU **97**, C 261 vom 27. 8. 97 und §§ 1066 ff.

Gliederung

1) Systematik 1	5) Bekanntmachung zum HZustlÜbk 5
2) Regelungszweck 2	6) Haager Zivilprozeßübereinkommen (Auszug) 6
3) Haager Zustellungsübereinkommen (Auszug) 3	7) Ausführungsgesetz zum HZPrÜbk 7
4) Ausführungsgesetz zum HZustlÜbk .. 4	

1   **1) Systematik.** Man muß zunächst für eine Zustellung in den EU-Mitgliedstaaten seit 1. 1. 04 die §§ 1066 ff als innerstaatliche Durchführungsvorschriften der dort genannten EU-Regeln anwenden. Nach § 17 IntFamRVG gilt § 184 I 2, II ZPO mangels Benennung eines Zustellungsbevollmächtigten grundsätzlich (I) mit Ausnahmen (II).

Titel 2. Verfahren bei Zustellungen **Anh § 183**

Im übrigen gilt: Mit einer ganzen Reihe von Staaten bestehen *Staatsverträge,* die die Zustellung regeln. Solche Verträge sind zunächst das in Rn 4 mit den einschlägigen Vorschriften abgedruckte vorrangige HZustlÜbk, dazu Düss MDR **85,** 242, Hamm MDR **78,** 941, Böckstiegel NJW **78,** 1073, Pfeil/Kammerer, Deutsch-amerikanischer Rechtshilfeverkehr in Zivilsachen, 1987. Ferner zählen hierher das nachfolgend ebenfalls abgedruckte HZPrÜbk und die in Einl V 3–6 aufgeführten Rechtshilfeverträge. Wegen des Rechtshilfeverkehrs mit dem Ausland im engeren Sinn Anh § 168 GVG. Mit Polen ist eine Vereinbarung zur weiteren Erleichterung des Rechtsverkehrs nach dem HZPrÜbk geschlossen worden und seit 1. 12. 93, in Kraft, Bek v 21. 2. 94, BGBl II 361.

2) Regelungszweck. Zweck der gesamten Regelung ist Vereinfachung, Vereinheitlichung, Beschleunigung. So ist sie auslegbar. **2**

3) Haager Zustellungsübereinkommen (Auszug; Geltungsbereich Einl IV 4, dort auch wegen des **3** Inkrafttretens, vgl BGBl **87** II 214):

HZustlÜbk Art 1. Dieses Übereinkommen ist in Zivil- oder Handelssachen in allen Fällen anzuwenden, in denen ein gerichtliches oder außergerichtliches Schriftstück zum Zweck der Zustellung in das Ausland zu übermitteln ist.

Das Übereinkommen gilt nicht, wenn die Anschrift des Empfängers des Schriftstücks unbekannt ist.

Bem. Wegen der Schweiz Bek v 17. 7. 95, BGBl II 755.

Kapitel I. Gerichtliche Schriftstücke

HZustlÜbk Art 2. [I] Jeder Vertragsstaat bestimmt eine Zentrale Behörde, die nach den Artikeln 3 bis 6 Anträge auf Zustellung von Schriftstücken aus einem anderen Vertragsstaat entgegenzunehmen und das Erforderliche zu veranlassen hat.

[II] Jeder Staat richtet die Zentrale Behörde nach Maßgabe seines Rechts ein.

Bem. Wegen der Schweiz Bek v 17. 7. 95, BGBl II 755. In den nachstehend mager gesetzten Staaten gilt seit 31. 5. 01 vorrangig die in Rn 2 abgedruckte VO (EG). Die Zentralen Behörden der Vertragsstaaten und derjenigen (kursiv gedruckten) Staaten, auf die sich das HZustlÜbk infolge von Erstreckungserklärungen ebenfalls bezieht, sind (soweit nicht anders angegeben, lt Bek v 23. 6. 80, BGBl II 907) wegen der Schweiz, Bek v 17. 7. 95, BGBl II 755:

Ägypten:	The Ministry of Justice in Cairo;
Anguilla:	The Registrar of the Supreme Court of Anguilla, Bek v 29. 11. 82, BGBl II 1055;
Antigua und Barbuda:	The Governor-General, Antigua and Barbuda, sowie The Registrar of the High Court of Antigua and Barbuda, St. John's, Antigua;
Aruba:	Procurator General, L.G. Smith Boulevard nr. 42–44, Oranjestad, Aruba, Bek v 6. 8. 02, BGBl II 2436;
Barbados:	The Registrar of the Supreme Court of Barbados;
Belarus:	S „Weißrußland";
Belgien:	Le Ministère de la Justice, Administration de la Législation, Place Poulaert, 4, 1000 Bruxelles;
Belize:	The Supreme Court Registry, Belize;
Bermuda:	The Registrar of the Supreme Court, Bermuda;
Botsuana:	The Minister of State in the Office of the President of the Republic of Botswana;
Britische Jungferninseln:	The Registrar of the Supreme Court, Britische Jungferninseln, Bek v 29. 11. 82, BGBl II 1055;
Bulgarien:	Ministerium für Justiz und europäische Rechtsintegration, Bek v 14. 2. 01, BGBl II 270;
China:	Bureau of International Judicial Assistance. Ministry of Justice, 26, Nanheyan, Chaowai, Chaoyang District, Bejing, P. C. 100020, People's Republic of China, Bek v 27. 9. 96, BGBl II 2531;
Dänemark:	Le Ministère de la Justice;
Deutschland:	Vgl Bek zuletzt v 25. 7. 05, BGBl II 898;
Estland:	Estonian Ministry of Justice; Bek v 4. 2. 98, BGBl II 288;
Falkland-Inseln und Nebengebiete:	The Registrar of the Supreme Court, Stanley;
Finnland:	Justizministerium, Bek v 5. 7. 82, BGBl II 722;
Frankreich:	Le Ministère de la Justice, Service Civil de l'Entraide Judiciaire Internationale, 13 Place Vendôme, Paris (1er);
Gibraltar:	The Registrar of the Supreme Court, Gibraltar;
Griechenland:	Direction des Affaires Administratives Judiciaires du Ministère des Affaires Etrangères de la République Hellénique, Bek v 1. 9. 83, BGBl II 575;
Guernsey:	The Bailiff, Bailiff's Office, Royal Court House, Guernsey;
Hongkong:	The Chief Secretary, Hong Kong;
Insel Man:	The First Deemster and Clerk of the Rolls, Rolls Office, Douglas;
Irland:	The Master of High Court, the Four Courts, Dublin 7, Bek v 6. 8. 02, BGBl II 2436;

Israel:	The Director of Courts, Directorate of Courts, Russian Compound, Jerusalem;
Italien:	'Ufficio unico degli ufficiali giudiziari presso la carte d'appello di Roma, Bek v 22. 4. 82, BGBl II 522;
Japan:	The Minister for Foreign Affairs;
Jersey:	The Attorney General, Jersey;
Kaiman-Inseln:	The Werk of the Courts, Grand Cayman, Cayman Islands, Bek v 24. 10. 90, BGBl II 1650;
Kanada:	Vgl die umfangreichen Angaben zu den einzelnen Provinzen und zu der Bundeszentralbehörde in BGBl **89** II 807 (808 ff);
Korea (Republik):	Ministry of Court Administration, 967, Seocho-dong, Seocho-gu, Seoul 137–750, Republic Korea, Bek v 14. 2. 01, BGBl II 270;
Kuwait:	Ministerium der Justiz des Staates Kuwait, Abt. Internationale Beziehungen, Bek v 31. 1. 03, BGBl II 205;
Lettland:	Ministry of Justice, Brivibas blvd. 36 Riga, LV-1536, Latvia, Bek v 6. 8. 02, BGBl II 2436;
Litauen:	The Ministry of Justice of the Republic of Lithuania, Bek v 6. 8. 02, BGBl II 2436;
Luxemburg:	Le Parquet Général près la Cour Supérieure de Justice;
Malawi:	The Registrar of the High Court of Malawi, P. O. Box 30244, Chichiri, Blantyre 3, Malawi;
Mexiko:	Dirección General de Asuntos Jurídicos de la Secretaría de Relaciones Exteriores, Mexico;
Montserrat:	The Registrar of the High Court, Montserrat;
Niederlande:	Le procureur du roi près le tribunal d'arrondissement de la Haye, Juliana van Stolberglaan 2–4;
Norwegen:	The Ministry of Justice, Oslo/Dep;
Pakistan:	The Solicitor, Ministry of the Law and Justice to the Government of Pakistan, Islamabad, Bek v 24. 10. 90, BGBl II 1650;
Pitcairn:	The Governor and Commanderin-Chief, Picairn;
Polen:	Das Justizministerium, Bek v 27. 9. 96, BGBl II 2531;
Portugal:	La Direction-Générale des Services Judiciaires du Ministère de la Justice;
Rumänien:	The Ministry of Justice, Bek v 7. 4. 04, BGBl II 644;
Russische Föderation:	The Ministry of Justice, Moskau 109830, GSP, Gh-28, Bek v 2. 2. 05, BGBl II 335;
Schweden:	The Ministry of Justice, Division for Criminal Cases and International Judicial Co-operation, Central Authority, S-10333 Stockholm, Bek v 6. 8. 02, BGBl II 2436;
Schweiz:	Bek v 6. 8. 02, BGBl II 2436;
Seschellen:	The Registrar Supreme Court, Victoria, Mahé, Republic of Seychelles, Bek v 6. 11. 81, BGBl II 1029;
Slowakei:	Die Slowakei hat notifiziert, daß sie sich als Rechtsnachfolger der ehemaligen Tschechoslowakei mit Wirkung vom 1. 1. 93 als durch das HZustlÜbk gebunden betrachtet, Bek v 2. 11. 93, BGBl II 2164. Demgemäß gilt (fort): Ministerstvo spravodivosti Slovensky republiky, Zupné námestie 13, 883 11 Bratislava, Slovak Republic, Bek v 27. 9. 96, BGBl II 2531;
Slowenien:	The Ministry of Justice of the Republik of Slovenia, Županĉiĉeva 3, Sl-1000 Ljubljana, Bek v 6. 8. 02, BGBl II 2436;
Spanien:	Secretaría General Técnica del Ministerio de Justicia, Calle San Bernardo No 62, 28071 Madrid, Bek v 13. 7. 99, BGBl II 714;
Sri Lanka:	The Secretary/Ministry of Justice and Constitutional Affairs, Bek v 6. 8. 02, BGBl II 2436;
St. Helena und Nebengebiete:	The Supreme Court, St. Helena;
St. Vincent:	The Registrar of the Supreme Court, St. Vincent;
Tschechische Republik:	Die Tschechische Republik hat notifiziert, daß sie sich als Rechtsnachfolger der ehemaligen Tschechoslowakei mit Wirkung vom 1. 1. 93 als durch das HZustlÜbk gebunden betrachtet, Bek v 2. 11. 93, BGBl II 2164. Demgemäß gilt (fort): Ministerstvo spravedluosti České socialistické republiky, 128 10 Praha 2, Vyšehradska 16, Bek v 5. 7. 82, BGBl II 722;
Türkei:	La Direction Générale des Affaires Civiles au Ministère de la Justice (Adalet Bakanligi Hukuk Isleri Genel Müdürlŭgŭ), Ankara;
Turks- und Caicosinseln:	The Registrar of the Supreme Court, Turks- and Caicos-Isles, Bek v 29. 11. 82, BGBl II 1055;
Ukraine:	The Ministry of Justice of Ukraine, Bek v 6. 8. 02, BGBl II 2436;
Ungarn:	The Ministry of Justice, Bek v 6. 5. 05, BGBl II 591;
Venezuela:	Ministry of Foreign Affairs, Bek v 14. 11. 95, BGBl II 1065;
Vereinigtes Königreich:	Her Majesty's Principal Secretary of State for Foreign Affairs; ferner für England und Wales: The Senior Master of the Supreme Court, Royal Courts of Justice, Strand, London W. C. 2;

Titel 2. Verfahren bei Zustellungen   **Anh § 183**

	für Schottland: The Scottish Executive Justice Department, Civil Justice & International Division, Hayweight House, 23 Lauristen Street, Edinburgh EH 3 9 DQ, Scotland; für Nordirland, Bek v 29. 8. 80, BGBl II 1281: The Master, Queen's Bench and Appeals, Royal Courts of Justice, Belfast 1; ferner betr St. Christoph-Nevis: The Registrar of the West Indies Associated State Supreme Court, Saint Christopher and Nevis Circuit, Bek v 22. 4. 83, BGBl II 321;
Vereinigte Staaten:	The United States Department of State, vgl aber auch die Zusatznote v 21. 11. 73, BGBl **80** II 917, sowie v 7. 4. 04, BGBl II 644;
Weißrußland:	Ministry of Justice of the Republic of Belarus, 220084 Minsk, ul. Kollektornaya 10, Bek v 4. 2. 98, BGBl II 288;
Zypern:	Permanent Secretary, Ministry of Justice and Public Order, CY-1461 Nikosia, Cyprus, Bek v 4. 2. 98, BGBl II 288.

HZustlÜbk Art 3. [I] Die nach dem Recht des Ursprungsstaats zuständige Behörde oder der nach diesem Recht zuständige Justizbeamte richtet an die Zentrale Behörde des ersuchten Staates einen Antrag, der dem diesem Übereinkommen als Anlage beigefügten Muster entspricht, ohne daß die Schriftstücke der Legalisation oder einer anderen entsprechenden Förmlichkeit bedürfen.

[II] Dem Antrag ist das gerichtliche Schriftstück oder eine Abschrift davon beizufügen. Antrag und Schriftstück sind in zwei Stücken zu übermitteln.

Bem. Vgl dazu die Erklärung der Russischen Föderation, Bek v 2. 2. 05, BGBl II 335.

HZustlÜbk Art 4. Ist die Zentrale Behörde der Ansicht, daß der Antrag nicht dem Übereinkommen entspricht, so unterrichtet sie unverzüglich die ersuchende Stelle und führt dabei die Einwände gegen den Antrag einzeln an.

Bem. Vgl dazu die Erklärung von Irland, Bek v 5. 11. 96, BGBl II 2758.

HZustlÜbk Art 5. [I] Die Zustellung des Schriftstücks wird von der Zentralen Behörde des ersuchten Staates bewirkt oder veranlaßt, und zwar
  a) entweder in einer der Formen, die das Recht des ersuchten Staates für die Zustellung der in seinem Hoheitsgebiet ausgestellten Schriftstücke an dort befindliche Personen vorschreibt,
  b) oder in einer besonderen von der ersuchenden Stelle gewünschten Form, es sei denn, daß diese Form mit dem Recht des ersuchten Staates unvereinbar ist.

[II] Von dem Fall des Absatzes 1 Buchstabe b abgesehen, darf die Zustellung stets durch einfache Übergabe des Schriftstücks an den Empfänger bewirkt werden, wenn er zur Annahme bereit ist.

[III] Ist das Schriftstück nach Absatz 1 zuzustellen, so kann die Zentrale Behörde verlangen, daß das Schriftstück in der Amtssprache oder einer der Amtssprachen des ersuchten Staates abgefaßt oder in diese übersetzt ist.

[IV] Der Teil des Antrags, der entsprechend dem diesem Übereinkommen als Anlage beigefügten Muster den wesentlichen Inhalt des Schriftstücks wiedergibt, ist dem Empfänger auszuhändigen.

Bem. Vgl dazu die Erklärungen von Belgien, Botsuana, Schweden, Bek v 23. 6. 80, BGBl II 907, Italien, Bek v 22. 4. 82, BGBl II 522, Kanada, Bek v 24. 8. 89, BGBl II 807, Schweiz, Bek v 17. 7. 95, BGBl II 755, Venezuela, Bek v 17. 7. 95, BGBl II 757, Griechenland, Bek v 31. 8. 99, BGBl II 945, Bulgarien, Bek v. 14. 2. 01, BGBl II 270, Argentinien, Bek v 6. 8. 02, BGBl II 2436, Russische Föderation, Bek v 2. 2. 05, BGBl II 335, Ungarn Bek v 6. 5. 05, BGBl II 591.

HZustlÜbk Art 6. [I] Die Zentrale Behörde des ersuchten Staates oder jede von diesem hierzu bestimmte Behörde stellt ein Zustellungszeugnis aus, das dem diesem Übereinkommen als Anlage beigefügten Muster entspricht.

[II] Das Zeugnis enthält die Angaben über die Erledigung des Antrags; in ihm sind Form, Ort und Zeit der Erledigung sowie die Person anzugeben, der das Schriftstück übergeben worden ist. Gegebenenfalls sind die Umstände anzuführen, welche die Erledigung verhindert haben.

[III] Die ersuchende Stelle kann verlangen, daß ein nicht durch die Zentrale Behörde oder durch eine gerichtliche Behörde ausgestelltes Zeugnis mit einem Sichtvermerk einer dieser Behörden versehen wird.

[IV] Das Zeugnis wird der ersuchenden Stelle unmittelbar zugesandt.

Bem. Vgl dazu die Erklärungen von *Antigua, Belize, Bermuda,* Botsuana, den *Britischen Jungferninseln,* Dänemark, den *Falkland-Inseln und Nebengebieten,* Frankreich, *Gibraltar, Guernsey, Hongkong,* der *Insel Man,* Israel, Japan, *Jersey,* den *Kaiman-Inseln, Montserrat,* den Niederlanden, Norwegen, *Pitcairn, St. Helena und Nebengebieten, St. Vincent,* der Türkei, den *Turks- und Caicos-Inseln,* dem Vereinigten Königreich und den Vereinigten Staaten, Bek v. 23. 6. 80, BGBl II 907, v 29. 11. 82, BGBl II 1055, und v 22. 4. 83, BGBl II 321, Italien, Bek v 22. 4. 82, BGBl II 522, Tschechoslowakei, Bek v 5. 7. 82, BGBl II 722, Zypern, Bek v 7. 5. 84, BGBl II 506, Kanada, Bek v 24. 8. 89, BGBl II 807, Pakistan, Bek v 24. 10. 90, BGBl II 1650, Schweiz, Bek v 17. 7. 95, BGBl II 755, Polen, Bek v 27. 9. 96, BGBl II 2531, Bulgarien, China, Republik

Anh § 183   Buch 1. Abschnitt 3. Verfahren

Korea, Mexiko, Bek v 14. 2. 01, BGBl II 270, China, Sri Lanka, Ukraine, Bek v 6. 8. 02, BGBl II 2436, China betr Macau, Bek v 7. 11. 02, BGBl 2862, Rumänien, Bek v 7. 4. 04, BGBl II 644; Russische Föderation, Bek v 2. 2. 05, BGBl II 335, Ungarn, Bek v 6. 5. 05, BGBl II 591.

HZustlÜbk Art 7. I¹ Die in diesem Übereinkommen beigefügten Muster vorgedruckten Teile müssen in englischer oder französischer Sprache abgefaßt sein. ² Sie können außerdem in der Amtssprache oder einer der Amtssprachen des Ursprungsstaats abgefaßt sein.

II Die Eintragungen können in der Sprache des ersuchten Staates oder in englischer oder französischer Sprache gemacht werden.

Bem. Vgl dazu die Erklärungen von Sri Lanka, Bek v 6. 8. 02, BGBl II 2436.

HZustlÜbk Art 8. ¹ Jedem Vertragsstaat steht es frei, Personen, die sich im Ausland befinden, gerichtliche Schriftstücke unmittelbar durch seine diplomatischen oder konsularischen Vertreter ohne Anwendung von Zwang zustellen zu lassen.

II Jeder Staat kann erklären, daß er einer solchen Zustellung in seinem Hoheitsgebiet widerspricht, außer wenn das Schriftstück einem Angehörigen des Ursprungs zuzustellen ist.

Bem. Erklärungen nach I haben abgegeben: Türkei; Tschechoslowakei, Bek v 5. 7. 82, BGBl II 722. Widerspruch haben erklärt: Ägypten, Belgien, Frankreich (bedingt), Luxemburg, Norwegen, Portugal (bedingt), Seschellen (bedingt), Bek v 6. 11. 81, BGBl II 1029, Zypern, Bek v 7. 5. 84, BGBl II 506, Pakistan, Bek v 24. 10. 90, BGBl II 1650 (mit Einschränkungen), *China,* Bek v 21. 1. 92, BGBl II 146, Schweiz, Bek v 17. 7. 95, BGBl II 755, Venezuela, Bek v 17. 7. 95, BGBl II 757, Polen, Bek v 27. 9. 96, BGBl II 2531, Bulgarien, China, Griechenland, Republik Korea, Mexiko, Bek v 14. 2. 01, BGBl II 270, Litauen, Sri Lanka, Ukraine, Bek v 6. 8. 02, BGBl II 2436, Rumänien, Bek v 7. 4. 04, BGBl II 644, Russische Föderation, Bek v 2. 2. 05, BGBl II 335, Ungarn, Bek v 6. 5. 05, BGBl II 591.

HZustlÜbk Art 9. ¹ Jedem Vertragsstaat steht es ferner frei, den konsularischen Weg zu benutzen, um gerichtliche Schriftstücke zum Zweck der Zustellung den Behörden eines anderen Vertragsstaats, die dieser hierfür bestimmt hat, zu übermitteln.

II Wenn außergewöhnliche Umstände dies erfordern, kann jeder Vertragsstaat zu demselben Zweck den diplomatischen Weg benutzen.

Bem. Vgl dazu die Erklärungen von *Antigua,* Belgien, *Belize, Bermuda,* Botsuana, den *Britischen Jungferninseln,* Dänemark, den *Falkland-Inseln und Nebengebieten,* Finnland, Frankreich, *Gibraltar, Guernsey, Hongkong,* der *Insel Man,* Japan, *Jersey,* den *Kaiman-Inseln,* Luxemburg, *Montserrat,* den Niederlanden, Norwegen, *Pitcairn,* Schweden, *St. Helena und Nebengebieten, St. Vincent,* der Türkei, den *Turks- und Caicos-Inseln,* dem Vereinigten Königreich, Bek v 23.6. 80, BGBl II 907, v 29. 11. 82, BGBl II 1055, und v 22. 4. 83, BGBl II 321, Italien, Bek v 22. 4. 82, BGBl II 522; Tschechoslowakei, Bek v 5. 7. 82, BGBl II 722, Zypern, Bek v 7. 5. 84, BGBl II 506, Kanada, Bek v 24. 8. 89, BGBl II 807, *China,* Bek v 21. 1. 92, BGBl II 146, Schweiz, Bek v 17. 7. 95, BGBl II 755, Polen, Bek v 27. 9. 96, BGBl II 2531, Bulgarien, China, Bek v 14. 2. 01, BGBl II 270, Litauen, Sri Lanka, Ukraine, Bek v 6. 8. 02, BGBl II 2436, China betr Macau, Bek v 7. 11. 02, BGBl 2862, Ungarn, Bek v 6. 5. 05, BGBl II 591.

HZustlÜbk Art 10. Dieses Übereinkommen schließt, sofern der Bestimmungsstaat keinen Widerspruch erklärt, nicht aus,
  a) daß gerichtliche Schriftstücke im Ausland befindlichen Personen unmittelbar durch die Post übersandt werden dürfen,
  b) daß Justizbeamte, andere Beamte oder sonst zuständige Personen des Ursprungsstaats Zustellungen unmittelbar durch Justizbeamte, andere Beamte oder sonst zuständige Personen des Bestimmungsstaats bewirken lassen dürfen,
  c) daß jeder an einem gerichtlichen Verfahren Beteiligte Zustellungen gerichtlicher Schriftstücke unmittelbar durch Justizbeamte, andere Beamte oder sonst zuständige Personen des Bestimmungsstaats bewirken lassen darf.

Bem. Einen (teilweise bedingten) Widerspruch haben erklärt: Ägypten, *Antigua, Belize, Bermuda,* Botsuana, *Britische Jungferninseln,* Dänemark, *Falkland-Inseln und Nebengebiete,* Finnland, *Gibraltar, Guernsey, Hongkong, Insel Man,* Israel, *Jersey, Kaiman-Inseln,* Luxemburg, *Montserrat,* Norwegen, *Pitcairn,* Schweden. *St. Helena und Nebengebiete, St. Vincent,* Türkei, *Turks- und Caicos-Inseln,* Vereinigtes Königreich, Bek v 23. 6. 80, BGBl II 907, v 29. 11. 82, BGBl II 1055, und v 22. 4. 83, BGBl II 321, Seschellen, Bek v 6. 11. 81, BGBl II 1029; Tschechoslowakei, Bek v 5. 7. 82, BGBl II 722, Zypern, Bek v 7. 5. 84, BGBl II 506, *China,* Bek v 21. 1. 92, BGBl II 146, Schweiz, Bek v 17. 7. 95, BGBl II 755, Venezuela, Bek v 17. 7. 95, BGBl II 757, Polen, Bek v 27. 9. 96, BGBl II 2531, Estland, Irland, Bek v 5. 11. 96, BGBl II 2758, Bulgarien, Griechenland, Republik Korea, Mexiko, Bek v 14. 2. 01, BGBl II 270, Litauen, Sri Lanka, Ukraine, Bek v 6. 8. 02, BGBl II 2436 und Bek v 29. 11. 04, BGBl 05 II 9; Russische Föderation, Bek v 2. 2. 05, BGBl II 335, Ungarn Bek v 6. 5. 05, BGBl II 591.

HZustlÜbk Art 11. Dieses Übereinkommen schließt nicht aus, daß Vertragsstaaten vereinbaren, zum Zweck der Zustellung gerichtlicher Schriftstücke andere als die in den vorstehenden Artikeln vorgesehenen Übermittlungswege zuzulassen, insbesondere den unmittelbaren Verkehr zwischen ihren Behörden.

HZustlÜbk Art 12. ¹ Für Zustellungen gerichtlicher Schriftstücke aus einem Vertragsstaat darf die Zahlung oder Erstattung von Gebühren und Auslagen für die Tätigkeit der ersuchten Staates nicht verlangt werden.

II Die ersuchende Stelle hat jedoch die Auslagen zu zahlen oder zu erstatten, die dadurch entstehen,
 a) daß bei der Zustellung ein Justizbeamter oder eine nach dem Recht des Bestimmungsstaats zuständige Person mitwirkt,
 b) daß eine besondere Form der Zustellung angewendet wird.

Bem. Vgl dazu die Erklärungen von Kanada, Bek v 24. 8. 89, BGBl II 807, Mexiko, Bek v 14. 2. 01, BGBl II 270, Russische Föderation, Bek v 2. 2. 05, BGBl II 335.

HZustlÜbk Art 13. ¹ Die Erledigung eines Zustellungsantrags nach diesem Übereinkommen kann nur abgelehnt werden, wenn der ersuchte Staat sie für geeignet hält, seine Hoheitsrechte oder seine Sicherheit zu gefährden.

II Die Erledigung darf nicht allein aus dem Grund abgelehnt werden, daß der ersuchte Staat nach seinem Recht die ausschließliche Zuständigkeit seiner Gerichte für die Sache in Anspruch nimmt oder ein Verfahren nicht kennt, das dem entspricht, für das der Antrag gestellt wird.

III Über die Ablehnung unterrichtet die Zentrale Behörde unverzüglich die ersuchende Stelle unter Angabe der Gründe.

HZustlÜbk Art 14. Schwierigkeiten, die aus Anlaß der Übermittlung gerichtlicher Schriftstücke zum Zweck der Zustellung entstehen, werden auf diplomatischem Weg beigelegt.

HZustlÜbk Art 15. ¹ War zur Einleitung eines gerichtlichen Verfahrens eine Ladung oder ein entsprechendes Schriftstück nach diesem Übereinkommen zum Zweck der Zustellung in das Ausland zu übermitteln und hat sich der Beklagte nicht auf das Verfahren eingelassen, so hat der Richter das Verfahren auszusetzen, bis festgestellt ist,
 a) daß das Schriftstück in einer der Formen zugestellt worden ist, die das Recht des ersuchten Staates für die Zustellung der in seinem Hoheitsgebiet ausgestellten Schriftstücke an dort befindliche Personen vorschreibt, oder
 b) daß das Schriftstück entweder dem Beklagten selbst oder aber in seiner Wohnung nach einem anderen in diesem Übereinkommen vorgesehenen Verfahren übergeben worden ist und daß in jedem dieser Fälle das Schriftstück so rechtzeitig zugestellt oder übergeben worden ist, daß der Beklagte sich hätte verteidigen können.

II Jedem Vertragsstaat steht es frei zu erklären, daß seine Richter ungeachtet des Absatzes 1 den Rechtsstreit entscheiden können, auch wenn ein Zeugnis über die Zustellung oder die Übergabe nicht eingegangen ist, vorausgesetzt,
 a) daß das Schriftstück nach einem in diesem Übereinkommen vorgesehenen Verfahren übermittelt worden ist,
 b) daß seit der Absendung des Schriftstücks eine Frist verstrichen ist, die der Richter nach den Umständen des Falles als angemessen erachtet und die mindestens sechs Monate betragen muß, und
 c) daß trotz aller zumutbaren Schritte bei den zuständigen Behörden des ersuchten Staates ein Zeugnis nicht zu erlangen war.

III Dieser Artikel hindert nicht, daß der Richter in dringenden Fällen vorläufige Maßnahmen einschließlich solcher, die auf eine Sicherung gerichtet sind, anordnet.

Bem. Vgl dazu die Erklärungen von *Antigua*, Belgien, *Belize*, *Bermuda*, Botsuana, den *Britischen Jungferninseln*, Dänemark, den *Falkland-Inseln und Nebengebieten*, Frankreich, *Gibraltar*, *Guernsey*, *Hongkong*, der *Insel Man*, Japan, *Jersey*, den *Kaiman-Inseln*, Luxemburg, *Montserrat*, den Niederlanden, Norwegen, *Pitcairn*, Portugal, *St. Helena und Nebengebieten*, *St. Vincent*, der Türkei, den *Turks- und Caicos-Inseln*, dem Vereinigten Königreich, den Vereinigten Staaten, Bek v 23. 6. 80, BGBl II 907, v 29. 11. 82, BGBl II 1055, und v 22. 4. 83, BGBl II 321, Seschellen, Bek v 6. 11. 81, BGBl II 1029, Tschechoslowakei, Bek v 5. 7. 82, BGBl II 722, Zypern, Bek v 7. 5. 84, BGBl II 506, Spanien, Bek v 23. 9. 87, BGBl II 613, Kanada, Bek v 24. 8. 89, BGBl II 807, Pakistan, Bek v 24. 10. 90, BGBl II 1650, Griechenland, Bek v 24. 10. 90, BGBl II 1650, China, Bek v 1. 92, BGBl II 146, Deutschland, Bek v 11. 3. 93, BGBl II 704, Venezuela, Bek v 17. 7. 95, BGBl II 757, Estland, Irland, Bek v 5. 11. 96, BGBl II 2758, Bulgarien, China, Republik Korea, Mexiko, Bek v 14. 2. 01, BGBl II 270, Litauen, Sri Lanka, Ukraine, Bek v 6. 8. 02, BGBl II 2436, Russische Föderation, Bek v 2. 2. 05, BGBl II 335, Ungarn, Bek v 6. 5. 05, BGBl II 591.

HZustlÜbk Art 16. ¹ War zur Einleitung eines gerichtlichen Verfahrens eine Ladung oder ein entsprechendes Schriftstück nach diesem Übereinkommen zum Zweck der Zustellung in das Ausland zu übermitteln und ist eine Entscheidung gegen den Beklagten ergangen, der sich nicht auf das Verfahren eingelassen hat, so kann ihm der Richter in bezug auf Rechtsmittelfristen die Wiedereinsetzung in den vorigen Stand bewilligen, vorausgesetzt,
 a) daß der Beklagte ohne sein Verschulden nicht so rechtzeitig Kenntnis von dem Schriftstück erlangt hat, daß er sich hätte verteidigen können, und nicht so rechtzeitig Kenntnis von der Entscheidung, daß er sie hätte anfechten können, und
 b) daß die Verteidigung des Beklagten nicht von vornherein aussichtslos scheint.

Anh § 183   Buch 1. Abschnitt 3. Verfahren

II Der Antrag auf Wiedereinsetzung in den vorigen Stand ist nur zulässig, wenn der Beklagte ihn innerhalb einer angemessenen Frist stellt, nachdem er von der Entscheidung Kenntnis erlangt hat.

III Jedem Vertragsstaat steht es frei zu erklären, daß dieser Antrag nach Ablauf einer in der Erklärung festgelegten Frist unzulässig ist, vorausgesetzt, daß diese Frist nicht weniger als ein Jahr beträgt, vom Erlaß der Entscheidung an gerechnet.

IV Dieser Artikel ist nicht auf Entscheidungen anzuwenden, die den Personenstand betreffen.

Bem. Vgl dazu die Erklärungen von Belgien, Dänemark, Israel, Luxemburg, den Niederlanden, Norwegen, Portugal, der Türkei, dem Vereinigten Königreich, den Vereinigten Staaten, Bek v 23. 6. 80, BGBl II 907, Seschellen, Bek v 6. 11. 81, BGBl II 1029, Zypern, Bek v 7. 5. 84, BGBl II 506, Spanien, Bek v 23. 9. 87, BGBl II 613, Kanada, Bek v 24. 8. 89, BGBl II 807, Pakistan, Bek v 24. 10. 90, BGBl II 1650, *China*, Bek v 21. 1. 92, BGBl II 146, Venezuela, Bek v 17. 7. 95, BGBl II 757, Estland, Bek v 5. 11. 96, BGBl II 2758, Bulgarien, China, Mexiko, Bek v 14. 2. 01, BGBl II 270, Litauen, Sri Lanka, Ukraine, Bek v 6. 8. 02, BGBl II 2436, Rumänien, Bek v 7. 4. 04, BGBl II 644, Ungarn, Bek v 6. 5. 05, BGBl II 591.

Kapitel II. Außergerichtliche Schriftstücke

HZustlÜbk Art 17. Außergerichtliche Schriftstücke, die von Behörden und Justizbeamten eines Vertragsstaats stammen, können zum Zweck der Zustellung in einem anderen Vertragsstaat nach den in diesem Übereinkommen vorgesehenen Verfahren und Bedingungen übermittelt werden.

Kapitel III. Allgemeine Bestimmungen

HZustlÜbk Art 18. I Jeder Vertragsstaat kann außer der Zentralen Behörde weitere Behörden bestimmen, deren Zuständigkeit er festlegt.

II Die ersuchende Stelle hat jedoch stets das Recht, sich unmittelbar an die Zentrale Behörde zu wenden.

III Bundesstaaten steht es frei, mehrere Zentrale Behörden zu bestimmen.

Bem. Vgl dazu die Erklärung des Vereinigten Königreichs betr St. Christoph-Nevis, Bek v 22. 4. 83, BGBl II 321, Zypern, Bek v 7. 5. 84, BGBl II 506, Schweiz, Bek v 17. 7. 95, BGBl II 755, Polen, Bek v 27. 9. 96, BGBl II 2531, Bulgarien, Bek v 14. 2. 01, BGBl II 270, China, Bek v 6. 8. 02, BGBl II 2436, Kuwait, Bek v 31. 1. 03, BGBl II 205.

HZustlÜbk Art 19. Dieses Übereinkommen schließt nicht aus, daß das innerstaatliche Recht eines Vertragsstaats außer den in den vorstehenden Artikeln vorgesehenen auch andere Verfahren zuläßt, nach denen Schriftstücke aus dem Ausland zum Zweck der Zustellung in seinem Hoheitsgebiet übermittelt werden können.

HZustlÜbk Art 20. Dieses Übereinkommen schließt nicht aus, daß Vertragsstaaten vereinbaren, von folgenden Bestimmungen abzuweichen:
   a) Artikel 3 Absatz 2 in bezug auf das Erfordernis, die Schriftstücke in zwei Stücken zu übermitteln,
   b) Artikel 5 Absatz 3 und Artikel 7 in bezug auf die Verwendung von Sprachen,
   c) Artikel 5 Absatz 4,
   d) Artikel 12 Absatz 2.

HZustlÜbk Artt 21–22. Nicht abgedruckt.

HZustlÜbk Art 23. I Dieses Übereinkommen berührt weder die Anwendung des Artikels 23 des am 17. Juli 1905 in Den Haag unterzeichneten Abkommens über den Zivilprozeß noch die Anwendung des Artikels 24 des am 1. März 1954 in Den Haag unterzeichneten Übereinkommens über den Zivilprozeß.

II Diese Artikel sind jedoch nur anwendbar, wenn die in diesen Übereinkünften vorgesehenen Übermittlungswege benutzt werden.

HZustlÜbk Art 24. Zusatzvereinbarungen zu dem Abkommen von 1905 und dem Übereinkommen von 1954, die Vertragsstaaten geschlossen haben, sind auch auf das vorliegende Übereinkommen anzuwenden, es sei denn, daß die beteiligten Staaten etwas anderes vereinbaren.

HZustlÜbk Artt 25–31. Nicht abgedruckt.

4)   **4) Ausführungsgesetz zum HZustlÜbk,** G v 22. 12. 77, BGBl 3105:

Erster Teil

Vorschriften zur Ausführung des Haager Übereinkommens vom 15. November 1965 über die Zustellung gerichtlicher und außergerichtlicher Schriftstücke im Ausland in Zivil- oder Handelssachen

AusfG § 1. ¹ Die Aufgaben der Zentralen Behörde (Artikel 2, 18 Abs. 3 des Übereinkommens) nehmen die von den Landesregierungen bestimmten Stellen wahr. ² Jedes Land kann nur eine Zentrale Behörde einrichten.

Titel 2. Verfahren bei Zustellungen **Anh § 183**

AusfG § 2. Für die Entgegennahme von Zustellungsanträgen, die von einem ausländischen Konsul innerhalb der Bundesrepublik Deutschland übermittelt werden (Artikel 9 Abs. 1 des Übereinkommens), sind die Zentrale Behörde des Landes, in dem die Zustellung bewirkt werden soll, und die Stellen zuständig, die gemäß § 1 des Gesetzes zur Ausführung des Haager Übereinkommens vom 1. März 1954 über den Zivilprozeß vom 18. Dezember 1958 (BGBl. I S. 939) zur Entgegennahme von Anträgen des Konsuls eines ausländischen Staates zuständig sind.

AusfG § 3. Eine förmliche Zustellung (Artikel 5 Abs. 1 des Übereinkommens) ist nur zulässig, wenn das zuzustellende Schriftstück in deutscher Sprache abgefaßt oder in diese Sprache übersetzt ist.

AusfG § 4. I [1] Die Zentrale Behörde ist befugt, Zustellungsanträge unmittelbar durch die Post erledigen zu lassen, wenn die Voraussetzungen für eine Zustellung gemäß Artikel 5 Abs. 1 Buchstabe a des Übereinkommens erfüllt sind. [2] In diesem Fall händigt die Zentrale Behörde das zu übergebende Schriftstück der Post zur Zustellung aus. [3] Die Vorschriften der Zivilprozeßordnung über die Zustellung von Amts wegen gelten entsprechend.
II [1] Im übrigen ist für die Erledigung von Zustellungsanträgen das Amtsgericht zuständig, in dessen Bezirk die Zustellung vorzunehmen ist. [2] Die Zustellung wird durch die Geschäftsstelle des Amtsgerichts bewirkt.

AusfG § 5. Das Zustellungszeugnis (Artikel 6 Abs. 1, 2 des Übereinkommens) erteilt im Fall des § 4 Abs. 1 die Zentrale Behörde, im übrigen die Geschäftsstelle des Amtsgerichts.

AusfG § 6. [1] Eine Zustellung durch diplomatische oder konsularische Vertreter (Artikel 8 des Übereinkommens) ist nur zulässig, wenn das Schriftstück einem Angehörigen des Absendestaates zuzustellen ist. [2] Eine Zustellung nach Artikel 10 des Übereinkommens findet nicht statt.

5) Bekanntmachung zum HZustlÜbk, v 21. 6. 79, BGBl II 779, zuletzt ergänzt durch Bek v 17. 7. **5** 95, BGBl II 757:

Bek. Die Bundesrepublik Deutschland hat bei Hinterlegung der Ratifikationsurkunde folgende Erklärungen abgegeben:
„1. Zustellungsanträge sind an die Zentrale Behörde des Landes zu richten, in dem der jeweilige Antrag erledigt werden soll. Zentrale Behörde gemäß Artikel 2, 18 Abs. 3 des Übereinkommens ist für
Baden-Württemberg: Justizministerium Baden-Württemberg, Schillerplatz 4, D-70173 Stuttgart;
Bayern: Bayerisches Staatsministerium der Justiz, Prielmayerstr. 7, D-80335 München;
Berlin: Senatsverwaltung für Justiz von Berlin, Salzburger Str. 21–25, D-10825 Berlin;
Brandenburg: Ministerium der Justiz des Landes Brandenburg, Heinrich-Mann-Allee 107, D-14460 Potsdam;
Bremen: Präsident des Landgerichts, Domsheide 16, D-28195 Bremen;
Hamburg: Präsident des Amtsgerichts Hamburg, Sievekingplatz 1, D-20355 Hamburg;
Hessen: Hessisches Ministerium der Justiz, Luisenstraße 13, D-65185 Wiesbaden;
Mecklenburg-Vorpommern: Ministerium der Justiz, Bundes- und Europaangelegenheiten, Demmlerplatz 14, D-19503 Schwerin;
Niedersachsen: Niedersächsisches Justizministerium, Am Waterlooplatz 1, D-30169 Hannover;
Nordrhein-Westfalen: Präsident des Oberlandesgerichts, Düsseldorf, Cecilienallee 3, D-40474 Düsseldorf;
Rheinland-Pfalz: Ministerium der Justiz, Ernst-Ludwig-Straße 3, D-55116 Mainz;
Saarland: Ministerium der Justiz, Zähringerstraße 12, D-66119 Saarbrücken;
Sachsen: Sächsisches Staatsministerium der Justiz, Archivstraße 1, D-01097 Dresden;
Sachsen-Anhalt: Ministerium der Justiz, Wilhelm-Höpfner-Ring 6, D-39116 Magdeburg;
Schleswig-Holstein: Justizminister des Landes Schleswig-Holstein, Lorentzdamm 35, D-24103 Kiel;
Thüringen: Thüringer Justizministerium, Alfred-Hess-Straße 8, D-99094 Erfurt.
Bem. Vgl dazu die folgenden Ausführungsbestimmungen:
Baden-Württemberg:
Bayern: VO v 10. 5. 78, ABl 177;
Berlin:
Brandenburg: VO v 4. 6. 91, GVBl 288;
Bremen:
Hamburg:
Hessen: VO v 18. 4. 78, GVBl 251;
Mecklenburg-Vorpommern:
Niedersachsen:
Nordrhein-Westfalen: VO v 4. 4. 78, GVBl 166;
Rheinland-Pfalz:
Saarland: VO v 14. 6. 78, ABl 617;
Sachsen:
Sachsen-Anhalt:
Schleswig-Holstein: VO v 17. 3. 78, GVBl 112.

Die Zentralen Behörden sind befugt, Zustellungsanträge unmittelbar durch die Post erledigen zu lassen, wenn die Voraussetzungen für eine Zustellung gemäß Artikel 5 Abs. 1 Buchstabe a des Übereinkommens erfüllt sind. In diesem Fall händigt die jeweils zuständige Zentrale Behörde das zu übergebende Schriftstück der Post zur Zustellung aus. Im übrigen ist für die Erledigung von Zustellungsanträgen das Amtsgericht zuständig, in dessen Bezirk die Zustellung vorzunehmen ist. Die Zustellung wird durch die Geschäftsstelle des Amtsgerichts bewirkt.
Eine förmliche Zustellung (Artikel 5 Abs. 1 des Übereinkommens) ist nur zulässig, wenn das zuzustellende Schriftstück in deutscher Sprache abgefaßt oder in diese Sprache übersetzt ist.

2. Das Zustellungszeugnis (Artikel 6 Abs. 1, 2 des Übereinkommens) erteilt die Zentrale Behörde, wenn sie den Zustellungsantrag selbst unmittelbar durch die Post hat erledigen lassen, im übrigen die Geschäftsstelle des Amtsgerichts.
3. Für die Entgegennahme von Zustellungsanträgen, die von einem ausländischen Konsul innerhalb der Bundesrepublik Deutschland übermittelt werden (Artikel 9 Abs. 1 des Übereinkommens), sind die Zentrale Behörde des Landes, in dem die Zustellung bewirkt werden soll, und die Stellen zuständig, die gemäß § 1 des Gesetzes vom 18. Dezember 1958 zur Ausführung des Haager Übereinkommens vom 1. März 1954 über den Zivilprozeß zur Entgegennahme von Anträgen des Konsuls eines ausländischen Staates zuständig sind. Nach diesem Gesetz ist hierfür der Präsident des Landgerichts zuständig, in dessen Bezirk die Zustellung bewirkt werden soll; an seine Stelle tritt der Präsident des Amtsgerichts, wenn der Zustellungsantrag in dem Bezirk des Amtsgerichts erledigt werden soll, das seiner Dienstaufsicht untersteht.
4. Gemäß Artikel 21 Abs. 2 Buchstabe a des Übereinkommens widerspricht die Regierung der Bundesrepublik Deutschland der Benutzung der in den Artikeln 8 und 10 des Übereinkommens vorgesehenen Übermittlungswege. Eine Zustellung durch diplomatische oder konsularische Vertreter (Artikel 8 des Übereinkommens) ist daher nur zulässig, wenn das Schriftstück einem Angehörigen des Absendestaates zuzustellen ist. Eine Zustellung nach Artikel 10 des Übereinkommens findet nicht statt."

6 6) **Haager Zivilprozeßübereinkommen** (Auszug; Geltungsbereich Einl IV 3):

I. Zustellung gerichtlicher und außergerichtlicher Schriftstücke

HZPrÜbk Art 1. ¹ ¹ In Zivil- oder Handelssachen wird die Zustellung von Schriftstücken, die für eine im Ausland befindliche Person bestimmt sind, innerhalb der Vertragsstaaten auf einen Antrag bewirkt, der von dem Konsul des ersuchenden Staates an die von dem ersuchten Staat zu bezeichnende Behörde gerichtet wird. ²Der Antrag, in dem die Behörde, von der das übermittelte Schriftstück ausgeht, die Namen und die Stellung der Parteien, die Anschrift des Empfängers sowie die Art des zuzustellenden Schriftstücks anzugeben sind, muß in der Sprache der ersuchten Behörde abgefaßt sein. ³Diese Behörde hat dem Konsul die Urkunde zu übersenden, welche die Zustellung nachweist oder den Grund angibt, aus dem die Zustellung nicht hat bewirkt werden können.

II Schwierigkeiten, die aus Anlaß des Antrags des Konsuls entstehen, werden auf diplomatischem Wege geregelt.

III Jeder Vertragstaat kann in einer an die anderen Vertragstaaten gerichteten Mitteilung verlangen, daß der Antrag, eine Zustellung in seinem Hoheitsgebiet zu bewirken, mit den in Absatz 1 bezeichneten Angaben auf diplomatischem Wege an ihn gerichtet werde.

IV Die vorstehenden Bestimmungen hindern nicht, daß zwei Vertragsstaaten vereinbaren, den unmittelbaren Verkehr zwischen ihren Behörden zuzulassen.

Bem. S dazu § 1 AusfG. Unmittelbarer Verkehr besteht infolge von Zusatzvereinbarungen, Einl IV 3, mit Belgien, Dänemark, Luxemburg, den Niederlanden, Österreich, der Schweiz. Unmittelbarer Geschäftsverkehr (ohne Staatsvertrag) besteht auch mit Liechtenstein, Einl IV 5.

HZPrÜbk Art 2. ¹Die Zustellung wird durch die Behörde bewirkt, die nach den Rechtsvorschriften des ersuchten Staates zuständig ist. ²Diese Behörde kann sich, abgesehen von den in Artikel 3 vorgesehenen Fällen, darauf beschränken, die Zustellung durch einfache Übergabe des Schriftstücks an den Empfänger zu bewirken, wenn er zur Annahme bereit ist.

Bem. Vgl § 2 AusfG.

HZPrÜbk Art 3. I Dem Antrag ist das zuzustellende Schriftstück in zwei Stücken beizufügen.

II ¹Ist das zuzustellende Schriftstück in der Sprache der ersuchten Behörden oder in der zwischen den beiden beteiligten Staaten vereinbarten Sprache abgefaßt oder ist es von einer Übersetzung in eine dieser Sprachen begleitet, so läßt die ersuchte Behörde, falls in dem Antrag ein dahingehender Wunsch ausgesprochen ist, das Schriftstück in der durch ihre innerstaatlichen Rechtsvorschriften für die Bewirkung gleichartiger Zustellungen vorgeschriebenen Form oder in einer besonderen Form, sofern diese ihren Rechtsvorschriften nicht zuwiderläuft, zustellen. ²Ist ein solcher Wunsch nicht ausgesprochen, so wird die ersuchte Behörde zunächst versuchen, das Schriftstück nach Artikel 2 durch einfache Übergabe zuzustellen.

Titel 2. Verfahren bei Zustellungen Anh § 183

III Vorbehaltlich anderweitiger Vereinbarung ist die in Absatz 2 vorgesehene Übersetzung von dem diplomatischen oder konsularischen Vertreter des ersuchenden Staates oder von einem beeidigten Übersetzer des ersuchten Staates zu beglaubigen.

Bem. S § 3 AusfG. *Zu III:* Besondere Vereinbarungen bestehen mit Dänemark, den Niederlanden u Schweden durch Zusatzvereinbarung. Die Beifügung einer Übersetzung ist nicht zwingend vorgeschrieben, BGH NJW **69**, 980.

HZPrÜbk Art 4. Eine in den Artikeln 1, 2 und 3 vorgesehene Zustellung kann nur abgelehnt werden, wenn der Staat, in dessen Hoheitsgebiet sie bewirkt werden soll, sie für geeignet hält, seine Hoheitsrechte oder seine Sicherheit zu gefährden.

Bem. Keine Ablehnung erfolgt mithin, wenn Art 3 I nicht eingehalten ist.

HZPrÜbk Art 5. I Zum Nachweis der Zustellung dient entweder ein mit Datum versehenes und beglaubigtes Empfangsbekenntnis des Empfängers oder ein Zeugnis der Behörde des ersuchten Staates, aus dem sich die Tatsache, die Form und die Zeit der Zustellung ergibt.

II Das Empfangsbekenntnis oder das Zeugnis ist auf eines der beiden Stücke des zuzustellenden Schriftstücks zu setzen oder damit zu verbinden.

Bem. S § 3 AusfG.

HZPrÜbk Art 6. I Die vorstehenden Artikel schließen es nicht aus:
1. daß Schriftstücke den im Ausland befindlichen Beteiligten unmittelbar durch die Post übersandt werden dürfen;
2. daß die Beteiligten Zustellungen unmittelbar durch die zuständigen Gerichtsbeamten oder andere zuständige Beamte des Bestimmungslandes bewirken lassen dürfen,
3. daß jeder Staat Zustellungen an die im Ausland befindlichen Personen unmittelbar durch seine diplomatischen oder konsularischen Vertreter bewirken lassen darf.

II ¹Eine solche Befugnis besteht jedoch in jedem Falle nur dann, wenn sie durch Abkommen zwischen den beteiligten Staaten eingeräumt wird oder wenn beim Fehlen solcher Abkommen der Staat, in dessen Hoheitsgebiet die Zustellung zu bewirken ist, ihr nicht widerspricht. ²Dieser Staat kann jedoch einer Zustellung gemäß Absatz 1 Nr. 3 nicht widersprechen, wenn das Schriftstück einem Angehörigen des ersuchenden Staates ohne Anwendung von Zwang zugestellt werden soll.

Bem. Durch Zusatzvereinbarung mit Schweden und den Niederlanden können die Konsulate unmittelbar Anträge auf eine formlose Zustellung auch gegenüber fremden Staatsangehörigen außer denen des Empfangsstaates erledigen.

HZPrÜbk Art 7. I Für Zustellungen dürfen Gebühren oder Auslagen irgendwelcher Art nicht erhoben werden.

II Der ersuchte Staat ist jedoch vorbehaltlich anderweitiger Vereinbarung berechtigt, von dem ersuchenden Staat die Erstattung der Auslagen zu verlangen, die in den Fällen des Artikels 3 dadurch entstanden sind, daß bei der Zustellung ein Gerichtsbeamter mitgewirkt hat oder daß bei ihr eine besondere Form angewendet worden ist.

Bem. S § 3 AusfG. Zusatzvereinbarungen zu II bestehen mit Belgien, Dänemark, Luxemburg, den Niederlanden, Österreich, Schweden und der Schweiz.

7) Ausführungsgesetz zum HZPrÜbk, G v 18. 12. 58, BGBl 939: **7**

Zustellungsanträge und Rechtshilfeersuchen
(Artikel 1 bis 16 des Übereinkommens)

AusfG § 1. ¹Für die Entgegennahme von Zustellungsanträgen (Artikel 1 Abs. 1 des Übereinkommens) oder von Rechtshilfeersuchen (Artikel 8, Artikel 9 Abs. 1), die von einem ausländischen Konsul innerhalb der Bundesrepublik Deutschland übermittelt werden, ist der Präsident des Landgerichts zuständig, in dessen Bezirk die Zustellung bewirkt oder das Rechtshilfeersuchen erledigt werden soll. ²An die Stelle des Landgerichtspräsidenten tritt der Amtsgerichtspräsident, wenn der Zustellungsantrag oder das Rechtshilfeersuchen in dem Bezirk des Amtsgerichts erledigt werden soll, das seiner Dienstaufsicht untersteht.

AusfG § 2. ¹Für die Erledigung von Zustellungsanträgen oder von Rechtshilfeersuchen ist das Amtsgericht zuständig, in dessen Bezirk die Amtshandlung vorzunehmen ist.

II ¹Die Zustellung wird durch die Geschäftsstelle des Amtsgerichts bewirkt. ²Diese hat auch den Zustellungsnachweis (Artikel 1 Abs. 1, Artikel 5 des Übereinkommens) zu erteilen.

AusfG § 3. ¹Für die Übermittlung eines Zustellungsantrages (Artikel 1 Abs. 1 und 3 des Übereinkommens) oder eines Rechtshilfeersuchens (Artikel 8, Artikel 9 Abs. 1 und 3) durch den diplomatischen oder konsularischen Vertreter der Bundesrepublik Deutschland wird eine Gebühr von zwei Deutsche Mark erhoben. ²Diese Gebühr bleibt außer Ansatz, wenn der Zustellungsantrag oder das Rechtshilfeersuchen nicht erledigt werden kann.

§ 184

184 *Zustellungsbevollmächtigter; Zustellung durch Aufgabe zur Post.* **I** ¹Das Gericht kann bei der Zustellung nach § 183 Abs. 1 Nr. 2 und 3 anordnen, dass die Partei innerhalb einer angemessenen Frist einen Zustellungsbevollmächtigten benennt, der im Inland wohnt oder dort einen Geschäftsraum hat, falls sie nicht einen Prozessbevollmächtigten bestellt hat. ²Wird kein Zustellungsbevollmächtigter benannt, so können spätere Zustellungen bis zur nachträglichen Benennung dadurch bewirkt werden, dass das Schriftstück unter der Anschrift der Partei zur Post gegeben wird.

II ¹Das Schriftstück gilt zwei Wochen nach Aufgabe zur Post als zugestellt. ²Das Gericht kann eine längere Frist bestimmen. ³In der Anordnung nach Absatz 1 ist auf diese Rechtsfolgen hinzuweisen. ⁴Zum Nachweis der Zustellung ist in den Akten zu vermerken, zu welcher Zeit und unter welcher Anschrift das Schriftstück zur Post gegeben wurde.

Gliederung

1) Systematik, I, II	1	7) Benennung, I 1	9
2) Regelungszweck, I, II	2	8) Unterbleiben der Benennung, I 2	10
3) Geltungsbereich, I, II	3	9) Aufgabe zur Post, I 2	11, 12
4) Bevollmächtigungsrecht, I, II	4	10) Unterstellung des Zugangs, II 1, 2	13
5) Keine Bevollmächtigungspflicht vor Anordnung, I, II	5	11) Hinweispflicht, II 3	14
6) Gerichtliche Anordnung, I 1, 2	6–8	12) Aktenvermerk, II 4	15
A. Voraussetzungen, I 1	6, 7	13) Verstoß, I, II	16
B. Entscheidung I 2	8	14) *VwGO*	17

1 **1) Systematik, I, II.** Die Vorschrift ergänzt nur den § 183. Denn I 1 bezieht sich ausdrücklich nur auf eine Auslandszustellung nach § 183 I Z 1–3. § 184 wird seinerseits ergänzt durch § 189. Wegen des IntFamRVG Anh § 183 Rn 1.

2 **2) Regelungszweck, I, II.** Die Vorschrift dient dem Interesse an den Vermeidungen von Komplikationen, speziell von Verzögerungen bei der Zustellung, BGH FamRZ **96**, 347. Sie dient damit auch der Prozeßwirtschaftlichkeit, Grdz 14 vor § 128, BGH NJW **00**, 3285. Das muß man bei der Auslegung mitbeachten. Auch wenn die Frist des I 1 zunächst eine gewisse Verzögerung mit sich bringt, kann § 184 doch wegen der vielfach immer noch beträchtlichen zeitlichen und sonstigen Probleme einer Zustellung im Ausland ganz wesentliche Erleichterung schaffen. Deshalb ist es ratsam, von der Möglichkeit des § 184 Gebrauch zu machen. Natürlich braucht der inländische Zustellungsbevollmächtigte Zeit zur Weiterleitung. Er mag durchaus glaubhaft machen, daß er keinen Kontakt mehr habe. Die Fiktion des II 1 macht dergleichen nur bedingt unbeachtlich. Immerhin ist sie ein beträchtliches Druckmittel.

3 **3) Geltungsbereich, I, II.** Vgl Üb 3 vor § 166. Die Vorschrift gilt nur für eine Partei nach Rn 6. Sie gilt nicht für den Dritten.

4 **4) Bevollmächtigungsrecht, I, II.** Eine Partei oder ihr ProzBev kann jederzeit eine andere natürliche oder juristische Person „zum Empfang der für sie bestimmten Schriftstücke" bevollmächtigen. Sie kann ihn also zu ihrem Zustellungsbevollmächtigten bestellen, ohne ihn gleich zum ProzBev zu machen, LG Hagen WoM **88**, 281. Dann darf eine Zustellung an den Zustellungsbevollmächtigten erfolgen. Dann muß das Gericht mangels auch eines ProzBev nach § 172 grundsätzlich diesen Weg wählen, auch wenn die Bestellung nicht notwendig war. Allerdings bleibt auch eine Zustellung an die Partei selbst zulässig, BGH RR **95**, 257, freilich nicht durch Aufgabe zur Post nach I 2. Auch der ProzBev darf einen Zustellungsbevollmächtigten ernennen. Prozeßgegner dürfen nicht für denselben Prozeß denselben Zustellungsbevollmächtigten bestellen, aM ZöStö 1 (vgl aber den Grundgedanken des § 178 II). Der Ehegatte ist keineswegs stets Zustellungsbevollmächtigter, LAG Mü NJW **87**, 2542.

5 **5) Keine Bevollmächtigungspflicht vor Anordnung, I, II.** Ein Bevollmächtigungszwang besteht für die im Ausland wohnende bzw sitzende inländische oder ausländische Partei zwar unabhängig von einem gegnerischen Antrag. Er besteht aber nur auf Grund einer entsprechenden gerichtlichen Anordnung, falls die Partei keinen solchen ProzBev bestellt hat. Eine Zustellungsvollmacht erlischt auch dann, wenn ihre Voraussetzungen weggefallen sind. Sie erlischt also nicht schon durch die Kündigung, sondern erst durch deren Anzeige beim Gericht, § 87 I entsprechend.

Die Bestellung des Zustellungsbevollmächtigten wahrt ausschließlich die *Interessen des Zustellenden*. Deshalb ist eine ordnungsmäßige Zustellung trotz des Daseins eines Zustellungsbevollmächtigten voll wirksam. Ist dieser dem Zustellenden benannt, so verstößt die Umgehung gegen Treu und Glauben, Einl III 54. Der Zustellungsgegner braucht sich dann nicht gefallen zu lassen. Wegen des Regelungszwecks nach Rn 2 kommt es auf den Wohnsitz des gesetzlichen Vertreters an.

Man muß die Bestellung einer *Personenmehrheit* zu Zustellungsbevollmächtigten zulassen, LG Kaiserl Rpfleger **93**, 256. Ferner kann eine juristische Person als Zustellungsbevollmächtigte möglich sein. In diesem Fall ist ihr gesetzlicher Vertreter bestellt. Der Vorsteher des Postamts ist kein Zustellungsbevollmächtigter. Daher genügt die Angabe des Postfachs ohne die Mitteilung der Anschrift für eine Zustellung nicht, § 39 PostO. Ein Zustellungsbevollmächtigter ist nicht stets auch ProzBev nach § 81. Die Zustellung der Rechtsmittelschrift erfolgt an ihn, mag er auch nur für die erste Instanz bestellt sein. Das gilt insbesondere auch dann, wenn der Prozeßvollmacht weggefallen ist.

Der Verwalter der *Wohnungseigentümergemeinschaft* ist jedenfalls im Rahmen seiner Tätigkeit nach § 27 II WEG mehr als ein bloßer Zustellungsbevollmächtigter. Er ist vielmehr ihr gesetzlicher Vertreter, § 51 Rn 15, BGH **78**, 171. Der Zustellungsbevollmächtigte muß nicht am Ort des Prozeßgerichts oder in dessen AG-Bezirk ansässig sein. Es genügt vielmehr und ist nach I 1 notwendig, daß er im Inland wohnt oder dort

Titel 2. Verfahren bei Zustellungen **§ 184**

einen Geschäftsraum hat, § 178 I. Der Zustellungsbevollmächtigte muß prozeßfähig sein wie jeder, der einen anderen vor Gericht vertreten will, § 78 Rn 26, ZöStö 4, aM StJR 12, ThP § 175 Rn 2 (aber die Prozeßfähigkeit ist eine Grundvoraussetzung einer wirksamen Teilnahme am Prozeß in irgendeiner Funktion, § 51 Rn 4).

6) Gerichtliche Anordnung, I 1, 2. Man muß Voraussetzungen, Form und Anfechtbarkeit unterscheiden. **6**

A. Voraussetzungen, I 1. Partei nach Grdz 4 vor § 50 ist hier auch der Streithelfer, § 66. Man muß Streitgenossen § 59 getrennt beurteilen, auch notwendige, § 62. Sie brauchen nicht denselben Zustellungsbevollmächtigten zu haben. „Einen Geschäftsraum haben" kann auch eine juristische Person. Die Anordnung erfolgt, soweit nach pflichtgemäßem Ermessen für sie ein Bedürfnis besteht („kann ... anordnen"). Ein solches Bedürfnis mag auch erst im Verlauf des Prozesses eintreten, zB durch einen Wegzug ins Ausland. Es besteht zB dann, wenn eine Zustellung sonst voraussichtlich langwierig oder schwierig wäre, etwa wegen bloßen Postfachs oder ständiger Abwesenheit oder Entlegenheit des Wohnorts. Es fehlt, wenn der gesetzliche Vertreter, Generalvollmächtigte, Prokurist nach § 171 am Ort des Prozeßgerichts oder im Amtsgerichtsbezirk wohnt. Es fehlt ferner, wenn die Partei einen ProzBev nach § 172 hat, der entsprechend wohnt oder der beim Prozeßgericht auftreten darf. Es fehlt schließlich, falls eine Zustellung noch an den ProzBev der Vorinstanz erfolgen muß. Wenn der ProzBev aufhört entsprechend zu wohnen, greift § 184 ein.

Ein auswärtiger beim Prozeßgericht postulationsfähiger *Simultananwalt* nach § 91 Rn 166 fällt nicht **7** unter I. Für seinen etwaigen Zustellungsbevollmächtigten gilt auch § 30 BRAO. I setzt einen anhängigen Prozeß voraus, nicht notwendig einen rechtshängigen, § 261 Rn 1. Der Kläger kann die Anordnung also schon mit der Klageschrift beantragen. Das Gericht kann sie sogleich nach dem Klageingang erlassen. Ein Antrag der Gegenpartei ist in jeder Lage des Verfahrens erlaubt, auch im höheren Rechtszug.

B. Entscheidung, I 2. Die Entscheidung ergeht durch den Richter desjenigen Gerichts, bei dem der **8** Prozeß anhängig ist. Es kann auch der Rpfl nach § 4 I RPflG zuständig sein. Die Entscheidung ergeht auf Grund einer nach I 2 freigestellten mündlichen Verhandlung nach § 128 IV durch einen Beschluß, § 329. Das Gericht muß seinen Beschluß grundsätzlich begründen, § 329 Rn 4. Es teilt ihn beiden Parteien formlos mit, § 329 II 1. Denn er setzt gerade keine Frist in Lauf. Daher ist § 329 II 2 unanwendbar, aM ZöStö 4 (aber § 1 I macht die Rechtsnachteile der Nichtbefolgung der bloßen Obliegenheit nicht von einem Fristablauf abhängig).

7) Benennung, I 1. Die Partei muß einen Zustellungsbevollmächtigte allenfalls für die Dauer des Prozeß- **9** rechtsverhältnisses nach Grdz 4 vor § 128 angeben. Sie muß ihn innerhalb einer gerichtlich bestimmten oder zumindest angemessenen Frist benennen. Angemessen ist eine zumutbare weder zu kurze noch zu lange Frist. Ihre Länge richtet sich nach den vorsichtig abgewogenen Gesamtumständen. Man muß Postlaufzeiten ins Ausland und zurück ebenso berücksichtigen wie in- und ausländische Feiertage, Urlaubszeiten, Krisengebiete usw. Zwei bis sechs Wochen dürften oft ausreichen.

Die Benennung ist als prozessuale Obliegenheit eine *Parteiprozeßhandlung*, Grdz 47 vor § 128, aM ThP 2 (sie sei ein Rechtsgeschäft, § 167 I BGB. Aber ihr Hauptinhalt ist prozessual). Sie kann gegenüber dem Gericht oder gegenüber dem Gegner erfolgen. Eine Bevollmächtigung oder eine Annahme des Amts sind nicht erforderlich. Es besteht keine prozessuale Pflicht zur Übernahme. Die Benennung berechtigt das Gericht und den Gegner zur Zustellung an den Zustellungsbevollmächtigten mit Wirkung für und gegen die vertretene Partei. Sie verpflichtet aber nicht dazu, BGH FamRZ **94**, 1521. Sie gilt für alle Instanzen, und zwar selbst dann, wenn der Zustellungsbevollmächtigte nach der Annahme des Amts die Annahme des Schriftstücks verweigert und damit die Rechtsfolge des § 179 auslöst. Die Benennung ist jederzeit widerruflich. §§ 86, 87 (Tod, Wirkung der Kündigung) sind entsprechend anwendbar. Nach einem Widerruf oder bei Unmöglichkeit der Zustellung tritt der Zustand vor der Benennung wieder ein.

Der Zustellungsbevollmächtigte hat kein Recht zur Erteilung einer *Untervollmacht*. Er hat nur eine Vollmacht zum Empfang, keine Vollmacht zum Handeln. Wenn aber die Auslandspartei mit einem ProzBev im Ausland einen Anwalt im Inland unterbevollmächtigt hat, dann darf und muß man diesen Unterbevollmächtigten im allgemeinen auch als Zustellungsbevollmächtigten ansehen. Der Vorsteher eines Postamts ist kein Zustellungsbevollmächtigter. Es besteht keine Belehrungspflicht, BGH **98**, 268, Mü MDR **97**, 1150, ZöGei § 199 Rn 20, aM Kblz Rpfleger **78**, 261, ZöStö § 174 Rn 5 (aber es gibt keine allgemeine Belehrungspflicht).

8) Unterbleiben der Benennung, I 2. Die Partei gibt evtl keinen Zustellungsbevollmächtigten oder **10** ProzBev oder nur jemanden an, der nicht Zustellungsbevollmächtigter sein kann, zB weil er nicht am Ort oder im Bezirk des Prozeßgerichts wohnt, BGH FamRZ **94**, 1521. Dann sind von demjenigen Augenblick an, in dem die Benennung hätte vorgenommen werden müssen, alle Zustellungen dadurch zulässig, daß das Gericht die Sendung als einfachen Brief usw zur Post aufgibt, BGH FamRZ **89**, 1288, LG Ffm NJW **90**, 652, Mü MDR **97**, 1150. Das gilt auch für die Zustellung eines streitigen oder sonstigen Urteils, auch des Versäumnisurteils, BGH NJW **92**, 1702. Es gilt ferner für die Zustellung der Rechtsmittelschrift, falls die Sache noch rechtshängig ist, § 261 I. Eine gewöhnliche Zustellung ist daneben zulässig und voll wirksam.

Man darf die Zustellung durch eine *Aufgabe zur Post* nach Rn 11 nicht mit der Zustellung durch die Post nach §§ 193 ff verwechseln. Die Zustellung durch die Aufgabe zur Post sieht von einer Übergabe an den Zustellungsgegner ganz ab. Sie ist also eine unterstellte (fingierte) Zustellung. Die Befugnis nach § 175 erlischt mit dem Wegfall seiner Voraussetzungen und mit der Anzeige der Bestellung eines neuen ProzBev oder eines Zustellungsbevollmächtigten. Eine zu Unrecht durch Aufgabe zur Post vorgenommene Zustellung ist grundsätzlich unwirksam, BGH **73**, 390, Ffm OLGZ **79**, 41 (Adressenmangel), LG Aachen Rpfleger **83**, 75. Vgl freilich § 187 S 1.

9) Aufgabe zur Post, I 2. Sie ist mit Art 6 I EGV vereinbar, BGH NJW **99**, 1871, und auch mit dem GG **11** vereinbar, BVerfG NJW **97**, 1772, BGH NJW **00**, 3285, Stadler Festgabe *50 Jahre Bundesgerichtshof* [2000] III 651. Sie wird im Gegensatz zu einer nach §§ 168, 176 erfolgenden Zustellung durch die Post schon mit der Übergabe an die Post bewirkt (Leerungstag), BGH FamRZ **88**, 827, BayObLG Rpfleger **78**, 447, Köln NJW

§§ 184, 185 Buch 1. Abschnitt 3. Verfahren

81, 2264. Das gilt, selbst wenn der Empfänger die Sendung tatsächlich nicht erhält, BGH RR **96**, 388, oder wenn die Sendung als unzustellbar zurückkommt, es sei denn, die Adressierung wäre fehlerhaft gewesen, Düss VersR **01**, 612. Sie ist deshalb rechtlich ausnahmslos eine Zustellung im Inland, BVerfG NJW **97**, 1772, BGH NJW **99**, 1872, BayObLG Rpfleger **78**, 447 (Auslandswohnsitz, Zustellanschrift zusätzlich im Inland). Das Haager Zustellungsübereinkommen nach Anh § 183 steht nicht entgegen, Mü NJW **87**, 3086, LG Kref Rpfleger **90**, 226. Zum Verhältnis zu Belgien LG Bln NJW **89**, 1434. Die Möglichkeit der Aufgabe zur Post endet mit der Benennung eines ProzBev oder eines Zustellungsbevollmächtigten.

Eine *Übersetzung* in die Sprache des ausländischen Empfängers ist nicht erforderlich, § 184 GVG, BGH FamRZ **96**, 347. Schlosser Festschrift für Stiefel (1987) 693 hält die Vorschrift für einen Verstoß gegen völkerrechtliches Vertragsrecht. Entgegen seiner Ansicht reicht es aber, daß der evtl ja auch deutsche Auslandsbewohner von der Verfahrenseinleitung zuvor informiert worden sein muß.

Die *Einspruchsfrist* gegen ein nach mündlicher Verhandlung und Schriftsatzeinreichung durch den Säumigen ergehendes Versäumnisurteil ist also die gewöhnliche, § 339, BGH MDR **92**, 515, Mü Rpfleger **83**, 75. Manche Länder machen freilich nach solcher Art von Zustellung Schwierigkeiten bei der Vollstreckung, zB Sudan, Bericht der dt Botschaft Khartoum v 13. 2. 91, RK 520 – BerNr 140/91. Insofern sollte man formell zustellen lassen.

12 Die Zustellung geschieht durch die Aufgabe unter der Anschrift der Partei. Diese Anschrift muß vollständig sein, BGH **73**, 390, Köln MDR **86**, 244 (bei der Zustellung im Ausland genügt nach Ansicht des OLG ein kennzeichnender Länderbuchstabe). Die Anschrift muß auch richtig sein, Ffm OLGZ **79**, 41. Andernfalls ist die Zustellung grundsätzlich unwirksam. Das Gericht ermittelt die Richtigkeit nicht von Amts wegen, BGH NJW **99**, 1189. Solange die Partei keine andere Anschrift mitgeteilt hat, geschieht die Zustellung auch durch eine Aufgabe unter der Anschrift einer Person nach den §§ 170, 171. Die Übergabe an die Post kann durch den Einwurf in den Briefkasten erfolgen. Eine Freimachung ist theoretisch nicht vorgeschrieben. Ohne sie kann die Post aber die Beförderung verweigern. Dann kann die Zustellwirkung natürlich nicht eintreten. Einschreiben ist nicht vorgeschrieben, aber zulässig. Luftpost ist nicht notwendig, aber evtl ratsam, BVerfG NJW **97**, 1772. Wegen der Einzelheiten der Amtszustellung BGH Rpfleger **87**, 205.

13 10) **Unterstellung des Zugangs**, II 1, 2. Das ordnungsgemäß nach I zur Post aufgegebene Schriftstück gilt als zwei Wochen nach Aufgabe zur Post nach Rn 11 zugestellt. Die Frist wird nach § 222 berechnet. Das Gericht kann nach pflichtgemäßem Ermessen eine längere Frist bestimmen. Insofern gelten die Erwägungen Rn 3 hier entsprechend.

14 11) **Hinweispflicht**, II 3. Das Gericht muß zur Erzielung der Unterstellung des Zugangs nach Rn 11 auf diese Rechtsfolge hinweisen. Der Hinweis muß klar und unmißverständlich sein. Die Wiedergabe des Gesetzestextes genügt nur mit vorgenannter Einschränkung.

15 12) **Aktenvermerk**, II 4. Eine förmliche Zustellungsurkunde nach § 182 entfällt. An ihre Stelle tritt ein Vermerk des Urkundsbeamten der Geschäftsstelle, BGH NJW **79**, 218, nicht eines sonstigen Justizbediensteten und nicht des Gerichtsvollziehers, Düss RR **94**, 5, aM BGH NJW **89**, 1432 (aber in solchen Formfragen erfordert die Rechtssicherheit nach Einl III 43 eine gewisse Strenge). Ein Einlieferungsschein ersetzt den Vermerk nicht. Der Vermerk ergeht über den Zeitpunkt der Aufgabe und über die Anschrift des Zustellungsadressaten. Der Vermerk muß den Vorgang ausreichend kennzeichnen. Dazu gehören: Die Beschreibung des zuzustellenden Schriftstücks, BayObLG NJW **75**, 2150; der Tag der Aufgabe zur Post.

Das *Datum* des Vermerks ist unwesentlich, BGH NJW **83**, 884. Der Vermerk ist an sich ebensowenig wesentlich wie die Zustellungsurkunde, BGH FamRZ **96**, 347, aM Düss RR **94**, 5 (aber er vertreitt ja eine Zustellungsurkunde). Doch läßt sich die Zustellung ohne den Vermerk kaum nachweisen, BGH **73**, 390, aM BGH Rpfleger **87**, 206, LG Hann AnwBl **86**, 246 (ohne einen Aktenvermerk und die freilich sogar noch nach der Einlegung des Rechtsmittels nach BGH NJW **00**, 3285, Otto Rpfleger **87**, 522 nachholbare Unterschrift des Urkundsbeamten liege keine wirksame Zustellung vor. Sie werde aber durch eine versehentlich falsch angegebene Zeit nicht in Frage gestellt, BGH NJW **83**, 884, ebensowenig durch eine unrichtige Schreibweise der ausländischen Anschrift, BGH BB **01**, 1706. Von diesem Standpunkt aus dürfe man dann allerdings den Vermerk nicht schon dann machen, wenn die Aufgabe zur Post noch nicht erfolgt ist. Das ist zu formalistisch, § 166 Rn 13).

16 13) **Verstoß**, I, II. Soweit trotz eines schon und noch bestehenden Bevollmächtigungszwangs keine Bestellung erfolgt, greift grundsätzlich § 175 ein. Im übrigen zieht ein Verstoß grundsätzlich die Unwirksamkeit der Zustellung nach sich, zB bei unrichtiger oder unvollständiger Anschrift, BGH **73**, 390, Ffm OLGZ **79**, 41, oder bei einem sonstigen Formfehler, BGH NJW **87**, 1707. Eine Ausnahme kann beim Fehlen einer Verwechslungsgefahr bestehen, BGH RR **01**, 1361. Soweit der Hinweis nach Rn 14 im Einzelfall nicht mehr notwendig ist, fehlt bei einer Unterlassung eines Hinweises auch durchweg ein Verstoß des Richters gegen das rechtliche Gehör, Art 103 I GG, Einl III 14, Mü RR **98**, 357, aM Hausmann FamRZ **89**, 1289, ZöStö 5. Hat die Sendung den Adressaten nicht erreicht, so kann trotz Nichtbenennung eines Zustellungsbevollmächtigten eine Wiedereinsetzung nach § 233 infrage kommen, BGH NJW **00**, 3285.

17 14) **VwGO:** *Unmittelbar anwendbar, Einf § 166 Rn 19; vgl aber auch § 56 III VwGO.*

185 **Öffentliche Zustellung.** Die Zustellung kann durch öffentliche Bekanntmachung (öffentliche Zustellung) erfolgen, wenn
1. der Aufenthaltsort einer Person unbekannt und eine Zustellung an einen Vertreter oder Zustellungsbevollmächtigten nicht möglich ist,
2. eine Zustellung im Ausland nicht möglich ist oder keinen Erfolg verspricht oder
3. die Zustellung nicht erfolgen kann, weil der Ort der Zustellung die Wohnung einer Person ist, die nach den §§ 18 bis 20 des Gerichtsverfassungsgesetzes der Gerichtsbarkeit nicht unterliegt.

Titel 2. Verfahren bei Zustellungen **§ 185**

Gliederung

1) Systematik, Z 1–3	1	7) Auslandszustellung: Besondere Sorgfalt der Prüfung, Z 2		9–12
2) Regelungszweck, Z 1–3	2	A. Unausführbarkeit		10
3) Geltungsbereich, Z 1–3	3	B. Voraussichtliche Erfolglosigkeit		11
4) Notwendigkeit der Zustellung, Z 1–3	4	C. Weitere Einzelfragen		12
5) Unbekanntheit des Aufenthalts, Z 1	5	8) Exterritorialer, Z 3		13
6) Beispiele zur Frage der Unbekanntheit des Aufenthalts, Z 1	6–8	9) Verstoß, Z 1–3		14
		10) VwGO		15

1) Systematik, Z 1–3. Die Vorschrift regelt die Voraussetzungen einer öffentlichen Zustellung. §§ 186, **1** 187 regeln die Ausführung, § 128 regelt die Rechtswirkungen einer korrekten derartigen Zustellung. § 185 ist verfassungsgemäß, BVerfG NJW **88**, 2361, BGH NJW **03**, 1328. Im Mahnverfahren ist § 185 nach § 688 II Z 3 unanwendbar. Vorrang hat Art 32 ZAbk NTrSt, SchlAnh III.

2) Regelungszweck, Z 1–3. § 185 soll im Interesse der Rechtssicherheit nach Einl III 43 die Zustellung **2** gegenüber einer Partei oder sonstigen Person ermöglichen, die sich freiwillig aus ihrem bisherigen Lebenskreis entfernt, ohne dafür zu sorgen, daß ihr neuer Aufenthaltsort bekannt wird. Die Vorschrift gilt also zB gegenüber einer Person, die sich aus Gründen verborgen hält, die man nicht gutheißen kann. Allerdings darf man den Geltungsbereich der öffentlichen Zustellung nicht auf solche Fälle beschränken. Der Sinn der öffentlichen Zustellung besteht nicht darin, dem Betroffenen die Kenntnis oder auch nur die bequeme Möglichkeit der Kenntnis vom Inhalt einer Zustellung zu verschaffen. Denn die öffentliche Zustellung ist lediglich die Unterstellung (Fiktion) einer Zustellung, (jetzt) § 188, BVerfG NJW **88**, 2361, BGH NJW **92**, 2281, Zweibr FamRZ **02**, 469. Der Betroffene muß sich in zumutbarem Umfang bemühen, um sich Kenntnis vom Inhalt des öffentlich zugestellten Schriftstücks zu verschaffen, BVerfG NJW **00**, 1634, BGH MDR **04**, 1231 (auch wegen Verjährung), Zweibr FamRZ **02**, 469.

Gefahr der Ungerechtigkeit ist natürliche Begleiterin dieser Zustellungsform. Zwar können §§ 233 ff mit ihrer Wiedereinsetzungschance einen gewissen Gefahrenausgleich schaffen, Barnert ZZP **116**, 458. Dennoch verschlechtert sich die Rechtslage natürlich dramatisch für den Ahnungslosen, der nur infolge irgendeines behördlichen, postalischen oder nachbarlichen Irrtums als im Aufenthalt unbekannt bezeichnet worden ist. Gottlob kommt solche völlige Ahnungs- und vor allem Schuldlosigkeit in der Praxis nicht allzu oft vor. Dennoch bleibt Sorgfalt vor und bei Anwendung der öffentlichen Zustellung eine nicht immer ernst genug genommene Aufgabe *aller* Beteiligten, nicht zuletzt des ProzBev. Jedenfalls gilt das Verbot des Rechtsmißbrauchs auch hier. Es kann zur Unwirksamkeit der öffentlichen Zustellung führen, aM Barnert ZZP **116**, 458 (Einl III 54 gilt auch hier).

Die *Mühen* beim Versuch, auf alle zumutbare Art und Weise einen neuen Aufenthaltsort zu ermitteln, treffen natürlich in erster Linie den dazu etwa überhaupt geeigneten Auftraggeber, BGH MDR **04**, 1231 links. Aber sie bleiben doch oft genug beim ProzBev hängen. Die Auskunft des Meldeamts oder des Postboten reicht keineswegs stets. Fantasie und ein bißchen Beharrlichkeit im letzten Arbeits- oder Wohnumfeld sind schon erforderlich und oft auch erfolgreich. Auch das Gericht darf es sich insoweit mit seinen Anregungen, Auflagen, Nachfristen nicht zu leicht machen. Mehr zu tun ist es natürlich nicht verpflichtet, wohl auch gar nicht berechtigt, von einer Anfrage bei Behörde oder Post abgesehen. Die Mobilität nimmt in der Bevölkerung zu. Dafür darf man den einzelnen nicht durch zu rasche Annahme seiner Unauffindbarkeit bestrafen, so wenig wie man ihm Nachlässigkeit oder gar Böswilligkeit beim „Verschwinden" nachsehen sollte.

3) Geltungsbereich, Z 1–3. Üb 3 vor § 166. Manche Verwaltungsvorschrift verweist auf §§ 185 ff, etwa **3** beim UVG, Nürnb FamRZ **02**, 1042.

4) Notwendigkeit der Zustellung, Z 1–3. Eine Zustellung an die Partei oder sonstige Person selbst **4** muß zwar notwendig. Sie muß aber unmöglich sein. Daher muß das Gericht die Bewilligung der öffentlichen Zustellung ablehnen, wenn die Person verstorben ist oder die Zustellung an einen gesetzlichen oder bevollmächtigten Vertreter möglich ist, (jetzt) Z 1, BayObLG **98**, 366, zB in den Fällen §§ 170–172, 184 I, insbesondere an einen Abwesenheitspfleger, ProzBev, Generalbevollmächtigten oder Zustellungsbevollmächtigten, aM BayObLG Rpfleger **78**, 446 (aber diese Personen sollen ja unter anderem gerade eine „normale" Zustellung ermöglichen, auch im Interesse der Prozeßwirtschaftlichkeit, Grdz 14 vor § 128). Der Vorsteher einer Postanstalt ist aber kein Zustellungsbevollmächtigter. Daher genügt die bloße Angabe eines Postfachs nicht. Eine Ersatzzustellung und eine öffentliche Zustellung schließen sich nicht notwendig aus. Als Partei gelten hier auch der Streithelfer nach § 66 oder der Streitverkündungsgegner nach § 72, ferner Gläubiger und Schuldner der Zwangsvollstreckung. Nicht Partei, aber „Person" im Sinn von Z 1–3 sind: Der ProzBev, § 81; der Zeuge, § 373; ein Sachverständiger, § 402; ein Drittschuldner, § 840. Eine Parteiberichtigung ist unzulässig.

Die *Ablehnung* der öffentlichen Zustellung ist nicht schon mit der Begründung zulässig, die öffentliche Zustellung sei sinnlos, Düss FamRZ **95**, 1281, oder es fehle die deutsche internationale Zuständigkeit, Köln MDR **03**, 231 (sie ist Sachurteilsvoraussetzung).

5) Unbekanntheit des Aufenthalts, Z 1, dazu *Fischer* ZZP **107**, 163 (ausf): Der Aufenthalt des Zustel- **5** lungsadressaten im Sinn von Üb 8 vor § 166 ist unbekannt, wenn er zwar existiert, nicht nur der Partei und ihrem gesetzlichen Vertreter bzw ProzBev unbekannt ist, sondern ihn auch niemand kennt, BGH **149**, 314, Mü FamRZ **99**, 446, AG Neust/Rbbge FamRZ **05**, 377. Der Aufenthalt ist ferner unbekannt, wenn derjenige, der ihn kennt, ihn nicht nennt, BGH **64**, 5. Der Antragsteller muß bei einer Zustellung im Parteibetrieb in zumutbarem Umfang darlegen, daß er alles in seiner Macht zur Ermittlung unternommen hat, BGH **102**, 335, Zweibr FamRZ **02**, 469, AG Neust/Rbbge FamRZ **05**, 377, zB durch eine Bescheinigung des Einwohnermeldeamts oder in einer sonst geeigneten Weise. Bei einer Zustellung im Amtsbetrieb muß man entsprechende Anforderungen an den Urkundsbeamten stellen, Bbg OLGR **00**, 165,

§ 185

BayObLG Rpfleger **78**, 446, Köln FamRZ **97**, 430. Das Gericht sollte strenge Anforderungen stellen, Mü FamRZ **99**, 446. Das gilt auch für die eigene Prüfung, Stgt JB **05**, 159. Es darf solche Anforderungen aber auch nicht überspannen, BGH NJW **03**, 1530, KG MDR **98**, 125, Stgt FamRZ **91**, 343.

Es sind *unverdächtige Anzeichen* notwendig. Das Gericht muß den Antragsteller notfalls persönlich anhören. Eine leichtfertige Bewilligung dieser gefährlichen Zustellungsart ist eine Pflichtverletzung, Einl III 27. Sie kann einen Verstoß gegen Artt 2 I, 20 III bzw 103 I GG bedeuten, Einf 2 vor §§ 185–188. Sie kann auf Antrag zur Zurückverweisung nach § 538 führen, BVerfG NJW **88**, 2361, Stgt JB **05**, 159. Man muß die Unbekanntheit des Aufenthalts objektiv nachweisen, BVerfG NJW **88**, 2361. Es ist auch bei einer von Amts wegen erforderlichen Zustellung im Zivilprozeß grundsätzlich nicht Sache des Gerichts, die etwa mögliche Erkundigungen einzuziehen, Zweibr FamRZ **02**, 469. Strengere Anforderungen gelten nur beim Verfahren mit Amtsermittlung, Grdz 31, 38 vor § 128, BayObLG **00**, 15 (FGG). Vielmehr darf und muß sich das Gericht grundsätzlich auf den Hinweis beschränken, daß der Antragsteller die Voraussetzungen einer öffentlichen Zustellung dazulegen und nachzuweisen hat, Hamm OLGZ **94**, 453, aM LG Darmst WoM **94**, 486 (vgl aber Grdz 39 vor § 128). Das Gericht kann dazu allenfalls Anregungen geben. Liegen die erforderlichen Nachweise usw nicht vor, dann muß das Gericht die Bewilligung der öffentlichen Zustellung ablehnen. Es genügt also nicht eine bloße Angabe, der Antragsteller kenne den derzeitigen Aufenthalt persönlich nicht. Er muß vielmehr eingehend weitere Umstände darlegen, zB denjenigen, daß der Gegner vor Jahren verhaftet wurde und daß seitdem jede Spur von ihm fehlt.

6 **6) Beispiele zur Frage der Unbekanntheit des Aufenthalts, Z 1**
Abmeldung: Eine Abmeldung beim Einwohnermeldeamt genügt *nicht* stets, Ffm MDR **99**, 1402, KG MDR **98**, 125. Denn sie besagt allenfalls, daß der Adressat dort nicht mehr wohnt und sich noch nicht zur Kenntnis dieser einzelnen Behörde anderswo gemeldet hat.

Indessen kann aus *praktischen Gründen* eine ergebnislose Auskunft der zu solcher Mitarbeit auch unter dem Datenschutz (kein Anschriftschutz) verpflichteten Behörde oft doch ausreichen, BGH NJW **03**, 1530. Zum Ausreichen solcher Auskunft BVerfG NJW **88**, 2361 (auf ihr Datum achten!), Naumb RR **01**, 1948, LG Bln RR **91**, 1152, strenger Zweibr FamRZ **83**, 630. Man sollte indessen keinen Schematismus zulassen.
Allgemeininteresse: Eine Abwägung der Interessen der Allgemeinheit und des Bekl kann *nicht* für die Bewilligung einer öffentlichen Zustellung maßgeblich sein, KG FamRZ 75, 693.
Arbeitgeber: S „Auskunft".
Auskunft: Es kann eine Auskunft des letzten Vermieters oder eines früheren Hausgenossen oder Nachbarn oder des letzten Arbeitgebers oder bekannter Verwandter notwendig sein, Ffm MDR **99**, 1402, Hamm JB **94**, 630, Fischer ZZP **107**, 166, aM LG Bln RR **91**, 1152 (für eine Großstadt. Aber gerade dort mag es eher zumutbar sein, wenigstens eine derartigen Ermittlungsversuch im engeren Umfeld zu machen). Es kann sogar eine Auskunft etwa einer Auskunftei notwendig sein, KG MDR **98**, 125, oder eine solche eines Geschäftsfreundes oder einer Justizvollzugsanstalt, der Polizei, der Sozialversicherung oder des Suchdienstes für US-Bürger, AG Landstuhl RR **94**, 332.
S auch „Abmeldung".
Ausländer: Wenn es um einen Ausländer geht, ist meist unter anderem eine Anfrage bei der Ausländerbehörde ratsam, etwa im Heimatland, Mü FamRZ **99**, 446 LG Darmst WoM **94**, 487, am besten wohl beim Bundesverwaltungsamt, 50728 Köln, Tel 0221/7580, Stgt MDR **76**, 775 (betr der StPO). Dieses erteilt derzeit eine Auskunft an eine Privatperson über ihr Ausländerzentralregister und die zuständige Ausländerbehörde nur dann, wenn eine Nachfrage bei der zuletzt zuständigen Meldebehörde erfolglos blieb und der Antragsteller ein berechtigtes Interesse an der Kenntnis des Aufenthaltsorts nachweisen kann. Es hält einen solchen Nachweis nur dann für erbracht, wenn der Anfrager einen Vollstreckungstitel oder eine gerichtliche Aufforderung zur Einholung einer Auskunft aus dem Register oder eine Behördenbescheinigung vorlegt, aus der sich ergibt, daß die Erteilung der Auskunft zur Durchführung eines dort anhängigen Verfahrens erforderlich ist. Auch kommt eine Anfrage beim Bundeszentralregister, Landratsamt, bei einer Krankenkasse oder bei Angehörigen in Betracht, Stgt FER **99**, 218.
Beibehaltung der Wohnung: Der Umstand, daß der Zustellungsadressat eine Wohnung bzw einen Wohnsitz formell beibehalten hat, steht der Bewilligung einer öffentlichen Zustellung nicht entgegen, soweit eine Zustellung und vor allem eine Ersatzzustellung dort unausführbar ist.
S auch Rn 7 „Namensschild".
Detektiv: Es kann durchaus zumutbar und daher notwendig sein, einen Detektiv zur Ermittlung der Anschrift einzuschalten. Seine Kosten können sehr wohl erstattungsfähig sein, § 91 Rn 90 „Ermittlungen der Partei: B. Im Prozeß", § 91 Rn 274 „– (Detektiv)".
7 Ehegatte: Es kann zumutbar sein, sich beim Ehegatten des Zustellungsadressaten nach dessen Anschrift zu erkundigen, Zweibr FamRZ **02**, 469.
Ehescheidung: Wegen ihrer weitreichenden Wirkungen ist beim Scheidungsantrag besondere Vorsicht vor der Annahme der Unbekanntheit des Aufenthalts des Antragsgegners geboten, KG FamRZ 75, 693, AG Landstuhl RR **94**, 332, AG Bad Säckingen FamRZ **97**, 611.
S aber auch Rn 8 „Tod".
Einwohnermeldeamt: Rn 5 „Abmeldung".
Erfolgsaussicht: Die Erfolgsaussicht kann *nicht* für die Bewilligung einer öffentlichen Zustellung maßgeblich sein, ebensowenig ein Allgemeininteresse, s dort.
Erschleichung: Sie ist als Rechtsmißbrauch *verboten*, Einl III 54.
Firmenschild: Rn 7 „Namensschild".
Geschäftsfreund: Rn 5 „Auskunft".
Gesellschaft mit beschränkter Haftung: Maßgeblich sind die Verhältnisse beim Geschäftsführer, BayObLG MDR **98**, 366, Stgt JB **05**, 159.
Gesetzlicher Vertreter: Rn 7 „Prozeßunfähigkeit".

Titel 2. Verfahren bei Zustellungen § 185

Hausgenosse: Rn 5 „Auskunft".
Juristische Person: S „Prozeßunfähigkeit".
Justizvollzugsanstalt: Rn 5 „Auskunft".
Leben: Das Gericht darf keinen Nachweis darüber verlangen, daß der Zustellungsadressat noch lebt, KG FamRZ **75**, 693 (freilich sei eine Klage bei ernstlichem Zweifel unzulässig).
Mehrheit von Betroffenen: Großzügig stellt BVerfG NJW **88**, 2361 der Unbekanntheit den Fall gleich, daß eine Vielzahl oder Unüberschaubarkeit des Kreises der Betroffenen vorliegt, § 253 Rn 25, 28.
Melderegister: Rn 5 „Abmeldung", „Auskunft".
Minderjährige: S „Prozeßunfähigkeit".
Nachbar: Rn 5 „Auskunft". 8
Namensschild: Das bloße Firmen- oder Namensschild des Ausgezogenen an der bisherigen Wohnung usw ist kein Hindernis einer öffentlichen Zustellung, Scholz WoM **90**, 100.
   S auch Rn 5 „Beibehaltung der Wohnung".
Öffentliches Interesse: Rn 5 „Allgemeininteresse".
Polizei: Rn 5 „Auskunft".
Post: Es kann eine Anfrage beim Zustellpostamt sinnvoll sein, Naumb RR **01**, 1948. Dieses muß freilich den Datenschutz mitbeachten.
Prozeßbevollmächtigter: Ist sein Aufenthalt unbekannt, so ist § 185 anwendbar.
Prozeßunfähigkeit: Ist der Aufenthalt des gesetzlichen Vertreters des Prozeßunfähigen nach § 170 I 1 unbekannt, so sind §§ 185 ff anwendbar, Rn 3.
   Unanwendbar sind §§ 185 ff, soweit überhaupt kein gesetzlicher Vertreter bekannt ist.
Rechtshilfe: Bei allzu langer Verzögerung einer ausländischen Rechtshilfe gibt Köln MDR **98**, 434 die öffentliche Zustellung (Vorsicht!).
Sozialversicherung: Rn 5 „Auskunft".
Tod: Mit dem sicheren Tod des Zustellungsadressaten *endet* die Anwendbarkeit von §§ 185 ff, Celle FamRZ **05**, 1492. Das Gericht kann keinen Nachweis fordern, daß der Adressat noch lebt, Celle FamRZ **05**, 1492.
Vermieter: Rn 5 „Auskunft".
Verwandter: Rn 5 „Auskunft".
Zustellungsurkunde: Eine Mitteilung auf einer Zustellungsurkunde, der Adressat sei dort unbekannt, genügt entgegen einer verbreiteten Ansicht *nicht*. Denn die Beweiskraft des § 418 erstreckt sich nur auf die in der Urkunde genannte Anschrift und nur auf die Kenntnis dieses einzelnen Zustellers. Erforderlich ist aber weit mehr, Rn 4.
   Solche Mitteilung kann aber *ausreichen,* wenn der Empfänger vorher selbst erklärt hatte, keinen gewöhnlichen Aufenthaltsort zu haben, mit Haftbefehl gesucht wird und wenn weitere Nachforschungen erfolglos waren, Hamm MDR **97**, 1155.

7) Auslandszustellung: Besondere Sorgfalt der Prüfung, Z 2. Zum Auslandsbegriff § 183 Rn 1. Die 9 Auslandszustellung muß unter den Voraussetzungen der Z 2 erfolgen, Bindseil NJW **91**, 3071. Das Gericht muß aber die Voraussetzungen besonders sorgfältig prüfen. Denn eine Bewilligung könnte auf eine Verweigerung des rechtlichen Gehörs hinauslaufen, Artt 2 I, 20 III GG, BVerfG **101**, 404 (Rpfl) Art 103 I GG (Richter) Einf 1, 2 vor §§ 185–188, Zweibr FamRZ **02**, 611 oder §§ 185–188, AG Bad Säckingen FamRZ **97**, 611 (2 Jahre Frist).

   A. Unausführbarkeit. Die Auslandszustellung ist in denjenigen Ausnahmefällen unausführbar, in denen 10 eine Inlandszustellung nicht möglich ist, etwa wegen Exterritorialität nach §§ 18 ff GVG oder im Mahnverfahren nach § 688 II Z 3 oder dann, wenn eine Inlandszustellung nicht möglich ist und wenn die Justizverwaltung keine Auslandszustellung zuläßt, sei es aus politischen Gründen, § 183 Rn 5, oder wenn es an einer geordneten staatlichen Einrichtung im betreffenden Land fehlt.

   B. Voraussichtliche Erfolglosigkeit. Die Auslandszustellung ist voraussichtlich erfolglos, schon weil zu 11 lange Zeit beanspruchend, im Urkunden-, Scheck- oder Wechselprozeß, §§ 592 ff, oder zB: Im Krieg; beim Abbruch der diplomatischen Beziehungen; bei einer unzureichenden Vornahme der Zustellung; dann, wenn man befürchten muß, daß die Zustellung zu lange dauern wird, Hbg MDR **97**, 284, Köln MDR **98**, 434, AG Bonn NJW **89**, 2203. Die Auslandszustellung ist ferner voraussichtlich erfolglos, schon weil zu lange Zeit beanspruchend, in einem Arrestverfahren nach §§ 916 ff, Hamm MDR **88**, 589, oder wenn die Rechtshilfe verweigert werden wird, evtl bei der Zustellung des Scheidungsantrags eines Deutschen, der früher in Sowjetrußland war, nach der Union der russischen Republiken, oder wenn die Justizverwaltung nicht ausreichend hilft, AG Bonn NJW **91**, 1430 (krit Geimer: Ungeachtet des Art 97 GG sei der Richter evtl an die ZRHO gebunden. Aber Vorsicht mit jeder Einengung seiner Unabhängigkeit!). S auch § 168 GVG Anh I Grdz 4 und Bülow/Böckstiegel/Geimer/Schütze, Der Internationale Rechtsverkehr in Zivil- und Handelssachen, 3. Aufl seit 1990.

   C. Weitere Einzelfragen. Soweit das Gericht auch nach Monaten nicht bereits eine klare Kenntnis davon 12 hat, daß die Rechtshilfe verweigert werden wird oder daß die Zustellung nur unzureichend möglich sein wird, muß es einen Zustellungsversuch vornehmen, Hamm NJW **89**, 2203 (zustm Geimer). Das Gericht kann nicht fordern, daß der Antragsteller zunächst eine private Benachrichtigung versuchen solle. Denn das würde über die gesetzlichen Erfordernisse hinausgehen. Wenn sich jemand an einem Ort befindet, den das Gericht zwar kennt, an dem den Adressaten förmliche Zustellungen aber nicht erreichen, dann ist die Zustellung unausführbar, die Voraussetzungen von Z 2 sind also erfüllt, Köln FamRZ **85**, 1279, aM ZöStö 3 (aber die Prozeßwirtschaftlichkeit setzt immer weitere Versuchen Grenzen, Grdz 14 vor § 128). Freilich muß das Gericht zunächst eine Zusendung mit Einschreiben möglichst gegen Rückschein oder wenigstens eine formlose Zusendung versuchen, Köln MDR **98**, 434, Geimer NJW **89**, 2205. Das Gericht braucht aber im letzteren Fall nicht endlos auf eine Reaktion als Zugangsnachweis zu warten. Es darf grundsätzlich nicht aus der Nichtrückkehr des einfachen Auslandsbriefs auf dessen Zugang schließen, Anh § 286 Rn 153 ff. Eine Ausnahme kann nach der VO (EU) gelten, Anh § 183 Rn 3. Wegen einer „Tschernobyl"-Sache Mansel IPRax **87**, 212.

13 8) *Exterritorialer, Z 3.* Wenn der nach §§ 18–20 GVG exterritoriale Dienstherr eines nach diesen Vorschriften nicht exterritorialen ausländischen oder deutschen Hausgenossen das Betreten seiner Wohnung zur Vornahme der Zustellung nicht erlaubt, ist die öffentliche Zustellung zulässig. Der Antragsteller muß einen entsprechenden Nachweis erbringen. Eine Zustellung an einen Exterritorialen selbst darf nur dann nach § 185 stattfinden, wenn sie nach den §§ 183, 184 unmöglich ist.

14 9) *Verstoß, Z 1–3.* Vgl § 186 Rn 9.

15 10) *VwGO:* Unmittelbar anwendbar, Einf § 166 Rn 19. Wegen der Zustellung durch öff Bekanntmachung im Massenverfahren s § 56 a *VwGO*.

186 *Bewilligung und Ausführung der öffentlichen Zustellung.* I 1 Über die Bewilligung der öffentlichen Zustellung entscheidet das Prozessgericht. ²Die Entscheidung kann ohne mündliche Verhandlung ergehen.

II 1 Die öffentliche Zustellung erfolgt durch Aushang einer Benachrichtigung an der Gerichtstafel oder durch Einstellung in ein elektronisches Informationssystem, das im Gericht öffentlich zugänglich ist. ²Die Benachrichtigung kann zusätzlich in einem von dem Gericht für Bekanntmachungen bestimmten elektronischen Informations- und Kommunikationssystem veröffentlicht werden. ³Die Benachrichtigung muss erkennen lassen

1. die Person, für die zugestellt wird,
2. den Namen und die letzte bekannte Anschrift des Zustellungsadressaten,
3. das Datum, das Aktenzeichen des Schriftstücks und die Bezeichnung des Prozessgegenstandes sowie
4. die Stelle, wo das Schriftstück eingesehen werden kann.

⁴Die Benachrichtigung muss den Hinweis enthalten, dass ein Schriftstück öffentlich zugestellt wird und Fristen in Gang gesetzt werden können, nach deren Ablauf Rechtsverluste drohen können. ⁵Bei der Zustellung einer Ladung muss die Benachrichtigung den Hinweis enthalten, dass das Schriftstück eine Ladung zu einem Termin enthält, dessen Versäumung Rechtsnachteile zur Folge haben kann.

III In den Akten ist zu vermerken, wann die Benachrichtigung ausgehängt und wann sie abgenommen wurde.

Vorbem. II 1 erweitert, II 2 eingefügt, dadch bisheriger II 2 zu II 3, bisheriger II 3 zu II 4 und bisheriger II 4 zu II 5 dch Art 1 Z 14a, b JKomG v 22. 3. 05, BGBl 837, in Kraft seit 1. 4. 05, Art 16 I JKomG, ÜbergangsR Einl III 78.

Gliederung

1) **Systematik**, I–III 1	B. Inhalt der Benachrichtigung, II 3–5 11
2) **Regelungszweck**, I–III 2	C. Person, für die zugestellt werden soll, II 3 Z 1 12
3) **Geltungsbereich**, I–III 3	D. Zustellungsadressat, II 3 Z 2 13
4) **Bewilligungsverfahren**, I 4–8	E. Schriftstück, Prozeßgegenstand, II 3 Z 3 14
A. Zuständigkeit, I 1 4	F. Einsichtsstelle, II 3 Z 4 15
B. Von Amts wegen, I 1 5	G. Allgemeiner Fristhinweis, II 4 16
C. Weiteres Verfahren, I 1 6	H. Spezieller Ladungshinweis, II 5 17
D. Entscheidung, I 2 7	6) **Verstoß**, I–III 18
E. Rechtsbehelf I 1, 2 8	7) *VwGO* 19
5) **Ausführung**, II 9–17	
A. Aushang einer Benachrichtigung usw, II 1, III 10	

1 1) **Systematik, I–III.** Während § 185 die Voraussetzungen einer öffentlichen Zustellung nennt, regeln §§ 186, 187 das Verfahren, die Ausführung, und §§ 188 die Rechtswirkungen.

2 2) **Regelungszweck, I–III.** Vgl zunächst § 185 Rn 2. Die Durchführung der öffentlichen Zustellung von Amts wegen dient vor allem der Rechtssicherheit nach Einl III 43. Sie bedarf bei dieser folgenschweren Zustellungsart besonderer Beachtung. Immerhin unterstellt § 186 ja schon die bloße Möglichkeit einer Kenntnisnahme. Es gibt daher ein erhöhtes Schutzbedürfnis des Adressaten, natürlich nicht bei Arglist, Einl III 54, KG MDR **98**, 125. Daher muß das Gericht das Verfahren peinlich exakt durchführen. Das gilt besonders beim Aushang im Zugwind der „Gerichtstafel", deren Hinterglasteil wieder einmal übervoll ist und durch irgendeinen jedem Zugriff ungeschützt preisgegebenen und von niemandem kontrollierten Zusatzplatz an der Wand des Haupteingangs ergänzt wurde usw. An der Zweifelhaftigkeit solcher „Zustellung" ändert auch III wenig.

3 3) **Geltungsbereich, I–III.** Üb 3 vor § 166.

4 4) **Bewilligungsverfahren, I.** Das Gericht hält es leider nicht stets sorgfältig genug ein.

A. **Zuständigkeit, I 1.** Für die Bewilligung der öffentlichen Zustellung ist das Prozeßgericht zuständig. Das ist auch dasjenige Gericht, bei dem der Kläger die Klage usw eingereicht hat (bloße Anhängigkeit, § 261 Rn 1). Soweit der Rpfl für das Verfahren insgesamt zuständig ist, ist er auch zur Bewilligung nach I zuständig. Das ergibt sich aus § 4 I RPflG, Anh § 153 GVG, Mü MDR **88**, 679. Der Rpfl ist daher jetzt auch im Kostenfestsetzungsverfahren nach § 103 ff zur Bewilligung zuständig. Soweit nicht der Rpfl, sondern der Richter zuständig ist, ist der Vorsitzende des Kollegiums nicht allein berufen, BayObLG Rpfleger **78**, 446, wohl aber der Einzelrichter nach §§ 348, 348a und der Vorsitzende der Kammer für

Titel 2. Verfahren bei Zustellungen **§ 186**

Handelssachen, § 349, Ffm MDR **87**, 414. Das Prozeßgericht muß also sonst in voller Besetzung entscheiden. Über die Dauer der Instanz § 172 I.

Über die Zustellung der *Rechtsmittelschrift* entscheidet also das Rechtsmittelgericht, auch dessen Einzelrichter, §§ 526, 527, 568. In der Zwangsvollstreckung entscheidet das Vollstreckungsgericht, § 764. Die Titelzustellung gehört evtl bereits dazu, § 750 I 1 letzter Fall. Wenn es um eine Zustellung auf Grund einer vollstreckbaren notariellen Urkunde geht, ist das AG nach § 797 III zuständig. Wenn ein anderes als das Prozeßgericht die öffentliche Zustellung bewilligt hat, ist sie als solche grundsätzlich unwirksam, Üb 12 vor § 166. Der Mangel ist jedoch nach § 189 heilbar, Üb 14 vor § 166.

B. Von Amts wegen, I 1. Die Bewilligung kann zwar auch im Verfahren der §§ 166–190 auf Grund **5** eines Antrags der Partei erfolgen. Sie geschieht aber in jedem Fall letzthin auf Amts wegen, so schon BGH VersR **87**, 986, Bbg FamRZ **00**, 1288, Köln Rpfleger **88**, 502. Jede öffentliche Zustellung erfordert einen besonderen Beschluß, § 329. Die Bewilligung ist also keineswegs für den ganzen Rechtszug zulässig, Bbg FamRZ **95**, 1281, oder gar für den gesamten Prozeß oder „bis auf weiteres" oder für alle künftigen Fälle. Von dieser Regel eine Ausnahme, wenn das Gericht gleichzeitig die öffentliche Zustellung eines Versäumnisurteils nach §§ 330 ff und des Beschlusses nach § 339 II bewilligt. Die Fristwahrung richtet sich nach § 188. Es besteht kein Anwaltszwang, selbst wenn er in der zugehörigen Sache selbst besteht. Eine Anregung oder ein Antrag des Gerichtsvollziehers reichen bei einer Zustellung im Parteibetrieb nach §§ 191 ff nicht aus. Eine Bewilligung von Amts wegen ist unter Umständen auch wegen der prozessualen Fürsorgepflicht nach Einl III 27 erforderlich, BGH VersR **83**, 832.

C. Weiteres Verfahren, I 1. Eine mündliche Verhandlung ist nach I 2 freigestellt, § 128 IV. Das Gericht **6** muß die vom etwaigen Antragsteller eingereichten Nachweise würdigen, § 286. Es soll vorsichtig vorgehen, § 185 Rn 1. Denn die Zustellung ist wirksam, selbst wenn die Voraussetzungen des § 185 fehlen, Ffm NJW **04**, 3050. Das gilt sogar in dem Fall einer Erschleichung nach Einf 4 vor § 185. Die Rechtskraft einer auf Grund der öffentlichen Zustellung ergangenen Entscheidung läßt sich auch nicht mit dem Nachweis des Fehlens der Voraussetzungen der öffentlichen Zustellung bekämpfen.

Das Gericht prüft das *Rechtsschutzbedürfnis*, Grdz 33 vor § 253. Dieses ist von den Erfolgsaussichten der Sache unabhängig, erst recht von der Bedeutung des Streitgegenstands. Es kann zB fehlen, wenn das Gericht sein Verfahren etwa nach 247 aussetzen müßte, oder wenn es zB nach § 240 unterbrochen ist, oder wenn zweifelhaft ist, ob der Zustellungsadressat noch lebt, § 185 Rn 1, ZöStö 3, aM KG FamRZ **75**, 693 (aber dann ist das weitere Schicksal des ganzen Prozesses derzeit völlig ungewiß). Auch muß das Gericht eine Erschleichung verhindern, Einl III 54 (Rechtsmißbrauch), Einf 4 vor §§ 185–188. Wenn es um die Zustellung einer Klageschrift geht, braucht das Gericht seine Zuständigkeit zur Entscheidung über die Sache selbst auch nicht zu prüfen, Köln MDR **02**, 230. Freilich soll es auf eine Unzuständigkeit bereits jetzt hinweisen. Es kann bei offensichtlicher Unzuständigkeit das Rechtsschutzbedürfnis verneinen. Zum Auslagenvorschuß § 68 I GKG, KV 9002 ff, Hartmann Teil I.

Das Wort „*kann*" in § 185 I bedeutet nicht, daß das Gericht ein pflichtgemäßes Ermessen hätte. Es gibt dem Gericht vielmehr lediglich die rechtliche Möglichkeit und die Zuständigkeit. Das Gericht *muß* die öffentliche Zustellung also bewilligen, soweit ihre gesetzlichen Voraussetzungen vorliegen, aM KG MDR **98**, 125, Köln RR **93**, 446, AG Landstuhl FamRZ **93**, 212 (aber das Gericht hat eine Förderungspflicht, Einl III 27).

D. Entscheidung, I 2. Die Entscheidung erfolgt durch einen Beschluß, §§ 128 IV, 329. Das Gericht **7** muß ihn grundsätzlich begründen, § 329 Rn 4. Es bewilligt die öffentliche Zustellung des genau zu bezeichnenden Schriftstücks oder weist den Antrag als unzulässig oder unbegründet zurück. Das Gericht verkündet seinen Beschluß oder teilt ihn den Parteien formlos mit, § 329 Rn 1, dem Gegner im ersteren Fall mit dem zuzustellenden Schriftstück zusammen, also öffentlich nach Rn 10. Ein späterer Aufhebungsbeschluß macht eine vorgenommene öffentliche Zustellung nicht unwirksam. Fehlten die Voraussetzungen des § 185, darf und muß das Gericht umterminieren, Ffm NJW **04**, 3050. Das Gericht muß einen Vorschuß nach § 68 GKG erheben. Die pflichtwidrige Unterlassung seiner Anordnung kann Folgen nach § 8 GKG auslösen, LG Kblz MDR **99**, 1024.

E. Rechtsbehelf, I 1, 2. Gegen einen ablehnenden Beschluß kann der Antragsteller die sofortige Be- **8** schwerde nach § 567 I Z 2 einlegen. Beim Rpfl gilt § 11 RPflG, § 104 Rn 41 ff.

Ein *Dritter* hat keinen Rechtsbehelf. Gegen einen stattgebenden Beschluß ist kein eigener Rechtsbehelf zulässig. Dasselbe gilt bei einer Terminsverlegung, Ffm NJW **04**, 3050. Es können aber gegen das Urteil in Betracht kommen: Der dort mögliche Rechtsbehelf; eine Wiedereinsetzung nach §§ 233 ff, etwa wegen Erschleichung der öffentlichen Zustellung, Rn 6, BGH **118**, 48; eine Vollstreckungsabwehrklage nach § 767; schließlich nach der Erschöpfung des Rechtswegs eine Verfassungsbeschwerde des zu Unrecht öffentlich Geladenen, Artt 2 I, 20 III GG (Rpfl), BVerfG **101**, 404, Art 103 I GG (Richter), Einl III 17, BVerfG NJW **88**, 2361.

5) Ausführung, II. Nach der Bewilligung erfolgt die Ausführung der öffentlichen Zustellung durch den **9** Urkundsbeamten der Geschäftsstelle. Das folgt zwar nicht schon aus dem Wortlaut des § 168 I 1. Denn er nennt scheinbar nur das Verfahren nach §§ 173–175. In Wahrheit ist aber die Geschäftsstelle mangels richterlicher Weisung ganz selbstverständlich auch zur Veranlassung der Maßnahmen nach II zuständig. Wer sonst? Ein Verstoß gegen die Voraussetzungen der öffentlichen Zustellung macht sie nicht unwirksam, Celle RR **89**, 572, Köln RR **93**, 446. Ein Verstoß gegen die vorgeschriebene Ausführung macht die Zustellung aber grundsätzlich unwirksam, Üb 13 vor § 166, Celle RR **89**, 572. Eine Heilung ist nach § 189 möglich, Üb 13 vor § 166. Eine formell ordnungsgemäße Bewilligung und Ausführung macht die Zustellung beim Fehlen ihrer gesetzlichen Voraussetzungen dennoch wirksam, Hamm RR **98**, 497, Köln RR **93**, 446, Stgt MDR **02**, 353, aM BGH **149**, 321, Schlesw RR **02**, 714, Zweibr FamRZ **02**, 469 (aber sogar ein Verstoß gegen Art 103 I GG wäre heilbar, § 295 Rn 44).

§§ 186, 187

10 A. Aushang einer Benachrichtigung usw, II 1, 2, III. Eine Benachrichtigung muß den Anforderungen von II 3–5 genügen. Das Gericht muß sie nach II 1 Hs 1 für die in § 188 S 1, 2 genannte Dauer an der Gerichtstafel aushängen oder nach II 1 Hs 2 in ein elektronisches Informationssystem einstellen, das im Gericht öffentlich zugänglich ist. Die Benachrichtigung kann nach II 2 zusätzlich in einem vom Gericht für Bekanntmachungen bestimmten und daher von dem in II 1 Hs 2 genannten System zu unterscheidenden elektronischen Informations- und Kommunkationssystem erfolgen. Die Anheftung gerade einer vollständigen Ausfertigung oder beglaubigten Abschrift findet nicht mehr statt.

Auch in einer *Ehesache* nach § 606 I einschließlich einer Folgesache, soweit diese nach § 623 I zugleich mit der Scheidung entschieden wird, und in einer Kindschaftssache nach § 640 I kommt nur die Benachrichtigung an die Gerichtstafel usw. Der Aushang darf nicht mehr enthalten, als II 3–5 bestimmt. Dabei muß das Gericht die Privatsphäre schützen, Einf 1 vor §§ 185–188, § 299 Rn 23 ff, Peppler NJW **76**, 2158. Allerdings ist notwendig, auch den Tenor der öffentlich bekanntzugebenden Entscheidung mitzuteilen, BVerfG NJW **88**, 1255. Eine Beglaubigung erfolgt nicht mehr.

Das Gericht muß den *Bewilligungsbeschluß* mit der auszuhängenden oder einzustellenden Benachrichtigung verbinden. Die angehefteten oder in das elektronische Informationssystem eingestellten Dokumente kommen in jedem Fall zu den Gerichtsakten. Sie werden dem Zustellungsgegner nicht ausgehändigt. Der Urkundsbeamte der Geschäftsstelle vermerkt in den Akten nach III den Zeitpunkt der Anheftung und Wiederabnahme oder der elektronischen Einstellung und ihrer Beendigung. Seine volle Namensunterschrift oder Signatur ist für die Wirksamkeit der öffentlichen Zustellung nicht erforderlich. Man kann den Anheftungs- oder Einstellungsvorgang mit jedem Beweismittel nachweisen. Der Urkundsbeamte darf sich bei der Anheftung und bei der Abnahme oder bei der elektronischen Einstellung und bei der Beendigung der Einstellung des Dokuments des Gerichtswachtmeisters oder einer sonstigen Hilfsperson bedienen. Eine Zustellungsbescheinigung richtet sich nach § 169 I. Der Adressat hat die Rechte nach § 169 I.

11 B. Inhalt der Benachrichtigung, II 3–5. Das Gesetz schreibt den Mußinhalt einer wirksamen Benachrichtigung vor. Sie kann unter Wahrung des Datenschutzes usw nach Rn 10 weitere Angaben enthalten.

12 C. Person, für die zugestellt wird, II 2 Z 1. Das ist nicht der Zustellungsadressat. Ihn nennt Z 2. Es sind diejenigen Angaben erforderlich, die zur Erkennbarkeit ausreichen, also zur Identifizierung und Abgrenzung von anderen, wie bei jedem Prozeßbeteiligten erforderlich, zB §§ 50 Rn 3 ff, 253 Rn 22 ff, 373 Rn 4, 5, 403 Rn 3.

13 D. Zustellungsadressat, II 3 Z 2. Das ist die auch in § 182 II Z 1 genannte Person. Neben dem zur Identifizierung notwendigen vollen Vor- und Nachnamen nebst etwaigem Zusatz „senior" usw muß man natürlich nur die letzte dem Gericht bekannte Anschrift nennen, Celle OLGR **03**, 191. Eine Berufsbezeichnung ist nicht erforderlich.

14 E. Schriftstück, Prozeßgegenstand, II 3 Z 3. Es sind erforderlich und ausreichend Datum und Aktenzeichen mit Kurzangabe wie „Klageschrift" oder „Schriftsatz vom . . ." sowie Kurzangaben des Gegenstandes wie zB „wegen Mietzahlung", „in der Ehesache" usw.

15 F. Einsichtsstelle, II 3 Z 4. Notwendig ist die Bezeichnung „Geschäftsstelle Abt. . . ." usw nebst gegenwärtigem Raum. Denn letzterer kann wechseln und ist nicht wesentlich. Mag sich der Interessent beim Pförtner usw erkundigen. Der Telefonanschluß mit Durchwahl kann eine sehr nützliche Angabe sein.

16 G. Allgemeiner Fristhinweis, II 4. Erforderlich ist stets ein doppelter Hinweis: Zum einen auf den Vorgang der öffentlichen Zustellung, zum anderen auf einen etwaigen Fristenablauf und dann mögliche Rechtsverluste. Es ist nicht ratsam, ihn allzu ausführlich zu formulieren. Je mehr Worte, desto größere Fehlerquote. Die Wiedergabe des Textes von II 4 dürfte meist durchaus reichen.

17 H. Spezieller Ladungshinweis, II 5. Bei der Zustellung einer Ladung ist zusätzlich zum Hinweis auf eine öffentliche Zustellung nach II 4 Hs 1 der in II 5 ausreichend formulierte weitere Hinweis notwendig. Wie bei Rn 16: Vorsicht vor mehr als dem Gesetzestext.

18 6) Verstoß, I–III. Ein Verstoß gegen § 186 führt zur Unwirksamkeit der Zustellung, Stgt JB **05**, 159. Wegen einer Heilung § 189. Soweit die Angaben den Fortgang des Prozesses unentbehrlich sind, hat ein Verstoß gegen das BDSG keine Bedeutung, aM Finger NJW **85**, 2685 (aber das BDSG hat keinen allgemeinen Vorrang vor der ZPO). Bei unrichtigem Hinweis nach II 4, 5 kann § 381 III 1 Hs 1 unanwendbar sein. Ein Verstoß kann Amtshaftung nach Art 34 GG § 839 BGB auslösen.

19 7) VwGO: Unmittelbar anwendbar, Einf § 166 Rn 19.

187 *Veröffentlichung der Benachrichtigung.* Das Prozessgericht kann zusätzlich anordnen, dass die Benachrichtigung einmal oder mehrfach im elektronischen Bundesanzeiger oder in anderen Blättern zu veröffentlichen ist.

Vorbem. Änderg dch Art 1 Z 52 e JKomG v 22. 3. 05, BGBl 837, in Kraft seit 1. 4. 05, Art 16 I JKomG, ÜbergangsR Einl III 78.

1 1) Systematik. Die Vorschrift ergänzt § 186 für alle Fälle öffentlicher Zustellung ohne Beschränkung auf Ladung oder Aufforderung nach § 276 I 1. Sie ist eine Kannvorschrift, keine Mußbestimmung.

2 2) Regelungszweck. Die Vorschrift dient verstärkt der Rechtssicherheit nach Einl III 43. Sie dient nämlich der Einengung der evtl weitreichenden Folgen einer Unterstellung des Zugangs. Auf ihn kommt es ja nach dem Grundsatz des § 166 vor allem an. Das muß man bei der Auslegung mitbeachten. Das gilt vor allem bei der Begrenzung der Ermessensfreiheit, ob, wo und wie oft und auch wann eine Veröffentlichung nach § 187 notwendig ist.

Mehrkosten können beträchtlich sein. Das ist zwar mitbeachtlich, aber nicht entscheidend, Rn 4. Auch die Unwahrscheinlichkeit einer Durchsicht gerade des elektronischen Bundesanzeigers gerade durch diesen

Titel 2. Verfahren bei Zustellungen　　　　　　　　　　　　　　　　　　　　**§§ 187–189**

Prozeßbeteiligten darf kein ausschlaggebendes Argument sein. Freilich mag es mindestens ebenso sinnvoll sein, statt des elektronischen Bundesanzeigers „nur" das Lokalblatt in der Hoffnung auszuwählen, daß irgendein Bekannter des Verzogenen diese Ladung usw liest und den Adressaten verständigt, vielleicht sogar dem Gericht die neue Anschrift mitteilt. Auch der gewisse Zeitverlust bis zum Eintreffen des Veröffentlichungsbelegs, den das Gericht natürlich braucht, darf nicht entscheiden. Ein bißchen größere Chance des Kontakts wiegt schwerer.

3) Geltungsbereich. Die Vorschrift gilt in allen Verfahren nach der ZPO und nach den auf sie verweisenden Gesetzen. Die Einrückung erfolgt auch dann, wenn das Schriftstück keine Ladung oder Terminsbekanntmachung enthält. Denn auch in diesem Fall trifft der Sinn der Vorschrift zu. Das Gericht kann im Rahmen eines pflichtgemäßen Ermessens von Amts wegen die Einrückung in andere Blätter zusätzlich anordnen, so schon LG Kblz FamRZ **00**, 171. Es darf und muß evtl auch mehrmals und auch nachträglich eine solche Anordnung treffen. Da der elektronische Bundesanzeiger ohnehin tatsächlich für manchen noch nur einsehbar ist, kommt zumindest *eine* zusätzliche Veröffentlichung in Betracht, etwa in der örtlichen Presse. Wegen der weitreichenden Wirkungen der öffentlichen Zustellung ist eben keine kostenrechtliche Kleinlichkeit angebracht. § 8 GKG ist nur in einem krassen Fall anwendbar. 3

4) Ermessen. Das Wort „kann" bedeutet: Das Gericht hat ein pflichtgemäßes Ermessen dazu, ob, wie oft, wo und wann es die Benachrichtigung des § 186 außer an der Gerichtstafel auch noch anderweitig veröffentlichen läßt. Die Abwägung der Gesamtumstände muß unter Beachtung des Regelungszwecks nach Rn 2 ergeben, welche Lösung erforderlich ist. Die Kosten der weiteren Veröffentlichung(en) sind natürlich mitbeachtlich. Sie sind aber nicht das wichtigste Merkmal, Rn 2. 4

Das Gericht muß jetzt die *ganze Benachrichtigung* des § 186 veröffentlichen. Denn die frühere Beschränkung auf einen „Auszug" ist dem Wort „die" (Benachrichtigung) gewichen. Eine Veröffentlichung auch einer Ausfertigung oder Abschrift oder eines Auszugs des zuzustellenden Schriftstücks erfolgt nur auf gerichtliche Anordnung. 5

5) Verstoß. Eine falsche oder unvollständige zusätzliche Veröffentlichung kann neben der Notwendigkeit einer Kostenniederschlagung nach § 21 GKG zu Staatshaftung führen, Art 34 GG, § 839 BGB, auch zur Wiedereinsetzung nach §§ 233 ff. Die Wirksamkeit der Zustellung ist von einer zusätzlichen Veröffentlichung selbst dann nicht abhängig, wenn das Gericht sie richtigerweise nach Rn 4 für notwendig oder doch ratsam halten durfte oder mußte. 6

6) *VwGO: Unmittelbar anwendbar, Einf § 166 Rn 19.* 7

---

188 *Zeitpunkt der öffentlichen Zustellung.* ¹Das Schriftstück gilt als zugestellt, wenn seit dem Aushang der Benachrichtigung ein Monat vergangen ist. ²Das Prozeßgericht kann eine längere Frist bestimmen.

1) Systematik, S 1, 2. Die Vorschrift regelt die Rechtsfolgen einer wirksamen öffentlichen Zustellung. 1

2) Regelungszweck, S 1, 2. Der Weg einer Unterstellung (Fiktion) des Zugangs der Mitteilung ist ein gefährliches, aber unentbehrliches Mittel, § 185 Rn 2. Deshalb muß das Gericht die Voraussetzungen wie den Umfang dieser Unterstellung streng prüfen. § 188 soll vermeiden, daß eine öffentliche Zustellung deshalb unwirksam wird, weil das Gericht eine Frist unrichtig berechnet hatte oder weil es die Benachrichtigung zu früh von der Gerichtstafel entfernt hatte. Andererseits kann auch nicht jede noch so kurze Anheftung genügen. Wenn man überhaupt mit einer Unterstellung des Zugangs arbeiten muß, dann sollte auch nur unter besonderen Umständen eine Wartefrist von über einem Monat sinnvoll sein. Freilich kann etwa die hochsommerliche Urlaubszeit solche besonderen Umstände begründen. 2

3) Geltungsbereich, S 1, 2. § 185 Rn 3. 3

4) Voraussetzungen, S 1, 2. § 188 macht eine Unterstellung zum Zeitpunkt der Zustellung, Üb 4 vor § 166. Diese Unterstellung ist unabhängig von dem etwaigen späteren Wegfall der Voraussetzungen der Zustellung und unabhängig davon, ob und wann der Adressat tatsächlich Kenntnis von der Zustellung erhalten hat. Sie gilt also zB auch dann, wenn sich der Zustellungsadressat nach Üb 10 vor § 166 meldet. Freilich kann dann eine Zustellung nach § 173 erfolgen. Die Fristen in S 1 und 2 sind keine eigentlichen Prozeßfristen, sondern uneigentliche Fristen, Üb 11 vor § 214. Man berechnet sie nach § 222. Der Aushangstag rechnet nicht mit, § 187 I BGB. Eine Verkürzung einer solchen Frist ist unstatthaft, Üb 11 vor § 214 (Unanwendbarkeit des 224). Eine Verlängerung ist abweichend von § 225 nach S 2 statthaft. Sie ist aber nur im Zeitpunkt der Bewilligung der öffentlichen Zustellung nach § 186 I 1 zulässig, nicht später. Sie erfordert einen Beschluß „des Prozeßgerichts", auch des Einzelrichters nach §§ 348, 348 a, 526, 527, 568. 4

5) Verstoß, S 1, 2. Unschädlich ist wegen Rn 2 nur eine geringfügig verfrühte Abnahme. Eine Amtshaftung nach Art 34 GG, § 839 BGB wegen wesentlich zu früher Entfernung von der Gerichtstafel bleibt von S 1, 2 unberührt. 5

6) *VwGO: Unmittelbar anwendbar, Einf § 166 Rn 19.* 6

---

189 *Heilung von Zustellungsmängeln.* Lässt sich die formgerechte Zustellung eines Dokuments nicht nachweisen oder ist das Dokument unter Verletzung zwingender Zustellungsvorschriften zugegangen, so gilt es in dem Zeitpunkt als zugestellt, in dem das Schriftstück der Person, an die die Zustellung dem Gesetz gemäß gerichtet war oder gerichtet werden konnte, tatsächlich zugegangen ist.

§ 189

Buch 1. Abschnitt 3. Verfahren

Vorbem. Ändergen dch Art 1 Z 15 JKomG v 22. 3. 05, BGBl 837, in Kraft seit 1. 4. 05, Art 16 I JKomG, ÜbergangsR Einl III 78.

Gliederung

1) Systematik	1	D. Adressierung		11
2) Regelungszweck	2	E. Beweis		12
3) Geltungsbereich	3	5) Notfrist		13
4) Heilung	4–12	6) Entscheidung		14
A. Grundsatz: Zwingende Rechtsfolge	4	7) Rechtsmittel		15
B. Tatsächlicher Zugang	5	8) *VwGO*		16
C. Beispiele zur Frage der Anwendbarkeit	6–10			

1 **1) Systematik.** Die Vorschrift regelt die Rechtsfolgen von Zustellungsmängeln. Sie enthält eine sorgsame Abstufung der Folgen. Sie hat Ähnlichkeit mit § 295. § 170 I 2 hat Vorrang.

2 **2) Regelungszweck.** § 189 enthält einen allgemeinen Gedanken. Die Vorschrift ist daher weit auslegbar, BGH NJW **89**, 1155, Celle Rpfleger **91**, 167, Nürnb MDR **82**, 238. Das gilt freilich nicht auch im Hinblick auf den Inhalt des Dokuments, aM Stgt RR **89**, 1534 (aber die Vorschrift bezweckt nur eine Formheilung). § 189 soll im Interesse der Rechtssicherheit nach Einl III 43 wie auch der Prozeßwirtschaftlichkeit nach Grdz 14 vor § 128 zwar nur den Nachweis der Tatsache und den Zeitpunkt des Zugangs sicherstellen, BGH **130**, 74. Die Vorschrift soll aber auch insofern den Formalismus bei der Zustellung in Grenzen halten, Celle Rpfleger **91**, 167. Das bedeutet nicht, daß das Gericht keinen Wert auf eine korrekte Zustellung legen muß. Es bedeutet freilich auch nicht, daß jede irgendwie mangelhafte Zustellung nichtig wäre, solange das Gericht sie nicht zuläßt. Im übrigen mag das Gericht eine unwirksame Zustellung wiederholen müssen.

Die Vorschrift dient mit ihrer uneingeschränkten Heilbarkeit auch der *Gerechtigkeit*. Prozeßrecht darf ja niemals zum Selbstzweck werden, Einl III 10. Allerdings muß mangels Einhaltung der gesetzlichen Form doch mindestens ein wirklicher Zugang vorliegen. Dieses Wort sollte man ziemlich streng auslegen. Nicht jeder Briefkasten ist so intakt und so eindeutig dem Adressaten zuzuordnen, daß man den dortigen Einwurf als Zugang werten darf. Im gepflegten Einfamilienhaus reicht aber der einzige Briefkasten für alle Angehörigen. Auch bei § 189 muß in solchen Grenzen die bloße Möglichkeit der Kenntnisnahme als Zugang ausreichen. Es kommt also wiederum auf die Einzelsituation an.

3 **3) Geltungsbereich.** Vgl zunächst Üb 3 vor § 166. Die Vorschrift betrifft in den Grenzen des § 170 I 2 jede Art des Zugangs förmlich zuzustellender Dokumente, BGH **100**, 238 (Verfügung des Bundeskartellamts). Sie betrifft grundsätzlich jede Art von Zustellung im Partei- wie Amtsbetrieb, BVerfG NJW **88**, 1774 (Insolvenzverfahren), BGH NJW **03**, 2688 (Anwaltszustellung), Hamm RR **94**, 63 (Klagefrist), Düss Rpfleger **89**, 36 (Terminsladung nach [jetzt] § 174), Köln VersR **02**, 908 (Klagezustellung), BGH **76**, 238 (§§ 296 I, 530), LG Aachen RR **90**, 1344 (Arrestbefehl), AG Biedenkopf MDR **83**, 588 (Zustellung einer Vorpfändung), aM KG RR **99**, 72 (Beschlußverfügung), LG Hechingen DGVZ **86**, 189. Das gilt grundsätzlich auch im internationalen Rechtsverkehr, BayObLG FamRZ **75**, 215 (zustm Geimer), Hamm FamRZ **00**, 898, aM Jena IPRax **02**, 298 (abl Stadler 285). § 189 gilt auch im WEG-Verfahren, BayObLG WoM **00**, 34, Hbg ZMR **98**, 713. Die Vorschrift betrifft also nicht nur eine Ersatzzustellung. Sie betrifft nach dem ersatzlosen Wegfall des früheren § 187 S 2 auch eine Zustellung, die eine Notfrist nach § 224 I 2 in Gang setzen soll, Rn 13. Im Verfahren nach § 23 EGGVG ist § 189 unanwendbar, Karlsr OLGZ **85**, 201.

4 **4) Heilung.** Es müssen mehrere Voraussetzungen zusammentreffen. Stets muß ein erkennbarer Zustellungswille des Absenders vorliegen, Rn 9 „Versehentliche Zustellung", BayObLG NJW **04**, 3722.

A. Grundsatz: Zwingende Rechtsfolge. Nach § 189 heilt eine Zustellung kraft zwingender Zustellungs-Unterstellung („gilt als zugestellt") schon dadurch rückwirkend, daß das Dokument tatsächlich in die Hand des Zustellungsadressaten nach Üb 10 vor § 166 kommt. Das Gericht muß die Zustellung als in demjenigen Zeitpunkt erfolgt behandeln, in dem der Zustellungsadressat das Dokument so erhalten hat, daß er es in seinen Besitz bekam und behalten sollte, BGH NJW **84**, 926, Mü FamRZ **81**, 167, Rostock FamRZ **99**, 1076, und daß er von seinem Inhalt Kenntnis nehmen konnte, Celle Rpfleger **91**, 167. Das Gericht muß die Zustellung erst recht dann als bewirkt ansehen, wenn eine gegenteilige Auffassung auf eine leere Förmelei hinauslaufen würde und wenn der Zustellungszweck offensichtlich erreicht wird, wenn also für keinen Beteiligten ein Schaden entstehen kann, so schon BGH NJW **84**, 927, Mü MDR **86**, 944, Hundt-Eßwein DB **86**, 2460.

5 **B. Tatsächlicher Zugang.** Es ist ein tatsächlicher Zugang der vollständigen Entscheidung usw notwendig, BSG NJW **03**, 382, Drsd RR **03**, 1722, Köln RR **87**, 576. Der Zugang muß nach § 170 beim Zustellungsadressaten nach Üb 10 vor § 166 erfolgen, Brdb FamRZ **98**, 1440, Hbg ZMR **98**, 713, LG Hann DGVZ **96**, 138. Der Adressat muß also den Besitz erhalten, BGH NJW **01**, 1996, Karlsr Rpfleger **04**, 642, Köln RR **87**, 576. Bei § 170 I ist der Zugang an den gesetzlichen Vertreter erforderlich, Rn 9 „Prozeßunfähigkeit". Bei § 172 ist der Zugang an den ProzBev und nicht an die Partei erforderlich und ausreichend, BGH **84**, 926. Beim späteren ProzBev kann der frühere Zugang reichen, BGH NJW **89**, 1154. Der Zugang braucht nicht dauernd zu sein, Köln RR **87**, 576.

Die *bloße Unterrichtung* über den Inhalt reicht nicht aus, BGH NJW **92**, 2100, Karlsr Rpfleger **04**, 642, Nürnb MDR **82**, 238. Ebensowenig reicht der Zugang eines inhaltsgleichen Dokuments, Hamm MDR **82**, 78, Karlsr Rpfleger **04**, 642, eine Akteneinsicht durch den ProzBev, BGH DB **81**, 368, BayObLG NJW **04**, 3722, Nürnb MDR **92**, 238. Unzureichend ist auch eine ins Postfach gelegte Nachricht über einen Eingang, oder die Anfertigung und Aushändigung einer bloßen Fotokopie durch den ProzBev, Nürnb MDR **82**, 238. Der übereinstimmende Wille der Parteien bindet das Gericht nicht, insbesondere nicht bei einer Notfrist, § 224 I 2. Es ist unerheblich, ob nur eine Formvorschrift verletzt wurde, ob etwa eine unzulängliche oder gar keine Zustellungsurkunde aufgenommen wurde, oder ob nur der Nachweis der in Wahrheit korrekt erfolgten Zustellung unmöglich ist, etwa weil die Zustellungsurkunde verlorengegangen ist.

Titel 2. Verfahren bei Zustellungen § 189

C. Beispiele zur Frage der Anwendbarkeit 6
Abschrift: Rn 7 „Fehlerhaftigkeit".
Aktiengesellschaft: Rn 9 „Prozeßunfähigkeit usw".
Annahmeverweigerung: S „Einschreiben".
Arrest, einstweilige Verfügung: § 189 ist anwendbar, soweit es zugleich um die Vollziehung geht, Brschw RR **96**, 380.
§ 189 ist *unanwendbar,* soweit es um einen Mangel einer im Beschlußweg erlassenen Unterlassungsverfügung geht, Hbg OLGZ **94**, 214.
Amtszustellung: § 189 ist anwendbar, soweit es um eine Amtszustellung statt einer Parteizustellung geht, aM Mü MDR **98**, 1243 (aber es kommt auf den tatsächlichen Zugang an, Rn 5), und umgekehrt.
Anwaltszustellung: Für § 189 ist ein Empfangsbekenntnis nicht erforderlich, Ffm NJW **03**, 2688.
Ausfertigung: Rn 7 „Fehlerhaftigkeit".
Ausland: § 189 ist anwendbar, soweit das Gericht die Zustellung der Klageschrift an einen inländischen vollmachtlosen Vertreter des im Ausland wohnenden Bekl anordnet oder soweit kein Zustellungsbevollmächtigter benannt worden ist.
Beglaubigung: Rn 7 „Fehlerhaftigkeit".
Behörde: Rn 9 „Prozeßunfähigkeit usw".
Beschluß: § 189 ist auf einen Beschluß wie auf eine Verfügung anwendbar, Hamm NJW **76**, Nürnb NJW 76, 1101.
S aber auch Rn 6 „Arrest, einstweilige Verfügung".
Einschreiben: Eine Annahmeverweigerung ist *keine* Übergabe an den Verweigernden, BSG NJW **03**, 382.
Einstweilige Verfügung: Rn 6 „Arrest, einstweilige Verfügung".
Empfangsbekenntnis: Die zur Wirksamkeit der Zustellung an einen Anwalt erforderliche Annahmebereitschaft zB nach § 174 Rn 7 läßt sich durch den tatsächlichen Zugang nach § 189 gerade *nicht* heilen, BGH NJW **89**, 1154, OVG Hbg NVwZ **05**, 236.
Fax: Die bloße Faxübermittlung ersetzt keine Zustellung, LG Lübeck DGVZ **05**, 141.
Fehlerhaftigkeit: § 189 ist *unanwendbar,* soweit die Ausfertigung bzw Beglaubigung oder ihr Vermerk 7 unvollständig oder sonstwie fehlerhaft sind, BGH **100**, 241, Hamm (14. ZS) NJW **78**, 830, Karlsr OLGZ **92**, 371, aM Düss JB **01**, 148 (bei Urteil im Fall § 929), Hamm (4. ZS) OLGZ **79**, 358 (anders MDR **81**, 60), Stgt RR **89**, 534 (aber Formvorschriften muß man trotz ihrer Lästigkeit einhalten). § 189 ist ferner unanwendbar, soweit die nach dem Gesetz zB bei § 317 Rn 8 erforderliche Ausfertigung oder ihr Vermerk völlig fehlen, Celle WRP **93**, 181, Düss GRUR **89**, 542, LG Brschw DGVZ **82**, 75, aM Ffm OLGZ **81**, 99, Hamm OLGZ **79**, 357, oder soweit nicht nur ein Schreibfehler vorliegt, keine bloß falsche Bezeichnung des richtigen Adressaten, sondern soweit eine andere Person als Adressat angegeben wurde, ob schuldhaft oder schuldlos.
Gemeinde: Rn 9 „Prozeßunfähigkeit usw".
Genossenschaft: Rn 9 „Prozeßunfähigkeit".
Gesellschaft: Rn 9 „Prozeßunfähigkeit usw".
Gesellschaft mit beschränkter Haftung: Rn 9 „Prozeßunfähigkeit".
Klagerweiterung: § 189 ist auf eine Klagerweiterung anwendbar, BGH NJW **92**, 2236. 8
Klageschrift: § 189 ist auf eine Klageschrift anwendbar, Köln VersR **02**, 908, ebenso auf einen Scheidungsantrag, BGH NJW **84**, 926, Brdb FER **01**, 81, Rostock FamRZ **99**, 1076.
S aber auch Rn 6 „Ausland".
Kommanditgesellschaft: Rn 9 „Prozeßunfähigkeit usw".
Ladung: § 189 ist auf eine Ladung anwendbar, BGH NJW **78**, 427.
Minderjähriger: Rn 9 „Prozeßunfähigkeit".
Notfrist: Rn 13 ff.
Offene Handelsgesellschaft: Rn 9 „Prozeßunfähigkeit usw".
Öffnung: § 189 ist *unanwendbar,* soweit eine Ersatzperson nach § 178 die Sendung unbefugt öffnet und dadurch erfährt, daß sie Zweitbekl ist.
Partei kraft Amts: Rn 9 „Prozeßunfähigkeit usw".
Parteizustellung: § 189 ist auch bei ihrer Fehlerhaftigkeit anwendbar, Drsd RR **03**, 1722. Das gilt bei 9 § 929 nicht mangels Erkennbarkeit des Vollziehungswillens auf andere Weise, § 929 Rn 18, aM Mü FGPrax **05**, 196 (zu großzügig).
S auch Rn 4 „Amtszustellung".
Prozeßbevollmächtigter: § 189 ist anwendbar, soweit es um die Zustellung an die Partei statt an ihren ProzBev geht. Das gilt insbesondere dann, wenn sie eine Kopie an den ProzBev weiterleitet, Brschw RR **96**, 380, Karlsr Rpfleger **04**, 642. Die Vorschrift ist anwendbar, soweit eine Zustellung an einen Anwalt erfolgte, der bei späterer Bestellung zum ProzBev noch im Besitz war, BGH NJW **89**, 1154, an denjenigen ProzBev erfolgt ist, der das Mandat niedergelegt hatte, Zweibr FER **99**, 130.
Prozeßkostenhilfe: Rn 9 „Versehentliche Zustellung".
Prozeßunfähigkeit usw: § 189 ist in allen Fällen des § 170 grds anwendbar, LG Hann DGVZ **96**, 138. Der Zugang beim gesetzlichen Vertreter reicht auch dann, wenn die Sendung als Adressaten den Vertretenen aufwies, BGH NJW **84**, 926, Celle Rpfleger **79**, 63.
§ 189 ist jedoch ausnahmsweise unanwendbar, soweit jede Beteiligung der Vertreter am Prozeß unterblieben ist oder wenn unklar bleibt, ob der Verein tatsächlich Kenntnis erhielt, LG Kblz FamRZ **05**, 1778.
Rechtshängigkeit: Ihr Fehlen kann heilbar sein, Zweibr FER **99**, 130.
Scheidungsantrag: Rn 8 „Klageschrift".
Unbefugtheit: Rn 8 „Öffnung".
Unzulässigkeit: § 189 ist *unanwendbar,* soweit eine förmliche Zustellung jedenfalls derzeit unzulässig ist.
Urteil: § 189 ist grds auf ein Urteil anwendbar. Vgl aber Rn 13.
Verein: Rn 9 „Prozeßunfähigkeit usw".

§§ 189, 190   Buch 1. Abschnitt 3. Verfahren

Verfügung: § 189 ist auf eine Verfügung oder einen Beschluß anwendbar, Hamm NJW **76**, 2026, Nürnb NJW **76**, 1101.

Versehentliche Zustellung: § 189 ist *grds unanwendbar*, soweit der Richter bzw Rpfl oder der Urkundsbeamte oder der Gerichtsvollzieher eine förmliche Zustellung überhaupt nicht beabsichtigt hatte, BGH NJW **03**, 1193, Jena FamRZ **98**, 1446, LG Lübeck DGVZ **05**, 141. So liegt es auch dann, wenn der Absender das Dokument durch Boten in den Briefkasten werfen ließ oder nur per Fax übermittelte, LG Lübeck DGVZ **05**, 141, oder wenn ein Angehöriger bei der Ersatzzustellung nach § 178 erst durch Öffnen der Sendung erfährt, daß sie zumindest auch an ihn als nunmehr weiteren Prozeßbeteiligten gerichtet ist.

Etwas anderes gilt freilich dann, wenn der Richter bzw Rpfl ausdrücklich oder auch (meist) erkennbar stillschweigend eine erforderliche förmliche Zustellung nach § 270 S 1 verfügt hat und wenn der Urkundsbeamte der Geschäftsstelle das Dokument versehentlich nur formlos hat übersenden lassen, wenn die Partei aber aus den Erklärungen des Klägers in der Klageschrift erkennen kann, daß er die Klage unabhängig von der Bewilligung einer Prozeßkostenhilfe erheben wollte, ZöStö 2, aM LG Marbg DGVZ **83**, 26 (aber dann tritt klar zutage, daß wirklich nur ein Formfehler vorliegt).

10   **Vollmachtloser Vertreter:** Rn 6 „Ausland".
Zustellungsbevollmächtigter: Eine Zustellung unter Verstoß gegen § 178 I Z 2 kann heilbar sein, LG Kaisersl Rpfleger **93**, 256.
S auch Rn 6 „Ausland".
Zustellungswille: Rn 9 „Versehentliche Zustellung".

11   **D. Adressierung.** Das Gericht muß die Zustellung dem Gesetz gemäß an den Zustellungsgegner nach Üb 10 oder 11 vor § 166 gerichtet haben oder wenigstens richten haben wollen, Hundt-Eßwein DB **86**, 2460. Die Anschrift muß also zB im Fall einer anwaltlichen Vertretung nach § 172 den Anwalt genannt haben. Zumindest muß der Anwalt, der das Dokument tatsächlich in Händen hat, der richtige Zustellungsgegner im weiteren Sinn nach Üb 10, 11 vor § 166 sein. In diesem Fall ist es unerheblich, daß das Dokument auch an ihn gerichtet war, BPatG GRUR **87**, 813. Wenn das Dokument also zB an die Partei gerichtet war und wenn sie das Dokument ihrem Anwalt ausgehändigt hat, kann das Gericht die Zustellung als in dem Augenblick der Aushändigung bewirkt ansehen. Dasselbe gilt dann, wenn die Zustellung an eine Person mit zwei Eigenschaften zB als Vorstandsmitglied und als Liquidator unter der Bezeichnung erfolgt ist, die in diesem Prozeß maßgebliche Eigenschaft nicht betrifft. Denn in diesem Fall hat die richtige Person die Zustellung empfangen.

12   **E. Beweis.** Der Empfang des Dokuments und sein Zeitpunkt lassen sich mit jedem Beweismittel dartun, § 286. Beweispflichtig ist derjenige, der aus der Zustellung ein Recht herleitet, Hbg MDR **79**, 851. Die Erklärung des Zustellungsadressaten kann nach der Lage der Sache genügen. Sie tut das auch regelmäßig. Die Erklärung kann formlos erfolgen. Sie kann in einer schlüssigen Handlung liegen. Das gilt etwa dann, wenn der Zustellungsadressat einen Mangel der Zustellung behauptet. Im Fall einer Ersatzzustellung an einen Hausgenossen spricht die Lebenserfahrung für den Empfang durch den Zustellungsadressaten.

13   **5) Notfrist.** Nach dem ersatzlosen Wegfall des früheren § 187 S 2 ist eine Heilung nach § 189 uneingeschränkt möglich. Sie ist also auch dann möglich, wenn die Zustellung eine Notfrist nach § 224 I 2 in Lauf setzen soll. Das gilt erst recht dann, wenn sie eine Notfrist bloß „wahren" soll. Dasselbe gilt für einen notfristähnlichen Fall. Damit sind alle Streitfragen zu § 187 S 2 aF überholt.

14   **6) Entscheidung.** Das Gericht braucht nur dann zu entscheiden, wenn es die Zustellung in freier Würdigung als bewirkt ansieht, Karlsr Rpfleger **04**, 642. Andernfalls bleibt die Wirksamkeit zweifelhaft. Es reicht aus, daß sich die Zulassung aus einer anderen Entscheidung ergibt. Bei einem Zwischenstreit über die Zulassung ist ein Beschluß ratsam. Die Zulassung wirkt für und gegen den Zustellungsadressaten. Sie wirkt zB als eine Unterlage für eine Bestrafung oder im Fall einer rechtzeitigen Zustellung als eine Grundlage der Versäumnisentscheidung. Das Gericht kann durch einen Beschluß entscheiden, § 329. Es muß ihn grundsätzlich begründen, § 329 Rn 4. Es muß ihn bei einer Ablehnung wegen Rn 15 dem Antragsteller förmlich zustellen, § 329 III. Das Gericht kann auch in den Entscheidungsgründen des Urteils mitentscheiden.

15   **7) Rechtsmittel.** Gegen die Ablehnung der Zulassung ist die sofortige Beschwerde nach § 567 I Z 2 zulässig. Eine Rechtsbeschwerde ist unter den Voraussetzungen des § 574 denkbar. Gegen die Zulassung durch besonderen Beschluß ist kein Rechtsmittel statthaft. Im übrigen gelten die für das Urteil vorgesehenen Rechtsmittel.

16   **8) VwGO:** *Unmittelbar anwendbar, Einf § 166 Rn 19, OVG Greifsw NordÖR* **03**, 446. Zum tatsächlichen Zugang OVG Hbg DÖV **05**, 216.

---

190   **Einheitliche Zustellungsformulare.** Das Bundesministerium der Justiz wird ermächtigt, durch Rechtsverordnung mit Zustimmung des Bundesrates zur Vereinfachung und Vereinheitlichung der Zustellung Formulare einzuführen.

Vorbem. Ändergen dch Art 1 Z 16 a, b JKomG v 22. 3. 05, BGBl 837, in Kraft seit 1. 4. 05, Art 16 I JKomG, ÜbergangsR Einl III 78.

1   **1) Ermächtigung.** Erforderlich ist eine dem Art 80 GG genügende Rechtsverordnung. Sie muß dem ausdrücklichen Ziel der Vereinfachung und Vereinheitlichung entsprechen. Formulare enthalten leider bisweilen Fehler. Diese entbinden nicht von Gesetzesgehorsam. Daher muß man notfalls vom Formular abweichend vorgehen, um eine den §§ 166 ff genügende und damit erst wirksame Zustellung zu erreichen. Das gilt zB wegen des vorrangigen § 182 II Z 4, dort Rn 12. Dabei sind allzu pedantische Genauigkeiten Unsinn.

2   **2) Vordruckverordnung.** Erlassen ist die nachfolgend abgedruckte ZustVV v 12. 2. 02, BGBl 671, berichtigt 1. 3. 02, BGBl 1019, geändert dch VO v 23. 4. 04, BGBl 619, in Kraft seit 1. 5. 04, Art 2 ÄdgVO, ÜbergangsR § 3 ZustVV, § 24 a EGZPO. Die amtliche Anlage 1 ist hier nicht mit abgedruckt. Die geltende Fassung befindet sich im BGBl **04**, 620.

Titel 2. Verfahren bei Zustellungen §§ 190–192

ZustVV § 1. Vordrucke. Für die Zustellung im gerichtlichen Verfahren werden eingeführt:
1. der in Anlage 1 bestimmte Vordruck für die Zustellung von Schriftstücken mit Zustellungsurkunde nach § 182 Abs. 1 und 2 der Zivilprozessordnung (Zustellungsurkunde),
2. der in Anlage 2 bestimmte Vordruck für den Briefumschlag nach § 176 Abs. 1 der Zivilprozessordnung (innerer Umschlag),
3. der in Anlage 3 bestimmte Vordruck für den Postzustellungsauftrag nach § 168 Abs. 1 der Zivilprozessordnung (äußerer Umschlag/Auftrag),
4. der in Anlage 4 bestimmte Vordruck für die schriftliche Mitteilung über die Zustellung durch Niederlegung nach § 181 Abs. 1 Satz 2 der Zivilprozessordnung (Benachrichtigung).

ZustVV § 2. Zulässige Abweichungen. I 1 Für den Vordruck nach § 1 Nr. 1 (Zustellungsurkunde) kann abweichend von dem in Anlage 1 bestimmten Muster einfarbiges gelbes Papier verwendet werden. 2 In diesem Fall sind die im Muster in weißer Farbe hervorgehobenen Ankreuz- und Ausfüllfelder durch Umrandung oder in anderer Weise kenntlich zu machen.

II 1 Für die Vordrucke nach § 1 Nr. 2 (innerer Umschlag) und Nr. 3 (äußerer Umschlag/Auftrag) dürfen Umschläge mit Sichtfenster verwendet werden. 2 In diesen Fällen bedarf es der Angabe des Aktenzeichens und der Vorausverfügungen auf dem inneren Umschlag nicht.

III Im Übrigen sind folgende Abweichungen von den in den Anlagen 1 bis 4 bestimmten Vordrucken zulässig:
1. Benachrichtigungen, die auf einer Änderung von Rechtsvorschriften beruhen;
2. Anpassungen, Änderungen oder Ergänzungen, die es, ohne den Inhalt der Vordrucke zu verändern oder das Verständnis der Vordrucke zu erschweren, den Gerichten ermöglichen, die Verfahren maschinell zu bearbeiten und für die Bearbeitung technische Entwicklungen nutzbar zu machen oder vorhandene technische Einrichtungen weiter zu nutzen;
3. Anpassungen, Änderungen oder Ergänzungen, die es, ohne den Inhalt der Vordrucke zu verändern oder das Verständnis der Vordrucke zu erschweren, ermöglichen, technische Einrichtungen der üblichen Briefbeförderung für das Zustellungsverfahren zu nutzen.

ZustVV § 3. Überleitungsvorschrift. Der Vordruck nach Anlage 1 zu § 1 Nr. 1 in der bis zum 30. April 2004 geltenden Fassung kann bis zum 31. Dezember 2004 weiterverwendet werden.

ZustVV § 4. Inkrafttreten. Diese Verordnung tritt am 1. Juli 2002 in Kraft.

3) *VwGO: s Einf § 166 Rn 19.* 3

Untertitel 2. Zustellungen auf Betreiben der Parteien

191 *Zustellung.* Ist eine Zustellung auf Betreiben der Parteien zugelassen oder vorgeschrieben, finden die Vorschriften über die Zustellung von Amts wegen entsprechende Anwendung, soweit sich nicht aus den nachfolgenden Vorschriften Abweichungen ergeben.

1) **Systematik.** Über die Parteizustellung im allgemeinen Üb 6 vor § 166, über die Mangelhaftigkeit einer Parteizustellung Üb 12 vor § 166. 1

2) **Regelungszweck: Möglichkeit der Kenntnisnahme.** Wie bei der Amtszustellung dient auch das Verfahren der Zustellung auf Bestreben der Parteien der Möglichkeit einer tatsächlichen Kenntnisnahme nach Üb 3 vor §§ 166 ff. Es dient damit dem rechtlichen Gehör als einem prozessualen Grundrecht, Einl III 16. Damit soll auch die Rechtssicherheit gestärkt werden, Einl III 43. Beide Ziele erfordern eine strenge Auslegung. Sie darf aber auch nicht in Formalismus und Selbstzweck erstarren, Einl III 10. Ob und Wann der Zustellung sind Ausgangspunkte dafür, eine Zustellung überhaupt der Parteiherrschaft nach Grdz 18 vor § 128 mitzuüberlassen. Das Wie ist auch bei ihr weitgehend dem Parteiwillen entzogen und auf das Wahlrecht Gerichtsvollzieher- oder Anwaltszustellung beschränkt. Diese Unterscheidung entspricht einerseits dem Parteibedürfnis, aus vielen auch über einen Prozeß hinausgehenden Erwägungen die Freiheit zu behalten, ob und ab wann der Druck auf den Gegner durch eine förmliche Zustellung nebst etwaigem Fristbeginn verstärkt werden soll. Die Vorschrift dient andererseits der Notwendigkeit einer möglichst einwandfreien Überprüfbarkeit der Art und Weise der Durchführung solcher Maßnahmen. 2

3) **Geltungsbereich.** Vgl zunächst Üb 3 vor § 166. Grundsätzlich sind die Vorschriften über die Zustellung von Amts wegen nach §§ 166 ff auch auf eine Parteizustellung entsprechend anwendbar, ferner vor dem Beschwerdegericht nach § 73 Z 2 GWB. Das gilt auch gegenüber dem Bezirksrevisor, LG Gött Rpfleger 01, 31. In einer Markensache gelten vor dem Patentamt und dem PatG § 94 MarkenG, vor dem BGH (Rechtsbeschwerde) §§ 191 ff entsprechend, § 88 I 1 MarkenG. 3

4) *VwGO: Zustellungen durch die Partei gibt es nur ausnahmsweise, zB im Vollstreckungsverfahren nach § 750 ZPO iVm § 167 II VwGO.* 4

192 *Zustellung durch Gerichtsvollzieher.* I Die von den Parteien zu betreibenden Zustellungen erfolgen durch den Gerichtsvollzieher nach Maßgabe der §§ 193 und 194.

II 1 Die Partei übergibt dem Gerichtsvollzieher das zustellende Schriftstück mit den erforderlichen Abschriften. 2 Der Gerichtsvollzieher beglaubigt die Abschriften; er kann fehlende Abschriften selbst herstellen.

§ 192

Buch 1. Abschnitt 3. Verfahren

III ¹ Im Verfahren vor dem Amtsgericht kann die Partei den Gerichtsvollzieher unter Vermittlung der Geschäftsstelle des Prozessgerichts mit der Zustellung beauftragen. ² Insoweit hat diese den Gerichtsvollzieher mit der Zustellung zu beauftragen.

Gliederung

1) Systematik, I–III	1	B. Aufgabenumfang		5
2) Regelungszweck, I–III	2	5) Übergabe an den Gerichtsvollzieher usw, II		6, 7
3) Geltungsbereich, I–III	3	6) Vermittlung der Geschäftsstelle, III		8
4) Aufgaben des Gerichtsvollziehers, I	4, 5	7) VwGO		9
A. Nur im Parteibetrieb	4			

1 1) **Systematik, I–III.** Vgl zunächst Üb 1 vor § 166. Ergänzend gilt in der Zwangsvollstreckung § 753.

2 2) **Regelungszweck, I–III.** Die Parteizustellung im Gegensatz zur Amtszustellung nach §§ 166 ff hat ihren Sinn in einer möglichst weitgehenden Wahrung der Parteiherrschaft, Grdz 18 vor § 128. Es soll der Partei überlassen bleiben, ob und wann sie die mit einer Zustellung regelmäßig verbundenen Rechtsfolgen in Gang setzt, etwa eine Frist. Das gilt selbst dann, wenn darunter die Rechtssicherheit nach Einl III 43 scheinbar leidet, weil unklar bleibt, ob und wann zB ein Vollstreckungsbescheid rechtskräftig wird. Diese Rangordnung muß man bei der Auslegung mitbeachten.
II soll sicherstellen, daß der Zustellungsadressat alsbald Kenntnis erhält. Deshalb muß man II strikt auslegen.

3 3) **Geltungsbereich, I–III.** Üb 3 vor § 166.

4 4) **Aufgabe des Gerichtsvollziehers, I.** Er muß zwei Begrenzungen beachten.
A. Nur im Parteibetrieb. Der Gerichtsvollzieher wird nicht nur bei einer Zustellung im Parteibetrieb nach Üb 8 vor § 166 tätig, sondern auch nach § 168 II bei der Amtszustellung. Seine örtliche Zuständigkeit regeln die landesrechtlichen Dienstvorschriften, Üb 1 vor § 154 GVG, § 20 I GVGA. Meist ist der Wohnsitz des Auftraggebers oder derjenige des Zustellungsempfängers nach Üb 10 vor § 166 maßgeblich, § 22 GVO. Er handelt selbständig unter eigener Verantwortung als Beamter in Erfüllung einer Amtspflicht, Üb 15 vor § 166. Wegen Prozeßkostenhilfe § 122 I Z 1 a. Der Gerichtsvollzieher muß in schwierigen oder eiligen Fällen unter Umständen selbst zustellen. Er muß den Eingang der Zustellungsurkunde sorgfältig überwachen und die Partei bei Störungen unverzüglich benachrichtigen. Wegen seiner Kosten KVGv 100, 101, 701, Hartmann Teil XI, §§ 1 III, 11–56 GVGA. Wegen seiner Haftung Üb 15 vor § 166.

5 **B. Aufgabenumfang.** „Von den Parteien zu betreibende Zustellungen" sind nur noch die Zustellung eines Prozeßvergleichs nach Anh § 307, evtl eines Vollstreckungsbescheids nach § 699 IX 2, eines Pfändungs- und Überweisungsbeschlusses nach § 829, amtliche Vorbemerkung II vor KVGv 100, einer Ladung zum Offenbarungstermin nach § 900, amtliche Vorbemerkung II vor KVGv 100, eines Arrests nach §§ 922 II, 929 Rn 18, oder einer einstweiligen Verfügung nach § 936 Rn 3 „§ 922, Urteil oder Beschluß": Fast alle übrigen Zustellungen erfolgen von Amts wegen. I gilt auch im Verfahren nach §§ 361, 362.

6 5) **Übergabe an den Gerichtsvollzieher usw, II.** Die Partei muß den Gerichtsvollzieher beauftragen, Drsd RR **03**, 1722 (auch zur Mangelheilung). Es besteht kein Anwaltszwang, Rn 8. Der Gerichtsvollzieher muß dem Adressaten seinen Auftrag nicht nachweisen, BGH NJW **81**, 1210. Er braucht eine Anwaltsvollmacht nicht zu prüfen, § 88 II Hs 2. Die Partei muß dem um die Zustellung ersuchten Gerichtsvollzieher oder dem um die Vermittlung der Zustellung ersuchten Urkundsbeamten der Geschäftsstelle das zuzustellende Schriftstück in Urschrift körperlich übergeben, LG Münst MDR **89**, 648, und nicht nur per Telefax senden. Bei einem Urteil muß sie die Ausfertigung nach § 317 III bzw eine vollstreckbare Ausfertigung nach § 724 und in einer der Zahl der Zustellungsgegner entsprechende Zahl von Abschriften übergeben. Diese müssen einen Ausfertigungsvermerk tragen, BGH VersR **85**, 359, Celle WRP **93**, 181, Hamm RR **88**, 1535. Ihn muß der Urkundsbeamte unterschrieben haben, Hbg DGVZ **02**, 137. Entsprechend vorgehen muß sie bei einem Beschluß, § 329, bzw Vollstreckungsbescheid, § 699 IV 2, einem Prozeßvergleich, Anh § 307, § 794 I Z 1, oder bei einem Anwaltsvergleich, §§ 796 a–c, oder einer sonstigen notariellen Urkunde, § 794 I Z 5, ferner bei einer zB nach § 750 II zuzustellenden Urkunde, bei einer Benachrichtigung des Gläubigers nach § 845 I oder bei einer nach § 132 BGB zuzustellenden Willenserklärung.

7 Die Partei muß die *Urschrift* dem Gerichtsvollzieher auch dann vorlegen, wenn er nicht sie zustellen muß, sondern eine beglaubigte Abschrift, LG Münst MDR **89**, 648. Soweit Abschriften (oder eines Hinweis (möglichst nebst Fristsetzung, soweit nicht dadurch eine andere Frist gefährdet wird) oder bei Eilbedürftigkeit fehlen, darf und muß sie der Gerichtsvollzieher selbst herstellen, II 2 Hs 2. Das geschieht außerhalb einer Prozeßkostenhilfe auf Kosten des Antragstellers, AG Bln-Tiergarten DGVZ **83**, 78. Die Herstellung erfolgt nach § 26 Nr 2 GVGA. Sie ist auslagenpflichtig, § 9 GKG, KV 9000 bzw nach KVGv 700, Hartmann Teile I, XI. Auch für Eheleute sind zwei Abschriften notwendig. Der Gerichtsvollzieher kann die Zustellung auch nicht wirksam nur auf Grund einer Fernkopie bewirken und ein erst nachgereichtes Original mit der Zustellungsurkunde zusammensiegeln, aM Düss DGVZ **04**, 125 (aber das öffnet zumindest wegen des Zustellungszeitpunkts Tür und Tor).
Eine *Beglaubigung* der Abschriften erfolgt durch den die Zustellung betreibenden Anwalt nach §§ 169 II 2, 191 oder durch den Gerichtsvollzieher, II 2 Hs 1, LG Münst MDR **89**, 648, Coenen DGVZ **02**, 184. Haben mehrere Zustellungsgegner denselben Vertreter, genügt für sie eine Abschrift. Eine Zustellung an mehrere Personen durch einen Umlauf ist unzulässig. Wenn mehrere Vertreter, etwa mehrere Anwälte, dieselbe Person vertreten, genügt eine Zustellung an einen der Anwälte, § 170 III.

8 6) **Vermittlung der Geschäftsstelle, III.** Im Anwaltsprozeß nach § 78 Rn 1 ersucht die Partei den Gerichtsvollzieher grundsätzlich unmittelbar. Im Verfahren vor dem AG nach §§ 495 ff, 764, 829 II, 835 III 1 usw kann sie ebenso vorgehen, soweit es sich um eine Parteizustellung handelt. Sie kann aber ohne

Titel 2. Verfahren bei Zustellungen **§§ 192, 193**

Anwaltszwang auch die Vermittlung der Geschäftsstelle beanspruchen, III 1, § 78 V Hs 2. Vgl aber auch Üb 7 vor § 166. Das gilt für das Prozeßgericht auch dann, wenn es nicht in dem Bezirk des Gerichtsvollziehers liegt. In Betracht kommt zB III 1 bei der Zustellung einer Willenserklärung, aM BGH NJW **81**, 1210, eines Schriftsatzes oder Vergleichs. Eine Ausnahme gilt bei § 699 IV 2 Hs 2.

In der *Zwangsvollstreckung* nach Rn 1 gelten die Regeln des Parteiprozesses auch nach einem im Anwaltsprozeß errungenen Vollstreckungstitel. Ein mündlicher „Auftrag" genügt, auch ein stillschweigender. Er liegt aber keineswegs stets im Zweifel vor. Auch der Urkundsbeamte der Geschäftsstelle handelt nur auf Grund eines solchen Ersuchens. Er handelt dabei in Erfüllung einer Amtspflicht, Üb 15 vor § 166. Er verfährt nach III 2. In diesem Fall steht die Partei zum Gerichtsvollzieher in gar keiner Beziehung. Der Gerichtsvollzieher ist also dann an etwaige Weisungen der Partei grundsätzlich nicht gebunden. Er muß die zweckmäßigste Art der Zustellung nach pflichtgemäßem Ermessen wählen. Er muß aber ausnahmsweise in den Lagen des § 21 Z 2, 4 GVGA wegen der Eilbedürftigkeit selbst zustellen. Eine etwaige Gerichtsvollzieherverteilungsstelle sorgt für Zuleitung eines Zustellungsauftrags an den zuständigen Gerichtsvollzieher. Sie wirkt aber im übrigen nicht bei der Zustellung mit.

7) Verstoß, I–III. Eine auftragslose Zustellung ist unwirksam. Der Auftraggeber kann sie aber mit Rückwirkung genehmigen. Das heilt prozessual. Wegen der sachlichrechtlichen Auswirkung § 174 BGB, BGH NJW **81**, 1210. Das Fehlen eines nach Rn 6 notwendigen Ausfertigungsvermerks führt zur Unwirksamkeit der Zustellung, BGH VersR **85**, 359, Celle WRP **93**, 181, Hamm RR **88**, 1535. **9**

8) VwGO: *Vgl § 191 Rn 4.* **10**

193 *Ausführung der Zustellung.* ¹¹ Der Gerichtsvollzieher beurkundet auf der Urschrift des zuzustellenden Schriftstücks oder auf der mit der Urschrift zu verbindenden hierfür vorgesehenen Formular die Ausführung der Zustellung nach § 182 Abs. 2 und vermerkt die Person, in deren Auftrag er zugestellt hat. ² Bei Zustellung durch Aufgabe zur Post ist das Datum und die Anschrift, unter der die Aufgabe erfolgte, zu vermerken.
II Der Gerichtsvollzieher vermerkt auf dem zu übergebenden Schriftstück den Tag der Zustellung, sofern er nicht eine beglaubigte Abschrift der Zustellungsurkunde übergibt.
III Die Zustellungsurkunde ist der Partei zu übermitteln, für die zugestellt wurde.

Vorbem. I 1 geändert dch Art 1 Z 52 b JKomG v 22. 3. 05, BGBl 837, in Kraft seit 1. 4. 05, Art 16 I JKomG, ÜbergangsR Einl III 78.

1) Systematik, Regelungszweck, I–III. Eine Zustellung im Parteibetrieb verlangt neben dem Zustellungsauftrag nach §§ 192 II mehrere Vorgänge. Von ihnen sind zwei Beurkundungen wesentlich. Sie dienen der Klärung des Zustellvorgangs und damit der Rechtssicherheit, Einl III 43. **1**

2) Geltungsbereich, I–III. Es gelten keine Besonderheiten. **2**

3) Beurkundung der Ausführung, I, III. Der Gerichtsvollzieher beurkundet die Aushändigung der Zustellung nach § 182 II auf der Urschrift des Schriftstücks oder auf dem mit ihm möglichst dauerhaft zu verbindenden Formular, I 1. Die Aushändigung einer beglaubigten Abschrift an den Zustellungsadressaten ist nicht erforderlich. Er wählt den Zustellungsweg. Bei einer Zustellung durch Aufgabe zur Post nach § 194 muß der Gerichtsvollzieher das Datum und ihre angegebene Zustellanschrift vermerken, I 2. Die Beurkundung der Aushändigung muß die betreibende Partei enthalten, III. Erforderlich ist ferner eine Angabe des Zustellungsadressaten sowie die Angabe der Geschäftsnummer. Alles andere ist unwesentlich. So können zB das Datum oder die Bezeugung der Übergabe sowie die Unterschrift des Gerichtsvollziehers fehlen. Die Zustellungsurkunde hat die Beweiskraft des § 418, dort Rn 5. **3**

4) Vermerk, II. Soweit der Gerichtsvollzieher das Schriftstück durch Übergabe an den Adressaten zustellt, muß er das Zustelldatum auf dem Schriftstück vermerken, aber nicht notwendig auch unterzeichnen. Das gilt nicht, sofern er eine beglaubigte Abschrift der Zustellungsurkunde übergibt. In beiden Fällen soll der Empfänger amtliche Kenntnis des Zustelldatums erhalten, um so eine Rechtsbehelfsfrist errechnen zu können. Der Zustellvermerk hat die Beweiskraft des § 418, dort Rn 5. **4**

Diese Vorschrift ist *nicht wesentlich*. Bei einer Abweichung der Zustellungsurkunde von der Urschrift gilt zugunsten des Zustellungsadressaten dasjenige, das er erhalten hat. Denn wie sollen der Adressat oder das Vollstreckungsorgan auch sonst erkennen, ob ein Fehler vorliegt? Der Zustellungsadressat kann sich auch dann auf die Abschrift berufen, wenn sie zwar mit der Urschrift übereinstimmt, aber falsch ist. Das gilt zB dann, wenn sie zB eine unrichtige zustellende Partei beurkundet. Etwas anderes gilt nur dann, wenn der Fehler eindeutig erkennbar ist. Bei der Zustellung mehrerer fest verbundener Schriftstücke, etwa des Vollstreckungstitels und seiner Urkunde nach § 727, genügt eine einzige Zustellungsurkunde. Eine Angabe des ProzBev auf der beglaubigten Abschrift ist nicht notwendig. Deshalb kann man aus einer unrichtigen Angabe des ProzBev keine Unwirksamkeit der Zustellung herleiten. Freilich kann beim Verstoß gegen III eine Notfrist evtl nicht anlaufen, BGH **67**, 355. Zumindest kommt dann eine Wiedereinsetzung nach §§ 233 ff in Betracht, BVerwG NJW **77**, 621.

5) Übermittlung, III. Der Gerichtsvollzieher kann die Zustellungsurkunde in der Wohnung des Zustellungsempfängers oder -adressaten aufnehmen. III schreibt vor, daß der Gerichtsvollzieher die Zustellungsurkunde in jedem Fall an die zustellende Partei übermittelt. Dieser Vorgang ist aber für die Wirksamkeit einer im übrigen einwandfreien Zustellung entbehrlich. Es genügt ein Vermerk auf der Urschrift. **5**

6) Verstoß, I–III. Wenn ein Erfordernis der Aushändigung nach Rn 3 fehlt, ist die Zustellung unwirksam. Wenn nur ein Verstoß gegen ein Erfordernis nach Rn 5 vorliegt, ist die Zustellung insofern nicht unwirksam. Denn was für die Zustellungsurkunde nach § 182 Rn 2 gilt, das gilt hier erst recht. Im übrigen ist eine Heilung nach § 189 möglich. Wenn der Gerichtsvollzieher auf dem bei der Zustellung zu über- **6**

gebenden Schriftstück den ProzBev als denjenigen angegeben hat, für den er das Schriftstück zur Post gibt, dann steht dieser Vorgang einer Wirksamkeit der Postzustellung nicht entgegen. Denn der Zustellungsadressat kann keinen Zweifel haben, daß die Postzustellung von der durch diesen ProzBev vertretenen Gegenpartei kommt.

7 7) *VwGO: Vgl § 191 Rn 4.*

194 *Zustellungsauftrag.* ¹ ¹ Beauftragt der Gerichtsvollzieher die Post mit der Ausführung der Zustellung, vermerkt er auf dem zuzustellenden Schriftstück, im Auftrag welcher Person er es der Post übergibt. ² Auf der Urschrift des zuzustellenden Schriftstückes oder auf einem mit ihr zu verbindenden Übergabebogen bezeugt er, dass die mit der Anschrift des Zustellungsadressaten, der Bezeichnung des absendenden Gerichtsvollziehers und einem Aktenzeichen versehene Sendung der Post übergeben wurde.
  ᴵᴵ Die Post leitet die Zustellungsurkunde unverzüglich an den Gerichtsvollzieher zurück.

1 1) **Systematik, I, II.** Der Gerichtsvollzieher darf die Ausführung der Zustellung wegen des Verweises in § 191 indirekt auch auf § 168 I 2, 3 der Post übertragen, statt die Zustellung persönlich auszuführen, soweit die Partei keinen letzteren Auftrag erteilt hat, § 753. Die Einschaltung der Post verlangt die in I, II genannten Schritte.

2 2) **Regelungszweck, I, II.** Die Einschaltung der Post dürfte meist der Prozeßwirtschaftlichkeit dienen, Grdz 14 vor § 128. Sie kann aber im Einzelfall auf Kosten der Rechtssicherheit gehen, Einl III 43. Deshalb muß man abwägen. Ist § 194 anwendbar, so sollte man die Vorschrift den Praxisbedürfnissen nach großzügig auslegen.

3 3) **Geltungsbereich, I, II.** Die Vorschrift gilt in allen Verfahren nach der ZPO und den auf sie verweisenden Gesetzen.

4 4) **Auftrag an Post mit Vordruck, I 1.** Nach §§ 191, 168 I 3 erteilt der Gerichtsvollzieher den Zustellungsauftrag an die Post auf dem dafür vorgesehenen Vordruck. Das kann auch durch Einwurf in den Postbriefkasten geschehen.

5 5) **Vermerk des Auftraggebers, I 1.** Der Gerichtsvollzieher muß auf dem zuzustellenden Schriftstück vermerken, in Auftrag welcher Person er es der Post übergibt. Deren Anschrift braucht er nicht anzugeben. Die Nämlichkeit des Auftraggebers muß aber einwandfrei erkennbar sein.

6 6) **Bezeichnung des Zustellungsadressaten, I 2.** Die Sendung muß Namen und Anschrift des Adressaten enthalten. Dessen Nämlichkeit muß für den Zusteller erkennbar sein.

7 7) **Bezeichnung des Gerichtsvollziehers, I 2.** Die Sendung muß auch die Personalien des absendenden Gerichtsvollziehers so enthalten, daß der Zusteller die Sendung notfalls zurücksenden und der Empfänger den Absender erkennnen kann.

8 8) **Aktenzeichen, I 2.** Die Sendung muß das Aktenzeichen des Gerichtsvollziehers bzw des Gerichts aufweisen, am besten beide. Denn der Adressat soll erkennen können, in welcher Sache ihm der Gerichtsvollzieher über die Post zustellen läßt.

9 9) **Bezeugung der Angaben, I 2.** Schließlich muß der Gerichtsvollzieher die Angaben Rn 5–8 auf der Urschrift des zuzustellenden Schriftstücks oder auf einem mit ihr zu verbindenden sog „Übergabebogen" bezeugen. Denn man soll später erkennen können, was der Post übergeben worden war. Diese Bezeugung ist keine Zustellungsurkunde. Die Bezeugung muß der Auftraggeber erhalten.

10 10) **Durchführung mit Zustellungsurkunde, II.** Die Post führt den Zustellungsauftrag wie einen solchen der Geschäftsstelle aus. Sie erteilt darüber eine Zustellungsurkunde nach § 182. Diese leitet sie im Sinn von § 121 I 1 BGB unverzüglich an den Gerichtsvollzieher zurück. Sie verbleibt dort.

11 11) **Verstoß, I, II.** Mangels Aushändigung ist die Zustellung unwirksam. Selbst dann können aber §§ 189, 295 heilen. Die Post kann nach ihren Vorschriften haften. Für den Gerichtsvollzieher kommt Amtshaftung nach Art 34 GG, § 839 BGB in Betracht.

12 12) *VwGO: Vgl § 191 Rn 4.*

195 *Zustellung von Anwalt zu Anwalt.* ¹ ¹ Sind die Parteien durch Anwälte vertreten, so kann ein Dokument auch dadurch zugestellt werden, dass der zustellende Anwalt das Dokument dem anderen Anwalt übermittelt (Zustellung von Anwalt zu Anwalt). ² Auch Schriftsätze, die nach den Vorschriften dieses Gesetzes von Amts wegen zugestellt werden, können stattdessen von Anwalt zu Anwalt zugestellt werden, wenn nicht gleichzeitig dem Gegner eine gerichtliche Anordnung mitzuteilen ist. ³ In dem Schriftsatz soll die Erklärung enthalten sein, dass von Anwalt zu Anwalt zugestellt werde. ⁴ Die Zustellung ist dem Gericht, sofern dies für die zu treffende Entscheidung erforderlich ist, nachzuweisen. ⁵ Für die Zustellung an einen Anwalt gilt § 174 Abs. 2 Satz 1 und Abs. 3 Satz 1, 3 entsprechend.
  ᴵᴵ ¹ Zum Nachweis der Zustellung genügt das mit Datum und Unterschrift versehene schriftliche Empfangsbekenntnis des Anwalts, dem zugestellt worden ist. ² § 174 Abs. 4 Satz 2, 3 gilt entsprechend. ³ Der Anwalt, der zustellt, hat dem anderen Anwalt auf Verlangen eine Bescheinigung über die Zustellung zu erteilen.

Vorbem. I 1 geändert dch Art 1 Z 17 JKomG v 22. 3. 05, BGBl 837, in Kraft seit 1. 4. 05, Art 16 I JKomG, ÜbergangsR Einl III 78.

Titel 2. Verfahren bei Zustellungen § 195

Gliederung

1) **Systematik, I, II** 1	G. Telekopie, elektronisches Dokument, I 5 12
2) **Regelungszweck, I, II** 2	6) **Empfangsbekenntnis, II 1, 2** 13–21
3) **Sachlicher Geltungsbereich: Auch im Parteiprozeß, I, II** 3	A. Bezeichnung des Dokuments 13
	B. Empfangsbestätigung 14
4) **Persönlicher Geltungsbereich, I, II** ... 4	C. Datum 15
5) **Annahmebereitschaft, I** 5–12	D. Unterschrift, Signatur 16, 17
A. Grundsatz: Bereitschaft als wesentliche Bedingung, I 1 5	E. Rückgabe 18
	F. Beweiskraft 19, 20
B. Einzelfragen, I 1 6	G. Telekopie, elektronisches Dokument, II 2 21
C. Grenzen der Zulässigkeit, I 2 ...... 7, 8	
D. Erklärung, I 3 9	7) **Gegenbescheinigung, II 3** 22, 23
E. Zustellungswille, I 3 10	8) *VwGO* 24
F. Zustellungsnachweis für das Gericht, I 4 11	

1) Systematik, I, II. § 195 ist eine vorrangige Spezialvorschrift, Köln NZM **99**, 418. Sie ähnelt § 174. **1** Sie regelt die Zustellung von Anwalt zu Anwalt, soweit eine Parteizustellung nach §§ 191 ff in Betracht kommt. § 174 gibt die entsprechende Regelung bei einer Amtszustellung nach §§ 166 ff, BGH NJW **92**, 2235. Diese Art der Zustellung ist im Grund nur ein Zustellungsersatz. Denn ihr fehlt ein wesentliches Merkmal einer Zustellung, nämlich die Übermittlung durch eine Urkundsperson in der dafür vorgeschriebenen Form. Die Zustellung direkt von Anwalt zu Anwalt ist nicht zwingend. Wenn die Zustellung durch den Gerichtsvollzieher im Auftrag eines Anwalts erfolgt, übermittelt hier der Gerichtsvollzieher das Dokument. Er beurkundet nicht. Er holt gleichzeitig ein mit dem Datum und der Unterschrift oder qualifizierter elektronischer Signatur versehenes Empfangsbekenntnis des Zustellungsempfängers ein. Dieses übermittelt er seinem Auftraggeber, § 49 GVGA und Rn 18. Die Übermittlung ist in beliebiger Form zulässig, auch an einen Vertreter, etwa an Büroangestellten, oder durch den Einwurf in das Abholfach oder durch einen Brief. Die Ausfertigung bedarf keiner Beglaubigung, BGH VersR **77**, 257.

Auch soweit eine Zustellung nach § 195 zulässig ist, bringt sie *nicht stets die volle Wirkung* einer Amtszustellung. Sie bringt zB beim Urteil und sonstigen Vollstreckungstitel zwar eine Voraussetzung der Zwangsvollstreckung, § 750 II, nicht aber schon den Beginn der Rechtsmittelfrist, §§ 317 I, 329 II 2.

2) Regelungszweck, I, II. Die Vorschrift dient der Vereinfachung und Beschleunigung und damit der **2** Prozeßförderung und der Prozeßwirtschaftlichkeit, Grdz 12, 14 vor § 128. Sie berücksichtigt die Berufspflicht des Anwalts als eines Organs der Rechtspflege, § 1 BRAO. Die mit ihr in der Praxis leider nicht gar selten verbundenen Risiken zB des „Verschwindens" des Empfangsbekenntnisses oder seiner unkorrekten Ausfüllung oder Unterzeichnung lassen sich durch die Wahl eines der anderen zulässigen Zustellungswege verhindern, § 174 Rn 2, 8. Man muß sie daher in Kauf nehmen. Man sollte sie aber nun auch nicht durch eine zu großzügige Auslegung des § 195 noch mehr verstärken.

3) Sachlicher Geltungsbereich: Auch im Parteiprozeß, I, II. Eine Zustellung von Anwalt zu Anwalt **3** ist bei jedem „Dokument" möglich, auch zB bei einer Klageerweiterung, Hbg FamRZ **03**, 1198. Sie ist zulässig, wenn alle gerade an *diesem* Zustellungsvorgang beteiligten Parteien durch gerade hierzu bevollmächtigte Anwälte schon und derzeit noch wirksam vertreten sind, auch wenigstens einer der Streithelfer nach § 66 oder der Mitbekl. Das gilt im Anwaltsprozeß wie auch im Parteiprozeß nach § 78 Rn 1, soweit eine Zustellung im Parteibetrieb erfolgen soll oder muß. Im Verhältnis zwischen Prozeßbeteiligten ohne anwaltliche Vertretung erfolgt die Zustellung auf andere Weise als nach § 195.

Unzulässig ist die Zustellung nach § 195 zwecks Zustellung einer Willenserklärung, § 130 BGB.

4) Persönlicher Geltungsbereich, I, II. Die Vorschrift gilt zwischen Anwälten als ProzBev, § 172. Sie **4** gilt auch bei einer Selbstvertretung eines Anwalts nach § 78 VI oder dann, wenn der Anwalt eine Partei kraft Amts ist, Grdz 8 vor § 50, also etwa Insolvenz- oder Zwangsverwalter oder Betreuer. Das gilt selbst dann, wenn er beim Prozeßgericht nicht zugelassen bzw postulationsfähig ist, BAG NJW **76**, 991 (also auch zB dann, wenn es sich um einen Korrespondenzanwalt oder um einen erstinstanzlichen Anwalt wegen des Urteils der Rechtsmittelinstanz handelt), oder wenn die zuständige Behörde gegen den Anwalt ein Vertretungsverbot nach § 155 V BRAO erlassen hatte. Der zustellende wie der empfangende Anwalt müssen aber in dem Prozeß als der Vertreter der Partei oder als Vertreter des ProzBev aufgetreten sein, selbst wenn die Partei ihm im Zeitpunkt der Zustellung bereits den Auftrag gekündigt hatte, falls diese Kündigung dem Prozeßgegner noch nicht angezeigt worden war, § 87 Rn 9. Ein Berufsverbot ist schädlich.

Dem Anwalt *stehen gleich:* Sein Vollvertreter, § 53 BRAO, und der Praxisabwickler, § 55 BRAO, auch wenn diese nicht Anwälte sind, BAG NJW **76**, 991; sein ständiger Zustellungsbevollmächtigter, § 30 BRAO, BGH NJW **82**, 1650; sein Sozius; aber ihm für einen Sonderfall bestellte Bevollmächtigte. Die Bestellung zum Vertreter für die Zustellung kann sogar darin liegen, daß der Anwalt häufig ein solches Empfangsbekenntnis von einem anderen Anwalt unterschreiben läßt, Schwendy DRiZ **77**, 48 (ausreichend sei auch der ohne eine besondere Vollmacht angestellte Anwalt). Für die Bestellung (Ermächtigung) gelten die allgemeinen Regeln vom Anscheins- und Duldungsvollmacht, BGH NJW **75**, 1652. Ferner steht dem Anwalt ein Erlaubnisträger nach § 209 BRAO gleich, § 25 EGZPO.

Nicht ausreichend ist ein nichtanwaltlicher ProzBev, etwa ein Rechtsbeistand oder eine Behörde, selbst wenn § 174 anwendbar wäre.

5) Annahmebereitschaft, I. Ein klarer Grundsatz zeigt viele Einzelprobleme. **5**

A. Grundsatz: Bereitschaft als wesentliche Bedingung, I 1. Für die Wirksamkeit einer Zustellung von Anwalt zu Anwalt ist die Bereitschaft des empfangenden Anwalts unbedingt notwendig, das bestimmte Dokument als zugestellt entgegenzunehmen, BGH NJW **03**, 2460, BVerwG NJW **79**, 1998, BayObLG Rpfleger **82**, 385. Das gilt auch bei einer Selbstvertretung, BGH VersR **85**, 143. Die Zustellung ist erst dann

§ 195

wirksam erfolgt, wenn der empfangende Anwalt oder sein amtlich bestellter Vertreter von dem durch den Eingang in der Kanzlei erlangten Gewahrsam Kenntnis erhalten hat, BGH VersR **82**, 273. Sie allein reicht aber noch nicht, BGH NJW **89**, 1154. Notwendig ist ferner nämlich, daß der Anwalt zumindest die Möglichkeit der inhaltlichen Kenntnisnahme hat, BGH RR **92**, 252. Außerdem muß er sich entschlossen haben, das Dokument endgültig gerade als ihm zugestellt zu behalten, BayObLG Rpfleger **82**, 385. Sein Entschluß muß auch erkennbar geworden sein, BGH MDR **94**, 718 (Antwort auf Anfrage nach dem Verbleib des Empfangsbekenntnisses). Eine bloß vorläufige Entgegennahme zu einer nur vorläufigen Verwahrung reicht also nicht zur Zustellung aus, BGH VersR **77**, 1131. Auch das bloße Behalten des Dokuments reicht nicht, weil der Anwalt zB meinen kann, er sei nicht mehr Vertreter der Partei. Noch weniger reicht es aus, eine Zustellung anzunehmen, wenn der Anwalt beim Empfang erklärt, er könne sie nicht als wirksam anerkennen, BGH NJW **89**, 1154, oder wenn er gar seine Unterschrift oder Signatur verweigert, BGH RR **89**, 57, BAG NJW **96**, 1917. Eine Heilung ist allerdings nach § 189 möglich.

6 **B. Einzelfragen, I 1.** Es kann ausreichen, daß der Anwalt zwar eine Zustellungsvollmacht erst nach Erhalt des Dokuments bekommt, nun aber das Dokument noch im Besitz hat und auch zur Empfangnahme rückwirkend bereit ist, BGH NJW **89**, 1154. Ein Widerruf des Zustellenden muß bis zum Wirksamkeitszeitpunkt zugehen. Eine spätere Unterzeichnung oder Signatur wirkt zurück. Eine Anfechtung wegen eines Irrtums ist nicht zulässig. Eine Zwangszustellung nach § 195 nicht möglich. Erst der Wille des Empfängers macht die Zustellung wirksam, BGH NJW **79**, 2566, Nürnb AnwBl **76**, 294.

Der *Eingang* der Sendung ist erst recht noch keine Zustellung, BGH VersR **85**, 143. Ein diesbezüglicher Irrtum des Anwalts ist unbeachtlich, BGH NJW **79**, 2566. Deshalb ist es bedenklich, das Einverständnis desjenigen Anwalts mit einem Anwaltsbriefkasten im Gericht mit der Empfangnahme aller derjenigen Sendungen zu unterstellen, die ihm in dieses Fach geworfen werden. Denn der Anwalt muß von dem Umstand Kenntnis erhalten haben, daß das Dokument tatsächlich in seinen Gewahrsam gelangt ist (vgl aber auch § 174), OVG Greifswald NJW **02**, 1141. Eine Kenntnis des Inhalts ist nicht erforderlich, LG Karlsr VersR **76**, 53. Es besteht keine prozessuale Annahmepflicht. Allerdings besteht eine Annahmepflicht regelmäßig nach dem Standesrecht. Aus ihr folgt auch eine Sorgfaltspflicht, BGH NJW **92**, 574. Die Übergabe wird nicht beurkundet.

7 **C. Grenzen der Zulässigkeit, I 2.** Man kann einen Schriftsatz an sich auch von Anwalt zu Anwalt zustellen. Das gilt aber nicht, wenn es sich um einen beim Gericht einzureichenden Schriftsatz handelt, zB um die Klageschrift oder Scheidungsantragsschrift, § 253 V, eine Rechtsmittelschrift, §§ 519 I, 549 I, 569 I, oder eine Rechtsmittelbegründungsschrift, §§ 520 III 1, 551 II 1, die nach § 549 I stets von Amts wegen zuzustellen sind, oder wenn das Dokument gleichzeitig eine gerichtliche Anordnung enthält, I 2, etwa eine Terminsbestimmung, § 274, oder eine Entscheidung nach den §§ 275, 276. Das übersehen viele Anwälte und Gerichte. Einen fälschlich von Anwalt zu Anwalt „zugestellten" Schriftsatz muß das Gericht daher nach § 166 II von Amts wegen zustellen. Erst diese Zustellung ist wirksam. Deshalb genügt es auch keineswegs, etwa eine fristschaffende Verfügung mit einer bloßen Bezugnahme auf den „von Anwalt zu Anwalt zugestellten Schriftsatz" zu versehen. Eine Gerichtsentscheidung ist zwar kein Schriftsatz. Das Gericht muß sie aber nach §§ 317, 329 zwecks Ingangsetzung der etwaigen Rechtsmittelfrist von Amts wegen zustellen. Diese Frist läßt sich also nicht nach § 195 herbeiführen. Die Zustellung von Anwalt zu Anwalt reicht jedoch, soweit sie nach § 750 I erforderlich ist.

8 Zulässig ist aber auf dem Weg von Anwalt zu Anwalt eine Zustellung eines Schriftsatzes, der eine *Widerklage* nach Anh § 253 oder eine Klagänderung oder Klagerweiterung enthält, §§ 263, 264, BGH NJW **92**, 2235. Im Schriftsatz soll der Absender angeben, daß die Zustellung von Anwalt zu Anwalt erfolgte. Diese Angabe ist nicht wesentlich. Notfalls muß die Partei die Zustellung dem Gericht nachweisen. Das Gericht darf und sollte im Zweifel oder zur Vermeidung unnötiger Rückfragen usw auch dann eine Zustellung von Amts wegen veranlassen, wenn ein ihm eingereichter Schriftsatz den Vermerk enthält, er sei von Anwalt zu Anwalt zugestellt worden. Wenn die Zustellung von Anwalt zu Anwalt gleichwohl tatsächlich erfolgt ist und wenn von ihr eine Frist abhängt, dann ist der erste wirksame Zustellungszeitpunkt maßgeblich. Soweit es auf den Zustellungszeitpunkt nicht ankommt, kann angesichts einer etwa zusätzlich erfolgten wirksamen Zustellung von Amts wegen offen bleiben, ob auch die Zustellung von Anwalt zu Anwalt ordnungsgemäß erfolgt ist. Allerdings darf das Gericht stets den insoweit erforderlichen Nachweis fordern.

9 **D. Erklärung, I 3.** Der zuzustellende Schriftsatz „soll", muß also nicht, die Erklärung „Ich stelle zu" oder „Zustellung von Anwalt zu Anwalt" oder ähnliches enthalten. Ihr Fehlen macht die Zustellung nicht unwirksam.

10 **E. Zustellungswille, I 3.** Der Absender muß den Willen haben, das Dokument förmlich zuzustellen, nicht bloß formlos mitzuteilen. Im letzteren Fall macht auch ein Empfangsbekenntnis im Sinn von Rn 5 die Zustellung nicht als solche wirksam. Das Motiv und der Zweck der Zustellung sind unerheblich, soweit der Wille zur Herbeiführung einer förmlichen Zustellung vor allem nach I 3 eindeutig erkennbar ist. Die Zustellungsabsicht kann sich aus den Gesamtumständen ergeben. Die Beifügung eines Vordrucks des Empfangsbekenntnisses kann ausreichen. Die Übersendung einer Ausfertigung statt einer beglaubigten Abschrift ist unschädlich. „Gegner hat Abschrift" deutet nicht auf einen Zustellungswillen hin, Ffm FamRZ **86**, 809. Ein gleichzeitig zugehender Widerruf der Zustellungsabsicht ist wirksam, wie bei § 130 I 2 BGB.

11 **F. Zustellungsnachweis für das Gericht, I 4.** Die Partei muß eine von Anwalt zu Anwalt erfolgte Zustellung dem Gericht nachweisen, sofern das für seine Entscheidung erforderlich ist. Diese Erforderlichkeit dürfte praktisch stets vorliegen. Jedenfalls bestimmt § 133 II, daß die Partei sofort nach der Zustellung von Anwalt zu Anwalt eine für das Gericht bestimmte Abschrift auf der Geschäftsstelle niederlegen muß.

12 **G. Telekopie, elektronisches Dokument, I 5.** § 174 II 1 (Telekopie) und § 174 III 1, 3 (elektronisches Dokument) gelten entsprechend. Vgl bei den genannten Vorschriften.

13 **6) Empfangsbekenntnis, II 1, 2.** Ein Empfangsbekenntnis des Anwalts ist ein wesentliches Erfordernis der Wirksamkeit dieser Zustellungsart, BGH NJW **94**, 2296, LG Stgt NJW **02**, 3791. Es genügt anstelle

Titel 2. Verfahren bei Zustellungen § 195

einer Zustellungsurkunde im Sinn von § 182 als Zustellungsnachweis nur unter den folgenden Voraussetzungen.

A. Bezeichnung des Dokuments. Das Empfangsbekenntnis muß das zugestellte Dokument formell lesbar angeben, BGH RR **86**, 1254. Es muß das zugestellte Dokument auch inhaltlich ausreichend bezeichnen, in der Regel mit Angabe des Datums. Eine Ungenauigkeit ist unschädlich, zB beim Aktenzeichen oder bei der Parteibezeichnung, solange die Nämlichkeit des Dokuments trotzdem zweifelsfrei feststeht, BGH VersR **94**, 1496. Das Empfangsbekenntnis braucht aber über die Rechtsnatur des zugestellten Dokuments nichts anzugeben, zB nicht, ob die Urschrift, eine Ausfertigung oder Abschrift oder eine elektronische Fassung zugestellt wurde. Die Verwendung des üblichen Formulars ist nicht notwendig, BGH NJW **81**, 463.

B. Empfangsbestätigung. Es muß gerade zum Zweck der Zustellung bestätigen, Rn 5, und zwar **14** unzweideutig, Köln NZM **99**, 418. Das Wort „Zustellung" ist nicht erforderlich, wohl aber eben die Annahmebereitschaft, Rn 5.

C. Datum. Das Empfangsbekenntnis muß das Datum des Empfangs enthalten, also den Tag der Erteilung **15** des Bekenntnisses, BGH FamRZ **95**, 799. Der Anwalt ist verpflichtet, unverzüglich und wahrheitsgemäß zu datieren. Der Eingangsstempel reicht nicht ohne die in Rn 5 genannte Empfangsbekundung, BGH NJW **92**, 574. Im Zweifel kann aber eine Unterschrift nebst Eingangsstempel reichen, Kblz Rpfleger **96**, 207. Eine Parteivereinbarung über ein anderes als das wahre Datum ist unbeachtlich. Eine Unklarheit kann zur Annahme des spätestmöglichen Datums zwingen, BGH VersR **81**, 354. Das Fehlen des Zustelldatums macht die Zustellung unwirksam. Denn dann liegt keine vollständige Beurkundung vor, BGH NJW **94**, 526, Kblz Rpfleger **96**, 207. Dasselbe gilt bei einer Unleserlichkeit usw, BGH NJW **94**, 526. Unschädlich ist eine unrichtige Datumsangabe, BGH RR **92**, 1151. Vgl aber § 174 Rn 2, 8. Der Anwalt muß vor seiner Unterschrift usw prüfen, ob er das zu bestätigende Dokument auch tatsächlich erhalten hat und ob er im Kalender neben dem Zustelldatum auch das Fristende hat eintragen lassen, Schlesw MDR **05**, 769.

D. Unterschrift, Signatur. Der empfangende Anwalt oder ein nach Rn 1, 2 Ermächtigter müssen das **16** Empfangsbekenntnis grundsätzlich eigenhändig und handschriftlich unterschrieben haben, BGH RR **92**, 1150, LG Stgt NJW **02**, 3791. Zur Form der Unterschrift § 129 Rn 8 ff, BGH RR **92**, 1150. Bei elektronischer Übermittlung tritt nach § 130 a I 2 eine qualifizierte Signatur an die Stelle der Unterschrift. Eine Namensabkürzung (Paraphe) genügt meist nicht, § 129 Rn 31 ff, BGH VersR **83**, 273, Hamm NJW **89**, 3289. Ein Faksimilestempel kann nach der Lage der Sache genügen, aM BGH NJW **89**, 838, ZöStö 13 (aber auch ein Empfangsbekenntnis ist auslegbar). Es ist unschädlich, wenn der Empfänger seinen Stempel auf die beglaubigte Abschrift und nicht auf die Ausfertigung setzt hat.

Die Unterschrift des amtlich bestellten Vertreters reicht natürlich aus. Die Unterschrift einer anderen **17** Person genügt nicht. Es genügt also auch nicht die Unterschrift eines *Bürovorstehers* oder Referendars oder eines sonstigen Dritten. Das gilt selbst dann, wenn ihn der Anwalt dazu bevollmächtigt hatte, BGH NJW **82**, 1650, Schlesw NJW **82**, 1570. Das gilt erst recht, wenn der Dritte weder zum amtlich bestellten Vertreter des Anwalts bestellt wurde noch von ihm besonders ermächtigt wurde, BAG NJW **76**, 991. Noch weniger genügt die Unterschrift eines vom Anwalt bevollmächtigten Justizwachtmeisters, BGH NJW **82**, 1649. Daraus folgt, daß das Büro dem empfangenden Anwalt das Empfangsbekenntnis nebst zugehörigem Schriftstück unter Umständen an seinen tatsächlichen Aufenthaltsort nachsenden muß. Eine Angabe des Orts ist entbehrlich. Eine nachträgliche Unterschrift ist zulässig, BGH NJW **94**, 2296. Das gilt auch nach Weiter- oder Rückgabe, sofern das Empfangsformular usw dem Anwalt erneut vorliegt. Es gilt auch nach dem Zeitpunkt der Einlegung eines Rechtsmittels und dann, wenn sich nun aus dem Empfangsbekenntnis ergibt, daß die Rechtsmittelfrist versäumt wurde. Sie braucht nicht mit der Unterschrift verbunden zu sein. Fehlt eine ausreichende Unterschrift, ist das Empfangsbekenntnis unwirksam, BGH NJW **95**, 533.

E. Rückgabe. Der empfangende Anwalt muß seine Empfangsbekenntnis an den zustellenden Anwalt **18** zurückreichen. Erst damit ist die Zustellung rückwirkend bewirkt, Nürnb AnwBl **76**, 294. Die Rückgabe des unterschriebenen Empfangsbekenntnisses begründet die Vermutung der Annahmebereitschaft nach Rn 5, BGH VersR **78**, 763. Eine Ersatzzustellung in dem Sinn, daß sich ein Empfangswille des Anwalts ersetzen ließe, ist nicht zulässig. Da die Zustellung von Anwalt zu Anwalt ganz auf den Empfangswillen abstellt, sind diejenigen Mehrkosten grundsätzlich erstattungsfähig, die durch die Vermeidung dieser Zustellung entstehen. Durchstreichungen der Unterschrift vor der Rücksendung beseitigen die Wirksamkeit dieser Zustellung, Nürnb AnwBl **76**, 294. Anfechtung oder Widerruf nach der Rücksendung des unterschriebenen Empfangsbekenntnisses sind unwirksam, Grdz 56 von § 128. Auch Parteivereinbarungen über das Zustelldatum usw sind unbeachtlich.

F. Beweiskraft. Das Empfangsbekenntnis „genügt zum Nachweis der Zustellung". Es ersetzt also die **19** Zustellungsurkunde. Das Empfangsbekenntnis ist für die Wirksamkeit der Zustellung keineswegs wesentlich, und zwar noch weniger als bei einer Zustellungsurkunde nach § 182, aM BGH VersR **77**, 425 (aber der klare Wortlaut und Sinn des Gesetzes steht einer solchen Funktion entgegen, Einl III 39). Man würde außerdem eine Förmelei ins Gesetz hineintragen, wenn man dasjenige, was nach II genügt, in ein Erfordernis umdeuten würde, Vollkommer Rpfleger **75**, 352. Außerdem verlangt I 1 nur eine „Übermittlung".

Das Empfangsbekenntnis ist zwar eine Privaturkunde, BGH FamRZ **95**, 799. Es liefert aber wie eine **20** öffentliche Urkunde einen *vollen Beweis* für die Entgegennahme und deren Zeitpunkt, § 418 Rn 5 „Empfangsbekenntnis", § 174 Rn 14, BGH NJW **03**, 2460, BVerwG NJW **94**, 535, BayObLG Rpfleger **82**, 385, aM ZöStö 15 (§ 416). Zur Beweiskraft des elektronischen Dokuments § 371 a. Ein äußerer Mangel führt zur freien Beweiswürdigung, BGH NJW **92**, 512. Ein Gegenbeweis ist in jedem Punkt zulässig, § 418 Rn 8, BGH NJW **03**, 2460, BayObLG Rpfleger **82**, 385. Dazu reicht aber die bloße Möglichkeit einer Unrichtigkeit nicht, BGH NJW **03**, 2460. Das Datum auf dem Empfangsbekenntnis kann leider erfahrungsgemäß unrichtig sein. Insofern ist daher leider nicht ganz selten ein gewisses Mißtrauen unvermeidbar. Das Datum kann auch fehlen, BFH BB **82**, 1908. In diesen beiden Fällen gilt das schließlich etwa doch noch anderswie als richtig erwiesene Datum, BGH NJW **79**, 2566, Ffm Rpfleger **76**, 233, LAG Bln MDR **79**, 524.

§§ 195–213a, Übers § 214   Buch 1. Abschnitt 3. Verfahren

Der Anwalt muß auf eine *Berichtigung* hinwirken. An den Nachweis der Unrichtigkeit muß man strenge Anforderungen stellen, BGH FamRZ **95**, 799. Wegen dieser Problematik § 418 Rn 11. Überhaupt läßt sich der Inhalt eines verlorenen Empfangsbekenntnisses mit allen Beweismitteln erweisen, BGH VersR **77**, 425. Wenn der Anwalt sein Empfangsbekenntnis erst nachträglich ausgestellt hat, wirkt es auf den Zeitpunkt der tatsächlichen Entgegennahme des Schriftstücks zurück. Das ist auch nach einer Rechtsmitteleinlegung zulässig. Man darf und muß die Unterlassung der Rückleitung des Empfangsbekenntnisses unter Umständen als den Nachweis einer Zustellung innerhalb einer angemessenen postüblichen Zeit seit der Absendung des Schriftstücks beurteilen, LG Würzb JB **77**, 563. Parteivereinbarungen sind weder über das Datum der Zustellung noch zB über die Ausklammerung der Zustellungswirkung bei einem Teil der Urkunde wirksam.

21 G. **Telekopie, elektronisches Dokument, II 2.** § 174 IV 2, 3 (Telekopie, elektronisches Dokument) gelten entsprechend. Vgl bei § 130 a I 2, § 371 a und den genannten Vorschriften.

22 **7) Gegenbescheinigung, II 3.** Der zustellende Anwalt muß dem empfangenden Anwalt nur auf dessen Verlangen eine Bescheinigung über die Zustellung ausstellen. Sie soll dem Zustellungsempfänger den Nachweis der Zustellung ermöglichen. Die Bescheinigung des zustellenden Anwalts berührt die Wirksamkeit der Zustellung nicht. Ihr Inhalt ist derselbe wie derjenige eines Empfangsbekenntnisses, Rn 13. Natürlich tritt an die Stelle der Empfangsbestätigung nach Rn 14 die Erklärung, daß zugestellt wurde. Sie liefert bis zu ihrer Widerlegung einen vollen Beweis. Grundsätzlich reicht sie zum Nachweis der Zustellung aus. Sonst würde die Partei des Zustellungsempfängers in eine unhaltbare Lage kommen.

23 Ein *vorsichtiger Anwalt* macht die Annahme des Dokuments von der Bescheinigung des zustellenden Kollegen abhängig, freilich nur als auflösende Bedingung. Denn eine aufschiebende wäre unbrauchbar. Als Nachweis kann auch eine Zustellungserklärung auf dem Schriftstück genügen. Freilich kann der zustellende Anwalt dann das Zustelldatum kaum schon angeben. Im Zweifel geht das Datum auf dem Empfangsbekenntnis vor Rn 15 vor. Eine bloße Aktennotiz oder ein Eingangsstempel reichen nicht als Zustellungsbescheinigung aus. Das Fehlen oder die Unrichtigkeit der Gegenbescheinigung sind für die Zustellung unbeachtlich.

24 **8) VwGO:** *Vgl § 191 Rn 4.*

195a–213a (weggefallen)

Titel 3. Ladungen, Termine und Fristen

Übersicht

Schrifttum: *Adler/Ballof,* Fristentabelle für Rechtsanwälte und Notare, 1996; *Buschbell/Dollendorf,* Fristentabelle für die Anwaltspraxis, 6. Aufl 2005; *Höppner,* Fristen, Verjährung, Zustellung, 1999; *Löhnig,* Fristen und Termine im Zivilrecht, 2003; *Mösezahl,* Die wichtigsten Fristen im Prozeßrecht, 1982; *Volbers,* Fristen, Termine, Zustellungen, 9. Aufl 2000.

Gliederung

1) Systematik	1	C. Verstoß		7
2) Regelungszweck	2	D. Ladungswunsch		8
3) Geltungsbereich	3	6) Prozessuale Frist		9–11
4) Termin	4	A. Eigentliche Frist		10
5) Ladung	5–8	B. Uneigentliche Frist		11
A. Begriff	5	7) Begrenzung der Parteiherrschaft		12
B. Funktion und Form	6	8) *VwGO*		13

1 **1) Systematik.** §§ 214–229 enthalten wesentliche Regelungen zur Vorbereitung und Abwicklung einer oder mehrerer Verhandlungen oder Verkündungen. Zum vollen Verständnis der dem Gericht vorgeschriebenen Arbeitsweise muß man aber zahlreiche weitere, nicht im Titel 3 enthaltene Vorschriften beachten, zB über die Zustellung nach §§ 166 ff, über die Wahl des Verfahrensgangs nach § 272, über vorbereitende Auflagen nach § 273 oder über eine Vertagung im Säumnisverfahren, § 337. Dieses Ineinander zeitlich zusammengehöriger, räumlich im Gesetz aber getrennter Regeln läßt sich erst durch die Erfahrung beherrschen.

2 **2) Regelungszweck.** Die Vorschriften dienen zwar im einzelnen durchaus unterschiedlichen Zwecken. Sie haben aber gemeinsam, daß das Gericht seine Pflicht zur Prozeßförderung nach Grdz 12 vor § 128 ebenso ernst nehmen soll wie die Parteien die ihrige und daß man die Prozeßwirtschaftlichkeit nach Grdz 14 vor § 128 ebenfalls stets beachten muß, ohne daß das Prozeßgrundrecht des rechtlichen Gehörs nach Einl III 16 darunter leiden soll.

Strenge ist bei allen prozessualen Fristen ziemlich unentbehrlich. Man darf eine Frist bis zur letzten Sekunde ausnutzen, BVerfG NJW **91**, 2076, BGH RR **01**, 916. Dann muß mit dem Ablauf dieser Sekunde aber auch der Fristablauf unerbittlich feststehen, um die Rechtssicherheit zu gewährleisten, Einl III 43. Bei der Planung und Durchführung eines Termins oder einer Frist ist einmal eine gewisse Großzügigkeit in der Auslegung infrage. Aber auch hier darf keine Ungewißheit entstehen, ohne das rechtliche Gehör zu gefährden und damit das Gesamtergebnis des Prozesses infragezustellen. Deshalb ist bei einer Umterminierung, Friständerung, Umladung Sorgfalt und eine eher strikte Handhabung der noch so lästigen Vorschriften

Titel 3. Ladungen, Termine und Fristen **Übers § 214**

ratsam. Auch sollte das Gericht stets eine gewissenhafte Protokollierung oder sonstige Aktenkundigkeit veranlassen.

3) Geltungsbereich. §§ 214–229 gelten grundsätzlich in allen Verfahrensarten nach der ZPO und vor 3 dem Beschwerdegericht nach § 73 Z 2 GWB. Wegen § 227 s dort.

4) Termin. Das ist ein im voraus genau bestimmter Zeitpunkt für eine gemeinschaftliche Prozeßhandlung 4 des Gerichts mit den Parteien oder mit einem Dritten, Grdz 46 vor § 128, VG Wiesb JB **99**, 587, zB mit einem Zeugen, § 373. Es kann sich um eine Verhandlung einschließlich einer Güteverhandlung nach § 278 handeln, um eine Beweisaufnahme oder um die Verkündung einer Entscheidung nach §§ 311, 329 I 1. Gleichbedeutend ist der Begriff Sitzung zB in §§ 136 III, 345 und bisweilen auch der Begriff Verhandlung, § 220. Den Termin beraumt der Richter an. Falls jedoch der Rpfl zu einer Sachentscheidung zuständig ist, beraumt der Rpfl den Termin an.

5) Ladung. Sie hat zentrale Bedeutung. 5

A. Begriff. Unter einer Ladung versteht man die Aufforderung zum Erscheinen in einem gerichtlich bestimmten Termin, VG Wiesb JB **99**, 587. Die Ladung erfolgt von Amts wegen, §§ 214, 274, 497. Die ZPO spricht häufig von einer Bekanntmachung oder einer Mitteilung des Termins. Solche Vorgänge unterscheiden sich sachlich wenig von einer Ladung. Sie braucht ja auch das Wort „laden" nicht zu benutzen. Der Unterschied liegt darin, daß bei einer Bekanntmachung oder Mitteilung die Aufforderung zum Erscheinen vor dem Gericht entbehrlich ist und daß die Form einer Bekanntmachung oder Mitteilung nicht geregelt ist. Es genügt dann vielmehr die Mitteilung des Termins durch den Urkundsbeamten der Geschäftsstelle. Demgegenüber muß das Gericht eine Ladung auf Grund einer nicht verkündeten Terminsbestimmung grundsätzlich förmlich zustellen, § 329 II 2, soweit nicht eine gesetzliche Ausnahme vorliegt, §§ 141 II 2, 357 II 1, 497 II.

Wenn das Gericht einen Termin nach §§ 311 IV, 329 I 1 *verkündet* hat, sind eine Ladung und eine Bekanntmachung regelmäßig entbehrlich, § 218. Das übersieht manche Partei oder deren Anwalt. Diese Unaufmerksamkeit kann zu schweren Rechtsfolgen führen. Da es sich aber um eine klare gesetzliche Regelung handelt, muß sich eine anwaltlich vertretene Partei insofern ein Verschulden ihres ProzBev nach § 85 II gegen sich gelten lassen. Beim AG kann im übrigen eine mündliche Mitteilung genügen, § 497 II. Für die Ladung eines Soldaten gelten die im Erlaß in SchlAnh II abgedruckten Vorschriften. Wegen der Ladung eines Mitglieds der ausländischen Streitkräfte Art 37 ZAbkNTrSt, SchlAnh III. In einer Markensache gelten §§ 214 ff vor dem BGH (Rechtsbeschwerde) entsprechend, § 88 I 1 MarkenG.

B. Funktion und Form. Die Ladung kann der Einleitung oder der Fortsetzung eines Prozesses dienen. 6 Das Prozeßrechtsverhältnis nach Grdz 4 vor § 128 entsteht mit der Zustellung der Klageschrift, § 253 I. Jede Ladung setzt eine vorherige richterliche Terminsbestimmung voraus, § 216. Man kann die Ladung aber durch diese Terminsbestimmung allein noch nicht ersetzen. Der Gebrauch des Worts Ladung ist ganz entbehrlich.

Unentbehrlich sind aber: Die Bezeichnung der ladenden Stelle; die Bezeichnung des Geladenen; die Bezeichnung des Gerichts, zumindest nach seiner Postanschrift; die Angabe der Terminszeit nach Tag, Stunde und Minute, regelmäßig durch die Mitteilung einer beglaubigten Abschrift der Terminsbestimmung; die Bezeichnung des Prozesses; die Bezeichnung des Terminszwecks, jeweils zumindest mit Stichwort „wegen" usw, BGH NJW **82**, 888, zumindest das Aktenzeichen; die Aufforderung, zum Termin vor dem Gericht zu erscheinen. Diese Aufforderung braucht allerdings nicht ausführlich zu erfolgen. Vor welcher Abteilung usw der Geladene erscheinen muß, kann er an sich anhand des Aktenzeichens in Verbindung mit dem auf der Verwaltungsgeschäftsstelle einsehbaren Plan über die Verteilung der Sitzungssäle feststellen. Unentbehrlich ist ferner im Anwaltsprozeß die Aufforderung nach § 215.

Im Zweifel ist jeder Geladene berechtigt und verpflichtet, sich mit Hilfe der Auskunftsstelle im Haus oder der Verwaltungsgeschäftsstelle in den richtigen Saal *einweisen* zu lassen und zu diesem Zweck so rechtzeitig zu erscheinen, daß er die voraussichtlich zu erwartenden Umwege usw durchführen kann, bevor die festgesetzte Terminszeit beginnt. Eine diesbezügliche Verspätung ist keineswegs stets entschuldigt. Je größer das Gericht ist, desto mehr Zeit muß man einkalkulieren. Dasselbe gilt dann, wenn man ortsunkundig ist oder wenn die Terminszeit an einem Tag und zu einer Stunde liegt, zu denen erfahrungsgemäß auf den Wegen zum Gericht viel Verkehr herrscht. Auch eine Terminsanberaumung in einer Jahreszeit mit schlechtem Wetter verpflichtet zu entsprechend rechtzeitigem Aufbruch von der Wohnung.

C. Verstoß. Eine Ladung, die den Anforderungen nach Rn 4–6 nicht entspricht, ist unwirksam. Sie kann 7 für den Geladenen keine Versäumnisfolgen begründen, § 335 I Z 2. Eine Heilung von Zustellungsmängeln kann nach § 189 erfolgen. Die Heilung aller Ladungsmängel kann auch dadurch geschehen, daß die Parteien bzw der Betroffene sie nicht rügten, § 295. Das Gericht muß die Ladungsfrist des § 217 stets einhalten. Das gilt auch im Eilverfahren. Ein Verstoß kann die Versagung des rechtlichen Gehörs bedeuten.

D. Ladungswunsch. Wenn eine Partei eine Ladung wünscht, reicht sie dasjenige Schriftstück beim 8 Gericht ein, aus dem sich dieser Wunsch ergibt. Wenn die Partei einen Termin beantragt, liegt die Notwendigkeit einer Ladung im allgemeinen klar zutage. Es genügt aber auch jeder Antrag, ein Verfahren fortzusetzen. Freilich ist das Gericht stets zur Prüfung der Frage verpflichtet, ob eine Ladung tatsächlich notwendig ist. Sie kann zB dann entbehrlich sein, wenn sich ergibt, daß ein Einspruch gegen ein Versäumnisurteil oder gegen einen Vollstreckungsbescheid verspätet war, so daß der Antrag der nichtsäumigen Partei auf die Anberaumung eines Verhandlungstermins über den Einspruch und zur Sache entbehrlich ist, weil das Gericht den Einspruch zwar durch Urteil bescheiden muß, ihn jedoch auch dann ohne eine mündliche Verhandlung nach § 341 II verwerfen kann.

6) Prozessuale Frist. Unter einer Frist versteht man den Zeitraum, innerhalb dessen die Prozeßbetei- 9 ligten Prozeßhandlungen im Sinn von Grdz 46, 47 vor § 128 vornehmen können oder müssen, BGH VersR **85**, 574. Alle Fristen laufen auch in der Zeit vom 1. 7. bis 31. 8. Denn § 227 III betrifft hier Termine, nicht Fristen. Man unterscheidet die folgenden Fristarten:

Übers § 214, § 214 Buch 1. Abschnitt 3. Verfahren

10   A. **Eigentliche Frist**, §§ 221 ff. Hier handelt es sich um eine Zeitspanne, die das Gericht einer Partei gewährt, damit sie handeln oder sich vorbereiten kann. Diese Fristart läßt sich nach verschiedenen Gesichtspunkten unterteilen. Man kann zB zwischen einer Handlungsfrist und einer Zwischenfrist oder Überlegungsfrist unterscheiden. Zu der letzteren gehören die Einlassungsfrist nach § 274 III und die Ladungsfrist, § 217. Man kann ferner zwischen einer gesetzlichen Frist und einer richterlichen Frist unterscheiden. Bei der letzteren bemißt der Richter ihre Dauer nicht nach unbestimmten Rechtsbegriffen, sondern grundsätzlich nach dem BGB, § 222 Rn 2 ff, und in diesem Rahmen zB nach §§ 56 II 2, 89 I 2, 109, 113, 244 II, 273 II Z 1, 275 I 1, III, IV, 276 I 2, III, 277 III, 356 S 1, 769 II, 926 I. Außerdem bestehen zwischen richterlicher und gesetzlicher Frist Abweichungen bei der Möglichkeit einer Verkürzung oder Verlängerung, § 224 II. Eine gesetzliche wie eine richterliche Frist läßt sich wiederum in eine gewöhnliche Frist unterteilen, die das Gesetz nicht als Notfrist kennzeichnet, oder in eine Notfrist, § 224 I 2. Eine Notfrist ist unabänderlich. Sie läßt aber eine Wiedereinsetzung in den vorigen Stand nach § 233 zu.

11   B. **Uneigentliche Frist**. Das ist eine Frist, die das Gesetz dem Gericht oder einer Gerichtsperson für eine Amtshandlung setzt oder während derer ein Verfahren ausgesetzt ist, zB nach § 614 IV, BGH NJW **77**, 718, oder gehemmt ist. Es kann sich auch um eine Ausschlußfrist handeln. Zu ihr gehört auch eine nach Jahren bemessene Frist, etwa in den Fällen des § 234 III oder § 586 II 2, KG Rpfleger **76**, 368. Weitere Fälle: §§ 206, I, II, 216 II, 310 I, 315 II 1, (jetzt) 547 Z 6, BAG NJW **00**, 2835, § 701 S 1, LAG Bln MDR **90**, 187, §§ 798, 958 II, 1043 II 3. Auf eine uneigentliche Frist ist der Titel 3 nicht anwendbar, abgesehen von der Berechnung nach § 222.

12   **7) Begrenzung der Parteiherrschaft.** Vgl zunächst Rn 1. Termine, Notfristen und uneigentliche Fristen sind der Parteiherrschaft nach Grdz 18 vor § 128 gesetzlich entzogen. Eine Parteivereinbarung kann eine gesetzliche oder richterliche Frist verkürzen, aber nicht verlängern. Demgegenüber ändern die Beschleunigungsvorschriften nichts daran, daß eine Partei die gesetzte Frist voll ausnutzen darf.

13   **8) VwGO:** *Die vorstehend erläuterten Grundsätze über Termine, Ladungen und Fristen, gelten auch im VerwProzeß.*

214 *Ladung zum Termin.* Die Ladung zu einem Termin wird von Amts wegen veranlaßt.

1   **1) Systematik.** Die Vorschrift enthält nur einen Teil der für eine wirksame Ladung im Sinn von Üb 5 ff vor § 214 zu beachtenden Vorschriften. Zum einen ist die etwaige Form der Ladung an anderer Stelle geregelt, §§ 166 ff. Zum anderen ist auch der Inhalt anderweitig näher geregelt, zB §§ 141 III 3, 215, 274 II, 377 II, 402, 450 I 2, 900 I 2, dort Rn 15. Das gilt auch für die etwaige Ladungsfrist §§ 217, 604 II, 605 a. Man darf die Ladungsfrist nicht mit der Einlassungsfrist des § 274 III verwechseln.

2   **2) Regelungszweck.** Durch die Ladung von Amts wegen erhält das Gericht die Möglichkeit, alle nach dem Gesetz zur Verfügung stehenden Möglichkeiten der §§ 166 ff zu nutzen. Das Gericht hat zugleich die Pflicht, für einen tatsächlichen Zugang der Terminsmitteilung zu sorgen. Er löst erst die weitreichenden Rechtsfolgen einer Säumnis aus, §§ 330 ff, 495 a. Die Vorschrift dient also der Wahrung des rechtlichen Gehörs, Einl III 16. Man muß sie deshalb strikt anwenden, soweit nicht die Parteiherrschaft nach Grdz 18 vor § 128 in einer Reihe von Fällen eine bloße Gestellung usw zuläßt, Rn 5.

In der Praxis kommt auch eine solche „Ladung" vor, die geradezu haarsträubend fehlerhaft zu sein scheint, etwa am Telefon mit der „Bitte", möglichst sofort in den Sitzungssaal zu kommen, oder in der Form der „Beauftragung" eines ProzBev, eines Zeugen, ja eines Zuhörers, einen anderen Zeugen irgendwo anzusprechen und zum alsbaldigen Erscheinen zu überreden usw. Das alles kann erstaunlich und erfreulich gut funktionieren und sehr zur Prozeßförderung beitragen. Es kann aber natürlich beim Fehlschlagen des Versuchs keine Rechtsnachteile auslösen, Üb 7 vor § 214. Es kann andererseits beim Erfolg auch Kostenfolgen wie ein Zeugengeld usw zu Lasten des Prozeßverlierers haben.

3   **3) Geltungsbereich.** Vgl Üb 3 vor § 214.

4   **4) Zuständigkeit der Geschäftsstelle.** An die Stelle eines Ladungsschriftsatzes tritt der Antrag der Partei, einen Termin nach Üb 1 vor § 214 zu bestimmen. Nach der richterlichen Terminsbestimmung gemäß § 216 veranlaßt der Urkundsbeamte der Geschäftsstelle die Ladung, § 153 GVG, Üb 5 vor § 214. Er lädt die zum Termin erforderlichen Personen ohne weiteres von Amts wegen, § 168 I 1. Das geschieht unter Hinzuziehung der Kanzlei. Er nimmt dabei soweit erforderlich mit dem Vorsitzenden eine Rücksprache wegen der zu ladenden Personen. Er ist an eine etwaige Weisung des Vorsitzenden gebunden. Der Vorsitzende ist jedoch zu einer auch nur stichwortartigen Angabe der von Amts wegen zu ladenden Personen grundsätzlich nicht von sich aus verpflichtet.

Vielmehr ist es die Pflicht des *Urkundsbeamten*, in *eigener Zuständigkeit* im Rahmen der erkennbaren Zielsetzung des Termins herauszufinden, welche Personen er laden soll. Gerade auf diesem Gebiet empfiehlt sich natürlich eine Zusammenarbeit zwischen dem Vorsitzenden und dem Urkundsbeamten. Sie darf aber nicht dazu führen, daß praktisch der Vorsitzende die Aufgaben des Urkundsbeamten auch nur teilweise übernimmt, damit die Ladungen überhaupt leidlich einwandfrei erfolgen. Es kann sich zB ein Zusatz in der richterlichen Terminsverfügung empfehlen, wen der Urkundsbeamte mit „ZU" (Zustellungsurkunde) laden soll, wen mit „EB" (Empfangsbekenntnis), wen „formlos". An eine solche Anweisung ist der Urkundsbeamte gebunden.

5   **5) Ladungsinhalt; Zustellung.** Über den Inhalt der Ladung Üb 6 vor § 214. Die Zustellung erfolgt von Amts wegen, §§ 166 ff. Das gilt auch in den Fällen der §§ 63, 71, 491, 856, 942.

6   **6) Sistierung (Gestellung).** Eine Terminsladung im Parteibetrieb findet nicht mehr statt. Die Partei kann aber eine Beweisperson, deren Vernehmung sie erreichen möchte, vorsorglich von sich aus bitten, zum

Titel 3. Ladungen, Termine und Fristen §§ 214, 215

Termin zu erscheinen. Diese sog Sistierung (Gestellung) kann verhindern, daß das Gericht zB einen verspätet benannten Zeugen zurückweisen darf und muß. Freilich hat die Partei nicht unter allen Umständen einen Anspruch darauf, den sistierten Zeugen im Termin vernehmen zu lassen. Sie darf zB nicht dadurch den ganzen Zeitplan dieses Verhandlungstags durcheinanderbringen, § 216 Rn 14.

7) VwGO: Es gilt das gleiche nach §§ 102, 56 VwGO. 7

215 *Notwendiger Inhalt der Ladung zur mündlichen Verhandlung.* ¹ ¹ In der Ladung zur mündlichen Verhandlung ist über die Folgen einer Versäumung des Termins zu belehren (§§ 330 bis 331 a). ² Die Belehrung hat die Rechtsfolgen aus den §§ 91 und 708 Nr. 2 zu umfassen.

II In Anwaltsprozessen muss die Ladung zur mündlichen Verhandlung, sofern die Zustellung nicht an einen Rechtsanwalt erfolgt, die Aufforderung enthalten, einen Anwalt zu bestellen.

Vorbem. Überschrift geändert, I eingefügt, daher bisheriger Text zu II dch Art 1 Z 2 G v 18. 8. 05, BGBl 2477, in Kraft seit 21. 10. 05, Art 3 S 1 G, ÜbergangsR Einl III 78.

Gliederung

1) Systematik, I, II	1	A. Form		6
2) Regelungszweck, I, II	2	B. Zeitpunkt		7
3) Geltungsbereich: Ladung zur mündlichen Verhandlung, I, II	3	C. Inhalt		8–11
		7) Aufforderung, II		12, 13
4) Gerade zur mündlichen Verhandlung, I, II	4	A. Erster Termin		12
		B. Späterer Termin		13
5) Folgen einer Terminsversäumung nach §§ 330–331 a, I	5	8) Verstoß, I, II		14
6) Belehrung, I	6–11	9) VwGO		15

1) Systematik, I, II. Es gibt keine umfassende gerichtliche Belehrungspflicht, § 139 Rn 57 „Beleh- 1 rung". § 215 durchbricht diesen Grundsatz in zwei wesentlichen Punkten. I zwingt zu einer Belehrung über Folgen einer Terminsversäumung. Dabei geht die entsprechende Belehrungspflicht nach Art 17 VO (EG) Nr 805/2004, abgedruckt in Einf 3 vor § 1079 deutlich und vermeidbar hinaus. Während § 271 im Anwaltsprozeß nach § 78 Rn 1 bereits zusammen mit der Zustellung der Klageschrift eine Aufforderung zur Bestellung eines Anwalts anordnet, enthält II eine entsprechende Anweisung für diejenigen Fälle, in denen eine Partei bis zur Terminsladung noch keinen Anwalt als ProzBev nach § 172 bestellt hatte. §§ 275 I 2, 276 I 3 Hs 2 enthalten ähnliche Aufforderungen zu bestimmten Mitteilungen über die bloße Anwaltsbestellung hinaus.

2) Regelungszweck, I, II. Die Vorschrift dient der Vermeidung von Zeit- und Rechtsverlust infolge 2 von Nachlässigkeiten insbesondere seitens einer mit dem Anwaltsprozess nach § 78 Rn 1 nicht vertrauten Partei. Damit dient sie sowohl der Prozeßförderung nach Grdz 12 vor § 128 und der Prozeßwirtschaftlichkeit nach Grdz 14 vor § 128 als auch der Gerechtigkeit, Einl III 9. Die Parteiherrschaft nach Grdz 18 vor § 128 auch als Ausdruck des Art 2 GG sollte dabei aber nun auch keineswegs völlig zurücktreten. Sie erlaubt und fordert sogar Grenzen einer Fürsorgepflicht, die man doch nicht übertreiben kann.

3) Geltungsbereich: Ladung zur mündlichen Verhandlung, I, II. Vgl zunächst Üb 3 vor § 214. 3 § 215 gilt nur für die Ladung einer Partei einschließlich des Streithelfers. Ein anderer Prozeßbeteiligter, zB ein Zeuge oder Sachverständiger, unterliegt ja nicht den in I 1 allein genannten §§ 330–331 a. I gilt im Anwaltsprozeß, § 78 Rn 1, wie im Parteiprozeß. Das Gericht muß also theoretisch nach II sogar einen Anwalt als ProzBev belehren. Diese Überfürsorge läßt sich wegen Rn 2 durch eine ja auch sonst bekannte teleologische Reduktion im Sinn von Einl III 37, 38 wohl durchweg dahin auf das praktisch Notwendige beschränken, daß der deutsche Anwalt jedenfalls nicht mehr als den Hinweis „auf § 215 I ZPO" braucht. I gilt also auch im Verfahren vor dem Amtsgericht vgl §§ 495 ff. II gilt nur im Anwaltsprozeß.

4) Gerade zur mündlichen Verhandlung, I, II. Die Vorschriften gelten nur, soweit eine Ladung 4 zunächst auch schon oder noch gerade zu einer „mündlichen" Verhandlung erfolgt, also nicht bei der Ladung zu einer Güteverhandlung nach § 278 II. Denn sie geht ja der mündlichen Verhandlung nach § 279 gerade voraus, § 278 Rn 5. I, II gelten aber auch dann, wenn die Ladung sowohl zum Gütetermin als auch vorsorglich zu einem gleich danach für denselben Tag anberaumten mündlichen Verhandlungstermin erfolgt. Auch eine voraussichtliche Beschränkung auf etwa eine Zuständigkeitsfrage nebst etwaiger Verweisung oder Abgabe mag nichts am Charakter einer mündlichen Verhandlung ändern. § 332 gilt unverändert.

5) Folgen einer Terminsversäumung nach §§ 330–331 a, I. Es geht nur um die gerade in §§ 330– 5 331 a abschließend aufgezählten Rechtsfolgen. Freilich verweist § 331 a S 2 auf § 251 II. Natürlich gelten auch §§ 333 ff. Andererseits führt I 1 den Fall des etwaigen Zweiten Versäumnisurteils nach § 345 nicht mit an. Wegen Rn 2 sollte man auch keineswegs nur überfürsorglich auch insofern eine Rechtsfolgenbelehrung vornehmen.

6) Belehrung, I. Das Gesetz fordert in I eine Belehrung, nur in II eine bloße Aufforderung. Belehrung 6 ist ein auslegbarer Begriff. Man sollte ihn praktisch brauchbar ohne Überdehnung handhaben, Rn 2.

A. Form. Es ist keine Schriftform vorgeschrieben. Freilich erfolgt fast jede Ladung schriftlich. Dann muß auch die Belehrung so erfolgen. Schriftform ist zumindest stets schon zum Nachweis ausreichender Erfüllung von I ratsam. Elektronik steht der Schriftform wie sonst gleich.

B. Zeitpunkt. „In" der Ladung muß die Belehrung erfolgen, nicht vorher und nicht später. Sie ist also 7 noch nicht zusammen mit der Zustellung der Klage im schriftlichen Vorverfahren erforderlich, auch nicht

§§ 215, 216

zusammen mit der Ladung zum bloßen Gütertermin nach § 278 II, Rn 4. „In der" läßt sich natürlich auch als „zusammen mit der" Ladung auslegen. Ein Nachschieben kann ausreichen, wenn es den Geladenen noch rechtzeitig erreicht, § 295.

8 **C. Inhalt.** Er ist nur in I 2 teilweise vorgeschrieben. Der Belehrungssinn geht natürlich vor allem dahin, den jeweiligen prozessualen Nachteil oder Rechtsverlust einer Terminsversäumung klarzustellen. Dieser hängt ganz von der Art des Verhandlungstermins ab. So drohen zB im ersten versäumten Verhandlungstermin dem Kläger die Rechtsfolgen des § 330, dem Bekl diejenigen des § 331, beiden diejenigen des § 331 a, allen diesen Beteiligten aber nur unter den Voraussetzungen des §§ 333 ff. Nach einem Einspruch droht dem erneut Säumigen die Rechtsfolge des § 345. Beim beiderseitigen Ausbleiben droht die Rechtsfolge des § 251 a, aber nur unter den Voraussetzungen des § 251 a II ein Urteil. Zu diesem Zusammenhang kann auch § 331 a anwendbar sein.

9 *Kein Roman* darf entstehen, ebensowenig aber zumindest gegenüber einem Nichtanwalt eine bloße Verweisung auf eine Paragraphen-Nummer. „Bausteine" im Computer mögen meist entscheidend helfen. Eine zu kurze, zu unklare, zu unscharfe Belehrung kann eine Unzulässigkeit nach § 335 I Z 2 wegen nicht ordnungsmäßiger Ladung zur Folge haben. Dasselbe kann aber auch bei einer zu weitschweifigen, zu übervorsichtigen und (nur scheinbar) alle Eventualitäten umfassenden Belehrung eintreten. Eine formularmäßige Belehrung wird sich praktisch kaum vermeiden lassen.

10 *Kostenfolgen* sind nach I 2 nur aus § 91 anzusprechen, nicht auch aus §§ 91 a ff. Letzteres würde ja auch zu völliger Uferlosigkeit ausarten müssen. Ein Hinweis auf § 708 Z 2 mit seiner vorläufigen Vollstreckbarkeit eines etwaigen Versäumnisurteils ohne Sicherheitsleistung braucht nicht einen Hinweis auch auf § 709 S 2 mitzuenthalten, auch nicht denjenigen nach § 712 I oder II.

11 *Aktenkundigkeit* des Inhalts am besten durch Abschrift oder Ablichtung usw ist dringend ratsam, um die Ordnungsmäßigkeit der Ladung überprüfbar zu machen. „Belehrung nach ZP XYZ" dürfte dazu kaum reichen, wenn das Formular nicht beiliegt. Belehrung kann geradezu beängstigende Folgen an Zeitaufwand, Kosten und Mühe haben, wie alle Fürsorglichkeit.

12 **7) Aufforderung, II.** Man muß zwei Terminsarten unterscheiden.
A. Erster Termin. II verlangt von jeder Ladung einer Partei im Anwaltsprozeß nach § 78 Rn 1, die nicht an einen Anwalt als den ProzBev nach § 81, an den ZustellungsBev nach § 184 oder als Partei im Sinne von Grdz 4 vor § 50 und unabhängig von seiner Zulassung beim ladenden Gericht oder an seinen Vertreter oder Abwickler nach §§ 53, 55 BRAO geht, daß sie die Aufforderung zur Bestellung eines Anwalts enthält. Die Geschäftsstelle fügt diese Aufforderung der Ladung von Amts wegen hinzu, §§ 523, 525.

13 **B. Späterer Termin.** Bei der Ladung zu einem späteren Termin braucht das Gericht die Aufforderung nicht zu wiederholen, aM Bergerfurth, Der Anwaltszwang usw (1981) Rn 185, ThP 1, ZöStö 1 (die Partei könne aus dem späteren Unterbleiben der Aufforderung die Entbehrlichkeit der Bestellung folgern. Aber diese Auslegung der früher ja wirksam erfolgten Aufforderung ist gekünstelt: Die sorgsame Partei, von der das Gesetz überall ausgeht, hat zur Annahme des stillschweigenden Wegfalls der früheren Aufforderung beim Erhalt der Ladung zu einem weiteren Termin vernünftigerweise gar keinen Anlaß. Das Gesetz erlaubt im Zivilprozeß zB auch nicht die Annahme, mangels ausdrücklicher Rechtsmittelbelehrung laufe keine Rechtsmittelfrist, obwohl das Gericht etwa in § 340 III 4 vereinzelte Hinweispflichten hat).

14 **8) Verstoß, I, II.** Die Belehrung nach I und eine Aufforderung nach II sind für die Wirksamkeit der Ladung wesentlich. Sie ist also jeweils eine Voraussetzung des Versäumnisverfahrens, § 335 I Z 2, Üb 7 vor § 214. Ein etwaiger Mangel kann aber dadurch heilen, daß ein Anwalt im Termin für die Partei auftritt.

15 **9) VwGO:** *Entsprechend anzuwenden, § 173 VwGO, im Verfahren vor dem BVerwG und dem OVG, § 67 I VwGO, nach Maßgabe des nach §§ 141, 125 I VwGO anzuwendenden § 102 II VwGO.*

216

Terminsbestimmung. ⁱDie Termine werden von Amts wegen bestimmt, wenn Anträge oder Erklärungen eingereicht werden, über die nur nach mündlicher Verhandlung entschieden werden kann oder über die mündliche Verhandlung vom Gericht angeordnet ist.

ⁱⁱ Der Vorsitzende hat die Termine unverzüglich zu bestimmen.

ⁱⁱⁱ Auf Sonntage, allgemeine Feiertage oder Sonnabende sind Termine nur in Notfällen anzuberaumen.

Schrifttum: *Fasching,* Rechtsbehelfe zur Verfahrensbeschleunigung, Festschrift für Henckel (1995) 161; *Halbach,* Die Verweigerung der Terminsbestimmung und der Klagezustellung im Zivilprozeß, Diss Köln 1980.

Gliederung

1) Systematik, I–III 1	D. Notwendigkeit von vorbereitenden Maßnahmen 8
2) Regelungszweck, I–III 2	E. Akten verschwunden 9
3) Geltungsbereich, I–III 3	F. Keine Gebührenvorauszahlung usw ... 10
4) Erforderlichkeit eines Termins, I 4	6) Unzulässigkeit der Terminsablehnung, I 11, 12
5) Zulässigkeit der Terminsunterlassung, I 5–10	A. Verbot einer Warteliste 11
A. Fehlen eines wesentlichen Erfordernisses 5	B. Verbot übermäßiger Erwiderungsfrist usw 12
B. Unzulässigkeit der Terminsbestimmung 6	7) Zuständigkeit, I, II 13–15
C. Schriftliches Vorverfahren 7	A. Grundsatz: Von Amts wegen 13

Titel 3. Ladungen, Termine und Fristen **§ 216**

B. Terminsabstimmung	14	
C. Weitere Einzelfragen	15	
8) **Unverzüglichkeit, II**	16–24	
A. Aufgaben des Urkundsbeamten	16	
B. Aufgaben des Vorsitzenden	17–19	
C. Sammeltermin	20, 21	
D. Weitere Einzelfragen	22, 23	
E. Amtsverfahren	24	
9) **Termin am Sonntag usw, III**	25	
10) **Rechtsbehelfe, I–III**	26–31	
A. Gegen unverzügliche Terminsbestimmung: Keine Anfechtbarkeit	26	
B. Gegen Antragszurückweisung: Sofortige Beschwerde	27	
C. Gegen Terminszeitpunkt: Dienstaufsichtsbeschwerde usw	28, 29	
D. Bei Sommersache: Weitere Möglichkeiten	30	
E. Bei Untätigkeit: Sofortige Beschwerde, hilfsweise Verfassungsbeschwerde	31	
11) *VwGO*	32	

1) Systematik, I–III. Sobald eine Partei ein Schriftstück einreicht, das nach § 128 Rn 4 eine Terminsbestimmung notwendig macht, muß das Gericht bei jedem Verfahren nach der ZPO grundsätzlich den Termin im Sinn von Üb 4 vor § 214 unverzüglich anberaumen, BGH NJW 83, 2496. Die Geschäftsstelle muß dann die Beteiligten nach § 214 von Amts wegen im Weg einer Zustellung laden, §§ 166 ff. Das gilt zunächst nach § 227 Rn 31 stets auch für die Zeit vom 1. 7. bis 31. 8. und in jedem Rechtszug. Beim AG ist die Zustellung nach § 497 vereinfacht. Eine mehrmalige Zustellung oder Mitteilung schadet nicht. Soweit eine Ladung etwa nach § 335 II zu einem verkündeten Termin erfolgen muß, kann das Gericht das Verkündungsprotokoll mit der Ladung zustellen oder im Rahmen der Mitteilung laden, daß der Termin verkündet worden sei. Für den verordneten Richter nach §§ 361, 362 stellt § 229 dessen Befugnis klar.

2) Regelungszweck, I–III. Die Vorschrift dient der Prozeßförderung nach Grdz 12, 13 vor § 128 und damit auch der Prozeßwirtschaftlichkeit, Grdz 14, 15 vor § 128. Freilich stoßen ihre Ziele an ihre Grenzen, wenn Personal- und Materialnot die Justiz an den Rand des Zusammenbruchs führen. Im übrigen zieht das Gebot des rechtlichen Gehörs nach Art 103 I GG, Grdz 41 ff vor § 128, klare Grenzen auch schon bei der Terminierung. Der Richter muß für jede einzelne Sache eine ausreichende Terminsdauer ansetzen. Er muß schon deshalb darauf achten, seine Termine nicht allzu „vollzupacken". Das alles muß man bei der Auslegung mitbeachten.

Zwang zum nächstfreien Sitzungstag nach Ablauf der Einlassungs- bzw Ladungsfrist ist auch dann eine Folge von I, II, wenn dieser Tag erst nach Monaten oder gar nach Jahr und Tag zur Verfügung steht und wenn Eilsachen, Urlaub und Resturlaub, Pensionierung, Abordnung, Beförderung usw mit großer Wahrscheinlichkeit jede derzeitige längerfristige Vorausplanung zur Illusion werden lassen. Dann muß man zum gegebenen Zeitpunkt umterminieren. Das ist der Standpunkt des Gesetzes. Der Vorsitzende soll erst einmal ein Datum festlegen. Anders würde noch mehr Unsicherheit entstehen. Denn alle oben genannten Störfaktoren können bei jedem Prozeßbeteiligten und jederzeit eintreten, von Krankheit und steigender Überlastung ohnehin zu schweigen. § 216 stellt also einen Kompromiß unter den Unzuträglichkeiten dar. Dabei ist „nächstfrei" nicht nur nichtamtlich, sondern auch dehnbar. Jeder Vorsitzender kennt die Notwendigkeit des ständigen Einplanens von Eilverfahren ungewisser Zahl und Schwierigkeiten. In Maßen darf er sich einen Raum dafür frei halten. Nur darf er eben nicht einfach verfügen: „x Monate (dann Termin frei?)" oder ähnliches.

3) Geltungsbereich, I–III. Vgl Üb 3 vor § 214. 3

4) Erforderlichkeit eines Termins, I. Gemeint ist ein Verhandlungstermin, kein bloßer Verkündungstermin, § 251 a Rn 21. Das ergibt schon der Wortlaut von I, aber auch sein Sinn, Rn 2. Der Vorsitzende prüft von Amts wegen, ob eine mündliche Verhandlung erforderlich ist, § 128 Rn 2. Er prüft die Eingabe außerdem darauf, ob die gesetzlichen Anforderungen an ihre Form und ihre Zulässigkeit erfüllt sind. Die Partei braucht an sich keinen Antrag auf eine Terminsbestimmung zu stellen. Ein solcher Antrag kann aber unter Umständen zweckdienlich sein. Der Vorsitzende prüft auch, ob der Fall der deutschen Gerichtsbarkeit unterliegt. Denn eine Ladung von Amts wegen wäre gegenüber einer solchen Person ein unzulässiger Hoheitsakt, die der deutschen Gerichtsbarkeit nicht unterworfen ist, §§ 18 ff GVG. Der Vorsitzende prüft aber nicht, ob auch die Prozeßvoraussetzungen vorliegen, Grdz 12 vor § 253. Denn deren Mangel ist fast immer heilbar. Außerdem muß das Gericht grundsätzlich gerade darüber mündlich verhandeln lassen, ob sie vorliegen, ob zB die Passivlegitimation vorhanden ist, Köln VersR **76**, 98. Noch weniger darf der Vorsitzende die Terminsbestimmung außerhalb der Fälle Rn 8 von einer Erfolgsprüfung abhängig machen. Die Terminsbestimmung ist nur eine Unterlage des in der Ladung genannten Verfahrens.

5) Zulässigkeit der Terminsunterlassung, I. Der Vorsitzende und nicht etwa der Berichterstatter, VGH Mannh NJW **84**, 993, muß handeln. Er darf eine Terminierung unterlassen, soweit die Parteien es im Rahmen der Parteiherrschaft nach Grdz 18 vor § 128 ausdrücklich oder erkennbar hinnehmen, BGH MDR **05**, 767. Er muß eine Terminsbestimmung in den folgenden Fällen ablehnen.

A. Fehlen eines wesentlichen Erfordernisses. Der Vorsitzende muß eine Terminsbestimmung ablehnen, soweit der Eingabe, etwa der Klageschrift, ein wesentliches Erfordernis fehlt. Selbst wenn seine Heilung möglich sein kann, kann doch derzeit die Voraussetzung der Terminsbestimmung fehlen, § 295 Rn 3–6. Hierher gehören auch sonstige Verfahrenshindernisse, zB das Fehlen einer Anspruchsbegründung nach § 697 II und eines Schuldnerantrags nach § 697 III, eine Unterbrechung nach §§ 239 ff, Aussetzung nach §§ 246, 247, Exterritorialität nach §§ 18 ff GVG, Ffm FamRZ **83**, 316, Mü NJW **75**, 2144, Rechtsmißbrauch, Einl III 54. Es mag auch kein rechtzeitiger und ordnungsgemäßer Antrag nach § 495 a S 2 vorliegen, dort Rn 17. *Nicht hierher gehört* der Mangel der sachlichen Erfolgsaussicht der Klage.

B. Unzulässigkeit der Terminsbestimmung. Der Vorsitzende muß eine Terminsbestimmung auch dann ablehnen, wenn sie derzeit unzulässig ist, etwa wegen einer Aussetzung nach §§ 148 ff oder Unterbrechung nach §§ 239 ff oder wegen des Ruhens des Verfahrens nach §§ 251 a, 331 a, oder wenn eine Partei sie nach der Beendigung eines Prozesses beantragt, Schlesw SchlHA **77**, 128, oder wenn ein gerichtsbekannt

§ 216

Geisteskranker das Verfahren betreibt, Walchshöfer MDR **75**, 11, oder wenn jemand Klage vor dem OLG oder BGH erhebt, oder wenn das Gericht die mündliche Verhandlung ordnungsgemäß nach §§ 136 IV, 297 geschlossen hatte und keine Wiedereröffnung nach § 157 in Betracht kommt.
   Zulässig und notwendig ist die Terminsbestimmung aber nach dem Ablauf der Anspruchsbegründungsfrist, § 697 I, Bank JB **80**, 801.

7   **C. Schriftliches Vorverfahren.** Der Vorsitzende muß eine Terminsbestimmung ferner dann ablehnen, wenn er ein schriftliches Vorverfahren nach §§ 272 II, 276 veranlaßt, das noch nicht beendet ist und das er auch noch nicht abbricht, § 272 Rn 9.

8   **D. Notwendigkeit von vorbereitenden Maßnahmen.** Der Vorsitzende muß eine Terminsbestimmung evtl zunächst auch dann abzulehnen, wenn er Vorbereitungsmaßnahmen nach § 273 für notwendig hält, Kblz JB **75**, 1645. Vgl aber auch Rn 18.

9   **E. Akten verschwunden.** Der Vorsitzende muß eine Terminsbestimmung ferner notgedrungen dann zunächst ablehnen, wenn die Akten derzeit verschwunden sind. Wenn sie freilich endgültig abhanden gekommen sind, muß der Vorsitzende eine Ersatzakte anlegen lassen und auf ihrer Basis unverzüglich einen etwa erforderlichen Termin bestimmen.

10   **F. Keine Gebührenvorauszahlung usw.** Der Vorsitzende mag eine Terminsbestimmung schließlich dann ablehnen müssen, wenn die Partei eine nach § 12 GKG, Anh nach § 271, erforderliche Vorauszahlung nicht geleistet hat. Es handelt sich aber nur um eine Sollvorschrift. Auch mag der Bekl einen Termin beantragt haben, Mü RR **89**, 64. Die Gebührenzahlung gilt als Terminsantrag. Hierhin gehört auch die Nichtzahlung der Ausländersicherheit, § 110. Die bloße Nichtzahlung macht nicht säumig, Üb 7 vor § 330.

11   **6) Unzulässigkeit der Terminsablehnung, I.** Man sollte zwei Verbotsarten trennen.
   A. Verbot einer Warteliste. Eine Überlastung zwingt wegen des Gebots der Wahrung von Gleichheit und Verhältnismäßigkeit unter Umständen zu einer Änderung nach § 21 g II GVG. Sie berechtigt den Vorsitzenden oder seinen Vertreter grundsätzlich nicht zu einer Ablehnung der Terminsbestimmung oder zu einer gar formularmäßigen Mitteilung, das Gehör könne einen Termin derzeit noch nicht anberaumen und habe die Sache daher auf eine „Warteliste" gesetzt. Das kommt einer Ablehnung gleich. Denn der Vorsitzende kann und muß einen Termin auch dann erst einmal ansetzen, wenn er erst nach Monaten stattfinden kann, LAG Mü MDR **84**, 877. Die Mehrarbeit etwaiger abweichender Terminsänderungen läßt sich verkraften. Der Verhältnismäßigkeitsgrundsatz nach Einl III 22 steht dieser alsbaldigen Terminsanberaumung also nicht entgegen, Schlesw (1. ZS) NJW **82**, 246, ThP 10, ZöStö 17, aM Schlesw (3. ZS) NJW **81**, 692 (vgl aber Rn 2).
   Das Abschieben auf eine *Warteliste* kann jedenfalls bei einer allzu langen Periode der Ungewißheit über den weiteren Fortgang einen Verstoß gegen Art 19 IV 1 GG und auch gegen Art 6 MRK darstellen, Guillen, Einige prozessuale Probleme im Zusammenhang mit Art 6 MRK, Festschrift für Baur (1981) 365. Dieser Verstoß kann zB auch dann vorliegen, wenn das Gericht den Parteien mitteilt, es werde die Sache voraussichtlich erst nach einigen Monaten fördern können, Rn 2. Zur Folgesache Düss FamRZ **87**, 618.

12   **B. Verbot übermäßiger Erwiderungsfrist usw.** Deshalb ist auch eine übermäßig lange Klagerwiderungsfrist usw unzulässig, aM Schlesw NJW **83**, 460 (aber jede übermäßige derartige Frist läuft auf eine Aussetzung hinaus, § 252 Rn 4). Ganz unannehmbar ist die Aufforderung des Gerichts, bis auf weitere Nachricht keine Eingaben zu machen, obwohl es die Klage zugestellt und damit die Folgen der Rechtshängigkeit herbeigeführt hat. Ein solches Einreichungs-„Verbot" kann die Befangenheit begründen, § 42. Schon gar nicht darf der Vorsitzende „glatte" Sachen vorziehen. Er darf und muß allenfalls die eilbedürftigen Sachen vorziehen. Da kaum noch Protokollführer verfügbar sind, gilt das in § 159 Rn 4 ff Ausgeführte. Das Gericht kann außerdem die Anwendbarkeit des § 159 I 2 Hs 2 erwägen. Das Unterlassen der Terminsbestimmung ist auch dann unzulässig, wenn beide Parteien damit einverstanden sind. Denn sie haben mit der Parteiherrschaft nach Grdz 18 vor § 128 nicht auch eine Herrschaft über alle Teile des Verfahrensablaufs.

13   **7) Zuständigkeit, I, II.** Es ergeben sich äußerst unterschiedliche Handhabungen.
   A. Grundsatz: Von Amts wegen. Die Terminsbestimmung geschieht meist von Amts wegen, Rn 24. Sie erfolgt durch den Vorsitzenden in Ausübung seiner Prozeßleitung, Üb 5 vor § 128, BAG NJW **93**, 1029 (auch bei auswärtigen Termin). Zur Terminsbestimmung kann so auch der Einzelrichter nach §§ 348, 348 a, 526, 527, 568 zulässig sein. Auch der nach §§ 361, 362 verordnete Richter ist zuständig, § 229. Beim AG bestimmt der Amtsrichter bzw der Familienrichter den Termin. Der Familienrichter wartet die Anhängigkeit einer Folgesache nicht ab, Ffm NJW **86**, 389. Soweit der Rpfl die Verhandlung leitet, ist er zuständig. Das Kollegium bestimmt den Termin abgesehen von einer Änderung nach § 227 in keinem Fall, auch nicht während der mündlichen Verhandlung. Der Vorsitzende muß die Terminsverfügung mit einer vollen Unterschrift versehen. Eine sog Paraphe genügt also nicht, § 129 Rn 31, BGH NJW **80**, 1960, BSG MDR **90**, 955, LAG Hamm MDR **82**, 1053.

14   **B. Terminsabstimmung.** Eine sog „Terminsabstimmung" zwischen dem Urkundsbeamten der Geschäftsstelle und der Partei oder ihrem Anwalt mag als Anregung an den Vorsitzenden hilfreich sein. Es kommt ganz auf die Einzelumstände an. Solche Maßnahmen sind aber für den Vorsitzenden unter keinen Umständen verbindlich. Sie sind im übrigen nicht zulässig, sobald sie für den Urkundsbeamten der Geschäftsstelle zu einer unzumutbaren Arbeitsbelastung werden oder auch nur zu einer faktischen Bedrängung des Vorsitzenden führen, LG Bln AnwBl **78**, 420, Brangsch AnwBl **77**, 278, Schneider MDR **77**, 795. Der Vorsitzende kann den Urkundsbeamten zu einer solchen Terminsabstimmung befugen. Der Vorsitzende behält aber die Verantwortung für eine ordnungsgemäße Terminsbestimmung. Er darf diese Bestimmung keinesfalls mehr oder minder „delegieren".
   Das gilt schon deshalb, weil der Vorsitzende *selbst abschätzen* muß, zu welcher Zeit an einem Terminstag sich diese Sache voraussichtlich am günstigsten einplanen läßt und wieviel Zeit der Fall voraussichtlich benötigen wird. Der Vorsitzende darf und muß dabei die Gesamtumstände berücksichtigen, auch seine

Titel 3. Ladungen, Termine und Fristen **§ 216**

Erfahrungen damit, wieviel Zeit zB ein ProzBev erfahrungsgemäß für Rechtsausführungen beansprucht oder wie schnell die Vernehmung eines schon bekannten Zeugen vonstatten gehen kann usw. Der Vorsitzende muß dabei auch darauf bedacht sein, daß die Beteiligten in anderen zeitlich anschließenden Fällen desselben Terminstags möglichst gar nicht oder doch nicht übermäßig lange warten sollen. Keineswegs muß oder darf auch nur der Vorsitzende von vornherein die bloße Möglichkeit verspäteter Beweisantritte mitberücksichtigen, Celle NJW **89**, 3024.

C. Weitere Einzelfragen. Eine Terminsbestimmung verpflichtet noch nicht als solche zum Erscheinen. **15** Erst die Ladung hat eine verpflichtende Wirkung. Soweit der Zweck des Termins nicht klar zutage liegt, muß das Gericht ihn in der Ladung klar angeben.

8) Unverzüglichkeit, II. Die Terminsbestimmung muß ohne schuldhaftes Zögern erfolgen, § 121 I 1 **16** BGB, Köln MDR **05**, 1189. Sie scheidet die Geister in Wahrheit nach Temperamenten. Überlange Verfahrensdauer kann zum Verfassungsverstoß führen, Einl III 15. Sie ist überdies ein Verstoß gegen Art 6 I 1 MRK, Einl III 23. Der Vorsitzende muß sie deshalb auch durch etwaige Entlastung bei der Geschäftsverteilung vermeiden, Rn 2, 11, BVerfG NJW **01**, 215.

A. Aufgaben des Urkundsbeamten. Der Urkundsbeamte der Geschäftsstelle muß eine Eingabe dem Vorsitzenden unverzüglich vorlegen. Auch er muß also ohne jede vorwerfbare Verzögerung arbeiten, vgl auch § 121 I BGB. Auch eine starke Belastung oder Überlastung darf nicht dazu führen, daß Eingaben tagelang völlig ungeprüft in der Geschäftsstelle herumliegen. Es gehört zu den vordringlichsten Pflichten des Urkundsbeamten, den Posteingang eines jeden Tags sogleich daraufhin durchzusehen, ob und welche Eilfälle vorhanden sind sowie ob und welche terminsbedürftigen Eingaben eingetroffen sind. Natürlich darf und muß der Urkundsbeamte dabei beachten, wieviele Terminstage bereits besetzt sind. Wenn mit Sicherheit mehrere Wochen hindurch kein zusätzlicher Verhandlungstermin möglich sein wird, braucht er eine terminsbedürftige Eingabe nicht so rasch vorzulegen wie dann, wenn er weiß, daß entweder infolge Wegfalls anderer Sachen oder infolge nur geringer Terminsauslastung usw schon in nächster Zukunft technisch weitere Termine ansetzbar werden könnten. Eine Klageschrift legt der Urkundsbeamte dem Vorsitzenden allerdings erst dann vor, wenn der Kläger eine vorweg zu leistende Verfahrensgebühr gezahlt hat, Anh § 271.

B. Aufgaben des Vorsitzenden. Der Vorsitzende soll den Termin ebenfalls unter Beachtung der **17** Ladungsfrist nach § 217 bzw der Einlassungsfrist nach § 274 III und der Erklärungsfrist nach § 132 unverzüglich bestimmen, Köln MDR **05**, 1189 und zwar grundsätzlich auch für die Zeit vom 1. 7. bis 31. 8., § 227 Rn 31. II erfaßt die Zeit zwischen dem Klageeingang und der Terminsbestimmung. § 272 III erfaßt die Zeit zwischen der Terminsbestimmung und dem Terminstag. Die Notwendigkeit unverzüglicher Terminsbestimmung nach dem allgemeinen Grundsatz des § 121 I 1 BGB gilt insbesondere dann, wenn ein Zuwarten die sachlichrechtliche Lage einer Partei verschlechtern würde, Schlesw SchlHA **84**, 56. Auch hier gelten die vorgenannten Umstände.

Wenn der Terminszettel auf Wochen besetzt ist, ist eine *sofortige Terminsbestimmung* auf den nächsten freien Terminstag gleichwohl unter Umständen nicht nur ratsam, sondern notwendig, Rn 2, 11, 16 auch um den Prozeßbeteiligten um so mehr Gelegenheit zu geben, den Termin in der Zwischenzeit in Kenntnis des Terminstags rechtzeitig vorzubereiten. Eine Bevorzugung „glatter" Fälle ist grundsätzlich gesetzwidrig. Freilich macht die allgemein bekannte Terminsüberlastung in der Praxis die Terminsbestimmung oft unberechenbar, BGH **98**, 11. Bei notgedrungen weiter „Hinausschiebung" wegen Überlastung ist zwar eine Begründung zulässig und oft geboten. Der Vorsitzende darf sie aber nicht zu allgemeiner Kritik an der Personallage ausnutzen, KG NJW **95**, 883. Die Pflicht zur Terminsbestimmung besteht auch bei Nichterfüllung einer gerichtlichen Auflage, Hamm NVersZ **99**, 192 (nennt irrig II nicht mit). Eine angekündigte, aber noch nicht eingegangene Widerklage ist kein Verzögerungsgrund, Köln MDR **05**, 1189.

Der Vorsitzende muß den Verhandlungstermin so bestimmen, daß eine gesetzliche Zwischenfrist nach **18** Üb 10 vor § 214 gewahrt bleibt, vgl auch wegen der Einlassungsfrist § 274 Rn 8, wegen der Ladungsfrist § 217 und wegen einer öffentlichen Zustellung § 188. Er muß im übrigen auf eine *glatte Abwicklung der Geschäfte* achten. Er muß überflüssige Belästigungen der Beteiligten vermeiden. Er muß soviel Spielraum lassen, daß grundsätzlich auch noch eine Ladung eines solchen Zeugen möglich bleibt, der noch nicht benannt wurde. Er darf auch die vorbereitenden Maßnahmen nach § 273 mitbedenken, Rn 8, BGH NJW **81**, 286, Hamm NJW **80**, 293. Freilich darf nicht der Terminplan durch solchen Spielraum platzen, § 214 Rn 6. Indessen können 15 Minuten durchaus genügen, aM Ffm MDR **86**, 593 (aber das Gericht ist kein Schalterbeamter, der auf Kundschaft wartet, Üb 6 vor § 330). In diesem Rahmen muß der Vorsitzende den nächsten freien Termin wählen, § 272 III.

Der Vorsitzende muß die voraussichtliche *Terminsdauer* angemessen mitbeachten, Art 103 I GG, Einl **19** III 16, BVerfG NJW **92**, 300. Er ist in diesem Rahmen aber nun auch nicht zur Übervorsicht und daher keineswegs dazu verpflichtet, grundsätzlich gewissermaßen „auf Verdacht" auch nur 10 oder 15 Minuten mehr für die Sache anzusetzen, als nach seinem pflichtgemäßen Ermessen auf Grund des derzeitigen Sach- und Streitstands voraussichtlich erforderlich sein wird. Er darf und muß dabei berücksichtigen, daß das Gericht einen zB unzulässig mit „N. N." angekündigten Zeugen unter Umständen nach § 356 Rn 4, unberücksichtigt lassen muß. Der Vorsitzende muß ja auch die Interessen des Prozeßgegners gleichermaßen mitbedenken. Keineswegs darf die Partei auf dem Umweg über II die Vorschriften über eine Zurückweisung verspäteter Beweisantritte zu unterlaufen versuchen, BGH NJW **81**, 286, ThP 9, aM BGH NJW **79**, 1988, Hamm NJW **80**, 293, ZöSẗo 17 (aber dergleichen höhlt wegen eines mißverstandenen engen Gerechtigkeitsbegriffs gerade dieses Hauptziel in Wahrheit allzu leicht aus, § 296 Rn 2). Das Gericht sollte solchen Bestrebungen unmißverständlich entgegentreten.

C. Sammeltermin. Ein sog „Sammeltermin" oder „Kartelltermin" (dazu auch § 220 Rn 5, § 272 **20** Rn 12) kann zulässig sein, BGH DRiZ **82**, 73, BayVerfGH NJW **90**, 1654 (abl Deubner). Er kann funktionieren, Steiner DRiZ **79**, 284. Er ist in der Praxis vielfach üblich, Rudolph DRiZ **86**, 17. Er kann aber auch zu einer unzumutbaren Belastung der Beteiligten führen, Herbst DRiZ **79**, 237, vor allem der

§ 216   Buch 1. Abschnitt 3. Verfahren

Anwälte,. Er kann das Übel des sog Kartellanwalts und ähnliche Praktiken begünstigen, durch die die Verhandlung zur Farce würde, LG Duisb RR **91**, 1022, Handel DRiZ **92**, 91, Rudolph DRiZ **86**, 17, aM Bayer AnwBl **86**, 443. Dadurch kann sogar eine Staatshaftung aus Art 34 GG entstehen. Im übrigen kann gegen einen unzumutbar gebündelten Sammeltermin eine Dienstaufsichtsbeschwerde zulässig sein, Arndt DRiZ **79**, 142, Schneider DRiZ **79**, 239. Es kommt auch beim Sammeltermin auf die Fallumstände an. Solange das Gericht im allgemeinen imstande ist, Sammeltermine einigermaßen pünktlich abzuwickeln, ist die Ladung zu einem solchen Termin einwandfrei. Eine gewisse geringfügige Wartezeit gehört zum Prozeßbetrieb und ist hinnehmbar. Man kann auch beim Arzt, beim Anwalt oder auch bei einer Behörde außerhalb des Gerichts nicht immer damit rechnen, auf die Minute genau an die Reihe zu kommen. Das Gericht muß aber imstande sein, die Terminsplanung fest im Griff zu behalten.

21   Sammeltermine sind unzulässig, sofern sie erfahrungsgemäß fast immer zu einem völligen *Durcheinander* im Terminsablauf und zu stundenlangen Wartezeiten führen. Das Gericht muß von dem Grundsatz ausgehen, daß jede Partei erwarten kann, zur festgesetzten Stunde auch unverzüglich angehört zu werden. Jede Partei kann auch erwarten, daß das Gericht ihr während der Verhandlung seine volle ungeteilte Aufmerksamkeit zuwendet. Die Anwesenheit zahlreicher Prozeßbeteiligter in anderen Sachen ist zwar als solche nicht verboten, jedenfalls solange die mündliche Verhandlung öffentlich ablaufen muß. Das Gericht muß aber übermäßige akustische und optische Ablenkungen durch solche anderen Anwesenden zu vermeiden versuchen. Es muß auch in diesem Zusammenhang darauf achten, keine Sammeltermine mit fünf, zehn oder gar noch mehr Sachen zu derselben Terminsstunde anzusetzen, es sei denn, es würde sich um wirklich gleichgeartete Parallelfälle handeln, die man wahrscheinlich auch nach § 147 zumindest faktisch verbinden kann.

Wenn ein Terminzettel ersichtlich dazu führt, daß zahlreiche Prozeßbeteiligte nicht unerheblich warten müssen, mag derjenige, der innerhalb dieser Gruppe *länger als etwa 15 Minuten* zuwarten mußte, sogar gehen dürfen, ohne säumig zu werden. Gerade in einem solchen Fall sollte er jedoch unbedingt zunächst die Meinung des Vorsitzenden über den voraussichtlichen weiteren Zeitablauf einholen. Denn der Vorsitzende mag zB beabsichtigen, den wartenden Fall im etwaigen Einverständnis der übrigen Prozeßbeteiligten in wenigen Minuten unter einer kurzen Unterbrechung der laufenden anderen Verhandlung außerhalb der Reihenfolge aufzurufen, weil dieser wartende Fall vielleicht nur wenige Minuten beanspruchen dürfte usw. An alledem ändert auch der häufige Anwaltswunsch nichts, erst einmal eine sichere „Nachfrist" zu erhalten. Ein diese Praxis geradezu förderndes Gericht handelt glatt pflichtwidrig.

22   **D. Weitere Einzelfragen.** Alles das gilt zunächst unabhängig davon, ob eine Sommersache im Sinn von § 227 III vorliegt, dort Rn 31. Der Vorsitzende muß zB bei einem bis Anfang Juli besetzten Terminkalender noch im Mai auf den nächsten freien Sitzungstag nach dem 1. Juli terminieren. Er kann allenfalls einen Antrag nach § 227 III 1 anregen. In der Bitte der Partei um einen baldigen Termin liegt keineswegs stets ein Verzicht auf einen solchen Antrag. In der Zeit vom 1. 7. bis 31. 8. muß der Vorsitzende zunächst jeden sonst zur Verfügung stehenden Terminstag voll oder teilweise besetzen. Allerdings sind während der Urlaubszeit erfahrungsgemäß ohnehin oft keine Termine durchführbar.

23   Einen *frühen ersten Termin* nach § 272 II Hs 1 sollte der Vorsitzende in der Regel binnen weniger Tage nach der Aktenvorlage anberaumen. Ein *Haupttermin* nach § 279 ist meist dann sinnvoll ansetzbar, wenn der Vorsitzende auf Grund des Vorverfahrens nach § 272 II Hs 2 übersehen kann, wann das Gericht die notwendigen Vorbereitungen abschließen kann. In einer Scheidungssache nach §§ 606 ff darf der Vorsitzende nicht den Eingang einer Folgesache abwarten, Ffm NJW **86**, 389. Der Urkundsbeamte der Geschäftsstelle muß die Terminsverfügung des Vorsitzenden in beglaubigter Abschrift von Amts wegen zustellen, §§ 168 I 1, 329 II 2, BGH NJW **80**, 1960, also zB nicht bloß „auf richterliche Anordnung", ohne daß es einer besonderen Zustellungsverfügung des Vorsitzenden bedarf. Der Vorsitzende kann aber die Art der Zustellung innerhalb der gesetzlichen Vorschriften anordnen. Er kann also zB verfügen, daß der Urkundsbeamte nicht nur den Bekl mit Zustellungsurkunde laden soll, sondern auch den ProzBev des Klägers unter Verwendung einer solchen Urkunde, § 214 Rn 4.

24   **E. Amtsverfahren.** Der Vorsitzende muß fast alle Termine von Amts wegen bestimmen. Das gilt freilich nur im Rahmen der Parteiherrschaft nach Grdz 18 vor § 128, Rn 5, BGH BB **05**, 767: Der Vorsitzende muß einen Termin bestimmen, sobald eine Handlung einer Partei einen Anlaß dazu gibt, BGH VersR **76**, 37. Das gilt auch nach einer Zwischenentscheidung, zB nach einem Teilurteil, § 301, Ffm JB **82**, 613, soweit der Verfahrensfortgang statthaft ist, BGH NJW **79**, 2307. I schränkt die Verfügungsfreiheit der Parteien im Prozeß nicht ein, Rn 5. Daher können die Parteien auf eine Terminierung ausdrücklich oder stillschweigend derzeit verzichten, BGH BB **05**, 767. Der Vorsitzende nimmt den Parteien nur gewisse förmliche Handlungen ab. Die Terminsbestimmung erfolgt ohne eine Anregung, wenn der Vorsitzende den Termin von Amts wegen bestimmen muß, etwa zum Zweck einer Beweisaufnahme oder nach einer solchen oder nach einer Verweisung oder Abgabe oder nach einer Zurückverweisung, §§ 281, 538, 696, BGH VersR **76**, 37. In allen anderen Fällen erfolgt die Terminsbestimmung nur auf Grund einer Anregung, etwa nach einem Widerspruch im Mahnverfahren, sobald außer dem Widerspruch auch der erforderliche Antrag auf die Durchführung des streitigen Verfahrens nach § 696 I 1 vorliegt. Auch die Aufnahme eines nach §§ 239 ff unterbrochenen Verfahrens erfolgt auf Grund einer Anregung, § 250. In solchen Fällen weiß der Vorsitzende ja sonst nicht einmal, ob die Voraussetzungen für eine Fortsetzung des Verfahrens erfüllt sind. Wegen einverständlicher Unterlassung der Terminsbestimmung Rn 11.

25   **9) Termin am Sonntag usw, III.** Ein Sonntag oder ein allgemeiner Feiertag im Sinn von § 758 Rn 14, auch ein Sonnabend, soll von Terminen möglichst frei bleiben. Es ist aber auch im Zivilprozeß keineswegs schlechthin unzulässig, an einem solchen Tag einen Termin anzusetzen. Freilich müssen die technischen Voraussetzungen gegeben sein, zB ein ungehinderter Zugang zum Sitzungssaal, ausreichende Beleuchtung usw. An derartigen Tagen besteht ein gegenüber dem „Normalbetrieb" erhöhter Anspruch auf eine Vertagung. Über das Vorliegen eines „Notfalls" entscheidet der Vorsitzende. Er darf die Terminsbestimmung und alle zugehörigen Entscheidungen weder auf den Berichterstatter noch auf das Kollegium oder gar auf den Urkundsbeamten der Geschäftsstelle übertragen.

Titel 3. Ladungen, Termine und Fristen §§ 216, 217

10) Rechtsbehelfe, I–III, dazu *Fasching* (vor Rn 1); *Peters,* Rechtsbehelfe gegen Untätigkeit des Zivil- 26
richters, Festschrift für *Schütze* (1999) 661: Beim Rpfl gilt § 11 RPflG, § 104 Rn 41. Im übrigen:

A. Gegen unverzügliche Terminsbestimmung: Keine Anfechtbarkeit. Gegen eine unverzügliche
Bestimmung des Termins ist grundsätzlich kein Rechtsmittel statthaft, Zweibr RR **03**, 1079. Das gilt auch
bei § 118 I 3, Zweibr RR **03**, 1079. Es gilt ferner nach einem Abbruch des schriftlichen Vorverfahrens,
§ 272 Rn 9, KG MDR **85**, 416. Eine Gegenvorstellung ist statthaft, BAG MDR **93**, 547.

B. Gegen Antragszurückweisung: Sofortige Beschwerde. Gegen die Zurückweisung eines Antrags 27
auf eine Terminsbestimmung ist neben oder nach einem Antrag nach § 227 beim Rpfl das Verfahren nach
§ 11 I RPflG statthaft, Anh § 153 GVG. Beim Richter ist dann die sofortige Beschwerde nach §§ 252,
(jetzt) 567 I Z 1 statthaft, Karlsr FamRZ **97**, 1224, Köln FamRZ **98**, 1607, Stgt FamRZ **98**, 1606, aM Celle
OLGZ **75**, 357, Karlsr FamRZ **94**, 1399, OVG Bre NJW **84**, 992 (aber man kann auch eine von Amts
wegen erforderliche Handlung zusätzlich beantragen). Das gilt nicht im Fall einer nur freigestellten mündlichen Verhandlung, § 128 IV. Eine „außerordentliche" Beschwerde kommt wegen § 574 kaum noch in
Betracht, § 127 Rn 25, aM Hbg RR **89**, 1022. Eine Rechtsbeschwerde kommt unter den Voraussetzungen
des § 574 in Betracht. Das Unterlassen der Terminsbestimmung trotz eines Antrags ist der Sache nach eine
Zurückweisung, Mü RR **96**, 229, aM Schlesw NJW **83**, 460 (aber dann müßten die Parteien tatenlos auf
unbestimmte Zeit zuwarten). Befangenheit nach § 42 liegt erst bei einer Gehörsverweigerung oder Willkür
vor, Brdb RR **99**, 1291.

C. Gegen Terminszeitpunkt: Dienstaufsichtsbeschwerde usw. Gegen die nicht ganz unzumutbar 28
späte Wahl des Termins ist grundsätzlich nur die Dienstaufsichtsbeschwerde mit dem Ziel von der Ermahnung
statthaft, § 26 II DRiG. Arndt DRiZ **79**, 143 (er will aber auch eine Staatshaftung aus Art 34 GG ermöglichen). Freilich ist die Terminsauswahl grundsätzlich Tätigkeit in richterlicher Unabhängigkeit. Das
Dienstrecht ist kein Instrument der Beschleunigung, Weber-Grellet NJW **90**, 1778.
Manche bejahen eine allgemeine Aufsichtsmöglichkeit, BGH **93**, 244 (krit Rudolph DRiZ **85**, 351). 29
BVerfG NJW **89**, 3148 scheint ähnlich zu denken. Andere lassen auch in diesem Fall (jetzt) *sofortige Beschwerde*
nach § 567 I Z 2 zu, Celle OLGZ **75**, 357, Köln NJW **81**, 2263. Das soll freilich nur gelten, falls eine allzu
späte Terminierung auf eine Verweigerung des Rechtsschutzes hinauslaufen würde und daher eine „greifbare
Gesetzwidrigkeit" darstellt, § 127 Rn 25 (das ist ein gefährlich dehnbarer und daher nur zurückhaltend zu benutzender Begriff. Das Beschwerdegericht sollte nicht mit dessen Hilfe die grundsätzliche
Unanfechtbarkeit der Terminsbestimmung unterlaufen, Rn 27). Wieder andere meinen, der Beschwerdeweg
sei nur dann möglich, wenn man darlegen könne, daß der Vorsitzende willkürlich gehandelt habe oder daß
eine besondere Eilbedürftigkeit vorliege, Celle NJW **75**, 1230, Köln OLGZ **85**, 123. Dergleichen müßte der
Beschwerdeführer darlegen, Köln OLGZ **85**, 123.
Jedenfalls ist die *Dienstaufsichtsbeschwerde unzulässig,* zumindest *unbegründet,* soweit sich ergibt, daß das
Gericht die Terminsbestimmung aufgrund einer vorgenommenen Prüfung aus nicht völlig abwegigen Erwägungen so oder gar nicht vorgenommen hat. Denn dann bewegte es sich im Bereich seiner Unabhängigkeit, BGH MDR **91**, 150. Dazu gehört zB die „späte" Terminierung wegen der Notwendigkeit, für jede
früher anberaumte Sache eine ausreichende Verhandlungsdauer einzuplanen, wie sie vom BVerfG NJW **92**,
300 gefordert wird. Ihre Überprüfung durch die Dienstaufsicht ist grundsätzlich völlig verboten, § 26
DRiG.

D. Bei Sommersache: Weitere Möglichkeiten. Soweit es sich um eine Sommersache im Sinn von 30
§ 227 III 2 handelt und soweit der Vorsitzende auf dieser Basis einen Termin bestimmen muß, ist auch ein
Antrag des Inhalts zulässig, das Kollegium möge die Bestimmung des Vorsitzenden aufheben. Gegen die
Entscheidung des Gerichts ist sofortige Beschwerde zulässig, § 567.

E. Bei Untätigkeit: Sofortige Beschwerde, hilfsweise Verfassungsbeschwerde. Bei einer bloßen 31
Untätigkeit des Gerichts trotz Rechtspflicht zum Tätigwerden kommt dann, wenn man den Verfahrensstill-
stand als eine Rechtsverweigerung werten muß (Vorsicht!), eine sog Untätigkeitsbeschwerde in Betracht,
(jetzt) § 567 I Z 2, Saarbr RR **99**, 1290. Nach ihrer Erfolglosigkeit kommt nach Einl III 17 zumindest in
Bayern eine Verfassungsbeschwerde in Betracht, BVerfG NJW **00**, 797 (überlange Prozeßdauer), BayVerfGH
NJW **91**, 2896.

11) *VwGO: I* ist entsprechend anzuwenden, § 173 VwGO, KoppSch § 102 Rn 1, ebenso *III.* Entspr II ist die 32
Terminbestimmung Sache des Vorsitzenden, OVG Münst NJW **91**, 1628 (auch zur Frage der Unterzeichnung); *üi* ist
II unanwendbar wegen abweichender Gestaltung des Verfahrens, §§ 85, 87, 96 II VwGO, VGH Mannh VBlBW **03**,
242 u 364 (Anm *Jaeger* VBlBW **04**, 128). Beschwerde, Rn 27, ist im Hinblick auf § 146 II VwGO allenfalls im
Fall der Rechtsschutzverweigerung gegeben, vgl VGH Mannh aaO, VGH Mü BayVBl **78**, 212, KoppSch § 102
Rn 5.

217

Ladungsfrist. Die Frist, die in einer anhängigen Sache zwischen der Zustellung der Ladung und dem Terminstag liegen soll (Ladungsfrist), beträgt in Anwaltsprozessen mindestens eine Woche, in anderen Prozessen mindestens drei Tage.

1) Systematik. Die Vorschrift regelt die von der zusätzlichen Einlassungsfrist nach §§ 274 III, 495, 523, 1
553 zu unterscheidende Ladungsfrist. Es handelt sich formell um eine bloße „Soll"-Vorschrift, also nicht um
eine Muß-Bestimmung. Vgl aber Rn 2. In einer anhängigen Sache soll zwischen dem Tag, an dem die
Ladung der Partei zugestellt wird, und dem Terminstag, mindestens eine Ladungsfrist liegen.
Ihre Dauer beträgt im Anwaltsprozeß nach § 78 Rn 1 mindestens 1 Woche, in einem anderen Prozeß
mindestens 3 Tage. Ihre Berechnung erfolgt nach § 222.

2) Regelungszweck. § 217 dient wie § 274 III demselben Zweck, nämlich der Möglichkeit der Partei, 2
sich auf den Prozeß bzw Termin vorzubereiten und das rechtliche Gehör zu erhalten, Einl III 16. Diesem
Zweck entspricht eine Entwicklung von einer formell bloßen Sollvorschrift zur faktischen Mußbestimmung.

§§ 217, 218

Buch 1. Abschnitt 3. Verfahren

Jedenfalls läuft man beim Unterschreiten der in § 217 genannten Zeiträume Gefahr, dann doch gegen Art 103 I GG zu verstoßen, Rn 6. Das ist angesichts rasanter Beschleunigung der Kommunikationswege keineswegs naheliegend. Andererseits hat aber auch die allseitige Überlastung ebenso zugenommen wie die gewisse Verringerung des Gewichts einer Fristsetzung durch Gericht und Anwalt. Im Ergebnis ist es daher wenig ratsam, die Fristen des § 217 von Ausnahmefällen abgesehen zu unterschreiten.

„Sofort"-, noch besser „Noch heute!"-Vermerke am Kopf der Ladungsverfügung sind zulässig und oft sehr ratsam, § 329 Rn 23. Sie tragen dazu bei, die Ladungsfrist rascher anlaufen zu lassen und dadurch indirekt zu verkürzen. Sie helfen gerade bei Überlastung in Wahrheit erfahrungsgemäß erheblich, § 329 Rn 23.

3   **3) Geltungsbereich.** Die Vorschrift gilt für jede Art von Verhandlungstermin im Sinn von Üb 4 vor § 214, § 216 Rn 3. Sie gilt also nicht für einen bloßen Verkündungstermin. In ihm muß ja auch grundsätzlich kein rechtliches Gehör erfolgen, es sei denn vor dem verordneten Richter, §§ 361, 362. Sie ist für alle Parteien bzw ProzBev oder Streithelfer anwendbar, nicht aber für andere Prozeßbeteiligte, etwa für den Zeugen oder den Sachverständigen, erst recht nicht für den gestellten (sistierten). Sie gilt auch im sozialgerichtlichen Verfahren, § 202 SGG, BSG MDR **93**, 360. Sie gilt auch bei einer Verlegung auf einen anderen Tag nach § 227, soweit nicht § 218 anwendbar ist. Eine Verlegung der Terminsstunde innerhalb desselben Terminstags hat keinen Einfluß auf die Frist, Brdb RR **98**, 501, LG Köln MDR **87**, 590. Die Frist ist eine Zwischenfrist (Überlegungsfrist) und eine gesetzliche Frist, Üb 10 vor § 214.

Sie kann unter den Voraussetzungen des § 226 *abgekürzt* werden. Sie kann nicht verlängert werden, § 224 II. Das Gericht muß die Ladungsfrist auch vor einer etwaigen mündlichen Verhandlung im Verfahren auf den Erlaß eines Arrests oder einer einstweiligen Verfügung einhalten, §§ 916 ff, 935 ff, ebenso bei einer einstweiligen Anordnung nach § 621 g usw, Drsd NJW **02**, 2722. Das mag ärgerlich sein. Indessen gilt die Vorschrift eben schlicht auch im Eilverfahren, Einl III 39. Mag das Gericht ohne mündliche Verhandlung entscheiden, wenn die Ladungsfrist zu „lang" wäre. S auch bei § 274 III.

4   **4) Entbehrlichkeit.** Die Ladungsfrist ist bei einem verkündeten Termin entbehrlich, § 218, Oldb MDR **87**, 503 (Ausnahme bei einer Bedingung der Terminsanberaumung), ZöStö 1, aM Gerhardt ZZP **98**, 356, StJSchu 6 (aber § 218 nennt nur eine eng auslegbare andere Lage als Ausnahme). Ebenso ist die Ladungsfrist bei der Ladung nur einer Beweisperson entbehrlich. Freilich muß der verordnete Richter § 357 beachten. Bei einer Ladung, die ein Verfahren einleitet, tritt an ihre Stelle die Einlassungsfrist nach § 274 III, BayObLG Rpfleger **78**, 383. Vgl ferner §§ 495, 523 II, 553 II, 604 II.

5   **5) Einzelfragen.** Im Verfahren auf den Erlaß eines Arrests oder einer einstweiligen Verfügung nach §§ 916 ff, 935 ff ist nicht die Einlassungsfrist nach § 274 III anwendbar. Eine besondere Ladungsfrist gilt im Wechsel- und Scheckprozeß nach den §§ 604 III, 605 a. Im Fall des § 239 III bestimmt der Vorsitzende die Dauer der Ladungsfrist. Auch in der Zeit vom 1. 7. bis 31. 8. läuft die Ladungsfrist wie sonst. Denn § 227 III betrifft nur Termine, nicht Fristen.

6   **6) Verstoß.** Soweit das Gericht die Ladungsfrist nicht eingehalten hat, kann ein Verstoß gegen Art 103 I GG vorliegen, Einl III 16, BFH DB **81**, 1446. Das Gericht darf gegen den nicht rechtzeitig Geladenen keine Versäumnisentscheidung erlassen, § 335 I Z 2, auch keine Entscheidung nach Aktenlage, BSG MDR **93**, 360, Oldb MDR **87**, 503. Es muß vielmehr von Amts wegen dann vertagen oder verlegen. § 295 ist aber anwendbar. Eine vorwerfbar späte Abladung kann eine Amtshaftung nach Art 34 GG, § 839 BGB auslösen, LG Stgt RR **89**, 190.

7   **7) VwGO:** Es gilt § 102 I VwGO.

218   *Entbehrlichkeit der Ladung.* Zu Terminen, die in verkündeten Entscheidungen bestimmt sind, ist eine Ladung der Parteien unbeschadet der Vorschriften des § 141 Abs. 2 nicht erforderlich.

1   **1) Systematik.** Die Vorschrift enthält eine Ausnahme vom Grundsatz der §§ 214 ff, daß das Gericht zu einem Termin laden muß. Der Grund liegt in dem Umstand, daß es den neuen Termin ja bereits durch dessen Verkündung nach § 329 I 1 bekanntgegeben hat und daß es eine nach §§ 330 ff säumige Partei vor auch diesen Nachteilen nicht besonders schützen muß.

2   **2) Regelungszweck.** Die Vorschrift dient der Prozeßwirtschaftlichkeit nach Grdz 14 vor § 128, ohne in Wahrheit das rechtliche Gehör zu schmälern. Mag sich der Säumige wenigstens nach dem Ergebnis des versäumten Termins erkundigen. Dasselbe gilt für denjenigen, der den Termin nicht bis zur Schlußentscheidung am Ende der Sitzung oder in einem besonderen Verkündungstermin nach § 310 I 1 Hs 2 verfolgt hat. Der Entschuldigte wird ja anders geschützt, §§ 227, 337 usw.

Die Vorschrift hat eine ganz *erhebliche praktische Bedeutung.* Denn in dem neuen Verhandlungstermin könnte nicht nur eine Versäumnisentscheidung ergehen, sondern zB auch ein Urteil nach Lage der Akten nach § 251 a oder doch ein kostenauslösender Beweisbeschluß nach Lage der Akten usw. Die Entbehrlichkeit einer besonderen Ladung ist vielfach unbekannt.

Erkundigung nach dem Terminsergebnis ist eine Obliegenheit der Parteien und ihrer ProzBev. Deren Vernachlässigung kann böse Folgen haben. Wer einfach abwartet, ob und wann das Gericht ein Protokoll schickt, aus dem ein neuer Termin ersichtlich wäre, verkennt das Gesetz. Weder ist das Gericht zum gar unverzüglichen nicht beantragten Protokollversand verpflichtet, noch hängt eine verkündete Frist von solcher Protokollierung ab. Der gewissenhafte Anwalt ruht nicht, bis sein Büro das Terminsergebnis erkundet hat, und schickt notfalls den Auszubildenden oder Referendar in den Verkündungstermin. Er klagt jedenfalls nicht über den Urkundsbeamten, wenn der nicht sofort nach dem Terminsende weiß, was mit welcher Frist usw verkündet wurde. Denn das brauchte der Vorsitzende nach ordnungsgemäßer Verkündung der Geschäftsstelle gar nicht sogleich mitzuteilen, Rn 6. Jeder weitergehende „Service" ist zwar vielfach eingeführt

Titel 3. Ladungen, Termine und Fristen §§ 218, 219

und rechtspolitisch erwünscht bis „erwartet". Er ist aber keineswegs schon eine Rechtspflicht des Gerichts. Wer Haftung vermeiden will, sollte sich dessen bewußt bleiben, § 221 Rn 4.

3) Geltungsbereich. Die in der Praxis viel zu wenig beachtete Vorschrift gilt allgemein, auch zB bei **3** § 901. Wenn das Gericht in einem ordnungsgemäß anberaumten Verhandlungs- und/oder Verkündungstermin in einer ordnungsgemäß verkündeten Entscheidung nur oder auch einen Termin bestimmt hat, braucht es grundsätzlich keine der beteiligten Parteien zu diesem neuen Termin zu laden. Das gilt sowohl im Anwaltsprozeß als auch im Parteiprozeß, § 78 Rn 1. Voraussetzung ist, daß das Gericht die Parteien bzw ihre ProzBev nach § 81 oder Streitgehilfen nach § 66 zu demjenigen Termin ordnungsgemäß geladen hatte, in dem es seine Entscheidung verkündet hat, Nürnb Rpfleger **77**, 417, oder daß sie ordnungsmäßige Terminsmitteilungen erhalten haben, soweit diese ausreichten. Unter dieser Voraussetzung ist es aber unerheblich, ob eine Partei bei der Verkündung anwesend war. Die Partei muß sich vielmehr nach dem Ergebnis des Verkündungstermins erkundigen, Rn 2. Sonderregeln enthalten §§ 335 II, 337 S 2, Köln RR **95**, 448.

4) Aufgaben der Partei. Es gehört also zur allgemeinen Sorgfaltspflicht jeder Partei, sich auch nach dem **4** Ergebnis eines Verkündungstermins rechtzeitig zu erkundigen, Rn 2. Die Partei, die im Zeitpunkt der Verkündung eines neuen Termins nicht anwesend war, kann sich auch keineswegs darauf verlassen, ihr werde noch rechtzeitig vor dem neuen Termin ein Protokoll zugehen. Entgegen einer weitverbreiteten Ansicht ist das Gericht grundsätzlich weder verpflichtet noch überhaupt dazu berechtigt, einer Partei von Amts wegen eine Protokollabschrift zuzuleiten, Rn 2. Daran ändern auch etwaige örtliche abweichende Gebräuche nichts. Mit der Annahme eines diesbezüglichen Gewohnheitsrechts sollte man äußerst zurückhaltend verfahren. All das gilt auch gegenüber einer anwaltlich vertretenen Partei, Rn 2, BGH FamRZ **95**, 800. Eine Erkundigung nach dem Terminsergebnis geschieht auch jedenfalls in erstklassigen Anwaltspraxen.

Noch weniger hat eine Partei einen Anspruch darauf, ein *Terminsprotokoll* alsbald nach dem Termin in die **5** Hand zu bekommen. Das gilt selbst dann, wenn sie um eine Abschrift des Protokolls gebeten hat und dann einen Anspruch auf eine Übersendung haben mag. Nach der Konstruktion des Gesetzes ist weder das Protokoll noch ein in ihm verkündeter neuer Termin von einer Kenntnisnahme durch die davon betroffene Partei schlechthin abhängig. Die allgemeine Überlastung führt dazu, daß das Gericht manches Protokoll erst nach längerer Zeit ausfertigen kann. Das ist beklagenswert. Man darf es aber nicht zum Vorwand dafür nehmen, man habe den ordnungsgemäß verkündeten Termin mangels einer Aushändigung eines Protokolls schuldlos versäumt.

5) Aufgaben des Gerichts. Freilich sollte das Gericht dafür Sorge tragen, daß eine nicht rechtskundige **6** Partei die Bedeutung des § 218 erkennt und daß der Urkundsbeamte der Geschäftsstelle zumindest den Wortlaut einer am Schluß der Sitzung in Abwesenheit einer Partei verkündeten Entscheidung alsbald nach dem Ende des Termins auf eine etwaige Anfrage hin mitteilen kann. Andererseits befindet sich die Akte durchaus zu Recht gerade nach einem solchen Termin zunächst im Umlauf, zuerst bei dem Protokollführer, dann auf der Geschäftsstelle, dann in der Kanzlei zur Anfertigung der Entscheidungsausfertigung usw, dann beim Vorsitzenden zur Protokollunterschrift usw. Die Geschäftsstelle ist nicht verpflichtet, sogleich und etwa gar stundenlang nach der Akte zu suchen, nur weil eine Partei der Verkündung ferngeblieben war, aus welchen Gründen auch immer. Das alles müssen die Partei und ihr Anwalt bedenken, wenn sie nicht bis zum Schluß des Termins anwesend bleiben. Das alles gilt sogar dann, wenn es üblich ist, einen neuen Termin etwa erst am Schluß der Sitzung verkünden kann oder will. Niemand braucht eine ungewisse Stundenzahl hindurch auf das Ende der Sitzung zu warten. Wer aber vorzeitig geht, muß anschließend um so aktiver werden. Eine Ladungsfrist nach § 217 zum verkündeten Termin kommt nicht in Betracht, selbst wenn eine Ladung stattfindet.

6) Säumnisfolgen. Im verkündeten Termin darf ein Versäumnisurteil nach §§ 330 ff ergehen, wenn das **7** Gericht die betroffene Partei zu demjenigen Termin ordnungsgemäß geladen hatte, in dem es seinen neuen Termin verkündet hatte. Andernfalls ist eine Neuladung mit einer erneuten Einhaltung der Ladungsfrist notwendig. Soweit ein Beteiligter erschienen ist, ist der Mangel der Ladung ihm gegenüber unschädlich. Der Anwalt, der den § 218 nicht beachtet, kann nach § 85 II haften, der gesetzliche Vertreter nach § 51 II.

7) Notwendigkeit einer Ladung. Eine Ladung zum verkündeten Termin ist ausnahmsweise dann **8** erforderlich, wenn das Gericht das persönliche Erscheinen einer Partei nach § 141 II anordnet. Eine solche Ladung ist ferner bei Maßnahmen nach den §§ 273 IV, 278 III, 335 II, 337 S 2 (Ablehnung einer Versäumnisentscheidung), § 450 (Parteivernehmung), §§ 612 II, 640 II (in einer Ehe- oder Kindschaftssache) notwendig. Ferner muß das Gericht Beweispersonen laden. Das Gericht darf und muß den Termin zur Verkündung eines Urteils nach Lage der Akten der nicht erschienenen Partei formlos mitteilen, § 251 a II 3.

8) VwGO: Entsprechend anzuwenden, § 173 *VwGO*, Ule *VPrR* § 47 II 1. Eine Ladung ist (ebenso wie nach **9** § 141 II) erforderlich bei § 95 *VwGO* (Anordnung des persönlichen Erscheinens).

219 Terminsort.
¹Die Termine werden an der Gerichtsstelle abgehalten, sofern nicht die Einnahme eines Augenscheins an Ort und Stelle, die Verhandlung mit einer am Erscheinen vor Gericht verhinderten Person oder eine sonstige Handlung erforderlich ist, die an der Gerichtsstelle nicht vorgenommen werden kann.

II Der Bundespräsident ist nicht verpflichtet, persönlich an der Gerichtsstelle zu erscheinen.

Gliederung

1) Systematik, I, II 1	3) Geltungsbereich, I, II 3
2) Regelungszweck, I, II 2	4) Grundsatz: An Gerichtsstelle, I 4

5) Ausnahme: Ortstermin, I 5, 6	9) Verstoß, I 10
A. Augenschein usw 5	10) Rechtsbehelfe, I 11
B. Schwierigkeit der Verhältnisse 6	11) Vernehmung des Bundespräsidenten, II 12
6) Besonderheiten beim Haustermin, I .. 7	
7) Zuständigkeit, I 8	12) *VwGO* 13
8) Entscheidung, I 9	

1   1) Systematik, I, II. Die Vorschrift ist eine Ausprägung des Grundsatzes der Öffentlichkeit der Verhandlung, § 169 GVG, als einer der wichtigsten Errungenschaften des modernen Zivilprozesses.

2   2) Regelungszweck, I, II. Die Vorschrift dient möglichster Kontrolle wenigstens durch Zuhörendürfen, etwa seitens der Presse, im Interesse der Rechtsstaatlichkeit, Einl III 15. Irgendwo unter freiem Himmel selbst unter der historischen Thing-Eiche auf dem Marktplatz herrscht eben grundsätzlich nicht etwa die breitest denkbare Öffentlichkeit, sondern eine Situation, die ein etwa dort „verkündetes" Urteil gerade wegen eines Verstoßes gegen die erforderliche spezifische Gerichtsöffentlichkeit nach § 173 GVG unwirksam macht, Üb 12 vor § 300. Deshalb ist große Sorgfalt geboten: Nach der Vernehmung eines bettlägerigen Zeugen muß das Gericht nicht etwa erst zur Verkündung seiner Entscheidung in den Gerichtssaal zurückkehren, sondern schon zu der nach § 285 notwendigen Schlußverhandlung über das Beweisergebnis. In ihr kann das Ausbleiben einer Partei oder ihres ProzBev selbst nach vorheriger Anwesenheit bei der Beweisaufnahme nunmehr eine Säumnis bedeuten. Sie kann deshalb zum Prozeßverlust führen, §§ 220 II, 251 a, 331 a, 495 a usw.

Besonderes öffentliches Interesse kann auch zur Notwendigkeit führen, statt des im Verteilungsplan vorgesehenen Raumes einen größeren im Gerichtsgebäude oder überhaupt ein anderes Gebäude mit mehr Platz zu benutzen. Das gilt auch für mehr als nur eine einzelne „Handlung" im Sinn von I, anders ausgedrückt: „Handlung" kann dann zur ganzen „mündlichen Verhandlung" werden müssen. Andererseits zwingt § 219 nicht zu solchem Umzug, wenn zwei Schulklassen zuhören möchten, aber nur 15 Zuhörerplätze für einen Normalprozeß zur Verfügung stehen. Der Vorsitzende darf und muß dann den noch nicht entlassenen Zeugen usw den Vorrang im Zuhörerraum sichern.

3   3) Geltungsbereich, I, II. Vgl Üb 3 vor § 214.

4   4) Grundsatz: An Gerichtsstelle, I. Das Gericht darf seine Termine grundsätzlich nur an der Gerichtsstelle abhalten, also im jeweiligen Gerichtsgebäude(teil). Gerichtsstelle ist auch der Ort eines sog Gerichtstags oder einer sog Zweigstelle, § 3 VO v 20. 3. 35, RGBl 403, § 22 GVG, BAG NJW 93, 1029. Für den nach §§ 361, 362 verordneten Richter stellt § 229 die Anwendbarkeit des § 219 klar.

5   5) Ausnahme: Ortstermin, I. Ein Termin außerhalb der Gerichtsstelle, der sog Ortstermin oder Lokaltermin, ist nur ausnahmsweise zulässig, nämlich in den folgenden Fällen.

A. Augenschein usw. Das Gericht will einen Augenschein nach § 371 einnehmen oder mit einer Person verhandeln, die am persönlichen Erscheinen vor dem Gericht verhindert ist, Ffm Rpfleger **77**, 146 (ein Kranker ist aber nicht stets gehunfähig), Mü OLGZ **76**, 253. Dabei mag es sich um eine Partei handeln, Grdz 4 vor § 50, um einen Streithelfer, § 66, einen Zeugen, § 373, Sachverständigen, § 402, oder zu Betreuenden. Auch ein Gefangener muß erscheinen und sich dazu evtl vorführen lassen, um ein Versäumnisurteil zu vermeiden.

6   B. Schwierigkeit der Verhältnisse. Das Gericht kann die Handlung nicht an der Gerichtsstelle vornehmen, etwa deshalb nicht, weil die Gerichtsgebäude für die Zahl der Prozeßbeteiligten nicht ausreicht, Rn 2. Bei schwierigen Verhältnissen ist freilich ein Ortstermin oft im Interesse der Beteiligten zweckmäßig.

7   6) Besonderheiten beim Haustermin, I. Das Gericht darf das Haus oder das befriedete Besitztum einer Partei oder gar eines Dritten nur mit der Erlaubnis des Inhabers des Hausrechts betreten, Art 13 GG, soweit kein Erscheinenszwang vor dem Gericht besteht. Der Inhaber des Hausrechts, evtl also der Mieter usw, kann seine Erlaubnis ohne Angabe von Gründen verweigern. In diesem Fall kann allerdings zB eine Beweisvereitelung vorliegen, Anh § 286 Rn 26, § 444 Rn 4, §§ 356, 380, Jankowski NJW **97**, 3347. Ein Zeuge darf der Partei den Zutritt nicht verbieten. Er darf sich allenfalls dazu erbieten, unverzüglich an der Gerichtsstelle zu erscheinen. Dieser Bitte muß das Gericht nur dann folgen, wenn es entweder für eine Änderung seiner bisherigen Haltung zum Vernehmungsort Gründe angeben kann oder wenn das Gericht die Vernehmung außerhalb der Gerichtsstelle auf Grund eines Irrtums beschlossen hatte. Ein zur Ableistung der eidesstattlichen Versicherung zwecks Offenbarung nach §§ 807, 900 in der Wohnung geladener Schuldner darf dem Gläubiger die Anwesenheit nach denselben Grundsätzen nicht verbieten.

8   7) Zuständigkeit, I. Ob die Handlung „erforderlich" ist, ob sie also zur Herbeiführung einer gerechten Entscheidung notwendig und nicht nur „nützlich" ist, steht im pflichtgemäßen Ermessen des Vorsitzenden, BAG NJW **93**, 1029, aM ThP 2, ZöSẗo 2 (Ermessen des Kollegiums. Aber es handelt sich um eine Frage der Verhandlungsleitung, § 136 I). Bloße Kostenfragen sind nicht ausreichend. Der Vorsitzende kann die Verhandlung auch dann außerhalb der Gerichtsstelle anberaumen, wenn die Handlung technisch keineswegs nur an dem von ihm festgesetzten Ort möglich ist, wenn sie vielmehr im Interesse der Rechtsfindung auswärts stattfinden muß, Rn 2, 6, BAG NJW **93**, 1029 (neue Bundesländer). Freilich ist insoweit Zurückhaltung ratsam (keine reisenden Richter). Das Einverständnis oder der Wunsch der Parteien ist für die Entscheidung unerheblich.

9   8) Entscheidung, I. Die Anordnung eines Ortstermins usw erfolgt durch eine Verfügung oder einen Beschluß nach § 329 ohne eine mündliche Verhandlung, § 128 IV. Das Gericht muß seine Entscheidung grundsätzlich begründen, § 329 Rn 4.

10   9) Verstoß, I. Ein Verstoß gegen § 219 befreit die Partei von einem etwaigen Erscheinenszwang. Er bleibt aber im übrigen ohne prozessuale Folgen. Über einen Ortstermin in fremdem Gerichtsbezirk § 166 GVG.

10) Rechtsbehelfe, I. Gegen die Anordnung des Ortstermins usw wie gegen deren Ablehnung ist sofortige Beschwerde nach § 567 I Z 2 nur dann zulässig, wenn das Gericht einen Antrag einer Partei zurückgewiesen hat, ZöStö 3, aM ThP 3 (stets unanfechtbar. Aber Wortlaut und Sinn der Vorschrift sind eindeutig, Einl III 39). Eine Rechtsbeschwerde kommt unter den Voraussetzungen des § 574 in Betracht.

11) Vernehmung des Bundespräsidenten, II. Die Vorschrift behandelt den jeweils als Bundespräsident Amtierenden, aM ZöStö 5 (nur den nach Art 54 GG Gewählten, nicht seinen Vertreter. Aber es ist nicht die Person begünstigt, sondern das Amt). Er ist vom Erscheinen an der Gerichtsstelle befreit. Das Gericht darf ihn also nicht etwa zunächst „versuchsweise" zur Gerichtsstelle laden. Er braucht für die Weigerung, dort zu erscheinen, keine Gründe anzugeben. Im übrigen muß der Vorsitzende die Vernehmung entweder am Amtssitz des Bundespräsidenten oder in dessen Wohnung festsetzen. Es versteht sich, daß der dem Staatsoberhaupt schuldige Respekt eine Terminsabstimmung gebietet, auch wenn das Gericht den Bundespräsidenten als Zeugen im übrigen grundsätzlich wie jeden anderen Zeugen behandeln muß. Da die Landesverfassungen kein Staatsoberhaupt mehr vorsehen, ist ein Staatspräsident in II nicht erwähnt. Ein Ministerpräsident zählt nicht hierher.

12) VwGO: An Stelle von *I* gilt § 102 III (umfassender), VG Schlesw JVBl **72**, 141. *II* ist entsprechend anwendbar, § 173 *VwGO*.

220 Aufruf der Sache; versäumter Termin.
I Der Termin beginnt mit dem Aufruf der Sache.
II Der Termin ist von einer Partei versäumt, wenn sie bis zum Schluss nicht verhandelt.

Gliederung

1) Systematik, I, II	1	B. Einzelfragen	6, 7
2) Regelungszweck, I, II	2	6) Versäumung, II	8
3) Geltungsbereich, I, II	3	7) Säumnisfolgen, II	9
4) Aufruf vor dem Saal, I	4	8) Verstoß, I, II	10
5) Aufruf im Saal, I	5–7	9) *VwGO*	11
A. Bedeutung	5		

1) Systematik, I, II. Die Vorschrift enthält zwei nur auf den ersten Blick ganz unterschiedliche Regelungen. In I steht eine Klarstellung, von welchem Augenblick an die Rechte und Pflichten aller Prozeßbeteiligten während eines Verhandlungs-, Beweisaufnahme- oder Verkündungstermins beginnen. Insofern ist I eine Ergänzung zu § 136 I. In II ist klargestellt, was in §§ 332, 333 als Voraussetzungen der dortigen Rechtsfolgen gilt. Insbesondere im Fall des § 285 (Verhandlung über das Beweisergebnis) wird also II bedeutsam. Was unter einem Verhandlungsschluß zu verstehen ist, muß man den Erläuterungen zu § 136 IV entnehmen. Für den nach §§ 361, 362 verordneten Richter stellt § 229 die Anwendbarkeit des § 220 klar.

2) Regelungszweck, I, II. Es soll klar sein, von welchem Moment an das Kernstück des Prozesses beginnt, von wann bis wann die Ordnungsgewalt nach §§ 175 ff GVG besteht und in welchen Zeitraum die Säumnisfolgen fallen. Das alles dient vornehmlich der Rechtssicherheit, Einl III 43. Vgl ferner Rn 5–7.

Rechtliches Gehör als prozessuales Grundrecht nach Einl III 16 erfordert während der gesamten Terminsdauer die sorgfältige Klarstellung, wo das Gericht und von welchem Augenblick an für welchen genauen Zweck das Gericht tagt. Es gilt mancherorts wirklich erstaunliche Saloppheiten, insbesondere beim „bloßen" Verkündungstermin, in Wahrheit ja evtl dem Geburtsakt des Kernstücks des ganzen Prozesses, nämlich des Urteils nach § 310 Rn 4. Solche Saloppheiten sind zwar oft schon deshalb folgenlos, weil niemand erschienen ist. Sie sind aber dadurch keine bloßen Formfehler. Es ist ratsam, eher zweimal als gar kein Mal korrekt aufzurufen. Auch bei bloßer Teilsäumnis oder dann, wenn das Gericht nicht mehr länger wie ein Schalterbeamter auf Kundschaft warten will und muß, sollte es getrost die Uhrzeit von Aufruf und Terminschluß mitprotokollieren, schon zum Nachweis der Einhaltung der üblichen Wartezeit, § 337 Rn 13 „Verkehrsprobleme".

3) Geltungsbereich, I, II. Vgl Üb 3 vor § 214.

4) Aufruf vor dem Saal, I. Die Sache wird zunächst vor der Saaltür oder in einem etwa vorhandenen Warteraum aufgerufen, wie er bei großen Gerichten üblich und notwendig ist, BVerfG **42**, 372, BVerwG NJW **86**, 204. Diesen Aufruf nimmt zB der Protokollführer vor. Der Aufruf kann auch durch ein im Sitzungssaal vorhandenes Mikrophon und Lautsprecher erfolgen. In diesem Fall können technische Pannen eintreten, zB dadurch, daß der Lautsprecher versagt, ohne man das im Sitzungssaal bemerkt. Außerdem mag dadurch Verwirrung eintreten, daß der auf dem Flur Wartende nicht gesagt bekommt, in welchen der zahlreichen Sitzungssäle er eintreten soll. Deshalb empfiehlt sich vor der Annahme einer Säumnis eine erhebliche Sorgfalt bei der Durchführung des Aufrufs. Der Vorsitzende sollte vor Rechtsfolgen etwa einer Säumnisannahme stets mindestens einmal mit ein wenig Zeitabstand zu Protokoll wiederholen, am besten mit genauer Uhrzeit, § 160 II, Rn 7. Denn der draußen Wartende kann zB abgelenkt gewesen sein.

Terminsüberschneidung, die ein ProzBev angezeigt hat, macht eine Nachfrage im dem Gericht mitgeteilten anderen Saal ratsam. Evtl übernimmt auf Vorschlag des Vorsitzenden der Aufruf ein in anderer Sache wartender Anwalt vorübergehend die Vertretung zu Protokoll, gemeint: unentgeltlich.

5) Aufruf im Saal, I. Er erfordert wegen Artt 2 I, 20 III GG (Rpfl), BVerfG **101**, 404, Art 103 I GG (Richter) mehr Sorgfalt als üblich.

A. Bedeutung. Zusätzlich zu dem allgemeinen Aufruf nach Rn 4 muß der Vorsitzende oder sein Beauftragter die bestimmte einzelne Sache im Sitzungssaal aufrufen, § 136 I. Erst das ist derjenige Aufruf,

§ 220
Buch 1. Abschnitt 3. Verfahren

mit dem nach § 220 der Termin beginnt. Wenn der Vorsitzende im Sitzungssaal gleichzeitig mehrere Sachen „aufrufen" läßt, liegt noch kein Aufruf nach Rn 4 vor. Vielmehr muß der Vorsitzende die einzelne Sache dann unmittelbar vor der Beschäftigung mit ihr erneut und auch für den nicht Rechtskundigen eindeutig im Sitzungssaal aufrufen. Der Zweck des Aufrufs nach Rn 4 besteht in der Mitteilung, daß die Verhandlung beginnt. Die Beteiligten müssen sich nun bereit halten. Der Vorsitzende setzt kraft seines Rechts zur Prozeßleitung nach Üb 3 vor § 128, § 136 Rn 6 die Reihenfolge mehrerer zur gleichen Terminsstunde anstehender Sachen fest. Er muß dabei die in § 216 Rn 18 genannten Grundsätze beachten.

6   **B. Einzelfragen.** Die Terminsdauer muß nicht mit der Verhandlungsdauer übereinstimmen, §§ 136 IV, 137 I. Ein Aufruf *vor* der Terminsstunde setzt das Einverständnis aller Beteiligten voraus, KG NJW **87**, 1339, nicht aber auch das „Einverständnis" anderer Personen, etwa der Öffentlichkeit. Ist die Partei anwesend, so kann sie im Parteiprozeß erklären, das Gericht brauche nicht auf ihren ProzBev zu warten. In solchem Fall wird der Vorsitzende ihn über den bisherigen Terminablauf informieren, wenn er doch erscheint. Die sog Meldung der Partei vor dem Aufruf ist nur eine Bitte, den Gegner auf die Anwesenheit der Partei im Gebäude hinzuweisen. Eine Versäumnis verhütet sie nicht. Etwas anderes mag dann gelten, wenn sich die Partei in eine ausliegende Sitzungsliste einträgt, wegen Überfüllung draußen wartet und nun vom Aufruf im Saal schuldlos keine Kenntnis erhält, BVerfG **42**, 372, oder wenn vor dem Sitzungssaal ein Schild mit dem Text „Ohne besonderen Aufruf eintreten" hängt und der Vorsitzende die Sache nicht außerhalb des Sitzungssaales aufrufen läßt, LG Hbg NJW **77**, 1459. Maßgeblich ist die objektiv richtige Zeit, nicht etwa eine vorgehende Gerichtsuhr oder die Uhr des Vorsitzenden usw.

Die *Reihenfolge* der Verhandlungssachen muß nicht mit derjenigen der Terminsliste übereinstimmen. Es kann zahlreiche vernünftige Erwägungen für Abweichungen geben, etwa das Ausbleiben eines Teils der Beteiligten in der eigentlich vorangestellten Sache oder die Vermutung, daß sich die an späterer Stelle zu derselben Zeit angesetzte Sache rascher durchführen lassen wird, etwa wegen einer angekündigten Klagerücknahme oder Einigung. Mit solchen kleineren zeitlichen Verschiebungen müssen alle Beteiligten rechnen. Sie können sich aber auch nicht darauf verlassen und deshalb zunächst fehlen. Was zu späterer Zeit terminiert ist, sollte nur im allseitigen Einverständnis vorziehbar werden. Meinungsverschiedenheiten gehören wegen Art 103 I GG, § 160 II kurz ins Protokoll.

Schüchternheit hindert manchen nichtjuristischen Beteiligten, der schon im Saal sitzt, sich beim Sachaufruf auch deutlich zu melden. Daher kann es leider sogar zu einem Versäumnisurteil gegen den unerkannten Anwesenden kommen. Das sollte man natürlich durch vorsorgliche Rückfrage vermeiden. Sie verletzt keineswegs das Recht auf Anonymität der Öffentlichkeit im Saal.

7   Insbesondere bei einem sog *Sammeltermin* nach § 216 Rn 20 mag ein mehrfacher Aufruf notwendig sein, Rn 4, BVerfG **42**, 371. Vor dem Erlaß einer Versäumnisentscheidung nach §§ 330 ff sollte das Gericht den Säumigen schon zur Vermeidung eines Verstoßes gegen Artt 2 I, 20 III GG (Rpfl), BVerfG **101**, 404, Art 103 I GG (Richter) möglichst zusätzlich noch einmal vor dem Sitzungssaal und auch in ihm aufrufen, BVerwG NJW **86**, 205. Das gilt trotz der Obliegenheit der Prozeßbeteiligten, sich auf einen pünktlichen Verhandlungsbeginn einzurichten, BVerwG NJW **86**, 207.

Je nach der Zahl der Verhandlungen im Haus und im Saal kann es notwendig werden, einen Aufgerufenen näher zu *bezeichnen*, BVerfG **42**, 370, zB durch seinen Vornamen oder seinen Beruf. Ein Aufruf nur nach dem Aktenzeichen ist meist ungenügend. Es empfiehlt sich, die Uhrzeit des letzten Aufrufs vor dem Erlaß einer Versäumnisentscheidung oder den Zeitpunkt ihrer Verkündung im Protokoll festzustellen, damit nachweisbar wird, daß das Gericht zB die übliche in § 337 Rn 10 genannte Wartefrist eingehalten hat, Rn 4. Der Partei ist eine Wartezeit von einer Stunde grundsätzlich zumutbar, es sei denn, sie hätte dem Gericht ohne dessen Bedenken zB mitgeteilt, sie habe einen anderen wichtigen Termin. Ein anschließendes Sichentfernen aus triftigem Grund vor dem Aufruf im Saal kann eine Vertagung nach § 337 notwendig machen, etwa wegen einer gleichzeitigen anderweitigen Terminspflicht eines Anwalts.

8   **6) Versäumung, II.** Die Abwesenheit im Zeitpunkt des Aufrufs bewirkt für sich allein noch keine Versäumung des Termins. Die Versäumung tritt erst dann ein, wenn die Partei vom Verhandlungsbeginn nach § 137 I bis zu demjenigen Zeitpunkt nicht verhandelt, in dem der Vorsitzende entgegen dem etwas unklaren Wortlaut von II zwar vielleicht noch nicht den Termin, wohl aber die Verhandlung dieser Sache ausdrücklich oder stillschweigend erstmalig oder erneut endgültig schließt, §§ 136 IV Hs 1, 296 a, BGH NJW **93**, 862, KG NJW **87**, 1339, mögen sich auch Beratung und Entscheidungsverkündung anschließen. Das gilt auch nach einer Vertagung gemäß § 227 oder nach einer Wiedereröffnung, § 156. Wenn sich im Sitzungssaal ein Kreuz befindet, besteht unter Umständen keine Verhandlungspflicht, BVerfG **35**, 373.

Wenn sich *keine Partei meldet* und wenn das Gericht nichts veranlaßt, dann liegt der Verhandlungsschluß darin, daß der Vorsitzende die Terminsakte beiseitelegt. Er kann sie freilich auch nur vorläufig zurücklegen, um abzuwarten, ob sich noch jemand verspätet, aber immerhin noch an diesem Terminstag meldet und verhandeln möchte. Es ist unerheblich, aus welchem Grund sich die Partei beim Aufruf nicht meldet. Wenn sie den Saal verlassen möchte, bevor die Sache verhandelt worden ist, muß sie sich beim Vorsitzenden erkundigen, ob er einverstanden ist. Sie muß sich bei ihm zumindest abmelden, Rn 7. Wegen der kaum noch beachtlichen anwaltlichen Standesregel, kein Versäumnisurteil zu nehmen, § 337 Rn 10, § 513 Rn 4.

Sobald die Partei während des Termins unter einem mindestens stillschweigenden Eingehen auf den Vortrag des Gegners nach § 137 Rn 12 gemäß § 297 Rn 1 einen *Sachantrag* stellt, ist die Säumnis beendet, § 333 Rn 2, BGH NJW **93**, 862. Die Partei kann die Säumniswirkung nicht durch eine anschließende Erklärung erneut herbeiführen, sie nehme den Sachantrag zurück, Ffm MDR **82**, 153. Sie muß nach einem Versäumnisurteil Einspruch nach §§ 338 ff einlegen. Sie hat aber auch bei sofortigem Einspruch keinen Anspruch auf eine sofortige Verhandlung über ihn, auch nicht beim Einverständnis des noch anwesenden Gegners. Freilich sollte das Gericht dann wenigstens einen Prozeßvergleich sofort protokollieren, Anh § 307. Der Vorsitzende sollte überhaupt möglichst sogleich „weiter"verhandeln lassen, auch nach der Anordnung des Ruhens.

Titel 3. Ladungen, Termine und Fristen §§ 220, 221

Nach dem *Schluß* der Verhandlung besteht auch bei einem etwaigen Anspruch auf eine Wiedereröffnung nach § 156 Rn 6 kein Anspruch auf deren sofortige Durchführung nach § 156 Rn 13. Es besteht dann bis zum Terminschluß nach § 136 IV Hs 2 auch keine Pflicht zur Anwesenheit, sondern nur noch nach § 312 I eine derartige Obliegenheit mit etwaigen Rechtsnachteilen bei Nichtbeachtung.

7) Säumnisfolgen, II. Im Säumnisfall kommen eine Vertagung nach §§ 227, 335 II, 337 in Betracht, 9 ferner ein echtes bzw unechtes Versäumnisurteil, §§ 330 ff, 345, 539, 555, das Ruhen des Verfahrens, § 251a, oder eine Aktenlageentscheidung nach §§ 251a, 331a. Beim nachträglichen Erscheinen des zuvor Säumigen und beim Einverständnis des Prozeßgegners mag das Gericht einen sofortigen Einspruch zu Protokoll entgegennehmen, obwohl die Verhandlung ja eigentlich schon geschlossen ist, und sogleich zum Einspruch und zur Sache verhandeln lassen. Dasselbe mag nach beiderseitiger Säumnis gelten.

8) Verstoß, I, II. Ohne einen ordnungsgemäßen Aufruf gilt die Partei als nicht geladen. Dann tritt keine 10 Säumnis nach §§ 330 ff ein, BVerfG **42**, 370, LG Hbg NJW **77**, 1459. Soweit das Gericht den Aufruf der Partei im Sitzungsprotokoll beurkundet hatte, gilt § 165. Die Erklärung einer nicht rechtskundigen Partei, sie sei trotz Anwesenheit nicht aufgerufen worden, bedeutet in der Regel einen Antrag auf eine Berichtigung des Protokolls, BVerfG **42**, 369. Ein Verstoß bleibt unschädlich, soweit der verfrüht begonnene Termin bis zur Terminsstunde andauert, KG NJW **87**, 1339. Dann mag auch ein nochmaliger Aufruf unnötig sein, KG NJW **87**, 1339. Er ist freilich zu Protokoll ratsam.

9) *VwGO: I* entspricht § 103 I u II VwGO (zur Verletzung des rechtlichen Gehörs durch unzureichenden Aufruf 11 BVerwG NJW **86**, 204); **II** ist wegen § 102 II VwGO bedeutungslos.

221 *Fristbeginn.* Der Lauf einer richterlichen Frist beginnt, sofern nicht bei ihrer Festsetzung ein anderes bestimmt wird, mit der Zustellung des Dokuments, in dem die Frist festgesetzt ist, und, wenn es einer solchen Zustellung nicht bedarf, mit der Verkündung der Frist.

Vorbem. Änderg dch Art 1 Z 18 JKomG v 22. 3. 05, BGBl 837, in Kraft seit 1. 4. 05, Art 16 I JKomG, ÜbergangsR Einl III 78.

1) Systematik, §§ 221–227. Die Vorschriften regeln die Berechnung und sonstige Behandlung gesetz- 1 licher wie richterlicher Fristen, wie sie die ZPO überall verstreut mit ihren unterschiedlichen Längen nennt. Durch die Bezugnahme auf Zustellung nach §§ 166 ff und Verkündung nach §§ 311, 329 I 1 wird eine gesetzestechnisch übliche Konzentration erreicht. Ergänzend gilt § 218. Für den nach §§ 361, 362 verordneten Richter stellt § 229 die Anwendbarkeit der §§ 221–227 klar.

2) Regelungszweck, §§ 221–227. Der Gesamtregelung ist bei allen Besonderheiten das Bestreben ge- 2 meinsam, bei der etwa verbleibenden richterlichen Neu- oder Erstbemessung die Anforderungen von Prozeßförderung und Prozeßwirtschaftlichkeit nach Grdz 12, 14 vor § 128 mit den Prinzipien der Rechtssicherheit zu verbinden, Einl III 43, insbesondere auch mit demjenigen des rechtlichen Gehörs, Einl III 16. In diesem Sinne sollte man alle diese Vorschriften auslegen.

Genauigkeit der Fristbestimmung nach Art und Dauer ist eine selbstverständliche Voraussetzung ihrer Wirksamkeit mit allen daraus evtl folgenden Vor- oder Nachteilen. Angemessenheit der Fristlänge hat dieselbe Bedeutung. Insofern regelt § 221 nur eine der Voraussetzungen. Auch §§ 222–227 enthalten in Wahrheit nur Teile der Gesichtspunkte, die das Gericht bedenken muß, um keinen Verfahrensfehler zu begehen, der zur Zurückverweisung führen könnte.

3) Geltungsbereich, §§ 221–227. Vgl Üb 3 vor § 214. Die Vorschrift ist im Insolvenzverfahren anwend- 3 bar, BVerfG NJW **88**, 1774. Auf die Frist zum Widerruf eines Prozeßvergleichs nach Anh § 307 Rn 10 ist § 221 unanwendbar, Schlesw RR **87**, 1022.

4) Fristbeginn. Über den Begriff der gesetzlichen und der richterlichen Frist Üb 10 vor § 214. Eine 4 gesetzliche Frist beginnt nach der jeweiligen gesetzlichen Vorschrift. Eine richterliche Frist beginnt entweder nach der Anordnung, die das Gericht bei der Fristsetzung getroffen hat, oder mit der Zustellung der Fristanordnung, Rn 5, oder hilfsweise im Zeitpunkt der Verkündung, wenn eine Zustellung nach § 329 I nicht erforderlich ist oder nicht wirksam erfolgte, § 189, BVerfG NJW **88**, 1774 (zum alten Recht), KG MDR **04**, 770. Das gilt auch bei einer Abwesenheit der Partei, § 312 I 2, KG MDR **04**, 770. Darin liegt ein insbesondere von manchem Anwalt gefährlich verkanntes Risiko, § 85 II. Er muß damit rechnen, daß in der „Am Schluß der Sitzung" verkündeten Entscheidung eine richterliche Frist enthalten ist, die nicht etwa erst mit der Übermittlung der Entscheidung oder gar des Protokolls zu laufen beginnt, KG MDR **04**, 770. Deshalb gehört es zur Anwaltspflicht und in erstklassiger Kanzlei zur eisernen Gewohnheit, sich zumindest am Folgemorgen intensiv nach dem Ergebnis eines angekündigten Verkündungstermins zu erkundigen, besser noch: einen Mitarbeiter am Vortag zum Verkündungstermin zu schicken, § 218 Rn 2, 4, und sein Ergebnis sofort in der Handakte zu vermerken. Ein Zuwarten auf ein obendrein vielleicht gar nicht in Abschrift beantragtes Protokoll kann nach § 85 II verfänglich sein. Das gilt selbst bei lokaler Übung der Protokollübersendung von Amts wegen.

§ 167 ist unanwendbar. Das gilt auch dann, wenn beide Parteien abwesend sind. Soweit das Gericht eine 5 nicht verkündete Verfügung oder einen Beschluß nach § 329 II 2 zustellen muß, zB bei §§ 273 II Z 1, 275 I 1, III, IV, 276 I 2, III, beginnt die richterliche Frist für jede Partei mit der sie betreffenden Zustellung. Die Frist für den Streithelfer nach § 66 beginnt allerdings mit derjenigen für die Hauptpartei, BGH NJW **86**, 257.

5) *VwGO: Es gilt § 57 I VwGO.* 6

§ 222

222 *Fristberechnung.* ¹ Für die Berechnung der Fristen gelten die Vorschriften des Bürgerlichen Gesetzbuchs.

II Fällt das Ende einer Frist auf einen Sonntag, einen allgemeinen Feiertag oder einen Sonnabend, so endet die Frist mit Ablauf des nächsten Werktages.

III Bei der Berechnung einer Frist, die nach Stunden bestimmt ist, werden Sonntage, allgemeine Feiertage und Sonnabende nicht mitgerechnet.

BGB § 187. Fristbeginn. ¹ Ist für den Anfang einer Frist ein Ereignis oder ein in den Lauf eines Tages fallender Zeitpunkt maßgebend, so wird bei der Berechnung der Frist der Tag nicht mitgerechnet, in welchen das Ereignis oder der Zeitpunkt fällt.

II ¹ Ist der Beginn eines Tages der für den Anfang einer Frist maßgebende Zeitpunkt, so wird dieser Tag bei der Berechnung der Frist mitgerechnet.² Das gleiche gilt von dem Tage der Geburt bei der Berechnung des Lebensalters.

BGB § 188. Fristende. ¹ Eine nach Tagen bestimmte Frist endigt mit dem Ablauf des letzten Tages der Frist.

II Eine Frist, die nach Wochen, nach Monaten oder nach einem mehrere Monate umfassenden Zeitraum – Jahr, halbes Jahr, Vierteljahr – bestimmt ist, endigt im Falle des § 187 Abs. 1 mit dem Ablauf desjenigen Tages der letzten Woche oder des letzten Monats, welcher durch seine Benennung oder seine Zahl dem Tage entspricht, in den das Ereignis oder der Zeitpunkt fällt, im Falle des § 187 Abs. 2 mit dem Ablauf desjenigen Tages der letzten Woche oder des letzten Monats, welcher dem Tage vorhergeht, der durch seine Benennung oder seine Zahl dem Anfangstag der Frist entspricht.

III Fehlt bei einer nach Monaten bestimmten Frist in dem letzten Monat der für ihren Ablauf maßgebende Tag, so endigt die Frist mit dem Ablauf des letzten Tages dieses Monats.

BGB § 189. Berechnung einzelner Fristen. ¹ Unter einem halben Jahr wird eine Frist von sechs Monaten, unter einem Vierteljahr eine Frist von drei Monaten, unter einem halben Monat eine Frist von fünfzehn Tagen verstanden.

II Ist eine Frist auf einen oder mehrere ganze Monate und einen halben Monat gestellt, so sind die fünfzehn Tage zuletzt zu zählen.

Schrifttum: Vgl vor Üb 1 vor § 214.

Gliederung

1) Systematik, Regelungszweck, I–III	1	4) Sonntag usw, II		5, 6
2) Geltungsbereich, I–III	2	5) Stundenfrist, III		7
3) Berechnung, I	3, 4	6) *VwGO*		8

1 **1) Systematik, Regelungszweck, I–III.** Vgl § 221 Rn 1, 2.

2 **2) Geltungsbereich, I–III.** § 222 gilt für sämtliche prozessualen Fristen nach Üb 9–11 vor § 214. Das gilt auch für eine verlängerte Frist, an sich auch für die uneigentliche Frist (Ausnahmen bei den Fünfmonatsfristen der §§ [jetzt] 517, 548, BAG NJW 00, 2835), ferner für die Ausschlußfrist nach Üb 11 vor § 214. § 222 gilt aber nicht für eine nur mittelbar „bestimmbare" Zeitspanne, aM Saarbr OLGZ 80, 39 (behandelt eine unverzüglich notwendige Handlung als eine befristete). Aber Unverzüglichkeit bedeutet nach § 121 I 1 BGB etwas anderes als eine zeitlich feste Befristung). Hierher zählt auch § 721 III 2, LG Mü WoM 80, 247. Bei der Ladungs- und Einlassungsfrist nach §§ 217, 274 III darf man den Tag der Zustellung und denjenigen des Termins nicht einrechnen. Die Widerrufsfrist in einem Prozeßvergleich nach Anh § 307 Rn 13 ist keine prozessuale Frist. Auf diese Fälle ist § 222 nicht § 193 BGB an sich unmittelbar anwendbar, weil der Widerruf eine Parteiprozeßhandlung ist, Grdz 47 vor § 128. Gleichwohl kann man die Regeln des § 222 im Ergebnis auch beim Prozeßvergleich anwenden, Anh § 307, BGH MDR **79**, 49, Mü NJW **75**, 933, Schneider MDR **99**, 595, aM ZöStö § 794 Rn 10 (aber man sollte prozeßwirtschaftlich vorgehen, Grdz 14 vor § 128). Wegen der Sommerzeit § 3 ZeitG nebst der jeweiligen VO. Für den nach §§ 361, 362 verordneten Richter stellt § 229 die Anwendbarkeit des § 222 klar.

3 **3) Berechnung, I.** Eine prozessuale Frist läßt sich grundsätzlich nicht nach unbestimmten Rechtsbegriffen wie „umgehend" berechnen, sondern nur nach dem BGB, OVG Kblz NJW **93**, 2457. Das gibt aber nur Auslegungsregeln, § 186 BGB. Es läßt also den Nachweis eines abweichenden Willens bei einer richterlichen oder einer vereinbarten Frist zu. Bei einer richterlichen Frist darf die Partei nicht durch eine Unklarheit leiden.

Zu § 187 BGB: Dieser Fall liegt zB bei einer Zustellung vor. Der Anfangstag rechnet auch dann nicht mit, § 187 I BGB, BVerfG **61**, 41, wenn die Frist „mit einem Tag" beginnt, wie bei § 234 II. Der Tag rechnet mit: Wenn der Beginn des Tages entscheidet, § 187 II BGB, zB bei einer Regelung „ab" oder „seit" einem Tag; beim Geburtstag, § 187 II BGB; bei einer Stundenfrist. Man muß sie stets von Stunde zu Stunde und nach vollen Stunden berechnen. Vgl freilich Rn 7.

4 *Zu § 188 BGB:* Ein Ablauf der Frist am letzten Tag berechtigt grundsätzlich zum Handeln bis Mitternacht, BVerfG **41**, 327 (betr die StPO, zustm Vollkommer Rpfleger **76**, 240), § 233 Rn 19 „Gericht". Bei einer Zwischenfrist, etwa der Ladungsfrist, ist der letzte Tag derjenige vor dem Termin. Darum ist eine dreitägige Frist dann, wenn der Termin am Montag ansteht, nur bei einer Zustellung spätestens am Dienstag gewahrt, II. Die Bezeichnung „acht Tage" bedarf der Auslegung. Regelmäßig ist eine Woche gemeint.

Titel 3. Ladungen, Termine und Fristen **§§ 222–224**

Wenn ein Urteil am 28. Februar bzw in einem Schaltjahr am 29. Februar zugestellt wird, endet die Berufungsfrist bereits mit dem Ablauf des 28. bzw. 29. März, also nicht erst des 31. März, BGH NJW **85**, 496, ThP 7, aM Celle OLGZ **79**, 360. Wenn die Berufungsbegründungsfrist am 28. Februar bzw in einem Schaltjahr am 29. Februar abläuft und rechtzeitig „um einen Monat" verlängert wird, dann läuft die Verlängerungsfrist am 31. März um 24 Uhr ab, KG VersR **81**, 1057.

4) Sonntag usw, II. Die Vorschrift erweitert den nur für Willenserklärungen und Leistungen geltenden 5 § 193 BGB, LG Hbg WoM **93**, 470 (Besonderheit nach dem Hbg AGBGB wegen einer Räumung), auf alle prozessualen Fristen. II gilt also auch dann, wenn der Vorsitzende die Berufungsfrist oder die Frist zur Begründung der Revision irrtümlich bis zu einem Feiertag, Sonntag oder Sonnabend verlängert hat, BVerfG Rpfleger **82**, 478. II ist auf alle Arten von Fristen anwendbar, die für die gerichtliche Geltendmachung eines Anspruchs laufen, also auch auf eine Anschlußfrist zur Beschreitung des Rechtswegs oder auf eine Insolvenzanfechtung, nicht jedoch auf den Widerruf eines Prozeßvergleichs und nicht auf das Ende zB der Berufungsfrist, BGH VersR **85**, 574 (auch dann mit Ablauf des 15. 10., wenn der 15. 9. auf ein Wochenende fiel), Rn 1. In der Zwangsvollstreckung gilt § 758 a IV 1.

Das Fristende mag dort auf einen Sonnabend, Sonntag oder dort geltenden allgemeinen Feiertag fallen, 6 § 758 a Rn 17, wo die Partei ihre Prozeßhandlung vornehmen muß, BAG DB **97**, 988, VGH Ffm NJW **04**, 3795, OVG Ffo NVwZ **05**, 605. Das gilt unabhängig vom Kanzleiort des ProzBev, OVG Ffm NJW **04**, 3795. Dann läuft die Frist erst mit dem Ablauf des *folgenden Werktags* ab, VGH Mannh NJW **87**, 1353, und beginnt die etwaige Verlängerung am darauf folgenden Tag, § 224 III. Bei einer Zwischenfrist nach Üb 10 vor § 214 fällt das Ende auf den Termin vorangehenden Tag, § 217 Rn 1. Die Nichtbeachtung dieser Vorschriften ist eine Verletzung des rechtlichen Gehörs, Art 103 I GG, wenn das Gericht einen Schriftsatz nicht mehr berücksichtigt hat, der an dem auf den Feiertag folgenden Tag einging, BVerfG NJW **65**, 579.

Es ist unerheblich, ob die Partei eine Handlung an einem Sonntag usw vornehmen durfte. Für den *Fristbeginn* ist II außer bei einem Zustellversuch unerheblich, BGH FamRZ **97**, 415, LG Aachen WoM **04**, 32. Ein Werktag mit einem Sonntagsdienst laut behördlicher Vorschrift ist kein allgemeiner Feiertag, § 758 a Rn 14, VGH Mannh NJW **87**, 1353 (Silvester), ebensowenig der 24. Dezember als solcher, OVG Hbg NJW **93**, 1941. Der Rosenmontag ist nicht einmal in Köln ein gesetzlicher Feiertag, BPatG GRUR **78**, 711, VGH Mannh NJW **87**, 1353.

5) Stundenfrist, III. Vgl Rn 3. Bei einer Stundenfrist darf man einen Sonnabend, einen Sonntag oder 7 einen allgemeinen Feiertag nach § 758 a Rn 14 nicht mitrechnen. Die Frist beginnt also mit dem Beginn des nächsten Werktags. Wenn die Frist vor einem Sonnabend oder einem Feiertag begonnen hat, unterbricht dieser Tag die Frist. Man darf ihn nicht mitrechnen. Vielmehr darf man die nächsten Stunden der restlichen Frist erst vom Beginn des nächsten Werktags an weiterzählen. Die am Anfang angebrochene Stunde rechnet nicht mit. Die Frist endet mit dem Ablauf der letzten Stunde. Dabei darf man nur volle Stunden zählen.

6) VwGO: § 222 gilt kraft ausdrücklicher Verweisung, § 57 II VwGO, VGH Kassel NVwZ-RR **00**, 545 8 (Widerruf eines Vergleichs), OVG Hbg NJW **93**, 1941 (24. 12. als Werktag), VGH Mannh NJW **87**, 1353 (31. 12. als Werktag), VGH Mü NJW **97**, 2130 u OVG Frankfurt NJW **04**, 3795 (nicht landeseinheitl gesetzl Feiertag).

223 (weggefallen)

224 *Fristkürzung; Fristverlängerung.* ¹ ¹Durch Vereinbarung der Parteien können Fristen, mit Ausnahme der Notfristen, abgekürzt werden. ²Notfristen sind nur diejenigen Fristen, die in diesem Gesetz als solche bezeichnet sind.

II Auf Antrag können richterliche und gesetzliche Fristen abgekürzt oder verlängert werden, wenn erhebliche Gründe glaubhaft gemacht sind, gesetzliche Fristen jedoch nur in den besonders bestimmten Fällen.

III Im Falle der Verlängerung wird die neue Frist von dem Ablauf der vorigen Frist an berechnet, wenn nicht im einzelnen Fall ein anderes bestimmt ist.

Gliederung

1) Systematik, I–III 1	C. Ruhen des Verfahrens 6
2) Regelungszweck, I–III 2	D. Zustellung 6
3) Geltungsbereich, I–III 3	E. Sonstiges 6
4) Vereinbarte Fristabkürzung, I 1, 2 ... 4	7) Gerichtliche Friständerung, II 7–9
5) Begriff der Notfrist, I 1, 2 5	A. Richterliche Frist 7, 8
6) Auswirkungen der Notfrist, I 1, 2 ... 6	B. Gesetzliche Frist 9
A. Friständerung 6	8) Berechnung der neuen Frist, III 10
B. Wiedereinsetzung 6	9) VwGO 11

1) Systematik, I–III. Vgl § 221 Rn 1. Die vom Gesetz zugelassene Abkürzungsmöglichkeit ist praktisch 1 bedeutungslos. Ergänzend und teilweise vorrangig gelten §§ 225, 226.

2) Regelungszweck, I–III. § 224 entzieht den Parteien in einer Einschränkung der Parteiherrschaft 2 nach Grdz 18 vor § 128 weitgehend die Herrschaft über die Fristen. Das liegt im Interesse der Prozeßförderung und Prozeßwirtschaftlichkeit, Grdz 12, 14 vor § 128. § 224 räumt dem Richter ein stets pflichtgemäß

§ 224   Buch 1. Abschnitt 3. Verfahren

auszuübendes Ermessen ein. Seine Handhabung erfordert eine Beachtung des vorgenannten Regelungszwecks und im übrigen viel Fingerspitzengefühl.

Überlastung und daraus folgende derzeitige Unsicherheit in der vorläufigen Beurteilung der Rechtslage sind vielfach in Wahrheit mitbestimmend für eine Fristgewährung oder -verlängerung. Sie erfolgt nur vordergründig auch zwecks rechtlichen Gehörs. Man schafft sich erst einmal Luft. Nun sollte sich das Gericht niemals zu einer mangelhaft durchdachten Entscheidung gedrängt fühlen. Nur recht selten geht es um Minuten. Andererseits ist die weite Ermessensfreiheit zum Wann auch eine Verführung zum Später. Nicht ganz selten ist sie auch die Folge der Unterlassung eines ganz am Prozeßanfang stehenden ersten „Kopfgutachtens" und einer sich aus solcher Unterlassung entwickelten Umständlichkeit von der Wahl der Verfahrensart über die Handhabung der voraussichtlichen Terminsdauer bis zur Unsicherheit in der Einschätzung einer eigentlich schon vorher erkennbar gewesenen Prozeßentwicklung.

Unvorhersehbare Entwicklung des Parteivortrags oder der Beweisaufnahme können natürlich genauso Ursache für Umplanung und daher weitere Fristen usw werden. Dergleichen kann die sorgfältigste Gerichtsplanung durcheinanderbringen. Das ändert aber nichts an der Erkenntnis, daß solche besonders anfängliche Sorgfalt sehr oft weitaus weniger Mühe und Zeit kostet.

3   **3) Geltungsbereich, I–III.** Die Vorschrift gilt grundsätzlich für alle Fristarten, Üb 9–11 vor § 214. Sie bezieht sich allerdings ausnahmsweise nicht auf eine uneigentliche Frist, Üb 11 vor § 214, LAG MDR **90**, 187. Die Parteien können die Widerrufsfrist in einem Prozeßvergleich frei vereinbaren, Anh § 307 Rn 13, BGH **61**, 398, Hamm FamRZ **88**, 535. Freilich bedarf sie der Protokollierung, Anh § 307 Rn 21, 42. Vgl auch § 222 Rn 2. Ihre Änderung kann nur vor ihrem Ablauf erfolgen, Hamm FamRZ **88**, 535. Da die Parteien eine Frist nicht verlängern können, muß das Gericht den Fristablauf von Amts wegen beachten, Grdz 39 vor § 128. Für den nach §§ 361, 362 verordneten Richter stellt § 229 die Anwendbarkeit des § 224 klar.

4   **4) Vereinbarte Fristabkürzung, I 1, 2.** Die Parteien können durch eine Vereinbarung jede gesetzliche oder richterliche Frist abkürzen, außer eine Notfrist nach I 2. Bei dieser Vereinbarung handelt es sich um eine Parteiprozeßhandlung, Grdz 47 vor § 128. Sie kann auch stillschweigend erfolgen. Soweit sie außergerichtlich erfolgt, besteht für sie kein Anwaltszwang. Die Parteien brauchen sie dem Gericht nicht mitzuteilen. Anwaltszwang besteht wie sonst nach § 78.

5   **5) Begriff der Notfrist, I 1, 2.** Notfrist ist nur eine solche Frist, die „dieses" Gesetz ausdrücklich als Notfrist bezeichnet, zB: §§ 104 III 2, 107 III, 269 II 4, 276 I 1, 321a II 2, 339 I, II, 340 III 1, 2, dort Rn 10, 11, ferner zB §§ 517, 544 I 2, 548, 566 II 2, 569 I, 573 I 1, 574 IV 1, 575, 586 I, 958 I 1, 1065 I. Damit ist allerdings nicht nur die ZPO gemeint, Nürnb AnwBl **81**, 499. Notfristen setzen zB auch: §§ 59, 72 a, 76, 92 a, 94 I, 96 a, 110 III ArbGG; § 210 III BEG; §§ 30 a, b I, 180 II, III ZVG; § 111 GenG.

Zu den Notfristen gehören aber nicht: Die Antragsfrist nach § 227 III 1; die Einspruchsbegründungsfrist nach § 340 III; die Rechtsmittelbegründungsfrist nach §§ 520 II 1, 551 II 2; die Anschlußrechtsmittelfrist des § 629 a III, Celle FamRZ **90**, 647; die Frist für den Antrag auf eine Wiedereinsetzung in den vorigen Stand nach § 234, wenn er die Versäumung der Berufungsfrist betrifft; die Klagefrist (des jetzt) § 558 b II, III 2 BGB, AG Köln WoM **81**, 113, AG Osnabr ZMR **76**, 158; die Vergleichs-Widerrufsfrist, Rn 3.

Unabhängig von der Frage, ob es sich um eine Notfrist handelt, läuft jede Frist auch in einer *Sommersache* nach § 227 III 2 weiter.

6   **6) Auswirkungen der Notfrist, I 1, 2.** Eine Notfrist hat die folgenden Besonderheiten.

A. Friständerung. Eine Notfrist duldet keine Verkürzung oder Verlängerung, auch nicht durch eine Parteivereinbarung. Sie gilt aber als gewahrt, wenn die Partei den Schriftsatz zur Zustellung beim Gericht innerhalb der Frist einreicht und wenn das Gericht die Zustellung demnächst vornimmt, § 167, ferner § 495.

B. Wiedereinsetzung. Eine Notfrist läßt im Fall einer unverschuldeten Versäumung grundsätzlich eine Wiedereinsetzung in den vorigen Stand nach § 233 zu.

C. Ruhen des Verfahrens. Eine Notfrist läuft trotz eines etwaigen Ruhens des Verfahrens nach § 251 weiter.

D. Zustellung. Eine Notfrist läßt sich durch einen Zugang trotz mangelhafter Zustellung heilen, § 189.

E. Sonstiges. Eine Prüfung der Einhaltung der Frist von Amts wegen ist keine Eigenheit der Notfrist. Denn die Partei kann keine gesetzliche oder richterliche Frist verlängern.

7   **7) Gerichtliche Friständerung, II.** Man muß zwei Fristarten unterscheiden.

A. Richterliche Frist. Das Gericht kann eine richterliche Frist nach Üb 10 vor § 214 auf Grund eines Antrags einer Partei im Verfahren nach § 225 einmalig oder wiederholt abkürzen oder verlängern, wenn die Partei dafür einen erheblichen Grund glaubhaft macht, etwa eine Behinderung im Sinn des BBG. Das kann für einen anderen Zeitraum geschehen als beantragt, BGH VersR **94**, 622. Die Partei kann den Antrag vor oder nach dem Fristbeginn stellen. Vor Gericht herrscht Anwaltszwang wie sonst, § 78 Rn 1, BGH **93**, 303. Zu seiner Vermeidung kommt auch ein Antrag der schon anwaltlich vertretenen Gegners für den noch nicht anwaltlich Vertretenen in Betracht, Klaes/Schöne ProzRB **03**, 226. Rechtsmißbrauch ist aber auch hier verboten, Einl III 54. Die Verlängerung einer Rechtsmittelbegründungsfrist erfordert die Schriftform, BGH NJW **85**, 1559. Der Antrag muß vor dem Fristablauf wirksam sein, BGH **83**, 217, Kblz NJW **89**, 987. Die Entscheidung kann unter dieser Voraussetzung auch nach dem Fristablauf erfolgen, BVerfG MDR **80**, 117, BGH **83**, 217.

Die *Glaubhaftmachung* muß nicht unbedingt nach § 294 erfolgen. Das Gericht muß im Rahmen pflichtgemäßen Ermessens die Interessen beider Parteien würdigen. Eine bloße Parteivereinbarung reicht entsprechend § 227 I Z 3 kaum aus. Ebensowenig reicht eine sehr späte, obendrein wiederholte Verlängerungsbitte. Im Anwaltsprozeß nach § 78 Rn 1 darf und sollte das Gericht einen normalen Kanzleibetrieb des Anwalts berücksichtigen, BAG NJW **95**, 150 (Vielzahl von Fristabläufen), Liesching NJW **03**, 1224. Es darf aber keine Verzögerungs- oder Störversuche durchgehen lassen, Mü MDR **80**, 148.

Titel 3. Ladungen, Termine und Fristen §§ 224, 225

Ausreichend ist zB eine grundlose Kündigung des ProzBev, BGH DB **78**, 1174. *Nicht* ausreichend sind zB **8** eine verspätete Beauftragung des ProzBev, Schlesw SchlHA **78**, 117, oder die Ablehnung der Herausgabe der Akten an den Anwalt in seine Kanzleiräume, Düss MDR **87**, 769, oder eine vermeidbar späte Ermittlung einer Zeugenanschrift, die nun nicht mehr stimmt. Vgl aber auch § 225 Rn 8 und § 299 Rn 1, 2. Soweit keine Abkürzung oder Verlängerung in Betracht kommt oder diese Möglichkeit ernstlich zweifelhaft ist, kommt auch keine Anregung zu einem entsprechenden Antrag in Betracht. Wenn das Gericht eine Frist über den Antrag hinaus erstreckt oder ohne erhebliche Gründe verlängert, bleibt diese Frist auch insofern wirksam.

B. Gesetzliche Frist. Sie läßt eine Abkürzung oder eine Verlängerung nur dann zu, wenn das Gesetz **9** diese Möglichkeit besonders vorsieht, etwa in §§ 134 II, 226 I, 520 II 2, 3, 551 II 4, 5, 566 VIII 1, 697 I, nicht in anderen Fällen, also zB nicht bei § 206 II, bei § 234 I, BGH VersR **80**, 582, bei §§ 878, 903, 914. Bei einer Notfrist nach I 2 entfällt eine solche Möglichkeit an sich ganz, BVerfG **36**, 299. Eine Ausnahme gilt bei § 340 III 2, dort Rn 12. Nach allgemeiner Ansicht ist eine erstmalige Verlängerung insbesondere der Berufungsbegründungsfrist fast selbstverständlich, auch ohne besondere Begünstigung, § 233 Rn 109. Wegen einer Verlängerung nach dem Fristablauf 520 Rn 9. Eine förmliche Zustellung vor dem Fristablauf ist entbehrlich. Denn der Verlängerungsbeschluß setzt keine Frist in Lauf, § 329 II. Er bestimmt nur den Endpunkt der laufenden Frist anders. Eine Mitteilung an den Gegner ist zur Wirksamkeit unnötig. II gilt auch für eine Rechtsbeschwerde vor dem Arbeitsgericht, BAG MDR **75**, 347.

8) Berechnung der neuen Frist, III. Entsprechend dem § 190 BGB bestimmt III, daß man im Fall der **10** Verlängerung die neue Frist mangels einer abweichenden Vorschrift vom Ablauf der alten Frist an berechnen muß. Wenn also der letzte Tag der alten Frist auf einen Sonntag oder auf einen allgemeinen Feiertag fällt, dann beginnt die neue Frist erst um 0 Uhr des übernächsten Werktags zu laufen, ZöStö 10, aM Rostock NJW **03**, 3141 (aber Wortlaut und Sinn von III sind auch heute noch eindeutig, Einl III 39).

9) VwGO: II u III gelten kraft ausdrücklicher Verweisung, § 57 II VwGO; zu II vgl BVerwG NVwZ-RR **98**, **11** 783 u NJW **88**, 1280 mwN, VGH Kassel NVwZ-RR **96**, 179. *I* ist nicht genannt und deshalb unanwendbar („Notfristen" kennt die VwGO nicht).

225 *Verfahren bei Friständerung.* ¹ Über das Gesuch um Abkürzung oder Verlängerung einer Frist kann ohne mündliche Verhandlung entschieden werden.

II Die Abkürzung oder wiederholte Verlängerung darf nur nach Anhörung des Gegners bewilligt werden.

III Eine Anfechtung des Beschlusses, durch den das Gesuch um Verlängerung einer Frist zurückgewiesen ist, findet nicht statt.

Gliederung

1) Systematik, I–III	1	7) Rechtsbehelfe, III	7–9
2) Regelungszweck, I–III	2	A. Gegen Abkürzung	7
3) Geltungsbereich, I, II	3	B. Gegen Verlängerung	8
4) Verfahren, I, II	4	C. Entscheidung zur Hauptsache ohne Bescheidung des Verlängerungsantrags	9
5) Gehör des Gegners, II	5		
6) Entscheidung, I, II	6	8) VwGO	10

1) Systematik, I–III. Vgl zunächst § 221 Rn 1. Die Vorschrift ergänzt den § 224. Für den nach §§ 361, **1** 362 verordneten Richter stellt § 229 die Anwendbarkeit des § 225 klar.

2) Regelungszweck, I–III. Vgl zunächst § 221 Rn 2, § 224 Rn 2. Das Friständerungsverfahren dient **2** als nur theoretisch bloßer Nebenschauplatz in Wahrheit den unterschiedlichen Interessen bald der einen, bald der anderen Partei. Das Gericht muß sowohl das Prozeßgrundrecht des rechtlichen Gehörs nach Einl III 16 als auch die gerade hier wichtigen Grundsätze der Prozeßförderung und Prozeßwirtschaftlichkeit nach Grdz 12, 14 vgl § 128 beachten.

Zurückhaltung vor wiederholter Verlängerung ist insbesondere bei letzthin nur floskelhafter Begründung des Antrags ratsam. Alle Tüchtigen sind stets überlastet. Großzügigkeit gegenüber der einen Partei zwingt dann auch rechtlich fast zu derselben Nachsicht gegenüber ihrem Gegner, der sie prompt fordert. Solange das Gericht nicht auch selbst solche Ansprüche an das Zuwarten der Parteien und den Prozeßfortgang stellt, sollte es nicht so fast automatisch Fristverlängerung insbesondere zum wiederholten Male gewähren. Auch die gern zur Begründung herangezogenen Vergleichschancen steigen erfahrungsgemäß in Wahrheit mindestens ebenso, wenn es eben keine oder gar weitere Fristverlängerung gibt.

3) Geltungsbereich, I, II. Vgl § 221 Rn 3. **3**

4) Verfahren, I, II. Die Entscheidung über die Abkürzung oder Verlängerung einer Frist erfolgt nur auf **4** Grund eines mündlichen oder schriftlichen Antrags. Eine telefonische Bitte reicht nicht, BGH NJW **85**, 1559. Ein Formfehler heilt durch eine stattgebende Entscheidung, BGH RR **98**, 1155. Dem Richter, Rpfl, Urkundsbeamter zB bei § 697 I ist eine mündliche Verhandlung freigestellt, § 128 IV. Ein Anwaltszwang besteht wie sonst, § 78 Rn 1, BGH NJW **85**, 1559. Der Prozeßgegner ist ebenfalls antragsberechtigt, § 224 Rn 7. Die Nichtbeachtung der bloßen Ankündigung der Partei, sie werde eine Frist überschreiten müssen, ist jedenfalls dann kein Verfahrensmangel, wenn das Gericht die Frist großzügig bemessen hatte, Köln VersR **83**, 252. Zuständig ist das Kollegium bei einem Beschluß, der Vorsitzende bei einer ihm übertragenen

§§ 225, 226 Buch 1. Abschnitt 3. Verfahren

Verfügung, das Kollegium stets bei der Entscheidung über die Änderung einer von ihm selbst gesetzten Frist, BGH NJW **83**, 2030.

Kein Sachaufschub bis zur Fristentscheidung ist ein erhebliches, oft unterschätztes Risiko. Das Gericht mag erst in der Sachentscheidung mitteilen wollen, weshalb es keine Fristverlängerung gewährt hat. Dann kann es aber für den Antragsteller zu spät geworden sein, etwa nach einem Zweiten Versäumnisurteil nach § 345. Ein obendrein etwa bedingtes Ablehnungsgesuch wäre meist rechtsmißbräuchlich, § 42 Rn 7. Denn andernfalls könnte die Partei die vom Gegner erhoffte Sachentscheidung mit jedem Verlängerungsantrag zumindest vorerst unterlaufen und sogar einen auch noch überfälligen Vortrag einseitig nachschieben, § 283 S 2. Das alles macht eine sorgfältige Begründung des Verlängerungsantrags dringend ratsam und läßt eine so baldige Entscheidung fast notwendig machen, daß sich der Antragsteller noch fristgerecht auf sie einstellen kann, BGH VersR **82**, 1192.

5 **5) Gehör des Gegners, II.** Das Gericht muß den Antragsgegner anhören, Artt 2 I, 20 III GG (Rpfl) BVerfG **101**, 404, Art 103 I GG (Richter), bevor das Gericht eine Frist wiederholt verlängert und bevor es irgendeine Frist abkürzt. Eine Ausnahme gilt nach § 226 III. Das Revisionsgericht muß den Antragsgegner auch dann hören, wenn es eine Revisionsbegründungsfrist wiederholt verlängern will, § 551 II 4, 5. Denn eine solche Verzögerung läuft meist dem Geist des Gesetzes zuwider. Die Anhörung erfolgt schriftlich oder mündlich, auch telefonisch oder elektronisch nach § 130a usw. Ein Verstoß macht die Entscheidung des Gerichts nicht unwirksam, BAG VersR **79**, 948. II gibt dem Richter nur eine Verhaltensregel. Sie läßt sich nicht einmal immer einhalten.

Eine *Zustimmung* des Gegners wird von II aber gerade *nicht* verlangt, BVerfG NJW **00**, 944.

6 **6) Entscheidung, I, II.** Sie muß zwecks Rechtssicherheit nach Einl III 43 stets ausdrücklich erfolgen, Köln JMBlNRW **84**, 131. Sie enthält bei Stattgabe zwei in der Wirksamkeit gesondert zu prüfende Maßnahmen: die Aufhebung der bisherigen Frist und die Bestimmung einer neuen, BGH RR **87**, 1277. Mangels klarer Neufrist in dem Antragsteller mitgeteilten Fassung gilt nur die Aufhebung der Erstfrist, BGH MDR **87**, 651. Das Gericht entscheidet nach pflichtgemäßem Ermessen durch einen Beschluß, § 329. Dieser liegt nicht schon darin, daß das Gericht eine Ankündigung der Partei entgegennimmt, sie werde eine Frist überschreiten müssen, Köln VersR **83**, 252. Eine „Verfügung" muß an sich schriftlich erfolgen, BGH NJW **85**, 1559. Der Vertrauensschutz gebietet freilich die Wirksamkeit auch einer mündlichen Verfügung bei einer ordnungsgemäß erfolgten Verlängerung der Rechtsmittelbegründungsfrist, BGH **93**, 300. Man darf und muß eine Verfügung meist in einen Beschluß umdeuten, BGH VersR **80**, 772. Das Gericht muß seine Entscheidung voll unterschreiben, BGH **76**, 236, Schneider MDR **82**, 818, und grundsätzlich begründen, § 329 Rn 4. Es muß sie verkünden, § 329 I 1, oder wie folgt mitteilen:

Das Gericht muß seinen Beschluß dem Gegner im Fall einer Abkürzung *zustellen*. Denn jetzt läuft eine andere Frist, § 329 II 2. In den übrigen Fällen erhält der Antragsgegner eine formlose Mitteilung, BGH NJW **90**, 1798, auch telefonisch. Die Hinausgabe an die Post kann genügen. Dem Antragsteller stellt das Gericht einen ablehnenden Beschluß wegen Rn 6 förmlich zu, § 329 III Hs 2. Eine stattgebende Entscheidung läßt sich formlos mitteilen. Denn sie setzt keine neue Frist in Lauf, § 224 Rn 9, BGH NJW **94**, 2365, Müller NJW **90**, 1778. Ist die neue Frist nicht oder nicht in der mitgeteilten Ausfertigung vorhanden, so besteht eine Bindung nur an die Aufhebung der alten, BGH RR **87**, 1277.

7 **7) Rechtsbehelfe, III.** Beim Rpfl gilt § 11 RPflG, § 104 Rn 41 ff. Im übrigen gilt:

A. Gegen Abkürzung. Soweit das Gericht eine Abkürzung ablehnt, ist beim Urkundsbeamten die befristete Erinnerung nach § 573 I und beim Richter eine sofortige Beschwerde nach § 567 I Z 2 statthaft. Das gilt auch dann, wenn das Gericht seine Entscheidung irrtümlich als Verfügung bezeichnet hat, BGH VersR **80**, 772. Eine Rechtsbeschwerde kommt unter den Voraussetzungen des § 574 in Betracht. Soweit das Gericht eine Frist abkürzt, ist die Anfechtung des Beschlusses nur zusammen mit dem Urteil statthaft. Das gilt selbst dann, wenn das Gericht den Antragsgegner nicht angehört hatte.

8 **B. Gegen Verlängerung.** Soweit das Gericht eine Fristverlängerung ablehnt, ist kein Rechtsbehelf statthaft, BGH VersR **85**, 865. Das ist verfassungsrechtlich zulässig. Denn es gibt keinen allgemeinen Anspruch auf mehrere Instanzen. Soweit das Gericht eine Frist verlängert, ist ebenfalls kein Rechtsmittel statthaft, BGH **102**, 39 (abl Teubner JR **88**, 281). Es ist dann nur die Dienstaufsichtsbeschwerde denkbar, BAG VersR **79**, 948. Sie setzt voraus, daß das Gericht seinen richterlichen Ermessensspielraum eindeutig überschritten hat. Das ist erst dann der Fall, wenn schlechthin keine sachlichen Gründe für eine Fristverlängerung mehr erkennbar sind. Die Dienstaufsicht sollte Zurückhaltung üben. Eine Überprüfung durch das Revisionsgericht findet nicht statt, BGH **102**, 39 (abl Teubner JR **88**, 281). Eine Ablehnung nur wegen Fehlens einer von II ja gar nicht verlangten Zustimmung des Gegners kann aber gegen Artt 2 I, 20 III GG verstoßen, BVerfG NJW **00**, 944.

9 **C. Entscheidung zur Hauptsache ohne Bescheidung des Verlängerungsantrags.** In diesem Fall liegt ein Verstoß gegen Artt 2 I, 20 III GG (Rpfl), BVerfG **101**, 404, Art 103 I GG (Richter) vor. Er zwingt zur Zurückverweisung, BVerwG NJW **88**, 1280. Er kann auch eine die Verfassungsbeschwerde begründen.

10 **8) VwGO:** § 225 gilt kraft ausdrücklicher Verweisung, § 57 II VwGO, vgl BVerwG NVwZ-RR **98**, 783; aber die Beschwerde ist über III hinaus durch § 146 II VwGO ausgeschlossen.

226 *Abkürzung von Zwischenfristen.* ¹ Einlassungsfristen, Ladungsfristen sowie diejenigen Fristen, die für die Zustellung vorbereitender Schriftsätze bestimmt sind, können auf Antrag abgekürzt werden.

II Die Abkürzung der Einlassungs- und der Ladungsfristen wird dadurch nicht ausgeschlossen, dass infolge der Abkürzung die mündliche Verhandlung durch Schriftsätze nicht vorbereitet werden kann.

Titel 3. Ladungen, Termine und Fristen   §§ 226, 227

III Der Vorsitzende kann bei Bestimmung des Termins die Abkürzung ohne Anhörung des Gegners und des sonst Beteiligten verfügen; diese Verfügung ist dem Beteiligten abschriftlich mitzuteilen.

1) Systematik, I–III. Vgl zunächst § 221 Rn 1. Die Vorschrift enthält für ihren Geltungsbereich nach Rn 3 eine gegenüber § 224 vorrangige Sonderregelung wegen der besonderen Bedeutung der hier erfaßten Fristarten. **1**

2) Regelungszweck, I–III. Das Gericht darf und muß den besonders in II hervortretenden Zweck einer Verfahrensbeschleunigung beachten. Sie dient gerade der Vermeidung eines zu späten Urteils und daher der Erzielung gerechter Ergebnisse. Freilich darf das Gericht das Prozeßgrundrecht des rechtlichen Gehörs nach Einl III 16 nicht praktisch abschneiden. Das muß es bei der Auslegung unter Mitberücksichtigung heutiger Mitteilungsmöglichkeiten per Telefax usw abwägen. Die praktische Bedeutung der Vorschrift ist gering. **2**
Eilbedürftigkeit liegt viel häufiger vor als manchmal vom Gericht angenommen, vom Eilverfahren abgesehen. Die wirtschaftlichen Folgen so manchen Zivilprozesses können sich durch jede Woche bis zum Urteil verschlimmern. Andererseits schadet Hektik manchmal auch im Prozeß beträchtlich. Besser als eine Fristabkürzung ist evtl eine frühere Durcharbeitung des Prozeßstoffs bei allen Beteiligten. Sie kann man eher erwarten, wenn man auf Fristabkürzungen verzichtet.

3) Geltungsbereich, I–III. Vgl zunächst § 221 Rn 3. § 226 meint den Fall der Abkürzung der Einlassungsfrist nach § 274 III, der Ladungsfrist nach §§ 217, 604 oder einer Zwischenfrist nach § 132 unter einer Beibehaltung des Termins. Die Vorschrift erfaßt nicht den Fall der Widerspruchsfrist im Mahnverfahren, § 694 I. Wenn das Gericht auch den Termin aufhebt, liegt ein Fall des § 227 vor. Eine Abkürzung ist auch nach einer Terminsbestimmung zulässig, sofern die Zwischenfrist noch nicht läuft. Jede Abkürzung erfordert einen Antrag einer Partei. Das gilt auch im Parteiprozeß. Eine Abkürzung findet also nicht von Amts wegen statt. Eine gleichwohl von Amts wegen erfolgte Abkürzung ist allerdings wirksam. Sie ermöglicht freilich die sofortige Beschwerde nach § 567. Denn sie entbehrt jeder gesetzlichen Grundlage. Der Antrag ist schriftlich oder mündlich zulässig. Ein Anwaltszwang herrscht wie sonst, § 78 Rn 1. Die Partei muß ihren Antrag begründen. Er ist weit auslegbar. Er kann zB in der Bitte um einen möglichst baldigen Termin liegen (Fallfrage). Der Antragsteller braucht zur Begründung vorgetragenen Tatsachen aber nicht glaubhaft zu machen. **3**

4) Anhörung, I–III. Das Gericht kann die Frist theoretisch auch dann abkürzen, wenn sich die Partei infolgedessen nicht mehr genügend auf den Termin vorbereiten könnte. Das Gericht muß aber auch in diesem Zusammenhang Artt 2 I, 20 III GG (Rpfl), BVerfG **101**, 404, Art 103 I GG (Richter) beachten, KG NJW **77**, 1017, § 227 Rn 1, 2. Daher kann und sollte ein Termin zu vertagen sein, wenn durch eine Abkürzung keine ausreichende Terminsvorbereitung mehr möglich würde, § 337. **4**

5) Entscheidung, I–III. Das Gericht entscheidet grundsätzlich zusammen mit der Bestimmung des Termins nach § 216 im Weg einer Verfügung des Vorsitzenden oder des Einzelrichters, III. Das Gericht übt dabei ein pflichtgemäßes Ermessen aus. Es muß die Entscheidung grundsätzlich begründen, § 329 Rn 4. Es teilt sie dem Antragsteller beim Stattgeben formlos mit, § 329 II 1. Bei einer Ablehnung erfolgt wegen gegenüber dem Antragsteller eine förmliche Zustellung nach § 329 III Hs 2, dem Gegner gegenüber nach § 168 I 1. **5**

6) Rechtsbehelf, I–III. Ein stattgebender Beschluß läßt sich grundsätzlich nur zusammen mit dem Urteil anfechten, §§ 512, 557 II, 566 VIII 1. Freilich kann dann ein Verstoß gegen das rechtliche Gehör nach Rn 4 vorliegen. Eine Ausnahme gilt dann, wenn das Gericht die Abkürzung von Amts wegen vorgenommen hat, Rn 3. Gegen einen ablehnenden Beschluß ist die sofortige Beschwerde nach § 567 I Z 2 statthaft. Vgl ferner Rn 3. Eine Rechtsbeschwerde kommt unter den Voraussetzungen des § 574 in Betracht. Beim Rpfl gilt § 11 RPflG, § 104 Rn 41 ff. **6**

7) VwGO: § 226 gilt kraft ausdrücklicher Verweisung, § 57 II VwGO. Jedoch ist eine Abkürzung der Ladungsfrist in dringenden Fällen auch ohne Antrag zulässig, weil ein solcher in § 102 I 2 VwGO nicht genannt wird. Einlassungsfristen kennt die VwGO nicht, § 274 Rn 11. **7**

227 *Terminsänderung.* **I** ¹Aus erheblichen Gründen kann ein Termin aufgehoben oder verlegt sowie eine Verhandlung vertagt werden. ²Erhebliche Gründe sind insbesondere nicht
1. das Ausbleiben einer Partei oder die Ankündigung, nicht zu erscheinen, wenn nicht das Gericht dafür hält, dass die Partei ohne ihr Verschulden am Erscheinen verhindert ist;
2. die mangelnde Vorbereitung einer Partei, wenn nicht die Partei dies genügend entschuldigt;
3. das Einvernehmen der Parteien allein.
II Die erheblichen Gründe sind auf Verlangen des Vorsitzenden, für eine Vertagung auf Verlangen des Gerichts glaubhaft zu machen.
III ¹Ein für die Zeit vom 1. Juli bis 31. August bestimmter Termin, mit Ausnahme eines Termins zur Verkündung einer Entscheidung, ist auf Antrag innerhalb einer Woche nach Zugang der Ladung oder Terminsbestimmung zu verlegen. ²Dies gilt nicht für
1. Arrestsachen oder die eine einstweilige Verfügung oder einstweilige Anordnung betreffenden Sachen,
2. Streitigkeiten wegen Überlassung, Benutzung, Räumung oder Herausgabe von Räumen oder wegen Fortsetzung des Mietverhältnisses über Wohnraum auf Grund der §§ 574 bis 574 b des Bürgerlichen Gesetzbuchs,
3. Streitigkeiten in Familiensachen,
4. Wechsel- oder Scheckprozesse,
5. Bausachen, wenn über die Fortsetzung eines angefangenen Baues gestritten wird,

§ 227   Buch 1. Abschnitt 3. Verfahren

6. Streitigkeiten wegen Überlassung oder Herausgabe einer Sache an eine Person, bei der die Sache nicht der Pfändung unterworfen ist,
7. Zwangsvollstreckungsverfahren oder
8. Verfahren der Vollstreckbarerklärung oder zur Vornahme richterlicher Handlungen im Schiedsverfahren;

dabei genügt es, wenn nur einer von mehreren Ansprüchen die Voraussetzungen erfüllt. ³ Wenn das Verfahren besonderer Beschleunigung bedarf, ist dem Verlegungsantrag nicht zu entsprechen.

IV ¹ Über die Aufhebung sowie Verlegung eines Termins entscheidet der Vorsitzende ohne mündliche Verhandlung; über die Vertagung einer Verhandlung entscheidet das Gericht. ² Die Entscheidung ist kurz zu begründen. ³ Sie ist unanfechtbar.

Gliederung

1) Systematik, I–IV 1	J. Bausache, III 2 Hs 1 Z 5 44
2) Regelungszweck, I–IV 2	K. Überlassung oder Herausgabe einer Sache, III 2 Hs 1 Z 6 45
3) Geltungsbereich, I–IV 3	L. Zwangsvollstreckung, III 2 Hs 1 Z 7 .. 46, 47
4) Terminsänderungsarten, I–IV 4–7	M. Vollstreckbarerklärung usw im schiedsrichterlichen Verfahren, III 2 Hs 1 Z 8 48
A. Terminsaufhebung 4	
B. Terminsverlegung 5	
C. Terminsvertagung 6	N. Genügen eines von mehreren Ansprüchen, III 2 Hs 2 49
D. Terminsunterbrechung 7	
5) Erheblichkeit eines Änderungsgrundes, Glaubhaftmachung, I, II 8	O. Keine Terminsverlegung bei besonderem Beschleunigungsbedürfnis, III 3 .. 50–53
6) Beispiele zur Frage eines erheblichen Grundes, I, II 9–29	8) Verfahren, IV 1, 2 54–56
	A. Zuständigkeit, IV 1 54
7) Terminsverlegung im Sommer, III ... 30–53	B. Anhörung, IV 1 55
A. Verlegung, III 1 31	C. Entscheidung, IV 1 56
B. Kein bloßer Verkündungstermin, III 1	32	9) Rechtsbehelfe, IV 3 57–61
C. Antragserfordernis, III 1 .... 33, 34	A. Grundsatz: Unanfechtbarkeit 57
D. Fristerfordernis, III 1 35	B. Ausnahme: Sofortige Beschwerde ... 58
E. Keine Sommersache, III 2 36	C. Dienstaufsichtsbeschwerde: Grundsatz der Unzulässigkeit 59, 60
F. Arrest, einstweilige Anordnung oder Verfügung, III 2 Hs 1 Z 1 .... 37, 38	D. Strafbarkeit 61
G. Überlassung, Benutzung, Räumung, Herausgabe von Raum, Fortsetzung von Wohnraummiete, III 2 Hs 1 Z 2	39	10) Abänderbarkeit der Entscheidung, I–IV 62
H. Familiensache, III 2 Hs 1 Z 3 ...... 40, 41	11) VwGO 63
I. Wechsel- oder Scheckprozeß, III 2 Hs 1 Z 4 .... 42, 43	

1 **1) Systematik, I–IV.** Während §§ 224–226 eine Friständerung regeln, erfaßt § 227 eine Terminsänderung. Die Vorschrift entzieht den Parteien in allen Verfahrensarten mit einer notwendigen oder nach § 128 IV freigestellten mündlichen Verhandlung in einer Eingrenzung der Parteiherrschaft nach Grdz 18 vor § 128 die Herrschaft über die Termine. Das gilt in einer nicht zu den Sommersachen nach III 2 zählenden Sache und selbst in einer Sommersache, soweit III 3 vorliegt. § 227 gibt den Parteien andererseits ein Recht auf die Einhaltung eines einmal anberaumten Termins. Wegen Art 103 I GG gibt § 227 den Parteien unter Umständen auch unabhängig von III 1 ein Recht auf eine Terminsänderung, BVerfG MDR 81, 470 (freilich muß die Partei ihre prozessualen Rechte auch ausschöpfen), BFH NJW 77, 919, Hamm RR 92, 121. Für den nach §§ 361, 362 verordneten Richter stellt § 229 die Anwendbarkeit des § 227 klar. I, II bleiben auch neben III anwendbar, Feiber NJW 97, 162. IV 3 hat Vorrang vor § 252.

2 **2) Regelungszweck, I–IV.** § 227 dient unterschiedlichen Zielen. I, II, III 2, 3, IV dienen bei einer zweckmäßigen Handhabung im Interesse der Prozeßwirtschaftlichkeit nach Grdz 14 vor § 128 wirksam der Straffung des Verfahrens. III 1 dient dem Anspruch auf ungestörten Urlaub. Er läßt sich auch aus Artt 1, 2 GG ableiten, begrenzt durch III 3. Auch kann der richtige moderne Gedanke, die Justiz möglichst auch im Dienst des Bürgers zu sehen, zu einer parteien-, zeugen- und anwaltsfreundlichen Beurteilung beitragen. Das muß man bei der Auslegung mitberücksichtigen. Das Gericht darf und muß im Rahmen des Hauptziels der Herbeiführung einer gerechten Entscheidung nach Einl III 9 wirksam dazu beitragen, die Verfahrensdauer zu verkürzen. Das gilt auch in einer besonders eilbedürftigen Nicht-Sommersache. Gerade auch zu diesem Zweck soll das Gericht den Prozeß aber in einer absehbaren Zeit abwickeln können, § 296 Rn 2. § 227 ist in diesem Zusammenhang außerordentlich wichtig. Die Vorschrift verlangt allen Prozeßbeteiligten oft ganz erhebliche Anstrengungen ab. Das alles liegt durchaus im Willen des Gesetzgebers. Er hat die Anforderungen der Vorschrift nicht ohne Grund erheblich verschärft. Auch das muß man bei der Auslegung beachten.

3 **3) Geltungsbereich, I–IV.** Vgl zunächst Üb 3 vor § 214. Die Vorschrift ist bis auf III 2 im FGG-Verfahren entsprechend anwendbar, BayObLG NZM 04, 392, Hamm Rpfleger 95, 161. I ist im Patentnichtigkeitsverfahren entsprechend anwendbar, § 99 PatG, BGH GRUR-RR 04, 354. III 1 gilt nicht: Im arbeitsgerichtlichen Verfahren, § 46 II 2 ArbGG; im finanzgerichtlichen Verfahren, § 91 IV FGO, Art 33 III JuMiG; im sozialgerichtlichen Verfahren, § 110 III SGG, Art 33 IV JuMiG; im verwaltungsgerichtlichen Verfahren, § 102 IV VwGO, Art 33 II Z 2 JuMiG; in folgenden weiteren Fällen: § 221 I 2 BauGB; § 209 VI BEG; § 20 III 2 G „Hilfswerk für behinderte Kinder"; § 5 II 2 InsO; § 82 I 2 MarkenG; § 99 IV PatG.

4 **4) Terminsänderungsarten, I–IV.** Es herrscht erhebliche praktische Unsicherheit.

Titel 3. Ladungen, Termine und Fristen § 227

A. Terminsaufhebung. Sie ist eine Beseitigung des Termins vor seinem Beginn nach § 220 Rn 5 ohne gleichzeitige Bestimmung eines neuen *gleichartigen,* ThP 1, ZöStö 1, aM Köln Rpfleger **84**, 281 (zustm Weber. Aber man muß auch begrifflich klar abgrenzen). Sie liegt in der Hand des Vorsitzenden, Düss Rpfleger **78**, 271. Er darf sie wegen des zunächst praktisch eintretenden Verfahrensstillstands nur zurückhaltend anordnen. Eine Änderung des Terminszwecks ist eine Aufhebung, Lampe NJW **86**, 1732.
Beispiele: Statt eines Verhandlungstermins beraumt das Gericht nunmehr einen Verkündungstermin nach § 311 IV oder einen Termin zu einer Beweisaufnahme nach § 358 oder einen Beweis- nebst Verhandlungstermin an, § 285. Der Vorsitzende muß in allen diesen Fällen die Zwischenfristen wahren.
Eine bloße Änderung der *Terminsstunde* ist keine Aufhebung. Denn die Terminsstunde ist für die Terminsbestimmung unwesentlich. Natürlich darf das Gericht nicht durch eine Vorverlegung der Terminsstunde das rechtliche Gehör nach Art 103 I GG beeinträchtigen.

B. Terminsverlegung. Sie ist die Bestimmung eines anderen gleichartigen Termins vor dem Beginn des 5 anberaumten Termins nach § 220 Rn 5. Sie liegt in der Hand des Vorsitzenden, Düss Rpfleger **78**, 271. Sie schließt eine Terminsaufhebung ein. Eine Änderung der Terminsstunde ist keine Verlegung, Rn 4. Eine Vorverlegung ist von einer Anhörung des Gegners abhängig, soweit eine gesetzliche Zwischenfrist verkürzt wird, § 225 II. Das bloße Bestehen einer Zwischenfrist zwingt aber nicht zu einer Anhörung des Gegners.

C. Terminsvertagung. Sie ist die Bestimmung eines neuen Termins nach dem Beginn des anberaumten 6 Termins nach § 220 Rn 5, BGH Rpfleger **03**, 460, BFH BB **90**, 2252, Düss JB **91**, 686. Sie liegt in der Hand des gesamten erkennenden Gerichts, Düss Rpfleger **78**, 271.
Beispiele: Beweisanordnung, § 358; Nachfrist, § 283; neuer Termin gemäß §§ 278 III, IV.

D. Terminsunterbrechung. Die bloße Unterbrechung der Sitzung ist anders als eine Unterbrechung 7 des ganzen Verfahrens nach §§ 239 ff keine Vertagung, Köln Rpfleger **84**, 281 (zustm Weber).

5) Erheblichkeit eines Änderungsgrunds, Glaubhaftmachung, I, II. Jede Art von Terminsänderung 8 setzt mit Ausnahme der in III 1 genannten Fälle mit ihren besonderen Bedingungen einen erheblichen Grund für diese Maßnahme voraus, BGH VersR **85**, 543. Das Gericht muß sein Vorliegen auf Grund eines Antrags prüfen, Schultz MDR **81**, 525. Für diesen Antrag herrscht Anwaltszwang wie sonst, § 78 Rn 1. Das Gericht muß sein Vorliegen aber auch von Amts wegen prüfen, Grdz 39 vor § 128. Der Antragsteller muß den erheblichen Grund so genau darlegen, daß sich das Gericht daraus ein Urteil über die Erheblichkeit bilden kann, FG Hann NVwZ-RR **05**, 440. Er muß den erheblichen Grund außerdem gemäß II nach § 294 glaubhaft machen, sofern das Gericht die Richtigkeit des geltend gemachten Grunds zweifelhaft ist, Ffm AnwBl **80**, 152, und sofern eine Glaubhaftmachung im Fall einer Aufhebung oder einer Verlegung vom Vorsitzenden, im Fall einer Vertagung vom gesamten Gericht verlangt wird. Eine formelhafte Begründung ist unzureichend. Das Gericht muß beim Vorliegen der Glaubhaftmachung eine kurze Frist setzen, Köln RR **90**, 1343. Floskeln sind keine Glaubhaftmachung.
Nur bei Notwendigkeit einer Änderung liegt ein erheblicher Grund dazu vor. Man muß es also nicht verantworten können, den bisherigen Termin bestehen zu lassen. Die Gerechtigkeit muß eine Terminsänderung fordern. Diese Notwendigkeit muß trotz der Beschleunigungsgebots in § 279 I–III usw bestehen. Die Terminsänderung soll eine wirkliche Ausnahme bleiben. Sie darf weder dem Gericht noch den Parteien noch einem sonstigen Prozeßbeteiligten eine Trödelei und dergleichen erlauben. Bei der Gerechtigkeitsprüfung darf und muß das Gericht sogar eine gewisse Vorprüfung der Erfolgsaussichten der um Vertagung bittenden Partei vornehmen.
In diesen Grenzen hat das Gericht ein *pflichtgemäßes Ermessen,* BVerwG NJW **92**, 2042, BayObLG MDR **86**, 416, Brdb RR **99**, 1292. Es ist weitgespannt. Das Gericht muß dabei Artt 2 I, 20 III GG (Rpfl), BVerfG **101**, 404, Art 103 I GG (Richter) beachten, Einl III 16, BVerfG NJW **95**, 1441, BSG NJW **96**, 678, BVerwG NJW **93**, 80. Das Ermessen ist grundsätzlich nicht nachprüfbar, II 2, Ffm AnwBl **80**, 152. Eine Ablehnung kommt nur in ganz seltenen Ausnahmelagen in Betracht, § 42 Rn 50 „Terminierung", KG MDR **05**, 708.
Trotz einer steigenden Arbeitsbelastung aller Prozeßbeteiligten darf das Gericht einen erheblichen Grund *nur zurückhaltend* annehmen, BSG NJW **96**, 678. Eine weite Auslegung des Begriffs „erheblich", so zB Schneider MDR **77**, 794, verwässert den klaren Gesetzeszweck, Rn 1. Das wird bei der erheblichen Auseinandersetzung um den § 227 vielfach übersehen.

6) Beispiele zur Frage eines erheblichen Grundes, I, II. „Als wollte das Gesetz sagen: ‚Ich kenne 9 meine Pappenheimer' ", Baur Festschrift für Schwab (1990) 55.
Aktenlageentscheidung: Ein erheblicher Grund *fehlt,* soweit eine Partei nur eine Entscheidung nach Aktenlage vermeiden will, Rn 28 „Zeitgewinn".
Alleinanwalt: Rn 23 „Terminsüberschneidung beim Anwalt".
Anwaltswechsel: Ein erheblicher Grund liegt vor, soweit sich die Partei zB wegen eines notwendigen Anwaltswechsels auf den Verhandlungstermin nicht genügend vorbereiten konnte und das rechtliche Gehör noch nicht während der Tätigkeit ihres bisherigen Anwalts hatte, BVerfG NJW **93**, 80.
Ein erheblicher Grund *fehlt* aber, soweit ein Anwaltswechsel freiwillig erfolgte, § 91 Rn 128.
S auch Rn 16 „Kündigung des Anwalts", „Kündigung des Auftraggebers".
Arbeitsunfähigkeit: Rn 16 „Krankheit". 10
Arrest, einstweilige Verfügung: Rn 24 „Terminsüberschneidung bei der Partei".
Auskunft: Rn 20 „Rückfrage".
Ausländer: Rn 29 „Zeuge".
Auswärtiger Anwalt: Rn 23 „Terminsüberschneidung beim Anwalt".
Beratungsbedarf: Er erlaubt stets eine Vertagung. Denn das Gericht darf gar nicht auf Grund noch nicht 11 abgeschlossener Überlegung entscheiden.
Beruf: Rn 21 „Schule, Beruf".

Betriebsausflug: Ein erheblicher Grund dürfte durchweg *fehlen,* wenn ein Beteiligter einen Betriebsausflug plant. Das gilt in den üblichen Urlaubszeiten und auch außerhalb der Urlaubsperioden. Es gilt auch für Anwaltskanzleien und natürlich auch für die Gerichtspersonen.

Beweisergebnis: Ein erheblicher Grund kann vorliegen, wenn die Partei bzw ihr ProzBev keine Zeit hatten, ein umfangreiches Beweisergebnis mit einem schuldlos unbekannten Stoff durchzuarbeiten. Grds ist freilich wegen § 285 eine Stellungnahme noch in demselben Haupttermin sogleich nach der Beweisaufnahme oder doch in einem möglichst kurz anzuberaumenden weiteren Verhandlungstermin zumutbar. Denn der Eindruck der Beweisaufnahme soll für alle Beteiligten frisch bleiben.

Beweistermin: S zunächst Rn 28 „Zeitgewinn". Insbesondere dann, wenn der Termin auch zu einer Beweisaufnahme bestimmt war, ist es *kaum vertretbar,* nur wegen der plötzlichen Sinnesänderung der einen oder der anderen oder beider Parteien zum Prozeßtempo Zeugen, die vielleicht gar nicht mehr abbestellt werden können, umsonst anreisen zu lassen oder doch zumindest den eigenen Zeitplan infolge einer plötzlichen Ab- und Umladung zu belasten. Die Erfahrung zeigt, daß ein trotz der übereinstimmenden Änderungsbitte beider Parteien beibehaltener Termin eine erhebliche Wahrscheinlichkeit der endgültigen Klärung oder doch einer abschließenden Verhandlung bringt. Die bloße Möglichkeit einer Entscheidung nach Lage der Akten übt oft im Termin einen durchaus heilsamen Einfluß auf das Zustandekommen der angekündigten außergerichtlichen Einigung doch noch bis zum Termin aus.

12 **Einlassungsfrist:** Ein erheblicher Grund liegt vor, wenn das Gericht die Einlassungsfrist nach § 274 III nicht eingehalten hat.

Einvernehmen der Parteien, I 2 Z 3: Das bloße Einvernehmen der Parteien darüber, daß der Termin nicht stattfinden sollte, ist zwar im Sinn von § 251 beachtlich, im übrigen aber *grds unbeachtlich.* Das stellt Z 3 schon im Wortlaut klar. Daran ändert auch die Parteiherrschaft nichts, Grdz 18 vor § 128. Sie gibt zwar viel Spielraum zum Ob, aber bedeutend weniger zum Wann eines Prozesses. Das Gericht darf und muß auch die Prozeßwirtschaftlichkeit mitbeachten, Grdz 14 vor § 128. Das gilt insbesondere angesichts seiner ständigen Überlastung, Rn 26.

„Neuer Termin nur auf Antrag" ist zwar eine beliebige vorläufige Befreiung von verschuldetem oder unverschuldetem Zeitdruck. Er ist der Wahrheit nach entweder ein nur nach §§ 251, 251 a, 331 a zulässiges Ruhenlassen des Verfahrens oder ein nur nach § 128 II zulässiger Übergang ins schriftliche Verfahren, sonst aber ein klarer Verstoß gegen die Förderungspflicht des Gerichts, § 139 Rn 8.

S auch Rn 27 „Vergleichsverhandlungen".

Erfüllung: Ein erheblicher Grund *fehlt,* soweit eine Partei erklärt, sie wolle noch die Erfüllung durch den Gegner abwarten. Das hätte sie ja schon vor dem Prozeß tun können oder hat es erfolglos getan. Die Parteiherrschaft darf auch hier nicht in eine gesetzwidrige Verfahrensherrschaft abgleiten. Sollte die Erfüllung nach Verhandlungsschluß eintreten, §§ 136 IV, 296 a, dürfte der Gläubiger ohnehin nicht mehr zur Hauptsache vollstrecken.

Erkrankung: Rn 16 „Krankheit".

13 **Familienfeier:** Ein erheblicher Grund kann vorliegen, soweit ein Beteiligter wegen einer Familienfeier nicht erscheinen kann. Auch hier ist aber kein Schematismus zulässig. Es kommt zB auf den Rang der Feier an, auf den Gesundheitszustand des Jubilars, die Entfernung zum Festort, auf die Tageszeit und auf Dauer der Feier.

Flugstreik: Rn 16 „Reiseproblem".

Fristablauf: Ein erheblicher Grund kann vorliegen, soweit eine vom Gericht gesetzte Frist bis zum Terminsende nicht abgelaufen ist oder soweit es sich sogar um eine gesetzliche Frist handelt, zB beim Mieterhöhungsverlangen nach (jetzt) §§ 558 ff BGB, Barthelmess WoM **83**, 66 (Fallfrage), Emmerich Festschrift für Lüke (1997) 79, Lassing DRiZ **83**, 464.

Gegenrecht: Ein erheblicher Grund wegen eines erstmals im Termin geltend gemachten Gegenrechts kann je nach Gesamtlage vorliegen oder *fehlen,* großzügiger Köln RR **98**, 1076.

Gemeinderat: Seine Sitzung hat *keineswegs stets* Vorrang, aM VGH Mannh NJW **00**, 1669 (sogar bei späterer dortiger Terminierung. Aber die Erste Gewalt und die Dritte sind gleichrangig. Es kommt also auf die Gesamtumstände des Einzelfalls an).

S auch Rn 24 „Terminsüberschneidung bei der Partei".

14 **Gericht:** Das Gericht muß dieselben strengen Maßstäbe wie an die Parteien und sonstigen Prozeßbeteiligten auch an sich selbst stellen. Urlaub, Krankheit, Überlastung usw sind im Grunde *keine* erheblichen Gründe. Alle solche Ausfälle muß der geschäftsplanmäßige Vertreter beseitigen, auch wenn er dann im eigenen Dezernat entsprechend umdisponieren muß. In der Praxis herrscht bedauerlicherweise vielfach das Gegenteil.

15 **Klagerücknahme:** Ein erheblicher Grund *fehlt,* soweit der Kläger lediglich mitteilt, er erwäge, demnächst die Klage zurückzunehmen. Mag er sich bis zum Termin entscheiden. Das ist ein heilsames Mittel zur Förderung des Verfahrens auch durch den Bekl mit seiner Chance, durch Erfüllung usw eine Klagerücknahme herbeizuführen. Das Gericht ist nicht dazu da, einen Zahlungsdruck zu verstärken. Wer den Staat anruft, muß ungeachtet aller oft viel zu weit ausgelegten Parteiherrschaft mit einem zügigen Prozeßverlauf rechnen. Es ist schlimm genug, das überhaupt so formulieren zu müssen.

S auch Rn 18 „Prozeßverlust".

Kostenvorschuß: Ein erheblicher Grund *fehlt,* soweit ein Beteiligter einen an sich erforderlich gewesenen Vorschuß nicht zahlt und das Gericht trotzdem einen Termin anberaumt hat, Mü RR **89**, 64.

16 **Krankheit:** Ein erheblicher Grund kann vorliegen, soweit ein Beteiligter wegen einer Erkrankung nicht erscheinen und sich auch beim besten Willen nicht vertreten lassen kann, Rn 25 „Terminsvertreter", BVerfG NJW **98**, 3703, BVerwG NJW **01**, 2735, Köln RR **90**, 1341. Freilich bedeutet Arbeitsunfähigkeit *keineswegs stets* auch die Unzumutbarkeit des Erscheinens und der Teilnahme an der Verhandlung oder Beweisaufnahme.

Bei *anwaltlicher Vertretung* kann die persönliche Erkrankung aber im Einzelfall *leider unerheblich* sein, Rn 21 „Sachbearbeiter", BFH NJW **91**, 2104, BVerwG NJW **91**, 2097, großzügiger Ffm AnwBl **80**, 151,

Titel 3. Ladungen, Termine und Fristen　　　　　　　　　　　　　　　　§ 227

Schneider MDR **99**, 58. Eine chronische Krankheit des Anwalts kann unbeachtlich sein, BVerwG NJW **01**, 2735. § 357 I gilt nur für die Beweisaufnahme und bedeutet kein Terminsblockierrecht.

Kündigung des Anwalts: Soweit der ProzBev kurz vor dem Termin kündigt, muß die Partei sich in jedem Fall sofort um einen anderen Anwalt bemühen. Andernfalls liegt *kein* erheblicher Grund vor, ungeachtet der etwaigen Haftung des bisherigen Anwalts nach § 85 II, BGH VersR **85**, 543.
S auch Rn 9 „Anwaltswechsel".

Kündigung des Auftraggebers: Ein erheblicher Grund kann evtl beim Entzug des Anwaltsauftrags vorliegen, BVerwG NJW **86**, 339.
S auch Rn 9 „Anwaltswechsel".

Ladungsfrist: Ein erheblicher Grund liegt vor, wenn das Gericht eine Ladungsfrist zB nach § 217 nicht eingehalten hat.

Mangelnde Vorbereitung, I 2 Z 2: Ein erheblicher Grund *fehlt,* soweit ein prozessuales Verschulden die **17** Partei trifft oder den Streithelfer, § 70, den gesetzlichen Vertreter oder den ProzBev, §§ 51 II, 85 II. Infrage kommt etwa dasjenige Verschulden, sich tatsächlich oder rechtlich nicht rechtzeitig vorbereitet zu haben. Ein grobes Verschulden ist nicht erforderlich. Vielmehr ist jede prozessuale Nachlässigkeit schädlich. Wegen der §§ 277 I, 282 I usw muß das Gericht strenge Anforderungen stellen. Es muß mit allen verfahrensrechtlichen Folgen handeln, ThP 6, ZöStö 7, krit Erich DB **77**, 913 (betr eine Arbeitssache). Das Gericht muß im Interesse der Zügigkeit des Prozesses und damit der Rechtssicherheit dafür sorgen, daß keine vermeidbaren Verzögerungen eintreten. Entgegen der vielfachen Kritik hat der Gesetzgeber diese Grundsatzentscheidung getroffen. An sie sind die Parteien, Anwälte und Gerichte gleichermaßen gebunden. Der Gesetzgeber hat bewußt in Kauf genommen, daß auch einmal eine ungerechte Prozeßentscheidung entstehen kann. Man darf die Ziele des Gesetzes nicht dadurch unterlaufen, daß man das Verschulden zu großzügig verneint. Das alles setzt natürlich voraus, daß das Gericht zügig und sorgfältig gearbeitet hat.

Nachfrist: Ein erheblicher Grund liegt *nicht* schon dann stets vor, wenn das Gericht einer Partei eine **18** Nachfrist nach § 283 setzt bzw setzen muß, § 283 Rn 3, § 296 Rn 44, 47, Mü MDR **80**, 148. Schon gar nicht reicht die bloße Behauptung einer Partei aus, sie könne sich auf einen auch vielleicht gerade erst erhaltenen und äußerlich umfangreichen gegnerischen Schriftsatz nicht sogleich erklären. Das Gericht darf dem Einreicher aufgeben, den wesentlichen und den für den Gegner etwa neuen Inhalt mündlich vorzutragen. Es kann und sollte duchaus nach Kräften sogleich anschließend versuchen, das auch nach der eigenen vorläufigen Beurteilung Wesentliche in Rede und Gegenrede herauszufiltern zu lassen, bevor es eine Nachfrist setzt und/oder eine Vertagung beschließt. Meist ist solches Vorgehen sehr sachdienlich. Es setzt freilich voraus, daß das Gericht sein erstes oder erneutes „Kopfgutachten" mit seiner vorläufigen Beurteilung unverzüglich und sorgfältig erstellt und fortgeführt hat. Dazu ist es aber nicht zuletzt im eigenen Interesse ohnehin stets angehalten.

„Neuer Termin (nur) auf Antrag": Rn 12 „Einvernehmen der Parteien, I 2 Z 3".

Parteivereinbarung: Rn 12 „Einvernehmen der Parteien".

Prozeßkostenhilfe: Ein erheblicher Grund liegt vor, soweit das Gericht über ein Prozeßkostenhilfegesuch vorwerfbar spät entschieden hat, § 119 Rn 6, Schneider AnwBl **87**, 466 (dieser Fall liegt freilich entgegen seiner Meinung bei einer Entscheidung im Termin keineswegs stets vor, § 118 Rn 3).

Prozeßverlust: Ein erheblicher Grund *fehlt,* soweit ein Prozeßverlust droht, etwa im Hinblick auf § 3 Z 8 PflVG, und sowest man die Klage noch wirksam zurücknehmen kann, Mü RR **89**, 64.

Rechtliche Beurteilung: Wegen derjenigen des Gerichts Rn 26 „Überrumpelung". Eine überraschende **19** rechtliche Beurteilung der Partei ist *keineswegs stets* ein erheblicher Grund.

Reiseproblem: Ein erheblicher Grund *fehlt,* soweit ein aus Süddeutschland angeflogener Anwalt auf dem Flughafen in Hamburg erfährt, daß er wegen Flugstreiks nicht sofortige Umkehr noch zurückfliegen kann, und deshalb nicht zum geplanten Termin nach Schleswig weiterfährt, aM BVerwG NJW **95**, 1441 (aber man kann auch zB mit der Bahn zurückfahren. Man hat auch als vielbeschäftigter Anwalt die Vertragspflicht, jetzt den nun einmal übernommenen Auftrag zu erfüllen).

Religion: Ein erheblicher Grund kann vorliegen, soweit ein Beteiligter aus einem religiösen Grund nicht erscheinen kann. Trotz gebotener Großzügigkeit darf man aber im Interesse der Zügigkeit des Verfahrens auch nicht kritiklos jede Andeutung religiöser Motive völlig ungeprüft als ausreichend erachten.

Rückfrage: Ein erheblicher Grund *fehlt meist,* wenn der Ausgebliebene sich nicht die Mühe einer Rückfrage **20** beim Gericht dazu gemacht hat, ob sein Ausbleiben entschuldigt sei, BGH NJW **82**, 888. Diese Obliegenheit entfällt nur, wenn eine Rückfrage bei aller gebotenen Strenge unzumutbar war. Dabei muß man freilich beachten, daß viele Urkundsbeamten auf eine zB telefonische Rückfrage hin einfach „Urlaub geben", ohne die allein maßgebliche Entscheidung des Richters einzuholen und den Anfrager erst dann zu bescheiden. Bei solcher Amtspflichtverletzung bleibt oft nur eine Vertagung, evtl nebst Kostenniederschlagung nach § 8 GKG.

Ruhen des Verfahrens: Ein erheblicher Grund *fehlt,* wenn die Partei nur ein Ruhen des Verfahrens vermeiden will, Rn 28 „Zeitgewinn".

Sachbearbeiter: Ein erheblicher Grund *fehlt eventuell,* wenn in einer Firma oder Sozietät nur der noch **21** dazu „alleinige" Sachbearbeiter noch so verhindert ist. Die Selbstverständlichkeit, mit der viele solche Parteivertreter dann eine Vertagung beanspruchen, entspricht zwar der geradezu engelsgleichen Geduld vieler Vorsitzenden, aber durchaus nicht dem Gesetz. Auch mögliche Mehrkosten eines etwaigen Terminsvertreters haben keinen alleinigen Ausschlag. Sowohl in einer Firma als auch in einer Sozietät, im Grunde aber auch in einer Alleinkanzlei, sind organisatorische Maßnahmen der Unterrichtung und Einarbeitung des meist ohnehin vorhandenen oder eben zu bestellenden Vertreters in aller Regel durchaus zumutbar, aM BVerwG NJW **84**, 882, Brangsch AnwBl **77**, 278, Zimmermann BB **84**, 749 (aber schon das Wort Sozius besagt klar die grundsätzliche Einstehungspflicht füreinander, Rn 23). Bezeichnenderweise erscheint oft genug der angeblich absolut verhinderte Sozius dann im unvertagten Termin doch sehr wohl persönlich.

§ 227

Das alles gilt oft auch beim sog *Vertrauensanwalt*. Sein Auftraggeber sollte darauf vertrauen dürfen, daß sein Hausanwalt sich auch einmal vertreten lassen muß. Den Chefarzt bekommt man ja auch als Privatpatient in aller Regel nicht stets persönlich an den Operationstisch.
S auch Rn 25 „Terminsvertreter".

Sachverständiger: S bei den einzelnen Hinderungsgründen.
Schriftsatznachlaß: Rn 18 „Nachfrist".
Schule, Beruf: Ein erheblicher Grund kann vorliegen, soweit ein Beteiligter zB wegen einer Klausur usw um Vertagung bittet. Man muß abwägen und sowohl eine Überspannung als auch zu viel Großzügigkeit vermeiden.
Sozietät: S „Sachbearbeiter", Rn 25 „Terminsvertreter".

22 **Standesrecht:** Ein etwa entgegenstehendes anwaltliches Standesrecht war schon früher *keineswegs* beachtlich, BGH NJW **78**, 428, Schnöbel AnwBl **77**, 404, aM Ffm AnwBl **80**, 152. Das Standesrecht war und ist eben keineswegs grundsätzlich vorrangig gegenüber den sachlichrechtlichen Verpflichtungen aus dem Vertrag zwischen dem Anwalt und seinem Auftraggeber und gegenüber den prozessualen Pflichten der Partei und ihres ProzBev aus dem Prozeßrechtsverhältnis und gegenüber dem Gericht. Etwa abweichende bisherige Standesregeln zählen jedenfalls kaum zu den für die Aufrechterhaltung der Funktionsfähigkeit der Rechtspflege unerläßlichen. Sie galten daher nicht einmal mehr übergangsweise weiter, BVerfG AnwBl **87**, 598. Das gilt erst recht nach der Regelung durch das Gesetz zur Neuordnung des Berufsrechts der Rechtsanwälte usw v 2. 9. 94, BGBl 2278, und seit der jetzigen Berufsordnung, BRAKMitt **96**, 241.
Streithelfer: Für ihn gelten dieselben Regeln wie für die Partei in diesem ABC.
Streitverkündung: Ein erheblicher Grund *fehlt*, soweit eine Partei eine Streitverkündung beabsichtigt, Hamm RR **96**, 969.
Terminsabstimmung: Wegen der sog Abstimmung zwischen Geschäftsstelle und Anwalt § 216 Rn 14.
Terminsdauer: Rn 27 „Verzögerung".

23 **Terminsüberschneidung beim Anwalt:** Ein erheblicher Grund liegt entgegen einer verbreiteten Meinung *leider nicht stets* schon deshalb vor, weil der Anwalt gleichzeitig einen anderen Termin wahrnehmen müßte oder möchte. Das ergibt sich übrigens bei näherer Prüfung in der Praxis auch seltener, als zunächst behauptet wird. Bleibt das Gericht „hart", so erlebt man immer wieder, daß der „verhinderte" Anwalt sogar als Sozius persönlich doch noch erscheint, aus welchen Gründen auch immer.
Im übrigen sind natürlich oft wirklich beträchtliche *Schwierigkeiten* der Terminsüberschneidung vorhanden. Die Partei wünscht insbesondere zB auch von „ihrem" Anwalt in der Sozietät vertreten zu werden und schon gar nicht einem ganz außenstehenden anvertraut zu werden, der nicht „Sachbearbeiter" ist.
Die Zulassung des Arguments der Terminsüberschneidung als Entschuldigung müßte aber der Vorschrift gerade aus solchen noch so verständlichen Erwägungen doch oft die unerläßliche *praktische Brauchbarkeit nehmen*, sobald ein Anwalt beteiligt ist, BFH BB **80**, 566, BayObLG MDR **86**, 416, Ffm RR **98**, 1450, aM Schlesw NJW **94**, 1227 (ohne wenigstens die Streitfrage als solche zu erwähnen). Aber eine Sozietät darf und muß füreinander arbeiten, Rn 21 „Sachbearbeiter"; § 42 Rn 50 „Terminierung", BGH VersR **86**, 686, BVerwG NJW **95**, 1231), Franzki NJW **79**, 11 (aber ein verhinderter ProzBev darf und muß auf Grund des Vertrags dem Auftraggeber den Terminsvertreter ausreichend informieren).
Auch die *Überlastung der Justiz* zwingt ungeachtet Rn 26 dazu, den oft beträchtlichen Mehraufwand einzudämmen, der nun einmal mit einer Terminsänderung insbesondere dann verbunden ist, wenn sie erst nach Einarbeitung zwecks Terminsvorbereitung erfolgt. Das gilt nicht nur für die Richter, sondern auch für die Geschäftsstelle und Kanzlei. Aber auch der Prozeßgegner mag ein achtbares Interesse daran haben, daß der Prozeß vorankommt und keine Vertagung usw erfolgt. Das gilt selbst dann, wenn sein ProzBev morgen in anderer Sache nur zu gern bei demselben Richter um Fristverlängerung bitten möchte.
Auch derjenige Anwalt, der *ohne einen Sozius* arbeitet, muß leider grds für eine Vertretung sorgen. Das gilt auch während der Sommerzeit. Auch der ohne Sozius tätige Anwalt hat zwar zB ein Recht auf einen ungestörten Urlaub. Das ändert aber nichts daran, daß die Eigenart seiner Berufspflichten zu der Notwendigkeit einer rechtzeitigen Vertreterbestellung gerade während einer längeren Abwesenheit auch nach der BRAO führt, dort § 53. Diese Notwendigkeit ergibt sich auch aus der Stellung des Anwalts als eines Organs der Rechtspflege, aM Schneider MDR **77**, 794 (aber der Anwalt muß auch als Organ der Rechtspflege zunächst und vor allem die Interessen des Auftraggebers beachten). Auch ein erkrankter Alleinanwalt muß daher im Ergebnis oft in einem ihm noch zumutbaren Umfang für einen Vertreter sorgen, BGH VersR **80**, 386.
Beim *auswärtigen Alleinanwalt* ist eher Großzügigkeit geboten. Auch dann muß aber das Gericht an den Anspruch des Prozeßgegners auf zügigen Prozeßablauf mitdenken.

24 **Terminsüberschneidung bei der Partei:** Wenn die Partei selbst gleichzeitig einen anderen Gerichtstermin wahrnehmen muß, sollte grds der früher anberaumte Termin den Vorrang haben, BFH NJW **76**, 1120. Das Gericht muß die Interessen der grds gleichberechtigten Parteien und der übrigen Beteiligten abwägen, BayObLG MDR **86**, 416. Ein später terminiertes Verfahren auf den Erlaß eines Arrests oder einer einstweiligen Verfügung kann wegen seiner besonderen Eilbedürftigkeit den Vorrang haben, BFH BB **80**, 566. Ein früher angesetzter Geschäftstermin hat weder stets Vorrang noch automatisch Nachrang.
S auch Rn 13 „Gemeinderat".

25 **Terminsvertreter:** Ein erheblicher Grund *fehlt leider durchweg*, soweit ein Terminsvertreter tätig werden soll oder müßte. Der verhinderte Mitarbeiter bzw Anwalt muß den Terminsvertreter auch dann rechtzeitig und umfassend informieren, wenn der Vertreter kein Sozius ist. Wer sich bereit erklärt, einen Kollegen im Termin zu vertreten, sollte sich, bitte, darüber klar sein, daß er mit dieser Bereitschaft die Verpflichtung auch dem Auftraggeber gegenüber übernimmt, sich bis zum Termin so weit einzuarbeiten, daß er ebenso sachkundig ist wie der eigentliche Sachbearbeiter. Soweit eine solche Einarbeitung dem eintretenden Anwalt nicht mehr zumutbar ist, darf und muß er die Übernahme dieses Termins ablehnen.
All das ist sachlichrechtlich eindeutig und *eigentlich selbstverständlich*. Das Gericht darf Unterlassungen auf diesem Gebiet nicht mit einer Vertagung zum Schaden des Prozeßgegners und zum Schaden der Arbeits-

Titel 3. Ladungen, Termine und Fristen **§ 227**

kraft des Gerichts honorieren. Zumindest muß der Anwalt, der den Termin nicht wahrnehmen kann, ebenso wie derjenige Sozius oder andere Kollege, der sich zur Terminswahrnehmung bereit erklärt, im Notfall zuverlässig dafür sorgen, daß die Partei oder zB ein instruierter Mitarbeiter der Partei im Termin anwesend ist und anhand der Betriebsunterlagen usw diejenigen zusätzlichen Auskünfte geben kann, die der auftretende Anwalt vielleicht nicht mehr erarbeiten konnte. Man muß ein etwaiges diesbezügliches Verschulden des Anwalts nach § 85 II beurteilen.

S auch Rn 16 „Krankheit", Rn 21 „Sachberabeiter", Rn 23 „Terminsüberschneidung beim Anwalt".

Terminsvorbereitung: Ein erheblicher Grund *fehlt* bei ungenügender Terminsvorbereitung der Partei, Rn 17.

S auch Rn 9 „Anwaltswechsel".

Tod: Ein erheblicher Grund kann beim Tod eines nahen Angehörigen oder eines Geschäftspartners usw vorliegen. Das gilt aber evtl nur für die Zeit bis kurz nach der Trauerfeier.

Überlastung: Soweit das Gericht bei eigener Überlastung zur Vertagung neigt, sollte es im Rahmen des den **26** weiteren Prozeßbeteiligten Zumutbaren auch beim überlasteten Anwalt nicht zu streng verfahren.

S aber auch Rn 23.

Überrumpelung: Ein erheblicher Grund liegt vor, soweit das Gericht eine Partei überrumpelt hat, auch bei der Beurteilung des Sachverhalts nach § 139. Indessen darf das Gericht hier keine geringeren Anforderungen an die Mitarbeit der Partei stellen als sonst.

Urlaub: Ein erheblicher Grund liegt grds vor, soweit eine Partei, ein Zeuge oder ein Sachverständiger einen längst vor Erhalt der Ladung geplanten Auslands- oder Inlandsurlaub antreten wollen, der auch bis einschließlich des Termins dauern soll. Denn jeder hat grds das Recht auf einen ungestörten Urlaub im Zeitraum seiner Wahl, BVerfG **34**, 156, Brdb FamRZ **02**, 1042 (nur bei Auslandsurlaub), Carl BB **89**, 2018, aM Feiber NJW **97**, 162 (für die Zeit vom 1. 7. bis 31. 8. wegen III 1. Aber I, II gelten daneben, Rn 1).

Beim *ProzBev* ist eher Zurückhaltung geboten. Sein Beruf bringt es mit sich, daß er zumindest beim etwas längeren Urlaub ohnehin einen amtlich bestellten Vertreter hat und einweisen muß. Das würdigt BVerfG NJW **98**, 3703 zu (jetzt) § 520 III nicht genug. Der Urlaub des Vertrauensanwalts kann aber ein erheblicher Grund sein, Schneider MDR **77**, 793.

Vereinbarung: Rn 12 „Einvernehmen der Parteien". **27**

Vergleichsverhandlungen: Ein erheblicher Grund liegt wegen I 2 Z 3 *leider nicht stets* schon deshalb vor, weil die Parteien oder gar nur eine von ihnen mitteilen, sie stünden in Vergleichsverhandlungen. Das Gericht kann und sollte diese Bemühungen heilsam gerade dadurch unterstützen, daß der Termin mit seinem Zeitdruck bestehen bleibt. Die Erfahrung zeigt nämlich, daß gerade solcher Druck wirksam zur Einigung beitragen kann, zumindest zur Erleichterung eines Vergleichs mit Widerrufsvorbehalt, so wenig er leider auch oft wirklich zur Prozeßbeendigung führt. Nach einer Erörterung der Vergleichschancen im aufrechterhaltenen Termin kann man dann immer noch entweder einen Vergleich mit Widerrufsvorbehalt schließen (ein erfahrungsgemäß wenig erfolgreiches Mittel) oder eine Nachfrist und einen Verkündungstermin erbitten usw.

S auch Rn 12 „Einvernehmen der Parteien, I 2 Z 3".

Verhinderung: Ein erheblicher Grund kann bei unabweisbarer Verhinderung vorliegen, BVerwG NJW **92**, 2042. Aber Vorsicht!

Verzögerung: Ein erheblicher Grund liegt *nicht stets* schon deshalb vor, weil sich eine vorangegangene Verhandlung vor diesem Gericht verzögerte, BVerwG NJW **99**, 2131 (75 Minuten).

Vorbereitung: Rn 17 „Mangelnde Vorbereitung der Partei".

Vorwerfbarkeit des Ausbleibens: Ein erheblicher Grund *fehlt*, soweit das Gericht mit weitem Ermessen „dafür hält", daß das angekündigte Ausbleiben vorwerfbar ist, oder soweit es unklar bleibt, ob Schuldlosigkeit vorliegt. Vgl auch §§ 51 II, 85 II, BGH VersR **85**, 543.

Zahlung: Rn 12 „Erfüllung". **28**

Zeitgewinn: Ein erheblicher Grund *fehlt*, soweit die Partei in Wahrheit nur Zeit gewinnen will, Rn 15 „Klagerücknahme". Das gilt ebenso, wenn beide Parteien den Staat um einen Prozeß bemühen, dann aber in Wahrheit derzeit gar nicht prozedieren wollen. Mögen sie die Rechtsfolgen des Ruhens oder der Entscheidung nach Aktenlage hinnehmen oder die Klage zurücknehmen, die Hauptsache für erledigt erklären usw.

S auch Rn 11 „Beweistermin", Rn 17 „Mangelnde Vorbereitung der Partei".

Zeuge: Ein erheblicher Grund liegt vor, soweit ein unentbehrlicher Zeuge, insbesondere ein ausländischer, **29** zum Beweistermin nicht erscheinen kann, zu dem er rechtzeitig benannt worden war, BGH NJW **76**, 1743, Ffm AnwBl **80**, 151. Freilich mag das Gericht den gleichzeitigen Verhandlungstermin dennoch durchführen oder wenigstens andere vor Vertagung hören wollen und auch müssen usw.

S im übrigen bei den weiteren Hinderungsgründen.

7) Terminsverlegung im Sommer, III. Nach der Abschaffung der Gerichtsferien bringt III eine neben **30** I, II anwendbare gutgemeinte, gleichwohl wieder einmal reichlich kompliziert geratene Mischung von Möglichkeiten, Zwängen und Verboten, einen Verhandlungs- und/oder Beweistermin oder Erörterungstermin in der Zeit vom 1. 7. bis 31. 8. abzuhalten, also während des „Gerichtssommers", Feiber NJW **97**, 162.

A. Verlegung, III 1. Soweit III 1 nach Rn 3 überhaupt anwendbar ist, gilt: Erste Voraussetzung ist, daß **31** das Gericht einen Termin bereits nach § 216 Rn 22 für die Zeit vom 1. 7. bis 31. 8. (beide Tage eingeschlossen) anberaumt hatte. III gilt also nicht schon im Stadium vor der Anberaumung eines Termins, jedenfalls nicht offiziell. Das Gericht muß also zunächst stets wie sonst unverzüglich terminieren, § 216. Wie weit es schon jetzt mit Rücksicht auf einen hochgradig zu erwartenden Antrag nach III 1, und es voraussichtlich auch nicht nach III 3 zurückweisen dürfte, gar nicht erst einen technisch noch möglichen Termin für die Zeit vom 1. 7. bis 31. 8. ansetzt, ist eine andere eben nach § 216 zu entscheidende und nach dort Rn 26 ff zu überprüfende Frage, Feiber NJW **97**, 162. „Verlegung" meint den in Rn 5 erläuterten Vorgang.

Hartmann

§ 227

Ein Anspruch auf *Aufhebung* Rn 4 oder auf *Vertagung* nach Rn 6 besteht unter den Voraussetzungen Rn 31–36, Soehring NJW **01**, 3319. Er entfällt natürlich mit einer Einverständniserklärung oder einem Verzicht auf die Antragsmöglichkeiten nach Rn 33 (Auslegungsfrage). Eine Fristverlängerung kommt nicht nach III in Betracht, Feiber NJW **97**, 162. Die Ladungen zu dem bisher anberaumten Termin müssen noch nicht, können aber bereits heraus- und zugegangen sein.

32 B. Kein bloßer Verkündungstermin, III 1. Zweite Voraussetzung ist, daß das Gericht den bisher anberaumten Termin nicht nur „zur Verkündung einer Entscheidung" bestimmt hatte. Es ist unerheblich, ob das Gericht bei der Anberaumung eine bestimmte Entscheidungsart angekündigt hatte, etwa einen Beweisbeschluß oder ein Urteil. Will es mittlerweile aber aus der bloßen Verkündung mehr machen, also den Charakter des Termins ändern, so werden die weiteren Erwägungen nach III erforderlich. Eine im bloßen Verkündungstermin verkündete Entscheidung wird auch in der Zeit vom 1. 7. bis 31. 8. wie sonst wirksam, §§ 310 ff, 329 usw. Ein „verkündeter" neuer Verhandlungs- oder Beweistermin ist kein bloßer Verkündungstermin.

33 C. Antragserfordernis, III 1. Dritte Voraussetzung ist ein Antrag auf Verlegung. Das Gericht darf also ohne ihn auch dann nicht verlegen, wenn es alle übrigen Voraussetzungen nach III bejaht. Der Antrag ist eine Parteiprozeßhandlung nach Grdz 47 vor § 128. Anwaltszwang herrscht wie sonst, § 78 Rn 1. Jede Partei und jeder Streithelfer kann den Antrag stellen. Man kann ihn auch mündlich, elektronisch oder telefonisch oder stillschweigend stellen. Eine Begründung ist zwar nicht Zwang. Sie ist aber ratsam, zumindest im Zweifelsfall, etwa bei Rn 50–53. Das übersieht Feiber NJW **97**, 162. Ein Antrag liegt noch nicht stets in der bloßen Mitteilung einer Urlaubsabwesenheit, noch gar, wenn diese nicht für die gesamte Zeit vom 1. 7. bis 31. 8. angekündigt wird und wenn andere Sozien anwesend wären. Das gilt unabhängig davon, wer „alleiniger Sachbearbeiter" ist. Zu diesem problematischen Begriff Rn 21. Ein „Ferienantrag" usw ist das Gegenteil eines Verlegungsantrags im Sinn von III 1. Ein Antrag, „nicht in den Ferien zu terminieren", ist ein Verlegungsantrag. Denn man kann ihn vorsorglich stellen. Der Antrag läßt sich bis zum Terminsbeginn nach § 220 Rn 5 zurücknehmen.

34 *Nicht ausreichend* ist der Antrag eines *sonstigen* Prozeßbeteiligten, etwa eines Zeugen oder Sachverständigen. Das ergibt sich zwar nicht aus dem Wortlaut von III 1. Es ergibt sich aber aus seinem Sinn. Andernfalls würde ein solcher Beteiligter den Fahrplan des ganzen Prozesses schon durch einen bloßen Antrag abändern können. Das kann nicht mit dem Gebot vereinbar sein, einen Prozeß durch unverzügliche Terminierung zu fördern.

35 D. Fristerfordernis, III 1. Vierte Voraussetzung ist die Einhaltung einer Antragsfrist. Darüber braucht das Gericht nicht zu belehren. Zwar ergibt sich diese Antragsfrist auf den ersten Blick nicht eindeutig aus dem Text von III 1. Indessen kann das Gericht ja nur dann „innerhalb einer Woche nach Zugang der Ladung oder Terminsbestimmung" verlegen, wenn es bis dahin auch überhaupt einen wirksamen Antrag vorliegen hat. „Zugang" meint bei förmlicher Zustellung diese, § 182 Z 8. Bei einer Ersatzzustellung ist schon die Abgabe der Mitteilung über die Niederlegung maßgeblich. Bei einer formlosen Nachricht meint „Zugang" den in § 167 sowie § 497 I 2 genannten Zeitpunkt. Bei § 218 meint „Zugang" den Verkündungszeitpunkt, Brdb RR **98**, 500 (eine spätere bloße Verschiebung der Terminstunde ist unerheblich), aM Feiber NJW **97**, 161 (Protokolleingang. Vgl aber § 218 Rn 5). Die Wochenfrist gilt unabhängig von § 215. Sie läßt sich nach § 222 in Verbindung mit §§ 187, 188 II BGB berechnen. Es ist unerheblich, ob ein Teil der Frist in die Zeit vor dem 1. 7. fällt. Scheint die Frist erst „nach" dem Termin abzulaufen, weil man nur eine dreitägige Ladungsfrist beachten mußte, so läuft die Antragsfrist *im* Termin ab. Maßgeblich ist im übrigen nicht der Antragseingang, sondern der Zugang der Ladung. Eine Abkürzung oder Verlängerung entfällt, § 224 II. Gegen die Fristversäumung ist keine Wiedereinsetzung nach § 233 statthaft. Denn es liegt keine Notfrist nach § 224 I 2 vor, Feiber NJW **97**, 162.

36 E. Keine Sommersache, III 2. Fünfte Voraussetzung ist das Fehlen einer Sommersache, III 2. Diesen Begriff enthält das Gesetz nicht. Er eignet sich indessen zur Zusammenfassung derjenigen Sachen, in denen das Gericht einem Verlegungsantrag nicht stattgeben darf, obwohl der Termin in die (Hoch-)Sommerzeit vom 1. 7. bis 31. 8. fällt. Im einzelnen gelten dazu die folgenden Regelungen.

37 F. Arrest, einstweilige Anordnung oder Verfügung, III 2 Hs 1 Z 1. Hierher gehören Verfahren einer der folgenden Arten: Arrest, §§ 916–934, einschließlich Widerspruch, § 924, Anordnung nach § 926, Hamm zit bei Schlee AnwBl **85**, 376, Aufhebung, § 927, Rechtsmittelverfahren; einstweilige Verfügung, §§ 935–944, einschließlich der nach § 936 mitanwendbaren Verfahren und des Eintragungsersuchens, § 941; einstweilige Anordnung beliebiger Art, zB nach §§ 127 a, 620, 621 f, 641 d und zwar unabhängig davon, ob es sich um eine Familiensache im Verfahren nach der ZPO oder dem FGG handelt, Dickert FamRZ **81**, 939.

38 *Nicht hierher* gehört eine Familiensache, die keine einstweilige Anordnung (mit)betrifft, § 621 a Rn 4, BayObLG FamRZ **80**, 908, Dickert FamRZ **81**, 939. Nicht hierher gehört auch das nur äußerlich im Abschnitt „Arrest und einstweilige Verfügung" mitgeregelte nicht mehr sonderlich eilbedürftige Schadensersatzklageverfahren nach § 945.

39 G. Überlassung, Benutzung, Räumung, Herausgabe von Raum, Fortsetzung von Wohnraummiete, III 2 Hs 1 Z 2. Hierher gehört eine Gruppe von Streitigkeiten um Räume oder Wohnräume. Ein gewerblicher Raum reicht aus, erst recht ein gemischt genutzter, zB ein Messestandplatz. Bis auf die in Hs 2 genannten Wohnmietstreitigkeiten nach §§ 574–574 b BGB ist unerheblich, ob es sich um Miete, Pacht, Leasing, Eigentum, Erbbaurecht, unentgeltliche Überlassung usw handelt und ob Eigentümer und Besitzer, Vermieter und Mieter, Mieter und Untermieter, Vermieter und Untermieter usw streiten. Es ist ferner unerheblich, ob es um einen vertraglichen oder gesetzlichen Anspruch geht und ob das Ziel des Klägers in erstmaliger, weiterer oder erneuter Überlassung, Benutzung, Räumung oder Herausgabe oder in deren Bekämpfung liegt. Allerdings darf man Z 2 nun auch nicht beliebig weit auslegen. Denn „Überlassung, Benutzung, Räumung oder Herausgabe" wird nicht durch Worte wie „und dergleichen" ergänzt.

Titel 3. Ladungen, Termine und Fristen § 227

Hierher gehören auch: Die Klage aus § 985 BGB. Die früheren Gesetzesworte „Vermieter und Mieter" usw sind entfallen; eine Klage, die sowohl auf Vertrag als auch auf Gesetz oder Erbbaurecht gestützt wird; eine Klage nach Beendigung des Miet- oder Pachtverhältnisses; die Klage auf Unterlassung vertragswidrigen Gebrauchs, LG Bln MDR **88**, 591; ein Streit wegen Zurückhaltung eingebrachter Sachen; die Klage wegen Instandsetzung oder Instandhaltung oder wegen Gestattung einer baulichen Umgestaltung, LG Bln MDR **88**, 591; die Klage auf Zahlung des Mietzinses oder auf Zustimmung zur Mieterhöhung, §§ 558 ff BGB.

Nicht hierher gehören: Die Klage auf Feststellung eines Mietverhältnisses; eine bloße Schadensersatzklage, BGH NJW **80**, 1695. Freilich zählt eine auf Miete nebst Schadensersatz gerichtete Klage hierher, solange die erstere Begründung entscheidungserheblich bleibt, III 2 Hs 2.

H. Familiensache, III 2 Hs 1 Z 3. Hierher gehören sämtliche Familiensachen im Sinn von §§ 606– **40** 644, § 23 b I 2 Z 1–13 GVG, soweit nicht schon Z 1 (einstweilige Anordnung) anwendbar ist, also jetzt auch Scheidungssachen und andere Ehesachen. Denn auch sie zählen nach § 23 b I 2 Z 1 GVG zu den Familiensachen. Ferner zählt zu Z 3 unter den Unterhaltssachen die in § 23 b I 2 Z 5 GVG abschließend aufgeführte, also durch die Verwandtschaft begründete gesetzliche Unterhaltspflicht, §§ 1601 ff BGB, einschließlich Entbindungskosten und Unterhalt der Mutter aus Anlaß der Geburt, § 1615l BGB. Ebenso zählen die Kindschaftssachen nach §§ 640 ff hierher, § 23 b I 2 Z 12 GVG. Es kommt bei der Scheidung nicht mehr darauf an, ob und inwieweit es sich um ein Verbundverfahren bzw um Folgesachen handelt. Die Vereinfachung hat sich hier durchgesetzt. Eine auf einen Vergleich gestützte Klage der genannten Art reicht aus, BGH NJW **91**, 2709.

Nicht hierher gehören: Eine Auskunftsklage, die zwar einen der in Z 3 genannten Ansprüche vorbereiten **41** soll, ihn aber noch nicht zum Gegenstand hat und daher noch keine Streitigkeit „über" ihn bildet, BGH NJW **87**, 2237; eine Stufenklage, solange sie über die Auskunftsstufe noch nicht hinausgekommen ist.

I. Wechsel- oder Scheckprozeß, III 2 Hs 1 Z 4. Hierher gehört nur ein Wechsel- oder Scheck- **42** „Prozeß", also ein Verfahren, das nach §§ 602–605 a in Verbindung mit §§ 592–599 beginnt oder begonnen hat, sei es durch Klage nach § 253, sei es durch den Antrag auf einen Mahnbescheid, §§ 688, 703 c. Innerhalb des genannten Verfahrens kommt es nicht darauf an, ob der Kläger zugleich einen Anspruch aus dem Grundgeschäft geltend macht und ob das Gericht schon ein Vorbehaltsurteil erlassen hat, III 2 Hs 2, solange der Kläger nicht vom Wechsel- oder Scheckprozeß nach §§ 602–605 a, 596 Abstand nimmt. Mit dieser Einschränkung gehören hierher auch: Die Klage auf die Herausgabe eines Wechsels; eine Bereicherungsklage; die Klage auf eine Feststellung zur Insolvenztabelle.

Das *Nachverfahren* bildet mit dem Urkundenprozeß eine verfahrensmäßige Einheit, § 600 Rn 1. Es ist ja **43** auch im Buch 5 „Urkunden- und Wechselprozeß" mitgeregelt. Es stellt freilich zugleich einen Übergang in den ordentlichen Prozeß dar. Da Z 4 auf die Verfahrensart abstellt, muß man angesichts dieser gewissen formellen Widersprüchlichkeit wie stets auf Sinn und Zweck der Neuregelung abstellen, Einl III 35. Das Gericht muß die in Z 4 genannten Sachen als Sommersachen auch in der Sommerzeit von Amts wegen fördern. Dieses Beschleunigungsbedürfnis liegt durchweg auch im Nachverfahren vor. Daher kann man das Nachverfahren zumindest dann als zu Z 4 gehörig sehen, wenn der Kläger nur einen im Wechsel- oder Scheckprozeß zulässig gewesenen Anspruch weiterverfolgt, BGH RR **91**, 1469, aber auch darüber hinaus, III 2 Hs 2. Jedenfalls liegt in der bloßen Bekämpfung einer Einwendung des Bekl aus dem Grundgeschäft noch kein Wegfall der Sommersachen-Eigenschaft.

J. Bausache, III 2 Hs 1 Z 5. Hierher gehört ein Streit um ein Bauwerk im Sinn von §§ 638, 648 BGB, **44** der vor dem Prozeß angefangen und ebenfalls noch vorprozessual durch Abbruch oder Einstellung unterbrochen worden war, BGH MDR **77**, 487. Es muß bei ihm nach dem Vortrag des Klägers jetzt um das Ob der Fortsetzung der Bauarbeit gehen. Es ist insofern unerheblich, ob der Kläger eine Abtretung oder Schuldübernahme behauptet. Hierher zählt auch ein Fertigbau.

Nicht hierher gehört ein Streit nur über das Wie, Wo und Wann der Fortsetzung oder sonstiger Weiterarbeit bis zur Fertigstellung, BGH MDR **77**, 487 (bloßer Umfang des Auftrags oder seiner Erfüllung). Daher kommt es auf die Abnahme nach § 640 BGB nicht an. Ebensowenig gehört hierher ein Streit nur um Lohn oder Honorar, BGH MDR **77**, 487.

K. Überlassung oder Herausgabe einer Sache, III 2 Hs 1 Z 6. Hierher gehört das Verfahren auf die **45** Überlassung oder Herausgabe einer Sache nach § 883 an eine solche Person, bei der die Sache unpfändbar ist, §§ 811–812. Es ist nicht erforderlich, daß der Kläger die Unpfändbarkeit ausdrücklich geltend macht. Es genügt und ist natürlich notwendig, daß sich aus seinem Tatsachenvortrag bei dessen rechtlicher Würdigung durch das Gericht die Unpfändbarkeit ergibt, sei es beim Kläger, sei es bei demjenigen, an den der Bekl nach dem Klägerantrag herausgeben usw soll. Es ist unerheblich, ob auch der Vortrag des Bekl zu derselben Unpfändbarkeit führt.

L. Zwangsvollstreckung, III 2 Hs 1 Z 7. Hierher gehören grundsätzlich die nach §§ 704–915 h **46** geregelten Verfahren einschließlich eines vorbereitenden Akts, zB: Die Erteilung des Notfrist- oder Rechtskraftzeugnisses, § 706; die Erteilung der Vollstreckungsklausel, §§ 724 ff (wegen § 731 s aber auch unten); das Rechtsbehelfsverfahren, etwa nach §§ 766, 793; das eigentliche Zwangsversteigerungs- und Zwangsverwaltungsverfahren nach §§ 866 ff in Verbindung mit dem ZVG; das Verteilungsverfahren, §§ 872 ff; ein aus der Zwangsvollstreckung entstehender Prozeß, etwa nach §§ 731, 767, 771, soweit der Vollstreckungstitel in einer Sommersache erging, BGH NJW **88**, 1095, aM Stgt MDR **78**, 586 (je zum alten Recht). Es ist unerheblich, ob es sich um eine Maßnahme des Gerichts oder des Gerichtsvollziehers handelt.

Nicht hierher gehören zB: Die zum Erkenntnisverfahren zählenden Entscheidungen, etwa über die vor- **47** läufige Vollstreckbarkeit, §§ 708 ff, einschließlich der Bestimmung der Höhe der Sicherheitsleistung nach §§ 108, 709 ff; ein aus der Zwangsvollstreckung entstehender Prozeß, etwa nach §§ 731, 767, 771, soweit der Vollstreckungstitel nicht in einer Sommersache erging, BGH NJW **88**, 1095 aM Stgt MDR **78**, 586 (je zum alten Recht); ein Verfahren nach §§ 722, 723; das Verfahren der Teilungsversteigerung, §§ 172 ff ZVG, Karlsr MDR **91**, 669, Drischler Rpfleger **89**, 85, ThP 27, aM AG Gött NdsRpfl **95**, 41, Stöber MDR **89**, 12, ZöStö 18 (aber

§ 227 Buch 1. Abschnitt 3. Verfahren

es handelt sich nicht um eine Zwangsvollstreckung im eigentlichen Sinn, Grdz 1 vor § 704, vgl auch § 765 a Rn 6 „Teilungsversteigerung". Das ist nicht unkritisch, sondern notwendig differenziert); das zu Z 1 zählende Eilverfahren.

48 **M. Vollstreckungsverfahren usw im schiedsrichterlichen Verfahren, III 2 Hs 1 Z 8.** Hierher gehören alle Verfahren im Verfahren nach §§ 1025 ff, soweit es nach dem Vortrag des Klägers bzw Antragstellers um die Vornahme einer Handlung des staatlichen Gerichts nach § 1036 geht, insbesondere um eine Vollstreckbarkeitserklärung des Schiedsspruchs nach §§ 1060 ff.

49 **N. Genügen eines von mehreren Ansprüchen, III 2 Hs 2.** Dem Beschleunigungsbedürfnis der in Hs 1 Z 1–8 genannten Fälle entspricht es, eine Sommersache auch dann anzunehmen, wenn bei einer Anspruchsmehrheit nur einer der Ansprüche nach dem Tatsachenvortrag des Klägers oder Widerklägers jetzt schon und noch die Voraussetzungen einer der Fälle Z 1–8 erfüllt. Das stellt Hs 2 klar. Unerheblich ist, welche rechtliche Würdigung der Kläger seinem Tatsachenvortrag gibt. Maßgeblich ist der für eine Entscheidung auf Terminsbestimmung oder nach III 1 geltende Zeitpunkt und dann die infolge einer Änderung des Tatsachenvortrags nur etwa nunmehr am Terminsanfang vorhandene Rechtslage.

50 **O. Keine Terminsverlegung bei besonderem Beschleunigungsbedürfnis, III 3.** Die Vorschrift verbietet eine an sich nach III 1 gebotene Terminsverlegung in den nicht ohnehin schon nach III 2 als Sommersache geltenden Fällen unter der Voraussetzung, daß das Verfahren besonderer Beschleunigung bedarf. Das Gericht muß diese Voraussetzung also nur dann prüfen, wenn kein Fall von III 2 Hs 1 Z 1–8 vorliegt. Dort begründet das Gesetz ja das Beschleunigungsverfahren schon aus der Natur der Sache. Die Prüfung eines besonderen Beschleunigungsbedürfnisses muß in jedem nicht unter Z 1–8 fallenden Verfahren von Amts wegen erfolgen, Grdz 39 vor § 128: „... ist... nicht zu entsprechen".

Es besteht zwar ein pflichtgemäßes *Ermessen*, ob ein besonderes Beschleunigungsbedürfnis besteht. Soweit das Gericht aber ein besonderes Bedürfnis bejaht, muß das Gericht auch in der Zeit vom 1. 7.–31. 8. terminieren und darf einen solchen Termin nicht mehr verlegen oder aufheben. Ist zweifelhaft, ob eine Sommersache vorliegt, so macht bereits ein besonderes Beschleunigungsbedürfnis eine Verlegung unzulässig. Erst wenn ein besonderes Beschleunigungsbedürfnis nach dem Ermessen des Gerichts fehlt, besteht beim Vorliegen der übrigen Voraussetzungen Rn 30–49 ein Verlegungszwang, aM Feiber NJW **97**, 162 (überhaupt kein Ermessen. Aber die Befehlsform betrifft schon nach ihrem klaren Wortlaut gerade den Gegenfall. Im übrigen bleibt es bei I, II).

51 *„Besonderer"* Beschleunigung bedarf ein Verfahren, wenn der Kläger Tatsachen vorträgt, aus denen sich ergibt, daß die „normale" Prozeßförderung durch das Gericht nach § 216 Rn 17 nicht zur Herbeiführung des notwendigen Entscheids reicht, also zu langsam geschähe. Der gewöhnliche Zeitverlust muß also zu groß sein. Es müssen darüber hinausgehende rechtliche, wirtschaftliche oder sonstige Nachteile drohen. Dabei kommt es nicht darauf an, daß das Gericht die Sache in der Sommerzeit in dieser Instanz endgültig abschließen könnte. Ein schon jetzt ergehender Beweisbeschluß usw genügt als besonders eilbedürftige Zwischenentscheidung. Es ist unerheblich, ob der zu hohe Zeitverlust wegen einer Partei droht oder wegen eines Zeugen oder Sachverständigen oder wegen des Zustands einer Sache.

52 *Großzügigkeit* ist bei der Prüfung eines besonderen Beschleunigungsbedürfnisses trotz der formellen Stellung von III 3 als Ausnahme zu III 1 geboten. Denn III 1 ist gemessen an § 216 bereits eine Ausnahme von der Regel unverzüglicher Terminierung. Ausnahmen von Ausnahmen sind weit auslegbar. Deshalb darf das Gericht auch nicht stets eine Glaubhaftmachung nach § 294 fordern, die ja grundsätzlich schon als Anforderung im Gesetz stehen müßte. Allerdings darf man nicht mithilfe von III 3 den Umstand, daß mit dem halben Volk auch die halbe Parteien- und Anwaltschaft im Hochsommer Ferien macht, entgegen der in III 1 vorgenommenen Respektierung unbeachtlich machen. Eine allzu großzügige oder gar schematische Bejahung eines besonderen Beschleunigungsbedürfnisses wäre ermessensfehlerhaft. Überlastung des Gerichts kann freilich nicht dazu führen, einen jetzt möglichen Termin um Monate zu verschieben. Das gilt selbst dann, wenn beide Parteien das begrüßen würden, I 2 Z 3. Das Antragsrecht nach III 1 findet im wohlverstandenen besonderen Beschleunigungsbedürfnis seine Grenze.

53 *Ferienabwesenheit* eines Prozeßbeteiligten ist jedenfalls offiziell kein ausreichender Grund zur Verneinung des besonderen Beschleunigungsbedürfnisses. Muß man es bejahen, so mag man anschließend klären müssen, ob zB eine Säumnis nach § 337 fehlt. Wegen des grundsätzlichen Rechts auf Urlaub nach eigener Zeitwahl sollte das Gericht allerdings nun auch nicht zu starr gegen längst unverwerfbar geplante Urlaubsabwesenheit anterminieren. Behutsame Abwägung gibt den richtigen Maßstab.

54 **8) Verfahren, IV 1, 2.** Man sollte es knapp fassen.

A. Zuständigkeit, IV I. Zu einer Aufhebung oder Verlegung ist der Vorsitzende bzw der Einzelrichter nach §§ 348, 348 a, 526, 527, 568 oder der nach §§ 361, 362 verordnete Richter zuständig, IV 1 Hs 1. Eine mündliche Verhandlung ist nicht erforderlich, IV 1 Hs 1, § 128 IV. Die Entscheidung ergeht auf Antrag und im Fall III nur auf ihn, Rn 33, 34. Sie ergeht nur in den Fällen I von Amts wegen. Das geschieht vor dem Termin aber nur, soweit dazu überhaupt noch Zeit ist. Das bedenkt Karlsr MDR **91**, 1195 nicht mit. Bei einer Vertagung nach I ist das gesamte Kollegium auf Grund der ja schon begonnenen Verhandlung zuständig, IV 1 Hs 2. Wegen der Glaubhaftmachung, II, Rn 7.

55 **B. Anhörung, IV 1.** Wer einen Verlegungs- oder Vertagungsantrag erst kurz vor dem Termin einreicht, kann selbst bei Rechtzeitigkeit im Fall III 1 nach Rn 35 nicht damit rechnen, daß das Gericht alles stehen und liegen läßt, um über diesen Antrag zu entscheiden. Es müßte ja zwar nicht vor einer ablehnenden Entscheidung, wohl aber vor einer stattgegebenen grundsätzlich auch den Prozeßgegner anhören, Art 103 I GG, Einl III 16, BFH BB **86**, 1770. Er kann ein Recht auf die Durchführung des anberaumten Termins haben. Der Antragsteller muß daher zumindest vorsorglich anfragen, ob das Gericht seinem Antrag stillschweigend stattgeben werde, BGH NJW **82**, 889. Die beliebte Wendung, der Anfrager gehe davon aus, daß das Gericht seinem Antrag stattgeben werde, entbindet ihn keineswegs von der Notwendigkeit, den Termin vorzubereiten und wahrzunehmen, solange er keine Aufhebung mitgeteilt erhält. Eine solche Antragsfloskel

Titel 3. Ladungen, Termine und Fristen § 227

verpflichtet den Richter keineswegs zu einer Entscheidung vor einer Anhörung des Gegners, noch dazu etwa in letzter Minute. Das bedenkt Karlsr MDR **91**, 1195 nicht mit.
Eine *ganz kurzfristige* Verlegung kann das rechtliche Gehör verletzen, OVG Bautzen NVwZ-RR **04**, 4. Das gilt aber nicht bei einem sachlich rechtfertigenden Grund.

C. Entscheidung, IV 2. Die Entscheidung kann oft erst nach einer vor dem Termin nicht mehr **56** möglichen, aber gebotenen Anhörung des Gegners erfolgen. An ihn muß das Gericht ebenfalls denken, aM Karlsr MDR **91**, 1195 (aber das rechtliche Gehör bleibt auch in solcher Lage ein prozessuales Grundrecht, Einl III 16). Dann muß der Antragsteller jedenfalls zum Termin erscheinen und darf allenfalls in ihm vor dem Eintritt in die eigentliche Verhandlung mit ihren Sachanträgen eine Entscheidung mit der Folge des § 47 II fordern. Wegen vorwerfbar später Ab- oder Umladung § 217 Rn 3. Eine wenn auch nur kurze *Bescheidung* ist Rechtspflicht des Gerichts, wenn noch technisch durchführbar und zeitlich zumutbar, § 329 Rn 4, BGH FamRZ **87**, 277, Karlsr MDR **91**, 1195, LG Hann MDR **93**, 82. Freilich braucht das Gericht auch in dieser Hinsicht nicht alles andere stehen- und liegenzulassen. In der Praxis ist die bloße Verfügung üblich. Zumindest bei einer Vertagung, aber auch sonst ergeht die Entscheidung trotz der grundsätzlichen Unanfechtbarkeit, IV 3, Rn 7, wegen des etwaigen Vorwurfs einer „greifbaren Gesetzwidrigkeit" usw nach Rn 58 besser durch einen ausdrücklichen Beschluß, § 329, Köln JB **77**, 411. Eine Begründung „aus dienstlichen Gründen" kann bei I genügen, Stgt AnwBl **89**, 232. Bei III ist eine wenigstens knappe nachvollziehbare Auseinandersetzung mit allen Voraussetzungen erforderlich, auch eine solche mit dem etwaigen besonderen Beschleunigungsbedürfnis, Rn 50–53, § 329 Rn 4, 11.
Die *Vertagung* nach I kann auf einen neuen Termin vor oder nach dem 31. 8. erfolgen. Im ersten Fall kann sich freilich das ganze Verfahren nach III wiederholen. Die Vertagung wird verkündet, § 329 I 1. Dadurch wird eine besondere Ladung nach § 218 entbehrlich. Das Gericht teilt eine ablehnende Entscheidung formlos mit, § 329 II 1, und zwar nur dann noch vor dem Termin, wenn das noch technisch möglich und zeitlich zumutbar ist, sonst später. Das Gericht stellt seinen stattgebenden Beschluß mit Ladung förmlich zu, soweit er eine neue Terminsbestimmung enthält, § 329 II 2. Es teilt ihn im übrigen formlos mit, § 329 II 1. Bei Zeitdruck empfiehlt sich eine telefonische Vorausmitteilung. Auch sie ist aber nur in zumutbarer Lage notwendig.

9) Rechtsbehelfe, IV 3. Beim Rpfl gilt § 11 RPflG, § 104 Rn 41 ff. Im übrigen: **57**
A. Grundsatz: Unanfechtbarkeit. Die Ablehnung einer Maßnahme nach § 227 wie eine stattgebende Anordnung sind grundsätzlich unanfechtbar, IV 3, Ffm NJW **04**, 3050, Hamm Rpfleger **95**, 162 (FGG), LAG Mainz NJW **81**, 2272. Die Entscheidung ist also in aller Regel allenfalls zusammen mit dem Urteil anfechtbar, §§ 512, 548, KG MDR **05**, 708. Eine Ablehnbarkeit besteht fast nie, § 42 Rn 50 „Terminierung", KG MDR **05**, 708.
B. Ausnahme: Sofortige Beschwerde. Soweit die Entscheidung praktisch auf eine Aussetzung des **58** Verfahrens hinausläuft oder sonst greifbar gesetzwidrig ist, § 127 Rn 25, ist sie trotz des auch geltenden Grundsatzes der Unanfechtbarkeit nach IV 3 ausnahmsweise ebenso wie ein Aussetzungsbeschluß anfechtbar, §§ 252, 567 I Z 2, Einf 8 vor §§ 148–155, Ffm NJW **04**, 3050, Mü RR **99**, 64. Man sollte mit der Annahme zurückhalten, die Entscheidung laufe auf eine solche Aussetzung hinaus. Eine Aussetzung des Verfahrens liegt ja erst dann vor, wenn nach der Meinung des Gerichts jedenfalls in absehbarer Zeit nichts weiter zur Fortsetzung des Prozesses geschehen wird. Auch die Anberaumung eines erst in mehreren Monaten stattfindenden neuen Termins ist immerhin ein weiterer Schritt des Verfahrens und nicht dessen Stillstand. Die Ablehnung einer Vertagung ist natürlich keine Aussetzung. Eine Rechtsbeschwerde kommt nicht unter den Voraussetzungen des § 574 in Betracht.
C. Dienstaufsichtsbeschwerde: Grundsatz der Unzulässigkeit. Eine Dienstaufsichtsbeschwerde ist **59** zwar denkbar, BVerfG NJW **89**, 3148. Sie ist aber in der Regel schon wegen des Grundsatzes des § 26 I DRiG sinnlos. Denn die Entscheidung nach § 227 gehört grundsätzlich zum Kernbereich der richterlichen Unabhängigkeit. Das gilt sowohl dann, wenn das Gericht eine Terminsänderung usw ablehnt, als auch dann, wenn es ihr stattgibt. Denn die Entscheidung darüber, ob ein erheblicher Grund oder gar eine Situation nach III vorliegt, erfordert eine Beschäftigung jedenfalls auch mit dem konkreten Streitstoff des vorliegenden Verfahrens und die Abwägung der Interessen der Parteien unter denselben Gesichtspunkten, unter denen das Gericht zB prüfen müßte, ob eine Partei beim Ausbleiben im Termin säumig wäre oder ob ein besonderes Beschleunigungsbedürfnis vorliegt usw. Damit würde sich die Dienstaufsicht in denjenigen Bereich begeben, in dem sie nichts zu suchen hat.
Es ist auch keineswegs zulässig, im Weg der Dienstaufsicht zwar theoretisch die *richterliche Unabhängigkeit* zu respektieren, der Sache nach aber anschließend um so intensiver zu prüfen, ob die im Beschluß genannten oder sonst erkennbaren Erwägungen des Gerichts für seine Entscheidung nun auch wirklich jeder Nachprüfung standhalten. Diese Kontrolle obliegt allein dem etwaigen Rechtsmittelgericht. Das alles hätte BVerfG NJW **89**, 3148 ebenfalls erkennbar miterörtern sollen.
Die Dienstaufsicht darf erst dann *ausnahmsweise* nach § 26 II DRiG eingreifen, wenn ersichtlich keinerlei **60** sachliche Erwägungen mehr für die Entscheidung maßgeblich waren, nicht schon dann, wenn die Entscheidung irgendwie fehlerhaft sein könnte. Das Gericht hat sowohl bei I als auch zumindest bei III 3 nach Rn 50 einen beträchtlichen Ermessensspielraum. Ihn darf die Dienstaufsicht unter Berufung auf diese eng auslegbare Ausnahmevorschrift keineswegs auch nur im Ergebnis einengen.
D. Strafbarkeit. Eine unter diesen Voraussetzungen hochgradig oberflächlich oder praktisch gar nicht **61** begründete Dienstaufsichtsbeschwerde kann als falsche Verdächtigung nach § 164 StGB strafbar sein.
10) Abänderbarkeit der Entscheidung, I–IV. Die Entscheidung ist grundsätzlich jederzeit abänderbar. **62** Dabei muß das Gericht natürlich Gründe haben und nennen und gesetzliche Fristen sowie evtl Art 103 I GG (erneut) beachten.
11) *VwGO:* Entsprechend anzuwenden, § 173 VwGO, sind *I*, *II* u *IV*, BVerwG NJW **01**, 2735 mwN, **99**, **63** 2131 u **95**, 1441, NVwZ **95**, 374 mwN, auch IV iVm § 294, BVerwG Buchholz 303 § 227 Nr 13 u 14.

§§ 227–229, Übers § 230

Beispiele: BVerwG NJW 01, 2735 (chronische Erkrankung des ProzBev), BVerwG NVwZ-RR 99, 408 mwN (ärztlich bescheinigte Verhandlungsunfähigkeit), BVerwG NJW 95, 1441 mwN (unverschuldete Anreiseschwierigkeiten des ProzBev), NVwZ 95, 374 mwN (Urlaub), BVerwG NJW 95, 800, Buchholz 310 § 108 Nr 1 u 303 § 227 Nr 14 (plötzliche Erkrankung), dazu BVerwG Buchholz 303 § 227 Nr 8 u 14 u OVG Hbg NVwZ-RR 01, 408 mwN, (Beibringung eines ärztlichen Attestes) und NVwZ-RR 95, 533 sowie VGH Kassel NVwZ-RR 98, 404 u OVG Münst NJW 96, 334 (Erkrankung der anwaltlich vertretenen Partei), BVerwG NJW 92, 2042 u VGH Mannh NVwZ-RR 00, 125 (sonstige Verhinderung der anwaltlich vertretenen Partei), ferner BVerwG NJW 93, 80 (Niederlegung des Mandats), NJW 92, 3185 (Verspätung des Anwalts), NJW 86, 339 u Buchholz 310 § 132 Nr 245 (Anwaltswechsel), NJW 84, 882 (Erkrankung des sachbearbeitenden Mitglieds einer Sozietät), BVerwG NJW 95, 1231; VGH Mü BayVBl 99, 670, VGH Mannh Just 98, 300, OVG Magdeb NVwZ-Beil 12/97 S 1 (Pflicht des einer Sozietät angehörenden RA, gleichzeitig einen anderen Termin wahrzunehmen), VGH Mannh NVwZ 00, 213 (zeitliche Kollision mit Sitzung einer politischen Vertretung), BVerwG NVwZ 95, 374 (Verschleppungsabsicht). Glaubhaftmachung ist nur auf Verlangen des Vorsitzenden erforderlich, OVG Schlesw NVwZ-RR 02, 154.

64 Die Ablehnung eines Vertagungsantrags ist der Überprüfung durch das Revisionsgericht entzogen, BVerwG NJW 90, 2080; die unberechtigte Ablehnung kann Art 103 I GG verletzen, BVerwG stRspr, NJW 86, 2897 mwN, was darzulegende besondere Umstände voraussetzt, OVG Bre NordÖR 00, 291 (keine Verletzung, wenn weitere Aufklärungsmöglichkeiten weder angeboten noch ersichtlich sind, BVerwG NJW 92, 852, oder wenn ein in seiner Begründung unsubstantieller Antrag erst kurz vor dem Termin gestellt wird, BVerwG Buchholz 310 § 108 Nr 186). Rechtsbehelfe wie Rn 57 ff, § 146 II VwGO.

65 III ist unanwendbar, § 102 IV VwGO idF des Art 33 II Z 2 JuMiG v 18. 6. 97, 65 BGBl 1430; auf eine urlaubsbedingte Verhinderung während der sommerlichen Haupttreisezeit wird iRv I verständigerweise Rücksicht zu nehmen sein, vgl DRiZ 96, 428.

228 (weggefallen)

229 *Beauftragter oder ersuchter Richter.* Die in diesem Titel dem Gericht und dem Vorsitzenden beigelegten Befugnisse stehen dem beauftragten oder ersuchten Richter in Bezug auf die von diesen zu bestimmenden Termine und Fristen zu.

1 **1) Systematik, Regelungszweck.** Die Vorschrift stellt klar, was ohnehin eigentlich selbstverständlich wäre. Der verordnete Richter nach §§ 278 V 1, 361 f, nicht zu verwechseln mit dem als Prozeßgericht tätigen Einzelrichter nach §§ 348, 348 a, 526, 527, 568, hat dieselben Befugnisse wie das Gericht und der Vorsitzende. Das gilt besonders bei §§ 216, 224, 227.

2 **2) Geltungsbereich.** Üb 3 vor § 214.

3 **3) Rechtsbehelf.** Man muß zwei Stufen beachten.
  A. Anrufung des Gerichts. Die Entscheidung des verordneten Richters ermöglicht stets die Anrufung des Prozeßgerichts nach § 573 I 1, III. Das gilt also unabhängig davon, ob die entsprechende Anordnung des Vorsitzenden anfechtbar wäre. Das Prozeßgericht kann sein Ersuchen wiederholen oder ändern. Es kann dem verordneten Richter aber keine weiteren Weisungen geben.

4 **B. Sofortige Beschwerde.** Gegen die Maßnahme des nach Rn 3 angerufenen Gerichts ist die sofortige Beschwerde nach § 573 II statthaft. Eine Rechtsbeschwerde kommt unter den Voraussetzungen des § 574 in Betracht.

5 **4) VwGO:** Entsprechend anzuwenden, § 173 VwGO. Anrufung des Gerichts: § 151 VwGO.

Titel 4. Folgen der Versäumung; Wiedereinsetzung in den vorigen Stand

Übersicht

Schrifttum: *Kummer*, Wiedereinsetzung in den vorigen Stand, 2003 (Bespr *Huber* NJW 04, 1723).

1 **1) Systematik.** Eine Versäumung liegt vor, wenn eine Partei nach Grdz 4 vor § 50 oder ein Streithelfer nach § 66 eine solche Parteiprozeßhandlung nach Grdz 47 vor § 128 gar nicht, verspätet oder unwirksam vornimmt (Teilversäumung), BGH NJW 91, 2839, die sie entweder innerhalb einer gesetzlichen oder richterlichen Frist oder innerhalb des jeweiligen Prozeßabschnitts oder im Termin vornehmen müßte, also meist bis zum Schluß der mündlichen Verhandlung nach §§ 136 IV, 296 a, evtl auch schon früher, zB nach §§ 39, 43, 295. Demgegenüber liegt in einer völligen Versäumung des Termins zur notwendigen mündlichen Verhandlung nach § 129 Rn 2 das sog Versäumnis. Es kann zur Versäumnisentscheidung nach §§ 330 ff und anderen Folgen führen, §§ 141 III, 251 a, 454, 877, 901. Wer eine Fristeinhaltung behauptet, muß sie voll beweisen, § 418 Rn 8 ff, BGH VersR 01, 733.

2 **2) Regelungszweck.** In allen Fällen Rn 1 sieht das Gesetz als Folge einen Rechtsnachteil vor, damit der Betroffene möglichst gar nicht erst gegen die prozessuale Obliegenheit verstößt. Eine Rechtspflicht zum Erscheinen bzw Verhandeln besteht aber nicht. Daher ist auch § 38 GKG nicht schon wegen einer bloßen Säumnis anwendbar, § 342 Rn 4.

3 **3) Geltungsbereich.** §§ 230 ff gelten grundsätzlich in allen Verfahrensarten nach der ZPO. Sie gelten auch vor dem Beschwerdegericht nach § 73 Z 2 GWB.

4 **4) Versäumungsfolgen in demselben Prozeß.** Eine Teilversäumung hat die folgenden Rechtsnachteile.

Titel 4. Folgen der Versäumung; Wiedereinsetzung **Übers § 230, §§ 230, 231**

A. Ausschluß. Der Teilsäumige wird mit der Prozeßhandlung ausgeschlossen (Präklusionsprinzip), § 230. Seine Handlung ist dann also unzulässig und unwirksam. Termine und Fristen verfallen ohne weiteres. Eine Versäumung in der ersten Instanz kann den Ausschluß für den ganzen Prozeß bedeuten, §§ 530, 531.

B. Kosten. Der Teilsäumige muß Kostennachteile tragen, zB nach den §§ 95, 97 II, 238 IV. 5

C. Unterstellung. Das Gesetz unterstellt, daß der Teilsäumige die ihm ungünstigste Prozeßhandlung 6 vorgenommen hat, soweit sein Handeln unentbehrlich war. Beispiel: § 138 III unterstellt sein Geständnis. Weitere Beispiele: §§ 239 IV, 242, 244 II, 267, 427, 439 III, 441 III, 531 II.

D. Versäumnisentscheidung. Im Fall einer völligen Versäumung ist eine Versäumnisentscheidung nach 7 den §§ 330 ff zulässig. Nach dem Gesetz braucht das Gericht die vorgenannten Rechtsnachteile keineswegs stets anzudrohen. Man mag das im Fall einer völligen Versäumung bedauern. Es ergibt sich aus allgemeinen Rechtsgrundsätzen, und aus den §§ 51 II, 85 II, daß die Versäumung des gesetzlichen Vertreters und des ProzBev als solche der Partei gilt. Wenn es darauf ankommt, ob der Betreffende schuldhaft (vorwerfbar) handelte, etwa bei §§ 95, 356, 379, oder im Zusammenhang mit einem Wiedereinsetzungsverfahren, bleiben diesbezügliche privatrechtliche Grundsätze unerheblich. Zur Abgrenzung Säcker ZZP **80**, 421. Einzelheiten vgl bei § 233.

E. Sonstige Folgen. Vgl §§ 39, 113, 295, 701. 8

5) Versäumungsfolgen im künftigen Prozeß. Man muß zwischen den Rechtsnachteilen in demselben 9 Prozeß und denjenigen in einem künftigen Prozeß unterscheiden. Für einen künftigen Prozeß kommt eine Ausschließung in Betracht. Sie kann zB bei einer Abänderungsklage nach § 323 und bei einer Vollstreckungsabwehrklage nach § 767 eintreten. Darüber hinaus kann sie aber auch als ein Ausfluß der Rechtskraft für alle diejenigen Einwendungen gelten, die das Gericht in dem rechtskräftig beendeten Erstprozeß behandelt hat oder die man nach § 767 II hätte vorbringen können. Vgl auch Einf 11, 13 vor §§ 322–327.

6) Beseitigung der Folgen. Man kann die Folgen einer Versäumung nur in denjenigen Fällen beseitigen, 10 die das Gesetz nennt. Unter Umständen kann man eine versäumte Prozeßhandlung nachholen, etwa nach § 296 III. Ferner ist ein Einspruch zulässig sein, zB gegen ein Versäumnisurteil, §§ 338 ff. Vgl ferner §§ 364 III, 532. Außerdem kann eine Entschuldigung im Verfahren nach Lage der Akten in Betracht kommen, §§ 251 a, 331 a. Sofern es um die Versäumung einer Notfrist nach § 224 I 2 geht, mag eine Wiedereinsetzung in den vorigen Stand nach § 233 zulässig sein. Sie verlangt allerdings regelmäßig, daß man die Frist schuldlos versäumt hat. Das Gesetz kennt keine Wiedereinsetzung gegen die Versäumung eines Termins. Das kann sich unbillig auswirken. Soweit zB eine Wiedereinsetzung in Betracht kommt, ist die Nichtigkeitsklage nach § 579 I Z 4 grundsätzlich unstatthaft, LG Konst MDR **89**, 827.

Das *Wiedereinsetzungsverfahren* ist in den §§ 233 ff geregelt. Ein Antrag auf eine Wiedereinsetzung in den 11 vorigen Stand hindert weder den Eintritt der Rechtskraft nach § 322, BGH **100**, 205, noch die Möglichkeit einer Zwangsvollstreckung, §§ 704 ff. Die Entscheidung des Gerichts dahin, daß die Partei eine Wiedereinsetzung erhält, beseitigt die Rechtskraft rückwirkend, § 705 Rn 9. Das gilt auch dann, wenn es sich zB um ein Scheidungsurteil handelt.

7) *VwGO:* Ausdrücklich geregelt ist nur die Wiedereinsetzung, § 60 VwGO. Die Versäumung von Prozeßhand- 12 lungen hat auch im Verfahren vor den VerwGerichten Bedeutung, Rn *3 ff;* es entfallen jedoch die Geständniswirkung und die Möglichkeit einer Versäumnisentscheidung.

230 *Allgemeine Versäumungsfolge.* Die Versäumung einer Prozesshandlung hat zur allgemeinen Folge, dass die Partei mit der vorzunehmenden Prozesshandlung ausgeschlossen wird.

1) Grundsatz: Ausschlußwirkung. Begriff der Versäumung Üb 1 vor § 230. Eine Versäumung durch 1 einen Fristablauf oder durch den Ablauf des Prozeßabschnitts nach §§ 274 III, 295, 296, 323 II, 532, 767 II oder in der mündlichen Verhandlung hat grundsätzlich zur Folge, daß die Partei mit der Prozeßhandlung ausgeschlossen wird, Karlsr MDR **90**, 336. Das gilt grundsätzlich unabhängig davon, ob sie vorwerfbar handelte oder nicht, Üb 3 vor § 230. In der mündlichen Verhandlung tritt eine Versäumung grundsätzlich erst mit dem Schluß der Verhandlung ein, auf die das Urteil ergeht, §§ 136 IV, 296 a. Das ergibt sich aus dem Grundsatz der Einheit der Verhandlung, Üb 3 vor § 253, Ffm MDR **82**, 153. Vgl ferner § 220 II. Gelegentlich kommt es auch auf den Antrag an, § 43, oder auf die erste Verhandlung, § 39, oder auf die jeweils nächste, § 295. Trotz Rechtzeitigkeit kann Unwirksamkeit und damit Versäumung vorliegen.

2) Ausnahmen. Das Gesetz macht mehrfach von § 230 eine Ausnahme. Das gilt namentlich dann, wenn 2 es sich um die Wahrung des öffentlichen Interesses handelt, §§ 231 II, 295, 617, 640, 670. Eine Versäumung der schriftsätzlichen Vorbereitung hat andere Folgen, § 132 Rn 21, 22. Vgl ferner zB §§ 282, 296.

3) *VwGO: Entsprechend anzuwenden, § 173 VwGO, vgl Üb § 230 Rn 9.* 3

231 *Keine Androhung; Nachholung der Prozeßhandlung.* [I] Einer Androhung der gesetzlichen Folgen der Versäumung bedarf es nicht; sie treten von selbst ein, sofern nicht dieses Gesetz einen auf Verwirklichung des Rechtsnachteils gerichteten Antrag erfordert.

[II] Im letzteren Falle kann, solange nicht der Antrag gestellt und die mündliche Verhandlung über ihn geschlossen ist, die versäumte Prozeßhandlung nachgeholt werden.

1) Systematik, I, II. Die Vorschrift enthält in I in Wahrheit nur einen Grundsatz. Von ihm gibt es an 1 anderen Stellen des Gesetzes Ausnahmen, zB in §§ 141 III 3, 276 II, 277 II. II enthält eine Klarstellung, vgl auch § 295, und eine zeitliche Begrenzung in Anlehnung an §§ 136 IV, 296 a.

§§ 231–233   Buch 1. Abschnitt 3. Verfahren

2   **2) Regelungszweck, I, II.** Die Vorschrift dient in I in Wahrheit trotz ihres vordergründig bürgerfeindlichen Befehls doch gerade deshalb der Rechtssicherheit, Einl III 43. Wer nicht eine bequeme Belehrung abwarten darf, wird sich eher bemühen. Freilich enthalten die ZPO und andere Prozeßordnungen so oft Belehrungspflichten, daß eine Überforderung des Prozeßbeteiligten keineswegs immer ausgeschlossen ist, wenn er die Rechtsfolgen bald selbst herausfinden muß, bald von Amts wegen angekündigt erhält. Eine Vereinheitlichung wäre wünschenswert.

Übereifrigkeit bei gar nicht zwingend erforderlichen Belehrungen ist eine zweifelhafte Art der Erfüllung der richterlichen Fürsorgepflicht, Einl III 27. Zum einen muß man eine einmal bekannt gewordene Belehrungspraxis zur Vermeidung des Vorwurfs eines Verstoßes gegen Art 3 GG dann konsequent immer weiterführen. Zum anderen besteht oft die Gefahr einer Unvollständigkeit oder Fehlerhaftigkeit auch gutgemeinter Belehrung. Schließlich setzt die Parteiherrschaft nach Grdz 18 vor § 128 auch einer weitverstandenen Fürsorgeaufgabe durchaus ebenfalls ernstzunehmende Grenzen. Der Zivilprozeß kennt eben grundsätzlich keine Amtsermittlung, Grdz 38 vor § 128. Dann bedarf es auch keiner umfassenden ständigen Belehrung durch das Gericht, soweit das Gesetz sie nicht direkt vorschreibt. Das darf und muß man auch sehr wohl bei der Handhabung des § 231 mitbeachten, Rn 5 ff.

3   **3) Geltungsbereich, I, II.** Vgl Üb 3 vor § 230.

4   **4) Androhung, I.** Das Gericht braucht die gesetzlichen Folgen einer Versäumung nach dem Wortlaut von I grundsätzlich nicht anzudrohen. Von dieser Regel gibt es aber zahlreiche Ausnahmen, zB §§ 276 II, 277 II, 340 III, 692 I Z 4, 890 II, 947 II Z 3, 981, 987 II, 995, 997, 1002 VI, 1008. Wenn eine Androhung nicht erforderlich ist, treten die Folgen kraft Gesetzes ein, soweit nicht das Gesetz einen Antrag fordert, wie bei §§ 109 II, 113 (Sicherheitsleistung), bei § 158 (Entfernung eines Beteiligten), bei den §§ 239 IV, 246 II (nach einer Unterbrechung), bei den §§ 330 ff (Versäumnisentscheidungen), bei § 699 I 1 (Mahnverfahren), bei § 890 I (Zwangsvollstreckung wegen Unterlassung), bei § 926 (Arrestklage), bei § 952 (Ausschlußurteil).

5   **5) Rechtsmittelbelehrung, I.** Das Gesetz verlangt vom Gericht also grundsätzlich noch keine Rechtsmittelbelehrung, Rn 2, § 139 Rn 79 „Rechtsmittelbelehrung", BGH FamRZ 93, 310, Hamm MDR 75, 409 (zum dort unter anderem erörterten Problem jetzt § 890 Rn 21), LG Heilbronn MDR 91, 1194 (kein Verfassungsverstoß). Das Gericht sollte sich auch hüten, eine Rechtsmittelbelehrung zu erteilen, soweit es dazu nicht gesetzlich verpflichtet ist, Rn 2. Obendrein könnte sie falsch sein und schon deshalb eine Staatshaftung auslösen. Sie könnte sich nach § 839 BGB auswirken, etwa dann, wenn sich die Rechtsmittelbelehrung in einem Urteil befindet.

6   Die Fürsorgepflicht des Gerichts nach Einl III 27 findet dort ihre *Grenze*, wo der Gesetzgeber nach jeweils geltendem Recht die Grenze selbst erkennbar zieht. Das Gesetz kennt zwar auf anderen Gebieten mehr oder minder umfassende Rechtsmittelbelehrungspflichten, im Verwaltungs- oder Strafprozeß. Es stellt aber im Zivilprozeß derzeit nur in einzelnen Fällen solche Pflichten auf. Daher hat der Gesetzgeber selbst klar zu erkennen gegeben, daß er das Problem unterschiedlicher Belehrungspflichten kennt. Deshalb kann man dann auch nicht von einer Gesetzeslücke im Sinn von Einl III 48 sprechen. Im übrigen könnte die Partei mit Recht zB darauf hinweisen, daß ihr im Fall A eine Belehrung erteilt worden sei, im Fall B jedoch nicht. In solcher unterschiedlichen Handhabung könnte ein Verstoß gegen Art 3 GG liegen. Er könnte ebenfalls Staatshaftung usw auslösen, Rn 2.

7   Das alles gilt unabhängig davon, ob der derzeitige Rechtszustand *rechtspolitisch* erfreulich ist oder nicht. Immerhin muß man berücksichtigen, daß der Zivilprozeß nach der Grundeinstellung auch des heutigen Gesetzes ein Kampf zweier gleichberechtigter Parteien gegeneinander ist, LG Heilbr MDR 91, 1194, nicht etwa ein Verfahren der Obrigkeit gegenüber dem einzelnen Bürger wie etwa im Strafprozeß. Daraus ergibt sich auch eine mindere Belehrungs-, Hinweis- und Fürsorgepflicht des Gerichts.

8   **6) Nachholbarkeit, II.** Soweit das Gesetz einen Antrag mit dem Ziel des Ausspruchs der Folgen einer Versäumung nach Rn 1 voraussetzt und soweit eine Partei diesen Antrag auch wirksam gestellt hat, ist eine versäumte Prozeßhandlung bis zu dem nach §§ 136 IV, 296 a eintretenden Schluß einer notwendigen mündlichen Verhandlung über diesen Antrag nachholbar, Köln OLGZ 79, 119. Ausnahmsweise kann man sie sogar noch bis zur Verkündung oder sonstigen Wirksamkeit der Entscheidung über den Antrag nachholen. Das gilt zB in den Fällen der §§ 106, 109. Manchmal setzt das Gesetz keinen derartigen Antrag voraus. Das gilt etwa im Fall der Versäumung einer Rechtsmittelbegründungsfrist. Es mag sich auch nicht um eine Prozeßhandlung handeln, etwa im Fall der Ernennung eines Schiedsrichters. In diesen Fällen ist die versäumte Prozeßhandlung nicht nachholbar. Soweit nach § 128 II 2 keine mündliche Verhandlung stattfindet, genügt die Nachholung bis zum gerichtlich bestimmten Einreichungszeitpunkt. Wenn das Gericht die Verhandlung nach § 156 wiedereröffnet, gilt die Regelung nach II bis zum erneuten Verhandlungsschluß. II ist auch dann anwendbar, wenn nach der Versäumung einer richterlichen Frist ein Antrag notwendig wird.

9   **7) VwGO:** Entsprechend anzuwenden, § 173 VwGO, vgl Üb § 230 Rn 12.

232 (weggefallen)

233
Wiedereinsetzung in den vorigen Stand. War eine Partei ohne ihr Verschulden verhindert, eine Notfrist oder die Frist zur Begründung der Berufung, der Revision, der Nichtzulassungsbeschwerde, der Rechtsbeschwerde oder der Beschwerde nach §§ 621 e, 629 a Abs. 2 oder die Frist des § 234 Abs. 1 einzuhalten, so ist ihr auf Antrag Wiedereinsetzung in den vorigen Stand zu gewähren.

Titel 4. Folgen der Versäumung; Wiedereinsetzung   § 233

Schrifttum: *Born* NJW **05**, 2042 (Rspr-Üb); *Büttner,* Wiedereinsetzung in den vorigen Stand usw, 2. Aufl 1998; *Fink,* Die Wiedereinsetzung in den vorigen Stand im Zivilprozeßrecht, Wien 1994; *Greger,* Das Rechtsinstitut der Wiedereinsetzung usw, 1998; *Kummer,* Wiedereinsetzung in den vorigen Stand, 2003 (Bespr *Huber* NJW **04**, 1723); *Maniotis,* Das prozessuale Verschulden und die objektive Präklusion, zwei Auslegungsprobleme des § 233 ZPO, Diss Freibg/Br 1983; *Prütting/Weth,* Rechtskraftdurchbrechung bei unrichtigen Titeln, 2. Aufl 1994; *Vollkommer,* Die Erleichterung der Wiedereinsetzung im Zivilprozeß, in: Festschrift für *Ostler,* 1983. Vgl auch die Rspr-Üb bei von Pentz NJW **03**, 858 sowie die Nachweise bei § 85.

Gliederung

1) **Systematik**	1	8) **Ohne Verschulden**	11–17
2) **Regelungszweck**	2	A. Verschuldensbegriff	11–15
3) **Sachlicher Geltungsbereich**	3, 4	B. Glaubhaftmachung	16
A. Fristversäumung	3	C. Ursächlichkeit des Verschuldens	17
B. Beispiele zur Frage des sachlichen Geltungsbereichs	4	9) **Beispiele zur Frage einer Wiedereinsetzung**	18–190
4) **Persönlicher Geltungsbereich**	5	Hauptstichwort „Rechtsanwalt"	49–188
5) **Notfristablauf usw**	6	Unterstichwörter bei den einzelnen Hauptstichwörtern	189–190
6) **Beispiele zur Frage des Vorliegens einer Notfrist usw**	7–9	10) *VwGO*	191
7) **Antrag**	10		

1) Systematik. Man muß zwischen der Wiedereinsetzung in den vorigen Stand nach §§ 233 ff und der Wiederaufnahme eines rechtskräftig abgeschlossenen Verfahrens nach §§ 578 ff unterscheiden. Beide Institute haben Berührungspunkte im notwendigen Merkmal der Unverschuldetheit. 1

2) Regelungszweck. Die Wiedereinsetzung in den vorigen Stand ist die Beseitigung eines Rechtsnachteils, der einer Partei infolge einer Versäumung entstanden ist, BGH **283**. Sie gehört zum einfachen, dem BVerfG nur bedingt zur Überprüfung zugänglichen Recht, BVerfG NJW **00**, 1634. Sie dient freilich unmittelbar dazu, Rechtsschutz zu garantieren, BVerfG NJW **04**, 2887, BGH NJW **02**, 3031. Sie soll auch das rechtliche Gehör nach Einl III 16 gewährleisten, BVerfG NJW **00**, 1634, BGH NJW **02**, 3031. Der gesetzgeberische Hintergrund ist die Notwendigkeit einer richterlichen Billigkeitsentscheidung. Andererseits sollen jede Prozeßverschleppung und jede Gefährdung der Rechtskraft unterbleiben, Schlicht BB **80**, 632. Deshalb hat das Gesetz die Möglichkeiten einer Wiedereinsetzung mit ihrer Beseitigung der Rechtskraft beschränkt. 2

Richterrecht, „case law", hat sich tausendfältig bei §§ 233 ff herausgebildet. Das zeigen schon die unzähligen Einzelfallbeispiele aus der Rechtsprechung in Rn 18–190. Systematisch ist das eigentlich im deutschen Gesetzesrecht ein Fremdkörper. Er besteht freilich auch auf so manchem anderen Gebiet in lebendigster Realität, etwa im Wettbewerbsrecht oder im Straßenverkehrsrecht, also überall dort, wo das Gesetz bewußt nur die Marschrichtung setzt und die Ausformung der Entwicklung überläßt.

Rechtssicherheit bleibt erstaunlicherweise trotz solcher Überantwortung an die Richterschaft keineswegs auf der Strecke. Vielmehr zeigt die höchstrichterliche Rechtsprechung eine bisweilen wirklich um Haarspaltung nicht zu beneidende Bemühung zur Herausarbeitung von Linien etwa zur erstmaligen Verlängerung einer Rechtsmittelbegründungsfrist. Das Alltagsleben eilt mit seiner im ständigen Fluß befindlichen Buntheit jeder Einengung in ein Rechtsprechungsbett davon, etwa beim Telefax usw. Ein Rest von Neuland bleibt daher für alle Beteiligten auch beim Wiedereinsetzungsverfahren riskant zu erkunden. Härte bei Fristen, aber behutsames Verständnis bei der Prüfung einer Wiedereinsetzungschance bleiben reizvolle schwierige Aufgabe nicht nur des Gerichts.

3) Sachlicher Geltungsbereich. Vgl zunächst Üb 3 vor § 230. 3

A. Fristversäumung. Die Wiedereinsetzung ist nur dann statthaft, wenn man eine Frist insgesamt objektiv versäumt hat, BGH NJW **03**, 2460. Es reicht also nicht, daß man bloß zB einzelne fristgebundene Rügen oder etwa einen Termin versäumt hat. Nach dem klaren Wortlaut des § 233 ist die Wiedereinsetzung also nicht beim Fehlen einer wirksamen Frist zulässig, Mü RR **87**, 895 (kein Rechtsschutzbedürfnis), oder gegenüber einer Terminsversäumung. Das kann sich unbillig auswirken. In solchen Fällen können aber die §§ 251 a II 4, 337, 342, 514 II helfen. Eine ordnungsgemäße Versagung der Wiedereinsetzung ist kein Verstoß gegen Artt 2 I, 20 III GG (Rpfl), BVerfG **101**, 404, Art 103 I GG (Richter), Köln VersR **75**, 545. Die Wiedereinsetzung hängt von anderen Voraussetzungen ab als die Einstellung der Zwangsvollstreckung. Die Entscheidung ist im Gegensatz zur letzteren endgültig, BVerfG **61**, 17.

Soweit das Gericht der Partei die Wiedereinsetzung in den vorigen Stand zugebilligt hat, ist eine zugelassene und von der Partei nunmehr ordnungsmäßig nachholte Prozeßhandlung ebenso *wirksam,* als ob sie ursprünglich rechtzeitig erhoben wäre, BGH **128**, 283. Dann ist ferner die Rechtskraft einer etwa inzwischen ergangenen verwerfenden Entscheidung beseitigt, soweit es gerade um die Fristversäumung geht, LAG Mü MDR **94**, 834. Das gilt auch dann, wenn das Gericht zB eine Ehe zunächst geschieden hatte, wenn ein geschiedener Ehegatte inzwischen erneut geheiratet hat und wenn die neue Ehe infolge der Wiedereinsetzung in den vorigen Stand nunmehr bigamisch wird, BGH **98**, 328 (abl Vollkommer JR **87**, 230). Ein Verzicht auf die Einhaltung der §§ 233 ff und vor allem des § 236 ist unwirksam.

B. Beispiele zur Frage des sachlichen Geltungsbereichs 4
Arbeitsgericht: §§ 233 ff gelten im arbeitsgerichtlichen Verfahren, BAG NJW **05**, 3084 und NZA **05**, 1133, LAG Hamm JB **04**, 377, Schlicht BB **80**, 632.
Baulandsache: §§ 233 ff gelten in einer Baulandsache, § 218 BauGB.

Hartmann

§ 233

Entschädigungssache: §§ 233 ff gelten im Verfahren nach dem BEG, BGH VersR **86**, 966. Zur Vereinbarkeit mit dem GG BVerfG NJW **84**, 2148.
Finanzgericht: §§ 233 ff gelten im finanzgerichtlichen Verfahren, § 56 FGO, BFH NJW **94**, 960 (grds aber keine Wiedereinsetzung wegen unverschuldeter Terminsversäumung).
Freiwillige Gerichtsbarkeit: §§ 233 ff gelten im Verfahren der freiwilligen Gerichtsbarkeit, Hamm NZM **98**, 972 (mit Abweichungen bei §§ 234 I, 236 II), KG NZM **99**, 569 (je: WEG), Zweibr ZMR **00**, 405, aM Bonifacio ZMR **02**, 410 (bei § 23 IV 2 WEG. Aber seine Auslegung von BGH NJW **01**, 3339 geht sehr weit).
Geschmacksmuster: §§ 233 ff können im Verfahren nach dem GeschmMG gelten, BPatG GRUR **83**, 647.
Halbleiter: §§ 233 ff können im Verfahren nach § 11 I Halbleiterschutzgesetz in Verbindung mit § 123 PatG gelten.
Insolvenz: §§ 233 ff sind im Insolvenzverfahren grds anwendbar, § 4 InsO, BayObLG RR **02**, 914, Köln Rpfleger **01**, 44.
S aber auch Rn 7 „Insolvenzverfahren".
Markensache: §§ 233 ff gelten in einer Markensache vor dem Patentamt und dem PatG, § 91 MarkenG, sowie vor dem BGH mit einer Besonderheit entsprechend, § 88 I 1, 2, § 91 VIII MarkenG.
Nichtzulassungsbeschwerde: §§ 233 ff sind ausdrücklich auf ein Verfahren nach § 544 anwendbar.
Patentsache: §§ 233 ff können im Verfahren nach § 123 PatG gelten, wenn auch mit Abweichungen, BGH RR **99**, 838.
Sie gelten *nicht* bei der Versäumung der Frist zur Zahlung einer Beschwerdegebühr in einem Patentanmeldeverfahren, BGH **89**, 245.
Rechtsbeschwerde: §§ 233 ff sind ausdrücklich auf ein Verfahren nach §§ 574 ff anwendbar, BGH FamRZ **05**, 1711.
Sorgerecht: §§ 233 ff gelten im Verfahren nach § 621 I Z 1, BGH NJW **79**, 110.
Sortenschutz: §§ 233 ff können im Verfahren nach § 40 SortenschutzG gelten.
Sozialgericht: §§ 233 ff gelten im sozialgerichtlichen Verfahren, § 67 I SGG.
Verfassungsbeschwerde: Es ist grds wegen der bloßen Hilfsfunktion der Verfassungsbeschwerde nach Einl III 28 notwendig, auch dann vor ihrer Einlegung eine Wiedereinsetzung zu beantragen, wenn das aussichtslos zu sein scheint, BVerfG RR **99**, 1149. §§ 233 ff gelten im Verfahren auf eine Verfassungsbeschwerde, BVerfG NJW **00**, 574. Zum Landesrecht VerfGH Sachsen NJW **99**, 780. Rechtspolitisch krit Zuck ZRP **85**, 299.
Verwerfung: §§ 233 ff können nach einer Rechtsmittelverwerfung als unzulässig anwendbar sein, soweit es um die Versäumung der Rechtsmittelbegründung geht, BGH FamRZ **05**, 791.
Wohnungseigentum: S 3 „Freiwillige Gerichtsbarkeit".

5 **4) Persönlicher Geltungsbereich.** § 233 schützt eine Partei nach Grdz 4 vor § 50 und auch ihren Streithelfer, § 66. Hat die Partei einen Vertreter im Sinn der §§ 51 II, 85 II, so kommt es nur darauf an, ob dieser Vertreter verhindert war. Allerdings kann in dem Unterlassen der Bestellung eines anderen Vertreters ein Verschulden der Partei liegen. Dagegen braucht die Partei für das Verschulden desjenigen Angestellten nicht einzustehen, den man nicht als ihren Vertreter ansehen kann. Sie braucht erst recht nicht für solche Personen einzustehen, die weder ihr Vertreter noch ihr Angestellter sind, § 85 Rn 27 „Angestellter".

6 **5) Notfristablauf usw.** Es muß zunächst eine gesetzliche Notfrist nach § 224 I 2 abgelaufen sein, BGH FamRZ **95**, 1484, Hamm NZM **03**, 685. Das kann auch bei einer rechtzeitigen, aber unwirksamen Parteiprozeßhandlung so sein, BGH NJW **00**, 364. Ob die Notfrist tatsächlich abgelaufen ist, muß das Gericht ohne die Erleichterungen der bloßen Glaubhaftmachung gemäß 233 ff nach allgemeinen Regeln noch vorrangig vor der Wiedereinsetzungsfrage prüfen, BGH VersR **86**, 60. Fehlt eine wirksame Frist, so besteht für eine Wiedereinsetzung kein Rechtsschutzbedürfnis, Mü RR **87**, 895. Dasselbe gilt, solange eine Fristversäumung unklar ist, BGH NJW **98**, 1156. Im übrigen stellt der Wortlaut des § 233 weitere Fälle dem Ablauf einer Notfrist gleich.

7 **6) Beispiele zur Frage des Vorliegens einer Notfrist usw**
Abhilfeverfahren: Rn 8 „Rechtliches Gehör".
Anschlußberufung: Es gelten dieselben Regeln wie „Berufung", Zweibr RR **03**, 1300.
S aber auch „Familiensache".
Anschlußbeschwerde: Es gelten dieselben Regeln wie Rn 8 „Rechtsbeschwerde", § 574 IV 1, „Sofortige Beschwerde".
S aber auch „Familiensache".
Anschlußrevision: Es gelten dieselben Regeln wie Rn 8 „Revision".
Anwaltsvergütung: Die Frist nach § 52 VI RVG ist *keine* Notfrist, Bbg JB **93**, 89.
Auslandszustellung: Die Frist des § 1070 S 2 ist ausdrücklich eine Notfrist.
Außergerichtlicher Vergleich: Rn 9 „Vergleich".
Befristete Beschwerde: Rn 8 „Nichtzulassungsbeschwerde", „Rechtsbeschwerde", „Sofortige Beschwerde".
Berufung: Die Frist zur Einlegung der Berufung ist eine Notfrist, (jetzt) § 517 Hs 2, BGH NJW **03**, 2460. Dasselbe gilt wegen der Fiktion in § 233 im Ergebnis auch für die Berufungsbegründungsfrist, § 520 II 1. Dagegen ist § 233 *unanwendbar*, soweit es um den Antrag auf eine Verlängerung der Berufungsbegründungsfrist geht, BGH VersR **87**, 308.
Beschwerde: Rn 8 „Nichtzulassungsbeschwerde", „Rechtsbeschwerde", „Sofortige Beschwerde".
Einspruch: Die Frist zur Einlegung des Einspruchs gegen ein Versäumnisurteil nach § 339 I bzw gegen einen Vollstreckungsbescheid in Verbindung mit § 700 I ist eine Notfrist, § 339 I Hs 2, Karlsr MDR **94**, 831. Dasselbe gilt für die Frist zur Begründung des Einspruchs, § 340 Rn 12, und zwar auch im Fall ihrer Verlängerung, § 340 Rn 14.

Titel 4. Folgen der Versäumung; Wiedereinsetzung § 233

Ergänzung: Eine bloße Ergänzung einer im Kern rechtzeitig eingereichten Eingabe fällt *nicht* unter § 233, BGH NJW **97**, 1309.
Familiensache: Die Frist zur Einlegung eines Anschlußrechtsmittels nach § 629 a III ist *keine* Notfrist, Celle FamRZ **90**, 647.
S aber auch „Befristete Beschwerde" usw.
Form: Die Frist ist auch dann erfolglos abgelaufen, wenn die Partei die erforderliche Schrift nicht innerhalb der Frist in einer formell ausreichenden Form eingereicht hatte, wenn sie etwa die Berufungsschrift nicht unterschrieben hatte.
Insolvenzverfahren: § 287 I InsO bringt *keine* Notfrist, Köln Rpfleger **01**, 44.
Klagefrist: Sie ist grds *keine* Notfrist, LAG Hamm NZA-RR **04**, 377.
S auch „Mieterhöhung".
Klagerücknahme: Die Widerspruchsfrist des Bekl ist eine Notfrist, §§ 224 I 2, 269 II 4.
Kostenfestsetzung: § 104 nennt Notfristen, Mü AnwBl **01**, 521.
S. auch Rn 7 „Anwaltsvergütung".
Kündigungsschutz: *Keine* Notfrist ist diejenige des § 5 KSchG, LAG Ffm NZA-RR **05**, 322.
Mahnverfahren: *Keine* Notfristen sind: Die Frist zur Erhebung des Widerspruchs gegen den Mahnbescheid, wie sie sich ohnehin nur indirekt aus § 694 III ableiten ließe; die Frist nach § 692 I Z 3, Brdb ZMR **99**, 103; die Frist nach § 697 III 1; die Frist nach § 701 S 1, LAG Bln MDR **90**, 187.
S aber auch Rn 7 „Einspruch".
Mieterhöhung: Die Klagefrist nach §§ 558 ff BGB ist *keine* Notfrist, AG Mölln WoM **85**, 319.
NATO-Truppenstatut: Die sachlichrechtliche Frist zur Anmeldung eines nach dem NATO-Truppenstatut zu regulierenden Schadens gilt nach Art 6 III NTS-AG als Notfrist, Ffm VersR **89**, 265.
Nichtzulassungsbeschwerde: Die Frist zu ihrer Einlegung ist eine Notfrist, §§ 224 I 2, 544 I 2.
Notfristlicher Fall: Zur Anwendbarkeit der §§ 233 ff auf notfristähnliche Fälle LG Mü WoM **83**, 141, Gerhardt ZZP **98**, 357.
Prozeßkostenhilfe: Eine „Frist" für die Einreichung eines Antrags auf Prozeßkostenhilfe ist jedenfalls *keine* Notfrist, BGH VersR **86**, 1025, Bbg FamRZ **97**, 179, LAG Bre AnwBl **88**, 123. Auch eine Frist nach § 118 II 4 ist keine Notfrist, LAG Köln JB **91**, 1529, Schneider MDR **89**, 514, aM LAG Düss JB **88**, 1722 (aber § 224 I 1 ist eindeutig, Einl III 39).
Prozeßvergleich: Rn 9 „Vergleich".
Räumung: Die Frist des § 765 a III 1 ist *keine* Notfrist, § 224 I 2, und keine notfristähnliche, § 765 a Rn 8.
Rechtliches Gehör: Artt 2 I, 20 III GG (Rpfl), BVerfG **101**, 404, Art 103 I GG (Richter) können eine entsprechende Anwendung der §§ 233 ff erforderlich machen, BVerfG **22**, 88, BVerwG NJW **94**, 674. Indessen ist große Zurückhaltung geboten. Andernfalls könnte man vielfach die Wiedereinsetzung benutzen, um in Wahrheit prozessuales Verschulden zu unterlaufen. Die Frist des § 321 a II 2 ist eine Notfrist.
Rechtsbeschwerde: Die Frist zu ihrer Einlegung ist eine Notfrist, §§ 224 I 2, 575 I 1.
Revision: Die Frist zur Einlegung der Revision ist eine Notfrist, § 548 Hs 2. Im Ergebnis ist nach § 233 eine Wiedereinsetzung auch gegen die Versäumung der Frist zur Revisionsbegründung nach § 551 II 2 statthaft, aM LG Mü WoM **83**, 141.
Sofortige Beschwerde: Die Frist zur Einlegung einer sofortigen Beschwerde ist eine Notfrist, § (jetzt) 569 I 1, BGH RR **98**, 638.
Sofortige Erinnerung: Die Frist nach § 11 II 1 RPflG ist eine Notfrist, § 104 Rn 72 ff.
Tatbestandsberichtigung: Die Frist von drei Monaten nach § 320 II 3 ist *keine* Notfrist.
Terminsverlegung: Gegen die Versäumung der Antragsfrist nach § 227 III 1 ist *keine* Wiedereinsetzung statthaft. Denn es liegt keine Notfrist nach § 224 I 2 vor, § 227 Rn 35.
Uneigentliche Frist: Eine Wiedereinsetzung kommt *nicht* schon beim Verstreichen einer sog uneigentlichen Frist nach Üb 11 vor § 214 in Betracht, BVerwG NJW **86**, 208.
Unterschrift: Rn 7 „Form".
Urteilsergänzung: Die Antragsfrist nach § 321 II ist *keine* Notfrist, BGH NJW **80**, 786. Dasselbe gilt bei § 64 III a 2 ArbGG, Germelmann NZA **00**, 1023.
Vergleich: Schon wegen der Notwendigkeit, die Ausnahmevorschrift des § 233 eng auszulegen, Deubner JuS **91**, 501, ist die in einem Vergleich vereinbarte Frist zur Einreichung eines etwaigen Widerrufs *keine* Notfrist, Anh § 307 Rn 10 (Streitfrage). Die Parteien können auch nicht wirksam eine Notfrist vereinbaren.
Versäumnisurteil: Rn 7 „Einspruch".
Vollstreckungsbescheid: Rn 7 „Einspruch".
Widerruf: S „Vergleich".
Widerspruch: Rn 8 „Mahnverfahren".
Wiederaufnahmeverfahren: Die Frist des § 586 I ist eine Notfrist. Gegen ihre Versäumung ist die Wiedereinsetzung statthaft, BVerfG NJW **93**, 3257.
Wiedereinsetzungsantrag: Gegen die Versäumung der Frist nach § 234 I ist nach dem klaren Wortlaut des § 233 die Wiedereinsetzung statthaft, BAG BB **97**, 2223, Ffm OLGZ **79**, 18.

7) Antrag. Eine Wiedereinsetzung in den vorigen Stand erfolgt grundsätzlich nur auf Grund eines Antrags des Geschädigten, § 236 I. Ein ausdrücklicher Antrag ist aber unter Umständen entbehrlich, § 236 Rn 4. Ein Hilfsantrag ist zulässig, BGH NJW **00**, 2280. Bei § 236 II 2 Hs 2 ist ein Antrag ausnahmsweise ganz entbehrlich, dort Rn 16 ff. Die allgemeinen Prozeßvoraussetzungen nach Grdz 12 vor § 253 müssen vorliegen. Ein Rechtsschutzbedürfnis muß stets vorhanden sein, BVerwG NJW **90**, 1806. Das Gericht muß sein Vorliegen daher von Amts wegen prüfen, Hamm FamRZ **79**, 723. § 295 ist unanwendbar.

8) Ohne Verschulden. Man kann die Anforderungen praktisch oft kaum erfüllen.

A. Verschuldensbegriff. Die Partei darf keine Schuld daran haben, daß sie die Frist nicht einhielt. Das muß sie aus sich heraus verständlich darlegen, BGH BB **05**, 1136. Ob sie auch den etwa vorangegangenen Termin schuldlos versäumte, ist unerheblich, Karlsr MDR **94**, 831. Die unverschuldeten Umstände müssen ursächlich für die Fristversäumung sein. Früher war eine Wiedereinsetzung nur dann zulässig, wenn ein Naturereignis oder ein unabwendbarer Zufall für den Fristablauf ursächlich gewesen waren. Jetzt ist es für eine Wiedereinsetzung formell ausreichend, daß die Partei oder wenigstens einer ihrer Vertreter nach §§ 51 II, 85 II diejenige Sorgfalt aufwendeten, die man verständigerweise von ihnen erwarten konnte, BGH NJW **92**, 2489, BAG NZA **05**, 1133, Zuck ZRP **85**, 299, aM Mü MDR **86**, 62, Schwab NJW **79**, 697 (aber die Anforderungen haben sich gesetzlich geändert). Das Verschulden Dritter, insbesondere von Büropersonal des Vertreters, ist als solches unschädlich. Es kann aber als Verschulden auch des Vertreters gelten, Rn 49 ff.

12   Damit begnügt sich das Gesetz jetzt mit einem *Grad von Sorgfalt*, der auch bei anderen Prozeßhandlungen und sonstigen prozessualen Ereignissen üblich ist, Einl III 68. Man muß den Maßstab der erforderlichen Sorgfalt den gesamten Umständen anpassen. Man kann von einer intelligenten rechtskundigen Partei ein höheres Maß von Sorgfalt erwarten, Brschw JB **78**, 850, OVG Lüneb NJW **94**, 1299. Wie stets bei einer Verschuldensprüfung kommt es auch hier auf das Zumutbare an, BGH NJW **85**, 1711. Freilich muß man auch in diesem Zusammenhang die allgemeine prozessuale Sorgfaltspflicht beachten, die zB § 282 verlangt. Andererseits hat gerade dieselbe Gesetzesänderung von 1977, die die prozessualen Anforderungen sonst vielfach verschärft hat, im Bereich der Wiedereinsetzung spürbare Erleichterungen geschaffen. Auch das muß man bei der Klärung des zumutbaren Grades der Sorgfalt berücksichtigen.

13   Nach wie vor *schaden Vorsatz und Fahrlässigkeit jeden Grades*, vgl § 276 BGB, also ein auch nur leichtes prozessuales Verschulden, Einl III 68, BGH NJW **90**, 1239, Celle JB **04**, 493, auch als bloßes Mitverschulden, BGH NJW **79**, 876. Es muß individuell vorliegen. Die bloße Möglichkeit einer Schuldlosigkeit reicht nicht, BGH FER **96**, 41, Zweibr ZMR **00**, 405, aM BAG NJW **90**, 2707 (aber die Gesetzesworte „ohne ihr Verschulden" sind eine nach Wortlaut und Sinn klare sofortige Bedingung der Durchbrechung der Rechtskraft, Einl III 39). Jedoch braucht die Partei keineswegs mehr wie früher eine äußerste Sorgfalt aufzuwenden, BGH VersR **85**, 139. Die Partei soll durch Förmlichkeiten möglichst keinen Schaden erleiden. Man darf die Anforderungen gerade hier nicht überspannen, BVerfG RR **01**, 1076, BGH RR **05**, 866, Kreuder BB **00**, 1348.

14   Freilich darf das alles nicht zu einer Schädigung der Rechtssicherheit führen, Einl III 43. Daher ist auch *keineswegs* eine *allzu großzügige Zulassung* der Wiedereinsetzung zulässig, Müller NJW **93**, 688. Allgemeine Schwierigkeiten, die jeden treffen, sind keineswegs immer ein ausreichender Wiedereinsetzungsgrund, BGH VersR **83**, 138. Immerhin braucht die Partei zB vor einem Urlaub grundsätzlich keine „besonderen" Vorkehrungen wegen einer möglichen Zustellung gleich welcher Art zu treffen, BVerfG **41**, 335 (StPO). Das gilt evtl sogar dann, wenn die Partei an sich mit einer Zustellung rechnen muß, strenger BGH (7. ZS) VersR **82**, 653 und (8. ZS) VersR **84**, 82. Freilich weist BVerwG MDR **77**, 431 zutreffend darauf hin, daß die Partei jedenfalls die „normalen" Vorkehrungen auch während eines Urlaubs treffen muß.

15   Schuldlos ist eine *vorübergehende* Abwesenheit von der ständigen Wohnung. Das gilt selbst außerhalb der allgemeinen Urlaubszeit, BVerfG **41**, 336, Corts DB **79**, 2086. Schädlich ist aber ein vorwerfbares Sichentziehen, BGH VersR **77**, 1099. Schädlich ist eine Verzögerung nach der Rückkehr, BVerfG **35**, 298. Ein von der Residenzpflicht nach § 213 BRAO befreiter Anwalt, der seinen ausländischen Aufenthaltsort für längere Zeit verläßt, muß möglichst sicherstellen, daß die nach deutschem Recht ablaufenden Fristen eingehalten werden. Schuldlos muß nicht nur die Unkenntnis des Versäumnisurteils sein, sondern auch die Unkenntnis seines Erlasses und die Versäumung der Einspruchsfrist. Wenn man Form und Frist versäumt hat, müssen beide Versäumnisse unverschuldet sein, BAG BB **77**, 500. Ein Verschulden des ProzBev ist auch nach dem Zeitpunkt der Niederlegung des Mandats schädlich.

16   **B. Glaubhaftmachung.** Vgl § 236 II 1. Im Zweifel darf und muß das Gericht eine Wiedereinsetzung versagen, BGH VersR **83**, 401.

17   **C. Ursächlichkeit des Verschuldens.** Nur ein solches Verschulden schließt die Wiedereinsetzung aus, das für die Fristversäumung usw auch ursächlich wurde und geblieben ist, BGH BB **04**, 1764, BAG NJW **89**, 2708.

18   **9) Beispiele zur Frage einer Wiedereinsetzung.** Man übersehe nie, die Entscheidung auf die Person des Säumigen abzustellen. Die Rechtsprechung ist äußerst umfangreich, kompliziert und schwer zu überschauen, Karlsr MDR **90**, 337. Die Rechtsprechung und Lehre vor 1977 ist nur insofern uneingeschränkt verwertbar, als sie bereits damals nach den strengeren gesetzlichen Anforderungen eine Wiedereinsetzung gewährte. Soweit sie diese ablehnte, ist sie nur nach Maßgabe der gesetzlichen Voraussetzungen an eine Wiedereinsetzung als Anhalt verwertbar.

19   **Gericht:** Die Wiedereinsetzung kommt schon wegen der Notwendigkeit eines fairen Verfahrens nach einem Gerichtsfehler in Betracht, Einl III 23, BVerfG **110**, 342. Das gilt zB, wenn das Gericht ungenügende organisatorische Vorkehrungen getroffen hat. Sie entfällt, soweit die Partei nicht wenigstens mit aufgepaßt hat.

– **(Adresse):** Wiedereinsetzung ist möglich, wenn zwar die richtige Adresse fehlte, der Inhalt aber eindeutig war, BGH NJW **92**, 1047, Rn 153. Es ist unerheblich, ob ein derart in der Frist beim Gericht eingegangenes Schreiben auch sofort zur richtigen Akte kam, BVerfG **60**, 122, aber auch 246, BGH FamRZ **97**, 172. Die Weiterleitung braucht nicht per Telefax zu erfolgen, BAG NJW **98**, 924, wohl aber im normalen Gang, Rn 24 „– Unzuständigkeit".
  S auch Rn 22 „– (Gemeinsame Briefannahmestelle usw)", Rn 24 „– (Unzuständigkeit)".

– **(Akteneinsicht):** Wiedereinsetzung ist möglich, soweit das Gericht eine notwendige Akteneinsicht ohne Mitschuld des ProzBev oder des Verkehrsanwalts vereitelt hat, BGH BB **04**, 2378.

– **(Aktenzeichen):** Wiedereinsetzung ist möglich, soweit nur das Aktenzeichen falsch war oder gefehlt hat, BGH VersR **82**, 673. Es ist unerheblich, ob ein derart in der Frist beim Gericht eingegangenes Schriftstück auch sofort zur richtigen Akte kam, BVerfG **60**, 122, aber auch 246, BGH NJW **83**, 123. Die Partei und ihr ProzBev müssen aber auch das Aktenzeichen in zumutbarem Umfang prüfen.

Titel 4. Folgen der Versäumung; Wiedereinsetzung **§ 233**

- **(Annahmestelle):** Das Einlegen in eine Mulde des Schiebekastens von außen reicht zur Fristwahrung, Hbg MDR **99**, 627.
- **(Anschrift):** S „Adresse", Rn 22 „– (Gemeinsame Briefannahmestelle usw)".
- **(Anwaltsverein):** Wiedereinsetzung ist möglich, soweit man am Tag des Fristablaufs das mit „Landgericht" bezeichnete Fach des im Gericht gelegenen Raums des Anwaltsvereins benutzt hat, wenn der Wachtmeister das Fach mehrfach täglich geleert hat, Köln NJW **86**, 859.
- **(Auskunft):** Wiedereinsetzung ist möglich, soweit das Gericht eine unrichtige Auskunft über die 20 Rechtzeitigkeit eines Rechtsmittels gegeben hat, BGH FamRZ **89**, 729, strenger Köln RR **98**, 1447.
  Bei falscher Gerichtsauskunft kann keine (Mit-)Haftung des *Anwalts* eintreten, BVerfG NJW **95**, 711, BGH (2. ZS) RR **97**, 1020, aM BGH NJW **94**, 2299, Späth NJW **75**, 693 (aber in solcher Lage wiegt das Fehlverhalten des Gerichts durchweg viel schwerer).
- **(Auswärtige Abteilung):** Wegen ihrer Beteiligung Karlsr NJW **84**, 744.
- **(Belehrung):** Soweit das Gericht eine Belehrung objektiv unrichtig erteilt *hat*, ist Wiedereinsetzung grds möglich, BVerfG NJW **04**, 2887, BGH Rpfleger **04**, 177, Naumb FamRZ **01**, 569 (im Amtsverfahren auch von Amts wegen).
  Wiedereinsetzung ist *nicht* schon deshalb möglich, weil eine gesetzlich nicht vorgeschriebene Belehrung fehlte, zB über eine Rechtsmittelmöglichkeit oder über die Fehlerhaftigkeit seiner bisherigen Einlegung, BVerfG NJW **01**, 1343. Die ZPO schreibt solche Belehrung grds nicht vor, BGH NJW **91**, 296, Kblz MDR **98**, 677, LG Mü MDR **98**, 560. Sie sieht sie nur ausnahmsweise vor, zB in §§ 276 II, 340 III 4, Karlsr RR **87**, 895.
- **(Berichtigung):** Wiedereinsetzung ist möglich, falls überhaupt notwendig, wenn das Gericht sein Urteil usw berichtigt hat, wenn die Beschwer erst aus der Berichtigung ersichtlich wurde und wenn die Partei ihr Rechtsmittel in einer seit der Zustellung der Berichtigung laufenden Frist eingereicht hat oder wenn eine Berichtigung mitgeteilt, dann aber auf sofortige Beschwerde rückgängig gemacht hat, BGH NJW **98**, 3280, oder wenn das Gericht nach Berichtigung die zuerst erteilte Ausfertigung als gegenstandslos bezeichnet hat, BGH MDR **05**, 1185.
- **(Botendienst):** Rn 22 „– (Gemeinsame Briefannahmestelle usw)".
- **(Dienstliche Äußerung):** Wiedereinsetzung ist trotz einer dienstlichen Äußerung des mit der Leerung 21 des Nachtbriefkastens befaßten Beamten möglich, er habe die Einwürfe stets sorgfältig registriert. Das gilt, soweit ein Anwalt eidesstattlich erklärt hat, er habe die Schrift rechtzeitig eingeworfen, falls die Organisation des Gerichts Fehler möglich läßt, KG MDR **86**, 1032, LAG Hamm DB **81**, 2132.
- **(Eingangsstempel):** Wiedereinsetzung ist möglich, soweit sie überhaupt nötig ist, falls der Eingangsstempel des Gerichts unrichtig war. Zu seiner Beweiskraft grds § 418 Rn 4. Die Partei darf und muß die Unrichtigkeit beweisen, § 418 Rn 8, BGH NJW **98**, 461. Dazu kann ein Zeuge ausreichen, BGH RR **02**, 1070.
- **(Fehlentscheidung):** Wiedereinsetzung ist möglich, soweit das Gericht ein Rechtsmittel unrichtig verworfen hat.
- **(Fristirrtum):** Wiedereinsetzung ist möglich, wenn das Gericht auf einen offenbaren Berechnungsfehler der ProzBev bei einem Fristverlängerungsantrag nicht hingewiesen hatte, BGH NJW **98**, 2292, oder wenn seine nach dem Wortlaut zu großzügige Mitteilung über eine Fristverlängerung nicht offensichtlich fehlerhaft ist, BGH NJW **99**, 1036.
- **(Fürsorgepflicht):** Wiedereinsetzung ist beim Verstoß gegen die Fürsorgepflicht des Gerichts möglich, Düss MDR **04**, 831. Dazu Rn 24 „Unzuständigkeit".
- **(Gemeinsame Briefannahmestelle usw):** Wiedereinsetzung ist möglich, falls der Absender die 22 Schrift in einen gemeinsamen Nachtbriefkasten oder in eine gemeinsame Briefannahmestelle für mehrere Gerichte bzw Behörden eingeworfen hat, BGH FamRZ **04**, 1480, BGH VersR **84**, 82 (Darmstadt), BGH VersR **78**, 563, Ffm VersR **82**, 449 (je: Frankfurt/Main), BGH VersR **87**, 410 (München). Das gilt freilich nur, soweit der Absender die Sendung richtig adressiert hat, BGH FamRZ **04**, 1480 (beim Sammelumschlag großzügig), BGH FamRZ **97**, 172 (also nicht bei Falschadressierung und verspätetem richtigen Eingang), BAG NJW **02**, 846, BayObLG NJW **88**, 714. Die Sendung gilt als bei demjenigen Gericht eingegangen, an die sie ausdrücklich oder sinngemäß adressiert war, BGH FamRZ **97**, 172, aM BAG NJW **98**, 924, Ffm NJW **88**, 2805 (es ist unschädlich, daß der mit Fristsachen betraute Bote das richtig adressierte Schreiben weisungswidrig behandelt hat. Aber dieser juristische Umweg ist unnötig). Eröffnet zB ein LG ein besonderes Fach für Schriftsätze, die für das OLG bestimmt sind, so kann der Anwalt auf das Funktionieren dieses amtlichen Botendienstes vertrauen, Karlsr VersR **96**, 215.
  Soweit *mehrere* Schriftsätze an *verschiedene* Gerichte in *einem* Umschlag mit Sichtfenster stecken, gehen dann, wenn eine der Adressen im Sichtfenster erkennbar ist, alle *diesem* Gericht zu. Ist keine der Adressen von außen sichtbar, geht jeder Schriftsatz dem in ihm bezeichneten Gericht zu, BAG AnwBl **01**, 72, LAG Düss DB **99**, 644.
- **(Gerichtskasse):** Wiedereinsetzung *entfällt*, soweit der Absender die Schrift nur in der Gerichtskasse abgegeben hat. Das gilt unabhängig von einer etwaigen solchen Übung, AG Köln WoM **81**, 113.
- **(Nachtbriefkasten):** Ein Briefkasten, der Einwürfe vor und nach 24 Uhr voneinander trennt, muß als solcher deutlich erkennbar sein, auch und gerade in der Nacht. Er muß am Gerichtsgebäude auch leicht auffindbar sein. Die fristwahrende Wirkung eines Einwurfs bis 24 Uhr muß erkennbar sein. Unter solchen Voraussetzungen ist Wiedereinsetzung möglich, wenn der Absender das Schriftstück am Tag des Fristablaufs bis 24 Uhr eingeworfen hat. Das gilt sogar dann, wenn das Gericht diesen Briefkasten mit der Aufschrift versehen hatte, eine Fristsache sei nicht dort einzuwerfen, sondern „stets bei der zuständigen Geschäftsstelle abzugeben". Denn das Gesetz sieht jedenfalls bei der Einlegung eines Rechtsmittels keine Mitwirkung des Gerichts vor.
  S auch Rn 21 „– (Dienstliche Äußerung)", Rn 22 „Gemeinsame Briefannahmestelle usw", Rn 23 „Tagesbriefkasten", Rn 25 „– (Verfügungsgewalt)".
- **(Organisation):** Rn 21 „– (Dienstliche Äußerung)".

§ 233

23
- **(Postfach):** Rn 25 „– (Verfügungsgewalt)".
- **(Poststempel):** Hat das Gericht den Briefumschlag nebst Poststempel vernichtet, soll das nicht dem Absender anzulasten sein, BVerfG NJW **97**, 1771.
- **(Protokollerklärung):** Wer eine Erklärung zum Protokoll einer Geschäftsstelle abgegeben hat, darf damit rechnen, daß er rechtzeitigen sachgemäßen Bescheid erhält, soweit notwendig.
- **(Rechtsmittelbelehrung):** Eine unrichtige Belehrung kann ein Anwaltsverschulden beseitigen, BGH RR **04**, 1715 links oben, BAG NZA **05**, 1133, Naumb Rpfleger **01**, 171. Das gilt freilich nur bei ihrer Nachvollziehbarkeit, BGH VersR **96**, 1522, BAG NZA **05**, 1133.
- **(Rückschein):** Wiedereinsetzung *entfällt*, wenn das Gericht nicht bis 24 Uhr einen zur Unterzeichnung eines Einschreibe-Rückscheins befugten Beamten bereitgehalten hat, LG Dortm NJW **83**, 2334.
- **(Tagesbriefkasten):** Wiedereinsetzung ist möglich, soweit die Sendung in einen Tagesbriefkasten des Gerichts gelangt war, BGH RR **01**, 280. Das gilt unabhängig davon, ob man nach den Umständen (Dienstzeit usw) mit der Leerung noch an demselben Tag rechnen durfte, BVerfG NJW **91**, 2076, BGH RR **01**, 280, strenger BGH BB **81**, 1001. Man kann grds annehmen, daß eine mechanische Einrichtung vorhanden ist, die einen Einwurf bis 24 Uhr zuläßt, BVerfG **52**, 209. Man braucht sich also nicht besonders zu vergewissern, ob solche Vorrichtung besteht. Auch die Existenz eines zusätzlichen Nachtbriefkastens nach Rn 22 ändert nichts am Ausreichen des Einwurfs in den Tagesbriefkasten. Denn auch er führt zur Verfügungsgewalt des Gerichts, BGH RR **01**, 280. Freilich ist man beweispflichtig dafür, daß man in ihn bis 24 Uhr eingeworfen hat.

24
- **(Telefax):** Es gelten dieselben Regeln wie beim Rechtsanwalt, Rn 164 „Telefax". Die amtliche Mitteilung einer falschen Gerichts-Telefaxnummer auf Anfrage ermöglicht also eine Wiedereinsetzung, BayObLG **04**, 230.
  S auch Rn 25 „– (Verfügungsgewalt)".
- **(Telex):** Rn 25 „– (Verfügungsgewalt)".
- **(Unzuständigkeit):** Wiedereinsetzung ist möglich, soweit das Gericht eine irrig bei ihm eingereichte fristgebundene Schrift nicht unverzüglich, aber im normalen Geschäftsgang mit einem Hinweis auf ihre Eilbedürftigkeit an das zuständige Gericht weitergeleitet hat, BVerfG NJW **05**, 2138, BGH FamRZ **04**, 1638, Schneider MDR **03**, 253. Das gilt, sofern diese Weiterleitung als noch als sinnvoll erschien, BVerfG NJW **05**, 2138, BGH FamRZ **98**, 98, Köln FamRZ **98**, 1239, aM BGH VersR **92**, 1154 (das Gericht brauche Formfehler nicht rechtzeitig heilen zu helfen. Aber es besteht eine Fürsorgepflicht, § 139 Rn 7, BVerfG NJW **05**, 2138, die BGH VersR **92**, 1154, wohl auch BGH FamRZ **04**, 1638 (LS) ohne Auseinandersetzung mit dem BVerfG verneint, ohne dem Großen Senat vorzulegen). Das unzuständige Gericht braucht freilich nicht alles stehen und liegen zu lassen, um weiterzuleiten, BVerfG NJW **01**, 1343, BGH FamRZ **04**, 1638, BAG DB **98**, 320.
  Wiedereinsetzung *entfällt*, soweit man die Schrift einfach in offenen leeren Raum eines in demselben Gebäude befindlichen anderen Gerichts ablegt, BGH VersR **85**, 88.

25
- **(Verfügungsgewalt):** Wiedereinsetzung ist möglich, soweit der Absender damit rechnen konnte, das Schriftstück werde rechtzeitig in die Verfügungsgewalt des Gerichts kommen, also in irgendeine gerichtliche sachliche oder personelle Empfangsvorrichtung, BVerfG NJW **91**, 2076, BGH VersR **89**, 932 (Postfach) und BGH NJW **101**, 280 (Telex), BGH NJW **92**, 244 (Telefax, nach Dienstschluß empfangsbereit zu halten).
- **(Verwerfung):** Rn 21 „– (Fehlentscheidung)".

26
- **(Weiterleitung):** Rn 24 „– (Unzuständigkeit)".
- **(Zurücknahme):** Wiedereinsetzung ist möglich, wenn der Anwalt ein rechtzeitig eingelegtes Rechtsmittel nur auf Grund einer Empfehlung des Rechtsmittelgerichts zurückgenommen hatte, die sich zu spät als rechtlich unhaltbar erwiesen hat, BGH NJW **81**, 576.
- **(Zustellung):** Wiedereinsetzung ist noch *nicht* deshalb stets möglich, weil der Vorsitzende telefonisch erklärt hat, er werde das Urteil „erneut" zustellen lassen, BGH FamRZ **00**, 1565.

27 **Gewerkschaftsvertreter:** Er hat als ProzBev ähnliche Pflichten wie ein Anwalt, BGH NJW **02**, 1115. Das gilt zB bei der Behandlung einer Handakte und bei der Beauftragung eines ProzBev, LAG Rostock DB **96**, 944.

Gutachten: Wiedereinsetzung ist möglich, wenn ein Gutachten zur Urteilsgrundlage geworden war und wenn sich erst kurz nach dem Ablauf der Rechtsmittelfrist herausstellt, daß das Gutachten auf einem Versehen beruhte und daß man auf ein Rechtsmittel nunmehr rückblickend als aussichtsvoll beurteilen kann.

28 **Partei:** Es gelten oft fast unerfüllbare Anforderungen.
- **(Abwesenheit):** Wiedereinsetzung ist möglich, soweit die Partei nur für eine kurze Zeit abwesend war, zB von 7 Tagen, BVerfG NJW **93**, 847 (StPO, auch zu Grenzen), von 10 Tagen, BAG NJW **72**, 887, oder von 14 Tagen, LG Bln WoM **89**, 438. Das gilt auch bei einer längeren beruflichen oder privaten Abwesenheit, soweit die Partei nicht mit einer fristsetzenden Zustellung zu rechnen brauchte, BGH NJW **86**, 2958, Brschw MDR **97**, 884, LG Karlsr WoM **89**, 438, oder soweit sie zB minderjährige einsichtige Kinder angewiesen hat, täglich die Post zu lesen und die Eltern sogleich zu verständigen, auch per Telefax, BGH RR **02**, 137. Vgl aber auch Rn 33, 34.
  Wiedereinsetzung *entfällt*, soweit die Partei sich nicht während eines schon laufenden Verfahrens umfassend bei längerer Abwesenheit um Fristeinhaltung bemüht hat, BGH VersR **01**, 1051, BayObLG NZM **99**, 1011 (FGG), LG Ffm NJW **05**, 688, aM LG Tüb RR **87**, 1213 (zu § 337), zu großzügig, wie viele Gerichte als § 337), soweit sie eine unzuverlässige Hilfsperson, zB einen Leseunkundigen als Briefkastenentleerer nicht genau eingewiesen hat, BGH RR **00**, 444, Düss MDR **00**, 1451.
  S auch Rn 29 „– (Geschäftsführer)", Rn 34 „– (Urlaub)".
- **(Anschrift):** Die Partei muß die richtige Anschrift ebenso sorgfältig wie ein Anwalt prüfen, BGH FamRZ **01**, 417. Bei einer Behörde kommt es auf den zuständigen Sachbearbeiter an, BGH FamRZ **01**, 417.
  S auch Rn 34 „– (Wohnungswechsel)".

Titel 4. Folgen der Versäumung; Wiedereinsetzung § 233

- **(Anwaltswechsel):** Wiedereinsetzung kommt infrage, wenn die Partei den ProzBev im letzten Moment gewechselt hat, soweit sie dabei sicherstellte, daß der neue ProzBev sich noch rechtzeitig beim Gericht melden konnte, etwa mit einem aussichtsreichen ersten Fristverlängerungsantrag, BGH VersR **00**, 1258.
- **(Auftrag an Rechtsmittelanwalt):** Wiedereinsetzung *entfällt,* soweit die Partei dem erstinstanzlichen Anwalt erklärt hat, sie wolle selbst einen Berufungsanwalt beauftragen, das dann aber nicht innerhalb einer angemessenen Frist getan hat, BGH VersR **76**, 970.
- **(Ausländer):** Wiedereinsetzung ist möglich, soweit die Fristversäumung nur darauf beruht, daß die im Inland lebende ausländische Partei die deutsche Sprache nicht angemessen beherrscht hat, BVerwG MDR **78**, 786, und die deutsche Frist nicht kannte, BGH FamRZ **88**, 828, und soweit sie unverzüglich eine Übersetzung nachreicht, Ffm NJW **80**, 1173, Geimer NJW **89**, 2204, Schneider MDR **79**, 534.
   Wiedereinsetzung *entfällt,* soweit ein vermeidbarer Verstoß gegen § 184 GVG vorliegt, BGH NJW **96**, 347 Mü OLGR **95**, 94, oder soweit ein im Ausland lebender Ausländer sich nicht in zumutbarer Weise nach einer Frist usw erkundigt hat, BGH FamRZ **95**, 1136, oder soweit weder die ausländische Partei noch ihr Verkehrsanwalt eine Übersetzung einer Mitteilung des ProzBev veranlaßt hat und daher vom Inhalt erst verspätet Kenntnis genommen hat, BGH VersR **89**, 1318.
- **(Auszubildender):** Wiedereinsetzung ist möglich, soweit ein entlassener Auszubildender die Klagefrist des § 111 III 3 ArbGG versäumt hat, LAG Hamm BB **84**, 346.
- **(Berichtigung):** Wiedereinsetzung ist möglich, wenn die Partei zunächst darauf vertraut hat, die Berichtigung werde nicht infolge ihrer Anfechtung entfallen, BGH NJW **98**, 3280.
   Wiedereinsetzung *entfällt,* soweit die Partei nicht sorgfältig genug geprüft hat, ob die Rechtsmittelfrist schon vor einer Urteilsberichtigung ablaufe, Schlesw SchlHA **85**, 106.
- **(Briefkasten):** Rn 35 „– (Zustellung)".
- **(Erfolgsaussicht):** Rn 32 „– (Rückfrage)".
- **(Erkundigung):** Wiedereinsetzung *entfällt,* soweit die Partei sich nicht in zumutbarer Weise erkundigt hat, zB nach einem zulässigen Rechtsmittel, BGH FamRZ **93**, 310, selbst nach einer unrichtigen Urteilsbezeichnung, Düss MDR **85**, 678, bzw nach der Rechtsmittelfrist, BGH FamRZ **91**, 425, oder nach dem Ergebnis eines Verkündungstermins, BGH VersR **92**, 119, oder überhaupt nach einer zu erwartenden Entscheidung, BGH VersR **92**, 1373, oder Operation, BGH VersR **77**, 719.
   S auch Rn 29 „– (Gesellschaft)", Rn 32 „– (Rechtsunkenntnis)", Rn 32 „– (Rückfrage)".
- **(Erregung):** Wiedereinsetzung ist möglich, soweit die Partei infolge seelischer Erregung außerstande **29** war, die Frist einzuhalten. BGH VersR **86**, 96.
- **(Erschöpfung):** Wiedereinsetzung *entfällt,* soweit die Partei nur an einer vorübergehendern nervösen Erschöpfung gelitten hat, BGH VersR **83**, 138 (Vorsicht! Es kann Krankheit vorgelegen haben).
   S auch Rn 30 „– (Krankheit)".
- **(Form):** Die Partei muß sich über die Form des Rechtsmittels informiert haben, BGH NJW **97**, 1989, Drsd FamRZ **97**, 825.
- **(Frist):** Die Partei muß sich über die Frist eines Rechtsmittels informiert haben, BGH NJW **97**, 1989.
   Wiedereinsetzung *entfällt,* soweit der Geschäftsführer einer Firma eine Rechtsmittelfrist falsch berechnet hat, BGH VersR **85**, 766.
- **(Fristkontrolle):** Wiedereinsetzung *entfällt,* soweit die Partei keine zumutbare Fristkontrolle gehabt hat, BFH BB **83**, 625 (Finanzbehörde), Drsd FamRZ **97**, 825, Mü VersR **93**, 502 (Versicherung).
- **(Geschäftsführer):** Wiedereinsetzung *entfällt,* soweit der Geschäftsführer eine Frist falsch berechnet hat, BGH VersR **85**, 766, oder soweit der Firmeninhaber als Partei versäumt hat, für die Zeit seiner Abwesenheit einen geeigneten Vertreter zu bestellen usw, BGH VersR **92**, 1373, oder für die Zeit seiner Erkrankung, BGH VersR **87**, 561, oder soweit der Geschäftsführer nach der Insolvenz seiner Firma dem ProzBev seine Anschrift nicht mitgeteilt hat, BGH VersR **78**, 422.
   S auch Rn 29 „– (Gesellschaft)".
- **(Geschäftsunfähigkeit):** Wiedereinsetzung ist möglich, soweit die Partei infolge Geschäftsunfähigkeit außerstande war, die Frist einzuhalten, BGH NJW **87**, 440.
- **(Gesellschaft):** Wiedereinsetzung *entfällt,* soweit eine im Geschäftsleben stehende Gesellschaft sich nicht beim ProzBev nach dem Zeitpunkt der Zustellung des nach ihrer Kenntnis ihr nachteiligen Urteils erkundigt hat, BGH VersR **91**, 123, bzw nach dem Ablauf der Rechtsmittelfrist, Düss RR **92**, 97.
   S auch Rn 29 „– (Geschäftsführer)".
- **(Haft):** Wiedereinsetzung ist möglich, soweit die Anstaltsleitung einer inhaftierten Partei die telegrafische Einreichung eines Rechtsmittels trotz deren Notwendigkeit versagt hat, Köln MDR **90**, 254.
   Wiedereinsetzung kann *entfallen,* soweit Untersuchungshaft „hinderte", BGH VersR **77**, 257 (diese Entscheidung ist zum Teil überholt).
- **(Insolvenz):** Wiedereinsetzung ist möglich, soweit gegen den Schuldner das Insolvenzverfahren eröff- **30** net wird und der Verwalter die Aufnahme des unterbrochenen Prozesses des Schuldners ablehnt und letzterer keinen Anwalt als seinen Zustellungsbevollmächtigten auf die Aufnahmeerklärung bestellt hat.
   Wiedereinsetzung *entfällt,* soweit der Schuldner nach der Verfahrensaufhebung nicht sogleich für die Einhaltung einer Frist in dem vorher unterbrochenen Passivprozeß wegen einer nicht erloschenen Insolvenzforderung gesorgt hat, BGH VersR **85**, 549, oder soweit die Partei nicht nachgefragt hat, ob ein Insolvenzverfahren beendet sei, BGH VersR **82**, 673.
   S auch Rn 29 „– (Geschäftsführer)".
- **(Krankheit):** Wiedereinsetzung ist möglich, soweit die Partei infolge einer Erkrankung außerstande war, Rechtsrat einzuholen usw, BGH RR **94**, 957, oder soweit sie infolge Fiebers ein ihr zugestelltes Schriftstück nicht bearbeiten konnte, AG Köln WoM **90**, 160, oder infolge ihrer Erkrankung die Fristeinhaltung „vergessen" hat, BGH VersR **85**, 888, strenger BGH VersR **85**, 140 und 550, Naumb FamRZ **02**, 1342.
   S auch Rn 28 „Abwesenheit", Rn 29 „– (Geschäftsführer)".

§ 233

- **(Kündigung des Anwalts):** Wiedereinsetzung ist möglich, soweit der Anwalt der Partei während der Rechtsmittelbegründungsfrist formlos so rechtzeitig gekündigt hat, daß man damit rechnen konnte, sie werde einen anderen früh genug beauftragen können, BGH VersR **87**, 286 (großzügig). S auch Rn 35 „– (Zustellung)".
- **(Kündigung der Partei):** Wiedereinsetzung *entfällt,* soweit die Partei den Anwaltsvertrag gekündigt hat, ohne sich anschließend um eine Frist zu kümmern, BGH VersR **83**, 540.
- **(Letzter Augenblick):** Wiedereinsetzung ist möglich, wenn die Partei vom Fristablauf bei schwieriger Lage schuldlos erst im letzten Augenblick Kenntnis erhielt, Bbg MDR **96**, 199.
- **(Mahnbescheid):** Wiedereinsetzung *entfällt,* soweit eine Partei den Inhalt eines ihr zugestellten Mahnbescheids vorwerfbar nicht zur Kenntnis genommen hat, BGH VersR **88**, 158.
- **(Mitbewohner):** Wiedereinsetzung ist möglich, soweit ein Mitbewohner der Partei ihre gesamte Post vorenthalten hat usw, BGH VersR **76**, 929, Karlsr MDR **94**, 831.
- **(Nachforschung):** Wiedereinsetzung ist möglich, soweit ein Arbeiter keine Nachforschung nach einem ihm von Angehörigen vorenthaltenen Urteil angestellt hat oder wenn die Partei sonst keine besonderen Nachforschungen nach einem Urteil angestellt hat, das sie weder im Weg einer Normalzustellung noch durch Ersatzzustellung erhielt, BGH VersR **77**, 569.
- **(Nachfrage):** Rn 32 „– (Rückfrage)".
- **(NATO-Truppenstatut):** Rn 33 „– (Stationierungsschaden)".
- **(Naturkatastrophe):** Wiedereinsetzung ist *nicht stets* schon ihretwegen möglich, LAG Bre JB **03**, 153 (Fallfrage).

31
- **(Niederlegung des Mandats):** Wiedereinsetzung *entfällt,* soweit die Partei ein Schreiben ihres Anwalts, der sein Mandat niedergelegt hat, nicht angenommen hat, BGH VersR **82**, 545.
- **(Niederlegung bei Zustellung):** Rn 35 „– (Zustellung)".
- **(Öffentliche Zustellung):** Wiedereinsetzung ist möglich, soweit der Prozeßgegner die öffentliche Zustellung erschlichen hat, BGH **118**, 47, oder soweit die Partei von der öffentlichen Zustellung, mit der sie nicht zu rechnen brauchte, keine Kenntnis gehabt hat, BGH VersR **77**, 836 und 932, Köln RR **93**, 446.
  Wiedereinsetzung *entfällt,* soweit die Partei keinen ausreichenden Nachsendeauftrag erteilt hatte, LG Ffm NJW **05**, 688.
- **(Operation):** Rn 28 „– (Erkundigung)", Rn 30 „– (Krankheit)".
- **(Ortsabwesenheit):** Rn 28 „– (Abwesenheit)".
- **(Personal):** Wiedereinsetzung ist möglich, soweit die Partei die Frist trotz des Einsatzes ihres zuverlässigen Personals versäumt hat, BGH VersR **86**, 146.
- **(Postabholdienst):** Wiedereinsetzung ist möglich, soweit eine Behörde ihren Abholdienst so organisiert hat, daß eine Anlieferung durch die Post schneller und rechtzeitig gewesen wäre, BVerfG **62**, 222.

32
- **(Prozeßkostenhilfe):** Wiedereinsetzung *entfällt,* soweit sich die Partei nicht zumutbar nach dem für eine Prozeßkostenhilfe zuständigen Gericht erkundigt hat, BGH NJW **87**, 441, oder soweit sie nicht genug § 117 beachtet hat, Brdb FamRZ **04**, 383 (krit Gottwald).
- **(Rechtsmißbrauch):** Wiedereinsetzung ist möglich, soweit der Gegner Rechtsmißbrauch begangen, Einl III 54, zB öffentliche Zustellung erschlichen hat, BGH **118**, 47.
- **(Rechtsmittelbelehrung):** Wiedereinsetzung ist möglich soweit die Partei eine unklare Rechtsmittelbelehrung usw mißverstanden hat, BGH VersR **77**, 646, aM BGH VersR **84**, 875, AG Ffm VersR **85**, 300 (aber das Gericht hätte sich klar ausdrücken können und müssen. Dieser Fehler wiegt meist wesentlich schwerer als ein etwaiges Mitverschulden der Partei).
- **(Rechtsmittelrücknahme):** Wiedereinsetzung *entfällt* nach rechtzeitigem Rechtsmittel, dessen Rücknahme und verspäteter Neueinlegung, BGH RR **98**, 638.
- **(Rechtsunkenntnis):** Wer auf eine eindeutige höchstrichterliche Rechtsprechung vertraut hat, muß eine abweichende Übung eines rangniedrigeren Gerichts nur dann beachten, wenn er mit ihr rechnen mußte, BVerfG NJW **03**, 1657 unten rechts.
  Wiedereinsetzung *entfällt,* soweit eine rechtsunkundige Partei sich nicht in zumutbarer Weise rechtzeitig nach Form und Frist eines Rechtsmittels erkundigt, BGH FamRZ **91**, 425, Hamm FamRZ **97**, 758.
- **(Reise):** Rn 28 „Abwesenheit".
- **(Rosenmontag):** Sehr großzügig meint BGH NJW **82**, 184, eine außerhalb des Rheinlands ansässige deutsche Partei brauche nicht damit zu rechnen, daß am frühen Nachmittag des Rosenmontags sämtliche Kanzleien der beim Rechtsmittelgericht zugelassenen Anwälte geschlossen seien.
- **(Rückfrage):** Wiedereinsetzung ist möglich, soweit die Partei einen Rechtsmittelauftrag erteilt, auch telefonisch, und dann eine schriftliche Bestätigung oder Rückfrage zur Überwachung des Auftrags unterläßt, BGH VersR **85**, 140 (sehr großzügig).
  Wiedereinsetzung *entfällt,* soweit die Partei es versäumt, bei zweitinstanzlichen Anwalt rechtzeitig rückzufragen, wie das Ergebnis seiner auftragsgemäßen Prüfung der Erfolgsaussichten des erwogenen Rechtsmittels laute, BGH VersR **82**, 444, aM BGH (2. ZS) NJW **94**, 3102 (aber eine Erkundigung war in derart zugespitzter Lage durchaus zumutbar).
  S auch Rn 28 „– (Erkundigung)".
- **(Scheidung):** Rn 34 „– (Wohnungswechsel)".

33
- **(Stationierungsschaden):** Wiedereinsetzung ist möglich, soweit die Partei die rechtzeitige Anmeldung eines Bagatellschadens zB nach dem NATO-Truppenstatut bei der zuständigen Dienststelle infolge ihrer Rechtsunkenntnis versäumt hat, Düss VersR **75**, 1104.
  Wiedereinsetzung *entfällt,* soweit die Partei sich im übrigen nicht nach der Frist und Form einer notwendigen Anmeldung erkundigt hat, Karlsr VersR **90**, 534.
- **(Übersetzung):** Rn 28 „– (Ausländer)".
- **(Umzug):** Wiedereinsetzung ist nur dann möglich, wenn die Partei für ihren ProzBev erreichbar bleibt, etwa durch ein Mobiltelefon, BGH NJW **03**, 903 (streng).

Wiedereinsetzung *entfällt*, soweit die Partei in Kenntnis des bevorstehenden Prozesses mehrfach umzieht, gar ins Ausland, ohne zB einen ausreichenden Nachsendeantrag zu stellen, LG Ffm NJW **05**, 688.
- **(Unklarheit):** Rn 32 „– (Rechtsmittelbelehrung)".
- **(Unterrichtung von Zustellung):** Wiedereinsetzung ist möglich, soweit die Partei damit rechnen konnte, daß ihr ProzBev sie von der fristsetzenden Zustellung unterrichten werde, BGH VersR **82**, 582 (wegen eines Ausländers). Das gilt auch nach der Niederlegung des Mandats, BGH VersR **88**, 836, strenger BGH VersR **86**, 36 (bei der GmbH).
- **(Untersuchungshaft):** Rn 29 „– (Haft)".
- **(Unzuständigkeit):** Wiedereinsetzung ist möglich, soweit das unzuständige Gericht das bei ihm 13 Tage vor dem Fristablauf eingegangene Rechtsmittel nicht rechtzeitig weitergeleitet hat, BGH FamRZ **88**, 830.
  Wiedereinsetzung *entfällt*, soweit die Partei bei einer objektiv ungeeigneten Stelle, zB bei einem Bahn-Mitarbeiter, eine unrichtige Auskunft über den Sitz des zuständigen Gerichts eingeholt und daher die Frist versäumt hat, BGH VersR **80**, 530, oder soweit sie überhaupt nicht genug geprüft hat, bei welchem Gericht sie ein Rechtsmittel einlegen mußte, Düss FamRZ **86**, 192, Köln Rpfleger **00**, 36.
  S auch Rn 32 „– (Prozeßkostenhilfe)".
- **(Urlaub):** Wiedereinsetzung ist möglich, soweit die Partei die Frist wegen eines längeren Urlaubs **34** versäumt hat, Rn 14, BVerfG **34**, 156.
  Wiedereinsetzung *entfällt* aber, soweit die Partei zwar damit rechnen mußte, daß schon ein Urteil gegen sie ergehen werde oder schon ergangen sei, nun aber in einen längeren Urlaub oder auf eine längere Reise gefahren ist, ohne irgendwelche Vorsorge wegen des Rechtsmittels zu treffen, BGH VersR **95**, 810, BFH DB **82**, 836.
  S auch Rn 35 „– (Zustellung)".
- **(Verhinderung):** Wiedereinsetzung *entfällt*, soweit die Partei nach dem Ende einer unvorhersehbaren, aber vorübergehenden Verhinderung nicht die Restfrist ausgenutzt hat, BGH BB **87**, 671.
- **(Verkündungstermin):** Wiedereinsetzung *entfällt*, soweit sich eine Partei, die nicht anwaltlich vertreten war, nicht alsbald nach dem Ergebnis eines Verkündungstermins erkundigt, BGH FamRZ **95**, 800.
- **(Vorsorge):** Rn 34 „– (Urlaub)".
- **(Wiederholung):** Wiedereinsetzung *entfällt*, soweit die Partei ein zurückgenommenes Rechtsmittel verspätet wiederholt hat, BGH NJW **72**, 2839.
- **(Wohnungswechsel):** Wiedereinsetzung ist möglich, wenn die Partei einen Nachsendeauftrag erteilt hat, BGH NJW **88**, 2672, oder wenn sie ihre Mobilfunknummer mitgeteilt hat, BGH NJW **03**, 903.
  Wiedereinsetzung *entfällt*, soweit die Partei zwar mit einem Schreiben des Gerichts rechnen mußte, nun aber einen Wohnungswechsel vornahm und darauf vertraut hat, ihr in Scheidung lebender Ehegatte werde ihr die Post nachsenden, BGH VersR **79**, 644, oder soweit sie dann nicht unverzüglich dafür gesorgt hat, daß eine Verbindung zum ProzBev aufrecht erhalten blieb, BGH VersR **89**, 104, oder daß sie überhaupt in den Besitz solcher Schriftstücke kam, die noch an ihre frühere, beim Einwohnermeldeamt unverändert gemeldete und von der Partei immer noch mit „angelaufene" Anschrift gingen, Düss FamRZ **90**, 76, Köln MDR **96**, 850. Das gilt auch beim Wegzug ins Ausland, Köln VersR **93**, 1127, LG Ffm NJW **05**, 688.
- **(Zuständigkeit):** Rn 33 „– (Unzuständigkeit)".
- **(Zustellung):** Wiedereinsetzung ist möglich, wenn die Partei schon von demjenigen Termin schuldlos **35** nichts gewußt hatte, auf den die Zustellung eines Versäumnisurteils folgte.
  Wiedereinsetzung *entfällt*, soweit die Partei den Posteingang nicht genau durchgesehen und daher übersehen hat, daß sich in ihm die wenn auch unscheinbare Benachrichtigung der Post über die erfolgte Zustellung durch Niederlegung befand, selbst wenn diese zwischen viel alltäglicher Werbung lag, LAG Köln MDR **94**, 1245. Wiedereinsetzung entfällt ferner, soweit die Partei die ihr durch eine Niederlegung zugestellte Schrift nicht noch vor ihrem Urlaub abgeholt hat, obwohl ihr das zumutbar war, BGH VersR **77**, 1099, oder soweit sie eine ihr während des Urlaubs durch Niederlegung zugestellte Schrift bzw Entscheidung nicht alsbald nach dem Urlaubsende abgeholt hat, BGH VersR **78**, 827, oder soweit die Partei eine Frist versäumt hat, obwohl sie rechtzeitig erfahren hatte, daß die Mitteilung über eine Niederlegung nach § 181 verlorengegangen war, BGH FamRZ **87**, 925 (krit Gottwald), oder soweit sie ab Rechtshängigkeit nicht dafür gesorgt hat, daß Zustellungen sie erreichten, BGH FamRZ **97**, 997, soweit sie zB keinen Briefkasten hatte, Karlsr MDR **99**, 498, oder keinen speziell auch für sie eingerichteten, Köln RR **01**, 1221.
- **(Zustellungsbevollmächtigter):** Trotz seiner Nichtbenennung und damit eines Verstoßes gegen § 184 kann eine Wiedereinsetzung infrage kommen, wenn die Sendung den Adressaten nicht erreichte, Artt 2 I, 20 III GG, BGH NJW **00**, 3285.

Patentanwalt: Es gelten dieselben Regeln wie beim Rechtsanwalt, BGH GRUR **01**, 411.

Post: Dem Bürger sind grundsätzlich solche Verzögerungen der Briefbeförderung und der Briefzustellung **36** nicht zurechenbar, die er nicht zu vertreten hat, BVerfG VersR **00**, 470, BGH FamRZ **93**, 1190 (neue Bundesländer), BAG NJW **95**, 549 (Poststreik), LG Wuppert WoM **96**, 350 (überhaupt Laufzeit), aM App BB **90**, 2313 (aber die Post ist gegenüber dem Bürger faktisch allmächtig). Das gilt trotz der Poststatistik (7% Verspätungen), BGH NJW **99**, 2118.
- **(Abholdienst):** Wiedereinsetzung ist möglich, soweit der Empfänger seinen Postabholdienst so **37** schlecht organisiert hat, daß die Anlieferung durch die Post schneller und rechtzeitig erfolgt wäre, BVerfG **62**, 222, Drsd Rpfleger **05**, 270.
- **(Adresse):** Wiedereinsetzung *entfällt* grds, soweit die Partei bzw ihr ProzBew die Sendung falsch adressiert hat, BGH FamRZ **97**, 172, BVerwG NJW **90**, 1747.
  S auch „– (Erklärung der Post)", Rn 38 „– (Ermittlungsdienst)", „– (Fristablauftag)", Rn 39 „– (Tag vor Fristablauf)".

§ 233

- **(Anwaltsverweigerung):** Wiedereinsetzung *entfällt,* soweit die Partei, die keinen Anwalt fand, ihn auch nicht benötigte, Köln RR **96**, 188 (sofortige Beschwerde).
- **(Aufklärbarkeit):** Wiedereinsetzung ist unabhängig davon möglich, ob der Zugang eines gewöhnlichen Briefes, BGH VersR **78**, 671, oder die Ursache einer ungewöhnlichen Postverzögerung noch aufklärbar ist, BGH VersR **81**, 1161.
- **(Auskunft):** S „– (Erklärung der Post)".
- **(Beschädigung):** Wiedereinsetzung ist möglich, soweit eine nicht von der Partei verschuldete Beschädigung der Sendung zu deren verzögerter Zustellung geführt hat, BGH VersR **79**, 190, oder soweit der niedergelegte Umschlag der Partei derart beschädigt worden ist, daß man den Zustellvermerk nicht erkennen kann, BGH VersR **80**, 744.
- **(Briefkasten):** Wiedereinsetzung *entfällt,* soweit eine Empfängerin nicht für eine einwandfreie Beschriftung ihres Briefkastens gesorgt hat, BGH NJW **90**, 109.
- **(Erklärung der Post):** Wiedereinsetzung ist nach einer Erklärung der Post, sie werde die Sendung noch an demselben Tag ausliefern, nur dann möglich, wenn die Partei den Postmitarbeiter auf die gewählte Form der Adressierung aufmerksam gemacht hatte, LAG Ffm BB **84**, 676. Überhaupt kann man sich auch als Anwalt grds auf die Richtigkeit einer Auskunft eines Postmitarbeiters über die voraussichtlichen Postlaufzeiten verlassen, selbst kurz vor dem Fristende, BGH RR **90**, 508. Ausreichend ist die nachträgliche Erklärung der Post, die Sendung hätte noch rechtzeitig ausgeliefert werden müssen, BVerfG NJW **01**, 744.
  Wiedereinsetzung *entfällt,* soweit die Partei ein Einschreiben gegen Rückschein erst am Tage des Fristablaufs gegen 18 Uhr aufgegeben hat, selbst wenn die Post erklärte, sie werde noch an demselben Tage zustellen. Denn die Partei kann dann nicht mehr mit einem empfangsbereiten Gerichtsmitarbeiter gerechnet haben, OVG Münst NJW **87**, 1353. Wiedereinsetzung entfällt erst recht, soweit die Post erklärt hat, „frühestens am Folgetag" zuzustellen, LAG Ffm BB **99**, 644 unten.
  S auch Rn 39 „– Postlaufzeiten)".

38
- **(Ermittlungsdienst):** Wiedereinsetzung ist möglich, soweit die Partei zwar die Sendung unvollständig adressiert hat, ihn jedoch so rechtzeitig abgesendet hatte, daß die rechtzeitige Zustellung nur deshalb unterblieben ist, weil die Post zuvor ihren Ermittlungsdienst eingeschaltet hatte, BAG BB **76**, 187.
- **(Falsche Zustellung):** Wiedereinsetzung ist möglich, soweit die Post einen richtig adressierten Brief verspätet oder an einen falschen Empfänger zugestellt hat.
- **(Feiertag):** Rn 40 „– (Überlastung)".
- **(Fristablauftag):** Wiedereinsetzung *entfällt,* soweit die Partei ein (jetzt) Expreß-Einschreiben nach auswärts erst am letzten Tag der Frist vormittags aufgegeben hat, BFH BB **76**, 1254. Das gilt erst recht bei einer unvollständigen Anschrift, LAG Ffm BB **84**, 676. Wiedereinsetzung entfällt ferner, soweit die Partei ein Einschreiben gegen Rückschein erst am Tage des Fristablaufs aufgegeben hat, gar erst um 18 Uhr, OVG Münst NJW **87**, 1353.
- **(Häufung von Verlusten):** Wiedereinsetzung ist möglich, soweit eine auffällige Häufung von Verlusten von Postsendungen vorliegt, BGH VersR **87**, 49.
- **(Nachsendeauftrag):** Wiedereinsetzung ist möglich, soweit die Post einen Nachsendeauftrag nicht ausgeführt hat. Denn man kann grds darauf vertrauen, daß sie ihn korrekt erledigt, BGH VersR **88**, 1162. Die strengere frühere Rechtsprechung ist weitgehend überholt.
  Wiedereinsetzung *entfällt,* soweit die Partei sich als Empfängerin auf einen Nachsendeauftrag verlassen hat, obwohl er bisher mangelhaft durchgeführt wurde, BGH VersR **79**, 1030.
- **(Niederlegung):** Wiedereinsetzung *entfällt,* soweit die Partei den Benachrichtigungsschein über die erfolgte Zustellung durch Niederlegung weggeworfen hat, Mü MDR **94**, 410, oder wenn der Postmitarbeiter bei der Aushändigung der niedergelegten Sendung irrig den Zeitpunkt der Aushändigung als denjenigen der Zustellung auf der Sendung vermerkt hat. Denn das hätte der Empfänger selbst bemerken müssen, BGH RR **92**, 315.
- **(Porto):** Wiedereinsetzung *entfällt,* soweit die Partei die Sendung mit einem ungenügenden Porto versehen hat, Zweibr MDR **84**, 853.

39
- **(Postfach):** Wiedereinsetzung *entfällt,* soweit unklar gewesen ist, ob die Sendung vor dem Fristablauf in das Postfach des Empfängers kam, BFH BB **88**, 1112, BVerwG NJW **94**, 1672.
- **(Postlaufzeiten):** Als Umsetzung der Richtlinie 97/671 EG des Europäischen Parlaments und des Rates v 15. 12. 97 (ABl EG **98** Nr L 15 S 14) dient die Post-Universaldienstleistungsverordnung (PUDLV) v 15. 12. 99, BGBl 2418. Sie bestimmt in § 2 Z 3 S 1, daß von den an einem Werktag eingelieferten inländischen Briefsendungen im Jahresdurchschnitt mindestens 80% an dem ersten auf den Einlieferungstag folgenden Werktag und 95% bis zum zweiten auf den Einlieferungstag folgenden Werktag ausgeliefert werden müssen. Auf die Einhaltung dieser Vorschrift muß sich jeder Einlieferer eigentlich verlassen können BVerfG NJW **01**, 744. Sie entspricht im wesentlichen der bisherigen Regel. Diese lautete: „E + 1" (Zustellung am Tag nach Einlieferung) für einen Expressbrief. Die Praxis lautet freilich wohl vielerorts „E + 2 oder 3", dazu im Einzelfall BGH BB **93**, 1692 (neue Bundesländer damals), Celle NJW **92**, 296, zB wegen des Wegfalls der Spätleerung.
  In der *Praxis* zeigt sich im übrigen seit der Privatisierung der Post nicht nur bei größeren Nord-Süd-Entfernungen, sondern auch in deutlichem Umfang eine Verlängerung der Postlaufzeiten. Außerdem ist vielerorts leider eine Zunahme der Unzuverlässigkeit auf den Anzeigetafeln an den Briefkästen unübersehbar. Das gilt nicht nur im Hinblick darauf, wann (Uhrzeit) die nächste Leerung stattfindet, sondern auch darauf, ob sie überhaupt am genannten Tag stattfinden wird. Laufzeiten von 5, 6 oder mehr Tagen sind möglicherweise keine wirkliche Seltenheit mehr. Das alles muß man daher leider zunehmend mitbeachten, aM FG Hann DB **97**, 304 (zudem mit dem problematischen, dem § 270 S 2 vergleichbaren § 122 II AO), VGH Mannh NJW **96**, 2882 (spricht noch von der Deutschen Bundespost). Noch mag eine Woche unvorhersehbar sein, LG Wuppert WoM **96**, 350. Im übrigen genügt die nachträgliche

Titel 4. Folgen der Versäumung; Wiedereinsetzung **§ 233**

  Erklärung der Post, die Sendung hätte noch rechtzeitig ausgeliefert werden müssen, BVerfG NJW **01**, 744.
  S auch Rn 37 „– (Erklärung der Post)".
- **(Poststreik):** Beim Poststreik gelten erhöhte Anforderungen an die Partei, LAG Düss BB **92**, 1796. Wiedereinsetzung *entfällt*, soweit die Partei trotz der ihr bekannten Verzögerungsgefahr wegen eines Poststreiks nicht zB den über ein noch geöffnetes Postamt möglichen Telefaxdienst ausgenutzt oder die Sendung direkt beim evtl auch auswärtigen Empfänger eingeworfen hat oder sich nicht wenigstens rechtzeitig danach erkundigt hat, ob die Sendung eingegangen ist, BVerfG NJW **95**, 1210.
- **(Postverschulden):** Wiedereinsetzung ist möglich, soweit die Verzögerung der Briefbeförderung auf einem Verschulden seitens der Post beruht hat, etwa auf einer Nachlässigkeit eines Mitarbeiters, BVerfG NJW **92**, 1582, BGH VersR **79**, 444, BAG NJW **78**, 1495.
- **(Rückschein):** Rn 38 „– (Fristablauftag)".
- **(Sonntag):** Wiedereinsetzung ist möglich, soweit die Partei (jetzt) einen Expreßbrief an einem Sonntag 2 Tage oder 1 Tag vor dem Fristablauf im Nahverkehr eingeworfen hat, BGH VersR **76**, 88, LAG Mü JB **91**, 124.
- **(Tag vor Fristablauf):** Wiedereinsetzung *entfällt*, soweit die Partei einen Normalbrief mit unvollständiger Anschrift erst am Tag vor dem Fristablauf aufgegeben hat, BAG NJW **87**, 3278. Dasselbe gilt bei vollständiger Anschrift, BGH VersR **77**, 649, oder dann, wenn sie den Brief in einen Briefkasten eingeworfen hat, neben dem die Post eine Zusammenstellung der Brieflaufzeiten angebracht hat, selbst wenn danach eine Zustellung am Folgetag als möglich erschien. Vgl allerdings auch BVerfG **62**, 337, BGH VersR **82**, 298.
  S auch „– (Sonntag)".
- **(Telebrief):** Wiedereinsetzung *entfällt*, soweit die Partei nur als Normalbrief und nicht als Expreßbrief aufgegeben hat, BFH DB **86**, 1760.
- **(Telefax):** Rn 164 ff.   **40**
- **(Überlastung):** Wiedereinsetzung ist möglich, soweit die Verzögerung der Beförderung auf einer Überlastung der Post beruht hat, etwa vor Feiertagen, BVerfG NJW **92**, 1582, BGH VersR **79**, 444.
- **(Unklarheit):** Rn 37 „– (Aufklärbarkeit)".
- **(Untätigkeit):** Wiedereinsetzung *entfällt*, soweit die Partei als Empfängerin eine ständig unkorrekte, ihr als solche bekannte Zustellungsart unbeanstandet gelassen hat, BVerwG MDR **77**, 431, oder soweit sie sich auf einen Nachsendeauftrag verlassen hat, obwohl er bisher mangelhaft ausgeführt wurde, BGH VersR **79**, 1030.
- **(Weihnachten):** Wiedereinsetzung *entfällt*, soweit die Partei (jetzt) einen Expreßbrief am 24. 12. bei einem Fristablauf 27. 12. aufgegeben hat, BGH VersR **75**, 811.
- **(Wertsendung):** Zum Mitverschulden der Post und des Absenders beim Verlust einer Wertsendung wegen zu geringer Wertangabe BGH NJW **88**, 129. Vorsicht! Man konnte genau entgegengesetzte Angaben darüber erhalten, ob Wertsendungen überhaupt noch besonders „von Hand zu Hand" befördert wurden usw.
- **(Wochenende):** Wiedereinsetzung ist möglich, soweit die Verzögerung der Briefbeförderung auf einer vorübergehenden Verminderung der Dienstleistung beruht hat, etwa an einem Wochenende, BVerfG NJW **92**, 1582, BGH VersR **79**, 444.

Prozeßkostenhilfe: Soweit überhaupt ein Antrag erforderlich ist, § 117 Rn 4, kommt es unter anderem **41** darauf an, ob der Antragsteller vernünftigerweise mit einer Bewilligung rechnen konnte, BGH RR **01**, 570, und ob er sich für bedürftig halten und davon ausgehen durfte, daß er die wirtschaftlichen Voraussetzungen einer Prozeßkostenhilfe genügend dargelegt habe, BGH FER **01**, 58.
- **(Abtretung):** Wiedereinsetzung *entfällt*, soweit der Antragsteller seine Forderung vor der Klagerhebung nach §§ 261, 253 abgetreten hat und nur für seine Mittellosigkeit Unterlagen rechtzeitig beigebracht hat.
- **(Antrag):** Wiedereinsetzung ist möglich, soweit der Mittellose den vollständigen PKH-Antrag, BGH NJW **98**, 1210, bzw das Rechtsmittel durch seinen Wahlanwalt vor der Ablehnung seines Antrags auf eine Prozeßkostenhilfe eingelegt hat, falls er im Zeitpunkt des Fristablaufs noch ohne Anwalt gewesen ist, BGH VersR **78**, 741, oder soweit die Partei nicht mit einer Ablehnung im Rechtsmittelverfahren rechnen mußte, BGH FamRZ **96**, 933.
  Wiedereinsetzung *entfällt*, soweit der Antragsteller nach der Ablehnung seines Gesuchs auf eine Prozeßkostenhilfe erkennen konnte, daß die Voraussetzungen ihrer Bewilligung in der Tat nicht erfüllt waren, BGH VersR **81**, 854, oder wenn er den Antrag so spät absendet, daß er nicht bis zum Ablauf der Rechtsmittelfrist beim Rechtsmittelgericht eingehen kann, OVG Mannh FamRZ **03**, 104 (2 Tage vor Fristablauf Einreichung beim unzuständigen Gricht; krit Gottwald).
  S auch Rn 43 „– (Gegenvorstellung)", „– (Instanzenzug)".
- **(Aufhebung):** Wiedereinsetzung ist möglich, soweit das Gericht einen früheren ablehnenden Beschluß aufgehoben hat.
- **(Bedürftigkeit):** Wiedereinsetzung ist möglich, soweit der Antragsteller ausreichend dargelegt hat, daß **42** er die Kosten der Prozeßführung nach seinen persönlichen und wirtschaftlichen Verhältnissen nicht, nur zum Teil oder nur in Raten aufbringen könne, BGH FamRZ **02**, 1705, BGS VersR **80**, 256.
  Wiedereinsetzung *entfällt*, soweit der Insolvenzverwalter nicht vor Fristablauf dargelegt hat, daß er die Mittel zur Prozeßführung von den am Prozeß wirtschaftlich Beteiligten nicht aufbringen könne, BGH FER **96**, 41.
- **(Bezugnahme):** Wiedereinsetzung ist möglich, soweit der Antragsteller keinen Zweifel daran zu haben brauchte, daß seine Bezugnahme auf eine frühere Erklärung nach § 117 ausreichen werde, BGH VersR **85**, 395. Das gilt zwar auch dann, wenn er weitere vom Gericht angeforderte Unterlagen erst nach dem Fristablauf eingereicht hat, BGH VersR **87**, 1219, strenger BGH VersR **84**, 660.
- **(Einkommenserwerb):** Wiedereinsetzung *entfällt* bei inzwischen ausreichendem Einkommen.
  S auch Rn 48 „– (Vermögenserwerb)".

§ 233

43
- **(Erbschaft):** Rn 48 „– (Vermögenserwerb)".
- **(Erfolgsaussicht):** Wiedereinsetzung ist möglich, soweit der Antragsteller im erforderlichen Umfang dargelegt hat, daß die Rechtsmittelsumme erreicht worden sei. Eine weitergehende Begründung kann entbehrlich sein, BGH RR **01**, 570.
  S auch Rn 47 „– (Unterlagen)".
- **(Formular):** Wiedereinsetzung ist möglich, soweit der Antragsteller die Erklärung nach § 117 II–IV sorgfältig ausgefüllt hat, BGH VersR **84**, 660 (im Rechtsmittelzug genügt bei unveränderten Verhältnissen eine eindeutige Bezugnahme auf den erstinstanzlich eingereichten Vordruck, § 119 Rn 64), und soweit er seine Erklärung auch in der Frist eingereicht hat, BGH VersR **88**, 943.

44
- **(Frist):** Wiedereinsetzung ist möglich, auch wenn der Antragsteller die Frist zB zur Einlegung oder Begründung des Rechtsmittels voll ausgenutzt hat, BGH FamRZ **05**, 105. Das gilt zB dann, wenn er das Rechtsmittel erst am letzten Tag eingereicht hat, BGH NJW **98**, 1231. Wiedereinsetzung kommt ferner in Betracht, wenn dem Antragsteller nicht einmal eine knappe Zeit verblieben ist, sich über die Einlegung eines Rechtsbehelfs schlüssig zu werden und die Unterlagen für den Antrag auf Bewilligung der Prozeßkostenhilfe zu beschaffen.
  Wiedereinsetzung *entfällt*, soweit der zum ProzBev bestellte Anwalt beim Eingang des Beschlusses über die Bewilligung der Prozeßkostenhilfe nicht dafür gesorgt hat, die Frist für das Wiedereinsetzungsgesuch nach § 234 I notieren zu lassen.
- **(Gegenvorstellung):** Wiedereinsetzung *entfällt*, soweit der Antragsteller nach der Ablehnung seines Gesuchs um Prozeßkostenhilfe erfolglos eine Gegenvorstellung erhoben hatte. Denn nach der Ablehnung mangels Erfolgsaussicht gilt die Mittellosigkeit nicht mehr als ein Hindernis.
- **(Insolvenz):** Rn 42 „– (Bedürftigkeit)".
- **(Instanzenzug):** Wiedereinsetzung *entfällt*, soweit nach einer Ablehnung des Antrags auf eine Prozeßkostenhilfe der Instanzenzug erschöpft ist, auch wenn nach einer nachträglichen Bewilligung wieder eröffnet worden ist. Das gilt auch bei einem Notanwalt, §§ 78 b, c.

45
- **(Neue Tatsache):** Wiedereinsetzung *entfällt*, soweit das Gericht die Prozeßkostenhilfe nach einer Ablehnung des Antrags erst auf Grund neuer Tatsachen bewilligt hat, Schlesw MDR **78**, 235. Denn sonst stünde der Mittellose beim Ablauf der Rechtsmittelfrist besser als der Bemittelte da.
- **(Niederlegung des Mandats):** Es schadet dem Antragsteller nicht, daß sein Anwalt die Vertretung nach der Einreichung eines Antrags auf Prozeßkostenhilfe niedergelegt hat, bevor das Gericht entschieden hat, BGH VersR **89**, 863.
- **(Prozeßkostenvorschuß):** Wiedereinsetzung ist möglich, wenn der Vorschußanspruch tituliert und alsbald durchsetzbar war, sonst nicht, Zweibr FamRZ **03**, 1116.

46
- **(Revision):** Wiedereinsetzung ist möglich, soweit der Antragsteller nach Versäumung der Revisionsfrist das Urteil des Berufungsgerichts und den Nachweis der Vermögenslosigkeit erbracht und die Rechtzeitigkeit des Gesuchs spätestens vor der Entscheidung über das Gesuch nachgewiesen hat, evtl auch die Revisionsfähigkeit, also den Streitwert und die Beschwer. Er braucht dagegen nicht im einzelnen darzulegen, wie er die Revision begründen will.
- **(Streitgenosse):** Wiedereinsetzung *entfällt*, soweit die Partei deswegen keinen Rechtsbehelf eingelegt hat, weil das Gericht einem Streitgenossen in einer gleichgelagerten Sache eine Prozeßkostenhilfe verweigert hatte.
- **(Telefax):** Rn 44 „– (Frist)".

47
- **(Überlegungsfrist):** Rn 44 „– (Frist)".
- **(Unterlagen):** Wiedereinsetzung ist nur möglich, soweit der Antragsteller zusammen mit dem Formular nach Rn 43 oder in der Frist auch alle weiteren notwendigen Unterlagen über seine persönlichen und wirtschaftlichen Verhältnisse eingereicht hat, § 117 II, BGH RR **00**, 879. Eine spätere Nachreichung ist unschädlich, soweit der Antragsteller alles ihm Zumutbare unternommen hatte, um die Unterlagen rascher zu erhalten, BGH VersR **76**, 564, BFH BB **78**, 292.
  Wiedereinsetzung *entfällt*, soweit es der Anwalt vorwerfbar unterlassen hat, den Nachweis des wirtschaftlichen Unvermögens in gesetzmäßiger Weise zu erbringen, BGH VersR **92**, 637, und zwar innerhalb der vom Gericht gesetzten Frist, BGH RR **91**, 637.
  S auch Rn 44 „– (Frist)".
- **(Ursächlichkeit):** Wiedereinsetzung *entfällt*, soweit der Anwalt im guten Glauben, die Berufungsfrist zu wahren, das Rechtsmittel vor der Entscheidung über den Antrag auf Prozeßkostenhilfe, aber in Wahrheit erst nach dem Ablauf der Berufungsfrist eingelegt hat. Denn in diesem Fall ist das Hindernis der Mittellosigkeit für die Versäumung der Berufungsfrist überhaupt nicht ursächlich gewesen. Allerdings muß man grds davon ausgehen, daß die Mittellosigkeit daran gehindert hat, ein Rechtsmittel rechtzeitig einzulegen, selbst wenn die Partei es vor der Bewilligung einer Prozeßkostenhilfe eingereicht hatte.

48
- **(Vergleichsverhandlung):** Wiedereinsetzung *entfällt*, soweit die Partei darum gebeten hatte, die Entscheidung über ihren Antrag auf eine Prozeßkostenhilfe wegen einer anderweitigen Vergleichsverhandlung zurückzustellen, dann aber die Unterbrechung der Vergleichsverhandlung oder eine andere dortige neue Situation entgegen ihrer Ankündigung dem Gericht nicht unverzüglich mitgeteilt hat, Hamm JB **75**, 1604 (abl Burkhardt).
- **(Vermögenserwerb):** Wiedereinsetzung ist möglich, soweit die Partei ein unter eine Schongrenze fallendes kleines Sparvermögen von (jetzt ca) 1500 EUR glaubte nicht einsetzen zu müsen, § 115 II, BGH VersR **00**, 384.
  Wiedereinsetzung *entfällt*, soweit die Partei inzwischen ein ausreichendes Vermögen erworben, zB geerbt, hat, BGH VersR **85**, 454.
  S auch Rn 42 „– (Einkommenserwerb)".
- **(Vordruck):** Rn 43 „– (Formular)".

Titel 4. Folgen der Versäumung; Wiedereinsetzung § 233

Rechtsanwalt, dazu *Borgmann/Jungk/Grams,* Anwaltshaftung, 4. Aufl 2005: § 85 II ist anwendbar, § 85 **49** Rn 8. Der BGH stellt an die Sorgfaltspflicht des Anwalts mit Recht harte Anforderungen. Sie sind aber oft praktisch kaum erfüllbar. Freilich ist auch in diesem Zusammenhang die vor der VereinfNov von 1977 ergangene Rechtsprechung nur noch bedingt verwertbar, Rn 18. Die folgenden Anforderungen gelten entsprechend bei großen Firmen, BGH VersR **89**, 930.

Allgemein gilt etwa folgendes. Der Anwalt muß *alles ihm nur Zumutbare tun und veranlassen,* damit jede **50** einzelne Frist gewahrt wird, BGH NJW **85**, 1710. Er muß bestimmte besonders wichtige Berechnungen, Kontrollen und Überwachungen persönlich vornehmen. Er darf sie allenfalls seinem Sozius, einem speziell mit der Sache beauftragten Volljuristen als Mitarbeiter oder einem langjährigen Bürovorsteher übertragen. Er kann andere, nicht ganz so wichtige oder schwierige Aufgaben auch anderen Mitarbeitern übertragen. Er muß aber sein gesamtes Personal sorgfältig auswählen, laufend schulen, laufend überwachen und im Fall von Unregelmäßigkeiten besonders kontrollieren. Außerdem muß er durch einen Fristkalender, ein Fristenbuch, Vermerke in den Handakten und auf andere geeignete Weise auch in sachlicher Hinsicht alle überhaupt nur möglichen und zumutbaren organisatorischen Vorkehrungen dagegen treffen, daß Fristen versäumt werden.

Er ist überdies in bestimmtem Umfang auch noch dann zumindest mitverantwortlich, wenn er die weitere Bearbeitung inzwischen einem *Kollegen übergeben* hat, sei es einem Verkehrsanwalt oder einem höherinstanzlichen Anwalt. Seine Sorgfaltspflichten dauern auch dann an, wenn sich die Partei nicht meldet oder wenn aus anderen Gründen kein Kontakt zu ihr besteht. Sie enden erst dann, wenn er das Mandat wirksam aufgegeben hat oder wenn der Vertrag wirksam gekündigt wurde. Auf dieser Grundlage ergibt sich im einzelnen eine Fülle von Pflichten. Die nachfolgende Übersicht kann nur ein ungefähres Bild von der Vielfalt der Rechtsprechung bieten. Es lassen sich im wesentlichen etwa die folgenden Gesichtspunkte darstellen. Rspr-Üb bei Wirges MDR **98**, 1459.

Übersicht der Untergliederung zum Stichwort „Rechtsanwalt"

Abwesenheit	51	Letzter Augenblick	134–139
Abwickler	51	Mehrheit von Anwälten	140
Aktenführung, -vermerk	52, 53	Mitwirkung des Gerichts	141
Aktenvorlage	54–63	Neuer Mitarbeiter	142
Andere Instanz	64–72	Niederlegung des Mandats	143
Angestellter, Beauftragter	73–76	Organisation	144, 145
Auszubildender	77, 78	Personal	146–153
Bürogemeinschaft	79	a) Auswahl	146
Bürovorsteher	80–82	b) Überwachung	147–153
Computer	83	Post	154–162
Einlegung des Rechtsmittels	84	Schließfach	163
Frist	85–112	Telefax	164
a) Berechnung; Notierung	85–92	Tod	164
b) Überwachung	93–106	Tonbanddiktat	165
c) Verlängerung, Änderung usw	107–112	Überlastung	166
Gesetzesunkenntnis	113–120	Unterschrift	167–171
Information	121–124	Urlaub	172, 173
a) Auftraggeber	121, 122	Verkehrsanwalt	174–178
b) Anderer Anwalt	123, 124	Verlust eines Schriftsatzes	179
Kalender	125–129	Vertreter	180
Kanzlei und Wohnung	130	Vorfrist	181
Krankheit	131, 132	Zuständigkeitsprüfung	182
Kurier	133	Zustellung und Anwalt	183–188

— **(Abwesenheit):** Der Anwalt braucht bei nur kurzfristiger Verhinderung keine Vorsorge zu treffen, **51** BayObLG RR **01**, 1648. Er muß aber dafür sorgen, daß auch bei eigener oder bei unvorhersehbarer Abwesenheit eines Mitarbeiters die Fristwahrung gewährleistet ist, BGH VersR **89**, 930, VGH Mü NJW **93**, 1732. Er muß zB einen Vertreter nach § 53 BRAO bestellen, BGH VersR **78**, 667, Mü MDR **87**, 590. Beauftragt der Anwalt einen Dritten, während seiner Abwesenheit ein Rechtsmittel einzulegen, muß der Auftrag unmißverständlich sein, BGH NJW **97**, 3244, Hbg MDR **97**, 1059.
S auch Rn 131, 180.

— **(Abwickler):** Sein schuldhafter Rechtsirrtum über seine Befugnis *hindert* eine Wiedereinsetzung, BGH NJW **92**, 2158. Der dem Abwickler erteilte Rechtsmittelauftrag bedarf einer Überwachung, BGH NJW **92**, 697.
S auch Rn 114–120.

— **(Akteneinsicht):** Rn 19 „Gericht: Akteneinsicht".

— **(Aktenführung, -vermerk):** Der Anwalt muß für jeden Prozeß eine eigene Handakte führen, zB beim **52** Streit gegen Kläger und dessen Geschäftsführer, insbesondere bei unterschiedlichen Fristen, BGH RR **99**, 716 rechts. Er muß die Zustellung des Urteils, das ihm zugesandt wird und dessen Erhalt er bescheinigt, entweder selbst sofort in den Akten vermerken, BGH VersR **79**, 161, Oldb JB **78**, 1013, oder er muß den Vermerk sofort durch einen unbedingt zuverlässigen Mitarbeiter anfertigen lassen, BGH VersR **77**, 424, oder er muß die Zustellung aus der ihm vorgelegten Postmappe aussondern und dafür Sorge tragen, daß

§ 233

ein zuverlässiger Angestellter sofort einen Aktenvermerk anlegt, BGH VersR **78**, 523. Die allgemeine Belehrung und Anweisung des Personals genügt nicht. Vielmehr muß der Anwalt glaubhaft machen, daß der Mitarbeiter generell zuverlässig ist, BGH VersR **78**, 182, und daß er in einer bestimmten Weise überwacht wird, BGH VersR **77**, 933.

53   Der Anwalt muß dafür sorgen, daß im Fall einer Urteilszustellung nach § *174* der Tag des Urteilszugangs und der Tag der Zustellung an den Gegner sogleich in den Handakten vermerkt werden. Er muß angeben, auf Grund welcher Unterlagen die Rechtsmittelfrist einzutragen ist. Er muß sofort veranlassen, daß alles zur Fristwahrung Notwendige geschieht, BGH VersR **79**, 256, BAG NJW **75**, 232.
   Der Anwalt muß dafür Sorge tragen, daß die *wirkliche* und nicht bloß die hypothetische Berufungsbegründungsfrist sogleich nach der Einreichung der Berufung im Fristenkalender eingetragen wird und daß diese Kalendereintragung durch einen Erledigungsvermerk in der Handakte gekennzeichnet wird, Nürnb OLGZ **76**, 119. Wenn der Anwalt das Personal nicht angewiesen hat, ihn auf einen Fristablauf hinzuweisen, muß er den Fristablauf auf dem Aktendeckel und im Fristenkalender vermerken lassen, BGH VersR **79**, 256. In diesem Fall reicht auch eine Vorfristnotierung nicht aus, BGH VersR **75**, 1006. Der Anwalt darf sich nicht damit begnügen, den Beginn und die Dauer der Rechtsmittelfrist mündlich festzustellen und dem Bürovorsteher zu überlassen, das Fristende in den Handakten und im Fristenlender einzutragen. Eine Ausnahme mag bei einem langjährigen erprobten Bürovorsteher möglich sein. Der Anwalt muß dann, wenn ihm die Berufungsschrift zur Unterschrift vorgelegt wird, und auch dann, wenn er die Akten noch einmal zur Abfassung der Berufungsbegründung erhält, nachprüfen, ob sich in den Handakten ein Vermerk darüber befindet, daß die Frist im Kalender eingetragen ist.
   S auch Rn 54–63, 80–83, 183–189.

54 – **(Aktenvorlage):** Sie ersetzt nicht eine systematisch organisierte Ausgangskontrolle, BGH DB **93**, 2036, BAG NJW **93**, 2957. Der Anwalt muß sicherstellen, daß ihm Akten fristgebundener Verfahren rechtzeitig zur Bearbeitung vorgelegt werden, BGH FamRZ **91**, 424, Düss BB **92**, 236, notfalls mit Autotelefon aus, BGH VersR **94**, 1324. Er darf die Akten nicht aus dem normalen Geschäftsgang herausnehmen, ohne daß eine etwa laufende Frist im Fristenkalender vermerkt wurde. Wenn der Bürovorsteher ein zugestelltes Urteil nicht vorgelegt hat und auf ein späteres Befragen erklärt, es sei noch nicht eingegangen, kann der Partei die Wiedereinsetzung zu bewilligen sein. Dasselbe gilt dann, wenn das Büropersonal dem Anwalt die Akten trotz einer ausdrücklichen Anordnung nicht zur abschließenden Bearbeitung wieder vorgelegt hat, BGH NJW **01**, 1579 links, oder wenn das Personal die Akten trotz ausdrücklicher Anordnung dem Anwalt nicht zur Unterschrift der Rechtsmittelschrift vorgelegt hat, BGH NJW **76**, 967, oder wenn es ihm die vorgelegten Akten ohne sein Wissen wieder weggenommen hat, BGH VersR **77**, 36, oder wenn es ihm eine falsche Auskunft über den Aktenverbleib gegeben hat, BGH VersR **75**, 1149.

55   Der Anwalt muß allerdings dann, wenn er ein Abweichen von seinen Anordnungen *erkennt*, nunmehr selbst für die Sicherung einer Notfrist sorgen und darf sich nicht mehr mit Einzelweisungen und Rückfragen begnügen, BGH NJW **98**, 460. Er muß auch bei einer gut geschulten und beaufsichtigten Mitarbeiterin prüfen, ob sie eine von ihm nur auf ein Tonband diktierte Wiedervorlageverfügung in die Handakte übertragen hat, BGH VersR **82**, 1192, und ob sie eine Anordnung befolgt hat, die Fristsache vor dem Fristablauf dem Vertreter vorzulegen (eine handschriftliche Anweisung mittels Büroklammer genügt nicht), BGH BB **88**, 2415. Wird ihm die Handakte rechtzeitig wieder vorgelegt, muß er spätestens jetzt sofort trotz hohen Arbeitsanfalls die Fristensicherung vornehmen, BGH NJW **03**, 1529.

56   Eine Wiedereinsetzung ist auch dann möglich, wenn der Anwalt vor einem Urlaub die Vorlage aller Fristsachen beim *Bürovorsteher* oder die Eintragung einer Frist angeordnet hat und sich auf sein eingearbeitetes Personal verlassen konnte, BGH RR **87**, 710, aber auch BGH RR **87**, 711. Er muß aber dem Verdacht eines Büroversehens kurz vor dem Fristablauf sogleich nachgehen, BGH VersR **79**, 376. Überhaupt schadet ein Organisationsmangel, BGH BB **88**, 2415. Der Anwalt muß insbesondere dafür Sorge tragen, daß auch ein unerfahrener Auszubildender die Akten unverzüglich vorlegt, BGH VersR **78**, 960. Auch dann, wenn der Anwalt zulässigerweise dem Bürovorsteher eine Postvollmacht erteilt hat, kann ein besonders starker Eingang von Einschreibsendungen eine besondere Anordnung des Anwalts über eine Aktenvorlage erforderlich machen.

57   Der Anwalt muß zumindest bei einem Zweifel über den Lauf der Berufungsfrist die *Handakten* einsehen, zB beim Fehlen eines Eingangsstempels, BGH VersR **87**, 506. Eine falsche Auskunft seines Personals geht zu seinen Lasten, soweit ihm eine persönliche Überprüfung zumutbar ist, Stgt JB **76**, 974 (ZVG). Freilich darf man insofern keine überspannten Anforderungen stellen, BGH VersR **87**, 286 rechts. Wenn sich der Anwalt mit der Einlegung der Berufung oder deren Begründung bis zum letzten Augenblick Zeit läßt, kann er sich zwar auf sonst zuverlässiges Personal grundsätzlich auch jetzt verlassen, BGH VersR **85**, 396. Er muß aber besondere Sorgfalt aufwenden, insbesondere dann, wenn er die Aktenvorlage erst auf den letzten Tag der Frist angeordnet hat. Der Anwalt darf eine fristschaffende Zustellung nicht annehmen und bescheinigen, ohne die allgemein angeordnete Aktenvorlage abzuwarten oder zu prüfen, ob das zugehörige Urteil tatsächlich beilag, BGH VersR **79**, 283, OVG Münst BB **76**, 442.

58   Wenn der Anwalt ein *Rechtsmittel* eingelegt hat, muß er die Akten zwar nicht grundsätzlich überprüfen, BGH RR **99**, 429. Er muß das aber dann tun, wenn sie ihm wegen einer fristgebundenen Prozeßhandlung vorgelegt werden, BGH FamRZ **04**, 696, BAG NJW **03**, 1269, LAG Hamm NZA-RR **04**, 327. Er muß die Akten ferner prüfen, wenn sie ihm ohnehin bis zum Fristablauf oder nahe davor vorliegen, BGH VersR **02**, 1391 (auch bei einer Vorfrist). Das gilt zumindest dann, wenn sich die Notwendigkeit einer Fristprüfung aufdrängt, BGH VersR **77**, 836. Der Anwalt muß zB prüfen, ob im Fall einer Friständerung die neue Frist eingetragen wurde, BGH VersR **80**, 1047. Wenn das Personal die Akten dem Anwalt nach der Bewilligung einer Prozeßkostenhilfe vorlegt, muß er prüfen, ob er eine fristgebundene Prozeßhandlung vornehmen, zB die Berufung jetzt begründen muß, BGH FamRZ **81**, 536. Wenn der Anwalt die Fristen regelmäßig selbst kontrolliert, kann er eine Unterlassung auch nicht mit seiner Überlastung entschuldigen. Eine erhöhte Verantwortlichkeit besteht für ihn dann, wenn ihm die Akten trotz seiner eigenen Überlastung vorgelegt werden, BGH VersR **77**, 153.

Titel 4. Folgen der Versäumung; Wiedereinsetzung **§ 233**

Eine Wiedereinsetzung kommt in Betracht, wenn das sonst zuverlässige Personal den Entwurf der **59** Berufungsbegründung nach der Billigung durch den Auftraggeber entgegen einer Weisung des Anwalts diesem *nicht* zur Unterschrift *vorlegt.* Der Anwalt darf aber die Akte weder aus dem Geschäftsgang nehmen noch in den Geschäftsgang zurückgeben und dadurch verursachen, daß eine Eintragung im Fristenkalender unterbleibt. Er muß dann, wenn ihm die Akten ohne Hinweis auf Fristen vorliegen, selbst feststellen, ob es sich um eine Fristsache handelt, BGH FamRZ **04**, 696, oder daß im letzten Moment etwas versäumt wird, BGH RR **99**, 717 rechts. Er muß insbesondere nach einem Erledigungsvermerk wegen einer wichtigen Frist forschen, BGH VersR **77**, 836. Es reicht aber aus, wenn er besonders verfügt, das Personal solle die Berufungsbegründungsfrist notieren. In einer als Vorfristsache vorliegenden Akte braucht der Anwalt zwar nicht sofort die Fristprüfung vorzunehmen, BGH MDR **99**, 767. Er muß aber sicherstellen, daß die Akte in einer nichterledigten Vorfristsache rechtzeitig ohne weiteres wieder vorgelegt wird, BGH VersR **75**, 715, KG MDR **99**, 706 (spätestens am Tag des Fristablaufs), und daß eine Vorfrist erst bei tatsächlicher Aktenvorlage gestrichen wird, BGH AnwBl **91**, 155. Wenn er erklärt, er habe die Sache selbst in Arbeit genommen, darf er die Akte nicht mehr aus den Augen lassen.

Wenn das Personal die Akte dem Anwalt ganz *kurzfristig* vorlegt, wenn er aber selbst infolge einer **60** Überlastung an der rechtzeitigen Erledigung gehindert ist, muß er etwas veranlassen. Denn er muß immer mit unvorhersehbaren Ereignissen rechnen, BGH VersR **75**, 40. In einer Entschädigungssache muß der Anwalt wegen der unterschiedlichen Länge der in Frage kommenden Fristen im Fall der Aktenvorlage den Fristablauf entweder selbst prüfen oder zumindest besonders sorgfältig prüfen lassen.

Der Anwalt muß die *Frist kontrollieren*, sobald ihm die Akte im Zusammenhang mit einem fristge- **61** bundenen Vorgang vorliegt, BGH BB **04**, 1190, sei es „nur" zur Unterzeichnung zB eines Empfangsbekenntnisses, BAG NJW **03**, 1269, oder einer Mitteilung über eine Fristauswirkung, BGH NJW **89**, 1864, sei es zur Anfertigung, BGH VersR **87**, 485, oder zur Unterschrift der Berufungsschrift, BGH FamRZ **04**, 1183, sowie noch immer im Zeitpunkt der Vorlage der Akte zur Begründung der Berufung, Rn 58, 103, BGH FamRZ **04**, 696, BVerwG NJW **91**, 2097, KG ZMR **94**, 36. Entsprechendes gilt im Revisionsverfahren, BGH NJW **03**, 437, BVerwG NJW **87**, 1350. Es gilt stets erst recht dann, wenn er die Akten „an sich gezogen hat", BGH VersR **89**, 929.

Dabei ist die etwa übliche *Bestätigung der Geschäftsstelle* des Gerichts über den Eingang der Berufung die allein sichere Grundlage zur Fristberechnung. Der Anwalt muß dann auch prüfen, ob in den Akten ein Vermerk vorhanden ist, daß die Frist im Kalender eingetragen sei, BGH NJW **82**, 225. Wenn die Akten dem Anwalt für die Berufungsbegründung im Hinblick auf den Fristablauf vorliegen, kann er sich nicht damit entlasten, sein Büropersonal habe ihn nicht nochmals auf den Fristablauf hingewiesen, BGH NJW **98**, 460. Dasselbe gilt dann, wenn die Akte dem Anwalt anläßlich einer Vorfrist vorliegt, BGH BB **99**, 1575, oder zwecks Verlängerung einer Frist, BGH BB **79**, 1429.

Der Anwalt braucht aber keine besondere Nachprüfung vorzunehmen, wenn er eine *Frist verfügt* hatte **62** und ihm die Akten nun aus einem anderen Anlaß vorgelegt werden und wenn er an die Fristwahrung noch nicht zu denken braucht, BGH RR **99**, 429. Dasselbe gilt dann, wenn ihm eine Fristsache aus einem anderen Grund vorliegt, wenn er nun eine unverzügliche Wiedervorlage verfügt und wenn sein Personal diese Verfügung nicht beachtet, BGH RR **99**, 429, oder wenn dem Anwalt die Akten wegen eines Mandantenbesuchs kurze Zeit vor dem Fristablauf vorliegen, wenn er sich nun aber mit Rücksicht auf seine Anordnungen und auf das geschulte Personal darauf verlassen kann, die Akte werde ihm rechtzeitig wieder vorgelegt werden oder man werde ihn an den Fristablauf erinnern.

Der Anwalt darf die Berufungsschrift keineswegs ungelesen unterschreiben, BGH VersR **76**, 494. Er **63** muß auch die richtige Bezeichnung der Person kontrollieren, BGH VersR **82**, 191 und 770, sowie den Ablauf der Rechtsmittelfrist mitprüfen, BGH FamRZ **04**, 1183. Er muß auch die richtige Bezeichnung der *Adresse prüfen*, BGH VersR **81**, 83, BAG NJW **91**, 1078, LAG Ffm NJW **91**, 1078. Er darf allerdings die Korrektur einer als zuverlässig bekannten Sekretärin überlassen, BGH NJW **82**, 2671. Er muß überhaupt wesentliche Fehler in der Rechtsmittelschrift selbst verantworten, BGH VersR **81**, 78. Die Unaufklärbarkeit eines Büroversehens geht im Verhältnis zum Prozeßgegner zu Lasten derjenigen Partei, die sich darauf beruft, BGH VersR **82**, 1167.

S auch Rn 54–63, 165, 167–171, 181.

– **(Andere Instanz):** Wenn der vorinstanzliche Anwalt einem Kollegen der höheren Instanz den Auftrag **64** zur Einlegung des Rechtsmittels in einem gewöhnlichen Brief erteilt, muß er die Rechtsmittelfrist selbst kontrollieren, BGH NJW **01**, 3196. Das gilt sowohl ohne die Aktenvorlage, BGH FamRZ **97**, 673, als auch bei ihr, BGH VersR **87**, 587. Der Rechtsmittelanwalt muß grds den Eingang des Auftrags und dessen Annahme überwachen, BGH (1. ZS) FamRZ **88**, 942, (9. ZS) NJW **01**, 1576, (10. ZS) BB **97**, 1972, aM BGH (2. ZS) NJW **00**, 815, (6. ZS) NJW **01**, 3196, (7. ZS) NJW **91**, 3035, (8. ZS) VersR **94**, 956, (11. ZS) RR **96**, 378 und (12. ZS) RR **01**, 426 (je: keine besondere Überwachungspflicht beim Bestehen einer Absprache, der Rechtsmittelanwalt werde Rechtsmittelaufträge annehmen oder weiterleiten. Aber dabei übersehen diese Senate des BGH, daß es ohnehin keinen Anscheinsbeweis für den Zugang eines einfachen oder ohne Rückschein eingeschriebenen Briefs gibt, Anh § 286 Rn 153, 154).

Etwas anderes gilt dann, wenn der Rechtsmittelanwalt einen selbständigen Rechtsmittelauftrag von der Partei erhalten hat, BGH FamRZ **93**, 310, oder wenn der Rechtsmittelanwalt ausgeschieden ist und ein Abwickler seine Kanzlei betreut, BGH NJW **92**, 697, oder wenn sonst eine Unstimmigkeit vorliegt, BGH (12. ZS) RR **01**, 426. Es reicht dann aus, daß er eine gewisse Zeit zur Überwachung einer fristgemäßen Erledigung läßt, BGH NJW **75**, 1126. Eine Rückfrage ist nicht mehr erforderlich, wenn die Anwälte ständig zusammenarbeiten, Köln FamRZ **97**, 1091, oder wenn der Rechtsmittelanwalt den Auftrag schon angenommen hat, LG Fulda RR **87**, 1215. Eine Wiedereinsetzung *entfällt,* wenn ihr vorinstanzlicher Anwalt dem Rechtsmittelanwalt lückenhafte, BGH JZ **86**, 406, oder sonst fehlerhafte Angaben übermitteln läßt, BGH NJW **96**, 394, 853, Köln VersR **91**, 792, selbst wenn der Bürovorsteher des erstinstanzlichen Anwalts die Angaben kontrolliert. Eine Wiedereinsetzung kann aber dann möglich sein, wenn der vorinstanzliche Anwalt zwar einen Fehler macht, der nächstinstanzliche aber die

§ 233

Rechtsmittelfrist unverschuldet versäumt, die er an sich hätte wahren können, BGH VersR **81**, 680, Düss AnwBl **89**, 291.

65 Der vorinstanzliche Anwalt muß dann, wenn der nächstinstanzliche den Rechtsmittelauftrag nicht bestätigt, den Sachverhalt durch eine *Anfrage* aufklären, BGH VersR **82**, 950, Ffm NJW **88**, 1223. Eine Notfrist darf im Fristenkalender des vorinstanzlichen Anwalts erst dann gestrichen werden, wenn der Rechtsmittelanwalt eine Bestätigung des Rechtsmittelauftrags übersandt hat, BGH VersR **84**, 167. Allerdings kann eine Wiedereinsetzung ausnahmsweise bei einer irrigen Streichung der Frist im Kalender möglich sein.

Der *Verkehrsanwalt* ist Bevollmächtigter der Partei, BGH VersR **88**, 418, aber nicht Erfüllungsgehilfe des ProzBev der Partei, BGH NJW **88**, 1079. Der ProzBev muß daher ein Verschulden des Verkehrsanwalts nicht gegenüber der Partei vertreten, LG Regensb AnwBl **82**, 109. Der Verkehrsanwalt muß die Rechtsmittelfrist selbst überprüfen, bevor er dem zweitinstanzlichen Anwalt den Rechtsmittelauftrag erteilt, BGH NJW **01**, 1580. Der ProzBev muß die Richtigkeit einer Frist selbst prüfen, die er dem Verkehrsanwalt mitteilt, BGH NJW **01**, 1580.

Der Anwalt der *höheren Instanz* darf sich nicht auf eine Angabe des vorinstanzlichen Anwalts verlassen, BGH NJW **00**, 3071, Ffm VersR **80**, 381, und zwar weder dann, wenn die den ersteren übersandten Akten nicht vollständig sind, BGH JZ **86**, 406, noch dann, wenn der höherinstanzliche Anwalt anhand der ihm übersandten Unterlagen die Angaben des vorinstanzlichen Anwalts nachprüfen kann, BGH VersR **75**, 90. Der Anwalt der höheren Instanz darf sich bei der Kontrolle des Zustelldatums des erstinstanzlichen Urteils nicht mit dem Ergebnis einer telefonischen Anfrage seiner Sekretärin beim erstinstanzlichen Anwalt begnügen, BGH VersR **94**, 199, aM BGH VersR **97**, 598.

66 Der vorinstanzliche Anwalt muß die richtige Ausführung seiner Anweisung, einen bestimmten Anwalt beim Rechtsmittelgericht mit der Einlegung eines Rechtsmittels zu beauftragen, *selbst überwachen*, BGH FamRZ **98**, 97, aM BGH VersR **86**, 146 (erlaubt dem vorinstanzlichen Anwalt darauf zu vertrauen, daß eine zuverlässige Bürokraft die Anweisung durchführen werde). Zur Kontrolle gehört zB die Prüfung der Parteibezeichnungen, BGH FamRZ **04**, 1020, sowie der richtigen Anschrift, BGH NJW **96**, 394, nicht aber auch die Kontrolle darüber, ob die Anordnung über die Absendung des Briefes durchgeführt wurde. Hat sich der vorinstanzliche Anwalt die Beauftragung des Rechtsmittelanwalts vorbehalten, so ist er neben dem Bürovorsteher verantwortlich, BGH VersR **85**, 964.

67 Zur Kontrolle gehört ferner die Prüfung, ob ein *kurz vor dem Ablauf* der Rechtsmittelfrist abgesandtes Auftragsschreiben beim beauftragten Anwalt eingegangen ist, BGH NJW **97**, 3245, Ffm NJW **88**, 1223, großzügiger BGH VersR **79**, 444.

68 Zur Kontrolle gehört ferner die Prüfung, ob der Rechtsmittelanwalt beim Rechtsmittelgericht *zugelassen* ist, BGH VersR **82**, 755, bzw ob er dort postulationsfähig ist, und ob er auch den Auftrag ausgeführt hat, BGH FamRZ **98**, 97. Eine mündliche eilige Anweisung „zwischen zwei Terminen" kurz vor dem Fristablauf an das eigene Personal reicht meist nicht aus, BGH VersR **83**, 81. Ferner muß der vorinstanzliche Anwalt prüfen, ob der Rechtsmittelanwalt die Rechtsmittelfrist und die Begründungsfrist eingehalten hat, BGH VersR **97**, 896. Der vorinstanzliche ProzBev muß das Schreiben an den Rechtsmittelanwalt mit dem Rechtsmittelauftrag, das eine Angestellte nach den richtigen Handakten gefertigt hat, vor seiner Unterschrift selbst prüfen, BGH NJW **85**, 1710. Zur Kontrollpflicht des vorinstanzlichen Anwalts gehört ferner, ob das Rechtsmittel beim richtigen Gericht eingereicht wurde, BGH VersR **79**, 230. Hat der erstinstanzliche Anwalt einen Kollegen als Boten zur Übermittlung der Rechtsmittelschrift oder -begründung an das Rechtsmittelgericht eingeschaltet, dann wäre es evtl eine Überspannung, beim Boten rückfragen zu müssen, BVerfG NJW **95**, 250.

Bei telefonischer Auftragserteilung *von Kanzlei zu Kanzlei* muß sich der Korrespondenzanwalt vergewissern, ob der Auftrag den Rechtsmittelanwalt tatsächlich rechtzeitig erreicht hat, BGH VersR **85**, 962, und ob der Rechtsmittelanwalt vom richtigen Datum der Zustellung der Entscheidung ausgegangen ist, BGH BB **00**, 1859.

69 Wenn der vorinstanzliche Anwalt den Auftrag zur Einlegung des Rechtsmittels *telefonisch* erteilt, muß er dafür sorgen, daß der Rechtsmittelanwalt den Auftrag wiederholt, BGH VersR **80**, 765, und seine Annahme zumindest am Telefon von Anwalt zu Anwalt persönlich erklärt, BGH VersR **84**, 167. Beim Telefonauftrag nur an das Personal des Rechtsmittelanwalts muß der vorinstanzliche Anwalt eine schriftliche Auftragsannahme fordern, bevor er die Frist im Kalender löschen lassen darf, BGH VersR **84**, 167. Der Rechtsmittelanwalt muß auch von sich aus für eine Kontrollwiederholung sorgen, BGH VersR **80**, 765. Der vorinstanzliche Anwalt muß dem Rechtsmittelanwalt das Zustellungsdatum des anzufechtenden Urteils richtig angeben, BGH RR **95**, 839, Köln JB **94**, 687. Er darf sich insofern nicht auf eine Auskunft einer Bürokraft verlassen, BGH NJW **87**, 1334. Wer als vorinstanzlicher Anwalt für den Auftraggeber und den höherinstanzlichen Anwalt die Einreichung der Rechtsmittelbegründungsschrift übernimmt, haftet unabhängig von einer Zulassung beim Rechtsmittelgericht, BGH VersR **86**, 817.

70 Das *Berufungsgericht* braucht den vorinstanzlichen Anwalt nicht darauf hinzuweisen, daß die Berufung bei ihm nicht zulässig eingelegt worden ist, BGH VersR **79**, 230. Der Berufungsanwalt darf die erforderliche Mitteilung über den Zeitpunkt der Zustellung des Berufungsurteils und die etwa nötige Rechtsmittelbelehrung grundsätzlich dem Auftrageber gegenüber durch einen einfachen Brief vornehmen, BGH VersR **85**, 90 (großzügig). Er darf es nicht einem Auszubildenden überlassen, einen Berufungsauftrag fernmündlich entgegenzunehmen, ohne sich zu vergewissern, für welche Partei er das Rechtsmittel einlegen soll, BGH VersR **81**, 1178. Er muß überhaupt klären, gegen wen er ein Rechtsmittel einlegen soll, BGH VersR **86**, 471. Er muß schon bei Einlegung der Berufung wegen der Begründung eine Kontrollfrist eintragen lassen, Ffm MDR **99**, 448.

Er darf die *Überwachung einer Notfrist* nicht dem vorinstanzlichen Anwalt überlassen, und zwar auch nicht beim sog Wuppertaler Zustellungsverfahren, Düss VersR **98**, 1262, und selbst dann nicht, wenn der letztere vereinbarungsgemäß die Berufungsbegründung entwerfen soll. Der Berufungsanwalt ist im Fall einer Aktenvorlage ebenso wie der Revisionsanwalt zur Fristkontrolle verpflichtet, BGH VersR **87**, 561.

Titel 4. Folgen der Versäumung; Wiedereinsetzung **§ 233**

Der Berufungsanwalt, der dem Verkehrsanwalt den Ablauf der Berufungsbegründungsfrist mitteilt, muß die Richtigkeit des Datums in der Reinschrift überprüfen, Karlsr OLGZ **83**, 95. Der Berufungsanwalt darf nicht objektiv mißverständlich dem vorinstanzlichen Anwalt mitteilen, Berufung sei bereits fristgerecht eingelegt worden, BGH NJW **92**, 575.

Der vorinstanzliche Anwalt muß dem Rechtsmittelanwalt den Zeitpunkt der Urteilszustellung mitteilen. Er muß nach einer Bewilligung von Prozeßkostenhilfe durch das Rechtsmittelgericht, die noch er selbst beantragt hatte, Frist und Vorfrist notieren und den ProzBev der höheren Instanz informieren, BGH FamRZ **01**, 1606. Der vorinstanzliche Anwalt muß dem Auftraggeber auf die *Beiordnung* im Verfahren auf die Bewilligung einer Prozeßkostenhilfe mitteilen, BGH FamRZ **91**, 1173, und zwar korrekt, BGH FamRZ **91**, 1173, und muß bei PKH selbst Wiedereinsetzung beantragen, Köln MDR **98**, 1127. Auch ein Verkehrsanwalt muß in solchem Fall sofort nachfragen, BGH VersR **75**, 90. Der zweitinstanzliche Anwalt, der vom vorinstanzlichen Kollegen den Auftrag zur Rechtsmitteleinlegung erhält, muß prüfen, ob sich aus dem Schreiben des Kollegen Zweifel darüber ergeben, ob die Rechtsmittelfrist noch läuft, BGH VersR **85**, 499. Bei einem solchen Zweifel muß der zweitinstanzliche Anwalt beim Kollegen eine Rückfrage halten. Eine Rückfrage ist auch angesichts widersprüchlicher Weisungen des vorinstanzlichen Anwalts notwendig, BGH VersR **81**, 80. Im übrigen darf er die Postkontrolle dem ausgebildeten und überwachten Personal überlassen, BGH NJW **00**, 1872. 71

Der Berufungsanwalt muß dem vorinstanzlichen Anwalt, der nicht Verkehrsanwalt ist und für die Tätigkeit eines Verkehrsanwalts auch keinen besonderen Auftrag hat, das *Urteil* mit der Bitte *übersenden*, die Partei über den Ablauf der Revisionsfrist zu unterrichten. Denn das gehört zur Aufgabe des Berufungsanwalts. Der Berufungsanwalt muß dem Auftraggeber das Zustellungsdatum des Berufungsurteils mitteilen. Er muß ihn darüber unterrichten, ob und inwiefern ein Rechtsmittel gegen das Berufungsurteil zulässig sei, BGH VersR **78**, 1160. Der Verkehrsanwalt darf nicht monatelang auf eine Nachricht des ProzBev über eine Urteilszustellung zuwarten, Düss MDR **85**, 507. Er muß damit rechnen, daß das Urteil zugestellt wurde, sobald er vom zugehörigen Kostenfestsetzungsbeschluß oder gar von der Androhung einer Vollstreckung erfährt, BGH NJW **01**, 1431 links. Wenn in einem Büro nicht alle Anwälte bei dem zuständigen Gericht zugelassen bzw postulationsfähig sind, muß der Zugelassene bzw Postulationsfähige mehr als die „Vorlage wichtiger Akten" veranlassen. Er muß verhindern, daß ein Nichtzugelassener usw unterschreibt, BGH VersR **82**, 849. 72

S auch Rn 74–76, 84–111, 163, 174–178.

— **(Angestellter, Beauftragter),** dazu *Stehmann,* Beschäftigungsverhältnisse unter Rechtsanwälten, Diss Köln 1989: Die ZPO kennt keine dem § 278 BGB entsprechende Vorschrift, BAG NJW **90**, 2707. Es reicht grds aus, daß der Anwalt, der einem Angestellten die Akten zu einer Bearbeitung überlassen hat, eine Aktenvorlage kurz vor dem Fristablauf verfügt hat und daß er bei einer dem Angestellten übertragenen Fristüberwachung Stichproben macht. Die Wiedereinsetzung kommt ferner in Betracht, wenn es wahrscheinlich ist, daß die Frist durch ein Versehen des gutgeschulten und überwachten Personals versäumt wurde, BGH FamRZ **92**, 794. Das gilt erst recht dann, wenn das an sich zuverlässige Personal eine vom Anwalt richtig getroffene Einzelanweisung nicht befolgt, BGH BB **03**, 708, oder wenn das Personal der Partei oder den Verkehrsanwalt nicht unterrichtet oder ein Informationsschreiben nicht vorlegt und der Anwalt daher den Fristfehler zu spät entdeckt. Der Anwalt braucht eine rechtzeitig angeordnete Einreichung der Rechtsmittelschrift nicht voll zu überwachen. Er braucht auch nicht die gerichtliche Empfangsbescheinigung kontrollieren. 73

Eine Wiedereinsetzung kommt auch dann in Betracht, wenn ein angestellter Anwalt als ein nur unselbständiger *Hilfsarbeiter* nach § 85 Rn 9 ff eine Frist versäumt hat, BGH VersR **83**, 84, 641, BVerwG NJW **85**, 1178, KG AnwBl **82**, 71. Das gilt insbesondere dann, wenn dieser Hilfsarbeiter mehrfach Hinweise auf den Fristablauf erhalten hatte, Hbg MDR **76**, 230, oder wenn er dem zuständige Anwaltsgehilfin angewiesen hat, die Berufungsbegründung dem anwesenden, allein beim Berufungsgericht zugelassenen bzw postulationsfähigen Anwalt zur Unterschrift vorzulegen, BGH VersR **82**, 190. Auch ein beim Anwalt beschäftigter, ihm als zuverlässig bekannter Bote mag nach eingehender Belehrung ausreichen, BGH NJW **88**, 2045, selbst wenn er nicht ständig dort beschäftigt werden, BGH VersR **85**, 455. Jedenfalls unter besonderen Umständen muß sich der Anwalt trotzdem vergewissern, ob der vom Boten beförderte Brief auch beim Gericht einging, BGH VersR **85**, 188. 74

Der Anwalt muß aber alles ihm nur Mögliche tun, um sein *Personal* richtig zu belehren und zu überwachen und Versehen auszuschließen, BGH VersR **77**, 1130, BFH DB **83**, 1132. Er muß sich vor allem davon überzeugen, daß ein neuer Angestellter das Fristwesen voll beherrscht. Eine Fristüberwachung wird nicht verlangt. Er darf zB die Führung des Fristkalenders nicht einer Aushilfskraft anvertrauen, BGH VersR **85**, 68. Der Anwalt darf die Überwachung einer Notfrist nicht einem Referendar überlassen, selbst wenn dieser an sich gut beurteilt wird. Die Wiedereinsetzung kommt erst dann nicht in Betracht, BGH VersR **76**, 92. Die Wiedereinsetzung kommt aber in Betracht, wenn der Anwalt unter Hinweis auf den Fristablauf dem Referendar die Beauftragung eines bestimmten zweitinstanzlichen Anwalts übertragen hat. 75

Der Anwalt muß eine von einem angestellten Anwalt entworfene *Rechtsmittelschrift* auf ihre richtige Anschrift des Bekl prüfen. Er darf aber die Korrektur einer als zuverlässig bekannten Sekretärin überlassen, BGH VersR **83**, 838, BAG BB **83**, 65. Er darf sich auf die angeordnete anschließende Wiedervorlage verlassen, BGH NJW **82**, 2670. Ein nicht beim Berufungsgericht zugelassener bzw postulationsfähiger, im Briefkopf mit einem Zugelassenen usw gemeinsam auftretender Anwalt, der die Berufungsbegründung maßgeblich bestimmt und diktiert, darf sie nicht verspätet einreichen, BGH VersR **79**, 447 und 557. Wenn in einem Büro nicht alle Anwälte bei dem zuständigen Gericht zugelassen bzw postulationsfähig sind, muß der Zugelassene usw nicht bloß die „Vorlage wichtiger Akten" zu veranlassen, sondern verhindern, daß ein Nichtzugelassener usw unterschreibt, BGH VersR **82**, 849. 76

S auch Rn 83, 142, 146–153, 172, 173.

— **(Ausgangskontrolle):** Rn 93–106. 77

§ 233 Buch 1. Abschnitt 3. Verfahren

– **(Auszubildender):** Der Anwalt muß einen Auszubildenden auf die Durchführung des ihm erteilten Auftrags überwachen lassen, LG Kiel VersR **88**, 754, zB darauf, ob der Auszubildende die Anschrift auf dem Umschlag richtig verfaßt hat. Der Anwalt muß dagegen Vorsorge treffen, daß ein unerfahrener Auszubildender die Sache vorlegt, BGH VersR **78**, 960. Der Berufungsanwalt darf einem Auszubildenden die telefonische Übermittlung des Auftrags zur Berufungseinlegung nur dann überlassen, wenn er gerade dessen diesbezügliche Zuverlässigkeit hinreichend erprobt hat, BGH VersR **84**, 240. Er darf es nicht einem Auszubildenden überlassen, einen Berufungsauftrag fernmündlich entgegenzunehmen, ohne sich zu vergewissern, für welche Partei er das Rechtsmittel einlegen soll, BGH VersR **81**, 1178. Er muß dafür sorgen, daß ein Auszubildender keine Verfügung in einer Rechtsmittelsache selbständig ablegt.

78   Der Anwalt darf einem Auszubildenden im *ersten Lehrjahr* die eigenverantwortliche Ausführung der Notierung und Berechnung einer Rechtsmittelfrist nicht übertragen, BGH AnwBl **89**, 99. Er muß dafür sorgen, daß der Auszubildende, wenn die Frist an demselben Tag abläuft, ein Schriftstück, das er „zum Gericht" bringen soll, auch auf der Geschäftsstelle abgibt oder doch in den Nachtbriefkasten wirft, großzügiger BGH RR **98**, 1140, und nicht in einem Raum eines anderen, wenn auch in demselben Gebäude befindlichen, Gerichts ablegt, BGH VersR **85**, 88, oder daß der Auszubildende den mit der weiteren Bearbeitung betrauten und informierten Mitarbeiter sogleich entsprechend einschaltet, BAG NJW **90**, 2707. Der Anwalt muß sich in einer Eilsache auch sofort vom Auszubildenden über die Durchführung des Auftrags berichten lassen, BGH VersR **85**, 88. Dem als zuverlässig erwiesenen Auszubildenden darf der Anwalt die Einreichung einer Fristensache evtl übertragen, BGH NJW **94**, 2958. Andererseits muß er auch denjenigen Auszubildenden überwachen, dem er sofort nach der Beendigung der Ausbildung den Fristenkalender usw anvertraut, BGH VersR **88**, 157. Wenn der Kalenderführer Urlaub hat, darf der Anwalt die Fristüberwachung aber nicht ohne weiteres einem Auszubildenden überlassen. Auffällig viele Fehler sprechen gegen ausreichende Ausbildung, BGH FamRZ **96**, 1469.

S auch Rn 74–76, 142, 146–153.

79 – **(Bürogemeinschaft):** Der Anwalt muß prüfen, ob ein Kollege, mit dem er eine Bürogemeinschaft betreibt, das Rechtsmittel wie vereinbart eingelegt hat, BGH VersR **76**, 859. Wenn in einem Büro nicht alle Anwälte bei dem zuständigen Gericht zugelassen bzw postulationsfähig sind, muß der Zugelassene usw organisatorisch mehr tun als bloß die „Vorlage wichtiger Akten" zu veranlassen. Er muß verhindern, daß ein Nichtzugelassener usw unterschreibt, BGH VersR **82**, 849.

S auch Rn 74–76, 144, 145.

80 – **(Bürovorsteher):** Eine Wiedereinsetzung ist möglich, wenn der auf Grund einer notwendigen eingehenden Darlegung des Anwalts, BGH VersR **83**, 757, als zuverlässig anzusehende Bürovorsteher eigenmächtig die vom Anwalt richtig verfügte Fristeintragung ändert, BGH VersR **75**, 1029, oder wenn er die Frist falsch berechnet, BGH VersR **79**, 157, oder falsch notiert, BGH VersR **88**, 1141, oder nicht zu Ende notiert, BGH VersR **85**, 140, wenn er dem Bürovorsteher ein zugestelltes Urteil nicht vorgelegt hat und auf späteres Befragen erklärt, es sei noch nicht eingegangen. Die Wiedereinsetzung kommt ferner dann in Betracht, wenn der Anwalt vor einem Urlaub angeordnet hat, alle Fristsachen beim Bürovorsteher vorzulegen, und wenn er sich auf sein eingearbeitetes Personal verlassen kann. Ein vermeidbares Mißverständnis zwischen dem Anwalt und dem Bürovorsteher muß nicht für einen Fristablauf ursächlich werden, BGH VersR **78**, 1168. Vor Fristsstreichung darf sich der Bürovorsteher nicht auf eine Mitteilung der Chefsekretärin verlassen, die Frist sei erledigt, BGH RR **99**, 1222. Wechselt der Bürovorsteher, kann genügen, daß der Anwalt den Nachfolger einarbeitet.

81   Wenn der Anwalt den Bürovorsteher am Tag des Fristablaufs beauftragt, einen beim Berufungsgericht zugelassenen bzw postulationsfähigen Anwalt *telefonisch* mit der Einlegung der Berufung zu beauftragen, muß der Anwalt auf eine etwaige ungewöhnliche Besonderheit hinweisen, zB auf zwei getrennte, aber im Rubrum, im Urteilsspruch und im Verkündungsdatum einheitliche Urteile ersten Instanz. Eine vorübergehende Entlastung eines langjährigen, zuverlässigen Bürovorstehers zwingt den Anwalt nicht zu erhöhten Verantwortlichkeit, BGH VersR **76**, 343, aM Bre JB **75**, 1601. Der Anwalt darf den Bürovorsteher nur ganz ausnahmsweise damit beauftragen, ein Rechtsmittel durch Telefax einzulegen. Der Anwalt muß zumindest den diktierten Text in die Langschrift übertragen lassen und sie dann selbst überprüfen.

82   Der Anwalt darf sich auch nicht damit begnügen, den Beginn und die Dauer einer Notfrist *mündlich* festzustellen und es dem Bürovorsteher zu überlassen, das Fristende genau zu berechnen und im Fristenkalender sowie in den Handakten einzutragen. Von dieser Regel mag dann eine Ausnahme gelten, wenn der Anwalt einem erprobten langjährigen Bürovorsteher die Führung des Fristenkalenders und die Benachrichtigung der Parteien von der Zustellung des Urteils überträgt. Es mag auch bei einer einfachen Sache genügen, daß der Anwalt dem geschulten Bürovorsteher einen Hinweis gibt, etwa darauf, wie eine Wechselsache während der Sommerzeit zu behandeln sei. Der Anwalt muß die Zuverlässigkeit des Bürovorstehers eingehend darlegen, LAG Köln VersR **94**, 1326. Der Anwalt muß den Bürovorsteher auf einen offensichtlichen Fehler in einer ihm überlassenen Fristenübersicht hinweisen, BGH VersR **81**, 78. Er haftet für klare Nichteinhaltung seiner Weisung, BGH FamRZ **97**, 955.

S auch Rn 146–153, 166, 183–189.

83 – **(Computer):** Der Anwalt ist durch die Anwendung selbst eines speziellen Computerprogramms nicht von der Pflicht zur Kontrolle der Rechtsmittelfrist entbunden, BGH NJW **95**, 1499. Ein unverschuldeter Absturz der Datei eine Stunde vor Fristablauf erlaubt die Wiedereinsetzung wegen des fehlenden Rests, Celle RR **03**, 1439. Freilich muß der Antragsteller einen Defekt oder Absturz und seine Bemühungen um Behebung näher darlegen, BGH NJW **04**, 2526 links.

84 – **(Einlegung des Rechtsmittels):** Sie erfordert besondere Aufmerksamkeit, Ffm MDR **00**, 1336. Der Anwalt braucht nicht stets von sich aus rückzufragen, ob er ein Rechtsmittel einlegen soll, BGH VersR **92**, 898. Er braucht es auch nicht im Zweifel vorsorglich einzulegen, BGH VersR **89**, 1167. Er darf sich nicht mit der Auskunft des Gerichts begnügen, die Rechtsmittelschrift liege noch nicht vor, sondern muß sich über den Eingang oder Nichteingang genaue Kenntnis durch Rückfrage verschaffen, BGH VersR **93**, 78. Er muß seine Postulationsfähigkeit vor dem Rechtsmittelgericht prüfen, BGH VersR **93**, 500. Er muß

Titel 4. Folgen der Versäumung; Wiedereinsetzung **§ 233**

auf die Zuständigkeit des angegangenen Gerichts achten, Ffm RR **05**, 1156, Karlsr VersR **99**, 343, ferner auf richtige Parteibezeichnungen, Ffm MDR **00**, 1336, und auf richtige Adressierung, Rn 21 ff, BGH RR **00**, 1731. Ein 5 Tage vor Fristablauf abgesandter Brief an ein OLG braucht nicht unbedingt Postleitzahl und Hausnummer des Gerichts zu nennen, BVerfG NJW **01**, 1566. Irrige Rücknahme hilft bei verspäteter neuer Einlegung nicht, BGH RR **98**, 1446.

S auch Rn 19–26, 54–78, 80–83, 85–111, 114–120, 134–139, 146–162, 182.
- **(Empfangsbekenntnis):** Rn 183 ff.
- **(Fehler):** Rn 114–120.
- **(Feriensache):** Rn 85–92, 112, 113.
- **(Frist):** Man muß drei Hauptgruppen von Aufgaben beachten. 85

a) *Berechnung; Notierung.* Der Anwalt muß sich davon überzeugen, daß diejenigen Mitarbeiter das Fristwesen voll beherrschen, die er mit der Fristberechnung betraut, BGH VersR **86**, 1083, LAG Köln MDR **02**, 1026. Er muß im Zweifel die kürzere Frist beachten, BGH GRUR **01**, 271. Eine Wiedereinsetzung kommt grds in Betracht, wenn ein an sich zuverlässiger Bürovorsteher eigenmächtig eine vom Anwalt richtig verfügte Frist falsch berechnet, BGH VersR **79**, 157, oder falsch vermerkt, BGH NJW **01**, 1579 links, BAG NJW **82**, 72, oder entgegen einer Weisung die falsch notierte Frist nicht streicht, BGH VersR **96**, 388, es sei denn, der Anwalt habe die Abweichung vom bei ihm üblichen Verfahren erkannt, Brdb MDR **97**, 1063. Der Anwalt muß dem Personal die Grundsätze des Ablaufs einer Frist nennen. Er muß verhindern, daß eine Frist nur auf einem losen Zettel vermerkt wird, BGH VersR **78**, 1116, BAG BB **95**, 51. Der Anwalt muß angeben, auf Grund welcher Unterlagen eine Frist in den Fristenkalender einzutragen ist. Er muß überhaupt veranlassen, daß alles zur Fristwahrung Notwendige geschieht, BGH NJW **92**, 574, BAG NJW **75**, 232. Diese Pflicht entsteht für den vorinstanzlichen Anwalt auch schon mit einer Zustellung der Entscheidung an ihn, BGH VersR **86**, 1192. Der Anwalt muß vortragen, welche Weisungen er wegen der Eintragung einer Frist oder Vorfrist erteilt hat, BGH BB **02**, 68, Ffm MDR **05**, 296.

Der Anwalt darf sich nicht stets mit dem *schriftlichen Hinweis* „Fristeintragung, falls noch nicht geschehen" begnügen, BGH VersR **98**, 1570. Er unterläuft eine grds ausreichende allgemeine Berechnungsanweisung (erst Kalender, dann Handakte), BGH FamRZ **96**, 1468, nicht dadurch, daß er im Einzelfall die Frist selbst berechnet, BGH VersR **88**, 78. Er darf nicht die Rechtsmittel- und ihre Begründungsfrist beim Urteilseingang zugleich notieren (lassen), BGH VersR **96**, 1561, zumal der bloße Eingang noch keine Entgegennahme im Sinn von § 195 bedeutet, BGH VersR **97**, 55. Ein Anwalt muß sich grds der Rechtsmittelbegründung eine einwöchige Vorfrist setzen, BGH FamRZ **04**, 100, Ffm MDR **05**, 296. Er muß eine bei Herausgabe der Rechtsmittelschrift erfolgte vorläufige Fristnotierung überprüfen und evtl korrigieren, BGH RR **98**, 269, aM Oldb JB **02**, 438. Er muß unabhängig von einer Mitteilung des Auftraggebers, Köln FamRZ **99**, 1084, oder des Gerichts vorgehen, BGH VersR **98**, 71, und sie zum Anlaß einer (nochmaligen) Überprüfung schon der Rechtsmittelfrist (und außerdem der Begründungsfrist) nehmen, BGH FamRZ **04**, 1183, BAG DB **95**, 152, VGH Kassel NJW **93**, 749, großzügiger Karlsr VersR **91**, 201. Ein Anwalt, den ein erfahrener, zuständiger Richter fälschlich dahin informiert, die Frist sei abgelaufen, handelt nicht notwendig pflichtwidrig, wenn er Wiedereinsetzung beantragt, KG VersR **81**, 1057.

Der Anwalt muß bei einer Fristberechnung darauf achten, um welche *Urteilsart* es sich handelt, ob zB 86 um ein erstes oder zweites Versäumnisurteil, BGH VersR **87**, 256. Er muß bedenken, daß kleinere Fehler der ihm zugestellten Ausfertigung die Wirksamkeit der Zustellung nicht beeinträchtigen, selbst wenn das Gericht sie dann korrigiert, § 317 Rn 9, BGH RR **00**, 1666. Er muß sicherstellen, daß wenigstens das Ende jeder Rechtsmittelfrist eingetragen wird, BGH NJW **92**, 974, und zwar frühestmöglich, Nürnb RR **05**, 1086, und natürlich grds bei jeder einzelnen Frist gesondert, BGH NJW **92**, 2488 (auch zu einer Ausnahme), daß also nicht bloß eine „Einlassungsfrist", BGH VersR **89**, 104, oder sonstige Vorfrist, BGH NJW **88**, 568, oder bloß eine Wiedervorlage eingetragen wird, BGH VersR **78**, 538, und daß die Eintragung des Fristendes alsbald geschieht, BGH VersR **76**, 970, LAG Köln BB **00**, 1948 (bei Rechtsmitteleinlegung), jedenfalls vor bzw bei der Unterzeichnung und Rückgabe eines Empfangsbekenntnisses, Rn 183, BGH FamRZ **96**, 1004, BSG NJW **01**, 1597, Bbg MDR **05**, 1072.

Er muß nach einer *Aussetzung* die Mitteilung eines neuen Termins zum Anlaß einer neuen Fristprüfung nehmen, BVerfG RR **97**, 188. Er muß zB veranlassen, daß die wirkliche Berufungsbegründungsfrist sogleich nach der Einreichung der Berufung eindeutig notiert wird, Schlesw MDR **95**, 1165, nicht bloß die hypothetische, BGH VersR **77**, 333 und 670, zumal die Begründungsfrist auch ab verspäteter Berufungseinlegung und nicht erst ab Wiedereinsetzung läuft, BGH VersR **87**, 764. Die Eintragung muß unmißverständlich erfolgen, BFH BB **77**, 850. Die Eintragung muß durch einen Erledigungsvermerk in den Akten gekennzeichnet werden, Nürnb OLGZ **76**, 119. Der Anwalt muß schon bei Rechtsmitteleinlegung eine Vorfrist bzw Wiedervorlagefrist notieren lassen, BGH RR **98**, 269. Sie muß sich von der Eintragung einer gewöhnlichen Wiedervorlagefrist deutlich abheben, BGH RR **05**, 215.

Wenn das eingegangene Schriftstück nur einen schwachen Stempelabdruck aufweist, muß der Anwalt 87 evtl wegen des *Zeitpunkts der Zustellung* rückfragen, BGH VersR **85**, 1142. Wenn der Eingangsstempel fehlt, muß er die Frist anhand der Handakte ermitteln und festhalten, BGH VersR **87**, 506. Er muß wissen, daß es auf den Zustellvermerk des Zustellers und nicht auf den Eingangsstempel seiner Kanzlei ankommt, BGH VersR **84**, 762. Der Anwalt muß das Zustellungsdatum des Urteils in einer jeden Zweifel ausschließenden Weise ermitteln und notieren, BGH NJW **96**, 1968.

Der Anwalt darf die Prüfung und die Berechnung einer zur Einlegung des Rechtsmittels erforderlichen 88 Frist auch dann nicht unterlassen, wenn ihm das Gericht insofern eine *formlose Information* gegeben hat, die keine amtliche Belehrung war, BVerwG NJW **97**, 2634, LG Hann NJW **84**, 2837. Freilich darf er darauf vertrauen, daß nach einer Mitteilung des Gerichts, die erste Urteilszustellung sei unwirksam und das Gericht bereite daher eine weitere vor, erst diese weitere die maßgebliche isr, BGH VersR **95**, 680. Er darf die Berechnung und Notierung einer Rechtsmittelfrist nicht einem Auszubildenden im ersten Lehrjahr

§ 233

übertragen, BGH NJW **89**, 1157. Er darf die Prüfung in einer bedeutenden bzw noch oder schon schwierigen Sache nicht einem Büroangestellten überlassen, BGH RR **03**, 1211, BAG NJW **95**, 3340, BSG NJW **98**, 1886, sondern muß die Frist selbst feststellen, BGH NJW **91**, 2082, insbesondere dann, wenn er der Partei den Tag des Fristablaufs mitteilt.

89 Das gilt zB bei § 99 II, Bbg FamRZ **00**, 834 (streng), oder bei einem Verfahren auf den Erlaß einer *einstweiligen Verfügung*, Ffm NJW **75**, 224, bei der Berufung gegen ein Scheck-Vorbehaltsurteil, BGH VersR **87**, 760 (Fehler bei der Eintragung durch gutgeschultes Personal sind aber evtl unschädlich), bei einem Wechsel-Nachverfahren, BGH VersR **85**, 168, oder bei der Aufnahme eines durch Insolvenz des Prozeßgegners unterbrochenen Verfahrens, BGH NJW **90**, 1240. Er muß die richtige Berechnung der Frist zumindest sorgfältig prüfen lassen, indem er einen Angestellten über die Fristvorschriften belehrt, BGH VersR **86**, 574, BFH BB **84**, 906. In einer Ehe- oder Familiensache muß der Anwalt grds die Weisung geben, ihm einen Eingang sofort zur Prüfung vorzulegen, BGH NJW **80**, 2261.

90 Es reicht nicht aus, daß der Anwalt den Beginn und die Dauer der Frist *mündlich* klärt und entsprechend anweist, BGH NJW **04**, 688, oder daß er sie durch Tonbanddiktat feststellt, BGH FamRZ **95**, 671, und dem Bürovorsteher, BGH NJW **88**, 2804, oder gar sonstigen Mitarbeitern die Berechnung des Fristendes und dessen Eintragung im Fristenkalender und in den Handakten überläßt, noch gar mittels eines bloßen Klebezettels auf dem Aktendeckel, BGH NJW **99**, 1336. Von dieser Regel gilt nur dann eine Ausnahme, wenn es sich um einen erprobten langjährigen Bürovorsteher handelt oder wenn der Anwalt seinem gutgeschulten und überwachten Büropersonal die Fristberechnung in einer einfachen Sache überläßt, die in der Praxis häufig vorkommt, BGH VersR **80**, 142, 192 und 826. Nicht jeder Fehler einer sonst zuverlässigen Angestellten zwingt den Anwalt dazu, die Frist selbst einzutragen, BGH RR **03**, 276. Bei einem geschulten Bürovorsteher mag auch ein besonderer Hinweis genügen. Es kann ein Mitverschulden des Anwalts vorliegen, der ein Fristende auf einen Samstag notieren läßt, BGH VersR **85**, 1149.

91 Der Anwalt muß wissen, daß eine zur Berichtigung nach § 319 ausreichende *Unrichtigkeit* des Urteils an der Wirksamkeit seiner Zustellung grundsätzlich nicht ändert, § 319 Rn 29, BGH VersR **80**, 744. Er muß zumindest beim auffällig langen Ausbleiben des Urteils vorsorglich die absoluten Ablauffristen nach (jetzt) §§ 517, 548 (5-Monats-Fristen) notieren und überwachen, BGH AnwBl **89**, 100, Stgt MDR **03**, 1312. Er muß sich in jeder zumutbaren Form nach dem Verkündungsdatum erkundigen. Ob dazu bloße schriftliche Anfragen statt Akteneinsicht ausreichen, so BGH FamRZ **04**, 264, ist durchaus Fallfrage.

92 Der erstinstanzliche Anwalt darf den Berufungskläger nicht über den Ablauf der *Berufungsfrist* falsch unterrichten. Ein nicht ständig mit Revisionen befaßter Anwalt muß bei der Fristnotierung das Personal auf Besonderheiten der Fristberechnung hinweisen, BFH BB **84**, 906, BVerwG NJW **82**, 2458.

S auch Rn 54–63, 112, 113, 183–189.

93 **b) Überwachung.** Die Fristenkontrolle gehört zu den ureigenen Aufgaben des Anwalts, BGH NJW **92**, 820, Hamm MDR **99**, 900 (Anwalt nicht bloßer „Stempelanwalt"). Das gilt für die auch für eine Sozietät für den beim zuständigen Gericht Zugelassenen bzw Postulationsfähigen, BGH NJW **97**, 3177, und bei einer überörtlichen Sozietät vor allem für denjenigen, der die Partei im Prozeß vertritt, BGH NJW **94**, 1878. Das gilt für jede Art von Frist, zB für diejenige nach (jetzt) § 517, BGH NJW **94**, 459, auch im FGG-Verfahren, LG Bln ZMR **01**, 1011. Es kann zur Wiedereinsetzung ausreichen, daß der Anwalt dann, wenn ein Angestellter oder Beauftragter die Frist notiert hat, wegen der Fristüberwachung Stichproben macht, BGH VersR **82**, 68. Der Anwalt braucht nicht die rechtzeitig angeordnete Einreichung der Rechtsmittelschrift ständig zu überwachen, BGH BB **02**, 803. Er kann sich grds auf die Richtigkeit einer gerichtlichen Auskunft über den Eingangstag verlassen, BVerfG NJW **95**, 711. Er braucht nicht stets die gerichtliche Empfangsbescheinigung einzusehen, es sei denn, er hätte zwar eine fehlerhafte Anweisung erteilt, Köln FamRZ **92**, 194.

Wenn ein *angestellter Anwalt* als ein bloß unselbständiger Hilfsarbeiter eine Frist versäumt, kann eine Wiedereinsetzung in Betracht kommen, BGH VersR **79**, 232. Das gilt insbesondere dann, wenn der Anwalt dem Mitarbeiter mehrfach Hinweise auf den Fristablauf gegeben hatte, Hbg MDR **76**, 230, oder wenn der Mitarbeiter die zuständige Gehilfin anweist, die Berufungsbegründung dem anwesenden, allein beim Berufungsgericht zugelassenen bzw postulationsfähigen Anwalt zur Unterschrift vorzulegen. Der Anwalt darf eine einfache Tatsachenfrage, anders als eine Rechtsfrage, durch einen zuverlässigen Mitarbeiter klären lassen, BGH VersR **84**, 83. Eine Übung des Anwalts, über das im allgemeinen gebotene Maß hinaus organisatorische Vorsorge zu treffen, zB durch doppelte Fristkontrollen, führt nicht zu einer Verschärfung seiner Sorgfaltspflichten, BGH MDR **98**, 929. Eine solche Doppelkontrolle ist nicht stets notwendig, BGH NJW **00**, 3006. Es ist auch nicht bei jedem einfachsten Vorgang eine über den Organisationsplan hinausgehende Einzelanweisung des Anwalts notwendig, BGH RR **03**, 570 links.

94 Der Anwalt muß aber im Rahmen des Üblichen sein Möglichstes tun, durch die Einrichtung, Belehrung und Überwachung des Personals Versehen auszuschließen, BGH VersR **81**, 194. Er muß eine *systematische Ausgangskontrolle schaffen*, BGH RR **03**, 570 links, BAG BB **93**, 1296, Kblz MDR **98**, 240. Sie muß zum frühestmöglichen Zeitpunkt erfolgen, und zwar insgesamt für Berechnung, Notierung, Eintragung im Kalender und Quittierung der Eintragung in unmittelbarem Zusammenhang, BGH NJW **03**, 1815 (streng), Zweibr FamRZ **04**, 1382. Das gilt insbesondere bei einer EDV-gestützten Fristenkontrolle, LG Bln AnwBl **93**, 585 (Notwendigkeit der Überprüfung durch einen weiteren Mitarbeiter). Bei ihr darf keinesfalls versehentlich eine Löschung oder Kennzeichnung als erledigt erfolgen, sodaß die Frist beim Ablauf gar nicht mehr im Kalender erscheint, BGH NJW **00**, 1957. Die Notwendigkeit einer systematischen Kontrolle gilt auch unabhängig von der Organisation einer rechtzeitigen Aktenvorlage, BGH NJW **91**, 1178. Die Ausgangskontrolle muß am Abend jedes Arbeitstags erfolgen, BGH FamRZ **04**, 866. Sie ist nicht durch allgemeine Telefax-Vorabübermittlung ersetzbar, BPatG RR **98**, 112.

Diese Notwendigkeit besteht auch dann, wenn es um einen außergewöhnlichen, aber *vorhersehbaren* Fall geht, BGH VersR **87**, 383, oder wenn der Anwalt den Schriftsatz zB mit Rücksicht auf eine Rechtsschutzversicherung noch zurückhalten muß, BGH VersR **82**, 971. Die Fristkontrolle muß unter anderem in der Überprüfung auf die Erledigung fristgebundener Sachen vor dem Ende eines jeden

Titel 4. Folgen der Versäumung; Wiedereinsetzung § 233

Arbeitstags bestehen, BGH FamRZ **91**, 424. Der Anwalt muß sich vor allem davon überzeugen, daß ein neuer Angestellter das Fristwesen voll beherrscht, BGH NJW **92**, 3176. Eine Fristüberwachung wird dann nicht verlangt, wenn er sich diese Überzeugung gebildet hat. Das gilt auch dann, wenn der Mitarbeiter an jenem Tag allein im Büro arbeitet, BFH NJW **02**, 3031. Bei elektronischer Datenverarbeitung muß ein geschulter Mitarbeiter überprüfen, ob ein anderer die Daten richtig eingegeben hat, Mü NJW **90**, 191, LG Lüb AnwBl **86**, 152. Bei ausreichender Ausgangskontrolle ist in der Regel keine zusätzliche Kontrolle des Eingangs bei Gericht nötig, BVerfG NJW **92**, 38 (FGO, großzügig). Auf eine allgemeine Anweisung des Anwalts zur Fristenkontrolle kommt es aber nicht an, wenn er im Einzelfall durch eine besondere Anordnung eine abweichende Verfahrensweise vorgegeben hat, LG Köln VersR **92**, 517.

Der Anwalt darf die Überwachung einer Notfrist nicht einem *Referendar* überlassen, selbst wenn dieser **95** Mitarbeiter im übrigen gut beurteilt wird. Das gilt erst recht dann, wenn der Referendar sein amtlich bestellter Vertreter ist, BGH VersR **76**, 92. Etwas anderes mag anzunehmen sein, wenn der Anwalt unter einem Hinweis auf den Fristablauf dem Referendar die Beauftragung eines bestimmten zweitinstanzlichen Anwalts übertragen hat. Auch ein Auszubildender darf weder allein noch zusammen mit einer qualifizierten Kraft mit der Kalenderkontrolle usw beauftragt werden, BGH VersR **00**, 516. Der Anwalt muß zB auch organisatorisch klären, was bei schwerer Lesbarkeit eines Schriftstücks oder Stempels zu geschehen hat, BGH VersR **85**, 1142. Eine auffällige Häufung von Postverlusten kann Mängel einer Ausgangskontrolle unschädlich machen, BGH VersR **87**, 50. Der Anwalt muß eine Eingangsmitteilung des Rechtsmittelgerichts zum Anlaß einer Fristkontrolle, auch durch sein Personal, nehmen, Ffm MDR **98**, 995, Karlsr MDR **98**, 996.

Für eine Wiedereinsetzung mag es ausreichen, daß der Anwalt den Auftrag zur Einlegung des Rechts- **96** mittels in einem *gewöhnlichen Brief* erteilt, aber Zeit zur Überwachung einer fristgemäßen Erledigung läßt, BGH VersR **75**, 1126. Wenn der Anwalt ein fristwahrendes Schriftstück rechtzeitig unterzeichnet und dafür gesorgt hat, daß sein Personal es postfertig macht, BGH VersR **77**, 331, und wenn er angeordnet hat, daß es zur Post gegeben wird usw, etwa durch Einlage in eine Kanzlei-Poststelle, BGH NJW **01**, 1578 links, braucht er seine Anordnung nicht persönlich zu überwachen, BGH VersR **98**, 1360, BAG FamRZ **76**, 622. Er braucht sich auch nicht am nächsten Tag durch eine Nachfrage bei dem Personal oder beim Gericht von der Ausführung zu überzeugen. Dann ist auch keine genauere Angabe darüber nötig, wann, durch wen und wie das Schriftstück herausgegeben wurde und ob die Absendung unterblieb. Etwas anderes gilt dann, wenn der Anwalt die Akten aus dem normalen Geschäftsgang herausgenommen hatte, ohne daß eine Frist im Kalender vermerkt worden war.

Der Anwalt braucht ein gut geschultes und überwachtes Personal bei einfachen Sachen *nicht in jedem* **97** *Einzelfall zu kontrollieren,* BGH RR **02**, 60, BAG BB **76**, 186 (eine Überwachung im Einzelfall sei auch nicht erforderlich, wenn eine vorübergehende Entlastung eintrete, ähnlich BGH VersR **76**, 343, aM Bre JB **75**, 1601). Das Vergessen einer zur Fristwahrung notwendigen Handlung ist in der Regel schuldhaft, BGH VersR **80**, 942.

Der Anwalt muß aber dem Verdacht eines *Büroversehens* kurz vor dem Fristablauf sogleich nachgehen, **98** BGH VHR **98**, 86 (keine Streichung im Kalender). Es darf auch kein Organisationsmangel vorliegen, BGH NJW **89**, 1157. Der Anwalt muß zB dann, wenn er die Frist an einer ungewöhnlichen Aktenstelle notieren läßt, in besonderer Weise auf diese Stelle deutlich hinweisen lassen, BGH VersR **82**, 1145, etwa durch eine Rotmappe oder durch eine andere Kennzeichnung. Er muß ferner zB die Grundsätze des Ablaufs der Frist dem Personal genannt haben. Er muß dafür sorgen, daß das Personal den Ablauf der Berufungsfrist in den Handakten und nicht nur auf derjenigen Urteilsausfertigung notiert, die es dem Auftraggeber zusendet, BGH VersR **81**, 39.

Ein *angestellter,* selbständig arbeitender Anwalt (ob er selbständig arbeitet, ist Fallfrage) darf die Frist nicht versäumen. Der Anwalt muß diesen Mitarbeiter anweisen, welche Handlungen dieser Mitarbeiter vornehmen soll, damit die Fristwahrung sichergestellt ist, BGH VersR **82**, 1145. Er darf sich nicht darauf verlassen, daß ein unerfahrener angestellter Anwalt die ihm zur Überprüfung zugeleitete Rechtsmittelbegründung rechtzeitig zur Unterschrift zurückreicht, BGH VersR **95**, 194. Ein Fristenbuchführer muß bei Abwesenheit einen geeigneten Vertreter erhalten, BGH NJW **89**, 1157. Eine Wiedereinsetzung kommt in Betracht, wenn dieser Mitarbeiter besonders mit der Fristüberwachung beauftragt worden war.

Wenn die *Organisation* des Büros eine Fristverfügung oder -kontrolle des sachbearbeitenden Anwalts **99** zuläßt, muß sichergestellt werden, daß die durch eine solche Tätigkeit bedingte Überschneidung dem Überwachungsbereich des verantwortlichen Fristenbuchführers keine Fehlerquelle eröffnet, BGH VersR **81**, 277. Bei grds ausreichender Organisation kann zweimaliges organisationsunabhängiges Versagen eines Mitarbeiters noch entschuldbar sein, BGH BB **01**, 1012. Bei einer auffälligen Häufung von Mängeln im Zusammenhang mit der Wahrung von Fristen rechtfertigt sich entweder Bedenken gegen die ordnungsmäßige Ausbildung, Erprobung und Überwachung der Angestellten oder Schlüsse auf die Unvollständigkeit der Organisation, BGH FamRZ **96**, 1469. Der Anwalt muß dafür sorgen, daß sein Briefkasten auch dann täglich geleert wird, wenn der dafür an sich zuständige Mitarbeiter verhindert ist, BGH VersR **78**, 92. Er darf sich nicht darauf beschränken prüfen zu lassen, ob der für die Gerichtspost bestimmte Sammelkorb leer ist, BGH VersR **93**, 378. Er muß sicherstellen, daß die eingehende Post sofort sorgfältig geprüft wird, BGH VersR **81**, 79. Er muß verhindern, daß eine Frist nur auf einem losen Zettel vermerkt wird, BGH VersR **81**, 1116. Er darf es nicht zu einem vermeidbaren Mißverständnis zwischen ihm und seinem Büroleiter über einen Fristablauf kommen lassen, BGH VersR **78**, 1168.

Der Anwalt darf eine Frist auch dann nicht vergessen, wenn er wie in seinem Beruf üblich *abgelenkt* **100** wird, BGH VersR **75**, 40. Er muß bei einem Zweifel über den Lauf der Berufungsfrist zumindest die Handakten einsehen. Eine falsche Auskunft geht zu seinen Lasten, soweit man ihm eine Überprüfung zumuten kann. Er mag auch beim Gericht nachfragen bzw dessen Eingangsmitteilung kontrollieren, BGH FamRZ **97**, 415. Er darf sich nicht auf eine vor längerer Zeit abgegebene Erklärung der Partei verlassen, es laufe noch keine Frist. Er muß nach der Absendung einer Zustellungsnachricht vorsorglich beim Auftraggeber rückfragen, ob ein Rechtsmittel einzulegen ist, BGH VersR **86**, 37, und beim Rechtsmittelanwalt

§ 233

rückfragen, ob dieser eingelegt hat, BGH FamRZ **98**, 97. Er muß dann, wenn in seinem Büro verschiedene Fristen verschiedenfarbig notiert werden, im Zweifel die wichtigste Farbe wählen, BGH VersR **79**, 961.

101 Der Anwalt muß anordnen, daß die Berufungsbegründungsfrist schon vor der gerichtlichen Eingangsbestätigung des Rechtsmittels *vorläufig notiert* wird, BGH FamRZ **92**, 1163, Ffm MDR **99**, 448, und daß sie nach dem Eingang dieser Bestätigung erneut überprüft wird, BGH NJW **94**, 458. Sein Sozius darf nicht vergessen, eine Frist zu notieren. Der Anwalt muß dafür Sorge tragen, daß sein Personal kontrolliert, ob eine im Fristkalender eingetragene Notfrist tatsächlich gewahrt wird, BGH RR **98**, 1604. Er darf eine Frist im Kalender erst dann abstreichen lassen, wenn die fristwahrende Maßnahme durchgeführt worden ist, BGH FamRZ **91**, 424, wenn zB das Schriftstück herausgeht, BGH VersR **94**, 956. Zumindest muß das Schriftstück postfertig sein, BGH RRVersR **94**, 370, BFH BB **84**, 842.

Es reicht auch, wenn sein Telefaxgerät einen *Einzelnachweis* der ordnungsgemäßen Übermittlung ausgedruckt hat, BGH NJW **90**, 187, oder wenn eine Bestätigung des Rechtsmittelanwalts, BGH VersR **76**, 939, bzw des Rechtsmittelgerichts vorliegt, BGH VersR **84**, 166. Er darf eine Vorfrist nicht streichen lassen, ohne daß ihm die Akte vorgelegt wird, BGH AnwBl **91**, 155. Er darf sich insofern nicht auf eine aus dem Gedächtnis gegebene Auskunft selbst eines gewissenhaften Mitarbeiters verlassen, BGH VersR **85**, 146. Allerdings kommt auch bei einem irrigen Abstreichen in Ausnahmefällen eine Wiedereinsetzung in Betracht.

102 Der Anwalt muß den *Postabgang* eines Schriftsatzes, der eine Frist wahren soll, so kontrollieren und vermerken, daß der Abgang zweifelsfrei nachweisbar ist, BGH VersR **81**, 282, Kblz MDR **98**, 240. Er muß überhaupt eine zuverlässige Endkontrolle organisieren, BGH RR **02**, 60. Er darf sich freilich auf die Auskunft eines Postbediensteten über die voraussichtliche Beförderungsdauer selbst kurz vor dem Fristablauf verlassen, BGH RR **90**, 508 (großzügig!). Er muß eine Rechtsmittel- und Rechtsmittelbegründungsfrist so notieren, daß sie sich von einer gewöhnlichen Wiedervorlagefrist deutlich abhebt, BGH VersR **83**, 778. Ist ein vordatierter Rechtsmittelschriftsatz übungswidrig verfrüht zum Gericht gegangen, muß sichergestellt sein, daß auch der deshalb frühere Ablauf der Begründungsfrist erkannt und kontrolliert wird, BGH RR **99**, 716 links.

103 Wenn der Anwalt die Fristen regelmäßig *selbst* kontrolliert, darf er sich nicht mit einer Überlastung entschuldigen, sondern muß dafür sorgen, daß in einem solchen Fall sein Vertreter die Frist ebenfalls selbst kontrolliert, BGH VersR **76**, 962. Der Anwalt darf sich nicht auf eine nur aus dem Gedächtnis erteilte Auskunft eines Mitarbeiters verlassen, daß keine Fristsachen vorliegen. Er muß dann, wenn ihm ein fristerheblicher Schriftsatz, LAG Mainz BB **96**, 1776, oder die Akten vorgelegt werden, selbst feststellen, ob eine Fristsache vorliegt, BGH NJW **98**, 460. Er muß dann auch den Fristlauf selbst kontrollieren, Rn 58, 61, BGH FamRZ **05**, 435, KG ZMR **94**, 36. Er muß dann zB prüfen, ob im Fall einer Friständerung die neue Frist eingetragen wurde, BGH VersR **80**, 1047. Er muß nach dem Erledigungsvermerk einer wichtigen Frist forschen, BGH VersR **77**, 836. Er muß bei der Übernahme eines Rechtsstreits den Ablauf einer ihm bekannten Notfrist im Fristkalender eintragen lassen. Der Anwalt muß einen Verkündungstermin vormerken, BGH VersR **76**, 468.

104 Der Anwalt muß bei einer wichtigen Frist unter Umständen eine *Vorfrist* notieren lassen, BGH BB **94**, 1667 (wegen einer Rechtsmittelbegründungsfrist). Bei Vorlage der Vorfristsache muß er die Frist zwar prüfen, BGH BB **99**, 1575, aber evtl nicht sofort, BGH MDR **99**, 767. Er muß dann freilich die rechtzeitige Wiedervorlage sicherstellen, BGH VersR **02**, 1392 links (rechtzeitig vor Fristablauf), großzügiger KG MDR **99**, 706 (spätestens am Tag des Fristablaufs. Aber dann kann es leicht praktisch zu spät sein). Es kommt darauf an, ob der Anwalt sichergestellt hat, daß die Frist jedenfalls am letzten Tag ihres Laufs noch eingehalten werden kann, besonders in einem Fall des § 222 II. Der Anwalt darf bei einem Urlaub des Kalenderführers die Fristüberwachung nicht ohne weiteres einem Auszubildenden überlassen. Die Anlage eines Auszugs aus dem Fristenkalender („Termins-Wochenplan") reicht nicht aus, BGH VersR **78**, 942. Der Anwalt muß auch die richtige Ausführung seiner Anweisung, einen bestimmten Anwalt beim Rechtsmittelgericht mit der Einlegung des Rechtsmittels zu beauftragen, selbst überwachen, BGH VersR **79**, 190. Der Anwalt darf die Berufungsfrist nicht deshalb verstreichen lassen, weil er die Akten noch nicht in Besitz hat und den Urteilstenor noch nicht kennt, BGH VersR **75**, 950. Der erstinstanzliche Anwalt darf mangels allgemeiner Übernahmeabsprache die Frist erst nach Erhalt der Übernahmeerklärung des zweitinstanzlichen Kollegen löschen, Rn 64.

105 Der Anwalt darf die Fristüberwachung *in einfachen Fällen* dem gut geschulten und überwachten *Büropersonal überlassen,* BGH RR **02**, 60. Er muß die Frist nachprüfen, wenn ihm die Akten zur Vorbereitung oder Unterschrift einer fristgebundenen Handlung vorgelegt werden, BGH FamRZ **96**, 1469, oder wenn ihm die Akten zur Bearbeitung einer fristgebundenen Prozeßhandlung vorgelegt werden, BGH FamRZ **94**, 569, oder wenn er zuvor einen Fehler gemacht hatte, etwa bei der Adressierung, Köln FamRZ **92**, 194. Sobald er ein Abweichen von seiner Aktenvorlageanordnung erkennt, muß er selbst für die Sicherung einer Notfrist sorgen und darf sich nicht mehr mit Einzelweisungen und Rückfragen begnügen, BGH VersR **84**, 286, aM BGH VersR **87**, 598. Der Anwalt muß dann, wenn er die rheinischen Verhältnisse kennt, in der Karnevalszeit mit Verbindungsschwierigkeiten rechnen, BGH VersR **80**, 928.

106 Der Anwalt muß trotz der rechtzeitigen *Weitergabe* eines fristbegründenden Beschlusses an den Verkehrsanwalt die Frist überwachen, BGH VersR **75**, 90. Er darf dem Verkehrsanwalt nicht die Fristkontrolle überlassen, BGH VersR **97**, 896. Er darf nicht eine erkennbar zweifelhafte Frist falsch mitteilen, BGH VersR **76**, 936. Der Anwalt, der nur mit der Erstattung eines Rechtsgutachtens beauftragt wurde, kann sich allerdings ohne eine Nachprüfung auf die Richtigkeit einer Mitteilung über den Fristablauf verlassen. Der erstinstanzliche Anwalt muß den Versicherer dann, wenn er dort anfragt, ob ein Rechtsmittel eingelegt werden soll, darüber informieren, daß die Rechtsmittelfrist bereits läuft.

Der Anwalt, der *anstelle des bisherigen* ProzBev die Vertretung übernimmt, muß den Lauf einer Frist, zB zur Rechtsmittelbegründung, durch eine Rückfrage beim Vorgänger oder beim Gericht genau kontrollieren, BGH VersR **84**, 586. Soweit der Verkehrsanwalt die Fertigung und rechtzeitige Einreichung zB der

Titel 4. Folgen der Versäumung; Wiedereinsetzung **§ 233**

Rechtsmittelbegründung übernimmt, müssen der jetzige ProzBev, BGH VersR **97**, 508, und natürlich auch der Verkehrsanwalt die Frist überwachen, BGH NJW **90**, 2126. Bei einer Mehrheit von ProzBev muß man § 84 beachten und ist derjenige maßgeblich, der die Fristkontrolle übernommen hat, BGH NJW **03**, 2100. Bei der Übernahme von Akten in eine neue Kanzlei des aus einer Sozietät ausgeschiedenen Anwalts gehört es zu seiner Pflicht, die laufenden Fristen anhand des im bisherigen Büro geführten Kalenders zu überprüfen, BGH VersR **81**, 959. Ein jetzt erst beauftragter Anwalt muß auch anläßlich einer von ihm beantragten Akteneinsicht, die ihm erstmals eine Prozeßübersicht verschafft, die Fristkontrolle vornehmen, BVerfG NJW **00**, 1634, BGH RR **00**, 799.

c) Verlängerung, Änderung usw. Auch ein Verlängerungsantrag ist fristwahrend und daher fristgebunden, BGH MDR **91**, 905. Auch bei einer Erklärung ist eine Ausgangskontrolle nötig, BGH FamRZ **92**, 297, einschließlich nochmaliger Adressenkontrolle, BGH RR **99**, 1006 rechts, Naumb MDR **00**, 1219. Der Anwalt muß in den Grenzen seines Auftrags für einen rechtzeitigen Verlängerungsantrag sorgen, Zweibr FamRZ **04**, 1300. Die Wiedereinsetzung kommt in Betracht, wenn das Personal des Anwalts eine von ihm richtig verfügte Fristeintragung eigenmächtig geändert hat. Eine Wiedereinsetzung kommt ferner in Betracht, wenn der Anwalt von einer Angestellten, die er mit der Führung des Fristkalenders und der Fristüberwachung betraut hat und betrauen durfte, eine versehentlich unrichtige Auskunft über eine Fristverlängerung erhalten hat, BGH NJW **96**, 1682, oder wenn der an sich zuverlässige Bürovorsteher usw die vom Anwalt richtig verfügte Fristeintragung eigenmächtig geändert hat, BGH VersR **75**, 1029, oder streicht, BGH VersR **75**, 644, oder das Personal den Verlängerungsantrag weisungswidrig statt in die Gerichtspost in die Allgemeinpost gibt, BGH RR **98**, 787. Der Anwalt muß aber organisatorisch dafür sorgen, daß eine Angestellte eine Fristeintragung nicht eigenmächtig ändert oder unbeachtet läßt, BGH FamRZ **04**, 866.

Wenn der Anwalt am letzten Tag einer Frist telefonisch ihre *Verlängerung* beantragt, darf er sich nicht auf **108** eine Zusage der Geschäftsstelle des Gerichts verlassen, er werde bei einem Auftreten von Hindernissen benachrichtigt werden, BGH VersR **77**, 373. Er muß beim Büroauftrag am letzten Abend prüfen, ob es rechtzeitig gehandelt hat, BGH RR **98**, 932. Er muß überhaupt grds rechtzeitig prüfen, ob er eine weitere Verlängerung beantragen muß, BGH VersR **82**, 771, und ob einem auch ersten Fristverlängerungsantrag entsprochen wurde, BGH RR **99**, 1663, Ffm MDR **01**, 120. Das gilt besonders bei einer nur schlagwortartigen Begründung, LAG Bln DB **90**, 1472, LAG Düss DB **94**, 1528, oder bei einem Büroumzug des Anwalts, BGH VersR **82**, 651, oder bei einem Anwaltswechsel, BGH VersR **01**, 1262. Das gilt grds selbst dann, wenn der Anwalt ein Grundsatzurteil abwarten will, Naumb AnwBl **98**, 351, oder wenn bei diesem Gericht eine allgemeine Übung besteht, einem solchen Antrag stattzugeben, BGH VersR **77**, 1097 (krit Späth VersR **78**, 327; s auch Rn 111). Freilich genügt eine laufend überprüfte Anweisung an das gut geschulte Personal, BGH VersR **86**, 366, zB am Vormittag des Fristablaufs notfalls durch eine Nachfrage beim Gericht eine Klärung herbeizuführen, aM BGH VersR **77**, 373 (aber man darf die Anforderungen auch nicht überspannen, Rn 13).

Es besteht seit BGH **83**, 217 die Möglichkeit, die Begründungsfrist noch nach ihrem Ablauf auf Grund **109** eines rechtzeitigen *mit* nicht bloß floskelhaften *Gründen* versehenen Antrags jedenfalls *erstmalig* zu verlängern, BGH **83**, 217, LAG Düss VersR **94**, 1209, LAG Köln VersR **94**, 1210. Deshalb ist ein *Vertrauen* auf eine solche erstmalige Maßnahme vor dem ordentlichen Gericht grds entschuldigt, BVerfG FamRZ **02**, 533, BGH RR **04**, 785, Ffm MDR **03**, 471 (nicht bei Unklarheit über den Verlängerungsantrag), aM BGH (IV b–ZS) FamRZ **87**, 58, Ffm MDR **01**, 120, Karlsr RR **01**, 1520 (aber es gibt auch einen Vertrauensschutz, wenn das BVerfG entsprechend entschieden hat). Das gilt auch bei strenger, aber rechtswidriger Praxis des im Einzelfall zuständigen Gerichts, BGH Vers **02**, 1576, strenger Zweibr FamRZ **04**, 1381. Vor einem Arbeitsgericht können strengere Regeln gelten, BAG NJW **05**, 174 (dort bei Anwaltsüberlastung noch zu großzügig: Alle sind überlastet), LAG Bln MDR **01**, 770. Die Partei darf auch darauf vertrauen, daß eine Verlängerung nicht nur für eine unzumutbar kurze Frist erfolgt, BGH RR **04**, 785.

Vollständigkeit des Verlängerungsantrags ist stets Voraussetzung dafür, auf seinen Erfolg vertrauen zu dürfen, BGH RR **05**, 865. Dazu gehört zumindest die Erwähnung, der Gegner habe nach § 520 II 2 eingewilligt, BGH RR **05**, 865 (das ist auch keine gegen Art 2 I GG verstoßende Überspannung der Anforderungen).

Auf eine *weitere* Verlängerung ohne Zustimmung des Gegners kann der Anwalt allerdings nur ganz ausnahmsweise vertrauen, BGH NJW **04**, 1742, BayVerfGH MDR **96**, 1074, und zwar grds nicht schon wegen Anwaltswechsels, Brdb MDR **01**, 171. Bei einer Berufungserwiderung muß der Anwalt auch an § 524 II 2 (Anschlußberufung?) denken, Liesching NJW **03**, 1225.

Alles das gilt insbesondere dann, wenn der Anwalt einen *erheblichen Grund* im Sinn von (jetzt) § 520 II 3 dargelegt hat, BVerfG RR **01**, 1076 (großzügig bei Überlastung), BGH (6. ZS) NJW **01**, 3633 und (8. ZS) 3352, BayVerfGH MDR **96**, 1074 (großzügig bei Überlastung), aM BGH (5. ZS) RR **98**, 574 (betr bevorstehende Grundsatzentscheidung. Aber auch hier gilt der oben genannte Vertrauensschutz. Ein Anwaltswechsel reicht dazu nicht stets, BGH VersR **01**, 1262.

Der Anwalt darf sich aber keineswegs damit begnügen, nach einem Verlängerungsantrag die neue **110** Gehilfin aufzufordern, die noch nicht einmal verlängerte Frist auf „einige Tage" vor ihrem vermutlichen Ende *vorzumerken*, BGH VersR **80**, 746, oder sich gar ohne Rückfrage auf eine *dritte* Fristverlängerung zu verlassen, BGH VersR **98**, 737. Er muß den Fristablauf angesichts eines ihm zur Unterzeichnung vorgelegten Verlängerungsantrags eigenverantwortlich überprüfen, BGH FamRZ **97**, 415. Das gilt auch dann wenn ihm die Akten nicht mit vorgelegt worden sind, BGH BB **91**, 932. Er muß jedem Zweifel über die Rechtzeitigkeit seines Verlängerungsantrags nachgehen und die fristgebundene Handlung unverzüglich nachholen, BGH VersR **85**, 767, jedenfalls innerhalb der von ihm selbst beantragten Frist (er hat freilich als Mindestfrist diejenige nach § 234 I), BGH NJW **96**, 1350. Er darf eine Verlängerung erst dann eintragen lassen, wenn sie tatsächlich erfolgt ist, BGH RR **99**, 1663.

Die Einreichung eines *Prozeßkostenhilfeantrags* während der Berufungsbegründungsfrist reicht nicht ohne **111** weiteres aus, BGH FamRZ **96**, 1467. Freilich darf man auch insoweit die Anforderungen nicht über-

§ 233

spannen. Wenn der Anwalt mit einer Verlängerung rechnen kann, braucht er sich nicht mehr unbedingt nach der Gewährung zu erkundigen, BGH VersR **93**, 501. Eine falsche Auskunft des unzuständigen Gerichts, die Verlängerung sei zu erwarten oder bereits gewährt, sollte den Fehler der Anrufung des unzuständigen Gerichts ausgleichen, BGH NJW **00**, 2511 (ersterer Fall) und MDR **96**, 639 (letzterer Fall), strenger BGH NJW **94**, 2299. Ein nicht mit Gründen versehener Verlängerungsantrag hat aber dennoch meist keine solche Erfolgsaussicht, daß der Anwalt sich überhaupt nicht weiter um ihn zu kümmern braucht, BGH NJW **92**, 2426, LAG Nürnb DB **94**, 640.

112   Wenn dem Anwalt die Akten für die Berufungsbegründung im Hinblick auf einen Fristablauf *vorliegen*, wird er nicht dadurch entlastet, daß ihn der Büroangestellte nicht nochmals auf den Fristablauf hingewiesen hatte. Das gilt auch dann, wenn dem Anwalt die Akten zur Verlängerung einer Frist vorliegen, BGH VersR **79**, 159. Der Anwalt braucht freilich anläßlich eines Antrags auf Verlängerung der Berufsbegründungsfrist nicht auch die Einhaltung der eigentlichen Berufungsfrist zu prüfen, BGH VersR **03**, 388 (großzügig). Wenn das Personal die Akten auf Grund einer überholten Vorfristnotierung vorlegt, muß er nicht nur prüfen, ob die Löschung der früheren Frist verfügt wurde, sondern auch, ob die neue Frist eingetragen wurde, BGH VersR **80**, 1047 Bei der Verwaltung mehrerer Fristen ist erhöhte Sorgfalt nötig, BGH RR **02**, 712. Der Anwalt darf damit rechnen, daß das Gericht einen vor dem Fristablauf gestellten Antrag auf eine Verlängerung der Rechtsmittelbegründungsfrist auch dann sachlich prüft und nicht als unzulässig oder verspätet behandelt, wenn es erst nach dem Ablauf der bisherigen Frist entscheidet, BGH VersR **83**, 272 (2 Entscheidungen). Krankheit des Auftraggebers reicht zur dritten Verlängerung kaum aus, wenn der Anwalt gar keine Information mehr braucht, BGH NJW **96**, 3155. Der Anwalt kann trotz fehlerhafter Unterzeichnung (falsche Adresse) grds darauf vertrauen, das Peronal werde seine Weisung zur Vorlage einer richtigen Reinschrift rechtzeitig befolgen, BGH MDR **03**, 764.

S auch Rn 54–63, 80–83, 112–120, 134–139, 144–162, 164, 170, 172, 173, 183–189.

113 – **(Gesetzesunkenntnis):** Eine Wiedereinsetzung kann in Betracht kommen, wenn ein Anwalt in einer zwar irrigen, immerhin aber vertretenen oder vertretbaren Rechtsauffassung handelt, BGH NJW **85**, 496, Düss FamRZ **82**, 82, zu streng Hamm FamRZ **97**, 502 (nur bei vertretener. Aber dann wäre nur Nachbeten erlaubt). Das kann zB dann der Fall sein, wenn der Leitsatz einer Entscheidung des BGH zu einem Irrtum Anlaß gibt. Eine Wiedereinsetzung kommt ferner zwar nicht schon beim Fehlen einer etwa notwendigen Rechtsmittelbelehrung in Betracht, BGH BB **91**, 1821, wohl aber dann, wenn das Gericht dem Anwalt eine unrichtige Rechtsmittelbelehrung erteilt hat, BGH RR **04**, 1715 links oben, aM BGH GRUR **96**, 1522 (aber das gerichtliche Verschulden wiegt ungleich schwerer). Die Wiedereinsetzung ist ferner dann möglich, wenn das Gericht dem Anwalt eine unrichtige Auskunft über den Zeitpunkt einer von Amts wegen erfolgten Zustellung gegeben hat oder eine in Wahrheit schon wirksame Zustellung aus Rechtsirrtum des Vorsitzenden wiederholt hat, BGH VersR **87**, 258. Dabei genügt eine telefonische Anfrage des Anwalts. Er braucht die Gerichtsakten dazu nicht selbst einzusehen. Eine Wiedereinsetzung kommt ferner dann in Betracht, wenn der Anwalt ein rechtzeitig eingelegtes Rechtsmittel nur auf Grund einer Empfehlung des Rechtsmittelgerichts zurückgenommen hatte, die sich zu spät als rechtlich unhaltbar ergab, BGH NJW **81**, 576. Der Anwalt darf überhaupt grds auf die bisherige höchstrichterliche Rechtsprechung vertrauen, BVerfG NVwZ **03**, 341.

114   Eine Wiedereinsetzung kommt *nicht* in Betracht, wenn der Anwalt den Urteilskopf nicht nachgeprüft und deshalb einen leicht erkennbaren Fehler *übersehen* hat. Dasselbe gilt dann, wenn der Anwalt aus einer unvollständigen Rechtsmittelbelehrung ungeprüft Schlüsse gezogen hat, die mit grundlegenden Verfahrensregeln unvereinbar sind. Ein Anwalt hat überhaupt wesentliche Fehler in der Rechtsmittelschrift selbst zu verantworten. Er darf die Überprüfung nicht einem angestellten Anwalt und auch nicht dem Büropersonal überlassen. Die Wiedereinsetzung ist zu versagen, wenn der Anwalt einen Fehler aus einer grds als verschuldet anzunehmenden Rechts- bzw Gesetzesunkenntnis begangen hat, BGH VersR **00**, 613, VerfGH Brdb NJW **04**, 3259 (auch zu den Grenzen; krit Rensen JZ **05**, 196), Stgt MDR **02**, 1220 (ZPO-RG).

Die Wiedereinsetzung *entfällt* ferner dann, wenn der Anwalt sein Personal *nicht genügend eingewiesen* hat, BGH VersR **81**, 78. Er muß zB prüfen, ob er sich damit begnügen darf, für eine juristische Person einen Antrag auf die Bewilligung einer Prozeßkostenhilfe einzureichen, wenn das Zahlungsvermögen der am Gegenstand des Rechtsstreits wirtschaftlich Beteiligten erkennbar ist. Der Anwalt muß auch veröffentlichte Änderungen der Zuständigkeit kennen, BGH DRiZ **94**, 427 (neue Bundesländer), BayVerfGH NJW **94**, 1858. Er muß auch auf entlegeneren Gebieten das Gesetz kennen, Zweibr MDR **88**, 419, LG Hann NJW **84**, 2837, aM Schneider MDR **87**, 791 (aber Unkenntnis schützt auch ein Organ der Rechtspflege ebensowenig vor dem Gesetz wie den Bürger). Er muß deshalb zB beachten, daß die Gerichtsferien entfallen sind, Feiber NJW **97**, 161, und daß die in § 227 Rn 3 genannten Vorschriften zahlreicher Gesetze den § 227 III 1 (Verlegungsanspruch in der Zeit vom 1. 7. bis 31. 8.) als unanwendbar erklären.

115   Der Anwalt muß auch unabhängig vom Gericht alle ihm zumutbare Sorgfalt anwenden, Düss NJW **87**, 2524, Mü AnwBl **01**, 521 (je zu § 85 II), Stgt FamRZ **84**, 405. Er muß eine Mitteilung des Gerichts nachprüfen, LG Hann NJW **84**, 2837. Er muß, manchmal fast strenger sein als das Gericht, so im problematischen Ergebnis BVerfG NJW **87**, 2499, BGH DRiZ **94**, 427 (neue Bundesländer). Er muß die verfügbaren Textsammlungen sorgfältig prüfen, zB den „Schönfelder", Zweibr MDR **88**, 419. Er muß ferner amtliche Entscheidungssammlungen und Fachzeitschriften prüfen, BGH BB **00**, 2332, Köln RR **03**, 284, Stgt MDR **02**, 1220. Er muß auch Lehrbücher und Kommentare durchsehen, BGH FamRZ **03**, 1565, OVG Hbg FamRZ **92**, 79 (Ausnahme: Das Schrifttum war eindeutig unrichtig – aber Vorsicht!), Fischer AnwBl **93**, 599, großzügiger BGH BB **00**, 2332 (strenger bei sich erst entwickelndem Rechtsgebiet, dann aber auch Spezialzeitschriften), Mü RR **91**, 803, Bischof Rpfleger **88**, 210. Ein Verschulden kann freilich bei Unklarheiten in Literatur und Rechtsprechung fehlen, BFH NJW **96**, 216 rechts.

116   Die Prüfungspflicht nach Rn 115 besteht *unverzüglich nach* der jeweiligen *Veröffentlichung*, BGH NJW **85**, 496, Stgt MDR **02**, 1220. Freilich kann der Anwalt bei rechtlichen Streitfragen zunächst der Rspr der

Titel 4. Folgen der Versäumung; Wiedereinsetzung § 233

übergeordneten, insbesondere der Obersten Bundesgerichte vertrauen, BVerfG **79**, 377. Er kann auch einer in den gängigen Kommentaren vertretenen Auffassung grds vertrauen, LAG Mü NJW **89**, 1503. Das gilt jedenfalls bis zur Veröffentlichung einer ihre Unrichtigkeit feststellenden Entscheidung, BGH NJW **85**, 496, oder einer diese Unrichtigkeit mit näherer Begründung darlegenden Äußerung. Das gilt erst recht dann, wenn das Gericht sich in einer Mitteilung an ihn ebenfalls rechtlich irrte, BGH AnwBl **89**, 289. Das alles gilt allerdings auch nicht immer, Hamm, zitiert bei Schlee AnwBl **86**, 340, LAG Mü RR **88**, 542, aM Borgmann AnwBl **86**, 501 (aber man muß ohnehin stets auch auf die Gesamtumstände abstellen).

Es gibt ein *Überspannungsverbot,* Rn 13, LG Hechingen RR **03**, 769 (funktionelle Unzuständigkeit wegen einer gerichtsübergreifenden anderen Spezialzuständigkeit). Die Justiz darf an den Anwalt keine höheren Anforderungen stellen als an sich selbst. Das gilt für die Lückenhaftigkeit oder Nachlässigkeit, mit der auch so manches höhere Gericht vorhandene Literatur zwar generell als beachtlich bezeichnet, aber dann im Einzelfall doch machmal auffällig wenig zur Kenntnis nimmt. Nicht einmal abweichende, veröffentlichte und im gängigen Schrifttum zitierte Ansichten anderer Kollegien desselben Gericht werden stets erkennbar zur Kenntnis genommen, geschweige denn selbstkritisch mitverarbeitet. Dergleichen Alltagspraxis der Justiz begrenzt auch diejenige der Anwaltschaft.

Der Anwalt muß freilich grds eine objektiv bekannte *Entscheidungspraxis des angerufenen Gerichts* in seine Vorausschau einbeziehen, soweit sie objektiv den rechtlichen Anforderungen genügt, BVerfG **79**, 376. Das gilt auch gegenüber einem erstinstanzlichen Gericht. Er muß ferner evtl sogar beim Fehlen eines Hinweises im *einem* der vorhandenen Kommentare oder Lehrbücher die *anderen* prüfen, AG Grevenbroich MDR **89**, 459. Er muß Steuerwirkungen mitbeachten, BGH RR **87**, 604.

Er muß zB die *neuere Rechtsprechung* in Wiedereinsetzungssachen prüfen, soweit sie in der amtlichen **117** Sammlung der Entscheidungen des BGH oder in den üblicherweise zur Verfügung stehenden Fachzeitschriften veröffentlicht wird, Düss VersR **80**, 360 (Pflicht des Anwalts zur Fachlektüre). Der Anwalt muß zB wissen, daß in § 317 Änderungen gegenüber der früheren Rechtslage bei der Zustellung eines Urteils eingetreten sind, BGH NJW **78**, 1486, Zweibr VersR **78**, 767. Er muß die Wirksamkeit einer Zustellung unabhängig vom Gericht prüfen, BGH VersR **87**, 680.

Der Anwalt muß auch Gesetzesänderungen zum *Kindschaftsprozeß* beachten, BGH VersR **78**, 1169. **118** Dasselbe gilt für Gesetzesänderungen in einer sonstigen Familiensache, BGH VersR **77**, 835 und 1031, Ffm FamRZ **78**, 798, großzügiger BGH VersR **79**, 395. Wegen des Übergangsrechts nach Novellen, insbesondere größeren, BGH NJW **03**, 831, Düss MDR **04**, 831 (Gerichtsverstoß gegen Fürsorgepflicht), Köln RR **03**, 284.

Der Anwalt muß die notwendige Gesetzeskenntnis auch nach einer *Abweisung* aufbringen. Er muß zB **119** auch § 229 I BauGB kennen. Der Anwalt muß auch dann die erforderliche Gesetzeskenntnis haben, wenn er im übrigen stark in Anspruch genommen ist. Das gilt sogar dann, wenn der Richter, der die Sache bearbeitet, den Anwalt auf diesen Fehler nicht aufmerksam macht.

Wenn dem Anwalt die Rechtslage *zweifelhaft* zu sein scheint oder vernünftigerweise zweifelhaft sein **120** muß, dann muß er so handeln, daß es die Parteiinteressen auf jeden Fall wahrt, BayObLG RR **00**, 772, Mü FamRZ **94**, 311. Das gilt auch dann, wenn er zB dem Auftraggeber geschrieben hat, er werde mangels einer sofortigen Antwort unterstellen, er solle kein Rechtsmittel einlegen, oder wenn er trotz der eigenen Ansicht, es sei kein Rechtsmittel zulässig, den Auftraggeber nicht von der Zustellung des Urteils unterrichtet hat. Der Anwalt muß prüfen, ob sein Aktenzeichen auf der Mitteilung einer Behörde, durch die eine Frist in Lauf gesetzt ist, richtig angegeben wurde.

S auch Rn 142, 146–153, 182.

– **(Information):** Man muß zwei Arten von Partnern unterscheiden. **121**
a) **Auftraggeber.** Eine Wiedereinsetzung kann in Betracht kommen, wenn das grds gut geschulte und überwachte Personal des Anwalts nicht unterrichtet war. Dasselbe gilt dann, wenn das Personal ein Informationsschreiben des Auftraggebers nicht vorgelegt hat und der Anwalt daher den Fristfehler zu spät entdeckt hat. Der Anwalt muß sein Personal anweisen, dem Auftraggeber eine Nachricht von einer Zustellung zu erteilen, BGH FamRZ **96**, 1467, selbst wenn er Weisung erteilt hat, die Frist zu notieren. Eine solche Anweisung reicht dann aber auch aus, BGH VersR **76**, 1178. Der Anwalt braucht dann also beim Eingang der Zustellung eine besondere weitere Weisung nicht mehr zu erteilen. Der Anwalt muß den Auftraggeber unverzüglich über eine Urteilszustellung und über deren Zeitpunkt unterrichten, spätestens etwa eine Woche vor dem Fristablauf, BGH FamRZ **96**, 1467. Dazu kann für den Berufungsanwalt ein einfacher Brief ausreichen, BGH VersR **85**, 90 (großzügig!). Er muß den Auftraggeber auch unverzüglich über das zulässige Rechtsmittel und dessen formelle Erfordernisse unterrichten, und zwar vollständig, BGH FamRZ **96**, 1467.

Wenn der Anwalt erst *im Laufe des Prozesses* bestellt worden ist, muß er sich auch beim Auftraggeber unverzüglich über den Sachstand informieren. Er darf sich nicht auf eine vor längerer Zeit abgegebene Erklärung des Auftraggebers verlassen, es laufe noch keine Frist. Er muß dann, wenn der Rechtsmittelauftrag nicht bestätigt wird, den Sachverhalt durch eine Anfrage aufklären, BGH VersR **81**, 1055, aM BGH VersR **80**, 89 (aber solche Rückfrage sollte ohnehin selbstverständlich sein). Er darf nicht ohne weiteres darauf vertrauen, das Schweigen des Auftraggebers enthalte einen Verzicht, VGH Kassel NJW **91**, 2099, jedenfalls nicht, wenn der Auftraggeber in einem Parallelverfahren schon hatte Berufung einlegen lassen, BGH VersR **81**, 834.

Der erstinstanzliche Anwalt muß bei einer Anfrage an den *Versicherer* des Auftraggebers dazu, ob er ein **122** Rechtsmittel einlegen soll, den Versicherer darüber informieren, daß die Rechtsmittelfrist bereits läuft. Wenn der Versicherer auf Grund der Anfrage des Anwalts, ob er gegen das Urteil Berufung einlegen soll, die Schadensakte ohne ein Begleitschreiben an den Anwalt zurücksendet, dann muß der Anwalt durch eine alsbaldige Rückfrage eine Klärung herbeiführen, BGH VersR **81**, 1055. Wenn der Auftraggeber auf eine Anfrage des Anwalts dazu, ob ein Rechtsmittel eingelegt werden soll, nicht sofort antwortet, muß der Anwalt so handeln, daß die Parteiinteressen auf jeden Fall gewahrt werden, selbst wenn der Anwalt

§ 233

geschrieben hatte, er werde mangels sofortiger Antwort unterstellen, es solle kein Rechtsmittel eingelegt werden. Der Anwalt muß trotz seiner eigenen Ansicht, es sei kein Rechtsmittel zulässig, den Auftraggeber von einer Urteilszustellung unterrichten.

123 **b) Anderer Anwalt.** Eine Wiedereinsetzung kann in Betracht kommen, wenn das grundsätzlich gut geschulte und überwachte Personal des Anwalts dem Verkehrsanwalt keine Nachricht übersandt hat. Dasselbe gilt dann, wenn ein solches Personal ein Informationsschreiben eines anderen Anwalts nicht vorgelegt hat und der eigene Anwalt daher den Fristfehler zu spät entdeckt hat. Der Anwalt muß dem Personal die Anweisung geben, dem Verkehrsanwalt eine Nachricht von einer Urteilszustellung zu erteilen. Das gilt selbst dann, wenn er dem Personal außerdem die Weisung gegeben hat, die Frist zu notieren. Eine solche Anweisung ist dann aber auch ausreichend, BGH VersR **76**, 1178.

124 Der Anwalt der *Rechtsmittelinstanz* darf sich nicht auf Angaben des erstinstanzlichen Kollegen verlassen, soweit er solche Angaben anhand der ihm übersandten Unterlagen nachprüfen kann, BGH VersR **94**, 956. Der Berufungsanwalt muß zB das anzufechtende Urteil selbst auf die Richtigkeit der Parteibezeichnung überprüfen, BGH VersR **81**, 956. Der erstinstanzliche Anwalt muß dem Berufungsanwalt das Datum der Zustellung des anzufechtenden Urteils richtig angeben, BGH VersR **80**, 278. Er muß dem Berufungsanwalt auch das richtige Aktenzeichen mitteilen, BGH VersR **81**, 854. Wenn der Auftrag zur Einlegung der Berufung telefonisch erteilt wird, muß der erstinstanzliche Anwalt dafür sorgen, daß der Berufungsanwalt den Auftrag wiederholt, BGH VersR **81**, 959. Der Berufungsanwalt muß auch von sich aus für die Kontrollwiederholung sorgen, BGH VersR **81**, 959. Ein Anwalt, der nur mit der Erstattung eines Rechtsgutachtens beauftragt wurde, kann sich ohne eine Nachprüfung auf die Mitteilung über einen Fristablauf verlassen.

Der erstinstanzliche Anwalt muß dem Rechtsmittelanwalt die *Urteilszustellung* oder dessen Beiordnung im Verfahren auf die Bewilligung einer Prozeßkostenhilfe mitteilen, BGH VersR **77**, 153. Der Verkehrsanwalt muß in einem solchen Fall sofort nachfragen, BGH VersR **75**, 90. Der Verkehrsanwalt kann sich darauf verlassen, daß der ProzBev ihm das zugestellte Urteil rechtzeitig übersenden werde. Der Berufungsanwalt muß die Partei selbst über den Ablauf der Revisionsfrist unterrichten. Er darf diese Aufgabe nicht dem erstinstanzlichen Anwalt überlassen, der nicht Verkehrsanwalt ist und auch hierfür keinen besonderen Auftrag hat. Der Verkehrsanwalt muß den Auftraggeber unverzüglich vom Eingang des Berufungsurteils und vom Lauf der Revisionsfrist unterrichten, BGH VersR **80**, 169.

S auch Rn 64–76, 79, 131–133, 172, 173.

125 **– (Kalender):** Der Anwalt muß grds zuverlässig veranlassen, daß eine Frist mit ihrem wenigstens mutmaßlichen Ende sogleich notiert wird, Nürnb RR **05**, 1086, LAG Mainz BB **00**, 468. Ausnahmsweise entfällt diese Notwendigkeit nur, wenn der Anwalt die sofortige Fertigstellung und Absendung des fristgebundenen Schriftsatzes in einwandfreier Weise verfügt, BGH VersR **01**, 732. Der Anwalt muß vortragen, welche Weisungen er wegen der Eintragung einer Frist oder Vorfrist gegeben hat, BGH BB **02**, 68. Eine allgemeine Weisung, eine Frist nach Berechnung erst im Kalender und erst dann in der Handakte zu notieren, reicht grds aus, BGH NJW **98**, 3125. Bei einer Datenspeicherung ist kein zusätzlicher schriftlicher Kalender nötig, BGH NJW **97**, 327. Der Anwalt muß aber sicherstellen, falls eine geringere Sicherheit als beim herkömmlichen Kalender besteht, BGH NJW **99**, 582, daß zB die Daten richtig gespeichert, BGH NJW **95**, 1756, und jederzeit auf Vollständigkeit und Richtigkeit überprüft sowie Datenverluste durch System- oder Bedienungsfehler ausgeschlossen werden können, Mü NJW **90**, 191, LG Lüb AnwBl **86**, 152. Er muß sicherstellen, daß Störungen unverzüglich beseitigt werden, BGH NJW **97**, 327. Dazu ist an jedem Abend eine Erledigungskontrolle notwendig, BGH FamRZ **04**, 866, insbesondere am Tage des Fristablaufs, BGH NJW **01**, 77 links. Das alles gilt auch beim elektronisch geführten Kalender, BGH NJW **01**, 77 links. Zur Fristkontrolle kann ein Computerausdruck ausreichen, BGH VersR **96**, 387, und ist nötig, BGH RR **97**, 698. Es reichen lose Zettel nicht aus, auch nicht Empfangsquittungen des Gerichts, BGH BB **91**, 240. Es ist vielmehr ist ein Fristkalender nötig, BGH VersR **85**, 1185. Der Anwalt muß im Kalender den Ablauf der Frist unverzüglich vermerken, BGH NJW **96**, 2514, und von einem geeigneten und laufend überprüften Angestellten überwachen lassen, BGH RR **00**, 1367, und zwar täglich, BGH RR **98**, 1604. Eine Kontrolle nur morgens reicht evtl nicht, BGH VersR **99**, 1303.

Unter dieser Voraussetzung darf der Anwalt die Frist *bis zum letzten Tag* ausnutzen, BGH VersR **81**, 194. Er darf auf die Einhaltung einer klaren mündlichen Anweisung, die der Mitarbeiter nach dem Eindruck des Anwalts auch verstanden hat, grds vertrauen, BGH NJW **88**, 1853. Das gilt aber bei einer nicht einfach zu berechnenden Frist nur eingeschränkt, Ffm MDR **01**, 1437. Der Anwalt darf die Akten nicht aus dem normalen Geschäftsgang nehmen, solange nicht eine Frist im Kalender vermerkt worden ist. Man muß generell einen klaren und sachgerechten Organisationsplan fordern, BGH NJW **04**, 1714, BVerwG NJW **75**, 228, Nürnb OLGZ **76**, 119. In diesem Rahmen muß auch ein klarer Kalender angelegt und sorgfältig geführt werden. Er braucht nicht stets schon vor Jahresende für das Folgejahr vorzuliegen, BGH RR **04**, 1714 (großzügig). Dann ist aber natürlich eine zuverlässige vorläufige Zwischennotierung nötig. Unter dieser Voraussetzung ist die Art der Streichung oder sonstigen Erledigung der Fristkontrolle im Kalender unerheblich, BGH NJW **93**, 3333, und kann eine stichprobenhafte Überwachung ausreichen, BGH VersR **81**, 858. Im letzten Augenblick kann sich der Anwalt mangels Streichung im Kalender nicht auf mündliche Erklärungen verlassen, BGH VHR **98**, 86.

126 Wenn der Anwalt verschiedene Fristen *verschiedenfarbig* notieren läßt, muß er im Zweifel die wichtigste Farbe wählen, BGH VersR **79**, 961. Er muß angeben, auf Grund welcher Unterlagen die Rechtsmittelfrist in den Kalender einzutragen ist. Er muß überhaupt sofort veranlassen, daß auch im Kalender alles zur Fristwahrung Notwendige geschieht, BGH NJW **95**, 1682, BAG NJW **75**, 232, daß zB mehrere Fristen desselben Auftraggebers gesondert eingetragen werden, BGH FamRZ **87**, 1018, und etwa auch unterschiedliche Daten des Posteingangs und des Empfangsbekenntnisses geklärt werden, BGH RR **98**, 1443. Er muß eine Rechtsmittel- oder Rechtsmittelbegründungsfrist so notieren, daß sie sich von einer gewöhnlichen Wiedervorlagefrist deutlich abhebt, BGH RR **01**, 279.

Titel 4. Folgen der Versäumung; Wiedereinsetzung **§ 233**

Es ist fehlerhaft, das Fristende als auf einen *Feiertag* fallend zu notieren, BGH VersR **86**, 891. Der Anwalt muß dafür Sorge tragen, daß im Kalender wenigstens das Ende aller Rechtsmittelfristen als solche eingetragen wird, BGH NJW **01**, 2975, BAG NJW **93**, 1350. Es genügt also nicht, daß im Kalender eine bloße Vorfrist nebst Wiedervorlage vermerkt ist, BGH NJW **01**, 2975, BAG NJW **93**, 1350. Der Anwalt muß dafür sorgen, daß die richtige Eintragung alsbald erfolgt, BGH VersR **76**, 970, KG VersR **82**, 704, spätestens vor der Rückgabe eines Empfangsbekenntnisses, BGH FamRZ **04**, 1552 links oben, Schlesw MDR **05**, 769, aM BGH BB **98**, 1867 (aber das Empfangsbekenntnis verpflichtet ohnehin zur Überprüfung alles Zumutbaren). Eine mündliche Anweisung zur Übertragung eines Vermerks aus den Handakten in den Kalender reicht nur aus, wenn der Vermerk unübersehbar ist, BGH VersR **80**, 746.

Der Anwalt muß auch veranlassen, daß das mutmaßliche *Ende* der Berufungsbegründungsfrist alsbald **127** eingetragen wird, BGH MDR **01**, 540, und daß außerdem auch das wirkliche Ende der Frist sogleich nach der Einreichung der Berufung eingetragen wird, BGH VersR **77**, 333 und 670, und zwar unmißverständlich, BFH BB **77**, 850. Beim Antrag auf eine Fristverlängerung muß der Anwalt besonders aufpassen, BGH VersR **03**, 369. Er muß veranlassen, daß die Eintragung nach dem Eingang der Mitteilung des Gerichts über das Eingangsdatum der Berufungsschrift oder eine Fristverlängerung kontrolliert und evtl korrigiert wird, BGH NJW **97**, 1860. Er muß dafür sorgen, daß diese Eintragung im Kalender durch einen Erledigungsvermerk in den Akten gekennzeichnet wird, BGH NJW **94**, 2831 (Aufkleber nach Tonbanddiktat), Nürnb OLGZ **76**, 119. Er darf aber erst nach der Eintragung im Kalender einen Erledigtvermerk in der Akte dulden, BGH RR **92**, 826. Er muß zusätzlich eine Vorfrist notieren lassen, BGH NJW **94**, 2551 und 2831.

Der Anwalt muß auch durch einen bewährten *Mitarbeiter* kontrollieren lassen, ob die Notfrist tatsächlich notiert ist, BGH AnwBl **86**, 152, nicht durch einen Auszubildenden (auch nicht neben einem qualifizierten Mitarbeiter), BGH VersR **00**, 516, nicht nicht durch einen sonstwie juristisch Ungeschulten, BGH RR **00**, 1367. Er muß kontrollieren, ob sie gewahrt ist, BGH VersR **93**, 772, und zwar am Abend jedes Arbeitstags, BGH NJW **96**, 1541. Er darf also eine Streichung im Kalender, auch durch eine „Weißung", BGH VersR **91**, 123, erst dann dulden, wenn die fristwahrende Maßnahme durchgeführt worden ist, BGH RR **97**, 562, wenn zB das Schriftstück herausgeht, BGH VersR **00**, 1564 links oben (nicht später), Brdb MDR **05**, 167, LAG Hamm MDR **97**, 694, oder wenn es zumindest postfertig gemacht worden ist, BGH FamRZ **96**, 1003, Brdb MDR **05**, 167, LAG Hamm AnwBl **94**, 142, wenn es also bei Aufgabe im Postamt rechtzeitig nach dort mitgenommen wird, Bbg FamRZ **01**, 552 Mitte rechts.

Er darf eine Streichung ferner auch dann dulden, wenn eine *Bestätigung* des Rechtsmittelanwalts vorliegt, BGH VersR **84**, 167, oder diejenige des Rechtsmittelgerichts, BGH VersR **84**, 166, oder wenn der beim Telefax die Übermittlung bestätigende Ausdruck vorliegt, BGH VersR **99**, 996, LAG Hamm MDR **97**, 694, oder wenn eine schriftliche Empfangsbestätigung vorliegt, Köln VersR **89**, 1125, strenger BGH VersR **00**, 1564 links oben. Er darf auf die Einhaltung seiner Anweisung vertrauen, die Frist erst nach Rückfrage beim Empfänger zu streichen, BGH RR **02**, 60. Der Anwalt darf eine Fristverlängerung erst nach ihrer tatsächlichen Gewährung eintragen lassen, BGH RR **99**, 1663.

Er muß darauf achten, ob ein Anhaltspunkt dafür besteht, daß seine Angestellte eine *Streichung irrig* vorgenommen hat, BGH VersR **96**, 1298. Allerdings kann eine Wiedereinsetzung ausnahmsweise auch dann in Betracht kommen, wenn das Personal die Frist fälschlich im Kalender gestrichen hat. Solange keine Streichung erfolgt ist, muß der Anwalt zusätzliche Kontrollen vornehmen oder die fristgebundene Handlung wiederholen, BGH BB **91**, 240.

Wenn der Anwalt das Personal nicht angewiesen hat, ihn auf den Fristablauf hinzuweisen, muß er den **128** Fristablauf auf dem Aktendeckel und *im Kalender vermerken,* BGH VersR **79**, 256. In einem solchen Fall reicht es nicht aus, eine Vorfrist notieren zu lassen, BGH VersR **75**, 1006. Die Führung eines persönlichen Terminbuchs hat eine Pflicht zur persönlichen Fristkontrolle zur Folge, BGH VersR **85**, 992. Wenn der Anwalt einen Kollegen mit der Einlegung eines Rechtsmittels beauftragt, darf er eine Frist im eigenen Kalender erst nach Bestätigungserhalt löschen, Rn 64. Wenn der Anwalt ein Rechtsmittel eingelegt hat, braucht er die Handakten nur ausnahmsweise auf die Eintragung der Rechtsmittelbegründungsfrist im Kalender zu überprüfen, wenn ihm die Handakten ohnehin bis zum Fristablauf schon davor vorliegen oder wenn sich die Notwendigkeit einer Fristprüfung sonst aufdrängt, BGH VersR **83**, 924. Das gilt etwa dann, wenn die Vorlage im Zusammenhang mit einer fristgebundenen Prozeßhandlung erfolgt, BGH VersR **88**, 414.

Wenn der Anwalt *auf der Geschäftsstelle* des Gerichts davon Kenntnis nimmt, daß das Gericht eine Frist verlängert hat, und wenn er auf die Zustellung verzichtet, muß er sofort eine Eintragung im Kalender veranlassen. Wenn er einen Rechtsstreit übernimmt, muß er einen ihm bekannten Ablauf der Notfrist rechtzeitig im Kalender eintragen lassen. Wenn der Kalenderführer Urlaub hat, darf der Anwalt die Fristüberwachung nicht ohne weiteres einem Auszubildenden überlassen. Er muß denjenigen besonders überwachen, dem er sofort nach der Beendigung der Ausbildung den Kalender usw anvertraut, BGH VersR **88**, 157. Die Anlage eines Auszugs aus dem Kalender („Terminswochenplan") reicht nicht aus, BGH VersR **78**, 942. Der Anwalt muß Vorkehrungen gegen eine Löschung solcher Fristen im Kalender treffen, die er selbst zu berechnen hat, BGH NJW **96**, 1350, Rostock BB **96**, 1245.

Bei der Übernahme von Akten in eine *neue Kanzlei* des aus einer Sozietät ausgeschiedenen Anwalts **129** gehört es zu seiner Pflicht, die laufenden Fristen anhand des im bisherigen Büro geführten Kalenders zu überprüfen, BGH VersR **81**, 959.

S auch Rn 80–83, 85–111, 142, 146–153, 164, 181.

– **(Kanzlei und Wohnung):** Wenn der Anwalt in demselben Haus seine Kanzlei unterhält und auch wohnt, **130** muß er sein Personal eindringlich darüber belehren, wie es sich zu verhalten hat, wenn der Postbote für die Kanzlei Zustellungen anliefert. Auch wenn die Kanzlei und die Wohnung nicht in demselben Haus liegen, muß der Anwalt seine Hausbewohner bitten und im erlaubten Umfang anweisen, ihm zugehende Schriftstücke alsbald vorzulegen. Er hat allerdings insofern nach einer solchen generellen Maßnahme keine besondere Überwachungspflicht. Wegen der Pflichten des Anwalts im Fall einer Niederlegung des Auftrags

§ 233

§ 87 Rn 9. Der Anwalt braucht grds nicht mit einer Fehlleitung eines Briefes statt in seine Kanzlei in seine Wohnung zu rechnen.

131 – **(Krankheit):** Eine Erkrankung entschuldigt nur dann, wenn sie glaubhaft die Fristwahrung verhindert, BGH FamRZ **04**, 1551. Der Anwalt muß eine allgemeine Anweisung an das Personal geben, im Fall einer plötzlichen nicht ganz kurzfristigen Verhinderung für seine Vertretung zu sorgen, BGH VersR **94**, 1207, Brdb AnwBl **97**, 178, und evtl bei der Landesjustizverwaltung einen Vertreter bestellen zu lassen, § 53 BRAO. Das gilt auch dann, wenn der Anwalt von der Residenzpflicht befreit worden ist, BGH VersR **82**, 802. Im Fall einer periodisch zu erwartenden Krankheit muß der Anwalt diese Maßnahmen selbst vornehmen, BGH NJW **96**, 1541. Er kann aber zB als Zuckerkranker entschuldigt sein, BGH VersR **87**, 786 (großzügig). In einer Anwaltsgemeinschaft muß sich der gesunde Anwalt um die Fristen des kranken Sozius kümmern, BFH BB **77**, 1389. Es muß überhaupt und gerade für einen Krankheitsfall eine klare Regelung der gegenseitigen Vertretung erfolgen, BGH VersR **93**, 207. Das gilt auch dann, wenn der gesunde Anwalt überlastet ist, BGH VersR **78**, 182. Wenn sich ein Anwalt in einer eigenen Sache, in der er durch einen ProzBev vertreten wird, die Fertigung der Berufsbegründung vorbehalten hat, muß er sich auch um den Fristenablauf kümmern. Er darf die Überwachung der Frist nicht einem anderen Anwalt überlassen, BGH VersR **75**, 1146, auch nicht dem erstinstanzlichen Kollegen, selbst wenn dieser vereinbarungsgemäß die Berufungsbegründung abfassen soll. Der Anwalt muß selbst bei einer überraschenden Erkrankung grds dafür sorgen, daß eine Fristenkontrolle und überhaupt alles Notwendige erfolgt, BGH FamRZ **04**, 182. Das kann natürlich nur im Rahmen des Zumutbaren geschehen.

132 Der kranke Anwalt, der bis auf die Terminswahrnehmungen alles vom Krankenbett aus *selbst erledigt,* muß auch selbst überprüfen, ob eine Mitteilung über einen bevorstehenden Ablauf der Berufungsfrist herausgegangen ist, großzügiger BGH VersR **79**, 374. Er muß prüfen (lassen), ob ihm bei einer Fristenkontrolle infolge der Krankheit ein Fehler unterlaufen ist, BGH VersR **84**, 762. Wiedereinsetzung kann möglich sein, wenn der Anwalt wegen einer plötzlichen Verhinderung etwa infolge des Todes eines Angehörigen oder infolge dessen plötzlicher schwerer Erkrankung, BGH VersR **90**, 1026, oder infolge eines schweren Herzanfalls sein Büro erst nach dem allgemeinen Büroschluß wieder aufsuchen konnte und daher die an diesem Tag ablaufende Berufungsbegründungsfrist nicht einhalten konnte. Die Entscheidung hängt davon ab, was man dem Anwalt in diesem Zustand noch zumuten konnte, BGH VersR **90**, 1026, insbesondere davon, ab wann er wenigstens je einen Vertreter bestellen konnte, BGH FamRZ **94**, 1520. Hohes Fieber kann den Anwalt dann entschuldigen, aM BGH VersR **84**, 762 (aber man darf die Anforderungen nicht überspannen, Rn 13). Unvorhersehbare Minderung der Leistungs- und Konzentrationsfähigkeit mag ausreichen, BGH BB **99**, 928. Wegen der psychischen Verfassung nach einem Selbstmordentschluß BGH VersR **84**, 988.

Die *Nachwirkung* einer schweren Krankheit des Anwalts reicht nicht stets aus, um eine Wiedereinsetzung zu gewähren, BGH VersR **77**, 374. Der Anwalt braucht nicht unbedingt für den Fall einer unvorhersehbaren Erkrankung der allein am letzten Fristtag im Büro verbliebenen Mitarbeiterin organisatorisch vorzusorgen, BGH BB **04**, 1302. Wenn mehrere Mitarbeiter erkranken oder einer verunfallt, hat der Anwalt eine erhöhte Verantwortlichkeit, BVerfG NJW **00**, 2658, BGH RR **99**, 1664.

S auch Rn 134–139, 172, 173.

133 – **(Kurier):** Der Anwalt kann grds darauf vertrauen, daß sich ein Kurierdienst des Anwaltvereins an die mitgeteilten Beförderungszeiten hält, BVerfG RR **02**, 1005, aM LAG Köln MDR **99**, 1343 (aber man darf die Anforderungen nicht überspannen, Rn 13).

134 – **(Letzter Augenblick),** dazu *Späth* NJW **00**, 1621 (Üb): Der Anwalt muß den Eingang eines Briefs beim Adressaten überwachen, wenn er ihn erst kurz vor dem Fristablauf abgesandt hat, BAG NJW **75**, 1144. Der Anwalt darf eine Frist bis zuletzt nützen, BGH RR **03**, 1001. Daher darf der Anwalt, auch der ausländische, BGH RR **86**, 288, die Einlegung der Berufung oder der Berufungsbegründung oder des Verlängerungsantrags bis zum letzten Augenblick verzögern, aM Brdb MDR **04**, 419. Freilich muß er dann natürlich eine *erhöhte Sorgfalt* aufwenden, BVerfG NJW **00**, 574, BGH FamRZ **04**, 1481 links, LAG Bln MDR **04**, 1378. Er muß zB beim Gericht rückfragen, wann die Frist zu laufen begonnen hat, BGH VersR **97**, 642. Er muß eine systematische Ausgangskontrolle einrichten, BGH VersR **82**, 300. Dafür reicht eine bloße Erwähnung der Sache und ihrer Eilbedürftigkeit selbst gegenüber einer zuverlässigen Mitarbeiterin nicht aus, BGH VersR **82**, 300.

135 Er muß in solchen Fällen seine Anordnungen selbst *überwachen,* BGH RR **98**, 932. Er muß sich die dafür erforderliche Zeit freihalten sowie Störungen fernhalten, sofern er überhaupt zur Bearbeitung etwas längere Zeit braucht. Er hat andererseits das Recht zur vollen Ausnutzung der Frist, BVerfG NJW **91**, 2076, BGH RR **01**, 916. Freilich muß er den Fristenkalender von einem geeigneten und laufend überprüften Angestellten überwachen lassen, BGH VersR **81**, 194, Zweibr MDR **04**, 420. Er muß aber die möglichen Postverzögerungen einkalkulieren, Rn 37 „Post: Erklärung der Post", Rn 154–162. Er braucht einen vorhandenen Nachtbriefkasten grds nicht unbedingt zu benutzen, sondern darf den „normalen" Briefkasten des Gerichts verwenden, wenn das rechtzeitig geschieht, Rn 19–26, aM Ffm VersR **81**, 755 (aber man darf die Anforderungen nicht überspannen, Rn 13). Der nur wenig entfernte Nachtbriefkasten ist aber zu benutzen, wenn etwa das Telefax-Empfangsgerät ausgefallen ist, Rn 164, OVG Hbg NJW **00**, 1667. Dazu kann auch eine Hand-zu-Hand-Aushändigung zwecks Einwurfs notwendig sein, BGH FamRZ **04**, 1637. Ein Verkehrsunfall kann den Anwalt entschuldigen, BGH NJW **98**, 2678, auch eine Panne, BGH VersR **88**, 249, oder eine kleine Handwerkerreparatur, BGH NJW **02**, 1130.

136 Wenn der Anwalt die *Vorlage* der Akten auf den letzten Tag angeordnet hat oder wenn er den Bürovorsteher erst am letzten Tag damit beauftragt hat, einen beim Berufungsgericht zugelassenen bzw postulationsfähigen Anwalt telefonisch zu beauftragen, muß er auf ungewöhnliche Besonderheiten des Vorgangs hinweisen und durch besondere Anordnung dafür sorgen, daß die Akte fristgerecht vorgelegt wird, BGH VersR **93**, 1420 (Karmittwoch/Osterdienstag), Zweibr MDR **04**, 420. Im letzten Moment darf der Anwalt die Akten nicht folgenschwer in den Geschäftsgang zurückgeben, BGH RR **99**, 717 rechts, LAG

Titel 4. Folgen der Versäumung; Wiedereinsetzung   § 233

Köln NZA **04**, 120. Wenn der Anwalt telefonisch am letzten Tag eine Fristverlängerung beantragt, darf er sich nicht auf eine Zusage der Geschäftsstelle verlassen, er werde beim Auftreten von Hindernissen benachrichtigt werden, BGH VersR **77**, 373, großzügiger BGH VersR **83**, 488. Er muß überhaupt sein Personal auch dann, wenn er es gut geschult hat, laufend darauf überprüfen, ob es am Vormittag des Fristablaufs notfalls beim Gericht eine Nachfrage dazu hält, ob einem Fristverlängerungsantrag entsprochen wird.

Wenn der Fristablauf *dicht bevorsteht*, muß der Anwalt eine vorausschauende Arbeitsplanung vornehmen, **137** LAG Kiel NZA-RR **05**, 323 (Kanzleiumzug). Es reicht dann nicht aus, daß der Anwalt eine Anweisung auf ein Tonband diktiert. Denn dem Tonband kann man die Eilbedürftigkeit nicht ansehen. Im übrigen muß der Anwalt prüfen, ob sein Tonbanddiktat auch durchgeführt worden ist, aM BGH VersR **76**, 1131 (aber gerade im Eilfall ist eine vorsorgliche Rückfrage zumutbar). Wenn der Anwalt das Diktat am letzten Tag der Frist durchführt, muß er dafür sorgen, daß ihm das Schriftstück zur Unterschrift vorgelegt wird, BGH VersR **80**, 765, großzügiger BGH NJW **89**, 590. Eine allgemeine Zuverlässigkeit der Sekretärin ist bei Maßnahmen im letzten Augenblick nicht als Entschuldigung ausreichend, aM BGH NJW **89**, 590 (aber der Eilfall erfordert eben höchste Bemühung). Das gilt zunächst mangels Löschung im Kalender, BGH VHR **98**, 86. Die Ansicht, der Anwalt brauche nicht mit einem Reißen des bereits besprochenen Tonbands in einem Augenblick zu rechnen, in dem keine rechtzeitige Rekonstruktion des Diktats mehr möglich sei, BGH VersR **81**, 64, berücksichtigt nicht genug die schärferen, vorstehend genannten Anforderungen auch des BGH. Der Anwalt, der eine Frist bis in ihre letzten Minuten ausnutzen will, darf sich nicht nur auf seine Uhr verlassen, BGH VersR **85**, 478. Selbst bei monatelangen vergeblichen Warten muß der Anwalt eine 10 Tage vor Restablauf erfolgende Urteilszustellung fristgerecht bearbeiten, BGH MDR **05**, 948.

Wenn eine Sache dem Anwalt ganz *kurzfristig vorgelegt* worden war und wenn er zB infolge eines **138** Todesfalls oder einer Arbeitshäufung an der rechtzeitigen Erledigung gehindert war, muß die Wiedereinsetzung versagt werden. Denn der Anwalt muß immer damit rechnen, daß außer auch unvorhersehbare Ereignisse eintreten, BGH VersR **83**, 272, großzügiger (zum FGG-Verfahren) BayObLG RR **01**, 1048 (Wehen der Ehefrau des Anwalts. Aber die sind meist sogar im Prinzip eher vorhersehbar). Er muß daher auch mit einem Verkehrshindernis rechnen, wenn er erst um 23.45 Uhr aufbricht, aM BGH NJW **89**, 2393 (aber solche Großzügigkeit ist zumindest angesichts der heutigen Verkehrsdichte auch evtl zu so später Stunde nicht mehr erlaubt). Der Anwalt darf mit der Beförderung auch kurz vor dem Fristablauf eine zuverlässige Angestellte betrauen, wenn sie über den drohenden Fristablauf und die Notwendigkeit der Fristwahrung unterrichtet ist, BGH VersR **85**, 688. Er darf dazu auch einen zuverlässigen sonstigen Boten benutzen, BGH VersR **89**, 166. Er darf aber natürlich nicht vergessen, den Schriftsatz am Abend des Fristablaufs selbst in den Nachtbriefkasten zu werfen, Mü VersR **88**, 1304.

Wenn dem Anwalt die Akten wegen eines *Mandantenbesuchs* kurze Zeit vor dem Fristablauf vorliegen, **139** darf er sich unter Umständen auf sein geschultes Personal und darauf verlassen, daß seine Anordnungen zur rechtzeitigen Wiedervorlage beachtet werden. Er darf sich evtl auch darauf verlassen, daß sein gut geschultes Personal ihn an den Fristablauf erinnern wird.

S auch Rn 77, 78, 80–83, 154–162, 174–179, 181.

– **(Mehrheit von Anwälten):** Man muß § 84 beachten, BGH JB **03**, 376. Auch der Sozius ist grds **140** bevollmächtigt, BGH VersR **86**, 686. Bei mehreren Anwälten muß derjenige aufpassen, der beim zuständigen Gericht zugelassen bzw postulationsfähig ist, BGH NJW **97**, 3177, oder der ein Empfangsbekenntnis unterschreibt, BVerwG NJW **80**, 2270, oder der die Fristenkontrolle übernommen hat, BGH NJW **03**, 2100. Der ProzBev muß prüfen, ob der freie Mitarbeiter beim Prozeßgericht zugelassen ist usw, BGH NJW **01**, 1580 rechts unten. Wenn nicht alle Anwälte bei dem zuständigen Gericht zugelassen sind usw, muß der Zugelassene usw organisatorisch nicht bloß die „Vorlage wichtiger Akten" veranlassen, sondern verhindern, daß ein Nichtzugelassener usw unterschreibt, BGH VersR **82**, 849, Mü MDR **87**, 590. Alle Grundsätze, die ein Rechtsanwalt beachten muß, gelten auch, soweit er sich mit einem Patentanwalt zusammenschließt, BGH NJW **99**, 142.

– **(Mitwirkung des Gerichts):** Eine Wiedereinsetzung kommt in Betracht, wenn das Gericht eine **141** unrichtige Auskunft gegeben hat, BGH FamRZ **89**, 729. Eine Wiedereinsetzung erfolgt nicht schon deshalb, weil das Gericht seine Pflicht zur unverzüglichen Weiterleitung des irrig bei ihm eingegangenen Rechtsmittels an das zuständige Gericht nach Rn 19–26 verletzt hat, Kblz FamRZ **88**, 634.

– **(Neuer Mitarbeiter):** Der Anwalt muß sich davon überzeugen, daß ein neuer Mitarbeiter das Fristwesen **142** voll beherrscht, BGH VersR **81**, 863. Er muß notfalls die Frist selbst bestimmen und eintragen oder zumindest überprüfen, BGH VersR **82**, 545. Wenn der Bürovorsteher wechselt, genügt die Einarbeitung des Nachfolgers, wenn dieser alsbald einschlägt. Der Anwalt muß kontrollieren, ob eine bei ihm erst seit kurzem tätige Sekretärin wirklich so zuverlässig ist, wie sie ihm empfohlen wurde. Deshalb muß er trotz ihrer bisherigen Zuverlässigkeit auch aufhorchen, wenn sie am Tag des Fristablaufs einen Schriftsatz zum Gericht bringen soll und erklärt, ihr Freund werde sie vom Büro abholen, großzügiger BGH VersR **81**, 62.

Er muß auch im übrigen die *Kontrolle einer jungen Angestellten* regelmäßig durchführen, BGH NJW **96**, 319. Er darf bei einer solchen Mitarbeiterin nicht nur unregelmäßig kurze Stichproben machen, BGH VersR **80**, 746. Wenn ein Anwalt einen Kollegen einstellt, der bei dem fraglichen Gericht noch nicht zugelassen bzw postulationsfähig ist, muß er auch ein gut geschultes Personal anweisen, Schriftstücke dieses Kollegen vor dem Postabgang nochmals daraufhin zu überprüfen, ob die Unterschrift richtig geleistet wurde, BGH VersR **77**, 1130.

S auch Rn 74–78, 146–153.

– **(Niederlegung des Mandats):** Der Anwalt muß vor der Niederlegung des Mandats während eines **143** Prozesses selbst den Verfahrensstand anhand seiner Akte prüfen und das Notwendige zur Fristwahrung veranlassen, BGH AnwBl **99**, 55, Ffm VersR **91**, 897.

S auch Rn 183–189.

– **(Organisation):** Der Anwalt muß sein Büro ausreichend organisieren, BGH RR **03**, 570 links. Es muß **144** also ein klarer und sachgerechter Organisationsplan vorliegen, BGH RR **93**, 1214, BFH NJW **77**, 600,

Hartmann 919

§ 233

Ffm MDR **01**, 1437. Er muß zB die Grundsätze des Ablaufs von Fristen dem Personal nennen, Düss AnwBl **89**, 291. Er muß sicherstellen, daß die Post sofort sorgfältig geprüft wird, BGH VersR **81**, 79, und daß das Personal Anweisungen dazu erhält, wie es sich bei der Entgegennahme wichtiger Anrufe verhalten soll, BGH VersR **81**, 959, oder bei der sonstigen Zuständigkeitsverteilung, BAG DB **95**, 1820. Der Anwalt muß Fehlerquellen bei der Eintragung und Behandlung von Fristen nach Möglichkeit ausschließen, BGH NJW **92**, 974, Ffm MDR **01**, 1437. Er muß zumindest das Ende der Rechtsmittelfrist erst im Kalender und dann in der Handakte notieren lassen, BGH FamRZ **96**, 1468. Es muß gesichert sein, daß die der Frist bearbeitende Mitarbeiter die Fristvorlage rechtzeitig erhält, BGH VersR **85**, 503. Es muß eine wirksame Postausgangskontrolle geben, BGH RR **98**, 1443. Ihr kann freilich eine bestimmte Einzelanweisung an einen zuverlässigen Mitarbeiter vorgehen, BGH VersR **01**, 214.

Es müssen allgemeine präzise Anweisungen vorliegen, BGH RR **01**, 209. Das gilt zB für den Fall der *Verhinderung* des Anwalts, BGH VersR **83**, 272, für den Fall eines Kanzleiumzugs kurz vor Fristende, LAG Kiel NZA-RR **05**, 323, für den Fall seiner Erkrankung, oder für den Fall des Urlaubs des an sich zuständigen Mitarbeiters usw, BGH VersR **89**, 166, BVerwG NJW **95**, 1443, KG NJW **95**, 1434, oder für den Fall einer Störung beim Faxgerät, Rn 164 „Telefax", oder für den Fall schwerer Lesbarkeit eines Schriftstücks oder Stempels, BGH VersR **85**, 1142. Der Anwalt muß dafür sorgen, daß im Fall der Verhinderung eines Mitarbeiters sein Vertreter pünktlich einspringt, BGH VersR **78**, 92. Er darf den Telefondienst nicht stundenlang einem Lehrling überlassen, BGH VersR **86**, 1024. Er muß telefonische Gerichtsanfragen unverzüglich bearbeiten lassen, BGH NJW **98**, 3570.

145 Zur Organisationspflicht jedes Sozius gehört die Sicherstellung der unverzüglichen Vorlage eines *neuen Auftrags* bei einem Sozius, BGH VersR **82**, 1192. Wenn im Büro mehrere an verschiedenen Gerichten zugelassene bzw postulationsfähige Anwälte arbeiten, muß dafür gesorgt werden, daß nicht ein solcher Anwalt unterschreibt, der beim Empfangsgericht nicht zugelassen ist usw, BGH VersR **93**, 893, Brdb FamRZ **97**, 887. Zu den Anforderungen bei der Vereinigung mehrerer Anwaltskanzleien BGH VersR **85**, 1163. Wegen des verwaltungsgerichtlichen Verfahrens (Revisionsbegründung) BVerwG NJW **87**, 458. Bei einer auffälligen Häufung von Mängeln im Zusammenhang mit der Wahrung von Fristen rechtfertigen sich entweder Bedenken gegen die ordnungsmäßige Ausbildung, Erprobung und Überwachung der Angestellten oder Schlüsse auf die Unvollständigkeit der Organisation, BGH FamRZ **96**, 1469, Düss VersR **01**, 214. Eine Überspannung der Organisationspflichten ist nicht statthaft, Rn 13, BGH RR **03**, 570 links. Es ist nicht notwendig, die im Büro vorbereiteten Quittungen über den Eingang von Fristverlängerungsanträgen außer mit dem Parteibezeichnungen mit weiteren Unterscheidungsmerkmalen zu versehen, BGH VersR **88**, 156. Ein Organisationsmangel kann unschädlich sein, soweit der Anwalt im Einzelfall ausreichende Weisungen erteilt hat, BGH BB **02**, 1616 (Telefax), BAG NJW **90**, 2707.

S auch Rn 54–63, 80–83, 85–113, 125–129, 146–162, 165, 174, 173.

146 – **(Personal):** Man muß zwei Hauptaufgaben unterscheiden.

a) Auswahl. Die Anforderungen richten sich nach der Art der Tätigkeit und Qualifikation, BGH FamRZ **96**, 1403. Zu einer Verrichtung einfachster Art darf der Anwalt auch eine nicht angestellte Person benutzen, BGH FamRZ **03**, 368 (Botengang). Der Anwalt darf die Überwachung einer wichtigen Notfrist nicht einem Referendar überlassen, selbst wenn dieser gut beurteilt wurde. Er darf sich nicht darauf beschränken zu behaupten, sein Personal sei absolut zuverlässig, BGH NJW **79**, 876. Er muß dafür sorgen, daß eine Fristsache nicht von einem unerfahrenen Auszubildenden vorgelegt wird, BGH VersR **78**, 960. Er darf einem Auszubildenden im ersten Lehrjahr nicht die Berechnung und Notierung der Rechtsmittelfrist übertragen, BGH AnwBl **89**, 99. Wenn der Bürovorsteher wechselt, genügt die Einarbeitung eines Nachfolgers, falls dieser einschlägt. Der Anwalt muß für den Vermerk einer Zustellung in den Akten einen unbedingt zuverlässigen Mitarbeiter auswählen, BGH VersR **77**, 424. Falls der Anwalt Zustellungen nicht aus der ihm vorgelegten Postmappe selbst aussondert, muß er dafür sorgen, daß dies sofort durch einen zuverlässigen Mitarbeiter geschieht, BGH VersR **78**, 523. Die allgemeine Belehrung und Anweisung des Personals genügt in diesem Punkt nicht. Vielmehr muß der Anwalt glaubhaft machen, daß der diesbezügliche Mitarbeiter generell zuverlässig ist, BGH VersR **78**, 182, und daß er in bestimmter Weise überwacht wird, BGH VersR **77**, 933. Dabei darf man die Anforderungen an die Glaubhaftmachung nicht überspannen, BGH FamRZ **05**, 267 (im einzelnen aber großzügig, § 236 Rn 8).

147 **b) Überwachung.** Die Anforderungen richten sich nach der Art der Tätigkeit und Qualifikation, BGH FamRZ **96**, 1403. Eine Wiedereinsetzung kommt in Betracht, wenn wahrscheinlich ist, daß die Frist durch ein Versehen des gut überwachten Personals versäumt worden ist, BGH RR **03**, 1001, BFH DB **00**, 656 (Postleitzahl), auch durch ein zweimaliges, BGH BB **01**, 1012. Das gilt erst recht dann, wenn dieses Personal eine vom Anwalt richtig verfügte Fristeintragung eigenmächtig ändert, oder wenn dieses Personal die Partei, BGH FamRZ **81**, 34, oder den Verkehrsanwalt nicht unterrichtet, oder wenn es einen anderen Schriftsatz als die Berufungsbegründung ansieht oder ein Informationsschreiben dem Anwalt nicht vorlegt und der Anwalt den Fristfehler daher zu spät entdeckt. Der Anwalt braucht dann auch nicht zu überwachen, ob das Personal die von ihm rechtzeitig angeordnete Einreichung der Rechtsmittelschrift korrekt vorgenommen hat, BGH MDR **04**, 477, BAG BB **03**, 708. Er braucht dann auch die gerichtliche Empfangsbescheinigung nicht einzusehen. Nicht jeder Fehler einer sonst zuverlässigen Angestellten zwingt den Anwalt zB dazu, eine Frist selbst einzutragen, BGH RR **03**, 276.

Der Anwalt muß aber durch eine allgemeine Überwachung und Belehrung des Personals *sein Möglichstes tun,* um Versehen auszuschließen, BGH VersR **77**, 1130, Kblz OLGR **97**, 300. Er muß vor allem davon überzeugen, daß ein neuer Angestellter das Fristwesen voll beherrscht, auch wenn er früher mehrjährige Berufserfahrung hatte, BGH NJW **00**, 3650 links. Er muß auch einen in Fristenkontrollen erfahrenen und zuverlässigen Mitarbeiter wenigstens in unregelmäßigen Abständen, einen neuen verstärkt überwachen, BGH VersR **84**, 166. Der Anwalt darf dem Referendar unter einem Hinweis auf den Fristablauf die Beauftragung eines bestimmten zweitinstanzlichen Anwalts übertragen. Er braucht eine vom angestellten Anwalt entworfene Rechtsmittelschrift nicht auf eine richtige Anschrift des Bekl zu prüfen. Ein Anwalt darf nicht ohne weiteres auch dem Personal einer anderen Kanzlei vertrauen, Brdb MDR **99**, 511.

Titel 4. Folgen der Versäumung; Wiedereinsetzung **§ 233**

Wenn der Anwalt ein fristwahrendes Schriftstück rechtzeitig *unterzeichnet* und dafür sorgt, daß sein **148** Personal das Schriftstück postfertig macht, BGH VersR **77**, 331, und wenn er anordnet, daß das Schriftstück zur *Gerichts*post gegeben, BGH RR **98**, 787, oder durch Telefax gesendet wird, dann braucht er diese Anordnung nicht persönlich zu überwachen, BGH MDR **04**, 477, BAG NJW **02**, 845. Er braucht sich auch nicht am nächsten Tag durch eine Nachfrage bei dem Personal oder beim Gericht von der Ausführung zu überzeugen. Dann ist auch keine genauere Angabe dazu nötig, wann, durch wen und wie das Schriftstück herausgegeben werden oder warum die Absendung unterbleiben soll. Etwas anderes gilt dann, wenn der Anwalt die Akten aus dem normalen Geschäftsgang herausgenommen hat, ohne daß eine Frist im Kalender vermerkt wurde. Der Anwalt muß einen Auszubildenden auf die Durchführung des ihm erteilten Auftrags überwachen lassen, zB darauf, ob die Anschrift auf dem Umschlag richtig ist. Auch denjenigen, dem er sofort nach dem Ende der Ausbildung den Fristenkalender usw anvertraut, muß er besonders überwachen, BGH VersR **88**, 157.

Eine allgemeine Anweisung an eine gut geschulte *Bürokraft,* alle ausgehenden Schriftsätze darauf zu **149** überprüfen, ob sie unterschrieben sind, genügt im allgemeinen, BGH NJW **82**, 2671 (zustm Ostler). Sie muß aber präzise sein, BGH RR **01**, 209. Der Anwalt muß eine solche Mitarbeiterin anweisen, einer Partei oder dem Verkehrsanwalt Nachricht von der Zustellung zu erteilen bzw eine Frist erst nach Rückfrage beim Empfänger zu streichen, BGH RR **02**, 60. Eine solche Anweisung ist dann auch ausreichend, BGH RR **02**, 60. Wenn dann eine Zustellung eingeht, braucht der Anwalt keine dahingehende besondere Anweisung zu erteilen. Eine Wiedereinsetzung kommt in Betracht, wenn eine Frist in einer einfachen Sache durch ein Versehen des im übrigen gut überwachten Personals versäumt worden ist, BGH RR **03**, 1001, BFH DB **00**, 656 (je: Postleitzahl), Ffm NJW **88**, 2805. Der Anwalt braucht ein solches Personal nicht bei einfachen Sachen in jedem Einzelfall zu kontrollieren, BGH NJW **98**, 3784 (nach Urlaub strengere Prüfungspflicht), BGH VersR **77**, 665 (freilich ist die Ursächlichkeit usw zu klären), BGH VersR **78**, 720, strenger 944 (prüfen, ob ein Regelfall vorliegt). Er muß aber grds Diktate auf Schreibfehler überprüfen, BGH NJW **96**, 393.

Eine Wiedereinsetzung kommt in Betracht, wenn das Personal infolge einer *unrichtigen Abschrift* aus den **150** Akten, in denen die Urteilszustellung und das Ende der Rechtsmittelfrist richtig vermerkt sind, trotz der Kontrolle durch den Bürovorsteher dem Rechtsmittelanwalt fehlerhafte Angaben übermittelt hat. Dasselbe gilt dann, wenn die Berufungsschrift trotz einer ordnungsgemäßen Überwachung des Personals und entgegen einer ausdrücklichen Anweisung des Anwalts nicht durch die Post, sondern durch einen Boten und daher schneller eingegangen war und wenn das Gericht das Eingangsdatum vor dem Ablauf der Begründungsfrist nicht mitgeteilt hat. Das alles gilt ferner dann, wenn das Personal dem Anwalt die Akten trotz seiner ordnungsgemäßen Anweisung nicht zur ausdrücklich angeordneten Wiedervorlage zwecks abschließender Bearbeitung vorgelegt hat, BGH VersR **79**, 228, oder nicht zur Unterschrift der Rechtsmittelschrift vorgelegt, BGH VersR **83**, 641, oder dem Anwalt die Akten weggenommen hat, BGH VersR **77**, 36, oder eine falsche Auskunft gegeben hat, BGH VersR **75**, 1149.

Es gilt das alles ferner dann, wenn das Personal zwei *Eingangsstempel verwechselt* hat, BGH VersR **76**, 295, oder die falsche Parteibezeichnung, BGH MDR **04**, 477, oder eine falsche Postleitzahl geschrieben hat, BFH DB **00**, 656, oder die falsche Anschrift nicht korrigiert hat, BGH BB **99**, 2479, BAG BB **83**, 65, BFH VersR **99**, 1171, oder den Anwalt weisungswidrig nicht gefragt hat, ob dieser die Rechtsmittelfrist auch wörtlich wie geplant beim Rechtsmittelgericht eingereicht habe, BGH NJW **89**, 1158.

Vor einem *Urlaub* muß der Anwalt zwar die Vorlegung aller Fristsachen mindestens beim Bürovorsteher **151** anordnen. Er kann sich aber insofern auf ein eingearbeitetes Personal verlassen. Das gilt aber nicht, wenn er einem Verdacht eines Büroversehens kurz vor dem Fristablauf nicht sogleich nachgeht, BGH VersR **79**, 376. Ein Urlaubsvertreter, auch der vom Anwalt selbst nach § 53 II 1 BRAO bestellte, muß das Personal überwachen, Stgt MDR **01**, 238. Es darf auch kein Organisationsmangel vorliegen, BGH VersR **89**, 1316. Der Anwalt muß überhaupt sofort alles dasjenige veranlassen, was zur Fristwahrung notwendig ist, BGH VersR **79**, 256, BAG NJW **75**, 232, Kblz MDR **98**, 240 (Ausgangsfachkontrolle). Bei einer auffälligen Häufung von Mängeln im Zusammenhang mit der Wahrung von Fristen rechtfertigen sich entweder Bedenken gegen die ordnungsmäßige Ausbildung, Erprobung und Überwachung der Angestellten oder Schlüsse auf die Unvollständigkeit der Organisation, BGH VersR **85**, 270, aM BGH RR **97**, 698 links (aber ein auffälliger Umstand zwingt selbstverständlich wenigstens zu einer Kontrolle). Der Anwalt unterläuft seine allgemeine Berechnungsanweisung nicht dadurch, daß er im Einzelfall die Frist selbst berechnet, BGH VersR **88**, 78.

Eine Wiedereinsetzung kommt in Betracht, wenn der Anwalt die Berufungsschrift wegen erforderlicher **152** *Verbesserungen* zunächst ohne seine Unterschrift an das Personal gegeben hatte und wenn das geschulte Personal ihm die Berufungsschrift versehentlich nicht zur Unterschrift wieder vorgelegt hat, BGH NJW **82**, 2671, BGH **76**, 815, strenger BGH NJW **95**, 264 (aber das wäre eine Überspannung, Rn 13), oder wenn das sonst zuverlässige Personal den Entwurf der Berufungsbegründung nach der Billigung durch den Auftraggeber weisungswidrig nicht dem Anwalt zur Unterschrift vorgelegt hat, BGH NJW **82**, 2671. Der Anwalt muß aber prüfen, ob ein Tonbanddiktat durchgeführt wurde, aM BGH RR **98**, 1139 (aber ein Tonbanddiktat steht noch nicht einem Schriftsatz gleich). Der Anwalt muß ferner prüfen, ob eine erst seit kurzem bei ihm tätige Sekretärin wirklich so zuverlässig ist wie empfohlen. Er muß auch ein gut geschultes Personal anweisen, eine Schrift vor dem Postabgang nochmals darauf zu überprüfen, ob er richtig unterschrieben hat.

Der Anwalt muß die richtige Ausführung seiner Anweisung, einen *bestimmten Anwalt* beim Rechts- **153** mittelgericht mit der Einlegung eines Rechtsmittels zu beauftragen, selbst überwachen, BGH VersR **79**, 190 (BGH VersR **76**, 958 erlaubt es dem Anwalt, auf eine zuverlässige Bürokraft zu vertrauen). Der Anwalt muß das Personal über die Bedeutung einer Amtszustellung informieren, BGH VersR **78**, 825. Er darf dem gut geschulten Personal die Prüfung überlassen, ob die Rechtsmittelschrift richtig adressiert ist, § 85 Rn 13 „Adresse", oder ob eine eingereichte Rechtsmittelschrift vollständig und richtig ist, BGH VersR **82**, 770, Köln MDR **88**, 239, oder ob sie eine ausreichende Begründung enthält, so daß der Vermerk

Hartmann

§ 233

einer Begründungsfrist nicht mehr notwendig wäre. Er muß das Personal auf die rechtliche Bedeutungslosigkeit einer „vorläufigen" Rechtsmittelbegründung hinweisen. Der Anwalt muß auch dafür sorgen, daß sein Personal in Gesetzesänderungen usw eingewiesen wird, BGH VersR 78, 627.

S auch Rn 54–63, 74–78, 80–83, 112, 113, 125–129, 134–139, 142, 144, 145, 172, 173.

154 — **(Post):** S zunächst neben dem vorliegenden Unterstichwort (zum Hauptstichwort „Rechtsanwalt") das obige Hauptstichwort Rn 36–40. Ergänzend muß man folgendes beachten: Der Anwalt darf sich auch auf die amtlichen bzw normalen Brieflaufzeiten verlassen, BVerfG 41, 25, BGH NJW 03, 3713. Durch diese Entscheidung ist die frühere abweichende Rechtsprechung überholt. Eine Wiedereinsetzung kommt dann in Betracht, wenn in Zeiten eines grundsätzlich störungsfreien Postverkehrs ein Auftrag mit einem Expreßbrief vier Tage vor dem Fristablauf erteilt wurde. Im Nahverkehr genügt sogar die Aufgabe zur Post am Tag vor dem Fristablauf, BGH RR 03, 1001. Freilich gilt das nicht mehr, soweit die Deutsche Post AG aus der Regel „E + 1" (Zustellung an dem Tag nach Einlieferung, auf die BGH BB 04, 1594 etwas blauäugig abstellt) die Praxis „E + 2 oder 3" gemacht hat, zB wegen des Wegfalls einer Spätleerung oder zur Vermeidung von Überstunden, oder wenn sie an demselben Ort 3, 4 oder mehr Werktage braucht, oder zu Weihnachten, BGH VersR 75, 811 (24.–27. 12.). Erst recht genügt die Aufgabe zur Post zwei Werktage vor dem Fristablauf, BGH VersR 84, 871 (Fernverkehr), AG Mü AnwBl 83, 29 (Ortsverkehr; vgl aber auch insofern das soeben zur Regel „E + 2 oder 3" Gesagte). Bei einer Aufgabe am Donnerstag braucht noch nicht, bei einer solchen erst am Freitag kann ungewiß sein, ob am Montag zugestellt wird, es sei denn, man wählt (jetzt) die Expreßzustellung, BGH NJW 90, 188, Köln VersR 93, 1550.

Der Anwalt darf sich bei einem baldigen Fristenablauf grundsätzlich auf eine erfahrensgemäß *pünktliche Beförderung* durch die Post verlassen (wie lange noch? Kritik mehrt sich, Rn 36–40), BVerfG NJW 94, 244, BGH RR 03, 1001. Deshalb schadet eine fehlgeschlagene Eilpost nicht, wenn dieselbe Sendung im Normalweg rechtzeitig abging, BGH BB 04, 1594. Freilich muß der Anwalt beim Zweifel über eine ordnungsgemäße Postbeförderung die Rechtzeitigkeit des Eingangs eines fristgebundenen Schriftsatzes durch eine Nachfrage überprüfen, BGH NJW 93, 1332 und 1333, Köln VersR 93, 1550. Auch kann bei der Befürchtung einer Verzögerung im Postlauf eine Vorabinformation und deren rechtzeitiger Zugang notwendig sein, BGH VersR 94, 497. Wenn der Anwalt ein für das OLG bestimmtes Postfach benutzt, reicht ein Einwurf jedenfalls 3 Tage vor dem Fristablauf aus. Wegen der notwendigen Einzelheiten bei der Organisation im Zusammenhang mit der Abholung von Anwaltspost beim Postfach VGH Kassel MDR 93, 386. Beim Poststreik gelten erhöhte Anforderungen, Rn 164 „Telefax", BGH NJW 93, 1333. Das gilt aber nicht mehr nach 7 Tagen seit dem Streikende, BVerfG NJW 94, 244.

155 Der Anwalt braucht grundsätzlich den Eingang *nicht zu überwachen,* BGH VersR 78, 1162. Beim Telefax nach Rn 164 muß er sich aber vergewissern, ob das Schriftstück vollständig beim Empfänger eingegangen ist. Der sog Übertragungsbericht reicht nicht aus, Köln NJW 89, 594. Freilich kann eine unrichtige Auskunft der Telefonvermittlung des Empfangsgerichts über die Nummer des Empfangsgeräts eine Wiedereinsetzung rechtfertigen, BGH NJW 89, 589. Er muß aber sicherstellen, daß die eingehende Post sofort sorgfältig geprüft wird, BGH VersR 81, 79. Er muß auch zB prüfen, ob eine erst kurz vor dem Fristablauf abgesandte Sendung noch rechtzeitig eingegangen ist, BAG NJW 75, 1144. Das gilt insbesondere dann, wenn ein Brief im Ausland, BGH RR 86, 288, und gar in Übersee aufgegeben wurde, zB am Gründonnerstag, oder dann, wenn der Anwalt befürchtet, daß die Sendung den Adressaten nicht erreicht haben könnte, daß etwas nicht in Ordnung sei, oder wenn er weiß, daß die Partei ein Rechtsmittel einlegen wollte, wenn sie aber auf Grund der Übersendung des Urteils nicht antwortet.

156 Wenn eine Zustellung nach § 221 II auch gegenüber der *eigenen Partei* wirkt, muß der Anwalt wenigstens eine Kontrolle des Fristbeginns vornehmen. Der Anwalt muß grds darauf achten, daß eine ihm zur Unterschrift vorgelegte Rechtsmittelschrift das angefochtene Urteil und dessen Gericht angibt, BGH FamRZ 88, 831, daß der Rechtsmittelauftrag an den richtigen Rechtsmittelanwalt adressiert ist, BGH VersR 96, 1039, und das Rechtsmittel auch an das zuständige Gericht, BGH NJW 90, 2822. Er darf auch nicht die Sitzverlegung des BVerwG von Berlin nach Leipzig oder diejenige des BAG von Kassel nach Erfurt übersehen, BAG NJW 00, 1669, oder die LGe München I und II verwechseln, BGH RR 87, 319, ebensowenig das BayObLG und das LG München I, BGH RR 88, 894 (auch nicht [jetzt] beim Telefax). Er darf aber das Personal anweisen, alle für das OLG München einschließlich seiner auswärtigen Senate bestimmte Post bei der allgemeinen Einlaufstelle der Justizbehörden in München einzureichen, BGH VersR 87, 410. Sehr großzügig läßt BGH MDR 89, 55 die Verwechslung der Fristenkästen von OLG und Generalstaatsanwaltschaft durch eine zuverlässige Angestellte unschädlich sein.

157 Bei einer beim *KG* einzulegenden Berufung reicht der Eingang einer an das LG Berlin adressierten Schrift bei der gemeinsamen Briefannahme der Justizbehörden Charlottenburg nicht, BGH VersR 87, 486 (Weiterleitbarkeit nicht hilft). Die falsche Adressierung kann bei gemeinsamer Briefannahme allenfalls dann unschädlich sein, wenn die Schrift das richtige Aktenzeichen angibt, BGH NJW 89, 590 (großzügig!). Der Anwalt darf die Korrektur einer zuverlässigen Sekretärin überlassen, BGH VersR 83, 838. Er kann sich nicht damit entlasten, das Personal des unzuständigen Gerichts habe die Sendung nicht unverzüglich weitergeleitet, BGH VersR 81, 1126.

158 Die *Bezeichnung des Gerichts,* des Gerichtsortes und der Postleitzahl muß im allgemeinen genügen, wenn das Schriftstück sehr frühzeitig abgesandt worden war. Das Fehlen der Straßenangabe und Hausnummer ist dann unschädlich. *Wenn* der Anwalt aber Straße, Hausnummer und Postleitzahl des Gerichts angibt, müssen sie grds stimmen, BGH VersR 94, 75. Beim Fensterumschlag braucht der Anwalt freilich das sonst zuverlässige Personal nicht auf die Einhaltung der richtigen Anschrift des sonst richtig bezeichneten Gerichts zu überprüfen, BGH BB 90, 1230. Eine Wiedereinsetzung kommt in Betracht, wenn der Anwalt ein fristwahrendes Schriftstück rechtzeitig unterzeichnet hat und auch dafür gesorgt hat, daß es vom Büro postfertig gemacht werde, BGH VersR 77, 331, und wenn er auch angeordnet hat, daß es zur Post gegeben werde.

159 Die Wiedereinsetzung kommt ferner dann in Betracht, wenn ein Schriftsatz *verloren gegangen* ist. Dabei braucht der Anwalt die Art des Verlusts nicht darzutun. Das setzt voraus, daß der Verlust nicht in dem der

Titel 4. Folgen der Versäumung; Wiedereinsetzung § 233

Verantwortung des Anwalts unterstehenden Bereich eingetreten ist. Das leztere muß der Anwalt glaubhaft machen. Er muß zB eine Urteilskopie nebst Hinweis auf die Rechtsmittelmöglichkeit durch Einschreiben übersenden, BGH NJW 90, 189. Trotz einer Erinnerungslücke des Anwalts kann ein solcher Umstand aber glaubhaft sein. Wenn der Bürovorsteher eine Postvollmacht hat und wenn der Anwalt ihm eine allgemeine Anweisung über die Behandlung einer eingehenden Einschreibsendung erteilt hat, dann reicht diese Maßnahme aus, solange nicht ein besonders starker Eingang solcher Sendungen eine besondere Anordnung über die Vorlage erforderlich macht.

Der Anwalt muß den Posteingang darauf prüfen oder überprüfen lassen, ob darunter ein *Sofortauftrag* **160** ist oder ob er sonst sofort etwas veranlassen muß, BGH VersR **85**, 69. Die Anordnung der Vorsortierung usw reicht nicht aus. Der Anwalt darf nicht die selbst übernommene Abgabe bzw Beförderung eines eiligen Schriftstücks vergessen, BGH VersR **77**, 82. Er muß bei einer Verzögerung des Rechtsmittels oder seiner Begründung bis zum letzten Augenblick erhöhte Sorgfalt aufwenden, BGH VersR **78**, 943 und 1169. Der Anwalt muß zumindest dann, wenn er die rheinischen Verhältnisse kennt, in der Karnevalszeit mit Verbindungsschwierigkeiten rechnen, BGH VersR **80**, 928.

Der Anwalt muß bei einem Fristablauf am Montag 24 Uhr und bei einem Einwurf am Abend des vorletzten Tags der Frist (Sonntag) vor der letzten Leerung auf eine von der Post neben dem Briefkasten angebrachte *Zusammenstellung der Brieflaufzeiten* achten, nach der nur bei einem werktags erfolgenden Einwurf eine Zustellung am nächsten Tag gewährleistet sei, BGH VersR **82**, 296. Er muß auch mit Schwierigkeiten rechnen, wenn die Rechtsmittelbegründung am letzten Tag der Frist abends (jetzt) per Telefax abgeht, BGH **65**, 12. Freilich ist ein Eingang bis 24 Uhr ausreichend, Rn 22 „– (Nachtbriefkasten)". Wählt der Anwalt aber eine Rechtsmitteleinlegung durch Einschreiben mit Rückschein, dann muß er damit rechnen, daß nach dem Dienstschluß im Gericht niemand den Rückschein noch unterschreiben kann, LG Dortm NJW **83**, 2334.

Der Anwalt muß den *Postabgang* eines Schriftsatzes, der eine Frist wahren soll, so kontrollieren, zB BGH **161** VersR **83**, 401, und vermerken, daß der Abgang zweifelsfrei nachweisbar ist, BGH NJW **83**, 884, OVG Bre VersR **84**, 1104. In einer großen Anwaltspraxis genügt eine besondere Poststelle, die die fertiggemachten Sendungen entgegennimmt, frankiert und expediert. Ein Postausgangsbuch ist dann nicht erforderlich, BGH VersR **80**, 973. Freilich genügt die allgemeine Beteuerung der mit dem Postausgang betrauten Mitarbeiterin, sie habe auch diesen Brief zur Post gebracht, OVG Bre VersR **84**, 1104. Eine Ausgangskontrolle kann dezentral erfolgen, BGH NJW **94**, 3235. Zur Ausgangskontrolle genügt es nicht, allgemein zu prüfen, ob der Postausgangskorb abends leer ist, BGH VersR **93**, 207. Fristpost und andere Post darf in demselben Abgangsfach liegen, wenn ein Bote mindestens einmal täglich zum Gericht geht, BGH RR **03**, 1004.

Der Anwalt darf sich darauf verlassen, daß sein Personal grds die *Post ordnungsgemäß einwirft,* BGH BB **92**, 1752, und daß es eine ausdrückliche Frage, ob der ihm vom Personal zur Beförderung übergebene Sammelumschlag die gesamte Gerichtspost enthalte, richtig beantwortet, BGH VersR **85**, 246. Er muß bei einem Zweifel prüfen, ob im Fall einer gemeinsamen Annahmestelle die Schrift auch beim richtigen Gericht einging, BGH VersR **85**, 1164. Bei einem Telefax kann eine Wiedereinsetzung in Betracht kommen, wenn die unrichtige Nummer des Empfangsgeräts auf einer Falschauskunft der Telefonvermittlung des Empfangsgerichts beruhte, BGH NJW **89**, 589.

Der Anwalt muß eine fristschaffende Zustellung aus der ihm vorgelegten *Postmappe* aussondern oder **162** dafür Sorge tragen, daß das sofort durch einen zuverlässigen Mitarbeiter geschieht, BGH VersR **78**, 523. Er muß eine wirksame Postausgangskontrolle schaffen, BGH VersR **86**, 365. Es reicht grds aus, daß der Anwalt das Schriftstück rechtzeitig unterzeichnet und sein Personal anweist, das Schriftstück postfertig zu machen und eilbedürftige Post getrennt aufzubewahren, BGH FamRZ **95**, 670. Er muß aber auch ein gut geschultes Personal anweisen, den Postabgang nochmals zu überprüfen, ob er richtig unterschrieben hat. Freilich darf er die Korrektur einer als zuverlässig bekannten Sekretärin überlassen, BGH NJW **82**, 2671 (zustm Ostler). Er darf nicht den Fall eintreten lassen, daß das Personal entgegen seiner Anweisung zu einer Wiedervorlage eine fristgebundene Schrift unrichtig herausgehen läßt, zB wenn ein Vermerk im Postausgangsbuch vorliegt, obwohl sich das Originalschreiben bei der Unterschriftsmappe befindet. Es muß in einer Sozietät von unterschiedlich Zugelassenen bzw Postulationsfähigen dafür gesorgt sein, daß ein beim Empfangsgericht zugelassener bzw postulationsfähiger Anwalt unterschreibt, BGH VersR **86**, 1212. Der Anwalt darf die Kontrolle auch nicht darauf beschränken lassen, einen verschlossenen Umschlag zu „kontrollieren". Der Anwalt muß sich vergewissern, daß ein privater Botendienst funktioniert, OVG Münst NJW **94**, 402.

S auch Rn 64–73, 84–113, 125–129, 134–139, 163, 164, 179.
– **(Prozeßkostenhilfe):** § 234 Rn 10–16.
– **(Rechtsirrtum):** Rn 114–120.
– **(Rechtsprechung):** Rn 113.
– **(Schließfach):** Eine Wiedereinsetzung kommt in Betracht, wenn der Anwalt ein für das OLG bestimmtes **163** Postfach drei Tage vor dem Fristablauf benutzt, auch wenn dieses Schließfach beim LG (für das OLG) besteht, BGH VersR **83**, 1162. Eine Wiedereinsetzung ist ferner möglich, wenn der Anwalt das richtige Schließfach unter sehr vielen verwechselt hat.
   S auch Rn 154–162.
– **(Sozietät):** Rn 140.
– **(Streithelfer):** Rn 188.
– **(Telefax),** dazu *Henneke* NJW **98**, 2194, *Schmid* BB **01**, 1298 (je: Üb): Die Übermittlung eines fristwah- **164** renden Schriftsatzes durch Telefax ist in allen Gerichtszweigen uneingeschränkt zulässig, BVerfG NJW **00**, 579 (BVerfG), BGH RR **97**, 250, BAG NJW **02**, 845. Das gilt auch bei einer Textdatei mit eingescannter Unterschrift, OGB NJW **00**, 2340. Der Anwalt muß die Kopievorlage unterschreiben, BGH FamRZ **98**, 425. Er muß dafür sorgen, daß die Kopie die Unterschrift einwandfrei wiedergibt, Ffm MDR **00**, 1344. Die Unterschrift auf der Kopievorlage kann evtl reichen, BVerfG NJW **04**, 2583. Er kann die Feststellung der richtigen Telefax-Nr des Empfangsgerichts und überhaupt die Ausführung des Telefax

§ 233

grds dem zuverlässigen, auch insoweit angewiesenen Personal überlassen, BGH RR **05**, 1373, BAG NJW **02**, 845, BFH BB **03**, 1485, strenger BGH RR **04**, 1362 (aber es handelt sich längst um einen Routinevorgang). Das Personal darf aber nicht nur aus dem Gedächtnis arbeiten, BGH RR **05**, 1373. Er kann der telefonisch beim Empfangsgericht erfragten Telefax-Nr vertrauen, BayObLG **04**, 230. Er kann der Telefax-Nr im Ortsverzeichnis des Deutschen Anwaltsverlags vertrauen, BGH VersR **97**, 853, auch einem amtlichen Telefonbuch, LAG Bre MDR **02**, 110, oder einem seit Jahren bewährten EDV-Programm, BGH NJW **04**, 2832, nicht aber einem veralterten „Anwaltsprogramm", LAG Hbg NZA-RR **05**, 152, ferner nicht einem von Hand löschbaren, BGH RR **05**, 1373, und auch nicht einer sonstigen Art von Auskunft der TELEKOM, LG Hbg NJW **97**, 2188, aM BAG NJW **01**, 1594 (aber die Erfahrung zeigt leider so manche Ungenauigkeit der TELEKOM). Er muß aber wegen etwaiger selbst zu verantwortender Störungen organisatorisch vorsorgen, BGH FamRZ **04**, 866, BAG NJW **01**, 1796.

Er muß zB die *richtige Anschluß-Nr* stets abschließend kontrollieren lassen, BGH BB **05**, 1303, Brdb FamRZ **00**, 1228, Hamm MDR **05**, 770. Er muß diese Nr bei auffälligen Unstimmigkeiten zusätzlich überprüfen, BGH NJW **99**, 583, Brdb MDR **99**, 511 (Mitteilung des Empfangsgerichts über unvollständigen Eingang), Nürnb MDR **98**, 743. Er muß zugehörige Änderungen zuverlässig organisatorisch umsetzen, BGH NJW **04**, 368 (anschließender Erledigtvermerk), LAG Mainz BB **96**, 1776. Der Eingang liegt erst beim vollständigen Ausdruck vor, BGH NJW **94**, 2097 (er läßt, problematisch wegen der Unterschrift, einen Teilausdruck bis zum Fristablauf für *diesen* Teil zu), BGH VersR **03**, 87 (evtl sogar Teilausdruck ausreichend), Zweibr FGPrax **02**, 17 (FGG). Das Gericht muß unabhängig von den Anforderungen an den Absender auch nach §§ 234, 236 zumutbarerweise prüfen, ob und wann genau das Telefax nun tatsächlich auf der Eingangsstelle einging und ob es ordnungsgemäß und zeitlich richtig registriert wurde. Dazu sind ein Einzelnachweis des Sendeprotokolls und notfalls eine telefonische Rückfrage beim Empfänger nötig, BGH FamRZ **04**, 1550, Naumb AnwBl **01**, 368. Sie sind aber auch ausreichend, BGH FamRZ **05**, 1534. Das Gericht muß die zum Vergleich vorgelegten Sendeberichte prüfen, BGH NJW **04**, 2526 links. Der Anwalt muß einkalkulieren, daß das Empfangsgerät besetzt ist. Denn das ist kein Fehler in der Leitung oder beim Empfangsgerät und daher nicht von BVerfG MDR **00**, 836 als Entschuldigung anerkannt.

Der Anwalt muß insbesondere im letzten Moment das Telefaxsystem *nutzen,* BVerfG NJW **95**, 1210, LSG Mainz RR **93**, 1216. Er darf die Frist grds bis zur letzten Sekunde nutzen, BVerfG NJW **01**, 3473, BGH NJW **05**, 679, BayObLG **04**, 230. Er muß ein zuvor erzielte Übermittlungstempo evtl miteinkalkulieren, BGH VersR **03**, 87, OVG Lüneb NVwZ-RR **04**, 755. Er muß dann aber wie stets im letzten Augenblick erhöhte Sorgfalt anwenden, Rn 134, BGH FamRZ **04**, 1481 links, Brdb MDR **05**, 167, LAG Köln MDR **00**, 484. Er muß zB das Fortbestehen des von ihm gewählten Anschlusses prüfen, LG Ffm NJW **92**, 3043. Er muß die Möglichkeit einer Störung der Eingabe und Sendung bedenken, BGH NJW **96**, 2513, Hbg MDR **04**, 920 (je: Abweichung bei den Seitenzahlen), BayObLG NJW **95**, 668 (Fehlen der letzten Seiten nebst der Unterschrift), Karlsr FamRZ **98**, 434 (Stapelzuführung).

Er muß auch die Möglichkeit einer *Störung der Übertragung* bedenken, LG Kassel VersR **92**, 765, zumindest beim eigenen Gerät, BGH RR **96**, 1275, BSG BB **93**, 1812, aber auch beim Empfangsgerät, BVerfG NJW **00**, 574 (Belegung durch anderen Nutzer). Denn auch sie kann erfahrungsgemäß leider durchaus eintreten, BVerfG NJW **00**, 574, BGH FamRZ **05**, 266 rechts unten, OVG Hbg NJW **00**, 1667, aM FamRZ **04**, 22 links unten, BayObLG FamRZ **98**, 634, OVG Bautzen NJW **96**, 2251 (je leider zu optimistisch). Eine Leitungsstörung hat der Anwalt freilich jedenfalls seit BVerfG MDR NJW **00**, 836 grds nicht (mehr) zu vertreten (großzügig), BAG DB **01**, 2253.

Ist das *Empfangsgerät* wenige Stunden vor dem Fristablauf *gestört,* so sollte der Anwalt trotz der Möglichkeit, diesen Übermittlungsweg grds bis zur letzten Minute zu nutzen, doch besser vorsorglich alle möglichen und zumutbaren anderen Möglichkeiten ergreifen, BGH RR **96**, 1275, großzügiger BGH RR **03**, 861 (beim Gerichtsfehler). Er muß dann zB evtl den nahen Nachtbriefkasten benutzen, OVG Hbg NJW **00**, 1667, oder ein anderes geeignetes Empfangsgerät anwählen usw, BGH NJW **97**, 1312, LAG Bln MDR **95**, 524, zu großzügig BGH RR **05**, 923 (Anwalt eines anderen Faxgeräts in demselben Haus: erst am Tag nach Fristablauf Beginn von § 234 II). Freilich hat der Absender einen Fehler beim Empfangsgericht grds nicht zu vertreten, BVerfG NJW **01**, 3473 (keine Überspannung), BVerfG FamRZ **05**, 266 links (allgemein), BGH FamRZ **05**, 434 (Papierstau) und RR **95**, 443 (Fehlleitung im Empfangsgebäude), BGH RR **03**, 861 (kein Papiervorrat), außer im letzten Moment, BGH FamRZ **05**, 266 rechts unten. Der Anwalt darf den technisch einfachen Absendevorgang innerhalb der gebotenen organisatorischen Vorkehrungen nach Rn 144 ff einer hinreichend geschulten und überwachten Bürokraft übertragen, BGH RR **02**, 60, KG MDR **98**, 1188.

Eine fehlerhafte Betätigung der *Adresstaste* kann dann unschädlich sein, Mü RR **94**, 1201. Scheitert der Telefaxweg, muß der Anwalt trotz der grundsätzlichen Erlaubnis, den vom Gericht eröffneten Weg bis zur letzten Sekunde auszunutzen, im Rahmen des Zumutbaren versuchen, den Normalweg einzuhalten, BAG NJW **95**, 743. Der Anwalt darf nicht die Absendung vier Tage hinauszögern lassen, BGH NJW **99**, 429.

Wird die *Übertragung unterbrochen,* so muß sich eine Endkontrolle darauf erstrecken, ob der Schriftsatz insgesamt übertragen worden ist, Brdb MDR **98**, 932, LG Würzb RR **92**, 702. Der Anwalt muß sicherstellen, daß die Frist im Kalender erst nach dem Vorliegen des die Übermittlung des fristwahrenden Schriftsatzes bestätigenden Ausdrucks bzw Sendeberichts gelöscht wird, BGH VersR **99**, 996, Brdb MDR **99**, 511, LG Dortm NJW **96**, 1832. Allgemeine Vorab-Telefaxübermittlung reicht nicht, BPatG RR **98**, 112. Während eines Poststreiks muß der Anwalt die etwa verbleibende Möglichkeit des Telefax nutzen, LAG Düss BB **92**, 1796, LAG Stgt DB **92**, 1588. Er braucht allerdings nicht damit zu rechnen, daß nur die Speicherung, nicht aber der Ausdruck im Empfangsgerät rechtzeitig funktionieren, VGH Mannh NJW **94**, 538. Hat das Gericht auf die Aufhebung einer gemeinsamen Fernkopierstelle hingewiesen, dann muß der Anwalt jedenfalls Monate später dafür sorgen, daß seine Kanzlei den neuen Telefaxanschluß erfragt, BGH NJW **95**, 2106. Bei gemeinsamer Empfangsstelle kann es notwendig sein, die genannte Anschrift usw richtig anzugeben, BAG NJW **02**, 845.

Titel 4. Folgen der Versäumung; Wiedereinsetzung § 233

Nach *rechtzeitiger* schriftlicher *Absendung* kann das Fehlen einer Unterschrift unter einer sicherheitshalber zusätzlich übermittelten Telefax-Kopie unschädlich sein, BGH RR **92**, 1020, aM Mü NJW **92**, 3042, LAG Bre AnwBl **93**, 586 (aber das wäre eine Überspannung, Rn 13). Ausreichend ist zunächst ein Kontrollausdruck bzw Sendeprotokoll des absendenden Geräts, BGH FamRZ **04**, 1550, Ffm FamRZ **97**, 1407, VGH Kassel MDR **93**, 386. Hilfreich ist aber zusätzlich auch eine schriftliche Eingangsbestätigung, Köln VersR **96**, 1125, oder eine eidesstattliche Versicherung der mit der Übermittlung betrauten Bürokraft, sie habe sich von der Funktion und dem richtigen Empfänger überzeugt, BGH VersR **00**, 339. Ihre wahrheitswidrige Behauptung, weisungsgemäß gehandelt zu haben, ist kein Anwaltsverschulden, BAG NJW **02**, 845.

Der *bloße Sendebericht* mit Empfangsnummer reicht nicht, KG MDR **00**, 1343, Köln NJW **95**, 1228, AG Düss RR **99**, 1510, noch weniger sein Fehlen, Bbg FamRZ **01**, 1007 rechts unten. Das gilt umso mehr, als zB die Uhrzeitangabe im Sendebericht des Sendegeräts falsch sein kann, etwa wegen Vergessens der Umstellung der Sommer/Winterzeit, wie es sogar bei der TELEKOM vorgekommen zu sein scheint. Andererseits braucht der Anwalt nach ausreichender allgemeiner Anordnung einer Ausgangskontrolle den Sendebericht nicht persönlich zu überprüfen, BAG NJW **01**, 1596. Er braucht den Anwalt der ihm vom Empfänger angegebenen Telefax-Nr nicht das Fehlen einer Empfängerkennung im Sendebericht zum Anlaß nochmaliger Prüfung zu nehmen, BGH BB **02**, 856. Zur begrenzten Aussagekraft eines „OK"-Vermerks im Sendebericht BGH RR **02**, 999, AG Rudolstadt RR **04**, 1151, aber auch BGH VersR **02**, 1045. Der Anwalt muß auch die angeblich gesendete Seitenzahl usw mit der vom Empfangsgerät bestätigten vergleichen (lassen), BGH RR **01**, 1071, Ffm MDR **00**, 1344. Ist der Schriftsatz in mehreren Teilen evtl teils vor Fristablauf eingegangen, teils später, muß der Anwalt prüfen, wann die genauen Eingangszeiten lagen, BGH RR **00**, 1591. Manche fordern die unverzügliche Nachsendung des Originals, LG Bln MDR **00**, 970 (abl Liwinska). Zur Problematik allgemein Borgmann AnwBl **89**, 666 (Üb).

— **(Tod):** Ob eine Wiedereinsetzung gewährt werden kann, wenn ein Anwalt infolge des Tods eines Angehörigen das Büro erst nach dem Büroschluß wieder aufsuchen und daher eine an diesem Tag ablaufende Notfrist nicht einhalten konnte, hängt davon ab, was man ihm bei seinem Zustand noch zumuten konnte, BGH VersR **75**, 1149. Er muß aber grds auch für den Fall seiner Abwesenheit am letzten Tag der Frist die erforderlichen und möglichen Vorkehrungen treffen, BGH VersR **83**, 272. Die Partei soll durch den Tod oder Freitod ihres ProzBev oder des Verkehrsanwalts grds keinen Nachteil erleiden, BGH VersR **84**, 988. Der Tod des einen Sozius zwingt den anderen nicht stets dazu, die Handakten vollständig durchzusehen, BGH DB **88**, 1113.

S auch Rn 131–133.

— **(Tonbanddiktat):** Wenn der Fristablauf bevorsteht, ist eine bloße Anweisung auf ein Tonband nicht 165 ausreichend. Denn man kann dem Tonband die Eilbedürftigkeit nicht ansehen. Etwas anderes mag dann gelten, wenn der Anwalt das Tonband als besonders eilbedürftig kennzeichnet. Der Anwalt muß aber prüfen, ob sein Tonbanddiktat durchgeführt wird, aM BGH VersR **82**, 1192 (aber ein solches Diktat ist noch kein Schriftsatz). Der Anwalt muß einen diktierten Text in Langschrift übertragen lassen und ihn dann selbst überprüfen. Beim Diktat mittels „Spracherkennung" gelten kaum andere Regeln.

— **(Überlastung):** Der Anwalt kann eine Unterlassung nicht stets damit entschuldigen, er persönlich sei 166 überlastet, BGH MDR **96**, 998. Er muß dann vielmehr dafür sorgen, daß zB sein Vertreter die Fristen ebenfalls persönlich kontrolliert, BGH VersR **76**, 962. Freilich darf man an den überlasteten Anwalt auch keine zu hohen Anforderungen stellen, Rn 13, zB nicht am Jahresschluß wegen vieler Verjährungsprobleme, BVerfG BB **00**, 1357, Kreuder BB **00**, 1348. Wenn dem Anwalt die Akten vorgelegt werden, ist er auch für den Fall einer eigenen Überlastung erhöht verantwortlich, BGH VersR **77**, 153. Eine Wiedereinsetzung kommt nur in Betracht, wenn der Fehler infolge einer vorübergehenden Überlastung des langjährigen zuverlässigen Bürovorstehers eintritt, BGH VersR **76**, 343, aM Bre JB **75**, 1601 (aber das wäre eine Überspannung, Rn 13). In der Regel muß der Anwalt aber bei Überlastung des Personals die Fristenkontrolle umorganisieren, auch wegen Krankheit und Urlaubs, BGH BB **99**, 2216.

Auch bei einer starken Inanspruchnahme muß der Anwalt stets die *Gesetzeslage kennen* und sich durch eine Fachlektüre usw auf dem laufenden halten. Er darf sich aber zB auf die Übernahme höchstrichterlicher Rechtsprechung durch ein Instanzgericht solange verlassen, bis er dessen abweichende Praxis kennen muß, BVerfG BB **00**, 1357.

S auch Rn 112, 113, 131–139, 172, 173.

— **(Unterschrift):** Eine Wiedereinsetzung kommt in Betracht, wenn ein angestellter Anwalt die zuständige 167 Gehilfin angewiesen hat, die Berufungsbegründung dem anwesenden allein beim Berufungsgericht zugelassenen bzw postulationsfähigen Anwalt zur Unterschrift vorzulegen, BGH FamRZ **03**, 1547. Sie kommt ferner in Betracht, wenn das Gericht einen in derselben Besetzung einen langjährig unbeanstandeten Namensschriftzug oder eine Namensabkürzung plötzlich als unzureichend bezeichnet hat, BVerfG **78**, 126, BGH NJW **99**, 61 links, BFH NJW **99**, 2919, aM LG Düss MDR **88**, 149 (aber es gibt einen Vertrauensschutz). Das gilt ferner dann, wenn der Anwalt das Schriftstück rechtzeitig unterzeichnet hat und dafür gesorgt hat, daß das Personal es postfertig machte, BGH VersR **77**, 331, und wenn er angeordnet hat, es zur Post zu geben. Die Wiedereinsetzung kann erfolgen, wenn das Personal dem Anwalt die Akten nicht zur ausdrücklich angeordneten Vorlage zwecks Unterschrift der Rechtsmittelschrift usw vorgelegt hat, BVerfG NJW **04**, 2583, BGH RR **04**, 2583. Freilich ist im „letzten Augenblick", Rn 134–139, erhöhte Aufmerksamkeit geboten, großzügiger BGH NJW **89**, 590. Eine eingescannte Unterschrift reicht, OGB NJW **00**, 2340.

Der Anwalt muß bei eigener Verhinderung dafür sorgen, daß ein anderer Anwalt den Schriftsatz richtig 168 unterschreibt, LAG Stgt NZA-RR **04**, 45, also ein solcher *Sozius* oder gar angestellter Anwalt, der bei dem Empfangsgericht auch zugelassen bzw postulationsfähig ist, BGH RR **90**, 379, Karlsr RR **00**, 1520, Schlesw MDR **03**, 1022. Das muß auch durch eine besondere Ausgangskontrolle geschehen, BGH VersR **89**, 716, Saarbr VersR **93**, 1550. Das alles erwägt BGH VersR **84**, 87 nicht erkennbar. Der nur beim LG zugelassene bzw postulationsfähige Anwalt muß die Grenzen seiner Unterschriftsbefugnis von Anfang an

§ 233

Buch 1. Abschnitt 3. Verfahren

kennen, BGH NJW **01**, 1575. Eine Wiedereinsetzung kommt in Betracht, wenn der Anwalt die Berufungsschrift wegen Verbesserungen ohne seine Unterschrift ins Büro gegeben hat, und wenn das geschulte Personal ihm die Schrift versehentlich nicht zur Unterschrift wiedervorgelegt hat, BGH VersR **86**, 892, oder wenn das sonst zuverlässige Personal den Entwurf der Berufungsbegründung nach der Billigung durch den Auftraggeber weisungswidrig nicht zur Unterschrift vorgelegt hat, BGH NJW **96**, 999, oder wenn der Anwalt nach der irrigen Unterschrift statt deren Streichung dem an sich zuverlässigen Mitarbeiter eine genaue Anweisung zur Weiterbehandlung gegeben hat, BGH MDR **03**, 764, Hamm MDR **88**, 502.

169 Der Anwalt muß aber auch ein gut geschultes Personal anweisen, vor dem Postabgang *nochmals* zu überprüfen, ob seine *Unterschrift* richtig erfolgte, BVerfG RR **02**, 1004, BGH FamRZ **03**, 1547. Das gilt besonders dann, wenn es sich um die Beschäftigung eines nicht beim betreffenden Gericht zugelassenen bzw postulationsfähigen Mitarbeiters handelt, BGH VersR **77**, 1130, LAG Bre AnwBl **93**, 586 (Telefax). Das scheint BGH VersR **84**, 87 zu übersehen. Eine Wiedereinsetzung muß also versagt werden, wenn der Anwalt den Schriftsatz am letzten Tag des Fristablaufs diktiert hat und nicht dafür gesorgt hat, daß er ihm zur Unterschrift vorgelegt werde, BGH VersR **80**, 765. Der Anwalt darf nicht ohne eine Prüfung auf die Richtigkeit der Parteibezeichnung unterschreiben, BGH VersR **76**, 494. Er darf auch nicht ohne eine nachträgliche Inhaltsprüfung Teile einer Rechtsmittelschrift blanko unterschreiben, Mü NJW **80**, 460. Der Anwalt darf die Berufungsschrift überhaupt nicht ungelesen unterschreiben, BGH FamRZ **03**, 1176. Die Verwendung einer Blankounterschrift, die nur in einer unvorhersehbaren Lage zulässig ist, setzt eine an sich auf jeden denkbaren Einzelfall bezogene Anleitung und Überwachung durch den Anwalt voraus, also mehr als eine nur allgemeine Anleitung und mehr als Stichproben, BAG NJW **83**, 1447. Der Anwalt braucht nicht zusätzlich Original und Abschrift sofort nach Fertigung als solche zu kennzeichnen, BVerfG RR **02**, 1004. Eine beglaubigte unterschriebene Abschrift kann reichen, wenn beim Fristablauf das nicht unterschriebene Original zweifelsfrei vom Unterzeichner stammt, BGH MDR **04**, 1252.

170 Das *Vergessen* der Unterschrift unter einem fristwahrenden Schriftsatz ist in der Regel schuldhaft, BGH VersR **80**, 942. Das gilt besonders, wenn der Anwalt den Schriftsatz nicht einmal diktiert, sondern vom Büropersonal hatte anfertigen lassen, BGH VersR **83**, 271. Auch die Verwendung des bloßen Namenskürzels nach § 129 Rn 31–33 ist schuldhaft, BGH NJW **87**, 957. Der Anwalt kann die Frist für eine Rechtsmittelbegründungsschrift nicht durch die persönliche Abgabe der von ihm nicht unterzeichneten Schrift einhalten, BGH VersR **83**, 271. Der erstinstanzliche ProzBev muß das Schreiben an den Rechtsmittelanwalt mit dem Rechtsmittelauftrag, das eine Angestellte nach den richtigen Handakten angefertigt hat, vor seiner Unterschrift selbst prüfen, BGH NJW **85**, 1710. Nach einem Wechsel des Berufungsanwalts bleibt das Fehlen der Unterschrift des ersteren unschädlich, wenn auch das Berufungsgericht das monatelang übersehen hatte, BGH MDR **03**, 43 links.

171 Der Anwalt muß prüfen, ob eine Rechtsmittelschrift *vollständig und richtig* ist, BGH FamRZ **03**, 1176, erst recht bei wiederholter Vorlage eines vorher fehlerhaft gewesenen Schriftsatzes, BGH VersR **93**, 79. Er muß zB prüfen, ob die Rechtsmittelschrift richtig adressiert ist, BGH VersR **87**, 486, BAG NJW **02**, 846. Er muß prüfen, ob er auch dasjenige Gericht, dessen Entscheidung er anficht, richtig angegeben hat, BGH NJW **89**, 2396. Freilich darf er die Korrektur einer als zuverlässig bekannten Sekretärin überlassen, BGH NJW **82**, 2671. Eine übervolle Unterschriftsmappe ist aber keine Entschuldigung, BGH VersR **82**, 1168. Ein diesbezügliches Verschulden bleibt auch dann schädlich, wenn auch das Gericht es versäumt hat, die Rechtsmittelschrift rechtzeitig an dasjenige Rechtsmittelgericht weiterzuleiten, an das sie nach dem Inhalt (wenn auch nicht nach der Anschrift) gerichtet war, BGH VersR **81**, 63. Der Anwalt darf nicht ein Empfangsbekenntnis unterzeichnen, ohne die darin genannten Schriftstücke durchgesehen zu haben, BGH VersR **89**, 1211, und ohne die Frist in den Handakten und im Kalender notiert zu haben, BGH NJW **96**, 1901, BAG NJW **03**, 1269. Wenn er am Tage des Fristablaufs verreisen muß, dann muß er veranlassen, daß ein postulationsfähiger Anwalt unterschreibt, BGH RR **90**, 379.

172 – (**Urlaub**): Urlaub entschuldigt nicht schon als solcher, BGH FamRZ **97**, 172. Vor und nach ihm hat der Anwalt eine erhöhte Prüfungspflicht, BGH VersR **77**, 425. Vor seinem Urlaub muß der Anwalt die Vorlegung aller Fristsachen beim Bürovorsteher anordnen. Er kann sich aber auf eingearbeitetes Personal verlassen, BGH RR **87**, 710. Freilich muß er einem Verdacht eines Büroversehens sogleich nachgehen, BGH VersR **79**, 376. Er muß bei einem urlaubsbedingten Arbeitsstau rechtzeitig eine Fristverlängerung beantragen, BGH VersR **93**, 1548 (zumindest Information des Vertreters nötig).

173 Wenn ein *Mitarbeiter* Urlaub hat, trifft den Anwalt eine erhöhte Verantwortlichkeit, BGH VersR **78**, 960. Der Anwalt darf sich nicht darauf verlassen, daß der Mitarbeiter seine Vertretung selbst einwandfrei regelt, BGH VersR **87**, 617. Wenn der Kalenderführer Urlaub hat, darf der Anwalt die Frist nicht ohne weiteres von einem Auszubildenden überwachen lassen. Er muß dann vielmehr die Vertretung durch eine gleichermaßen zuverlässige Hilfskraft sicherstellen, BGH BB **99**, 2216. Der Anwalt muß vor seinem persönlichen Urlaub prüfen, ob ein amtlicher Vertreter wirksam bestellt wurde. Er muß notfalls für eine ausreichende Vertretung sorgen. Er darf nicht mehrere Tage der Kanzlei fernbleiben, ohne einen Anwalt oder einen ihm Gleichgestellten als Vertreter zu bestellen. Ein Urlaubsvertreter, auch der vom Anwalt selbst nach § 53 II 1 BRAO bestellte, muß das Personal überwachen, Stgt MDR **01**, 238. Eine Anweisung an den Bürovorsteher, beim Eingang eines Berufungsauftrags einen bestimmten Anwalt zu beauftragen, genügt nicht. Eine wichtige Fristsache muß sich der Anwalt nach der Urlaubsrückkehr gesondert vorlegen lassen, BGH VersR **77**, 334.

S auch Rn 112, 113, 131–139.
– (**Urteilszustellung**): Rn 183–189.
– (**Verhinderung**): Rn 131–133.

174 – (**Verkehrsanwalt**): Er ist Bevollmächtigter der Partei, BGH VersR **96**, 606, aber nicht Erfüllungsgehilfe des ProzBev der Partei, Ffm MDR **94**, 99. Der ProzBev hat daher ein Verschulden des Verkehrsanwalts nicht gegenüber der Partei zu vertreten, LG Regensb AnwBl **82**, 109. Eine Wiedereinsetzung kommt in Betracht, wenn das gut geschulte und überwachte Personal des Anwalts den Verkehrsanwalt nicht zutref-

Titel 4. Folgen der Versäumung; Wiedereinsetzung **§ 233**

fend unterrichtet hat. Indessen kommt eine Wiedereinsetzung nicht in Frage, wenn ein nicht beim Berufungsgericht zugelassener bzw postulationsfähiger, im Briefkopf mit einem Zugelassenen usw gemeinsam auftretender Anwalt die Berufungsbegründung maßgeblich bestimmt und diktiert hat und wenn er sie dann verspätet eingereicht hat, BGH VersR **79**, 447 und 577.

Wenn der Anwalt das Urteil mit einem Zustellungsvermerk in einem einfachen Brief an den *Verkehrsanwalt* übersendet, dann ist der Anwalt zu einer Rückfrage an den Verkehrsanwalt nicht mehr verpflichtet. Denn sein Mandat ist erledigt. Der Anwalt muß auch ein gut geschultes Personal anweisen, dem Verkehrsanwalt eine Nachricht von einer Zustellung zu erteilen, und zwar zusätzlich zu der Notierung einer Frist. Der Verkehrsanwalt muß prüfen, ob eine Bestätigung des Rechtsmittelanwalts vorliegt, bevor er im Kalender eine Notfrist streichen läßt, BGH VersR **76**, 939. Er muß die Partei unverzüglich über die Urteilszustellung und das zulässige Rechtsmittel usw unterrichten, BGH VersR **96**, 606. Dabei kann ein einfacher Brief nach dem Ausland unzureichend sein, BGH VersR **86**, 703 links und rechts. Der Verkehrsanwalt muß die richtige Ausführung seiner Anweisung, einen bestimmten Anwalt beim Rechtsmittelgericht mit der Einlegung des Rechtsmittels zu beauftragen, selbst überwachen, BGH VersR **81**, 851 (BGH VersR **76**, 958 erlaubte es dem Anwalt, auf eine zuverlässige Bürokraft zu vertrauen). Er muß in diesem Zusammenhang prüfen, ob die Anschrift richtig ist, BGH VersR **77**, 720 und 1032. Er braucht nicht zu prüfen, ob seine Anordnung über die Absendung des Briefs im übrigen durchgeführt wurde. 175

Er muß prüfen, ob ein *kurz vor dem Ablauf* der Rechtsmittelfrist abgesandtes Auftragsschreiben beim Empfänger eingegangen ist, BGH **79**, 190, Köln VersR **93**, 1550, großzügiger BGH VersR **79**, 444. Der Verkehrsanwalt muß ferner prüfen, ob der Rechtsmittelanwalt beim Rechtsmittelgericht zugelassen bzw postulationsfähig ist, BGH VersR **82**, 755, ob er den Auftrag auch angenommen hat, BGH VersR **83**, 60, und ob er ihn auch ausgeführt hat, BGH VersR **82**, 755. Er muß prüfen, ob die Rechtsmittelfrist vom Rechtsmittelanwalt eingehalten wurde, BGH FamRZ **88**, 942. Eine eilige mündliche Anweisung „zwischen zwei Terminen" an das eigene Personal kurz vor dem Fristablauf reicht meist nicht aus, BGH VersR **83**, 81. Ab Auftragsannahme durch den ProzBev braucht der Verkehrsanwalt diesen nur bei einem sich aufdrängenden Verdacht auf einen Pflichtverstoß zu überprüfen, BGH VersR **90**, 801. 176

Der Verkehrsanwalt muß dem *Berufungsanwalt* den Rechtsmittelführer angeben, BGH NJW **98**, 2221. Er muß das Zustellungsdatum des anzufechtenden Urteils richtig angeben, BGH RR **95**, 839. Er darf sich wegen der Rechtsmittelfrist nicht mißverständlich ausdrücken, BGH VersR **85**, 766. Bei einer telefonischen Erteilung des Auftrags zur Rechtsmitteleinlegung muß er dafür sorgen, daß der Berufungsanwalt den Auftrag wiederholt, BGH VersR **81**, 959, bzw den Auftrag schriftlich bestätigen und dabei das Zustelldatum nochmals angeben, BGH BB **90**, 1990. Der Berufungsanwalt muß auch von sich aus für die Kontrollwiederholung sorgen, BGH VersR **97**, 508, aber nicht stets sofort, BGH VersR **81**, 680. Der Rechtsmittelanwalt, der plötzlich verhindert ist, muß für eine Vertretung sorgen, insbesondere dann, wenn er dem Verkehrsanwalt die Abfassung der Berufungsbegründung überläßt.

Der Verkehrsanwalt darf den Berufungskläger nicht über den Ablauf der Berufungsfrist *falsch unterrichten*. Er darf dem Rechtsmittelanwalt den Zeitpunkt der Zustellung des Urteils oder die Beiordnung nicht unrichtig angegeben, BGH VersR **77**, 153, oder ihn etwa gar nicht mitteilen. Der Verkehrsanwalt muß in einem solchen Fall sofort nachfragen, BGH VersR **75**, 90, und überhaupt den Zustellzeitpunkt eigenverantwortlich klären, BGH FamRZ **98**, 285. Er muß dann, wenn er mit einer Informationslücke über den Zustellungszeitpunkt zu rechnen hat, ebenfalls hierzu zB bei dem Auftraggeber eine Rückfrage halten, BGH VersR **96**, 606, Düss MDR **85**, 507. Vor dem Fristablauf muß er evtl beim Auftraggeber erneut unmißverständlich nachfragen, ob er ein Rechtsmittel einlegen soll, BGH VersR **96**, 606. Er kann sich zwar darauf verlassen, daß der ProzBev ihm das zugestellte Urteil rechtzeitig übersenden werde. Er darf aber nicht monatelang einfach zuwarten, Düss VersR **85**, 507. 177

Hat der ProzBev das *Mandat niedergelegt* und der Verkehrsanwalt 6 Wochen nach einem Termin noch keine Nachricht vom Ergebnis erhalten, muß sich der Verkehrsanwalt beim Gericht oder beim ehemaligen ProzBev erkundigen, ob eine Versäumnisentscheidung zugestellt ist, Düss VersR **87**, 1042. Der Rechtsmittelanwalt, der vom vorinstanzlichen Anwalt den Auftrag zur Einlegung des Rechtsmittels erhält, muß eine Rückfrage halten, wenn sich aus dem Auftragsschreiben Zweifel ergeben, ob die Rechtsmittelfrist noch läuft. Er muß bei telefonischer Ergänzung des Rechtsmittelauftrags evtl zusätzliche Kontrollen schaffen, BGH NJW **98**, 2221.

Der Berufungsanwalt muß dem erstinstanzlichen Anwalt, der kein Verkehrsanwalt ist, das Urteil mit der Bitte übersenden, die *Partei* über den Ablauf der Revisionsfrist zu *unterrichten*. Denn das gehört noch zur Aufgabe des Berufungsanwalts. Eine Wiedereinsetzung entfällt, wenn weder die ausländische Partei noch ihr Verkehrsanwalt eine Übersetzung der Mitteilung des ProzBev veranlaßt hat und wenn sie dadurch verspätet vom Inhalt Kenntnis genommen hat, BGH NJW **75**, 497. 178

S auch Rn 64–73, 121–124, 154–162.

— **(Verlust eines Schriftsatzes):** Eine Wiedereinsetzung kommt in Betracht, wenn ein Schriftsatz verlorengegangen ist, BGH VersR **92**, 899. Dabei braucht der Anwalt die Art des Verlusts nicht darzulegen. Das setzt voraus, daß der Verlust nicht im Verantwortungsbereich des Anwalts eingetreten ist. Das letztere muß der Anwalt glaubhaft machen, BGH VersR **92**, 899. Trotz einer Erinnerungslücke kann eine Angabe aber glaubhaft sein. 179

— **(Vertreter):** Die beteiligten Anwälte dürfen die Prüfung, ob der Antrag auf die Bestellung eines Anwalts als amtlichen Vertreters rechtzeitig gestellt und ob ihm stattgegeben wurde, nicht dem Personal überlassen, Mü MDR **87**, 590. Der Vertreter muß prüfen, ob er beim fraglichen Gericht als Vertreter bestellt ist, BGH VersR **93**, 125, Mü MDR **87**, 590. Der Anwalt darf evtl darauf vertrauen, daß ein schon früher zum Vertreter eines beim Rechtsmittelgericht zugelassenen bzw postulationsfähigen Kollegen bestellter anderer Kollege erneut bestellt wird, BGH VersR **87**, 73 (ziemlich großzügig). 180

S auch Rn 51, 172, 173.

— **(Vorfrist):** Es kann eine Pflicht eintreten, für eine wichtige Frist eine Vorfrist notieren zu lassen, BGH VersR **97**, 509 (wegen einer Rechtsmittelbegründungsfrist, auch wegen einer Ausnahme). Ob dieser Fall 181

§ 233

eintritt, muß man unter dem Gesichtspunkt prüfen, daß die Wahrung der Frist jedenfalls für den letzten Tag ihres Laufs sichergestellt sein muß, besonders bei § 222 II. Der Anwalt braucht eine Vorfristakte nicht sofort zu bearbeiten, BGH VersR **00**, 203. Die Vorfristdauer hängt vom Einzelfall ab. Sie mag evtl nur vier Tage betragen, BGH VersR **00**, 203. Der Anwalt muß sicherstellen, daß die Akte dann, wenn eine Vorfristsache nicht erledigt wurde, spätestens bei Fristablauf ohne weiteres wiedervorgelegt wird, BGH NJW **97**, 2825, aM BGH (derselbe Senat!) NJW **97**, 3243. Wenn er erklärt hat, diese Sache habe er selbst in Arbeit genommen, dann darf er die Akte nicht mehr aus den Augen lassen. Zusätzlich zur Vorfrist muß man natürlich die eigentliche Frist notieren, BGH NJW **88**, 568, BAG NJW **93**, 1350.

S auch Rn 54–63, 85–111, 125–129, 134–139, 172, 173.

182 – **(Zuständigkeitsprüfung):** Der Anwalt hat die höchstpersönliche Pflicht, für die richtige Adressierung der Rechtsmittelschrift zu sorgen, BGH VersR **88**, 1209. Er muß daher auch klären, was Gegenstand des Rechtsstreits ist, BGH VersR **82**, 1146. Er braucht die Ausführung seiner Anweisung an eine zuverlässige Angestellte, die schon unterzeichnete Rechtsmittelschrift in der Adressierung zu korrigieren, nicht zu überprüfen, BFH BB **88**, 465. Er darf auf sich auf eine erkennbar unsichere Auskunft eines Rpfl nicht verlassen, BGH DRiZ **94**, 427 (neue Bundesländer).

S auch Rn 74–76, 114–120, 154–162.

183 – **(Zustellung und Anwalt):** Der Anwalt muß das Datum der Urteilszustellung in einer jeden Zweifel ausschließenden Weise ermitteln und mitteilen, BGH NJW **96**, 1968, Düss AnwBl **99**, 351. Wenn der Anwalt das Urteil mit einem Zustellungsvermerk in einem einfachen Brief an den Verkehrsanwalt übersendet, ist der Anwalt zu einer Rückfrage an den Verkehrsanwalt nicht mehr verpflichtet. Denn sein Mandat ist erledigt. Eine Wiedereinsetzung kommt in Betracht, wenn das Gericht eine unrichtige Auskunft über den Zeitpunkt einer von Amts wegen erfolgten Zustellung gegeben hat, aM LG Bonn VersR **88**, 195 (aber der Gerichtsfehler wiegt ungleich schwerer). Dabei genügt eine telefonische Anfrage des Anwalts. Der Anwalt braucht also die Gerichtsakten nicht selbst einzusehen. Der Anwalt muß sein Personal anweisen, einer Partei oder dem Verkehrsanwalt eine Nachricht von der Zustellung zu erteilen, BGH FamRZ **96**, 1467. Diese Anweisung ist zusätzlich zur Anweisung einer Fristnotierung notwendig. Sie reicht dann aber auch aus, BGH VersR **76**, 1178.

Eine Wiedereinsetzung kommt in Betracht, wenn infolge einer *unrichtigen Abschrift* aus den Akten, in denen die Urteilszustellung und das Ende der Rechtsmittelfrist richtig vermerkt sind, trotz der Kontrolle durch den Bürovorsteher dem Rechtsmittelanwalt fehlerhafte Angaben übermittelt wurden, BGH NJW **79**, 46. Eine Wiedereinsetzung kann auch dann eintreten, wenn der Bürovorsteher ein zugestelltes Urteil nicht vorgelegt und auf eine spätere Anfrage erklärt hat, es sei noch nicht eingegangen.

184 Der Anwalt muß die Partei unverzüglich über eine *Urteilszustellung* und deren Zeitpunkt informieren, BGH VersR **88**, 252. Er muß sie auch über das zulässige Rechtsmittel und dessen formelle Erfordernisse vollständig unterrichten, BGH VersR **85**, 768. Das gilt auch nach der Niederlegung des Mandats, BGH VersR **88**, 836. Er darf grds darauf vertrauen, daß die Post einen ordnungsgemäßen Nachsendeauftrag des Auftraggebers zu Recht ausführt, BGH VersR **88**, 1162. Er darf auf Zustellungsangaben des Auftraggebers nur bedingt vertrauen, BGH RR **95**, 826, Köln FamRZ **99**, 1084. Wenn der Anwalt eine fristschaffende Zustellung annimmt und bescheinigt, muß er die allgemein angeordnete Aktenvorlage abwarten oder prüfen, ob das zugehörige Urteil tatsächlich beiliegt, BGH NJW **80**, 1846, Schlesw MDR **05**, 769, OVG Münst BB **88**, 442. Andernfalls muß er die Zustellung selbst sofort in den Akten vermerken, BGH VersR **94**, 371, Oldb JB **78**, 1013, oder er muß sie durch einen unbedingt zuverlässigen Mitarbeiter sofort vermerken lassen, BGH NJW **03**, 436, oder er muß sie aus der ihm vorgelegten Postmappe aussondern oder dafür sorgen, daß das sofort zuverlässig geschieht, BGH NJW **03**, 436.

185 Der Anwalt darf das *Empfangsbekenntnis* über die Urteilszustellung erst dann unterzeichnen und zurückgeben, wenn in der Handakte der Ablauf der Rechtsmittelfrist und die Fristnotierung vermerkt worden sind, BGH NJW **03**, 436, Bbg MDR **05**, 1072, Schlesw MDR **05**, 769. Geschieht das nicht, dann muß der Anwalt ganz besondere Sorgfalt üben, BGH NJW **03**, 436. Er muß dann zB selbst für die Vorlage der Handakte und die Eintragung der Frist im Fristenkalender sorgen, BGH NJW **02**, 3782, BVerwG NJW **84**, 2593. Er muß nach rechtzeitiger Aktenwiedervorlage trotz hohen Arbeitsanfalls sofort die Fristensicherung nachholen, BGH NJW **03**, 1529. Der Eingangsstempel auf dem zugestellten Schriftstück ersetzt den Fristvermerk nicht, BGH FamRZ **99**, 579. Der Anwalt muß dafür sorgen, daß bei einer Weiterleitung der zugestellten Urteilsausfertigung an den Auftraggeber, BGH VersR **95**, 671, oder bei einer Urteilszustellung nach (jetzt) § 174 der Tag des Urteilszugangs, BGH NJW **80**, 1848, oder im Fall des § 221 II der Tag der Zustellung an den Gegner sogleich in den Handakten vermerkt wird, BGH VersR **83**, 560.

Er muß die *Rechtsmittelfrist* sofort nach der Zustellung notieren (lassen), BGH NJW **02**, 3782, KG VersR **82**, 704. Er muß den Zeitpunkt seiner Unterzeichnung des Empfangsbekenntnisses sichern, BGH FamRZ **92**, 1173. Er darf den Eingangsstempel nicht ohne sorgfältige Nachforschung später „berichtigen" (lassen), Mü VersR **84**, 1155. Er muß sein Personal belehren, wenn der Verkehrsanwalt, sondern nur er selbst über den Zustellungszeitpunkt und einen Fristablauf verbindliche Anweisungen geben kann, Düss AnwBl **89**, 291. Widersprüchlichkeit oder Unklarheit geht zu Lasten des Anwalts, Düss MDR **01**, 893.

186 Wenn der Anwalt der Ansicht ist, es sei *kein Rechtsmittel zulässig,* muß er den Auftraggeber gleichwohl vom Zeitpunkt der Urteilszustellung unterrichten. Der Anwalt muß die Wirksamkeit der Urteilszustellung prüfen, BGH VersR **87**, 680. Er muß ein falsches Datum der Zustellungsbescheinigung richtigstellen lassen. Er muß jeder auffälligen Unstimmigkeit selbst nachgehen, BGH FamRZ **04**, 1711. Das gilt selbst dann, wenn das Gericht ihn falsch belehrt hat. Er muß in einem wichtigen Fall nachprüfen, ob die Urteilszustellung in jeder Beziehung korrekt erfolgt ist. Er muß als Anwalt, der im Verfahren auf die Bewilligung einer Prozeßkostenhilfe beigeordnet ist, der Urteilszustellung in der Vorinstanz nachgehen. Der Anwalt muß das Fehlen der Angabe des angefochtenen Urteils bzw seines Gerichts merken, BGH FamRZ **88**, 831. Er muß die Adressierung an ein unrichtiges Gericht bei der Unterschrift bemerken. Er darf auch nicht die LGe München I und II verwechseln, BGH RR **87**, 319. Der Eingang einer an das LG

Titel 4. Folgen der Versäumung; Wiedereinsetzung   §§ 233, 234

Berlin adressierten Berufungsschrift bei der gemeinsamen Briefannahme der Justizbehörden Charlottenburg wahrt nicht die Berufungsfrist für eine beim KG einzulegende Berufung, BGH VersR 87, 486 (Weiterleitbarkeit hilft nicht).

187 Der Anwalt muß bei einer *Fristberechnung* darauf achten, um welche Urteilsart es sich handelt, ob zB um ein erstes oder zweites Versäumnisurteil, BGH VersR 87, 256. Er muß beim Erhalt einer Urteilsausfertigung darauf achten, ob zB die Zustellung nach §§ 331 III, 310 III schon vorher erfolgt ist, BGH VersR 82, 597, oder ob er schon zuvor eine weitere – für den Fristbeginn allein maßgebliche – Ausfertigung desselben Urteils zugestellt erhalten hatte, BGH VersR 85, 551. Auch wenn er erst nach der Urteilsverkündung zum ProzBev dieser Instanz bestellt wurde, kann er aber darauf vertrauen, daß eine an ihn gerichtete Urteilszustellung die erste ist, auch wenn das Gericht ohne Wissen dieses neuen ProzBev bereits eine fristschaffende Zustellung an den früheren ProzBev bewirkt hatte, BGH NJW 96, 1477. Der Anwalt, der einen Rechtsmittelauftrag an einen anderen Anwalt diktiert, muß den geschriebenen Text einschließlich des mitgeteilten Zustelldatums des vorinstanzlichen Urteils auf Diktat- oder Übertragungsfehler überprüfen, BGH NJW 96, 853. Der Rechtsmittelanwalt muß das Zustelldatum des anzufechtenden Entscheids anhand seiner Unterlagen kontrollieren, auch wenn er den Auftrag vom Verkehrsanwalt erhielt, BGH BB 90, 1990.

188 Der *Verkehrsanwalt* kann sich darauf verlassen, daß der ProzBev ihm ein zugestelltes Urteil rechtzeitig übersenden wird, BGH VersR 88, 419. Der Berufungsanwalt muß dem Auftraggeber das Zustellungsdatum des Berufungsurteils mitteilen. Er muß dem Auftraggeber unterrichten, ob und wie ein Rechtsmittel möglich ist, BGH VersR 78, 1160. Ein Anwalt, der in demselben Haus seine Kanzlei und seine Wohnung hat, muß sein Personal eindringlich über die Zustellungsfragen belehren. Auch wenn sich die Kanzlei und die Wohnung nicht in demselben Haus befinden, muß der Anwalt Hausgenossen in erlaubtem Umfang anweisen, ihm Schriftstücke alsbald vorzulegen. Er hat aber insofern keine besondere Überwachungspflicht. Ist im Zeitpunkt der Zustellung des Urteils an den Streithelfer die für die Hauptpartei laufende Rechtsmittelfrist abgelaufen, so kann sein Auftraggeber jedenfalls dann keine Wiedereinsetzung erhalten, wenn der Anwalt es schuldhaft unterlassen hat, den Zeitpunkt der Zustellung an die Hauptpartei in Erfahrung zu bringen, BGH VersR 88, 417, BAG VersR 86, 687.

S auch Rn 64–73, 85–113, 121–129, 133–139, 154–162.

189 **Rechtsmißbrauch:** Er verdient nie Schutz, Einl III 54. Daher kommt nach ihm für den Gegner eine Wiedereinsetzung in Betracht, BGH 118, 48.

Wiedervereinigung: Zu den Übergangsschwierigkeiten BGH DtZ 93, 53.

190 **Zustellung im allgemeinen:** Soweit sie nicht durch ein Verschulden des Antragstellers verzögert wird, muß man sie grds als demnächst erfolgt ansehen, § 167. Wer mit unbekanntem Aufenthaltsort im Ausland verzieht, ohne Vorkehrungen für eine etwaige Zustellungsannahme zu treffen, dessen Unkenntnis von einer öffentlichen Zustellung ist nicht schuldlos, Köln VersR 93, 1127. Ein Unternehmer muß sein Büro so organisieren, daß möglichst derselbe Mitarbeiter eine förmliche Zustellung jeweils entgegennimmt, Düss VersR 01, 214. Auch bei einwandfreier Empfangsorganisation kann ein Benachrichtigungszettel über eine Niederlegung nach § 181 verloren gehen, etwa zwischen Werbematerial geraten, BGH RR 01, 571.

S auch Rn 183–188 (Zustellung und Anwalt).

191 **10)** *VwGO:* Es gilt § 60 I VwGO (inhaltlich übereinstimmend); zur Pflicht des Gerichts, einen Schriftsatz an den richtigen Empfänger weiterzuleiten, BVerwG BayVBl 04, 156, OVG Münst NVwZ-RR 00, 841 u NWVBl 03, 353, VGH Mü BayVBl 03, 539; zur anwaltlichen Fristenkontrolle (Eintragung zum frühestmöglichen Zeitpunkt), BVerwG NJW 05, 1001 u Rn 185.

234

Wiedereinsetzungsfrist. [I] [1] Die Wiedereinsetzung muss innerhalb einer zweiwöchigen Frist beantragt werden. [2] Die Frist beträgt einen Monat, wenn die Partei verhindert ist, die Frist zur Begründung der Berufung, der Revision, der Nichtzulassungsbeschwerde, der Rechtsbeschwerde oder der Beschwerde nach §§ 621 e, 629 a Abs. 2 einzuhalten.

[II] Die Frist beginnt mit dem Tage, an dem das Hindernis behoben ist.

[III] Nach Ablauf eines Jahres, von dem Ende der versäumten Frist an gerechnet, kann die Wiedereinsetzung nicht mehr beantragt werden.

Vorbem. I 2 angefügt dch Art 1 Z 7 des 1. JuMoG v. 24. 08. 2004, BGBl 2198, in Kraft seit 1. 9. 04, Art 14 S 1 des 1. JuMoG, ÜbergangsR Einl III 78.

Gliederung

1) **Systematik, I–III** 1	5) **Fristbeginn, I, II** 7–20
2) Regelungszweck, I–III 2	A. Behebung des Hindernisses 7, 8
3) Geltungsbereich, I–III 3	B. Versäumung der Einspruchsfrist 9
4) Fristen, I–III 4–6	C. Prozeßkostenhilfe 10–16
A. Antrag, I, II 4	D. Weitere Einzelfälle 17–20
B. Antragsfrist, I, II 5	6) *VwGO* 21
C. Jahresfrist, III 6	

1 **1) Systematik, I–III.** Die Vorschrift regelt den Beginn des Wiedereinsetzungsverfahrens, während §§ 237, 238 das weitere Verfahren bis zur Entscheidung bestimmen. Form und Inhalt des Antrags richten sich nach § 236. § 236 II 2 enthält auch eine Ausnahme vom Antragserfordernis.

§ 234

2 **2) Regelungszweck, I–III.** Das Antragserfordernis dient ebenso wie die Fristgebundenheit der Rechtssicherheit nach Einl III 43. Das gilt insbesondere bei der Ausschlußfrist nach III. Sie ist derjenigen des § 586 II 2 vergleichbar. Es darf nicht endlos Ungewißheit herrschen. Daher ist eine grundsätzlich strikte Auslegung geboten. Die Praxis ist schon vielfach großzügig genug, Rn 9 ff. Die Jahresfrist nach III soll eine Prozeßverschleppung verhindern und eine Gefährdung der Rechtskraft verhüten, BGH FamRZ **04**, 1479, Schlesw RR **90**, 1216.

3 **3) Geltungsbereich, I–III.** Vgl § 233 Rn 3–5. II hat Vorrang vor § 123 II 1 PatG, BGH GRUR **01**, 271. § 234 gilt auch bei § 5 KSchG, aM LAG Hbg NZA-RR **05**, 489. III gilt auch im WEG-Verfahren, § 22 II 4 FGG, KG NZM **99**, 569, und im Insolvenzverfahren, BayObLG RR **02**, 914.

4 **4) Fristen, I–III.** Man muß die Vorschriften strikt einhalten, Rn 1.

A. Antrag, I, II. Eine Wiedereinsetzung findet grundsätzlich nicht von Amts wegen statt, BAG NJW **89**, 2708. Es bedarf also grundsätzlich eines Antrags. Er ist wegen jeder Fristart notwendig, evtl also zB für die Einlegungs- und außerdem für die Begründungsfrist, Brdb NJW **03**, 2995. Wegen der Ausnahmen § 236 II 2. Anwaltszwang herrscht wie sonst, § 78 I, II, § 236 Rn 2. Man muß den Antrag auf eine Wiedereinsetzung innerhalb der Frist so vollständig abfassen, daß er alles dasjenige enthält, was § 236 als zum ordnungsgemäßen Antrag gehörig vorsieht, BGH VersR **78**, 942. Er muß also zB auch den Zeitpunkt nennen, in dem die Partei von der Existenz der anzufechtenden Entscheidung Kenntnis erhielt, und auch zum eigentlichen Fristwahrungsverhalten Stellung nehmen, BGH VersR **92**, 900. Andernfalls ist der Antrag unzulässig. Die Partei muß besondere Anstrengungen vornehmen, BGH VersR **89**, 1317. Sie kann bei einem zunächst in sich geschlossenen, nicht ergänzungsbedürftig scheinenden Antrag grundsätzlich auch keine Wiedereinsetzungsgründe nachschieben, BGH NJW **98**, 2678, Drsd FamRZ **00**, 834. Das gilt selbst dann, wenn der vorgetragene Sachverhalt in wesentlichen Punkten unrichtig ist, § 236 Rn 18.

Allerdings darf die Partei nur in den vorstehend genannten Grenzen den ursprünglichen tatsächlichen Vortrag *vervollständigen und ergänzen*, soweit das Gericht es unterlassen hatte, nach § 139 darauf hinzuwirken, daß sie erforderliche tatsächliche Angaben in dieser Weise vervollständigte und ergänzte, § 236 Rn 5. Zur Glaubhaftmachung § 236 Rn 7–11. Es findet eine Amtsprüfung statt, Grdz 39 vor § 128, Ffm Rpfleger **77**, 213, aber keine Amtsermittlung nach Grdz 38 vor § 128. Es ist kein wirksamer Verzicht auf die Einhaltung der Frist zulässig, § 295 II.

5 **B. Antragsfrist, I, II.** Die Frist für den Antrag auf die Wiedereinsetzung beträgt grundsätzlich nach I 1 zwei Wochen, BGH VersR **89**, 1317, Rostock FamRZ **05**, 385. Die Zweiwochenfrist gilt auch dann, wenn man eine kürzere oder längere Frist versäumt hat, BGH **113**, 232. Nach I 2 kann sie jedoch ausnahmsweise einen Monat betragen, wenn die Partei verhindert ist, die dort genannten Begründungsfristen einzuhalten. Verhinderung meint hier praktisch dasselbe wie § 233, auch wenn hier die dortigen Gesetzeswörter „ohne ihr Verschulden" fehlen, BGH MDR **04**, 1436, LAG Stgt NZA-RR **05**, 550, Knauer/Wolf NJW **04**, 2863 (mit Bedenken zur Verfassungsmäßigkeit einer Begrenzung auf den Verhinderungsfall; dagegen Greger NJW Sonderheft „BayObLG" **05**, 37). Freilich muß das eigentliche Hindernis ja nach II schon zwecks Beginns jeder Antragsfrist behoben worden sein. Daher muß man an das Vorliegen einer Verhinderung nach I 2 eher strengere Anforderungen stellen. Die Wiedereinsetzungsfrist ist eine gesetzliche Frist, keine Notfrist, § 224 I 2. Ihr Lauf bleibt in der Zeit vom 1. 7. bis 31. 8. unverändert. Denn § 227 III betrifft nur Termine, keine Fristen. I, II gilt auch dann, wenn der Wiedereinsetzungsantrag eine Notfrist betrifft, BGH VersR **80**, 264.

Gegen die *Versäumung* der Wiedereinsetzungsfrist ist ein Antrag auf eine Wiedereinsetzung zulässig, BGH RR **99**, 430. Das bestimmt jetzt § 233 ausdrücklich. Die Wiedereinsetzungsfrist wird nach § 222 berechnet. Das Gericht darf sie nicht verlängern, § 224 II, BGH VersR **80**, 582. Soweit das Gericht eine Wiedereinsetzung gewährt, darf es nicht deren Erfolg durch Verwerfung des Rechtsmittels abschneiden, BAG NJW **95**, 150. Beim Verstoß dagegen fällt eine dennoch getroffene Entscheidung, die ein Rechtsmittel als unzulässig zurückgewiesen hatte, ohne weiteres fort, ohne daß sie besonders aufgehoben werden muß, BGH **98**, 328, BAG NJW **95**, 150. Nach dem Ablauf der Frist ist ein Wiedereinsetzungsantrag unzulässig, BGH VersR **87**, 560. Der Mangel ist unheilbar, § 295.

6 **C. Jahresfrist, III.** Auch nach dem Ablauf eines Jahres seit dem Ablauf der versäumten Frist ist grundsätzlich ein Wiedereinsetzungsantrag unzulässig, BGH VersR **87**, 256. Der Mangel ist unheilbar, § 295. Die Vorschrift ist auch bei § 210 BEG anwendbar, BGH VersR **83**, 376, KG NZM **99**, 569. Wegen des WEG Rn 2. Die Jahresfrist ist eine Ausschlußfrist, BGH NJW **02**, 2252. Sie ist mit dem GG vereinbar, BGH VersR **87**, 256. Sie ist eine uneigentliche Frist, Üb 11 vor § 214. Sie läuft unabhängig von der Frist des I, BGH VersR **87**, 1237, Stgt MDR **02**, 353. Sie läuft auch dann, wenn das Gericht ein Rechtsmittel erst nach ihrem Ablauf verworfen hat, BGH NJW **02**, 2252. Gegen ihren Ablauf ist grundsätzlich keine Wiedereinsetzung zulässig, Üb 11 vor § 214, BGH VersR **87**, 256, Stgt MDR **02**, 353. Man muß die Jahresfrist nach III auch dann beachten, wenn eine Prozeßkostenhilfe nach §§ 114 ff vor dem Ablauf der Jahresfrist abgelehnt worden ist. Das gilt selbst dann, wenn die Partei von diesem Umstand keine Kenntnis hatte, BGH FamRZ **04**, 1479. Wenn längst vor dem Ablauf der Frist ein Streit über den Bestand der angefochtenen Entscheidung entstanden ist oder wenn innerhalb der Jahresfrist eine Entscheidung nach § 522 I 2 hätte ergehen können, dann gebietet gerade der Grundgedanke des Bestandsschutzes grundsätzlich die Anwendung von III, Düss MDR **94**, 99 (auch zu Ausnahmen), aM BAG MDR **82**, 171, Schlesw RR **90**, 1216 (aber gerade dann hätte die Partei wenigstens die Frist des III einhalten können).

Die Jahresfrist nach III ist aber *unanwendbar*, wenn das Gericht aus allein in seiner Sphäre liegenden Gründen nicht innerhalb eines Jahres entschieden hatte, die Partei aber mit einer sachlichrechtlichen Entscheidung rechnen konnten, BVerfG NJW **04**, 2149 (Entscheidung erst nach 2 Jahren), BGH FamRZ **04**, 1479, BFH NVwZ **98**, 552, aM BGH VersR **83**, 376 (aber der Gerichtsfehler wiegt ungleich schwerer. Es gibt auch einen Vertrauensschutz auf unverzügliche raschere Entscheidung trotz aller Überlastung). Deshalb kann III auch im Fall des § 236 II Hs 2 unanwendbar sein, Düss RR **03**, 137.

Titel 4. Folgen der Versäumung; Wiedereinsetzung § 234

5) Fristbeginn, I, II. Man muß die Vorschriften streng einhalten, Rn 1. 7

A. Behebung des Hindernisses. Die Frist für den Antrag auf eine Wiedereinsetzung beginnt mit dem Ablauf des Tages, an dem das Hindernis behoben wurde, § 222 Rn 3–4, BGH FamRZ **01**, 417, Borgmann FamRZ **78**, 46. Das gilt auch bei Versäumung der Wiedereinsetzungsfrist nach Rn 5. Die Frist beginnt also mit Ablauf desjenigen Tages, von dem ab man bei Anwendung des in § 233 geregelten Verschuldensgrads nach Rn 11, 18 ff nicht mehr sagen kann, das Weiterbestehen des Hindernisses sei noch unverschuldet, BGH FamRZ **05**, 435 links oben (evtl Erkundigung nötig), BAG BB **97**, 2223, Köln FamRZ **99**, 1084. Evtl kommt es dabei auf das letzte von mehreren Hindernissen an, LG Stade NdsRpfl **75**, 221. Das alles gilt gegenüber der Partei nach Grdz 4 vor § 50 wie gegenüber ihrem Streithelfer nach § 66. Schädlich sind dabei Vorsatz und Fahrlässigkeit jeder Art, § 233 Rn 13, BGH NJW **01**, 1431, Celle JB **04**, 493, KG ZMR **94**, 35. Dabei ist wie stets auch ein Verschulden des gesetzlichen Vertreters oder des ProzBev schädlich, §§ 51 II, 85 II, BGH RR **01**, 426, BAG NJW **89**, 2708, Köln FamRZ **99**, 1084. Das gilt auch beim Korrespondenzanwalt, BGH BB **01**, 543. Bei einer Behörde kommt es auf den zuständigen Sachbearbeiter an, BGH FamRZ **01**, 417.

Wenn das Gericht die Berufung wegen einer Fristversäumung *verworfen* hatte, muß es trotzdem über ein 8 Wiedereinsetzungsgesuch entscheiden, das die Partei erst nach der Verwerfung eingereicht hat, sofern die Partei von ihrer Säumnis schuldlos keine Kenntnis hatte. Soweit dies Gesuch dann stattgibt, verliert sein Verwerfungsbeschluß die Wirkung. Wenn der Anwalt erfährt, daß eine von ihm unterzeichnete Rechtsmittelschrift nicht alsbald zum Gericht gegangen ist, muß er prüfen, ob er die Frist versäumt hat. Die Behebung des Hindernisses kann vor dem Ablauf der Notfrist liegen, BGH VersR **90**, 544. Sie kann auch nach ihm liegen, BGH NJW **00**, 592, Hamm NJW **77**, 2077, aM ZöGre 5 (aber es kommt auf das Ergebnis an, nicht auf seinen Zeitpunkt).

Die *Frist beginnt* jedenfalls von dem Zeitpunkt an, in dem man zuverlässige Kenntnis davon hat, daß die Klageschrift oder die Rechtsmittelbegründungsschrift verspätet eingegangen sind, BGH RR **05**, 923, VGH Mannh NJW **77**, 1357. Eine telefonische Nachricht der Geschäftsstelle reicht nicht aus, BGH VersR **95**, 318. Ebensowenig reicht eine Mitteilung des Gerichts unter einem falschen Aktenzeichen, BGH RR **99**, 1665. Eine Unterbrechung infolge der Eröffnung eines Insolvenzverfahrens nach § 240 verhindert den Fristbeginn. Man muß einer Partei bzw ihrem ProzBev nach Versäumung der Berufungsbegründungsfrist besondere Anstrengungen zur Vorlage in der Frist des I zumuten, BGH VersR **87**, 309. Der Verkehrsanwalt kann spätestens ab Erhalt eines Kostenfestsetzungsbeschlusses oder gar einer gegnerischen Vollstreckungsandrohung erkennen, daß das Urteil zugestellt wurde, BGH BB **01**, 543. Bei Versäumung der Fünfmonatsfrist des § 520 II 1 Hs 2 laufen die Zweiwochenfristen für die Wiedereinsetzung in die Berufungsfrist und in die Begründungsfrist gleichzeitig, Schlesw MDR **04**, 1256.

Die nachfolgend zitierte Rechtsprechung aus der Zeit *vor Mitte 1977* mit ihren schärferen Anforderungen nach dem alten Recht ist nur noch bedingt verwertbar, § 233 Rn 18.

B. Versäumung der Einspruchsfrist. Soweit die Partei eine Einspruchsfrist nach §§ 338, 700 versäumt 9 hat, beginnt die Frist für den Wiedereinsetzungsantrag in dem Zeitpunkt, in dem die Partei bzw ihr Vertreter nach Rn 7 entweder von der zugrunde liegenden Zustellung Kenntnis erhält oder in dem man ihr die weitere Unkenntnis von dieser Zustellung vorwerfen muß, BGH NJW **00**, 592, Ffm NJW **87**, 335, ArbG Regensb JB **90**, 1199. Maßgebend ist die Kenntnis des Säumnis. Die Kenntnis ihrer Gründe ist unerheblich, BGH VersR **95**, 112. Ein Vorwurf ist trotz einer gerichtlichen Mitteilung über einen Einspruch des Einspruchs erst dann möglich, wenn die Partei wissen kann, daß sie einen Antrag auf eine Wiedereinsetzung nur innerhalb einer gesetzlichen Frist stellen kann, BAG BB **75**, 971.

C. Prozeßkostenhilfe, dazu *Kramer* MDR **03**, 434, *Löhnig* FamRZ **05**, 578, *Schultz* NJW **04**, 2329 (je: 10 ausf): Der Umstand, daß die Partei einen Anwaltsprozeß nach § 78 Rn 1 keinen Anwalt zum ProzBev bestellt hat, wird von demjenigen Augenblick an vorwerfbar, in dem die antragstellende Partei nicht mehr davon überzeugt sein darf, daß die Voraussetzungen für die Bewilligung einer Prozeßkostenhilfe in Bezug auf die Bedürftigkeit schon oder noch vorliegen, § 114 Rn 46, BGH FamRZ **02**, 1705. Die Partei muß freilich außer dem eigentlichen Antrag auf Prozeßkostenhilfe auch rechtzeitig und vollständig die Formularangaben nach § 117 II gemacht haben, BGH FamRZ **05**, 1537. Dasselbe gilt für Angaben nach § 116 Z 2, KG MDR **05**, 647. Das muß bei einem Rechtsmittel in seiner Einlegungsfrist geschehen sein, BGH FamRZ **03**, 90, Brdb JB **02**, 373, Zweibr FamRZ **01**, 291, oder bis zum Ablauf der Frist des § 93 I 1 BVerfGG, BVerfG NJW **00**, 3344. Eine Mitteilung des Gerichts an denjenigen bereits bevollmächtigten Vertreter der Partei, der den Antrag auf eine Prozeßkostenhilfe gestellt hat, über deren Bewilligung beendet das Hindernis, s unten. Das gilt selbst dann, wenn die Mitteilung zulässigerweise nach § 127 Rn 9 formlos erfolgte, BGH VersR **86**, 580. Voraussetzung solcher Beendigung des Hindernisses ist dabei natürlich, daß der Vertreter seine Partei nicht entsprechend über die gerichtliche Mitteilung informiert, BGH VersR **77**, 626. Das gilt auch für die vorinstanzlichen ProzBev, BGH FamRZ **01**, 1606.

Solange die Partei nicht einmal einen *Antrag* auf eine Prozeßkostenhilfe nach § 117 ordnungsgemäß gestellt hat, kann sie sich nicht auf die Zweiwochenfrist berufen, BGH NJW **02**, 2180 (eine Bezugnahme auf einen früheren Antrag reicht nur bei Mitteilung unveränderter Verhältnisse). Wenn die Partei allerdings rechtzeitig einen Prozeßkostenhilfeantrag gestellt hatte und nun in Insolvenz fällt, beginnt die Frist nicht zu laufen, BGH VersR **81**, 857. Schon die Behebung der Mittellosigkeit kann die Frist nach II unabhängig vom Erhalt einer Entscheidung über die Prozeßkostenhilfe anlaufen lassen. BGH FamRZ **02**, 1705. Jedenfalls beendet erst der Zugang der gerichtlichen Entscheidung über die volle oder teilweise Bewilligung oder Versagung einer Prozeßkostenhilfe ebenfalls das Hindernis, BGH BB **05**, 1705, KG FamRZ **03**, 619, Karlsr FamRZ **05**, 384, großzügiger Hbg NJW **81**, 2765, strenger OVG Münst FamRZ **84**, 605 (zu § 60 VwGO). Freilich muß man § 236 II 2 Hs 1 verfassungskonform auslegen, BGH NJW **03**, 3276. Das gilt freilich nur, wenn das Gericht auch eine erforderliche Beiordnung gleichzeitig mitgeteilt hat, Mü FamRZ **05**, 1429.

Der Beschluß über die Ablehnung der Beiordnung eines *Notanwalts* nach § 78 b steht für den Fristbeginn 11 der Ablehnung der Prozeßkostenhilfe gleich, BGH MDR **01**, 1431. Ein etwa neuer Antrag auf eine Prozeß-

§ 234

kostenhilfe hemmt den inzwischen begonnenen Fristlauf nicht. Ebensowenig hemmt grundsätzlich eine Gegenvorstellung nach Üb 3 vor § 567, BGH VersR **80**, 86. Es kommt nicht darauf an, ob die Partei von dem Erfolg ihres neuen Antrags auf eine Prozeßkostenhilfe überzeugt *ist* oder ob sie gar hofft, das Gericht werde sich zu einer Änderung seiner Beurteilung bewegen lassen, BGH FamRZ **88**, 1153. Vielmehr kommt es darauf an, ob die Partei *vernünftigerweise* mit einer Bejahung ihrer Bedürftigkeit rechnen durfte, BGH FamRZ **05**, 789. Wenn sie aber wegen Verbesserung ihrer Vermögensverhältnisse nicht mehr damit rechnen kann, das Gericht werde von ihrer Mittellosigkeit ausgehen, dann darf sie nicht bis zur Zustellung des Ablehnungsbeschlusses warten, BGH VersR **96**, 1298, Ffm RR **88**, 256.

12 Wenn das Gericht die Prozeßkostenhilfe *abgelehnt* hat, bleibt der Partei nur eine *knappe Frist zur Überlegung*, ob sie die Frist zur Klagerhebung einhalten will, BGH MDR **03**, 1314, Karlsr VersR **89**, 352. Dasselbe gilt wegen der Fristen zur Einlegung der Berufung, BGH NJW **96**, 2937, oder zur Begründung der Berufung, Revision oder Beschwerde usw, BGH NJW **78**, 1919, Ffm VersR **98**, 609, strenger BGH VersR **81**, 854, Zweibr FamRZ **01**, 291 (aber auch die Partei behält ihre Würde und hat noch anderes zu bedenken als diese Frage). Auch eine Gegenvorstellung unterliegt der Frist von II, BGH NJW **01**, 2262. In der Regel sind für eine solche Überlegung wenige Tage ausreichend, BGH MDR **01**, 1431, Ffm RR **88**, 256, Meyer NJW **95**, 2141, großzügiger BGH MDR **03**, 1315 (mindestens zwei Wochen). Das gilt auch dann, wenn das Gericht nicht die Mittellosigkeit der Partei, sondern die Erfolgsaussicht der Rechtsverfolgung verneint hat, § 114 Rn 80, BGH VersR **85**, 272.

Die Überlegungsfrist *beginnt mit* dem Zeitpunkt, in dem die Partei oder ihr Anwalt von der Ablehnung *Kenntnis* erhält, BGH FamRZ **01**, 1144. Man muß der Partei allerdings im Anschluß an ihre eigenen Überlegungen noch eine gewisse Frist zur Benachrichtigung ihres Anwalts zubilligen, BGH VersR **99**, 1124 (jedenfalls 3 Werktage). Großzügig wären etwa 3 Wochen Frist zwecks Zahlung eines vom ProzBev des Mittellosen geforderten Vorschusses von (jetzt ca) 125 EUR, Schlesw MDR **93**, 1241, oder 1 Monat Zeit zwischen der Zustellung des Ablehnungsbescheids und der Einlegung des dortigen Rechtsmittels, BSG NJW **93**, 2958. An die Glaubhaftmachung einer Erkrankung in dieser Zeitspanne nach § 294 sind keine geringen Anforderungen zu stellen, BGH VersR **86**, 59. Der Antragsteller muß stets den Vordruck nach § 117 IV rechtzeitig und korrekt ausgefüllt haben, BGH FamRZ **05**, 196.

13 Wenn das Gericht die Prozeßkostenhilfe nur *teilweise* bewilligt hat, bleibt der Partei für die Einhaltung der Berufungsfrist grundsätzlich keine weitere Überlegungsfrist, BGH RR **93**, 451. Denn sie braucht in der Berufungsschrift noch keinen der Höhe nach bestimmten Antrag zu stellen. Sie kann also insofern ihre Überlegungen noch nach der Einreichung der Berufungsschrift anstellen. Freilich kann eine kurze Überlegungsfrist ausnahmsweise gerechtfertigt sein, Hbg NJW **81**, 2765. Wenn das Gericht die Prozeßkostenhilfe zunächst ablehnt, sie aber auf Grund neuer Tatsachen nachträglich gewährt, dann kommt es grundsätzlich nur auf die erste Entscheidung an. Es ist ausnahmsweise aber nur auf die letzte maßgeblich, falls das Gericht seine Rechtsansicht in Wahrheit auf Grund desselben Sachverhalts geändert hatte.

14 Wenn das Gericht eine Prozeßkostenhilfe *zunächst abgelehnt* hatte, sie jedoch auf Grund von Vorstellungen im Hinblick auf eine inzwischen veränderte Rechtsprechung des BGH *dann doch noch bewilligt* hatte, darf man die zweite Entscheidung ebensowenig zu dem berücksichtigen, wenn inzwischen eine Gesetzesänderung eingetreten ist. Die Frist nach II beginnt zwar grundsätzlich schon mit der Zustellung des ersten Ablehnungsbeschlusses, BGH NJW **78**, 1920. Das gilt aber nicht unbedingt. Es gilt zB dann nicht, wenn die Partei schon in jenem Zeitpunkt durch einen beim Rechtsmittelgericht zugelassenen bzw postulationsfähigen Anwalt vertreten ist. Die Frist beginnt in diesem Zeitpunkt aber dann, wenn die Partei ihren Anwalt beauftragt hat, das Rechtsmittel in jedem Fall einzulegen.

15 Hat der *erstinstanzliche* ProzBev die Bewilligung von Prozeßkostenhilfe für die Berufungsinstanz beantragt, setzt eine Zustellung des Beiordnungsbeschlusses zugunsten des zweitinstanzlichen Anwalts an den erstinstanzlichen Anwalt die zweiwöchige Wiedereinsetzungsfrist selbst dann in Lauf, wenn das Gericht seinen Prozeßkostenhilfebeschluß auch dem zweitinstanzlichen Anwalt zugestellt hatte, BGH RR **93**, 451.

Wenn das Gericht der Partei zwar schon im Verfahren auf die Bewilligung der Prozeßkostenhilfe nach § 121 einen Anwalt beigeordnet hat, wenn die Partei diesem Anwalt aber noch *keine Prozeßvollmacht* nach § 121 Rn 18 ff erteilt hat (die letztere kann allerdings schon mit ihrem Prozeßkostenhilfeantrag verbunden sein), dann beginnt die Frist erst in dem Zeitpunkt, in dem das Gericht die Bewilligung der Prozeßkostenhilfe der Partei oder ihrem Vertreter rechtswirksam bekanntgibt, BGH FamRZ **01**, 1144. Sie beginnt dann allerdings auch unabhängig von einer etwaigen förmlichen Zustellung an den beigeordneten Anwalt. Das gilt unabhängig davon, wann die Partei von der Mitteilung tatsächlich Kenntnis erlangt, BGH FamRZ **91**, 425. Ab Vollmachtserteilung kommt es auf das Verschulden auch des beigeordneten Anwalts an, BGH RR **93**, 452.

Soweit das Gericht der Partei eine unbefristete *Auflage* gemacht, die Partei diese Auflage aber nicht innerhalb einer objektiv angemessenen Frist erfüllt hat, beginnt die Frist nach II erst dann zu laufen, wenn das Gericht der Partei den Beschluß über die Ablehnung einer Prozeßkostenhilfe zustellt oder wenn die Partei vorwerfbar eine ihr gesetzte Nachfrist verstreichen läßt. Eine bloße Äußerungsfrist ist keine Auflage, BGH NJW **76**, 330. Wenn die Partei einer befristeten Auflage im Verfahren auf eine Prozeßkostenhilfe schuldhaft nicht nachkommt, beginnt die Frist nach II in demjenigen Zeitpunkt, den das Gericht der Partei zur Erfüllung der Auflage gesetzt hat, BGH VersR **81**, 679. Es ist also nicht etwa schon der Ablauf einer den Umständen nach objektiv angemessenen Frist schädlich.

16 Wenn die Partei wegen anderweitiger *Vergleichsverhandlungen* darum bittet, die Entscheidung über den Antrag auf eine Prozeßkostenhilfe zurückzustellen, dann aber das Scheitern der Vergleichsverhandlungen dem Gericht nicht mitteilt, beginnt die Frist nach II erst mit der Klarstellung durch das Gericht, BGH NJW **76**, 330. Wenn der beigeordnete Anwalt nicht weiß, daß die Rechtsmittelfrist abgelaufen ist, beginnt die Frist nach II mit dem Ablauf desjenigen Tages, von dem an die Unkenntnis des Anwalts vorwerfbar wird. Wenn die Partei ihr Gesuch um die Bewilligung der Prozeßkostenhilfe mit dem Rechtsmittelschriftsatz verbunden hatte, kommen die zum bloßen Prozeßkostenhilfeantrag entwickelten Gesichtspunkte nicht zur Anwendung, BGH VersR **81**, 577. Ein bloßer Entwurf des Rechtsmittels oder seiner Begründung wahrt die Frist aber nicht schon deshalb, weil die Partei ihn mit einem Prozeßkostenhilfeantrag verbunden hat, BGH VersR **86**,

Titel 4. Folgen der Versäumung; Wiedereinsetzung §§ 234–236

41. Die Partei muß den Prozeßkostenhilfeantrag innerhalb der Rechtsmittelfrist derart gestellt haben, daß sie mit Bewilligung wegen Mittellosigkeit rechnen konnte, Ffm MDR **99**, 569.

Hat die Partei die *Rechtsmittelfrist versäumt,* dann muß das Gericht ihr nach der Gewährung der Prozeßkostenhilfe unter den Voraussetzungen der §§ 234, 236 Wiedereinsetzung auch dann bewilligen, wenn sie die Frist zur Rechtsmittelbegründung nach §§ (jetzt) 520 II, 551 II ebenfalls versäumt hat, BAG NJW **84**, 941. Ein Antrag auf die Verlängerung der Frist zur Revisionsbegründung nach (jetzt) § 551 II 4 ist nur dann fristwahrend, wenn das Rechtsmittel beim BayObLG einzulegen war und Prozeßkostenhilfe erst nach dem Fristablauf durch den BGH erfolgte, BGH VersR **89**, 1318, sonst nicht, BGH AnwBl **90**, 166. Erstinstanzliche Bewilligung schafft grundsätzlich Vertrauen auch auf zweitinstanzliche. Das gilt selbst bei einem gröberen Fehler des Gerichts, aM Naumb FamRZ **02**, 1266 – abl Gottwald – (aber die Partei braucht nicht klüger zu sein als ihr bisheriger Richter).

Es besteht ein großes Risiko für denjenigen, der eine Prozeßkostenhilfe beantragt, § 233 Rn 41–48, ferner oben Rn 1. Das Gericht entscheidet im allgemeinen über einen Prozeßkostenhilfeantrag nur selten vor dem Fristablauf. Daher schlägt Lüderitz ZZP **78**, 131 und 157 (krit BGH NJW **78**, 1920) eine *gesetzliche Neuregelung* dahin vor, daß der Antrag auf die Bewilligung der Prozeßkostenhilfe die Frist nach II unterbrechen sollte, so daß die Frist erst dann erneut zu laufen beginne, wenn die Partei von dem Beschluß Kenntnis erhalte.

D. Weitere Einzelfälle. Eine Säumnis ist zB in folgenden Fällen nicht mehr unverschuldet: Ein Erkrank- **17** ter erteilt die Prozeßvollmacht nicht, sobald er wenigstens dazu imstande ist; ein Inhaftierter merkt, daß man ihn nicht von Amts wegen zum Termin vorführt, Ffm Rpfleger **77**, 213; er kann seinen Anwalt wenigstens schriftlich erreichen, BGH VersR **85**, 786; eine Partei muß eine Fristversäumung bemerken, BGH VersR **86**, 147; ein beauftragter Anwalt muß die Versäumung der Frist bei der ihm zuzumutenden normalen Sorgfalt erkennen, BGH VersR **85**, 53 und 765, etwa deshalb, weil die Partei ihn über eine öffentliche Zustellung informiert, selbst wenn er die Einzelheiten der Zustellung noch nicht kennt, BGH VersR **77**, 644, oder wenn das Gericht ihn über das Zustellungsdatum informiert, BGH RR **98**, 639. Weitere Fälle von Verschulden liegen vor, wenn die Partei ihn von der Absendung des Rechtsmittelauftrags informiert, oder wenn der Vorsitzende ihm eine Mitteilung zukommen läßt, BGH NJW **80**, 1848, oder wenn ein anderer Anwalt eine überraschende Bemerkung macht, BGH VersR **77**, 258, oder wenn der Anwalt die Akten zum Zweck der Berufungsbegründung vorgelegt bekommt, BGH VersR **87**, 765, es sei denn, der erstinstanzliche Anwalt hatte (noch) Schuld, LG Stade NdsRpfl **75**, 221.

Weitere Beispiele des Verschuldens: Nach dem Abhandenkommen eines Briefes wird dessen Verlust gewiß; **18** das Gericht teilt überraschend mit, daß ein erster Fristverlängerungsantrag abgewiesen worden ist, BGH NJW **97**, 400; der Verkehrsanwalt erhält vom Berufungsanwalt die Nachricht, dieser lege das Mandat nieder. In einem solchen Fall kommt es auch nicht auf eine zeitlich nachfolgende Mitteilung des Gerichts über das Ausbleiben des Eingangs der Rechtsmittelbegründung an, BGH VersR **81**, 280; der Gegner beantragt eine Berichtigung, § 319, BGH FamRZ **90**, 989.

Es kommt in allen diesen Fällen nicht darauf an, ob die *Partei selbst* Kenntnis hatte oder Kenntnis haben **19** mußte, § 85 II, BGH VersR **85**, 786. Eine Ausnahme dazu gilt nur, falls der Anwalt das Mandat abgelehnt hätte. Es kommt es auch nicht darauf an, ob zB dem Bürovorsteher des Anwalts die Fristversäumung schon früher bekannt war, BGH VersR **80**, 678. Der Anwalt muß eingehend darlegen und glaubhaft machen, daß er auf eine richtige weitere Behandlung der Sache durch den Bürovorsteher vertrauen durfte, BGH VersR **83**, 757. Im Fall des § 184 II 1 mag man der „Behebung" des Hindernisses nicht schon mit dem tatsächlichen Zugang gleichsetzen müssen, aM Schlosser Festschrift für Stiefel (1987) 684 (aber dann besteht infolge des Auslandsbezugs eine ohnehin für die Partei schwierige Lage). Die Kenntnis von einem Kostenfestsetzungsbeschluß begründet auch Kenntnis vom Erlaß des zugrundeliegenden Urteils.

Wenn sich die Partei mit dem Prozeßgegner während des Laufs der Berufungsbegründungsfrist *verglichen* **20** hat, muß sie die Berufung bei Geltendmachung der Nichtigkeit des Vergleichs während der Frist nach I begründen und gleichzeitig die Wiedereinsetzung beantragen. Eine Fristversäumung ist unschädlich, wenn der Vergleich der Partei eine umfangreichere Verpflichtung auferlegt als das erste Urteil.

Wenn der Auftrag zur Einlegung eines Rechtsmittels nicht zugeht, beginnt die Frist mit demjenigen Tag, an dem die Partei bei dem Anwalt eine *Rückfrage* hätte halten müssen. Wenn ihr Anwalt einen anderen Anwalt mit der Einlegung des Rechtsmittels beauftragt hat, kommt es auf den Tag an, an dem der beauftragende Anwalt eine Erkundigung bei dem beauftragten Anwalt hätte anstellen müssen. Wenn die Partei die Rücknahme eines noch unbegründeten Rechtsmittels widerruft, beginnt die Frist im Zeitpunkt der Mitteilung des Widerrufs an das Gericht. Sehr großzügig wäre es zuzulassen, daß ein Anwalt gegen ein Urteil Berufung einlegt, ohne es von einem weiteren Urteil abzugrenzen, das das Gericht unter demselben Aktenzeichen und am demselben Tag in seiner Gegenwart verkündet hatte.

6) *VwGO:* Es gelten die ähnlichen Bestimmungen in § 60 II u III VwGO, vgl BVerwG DÖV **81**, 636 u Buch- **21** holz 310 § 60 Nr 183 mwN, § 60 II 2 idF des 1. JuMoG v 24. 8. 2004 (BGBl 2198). Zur Wiedereinsetzung nach Ablehnung eines Prozeßkostenhilfeantrags OVG Lüneb FEVS **56**, 20 u oben Rn 10–16.

235 (weggefallen)

236

Wiedereinsetzungsantrag. ¹Die Form des Antrags auf Wiedereinsetzung richtet sich nach den Vorschriften, die für die versäumte Prozeßhandlung gelten.

II ¹Der Antrag muss die Angabe der die Wiedereinsetzung begründenden Tatsachen enthalten; diese sind bei der Antragstellung oder im Verfahren über den Antrag glaubhaft zu machen. ²In-

§ 236

nerhalb der Antragsfrist ist die versäumte Prozesshandlung nachzuholen; ist dies geschehen, so kann Wiedereinsetzung auch ohne Antrag gewährt werden.

Gliederung

1) Systematik, I, II 1	7) Nachholung der versäumten Prozeßhandlung, II 2 Hs 1 12–15
2) Regelungszweck, I, II 2	8) Entbehrlichkeit eines Antrags, II 2 Hs 2 16–19
3) Geltungsbereich, I, II 3	A. Voraussetzungen 16–18
4) Form, I 4	B. Folgen 19
5) Inhalt, II 1 .... 5, 6	9) Verstoß, I, II 20
A. Wiedereinsetzungsgrund 5	10) *VwGO* 21
B. Fristwahrung 6	
6) Glaubhaftmachung, II 1 7–11	
A. Grundsatz: Möglichkeit der Nachholung 7	
B. Einzelfragen 8–11	

1 **1) Systematik, I, II.** Die Vorschrift regelt Form und Inhalt des nach § 234 grundsätzlich erforderlichen Antrags, während §§ 237, 238 das weitere Verfahren bis zur Entscheidung regeln. Für die Glaubhaftmachung nach II muß man § 294 ergänzend beachten.

2 **2 Regelungszweck, I, II.** Formvorschriften dienen stets der Rechtssicherheit, Einl III 43. Sie sind aber kein Selbstzweck, Einl III 10. Man darf sie daher nicht überstrapazieren. Das bringt II 2 zum Ausdruck, indem er das Ziel der sachlichrechtlichen Gerechtigkeit nach Einl III 9 soweit wie möglich aufrechterhalten hilft. Daher darf man diesen letzten Teil der Vorschrift nicht zu eng auslegen.

Glaubhaftmachung ist ja überhaupt ein gegenüber dem Vollbeweis geringerer Anforderungsgrad, § 294 Rn 1. Darin kommt auch für die übrigen Teile einschließlich von II eine Auslegungsmöglichkeit zum Ausdruck, die für eine gewisse Großzügigkeit Platz läßt. Oft gibt es für die Tatsache, von der eine Wiedereinsetzung abhängt, wirklich nur die Angaben des Antragstellers als Beleg. Zwar ist die Zulassung der eidesstattlichen Versicherung in § 294 als Mittel der Glaubhaftmachung kein Anlaß, jede eidesstattliche Versicherung automatisch als voll ausreichend anzusehen. Immerhin steht ja hinter ihr die Strafbarkeit einer falschen Versicherung nach § 156 StGB. Daher darf man ihr auch hier meist wohl vertrauen.

3 **3) Geltungsbereich, I, II.** Vgl § 233 Rn 3–5. II 2 gilt als allgemeiner Rechtsgedanke auch im FGG-Verfahren, BayObLG FGPrax **03**, 29.

4 **4) Form, I.** Der Antrag auf die Wiedereinsetzung ist eine Parteiprozeßhandlung, Grdz 47 vor § 128. Seine Form richtet sich nach derjenigen, die für die wirksame Vornahme der versäumten Prozeßhandlung erforderlich war, zB 587. Wenn es etwa um die Versäumung der Einlegung eines Rechtsmittels oder um die Versäumung der Rechtsmittelbegründung geht, §§ 517, 520 II, 548, 551 II 2, 569 I 1, 575 I 1, II, ist für den Wiedereinsetzungsantrag mangels elektronischer Einreichung nach § 130 a die Schriftform erforderlich, § 129 Rn 6. Anwaltszwang herrscht wie sonst, § 78 Rn 1, Mü RR **87**, 895. Wenn es um einen Einspruch nach §§ 340 I, 700 I geht, ist für den Wiedereinsetzungsantrag eine Erklärung zum Protokoll der Geschäftsstelle ausreichend, soweit das AG zugelassen hatte, § 496. Bei einer Beschwerde muß man § 569 II beachten, bei der Erinnerung gegen einen Kostenfestsetzungsbeschluß § 104 III.

Man braucht seinen Antrag *nicht ausdrücklich* als Antrag oder Gesuch um eine Wiedereinsetzung zu bezeichnen, Rn 16–18, BGH NJW **79**, 110. Ein stillschweigender Antrag liegt aber noch vor, wenn der ProzBev in der irrigen Annahme, die Frist sei noch nicht abgelaufen, das Rechtsmittel eingelegt hat und auch später noch an seinem Irrtum festhält, BGH VersR **83**, 559, oder wenn ein rechtskundiger Versorgungsträger in einem den Anforderungen des §§ 234, 236 im übrigen nicht genügenden Schriftsatz unrichtige Auffassungen zu einem anderen Fristablauf geltend macht, Saarbr FamRZ **88**, 414, oder wenn jemand lediglich ankündigt, gegen eine nach seiner Darstellung noch nicht zugestellte Entscheidung vorgehen zu wollen, wenn auch „mit Sicherheit", BayObLG RR **00**, 672, oder wenn jemand nur um Verlängerung der Frist zur Begründung des Rechtsmittels bittet, BGH RR **00**, 1731. Zur Antragsauslegung in einer Entschädigungssache Schwarz NJW **84**, 2138. Der Antrag richtet sich an das nach § 237 zuständige Gericht. Der Antrag ist auch als Hilfsantrag statthaft, BGH NJW **00**, 2280.

5 **5) Inhalt, II 1.** Die Vorschrift ist ziemlich streng, Rn 1.

A. Wiedereinsetzungsgrund. Die Partei braucht nur noch auch alle diejenigen Tatsachen anzugeben, die die Wiedereinsetzung nach § 233 begründen, BGH FamRZ **92**, 49. Sie muß das freilich auch tun, Ffm MDR **05**, 296. Das sind zunächst solche Tatsachen, die überhaupt ein Fristversäumnis ergeben. An solchem Fristversäumnis fehlt es häufiger, als von der Praxis bemerkt. Es kann zB eine Frist gewahrt sein, wenn ein Telefax in Wahrheit rechtzeitig eingegangen war. Liegt ein Fristversäumnis vor, so müssen Tatsachen feststehen, die ein Verschulden der Partei oder ihres Bevollmächtigten ausschließen, BGH FamRZ **97**, 998, und zwar auch ein etwa mitwirkendes Verschulden.

Dazu gehören zB: Die Tatsachen, aus denen sich ergibt, daß die Partei Unterlagen, die sie für einen Antrag auf die Bewilligung von Prozeßkostenhilfe nach § 117 benötigte, ohne ihr Verschulden nicht innerhalb der Rechtsmittelfrist beschaffen konnte, aus denen sich aber ferner ergibt, daß sie diese Unterlagen dann unverzüglich nachgereicht hat; die Angabe des Zustellungstags; die Tatsachen, aus denen sich eine Urlaubsreise oder eine Erkrankung ergeben oder überhaupt alle diejenigen Umstände ergeben, die zwischen dem Beginn und dem Ende der versäumten Frist liegen und die für die Fristversäumung und für die Schuldlosigkeit der Partei bedeutsam sein können, BGH VersR **86**, 964, LAG Mü JB **91**, 124. Der Vortrag darf sich nicht auf solche Schlußfolgerungen und Bewertungen beschränken, die dem Gericht eine selbständige Beurteilung der Verschuldensfrage nicht ermöglichen, BGH RR **90**, 379.

Titel 4. Folgen der Versäumung; Wiedereinsetzung **§ 236**

Soweit eine Tatsache nach § 291 Rn 5 *aktenkundig* ist, braucht man sie nicht zusätzlich anzugeben, BGH VersR **87**, 1237. Im Fall der Bewilligung der Prozeßkostenhilfe erst nach dem Ablauf der Rechtsmittelfrist ist aktenkundig, daß der Antragsteller die Versäumung der Rechtsmittelfrist nicht verschuldet hat, BGH VersR **82**, 41. Im Fall der Ablehnung der Prozeßkostenhilfe muß er aber glaubhaft machen, weshalb er annehmen durfte, zur rechtzeitigen Einlegung des Rechtsmittels finanziell nicht imstande zu sein, BGH VersR **82**, 42.

Die Partei muß freilich alle diese Umstände in den Grenzen des Zumutbaren darlegen, BGH RR **99**, 428. Das muß *im wesentlichen genau* geschehen, BGH VersR **86**, 965, Ffm MDR **05**, 296. Es muß auch unverzüglich erfolgen, § 121 I 1 BGB, also ohne schuldhaftes Zögern, BGH FER **96**, 41. Eine pauschale Bezugnahme auf den früheren Vortrag reicht nicht aus, LAG Ffm BB **82**, 1924. Neues nachgeschobenes Vorbringen ist grundsätzlich unzulässig, BGH NJW **00**, 365, auch im Beschwerdeverfahren, BGH NJW **97**, 2120. Ebenso unzulässig sind Widerruf und Ersetzung durch neuen Vortrag, BGH NJW **97**, 2120. Eine bloße Vervollständigung oder Ergänzung ist freilich auch nach dem Ablauf der Frist des § 234 I zulässig, BGH FamRZ **01**, 1552 links unten, BFH BB **85**, 1717. Das Gericht muß eine solche Vervollständigung oder Ergänzung sogar unter Umständen nach § 139 von Amts wegen veranlassen, Grdz 39 vor § 128, BGH NJW **99**, 2284 (dort zu großzügig gegenüber dem Antragsteller), großzügiger Ffm MDR **05**, 296. Die Partei darf die nach ihrer Ansicht zur Wiedereinsetzung ausreichenden Tatsachen jedenfalls dann nicht alternativ vortragen, wenn dabei ein Verschulden bei auch nur einem der Vorgänge möglich bleibt, BGH VersR **82**, 144.

B. Fristwahrung. Die Partei muß die in Rn 5 genannten Tatsachen nennen, BGH RR **98**, 279. Sie **6** muß außerdem diejenigen Tatsachen angeben, aus denen sich ergibt, daß sie die Frist des § 234 gewahrt hat, BGH NJW **00**, 592. Dazu gehört unter anderem die Angabe des Zeitpunkts, in dem das Hindernis behoben war. Das Gericht ermittelt solche Tatsachen nicht etwa nach Grdz 38 vor § 128 von Amts wegen. Wenn ein Anwalt behauptet, ein Angestellter habe in einer Weise gehandelt, die der Anwalt nicht zu vertreten habe, dann muß der Anwalt die zugehörigen Tatsachen angeben. Er muß namentlich darlegen, was er persönlich unternommen hatte, um eine solche Panne zu verhindern. Wenn die Partei trotz der Ablehnung ihres Antrags auf eine Prozeßkostenhilfe das Rechtsmittel auf eigene Kosten durchführen will, muß sie darlegen, warum sie sich zunächst für berechtigt halten durfte, eine Prozeßkostenhilfe zu beantragen. Soweit aber feststeht, daß die persönlichen und wirtschaftlichen Verhältnisse der Partei für die Bewilligung einer Prozeßkostenhilfe nach § 114 ausreichten, braucht die Partei nicht darzulegen, weshalb sie das Rechtsmittel nicht rechtzeitig eingelegt hatte. Sie darf dann jedenfalls die Entscheidung über ihren Prozeßkostenhilfeantrag abwarten, wenn das Gericht diese Entscheidung nicht bis zum Ablauf der Rechtsmittelfrist getroffen hat. Sie braucht das Rechtsmittel nicht vor der Entscheidung einzulegen.

Soweit es für das Gericht *offensichtlich,* zB aktenkundig ist, daß die Partei die Wiedereinsetzungsfrist gewahrt hat, braucht die Partei hierzu keine näheren Angaben zu machen, Rn 16–18, BGH FamRZ **92**, 49. Zur Lage bei § 72a III ArbGG BAG DB **83**, 2640. Soweit aus anderen Gründen eine Wiedereinsetzung nicht möglich ist, kommt es auf die Einhaltung der Zweiwochenfrist nicht mehr an, BGH VersR **86**, 1192. Die Frist ist nicht gewahrt, wenn der Antragsteller die zur Antragsbegründung rechtzeitig vorgetragene Tatsache widerruft und erst nach dem Fristablauf durch einen neuen Tatsachenvortrag ersetzt, BGH VersR **82**, 1168, BAG DB **95**, 1920.

6) **Glaubhaftmachung, II 1.** Vgl zunächst Rn 2. Die Prozeßbeteiligten halten diese selbstverständliche **7** Bedingung oft zu lax ein.

A. Grundsatz: Möglichkeit der Nachholung. Die Partei muß grundsätzlich sämtliche Tatsachen glaubhaft machen, die die Wiedereinsetzung begründen, Rn 5, 6, § 294, BGH NJW **00**, 592 (Ausnahme bei Offenkundigkeit der Fristwahrung), also auch diejenigen, aus denen sich die Rechtzeitigkeit des Wiedereinsetzungsgesuchs ergibt, BGH NJW **90**, 190. Die Glaubhaftmachung braucht allerdings nicht unbedingt schon im Antrag zu erfolgen, sogar nicht einmal innerhalb der Frist des § 234. Es reicht vielmehr aus, daß die Glaubhaftmachung „im Verfahren über den Antrag" erfolgt, BGH FamRZ **89**, 373. Das bedeutet: Die Partei kann die Glaubhaftmachung bis zu demjenigen Zeitpunkt nachholen, in dem das Gericht über den Wiedereinsetzungsantrag nach § 238 entscheidet, BGH FamRZ **87**, 625. Daher darf und muß das Gericht auch ein unter Verstoß gegen § 294 II, aber immerhin bis zum Verhandlungsschluß nach §§ 136 IV, 296a vorliegendes Mittel der Glaubhaftmachung mitbeachten, BGH FamRZ **89**, 373. Daher kann eine Glaubhaftmachung evtl auch noch im Beschwerdeverfahren erfolgen, BGH NJW **96**, 1682.

B. Einzelfragen. Zur Glaubhaftmachung genügt eine überwiegende Wahrscheinlichkeit, § 294 Rn 1, **8** BGH RR **00**, 1367. Dazu gehört nicht nur die Angabe derjenigen Mittel, aus denen sich die Glaubwürdigkeit ergeben soll, sondern auch die Glaubhaftmachung selbst. Die Partei darf die eidesstattliche Versicherung selbst abgeben, BGH FamRZ **96**, 409. Wenn die Partei zur Glaubhaftmachung auf eine eidesstattliche Versicherung Bezug nimmt, diese aber offenbar irrig nicht beifügt, dann muß das Gericht ihr die Gelegenheit dazu geben, die eidesstattliche Versicherung nachzureichen, BGH VersR **82**, 273. Freilich hat die Partei zu dieser Nachreichung in der Regel nur eine kurze Nachfrist. Auch einem Achtzehnjährigen ist eine eidesstattliche Versicherung zumutbar, BGH VersR **82**, 273. Eine eidesstattliche Versicherung muß trotz aller Unzulässigkeit von Überspannung eine zugehörige eigene Begründung haben, großzügiger BGH FamRZ **05**, 267 (aber eine gewisse nachvollziehbare Begründung zB eines bloßen Versehens ist eigentlich selbstverständlich, soll nicht das „Versehen" zur Gefahr einer bloßen Floskel werden). Eine bloße Bezugnahme reicht meist nicht, § 294 Rn 7, BGH VersR **88**, 860, Celle JB **04**, 492.

Eine Glaubhaftmachung braucht insoweit nicht zu erfolgen, als das Gericht darüber entscheiden soll, ob eine **9** feststehende Fristversäumnis unvermeidbar war. Das Gericht darf seine Anforderungen an die Glaubhaftmachung *nicht überspannen,* BVerfG **41**, 334 (betr das OWiG und die StPO), BGH VersR **86**, 463, aM BGH VersR **83**, 401 (aber die Anforderungen sind ohnehin schon hart genug). Nach einer Nachlässigkeit des Gerichts oder beim Fehlen besserer Mittel der Glaubhaftmachung kann ausnahmsweise sogar eine einfache Erklärung reichen, BVerfG RR **02**, 1006. Es kann zB eine Mitteilung genügen, die Partei sei im Urlaub gewesen. Auch eine Arztbescheinigung kann genügen. Freilich muß das Gericht den Parteivortrag sorgfältig zu prüfen, BGH VersR **85**, 550. Es kann auch genügen, daß ein Anwalt eine solche Mitteilung über seinen Auftraggeber macht, BVerfG

§ 236   Buch 1. Abschnitt 3. Verfahren

41, 339 (betr das OWiG und die StPO). Es kann reichen, daß er dazu eine Kopie zB seines Fristenkalenders einreicht, BGH RR **87**, 900. Eine solche Mitteilung kann sogar dann genügen, wenn sie außerhalb der allgemeinen Ferienzeit beim Gericht eingeht, BVerfG **41**, 339 (betr das OWiG und die StPO). Man braucht eine gerichtsbekannte offenkundige oder aktenkundige Tatsache nicht glaubhaft zu machen, Rn 6, 16.

10   Freilich darf die Lebenserfahrung, daß sich das halbe Volk während der üblichen *Urlaubszeiten* im Ausland oder doch auswärts befindet, nun auch nicht dazu führen, daß sich das Gericht mit jeder noch so nachlässigen Mitteilung begnügen dürfte, auch die antragstellende Partei sei im Urlaub gewesen. Schließlich verbringen viele Leute ihren Urlaub jedenfalls teilweise an ihrem Wohnsitz oder doch in dessen unmittelbarer Nähe. Es sind also zumindest präzise Angaben über den Beginn und das Ende des Urlaubs sowie den Urlaubsort erforderlich. Oft sind darüber hinaus Angaben dazu erforderlich, weshalb die Post nicht nachgeschickt wurde usw. Andernfalls würde man bei der Glaubhaftmachung geringere Anforderungen als bei der Angabe derjenigen Tatsachen stellen, die überhaupt eine Wiedereinsetzung ermöglichen sollen. Das alles gilt erst recht nach einem Urlaub außerhalb der Hauptreisezeit, BGH VersR **84**, 82. Im übrigen dürfen allgemein keine Widersprüche vorliegen, BGH VersR **81**, 957.

11   Die Behauptung eines Anwalts über eine Handlung eines Dritten genügt zur Glaubhaftmachung nicht. Eine *eidesstattliche Versicherung des Anwalts* ist aber zulässig, BGH VersR **86**, 463. Der Anwalt muß eine eidesstattliche Versicherung des Auftraggebers oder eines Dritten auf ihre Eignung prüfen und insoweit auf ihre Fassung Einfluß nehmen, BGH VersR **83**, 562. Zur sog anwaltlichen Versicherung § 294 Rn 8. Wenn man eine Nichtkenntnis darlegen muß, kann es zur Glaubhaftmachung ausreichen, daß die Lebenserfahrung keinen Anhalt für eine Kenntnis gibt. Eine eidesstattliche Versicherung reicht kaum, wenn sie im Widerspruch zum sonstigen Vortrag steht, BGH BB **02**, 542. Das Gericht kann eine Fragepflicht haben, wenn ihm die bisherige eidesstattliche Versicherung nicht genügt, § 139, BGH VersR **84**, 82. Die Partei darf aber keineswegs stets abwarten, ob das Gericht sie zur Glaubhaftmachung auffordert. Denn II 1 macht die Glaubhaftmachung anders als zB §§ 227 II, 296 IV nicht vom „Verlangen" des Gerichts abhängig. Das übersieht ZöGre 7 bei seinem an sich richtigen Hinweis auf § 139. Im Zweifel muß das Gericht eine Wiedereinsetzung versagen, BGH VersR **83**, 401.

12   **7) Nachholung der versäumten Prozeßhandlung, II 2 Hs 1.** Die Partei muß die versäumte Prozeßhandlung in der für sie vorgeschriebenen Form nachholen, Rn 1, BGH VersR **04**, 1024. Das kann vor oder nach dem Antrag, muß aber innerhalb der Antragsfrist des § 234 geschehen, BGH VersR **00**, 646, BAG NJW **05**, 3085, LAG Stgt NZA-RR **05**, 549. Das kommt auch für eine nachzuholende Verfahrensrüge in Betracht, BGH NJW **00**, 364. Ein isoliert bleibender Wiedereinsetzungsantrag ist also unzulässig, BGH VersR **78**, 88, BFH DB **87**, 873. Die Nachholung kann freilich nur ihm geschehen, BGH VersR **87**, 1237. Sie kann innerhalb der Frist des § 234 I auch nach ihm erfolgen, sogar nach einer Verwerfung des „verspäteten" Rechtsmittels. Die Partei muß alles dasjenige nachholen, was im Fall einer Einreichung vor dem Ablauf der versäumten Frist ebenfalls notwendig und auch zumutbar gewesen wäre. Sie muß zB dem Notanwalt des § 78b einen angemessenen Gebührenvorschuß zahlen, BGH VersR **91**, 122. Ein Einspruch nach §§ 338, 700 muß nicht unbedingt ausdrücklich erfolgen, soweit er nur eindeutig gemeint ist, § 340 Rn 3, BVerfG **88**, 127. Wenn es um einen Antrag auf die Bewilligung einer Prozeßkostenhilfe nach § 117 geht, muß die Partei sämtliche Unterlagen vorlegen, die vor der Fristversäumung notwendig gewesen wären, um dem Gericht eine Entscheidung zu ermöglichen, BGH VersR **85**, 271, BayObLG **79**, 255.

13   Ein Antrag auf die *Verlängerung* einer Frist ersetzt grundsätzlich die Notwendigkeit der Nachholung der versäumten Prozeßhandlung grundsätzlich nicht, BGH VersR **00**, 647, BAG NJW **96**, 1366, LAG Stgt NZA-RR **05**, 549, aM BGH NJW **03**, 3782 (wegen Mittellosigkeit), Karlsr MDR **87**, 240 (aber ungeachtet aller Auslegbarkeit sollte eine so wesentliche Parteiprozeßhandlung nun doch unzweideutig und ausdrücklich zumutbar sein).

14   Die Partei muß also auch eine *Rechtsmitteleinlegung* nachholen. Diese muß grundsätzlich unbedingt sein, BGH FamRZ **01**, 416 links. Freilich mag eine Berufungsschrift entbehrlich sein, soweit eine rechtzeitige Begründungsschrift alles Erforderliche enthält, BGH NJW **02**, 3636. Dasselbe gilt für den Wiedereinsetzungsantrag nach Versäumung der Einspruchsfrist, BVerfG NJW **93**, 1635. Die Partei muß auch eine *Rechtsmittelbegründung* grundsätzlich innerhalb der Wiedereinsetzungsfrist nachholen, BGH NJW **04**, 2903 (eine Anlage eines beim Berufungsgericht nicht Zugelassenen bzw nicht Postulationsfähigen reicht nicht), BAG NJW **96**, 1365, Oldb FamRZ **97**, 304 (ein nicht unterzeichneter Entwurf reicht nicht), aM Mü MDR **87**, 240 (vgl aber Rn 13). Freilich muß man II 2 Hs 1 verfassungskonform auslegen, BGH NJW **04**, 2903. Zum Problem Schultz NJW **04**, 2329 (ausf).

Wenn das Gericht nach verspäteter Rechtsmitteleinlegung innerhalb der Begründungsfrist weder das Rechtsmittel verwirft noch über den wegen der Fristversäumung gestellten Wiedereinsetzungsantrag entscheidet, so wird im Fall späteren Wiedereinsetzungserfolgs der *Ablauf der Frist* nicht berührt, BGH NJW **89**, 1155.

15   Die Notwendigkeit der Nachholung der versäumten Prozeßhandlung innerhalb der Wiedereinsetzungsfrist gilt grundsätzlich auch beim Antrag auf *Prozeßkostenhilfe*, BGH NJW **04**, 2903, Bbg MDR **95**, 1263. Etwas anderes gilt aber dann, wenn die Partei zunächst unzulässig Berufung nur für den Fall der Bewilligung von Prozeßkostenhilfe eingelegt hatte, dann mangels Entscheidung über das PKH-Gesuch nach Fristablauf unbedingt Berufung eingelegt hatte, BGH FamRZ **01**, 416 links, oder wenn die Partei nach § 7 EGZPO eine Revision eingelegt hatte und wenn das Gericht dem Revisionskläger einen ProzBev im Weg der Prozeßkostenhilfe erst nach dem Ablauf der Revisionsbegründungsfrist beigeordnet hat. Eine Bitte um die Weiterleitung an das wirklich zuständige Gericht kann ausreichen, sofern die Akte dort vor dem Ablauf der Frist eingeht, BGH VersR **78**, 826. Soweit die versäumte Prozeßhandlung nachgeholt wurde, braucht die Partei sie nicht zu wiederholen, BGH VersR **78**, 449, Düss FamRZ **82**, 82. Sehr großzügig lassen manche die Rechtsmittelbegründung in der Wiedereinsetzungsfrist für das zwar fehlende, aber klar gemeinte Rechtsmittel ausreichen, BGH NJW **00**, 3286 links.

16   **8) Entbehrlichkeit eines Antrags, II 2 Hs 2.** Die Vorschrift wird zu wenig beachtet.

   A. Voraussetzungen. Grundsätzlich findet keine Wiedereinsetzung ohne einen Antrag statt, § 234 Rn 1, BAG NJW **89**, 2708. Ein Antrag auf eine Wiedereinsetzung ist aber ausnahmsweise scheinbar ganz

Titel 4. Folgen der Versäumung; Wiedereinsetzung **§§ 236–238**

entbehrlich, BGH RR **05**, 793, soweit die Partei die versäumte Prozeßhandlung innerhalb der Antragsfrist des § 234 I nachgeholt hat, BGH FamRZ **01**, 830 (außerdem Aktenkundigkeit des Wiedereinsetzungsgrundes), BAG NJW **95**, 2125. Das bedeutet natürlich nicht, daß das Gericht die Wiedereinsetzung ohne jede Prüfung gewähren dürfte, wenn die Partei zwar die zunächst einzuhaltende Frist versäumt hat, dann aber die Handlung innerhalb der Frist des § 234 nachholt, BGH NJW **82**, 1873. Vielmehr meint das Gesetz lediglich folgendes: Falls die Partei die versäumte Handlung nach Rn 12–15 nachgeholt hat, schadet ein Formmangel ihres an sich auch dann erforderlichen Antrags nicht unbedingt. Die Wiedereinsetzung soll auch nicht an irgendeinem Behördenverschulden scheitern.

Es kann zB genügen, lediglich die Rechtsmittelschrift einzureichen, wenn unter anderem alle Daten nach **17** § 291 offenkundig sind, BGH Rpfleger **04**, 177, BAG NJW **95**, 2125, KG ZMR **94**, 35. Das gilt insbesondere, wenn alle Daten zB aktenkundig sind, § 291 Rn 5, BGH Rpfleger **04**, 177. Es muß sich aus den Daten ergeben, daß die Partei die Rechtsmittelfrist unverschuldet versäumt hatte, Rn 6, BGH FamRZ **01**, 416, Borgmann FamRZ **78**, 46. Ein Antrag kann auch hilfsweise erfolgen, BGH NJW **97**, 1312. Ferner erfolgt eine Wiedereinsetzung auch ohne einen formwirksamen Antrag, wenn das Gericht fälschlich eine Fristversäumung angenommen hat, LAG Hamm BB **77**, 1706. Es genügt auch, daß die Partei die Prozeßhandlung trotz des Hindernisses vornimmt, BGH VersR **85**, 271. Auch das Revisionsgericht kann von Amts wegen bewilligen, BGH NJW **85**, 2651.

Das Gericht hat aber *keinen* Anlaß zu einer Wiedereinsetzung, wenn der Rechtsmittelkläger einen **18** Wiedereinsetzungsantrag nur deshalb stellt, weil er meint, er sei *nicht säumig*, etwa deshalb, weil die Berufungsfrist nach seiner Auffassung noch nicht begonnen habe oder weil sie noch nicht laufe, BAG BB **75**, 971, Ffm FamRZ **83**, 197. Ausreichend ist allerdings der Wille der Partei, den Prozeß trotz ihrer Kenntnis des Fristablaufs fortzusetzen, BGH NJW **75**, 928, BAG NJW **89**, 2708, Vollkommer ZZP **89**, 209. In einem solchen Fall muß das Gericht die Möglichkeit einer Wiedereinsetzung auch ohne einen Antrag der Partei selbst dann prüfen, wenn die Partei ersichtlich die Rechtsauffassung vertritt, das Gericht dürfe ihr eine Wiedereinsetzung nicht zugebilligen, BGH **61**, 395 (zustm Vollkommer ZZP **89**, 209). II 2 Hs 2 soll aber nicht eine Möglichkeit schaffen, Wiedereinsetzungsgründe grundlos nachzuschieben.

B. Folgen. Soweit die Voraussetzungen Rn 16–18 vorliegen, muß das Gericht die Wiedereinsetzung **19** gewähren. Denn „kann" steht hier nicht im pflichtgemäßen Ermessen, Füss RR 03, 138, StJSchu 4, ZöGre 5, aM BGH BRAK-Mitt **87**, 91, BAG NJW **89**, 2708 (aber es soll nicht dem Gerichtsermessen überlassen bleiben, ob es bei einer im Ergebnis ungerechten Entscheidung bleibt, § 237 Rn 1, 2).

9) *Verstoß*, I, II. Ein Verstoß heilt nicht nach § 295. Ein verspäteter oder nicht nach II 2 Hs 2 ersetzter **20** Antrag ist unzulässig.

10) *VwGO: I* ist entsprechend anwendbar, § 173 VwGO, Ey § 60 Rn 22. **II** *ist ersetzt durch § 60 II 2, 3* **21** *VwGO (im wesentlichen inhaltsgleich).*

237 *Zuständigkeit für Wiedereinsetzung.* **Über den Antrag auf Wiedereinsetzung entscheidet das Gericht, dem die Entscheidung über die nachgeholte Prozesshandlung zusteht.**

1) **Systematik, Regelungszweck.** Die Vorschrift enthält für das Wiedereinsetzungsverfahren eine vor- **1** rangige Zuständigkeits-Sonderregelung im Interesse der Einheitlichkeit der Beurteilung von Wiedereinsetzung und Hauptsache zur Erzielung einer gerechten Sachentscheidung im Sinn von Einl III 9 und natürlich zur Beachtung der Prozeßwirtschaftlichkeit, Grdz 14 vor § 128.

2) **Geltungsbereich.** Vgl § 233 Rn 3–5. **2**

3) **Zuständigkeit.** Für die Entscheidung über den Antrag auf eine Wiedereinsetzung wie für eine **3** Entscheidung von Amts wegen nach § 236 II 2 Hs 2 grundsätzlich dasjenige Gericht zuständig, das über die nachgeholte Prozeßhandlung entscheiden muß oder das trotz des Fehlens einer Prozeßhandlung entschieden hat, BGH RR **89**, 963. Das ist bei der Versäumung der Berufungsfrist das Berufungsgericht und im Fall einer sofortigen Beschwerde das nach § 572 I 1 Hs 1 abhelfende Gericht. Im Fall einer befristeten Erinnerung gegen eine Entscheidung des nach §§ 361, 362 verordneten Richters oder gegen eine Entscheidung des Urkundsbeamten der Geschäftsstelle ist zunächst das Prozeßgericht zuständig, § 573 I. Erst bei einer sofortigen Beschwerde gegen seine Entscheidung wird das nach §§ 573 II, 572 I 1 zuständige Gericht tätig. Bei einer Rechtsbeschwerde nach § 574 ist das Rechtsbeschwerdegericht zuständig, BGH NJW **96**, 2581. Das BayObLG kann den BGH nach § 7 II 3 EGZPO für zuständig erklärt haben, BGH RR **93**, 1084. Soweit es um einen Rechtsbehelf nach § 104 III geht, ist zunächst der Rpfl zuständig, § 104 Rn 41 ff, soweit er abhelfen will, Kblz AnwBl **03**, 315.

Grundsätzlich darf *kein anderes Gericht* die Entscheidung vorwegnehmen, BGH **101**, 141. Allerdings darf und muß das Revisionsgericht gegen die Versäumung einer Frist des Berufungsverfahrens auch ohne einen Antrag unter den Voraussetzungen des § 236 II 2 Hs 2 in einem klaren Fall statt einer Aufhebung und Zurückverweisung selbst die Wiedereinsetzung gewähren, BGH VersR **93**, 501, BAG NJW **04**, 2113, BFH DB **83**, 1132. Es darf sie aber auch in einem klaren Fall nicht verweigern, sondern muß dazu zurückverweisen, BGH **101**, 141.

4) *VwGO:* Es gilt *§ 60 IV VwGO (inhaltsgleich).* **4**

238 *Verfahren bei Wiedereinsetzung.* ¹¹**Das Verfahren über den Antrag auf Wiedereinsetzung ist mit dem Verfahren über die nachgeholte Prozesshandlung zu verbinden.** ²**Das Gericht kann jedoch das Verfahren zunächst auf die Verhandlung und Entscheidung über den Antrag beschränken.**

§ 238

II ¹ Auf die Entscheidung über die Zulässigkeit des Antrags und auf die Anfechtung der Entscheidung sind die Vorschriften anzuwenden, die in diesen Beziehungen für die nachgeholte Prozeßhandlung gelten. ² Der Partei, die den Antrag gestellt hat, steht jedoch der Einspruch nicht zu.

III Die Wiedereinsetzung ist unanfechtbar.

IV Die Kosten der Wiedereinsetzung fallen dem Antragsteller zur Last, soweit sie nicht durch einen unbegründeten Widerspruch des Gegners entstanden sind.

Gliederung

1) Systematik, I–IV 1	C. Stattgabe 8
2) Regelungszweck, I–IV 2	D. Versäumnisverfahren 9
3) Geltungsbereich, I–IV 3	E. Wirkung im übrigen 10
4) Verfahren, I 4, 5	F. Verstoß 11
A. Verbindung mit der Verhandlung über das Versäumte 4	6) Rechtsbehelfe, III 12–14
B. Verbindung mit der Sachverhandlung .. 5	A. Gegen Wiedereinsetzung 12
5) Entscheidung, II, III 6–11	B. Gegen Ablehnung 13, 14
A. Allgemeines 6	7) Kosten, IV 15
B. Verwerfung; Zurückweisung 7	8) *VwGO* 16

1 **1) Systematik, I–IV.** Die Vorschrift regelt im Anschluß an die Klärung des Antragserfordernisses nach §§ 234, 236, der Fristen nach § 234 und der Zuständigkeit nach § 237 die verbleibenden weiteren Verfahrensfragen. Ergänzend sind die allgemeinen Verfahrensvorschriften des Buchs 1 anwendbar. Auf die Entscheidungsform und -mitteilung finden ergänzend §§ 313 ff, 329 Anwendung.

2 **2) Regelungszweck, I–IV.** Die Vorschrift dient in allen Teilen der Prozeßwirtschaftlichkeit, Grdz 14 vor § 128. III dient außerdem der Rechtssicherheit, Einl III 43, BGH RR **99**, 839 (keine Überprüfung des Berufungsgerichts durch das Revisionsgericht, Patentsache). IV dient der Kostengerechtigkeit in Anlehnung an § 97.

Prozeßförderung besteht wohl meist in der Verbindung der Verfahren nach I 1. Es ist schon genug Zeit vergangen. In gemeinsamer Entscheidung liegt auch durchweg eine Möglichkeit zur Vereinfachung und Arbeitserleichterung wegen bequemerer Bezugnahme auf den anderen Entscheidungsteil. Natürlich mag bei Zurückweisung des Wiedereinsetzungsgesuches wegen ihrer Anfechtbarkeit gerade die umgekehrte Vorgehensweise ratsamer scheinen. Vielleicht hält aber gerade dann eine gleichzeitige Hauptsacheentscheidung den Verlierer von einem Rechtsmittel auch gegen die Zurückweisung des Wiedereinsetzungsantrags eher ab. Im übrigen sollte das Gericht Erwägungen zur Anfechtbarkeit seiner Entscheidung kaum je in den Mittelpunkt stellen müssen.

3 **3) Geltungsbereich, I–IV.** Vgl § 233 Rn 3–5 und wegen III den ähnlichen § 123 IV 4 PatG, BGH RR **99**, 839.

4 **4) Verfahren, I.** Man muß zwei Verbindungsarten unterscheiden.

A. Verbindung mit der Verhandlung über das Versäumte. Das Gericht muß das Verfahren über den Wiedereinsetzungsantrag grundsätzlich mit dem Verfahren über die versäumte Prozeßhandlung verbinden, zB mit dem Verfahren über den Einspruch oder über die Berufung. Daher muß es regelmäßig, zB nach §§ 585, 586 I, eine mündliche Verhandlung anberaumen, § 128 Rn 4, Düss MDR **84**, 763. Soweit es um ein Rechtsmittel oder um die Erinnerung gegen einen Kostenfestsetzungsbeschluß geht, ist eine mündliche Verhandlung nach § 128 IV freigestellt, §§ 104 III 3, 341 II, 522 I 2, 552 II, 572 II 2, IV, 577 I 2, VI 1. Das Gericht muß den Gegner auch anhören, Artt 2 I, 20 III GG (Rpfl), BVerfG **101**, 404, Art 103 I GG (Richter), Einl III 16, BVerfG **67**, 156. Eine Terminsbestimmung erfolgt wie bei der versäumten Prozeßhandlung von Amts wegen, § 216. Eine Zustellung erfolgt von Amts wegen, § 168. Die Einstellung der Zwangsvollstreckung kann nach § 707 erfolgen. Anwaltszwang herrscht wie sonst, § 78 Rn 1.

Das Gericht prüft die Zulässigkeit des Antrags auf die Wiedereinsetzung *von Amts wegen*, soweit nicht der Antragsteller säumig ist, Rn 8. Es beschränkt sich aber im übrigen auf die Prüfung der vom Antragsteller für eine Wiedereinsetzung genannten Gründe, soweit keine Wiedereinsetzung von Amts wegen infrage kommt. § 139 ist anwendbar, BGH VersR **76**, 732. Eine Parteiherrschaft nach Grdz 18 vor § 128 besteht nicht, BGH FamRZ **89**, 373. Eine Mängelheilung ist aber grundsätzlich ausgeschlossen, § 295 Rn 27, BGH FamRZ **89**, 373. Das ergibt sich aus dem Zweck der Wiedereinsetzung und daraus, daß die Parteien die Rechtskraft nach § 322 nicht von sich aus willkürlich beseitigen können. Freilich folgt aus § 236 II 1, daß ein verfahrensfehlerhaft erlangtes und bis zum Verhandlungsschluß vorliegendes Mittel der Glaubhaftmachung im Ergebnis doch mitverwertbar ist, BGH FamRZ **89**, 373. Bei der Prüfung der Zulässigkeit bleiben die sachlichen oder sonstigen prozessualen Aussichten des Rechtsstreits unerheblich. Das Gericht darf also den Wiedereinsetzungsantrag nicht nach den gestellten Sachanträgen aufspalten. Das Gericht darf das Vorliegen einer Doppelehe nach der etwaigen Wiedereinsetzung gegenüber einem Scheidungsurteil nicht berücksichtigen.

5 **B. Verbindung mit der Sachverhandlung.** Das Gericht kann zwar die Verhandlung über den Wiedereinsetzungsantrag mit der Verhandlung zur Streitsache verbinden, Rn 1. Es kann die Verhandlung aber auch nach I 2 auf den Wiedereinsetzungsantrag beschränken. Die letztere Entscheidung erfolgt durch einen unanfechtbaren Beschluß, § 329. Das Gericht muß ihn grundsätzlich wenigstens kurz begründen, § 329 Rn 4. Es verkündet seinen Beschluß, § 329 I 1. Im Fall einer solchen Abtrennung ist eine Verhandlung und Entscheidung über die Sachfrage erst nach der auch stillschweigend möglichen Aufhebung der Beschränkung zulässig, Zweibr MDR **85**, 771. Eine Sachentscheidung ist vor der Entscheidung über den Wiedereinsetzungsantrag unzulässig, BGH NJW **82**, 887. Zulässig ist aber eine Wiedereinsetzung gegen die Versäu-

Titel 4. Folgen der Versäumung; Wiedereinsetzung § 238

mung der Berufungsfrist, wenn das Berufungsgericht die Berufung bereits wegen der Fristversäumung als unzulässig verworfen hat. Wenn das Gericht eine Wiedereinsetzung gewährt, wird der Verwerfungsbeschluß gegenstandslos. Eine Entscheidung über die Wiedereinsetzung und eine Einstellung der Zwangsvollstreckung sind nicht gleichzeitig notwendig, BVerfG **61**, 17.

5) Entscheidung, II, III. Manches Gericht formuliert sie leider oft nicht sorgfältig genug. 6

A. Allgemeines. Das Gericht entscheidet über die Zulässigkeit des Wiedereinsetzungsantrags ebenso wie über die Zulässigkeit der nachgeholten Prozeßhandlung. Es muß eine ausdrückliche Entscheidung treffen und die versäumte Frist bezeichnen. Eine stillschweigende Entscheidung ist deshalb unzulässig, Rostock RR **99**, 1507, ZöGre 2, aM ThP 5 (aber die Durchbrechung der Rechtskraft erfordert eine eindeutige ausdrückliche Klarstellung). Eine Entscheidung kann auch im allgemeinen nicht darin liegen, daß das Gericht das Verfahren in der Sache selbst fortsetzt oder daß es einen Beweisbeschluß erläßt oder zur Hauptsache entscheidet, Rostock RR **99**, 1507. Soweit die nachgeholte Prozeßhandlung keine mündliche Verhandlung erfordert oder eine solche nach § 128 IV freistellt, kann das Gericht seine Entscheidung durch einen Beschluß treffen, § 329. Das gilt in den Fällen der §§ 341 II, 522, 552 aber nur, soweit das Gericht eben auch keine Verhandlung durchführt. So liegt es auch bei einer Zurückweisung des Wiedereinsetzungsgesuchs gegen die Versäumung der Einspruchsfrist nach einem Versäumnisurteil oder Vollstreckungsbescheid, §§ 338, 700.

Soweit das Gericht in den Fällen der §§ 341 II, 522, 552 eine freigestellte *Verhandlung* durchführt oder soweit die nachgeholte Prozeßhandlung nach § 128 Rn 4 eine mündliche Verhandlung erfordert, muß das Gericht durch ein Urteil entscheiden, aM BVerwG NJW **87**, 1349 (zum alten Recht). Das gilt zB bei der Zubilligung einer Wiedereinsetzung gegen die Versäumung der Einspruchsfrist gegen ein Versäumnisurteil oder einen Vollstreckungsbescheid. Die Zurückstellung der Entscheidung über den Wiedereinsetzungsantrag bis zur Entscheidung in der Sache verträgt sich mit Artt 2 I, 20 III GG (Rpfl), BVerfG **101**, 404, Art 103 I GG (Richter), BGH NJW **89**, 1155 (zustm Wagner).

B. Verwerfung; Zurückweisung. Soweit das Gericht den Antrag auf die Wiedereinsetzung als unzulässig verwirft oder als unbegründet zurückweist, gilt: Wenn es schon sachlich erkannt hatte, erläßt es ein Endurteil, durch das es den Wiedereinsetzungsantrag verwirft. Soweit es noch nicht sachlich erkannt hat, erläßt es ein Urteil in der Sache und teilt in den Entscheidungsgründen mit, warum es das Wiedereinsetzungsgesuch zurückweisen mußte. Hat es durch Beschluß entschieden, so kommt eine sofortige Beschwerde in Betracht, BGH NJW **02**, 2397. Für sie ist in Abweichung vom allgemeinen § 571 II 1 kein neuer Sachvortrag erforderlich, sondern nur eine Ergänzung auf Grund unklaren früheren Vortrags, dessen Aufklärung durch das Gericht nach § 139 geboten gewesen war, § 234 Rn 6, Ffm MDR **99**, 1522. 7

C. Stattgabe. Soweit das Gericht dem Wiedereinsetzungsantrag stattgibt, erläßt es entweder ein unselbständiges Zwischenurteil nach § 303, nämlich dann, wenn das Gericht die Verhandlung auf den Wiedereinsetzungsantrag beschränkt hatte, oder es erläßt ein Urteil in der Sache selbst. In dessen Entscheidungsgründen erörtert das Gericht die Zulässigkeit der Wiedereinsetzung trotz III kurz. 8

D. Versäumnisverfahren. Beim Versäumnisverfahren im Fall der Durchführung einer freigestellten Verhandlung in den Fällen der §§ 341 a II, 522, 552 oder im Fall der Notwendigkeit einer mündlichen Verhandlung muß man der folgenden Situationen unterscheiden. 9

Bei einer Säumnis des Antrag*stellers* weist das Gericht den Wiedereinsetzungsantrag ohne Rücksicht auf die Zulässigkeit und Begründetheit des Wiedereinsetzungsantrags durch ein Versäumnisurteil zurück, §§ 330 ff. Es verwirft zugleich das nunmehr unzulässige Rechtsmittel. Dieses Versäumnisurteil ist nicht mit einem Einspruch anfechtbar, II. Es läßt eine Berufung nur in den Fällen des § 514 II, 565 zu, Rn 3.

Bei einer Säumnis des Antrags*gegners* prüft das Gericht den Wiedereinsetzungsantrag von Amts wegen, Rn 3. Man muß dann wie folgt unterscheiden: Bei einem begründeten Antrag erläßt das Gericht ein Versäumnisurteil oder eine Entscheidung nach der Aktenlage in der Sache selbst, §§ 251 a, 331 a. Bei einem unbegründeten Antrag weist das Gericht den Wiedereinsetzungsantrag zurück oder verwirft ihn nach Aktenlage oder durch ein unechtes Versäumnisurteil, Üb 13 vor § 330, das den Einspruch als unzulässig erklärt, § 331 II.

E. Wirkung im Übrigen. Mit der Gewährung der Wiedereinsetzung sind die nach § 230 entstandenen Rechtsnachteile rückwirkend beseitigt. Die Rechtzeitigkeit der nach § 236 II 2 nachgeholten Parteiprozeßhandlung steht fest, BGH **98**, 325, BayObLG **04**, 231. Es gilt zB ein Rechtsmittel als rechtzeitig eingelegt, BayObLG **04**, 231. Eine ohne solche Rückwirkung wirksam gewesene Maßnahme ist nichtig, BayObLG **04**, 231. Die formelle Rechtskraft der zunächst verspätet angefochten gewesenen Entscheidung ist rückwirkend entfallen. Eine formelle Aufhebung ist nicht erforderlich, BGH **98**, 325, entfällt ein Beschluß ohne weiteres, durch den das Gericht ein Rechtsmittel als unzulässig verworfen hatte. 10

F. Verstoß. Wenn das Gericht formfehlerhaft entschieden hatte, etwa durch einen Beschluß statt durch ein Urteil, dann ist die Versäumung trotzdem geheilt. Denn das Gericht kann seine eigene Entscheidung nach § 318 nicht wieder beseitigen. Soweit das Gericht über einen in Wahrheit noch fehlenden und erst angekündigten Antrag entschieden hat, ist diese letztere Entscheidung zwar nichtig, Üb 17 vor § 300. Sie ist aber zwecks Klarstellung anfechtbar, BayObLG RR **00**, 672. 11

6) Rechtsbehelfe, II, III. Beim Rpfl gilt § 11 RPflG, § 104 Rn 41 ff. 12

A. Gegen Wiedereinsetzung. Gegen eine die Wiedereinsetzung gewährende Entscheidung ist grundsätzlich kein Rechtsbehelf statthaft, III, Hamm ZMR **98**, 553. Das gilt unabhängig davon, in welcher Form das Gericht entschieden hat, ob durch ein Zwischenurteil, ein Endurteil, ein Versäumnisurteil, eine Entscheidung nach der Aktenlage oder einen Beschluß. Die Gewährung ist auch für das Rechtsmittelgericht bindend, BVerfG NJW **80**, 1096, BGH RR **99**, 839, LAG Bre JB **03**, 153. Soweit das Gericht allerdings ohne jede gesetzliche Grundlage im Sinn von § 127 Rn 25 eine mündliche Verhandlung unterlassen hatte, ist (jetzt) sofortige Beschwerde statthaft, § 567, Düss MDR **84**, 763 Kblz VersR **97**, 208 (je zum alten

§ 238, Übers § 239   Buch 1. Abschnitt 3. Verfahren

Recht), LAG Bre DB **02**, 2732 (zum neuen Recht). Im übrigen kommt nach einer Verletzung des rechtlichen Gehörs nach Rn 3 zumindest auf Grund einer unverzüglichen Gegenvorstellung oder sofortigen Beschwerde eine abändernde Entscheidung des bisherigen Gerichts in Betracht, (jetzt) § 572 I 1 Hs 1, BGH **130**, 98 (zustm Roth JZ **96**, 375, krit Hoeren JR **96**, 199), Kblz MDR **97**, 976, LAG Bre JB **03**, 153. Beim Rpfl gilt § 11 RPflG, § 104 Rn 41 ff. Eine Rechtsbeschwerde kommt unter den Voraussetzungen des § 574 in Betracht. Soweit sie nach § 574 I 2 unstatthaft ist, ändert daran auch ihre rechtswidrige Zulassung nichts, BGH NJW **03**, 212. Eine Verfassungsbeschwerde statt rechtzeitiger Gegenvorstellung ist wegen § 90 II 1 BVerfGG unzulässig, Roth JZ **94**, 375.

13 **B. Gegen Ablehnung.** Wenn das Gericht die Wiedereinsetzung abgelehnt hat, ist nach II 1 derjenige Rechtsbehelf statthaft, der durch die Entscheidung erfordert ist, BGH NJW **92**, 1898, Brdb AnwBl **02**, 65. Soweit also das Gericht die Wiedereinsetzung durch ein Versäumnisurteil verworfen hat, kommt nur der Einspruch in Betracht, Brdb AnwBl **02**, 65, und im Fall von (jetzt) §§ 514 II oder 565 wegen II 2 nur eine Berufung oder Revision, Hamm AnwBl **83**, 515. Gegen einen Beschluß, durch den das Gericht einem Antrag auf eine Wiedereinsetzung nicht stattgegeben hatte, ist die sofortige Beschwerde zulässig, sofern die Revision zulässig wäre. Bei (jetzt) § 522 I 2–4 ist die Rechtsbeschwerde unter den Voraussetzungen des § 574 statthaft, BGH FamRZ **04**, 1550 (keine neuen Tatsachen erlaubt). Ihre Durchführung ist Voraussetzung einer Verfassungsbeschwerde, Einl III 17, BVerfG NJW **04**, 3696.

Diese Möglichkeit *entfällt aber* evtl insoweit, als das LG als Berufungs- oder Beschwerdegericht entschieden hat, Rn 7, oder wegen § 542 II 1 im Verfahren auf den Erlaß eines Arrests oder einer einstweiligen Verfügung nach §§ 916 ff, 935 ff (dann keine Rechtsbeschwerde, BGH BB **03**, 1200), oder in einem Enteignungs- oder Umlegungsverfahren, oder gegen den Beschluß in einem Hausratsteilungsverfahren, §§ 621 I Z 7, 629a I, Zweibr FamRZ **84**, 1031. Es gilt ferner, soweit das OLG als Berufungsgericht entschieden hat, BGH NJW **03**, 2473 (dann nur Rechtsbeschwerde nach § 574), oder soweit das Revisionsgericht nach § 552 entschieden hat, oder soweit überhaupt in der Hauptsache ein Rechtsmittel nicht statthaft ist, Kblz Rpfleger **89**, 79.

Soweit das Gericht nach § 280 durch ein „*Zwischenurteil*" entschieden hat, muß man dieses Zwischenurteil im Hinblick auf die Anfechtbarkeit wie ein Endurteil behandeln, Düss OLGR **01**, 254. Denn es ist ein unnötiger Umweg. Es ist also eine selbständige Anfechtung zulässig, zB mit Revision, BGH VersR **79**, 960, Zweibr MDR **85**, 771.

14 Eine *Gegenvorstellung* nach Grdz 3 vor § 567 ist jedenfalls dann erfolglos, wenn die Entscheidung wegen des Fristablaufs nach § 234 nicht mehr abänderbar ist, Zweibr FamRZ **84**, 1031.

15 **7) Kosten, IV.** Die Vorschrift ähnelt § 344. Der Antragsteller trägt ein erhebliches Kostenrisiko, Karlsr MDR **90**, 337. Die Kosten der Wiedereinsetzung fallen stets dem Antragsteller zur Last, soweit nicht der Gegner einer Wiedereinsetzung unbegründet widersprochen hat. Das gilt auch im Fall des Erfolgs des Wiedereinsetzungsgesuchs, Karlsr AnwBl **82**, 456. Es gilt als Ausnahme von § 97 auch für die Kosten eines Beschwerdeverfahrens, Hamm MDR **82**, 501. Das Gericht muß über die Kosten der Wiedereinsetzung eine gesonderte Entscheidung treffen, aM BGH NJW **00**, 3286, ThP 10, 19, ZöGre 11 (aber § 308 II gilt auch hier zumindest entsprechend). Sofern das Gericht eine solche Entscheidung versäumt hat, ist es grundsätzlich an seine Kostenentscheidung nach § 318 gebunden. Eine Abänderung dieser Entscheidung kommt nur mit den sonst in solchen Fällen üblichen Mitteln in Betracht, etwa nach §§ 319, 320 ff. IV ist gegenüber § 269 III 2 nachrangig, Hamm MDR **77**, 233 (abl Schneider), ZöGre 11, aM ThP 20 (aber die letztere Vorschrift behandelt einen spezielleren Sonderfall). Es entstehen keine besonderen Gerichts- oder Anwaltsgebühren, § 1 GKG, § 19 I 2 Z 3 RVG, sondern nur Auslagen, KV 9000 ff/VV 7000 ff.

16 **8) VwGO: I** ist entsprechend anzuwenden, § 173 VwGO, BVerwG DVBl **86**, 1202 mwN, KoppSch § 60 Rn 36. Auch **II 1** gilt entsprechend für die Entscheidung, BVerwG aaO; also ergeht sie bei Versäumung der Klagefrist durch Gerichtsbescheid oder Urteil, Ey § 60 Rn 30 mwN, KoppSch § 60 Rn 36, OVG Bln NVwZ-RR **90**, 388 mwN, bei Versäumung einer Rechtsmittelfrist auch durch Beschluß, VGH Kassel NJW **86**, 1333, sogar nach mündl Verh, BVerwG DVBl **86**, 1202, aM (Entscheidung durch Beschluß stets zulässig) namentlich BVerwG **13**, 145, RedOe § 60 Anm 20 mwN; Übers über den Streitstand bei OVG Bln aaO u VGH Mannh NVwZ **84**, 534 (keine Entscheidung durch Beschluß in Verf nach AsylVfG). Bei Versagung ergeht kein Zwischenurteil nach § 109 VwGO, vielmehr ist ggf durch Zwischenurteil entsprechend § 303 zu entscheiden, KoppSch § 60 Rn 37. Keine Anfechtung der Wiedereinsetzung, § 60 V VwGO. **II 2** ist unanwendbar, da kein Versäumnisverfahren zulässig ist. **IV** ist ersetzt durch § 155 III VwGO.

Titel 5. Unterbrechung und Aussetzung des Verfahrens

Übersicht

Gliederung

1) Systematik	1	4) Beispiele zur Frage des Vorliegens eines rechtlichen Stillstands	6–9
2) Regelungszweck	2	5) *VwGO*	10
3) Geltungsbereich	3–5		
A. Direkte Anwendbarkeit	3		
B. Entsprechende Anwendbarkeit	4		
C. Unanwendbarkeit	5		

1 **1) Systematik.** Ein Stillstand des Verfahrens beseitigt weder die zunächst vorauszusetzende Rechtshängigkeit, § 261 Rn 1, LG Mü WoM **96**, 44, noch das Prozeßrechtsverhältnis, Grdz 4 vor § 128. Er kann zunächst rein tatsächlich eintreten, wenn keine Partei das Verfahren betreibt und soweit zum Fortgang des

Titel 5. Unterbrechung und Aussetzung des Verfahrens **Übers § 239**

Verfahrens ein Betreiben durch eine Partei zulässig, ausreichend und erforderlich ist, so daß auch keine entsprechende Anwendung von § 252 in Betracht kommt, Karlsr NJW **84**, 985. Das Gericht darf den Prozeß in keiner Phase ohne einen gesetzlichen Grund tatsächlich zum Stillstand kommen lassen. Der nur tatsächliche Stillstand hemmt und unterbricht keine Frist. Der Stillstand tritt ferner evtl rechtlich ein. Dabei muß man unterscheiden. Es kann zB eine Unterbrechung des ganzen Verfahrens und nicht nur des einzelnen Termins eintreten, § 227 Rn 6. Sie wirkt unabhängig davon, was die Parteien und das Gericht beabsichtigen, ja ohne deren Kenntnis kraft Gesetzes, BGH NJW **95**, 2563, also ohne einen Antrag und ohne eine gerichtliche Anordnung. Das Gericht muß solche Unterbrechung von Amts wegen beachten. Das gilt auch im Revisionsverfahren, BGH NJW **02**, 2107. Das gilt auch im Revisionsverfahren, BGH NJW **02**, 2107. Es kann aber auch zB eine Aussetzung eintreten. Sie erfolgt, soweit das Gesetz sie überhaupt zuläßt, § 252. Sie geschieht also nicht schon wegen bloßer Zweckmäßigkeitserwägungen. Sie erfolgt auf Grund einer gerichtlichen Anordnung teils nach einem Antrag, teils von Amts wegen, teils auf Grund eines gerichtlichen Ermessens, teils ohne einen solchen Ermessensspielraum.

2) **Regelungszweck.** Die Vorschriften tragen tatsächlichen Ereignissen Rechnung, die zu einem vorläu- **2** figen Einhalten mit dem Fortgang des bisherigen Prozesses zwingen (Unterbrechung), sei es unter den Gesichtspunkten der Rechtsstaatlichkeit, Art 20 III GG, Einl III 22, des Gebots eines fairen Verfahrens, Einl III 22, und des rechtlichen Gehörs, Artt 2 I, 20 III GG (Rpfl), BVerfG **101**, 404, Art 103 I GG (Richter), Einl III 16, Grdz 41 ff vor § 128, BGH NJW **97**, 2526, oder doch um der Parteiherrschaft willen, Grdz 18, 19 vor § 128, oder wegen Verstoßes gegen die Mitwirkungspflicht, Grdz 11 vor § 128. Diese Gründe mögen zumindest ein solches Einhalten ratsam machen oder fast erzwingen (Aussetzung), auch im Interesse einer richtig verstandenen Prozeßwirtschaftlichkeit, Grdz 14, 15 vor § 128. Das alles muß man bei der Auslegung mitbeachten.

3) **Geltungsbereich.** Die ZPO erfaßt ihn unvollständig. **3**

A. Direkte Anwendbarkeit. Titel 5 regelt nur einige Aussetzungsfälle und die allgemeinen Wirkungen der Aussetzung. Weiteres s §§ 148–155. Das in den §§ 251, 251a vorgesehene Ruhen des Verfahrens ist ein Sonderfall der Aussetzung. Es unterscheidet sich von der Aussetzung nur durch den Anlaß und durch die Bedeutungslosigkeit für die Notfristen und für die Rechtsmittelbegründungsfristen. Es tritt nur auf Grund einer gerichtlichen Anordnung ein. Wegen einer Musterfeststellung für Kapitalanleger SchlAnh VIII §§ 3, 7.

B. Entsprechende Anwendbarkeit. Die Vorschriften des Titels 5 sind auch in folgenden Fällen an- **4** wendbar: Es handelt sich um eine freigestellte mündliche Verhandlung, § 128 Rn 10, vgl wegen des Arrests Grdz 12 vor § 916; es handelt sich um das Mahnverfahren, §§ 688 ff; es handelt sich um das Kostenfestsetzungsverfahren jeder Art, §§ 103 ff, Düss BB **96**, 2272, Hamm Rpfleger **88**, 380, Mü MDR **90**, 252 (freilich erstreckt sich die Aussetzung des Hauptverfahrens nicht stets auf das Kostenfestsetzungsverfahren, Einf 5 vor §§ 103–107); es handelt sich um ein Verfahren über den Versorgungsausgleich, BGH NJW **84**, 2830; es handelt sich um den Übergang des Vermögens einer BGB-Gesellschaft auf den letzten verbleibenden Gesellschafter, BGH NJW **02**, 1207.

C. Unanwendbarkeit. Der Titel 5 ist in folgenden Fällen unanwendbar: In der Zwangsvollstreckung, **5** Grdz 38 ff vor § 704; im Verfahren auf die Bewilligung einer Prozeßkostenhilfe, das einen Prozeß ja erst vorbereitet, §§ 114 ff, Brdb RR **03**, 796, Düss MDR **03**, 1018, aM MüKoFei § 240 Rn 4; im eilbedürftigen selbständigen Beweisverfahren, §§ 485 ff, BGH NJW **04**, 1389 links, Ffm RR **03**, 51, Mü MDR **04**, 170, aM LG Karlsr RR **02**, 266 (aber Aussetzung und Unterbrechung passen nicht zum Eilverfahren. Sie könnten es undurchführbar machen). Wenn die Tatsache der Unterbrechung streitig ist, liegt ein Zwischenstreit vor. Das Gericht muß über ihn auf Grund einer mündlichen Verhandlung entscheiden, § 128 Rn 4.

4) **Beispiele zur Frage des Vorliegens eines rechtlichen Stillstands** **6**
Aufgebotsverfahren: Wenn eine Anmeldung vorliegt, die ein Recht leugnet, das den Antrag begründen soll, kann das Gericht das Verfahren aussetzen, § 953.
Betreuung: Mangels anwaltlicher Vertretung (dann §§ 86, 246) tritt bis zur Bestellung eines Betreuers eine Unterbrechung ein, Bork MDR **91**, 99. Bei einem Eilbedürfnis ist § 57 anwendbar, sonst § 56, ferner § 69 f FGG, Bork MDR **91**, 99.
Ehesache: Eine Aussetzung des Verfahrens ist dem Gericht teilweise freigestellt, teilweise ist sie *verboten*, § 614. S auch Rn 8 „Vorgreiflichkeit".
Einmischungsklage (Hauptintervention): Eine Aussetzung ist dem Gericht freigestellt, § 65.
Erlöschen einer juristischen Person ohne Liquidation: Rn 7 „Tod der Partei".
Insolvenz: Es tritt kraft Gesetzes eine Unterbrechung des Verfahrens ein, § 240.
Kontaktsperre: Wenn sie gegen einen Gefangenen verhängt wird, tritt eine Unterbrechung kraft Gesetzes ein, § 34 IV EGGVG.
Krieg: Das Gericht kann infolge Verkehrsstörung eine Aussetzung anordnen, § 247.
Nacherbfolge: Es tritt kraft Gesetzes eine Unterbrechung des Verfahrens ein. Soweit es sich um einen **7** ProzBev handelt, ist eine Aussetzung des Verfahrens notwendig, §§ 242, 246.
Nachlaßverwaltung: Es tritt eine Unterbrechung des Verfahrens kraft Gesetzes ein. Soweit es sich um einen ProzBev handelt, ist eine Aussetzung des Verfahrens notwendig, §§ 241, 246.
Normenkontrolle: § 148 Rn 6.
Partei kraft Amts, Wechsel: Rn 7 „Vertreter, gesetzlicher".
Prozeßfähigkeit, Wegfall: Es tritt kraft Gesetzes eine Unterbrechung des Verfahrens ein. Soweit es sich um einen ProzBev handelt, ist eine Aussetzung des Verfahrens notwendig, §§ 241, 246.
Prozeßbevollmächtigter, Wegfall: S „Rechtsanwalt, Wegfall".
Rechtsanwalt, Wegfall: Es tritt kraft Gesetzes eine Unterbrechung des Verfahrens ein, § 244.
Stillstand der Rechtspflege: Es tritt kraft Gesetzes eine Unterbrechung des Verfahrens ein, § 245.

Testamentsvollstreckung: Die Kündigung des Testamentsvollstreckeramts führt *nicht* zur Unterbrechung nach § 239, dort Rn 7, Kblz RR **93**, 462.

8 **Tod der Partei:** Es tritt kraft Gesetzes eine Unterbrechung des Verfahrens ein. Soweit es sich um einen ProzBev handelt, ist eine Aussetzung des Verfahrens notwendig, §§ 239, 246.
Verkehrsstörung: Dem Gericht ist eine Aussetzung des Verfahrens freigestellt, § 247.
Versäumnis beider Parteien: Es kommt ein Ruhen des Verfahrens in Betracht, § 251 a.
Versorgungsausgleich: §§ 239 ff gelten entsprechend, Ffm FamRZ **04**, 1043, Karlsr FamRZ **04**, 1039.
Vertreter, gesetzlicher, Wegfall: Es tritt kraft Gesetzes eine Unterbrechung des Verfahrens ein. Soweit es sich um einen ProzBev handelt, ist eine Aussetzung des Verfahrens notwendig, §§ 241, 246.

9 **Vorgreiflichkeit** (Präjudizialität): Dem Gericht ist eine Aussetzung des Verfahrens teilweise freigestellt, teilweise ist eine Aussetzung notwendig, §§ 148–155.
Wiederaufnahmeklage: Im Fall einer Häufung einer Nichtigkeits- und einer Restitutionsklage muß das Gericht das Verfahren aussetzen, § 578.
Zuständigkeit (Kompetenzkonflikt, bejahender): Die Frage, ob kraft Gesetzes eine Unterbrechung des Verfahrens eintritt oder ob das Gericht das Verfahren aussetzen kann oder muß, richtet sich nach dem Landesrecht, § 15 EGZPO.
Zweckmäßigkeit des Stillstands: Auf Grund eines beiderseitigen Antrags ordnet das Gericht das Ruhen des Verfahrens an, § 251.

10 **5) VwGO:** Titel 5 ist entsprechend anwendbar, RedOe § 94 Anm 6, KoppSch § 94 Rn 1, ebenso die §§ 149–155, s die dortigen Erläuterungen. Die Aussetzung wegen Vorgreiflichkeit, § 148, ist in § 94 VwGO geregelt.

239 Unterbrechung durch Tod der Partei.

¹ Im Falle des Todes einer Partei tritt eine Unterbrechung des Verfahrens bis zu dessen Aufnahme durch die Rechtsnachfolger ein.

II Wird die Aufnahme verzögert, so sind auf Antrag des Gegners die Rechtsnachfolger zur Aufnahme und zugleich zur Verhandlung der Hauptsache zu laden.

III ¹ Die Ladung ist mit dem den Antrag enthaltenden Schriftsatz den Rechtsnachfolgern selbst zuzustellen. ² Die Ladungsfrist wird von dem Vorsitzenden bestimmt.

IV Erscheinen die Rechtsnachfolger in dem Termin nicht, so ist auf Antrag die behauptete Rechtsnachfolge als zugestanden anzunehmen und zur Hauptsache zu verhandeln.

V Der Erbe ist vor der Annahme der Erbschaft zur Fortsetzung des Rechtsstreits nicht verpflichtet.

Schrifttum: *Schmidt,* Das Prozeßrechtsverhältnis bei Umstrukturierung, Auflösung und Konkurs einer Handelsgesellschaft usw, Festschrift für Henckel (1995) 749; *Schreyer,* Die Aufnahme des Prozesses durch den Scheinerben, Diss Münst 1995.

Gliederung

1) Systematik, I–V 1	5) Verzögerung der Aufnahme, II, III 17, 18
2) Regelungszweck, I–V 2	A. Grundsatz: Möglichkeit eines Terminantrags 17
3) Geltungsbereich, I–V 3	B. Antrag des Gegners 18
4) **Unterbrechung durch Tod, Erlöschen einer Gesellschaft**, I 4–16	6) Verfahren im Aufnahmetermin, IV 19–21
A. Tod usw 4–6	A. Vor der Urteilsverkündung 19
B. Partei 7	B. Zwischen Urteilsverkündung und Rechtsmitteleinlegung 20
C. Aufnahme durch den Rechtsnachfolger 8	C. Nach Rechtsmitteleinlegung 21
D. Aufnahmeerklärung 9, 10	7) Erbe vor der Annahme, V 22
E. Verfahren 11, 12	8) *VwGO* 23
F. Versäumnisverfahren 13, 14	
G. Zwischenurteil und Rechtsmittel 15, 16	

1 **1) Systematik, I–V.** Vgl Üb 1 vor § 239.

2 **2) Regelungszweck, I–V.** Sehr unterschiedlich können die Interessen der Prozeßbeteiligten werden, wenn eine Partei verstorben oder weggefallen ist. Die Vorschrift scheint in I grundsätzlich ebenso wie in V vorwiegend auf die Interessen des Erben abzustellen. Das würde der Parteiherrschaft entsprechen, Grdz 18 vor § 128. II, III und vor allem IV mit seiner Unterstellung eines Geständnisses zeigen aber doch auch deutlich, daß man das Interesse des Prozeßgegners des Erben nicht geringer einschätzen darf. Mit der unvermeidbaren Verzögerung infolge des Todesfalls soll der Prozeß dann weitergehen können. Dieser gesetzlichen Abwägung sollte die Auslegung folgen, nicht zuletzt bei der Bestimmung der Ladungsfrist nach II 2.

3 **3) Geltungsbereich, I–V.** Vgl zunächst Üb 3 ff vor § 239. § 239 ist unanwendbar, wenn die verstorbene Partei im Todeszeitpunkt anders als bei § 87 I durch einen ProzBev vertreten wird, §§ 81, 246. Die Vorschrift ist wohl aber anwendbar, wenn der Tod eintritt, nachdem der Anwalt das Mandat niedergelegt hat. Wenn der Rechtsmittelbekl vor Bestellung eines ProzBev für die Rechtsmittelinstanz stirbt, ist § 239 unabhängig davon anwendbar, ob der vorinstanzliche Anwalt die Rechtsmittelschrift entgegennehmen darf. Eine Unterbrechung der Zwangsvollstreckung erfolgt nicht, Grdz 38 vor § 704, vgl auch § 79, Ffm Rpfleger **75**, 44. § 239 ist ferner unanwendbar, wenn der zum Versorgungsausgleich verpflichtete Ehegatte nach der rechtskräftigen Scheidung stirbt, aber vor der Beendigung des abgetrennten Verfahrens über den Versorgungsausgleich, Ffm FamRZ **81**, 474. IV ist im Verfahren mit Untersuchungsgrundsatz unanwendbar. Das

Titel 5. Unterbrechung und Aussetzung des Verfahrens § 239

gilt zB im finanzgerichtlichen Verfahren, BFH BB **87**, 673. Wegen des FGG-Verfahrens Zweibr FGPrax **00**, 67 (entsprechende Anwendung möglich).

4) Unterbrechung durch Tod, Erlöschen einer Gesellschaft, I. Man sollte sieben Aspekte beachten. **4**

A. Tod usw. Der Tod einer Partei unterbricht grundsätzlich ein anhängiges Verfahren. Das gilt wegen der zunächst eintretenden Unklarheit darüber, ob der Erbe die Erbschaft nach § 1942 I BGB ausschlägt, ob also ein anderer als Erbe von Anfang an gilt, § 1953 II BGB. Ausnahmen bringen §§ 619, 640 g. Vgl aber § 246. Dem Tod steht eine Todeserklärung nach §§ 9, 23 VerschG gleich. Bei einer juristischen Person oder einer parteifähigen Personenmehrheit, namentlich bei der Offenen Handelsgesellschaft oder einer Partnerschaftsgesellschaft, zu dieser §§ 9, 10 PartGG, gilt: Ihr Erlöschen steht dem Tod nur dann gleich, wenn eine Gesamtnachfolge stattfindet, BFH BB **89**, 690, Mü OLGZ **94**, 90. Das gilt zB: Im Fall der Verschmelzung oder der Verstaatlichung einer Aktiengesellschaft, §§ 339ff, 359 AktG, 39a GenG, Hbg GRUR **90**, 457; im Fall einer übertragenden Umwandlung nach dem UmwG, BFH DM **88**, 1684, LG Aachen Rpfleger **82**, 72 (vgl aber auch §§ 362ff AktG), aM Huber ZZP **82**, 253, Schmidt (vor Rn 1) 765; im Fall des Anfalls des Vereinsvermögens an den Fiskus, § 46 BGB; im Fall der Eingemeindung einer Gemeinde oder der Fusion oder Auflösung von Sparkassen, zB Art 16ff BaySparkG; beim Ausscheiden des einzigen Komplementärs, sodaß der einzige Kommanditist Aktiva und Passiva übernimmt, BGH NJW **00**, 1119.

Eine *Gesamtnachfolge* tritt bei einer Umwandlung nach dem AktG *nicht* ein. Denn in diesem Fall wechselt **5** nur die Gesellschaftsform. Sie tritt ebensowenig bei einer Auflösung ein, soweit die Auflösung zu einer Abwicklung führt. Denn in diesem Fall besteht die Gesellschaft fort, § 50 Rn 21. Eine Gesamtnachfolge fehlt auch, wenn ein Verlust der Rechtsfähigkeit nach § 50 Rn 3 eintritt. Über die Offene Handelsgesellschaft s zu § 50 Rn 8. Eine Gesamtnachfolge fehlt auch dann, wenn ein Gesellschafter wechselt oder stirbt, solange eine gesetzliche Vertretung bestehen bleibt. Eine Gesamtnachfolge fehlt bei einer nur formwechselnden Umwandlung nach §§ 190ff UmwG oder bei einer Ausgliederung nach § 123 III UmwG, BFH NJW **03**, 1479, oder bei einer Vermögensübertragung nach § 174 II Z 2, 3 UmwG. Eine Gesamtnachfolge fehlt ferner grundsätzlich im Fall der Auflösung. Eine Abwicklungsgesellschaft ist nämlich der Erwerbsgesellschaft wesensgleich. Mit der Auflösung werden die bisherigen Gesellschafter zur Partei. Der Tod eines Gesellschafters unterbricht das Verfahren nur ihm gegenüber. Freilich muß das Gericht das Verfahren der Gesellschaft bis zur Ernennung eines Liquidators aussetzen, Bre BB **78**, 275. Eine Gesamtnachfolge fehlt weiter dann, wenn jemand durch Vertrag die Aktiven und Passiven übernimmt, BGH DB **81**, 366 (vgl aber auch den oben genannten Fall BGH NJW **00**, 1119).

Sogar die *Löschung* der Offenen Handelsgesellschaft unterbricht einen schwebenden Prozeß nicht. Denn **6** die Gesellschaft kann sich dem Prozeß nicht einseitig entziehen. Sie gilt außerdem für den Prozeß als fortbestehend, § 50 Rn 22, solange die Liquidation nicht auch wirklich bis zur Vermögenslosigkeit beendet ist, BGH VersR **91**, 121, BAG NJW **88**, 2637. Auch die Löschung einer Gesellschaft mit beschränkter Haftung unterbricht nicht. Die Gesellschaft ist für einen solchen Anspruch parteifähig, der sich nach ihrer Löschung als vorhanden herausstellt oder gegen sie geltend gemacht wird. Das gilt zumindest, solange ihre Vermögenslosigkeit nicht feststeht, § 50 Rn 22, 23, BGH VersR **91**, 121, BAG NJW **88**, 2637, Hamm RR **87**, 1255, aM LG Köln BB **90**, 444 (aber dann kann noch sogar eine Zwangsvollstreckung möglich sein). Im zugehörigen Prozeß vertreten die früheren Liquidatoren die Gesellschaft, Ffm Rpfleger **79**, 27, aM LG Köln BB **90**, 444 (Neubestellung, nicht gegen den Willen der bisherigen Liquidatoren. Aber die Prozeßwirtschaftlichkeit legt die andere Lösung näher, Grdz 14 vor § 128). Mit dem Erlöschen einer Kommanditgesellschaft ohne Liquidation nach § 161 II HGB tritt eine Rechtsnachfolge entsprechend § 239 ein, BGH VersR **05**, 293. Sie hat einen Parteiwechsel kraft Gesetzes zur Folge.

B. Partei. Der Begriff ist hier streng gemeint, Grdz 4 vor § 50. Partei im Sinn des § 239 ist zwar auch der **7** streitgenössische Streithelfer nach § 69, nicht aber der gewöhnliche Streithelfer, § 61 Rn 6, aber auch § 62 Rn 27. Ein Beigeladener im Sinn von § 74 SGG ist einem gewöhnlichen Streithelfer in etwa vergleichbar, BSG MDR **75**, 434. § 239 ist auf die Partei kraft Amts nach Grdz 8 vor § 50 unanwendbar. Das gilt etwa beim Wechsel in der Person des Testamentsvollstreckers oder bei seinem Ausscheiden, Grdz 10 vor § 50, Üb 6 vor § 239 „Testamentsvollstreckung", Kblz RR **93**, 462, oder beim Ende einer Zwangsverwaltung, BGH RR **90**, 1213, oder beim Ende einer gewillkürten Prozeßstandschaft nach Grdz 29 vor § 50, BGH **123**, 132, aM Schilken ZZP **107**, 529. Denn es tritt keine Rechtsnachfolge ein, Zweibr FGPrax **00**, 67 (sondern Amtsnachfolge). In einem solchen Fall gilt § 241, Zweibr FGPrax **00**, 67. Etwas anderes gilt dann, wenn eine wirkliche Rechtsnachfolge eintritt, wenn also etwa das Amt des Testamentsvollstreckers erlischt, BGH **83**, 104.

Die Natur des *Streitgegenstands* nach § 2 Rn 3 ist *unerheblich*. Bei einem nichtvermögensrechtlichen Streitgegenstand nach Grdz 10 vor § 1 muß man das Verfahren wegen der Kosten fortsetzen. Dasselbe gilt dann, wenn das umstrittene Recht unvererblich ist. Soweit zB mit dem Tod auch der Streitgegenstand untergeht, findet keine Unterbrechung statt, sondern ist das Verfahren beendet, ebenso beim Zusammentreffen von Rechtsnachfolger und Gegner in derselben Person, Grdz 15, 16 vor § 50, BGH RR **99**, 1152.

C. Aufnahme durch den Rechtsnachfolger. Die Unterbrechung dauert so lange an, bis der Rechts- **8** nachfolger das Verfahren aufnimmt. Der Begriff des Rechtsnachfolgers ist in der ZPO nicht überall derselbe, § 265 Rn 21. Eine prozessuale Rechtsnachfolge setzt nicht unbedingt auch eine sachlichrechtliche voraus, etwa dann nicht, wenn ein benannter Urheber nach § 76 in den Prozeß eintritt. Die Wirkung einer prozessualen Rechtsnachfolge besteht darin, daß der Nachfolger den Prozeß in dem gegenwärtigen Zustand übernehmen muß und daß der Unterliegende die gesamten Prozeßkosten trägt. Die prozessuale Rechtsnachfolge bewirkt nur dann eine Unterbrechung des Prozesses, wenn ihr eine sachlichrechtliche Rechtsfolge von Todes wegen zugrunde liegt. Indessen darf und muß man den Begriff der Rechtsnachfolge aus Gründen der Prozeßwirtschaftlichkeit nach Grdz 14 vor § 128 hier weit auslegen.

Hierher gehört daher jede Nachfolge in alle Rechte und Pflichten des Trägers der vom Prozeß betroffenen Vermögensmasse, wie diejenige des Erben oder Miterben oder eines Abkömmlings im Fall einer fortgesetzten Gütergemeinschaft in Rechte und Pflichten des Verstorbenen am Gesamtgut nach § 1483 BGB oder

§ 239 Buch 1. Abschnitt 3. Verfahren

diejenige der nach Umwandlung entstandenen GmbH, BFH DB **88**, 1684 (evtl auch die Gesellschafter der umgewandelten früheren Gesellschaft). Ferner zählt hierher auch eine von Todes wegen eintretende Sonderrechtsnachfolge, BGH **69**, 396, etwa der Eintritt des Nacherben in den Prozeß des Vorerben ohne Beerbung des letzteren, § 242.

Nicht hierher gehören: Der Vermächtnisnehmer; der Erbschaftskäufer; der Abtretungsnehmer; der im Versicherungsvertrag für den Todesfall Begünstigte; der Pfändungs- und Überweisungsgläubiger. Der Erbe kann nicht bloß wegen der Kosten aufnehmen, § 99 I.

9 **D. Aufnahmeerklärung.** Die Aufnahme eines Prozesses ist ein Recht und eine Pflicht des Rechtsnachfolgers. Sie erfolgt durch die Zustellung eines Schriftsatzes nach § 250, nachdem der Aufnehmende eine entsprechende Eingabe beim Gericht eingereicht hat. Die Zustellung des Schriftsatzes beseitigt den Stillstand auflösend bedingt durch die Ablehnung der Erbfolge im Prozeß. Die §§ 241 II, 243 enthalten Sondervorschriften für den Fall einer Unterbrechung infolge einer Nachlaßverwaltung, Nachlaßpflegschaft, einer Nachlaßinsolvenz oder des Bestehens einer Testamentsvollstreckung. Auch kommt eine Insolvenzfeststellungsklage in Betracht, BGH BB **00**, 1005.

10 Die Aufnahme durch einen *Streitgenossen* nach § 59 wirkt nur für ihn. Das gilt selbst bei einem notwendigen Streitgenossen nach § 62. Jeder Miterbe kann und muß evtl bei einem zum Nachlaß gehörenden Anspruch und einer Mehrheit von Erben aufnehmen, § 2039, Düss OLGZ **79**, 458. Wenn mehrere Miterben aufnehmen, die sich um die Rechtsnachfolge streiten, dann sind sie der Gegenpartei gegenüber Streitgenossen. Hat ein falscher Rechtsnachfolger den Prozeß aufgenommen und hat das Gericht in der ersten Instanz entschieden, dann kann der richtige Rechtsnachfolger nur nach einer Beseitigung des erstinstanzlichen Urteils aufnehmen, nicht aber in der zweiten Instanz. Wegen der Haftung des Aufnehmenden für die Prozeßkosten § 780 Rn 7.

11 **E. Verfahren.** Im Fall einer Aufnahme des Verfahrens vor der Verkündung eines Urteils nach § 311 muß das Gericht von Amts wegen einen Verhandlungstermin bestimmen, § 216. Das geschieht am besten erst nach der Zustellung der Aufnahmeerklärung. Wenn im Termin beide Parteien erscheinen, können folgende Möglichkeiten entstehen: Wenn der Nachfolge anerkannt wird, dann braucht das Gericht über die Berechtigung zur Aufnahme des Verfahrens nicht gesondert zu entscheiden. Wenn die Nachfolge bestritten wird, dann muß eine mündliche Verhandlung über die Berechtigung zur Aufnahme des Verfahrens zwischen dem Aufnehmenden und dem Prozeßgegner stattfinden, § 146. Wer die Nachfolge behauptet, muß sie durch einen Erbschein usw beweisen.

12 Die *Verhandlung* findet zugleich mit derjenigen über die Hauptsache oder auf Grund einer gerichtlichen Anordnung nur über die Nachfolge statt. Die Entscheidung erfolgt stets durch ein Urteil. Es lautet auf Grund freier Beweiswürdigung nach § 286 Rn 4 entweder auf die Feststellung der Rechtsnachfolge. Das kann durch ein unselbständiges Zwischenurteil nach § 303 geschehen, BGH **82**, 218, dann zugleich mit dem Ausspruch über die Verpflichtung zur Aufnahme des Prozesses erfolgen, Düss OLGZ **79**, 457. Es kann auch zugleich mit der Endentscheidung über die Hauptsache in den Gründen des Endurteils mit einer Kostenentscheidung entsprechend § 94 geschehen. Die Entscheidung kann aber auch auf eine Verneinung der Rechtsnachfolge lauten. Diese Entscheidung ergeht durch ein Endurteil. Es weist den Aufnehmenden zurück und verurteilt ihn dazu, die Kosten des Aufnahmeverfahrens zu tragen. Mit seiner Rechtskraft nach § 322 steht die Fortdauer der Unterbrechung fest. Eine neue Aufnahme durch einen anderen bleibt zulässig.

13 **F. Versäumnisverfahren.** Hier muß man die folgenden Situationen unterscheiden: Bei einer Säumnis beider Parteien erläßt das Gericht evtl ein Urteil nach der Aktenlage, § 251 a. Es kann auch einen Beweisbeschluß erlassen, § 358. Das empfiehlt sich aber nur, wenn die Rechtsnachfolge offensichtlich unbedenklich ist. Bei einer Säumnis nur des Aufnehmenden gilt folgende Unterscheidung: Wenn der Gegner die Rechtsnachfolge anerkennt, dann findet ein Versäumnisverfahren in der Sache selbst statt, §§ 330 ff. Wenn der Gegner die Rechtsnachfolge leugnet, weist das Gericht den Antrag auf die Fortsetzung des Verfahrens durch eine Versäumnisentscheidung zurück.

14 Bei einer Säumnis nur des *Gegners* des Aufnehmenden sieht das Gericht bei einem zur Rechtsnachfolge ausreichenden Tatsachenvortrag die Rechtsnachfolge auf Grund eines Antrags als zugestanden an, so als ob der Rechtsnachfolger von Anfang an Partei gewesen wäre. Es ergeht eine Versäumnisentscheidung in der Sache, § 331 II Hs 1. Bei insofern unschlüssigem Tatsachenvortrag ergeht ein sog unechtes Versäumnisurteil, Üb 13 vor § 330, § 331 II Hs 2.

15 **G. Zwischenurteil und Rechtsmittel.** Wenn die Aufnahme des Prozesses nach dem Zeitpunkt der Urteilsverkündung nach § 311 erfolgt, aber vor einer Rechtsmitteleinlegung, gehört die Aufnahme noch zur unteren Instanz, § 172, Schlesw OLGZ **93**, 230. Wenn das Rechtsmittel zulässig ist, kann der aufnehmende Rechtsnachfolger es auch in Verbindung mit der Aufnahme einlegen und ist die Aufnahme bis zur Rechtskraft der Entscheidung nach § 322 statthaft (später gilt § 731). Dann kann auch die höhere Instanz über die Rechtsnachfolge entscheiden. Es ist aber auch eine Ladung vor die untere Instanz zulässig. Dann findet dort eine mündliche Verhandlung nur über die Nachfolge statt.

16 Es können folgende *Entscheidungen* ergehen: Das Rechtsmittelgericht kann durch ein Endurteil den Aufnahmeantrag zurückweisen und verwirft daher das Rechtsmittel als unzulässig. Das Gericht kann auch die Wirksamkeit des ergangenen Urteils für oder gegen den Nachfolger durch ein Endurteil feststellen. Es trifft daher die Sachentscheidung. Falls das untere Gericht entscheidet, ergänzt sein diesbezügliches Urteil die frühere Entscheidung und ist mit ihr zusammen anfechtbar. § 518 steht dieser Lösung nicht entgegen. Das Gericht kann dem Erben die Beschränkung seiner Haftung nach § 780 im Ergänzungsurteil vorbehalten. Im Fall einer Unterbrechung nach der Zustellung des Urteils läuft seit der Zustellung der Aufnahme eine neue Rechtsmittelfrist.

17 5) Verzögerung der Aufnahme, II, III. Es kommt auf die Person an.

A. Grundsatz: Möglichkeit eines Terminantrags. Der Rechtsnachfolger verzögert die Aufnahme, wenn er das Verfahren aufnehmen könnte, es also zumindest kennt, es aber ohne einen gesetzlichen

Grund etwa nach V nicht tut. Er hat keine Überlegungsfrist. Im Fall einer Verzögerung kann der Gegner die Ladung des Rechtsnachfolgers zur Aufnahme und gleichzeitig zur Verhandlung der Hauptsache beantragen. Diese Ladung beendet die Unterbrechung allerdings noch nicht. Die Unterbrechung endet nur in folgenden Fällen: Das Verfahren wird aufgenommen; man muß die Aufnahme nach IV unterstellen; das Gericht entscheidet dahin, daß die Verweigerung der Aufnahme unbegründet ist. In den letzteren beiden Fällen ist die Wirkung der Unterbrechung durch die Rechtskraft der Entscheidung auflösend bedingt. Die Ladung erfolgt immer vor das Gericht der unteren Instanz bis zum Zeitpunkt der Einlegung eines Rechtsmittels. Wenn das Gericht schon ein Urteil nach § 311 verkündet hat, erfolgt die Ladung nur zum Zweck der Aufnahme, nicht auch zur Verhandlung in der Sache. Im Fall einer Zurückverweisung nach § 538 endet die Zuständigkeit des zurückverweisenden Gerichts mit der Rechtskraft seiner Entscheidung, § 322.

B. Antrag des Gegners. Der Gegner reicht einen Schriftsatz mit den Tatsachen über den Eintritt einer **18** Rechtsnachfolge und der Bezeichnung des Rechtsnachfolgers ein und beantragt die Ladung. Es handelt sich um eine Parteiprozeßhandlung, Grdz 47 vor § 128. Anwaltszwang herrscht wie sonst, § 78 Rn 1. Der Urkundsbeamte der Geschäftsstelle veranlaßt die vom Vorsitzenden verfügte Ladung von Amts wegen durch eine Zustellung des Schriftsatzes an den Rechtsnachfolger selbst, § 168. Diese Zustellung schließt nur eine Zustellung an einen etwa schon bestellten ProzBev aus, nicht die Ersatzzustellung oder eine öffentliche Zustellung. Der Ladung fügt der Urkundsbeamte den Antrag des Gegners bei. Der Vorsitzende bestimmt die Ladungsfrist.

6) Verfahren im Aufnahmetermin, IV. Man muß mehrere Stadien unterscheiden. **19**
A. Vor der Urteilsverkündung. Wenn das Verfahren vor einer Urteilsverkündung unterbrochen worden war, ergeben sich folgende Möglichkeiten: Bei einer Säumnis beider Parteien ist die Rechtsnachfolge mangels eines Antrags nicht zugestanden. Das Gericht vertagt den Termin oder ordnet das Ruhen des Verfahrens an, § 251 a. Bei einer Säumnis nur des Ladenden muß man folgende Fälle unterscheiden: Bei einer Aufnahme durch den Geladenen erwirkt dieser eine Versäumnisentscheidung in der Sache, vorausgesetzt, daß das Gericht die Sachanträge dem Gegner mitgeteilt hat, § 335 I Z 3. Beim Ausbleiben einer Aufnahme durch den Geladenen, wenn dieser also seine Pflicht dazu leugnet, weist das Gericht den Aufnahmeantrag durch eine Versäumnisentscheidung zurück. Bei einer Säumnis nur des Geladenen muß man die Rechtsnachfolge auf Grund eines Antrags als zugestanden ansehen. Es findet dann eine Verhandlung zur Hauptsache statt, IV, Düss OLGZ **79**, 458. Infolgedessen kann das Gericht in der Sache selbst eine Versäumnisentscheidung erlassen.
Beim *Erscheinen* beider Parteien muß man folgende Situationen unterscheiden: Bei einem Zugeständnis der Nachfolge braucht das Gericht über die Berechtigung zur Aufnahme des Verfahrens nicht zu entscheiden, aM Düss OLGZ **79**, 458 (aber die Geständniserklärung gilt auch hier uneingeschränkt, Grdz 18 vor § 128). Es findet eine Verhandlung zur Hauptsache statt. Bei einem Leugnen der Nachfolge oder der Aufnahmepflicht stellt das Gericht die Rechtsnachfolge durch ein Zwischenurteil nach § 303 fest, Düss OLGZ **79**, 458, oder es stellt sie in den Gründen des Endurteils fest oder verneint die Rechtsnachfolge durch ein Endurteil. In ihm weist es den Aufnehmenden zurück und verurteilt ihn dazu, die Kosten des Aufnahmeverfahrens zu tragen.
B. Zwischen Urteilsverkündung und Rechtsmitteleinlegung. In diesem Fall verläuft das Verfahren **20** wie bei Rn 16, Schlesw OLGZ **93**, 230. Das gilt auch bei einer Versäumnisentscheidung gegen den Geladenen. Sie ist nur nach § 518 anfechtbar. Das Ergänzungsurteil wird grundsätzlich ein unselbständiger Teil des Urteils in der Hauptsache, Schlesw OLGZ **93**, 230. Es ist selbständig anfechtbar, wenn nur die Rechtsnachfolge bestritten wird.
C. Nach Rechtsmitteleinlegung. Man muß den Antrag nach Rn 18 dann vor dem Rechtsmittelgericht **21** stellen. Es verfährt wie bei Rn 19–22.

7) Erbe vor der Annahme, V. Die Vorschrift enthält eine Ergänzung des § 1958 BGB, Rn 2. Sie **22** bestimmt, daß der Erbe den Prozeß vor der Annahme der Erbschaft nicht fortzusetzen braucht. Die Aufnahme ist also nicht vor dem Ende der Ausschlagungsfrist nach § 1944 BGB verzögert. Wenn der Erbe das Verfahren vor der Erbschaftsannahme aufnimmt, kann man in diesem Vorgang eine Erbschaftsannahme sehen. Vor der Annahme der Erbschaft sind nur der Nachlaßpfleger, der Nachlaßinsolvenzverwalter und der Testamentsvollstrecker prozeßführungsberechtigt. Nach der Annahme der Erbschaft ist eine Verweigerung der Aufnahme unzulässig, Schlesw OLGZ **93**, 230. Der Erbe kann aber eine Haftungsbeschränkung nach den §§ 305, 780 geltend machen, Schlesw OLGZ **93**, 230.

8) VwGO: *Entsprechend anzuwenden, § 173 VwGO, BVerwG NVwZ **01**, 319 (dazu Franz NVwZ **02**, 827),* **23** *Gerhardt/Jacob DÖV **82**, 346, auch hinsichtlich im Verfahren, VGH Mannh VBlBW **82**, 131 mwN, VGH Mü VerwRspr 28 Nr 118, durch den Rechtsnachfolger (weit auszulegen, VG Hbg GewArch **80**, 139); das gleiche gilt beim Erlöschen einer jur Person, falls Gesamtrechtsnachfolge eintritt, oben Rn 3 ff, Spannowsky NVwZ **92**, 472 mwN. Der Tod eines notwendigen Beigeladenen unterbricht jedenfalls dann, wenn er notwendiger Streitgenosse, § 62, einer Partei ist, BVerwG Buchholz 310 § 65 Nr 129 u MDR **82**, 80 (aM BSG SGb **81**, 354), nicht aber der eines einfachen Beigeladenen, OVG Bln JR **69**, 114, RedOe § 94 Anm 7 (vgl BSG MDR **75**, 434), aM Sojka MDR **82**, 13. Bei grundlos verweigerter Aufnahme ist entspr II u III zu verfahren, abw OVG Münst NVwZ-RR **96**, 544 (Entsch auch ohne mdl Verh nach § 130 a VwGO); dafür, Maßnahmen nach vAw zuzulassen, Ey § 61 Rn 15, besteht kein Bedürfnis. IV ist unanwendbar wegen § 86 I VwGO, RedOe § 94 Anm 7; bei Nichterscheinen der Rechtsnachfolger ist in der Hauptsache zu entscheiden, BFH BStBl **87** II 147 (abzulehnen FG Saarl EFG **86**, 193). Bei höchstpersönlichen Ansprüchen erfolgt die Aufnahme durch die Erben nur wegen des Kostenpunktes, Pietzner VerwArch **75**, 88 mwN, u a MDR **82**, 80, aM Sojka MDR **82**, 13; in der Hauptsache gelten die allgemeinen Regeln über die Erledigung (keine entspr Anwendung von § 619), Pietzner aaO, str (die Kosten können nach § 161 II VwGO „den Erben" ohne Namensnennung auferlegt werden, VGH Mannh NJW **84**, 195). Zur entsprechenden Anwendung beim Übergang öff-rechtl Aufgaben auf eine andere Körperschaft im Wege der Funktionsnachfolge BVerwG **66**, 300, **59**,*

§§ 239, 240

224 u **44**, 150, VGH Mü NVwZ-RR **97**, 160; der Übergang ist vAw zu beachten, BVerwG FamRZ **02**, 454. Zur entspr Anwendung im VerwVerf verneinend OVG Magdeb NVwZ **94**, 1227, bejahend OVG Bre NVwZ **85**, 917 mwN, offen BVerwG BayVBl **01**, 315.

240 *Unterbrechung durch Insolvenzverfahren.* [1] Im Falle der Eröffnung des Insolvenzverfahrens über das Vermögen einer Partei wird das Verfahren, wenn es die Insolvenzmasse betrifft, unterbrochen, bis es nach den für das Insolvenzverfahren geltenden Vorschriften aufgenommen oder das Insolvenzverfahren beendet wird. [2] Entsprechendes gilt, wenn die Verwaltungs- und Verfügungsbefugnis über das Vermögen des Schuldners auf einen vorläufigen Insolvenzverwalter übergeht.

Schrifttum (je zum alten Recht): *Flessner,* Ausländischer Konkurs und inländischer Arrest, in: Festschrift für *Merz* (1992); *Henckel,* Einwirkung des Insolvenzverfahrens auf schwebende Prozesse, Festschrift für *Schumann* (2001) 211; *Leipold,* Ausländischer Konkurs und inländischer Zivilprozeß, Festschrift für *Schwab* (1990) 289; *Schmidt,* Das Prozeßrechtsverhältnis bei Umstrukturierung, Auflösung und Konkurs einer Handelsgesellschaft, Festschrift für *Henckel* (1995) 749; *Viertelhausen,* Einzelzwangsvollstreckung während des Insolvenzverfahrens, 1999; *Wosgien,* Konkurs und Erledigung der Hauptsache, 1984.

Gliederung

1) Systematik, S 1, 2	1	A. Allgemeines		15
2) Regelungszweck, S 1, 2	2	B. Angriffsprozeß zur Teilungsmasse		16
3) Sachlicher Geltungsbereich, S 1, 2	3–7	C. Verteidigungsprozeß zur Teilungsmasse		17
4) Persönlicher Geltungsbereich, S 1, 2	8, 9	D. Verteidigungsprozeß zur Schuldenmasse		18–20
5) Insolvenzmasse, S 1, 2	10–12	E. Einzelfragen		21
A. Begriff	10			
B. Beispiele der Zugehörigkeit	11	9) Aufhebung des Insolvenzverfahrens, S 1, 2		22–24
C. Beispiele der Nichtzugehörigkeit	12			
6) Forderung gegen die Insolvenzmasse, S 1, 2	13	10) Rechtsbehelfe, S 1, 2		25
7) Verstoß, S 1, 2	14	11) *VwGO*		26
8) Aufnahme, S 1, 2	15–21			

1 **1) Systematik, S 1, 2.** Vgl Üb 1 vor § 239.

2 **2) Regelungszweck, S 1, 2.** Der Übergang der die Insolvenzmasse betreffenden Befugnisse vom Schuldner auf den Insolvenzverwalter bedingt nicht logisch zwingend ein Gebot zur auch nur vorübergehenden Unterbrechung, Gundlach/Frenzel/Schmidt NJW **04**, 3223. Angesichts der Fülle von Unklarheiten, Notaufgaben, Haftungsbegrenzungen, Vermögenszuordnungsfragen ist aber in der Praxis doch eine solche Unterbrechung kaum vermeidbar. Andererseits soll der Prozeßgegner nun nicht noch mehr Unsicherheit erleiden, als sie bereits durch die Eröffnung des gegnerischen Insolvenzverfahrens eingetreten ist. Diesem starken Interessengegensatz versucht § 240 einigermaßen Rechnung zu tragen. Auch das Gericht sollte das bei der Handhabung tun.

3 **3) Sachlicher Geltungsbereich, S 1, 2.** Vgl zunächst Üb 3 ff vor § 239. Die Bestellung eines vorläufigen Insolvenzverwalters unterbricht nur, soweit die Verfügungsbefugnis nach § 22 I 1 InsO auf ihn übergeht, BGH RR **04**, 48, BAG NJW **02**, 533, Naumb RR **04**, 8. Die Eröffnung eines Insolvenzverfahrens nach den §§ 11 ff, 27 InsO, dazu wegen Räumung AG Bln-Charlottenb NZM **05**, 618, Börstinghaus NZM **00**, 326, unterbricht mit dem in § 27 II Z 3 InsO genannten Zeitpunkt und in von Amts wegen zu berücksichtigender Weise, Ffm JB **90**, 1216, Köln Rpfleger **03**, 40. Sie unterbricht ein Verfahren, soweit es schon und noch anhängig ist, § 26 Rn 1, und soweit es die Insolvenzmasse betrifft, § 35 InsO, BGH RR **04**, 48, Köln Rpfleger **05**, 363, Naumb RR **04**, 8. Das gilt automatisch, BGH NJW **95**, 2563, Nürnb OLGZ **82**, 380. Es gilt also unabhängig davon, ob der Prozeßgegner von der Verfahrenseröffnung Kenntnis hat.

Das alles gilt sowohl für die *Klage* wie für eine *Widerklage,* Düss RR **01**, 522. Es gilt auch bei einer sog Eigenverwaltung nach §§ 270 ff InsO, Mü MDR **03**, 413, Gundlach/Frenzel/Schmidt NJW **04**, 3225.

Es gilt *in jeder Lage,* also auch nach einer Befriedigung durch einen vorläufig vollstreckbaren Titel, die bereits vor der Verfahrenseröffnung eintrat, KG OLGZ **77**, 365, oder in der Berufungsinstanz, BGH NJW **95**, 2563, Brdb RR **02**, 265, Köln Rpfleger **03**, 40, oder in der Revisionsinstanz, BGH KTS **86**, 734, BAG KTS **86**, 691, KG KTS **99**, 139, und im Kostenfestsetzungsverfahren, §§ 103 ff, BGH FamRZ **05**, 1535, Brdb RR **02**, 265, Mü Rpfleger **04**, 125. Das gilt selbst dann, wenn der Kostengrundtitel nach § 35 vor § 91 im Zeitpunkt der Eröffnung des Insolvenzverfahrens schon nach § 322 rechtskräftig war, KG JB **76**, 379, aM Hbg MDR **90**, 350, Kblz VersR **88**, 588 (das erstinstanzliche laufe beim Insolvenzverfahren während der höheren Hauptsacheninstanz fort). Wegen des selbständigen Beweisverfahrens § 249 Rn 3, Üb 4 vor § 485. Wegen einer Gesamtvollstreckung Brdb RR **99**, 1429.

4 Eine *Zwangsvollstreckung* duldet keine Unterbrechung, Grdz 38 vor § 704. Auch eine Zwangsverwaltung steht einem Insolvenzverfahren nicht gleich. Ebensowenig steht eine Aufhebung der Eröffnung des Insolvenzverfahrens gleich. Ein *ausländischer* Konkurs unterbricht im Inland zumindest aus den im Verfahrensrecht besonders wichtigen Gründen der Rechtssicherheit nach Einl III 43 unabhängig von seiner sonstigen Wirkung, BGH NJW **90**, 991. Das gilt allerdings nur, soweit das ausländische Recht die ausschließliche Prozeßführungsbefugnis des Verwalters auch mit Bezug auf Schuldnervermögen in anderen Staaten vorsieht,

Titel 5. Unterbrechung und Aussetzung des Verfahrens § 240

BGH (Pressestelle) KTS **98**, 198 (damit Erledigung des Vorlagebeschlusses des 9. ZS NJW **98**, 928), Zweibr RR **01**, 985, Habscheid KTS **98**, 190.

Der Gläubiger muß einen *im Inland vollstreckungsfähigen* Titel vor der Eröffnung des Insolvenzverfahrens erhalten haben, BGH NJW **97**, 2527. Zum Problem der Anerkennung einer ausländischen Konkursentscheidung Trunk KTS **87**, 427. Im Verhältnis zu Österreich ist das Recht des Insolvenzgerichts-Sitzes maßgeblich, Art 14 des deutsch-österreichischen Vertrages vom 4. 3. 85, BGBl II 411, § 50 Rn 6. Die Beschlagnahmewirkung erstreckt sich nicht auf das inländische Vermögen. Die Legitimation geht also nicht auf den Insolvenzverwalter über, BPatG GRUR **83**, 199, Hamm DB **84**, 1922. Wegen der abweichenden Rechtslage bei einem Konkurs in der Schweiz Mü KTS **82**, 315. Eine abweichende Rechtslage kann auch bei einem Auslandskonkurs einer juristischen Person ausländischen Rechts bestehen, soweit sie nach dem Heimatrecht dadurch erlischt.

Ein Insolvenzverfahren über das Vermögen einer *BGB-Außengesellschaft* unterbricht den Prozeß gegen einen Gesellschafter, der seine persönliche Haftung für Verbindlichkeiten der Gesellschaft zum Gegenstand hat, BGH NJW **03**, 590 (krit Häsemayer LMK **03**, 77), Schmidt Festschrift für Kreft (2004) 524 (Massebezogenheit unerheblich). Ein Binnenprozeß ist aber wohl nur bei Massebezogenheit unterbrochen, Mü ZIP **94**, 1021, aM Schmidt Festschrift für Kreft (2004) 524.

Ein Insolvenzverfahren über das Vermögen der *Offenen Handelsgesellschaft* nach § 11 II Z 1 InsO oder der ihr im wesentlichen gleichstehenden Partnerschaftsgesellschaft unterbricht nicht für das Vermögen der Gesellschafter und umgekehrt. Im Fall einer Insolvenz der Offenen Handelsgesellschaft bleibt eine Klageerweiterung nach § 263, 264 in der Form des § 253 gegen die Gesellschafter zulässig. § 249 II steht dieser Möglichkeit nicht entgegen. Ein Insolvenzverfahren über das Vermögen eines Partners einer Partnerschaftsgesellschaft bewirkt nur das Ausscheiden des Partners aus der Partnerschaft, § 9 II PartGG.

Ein *Nachlaßinsolvenzverfahren* nach §§ 315 ff InsO unterbricht den Prozeß des Erben, der sich auf die Masse **5** bezieht, Köln Rpfleger, **03**, 40, Mü RR **96**, 229, Robrecht KTS **03**, 385 (auch wegen eines Vermächtnisanspruchs). Das gilt auch bei Testamentsvollstreckung, Köln Rpfleger **05**, 364. Im Anfechtungsprozeß außerhalb des Insolvenzverfahrens tritt eine Unterbrechung auch dann ein, wenn der Schuldner nicht Partei ist, § 17 AnfG. Eine Unterbrechung erfolgt auch dann, wenn der Schuldner des Insolvenzverfahrens einen ProzBev hat. Dessen Vollmacht erlischt, §§ 115 I InsO, 168 BGB, BGH VersR **82**, 1054. Eine Unterbrechung erfolgt ferner auch dann, wenn die Partei ihren Anspruch nach dem Eintritt der Rechtshängigkeit abgetreten hat. Es ist nicht erforderlich, daß der Schuldner dem Gegner die Aufnahme dadurch erleichtert, daß er einen Zustellungsbevollmächtigten bestellt, wenn der Insolvenzverwalter die Aufnahme ablehnt. Bei Testamentsvollstreckung kann der Gläubiger nur auf Duldung der Zwangsvollstreckung durch den Testamentsvollstrecker oder auf Leistung aus dem von diesem verwalteten Nachlaß vorgehen, Köln Rpfleger **05**, 363.

Eine Unterbrechung tritt noch *nicht im Prüfungsverfahren vor* der Eröffnung ein, Naumb RR **04**, 8. Sie tritt **6** auch mit Eröffnung nur ein, soweit der Prozeß wenigstens teilweise die Insolvenzmasse nach §§ 35, 36 InsO betrifft, BGH VersR **82**, 1054, Kblz FamRZ **03**, 109 (also nicht im Eröffnungsmonat fälligen Unterhalt und solchen, der nach § 850 c pfändungsfrei bleibt), Köln Rpfleger **03**, 40. Sie tritt also zB dann nicht ein, wenn es nur um einen nichtvermögensrechtlichen Gegenstand geht, Mü DB **94**, 1464, oder wenn der Verwalter die Forderung vor der Klagerhebung freigegeben hat, BAG NJW **84**, 998 (bei einer späteren Freigabe endet die Unterbrechung erst mit der Aufnahme durch den Schuldner), oder wenn ein Insolvenzgläubiger ausdrücklich auf eine Teilnahme am Insolvenz verzichtet hat, BGH NJW **79**, 162, BAG NJW **84**, 998, und wenn das Insolvenzverfahren bereits vor der Klagerhebung eröffnet worden ist, Ffm AnwBl **87**, 291, oder wenn während des vom Schuldner geführten Prozesses eine einstweilige Anordnung nach § 21 InsO ergeht, BGH RR **87**, 1276. Später ist die Aufnahme durch diesen Kläger unabhängig vom Ablauf des Insolvenzverfahrens zulässig, BGH **72**, 235. Eine Unterbrechung bleibt auch dann bestehen, wenn es auch um unerlaubte Handlung und andere Rechtsgründe geht, BGH NJW **00**, 1260.

§ 240 ist grundsätzlich auch auf ein Patentnichtigkeitsverfahren anwendbar, BGH RR **95**, 573. Die **7** Vorschrift kann bei einem persönlichen Anspruch auf ein echtes FGG-Streitverfahren entsprechend anwendbar sein, KG NZM **95**, 667 (WEG). Sie ist aber grundsätzlich auf ein FGG-Verfahren unanwendbar, BayObLG KTS **02**, 576, Köln Rpfleger **02**, 570, Naumb RR **04**, 1350 (Hausratsverteilung). Sie ist auf ein Löschungsverfahren anwendbar, § 82 I MarkenG, BPatG GRUR **97**, 834, oder auf ein Arbeitsgerichtsverfahren nach §§ 46 II, 64 VI, 72 V ArbGG, LAG Mainz BB **98**, 55, oder auf ein finanzgerichtliches Verfahren, BFH NJW **98**, 630, nicht aber zB auf ein Beschwerdeverfahren nach § 156 KostO, KG MDR **88**, 329, oder auf ein Verfahren nach den §§ 305 V, 306 AktG, BayObLG **78**, 211. Wegen der Anwendbarkeit bei einem Zusammentreffen eines Prozesses mit einem Schiffahrtsrechtlichen Verteilungsverfahren § 8 II SVertO, BGH NJW **88**, 3093, Rheinschiffahrtsobergericht Köln VersR **80**, 42. Vgl im übrigen Üb 3, 4 vor § 239.

4) Persönlicher Geltungsbereich, S 1, 2. Voraussetzung einer Unterbrechung nach § 240 ist der Um- **8** stand, daß die „Partei" nach § 27 InsO in Insolvenz fällt, BGH NJW **98**, 157, Schlesw KTS **89**, 925. Das gilt unabhängig von einem etwaigigen ProzBev des Schuldners. Dessen Vollmacht erlischt ja dann, §§ 168 BGB, 115, 116 InsO, BGH VersR **82**, 1054. Auch ein Prozeßführungsrecht nach Grdz 22 vor § 50 kann reichen, LG Görlitz MDR **98**, 1308, Vollkommer MDR **98**, 1271 (Sicherungsgeber). Der Schuldner muß also in einem anhängigen Prozeß oder im Mahnverfahren nach §§ 688 ff oder im Kostenfestsetzungsverfahren nach §§ 103 ff Partei sein, Grdz 4 vor § 50. Es ist unerheblich, ob der Prozeß vor der Eröffnung des Insolvenzverfahrens durch einen vorläufigen Insolvenzverwalter nach § 22 InsO geführt worden war, Schlesw KTS **89**, 925 (abl Wessel). § 246 ist hier unbeachtlich. Eine Zwangsvollstreckung für oder gegen den Schuldner bleibt unberührt, Grdz 38 vor § 704. Die Eröffnung des Insolvenzverfahrens über das Vermögen eines Streitgenossen nach § 59 unterbricht hinsichtlich der anderen Streitgenossen nur im Fall einer notwendigen Streitgenossenschaft, § 62, BGH BB **03**, 604, Schlesw SchlHA **85**, 155, also im allgemeinen auch bei einer Klage gegenüber der Versicherung und dem Versicherungsnehmer, § 62 Rn 15 „Verkehrsunfall", § 239 Rn 5. Ein Nachlaßinsolvenzverfahren nach §§ 315 ff InsO reicht aus.

§ 240　　　　　　　　　　　　　　　　　　　　　　　Buch 1. Abschnitt 3. Verfahren

9　　Der *Streithelfer* nach § 66 ist nicht Partei, BGH RR **95**, 573, Düss MDR **85**, 504, ebensowenig ein einfacher Streitgenosse, § 59, Düss MDR **85**, 504, oder ein Zedent, BAG NJW **02**, 3122, oder ein Zessionar der Klageforderung, BGH NJW **98**, 157. Trotzdem kann durch ein Insolvenzverfahren über das Vermögen des Streithelfers eine Verhinderung der Prozeßführung wie bei einer Unterbrechung eintreten, § 67 Rn 14. Ein Insolvenzverfahren über das Vermögen einer Partei kraft Amts nach Grdz 8 vor § 50 unterbricht den Prozeß über das verwaltete Vermögen nicht.

10　　**5) Insolvenzmasse, S 1, 2.** Der Begriff enthält Probleme.

　　　A. Begriff. Die Insolvenzmasse nach § 35 InsO ist dann betroffen, soweit der Streitgegenstand im Sinn von § 2 Rn 3 ganz oder teilweise dem Schuldner zur Zeit der Verfahrenseröffnung gehört, Celle FamRZ **05**, 1746, oder während des Verfahrens hinzugelangt und wenn er auch der Zwangsvollstreckung unterworfen ist, § 36 I InsO (Sollmasse im Gegensatz zur Istmasse).

11　　**B. Beispiele der Zugehörigkeit:** Eine Klage auf eine Rechnungslegung, LG Düss BB **77**, 1674; ein Einkommen des Freiberuflers, Hamm NJW **05**, 2788 (Zahnarzt); eine zur Sicherheit abgetretene Forderung. Denn sie gibt nur ein Absonderungsrecht, Mü MDR **00**, 602. Eine bloße Prozeßkostenforderung nach §§ 91 ff gehört nur dann zur Insolvenzmasse, wenn die Hauptsache erledigt ist. Im gewerblichen Rechtsschutz betrifft ein Unterlassungsanspruch stets das Insolvenzverfahren des Verletzers, Schmidt ZZP **90**, 53. Denn die Zulässigkeit der beanstandeten Handlung stellt einen Vermögensgegenstand des Verletzers dar. Eine Unterbrechung tritt auch hinsichtlich der insolvenzfreien Stellung des Verletzers ein. Ein Ersatzanspruch auf Grund einer einstweiligen Verfügung nach §§ 935 ff auf eine Unterlassung reicht aus. Dasselbe gilt für einen Anspruch auf Grund eines vorläufigen vollstreckbaren Titels nach § 717 II, KG OLGZ **77**, 366, aM BGH BB **05**, 1187, oder nach § 717 III, selbst wenn der Bekl nur eine Abweisung beantragt hat, allerdings nach dem Willen, Schadensersatz zu verlangen.

　　　Eine Klage auf eine *Rechnungslegung* und Vorlegung betrifft die Masse, ebenso die Verteidigung eines Generalversammlungsbeschlusses. Es ist unerheblich, ob der Insolvenzverwalter das Vermögensstück tatsächlich zur Istmasse gezogen hat. Lehnt er die Aufnahme ab oder gibt er sonstwie frei, gilt Rn 15. Eine mittelbare Beziehung zur Insolvenzmasse reicht aus, zB bei einer Feststellungsklage zur Vorbereitung eines die Insolvenzmasse betreffenden Anspruchs, BAG NJW **84**, 998, auch bei einer leugnenden Feststellungsklage, oder beim Insolvenzverfahren des Rechtsinhabers, wenn der Kläger in gewillkürter Prozeßstandschaft klagt, Grdz 29 vor § 50, Düss JMBlNRW **76**, 42.

12　　**C. Beispiele der Nichtzugehörigkeit:** Eine unpfändbare Sache oder ein unpfändbarer Anspruch, § 811 I (Ausnahmen nach § 36 II Z 2 InsO: § 811 I Z 4, 9 ZPO), §§ 812, 850 aff, 852, 857 III, 859–863, Köln Rpfleger **05**, 363, Nürnb RR **05**, 776, LAG Düss NZA-RR **05**, 317; ein noch nicht fälliger Unterhaltsanspruch, Hamm FamRZ **05**, 280, Naumb FamRZ **04**, 1975; das Rentenstammrecht beim Versorgungsausgleich, Hamm FamRZ **04**, 1043; die in § 36 III InsO genannten Hausratssachen; eine ganz andere, zB nichtvermögensrechtlicher Ansprüche, Grdz 11 vor § 1, BAG NJW **84**, 998, Köln Rpfleger **05**, 363, Zeising KTS **02**, 449; die ärztliche Praxis; eine Unterlassungsklage, die keine Insolvenzforderung betrifft, weil sie keinen Vermögensanspruch nach § 38 InsO beinhaltet. In diesen Fällen tritt eine Unterbrechung nur dann ein, wenn eine Zuerkennung den Bestand oder die Verwertbarkeit der Masse beeinflussen würde. Das trifft beim Insolvenzverfahren des Klägers allerdings meist zu. Bei einem solchen des Bekl trifft es nur dann zu, wenn er ein eigenes Recht behauptet. Die Prozeßaufnahme erfolgt, wenn der Schuldner Bekl ist, nach § 86 I InsO.

13　　**6) Forderung gegen die Insolvenzmasse, S 1, 2.** Ein anmeldungsberechtigter Gläubiger, ein Insolvenzgläubiger, kann eine solche Forderung auf zweierlei Weise verfolgen. Er kann nach der InsO vorgehen. Er erhält nur so eine Befriedigung oder Sicherstellung aus der Masse, § 87 InsO. Er kann, soweit eine Aufnahme zulässig ist, grundsätzlich auch keine neue Klage erheben, BGH **105**, 37. Er kann bei einer noch nicht anhängigen Forderung allerdings auch außerhalb des Insolvenzverfahrens vorgehen. Dann muß er eindeutig erklären, daß er nichts aus der Masse verlange, BGH **72**, 234, Zeising KTS **02**, 449. Ein auf diesem Weg erlangter Vollstreckungstitel ist während des Insolvenzverfahrens nicht vollstreckbar, § 89 InsO. Einen Gläubiger, den der Schuldner vor der Eröffnung des Insolvenzverfahrens freiwillig befriedigt hat oder der seine Forderung vorher endgültig beigetrieben hat, berührt § 240 nicht. Das Gericht muß die Unterbrechung des Verfahrens von Amts wegen beachten, Grdz 39 vor § 128. Das gilt auch in der Revisionsinstanz.

14　　**7) Verstoß, S 1, 2.** Soweit das Gericht die Unterbrechung nicht berücksichtigt hat, zB wegen Unkenntnis der Eröffnung des Insolvenzverfahrens, ist ein Urteil nicht etwa nichtig, sondern ein wirksamer, wenn auch fehlerhaft zustande gekommener Staatsakt, Grdz 19, 20 vor § 300. Auch ihm ist aber auch keine Zwangsvollstreckung statthaft, § 249 Rn 3. Es sind die allgemeinen Rechtsmittel zulässig, auch während der Unterbrechung, BGH NJW **95**, 2563. Es kommt auf Grund eines Rechtsmittels des Schuldners eine Zurückverweisung nach § 538 in Betracht. Der Verwalter kann ohne Aufnahme Rechtsmittel einlegen, BGH NJW **97**, 1445, LG Wuppert DGVZ **99**, 184. Allerdings läuft die Rechtsmittelfrist nicht. Denn während der Unterbrechung des Verfahrens, die ja kraft Gesetzes vorlag und nur eben vom Gericht nicht beachtet wurde, ist keine wirksame Urteilszustellung möglich, § 249, LG Wuppert DGVZ **99**, 184.

15　　**8) Aufnahme, S 1, 2.** Es kommt auf die Prozeßart an, Zeising KTS **02**, 453.

　　　A. Allgemeines. Die Unterbrechung dauert bis zur Aufnahme (nur) nach den §§ 85, 86, 179, 180 InsO an, BGH MDR **04**, 231, Köln Rpfleger **05**, 364, Mü Rpfleger **04**, 125. Sie erfolgt nach § 250. Die Aufnahme erfolgt grundsätzlich in derselben Prozeßart, in der Form des § 250, Düss RR **87**, 1402, und grundsätzlich mit denselben Anträgen. Man muß zwischen einem Angriffs- und einem Verteidigungsprozeß unterscheiden (Aktiv- und Passivprozeß), Düss RR **01**, 522. Maßgebend ist nicht die Parteistellung des Schuldners, sondern allein die Frage, ob er ein Vermögensrecht fordert oder nicht, BGH NJW **95**, 1750. So ist zB eine verneinende Feststellungsklage gegen den Schuldner ein behauptender Prozeß. Die Klage gegen den Schuldner auf die Feststellung der Unwirksamkeit des Widerrufs seiner Versorgungszusage ist ein Verteidigungsprozeß, BAG NJW **84**, 998.

Titel 5. Unterbrechung und Aussetzung des Verfahrens **§ 240**

Der *Schuldner* kann den unterbrochenen Rechtsstreit selbst aufnehmen, § 85 II InsO, soweit seine insolvenzfreie Stellung betroffen ist. Er kann den unterbrochenen Rechtsstreit im übrigen dann aufnehmen, wenn der Insolvenzverwalter den Gegenstand des unterbrochenen Prozesses freigegeben oder eine Aufnahme abgelehnt hat. Der Insolvenzverwalter tritt nur insofern an die Stelle des Schuldners, als der Prozeß vom Schuldner bzw gegen ihn weiterbetrieben wird, Düss RR **87**, 1402, Mü KTS **77**, 63. Wenn Klage und Widerklage unterbrochen sind, kann sowohl ein Aktiv- als auch ein Passivprozeß vorliegen und der Insolvenzverwalter wirksam nur im Aktivprozeß eine Aufnahme erklären, Düss RR **01**, 522. Eine vom Verwalter erteilte Prozeßvollmacht besteht für den aufnehmenden Schuldner fort.

B. Angriffsprozeß zur Teilungsmasse. Es handelt sich um die Geltendmachung eines Rechts des **16** Schuldners oder um seine Befreiung von einer Last oder Pflicht zwecks Verbesserung der Masse. Einen solchen Prozeß kann nach § 85 I 1 InsO nur der Verwalter aufnehmen, und zwar nur in derjenigen Lage, in der sich der Prozeß befindet. Die Aufnahme erfolgt nach § 250, aM Schmidt KTS **94**, 320 (bei einer Handelsgesellschaft entsprechend § 241, da es kein insolvenzfreies Vermögen gebe. Aber § 250 nennt keine Einschränkung seines Geltungsbereichs). Wenn der Verwalter den Prozeß ohne einen gesetzlichen Grund nicht innerhalb einer angemessenen Frist aufnimmt, muß das Gericht ihn auf Grund eines Antrags des Gegners laden, § 239 II entsprechend, § 85 I 2 InsO. Das gilt auch bei einem Prozeß nach dem AnfG. Der Verwalter kann die Aufnahme ablehnen, auch formlos. Er kann auch nach einer Aufnahme die Freigabe erklären. Dann wird der Streitgegenstand jeweils frei. § 265 ist dann unanwendbar. Der Schuldner darf dann selbst prozessieren, BGH MDR **04**, 231. Beide Parteien dürfen den Prozeß dann aufnehmen, § 85 II InsO, Rn 23, BGH NJW **90**, 1239. Eine Abtretung durch den Insolvenzverwalter an einen Dritten reicht nicht, BGH NJW **90**, 1239, aM Schmidt KTS **94**, 320 (bei einer Handelsgesellschaft).

C. Verteidigungsprozeß zur Teilungsmasse. Es handelt sich um einen Rechtsstreit mit dem Ziel einer **17** Aussonderung oder einer abgesonderten Befriedigung oder der Masseverbindlichkeit, §§ 47 ff, 86 InsO. Diesen Prozeß können der Insolvenzverwalter und der Gegner aufnehmen, § 250. Man muß die Aufnahme des Gläubigers dem Insolvenzverwalter und nicht dem ProzBev des Schuldners zustellen, BGH ZIP **99**, 75. Wenn der Verwalter die Klageforderung im Sinne von § 93 Rn 85 sofort anerkennt, bleibt er kostenfrei, § 86 II InsO. Im Fall einer Verzögerung gilt dasselbe wie bei Rn 15. Die Aufnahme durch oder gegen den Schuldner ist solange unzulässig, wie der Verwalter den Streitgegenstand nicht freigibt. Eine Freigabe ist möglich, BGH MDR **04**, 231. Eine Aufnahme „nur zur Prozeßführung" usw reicht nicht. Wegen einer Unterlassung Schmidt ZZP **90**, 54.

D. Verteidigungsprozeß zur Schuldenmasse. Hier geht es um einen Prozeß über eine Insolvenz- **18** forderung, § 38 InsO. Die Forderung muß zum Insolvenzverfahren angemeldet und geprüft worden sein, §§ 87, 174 ff InsO, BGH MDR **04**, 231. Selbst dann ist eine Aufnahme grundsätzlich nur durch den Gegner zulässig, nicht durch den Insolvenzverwalter, Nürnb OLGZ **82**, 380. Daher kann er auch nicht den Prozeß zur Aufnahme durch den Schuldner freigeben, BGH MDR **04**, 231. Im Prüfungstermin können der Verwalter, der Schuldner, der Insolvenzgläubiger widersprechen. Wenn der Schuldner die Forderung bestritten hat, ist eine Aufnahme auch ihm gegenüber zulässig, § 184 S 2 InsO. Der Kläger muß dann nach § 179 III 1 InsO einen Tabellenauszug vorlegen, BGH MDR **00**, 660.

Wenn der Gläubiger für die Forderung einen Schuldtitel, ein Endurteil oder einen Vollstreckungsbescheid **19** besitzt, die mit einer *Vollstreckungsklausel* nach §§ 724 ff versehen sind, muß der Widersprechende aufnehmen, § 179 II InsO, also der Insolvenzverwalter, soweit er diese Forderung nach der Anmeldung zur Insolvenztabelle noch bestreitet, Nürnb OLGZ **82**, 380. Im Fall einer Verzögerung darf auch der Gläubiger das Verfahren aufnehmen, § 250. Denn einer neuen Klage würde der Einwand der Rechtshängigkeit entgegenstehen.

Soweit es sich um eine *gewöhnliche* Forderung handelt, kann nur der Gläubiger den Prozeß aufnehmen, **20** nicht der Verwalter, §§ 179 I, 180 II InsO, § 250.

E. Einzelfragen. § 239 II ist unanwendbar. Es besteht kein Zwang zur Aufnahme. Der Widersprechende **21** kann mangels eines Rechtsschutzbedürfnisses nicht aufnehmen, Grdz 33 vor § 253. Bei einem leugnenden Prozeß muß das Gericht nach der Aufnahme nur über die Teilnahme am Insolvenzverfahren entscheiden. Daher muß der Kläger den Klagantrag dahin ändern, daß er eine Feststellung des sich nach § 45 InsO immer in eine Geldforderung umwandelnden Anspruchs zur Tabelle verlangt, BGH RR **94**, 1251, BAG NJW **84**, 999, oder daß er die Feststellung seines etwaigen Aussonderungsrecht oder sonstigen Vorrechts oder Zahlung nach Insolvenzende begehrt, BGH WertpMitt **80**, 164. Das gilt auch in der Revisionsinstanz. Eine im Urkundenprozeß nach §§ 592 ff erhobene Klage geht kraft Gesetzes in das ordentliche Verfahren über.

9) Aufhebung des Insolvenzverfahrens, S 1, 2. Seine Aufhebung nach §§ 34 III, 200 I, 258 InsO **22** beendet ebenfalls die Unterbrechung des Prozesses. Einer Verfahrensaufhebung stehen die Aufhebung des Eröffnungsbeschlusses in der Beschwerdeinstanz nach § 34 II InsO ohne Rückwirkung und eine Einstellung des Verfahrens nach den §§ 207, 211, 213 InsO gleich, BGH NJW **90**, 1239. Dabei sind die Aufhebung und die Einstellung grundsätzlich dann wirksam, wenn der Beschluß nach § 9 I 3 InsO als bekannt gilt, BGH **64**, 3 (nur im Beschwerdeverfahren sei wegen [jetzt] § 6 III 1 InsO die Rechtskraft maßgeblich).

Die Aufhebung wirkt immer für die *Zukunft*. Beide Parteien dürfen den Prozeß ohne eine Aufnahme **23** fortsetzen. Dabei tritt der Schuldner ohne weiteres an die Stelle des Verwalters, Hbg KTS **86**, 507, LAG Hamm KTS **97**, 320. Alle Beteiligten müssen unterbrochene Arrestverfahren nach § 916 ff in derselben Verfahrensart fortsetzen. Soweit der Streitgegenstand eine Nachtragsverteilung berührt, führt der Verwalter den Prozeß weiter. Eine vom Insolvenzverwalter erteilte Prozeßvollmacht bleibt in Kraft, auch wenn der Schuldner den Prozeß fortsetzt.

Die *Freigabe* der Sache erfolgt durch den Insolvenzverwalter, BGH NJW **05**, 2016 (Gesellschaft). Er muß **24** die Freigabe dem Schuldner gegenüber erklären. Die Abtretung einer streitbefangenen Forderung durch den Verwalter an einen Dritten ist keine Freigabe, BGH NJW **90**, 1239. Die Freigabeerklärung ist nicht an eine

§§ 240, 241 Buch 1. Abschnitt 3. Verfahren

Form gebunden. Sie kann zB darin liegen, daß der Verwalter es ablehnt, den Prozeß aufzunehmen. Sie hat dieselbe Wirkung wie eine Beendigung des Insolvenzverfahrens. Sie führt also dazu, daß der Schuldner in den Rechtsstreit eintritt. § 265 ist unanwendbar, aM StJSchu 35 (aber die Vorschrift gilt uneingeschränkt). Aus Gründen der Klarheit über das Ende der Unterbrechung und den Wiederbeginn des Laufs von Fristen bedarf es der Aufnahme. Über die Fortsetzung eines nach § 17 AnfG unterbrochenen Prozesses vgl § 18 I AnfG. Der Schuldner kann in einem solchen Fall nicht nach der Beendigung des Insolvenzverfahrens den Anfechtungsprozeß des Verwalters fortsetzen, BGH 83, 105. Der Gegner kann den Schuldner auch nicht zur Fortsetzung zwingen.

25   **10) Rechtsbehelfe, S 1, 2.** Vgl § 252.

26   **11) *VwGO*:** *Entsprechend anzuwenden, § 173 VwGO, vgl zum bisherigen Recht BVerwG MDR 80, 963, VGH Kassel NVwZ 98, 1315, OVG Lüneb NVwZ-RR 95, 237, VG Chemnitz NVwZ-RR 98, 309 (aber nicht im VerwVerfahren, OVG Magdeb NVwZ 94, 1227). Bei einem Streit über eine Gewerbeuntersagung ist nicht die Insolvenzmasse betroffen, sondern die berufliche Betätigung des Gewerbetreibenden, VGH Kassel NVwZ 03, 626. Zur Aufnahme des Verf der Anfechtungsklage gegen einen Abgabenbescheid vgl BVerwG NJW 89, 314.*

241 *Unterbrechung durch Prozessunfähigkeit.* I Verliert eine Partei die Prozessfähigkeit oder stirbt der gesetzliche Vertreter einer Partei oder hört seine Vertretungsbefugnis auf, ohne daß die Partei prozessfähig geworden ist, so wird das Verfahren unterbrochen, bis der gesetzliche Vertreter oder der neue gesetzliche Vertreter von seiner Bestellung dem Gericht Anzeige macht oder der Gegner seine Absicht, das Verfahren fortzusetzen, dem Gericht angezeigt und das Gericht diese Anzeige von Amts wegen zugestellt hat.

II **Die Anzeige des gesetzlichen Vertreters ist dem Gegner der durch ihn vertretenen Partei, die Anzeige des Gegners ist dem Vertreter zuzustellen.**

III Diese Vorschriften sind entsprechend anzuwenden, wenn eine Nachlassverwaltung angeordnet wird.

Gliederung

1) Systematik, I–III	1	4) Geltungsbereich, III		5, 6
2) Regelungszweck, I–III	2	A. Nachlaßverwaltung		5
3) Geltungsbereich, I	3, 4	B. Einzelheiten		6
A. Verlust der Prozeßfähigkeit	3	5) Anzeige, I, II		7
B. Tod oder Vertretungsunfähigkeit des Vertreters	4	6) Verstoß, I–III		7
		7) VwGO		8

1   **1) Systematik, I–III.** Vgl zunächst Üb 1 vor § 239. Wegen des Verhältnisses zu § 243 dort Rn 2. § 241 bezieht sich in allen seinen Fällen nur auf eine Partei, die nicht nach § 246 durch einen ProzBev vertreten ist, BGH **104**, 3, BFH BB **86**, 1978. War der Weggefallene ein sich selbst vertretender Anwalt, dann ist zugleich § 244 anwendbar, BGH RR **89**, 255. Wegen des Parteibegriffs § 239 Rn 5. Die Vorschrift ist auch im Fall des Wechsels einer Partei kraft Auftrags anwendbar, § 239 Rn 5, dort auch wegen des Wegfalls. Die Notwendigkeit einer Abwicklung kann für den Prozeß die Dauer der Vertretung kraft Amts bedingen. § 241 bezieht sich nicht auf den Streithelfer außer auf den streitgenössischen, § 69 Rn 10.

2   **2) Regelungszweck, I–III.** Die Rechtssicherheit nach EinlI III 43 erfordert im Geltungsbereich der Vorschrift eine vorübergehende Orientierungspause. Sie verbietet aber auch eine zu langfristige Störung des weiteren Prozeßablaufs. Daher kann auch der am Fortgang etwa besonders interessierte Prozeßgegner die Initiative ergreifen. Das entspricht der Parteiherrschaft, Grdz 18 vor § 128. Es kann auch durchaus prozeßwirtschaftlich sein, daß das Gericht nicht zu lange aus seinen Überlegungen zur weiteren Prozeßförderung gerissen wird. Das alles darf man bei der Auslegung mitberücksichtigen.

3   **3) Geltungsbereich, I.** Vgl zunächst Üb 3 ff vor § 239. Man muß zwei Fallgruppen trennen.

A. Verlust der Prozeßfähigkeit. Wenn die Partei die Prozeßfähigkeit nach § 52 verliert, tritt eine Unterbrechung ein. Wenn die Partei von Anfang an nach § 51 Rn 1 prozeßunfähig war, muß das Gericht die Klage durch ein Prozeßurteil als unzulässig abweisen, Grdz 14 vor § 253, § 56 I, soweit es nicht auf Antrag einen Prozeßpfleger nach § 57 bestellen muß, Hager ZZP **97**, 178. Das gilt auch bei der vermögenslos gewordenen gelöschten GmbH bis zur Bestellung eines Abwicklers, BFH BB **86**, 1978. Anders ist die Lage, solange die Vermögenslosigkeit noch nicht feststeht, § 50 Rn 6, 7, § 239 Rn 4. Wegen einer Betreuung Üb 5 vor § 239.

Eine Unterbrechung tritt in folgenden Fällen *nicht* ein: Es tritt ein nach § 53 bestellter Betreuer oder Pfleger ein; das Gericht bestellt für einen Prozeßfähigen einen Pfleger, etwa einen Abwesenheitspfleger; die Partei wird prozeßfähig, BGH ZIP **82**, 1318, Brdb FamRZ **01**, 115 (in diesem Fall tritt der Prozeßfähige kraft Gesetzes in den Prozeß ein); eine Gesellschaft mit beschränkter Haftung ist nach dem Eintritt ihrer Vermögenslosigkeit nach § 2 LöschungsG von sich aus nicht mehr im Sinn von § 61 VwGO beteiligungsfähig, OVG Münst NJW **81**, 2373; es geht gerade um die Streitfrage, *ob* ein gesetzlicher Vertreter weggefallen ist, Köln RR **03**, 758.

4   **B. Tod oder Vertretungsunfähigkeit des Vertreters.** Wenn der gesetzliche Vertreter der Partei stirbt oder zB nach § 1886 BGB vertretungsunfähig wird, tritt eine Unterbrechung ein, sofern die Partei nicht prozeßfähig geworden ist, aM Schmidt Festschrift für *Henckel* (1995) 755, 763 (aber irgendein Prozeßfähiger ist Bedingung der Prozeßführung). Zum Begriff des gesetzlichen Vertreters § 51 Rn 6. Hierher gehören auch: Der Sondervertreter nach §§ 57 oder 58; die Übertragung des Sorgerechts auf den

Titel 5. Unterbrechung und Aussetzung des Verfahrens   §§ 241–243

Prozeßgegner, BGH FamRZ **91**, 548 (auch zu einer Ausnahme); der Fall der Vertretungsunfähigkeit infolge einer Entlassung des Vormunds; bei einer juristischen Person, auch einer KG, Ffm JB **95**, 658 (betr einen Komplementär), die Bestellung eines anderen Vorstands oder der Ausschluß von der Geschäftsführung. Wenn einer von mehreren gesetzlichen Vertretern wegfällt, tritt eine Unterbrechung des Prozesses nur ein, falls die verbleibenden gesetzlichen Vertreter keine ausreichende Vertretungsmacht haben. Der Eintritt einer Abwicklung unterbricht den Prozeß nur, soweit die bisherigen gesetzlichen Vertreter keine Abwickler sind.

4) Geltungsbereich, III. Vgl zunächst Üb 3 ff vor § 239. Es gelten unterschiedliche Voraussetzungen. 5

A. Nachlaßverwaltung. Eine Unterbrechung nach III tritt im Fall einer Nachlaßverwaltung nach § 1981 BGB ein. Diese steht der Eröffnung des Nachlaßinsolvenzverfahrens praktisch gleich. Der Erbe verliert zwar nicht die Prozeßfähigkeit. Er verliert aber sein Prozeßführungsrecht und seine sachliche Berechtigung, § 1984 BGB. Soweit der Erbe trotz einer Nachlaßverwaltung mit seinem Vermögen nach §§ 1994 I, 2006 III, 2013 BGB haftet, tritt eine Unterbrechung nur ein, sofern es sich um einen Vollstreckungstitel gegenüber dem Nachlaß handelt. Ein nicht vererblicher Anspruch kann die Nachlaßverwaltung wegen der Kosten betreffen. Beim Tod des Nachlaßverwalters gilt § 53 in Verbindung mit § 241 I.

B. Einzelheiten. Eine Unterbrechung nach III tritt nur unter folgenden Voraussetzungen ein: Entweder 6 schwebte der Prozeß von vornherein wegen eines Nachlaßgegenstands für oder gegen den Erben; oder der Prozeß schwebte gegen den Erblasser, der Erbe hat die Erbschaft angenommen und den Prozeß aufgenommen, § 239 I, V. Wenn der Prozeß im Zeitpunkt der Anordnung der Nachlaßverwaltung unterbrochen war, dann muß man nach § 241 verfahren. Mit der Beendigung der Nachlaßverwaltung tritt der Erbe ohne weiteres in den Prozeß ein. Die vom Nachlaßverwalter erteilte Prozeßvollmacht bleibt nach § 86 auch für die Erben wirksam. Ein Rechtsmittel, das der Nachlaßverwalter eingelegt hatte, ist für den Erben eingelegt.

5) Anzeige, I, II. Die Unterbrechung des Prozesses beginnt mit dem Eintritt einer der in I, III genannten 7 Umstände kraft Gesetzes ohne Rücksicht auf eine entsprechende Kenntnis der Beteiligten. Sie dauert so lange an, bis der gesetzliche Vertreter oder nach seinem Wegfall der neue die Absicht der Fortsetzung des Verfahrens dem Gegner anzeigt, ZöGre 1, aM ThP 3 b aa (aber der letzte Hs in I gehört zu beiden Alternativen), oder bis umgekehrt der Gegner dem Vertreter die Mitteilung nach § 250 macht. Das Gericht prüft die Vertretungsbefugnis erst im weiteren Verfahren, § 56, BGH VersR **83**, 667. Eine Ladung auf Grund einer entsprechenden Eingabe ist eine ausreichende Kundgebung der Absicht. Im Fall der Verzögerung der Bestellung eines Vertreters ist kein prozessualer Rechtsbehelf statthaft. § 57 ist unanwendbar. Es bleibt dann nur möglich, die bestellende Behörde anzurufen.

6) Verstoß, I–III. Soweit das Gericht eine Unterbrechung zu Unrecht annimmt, findet sofortige Beschwerde statt, §§ 252, 567 I Z 2, Köln RR **03**, 758.

7) VwGO: *Entsprechend anzuwenden,* § 173 *VwGO, vgl* § 239 *Rn 23. Notfalls ist vom Gericht im Rahmen* 8 *des* § 57, *dort Rn 13, ein Vertreter zu bestellen, RedOe* § 94 *Rn 9 (abw oben Rn 6), was zB in Sozialhilfefällen dringend geboten sein kann. Der Eintritt der Vermögenslosigkeit einer klagenden GmbH unterbricht den Rechtsstreit nicht,* OVG Münst NJW **81**, 2337.

242 Unterbrechung durch Nacherbfolge.
Tritt während des Rechtsstreits zwischen einem Vorerben und einem Dritten über einen der Nacherbfolge unterliegenden Gegenstand der Fall der Nacherbfolge ein, so gelten, sofern der Vorerbe befugt war, ohne Zustimmung des Nacherben über den Gegenstand zu verfügen, hinsichtlich der Unterbrechung und der Aufnahme des Verfahrens die Vorschriften des § 239 entsprechend.

1) Systematik, Regelungszweck. Üb 1, 2 vor § 239. 1

2) Geltungsbereich. Vgl zunächst Üb 3 ff vor § 239. Der Nacherbe ist weder sachlichrechtlich noch 2 prozessual ein Rechtsnachfolger des Vorerben. Er ist vielmehr der Rechtsnachfolger des Erblassers. Daher ist § 239 unanwendbar, soweit nicht der Vorerbe stirbt, s unten. Da aber § 326 II die Rechtskraftwirkung auf den Nacherben erstreckt, soweit der Vorerbe nach 2112, 2136 BGB ohne den Nacherben verfügen kann, sieht § 242 für diesen Fall eine Unterbrechung des Prozesses vor, wenn der Vorerbe wegfällt. Die Vorschrift ist entsprechend anwendbar, wenn der Vorerbe mit einer Zustimmung des Nacherben verfügt hat, §§ 185, 2120 BGB. Über die der Nacherbfolge unterliegenden Gegenstände §§ 2100 ff BGB. Hierher gehört auch ein Prozeß über den Umfang der Erbschaft des Vorerben.

§ 242 ist *unanwendbar*, wenn der Vorerbe einen ProzBev hat, § 246. Ein Prozeß über eine Nachlaßverbind- 3 lichkeit fällt nicht unter § 242. Soweit der Vorerbe nach § 2145 BGB für eine Nachlaßverbindlichkeit haftet, geht der Prozeß gegen ihn weiter. Die Haftung des Nacherben ergibt sich aus den Urteilsgründen. Der Tod des Vorerben unterbricht diesen Prozeß, § 239. Daher ist § 242 nur anwendbar, wenn ein sonstiges Ereignis die Nacherbfolge auslöst. Im Fall der Ausschlagung des Nacherben gilt § 239 V. Wenn dem nicht befreiten Vorerben die Verfügungsmacht fehlt, dann muß das Gericht den Nacherben als nicht prozeßführungsberechtigt abweisen.

3) VwGO: *Entsprechend anzuwenden,* § 173 *VwGO, wenn auch kaum jemals praktisch werdend.* 4

243 Aufnahme bei Nachlasspflegschaft und Testamentsvollstreckung.
Wird im Falle der Unterbrechung des Verfahrens durch den Tod einer Partei ein Nachlasspfleger bestellt oder ist ein zur Führung des Rechtsstreits berechtigter Testamentsvollstrecker vorhanden, so sind die Vorschriften des § 241 und, wenn über den Nachlass das Insolvenzverfahren eröffnet wird, die Vorschriften des § 240 bei der Aufnahme des Verfahrens anzuwenden.

§§ 243, 244

1) **1) Systematik, Regelungszweck.** Üb 1, 2 vor § 239.

2) **2) Geltungsbereich.** Vgl zunächst Üb 3 ff vor § 239. Die Vorschrift regelt nicht den Beginn der Unterbrechung, sondern nur ihr Ende durch die Aufnahme für den Fall der Unterbrechung durch den Tod einer Partei nach § 239, wenn ein Nachlaßpfleger nach den §§ 1960 ff BGB oder ein Testamentsvollstrecker nach den §§ 2212 ff BGB vorhanden sind. Die Vorschrift ist entsprechend auf den Fall des Eintritts der Nacherbfolge anwendbar, § 242. In beiden Fällen richtet sich die Aufnahme nach § 241, im Fall eines Nachlaßinsolvenzverfahrens nach § 240. Eine Aufnahme nach § 239, insbesondere dessen V, findet also nicht statt. Bei einem Todesfall zeigen der Nachlaßpfleger oder der Testamentsvollstrecker dem Gegner ihre Bestellung an, oder umgekehrt zeigt der Gegner dem Nachlaßpfleger oder dem Testamentsvollstrecker die Absicht der Fortsetzung des Prozesses an, § 250, BGH 104, 3. Im Aktivprozeß nach § 2212 BGB kann der Erbe die Aufnahme nicht wirksam erklären, BGH 104, 3. Im wahren Passivprozeß kann auch der Erbe aufnehmen, BGH 104, 4.

3) § 243 *gilt nicht,* wenn ein ProzBev vorhanden ist, § 246. Im Fall eines Nachlaßinsolvenzverfahrens nach §§ 1975 ff BGB, 315 ff InsO muß man den Prozeß nach den insolvenzrechtlichen Vorschriften aufnehmen, § 240 Rn 15. Nach einer Beendigung des Insolvenzverfahrens erfolgt die Aufnahme nach § 239. Im Fall der Aufhebung des Insolvenzverfahrens muß die Aufnahme hinzutreten.

4) **3) *VwGO:*** *Entsprechend anzuwenden, § 173 VwGO, vgl § 239 Rn 23.*

244

Unterbrechung durch Anwaltsverlust. [1] Stirbt in Anwaltsprozessen der Anwalt einer Partei oder wird er unfähig, die Vertretung der Partei fortzuführen, so tritt eine Unterbrechung des Verfahrens ein, bis der bestellte neue Anwalt seine Bestellung dem Gericht angezeigt und das Gericht die Anzeige dem Gegner von Amts wegen zugestellt hat.

II [1] Wird diese Anzeige verzögert, so ist auf Antrag des Gegners die Partei selbst zur Verhandlung der Hauptsache zu laden oder zur Bestellung eines neuen Anwalts binnen einer von dem Vorsitzenden zu bestimmenden Frist aufzufordern. [2] Wird dieser Aufforderung nicht Folge geleistet, so ist das Verfahren als aufgenommen anzusehen. [3] Bis zur nachträglichen Anzeige der Bestellung eines neuen Anwalts erfolgen alle Zustellungen an die zur Anzeige verpflichtete Partei.

Gliederung

1) Systematik, I, II	1	E. Berufsverbot usw	9
2) Regelungszweck, I, II	2	F. Sonstiger Verlust	10
3) Geltungsbereich, I, II	3	6) Fehlen einer Vertretungsunfähigkeit, I	11
4) Tod, I	4	7) Instanz, I	12, 13
5) Vertretungsunfähigkeit, I	5–10	8) Aufnahme, I, II	14–16
A. Ausschluß	5	A. Grundsatz: Anzeige und Zustellung	14
B. Strafurteil	6	B. Verzögerung der Anzeige	15, 16
C. Löschung usw	7	9) *VwGO*	17
D. Prozeßunfähigkeit	8		

1) **1) Systematik, I, II.** Die Vorschrift regelt im Rahmen der §§ 240 ff einen häufigeren Fall.

2) **2) Regelungszweck, I, II.** Wenn die Partei in einem Prozeß mit Anwaltszwang nach nach § 78 Rn 1 ihren ProzBev ohne eigenes Zutun verliert, muß das Gesetz dafür sorgen, daß sie nicht schutzlos wird. Das geschieht mit dem Mittel der Unterbrechung in I. Andererseits darf dieser Schutz nicht zu lange auf dem Rücken des Prozeßgegners und auch des Gerichts erfolgen. Daher begrenzt II die Unterbrechung in einer zeitlich abgestuften Weise bis hin zum Mittel der Unterstellung der Aufnahme. Dabei kann der Prozeßgegner die Initiative ergreifen. Er muß das aber nicht tun. Er behält also einen Teil der Parteiherrschaft, Grdz 18 vor § 128. Das muß man auch bei der Handhabung der Vorschrift mitbeachten.

3) **3) Geltungsbereich, I, II.** Vgl zunächst Üb 3 ff vor § 239. § 244 bezieht sich nur auf den Anwaltsprozeß, BGH FamRZ **92**, 49. Das Gericht muß die Vorschrift in allen Instanzen von Amts wegen beachten, Grdz 39 vor § 128, BGH NJW **02**, 2107, Karlsr AnwBl **82**, 434 (krit Thomas AnwBl **82**, 528). Im Parteiprozeß nach § 78 Rn 1 tritt beim Wegfall des Anwalts die Partei kraft Gesetzes an seine Stelle, auch soweit in der Rechtsmittelinstanz kein Anwaltszwang besteht. Bei einer arbeitsrechtlichen Streitigkeit gilt § 244 für den Verbandsvertreter, der die Partei als ProzBev vertritt, soweit ein Vertretungszwang besteht, § 11 II ArbGG.

4) **4) Tod, I.** Eine Unterbrechung tritt zunächst dann ein, wenn der ProzBev der Partei stirbt, BGH VersR **84**, 988. Zu den Begriffen des ProzBev § 80 Rn 1, § 172, der Partei § 239 Rn 5. Ebenso verhält es sich beim Tod des streitgenössischen Streithelfers nach § 69, nicht des gewöhnlichen nach § 66. Das gilt aber nicht, wenn ein Vertreter nach § 53 BRAO, Anh § 155 GVG, bestellt worden war, BGH NJW **82**, 2324, freilich nur bis zum Ende der Vertreterbestellung, Köln FamRZ **93**, 1469. In diesem Fall bestimmt § 54 BRAO, Anh § 155 GVG, § 86 Rn 4, daß eine Rechtshandlung des bestellten Vertreters des Anwalts trotz des Todes des Anwalts bis zu dessen Löschung in der Anwaltsliste wirksam ist, § 78 Rn 27, BGH VersR **82**, 365, ThP 6, aM StJSchu 2 (diese Meinung ist wohl überholt, BGH NJW **82**, 2325).

Wegen des *Abwicklers* BGH **66**, 59 (maßgeblich ist der Schluß der Abwicklung), aM Köln FamRZ **93**, 1469 (L), wegen seiner Aufnahme Rn 14. Bei Bestellung mehrerer, zB einer Anwaltssozietät, kommt es auf den Wegfall aller an. Wenn die Partei nach der Ablehnung eines Antrags auf die Bewilligung einer Prozeßkostenhilfe keinen Anwalt findet, ist I 1 nicht entsprechend anwendbar, BGH VersR **80**, 554. Auf den Verkehrsanwalt ist I unanwendbar, BGH VersR **84**, 988, ebenso auf den Unterbevollmächtigten.

Titel 5. Unterbrechung und Aussetzung des Verfahrens § 244

5) Vertretungsunfähigkeit, I. Eine Unterbrechung tritt ferner dann ein, wenn der Anwalt der Partei 5
oder des streitgenössischen Streithelfers nach § 69, nicht des gewöhnlichen Streithelfers nach § 66, rechtlich an der Vertretung gehindert wird, BGH **66**, 61. Dieser Fall kann in den folgenden Situationen eintreten.

A. Ausschluß. Der Anwalt kann aus der Anwaltschaft ausgeschlossen worden sein. Die Hinderung tritt mit der Rechtskraft der Ausschließung ein, § 204 I 1 BRAO, BGH **98**, 327 (abl Vollkommer JR **87**, 230).

B. Strafurteil. Der Anwalt kann durch ein strafgerichtliches Urteil rechtlich gehindert sein. Die Hinde- 6
rung tritt erst mit der Rechtskraft des Urteils ein, §§ 31, 33 StGB. Die bloße Beschuldigung, sei es auch eines Parteiverrats, reicht daher noch nicht, KG MDR **99**, 1402.

C. Löschung usw. Die Vertretungsunfähigkeit kann dadurch eintreten, daß der Anwalt in der Liste der 7
Anwälte gelöscht wird, weil er die Zulassung aufgegeben oder zurückgenommen hat, BGH VersR **81**, 679, auch ab Zustellung einer Anordnung über die sofortige Vollziehbarkeit des Widerrufs der Zulassung, Karlsr AnwBl **95**, 97.

D. Prozeßunfähigkeit. Die Vertretungsunfähigkeit kann auch dadurch eintreten, daß der Anwalt seine 8
Prozeßfähigkeit verliert, § 51 Rn 1, BVerfG **37**, 79, BGH NJW **02**, 2108 (Beweislast bei demjenigen, der sie behauptet).

E. Berufsverbot usw. Die rechtliche Hinderung kann dadurch eintreten, daß gegen den Anwalt ein 9
Berufs- oder Vertretungsverbot ergeht, §§ 150 ff BRAO, BGH **111**, 106 (auch bei einer Selbstvertretung nach [jetzt] § 76 VI).

F. Sonstiger Verlust. Die Vertretungsunfähigkeit kann schließlich dadurch eintreten, daß der Anwalt auf 10
eine andere Weise als nach Rn 5–9 seine Postulationsfähigkeit verliert, BGH **66**, 61, etwa durch die Zurücknahme der Zulassung bei dem Prozeßgericht, §§ 33 IV, 35 BRAO.

6) Fehlen einer Vertretungsunfähigkeit, I. Eine Unterbrechung findet in folgenden Fällen nicht statt: 11
Der Anwalt kündigt den Auftrag; er ist an der Wahrnehmung der Interessen des Auftraggebers nur tatsächlich und nicht etwa rechtlich verhindert; in den Fällen der §§ 45, 46 BRAO; bei einer Bestellung eines allgemeinen Vertreters nach § 53 BRAO, BGH VersR **81**, 658; beim Wegfall nur eines von mehreren zu ProzBev bestellten Sozien; nur der Verkehrsanwalt fällt weg.

7) Instanz, I. § 244 bezieht sich nur auf den ProzBev der Instanz, Begriff § 172, BGH NJW **95**, 1096. 12
Beim Wegfall des schon für die nächste Instanz bestellten Anwalts nach der Zustellung des erstinstanzlichen Urteils tritt (jetzt) eine Unterbrechung ein, BGH NJW **02**, 2107. Die Rechtsmittelfrist kann aber unterbrochen sein, ebenso die Begründungsfrist, BGH VersR **77**, 835. Wenn der Anwalt der höheren Instanz wegfällt, tritt nicht etwa der Anwalt der niedrigeren Instanz an seine Stelle, solange die höhere Instanz nicht abgeschlossen ist. Deshalb erfolgt nach einer Unterbrechung des Prozesses trotz § 172 keine Urteilszustellung an den Anwalt der unteren Instanz. Der Tod des ProzBev der Instanz nach der Zustellung eines Versäumnisurteils unterbricht den Prozeß. Denn die Instanz dauert fort, § 340 I.

Unter Umständen kann die Unterbrechung auch für ein *Nachverfahren* eintreten, etwa nach einem 13
Vorbehaltsurteil. Das gilt aber nicht, wenn das Vorbehaltsurteil bereits zugestellt worden ist, für ein Rechtsmittel, also für den Bereich nach dem Abschluß der Instanz, aM BAG NJW **76**, 1334 (Vorlagebeschluß). Soweit der Gegner das Rechtsmittel eingelegt hat, muß das Gericht die Rechtsmittelschrift der Partei selbst zustellen. Man kann den ProzBev der unteren Instanz, der eine Beschwerde eingelegt hat, nicht als den ProzBev der *Beschwerdeinstanz* ansehen. Deshalb unterbricht sein Wegfall das Verfahren in der Beschwerdeinstanz nicht. Der Wegfall des im Prozeßkostenhilfeverfahren nach § 121 beigeordneten Anwalts unterbricht, soweit die Partei ihn schon zum ProzBev bestellt hatte, § 121 Rn 17, 27. Wenn die Partei in der Instanz mehrere Personen zu ProzBev bestellt hat, unterbricht erst der Wegfall der letzten dieser Personen das Verfahren, Rn 2, 3.

8) Aufnahme, I, II. Ein klarer Grundsatz hat erhebliche Verstoßfolgen. 14

A. Grundsatz: Anzeige und Zustellung. Die Unterbrechung des Prozesses endet, wenn der wieder vertretungsfähig gewordene oder der bestellte neue Anwalt beim Gericht von seiner Bestellung eine Anzeige macht, BGH VersR **81**, 658, und wenn das Gericht die Anzeige dem Gegner von Amts wegen zustellt, § 250. Die Anzeige der Neubestellung kann, auch stillschweigend, gleichzeitig mit einem Schriftsatz in der Sache erfolgen, zB gleichzeitig mit einem Rechtsmittel, BGH **111**, 104, Karlsr AnwBl **82**, 434 (krit Thomas AnwBl **82**, 528). In diesem Fall gilt § 295 I. Das Gericht prüft die Vollmacht des neuen ProzBev erst im weiteren Verfahren, § 88. Wenn die Landesjustizverwaltung für einen verstorbenen Anwalt nach § 86 Rn 5 einen Kanzleiabwickler bestellt, erfolgt die Aufnahme des Rechtsstreits, für den der Abwickler als bevollmächtigt gilt, falls die Partei keine anderweitige Vorsorge getroffen hat, § 55 II 3 BRAO, in derselben Weise nach § 250. Es ist also nicht ausreichend, daß der Kanzleiabwickler seine Ernennung demjenigen Gericht anzeigt, bei dem der verstorbene Anwalt zugelassen war, § 55 II 4 BRAO. Wohl aber reicht jede auf den Fortgang des Prozesses gerichtete Handlung, BAG NZA **97**, 1294, zB ein Wiedereinsetzungsgesuch. Das gilt beim letzteren auch rückwirkend, BGH **98**, 325, aM ZöGre 6 (aber die Wiedereinsetzung hat stets eine Rückwirkung).

B. Verzögerung der Anzeige. Wenn der Anwalt die Anzeige nach § 250 nach § 239 Rn 17 verzögert, 15
dann verfährt das Gericht wie folgt: Das Gericht lädt entweder die Partei selbst zu einer mündlichen Verhandlung über die Hauptsache. In diesem Fall soll das Gericht die Partei in Anwaltsprozeß zur Bestellung eines bei dem Gericht zugelassenen bzw postulationsfähigen Anwalts auffordern, §§ 215, 525 III. Eine Aufgabe der Ladung zur Post ist ebenso unstatthaft wie eine Zustellung an den Anwalt der ersten Instanz. Denn II stellt eine Ausnahme von § 172 dar. Die Zustellung der Ladung bedeutet eine Aufnahme des Verfahrens. Wenn im Verhandlungstermin kein Anwalt für diese Partei erscheint, kann das Gericht eine

§§ 244–246   Buch 1. Abschnitt 3. Verfahren

Versäumnisentscheidung zur Hauptsache erlassen, §§ 330, 331. Er kann auch nach Aktenlage entscheiden, § 331 a.

16   Das Gericht kann die Partei auch zur Bestellung eines Anwalts innerhalb einer vom Vorsitzenden festzulegenden und in beglaubigter Abschrift förmlich zuzustellenden Frist *auffordern*. Die Unterbrechung endet in diesen Fällen kraft Gesetzes dann, wenn entweder die Frist ergebnislos abläuft oder wenn der neue Anwalt seine Bestellung dem Gericht mitteilt. Das Gericht braucht also in diesen Fällen über die Unterbrechungsfrage nicht mehr zu entscheiden, § 250 Rn 7. Vom Fristenablauf an ist eine Zustellung an eine auswärtige Partei ohne einen Zustellungsbevollmächtigten durch eine Aufgabe der Sendung zur Post zulässig.

17   **9)** *VwGO: Entsprechend anzuwenden*, § 173 VwGO, im Verfahren vor dem BVerwG und dem OVG, § 67 I VwGO, sowie dann, wenn die Bestellung eines Bevollmächtigten ausdrücklich angeordnet wird, nämlich nach § 67 II 2 VwGO, OVG Münst VerwRspr *26, 104*, oder nach § 67 a *VwGO*.

245 *Unterbrechung durch Stillstand der Rechtspflege.* Hört infolge eines Krieges oder eines anderen Ereignisses die Tätigkeit des Gerichts auf, so wird für die Dauer dieses Zustandes das Verfahren unterbrochen.

1   **1) Systematik, Regelungszweck.** Üb 1, 2 vor § 239.

2   **2) Geltungsbereich.** Vgl zunächst Üb 3 ff vor § 239. § 245 betrifft nur einen Stillstand der Rechtspflege, das sog iustitium, etwa wegen eines Kriegs, Aufruhrs oder einer Katastrophe, zB eines Lawinenunglücks, einer Überschwemmung usw, also nicht den Fall einer rein tatsächlichen Behinderung des Gerichts, etwa wegen des Tods aller Richter. Im letzteren Fall hilft § 36 I Z 1. Auch der Fall der Verlegung des Gerichts wegen einer Kriegsgefahr fällt nicht unter § 245. Es ist unerheblich, ob das Gericht noch einzelne Sachen bearbeitet. Es muß aber insgesamt eine völlige Undurchführbarkeit eines geordneten Justizbetriebs mit Sicherheit längere derzeit nicht absehbare Dauer vorliegen. In den Fällen des § 245 ist eine förmliche Aufnahme des Verfahrens unnötig. Die Unterbrechung endet kraft Gesetzes dann, wenn der Stillstand der Rechtspflege beendet ist. Über die Tatsache des Stillstands der Rechtspflege entscheidet der Richter, also über ihren Eintritt und ihre Dauer. Eine Behinderung nur der Partei und nicht des Gerichts fällt nicht unter § 245, sondern zB unter § 247.

3   **3)** *VwGO: Entsprechend anzuwenden*, § 173 VwGO.

246 *Aussetzung bei Vertretung durch Prozessbevollmächtigten.* ¹ Fand in den Fällen des Todes, des Verlustes der Prozeßfähigkeit, des Wegfalls des gesetzlichen Vertreters, der Anordnung einer Nachlassverwaltung oder des Eintritts der Nacherbfolge (§§ 239, 241, 242) eine Vertretung durch einen Prozeßbevollmächtigten statt, so tritt eine Unterbrechung des Verfahrens nicht ein; das Prozessgericht hat jedoch auf Antrag des Bevollmächtigten, in den Fällen des Todes und der Nacherbfolge auch auf Antrag des Gegners die Aussetzung des Verfahrens anzuordnen.

ᴵᴵ Die Dauer der Aussetzung und die Aufnahme des Verfahrens richten sich nach den Vorschriften der §§ 239, 241 bis 243; in den Fällen des Todes und der Nacherbfolge ist die Ladung mit dem Schriftsatz, in dem sie beantragt ist, auch dem Bevollmächtigten zuzustellen.

Schrifttum: *Nöll*, Der Tod des Schuldners in der Insolvenz, 2005.

Gliederung

1) Systematik, I, II 1	6) Dauer und Aufnahme, II 7, 8
2) Regelungszweck, I, II 2	A. Beginn der Aussetzung 7
3) Geltungsbereich, I, II 3	B. Ende der Aussetzung 8
4) Vertretung durch Prozeßbevollmächtigten, I, II 4	7) Verstoß, II 9
5) Verfahren, I, II 5, 6	8) *VwGO* 10
A. Antrag 5	
B. Weiteres Verfahren 6	

1   **1) Systematik, I, II.** Vgl Üb 1 vor § 239. Die Vorschrift ergibt sich aus § 86. § 249 III gilt zumindest entsprechend, dort Rn 3.

2   **2) Regelungszweck, I, II.** Die Vorschrift bezweckt einen ungestörten Verfahrensfortgang, Nürnb FamRZ *96*, 175. Sie geht davon aus, daß in den Fällen der §§ 239, 241, 242 eine Unterbrechung dann unnötig ist, wenn ein ProzBev nach § 80 Rn 1 im Anwalts- oder Parteiprozeß die Partei vertritt. Denn die Vollmacht dauert fort, § 86, BGH *157*, 155. Etwas anderes gilt nur dann, wenn der ProzBev das Mandat vor dem Tod der Partei niedergelegt hatte.

Erforderlich kann ein Stillstand des Verfahrens trotz der soeben beschriebenen Lage sein. Denn der ProzBev muß erfahrungsgemäß zunächst mit dem neuen Berechtigten verhandeln, selbst wenn dieser schon bekannt ist. Er muß insbesondere zunächst die Erben feststellen. Er muß sich außerdem die nach § 86 Hs 2 erforderliche Prozeßvollmacht des Nachfolgers beschaffen. Der ProzBev muß Gelegenheit zur Rücksprache mit einem etwa noch zu bestellenden Betreuer erhalten, Bork MDR *91*, 99.

Titel 5. Unterbrechung und Aussetzung des Verfahrens **§ 246**

3) Geltungsbereich, I, II. Vgl zunächst Üb 3 ff vor § 239. § 246 ist in folgenden Fällen anwendbar: **3** Beim Tod oder Erlöschen einer Partei, § 239 Rn 3–5, BGH NJW **02**, 1431, Karlsr FamRZ **04**, 1039, AG Hagen FamRZ **01**, 165; beim Wegfall ihrer Prozeßfähigkeit, § 241 Rn 3, nicht aber bei einer vorübergehenden Geistesstörung, Brschw OLGZ **75**, 443; bei einer Änderung der Rechtsform etwa infolge Verschmelzung, BGH **157**, 155; beim Wegfall der gesetzlichen Vertreters, § 241 Rn 4, BFH RR **01**, 244 (in Verbindung mit § 155 FGO), Hbg FamRZ **83**, 1262, aM Köln OLGR **03**, 173; im Fall einer Nachlaßverwaltung, § 241 Rn 5; im Fall einer Nacherbfolge der Partei, § 242 Rn 2. Das alles mag auch schon vor der Rechtshängigkeit nach § 261 Rn 1 eingetreten sein, BGH **121**, 266.

§ *246 gilt* in folgenden Fällen *nicht:* Im Verfahren auf die Bewilligung der Prozeßkostenhilfe, §§ 114 ff; im Verfahren über die Eröffnung eines Insolvenzverfahrens, § 240; bei einer Selbstvertretung des Anwalts, BGH NJW **90**, 1855; im Verfahren nach § 619, Schlesw (2. ZS) FamRZ **76**, 110, § 619 Rn 4, aM Schlesw (8. ZS) SchlHA **77**, 102; im Versorgungsausgleichsverfahren auch nach Rechtskraft des Scheidungsurteils, AG Hagen FamRZ **01**, 165; nach der Löschung der Partei als juristischer Person, BGH **74**, 212. Vgl im übrigen auch Einf Rn 3 vor §§ 148–155.

4) Vertretung durch Prozeßbevollmächtigten, I, II. Die Vorschrift setzt in allen Fällen voraus, daß **4** die Partei durch einen ProzBev vertreten ist, BGH NJW **02**, 1431, Köln FGPrax **05**, 103 (FGG), Nürnb FamRZ **96**, 175. Es braucht sich nicht unbedingt um einen Anwalt zu handeln, Robrecht MDR **04**, 980. Es kann sich um einen Anwalt handeln, der sich selbst vertritt, § 78 IV, ThP 3, aM ZöGre 2 (aber man muß ihn auch hier konsequent als eigenen ProzBev behandeln). Der Auftrag muß für diese Instanz schon und noch bestehen, Gießler FamRZ **03**, 1846. Der Anwalt darf den Auftrag noch nicht wirksam niedergelegt haben, Karlsr BB **04**, 2324. Wegen der Vertretungsfähigkeit § 244 Rn 4. Über die Dauer der Tätigkeit des ProzBev § 172. Der Tod eines von mehreren ProzBev unterbricht den Prozeß nicht. Wenn das hemmende Ereignis erst nach der Einlegung eines Rechtsmittels eintritt, kommt der ProzBev der unteren Instanz trotz einer Fortdauer seiner Vollmacht nicht mehr in Frage. Denn er vertritt die Partei nur duldend, nicht handelnd, § 172 II. Deshalb tritt in diesem Fall eine Unterbrechung des Prozesses ein, solange ein ProzBev der höheren Instanz fehlt, BGH NJW **81**, 687. Dasselbe gilt dann, wenn die Partei nach der Zustellung des erstinstanzlichen Urteils stirbt und wenn der Gegner alsdann die höhere Instanz anruft.

Wenn der Tod der Partei aber in die Zeit *„zwischen den Instanzen"* fällt und sie erstinstanzlich durch einen Anwalt vertreten war und dieser das Rechtsmittel einlegen wollte, gilt sie insofern als durch jenen Anwalt vertreten, BGH NJW **81**, 687. Der ProzBev muß eine Vollmacht des neuen Berechtigten beibringen, § 86 Hs 2. Als ein ProzBev gilt auch ein nach § 89 vorläufig zugelassener Vertreter, nicht aber ein beschränkt Bevollmächtigter, § 83 II. Wenn der Anwalt kraft Amtes nach Grdz 8 vor § 50 ist oder wenn er ein gesetzlicher Vertreter der Partei nach § 51 Rn 12 ist, dann ist § 241 und nicht § 246 anwendbar, Robrecht MDR **04**, 980. Denn die letztere Bestimmung setzt voraus, daß die Partei und ihr ProzBev nicht identisch sind.

5) Verfahren, I, II. Wesentlich ist ein richtiger Antrag. **5**

A. Antrag. Das Prozeßgericht, also das untere Gericht auch nach dem Erlaß seines Endurteils bis zur Einlegung eines Rechtsmittels, § 248 Rn 1, darf und muß den Prozeß erst auf Grund eines Antrags nach § 248 aussetzen, KG KTS **99**, 139. Antragsberechtigt ist in allen Fällen der ProzBev, nicht auch die von ihm vertretene Partei oder deren Streitgehilfe, § 66; beim Tod im Fall des § 239 oder bei einer Nacherbfolge nach § 242 auch der Gegner. Bei einem Streit über die Erbfolge wird ein zugehöriges Zwischenverfahren nötig, BGH WertpMitt **82**, 1170. Der Antrag ist vor der Geschäftsstelle zulässig, § 248 I Hs 2. Daher unterliegt er keinem Anwaltszwang, § 248 Rn 3. Er ist in jeder Lage des Verfahrens zulässig, auch nach der Verkündung des Urteils, solange es noch nicht nach § 322 rechtskräftig ist. Es ist unerheblich, wann das Ereignis eingetreten ist. Es kommt nur darauf an, ob das Ereignis nach der Anhängigkeit eingetreten war. Eine unrichtige Mitteilung des ProzBev, der Auftraggeber sei verstorben, ist nicht als ein Aussetzungsantrag auslegbar, BGH VersR **93**, 1375. Der ProzBev verliert sein Antragsrecht nicht dadurch, daß für die neue Partei auftritt. Der Gegner verliert sein Antragsrecht nicht durch eine Verhandlungsbereitschaft des Erben oder des Nacherben.

Man kann auf das Recht, eine Aussetzung zu verlangen, einseitig *verzichten*. Ein Verzicht liegt aber noch nicht in einem vorbehaltlosen Verhandeln zur Sache, aM ThP 4 (aber es ist dann nicht sicher, daß man überhaupt die Verzichtmöglichkeit kennt). Solange ein Antrag unterbleibt, wird der Prozeß einfach fortgesetzt. Wahre Prozeßpartei ist dann der Rechtsnachfolger, BGH **121**, 265. Das gilt selbst dann, wenn das Gericht ihn im Urteil nicht überhaupt nicht genannt hat, VGH Mannh NJW **84**, 196. Wenn er erst nachträglich bekannt wird, muß das Gericht den Urteilskopf berichtigen. Das gilt auch bei einer juristischen Person usw, § 239 Rn 3. Im Fall des Todes eines notwendigen Streitgenossen tritt keine Aussetzung ein, § 62 entsprechend.

B. Weiteres Verfahren. Vgl § 248 Rn 1. Die Aussetzung erfolgt durch einen Beschluß, § 248 Rn 2. **6** Wegen seiner Wirkung vgl § 249.

6) Dauer und Aufnahme, II. Beginn und Ende sind unterschiedlich leicht klärbar. **7**

A. Beginn der Aussetzung. Die Aussetzung beginnt nicht schon mit der Antragstellung, sondern mit der Wirksamkeit ihrer Anordnung, § 248 Rn 4, BGH NJW **87**, 2379, KG KTS **99**, 139. Infolgedessen bleibt ein Fristablauf vor diesem letzteren Zeitpunkt bestehen, BGH NJW **87**, 2379.

B. Ende der Aussetzung. Die Aussetzung dauert so lange fort, bis das Verfahren nach § 250 aufgenom- **8** men wird oder bis eine Anzeige entsprechend den §§ 239, 241–243 erfolgt. Die Anzeige eines Nachlaßpflegers genügt ohne Notwendigkeit der Darlegung seines Wirkungsumfangs, BGH NJW **95**, 2172. Das Gericht darf die Aussetzung also nicht von Amts wegen aufheben. Im Todesfall oder im Fall der Nacherbfolge stellt das Gericht die Ladung mit dem Schriftsatz zu, in dem die Aufnahme beantragt wird. Die Zustellung erfolgt gegenüber dem Rechtsnachfolger oder dem Nacherben selbst, soweit er unschon bekannt ist, BSG MDR **84**, 702. Andernfalls ist eine Berichtigung der Parteibezeichnung nicht erforderlich, OVG Münst NJW **86**, 1707. Die Zustellung erfolgt außerdem an denjenigen ProzBev, den der Verstorbene oder der Vorerbe für

§§ 246–248

diese Instanz bestellt hatte, also nicht an den ProzBev der unteren Instanz. § 239 IV ist nur insofern anwendbar, als die Rechtsnachfolge als zugestanden gilt, wenn eine Ladung nach § 246 II erfolgt ist. Denn die letztere Vorschrift enthält eine Sonderregelung. Die sachlichrechtlichen Auswirkungen der Rechtsnachfolge sind auch in der Revisionsinstanz jedenfalls dann beachtlich, wenn die maßgebenden Tatsachen feststehen, BGH KTS **86**, 734. Obwohl die Aussetzung mit dem Eintritt der Unterstellung endet, muß das Gericht ein Versäumnisurteil dem ProzBev zustellen. Denn seine Vollmacht dauert fort, § 86. Zulässig ist ein Prozeß- wie ein Sachurteil, BFH RR **01**, 244.

9 **7) Verstoß, II.** Bei einem Verstoß gegen II ist die Prozeßhandlung der Partei wie des Gerichts unwirksam. Es fehlt dann zB eine ordnungsgemäße Ladung, BGH NJW **84**, 2830.

10 **8) VwGO:** *Entsprechend anzuwenden,* § *173 VwGO, vgl* § *239 Rn 23, BVerwG MDR* **82**, *80, OVG Münst NVwZ* **95**, *1228, NVwZ-RR* **93**, *55 mwN u NJW* **86**, *1707, VGH Mannh NJW* **84**, *195. Das Gericht darf den Antrag nicht ablehnen, OVG Münst NVwZ-RR* **93**, *55 u RedOe* § *94 Anm 11 gegen OVG Lüneb AS* **2**, *237. Für die Aufnahme gilt das zu* § *239 Gesagte, BVerwG Buchholz 303* § *239 Nr 2 (Erbschein ist nicht notwendige Voraussetzung).*

247
Aussetzung bei abgeschnittenem Verkehr. Hält sich eine Partei an einem Ort auf, der durch obrigkeitliche Anordnung oder durch Krieg oder durch andere Zufälle von dem Verkehr mit dem Prozessgericht abgeschnitten ist, so kann das Gericht auch von Amts wegen die Aussetzung des Verfahrens bis zur Beseitigung des Hindernisses anordnen.

1 **1) Systematik, Regelungszweck.** Üb 1, 2 vor § 239.

2 **2) Geltungsbereich.** Vgl zunächst Üb 3 ff vor § 239. § 247 setzt voraus, daß das Gericht anders als im Fall des § 245 zwar tätig ist, daß aber die Partei im Sinn von § 239 Rn 7 ihre Rechte unverschuldet nicht wahrnehmen kann. Die Existenz eines ProzBev und die Möglichkeit des schriftlichen Verkehrs mit ihm schließen eine Behinderung nicht stets aus. Die Vorschrift gilt also nicht, wenn das Gericht einen Zeugen aus den Gründen des § 247 nicht vernehmen kann. Dann kommt § 356 in Betracht. Wenn es sich um Streitgenossen nach § 59 handelt, muß das Gericht für jeden nach § 145 besonders befinden, es sei denn, daß eine notwendige Streitgenossenschaft nach § 62 vorliegt.

Als *Gründe einer Aussetzung* nach § 247 kommen zB in Betracht: Das Prozeßgericht läßt sich infolge einer behördlichen Anordnung oder wegen eines Aufruhrs, eines Kriegs, einer Überschwemmung usw nicht erreichen.

Nicht ausreichend ist eine selbst herbeigeführte Unerreichbarkeit, zB während einer weiten Urlaubsreise oder beim Einsatz in einem Krisengebiet, Zweibr NJW **99**, 2907.

3 **3) Verfahren.** Das Gericht ordnet eine Aussetzung im Rahmen eines pflichtgemäßen Ermessens auf Grund eines Antrags oder von Amts wegen an. Das Verfahren verläuft im übrigen wie bei § 248. Die Aussetzung endet, wenn die behindert gewesene Partei wieder tätig wird. Eine bloße Möglichkeit zum Tätigwerden steht aber nicht gleich. Die Aussetzung endet ferner dann, wenn das Gericht einen Beschluß über ihre Aufhebung mitteilt. Zu einem solchen Beschluß ist es auch bei einer jetzt wieder vorhandenen bloßen Möglichkeit der Partei zum Tätigwerden verpflichtet. Diese Mitteilung kann formlos erfolgen.

4 **4) VwGO:** *Entsprechend anzuwenden,* § *173 VwGO.*

248
Verfahren bei Aussetzung. ¹Das Gesuch um Aussetzung des Verfahrens ist bei dem Prozessgericht anzubringen; es kann vor der Geschäftsstelle zu Protokoll erklärt werden.
II Die Entscheidung kann ohne mündliche Verhandlung ergehen.

1 **1) Systematik, Regelungszweck, I, II.** Üb 1, 2 vor § 239.

2 **2) Geltungsbereich, I, II.** Üb 3 vor § 239.

3 **3) Antrag, I.** In den Fällen der §§ 246, 247, nicht aber auch in den Fällen der §§ 148 ff, muß man einen Antrag (das Gesuch) schriftlich oder zum Protokoll der Geschäftsstelle anbringen, das heißt auch bei einem Gericht des § 129 a. Es handelt sich um eine Parteiprozeßhandlung, Grdz 47 vor § 128. Es besteht kein Anwaltszwang, § 78 V Hs 2. Man kann den Antrag bei einem erstinstanzlichen Prozeßgericht bis zum Zeitpunkt der Einlegung eines Rechtsmittels einreichen, BGH NJW **77**, 718, anschließend nur beim Rechtsmittelgericht. Eine Einlegung beim falschen Gericht führt dazu, daß dieses den Antrag von Amts wegen dem richtigen Gericht zusendet, § 129 a. Dieser Vorgang kann aber nichts daran ändern, daß eine verspätete Einlegung Rechtsnachteile für die Partei nach sich zieht.

4 **4) Entscheidung, II.** Das Gericht entscheidet auf Grund einer freigestellten mündlichen Verhandlung, § 128 IV. Es trifft seine Entscheidung grundsätzlich durch einen Beschluß, § 329. Es muß unter den gesetzlichen Voraussetzungen aussetzen, sofern kein diesbezüglicher Rechtsmißbrauch vorliegt, Einl III 54. Ein Rechtsmißbrauch kann zB dann vorliegen, wenn ein schon eingelegtes Rechtsmittel unzulässig ist. Freilich sollte das Gericht diese Prüfung grundsätzlich dem Rechtsmittelgericht überlassen.

Das Gericht muß seinen *Beschluß* grundsätzlich begründen, § 329 Rn 4, und zwar bei einer Stattgabe durch die Mitteilung des Aussetzungsgrunds, damit die Beteiligten wissen, unter welchen Voraussetzungen eine Aufnahme zulässig ist. Das Gericht verkündet den Beschluß, § 329 I 1. Soweit das Gericht das Verfahren aussetzt, teilt es die Entscheidung beiden Parteien durch förmliche Zustellung mit, §§ 252, 329 III Hs 2. Soweit das Gericht eine Aussetzung des Verfahrens ablehnt, stellt es seinen Beschluß nach denselben Vorschriften ebenfalls so zu. Die Aussetzung wird mit dem gesetzmäßigen Erlaß des Beschlusses wirksam,

Titel 5. Unterbrechung und Aussetzung des Verfahrens　§§ 248, 249

BGH NJW **87**, 2379 (das ist verfassungsgemäß), Mü MDR **90**, 252, LG BadBad MDR **92**, 998. Das Gericht kann die Ablehnung auch in den Entscheidungsgründen des Endurteils aussprechen und begründen.
　Wegen der *Wirkung* der Aussetzung § 249. Wenn das Gericht instanzmäßig unzuständig war, ist der Aussetzungsbeschluß wirkungslos. Denn er ist bestimmungsgemäß für diese Instanz erlassen worden, § 249 Rn 1 aE, aM StJSchu 1 (aber die Begrenzung auf die Instanz ist die fast ausnahmslose Regel).
　Gebühren: Des Gerichts: Keine; des Anwalts: Gehört zum Rechtszug, § 19 I 2 Z 3 RVG; sonst VV 3412.
　5) Rechtsbehelfe, I, II. S § 252.

　6) *VwGO:* *Entsprechend anzuwenden,* § *173 VwGO. Der Beschluß ist zu begründen und zuzustellen, RedOe* § *94 Anm 11.*

249 *Wirkung von Unterbrechung und Aussetzung.* ¹Die Unterbrechung und Aussetzung des Verfahrens hat die Wirkung, dass der Lauf einer jeden Frist aufhört und nach Beendigung der Unterbrechung oder Aussetzung die volle Frist von neuem zu laufen beginnt.

ᴵᴵ Die während der Unterbrechung oder Aussetzung von einer Partei in Ansehung der Hauptsache vorgenommenen Prozesshandlungen sind der anderen Partei gegenüber ohne rechtliche Wirkung.

ᴵᴵᴵ Durch die nach dem Schluss einer mündlichen Verhandlung eintretende Unterbrechung wird die Verkündung der auf Grund dieser Verhandlung zu erlassenden Entscheidung nicht gehindert.

Gliederung

1) **Systematik, I–III** 1	B. Parteiprozeßhandlung dem Gericht oder Dritten gegenüber: Grundsatz der Wirksamkeit 9, 10
2) **Regelungszweck, I–III** 2	C. Gerichtliche Prozeßhandlung beiden Parteien gegenüber: Grundsatz der Unwirksamkeit 11, 12
3) **Geltungsbereich, I–III** 3	
4) **Ende des Fristlaufs, I** 4, 5	
A. Prozessuale Frist: Endgültiges Fristende ... 4	6) **Verkündung, III** 13, 14
B. Sachlichrechtliche Frist 5	A. Grundsatz: Zulässigkeit 13
5) **Prozeßhandlung, II** 6–12	B. Ausnahmen 14
A. Parteiprozeßhandlung der anderen Partei gegenüber: Grundsatz der Unwirksamkeit wegen Hauptsache 6–8	7) **Rechtsmittel, I–III** 15
	8) *VwGO* 16

1) Systematik, I–III. Während §§ 239–247 die Voraussetzungen einer Unterbrechung oder Aussetzung regeln und § 248 für diejenigen Fälle, in denen eine Aussetzung in Betracht kommt, das etwaige Antragserfordernis behandelt, richtet sich das jeweilige Verfahren nach den allgemeinen Vorschriften einschließlich derjenigen über die Entscheidungen und deren Mitteilung. § 249 nennt Rechtsfolgen einer Unterbrechung oder Aussetzung, sobald diese wirksam ist.

2) Regelungszweck, I–III. Das Mittel, eine Frist kraft Gesetzes wirkungslos zu machen, ist eine einfache, elegante Methode, einerseits dem Zwischenfall Rechnung zu tragen, der zu einer prozessualen Reaktion gezwungen hat, andererseits dem Prozeßbeteiligten seine prozessualen Möglichkeiten im Interesse der Gerechtigkeit nach Einl III 9 nicht endgültig abzuschneiden. Genau das bezweckt § 249. Er ist entfernt mit § 342 vergleichbar.
　Unterschiedliches Ausmaß hat die Wirkung einerseits für die Parteien, andererseits für das Gericht. Das wird manchmal unterschätzt. II beschränkt die Wirkung nur gegenüber dem Prozeßgegner, nicht auch gegenüber dem Gericht. III erlaubt dem Gericht sehr wohl noch in begrenzter, aber wichtiger Art und Weise die Fortführung, sogar Beendigung seiner Arbeit. Beides bezweckt Prozeßförderung trotz Unterbrechung oder Aussetzung. Entsprechend darf man diese Teile der Vorschrift auslegen.

3) Geltungsbereich, I–III. Vgl zunächst Üb 3 ff vor § 239. Die Vorschrift bezieht sich auf alle Fälle einer Aussetzung und auf alle Verfahrensarten, die einer Unterbrechung oder Aussetzung des Verfahrens unterliegen, zB § 246, BGH FamRZ **91**, 548, Celle FamRZ **75**, 419. Sie ist anwendbar: Auf den § 614, dort Rn 7, BGH NJW **77**, 717; auf eine gerichtliche Handlung, obwohl II nur von einer Parteihandlung spricht, III, Rn 9. Sie ist nicht anwendbar: Auf das Prozeßkostenhilfeverfahren, §§ 114 ff; auf das selbständige Beweisverfahren, §§ 485 ff, Üb 4 vor § 485; auf das Rechtsmittel, LG Wuppert DGVZ **99**, 184; auf den Kostenansatz, § 4 GKG, Stgt JB **91**, 952; auf die Kostenfestsetzung, §§ 104 ff, Kblz Rpfleger **91**, 335, Naumb JB **94**, 686, aM Kblz (14. ZS) RR **05**, 512 LS; auf die Zwangsvollstreckung, §§ 704 ff, Bbg RR **89**, 576, Stgt Rpfleger **90**, 312, aM LG Wuppert DGVZ **99**, 184 (aber II erfaßt auch eine Parteiprozeßhandlung zwecks Vollstreckung). Die Wirkungen des § 249 treten im Falle einer Unterbrechung kraft Gesetzes ohne Rücksicht auf die etwaige Kenntnis des Gerichts oder der Parteien von dem Unterbrechungsgrund ein, BGH **111**, 107, Köln RR **88**, 701 rechte Spalte.
　Das Gericht muß die Wirkungen in jeder Lage des Verfahrens *von Amts wegen* beachten, Grdz 39 vor § 128, BGH KTS **88**, 498, Köln RR **88**, 701 rechte Spalte, Mü RR **89**, 255. Im Fall einer Aussetzung des Verfahrens treten die Wirkungen erst dann ein, wenn der Aussetzungsbeschluß wirksam wird, § 248 Rn 3. Eine Aussetzung erstreckt sich nur auf die anordnende Instanz.

4) Ende des Fristlaufs, I. Es kommt auf die Fristart an.
　A. Prozessuale Frist: Endgültiges Fristende. Jede Frist beginnt gar nicht erst, BGH MDR **03**, 826. Sie hört jedenfalls grundsätzlich zu laufen auf, BGH **111**, 108. Das gilt für: Jede eigentliche Frist, Üb 10 vor § 214; eine gewöhnliche oder eine Notfrist, § 224 I 2; auch die Berufungsbegründungsfrist, BGA JB **97**, 151, Wagner KTS **97**, 568; nicht aber die uneigentliche Frist, Üb 11 vor § 214. Der Fristablauf wird nicht

§ 249

etwa gehemmt. Vielmehr vernichten eine Unterbrechung oder eine Aussetzung den bisherigen Fristablauf. Nach der Beendigung der Unterbrechung oder Aussetzung beginnt die Frist für beide Parteien völlig neu zu laufen, soweit sie überhaupt anlaufen kann, soweit also zB eine fristschaffende Zustellung wirksam erfolgt ist.

Wenn es sich um eine Frist handelt, die um einen bestimmten Zeitraum *verlängert* worden ist, ist die Gesamtlänge der Frist eine volle Frist im Sinn von I. Im Fall des Fristendes nach der Unterbrechung bleibt eine vor dem Fristablauf vorgenommene Prozeßhandlung unabhängig von einer erneuten Fristsetzung rechtzeitig. Wenn eine Frist bis zu einem bestimmten Endzeitpunkt gesetzt worden war und wenn sie während der Unterbrechung des Verfahrens abgelaufen wäre, kann das Gericht sie nicht nachträglich verlängern. Man muß vielmehr als die volle Frist im Sinn von I eine entsprechende gesetzliche Frist ansehen, zB diejenige des § 520 II 1. Wenn der Bekl nach der Zustellung des erstinstanzlichen Urteils gestorben ist und das Verfahren deshalb ausgesetzt wurde, beginnt eine neue Berufungsfrist nicht schon mit der Verkündung des Urteils, das die Wirksamkeit des erstinstanzlichen Urteils gegenüber dem Rechtsnachfolger des Bekl ausspricht.

Eine Unterbrechung und eine Aussetzung verhindern auch den Beginn eines *Fristlaufs*, so den Beginn der Zweiwochenfrist zur Stellung des Antrags auf eine Wiedereinsetzung nach § 234 oder den Beginn der Einmonatsfrist nach (jetzt) § 517 lt Hs, BGH **111**, 108.

5   **B. Sachlichrechtliche Frist.** Eine Aussetzung des Verfahrens beendet nicht die Unterbrechung einer sachlichrechtlichen Frist, BGH VersR **82**, 651, zB die Hemmung der Verjährungsfrist. Hier beginnt eine neue Verjährung erst beim Nichtweiterbetreiben nach dem Wegfall des Grunds der Aussetzung oder Unterbrechung, BGH NJW **87**, 371.

6   **5) Prozeßhandlung, II.** Die Vorschrift hat sehr unterschiedliche Auswirkungen.

A. Parteiprozeßhandlung der anderen Partei gegenüber: Grundsatz der Unwirksamkeit wegen Hauptsache. Eine Parteiprozeßhandlung nach Grdz 47 vor § 128 ist nur der gegnerischen Partei gegenüber grundsätzlich unwirksam, BGH NJW **05**, 3070, BAG NJW **84**, 998, Düss RR **01**, 522. Dazu gehört alle jede Prozeßhandlung, die eine Partei im Hinblick gerade auf die Hauptsache während der Unterbrechung oder der Aussetzung vornimmt. Das gilt gegenüber dem Prozeßgegner, nicht aber auch gegenüber dem Gericht, Rn 9. Andere Prozeßhandlungen, die dem Gegner gegenüber vorgenommen werden, bleiben wirksam. Das gilt etwa für die Kündigung einer Prozeßvollmacht. Wegen einer Klageerweiterung im Fall des Insolvenzverfahrens über das Vermögen einer Offenen Handelsgesellschaft § 240 Rn 4.

7   *Beispiele der Anwendbarkeit:* Prozeßhandlungen beliebiger Art, die den prozessualen Anspruch nach § 2 Rn 2 betreffen, zB: Eine Zustellung; ein Antrag auf eine Entscheidung nach Lage der Akten; eine Rechtsmittelbegründung.

8   *Beispiele der Unanwendbarkeit:* Das Verfahren auf die Bewilligung einer Prozeßkostenhilfe, §§ 114 ff. Denn es sieht keine Aussetzung vor und benötigt keine solche; eine gerade den Verfahrensstillstand betreffende Handlung, BGH NJW **97**, 1445; das Verfahren nach § 36 I Z 3, BayObLG NJW **86**, 389; ein Rechtsmittelverzicht; ein Verfahren nach den §§ 620 ff, Celle FamRZ **75**, 419; das Kostenfestsetzungsverfahren als Nebenverfahren, §§ 103 ff; das Verfahren auf die Rückgabe einer Sicherheit, § 109; jeder Rechtsbehelf zur Geltendmachung eben dieser Unwirksamkeit, BAG KTS **01**, 371; grundsätzlich auch ein Wertfestsetzungsverfahren, §§ 3 ff, § 25 GKG, BGH NJW **00**, 1199. Denn sonst könnte unter Umständen gar keine Kostenberechnung stattfinden, Karlsr MDR **93**, 471 (Ausnahme: Der Wert bestimmt die Rechtsmittelfähigkeit, BGH NJW **00**, 1199); eine Prozeßhandlung gegenüber einem Dritten, auch wenn sie sich auf den Prozeß bezieht; ein Einstellungsantrag nach §§ 707, 709, Bbg RR **89**, 576. Die Prozeßhandlung einer fälschlich als Partei, etwa als Erbe, auftretenden Person ist für die wahre Partei ganz bedeutungslos, § 239 Rn 12.

9   **B. Parteiprozeßhandlung dem Gericht oder Dritten gegenüber: Grundsatz der Wirksamkeit.** Für die vornehmende Partei ist die Prozeßhandlung gegenüber dem Gericht grundsätzlich wirksam. Deshalb ist die Einreichung der Rechtsmittelschrift als eine Prozeßhandlung gegenüber dem Gericht wirksam, BGH NJW **97**, 1445, Düss RR **01**, 522. Sie setzt zwar zunächst das Rechtsmittelverfahren nicht in Gang. Sie ist aber nach einer Aufnahme dessen Grundlage, BGH NJW **98**, 2364. Eine Rechtsmittelrücknahme ist wirksam. Auch eine Parteiprozeßhandlung gegenüber einem Dritten ist grundsätzlich wirksam, etwa eine Klageerweiterung oder Widerklage.

10 Einen *Verstoß* beachtet das Gericht grundsätzlich nicht nach Grdz 39 vor § 128 von Amts wegen, ZöGre 3, aM ThP 7. Freilich muß das Gericht die Ordnungsmäßigkeit der etwa notwendigen Zustellung prüfen, BGH VersR **81**, 679. Ein Fehler kann nach § 295 heilen. Im Fall einer gerichtlichen Entscheidung kann die Heilung aber nur durch eine ausdrückliche oder stillschweigende Genehmigung des Gegners eintreten, §§ 547 I Z 4, 579 I Z 4. Die Aufnahmeerklärung nach § 250 ist auch keine Genehmigung. § 295 ist selbst im Fall einer Notfrist nach § 224 I 2 anwendbar, bei der ein Verzicht nur die Wirkung einer an sich form- und fristgerechten Handlung betrifft. Nur der Prozeßführungsberechtigte nach Grdz 21 vor § 50 kann heilen, daher kann der Schuldner im Fall einer Unterbrechung des Insolvenzverfahrens nicht heilen. Wenn der Insolvenzverwalter aber die Klageforderung freigibt, heilt die Aufnahme dieses Verfahrens durch den Schuldner und die darin liegende stillschweigende Genehmigung. Die Aufnahme durch den Insolvenzverwalter bedeutet dort keinen Verzicht. Eine Heilung ist nicht mehr möglich, wenn das Gericht die Unwirksamkeit festgestellt hat.

11 **C. Gerichtliche Prozeßhandlung beiden Parteien gegenüber: Grundsatz der Unwirksamkeit.** Beiden Parteien gegenüber grundsätzlich unwirksam ist eine nach außen und nicht nur im Innenverhältnis vorgenommene gerichtliche Prozeßhandlung, BGH **111**, 107, Ffm OLGZ **94**, 78. Hierher zählt zB eine Terminsbestimmung nach § 216, BGH RR **90**, 342, Gießner FamRZ **03**, 1847, oder eine Ladung oder eine Zustellung nach §§ 168, 270, Karlsr AnwBl **95**, 97. Das alles ergibt sich auch aus II. Die Vorschrift ist entgegen ihrem zu engen Wortlaut sehr wohl auch auf Gerichtshandlungen anwendbar. Diese Unwirksamkeit besteht also auch für diejenige Partei, die von der Unterbrechung oder Aussetzung nicht betroffen ist, es sei denn,

Titel 5. Unterbrechung und Aussetzung des Verfahrens   §§ 249, 250

daß die Prozeßhandlung auf ihr Betreiben geschehen wäre. Das Gericht darf also grundsätzlich keine Prozeßhandlung mehr vornehmen, sobald eine Unterbrechung eingetreten ist, ohne daß es auf seine Kenntnis vom Unterbrechungsgrund ankommt, BGH NJW **95**, 2563. Erst recht darf das Gericht nicht mehr prozeßfördernd tätig werden, sobald es einen Unterbrechungsgrund erfährt oder eine Aussetzung angeordnet hat, BGH **111**, 107, Hamm Rpfleger **75**, 446, KG JB **76**, 378. In diesem Fall muß das Gericht eine Beweisaufnahme unterlassen, Ffm OLGZ **94**, 78, oder es muß sie abbrechen. Es muß einen um die Beweisaufnahme nach §§ 362, 375 ersuchten Richter oder einen mit einer Feststellung beauftragten Sachverständigen sofort von der Unterbrechung oder Aussetzung benachrichtigen.

Zulässig bleibt eine Entscheidung über prozessuale Wirkungen der Insolvenzeröffnung, BAG NZA **05**, 1076.

Eine demnach etwa ergangene gerichtliche Entscheidung ist freilich abgesehen vom Fall der sog Nichtent- **12** scheidung ausnahmsweise wegen ihres Charakters eines Staatshoheitsakts nach Üb 10 vor § 300 wirksam, Rn 13, BGH NJW **05**, 3069. Der Betroffene kann den Verstoß auch durch eine Genehmigung nach § 295 heilen, BGH NJW **84**, 2830. Hätte wegen der Unterbrechung kein Urteil ergehen dürfen, dann darf das Berufungsgericht bei einer Säumnis des Berufungsklägers die Berufung nicht durch Versäumnisurteil zurückweisen, Köln RR **95**, 891.

Wenn das Gericht trotz eines Insolvenzverfahrens ein *Urteil gegen* den *Schuldner* entgegen dem § 240 erlassen hat, darf jede Partei persönlich das Rechtsmittel einlegen, BGH NJW **95**, 2563, LAG Bln MDR **03**, 1438. Das Gericht muß auf Berufung zurückverweisen, Oldb MDR **05**, 836. Allerdings hat der Verwalter keinen Rechtsbehelf gegen eine solche nur gegen den Schuldner ergangene Entscheidung, Köln RR **88**, 702. Eine Entscheidung des BGH bleibt unanfechtbar, BGH BB **04**, 1248.

6) Verkündung, III. Einem Grundsatz stehen Ausnahmen gegenüber. **13**

A. Grundsatz: Zulässigkeit. Die Verkündung einer Entscheidung ist voll zulässig, wenn die Aussetzung bzw Unterbrechung des Verfahrens erst nach dem Schluß der mündlichen Verhandlung eingetreten ist, § 128 Rn 40, § 136 Rn 22, § 296a Rn 1. Denn dann sind die grundsätzlich in erster Linie mehr anzuhörenden Parteien nicht mehr durch die Unterbrechung belastet. Im Fall des § 156 und bei einem Schriftsatznachlaß nach § 283 mag eine Ausnahme gelten. Das Gericht darf auch über einen Nebenspruch entscheiden, zB den Streitwert nach §§ 3 ff ZPO, § 63 GKG festsetzen sowie eine Berichtigung nach § 319 oder nach § 320 vornehmen oder über Prozeßkostenhilfe oder über einen Kostenfestsetzungsschutz befinden, Bbg RR **89**, 576. Dem Schluß der mündlichen Verhandlung steht in den Fällen der §§ 251a, 331a der Schluß des Termins gleich.

Im Fall des *§ 128 II* steht die letzte Einverständniserklärung oder der Ablauf einer vorbehaltenen Schriftsatzfrist gleich, BFH NJW **91**, 2792. Zu streng verlangt BSG NJW **91**, 1909 auch noch eine Beschlußfassung vor dem Eintritt des unterbrechenden Ereignisses. Vor der Unterbrechung eingetretene Vorgänge, etwa die Unzulässigkeit eines Rechtsmittels, werden von III nicht direkt miterfaßt. Man mag sie evtl durch entsprechende Anwendung von III behandeln, Düss MDR **01**, 470. Denn das kann nach Grdz 14 vor § 128 prozeßwirtschaftlich sein. Es läßt sich allerdings kaum mit der Regel vereinbaren, eine Ausnahmevorschrift eng auszulegen.

Das Gericht muß in solchen Fällen eine ordnungsgemäße *Verkündung* vornehmen, §§ 311, 329 I 1. Bei einem Anerkenntnisurteil oder einem Versäumnisurteil ohne mündliche Verhandlung ersetzt die Zustellung eine Verkündung von Amts wegen, § 310 III.

B. Ausnahmen. III ist auf die Fälle der Aussetzung sowie des Ruhens des Verfahrens und des Kostenfest- **14** setzungsverfahrens unanwendbar. Das Gericht mag die Entscheidung vor der Aussetzung des Verfahrens verkünden. Man muß die Ablehnung einer Verkündung auf unbestimmte Zeit als eine Aussetzung des Verfahrens ansehen. Sie ermöglicht die sofortige Beschwerde nach § 252.

7) Rechtsmittel, I–III. Die Entscheidung unterliegt dem dann statthaften Rechtsbehelf, BGH BB **04**, **15** 1248 (abl Pobuda KTS **05**, 99), Ffm OLGZ **94**, 78, Stgt Rpfleger **90**, 312. Die Entscheidung ist also durch ihre Aufhebung auflösend bedingt, Üb 19 vor § 300, KG JB **76**, 378, Köln RR **88**, 802. Der Betroffene kann den Rechtsbehelf gegen eine solche Entscheidung auch während der Unterbrechung des Verfahrens geltend machen, um der Unterbrechung zur Geltung zu verhelfen, BGH NJW **95**, 2563, LAG Bln MDR **03**, 1438. Das Rechtsmittelgericht kann dann auch während der Unterbrechung entscheiden, BGH NJW **97**, 1445. Es kann auch zB zurückverweisen, (jetzt) §§ 538, 547 Z 4, 563, BGH KTS **88**, 498, LAG Bln MDR **03**, 1438. Das Rechtsmittelgericht darf auch ein Rechtsmittel verwerfen, wenn dessen Unzulässigkeit bereits vor dem Eintritt der Unterbrechung feststand. Mangels Statthaftigkeit eines Rechtsmittels kann § 321a ensprechend anwendbar sein, AG Bad Schwalbach JB **04**, 494.

8) VwGO: Entsprechend anzuwenden, § 173 VwGO, BVerwG NVwZ **01**, 319 (dazu Franz NVwZ **02**, 827), **16** OVG Lüneb NVwZ-RR **95**, 236 (zur Beschwerde eines Dritten); vgl auch BFH BStBl **91** II 101 (zu II) u 468 (zu III).

250 *Form von Aufnahme und Anzeige.* **Die Aufnahme eines unterbrochenen oder ausgesetzten Verfahrens und die in diesem Titel erwähnten Anzeigen erfolgen durch Zustellung eines bei Gericht einzureichenden Schriftsatzes.**

1) Systematik. Die Vorschrift regelt die Form der Rückkehr in den unterbrochenen oder ausgesetzten **1** Prozeß mithilfe einer einfachen gestaltenden Parteiprozeßhandlung, Grdz 47 vor § 128, Karlsr JB **97**, 138. Das Gericht ist zu ihrer unverzüglichen Bearbeitung verpflichtet.

2) Regelungszweck. Im Interesse der Gerechtigkeit nach Einl III 9 wie der Prozeßwirtschaftlichkeit **2** nach Grdz 14 vor § 128 soll nun nicht noch mehr Zeit verstreichen. Dabei bleibt freilich die Parteiherrschaft gewahrt, Grdz 18 vor § 128. Soweit die Aufnahme überhaupt vom Willen einer Partei abhängt, ist eben auch ihr Antrag erforderlich. Sie hat es also in diesem begrenzten Umfang in der Hand, wie lange sie sich dazu Zeit läßt. Deshalb darf man ihr nicht vorschnell einen Antrag unterstellen. Man muß andererseits aber ein in Wahrheit als Antrag zu deutendes Verhalten auch unverzüglich in diesem Sinne behandeln.

3 **3) Geltungsbereich.** Vgl Üb 3 vor § 239.

4 **4) Grundsatz: Notwendigkeit einer Anzeige.** Die Aufnahme eines unterbrochenen oder ausgesetzten Verfahrens und eine Anzeige im Sinn von §§ 239 ff muß grundsätzlich durch die Einreichung eines Schriftsatzes erfolgen. Das gilt auch nach der GesO, BAG DB **97**, 1827. Aufnahmeberechtigt ist der Rechtsnachfolger der Weggefallenen, auch der Nachlaßpfleger, BGH NJW **95**, 2171, und der Insolvenzverwalter. Im Fall einer Verzögerung der Aufnahme kann auch der Prozeßgegner aufnehmen. Bei Streitgenossen nach § 59 kann jeder von ihnen die Aufnahme und Anzeige selbständig einreichen. Das gilt auch im Fall einer notwendigen Streitgenossenschaft, § 62, § 239 Rn 10. Anwaltszwang besteht wie sonst, § 78 V Hs 2. Bis zur Annahme der Revision kann auch der Berufungsanwalt aufnehmen, BGH **147**, 373. Beim AG genügt auch eine Erklärung zum Protokoll der Geschäftsstelle nach § 496 ohne Anwaltszwang, § 78 V Hs 2. Zuständig ist dasjenige Gericht, bei dem der Prozeß schon und noch anhängig ist, § 261 Rn 1. Ab Einlegung des Rechtsmittels ist das Rechtsmittelgericht zuständig, BGH **147**, 373 Rn 109. Im Verhältnis zu Österreich ist das Recht am Sitz des Prozeßgerichts maßgeblich, Art 14 des deutsch-österreichischen Vertrags vom 4. 3. 85, BGB II 411. Das Gericht stellt den Schriftsatz dem Prozeßgegner von Amts wegen nach § 168 zu. Ein Zustellungsmangel ist nach §§ 189, 295 heilbar.

5 Die *Rechtsmittelschrift* nach (jetzt) §§ 519, 549, 566 II 569 II kann eine wirksame Aufnahme oder Anzeige enthalten, BGH **111**, 109, BezG Meiningen DtZ **92**, 354. Das gilt auch für die Rechtsmittelbegründungsschrift, §§ 520 III, 551 II, die Einspruchsschrift, §§ 340, 700, oder ein Wiedereinsetzungsantrag, § 236. Diese Auslegungsmöglichkeit gilt im Fall einer Unterbrechung nach §§ 239 ff zwischen der Verkündung des Urteils und der Einlegung des Rechtsmittels, BGH **111**, 109. Dann ist also eine Aufnahme gegenüber dem unteren Gericht nicht erforderlich, BGH **111**, 109, aM RoSGo § 125 V 2, StJSchu 3 (aber die Prozeßwirtschaftlichkeit erlaubt die obige elegantere Lösung, Grdz 14 vor § 128). Die etwa doch dort eingereichte Wiederholung gilt als Antrag der zunächst wirkungslosen Einlegung des Rechtsmittels, Ffm FamRZ **90**, 297. Das Gericht nimmt das Verfahren grundsätzlich nicht von Amts wegen auf. Vgl aber Rn 4.

6 **5) Ausnahmen.** Von der Regel nach Rn 4 gelten Ausnahmen nach §§ 239–244, 246 II. Eine Aufnahme ist in denjenigen Fällen entbehrlich, in denen das Gericht ein ausgesetztes Verfahren von Amts wegen fortsetzen darf und evtl muß, etwa §§ 148 ff, BGH NJW **89**, 1729, Hbg ZZP **76**, 1790. Die nach § 614 für eine bestimmte Zeit angeordnete Aussetzung endet von selbst nach dem Ablauf der Zeit. Fristen beginnen von nun an neu zu laufen, ohne daß eine Aufnahme erforderlich wäre. Eine unterbrochene Frist beginnt dann auch ohne eine Aufnahmeerklärung wieder zu laufen.

7 **6) Schriftsatz.** Ausreichend und notwendig ist jede klare Äußerung des Willens, den Prozeß weiter zu betreiben, BGH NJW **95**, 2171. Der Schriftsatz ist sonst bestimmender, § 129 Rn 5. Er muß den sachliche Berechtigung zur Aufnahme behaupten, zB den Umstand, daß der Aufnehmende der Erbe sei. Eine stillschweigende Aufnahme liegt im Zugestehen der entscheidenden Tatsachen und in einer mündlichen Verhandlung zur Hauptsache, BAG KTS **86**, 691, Nürnb OLGZ **82**, 380. Ausreichend kann zB ein neuer Scheidungsantrag sein, Bre FamRZ **98**, 1517. Ob die Aufnahme unzulässig und deshalb unwirksam ist, muß man freilich prüfen, Nürnb OLGZ **82**, 380. § 295 ist aber anwendbar.

8 *Nicht ausreichend sind zB:* Die bloße Vereinbarung zwischen den Parteien über eine Aufnahme; die Zustellung eines Urteils; die Mitteilung des Todes durch den Kanzleiabwickler; ein bloßer Antrag auf die Bewilligung einer Prozeßkostenhilfe für ein Rechtsmittel, § 117; ein Antrag, das Gericht möge die Aufnahme des Verfahrens von Amts wegen aussprechen oder zunächst dem Gegner eine Frist zur Bestellung eines dort zugelassenen bzw postulationsfähigen Anwalts setzen. Denn in diesen Fällen kommt nicht genügend klar zum Ausdruck, daß das Verfahren schon durch die Zustellung des Schriftsatzes aufgenommen worden ist.

9 **7) Entscheidung.** Das Gericht erklärt die Zulässigkeit der Aufnahme durch ein Zwischenurteil nach § 303 oder in den Entscheidungsgründen des zur Sache ergehenden Endurteils. Soweit der Prozeßgegner die Wirksamkeit der Aufnahme bestreitet oder soweit das Gericht die Unzulässigkeit der Aufnahme von Amts wegen beachten muß, erläßt es ein Endurteil auf die Zurückweisung der Aufnahme oder auf die Verwerfung des zugehörigen Rechtsmittels.

10 **8) Verstoß.** Ein Verstoß gegen § 250 ist nach § 295 heilbar. Das gilt auch dann, wenn die Partei ihr Rechtsmittel vor der Aufnahme eingelegt hatte.

11 **9) VwGO:** *Entsprechend anzuwenden, § 173 VwGO, OVG Lüneb NVwZ-RR **95**, 237. Voraussetzung ist die Zulässigkeit der Aufnahme durch die Parteien, zB nach § 246 II, BFH BStBl **91** II 101. In diesen Fällen erfolgt keine Aufnahme durch das Gericht vAw, RedOe § 94 Anm 13, aM Ey § 61 Rn 15.*

251

Ruhen des Verfahrens. ¹Das Gericht hat das Ruhen des Verfahrens anzuordnen, wenn beide Parteien dies beantragen und anzunehmen ist, dass wegen Schwebens von Vergleichsverhandlungen oder aus sonstigen wichtigen Gründen diese Anordnung zweckmäßig ist.
²Die Anordnung hat auf den Lauf der im § 233 bezeichneten Fristen keinen Einfluss.

Schrifttum: *Fichtner,* Grenzen des richterlichen Ermessens bei Aussetzung und Ruhen des Verfahrens in der ZPO usw, 1996; *Liermann,* Ruhen des Verfahrens als Verwirkungsgrund, Diss Bonn 1997.

Gliederung

1) Systematik, S 1, 2 1	3) Geltungsbereich, S 1, 2 3
2) Regelungszweck, S 1, 2 2	4) Voraussetzungen, S 1 4–6

Titel 5. Unterbrechung und Aussetzung des Verfahrens **§ 251**

A. Anträge beider Parteien, S 1 Hs 1 4	8) **Aufnahmeverfahren**, S 1, 2 11
B. Zweckmäßigkeit wegen Vergleichsverhandlungen oder sonstigen wichtigen Grundes, S 1 Hs 2 .... 5, 6	A. Ablehnung einer Aufnahme, S 1 Hs 2 12
	B. Verfahren nach Aufnahme 13
5) **Entscheidung**, S 1 .... 7, 8	9) **Rechtsbehelfe im Aufnahmeverfahren**, S 1, 2 14
6) **Wirkung**, S 1, 2 9	10) *VwGO* 15
7) **Aufnahmegrundsätze**, S 1, 2 10	

1) Systematik, S 1, 2. Das Ruhen des Verfahrens im Sinn des § 251 ist ein Sonderfall der Aussetzung **1** nach §§ 148 ff, Ffm FamRZ **78**, 919. § 251 a gilt mit Vorrang.

2) Regelungszweck, S 1, 2. Vgl zunächst Üb 2 vor § 239. Das Gesetz hat den Parteien die Herrschaft **2** über das Ruhen wegen ihrer Förderungspflicht nach Grdz 12 vor § 128 grundsätzlich entzogen, Ffm FamRZ **78**, 919. Man darf das Ruhen nicht mit einem rein tatsächlichen Stillstand des Verfahrens verwechseln, Üb 1, 2 vor § 239, aM ZöGre 1 (aber das Ruhen hat beträchtlichen Rechtscharakter). Es führt auch nicht zur Verfahrensbeendigung, Düss MDR **91**, 550.

Prozeßwirtschaftlichkeit nach Grdz 14 vor § 128 ist das eindeutig maßgebliche Merkmal der Vorschrift. Zwar steht zunächst mit dem weiteren Erfordernis beiderseitiger Anträge die Parteiherrschaft nach Grdz 18 vor § 128 im Vordergrund. Liegen solche Anträge vor, so „hat" das Gericht gleichwohl nur bei „Zweckmäßigkeit" Recht und Pflicht zur Anordnung des Ruhens. Nach dem Wegfall früherer Wartefrist kann und muß überdies das Verfahren weiterlaufen, sobald auch nur eine der Parteien einen Aufnahmeantrag stellt, Rn 10. Auch darin zeigt sich das Gebot der Prozeßwirtschaftlichkeit in Gestalt der gerichtlichen Pflicht zur Verfahrensförderung, § 139 Rn 8. Infolgedessen darf und muß man die Einzelbegriffe der Vorschrift ganz auf eine solche Behandlung hin auslegen, die den vorstehenden Grundsätzen möglichst nahekommt. Das kann zu einer Tendenz für wie gegen das Ruhen führen.

3) Geltungsbereich, S 1, 2. Die Vorschrift ist grundsätzlich in allen Verfahren nach der ZPO anwend- **3** bar. Sie ist auch im SGG-Verfahren anwendbar, BSG NJW **77**, 864, und im WEG-Verfahren anwendbar, BayObLG RR **88**, 16.

Eine Anordnung des Ruhens ist allerdings *nicht* zulässig, wenn es sich um ein seiner Art nach *eiliges* Verfahren handelt, etwa um ein selbständiges Beweisverfahren, §§ 485 ff, aM KG RR **96**, 1086 (aber das widerspräche ganz dem Eilverfahren), oder um den Urkunden- oder Wechselprozeß, §§ 592 ff, 602, oder um ein vorläufiges Verfahren auf den Erlaß eines Arrests oder einer einstweiligen Verfügung, § 148 Rn 35, Grdz 13 vor § 916. Im Fall einer Anspruchsmehrheit muß man § 145 beachten. Beim Kostenfestsetzungsverfahren wirkt sich das Ruhen des Hauptsacheverfahrens nur dann mit aus, wenn die Parteien auch das wünschen, Naumb JB **94**, 686.

4) Voraussetzungen, S 1. § 251 ist nach seinem Wortlaut eine Mußvorschrift. Das im Gesetzestext **4** stehende Wort „zweckmäßig" bedeutet aber in Wahrheit, daß das Gericht einen Ermessensspielraum hat. Das übersieht wohl Ffm FamRZ **78**, 919. Das Gericht muß sein Ermessen natürlich pflichtgemäß ausüben.

A. Anträge beider Parteien, S 1 Hs 1. Es müssen Anträge beider Parteien vorliegen, Düss JB **91**, 686, auch ein Antrag des Streithelfers im Rahmen der §§ 67, 69. Insoweit unterscheidet sich § 251 erheblich von § 227 I Z 3. Denn dort reicht das Einvernehmen gerade nicht, um einen dort „erheblichen" Grund auch nur zur bloßen Vertagung zu bieten. Demgegenüber geht in § 251 die Rechtsfolge ja an sich viel weiter. Das gilt auch dem Wegfall der früheren Zwangs-Wartefrist nach II aF. „Neuer Termin nur auf Antrag" mag daher als zulässige Anordnung des Ruhens umdeutbar sein. Jeder Streitgenosse nach § 59 muß den Antrag selbständig stellen. Ein Ruhen des Verfahrens im Hinblick auf nur einzelne Streitgenossen kommt selten vor. In einem solchen Fall ist eine Prozeßtrennung nach § 145 ratsamer. Bei notwendigen Streitgenossen muß man § 62 beachten. Ein Ruhen nur wegen einzelner Teile des Streitgegenstands nach § 2 Rn 3 ist unzulässig.

Nicht ausreichend sind: Der Antrag nur einer Partei; ihre Erklärung, der Prozeßgegner sei einverstanden; allein die Behauptung nur einer Partei, es schwebten Vergleichsverhandlungen. Freilich mag der Gegner in einer ihm gesetzten Frist zur Stellungnahme durch Stillschweigen seinerseits einen „Antrag" stellen. Aber Vorsicht! Der Antrag ist eine Parteiprozeßhandlung, Grdz 47 vor § 128, Düss JB **91**, 686. Man muß ihn schriftlich oder in der mündlichen Verhandlung stellen. Ein Anwaltszwang gilt wie sonst, § 78 Rn 1. Beim AG ist er auch zum Protokoll des Urkundsbeamten zulässig, § 496, also ohne Anwaltszwang, § 78 V Hs 2. Man kann seinen Antrag bis zur Wirksamkeit der Anordnung nach Rn 7 ohne Angabe von Gründen widerrufen. Der Antrag bewirkt noch nicht die Unterbrechung einer Frist, zB derjenigen zur Revisionsbegründung, BFH BB **85**, 1719.

B. Zweckmäßigkeit wegen Vergleichsverhandlung oder sonstigen wichtigen Grundes, S 1 Hs 2. 5 Aus dem Wort „und" in S 1 folgt: Zusätzlich zu den beiderseitigen Anträgen nach Rn 4 muß sich ergeben, daß das Ruhen des Verfahrens zweckmäßig ist, AG Königstein NJW **03**, 1955. Vergleichsverhandlungen zwischen den Parteien können das Ruhen zweckmäßig machen, selbst wenn die Sache entscheidungsreif ist. Auch insoweit stellt § 251 geringere Anforderungen als § 227 I Z 3, obwohl die Rechtsfolgen des Ruhens zumindest formell zunächst weiterreichen als eine bloße Vertagung, Rn 4. Weitere Fälle der Zweckmäßigkeit liegen bei „sonstigen wichtigen Gründen" vor. Es kommen zB in Betracht: Es fehlt noch ein § 15 a EGZPO notwendiges obligatorisches Güteverfahren, Grdz 49 vor § 253, AG Königstein NJW **03**, 1955; eine Partei hat den Scheidungsantrag verfrüht eingereicht (man muß aber den § 623 beachten), KG FamRZ **77**, 810, Karlsr NJW **78**, 1388; man will eine Beweisaufnahme abwarten, die in einer anderen Sache stattfinden soll und deren Ergebnisse für den vorliegenden Prozeß vorgreiflich sein können; die Zustimmungsfrist des Mieters zu einem erst im Prozeß ausreichend begründeten Mieterhöhungsverlangen nach §§ 558 ff BGB ist bis zum Termin noch nicht abgelaufen, Barthelmess WoM **83**, 766.

Kein wichtiger Grund liegt bei einer Eilbedürftigkeit vor, §§ 485 ff, 620 ff, 915 ff, 935 ff.

§ 251

6 Eine *Glaubhaftmachung* nach § 294 ist nicht notwendig. Die Angaben zur Zweckmäßigkeit müssen aber glaubhaft sein. Das ergibt sich aus den Worten „wenn anzunehmen ist" im Gesetz. Das Gericht muß darauf achten, daß die Parteien nicht auf dem Weg übereinstimmender Anträge nach § 251 in Wahrheit lediglich eine nach § 227 I Z 3 gerade nicht ausreichende und deshalb verschleierte Vertagungsvereinbarung durchsetzen.

7 **5) Entscheidung, S 1.** Das Gericht entscheidet auf Grund einer freigestellten mündlichen Verhandlung, § 128 IV. Es entscheidet durch einen Beschluß, § 329. Er ist schon vor einer mündlichen Verhandlung und bis zur Verkündung derjenigen Entscheidung zulässig, die den Rechtszug beendet. Das Gericht muß seinen Beschluß grundsätzlich begründen, § 329 Rn 4. Er wird verkündet, § 329 I 1, oder beiden Parteien förmlich zugestellt, §§ 252, 329 III Hs 2. Eine Verfügung des Einzelrichters nach §§ 348, 348 a, 524, 527, 568 und des Amtsrichters genügt, nicht aber eine solche des Vorsitzenden des Kollegiums.

8 *Rechtsbehelfe:* § 252.

9 **6) Wirkung, S 1, 2.** Das Ruhen des Verfahrens hat grundsätzlich dieselbe Wirkung wie eine Aussetzung nach § 249, Karlsr MDR **93**, 471, Naumb JB **94**, 686, LAG Drsd MDR **01**, 834. Sie hat aber nicht weitere Wirkungen, Düss MDR **91**, 550. Es ergibt sich allerdings aus S 2 die Abweichung, daß das Ruhen den Lauf der in § 233 bezeichneten Fristen nicht berührt. Dazu zählen auch die in § 233 Rn 4–15 genannten weiteren Fristen. Hierher zählen zB: Eine Notfrist, § 224 I 2; eine Rechtsmittelfrist, §§ 517, 548, eine Rechtsmittelbegründungsfrist, §§ 518, 551 II; die Frist zum Antrag auf eine Wiedereinsetzung, § 234. Daher kann eine nicht angefochtene Entscheidung Rechtskraft erhalten. Alle anderen Fristen, ausgenommen die uneigentlichen nach § 249 Rn 4, hören also auf und laufen nach der Beendigung des Ruhens von vorn. Nach der Anordnung des Ruhens verkündet das Gericht keine Entscheidung mehr, § 249 Rn 13. Schon die Vereinbarung des Stillstands und nicht erst die entsprechende gerichtliche Anordnung, auf die BGH RR **88**, 279 (zu § 251a) abstellt, lassen grundsätzlich die Verjährung nicht neu beginnen, so schon BGH NJW **01**, 219. Wenn das Ruhen des Verfahrens in Wahrheit erst seiner Förderung dient, wirkt die Unterbrechung weiter. Eine neue Verjährungsfrist ist bei einem Beschluß des Ruhens bis zum Ablauf der Dreimonatsfrist oder bis zu einer vorzeitigen Aufnahme desjenigen Verfahrens gehemmt, der das Gericht zustimmt. Eine Zustellung, ein Schriftsatz und ein Antrag an das Gericht sind jederzeit zulässig und wirksam.

10 **7) Aufnahmegrundsätze, S 1, 2.** Das Gericht nimmt ein ruhendes Verfahren grundsätzlich nicht von Amts wegen auf, Ffm FamRZ **78**, 920. Das gilt auch bei § 251a III, LG Bln MDR **93**, 476. Wenn das Gericht allerdings nach Rn 3 fehlerhaft, das Ruhen des Verfahrens nur wegen eines Teils des Streitgegenstands im Sinn von § 2 Rn 3 angeordnet hatte, darf und muß es von Amts wegen insoweit unverzüglich einen Verhandlungstermin bestimmen, § 216. Jede Partei kann das Verfahren nach § 250 wieder aufnehmen, Köln FamRZ **03**, 689. Das gilt jetzt infolge Wegfalls des früheren II ohne die Zustimmung des Gerichts zu dieser Aufnahme auch schon vor dem Ablauf von drei Monaten seit dem Wirksamwerden der Anordnung des Ruhens. Ein wichtiger Aufnahmegrund ist nach dem Wegfall des früheren II nicht mehr erforderlich. Der Aufnahmeantrag bedarf überhaupt keiner Begründung. Man kann ihn sogar formell zulässig unmittelbar nach der Anordnung des Ruhens stellen, etwa direkt nach einer beiderseits versäumten Verhandlung. Man kann das Gericht dadurch zur sofortigen Anberaumung des neuen Termins auf den nächsten freien Sitzungstag zwingen, § 216 Rn 17. Das geschieht mit solchem Hergang gar nicht selten. Ein Aufnahmeantrag ist nur bei Rechtsmißbrauch unbeachtlich, Einl III 54, Rn 11.

11 **8) Aufnahmeverfahren, S 1, 2.** Wenn das Gericht einen Aufnahmeantrag als bloßen Rechtsmißbrauch erkennt, Einl III 54, Rn 10, ist es weder berechtigt noch verpflichtet, den Gegner über diesen Antrag anzuhören. Das Gericht verfügt einfach, die Eingabe zu den Akten zu nehmen. Es wartet ab, ob sich der Antragsteller und/oder dessen Gegner nochmals melden. Andernfalls übersendet das Gericht den Antrag zunächst dem Antragsgegner zur Stellungnahme innerhalb einer angemessenen Frist. Da das Verfahren derzeit noch ruht, sollte das Gericht seine Frist nicht zu kurz bemessen. Die Übersendung zur etwaigen Stellungnahme bedeutet nur dann, daß das Gericht der Aufnahme die Zustimmung erteilt, wenn diese Zustimmung eindeutig erkennbar wird. Das kann man selbst dann nicht unbedingt annehmen, wenn das Gericht zu einer Stellungnahme zB zu neuen Beweisanträgen usw auffordert. Im Zweifel will sich das Gericht die Entscheidung über seine etwa erforderliche Zustimmung noch bis zum Eingang der erbetenen Stellungnahme vorbehalten. Eine bloße Terminsladung ohne Übermittlung des alleinigen gegnerischen Aufnahmeantrags ist nicht im Sinn von § 335 I Z 2 ordnungsmäßig.

12 **A. Ablehnung einer Aufnahme, S 1 Hs 2.** Eine Entscheidung im Aufnahmeverfahren erfolgt allenfalls, soweit das Gericht erkennt, daß kein wirksamer Aufnahmeantrag nach § 250 vorliegt. Insofern lehnt das Gericht nach einer freigestellten mündlichen Verhandlung im Sinn von § 128 IV die Aufnahme als derzeit unzulässig durch einen Beschluß ab, § 329. Es muß seinen Beschluß begründen, § 329 Rn 4, und wie sonst mitteilen. Er enthält keine Kostenentscheidung.

13 **B. Verfahren nach Aufnahme, S 1, 2.** Vgl § 250.

14 **9) Rechtsbehelfe im Aufnahmeverfahren, S 1, 2.** S § 252.

15 **10) *VwGO*:** Entsprechend anzuwenden, § 173 *VwGO*, BVerwG NJW **62**, 1170, OVG Münst NJW **62**, 1931. *Anordnung des Ruhens beim Schweben eines Musterprozesses:* Gerhardt/Jacob DÖV **82**, 346, VGH Mü BayVBl **64**, 125. Ein Antrag der Hauptbeteiligten und ggf des notwendigen Beigeladenen ist nötig, OVG Lüneb NVwZ-RR **02**, 788, RedOe § 94 Anm 14, offen gelassen von BVerwG Buchholz 303 § 251 Nr 1, abw VGH Kassel AS **21**, 104 (auch des einfachen Beigeladenen). Gegen den ablehnenden Beschluß des VG ist die Beschwerde zulässig, OVG Münst NJW **62**, 1931, vgl § 252 Rn 10. Eine Sonderregelung enthält § 80a iVm § 32a I AsylVfG.

Titel 5. Unterbrechung und Aussetzung des Verfahrens **§ 251a**

251a *Säumnis beider Parteien; Entscheidung nach Lage der Akten.* ¹Erscheinen oder verhandeln in einem Termin beide Parteien nicht, so kann das Gericht nach Lage der Akten entscheiden.

II ¹ Ein Urteil nach Lage der Akten darf nur ergehen, wenn in einem früheren Termin mündlich verhandelt worden ist. ²Es darf frühestens in zwei Wochen verkündet werden. ³Das Gericht hat der nicht erschienenen Partei den Verkündungstermin formlos mitzuteilen. ⁴Es bestimmt neuen Termin zur mündlichen Verhandlung, wenn die Partei dies spätestens am siebenten Tage vor dem zur Verkündung bestimmten Termin beantragt und glaubhaft macht, dass sie ohne ihr Verschulden ausgeblieben ist und die Verlegung des Termins nicht rechtzeitig beantragen konnte.

III Wenn das Gericht nicht nach Lage der Akten entscheidet und nicht nach § 227 vertagt, ordnet es das Ruhen des Verfahrens an.

Gliederung

1) Systematik, I–III 1	A. Frühere mündliche Verhandlung 17
2) Regelungszweck, I–III 2	B. Verkündungstermin 18–20
3) Geltungsbereich, I–III 3	C. Mitteilung 21
4) Zuständigkeit, I–III 4	8) Neuer Verhandlungstermin, II 4 22–26
5) Voraussetzungen einer Aktenlageentscheidung, I 5	A. Antrag 22
	B. Glaubhaftmachung 23
6) Entscheidung im allgemeinen, I, II ... 6–15	C. Von Amts wegen 24
A. Grundsatz: Ermessen 6, 7	D. Stattgebende Entscheidung 25
B. Kein Versäumnisurteil 8	E. Ablehnende Entscheidung 26
C. Voraussetzungen im einzelnen 9, 10	9) Vertagung oder Ruhen, III 27–29
D. Verwendbarkeit des Akteninhalts im einzelnen 11–14	A. Vertagung 27
	B. Ruhen 28, 29
E. Fortwirkung 15	10) Rechtsbehelfe, I–III 30
7) Urteil nach Lage der Akten, II 1–3 16–21	11) *VwGO* 31

1) Systematik, I–III. Die Vorschrift regelt den Fall der beiderseitigen Säumnis, Üb 3 vor § 330, im **1** Termin zur mündlichen Verhandlung vor dem Prozeßgericht trotz der Förderungspflicht der Parteien, Grdz 12 vor § 128. Sie regelt also nicht den Fall des entschuldigten Ausbleibens, § 337 Rn 1, BAG BB **86**, 1232.

2) Regelungszweck, I–III. Vgl zunächst Üb 2 vor § 239. Bei einer geeigneten Handhabung ist § 251a **2** ein wirksames Mittel zur Förderung des Prozesses im Interesse der Prozeßwirtschaftlichkeit, Grdz 14 vor § 128. Das gilt D. dann, wenn ein Anwalt aus Standesgründen kein Versäumnisurteil beantragt. Das Gericht sollte wenn irgend möglich zB einen etwa notwendigen Beweis beschließen. Es kann sich wie folgt verhalten: Es kann nach der Aktenlage entscheiden, I; es kann vertagen, § 227; es kann das Ruhen des Verfahrens anordnen, III; es kann sich auf einen Aktenvermerk beschränken, daß nichts zu veranlassen ist. Es ist verpflichtet, diejenige Maßnahme zu wählen, die ihm am zweckmäßigsten erscheint. Das Gericht hat insofern ein pflichtgemäßes Ermessen und einen weiten Ermessensspielraum.

Ein Parteiantrag auf Entscheidung nach Aktenlage kann auch bei § 251a infragekommen. Denn Nichtverhandeln nach I heißt ja nur: Nichtstellen eines Sachantrags, Rn 5. Ein bloßer Prozeßantrag ist noch kein Sachantrag, § 297 Rn 5. Eine Aktenlageentscheidung bringt die Chance des Instanzgewinns und das Risiko des Instanzverlustes mit sich. Bei aller Pflicht zur Fairness nach Einl III 23 muß sich das Gericht doch oft die Freiheit bewahren, erst in der abschließenden Beratung zum Ergebnis zu kommen. Bei klarer Sachlage darf aber auch erst recht keine Überraschungsentscheidung ergehen, § 139 Rn 36. Die Folgen eines Aktenlageantrags sollten dem Antragsteller einigermaßen abschätzbar sein.

3) Geltungsbereich, I–III. Es gelten dieselben Regeln wie bei § 251 Rn 3. Zu einer Entscheidung nach **3** Lage der Akten nach § 227 II BauGB ist keine der Voraussetzungen nach I erforderlich. I, II gelten auch in arbeitsgerichtlichen Urteils- oder Beschlußverfahren, Lepke DB **97**, 1569.

4) Zuständigkeit, I–III. Zuständig ist das Gericht, also das Kollegium, der Einzelrichter nach §§ 348, **4** 348 a, 526, 527, 568, der Vorsitzende der Kammer für Handelssachen nach § 349 II Z 5.

5) Voraussetzungen einer Aktenlageentscheidung, I. Jede Entscheidung nach Lage der Akten setzt **5** voraus, daß beide Parteien nach Grdz 4 vor § 50 nach ordnungsgemäßem Aufruf nach § 220 ausbleiben, evtl auch der Streithelfer nach § 67. 15 Minuten Wartezeit genügen jedenfalls, erst nach 20 Minuten, Köln MDR **91**, 896. Es reicht auch aus, daß beide erschienenen Parteien gleichwohl nicht verhandeln, §§ 137 Rn 7, § 297 Rn 1–3, oder daß die allein erschienene oder vertretene Partei keinen Antrag zur Sache stellt, § 333, Köln MDR **91**, 896. Das gilt auch dann, wenn das Gericht eine Vertagung oder eine Verlegung abgelehnt hat. Denn die Parteien können eine Vertagung nicht wirksam vereinbaren, § 227 I. Das Gericht muß die Parteien wirksam zum Termin geladen haben. Ein Ladungsnachweis etwa in der Form einer bei den Akten befindlichen Zustellungsurkunde ist aber nicht erforderlich. Es genügt vielmehr, daß sich aus den Akten ergibt, daß das Gericht die Einlassungsfrist nach § 274 III oder die Ladungsfrist nach § 217 gewahrt hat. Dieser Umstand kann sich zB daraus ergeben, daß die Partei eine Antwort angekündigt hat, § 189. Eine Entscheidung nach Lage der Akten braucht durchaus nicht nur in einem Urteil zu bestehen, Rn 6. Das wird oft übersehen. Es ist zB auch ein Beweisbeschluß nach Lage der Akten zulässig. Das Gericht mag ihn eher als ein Urteil erlassen. Ein Urteil setzt jedenfalls voraus, daß die Ladung ein einwandfrei nachweisbar ist. Denn das Urteil schließt die Instanz für die Partei und bildet einen Vollstreckungstitel.

„*Termin*" ist nur ein solcher zu einer notwendigen mündlichen Verhandlung, § 128 Rn 4. Das Gericht muß die Sache ordnungsgemäß aufgerufen haben, § 220 I. § 332 ist anwendbar.

§ 251a

Das Verfahren nach § 251 a setzt *keinen Antrag* auf den Erlaß einer Entscheidung nach Lage der Akten voraus. Es geht ja von einer beiderseitigen Säumnis der Parteien aus. Immerhin kann ein derartiger „Antrag" unter Umständen dahin auslegbar sein, daß die Partei dem Gericht anheimstellt, nach § 251 zu verfahren. Vgl dazu insbesondere § 331 a Rn 5. Eine Partei hat einen Antrag zur Sache nach I bereits dann gestellt, wenn sie lediglich den Erlaß einer Versäumnisentscheidung nach § 330 oder nach § 331 beantragt. Ein Antrag nach I ist nicht stets auch als Antrag auf Verlängerung einer laufenden Rechtsmittelbegründungsfrist auslegbar, BGH RR **01**, 572.

6 **6) Entscheidung im allgemeinen, I, II.** Das Gericht ist oft nicht mutig genug.

A. Grundsatz: Ermessen. Das Gericht erläßt im Rahmen seines pflichtgemäßen Ermessens nach der Aktenlage jede ihm notwendig oder ratsam erscheinende sachliche Entscheidung. Es ergeht also zB ein Urteil, § 300, ein Teilurteil, § 301, einen Aufklärungsbeschluß, § 273, einen Beweisbeschluß, § 358, eine Entscheidung auf die Verbindung mehrerer Prozesse oder auf deren Trennung, §§ 145 ff, ein Verweisungsbeschluß nach § 281, ein Nachfrist-Bewilligungsbeschluß nach § 283 (er ist kein Aktenlageentscheidung und daher ohne deren Wirkung). Soweit die Voraussetzungen der §§ 227, 335 vorliegen, muß das Gericht vertagen.

7 Ein Urteil nach Lage der Akten darf nur dann ergehen, wenn die Sache *entscheidungsreif* ist, § 300 Rn 6, BVerfG **69**, 255. Das Gericht darf sein auch dann verbleibendes Ermessen nicht mißbrauchen. § 128 II stellt andere schärfere Anforderungen. Denn er betrifft keinen Fall der Säumnis. Es ist stets zulässig und fast stets ratsam, am Ende der Verhandlung nur Termin zur Verkündung einer „Entscheidung" festzusetzen und zu verkünden, nicht einen Termin zur Verkündung einer Entscheidung „nach Lage der Akten" oder gar eines „Urteils nach Lage der Akten". Denn so behält man die Möglichkeit, nach Beratung die geplante Art der Entscheidung frei ändern zu können, ohne sich durch die Ankündigung festgelegt zu haben. Üblich und bequem ist es, lediglich die Mitteilung zu protokollieren, das Gericht habe „Verkündungstermin am Sitzungsschluß" oder „am ..." angesetzt. Auch ist es zulässig, an diesem Sitzungsende zu verkünden: „Weiterer Verkündungstermin am ...", um weitere Zeit zur Beratung usw ohne Notwendigkeit zusätzlicher Ladungen zu gewinnen, § 218.

8 **B. Kein Versäumnisurteil.** Ein Urteil nach Lage der Akten ist kein Versäumnisurteil, sondern ein streitmäßiges, Üb 13 vor § 330. Deshalb kann man es nur mit den gegen ein streitiges Endurteil statthaften Rechtsmitteln anfechten, §§ 511 ff, 542 ff, nicht etwa mit einem Einspruch nach §§ 338, 700.

9 **C. Voraussetzungen im einzelnen.** Die Entscheidung nach § 251 a hat mit der Entscheidung nach § 128 II Ähnlichkeit. Jedoch tritt als Ersatz für den Schluß der mündlichen Verhandlung nach §§ 136 IV, 296 a anstelle des Zeitpunkts der Einverständniserklärung der Zeitpunkt des Termins. Ein Einverständnis ist auch nicht erforderlich. Vielmehr kann eine Entscheidung nach Lage der Akten auch dann ergehen, wenn eine Partei ihr schriftlich widerspricht.

10 Der *Unterschied* zwischen § 251 a und § 128 II liegt in der Natur der ersteren Vorschrift als einer Versäumnisregelung. Daher sind wegen der Säumnis geringere Anforderungen an die Klärung nötig. Da eine Entscheidung ergeht, als ob die Parteien sie beantragt hätten, gilt auch § 138 III, ZöGre 5, aM StJSchu 15 (aber das wäre inkonsequent). Eine gegnerische Behauptung gilt also insoweit als zugestanden, als sie nicht bestritten worden ist, vorbehaltlich des etwa zulässigen Bestreitens in der zweiten Instanz oder im weiteren Verfahren der ersten Instanz. Deshalb darf das Gericht eine Entscheidung auch dann treffen, wenn eine Partei eine wesentliche Behauptung eingereicht hat, der Gegner aber noch nicht auf sie geantwortet hat. Es reicht aus, daß die Partei die Behauptung schriftlich aufstellen durfte und daß ihre Abgabe bei einer sorgfältigen Prozeßführung nach §§ 282, 283 für den Gegner zu erwarten war. Andernfalls und dann, wenn das Gericht voraussieht, daß der Rechtsstreit an ein anderes Gericht abgegeben werden muß oder daß ein Beweisaufnahmeverfahren notwendig wird, sollte das Gericht noch keine Entscheidungsreife annehmen und daher kein Urteil nach Aktenlage erlassen. Jedenfalls muß das Gericht auch im Aktenlageverfahren den Grundsatz des rechtlichen Gehörs beachten, Artt 2 I, 20 III GG, BVerfG **101**, 404 (Rpfl), Art 103 I GG (Richter), Einl III 16. Das Gericht darf daher für seine Entscheidung nur denjenigen Streitstoff verwenden, der beiden Parteien zugänglich war, § 286 Rn 13.

11 **D. Verwendbarkeit des Akteninhalts im einzelnen.** Das Gericht darf die folgenden Akteinteile berücksichtigen.

Das Gericht darf einen *Antrag* berücksichtigen, soweit ihn der Antragsgegner rechtzeitig zur Kenntnis erhalten hat. Etwas anderes gilt bei einem reinen Prozeßantrag, § 297 Rn 2.

12 Das Gericht darf einen *Schriftsatz*, eine Urkunde, ein Gutachten usw berücksichtigen, wenn es begründete Anhaltspunkte dafür hat, daß dieses Schriftstück dem Gegner zumindest zur Kenntnis gekommen ist. Natürlich muß das Gericht die extra wirksame Rücknahme berücksichtigen. Es muß einen wirksamen Widerruf usw ebenfalls beachten. § 296 ist grundsätzlich unanwendbar.

13 Das Gericht darf den gesamten *mündlichen Vortrag* beider Parteien in früheren Verhandlungsterminen berücksichtigen, soweit dieser Vortrag noch in der Erinnerung aller jetzt entscheidenden Richter ist.

14 Das Gericht darf den gesamten Inhalt eines *Protokolls* nach §§ 159 ff über einen früheren Verhandlungs- oder Beweisaufnahmetermin berücksichtigen, BGH NJW **02**, 301. Das gilt freilich nur, soweit die Parteien von diesem Protokoll Kenntnis haben oder bei einer sorgsamen Prozeßführung haben mußten. Der letztere Fall liegt auch dann vor, wenn die Parteien an dem Termin hätten teilnehmen können und wenn sie nicht beantragt haben, ihnen ein Protokoll zu übersenden, und wenn sie auch kein Protokoll von Amts wegen erhalten haben. Ein Richterwechsel steht ungeachtet des § 309 einer Entscheidung nach Lage der Akten nicht entgegen, soweit die in den Akten befindlichen Schriftsätze oder Protokolle den Inhalt der früheren Verhandlungen ausreichend ergeben. Allerdings scheidet die Möglichkeit einer Berücksichtigung nach Rn 13 in solchem Fall grundsätzlich aus. Eine Klagerweiterung nach §§ 263, 264 steht einer Entscheidung nach Aktenlage nicht entgegen, wenn die ursprüngliche Klage zum Gegenstand einer Verhandlung zur Sache

Titel 5. Unterbrechung und Aussetzung des Verfahrens § 251a

gemacht worden war und wenn der sachlichrechtliche Anspruch inhaltlich im wesentlichen unverändert ist, Düss RR **94**, 893.

Die Partei braucht die *Frist* des § 132 *nicht* einzuhalten. Das Gericht darf einen erst am Terminstag eingehenden Schriftsatz nur dann beachten, wenn er spätestens in demjenigen Zeitpunkt zur Akte gelangt ist, in dem der Vorsitzende sie weggelegt hatte. Dieser Zeitpunkt steht dem Schluß der mündlichen Verhandlung gleich. Das Gericht kann aber einen später zur Akte kommenden Schriftsatz zum Anlaß nehmen, von einer Entscheidung nach Lage der Akten abzusehen.

E. Fortwirkung. Was eine Entscheidung nach Aktenlage einmal in den Prozeß eingeführt hat, bleibt **15** ebenso wie ein mündlicher Vortrag wirksam. Es läßt also einen Widerruf nur nach denselben Regeln wie beim mündlichen Vortrag zu, §§ 318, 329 Rn 16–18. Das gilt aber nur bei einer endgültigen Entscheidung nach Aktenlage. Wenn das Gericht lediglich einen jederzeit abänderbaren Beweisbeschluß nach Aktenlage erlassen hat, kann er die Partei ebensowenig wie ihre Säumnis endgültig binden, zumal sie ein Urteil abwenden kann, RoSGo § 108 III 2 c, aM StJSchu 20 (aber es kommt auf die Abänderbarkeit seitens des Gerichts an). Auch für eine Klage nach § 323 oder nach § 767 steht die Weglegung der Akten insofern dem Schluß der mündlichen Verhandlung gleich.

7) Urteil nach Lage der Akten, II 1–3. Das Gericht muß ein Urteil nach der Aktenlage verkünden, **16** § 311. Im sog Rubrum nach § 313 Rn 4–10 heißt es statt der Angabe des Tages der letzten mündlichen Verhandlung, die Entscheidung ergehe „nach Lage der Akten am ...". Hier steht das Datum des versäumten Termins. Der Verkündungszeitpunkt ergibt sich ja aus dem Verkündungsvermerk, § 315 III. Das Urteil wird nach § 317 von Amts wegen zugestellt. S 1–3 gilt für jede Art von Urteil, auch für ein Zwischenurteil, zB nach § 303. Ein Urteil nach Lage der Akten ist nur unter folgenden Voraussetzungen zulässig:

A. Frühere mündliche Verhandlung. Es muß bereits in einem früheren Termin eine mündliche **17** Verhandlung im Sinn von § 279 I stattgefunden haben, LAG Bre MDR **04**, 112, und zwar in derselben Instanz, Karlsr MDR **95**, 637. Das gilt auch dann, wenn die Klage offensichtlich unzulässig oder unbegründet ist, es sei denn, es handelt sich um die Verwerfung des Rechtsmittels nach §§ 522, 552. Sie braucht nicht vor demselben Richter erfolgt zu sein, § 309. Es reicht aus, daß in einem Termin die eine Partei verhandelt hat, im anderen die andere, RoSGo § 108 II 4 a, ThP 3, aM MüKoFei 18, StJR 23, ZöGre 3 (aber man sollte prozeßwirtschaftlich vorgehen, Grdz 14 vor § 128). Auch eine beiderseits nichtstreitige Verhandlung genügt, zB wegen eines Anerkenntnisses, das nur noch nicht zum Anerkenntnisurteil nach § 307 hatte führen können. Diese frühere Verhandlung braucht nur dann nicht stattgefunden zu haben, wenn beide Parteien eindeutig und unbedingt mit einem Urteil nach Lage der Akten einverstanden sind. Nach einer Zurückverweisung nach §§ 538, 563 ist keine neue Verhandlung notwendig, auch nicht vor einem anderen Kollegium, wohl aber im Nachverfahren.

Eine Verhandlung vor dem *Einzelrichter* genügt, (jetzt) §§ 348, 348 a, 526, 527, 568, Ffm FamRZ **79**, 290, Karlsr MDR **95**, 637, auch eine Verhandlung vor einem Gericht, das den Rechtsstreit anschließend nach § 281 usw verwiesen hat. Die Verhandlung braucht nicht über den gesamten Streitstoff stattgefunden zu haben, zB nicht unbedingt über eine nachträglich erhobene Widerklage, Anh § 253, und nicht bei bloßer Zinserhöhung, Düss RR **94**, 892. Sie muß aber zur Sache stattgefunden haben, § 137 Rn 2, und zwar zur Hauptsache, § 39 Rn 6, soweit das Gericht nach der Aktenlage über die Hauptsache entscheiden will. Eine Güteverhandlung vor dem Vorsitzenden nach § 54 ArbGG reicht, ArbG Bln BB **87**, 1536, Lepke DB **97**, 1569. Eine Güteverhandlung nach § 278 reicht nicht. Denn sie war gerade noch keine „mündliche" Verhandlung, § 278 Rn 3. Eine Verhandlung im Urkundenprozeß reicht nicht beim Ausbleiben usw erst im Nachverfahren nach § 600. Nach der mündlichen Verhandlung darf keine Klagänderung eingetreten sein, § 263, KG ZZP **56**, 197. Vgl freilich § 264. Es reicht nicht aus, daß die Verhandlung in irgendeinem anderen Punkt streitig war.

B. Verkündungstermin. Das Urteil darf im Gegensatz zu einem sofort verkündbaren Beschluß nur in **18** einem besonderen Verkündungstermin ergehen, § 311 IV. Zwischen dem Schluß des letzten Verhandlungstermins nach §§ 136 IV, 296 a und dem Verkündungstermin müssen im Gegensatz zu § 310 mindestens zwei Wochen verstreichen. Der Sinn der Regelung besteht darin, eine schuldlos säumige Partei vor Schaden zu bewahren. Das Gesetz enthält also eine Art Wiedereinsetzung wegen einer Terminsversäumung. Deshalb muß das Gericht den Termin zwar nach § 310 I 1 sofort ansetzen, aber doch so, daß die Partei ihre Rechte voraussichtlich wahren kann. Dazu kann es erforderlich sein, die nach § 222 zu berechnende Frist zwischen dem Verhandlungsschluß und dem Verkündungstermin auf mehr als die in II 2 bestimmten mindestens zwei Wochen anzuberaumen. Es kommt darauf an, ob das Gericht im Zeitpunkt der Fristbestimmung weiß, daß die Partei eine zweiwöchige Frist voraussichtlich nicht einhalten kann.

Das Gericht braucht insofern aber *keine Nachforschungen* anzustellen. Der Umstand, daß die Partei anwaltlich vertreten ist, ist grundsätzlich kein Anhaltspunkt dafür, daß die Zweiwochenfrist zu kurz wäre. Eine Ausnahme mag dann gelten, wenn das Gericht noch einen Schriftsatz des Gegners berücksichtigen müßte, der erst kurz vor dem Verhandlungstermin einging und voraussichtlich nähere Erwiderungen auslösen könnte.

Die Verkündung ist *unzulässig*, wenn die Post die formlose Benachrichtigung vom Verkündungstermin **19** zurückschickt, weil die Anschrift falsch ist oder weil ein anderer Grund vorliegt, auf dessen Entstehung die säumige Partei ersichtlich keinen Einfluß hat. Das Gericht darf andererseits den Verkündungstermin nicht absetzen, wenn die säumige Partei zwar eine Entschuldigung einreicht, wenn das Gericht sie aber für unzureichend hält.

Ein *Verstoß* ist eine Verletzung des rechtlichen Gehörs, Artt 2 I, 20 III GG (Rpfl), BVerfG **101**, 404, **20** Art 103 I GG (Richter). Er ist ein Revisionsgrund, falls das Urteil auf ihm beruht. Er ist aber kein Grund für eine Nichtigkeitsklage nach § 579.

C. Mitteilung. Das Gericht muß jeder säumigen Partei den Verkündungstermin mitteilen. Ein beson- **21** derer Beschluß nach § 329 ist dazu nicht erforderlich. Er ist aber zulässig und üblich. Die Mitteilung geht unter den Voraussetzungen des § 172 an den ProzBev. Das Gericht braucht die im Verhandlungstermin

§ 251a

erschienene nicht verhandelnde Partei nicht gesondert zu benachrichtigen. Das gilt selbst dann, wenn das Gericht den Verkündungstermin erst am Schluß jenes Verhandlungstermins und dann in Abwesenheit der Partei verkündet hatte. Die Verkündung des Termins reicht nicht aus, soweit die Mitteilung des Verkündungstermins erforderlich ist. Die Mitteilung des bloßen Verkündungstermins kann formlos erfolgen, § 329 II 1. Denn es liegt keine Terminsbestimmung nach § 329 II 2 Hs 1 vor. „Termin" ist hier nämlich nur ein Verhandlungstermin nach § 216 I, also kein bloßer Verkündungstermin.

Das Gericht kann freilich den Verkündungstermin zugleich zu einer *weiteren* mündlichen *Verhandlung* bestimmen. Denn in Wahrheit lag in Verhandlungsschluß im letzten Termin nicht vor. Nur bei solcher Kombination der Ankündigung ist eine förmliche Zustellung notwendig, § 329 II 2 Hs 1. Eine Ladungsfrist ist nur bei solcher Kombination wegen der geplanten Verhandlung nötig, § 217. Beim bloßen Verkündigungstermin braucht man also keine Frist zwischen Zugang und Termin einzuhalten. Freilich erfordert das Gebot der Rechtsstaatlichkeit und eines fairen Verfahrens eine gewisse Mindestzeitspanne, damit sich der Empfänger auf eine Teilnahme am Verkündungstermin einstellen kann, Einl III 23. Man sollte daher die Mitteilung auch des bloßen Verkündungstermins sogleich nach seiner Anberaumung durchführen lassen, §§ 166 ff.

Ein *Verstoß* gegen die Mitteilungspflicht macht eine im übrigen ordnungsgemäß zustandegekommene und verkündete Entscheidung nicht unwirksam.

22 **8) Neuer Verhandlungstermin, II 4.** Die Verkündung eines Urteils im Verkündungstermin muß unterbleiben, wenn die folgenden Voraussetzungen zusammentreffen.

A. Antrag. Die nicht erschienene Partei muß spätestens am siebenten Tag, also demjenigen mit derselben Bezeichnung, vor dem Verkündungstermin beantragen, einen neuen Verhandlungstermin anzusetzen. Ein Streitgenosse nach § 59 hat ein selbständiges Antragsrecht. Bei einer notwendigen Streitgenossenschaft nach § 62 hilft der Antrag des einen Streitgenossen dem anderen. Denn es handelt sich um die Wahrung eines Rechts des Säumigen. Der Erschienene, der nur nicht verhandelt hatte, hat kein Antragsrecht. Er hätte ja im Verhandlungstermin eine Vertagung beantragen können und im Fall der Ablehnung dieses Antrags zur Sache verhandeln müssen. „Vor dem zur Verkündung bestimmten Termin" bedeutet: Vor der Weglegung der Sache, nicht schon vor dem Aufruf. Der Antrag muß schriftlich erfolgen. Er ist eine Parteiprozeßhandlung, Grdz 47 vor § 128. Ein Anwaltszwang herrscht wie sonst, § 78 Rn 1. Soweit er nicht gegeben ist, kann der Antrag auch zum Protokoll der Geschäftsstelle jedes AG erfolgen, § 129 a. Ein Antrag nur unter der Bedingung, daß das Gericht eine dem Antragsteller günstige Entscheidung beabsichtige, gilt als nicht gestellt. Ein Eingang auf der Posteinlaufstelle bis 24 Uhr genügt, § 233 Rn 20, BVerfG NJW **76**, 747.

23 **B. Glaubhaftmachung.** Die nicht erschienene Partei muß außerdem bis zum Fristablauf im Sinn von Rn 22 nach § 294 glaubhaft machen, daß sie im Verhandlungstermin schuldlos ausgeblieben war, BAG BB **86**, 1232, und daß sie auch nicht eine Terminsverlegung nach § 227 rechtzeitig beantragen konnte. Begriff des Verschuldens Einl III 68, 69. Das Verschulden eines gesetzlichen Vertreters oder eines ProzBev gilt als solches der Partei, §§ 51 II, 85 II.

Das Gericht muß unter einer sorgfältigen *Abwägung* aller Umstände im Interesse der Verfahrensförderung nach Grdz 12 vor § 128 streng prüfen, ob die vorgebrachten Tatsachen zur Entschuldigung ausreichen, § 227 Rn 9. Eine Verpflichtung des ProzBev, im Zeitpunkt des letzten Verhandlungstermins einen anderen Termin wahrzunehmen, reicht zur Entschuldigung ebensowenig aus wie zu einer Vertagung, § 227 Rn 13. Der Anwalt mußte eben grundsätzlich für eine Terminsvertretung sorgen. Er durfte seine Akten grundsätzlich auch nicht einfach einem sog Kartellanwalt geben, § 216 Rn 20. Das Gericht kann einen zur Rechtfertigung eines Verlegungsantrags angeführten und vom Gericht inzwischen schon zurückgewiesenen Entschuldigungsgrund jetzt nicht nochmals berücksichtigen. Denn die Partei hat ihn verbraucht.

24 **C. Von Amts wegen.** Das Gericht mag auch feststellen, daß die Voraussetzungen einer Aktenlageentscheidung in Wahrheit fehlten, etwa weil eine Ladung nicht ordnungsgemäß erfolgt war. Dann muß es von Amts wegen einen neuen Termin bestimmen, §§ 156, 216, 335.

25 **D. Stattgebende Entscheidung.** Soweit das Gericht dem Antrag entspricht, bestimmt der Vorsitzende einen neuen Verhandlungstermin. Diesen neuen Termin kann er im bisher anberaumten Verkündungstermin verkünden, § 156. Er bedarf dann keiner weiteren Zustellung. Das Gericht kann ihn auch dadurch mitteilen, daß es nunmehr den bisher bestimmten Verkündungstermin aufhebt und sonst einen Verhandlungstermin anberaumt. Es kann auch den bisherigen Verkündungstermin in einen Verhandlungstermin umwandeln. Im letzteren Fall muß das Gericht die Parteien wie zu einem sonstigen Verhandlungstermin laden, §§ 168, 217.

26 **E. Ablehnende Entscheidung.** Soweit das Gericht den Antrag nach II 4 ablehnt, braucht es hierüber keinen besonderen Beschluß zu fassen. Es verbleibt vielmehr beim Verkündungstermin. Das Gericht kann sich damit begnügen, die Gründe der Antragsablehnung im Urteil darzustellen.

27 **9) Vertagung oder Ruhen, III.** Es kommt auf die Gesamtlage an.

A. Vertagung. Wenn das Gericht keine Entscheidung nach Aktenlage erläßt, kann es unter den Voraussetzungen des § 227 eine Vertagung anordnen. Dieser Weg ist namentlich dann ratsam, wenn es zweifelhaft ist, ob das Gericht eine Partei in einem Verhandlungstermin richtig geladen hatte, oder wenn es unklar geblieben ist, ob einer Partei ein wichtiger Schriftsatz rechtzeitig zuging. Im Fall der Vertagung ist oft eine gleichzeitige Auflage nach § 273 ratsam. Sie erfordert keine mündliche Verhandlung, § 128 IV. Eine besondere Bekanntgabe des neuen Verhandlungstermins ist wegen § 218 unnötig. Das gilt unabhängig davon, ob das Gericht den neuen Termin im Verhandlungstermin oder im Verkündungstermin bestimmt. Eine Ladung ist aber zwecks Verfahrensförderung ratsam.

28 **B. Ruhen.** Das Gericht kann auch statt einer Vertagung das Ruhen des Verfahrens anordnen. Auch hier hat das Gericht ein pflichtgemäßes Ermessen, Köln MDR **91**, 896. Es muß prüfen, ob die ausgebliebenen Parteien offenbar an einer Entscheidung oder an der Weiterführung des Prozesses kein Interesse mehr haben

Titel 5. Unterbrechung und Aussetzung des Verfahrens §§ 251a, 252

oder ob auch nur eine Partei ersichtlich darauf vertraut hat, daß das Gericht zB ohne eine mündliche Verhandlung entscheiden oder vertagen werde. Im letzteren Fall würde die Anordnung des Ruhens ermessensfehlerhaft sein, KG FamRZ **81**, 583, LG Bln MDR **93**, 476. Eine Anordnung des Ruhens ist auch im Anschluß an ein Teilurteil nach § 301 für den Rest möglich, Schneider JB **77**, 1338. Eine Anhörung des nicht Erschienenen ist nicht erforderlich, Köln MDR **91**, 896.

Die *Anordnung* ist dieselbe wie bei § 251, dort Rn 7. Es gibt keine Sperrfrist (mehr). Wenn die Zustellung **29** erkennbar nicht erfolgt ist, muß das Gericht eine sofortige Aufnahme zulassen. Das Gericht muß seine Anordnung des Ruhens des Verfahrens begründen, § 329 Rn 2. Es verkündet seinen Beschluß, § 329 I 1, Köln MDR **91**, 896. Es stellt ihn wegen Rn 30 förmlich zu, § 329 III Z 2. Wegen einer Aufnahme des Verfahrens § 251 Rn 10.

10) Rechtsbehelfe, I–III. Gegen die Anordnung des Ruhens wie gegen die Ablehnung der Aufnahme **30** des Verfahrens ist nach § 252 die sofortige Beschwerde nach § 567 I Z 1 statthaft, Köln RR **92**, 1022, aM Zweibr OLGR **00**, 564 (aber § 252 gilt auch dann, § 252 Rn 3). Beim Rpfl gilt § 11 RPflG, § 104 Rn 41 ff. Eine Rechtsbeschwerde kommt unter den Voraussetzungen als § 574 in Betracht. Die Vertagung nach III ist nur zusammen mit dem Endurteil anfechtbar.

11) *VwGO:* Bei Ausbleiben eines oder auch aller Beteiligten kann verhandelt und entschieden werden, § 102 II **31** *VwGO. Die besonderen Bestimmungen in § 251a sind unanwendbar.*

252

Rechtsmittel bei Aussetzung. Gegen die Entscheidung, durch die auf Grund der Vorschriften dieses Titels oder auf Grund anderer gesetzlicher Bestimmungen die Aussetzung des Verfahrens angeordnet oder abgelehnt wird, findet die sofortige Beschwerde statt.

Schrifttum: *Fasching,* Rechtsbehelfe zur Verfahrensbeschleunigung, Festschrift für *Henckel* (1995) 161; *Fichtner,* Grenzen des richterlichen Ermessens bei Aussetzung und Ruhen des Verfahrens usw, 1996.

Gliederung

1) Systematik	1	6) Sofortige Beschwerde: Grundsatz der Zulässigkeit	6, 7
2) Regelungszweck	2	7) Grenzen der Nachprüfbarkeit	8
3) Geltungsbereich	3	8) Keine Kostenentscheidung	9
4) Beispiele der Anwandbarkeit	4	9) VwGO	10
5) Beispiele der Unanwendbarkeit	5		

1) Systematik. Die Vorschrift regelt das alleinige Rechtsmittel gegen die fast abschließenden Entschei- **1** dungen über eine Aussetzung des Verfahrens usw, Rn 2. Allerdings hat § 227 IV 3 Vorrang. Aus der Zulassung der sofortigen Beschwerde ergibt sich zugleich indirekt die Verweisung auf §§ 567–577, Köln RR **03**, 758. Wegen der gesetzlich nicht geregelten Gegenvorstellung Üb 3 vor § 567.

2) Regelungszweck. Die Rechtsmittelzulassung entspricht dem Grundgedanken einer Überprüfbarkeit **2** in zweiter Instanz im Interesse der Gerechtigkeit, Einl III 9. Beim Rpfl gilt § 11 RPflG, § 104 Rn 41 ff. Bei entscheidungsloser bloßer Untätigkeit hilft eine Beschwerde wegen greifbarer Gesetzwidrigkeit (zu diesem Begriff § 127 Rn 25), Hamm FamRZ **98**, 1606 links, oder eine Dienstaufsichtsbeschwerde, § 216 Rn 28, 29.

Abhilfe durch den bisherigen Richter, den „judex a quo", ist eine charakteristische Möglichkeit auch bei einer sofortigen Beschwerde, § 572 I 1 Hs 1. Das mag das Beschwerdeverfahren zunächst etwas verlängern. Die Abhilfemöglichkeit kann es aber im Ergebnis dennoch kürzer werden lassen als bei Einarbeitung durch das Beschwerdegericht. Auch die Kosten können niedriger ausfallen, wenn der Richter der Beschwerde gegen die eigene Entscheidung abhilft. Floskelhafte Nichtabhilfe wäre ihm verboten. Sie könnte zur Zurückverweisung an ihn führen. Hilft er nicht ab, mag das Beschwerdegericht günstiger beurteilen. Das Abhilfeverfahren erhöht also oder die Verwendung die Erfolgschancen evtl deutlich. Das darf man bei der Prüfung mitbedenken, ob man das Rechtsmittel einlegen soll.

3) Geltungsbereich. § 252 betrifft grundsätzlich sämtliche Fälle einer durch Beschluß oder Verfügung **3** erfolgten Ablehnung oder Anordnung der Aussetzung des Verfahrens, auch diejenigen nach §§ 148 ff, nicht nur diejenigen des Titels 5, Üb 5 vor § 239. Die Vorschrift betrifft weiter die Fälle des Ruhens, Karlsr MDR **95**, 636, im Gegensatz zu den Fällen eines rein tatsächlichen Stillstands, Üb 1 vor § 239, Ffm FamRZ **94**, 1477, Karlsr FamRZ **94**, 1399, Zweibr FamRZ **84**, 75. Denn das Ruhen ist nur ein Sonderfall der Aussetzung nach §§ 148 ff. Die Vorschrift ist grundsätzlich auch in einer WEG-Sache anwendbar, Rn 6, BayObLG MDR **94**, 306. Es ist unerheblich, wie das Gericht seinen angefochtenen Beschluß genannt hat. Es kommt vielmehr darauf an, ob die Wirkung dieser Maßnahme einer Aussetzung gleichkommt, Düss FamRZ **94**, 1121 (es mahnt mit Recht zur Zurückhaltung), Hamm RR **97**, 724, Zweibr FamRZ **84**, 75. Das gilt selbst dann, wenn der Beschluß zB nur auf eine Vertagung lautet.

4) Beispiele der Anwendbarkeit: Ein Beschluß über die Verneinung oder die Anerkennung der Unter- **4** brechung, Mü RR **96**, 229; ein Beschluß über die Ablehnung der Aufnahme eines unterbrochenen, ausgesetzten oder ruhenden Verfahrens, Köln FamRZ **03**, 689 (auch nach Aktenaussonderung). Das gilt insbesondere vor der Rechtskraft eines Grundurteils oder eines Vorbehaltsurteils, §§ 302, 304, 599; unter Umständen eine Anordnung nach § 364, Köln NJW **75**, 2349, auf eine oder mit der Folge einer sehr weiten Hinausschiebung der Durchführung der Beweisaufnahme, Einf 10 vor §§ 148–155, Celle NJW **75**, 1230, Zweibr FamRZ **84**, 75, LG Aachen RR **93**, 1407; ermessensmißbräuchliche Aussetzung, Einl III 54, Köln FamRZ **95**, 889, Mü RR **95**, 779, oder Anordnung nach § 364, Köln NJW **75**, 2349, LG Aachen RR **93**, 1407; eine Ablehnung oder Anordnung einer Vertagung unter den Voraussetzungen § 227 Rn 58, Ffm NJW

§ 252

04, 3050; die entgegen einem Aussetzungs- oder Ruhensantrag erfolgende Terminsanberaumung, Ffm FamRZ **80**, 178, Mü RR **89**, 64; in Verbindung mit § 567 I Z 2 die Ablehnung einer Terminsanberaumung, § 216 Rn 27; ein Verstoß gegen § 148, Art 177 II oder III EGV, Pfeiffer NJW **89**, 1999; Nichtabtrennung einer Folgesache im Verbundverfahren, Ffm FamRZ **97**, 1167, aM Zweibr FamRZ **03**, 1198 (aber § 252 gilt schon wegen seiner Stellung im Buch 1 allgemein); Aussetzung eines Versorgungsausgleichs, Drsd FamRZ **04**, 34.

5   **5) Beispiele der Unanwendbarkeit:** Diejenigen Fälle, in denen ein Urteil nach § 239 ergeht, sowie die Aussetzung (jetzt) Art 234 EGV, Köln WRP **77**, 734, nach Art 100 GG, es sei denn, daß die Vorlage unterbleibt, BVerfG **82**, 192; die Ablehnung der Aussetzung usw durch ein Urteil; die Ablehnung einer Abtrennung nach § 145, weil noch Ermittlungen nötig seien, Düss FamRZ **94**, 1121; eine außergewöhnliche Verzögerung, die durch Spezialvorschrift geregelt ist, Düss FamRZ **02**, 1574 links. Wegen § 227 dort Rn 58.

6   **6) Sofortige Beschwerde: Grundsatz der Zulässigkeit.** § 252 ermöglicht grundsätzlich die sofortige Beschwerde nach § 567 I Z 1 gegen die erstinstanzliche Anordnung einer Aussetzung des Verfahrens und gegen die Ablehnung einer Aussetzung, BGH VersR **93**, 1375, von Maltzahn GRUR **85**, 171. Eine Ablehnung liegt auch darin, daß das Gericht eine gleichwertige andere Maßnahme trifft, also den Fortgang des Verfahrens in irgendeiner Form anordnet, Ffm FamRZ **80**, 178, oder etwa als Beschwerdegericht den Aussetzungsbeschluß aufhebt, § 150. Mangels Beschwer kann die sofortige Beschwerde unzulässig sein, (je zum alten Recht) Karlsr FamRZ **98**, 1606 rechts, Kblz VersR **92**, 1536. Die sofortige Beschwerde wird gegenstandlos, soweit bei einer Aussetzung nach §§ 148 ff ein Endurteil ergeht oder in den Fällen §§ 246, 247 das Endurteil rechtskräftig wird. Beim Rpfl gilt § 11 RPflG, § 104 Rn 41 ff.

7   Eine Anfechtung mit der Revision ist *unzulässig*, wenn das Gericht eine Aussetzung im Urteil abgelehnt hat. Denn der Beschluß wäre unanfechtbar, §§ 557 II. Unter Umständen erfolgt aber eine Aufhebung wegen mangelnder Sachaufklärung. Gegen die Entscheidung des OLG kommt allenfalls eine Rechtsbeschwerde an den BGH unter den Voraussetzungen des § 574 in Betracht, BGH VersR **93**, 1375. Eine Aufhebung in der höheren Instanz wirkt für die Zukunft. Sie berührt also die bisherige Wirkung der Aussetzung nicht.

8   **7) Grenzen der Nachprüfbarkeit.** Das Beschwerdegericht darf die vorinstanzliche Entscheidung nur auf einen Verfahrens- oder Ermessensfehler überprüfen, nicht auf die übrige Beurteilung der Sach- und Rechtslage. Denn sie ist nur dem späteren etwaigen Rechtsmittelgericht zur Hauptsache erlaubt, Celle NJW **75**, 2208, Düss OLGR **98**, 83.

9   **8) Keine Kostenentscheidung.** Das Beschwerdegericht überläßt die Kostengrundentscheidung dem Prozeßgericht erster Instanz nach §§ 91 ff, Köln OLGR **98**, 90.

10   **9) *VwGO*:** Beschwerde, §§ 146 ff VwGO, ist zulässig in allen Fällen des § 252, zB gegen Beschlüsse über die Aussetzung der Verhandlung nach § 94 VwGO (entspricht § 148 ZPO), VGH Mannh NJW **67**, 646 mwN, und über das Ruhen des Verfahrens, OVG Münst NJW **62**, 1931, Ey § 94 Rn 19; aM Buck DÖV **64**, 537, Meissner DVBl **67**, 426 (es handelt sich aber nicht um eine prozeßleitende Anordnung, so mit Recht KoppSch § 94 Rn 12, RedOe § 94 Anm 4; zudem gilt auch im *VerwProzeß* der *Verfügungsgrundsatz*, Ule VPrR § 28, so daß die Beteiligten gegen eine fehlerhafte Aussetzung geschützt werden müssen, iü sollte eine unterschiedliche Verfahrenshandhabung in den einzelnen Zweigen der Gerichtsbarkeit ohnehin möglichst vermieden werden, vgl BVerwG NJW **71**, 1284). Keine Beschwerde ist gegeben in Sachen nach *AsylVfG* (OVG Münst LS NVwZ-RR **96**, 128, OVG Hbg DÖV **95**, 475, VGH Mü BayVBl **94**, 411 mwN, OVG Münst NWVBl **93**, 113), VermG (OVG Greifsw MDR **95**, 425), LAG, WehrpflG, KriegsdienstverwG, ZivildienstG, SeeUG u KgfEG, vgl Bach NJW **65**, 1263 mwN u OVG Münst NJW **65**, 2419. Die Beschränkung der Berufung, §§ 124 ff VwGO, schließt die Beschwerde nicht aus, VGH Mannh VBlBW **85**, 220 mwN (zum bisherigen Recht). Einer Kostenentscheidung bedarf es nicht, VGH Kassel ESVGH **54**, 149, u Rn 9.

Buch 2
Verfahren im ersten Rechtszug

Bearbeiter: Dr. Dr. Hartmann

Abschnitt 1. Verfahren vor den Landgerichten

Grundzüge

Schrifttum: *Baumgärtel,* Gleicher Zugang zum Recht für alle, ein Grundproblem des Rechtsschutzes 1976; *Böhm,* Die Ausrichtung des Streitgegenstands am Rechtsschutzziel, Festschrift für *Kralik* (1986) 24; *Farkas,* Bemerkungen zur Lehre vom Rechtspflegeanspruch, Festschrift für *Habscheid* (1989) 83; *Geimer,* Internationalrechtliches zum Justizgewährungsanspruch, Festschrift für *Nagel* (1987) 36; *Haas/Beckmann,* Justizgewährungsanspruch und Zeugenschutzprogramm, Festschrift für *Schumann* (2001) 171; *Karwacki,* Der Anspruch der Parteien auf einen fairen Zivilprozeß, 1984; *Mes,* Der Rechtsschutzanspruch, 1970; *Merwing,* Mahnen – Klagen – Vollstrecken, 2. Aufl 1990; *Michel/von der Seipen,* Der Schriftsatz des Anwalts im Zivilprozeß, 6. Aufl 2003; *Vollkommer,* Der Anspruch der Parteien auf ein faires Verfahren im Zivilprozeß, Gedächtnisschrift für *Bruns* (1980) 195; *Vossius,* Die Entwicklung der Rechtsschutzlehre, 1985.

Gliederung

1) Systematik	1, 2	E. Prozeßhinderniss	19	
2) Regelungszweck: Durchsetzung sachlichen Rechts	3, 4	F. Zulässigkeitsrüge	20	
		G. Allgemeine Prozeßvoraussetzungen	21, 22	
3) Rechtsschutzvoraussetzungen	5	H. Besondere Prozeßvoraussetzungen	23	
4) Rechtsschutzgesuch	6	I. Überhaupt keine Prozeßvoraussetzungen	24	
5) Geltungsbereich: Klagenarten	7–11	7) Klagbarkeit	25–32	
A. Leistungsklage	8	A. Begriff	25	
B. Feststellungsklage	9	B. Beispiele zur Frage einer Klagbarkeit ...	26–32	
C. Gestaltungsklage	10, 11	8) Rechtsschutzbedürfnis	33–63	
6) Prozeßrechtliche Voraussetzungen	12–24	A. Begriff	33	
A. Begriff der Prozeßvoraussetzung	13	B. Zweck: Prozeßwirtschaftlichkeit	34, 35	
B. Vorrang der Zulässigkeitsprüfung	14–16	C. Beispiele zur Frage eines Rechtsschutzbedürfnisses	36–63	
C. Hilfsweise Begründetheitsprüfung	17			
D. Begriff der Prozeßhandlungsvoraussetzung	18	9) *VwGO*	64	

1) Systematik. *Rechtsschutz* gewährt der Staat jedem Deutschen und in den Grenzen des Völkerrechts, **1** der Staatsverträge und des sonstigen internationalen Rechts auch jedem Ausländer, Art 20 III GG, Einl III 1. Dieser Rechtsschutz besteht zum einen in der Form eines sog Justizanspruchs, auch *Justizgewährungsanspruch* genannt, BVerfG NJW 04, 2887, BAG NJW 05, 174, Düss FamRZ 95, 1281. Man versteht darunter ein subjektives öffentliches Recht des Bürgers auf das Tätigwerden der Gerichte und der anderen Justizorgane, auf ihr Vorhandensein und auf ihr grundsätzliches Funktionieren, BVerfG NJW 02, 2227, auch in angemessener Zeit, BVerfG RR 02, 424. Der Justizanspruch wird seit einer Verfahrensabwicklung. Er ist allgemein anerkannt, Bbg RR 95, 1030, RoSGo § 3 I, Habscheid ZZP 96, 307.

Der Rechtsschutz besteht zum anderen in der Form eines sog *Rechtsschutzanspruchs,* BVerfG NJW 05, 658. **2** Man versteht darunter einen Anspruch der Partei auf die Herbeiführung und notfalls zwangsweise Durchsetzbarkeit einer der sachlichen Rechtslage entsprechenden Sachentscheidung des Gerichts. Der Rechtsschutzanspruch ist umstritten. Viele lehnen seine Existenz auf dem Gebiet des Zivilprozesses ab, zB Jauernig § 36 II, RoSGo § 3 II 2. Manche halten ihn zumindest seit dem Inkrafttreten des GG für wieder beachtlich, BVerfG NJW 02, 2227. Vgl auch Einl III 9.

Manche lassen auch beide Rechtsschutzgewährungsansprüche in einem „umfassenden allgemeinen *Rechtsschutzgrundrecht*" aufgehen, dem Recht der Partei auf ein faires Verfahren, das auch dem Art 6 MRK die erforderliche Beachtung verschafft, Vollkommer (vor Rn 1) 219.

2) Regelungszweck: Durchsetzung sachlichen Rechts. Sowohl angesichts des unmittelbar geltenden **3** Art 6 MRK als auch angesichts des GG ist ein effektiver Schutz des sachlichen Rechts geboten. Er erfordert einen funktionierenden Gerichtsapparat, ein rechtsstaatliches Verfahren, unverzüglichen Verfahrensbeginn, erträgliche Verfahrensdauer, die Berücksichtigung des gesamten prozessual ordnungsgemäßen Tatsachenvortrags der Parteien und die notfalls zwangsweise Durchsetzbarkeit der Entscheidung, Lisken NJW 82, 1136. Insofern sollte man unter dem Begriff Rechtsschutz mehr als den Justizanspruch verstehen. Andererseits ist es zumindest sprachlich problematisch, ein umfassendes allgemeines Rechtsschutz-,,Grundrecht" als Oberbegriff zugrundezulegen. Die Grundrechte sind auch in ihren prozessualen Auswirkungen in den Artt 1–19 GG abschließend geregelt. Man darf den Justizgewährungsanspruch nicht zu sehr von den finanziellen Möglichkeiten des Staats abhängig machen, Dorn AnwBl 02, 212.

Wichtiger als die Terminologie ist die Erkenntnis, daß unser heutiges Rechtssystem sowohl das Vorhandensein **4** als auch das unverzügliche Tätigwerden der Justizorgane und die grundsätzliche Ausrichtung des Prozeßrechts als eines Instruments zur Verwirklichung *sachlichen* Rechts unmittelbar gewährleisten, Einl III 9. Das ist zur Auslegung vieler Verfahrensvorschriften und zu ihrer effektiven Handhabung von größter Bedeutung.

Grundz § 253

Buch 2. Abschnitt 1. Verfahren vor den LGen

Freilich gehört zur Rechtsidee neben der Gerechtigkeit und der Zweckmäßigkeit auch die Rechtssicherheit. Sie gebietet rechtsstaatliche Prozeßregeln. Sie können der Durchsetzung des sachlichen Rechts aus zwingenden Gründen im Wege stehen, § 296 Rn 2.

5 **3) Rechtsschutzvoraussetzungen.** Aus dem Rechtsschutzanspruch folgen für viele die sog Rechtsschutzvoraussetzungen oder Urteilsvoraussetzungen, dh die Voraussetzungen eines günstigen Sachurteils, deren Begriff zudem schwankend ist. Von den Prozeßvoraussetzungen sollen sie dadurch abweichen, daß es bei diesen nicht nur auf die Zeit des Urteils ankomme, sondern auf die gesamte Prozeßgestaltung. Zu den Urteilsvoraussetzungen rechnet man den Tatbestand, die Rechtsschutzfähigkeit, dh die Erfordernisse der §§ 257 bis 259 und das Rechtsschutzbedürfnis, Rn 33, auch wohl verschiedene Prozeßvoraussetzungen, wie die Zulässigkeit des Rechtswegs. Diese Lehre ist ohne viel praktischen Nutzen. Damit wird in Wahrheit nichts anderes gesagt, als daß nur die Klage durchdringen kann, die sachlich begründet ist.

6 **4) Rechtsschutzgesuch.** Der Staat gewährt Rechtsschutz nur auf ein Gesuch. Ein solches Gesuch genügt in einfachster Form im Mahnverfahren. Wenn es einer Streitverhandlung im Zivilprozeß bedarf, verlangt das Gesuch die Form der Klage, bei der Scheidung eines Antrags, dh jeweils der Bitte um Rechtsschutz durch Urteil. Diese prozessuale Klage muß man scharf von einem sachlichrechtlichen Klagerecht unterscheiden. Es entspricht der römischen actio, dem Anspruch auf ein Tun oder Unterlassen, § 194 BGB. Es macht durchaus nicht jede Klage einen privatrechtlichen Anspruch geltend, Rn 7 ff. Der prozessuale Anspruch zB nach § 253 II ist ein auf ein bestimmtes Urteil gerichtetes Begehren. „Klage" bezeichnet sehr oft die Klageschrift.

7 **5) Geltungsbereich: Klagearten**

Schrifttum: *Fritzsche*, Unterlassungsanspruch und Unterlassungsklage, 2000 (Bespr *Berger* ZZP **115**, 261); *Gaul*, Der Einfluß rückwirkender Gestaltungsurteile auf vorausgegangene Leistungsurteile, in: Festschrift für *Nakamura* (1996); *Grupp*, Die allgemeine Gestaltungsklage im Verwaltungsprozeßrecht, Festschrift für *Lüke* (1997) 207; *Hendricks*, Zivilprozessuale Geltendmachung von Widerrufs- und Hinterlassungsansprüchen im Medienrecht, 2001; *Köhler*, Der Streitgegenstand bei Gestaltungsklagen, 1995; *Marotzke*, Von der schutzgesetzlichen Unterlassungsklage zur Verbandsklage, 1992; *Oppermann*, Unterlassungsanspruch und materielle Gerechtigkeit im Wettbewerbsprozeß, 1993; *Ritter*, Zur Unterlassungsklage: ... Klageantrag, 1994; *Roth*, Der Zivilprozeß zwischen Rechtsklärung und Rechtsschöpfung, in: Festschrift für *Habscheid* (1989); *Schmidt*, Mehrseitige Gestaltungsprozesse bei Personengesellschaften usw, 1992; *Schmidt*, Mehrparteienprozess usw bei Gestaltungsprozessen im Gesellschaftsrecht, Festschrift für *Beys* (Athen 2004) 1485; *Wilke/Jungeblut*, Abmahnung, Schutzschrift und Unterlassungserklärung im gewerblichen Rechtsschutz, 2. Aufl. 1995.

8 **A. Leistungsklage** (Verurteilungsklage). Sie erstrebt eine Verurteilung des Gegners zu einer Leistung oder Unterlassung, §§ 194 I, 241 I BGB, und damit eine Befriedigung des Klägers. Ein solches Urteil enthält zwei Bestandteile: die Feststellung, daß der Beklagte eine Leistung oder eine Unterlassung schuldet, ferner den Befehl zur Erfüllung der Schuld. Nur Leistungsurteile sind, aber keineswegs alle, ermöglichen eine Zwangsvollstreckung, Grdz 28 vor § 704. Leistungsurteile sind auch diejenigen auf eine Gewährleistung, einen Schadensersatz oder eine Herausgabe, auf die Vornahme einer Handlung oder auf die Abgabe einer Willenserklärung, auf eine Unterlassung oder Duldung der Zwangsvollstreckung, zB § 2213 III BGB, § 743, auf Befriedigung aus einem bestimmten Vermögensstück (Pfandklage, Sachhaftung), zB §§ 1147, 1204 I BGB, 371 III 1 HGB, oder aus einer bestimmten Vermögensmasse (etwa dem Nachlaß), oder auf die Freistellung von einer Schuld, BGH MDR **96**, 959. Regelmäßig dienen Leistungsklagen der Durchführung eines privatrechtlichen, gelegentlich auch eines öffentlichrechtlichen Anspruchs. Zur Sonderform der sog arbeitsrechtlichen Einwirkungsklage Kasper DB **93**, 682. S auch Rn 34, § 253 Rn 42 ff, 75.

9 **B. Feststellungsklage.** Sie bezweckt keine zur Befriedigung führende Verurteilung, obwohl auch sie für „vollstreckbar" zu erklären ist. Sie erzielt vielmehr die Feststellung eines schon vor dem Urteil bestehenden sachlich-rechtlichen oder prozessualen Rechtsverhältnisses, Köln NJW **57**, 1783. Sie bezweckt regelwidrig auch die Feststellung der Echtheit oder Unechtheit einer Urkunde, § 256. Sie dient der Rechtssicherheit nach Einl III 43 und der Prozeßwirtschaftlichkeit, Grdz 14, 15 vor § 128, BGH **103**, 365. Sie ist nicht immer eine unentwickelte Leistungsklage. Denn ihr Gegenstand kann auch ein Gestaltungsanspruch sein.

Sie ist entweder als eine *behauptende* (positive) Klage auf Feststellung eines Begehrens gerichtet, oder als eine *leugnende* (negative), auf Feststellung des Nichtbestehens gerichtet, etwa einer Ehe, § 632 I. Hierher gehört auch das die Leistungsklage abweisende Urteil. Eine besondere Feststellungsklage ist im Arbeitsrecht die Klage des Arbeitnehmers, daß die Kündigung sozial ungerechtfertigt sei, § 4 KSchG. Demgegenüber spricht das Urteil, daß das Arbeitsverhältnis durch die sozial ungerechtfertigte Kündigung nicht aufgelöst worden sei, auf Antrag dann wegen der besonderen Umstände die Auflösung des Arbeitsverhältnisses aus, § 9 KSchG. Es ergeht auf eine Gestaltungsklage (Anspruch gegen den Staat auf Rechtsänderung). Eine besondere Form ist die Zwischenfeststellungsklage, § 256 II.

10 **C. Gestaltungsklage.** Sie fußt auf einem sachlichrechtlichen Anspruch auf Rechtsänderung, zB auf Scheidung (dort heißt es nicht Klage, sondern Antrag, § 253 Rn 2), aM StJSchu 43 vor § 253, ThP 5 vor § 253 (es bestehe ein Anspruch gegen den Staat auf Rechtsgestaltung). Die Gestaltungsklage wirkt nicht wie die Leistungs- und Feststellungsklage rechtsbezeugend, sondern rechtsbegründend, und zwar gegenüber jedermann. Bei ihr übt das Gericht eine verwaltende Tätigkeit aus, die diese Klagen begrifflich der Freiwilligen Gerichtsbarkeit zuweist, vgl zur VwGO Grupp (Rn 7) 207.

11 *Hierher gehören* Klagen, die einen neuen Rechtszustand für die Zukunft erstreben, wie der Scheidungsantrag, die Klage auf Auflösung einer Offenen Handelsgesellschaft, § 133 HGB, oder auf den Ausschluß eines Gesellschafters, § 140 HGB, zu beiden Schmidt (Rn 7), oder auf die Auflösung der Gütergemeinschaft, die Klage auf ein prozessuales Vollstreckungsurteil, § 722, oder auf die Erklärung der Zwangsvollstreckung als unzulässig, §§ 767, 771, BVerfG NJW **00**, 1938, oder auf die Beseitigung der Vollstreckungsklausel, § 768.

Buch 2. Abschnitt 1. Verfahren vor den LGen **Grundz § 253**

Hierher gehören ferner Klagen, die eine rückwirkende Regelung verlangen, wie die Klage auf Anfechtung der Vaterschaft, §§ 1599 ff BGB, §§ 640 II Z 2, 640 h, die Erbunwürdigkeitsklage, § 2342 BGB, LG Köln NJW 77, 1783, die Anfechtung des Generalversammlungsbeschlusses einer Aktiengesellschaft, § 246 AktG, dazu BGH RR **92**, 1389 und (unabhängig von dieser Entscheidung) krit Schmidt JZ 77, 769, die Klage auf Löschung einer Marke, auf Bestimmung des Leistungsinhalts, zB aus § 315 III 2 BGB, BGH BB **78**, 270; aus § 2048 BGB; aus §§ 104 ff SachenRBerG. S auch § 322 Rn 27 ff.

6) Prozeßrechtliche Voraussetzungen 12

Schrifttum: *Jauernig,* Zum Prüfungs- und Entscheidungsvorrang von Prozeßvoraussetzungen, Festschrift für *Schiedermair* (1976) 289; *Ost,* Doppelrelevante Tatsachen im internationalen Zivilverfahrensrecht, 2002; *Rimmelspacher,* Von Amts wegen zu berücksichtigende Verfahrensmängel im Zivilprozeß, Festschrift für *Beys* (Athen 2004) 1333; *Schreiber,* Prozeßvoraussetzungen als Frage der Aufrechnungsforderung? Diss Bochum 1975; *Schwab,* Die Entscheidung über prozeßhindernde Einreden, Festschrift für *Weber* (1975) 69.

A. Begriff der Prozeßvoraussetzung. Prozeßvoraussetzungen sind eigentlich keine Voraussetzungen 13 des Prozesses, sondern des Erfolgs, Erfolgsvoraussetzungen, auch Sachurteilsvoraussetzungen, Balzer NJW **92**, 2722. So heißen die prozeßrechtlichen Bedingungen der Zulässigkeit des Verfahrens im Hinblick auf ein Sachurteil, LG Münst MDR **80**, 854, nicht auf eine bloße prozeßrechtliche, förmliche Entscheidung. Im Rechtsmittelverfahren spricht man auch von Prozeßfortsetzungsvoraussetzungen, BAG KTS **02**, 174. Es liegt nicht eine Voraussetzung des Prozesses vor, sondern nur eine Voraussetzung einer Sachverhandlung wie Sachentscheidung, Schwab JuS **76**, 70, Wieser ZZP **84**, 304. Schon die Klage kann prozessual unzulässig sein, etwa mangels Bestimmtheit des Klagantrags, § 253 II Z 2, BGH NJW **01**, 447. Eine Prozeßvoraussetzung kann aber auch im Laufe des Prozesses entfallen oder als fehlend festgestellt werden. Das genügt, um eine Sachentscheidung unmöglich zu machen. Man muß dabei auf den Zeitpunkt des Schlusses der letzten mündlichen Verhandlung abstellen, § 136 IV, § 296 a, BVerfG DtZ **92**, 183 (Zeitpunkt der Entscheidung), Rostock RR **02**, 828. Man muß die Prozeßvoraussetzungen sind auch im arbeitsgerichtlichen Verfahren beachten, LAG Köln BB **95**, 1248.

B. Vorrang der Zulässigkeitsprüfung. Man muß also scharf unterscheiden zwischen den prozessualen 14 und den sachlichrechtlichen Voraussetzungen eines Urteils. Fehlen die sachlichrechtlichen, sei es auch nur zur Zeit, so muß das Gericht die Klage durch Sachurteil abweisen. Fehlen die prozessualen, so muß das Gericht die Klage beim Fehlen des bisher angegangenen Rechtswegs nach §§ 17 ff GVG behandeln, LAG Ffm BB **99**, 644 Mitte, und im übrigen durch ein Prozeßurteil abweisen, ohne die Begründetheit zu prüfen, Rostock RR **02**, 828, LG Lpz WettbR **00**, 279. Das ist ein für die Rechtskraftwirkung höchst bedeutsamer Unterschied, § 322 Rn 60, BGH ZMR **91**, 100, OVG Schlesw MDR **92**, 525, RoSGo § 96 V 6, aM Düss RR **96**, 1369, Naumb VersR **99**, 1244 (aber schon der Rechtskraftumfang zwingt zur Rangordnung).

Demgegenüber meint Rimmelspacher 136, 144, die prozeßrechtlichen Voraussetzungen seien *gleichrangige* 15 und gleichwertige Glieder der einheitlichen Gruppe der Urteilsvoraussetzungen. Eine Klagabweisung müsse ergehen, wenn irgendeine dieser Urteilserlaßvoraussetzungen fehle. Das ergebe sich aus § 300 I. Gegen den generellen Vorrang der Prozeßvoraussetzungen wenden sich auch Grunsky § 34 III 1: Ein Prüfungs- und Entscheidungsvorrang bestehe nur, soweit er ein öffentliches Interesse erfordert sei, ähnlich BGH (I. ZS) RR **00**, 635 (nur bei der Verbandsklage ohne zugehörige Begründung), KG NJW **76**, 2353, Roth ZZP **98**, 306. Andere wollen vom Vorrang der Zulässigkeitsprüfung Ausnahmen erlauben, wenn das Verfahren dadurch vereinfacht werde, ohne daß beachtliche Allgemein- oder Parteiinteressen entgegen stünden, Köln MDR **82**, 239, Grundmann ZZP **100**, 58, Schneider MDR **88**, 807, aM BGH MDR **72**, 139 betr Revision (es erfolge nur ausnahmsweise eine Prüfung der Hilfserwägungen der OLG zur Begründetheit, wenn dieses die Zulässigkeit verneint habe. Vgl aber Rn 17).

Es gibt eine Lehre der sog *doppelrelevanten Tatsachen,* Ost (oben Rn 12). Danach muß man solche Tatsachen, die sowohl für die Zulässigkeit als auch für die Begründetheit der Klage erheblich sind, für die Zulässigkeit nur einseitig behaupten und sie erst bei der Prüfung der Begründetheit näher klären, BGH **124**, 240. Das ist in solcher Allgemeinheit keineswegs überzeugend. Diese Lehre hätte zur Folge, daß eine in Wahrheit unzulässige Klage zwar im Ergebnis als unzulässig abgewiesen würde, also ohne innere Rechtskraft des Urteils, daß aber dieses vorrangige Ergebnis erst im Rahmen der Begründetheitsprüfung erzielbar wäre. Das ist methodisch unsauber. Ein solcher Fall unterscheidet sich auch von der zulässigen *hilfsweisen* Begründetheitsprüfung Rn 17.

Das Gericht muß die Prozeßvoraussetzungen *in jeder Lage* des Verfahrens *von Amts wegen* prüfen, BGH 16 **161**, 165, auch in der Revisionsinstanz, BGH ZMR **91**, 100, BAG KTS **02**, 174, Rostock RR **02**, 828, vgl freilich Grdz 39 vor § 128. Der Grundsatz der freien Beweiswürdigung gilt auch hier, § 286 Rn 3, Saarbr RR **94**, 184. Wegen des Rechtsschutzbedürfnisses Rn 33 ff. Maßgeblich ist grundsätzlich der Schluß der letzten mündlichen Verhandlung, § 136 IV, § 296 a. Wegen der Beweislast Anh § 286 Rn 36. Eine Entscheidung ist durch ein Zwischenurteil statthaft, § 280.

C. Hilfsweise Begründetheitsprüfung. Das Gericht muß die prozessualen Voraussetzungen vorrangig 17 prüfen und darf die Zulässigkeit der Klage nicht ungeklärt lassen, auch nicht mit der Begründung, die Klage sei jedenfalls unbegründet, § 322 Rn 60, BGH NJW **00**, 3719, Düss MDR **87**, 1032, LAG Mainz NZA-RR **04**, 431, aM Düss RR **96**, 1369 (aber schon der Rechtskraftumfang zwingt zur Rangfolge). Das Gericht darf aber dann, wenn es die Klage als unzulässig abweist, hilfsweise darauf hinweisen, daß die Klage auch unbegründet sei, BGH NJW **92**, 438 (Revisionsinstanz), Kblz VersR **95**, 1332 (Beschwerdeinstanz), Grundmann ZZP **100**, 58, aM Tetzner GRUR **81**, 810. Freilich sind derartige Hilfserwägungen keineswegs notwendig. Sie setzen keine tragenden Gründe, BGH RR **04**, 1002. Sie erwachsen nicht in innere Rechtskraft, § 322 Rn 60. Sie sollten sich wegen der von § 313 III geforderten Konzentration auf das Wesentliche durchaus auf kurze Andeutungen beschränken. Diese können immerhin ratsam sein, um dem unterlegenen Kläger eine bessere Abschätzung seiner Rechtsmittelrisiken zu ermöglichen und dem Rechtsmittelgericht einen Einblick in die Gesamtproblematik zu erleichtern, § 313 Rn 33. Keineswegs darf das Gericht auch nur hilfsweise darlegen, die Klage sei ungeachtet ihrer Unzulässigkeit teilweise oder gar insgesamt begründet.

18   **D. Begriff der Prozeßhandlungsvoraussetzung.** Von den Prozeßvoraussetzungen, den Zulässigkeitsbedingungen des ganzen Verfahrens, muß man die prozessualen Voraussetzungen einer einzelnen Prozeßhandlung unterscheiden, BVerfG DtZ **92**, 183 (zum Begriff der Prozeßhandlung Grdz 47 vor § 128), BGH **111**, 221. Ihr Fehlen macht zwar die Prozeßhandlung wirkungslos, BGH **111**, 221, Köln MBR **82**, 1024 (vgl freilich § 78 Rn 32). Es hindert aber eine Sachentscheidung meist nicht. Hierher gehört zB das Fehlen einer notwendigen Prozeßvollmacht, § 78 Rn 33, BVerfG DtZ **92**, 183. Bei der Prüfung der Wirksamkeit muß man auf den Zeitpunkt der Vornahme der Prozeßhandlung abstellen, BVerfG DtZ **92**, 183. Hierher gehören ferner überhaupt das Fehlen der Verhandlungsfähigkeit, BGH NJW **92**, 2706, sowie die Zulässigkeit der Streithilfe, § 66, oder Streitverkündung, § 71, oder eines Urteils nach §§ 249 III, 304.

19   **E. Prozeßhindernis.** Hierher zählen Umstände, die die Zulässigkeit des Verfahrens zumindest derzeit ausschließen. Man kann sie zu den Prozeßvoraussetzungen rechnen, gewissermaßen als verneinende. Das Gericht muß die ebenso wie die gewöhnlichen, bejahenden Prozeßvoraussetzungen von Amts wegen beachten, aM BGH NJW **84**, 669 (krit Prütting ZZP **99**, 93). Prozeßhindernisse sind zB: Eine anderweitige Rechtshängigkeit, § 261; eine entgegenstehende Rechtskraft, Einf 11 vor §§ 322–327; eine Schiedsvereinbarung, § 1029, auch in einer Arbeitsstreitigkeit; die mangelnde Sicherheit für die Prozeßkosten, §§ 110 ff; der Fall § 269 IV; eine zumindest grundsätzliche Immunität (mit Ausnahmemöglichkeiten) nach Art 8 EU-Truppenstatut v 17. 11. 03, BGBl **05** II 19, nebst ZustimmungsG v 19. 1. 05, BGBl II 18.

20   **F. Zulässigkeitsrüge.** Das Gesetz verwendet nicht die Ausdrücke Prozeßvoraussetzung oder Prozeßhindernis. Es behandelt beide sehr unzulänglich. Einen Teil der Prozeßerfordernisse faßt die ZPO willkürlich unter dem Ausdruck „Rügen, die die Zulässigkeit der Klage betreffen" zusammen und unterwirft sie einer Sonderregelung, §§ 280, 282 III, 296 III. Die Lehre muß diese Gesetzmängel durch Auslegung verringern.

21   **G. Allgemeine Prozeßvoraussetzungen.** Die Prozeßvoraussetzungen gliedern sich in allgemeine und besondere. Allgemeine sind solche, die jedes Verfahren nach der ZPO verlangt. Besondere sind solche, die nur ein besonderes Verfahren oder nur eine Instanz betreffen. Wegen ihres Beweises Einf 4, 5 vor § 284.

22   Eine *Rangfolge* der Prüfung der Prozeßvoraussetzungen ist nicht zwingend. Sie ist aber meist ratsam, etwa wie folgt: Die Ordnungsmäßigkeit der Klage, § 253 Rn 15, BGH NJW **01**, 447, die deutsche Gerichtsbarkeit (facultas jurisdictionis), §§ 18 ff GVG, von Schönfeld NJW **86**, 2982, Üb 3, 5 vor § 12; die Zulässigkeit des Rechtsweges, §§ 13 ff GVG, BVerfG NJW **92**, 360; die örtliche und die sachliche nationale oder internationale Zuständigkeit, §§ 12 ff, §§ 23 ff ZPO, § 21 GVG, BVerfG NJW **92**, 360, BGH RR **00**, 635, nicht die geschäftliche (ihr Mangel führt regelmäßig nicht zur Abweisung), die das Gericht also vor dem Rechtsschutzbedürfnis nach Rn 33 prüfen muß, Kblz MDR **82**, 502; die Parteifähigkeit, § 50, BGH **146**, 341, Rostock RR **02**, 828; die Prozeßfähigkeit, §§ 51, 607, 640 b, BGH RR **00**, 635, deren Fehlen derjenige darlegen muß, der die behauptet; die gesetzliche Vertretung, §§ 51 I, 56; die Verhandlungsfähigkeit und die Vollmacht des gewillkürten Vertreters, §§ 78 ff, wenn der Mangel die Klagerhebung betrifft (nach manchen immer. Aber wenn die Klage ordnungsmäßig war, muß das Gericht durch Sachurteil entscheiden, § 88 Rn 13); die förmliche Ordnungsmäßigkeit der Klagerhebung (die Klage selbst ist keine Prozeßvoraussetzung), §§ 253, 261; das Prozeßführungsrecht in Gegensatz zur Sachbefugnis, Grdz 23 vor § 50, BGH **161**, 165, KG VersR **05**, 830; das Rechtsschutzbedürfnis, Rn 33; die Klagbarkeit, Rn 25. Im einzelnen ist manches streitig. Näheres bei der jeweiligen Rechtsfigur und bei § 288 III.

23   **H. Besondere Prozeßvoraussetzungen.** Hierher zählen diejenigen Erfordernisse, die für die jeweils gewählte Verfahrensart oder Klagart für eine Sachentscheidung zusätzlich vorliegen müssen, BVerfG NJW **92**, 360, zB die Voraussetzungen des Rechtsmittelverfahrens. Ihr Fehlen führt zur Verwerfung des Rechtsmittels als unzulässig, Es läßt aber das erstinstanzliche Sachurteil unberührt. Ebenso führt eine Unzulässigkeit der Streithilfe nur zur Zurückweisung des Beitritts, ohne den Streit der Prozeßparteien anzutasten. Fehlen die besonderen Prozeßvoraussetzungen des Urkundenprozesses, §§ 592, 593 II, 597 II, so muß das Gericht die Klage ohne Sachprüfung abweisen.

24   **I. Überhaupt keine Prozeßvoraussetzungen** sind zB die Gerichtsbarkeit in bezug auf die Person (fehlende Exterritorialität), § 18 GVG; die Sachbefugnis (Sachlegitimation), Grdz 23 vor § 50; die Ausschließung und die Ablehnung von Gerichtspersonen, §§ 41 ff; die Verweisung an die Kammer für Handelssachen oder die Zivilkammer, §§ 97 ff GVG; die Kostenzahlung (Ausnahme Rn 19), BPatG GRUR **78**, 43.

25   **7) Klagbarkeit**

Schrifttum: *Ballon,* Die Zulässigkeit des Rechtswegs (1980) 103; *Walchshöfer,* Die Abweisung einer Klage als „zur Zeit" unzulässig oder unbegründet, Festschrift für *Schwab* (1990) 921.

A. Begriff. Eine Klagbarkeit haftet nicht jedem sachlichrechtlichen Anspruch an. Sie ist grundsätzlich unverwirkbar, BGH DB **90**, 1081. Das Gericht muß sie auch im arbeitsgerichtlichen Verfahren beachten, LAG Köln BB **95**, 1248. Sie fehlt bei sogenannten natürlichen oder unklagbaren Verpflichtungen, BGH NJW **80**, 390, LAG Hamm BB **76**, 604. Die Klagbarkeit kann Prozeßvoraussetzung sein, Rn 12, BGH NJW **90**, 3086 (Klagefrist), Kblz GRUR **79**, 497, Gehrlein DB **95**, 131, aM BGH FamRZ **04**, 777 links, Oldb MDR **87**, 414 (aber was gar nicht einklagbar ist, kann auch mit innerer Rechtskraft abweisbar sein). Insofern muß das Gericht die Klage beim Fehlen der Klagbarkeit als, zumindest derzeit, unzulässig durch ein Prozeßurteil abweisen. Soweit nur die Fälligkeit fehlt, ist eine differenzierte Beurteilung nötig, § 322 Rn 37 „Fälligkeit".

B. Beispiele zur Frage einer Klagbarkeit 26
Abmahnverein: Rn 30 „Verbandsklage".
Allgemeine Geschäftsbedingungen: Rn 30 „Verbandsklage".
Arrest, einstweilige Verfügung: Rn 29 „Schiedsstelle".
Befriedigungsrecht: Eine Klagbarkeit kann bei § 1003 BGB bis zum Eintritt der dortigen Voraussetzungen *fehlen.*
Beirat: Eine Klagbarkeit kann *fehlen,* soweit ein Beirat tätig werden muß, etwa bei Gesellschaftsstreitigkeiten.
Besitz: S „Befriedigungsrecht", Rn 31 „Verwendungsersatz".
Devisentermingeschäft: Eine Klagbarkeit kann *fehlen,* soweit es sich um den Saldo aus einem Gewinn von Differenzgeschäften handelt. Er kann trotz seiner etwaigen Anerkennung eine Naturalverbindlichkeit sein, BGH NJW **80**, 390.
Erbrecht: Eine Klagbarkeit kann vor der Annahme der Erbschaft nach § 1958 BGB *fehlen.* Ein Erbschein kann nach § 292 wirken, AG Bln-Charlottenb WoM **03**, 87.
Erwerbsrecht (Verkehrsfläche Ost): Maßgeblich ist das Verkehrsflächenbereinigungsgesetz (VerkFlBerG), 27 verkündet als Art 1 des Grundstücksrechtbereinigungsgesetzes (GrundRBerG). Nach § 14 I 1 VerkFlBerG ist für Streitigkeiten der ordentliche Rechtsweg gegeben. Nach § 14 I 2 VerkFlBerG ist dasjenige LG ausschließlich zuständig, in dessen Besitz das Grundstück ganz oder überwiegend liegt. Nach § 14 I 3 VerkFlBerG ist auf das gerichtliche Verfahren grundsätzlich das SachenRBerG entsprechend anwendbar.
Fälligkeit: Eine Klagbarkeit *fehlt* grds, soweit der Anspruch noch nicht fällig ist. Ausnahmen gelten bei §§ 257–259. Wegen der (zu differenzierenden) Rechtsfragen § 322 Rn 37 „Fälligkeit".
Gesellschaftsrecht: Rn 26 „Beirat".
Gruppenklage: Rn 30 „Verbrauchsklage, Gruppenklage".
Gütestelle: Eine Klagbarkeit *fehlt,* soweit eine Gütestelle vorgeschaltet ist, BGH NJW **77**, 2263, etwa im obligatorischen Güteverfahren, Rn 49.
Hinterlegung: Man kann den Notar *nicht* auf die Auszahlung eines bei ihm hinterlegten Kaufpreises verklagen, Hamm DNotZ **83**, 62.
Internationales Recht: Eine Klagbarkeit kann durch ein internationales Abkommen *ausgeschlossen* sein, etwa beim IWF-Übereinkommen, Gehrlein DB **95**, 129.
Klagefrist: Eine Klagbarkeit *fehlt* grds vor bzw nach dem Ablauf einer gesetzlichen oder vereinbarten Klagefrist, BGH NJW **90**, 3085, BAG BB **99**, 909, Hamm VersR **05**, 390. Vgl bei den einzelnen Fristarten. Eine Teilklage wahrt die Frist für den Gesamtbetrag, BGH NVersZ **01**, 452 (großzügig). Die Schonfrist nach § 569 I Z 2 S 1 BGB gehört nicht hierher, O'Sullivan ZMR **02**, 253. Zur Anrufung des unzuständigen Gerichts im WEG-Verfahren Hilbrandt NJW **99**, 3594. Bei einer Klagefrist findet kein obligatorisches Güteverfahren statt, § 15 a II Z 1 EGZPO, Hartmann NJW **99**, 3747. Die Berufung auf Fristverstoß kann bei unklarem Briefkopf eines Konzerns mißbräuchlich sein, Ffm VersR **00**, 708.
Konzern: Rechtlich selbständige Unternehmen dürfen grds auch als Teile eines Konzerns denselben Verstoß eines bundesweiten Konkurrenten je eigenständig verfolgen, Köln WettbR **99**, 92.
Kostenrechnung: Diejenige des Anwalts nach § 10 RVG oder des Notars nach § 154 KostO oder des Steuerberaters ist Voraussetzung der Klagbarkeit der Kostenforderung.
Kündigungsschutz: Bei § 4 KSchG handelt es sich um eine sachlichrechtliche Ausschlußfrist. Bei ihrer Nichteinhaltung ist die Klage unbegründet, BAG BB **89**, 2256, Lepke DB **91**, 2040 (ausf).
Künftiger Anspruch: S „Fälligkeit".
Markenrecht: Eine Klagbarkeit kann *fehlen,* wenn die Klagebefugnis von einer noch fehlenden Zustimmung 28 eines anderen zur Klagerhebung abhängt, etwa bei einer sog Kollektivmarke, § 101 I MarkenG.
Mieterhöhung: Eine Klagbarkeit kann bei § 558 b I, III 2 BGB *fehlen,* LG Mü WoM **96**, 44, LG Saarbr WoM **90**, 393 (je zum alten Recht).
NATO: Eine Klagbarkeit kann vor Ablauf der Frist nach Art 12 III NTS-AG *fehlen,* BGH NJW **90**, 3085.
Notar: Rn 27 „Hinterlegung".
Obligatorisches Güteverfahren: Rn 49.
Parteischiedsgericht: KG NJW **88**, 3159 (zustm Vollkommer).
S auch Rn 29 „Schiedsgericht".
Prozeßvertrag: Eine Klagbarkeit kann *fehlen,* soweit unter den übrigen Voraussetzungen eines Stillhalteabkommens, Rn 29, zB die Geltendmachung in einem schon anhängigen anderen Prozeß durch eine Klageänderung oder Widerklage vereinbart worden ist, Einl III 11, Grdz 48 ff vor § 128.
Sachenrechtsbereinigung: Eine Klagbarkeit *fehlt,* solange das zwingende Vorverfahren nach §§ 87 ff SachenRBerG nicht abgeschlossen ist, § 104 SachenRBerG, abgedruckt bei § 253.
Schiedsgericht: Es gelten dieselben Regeln wie Rn 31 „Vereinsrecht". Ein privates Schiedsgericht ist keine 29 Gütestelle nach § 15 a I 1 EGZPO in Verbindung mit dem Landesrecht. Denn das Schiedsgericht ist im Gegensatz zur dortigen Gütestelle gerade nicht eine von einer Landesjustizverwaltung eingerichtete oder anerkannte derartige Gütestelle zwecks einvernehmlicher Beilegung eines andernfalls vom Staatsgericht zu beurteilenden Streits.
S auch Rn 27 „Gütestelle", Rn 28 „Parteischiedsgericht", Rn 29 „Schiedsstelle".
Schiedsstelle: Eine Klagbarkeit *fehlt,* soweit eine gesetzliche Schiedsstelle vorgeschaltet ist, §§ 14 ff G über die Wahrnehmung von Urheberrechten usw (nicht zwingend bei einem Arrest oder einer einstweiligen Verfügung), oder soweit es um eine vertragliche Schiedsstelle geht, BGH NJW **99**, 648 (anders bei Rechtsmißbrauch, Einl III 54), Oldb MDR **87**, 414.
S auch Rn 27 „Gütestelle".
Sportverein: Eine Klagbarkeit kann bei einem Versicherungsprozeß mangels eigenen schutzwürdigen rechtlichen Klärungsinteresses wegen einer umfassenden Sportversicherung *fehlen,* Köln RR **01**, 533.

Grundz § 253
Buch 2. Abschnitt 1. Verfahren vor den LGen

Stillhalteabkommen: Eine Klagbarkeit kann durch ein Stillhalteabkommen *ausgeschlossen* sein (pactum de non petendo), soweit die Parteien über den Anspruch verfügen dürfen, BGH VersR **95**, 192, Piehler Gedächtnisschrift für Arens (1993) 328, StJSchu 90 vor § 253.
S auch Rn 28 „Prozeßvertrag".

30 **Verbandsklage, Gruppenklage:** dazu *Basedow/Hopt/Kötz/Baetge,* Die Bündelung gleichgerichteter Interessen im Prozeß-Verbandsklage und Gruppenklage, 1999; *Brönneke* (Hrsg), Kollektiver Rechtsschutz im Zivilprozeßrecht usw, 2001; *Greger* NJW **00**, 2457 (Üb); *Maurer,* Grenzüberschreitende Unterlassungsklagen von Vertrautenschutzverbänden, 2001; Schmidt NJW **02**, 25 (Üb); *Stadler,* Musterverbandsklagen nach künftigem deutschen Recht, Festschrift für *Schumann* (2001) 465; *Stadler,* Gruppen- und Verbandsklagen auf dem Vormarsch?, Festschrift für *Schlosser* (2005) 939: Das deutsche Recht ist auf Grund von Art 11 II b der Richtlinie 97/7/EG des Europäischen Parlaments und des Rates vom 20. 5. 97 über den Verbraucherschutz bei Vertragsabschlüssen im Fernabsatz (ABl EG L 144, 19) und der Richtlinie 98/27/EG vom 19. 5. 98 über Unterlassungsklagen zum Schutz von Verbraucherinteressen (ABl EG L 166, 51) seit 30. 6. 00 angepaßt worden, und zwar durch das UKlaG, geändert durch § 20 IV UWG idF v 3. 7. 04, BGBl 1414, in Kraft seit 8. 7. 04, § 22 S 1 UWG.
Man muß insbesondere §§ 2, 3, 4, 5, 16 UKlaG beachten.
Schlichtungsstellen im Sinn von § 14 UKlaG sind die von der Deutschen Bundesbank bekanngegebenen, § 1 SchlichtVerfVO idF v 10. 7. 02, BGBl 2577.
Die *Klagebefugnis* ist seit 30. 6. 00 für Verbände und Betroffene gestärkt worden, Schmidt-Räntsch DB **02**, 1598. Sie ist bei einem Verband vorhanden, dessen satzungsmäßige Hauptaufgabe in der Förderung der Interessen seiner Mitglieder besteht, BGH RR **01**, 36 (Widerlegung zulässig); Mü RR **03**, 222 (Zentrale zur Bekämpfung unlauteren Wettbewerbs). Wettbewerbsverbände im Sinn von §§ 13 V 1 Z 2 UKlaG, 8 III Z 2 UWG sind die in § 1 UKlaV v 3. 7. 02, BGBl 2565, genannten Organisationen. Eine Rechtsanwaltskammer behält die Klagebefugnis ungeachtet ihrer berufsrechtlichen Mittel, BGH GRUR **02**, 717.
Ferner sind §§ 8 III, 15 I, III, X UWG zu beachten, abgedruckt bei Schönfelder Nr 873.
Die Klagebefugnis *fehlt* bei §§ 18 II, 37 II HGB, BGH GRUR **97**, 669. Sie fehlt dem bloß geschäftsmäßig tätigen Abmahnverein, Karlsr RR **86**, 529, Mü RR **86**, 529, grds einem Verband zur Förderung gewerblicher Interessen nach § 8 III Z 2 UWG mangels eigenen schutzwürdigen Interesses (sog gewillkürte Prozeßstandschaft, Grdz 47 vor § 50 „Verbandsklage"), (zum alten Recht) BGH BB **98**, 233. Sie kann rechtsmißbräuchlich sein, Einl III 54, BGH MDR **02**, 898.
S auch Rn 27 „Konzern".

31 **Verbraucherzentrale:** Sie kann Verstöße gegen das UWG einklagen, die wesentliche Belange der Verbraucher berühren, Köln NJW **01**, 1288, Mü RR **99**, 485.
Vereinsrecht: Eine Klagbarkeit *fehlt,* solange ein Vereinsorgan oder -schiedsgericht zwar entscheiden dürfte, Hamm RR **93**, 1535, LG Düss RR **90**, 832, aber nicht entschieden hat und soweit der Bekl die Nichtbeachtung dieser Klauseln auch rügt, Köln MDR **90**, 638.
Verlöbnis: Eine Klagbarkeit *fehlt* im Fall des § 1297 BGB.
Verwendungsersatz: Eine Klagbarkeit kann bei § 1001 BGB *fehlen,* bis seine Voraussetzungen vorliegen.

32 **Zustimmung:** Rn 28 „Markenrecht".

33 **8) Rechtsschutzbedürfnis**
Schrifttum: *Brehm,* Rechtsschutzbedürfnis und Feststellungsinteresse, Festgabe *50 Jahre Bundesgerichtshof* (2000) III, 89; *Thannhäuser,* Die neuere Rechtsprechung zum Rechtsschutzbedürfnis im Zivilprozeß, Diss Regensb 1998.
A. Begriff. Der Zivilprozeß gewährt dem einzelnen Schutz nur im Rahmen der Gemeinschaft, Einl III 14 ff, unten Rn 53. Das Rechtsschutzbedürfnis begründet einen Anspruch gegen den Staat. Schon daraus folgt: Niemand darf die Gerichte als Teil der Staatsgewalt unnütz oder gar unlauter bemühen, BGH GRUR **76**, 257, Ffm RR **02**, 1475, AG Stgt NJW **90**, 1054. Darum setzt jede Rechtsverfolgung ein Rechtsschutzbedürfnis voraus, Hamm GRUR **91**, 336, Kblz OLGZ **90**, 128, VGH Mannh JB **91**, 114.

34 **B. Zweck: Prozeßwirtschaftlichkeit.** Das Rechtsschutzbedürfnis besteht jedenfalls insoweit, als sich ein rechtlich schutzwürdiges Ziel nur so erreichen läßt. Es besteht also nicht, soweit ein anderer prozessualer Weg gleich sicher, aber einfacher begehbar ist, BGH NJW **96**, 3148. Das Rechtsschutzbedürfnis dient also der Prozeßwirtschaftlichkeit, Grdz 14 vor § 218. Es dient keineswegs einem Obrigkeitsstaat. Es verweist den Bürger keineswegs in die Rolle eines Bittstellers (zu solcher Kritik Brehm [bei Rn 33] 107). Es sieht wohltuend gerade *vor* der Klärung sachlichrechtlicher Fragen. Es läßt zB bei Abweisung als unzulässig folgerichtig die Fragen der inneren Rechtskraft offen. Daraus kann man sie nach besserer Vorbereitung der Prozeßvoraussetzungen in einem freilich evtl neuen kostenauslösenden weiteren Prozeß klären lassen.
Das Rechtsschutzbedürfnis ist nämlich *Prozeßvoraussetzung,* Rn 22, BGH GRUR **93**, 576. Das Gericht muß das Rechtsschutzbedürfnis in jeder Instanz zwar nicht von Amts wegen ermitteln, wohl aber von Amts wegen prüfen, Grdz 39 vor § 128, BGH NJW **95**, 1353, AG Köln DGVZ **99**, 256, Lindacher ZZP **90**, 143. Für eine Berufung des Kfz-Halters kann das Rechtsschutzbedürfnis trotz Zahlung seines Haftpflichtversicherers vorliegen, Ffm MDR **85**, 60. Für eine Berufung gegen die Abweisung trotz einer Erledigterklärung ist es entbehrlich, falls sie nur wegen der Kosten eingelegt wurde. Das Rechtsschutzbedürfnis muß in der Revisionsinstanz mindestens noch bei ihrer Einlegung gegeben gewesen sein. Wenn es später entfällt, so bleibt das Rechtsmittel zulässig, die Parteien müssen aber die Hauptsache für erledigt erklären, § 256 Rn 22, 23.

35 *Fehlt das Rechtsschutzbedürfnis überhaupt,* so muß das Gericht die Klage durch ein *Prozeßurteil* als unzulässig abweisen. Bedarf der Anspruch keinesfalls eines gerichtlichen Schutzes, so darf das Gericht nämlich sein Bestehen gar nicht erst prüfen (wegen der hilfsweisen Abweichung als unbegründet Rn 17), BGH NJW **87**, 3139, aM BGH NJW **78**, 2032 (er sieht das Rechtsschutzbedürfnis zwar als Prozeßvoraussetzung an, jedoch nicht als eine solche, ohne deren Vorliegen dem Gericht ein Sachurteil überhaupt verwehrt wäre), LG Stgt

Buch 2. Abschnitt 1. Verfahren vor den LGen **Grundz § 253**

WoM **76**, 56 (sie halten aus Gründen der Prozeßwirtschaftlichkeit eine Sachabweisung für geboten, wenn vor der Entscheidungsreife hinsichtlich des Rechtsschutzbedürfnisses feststeht, daß die Klage unbegründet ist). Indessen erlaubt das derzeitige Fehlen des Rechtsschutzbedürfnisses keine Abweisung des Anspruchs mit endgültiger innerer Rechtskraft.

C. Beispiele zur Frage eines Rechtsschutzbedürfnisses 36
Allgemeine Geschäftsbedingungen: Rn 57 „Unterlassungsklage".
Anderer Weg: Steht er ihm auch in solcher zur Verfügung, so muß man prüfen, ob die Wirkungen beider Wege 37 bzw Rechtsbehelfe die gleichen sind, Düss OLGZ **94**, 441. Das ist nicht stets der Fall, Saarbr FamRZ **80**, 385, Schlesw SchlHA **79**, 225. Zudem hat das Gesetz oft bewußt mehrere Wege eröffnet, BGH NJW **79**, 1508, Hamm FamRZ **78**, 817. Daher muß man prüfen, ob sie sich nach Einfachheit und Billigkeit wesentlich unterscheiden, BGH NJW **96**, 2036. Vorsicht ist mithin geboten, Saarbr FamRZ **80**, 385.
    Ein Rechtsschutzbedürfnis *fehlt* für den deutlich teureren oder sonstwie umständlicheren Weg, BGH NJW **93**, 1996, LG Hagen WoM **94**, 359. Ein unklarer Vergleich mag als Titel bisher nicht ausreichen, BayObLG NZM **98**, 773, bei den einzelnen Rechtsbehelfsarten.
Anerkenntnis: Ein Rechtsschutzbedürfnis besteht trotz eines schlichten Anerkenntnisses außerhalb § 307, 38 Schlesw SchlHA **77**, 191.
Anfechtungsklage: Vgl BGH NJW **96**, 3147 (ausf).
Angebot: Rn 61 „Vorvertrag".
Arbeitsgericht: Zum arbeitsgerichtlichen Verfahren Herschel BB **77**, 1161, Lepke DB **75**, 1938 und 1988.
Arrest, einstweilige Anordnung, Verfügung: Ein bloß vorläufig vollstreckbarer Titel, insbesondere eine einstweilige Anordnung oder Verfügung, hindert das Rechtsschutzbedürfnis für eine Hauptklage nicht, BGH GRUR **89**, 115 (auch nicht beim Verzicht auf das Recht zur Erzwingung der Hauptsacheklage), Hamm GRUR **91**, 336 (fordert nicht mehr ein Abschlußschreiben), Köln WettbR **99**, 92, aM Drsd WettbR **96**, 92. Das gilt insbesondere dann, wenn jener gegen ein Unternehmen, diese gegen die zugehörige Werbeagentur gerichtet sind.
Auskunft: Rn 44 „Hausrat", Rn 53 „Unterhalt".
Auslegung: Ein Rechtsschutzbedürfnis besteht, soweit man bei einem Vollstreckungstitel mit Auslegungsproblemen insbesondere in der Zwangsvollstreckung rechnen muß, Rn 50 „Prozeßvergleich", Brdb RR **96**, 725. Vgl auch § 850 f Rn 9.
Beseitigung: Ein Rechtsschutzbedürfnis für eine vorbeugende Beseitigungsklage besteht, soweit eine 39 Unterlassungsklage nicht erfolgreich genug vollstreckbar wäre, BGH NJW **93**, 2874.
Ehre: Ein Rechtsschutzbedürfnis *fehlt* meist für die Abwehr einer ehrenkränkenden Äußerung in einem gesetzlichen oder behördlichen Verfahren, das der Rechtsverfolgung oder -verteidigung dient, Mü RR **02**, 1473.
Eidesstattliche Versicherung: Ein Rechtsschutzbedürfnis kann *fehlen,* soweit eine Bucheinsicht besser 40 hilft, BGH DB **98**, 1512.
Erfüllung: Ein Rechtsschutzbedürfnis *fehlt,* soweit der Schuldner die Leistung erbracht hat, BGH MDR **88**, 46 (evtl dann § 256), zB bisher pünktlich gezahlt oder sonstwie erfüllt hat, zB beim Unterhalt, Hamm FamRZ **85**, 506, Nürnb FamRZ **86**, 187, aM Hamm FamRZ **92**, 831, Kblz OLGZ **90**, 128 (Avalzinsen. Aber was soll der Schuldner eigentlich noch mehr tun?).
Feststellungsklage: Bei der Klage nach § 256 hat das Gesetz das Rechtsschutzbedürfnis ausdrücklich in 41 § 256 I aufgenommen, dort Rn 21 ff. Dazu zählt auch eine Kündigungsschutzklage, Künzl DB **86**, 1282. Das Gericht muß das Rechtsschutzbedürfnis in jeder Verfahrenslage von Amts wegen prüfen, Rn 34.
    S auch „Feststellungstitel".
Feststellungstitel: Hat der Gläubiger schon einen Feststellungstitel erwirkt, so gelten die Regeln Rn 61 „Vollstreckungstitel", soweit der Gläubiger nicht sicher sein kann, daß der Schuldner bereits auf Grund des Feststellungstitels leisten wird.
    S auch „Feststellungsklage".
Forderungsübergang: Das Rechtsschutzbedürfnis besteht nach einem gesetzlichen Forderungsübergang evtl zugunsten des neuen Gläubigers. Freilich ist dann grds § 727 anwendbar.
Freiwillige Gerichtsbarkeit: Ein Rechtsschutzbedürfnis *fehlt* für eine Klage vor dem Zivilgericht, soweit ein Verfahren vor dem FGG-Richter zulässig ist, LG Kiel SchlHA **76**, 141.
Gegendarstellung: Rn 50 „Presserecht". 42
Gesellschaft: Ein Rechtsschutzbedürfnis des durch die Gesellschaft Geschädigten gegen sie kann bestehen, wenn er Befriedigung aus einem von ihr eingerichteten Fond erstrebt, BGH NJW **96**, 2036.
Gesetzwidrigkeit: Rn 51 „Rechtsmißbrauch".
Gestaltungsklage: Bei ihr liegt das Rechtsschutzbedürfnis schon immer insoweit vor, als eben nur ein 43 Urteil gestalten kann. Es kann zB bei einer Klage auf Bewilligung der Löschung einer Grundbucheintragung auch dann fortbestehen, wenn das Grundbuchamt vor der Rechtskraft des erstinstanzlichen Urteils nach § 894 gelöscht hat, BGH RR **88**, 1230. Beim Rechtsmißbrauch nach Einl III 54 ist eine Anfechtungsklage nach § 246 AktG nicht mangels Rechtsschutzbedürfnisses unzulässig, sondern wegen des Verlustes des sachlichen Rechts *unbegründet,* BGH RR **92**, 1389, aM Teichmann JuS **90**, 271 (aber Rechtsmißbrauch verdient nie Schutz. Er bestünde bei Wiederholungsmöglichkeit eher).
Grundbuch: Ein Rechtsschutzbedürfnis *fehlt* für eine Berichtigungsklage nach § 894 BGB, soweit § 22 44 GBO ausreicht, Celle KTS **77**, 48.
    S auch Rn 43 „Gestaltungsklage".
Güteverfahren: Rn 49 „Obligatorisches Güteverfahren".
Hauptsache: Rn 37 „Arrest, einstweilige Anordnung, Verfügung".
Hausrat: Vor einem Hausratsverfahren ist eine Auskunftsklage *nicht* notwendig, Düss FamRZ **85**, 1153.
Herausgabeklage: Für eine Herausgabeklage aus § 546 I BGB muß man das Rechtsschutzbedürfnis trotz 45 § 546 II BGB bejahen. Für eine Klage auf die Herausgabe eines Vollstreckungstitels besteht ein Rechts-

Grundz § 253 Buch 2. Abschnitt 1. Verfahren vor den LGen

schutzbedürfnis, wenn die ernsthafte Möglichkeit vorliegt, daß der Bekl aus dem hinfälligen Titel Rechte ableitet, Celle FamRZ **93**, 1333.

Für eine Klage auf Kindesherausgabe nach § 883 Rn 14 *fehlt* ein Rechtsschutzbedürfnis evtl wegen § 33 FGG, Schlesw SchlHA **78**, 146. Bei einer Räumungsklage nach § 885 kann es *fehlen,* wenn der Mieter vor der Klagerhebung seine Bereitschaft zum Auszug erklärt hat, AG Münster WoM **80**, 33, oder wenn einer von mehreren Mietern bereits endgültig geräumt hat, Schlesw ZMR **83**, 16.

46 **Kaufvertrag:** Rn 58 „Unterwerfung".

Klagepflicht: Ähnlich wie bei Rn 50 „Popularklage" ist auch dann kein persönliches Rechtsschutzbedürfnis erforderlich, wenn jemand zur Klage verpflichtet ist, etwa nach § 23 GüKG. Das gilt auch dann, wenn er einem Nebenintervenienten die Fortführung etwa einer Berufung überläßt, weil er die Klage für unbegründet hält.

Kleine Forderung: Bei einer sehr kleinen Forderung kann das Rechtsschutzbedürfnis *fehlen* („minima non curat praetor"), AG Stgt NJW **90**, 1054 (minimale Anwaltskosten als restliche Hauptforderung), aM Olzen/Kerfack JR **91**, 135 (aber es geht um eine Form von Rechtsmißbrauch. Er verdient keinen Schutz). Grundsätzlich Vorsicht, aber bitte auch nicht deutsche Überperfektion.

47 **Kostenfestsetzung:** Ein Rechtsschutzbedürfnis *fehlt* unter den Voraussetzungen Rn 37 „Anderer Weg", soweit das Verfahren nach §§ 103 ff zur Verfügung steht. Denn das letztere Verfahren ist einfacher und billiger, Einf 3 vor §§ 103–107, BGH **111**, 171, KG RPfleger **94**, 31. Das gilt auch dann, wenn statt der dortigen Erinnerung ein Antrag nach § 106 II in Betracht kommt, Kblz VersR **90**, 1255.

Leistung: Rn 40 „Erfüllung".

48 **Leistungsklage:** Bei ihr besteht ein Rechtsschutzbedürfnis grds bereits dann, wenn der Kläger auch nur nachvollziehbar behauptet, sein sachlichrechtlicher Anspruch sei nicht bei Fälligkeit usw befriedigt worden, BGH GRUR **93**, 576, Karlsr NJW **99**, 3576, Düss OLGZ **94**, 441.

S auch Rn 61 „Vollstreckungstitel".

49 **Massenklage:** Vgl Stürner JZ **78**, 500.

S auch Rn 59 „Verbandsklage".

Minimalforderung: Rn 46 „Kleine Forderung".

Neue Klage: Rn 61 „Vollstreckungstitel".

Obligatorisches Güteverfahren, dazu *Beunings* AnwBl **04**, 82; *Ernst* NJW Sonderheft „BayObLG" **05**, 26 (Bayern); *Friedrich* NJW **03**, 3534; *Hartmann* NJW **99**, 3746; *Jansen,* Die außergerichtliche obligatorische Streitschlichtung nach § 15 a EGZPO, 2001; *Jenkel,* Der Streitschlichtungsversuch als Zulässigkeitsvoraussetzung in Zivilsachen usw (auch rechtsvergleichend), 2002; *Kargados,* Das obligatorische außergerichtliche Streitschlichtungsverfahren usw, Festschrift für *Beys* (Athen 2004) 649; *Lauer* NJW **04**, 1280 (mit Recht krit); *Mattisseck,* Zweckmäßigkeit und Ausgestaltung einer obligatorischen Streitschlichtung im deutschen Zivilverfahren, 2002; *Rüssel* NJW **00**, 2800; *Stickelbrock* JZ **02**, 633; *Wesche* MDR **03**, 1029; *Wolfram-Korn/Schmarsli,* Außergerichtliche Streitschlichtung in Deutschland, 2001: Soweit es nach § 15 a EGZPO von einem Bundesland eingeführt worden ist, vgl die Länderübersicht in § 794 Rn 4 und bei § 15 a EGZPO, ist seine ordnungsgemäße Durchführung eine Prozeßvoraussetzung des Klageverfahrens vor einem Gericht dieses Landes, AG Königstein NJW **03**, 1955, AG Nürnb MDR **02**, 1189, Unberath JR **01**, 355. Weder im Mahnverfahren noch im anschließenden streitigen Verfahren ist ein obligatorisches Güteverfahren vorgesehen. Denn § 15 a I EGZPO spricht nur von einer Klagerhebung. Ein Mahnantrag steht ihr nach § 688 noch nicht gleich, und § 15 a II Z 5 EGZPO schließt die Güteverfahren im streitigen Verfahren nach Mahnverfahren aus, Hartmann NJW **99**, 3748. Daher findet eine Flucht in das Mahnverfahren statt, Lauer NJW **04**, 1282. Wegen der zahlreichen weiteren Ausschlußfälle vgl § 15 a II, III EGZPO, Hartmann NJW **99**, 3747.

Entfallen kann ein obligatorisches Güteverfahren zB dann, wenn das Landesgesetz es nicht vorsieht, falls mehrere Bekl in verschiedenen LG-Bezirken wohnen, LG Essen MDR **05**, 351, AG Lüdenscheid NJW **02**, 1179. Es wird schon aus praktischen Gründen auch infolge Zusammentreffens mit einem nicht unter § 15 a EGZPO fallenden Klaganspruch entbehrlich, LG Aachen RR **02**, 1439, AG Aachen NZM **02**, 504, Erdel MDR **05**, 723 (Einwirkung aus Gewerbebetrieb), strenger AG Nürnb MDR **02**, 1189 (aber § 15 a EGZPO ist als Spezialgesetz auch in seinem Geltungsbereich nur eng auslegbar). Es ist entbehrlich auch infolge einer rechtzeitigen Klagerweiterung, LG BadBad WoM **01**, 560, LG Kassel NJW **02**, 2256 (Ausnahme: Rechtsmißbrauch, Einl III 54), LG Mü MDR **03**, 1313 (zustm Friedrich), aM AG Mü NZM **03**, 280 (aber sie ändert den Streigegenstand). Es wird aber nicht schon deshalb entbehrlich, weil das Prozeßgericht seine Nachholung für offenkundig ergebnislos voraussagt, aM LG Mü RR **03**, 355 (aber es ist zu solcher Prophezeihung überhaupt nicht zuständig).

Der *Verstoß* gegen § 15 a EGZPO zwingt nach erfolglosen Hinweisen nach § 139 ohne zu verwirrend differenzierende „Heilungs"-Möglichkeit, § 295 Rn 43 „Prozeßvoraussetzungen", AG Nürnb MDR **02**, 1189, Henke AnwBl **05**, 352, aM Bitter NJW **05**, 1239, entweder zur Anordnung des Ruhens, auch von Amts wegen nach § 251, AG Königstein NJW **03**, 1955 (prozeßwirtschaftlich), oder zur Klagabweisung als derzeit noch unzulässig, BGH **161**, 148, LG Ellwangen NZM **02**, 408, AG Nürnb RR **02**, 430 (zu § 495 a), Hartmann NJW **99**, 3747. Man muß die erst anschließende Nachholung des Güteverfahrens nämlich ebenso beurteilen wie sonst die Nachholung einer Prozeßvoraussetzung nach dem Erlaß des Prozeßurteils, Friedrich NJW **02**, 799, Hartmann NJW **99**, 3747, Unberath JR **01**, 358. Eine Nachholung bis zum Schluß der letzten mündlichen Verhandlung würde § 15 a EGZPO aber glatt aushebeln, aM Hamm MDR **03**, 387 (ein wirklich erstaunlicher Versuch der „Um-Interpretation" eines nach Wortlaut und Sinn eindeutig entgegengesetzten Gesetzes, Einl III 39), LG Duisbg MDR **04**, 413 (LS).

Kosten: Der Gütestelle: § 15 a IV EGZPO, § 91 Rn 143 „Obligatorisches Güteverfahren"; des Anwalts: VV 2403. Zur Kostenerstattung § 91 Rn 286 „Obligatorisches Güteverfahren".

Patentsache: Im Patentnichtigkeitsverfahren ist grds kein Nachweis eines besonderen Rechtsschutzbedürfnisses notwendig, BPatG GRUR **02**, 54 (auch zu Ausnahmen).

S auch Rn 56 „Unterlassungsklage".

Popularklage: Bei einer solchen Klage etwa nach § 55 II Z 1 MarkenG besteht ein Rechtsschutzbedürfnis 50 wegen der Zugehörigkeit des Klägers zur Allgemeinheit, der das Gesetz dient und die ein Interesse zB an der Löschung der Marke hat. Daher ist auch kein Nachweis eines zusätzlichen persönlichen Rechtsschutzbedürfnisses erforderlich.
S auch Rn 46 „Klagepflicht".
Presserecht: Eine presserechtliche Berichtigung schließt die Unterlassungsklage nicht ohne weiteres aus, wohl aber eine Anerkennung der Gegendarstellung.
Prozeßstandschaft: Bei der sog gewillkürten Prozeßstandschaft nach Grdz 29 vor § 50 muß der Prozeßstandschafter das Rechtsschutzbedürfnis und damit den berechtigten eigenen Grund nach Grdz 30 vor § 50 überzeugend darlegen und beweisen, aM Rüßmann AcP **172**, 554 (aber man darf die Rechtsstellung des Prozeßstandschafters nicht eher erleichtern als diejenige des eigentlichen Rechtsinhabers).
Prozeßvergleich: Ein Rechtsschutzbedürfnis besteht trotz eines Prozeßvergleichs nach Anh § 307, soweit er mangels anwaltlicher Vertretung unwirksam ist oder sein dürfte, BGH FamRZ **85**, 167, oder soweit man mit Auslegungsproblemen rechnen muß, BGH **98**, 127 (großzügig), Hamm NJW **76**, 246.
Räumung: Rn 45 „Herausgabeklage". 51
Rechtsmißbrauch: Er verdient *nirgends* Schutz, Einl III 54, auch nicht hier, BGH NJW **99**, 1399, Ffm RR **92**, 448, Säcker DB **88**, 276.
S auch Rn 43 „Gestaltungsklage".
Scheinprozeß: Bei ihm, dazu Üb 11 vor § 300, Costede ZZP **82**, 438, kann das Rechtsschutzbedürfnis 52 *fehlen*.
Sicherheitsleistung: Ein Rechtsschutzbedürfnis *fehlt* für eine Klage auf Rückgabe einer Sicherheit angesichts des § 109, Düss OLGZ **94**, 441 (anders beim Austausch von Sicherheiten).
Sittenwidrigkeit: Rn 51 „Rechtsmißbrauch".
Steuersache: Das Rechtsschutzbedürfnis *fehlt* für eine Klage aus zur Sicherung der Steuerschuld gegebenen Wechseln. Denn das Finanzamt kann die Forderung im Verwaltungswege beitreiben.
Straftat: Die Zulässigkeit oder die Durchführung eines Strafverfahrens auf eine öffentliche oder eine Privatklage beseitigt das Rechtsschutzbedürfnis nicht.
Ungeeignetheit: Ein Rechtsschutzbedürfnis besteht trotz eines Vollstreckungstitels, soweit ihn ein gängiges 53 Erläuterungswerk für ungeeignet hält.
Unterhalt: Bei der Klage des Volljährigen auf Unterhalt *fehlt* der Widerklage nach Anh § 253 auf Auskunft über das Einkommen des anderen Elternteils das Rechtsschutzbedürfnis, Ffm RR **87**, 903.
S auch Rn 40 „Erfüllung".
Unterlassungsklage, dazu *Bacher*, Die Beeinträchtigungsgefahr als Voraussetzung der Unterlassungsklage 54 usw, *Fritzsche*, Unterlassungsanspruch und Unterlassungsklage, 2000; *Ritter*, Zur Unterlassungsklage, Urteilsteuer und Klageantrag, 1994: Man muß zunächst *§ 12 I 1, 2 UWG* beachten, Schönfelder Nr 73. Bei der Unterlassungsklage nach § 253 Rn 89 muß man das Rechtsschutzbedürfnis einerseits als Prozeßvoraussetzung sehen, BGH NJW **99**, 1338, und andererseits als Teil der sachlichrechtlichen Begründung des Anspruchs prüfen, BGH NJW **80**, 1843, Ffm DB **85**, 968. Die Wiederholungsgefahr schafft allerdings meist auch ein Rechtsschutzbedürfnis, Düss RR **86**, 1231. Das gilt auch dann, wenn der Schuldner schon ein vertragsstrafbewehrtes Unterlassungsversprechen abgegeben hat, BGH NJW **80**, 1843, Ffm GRUR-RR **03**, 199, aM BGH WRP **78**, 38, KG GRUR **84**, 156, Teplitzky GRUR **83**, 610 (aber Vertragsstrafe ist oft weniger abschreckend als ein Vollstreckungstitel). Das gilt erst recht bei einem solchen unter Vorbehalt, Ffm GRUR-RR **03**, 199 (Grenze: Erlaßvertrag), Hamm RR **86**, 922. Ein Rechtsschutzbedürfnis besteht, soweit man mit Auslegungsproblemen des ergangenen Titels im Verfahren nach § 890 rechnen muß, Ffm WettbR **97**, 59. Ein bloßer Kostenstreit schafft *kein* weiteres Rechtsschutzbedürfnis, Hamm BB **82**, 1389.
Die *Wiederholungsgefahr* braucht bei einem vertraglichen Unterlassungsanspruch nicht stets zu bestehen, 55 BGH NJW **99**, 1338. Soweit sie erforderlich ist, muß man sie verneinen (strenge Anforderungen an den Nachweis ihres Wegfalls), wenn zB der alleinige Anlaß oder Zeitpunkt, etwa eine Veranstaltung, weggefallen bzw verstrichen ist, Kblz GRUR **85**, 326. Es fehlt auch bei einer gegenseitigen Unterlassungsklage im gewerblichen Rechtsschutz, wenn man die klärungsbedürftige Rechtsfrage mit Sicherheit im anderen Unterlassungsstreit entscheiden kann.
Im *Patenterteilungsverfahren* sind diese Regeln anwendbar. Dabei muß man freilich die Rechtsstellung des 56 Erfinders berücksichtigen, ferner die Besonderheiten des Erteilungsverfahrens und des Patentanspruchs. Das gilt zB bei einem Verwendungs- neben dem Stoffanspruch. Die Regeln gelten ferner im Patentnichtigkeitsverfahren. Das Rechtsschutzbedürfnis kann für eine Klage des Arbeitgebers gegen den Arbeitnehmer auf die Rücknahme des Einspruchs gegen ein beantragtes Patent bestehen, wenn dem Bekl untersagt werden soll, weiteres Material nachzuschieben, BAG DB **79**, 2504.
Zum Rechtsschutzbedürfnis bei einer Klage gegen den Verwender empfohlener *Allgemeiner Geschäfts-* 57 *bedingungen* Bunte DB **80**, 483. Bei der vorbeugenden Unterlassungsklage wegen eines markenmäßigen Gebrauchs muß die Verletzungsgefahr zuverlässig beurteilbar sein. Man kann das Rechtsschutzbedürfnis nicht deshalb verneinen, weil der Anspruch sachlichrechtlich nicht begründet sei, auch nicht schon wegen einer etwaigen Gesetz- oder Sittenwidrigkeit des fraglichen Rechtsverhältnisses, die ohnehin erst anschließend prüfbar ist, Rn 54.
Das Rechtsschutzbedürfnis *fehlt,* wenn die wettbewerbliche Unterlassungsklage eines Anwalts in Wahrheit nur seinem Geschäftsinteresse dient, Düss DB **83**, 766, Hamm GRUR-RR **05**, 141. Zur Unterlassungsklage nach § 37 II HGB von Gamm Festschrift für Stimpel (1985). Im Bereich der gerichtlichen Rechtsverfolgung hat meist zB der Ehrenschutz Nachrang, Köln AnwBl **03**, 370 (auch zu einer Ausnahme gegenüber einem Anwalt). Soweit der Bekl nur die Unterlassung der Klagebehauptung begehrt, fehlt das Rechtsschutzbedürfnis für seine Widerklage, BGH NJW **87**, 3139. Man kann schon die Unterlassungsklage gegen einen Schuldunfähigen wegen § 890 für unzulässig halten, Düss RR **96**, 211. Zum Problem dort Rn 21 ff.

58 Unterwerfung: Ein Rechtsschutzbedürfnis kann trotz einer Unterwerfung zB des Käufers wegen der Zwangsvollstreckung bestehen, wenn mit dem Notar Streit besteht, ob der Bekl persönlich zahlen muß, Köln VersR **00**, 731.
Unvollstreckbarkeit: Ein Rechtsschutzbedürfnis *fehlt,* soweit das Urteil keinen vollstreckbaren Inhalt hätte, Grdz 4 vor § 704, BGH DB **76**, 573, Brdb RR **96**, 725, Ffm Rpfleger **79**, 432, anders bei § 888 II, BGH DB **77**, 718. Es fehlt ferner, soweit ein Vollstreckungsverbot besteht, etwa nach § 123 III 2 InsO, BAG KTS **03**, 325. Es fehlt auch, soweit das Urteil derzeit nicht im Ausland vollstreckbar ist, BGH DB **77**, 718. Freilich kann wegen § 283 BGB ein Rechtsschutzbedürfnis verbleiben.
Unwirksamkeit: Rn 50 „Prozeßvergleich".

59 Verbandsklage: Das Rechtsschutzbedürfnis kann für das einzelne Mitglied *fehlen,* soweit schon sein Verband klagt, Rn 30, Hbg MDR **75**, 321. Europarechtlich rechtspolitisch Schmidt Festschrift für Schumann (2001) 420.
S auch Rn 49 „Massenklage", Rn 62 „Wohnungseigentum".
Verjährung: Ein Rechtsschutzbedürfnis besteht, soweit man nur so eine Verjährung abwenden kann, BGH NJW **85**, 1712, AG BergGladb FamRZ **86**, 83.
Verlust des Titels: Ein Rechtsschutzbedürfnis besteht, soweit der Vollstreckungstitel verlorengegangen, BGH **93**, 289, und ein neuer nicht beschaffbar ist.
Versicherungsrecht: Ein Rechtsschutzbedürfnis *fehlt* unter den Voraussetzungen Rn 37 „Anderer Weg", soweit sich der Kläger an den HUK-Verband wenden kann, KG VersR **89**, 1275.

60 Vertretbare Handlung: Das Rechtsschutzbedürfnis für eine Klage auf Schadensersatz kann trotz eines schon vorhandenen und nach § 887 vollstreckbaren Titels bestehen, LG Bonn WoM **92**, 32, es sei denn, auch dann besteht ein verständiger Grund, etwa eine Kostenfestsetzung nach §§ 103 ff zu beantragen, Rn 47 „Kostenfestsetzung".
Verwendbarkeit des Titels: Ein Rechtsschutzbedürfnis kann trotz eines vorhandenen Vollstreckungstitels bestehen, soweit der Gläubiger Zweifel über dessen Verwendbarkeit haben muß.
Vollstreckbare Urkunde: Über die Leistungsklage trotz einer solchen Urkunde § 794 Rn 2.
Vollstreckbarkeit: Rn 58 „Unvollstreckbarkeit".
Vollstreckungsabwehrklage: Ein Rechtsschutzbedürfnis besteht, soweit man eine Klage nach § 767 erwarten muß, auch gegenüber einem Titel aus § 132 ZVG, Hamm RR **98**, 423.

61 Vollstreckungstitel: Hat der Gläubiger schon einen Vollstreckungstitel zu seinen Gunsten erwirkt, dann besteht ein Rechtsschutzbedürfnis für eine neue Klage grds nur, soweit er deren Ziel auf keine andere Weise erreichen kann, KG Rpfleger **94**, 31, LG Bonn WoM **92**, 32, großzügiger Stgt FamRZ **92**, 1196. Das gilt zB bei einem Zweifel über die Verwendbarkeit eines existierenden Titels, LG Köln Rpfleger **00**, 29.
S auch bei den einzelnen diesbezüglichen Gründen.
Vorbeugung: Rn 39 „Beseitigung".
Vorvertrag: Ein Rechtsschutzbedürfnis für die Klage auf Abgabe eines Angebots *fehlt,* soweit schon ein vollständiger Vorvertrag vorliegt, BGH NJW **01**, 1272.

62 Wiederholungsgefahr: Soweit die Notwendigkeit einer Abmahnung streitig ist, wird eine Wiederholungsgefahr vermutet. Daher genügt eine einfache Erklärung nicht, eine Wiederholung unterlassen zu wollen. Das gilt auch dann, wenn eine gegen das Tun gerichtete einstweilige Verfügung vorliegt, § 940 Rn 6.
Wohnungseigentum: Wegen des Rechtsschutzbedürfnisses für einen einzelnen Miteigentümer, soweit schon sein Verband klagt, Riedler DB **76**, 856.
S auch Rn 59 „Verbandsklage".

63 Zahlung: Rn 40 „Erfüllung".
Zustimmung: Ein Rechtsschutzbedürfnis *fehlt* für eine Klage auf Zustimmung, zB zu einer Vertragsänderung, soweit man direkt auf die Leistung klagen kann, etwa beim Fortfall der Geschäftsgrundlage, BGH BB **84**, 1194.

64 9) *VwGO: Zum Grundsatz des fairen Verfahrens,* Rn 2, OVG Hbg NordÖR **03**, 253.

Titel 1. Verfahren bis zum Urteil

Übersicht

Schrifttum: *Bruns,* Verfahren und Verfahrensrechtsatz, Festschrift für *Weber* (1975) 113; *Leipold,* Wege zur Konzentration von Zivilprozessen, 1999; *Schulte,* Die Entwicklung der Eventualmaxime usw, 1980.

Gliederung

1) Systematik, Regelungszweck 1	E. Zusammenfassungsgrundsatz 6
2) Geltungsbereich: Mündliche Verhandlung 2–6	3) Verteidigung 7–11
A. Urteilsgrundlage 2	A. Einwendung, Einwand 7
B. Einheit der Verhandlung 3	B. Rechtshindernde Einrede 8
C. Häufungsgrundsatz 4	C. Rechtsvernichtende Einrede 9
D. Gleichwertigkeit aller Verhandlungsteile 5	D. Rechtshemmende Einrede 10
	E. Weitere Begriffe 11

1 **1) Systematik, Regelungszweck.** §§ 253–299 a regeln den Kern des Zivilprozesses, das Verfahren vom Klageeingang bis zum Urteil, und zwar nach der Systematik des Gesetzes zunächst das Verfahren vor dem LG. Dasjenige vor dem AG ist ergänzend in §§ 495 ff erfaßt.

Titel 1. Verfahren bis zum Urteil **Übers § 253**

Zweck des Verfahrens bis zum Urteil ist die Beschaffung der Grundlagen der Entscheidung. Sie kann nicht sorgfältig genug geschehen. Bevor eine rechtliche Würdigung einsetzen kann, muß der Sachverhalt einwandfrei feststehen. Sonst entscheidet das Gericht etwas, was gar nicht der Streit der Parteien ist. Den eigentlichen Zivilprozeß leitet beim LG immer eine Klage ein, beim AG oft ein Antrag auf Erlaß eines Mahnbescheides. Der Parteibetrieb ist im Parteiprozeß und heute auch im Anwaltsprozeß eingeschränkt. Uneingeschränkt aber ist im allgemeinen die Herrschaft der Parteien über den sachlichrechtlichen Anspruch, Grdz 22–24 vor § 128. Die Herrschaft der Parteien über das Verfahren ist stark beschnitten, am meisten im Ehe-, Familien- und Kindschaftsverfahren, Grdz 18 vor § 128.

2) Geltungsbereich: Mündliche Verhandlung. §§ 253 ff gelten grundsätzlich in allen Verfahrensarten **2** nach der ZPO.

A. Urteilsgrundlage. Die mündliche Verhandlung ist die Grundlage des Urteils, abgesehen vom schriftlichen Verfahren nach § 128 II und den Sonderfällen der §§ 307 II, 331 III. Über die Förderungspflicht der Parteien Grdz 12 vor § 128, über den Verfügungsgrundsatz Grdz 20 vor § 128, über den Beibringungsgrundsatz (die Verhandlungsmaxime) Grdz 18, 20 vor § 128, über die Gewährung des rechtlichen Gehörs Grdz 41 vor § 128.

B. Einheit der Verhandlung. Für die mündliche Verhandlung besteht der Grundsatz der Einheit der **3** Verhandlung, dh alle im Prozeß aufeinanderfolgenden mündlichen Verhandlungen sind in ihrer Gesamtheit in sich gleichwertig und bilden eine Einheit, § 296 a, Düss Rpfleger **78**, 271, Mü FamRZ **84**, 407, Saarbr MDR **02**, 109. Aus diesem Grundsatz der Unteilbarkeit und Einheit der Verhandlung folgt, daß neues Parteivorbringen bis zuletzt zulässig ist, also bis zum Schluß der letzten mündlichen Verhandlung. Vgl aber Rn 4.

C. Häufungsgrundsatz, Eventualmaxime. Er verlangt im Gegensatz zum Einheitsgrundsatz nach Rn 3, **4** daß die Partei bis zu einem bestimmten Zeitpunkt alles bei Meidung des Ausschlusses wenigstens hilfsweise (in eventum) vorbringt, was also stets zulässig ist, Bbg VersR **76**, 891. Beide Grundsätze haben Vor- und Nachteile. § 296 II verlangt ein frühzeitiges Vorbringen aller verzichtbaren Zulässigkeitsrügen. §§ 39, 76, 528 f ZPO, 101 GVG schließen gewisse Rechtsbehelfe nach einem bestimmten Zeitpunkt aus. Vgl aber vor allem §§ 275–282, 296.

D. Gleichwertigkeit aller Verhandlungsteile. Dieser Grundsatz bewirkt, daß das einmal Vorgetragene **5** für die gesamte Verhandlung gilt, auch ohne daß es jedesmal wiederholt wird, BGH VersR **02**, 95, Saarbr MDR **02**, 109. Sogar bei einem Richterwechsel genügen regelmäßig die bisher gestellten Anträge, § 137 Rn 15, und ein Parteibericht über das bisher Geschehene, § 128 Rn 8.

E. Zusammenfassungsgrundsatz, Konzentrationsmaxime, dazu *Leipold* (vor Rn 1), *Willmann,* Die **6** Konzentrationsmaxime, 2004: Er ist der in §§ 272, 273, 279, 349, 525 klar ausgesprochene Grundsatz, das Gericht solle den Prozeß so beschleunigt behandeln, daß das Gericht ihn möglichst in einer einzigen mündlichen Verhandlung beenden kann. Das Gesetz fördert die Einhaltung dieses Grundsatzes durch ein starkes Aufklärungsrecht des Gerichts und durch den gelockerten Häufungsgrundsatz. Die Parteien ihrerseits müssen durch vollständiges wahrhaftes und unverzügliches Vorbringen zur Erreichung dieses Zieles mitwirken.

3) Verteidigung. Die ZPO hält die Fachausdrücke nicht sorgfältig auseinander. So nennt sie den Ein- **7** wand der Unzulässigkeit des Rechtswegs oder der Rechtshängigkeit Einrede, obwohl das Gericht beide von Amts wegen beachten muß.

A. Einwendung, Einwand. Dazu zählt jedes Leugnen des prozessualen Anspruchs des Klägers, Bestreiten, prozessuale Beanstandungen, Einreden, Einl III 70. Prozeßeinrede ist das Vorbringen von Tatsachen, die die Wirkung des gegnerischen Vorbringens kraft eines anderen Rechtssatzes aufheben. Es müssen also Vorbringen und Einrede dieselben Merkmale aufweisen, die Einrede dazu noch andere. Die Prozeßeinrede kann eine sachlichrechtliche Einrede geltend machen, zB ein den Klaganspruch lähmendes Gegenrecht wie die Verjährung. Sie kann auch ein rein prozessuales Gegenrecht geltend machen wie Sicherheit für die Prozeßkosten, § 110. Das Gericht darf eine Prozeßeinrede nur auf Vortrag des Berechtigten beachten. Vgl aber auch § 331 Rn 10. Auch bei einer sachlichrechtlichen Einwendung muß man immerhin wie stets beim Vortrag im Prozeß die sie begründenden Tatsachen vorbringen und evtl beweisen, Ress Gedächtnisschrift für Arens (1993) 356. Man kann durch Prozeßvertrag auf die Möglichkeit einer Einwendung oder Einrede verzichten, Grdz 49 vor § 128. Sämtliche Einreden führen, soweit sie nicht bloße Prozeßvoraussetzungen nach Grdz 19 vor 253 betreffen, bei ihrem Durchgreifen zur Sachabweisung.

B. Rechtshindernde Einrede. Sie verbaut jeden rechtlichen Erfolg von Anfang an. **8**
Beispiele: Der Nichteintritt einer aufschiebenden Bedingung, § 158 I BGB, die Geschäftsunfähigkeit, § 104 BGB, oder ein gesetzliches Verbot, § 134 BGB, eine Sittenwidrigkeit, § 138 BGB, oder Bösgläubigkeit, §§ 892, 932 BGB.

C. Rechtsvernichtende Einrede. Sie vernichtet den eingetretenen Erfolg. **9**
Beispiele: Der Eintritt einer auflösenden Bedingung, § 158 II BGB; der Rücktritt, § 346 BGB; die Erfüllung, §§ 362 I, 364 I BGB; eine Aufrechnung, § 389 BGB; ein Schulderlaß, § 397 BGB.

D. Rechtshemmende Einrede. Sie schließt die Geltendmachung des Rechts aus. **10**
Beispiele: Die Verjährung, § 214 I BGB; ein Zurückbehaltungsrecht, §§ 273, 1000 BGB; die Einrede der Nichterfüllung, §§ 320, 321 BGB, oder der beschränkten Erbenhaftung, §§ 1973, 1989, 1990 BGB.

E. Weitere Begriffe. Gegenerklärung, Gegeneinwand, Gegeneinrede, Replik nennt man die Erwide- **11** rung auf eine Einwendung, Zweitantwort, Duplik die Erwiderung auf die Replik.

§ 253

253 *Klageschrift.* [1] Die Erhebung der Klage erfolgt durch Zustellung eines Schriftsatzes (Klageschrift).

[II] Die Klageschrift muss enthalten:
1. die Bezeichnung der Parteien und des Gerichts;
2. die bestimmte Angabe des Gegenstandes und des Grundes des erhobenen Anspruchs, sowie einen bestimmten Antrag.

[III] Die Klageschrift soll ferner die Angabe des Wertes des Streitgegenstandes enthalten, wenn hiervon die Zuständigkeit des Gerichts abhängt und der Streitgegenstand nicht in einer bestimmten Geldsumme besteht, sowie eine Äußerung dazu, ob einer Entscheidung der Sache durch den Einzelrichter Gründe entgegenstehen.

[IV] Außerdem sind die allgemeinen Vorschriften über die vorbereitenden Schriftsätze auch auf die Klageschrift anzuwenden.

[V] [1] Die Klageschrift sowie sonstige Anträge und Erklärungen einer Partei, die zugestellt werden sollen, sind bei dem Gericht schriftlich unter Beifügung der für ihre Zustellung oder Mitteilung erforderlichen Zahl von Abschriften einzureichen. [2] Einer Beifügung von Abschriften bedarf es nicht, soweit die Klageschrift elektronisch eingereicht wird.

SachenRBerG § 104. Verfahrensvoraussetzungen. [1] Der Kläger hat für eine Klage auf Feststellung über den Inhalt eines Erbbaurechts oder eines Ankaufsrechts nach Maßgabe der §§ 32, 61, 81 und 82 den notariellen Vermittlungsvorschlag und das Abschlußprotokoll vorzulegen. [2] Fehlt es an dem in Satz 1 bezeichneten Erfordernis, hat das Gericht den Kläger unter Fristsetzung zur Vorlage aufzufordern. [3] Verstreicht die Frist fruchtlos, ist die Klage als unzulässig abzuweisen. [4] Die Entscheidung kann ohne mündliche Verhandlung durch Beschluß ergehen.

SachenRBerG § 105. Inhalt der Klageschrift. In der Klageschrift hat sich der Kläger auf den notariellen Vermittlungsvorschlag zu beziehen und darzulegen, ob und in welchen Punkten er eine hiervon abweichende Entscheidung begehrt.

Vorbem. V 2 angefügt dch Art 1 Z 19 JKomG v 22. 3. 05, BGBl 837, in kraft seit 1. 4. 05, Art 16 I JKomG, ÜbergangsR Einl III 78.

Schrifttum: *Bieresborn,* Klage und Klagerwiderung im deutschen und englischen Zivilprozeß, 1999; *Breitkopf,* Die Klageerhebung und -rücknahme bei vollmachtsloser Prozessvertretung und ihre kostenrechtliche Beurteilung, 2004; *Gehle,* Antrag und Entscheidung im Zivilprozeß, 3. Aufl 1999; *Grunewald,* Die Gesellschafterklage in der Personengesellschaft und der GmbH, 1990; *Hahn,* Anwaltliche Rechtsausführungen im Zivilprozeß usw, 1998; *Halbach,* Die Verweigerung der Terminsbestimmung und der Klagezustellung im Zivilprozeß, Diss Köln 1980; *Kulaksiz,* Die Teilklage im deutschen und türkischen Zivilprozessrecht, 2004; *Meyke,* Darlegen und Beweisen im Zivilprozeß, 2. Aufl 2001; *Michel,* Der Schriftsatz des Anwalts im Zivilprozeß, 3. Aufl 1991; *Reichert,* Die BGB-Gesellschaft im Zivilprozeß, 1988; *Schneider,* Die Klage im Zivilprozeß, 2. Aufl 2004 (Bespr *Wolf* NJW **05**, 1998); *Vollkommer,* Formenstrenge und Formzweck, in: Festschrift für *Hagen* (1999); *Würthwein,* Umfang und Grenzen des Parteieinflusses auf die Urteilsgrundlagen im Zivilprozeß, 1977.

Gliederung

1) Systematik, I–V 1	B. Gerichtsbezeichnung 29
2) Regelungszweck, I–V 2	6) Gegenstand und Grund des Anspruchs, II Z 2 30–37
3) Geltungsbereich, I–V 3–6	A. Gegenstand des Anspruches 30, 31
A. Rechtsweg 4	B. Grund des Anspruches 32–37
B. Patentstreit 5	7) Antrag, II Z 2 38–100
C. Arbeitnehmererfindung 6	A. Grundsatz: Notwendigkeit der Bestimmtheit 39–41
4) Klagerhebung, I 7–21	B. Beispiele zur Frage der Bestimmtheit des Klagantrags 42–100
A. Zustellung 7–12	
B. Klageschrift 13–15	
C. Mängelheilung: Genehmigung oder Rügeverzicht 16–18	8) Streitwertangabe, Einzelrichter, III ... 101
D. Verfahren 19, 20	9) Sonstige Erfordernisse, IV 102–104
E. Sonstige Unzulässigkeit 21	10) Einreichung der Klageschrift, V 105
5) Bezeichnung der Parteien und des Gerichts, II Z 1 22–29	11) VwGO 106
A. Parteibezeichnung: Nämlichkeitsklärung 22–28	

1 1) Systematik, I–V. Über den Begriff und die Arten der Klage Grdz 1–11 vor § 253. Die Klage ist Anlaß und Voraussetzung des Erkenntnisverfahrens, BGH FamRZ **88**, 382, soweit nicht ein Mahnverfahren vorangig. Sie ist die regelmäßige Art der Einleitung eines Prozesses, in einer Ehesache Verfahren genannt. Sie nötigt das Gericht, durch Urteil zu entscheiden, von Zwischenfällen wie der Klagerücknahme, dem Vergleich und dgl abgesehen. Jedes Urteil setzt eine Klage voraus. Ein Antrag auf einen Mahnbescheid ist im Streitfall als Klage umdeutbar. In einer Ehesache unterscheidet das Gesetz zwischen dem Antrag auf Scheidung, § 622 I, und der Klage auf Aufhebung, Nichtigerklärung, Feststellung des Bestehens oder auf Herstellung der Ehe, zB § 607 II 2, 606 b Z 2. Die Klagerhebung bewirkt die Rechtshängigkeit, § 261 I. Sie ist im Fall eines zugestellten Hilfsantrags auflösend bedingt.

Titel 1. Verfahren bis zum Urteil **§ 253**

Als *Parteiprozeßhandlung* nach Grdz 47 vor § 128 duldet die Klage davon abgesehen aber grundsätzlich keine vom Kläger willkürlich gesetzten Bedingungen, Grdz 54 vor § 128, BVerfG **68**, 142, BGH MDR **89**, 539, Drsd RR **00**, 840. Wegen der Hilfswiderklage Anh § 253 Rn 11, zur bedingten Wider-Widerklage Anh § 253 Rn 14. Unzulässig ist darum der Antrag, den Zweitbekl zu verurteilen, wenn das Gericht die Klage gegen den Erstbekl abweist, BGH MDR RR **04**, 640, BAG NJW **94**, 1086, Hamm MDR **05**, 533. Eine im Ausland erhobene Klage äußert, auch wenn sie ordnungsmäßig ist, keine Rechtswirkung im Inland, wenn man das ausländische Urteil im Inland nicht anerkennen kann, § 328. Sie gründet dann für das Inland keine Rechtshängigkeit, § 261 Rn 7, und hemmt die Verjährung nicht.

2) Regelungszweck, I–V. Die Vorschrift dient den Geboten der Rechtsstaatlichkeit nach Einl III 15 und **2** der Rechtssicherheit nach Einl III 43 sowie des rechtlichen Gehörs, Art 103 I GG, Einl III 16. Die Klage soll eine möglichst sichere Verfahrensgrundlage schaffen, BGH FamRZ **88**, 382. Es soll Klarheit über Umfang und Reichweite der begehrten Entscheidung bestehen, KG GRUR-RR **02**, 199. Der Bekl soll Grund und Höhe der Klageforderung so weit kennenlernen, daß er darauf seine Verteidigung einrichten kann, Düss MDR **96**, 416, AG Mü RR **03**, 301. Das muß man bei der Auslegung mitbeachten.

Mängel haften leider so mancher Klage in einem manchmal überraschenden Ausmaß an. Das hat einen Grund in den ständig ausgebauten gesetzlichen Pflichten des Gerichts zu unverzüglicher Mitwirkung an der Beseitigung solcher Mängel. Wer getrost damit rechnen kann, von einer Abweisung solche Hilfe zu erhalten, mag natürlich seine Obliegenheiten von Anfang an etwas weniger ernst nehmen. Zumindest zeitlich wäre solche Sorglosigkeit wenig sinnvoll. Denn der Prozeß dauert umso länger. Wenn das Gericht allerdings seine prozessuale Fürsorgepflicht dahin mißversteht, eine Klage überhaupt erst einigermaßen schlüssig und vollstreckbar zu machen, kann auch der Sorgloseste geruhsam abwarten. Die Ahndungsmöglichkeiten etwa nach § 95 oder nach § 38 GKG sind stumpfe Schwerter. Auch §§ 283, 296 greifen keineswegs immer. Allerdings kann ungenügendes Durchdenken und folglich ungenügende Formulierung der Klage teuer werden. Das kann nämlich auch schließlich zum Prozeßverlust führen. Jedenfalls haben alle Beteiligten bei etwas genauerer Betrachtung Anlaß, die Anforderungen des § 253 ernst zu nehmen.

3) Geltungsbereich, I–V. Die Vorschrift gilt grundsätzlich in allen Verfahrensarten nach der ZPO. Sie **3** gilt entsprechend auch im arbeitsgerichtlichen Beschlußverfahren, BAG NZA **04**, 674. Im WEG-Verfahren ist II Z 1 anwendbar, BayObLG **04**, 149, aber Z 2 nur bedingt anwendbar, BayObLG RR **01**, 157.

A. Rechtsweg. Klage ist auch geboten, wenn der Rechtsweg gegen die Entscheidung einer Verwaltungs- **4** behörde gegeben ist, sog Berufung auf den Rechtsweg. Ist sonst eine Vorentscheidung der Verwaltungsbehörde notwendig, so ist der Rechtsweg verfrüht, also unzulässig, solange sie fehlt, Grdz 22 vor § 253. Hat der Kläger die Frist zur Beschreitung des Rechtsweges zB nach § 24 WAG versäumt (vgl aber § 168 I 1), so ist der Anspruch dauernd unklagbar geworden. Das Gericht muß die Klage darum durch Prozeßurteil und nicht durch Sachurteil abweisen, Grdz 14 vor § 253. Das Gericht muß das Vorliegen einer Klage in jeder Lage des Verfahrens von Amts wegen prüfen, Grdz 39 vor § 128, auch in der Revisionsinstanz.

B. Patentstreit. Eine eigenartige Prozeßvoraussetzung schafft § 145 PatG für Patentverletzungsklagen. **5** Eine zweite derartige Klage gegen den Bekl wegen derselben oder einer gleichartigen Handlung auf Grund eines anderen Patents verlangt den Nachweis, daß der Kläger das Patent schuldlos im früheren Prozeß nicht geltend machen konnte.

C. Arbeitnehmererfindung. Man kann ein im ArbNEG geregeltes Recht oder Rechtsverhältnis über **6** Erfindungen und technischen Verbesserungsvorschläge von Arbeitnehmern im privaten und im öffentlichen Dienst von Beamten und Soldaten im Klageweg grundsätzlich erst nach einem Verfahren vor der in diesem Gesetz vorgesehenen Schiedsstelle nach ArbNEG §§ 28 ff, geltend machen, § 37 I ArbNEG. Das Schiedsverfahren ist nur dann nicht erforderlich, wenn Rechte aus einer Vereinbarung über die Feststellung oder Festsetzung der Vergütung, die Anbietungspflicht, Diensterfindungen nach ihrer Meldung, freie Erfindungen und technische Verbesserungsvorschläge nach ihrer Mitteilung oder Rechte aus einem Einigungsvorschlag vor der Schiedsstelle geltend gemacht werden oder wenn man die Unwirksamkeit einer solchen Vereinbarung geltend macht, ferner wenn seit der Anrufung der Schiedsstelle 6 Monate verstrichen sind, der Arbeitnehmer aus dem Betrieb ausgeschieden ist oder die Parteien schriftlich das Schiedsverfahren ausgeschlossen haben, § 37 I, II ArbNEG. Eine Klage ist bei einer entsprechenden Rüge unzulässig. Verhandeln die Parteien ohne eine Rüge mündlich zur Hauptsache, so ist damit der Mangel geheilt, § 37 III ArbNEG. Zuständigkeit: § 78 b GVG Anh II.

4) Klagerhebung, I. Sie hat mannigfache Wirkungen. **7**

A. Zustellung. Der Kläger muß seine Klage durch die förmliche Zustellung eines Schriftsatzes mit der Klageschrift oder Scheidungsantragsschrift erheben, § 622 I, BGH NJW **85**, 317. Er muß die Klageschrift beim AG und LG durch die schriftliche oder nach § 130 a elektronische Übersendung mit Beifügung der erforderlichen Zahl von Abschriften einreichen, V, § 496. Der Urkundsbeamte der Geschäftsstelle stellt von Amts wegen zu, § 168 I 1. Beim AG kann man die Klage außerdem noch durch Erklärung zu Protokoll jeder Geschäftsstelle einreichen, §§ 129 a, 496. Die Zustellung erfolgt dort ebenfalls von Amts wegen. Auch eine Klageinreichung durch Telefax usw kann zulässig sein, § 129 Rn 45.

Mit der auf die Einreichung hin angeordneten Zustellung ist die Klage erhoben und die *Rechtshängigkeit* **8** eingetreten, § 261 Rn 1, vgl freilich auch § 167. Die wirksame Zustellung einer wirksamen Klagschrift läßt die Verjährung neu beginnen, so schon BGH **100**, 207. Die Ladung erfolgt von Amts wegen durch die Geschäftsstelle, § 214 Rn 1. Mit ihr muß das Gericht die Klagschrift zustellen.

Reicht der Kläger die Klagschrift gleich zusammen mit dem *Prozeßkostenhilfeantrag* ein, so gilt das als gleich- **9** zeitige Einreichung zum Zweck der Klagerhebung, falls er nichts Gegenteiliges sagt, § 117 Rn 8. Wegen bedingter Klage (nur bei Prozeßkostenhilfe) § 117 Rn 9. Wegen nur teilweiser Bewilligung von Prozeßkostenhilfe § 117 Rn 11. Eine Antragstellung im Termin aus dem Klagentwurf kann als Klageinreichung gelten, wenn auch nicht rückwirkend.

§ 253 Buch 2. Abschnitt 1. Verfahren vor den LGen

10   Wird die Klageschrift *ohne Terminsbestimmung* und ohne Ladung zugestellt, so kann die Klage dennoch wirksam erhoben sein, §§ 261 I, 271, auch wenn der Richter nur eine Stellungnahme zu einer Einzelfrage oder nur zum nicht vorrangig eingelegten Prozeßkostenhilfegesuch bezweckte, das aber nicht in der Zustellung zum Ausdruck gebracht hat, BGH FamRZ **87**, 364, KG Rpfleger **79**, 71.

11   Hat das Gericht *trotz* eines eindeutigen *bloßen Prozeßkostenhilfegesuchs die „Klage"* zugestellt, ist zwar ein Prozeßrechtsverhältnis begründet, Grdz 3 vor § 128. Trotzdem liegt eben noch keine wirksame Klageschrift vor, Drsd RR **97**, 1424. Daher kann (jetzt) § 21 GKG anwendbar sein, OVG Hbg Rpfleger **86**, 68. Fand hingegen eine förmliche Zustellung der Klageschrift überhaupt nicht statt, etwa wegen einer nur formlosen Übersendung der Klageschrift, etwa als Anlage zum Antrag auf die Bewilligung einer Prozeßkostenhilfe usw, so liegt grundsätzlich keine Klagerhebung vor, Hamm RR **94**, 63. Dann kann freilich § 189 heilen. Bis dahin ist aber noch keine Rechtshängigkeit eingetreten, Hamm RR **94**, 63. Wegen der Wirkung einer versehentlich formlosen Übersendung § 189 Rn 9 „Versehentlich Zustellung", § 295 Rn 12.

12   Bei einer *Widerklage*, Zwischenfeststellungsklage, Klagänderung oder Klagerweiterung ist auch eine mündliche Erhebung zulässig, §§ 256 II, 261 II, 263, 264, 267, ebenso im sog Adhäsionsverfahren nach § 404 StPO. Zur Einlegung eines Rechtsmittels gehört die in (jetzt) §§ 521, 550 vorgeschriebene Zustellung nicht, BGH NJW **88**, 2048. § 93 meint mit Klagerhebung schon die kostenverursachende Klageinreichung, Bbg JB **82**, 1884.

13   **B. Klageschrift.** § 253 stellt für die Klageschrift Erfordernisse auf. Sie sind teils notwendig, teils nur als Ordnungsmaßnahme vorgeschrieben, AG Weilburg RR **94**, 829. Im Scheidungsverfahren muß man außerdem §§ 622 II, 630 (krit Schwab FamRZ **76**, 503) beachten. Einzelheiten zur Scheidungsantragsschrift Vogel AnwBl **82**, 457 (ausf). Zwingend ist nur II, nicht III. Über IV und V Rn 102–105. Der Schriftsatz braucht nicht unbedingt die Bezeichnung „Klageschrift" zu enthalten. Evtl ist zB ein Schriftsatz, der trotz rechtskräftiger Abweisung der im Urkundenprozeß unstatthaften Klage mit der Angabe „im Nachverfahren" eingereicht wird, mangels Zulässigkeit eines solchen Nachverfahrens als (neue) Klage in ordentlichen Verfahren umdeutbar, § 597 Rn 9.

14   *Verletzt* der Kläger eine notwendige Vorschrift, so ist die Klage nicht ordnungsgemäß erhoben, BGH **100**, 208, Hamm VersR **02**, 1362. Das gilt zB im Anwaltsprozeß bei einer Bezugnahme auf den von einem nicht zugelassenen bzw postulationsfähigen Anwalt eingereichten Antrag auf die Bewilligung einer Prozeßkostenhilfe. Wegen des Eintritts der Rechtshängigkeit Rn 16, aber auch Rn 45 (Nichtauftteilung).

15   Die Ordnungsmäßigkeit der Klage ist eine *Prozeßvoraussetzung*, Grdz 13 vor § 253, Düss NJW **93**, 2691, Ffm NJW **92**, 1178, KG OLGZ **91**, 466. Das Gericht muß sie daher als unzulässig abweisen, BGH **156**, 8. Das Gericht muß die Ordnungsmäßigkeit der Klage zweckmäßigerweise in allererster Reihe prüfen, noch vor der Zuständigkeit usw, Grdz 22 vor § 253. Vorsicht mit Formularen, Celle FamRZ **78**, 258 (krit Friederici MDR **78**, 725).

Diese Prüfung erfolgt *von Amts wegen*, Grdz 39 vor § 128. Sie erfolgt sogleich nach dem Klageingang, soweit es sich um nicht heilbare Mängel handeln kann, § 295 Rn 16 ff. Hierzu gehören zB: Das Fehlen der deutschen Gerichtsbarkeit, Mü NJW **75**, 2144, oder der Prozeß- und Verhandlungstätigkeit. Soweit eine Nachholung möglich ist, etwa der Anschrift, Ffm NJW **92**, 1178, oder der Unterschrift, gibt sie der Vorsitzende anheim und wartet solange, bis sie dem Mangel geheilt ist. Im übrigen erfolgt eine Prüfung aber nicht schon bei der Terminsbestimmung. Denn es ist eine Mängelheilung möglich, BayObLG MDR **75**, 408, Friedrici MDR **78**, 726, aM Celle FamRZ **78**, 258 (aber das überspannt § 295). Wohl aber erfolgt die Prüfung auf eine Rüge im späteren Verfahren, solange der Mangel nicht geheilt ist. Das Gericht muß wegen seiner Aufklärungspflicht nach § 139 auf eine Mängelheilung hinwirken, BGH FamRZ **80**, 655, AG Weilburg RR **94**, 829. Das gilt, zumal jede Klageschrift wie jede Parteiprozeßhandlung auslegbar ist, Grdz 52 vor § 128, LAG Hamm MDR **87**, 876, und zB auch Unvollständiges, laienhaft Formuliertes der Sache nach eindeutig sein kann. Darum darf eine Nichtteilung im zweiseitigen Verfahren kaum vorkommen. Denn auf den Willen des Bekl kommt es dabei nicht an, § 263. Das Gericht muß dem Kläger zur Beseitigung des Mangels unter Umständen eine Vertagung bewilligen.

16   **C. Mängelheilung: Genehmigung oder Rügeverzicht.** Die Heilung eines Mangels erfolgt durch eine Genehmigung, BGH FamRZ **81**, 866, oder durch einen Rügeverzicht, § 295 Rn 17 ff, BGH **92**, 254. Denn § 253 bezweckt den Schutz des Bekl, aM ThP 20. Die Vorschrift ist also auch für den Umfang der Rechtskraft maßgebend. Die Wirkungen der Rechtshängigkeit treten dann also von der Zustellung der fehlerhaften Klage an ein, aM LG Brschw FamRZ **85**, 1075. Fehlt es an der Klagezustellung und ist dieser Mangel nach § 295 geheilt, so tritt die Rechtshängigkeit von dem Zeitpunkt an ein, in dem man nicht mehr rügen kann, strenger Hamm VersR **02**, 1362 (aber § 295 gilt auch hier). Das gilt auch für sachlichrechtliche Fristen wie die Verjährung.

17   Ein *förmlicher* Mangel insbesondere der nach § 168 I 1 von Amts wegen erfolgenden Zustellung wird auch von Amts wegen geheilt. Die Klage wird also nochmals zugestellt, nunmehr fehlerfrei. Die Rechtshängigkeit tritt dann erst mit dieser weiteren Zustellung ein. Eine Frist, selbst eine Ausschlußfrist, wird aber schon die Einreichung der korrekten Klageschrift, falls die Zustellung nur „demnächst" folgt, (jetzt) § 167, BGH **97**, 159. Dasselbe gilt für den Neubeginn der Verjährung, aM Oldb MDR **96**, 851 (aber das überspannt den ohnehin strengen § 167). So auch Dritten gegenüber. Ein Verzicht des Bekl auf die Zustellung ist an sich nach § 295 beachtlich, BGH FamRZ **84**, 368. Er kann aber nicht gegen den Willen des Klägers heilen. S auch § 189. Der erschienene Bekl kann sich nicht auf Mängel der Ladung berufen, außer auf die Nichteinhaltung der Zwischenfrist, Üb 10, 11 vor § 214. Der erschienene Anwalt kann nicht bemängeln, er sei nicht zur Anwaltsbestellung aufgefordert worden.

18   Ein *inhaltlicher* Mangel läßt sich durch die Zustellung eines Schriftsatzes beheben, aber nur für die Zukunft, Kblz MDR **80**, 149. Somit kann sich die Klage aus mehreren Schriftstücken zusammensetzen.

19   **D. Verfahren.** Wenn Mängel der Klage nicht geheilt werden, verneint das Gericht den Mangel unter Umständen nach nochmaliger Prüfung im Endurteil oder durch unselbständiges Zwischenurteil, § 303. Die Feststellung des Mangels führt zur Abweisung „angebrachtermaßen" als unzulässig durch ein sog Prozeß-

Titel 1. Verfahren bis zum Urteil   **§ 253**

urteil, Grdz 14 vor § 253, BGH VersR **84**, 540, Düss RR **90**, 1040, Zweibr RR **99**, 1666. Dann tritt keine innere Rechtskraft ein, § 322 Rn 60 „Prozeßurteil". Freilich kann eine fälschlich nur als unbegründet abgewiesene, in Wahrheit unzulässige Klage im Berufungsrechtszug eben wegen des Verfahrensfehlers des erstinstanzlichen Gerichts zulässig geworden sein, BGH MDR **97**, 288. Das Gericht muß den Mangel auch in der Revisionsinstanz beachten, BGH **156**, 10.

Im *Versäumnisverfahren* gilt: Bei einer Säumnis des Bekl erfolgt eine Prüfung der Ordnungsmäßigkeit von **20** Amts wegen. Wenn keine Heilung möglich war oder wenn sie dem Kläger unmöglich ist, erfolgt eine Prozeßabweisung. Bei einem Mangel der Zustellung erfolgt aber nur eine Zurückweisung des Antrags auf die Versäumnisentscheidung, § 335 I Z 2. Bei einer Säumnis des Klägers liegt im Antrag auf die Versäumnisentscheidung ein Rügeverzicht nach § 295.

E. Sonstige Unzulässigkeit. Auch die ordnungsmäßige Klage kann unzulässig sein. Dem Anspruch **21** kann die Klagbarkeit odes es können sonstige Prozeßvoraussetzungen fehlen oder Prozeßhindernisse durchgreifen. Dann muß das Gericht sie zwar durch Prozeßurteil abweisen, Grdz 14 vor § 253. Die Verjährung beginnt trotzdem neu, § 256 Rn 3. Eine Klage beim unzuständigen Gericht wirkt voll zurück, wenn eine Lage nach § 38 eintritt oder das Gericht verweist, § 281 Rn 37.

5) Bezeichnung der Parteien und des Gerichts, II Z 1   **22**

Schrifttum: *Blackert*, Die Wohnungseigentümergemeinschaft im Zivilprozeß, 1999; *Hass*, Die Gruppenklage usw, 1996; *Kleffmann*, Unbekannt als Parteibezeichnung usw, 1983.

A. Parteienbezeichnung: Nämlichkeitsklärung. Vgl § 130 Z 1. Zwingend vorgeschrieben ist nur, *daß*, nicht, *wie* der Kläger die Parteien bezeichnen muß, BGH **102**, 334, Stgt NJW **86**, 1882, LG Kassel RR **91**, 382. Zum Begriff der Partei Grdz 4 vor § 50. In einer Scheidungssache und im Eilverfahren heißt es statt Kläger: Antragsteller, statt Bekl: Antragsgegner, §§ 622 III, 916 ff. Die Parteinämlichkeit genügt, BGH NJW **146**, 341 (BGB-Außengesellschaft), BAG NJW **02**, 459, LG Mönchengladb ZMR **00**, 387. Sie und die Parteistellung müssen bereits im Zeitpunkt der Klagerhebung klar sein, § 690 Rn 4, BGH **102**, 334, BayObLG NZM **05**, 111 links, Köln NJW **82**, 1888. Der Kläger muß Änderungen schon wegen Rn 2 unverzüglich mitteilen.

Die *Anschriftenangabe* des Klägers wie natürlich ebenso des Bekl ist grundsätzlich sowohl im Parteiprozeß **23** als auch im Anwaltsprozeß notwendig, soweit diese Angabe zumutbar ist, Heidemann NJW **02**, 494 (das ist nicht stets der allgemeine Gerichtsstand). Denn das Gericht kann im Verfahren aus einer Reihe von Gründen auf sie angewiesen sein, § 130 Rn 10, BVerfG NJW **96**, 1273 (unnötig kompliziert), BGH **145**, 364 (Arbeitsplatz kann reichen), BVerwG NJW **99**, 2608 (Postfach reicht nicht), BayObLG NZM **01**, 957, KG WoM **91**, 225 (je: WEG). Alles das gilt auch im Eilverfahren nach §§ 916 ff, BGH MDR **92**, 610, Ffm NJW **92**, 1178, Schlesw DGVZ **93**, 133. Ein Verstoß kann Auslagenhaftung entstehen lassen, KV 9002, LAG Bre Rpfleger **88**, 165. Er kann eine Anwaltshaftung nach § 85 II auslösen, LAG Bre Rpfleger **88**, 165. Eine Ausnahme vom Zwang zur Anschriftenangabe kann einzig unter streng zu prüfenden schutzwürdigen Geheimhaltungsinteresse bestehen, KG OLGZ **91**, 466, etwa bei einer Inkognito-Adoption, Karlsr FamRZ **75**, 507, oder beim Nachlaßpfleger unbekannter Erben, BGH NJW **88**, 2114, evtl auch bei einer Gemeinschaft nach WEG, LG Mönchengladb ZMR **00**, 387 (großzügig), oder beim Zeugenschutzprogramm, Haas/Beckmann (vor Rn 1) 178. Eine frühere Tätigkeit beim Verfassungsschutz reicht nicht, KG OLGZ **91**, 466.

Unter der Voraussetzung der Wahrung der *Parteinämlichkeit* mag einerseits zusätzlich zum Vornamen sogar **24** ein Zusatz nötig sein, zB das Geburtsdatum nebst der früheren Anschrift, BGH NJW **88**, 2114, oder die Angabe „senior" oder „junior", Nürnb OLGZ **87**, 484. Andererseits mag sogar die Reihenfolge Nachname Vorname (ohne Komma) ausreichen, LG Hamm JB **92**, 57 (aber Vorsicht!), oder der Deck- bzw Künstlername, Haas/Beckmann (vor Rn 1) 178. Es mag sogar eine Namensangabe entbehrlich sein, wenn der Kläger zB den wahren Namen des Bekl nicht zumutbar ermitteln kann, Einl III 54 (Treu und Glauben), LG Bln RR **98**, 714, LG Kassel RR **91**, 382, Christmann DGVZ **96**, 81, aM LG Kref NJW **82**, 289 (aber man darf nichts Unzumutbares fordern). Zum Problem, insbesondere im Eilverfahren, Schladebach ZMR **00**, 72. Gerland DGVZ **91**, 183 fordert eine Gesetzesergänzung.

Freilich ist eine *Abgrenzbarkeit* einer Personengruppe nach äußeren Merkmalen notwendig, zB „7 bis 10 **25** Personen", Oldb MDR **95**, 794, oder „10 Personen auf einer schwimmenden Rettungsinsel" (LG Düss, zit bei Raeschke-Kessler NJW **81**, 663). Ausreichend ist eine vorübergehende Abgrenzbarkeit, LG Kref NJW **82**, 289, Lisken NJW **82**, 1136. Vgl auch Kleffmann, „Unbekannt" als Parteibezeichnung usw, 1983. Als ausreichend wurde zB erachtet „die unbekannten (derzeitigen) Besitzer", LG Kassel RR **91**, 382 (zu einer einstweiligen Verfügung), nicht ausreichend zB „die namentlich unbekannten" Mitglieder eines „Förderkreises", die „nicht öffentlich genannt werden möchten", LG Hbg MDR **94**, 1247, oder „gegenwärtig ca. 20 Personen als Hausbesetzer", LG Bre WoM **90**, 527, oder gar „die Besetzer des Gebäudes", BezG Potsd OLGZ **93**, 325, bzw „eine wechselnde Anzahl von etwa 20 bis 100 Personen in einem besetzten Haus" usw, Köln NJW **82**, 1888, LG Hamm NJW **81**, 1455 (wegen einer einstweiligen Verfügung), § 319 Rn 13 ff, § 750 Rn 11. Beim Verein kann die derzeitige bloße Namenslöschung unschädlich sein, BGH NJW **84**, 668. Partei kann nur eine bestimmte natürliche oder juristische Person sein. „In pp" reicht nicht, Köln BB **01**, 1498.

Bei einer *BGB-Außengesellschaft* reicht die zur Feststellung der Nämlichkeit (Identität) erforderliche **26** Angabe wegen der Rechts- und Parteifähigkeit solcher Gesellschaft, BGH **146**, 341, Lüke Festschrift für Geimer (2002) 612 (Inlands-Anwaltssozietät), Schmidt NJW **01**, 997. Es ist dem Kläger zumutbar, die Gesellschaft identifizierbar zu beschreiben, zB durch die möglichst exakte Bezeichnung der Gesellschafter, der gesetzlichen Vertreter (im Zweifel alle Gesellschafter, § 714 BGB, Schmidt NJW **01**, 999), und der Bezeichnung, unter der die Gesellschaft im Verkehr auftritt, BGH **146**, 341. Das gilt sowohl für die Kläger- als auch für die Beklagtenrolle. Wird die BGB-Außengesellschaft *verklagt*, so ist es wegen der persönlichen Haftung der Gesellschafter für Gesellschaftsschulden immer ratsam, neben der Gesellschaft auch die Gesellschafter persönlich zu verklagen, BGH **146**, 341, insbesondere bei Zweifeln über das Vorhandensein eines

§ 253 Buch 2. Abschnitt 1. Verfahren vor den LGen

Gesellschaftsvermögens, BGH **146**, 341. Natürlich kann man auch lediglich die Gesellschafter verklagen, BGH **146**, 341.
  Es sind unter dieser Bedingung die Namen usw der Gesellschafter nur insofern notwendig, als sie selbst anstelle oder neben der Gesellschaft auftreten, BGH **146**, 341, Schmidt NJW **01**, 997. Man sollte stets klar herausarbeiten, ob die Gesellschaft, nur ihre Gesellschafter oder beide auftreten, sei es als Kläger, Bekl oder Widerkläger, Kemke NJW **02**, 2218.
  Bei einer *Gemeinschaft* gilt (jetzt) dasselbe wie bei einer BGB-Gesellschaft, soweit es um eine *WEG* geht und soweit sie bei der Verwaltung des gemeinschaftlichen Eigentums am Rechtsverkehr teilnimmt. Denn insoweit ist sie rechtsfähig, § 50 Rn 11, BGH WoM **05**, 531. Nur im übrigen gilt: Man muß als Kläger wie Bekl stets sämtliche Mitglieder erwähnen, BGH RR **90**, 867, Jena NZM **05**, 110 (WEG), zumindest in einer als Anlage beigefügten Liste. Klagt ein nicht rechtsfähiger Verein, so gilt dasselbe wie vorstehend für die BGB-Außengesellschaft ausgeführt. Man muß die Partei kraft Amts nach Grdz 8 vor § 50 als solche benennen, zB „den Kaufmann X als Verwalter im Insolvenzverfahren des Y". Wegen der politischen Partei, der Gewerkschaft, einer Fraktion § 50 Rn 15. Wegen des Generalbundesanwalts im Verfahren nach dem AUG Grdz 28 vor § 50.

27 Bei *Firmen* genügt die Firma, § 17 HGB. Bekl ist im Zweifel der tatsächliche Inhaber. Den Einzelinhaber muß man schon wegen der Zwangsvollstreckung zweckmäßig bereits in der Klage benennen. Verklagt der Kläger einen Einzelkaufmann unter der fälschlichen Bezeichnung als Offene Handelsgesellschaft, so gelten die Klage und das Urteil gegen den Einzelkaufmann. Etwas anderes gilt, wenn der Wille, nur eine Gesellschaft zu verklagen, klar ersichtlich ist. Das Gericht muß ihm das Urteil richtig zustellen. Eine Bezeichnung als Generalbevollmächtigter von Erben ist unzulänglich. Ist ein Verstorbener als Partei bezeichnet, so ist den Erben zuzustellen, wenn sie alle bekannt sind, sonst evtl dem Nachlaßpfleger. Eine Klage namens des unbekannten Erben ist zulässig.
  Berichtigen darf und muß grundsätzlich die Partei eine falsche Bezeichnung, Mü MDR **90**, 60. Das gilt auch in der Rechtsmittelinstanz, BGH RR **04**, 576, soweit die richtige Partei keine Instanz verliert. Eine Unrichtigkeit oder sogar eine Widersprüchlichkeit schadet nicht, wenn die Nämlichkeit feststeht, BGH NVwZ-RR **05**, 149, BayObLG NZM **05**, 111 links (WEG, vgl aber ohnehin jetzt Rn 26), KG OLGZ **78**, 477, wenn sie also objektiv erkennbar ist, Grdz 5 vor § 50, BGH VersR **00**, 1299 (Rechtsmittelführer). Überhaupt kann Förmelei hier nur schaden, Lisken NJW **82**, 1137. Auch das Klagerubrum unterliegt der Auslegung, BGH NJW **87**, 1947, Nürnb OLGZ **87**, 483. Über den Fall, daß der falschen Partei zugestellt wurde, Grdz 16–18 vor § 50. Die Bezeichnung des Berufs oder des gesetzlichen Vertreters ist für die Wirksamkeit der Klageerhebung unwesentlich, soweit ihre Nämlichkeit klarsteht, Saarbr NJW **77**, 1928, Zweibr OLGZ **78**, 108 je betr den Fiskus als Bekl, aM Düss NJW **87**, 2522 (aber die Nämlichkeit reicht aus). Sie ist aber durch IV, vgl § 130, zur Sollvorschrift gemacht. Wenn ihr Fehlen eine demnächstige Zustellung der Klage verhindert, so erfolgt keine Fristwahrung im Sinne von § 167 durch die dadurch verspätete Zustellung.

28 Bei der *Inkognitoadoption* genügt „das am ... geb, im Register ... unter dem Namen ... eingetragene Kind", Karlsr FamRZ **75**, 598. Die Bezeichnung „Wohnungseigentümergemeinschaft" ist evtl in die Nennung der Mitglieder umdeutbar, BGH ZMR **90**, 188, LG Kempten Rpfleger **86**, 93, OVG Bre NJW **85**, 2660. Ähnliches gilt bei einer Bauherrengemeinschaft, BGH VersR **89**, 276 (zu einer Rechtsmittelschrift), Mü MDR **87**, 418. Bei endgültiger grundloser Verweigerung der notwendigen Angaben muß das Gericht die Klage als unzulässig abweisen, BGH **102**, 336.

29 **B. Gerichtsbezeichnung.** Man darf die Anforderungen nicht überspannen. Die funktionelle Zuständigkeit zählt nicht zu den vom Kläger darzulegenden Prozeßvoraussetzungen, strenger BGH BB **04**, 1078 (aber nicht jede Partei kann sich zumutbar den Geschäftsverteilungsplan ansehen oder gar beschaffen). Bei der Bezeichnung des Gerichts ist diejenige der Abteilung oder Kammer unnötig, eine falsche ist unschädlich. Nötig ist aber die Bezeichnung der Kammer für Handelssachen falls die Klage vor diese gelangen soll, § 96 I GVG. „An das Landgericht" meint die Zivilkammer, Ffm BB **80**, 552. Der Antrag, die Kammer für Handelssachen möge entscheiden, ist weder nachholbar, noch kann man ihn ändern, Ffm BB **80**, 552 (auch nicht auf Grund eines Schreibfehlers).

30 **6) Gegenstand und Grund des Anspruchs, II Z 2**
  Schrifttum: *Arend,* Zahlungsverbindlichkeiten in fremder Währung, 1989; *Meyke,* Darlegen und Beweisen, 1998; *Schneider,* Die Durchsetzung von Fremdwährungsforderungen, 2000; *Singer,* Das Verbot widersprüchlichen Verhaltens, 1993.
  A. Gegenstand des Anspruchs. Nötig ist die bestimmte Angabe des Gegenstandes des erhobenen Anspruchs, des Streitgegenstands, § 2 Rn 3, dort auch zum Schrifttum. Das gilt auch für einen erstmals in der mündlichen Verhandlung eingeführten Klagantrag, BGH NJW **87**, 3266. Es darf keine Ungewißheit über die Nämlichkeit des Rechtsverhältnisses bestehen, BGH NJW **03**, 669, OVG Bln DGVZ **83**, 90. Es darf auch keine Unklarheit über den Umfang der Rechtskraft geben, § 322 Rn 9, BGH NJW **03**, 669, BAG DB **92**, 1195, Düss RR **01**, 1223.

31 Der Klagantrag muß einen *vollstreckungsfähig genauen Inhalt* haben, Grdz 28 vor § 704, BGH NJW **05**, 2551, Hbg RR **04**, 196, LAG Mainz MDR **05**, 1060. Der Bekl muß ihm entnehmen können, welches Risiko für ihn besteht. Er muß sich umfassend verteidigen können, BGH NJW **05**, 2551. Der Kläger soll nicht dem Kostenrisiko entgehen, BGH NJW **83**, 1056, Pawlowski ZZP **82**, 131. Zur Auslegung des Antrags ist seine Begründung heranziehbar, Düss ZMR **03**, 349. Das gilt bis zum Verhandlungsschluß nach §§ 136 IV, 296a, BGH MDR **01**, 471. Der Kläger darf nicht zwei sich gegenseitig ausschließende Hauptanträge stellen, KG MDR **03**, 955.
  Als zu *unbestimmt* unzulässig ist zB ein Antrag, eine Rente „bis zur Wiedererlangung der vollen Arbeitskraft des Klägers" zuzusprechen. Einen Geldbetrag einer Hypothek, Grundschuld oder Rentenschuld darf der Kläger nur in EUR oder in der Währung der Schweiz oder der USA angeben, VO vom 30. 10. 97, BGBl 2683, Rn 63 „Euro". Wegen einer zulässigen Klage auf eine Zahlung in einer sonstigen Fremdwährung § 313 Rn 11, BGH NJW **80**, 2017, Maier/Reimer NJW **85**, 2053, Schmidt ZZP **98**, 40. Nach

Titel 1. Verfahren bis zum Urteil § 253

§ 244 I BGB kann im übrigen der Schuldner mangels abweichender Vereinbarung eine im Inland zu zahlende Fremdwährungsschuld auch in EUR begleichen. Das wirkt sich auf die Zulässigkeit einer entsprechenden Klage aus. Wegen einer Teilklage bei mehreren Ansprüchen Rn 43.

B. Grund des Anspruchs. Nötig ist ferner die bestimmte Angabe des Grundes des erhobenen Anspruchs. Klagegrund ist die Gesamtheit der zur Begründung des Anspruchs nach der Ansicht des Klägers erforderlichen Tatsachen, der sog klagebegründenden Tatsachen, also des konkreten Sachverhalts, Lebensvorgangs, § 2 Rn 3, BGH NJW 03, 2749, Saarbr VersR 05, 1235, LAG Hamm NJW 81, 887. Wieweit der Kläger mit der Darlegung gehen muß (sog Darlegungslast zwecks Schlüssigkeit zur Zeit des Verhandlungsschlusses nach §§ 136 IV, 296 a), ist Sache des Einzelfalls, § 138 Rn 18, § 282 Rn 7 ff, BGH NJW 03, 669, BAG DB 86, 1578. Der Kläger muß eine Rechnung nachvollziehbar aufschlüsseln, AG Korbach NJW 05, 783. Eine Erweiterung der Darlegungspflicht kann sich aus der Einlassung des Bekl ergeben, § 138 II, BVerfG NJW 92, 1031, BGH MDR 02, 832, Düss AnwBl 92, 144. 32

Das Gesetz lehnt also die Individualisierungstheorie ab und folgt der *Substantiierungstheorie*, BGH MDR 04, 824, zu großzügig BGH MDR 98, 1178 (Verlagerung auf § 139). Der Kläger muß grundsätzlich alle anspruchsbegründenden Tatsachen logisch und vollständig vortragen, BGH NJW 03, 3564, Düss AnwBl 92, 144, LAG Hbg RR 86, 743, Meyke NJW 00, 2230. Er darf sich evtl mit der Bezugnahme auf Anlagen begnügen, Rn 39, BGH MDR 04, 219, großzügiger 824. Das gilt aber nicht stets, Drsd RR 99, 147, Hamm RR 05, 894. Der Kläger muß so genau vortragen, daß sich der Bekl sachgemäß verteidigen kann, BGH RR 02, 1532. Der Kläger darf aber dabei vom bisherigen Vortrag im Prozeßverlauf abweichen, BGH RR 02, 1532. Soweit der Bekl im wesentlichen nicht bestreitet, können die Anforderungen an die Darlegungslast des Klägers sinken, BGH MDR 02, 832.

Tatsachenvortrag genügt meist. Es reicht also, daß sich die vom Kläger erstrebte Rechtsfolge aus den von ihm angegebenen Tatsachen (Klagegründen) ergeben soll, BGH RR 01, 887. Diese Rechtsfolge braucht man aber nicht juristisch zu benennen („da mihi factum, dabo tibi jus", „jura novit curia"). Rechtsansichten ersetzen nicht einen notwendigen Tatsachenvortrag, BGH NJW 03, 3564. Das alles kann bei einer Klageerhebung binnen einer Ausschlußfrist von Bedeutung sein. Denn der Vortrag ist dann unter Umständen nicht mehr fristgerecht ergänzbar, LG Freibg MDR 75, 60, aM LG Brschw WoM 85, 318, Schmidt-Futterer MDR 75, 4 (je betr Mieterhöhung), AG Stgt-Bad Cannstadt RR 92, 958 (betr Btx. Aber Fristen muß man stets streng beachten). Es ist zur Schlüssigkeit weder eine vollständige sachlichrechtliche Begründung notwendig, BGH NZM 04, 188, Celle RR 04, 1367, noch ist eine vollständige Dokumentation noch eine Wahrscheinlichkeit der Richtigkeit nötig, BGH RR 01, 887. Der Kläger kann das Gericht nicht zwingen, die Klage nur oder auch unter dem von ihm genannten rechtlichen Gesichtspunkt zu prüfen. Er kann vielmehr nur durch seinen Sachantrag die Grenzen des Prüfungsumfangs bestimmen, §§ 306–308, BAG DB 75, 1226. Die Darlegungslast folgt grundsätzlich der Beweislast, Anh § 286, Stgt RR 86, 898. Sie kann aber über die Beweislast hinausgehen, Lange DRiZ 85, 249. Auch Negativumstände können darzulegen sein, BGH MDR 99, 1371 (Schenkungsversprechen). 33

Zumutbarkeit ist ein wesentlicher Maßstab, § 138 Rn 23. Es bleibt zwar einer Partei manchmal nicht erspart, auf Vermutungen aufzubauen, BGH RR 99, 361. Sie muß aber darauf hinweisen und sich vor Rechtsmißbrauch in Gestalt von Behaupten ins Blaue hüten, Einl III 54, BGH RR 99, 360 und 361. Die Substantiierungslast bezweckt weder in erster Linie die Förderung der Wahrheitsermittlung noch im Prozeßbeschleunigung noch die Verbesserung der Lage des Gegners, BGH NJW 99, 2888. Man darf freilich die Anforderungen auch nicht überspannen, BGH NJW 01, 2633, Wolf NJW 05, 2417 (wegen DNA bei Vaterschaftsfragen). 34

Das Gericht muß einen *ohne jede Tatsachenbegründung* gestellten Antrag als unzulässig abweisen, BGH RR 89, 396, BAG DB 81, 1680. Das gilt nicht, wenn der Kläger ihn erst an sich zulässigerweise in der mündlichen Verhandlung einführt. Auch bei der Klage aus einem abgeleiteten, übergegangenen oder abgetretenen Recht gelten dieselben Anforderungen, BGH WertpMitt 82, 1327.

Beim *Schadensersatzanspruch* muß der Kläger das zum Ersatz verpflichtende Ereignis genau bezeichnen, BGH NJW 02, 3769, freilich nur in ihm zumutbaren Umfang, Köln VersR 87, 791. Ob aber eine mit Gründen versehene Klage auch nach Auffassung des Gerichts in sich ausreichend begründet, also schlüssig ist, gehört nicht zur Prüfung der Prozeßvoraussetzungen, Grdz 12 vor § 253. Es unterliegt vielmehr der sachlichrechtlichen Prüfung in der mündlichen Verhandlung, BGH VersR 79, 764. Es führt bei einer Verneinung zur Sachabweisung, § 300 Rn 8. LG Ffm RR 97, 434 hält in zeittypischer Nachgiebigkeit eine Nachrechenbarkeit durch Taschenrechner für ausreichend. Es begünstigt damit noch mehr Arbeitsüberbürdung auf den Richter, der dann oft genug erhebliche Rechenfehler entdecken muß. Auch ein Klagantrag ist auslegbar, Grdz 52 vor § 128, BGH RR 95, 1470. 35

Freilich bestehen wegen der erheblichen *Prozeßförderungspflicht* der Parteien nach Grdz 12 vor § 128 scharfe Anforderungen, Hartmann AnwBl 77, 92, Putzo AnwBl 77, 431. Der Kläger muß zB bei einer Saldoforderung grundsätzlich die Einzelzahlen so zusammenstellen, daß das Gericht eine vollständige rechnerische und rechtliche Überprüfung vornehmen kann, BVerfG NJW 94, 2683, BGH NJW 83, 2880, AG Köln ZMR 97, 147. Daran ändert auch Art 103 I GG nichts, AG Mü RR 03, 301. Freilich muß sich das Gericht bei nicht perfekter Übersichtlichkeit auch etwas Mühe geben. Es hat ja eine Aufklärungspflicht nach § 139, BVerfG NJW 94, 2683, Mü OLGZ 79, 355. Bei einer Zahlungsklage wegen Btx-Vergütungen mag die bloße Vorlage von Stornolisten unzureichend sein, LG Mönchengladb RR 98, 714, aM Köln VersR 93, 840, Oldb RR 96, 829 (aber die Parteiherrschaft hat nun einmal Obliegenheiten zur Folge). 36

Die *Verjährung* wird zudem auch durch eine nicht genügend substantiierte Klage gehemmt. Zum Problem (jetzt) des Neubeginns der Verjährung beim bloß weiterbetreibenden Anspruch (Auskunft usw) und bei der verteidigungsweisen Geltendmachung im Prozeß Arens Festschrift für Schwab (1990) 17. Bedeutung gewinnen kann der Streit im Versäumnisverfahren. Seine Hauptbedeutung liegt aber für die Klagänderung und der Rechtskraftwirkung. 37

Bei der *dinglichen Klage* ist die Angabe der Erwerbstatsachen notwendig, soweit nicht eine Eigentumsvermutung eingreift, zB nach § 1006 BGB. Bei der Gestaltungsklage wird kein Anspruch verletzt, sondern die

§ 253 Buch 2. Abschnitt 1. Verfahren vor den LGen

Grundlage eines Anspruchs, etwa die eheliche Treuepflicht. Die Tatsachen müssen zur Klagebegründung vorgebracht sein, nicht beiläufig. Zum Klagegrund gehört auch die etwa nötige Darlegung des Rechtsschutzbedürfnisses, Grdz 33 vor § 253, der Sachbefugnis und des Prozeßführungsrechts, Grdz 21 vor § 50. Die Einordnung der rechtsbegründenden Tatsachen unter einen Rechtssatz ist unnötig, Rn 33. Sie bindet nicht, Grdz 24 vor § 128, BAG DB **75**, 1226. Eine vom Kläger gewählte Rangfolge der Haupt- und Hilfsanträge ist für das Gericht verbindlich, § 308. Eine vom Kläger gewählte Rangfolge der Begründung bindet das Gericht nicht. Eigene Behauptungen muß die Partei auch gegen sich gelten lassen. Die Gegenpartei kann sie also zum eigenen Nutzen heranziehen, auch als Beweisgrund. Ergibt aber das Vorbringen des Bekl einen neuen Klagegrund, so kann man ihn für die Schlüssigkeit der Klage nur heranziehen, wenn sich der Kläger darauf beruft.

38 **7) Antrag, II Z 2**
Schrifttum: *Anders/Gehle*, Antrag und Entscheidung im Zivilprozeß, 3. Aufl 2000; *Friedrich*, Probleme der Teilklagen, Diss Köln 1995; *Klicka*, Bestimmtheit des Begehrens bei Leistungsklagen, Wien 1989; *Teplitzky*, Anmerkungen zur Behandlung von Unterlassungsanträgen, Festschrift für *Oppenhoff* (1985) 487.

39 **A. Grundsatz: Notwendigkeit der Bestimmtheit.** Vgl zunächst Rn 30, 31. Der Kläger muß einen bestimmten Antrag zur Sache stellen, BGH NJW **01**, 447, eine Sachbitte, dh eine genaue Angabe der gewünschten Entscheidung. Das ist eine notwendige Folge der Parteiherrschaft nach Grdz 18 vor § 128, nicht etwa des ebenfalls aus ihr folgenden Beibringungsgrundsatzes, Grdz 20 vor § 128. Dabei ist der Antrag wie jede Parteiprozeßhandlung nach dem erkennbaren Willen auslegungsfähig, Rn 40, und evtl -bedürftig, Grdz 52 vor § 128, auch unter Mitbeachtung der Klagebegründung, BGH GRUR **01**, 1036. Der Antrag muß den Streitgegenstand und den Umfang der Prüfungs- und Entscheidungsbefugnis des Gerichts klar umreißen, BAG NZA **03**, 1223. Denn der Bekl soll sich erschöpfend verteidigen können. Es soll nicht dem Vollstreckungsgericht überlassen bleiben, was dem Bekl verboten ist und was nicht, BGH NJW **03**, 669, BAG NZA **03**, 1223, Karlsr RR **02**, 251. Der Antrag muß daher aus sich heraus im Rahmen des dem Kläger an Bestimmtheit der Formulierung Zumutbaren verständlich sein, BGH NJW **01**, 447, VGH Kassel NJW **93**, 3088. Dazu kann evtl sogar die bloße Wiedergabe des Gesetzestextes ausreichen, Mü MDR **94**, 152, etwa des § 8 UWG. Das gilt freilich nicht, wenn das Gesetz mehrere Verletzungsmöglichkeiten nennt. Dann muß man die konkrete Verletzungsform bezeichnen, Hamm WettbR **00**, 63.
Es kann auch die *Bezugnahme* auf die Anspruchsbegründung genügen, MDR **03**, 864, Karlsr RR **02**, 251, Köln RR **01**, 1487 (je zu §§ 935 ff). Es reicht auch evtl die Bezugnahme auf eine Anlage, BGH WertpMitt **82**, 68, Schlesw SchlHA **77**, 32, aM BGH RR **94**, 1185 (Bilanz. Aber eine Bilanz reicht im allgemeinen überall, soweit sie gesetzlich einwandfrei erstellt wurde). Das gilt auch, wenn der Anwalt zB in einem Parallelprozeß vor derselben Kammer oder Abteilung einen Schriftsatz fertigte und von diesem nun eine Abschrift vorlegt oder wenn er auf das selbst gefertigte Prozeßkostenhilfegesuch Bezug nimmt, auch auf eine von der Partei im Mahnverfahren eingereichte Anspruchsbegründung, BGH **84**, 136. Die bloße Bezugnahme auf sonstiges Parteivorbringen kann im Einzelfall ausreichen, Düss MDR **96**, 416. Sie kann aber auch unzureichend sein, erst recht diejenige auf den Vortrag eines Dritten, wenn er nicht zB der Streitgenosse oder Streithelfer ist. Eine Bezugnahme reicht aber, wenn sie erkennen läßt, daß man sie durchgearbeitet hat.

40 Das Bestimmtheitserfordernis gilt auch bei § 259, dort Rn 12, oder bei einer *Feststellungsklage*, BGH NJW **01**, 447, BAG NZA **03**, 1223, Köln FamRZ **05**, 1107. Ungenügend ist es also, wenn man nicht erkennen kann, ob der Kläger ein Leistungs- oder ein Feststellungsurteil begehrt, oder wenn die geschuldete Summe sich erst durch einen Vergleich mit anderen Faktoren ergibt, BGH NJW **78**, 1585. Unzureichend ist auch die leider beliebte und oft zu großzügig hingenommene bloße Bezugnahme auf eine Forderung aus dem Mahnbescheid, § 697 Rn 4. Unklare Anträge, zB wegen handschriftlicher Zusätze evtl unbekannter Herkunft und Datierung, muß der Vorsitzende klarstellen lassen und auf die Stellung sachdienlicher Anträge hinwirken, § 139, BGH WettbR **98**, 170, also auch dahin, daß der Antrag einen vollstreckungsfähigen Inhalt hat, BGH WettbR **98**, 170, BAG VersR **88**, 256. Das Bestimmtheitsgebot ist eine Prozeßvoraussetzung, LG Lpz WettbR **00**, 279. Das Gericht muß es in jeder Verfahrenslage von Amst wegen beachten, BAG NJW **00**, 3228. Seine Mißachtung führt zur Klagabweisung als unzulässig, Grdz 14 vor § 253, LG Lpz WettbR **00**, 279. Ein Antrag ist der Auslegung fähig, Grdz 52 vor § 128, BGH RR **97**, 1217, KG OLGZ **75**, 54, LG Mü WoM **93**, 611, strenger BGH GRUR **02**, 88 (aber der Antrag ist als Parteiprozeßhandlung auslegungsfähig, Grdz 52 vor § 128). Die Auslegung ist in der Revisionsinstanz frei nachprüfbar, BGH RR **93**, 550.

41 Ein *Kostenantrag* ist unnötig, § 308 II. Er ist aber unter Umständen zweckmäßig. Denn ein gestempeltes Versäumnis- oder Anerkenntnisurteil nimmt oft nur auf die Klageschrift Bezug. Es müßte dann ergänzt werden, Stürner ZZP **91**, 359. Ein Antrag auf ein schriftliches Anerkenntnisurteil nach § 307 II oder ein Versäumnisurteil nach § 331 III ist keine Pflicht, wohl aber eine Obliegenheit, Grdz 11 vor § 128. Über den Hilfsantrag § 260. Eine Klage nur mit einem Hilfsantrag ohne einen Hauptantrag wäre bedingt und darum unzulässig, Rn 1. Notfalls hilft zunächst eine Auskunftsklage, § 254 Rn 4, Düss FamRZ **78**, 134. Auch bei ihr ist aber ein Ausforschungsantrag unzulässig, also ein solcher, den der Kläger bestimmter fassen kann, BGH NJW **83**, 1056. Wegen §§ 708 ff sind Anträge zur Vollstreckbarkeit nur unter besonderen Voraussetzungen nötig.

42 **B. Beispiele zur Frage der Bestimmtheit des Klagantrags**
Allgemeine Geschäftsbedingungen: Bei einer Verbandsklage nach Grdz 30 vor § 253 muß der Klagantrag auch den Wortlaut der beanstandeten Bestimmung und die Bezeichnung derjenigen Rechtsgeschäfte enthalten, für die die Bestimmung beanstandet wird.
S auch § 8 UKlaG, abgedruckt vor Rn 1.
Alternativantrag: § 260 Rn 7.
Anerkenntnisurteil: Ein Antrag auf ein schriftliches Anerkenntnisurteil nach § 307 II ist keine Pflicht, wohl aber eine Obliegenheit, Grdz 11 vor § 128.
Anfechtungsklage: Sie muß die bestimmte Angabe enthalten, für welche vollstreckbaren Forderungen in welcher Reihenfolge und für welche jeweiligen Beträge der Rückgewähranspruch erhoben wird, BGH

Titel 1. Verfahren bis zum Urteil § 253

99, 277. Bei der Insolvenzanfechtung durch eine sog Replik (Einrede) ist II Z 2 nicht voll anwendbar, sofern nur grds eine Bestimmtheit vorliegt, Düss RR **90**, 576.

Angemessener Betrag: Rn 51 „Angemessenheit", Rn 59 „Unbezifferter Leistungsantrag".

Anspruchsmehrheit, dazu *Jauernig,* Teilurteil und Teilklage, Festgabe *50 Jahre Bundesgerichtshof* (2000) **43** III 311: Der Kläger muß zB bei einer Saldoforderung grundsätzlich die Einzelzahlen so zusammenstellen, daß das Gericht eine vollständige rechnerische und rechtliche Überprüfung vornehmen kann, BGH MDR **03**, 825. Er muß nur bei mehreren prozessual selbständigen Ansprüchen zwecks Klärung des Streitgegenstands und des Umfangs der inneren Rechtskraft im einzelnen angeben, wie er die Gesamtsumme auf die verschiedenen Einzelansprüche verteilt, BGH NJW **00**, 3719, Ffm VersR **96**, 764. Er muß nur in diesem Fall auch die Reihenfolge angeben, in der das Gericht die einzelnen Beträge prüfen soll, BGH NJW **00**, 3719. Diese Reihenfolge ist für das Gericht verbindlich, § 308 I, BGH NJW **98**, 1140. Nur die vom Kläger gewählte Rangfolge der rechtlichen Begründung bindet das Gericht nicht, Rn 33.

Soweit der Kläger aus *mehreren* selbständigen Ansprüchen in der Klage jeweils nur einen *Teilbetrag* oder den einen Anspruch voll, einen oder mehrere weitere Ansprüche aber nur teilweise geltend macht, muß er angeben, welchen Teilbetrag er von jedem der Ansprüche in welcher Reihenfolge geltend macht, BGH NJW **98**, 1140, BAG DB **03**, 348, Düss NJW **93**, 2691. Dabei muß man natürlich durch eine Auslegung mitklären, BGH RR **87**, 640, Mangels Angaben muß das Gericht jeden Teilbetrag entsprechend seinem Anteil am Gesamtanspruch kürzen, BGH GRUR **02**, 155.

Der Kläger kann auch den einen Anspruch voll erheben und die anderen *hilfsweise* in bestimmter **44** Reihenfolge geltend machen, § 260 Rn 8, zB bei Heilungskosten, Verdienstausfall, Schmerzensgeld. § 139 ist zu beachten. Jedoch genügt ein Hinweis auf Bedenken gegen die Zulässigkeit, selbst wenn der Vorderrichter sie bejahte, BGH JZ **75**, 449. Eine Teilklage ist bei Teilbarkeit zulässig, Jauernig (bei Rn 43) 329. Soweit ein solcher Teilanspruch geltend gemacht wird, entsteht auch nur insofern Rechtshängigkeit.

Ungenügend ist die unterschiedslose Angabe von Klagegründen ohne die betragsmäßige Aufteilung auf **45** den Klagantrag. Eine Angabe des Eventualverhältnisses ist notwendig. Unzulässig ist eine Erklärung, daß die Reihenfolge der Prüfung dem Gericht überlassen bleiben solle. Verstößt der Kläger gegen diese Erfordernisse der Antragstellung, dann werden trotzdem bei einer späteren Aufteilung alle Einzelansprüche bis zur Höhe der Klagesumme rechtshängig. Auch wird die Verjährung trotz mangelnder Aufgliederung auf die Einzelforderungen gehemmt, selbst wenn der Kläger die Aufgliederung und Bezifferung der Einzelforderungen erst nach dem Ablauf der Verjährungsfrist vorgenommen hat. Bei einer verneinenden Feststellungsklage nach § 256, die sich auf einen aus mehreren selbständigen Ansprüchen zusammengesetzten Teilbetrag beschränkt, muß der Kläger angeben, für welche einzelnen Ansprüche oder Teile er die Feststellung begehrt. Aus der Klagebegründung oder der Streitwertangabe kann sich eine Beschränkung des Feststellungsbegehrens ergeben. Sie kann für die Verjährung von Bedeutung sein.

Arbeitnehmer: Auch im arbeitsgerichtlichen Beschlußverfahren muß man den Streitgegenstand nach § 2 **46** Rn 3 so genau bezeichnen, daß das Gericht die Streitfrage mit Rechtskraftwirkung entscheiden kann, BAG NJW **04**, 2260. Daher reicht zB die bloße Wiedergabe des Gesetzestextes nicht, BAG DB **89**, 536. Die Notwendigkeit einer Bezifferung nach Rn 49 gilt auch bei einem Lohnfortzahlungsanspruch, Lepke DB **78**, 839 (wegen „brutto/netto" od ähnlichen Angaben BAG DB **98**, 2376, LG Mainz Rpfleger **98**, 530, LAG Mü DB **80**, 886; wegen der Anrechnung des Arbeitslosengeldes BAG NJW **79**, 2634). „Restliche Vergütung für 61 Werktage 1999 wegen Kranken- und Urlaubsvergütung" reicht nicht, BAG DB **03**, 348. Nach § 38 ArbNEG, Rn 6, ist ein Antrag auf die Zahlung eines vom Gericht zu bestimmenden angemessenen Betrages zulässig. Einen Beschäftigungsanspruch muß man genau bezeichnen, LAG Kiel NZA-RR **05**, 514.

Bei einer Klage auf ein *qualifiziertes Zeugnis* kann dessen vollständige Formulierung nötig sein. Zum arbeitsgerichtlichen Beschlußverfahren BAG DB **84**, 1479. Bei einer Kündigungsschutzklage genügen Angaben, aus denen man ersehen kann, wo der Kläger tätig war, gegen wen er sich wendet und daß er seine Entlassung nicht als berechtigt anerkennt, BAG NJW **82**, 1174. Der Kläger muß ein Betriebs- oder Geschäftsgeheimnis hinreichend genau und damit unverwechselbar bezeichnen, auch durch eine Zeichnung, Fotografie usw, BAG NJW **89**, 3237. Er muß den Vergütungszeitraum angeben, BAG DB **96**, 1344. „Zur-Verfügung-Stellung eines tabakrauchfreien Arbeitsplatzes" reicht aus, BAG NJW **98**, 162. Ein Antrag auf „Wiedereinstellung" reicht aus, BAG NJW **00**, 1297. Dasselbe gilt beim Antrag auf Ersetzung der Zustimmung des Betriebsrats zur Eingruppierung, BAG NZA **04**, 801. Zur Bestimmtheit beim koalitionsrechtlichen Unterlassungsanspruch gegen eine tarifwidrige Einheitsregelung Kocher NZA **05**, 140. Ein Antrag, das Arbeitsverhältnis „ordnungsgemäß abzurechnen", ist zu unbestimmt, BAG DB **01**, 1512. „Weiterbeschäftigung als Lagerleiter" kann vollstreckungsunfähig unscharf sein, LAG Mainz MDR **05**, 1060.

Auflassung: Rn 100 „Zug-um-Zug-Gegenleistung".

Aufrechnung: Wer im Weg der Aufrechnung einen Teilbetrag aus mehreren selbständigen Ansprüchen **47** geltend macht, muß angeben, welchen Teilbetrag von jedem dieser Ansprüche er in welcher Reihenfolge geltend macht, § 145 Rn 9, Schlesw MDR **76**, 50, ThP § 145 Rn 14, aM Schneider MDR **88**, 928 (aber gerade wegen der zumindest auch sachlichrechtlichen Bedeutung einer im Prozeß erklärten Aufrechnung muß man die Parteiherrschaft mit ihrem Beibringungsgrundsatz nach Grdz 18–20 vor § 128 beachten. Das hat zur Folge, daß die Partei bestimmen kann und muß, welche Aufrechnung sie in welcher Reihenfolge der Prüfung des Gerichts unterbreitet).

S auch Rn 49 „Bezifferung".

Auskunftsklage, dazu *Kiethe* MDR **03**, 781 (ausf): Bei einer Auskunftsklage nach § 254 muß der Kläger diejenigen Belege, die der Bekl vorlegen soll, in einem zumutbar Umfang genau bezeichnen, BGH FamRZ **88**, 496, Bbg RR **04**, 476. Er muß beim Antrag auf Auskunft zB über Einkommens- und Vermögensverhältnisse (besser: über die Brutto- und Nettoeinkünfte lt Steuerbescheiden, Ffm FamRZ **91**, 1334) den begehrten Zeitraum nennen, Ffm FamRZ **91**, 1334, Büttner FamRZ **92**, 629. Er muß die Einkommensarten möglichst näher bezeichnen, Büttner FamRZ **92**, 630. Er muß beim Verlangen nach

§ 253   Buch 2. Abschnitt 1. Verfahren vor den LGen

Auskunft über Bemühungen zur Aufnahme von Erwerbstätigkeit genau angeben, welche Tatsachen der Arbeitssuche und Eingliederung in das Erwerbsleben der Bekl angeben soll, Brschw FamRZ **87**, 284. Bei der Auskunftsklage des Pflichtteilsberechtigten oder sonstigen Nichterben gegen den Erben oder Testamentsvollstrecker kann es zulässig sein, auch die Vorlage von Geschäftsunterlagen zwecks eigener Wertermittlung zu fordern, BGH NJW **75**, 1776, Zweibr FamRZ **87**, 1198 (eine weite Antragsfassung ist statthaft).
S auch § 254 Rn 4.
Befreiung: Rn 65 „Freistellung".
Bereicherung: Der Kläger muß auch sie beziffern, Zweibr FER **01**, 142.
Berufung: Eine Bezugnahme auf ein verteidigtes vorinstanzliches Urteil reicht, BGH BB **95**, 1377.

48 **Beschwer:** Wenn der zuerkannte Betrag wesentlich unter demjenigen bleibt, den der Kläger als angemessen oder gar als Mindestbetrag bezeichnet hatte, muß insofern eine Klagabweisung erfolgen, BGH VersR **79**, 472. Insofern liegt also eine Beschwer vor, Grdz 25 vor § 511.

49 **Bezifferung,** dazu *Menges, Die Zulässigkeit des unbezifferten Klageantrags,* 2004:
a) Grundsatz: Notwendigkeit der Klarheit für Beschwer, Rechtskraft und Vollstreckung. Der Leistungskläger muß infolge der Parteiherrschaft nach Grdz 18 vor § 128 die Leistung so genau bezeichnen, daß der Bekl sein Risiko erkennen und sich demgemäß erschöpfend verteidigen kann, BGH NJW **83**, 1056, daß ferner das Berufungsgericht eine Beschwer ermitteln kann, BGH NJW **02**, 3769 (insofern freilich nur Obliegenheit), daß das Urteil klar die Grenzen der Rechtskraft erkennen läßt und daß es demgemäß für die Zwangsvollstreckung klar ist, BGH NJW **94**, 3103, BAG NJW **85**, 646, KG ZMR **02**, 824. Das gilt besonders auch für eine Unterlassungsklage. Der Kläger muß einen geforderten Geldbetrag grundsätzlich beziffern, BGH NJW **94**, 587, Ffm FamRZ **82**, 1223, aM MüKoWo § 726 Rn 8 (aber die Parteiherrschaft hat nun einmal Obliegenheiten zur Folge). Ausnahmen gelten (vgl auch Rn 52) nur, wenn das unmöglich oder dem Kläger aus besonderen Gründen nicht zuzumuten ist, § 287, Düss DNotZ **78**, 684, Oldb NJW **91**, 1187. Bull JR **75**, 449 fordert eine Gesetzesänderung, Röhl ZZP **85**, 73, 86, 326 hält einen unbezifferten Antrag für überflüssig und fordert dessen Unzulässigkeit. Die Notwendigkeit einer Bezifferung gilt an sich auch bei einem Unterhaltsanspruch, Düss FamRZ **78**, 134, Ffm FamRZ **82**, 1223, aM Spangenberg MDR **82**, 188. Jedoch ist es ausreichend, wenn das nichteheliche Kind „den Regelunterhalt" usw fordert, § 642.

50 Die Notwendigkeit der Bezifferung gilt ferner zB bei einem *Schadenersatzanspruch,* Kblz MDR **79**, 587, bei einem Anspruch nach § 651 f BGB, Bendref NJW **86**, 1722, bei einem *Lohnzahlungsanspruch,* Lepke DB **78**, 839 (wegen „brutto/netto" oä BAG NJW **85**, 646, LAG Mü DB **80**, 886. Wegen der Anrechnung des Arbeitslosengeldes BAG NJW **79**, 2634). Die Notwendigkeit der Bezifferung gilt ferner zB bei einem Entschädigungsanspruch, BayObLG **82**, 422, Stgt NJW **78**, 2209 (StPO). Die Notwendigkeit einer Bezifferung gilt auch bei einer Mitverursachung oder einem Mitverschulden.
Sie gilt aber *nicht,* wenn der Kläger einen angemessenen Preis oder eine *angemessene* Vergütung verlangt. Eine Bezifferung ist nicht erforderlich, soweit sie dem Kläger unter den erforderlichen Abwägung der Gesamtumstände objektiv nicht zuzumuten ist. Selbst in einem solchen Fall muß er aber grds wenigstens Tatsachen vortragen, die eine Ermittlung des objektiv angemessenen Betrags gestatten, BGH VersR **79**, 472, Ffm VersR **79**, 265, vgl auch § 287.

51 **b) Einzelfragen**
– **("abzüglich x ..."):** Wegen der Notwendigkeit, den Vollstreckungstitel auch zB für den Gerichtsvollzieher aus sich heraus verständlich zu formulieren, ist ein Antrag, den Bekl etwa zur Zahlung von x Euro „abzüglich y (zB durch Teilurteil ausgeurteilt)", in dieser Form zwar für den Kläger bequem, aber unbrauchbar. Der Vorsitzende muß nach § 139 I 2 mit dem Kläger solange rechnen, bis ein in EUR usw bezifferter Schlußbetrag herauskommt. Man sollte dann nur diesen Betrag beantragen und am besten klarstellen, daß es sich um eine Restforderung handelt, also zB den Bekl verurteilen, an den Kläger „über die durch Teilurteil vom ... zugesprochene Summe hinaus restliche x EUR zu zahlen".
– **(Angemessenheit):** Der Kläger kann einen „angemessenen Betrag, Preis usw" verlangen, BAG BB **77**, 1356, strenger BGH ZZP **86**, 322 (aber die Prozeßwirtschaftlichkeit nach Grdz 14 vor § 128 sollte mitgelten). Er darf allerdings nicht das Risiko einer Beweisaufnahme oder der Kosten von sich abwälzen wollen, BGH NJW **83**, 1056, Pawlowski ZZP **82**, 131, aM AG Groß Gerau MDR **77**, 410 (zu § 1360 a BGB. Aber das würde an Umdrehung der Beweislast grenzen).
Ein Beweisantrag „*Sachverständigengutachten*" ersetzt die Darlegung von Berechnungs- und Schätzungsgrundlagen nicht, BGH MDR **75**, 741. Es genügt jedoch, daß sich der Geldbetrag nach den gegebenen Unterlagen ohne weiteres genau berechnen läßt, BGH WertpMitt **82**, 68, zB aus verständlichen, übersichtlichen Kontenblättern als Anlagen, Schlesw SchlHA **77**, 32. Belege, die der Bekl vorlegen soll, muß der Kläger in zumutbarem Umfang schon in der Klage bezeichnen, BGH NJW **83**, 1056. Die Bezifferung ist in der Berufungsinstanz nachholbar, Köln VersR **85**, 844.
– **(Arbeitsrecht):** Rn 46 „Arbeitnehmer", Lepke BB **90**, 273 (ausf).
– **(Auskunft):** Vgl zunächst Rn 47 „Auskunftsklage". Es ist *unzulässig,* den Bekl A auf Auskunft und den Bekl B auf Zahlung einer erst von der Auskunft abhängenden Summe zu verklagen, BGH NJW **94**, 3103. Der Kläger darf die Ausübung seines Bestimmungsrechts nicht über das Gesetz hinaus dem Gericht überlassen.
S auch Rn 43.
– **(Auslegung):** Sie ist zwecks Klärung der Bezifferung zulässig, Grdz 52 vor § 128, BAG NJW **02**, 3122.
– **(Bezugnahme):** Rn 32, 39.

52 – **(Ersatzklage):** Bei einer Ersatzklage ist eine ziffernmäßige Angabe nicht unbedingt nötig, zB nicht im Fall der Notwendigkeit einer hypothetischen Schadensberechnung nach § 249 BGB. Der Kläger muß aber genügende tatsächliche Unterlagen für das richterliche Ermessen beibringen. Sie müssen für eine Schätzung nach § 287 genügen, falls diese überhaupt zulässig ist. Beim merkantilen Minderwert muß der Kläger Alter und Zustand des Fahrzeugs, Art der Unfallschäden, Reparaturkosten, etwa technische

Mängel, die Anzahl der Vorbesitzer und Vorschäden, die Zulassungsdaten angeben, Darkow VersR **75**, 211. Zulässig ist eine Klage auf Verurteilung zum Ersatz des gesamten durch den Bekl dem Kläger entstandenen, der Höhe nach durch einen Sachverständigen festzustellenden Schadens. Ein solcher Antrag macht den Anspruch seinem ganzen Umfang nach rechtshängig, auch wenn er nach unten begrenzt ist. Der Kläger muß aber Angaben über die Größenordnung dessen machen, was er als angemessen ansieht. Ein Zusatz „oder nach richterlichem Ermessen" ist neben einem bestimmten Antrag bedeutungslos.

- **(Feststellungsantrag):** Auch bei ihm, Grdz 9 vor § 253, § 256, muß der Kläger II Z 2 mitbeachten, **53** BGH GRUR **85**, 987. Ein Feststellungsantrag ohne Betragsangabe ist zulässig, soweit der Kläger ein rechtliches Interesse an der alsbaldigen Feststellung nach § 256 unter der Beschränkung auf den Grund nachweist. Möglich ist auch eine ziffernmäßig beschränkte Teilfeststellungsklage. Auch bei einer verneinenden Feststellungsklage muß der Antrag allerdings grundsätzlich so bestimmt sein, daß der Umfang der Rechtshängigkeit nach § 261 und der Rechtskraft nach § 322 feststeht, LAG Düss BB **75**, 471.
- **(Gestaltungsklage):** Bei einer Gestaltungsklage nach Grdz 10 vor § 253, §§ 315 III 2, 343 BGB muß **54** der Kläger die gewünschte Gestaltung grds eindeutig bezeichnen, vgl freilich zB § 2048 S 3, § 2156 S 2 BGB. Ausreichend ist die Herabsetzung einer Vertragsstrafe „auf den angemessenen Betrag".
- **(Minderung):** Zu einer (Miet-)Minderung muß der Kläger den Betrag beziffern, KG ZMR **02**, 824.
- **(Prozeßkosten):** Da das Gericht nach § 308 II von Amts wegen über sie entscheiden muß, ist ein Kostenantrag grds entbehrlich und daher auch unbeziffert zulässig, auch zB bei einem Schadensersatzanspruch, etwa aus § 840 II 2, solange die Kosten nicht zur Hauptsache werden. Im letzteren Fall würde eine Verweisung auf die Möglichkeit einer Kostenfestsetzung nichts an der Notwendigkeit einer Bezifferung ändern, sobald und soweit sie technisch errechenbar ist.
- **(Rückgabe):** Es kann zulässig sein, „Zahlung Zug um Zug gegen Rückgabe eines Kfz abzüglich x pro **55** km ab km-Stand y bis zum km-Stand bei Rückgabe" zu fordern, Oldb NJW **91**, 1187.
- **(Schmerzensgeld),** dazu *von Gerlach* VersR **00**, 525 (Üb): Es ist kraft Gewohnheitsrechts grds **56** unbeziffert zulässig, BGH NJW **02**, 3769, Schneider MDR **85**, 992. Beim Schmerzensgeldanspruch nach § 253 II BGB muß der Kläger wenigstens Tatsachen vortragen, die die Ermittlung eines angemessenen Betrages gestatten, § 287, BGH NJW **02**, 3769, Ffm VersR **79**, 265. Eine Angabe, der Kläger sei erheblich verletzt, genügt nicht. Daher wird eine etwa mit der Klage zu wahrende Frist nicht eingehalten, solange die Klage mangels Bestimmtheit insofern an der Bestimmtheit fehlt und er daher ein Rechtshängigkeit nicht begründen kann, aM LG Hbg VersR **79**, 64 (die Angaben seien nachholbar). Das Gericht muß den Kläger befragen, was er etwa erwartet, Bbg VersR **84**, 875. Bleibt der zuerkannte Betrag wesentlich unter jenem, so erfolgt insofern eine Klagabweisung, BGH VersR **79**, 472. Also liegt eine Beschwer vor, Grdz 13 ff vor § 511. Ein Teilschmerzensgeld ist nur zeitlich bis zum Verhandlungsschluß und außerdem nur dann zulässig, wenn die Schadensentwicklung dann noch nicht ganz überschaubar ist, Stgt RR **04**, 1510.
  Nötig ist aber auch beim unbezifferten Schmerzensgeldantrag die Angabe der *vorgestellten* **57** *Größenordnung,* BGH NJW **02**, 3769, Düss RR **95**, 955, Nürnb VersR **88**, 301, aM Allgaier VersR **87**, 31, Husmann VersR **86**, 715 (aber dann könnte man jedes Kostenrisiko umgehen).
  Ausreichend ist auch ein Sachvortrag, der dem Gericht die Ermittlung der Größenordnung ohne **58** weiteres erlaubt, BGH NJW **02**, 3769, BAG NJW **84**, 1651, Lemcke-Schmalzl/Schmalzl MDR **85**, 362, oder eine *bezifferte Mindestforderung,* Lindacher AcP **82**, 275 (freilich ist ein Mindestbetrag nur ein Pol, BGH MDR **78**, 44). Die Bezifferung usw ist in der Berufungsinstanz nachholbar, Köln VersR **85**, 844. Andernfalls kann eine Beschwer fehlen, Köln MDR **88**, 62.
  S auch Rn 59.
- **(Teilurteil):** Rn 51 „,– (abzüglich x ...)".
- **(Unbezifferter Leistungsantrag):** Nötig ist bei einem unbezifferten Leistungsantrag auf Schmerzens- **59** geld nach Rn 56–58 oder aus anderem Rechtsgrund, Dunz NJW **84**, 1734 (Rspr-Üb), entweder die Angabe der *vorgestellten Größenordnung* oder wenigstens ein Sachvortrag, dem Gericht die Ermittlung der Größenordnung ohne weiteres erlaubt, BAG NJW **84**, 1651, Lemcke-Schmalzl/Schmalzl MDR **85**, 362, oder eine *bezifferte Mindestforderung,* Rn 58. Alles das muß der Kläger innerhalb einer etwaigen Klagefrist vortragen. Wegen der Änderung bei einer Berufung Zweibr JZ **78**, 244.
- **(Urlaubsfreude):** LG Hann NJW **89**, 1936 läßt den Anspruch nach § 651 f II BGB ohne Bezifferung zu, da er schmerzensgeldähnlich ist.

Bezugnahme: Rn 39. **60**
Computerprogramm: Zu den Anforderungen an die Darlegungslast BGH MDR **91**, 503 (ausf).
Dingliche Klage: Bei einer solchen Klage ist mangels einer Eigentumsvermutung etwa nach § 1006 BGB **61** die Angabe der Erwerbstatsache notwendig. Bei der dinglichen Befriedigungsklage bzw Duldungsklage nach § 1147 BGB muß der Antrag auf eine Verurteilung zur Duldung der Zwangsvollstreckung in das Grundstück und in mithaftende Gegenstände zur Befriedigung des Klägers wegen der Hypothek und der Nebenforderungen gehen. Entsprechendes gilt bei einer Klage aus einem Schiffspfandrecht.
Dritter: Im Fall eines Antrags auf die Unterlassung einer Beeinträchtigung muß der Gegner sich erschöpfend verteidigen können, auch wenn er dabei einen Dritten nennen muß. Der Kläger muß einen herausverlangten Gegenstand ausreichend und auch für einen Dritten zweifelsfrei erkennbar bezeichnen. Dasselbe gilt für ein herausverlangtes Recht. Also ist es unzureichend, nur das Betriebsvermögen zu nennen. Man muß auch die zugehörigen Verlags-, Aufführungs- und mechanischen Rechte nennen.
Drittschuldner: Wenn der Schuldner zulässigerweise den Drittschuldner auf Erfüllung verklagt, muß er die Rangfolge der Pfändungsgläubiger genau angeben, BGH **147**, 229 (abl Berger JZ **02**, 48).
Duldung: Inhalt und Umfang der Pflicht müssen aus dem Klagantrag unzweideutig erkennbar sein, Köln NZM **03**, 200.
Duldung der Zwangsvollstreckung: Rn 100 „Zwangsvollstreckung".
Duldungsklage: S „Dingliche Klage".

§ 253

62 **Entlassung:** Rn 46.
Entschädigung: Die grundsätzliche Notwendigkeit einer Bezifferung nach Rn 49 ff gilt auch im Fall eines Entschädigungsanspruchs, BayObLG **82**, 422, Stgt NJW **78**, 2209 (StPO). Bei einer Klage nach dem BEG ist die Bezugnahme auf den angefochtenen Bescheid und die Akten der Entschädigungsbehörde ausreichend.
Erbrecht: Bei der Klage wegen eines Pflichtteilsanspruchs, den man zunächst noch ermitteln muß, kann ein unbezifferter Antrag zulässig sein. Bei der Klage auf eine Erbauseinandersetzung nach § 2042 BGB muß schon die Klage einen genauen Auseinandersetzungsplan enthalten.
63 **Ermessen:** Soweit keine Bezifferung nach Rn 49 erforderlich ist, muß der Kläger wenigstens genügende tatsächliche Unterlagen für das dann notwendige richterliche Ermessen beibringen. Sie müssen für eine Schätzung nach § 287 genügen, falls diese überhaupt zulässig ist. Der Kläger muß Angaben über die Größenordnung dessen machen, was er als angemessen ansieht, Rn 59. Ein Zusatz „oder nach richterlichem Ermessen" ist neben einem bestimmten Antrag bedeutungslos. Nach § 38 ArbNEG, Rn 6, ist ein Antrag auf die Zahlung eines vom Gericht zu bestimmenden angemessenen Betrages zulässig.
S auch Rn 49–59, Rn 86 „Schadensersatz", „Schmerzensgeld".
Ersatz: Rn 49–59, Rn 86.
64 **Feststellungsklage:** Bei einer Feststellungsklage nach Grdz 9 vor § 253, § 256 ist erforderlich und genügt eine bestimmte Bezeichnung des Rechtsverhältnisses, die den Umfang der Rechtshängigkeit und der Rechtskraft der begehrten Feststellung nicht ungewiß läßt, § 256 Rn 42, 43, BGH NJW **02**, 681, BAG DB **92**, 1195, Köln FamRZ **05**, 1107. Erforderlich ist ferner die Bezeichnung aller tatsächlichen Unterlagen der genauen Feststellung, BGH NJW **83**, 2250. Ein Feststellungsantrag ohne Betragsangabe ist zulässig, wenn der Kläger ein rechtliches Interesse an der alsbaldigen Feststellung unter der Beschränkung auf den Grund nachweist. Möglich ist auch eine ziffernmäßig beschränkte Teilfeststellungsklage. Auch bei der negativen Feststellungsklage muß der Antrag so bestimmt sein, daß der Umfang der Rechtshängigkeit und der Rechtskraft klar sind, BAG DB **92**, 1196, LAG Düss BB **75**, 471. Bei einer negativen Feststellungsklage auf einen aus mehreren selbständigen Ansprüchen zusammengesetzten Teilbetrag muß der Kläger angeben, für welche einzelnen Ansprüche oder Teile von ihnen er die Feststellung begehrt. Aus der Klagebegründung oder der Streitwertangabe kann sich eine Beschränkung des Feststellungsbegehrens ergeben. Das ist für die Verjährung von Bedeutung.
Frachtgeschäft: Rn 231–233 „Werkvertrag".
65 **Fragepflicht:** Das Gericht muß den Kläger fragen, was er etwa erwartet, wenn die Angaben des Klägers beim unbezifferten Antrag nicht ausreichen, § 139, Bbg VersR **84**, 875. Soweit der zuerkannte Betrag wesentlich unter demjenigen bleibt, den der Kläger wenigstens auf die Frage genannt hat, muß eine Klagabweisung erfolgen, BGH VersR **79**, 472. Insofern liegt also auch keine Beschwer vor, Grdz 13 vor § 511.
Freistellung: Ein Antrag mit dem Ziel der Freistellung von einer Verbindlichkeit ist grds eine Leistungsklage, Grdz 8 vor § 253, Bischof ZIP **84**, 1444. Wenn er freilich keinerlei Angaben über den Umfang der Verbindlichkeit enthält, ist er regelmäßig zu unbestimmt. Denn zur Vollstreckbarkeit wäre ein weiterer, den Umfang klärender Prozeß notwendig, KG MDR **99**, 118, Saarbr FamRZ **99**, 110, Stgt JB **98**, 324. Das Gericht muß aber im Rahmen von § 139 klären, ob eine Umdeutung in einen Feststellungsanspruch möglich ist, BGH FamRZ **80**, 655.
Fremdwährung: Rn 31.
66 **Gemeinschaft:** S „Gesellschaft, Gemeinschaft".
Gesamtforderung: Rn 43, 76.
Gesamtgläubiger: Rn 76.
Gesellschaft, Gemeinschaft: Nicht ausreichend ist ein Antrag, „an der Durchführung der Auseinandersetzung und an der Erstellung der Auseinandersetzungsbilanz mitzuwirken", BGH DB **81**, 366, oder ein Antrag „zusammen mit dem Kläger die Auseinandersetzung der BGB-Gesellschaft der Parteien durchzuführen", Hamm BB **83**, 1304. Zur Klage nach § 61 GmbHG Becker ZZP **97**, 314. Zur Verweigerung der Zustimmung zur Übertragung eines Gesellschaftsanteils Kblz DB **89**, 672.
S auch Rn 62 „Erbrecht".
Gestaltungsklage: Bei der Gestaltungsklage nach Grdz 10 vor § 253, §§ 315 III 2, 343 BGB muß der Kläger grds die gewünschte Gestaltung einheitlich bezeichnen, vgl freilich zB § 2048, S 3, § 2156 S 2 BGB. Der Kläger darf der Ausübung seines Bestimmungsrechts nicht über das Gesetz hinaus dem Gericht überlassen. Ausreichend ist zB die Herabsetzung einer Vertragsstrafe „auf den angemessenen Betrag".
67 **Größenordnung:** Soweit eine unbezifferte Klage nach Rn 49–59 zulässig ist, muß der Kläger entweder den vorgestellten Mindestbetrag oder jedenfalls die Größenordnung des begehrten Betrags angeben, BGH VersR **84**, 740 (läßt evtl die bloße direkte oder sogar nur stillschweigende Streitwertangabe genügen), Düss RR **95**, 955. Ausreichend ist auch ein Sachvortrag, der dem Gericht die *Ermittlung* der Größenordnung ohne weiteres *erlaubt*, BGH NJW **02**, 3769, BAG NJW **84**, 1651, Lemcke-Schmalzl/Schmalzl MDR **85**, 362. Der Kläger muß auch Angaben über die Größenordnung dessen machen, was er als „angemessen" ansieht, BGH NJW **02**, 3769. Im Fall einer Zusammenfassung mehrerer Ansprüche in einer einheitlichen Gesamtsumme oder im Fall der Mehrheit von Gläubigern oder Schuldnern muß der Kläger den einzelnen Anspruch der Größenordnung nach bezeichnen. Dabei darf sich der Kläger mit einer abweichenden Aufteilung des Gesamtbetrags durch das Gericht einverstanden erklären, insbesondere beim Familienunterhalt oder bei einem Entschädigungsanspruch, soweit sich der Eingriff gegen den Grundstückseigentümer, den Nutzungsberechtigten und den Inhaber des Gewerbebetriebs richtet. Die Bezifferung usw ist in 2. Instanz nachholbar, BGH NJW **02**, 3769, Köln VersR **85**, 844.
S auch Rn 49–59, Rn 86 „Schadensersatz", „Schmerzensgeld".
68 **Grundstück:** Bei der dinglichen Befriedigungsklage nach § 1147 BGB muß der Antrag auf die Verurteilung zur Duldung der Zwangsvollstreckung in das Grundstück und in mithaftende Gegenstände zur Befriedi-

Titel 1. Verfahren bis zum Urteil **§ 253**

gung des Klägers wegen der Hypothek und der Nebenforderungen lauten. Ein Antrag auf die Annahme eines noch abzugebenden Angebots kann ausreichen BGH NJW **86**, 1983. Ausreichend ist ein Antrag, es zu unterlassen, den Kläger an der ungehinderten Ausübung des Besitzes zu stören, aM Düss NJW **86**, 2512 (aber ein solcher Antrag ist bei vernünftiger Auslegung auch in der Zwangsvollstreckung durchaus genau genug).

Herausgabe: Der Kläger muß einen herausverlangten Gegenstand, auch eine Urkunde, ausreichend und **69** auch für einen Dritten zweifelsfrei erkennbar bezeichnen, Köln MDR **97**, 1059, AG Coburg DGVZ **95**, 77. Dasselbe gilt für ein herausverlangtes Recht. Es kann ein Antrag reichen, rechtswidrig hergestellte Vervielfältigungsstücke herauszugeben, BGH NJW **03**, 669. Es ist ausreichend, ein Grundstück „befreit von sämtlichen oberirdischen Aufbauten und unterirdischen Anlagen" herauszuverlangen, Düss MDR **02**, 1394. Demgegenüber ist es unzureichend, nur das Betriebsvermögen zu nennen. Insbesondere muß der Kläger auch die dazugehörigen Verlags-, Aufführungs- und mechanischen Rechte nennen. Ausreichend sind zB der Antrag, „die in diesen Bauwerken aufgestellten Maschinen herauszugeben", nicht ausreichend „eine Zahnarztpraxis", KG MDR **97**, 1058, oder ein Antrag auf Nutzungsentschädigung „bis zur Herausgabe", BGH NJW **99**, 954.

Hilfsantrag, dazu *Wendtland*, Die Verbindung von Haupt- und Hilfsantrag im Zivilprozeß, 2001: Eine **70** Angabe des Eventualverhältnisses ist zulässig, § 260 Rn 8, BAG NZA **05**, 815. Sie ist dann auch notwendig. Der Kläger muß die Rangfolge des Haupt- und der Hilfsanträge nennen, BAG NZA **05**, 815. Die Erklärung, daß die Reihenfolge der Prüfung dem Gericht überlassen bleiben solle, ist unzulässig. Soweit der Kläger gegen diese Anforderungen verstößt, werden trotzdem im Fall einer späteren Aufteilung alle Einzelansprüche bis zur Höhe der Klagesumme rechtshängig. Der Kläger kann auch einen Anspruch voll, die anderen hilfsweise in bestimmter Reihenfolge geltend machen, etwa Heizungskosten, Verdienstausfall, Schmerzensgeld. § 139 ist zu beachten. Jedoch genügt ein Hinweis auf Bedenken gegen die Zulässigkeit, selbst wenn der Vorderrichter sie bejahte, BGH JZ **75**, 449. Eine vom Kläger gewählte Rangfolge der Haupt- und Hilfsanträge ist für das Gericht verbindlich, § 308 I. Eine vom Kläger gewählte Rangfolge der Begründung bindet das Gericht aber nicht.

S auch Rn 97 „Wahlschuld".

Hypothek: Bei der dinglichen Befriedigungsklage nach § 1147 BGB muß der Antrag auf die Verurteilung zur Duldung der Zwangsvollstreckung in das Grundstück und in mithaftende Gegenstände zur Befriedigung des Klägers wegen der Hypothek und der Nebenforderungen lauten. Entsprechendes gilt bei der Klage aus einem Schiffspfandrecht.

Immission: Rn 99 „Zuführung".

Inbegriff: Ein Inbegriff von Sachen und/oder Rechten etwa beim Warenlager erfordert im Rahmen des **71** vernünftigerweise Möglichen die Aufzählung aller einzelnen Gegenstände, Schmidt BB **88**, 6.

Kartellrecht: Auch hier muß der Anspruch bestimmt sein, Hbg WettbR **97**, 214.

Kind: Rn 88 „Unterhalt". **72**

Kapitalabfindung: Zu *unbestimmt* ist ein Antrag, der nicht ersehen läßt, ob der Kläger eine Kapitalabfindung oder eine Rente verlangt.

Klagefrist: Grundsätzlich muß der Kläger entweder die Bezifferung oder die Angabe der vorgestellten Größenordnung oder des Mindestbetrags innerhalb einer Klagefrist vornehmen. Die Angabe, der Kläger sei erheblich verletzt, genügt *nicht*. Daher ist eine Klagefrist nicht gewahrt, wenn es dem Antrag insofern an der Bestimmtheit fehlt und er daher eine Rechtshängigkeit nach § 261 nicht begründen kann, aM LG Hbg VersR **79**, 64 (die Angaben seien nachholbar. Aber man muß eine Frist stets streng einhalten). Das Gericht muß den Kläger befragen, was er etwa erwartet, § 139, Bbg VersR **84**, 875. Bleibt der zuerkannte Betrag wesentlich unter jenem, so erfolgt insofern eine Klagabweisung, BGH VersR **79**, 472, also liegt eine Beschwer vor, Grdz 13 vor § 511.

Klagegrund: Rn 32. *Ungenügend* ist die unterschiedslose Angabe von Klagegründen ohne eine betragsmäßige Aufteilung auf den Klagantrag.

Konkrete Verletzungsform: Ihre Bezeichnung ist zumindest dann notwendig, wenn das Gesetz mehrere Verletzungsformen nennt, Hamm WettbR **00**, 63.

Kontenblatt: Beim unbezifferten Klagantrag genügt es, daß sich der geforderte Geldbetrag nach den **73** gegebenen Unterlagen ohne weiteres genau berechnen läßt, BGH WertpMitt **82**, 68, zB aus verständlichen, übersichtlichen Kontenblättern als Anlagen, Schlesw SchlHA **77**, 32. Belege, die der Bekl vorlegen soll, muß der Kläger in zumutbarem Umfang schon in der Klage bezeichnen, BGH NJW **83**, 1056. Insgesamt darf der Kläger dem Gericht nicht diejenige Arbeit überlassen, die er selbst zumutbar vornehmen könnte.

Kosten, dazu BGH RR **96**, 1402: Es ist *nicht zulässig,* die Bezifferung des Haupt- oder Hilfsanspruchs zu unterlassen, nur um einem Kostenrisiko zu entgehen. Ein Kostenantrag ist wegen § 308 II zwar unnötig. Er ist trotzdem unter Umständen zweckmäßig. Denn ein gestempeltes Versäumnis- oder Anerkenntnisurteil nimmt oft nur auf die Klageschrift Bezug. Sie muß dann ergänzt werden, Stürner ZZP **91**, 359.

Kraftfahrzeug: Rn 77 „Merkantiler Minderwert", Rn 97 „Wandlung".

Kündigungsschutzklage, dazu *Diller* NJW **98**, 663 (ausf): Bei einer Kündigungsschutzklage genügen Angaben, aus denen man ersehen kann, wo der Kläger tätig war, gegen wen er sich wendet und daß er seine Kündigung nicht als berechtigt anerkennt, BAG NJW **82**, 1174.

S auch Rn 46.

Künftige Leistung: Der Kläger kann einen vertraglich begründeten Unterlassungsanspruch durch eine **74** Leistungsklage nach Grdz 8 vor § 253 nicht für die Vergangenheit einklagen, sondern nur für die zukünftigen Leistungen, § 259, aM RoSGo § 93 II 2 c (§ 259 sei beim Unterlassungsanspruch unanwendbar, da dieser auf eine gegenwärtige Leistung gehe. Aber das ist zu wenig prozeßwirtschaftlich). Ein auf künftige Leistung gerichteter Antrag kann freilich *zu unbestimmt* sein, LG Bln WettbR **00**, 251.

S auch Rn 86 „Schadensersatz".

75 **Leistungsklage:** Der Leistungskläger nach Grdz 8 vor § 253 muß infolge der Parteiherrschaft nach Rn 39 die Leistung so genau bezeichnen, daß der Bekl sein Risiko erkennen und sich demgemäß erschöpfend verteidigen kann, BGH MDR 93, 632, daß ferner das entsprechende Urteil klar die Grenzen der Rechtskraft erkennen läßt und daß es demgemäß für die Zwangsvollstreckung klar ist, BGH NJW 84, 2347, BAG NJW 85, 646, Köln MDR 97, 1059. Das gilt besonders auch für eine Unterlassungsklage. Der Kläger muß einen geforderten Geldbetrag grds beziffern, Ffm FamRZ 82, 1223. Ausnahmen gelten nur, wenn das unmöglich oder dem Kläger aus gesonderten Gründen nicht zumutbar ist, vgl auch § 287, Düss DNotZ 78, 684. Bull JR 75, 449 fordert eine Gesetzesänderung, Röhl ZZP 85, 73, 86, 329 hält einen unbezifferten Antrag für überflüssig und fordert dessen Unzulässigkeit, aM Karlsr BB 73, 119 bei einem ermittlungsbedürftigen Pflichtteilsanspruch.
S auch Rn 43, Rn 63 „Ermessen", Rn 86 „Schadensersatz" usw.
Marke: Der Antrag, die markenmäßige Verwendung einer Bezeichnung zu unterlassen, ist hinreichend bestimmt, Köln GRUR 88, 220.
Maß: Der Antrag muß ganz genau sein. Soll zB ein Durchgang zwischen zwei Gittern frei bleiben, so muß klar sein, welche Breite er zwischen den quer verlaufenden Gitterfüßen haben soll, nicht nur an den oberen Gitterrändern. Das engt zumindest die Möglichkeit von Mißdeutungen ein.
76 **Mehrheit von Gläubigern:** Mehrere Gläubiger im Sinn von §§ 59 ff müssen angeben, welchen Betrag ein jeder fordert. Sie dürfen sich also nicht auf die Gesamtforderung aller beschränken, BGH NJW 81, 2462. Sie dürfen sich allenfalls mit einer vom Antrag abweichenden Aufteilung im Rahmen der Gesamtforderung aller einverstanden erklären, BGH 31, 2462. Um den Umfang der Rechtskraft später klarstellen zu können, dürfen mehrere Personen ihre Ansprüche gegen denselben Bekl aufgrund desselben Ereignisses nicht in einer Summe zusammenfassen, sondern müssen sie einzeln angeben, Ffm FamRZ 80, 721. Bei einer Schadensersatzklage wegen eines Unfalls ist es zulässig, daß mehrere Ersatzberechtigte gemeinsam klagen. Dabei müssen sie mangels etwaiger Gesamtgläubigerschaft zwar ein jeder den ihn betreffenden Anspruch der Größenordnung nach bezeichnen. Sie dürfen sich aber mit einer abweichenden Aufteilung des Gesamtbetrages durch das Gericht einverstanden erklären. Das gilt insbesondere beim Familienunterhalt, ebenso bei einem Entschädigungsanspruch, wenn die Eingriffe sich gegen den Grundstückseigentümer, den Nutzungsberechtigten und den Inhaber des Gewerbebetriebs richten.
S auch Rn 43–45.
77 **Merkantiler Minderwert:** Bei ihm muß der Kläger angeben: Alter und Zustand des Fahrzeugs, Art der Unfallschäden, Reparaturkosten, etwaige technische Mängel, die Anzahl der Vorbesitzer und Vorschäden, schließlich die Zulassungsdaten, Darkow VersR 75, 211.
Miete, dazu Gies NZM 03, 545 (Üb): Eine Klage auf vertragsgemäße Betriebskostenabrechnung bedarf evtl keiner Präzisierung im einzelnen, LG Kassel WoM 91, 358. Aber Vorsicht!
Mindestforderung: Sofern der Kläger überhaupt nach Rn 49–59 einen unbezifferten Klagantrag stellen kann, muß er entweder die bezifferte Mindestforderung oder diejenige Größenordnung angeben, die dem Gericht die Ermittlung des angemessenen Betrags ohne weiteres erlaubt, BAG NJW 84, 1651, Lemcke-Schmalzl/Schmalzl MDR 85, 362. Die Bezifferung usw ist in der Berufungsinstanz nachholbar, Köln VersR 85, 844.
78 **Nachbarrecht:** Ausreichend ist bei der Forderung nach Beseitigung eines Baumes seine Lokalisierung ohne botanischen Namen, Köln MDR 04, 532
Nicht ausreichend ist ein Antrag, „die Grenze so zu befestigen, daß das Nachbargrundstück so wie vor dem Abgraben belastet werden kann", BGH NJW 78, 1584. Beim länderrechtlich geregelten Anspruch auf Zurückschneiden muß man darauf achten, daß die bloße Forderung nach einem Rückschnitt der Höhe nach meist zumindest mißverständlich ist, da der Anspruch auf Zurückschneiden mehr umfaßt, nämlich auch den Seitenabstand zur Grenze.
Negative Feststellungsklage: Rn 64.
79 **Nutzungsentschädigung:** Rn 69 „Herausgabe".
80 **Patentverletzung:** Ein Antrag muß die konkrete Ausführungsform des Verstoßes angeben. Bei einem Verstoß muß das Gericht evtl nach § 139 vorgehen, BGH GRUR 05, 570.
Pflichtteil: Rn 62 „Erbrecht".
Preis: Es kann zulässig sein, den „angemessenen Preis" oder eine „angemessene Vergütung" zu verlangen, BAG BB 77, 1356, strenger BGH ZZP 86, 322 (aber die Prozeßwirtschaftlichkeit, Grdz 14 vor § 128, sollte mitgelten). Damit darf der Kläger aber nicht das Risiko einer Beweisaufnahme oder der Kosten beseitigen.
Preisbindung: Bei der Preisbindungsklage ist eine bestimmte Bezeichnung jedes einzelnen Buchs und des insoweit gebundenen Preises erforderlich. Bei der Unterbietung eines preisgebundenen Buchsortiments muß der Kläger die einzelnen Teile des Sortiments nennen. Es genügt aber ein Antrag, „die Unterbietung der jeweils hierfür geltenden Preise zu unterlassen".
S auch Rn 98 „Wettbewerbsrecht".
81 **Rente:** Ein Antrag, aus dem nicht ersehen läßt, ob der Kläger eine Kapitalabfindung oder eine Rente verlangt, ist *zu unbestimmt.* Der Kläger muß eine Verdienstausfallrente zugunsten eines nicht Selbständigen auf den Zeitraum der aktiven Dienstzeit begrenzen, BGH BB 95, 2292 (meist 65. Lebensjahr).
Unzureichend ist auch ein Antrag auf Rentenzahlung „bis zur Wiedererlangung der vollen Arbeitskraft", BGH NJW 99, 954.
S auch Rn 49–59, Rn 86 „Schadensersatz", Rn 88 „Unterhalt".
Recht: Rn 69.
82 **Rechtshängigkeit:** Falls der Kläger nur einen Teilanspruch geltend macht, entsteht auch nur insofern Rechtshängigkeit nach § 261. Wenn der Kläger zunächst die erforderliche Angabe unterlassen hat, in welcher Reihenfolge er die Anträge geprüft wissen wolle, und wenn er diese Angabe später nachholt und auch zB später das Eventualverhältnis nach § 260 Rn 8 angibt, werden alle Einzelansprüche bis zur Höhe der Klagesumme doch noch rechtshängig. Ein Antrag auf die Verurteilung des Bekl zum Ersatz des gesamten dem Kläger erwachsenen, der Höhe nach durch einen Sachverständigen festzustellenden Scha-

Titel 1. Verfahren bis zum Urteil **§ 253**

dens macht den Anspruch seinem ganzen Umfang nach rechtshängig, auch wenn er nach unten begrenzt ist. Der Kläger muß aber Angaben über die Größenordnung dessen machen, was er als angemessen ansieht. Auch bei der verneinenden Feststellungsklage nach § 256 muß der Kläger den Antrag so bestimmt fassen, daß der Umfang der Rechtshängigkeit klar ist, LAG Düss BB **75**, 471. Solange der Antrag nicht bestimmt genug gefaßt ist, kann keine Rechtshängigkeit entstehen, LG Hbg VersR **79**, 64.

Rechtskraft: Der Kläger muß so bestimmte Angaben über Gegenstand und Grund des erhobenen An- 83 spruchs machen, daß keine Ungewißheit über den Umfang der Rechtskraft des begehrten Anspruchs besteht, § 322 Rn 9, BGH NJW **84**, 2347, BAG NJW **85**, 646, Kblz GRUR **85**, 61. Das gilt besonders auch für die Unterlassungsklage. Um den Umfang der Rechtskraft später klarstellen zu können, dürfen mehrere Kläger ihre Ansprüche gegen denselben Bekl auf Grund desselben Ereignisses *nicht* in einer einzigen Summe zusammenfassen, sondern müssen angeben, wer wieviel verlangt, Ffm FamRZ **80**, 721. S auch Rn 43–45.

Rechtsschutzbedürfnis: Zum Rechtsschutzbedürfnis bei der Unterlassungsklage Grdz 41–44 vor § 253. Zum Klagegrund gehört auch die nötige Darlegung des Rechtsschutzbedürfnisses.

Reihenfolge: Soweit der Kläger aus mehreren selbständigen Ansprüchen nur Teilbeträge oder einen An- 84 spruch voll, andere nur teilweise geltend macht, muß er angeben, welchen Teilbetrag er von jedem dieser Ansprüche in welcher Reihenfolge verlangt, BGH NJW **84**, 2347, Schlesw MDR **76**, 50. Der Kläger kann auch einen Anspruch voll, die anderen hilfsweise in bestimmter Reihenfolge geltend machen, § 260 Rn 8, zB bei Heilungskosten, Verdienstausfall, Schmerzensgeld. § 139 ist zu beachten. Jedoch genügt ein Hinweis auf Bedenken gegen die Zulässigkeit, selbst wenn der Vorderrichter sie bejahte, BGH JZ **75**, 449. Eine Erklärung, daß die Reihenfolge der Prüfung dem Gericht überlassen bleiben soll, ist unzulässig. Eine vom Kläger gewählte Rangfolge der Haupt- und Hilfsanträge ist für das Gericht verbindlich, § 308 I. Eine vom Kläger gewählte Rangfolge der Begründung bindet das Gericht nicht.
S auch Rn 43–45.

Sachbefugnis: Zum Klagegrund gehört auch die etwa notwendige Darlegung der Sachbefugnis und des 85 Prozeßführungsrechts, Grdz 22 vor § 50.

Sachenrechtsbereinigungsgesetz: Vgl §§ 104, 105 SachenRBerG, abgedruckt vor Rn 1.

Sachverständiger: Eine Klage auf die Verurteilung zum Ersatz des gesamten dem Kläger erwachsenen, der Höhe nach durch einen Sachverständigen festzustellenden Schadens ist zulässig. Ein solcher Antrag macht den Anspruch seinem ganzen Umfang nach rechtshängig, auch wenn er nach unten begrenzt ist. Der Kläger muß aber Angaben über die Größenordnung dessen machen, was er als angemessen ansieht. Den Beweisantrag „Sachverständigengutachten" ersetzt die Darlegung von Berechnungs- und Schätzungsgrundlagen grds nicht, BGH MDR **75**, 741.
S auch Rn 49–59.

Saldo: Rn 45.

Schadensersatz: Die Grundsätze zur Notwendigkeit der Bezifferung nach Rn 49 ff gelten auch bei einem 86 Schadensersatzanspruch, Kblz MDR **79**, 587. Eine ziffernmäßige Angabe ist nicht unbedingt notwendig, so zB nicht beim Schmerzensgeld nach Rn 56 oder im Fall der Notwendigkeit einer hypothetischen Schadensberechnung. Es kann ausreichen zu beantragen, den Bekl zu verurteilen, „Schadensersatz aus dem Verkehrsunfall vom ... zu zahlen", Ffm MDR **75**, 334. Der Kläger muß aber entweder die vorgestellte *Größenordnung* nennen, BGH NJW **02**, 3769, BAG NJW **85**, 1651, Lemcke-Schmalzl/ Schmalzl MDR **85**, 362, oder er muß eine bezifferte *Mindestforderung* nennen, BGH MDR **78**, 44, Lindacher AcP **82**, 275 (freilich ist ein Mindestbetrag nur ein Pol im Spannungsfeld).
S auch Rn 49 „Bezifferung", Rn 56 „Schmerzensgeld".

Schätzung: Soweit es ausreicht, tatsächliche Unterlagen für ein richterliches Ermessen nach Rn 63 beizubringen, müssen sie eine Schätzung nach § 287 erlauben, soweit diese überhaupt zulässig ist.

Schiffspfandrecht: Bei einer Klage aus einem Schiffspfandrecht muß der Antrag auf die Verurteilung zur Duldung der Zwangsvollstreckung in das Schiff und in mithaftende Gegenstände zur Befriedigung des Klägers wegen des Schiffspfandrechts und der Nebenforderungen lauten.

Schmerzensgeld: Rn 49 „Bezifferung", Rn 86 „Schadensersatz".

Software: Rn 60 „Computerprogramm",

Streitwert: Beim unbezifferten Klagantrag läßt BGH VersR **84**, 740 unter Umständen die bloße direkte oder sogar nur stillschweigende Wertangabe als Bezifferung ausreichen, krit Grossmann JR **82**, 158.

Stufenklage: § 254 Rn 1, 2.

Teilbetrag: Man muß erkennen können, welchen Teil des Gesamtanspruchs der Kläger geltend macht, 87 BGH MDR **03**, 825.
S auch Rn 43 „Anspruchsmehrheit", Rn 82 „Rechtshängigkeit", Rn 94 „Verjährung".

Unbezifferter Antrag: Rn 49 „Bezifferung". 88

Unterhalt: Die grundsätzliche Notwendigkeit einer Bezifferung nach Rn 49 gilt an sich auch bei einem Unterhaltsanspruch, Ffm FamRZ **82**, 1223, Köln MDR **03**, 1229, aM Spangenberg MDR **82**, 188 (aber die Parteiherrschaft nach Grdz 18 vor § 128 hat Obliegenheiten zur Folge). Jedoch ist es ausreichend, wenn das Kind „den Regelunterhalt" usw fordert, § 642. Der Kläger muß aber evtl angeben, ob er Regelunterhalt „Ost" oder „West" fordert, AG Ludwigsb FamRZ **05**, 1262. Er muß mehrere verlangte Unterhaltsarten einzeln beziffern, Karlsr FamRZ **85**, 630. Jeder Gläubiger muß seinen Anspruch gesondert beziffern. Indessen ist eine Auslegung auch insoweit zulässig, BGH FamRZ **95**, 1132 (großzügig).
Ungenügend sind zB: Der Antrag auf „¹/₃ Sätze der Düsseldorfer Tabelle", Ffm FamRZ **91**, 1458 (welcher ihrer Sätze?); die Geltendmachung von Kindesunterhalt in Prozeßstandschaft und Trennungsunterhalt in *einer* nicht getrennt dargestellten, Summe, Mü FamRZ **94**, 836.

Unterlassungsklage, dazu *Hendricks*, Zivilprozessuale Geltendmachung von Widerrufs- und Unterlassungs- 89 ansprüchen im Medienrecht, 2001; *Pastor/Ahrens*, Der Wettbewerbsprozeß usw, 4. Aufl 1999; *Ritter*, Zur Unterlassungsklage, Urteilstenor und Klageantrag, 1994; *Teplitzky* Festschrift für *Oppenhoff* (1985) 487; *Teplitzky*, Wettbewerbsrechtliche Ansprüche usw, 5. Aufl 1986:

§ 253   Buch 2. Abschnitt 1. Verfahren vor den LGen

Zunächst muß man § 8 *UKlaG* beachten, abgedruckt vor Rn 1. Außerhalb seines Geltungsbereichs (§ 1 UKlaG) gilt:
Bei der Unterlassungsklage gilt Z 2 mangels abweichender gesetzlicher Vorschriften uneingeschränkt, Düss GRUR **87**, 450. Man kann *keine bestimmten* Vorkehrungen verlangen. Der Kläger muß seinen Antrag auf die tatsächlich vorgekommenen Zuwiderhandlungen stützen, KG WettbR **98**, 160 links, oder auf eine Berühmung stützen. Aus bestimmten Rechtsverletzungen kann er einen Anspruch auf bestimmte Unterlassungen herleiten.

90   Eine *letzte Bestimmtheit* kann man im Antrag *nicht* verlangen, § 890 Rn 2, BGH **140**, 3 (Gerüche), Düss ZMR **03**, 349, Mü GRUR **94**, 625. Denn es lassen sich nicht alle Fälle voraussehen. Man muß aber den erstrebten Erfolg bestimmt angeben, BGH GRUR **03**, 887, BAG NZA **04**, 676, Köln GRUR-RR **01**, 288 (zu §§ 935 ff). Der Kläger darf auch einmal einen auslegungsbedürftigen Begriff verwenden, BGH GRUR **02**, 1089, Düss ZMR **03**, 349. Das schützt freilich nicht immer vor einer Teilabweisung. Der Kläger muß auch bei Formulierungsproblemen zumindest das Charakteristische der Handlung eindeutig mit Worten beschreiben, BGH GRUR **02**, 73, Stgt RR **04**, 621, LG Karlsr WettbR **99**, 208 (ein bloßes Bild ist evtl ungenügend).
Er muß also den *Kern* nennen, BGH NJW **01**, 3711, ebenso wie bei § 890, dort Rn 2. Ein im Antrag benutzter Begriff kann zu unscharf sein, BGH **120**, 327 („Vorteil durch Preisunterbietung"). Er kann aber auch reichen, BGH NJW **99**, 3638 („unmißverständlich, unübersehbar, unüberhörbar", strenger BGH NJW **05**, 2551), Köln WettbR **97**, 158 („in sonstiger Form auf Preisvorteile hinzuweisen"). Man darf die Abgrenzung des Verbots nicht der Zwangsvollstreckung überlassen, BGH NJW **05**, 2551, BAG NJW **89**, 3237, Düss Rpfleger **98**, 530.
Jedenfalls darf sich der Antrag *nicht* in der *Wiederholung des Gesetzestextes* erschöpfen, BGH NJW **00**, 1793, Hamm WettbR **00**, 63 (bei mehreren im Gesetz genannten Verletzungsformen), Zweibr GRUR **87**, 854 (zu § 890), großzügiger Düss RR **88**, 526 (aber die Parteiherrschaft nach Grdz 18 vor § 128 hat Obliegenheiten zur Folge). Ein allgemeiner Antrag etwa auf Unterlassung derartiger Beeinträchtigungen, ist unstatthaft, Düss Rpfleger **98**, 530. Der Gegner muß sich erschöpfend verteidigen können, BGH NJW **05**, 2551, BAG NZA **03**, 1223. Das gilt auch dann, auch wenn er dabei Dritte nennen muß. So muß der Kläger bei einer Unterbietung eines preisgebundenen Buchsortiments die einzelnen Teile des Sortiments nennen. Andererseits genügt es zu beantragen, „die Unterbietung der jeweils hierfür geltenden Preise" zu unterlassen. Beim Antrag auf Unterlassung mehrerer von unterschiedlichen Voraussetzungen abhängiger Handlungen muß der Kläger gesondert konkrete Verletzungsformen umschreiben, BGH **156**, 10.

91   *Ausreichend* können zB folgende Unterlassungsanträge sein: Waren anzubieten, von denen kein 3-Tage-Vorrat vorhanden ist, BGH GRUR **87**, 53; in einem Anzeigenblatt in redaktionell gestalteten und nicht als Anzeigen kenntlich gemachten Beiträgen für einzelne Unternehmen zu werben, Ffm GRUR **87**, 751; dem Bekl aufzugeben, in bestimmten Zeiten geeignete Maßnahmen gegen störende Geräusche (Hundegebell) zu treffen, Köln VersR **93**, 1242; eine Verpflichtung zu übernehmen, Musik nur in Zimmerlautstärke zu hören, LG Hbg MietR **96**, 6; „die erforderlichen" Maßnahmen zur Verhinderung einer Beeinträchtigung zu treffen, Köln RR **90**, 1087; es zu verbieten, in einer Anzeige von der „Werkstatt für Ihren Opel" zu sprechen, Hamm GRUR **90**, 384; erstmals und unaufgefordert am Arbeitsplatz Abwerbung über erste Kontaktaufnahme hinaus vorzunehmen, BGH NJW **04**, 2083; es zu unterlassen, Mehrarbeit ohne Beteiligung des Betriebsrats anzuordnen, LAG Düss NZA-RR **04**, 155. Ausreichen kann ein Antrag, die bühnenmäßige Aufführung eines Werks zu unterlassen, BGH NJW **00**, 2207. Das Verbot einer „markenmäßigen" Verwendung einer Bezeichnung kann ausreichen, BGH NJW **91**, 296, Mü MDR **95**, 174 (auch mit Zusatz: „insbesondere ..."), auch dasjenige eines „werblichen Charakters", BGH NJW **95**, 3181. Über bestimmte Anordnungen bei Wettbewerbsurteilen s Baumbach/Hefermehl UWG. Rechtsschutzbedürfnis: Grdz 41 vor § 253. Zur mittelbaren Patentverletzung, § 10 I PatG, Scharen GRUR **01**, 995.

92   Eine *vereinbarte* Unterwerfungserklärung kann die Klage unbegründet werden lassen, eine strafbewehrte einseitige nicht, Ffm DB **85**, 968. Für die Vergangenheit kann man einen vertraglich begründeten Unterlassungsanspruch nicht durch eine Leistungsklage geltend machen, sondern nur durch einen solchen, der auf künftige Leistungen gerichtet ist, § 259.

93   *Ungenügend* sind zB die folgenden Unterlassungsanträge: Kunden außerhalb von Öffnungszeiten Waren anzubieten bzw zu verkaufen, „sofern es sich nicht um einen Ausbedienten handelt", Kblz GRUR **85**, 61, oder wenn nur die Marke genannt wird, Ffm WettbR **98**, 41; es zu verbieten, „im Rahmen eines Schlußverkaufs" näher bezeichnete nicht schlußverkaufsfähige Waren „zum Verkauf zu stellen", Kblz GRUR **87**, 296; Modelle, die „seit längerer Zeit", nicht mehr geführt werden, ohne die Bezeichnung als Auslaufmodelle anzubieten, Düss GRUR **87**, 450; einen Pressebeitrag „werbenden Inhalts ohne publizistischen Anlaß" zu verbreiten, Karlsr WettbR **96**, 6; eine „Werbung in einer Zeitung in Form von redaktionellen Beiträgen zu verbreiten", selbst wenn unter dem Anhängsel „insbesondere" ein Beispiel für sich allein präzise genug wäre, KG GRUR **87**, 719; „überwiegend pauschale Anpreisung" vorzunehmen, BGH MDR **98**, 301; etwas „ähnlich wie ...", BGH NJW **91**, 1115, etwas „sinngemäß" zu behaupten oder einen bloßen „Eindruck" zu erwecken, Kblz GRUR **88**, 143; „Bestellungen aufzugeben usw, auf die wie in den mit der Klage beanstandeten Fällen deutsches Recht anwendbar ist", BGH RR **92**, 1068, aM Stgt RR **90**, 1082; einen Pressebeitrag zu veröffentlichen, der „inhaltlich Werbung" sei, BGH MDR **93**, 632; einen näher beschriebenen „Eindruck zu erwecken", wenn nicht zugleich in den Antrag die konkreten Umstände einbezogen werden, auf denen der Eindruck beruht, Hbg RR **94**, 290; den Kläger „in Schreiben zu verunglimpfen oder zu beleidigen" bzw „beleidigende verbale Äußerungen Dritter gegenüber zu verbreiten", LG Oldb VersR **00**, 385 (streng); Preise „herabsetzend und/oder ironisch vergleichend gegenüberzustellen", BGH NJW **02**, 377; eine Vorrichtung in Verkehr zu bringen, die „nach Farbe, Gesamtaussehen usw zu Verwechslungen mit dem Klagmodell geeignet" sei, BGH GRUR **02**, 88 (sehr streng. Denn was ist dann eigentlich noch zulässig?); eine Farbe „als Kennzeichnung" zu benutzen, BGH **156**, 130; einen „statt"-Preis ohne klaren Vergleichspreis zu nennen, BGH NJW **05**, 2551.

Titel 1. Verfahren bis zum Urteil **§ 253**

Unternehmen: Rn 46, 71.
Unterwerfungserklärung: Eine vereinbarte Unterwerfungserklärung kann die Verjährung hemmen, eine nicht strafbewehrte einseitige meist nicht, Ffm DB **85**, 968.
Verbandsklage: Bei einer Verbandsklage nach Grdz 30 vor § 253 muß der Klagantrag auch den Wortlaut **94** der beanstandeten Bestimmung und die Bezeichnung derjenigen Rechtsgeschäfte enthalten, für die der Kläger die Bestimmung beanstandet.
S auch § 8 UKlaG.
Verbot: Rn 89 „Unterlassungsklage".
Verjährung: Die Verjährung kann durch eine ungenügend substantiierte Klage gehemmt werden. Das gilt auch dann, wenn der Kläger die Aufgliederung und die Bezifferung der Einzelforderungen erst nach dem Ablauf der Verjährungsfrist vornimmt, Köln VersR **85**, 844, Arens ZZP **82**, 143. Bei einer Feststellungsklage kann sich aus der Klagebegründung oder der Streitwertangabe eine Beschränkung des Feststellungsbegehrens ergeben. Das kann für die Verjährung von Bedeutung sein.
Versäumnisurteil: Ein Antrag nach § 331 III ist eine Obliegenheit, Grdz 11 vor § 128.
Verschulden: Die grundsätzliche Notwendigkeit einer Bezifferung nach Rn 49 ff gilt auch zur Frage des Verschuldens oder Mitverschuldens. Ein unbezifferter Antrag steht unter Umständen nicht mit der Klagebehauptung in Übereinstimmung, die etwa die Alleinschuld des Bekl ergeben soll.
Vertragsstrafe: Es reicht aus, einen Antrag zu stellen, eine Vertragsstrafe „auf den angemessenen Betrag" **95** herabzusetzen.
S auch Rn 63 „Ermessen".
Verursachung: Die grundsätzliche Notwendigkeit einer Bezifferung nach Rn 49 ff gilt auch zur Frage der Verursachung oder Mitverursachung.
Verzugszinsen: Der Kläger braucht die Höhe von Verzugszinsen nur dann darzulegen, wenn sie den gesetzlichen Zinsfuß des § 247 BGB bzw beim beiderseitigen Handelsgeschäft des § 352 I 1 HGB übersteigen. Auch höhere Zinsen braucht er erst dann näher darzulegen, wenn der Bekl diese bestritten hat (auch vorgerichtlich!) oder im Rechtsstreit bestreitet, BGH MDR **77**, 296. Freilich kann ein jetzt angebotener Beweis verspätet sein, §§ 282, 296.
Vollstreckung: Rn 100 „Zwangsvollstreckung".
Vorlage: *Ungenügend* ist die Forderung der Vorlage „geeigneter" Unterlagen, BGH FamRZ **95**, 1060.
Vornahme einer Handlung: Bei der Klage auf die Vornahme einer Handlung nach §§ 887, 888 muß der **96** Kläger deren Art und Umfang so bestimmt bezeichnen, wie ihm zumutbar, BGH RR **98**, 1770. Es kann ausreichen zu beantragen, „das Haus mit einem funktionsfähigen Fahrstuhl zu versehen", LG Hbg MDR **76**, 847. Eine gewisse Großzügigkeit kann notwendig sein, BAG NZA **04**, 674 (seinerseits großzügig). Bei einer Beseitigung von Baumängeln genügt deren bestimmte Bezeichnung und die Angabe des verlangten Erfolgs, eine Angabe der Beseitigungsmethode ist nicht erforderlich, Mü MDR **87**, 945 (zu § 887).
Unzureichend kann ein Antrag sein, „zu veranlassen", daß eine Eintragung bei einer privaten Auskunftsstelle gelöscht werde, LAG Mü VersR **85**, 151.
S auch Rn 99 „Willenserklärung".
Vorvertrag: Wenn ein Vertragspartner auf Grund eines Vorvertrags den Abschluß des Hauptvertrags erzwingen will, dann kann die Klage auf die Abgabe eines vom Bekl zu formulierenden Angebots *unzureichend* sein. Vielmehr kann eine Klage auf die Annahme eines vom Kläger genau zu formulierenden Angebots notwendig sein, BGH NJW **84**, 479. Etwas anderes kann gelten, wenn der beurkundungsbedürftige Hauptvertrag im Vorvertrag noch nicht vollständig ausformuliert war, BGH NJW **86**, 2825. Gerade dann kann es aber auch notwendig sein, den gesamten Inhalt des Hauptvertrags in den Klagantrag aufzunehmen, BGH WoM **94**, 71, Köln RR **03**, 375.
Wahlantrag: § 260 Rn 7. **97**
Wahlschuld: Bei einer Wahlschuld genügt ein Antrag auf eine wahlweise Verurteilung nach der Wahl des Gläubigers oder des Schuldners, strenger ZöGre 16 (der Gläubiger müsse schon in der Klage wählen). Aber man kann evtl die ganze Klage grds bis zum Verhandlungsschluß ändern). *Verfehlt* ist ein Wahlantrag auf die Herausgabe nach § 985 BGB oder auf den Ersatz oder auf die Zahlung mit der Anheimgabe, stattdessen herauszugeben. Richtig ist ein Antrag auf den Ersatz im Fall der Nichtherausgabe mit einer Frist nach §§ 281 BGB, 255, sofern § 259 zutrifft.
Währung: Rn 31.
Warenlager: Rn 71 „Inbegriff".
Wertsicherungsklausel: Es gelten im wesentlichen dieselben Abgrenzungsmerkmale wie beim Vergleich **98** mit einer Wertsicherungsklausel, § 794 Rn 34 „Wertsicherungsklausel". Eine solche Klausel ist im Antrag und Tenor nicht schlechthin, wohl aber dann *unzulässig*, wenn sie nur nach vielen Faktoren („dynamische Rente") in eine Endsumme umsetzbar ist.
S auch Rn 31.
Wettbewerbsrecht: Es kann ausreichen zu beantragen, „Körperpflegemittel in solchen Aufmachungen als Zugabe zu gewähren, die mit handelsüblichen Verkaufseinheiten verwechslungsfähig sind"; „Flaschenbier zu denjenigen Preisen und Konditionen zu liefern, die der Beklagte Großhändlern einräumt, deren Umsätze mit denen des Klägers vergleichbar sind", Kblz GRUR **80**, 753.
S auch Rn 86 „Schadensersatz", Rn 89 „Unterlassungsklage", Rn 93 „Unterwerfungserklärung", Rn 98 „Widerruf", Rn 99 „Willenserklärung".
Widerruf, dazu *Hendricks*, Zivilprozessuale Geltendmachung von Widerrufs- und Unterlassungsansprüchen im Medienrecht, 2002: Der Kläger muß angeben, wer einen Widerruf wem gegenüber erklären soll, BGH GRUR **66**, 272.
S auch Rn 96 „Willenserklärung".
Willenserklärung: Bei der Klage auf die Abgabe einer Willenserklärung nach § 894 muß man grds ihren **99** Wortlaut mitteilen, so daß bei seiner unveränderten Übernahme in den Urteilstenor der Text der mit der

§ 253

Rechtskraft als abgegeben geltenden Erklärung feststeht, BGH WoM **94**, 71. Es kann ausnahmsweise ausreichen, den Antrag zu stellen, „alle Rechtsgeschäfte, die zur Übertragung des Geschäfts erforderlich sind, mit dem Kläger abzuschließen".

S auch Rn 96 „Vorvertrag".

Wohnungseigentum: In einer WEG-Sache ist II Z 2 nur bedingt anwendbar, BayObLG RR **01**, 157.

Zeugnis: Bei der Klage auf die Erteilung eines qualifizierten Zeugnisses kann dessen vollständige Formulierung notwendig sein.

Zinsen: Der Kläger muß auch Zinsen vollstreckungsfähig genau bezeichnen, BAG NJW **03**, 2404, Ffm Rpfleger **92**, 206, Köln RR **05**, 932. Es ist zB ausreichend ein bestimmter Prozentpunkt „über dem Basiszinssatz" etwa der EZB, BAG NJW **03**, 2404. „Gesetzliche Zinsen" ist zumindest beim Auslandsbezug unzureichend, Köln RR **05**, 932. Es ist ferner unzureichend der „Drei-Monats-Liborsatz" des Londoner Geldmarkts. Man muß evtl für jeden unterschiedlichen Teilbetrag und Zinsfuß die jeweilige Laufzeit genau angeben, also zB: „x% Zinsen auf 1000 EUR für die Zeit vom ... bis zum ..., y% Zinsen auf weitere 5000 EUR für die Zeit seit dem ..., z% Zinsen auf restliche 2000 EUR für die Zeit vom ... bis zum ...". Es ist nicht Sache des Vorsitzenden, sondern des Klägers, dergleichen auszuformulieren. Freilich muß der Vorsitzende wegen § 139 I 2 dabei oft entscheidend helfen. Er macht oft zweckmäßigerweise einen Formulierungsvorschlag. Der Kläger muß ihn allerdings nach § 160 III Z 2 letzthin selbst verantworten und nach § 162 genehmigen. Der gesetzliche Zinsfuß von derzeit 5 Prozentpunkten über dem Basiszinssatz ist mehr als 5 Prozent usw, Hartmann NJW **04**, 1358. Im Zweifel ist ersteres gemeint. Das Gericht darf und sollte rückfragen, § 139, auch beim anwaltlich vertretenen Kläger.

Zuführung: Man darf die Anforderungen nicht überspannen, BGH NJW **93**, 1657, VGH Kassel NJW **93**, 3088.

S auch „Zumutbarkeit".

100 **Zug-um-Zug-Gegenleistung:** Es genügt, daß ihre Nämlichkeit klar ist, § 756 Rn 4, BGH NJW **93**, 325, Naumb RR **95**, 1149, LG Hildesh DGVZ **00**, 94 (je wegen eines Computerprogramms).

Eine Klage auf Auflassung Zug um Zug gegen Vergütung des erst noch durch einen Schiedsgutachter für einen künftigen Zeitpunkt zu ermittelnden Verkehrswerts ist *nicht ausreichend bestimmt,* BGH NJW **94**, 588. Dasselbe kann für eine Gegenleistung „Herstellung eines lotrechten Mauerwerks" gelten, Düss RR **99**, 794, oder für die Zahlung eines „angemessenen Entgelts" statt einer bestimmten, unter Vorbehalt gebotenen Gegenleistung, Düss GRUR-RR **02**, 176.

Zumutbarkeit: Man muß darauf abstellen, was dem Kläger an Bestimmtheit der Formulierung des Antrags zumutbar ist, VGH Kassel NJW **93**, 3088.

S auch „Zuführung".

Zwangsvollstreckung: Der Kläger muß die verlangte Leistung so genau bezeichnen, daß sie auch für die Zwangsvollstreckung genügend klar ist, BGH NJW **93**, 1657, BAG NJW **85**, 646, Schlesw MDR **96**, 416. Auch bei der Unterlassungsklage darf der Kläger die Entscheidung nicht praktisch in die Vollstreckungsinstanz verlegen. Bei der dinglichen Befriedigungsklage nach § 1147 BGB muß der Antrag auf eine Verurteilung zur Duldung der Zwangsvollstreckung in das Grundstück und in mithaftende Gegenstände zur Befriedigung des Klägers wegen der Hypothek und der Nebenforderungen lauten. Entsprechendes gilt bei der Klage aus einem Schiffspfandrecht.

101 **8) Streitwertangabe, Einzelrichter, III.** Die Klage soll weiter die Angabe des Streitwerts enthalten, § 61 GKG. Er ist nötig zur Berechnung der nach KV 1210, 1220 usw in Verbindung mit §§ 7, 12 GKG geschuldeten Verfahrensgebühr. Die Versäumung der Angabe kann also den Fortgang des Verfahrens verzögern und bei § 167 andere Nachteile herbeiführen. Wichtig ist sie auch unter Umständen für die Beurteilung der sachlichen Zuständigkeit. Trotzdem ist die Streitwertangabe nicht erzwingbar. Sie ist freilich ratsam, Hartmann Teil I § 61 GKG Rn 5–7. Ferner soll eine Äußerung enthalten sein, ob Gründe gegen die Entscheidung der Sache durch den Einzelrichter nach §§ 348, 348 a bestehen, etwa wegen einer besonderen Schwierigkeit tatsächlicher oder rechtlicher Art oder wegen der grundsätzlichen Bedeutung der Sache, aber auch zB wegen voraussichtlich besserer Beurteilungsmöglichkeit durch die gesamte Kammer, die zB einen Parallelprozeß kennt. Zweckmäßig, aber nicht notwendig ist „keine Bedenken".

102 **9) Sonstige Erfordernisse, IV**

Schrifttum: *Braun,* Metaphysik der Unterschrift, Festschrift für *Schneider* (1997) 447.

Die Klageschrift ist ein bestimmender Schriftsatz, § 129 Rn 5. Daher soll sie den §§ 130, 131, 133 genügen. § 130 enthält entgegen dem „Soll"-Wortlaut eine Mußvorschrift, BGH FamRZ **88**, 382, aM BVerfG NJW **83**, 1319 (vgl aber § 130 Rn 2). Der Kläger muß sie mangels Benutzung des vorrangigen § 130 a (elektronisches Dokument nebst Signatur) als bestimmenden Schriftsatz eigenhändig unterschreiben, § 129 Rn 8 ff, BGH VersR **85**, 60, Köln MDR **97**, 500. Eine Unterschrift unter einer beglaubigten Abschrift genügt, LG Amberg MDR **00**, 659, ebenso eine solche auf dem Anschreiben, BAG NJW **76**, 1285. Für die Anspruchsbegründung mag die nachträgliche Unterzeichnung eines in Bezug genommenen Schriftstücks reichen, Mü RR **98**, 634. Eine maschinenschriftliche Namensangabe genügt nicht, ebensowenig ein Namensstempel, BFH DB **75**, 88 links, auch nicht ein Abzug, wenn der Kläger das Original (die Matrize) eigenhändig unterschrieben hatte, aM BFH DB **75**, 88 und 1095. Ein Zusatz „Rechtsanwalt" ist nicht erforderlich, LAG Ffm DB **97**, 938. Wegen eines Telefax § 129 Rn 21 „Fernschreiben".

103 Beim *Fehlen der Unterschrift* leitet das Gericht bei korrekter Handlungsweise keine Maßnahmen zur Terminsvorbereitung ein. Denn es ist ja in Wahrheit noch gar keine Klage eingereicht, auch keine mangelhafte, BGH **92**, 254, aM RoSGo § 98 III 3. Freilich muß das Gericht dem Kläger anheimgeben, die fehlende Unterschrift nachzuholen. Das kann notfalls in der Verhandlung geschehen, § 295 Rn 55, freilich bei einer Klagefrist nicht rückwirkend, BGH VersR **04**, 629. Anwaltszwang herrscht wie sonst, § 78, BGH VersR **04**, 629. Der Kläger muß in der Klagebegründung die Tatsachen in sich verständlich so weit darstellen, daß erkennbar wird, welchen Anspruch er aus welchem Sachverhalt ableitet und welcher Stoff daher rechtshängig

Titel 1. Verfahren bis zum Urteil § 253, Anh § 253

wird, Lange NJW **89**, 439 (ausf zur Bezugnahme). Notfalls muß das Gericht zurückverweisen, Köln MDR **97**, 500.

104 Nicht ausreichend ist im Anwaltsprozeß für die Begründung eine bloße *Bezugnahme* auf eine von der Partei oder von einem nicht beim Prozeßgericht zugelassenen bzw postulationsfähigen Anwalt verfaßte Schrift, Oldb MDR **96**, 851. Diese „Klage" schützt also nicht vor Verjährung, Oldb MDR **96**, 851. Sie wahrt nicht eine Ausschlußfrist unabhängig davon, ob der Gegner den Fehler gerügt hat. Die Wahrung von gesetzlichen, der Parteiverfügung entzogenen Ausschlußfristen erfolgt erst durch Erhebung, BAG NJW **76**, 1285. Nach dem Übergang in das streitige Verfahren genügt im Anwaltsprozeß die Bezugnahme auf eine vom Kläger im Mahnverfahren eingereichte, dem Bekl zugestellte Anspruchsbegründung, § 697 Rn 3, 4, BGH **84**, 139. Eine Angabe von Beweismitteln ist in der Klageschrift grundsätzlich noch nicht zwingend geboten. Vgl freilich § 282.

10) Einreichung der Klageschrift, V. Wegen des Begriffs der Einreichung § 496 Rn 3. Die Über- **105** sendung per Telefax in mehreren vom Absender unverschuldeten jeweils rechtzeitig eingehenden Teilen ist ausreichend, BGH NJW **04**, 2230. Der Eingang auf der Post- oder Telefaxeingangsstelle reicht, BGH NJW **04**, 2230. Auch eine elektronische Einreichung ist zulässig. Das folgt aus V 2. Die Einreichung bewirkt den Eintritt der Anhängigkeit, § 261 Rn 1. Ihr Zeitpunkt ist bei einer demnächst erfolgenden Zustellung für den Zeitpunkt der Fristwahrung und Verjährung maßgebend, Rn 17 und § 167. Zur Einreichung der Abschriften § 133 Rn 6, 10. Der Urkundsbeamte der Geschäftsstelle kann beim Fehlen eine Ablichtung auf Kosten des Klägers fertigen lassen, (jetzt) KV 9000 Z 1, AG Bln-Charlottenb DGVZ **81**, 43, oder eine Nachreichung verlangen. Dennoch obliegt dem Kläger grundsätzlich unaufgefordert die Einreichung. Bei einem Verstoß tritt evtl keine Fristwahrung nach § 167 ein. Bei elektronischer Einreichung entfällt eine Beifügung von Abschriften nach V 2.

11) *VwGO:* Es gelten §§ 81, 82 *VwGO.* Zur Angabe der Anschrift, Rn 23, s BVerwG DVBl **99**, 989, VGH **106** Mannh VBlBW **05**, 151 (Eilverfahren) u OVG Münst NVwZ-RR **97**, 390 mwN. Wegen der Unterzeichnung, Rn 102, vgl § 130 Rn 33.

Anhang nach § 253. Widerklage

Schrifttum: *Ackermann,* Die Drittwiderklage, 2005; *Costa Filho,* Die streitgenössische Widerklage usw, 1997; *Habermann,* Die Flucht in die Widerklage zur Umgehung der Verspätungspräklusion, 2004; *Ott,* Die Parteiwiderklage, 1999; *Rimmelspacher,* Die Bedeutung des § 33 ZPO, Festschrift für *Lüke* (1997) 655; *Roth,* Parteierweiternde Widerklage und gerichtliche Bestimmung der Zuständigkeit, Festschrift für *Beys* (Athen 2004) 1353; *Schäfer,* Drittinteressen im Zivilprozeß, Diss Mü 1993; *Uhlmannsiek,* Die Zulässigkeit der Drittwiderklage usw, 1995. S auch bei § 33.

Gliederung

1) **Systematik** 1–8	B. Zulässigkeit der Widerklage 11, 12
A. Keine planvolle Regelung 1–4	C. Zusammenhang 13
B. Rechtsnatur 5, 6	D. Wider-Widerklage 14
C. Anpassung an den Prozeß 7, 8	E. Mangel 15
2) **Regelungszweck** 9	4) **Erhebung der Widerklage** 16
3) **Prozeßvoraussetzungen der Widerklage** 10–15	5) **Kosten** 17
A. Rechtshängigkeit der Hauptklage (Vorklage) bei Erhebung der Widerklage ... 10	6) *VwGO* 18

1) Systematik. Die von manchen bei § 33 behandelte Widerklage hat ziemliche Bedeutung. **1**

A. Keine planvolle Regelung. Eine Widerklage ist die vom Bekl und Widerkläger im Laufe des Prozesses gegen den Kläger und Widerbekl in demselben Prozeß erhobene Klage, Hamm FamRZ **87**, 711. Sie ist nirgends in der ZPO planvoll geregelt. Über ihren Gerichtsstand § 33. Dort Rn 1 ff über die Streitfrage, ob § 33 ihre Voraussetzungen regelt. BGH NJW **91**, 2838 läßt im Rahmen von §§ 59, 60 auch die Heranziehung eines Widerklägers durch die Widerklage zu.

Nach § 33 ist das Gericht der Klage auch für diesen Widerbekl zuständig, Nieder MDR **79**, 11, wenn das **2** Gericht unter Berücksichtigung von § 263 die *Sachdienlichkeit* und damit auch die Zumutbarkeit für den bisher am Rechtsstreit nicht Beteiligten bejaht. Daher bleibt für § 36 I Z 3 kein Raum, BGH NJW **75**, 1228, Wieser ZZP **86**, 45, Schröder AcP **164**, 531, aM BGH (1. ZS) NJW **91**, 2838 und (7. ZS) NJW **93**, 2120 (aber bei Sachdienlichkeit ist das Zwischenverfahren im Ergebnis überflüssige Mehrarbeit).

Die Widerklage nur *eines Dritten* ist grundsätzlich *unzulässig,* Rn 14, Hbg RR **04**, 63, Köln FamRZ **05**, **3** 1260. Die Widerklage *gegen* einen Dritten ist grundsätzlich *zulässig,* soweit sie auch gegen den *Kläger* erfolgt, BGH RR **90**, 1267. Sie ist folglich *unzulässig,* solange sie *nicht* auch gegen den *Kläger* ergeht, BGH **147**, 222, Drsd RR **00**, 902, Luckey MDR **02**, 745 (auch, wenn der Widerbekl an den Kläger abgetreten hat), aM LG Hann NJW **88**, 1601, Kirschstein-Freund KTS **04**, 46 (aber die Grenzen dürfen nicht verschwimmen). Die Drittwiderklage kann aus Gründen der Prozeßwirtschaftlichkeit nach Rn 9 ausnahmsweise auch isoliert zulässig sein, BGH **131**, 79, Düss MDR **80**, 728, Karlsr 14 W 22/03 v 28. 5. 03, aM Köln FamRZ **05**, 1260. Das gilt zB dann, wenn ein Architekt seine Honorarforderung abgetreten hat, ihr neuer Gläubiger klagt und der Auftraggeber Widerklage gegen den Architekten erhebt, BGH **147**, 222, oder wenn sich die Widerklage gegen einen BGB-Gesellschafter richtet und zu einem Auseinandersetzungsguthaben geht, LG Bonn RR **02**, 1400. Nieder ZZP **85**, 437 hält die Widerklage des Dritten für zulässig, soweit das Urteil auf die Hauptklage eine Rechtskraft gegen den Dritten wirke (ähnlich Rüßmann AcP **172**, 554 bei einer Widerklage gegen den Einziehungsermächtigenden, Greger ZZP **88**, 454) und läßt auch einen der Rechtskraft nicht unterworfenen Dritten unter Umständen als Streitgenossen im Widerklageprozeß zu. Wieser ZZP **86**, 45, ZöV § 33 Rn 23 sehen alle diese Fälle als solche nach §§ 59, 60 an und behandeln sie nach §§ 145 I, 147.

4 Die Widerklage gegen die *Streitgenossen* des Prozeßgegners kann zulässig sein, Schlesw SchlHA **85**, 154, diejenige gegen die eigenen ist unzulässig. Der Streithelfer kann die Widerklage nicht für die unterstützte Partei erheben. Er kann aber Streitgenosse werden. Die Widerklage gegen einen Streithelfer des Bekl nach § 66 ist nicht schon deshalb unzulässig, BGH **131**, 78.

5 B. Rechtsnatur. Die Widerklage ist eine richtige Klage, Hbg MDR **89**, 272, Gaul JZ **84**, 63, auch eine Hauptsacheklage nach § 494 a, Ffm OLGR **02**, 295. Sie ist ein selbständiger Gegenangriff, nicht ein bloßes Angriffs- oder Verteidigungsmittel nach § 282, Einl III 71, BGH NJW **95**, 1224, Schneider MDR **77**, 796, oder nach § 296, BGH NJW **95**, 1224, oder nach § 528 II, BGH NJW **86**, 2258. Daher ist eine „Flucht in die Widerklage" zulässig, freilich nur außerhalb von Arglist, § 296 Rn 29, 51. Die Widerklage bringt einen eigenen Streitgegenstand nach § 2 Rn 3, BGH WertpMitt **91**, 1154, BAG NJW **03**, 991, Walter NJW **87**, 3140. Sie muß über eine bloße Verneinung des Klaganspruchs hinausgehen, um zulässig zu sein. Sie ist auch keine Kläganderung, BGH RR **96**, 65 (zur Wider-Widerklage). Sie ist keine bloße Haupt- oder Hilfsaufrechnung, § 145 Rn 8. Sie ist nur bis zum Schluß der letzten mündlichen Verhandlung zulässig, § 282 Rn 6, § 296 a Rn 6, BGH NJW **00**, 2513, Düss RR **00**, 173, Hbg MDR **95**, 526. Das gilt auch bei einer Säumnis des Klägers und auch noch nach einem Teilurteil gemäß § 301 oder nach einem Grundurteil gemäß § 304 oder nach einem Vorbehaltsurteil, §§ 302, 599. Es gilt aber nicht nach dem einem Verhandlungsschluß entsprechenden Zeitpunkt, § 128 II 2. In der Berufungsinstanz muß man (jetzt) § 533 beachten, BGH RR **05**, 437 (Sachdienlichkeit). Dabei ist Rechtsmißbrauch wie stets verboten, Einl III 54, BGH RR **90**, 1267. Eine Einbeziehung eines Dritten durch Anschlußberufung ist unstatthaft, BGH NJW **95**, 198. In der Revisionsinstanz ist eine Widerklage wegen § 559 nur unter den Voraussetzungen der §§ 302 IV, 600 II, 717 II, III, 1065 II 2 zulässig. Einzelheiten Nieder NJW **75**, 1000.

6 Ist die Widerklage einmal richtig erhoben, dann besteht insoweit ein eigenes Prozeßrechtsverhältnis nach Grdz 4 vor § 128. Die Widerklage ist *unabhängig* vom Schicksal der Hauptklage, Hbg MDR **89**, 272, LG Mü NJW **78**, 953. Der Widerkläger kann sie also auch nach deren Erledigung noch erweitern. Verneint sie nur den Kläganspruch, so ist sie wegen fehlenden Rechtsschutzbedürfnisses unzulässig, Grdz 33 vor § 253, BGH NJW **87**, 3139. Sie muß einen selbständigen Anspruch im Sinn von § 2 Rn 3 enthalten, Bork JA **81**, 389. Daher ist keine Widerklage auf eine leugnende Feststellung gegenüber der entsprechenden Leistungsklage zulässig, außer soweit die Widerklage einen Überschuß enthält, soweit der Kläger also nur einen Teil eingeklagt hat und die Widerklage die Feststellung des Nichtbestehens eines Mehranspruchs begehrt. Gegenüber einer Feststellungsklage ist eine leugnende Feststellungswiderklage nur ausnahmsweise zulässig, soweit ein entsprechendes berechtigtes Interesse besteht. Unnötig ist die Bezeichnung als Widerklage. Auch ein Antrag aus § 717 II kann eine Widerklage sein.

7 C. Anpassung an den Prozeß. Da sich die Widerklage in einen rechtshängigen Prozeß hineinschiebt, muß das Gericht der Klage auch für die Widerklage sachlich zuständig sein. Dabei ist auch ein höheres Gericht grundsätzlich mit zuständig, § 513 II (nur bei § 48 I ArbGG und bei einer ausschließlichen Zuständigkeit kann eine Verweisung nach Abtrennung nötig sein). Es kann auch eine Zuständigkeitsvereinbarung vorliegen. Vgl ferner § 506 und wegen der Kammer für Handelssachen Gaul JZ **84**, 62. Ferner muß sich die Widerklage der Prozeßart der Hauptklage anpassen, Düss FamRZ **82**, 512.

8 Ist die Widerklage in der *Prozeßart* der Hauptklage unzulässig, so fehlt ihr eine unverzichtbare Prozeßvoraussetzung, Grdz 12 vor § 253, BGH **149**, 227, Ffm FamRZ **93**, 1466. Widerklage ist danach unzulässig im Mahnverfahren, §§ 688 ff, AG Lüb RR **90**, 1152 und im Arrest- und Verfügungsverfahren, §§ 916 ff, 936 ff. Freilich kann man eine Gegenverfügung beantragen. Die Widerklage wird erst zulässig nach der Überleitung des Mahnverfahrens ins Streitverfahren. Unzulässig ist sie als Urkunden- oder Wechselwiderklage im ordentlichen Verfahren, aM BGH **149**, 226 (aber die Prozeßarten unterscheiden sich in mehrfacher Hinsicht ganz beträchtlich). Unzulässig ist sie aber nach § 595 I auch im Urkunden- oder Wechselprozeß (im Nachverfahren ist eine gewöhnliche Widerklage zulässig), BGH **149**, 226. In einer Familiensache ist eine nicht familienrechtliche Widerklage unzulässig, Düss FamRZ **82**, 512, Klauser MDR **79**, 630. Im Ehe- und Kindschaftsprozeß gelten Einschränkungen, §§ 610 II, 632 II, 638, 640 II, 640 c I. Es ist nicht statthaft, in einer Familiensache einen nicht familienrechtlichen Anspruch durch Widerklage zu erheben, BGH **97**, 81, Düss FamRZ **82**, 512. Unzulässig ist insbesondere eine Feststellungswiderklage des Kindes im Anfechtungsprozeß nach Art 12 § 3 II NEG, Wieser NJW **98**, 2024. Eine Abart der Widerklage ist die Zwischenwiderklage, Inzidentwiderklage, § 256 II. Ersatzansprüche aus unberechtigter Zwangsvollstreckung nach §§ 302 IV, 600 II, 717 II, III sind der Widerklage nicht verschlossen. Sie lassen aber auch einfachen Zwischenantrag (Inzidentantrag) zu.

9 2) Regelungszweck. Die Widerklage dient dem praktischen Bedürfnis der einheitlichen Verhandlung von etwas Zusammengehörigem, BGH **147**, 222, zumal man die gleiche Prozeßlage durch eine Verbindung nach § 147 erreichen könnte. Der Dritte kann sogar noch im Berufungsverfahren hereingezogen werden, wenn er zustimmt oder keinen Zustimmung rechtsmißbräuchlich verweigert, Karlsr VersR **79**, 1033. Die Widerklage dient damit der Prozeßwirtschaftlichkeit, Grdz 14 vor § 128, BGH **147**, 222. Das muß man bei der Auslegung mitbeachten. Zur Prozeßtaktik Schneider MDR **98**, 21.

Abwarten vor Erhebung der Widerklage kann durchaus ratsam sein. Eine Zurückweisung wegen Verspätung scheidet jedenfalls bis unmittelbar vor dem Schluß der zur Entscheidungsreife der Klage führenden Verhandlung meist als Gefahr aus. Denn die Widerklage ist kein Angriffs- oder Verteidigungsmittel, sondern der Gegenangriff selbst, Rn 5. Man kann im Verlauf des Prozesses zur Klage die Haltung dieses Gerichts abtasten und dann besser die Chancen einer Widerklage einschätzen, auch deren psychologische Wirkung auf ein vielleicht schon wegen der Klage genervtes Gericht. Man kann sich immer noch zu einer selbständigen Klage wegen der eigenen Gegenforderung vor einem anderen Gericht mithilfe eines besseren Anwalts zu einem späteren Zeitpunkt entschließen. Das mag auch evtl „nur" zur Aufrechnung geschehen, sei es im, sei es außerhalb des Prozesses mit einem dazu ausreichenden Teilbetrag der Gegenforderung, auch zwecks

Kostendämpfung. Freilich kann eine späte Widerklage und überhaupt eine Widerklage einigen Unmut beim Gericht erzeugen. Es muß ihn pflichtgemäß bekämpfen. Ob ihm das auch gelingt, ist eine andere, psychologisch heikle Frage. Man sollte solches Risiko besser von vornherein mitbeachten, Hau ZZP **117**, 38, 57.

3) Prozeßvoraussetzungen der Widerklage. Es findet kein obligatorisches Güteverfahren statt, § 15 a **10** II 1 Z 1 EGZPO, Hartmann NJW **99**, 3747. Es müssen mehrere Voraussetzungen zusammentreffen.

A. Rechtshängigkeit der Hauptklage (Vorklage) bei Erhebung der Widerklage. Sie ist die erste Voraussetzung, Celle FamRZ **81**, 791, Ffm FamRZ **93**, 1466, Zweibr FamRZ **99**, 942. Zum Begriff der Rechtshängigkeit § 261 Rn 2. Zur ausländischen Anhängigkeit Heiderhoff IPRax **99**, 392. Die Rechtshängigkeit muß noch andauern, BGH RR **01**, 60. Das Mahnverfahren macht anhängig, nicht stets sogleich rechtshängig, § 696 Rn 13. Daher ist dann noch keine Widerklage zulässig, AG Lübeck RR **90**, 1152. Das Prozeßkostenhilfeverfahren nach §§ 114 ff macht nicht als solches rechtshängig. Daher ist dann noch keine Widerklage zulässig, Ffm FamRZ **83**, 203 (man muß sie dann unter Umständen in eine Klage umdeuten), soweit nicht zugleich schon eine unbedingte Klage erhoben wurde, § 253 Rn 7.

Die *Prozeßvoraussetzungen der Klage* selbst nach Grdz 12 vor § 253 berühren die Widerklage nicht. Sie bleibt ab eigener Rechtshängigkeit im Sinn von Rn 16 nach prozessualer oder sachlicher Abweisung der Klage und nach deren Rücknahme selbständig bestehen, Düss MDR **90**, 728. Darum darf der Widerkläger die Zulässigkeit der Klage leugnen, ohne sich zu schaden. Über die Widerklage in der Berufungsinstanz (jetzt) § 533, Karlsr VersR **79**, 1033, Schlesw SchlHA **85**, 154, Zweibr FamRZ **83**, 930. In der Revisionsinstanz gibt es keine Widerklage. Ebenso gibt es keine Möglichkeit der Erhebung der Widerklage erst nach rechtskräftiger Entscheidung über die Hauptklage, § 705, oder nach einem Vergleich, Anh § 307, oder nach einer Rücknahme der Klage, weil diese die Rechtshängigkeit rückwärts vernichtet, § 269 III, BGH RR **01**, 60. Die vorher erhobene Widerklage bleibt durch die Klagerücknahme unberührt, Kblz FamRZ **83**, 939, LG Mü NJW **78**, 953, ebenso durch einen Klägerwechsel, § 261 III Z 2, Kblz FamRZ **83**, 939. Eine Erledigung der Hauptsache hindert eine Widerklage selbst dann, wenn das Gericht noch nicht über die Kosten entschieden hat, ZöV § 33 Rn 17, aM Bork JA **81**, 387 (aber die Rechtshängigkeit endet mit der Erledigung, § 91 a Rn 108). Dasselbe gilt bei § 269 III 3.

B. Zulässigkeit der Widerklage. Sie ist eine Klage, Rn 5. Daher müssen die allgemeinen Prozeßvoraus- **11** setzungen vorliegen, Grdz 13 vor § 253. Es muß also auch das Rechtsschutzbedürfnis vorliegen, Grdz 33 vor § 253, BGH NJW **87**, 3139, Ffm RR **87**, 903, Kblz FamRZ **93**, 1098. Es fehlt meist, soweit eine Aufrechnung genügen würde, Naumb RR **03**, 210. Prozeßhindernisse nach Grdz 19 vor § 253 müssen fehlen. Es darf auch kein Rechtsmißbrauch vorliegen, Einl III 54, Drsd RR **00**, 902 (nicht schon bei Zeugenausschaltung), Celle OLGR **96**, 45, LG Kblz MDR **99**, 1020 (gerade bei Ausschaltung des einzigen Zeugen). Das Gericht muß für die Widerklage sachlich zuständig sein. Es kann eine Auskunftswiderklage infrage kommen, Zweibr FamRZ **04**, 1885. Das LG ist aber auch für eine Klage vor ein AG gehörende Widerklage zuständig, Mayer JuS **91**, 678. Bei einer vor die Kammer für Handelssachen gehörenden Widerklage wird diese Kammer auch für die Klage anstelle der Zivilkammer zuständig, Gaul JZ **84**, 62, umgekehrt kann die Zivilkammer wegen einer vor sie gehörenden Widerklage zuständig werden, Gaul JZ **84**, 62. Bei einer arbeitsrechtlichen Widerklage ist § 17 a II, IV GVG anwendbar, BGH NJW **96**, 1532. Eine Sondervorschrift besteht für die örtliche Zuständigkeit in § 33. Ein Zwang zur bloßen Widerklage besteht nicht. Man kann den Gegenanspruch evtl auch in einer gesonderten Klage außerhalb des bisherigen Prozesses erheben, BGH NJW **94**, 3107.

Eine *Hilfswiderklage*, Eventualwiderklage, ist aus Gründen der Waffengleichheit nach Einl III 21 zulässig, wenn der Bekl beim Durchdringen der Klage mit der Eventualwiderklage die dann für ihn gegebenen Folgen zieht, BGH **132**, 398, Köln VersR **98**, 98, LG Kassel RR **95**, 889. Das gilt auch dann, wenn der Bekl zB einer Klage auf die Feststellung der Nichtigkeit eines Vertrages mit dem Abweisungsantrag begegnet, für den Fall der Nichtigkeit aber widerklagend Rückforderungsansprüche geltend macht, oder gegenüber der Klage des Lieferers auf Zahlung, der nach den Lieferungsbedingungen Gewährleistungsansprüche nicht entgegengehalten werden dürfen, bei einer Widerklage auf Rückzahlung der künftigen Zahlung bei Verurteilung. Hierher zählten auch bei einer Vollstreckungsabwehrklage nach § 767 die Hilfswiderklage auf Leistung, BGH NJW **96**, 2166, oder bei einer Teilklage die Hilfswiderklage auf Feststellung des Restanspruchs, BGH **132**, 398, oder eine Hilfswiderklage für den Fall der Erfolglosigkeit der (Haupt-)-Widerklage.

Unzulässig ist eine Hilfswiderklage gegen einen *Dritten*. Denn sie wäre eine bedingte Klage, BGH NJW **01**, 2094, BAG **73**, 39.

Hält der Kläger dem *Aufrechnungseinwand* des Bekl nach § 145 Rn 9 die Unzulässigkeit der Aufrechnung **12** entgegen, so kann der Bekl diese mit einer auch vertraglich nicht ausschließbaren Widerklage geltend machen, auch mit einer Hilfswiderklage, BGH **132**, 397, Hamm JB **78**, 64, Schneider MDR **88**, 462. Mit Rücksicht auf den Abwehrcharakter ist auch nicht erforderlich, daß der Hilfswiderklageantrag und der Hauptantrag der Widerklage zB auf Klagabweisung in einem *wirklichen Eventualverhältnis* stehen, wenn ein rechtlicher Zusammenhang mit dem Klaganspruch oder den dagegen vorgebrachten Verteidigungsmitteln gegeben ist, BGH **132**, 397. Man darf die Verteidigung gegen neue Anträge nicht erschweren. Die Widerklage ist zwar kein Verteidigungsmittel, § 282 Rn 5, wirkt aber praktisch im wesentlichen sehr ähnlich wie ein solches. Der neue Widerbekl (Dritter) darf evtl die Ergänzung oder Wiederholung einer Beweisaufnahme verlangen, die vor seinem Eintritt erfolgte, BGH **131**, 79. Eine Abtrennung der Hilfswiderklage ist unzulässig, § 145 Rn 7.

C. Zusammenhang. Viele meinen, die Widerklage müsse mit dem Klaganspruch oder einem Angriffs- **13** oder Verteidigungsmittel, Einl III 70, im Zusammenhang stehen. Man kann das zu Unrecht dem § 33, dort Rn 2. Ein solcher Mangel heilt jedenfalls durch Nichtrüge, § 295.

D. Wider-Widerklage. Da die Widerklage eine Klage ist, muß man beim Vorliegen der sonstigen **14** Voraussetzungen grundsätzlich auch eine Widerklage gegen die Widerklage zulassen, BGH RR **96**, 65, BAG DB **02**, 52 (auch zu den Grenzen). Streitgenossen sind selbständig, jeder kann Widerklage erheben. Der

Streithelfer ist nicht widerklagebefugt, Rn 4, auch nicht als streitgenössischer, § 69, aM Nieder MDR **79**, 117 (aber die Grenzen dürfen nicht verschwimmen).

15 **E. Mangel.** Fehlt der Widerklage eine Prozeßvoraussetzung, so muß das Gericht sie mangels Heilung nach §§ 38, 39 und mangels eines Verweisungsantrags nach §§ 281, 506, § 48 I ArbGG durch ein Prozeßurteil abweisen, Grdz 14 vor § 253, auch durch ein Teilurteil, LG Kblz MDR **99**, 1020 (Zeuge als Widerbekl). Eine Verweisung an das auswärtige Gericht des Wohnsitzes des Klägers ist unstatthaft, Zweibr RR **00**, 590. Der Bekl trägt die Kosten der unzulässigen Widerklage auch dann, wenn sich der Widerbekl auf die Widerklage eingelassen hat und der im ersten Rechtszug abgewiesene Kläger seine Berufung zurücknimmt, Mü MDR **84**, 499.

16 **4) Erhebung der Widerklage.** Man erhebt eine Widerklage: Entweder mündlich bis zum Schluß der mündlichen Verhandlung, §§ 256 II, 261 II, 297, 525, Köln MDR **04**, 962. Das scheidet aber für den hereingezogenen Dritten nach Rn 3 aus, aM Nieder MDR **79**, 11 (vgl aber Rn 14); oder mit der Zustellung eines den Erfordernissen des § 253 II Z 2 entsprechenden Schriftsatzes, §§ 261 II, 271, Gaul JZ **84**, 63, beim AG nach § 496. Er muß evtl bereits den Antrag nach § 96 I GVG enthalten, Gaul JZ **84**, 63. Die Bezeichnung „Widerklage" ist nicht notwendig, aber natürlich ratsam. Wer die Ordnungsmäßigkeit der Klage leugnet, erklärt seine Widerklage für unstatthaft, weil er ihr die Voraussetzung entzieht (anders die Zulässigkeit der Klage, Rn 11). Nach dem Schluß der Verhandlung über die Klage nach §§ 136 IV, 296 a ist eine Widerklage nicht mehr zulässig, Rn 5. Dasselbe gilt nach dem einem Verhandlungsschluß entsprechenden Zeitpunkt des schriftlichen Verfahrens, § 128 II 2.

17 **5) Kosten.** Das Gericht darf über die Kosten von Klage und Widerklage nur einheitlich entscheiden, auch zB nach Bruchteilen, nicht aber getrennt, § 92 Rn 25. Streitwert: § 3 Anh Rn 71 „Hilfswiderklage", Rn 138 „Widerklage".

18 **6) VwGO:** Es gilt § 89 VwGO, dazu BVerwG NJW **74**, 1209.

254 Stufenklage.
Wird mit der Klage auf Rechnungslegung oder auf Vorlegung eines Vermögensverzeichnisses oder auf Abgabe einer eidesstattlichen Versicherung die Klage auf Herausgabe desjenigen verbunden, was der Beklagte aus dem zugrunde liegenden Rechtsverhältnis schuldet, so kann die bestimmte Angabe der Leistungen, die der Kläger beansprucht, vorbehalten werden, bis die Rechnung mitgeteilt, das Vermögensverzeichnis vorgelegt oder die eidesstattliche Versicherung abgegeben ist.

Schrifttum: *Assmann*, Das Verfahren der Stufenklage, 1990; *Fett*, Die Stufenklage, Diss Saarbr 1978; *Roth*, Parteierweiternde Widerklage usw, in: Festschrift für *Beys* (Athen 2003).

Gliederung

1) Systematik 1	7) Zulässigkeit gleichzeitiger Anträge; Unzulässigkeit gleichzeitiger stattgebender Entscheidung 12–20
2) Regelungszweck 2	A. Rechnungslegungsanspruch 14–17
3) Geltungsbereich 3	B. Eidesstattliche Versicherung 18
4) Anspruch auf Rechnungslegung 4–9	C. Leistungsanspruch 19
A. Grundsatz: Erleichterung, Ermöglichung 4	D. Kosten 20
B. Einzelfragen 5–9	8) Fortsetzungsantrag 21, 22
5) Anspruch auf Leistung der eidesstattlichen Versicherung 10	9) Versäumnisverfahren 23
6) Anspruch auf Herausgabe bzw Leistung 11	10) VwGO 24

1 **1) Systematik.** § 254 hat zumindest im Gewerblichen Rechtsschutz und Urheberrecht eine außerordentliche praktische Bedeutung, Rn 2. Es handelt sich formell gleichwohl um eine Ausnahme von § 253, insbesondere von dessen II Z 2, BGH NJW **94**, 3103, BAG NJW **01**, 3804, Düss FamRZ **96**, 493. Die Vorschrift behandelt meist einen Sonderfall der objektiven Klagenhäufung, § 260 Rn 1, BGH NJW **94**, 3103, Naumb RR **02**, 1704, Zweibr RR **04**, 1727. Nach dem Wortlaut erlaubt die Vorschrift die Verbindung von zwei, richtig von drei prozessual selbständigen Ansprüchen in einer Klage, BGH **76**, 12, Kblz RR **98**, 71. Das gilt obwohl jeder weiterer Anspruch die Erledigung des vorhergehenden voraussetzt. Darüber, welche Ansprüche verbindbar sind, Rn 3–11.

Das Gericht muß *stufenweise entscheiden*, Rn 13, BGH NJW **91**, 1893, LAG Hamm DB **91**, 556. Daher heißt diese Klage zweckmäßig Stufenklage. Sie muß sämtlichen Erfordernissen des § 253 genügen mit der alleinigen Ausnahme, daß sie die bestimmte Angabe der endgültigen Leistung nur dieses Bekl vorbehalten kann, BGH NJW **94**, 3103, BAG NJW **01**, 3804, Zweibr RR **01**, 865. Notwendig und ausreichend ist, daß der Kläger auch bei zumutbarer Bemühung derzeit zur Zeit der Klagerhebung noch keine Bezifferung oder ähnliche Bestimmung des etwaigen Leistungsanspruchs vornehmen kann, BAG NJW **01**, 3804, LG Arnsb NJW **04**, 233. Das gilt, obwohl der Kläger natürlich zB den nach seiner Meinung vorhandenen Mindestanspruch auf Leistung usw bereits in der Klage beziffern darf, BGH FamRZ **03**, 32 (dann liegt nur wegen des Rests eine Stufenklage vor). Der Kläger braucht die Stufenklage nicht ausdrücklich als solche zu bezeichnen. Sie ist auslegbar, Rn 4.

Sie ist eine *Leistungsklage*, BGH GRUR **01**, 1177, Ffm FamRZ **02**, 31, Zweibr RR **01**, 865, aM Celle RR **95**, 1411 (erst ab Stellung des Zahlungsantrags. Aber das verkennt die Regel Rn 12). Aber auch eine

Abänderungsklage ist als Stufenklage zulässig, § 323 Rn 44. Einer Feststellungsklage wird sie also mangels eines Feststellungsinteresses grundsätzlich entgegenstehen, § 256 Rn 86, BGH GRUR **01**, 1177 (Ausnahmen aber im Gewerblichen Rechtsschutz und Urheberrecht), Ffm FamRZ **02**, 31, ebenso einer Feststellungs- oder Zwischenfeststellungsklage, daß der Bekl zur Zahlung des sich aus der Abrechnung ergebenen Betrages verpflichtet sei. Es ist aber ein Übergang von der Leistungsklage zur Stufenklage denkbar, Mü FamRZ **95**, 679 (das ist eine Klagänderung), oder von der Auskunfts- zur Feststellungsklage (das ist keine Klagänderung), BGH ZIP **99**, 447. Der Unterhaltsschuldner kann die verneinende Feststellungsklage im Wege einer Stufenklage mit einem Auskunftsbegehren verbinden, Ffm FamRZ **87**, 175. Auch ein Übergang zur Gestaltungsklage ist denkbar, BGH NJW **85**, 196, Köln NJW **90**, 2630, aM Hbg FamRZ **82**, 935 (aber die Prozeßwirtschaftlichkeit nach Rn 2 hat Vorrang).

Die Stufenklage läßt die *Rechtshängigkeit* auch der nachgeordneten Ansprüche bereits mit Erhebung des Auskunftsanspruchs eintreten, § 261 Rn 11 „Stufenklage". Sie läßt eine Verjährung neu beginnen, BAG DB **77**, 1371, Brdb RR **05**, 872, KG FamRZ **01**, 105 (auch beim falschen Stichtag). Das gilt auch beim unbezifferten Hauptanspruch, BGH NJW **92**, 2563 (auch zu den Grenzen), BAG DB **86**, 1931. Die Frist beginnt neu, wenn der Kläger nach der Erledigung der Vorstufe den Anspruch nicht weiter verfolgt, BGH NJW **92**, 2563.

2) Regelungszweck. Die Vorschrift dient der Prozeßwirtschaftlichkeit, Grdz 14, 15 vor § 128, Rn 4, BGH NJW **94**, 3103, Düss FamRZ **96**, 493, Karlsr FamRZ **87**, 607. Daher darf man sie trotz ihres formellen Ausnahmecharakters, Rn 1, nicht zu eng auslegen. Das gilt insbesondere im Gewerblichen Rechtsschutz und Urheberrecht. Dort hat die Stufenklage eine ganz unentbehrliche, praktisch herausragende Rolle, Rn 1. Ohne ihre praxisnahe Handhabung würden sich insbesondere dort gar keine halbwegs befriedigenden Lösungen finden lassen. Deshalb ist Großzügigkeit erlaubt und geboten. Das gilt insbesondere in der ersten Stufe. Dort muß sich der Kläger an das Mögliche oft erst herantasten. Das darf man ihm nicht allzu erschweren. Sein Tatsachenvortrag kann oft zunächst nur Umrisse der Situation schildern.

Zur *Ausforschung* ist die Grenze fließend. § 254 dient jedenfalls nicht einer Information, die mit dem Ziel der Bestimmbarkeit des Leistungsanspruchs nicht im Zusammenhang steht, BGH NJW **02**, 2953 (dann Sachabweisung des Auskunftsanspruchs), LG Arnsb NJW **04**, 233 (dann Abweisung als unzulässig). Auch eine Klage auf Auskunft über eine herauszugebende Sache hat wegen § 883 II kein Rechtsschutzbedürfnis. Einer Auskunftsklage nur zur Erforschung etwaiger Gegenansprüche zwecks Geltendmachung eines diesbezüglichen Zurückbehaltungsrechts fehlt das Rechtsschutzbedürfnis, Zweibr RR **04**, 1727 (aber evtl Übergang nach § 260). Die Entscheidungen sollten widerspruchsfrei ergehen, Peters ZZP **111**, 71. Das erfordert trotz aller Großzügigkeit doch auch einen gewissen Schutz des Bekl vor Ausspähung.

3) Geltungsbereich. Die Vorschrift ist in allen Verfahren der ZPO anwendbar. Auch im Verbundverfahren nach § 623 ist eine Stufenklage betr den Zugewinnausgleich zulässig, Düss FamRZ **79**, 61, Mü FamRZ **81**, 482, Stgt FamRZ **87**, 1035, ebenso im Abstammungsprozeß, Gaul FamRZ **00**, 1475 (auch zu den Grenzen). Die Auskunftsklage ist auch im Involvenzverfahren möglich, Naumb RR **02**, 1704 (Auskunftsstufe gegen den Schuldner, Leistungsstufe gegen den Insolvenzverwalter). Im Verfahren nach § 313 I BGB ist § 254 mindestens entsprechend anwendbar, Dauner-Lieb/Dötsch NJW **03**, 927. Eine Stufenklage kommt auch wegen Verletzung eines Geschmacksmusters in Betracht, § 46 III GeschmMG. Im WEG-Verfahren ist § 254 entprechend anwendbar, Düss RR **87**, 1164. § 254 kommt auch im arbeitsgerichtlichen Verfahren in Betracht, BAG BB **05**, 1168.

4) Anspruch auf Rechnungslegung. Das ist mehr als eine bürgerlichrechtliche Rechenschaftspflicht, BAG NJW **01**, 3804. Gemeint ist zumindest jede Auskunft, die auf einer gesetzlichen oder vertraglichen Rechtspflicht beruht und in einer verständlichen, nachprüfbaren Bekundung von Tatsachen besteht, nach denen sich ein Anspruch bemessen kann, BAG NJW **01**, 3804, Bbg RR **04**, 476. Infrage kommt also vor allem eine geordnete Aufstellung der Einnahmen und Ausgaben, BGH NJW **85**, 1694 (geht meist weiter als eine bloße Auskunft, bzw die Vorlegung eines Vermögensverzeichnisses (auch die Herausgabe eines Inbegriffs), etwa aus §§ 259, 260, 681 BGB, 105, 114 HGB, 154 ZVG. Nicht jedes Auskunftsbegehren nebst Ankündigung etwaiger späterer Leistungsforderung bedeutet eine Stufenklage, Düss FamRZ **99**, 1097 (aber keine Haarspaltereien!). Anderseits ist der Klagantrag natürlich wie stets auslegbar, § 128. Er wird bei solcher Kombination durchweg eine Stufenklage bedeuten, zumal der Kläger sie ja nicht als solche bezeichnen muß, Rn 1. Ein Auslandsbezug erweitert eine innerdeutsche sachlichrechtliche Auskunftspflicht nicht stets, Bbg FamRZ **05**, 1682.

A. Grundsatz: Erleichterung, Ermöglichung. Auch der Anspruch auf Auskunft nach §§ 260 BGB, 51 a GmbHG reicht aus. Denn die Auskunft bereitet den Herausgabeanspruch vor, Naumb RR **02**, 1704. Man kann sie immer dann verlangen, wenn sie die Rechtsverfolgung des Ersatzberechtigten wesentlich erleichtert oder gar erst ermöglicht und wenn der Verpflichtete sie unschwer erteilen kann. Das gilt namentlich bei Verletzungsklagen des Gewerblichen Rechtsschutzes oder des Wettbewerbsrechts, auch zwecks Beseitigung, oft auch bei Unterlassungsansprüchen, auch für den Verpflichteten, LG Düss FamRZ **76**, 218 (zustm Mutschler). Es gilt überhaupt immer dann, wenn der Kläger eine geordnete Auskunft über Tatsachen begehrt, die für ihn einen gesetzlichen oder vertraglichen Anspruch begründen, etwa auf einen Zugewinnausgleich im Verbundverfahren, Schlesw FamRZ **91**, 95, oder auf ein Auseinandersetzungsguthaben, Karlsr BB **77**, 1475, oder auf einen Pflichtteil, § 253 Rn 47 „Auskunftsklage". Zweibr FamRZ **87**, 1198. Dabei sollte der Kläger den Zeitraum, für den er die Auskunft begehrt, klar im Antrag angeben. Andernfalls umfaßt ein in der Urteilsformel unbestimmtes Urteil allenfalls die Zeit zwischen der Klagezustellung und dem Urteilserlaß, Ffm FamRZ **84**, 271. Eine Stufenklage kommt auch beim Wegfall der Geschäftsgrundlage in Betracht, § 313 BGB, Schmidt-Kessel/Baldus NJW **02**, 2077.

B. Einzelfragen. Ist bereits eine vollständige Abrechnung in Händen des Klägers, dann kann er nicht eine nochmalige Auskunft verlangen, auch nicht in Prozeßstandschaft, Grdz 26 ff vor § 50, BAG BB **85**, 529. Steht fest, daß ein Hauptanspruch nicht besteht, so ist das Auskunftsverlangen unbegründet, Düss FamRZ **88**, 1071,

§ 254

aM Ffm FamRZ **87**, 293, AG Aachen FamRZ **88**, 1072 (aber das wäre Rechtsmißbrauch, Einl III 54). Weiß der Kläger, um welche Unterlagen es sich handelt, aber nicht, wo sie sind, so ist keine Auskunftsklage zulässig, sondern eine Herausgabeklage. Sie führt dann unter Umständen zur eidesstattlichen Versicherung nach § 883 II. Auch die Möglichkeit einer Ergänzung oder Berichtigung einer Offenbarungsversicherung geht vor, Düss OLGZ **85**, 376. Fordert der Kläger eine Rechnungslegung, eidesstattliche Versicherung und entsprechende Zahlung, so fehlt für eine besondere Feststellungsklage wegen des aus der Abrechnung folgenden Betrags das rechtliche Interesse. Denn mit der Klage auf Auskunft bzw Rechnungslegung wird auch der in ihr weiterhin noch nicht bezifferte Zahlungsanspruch in seinem ganzen, vom Kläger noch nicht bestimmten Umfange rechtshängig, § 261, BGH RR **95**, 513, BAG DB **86**, 1931, Kblz FamRZ **93**, 1098.

6 Die Stufenklage beschränkt sich auch nicht auf den Betrag, den eine etwa überreichte *Rechnung* ausweist, sondern ergreift denjenigen, den der Kläger glaubt geltend machen zu können. Weist also das Gericht den Antrag auf Rechnungslegung ab, weil der Bekl sie nach Ansicht des Gerichts gelegt hat, so ergeht lediglich ein Teilurteil, Seetzen WertpMitt **85**, 220. Das gilt auch dann, wenn der Bekl das nach seiner Rechnungslegung Geschuldete gezahlt hat. Denn es können sich möglicherweise zahlenmäßig noch weitere Ansprüche ergeben. Soweit der Kläger nach dem Erhalt der Auskunft zunächst nur einen Teil des ihm danach zustehenden Zahlungsanspruchs geltend macht, ist auch nur dieser Teil sogleich mit der Erhebung des Auskunftsanspruchs rechtshängig geworden, Hbg FamRZ **83**, 602, Köln FamRZ **96**, 51.

7 Man kann sich grundsätzlich auch auf eine bloße Auskunftsklage bzw auf diese und diejenige auf eine eidesstattliche Versicherung *beschränken*, KG FamRZ **97**, 503, Zweibr NJW **86**, 939. Er kann daneben oder später eine gesonderte Leistungsklage erheben, Hamm NJW **83**, 1914. Freilich kann man den Mehrkosten evtl nur teilweise erstattet fordern. Man muß zwar „erteilte", aber unzureichende „Auskunft" ist je nach den Gesamtumständen des Einzelfalles als Fehlen jeglicher wahren Auskunft oder als Vorliegen einer solchen werten, die nur noch den Anspruch auf die eidesstattliche Versicherung gibt. Vor einem Hausratsverfahren ist eine Auskunftsklage unzulässig, Düss FamRZ **85**, 1153.

8 Ergibt die Rechnungslegung in erster Instanz, daß kein Zahlungsanspruch mehr besteht, muß das Gericht die Klage bei einer nur *einseitigen Erledigterklärung* nach § 91a Rn 168 abweisen (sonst s unten). Es darf dann die Hauptsache nicht für erledigt erklären, BGH NJW **94**, 2895, Düss FamRZ **96**, 493, ZöGre 5, aM Ffm FamRZ **87**, 293, Karlsr FamRZ **89**, 1100, ZöV § 91 a Rn 58 (vgl aber § 91 a Rn 170 ff). Erklärt der Kläger den Auskunftsanspruch einseitig für erledigt, so kündigt er den Anspruch der nächsten Stufe an. Das Gericht erläßt in erster Instanz nicht extra ein Teilurteil nach § 91 a, sondern sorgt für die Umstellung auf den Antrag der nächsten Stufe, § 139, Düss FamRZ **96**, 493, Köln VersR **97**, 601, aM Schneider MDR **88**, 807. Es weist den Antrag notfalls als unzulässig ab, Rixecker MDR **85**, 634. In der Berufungsinstanz gelten die normalen Regeln, § 91 a Rn 55 „Stufenklage", Karlsr FamRZ **86**, 272. Bei einer einseitigen Erledigterklärung des Zahlungsanspruches, weil die Auskunft sein Nichtbestehen ergab, muß der Kläger die Kosten tragen, Hamm MDR **89**, 461.

9 Bei *beiderseitigen* wirksamen *Erledigterklärungen* nach § 91a Rn 96 gehen die Kosten meist zu Lasten des Bekl, § 91 a Rn 136 „Stufenklage", Brdb RR **03**, 795, Ffm FamRZ **87**, 85, Karlsr RR **98**, 1454, aM Bbg FamRZ **86**, 371, Zweibr NJW **86**, 939, Rixecker MDR **85**, 633 (aber es besteht kein Anlaß zur grundsätzlichen Abweichung von den Regeln zu § 91 a). Eine Klage auf Rechnungslegung zwingt nicht zur Klage auf den Hauptanspruch, LG Düss BB **77**, 1675. Wegen der Prozeßkostenhilfe § 114 Rn 39 „Stufenklage", § 119 Rn 43 „Stufenklage". Wegen der Kosten im Teilurteil Üb 37 vor § 91.

10 **5) Anspruch auf Leistung der eidesstattlichen Versicherung.** Manche lassen diesen Anspruch zur Bekräftigung der Rechnung usw etwa aus §§ 259 II, 260 II, 2006 BGB in dieser Klage nicht von Anfang an zu. Aber er besteht bedingt von Anfang an, und die Prozeßwirtschaftlichkeit verlangt die Zulassung, Grdz 14 vor § 128.

11 **6) Anspruch auf Herausgabe bzw Leistung** des Geschuldeten. Macht der Kläger diesen Anspruch so, wie es sich aus Rn 3–10 ergibt, neben der Rechnungslegung geltend, so handelt es sich meist ebenfalls um eine Stufenklage. Das Gericht darf den Zahlungsanspruch nicht abweisen, wenn es einen Anspruch auf die Rechnungslegung zuspricht. Denn diese kann möglicherweise den Zahlungsanspruch ergeben. In Betracht kommt als letzte Stufe auch eine (zuvor unbezifferte) Abänderungsklage, Hbg (2. FamS) FamRZ **83**, 626, ThP 4, aM Hbg (2 a. FamS) FamRZ **82**, 935 (aber das widerspräche der Prozeßwirtschaftlichkeit, Grdz 14 vor § 128).

12 **7) Zulässigkeit gleichzeitiger Anträge; Unzulässigkeit gleichzeitiger stattgebender Entscheidung.** Es ist nicht notwendig, aber zwecks Prozeßwirtschaftlichkeit zulässig, gleichzeitig die beiden ersten Anträge zu stellen, BGH MDR **99**, 350 (§ 256 II), KG FamRZ **97**, 503. Der Kläger kann auch sogleich sämtliche Anträge stellen, BGH FamRZ **96**, 1070, Ffm JB **99**, 303, Mü FamRZ **81**, 482, aM Zweibr RR **01**, 865, ZöGre 1 (auch sogleich Zwang zum unbezifferten Leistungsantrag), LAG Hamm DB **91**, 556 (evtl sei eine Umdeutung des sogleich gestellten Antrags auf nur der erste Antrag gestellt sei. Aber beide Meinungen sind nicht nach Grdz 14 vor § 128 prozeßwirtschaftlich genug. Der Kläger braucht ja überhaupt keine Stufenklage zu erheben und kann sie auf die ersten beiden Stufen beschränken, KG FamRZ **97**, 503). Soweit zulässig, ist die Verbindung der Anträge in derselben Klage statt die Erhebung getrennter Klagen auch notwendig, Düss FamRZ **89**, 204. Es kann zulässig sein, gleichzeitig abschließend sämtliche Ansprüche wegen Fehlens des Leistungsanspruchs *abzuweisen,* BGH NJW **99**, 1709, aM Saarbr NZM **99**, 1108 (aber es kann sich doch ergeben, daß von vornherein überhaupt kein Anspruch besteht).

13 Es ist aber grundsätzlich *unzulässig, gleichzeitig* sämtliche Ansprüche abschließend *zuzusprechen,* also vor der Rechtskraft der Entscheidung über die vorausgehenden Stufen, BGH FamRZ **96**, 1071, Köln FamRZ **01**, 423, Zweibr FER **98**, 243, aM ThP 6–8 (aber das Gebot der Rechtssicherheit setzt Grenzen). Das gilt auch nach einem umfassenden Anerkenntnis, Brdb FamRZ **98**, 1247 (beim Verstoß: § 99 II), oder nach einer Pfändung und Überweisung des Rechnungslegungsanspruchs. In Betracht kommt allerdings ein Teilurteil nach § 301 oder Grundurteil zur dritten Stufe zugleich mit dem Urteil einer früheren Stufe, aM BGH NJW **89**, 2822 (überhaupt kein Grundurteil zulässig) und BGH NJW **99**, 1709 (nur ausnahmsweise Grundurteil. Aber das widerspräche der Prozeßwirtschaftlichkeit, Grdz 14 vor § 128).

Titel 1. Verfahren bis zum Urteil § 254

A. Rechnungslegungsanspruch. Es zeigen sich folgende prozessual jeweils *selbständige Stufen,* BGH 76, 14 12, zunächst im Streitverfahren: Zuerst muß man über den erforderlichen sachlichrechtlichen Anspruch etwa nach §§ 259 ff BGB auf Rechnungslegung, Vermögensverzeichnis, Auskunft verhandeln und entscheiden, KG MDR 75, 1024. Das muß auch vollständig geschehen, also auch über Unklarheiten zum Umfang des Rechnungslegungsanspruchs, Köln FamRZ 01, 423.

Es kommt eine *Klagabweisung* in Betracht, Kblz NZM 04, 146. Das gilt etwa wegen Unzulässigkeit der 15 Klage oder wegen Fehlens eines Auskunftanspruches, ZöGre 9, aM Hamm RR 90, 709 (aber es gelten die allgemeinen Regeln). Dann ist der Prozeß in dieser Instanz zu Ende, BGH NJW 91, 1893, Kblz NZM 04, 146, LG Stgt VersR 75, 1005, falls nicht etwa der Zahlungsanspruch unberührt bleibt, das Gericht etwa die Erfüllung des Rechnungslegungsanspruch annimmt. Das gilt auch bei Säumnis des Klägers, § 330, Stgt RR 90, 766.

Im Fall des *Stattgebens* kann ein Teilurteil auf Rechnungslegung ergehen. § 623 I 1 hindert nicht, AG Hbg 16 FamRZ 77, 815. Der Kläger kann keine Vervollständigung der äußerlich ordnungsmäßigen Rechnung verlangen. Wohl aber darf er eine andere Rechnung aufmachen, deren Richtigkeit beweisen und danach die Herausgabe verlangen, oder den ihm obliegenden Beweis für den Schadenseintritt und die Schadenshöhe auf anderer Weise führen, also ohne den zugesprochenen Rechnungslegungsanspruch nach § 888 zu vollstrecken, LAG Bre BB 97, 2223.

Eine *Verurteilung* zur Rechnungslegung schafft zwar wegen der direkt ausgesprochenen Rechtsfolge im 17 späteren Verfahren zB als Vorfrage Rechtskraft, § 322, BGH WertpMitt 75, 1086, aber nicht eine Bindung nach § 318 sondern allein die Rechtskraft wegen des Klagegrundes, § 322 Rn 64 „Stufenklage", BGH NJW 85, 862, Karlsr MDR 92, 804, StJSchu 36, aM BGH WertpMitt 75, 1086 (aber der Streitgegenstand ändert sich). Möglich ist ein Urteil auf Rechnungslegung und gleichzeitige Herausgabe einer schon bestehenden Leistung. Das Urteil muß vollstreckungsfähig sein, Grdz 18 vor § 704, Karlsr FamRZ 83, 631. Ein Zwischenfeststellungsurteil ist denkbar, BGH ZIP 99, 447. Der Kläger kann ohne Erledigterklärung zur nächsten oder übernächsten Stufe nach Rn 21 übergehen, Köln FamRZ 84, 1029, Mü FamRZ 83, 629.

B. Eidesstattliche Versicherung. Liegen die sachlichrechtlichen Voraussetzungen eines Anspruchs auf 18 eidesstattliche Versicherung vor, ergeht sodann ein weiteres Teilurteil über diesen Anspruch, BGH 10, 385, wenn er unbegründet ist, auf Abweisung. Dieses Urteil muß man vor oder gleichzeitig mit dem Rechnungslegungsurteil zulassen. Die Zwangsvollstreckung richtet sich nach § 889. Erklärt der Bekl die eidesstattliche Versicherung freiwillig vor dem Urteil, §§ 79, 163 FGG, so entfällt diese Stufe.

C. Leistungsanspruch. Erst nun kommt es zur Verhandlung und Entscheidung über das eigentliche 19 Ziel, dem die Vorstufen dienen, Düss FamRZ 96, 493, nämlich über die nunmehr bestimmt zu bezeichnende Leistung, § 253 Rn 39, 47 „Auskunftsklage", Hamm RR 90, 709, Schlesw SchlHA 81, 148. Sie braucht nicht mit der Rechnungslegung des Bekl übereinzustimmen. Zulässig sein kann zB die „Herausgabe von Wertpapieren" oder „Zahlung des Erlöses" oder Leistung von Schadensersatz, BGH NJW 03, 2748. Unzulässig ist zB die „Herausgabe der Erbschaft". Der Kläger ist nicht an seine anfängliche etwa vorläufige Bezifferung gebunden, BGH FamRZ 96, 1070. Verweigert der Kläger nun eine bestimmte Bezeichnung, so muß das Gericht die Klage als unzulässig abweisen, Zweibr FamRZ 83, 1155, Rixecker MDR 85, 633. Hat der Kläger die Rechnungslegung oder Auskunft anderweitig erhalten und geht daher zum Leistungsanspruch über, so wird der Auskunftsanspruch nicht etwa „obsolet", aM Köln VersR 94, 114 (aber dergleichen Zauberei kennt die ZPO nicht). Vielmehr muß der Kläger ihn zurücknehmen oder für erledigt erklären. Nur daraus ergeben sich Wert- und Kostenfolgen, aM BGH BB 01, 228 (direkter Übergang von der Auskunftsstufe zur Leistungsklage. Aber auch das wäre Wegzauberei). Hat der Bekl den Leistungsanspruch vereitelt, kann der Kläger den Ersatz des Interesses beantragen.

D. Kosten. Nach jeder Stufe ist eine zugehörige Kostenentscheidung nötig, § 308 II, Mü MDR 88, 782, 20 aM Ffm RR 98, 1536 (verwechselt Wert- und Gebührenberechnung mit der Kostengrundentscheidung und übersieht, daß es gerade bei Rücknahme der Anträge der 2. oder 3. Stufe mangels Antrags keinen weiteren richterlichen Kostenausspruch geben kann), Karlsr FamR 03, 944. Zu den zahlreichen Streitfragen Kassebohm NJW 94, 2728 (ausf).

8) Fortsetzungsantrag. Nach jeder der beiden ersten Stufen im Sinn von Rn 12 muß der Kläger den 21 Fortgang des Prozesses beantragen, um das Verfahren wieder in Gang zu setzen, Karlsr FamRZ 97, 1224, Schlesw FamRZ 91, 96, aM MüKoLü 21. Rechtlich kann der Kläger zB nach außergerichtlichem Kenntniserhalt sogleich von der ersten zur dritten Stufe nach Rn 19 übergehen, § 264 Rn 8 „Auskunft-Leistung", oder auch aus anderem Grund die zweite Stufe überspringen, BGH NJW 00, 833, ebenso zurückkehren, ZöGre 4, aM Mü FamRZ 95, 679 (aber die Prozeßwirtschaftlichkeit nach Rn 2 hat Vorrang). Der Rechtsstreit bleibt in 1. Instanz anhängig. Wenn das Gericht die Klage nur irrtümlich voll abgewiesen hat, muß der Kläger § 321 beachten, sofern nicht § 319 anwendbar ist, Oldb MDR 86, 62. Stellt der Kläger keinen Fortsetzungsantrag, kann das Gericht schon wegen der Parteiherrschaft nach Grdz 18 vor § 128 den Prozeß nicht mehr fördern. Ein Antrag des Bekl, auch auf eine Ausschlußfrist, ist daher unzulässig, aM Karlsr FamRZ 97, 1224 (aber das Gericht darf auch die Folge mangelnder Bezifferung erst auf Antrag klären). Mag er eine verneinende Feststellungsklage erheben, § 256, AG Korbach FamRZ 01, 553. Nach voller erstinstanzlicher Abweisung darf das Gericht in zweiter zunächst nur über den Auskunftsanspruch erkennen, BGH RR 87, 1029.

Weist die 1. Instanz überhaupt ab und verurteilt das *Berufungsgericht* zur Rechnungslegung, so kann (nicht 22 muß) das Berufungsgericht jetzt nur auf Antrag entsprechend § 538 I Z 4 in die 1. Instanz zurückverweisen, (je zum alten Recht) BGH NJW 85, 862, BAG NJW 01, 3805, aM Celle RR 85, 430 (es bedürfe keiner Zurückverweisung. Aber jedenfalls jetzt auf Antrag darf man nicht den Rechtsweg verkürzen). Verurteilt die 1. Instanz zur Rechnungslegung und hält die zweite den ganzen Anspruch für unbegründet, so muß sie die ganze Klage abweisen, BGH RR 90, 390 (schwebt der vorbereitende Anspruch vor dem Rechtsmittelge-

§§ 254, 255   Buch 2. Abschnitt 1. Verfahren vor den LGen

richt, kann der Kläger die dortige Abweisung der ganzen Klage nicht durch eine Bezifferung des Hauptanspruchs vor der ersten Instanz verhindern), Celle RR **95**, 1021. Dasselbe gilt, wenn das Revisionsgericht vorgreifliche andere Ansprüche verneint, BGH NJW **76**, 1501. Ein in der ersten Stufe verspätetes Vorbringen kann in der zweiten rechtzeitig sein, Karlsr NJW **85**, 1350.

Ändert der Kläger den Klagegrund nicht, so kann er nach der Entscheidung über die Auskunftsklage mit der Berufung die *Zahlung* verlangen, BGH NJW **79**, 925. War eine Zwangsvollstreckung aus den Stufen Rn 18 ff und Rn 18 fruchtlos, so kann der Kläger statt der Herausgabe das Interesse fordern, §§ 264 Z 3, 893. § 91 a ist anwendbar, Ffm FamRZ **87**, 85.

23   **9) Versäumnisverfahren.** Bei einer Säumnis des Klägers erfolgt eine volle Abweisung in jeder Stufe, § 330, Schlesw FamRZ **91**, 96, Stgt RR **90**, 766, aM Hamm RR **90**, 709 (aber die Sache ist insgesamt rechtshängig geworden, Rn 1). Das gilt, soweit nicht das Gericht rechtskräftig erkannt hat, Zweibr FamRZ **83**, 1155. Bei einer Säumnis des Bekl erfolgt nur eine Entscheidung über die spruchreife Stufe, § 331. Ein unzulässig ergangenes rechtskräftiges Versäumnisurteil über die Rechnungslegung und zugleich über die Leistung gilt für die Leistung als Feststellungsurteil. §§ 264 Z 3, 893 sind anwendbar.

24   **10) *VwGO:*** Bei Leistungsklagen (Zahlungsklagen) ist eine Stufenklage nicht ausgeschlossen, KoppSch § 40 Rn 73 u § 44 Rn 1. *In diesem Fall gilt § 254 entsprechend*, § 173 *VwGO, OVG Hbg DVBl* **60**, 178.

255 *Fristbestimmung im Urteil.* ¹Hat der Kläger für den Fall, dass der Beklagte nicht vor dem Ablauf einer ihm zu bestimmenden Frist den erhobenen Anspruch befriedigt, das Recht, Schadensersatz wegen Nichterfüllung zu fordern oder die Aufhebung eines Vertrages herbeizuführen, so kann er verlangen, dass die Frist im Urteil bestimmt wird.

ⁱⁱ Das Gleiche gilt, wenn dem Kläger das Recht, die Anordnung einer Verwaltung zu verlangen, für den Fall zusteht, dass der Beklagte nicht vor dem Ablauf einer ihm zu bestimmenden Frist die beanspruchte Sicherheit leistet, sowie im Falle des § 2193 Abs. 2 des Bürgerlichen Gesetzbuchs für die Bestimmung einer Frist zur Vollziehung der Auflage.

1   **1) Systematik, I, II.** Die in der Praxis nicht häufig anwendbare Vorschrift ist eine vorrangige Sonderregel in ihrem Geltungsbereich, Rn 3–6.

2   **2) Regelungszweck, I, II.** Die Vorschrift dient der Verfahrensbeschleunigung, der Vermeidung zusätzlicher Verfahren und damit der Prozeßwirtschaftlichkeit, Grdz 14 vor § 128. Das muß man bei der Auslegung mitbeachten. Immerhin verdient auch der Bekl einen Schutz vor Übereilung. Wenn das Gericht ihm schon sogleich auch eine sachrechtliche Frist setzen darf und muß, sollte es den Bekl nicht über solches Ob hinaus auch zum Wann unter unerfüllbaren Druck setzen. Der Kläger gewinnt ja ohnehin schon erheblich Zeit durch eine Fristsetzung nach § 255. Auch das muß man mitbedenken.

3   **3) Geltungsbereich, I, II.** Vgl zunächst Üb 2 vor § 253. § 255 greift in den folgenden Fällen ein.
   A. Nichterfüllung. Nach dem sachlichen Recht muß die Nichterfüllung eine Folge herbeiführen, etwa den Rücktritt oder eine Ersatzpflicht, erst mit Ablauf einer vom Gläubiger zu setzenden Frist. Beispiele: (jetzt) § 281, Schmidt ZZP **87**, 49, ferner §§ 325, 634, 651 BGB. Die Verbindung von Urteil und Frist soll die rasche Durchführung des Anspruchs sichern. I ist entsprechend anwendbar, wenn sonst der Gläubiger dem Schuldner eine Frist mit ähnlicher Wirkung setzen darf, BGH **97**, 182, wie bei §§ 250, 264 II, 354, 467, 521, 1003 II, 1133 BGB, 375 HGB, 37 VerlG.

4   **B. Verwaltung.** Der Kläger muß die Anordnung einer Verwaltung mangels einer in Frist geleisteten Sicherheitsleistung verlangen dürfen. Fälle: §§ 1052 BGB (Eigentümer und Nießbraucher), 2128 BGB (Nacherbe und Vorerbe).

5   **C. Auflage.** Im Fall § 2193 II BGB, der dem Beschwerten eine Frist gibt, muß man die Person bestimmen können, an die der Bekl eine Auflage leisten muß. In diesem Fall kann der Kläger eine Fristbestimmung im Urteil verlangen. Demgegenüber ist das Nachlaßgericht zuständig, wenn das Bestimmungsrecht einem Dritten zusteht, § 2193 III BGB, § 80 FGG. Eine erweiterte Anwendung sehen für den Parteiprozeß § 510 b und für das Arbeitsgerichtsverf § 61 II ArbGG vor. In solchen Fällen ist der Schuldner später auf eine Vollstreckungsabwehrklage nach § 767 angewiesen.

6   **D. Unanwendbarkeit.** Die Vorschrift ist unanwendbar, soweit es nicht um die Frist zur Erfüllung einer Leistung geht, sondern um diejenige zur Ausübung eines Rechts, zB bei §§ 350, 415 BGB.

7   **4) Verfahren, I.** Maßgeblich ist ein Antrag.
   A. Fristantrag. Die Fristsetzung erfolgt nur auf Grund eines Antrags des Klägers. Er kann in der Klageschrift oder im Lauf des Verfahrens durch Klageerweiterung nach § 264 Z 2 verlangen, daß das Gericht die Frist im Urteil bestimmt. Der Antrag ist ein Sachantrag, § 297 Rn 1. Der Kläger braucht keine bestimmte Frist vorzuschlagen. Das Gericht darf trotz seines grundsätzlichen pflichtgemäßen Ermessens eine etwa vorgeschlagene Frist nicht verkürzen, §§ 308 I, 335 I Z 3, Schmidt ZZP **87**, 66. Der Antrag ist auch in der Berufungsinstanz statthaft, aber nicht mehr in der Revisionsinstanz.

8   Der Antrag macht den Ersatzanspruch *nicht rechtshängig*, § 261. Er hat daher auch keinen Einfluß auf den Streitwert. Der Kläger kann die Klage auf Ersatz oder Vertragsaufhebung mit der zur Fristsetzung führenden Klage nur im Fall § 259 verbinden, BGH NJW **59**, 955. Der Antrag lautet dann auf Fristsetzung und Verurteilung für den Fall eines fruchtlosen Ablaufs.

9   **B. Einzelheiten.** Da die vom Gläubiger zu setzende Frist sachlichrechtlich ist, ist es auch die Urteilsfrist nach § 255. Diese Frist richtet sich daher ganz nach §§ 187 ff BGB, Schmidt ZZP **87**, 49. Sie duldet keine Verlängerung oder Verkürzung, § 318. Sie beginnt mit der Rechtskraft des Urt, § 322, Schmidt ZZP **87**, 51. Die vorläufige Vollstreckbarkeit des Urteils wegen des Klaganspruchs nach §§ 708 ff betrifft die Frist

Titel 1. Verfahren bis zum Urteil §§ 255, 256

nicht. Die Rechtskraft des Urteils macht die Frist auch sachlichrechtlich unanfechtbar. Die Fristsetzung schafft keine innere Rechtskraft für das Rechtsverhältnis, § 322 Rn 9. Daher darf der Richter, der über dieses zu entscheiden hat, oder der Richter der freiwilligen Gerichtsbarkeit es anders beurteilen, *Schmidt* ZZP **87**, 53. Das Urteil auf Fristsetzung wirkt rechtsgestaltend. Soweit keiner der Fälle Rn 1 vorliegt, weist das Gericht den Antrag als unbegründet ab. Es kommt auch eine Teilabweisung in Betracht, zB dann, wenn das Gericht die etwa beantragte Frist von vornherein für zu kurz hält. § 321 ist entsprechend anwendbar, dort Rn 13.

5) *VwGO:* Entsprechend anzuwenden, § 173 VwGO, soweit die Zuständigkeit der VerwGerichte gegeben ist, zB **10** bei Klage aus einem öff-rechtlichen Vertrag.

256 *Feststellungsklage.* ¹Auf Feststellung des Bestehens oder Nichtbestehens eines Rechtsverhältnisses, auf Anerkennung einer Urkunde oder auf Feststellung ihrer Unechtheit kann Klage erhoben werden, wenn der Kläger ein rechtliches Interesse daran hat, dass das Rechtsverhältnis oder die Echtheit oder Unechtheit der Urkunde durch richterliche Entscheidung alsbald festgestellt werde.

II Bis zum Schluss derjenigen mündlichen Verhandlung, auf die das Urteil ergeht, kann der Kläger durch Erweiterung des Klageantrags, der Beklagte durch Erhebung einer Widerklage beantragen, dass ein im Laufe des Prozesses streitig gewordenes Rechtsverhältnis, von dessen Bestehen oder Nichtbestehen die Entscheidung des Rechtsstreits ganz oder zum Teil abhängt, durch richterliche Entscheidung festgestellt werde.

SachenRBerG § 108. Feststellung der Anspruchsberechtigung. ¹Nutzer und Grundstückseigentümer können Klage auf Feststellung des Bestehens oder Nichtbestehens der Anspruchsberechtigung nach diesem Gesetz erheben, wenn der Kläger ein rechtliches Interesse an alsbaldiger Feststellung hat.

II Ein Interesse an alsbaldiger Feststellung besteht nicht, wenn wegen der Anmeldung eines Rückübertragungsanspruchs aus § 3 des Vermögensgesetzes über das Grundstück, das Gebäude oder die bauliche Anlage noch nicht verfügt werden kann.

Schrifttum: *Baltzer,* Die negative Feststellungsklage aus § 256 I ZPO, 1980; *Brehm,* Rechtsschutzbedürfnis und Feststellungsinteresse, Festgabe 50 Jahre Bundesgerichtshof (2000) III 89; *Chern,* Die Feststellungsklage im Zivilprozeß, Diss Köln 1997; *Dichtl,* Der Prozess der negativen Feststellungsklage usw, 2004; *Geibert,* Das Unternehmensimage als rechtliches Interesse im Sinne des § 256 Abs. 1 ZPO, Diss Bielefeld 1999; *Graf,* Feststellungsklage und Verjährungsunterbrechung, Diss Regensb 1989; *Ho,* Zum Anspruchsbegriff bei der Feststellungsklage, 1986; *Jacobs,* Der Gegenstand des Feststellungsverfahrens, Rechtsverhältnis und rechtliches Interesse usw, 2005; *Knöpfle,* Feststellungsinteresse und Klagebefugnis bei verwaltungsprozessualen Feststellungsklagen, in: Festschrift für *Lerche* (1993) 771; *Kuchinke,* Zur Sicherung des erbvertraglich oder letztwillig bindend Bedachten durch Feststellungsurteil, Vormerkung und Gewährung einstweiligen Rechtsschutzes, Festschrift für *Henckel* (1995) 475; *Lüke,* Zur Klage auf Feststellung von Rechtsverhältnissen mit oder zwischen Dritten, Festschrift für *Henckel* (1995) 567; *Michaelis,* Der materielle Gehalt des rechtlichen Interesses bei der Feststellungsklage usw, Festschrift für *Larenz* (1983) 443; *Moser,* Die Zulässigkeitsvoraussetzung der Feststellungsklage usw, Diss Erlangen-Nürnb 1981; *Trzakalik,* Die Rechtsschutzzone der Feststellungsklage im Zivil- und Verwaltungsprozeß, 1978; *de With,* Die negative Feststellungsklage gegen die einstweilige Anordnung zur Unterhaltsregelung nach Rechtskraft des Scheidungsurteils, Erlanger Festschrift für *Schwab* (1990) 257; *Zeuner,* Überlegungen zum Begriff des Rechtsverhältnisses i. S. von § 256 ZPO, Festschrift für *Schumann* (2001) 595.

Gliederung

1) **Systematik, I, II** 1	F. Feststellungsinteresse: Zweckmäßigkeit 33, 34
2) **Regelungszweck, I, II** 2	G. Feststellungsinteresse: Notwendigkeit 35
3) **Geltungsbereich, I, II** 3	H. Notwendigkeit alsbaldiger Feststellung 36–40
4) **Voraussetzungen, I, II** 4	
5) **Gegenstand, I** 5–20	7) **Verfahren, I** 41–52
A. Vorliegen eines Rechtsverhältnisses ... 5–7	A. Prozeßvoraussetzungen 41
B. Subjektives Recht 8–10	B. Klageschrift 42–44
C. Unzulässigkeit bei bloßer Rechtsfrage 11–13	C. Zuständigkeit 45
D. Unzulässigkeit bei reiner Tatsache 14, 15	D. Weiteres Verfahren 46
E. Gegenwärtigkeit des Rechtsverhältnisses 16–19	E. Beweisfragen 47
	F. Urteil 48–51
F. Maßgeblichkeit des Klaginhalts 20	G. Wegfall des rechtlichen Interesses 52
6) **Rechtliches Interesse, I** 21–40	8) **Beispiele zur Frage der Zulässigkeit einer Feststellungsklage, I** 53–106
A. Grundsatz: Besondere Zulässigkeitsvoraussetzung 21–24	9) **Urkundenfeststellungsklage, I** 107
B. Tatsächliche Unsicherheit: Weite Auslegung 25, 26	10) **Zwischenfeststellungsklage, Inzidentfeststellungsklage oder -widerklage, II** 108–120
C. Unsicherheit bei Drittbeteiligung 27, 28	A. Rechtsnatur 108, 109
D. Unsicherheit bei wirtschaftlichem Interesse usw 29, 30	B. Zulässigkeit 110
E. Gefährdung des Rechtsverhältnisses .. 31, 32	

§ 256

Buch 2. Abschnitt 1. Verfahren vor den LGen

    C. Klageberechtigung 111
    D. Allgemeine Prozeßvoraussetzungen ... 112
    E. Streitigkeit eines Rechtsverhältnisses .. 113
    F. Vorgreiflichkeit 114–116
    G. Verbindung mit Hauptantrag 117
    H. Verfahren 118, 119
    I. Rechtsmittel 120
   11) *VwGO* 121

1 **1) Systematik, I, II.** Vgl. zunächst Grdz 9 vor § 253. Die Feststellungsklage ist eine rein prozeßrechtliche Einrichtung. I gibt keinen sachlichrechtlichen Anspruch nach § 241 BGB, sondern stellt nur für bereits bestehende sachlichrechtliche Ansprüche unter gewissen Voraussetzungen eine andere Rechtsschutzform zur Verfügung, Grdz 2 vor § 253, BGH ZZP **86**, 312.

2 **2) Regelungszweck, I, II.** Die Vorschrift dient der Rechtssicherheit nach Einl III 43 und der Prozeßwirtschaftlichkeit, Grdz 14, 15 vor § 253, BGH **103**, 365, BAG NJW **97**, 2257. Ziel ist die Feststellung des Anspruchs durch ein Urteil, Grdz 9 vor § 253 (dort Näheres über die Arten der Feststellungsklage). Eine Verurteilung zu einer Leistung, etwa einer Anerkennung, kommt nicht in Betracht. Die Worte „auf Anerkennung einer Urkunde" im Text sind das Überbleibsel einer überwundenen Anschauung. Gemeint ist die Klage auf Feststellung der Echtheit einer Urkunde. Demgemäß zielt die Feststellungsklage auch nicht auf eine Zwangsvollstreckung ab. Vgl freilich Rn 102 sowie Grdz 29 vor § 704.

Unvermeidbar kann die bloße Feststellungsklage sein, soweit eine Leistung derzeit noch nicht bezifferbar ist oder soweit ihr Ob noch unklar ist. Das besondere rechtliche Interesse (Feststellungsinteresse) nach Rn 21 ff kann aber auch schwierig zu begründen sein. Manches Gericht neigt eher zu seiner Verneinung. Deshalb ist eine sorgfältige Darlegung gerade zu dieser Prozeßvoraussetzung ratsam. Das gilt auch zu der Frage, ob sich der Gegner voraussichtlich schon einer bloßen Feststellung seiner Leistungspflicht beugen und dann ohne Leistungsklage leisten wird. Eine vorprozessuale diesbezügliche Klärung läge im Regelungszweck.

3 **3) Geltungsbereich, I, II.** Vgl zunächst Üb 2 vor § 253. Die Zulässigkeit der Feststellungsklage ist gesetzlich abschließend geregelt, Köln FamRZ **03**, 540. § 256 gilt auch im arbeitsrechtlichen Urteils- und Beschlußverfahren, BAG NJW **05**, 1820, und im FGG-Verfahren, BGH JR **98**, 424, BayObLG NZM **04**, 383, Köln NZM **00**, 305. Für Sonderfälle beseitigt das Gesetz das Erfordernis des Feststellungsinteresses. Manchmal verbietet es eine Feststellungsklage, zB in § 9 AnfG. Da Feststellungsklagen keinen sachlichrechtlichen Anspruch verfolgen, verjähren sie nicht. Einwendungen und Einreden gegenüber dem behaupteten Anspruch können geltend gemacht werden, LG Dortm RR **89**, 1300, jedoch nicht gegenüber einer negativen Feststellungsklage ein Zurückbehaltungsrecht. Denn der Kläger verlangt keine Leistung. Feststellungsurteile sind im Grund auch alle klagabweisenden Urteile. Vom Zwischenurteil unterscheidet sich das Feststellungsurteil dadurch, daß es den Rechtsstreit beendet. Das Zwischenurteil ist nur wegen der Rechtsmittel ein Endurteil. Wegen Art 21 EuGVVO Rn 68. Wegen einer Musterfeststellung für Kapitalanleger SchlAnh VIII § 1.

4 **4) Voraussetzungen, I, II.** Das Gericht muß die allgemeinen Prozeßvoraussetzungen wie bei einer Leistungsklage prüfen, Grdz 13 vor § 253, Rn 41. Es muß die besonderen prozessualen Voraussetzungen der Feststellungsklage in jeder Lage des Verfahrens von Amts wegen prüfen, Grdz 39 vor § 128, BAG DB **98**, 1192. Fehlen sie, so muß das Gericht die Klage durch ein Prozeßurteil als unzulässig abweisen, Grdz 14 vor § 253, BGH RR **87**, 1138, Nürnb FamRZ **82**, 1103, RoSGo § 93 IV 1, aM BGH NJW **78**, 2031, LG Stgt WoM **76**, 50 (aber § 256 stellt gerade nicht von den allgemeinen Zulässigkeitsvoraussetzungen frei, sondern verschärft sie aus gutem Grund). Das Gericht muß auch prüfen, ob die Klage nicht als Zwischenklage aus II haltbar ist oder ob in Wahrheit eine Leistungsklage vorliegt, Rn 20, Düss ZMR **85**, 235. Auch eine unzulässige Klage hemmt die Verjährung, § 253 Rn 21. Evtl erfolgt eine Zurückverweisung, § 538.

5 **5) Gegenstand, I,** dazu *Habscheid* ZZP **112**, 17 (Üb): Die Regelung ist kompliziert genug.

A. Vorliegen eines Rechtsverhältnisses. Zulässig ist eine Klage auf Feststellung des Bestehens oder Nichtbestehens eines Rechtsverhältnisses zwischen den Parteien, BGH MDR **05**, 292, BAG MDR **02**, 777, Karls RR **05**, 453, dh der aus einem greifbaren Sachverhalt entstandenen Rechtsbeziehungen von Personen zu Personen oder Sachen, BGH GRUR **01**, 1036, Drsd ZMR **03**, 421, Saarbr RR **98**, 1191. Es reicht auch ein sog Drittrechtsverhältnis, soweit es für die Rechtsbeziehungen der Parteien eine Bedeutung hat, Karlsr RR **05**, 453. Zulässig ist auch eine Klage auf Feststellung eines Teilrechtsverhältnisses, Mü RR **87**, 926, ArbG Paderborn DB **75**, 1655, also auch einer einzelnen von mehreren selbständigen Anspruchsgrundlagen, BGH **109**, 276, BAG NJW **05**, 1820, auch die Wirksamkeit eines Gestaltungsrechts. Zulässig ist schließlich eine Klage auf Feststellung der Echtheit oder Unechtheit einer Urkunde, BGH NJW **00**, 2663, BayObLG NZM **04**, 383.

6 *Nicht zulässig* ist daher eine Feststellungsklage zur Klärung eines bloßen sog Realakts, zB der Wirksamkeit einer Zustellung, oder einzelner Vorfragen, BGH NJW **00**, 2280, BAG MDR **02**, 777, Drsd RR **97**, 1506, aM *Zeuner* (vor Rn 1) 610 (aber das wäre eine gefährliche Ausweitung. Die Grenzen fließen schon genug.). Nicht zulässig ist daher auch eine Feststellungsklage nur zur Klärung der Elemente desselben Rechtsverhältnisses, BGH FamRZ **79**, 906, BAG DB **02**, 1562, Hamm AnwBl **89**, 616.

Nicht zulässig ist ferner eine Feststellungsklage nur zur Klärung der *Berechnungsgrundlagen*, BGH NJW **95**, 1097, oder der Wirksamkeit oder Unwirksamkeit von einzelnen Rechtshandlungen, BGH DB **84**, 2567, BayObLG NZM **04**, 383 (Willenserklärung), LG Bln RR **97**, 205, oder gar zur Klärung einzelner Rechtsfolgen, Karlsr VersR **03**, 1432, aM *Zeuner* (vor Rn 1) 610. Denn damit würde man auch insofern das Gebot effektiven Rechtsschutzes nahezu uferlos ausdehnen. Dann müßte man zB auch die Klärung einer bloßen Rechtsfrage entgegen den in Rn 14, 15 dargestellten Regeln ausreichen lassen. Man müßte dann auch die Schranke der Gegenwärtigkeit nach Rn 16 fallen lassen usw. Das würde über den Regelungszweck nach Rn 2 in Wahrheit weit hinausgehen.

7 Das *Rechtsverhältnis* ist grundsätzlich mehr als ein Anspruch. Dieser ergibt sich erst aus ihm, BGH GRUR **92**, 114, LAG Köln DB **84**, 1631, aM BAG NJW **03**, 1756, LG Hbg WoM **93**, 464, StJSchu 23, *Zeuner* (vor

Rn 1) 610 (s aber Rn 6). Freilich kann zB schon ein Auskunftsanspruch etwa wegen Amtshaftung ein Rechtsverhältnis begründen, BGH NJW **02**, 1646. Das Rechtsverhältnis gehört regelmäßig dem Privatrecht an, zB als ein beliebiges Schuldverhältnis, Karlsr RR **05**, 453, ein Vertrag, BGH MDR **05**, 292. Es zählt gelegentlich aber auch zum reinen Prozeßrecht, so zB bei §§ 878 ZPO, 115, 156 ZVG, 153, 158 FGG (Nichtigkeit eines im Dispacheverfahren ergangenen Beschlusses), oder zum öffentlichen Recht, sofern eben der Rechtsweg zulässig ist, § 13 GVG Rn 30, BGH NJW **93**, 2540. Es kann auch dem ausländischen Recht angehören, vgl auch Art 33 II EuGVVO, SchlAnh V C 4. Über die Urkundenfeststellungsklage Rn 107.

B. Subjektives Recht. Zulässig ist eine Feststellungsklage zB betr subjektive Rechte jeder Art, Nürnb FamRZ **82**, 1102, Schlesw VersR **02**, 429 (auch zu den Grenzen). Das gilt ohne Rücksicht auf ihren Entstehungsgrund. Das Rechtsverhältnis braucht keinen Leistungsanspruch zu begründen oder vorzubereiten oder auch nur vorbereiten zu können. Auch ein Recht des rechtlichen Könnens kann feststellbar sein, also zB ein Recht des Inhalts, daß man demnächst eine Rechtsänderung vollziehen darf, etwa kündigen oder Preise oder Bedingungen ändern darf, Hamm NJW **81**, 2474. Dasselbe gilt zur Feststellung, daß man eine Leistung nach § 478 BGB verweigern dürfe. Feststellbar sind ferner dingliche Rechte oder persönliche Rechte jeder Art, zB auf Getrenntleben, Hamm FamRZ **76**, 341, § 606 Rn 8. 8

Eine *Ehe*feststellungsklage ist begrenzt zulässig, §§ 610 II, 633 I, 638, dazu § 606 Rn 6. Auch eine *Kindschafts*feststellungsklage ist begrenzt möglich, § 640 IV Z 1. Ebenso ist die Feststellung von Mitgliedschaftsrechten zulässig. Zulässig ist ferner die Feststellung unumschränkter Rechte des gewerblichen Rechtsschutzes, diejenige von Namens- oder Urheberrechten, diejenige eines Rechtsverhältnisses aus dem Besitz, diejenige einzelner Berechtigten als eines Ausflusses des Rechtsverhältnisses. Nicht notwendig ist ein unmittelbares Rechtsverhältnis zwischen den Parteien des Prozesses. 9

Es genügen zB widerstreitende Nutzungsrechte der Parteien an demselben Recht. Nötig sind wenigstens mittelbare Wirkungen schon in der Gegenwart. Rechtsbeziehungen des Bekl zu Dritten, etwa daß ein dingliches Recht oder eine Forderung gegen Dritte dem Kläger und nicht dem Bekl zustehe, reichen aus, Ffm NJW **76**, 1944. Ebenso reicht es aus, daß der Kläger als Sänger vom Mitglied des beklagten Bühnenvereins nicht nur bestimmte Vergütungen beziehen dürfe. Ferner ist ausreichend, daß der Bekl den Kläger von Rückgriffsansprüchen befreien müsse. Bei einer Forderungsbeanspruchung darf nur die Person des Berechtigten streitig sein, § 660 II BGB. Zulässig ist eine leugnende Feststellungsklage gegen den vor einer Anfechtung aus § 4 AnfG ankündigenden Gläubiger, ferner die Klage auf Feststellung eines Teils des Anspruchs, ebenso im Wege der Widerklage eine Feststellung, daß die behauptete Forderung des Klägers auch über den mit der Klage geltend gemachten Teil wegen eines weiteren Teiles nicht bestehe, BGH **69**, 41, also zB auch nicht wegen 10 000 EUR, die über den mit der Klage geltend gemachten Teil von 2000 EUR einer an sich unbezifferten Forderung hinausgehen, obwohl mit dieser Teilwiderklage eine Abweisung jedes über die Klageforderung hinausgehenden Betrags erstrebt wird. 10

C. Unzulässigkeit bei bloßer Rechtsfrage. Eine Feststellungsklage ist unzulässig, soweit es nur um eine gedachte Rechtsfrage geht, BGH GRUR **01**, 1036, oder um den Bestandteil einer solchen Rechtsfrage, LG Mannh ZMR **79**, 319. 11

Dies gilt zB: Bei der bloßen Wiedergabe einer überdies unstreitigen Gesetzesvorschrift, BAG DB **03**, 456; bei der Feststellung der allgemeinen Güterbeförderungspflicht einer Eisenbahn; bei der bloßen Berechnungsweise eines Kaufpreises; bei der Verpflichtung zur Gewährung von Versicherungsschutz, solange keine Ablehnung erfolgt ist, oder der Feststellung, daß die Versicherung sich nicht auf eine Leistungsfreiheit berufen dürfe, BGH VersR **86**, 133, es sei denn, der Anspruch des Geschädigten ist schon nach Grund und Höhe rechtskräftig festgestellt worden, BGH NJW **81**, 870; bei der Feststellungsklage eines einzelnen Arbeitnehmers wegen des Geltungsbereichs eines Tarifvertrags, BAG DB **89**, 1832; bei der Feststellung der Berechnungsgrundlagen für einen Anspruch, BGH VersR **86**, 133, Rn 53 ff; bei der Feststellung der Nichtigkeit eines Vertrages, den der Bekl mit einem Dritten geschlossen hat; bei der Feststellung der Rechtsfolgen, die sich ergäben, wenn der Kläger den Vertrag kündigen würde, vgl aber BGH GRUR **92**, 114; bei der Feststellung der Auslegung einer Konkurrenzklausel im allgemeinen. Unzulässig ist eine Feststellung, wenn das Urteil zur Festigung eines Anspruchs im Ausland dienen soll, wenn dabei in keiner Weise feststeht, daß die Entscheidung dort anerkannt oder verwertet werden kann. 12

Zulässig ist aber zB, daß der zwischen den Parteien bestehende Vertrag ein Gesellschaftsvertrag und kein Dienstvertrag sei, oder die Feststellung, daß ein Vertrag fortbestehe, BGH GRUR **92**, 114, oder daß ein faktisches Gesellschaftsverhältnis bestehe, oder die Feststellung, daß von den denkbaren Anspruchsgrundlagen Unerlaubte Handlung oder Positive Vertragsverletzung oder Herausgabepflicht jedenfalls die eine (nicht) zutreffe, BGH NJW **91**, 1556. 13

D. Unzulässigkeit bei reiner Tatsache. Eine Feststellungsklage ist unzulässig, soweit es nur um eine reine Tatsache geht, BAG DB **01**, 2056, LAG Köln DB **84**, 1631 (Ausnahmen Rn 107), selbst wenn sie rechtserheblich ist, BGH **68**, 334. Unzulässig ist zB die Feststellung der Vollziehung des Beischlafs; der Unrichtigkeit einer Kreditauskunft; des Eindringens von Rauch in eine Mietwohnung, LG Mannh MDR **78**, 25; der Tatsache eines Vertragsschlusses im Gegensatz zum Bestehen und zur Auslegung des Vertrags; eines Regreßanspruchs gegen den Vorstand und den Aufsichtsrat einer Aktiengesellschaft, ohne daß die dafür erforderliche Mehrheit oder Minderheit vorhanden ist, in der Hoffnung, daß sie sich finde. 14

Unzulässig ist *ferner* zB die Feststellung der Angemessenheit der inneren Ordnung eines Vereins, über die die Mitgliederversammlung nicht beschlossen hat. BGH **68**, 334, ZöGre 5 lehnen die Feststellung der Unwahrheit reiner Tatsachen ab, aM Leipold ZZP **84**, 160. In der Tat kann ein Rechtsschutzbedürfnis für eine solche Feststellung bestehen. Denn ein bloßer Widerruf ermöglicht oft keine schutzwürdige Klärung der Wahrheit, Ritter ZZP **84**, 166. Vgl Rn 90 „Persönlichkeitsrecht". 15

E. Gegenwärtigkeit des Rechtsverhältnisses. Das Rechtsverhältnis muß beim Verhandlungsschluß in der Regel schon bestehen, BGH GRUR **02**, 1037, Brdb RR **02**, 578, Drsd ZMR **03**, 421. Es mag und muß evtl wenigstens noch bestehen, BFH BB **81**, 1567, Hamm VersR **94**, 193. Eine Feststellung des Bestehens eines vergangenen Rechtsverhältnisses ist nur dann zulässig, wenn sich Rechtsfolgen für die Gegenwart oder 16

§ 256

Zukunft ergeben, BAG DB **01**, 2056, also zB nicht, soweit nur ein Sozialversicherungsträger das Ergebnis respektieren will. Aus dem Rechtsverhältnis muß sich der künftige Anspruch entwickeln können, BGH NJW **93**, 653, BAG VersR **05**, 1439, LG Dortm RR **89**, 1299. Es besteht aber kein Raum für die Feststellung eines nur erhofften oder befürchteten etwaigen künftigen Rechtsverhältnisses, dessen entscheidungserheblichen Tatsachen man derzeit noch nicht feststellen kann, BGH GRUR **01**, 1037, Brdb RR **02**, 578, Kblz FamRZ **03**, 542.

17 Es genügt jedoch ein *bedingtes oder betagtes* Recht, BGH NJW **92**, 437, Düss VersR **99**, 587, Karlsr FamRZ **89**, 185. So ist zB eine Klage auf Bestehen der Ersatzpflicht für zukünftige Einwirkungen zulässig, wenn man mit ihnen nicht nur ausnahmsweise rechnen muß, BGH NJW **98**, 160, Hamm MDR **98**, 304 (selbst bei Verzicht auf Verjährungseinrede), KG VersR **00**, 1146. Die Klage auf die Feststellung der Unwirksamkeit eines Grundstückskaufvertrags wegen Formmangels oder Anfechtung ist nicht schon deshalb unzulässig, weil in einem Verfahren vor dem Landwirtschaftsgericht noch nicht über die Wirksamkeit des Vertrages nach dem GrdstVG entschieden wurde, BGH NJW **84**, 2950. Bei § 829 BGB genügt es, daß die Billigkeit vielleicht die spätere Heranziehung des Schädigers rechtfertigen kann. Überhaupt genügt es, daß man Ansprüche wegen der künftigen Folgen eines bereits eingetretenen Schadensereignisses feststellen kann, BGH FamRZ **90**, 39, auch bei einer nur gewissen Wahrscheinlichkeit zukünftiger Ersatzansprüche, BGH RR **01**, 1352, Hamm RR **97**, 1489, Kblz VersR **99**, 1422 (dort verneint), großzügiger KG VersR **00**, 1146 (Ausreichen einer entfernten Möglichkeit. Aber das sprengt die Grenzen).

18 Zulässig ist eine Feststellung der Schadensersatzpflicht bei einer gewissen *Wahrscheinlichkeit* eines Schadens, Karlsr VersR **02**, 729, LG Dortm RR **89**, 1299, s aber auch § 286 Rn 16–18. Ausreichend ist die Wahrscheinlichkeit der Erhöhung eines durch die Schadensursache ausgefallenen Unterhaltsanspruchs, Rn 77 „Leistungsklage". Einen merkantilen Minderwert kann man evtl sofort ohne Konkretisierung durch den Verkäufer annehmen. Dann liegt kein Feststellungsinteresse vor. Unzulässig ist eine Klage auf Feststellung der Gültigkeit des Testaments eines noch Lebenden, Rn 68.

19 Eine Feststellungsklage wegen eines wenigstens bei Entscheidungsreife nach §§ 296 a, 300 *vergangenen* Rechtsverhältnisses ist nur insoweit zulässig, als eine Partei irgendwelche Rechte berührenden Nachwirkungen aus ihm herleitet, BGH WertpMitt **81**, 1050, BAG NJW **99**, 2918, Ffm MDR **84**, 59. Das gilt bei der Feststellung des freiwilligen Ausscheidens aus einem Verein, oder soweit die Partei eine Wiederholung befürchten muß, BVerwG NJW **78**, 335. Es gilt aber nicht bei einem bloßen Wunsch, den früheren Vertragspartner bestrafen zu lassen, Ffm MDR **84**, 59. Zulässig ist eine Feststellungsklage auch, wenn der Anspruch ruht, aber später wieder aufleben kann. Damit handelt es sich noch nicht um einen künftigen Anspruch. Unzulässig ist eine Klage auf Feststellung, daß ungewiß sei, ob ein Rechtsverhältnis bestehe, oder eine negative Feststellungsklage des Mieters zwei Jahre vor Beginn der Kündigungsfrist, Stgt WoM **76**, 56. Unzulässig ist auch eine Klage auf Feststellung der Pflicht zum Ersatz künftigen Schadens, der sehr unwahrscheinlich ist, Düss VersR **01**, 250.

20 **F. Maßgeblichkeit des Klaginhalts.** Entscheidend ist der Inhalt der Klage. Sie ist als eine Parteiprozeßhandlung auslegbar, Grdz 52 vor § 128, BGH GRUR **01**, 1036, BAG NJW **98**, 2307. Nicht entscheidend ist die gewählte Form. Der Kläger kann trotz Feststellungsklage eine Leistungsklage meinen, selbst wenn er eine solche unvorsichtigerweise eigentlich nicht für möglich hält, Köln GRUR **83**, 753. Vorbedingung richtiger prozessualer Behandlung einer Klage ist also, daß sich das Gericht über ihre Rechtsnatur klar wird. Oft verwechselt die Praxis die behauptende und leugnende Feststellungsklage, weil sie sich durch die Form des Antrags irreführen läßt.

21 **6) Rechtliches Interesse, I.** Die Grenzen zum Rechtsschutzbedürfnis, Grdz 33 vor § 253, verschwimmen oft.

A. Grundsatz: Besondere Zulässigkeitsvoraussetzung. Das rechtliche Interesse ist eine besondere Zulässigkeitsvoraussetzung (Prozeßvoraussetzung) nur einer erfolgreichen Feststellungsklage, BAG NJW **03**, 1756 (also nicht auch bei deren Abweisung), Grdz 13, 33 vor § 253, BGH RR **01**, 957, BAG NZA **05**, 595, LAG Stgt NZA-RR **05**, 198. Das gilt unabhängig vom allgemeinen Rechtsschutzbedürfnis, Rn 41. Es gilt auch unabhängig von der sachlichrechtlichen Begründetheit eines Feststellungsanspruchs auch prozessual grundsätzlich (Ausnahme § 640 II Z 1). Damit nimmt I das Rechtsschutzbedürfnis nach Grdz 33 vor § 253 in seinen Tatbestand auf, BGH NJW **78**, 2032. Ob es vorliegt, muß das Gericht in jeder Lage des Verfahrens prüfen. Das geschieht zwar im Rahmen der Amtsermittlung nach Grdz 38 vor § 128, LAG Stgt BB **00**, 1252, aber doch von Amts wegen, Grdz 39 vor § 128, BAG VersR **04**, 1048, Karlsr FamRZ **94**, 837, aM Karlsr VersR **89**, 806, Naumb VersR **99**, 1244 (je: nur beim stattgebenden Urteil. S aber Grdz 14 vor § 253). Die zu prüfenden Tatsachen unterliegen freilich der Parteiherrschaft, Grdz 18 vor § 128, BGH RR **90**, 319. Sie sind daher zB dem Geständnis zugänglich.

22 Das rechtliche Interesse muß grundsätzlich noch in der *Revisionsinstanz* vorliegen, BAG BB **02**, 155, BayObLG **92**, 311, LAG Stgt BB **00**, 1252. Daß es früher einmal vorlag, genügt nicht, BAG DB **93**, 1480, aM Düss ZMR **87**, 377 (aber es kommt stets auf die Lage beim Verhandlungsschluß an, §§ 136 IV, 296 a). Die mißverständliche Ansicht, es genüge ein Vorliegen beim Stellen des Antrags, trifft nur in der Richtung zu, daß ein späterer Wegfall nicht zum Leistungsantrag nötigt, Rn 83.

23 Macht der *Mangel* der Prozeßvoraussetzung das Urteil nichtig oder vernichtbar, so ist der Zeitpunkt der Revisionsverhandlung maßgebend. Daher kann da das Revisionsgericht dann allerdings neue Tatsachen berücksichtigen. Dasselbe gilt, wenn infolge Entfallens des Feststellungsinteresses das Berufungsgericht zur gleichen Entscheidung kommen müßte. Hat aber der Bekl Anlaß zur Erhebung der positiven Feststellungsklage gegeben, so läßt ein außergerichtliches Anerkenntnis das Feststellungsinteresse nicht ohne weiteres wegfallen (anders der Verzicht bei der leugnenden Feststellungsklage), wohl aber ein solches nach § 307. Es wird dann Grundlage für ein Anerkenntnisurteil, ohne daß das Gericht das Rechtsschutzbedürfnis für die Feststellungsklage noch prüfen dürfte, aM RoSGo § 133 IV 5 a (das Rechtsschutzbedürfnis sei für die Klage zu prüfen. Aber die Prozeßlage hat sich geändert).

Titel 1. Verfahren bis zum Urteil § 256

Erhebt der *Gegner Leistungsklage* in der ersten Instanz, so entfällt nicht das Feststellungsinteresse für die im **24** Revisionsrechtszuge anhängige entscheidungsreife leugnende Feststellungsklage. Denn mit deren Erfolg wäre festgestellt, daß die Leistungsklage unbegründet wäre. Ein Rechtsschutzbedürfnis für eine leugnende Feststellungswiderklage entfällt nicht schon deshalb, weil der Kläger erklärt, er werde keinen weitergehenden Anspruch geltend machen, wenn er mit seiner Teilklage unterliege, BGH NJW **93**, 2609. Ein Standesinteresse ist nicht stets ausreichend, zB nicht für die leugnende Feststellungsklage eines Anwalts gegenüber einer Mietforderung. Es kann aber zB gegenüber hartnäckigen rufschädigenden Behauptungen eines Auftraggebers vorliegen, BGH VersR **85**, 39. Soweit das rechtliche Interesse nach I fehlt, ist die Klage nach I unzulässig, BAG BB **02**, 155. Dann muß das Gericht aber prüfen, ob die Klage nach II zulässig ist.

B. Tatsächliche Unsicherheit: Weite Auslegung. Der Kläger hat ein rechtliches Interesse, wenn eine **25** gegenwärtige tatsächliche Unsicherheit sein Rechtsverhältnis nach Art oder Umfang gefährdet, BGH NJW **99**, 432, BAG NJW **00**, 3226, Brdb MDR **04**, 1003. Ob das behauptete Rechtsverhältnis wirklich besteht bzw das geleugnete fehlt, das gehört nicht zur Frage nach der Zulässigkeit, sondern erst der Begründetheit, BGH NJW **91**, 2708, Karlsr RR **88**, 252, Kblz RR **89**, 510.

Dabei entscheidet ein persönlicher und nicht ein allgemein gültiger Maßstab, BGH VersR **85**, 39. Es **26** findet eine weite und freie Auslegung im Interesse des Klägers statt, Hamm VersR **01**, 1169. Dabei muß das Gericht die *Prozeßwirtschaftlichkeit* beachten, Grdz 14, 15 vor § 128, Kblz BB **80**, 855. Es genügt, daß der Kläger sein Verhalten nach der Feststellung regeln will, BGH KTS **81**, 218. Es genügt auch, daß der Kläger sich eine gesicherte Grundlage für die Anerkennung eines vor einer anderen Behörde zu verfolgenden Anspruchs verschaffen will. Dann besteht aber nur ein Feststellungsinteresse, wenn auch eine andere Behörde das Urteil als Grundlage für die dortige Entscheidung anerkennen wird.

C. Unsicherheit bei Drittbeteiligung. Das Feststellungsinteresse muß grundsätzlich gerade gegenüber **27** dem Bekl bestehen, BAG BB **02**, 155 (Verbandsklage). Der Kläger kann allerdings ausnahmsweise auch ein Interesse am Bestehen oder Nichtbestehen eines Rechtsverhältnisses zwischen dem Bekl und einem Dritten haben, wenn das für die Rechtsbeziehung zwischen dem Kläger und dem Bekl von Bedeutung ist, BGH VersR **00**, 866, BVerwG NJW **97**, 3257, Düss NVersZ **00**, 347, aM MüKoLü 34, ZöGre 3 b (aber die Prozeßwirtschaftlichkeit geht vor, Rn 2). Dabei können die Parteien auf derselben Vertragsseite stehen, zB als Mitverpächter. Voraussetzung bei alledem ist stets, daß die Rechtsbeziehungen nicht eindeutig nichtig sind und daß Folgen nicht mehr eintreten können. Eine bloße Unklarheit darüber, wer Gläubiger ist, reicht nicht, BGH VersR **00**, 866. Ein nur wirtschaftliches, nicht auch rechtliches Interesse genügt grundsätzlich nicht, Düss NVersZ **00**, 347. Vgl freilich Rn 29.

Ebenso kann ein Dritter ein Interesse an der Feststellung der Nichtigkeit eines von anderen abgeschlosse- **28** nen Vertrags haben, wenn er vom Bestehen oder Nichtbestehen des Rechtsverhältnisses zwischen dem Bekl und einem anderen in seinem Rechtsbereich auch nur *mittelbar* betroffen ist, BGH NJW **93**, 2540. Daher besteht auch ein schutzwürdiges Interesse des Drittschuldners an der Feststellung der Unrechtmäßigkeit der Pfändung, BGH **69**, 147. Das gilt auch wegen eines künftigen Anspruches. Es gilt allerdings nur nach einer dem Gläubiger zuzugestehenden Prüfungsfrist, BGH **69**, 150. Es kommt sogar eine Klage auf die Feststellung in Betracht, daß zwischen mehreren am gegenwärtigen Prozeß überhaupt nicht beteiligten Dritten ein Rechtsverhältnis bestehe, BGH NJW **90**, 2628. Freilich kommt es auch insofern darauf an, ob ein einfacher anderer Weg offensteht, zB nach §§ 766, 843, BGH NJW **77**, 1881.

D. Unsicherheit bei wirtschaftlichem Interesse usw. Der von der Lehre und Rspr gemachte Unter- **29** schied zwischen einem rechtlichen und einem berechtigten oder wirtschaftlichen Interesse, vgl (nur zu diesen Begriffen und im übrigen zu dem von I abweichenden § 100 FGO) BFH BB **75**, 1328, ist recht unsicher. Wer ein wirtschaftliches Interesse hat, der hat regelmäßig auch ein rechtliches. Nicht genügen kann aber zB das wirtschaftliche Interesse des Aktionärs am Gedeihen der Aktiengesellschaft oder die Hoffnung, bei der Feststellung der Nichtigkeit eines Pachtvertrags selbst Pächter zu werden. Ein wirtschaftliches Interesse reicht bei einem schiedsrichterlichen Verfahren aus, BGH KTS **77**, 45.

Ein *allgemeines* menschliches oder verwandtschaftliches Interesse kann mit Ausnahme der Statusklage nach **30** § 640 II *nicht* genügen. Wohl aber kann das Interesse an der Wahrung der Ehre genügen, BGH VersR **85**, 39. Es ist kein Grund zur Verneinung des Feststellungsinteresses, wenn sich eine sichere Entscheidungsgrundlage wegen eines ungeklärten Verhältnisses nur schwer finden läßt. Vgl aber Rn 31. Das Interesse muß schutzwürdig sein. Das ist es auch bei einer unsicheren Lage, BGH NJW **91**, 2708, ja sogar bei einer aussichtslosen. Das gilt freilich nicht bei demjenigen, der die Feststellungsklage mißbrauchen will, Einl III 54, zB um eine Streitverkündung an ihn, §§ 72 ff, eine Zeugenvernehmung des Bekl oder die Geltendmachung eines Zurückbehaltungsrechts zu verhindern.

E. Gefährdung des Rechtsverhältnisses. Eine solche Gefährdung liegt schon dann vor, wenn der **31** Kläger in seiner Entscheidungsfreiheit oder in seinen Vorkehrungen gehemmt oder gestört wird, LG Zweibr RR **98**, 1106, wenn er einen erkennbaren Anlaß zur Besorgnis hat. Es genügt bei einer behauptenden Feststellungsklage, daß der Bekl das Recht des Klägers ernstlich bestreitet, BGH NJW **99**, 432, BAG NJW **00**, 3226, Brdb MDR **04**, 1003. Bei einer leugnenden Feststellungsklage genügt es, daß sich der Bekl ernsthaft eines Rechts gegen den Kläger oder gegen einen Dritten „berühmt", BGH NJW **92**, 437, Brdb MDR **04**, 1003, LG Saarbr ZMR **97**, 655. In einer bloßen Streitverkündung nach §§ 72 ff liegt keine Berühmung, ebensowenig wie eine solche in der Ablehnung einer Unfallentschädigung durch den Verletzten liegt. Daher besteht kein Feststellungsinteresse des Schädigers dahin, daß kein höherer Ersatzanspruch gegeben sei, auch nicht stets im bloßen Schweigen, BGH NJW **95**, 2032.

Es muß dem Kläger aber auch ein wirklicher *Nachteil* drohen, Hbg WoM **98**, 18. Nicht genügen: Eine **32** rein gedankliche Behauptung; eine Möglichkeit, die in weiter Ferne liegt und sich noch nicht konkret erkennen läßt, Karlsr FamRZ **94**, 837; ein künftiges Rechtsverhältnis, das infolge der gegenwärtigen Ungewißheit über die entscheidungserheblichen Umstände derzeit nicht feststellbar ist; ein für den Kläger nur lästiges und ganz einflußloses Berühmen, LG Zweibr RR **98**, 1106; eine bloße Möglichkeit, LG Hbg RR **98**, 682. Andererseits können Handlungen oder Unterlassungen genügen, zB die Pfändung einer

§ 256 Buch 2. Abschnitt 1. Verfahren vor den LGen

Forderung als Grundlage für die Klage des Drittschuldners, Rn 10, oder die Erwirkung einer einstweiligen Verfügung, oder das Unterlassen einer nach Treu und Glauben abzugebenden Erklärung, BGH **69**, 46. Ein Einverständnis des Gegners mit dem Getrenntleben oder das Fehlen eines eindeutigen Einverständnisses reichen für eine Feststellungsklage auf ein Getrenntleben nicht aus. Die Gefährdung fällt weg, soweit und sobald der Bekl den bisherigen Standpunkt endgültig aufgibt, KG RR **96**, 846.

33 **F. Feststellungsinteresse: Zweckmäßigkeit.** Der Kläger muß ein Interesse an der Feststellung haben, LAG Hamm MDR **99**, 1391. Das gilt auch bei der Klärung einer Drittrechtsbeziehung, BAG NJW **83**, 1751, und auch im WEG-Verfahren, Köln NZM **00**, 305. Über dessen Vorliegen muß das Gericht in freier, weiter, nicht förmelnder Auslegung entscheiden, also nach dem Grundsatz der Prozeßwirtschaftlichkeit, Grdz 14 vor § 128, Kblz BB **80**, 855, Rn 77 „Leistungklage".

34 Die Feststellung muß den Kläger *zum Ziel führen* können, BAG DB **80**, 504. Das Urteil muß also trotz seiner rein inneren Wirkung auch ohne Vollstreckbarkeit bereits die Gefährdung beseitigen können, BGH NJW **92**, 437, BAG DB **94**, 737, Karlsr FamRZ **94**, 837. Darum kann bei einer Behörde auch eine Feststellung zur Streitbeilegung ausreichen, LG Mü VersR **03**, 1308 (aber Vorsicht! Gerade die öffentliche Hand sträubt sich erfahrungsgemäß oft besonders hartnäckig). Es ist regelmäßig keine Feststellungsklage zulässig, wenn der Kläger einen einfacheren Weg zum Ziel hat, zB eine Erinnerung nach § 766 oder eine Aufforderung nach § 843, BGH **69**, 144, oder wenn eine Leistungsklage möglich ist, Rn 77 „Leistungsklage", oder wenn eine anderweit schwebende Gestaltungsklage den Gegenstand der Feststellungsklage mitumfaßt, oder wenn keine abschließende Klärung möglich wäre, BGH **126**, 373, oder wenn nur eine Einstellung der Zwangsvollstreckung dem Kläger helfen könnte. Unzulässig ist eine Feststellungsklage auch, wenn die Feststellung nur von mehreren zu erfüllenden Voraussetzungen schafft, wenn zB das Recht auf Getrenntleben nur wegen der Entfernung des anderen Ehegatten aus der Wohnung und wegen einer Unterhaltsregelung geltend gemacht wird oder wenn das Feststellungsurteil doch nicht mehr helfen kann, BAG DB **93**, 1480. Es reicht nicht aus, wenn der FGG-Richter ohne Bindung an das Feststellungsurteil über Streitpunkte entscheiden muß.

35 **G. Feststellungsinteresse: Notwendigkeit.** Die Feststellung muß nötig sein, BAG MDR **02**, 777. Darum kann neben einem allgemeinen Feststellungsantrag ein zusätzlicher auf eine spezielle Schadensposition gerichteter Feststellungsantrag statthaft sein, BGH NJW **99**, 3775. Andererseits ist grundsätzlich keine Feststellungsklage zulässig, wenn der Kläger bereits ein rechtskräftiges Urteil besitzt (wohl aber, wenn jenes zB wegen einer Unklarheit nicht vollstreckbar ist), oder soweit über den Streit bereits ein Prozeß schwebt, Bre FamRZ **81**, 981, so daß zB bei einer Stufenklage auch auf Zahlung kein Interesse auf Feststellung der Verpflichtung zu einer solchen besteht, § 254 Rn 5, oder soweit sonstwie ein einfacherer Weg besteht, zB eine Erinnerung nach § 766, ein Verzicht nach § 843, BGH **69**, 144.

Nötig ist die Feststellung *nicht*, wenn die entsprechende Klage als Widerklage nach Anh § 253 nicht über den in der Leistungsklage erhobenen Anspruch hinausgeht. Überhaupt ist eine Feststellungsklage nicht als Widerklage zulässig, soweit die bloße Verteidigung die Rechte des Bekl ausreichend wahrt. Es genügt also auch nicht, wenn der Schädiger oder seine Versicherungsgesellschaft gegenüber dem Unfallgeschädigten, der sich über die Schadensauswirkungen noch unklar sein muß, eine negative Feststellungsklage dahin erhebt, daß kein weiterer Schaden vorhanden sei, um den Geschädigten zum Abschluß eines Abfindungsvertrags zu veranlassen.

Unzulässig ist eine Feststellungsklage wegen *Rechtsfolgen*, die das Gesetz ausspricht und die der Bekl nicht bestreitet. Unzulässig ist sie bei Zulässigkeit der Widerspruchsklage, § 771. Unzulässig ist eine leugnende Feststellungsklage, wenn sie gegenüber der erhobenen Leistungsklage keinen Vorteil bringt. Etwas anderes gilt zB, wenn die Leistungsklage ruhen soll, Rn 77 „Leistungsklage".

36 **H. Notwendigkeit alsbaldiger Feststellung.** Das Interesse muß eine alsbaldige Feststellung verlangen, BGH **69**, 46, BAG DB **94**, 992, KG VersR **00**, 1146. Das gilt, wenn eine begründete Besorgnis der Gefährdung schon und noch jetzt besteht, Rn 16, Ffm GRUR-RR **04**, 64, Hamm VersR **94**, 194. Diese Voraussetzung hängt im übrigen von der Lage des Einzelfalls ab. Man muß sie streng auslegen, Hamm VersR **94**, 194, aber auch nicht zu streng, BAG VersR **04**, 1048, Oldb MDR **96**, 265. Wegen § 108 I, II SachenR-BerG vgl vor Rn 1.

Bei Ersatzansprüchen genügt es, daß sich der Anspruch *allmählich* entwickelt, daß für die Entstehung eines künftigen Schadens wenigstens ein Anhalt vorhanden ist, BGH FamRZ **90**, 39, Hamm OLGZ **90**, 45. Das ist zB der Fall, wenn die Witwe eines tödlich verunglückten Ehemanns sich zwar derzeit selbst erhält, aber auf den Verlust der sonst gegebenen Unterhaltspflicht des Ehemannes im Fall eigener Erwerbslosigkeit hinweist. Ähnliches gilt bei der Möglichkeit einer Unterhaltspflicht, mag diese infolge der Arbeitsfähigkeit des Klägers derzeit auch nicht gegeben sein.

37 Die *Wahrscheinlichkeit* eines Schadenseintrittes ist für das Feststellungsinteresse *nicht* erforderlich, aM BAG VersR **04**, 1048, Düss VersR **91**, 789 (abl Jaeger), wohl aber für die Feststellung der Begründetheit der Klage, Kblz BB **91**, 722. Dort darf man freilich keine zu hohen Anforderungen stellen, BGH VersR **91**, 779, Hamm VersR **01**, 1169. Jedenfalls genügt es, daß spätere Schadensfolgen ernsthaft in Betracht kommen können, BGH MDR **01**, 765, Oldb MDR **96**, 265. Die Möglichkeit einer Klage nach § 259 braucht nicht zu schaden, BGH NJW **86**, 2507 (großzügig).

38 Die rein *gedachte* Möglichkeit eines späteren noch ganz ungewissen Anspruchs etwa nach § 323 oder eines derartigen Schadens genügt nicht. Wohl aber genügt die Absicht, die Verjährung zu hemmen bzw neu beginnen zu lassen, BGH VersR **91**, 779, Celle FamRZ **76**, 89.

39 *Ausreichend* ist ein Interesse an einer alsbaldigen rechtlichen Feststellung bei einem Anspruch auf Entschädigung aus enteignungsgleichem Eingriff, wenn der Gesetzgeber die Möglichkeit einer Leistungsklage noch nicht geklärt hat und eine gesetzliche Regelung in Aussicht steht. Denn der Gesetzgeber hat dann die Klärung der richterlichen Gewalt noch nicht überlassen. Bei einer anderweitigen Ersatzmöglichkeit nach § 839 I 2 BGB besteht das Feststellungsinteresse erst, falls man dort Beweisschwierigkeiten befürchten muß. Das Feststellungsinteresse kann entfallen, zB mit dem Tod des Bekl als Erblasser, BGH RR **93**, 391, oder

Titel 1. Verfahren bis zum Urteil   § 256

auch, soweit und sobald der Bekl seinen bisherigen Standpunkt endgültig aufgibt. Es muß noch kein Schluß der letzten Verhandlung nach §§ 136 IV, 296 a vorliegen, Kblz RR **89**, 510.

Nicht ausreichend ist zB ein drohender Verlust von Beweismitteln, Karlsr FamRZ **89**, 185. Denn dagegen **40** hilft das selbständige Beweisverfahren, §§ 485 ff. Dieses ist aber für die Bewertung des Feststellungsinteresses unterstützend heranziehbar. Ebensowenig genügt es, daß die Schadenshöhe eine zeitraubende Beweisaufnahme nötig macht oder daß die Möglichkeit denkbar ist, daß ein Feststellungsurteil einen Vergleich ermöglichen könnte. Anders ist es, wenn dafür ein bestimmter Anhalt besteht. Wohl aber genügt es, daß eine derzeitige Schadensberechnung unmöglich oder untunlich ist oder daß der Eintritt derjenigen Bedingung nicht allzu fern liegt, die eine Schadensfolge hat. Das gilt zB bei der Inanspruchnahme von Fürsorgeleistungen, die dann einen Forderungsübergang zur Folge haben. Mögliche spätere Veränderungen bleiben außer Betracht. Nicht ausreichend ist ferner eine Lage, in der der Haftpflichtversicherer des Schädigers die bereits entstandenen unfallbedingten Aufwendungen erstattet und wegen der noch entstehenden Ansprüche auf die Dauer von mehr als drei Jahren auf die Einrede der Verjährung verzichtet hat, Oldb VersR **80**, 272.

7) Verfahren, I. Man muß viele Besonderheiten beachten.   **41**

A. Prozeßvoraussetzungen. Hierher zählen außer den besonderen nach I diejenigen der Leistungsklage, Grdz 13 vor § 253, auch zB im Verfahren über einen Versorgungsausgleich, BGH NJW **82**, 387. Hierzu zählt auch das allgemeine Rechtsschutzbedürfnis, Grdz 33 vor § 253, BGH NJW **77**, 1881. Gerichtsstand ist bei einer behauptenden Feststellungsklage derjenige der entsprechenden Leistungsklage, bei einer leugnenden der ausschließliche oder besondere der umgekehrten Leistungsklage, sonst der allgemeine des Bekl, bei der Urkundenfeststellungsklage derjenige des Rechtsverhältnisses, jedoch kein dinglicher, wenn die Urkunde ein dingliches Recht nur beweist (anders § 24), bei seiner Klage auf eine Feststellung derjenige des Eigentums. Die Prozeßvoraussetzungen müssen beim Schluß der letzten Verhandlung vorliegen, §§ 136 IV, 296 a. Beim Fehlen der allgemeinen Prozeßvoraussetzungen muß das Gericht die Feststellungsklage ebenso wie beim Fehlen der besonderen nach Rn 3 als unzulässig abweisen, Grdz 14 vor § 253. Bei einer Auslandsberührung entscheidet das Gericht über die Zulässigkeit nach deutschem Verfahrensrecht, Einl III 74, Geimer DNotZ **89**, 334.

B. Klageschrift. Die Klageschrift muß dem § 253 genügen. Der Kläger muß die rechtsbegründenden **42** Tatsachen auch hier näher angeben, BGH NJW **83**, 2250. Bei der leugnenden Feststellungsklage umreißen hinreichend die vom Bekl erhobenen Ansprüche und braucht der Kläger nur ihr Nichtbestehen zu behaupten. Der Antrag muß bestimmt sein, § 253 Rn 40, 64, Düss ZMR **85**, 235, LG Rottweil FamRZ **00**, 34. Er muß also auch das Rechtsverhältnis eindeutig bezeichnen, BGH NJW **83**, 2250. Der Kläger braucht nicht den weitestmöglichen Feststellungsantrag zu stellen, BAG DB **02**, 50. Die Bezugnahme auf eine gesetzliche Bestimmung genügt jedenfalls dann nicht, wenn diese mehrere Tatbestände enthält. Falsche Anträge etwa auf Anerkennung oder unbezifferte Leistung außerhalb des nach § 253 Rn 42 ff Zulässigen sind umdeutbar.

Die Feststellungsklage kann im allgemeinen nicht auf einen ziffernmäßig bestimmten *Betrag* gehen. Die **43** leugnende Feststellungsklage kann nicht dahin gehen, daß der Kläger nichts schulde, sondern nur, daß er aus einem bestimmten Rechtsverhältnis nichts schulde. Darin steckt mangels gegenteiliger Erklärung der Antrag auf Feststellung, in welcher Höhe der Anspruch des Bekl etwa nicht begründet ist. Bei einem Schaden handelt es sich nicht um die Bezifferung oder Berechnung von Einzelansprüchen, sondern um die bestimmte Bezeichnung des zum Ersatz verpflichtenden Ereignisses, Düss RR **99**, 1401, sowie um (anders als für das Feststellungsinteresse) erforderliche Tatsachen für die Wahrscheinlichkeit einer Schadensentstehung, BGH NJW **83**, 2250. Ein Feststellungshauptantrag und ein Leistungshilfsantrag sind unvereinbar. Eine Aufspaltung in einen Leistungs- und einen Feststellungsantrag ist nicht stets erforderlich, BGH VersR **91**, 788, aber meist statthaft und ratsam.

Die *Rechtshängigkeit* äußert sachlichrechtliche Wirkungen nur bei der behauptenden Feststellungsklage. **44** Nur sie, also nicht die leugnende, Gürich MDR **80**, 359. Sie läßt im Zweifel wegen des gesamten Anspruchs die Verjährung und Ersitzung neu anlaufen, §§ 209, 941 BGB. Freilich kann die bloße Bezugnahme auf eine Anlage der Klageschrift dazu unzureichend sein, Hbg ZMR **95**, 20. Wert Anh § 3 Rn 53 „Feststellungsklage".

C. Zuständigkeit. Man muß die Zuständigkeit wie sonst beurteilen, Rn 41. Bei der leugnenden Fest- **45** stellungsklage kommt wegen § 269 BGB meist der Wohnsitz des Klägers in Betracht.

D. Weiteres Verfahren. Der Bekl muß die ihm möglichen Einwendungen wie gegenüber einer Lei- **46** stungsklage unverzüglich erheben, BGH **103**, 367. Das gilt zB für eine Aufrechnung, § 145 Rn 9. Die Verhandlung findet sonst statt ab. Wird anerkannt, so ergeht ein Anerkenntnisurteil, § 307, ohne daß noch ein rechtliches Interesse zu prüfen wäre. Das Anerkenntnis muß sich aber auf den Kaganspruch beziehen. Eine Anerkennung des Rechtsverhältnisses oder der Berühmung als unzutreffend genügt nicht. Das Gericht muß jedoch prüfen, ob nach dem Wegfall der Berühmung noch ein Feststellungsinteresse vorliegt. § 93 kann anwendbar sein. Wer sich aber nicht berühmt hat, braucht den Klaganspruch nicht anzuerkennen, um der Kostenlast zu entgehen. Er muß aber evtl eine Erklärung abgeben, wenn man sie von ihm nach Treu und Glauben erwarten kann. Danach muß man beurteilen, ob er sich durch seinen Abweisungsantrag berühmt oder ob er nur den Klaganspruch leugnet. Ein „hilfsweises" Anerkenntnis beseitigt das Feststellungsinteresse nicht, BGH DB **76**, 1009. Die Frage eines mitwirkenden Verschuldens darf nicht offen bleiben, BGH NJW **78**, 544.

E. Beweisfragen. Die Beweislast richtet sich nach allgemeinen Grundsätzen, Anh § 286 Rn 92 „Fest- **47** stellungsklage". Die äußere Parteistellung entscheidet nicht, BGH NJW **92**, 1103, Hbg FamRZ **89**, 1112, Oldb FamRZ **91**, 1071. Bei der leugnenden Feststellungsklage muß der Kläger die behauptete Berühmung des Bekl und alle Prozeßvoraussetzungen beweisen, BAG NJW **85**, 221. Wenn der Kläger die den Kaganspruch begründenden Tatsachen leugnet, dann muß der Bekl ihr Vorhandensein nach Grund und Höhe beweisen, Anh § 286 Rn 92 „Feststellungsklage", BGH NJW **92**, 1103, Hbg FamRZ **89**, 1112, Balzer NJW

§ 256

92, 2725. Wenn der Kläger die Beseitigung der Wirkung durch rechtshemmende oder rechtsvernichtende Tatsachen behauptet, muß der Kläger diese beweisen, Balzer NJW **92**, 2725. Wenn der Kläger die Wirksamkeit aus Rechtsgründen leugnet, dann ist kein Beweis nötig. Denn es liegt dann ein vorweggenommenes Geständnis vor.

48   **F. Urteil.** Sämtliche Erfordernisse des I sind besondere Prozeßvoraussetzungen, Grdz 13, 21 vor § 253. Fehlt das rechtliche Interesse, muß das Gericht die Klage durch Prozeßurteil abweisen, Grdz 14 vor § 253, Rn 3, aM Bre MDR **86**, 765. Das Gericht darf die Feststellungsklage so wenig wie die Leistungsklage gleichzeitig als unzulässig und als unbegründet abweisen. Es darf sie aber als unzulässig, hilfsweise als unbegründet behandeln, Grdz 17 vor § 253. Das Berufungs- oder Revisionsgericht darf die von der Vorinstanz als unzulässig abgewiesene Klage als unbegründet abweisen.

49   Eine *Abweisung* der behauptenden Feststellungsklage ist nicht schon nach einer summarischen Prüfung möglich, ob ein Schaden entstanden ist. Eine völlige Abweisung der leugnenden Feststellungsklage setzt, wenn der Bekl beziffert hat, voraus, daß das Gericht den vom Bekl geleugneten Anspruch voll bejaht. Ist nicht beziffert worden, so muß das Gericht nach § 139 feststellen, ob der Kläger überhaupt jeden Anspruch leugnet (dann müßte es also abweisen, wenn der Anspruch in irgendwelcher Höhe begründet ist, s aber unten) oder ob er wenigstens hilfsweise nur in der angemaßten Höhe leugnet. Eine betragsmäßige Begrenzung des stattgebenden leugnenden Feststellungsurteils nebst einer Abweisung der restlichen Klage ist zulässig, Kblz FamRZ **83**, 1150.

50   Ein *Teilurteil* nach § 301 ist auch bei der leugnenden Feststellungsklage möglich, sofern der Bekl nicht zu einer Bezifferung gezwungen wird. Das gilt aber nur dann, wenn das Schlußurteil nicht im Gegensatz dazu stehen kann. Das ist aber regelmäßig dann der Fall, wenn ein derartiges Urteil für einen Teil der eingeklagten Summe ergeht, der Bekl dann aber seine Ansprüche erweitert, wie beim Schadensprozeß häufig. Wenn der Kläger eine Verurteilung auf Feststellung verlangt, ist ein Leistungsurteil unzulässig. Wohl aber ist umgekehrt dann, wenn der Kläger eine Leistung verlangt, eine Verurteilung auf bloße Feststellung möglich. Denn das Feststellungsurteil bleibt gegenüber dem Leistungsurteil ein Weniger, § 308 Rn 8. Ist wegen eines Einwands des Mitverschuldens aus § 254 II BGB der Wegfall des Anspruchs ungewiß, so ist ein Urteil auf eine unbegrenzte Feststellung falsch. Ist der Anspruch teilbar, so muß das Gericht prüfen, ob es der Klage teilweise stattgeben kann, BGH ZMR **85**, 295. Das Urteil muß also erkennen lassen, ob das Gericht das Rechtsverhältnis ganz oder teilweise bejaht oder leugnet.

51   Eine Prozeßvoraussetzung ist die *Bestimmtheit* des Klagantrags, Rn 42, 43. Das Gericht muß sie noch in der Revisionsinstanz von Amts wegen nachprüfen. Bei ihrem Fehlen erfolgt eine Abweisung als unzulässig, Grdz 14 vor § 253. Wegen der Rechtskraftwirkung § 322 Rn 38 „Feststellungsurteil". Die Zwangsvollstreckung läßt ein Feststellungsurteil nur im Kostenpunkt zu. Seine Wirkung ist eine rein innere. Trotzdem muß das Gericht es nach §§ 704 ff für vollstreckbar erklären.

52   **G. Wegfall des rechtlichen Interesses.** Ist das rechtliche Interesse im Prozeß weggefallen, so kann der Kläger die Kostenpflicht vermeiden, wenn er die Hauptsache für erledigt erklärt, § 91 a. Ob das Interesse weggefallen ist, bedarf einer sorgfältigen Prüfung. So erledigt eine Widerklage des Gegners mit dem Ziel einer Unterlassung vor der Rechtskraft der Entscheidung nur unter den Voraussetzungen Rn 77 die leugnende Feststellungsklage. Auch ein zu langes Zuwarten kann schaden, Ffm DB **88**, 1488. Selbst ein Anerkenntnis im Prozeß erledigt nicht, wenn das spätere Verhalten zweifelhaft ist.

53   **8) Beispiele zur Frage der Zulässigkeit einer Feststellungsklage, I.** „Ja" bedeutet: eine Feststellungsklage ist zulässig, „nein" bedeutet: eine Feststellungsklage ist unzulässig. Vgl auch Rn 21 ff.
Abänderungsklage: Rn 80.
Abmahnung: Ja bei gegnerischer, nein bei solcher irrtümlichen, Mü WettbR **98**, 42.
Abstammung: Rn 96 „Vaterschaft".
Abtretung: Ja für die leugnende Feststellungsklage gegen den Zessionar, wenn sich der Zedent der Forderung berühmt, der Zessionar sich zur Berechtigung ausschweigt, BGH **69**, 37.
Abzahlungsgeschäft: Rn 75 „Kauf".
Amtshaftung: Ja beim Amtshaftungsanspruch, BGH NJW **02**, 1646.
Anerkenntnis: Nein, wenn der Kläger ein außergerichtliches Anerkenntnis des Bekl herbeiführen kann, Celle VersR **89**, 102. Nein evtl, soweit ein wirksames Anerkenntnis des Versicherers dem Grunde nach voll ergeht, Hamm VersR **01**, 1257. Nein, solange kein eindeutiger Ersatz eines Feststellungsurteils bezweckt ist, Karlsr MDR **00**, 1014.
Anfechtungsgesetz: Grds ja gegenüber einer drohenden Gläubigeranfechtung für die leugnende Feststellungsklage, BGH NJW **91**, 1062.
Anwaltskosten: Rn 88 „Notarkosten".
Anwartschaftsrecht: Ja für die Feststellung eines dinglichen Anwartschaftsrechts.

54   **Arbeitsverhältnis:** Berechtigung und Wirksamkeit einer Versetzung: Ja, spätestens auch noch seit ihrer Durchführung. Streit mit einem privaten oder öffentlichen Arbeitgeber über den Urlaubsumfang: Ja, da erfahrungsgemäß auch der private Arbeitgeber sich daran hält und ein Leistungsurteil nicht möglich ist. Einstufung in die Gehaltsgruppe: Ja für den Betriebsrat, LAG Mainz BB **01**, 2066. Mitbestimmung: Ja für den Betriebsrat, BAG NZA **04**, 1345. Ja für den Arbeitnehmer, BAG MDR **04**, 818 (auch nach Arbeitsende). Ja insoweit auch in der Privatwirtschaft, LAG Hamm DB **79**, 1560, auch wenn schon übertariflich gezahlt wird, und auch für Zinsen. Ja für die Feststellung der Vergütungspflicht nach einer bestimmten Vergütungsgruppe (nicht auch deren Fallgruppe), BAG DB **03**, 2292. Ja, falls der Arbeitgeber die Versicherungskarte falsch ausgefüllt hat und eine Nachversicherung unmöglich oder von einem Prozeß abhängig ist, für die Klärung der Eintragungspflicht. Ja, daß eine versicherungs- und steuerpflichtige Arbeit vorliegt, wenn zB eine Rentenverkürzung droht oder wenn die Behörde das Urteil des ArbG zugrundelegen wird. Ja, daß die Ehefrau Anspruch auf Witwenrente hat, BAG MDR **98**, 850.
Ja für den Arbeitgeber zur Feststellung gegenüber dem *Versorgungsträger*, auch vor dem Versorgungsfall und dann, wenn Leistungsklage möglich ist, BAG MDR **96**, 290, oder gegenüber einem Pensions-

Titel 1. Verfahren bis zum Urteil § 256

Sicherungs-Verein, daß eine Kürzung oder Einstellung von Leistungen berechtigt ist, BAG DB **80**, 1172, aM LAG Köln DB **84**, 624. Ja, wenn die an sich bezifferbare Rente nur von der Rechtsfrage abhängt, ob eine Abgeordnetenpension anrechenbar ist, BAG BB **86**, 1990. Ja, wenn ein Anspruch auf Zahlung einer Betriebsrente noch nicht gegen den Träger der gesetzlichen Insolvenzsicherung geltend gemacht werden kann, BAG KTS **88**, 349.

Ja, daß der Kläger *Arbeitnehmer* und kein freier Mitarbeiter ist, BAG DB **95**, 835, evtl auch, wenn schon **55** ein weiterer Prozeß über einzelne Arbeitsbedingungen schwebt, BAG DB **77**, 2460 (aber nein, wenn es dabei in Wahrheit nur um die Höhe eines Vergütungsanspruchs geht, BAG BB **79**, 1456). Ja wegen des Weisungsrechts des Arbeitgebers, LAG Hamm NJW **02**, 2492. Ja für Anwartschaftsrechte des Diensthern wegen der Erstattung von Weihnachtsgeld bei einer Dienstunfähigkeit. Ja für die vom Betriebsrat begehrte Feststellung, der Arbeitnehmer sei kein leitender Angestellter, selbst wenn der letztere Klage auf Feststellung erhebt, er sei ein solcher, BAG NJW **75**, 1717, und umgekehrt, BAG MDR **75**, 609. Das gilt selbst dann, wenn kein akuter Streitfall mehr vorliegt, BAG NJW **75**, 1244 und 1246. Bei einer nur ideellen Rechtskraftwirkung ja nur, falls wenigstens ähnliche Fälle auftreten können oder die Entscheidung den Betriebsfrieden fördert, BAG JZ **78**, 153. Ja wegen Befristung einer Vertragsbedingung, BAG NJW **02**, 3421, oder wegen ihrer Widerruflichkeit, BAG NJW **05**, 1820.

Ja bei einer Klage auf Feststellung der Unwirksamkeit einer betriebsbedingten *Kündigung*, BAG NJW **56** **97**, 2257, oder einer außerordentlichen Kündigung, BGH NJW **05**, 3070, BAG FamRZ **76**, 622, selbst wenn nach § 103 II BetrVG die Zustimmung bereits rechtskräftig ersetzt worden ist, BAG NJW **75**, 1752. Ja auch für den Arbeitgeber, wenn die Kündigung des Arbeitnehmers unwirksam sei, BAG MDR **97**, 370, erst recht für den Arbeitnehmer, daß das Arbeitsverhältnis wegen Unwirksamkeit einer eigenen Kündigung fortbestehe, LAG Mainz BB **99**, 800. Ja, daß das Arbeitsverhältnis trotz Betriebsübergangs fortbestehe, BAG NJW **00**, 3226, aM LAG Hamm BB **03**, 588 (aber gerade dann kann eine erhebliche Unsicherheit bestehen). Ja, soweit im Kündigungsschutzprozeß mit Nachkündigungen zu rechnen ist (das ist freilich nicht oft so), BAG MDR **94**, 1128, LAG Hamm MDR **99**, 1391. Ja, daß die Kündigung die Ehre des Arbeitgebers verletze, BAG DB **86**, 2678.

Ja bei einer *Sozialwidrigkeit* der Kündigung, § 4 KSchG, BAG NJW **88**, 2692, BAG MDR **94**, 1128 (auch zu den Grenzen), BAG MDR **97**, 849 (zum Verhältnis zwischen Kündigungsschutzklage und allgemeiner Feststellungsklage). Ja, daß eine Aussperrung rechtswidrig sei, ArbG Paderb DB **75**, 1655. Ja, daß eine Masseforderung bestehe, auch wenn die Quote ungewiß ist, LAG Düss DB **76**, 538. Ja bei einer Disziplinarmaßnahme gegen einen Arbeitnehmer im öffentlichen Dienst, LAG Bln BB **80**, 1749. Ja, daß ein von der Einigungsstelle beschlossener Sozialplan unwirksam sei, BAG NZA **04**, 110. Zum allgemeinen Beschäftigungsanspruch außerhalb eines Kündigungsschutzprozesses Pallasch, Der Beschäftigungsanspruch des Arbeitnehmers (1993) 114. Zum Weiterbeschäftigungsanspruch während des Kündigungsschutzprozesses Böttcher BB **81**, 1958.

Ja bei einer *Verbandsklage*, Grdz 30 vor § 253, zur Klärung der Gültigkeit und zur Auslegung einer **57** Tarifnorm, BAG VersR **81**, 942. Ja für die Klärung des Bestehens oder Nichtbestehens eines Rechts auf Tarifverhandlungen, wenn eine Gewerkschaft sie nachdrücklich fordert und gar mit Kampfmaßnahmen droht, aM BAG NJW **85**, 221 (aber was soll eigentlich noch geschehen?). Ja für die Frage, ob ein Tarifvertrag auf ein Arbeitsverhältnis anwendbar ist, BAG DB **02**, 50, LAG Bln DB **92**, 1300, und zwar selbst bei Streit über den persönlichen Geltungsbereich des Tarifvertrags, BAG DB **02**, 50. Ja für die Feststellung der Verpflichtung des Arbeitgebers, den Betriebsrat über die Einführung und Anwendung eines neuen Finanzberichtssystems zu unterrichten und mit ihm zu beraten, BAG NJW **83**, 2838. Ja für die Feststellung der Alleinerfinderschaft, falls der Arbeitgeber die Miterfinderschaft Dritter schon anerkannt hat, Mü GRUR **93**, 661. Ja bei einer Klage auf Feststellung des Tendenzcharakters eines Unternehmens im Sinn von § 118 I BetrVG, BAG NJW **99**, 1422. Ja für die Klärung der Dauer des Arbeitsverhältnisses, BAG MDR **02**, 777. Ja zur Klärung der Zulässigkeit einer Nebentätigkeit, BAG DB **02**, 1561 rechts oben.

Nein für einen *Arbeitgeberverband* wegen des Anspruchs seiner Mitglieder auf die Unterlassung bestimm- **58** ter Arbeitskampfmaßnahmen gegen eine Gewerkschaft, BAG NJW **83**, 1751. Nein für die Feststellung, daß ein unbefristetes Arbeitsverhältnis bestehe, solange keine Tatsachen dafür vorliegen, daß auch dieser Kläger alsbald entlassen werden soll, BAG DB **80**, 503. Nein ist die Bildung eines Betriebsrats unabhängig von § 17 BetrVG, BAG DB **76**, 823.

Nein, solange mangels eines Tarifvertrags *kein Rechtsverhältnis* besteht, Rn 5, BAG NJW **78**, 2116. Nein **59** für den einzelnen Arbeitnehmer wegen der Feststellung des Geltungsbereichs eines Tarifvertrags, BAG DB **89**, 1832. Nein für die Klage eines einzelnen Arbeitnehmers gegen die Wirksamkeit einer einzelnen Maßnahme, LAG Mainz NZA-RR **05**, 198. Das gilt zB bei einer Aussperrung, LAG Hamm NJW **83**, 783. Nein für ein bloßes Tatbestandsmerkmal, das für Rechtsbeziehungen wesentlich ist, BAG NJW **83**, 2838. Nein für das Recht des Arbeitgebers, den Arbeitnehmer betrieblich abzumahnen, LAG Köln DB **84**, 1631, Jurkat DB **90**, 2219. Nein, wenn die Parteien einvernehmlich die Folgen der angegriffenen Kündigung aufgehoben haben, LAG Kiel DB **86**, 2334. Nein für die bloße Möglichkeit, daß einem Kläger Altersversorgung zustehe, *falls* er Arbeitnehmer war, BAG NJW **99**, 2918. Nein für die Feststellung des Bestehens oder Nichtbestehens eines Arbeitsverhältnisses, wenn es unstreitig mittlerweile beendet ist und wenn keine Ansprüche aus ihm mehr zumindest dem Grunde nach bestehen können, BAG BB **00**, 1252. Nein für die abstrakte Feststellung der Beschäftigungszeit ohne besonderen Anlaß, BAG BB **04**, 223. Nein für die Feststellung der Unwirksamkeit der Kündigung eines Nichtberechtigten nach Betriebsübergang, LAG Hamm DB **01**, 2000. Nein zur Feststellung einer Methode der Zulagenberechnung, BAG DB **02**, 1562 links. Nein für ein Mitbestimmungsrecht nach einer Einigung vor der Einigungsstelle, BAG DB **02**, 2727. Nein für die Feststellung der Vergütung nach einer bestimmten Fallgruppe einer Vergütungsgruppe, BAG DB **03**, 2292. Nein für die Feststellung der Rechtswidrigkeit von Feierabendarbeit, soweit der klagende Betriebsrat sie einfach verbieten kann, BAG MDR **04**, 1122. Nein für die Feststellung der Unwirksamkeit eines Beschlusses des Betriebsrats, die man auch als Vorentscheidung im Rahmen eines anderen Verfahrens treffen kann, BAG NZA **05**, 171 (streng).

§ 256

Architekt: Nein für den Bauherrn, wenn er seine restliche Forderung wegen eines Planungsfehlers des Architekten bereits beziffern kann, Köln VersR **93**, 1376.
Arrest; einstweilige Verfügung: Ja für eine verneinende Feststellung trotz Antrags des Klägers nach § 926, Hbg MDR **02**, 965.
   Nein für die Feststellung, daß der Arrestbefehl nach § 922 rechtmäßig erlassen war, wenn nach § 91 a eine Erledigung eingetreten ist.
Aufopferungsanspruch: Als solcher ja, auch dafür, daß er einen Anspruch auf vollen Schadensersatz gewährt. Nein aber wegen der Verpflichtung zur Ausgleichung einzelner Nachteile (Heilkosten, Entschädigung für verminderte Erwerbsaussichten), da ein einheitlicher Anspruch vorliegt.
Aufrechnung: Ja, soweit ihretwegen eine Unsicherheit über den restlichen Anspruch des Klägers besteht, Köln RR **03**, 596. Sie kann sogar notwendig sein, um im späteren Prozeß über die Leistungsklage einen Ausschluß zu vermeiden, BGH **103**, 367. Ihre bloße Möglichkeit reicht für den Gegner nicht zur verneinenden Feststellungsklage, LG Hbg RR **98**, 1682.

60 Auseinandersetzung: Ja, wenn dem Kläger schon mit der Entscheidung bestimmter Fragen gedient ist, zB als Grundlage der Abrechnung, so ob bestimmte Posten miteinbezogen wurden oder außer Ansatz bleiben müssen, KG OLGZ **77**, 458.
   Nein wegen der Verpflichtung zur Aufstellung einer neuen Bilanz. Dann ist vielmehr eine Leistungsklage erforderlich, bei der die bemängelten Wertansätze inzidenter mitgeprüft werden. Handelt es sich um einen auf dem Gesellschaftsverhältnis beruhenden Zahlungsanspruch, so kann man diesen nach der Auflösung der Gesellschaft nicht durch eine Leistungs-, sondern nur durch eine Feststellungsklage geltend machen. Denn er stellt nur einen unselbständigen Rechnungsposten innerhalb der Auseinandersetzungsrechnung dar.
Auskunft: Ja beim Auskunftsanspruch, BGH NJW **02**, 1646, aM Brdb MDR **04**, 1003 (aber der Anspruch bereitet direkt vor).
Ausland: Ja, falls es die Klärung praktisch fördert, zB bei der Anerkennung im Ausland (SchlAnh V) oder wenn es um die Vollstreckbarkeit des zugehörigen Leistungsurteil im Inland geht, §§ 722, 723.
   Nein, soweit man im Ausland nicht mit einer Anerkennung rechnen kann, BGH WertpMitt **82**, 619.
Auslobung: Rn 90 „Preisausschreiben".

61 Baulandsache: Ja, BGH NJW **77**, 716, zB wenn die Feststellung der Rechtswidrigkeit eines während des Baulandprozesses erledigten Verwaltungsaktes im zukünftigen Zivilprozeß bindend ist und der Zivilprozeß nicht offensichtlich aussichtslos ist.
Bausache: Ja, soweit ein Feststellungs- statt eines Leistungsantrags ausnahmsweise zweckmäßig ist, Düss VersR **83**, 463.
Beansprucherstreit: Ja für die Feststellungsklage eines Beanspruchers gegenüber dem Schuldner, schon weil das Urteil im Beanspruchersstreit nicht gegenüber dem Schuldner eine Rechtskraftwirkung erhalten kann, BGH KTS **81**, 218. Ja für die Feststellungsklage des einen Beanspruchers gegen den anderen, BGH FamRZ **92**, 1056.
Bedingung: Auch ein bedingter Anspruch kann ausreichen, Rn 17.
Bergschaden: Da ein Ersatz regelmäßig durch den Kapitalbetrag als Gesamtentschädigung erfolgt, nein wegen des noch entstehenden Schadens.
Besitz: Ja, soweit der Kläger aus ihm ein Recht ableitet, BayObLG WoM **89**, 529, zB eine Ersitzung.
Betagung: Auch ein betagter Anspruch kann ausreichen, Rn 17.
Bilanz: Ja für die Klarstellung einzelner für die Auseinandersetzungsrechnung bzw Schlußbilanz streitiger Einzelposten, BGH WertpMitt **84**, 361.
Bürgschaft: Nein für die Klage des sog Rückbürgen gegen den Gläubiger, daß dieser nicht berechtigt sei, den Hauptbürgen in Anspruch zu nehmen, Hamm NJW **93**, 3275.
   S auch Rn 75 „Kauf".

62 Drittschuldner: Ja für die Rechtsbeziehung zum Gläubiger der gepfändeten Forderung, soweit nicht zB §§ 766, 840, 843 als einfachere Wege helfen, BGH NJW **77**, 1881.

63 Ehe: Ja für die Hinzurechnung einzelner Vermögensstücke zum Anfangsvermögen, selbst nach der Beendigung des Güterstands. Ja grds für eine verneinende Feststellungsklage des Unterhaltspflichtigen, selbst wenn eine einstweilige Anordnung über den Unterhalt ergangen ist, BGH NJW **83**, 1330, Düss FamRZ **85**, 87, Mü FamRZ **85**, 410, aM Hbg FamRZ **85**, 1273 (aber die Rechtskraftwirkung des Hauptsacheurteils geht weiter).
   Das gilt auch dann, wenn die Parteien zu ihrer Abänderung einen *Vergleich* geschlossen hatten, § 779 BGB bzw Anh § 307, § 323 Rn 66, 77, Düss FamRZ **85**, 87, Stgt FamRZ **82**, 1033, Zweibr FamRZ **85**, 1150. Freilich muß das allgemeine Feststellungsinteresse bestehen. Es kann mangels Berührung durch den Gegner fehlen, Hamm FamRZ **85**, 952 (§ 623 ist hier nicht maßgeblich). Es kann auch fehlen, wenn zB bei § 1586 a BGB eine weitere Scheidung noch ganz ungewiß ist, Karlsr FamRZ **89**, 185. Ja für eine Feststellung nach § 1368 BGB, BGH RR **90**, 1154. Ja für die Höhe des schuldrechtlichen Versorgungsausgleichs, wenn es sich um eine Überschreitung der Höchstgrenze des § 1587 b V BGB handelt und wenn das erstinstanzliche Urteil einen falschen Betrag nennt, BGH FamRZ **82**, 43, Köln FamRZ **87**, 287. Ja stets für die Feststellung der Nichtigkeit eines Ehevertrags, Düss RR **05**, 1.

64 *Nein* für die Feststellung des Bestehens oder Nichtbestehens (insofern ist allenfalls § 606 anwendbar), Hamm FamRZ **80**, 706. Nein für die Fortwirkung eines Urteils nach § 1361 BGB nach der Scheidung, aM Köln FamRZ **79**, 925. Für das Recht zum Getrenntleben grds nein, KG FamRZ **88**, 81, zumindest dann nicht, wenn der andere Ehegatte dieses Recht nie bestritten hat, Karlsr RR **89**, 1415. Nein, daß für den Zugewinnausgleich das am Stichtag X vorhandene Vermögen als Endvermögen anzusehen sei, BGH FamRZ **79**, 906. Nein für die Feststellung der Zugehörigkeit einer (noch nicht unverfallbaren) Anwartschaft auf einen Versorgungsausgleich, Düss FamRZ **81**, 565 (wegen eines schuldrechtlichen Versorgungsausgleichs), aM Bre FamRZ **82**, 393 (wegen eines öffentlichrechtlichen Versorgungsausgleichs. Aber Anspruch bleibt Anspruch.). Nein für die Feststellung, daß ein Ehegatte im Weg eines schuldrechtlichen

Titel 1. Verfahren bis zum Urteil **§ 256**

Versorgungsausgleichs eine Ausgleichsrente zu zahlen habe, BGH FamRZ **96**, 1465. Nein für die Feststellung, daß ein Ehepartner eine Forderung auf Zugewinnausgleich in eine Gütergemeinschaft einbrachte, Nürnb FER **98**, 236. Nein für nachehelichen Unterhalt vor der Scheidung, Brdb RR **02**, 578. Nein für die Feststellung der Nichtigkeit eines Ehevertrags vor einem Scheidungsantrag und bei dessen Unsicherheit, Ffm FamRZ **05**, 457.

Ehre: Ja für die zu ihrer Wahrung erforderlichen Feststellungen, BGH VersR **85**, 39, auch für die verneinende Feststellungsklage des Beleidigten, LG Oldb MDR **93**, 385, die sogar seiner zusätzlichen Unterlassungs- oder Widerrufsforderung das Rechtsschutzinteresse nehmen kann, LG Oldb MDR **93**, 385. Ja für eine verneinende Feststellungsklage gegenüber einem Widerrufsverlangen, Celle RR **91**, 1468. **65**

Eigentum: Ja für den Eigentümer gegen den derzeitigen Besitzer, dem die Sache auf Grund gesetzlicher Vorschriften überwiesen wurde, ja für geschiedene Eheleute zur Klärung der Eigentumsverhältnisse an dem früherem Eigentum als Vorfrage für einen Entschädigungsanspruch.

Energieversorgung: Ja evtl wegen eines Einspeisungsvertrags, Kblz NJW **00**, 2031.

Erbrecht: Ja für den Erblasser gegen den Notar, daß einem Testamentserben mit einiger Wahrscheinlichkeit aus einem fehlerhaft beurkundeten Abfindungsvertrag ein Schaden erwachsen werde, Hamm VersR **81**, 1037. Ja für den Testamentsvollstrecker, soweit er ein eigenes rechtliches Interesse in dieser Eigenschaft hat, zB um den letzten Willen zu verwirklichen und zu verteidigen, BGH RR **87**, 1091. Ja für den Testamentsvollstrecker gegen den Erben wegen der Feststellung, ob jemand Erbe ist, Karlsr FamRZ **05**, 1201, oder daß sein Widerspruch gegen die Auszahlung des Vermächtnisses unbegründet ist, oder daß ein Dritter nicht Erbe geworden ist, Karls RR **05**, 453. Ja gegen den Erben, daß das Testament als gültig anzusehen und auszuführen ist. Ja für den Erben gegen den Miterben bei Streit nur über gewisse Punkte, wenn der Nachlaß noch nicht teilungsreif ist, Düss RR **96**, 1338, KG OLGZ **77**, 458, bzw wenn eine Erbauseinandersetzungsklage erspart wird, die wesentlich teurer wäre, da sie auch die unstreitigen Punkte mitumfaßt, BGH FamRZ **90**, 1113. **66**

Ja bei Streit unter Vertragserben über den *Erbvertrag*, Düss FamRZ **95**, 58. Ja für den Vertragserben gegen den Beschenkten auch schon vor dem Tod des überlebenden Erblassers, Kblz MDR **87**, 936, aM Mü FamRZ **96**, 253. Ja gegen den früher Beschenkten wegen § 2329 III BGB. Ja für die von ihrem verstorbenen Ehemann als Vorerbin eingesetzte Ehefrau, die mit ihm im früheren gesetzlichen Güterstand gelebt hat, gegen den Nacherben auf Feststellung des Rechtsverhältnisses, das dadurch entstanden ist, daß ihr verstorbener Mann eingebrachtes Gut für sich verwendet hatte. Ja für den Erben gegen den Testamentsvollstrecker, daß er an der Erbauseinandersetzung mitwirken muß, BGH DB **81**, 366. Ja für den Sozialhilfeträger gegen den Testamentsvollstrecker des Sozialhilfeempfängers, ob er korrekt amtiert, BGH **123**, 370. Ja für die Feststellung der Unwirksamkeit der Anfechtung des Erbvertrags. Ja für einen gesetzlichen Erben auf Feststellung der Haftung eines Notars, der die Unwirksamkeit eines Erbverzichts verschuldet hat, und zwar schon vor dem Tod des Erblassers, BGH NJW **96**, 1063. Ja, daß bei einer Teilungsversteigerung der Bekl zu viel erhielt, Köln RR **96**, 1352. **67**

Nein im allgemeinen für eine Feststellung der erbrechtlichen Verhältnisse nach einer noch lebenden Person, Ffm MDR **97**, 481, Kblz FamRZ **03**, 542. Ja bei gegenwärtigen Vorwirkungen eines erbrechtlichen Verhältnisses, Battes AcP **78**, 349, wie hinsichtlich des Bestehens eines Pflichtteils oder der Berechtigung bzw Nichtberechtigung, ihn zu entziehen, BGH **109**, 308, Saarbr NJW **86**, 1182. Ja wegen der Abgrenzung einer Teilungsanordnung und eines Vorausvermächtnisses, BGH RR **90**, 1220. Ja wegen der Unwirksamkeit der Anfechtung gegenüber einer Vermächtnisanordnung in einem gemeinsamen Testament. Nein für die Frage der Ausgleichspflicht im Nacherbfall wegen seinem Eintritt, Karlsr FamRZ **89**, 1232. Nein für eine Klage gegen den noch lebenden Erblasser wegen Unwirksamkeit einer letztwilligen Verfügung wegen bestimmter Vorfälle, aM BGH NJW **04**, 1874 (aber der letzte Wille bleibt bis zum letzten Atemzug frei abänderbar). Nein für den Erben, der nach dem Erbfall eine Klage des Erblassers gegen den Pflichtteilsberechtigten auf Feststellung eines Rechts zum Pflichtteilsentzug fortsetzen will. Denn der Erbe hat dieses Verfügungsrecht nicht mehr, BGH DB **90**, 321. Nein für den Fortgang eines Prozesses gegen den künftigen Erblasser auf Feststellung des Nichtbestehens eines Pflichtteilsentziehungsrechts nach dem Tod des Erblassers, BGH RR **93**, 391. Nein bei der Klage aller Miterben wegen desjenigen von ihnen, dem gegenüber schon ein rechtskräftiges Urteil zu demselben Streitgegenstand vorliegt, BGH NJW **89**, 2134. **68**

EuGVVO: Sie kennt keinen Vorrang der späteren Leistungsklage wegen Wegfalls des Rechtsschutzinteresses für die frühere verneinende Feststellungsklage, BGH **134**, 208.

Fischereirecht: Es kann Gegenstand eines Rechtsverhältnisses sein, BayObLG **92**, 311. **69**

Forderungsprätendentenstreit: Er kann ausreichen, BGH **123**, 46.

Freihaltungsanspruch: Ja, soweit eine bestimmte Freistellungsklage nicht möglich war, BGH NJW **96**, 2725, oder wenn der Kläger der Inanspruchnahme in einem anderen Prozeß entgegentritt, Drsd RR **03**, 306, Hbg VersR **86**, 385.

S auch Rn 101 „Versicherung".

Genossenschaft: Ja für die Feststellung der beschränkten Unwirksamkeit eines Beschlusses der Genossen. Ja für die Feststellung der Unwirksamkeit des Ausschlusses eines Genossen zumindest dann, wenn er nicht von der Generalversammlung beschlossen wurde, Ffm DB **88**, 1487. **70**

Geschäftsfähigkeit: Nein, soweit sie eine bloße Vorfrage darstellt, Rn 5.

Gesellschaft: Ja für die Feststellung der Unwirksamkeit einer formell protokollierten Entschließung (keine Anfechtungsklage), BGH RR **92**, 227. Ja für die Feststellung, daß die Gesellschafterversammlung gegen den Widerstand von Gesellschaftern, die vom Stimmrecht ausgeschlossen worden seien, einen Beschluß gefaßt habe, den der Versammlungsleiter nicht ordnungsgemäß festgestellt habe, BGH NJW **96**, 259. Ja für die Feststellung, daß der Geschäftsführer wegen Abberufung ausgeschieden sei, BGH BB **99**, 867 (keine Klagefrist), oder daß der Gesellschaft gegen den Geschäftsführer keine Ersatzansprüche wegen einer Entlastungsperiode zustehen, BGH BB **85**, 1870. Ja (nur) für eine Nichtigkeitsklage des widersprechenden Gesellschafters gegen alle übrigen, Hbg RR **96**, 1065, Köln RR **94**, 491. Ja für die Klage eines GmbH- **71**

§ 256

Gesellschafters gegen die übrigen und gegen die GmbH wegen einer Verletzung von Gesellschafterrechten, BGH NJW **90**, 2628. Ja dazu, welche Vermögensgegenstände die beklagte Gesellschaft zum Nachteil des klagenden Gesellschafters auf einen Dritten übertragen hat, BGH NJW **94**, 460. Es gibt keine Klagefrist, wohl aber evtl Rechtsmißbrauch, Einl III 54, BGH NJW **99**, 3114.

72 Ja zur Klärung, ob und welche *Vergütung* dem Geschäftsführer-Gesellschafter zusteht, BGH BB **80**, 855. Soweit die Gesellschafter die Ansicht des Klägers teilen, ist aber eine Klage gegen diese nicht erforderlich. Ja für einzelne Rechnungsposten, solange keine Auseinandersetzung möglich ist, Mü RR **95**, 485. Man muß die Ansprüche und Einzelposten, die die Grundlage der Abrechnung bilden sollen, genau bezeichnen, soweit eben möglich. Ja für die Feststellung der Wirksamkeit des Ankaufsrechts an einem Gesellschaftsanteil, Mü RR **87**, 26. Ja für die Feststellung des Fortbestands der Gesellschaft zwischen den Parteien, Düss MDR **88**, 976. Ja für die Feststellung des Erlöschens der Gesellschaft, selbst wenn schon Leistungsklage auf Vorlage einer Auseinandersetzungsbilanz vorliegt, Kblz RR **02**, 828.

73 *Nein* für die Klage nur eines von mehreren gesamtgeschäftsführungsberechtigten. Nein für den Gesellschafter gegenüber einem Gesellschaftsschuldner, soweit nur die Gesellschaft über die Forderung verfügen darf. Nein für die Klage eines Gesellschafters gegenüber einem Geschäftspartner, daß seine Vertretungsmacht vorhanden sei, BGH BB **79**, 286. Nein gegenüber einem Gesellschafter der OHG, soweit sie schon verklagt ist. Zu § 249 AktG Haase DB **77**, 241, Schmidt JZ **77**, 769 (dieser auch zu § 243 AktG). Nein, soweit der Gesellschafter mehr an Rechten beansprucht, als ihm nach Gesetz und Vertrag zusteht, LG Ffm DB **01**, 1084. Nein für die Feststellung der Nichtigkeit eines Beschlusses auf Kapitalerhöhung einer AG, wenn sie schon eingetragen ist usw, Ffm DB **03**, 710.

Gesundheitsschaden aus einer unerlaubten Handlung: Ja, das bezieht sich auch auf die Feststellung eines Schmerzensgeldanspruchs. Ja, falls mit einem weiteren Folgeschaden zu rechnen ist. Ja, soweit die Gesamtentwicklung noch nicht absehbar ist, LG Wiesb RR **04**, 888. Das gilt, auch wenn ein Teilschaden schon bezifferbar ist, Köln VersR **92**, 764.

74 Gewerbliches Schutzrecht: Ja ausnahmsweise trotz Möglichkeit einer Leistungsklage, insbesondere einer Stufenklage, auch im Urheberrecht, BGH NJW **03**, 3275 links. Ja, wenn nur die Höhe des Schadens noch unklar ist, etwa bei einer Patentverletzung, Düss GRUR-RR **02**, 48. Ja für die Erfinderklage, BGH **72**, 245. Ja, wenn der Verletzer etwa ein Patents erheblichen Anlaß zur Besorgnis einer Gefährdung des Rechts gibt. Ja für eine negative Feststellungsklage, auch wenn die Marke beim Patentamt angemeldet wurde oder dort ein Widerspruchsverfahren eingeleitet wurde. Denn das Gericht ist nicht an dessen Entscheidung über eine Markenübereinstimmung gebunden. In der Regel für eine leugnende Feststellungsklage über eine Abmahnung ja, BGH MDR **85**, 467, Ffm GRUR **89**, 706, insbesondere sobald ein Inhaber eines Schutzrechts eine widerrechtliche Verwarnung ausgesprochen hat, Ffm GRUR **89**, 706, KG DB **80**, 735, aM KG WRP **80**, 81 (aber es ist alsbaldige Klärung wünschenswert).

Dagegen bei einer widerrechtlichen Verwarnung wegen eines angeblichen sonstigen Verstoßes erst im Anschluß an eine Abmahnung durch den Verwarnten, KG DB **80**, 735, großzügiger Hamm GRUR **85**, 84. Ja für die Feststellung der Unwirksamkeit eines Gebrauchsmusters, wenn ein Verfahren nach § 945 folgen soll. Das gilt auch dann, wenn es noch nicht eingeleitet worden ist, BPatG GRUR **81**, 125. Ja, wenn der Kläger Grund zur Besorgnis hat, er könne wegen einer Handlung vor dem inzwischen erfolgten Erlöschen in Anspruch genommen werden, BGH GRUR **85**, 872. Ja für eine Nichtigkeitsklage gegen ein erloschenes Patent, auch wenn kein patentrechtlicher Anspruch aus dem Streitverhältnis besteht, BPatG GRUR **84**, 645.

Grundschuld: Ja für die Feststellung, daß der Bekl aus mehreren Grundschulden insgesamt in einem begrenzten Umfang vollstrecken dürfe, BGH **110**, 111.

Grundurteil: Rn 12 „Schmerzensgeld".

Herausgabe: Rn 77 ff „Leistungsklage".

Insolvenz: Ja, freilich grds nur für die Klage nach § 179 InsO, wenn der Bekl die angemeldete Forderung oder ihr Vorrecht bestreitet, BGH BB **00**, 1005, BAG NJW **86**, 1896. Ja, wenn der Verwalter das Recht der Teilnahme am Verfahren leugnet, BGH MDR **98**, 672. Nein, solange er es nur „vorläufig bestreitet", LG Düss DB **76**, 2155. Ja für den Verwalter gegen den Schuldner, daß ein Gegenstand in die Masse fällt. Ja für Gesellschafter einer OHG, über deren Vermögen das Insolvenzverfahren eröffnet wurde, wegen des Nichtbestehens einer von ihnen bestrittenen Gesellschaftsverbindlichkeit. Ja, soweit einer Leistungsklage das Rechtsschutzbedürfnis nach Grdz 33 vor § 253 fehlt, BAG NZA **04**, 1096. Ja, daß eine Forderung Masseverbindlichkeit nach § 209 I Z 2 InsO sei, BAG NZA **05**, 355.

Nein für den Verwalter auf Feststellung des Nichtbestehens einer zur Aufrechnung gestellten Insolvenzforderung, da der Verwalter nur die Aufgabe hat, die Masse zu vergrößern, und es Sache der Gläubiger ist, eine bestrittene Forderung im Klagewege geltend zu machen, BAG NJW **86**, 1896. Nein zur Feststellung zur Tabelle, soweit die Forderung auf einen anderen als den in der Anmeldung genannten Grund gestützt wird, BGH BB **02**, 804. Nein gegen den Verwalter auf Feststellung einer unbezifferten Insolvenzforderung, BGH DB **04**, 379 (zustm Müller LMK **04**, 79).

75 Kartellstreit: Schon eine einverständliche Aussetzung des Hauptsacheverfahrens kann das Rechtsschutzbedürfnis nach Grdz 33 vor § 253 für das Kartellstreitverfahren begründen, Karlsr GRUR **83**, 464.

Kauf: Ja, daß ein Kaufvertrag sich noch auf ein anderes Grundstück bezieht, wenn die Wirksamkeit des ganzen Kaufvertrags im Streit ist. Ja, daß eine (auch bedingte) Wiederkaufsabrede besteht, BGH NJW **86**, 2507. Ja auch dann, wenn der Verkäufer vom Erfüllungs- zum Schadensersatzanspruch übergehen will, Kblz RR **89**, 510.

Nein für die Feststellung, daß kein wirksamer früherer Abzahlungs-Kaufvertrag mehr bestehe, wenn sich der Bekl nur eines Bürgschaftsvertrags berühmt, BGH **91**, 41.

Kindschaft: Rn 96 „Vaterschaft".

76 Kündigung: Ja, daß sie wirksam ist, weil damit das Rechtsverhältnis endet, aM KrG Großenhain WoM **92**, 536 (aber die Kündigung ist als Gestaltungsrecht mehr als eine bloße Willenserklärung, auch wenn sie in der Kündigung steckt). Ja, daß sie erst in einem bestimmten Zeitpunkt wirksam ist. Ja, wenn im Prozeß

Titel 1. Verfahren bis zum Urteil § 256

fristlos gekündigt wurde, oder bei einer Klage des fristlos Entlassenen auf Weiterbestehen des Dienstverhältnisses. Ja, daß die Rechtsbeziehungen der Gesellschafter bei einem Übernahmerecht eines Gesellschafters nach der Kündigung in bestimmter Weise zu regeln sind. Ja neben einer Kündigungsschutzklage, BAG NJW **98**, 698. Ja, daß eine Kündigung unwirksam sei, wenn die Auslegung dieses Antrags ergibt, daß die Feststellung begehrt wird, daß ein Vertrag nicht beendet sei, BGH GRUR **92**, 114. Ja, daß ein Vertrag nicht durch eine fristlose Kündigung beendet ist, Saarbr RR **98**, 1191, zB dann, wenn sich der Kläger dadurch geschädigt fühlt, daß der Vertragspartner die Wirksamkeit der Kündigung Dritten gegenüber behauptet, Ffm VersR **92**, 492, Mü RR **95**, 485.

Nein, daß ein nicht ausgeübtes Kündigungsrecht bestehe, dessen Ausübung man gar nicht beabsichtigt.

Leistungsklage: Es entscheidet immer der Grundsatz der Prozeßwirtschaftlichkeit, Grdz 14 vor § 128, BGH GRUR **01**, 1178, BAG NZA **04**, 748, Karlsr NJW **04**, 2245. Man darf ihn aber nicht zugunsten der Feststellungsklage überspannen, Pawlowski MDR **88**, 631. Darum regelmäßig (Ausnahmen s unten) für eine bejahende Feststellungsklage grds nein, wenn von vornherein eine erschöpfende Leistungsklage möglich ist, BGH GRUR **01**, 1177 (Ausnahmen im Gewerblichen Rechtsschutz und Urheberrecht), Naumb RR **01**, 304, AG Vechta NJW **04**, 80. Nein, wenn eine Unterlassungsklage zulässig ist oder wenn sie gar schon erhoben worden ist, Karlsr GRUR **86**, 313, und wenn der Kläger sie nicht mehr einseitig zurücknehmen kann, BGH NJW **99**, 2516, Brdb FER **99**, 251, Düss FamRZ **97**, 824, es sei denn, die Feststellungsklage ist dann schon entscheidungsreif, BGH MDR **90**, 540, LG Saarbr ZMR **97**, 655, aM Düss ZMR **87**, 377. Auch die Stufenklage ist eine Leistungsklage, § 254 Rn 2, BGH GRUR **01**, 1177 (auch zur Zulässigkeit trotz Stufenklage im Gewerblichen Rechtsschutz und Urheberrecht). Das gilt auch für eine „steckengebliebene" Stufenklage, Kblz FamRZ **04**, 1733. So muß man beim Streit über das Zustandekommen eines Vorvertrags auf den Abschluß eines bestimmten Hauptvertrags klagen, nicht auf die Feststellung einer Verpflichtung zum Abschluß des Hauptvertrags. 77

Ja, wenn es um eine leugnende Feststellungsklage *vor* Erhebung der *gegnerischen Leistungsklage* geht, Hamm RR **88**, 432, LG Saarbr ZMR **97**, 655. Ja, wenn trotz der Möglichkeit der Leistungsklage ein Interesse an der bejahenden Feststellung besteht, BGH NZM **02**, 786, BAG DB DB **86**, 2678, Köln RR **03**, 670. Ja, wenn erst die Feststellung eine sachgemäße und erschöpfende Lösung des Streits erwarten läßt, BGH NJW **88**, 775, BAG NZA **04**, 748, Köln RR **03**, 670. Ja, wenn eine Leistungsklage erst nach der Erhebung einer Feststellungsklage möglich wird, BGH RR **04**, 81, Ffm RR **04**, 1519, LG Bln ZMR **03**, 488. Das gilt auch nach gegnerischer leugnender Feststellungsklage, Walker ZZP **111**, 454. Ja, soweit einer Leistungsklage das Rechtsschutzinteresse nach Grdz 33 vor § 253 fehlt, BAG KTS **03**, 325. 78

Ja, wenn unklar ist, ob ein Schaden zu erwarten ist, BGH NJW **84**, 1554. Denn gerade dann besteht eine tatsächliche Unsicherheit, Rn 25. Ja, wenn sich zB der Schaden bei der Erhebung der Feststellungsklage noch nicht beziffern läßt, BGH RR **04**, 81 (eine spätere Bezifferbarkeit schadet nicht), Brdb VersR **01**, 1242, Karlsr NJW **04**, 2245; sonst aber nein, AG Wetzlar VersR **05**, 494. Dabei muß man aber beachten, daß bei einer Wahl nach § 249 S 2 BGB die Bezifferung auch des voraussichtlichen Nutzungsausfalls schon jetzt zumutbar ist. Jedenfalls verhindert keineswegs jede Schwierigkeit eine Bezifferbarkeit, wenigstens nach und nach, Nürnb FamRZ **04**, 1734. Ja, soweit ein Schaden jedenfalls noch in der Entwicklung begriffen ist, BGH MDR **83**, 1018, Düss VersR **88**, 522, Hbg VersR **80**, 1030. 79

Sind *keine Spätfolgen* mehr zu erwarten, kann sich die Hauptsache erledigt haben, großzügiger Köln VersR **88**, 61. Ja, wenn die Höhe des Anspruchs vom Ausgang eines anderen Rechtsstreits abhängt. Ja, wenn die Möglichkeit einer Leistungsklage zwar gegeben war, das Prozeßgericht aber wegen Zweifels den Übergang zur Feststellungsklage veranlaßt hat. 80

Eine *Änderung* der Verhältnisse fällt nicht hierunter. Dann gilt § 323, Ffm FamRZ **93**, 347, Karlsr FamRZ **92**, 938. Das trifft aber für die Witwe eines getöteten Beamten regelmäßig nicht zu. Sie hat vielmehr mit Rücksicht auf die zu erwartende Anpassung der Gehälter trotz der Möglichkeit einer Leistungsklage noch ein Feststellungsinteresse.

Ja, wenn der schädigende Zustand *andauert.* Ja, wenn eine Feststellungsklage das Verfahren vereinfacht, beschleunigt und verbilligt und annähernd dasselbe erreicht, Düss FamRZ **96**, 1338, Hamm RR **95**, 1318. Das gilt insbesondere bei der Klage, die eine Erbauseinandersetzung vorbereiten oder vermeiden soll. Ja, wenn die Feststellungsklage prozeßwirtschaftlich zu einem sinnvollen Ergebnis führt, BGH NJW **84**, 1119, etwa bei § 850 f II oder gar zu einem noch sinnvolleren als die Leistungsklage, Grdz 14 vor § 128. Ja, wenn das Feststellungsurteil den Streit endgültig beilegen kann, BAG NJW **79**, 2634, Düss WoM **97**, 557. Ja, wenn die Leistungsklage die Streitfrage nicht klären kann, BGH **134**, 208, oder wenn zu einer Erschwerung der Rechtsbeziehungen der Parteien führt, wenn die Feststellungsklage also prozeßwirtschaftlich vertretbar ist, BayObLG **76**, 62. Ja bei Auslegungszweifeln wegen eines schon vorhandenen Leistungstitels. 81

Ja, wenn der Bekl zB kraft Amtspflicht die Rechtskraft nach § 322 voraussichtlich ohne Zwang *anerkennen* und dem Spruch genügen wird, BGH RR **99**, 362, BAG JZ **90**, 194, Köln VersR **88**, 61. Ja also grds gegenüber einer Behörde, einer Körperschaft oder Anstalt des öffentlichen Rechts, BGH NJW **84**, 1119, BAG JZ **90**, 194 (jedoch nicht immer: die Sache muß sich durch eine Feststellungsklage in jeder Hinsicht erledigen, es dürfen also keine Fragen unentschieden bleiben), Löwisch VersR **86**, 406, auch gegenüber dem als Gesamtschuldner haftenden Bediensteten, soweit ihm ein Freistellungsanspruch zusteht, Köln VersR **88**, 61, oder gegenüber einem Insolvenzverwalter. 82

Ja bei einer *Versicherung,* BGH VersR **83**, 125, Hamm VersR **88**, 173 (großzügig), strenger Düss GRUR **95**, 1302. Denn sie unterliegt der Aufsicht, und man kann annehmen, daß sie bei einer Verurteilung eine Regulierung vornehmen wird, ohne die Pfändung und Überweisung des Deckungsanspruchs durch den Geschädigten abzuwarten, Hamm VersR **80**, 1061, großzügiger BAG DB **84**, 2517 (wahrscheinlich ja bei einem privatrechtlichen Pensions-Sicherungsverein mit Aufgaben und Befugnissen der öffentlichen Verwaltung), strenger Hamm AnwBl **89**, 616 (nein, wenn offen ist, ob die Versicherung zahlen wird). Zum Problem Bach VersR **79**, 506. Erst recht ja, wenn der Haftpflichtversicherer des Bekl den Kläger gerade

§ 256

Buch 2. Abschnitt 1. Verfahren vor den LGen

zur bloßen Feststellungsklage auffordert, Stgt VersR **99**, 1558. Nicht schon bei einer bedeutenden juristischen Person des Privatrechts.

83 Bei einer erst *teilweise* feststehenden Schadenshöhe ja wegen des Rests, Naumb RR **01**, 304. Bei einer teilweise fälligen Forderung ja auf Feststellung der Restforderung, zB auf Feststellung des entstandenen und künftigen Schadens (keine Spaltung in Feststellungs- und Leistungsklage). Ja (statt § 258) für den Unterhalt in der ferneren Zukunft, BGH NJW **83**, 2197. Ja bei Zulässigkeit einer Klage aus § 259, weil sie zu unsicher ist. Ja, wenn die Tragweite der Feststellung weiter reicht, BAG FamRZ **76**, 622, Celle BB **78**, 567, zB derzeit ein Anspruch aus § 829 BGB zwar noch nicht gegeben ist, aber möglich werden kann, Rn 18. War eine Feststellungsklage bei Klagerhebung zulässig, so braucht der Kläger im Prozeß grds nicht zur Leistungsklage überzugehen. Ausnahmsweise muß das aber dann geschehen, wenn die Schadensentwicklung bereits im 1. Rechtszug voll abgeschlossen ist, wenn der Bekl den Übergang anregt und wenn damit weder eine Verzögerung noch ein Instanzverlust verbunden sind, BGH NJW **78**, 210, Hamm VersR **75**, 173.

84 Eine *Leistungsklage* des Bekl räumt eine leugnende Feststellungsklage des Klägers regelmäßig aus, BGH NJW **91**, 1062, Ffm GRUR **97**, 485, aM Gruber ZZP **117**, 161, evtl auch eine behauptete Feststellungsklage des Klägers, Karlsr RR **93**, 243 (auch bei einer Klagerweiterung), LAG Düss BB **75**, 471, ThP 19, aM BGH NJW **75**, 1320, Walker ZZP **111**, 454 (wegen [jetzt] Art 27 EuGVVO), ZöGre 16 (kein Ausschluß), Zeuner Festschrift für Lüke (1997) 1013 (Ausschluß der Leistungsklage. Aber alles das widerspricht der Prozeßwirtschaftlichkeit, Grdz 14 vor § 128). Die folgende Leistungsklage zwingt also den Feststellungskläger zur Erledigterklärung, § 919. Das gilt aber nur, wenn der Bekl sie nicht mehr einseitig zurücknehmen kann, BGH NJW **91**, 1062, Düss GRUR **93**, 160, Hamm RR **86**, 923. Weitere Voraussetzung ist dann, daß der Kläger nicht trotzdem ein berechtigtes Interesse an der Durchführung hat, zB wegen der Beschleunigung oder Vereinfachung des Verfahrens. Ja evtl, wenn die Feststellungsklage in erster oder zweiter Instanz im wesentlichen entscheidungsreif ist, Hamm RR **86**, 923, Düss GRUR **93**, 160. Ja, wenn durch die negative Feststellungsklage der Streit um Geld vermeidbar ist, dessen Hinterlegung droht, BGH NJW **78**, 1521, oder wenn die Streitgegenstände sich unterscheiden, BayObLG WoM **89**, 529.

85 *Nein* nach gegnerischer *Erfüllung vor Rechtshängigkeit* für eine noch unbezifferte Kostenerstattungsforderung, aM Hbg MDR **98**, 367 (aber man kann sehr wohl beziffert Leistungsklage erheben, nur evtl erst etwas später). Nein für eine leugnende Feststellungsklage, soweit sich der Gegner nicht mehr ernsthaft eines weitergehenden als des eingeklagten Anspruchs berühmt, LG Ffm RR **91**, 379. Nein evtl für eine Leistungsklage des Bekl, wenn der Kläger der leugnenden Feststellungsklage dem abweisenden Urteil voraussichtlich genügen wird. Nein, wenn erst in absehbarer Zukunft eine Anfechtungsklage möglich ist. Etwas anderes gilt aber zumindest dann, wenn ein Abwarten unzumutbar ist. Nicht schon deshalb ja, weil im Leistungsprozeß eine Beweisaufnahme nötig wird (es ist ein Grundurteil möglich!), Düss MDR **87**, 1032, oder weil evtl durch ein Vergleich durch ein Feststellungsurteil ermöglicht wird (anders ist es bei einem bestimmten Anhalt dafür). Ja zur Feststellung einer Persönlichkeitsrechtsverletzung nebst einem Antrag auf Veröffentlichung des Urteils, Hbg MDR **75**, 56. Wegen der Feststellungsklage betr ein ausländisches Urteil Geimer JZ **77**, 146, 213.

86 *Nein*, wenn der *Kaskoversicherer* die Deckungspflicht nicht bestreitet und nur die Zuständigkeit des Sachverständigenausschusses zur Entscheidung über die Schadenshöhe einwendet, Stgt VersR **80**, 1114. Nein grds, soweit eine Stufenklage in Betracht kommt, BGH GRUR **01**, 1177 (auch zur Ausnahme im Gewerblichen Rechtsschutz und Urheberrecht). Nein, wenn nur noch die Kostenfrage ungeklärt ist und man zB durch einen Widerspruch gegen eine einstweilige Verfügung einfacher und billiger klären kann, BGH MDR **85**, 467. Nein, wenn damit nur eine Einstellung nach § 769 möglich werden soll, Düss FamRZ **85**, 1149.

S auch Rn 92 „Sicherheitsleistung", Rn 101 „Versicherung".

87 Marke: Ja für den verwarnten Anmelder bei einem Abwehrinteresse. Ja für den Verletzten, wenn Schadensersatzansprüche noch problematisch sind, aber Verjährung droht.

Mietverhältnis: Ja für die Feststellung, daß der Mietvertrag durch die Kündigung beendet sei, neben der Klage auf Räumung, Celle BB **78**, 576. Eine Feststellungsklage auf die Verpflichtung des Vermieters, die Umzugskosten zu erstatten und eine Räumungsentschädigung zu zahlen, kann auch vor der Räumungsklage zulässig sein. Ja für die Feststellung, daß das Mietverhältnis trotz einer Streitigkeit über seinen Umfang oder trotz einer drohenden Kündigung des Vermieters fortbestehe, AG Ibbenbüren WoM **80**, 62, oder wegen der Unwirksamkeit einer bereits ausgesprochenen Kündigung des Vermieters fortbestehe, Mü ZMR **97**, 234, LG Hbg WoM **93**, 464, Notz ZMR **97**, 499 (selbst beim Zurückbehaltungsrecht), aM LG Bielef WoM **85**, 121 (aber es geht um das ganze Mietverhältnis). Ja, daß ein Mietverhältnis nicht bestehe, BGH NZM **05**, 704 (zu II) oder daß es nicht fortbestehe, Düss MietR **96**, 154, LG Bln ZMR **00**, 673 (zumindest wegen weiterer etwaiger Vermieteransprüche). Im Streit, wer von den Parteien mit einem Dritten einen Mietvertrag schloß. Rechtsverhältnis im Sinn von I ist der Mietvertrag, nicht die Einigung, AG Hbg-Blankenese WoM **80**, 56.

Die Tatsache, daß *Rauch* eindringt, ist kein Rechtsverhältnis, LG Mannh ZMR **78**, 25. Ja, soweit trotz einer Aufrechnung im Verwaltungsprozeß dort eine Aussetzung erfolgen mußte, AG Springe WoM **85**, 158. Ja, daß der Mieter beim Mietende Verunreinigungen beseitigen muß, Hamm RR **97**, 1489. Ja für eine Schadensersatzpflicht des Vermieters dem Grunde nach, soweit sich der Schaden noch nicht beziffern läßt, LG Bln ZMR **99**, 823. Ja evtl statt § 259, LG Heidelb WoM **01**, 346. Ja, evtl zur Klärung, ob man Schönheitsreparaturen ausführen muß, LG Bln ZMR **03**, 489.

Nein wegen der Feststellung einer künftigen Räumungspflicht, wenn der Vermieter nach Ablauf der Kündigungsfrist Räumungsklage erheben kann, AG Löbau WoM **93**, 664, oder wenn es um die Unwirksamkeit einer Abmahnung des Vermieters wegen Lärms geht, LG Bln RR **97**, 205. Nein, soweit die Forderung der Höhe nach feststeht, Naumb RR **01**, 304. Nein wegen Räumungskosten, wenn der Vermieter die Räumungsklage nach Räumung nicht unverzüglich zurücknahm, LG Bln ZMR **04**, 193.

S auch Rn 105 „Wohnungseigentum".

Titel 1. Verfahren bis zum Urteil §256

Nichtige Entscheidung: Auf Einwendungen gegen die Zulässigkeit der Vollstreckungsklausel oder auf eine 88 angebliche Unzulässigkeit der Zwangsvollstreckung aus dieser Klausel braucht sich der Kläger nicht verweisen zu lassen.
Notarkosten: Nein für eine verneinende Feststellung, soweit der vorrangige § 156 KostO anwendbar ist, auch beim Anwaltsnotar, BGH AnwBl **88**, 115.
Öffentliches Recht: Ja, soweit der Rechtsweg zulässig ist, § 13 GVG Rn 30 ff. 89
Pacht: Ja für die Klage eines Mitverpächters gegen den anderen Mitverpächter wegen eines Rechtsver- 90 hältnisses zu einem Dritten.
Patent: Rn 74 „Gewerbliches Schutzrecht".
Persönlichkeitsrecht: Evtl ja für die Feststellung, durch welche Tatsachenbehauptung es verletzt worden ist, selbst wenn der Kläger zugleich Unterlassung, Schmerzensgeld usw verlangt, LG Konst NJW **76**, 2353, Rn 14, 15.
Politische Partei: Ja für die Feststellung der Ungültigkeit einer Wahl eines Ortsverbandes. Ja bei einer Unsicherheit über die Fortdauer der Mitgliedschaft, Hamm NJW **00**, 523. Zum richtigen Bekl § 50 Rn 15.
Preisausschreiben: Ja für die Feststellung, daß die Preisvorgabe an einen Mitbewerber unwirksam ist, BGH NJW **84**, 1118.
Presserecht: Es kann durchaus ein rechtliches Interesse an der Feststellung des Nichtbestehens des Anspruchs auf eine Gegendarstellung bestehen, Celle RR **89**, 183.
Prozeßrechtliche Feststellung: Ja nur dann, wenn sie gesetzlich besonders zugelassen ist, wie bei § 878 ZPO, §§ 115, 156 ZVG.
Rabattverlust: Rn 101 „Versicherung". 91
Rechnungslegung: Nein für eine Ersatzfeststellung neben der Klage auf Rechnungslegung, § 254 Rn 2.
Rechtsanwalt: Ja für die Feststellung des Nichtbestehens einer Haftung wegen Vertragsverstoßes beim Anwaltsvertrag, sobald der Auftraggeber mit einem Schadensersatzanspruch droht, BGH NJW **92**, 437.
Rechtswidrigkeit: Nein, soweit sie eine bloße Vorfrage darstellt, Rn 5, BGH NJW **77**, 1288.
Sachenrechtsbereinigungsgesetz: Vgl dessen § 108 I, II, abgedruckt vor Rn 1.
Schadensersatz: Ja für die Feststellung der Pflicht zum Schadensersatz, soweit sein Eintritt nach der Lebenserfahrung und nach gewöhnlichem Verlauf in gewissem Maße wahrscheinlich ist, BGH NJW **03**, 1052 (evtl nähere Darlegung nötig), BAG NJW **03**, 1756, Mü NJW **04**, 228.
Schiedsvereinbarung: Ja für eine Klage auf Feststellung des Nichtbestehens, solange § 1054 nicht erfüllt 92 ist. Ein wirtschaftliches Interesse reicht aus, BGH KTS **77**, 45.
Schmerzensgeld: Ja bei der Möglichkeit weiterer Verletzungsfolgen selbst nach einem Grundurteil, BGH MDR **01**, 765.
Schuldnermehrheit: Ja zur Klärung zwischen den Schuldnern, BGH **123**, 46.
Selbständiges Beweisverfahren: Nein für eine leugnende Feststellungsklage bis zum Abschluß des zugehörigen selbständigen Beweisverfahrens nach §§ 485 ff, Düss OLGZ **94**, 228.
Sicherheitsleistung: Nein, solange die Frist nach § 109 I läuft, Schlesw MDR **86**, 944.
Sozialhilfe: Ja, daß der Schädiger gegenüber dem Sozialhilfeträger ersatzpflichtig und der Geschädigte daher kein „Sozialhilfefall" ist, Köln VersR **88**, 61.
Stiftung: Nein, soweit dem klagenden Destinatär die Sachbefugnis fehlt, Grdz 23 vor § 50, BGH **99**, 355.
Streitverkündungsgegner: Nein bei einem schwebenden Prozeß für eine Klage auf Feststellung des Nichtbestehens des Anspruchs des Streitverkünders, §§ 72 ff, weil sonst dessen Recht beeinträchtigt wird.
Stufenklage: Rn 74 „Gewerbliches Schutzrecht", Rn 86 „Leistungsklage. Nein".
Testamentsvollstreckung: Rn 66 „Erbrecht". 93
Unterhalt: Ja für die künftige Feststellung der Ersatzpflicht für einen entgangenen Unterhaltsanspruch. Das 94 gilt auch dann, wenn der Gesamtumfang der zur Zeit gewährten Renten der Sozialversicherung den Unterhaltsanspruch erheblich übersteigt, Ffm VersR **83**, 238. Ja (statt § 258) für die fernere, noch nicht absehbare Zukunft, BGH NJW **83**, 2197, Celle RR **88**, 990. Ja für die Feststellung, ob und in welcher Höhe ein Zehnjähriger als Sonderbedarf eine voraussichtliche kieferorthopädische Behandlung bezahlt bekommen wird, Karlsr FamRZ **92**, 1317. Grds ja, daß der Unterhaltsanspruch nicht ganz oder teilweise verwirkt sei, Ffm FamRZ **93**, 436. Nein freilich, wenn insoweit bereits eine Abänderungsklage schwebt, Ffm FamRZ **93**, 347. Ja für die Feststellung, daß aus einer einstweiligen Anordnung kein Unterhalt mehr geschuldet werde, Zweibr FamRZ **01**, 424 (das Urteil muß den Anspruch abschließend behandeln). Ja, daß kein Anspruch des Sozialleistungsträgers mehr bestehe, Köln RR **01**, 867.

Nein für die Feststellungsklage, daß die volljährige Tochter keinen Unterhaltsanspruch für die Vergangenheit gehabt habe, wenn sie keinen Unterhalt gefordert hat, Nürnb FamRZ **82**, 1102. Nein für die verneinende Feststellungsklage dann, wenn der Gegner (Gläubiger) nach der Ablehnung einer einstweiligen Anordnung längere Zeit wartete, BGH NJW **95**, 2032, Karlsr FamRZ **94**, 837, strenger Köln FamRZ **01**, 106 (nein überhaupt gegenüber § 644). Nein, soweit ein Titel vorliegt, Hamm FamRZ **97**, 1407. Nein für die Feststellung, daß der Bekl nicht berechtigt sei, Unterhalt nur unter Vorbehalt zu zahlen, soweit in einem weiteren Prozeß die Feststellung begehrt wird, daß der Unterhaltsanspruch nicht ganz oder teilweise verwirkt sei, Ffm FamRZ **93**, 436. Nein für nachehelichen Unterhalt vor der Scheidung, Brdb RR **02**, 578. Nein für die verneinende Feststellungsklage gegen den ursprünglichen Gläubiger während des Rechtsübergangs auf den Sozialhilfeträger, KG FamRZ **03**, 1571.

S auch Rn 60 „Auskunft", Rn 63 „Ehe", Rn 96 „Vaterschaft".
Unterlassung: Ja für den Vertragsschuldner, wenn der Gläubiger auf eine Anfrage, ob eine geplante Änderung der beanstandeten Äußerung erlaubt sei, nicht antwortet, Düss MDR **88**, 783. Ja, wenn man so auf einen Angriff nach §§ 926, 945 reagieren kann, Mü MDR **92**, 864. Ja für die Feststellung eines gegnerischen Sich-Bemühens, Stgt RR **02**, 1625. Ja für die Feststellung des Nichtbestehens eines gegnerischen Unterlassungsanspruchs, solange der Gegner eindeutig, nachhaltig und ernsthaft abmahnt, Hbg RR **03**, 411.

§ 256   Buch 2. Abschnitt 1. Verfahren vor den LGen

Nein für die Feststellung des Nichtbestehens einer gesetzlichen Unterlassungsanspruchs, soweit der Bekl seine vor einem anderen Gericht rechtshängige Unterlassungsklage nicht mehr einseitig zurücknehmen kann, Düss GRUR **92**, 208.
S auch „Urheberrecht".

Urheberrecht: Ja für die Klärung nur der urheberrechtlichen Beziehungen, nicht der sonstigen, soweit das prozeßwirtschaftlich ausreicht, BGH GRUR **87**, 704. Nein für die Feststellung, daß dem Bekl kein Unterlassungsanspruch gegen den Kläger zustehe, falls dieser in Zukunft Tonträger durch Kauf auf Probe vertreiben sollte, an denen der Bekl ein Recht nach § 85 UrhG besitze, GRUR **01**, 1036.

Urkunde: Ja für die Feststellung ihrer Echtheit oder Unechtheit, BGH NZM **00**, 826. Das ergibt sich schon aus dem Wortlaut von I. Zum Urkundenbegriff Üb 5 vor § 415, zur Echtheit §§ 437 ff.

95 **Urteil:** Ja wegen der Tragweite und des Inhalts, wenn der Streit durch Zwangsvollstreckungs-Organe zu beheben ist. Ja, wenn über die Tragweite eines auf Benutzungsunterlassung eines Patents oder einer Marke gehenden Urteils Unklarheit besteht, auch wenn die Frage im vorangegangenen Vollstreckungsverfahren schon entschieden wurde. Ja bei einem Streit, ob eine Zug-um-Zug-Leistung erbracht ist.

96 **Vaterschaft,** dazu *Frank,* Gedanken zu einer isolierten Abstammungsfeststellungsklage, Gedächtnisschrift für *Arens* (1993) 65: *Habscheid/Habscheid* FamRZ **99**, 480 (Üb).
Ja für ein nicht anerkanntes Kind, daß die Vaterschaft eines bestimmten Mannes feststellen lassen will, § 1600 n BGB. Ja, selbst wenn der Mann urkundlich anerkennen will, solange er es nicht tut, KG FamRZ **94**, 909, Nürnb AnwBl **95**, 110. Ja für eine Klage auf Unwirksamkeit der Anerkennung. Ja für eine Feststellung, daß der Anerkennende nicht Vater des Kindes ist, § 1599 BGB, § 641. Nein für eine gewöhnliche Feststellungsklage, Gaul FamRZ **00**, 1474, insbesondere soweit § 640 anwendbar ist. Ja für die Feststellung der Anerkennung eines ausländischen Kindschaftsurteils, Hamm FamRZ **93**, 438.
Nein für ein eheliches Kind wegen der Feststellung, ob es das Kind des Vaters ist, weil er es nach § 1592 Z 2 BGB ist. Auch § 1593 BGB steht einer solchen positiven Feststellungsklage entgegen. Die Vaterschaft kann nur angefochten werden, der angeblich wahre Vater hat kein Anfechtungsrecht und kann nicht auf Feststellung klagen, solange die Anerkennung eines anderen Mannes besteht, BGH MDR **99**, 549, Köln NJW **02**, 525. Damit kann freilich etwa bei einem Anerkenntnis des anderen Mannes die Vaterschaft zugunsten des wahren Vaters ungeklärt bleiben, ein fragwürdiges Ergebnis. Die Beschränkung auf einzelne Rechtswirkungen der Vaterschaft ist unzulässig, BGH **60**, 248, krit Sturm JZ **74**, 205.
§§ 642 ff verlangen *nicht* die Darlegung eines *besonderen Rechtsschutzbedürfnisses.* Wer es leugnet, muß einen Grund dafür dartun. Nein für die Klage auf eine Feststellung, daß das Kind nicht von dem Ehemann der Mutter abstamme, sondern vom Kläger, solange niemand die Vaterschaft mit Erfolg angefochten hat, BGH **80**, 219.
S auch Rn 94 „Unterhalt".

97 **Verein:** Ja, daß eine Ausschließung unstatthaft gewesen sei, Hamm RR **97**, 989. Ja für die obendrein vom Registergericht unter Fristsetzung „angeordnete" Klage auf Feststellung der Nichtigkeit der in einer Mitgliederversammlung durchgeführten Vorstandswahl, Zweibr Rpfleger **90**, 77. Ja nur für den Verein selbst auf Feststellung der Nichtigkeit eines Versammlungsbeschlusses, LG Ffm RR **98**, 396. Ja für eine Feststellung, daß ein Vorstandsmitglied, dem „Entlastung verweigert" wurde, nicht schadensersatzpflichtig ist, Köln RR **97**, 483.
Nein, daß ein Vereinsbeschluß unwirksam sei, wenn dieser später wirksam bestätigt wurde.

Vergleich: Über eine Klage auf Feststellung der Unwirksamkeit eines Prozeßvergleichs, Anh § 307 Rn 36. Ja für die Auslegung des Vergleichs, Mü AnwBl **86**, 542. Ja für die Feststellung, nach einem Vergleich einen noch vorbehaltenen Anspruch geltend machen zu können, Düss VersR **99**, 587. Nein bei einer vergleichsähnlichen Vereinbarung, die einen Verzicht auf gerichtliche Feststellungen enthält, Karlsr VersR **92**, 375.

98 **Verjährung:** Ja, (nur) wenn dem Anspruch eine Verjährung droht, BGH FamRZ **03**, 1092, KG VersR **00**, 1146, Kblz NJW **03**, 521, Mü NJW **04**, 225, aM AG Groß Gerau FamRZ **89**, 1102 (aber gerade drohende Verjährung schafft ein Feststellungsinteresse). Erlebt der Kläger eine Feststellungsklage für Ansprüche aus der Vergangenheit und für die Zukunft und wendet der Bekl Verjährung ein, die, das Gericht im Feststellungsrechtsstreit prüfen muß, so muß das Gericht beim Durchgreifen der Einrede das Feststellungsinteresse insoweit verneinen und die Klage als unzulässig abweisen. Ja, sogar für eine weitere Feststellungsklage, wenn man die Verjährung nicht so abwenden kann, BGH **93**, 289.

99 Ja für einen Deckungsprozeß aus zu pfändendem Recht, wenn der Dritte ein rechtliches Interesse an alsbaldiger Feststellung der Deckungspflicht hat, zB wegen Entzug des Deckungsanspruchs als Befriedigungsobjekt, etwa durch Verjährung oder Ablauf der Frist des § 12 III VVG, LG Mü VersR **94**, 83.
Nein, soweit eine *Leistungsklage* möglich und zumutbar ist. Das ist nicht der Fall, wenn der Zahlungsanspruch noch einer eingehenden tatsächlichen Prüfung bedarf. Nein wegen des Neubeginns der Verjährung. Die Verjährung rechtfertigt nur eine Feststellung des Verweigerungsrechts, nicht mehr. Durch eine leugnende Feststellungsklage und deren Abweisungsantrag tritt kein Neubeginn der Verjährung ein, durch die Abweisung der Klage als unbegründet evtl keine eigene Wirkung gemäß § 197 I Z 3 BGB. Bei einem zeitlich unbeschränkten Verzicht auf die Verjährungseinrede trotz § (jetzt) 202 BGB nein, LG Weiden VersR **76**, 548, aM ZöGre 8 a.
Nein, wenn der Versicherer auf die Verjährungseinrede verzichtet und dem Versicherungsnehmer den Schutz nicht entzieht, BGH VersR **84**, 787, Karlsr VersR **02**, 729 (ein auf die Verjährungswirkung beschränktes Anerkenntnis genügt nicht). Nein bei einem mehrjährigen Verzicht, Oldb VersR **80**, 272, aM Celle VersR **89**, 102. Nein, soweit eine Verjährung durch eine Vollstreckungshandlung abwendbar ist, BGH FamRZ **03**, 1092.

100 **Verlag:** Ja gegen ihn beim zweigleisigen Vertrieb, daß der vorgeschriebene Endpreis nicht mehr gilt, Ffm RR **86**, 262.

Verlöbnis: Ja für Streit aus ihm.

Verschulden: Nein, soweit es eine bloße Vorfrage darstellt, Rn 5.

Titel 1. Verfahren bis zum Urteil § 256

Versicherung: Ja, soweit der Versicherungsnehmer zur Erhaltung seiner Rechte nach § 12 III VVG den **101** „Anspruch auf die Leistung" geltend machen muß, BGH VersR **75**, 440, von Stebut VersR **82**, 108. Ja für die Feststellung des Fortbestands einer Versicherung, BGH RR **05**, 260. Ja für die Feststellung der Gewährung eines Versicherungsschutzes in der Rechtsschutzversicherung trotz der Bezifferbarkeit der Kosten des betreffenden Prozesses, BGH VersR **83**, 125. Ja für die Feststellung, der Versicherer habe kraft besonderer Vereinbarung abweichend von AVB auf Reparaturkostenbasis statt auf Totalschadenbasis abzurechnen, BGH VersR **8**, 75. Ja, solange ein in den Versicherungsbedingungen vorgesehenes Sachverständigenverfahren zur Ermittlung der Schadenshöhe noch durchführbar ist, BGH VersR **86**, 675, Hamm NVersZ **99**, 380. Ja für eine Feststellung unabhängig von einer etwa möglichen Leistungsklage, wenn sie vor der Rechtskraft des Haftpflichtanspruchs anhängig geworden ist, Hamm VersR **87**, 88.

Ja für die *verneinende* Feststellungsklage des *Haftpflichtversicherers* gegen den Versicherungsnehmer, selbst wenn dieser bisher im Deckungsverhältnis Leistungsklage erhoben hat, LG Ffm ZfS **88**, 24. Ja im Deckungsprozeß gegen die Kfz-Versicherung, selbst wenn der Versicherungsnehmer den Schaden beziffern könnte, Brschw VersR **94**, 1293. Ja für eine Erstattung von Kosten einer in-vitro-Fertilisation, BGH NJW **88**, 774. Ja wegen künftigen Rabattverlustes, BGH NJW **92**, 1035. Ja wegen einer Zusatzversicherung, BGH RR **05**, 260, KG VersR **97**, 95. Ja evtl auch für den Geschädigten, daß der Haftpflichtversicherer dem Schädiger Deckungsschutz zu gewähren habe, BGH VersR **01**, 90. Ja, wenn man dem Versicherungsnehmer eine Vorleistung ohne Klärung der Leistungspflicht des Versicherers nicht zumuten kann, Köln RR **03**, 1609.

Nein, daß die Haftpflichtversicherung keine Leistungsfreiheit geltend machen könne, BGH VersR **75**, 440, es sei denn, der Anspruch sei dem Geschädigten nach Grund und Höhe rechtskräftig festgestellt worden, BGH NJW **81**, 870. Neben der Klage auf Rente nein, daß Beitragsfreiheit versprochen worden sei, LG Kaisersl VersR **92**, 221. Nein, soweit der Versicherer Widerklage auf Erstattung seiner Leistungen erhebt. Nein zur bloßen Auslegung einer Ausschlußklausel, BGH VersR **86**, 133. Nein für die Deckungsklage, wenn der Kläger auf Direktklage durch Teilversäumnisurteil verurteilt wurde, der Versicherer aber gesiegt hat, weil ein gestellter Unfall vorlag, LG Köln VersR **90**, 1384.

S auch Rn 53 „Anerkenntnis".

Vertragsstrafe: Nein für die Feststellung einer Schadensersatzpflicht, soweit der Kläger eine Vertragsstrafe geltend machen kann, BGH NJW **93**, 2993.

Verzicht: Nein, sobald der Kläger auf den Anspruch verzichtet, Düss VersR **00**, 992.

S auch Rn 97 „Vergleich".

Verzug: Nein für sein Vorliegen oder Fehlen, weil er nur Element oder Vorfrage eines Rechtsverhältnisses ist, Rn 5, BGH NJW **00**, 2663 (krit Schilken JZ **01**, 199), aM Zeuner (vor Rn 1) 610.

Vollstreckungsfragen: Ja zwecks Klärung erweiterten Zugriffs bei § 850f II. Ja bei Auslegungsschwierig- **102** keiten wegen eines schon vorhandenen Leistungstitels, BGH NJW **97**, 2321, BAG NJW **02**, 3046, Karlsr Rpfleger **05**, 96 (Vollstreckungsfähigkeit), zB bei § 850f II, § 850f Rn 9. Ja beim Verlust des Leistungstitels. Die Entscheidung im Vollstreckungsverfahren beseitigt das Feststellungsinteresse nicht stets. Die Vollstreckungsabwehrklage nach § 767 beseitigt, wenn die Bekl sie nachträglich erhoben hatte, nicht grds ein rechtliches Interesse des Klägers an der leugnenden Feststellung. Denn sie hat ein anderes Ziel und eine andere Wirkung, § 767 Rn 6 (A), BGH NJW **97**, 2321, Kblz FamRZ **94**, 1196, Mü RR **01**, 131. Ja für den Gläubiger, der einen Schuldtitel besitzt. Ja also, daß die Vollstreckung aus einem Titel gegen seinen Schuldner, der das leugnet, zulässig sei, Kblz Rpfleger **93**, 28. Vgl auch § 767 Rn 6. Ja für den Unterhaltsschuldner, der den Wegfall der Bedürftigkeit des Gläubigers behauptet, für die leugnende Feststellungsklage, und zwar auch für den Zeitraum vor dem Verzug des Gläubigers mit dem Verzicht auf den Anspruch aus einer einstweiligen Anordnung, Düss FamRZ **85**, 1148, aM Karlsr FamRZ **80**, 610 (aber das ist zu streng).

Nein, wenn sich der Vollstreckungsschuldner nur mit dem Einwand „unverschuldete Zahlungsschwäche" wehrt, Kblz AnwBl **90**, 40. Nein wegen eines Sonderkündigungsrechts nach § 57c ZVG, Drsd ZMR **03**, 421.

Vorsatz: Ja bei § 850f, dort Rn 8.

Vorschußklage: Nein neben einer umfassenden Vorschußklage für die Feststellung der Pflicht, alle weiteren Mängelbeseitigungskosten zu tragen, Celle RR **86**, 99.

Wahl: Rn 90 „Politische Partei". **103**

Werkvertrag: Ja für den Besteller, der neben einem Kostenvorschuß zur Mängelbeseitigung die Feststellung der Verpflichtung des Unternehmers zur Bezahlung der den Vorschuß übersteigenden Kosten begehrt, BGH NJW **02**, 681. Ja für den Besteller, soweit noch ein selbständiges Beweisverfahren läuft, Kblz RR **88**, 533. Ja gegen den Bauträger, daß er verpflichtet ist, Grundwasserschaden abzuwenden und evtl Schadensersatz zu leisten, Düss VersR **00**, 973.

Widerklage: Nicht schon deshalb nein für die Feststellungsklage, weil man sie in einem anderen Prozeß als **104** Widerklage nach Anh § 253 erheben kann. Denn beide Wege bestehen nebeneinander. S auch Rn 101 „Versicherung".

Widerruf: Rn 65 „Ehre".

Wohnungseigentum: Ja, daß eine Funkantenne nicht ohne Zustimmung des Klägers hatte errichtet werden **105** dürfen, BayObLG NZM **99**, 1146. Ja, daß ein nicht angefochtener Beschluß der Eigentümerversammlung für ein bestimmten Eigentümer verbindlich sei, LG Mannh ZMR **79**, 319. Ja für die Feststellung der Nichtigkeit der Verwalterbestellung, selbst wenn diese wegen Zeitablaufs hinfällig ist, BayObLG NZM **04**, 624. Ja, daß ein Beschluß der Eigentümer in Wahrheit einen anderen bestimmten Inhalt habe, BayObLG **03**, 64, bzw keinen bestimmten Inhalt habe, BayObLG RR **90**, 211. Ja für den Verwalter, soweit sich ein Eigentümer eines Anspruchs gegen ihn berühmt, Düss ZMR **96**, 622. Ja für den Verwalter, daß eine Kündigung seines Vertrags unwirksam sei, BGH MDR **02**, 1427. Ja für die Feststellung der Nichtigkeit der Versagung der Verkaufszustimmung, BayObLG RR **03**, 950.

Nein, daß ein auslegungsfähiger Rechtsbegriff in der Teilungserklärung einen bestimmten allgemeinen Sinn habe, LG Mannh ZMR **79**, 319. Nein, daß ein Beschluß der Eigentümer nicht wirksam geworden sei, wenn sie dazu später einen weiteren, wirksamen Beschluß gefaßt haben, BayObLG WoM **86**, 356. Nein, daß die Gemeinschaft eine Zustimmung zu der Gebrauchsüberlassung an einen Dritten nur aus wichtigem Grund versagen dürfe, BayObLG WoM **88**, 91. Nein, wenn ein anderer umfassenderer Weg in Betracht kommt, zB eine Verpflichtungsklage, Rn 77, BayObLG RR **92**, 1433. Nein, wenn die Feststellung einer Duldungspflicht schon in einer einen Beseitigungsanspruch abweisenden Entscheidung getroffen wurde, Köln NZM **00**, 305.

106 **Zahlungsklage:** Rn 77 „Leistungsklage".
Zustellung: Nein, da kein Rechtsverhältnis, sondern ein sog Realakt zu klären ist.
Zwangsvollstreckung: Rn 102 „Vollstreckungsfragen".
Zwischenfeststellung: Rn 108.

107 **9) Urkundenfeststellungsklage, I.** Regelwidrig ist eine Klage auf Feststellung der Echtheit oder Unechtheit einer Urkunde zulässig. Da es sich hierbei um eine reine Tatsachenfeststellung handelt, läßt der Ausnahmefall keine ausdehnende Auslegung zu, zB nicht auf Feststellung der Vollmacht eines fremden Unterzeichners. Das Rechtsverhältnis selbst ist hier gar nicht im Streit, Begriff der Urkunde Üb 4 vor § 415, Begriff der Echtheit § 440 Rn 3. Unerheblich ist, wer Besitzer oder Aussteller der Urkunde ist. Die Rechtskraftwirkung des Urteils nach § 322 Rn 38 besteht im Ausschluß jeder anderen Würdigung der Echtheit in jedem zwischen denselben Parteien schwebenden Streitverfahren. Aber darum ist die Klage noch nicht zulässig, wenn die Rechtskraft eines Leistungsurteils den Gegner nicht binden würde. Übrigens ist diese Klage sehr selten. Ihre Zulassung im Gesetz ist lehrmäßig und praktisch verfehlt. Wer ein Recht aus der Urkunde ableitet, muß ihre Echtheit beweisen. Ist die Echtheit rechtskräftig festgestellt worden, können zwar nicht die Parteien dieses Prozesses die Unechtheit noch beweisen, wohl aber kann jeder andere diesen Beweis führen, auch der Streitgenosse. Vgl § 419 Rn 4.

108 **10) Zwischenfeststellungsklage, Inzidentfeststellungsklage oder -widerklage, II.** Es gelten die folgenden Sonderregeln Etwas ähnlich, aber mit erheblich weiteren Wirkungen verläuft das Verfahren nach dem KapMuG, SchlAnh VIII, mit seinem Musterentscheid des OLG.

A. Rechtsnatur. Die Zwischenfeststellungsklage oder -widerklage nach § 33 ist eine zugleich mit der Hauptklage nach § 260 oder im Verfahren nach § 261 II erhobene Klage oder Widerklage auf Feststellung eines die Entscheidung bedingenden vorgreiflichen Rechtsverhältnisses, BGH NZM **05**, 704, BAG NZA **04**, 1407 links. Ihr Zweck ist die Ausdehnung der Rechtskraftwirkung auf den Grund der Zwischenklage oder -widerklage, BGH NJW **92**, 1897, Kblz ZMR **02**, 745, Hager KTS **93**, 51. Es ist unerheblich, ob das Gericht seine Entscheidung über die Feststellungsklage auch auf die in der Zwischenklage geltend gemachten Gründe stützen muß, Köln MDR **81**, 678. Die Zwischenklage ist bzw wird unzulässig, wenn bzw sobald schon die in der Hauptsache ergehende Entscheidung die Rechtsbeziehungen erschöpfend klarstellt, BGH MDR **79**, 746, Ffm FamRZ **83**, 176, Nürnb MDR **85**, 417. Die Zwischenklage wird ferner unzulässig, wenn der Kläger der Zwischenwiderklage auf alle Ansprüche aus dem Rechtsverhältnis verzichtet.

109 Sie ist ein *Ausgleich* dafür, daß die Grundlagen der Entscheidung bis auf die nach § 322 Rn 6 ff, 20 tragenden nicht in Rechtskraft übergehen können, aM Hager KTS **93**, 40. Ihr Gegenstand kann nur eine durch den Sachverhalt und eine Rechtsnorm gegebene Beziehung einer Person zu einer anderen oder zu einer Sache sein, Ffm FamRZ **83**, 176. Sie ist eine Feststellungsklage. Ihre Voraussetzungen legt aber allein II fest. Eines besonderen rechtlichen Interesses an der alsbaldigen Feststellung bedarf es grundsätzlich nicht, BGH NJW **92**, 1897, BAG NZA **04**, 1407 links, Kblz AnwBl **89**, 49, vgl aber Rn 118. In geeigneten Fällen steht dem Kläger ausnahmsweise auch die gewöhnliche Feststellungsklage nach § 256 zu offen. Indessen hat II grundsätzlich Vorrang, Naumb RR **01**, 304. Auf seiten des Klägers enthält die Klage als „Zusatzklage" keine Erweiterung des Klagantrags, sondern eine Anspruchshäufung nach § 260. Der Bekl erhebt mit ihr eine eigenartige Widerklage, Anh § 253. Die Klage ist weder durch noch gegen andere Prozeßbeteiligte, zB den Streithelfer, statthaft. Denn insoweit besteht keine Vorgreiflichkeit. Soweit gegenüber einem Dritten freilich ein Feststellungsinteresse vorliegt, kann die leugnende Zwischenklage als Widerklage gegen den Dritten zulässig sein, BGH NJW **77**, 1638.

110 **B. Zulässigkeit.** Die Zwischenfeststellungsklage ist auch bei einer Stufenklage nach § 254 zulässig, BGH MDR **99**, 350. Sie ist ferner hilfsweise zulässig, BGH NJW **92**, 1897. Sie ist auch im WEG-Verfahren denkbar, BayObLG **03**, 66. Sie kommt auch zwecks Vermeidung widersprüchlicher Entscheidungen nach § 301 in Betracht, BGH RR **03**, 303. Sie ist in folgenden Fällen unzulässig: Wenn der Hauptantrag schon rechtskräftig geklärt ist, BayObLG **03**, 66; wenn die Leistungsklage mangels Bestimmtheit unzulässig ist, § 253 II Z 2, BGH RR **94**, 1272; wenn es nur um eine Vorfrage geht, BGH NZM **05**, 704; wegen der Prozeßeigenart im Urkunden- und Wechselprozeß, § 592 ff, im einstweiligen Verfahren (Arrest bzw einstweilige Verfügung) § 916 ff, ferner wegen §§ 610, 640 im Eheverfahren, Ffm FamRZ **83**, 176, und Kindschaftsverfahren, Göppinger JR **75**, 160. Vgl auch §§ 151–154. In der Berufungsinstanz ist die Klage zulässig. Denn II geht dem § 533 Z 1 vor, § 525, so schon Schlesw RR **91**, 190. In der Revisionsinstanz ist sie unzulässig, BAG MDR **82**, 526. Wegen des arbeitsrechtlichen Beschäftigungsanspruchs Pallasch, Der Beschäftigungsanspruch des Arbeitnehmers (1993) 114. Wegen des arbeitsgerichtlichen Beschlußverfahrens BAG DB **90**, 132, Hager Festschrift für Kissel (1994) 338 (grundsätzlich entsprechende Anwendbarkeit). Ein besonderes Feststellungsinteresse ist nicht erforderlich, BAG NJW **03**, 991. Ein unzulässiger Zwischenfeststellungsantrag kann als zulässiger Antrag nach I umdeutbar sein, BayObLG **03**, 66.

111 **C. Klagebefugnis.** Klagebefugt sind nur die eigentlichen Rechtsparteien, nicht der Streithelfer, auch nicht der streitgenössische des § 69.

112 **D. Allgemeine Prozeßvoraussetzungen.** Sie müssen wie sonst vorliegen, Grdz 12 vor § 253. Es ist also auch ein Parteiantrag erforderlich, BGH FamRZ **05**, 513. Man darf einen unzulässigen evtl umdeuten, Grdz 52

Titel 1. Verfahren bis zum Urteil § 256

vor § 128, BGH NZM **05**, 704. Man muß die Partei- und Prozeßfähigkeit nach §§ 50, 51 für diese Klage selbständig beurteilen. Eine Prozeßvollmacht für den Hauptprozeß genügt, § 81. Das Gericht muß die Zulässigkeit des Rechtswegs nach § 13 GVG selbständig beurteilen. Die örtliche Zuständigkeit ist hier, außer bei einem ausschließlichen Gerichtsstand, stets gegeben. Das folgt aus dem Zweck des II, § 33. Die sachliche Zuständigkeit liegt beim LG immer vor. Beim AG macht eine Überschreitung der Zuständigkeit durch die Zwischenfeststellungsklage eine Verweisung ans LG nötig, § 506. Für die Kammer für Handelssachen s § 99 GVG.

E. Streitigkeit eines Rechtsverhältnisses. Es ist eine Auslegung geboten, Köln MDR **81**, 678. Es muß **113** als besondere Prozeßvoraussetzung zunächst ein Rechtsverhältnis vorliegen, BGH RR **90**, 320, oder es muß im Prozeß streitig geworden sein, BAG DB **85**, 1538. Es muß noch über den Streitgegenstand der Klage nach I hinaus zwischen den Parteien eine rechtliche Bedeutung gewinnen können, BGH NZM **05**, 704 (dann auch ein Rechtsverhältnis des Bekl zu einem Dritten Ausgangspunkt sein), BayObLG NZM **99**, 34. Nicht genügt eine bloße Tatsache wie die Echtheit einer Urkunde. Es genügt auch nicht eine rechtliche Vorfrage, BGH NJW **82**, 1879, Lüke Gedächtnisschrift für Bruns (1980) 131, oder gar eine von mehreren evtl erheblichen Vorfragen. Begriff des Rechtsverhältnisses vor Rn 5. Ausreichend ist nur ein bestehendes Rechtsverhältnis, aber auch ein bedingtes, wenn gerade der Eintritt der Bedingung vorgreiflich wirkt. Ausreichend sind auch Forderungsrechte und Ansprüche, die einem umfassenderen Rechtsverhältnis entspringen, etwa bei einem Vertrag, Nürnb MDR **85**, 417. Nur darf nicht schon die Rechtskraft der Hauptentscheidung das Rechtsverhältnis miterfassen, BGH **83**, 255. Das Rechtsverhältnis kann schon vor der Klage streitig sein. Ein Feststellungsanspruch kann schon in die auf teilweise Leistung gerichtete Klage aufgenommen worden sein, BGH RR **90**, 320. Im übrigen ist unerheblich, welche Partei sich auf eine vorgreifliche Entscheidung stützt und sie herbeigeführt hat.
Beispiel des Vorliegens eines Rechtsverhältnisses: Streit über die Gültigkeit eines Vertragsverhältnisses, BGH **125**, 132, und über die Dauer. Beispiel des Fehlens eines Rechtsverhältnisses: Erweiterung einer Teilklage im Berufungsrechtszug um einen zusätzlichen Betrag, Schlesw RR **91**, 190.

F. Vorgreiflichkeit. Das Bestehen oder Nichtbestehen des Rechtsverhältnisses muß als weitere besondere **114** Prozeßvoraussetzung für die Entscheidung über den Hauptanspruch ganz oder teilweise vorgreiflich sein, § 148 Rn 1, BGH NZM **05**, 704, BAG NJW **03**, 991, BayObLG NZM **99**, 34. Das Gericht muß daher über die Frage mindestens in den Gründen eine Entscheidung treffen. Es genügt die Möglichkeit einer Bedeutung über den gegenwärtigen Streitstand hinaus, BGH **124**, 322. Ist das Rechtsverhältnis in beiden Fällen dasselbe, zB die Frage der Klagebefugnis oder der Parteifähigkeit, so erledigt es das Urteil ohnehin. Es genügt die Möglichkeit, daß der Partei noch weitere Ansprüche erwachsen als die mit dem Hauptanspruch verfolgten, BGH MDR **79**, 746, Ffm FamRZ **83**, 177, Nürnb MDR **85**, 417. Es genügt auch, wenn beide Parteien selbständig Ansprüche verfolgen, für die das streitige Rechtsverhältnis vorgreiflich ist, wenn sie auch in ihrer Gesamtheit die Ansprüche erschöpfen, die sich aus dem Rechtsverhältnis überhaupt ergeben können.
Hat der Kläger nur einen *Teil* des Anspruchs eingeklagt, so kann die Zwischenfeststellungsklage die ganze Vorfrage zur Entscheidung stellen.
Beispiele: Der Kläger ficht einen Teil der Rechtshandlungen des Schuldners an: zulässig ist die Zwischen- **115** feststellungswiderklage auf Feststellung des Fehlens jedes Anfechtungsrechts; der Kläger verlangt eine Teilleistung aus einem Vertrag: zulässig ist die Zwischenfeststellungswiderklage auf Feststellung, daß er keinen anderen Anspruch aus dem Vertrag hat, BGH **69**, 41 (das Rechtsschutzbedürfnis läßt sich damit ausräumen, daß der Kläger erklärt, beim Unterliegen wolle er sich keines weiteren Anspruches berühren).
Gegenüber einer Teilklage auf einen festen Betrag aus einem unbezifferten Gesamtanspruch ist die Feststellungs*widerklage* zulässig, daß über den geltend gemachten Teilanspruch hinaus ein bezifferter weiterer Anspruch nicht besteht, Rn 10. Bei einer Erbschaftsklage besteht Streit über die Wirksamkeit des Testaments.

Die Abhängigkeit muß beim Schluß der letzten mündlichen Verhandlung über die Zwischenfeststellungs- **116** klage *fortdauern*, §§ 136 IV, 296 a. Also darf die Klage nicht zurückgenommen oder aus sachlichen Gründen ohne Rücksicht auf das inzidenter festzustellende Rechtsverhältnis abweisungsreif sein. Jedoch kann eine Zwischenfeststellungsklage als selbständige Feststellungsklage oder -widerklage nach I haltbar sein. Bei unterschiedlichen Begründungsmöglichkeiten kommt eine Zwischenfeststellungsklage auch zulässig in Betracht, bei der das nach II unterbreitete Rechtsverhältnis vorgreiflich ist, Köln MDR **81**, 678.
Gegenüber einer *Zwischenfeststellungsklage* ist eine Zwischenfeststellungswiderklage mit nur entgegengesetztem Antrag trotz des unklaren Wortlauts bei einem entsprechenden Rechtsschutzbedürfnis zulässig. Eine Zurückweisung von Angriffs- oder Verteidigungsmitteln macht die Zwischenfeststellungsklage unzulässig, wenn sie die Abhängigkeit beseitigt, Hager KTS **93**, 51. Bei einer rechtshindernden Einwendung ist die Zwischenfeststellungsklage zulässig, Hager KTS **93**, 51. Bei einer rechtsvernichtenden Einwendung muß man dem Vorbringen des Klägers zulässig, soweit das Gericht die Klage wegen der Einwendung abweisen muß, Hager KTS **93**, 51. Die Zwischenfeststellungsklage des Bekl dagegen auch bei einer rechtsvernichtenden Einwendung zulässig, Hager KTS **93**, 51. Ein Rechtsverhältnis, das nur für die mit der Hilfsaufrechnung geltend gemachte Gegenforderung vorgreiflich ist, kann nicht Gegenstand einer Zwischenfeststellungsklage sein, solange nicht der Anspruch der Hauptklage feststeht. Wegen der Aufrechnung als Zwischenfeststellungswiderklage § 261 Rn 13.

G. Verbindung mit Hauptantrag. Eine Verbindung mit dem Hauptantrag muß zulässig sein, § 260. **117** Falls man das nicht nach Rn 110 ff bejahen kann, kommt eine Trennung nach § 145 und notfalls eine Abweisung durch Prozeßurteil in Betracht.

H. Verfahren. Zur Klagerhebung §§ 260, 261 II. Die Klage ist bis zum Schluß der mündlichen Ver- **118** handlung der 1. Instanz über den Hauptanspruch nach §§ 136 IV, 296 a zulässig. Eine Zulassung der Klagerhebung nach einem unzulässigen Teilurteil auch noch in der Berufungsinstanz bzw nach der Ausschaltung des § 533 Z 1 für die Widerklage wäre jeweils eine Verkürzung des Rechtszugs hinsichtlich des Zwischenstreits. In der Revisionsinstanz zum Grund des Hauptanspruchs ist die Zwischenklage nicht mehr zulässig. Im Betragsverfahren ist die Zwischenklage nicht mehr zulässig. Die Rechtshängigkeit richtet sich nach § 261 II, auflösend bedingt durch die Ablehnung der Entscheidung wegen der Unzulässigkeit. Das Gericht muß die

§ 256, Einf §§ 257–259　　　　　　　　　　Buch 2. Abschnitt 1. Verfahren vor den LGen

besonderen Prozeßvoraussetzungen der Rn 3 ff von Amts wegen beachten, Grdz 39 vor § 128. Vgl ferner § 595 I. Ein besonderes Feststellungsinteresse ist wegen der Vorgreiflichkeit entbehrlich, BGH NJW **77**, 1637. Fehlen die besonderen Prozeßvoraussetzungen oder fehlt eine von Amts wegen zu beachtende allgemeine Prozeßvoraussetzung, so muß das Gericht die Zwischenklage mangels Vorliegens wenigstens der Voraussetzung des I durch Prozeßurteil als unzulässig abweisen, Grdz 14 vor § 253. Dann kann das in der Hauptsache ergehende Endurteil trotzdem über die vorgreifliche Frage entscheiden, auch ohne Rechtskraftwirkung für sie.

119　Die *Entscheidung* über die Zwischenklage ist ein Endurteil. Es setzt einen Parteiantrag voraus, BGH FamRZ **05**, 513. Zulässig ist wegen der selbständigen Bedeutung dieser Entscheidung auch ein Teilurteil, § 301. Das gilt zB dann, wenn die Legitimation zur Hauptklage auch von demjenigen Rechtsverhältnis abhängt, das den Gegenstand der Zwischenfeststellungsklage bildet. Eine Abweisung der Zwischenklage nur als unbegründet ist vor der Klärung ihrer Zulässigkeit ebensowenig wie bei der Hauptklage statthaft, Grdz 14 vor § 253, aM Bre MDR **86**, 765 (aber die Zulässigkeitsklärung hat eben stets Vorrang). Während der Anhängigkeit der Zwischenklage ist ein Teilurteil über die Hauptklage unzulässig. Wegen der Umdeutung eines unzulässigerweise gestellten Antrags nach § 280 in eine Zwischenfeststellungsklage s bei § 280. Streitwert Anh § 3 Rn 53 „Feststellungsklage".

120　**I. Rechtsmittel.** Soweit gegen das Urteil in der Hauptsache ein Rechtsmittel statthaft ist, ist es auch gegen den Feststellungsausspruch zulässig. Ein von der Rechtskraft des Feststellungsurteils in der Hauptsache ergehendes Endurteil ist durch die Aufhebung des Feststellungsurteils auflösend bedingt. Ein auf die Hauptsache beschränktes Rechtsmittel läßt die Zwischenfeststellung wegen des Anspruchsgrunds unberührt, §§ 318, 512, 548.

121　**11) VwGO** (Selb, Die verwaltungsgerichtliche Feststellungsklage, 1998): Es gilt § 43 VwGO, der keine Urkundenfeststellungsklage vorsieht. Zur Zulässigkeit der Feststellungsklage trotz möglicher Gestaltungs- oder Leistungsklage vgl BVerwG NJW **71**, 1284 (Übernahme der in Rn 77 ff, insbesondere Rn 82, dargestellten Grundsätze), einschränkend Klenke NWVBl **03**, 170. II ist entsprechend anzuwenden, § 173 VwGO, da die Zwischenfeststellungsklage dem Wesen des VerwProzesses nicht widerspricht und vor allem bei einer Leistungsklage als notwendig anzuerkennen ist, KoppSch § 43 Rn 33–35, BVerwG DÖV **88**, 224, OVG Bln JR **69**, 115. Außerdem kennt die VwGO noch eine besondere Fortsetzungsfeststellungsklage bei Erledigung einer Anfechtungs- oder Verpflichtungsklage, § 113 I 4 VwGO, dazu Fechner NVwZ **00**, 121.

Einführung vor §§ 257–259. Klage vor der Fälligkeit

Gliederung

1) Systematik 1	C. Besorgnis der Nichterfüllung 5
2) Regelungszweck 2	4) Gemeinsamkeit: Besondere Prozeß-
3) Geltungsbereich 3–5	voraussetzungen 6
A. Kalendermäßige künftige Leistung 3	5) Einzelheiten 7
B. Wiederkehrende Leistung 4	

1　**1) Systematik.** Im allgemeinen ergibt erst die Fälligkeit des sachlichrechtlichen Anspruchs die Zulässigkeit der Klage. Davon geben §§ 257–259 abschließend geregelte Ausnahmen, Kblz KTS **00**, 639. Andernfalls muß das Gericht sie ohne eine Sachverhandlung durch ein Prozeßurteil als unzulässig abweisen, Grdz 14, 27 vor § 253. Die Abweisung als „unbegründet" führt nur irre. Bei allen diesen Folgen entscheidet wie stets der Schluß der letzten Tatsachenverhandlung § 136 IV, § 296 a, KG WoM **81**, 54, aM LG Duisb ZMR **99**, 334 (abl Eckert/Rau. In der Tat besteht keinerlei Anlaß zur Abweichung vom bewährten Grundsatz.). Tritt ein Leistungsverweigerungsrecht erst später ein, muß der Bekl nach § 767 vorgehen, BGH ZMR **96**, 546. §§ 257 bis 259 sind rein verfahrensrechtliche Vorschriften, Hamm NJW **82**, 1402, aM Roth ZZP **98**, 312 (aber Prozeßwirtschaftlichkeit ist typisch prozessualer Aspekt). Sie machen Ausnahmen von der vorstehenden Hauptregel, Wax FamRZ **82**, 347.

2　**2) Regelungszweck.** Die Vorschriften dienen der Vermeidung zusätzlicher Wartezeiten sowie immer neuer Verfahren, Hamm RR **96**, 1222. Sie dienen damit der Prozeßwirtschaftlichkeit, Grdz 14 vor § 128. Sie dürfen freilich nicht dazu führen, den Schuldner wegen irgendeiner winzigen Unklarheit seines Verhaltens längst vor der eigentlichen Fälligkeit kostenriskant und auch psychisch problematisch in ein Gerichtsverfahren hineinzuziehen, das nach der inneren Haltung des Schuldners gar nicht erforderlich wäre, weil er in Wahrheit zur verabredeten oder sonstwie erforderlichen Stunde sehr wohl leisten will und voraussichtlich auch können wird. Auch das sollte man in die Abwägung einbeziehen, ob die Voraussetzungen der §§ 257 ff erfüllt sind. Es kommt also sehr auf die wirkliche erkennbare Haltung des Schuldners zum Leistungszeitpunkt an, nicht nur auf die beredten Befürchtungen des Gläubigers, mögen die für sich allein betrachtet auch noch so einleuchten. Das gilt nicht nur bei § 259.

3　**3) Geltungsbereich.** §§ 257–259 gelten in drei Gruppen von Fällen.

A. Kalendermäßige künftige Leistung, § 257. Es geht um einen Anspruch aus einer kalendermäßig bestimmten einseitigen Geldforderung oder um einen Anspruch auf eine kalendermäßige Räumung, soweit es sich nicht um Wohnraum handelt. Im letzteren Fall gilt § 259.

4　**B. Wiederkehrende Leistung, § 258.** Es geht um einen Anspruch auf eine mehr oder weniger oft wiederkehrende Leistung.

5　**C. Besorgnis der Nichterfüllung, § 259.** Es besteht für den Kläger eine berechtigte Besorgnis der Nichterfüllung durch den Bekl.

4) Gemeinsamkeit: Besondere Prozeßvoraussetzungen. Diese Erfordernisse sind besondere Prozeß- **6** voraussetzungen, Grdz 23, 27 vor § 253, Henssler NJW **89**, 139, RoSGo § 92 II 1, § 96 III, ZöGre 19 vor § 253, aM Roth ZZP **98**, 306 (vgl aber Rn 1). Das Gericht muß diese Voraussetzungen von Amts wegen prüfen, Grdz 39 vor § 128. Fehlen sie beim Schluß der letzten Tatsachenverhandlung, §§ 136 IV, 296 a, so muß das Gericht die Klage durch ein Prozeßurteil als unzulässig abweisen, Grdz 14 vor § 253. Beispiel: Bei der Klage auf eine sofortige Zahlung erfolgt dann, wenn der Bekl erst in 6 Monaten schuldet, eine Sachabweisung, weil der Anspruch derzeit noch nicht fällig ist. Bei der Klage auf eine künftige Zahlung erfolgt eine Prozeßabweisung, wenn der Bekl verurteilt werden soll, weil er sich der Erfüllung entziehen wolle. Denn diese Besorgnis ist nicht erwiesen, sofern nicht gerade eine Klage nach §§ 257 ff zulässig ist. Muß das Gericht dagegen den Anspruch nicht nur wegen des Fehlens der Fälligkeit verneinen, dann muß es die Klage als unbegründet abweisen. Wegen der Rechtskraftwirkung § 322 Rn 37 „Fälligkeit".

5) Einzelheiten. Die Klagen aus §§ 257 bis 259 sind Leistungsklagen. Das Urteil ergeht auf eine Lei- **7** stung. Will der Bekl der Kostenlast entgehen, so muß er, falls die Klage zulässig ist, sofort anerkennen, § 93. Etwas anderes gilt, wenn der Bekl die Zulässigkeit leugnet, indem er zB aus keinem Grund zur Besorgnis der Nichterfüllung bestreitet. Eine Verurteilung benachteiligt den Bekl insofern, als sie ihm nach dem Urteil erwachsene Einreden abschneidet und ihn insofern auf die Vollstreckungsabwehrklage nach § 767 verweist. Man muß aber vernünftigerweise dem Bekl das Recht zubilligen, mit allen Forderungen aufzurechnen, die nicht später fällig werden als die Klageforderung, Hoppenz FamRZ **87**, 1099. Denn dasjenige, was das Gesetz dem Kläger gewährt, gibt es unausgesprochen auch dem Bekl. Andererseits gilt das Gleichbehandlungsgebot bei Veränderungen auch grds zugunsten des Gläubigers, § 323 Rn 1, Hoppenz FamRZ **87**, 1099. Das Mahnverfahren ist zulässig. Zur Anwendbarkeit im gestörten Arbeitsverhältnis Vossen DB **85**, 385 und 439 (ausf).

257 Klage auf künftige Zahlung oder Räumung.
Ist die Geltendmachung einer nicht von einer Gegenleistung abhängigen Geldforderung oder die Geltendmachung des Anspruchs auf Räumung eines Grundstücks oder eines Raumes, der anderen als Wohnzwecken dient, an den Eintritt eines Kalendertages geknüpft, so kann Klage auf künftige Zahlung oder Räumung erhoben werden.

Gliederung

1) Systematik	1	4) Kalendermäßige Fälligkeit	5
2) Regelungszweck	2	5) Verfahren	6
3) Geltungsbereich	3, 4	6) *VwGO*	7
A. Nicht von einer Gegenleistung abhängige Geldforderung	3		
B. Räumung	4		

1) Systematik. Vgl zunächst Einf 1 vor §§ 257–259. Die Vorschrift wird durch § 258 ergänzt, dort **1** Rn 1. Sie ist gegenüber § 259 eine vorrangige Sonderregel in ihrem Geltungsbereich.

2) Regelungszweck. Vgl Einf 2 vor §§ 257–259. Sobald das Wann einer etwaigen Leistungspflicht **2** feststeht, gebietet die Gerechtigkeit als oberstes Prozeßziel nach Einl III 36 eine noch raschere Klärung des Ob, Wo und Wie dieser Pflicht als in anderen, schon zeitlich unklaren Fällen. Dem dient § 257. Die Vorschrift hilft damit auch der Prozeßwirtschaftlichkeit, Grdz 14 vor § 128. Im Idealfall muß der Vollstreckungstitel schon am ja feststehenden Tag der behaupteten Leistungspflicht zur Verfügung stehen. Daher mag § 257 nach seinem Zweck schon mindestens Monate vorher anwendbar sein. Die Vorschrift soll auch den besonderen Problemen Rechnung tragen, vor denen oft der Räumungsgläubiger in der Zwangsvollstreckung steht. Das Erkenntnisverfahren soll möglichst rasch beendet sein. Den Sozialschutz des Räumungsschuldner bietet das Buch 8. Freilich ist auch bei § 258 ein Rechtsschutzbedürfnis nötig, wie stets, Grdz 33 vor § 253. Es ist nicht stets sogleich erkennbar. Das alles muß man bei der Auslegung mitbeachten.

3) Geltungsbereich. Vgl zunächst Üb 2 vor § 253. § 257 bezieht sich auf die folgenden Fälle. **3**

A. Nicht von einer Gegenleistung abhängige Geldforderung. Es geht wie bei § 258, aber anders als bei § 259 um eine am Schluß der mündlichen Verhandlung nicht, noch nicht oder nicht mehr von einer Gegenleistung abhängige, also einseitige bzw einseitig gewordene Geldforderung, zB nach der vollständigen Erbringung der Gegenleistung, Henssler NJW **89**, 139, mag auch die Mitteilung noch nicht vorliegen und sogar einklagbar sein. Rechtsgrund und Natur als Bring- oder Holschuld sind unerheblich.
Hierher gehören zB: Die Klage aus einem Darlehen; auf Lohn, BAG NJW **02**, 3122; aus einer Schenkung; aus einem Scheck; aus einem Wechsel; aus der am Schluß der letzten Tatsachenverhandlung nach Einf 1 vor §§ 257–259 jedenfalls rückständig gewordenen Miete; aus einer Hypothek, Grund- oder Rentenschuld; die Klage aus einem zweiseitigen Vertrag, bei dem der Kläger beim Schluß der letzten Tatsachenverhandlung, also nicht unbedingt vorher, bereits vollständig vorgeleistet hat; die Klage auf Duldung der Zwangsvollstreckung wegen einer einseitigen Geldforderung.
Nicht hierher gehören zB: Ein Anspruch auf eine Leistung Zug um Zug, § 322 BGB, wie bei einem Zurückbehaltungsrecht, § 274 BGB; ein Anspruch auf eine künftige Leistung, BGH NZM **03**, 231, Henssler NJW **89**, 139. Denn dies hängt von einer Gegenleistung ab, ebenso wie der Anspruch auf Nutzungsentschädigung bis zur Räumung, BGH NZM **03**, 231. Die Pflicht zur Quittungserteilung nach § 368 BGB, Art 39 WG, ist keine Gegenleistung, weil der Gegenwert fehlt; ein Anspruch nach §§ 558 ff BGB; ein Antrag auf eine künftige Leistung des Versorgungsausgleichs, BGH NJW **84**, 611; ein Herausgabeanspruch; überhaupt ein Anspruch auf eine andere Leistung als auf eine Geldzahlung.

§§ 257, 258

4 **B. Räumung.** Es geht um einen Anspruch auf die Räumung eines nicht Wohnzwecken dienenden Grundstücks oder Raums ohne Rücksicht auf den Rechtsgrund, ob also zB aus Vertrag, etwa Miete, Leihe, Besitz oder dinglichem Recht.

Nicht hierher gehören Klagen auf die Einräumung oder auf die Rückgabe beweglicher Sachen, ebensowenig auf Räumung von auch nur teilweisem Wohnraum oder zB eines Wohnwagens oder eines Schiffs. Das gilt unabhängig davon, ob er gemietet, gepachtet, geliehen ist und ob er auf Grund eines dinglichen Wohnrechts oder ohne Rechtsgrund bewohnt wird. Insofern ist nur eine Klage aus § 259 möglich, also bei der Besorgnis der Nichterfüllung, § 259 Rn 5.

5 **4) Kalendermäßige Fälligkeit.** Die Fälligkeit muß sich nach Gesetz oder Vertrag an den Eintritt eines Kalendertages knüpfen. Sie muß also entweder nach dem Kalender bestimmt oder auch ihm bestimmbar sein, (jetzt) § 286 II Z 1 BGB, Kblz KTS **00**, 639. Beispiel: 1 Monat nach Kündigung; 2 Monate „nach Sicht", Art 35 WG; „Ziel 3 Monate nach Empfang der Ware", sofern diese bereits empfangen ist. Eine Kündigung zB nach § 608 BGB liegt ohne weiteres in der Klagezustellung, Grdz 62 vor § 128. Hat der Kläger den Anspruch zunächst als fällig eingeklagt und stellt sich im Prozeß heraus, daß die Fälligkeit erst später eintritt, so muß der Kläger den Antrag ändern. Darin liegt die Forderung eines Weniger, keine Klagänderung. Tritt die Fälligkeit im Prozeß ein, so kommt auf die Zulässigkeit der Klage aus § 257 nichts mehr an. Das Gericht muß auch in der Revisionsinstanz schlechthin verurteilen. Auf einen bedingten, nicht nur noch nicht fälligen Anspruch ist § 257 unanwendbar. Auch Schönheitsreparaturen sind meist nicht mit einem Kalendertag vereinbart bzw gesetzlich geschuldet, LG Hann WoM **01**, 444.

6 **5) Verfahren.** Der Kläger ist für das Vorliegen der tatsächlichen Voraussetzungen beweispflichtig. Eine Besorgnis der Nichterfüllung ist anders als bei § 259 nicht erforderlich. Der Antrag und das Urteil lauten auf Verurteilung zur Zahlung oder Räumung am zu bezeichnenden Datum. Beim Eintritt der Fälligkeit bis zum Verhandlungsschluß darf das Gericht ein uneingeschränktes Leistungsurteil erlassen. Verzugszinsen sind auch nach § 288 BGB möglich, Prozeßzinsen erst seit Rechtshängigkeit, § 262 S 1, und erst seit Fälligkeit, § 291 BGB. Ein Anlaß zur Klagerhebung kann schon in der Nichtzahlung früherer Raten liegen, StJSchu 3, aM Bittmann FamRZ **86**, 420 (aber es kann dann sogar schon ein Anscheinsbeweis auch künftiger Unpünktlichkeit usw vorliegen). Ein erst nach Verhandlungsschluß mögliches Leistungsverweigerungsrecht bleibt unbeachtlich, §§ 136 IV, 296 a, aM ZöGre 7 (aber die eben genannten Vorschriften gelten uneingeschränkt). Ein besonderes Rechtsschutzinteresse ist nicht erforderlich. Bei einem Anerkenntnis muß man § 93 aber streng auslegen. Die vorläufige Vollstreckbarkeit ergibt sich wie sonst, §§ 708 ff. Wegen der Zwangsvollstreckung § 751. Eine vollstreckbare Ausfertigung vor der Fälligkeit erfolgt ohne Anordnung des Vorsitzenden. Denn die Befristetheit der Vollstreckbarkeit ergibt sich bereits aus dem Vollstreckungstitel.

7 **6) *VwGO*:** Im Rahmen einer Leistungsklage ist eine entsprechende Anwendung, § 173 *VwGO*, denkbar und zulässig.

258 Klage auf wiederkehrende Leistungen.
Bei wiederkehrenden Leistungen kann auch wegen der erst nach Erlass des Urteils fällig werdenden Leistungen Klage auf künftige Entrichtung erhoben werden.

Schrifttum: Petzoldt, Die Rechtskraft der Rentenurteile des § 258 ZPO und ihre Abänderung nach § 323 ZPO, 1992.

Gliederung

1) Systematik	1	4) Unanwendbarkeit	9
2) Regelungszweck	2–4	5) Verfahren	10
3) Geltungsbereich	5–8	6) *VwGO*	11
A. Unterhaltsanspruch	5		
B. Weitere Anwendungsbeispiele	6–8		

1 **1) Systematik.** Wiederkehrende Leistungen sind in gewissen Zeitabschnitten aus demselben Schuldverhältnis fällig werdende Leistungen, BGH **82**, 251, KG FamRZ **79**, 171 (es besteht aber evtl wegen freiwilliger Unterwerfung nach §§ 59, 60 KJHG kein Rechtsschutzbedürfnis, aM AG Bln-Charlottenb FamRZ **91**, 859). Bei ihnen darf sich die Klage auf die beim Schluß der letzten Tatsachenverhandlung nach § 136 IV, § 296 a der Höhe nach bereits bestimmbaren, wenn auch erst nach dem Urteil fällig werdenden Leistungen erstrecken, BGH ZMR **96**, 546, auch wenn die Raten ungleich hoch sind. § 258 behandelt den Unterhaltsanspruch, Hbg FamRZ **92**, 328. Er ist vom Zeitpunkt der Entstehung an ein einheitliches, durch den Wegfall seiner Voraussetzungen auflösend bedingtes Recht, BGH FamRZ **88**, 371. Der Gläubiger erhält ein Rechtsschutzbedürfnis auch wegen noch nicht fälliger Beträge zugebilligt, Stgt RR **01**, 1011.

2 **2) Regelungszweck.** Vgl zunächst Einf 2 vor §§ 257–259. Das dort und bei § 258 Rn 2 angesprochene Ziel der Prozeßwirtschaftlichkeit nach Grdz 14 vor § 128 steht bei § 259 im Vordergrund. Der Kläger soll mit der Klage nicht bis zur jeweiligen Fälligkeit der Forderung warten müssen, BGH NJW **98**, 3116, Künkel NJW **85**, 2665, ZöGre 1 a, aM Bittmann FamRZ **86**, 420, Köhler FamRZ **91**, 645 (aber das widerspräche ganz der Prozeßwirtschaftlichkeit). Die Vollstreckung ist ohnehin von der Fälligkeit abhängig, Kblz NJW **04**, 1744. Das muß man bei seiner Auslegung wesentlich mitbeachten. Es gilt weitere Parallelprozesse zu vermeiden, BGH NZM **03**, 913. Das Gericht darf und muß daher die künftige Entwicklung mitberücksichtigen, BGH FamRZ **82**, 260, Ffm FamRZ **89**, 83. Freilich darf man die zukünftige Zeitraum nur in zumutbaren, übersehbaren Grenzen einbeziehen, Ffm FamRZ **89**, 83 (bis zum Studienabschluß). Eine erst nach Verhandlungsschluß mögliche Einwendung bleibt daher ebenso unbeachtlich wie bei § 257 Rn 6, BGH MDR **96**, 1232. Vgl aber Rn 8.

Der Anspruch muß aber anders als bei § 259 als ganzer *bereits entstanden* sein, BGH GRUR 85, 289. Das ist beim Ruhegehaltsanspruch der Fall. Er ist nicht durch das Erleben aufschiebend bedingt, sondern durch den Tod auflösend bedingt. Der Kläger braucht wegen der Parteiherrschaft nach Grdz 18 vor § 128 zwar nicht eine fällige Rate miteinzuklagen („auch" erweitert nur den Kreis der zulässigen Klagen), BGH 82, 251. Er braucht andererseits aber auch eine Mahnung nicht regelmäßig zu wiederholen, KG FamRZ 84, 1132.

Das Gericht muß das *Rechtsschutzbedürfnis* nach Grdz 33 vor § 253 ungeachtet des von ihm scheinbar gar nicht abhängigen § 258 stets prüfen. Es ist nicht immer sogleich erkennbar vorhanden. Klare Bereitschaft zur auch künftig pünktlichen Leistung kann es derzeit selbst dann begrenzen, KG FamRZ 79, 171. Freilich hängt solche Bereitschaft natürlich von einer ebenso klaren Bereitschaft zur Gegenleistung bei deren Fälligkeit ab.

Da § 258 den § 257 ergänzt, setzt er wie dieser eine einseitige Leistung voraus. Sie darf anders als bei **3** § 259 noch nicht bzw nicht oder nicht mehr von einer *Gegenleistung* abhängig sein, BGH NJW 03, 1395, BAG NZA 95, 1109. Der Einschluß zweiseitiger Leistungen wie derjenigen des Mieters würde den Bekl zu sehr durch das Abschneiden seiner Einwendungen benachteiligen. Freilich ist die bloß denkbare Möglichkeit einer künftigen Einwendung unschädlich. Das Merkmal der Fälligkeit ist zu eng. Hierher zählt evtl auch ein betagter, bedingter, befristeter Auspruch, Roth ZZP 98, 303. Der Rechtsgrund ist unerheblich.

Wer schon eine *fällige Rate* einklagen muß, der soll auch die künftigen in den Prozeß einbeziehen dürfen, **4** Henckel AcP 174, 104, wenn auch keineswegs müssen.

3) Geltungsbereich. Vgl zunächst Üb 2 vor § 253. **5**

A. Unterhaltsanspruch. § 258 ist anwendbar auf Geld- und andere Leistungen, wegen der letzteren anders als bei § 257. Die Vorschrift ist zB auf einen Unterhaltsanspruch anwendbar, BGH FamRZ 98, 1165 (Spitzenbetrag), Düss FamRZ 91, 1207, Karlsr FamRZ 05, 378 (Zahlung im voraus). Eine Besorgnis künftiger Nichterfüllung ist wegen Rn 2 nicht erforderlich.

B. Weitere Anwendungsbeispiele. § 258 ist ferner zB anwendbar: Auf Kapitalzinsen; Leibrenten, **6** §§ 759 ff BGB; Haftpflichtrenten, §§ 843 ff BGB; Überbaurenten, § 912 BGB. Bei den Haftpflichtrenten muß man die voraussichtliche künftige Gestaltung der Erwerbsverhältnisse des Klägers berücksichtigen. Bei einer betrieblichen Pensionszusage hindert die Ungewißheit über die wirtschaftliche Entwicklung des Unternehmens eine Klage nach § 258 grundsätzlich nicht. Eine Anpassungsbefugnis nach (jetzt) §§ 305 ff BGB bei dem Bekl schadet nicht, BGH VersR 87, 808.

Die *Zusatzklage* ist also nur zulässig, wenn sich die erste Klage als Teilklage kennzeichnet oder so auffassen **7** läßt, etwa nach einer teilweisen Prozeßkostenhilfeverweigerung, Ffm FamRZ 80, 895, Schlesw SchlHA 79, 227, oder wenn das Gericht die erste Unterhaltsklage wegen des Fehlens einer Bedürftigkeit voll abgewiesen hatte, BGH 82, 252, aM Karlsr FamRZ 80, 1125 (aber dann hatte das Gericht eben gerade noch nicht im jetzt fraglichen Punkt entschieden).

Einer *Feststellungsklage* fehlt grundsätzlich das Rechtsschutzbedürfnis nach Grdz 33 vor § 253, soweit § 258 **8** anwendbar ist. Sie kommt aber in Betracht, zB wenn die Anspruchshöhe unklar ist oder soweit man mit Sicherheit eine Einwendung erwarten muß, etwa beim Unterhalt des Kindes über das 18. Lebensjahr hinaus.

4) Unanwendbarkeit. § 258 ist aber unanwendbar auf Ansprüche auf Unterhalt nach der Scheidung, **9** wenn deren Rechtskraft noch nicht absehbar ist, Hamm FamRZ 78, 815, Stgt FamRZ 95, 1427, und nicht auf eine noch nicht übersehbare fernere Zukunft. Für diese ist nur eine Abänderungsklage nach § 323 oder eine Feststellungsklage zulässig, BGH NJW 83, 2197, Köln VersR 88, 1185.

Nicht hierher gehören *ferner*: Miete und Pacht, BGH NZM 03, 913, Düss MietR 96, 154, Henssler NJW 89, 140, aM BGH WoM 05, 459; Zinsen für einen künftigen, noch nicht absehbaren Verzug, Kblz FamRZ 80, 585; Hypothekenzinsen; Gehaltsansprüche, weil sie von einer Gegenleistung abhängig sind, BGH NZM 03, 913; Leistungen, deren Wiederkehr willkürlich bestimmt ist, wie Kaufpreisraten; Ansprüche, deren Grund und Höhe zweifelhaft sind, zB bei einer Wertsicherungsklausel; der nacheheliche Unterhaltsanspruch, solange die Ehe noch nicht geschieden ist, s oben; der Anspruch aus § 53 V UrhG vor der Geräteveräußerung, BGH GRUR 85, 289; ein Schadensersatzanspruch, der nicht auf Rente usw hinausläuft, Düss GRUR-RR 02, 48.

5) Verfahren. § 257 Rn 6. Die Sicherheitsleistung richtet sich nach § 324, die vorläufige Vollstreckbar- **10** keit ist § 708 Z 8.

6) VwGO: Im Rahmen einer Leistungsklage ist eine entsprechende Anwendung, § 173 VwGO, denkbar und **11** zulässig.

259

Klage wegen Besorgnis nicht rechtzeitiger Leistung. **Klage auf künftige Leistung kann außer den Fällen der §§ 257, 258 erhoben werden, wenn den Umständen nach die Besorgnis gerechtfertigt ist, dass der Schuldner sich der rechtzeitigen Leistung entziehen werde.**

Gliederung

1) Systematik 1	5) Beispiele zur Frage der Besorgnis einer Nichterfüllung 7–11
2) Regelungszweck 2	6) Verfahren 12
3) Geltungsbereich 3, 4	7) VwGO 13
4) Besorgnis der Nichterfüllung 5, 6	

1) Systematik. § 259 ist eine Art Generalklausel für sämtliche zwar nach Grund und Höhe auf einem **1** gegenwärtigen Rechtsverhältnis nach § 256 Rn 16 beruhenden, aber noch nicht fälligen Ansprüche aller Arten, insofern anders als §§ 257, 258. Die Vorschrift gilt grundsätzlich auch für ein bedingtes Rechts-

§ 259

verhältnis, BGH RR **92**, 567, Köln FamRZ **87**, 165, aM Schlesw SchlHA **85**, 111 (aber auch dann kann schon eine schützenswerte Besorgnis bestehen). Das gilt freilich ausnahmsweise nicht, wenn die Bedingung nur im Willen eines Dritten liegt, etwa der Genehmigung einer Behörde, aM BGH NJW **78**, 1262 (Verurteilung unter dem Vorbehalt der Erteilung; krit ThP 2).

2 **2) Regelungszweck.** Vgl zunächst Einf 2 vor §§ 257–259. Sinn der Vorschrift ist es, als Auffangsbestimmung im Interesse der Prozeßwirtschaftlichkeit nach Grdz 14, 15 vor § 128 eine baldige, rechtzeitige gerichtliche Klärung ohne Zeitdruck und ohne Notwendigkeit einstweiliger Regelungen im Sinn von §§ 916 ff, 935 ff zu ermöglichen. Das bedeutet zunächst eine möglichst großzügige Anwendung des Begriffs Besorgnis im Gesetzestext. Andererseits muß das schon indirekt im Gesetzestext anklingende Rechtsschutzbedürfnis nach Grdz 33 vor § 253 auch bei § 259 vorliegen und zieht eine Grenze. Man darf nicht zu rasch einem Schuldner unterstellen, er wolle sich der Leistung geradezu entziehen. Alles das muß man bei der Auslegung mitbeachten.

3 **3) Geltungsbereich.** Vgl zunächst Üb 2 vor § 253. § 259 gilt nicht für einen erst künftig entstehenden Anspruch, BGH **147**, 231, Düss GRUR-RR **02**, 48, Drsd NZM **99**, 173. Für ihn bleibt die Feststellungsklage. § 259 schließt sie nie aus. Denn sie ist der sichere Weg, BGH NJW **86**, 2507, Düss GRUR-RR **02**, 48, LG Dortm NJW **81**, 765, LG Heidelb WoM **01**, 346. Bei einem dem § 894 unterfallenden Anspruch ist § 259 grundsätzlich schon deshalb unanwendbar, weil die erhoffte Wirkung dann ja mit der Rechtskraft automatisch eintritt, Köln FamRZ **91**, 571. Die künftige Leistung muß abgesehen von einer ins Urteil aufnehmbaren Bedingung in ihrem Bestand gewiß sein, Düss GRUR-RR **02**, 48, von Stebut VersR **82**, 109. Bevor ein Ausfall im Sinn von § 839 I 2 BGB feststeht, ist weder eine Feststellungs- noch eine Leistungsklage begründet, aM Baumann AcP **169**, 333, auch keine Herausgabe- und bedingte Schadensersatzklage, Köln MDR **97**, 1059. Ob die Leistung von einer Bedingung der Gegenleistung abhängt, ist hier unerheblich, anders als bei §§ 257, 258, BGH NZM **03**, 231 (Miete nebst Nutzungsentschädigung). Das gilt, sofern diese Bedingung usw einwandfrei bestimmbar ist und sofern aller Voraussicht nach die verlangte Leistung dann unmittelbar geschuldet wird (unzureichend ist „nach Vorlage entsprechender Bescheinigungen der zuständigen Stellen" und ins Urteil aufgenommen wird, aM BGH **147**, 231 (ohne Begründung). Eine überzeugende solche ist auch nicht erkennbar.).

4 § 259 ist *auch anwendbar auf* das Verhältnis zweier Mitmieter, etwa zwischen Ehegatten, LG Kassel WoM **77**, 255, oder gegenüber einem Drittschuldner, zB nach § 835, Stgt FamRZ **88**, 166, oder nach § 840. Die Vorschrift ist anwendbar auf eine Lohnforderung, BAG FamRZ **83**, 900, auf den Weiterbeschäftigungsanspruch, Löwisch VersR **86**, 405, auf den Anspruch auf anderweitige Beschäftigung, BAG MDR **03**, 699, oder auf eine Leistung nach dem BEG, oder zugunsten des Sozialhilfeträgers, und zwar auch vor der jeweiligen Zahlung, Bre FamRZ **84**, 1256 (freilich muß das Gericht die Bedingung der Zahlung ins Urteil aufnehmen, aM LAG Düss 8 Sa 1031/03 v 6. 1. 04). Eine Widerklage kann zulässig sein, etwa dann, wenn der Käufer seine Aufrechnung oder Minderung vertraglich erst nach Zahlung des Kaufpreises geltend machen darf.

Die *Unterlassungsklage* nach Grdz 8 vor § 253 fällt an sich nicht unter § 259. Bei ihr handelt es sich zwar um eine künftige Leistung. Aber erstens sind ihre Voraussetzungen selbständig geregelt, zweitens genügt bei ihr meist schon, daß eine Beeinträchtigung droht. Anders ist es aber, wenn die Unterlassung keine reine Vertragspflicht ist und wenn künftige Zuwiderhandlungen drohen, Köln RR **87**, 360, auch wenn das gegen den Willen des Verpflichteten geschehen kann, § 253 Rn 92. Das Gericht muß das allgemeine Rechtsschutzbedürfnis auch hier prüfen, Grdz 41 vor § 253, BGH WoM **90**, 395 (auch zum Problem eines besonderen Rechtsschutzbedürfnisses), Henckel AcP **174**, 104.

5 **4) Besorgnis der Nichterfüllung.** Eine Klage auf künftige Leistung ist nach § 259 zulässig, wenn die Umstände die Besorgnis begründen, daß sich der Schuldner der rechtzeitigen Leistung entziehen wolle, BGH **147**, 231 (abl Berger JZ **02**, 48). Damit ist nicht ein böser Wille oder auch nur bedingter Vorsatz oder Fahrlässigkeit des Schuldners zur Voraussetzung gemacht. Es ist zwar nicht stets erforderlich, aber genügend, daß der Schuldner den Anspruch ernstlich, wenn auch gutgläubig, nach Grund oder Höhe bestreitet, BGH BB **05**, 1818, BAG FamRZ **83**, 900, LG Bln ZMR **92**, 346.

6 Nur unter der Voraussetzung des § 259, dann aber jeweils sehr wohl ist eine Klage auf künftige Herausgabe von auch nur teilweisem ortsfestem oder beweglichem *Wohnraum* zulässig, Rn 2, 9 „Räumung", AG Bonn WoM **92**, 611, AG Münst WoM **88**, 364, Henssler NJW **89**, 144. Das gilt für: Einen Wohnwagen; einen gekündigten oder auf bestimmte Zeit vermieteten, LG Aachen WoM **85**, 150, oder geliehenen, gepachteten, auf Grund eines dinglichen Wohnrechts oder sonst ohne Rechtsgrund innegehaltenen Wohnraum, AG Düss WoM **76**, 31.

7 **5) Beispiele zur Frage der Besorgnis einer Nichterfüllung**
Ablehnung: Eine Besorgnis der Nichterfüllung liegt vor, soweit der Schuldner die Leistung ablehnt, zB der Mieter die Räumung, Karlsr NJW **84**, 2953, LG Aachen MDR **76**, 848.
Anfrage: Eine Besorgnis der Nichterfüllung *fehlt*, soweit der Mieter auf eine Anfrage des Vermieters nicht antwortet, AG Bln-Charlottenb WoM **89**, 427, AG Köln ZMR **77**, 240. Das gilt freilich nur, wenn der Vermieter früher als 2 Monate vor dem Ablauf der Überlegungsfrist des Mieters angefragt hatte.
S auch „Auskunft".
Arbeitgeber: Eine Besorgnis der Nichterfüllung *fehlt*, soweit ein Arbeitgeber bisher lediglich das Gericht angerufen hat, Löwisch VersR **86**, 405.
Arrest, einstweilige Verfügung: Einen Arrest oder eine einstweilige Verfügung nach §§ 916 ff, 935 ff macht das Urteil nach § 259 nicht überflüssig, und umgekehrt.
Aufrechnung: Eine Besorgnis der Nichterfüllung *fehlt*, soweit der Schuldner eine Hauptaufrechnung angekündigt hat. Denn mit ihr bringt er ja seine Schuld zum Erlöschen, und zwar rechtmäßig. Dann bleibt eine verneinende Feststellungsklage denkbar.

Titel 1. Verfahren bis zum Urteil §§ 259, 260

Auskunft: Eine Besorgnis der Nichterfüllung *fehlt,* soweit der Schuldner bisher lediglich keine Auskunft gegeben hat, BGH GRUR **85,** 289 oder wenn der Mieter erklärt hat, seine Wohnungssuche sei noch erfolglos, AG Waiblingen WoM **89,** 428.
S auch „Anfrage".
Bedingung: Der Anspruch darf von einer Bedingung abhängig sein, Rn 3. 8
Bestreiten: Rn 5.
Fälligkeit: Eine Besorgnis der Nichterfüllung liegt vor, wenn der Schuldner droht, den Anspruch bei Fälligkeit nach Grund oder Höhe zu bestreiten, Kblz FamRZ **80,** 585, oder jedenfalls nicht erfüllen, BGH NJW **03,** 1395, LG Hbg RR **96,** 1051, AG Kerpen WoM **91,** 439.
S auch Rn 9 „Räumung".
Gegenleistung: Der Anspruch darf von einer Gegenleistung abhängig sein, Rn 3.
Genehmigung: Rn 1.
Herausgabezeitpunkt: Eine Besorgnis der Nichterfüllung *fehlt,* soweit wegen des trotz § 259 fortbestehenden gesetzlichen Widerspruchsrechts der Herausgabezeitpunkt noch ungewiß ist, Karlsr NJW **84,** 2953, LG Bln ZMR **80,** 143.
Hilfsantrag: Er ist denkbar, Rn 12, etwa auf Wertersatz nach § 255 oder auf Zahlung nach Abschluß des mit dem Hauptantrag begehrten Vertrags, BGH NJW **01,** 1285.
Räumung: Vgl zunächst Rn 6. Eine Besorgnis der Nichterfüllung liegt vor, wenn der Mieter erklärt, er 9 werde wegen der Unwirksamkeit einer Kündigung nicht ausziehen, LG Bln ZMR **98,** 636, LG Karlsr RR **96,** 778.
S auch Rn 7 „Ablehnung", „Auskunft", Rn 8 „Herausgabezeitpunkt", Rn 10 „Umdeutung".
Stundung: Sie kann eine Besorgnis der Nichterfüllung nach Stundungsablauf bestehen lassen.
Umdeutung: Eine Besorgnis der Nichterfüllung *fehlt,* soweit lediglich ein Übergang von der auf eine 10 fristlose Kündigung gestützten Räumungsklage auf eine solche wegen ordentlicher Kündigung vorliegt, LG Heidelb WoM **82,** 133. Indessen mag die Besorgnis wegen des nachfolgenden Verhaltens des Bekl gegenüber dem neuen Klagegrund eintreten.
Unmöglichkeit: Eine Besorgnis der Nichterfüllung *fehlt,* soweit die Leistung unmöglich ist, Kblz FamRZ **80,** 585.
Unpünktlichkeit: Eine Besorgnis der Nichterfüllung *fehlt,* soweit der Schuldner bisher unpünktlich geleistet hat. Denn er mag sich bessern wollen, Lützenkirchen WoM **01,** 70, aM Drsd NZM **99,** 173, Gies NZM **03,** 549 (aber Prozeßwirtschaftlichkeit darf nicht im Zweifel zu Lasten einer Partei gehen, strenger als selbst im Strafprozeß).
Urkundenprozeß: Rn 12.
Vollstreckungsvereitelung: Eine Besorgnis der Nichterfüllung *fehlt,* soweit die Vereitelung der Vollstreckung droht. Dann sind freilich §§ 916 ff beachtlich.
Vorzeitige Klage: Eine Besorgnis der Nichterfüllung *fehlt,* soweit und solange der Kläger vorzeitig Klage erhoben hat, LG Kempten WoM **93,** 45.
Widerklage: Rn 4.
Widerspruch: Eine Besorgnis der Nichterfüllung liegt vor, wenn der Mieter gegen die Kündigung einen 11 Widerspruch nach § 574 BGB erhebt. Das setzt aber voraus, daß der Vermieter im Kündigungsschreiben auf das Widerspruchsrecht hingewiesen hat, LG Kempten WoM **93,** 45, LG Wiesb WoM **89,** 428, AG Steinfurt WoM **89,** 427, aM AG Fritzlar WoM **98,** 606, AG Hbg-Altona WoM **93,** 460 (aber das Gesetz macht den Vermieterhinweis generell zur Obliegenheit).
S auch Rn 9 „Räumung".
Wohnungssuche: Rn 7 „Auskunft".
Zahlungsunfähigkeit: Eine Besorgnis der Nichterfüllung *fehlt,* soweit der Schuldner lediglich voraussichtlich zahlungsunfähig ist, BGH NJW **03,** 1395, Kblz FamRZ **80,** 585.

6) Verfahren. Vgl im wesentlichen § 257 Rn 6. § 253 II Z 2 (bestimmter Antrag) ist anwendbar, Karlsr 12 RR **98,** 1761. Soweit bei Entscheidungsreife bereits Fälligkeit vorliegt, kann das Gericht auf sofortige Leistung auch ohne Antragsumstellung verurteilen, Drsd NZM **99,** 173. Der Urkundenprozeß ist zulässig, §§ 592 ff. § 256 kann neben § 259 anwendbar sein, zB wenn der Schuldner die Verpflichtung bestreitet. Ein bloßer Hilfsantrag aus § 259 ist denkbar, Rn 8. Das Gericht muß die Besorgnis der Leistungsverweigerung als eine Prozeßvoraussetzung nach Einf 3 vor §§ 257–259 von Amts wegen prüfen, Grdz 39 vor § 128. Demgemäß erfolgt bei ihrem Fehlen grundsätzlich eine Klagabweisung als unzulässig. Bei einem Anerkenntnis des Bekl muß man § 93 beachten. Klaganlaß ist dann die begründete Besorgnis. Die Vollstreckung des Urteils auf eine bedingte Leistung richtet sich nach §§ 721 II, 726, 751. Das Urteil muß daher die Gegenleistung und Bedingung nennen, BGH NJW **78,** 1262. §§ 766, 767 sind eine auf spätere Einwendung anwendbar.

7) VwGO: *Entsprechend anzuwenden,* § 173 *VwGO, bei Leistungsklagen einschließlich Verpflichtungsklagen,* 13 *VGH Mannh VerwRspr **28,** 142 (auch für bedingte Ansprüche unter den Voraussetzungen der Rn 1 ff).*

260 *Anspruchshäufung.* **Mehrere Ansprüche des Klägers gegen denselben Beklagten können, auch wenn sie auf verschiedenen Gründen beruhen, in einer Klage verbunden werden, wenn für sämtliche Ansprüche das Prozeßgericht zuständig und dieselbe Prozeßart zulässig ist.**

Schrifttum: *Brandhuber,* Konnexität bei Haupt- und Hilfsantrag, Diss Regensb 1987; *Frank,* Anspruchsmehrheit im Streitwertrecht, 1986; *Hackenbeck,* Eventuelle Anspruchskonkurrenz und unechte Eventualklage, Diss Freibg/Br 1979; *Hipke,* Die Zulässigkeit der unechten Eventualklagenhäufung, 2003; *Jahr,* Anspruchsgrundlagenkonkurrenz und Erfüllungskonnexität, Festschrift für *Lüke* (1997) 297; *Lüke,* Zur Streitgegenstandslehre Schwabs – eine zivilprozessuale Retrospektive, Festschrift für *Schwab* (1990) 309;

§ 260

Wendtland, Die Verbindung von Haupt- und Hilfsantrag im Zivilprozeß, 2001 (Bespr *Schilken* ZZP **116**, 528); *Wolf,* Die Zulässigkeit unechter Eventualklagen, insbesondere bei Teilklagen, Festschrift für *Gaul* (1997) 805.

Gliederung

1) **Systematik**	1, 2	E. Verschiedene Sachverhalte	12
A. Anspruchshäufung	1	F. Derselbe Antrag	13, 14
B. Verschiedene rechtliche Gesichtspunkte	2	G. Beendigung der Verbindung	15
2) **Regelungszweck**	3	6) **Prozeßgericht und Prozeßart**	16–19
3) **Sachlicher Geltungsbereich**	4	A. Grundsatz: Notwendigkeit der Zulässigkeit derselben Prozeßart	16, 17
4) **Persönlicher Geltungsbereich: Nämlichkeit der Parteien**	5	B. Einzelfragen	18, 19
5) **Verbindung mehrerer Ansprüche**	6–15	7) **Verfahren**	20–22
A. Mehrere Hauptansprüche	6	A. Gleichzeitigkeit	20
B. Einzelheiten bei mehreren Hauptansprüchen	7	B. Urteil erster Instanz	21
C. Haupt- und Hilfsanspruch	8–10	C. Urteil der Berufungsinstanz	22
D. Derselbe Sachverhalt	11	8) *VwGO*	23

1 **1) Systematik.** Es sind zwei Situationen zu unterscheiden.
A. Anspruchshäufung. § 260 betrifft im Gegensatz zur Parteienhäufung (subjektiver Klagenhäufung, §§ 59 ff) die Anspruchshäufung (objektive Klagenhäufung). Das ist eine Verbindung mehrerer Streitgegenstände, also mehrerer prozessualer Ansprüche nach Einl III 73 und § 2 Rn 3 desselben Klägers gegen denselben Bekl in einer Klage, KG WoM **02**, 614. Stützt der Kläger einen Anspruch auf Herausgabe von Räumen einerseits auf Eigentum, andererseits auf die Beendigung eines Vertragsverhältnisses, so liegt eine Anspruchshäufung vor. Denn die Aufhebung zB eines Mietverhältnisses als Voraussetzung eines Herausgabeanspruchs ist etwas anderes als das Eigentum. Das zeigt sich auch bei der Rechtskraft, § 322, ThP 3, aM ZöGre 1 (aber Eigentum und Mietvertragsende sind auch tatsächlich verschiedene Vorgänge).

Eine Klagenhäufung liegt auch vor, wenn der Kläger eine Zustimmungsklage jetzt auf ein neues *Mieterhöhungsverlangen* nach § 558 BGB stützt. Eine nachträgliche Anspruchshäufung ist abgesehen von § 256 II eine Klagänderung, BGH MDR **81**, 1012, Braun ZZP **89**, 98. Eine Anspruchshäufung ist nicht erzwingbar. Sie steht grundsätzlich im Belieben des Klägers. Wegen der Unzulässigkeit einer Erschleichung der Zuständigkeit Einl III 56, § 2 Rn 7, LG Bln JB **05**, 545. Allerdings kann das Gericht nicht von sich aus eine Verbindung nach § 147 vornehmen. § 610 II schränkt die Zulässigkeit der Anspruchshäufung ein, zB dann, wenn es um Auskunft über das Vermögen und um Unterhalt geht. Das Gericht muß eine solche Unzulässigkeit von Amts wegen beachten. Sie führt zur Prozeßtrennung, Verweisung, Abweisung durch ein Prozeßurteil.

2 **B. Verschiedene rechtliche Gesichtspunkte.** Der Gegensatz zur Anspruchshäufung ist das Herleiten desselben Anspruchs aus verschiedenen rechtlichen Gesichtspunkten, (alternative Klagenhäufung), BGH **154**, 348, etwa aus Vertrag, unerlaubter Handlung und ungerechtfertigter Bereicherung oder gerichtlicher Haftpflicht, aus Besitz und Eigentum, aus unerlaubter Handlung oder aus Nachbarrecht, BGH MDR **97**, 1022. In solchen Fällen ist das Gericht in der Reihenfolge der Untersuchung selbst dann frei, wenn der Kläger die Begründung in ein Eventualverhältnis stellt. Wenn also zB die erste Begründung streitig bleibt, während die zweite den Anspruch ohne weitere Beweisaufnahme trägt, so muß eine Beweisaufnahme zum Zweck der Klärung der ersten Anspruchsbegründung unterbleiben und muß das Gericht den Anspruch zusprechen. Denn die Entscheidung bleibt dieselbe, wenn der an erster Stelle geltend gemachte Klagegrund durchgreifen würde. Freilich muß das Gericht seine Zuständigkeitsgrenzen beachten, § 32 Rn 14.

Allerdings mag das Gericht vorsorglich auch zum ersten Anspruchsgrund Beweis erheben, wenn das *ohne zusätzlichen Aufwand* an Zeit oder Kosten möglich ist. Im übrigen muß es natürlich prüfen, ob die Feststellungs- und Tatbestandswirkungen des Urteils bei beiden Ansprüchen gleich wären. Wegen Einwendungen im Eventualverhältnis § 300 Rn 10. Man kann zur Vermeidung eines „Berufungszwangs" ein verspätetes Vorbringen unter der auflösenden Bedingung für zulässig halten, daß es auch berücksichtigt wird, Deubner NJW **78**, 356.

3 **2) Regelungszweck.** Die Vorschrift dient der Prozeßwirtschaftlichkeit, Grdz 14 vor § 128. Sie kann bei verständiger Anwendung weitere Prozesse ersparen. Die Prozeßwirtschaftlichkeit muß aber ihre Grenzen in den Anforderungen finden, die die Vorschrift durch die Merkmale Rn 16–19 im Interesse der Rechtssicherheit selbst zieht, Einl III 43, BGH **149**, 226. Beides muß man bei der Auslegung abwägen. Diese Auslegung sollte freilich möglichst informell werten. Es liegt meist im volkstümlichen Interesse aller Beteiligten, ein in mehrfacher Hinsicht genanntes Rechtsverhältnis der Parteien in möglichst nur einem Prozeß zu klären. Das Gericht hat ja manche Möglichkeit zum Vorziehen, Durchverhandeln, zum Teilurteil. Deshalb sollte man zunächst nicht zu streng sein, wenn eine Anspruchshäufung auch zusätzliche Arbeit ohne zusätzliche „Nummer" verheißt.

4 **3) Sachlicher Geltungsbereich.** Vgl Üb 2 vor § 253.

5 **4) Persönlicher Geltungsbereich: Nämlichkeit der Parteien.** Es muß sich um denselben Kläger und denselben Bekl handeln. Andernfalls mögen §§ 59 ff gelten, Rn 1. Die Nämlichkeit besteht auch bei einer Prozeßstandschaft nach Grdz 21 ff vor § 50. Sie fehlt beim Zusammentreffen von eigenem Anspruch und solchen einer Partei kraft Amtes, ZöGre 2.

6 **5) Verbindung mehrerer Ansprüche.** Man muß zahlreiche Aspekte beachten.
A. Mehrere Hauptansprüche. Der Kläger darf grundsätzlich mehrere Ansprüche gegen denselben Bekl verbinden, auch wenn sie verschiedene Klagegründe haben, Saenger MDR **94**, 863. Das darf er gleichzeitig oder durch nachträgliche Klagerweiterung tun, § 261 II. Daß die Ansprüche einander widersprechen,

Titel 1. Verfahren bis zum Urteil   **§ 260**

hindert nicht, BGH RR **04**, 1197. Es ist also sowohl eine kumulative als auch eine alternative, jedoch nicht hilfsweise Anspruchshäufung möglich, Düss FamRZ **89**, 649. Der Kläger bestimmt frei, ob er die Ansprüche in demselben Prozeß oder in getrennten geltend macht (Ausnahme: Einl III 54), BGH NJW **96**, 2569, Klevemann MDR **99**, 974 (gegen Hbg, dort zit). Er bestimmt auch frei, in welchem Verhältnis mehrere Ansprüche zueinander stehen sollen. Er muß diese Bestimmung treffen, wenn sich die Ansprüche auf verschiedene Sachverhalte stützen, ebenso bei mehreren Ansprüchen aus demselben Sachverhalt. Bei einer Teilklage ist hinsichtlich mehrerer Ansprüche wegen der Rechtskraftwirkung ihre genaue Abgrenzung nötig, § 253 Rn 43, § 322 Rn 51 „Nachforderung", 65. Verbindbar sind auch Ansprüche, die der Kläger teils aus eigenem, teils aus fremdem Recht erhebt. Mit der Klage gegen den Zwangsverwalter kann er auch eine solche gegen ihn persönlich verbinden.

Nicht verbindbar sind ein fälliger und ein noch nicht fälliger Anspruch, soweit nicht ausnahmsweise §§ 257– 259 gelten, aM (zu [jetzt] § 558 BGB und der höheren Miete) LG Duisb ZMR **99**, 334 (abl Eckert/Rau. In der Tat schaffen §§ 257–259 eine vorrangige Sonderregelung.).

B. Einzelheiten bei mehreren Hauptansprüchen. Mehrere Hauptansprüche liegen vor, wenn der **7** Kläger entweder einen oder mehrere verschiedene Ansprüche aus verschiedenen Sachverhalten ableitet, BGH MDR **01**, 949. Beispiel: der Anspruch auf Darlehnszinsen und auf einen Kaufpreis. Mehrere Hauptansprüche liegen ferner vor, wenn der Kläger verschiedene Ansprüche demselben Sachverhalt entnimmt. Beispiel: ein Anspruch auf Darlehnszinsen und auf Rückzahlung des Darlehens; die Geltendmachung verschiedener Schadensarten aus dem Mietverhältnis, KG WoM **02**, 614. Mehrere Hauptansprüche liegen weiter bei einer wahlweisen Verbindung vor, wenn also der Kläger nur den einen oder nur den anderen Anspruch erhebt. So, wenn er eine Wahlschuld nach §§ 262 ff BGB einklagt oder wenn dem Bekl eine Abwendungsbefugnis zusteht, wie bei § 528 I 2 BGB, zB bei einer Wahlwährungsklausel.

Das Urteil ergeht bei einer *Wahlschuld* dahin, daß der Bekl nach seiner oder des Klägers Wahl das oder jenes leisten muß. Bei einer Abwendungsbefugnis muß das Gericht ihn zu einer bestimmten Leistung verurteilen und den Zusatz hinzufügen „der Beklagte kann diese Leistung durch... abwenden". Abgesehen davon verstößt ein Wahlanspruch (Alternativantrag) gegen das Erfordernis eines bestimmten Klagantrags, § 253 II 2, BGH FamRZ **90**, 38. Das gilt zB bei einer Klage auf Mietzahlung oder auf Räumung. Ein Teilurteil ist in allen genannten Fällen außer bei der Wahlschuld zulässig. Dagegen liegt keine Anspruchshäufung vor, wenn der Kläger denselben Antrag verschiedenen Sachverhalten entnimmt, Rn 3.

C. Haupt- und Hilfsanspruch. Eine Anspruchshäufung liegt auch vor, wenn der Kläger gleichzeitig **8** neben einem Hauptanspruch (Prinzipalanspruch) oder später einen oder mehrere Hilfsansprüche (Eventualansprüche) für den Fall erhebt, daß der Hauptanspruch unzulässig oder unbegründet ist, BGH RR **87**, 505, Lüke/Kerner NJW **96**, 2123, oder wenn der Bekl eine Hilfsaufrechnung hinzufügt, § 145 Rn 13. Dergleichen mag auch erstmals in der Berufungsinstanz geschehen, BGH FamRZ **79**, 573. Zur Berufungssumme KG OLGZ **79**, 348. Freilich kann man die Zulässigkeit eines neuen Hauptantrags in der Berufungsinstanz nicht allein aus der Zulässigkeit eines Hilfsantrags herleiten, der nur für den Fall gestellt wird, daß der Hauptantrag unbegründet ist, BGH NJW **01**, 226. Es ist zwecks Prozeßwirtschaftlichkeit nach Grdz 14 vor § 128 auch ein sog uneigentlicher Hilfsantrag für den Fall des Erfolgs des Hauptantrags denkbar, sog unechte Eventualklagenhäufung, BGH NJW **01**, 1286, BAG DB **88**, 1660, Hipke (vor Rn 1) 445. Das Gericht darf dann freilich nicht dem Haupt- *und* Hilfsantrag durch ein Grundurteil stattgeben, BGH NJW **02**, 3479. Zum Problem Rüter VersR **89**, 1241.

Das Gericht muß auch *klarstellen,* wie die Klägeranträge gemeint sind, § 139, Hamm RR **92**, 1279. Der **9** Kläger muß die Reihenfolge der Ansprüche genau angeben, § 253 Rn 43. Dann ist sie für das Gericht verbindlich, BGH RR **92**, 290 (auch beim Grundurteil). Zulässig ist evtl auch ein Hilfsantrag des Klägers auf seine Verurteilung nach dem Widerklage. Eine Staffelung der Hilfsanträge untereinander ist zulässig, BGH RR **92**, 290, BAG NZA **05**, 815. Auch sie kann zu einer Mehrheit von Streitgegenständen führen, BGH NJW **84**, 371. Es ist auch möglich, den Hauptantrag für erledigt zu erklären und den Hilfsantrag aufrechtzuerhalten, BGH NJW **03**, 3203 links. Zur hilfsweisen Erledigterklärung usw § 91 a Rn 76.

Mit einem Hilfsantrag darf man nicht eine *Hilfsbegründung* desselben Antrags verwechseln. Sie ist immer **10** zulässig, auch wenn sich die einzelnen Begründungen widersprechen. Darin liegt nicht notwendig ein Verstoß gegen die Wahrhaftigkeitspflicht, BGH RR **94**, 995. Über letztere, auch beim Hilfsantrag, § 138 Rn 19. Nicht hierher gehören die Fälle der §§ 255, 510 b. Denn das Hilfsverhältnis besteht erst für die Zwangsvollstreckung.

D. Derselbe Sachverhalt. Der Haupt- und der Hilfsanspruch können sich aus demselben Sachverhalt **11** ergeben. Beispiele: Der Hauptanspruch geht auf Leistung, der Hilfsanspruch auf Feststellung; der Hauptanspruch geht auf Ersatz, der Hilfsanspruch auf Minderung.

E. Verschiedene Sachverhalte. Beide Ansprüche können sich aus verschiedenen Sachverhalten ergeben. **12** Beispiele: Der Hauptanspruch geht auf Berichtigung des Grundbuchs wegen eines Scheinverkaufs, der Hilfsanspruch entfließt einem Wiederkaufsrecht.

F. Derselbe Antrag. Er kann sich auf verschiedene Sachverhalte stützen. Beispiel: Der Kläger stützt den **13** Antrag in erster Linie eine Bürgschaft von 2002, hilfsweise auf eine Bürgschaft von 2003. Daß die verschiedenen Klagegründe einander ausschließen, ist nicht erforderlich, Rn 5. Weiteres Beispiel: Der Kläger stützt den Antrag in erster Linie auf eine abgetretene Forderung des X, hilfsweise auf eine abgetretene Forderung des Y. Verbindbar sind auch der Anspruch auf künftige Leistung nach § 259 und der ihn rechtlich bedingende Hauptanspruch. Beispiel: Der Kläger verlangt Herausgabe, hilfsweise Ersatz (beim AG gilt § 510 b). Hier besteht das Hilfsverhältnis allerdings für die Zwangsvollstreckung. Denn das Urteil soll beides zusprechen. Ein Hilfsantrag für den Fall, daß der Hauptantrag begründet, aber nicht durchsetzbar ist, kann wegen Unbestimmtheit unzulässig sein.

Zulässig ist ein Antrag auf Herausgabe mit einer Abwendungsbefugnis durch Restzahlung. Wegen der **14** Anspruchshäufung in einer Ehesache § 610. Unzulässig ist die auch nur hilfsweise Verbindung der Klage auf

§ 260   Buch 2. Abschnitt 1. Verfahren vor den LGen

die Feststellung des Nichtbestehens der Ehe und eines Scheidungsantrags, Düss FamRZ **89**, 649. Über die Hilfswiderklage Anh § 253 Rn 11. Rechtshängig wird der Hilfsanspruch mit der Erhebung, rückwirkend auflösend bedingt durch die rechtskräftige Zuerkennung des Hauptanspruchs, Merle ZZP **83**, 442. Trotz des Eintritts dieser auflösenden Bedingung bleibt die Wirkung der Verjährungshemmung, § 209 BGB, bestehen.

15   **G. Beendigung der Verbindung.** Die Anspruchshäufung endet: Durch die restlose Erledigung (unscharf: Gegenstandslosigkeit, so BayObLG FamRZ **00**, 558) eines Antrags, § 91a, auch im Weg eines Teilurteils, § 301; durch eine, auch teilweise, Klagerücknahme, § 269; durch einen gerichtlichen Beschluß auf eine Verfahrenstrennung, §§ 145, 150.

16   **6) Prozeßgericht und Prozeßart.** Ein klarer Grundsatz zeigt Einzelprobleme.
    A. Grundsatz: Notwendigkeit der Zulässigkeit derselben Prozeßart. Für die gehäuften Ansprüche muß dieselbe Prozeßart zulässig sein. Es läßt sich zB eine Wiederaufnahmeklage nach §§ 578ff als ein Rechtsbehelf eigener Art nicht mit einer gewöhnlichen Klage verbinden, ein Wechselprozeß-Hauptantrag aber nicht mit einem Hilfsantrag im Urkunden- oder Normalprozeß, BGH **82**, 200. Das Prozeßgericht muß für jeden einzelnen Anspruch die Prozeßvoraussetzungen von Amts wegen prüfen, Grdz 39 vor § 128. Es muß insbesondere sachlich und örtlich zuständig sein, Düss FamRZ **80**, 794. Die örtliche Zuständigkeit kann sich zB aus §§ 25, 38ff ergeben. Die sachliche Zuständigkeit kann durch Zusammenrechnung der Ansprüche entstehen, auch derjenigen mehrerer Kläger, soweit die Ansprüche einen selbständigen Wert haben, § 5 Rn 2.

17   *Unerheblich* ist geschäftliche Zuständigkeit, abgesehen vom Verhältnis zwischen der Zivilkammer und der Kammer für Handelssachen. Dort erfolgt bei einem Widerspruch eine Trennung und Verweisung, §§ 97ff GVG. Unerheblich ist es auch, wenn für einen Anspruch ein anderes Gericht ausschließlich zuständig ist oder wenn die Prozeßart für einen Anspruch fehlt. Das letztere ist aber nur dann der Fall, wenn für die abgetrennte Klage überhaupt Raum ist, wenn zB bei einer Abtrennung im Urkundenprozeß wegen dessen Unzulässigkeit der Kläger gleich ins ordentliche Verfahren überleitet, § 596.

18   **B. Einzelfragen.** Es findet keine Verbindung von Ansprüchen statt, die teils Familiensache, teils anderer Art sind, BGH NJW **81**, 2418, BayObLG FamRZ **03**, 1569, es sei denn, daß es sich um einen Haupt- und einen Hilfsantrag handelt. Eine Verbindung von Haupt- und Arrestprozeß ist unzulässig. Die Verbindung mit einem Anspruch nach einem verfahrensmäßig besonders gestalteten Landesgesetz ist unstatthaft, Grdz 12 vor § 916. Unzulässig ist ferner im Wechselprozeß ein Hilfsantrag aus einem anderen Klagegrund, § 602, oder im Urkunden- oder Verfügungsverfahren ein weiterer Antrag auf eine Feststellung. Es kann auch ein gesetzliches Verbot einer Prozeßverbindung entgegenstehen, zB in §§ 578 II, 610. Ein Hilfsanspruch läßt sich nicht nach § 145 abtrennen. Denn er würde damit zu einer bedingten Klage. Ist nur für ihn das eine Gericht zuständig, für den Hauptanspruch jedoch das andere Gericht, so ist an dieses zu verweisen bzw abzugeben, § 281 Rn 7, wenn und soweit das Gericht den Hauptanspruch abgewiesen hat, BGH NJW **81**, 2418. Der Hilfsanspruch bleibt zunächst unbeschieden. Evtl verweist das VG zurück.

19   Das Gericht muß auch aussetzen, wenn die Wirksamkeit des Vertrags, auf den die Klage in erster Linie gestützt wird, vom *GWB* abhängt und wenn das Gericht dann unzuständig wäre, obwohl die Hilfsbegründung, über die sie sachlich entscheiden könnte, den Anspruch trägt. Denn das Gericht darf die von der Partei festgelegte Reihenfolge der Begründungen nicht umkehren.

20   **7) Verfahren.** Man muß drei Phasen trennen.
    A. Gleichzeitigkeit. Bei einer Anspruchshäufung muß das Gericht über die verbundenen Ansprüche gleichzeitig verhandeln und entscheiden. Ein Grundurteil nach § 304 ist unzulässig, BGH MDR **75**, 1007. Eine Trennung durch das Gericht richtet sich nach § 145, ein Teilurteil nach § 301, soweit das Gericht nicht entsprechend § 146 die Verhandlung auf einen Antrag beschränkt. Fehlt eine von Amts wegen zu beachtende Prozeßvoraussetzung, etwa der ordentliche Rechtsweg, so darf das Gericht nur den davon betroffenen Anspruch als unzulässig abweisen bzw nach § 281 oder nach § 17a GVG verweisen, Grdz 14 vor § 253, BGH NJW **98**, 868. Die Zulässigkeit der Anspruchshäufung ist selbst Prozeßvoraussetzung und von Amts wegen zu prüfen, Rn 2. Eine Heilung kann nicht eintreten, § 295 Rn 17. Das Gericht kann nicht zwischen den gehäuften Ansprüchen frei wählen. Es muß in der vom Kläger gewählten Reihenfolge prüfen, Rn 9, § 253 Rn 84.

21   **B. Urteil erster Instanz.** Eine Abweisung erfolgt nur, wenn sämtliche Haupt- und Hilfsansprüche unzulässig oder unbegründet sind und wenn auch keine Verweisung möglich ist. Nicht zulässig ist zB Abweisung einer leugnenden Feststellungsklage mit zwei Ansprüchen, weil einer von ihnen unbegründet sei. Eine Teilabweisung des Hauptanspruchs ohne Prüfung des Hilfsanspruchs ist im allgemeinen nicht möglich. Etwas anderes gilt, wenn die Auslegung der Anträge ergibt, daß der Kläger seinen Hilfsantrag nur für den Fall einer völligen Abweisung des Hauptantrags gestellt hat und daß das Gericht wegen des Hilfsantrags nur eine Verweisung vornehmen darf, BGH NJW **81**, 2418. S auch bei § 301. Das Gericht muß klarlegen, welchen Anspruch es beschieden hat, Hamm RR **92**, 1279. Das Gericht muß die Klage auslegen, wenn es erwägt, den Hauptantrag wegen Fehlens einer Prozeßvoraussetzung als unzulässig zu beurteilen. Die Voranstellung des unzulässigen Hauptanspruchs beweist im Zweifel, daß der Kläger seinen Hilfsanspruch nur von der sachlichen Beurteilung des Hauptanspruchs abhängig macht. Gibt das Gericht dem Hilfsanspruch statt, so muß es spätestens gleichzeitig und dann im Tenor den Hauptanspruch abweisen, BGH WertpMitt **78**, 194, falls er sich nicht vorher erledigt hatte, Rn 15.

22   **C. Urteil der Berufungsinstanz.** Trotz des Erfolgs des Hilfsantrags kann der Kläger wegen der Abweisung des Hauptantrags rechtsmittelfähig beschwert sein. Soweit er deswegen Berufung einlegt, ist nur der Hauptantrag im Berufungsrechtszug anhängig, soweit nicht der Bekl wegen des Hilfsantrags Anschlußberufung einlegt. Soweit der Bekl wegen des Hilfsantrags Berufung einlegt, muß entsprechend der Kläger Anschlußberufung einlegen, um den abgewiesenen Hauptantrag in die Berufungsinstanz zu bringen.
    Hat die 1. Instanz den Hauptanspruch zugesprochen, ohne über den ihn ausschließenden Hilfsanspruch zu befinden, so fällt auch die Entscheidung über den Hilfsanspruch der *Berufungsinstanz* an, weil der Hilfsan-

Titel 1. Verfahren bis zum Urteil §§ 260, 261

spruch aberkannt worden ist, und zwar schon aus Gründen der Prozeßwirtschaftlichkeit. Etwas anderes gilt, wenn die 1. Instanz den Hauptantrag abgewiesen und nicht über den Hilfsantrag erkannt hat. Dann ist das Urteil zu ergänzen, § 321, oder Berufung zulässig, § 537 Rn 7. Man kann den erstinstanzlichen Hauptantrag ohne Anschlußberufung als Hilfsantrag weiterverfolgen.

8) VwGO: Es gilt § 44 VwGO. 23

261 *Rechtshängigkeit.* I Durch die Erhebung der Klage wird die Rechtshängigkeit der Streitsache begründet.

II Die Rechtshängigkeit eines erst im Laufe des Prozesses erhobenen Anspruchs tritt mit dem Zeitpunkt ein, in dem der Anspruch in der mündlichen Verhandlung geltend gemacht oder ein den Erfordernissen des § 253 Abs. 2 Nr. 2 entsprechender Schriftsatz zugestellt wird.

III Die Rechtshängigkeit hat folgende Wirkungen:
1. während der Dauer der Rechtshängigkeit kann die Streitsache von keiner Partei anderweitig anhängig gemacht werden;
2. die Zuständigkeit des Prozessgerichts wird durch eine Veränderung der sie begründenden Umstände nicht berührt.

Schrifttum: *Bäumer,* Die ausländische Rechtshängigkeit und ihre Auswirkungen auf das internationale Zivilverfahrensrecht, 1999; *Bosch,* Rechtskraft und Rechtshängigkeit im Schiedsverfahren, 1991; *Buschmann,* Rechtshängigkeit im Ausland als Verfahrenshindernis usw, Diss Mü 1996; *Dohm,* Die Einrede ausländischer Rechtshängigkeit im deutschen internationalen Zivilprozeßrecht, 1996; *Gansen,* Die Rechtshängigkeit des Schmerzensgeldanspruchs, Diss Bonn 1989; *Gerichtshof der Europäischen Gemeinschaften* (Herausgeber), Internationale Zuständigkeit und Urteilsanerkennung in Europa; 1993; *Habscheid,* Bemerkungen zur Rechtshängigkeitsproblematik im Verhältnis der Bundesrepublik Deutschland und der Schweiz einerseits und den USA andererseits, Festschrift für *Zweigert* (1981); *Heiderhoff,* Die Berücksichtigung ausländischer Rechtshängigkeit im Ehescheidungsverfahren, 1998; *Herrmann,* Die Grundstruktur der Rechtshängigkeit, 1988; *Kerameus,* Rechtsvergleichende Bemerkungen zur internationalen Rechtshängigkeit, Festschrift für *Schwab* (1990) 257; *Koussoulis,* Beiträge zur modernen Rechtskraftlehre, 1986; *Leipold,* Internationale Rechtshängigkeit, Streitgegenstand und Rechtsschutzinteresse usw, Gedächtnisschrift für *Arens* (1993) 227; *de Lousanoff,* Die Anwendung des EuGVÜ in Verbrauchersachen mit Drittstaatenbezug, Gedächtnisschrift für *Arens* (1993) 251; *Lüke,* Die Zuständigkeitsprüfung nach dem EuGVÜ, Gedächtnisschrift für *Arens* (1993) 273; *Lüke,* Tempus regit actum, Festschrift für *Lüke* (1997) 391; *Prütting,* Die Rechtshängigkeit im internationalen Zivilprozeßrecht und der Begriff des Streitgegenstandes nach Art. 21 EuGVU, Festschrift für *Lüderitz,* (2000) 623; *Schlosser,* Die perpetuatio litis als rechtsstaatlicher Leitgedanke des nationalen und internationalen Zivilprozeßrechts, in: Festschrift für *Nagel,* 1987; *Schütze,* Zur internationalen Rechtshängigkeit im deutschen Recht, Festschrift für *Beys* (Athen 2004) 1501; *Schumann,* Internationale Rechtshängigkeit (Streitanhängigkeit), Festschrift für *Kralik* (Wien 1986) 301; *Schumann,* Die Relativität des Begriffes der Rechtshängigkeit usw, Festschrift für *Lüke* (1997) 767; *Walter,* Lis alibi pendens und forum von convenines: Von der Konfrontation über die Koordination zur Kooperation, Festschrift für *Schumann* (2001) 559; *Wittibschlager,* Rechtshängigkeit in internationalen Verhältnissen, Basel 1994; *Zeuner,* Zum Verhältnis zwischen internationaler Rechtshängigkeit nach Art 21 EuGVÜ und Rechtshängigkeit nach den Regeln der ZPO, Festschrift für *Lüke* (1997) 1003.

Gliederung

1) Systematik, I–III	1, 2	A. Geltungsbereich	21
A. Begriffe	1	B. Rechtshängigkeitsbeginn	22, 23
B. Rechtshängigkeitswirkung	2	7) Klagsperre, III Z 1	24–27
2) Regelungszweck, I–III	3	A. Wahrung von Prozeßwirtschaftlichkeit und Rechtssicherheit	24, 25
3) Geltungsbereich, I–III	4	B. Einzelheiten	26
4) Rechtshängigkeit, I–III	5–17	C. Rechtshängigkeit und Rechtskraft	27
A. Beginn	5	8) Erhaltung der Zuständigkeit, III Z 2	28–33
B. Beispiele zur Frage des Beginns der Rechtshängigkeit, I	6–14	A. Grundsatz: Kein Einfluß späterer Veränderungen	28–30
C. Ende	15–17	B. Keine Umkehrung bei allgemeiner Zuständigkeit	31
5) Voraussetzungen der Rechtshängigkeit, I	18–20	C. Keine Umkehrung bei ausschließlicher Zuständigkeit	32, 33
A. Nämlichkeit (Identität) der Parteien	18	9) VwGO	34
B. Nämlichkeit des Streitgegenstands	19, 20		
6) Im Prozeß erhobener Anspruch, II	21–23		

1) Systematik, I–III. Die Vorschrift hat zentrale Bedeutung. 1

A. Begriffe. *Rechtshängigkeit,* Litispendenz, ist das Schweben eines Streits über denselben prozessualen Anspruch, § 2 Rn 3, Hbg GRUR **99**, 429, Karlsr IPRax **92**, 172, im Urteilsverfahren eines jeden Rechtswegs, § 17 I 2 GVG, Schumann (vor Rn 1) 790. *Anhängigkeit* ist das Schweben in einem beliebigen anderen gerichtlichen Verfahren, Bbg FamRZ **94**, 520, Ffm NJW **93**, 2448 (Mahnverfahren). Die Anhängigkeit ist also der weitere Begriff, BPatG GRUR **78**, 43. Sie beginnt mit dem Eingang, BGH NJW **87**, 3265, BayObLG **79**, 288, Schlesw SchlHA **89**, 161 (die Uhrzeit kann maßgeblich sein). Maßgeblich ist der Eingang auf der Posteinlaufstelle des Gerichts, auch des zu diesem Zeitpunkt schon oder noch örtlich und/oder sachlich unzuständigen. Bei einer erstmals in der Verhandlung erfolgender Geltendmachung beginnt die Anhängigkeit und zugleich Rechtshängigkeit mit dieser mündlichen Geltendmachung, BGH NJW **87**,

§ 261

3265. Die Anhängigkeit umfaßt zB das Schweben im Mahnverfahren, § 693 Rn 3, Ffm NJW 93, 2448, Nierwetberg NJW 93, 3247, oder im Prozeßkostenhilfeverfahren, §§ 114 ff, Ffm MDR 89, 272.

Die Rechtshängigkeit setzt freilich mehr als nur die Beziehung zwischen dem Gericht und dem Antragsteller voraus. Nötig ist nämlich eine *Einbeziehung des Gegners* in das Prozeßrechtsverhältnis, Grdz 4 vor § 128, Köln MDR 85, 680, aM Ffm VersR 78, 160 (ersteres genüge), Celle JB 74, 867 (anhängig genüge ebensoviel wie rechtshängig), Schilken JR 84, 446 (aber die Wirkungen sind sehr unterschiedlich, Rn 2). Meist hält man die Ausdrücke zu Unrecht nicht genügend auseinander. Die ZPO benutzt gar beide als gleichwertig. Das erklärt sich daraus, daß früher das Mahnverfahren von vornherein rechtshängig machte. Zum jetzigen Zustand § 696 Rn 6, 7. Im Verfahren mit Amtsermittlung nach Grdz 38 vor § 128 bedeutet eine bloße Erörterung zwecks Vorklärung nicht stets eine Anhängigkeit, KG FamRZ 87, 727 (Versorgungsausgleich). §§ 302 IV 4, 496, 600 II, 717 II, III enthalten vorrangige Sonderbestimmungen. Im Eilverfahren auf einen Arrest oder eine einstweilige Verfügung fallen Anhängigkeit und Rechtshängigkeit ausnahmsweise zusammen, § 920 Rn 9.

2   **B. Rechtshängigkeitswirkung.** Die Rechtshängigkeit hat prozessuale und sachlichrechtliche Wirkungen, BGH RR 87, 323, zB wegen des Neubeginns der Verjährung, BGH BB 90, 22 (auf Inlandswährung umgerechnete Forderung in ausländischer Währung) und FamRZ 96, 1271 (wegen einer Klagerweiterung), Naumb FamRZ 01, 831 (sogar vor dem unzuständigen Gericht, falls Verweisung folgt), aM Naumb FamRZ 01, 1006 und 1007 (bei Verstoß gegen § 78. Aber auch diese Vorschrift steht im Gesamtsystem.). Von ihnen behandeln §§ 261 ff nur einen Teil. Weitere prozessuale Wirkungen sind: Die Notwendigkeit einer Entscheidung durch Endurteil; die Zulässigkeit der Widerklage, Anh § 253, und einer Zwischenfeststellungsklage, § 256 II; die Zulässigkeit der Einmischungsklage, § 64; die Zulässigkeit von Streithilfe, § 66, und Streitverkündung, § 72; die Begründung des Prozeßrechtsverhältnisses, Grdz 4 vor § 128, Mü MDR 97, 1063.

3   **2) Regelungszweck, I–III.** Die Vorschrift dient der Klärung einer grundlegenden Frage, nämlich des Prozeßrechtsverhältnisses, Grdz 4 vor § 128. Das gilt, auch wenn sie nur einen Teil seiner Voraussetzungen behandelt. Damit dient sie zugleich der für das Gesamtverhalten des Bekl wichtigen Rechtssicherheit, Einl III 43. Das gilt insbesondere bei III Z 1. Hier führt das Gesetz in teilweise gewisser Vorwegnahme der Wirkung späterer sachlicher Rechtskraft nach Einf 12 vor §§ 322–327 den Grundsatz ein, daß man über den Streitgegenstand nicht vor mehreren Gerichten gleichzeitig verhandeln darf, „ne bis in idem". Damit soll natürlich auch die Gefahr widersprüchlicher Entscheidungen geringer werden. Das gilt, auch wenn man solche Widersprüche notfalls durch Rechtsmittel und andere Maßnahmen spätestens in der Zwangsvollstreckung beseitigen oder doch weiter eindämmen kann. Das Gericht nimmt bei Parteiherrschaft nach Grdz 18 vor § 128 zwar eine Amtsprüfung nach Grdz 39 vor § 128 vor, nicht aber eine Amtsermittlung nach Grdz 38 vor § 128, Zweibr (4. ZS) MDR 98, 123, aM Zweibr (5. ZS) FamRZ 98, 1446 (aber die Parteiherrschaft zwingt als eine Grundlage des Prozesses zu solcher Unterscheidung). III dient der Prozeßwirtschaftlichkeit, Grdz 14 vor § 128.

III Z 2 geht darüber hinaus der Vermeidung von Manipulationen des Bekl, Wilske/Kocher NJW 00, 3550 (auch zur [jetzt] EuGVVO).

Unterschiedliche Auslegungsstrenge ist die notwendige Folge derart unterschiedlicher Regelungszwecke. Die Forderung nach klarer Abgrenzung steht aber durchweg im Vordergrund. Das bedeutet eine deutliche Eingrenzung der Auslegungsmöglichkeiten. Wohl nur dann kann auch das Zusammenspiel mit dem Begriff Streitgegenstand funktionieren.

4   **3) Geltungsbereich, I–III.** Vgl Üb 2 vor § 253.

5   **4) Rechtshängigkeit, I–III.** Sie hat eine Fülle von Auswirkungen.

A. Beginn. Jede Klagerhebung nach § 253 I macht den Anspruch rechtshängig, BGH NJW 94, 52 (zitiert irrig § 263 I statt § 261 I), Hamm RR 94, 63. Das gilt vor einem deutschen staatlichen ordentlichen oder Sonderzivilgericht, zB einem Arbeits- oder Sozialgericht (wegen ausländischer Gerichte Rn 9 und § 328 Rn 26), BAG DB 96, 2448 (Beschlußverfahren) in diesem hiesigen Prozeßart, nicht aber im Verfahren der freiwilligen Gerichtsbarkeit, soweit nicht die ZPO auf das FGG verweist. Das gilt auch für die Widerklage oder einer Zwischenfeststellungsklage aus § 256 II. Auch die Zustellung einer Scheidungsantragsschrift durch das FamG an den Antragsgegner begründet eine Rechtshängigkeit, BGH FamRZ 90, 1109, Kblz FamRZ 83, 201. Die Rechtshängigkeit eines im Prozeß erhobenen Anspruchs richtet sich nach II.

6   **B. Beispiele zur Frage des Beginns der Rechtshängigkeit, I**

Abänderungsklage: Ihre Erhebung begründet noch *keine* Rechtshängigkeit im Sinn von § 819 BGB, BGH FamRZ 92, 1155, Karlsr FamRZ 99, 609 links.

Adhäsionsprozeß: Rn 11 „Strafverfahren".

Arrest, einstweilige Verfügung: § 261 gilt auch in diesen Verfahrensarten, Hamm WettbR 96, 234. Die Rechtshängigkeit beginnt für den Eilantrag im Eilverfahren wegen der dann bestehenden Prozeßtreuhänderschaft des Gerichts bereits mit dem Eingang beim Gericht, Grdz 6 vor § 128, § 920 Rn 7. Vgl freilich wegen der Kosten § 91 a Rn 42, § 269 Rn 38.

Für den *Hauptantrag* (Hauptsacheantrag) gilt aber dieser frühe Beginn der Rechtshängigkeit *nicht*. Für ihn bleibt es bei der Notwendigkeit der Zustellung an den Gegner.

Aufrechnung: Sie begründet *keine* Rechtshängigkeit, § 145 Rn 15, BGH RR 94, 380, Mü FamRZ 85, 85, aM RoSGo § 105 IV 2. Deshalb darf der Kläger zB eine Forderung einklagen, mit der er in einem anderen Prozeß schon aufgerechnet hatte. Der Bekl darf mit einer bereits eingeklagten Forderung aufrechnen, BGH RR 94, 380, Düss FamRZ 87, 706, oder der Aufrechnung im Hilfswiderklage auf dieselbe Gegenforderung nach Anh § 253 Rn 11 beifügen oder folgen lassen. Der Kläger kann alle Einwendungen gegen die Aufrechnungsforderung erheben, auch zB die im Nachverfahren zulässigen, BGH NJW 77, 1687. Beides gilt, soweit das Gericht nicht jeweils im Erstprozeß bereits nach § 322 rechtskräftig entschieden hatte. Manche fordern bis dahin eine Aussetzung des Zweitprozesses, Düss FamRZ 87, 706, Bettermann ZZP 85, 488, aM Häsemeyer Festschrift für Weber (1975) 232. Andere halten eine Aufrechnung

Titel 1. Verfahren bis zum Urteil § 261

mit derselben Forderung in mehreren Prozessen für unzulässig, Bettermann ZZP **85**, 489, Häsemeyer Festschrift für Weber (1975) 233. Wieder andere halten eine Aufrechnung im Prozeß für eine unzulässige Zwischenfeststellungswiderklage nach § 256 II und empfehlen als interessengerechte Lösung notfalls eine Aussetzung, Mittenzwei ZZP **85**, 466.
S auch §§ 145 Rn 24, 322 II.

Ausland, dazu *Bäumer,* Die ausländische Rechtshängigkeit und ihre Auswirkung auf das Internationale Zivilverfahrensrecht, 2000; *Krusche* MDR **00**, 677; *Walter* (vor Rn 1; je: ausf): Das Gericht muß das Vorliegen einer Rechtshängigkeit im Ausland in Abweichung vom Grundsatz der lex fori gemäß Einl III 74 nach dem ausländischen Recht prüfen, BGH RR **92**, 643, Bbg FER **00**, 160, AG Leverkusen FamRZ **03**, 41. Dabei erfolgt eine bloße Amtsprüfung, nicht Amtsermittlung, Rn 3. **7**

Länder-Übersicht bei Schütze ZZP **104**, 136. Wegen der vorrangigen *EuGVVO* SchlAnh V C 4, besonders Artt 27 ff; betr *Belgien* Celle FamRZ **93**, 439, KG FamRZ **95**, 1074 (zu einer Ausnahme), Rauscher IPRax **94**, 188, betr *Frankreich* Ffm FamRZ **75**, 632, Safferling, Rechtshängigkeit in deutsch-französischen Scheidungsverfahren, 1996, betr *Griechenland* Kerameus Festschrift für Schwab (1990) 262, betr *Großbritannien* Hamm NJW **88**, 3102 – zustm Geimer –, betr *Italien* Ffm FamRZ **75**, 647, LG Ffm VersR **77**, 67, AG Siegburg RR **97**, 388 (separation legale reicht nicht), betr *Polen* BGH FamRZ **92**, 1061, Mü FamRZ **92**, 73, betr *Türkei* Köln FamRZ **03**, 544, betr AG Leverkusen FamRZ **03**, 41, betr *Vereinigte Staaten* Karlsr FamRZ **94**, 47, LG Landstuhl FamRZ **94**, 837, AG Hbg FamRZ **05**, 285.

Liegt eine ausländische Rechtshängigkeit *vor,* dann muß man sie im Geltungsbereich der EuGVVO und des LugÜbk stets beachten, AG Hbg FamRZ **05**, 285, Zeuner (vor Rn 1) 1003. Im übrigen darf das Gericht sie aber nur insoweit beachten, als das fremde Urteil voraussichtlich hier anerkennbar ist oder sein wird, § 328, BGH FamRZ **94**, 434 (krit Philippi FamRZ **00**, 525), Bbg FER **00**, 160, Gottwald FamRZ **05**, 286. Zur ausländischen Anhängigkeit und Widerklage Heiderhoff IPRax **99**, 392. Stets ist Art 6 I EMRK zu beachten, Krusche MDR **00**, 678.

Es muß eine generelle, oft unsichere *Prognose* genügen, Schumann IPRax **86**, 14. Sie geht dahin, daß die internationale Zuständigkeit gewahrt, Üb 6 vor § 12, die Gegenseitigkeit verbürgt, § 328 Rn 46, Anh § 328, kein Verstoß gegen den deutschen ordre public zu erwarten sei, § 328 Rn 30. Außerdem muß eine Sachentscheidung zu erwarten sein, BGH FamRZ **82**, 917. Schließlich darf die Sperrwirkung des ausländischen Verfahrens dem Inländer keine unzumutbare Beeinträchtigung bringen, BGH NJW **83**, 1270 betr in ausländischen Scheidungsverfahren (sehr weitgehend; zustm Geimer NJW **84**, 527), Ffm MDR **87**, 413, AG Leverkusen FamRZ **03**, 41. Dagegen erfolgt keine gesetzliche Vermutung für oder gegen die Anerkennungsmöglichkeit, aM Düss IPRax **86**, 29, Schumann Festschrift für Kralik (Wien 1986) 309 (aber das Gesetz überläßt gerade die Einzelfallprüfung aus gutem Grund voll dem Gericht). Es besteht eine zunehmend anerkennungsfreundliche, begrüßenswerte Tendenz, Walter (vor Rn 1) 577.
S auch Rn 7 „Ehesache", Rn 8 „Insolvenz".

Aussetzung: Bei der Frage der Rechtshängigkeit wegen einer noch anerkennungsbedürftigen Auslandsentscheidung ist § 148 unanwendbar, aM Karlsr FamRZ **94**, 47 (aber ihm entgegen ist [jetzt] allenfalls § 206 BGB entsprechend anwendbar). **8**

Ehesache: Wegen der Besonderheiten bei einer Auslands-Ehesache § 328 Rn 52, Jena FamRZ **99**, 1211, KG NJW **83**, 2326, Mü FamRZ **92**, 74.

Einrede: Sie begründet *keine* Rechtshängigkeit.
S auch Rn 5 „Aufrechnung".

Einstweilige Verfügung: Rn 5 „Arrest, einstweilige Verfügung".

Freiwillige Gerichtsbarkeit: Ein reines FGG-Verfahren begründet *keine* Rechtshängigkeit vor dem Gericht für streitige Zivilprozeßsachen.

Geschäftsunfähigkeit: Sie bzw eine Unzurechnungsfähigkeit des Klägers hindert den Eintritt der Rechtshängigkeit nicht.

Insolvenz: Ein unterbrochenes Verfahren bleibt anhängig bzw rechtshängig, BGH KTS **95**, 488. Eine Anmeldung zum Insolvenzverfahren begründet *keine* Rechtshängigkeit des Anspruchs. Wegen der Besonderheiten bei einer ausländischen Entscheidung Art 102 EGInsO.

Internationaler Bezug: Rn 7 „Ausland".

Klagerweiterung: Ihre Zustellung macht vor Rechskraft in den Grenzen von Arglist im Sinn von Einl III 54 rechtshängig, § 296 a Rn 6.

Mahnverfahren: Eine rückwirkende Rechtshängigkeit kann nach §§ 696 III, 700 II bereits mit der Zustellung des Mahnbescheids eintreten, BGH **103**, 27 und NJW **79**, 1709, sofern das Mahngericht die Streitsache alsbald nach Erhebung des Widerspruchs abgibt, § 696 Rn 13 ff, BPatG GRUR **02**, 733. Im übrigen tritt die Rechtshängigkeit mit der Zustellung der Anspruchsbegründung ein, § 696 Rn 15, also *nicht* schon mit dem Akteneingang beim Gericht des streitigen Verfahrens. Denn dieser bewirkt nur die Anhängigkeit. Das übersieht BayObLG MDR **95**, 312. Ab Erlaß eines Vollstreckungsbescheids gilt die Rechtshängigkeit nach § 700 II stets als bereits mit der Zustellung des Mahnbescheids rechtshängig geworden.

Mangelheilung: Wenn der Kläger die Klage nicht formell ordnungsgemäß erhoben hat, kann die Rechtshängigkeit durch Heilung der Mängel eintreten, § 253 Rn 16, § 295, aM LG Brschw FamRZ **85**, 1075 (aber § 295 heilt noch wesentlich schwerere Mängel im Interesse der Prozeßwirtschaftlichkeit, Grdz 14 vor § 128).

Prozeßfähigkeit: Auf ihren Mangel nach § 51 kommt es für die Rechtshängigkeit nicht an. **9**
S auch Rn 12 „Unzulässigkeit".

Prozeßkostenhilfe: Die Rechtshängigkeit beginnt *nicht* schon durch die Zustellung des nach § 117 gestellten Antrags im bloßen Verfahren auf die Bewilligung einer Prozeßkostenhilfe, § 253 Rn 9, BGH FamRZ **80**, 131, LG Brschw (12. ZK) FamRZ **85**, 1075. Sie beginnt auch nicht bei Hinzufügung der Klageschrift nur im Verfahren der Prozeßkostenhilfe, Hbg RR **96**, 204, Nürnb MDR **99**, 1409, grds auch nicht bei einer von Prozeßkostenhilfe abhängig gemachten Klage vor deren evtl erneuter Zustellung nach

§ 261

Bewilligung, Bbg FamRZ **01**, 1380, LG Saarbr FamRZ **02**, 1260, vgl aber § 117 Rn 10. Das gilt auch beim Verzicht des Bekl auf eine förmliche Klagezustellung, Nürnb MDR **99**, 1409.

Freilich kann eine *rückwirkende* Bewilligung von Prozeßkostenhilfe für eine für den Fall einer Bewilligung eingereichte Klage eintreten, aM LG Brschw FamRZ **85**, 1075 (aber § 119 ermöglicht vielfache Rückwirkungen, dort Rn 10 ff). Es kommt auf die Gesamtumstände an, also zB auf die Art der Bezeichnung der Klage usw. In einer Antragstellung im Termin kann eine Klagerhebung liegen, Bbg FamRZ **01**, 1380.

Prozeßvoraussetzungen: Rn 12 „Unzulässigkeit".

10 **Rechtsmittel:** LG Ffm FamRZ **86**, 1037 spricht von der Möglichkeit einer Rechtsmittelhängigkeit. Ob damit etwas gewonnen ist, erscheint freilich als zweifelhaft.

Rechtsweg: Die Anrufung eines im Rechtsweg nach §§ 13, 17 ff GVG unzuständigen Gerichts hindert den Eintritt der Rechtshängigkeit nicht, BPatG GRUR **78**, 43.

Rückwirkung: Vgl §§ 167, 693 II.

S auch Rn 8 „Mahnverfahren", Rn 9 „Prozeßkostenhilfe".

11 **Schiedsrichterliches Verfahren:** Eine Klagerhebung vor dem Schiedsgericht nach § 1046 begründet *keine* Rechtshängigkeit vor einem staatlichen Gericht, sondern nur die Rüge der Schiedsvereinbarung, § 1032 I vorbehaltlich dort II, Junker KTS **87**, 41.

Schmerzensgeld: Rn 12 „Unbezifferter Antrag".

Selbständiges Beweisverfahren: Das Verfahren nach §§ 485 ff begründet als solches *keine* Rechtshängigkeit des Hauptsacheanspruchs, Köln VersR **92**, 638.

Strafverfahren: Wer im Strafverfahren als Verletzter eine Entschädigung beansprucht, macht diesen Anspruch rechtshängig. Denn dieses Vorgehen wirkt wie eine Klage, § 404 II StPO.

Streithilfe: Die Streithilfe nach §§ 66 ff begründet als solche *keine* Rechtshängigkeit. Zum Problem Mansel IPRax **90**, 214 (internationalrechtlich).

Streitverkündung: Die Streitverkündung nach §§ 72 ff begründet als solche *keine* Rechtshängigkeit. Zum Problem Mansel IPRax **90**, 214 (internationalrechtlich).

Stufenklage: Bei der Klage nach § 254 wird der Zahlungsanspruch unabhängig vom Bezifferungszeitpunkt bereits mit der Erhebung der Auskunftsklage rechtshängig, § 254 Rn 1, § 294 Rn 6, BGH RR **95**, 513, Ffm FamRZ **02**, 31, Köln FamRZ **96**, 51.

12 **Unbegründetheit:** Es gelten dieselben Regeln wie bei einer Unzulässigkeit, s dort.

Unbezifferter Antrag: Beim unbezifferten Klagantrag nach § 253 Rn 49 wird der gesamte Anspruch rechtshängig.

Unterhalt: Man muß § 261 auch bei rückständigen Kindesunterhalt beachten, Armasow MDR **04**, 309.

Unterschrift: Ein Mangel oder das Fehlen der ordnungsgemäßen Unterschrift nach § 129 Rn 9 hindern den Eintritt der Rechtshängigkeit nicht, BGH RR **87**, 323.

Unzulässigkeit: Auch eine unzulässige, aber formell ordnungsgemäße Klage macht rechtshängig, Ffm FamRZ **80**, 711, aM LAG Köln MDR **99**, 376 (aber das Gericht müßte sonst ohne Rechtshängigkeit urteilen). Es kommt überhaupt auf den Mangel von Prozeßvoraussetzungen nach Grdz 12 vor § 253 nicht an. Vgl bei den einzelnen Arten solcher Voraussetzungen.

S auch Rn 8 „Mangelheilung", Rn 10 „Rechtsweg".

Unzuständigkeit: Die Anrufung eines unzuständigen Gerichts hindert den Eintritt der Rechtshängigkeit nicht, BGH **97**, 161, KG NJW **83**, 2710.

S auch Rn 10 „Rechtsweg".

13 **Verweisung:** Bei einer Verweisung von einem anderen Gerichtszweig zur ordentlichen Gerichtsbarkeit behält die Rechtshängigkeit ihre Wirkungen auch für das folgende Verfahren, vgl bei § 17 GVG. Insofern kann also zB die bloße Einreichung der Klage bei dem Verwaltungsgericht die Rechtshängigkeit auch vor dem ordentlichen Gericht begründen, Mü VersR **75**, 1157, LG Lüneb NJW **85**, 2279, Zeiss ZZP **93**, 484, aM LG Marb NJW **85**, 2280 (zu formell).

Vollmacht: Ihr Fehlen hindert den Eintritt der Rechtshängigkeit nicht, BGH **69**, 323, ebensowenig ein Mangel der Vollmacht.

14 **Zwangsvollstreckung:** Sie begründet als solche *keine* erneute Rechtshängigkeit des Hauptanspruchs.

15 **C. Ende.** Die Rechtshängigkeit endet mit dem Eintritt der äußeren Rechtskraft des Urteils, Einf 1 vor §§ 322–327, § 705 Rn 1, BGH NJW **95**, 1096, §§ 302, 599. Sie endet ferner: Mit der Wirksamkeit einer Klagänderung gegenüber dem ausscheidenden Bekl, § 264 BGH FamRZ **87**, 928; mit einem Prozeßvergleich, Arb § 307 Rn 35; mit einer Klagerücknahme, § 269 Rn 32, auch wenn unterstellten aus § 113; mit der Versäumung der Antragsfrist für eine Urteilsergänzung wegen eines übergangenen Anspruchs, § 321 II; mit einer Aussetzung vor einem ausländischen Gericht ohne Aussicht einer Wiederaufnahme.

16 Die Rechtshängigkeit endet *nicht* durch andere Umstände, wie: Beim Ruhen des Verfahrens, § 251a Saarbr FamRZ **78**, 522; bei einer Aussetzung nach § 614; bei einem bloßen, wenn auch vielleicht jahrelangen Stillstand, Üb 6 vor § 239; beim Vorbehaltsurteil, §§ 302, 599; bei einer Verweisung, §§ 281, 506; beim nur außergerichtlichen Vergleich; beim Verzicht, § 306; beim Arrest bzw der einstweiligen Verfügung erst mit deren formeller Rechtskraft und nicht schon beim Scheitern rechtzeitiger Vollziehung, weil über die Aufhebung wiederum zunächst zu entscheiden war, § 929 Rn 6, Hamm WettbR **96**, 234, aM Düss MDR **83**, 239; bei bloßer Weglegung der Akten, AG Mölln FamRZ **01**, 292.

17 Wegen der *Erledigung der Hauptsache* § 91a Rn 109. Mit der Beendigung erlöschen die prozessualen Wirkungen. Ob auch die sachlichrechtlichen erlöschen, das richtet sich nach dem Privatrecht. Wegen des Hilfsantrags § 260 Rn 21. Die Rechtshängigkeit der Hilfswiderklage nach Anh § 253 Rn 11 entfällt rückwirkend, wenn der Eventualfall nicht eintritt.

18 **5) Voraussetzungen der Rechtshängigkeit, I.** Es müssen zwei Bedingungen zusammentreffen.

A. Nämlichkeit (Identität) **der Parteien.** Sie können in vertauschter Stellung auftreten. Es kann zB dieselbe Partei in dem einen Prozeß Kläger sein, im anderen Widerkläger. Es genügt, daß die Entscheidung

Titel 1. Verfahren bis zum Urteil **§ 261**

im ersten Prozeß Rechtskraftwirkung für den zweiten äußert, §§ 325 ff, Schwab Gedächtnisschrift für Bruns (1980) 185. Die Klage eines Insolvenzgläubigers kann derjenigen eines Insolvenzverwalters gleichstehen, BGH RR **90**, 47.

Keine Nämlichkeit liegt vor, wenn eine Partei in dem einen Prozeß für sich selbst beteiligt ist, in dem anderen als gesetzlicher Vertreter, als Partei kraft Amtes nach Grdz 8 vor § 50 oder als Mitglied einer Personenmehrheit. Auch eine Prozeßstandschaft nach Grdz 21 ff vor § 50 kann zur Rechtshängigkeit führen, BGH **123**, 135. Bei einer Einziehungsermächtigung nach Grdz 29 vor § 50 tritt die Rechtshängigkeit nur ein, soweit der Ermächtigte sich auf die Ermächtigung derart stützt, daß der Gegner sich demgegenüber verteidigen kann. Eine OHG oder ihre KG und ihre Gesellschafter sind schon wegen § 129 IV HGB jeweils verschiedene Parteien, § 50 Rn 8, BGH **62**, 132. ZöGre 8 empfiehlt dann eine Aussetzung nach § 148. Die Klagen verschiedener Verbände nach dem UKlaG bzw nach § 13 UWG gegen dieselbe Partei geben nicht die Rüge der Rechtshängigkeit. Wegen des WEG BayObLG Rpfleger **77**, 446.

B. Nämlichkeit des Streitgegenstands, also des prozessualen Anspruchs, § 2 Rn 3, und Klagegrunds, **19** LG Mannh Rpfleger **76**, 57. Die leugnende Feststellungsklage nach § 256 macht den Anspruch selbst rechtshängig, BGH NJW **75**, 1320. Sie sperrt die Möglichkeit einer nachfolgenden behauptenden Feststellungsklage und umgekehrt. Sie gibt aber trotzdem nicht die Rüge der Rechtshängigkeit gegenüber der Leistungsklage, BGH **149**, 226, oder gegenüber der Unterlassungsklage, Hamm MDR **91**, 546, RoSGo § 100 III 1 c, aM ZöGre 9 (aber schon die Streitgegenstände sind nicht dieselben). Eine Nämlichkeit besteht evtl zwischen Unterlassungsklage und leugnender Feststellungsklage, Karlsr MDR **97**, 292, oder zwischen dem Prozeß vor dem Insolvenzverfahren des Bekl, der ja gegen den Verwalter aufzunehmen wäre, und einem trotzdem gegen den letzteren neu betriebenen weiteren Feststellungsprozeß, Düss RR **87**, 1401, oder zwischen einem gewöhnlichen Prozeß und dem Wechselprozeß. Vgl aber auch Rn 20. Notwendig ist auch dasselbe Ziel, grundsätzlich derselbe Antrag. Unter dieser Voraussetzung kann zB Nämlichkeit vorliegen, wenn der Räumungskläger nur einen anderen Kündigungsgrund geltend macht, AG Plettenberg WoM **83**, 57. Bei der zulässigen Prozeßstandschaft ist der Schuldner gegen die Klage nun auch des Ermächtigenden geschützt, BGH RR **86**, 158. Zwischen der Abänderungsklage des einen und derjenigen des anderen kann Nämlichkeit des Streitgegenstands vorliegen, Düss FamRZ **94**, 1536.

Dagegen ist die Rechtshängigkeit des ersten Prozesses *unschädlich,* soweit der zweite Prozeß den Rest der **20** im ersten Prozeß eingeklagten Forderung betrifft, selbst nach einem Zwischenurteil über den Grund, § 304. Unbeachtlich ist sie ferner bei einer behaupteten Feststellungsklage und der Leistungsklage. Denn beide haben verschiedene Ziele, Kblz JZ **89**, 1075. Unbeachtlich ist sie bei einer Klage auf Räumung zusammen mit einer Klage auf die Herausgabe eines Grundstücks und auf Beseitigung des Bauwerks auf diesem. *Keine* Nämlichkeit besteht zwischen dem Unterhaltsprozeß und dem einstweiligen Verfügungsverfahren desselben Ziels, §§ 935 ff, Düss FamRZ **87**, 1058. Unbeachtlich ist die Rechtshängigkeit ferner bei einem Anspruch aus einer Wechselschuld und einem Anspruch auf Herausgabe des Wechsels, bei Klagen aus dem Wechsel und aus dem zugrundeliegendem Rechtsverhältnis, bei solchen aus einem Scheck und dem zugrundeliegendem Rechtsverhältnis. Keine Nämlichkeit besteht zwischen der Klage auf die Erstellung des an den Gläubiger gezahlten Betrag und der Klage auf die Befreiung von der Verbindlichkeit gegenüber dem Gläubiger. Unerheblich ist die Rechtshängigkeit schließlich bei der Hypothekenklage und der Klage auf Minderung des Kaufpreises und Teillöschung. Die Nämlichkeit des Klagegrunds allein reicht nicht aus, zB nicht bei zwei Ansprüchen aus demselben Rechtsverhältnis. Daher hindert III Z 1 nicht eine Einrede wegen eines Zurückbehaltungsrechts usw im Rahmen eines anderen Mietteils. Ein einredeweise geltend gemachter Anspruch begründet keine Rechtshängigkeit, Rn 12. Unerheblich ist die Nämlichkeit einer Vorfrage, selbst wenn ihre Klärung im Erstprozeß für den Zweitprozeß verbindlich ist.

6) Im Prozeß erhobener Anspruch, II. Er kommt sehr häufig vor. **21**
A. Geltungsbereich. Die Vorschrift bezieht sich auch auf die erst im Prozeß, auch durch eine Anschlußberufung nach § 521, erhobenen Ansprüche, also: Auf die Klagerweiterung, § 264 Z 2, 3, BGH **103**, 26 (zustm Vollkommer Rpfleger **88**, 195), Fenn ZZP **89**, 133, aM BGH RR **97**, 1486 (vgl aber § 296 a Rn 6); auf die nachträgliche Anspruchshäufung (Zusatzklage), § 260, Ffm JB **80**, 142; auf die Widerklage, § 33, Anh § 253, Köln MDR **04**, 962, auch auf den Scheidungsantrag des bisherigen Antragsgegners, Ffm FamRZ **82**, 811; auf den Ersatzanspruch aus § 510 b; auf die Klagänderung, §§ 263, 264; auf die Zwischenfeststellungsklage, § 256 II. II bezieht sich nicht auf Einreden, BGH **98**, 11, wie diejenige der Aufrechnung, § 145 Rn 15. Zur Anspruchserweiterung während des Mahnverfahrens § 691 Rn 7.

B. Rechtshängigkeitsbeginn. Die Rechtshängigkeit tritt bei Rn 21 durch Geltendmachung in der **22** mündlichen Verhandlung ein. Das ist noch nicht die bloße „Verhandlung" oder „Güteverhandlung" nach § 278 II 1. Denn diese geht nach seinem klaren Wortlaut der „mündlichen Verhandlung" gerade voraus. Diese schließt sich ja auch nach § 279 I 1 der Güteverhandlung erst an. Gemeint ist also in II Hs 1 erst die eigentliche „mündliche Verhandlung" (früher erster Termin oder Haupttermin)" nach §§ 279 I 1, 297, so schon BGH NJW **87**, 3265, Brdb FER **01**, 82.

Auch die wirksame Zustellung eines *Schriftsatzes* kann reichen, BGH RR **88**, 685. Er muß die bestimmte Angabe des Gegenstands und des Grundes sowie einen bestimmten Antrag enthalten, § 253 Rn 39, Brdb FER **01**, 82. Vor dem FamG bedarf der Zustellung einer entsprechenden Antragsschrift, Brdb FER **01**, 82, Kblz FamRZ **83**, 201. Die Partei reicht nur ein, die Zustellung veranlaßt der Urkundsbeamte der Geschäftsstelle von Amts wegen, §§ 253 V, 270. Ausreichend ist es aber, wenn statt dieser Zustellung eine solche nach § 195 von Anwalt zu Anwalt erfolgt ist, BGH NJW **92**, 2236. Der Zustellungsgegner muß im Termin nicht anwesend, aber ordnungsgemäß geladen worden sein, Brdb FER **01**, 82.

Fehlt ein Erfordernis, so kündigt der Schriftsatz nur an. § 189 ist anwendbar. Wenn der Schriftsatz im **23** Antrag einen Schreibfehler enthält, den die Partei berichtigt, so wird nur der berichtigte Anspruch rechtshängig. Eine gleichzeitige oder vorherige *Terminsbestimmung* ist unnötig. Die Wahrung der Einlassungsfrist nach § 274 III ist wegen der Möglichkeit einer Geltendmachung erst in der Verhandlung unnötig. Eine Versäumnisentscheidung ergeht aber nur bei einer rechtzeitigen Zustellung, §§ 335 Z 3, 132, soweit diese

§ 261

überhaupt nötig ist, zB nicht im Verfahren vor dem AG. Eine Erhebung nach II erzeugt die vollen Wirkungen der Rechtshängigkeit, I, LG Mü NJW **78**, 954 (betr Widerklage). Sie erzeugt auch jetzt eine Hemmung der Verjährung, dazu Merschformann, Der Umfang der Verjährungshemmung durch Klageerhebung, 1992. Also schadet bei mündlicher Geltendmachung ein Fehlen von Einzelheiten im Sinn von § 253 II Z 2 nicht, BGH NJW **87**, 3266. Das alles gilt auch in der Berufungsinstanz. Beim Hilfsantrag entscheidet seine endgültige Verneinung als unzulässig, Oldb FamRZ **96**, 1438.

24 7) **Klagsperre, III Z 1.** Sie wird zu wenig beachtet.

A. Grundsatz: Wahrung von Prozeßwirtschaftlichkeit und Rechtssicherheit. Zweck der Vorschrift ist, die Belästigung einer Partei durch mehrere gleichzeitige Prozesse desselben Inhalts zu verhüten, eine unnütze Anrufung der Gerichte zu verhindern, also die Prozeßwirtschaftlichkeit zu wahren, Grdz 14 vor § 128, und widersprechende Entscheidungen mehrerer Gerichte über denselben Streitgegenstand zu verhindern, also die Rechtssicherheit zu bewahren, Einl III 43, BGH NJW **86**, 663, Hamm RR **95**, 510, Köln FamRZ **92**, 76. Es handelt sich also größtenteils um öffentliche Belange. Darum muß das Gericht die Rechtshängigkeit als ein Prozeßhindernis in jeder Lage des Verfahrens von Amts wegen beachten, Grdz 39 vor § 128, BGH RR **93**, 239. Das gilt, zumal dem Kläger für den zweiten Prozeß jedes Rechtsschutzbedürfnis fehlt, Grdz 33 vor § 253.

25 Die Rechtshängigkeit *bewirkt,* daß während ihrer Dauer keine Partei und auch nicht ihr Rechtsnachfolger, Kblz JZ **89**, 1075, dieselbe Sache gegen denselben Prozeßgegner anderweit rechtshängig und nicht bloß anhängig machen darf, Düss FamRZ **92**, 1313, Hamm OLGZ **85**, 96. Dieses Verbot gilt also auch im Mahnverfahren. Ein Beitritt des früheren als Streithelfer schadet nicht. Ist dieselbe Sache vor einem ausländischen Gericht anhängig, so ist entscheidend, ob das Verfahren dort zu Ende geführt und das Urteil voraussichtlich anerkannt werden wird. Denn dann wird das Rechtsschutzbedürfnis fehlen, Rn 9, 10, Karlsr IPRax **92**, 172, Rauscher IPRax **92**, 16. Gegenüber einem inländischen Scheidungsverfahren kann bereits die zunächst zu prüfende Nämlichkeit fehlen, KG NJW **83**, 2326.

26 **B. Einzelheiten.** Die Rechtshängigkeit ist ein Prozeßhindernis, Grdz 19 vor § 253, BGH NJW **89**, 2064, Düss FamRZ **94**, 1536, LG Aachen WoM **94**, 461. Sie führt zur Abweisung der später rechtshängig gewordenen Klage als unzulässig durch ein Prozeßurteil ohne eine Sachprüfung, Grdz 14 vor § 253, BGH FER **98**, 136, Stgt MDR **04**, 1017 (sogar bei früherer Anhängigkeit der erst später rechtshängig gewordenen Klage). Macht der Kläger zwei Prozesse gleichzeitig rechtshängig, so muß jedes Gericht „seine" Klage abweisen, erst recht, sobald im anderen Prozeß rechtskräftig entschieden worden ist. Hat das Gericht die Rechtshängigkeit allerdings in einem rechtskräftigen Urteil übersehen, so ist dieses bindend, BGH NJW **83**, 515. Sind Urteile in beiden Prozessen rechtskräftig geworden, so unterliegt das später rechtskräftig gewordene Urteil der Restitutionsklage, § 580 Z 7a, Gaul Festschrift für Weber (1975), 159. Ist diese nicht erhoben oder unzulässig, so geht das frühere Urteil wegen seiner Rechtskraftwirkung dem späteren vor, BGH NJW **81**, 1517, und ist gegen das spätere die Vollstreckungsabwehrklage nach § 767 zulässig. Denn das frühere Urteil läßt sich weder durch eine Vereinbarung noch durch ein späteres Urteil beseitigen. Eine anderweitige Rechtshängigkeit kann infolge Änderung der ersten Klage enden, LG Bln ZMR **00**, 26. Ein außergerichtlicher Vergleich beendet den Prozeß nicht unmittelbar, BGH NJW **02**, 1503.

27 **C. Rechtshängigkeit und Rechtskraft.** Beide haben nicht immer dieselbe Tragweite. Die Rechtskraft verlangt nach § 322 nicht immer eine Nämlichkeit des Streitgegenstands. Bei demselben Anspruch kann die Rechtshängigkeit fehlen, die Rechtskraft jedoch vorliegen. So hat ein Sieg bei einer leugnenden Feststellungsklage Rechtskraftwirkung für die zukünftige Leistungsklage. Aber die leugnende oder die ein gegensätzliches Recht behauptende Feststellungsklage begründet keine Rechtshängigkeit für die Leistungsklage, Rn 20, BGH NJW **89**, 2064, Kblz JZ **89**, 1075.

28 8) **Erhaltung der Zuständigkeit, III Z 2.** Die Vorschrift gilt erst ab Rechtshängigkeit, also nicht in einem vorangehenden Prozeßkostenhilfeverfahren nach §§ 114 ff, Hamm MDR **95**, 1066.

A. Grundsatz: Kein Einfluß späterer Veränderungen. Die Rechtshängigkeit bewirkt weiter, daß nach § 17 I GVG der einmal begründete Rechtsweg trotz späterer Veränderungen des Wohnsitzes usw unberührt bleibt (perpetuatio fori), mögen sie von Anfang an bestanden haben oder später entstanden sein. Grunsky, Grundlagen des Verfahrensrechts § 37, Pant VersR **89**, 1008. Dasselbe gilt nach Z 2 entsprechend für die örtliche oder sachliche Zuständigkeit, Zweibr MDR **05**, 1187. Der Sinn ist: Das bisherige Gericht soll nicht wertlos gearbeitet haben. Der Bekl soll nicht zB durch einen ständigen Wohnsitzwechsel ein Sachurteil vereiteln können, Lüke (vor Rn 1) 407, Wilske/Kocher NJW **00**, 3550. Eine Gerichtsstandsvereinbarung gemäß § 38 nach dem Eintritt der Rechtshängigkeit kann daher die einmal begründete Zuständigkeit grundsätzlich nicht mehr beseitigen, BGH RR **94**, 126, Düss OLGZ **76**, 476, Zweibr MDR **05**, 1187, aM BGH (Kartell-Sen) NJW **00**, 2749 (abl Piepenbrock NJW **00**, 3476), LG Waldshut-Tiengen MDR **85**, 941, Klein NJW **02**, 16 (aber III Z 2 muß wegen seiner weitreichenden formellen Wirkung Vorrang behalten). Das alles gilt auch bei einer bis zur Rechtshängigkeit etwa vorhanden gewesenen ausschließlicher Zuständigkeit, BGH FamRZ **01**, 2478.

29 Ebensowenig kann die Zuständigkeit durch eine nachträgliche *Ermäßigung* der Klage, § 264 Rn 5 ff, oder dann beseitigt werden, wenn sie sich durch Gesetz geändert hat, auch nicht durch den Einigungsvertrag, BGH DtZ **92**, 387, oder dann, wenn die Gerichtseinteilung gewechselt hat oder wenn der inländische Gerichtsstand nachträglich weggefallen ist (für das sachliche Recht gilt III nicht), ferner dann wegen einer nach § 33 erhobenen Widerklage nicht, wenn die Parteien nur die Klage und nicht auch die Widerklage in der Hauptsache für erledigt erklärt haben, Düss FamRZ **83**, 401, oder wenn nur die Klage zurückgenommen ist, LG Mü NJW **78**, 953, schließlich dann nicht, wenn die maßgebliche Rechtsprechung aufgegeben wurde, BGH **70**, 298. III Z 2 wirkt auch bei einer Veränderung des Gerichtssprengels. Ein wiedereröffnetes Gericht setzt auch dann das frühere fort.

30 Im Ergebnis gilt dasselbe für die grundsätzlich erweiterten Möglichkeiten der Gerichtsstandsvereinbarung nach (jetzt) der EuGVVO, zu ihnen Wilske/Kocher NJW **00**, 3551, bzw bei der sonstigen *internationalen*

Titel 1. Verfahren bis zum Urteil **§§ 261, 262**

Zuständigkeit, Üb 6 vor § 12, Üb 7 vor § 38, BGH NJW **02**, 2956, BayObLG FamRZ **93**, 1469, Grunsky ZZP **91**, 85, aM Damrau Festschrift für Bosch (1976) 113 (vgl aber Rn 28). Die Vorschrift gilt auch in einer Familiensache, §§ 606, 621 ff, Hbg FamRZ **84**, 69, Hamm RR **05**, 1024, aM Köln FamRZ **99**, 29 (aber in §§ 621 ff stehen keine abweichenden Sonderregeln). Sie gilt nicht, soweit ein völkerrechtlicher Vertrag vorliegt, BGH FamRZ **02**, 1184 (zustm Henrich). Sie gilt auch nicht im Verfassungsprozeßrecht, BVerfG **64**, 317. Wegen des Vollstreckungsbescheids § 700 II. Wegen des Übergangsrechts in einer Kartellsache BGH WettbR **00**, 250.

B. Keine Umkehrung bei allgemeiner Zuständigkeit. Umkehren läßt sich der der perpetuatio fori **31** zugrundeliegende Satz nicht. Ein unzuständiges Gericht kann zuständig werden. Ändert sich der Streitgegenstand, wie bei einer Klagerweiterung nach §§ 263, 264 oder bei einer Widerklage nach Anh § 253 (dort abgesehen von den in Rn 28–30 genannten Fällen), § 506, so erfolgt eine neue Prüfung für den Zeitpunkt dieser Veränderung, BGH RR **95**, 513, Hamm FamRZ **88**, 1293, Butzer NJW **93**, 2649. Es kann sich dann eine andere Zuständigkeit ergeben, BGH NJW **90**, 54. Das gilt natürlich nicht bei einer bloßen Änderung der Klagebegründung. Ausschlaggebend und genügend ist die Zuständigkeit beim Schluß der letzten Tatsachenverhandlung, §§ 136 IV, 296 a.

C. Keine Umkehrung bei ausschließlicher Zuständigkeit. Das Verbot der Umkehrung gilt auch bei **32** einer ausschließlichen Zuständigkeit zB nach § 40 II. Es gilt jedoch *nicht* zwischen *zwei Spruchkörpern desselben Gerichts* wie in einer Familiensache, BGH NJW **81**, 2465, Brschw NJW **78**, 56, Hbg FamRZ **83**, 613 (dort sogar nicht zwischen verschiedenen Gerichten), aM BayObLG **79**, 291, Hbg FamRZ **78**, 544 und 797, Kissel DRiZ **78**, 136 (aber die gerichtsinterne Geschäftsverteilung darf nicht zur Überspannung von III Z 2 führen).

Im Interesse der Rechtssicherheit ist grundsätzlich aber eine *enge Auslegung* geboten, KG FamRZ **77**, 819, **33** aM BGH FamRZ **80**, 671. Veränderungen bei der Streitwertberechnung nach § 4 berühren die Zuständigkeit nicht.

9) *VwGO:* Statt **I** u **III** gilt § 90 *VwGO*, Krüger VBlBW **98**, 52. **II** ist entsprechend anzuwenden, § 173 **34** *VwGO*, in Ergänzung von § 90 *VwGO*, KoppSch § 90 Rn 6; jedoch tritt an die Stelle der Zustellung eines Schriftsatzes die für die Klagerhebung geltende Regelung, § 81 *VwGO*, BVerwG **40**, 32 (Klagerweiterung). Im Fall der Klagänderung durch Auswechslung des Beklagten, BVerwG DVBl **93**, 563, gilt II nicht, RedOe § 91 Anm 16, VG Freiburg NVwZ **85**, 444 (betr Wahrung der Klagefrist), abw Jaekel DÖV **85**, 479 mwN.

262 *Sonstige Wirkungen der Rechtshängigkeit.* ¹**Die Vorschriften des bürgerlichen Rechts über die sonstigen Wirkungen der Rechtshängigkeit bleiben unberührt.** ²**Diese Wirkungen sowie alle Wirkungen, die durch die Vorschriften des bürgerlichen Rechts an die Anstellung, Mitteilung oder gerichtliche Anmeldung der Klage, an die Ladung oder Einlassung des Beklagten geknüpft werden, treten unbeschadet der Vorschrift des § 167 mit der Erhebung der Klage ein.**

Schrifttum: *Arens,* Zur Verjährungsunterbrechung durch Klageerhebung, Festschrift für *Schwab* (1990) 17.

1) Systematik, S 1, 2. Die Vorschrift ergänzt den § 261. **1**

2) Regelungszweck, S 1, 2. Die Vorschrift soll klärt das Verhältnis zum einschlägigen sachlichen Recht **2** klären. Sie dient damit der Rechtssicherheit, Einl III 43. Ob das angesichts der enormen Schwierigkeiten bei der Bewältigung des sachlichen Rechts nach den Reformen insbesondere der letzten Jahre noch gilt, ist allerdings fragwürdig. Dessen ungeachtet folgt auch aus dem erkennbaren Regelungszweck die Notwendigkeit der Beachtung des einschlägigen sachlichen Rechts. Das muß man bei der Auslegung mitbeachten.

3) Geltungsbereich, S 1, 2. Vgl Üb 2 vor § 253. **3**

4) Sachlichrechtliche Wirkungen, S 1, 2. Vgl zunächst § 261 Rn 2. Die hier geklärten Wirkungen **4** richten sich ausschließlich nach dem sachlichen Recht, gegebenenfalls nach dem ausländischen Recht oder nach Landesrecht. Eine wesentliche Wirkung ist oft die Hemmung der Verjährung, (jetzt) § 204 I Z 1 BGB, ThP 1, ZöGre 3, aM Addicks **92**, 332 (aber es gibt keinen Anlaß zu solcher Ausnahme). Das gilt natürlich auch für den eingeklagten Betrag, auch bei einer Mehrheit von Ansprüchen, auch wegen des Hilfsantrags, § 260 Rn 8, und auch bei einer Feststellungsklage, nicht für den Rechtsanspruch. Weitere Wirkungen sind: Unterbrechung der Ersitzung, § 941 BGB; Unterbrechung vieler Ausschlußfristen, BGH RR **87**, 323, wie derjenigen des § 864 BGB; Entstehung des Anspruchs auf Prozeßzinsen, § 291 BGB; grundsätzlich eine Steigerung der Haftung bei obligatorischen Ansprüchen, zB § 818 IV BGB, oder bei dinglichen Ansprüchen, namentlich bei der Eigentumsklage, §§ 987, 989, 990 II, 996 BGB; evtl Kündigungswirkungen, zB bei einer Räumungsklage, zum Problem Deggau ZMR **82**, 291; evtl Ausschluß des Ehegattenerbrechts, § 1933 BGB, BGH FamRZ **90**, 1110 (auch zur Ansicht, die bloße Anhängigkeit genüge).

Die *Voraussetzungen* sind im einzelnen *verschieden* und dem sachlichen Recht zu entnehmen. So genügt beim Vermieterpfandrecht die „gerichtliche Geltendmachung". Die behauptende Feststellungsklage hemmt die Verjährung, § 204 I Z 1 BGB. Die Verteidigung gegenüber der leugnenden Feststellungsklage hemmt die Verjährung aber nicht, (je zum alten Recht) BGH **72**, 25, Gürich MDR **80**, 359, ZöGre 3, aM Schlesw NJW **76**, 970 (aber § 262 läßt die Klage und nicht die Klagsicherung maßgeblich sein). Bei § 818 IV BGB genügt eine verneinende Feststellungsklage nicht, BGH **93**, 185, aM Hamm FamRZ **85**, 298. Ein Antrag auf einen Arrest oder eine einstweilige Verfügung nach §§ 916 ff, 935 ff genügt nicht. Das sachliche Recht bestimmt auch, ob die sachlichrechtlichen Wirkungen gleichzeitig mit den prozeßrechtlichen erlöschen.

5) Zeitpunkt der Wirkungen, S 2. Alle Wirkungen treten mit der Klagerhebung oder mit demjenigen **5** Ereignis ein, das dieser gleichsteht, mögen auch ältere Gesetze einen anderen Vorrang entscheiden lassen. Die sachlichrechtliche Wirkung tritt also grundsätzlich nicht vor dem prozessual maßgebenden Ereignis ein, BayObLG RR **90**, 517. Der Kläger muß seine Klage freilich für den Eintritt der sachlichrechtlichen

§§ 262, 263 Buch 2. Abschnitt 1. Verfahren vor den LGen

Wirkungen ordnungsgemäß eingelegt und daher zB ordnungsgemäß unterschrieben haben, § 129 Rn 9, BGH RR **87**, 323. An Stelle des Zeitpunkts, in dem die Zustellung der Klage bewirkt wird und in dem somit die Klage nach §§ 253 I, 261 I erhoben ist, tritt fristwahrend und die Verjährung neu beginnend bereits die Klageeinreichung bei Gericht, wenn das Gericht die Klage demnächst zustellt, § 167. Dasselbe gilt bei der Einreichung des Antrags auf einen Mahnbescheid, wenn das Mahngericht ihn demnächst zustellt, § 167. Dabei genügt die allgemeine Bezeichnung des Anspruchs nach § 690 I Z 3.

6 6) *VwGO: Entsprechendes gilt für sachlichrechtliche Wirkungen im öff Recht, die an die Rechtshängigkeit anknüpfen, zB den Anspruch auf Prozeßzinsen (BVerwG in stRspr, NVwZ **02**, 722 mwN, VGH Mannh VBlBW **89**, 178, abw BSG DÖV **93**, 395 mwN, Meyer-Ladewig § 51 Rn 74).*

263 *Klageänderung.* **Nach dem Eintritt der Rechtshängigkeit ist eine Änderung der Klage zulässig, wenn der Beklagte einwilligt oder das Gericht sie für sachdienlich erachtet.**

Schrifttum: *Gethmann,* Der Begriff der Sachdienlichkeit im Rahmen des § 264 ZPO, Diss Heidelb 1975; *Gollhoffer,* Die Ermäßigung des Klageantrages, 1985; *Heinrich,* Der gewillkürte Parteiwechsel, 1990; *Isenburg-Epple,* Die Berücksichtigung ausländischer Rechtshängigkeit nach dem europäischen Gerichtsstands- und Vollstreckungsübereinkommen usw, 1991; *Nagel,* Der nicht (ausdrücklich) geregelte gewillkürte Parteiwechsel im Zivilprozess, 2005; *Pawlowski,* Klageänderung und Klagerücknahme, Festschrift für *Rowedder* (1994) 309; *Putzo,* Die gewillkürte Parteiänderung, Festgabe *50 Jahre Bundesgerichtshof* (2000) III 149; *Schiller,* Die Klageänderung in der Revisionsinstanz in Zivilsachen, 1997; *Wahl,* Die Bindung an Prozeßlagen als Hauptproblem des gewillkürten Parteiwechsels, Diss Heidelb 1990.

Gliederung

1) Systematik ... 1	9) Kosten beim Parteiwechsel ... 15, 16
2) Regelungszweck ... 2	10) Bloße Parteiberichtigung statt Parteiwechsels ... 17
3) Geltungsbereich ... 3	11) Verfahren bei der Klageänderung ... 18–22
4) Klagänderung: Änderung des Streitgegenstands ... 4	A. Erste Instanz ... 18–20
5) Parteiwechsel in erster Instanz ... 5–8	B. Berufungsinstanz ... 21
A. Grundsatz: Lückenausfüllung ... 5	C. Revisionsinstanz ... 22
B. Klägerwechsel ... 6, 7	12) Zulässigkeit ... 23–31
C. Beklagtenwechsel ... 8	A. Einwilligung des Beklagten ... 23
6) Parteiwechsel in der Berufungsinstanz ... 9–12	B. Sachdienlichkeit bei Prozeßwirtschaftlichkeit ... 24
A. Klägerwechsel ... 9	C. Beispiele zur Frage einer Sachdienlichkeit ... 25–29
B. Beklagtenwechsel ... 10–12	D. Verfahren der Zulässigkeitsprüfung ... 30, 31
7) Parteiwechsel in der Revisionsinstanz ... 13	13) *VwGO* ... 32
8) Gewillkürter Parteibeitritt ... 14	

1 1) **Systematik.** Die ZPO regelt die Klagänderung an verschiedenen Stellen, zB in §§ 264, 267, 268 und für eine Ehesache in § 611. Die Änderung der Parteien ist überhaupt nicht zentral geregelt, Rn 5.

2 2) **Regelungszweck.** Die Vorschrift dient der Parteiherrschaft, Grdz 18, 19 vor § 128, und der Prozeßwirtschaftlichkeit, Grdz 14, 15 vor § 128. Das Gesetz erschwert einerseits die Klagänderung, um den Bekl gegen eine leichtfertige Prozeßführung zu schützen, Grdz 2 vor § 253 (Rechtsschutzanspruch auch des Bekl). Die Prozeßwirtschaftlichkeit fordert andererseits eine gewisse Großzügigkeit, sei es bei der Klärung, ob überhaupt eine Klagänderung vorliegt, sei es bei der praktisch evtl gerade leichter erklärbaren Entscheidung, ob eine etwaige Klagänderung überhaupt mangels Einwilligung des Gegners sachdienlich ist. In solcher Spannung ist eine ruhige Abwägung bei der Auslegung der Reizbegriffe ratsam.

3 3) **Geltungsbereich.** Die Vorschrift gilt in allen Verfahren nach der ZPO. Sie gilt auch für alle Arten der Rechtshängigkeit, auch für die Widerklage und die Zwischenfeststellungsklage des § 256 II. § 296 steht einer Klagänderung bzw Klagerweiterung aber grundsätzlich nicht entgegen, BGH VersR **82**, 346. Schlechthin verboten ist eine Klagänderung im Insolvenzfeststellungsprozeß, §§ 179, 189 InsO. Erschwert ist sie im Verteilungsverfahren, §§ 878 ZPO, 115 ZVG, und im aktienrechtlichen Anfechtungsprozeß, § 246 I AktG. Zulässig ist sie in einer Baulandsache, BGH **61**, 132. In einer WEG-Sache sind §§ 263, 264 entsprechend anwendbar, BayObLG FGPrax **04**, 64. Dasselbe gilt im Gebrauchsmusterlöschungsverfahren, BGH **135**, 61. Unzulässig sind der Übergang vom Arrest- in das Hauptverfahren und umgekehrt, § 920 Rn 9.

4 4) **Klagänderung: Änderung des Streitgegenstands.** Klagänderung ist die Änderung des Streitgegenstands (§ 2 Rn 3), BGH NJW **01**, 1211, Saarbr MietR **96**, 217, Ritten NJW **99**, 1215. Eine Klagänderung liegt vor, wenn der Kläger anstelle des rechtshängigen prozessualen Anspruchs nach § 2 Rn 3 oder neben ihm einen anderen bzw weiteren zusätzlichen Anspruch erhebt, BGH NJW **01**, 1211, Zweibr MDR **81**, 586, auch hilfsweise, BGH NJW **85**, 1842. Sie kann den Klagegrund oder den Antrag betreffen, § 264 Rn 4, BGH NJW **01**, 1211. Sie kann auch die Parteien betreffen, Rn 5 ff. Die Klagänderung setzt eine ordnungsmäßige Klagerhebung voraus, also den Eintritt der Rechtshängigkeit, § 261 Rn 4. Eine Heilung der mangelhaften Klagerhebung durch die Klagänderung ordnungsmäßig, § 253 Rn 16. Bis zur Klagzustellung kann höchstens eine Klageberichtigung in Frage kommen, die ohne weiteres zulässig ist. Die Ankündigung „Sollte der Beklagte vor der Klagezustellung erfüllen, so beantrage ich die Verurteilung in die Kosten", ist eine zulässige bedingte Klageberichtigung. Der Fall der nachträglichen Anspruchshäufung nach § 260 ist eine Klagänderung, BGH NJW **01**, 1211, Rimmelspacher Festschrift für Lüke (1997) 658. Nachträge zur Klagschrift kommen in Frage, soweit sie der Kläger vorgetragen hat oder soweit er dem § 261 II genügt. Eine Wider-

Titel 1. Verfahren bis zum Urteil § 263

klage nach Anh § 253 ist keine Klagänderung. § 296 ist bei der Klagänderung unanwendbar, dort Rn 29. Vgl aber auch § 264 Rn 4.

5) Parteiwechsel in erster Instanz. Die praktisch recht häufige Lage ist rechtlich viel zu kompliziert. **5** Stets muß Rechtshängigkeit vorliegen, § 261 Rn 1, 22. Erst dann liegt ja überhaupt auch eine „Partei" vor.

A. Grundsatz: Lückenausfüllung. Ein Wechsel der Parteien im Prozeß meint den Wechsel ihrer Nämlichkeit, Saarbr VersR **97**, 436 (nur andernfalls kann § 319 anwendbar sein). Er kann gesetzlich geregelt sein, zB in §§ 75 ff, 265, 266, 239 ff, EV, dazu BezG Potsdam VersR **94**, 576 (betr die Treuhandanstalt). Mangels gesetzlicher Sonderregelung ist er als ein gewillkürter Parteiwechsel nach feststehender Rechtsprechung und Teilen der Lehre zumindest in der 1. Instanz eine *Klagänderung*, sog Klagänderungstheorie, BGH MDR **04**, 700 (vgl freilich § 265 Rn 23), Jena FamRZ **01**, 1619 (Wechsel vom gesetzlichen Vertreter zum Vertretenen), Nagel (vor Rn 1) 257.

Dieser Standpunkt ist *dogmatisch anfechtbar*. Denn eine Änderung der Parteien zerreißt das Prozeßrechtsverhältnis nach Grdz 4 vor § 128 und begründet ein neues. Tritt eine neue Partei an die Stelle der alten, so liegt streng genommen stets eine neue Klage vor; die alte ist zurückgenommen, Düss ZMR **91**, 176, Hamm RR **91**, 61 (sog Klagerhebungstheorie). Daran ändert es nichts, daß der neue Bekl auf eine ordnungsmäßige Klagerhebung verzichten kann und daß auch § 295 heilt, aM RoSGo § 42 III 2 c (es liege ein prozessuales Institut eigener Art vor). Man wird sich dem Bedenken, den gewillkürten Parteiwechsel wie eine Klagänderung zu behandeln, nicht verschließen können. Es handelt sich nämlich um etwas anderes. Denn § 263 ist auf eine Änderung des Streitgegenstands zugeschnitten, beschäftigt sich demgemäß nicht mit dem Verhalten und dem Dulden der Parteien bei einem Parteiwechsel.

Es bleibt wegen des praktischen Zulassungsbedürfnisses, Nagel (vor Rn 1) 257, also nur eine Lückenfüllung übrig, sog Theorie der *Gesetzeslücke*.

B. Klägerwechsel. Er stellt eine Klagänderung dar, BGH BB **04**, 406. Sie ist nicht bedingt statthaft, **6** BGH MDR **04**, 700. Beim unbedingten Eintritt eines neuen Klägers bedarf es zwar an sich keiner besonderen Zustimmung, Düss ZMR **91**, 176, aM Mü OLG NJW **98**, 788 (aber der Wechsel ist ohnehin von dem Verhalten des alten und des neuen Klägers abhängig). Der bisherige Rechtsstreit wird einfach gegen den bisherigen Bekl fortgeführt, Jena FamRZ **01**, 1619 (freilich Beendigung des bisherigen Prozeßrechtsverhältnisses). Diesem muß das Gericht freilich einen Schriftsatz mit der Eintrittserklärung zustellen, Jena FamRZ **01**, 1620, zumal eine Klagerücknahme nach § 269 I auch seitens des ausscheidenden bisherigen Klägers nicht erfolgt.

Das gilt zB: Wenn ein Wechsel dahin eintritt, daß statt der Gesellschafter einer BGB-Gesellschaft jetzt die **7** Gesellschaft auftritt, aM BGH NJW **03**, 1043 (bloße Berichtigung der Parteibezeichnung. Aber man muß auch nach BGH **146**, 341 streng zwischen dem Prozeß der Gesellschaft und demjenigen der Gesellschafter unterscheiden, § 253 Rn 26); daß statt der Offenen Handelsgesellschaft ihre Gesellschafter klagen oder verklagt werden; wenn in einer 2-Mann-GmbH die Gesellschaft in die Klage eines ihrer Gesellschafter auf Ausschluß des anderen eintritt; wenn ein Vertreter und der Vertretene wechseln, Zweibr FamRZ **86**, 289, oder der Wohnungsverwalter, Köln RR **04**, 1668, oder die KG und ihre Kommanditisten, oder der einfache und der notwendige Streitgenosse; wenn der Insolvenzverwalter oder der Zwangsverwalter den Rechtsstreit an Stelle des bisherigen Klägers fortführt oder umgekehrt der Ersteher eintritt, Düss ZMR **91**, 176; wenn der Insolvenzverwalter die Sache im Aktivprozeß freigibt, aM ThP § 269 Rn 3 (aber dann handelt der Kläger eben wieder ganz unabhängig); wenn Prozeßstandschafter wechseln, BGH **161**, 166. Man darf aber nicht übersehen, daß der Bekl einen Anspruch nach § 269 I geltend machen könnte. Er muß also einwilligen, sobald er zur Hauptsache verhandelt hat.

C. Beklagtenwechsel. Wechselt der Bekl und hat der Kläger den bisherigen Bekl nicht nur unrichtig **8** bezeichnet, Grdz 4 vor § 50, LG Marbg VersR **93**, 1424, so sind zunächst die Zustimmungen des Klägers und des ausscheidenden Bekl erforderlich, der sonst ab Verhandlung zur Hauptsache aus in diesem Fall einen Anspruch aus § 269 hätte, BGH NJW **81**, 989, Ffm MDR **90**, 930, Hamm RR **91**, 61, aM Schlesw JB **97**, 584 (aber man darf sein Kosteninteresse nicht übergehen). Die Zustimmung des neuen Bekl ist daneben nicht erforderlich, obwohl der neue Bekl an die Ergebnisse des bisherigen Prozeßverlaufs gebunden bleibt, allerdings Geständnisse widerrufen und evtl eine Wiederholung der Beweisaufnahme fordern kann, § 398 I. Die Aufnahme durch den Insolvenzverwalter ist ein Parteiwechsel, Düss Rpfleger **05**, 55, Köln KTS **83**, 452, aM Hamm Rpfleger **89**, 525 (aber die Parteistellung ändert sich grundlegend). Ein Wechsel der Gesellschafter einer BGB-Außengesellschaft ist wegen ihrer Rechts-, Partei- und Prozeßfähigkeit kein Pareiwechsel, soweit die Gesellschaft selbst auftritt, BGH NJW **146**, 341.

Es ist davon auszugehen, daß das *Verfahren ein Ganzes* ist, daß also keine Klagerücknahme vorliegt. Andererseits muß man durch Lückenfüllung einen Weg finden, damit die einheitliche Fortführung des Verfahrens die neue Partei nicht benachteiligt. Man muß dem neuen Bekl also einen Schriftsatz entsprechend § 253 zustellen. Der Kläger muß eine etwaige Klagefrist nach Grdz 27 vor § 253 erneut einhalten. Dasselbe gilt für die Einlassungsfrist, § 274 III. Erst seit dem Eintritt des neuen Bekl kann man ihm Prozeßzinsen auferlegen. Erst jetzt tritt ihm gegenüber ein Neubeginn der Verjährung ein.

6) Parteiwechsel in der Berufungsinstanz. Sie ist etwas unkomplizierter, aber systematisch unverändert **9** problematisch, Nagel (vor Rn 1) 258 (Klagänderungstheorie), Putzo (vor Rn 1) 158 (empfiehlt dem BGH, von der Klagänderungstheorie abzurücken. Ein Argument mehr für die Theorie der Gesetzeslücke, Rn 5).

A. Klägerwechsel. Dieselben Grundsätze gelten in der Berufungsinstanz bei einem Klägerwechsel, BGH MDR **04**, 700, BayObLG **86**, 130, LG Marb WoM **01**, 439, strenger Hamm VersR **96**, 149 (aber die Rechtslage ist schon schwierig genug). Ein Klägerwechsel ist im übrigen nur dann zulässig, wenn überhaupt eine zulässige Berufung vorliegt, BGH **155**, 24, BAG NJW **05**, 1884. Bei einem Klägerwechsel reicht eine rechtzeitige Berufungsbegründung des neuen Klägers, BGH **155**, 24. Sachdienlichkeit ersetzt auch hier die Zustimmung des Gegners, BGH **155**, 26. Nach Ablauf der Begründungsfrist ist ein Klägerwechsel nicht mehr zulässig, BGH NJW **03**, 2173. Der Beitritt eines weiteren Klägers in der Berufungsinstanz ist eine

§ 263

Buch 2. Abschnitt 1. Verfahren vor den LGen

Klagänderung, BGH NJW **89**, 3225 (Zurückhaltung bei der Prüfung der Sachdienlichkeit!), Düss FamRZ **80**, 156, Stgt RR **01**, 970. Auch ein zusätzlicher Widerbekl ist denkbar, Schlesw SchlHA **85**, 154.

10 B. **Beklagtenwechsel**. In die Berufungsinstanz darf man einen neuen Bekl nicht schon bei Sachdienlichkeit hinzuziehen, sondern grundsätzlich nur beim Vorliegen seiner Zustimmung oder ausnahmsweise bei rechtsmißbräuchlicher Verweigerung der Zustimmung, Einl III 54. Denn man darf ihm nicht seine Abwehrmöglichkeiten verkürzen, BGH NJW **98**, 1497, Karlsr NJW **95**, 1297, Kirschstein-Freund KTS **02**, 662.

11 Es erfolgt also eine *Abweisung,* keine Zurückverweisung. Man kann einen Dritten nicht schon deshalb in die zweite Instanz hineinziehen, weil die erste eine entsprechende Klagerweiterung nicht zugestellt hatte, BGH BB **00**, 1061.

12 Man muß die Frage vom *Standpunkt des Bekl* aus entscheiden, soweit dieser als vernünftig erscheint (sog parteiobjektiver Maßstab, § 42 Rn 10), Kirschstein-Freund KTS **02**, 661. Man kann sie also dann bejahen, wenn sein besonderes Interesse nicht gegen seinen Eintritt in das Verfahren spricht. Letzteres darf man aber nicht mit der Sachdienlichkeit verwechseln. Diese muß man vom Verfahren her beurteilen, Rn 21, BGH **62**, 132. Der Verlust einer Instanz ist ein durchweg beachtliches Verweigerungsargument, aM Hamm RR **93**, 96 (aber niemand braucht sich den Rechtsschutz nur im Interesse des Gegners oder zur Bequemlichkeit der Justiz verkürzen zu lassen). Im übrigen bedarf es ausnahmsweise keiner Zustimmung des erst in der Berufungsinstanz in den Prozeß als Bekl geratenen neuen Betriebsinhabers nach § 613a BGB, Zeuner Festschrift für Schwab (1990) 591.

13 7) **Parteiwechsel in der Revisionsinstanz.** Im Revisionsverfahren ist wegen § 561 ein Parteiwechsel ausgeschlossen, BGH **161**, 166, Kirschstein-Freund KTS **02**, 665. Nicht um einen Parteiwechsel handelt es sich, wenn an die Stelle der Mitglieder des nicht rechtsfähigen Vereins der inzwischen rechtsfähig gewordene Verein tritt, oder wenn der vertretungsberechtigte Gesellschafter einer BGB-Gesellschaft die Gesellschaftsforderung zunächst im eigenen Namen und in demjenigen des anderen Gesellschafters, dann nur noch im eigenen Namen auf Zahlung an beide Gesellschafter geltend macht, wenn also nicht auch die Gesellschaft auftritt, wie es ja zulässig wäre, BGH **146**, 341.

14 8) **Gewillkürter Parteibeitritt.** Von einem Parteiwechsel muß man den gewillkürten Parteibeitritt unterscheiden. Ihn regelt nur § 856 gesetzlich. Er ist unter den Voraussetzungen der §§ 59, 60 zulässig, aM LG Konst VersR **75**, 94 (es liege eine Klagänderung vor. Aber Wechsel ist gänzlicher Austausch.). Der Kläger kann also unter diesen Voraussetzungen nachträglich einen Zweiten ordnungsgemäß verklagen und im anhängigen Prozeß zuziehen, LG Hbg KTS **85**, 576, jedoch nicht in der 2. Instanz.

15 9) **Kosten beim Parteiwechsel.** Die ausscheidende Partei hat ausnahmslos einen Anspruch auf eine Kostenentscheidung, Ffm MDR **77**, 410, Mü OLGZ **81**, 89. Freilich kann das Rechtsschutzbedürfnis beim Gegner für einen Kostenantrag fehlen, Zweibr JB **04**, 494. Diese ergibt sich § 308 IV von Amts wegen, insofern nur scheinbar abweichend von § 269 III 2, der ja nur eine feststellende Bedeutung hat, anders als § 269 III 3. Sie erfolgt durch Beschluß, evtl durch Urteil, Hamm JB **75**, 1503. Der ausscheidende Kläger trägt und die bis dahin entstandenen Mehrkosten, BPatG GRUR **94**, 609, Celle OLGR **94**, 270, Zweibr JB **99**, 620, aM LG Ffm MDR **87**, 591, LG Hagen JB **88**, 919, ZöHe 13 „Parteiwechsel"(seine volle Quote. Aber der Bekl verliert keinen Kostenvorteil.

16 Wer den Ausscheidenden *verklagt* hat, trägt die Kosten, Grdz 14 vor § 50, Hbg AnwBl **78**, 143, Schlesw SchlHA **75**, 66. Hat die richtige Partei den Kläger nach der Klagerhebung befriedigt, so ist eine Klagezustellung an die zur Erhebung einer unbegründeten Klage. Auch aus dem Gesichtspunkt des Verzugs kann sie nicht für die Kosten des falschen Prozesses haften. Übernimmt jemand die eingeklagte Schuld und tritt er im Einverständnis der Prozeßparteien im Weg einer Parteiänderung an die Stelle des bisherigen Bekl, so gilt § 265 Rn 24 entsprechend. Ein sachlichrechtlicher Ersatzanspruch gegen einen Dritten setzt natürlich dessen gesetzliche Haftung oder einen Vertrag mit ihm voraus, Schneider MDR **81**, 355. Die Übernahme von „Kosten des Rechtsstreits" durch den Bekl umfaßt evtl nur die Kosten des neuen Klägers, Hbg MDR **90**, 1019.

17 10) **Bloße Parteiberichtigung statt Parteiwechsels.** Vom Eintritt einer neuen Partei muß man die bloße Berichtigung einer falschen Parteibezeichnung unterscheiden, Grdz 4ff vor § 50, BGH RR **04**, 276, Mü OLGZ **81**, 90. Sie ist immer zulässig, auch wenn derselbe Bekl unter zwei Bezeichnungen verklagt worden ist oder wenn zB statt mehrerer Gesamthänder (Gesellschafter) jetzt die Gesellschaft klagen muß, BGH RR **04**, 276.

18 11) **Verfahren bei der Klagänderung.** Es wird oft zu lasch gehandhabt.
A. **Erste Instanz.** Der neue Anspruch wird mit der Zustellung eines Schriftsatzes oder mit dem Vortrag in der mündlichen Verhandlung rechtshängig, § 261 II, Hummel WoM **86**, 79, also evtl schon vor der Entscheidung über die Zulässigkeit der Klagänderung, Ffm JB **89**, 142. Die Zulässigkeit der Klagänderung ist eine Prozeßvoraussetzung, Grdz 13 vor § 253. Das Gericht muß sie daher in jeder Verfahrenslage von Amts wegen prüfen, Grdz 16 vor § 253. Eine Klagerweiterung auf insgesamt mehr als (jetzt) 750 EUR kann ein obligatorisches Güteverfahren erübrigen, wenn Klage und Erweiterung ohnehin erst zu demselben Zeitpunkt zustellbar werden, Grdz 49 vor § 253 „Obligatorisches Güteverfahren", LG BadBad WoM **01**, 560. Bei einer unwirksamen Klagänderung bleibt die bisherige Klage rechtshängig. Das Gericht muß über sie mangels Rücknahme usw entscheiden, BGH NJW **90**, 2682, Walther NJW **94**, 427. Bei einer zulässigen Klagänderung tritt der neue Antrag an die Stelle des alten. Dessen Rechtshängigkeit endet mit der Zulassung des neuen, BGH NJW **90**, 2682 (evtl also im Urteil). Eine erneute Einhaltung der Einlassungsfrist ist entbehrlich. Man muß aber die Frist des § 132 beachten, § 274 Rn 7. Das Gericht darf nach § 308 I nur noch über den neuen Antrag entscheiden, Ffm FamRZ **81**, 979.

19 Für den neuen Antrag müssen alle *Prozeßvoraussetzungen* erfüllt sein, Grdz 13 vor § 253. Wenn das Gericht daher die neue Klage nach § 264 Rn 1 nicht zugelassen hat, so muß es sie durch Prozeßurteil ohne Rechtskraftwirkung in der Sache selbst als unzulässig abweisen, Grdz 14 vor § 253, Saarbr WoM **85**, 295, Gießler FamRZ **03**, 1848, nur scheinbar aM Walther NJW **94**, 427 (er überliest Rn 18). Eine unzulässige

Titel 1. Verfahren bis zum Urteil **§ 263**

Sachentscheidung über den neuen Anspruch erlangt keine innere Rechtskraft, § 322 Rn 9. Die Rechtshängigkeit des neuen Anspruchs endet mit dem Eintritt der formellen Rechtskraft des die Klagänderung nicht zulassenden Urteils. Gleichzeitig kann das Gericht über die alte Klage entscheiden, und zwar über deren Begründetheit, Schwab ZZP **91**, 493, ZöGre 16 a, aM LG Nürnb-Fürth ZZP **91**, 490, ThP 9, 17 (aber die Prozeßwirtschaftlichkeit hat Gewicht, Grdz 14 vor § 128). Das Gericht muß die alte Klage evtl für zurückgenommen erklären, § 269. Unzulässig ist es, eine Klagänderung abzulehnen, aber sachlich über die neue Klage zu entscheiden, Ffm FamRZ **81**, 979, oder die Klagänderung zuzulassen, den zugehörigen tatsächlichen Vortrag aber wegen Verspätung zurückzuweisen.

Der Streit über die Zulässigkeit der Klagänderung ist ein *Zwischenstreit*. Das Gericht kann ihn daher 20 entweder in den Gründen des Endurteils entscheiden, Franz NJW **82**, 15, oder durch ein unselbständiges Zwischenurteil aus § 303. Er muß jede Überraschungsentscheidung vermeiden, Einl III 16, BVerfG FamRZ **03**, 1447. Die Zurückweisung als unzulässig erfolgt aber nur durch ein Endurteil ohne Sachprüfung. Läßt man die Eintritt einer neuen Partei nach Rn 5, 14 zu, so ist dieser in der mündlichen Verhandlung zu erklären. Rechtsbehelfe vgl § 268.

B. Berufungsinstanz. Eine Klagänderung ist als solche keine Urteilsanfechtung, BGH NJW **01**, 226. Sie 21 kommt allerdings auch in der Berufungsinstanz in Betracht, BGH NJW **04**, 2154, Bbg FER **00**, 297, Stgt MDR **99**, 1342. Das Gesetz nimmt dann den Verlust einer Tatsacheninstanz in Kauf, BGH NJW **85**, 1842. Es muß eine Beschwer vorliegen, BGH NJW **99**, 1339, BAG MDR **97**, 95, Stgt MDR **99**, 1342. Sie kann vorliegen, wenn der Kläger von der Leistungsklage zur Stufenklage übergeht, Stgt MDR **99**, 1342. Sie kann fehlen, wenn zB der in erster Instanz mit einer Feststellungsklage siegende Kläger nur in der Berufungsinstanz zur Leistungsklage übergeht, BGH NJW **88**, 829 (anders bei erstinstanzlichem Unterliegen), Köln RR **90**, 1086, oder wenn der Kläger Schmerzensgeld nur unter Angabe einer Betragsvorstellung verlangt und mit dieser Summe gesiegt hat, BGH NJW **99**, 1339. Eine Klagänderung setzt die Zulässigkeit der Berufung voraus, BGH BB **02**, 804. Auch muß zumindest ein Teil des erstinstanzlichen Begehrens im Fall zusätzlicher, erstmals in der Berufungsinstanz gestellter Forderungen neben ihnen in dieser Instanz bestehenbleiben, und zwar nicht nur hilfsweise, BGH MDR **04**, 700 (Bedingung), Stgt MDR **99**, 1342, Gaier NJW **01**, 3290. Ferner muß das (Berufungs-)Gericht über den Klaganspruch sachlich entscheiden können, Bbg RR **94**, 456. Wegen einer Nachliquidation nach §§ 103 ff vgl § 104 Rn 51.

C. Revisionsinstanz. Hat das Berufungsgericht eine Klagänderung zu Unrecht nicht zugelassen, so 22 verweist das Revisionsgericht an das Berufungsgericht zurück, Rn 21. Wegen der Revisionsinstanz im übrigen BGH **123**, 136, BayObLG WoM **88**, 333.

12) Zulässigkeit. Sie erfordert die Erfüllung mindestens einer der folgenden Bedingungen. 23

A. Einwilligung des Beklagten. Die Klagänderung ist nach der Rechtshängigkeit zulässig, wenn der Bekl einwilligt, Bbg FER **00**, 297. Diese rein prozeßrechtliche Einwilligung hat nichts mit derjenigen des § 183 BGB gemeinsam. Sie ist eine Parteiprozeßhandlung, Grdz 47 vor § 128. Sie braucht nicht vorauszugehen. Der Bekl muß sie schriftsätzlich oder in der mündlichen Verhandlung erklären, BGH NJW **92**, 2236 (auch stillschweigend möglich), im schriftlichen Verfahren des § 128 II in einem Schriftsatz oder elektronischen Dokument, § 130 a. Es ist auch eine vorweggenommene stillschweigende Einwilligung denkbar, BGH RR **90**, 506 (Verteidigung nur wegen Abtretung der Klageforderung, der eine Rückabtretung gefolgt ist); aber Vorsicht! Eine vorbehaltlose Einlassung auf die neue Klage begründet die unwiderlegliche Vermutung der Einwilligung, § 267. Sie führt zur Heilung nach § 295, BGH KTS **86**, 666. Eine Einwilligung liegt auch bei einer vorweggenommenen Einlassung vor, dh dann, wenn der Kläger der Verteidigung des Bekl einen neuen Klagegrund entnimmt. Eine Einwilligung oder die Bejahung der Sachdienlichkeit ist auch erforderlich, wenn der Kläger die Klage vor der Verhandlung zur Hauptsache ändert. Wegen § 269 vgl § 264 Rn 9.

B. Sachdienlichkeit bei Prozeßwirtschaftlichkeit. Zulässig ist die Klagänderung ferner, wenn das 24 Gericht sie sachdienlich findet, BGH NJW **01**, 1201, aM Mü RR **98**, 788 (aber Text und Sinn des Gesetzes sind eindeutig, Einl III 39). Maßgeblich ist die Prozeßwirtschaftlichkeit, Grdz 14, 15 vor § 128, BGH NJW **01**, 1201, Düss RR **93**, 1150, Hamm MDR **01**, 1186. Man muß die Frage der Sachdienlichkeit nach den objektiven Interessen beider Parteien beurteilen, BGH NJW **00**, 803 links. Sachdienlichkeit liegt vor, soweit die Klagänderung geeignet ist, den tatsächlichen Streitstoff endgültig auszuräumen, BGH RR **02**, 930. Das sollte man eher großzügig bejahen, selbst wenn das Gericht damit weniger rasch zum Prozeßende kommt. Soweit Sachdienlichkeit vorliegt, bedarf es keiner Einwilligung des Bekl, BGH NJW **01**, 1201, BayObLG ZMR **00**, 111.

C. Beispiele zur Frage einer Sachdienlichkeit 25
Arrest, einstweilige Verfügung: Sachdienlichkeit *fehlt* beim Übergang in beiden Richtungen (Eil- und Hauptverfahren), § 920 Rn 9.
Aufrechnung: Sachdienlichkeit *fehlt*, soweit der Bekl erstmals in der Berufungsinstanz eine Aufrechnung nach § 145 Rn 9 erklärt, BGH MDR **83**, 1019.
Aussetzung: Sachdienlichkeit liegt vor, soweit die Klagänderung eine Aussetzung nach §§ 148 ff verhindert, Celle VersR **75**, 264.
Berufungsinstanz: Man muß strengere Anforderungen stellen, Bbg FER, **00**, 297, Hamm MDR **01**, 1186. Maßgeblich ist die Verwertbarkeit des bisherigen Prozeßstoffs und die Vermeidbarkeit eines weiteren Prozesses, Bbg FER **00**, 297, Rn 21.
Beweisaufnahme: Sachdienlichkeit kann vorliegen, soweit keine erstmalige oder weitere Beweisaufnahme notwendig ist, BGH GRUR **96**, 866, Mü ZMR **96**, 496, großzügiger BGH NJW **00**, 803 links.
Sachdienlichkeit *fehlt*, soweit man eine gar umfangreiche Beweisaufnahme als Folge der Zulassung befürchten muß, Hamm MDR **01**, 1186.
S auch Rn 27 „Neue Beweisaufnahme".

Hartmann 1043

§ 263

Entscheidungsreife: Sachdienlichkeit *fehlt,* soweit der bisherige Prozeß bereits entscheidungsreif ist, § 300 Rn 6, BGH NJW **75**, 1229, BAG WertpMitt **76**, 598, aM BGH NJW **85**, 1842 (aber das widerspricht der Prozeßwirtschaftlichkeit, Rn 24).
Erledigung: Sachdienlichkeit liegt vor, soweit die Klagänderung die sachliche Erledigung des Streitfalls fördert, BGH NJW **00**, 803 links, KG VersR **78**, 767. Bei „Erledigung" vor Rechtshängigkeit wird aber keine Feststellungsklage sachdienlich, aM Hbg MDR **98**, 367 (aber man kann evtl etwas später Leistungsklage auf Kostenerstattung erheben), AG Hann ZMR **01**, 114 (aber vor Rechtshängigkeit liegt grds mangels Prozeßverhältnisses nach § 261 Rn 1 noch gar keine „Hauptsache" vor).
26 **Instanzverlust:** Sachdienlichkeit kann vorliegen, selbst wenn eine Instanz verlorengeht, Rn 10, BGH NJW **85**, 1842, Zweibr ZMR **99**, 429, LG Gießen ZMR **94**, 706.
Künftige Leistung: Die etwaige Sachdienlichkeit ersetzt nicht die Voraussetzungen der §§ 257ff, AG Freibg WoM **89**, 573.
Mieterhöhung: Sachdienlichkeit *fehlt* bei §§ 558ff BGB für den Übergang von der Zahlungs- zur notwendigen Zustimmungsklage, Hummel WoM **86**, 78, oder beim Nachschieben einer Neubegründung, aM LG Bln ZMR **98**, 430 (vgl aber Einl III 54).
Nämlichkeit des Streitstoffs: Rn 28 „Streitstoff".
27 **Neue Beweisaufnahme:** Sachdienlichkeit *fehlt,* soweit eine neue oder zusätzliche Beweisaufnahme erforderlich würde, Rn 26 „Entscheidungsreife".
S auch Rn 25 „Beweisaufnahme".
Neuer Klagegrund: Sachdienlichkeit *fehlt,* soweit der Kläger einen neuen Klagegrund offenbar nur deshalb nachschiebt, um den Bekl zu schikanieren, oder weil er vorher ins Blaue geklagt hatte, oder wenn das Gericht für den neuen Klagegrund unzuständig ist, Einl III 54, BGH ZZP **95**, 66, Düss FamRZ **83**, 401, aM Schikora MDR **03**, 1160 (aber das ist gerade nicht prozeßwirtschaftlich, Rn 24), oder weil nur so eine Rechtsmittelfähigkeit erzielbar ist, BGH **155**, 24.
Neuer Prozeß: Sachdienlichkeit liegt vor, soweit eine Klagänderung einen neuen Prozeß verhindert, BGH NJW **00**, 803 links, Düss RR **01**, 1029, Hamm FamRZ **00**, 1174.
Neuer Streitstoff: Rn 28 „Streitstoff".
Obligatorisches Güteverfahren: Sachdienlichkeit *fehlt,* soweit dieses Verfahren umgangen werden soll, Einl III 54, AG Brakel RR **02**, 936.
Rechtsmittelfähigkeit: S „Neuer Klagegrund".
Scheckprozeß: Rn 28 „Urkundenprozeß".
28 **Streitstoff:** Vgl zunächst Rn 24. Sachdienlichkeit liegt vor, soweit der Streitstoff im wesentlichen derselbe bleibt, BGH **91**, 134, Saarbr MietR **96**, 217, Zweibr ZMR **99**, 429.
Sachdienlichkeit *fehlt,* soweit durch eine Klagänderung ein völlig neuer Streitstoff zur Entscheidung gestellt werden soll, ohne daß die Möglichkeit bestünde, das bisherige Prozeßergebnis nennenswert dabei mitzuverwerten, BGH NJW **00**, 803 links, BezG Erfurt WoM **92**, 358, Saarbr WoM **85**, 295.
Teilunzulässigkeit: Sachdienlichkeit kann *fehlen,* soweit durch die Klagänderung erst eine Teilunzulässigkeit einträte, Hamm FamRZ **87**, 1303.
Unterhalt: Sachdienlichkeit kann beim Übergang zum Ausgleichsanspruch vorliegen, Kblz RR **97**, 1230, aM Rostock FamRZ **03**, 1846 (abl Gießler).
Unzulässigkeit: Sachdienlichkeit kann auch dann vorliegen, wenn das Gericht die geänderte Klage als unzulässig abweisen müßte, BGH RR **02**, 930.
Urkundenprozeß: Sachdienlichkeit liegt meist vor, soweit es um einen Übergang vom Urkunden- (Wechsel-, Scheck-)Prozeß in den ordentlichen Prozeß geht, § 596, BGH RR **87**, 58. Umgekehrt liegt sie nur ausnahmsweise vor, BGH **69**, 70.
Verlust einer Instanz: Rn 26 „Instanzverlust".
Verschulden: Für die Frage einer Sachdienlichkeit ist ein etwaiges Verschulden unerheblich.
29 **Verzögerung:** Sachdienlichkeit kann trotz Verzögerung vorliegen, BGH RR **94**, 1143. Freilich ist Vorsicht ratsam. Denn die Klagänderung könnte zum Unterlaufen aller Verspätungsfolgen verleiten, Einl III 54.
Wechselprozeß: Rn 28 „Urkundenprozeß".
Weiterer Prozeß: Rn 27 „Neuer Prozeß".
Zeuge: Sachdienlichkeit *fehlt* grds, soweit eine Klagänderung einen Zeugen prozessual ausschalten soll, Einl III 54, LG Heidelb VersR **89**, 200. Nur ausnahmsweise kann Sachdienlichkeit insofern vorliegen, etwa dann, wenn der Prozeßgegner ein solches Vorgehen verursacht oder verschuldet hat.
Zusammenhang: Für die Frage einer Sachdienlichkeit ist ein rechtlicher oder wirtschaftlicher Zusammenhang der Ansprüche unerheblich.
Zuständigkeit: Rn 27 „Neuer Klagegrund".

30   **D. Verfahren der Zulässigkeitsprüfung.** Wird die Klagänderung zugelassen, darf das Gericht das Vorbringen nicht gleichzeitig etwa nach § 296 als verspätet zurückweisen, § 296 Rn 29. Auch im Nachverfahren der §§ 302 IV, 600 kann die Sachdienlichkeit zu bejahen sein. Das Vorbehaltsurteil bleibt zunächst wirksam. Ob eine Klagänderung sachdienlich ist, steht im pflichtgemäßen Ermessen des Gerichts, BGH NJW **01**, 1201. Muß es die Sachdienlichkeit aber bejahen, so steht die Zulassung der Klagänderung nicht mehr im Ermessen des Gerichts. Das Gericht muß sie also zulassen, sobald es die Sachdienlichkeit bejaht, BGH NJW **01**, 1201. Hat das Gericht die Klagänderung angeregt, so darf der Kläger darauf vertrauen, daß das Gericht die Sachdienlichkeit trotz Widerspruchs des Bekl bejahen werde, BGH NJW **88**, 128. Freilich kann er die Zulassung nicht erzwingen, BGH NJW **88**, 128.

31   Eine *Verkennung* des Begriffs der Sachdienlichkeit begründet die Revision. Sie führt auf Antrag nach §§ 538, 565 zur Zurückverweisung, soweit nicht eine Anfechtung durch § 268 ausgeschlossen ist, BGH RR **87**, 59. Das Revisionsgericht kann die Prüfung der Sachdienlichkeit nachholen, BGH RR **90**, 506. Die Zulassung kann auch stillschweigend erfolgen, etwa durch den Eintritt in eine Verhandlung über die neue Klage.

Titel 1. Verfahren bis zum Urteil §§ 263, 264

13) *VwGO:* Es gilt § 91 VwGO; zur Klageänderung durch Auswechslung des Beklagten *BVerwG DVBl 93,* 32 *563,* zum gewillkürten Parteiwechsel *Louis/Abry DVBl 86,* 334, *Jaekel DÖV 85,* 479. Zu entscheiden ist durch unselbständiges Zwischenurteil entsprechend § 303, oben Rn 20, vgl *KoppSch* § 91 Rn 25, oder im Endurteil, *RedOe* § 91 Anm 11–13, vgl *Ey* § 91 Rn 34.

264 *Keine Klageänderung.* Als eine Änderung der Klage ist es nicht anzusehen, wenn ohne Änderung des Klagegrundes
1. die tatsächlichen oder rechtlichen Anführungen ergänzt oder berichtigt werden;
2. der Klageantrag in der Hauptsache oder in Bezug auf Nebenforderungen erweitert oder beschränkt wird;
3. statt des ursprünglich geforderten Gegenstandes wegen einer später eingetretenen Veränderung ein anderer Gegenstand oder das Interesse gefordert wird.

Gliederung

1) Systematik, Z 1–3	1	C. Erweiterung oder Beschränkung des Antrags, Z 2	5
2) Regelungszweck, Z 1–3	2	D. Anderer Gegenstand, Interesse, Z 3	6
3) Geltungsbereich, Z 1–3	3–6	4) Beispiele zur Frage einer Klageänderung, Z 1–3	7–24
A. Grundsatz: Keine wesentliche Änderung Z 1–3	3		
B. Ergänzung oder Berichtigung der Anführungen, Z 1	4	5) *VwGO*	25

1) Systematik, Z 1–3. Über die Klagänderung im allgemeinen § 263 Rn 1, 3. Liegt eine Klagänderung **1** vor und wird sie weder vom Gericht zugelassen noch vom Bekl gebilligt, so ist die Abweisung der geänderten Klage durch Prozeßurteil geboten, Grdz 14 vor § 253. Die Prüfung, ob eine Klagänderung vorliegt, muß der Sachprüfung vorausgehen. Wird die Klagänderung als unzulässig, gleichzeitig aber der neue Anspruch als unbegründet behandelt, so ist die Entscheidung zum sachlichen Anspruch wirkungslos. Zur Hilfsbegründung Grdz 17 vor § 253. Bei einem Widerspruch des Bekl erfolgt eine Entscheidung nach § 268 Rn 1.

Der neue Anspruch wird ohne Rücksicht auf die Zulassung *rechtshängig,* § 261. Ob seine Erhebung eine Rücknahme der bisherigen Klage bedeutet, ist eine Auslegungsfrage, aM *LG Köln MDR 90,* 254 (aber eine Parteiprozeßhandlung ist stets auslegbar, Grdz 52 vor § 128). Es kann die Abweisung des alten Anspruchs nötig sein. Tritt freilich der neue Anspruch völlig an die Stelle des alten, so muß das Gericht allein über den neuen entscheiden. Es empfiehlt sich stets eine Klärung nach § 139. Dabei muß das Gericht die Prozeßvoraussetzungen nach Grdz 12 vor § 253 und insbesondere die Zuständigkeit neu prüfen. Eine Einlassung gilt als Vereinbarung der Zuständigkeit nach § 39. Muß man eine Klagerücknahme annehmen, so gilt § 269 für die Kosten. Zur Änderung der Partei § 263 Rn 5.

Eine *Klagerweiterung* ist nur solange möglich, wie das Gericht über die bisherige Klage nicht rechtskräftig entschieden hat, also evtl auch im Rechtsmittelverfahren, *BGH NJW 83,* 173, *Karlsr FamRZ 87,* 298, *Schneider MDR 82,* 626. Eine Klagerweiterung ist auch nach dem Ablauf einer etwaigen Klagefrist zulässig. Das ist allerdings in der Revisionsinstanz nicht statthaft, *BGH RR 91,* 1347. Freilich ist eine Klagerweiterung keineswegs stets ein zwingender Grund zu einer Wiedereröffnung der Verhandlung, § 156 Rn 3. Eine Änderung des Antrags ist abgesehen von Z 2 und 3 auch dann eine Klagänderung, wenn der Klagegrund unverändert ist. Die Rechtshängigkeit der Erweiterung tritt wie sonst ein, § 261. Wegen der durch die Erweiterung eintretenden Unzuständigkeit des AG § 506. Eine Beschränkung des Klagantrags beseitigt die vorher begründete Zuständigkeit keineswegs. Das gilt entgegen einem in der Praxis vielfach vorhandenen Standpunkt, der nicht selten von Bequemlichkeitserwägungen unschön mitmotiviert sein dürfte. Sie erlaubt also keine Verweisung vom LG an das AG.

2) Regelungszweck, Z 1–3. Das Urteil darf die Frage, ob eine Klagänderung vorliege, nicht dahin- **2** gestellt lassen. Dieser Notwendigkeit dient § 264 mit Klarstellungen, mögen die genannten Fallgruppen auch durchaus problematisch formuliert sein. Es entsteht bei der Klärung der einschlägigen Begriffe das in § 263 Rn 2 dargelegte Spannungsverhältnis. Von einer vernünftigen Lösung hängen in jedem Fall eine ganze Reihe prozessualer, zeitlicher und finanzieller Folgen für beide Parteien und auch eine erhebliche Vorentscheidung für die weitere Arbeitsweise des Gerichts ab. Diese Vorentscheidung darf ungeachtet aller Prozeßwirtschaftlichkeit nach Grdz 14 vor § 128 doch nicht nur von dem Wunsch nach vordergründiger Arbeitsentlastung bestimmt sein. Andererseits gilt es sehr wohl, alle möglichen Erschleichungen der Zuständigkeit oder eines rascheren Verfahrens in Grenzen zu halten. Das alles muß man bei der Auslegung mitbeachten.

3) Geltungsbereich, Z 1–3. Vgl zunächst Üb 2 vor § 253. **3**

A. Grundsatz: Keine wesentliche Änderung, Z 1–3. § 264 verneint eine Klagänderung für drei Fallgruppen, in denen der Klagegrund nach § 253 Rn 32 unberührt bleibt. Indessen berührt die durch Z 1 zugelassene Änderung oder Berichtigung der tatsächlichen Ausführungen notwendigerweise den Klagegrund. Darum kann nur solches Vorbringen eine Klagänderung enthalten, das nicht den Gesamttatbestand unverändert läßt, sondern die klagebegründenden Tatsachen wesentlich abändert. Z 2 und 3 können zusammentreffen.

B. Ergänzung oder Berichtigung der Anführungen, Z 1. § 264 verneint eine Klagänderung bei **4** einer bloßen Ergänzung oder Berichtigung der tatsächlichen Angaben oder des Antrags ohne Veränderung der Nämlichkeit des Vorgangs und der Personen, *BGH GRUR 05,* 409. Die rechtlichen Angaben haben mit

Hartmann

§ 264

einer Klagänderung überhaupt nichts zu tun. Das gilt abgesehen von der Einschränkung Rn 3. Die Vorschrift dient nur diesem Ziel, Zweibr MDR **81**, 586. Z 1 dient nicht dazu, über die Ausnahmefälle des § 296 hinaus einen verspäteten Vortrag zulässig zu machen. Zweibr MDR **81**, 586. Vgl aber grundsätzlich § 296 Rn 29.

5 **C. Erweiterung oder Beschränkung des Antrags, Z 2.** Keine Klagänderung ist eine quantitative oder qualitative Erweiterung oder Beschränkung des Klagantrags, BGH RR **05**, 956, BayObLG **82**, 231, Hamm FGR **00**, 64. Das darf man nicht auf zahlenmäßige Unterschiede beschränken. Diese Regel gilt auch im Nachverfahren nach § 304. Insofern ist das Gericht für den Mehrbetrag nicht an seine Entscheidung gebunden.

Über die *Vorwegleistung* der Verfahrensgebühr nach § 65 GKG vgl Anh § 271. Zu den sonstigen Kostenfragen Göppinger JB **75**, 1409.

6 **D. Anderer Gegenstand, Interesse, Z 3.** Keine Klagänderung ist eine später eingetretene Veränderung, wenn der Kläger deswegen den ursprünglichen Gegenstand nicht mehr fordern kann, wenn er vielmehr zur Vermeidung eines neuen Prozesses jetzt einen anderen Gegenstand fordert, also ein anderes Objekt des prozessualen Anspruchs aufgrund veränderten Interesses, BGH MDR **05**, 502, Schneider MDR **87**, 812, aM Düss MDR **89**, 356 (aber das widerspricht auch der Prozeßwirtschaftlichkeit, Grdz 14 vor § 128). Die Veränderung muß nach der Klagerhebung eingetreten oder dem Kläger bekanntgeworden sein, Ffm FamRZ **81**, 979, Altmeppen ZIP **92**, 454. Es ist unerheblich, ob die anfängliche Unkenntnis schuldhaft war. Nur solange einer der bisherigen Ansprüche nach § 261 Rn 4, 12 rechtshängig ist, kann der Kläger „statt" des ursprünglich geforderten Gegenstands einen anderen fordern.

Ob die Veränderung auf dem Verhalten einer Partei oder auf einem *Zufall* beruht, ist unerheblich. Der neue Anspruch muß demselben Klaggrund wie der alte entstammen, § 253 Rn 32, nicht aber dem alten Anspruch. Der Insolvenzverwalter kann gegenüber einem Gläubiger, der gegen den Schuldner ein nicht rechtskräftiges Urteil erstritten hat, dessen zur Tabelle angemeldete Forderung er aber ablehnt, den Rechtsstreit mit dem Antrag aufnehmen, seinen Widerspruch für begründet zu erklären. Eine Änderung oder Einschränkung des Antrags ist auch für denjenigen zulässig, der nach § 265 veräußert hat. Ob der Kläger einen anderen Gegenstand usw verlangen kann, richtet sich nach dem sachlichen Recht. Das Gericht muß eine Klagerweiterung gesondert beurteilen, BGH NJW **96**, 2869.

7 **4) Beispiele zur Frage einer Klagänderung, Z 1–3**

Abänderung – Leistung: Eine Änderung des Klag*antrags* liegt vor, soweit der Kläger von der Abänderungsklage nach § 323 zur Leistungsklage übergeht, Hamm FamRZ **87**, 1303, und umgekehrt, Zweibr FamRZ **97**, 838.

Abschlag – Schluß- oder Teilschlußzahlung: Eine Änderung des Klag*antrags fehlt*, soweit der Kläger von der Forderung auf eine Abschlags- oder Abstandszahlung bei unverändertem Klaggrund nun zur Forderung auf die teilweise oder gänzliche Schlußzahlung übergeht, BGH MDR **05**, 502, Düss RR **02**, 163.

Absonderung – Aussonderung: Eine Änderung des Klag*grundes* liegt vor, soweit der Kläger statt der Absonderung jetzt die Aussonderung geltend macht, und umgekehrt.

Abstrakt – Konkret: Rn 8 „Auswechslung von Berechnungen".

Abtretung – eigener Vertrag: Rn 19 „Neuer Erwerbsgrund".

Abtretung – Pfändung/Überweisung: Eine Klagänderung liegt vor, soweit der Kläger zunächst aus Pfändung und Überweisung klagt, nach Feststellung ihrer Unwirksamkeit aber aus Abtretung, Hamm MDR **01**, 1186.

Abtretung – stille Zession: Eine Klagänderung kann im solchem Fall ausnahmsweise *fehlen*, BGH NJW **99**, 2110, Hamm MDR **01**, 1186.

Abtretung – Wertersatz: Eine Klagänderung *fehlt* wegen Z 3, soweit der Kläger statt einer Abtretung nun einen Wertersatz fordert, aM BGH NJW **99**, 1407 (zu formell).

S auch Rn 17 „Leistung – Wertersatz".

Abzahlung: Rn 17 „Leistung – Wertersatz".

Amtspflichtverletzung: Rn 17 „Mehrheit von Handlungen".

Anfechtung: Rn 11 „Erfüllung – Bereicherung".

Arrest – Hauptsache: Eine Änderung des Klag*antrags* kann vorliegen, soweit der Kläger vom Arrest- zum Hauptsacheprozeß übergeht. Vgl auch § 920 Rn 9 (Unzulässigkeit dieses Übergangs).

Aufgabe eines Antrags: Eine Änderung des Klag*antrags* liegt vor, soweit der Kläger zB den bisherigen Antrag auf die Auflösung eines Arbeitsverhältnisses nicht weiter verfolgt, BAG NJW **80**, 1485.

Aufhebung – Unzulässigkeit: Rn 9 „Berichtigung".

Aufrechnung: Rn 15 „Leistung – Aufrechnung".

8 **Auskunft – eidesstattliche Versicherung:** Eine Änderung des Klage*grundes fehlt*, soweit der Kläger vom Auskunftsanspruch zum Anspruch auf eine zugehörige eidesstattliche Versicherung übergeht.

Auskunft – Feststellung: Eine Änderung des Klag*antrags fehlt*, soweit der Kläger vom Auskunftsanspruch nach § 254 zur Feststellungsklage übergeht, § 256.

Auskunft – Rechnungslegung: Eine Änderung des Klag*antrags fehlt*, soweit der Kläger vom Auskunfts- zum Rechnungslegungsanspruch und von ihm zum Leistungsanspruch übergeht. § 254 erfaßt ja alle diese Stufen, BGH NJW **79**, 926.

Auskunft – Leistung: Zulässig ist der Übergang auch nach Erledigung des Auskunftsanspruchs, BGH NJW **91**, 1893, Hamm FER **00**, 64, Köln MDR **96**, 637, aM Mü FamRZ **95**, 678 (aber dieser Schritt dient der Prozeßwirtschaftlichkeit, Grdz 14 vor § 128).

Auskunft – Schadensersatz: Eine Änderung des Klag*antrags* liegt grds vor, soweit der Kläger vom Auskunfts- zum Schadensersatzanspruch übergeht, sofern nicht eine echte Stufenklage vorliegt, § 254, BGH NJW **91**, 129, BSG NJW **99**, 895, LAG Stgt JB **94**, 135.

Eine Antragsänderung *fehlt* aber ausnahmsweise, soweit der Kläger den Drittschuldner infolge von dessen mangelhafter Auskunft nun nach § 840 II auf Schadensersatz in Anspruch nimmt, § 840 Rn 17 (Streitfrage, bitte dort nachlesen).

Titel 1. Verfahren bis zum Urteil **§ 264**

Auswechslung von Ansprüchen: Eine Änderung des Klage*grundes* liegt vor, wenn der Kläger völlig oder weitgehend verschiedene Ansprüche auswechselt, BGH MDR **97**, 94 (Berufung), Mü BB **97**, 1705, Spickhoff MDR **97**, 12 (Berufung).
Auswechslung von Anträgen: Eine Klagänderung liegt bei einer Auswechslung der Klaganträge vor, BGH NJW **04**, 2154.
Auswechslung von Begründungen: Rn 19 „Neue Begründungsart".
Auswechslung von Berechnungen: Eine Änderung des Klage*grundes fehlt*, soweit der Kläger nur die Art der Schadensberechnung auswechselt, BGH NJW **92**, 568, etwa statt abstrakter jetzt konkrete Berechnung, oder wenn er nur Rechnungsposten auswechselt, BGH NJW **02**, 3020.
 S auch Rn 19 „Neue Begründungsart".
Auswechslung von Einwendungen: Eine Änderung des Klage*grundes* liegt vor, soweit der Kläger bei einer Vollstreckungsabwehrklage nach § 767 seine Einwendungen auswechselt oder neue Einwendungen nachschiebt, Köln RR **99**, 1509, Zweibr NZM **00**, 201.
Auswechslung von Personen: § 263 Rn 5 ff.
Auswechslung von Währungen: Eine Änderung des Klag*antrags* liegt vor, soweit der Kläger von der einen auf die andere Währung übergeht, BGH IPRax **94**, 366, Ritten NJW **99**, 1215 (EUR).
Auswechslung von Zeiträumen: Eine Änderung des Klag*antrags* liegt vor, soweit der Kläger den der Klage zugrunde liegenden Zeitraum auswechselt, etwa beim Unterhalt, Bbg FamRZ **89**, 520, oder bei der Miete (meist sachdienlich).
Befreiung: Rn 17 „Leistung – Schuldbefreiung".
Bereicherung – Vollstreckungsabwehr: Eine Änderung des Klage*grundes fehlt*, soweit der Kläger von einer Vollstreckungsabwehrklage nach § 767 zur Forderung nach §§ 812 ff BGB übergeht, Schlesw MDR **91**, 669, und umgekehrt, BayObLG KTS **03**, 513.
Berichtigung: Eine Änderung des Klage*grundes fehlt*, soweit der Kläger nur eine Berichtigung vornimmt, zB bei der Parteibezeichnung, Ffm MDR **77**, 410, oder bei Zahlen, auch beim Streitwert.
 Eine Änderung des Klag*antrags fehlt*, wenn in Wahrheit eine bloße Berichtigung vorliegt, BGH GRUR **05**, 409, wenn der Kläger zB die Feststellung der Unzulässigkeit einer Pfändung statt Aufhebung der Vollstreckung fordert.
 S auch Rn 21 „Sprachliche Verbesserung".
Berufungsinstanz, dazu *Sundermann*, Die Bedeutung der Berufungsanträge für die Zulässigkeit der Berufung usw, Diss Bonn 1998: Wegen des Klagegrundes vgl bei den einzelnen Stichwörtern sowie BGH NJW **04**, 2154, Karlsr FamRZ **87**, 298, Schneider MDR **82**, 626.
Beschwerdeinstanz: §§ 263, 264 sind entsprechend auch im Beschwerdeverfahren mitbeachtlich, Saarbr MDR **05**, 233.
Dingliche Klage: Rn 19 „Neuer Erwerbsgrund".
Drittschuldner: Rn 8 „Auskunft – Schadensersatz".
Drittwiderspruchsklage: Rn 15 „Leistung – Drittwiderspruch".
Duldung: Rn 15 „Leistung – Duldung".
Erfüllung – Bereicherung: Eine Klagänderung *fehlt* wegen Z 3, soweit der Kläger wegen einer gegnerischen Vertragsanfechtung statt der Erfüllung nun die Herausgabe einer Bereicherung fordert.
Erfüllung – Schadensersatz: Eine Änderung des Klage*grundes fehlt*, soweit der Kläger auf Grund desselben Sachverhalts vom Erfüllungs- zum Schadensersatzanspruch wegen Nichterfüllung übergeht, BGH NJW **90**, 2684, aM Hamm MDR **00**, 48, und umgekehrt, aM Mü RR **98**, 207 (zu formell). Dasselbe gilt grds auch beim Klagantrag.
 Eine Änderung des Klag*antrags* liegt aber ausnahmsweise vor, soweit der Kläger statt einer Herausgabe nach § 985 BGB, nun den Schadensersatz nach § 989 BGB, fordert, aM BGH NJW **99**, 360 oben links.
Erhöhung eines Anspruchs: Eine Änderung des Klag*antrags fehlt*, soweit der Kläger den Anspruch erhöht, Mü BB **97**, 1705, auch in zweiter Instanz, Stgt VersR **94**, 106 (Schmerzensgeld).
Erledigung der Hauptsache: Rn 16 „Leistung – Erledigung".
Erneuter Vortrag: Eine Änderung des Klage*grundes* liegt vor, soweit der Kläger ein zuvor fallengelassenes Vorbringen wieder vorträgt oder einen in der ersten Instanz übergangenen Vortrag in der zweiten Instanz wieder aufnimmt.
Feststellung – Leistung: Eine Änderung des Klag*antrags fehlt*, soweit der Kläger bei gleichem Sachverhalt von der Feststellungs- zur Leistungsklage übergeht, BGH RR **02**, 283, BAG NJW **04**, 2850, Hamm VersR **00**, 992 (in zweiter Instanz), aM LG Hbg KTS **85**, 576, ThP § 263 Rn 2 (zu formell).
 S aber auch Rn 13 „Insolvenz".
Freistellung – Feststellung: Gegenüber dem Haftpflichtversicherer liegt *keine* Klagänderung vor, Düss RR **96**, 1246.
Freistellung – Vollstreckungsabwehr: Eine Änderung des Klag*antrags* liegt vor, soweit der Kläger von einem Freistellungsanspruch zur Vollstreckungsabwehrklage nach § 767 übergeht, Ffm NJW **76**, 1983.
Gesamtgläubiger – Einzelgläubiger: Eine Änderung des Klag*antrags* liegt vor, soweit der Kläger von einer Gesamtgläubigerschaft zu einem eigenen Einzelgläubigeranspruch übergeht (das ist allerdings meist sachdienlich) und umgekehrt.
Gesamtschuldnerausgleich – Zugewinnausgleich: Eine Änderung des Klage*grundes* liegt vor, wenn der Kläger seine Forderung zusätzlich zum Gesamtschuldnerausgleich zwischen Ehegatten nun auch auf den Zugewinnausgleich stützt, BGH RR **89**, 68.
Grundgeschäft – Wechsel: Eine Änderung des Klage*grundes* liegt vor, wenn der Kläger die Forderung statt auf das Grundgeschäft nun auf einen Wechsel stützt, und umgekehrt, BGH RR **87**, 58.
Haftpflichtgesetz – Unerlaubte Handlung: Eine Änderung des Klage*grundes fehlt*, soweit der Kläger zunächst aus dem Haftpflichtgesetz und dann aus unerlaubter Handlung vorgeht.

§ 264

Hauptantrag – Hilfsantrag: Eine Änderung des Klage*grundes* liegt vor, soweit der Kläger vom erstinstanzlichen Hilfsantrag zum zweitinstanzlichen Hauptantrag übergeht, BGH RR **87**, 125. S auch Rn 19 „Nachschieben".

Herausgabe – Rückzahlung: Bei einer Bürgschaft *fehlt* eine Klagänderung wegen Z 3, BGH NJW **96**, 2869.

Herausgabe – Schadensersatz: Rn 11 „Erfüllung – Schadensersatz".

Hinterlegung: Rn 17 „Leistung – Hinterlegung".

Hinzufügen: Rn 19 „Nachschieben".

Hypothekenlöschung: Eine Änderung des Klage*grundes* liegt vor, soweit der Kläger die Löschung einer Hypothek erst aus dem einen Grund begehrt, dann aus einem anderen.

Eine Änderung des Klag*antrags fehlt,* soweit der Kläger statt der Löschungsbewilligung nun eine Einwilligung in die Auszahlung eines Erlöses begehrt.

Insolvenz: Eine Änderung des Klag*antrags* liegt vor, soweit der Kläger von der Feststellung zur Insolvenztabelle wegen einer Masseschuld zu einer Leistungs- oder Feststellungsklage übergeht, auch in der Revisionsinstanz, BGH **105**, 35.

S aber auch Rn 12 „Feststellung – Leistung".

14 Kapital – Zinsen: Eine Änderung des Klag*antrags* liegt vor, soweit der Kläger statt eines Kapitals nun Zinsen fordert.

Klagerücknahme: Rn 16 „Leistung – Erledigung".

Künftige – jetzige Leistung: Eine Änderung des Klag*antrags fehlt,* soweit der Kläger von der Klage auf eine künftige Leistung zur Forderung nach jetziger Leistung übergeht, § 257 Rn 5, und umgekehrt.

Leistung – Abänderung: Rn 7 „Abänderung – Leistung".

15 Leistung – Aufrechnung: Eine Änderung des Klag*antrags fehlt,* soweit der Kläger statt einer Leistungsforderung nun eine Aufrechnung geltend macht, § 145 Rn 9.

Leistung – Drittwiderspruch: Eine Änderung des Klag*antrags* liegt vor, soweit der Kläger von der Leistungs- zur Drittwiderspruchsklage nach § 771 übergeht, LG Bln KTS **89**, 207.

Leistung – Duldung: Eine Änderung des Klag*antrags fehlt,* soweit der Kläger statt der Leistung nun eine Duldung der Zwangsvollstreckung usw begehrt.

16 Leistung – Erledigung: Eine Klagänderung kann vorliegen, soweit der Kläger statt der Leistung nun einseitig die Feststellung der Erledigung der Hauptsache fordert, § 91a Rn 168, BGH NJW **02**, 442, Fischer MDR **02**, 1100, Prütting/Wesser ZRP **116**, 289, oder soweit er nun die Erstattung der Kosten fordert, LG Mainz RR **00**, 520. Dann kann auch eine teilweise Klagerücknahme vorliegen, § 269 Rn 1. In solchem Fall sind §§ 263 ff und § 269 nebeneinander anwendbar. Denn sie haben unterschiedliche Ziele, Groß JR **96**, 357.

Leistung – Feststellung: Eine Klagänderung kann vorliegen, wenn der Kläger zunächst eine Genehmigung fordert, dann die Feststellung ihrer Entbehrlichkeit, Zweibr ZMR **99**, 429.

17 Leistung – Herausgabe: Eine Klagänderung kann *fehlen,* soweit der Kläger statt der Leistung nun eine Herausgabe fordert, etwa diejenige einer Bürgschaftsurkunde, Düss RR **01**, 1029.

Leistung – Hinterlegung: Eine Änderung des Klag*antrags fehlt,* soweit der Kläger statt einer Leistung bzw Zahlung nun eine Hinterlegung fordert, BGH RR **05**, 956.

Leistung an Kläger – an Dritten: Eine Änderung des Klag*antrags fehlt,* soweit der Kläger die Leistung statt an sich selbst nun zugunsten eines Dritten fordert, BGH RR **90**, 505.

Leistung – Kündigung: Eine Änderung liegt vor, soweit der Kläger vom Leistungsanspruch zur Kündigung übergeht, Kblz RR **01**, 65.

Leistung an mehrere – an einen: Eine Änderung des Klag*antrags fehlt,* soweit der Kläger statt einer Leistung an mehrere nun die Leistung an sich allein fordert.

Leistung – Rechnungslegung: Eine Änderung des Klage*grundes fehlt,* soweit der Kläger zum Leistungsanspruch den Anspruch auf eine Rechnungslegung hinzufügt. Denn der letztere betrifft nur eine Nebenforderung. Dies hat hier eine weitere Bedeutung als bei § 4.

Auch eine Änderung des Klag*antrags fehlt* dann, BGH FamRZ **75**, 38, aM Köln RR **89**, 567.

Leistung – Schuldbefreiung: Eine Änderung des Klag*antrags fehlt,* soweit der Kläger statt einer Zahlung nun eine Schuldbefreiung fordert, und umgekehrt, BGH NJW **94**, 945, Ffm FamRZ **90**, 50, aM Görmer MDR **95**, 241 (zu formell).

Leistung – Stufenklage: Eine Änderung des Klag*antrags* liegt vor, soweit der Kläger von einer bezifferten Leistungsklage zur Stufenklage übergeht, Bbg FER **00**, 296, Stgt MDR **99**, 1342.

Leistung – Vollstreckbarerklärung: Eine Änderung des Klag*antrags* liegt vor, soweit der Kläger statt einer Leistung nun die Vollstreckbarerklärung eines Schiedsspruchs oder die Erteilung der Vollstreckungsklausel fordert, BGH FamRZ **04**, 180 (verneint im Ergebnis § 264).

Leistung – Wertersatz: Eine Änderung des Klag*antrags fehlt,* soweit der Kläger statt der Leistung nun einen Wertersatz fordert, zB der Abzahlungsverkäufer, der nun außerdem eine Vorprüfung für eine Gebrauchsüberlassung begehrt, aM Düss MDR **89**, 356 (zu formell), oder nach § 281 BGB.

S auch Rn 7 „Abtretung – Leistung".

Leistung – Zug um Zug: Eine Änderung des Klag*antrags fehlt,* soweit der Kläger statt einer unbedingten Leistung nun eine solche nur noch Zug um Zug gegen eine eigene Gegenleistung fordert.

18 Mängelbeseitigung – Neuherstellung: Eine Änderung des Klag*antrags fehlt,* soweit der Kläger statt einer Mängelbeseitigung nun eine Neuherstellung fordert, und umgekehrt.

Materieller Schaden – Schmerzensgeld: Eine Änderung des Klag*antrags* liegt vor, soweit der Kläger statt eines materiellen Schadens nun ein Schmerzensgeld fordert, und umgekehrt.

Mauer – Zaun: Eine Änderung des Klag*antrags fehlt,* soweit der Kläger statt einer festen Mauer nun einen Zaun auf fester Grundlage fordert.

Mehrheit von Handlungen: Eine Änderung des Klage*grundes* liegt vor, wenn der Kläger erst in der einen Handlung, dann in einer anderen eine Amtspflichtverletzung sieht.

Titel 1. Verfahren bis zum Urteil § 264

Mieterhöhung: Rn 19 „Nachschieben", „Neue Begründungsart".
Minderung – Schadensersatz: Eine Änderung des Klag*antrags* liegt vor, soweit der Kläger statt einer Minderung nun Schadensersatz geltend macht, und umgekehrt, BGH NJW **90**, 2682 und 2683, LG Mönchengladb RR **92**, 1524, Walcher NJW **94**, 424.
Minderung – Nachbesserung: Eine Änderung des Klage*grundes fehlt,* soweit der Kläger statt einer Nachbesserung nun eine Minderung geltend macht, und umgekehrt.
Nachschieben: Eine Änderung des Klage*grundes* kann vorliegen, soweit der Kläger etwas nachschiebt, **19** zB ein Mieterhöhungsverlangen, LG Bln ZMR **98**, 430, AG Bad Homburg WoM **85**, 323, oder einen weiteren Haupt- oder Hilfsklagegrund anderer Art, BayObLG WoM **03**, 351, auch in der Berufungsinstanz, BGH NJW **85**, 1842, oder eine weitere Kündigung, Brdb ZMR **00**, 374, Mü ZMR **96**, 496.
S auch Rn 17 „Leistung – Rechnungslegung", Rn 19 „Neue Begründungsart".
Neue Begründungsart: Eine Änderung kann ausnahmsweise vorliegen, soweit der Kläger eine neue Begründung vorlegt, BGH NJW **04**, 2154. Das gilt zB für eine Mieterhöhung, Grdz 32 vor § 253, LG Bln ZMR **98**, 430, aM Stgt RR **96**, 1085 (neuer Zeitraum. Aber er begründet einen neuen Streitgegenstand).
Grundsätzlich *fehlt* aber eine Änderung, soweit der Kläger auf Grund desselben Sachverhalts nur eine rechtlich andere weitere Begründung vorträgt, BGH NJW **00**, 1958, Karlsr GRUR **79**, 473, Schlesw MDR **91**, 669, aM Bbg RR **94**, 455 (zu streng).
S auch Rn 8 „Auswechslung ...", Rn 9 „Nachschieben".
Neuer Erwerbsgrund: Eine Änderung des Klage*grundes* liegt vor, wenn der Kläger die Forderung nun auf einen neuen Erwerbs- oder Entstehungsgrund stützt, etwa statt auf den eigenen Vertrag nun auf ein an ihn abgetretenes Recht oder auf eine Prozeßstandschaft, oder umgekehrt, BVerfG **54**, 127, BGH RR **94**, 1143, Naumb RR **03**, 212 (und umgekehrt), aM Grunsky ZZP **91**, 317 (aber es geht jetzt um einen anderen Sachverhalt und Streitgegenstand).
Eine Änderung des Klag*antrags fehlt* aber bei einer Rückabtretung, BGH RR **90**, 505.
Neue Kündigung: Eine Änderung des Klage*grundes* liegt vor, soweit der Kläger sich nun auf eine neue Kündigung stützt. BezG Erfurt WoM **92**, 358, Zweibr MDR **81**, 586, AG Freibg WoM **89**, 373.
Eine Änderung *fehlt,* soweit der Arbeitgeber einer erst nach der Rechtshängigkeit, § 261 Rn 1, erklärte weitere Kündigung zu demselben Zeitpunkt nun im Prozeß geltend macht, Stgt BB **92**, 865.
Normalprozeß – Urkundenprozeß: Eine Änderung des Klag*antrags* mag *fehlen,* wenn der Übergang ganz am Anfang erfolgt, LG Flensb NJW **03**, 3425.
Neuordnung: Eine Änderung des Klage*grundes fehlt,* soweit der Kläger nur den Streitstoff neu ordnet.
Patentnichtigkeit: Eine Änderung des Klage*grundes fehlt,* soweit der Kläger im Patentnichtigkeitsverfahren **20** mangels bisheriger Erfindungsneuheit nun weitere Veröffentlichungen anführt. Denn dann liegt nur eine Klageerweiterung vor.
Prozeßstandschaft: Rn 19 „Neuer Erwerbsgrund".
Räumung – Unterlassung: Eine Änderung des Klag*antrags* liegt vor, soweit der Kläger vom Räumungs- zum Unterlassungsanspruch übergeht, LG Gießen WoM **76**, 13.
Realteilung – Auseinandersetzungsvertrag: In solchem Fall liegt eine Änderung des Klag*antrags* vor, Oldb FamRZ **96**, 1438.
Rechnungslegung – Feststellung: Eine Änderung des Klag*antrags fehlt,* soweit der Kläger von der Rechnungslegungs- zur Feststellungsklage übergeht, §§ 254, 256.
Rechnungslegung – Leistung: Eine Änderung des Klag*antrags fehlt,* soweit der Kläger vom Rechnungslegungs- zum Leistungsanspruch übergeht, § 254, BGH NJW **79**, 926.
Rechtshängigkeit: Eine Änderung *fehlt,* soweit ein Umstand erst nach dem Eintritt der Rechtshängigkeit eintritt, § 261 Rn 1, soweit der Sachverhalt im Kern unverändert bleibt, BGH NJW **85**, 1560. Etwas anderes gilt bei anderem Sachverhalt, Zweibr MDR **81**, 586.
S auch Rn 19 „Neue Kündigung", Rn 22 „Wirtschaftsplan – Jahresabrechnung".
Regreß: Jeder zusätzliche Regreßanspruch ist eine Klageerweiterung, Hamm VersR **02**, 367.
Rückgriff: S „Regreß".
Rückzahlung: Rn 22 „Vollstreckungsabwehr – Rückzahlung".
Rückzahlung: Rn 22 „Vollstreckungsabwehr – Rückzahlung".
Schadensersatz – Kostenvorschuß für Mangelbeseitigung: Hier liegt eine Änderung des Klage*grundes* vor, Drsd MDR **00**, 1030.
Schiedsspruch: Rn 17 „Leistungs – Vollstreckbarerklärung". **21**
Schmerzensgeld: Rn 11 „Erhöhung des Anspruchs", Rn 17 „Materieller Schaden – Schmerzensgeld".
Sprachliche Verbesserung: Eine Änderung des Klag*antrags fehlt,* soweit der Kläger den Antrag nur sprachlich verbessert, nicht inhaltlich, zB bei einem Anspruch auf eine Gegendarstellung oder bei einem bloßen Zusatz „insbesondere" beim Unterlassungsantrag, KG DB **87**, 2409.
S auch Rn 9 „Berichtigung".
Stufenklage: Rn 5 „Auskunft – eidesstattliche Versicherung", Rn 8 „Auskunft – Leistung", „Auskunft – Rechnungslegung", „Auskunft – Schadensersatz", Rn 17 „Leistung – Rechnungslegung", Rn 20 „Rechnungslegung – Leistung".
Übereignung – Zustimmung: Eine Änderung des Klage*grundes fehlt* in solchem Fall, BGH MDR **01**, **22** 1071.
Üblichkeit – Vereinbarung: Eine Änderung des Klage*grundes* liegt vor, wenn der Kläger erst die übliche, dann eine vereinbarte Vergütung fordert, oder umgekehrt, Ffm MDR **84**, 238.
Unerlaubte Handlung – Vertrag: Rn 19 „Neue Begründungsart".
Unterhalt: Eine Änderung des Klage*grundes* liegt vor, soweit der Kläger neben Elementarunterhalt nun auch Krankenvorsorge- und Altersvorsorgeunterhalt begehrt, Hamm FER **97**, 98, oder soweit er nur einen Ausgleichsanspruch erhebt, Kblz RR **97**, 1230.

§§ 264, 265

Unterlassung – Ausgleich: Eine Änderung des Klag*antrags* liegt vor, soweit der Kläger vom Unterlassungs- zum Ausgleichsanspruch übergeht.
Unterlassung – Feststellung: Eine Änderung des Klag*antrags* liegt vor, soweit der Kläger vom Unterlassungs- zum Feststellungsbegehren übergeht, BAG DB **93**, 100 (freilich muß ein Rechtsschutzbedürfnis vorliegen).
Unterlassung – Schadensersatz: Eine Änderung des Klage*grundes fehlt*, soweit der Kläger vom Unterlassungs- zum Schadensersatzanspruch übergeht.
Urkunde – Wechsel: Eine Klagänderung liegt bei der Forderung der Herausgabe jetzt einer ganz anderen Urkunde vor, Hamm RR **03**, 1720. Wegen des Übergangs vom Urkunden- zum Wechselprozeß usw § 602 Rn 3.

23 **Verbot der Zwangsvollstreckung – Auskunft über und Auskehr des Erlöses:** Eine Änderung des Klag*antrags fehlt* dann, Z 3, Hamm RR **01**, 1575.
Verfrühter Vortrag: Rn 20 „Rechtshängigkeit".
Verzicht: Ein teilweiser Verzicht, § 306, kann eine endgültige Klagänderung sein.
Vollstreckungsabwehr – Rückzahlung: Eine Klagänderung *fehlt* wegen Z 3, soweit der Kläger einer Vollstreckungsabwehrklage nach § 767 nach Zahlung an den Gläubiger nun eine Rückzahlung fordert, BAG NJW **80**, 142, KG FamRZ **88**, 85, Stgt MDR **89**, 463.
Vollstreckungsabwehrklage: Rn 8 „Auswechslung von Einwendungen", Rn 9 „Bereicherung – Vollstreckungsabwehr", Rn 12 „Freistellung – Vollstreckungsabwehr", Rn 23 „Vollstreckungsabwehr – Rückzahlung".
Vorschuß – Schadensersatz: Eine Änderung des Klage*grundes fehlt*, soweit der Kläger von einer Vorschuß- zu einer Schadensersatzforderung übergeht, BGH NJW **93**, 598, Brdb RR **01**, 386, aM BGH (7. ZS) MDR **98**, 557 (zu streng).

24 **Währung:** Rn 8 „Auswechslung von Währungen".
Weitere Kündigung: Rn 19 „Neue Kündigung".
Werklohn – Anspruch nach § 649 BGB: Eine Änderung liegt vor, soweit der Kläger vom Anspruch nach § 631 BGB auf denjenigen nach § 649 BGb übergeht, Kblz RR **01**, 65.
Werklohn – neue Schlußrechnung: Eine Änderung des Klage*grundes fehlt*, soweit der Kläger nur eine neue Schlußrechnung legt, BGH MDR **04**, 148 (zustm Reichold LMK **04**, 55).
Widerruf – Kostenfeststellung: LG Bln RR **98**, 749 wendet Z 2 an.
Widerruf – Unterlassung: Eine Änderung des Klag*antrags* liegt vor, soweit der Kläger vom Widerrufs- zum Unterlassungsanspruch übergeht, BGH MDR **94**, 1143.
Wiederaufnahme von Vortrag: Rn 11 „Erneuter Vortrag".
Wirtschaftsplan – Jahresabrechnung: Eine Änderung des Klage*grundes fehlt*, soweit der Kläger einen Wohngeldanspruch statt auf den Wirtschaftsplan nun nur noch auf die erst im Prozeß ergangene Jahresabrechnung stützt, Köln WoM **90**, 47.
S auch Rn 20 „Rechtshängigkeit".
Zahlung – Wertersatz: Eine Änderung des Klage*grundes* liegt vor, wenn der Kläger von der Zahlungsklage zur Forderung auf Wertersatz übergeht.

25 **5) VwGO:** *Entsprechend anzuwenden,* § 173 *VwGO, als Ergänzung zu* § 91, *allgM, KoppSch* § 91 *Rn 8 ff. Vorausgesetzt, daß der Klaggrund derselbe bleibt, BVerwG DVBl* **84**, *93 (stRspr), liegt deshalb keine Klagänderung vor, wenn der Kläger von der Feststellungs- zur Leistungsklage übergeht (oder umgekehrt), BVerwG DÖV* **88**, *224, auch nicht bei Übergang zum Antrag nach* § 113 II *VwGO, BVerwG DÖV* **62**, *754, oder zur Klage nach* § 113 I 4 *VwGO, BVerwG* **8**, *59 u RiA* **82**, *18, ebensowenig bei Übergang von dieser Klage zur allgemeinen Feststellungsklage, BVerwG LS DVBl* **80**, *641, oder bei Übergang von der negativen Feststellungsklage zur Anfechtungsklage gegen einen jene unterlaufenden Verwaltungsakt, BVerwG* **30**, *50, oder bei Rückkehr zum ursprünglichen Klagantrag nach einseitiger Erledigungserklärung, BVerwG NVwZ-RR* **88**, *56, oder bei sonstiger Anpassung des Klagebegehrens an veränderte Umstände, BVerwG DÖV* **84**, *984. Dagegen ist es idR eine Änderung des Klaggrundes, wenn der angefochtene Verwaltungsakt durch einen anderen ersetzt und nun dessen Aufhebung begehrt wird (keine entsprechende Anwendung von* § 68 *FGO oder* § 96 *SGG), OVG Münst DVBl* **67**, *116 (eingehend), aM Grunsky* § 13 II 1; *in diesem Fall ist aber meist die Zulassung der Klagänderung,* § 91 *VwGO, geboten, vgl dazu BVerwG NJW* **70**, *1564.*

265 *Veräußerung oder Abtretung der Streitsache.* [I] Die Rechtshängigkeit schließt das Recht der einen oder der anderen Partei nicht aus, die in Streit befangene Sache zu veräußern oder den geltend gemachten Anspruch abzutreten.

[II] [1] Die Veräußerung oder Abtretung hat auf den Prozess keinen Einfluss. [2] Der Rechtsnachfolger ist nicht berechtigt, ohne Zustimmung des Gegners den Prozess als Hauptpartei an Stelle des Rechtsvorgängers zu übernehmen oder eine Hauptintervention zu erheben. [3] Tritt der Rechtsnachfolger als Nebenintervenient auf, so ist § 69 nicht anzuwenden.

[III] Hat der Kläger veräußert oder abgetreten, so kann ihm, sofern das Urteil nach § 325 gegen den Rechtsnachfolger nicht wirksam sein würde, der Einwand entgegengesetzt werden, dass er zur Geltendmachung des Anspruchs nicht mehr befugt sei.

Schrifttum: *Baur,* Rechtsnachfolge in Verfahren und Maßnahmen des einstweiligen Rechtsschutzes, Festschrift für *Schiedermair* (1976) 19; *Calavros,* Urteilswirkungen zu Lasten Dritter, 1978; *Henckel,* Der Schutz des Schuldners einer abgetretenen Forderung im Prozeß, Festschrift für *Beys* (Athen 2004) 545; *Jänsch,* Prozessuale Auswirkungen der Übertragung der Mitgliedschaft, 1996; *Lüke,* Die Beteiligung Dritter im Zivilprozeß, 1993; *Schilken,* Veränderungen der Passivlegitimation im Zivilprozeß: Studien zur prozessualen Bedeutung der Rechtsnachfolge auf Beklagtenseite außerhalb des Parteiwechsels, 1987; *Schober,* Drittbeteiligung im Zivilprozeß usw (auch rechtsvergleichend), 1990; *Wahl*, Die Bindung an Prozeßlagen als Hauptproblem des gewillkürten Parteiwechsels, Diss Heidelb 1990; *Zeuner*, Verfahrensrechtliche Folgen des Betriebsübergangs nach § 613a BGB, Festschrift für *Schwab* (1990) 575.

Gliederung

1) Systematik, I–III 1	D. Veräußerung, Abtretung des Beklagten 20
2) Regelungszweck, I–III 2	6) **Übernahme durch den Rechtsnachfolger, II** 21–26
3) Geltungsbereich, I–III 3	A. Begriff 21
4) **Veräußerung der Streitsache, I** 4–15	B. Übernahme 22
A. Sache 4	C. Grundsatz: Notwendigkeit der Zustimmung beider bisherigen Parteien 23, 24
B. Streitbefangenheit 5	D. Ausnahmen 25
C. Beispiele zur Frage einer Streitbefangenheit, I 6	E. Einmischungsklage 26
D. Geltend gemachter Anspruch 7	7) **Schutz des gutgläubigen Erwerbers, III** 27, 28
E. Begriffe der Veräußerung und Abtretung 8	A. Veräußerung durch Kläger 27
F. Beispiele zur Frage einer Veräußerung oder Abtretung, I 9–13	B. Veräußerung durch Beklagten 28
G. Übergang als notwendige Folge 14	8) **Verstoß, I–III** 29
H. Nach Rechtshängigkeit 15	9) Rechtsmittel, I–III 30
5) **Einfluß auf den Prozeß, II** 16–20	10) *VwGO* 31
A. Grundsatz: Kein Einfluß 16	
B. Antragsumstellung 17, 18	
C. Prozeßhandlung, sachlichrechtliche Verfügung 19	

1) Systematik, I–III. § 265 gibt in I eine überflüssige, weil nach dem BGB selbstverständliche Vorschrift. **1** Das sachliche Recht kennt kein Verbot der Veräußerung einer Streitsache. Das Gericht muß das Rechtsschutzbedürfnis wie stets prüfen, BayObLG **83**, 77. Ergänzungen geben §§ 325 I, 727, die die Wirkung des Urteils bezüglich der Rechtsnachfolge regeln. II geht dem § 263 vor, BGH NJW **88**, 3209, BPatG GRUR **01**, 775.

2) Regelungszweck, I–III. Die Vorschrift dient der Erkenntnis, daß niemand aus dem öffentlichrechtli- **2** chen Prozeßverhältnis ohne weiteres ausscheiden darf, insbesondere nicht durch eigenes Tun, BGH **117**, 146. Ohne §§ 265, 266 würde aber der Kläger die Sachlegitimation nach Grdz 23 vor § 50 verlieren, BGH NJW **01**, 3340. Der Bekl würde gezwungen sein, den vielleicht sicheren Prozeß gegen einen anderen Gegner von neuem zu beginnen, BGH **117**, 146, BAG DB **84**, 2567. Aber sachlichrechtliche Veränderungen sind voll beachtlich. Für sie gelten die §§ 265, 266 nicht. II, III haben eine große prozessuale Tragweite. Sie sollen verhüten, daß die eine Partei durch eine Veräußerung der streitbefangenen Sache nach dem Eintritt der Rechtshängigkeit nach § 261 um die Früchte ihres bisherigen Prozesses gebracht wird, BGH **117**, 146, oder daß die Lage der anderen Partei verschlechtert wird, BGH **72**, 241, BayObLG NZM **00**, 1024, OVG Münst NJW **81**, 598.
Die Vorschrift soll aber *nicht* zu einem sachlich *unrichtigen Anspruch* führen, BayObLG NZM **00**, 1024. Sie dient nach alledem sowohl der Gerechtigkeit nach Einl III 36 als auch der Prozeßwirtschaftlichkeit nach Grdz 14 vor § 128, BGH NJW **01**, 3340, wie auch der Rechtssicherheit, Einl III 43. Dieser Häufung anspruchsvoller Ziele entspricht die Schwierigkeit richtiger Anwendung in der Praxis, ähnlich wie beim vergleichbaren § 325. Das alles gilt es bei der Auslegung mitzubedenken.

3) Geltungsbereich, I–III. Die Vorschrift gilt in allen Verfahren nach der ZPO. Im Verfahren auf den **3** Erlaß eines Arrests oder einer einstweiligen Verfügung nach §§ 916 ff, 935 ff ist § 265 grundsätzlich anwendbar. In einer Baulandsache ist § 265 unanwendbar. Bei einer Veräußerung der Eigentumswohnung ist II in einem Verfahren nach § 43 WEG entsprechend anwendbar, BayObLG ZMR **99**, 847, Hamm OLGZ **90**, 44. II ist auch im Patentgerichtsverfahren entsprechend anwendbar, BGH NJW **01**, 3340, BGH NJW **93**, 203, BPatG GRUR **02**, 234, nicht aber im Einspruchs- oder Beschwerdeverfahren, BPatG GRUR **02**, 374, und nicht im markenrechtlichen Widerspruchsverfahren, BPatG WettbR **97**, 232, aM BGH RR **98**, 1505, BPatG (25. Sen) GRUR **00**, 816 (aber Prozeßwirtschaftlichkeit ist stets beachtlich). Auf eine Abtretung oder Veräußerung nach der Zustellung des Mahnbescheids, aber vor einer Abgabe nach § 696 III ist § 265 unanwendbar, BGH NJW **75**, 929, aM Bork/Jacoby JZ **00**, 135 (aber auch dann sollte man prozeßwirtschaftlich handeln, Rn 2). Trotz der Rechtshängigkeit behält jede Partei das Verfügungsrecht über die Streitsache.

4) Veräußerung der Streitsache, I. Die Vorschrift birgt zahlreiche Probleme. **4**
A. Sache. Das ist in I nicht nur die körperliche Sache nach § 90 BGB, sondern jeder Gegenstand, also auch ein Grundstück, soweit es nicht unter § 266 fällt. Hierher gehören ferner auch ein Recht, eine Forderung, Schmidt JuS **97**, 108, eine rechtsähnliche Position, Brdb RR **96**, 725, die verpfändete Hypothek oder eine Marke. Ein Gesamtanspruch wie die Erbschaftsklage macht nicht die einzelnen Sachen streitbefangen.

B. Streitbefangenheit. „In Streit befangen" ist weit auslegbar. Das ist der Gegenstand dann, wenn auf **5** der rechtlichen Beziehung zu ihm die Sachbefugnis einer Partei, Grdz 23 vor § 50, beruht, OVG Münst NJW **81**, 598, oder wenn sein Verlust droht, Hamm RR **91**, 20. Das trifft namentlich dann zu, wenn der Besitz oder das Eigentum streitig sind oder wenn es sich um ein dingliches Recht oder ein gegen den jeweiligen Besitzer oder Eigentümer gerichtetes persönliches Recht handelt oder wenn der gestörte Nachbar den Störenden wegen einer von dessen Grundstück ausgehenden Beeinträchtigung verklagt, OVG Münst NJW **81**, 598.

§ 265

6 C. Beispiele zur Frage einer Streitbefangenheit, I
Anfechtungsklage: Streitbefangen macht eine Anfechtungsklage nach § 246 AktG.
  Nicht streitbefangen macht eine Klage nach dem AnfG, weil sie einen persönlichen Anspruch auf Rückgewähr gibt.
Beseitigung: S „Räumung".
Besitzklage: Streitbefangen macht jede Klage auf bzw aus Besitz.
Betrieb: Bei § 13 IV UWG macht der Betrieb streitbefangen, Foerste GRUR **98**, 454.
Dingliche Klage: Streitbefangen macht jede dingliche Klage.
Eigentumsstörung: Streitbefangen macht die Klage des Eigentümers gegen den Störer.
  Nicht streitbefangen macht das Eigentum am Grundstück des Störers.
Erbbaurechtseigentum: Streitbefangen macht die Klage wegen der Veräußerung des Eigentums, auf dem ein Erbbaurecht lastet, Hamm RR **91**, 20.
Gesellschaftsanteil: Streitbefangen macht seine Veräußerung.
Gesicherter Anspruch: *Keine* Streitbefangenheit tritt ein, soweit der Kläger nur den gesicherten Anspruch geltend macht.
Grundbuchberichtigung: Streitbefangen macht die Klage auf Zustimmung zur Berichtigung des Grundbuchs nach § 894 BGB.
Miete: Streitbefangen macht die Klage auf Zustimmung zur Mieterhöhung, §§ 558 ff BGB, LG Köln NZM **02**, 288.
Mietmangel: Bei einer Klage nach § 536 BGB ist das Mietgrundstück streitbefangen, wenn der Vermieter Eigentümer ist, § 566 BGB, Müller WoM **01**, 4, Zeuner Festschrift für Schwab (1990) 584.
Nichtigkeitsklage: Streitbefangen macht die Klage nach § 249 AktG.
Notweg: Streitbefangen macht eine Klage nach § 917 I BGB.
Räumung: Die Klage auf die Räumung und Herausgabe eines Grundstücks macht den Anspruch auf die Beseitigung eines auf diesem errichteten Bauwerks *nicht* streitbefangen.
Sachhaftung: Streitbefangen macht die persönliche Klage, die auf der unmittelbaren Haftung der Sache beruht, zB nach §§ 809, 810 BGB.
Schuldrechtlicher Anspruch: *Keine* Streitbefangenheit tritt ein, soweit nur ein schuldrechtlicher Anspruch auf Eigentumsübertragung im Streit ist, Schlesw FamRZ **96**, 175 (beim Zugewinnausgleich).
Übereignungspflicht: *Nicht* streitbefangen macht die Klage aus einer persönlichen Übereignungspflicht.
Vormerkung: Streitbefangen macht eine Klage aus einem durch eine Vormerkung gesicherten Anspruch.
Wechsel: *Keine* Streitbefangenheit tritt bei einem rücklaufenden Wechsel ein.

7 D. Geltend gemachter Anspruch. Der in Streit befangenen Sache steht der „geltend gemachte Anspruch" gleich. Der Begriff Anspruch ist dabei sachlichrechtlich. Das Gesetz meint also ein beliebiges subjektives Recht zB im Sinn des § 194 BGB. I hat überhaupt sachlichrechtlichen Inhalt. Der prozessuale Anspruch nach § 2 Rn 21 ist nicht ohne den sachlichrechtlichen Anspruch abtretbar. Die Abtretung des Widerspruchsrechts aus § 771 enthält eine Abtretung des im Widerspruchsprozeß erhobenen sachlichrechtlichen Anspruchs. Bei der Feststellungsklage nach § 256 ist die Sache oder das Recht streitbefangen.

8 E. Begriffe der Veräußerung und Abtretung. Diese Begriffe haben in § 265 nicht den Sinn wie im BGB. Während §§ 239 ff die Fälle der Rechtsnachfolge durch Tod, infolge Insolvenz usw regeln, erfassen die §§ 265, 266, einen Einzelrechtsübergang unter Lebenden, der einen Wechsel der Sachbefugnis zur Folge hat, also durch Veräußerung und Abtretung. Dabei ist eine weite Auslegung geboten, Nürnb OLGZ **94**, 459. Erfaßt wird also jede Art von Rechtsübergang, soweit ihn nicht §§ 239 ff regeln, Ramm KTS **90**, 620, um die in Rn 1 genannten Folgen auszuschließen. Demgemäß wirkt auch das Urteil für und gegen den Rechtsnachfolger, der die streitbefangene Sache bzw den rechtshängigen Anspruch nach dem Eintritt der Rechtshängigkeit erwirbt. Dabei kommt es nicht auf die Art des Rechtsübergangs an, Nürnb FamRZ **95**, 237. Maßgeblich ist der für den Rechtsübergang letzte notwendige Teilakt, BGH NJW **98**, 158.
Hierher zählen die Fälle einer *rechtsgeschäftlichen* Übertragung, einer Übertragung durch eine *staatliche Verfügung* und eines *Übergangs kraft Gesetzes*.

9 F. Beispiele zur Frage einer Veräußerung oder Abtretung, I
Ablösungsrecht: I ist anwendbar, soweit ein Dritter sein Ablösungsrecht ausübt und die Forderung auf ihn gesetzlich nach § 268 III BGB übergeht oder soweit es um ein Ablösungsrecht nach § 1249 BGB geht.
Abtretung: I ist anwendbar, soweit es um eine Abtretung geht, BGH NJW **05**, 2159, zB des Schlußsaldos, BGH NJW **79**, 324, oder eines Gesellschaftsanteils.
  S auch Rn 11 „Hypothek", Rn 12 „Sicherungsabtretung".
Aneignung: I ist anwendbar, soweit es um eine Aneignung geht, zB nach §§ 928 II, 958 BGB.
Anfechtungsklage: I ist anwendbar, soweit es um eine Anfechtungsklage gegen einen Gesellschafterbeschluß geht.
Aufgabe: Rn 10 „Eigentumsaufgabe", Rn 11 „Rechtsaufgabe".
Berufsgenossenschaft: I ist anwendbar, soweit es um einen Ersatzanspruch an die Berufsgenossenschaft geht.
Beschlagnahme: I ist anwendbar, soweit bei der Zwangsverwaltung eine Beschlagnahme erfolgt, BGH NJW **86**, 3207.
Besitzübertragung: I ist anwendbar, soweit es um die Übertragung des Besitzes nach § 868 BGB geht, Schlesw SchlHA **75**, 48.
Betriebsübergang: I ist anwendbar, soweit es um den Aktivprozeß des bisherigen Betriebsinhabers beim Betriebsübergang nach § 613 a BGB geht, Zeuner Festschrift für Schwab (1990) 578, oder soweit es um einen entsprechenden Passivprozeß geht, zumindest insoweit, als nur der neue Betriebsinhaber noch erfüllen kann, BAG NJW **77**, 1119, PalP § 613 a BGB Rn 9, Zeuner Festschrift für Schwab (1990) 594, aM BAG DB **91**, 1886, Schilken (vor Rn 1) 43, StJSchu 6 Fn 3 (aber ein Betriebsübergang ist gerade ein typischer Fall auch einer Veräußerung).

Titel 1. Verfahren bis zum Urteil § 265

Bürgschaft: I ist anwendbar, soweit die Forderung kraft Gesetzes wegen des Umstands, daß der Bürge den Gläubiger befriedigt, auf den ersteren übergeht, § 774 I BGB.
Eigentumsaufgabe: I ist anwendbar, soweit es um die Eigentumsaufgabe geht, zB nach §§ 928 I, 959 BGB. **10**
Eigentumsübertragung: Rn 12 „Übereignung".
Enteignung: I ist anwendbar, soweit bei einer Enteignung das Eigentum auf den Enteignenden übergeht.
Erbausschlagung: I ist *unanwendbar* (kein Übergang kraft Gesetzes), soweit es um eine Erbausschlagung geht, BGH **106**, 364.
Gesamtschuldner: I ist anwendbar, soweit ein Gesamtschuldner den Gläubiger befriedigt und daher vom anderen Gesamtschuldner Ausgleichung nach § 426 II BGB fordern kann.
Gesellschaft: Rn 12 „Übernahme".
Gesetzlicher Forderungsübergang: Rn 12 „Sozialhilfe".
Gesetzliches Pfandrecht: I ist anwendbar, soweit es um seine Entstehung geht.
Grundbuchberichtigung: I ist *unanwendbar* (kein Übergang kraft Gesetzes), soweit es um die Abtretung des Anspruchs auf eine Berichtigung des Grundbuchs geht. Denn sie gibt nur ein Recht, in fremdem Namen zu handeln.
Haftungsübergang: I ist *unanwendbar* (kein Forderungsübergang), soweit statt des Schuldners A jetzt der **11**
Schuldner B kraft Gesetzes haftet, BGH **106**, 365.
Hypothek: I ist anwendbar, soweit der Eigentümer, der nicht der persönliche Schuldner ist, wegen Befriedigung des Gläubigers dessen Forderung kraft Gesetzes erhält, § 1143 I BGB, oder soweit es um den Übergang der Hypothek im Fall der Abtretung der Forderung nach § 1153 BGB geht.
Indossament: I ist anwendbar, soweit es um ein Indossament geht.
Insolvenz: I ist anwendbar, soweit der Arbeitnehmer wegen des Übergangs des Anspruchs auf Ausfallgeld auf die Bundesanstalt für Arbeit den Antrag auf Feststellung zur Tabelle zu ihren Gunsten umstellt, LAG Hamm BB **01**, 787.
I ist *unanwendbar* (kein Übergang kraft Gesetzes), soweit das Insolvenzverfahren beendet wird oder soweit der Verwalter eine Sache freigibt, aM Nürnb OLGZ **94**, 459.
Markenrecht: I ist anwendbar bei einer Umschreibung nach § 27 III MarkenG, Drsd RR **99**, 135.
Nichtigkeitsklage: I ist anwendbar, soweit es um eine Nichtigkeitsklage gegen einen Gesellschafterbeschluß geht.
Pfandrecht: Rn 10 „Gesetzliches Pfandrecht".
Prozeßführungsrecht: I ist *unanwendbar* (kein Übergang kraft Gesetzes), soweit es um die Abtretung eines Prozeßführungsrechts geht, RoSgo § 46 IV 3, ThP 10, aM StJSchu 20.
Rechtsaufgabe: I ist anwendbar, soweit es um die Aufgabe eines Rechts geht, zB nach §§ 875, 876 BGB.
Sachpfändung: I ist anwendbar, soweit der Gerichtsvollzieher durch eine Sachpfändung den unmittelbaren Besitz erwirbt, Schlesw SchlHA **75**, 47.
Schuldübernahme: I ist anwendbar, soweit es um eine befreiende Schuldübernahme geht. Sie ist nämlich **12**
eine Veräußerung, nicht anders als diejenige eines überlasteten Grundstücks, § 325 Rn 7, RoSgo § 102 II 2, aM BGH NJW **01**, 1218 (erst recht nicht bei kumulativer Schuldübernahme), Ahrens GRUR **96**, 521, ZöGre 5.
I ist *unanwendbar* (kein Übergang kraft Gesetzes), soweit es um eine *kumulative* Schuldübernahme geht, BGH NJW **75**, 420, Zeuner Festschrift für Schwab (1990) 579.
S auch Rn 13 „Vermögensübernahme".
Sicherungsabtretung: I ist anwendbar, soweit es um Sicherungsabtretung geht.
Sicherungsübereignung: I ist anwendbar, soweit es um eine Sicherungsübereignung geht.
Sozialhilfe: I ist anwendbar, soweit es zu einer Überleitung der Forderung nach §§ 90, 91 BSHG usw kommt, Bbg RR **95**, 581, KG FamRZ **82**, 428, Nürnb FamRZ **95**, 247, aM Karlsr FamRZ **95**, 617 (nur für Übergangsfälle), AG Bergheim FamRZ **95**, 1499 (aber der Forderungsübergang sollte zumindest aus Gründen der Prozeßwirtschaftlichkeit als veräußerungsgleicher Vorgang gelten).
Streit um Rechtsnachfolge: Grdz 22 ff vor § 50, §§ 146, 303.
Übereignung: I ist anwendbar, soweit es um eine Übereignung geht, zB nach §§ 873, 929 BGB, Hbg NZM **02**, 523.
S auch „Sicherungsübereignung".
Übernahme: I ist anwendbar, soweit es um die Übernahme einer OHG durch einen Gesellschafter nach § 142 II HGB geht.
Überweisung: I ist anwendbar, soweit die gepfändete Forderung zur Einziehung überwiesen wird, § 835, BGH MDR **88**, 1053, LG Bln MDR **86**, 327.
Umwandlung: I ist *unanwendbar* (kein Übergang kraft Gesetzes), soweit es um eine Umwandlung zB einer Erwerbs- in eine Abwicklungsgesellschaft geht, und umgekehrt. Denn die Nämlichkeit bleibt. Vgl auch das UmwG.
Unterhaltspflicht: I ist anwendbar, soweit ein nachrangig haftender Verwandter den Anspruch gegen den vorrangig haftenden kraft Gesetzes wegen eigener Leistung erwirbt, § 1607 II 2 BGB.
Vermieterwechsel: I ist anwendbar, soweit der bisherige Vermieter nach der Veräußerung der Mietsache **13**
dem Mieter nach § 566 II BGB haftet oder soweit der klagende Vermieter und der Hauskäufer vereinbart haben, der Klaganspruch werde (außerhalb § 566 BGB) auf den Käufer übergehen und dieser werde ihn nicht weiter verfolgen, AG Köln WoM **89**, 31, oder soweit der Vermieter während der Zustimmungsfrist nach § 558 b BGB wechselt, LG Kassel WoM **96**, 418, Müller WoM **01**, 7.
Vermögensgesetz: I ist anwendbar, soweit es um einen gesetzlichen Forderungsübergang nach § 16 VermG geht, LG Bln WoM **95**, 108.
Verpfändung: I ist anwendbar, soweit es um die Bestellung eines Pfandrechts geht oder soweit der Verpfänder, der nicht der persönliche Schuldner ist, wegen Befriedigung des Pfandgläubigers dessen Forderung kraft Gesetzes erhält, § 1225 BGB.
S auch Rn 9 „Ablösungsrecht".

§ 265 Buch 2. Abschnitt 1. Verfahren vor den LGen

Verschmelzung: I ist *unanwendbar* (kein Übergang kraft Gesetzes), soweit es um die Verschmelzung zB von Aktiengesellschaften geht. Dann gelten §§ 239, 246. Vgl auch das UmwG.
Zuschlag: I ist anwendbar, soweit bei der Zwangsversteigerung ein Erwerb infolge Zuschlags erfolgt, BGH NJW **02**, 2102. Der Ersteher und der Grundstücksgläubiger werden aber nicht Rechtsnachfolger des Zwangsverwalters.
Zwangsversteigerung: S „Zuschlag".
Zwangsverwaltung: Rn 9 „Beschlagnahme", Rn 13 „Zuschlag".

14 **G. Übergang als notwendige Folge.** I ist anwendbar, wenn der Übergang die notwendige Folge eines anderen Rechtsgeschäfts ist, wie der Übergang einer Mietforderung als Folge der Veräußerung des Mietgrundstücks. Der Zeitpunkt der Veräußerung bestimmt sich nach dem sachlichen Recht. Eine Veräußerung nach der Rechtshängigkeit liegt nur vor, wenn sie später liegt.

15 **H. Nach Rechtshängigkeit.** Die Veräußerung oder Abtretung muß nach dem Eintritt der Rechtshängigkeit nach § 261 Rn 4 erfolgt sein, Celle RR **98**, 206. Es kommt auf den letzten nach dem sachlichen Recht zum Rechtserwerb erforderlichen Vorgang an, zB: Auf den Eintritt der Bedingung; auf die Aushändigung des Hypothekenbriefs, §§ 1117, 1154 BGB. Im Fall der Rechtsnachfolge erst nach Rechtskraft bleibt der Rechtsvorgänger nach § 578 passiv legitimiert, auch nach einer dem Rechtsnachfolger erteilten vollstreckbaren Ausfertigung. Daneben ist auch der Rechtsnachfolger passiv legitimiert.

16 **5) Einfluß auf den Prozeß, II,** dazu Dinstübler ZZP **112**, 61 (Üb): Ein Grundsatz zeigt mancherlei Wirkungen.

A. Grundsatz: Kein Einfluß. Veräußerung oder Abtretung der Streitsache oder des Streitanspruchs haben „auf den Prozeß keinen Einfluß". Dasselbe gilt bei der Umschreibung einer Auflassungsvormerkung auf den Nachkäufer im Prozeß über einen Berichtigungsanspruch nach § 894 BGB, BGH DB **02**, 2433. Der Wegfall der Sachbefugnis nach Grdz 23 vor § 50 bleibt also unerheblich. Der Rechtsvorgänger darf den Prozeß im eigenen Namen in gesetzlicher Prozeßstandschaft weiterführen, Grdz 26 vor § 50, BGH NJW **05**, 2159, Hamm FamRZ **97**, 1406, Schmidt JuS **97**, 108. Das kann auch gelten, wenn ein BGB-Gesellschafter eine Gesellschaftsforderung als Prozeßstandschafter geltend macht, weil die anderen ihre Mitteilung verweigern, Düss ZMR **01**, 182. Aber Vorsicht! Vgl auch BGH **146**, 341 (Rechts-, Partei- und Prozeßfähigkeit der BGB-Außengesellschaft). Das Feststellungsinteresse nach § 256 Rn 34 bleibt bestehen. KG MDR **81**, 940 wendet diesen Grundsatz aufs selbständige Beweisverfahren nach §§ 485 ff entsprechend an. Erlangt das Gericht von ihnen keine Kenntnis, so wirkt die Prozeßführung des Veräußerers voll für und gegen den Erwerber, vorbehaltlich der sachlichrechtlichen Ansprüche.

Hat das Gericht *Kenntnis* von einer Veräußerung oder Abtretung, so geht der Prozeß trotzdem unverändert weiter. Die Parteien bleiben die alten, das Urteil wirkt für und gegen den Nachfolger, §§ 325, 727, Hbg NZM **02**, 523. Ein Prozeßvergleich nach Anh § 307 ist für ihn bindend. Der Nachfolger kann nur als einfacher Streithelfer beitreten, II 3, ThP 12, aM Pawlowski JZ **75**, 681 (auch als streitgenössischer. Aber II 3 lautet eindeutig und bindet.). Einer Klage des Erwerbers stünde die Rechtshängigkeit entgegen. II gilt auch im Verfahren nach § 722, BGH VersR **92**, 1282, aM Grunsky ZZP **89**, 257 (aber die Interessenlage sollte auch dort die Anwendung erlauben).

17 **B. Antragsumstellung.** Die Veräußerung ist entgegen der sog Unbeachtlichkeitslehre (kauderwelsch: Irrelevanztheorie) beachtlich. Nach der jetzt herrschenden Beachtlichkeitslehre (Relevanztheorie) muß der Kläger seinen Antrag auch ohne Einwand des Bekl grundsätzlich umstellen. Denn die Veräußerung ist sachlichrechtlich wirksam. Das gilt zB bei einer Abtretung, BGH ZMR **85**, 376, oder bei einer Überleitung, Hamm FamRZ **95**, 174, Nürnb FamRZ **95**, 237, Schlesw FamRZ **96**, 40. Die Notwendigkeit einer Umstellung des Antrags gilt ferner bei einer Sicherungsabtretung. Denn die §§ 265 ff sollen verhindern, daß sich eine Partei dem Prozeßrechtsverhältnis entzieht. Sie sollen aber kein sachlich unrichtiges Urteil herbeiführen.

Also handelt der Veräußerer von der Veräußerung an als *Prozeßgeschäftsführer,* Grdz 29 vor § 50. Evtl gilt dasselbe bei einer Abtretung vor der Rechtshängigkeit, BGH RR **88**, 289, BayObLG NZM **00**, 1024, Hbg NZM **02**, 523. Er bleibt Partei, BGH NJW **86**, 3207, Kblz Rpfleger **86**, 449, Schmidt JuS **97**, 108. Er ist der Widerklage ausgesetzt. Aber er muß seinen Antrag zur Vermeidung einer Sachabweisung wegen Fehlens seiner Sachbefugnis nach Grdz 23 vor § 50 grundsätzlich dahin ändern, daß er die Leistung nunmehr an den Erwerber verlangt, BayObLG NZM **00**, 1024. Eine Ausnahme gilt bei § 27 III MarkenG, Drsd WettbR **99**, 135. Die Antragsänderung ist allerdings in der Revisionsinstanz nur insoweit zulässig, als das Berufungsgericht die Abtretung festgestellt hat, BGH VersR **92**, 1282. Das Prozeßführungsrecht nach Grdz 22 vor § 50 für eine vom Insolvenzverwalter eingeklagte und danach abgetretene Masseforderung geht nach der Beendigung des Insolvenzverfahrens in der Regel auf den neuen Gläubiger über, BGH NJW **92**, 2895.

Hat der Kläger den Anspruch *verpfändet,* so muß er Leistung an sich und den Pfandgläubiger gemeinsam fordern, § 1281 BGB. Nach einer Pfändung lautet der Antrag vor Überweisung auf Feststellung oder Hinterlegung, ab Überweisung auf Zahlung an den Pfändungsgläubiger. Bei einem Arrest lautet er auf Hinterlegung. Das Gericht muß eine Änderung des Antrags anregen, § 139. Das gilt zB bei der Zwangsverwaltung auf eine Leistung an den Zwangsverwalter, BGH NJW **86**, 3207.

18 Die Notwendigkeit einer Antragsumstellung *entfällt,* wenn zB bisher beantragt wurde, den unmittelbaren Besitzer nicht zu behindern, und der Kläger trotz der Veräußerung der Sache ihr unmittelbarer Besitzer bleibt.

19 **C. Prozeßhandlung, sachlichrechtliche Verfügung.** Das Recht des Veräußerers zu einer Parteiprozeßhandlung bleibt unberührt, Grdz 47 vor § 128. Die Befugnis zu sachlichrechtlichen Verfügungen verliert er nach sachlichem Recht, Zeuner Festschrift für Schwab (1990) 592. Er kann also alle Prozeßhandlungen vornehmen, einen Gegenanspruch erheben, zB nach §§ 302 IV 3, 4, 600 II, 717 III 2–4. Er kann eine Widerklage erheben, Anh § 253. Er kann nach wie vor anerkennen, § 307, verzichten, § 306, die Klage zurücknehmen, § 269, Nürnb FamRZ **95**, 237, sich vergleichen, Anh § 307, BGH RR **87**, 307, Zeuner

1054 *Hartmann*

Titel 1. Verfahren bis zum Urteil **§ 265**

Festschrift für Schwab (1990) 592. Einreden gegen den Nachfolger müssen auch gegen den Veräußerer zulässig sein. Andernfalls wäre der Bekl nicht geschützt, sondern benachteiligt. Etwas anderes gilt nur bei Einreden, die gegenüber dem Nachfolger unwirksame Verfügungen geltend machen. Wegen der Wiederaufnahme § 578 Rn 5. Hat der Bekl an den Nachfolger zur Abwendung der Zwangsvollstreckung geleistet, so ist der Nachfolger nach der Aufhebung des Urteils zur Rückzahlung verpflichtet. Macht der Bekl den Anspruch aus § 717 in demselben Prozeß geltend, so richtet er sich gegen den ursprünglichen Kläger, § 717 Rn 2, aM Nieder NJW **75**, 1004 (aber der ursprüngliche Kläger hat den Schaden verursacht). Eine Einwendung aus der Person des Rechtsnachfolgers bleibt auch dem Rechtsvorgänger gegenüber möglich, zB Erfüllung an den Erwerber (Ausnahmen §§ 406, 407 BGB).

D. Veräußerung, Abtretung des Beklagten. Eine Veräußerung oder Abtretung durch den Bekl ist für das Gericht unbeachtlich. Das Gericht darf nicht einen am Prozeß Unbeteiligten verurteilen, BGH **61**, 143, aM BAG DB **77**, 681 betr § 613 a BGB (aber das sprengt das Prozeßrechtsverhältnis, Grdz 4 vor § 128). Der Kläger wird natürlich zweckmäßig seine Anträge der Veräußerung anpassen. Er wird also etwa zum Ersatzanspruch übergehen, § 264 Z 3, Brdb RR **96**, 725, oder die Erledigung der Hauptsache erklären, § 91 a, evtl die Klage zurücknehmen, § 269, BGH **61**, 143. Versäumt er das, so bleiben nur eine Umschreibung der Klausel nach § 727 oder eine Klage nach § 731 möglich. 20

6) Übernahme durch den Rechtsnachfolger, II. Ein Grundsatz kennt Ausnahmen. 21

A. Begriff. Rechtsnachfolger ist hier der Nachfolger des Veräußerers oder des Abtretenden im Sinn von Rn 20, mag die Nachfolge als unmittelbares oder mittelbares Ergebnis des Rechtsvorgangs eintreten, durch Vermittlung eines Vorgängers oder kraft Gesetzes, voll oder nur beschränkt. So ist in einem auf eine Grundbuchberichtigung gehenden Prozeß Rechtsnachfolger derjenige, der nach der Rechtshängigkeit die Buchstellung erlangt hat. Eine Beendigung der Prozeßführungsbefugnis des Mannes infolge der Beendigung des früheren gesetzlichen Güterstandes ist nach § 239 zu behandeln, dort Rn 7, 8. Eine Beendigung der Prozeßführungsbefugnis des Zwangsverwalters tritt infolge Rücknahme des Gläubigerantrags ein, BGH **155**, 43, nicht aber infolge Aufhebung der Zwangsverwaltung des beschlagnahmten Grundstücks, BGH **155**, 43. Der Insolvenzverwalter des Gesellschaftsvermögens ist kein Rechtsnachfolger eines Gesellschaftsgläubigers, BGH **82**, 216. Eine Überleitung nach § 7 UVG läßt die Aktivlegitimation des unterhaltsberechtigten Kindes für künftigen Unterhalt bestehen, Bbg FamRZ **87**, 859. Rechtsnachfolger ist man nicht erst ab Eintragung in die Patentrolle, sondern schon ab Einreichung des Umstellungsantrags, BPatG GRUR **02**, 234.

B. Übernahme. Sie erfolgt in der mündlichen Verhandlung oder schriftsätzlich. Notwendig und ausreichend ist die Erklärung des Rechtsnachfolgers. 22

C. Grundsatz: Notwendigkeit der Zustimmung beider bisherigen Parteien. Der Rechtsnachfolger ist zur Prozeßübernahme außerhalb des § 265 grundsätzlich nicht verpflichtet, BPatG GRUR **01**, 775, MüKoLü 93, aM Roth NJW **88**, 2980 (aber § 266 wirkt abschließend). Er darf den Prozeß grundsätzlich nur mit einer Zustimmung des Prozeßgegners übernehmen, BGH NJW **96**, 2799, BPatG GRUR **01**, 775, BayObLG **94**, 239. Daneben braucht er die Einwilligung des Veräußerers. Ohne sie müßte das Gericht ihn wie einen Erben, dessen Rechtsnachfolge es nach Unterbrechung annimmt, aus dem Prozeß verweisen, § 239 Rn 22. Die Erklärung der Zustimmung erfolgt in der mündlichen Verhandlung oder schriftsätzlich oder elektronisch, § 130 a. Die Erklärung des Veräußerers muß ausdrücklich sein, die des Gegners ist stillschweigend möglich, etwa durch Einlassung, also nachträglich. § 295 ist unanwendbar. Denn es handelt sich um keine Verletzung einer Verfahrensvorschrift. Die Zustimmung des Prozeßgegners ist nicht erzwingbar, auch nicht dadurch, daß das Gericht die Sachdienlichkeit bejaht, BGH NJW **96**, 2799 (zustm Schmidt JuS **97**, 109), BPatG GRUR **01**, 775. Mü OLGZ **94**, 88 (nicht einmal nach den Erlöschen des Rechtsvorgängers). Sie kann entbehrlich sein, wenn der Rechtsvorgänger die Parteifähigkeit verloren hat, Ffm RR **91**, 318. 23

Der Nachfolger übernimmt den Prozeß beim *derzeitigen Stand*. Bindende Prozeßhandlungen des Veräußerers binden auch ihn. Der Veräußerer scheidet stillschweigend und ohne besondere Entscheidung aus. Das Urteil ergeht in der Hauptsache wie in den Nebenfragen nur für und gegen den Nachfolger, auch wegen der gesamten Prozeßkosten, Köln JB **92**, 817. Der Ausgeschiedene muß einen etwaigen Kostenerstattungsanspruch nach dem sachlichen Recht einklagen. Tritt der Nachfolger dem Veräußerer als Streithelfer bei, §§ 66 ff, so ist er stets gewöhnlicher Streithelfer, nie streitgenössischer. Manche fordern wegen Art 103 I GG die Streichung von II 3, Calavros, Urteilswirkungen zu Lasten Dritter (1978), 70, Pawlowski JZ **75**, 685, aM Wolf AcP **180**, 430. 24

D. Ausnahmen. Vgl § 266 I. Diese Vorschrift ist unter den Voraussetzungen des § 266 II wiederum unanwendbar. Vgl die dortigen Anm. 25

E. Einmischungsklage. Dasselbe gilt entsprechend für die Einmischungsklage (Hauptintervention) des Rechtsnachfolgers. 26

7) Schutz des gutgläubigen Erwerbers, III. Man muß zwei Fallgruppen unterscheiden. 27

A. Veräußerung durch Kläger. Soweit § 325 dem im Prozeß zwischen dem Veräußerer und dem Gegner ergehenden Urteil die Wirkung gegen den Rechtsnachfolger versagt, ist auch § 265 unanwendbar. Das trifft die Fälle, in denen nach sachlichem Recht der Nichtberechtigte kraft guten Glaubens erwirbt, LG Freibg WoM **93**, 127, wie nach §§ 892 ff, 932 ff BGB (Pawlowski JZ **75**, 685 hält eine grobe Fahrlässigkeit für unschädlich), BAG DB **77**, 681, ferner die Fälle der §§ 1032, 1138, 1155, 1207, 1208, 2366, 2367 BGB, § 366 HGB. Dann erwirbt er auch frei von der Beschränkung durch die Rechtshängigkeit. Für Grundstücke gilt § 266. In diesen Fällen könnte dem Bekl der Sieg im Prozeß nicht helfen. Darum gibt § 265 III dem Bekl hier den Einwand der fehlenden Sachbefugnis. Er führt mangels Erledigterklärung des Klägers zu einer Sachabweisung der Klage. Eine Zwangsversteigerung kann als Veräußerung gelten und III anwendbar machen, BGH NJW **02**, 2102.

28 **B. Veräußerung durch Beklagten.** Hat der Bekl veräußert, so gilt II. Der Kläger darf den Prozeß wegen der Kosten fortsetzen oder zu einem Ersatzanspruch übergehen, § 264 Z 3. Der Rechtsnachfolger darf selbständig klagen, auch nach § 64. Der Kläger kann mit Ermächtigung des Rechtsnachfolgers die Klage auf Leistung an diesen ändern. Das ist meist sachdienlich.

29 **8) Verstoß, I–III.** Soweit der Kläger den Antrag trotz eines etwa notwendigen Hinweises des Gerichts nach Rn 17 nicht umstellt, weist das Gericht die Klage wegen des jetzt eingetretenen Fehlens der Sachbefugnis nach Rn 16 als unbegründet ab, Grdz 18 vor § 50, BGH NJW 86, 3207, Reinicke/Tiedtke JZ 85, 892. Das gilt auch bei einer Sicherungsabtretung. Soweit Veräußerer und Erwerber gemeinsam das Verfahren fortführen, kann jeder bei einer eigenen Beschwer ein Rechtsmittel einlegen, BayObLG 94, 237.

30 **9) Rechtsmittel, I–III.** Soweit das Gericht den übernahmebereiten Rechtsnachfolger aus dem Prozeß weist, kann er Rechtsmittel einlegen, allerdings nur zu dem Zweck der Übernahme, BGH MDR 88, 956.

31 **10) VwGO: I** ist entsprechend anzuwenden, § 173 VwGO, weil auch im VerwProzeß die Rechtshängigkeit eine Verfügung über den Streitgegenstand nicht ausschließt, BVerwG NJW 85, 281, OVG Münst NJW 81, 598, krit Spannowsky NVwZ 92, 429 (entspr Anwendung von § 239, wenn die Klagebefugnis mit der Veräußerung wegfällt). Streitbefangenheit, Rn 5 ff, liegt im VerwProzeß vor, wenn die Sachbefugnis des Klägers auf seiner Beziehung zu dem (sodann veräußerten) Gegenstand beruht, BVerwG BayVBl 87, 503, auch im Normenkontrollverfahren nach § 47 VwGO, BVerwG DÖV 02, 128, OVG Lüneb Nds Rpfl 02, 337, vgl § 266 Rn 11. II 1 u 2 sind entsprechend anzuwenden, § 173 VwGO, BVerwG NVwZ-RR 01, 407 mwN, NJW 93, 79 u 85, 281 mwN, VGH Kassel NVwZ 98, 1317, VGH Mü NVwZ-RR 90, 172, OVG Münst NWVBl 92, 139 u NJW 81, 598; der Rechtsnachfolger (dazu Rumpf VerwArch 78, 269) ist entsprechend beizuladen, BVerwG DVBl 88, 738, VGH Mü aaO, str, jedenfalls dann, wenn die Entscheidung unmittelbar auf Rechte oder Rechtsbeziehungen des Erwerbers einwirkt, BVerwG NJW 93, 79 u 85, 281 mwN, str, weitergehend Müller NJW 85, 2244 mwN, aM KoppSch § 65 Rn 20. Bei Wechsel der Zuständigkeit auf seiten des Beklagten tritt jedoch ein Parteiwechsel kraft Gesetzes ein, § 239 Rn 23, VGH Mü DÖV 78, 847 (zum Zuständigkeitswechsel auf Klägerseite vgl BVerwG DÖV 74, 241). Wegen der Rechtskrafterstreckung auf den Beigeladenen, § 121 VwGO, wird III nicht praktisch.

266 *Veräußerung eines Grundstücks.* ¹ ¹ Ist über das Bestehen oder Nichtbestehen eines Rechts, das für ein Grundstück in Anspruch genommen wird, oder einer Verpflichtung, die auf einem Grundstück ruhen soll, zwischen dem Besitzer und einem Dritten ein Rechtsstreit anhängig, so ist im Falle der Veräußerung des Grundstücks der Rechtsnachfolger berechtigt und auf Antrag des Gegners verpflichtet, den Rechtsstreit in der Lage, in der er sich befindet, als Hauptpartei zu übernehmen. ² Entsprechendes gilt für einen Rechtsstreit über das Bestehen oder Nichtbestehen einer Verpflichtung, die auf einem eingetragenen Schiff oder Schiffsbauwerk ruhen soll.

II ¹ Diese Bestimmung ist insoweit nicht anzuwenden, als ihr Vorschriften des bürgerlichen Rechts zugunsten derjenigen, die Rechte von einem Nichtberechtigten herleiten, entgegenstehen. ² In einem solchen Falle gilt, wenn der Kläger veräußert hat, die Vorschrift des § 265 Abs. 3.

Schrifttum: S bei § 265.

Gliederung

1) Systematik, I, II 1	D. Notwendige Übernahme 7
2) Regelungszweck, I, II 2	E. Terminablauf bei notwendiger Übernahme 8
3) Geltungsbereich, I, II 3	F. Übernahmewirkung 9
4) Übernahme, I 4–9	
A. Grundsatz 4	5) Schutz des gutgläubigen Erwerbers, II 10
B. Freiwillige Übernahme 5	6) VwGO 11
C. Terminsablauf bei freiwilliger Übernahme 6	

1 **1) Systematik, I, II.** § 266 trifft gegenüber § 265 eine vorrangige Sonderregelung für den Fall der freiwilligen oder zwangsweisen Veräußerung eines belasteten oder herrschenden Grundstücks, § 265 Rn 7. Voraussetzung ist ein rechtshängiger Prozeß zwischen dem Besitzer und einem Dritten über eine mit dem Grundstück verbundene Berechtigung oder eine Belastung oder eine Schiffs- oder Schiffsbauwerkslast oder ein Registerpfandrecht an einem Luftfahrzeug.

2 **2) Regelungszweck, I, II.** Die Vorschrift dient der Erkenntnis, daß mit dieser Veräußerung das Interesse des Berechtigten regelmäßig wegfällt und daß mit der leichteren Erkennbarkeit der mit dem dinglichen Recht verbundenen Pflichten auch eine strengere Haftung des Erwerbers eintreten soll. Damit ist ein Hauptziel die Rechtssicherheit, Einl III 43. Demgemäß sollte die Auslegung erfolgen.

3 **3) Geltungsbereich, I, II.** Vgl zunächst Üb 2 vor § 253, § 265 Rn 1. § 266 ist anwendbar: Auf Grunddienstbarkeiten; Notwege, Karlsr MDR 95, 745; Vorkaufsrechte, §§ 1018, 1094 BGB; subjektiv dingliche Rechte, §§ 1094 II, 1105 II BGB; alle dinglichen Lasten, wie die Hypothek, die Schiffshypothek, den Nießbrauch, eine Grundschuld, eine Rentenschuld, §§ 1105, 1113, 1191 BGB; eine Vormerkung, § 265 Rn 4, s aber auch unten; die Klage aus § 894 BGB gegen den im Grundbuch Eingetragenen; überhaupt alle Fälle, bei denen das Grundstück wie ein Berechtigter oder Verpflichteter dasteht, den der jeweilige Besitzer nur vertritt. Somit zählen hierher auch Prozesse über Nachbarrechte. Die Regelung gilt weiter auch für die Veräußerung eines eingetragenen Schiffs oder Schiffsbauwerks, ebenso für diejenige eines in der Luftfahrzeugrolle eingetragenen Luftfahrzeugs, § 99 I LuftfzRG. Die Natur der Klage ist unerheblich.

Titel 1. Verfahren bis zum Urteil   §§ 266, 267

Nicht hierher gehören zB die Eigentumsklage oder die Klage aus einer persönlichen Verpflichtung des Eigentümers, etwa aus einem Miet- oder Pachtvertrag oder aus §§ 823 ff BGB oder wegen einer Störung aus § 1004 BGB, oder die Klage auf Brandentschädigungsgeld, selbst wenn dieser persönliche Anspruch durch eine Vormerkung gesichert ist.

4) Übernahme, I. Ein Grundsatz hat recht zahlreiche Auswirkungen. **4**

A. Grundsatz. Der Rechtsnachfolger darf bei der Veräußerung des Grundstücks in Abweichung von § 265 II grundsätzlich den Prozeß übernehmen und muß das auf Verlangen des Gegners tun. Soweit der Veräußerer weiter mithaftet, zB bei nur teilweiser Veräußerung, bleibt auch er Partei als notwendiger (dingliche Mithaftung) oder einfacher Streitgenosse. Im Fall einer Veräußerungsreihe haftet nur der Letzterwerber. Die Übernahme kann in einem Schriftsatz, den das Gericht den Beteiligten von Amts wegen zustellen muß, angekündigt werden. Der Übernehmer muß sie in der mündlichen Verhandlung erklären.

B. Freiwillige Übernahme. Eine Zustimmung des Veräußerers und des Gegners ist abweichend von **5** § 265 II 2 entbehrlich. Bis zur Übernahme geht der Prozeß unverändert weiter. Der Rechtsnachfolger muß einen Termin zur Erklärung der Übernahme erwirken. Die Ladung erfolgt auch hier von Amts wegen, § 214.

C. Terminsablauf bei freiwilliger Übernahme. Bei einem Widerspruch des Veräußerers oder des **6** Gegners ergeht eine Entscheidung über die Sachbefugnis des Nachfolgers. Seine Zulassung erfolgt durch ein unselbständiges Zwischenurteil nach § 303. Man kann es nur zusammen mit dem Endurteil anfechten. Sie kann auch im Schlußurteil erfolgen, notfalls nach der Beweisaufnahme. Seine Zurückweisung erfolgt durch ein Endurteil mit einer Entscheidung über die Kosten des Nachfolgers. Nach einer Zurückweisung geht der Prozeß zwischen den alten Parteien weiter. Ein Endurteil ist aber mit der auflösenden Bedingung der rechtskräftigen Zulassung des Nachfolgers durch die höhere Instanz behaftet, ähnlich der Vorabentscheidung über den Grund nach § 304. Wenn niemand widerspricht, erfolgen der Eintritt und das Ausscheiden ohne eine Entscheidung. Der Prozeß nimmt seinen Fortgang wie bei § 265 Rn 21–26. Der Ausgeschiedene wird zeugnisfähig, Üb 11 vor § 373.

Eine *Säumnis* des Veräußerers ist unbeachtlich. Bei einer Säumnis des Nachfolgers ergeht keine Entscheidung. Der Prozeß geht vielmehr unter den alten Parteien weiter. Bei einer Säumnis des Gegners nach §§ 330 ff gilt: Wird die Übernahme widerspruchslos erklärt, so ergeht eine Versäumnisentscheidung in der Sache. Bei einer Säumnis aller Beteiligten gilt: War die Übernahme schriftlich erklärt, so ist eine Entscheidung nach Aktenlage, § 251 a, zwischen dem Nachfolger und dem Gegner möglich, aber mangels Verhandlung mit dem Übernehmer ist kein Urteil zulässig, § 251 a. Andernfalls ergeht eine Entscheidung nach Aktenlage zwischen den bisherigen Parteien.

D. Notwendige Übernahme. Nur der Gegner darf eine Übernahme verlangen, nicht der Veräußerer. **7** Der Gegner muß die Termine zur Übernahme und Verhandlung veranlassen.

E. Terminablauf bei notwendiger Übernahme. Bei einer Erklärung der Übernahme durch den **8** Rechtsnachfolger ist keine Entscheidung nötig. Der Prozeß nimmt seinen Fortgang wie bei § 265 Rn 21–26. Bei einer Verweigerung der Übernahme durch den Rechtsnachfolger muß das Gericht über die Sachbefugnis entscheiden, Grdz 23 vor § 50. Das Urteil lautet auf Verneinung, auch bei einem Leugnen der Rechtsnachfolge, mit einer Entscheidung über die Kosten des Nachfolgers, bei einer Bejahung durch ein unselbständiges Zwischenurteil oder im Endurteil.

Eine *Säumnis* des Veräußerers nach §§ 330 ff ist belanglos. Bei einer Säumnis des Nachfolgers gilt die Rechtsnachfolge entsprechend § 239 IV als zugestanden. Es ergeht eine Versäumnisentscheidung in der Sache. Dasselbe gilt bei einer Säumnis des Gegners, wenn der Rechtsnachfolger übernimmt. Andernfalls ergeht nur eine Versäumnisentscheidung auf Verneinung der Übernahmepflicht, aM StJSchu 5 (ein Versäumnisurteil in der Sache. Aber das wäre nach § 308 I verboten.). Bei einer Säumnis aller gilt dasselbe wie bei Rn 6.

F. Übernahmewirkung. Die Übernahme wirkt sich dahin aus, daß der Veräußerer als Partei ausscheidet. **9** Nach einem rechtskräftigen Ausscheiden ist er zeugnisfähig. Der Nachfolger trägt beim Unterliegen sämtliche Prozeßkosten, § 91.

5) Schutz des gutgläubigen Erwerbers, II. Soweit nach dem Privatrecht guter Glaube auch bei dem **10** Erwerb vom Nichtberechtigten ein Grundstück oder ein Recht am Grundstück erwerben läßt, §§ 892, 893, 1140, 2366 BGB, § 90 ZVG, gilt dann, wenn der Kläger veräußert, grundsätzlich nicht § 266 I, sondern § 265 III. Man muß aber auch hier die in § 325 III genannten Rechte ausnehmen und nach § 266 I behandeln, Denn II soll offensichtlich nur die Fälle ausschließen, in denen das Urteil nicht gegen den Erwerber wirkt, § 325 II. Wenn II durchgreift, hat der Bekl den Einwand mangelnder Sachbefugnis des Veräußerers, Grdz 23 vor § 50. Vgl auch § 265 Rn 27, 28.

6) VwGO: *Entsprechend anzuwenden, vgl § 265 Rn 31, auf dingliche Verwaltungsakte, VGH Kassel NVwZ* **98**, **11** *1315 mwN, zB bei Nachbarklagen, VGH Mü NVwZ-RR* **90**, *173 u OVG Münst NJW* **81**, *598, bei der Anfechtung einer Beseitigungsanordnung, BVerwG NJW* **85**, *281 u OVG Bln DÖV* **88**, *384, bei Stillegungsanordnungen, VGH Kassel aaO, oder bei Streit um eine öff Last auf einem Grundstück, nicht aber bei Anfechtung einer Planfeststellung, OVG Münst NWVBl* **92**, *139, aM BVerwG DÖV* **02**, *128 (Normenkontrolle), OVG Bln NVwZ* **97**, *506, VGH Mü NVwZ* **96**, *490; grundsätzlich krit Spannowsky NVwZ* **92**, *429 (entspr Anwendung von § 239 bei Wegfall der Klagebefugnis).*

267 *Vermutete Einwilligung in die Klageänderung.* Die Einwilligung des Beklagten in die Änderung der Klage ist anzunehmen, wenn er, ohne der Änderung zu widersprechen, sich in einer mündlichen Verhandlung auf die abgeänderte Klage eingelassen hat.

§§ 267, 268

1 **1) Systematik.** Die Vorschrift ergänzt § 263. Sie behandelt eine Parteiprozeßhandlung, Grdz 47 vor § 128.

2 **2) Regelungszweck.** Die Vorschrift dient wie der sie ergänzende § 295 der Vereinfachung und Beschleunigung und damit der Prozeßwirtschaftlichkeit, Grdz 14 vor § 128. Eine rügelose Nichteinlassung mit nachteiligen Rechtsfolgen ist ja in der ZPO vielfach als Ausdruck der Parteiherrschaft vorhanden, Grdz 18 vor § 128. Das sollte allerdings nun auch nicht dazu führen, eine Einwilligung allzu leicht zu unterstellen. Das alles muß man bei der Auslegung mitbeachten.

3 **3) Geltungsbereich.** Üb 2 vor § 253. § 267 ist entsprechend anwendbar bei (jetzt) § 533 Z 1, Schneider MDR **75**, 979. Wegen des Parteiwechsels in der Berufungsinstanz § 263 Rn 9–12.

4 **4) Einlassung.** Eine Einwilligung ist auch dann evtl nötig, wenn die Klagänderung vor der ersten mündlichen Verhandlung erfolgte. In der widerspruchslosen Einlassung des Bekl oder Widerbekl, Düss MDR **90**, 728, auf den erforderlichen Vortrag einer geänderten Klage liegt nach einer unwiderleglichen Vermutung eine Einwilligung in die Änderung, BGH RR **90**, 506, Düss MDR **90**, 728, KG MietR **97**, 170. Die Einlassung steckt in jeder sachlichen Gegenerklärung der mündlichen Verhandlung, § 39 Rn 6, BGH NJW **90**, 2682. Im bloßen Vorbringen einer Rüge, die die Zulässigkeit betrifft, oder in einer schriftsätzlichen Erklärung liegt keine Einlassung. Im schriftlichen Verfahren nach §§ 128 II, 495 a I I und im Aktenlageverfahren nach §§ 251 a, 331 a genügt eine schriftliche Einlassung auf die geänderte Klage.

5 In einer bloßen *Säumnis* des Bekl im Verhandlungstermin liegt keine Einlassung. Das gilt selbst dann, wenn der Kläger eine Änderung angekündigt hatte und der Bekl sich vor dem Termin schriftsätzlich auf sie eingelassen hat. In einem Antrag auf Klagabweisung kann eine stillschweigende Bezugnahme nach § 137 III auf einen früheren Widerspruch stecken, BGH NJW **75**, 1229, aber auch eine Einlassung nach § 267, BGH RR **90**, 506. Das Gericht muß im Zweifel nach § 139 vorgehen. Es mag evtl großzügig eine Sachdienlichkeit nach § 263 bejahen. Ob sich der Bekl der rechtlichen Natur des Vorbringens als Klagänderung und deren Zulässigkeit oder Unzulässigkeit bewußt war, ist unerheblich. Eine vorweggenommene Einlassung nach § 263 Rn 23 verschließt auch dem Bekl die Rüge der Klagänderung.

6 **5) VwGO:** Es gilt § 91 II VwGO.

268 Unanfechtbarkeit der Entscheidung.
Eine Anfechtung der Entscheidung, dass eine Änderung der Klage nicht vorliege oder dass die Änderung zuzulassen sei, findet nicht statt.

1 **1) Systematik, Regelungszweck.** Eine ausdrückliche Entscheidung über die Klagänderung ergeht zwecks Prozeßwirtschaftlichkeit nach Grdz 14 vor § 128 nur bei einem Widerspruch des Bekl. Abgesehen davon genügt es, daß das Urteil die stillschweigende Zulassung ergibt. Den etwaigen Zwischenstreit entscheidet das Gericht durch ein unselbständiges Zwischenurteil nach § 303, soweit es sachdienlich ist, oder in den Gründen des Endurteils. Auch die Unanfechtbarkeit dient der Prozeßwirtschaftlichkeit. Das gilt ungeachtet des natürlich auch bei § 268 mitbeachtlichen Gebots einer etwaigen Berichtigung nach § 319 bzw einer Maßnahme nach §§ 320–321 a. Denn Prozeßwirtschaftlichkeit erlaubt keine sehenden Auges eintretende, noch behebbare Fehlentscheidung.

2 **2) Geltungsbereich.** Vgl Üb 2 vor § 253.

3 **3) Rechtsbehelfe.** Man muß vier Situationen unterscheiden.

A. Nichtzulassung. Soweit das Gericht entschieden hat, daß eine Klagänderung nicht vorliege oder nicht zulässig sei, erfolgt die Anfechtung nur zusammen mit derjenigen des Endurteils, §§ 512, 557 II, ZöGre 3, für den ersteren Fall aM ThP 4 (Unanfechtbarkeit; zu formell). Liegt darin ein Aussetzungsbeschluß, so gilt § 252.

4 **B. Zulassung.** Soweit das Gericht eine Klagänderung zugelassen hat, ist kein Rechtsbehelf gegeben, BAG BB **05**, 830, BayObLG WoM **93**, 700. Das gilt unabhängig davon, wie das Gericht zugelassen hat, ob in einem End- oder Zwischenurteil oder nur in den Gründen. Ein Rechtsmittel besteht auch nicht, wenn eine Klagänderung erst in der Berufungsinstanz erfolgte, BGH NJW **76**, 240, BAG BB **05**, 830. Es ist unerheblich, ob die Zulassung ausdrücklich oder stillschweigend erfolgte. Ein völliges Schweigen im Urteil enthält freilich keine Zulassung, BGH MDR **79**, 829. Unerheblich ist, ob das Gericht die Einwilligung zu Unrecht angenommen hat. Zulässig ist die Rüge, die Einführung des neuen Anspruchs sei zB wegen der Rechtskraft des bisherigen Anspruchs überhaupt unzulässig. Ein Zwischenurteil auf Zulassung des Wechsels des Bekl ist für beide Bekl anfechtbar, BGH NJW **81**, 989, aM Franz NJW **82**, 15 (nur für den alten Bekl. Aber auch der neue Bekl kann beschwert sein.). Denn es fehlt um eine echte Klagänderung, § 263 Rn 5 ff, BGH **65**, 264.

5 **C. Übergehung.** Hat das Gericht eine begründet gerügte Klagänderung übersehen, so erfolgt eine Anfechtung nur zusammen mit derjenigen des Endurteils, §§ 512, 557 II.

6 **D. Verbot der Klagänderung.** Ist eine Klagänderung gesetzlich schlechthin verboten, § 263 Rn 2, zB bei § 181 InsO, so versagt § 268 und ist eine Anfechtung zusammen mit derjenigen des Endurteils möglich.

7 **E. Weitere Einzelfragen.** Das Revisionsgericht kann die Prüfung der Sachdienlichkeit der Klagänderung selbst nachholen, BGH MDR **79**, 829, aM BAG BB **05**, 830. Verweist die Revisionsinstanz an die Vorinstanz zurück, die zugelassen hat, so ist sie an die Zulassung gebunden. Der Eintritt einer neuen Partei nach §§ 76, 77, 239, 240, 265, 266, 856 gehört hierhin nur, soweit er eine Klagänderung darstellt, § 263 Rn 14.

8 **4) VwGO:** Es gilt § 91 III VwGO.

§ 269

269 *Klagerücknahme.* ¹Die Klage kann ohne Einwilligung des Beklagten nur bis zum Beginn der mündlichen Verhandlung des Beklagten zur Hauptsache zurückgenommen werden.

II ¹Die Zurücknahme der Klage und, soweit sie zur Wirksamkeit der Zurücknahme erforderlich ist, auch die Einwilligung des Beklagten sind dem Gericht gegenüber zu erklären. ²Die Zurücknahme der Klage erfolgt, wenn sie nicht bei der mündlichen Verhandlung erklärt wird, durch Einreichung eines Schriftsatzes. ³Der Schriftsatz ist dem Beklagten zuzustellen, wenn seine Einwilligung zur Wirksamkeit der Zurücknahme der Klage erforderlich ist. ⁴Widerspricht der Beklagte der Zurücknahme der Klage nicht innerhalb einer Notfrist von zwei Wochen seit der Zustellung des Schriftsatzes, so gilt seine Einwilligung als erteilt, wenn der Beklagte zuvor auf diese Folge hingewiesen worden ist.

III ¹Wird die Klage zurückgenommen, so ist der Rechtsstreit als nicht anhängig geworden anzusehen; ein bereits ergangenes, noch nicht rechtskräftiges Urteil wird wirkungslos, ohne dass es seiner ausdrücklichen Aufhebung bedarf. ²Der Kläger ist verpflichtet, die Kosten des Rechtsstreits zu tragen, soweit nicht bereits rechtskräftig über sie erkannt ist oder sie dem Beklagten aus einem anderen Grunde aufzuerlegen sind. ³Ist der Anlass zur Einreichung der Klage vor Rechtshängigkeit weggefallen und wird die Klage daraufhin zurückgenommen, so bestimmt sich die Kostentragungspflicht unter Berücksichtigung des bisherigen Sach- und Streitstandes nach billigem Ermessen; dies gilt auch, wenn die Klage nicht zugestellt wird.

IV Das Gericht entscheidet auf Antrag über die nach Absatz 3 eintretenden Wirkungen durch Beschluss.

V ¹Gegen den Beschluss findet die sofortige Beschwerde statt, wenn der Streitwert der Hauptsache den in § 511 genannten Betrag übersteigt. ²Die Beschwerde ist unzulässig, wenn gegen die Entscheidung über den Festsetzungsantrag (§ 104) ein Rechtsmittel nicht mehr zulässig ist.

VI Wird die Klage von neuem angestellt, so kann der Beklagte die Einlassung verweigern, bis die Kosten erstattet sind.

Vorbem. III 3 idF Art 1 Z 8 a, b des 1. JuMoG v 24. 8. 04, BGBl 2198, in Kraft seit 1. 9. 04, Art 14 S 1 des 1. JuMoG, ÜbergangsR Einl III 78.

Schrifttum: *Breitkopf*, Die Klageerhebung und -rücknahme bei vollmachtloser Prozeßvertretung und ihre kostenrechtliche Beurteilung, 2004; *Hinz*, Zeitliche Grenzen der Klagerücknahme; *Mende*, Die in den Prozeßvergleich aufgenommene Klagerücknahme, 1976; *Pawlowski*, Klageänderung und Klagerücknahme, Festschrift für *Rowedder* (1994) 309.

Gliederung

1) **Systematik, I–VI**	1	10) Bei Klaganlaßwegfall vor Rechtshängigkeit: Bedingte Kostenverteilung, III 3	36–41
2) **Regelungszweck, I–VI**	2	A. Wegfall des Klaganlasses	37
3) **Geltungsbereich, I–VI**	3, 4	B. Wegfall vor Rechtshängigkeit	38
4) **Zulässigkeit, I, II**	5–21	C. Zulässigkeit der Klagerücknahme	39
A. Unabhängigkeit von Klagerhebung	5–9	D. Keine Unverzüglichkeit der Klagerücknahme	40
B. Rücknahmepflicht	10	E. Kostenverteilung nach Ermessen	41
C. Vor Rechtskraft, Erledigung oder Vergleich	11–13	11) Sonstige Kostenfälle, III 2, 3	42, 43
D. Vor mündlicher Verhandlung	14–16	12) Kostenantrag, IV	44
E. Ab mündlicher Verhandlung	17–21	13) Kostenausspruch, IV	45
5) **Verfahren, II**	22–31	14) Ausspruch der Wirkungslosigkeit des Urteils, IV	46
A. Form der Klagerücknahme	22–26	15) Sofortige Beschwerde, V	47–49
B. Empfänger der Klagerücknahme	27	A. Gegen den Kostenausspruch, V 1	47
C. Wirksamkeit der Rücknahmeerklärung	28	B. Hauptsachewert mindestens 600,01 EUR, V 1	48
D. Amtsprüfung	29	C. Zulässigkeit eines Rechtsmittels gegen Kostenfestsetzung, V 2	49
E. Entscheidung	30, 31	16) Neue Klage, VI	50–52
6) **Wegfall der Rechtshängigkeit, III 1**	32	A. Grundsatz: Zulässigkeit	50
7) **Bei Klaganlaß bis Rechtshängigkeit: Kostenlast des Klägers kraft Gesetzes, III 2**	33	B. Kostenerstattung	51
8) **Kosten bei Säumnis, III 2**	34	C. Verfahren	52
9) **Kosten bei Teilrücknahme bei Klaganlaß bis zur Rechtshängigkeit, III 2**	35	17) *VwGO*	53

1) Systematik, I–VI. Die Klagerücknahme ist das Gegenteil der Klageerhebung. Sie ist eine Parteiprozeß- **1** handlung, Grdz 47 vor § 128. Sie unterscheidet sich vom zeitweisen Ruhenlassen, § 251 a, dem bloßen Nichtweiterbetreiben eines Antrags, von der Klageänderung, §§ 263 ff (vgl aber § 263 Rn 8), vom Verfahrensstillstand, Üb 1 vor § 239, von der Erklärung der Hauptsache als erledigt, § 91 a Rn 62, Brdb Rpfleger **98**, 484, Köln FamRZ **92**, 334, vom Verzicht auf den Anspruch, § 306. Die Klagerücknahme ist ein das gesamte Prozeßrecht erfassendes Prinzip auch den §§ 620 g, 621 f II vor, Düss FamRZ **78**, 910, aM Ffm NJW **75**, 2350 (aber auch ein Antrag auf einstweilige Anordnung leitet ein streitiges Verfahren ein). Für die Rücknahme eines Rechtsbehelfs oder Rechtsmittels enthalten §§ 346, 516, 565 Sonderregeln. Die Klagerücknahme ist nur ein derzeitiger Verzicht auf eine Entscheidung in diesem Prozeß. Sie läßt den sachlich-rechtlichen Anspruch unberührt. Daher ist Empfänger das Gericht, nicht der Gegner, Rn 27.

§ 269 Buch 2. Abschnitt 1. Verfahren vor den LGen

Man kann die *Klage neu erheben,* sogar bis zur Rechtskraft in demselben Prozeß, VI, BGH NJW **84**, 658. Eine Beschränkung des Klagantrags kann eine teilweise Rücknahme enthalten, § 264 Rn 9, Kblz Rpfleger **88**, 162, aM Mü MDR **95**, 174 (aber auch eine Beschränkung ist meist eine Form von Rücknahme). Eine Antragsbeschränkung ist bei einem von mehreren Klägern oder Bekl nur bedingt statthaft, Rn 5. Sie ist aber bei einem von mehreren nach § 145 abtrennbaren Ansprüchen oder bei einem dem Teilurteil nach § 301 zugänglichen Anspruchsteil grundsätzlich voll statthaft. Sie kann freilich auch eine teilweise Erledigung der Hauptsache bedeuten. Ob eine Klagänderung auch eine Rücknahme der bisherigen Klage mit den gegenüber §§ 91 ff teilweise vorrangig abweichenden Kostenfolgen III, VI bedeutet, das ist eine Auslegungsfrage, § 264 Rn 1. Zum Problem Walther NJW **94**, 423.

Ein *Parteienwechsel* bedeutet regelmäßig eine Rücknahme gegenüber der erstbeklagten Partei, § 263 Rn 5. Im Vergleich nach Anh § 307 steckt nicht ohne weiteres eine Rücknahme. Spricht sie der Vergleich aus, so ist sie von dessen Bestehen und davon abhängig, daß sie auch im fraglichen Prozeß und nicht nur in einem anderen zur Akte kommt, und zwar urschriftlich, BGH MDR **81**,1002. Was gemeint ist, muß das Gericht bei Zweifeln durch Befragen ermitteln, § 139. Die Klagerücknahme ist auch im Statusverfahren zulässig, §§ 640 ff, Stgt NJW **76**, 2305.

2   **2) Regelungszweck, I–VI.** Die Klagerücknahme dient der Parteiherrschaft, Grdz 18 vor § 128. Sie dient oft auch der Prozeßwirtschaftlichkeit, Grdz 14 vor § 128. Daran ändert auch VI nichts. Sie führt oft zum endgültigen Schluß des Gesamtstreits ohne neuen Prozeß. Die Fälle einer nochmaligen Klage sind praktisch selten. II 4 mit seiner Unterstellung der Einwilligung führt nur dann zum gewünschten Ziel, wenn Richter und Geschäftsstelle sowohl bei der Belehrung als auch bei der Unterschrift und der Ausführung der strengen Zustellung aufpassen (also kein Namenskürzel und keine formlose Übersendung). Eine Teilrücknahme sollte aus Gründen der Prozeßwirtschaftlichkeit möglichst einer völligen Rücknahme gleichstehen. I dient mit dem Zustimmungserfordernis der Verhinderung einer einseitigen Flucht des Klägers aus dem Prozeß nach dem Deutlichwerden des Umstands, daß sich der Bekl auch wirklich wehrt und daher Anspruch auf eine richterliche Klärung des vom Gegner angefangenen Streits hat. III 3 verdient wegen seines eindeutigen Zwecks der Vermeidung eines folgenden Kostenprozesses ebenfalls eine großzügige Behandlung. Aber das muß man auch bei der sonstigen Auslegung mitbeachten.

3   **3) Geltungsbereich, I–VI.** § 269 ist grundsätzlich in allen Verfahrensarten nach der ZPO direkt anwendbar, zB auf den Scheidungsantrag, Stgt FamRZ **05**, 287, AG Kempten FamRZ **03**, 1117. Die Vorschrift ist außerdem mindestens entsprechend anwendbar: Auf ein Prozeßkostenhilfeverfahren, Rn 5, aM Brschw FamRZ **05**, 1263; auf einen Antrag nach § 485, BGH BB **04**, 2602 rechts unten, Kblz WoM **04**, 621 rechts, Zweibr JB **04**, 99; auf den Scheidungsantrag, § 608, Mü RR **94**, 201, Naumb FamRZ **03**, 545, Zweibr RR **97**, 833; auf die Rücknahme der Widerklage, Anh § 253, und des Verhandlungsgesuchs bei einer freigestellten mündlichen Verhandlung, § 128 IV, BayObLG **04**, 122, Drsd JB **98**, 28, Hamm MDR **93**, 909, aM Ffm GRUR-RR **02**, 45 (je Antrag auf einstweilige Verfügung. Aber sie verdienen bei der Klage entsprechende Behandlung.); auf die Rücknahme (nur) des Mahnantrags, § 690 Rn 16 (anders bei Rücknahme des Antrags auf streitiges Verfahren, § 696 Rn 22, BGH BB **05**, 1876); auf den Kostenfestsetzungsantrag, § 104, Kblz Rpfleger **76**, 324; auf alle Fälle, in denen das Gesetz eine Klagerücknahme unterstellt (fingiert), §§ 113, 640 I; auf das Insolvenzverfahren bei III–V, Karlsr RR **00**, 1237, LG Freiburg Rpfleger **04**, 373, aM Celle MDR **00**, 1031 wegen des vorläufigen Insolvenzverwalters (aber auch er wird in einem gerichtlichen Verfahren tätig).

4   Eine *Widerklage* nach Anh § 253 bleibt trotz einer Klagerücknahme bestehen. Im Vollstreckungsverfahren auch nach dem ZVG gilt § 788, dort Rn 19. Auch bei einer Teilungsversteigerung ist III unanwendbar, LG Konst JB **02**, 269. Wegen der Unanwendbarkeit im Kartellverwaltungsverfahren BGH NJW **82**, 2775. III 4 ist bei (jetzt) § 59 II RVG unanwendbar, Köln Rpfleger **98**, 129, aM LG Osnabr JB **87**, 1379 (aber dann liegt eine ganz andere Verfahrensart vor). III ist auf einen Beigeladenen im Vorgabeverfahren entsprechend anwendbar, Brdb JB **02**, 437. Wegen der Unanwendbarkeit des III bei § 54 IV, V ArbGG LAG Hamm MDR **83**, 964, LAG Mü NJW **89**, 1503. Im FGG-Verfahren ist I unanwendbar, soweit er eine Einwilligung des „Bekl" vorschreibt, BayObLG ZMR **99**, 842, KG ZMR **98**, 656 (WEG), aM Düss NJW **80**, 349, Lindacher JuS **78**, 579 (aber das paßt nicht zu dortiger Begrenztheit der Parteiherrschaft). III, IV können aber entsprechend anwendbar sein, LG Lpz RR **05**, 465, AG Neust/W FamRZ **04**, 1392. Wegen einer Markensache BGH RR **98**, 1203. Wegen des patentgerichtlichen Beschwerdeverfahrens BPatG GRUR **01**, 328 und 329. Wegen des KapMuG SchlAnh VIII § 11.

5   **4) Zulässigkeit, I, II.** Man prüft sie zu oft folgenschwer ungenau.

   A. Unabhängigkeit von Klagerhebung. Voraussetzung einer Klagerücknahme ist wegen III 3 Hs 2 nicht mehr ein Prozeßrechtsverhältnis nach Grdz 4 vor § 128, also eine Klagerhebung, also der Eintritt der Rechtshängigkeit, § 261 Rn 4. Die bisherige Streitfrage ist damit erledigt, BGH FamRZ **05**, 794, Knauer/Wolf NJW **04**, 2858, aM Brschw FamRZ **05**, 1263. Es reicht also jetzt die bloße Einreichung, die sog Anhängigkeit, § 261 Rn 1, wie schon seit jeher im Eilverfahren.

   Unerheblich ist, ob die Klage zulässig ist, ob zB Prozeßvoraussetzungen fehlen, Grdz 12 vor § 253. Es besteht daher jetzt auch vor wirksamer Klagezustellung evtl ein Grund zu einer Sach- oder Kostenentscheidung. Es gilt auch vor der Zustellung an den Gegner keine echte Rücknahme mit einer entsprechenden Anwendung im Arrestverfahren ab Antragseintrag wegen § 920 Rn 3, Celle AnwBl **87**, 237, KG GRUR **85**, 325, Mü NJW **93**, 1604.

7   Bei einer *falschen Zustellung* gilt § 269 entsprechend, Schneider ZZP **76**, 32. Dasselbe gilt zB in folgenden Fällen: Wenn die Klage vor ihrer Zustellung zurückgenommen, dann aber doch fälschlich zugestellt wurde, Köln MDR **94**, 618, Schlesw RR **87**, 951; wenn man die Klage nach §§ 184, 187 als zugestellt ansehen muß; wenn ein Anwalt vor Erhalt des Auftrags des Bekl eine Klagezustellung bescheinigt und dann vor wirksamer Klagerücknahme den Auftrag des Bekl erhält, § 184 BGB; nach der Rücknahme des Antrags auf die Durchführung des streitigen Verfahrens, § 696 IV; wenn auf den Mangel der fehlerhaften oder fehlenden Klagezustellung verzichtet wird, Karlsr MDR **89**, 268. Nach einem Vollstreckungsbescheid gemäß § 700

Titel 1. Verfahren bis zum Urteil § 269

kommt nicht mehr eine Antragsrücknahme nach § 696 IV in Betracht, sondern nur noch eine Klagerücknahme, Kblz MDR **84**, 322.

Es reicht daher auch die Bitte, zunächst *keinen Termin* zu bestimmen. Es reicht ferner, wenn das Gericht **8** die Klageschrift nach dem Willen des Klägers nur bei einer Bewilligung der Prozeßkostenhilfe zustellen soll und wenn er sie dann vor oder nach deren Versagung zurückzieht.

Die Rücknahme kann auch einen zur selbständigen Entscheidung geeigneten *Teil* betreffen, BAG NJW **9** **80**, 1486, Köln RR **92**, 1480 (Stufenklage), Stgt NJW **84**, 2538, einen von mehreren gehäuften Ansprüchen oder einen von mehreren Streitgenossen. Die etwa notwendige Einwilligung des Bekl ist eine Voraussetzung nicht der Zulässigkeit, sondern der Wirksamkeit, Rn 28. Das Gericht muß die Zulässigkeit der Klagerücknahme von Amts wegen beachten, Grdz 39 vor § 128. Sie ist von der Zulässigkeit oder Begründetheit der Klage unabhängig.

B. Rücknahmepflicht. Eine außergerichtliche Vereinbarung der Klagerücknahme ist zulässig, BGH RR **10** **87**, 307, Piehler Gedächtnisschrift für Arens (1993) 329, auch in einem Vergleich, OVG Hbg NJW **89**, 604. Sie kann eine von III abweichende vorrangige Kostenregelung enthalten, Rn 33. Sie ist ein sachlichrechtliches Rechtsgeschäft über prozessuale Beziehungen, Grdz 48 vor § 128. Sie verpflichtet zur Rücknahme. Sie steht aber mangels einer anderweitigen Abrede so wenig wie eine Rücknahme einer neuen Klage entgegen. Der Bekl kann auf die Erklärung der Rücknahme klagen, im anhängigen Prozeß auch durch Widerklage, Anh § 253. Die Klage ist mit der Rechtskraft des Urteils zurückgenommen, § 894. Aber der Fortsetzung des Prozesses stünde ohnehin die Rüge der prozessualen Arglist nach Grdz 57 vor § 128 und das Fehlen des Rechtsschutzbedürfnisses nach Grdz 33 vor § 253 entgegen. Der Bekl kann nicht mehr erreichen als eine Klagerücknahme, also keine Sachabweisung, sondern nur eine Prozeßabweisung, Grdz 14 vor § 253, BGH RR **87**, 307, Stgt ZZP **76**, 318, OVG Hbg NJW **89**, 604.

C. Vor Rechtskraft, Erledigung oder Vergleich. Der Kläger kann seine Klage in jeder Lage des **11** Prozesses bis zum Eintritt der formellen Rechtskraft des Urteils zurücknehmen, Einf 1 vor §§ 322–327, § 705 Rn 1, wenn auch unter den Voraussetzungen Rn 17 nur mit Einwilligung des Bekl. Das gilt bis zu beiderseits wirksamen Vollerledigterklärungen, § 91 a Rn 108, oder bis zum Prozeßvergleich, Anh § 307, auch bis zu einem gerichtlichen Vergleich nach § 118 I 3, auch im Fall des § 619, auch nach dem Schluß der Verhandlung, Hamm RR **91**, 61, auch zwischen zwei Instanzen oder in der Rechtsmittelinstanz, BGH BB **98**, 2495 sofern das Rechtsmittel statthaft ist, mag es auch fehlerhaft eingelegt oder begründet worden sein, oder nach einer Rechtswegverweisung. Das Prozeßrechtsverhältnis nach Grdz 4 vor § 128 unterliegt der Herrschaft der Parteien, Grdz 18, 19 vor § 128. Bis zur notwendigen Einwilligung ist die Klagerücknahme auflösend bedingt. Klagerücknahme ist nicht Rücknahme eines Rechtsmittels. Die letztere läßt ein früheres Urteil bestehen, die Klagerücknahme macht die frühere Entscheidung kraftlos, auch das Rechtsmittelurteil.

Zum Begriff der *Einwilligung* § 263 Rn 23. Die Einwilligung muß unbedingt sein, LAG Düss DB **77**, **12** 1708. Sie kann in einer schlüssigen Handlung liegen, Rn 2, 22, zB in der Mitteilung einer außergerichtlichen Einigung oder eines außergerichtlichen Vergleichs, aber nicht in der bloßen Einreichung einer Vergleichsabschrift, BGH MDR **81**, 1002. Eine vorweggenommene Einwilligung ist zumindest aus praktischen Erwägungen zulässig. Sie ist freilich erst ab Rechtshängigkeit und nur bis zur formellen Rechtskraft wirksam möglich. In einer Aufforderung des Bekl an den Kläger, sich zu einer etwaigen Klagerücknahme zu äußern, liegt keineswegs stets eine vorweggenommene Einwilligung des Bekl, BGH NJW **80**, 839. Sie kann indessen nach II 4 zu unterstellen sein. Nach der Rechtskraft ist keine Klagerücknahme mehr möglich. Denn das Urteil hat die Klage voll erledigt und läßt sich durch keine Parteivereinbarung mehr beseitigen, Düss FamRZ **79**, 446. Allenfalls können die Parteien seine Nichtdurchsetzung vereinbaren, Grdz 24 vor § 704. Wohl aber ist eine Klagerücknahme nach der Verkündung des Urteils möglich, solange es noch nicht rechtskräftig ist.

Weil auch ein Urteil des *OLG* selbst dann nicht sofort rechtskräftig wird, wenn die Voraussetzungen des **13** § 547 nicht vorliegen, § 705 Rn 6, ist also die Klagerücknahme bei einer Einwilligung des Bekl bis zu dem Zeitpunkt der Rechtskraft durch einen anwaltlichen Schriftsatz an das OLG oder nach einer Revisionseinlegung durch eine Erklärung der Parteien gegenüber dem Revisionsgericht ohne Einwilligung durch einen Anspruchsverzicht des Klägers zulässig, § 705 Rn 10. Rücknahme und Einwilligung liegen nicht in einem rein untätigen Verhalten. Wenn der Bekl den Abweisungsantrag verliest, versagt er damit seine Einwilligung zur Klagerücknahme.

D. Vor mündlicher Verhandlung. Die Klagerücknahme ist ohne Einwilligung des Bekl nur bis zum **14** Beginn einer wirksamen mündlichen Verhandlung des Bekl zur Hauptsache möglich, § 39 Rn 6, Stgt NJW **84**, 2538. Das ist eine Ausnahme von dem Satz, daß sich keine Partei dem Prozeßrechtsverhältnis einseitig entziehen kann. Der Bekl kann durchaus ein Rechtsschutzinteresse daran haben, daß das Gericht ihn durch eine Klagabweisung vor einer erneuten Klage schützt, Grdz 33 vor § 253, BGH NJW **81**, 989. In einer Patentnichtigkeitssache ist die einseitige Rücknahme der Klage bis zur Rechtskraft zulässig, BGH MDR **93**, 1073. In einer Ehesache nach §§ 606 ff ist die Antragsrücknahme in jeder Verfahrenslage möglich, wenn der Antragsgegner anwaltlich nicht vertreten war, also nicht zur Hauptsache verhandeln konnte, mochte er auch geladen, erschienen und sogar gehört sein, BGH FamRZ **04**, 1365, Stgt FamRZ **05**, 287 (erst recht vor einer Verhandlung), Zweibr RR **97**, 833, aM Karlsr OLGZ **77**, 479 (aber auch in solcher Lage verdient die in solchem Verfahren ohnehin begrenzte Parteiherrschaft Beachtung).

Im *schriftlichen Verfahren* des § 128 II ist die Klagerücknahme nur bis zur Erklärung des letzten Ein- **15** verständnisses mit einer schriftlichen Entscheidung möglich, Kblz AnwBl **03**, 187. Dabei ist ein Rügevorbehalt unzulässig. Eine Nachfrist nach § 283 reicht aber nicht aus. Im Aktenlageverfahren nach § 251 a ist die Klagerücknahme bis zum Terminschluß zulässig.

Wenn bei der *Stufenklage* nach § 254 nach der Auskunft das Fehlen des bisher vermuteten Anspruchs ergibt, kann der Kläger die Klage zu den nächsten Stufen auch nach streitiger Verhandlung über den Auskunftsanspruch noch bis zum Beginn der Verhandlung des Bekl zur nächsten Stufe ohne dessen Einwilligung wirksam zurücknehmen. Die Rücknahme nur der Leistungsstufe ist evtl eine nur teilweise Klagerücknahme, Köln RR **92**, 1480.

§ 269 Buch 2. Abschnitt 1. Verfahren vor den LGen

16 Wenn der Bekl rügt, daß es an *Prozeßvoraussetzungen* nach Grdz 12 vor § 253 fehle und daß die Klage daher unzulässig sei, dann kann er den zur Rücknahme bereiten Kläger nicht durch eine Verweigerung seiner Einwilligung an der Klage festhalten, selbst wenn schon zur Hauptsache verhandelt wurde, § 39, Einl III 54. Im bloßen Abweisungsantrag liegt keine Verhandlung zur Hauptsache, Kblz FamRZ **81**, 261, aM ZöGre 13 (aber man kennt dann noch nicht die Stoßrichtung). Im Scheidungsverfahren liegt eine Verhandlung zur Hauptsache auch nicht stets schon darin, daß das Gericht einen Beweisbeschluß erläßt und den Scheidungsantragsgegner als Partei nach § 613 vernimmt, Kblz FamRZ **81**, 261, Köln FamRZ **85**, 1061. Eine Verhandlung zur Hauptsache liegt aber in der Erhebung einer Widerklage, Anh § 253, aM StJSchu 11 (falls die Widerklage zur Klage keine Stellung nehme und zu nehmen brauche. Aber auch der Widerklage ist eine Klage, Anh nach § 253 Rn 5). Ein früherer Antrag des Bekl auf ein Versäumnisurteil stört wegen § 342 nicht. Soweit das Gericht ein Versäumnisurteil wegen § 335 I Z 3 abgelehnt hat, liegt keine mündliche Verhandlung vor, BGH NJW **80**, 2313.

17 **E. Ab mündlicher Verhandlung.** Nach dem Beginn der wirksamen mündlichen Verhandlung des Bekl oder Scheidungsantragsgegners zur Hauptsache nach § 39 Rn 6 ist zwar nicht die Zulässigkeit, wohl aber die Wirksamkeit der Klagerücknahme von seiner Einwilligung abhängig, Rn 28. Denn jedenfalls ab jetzt hat jeder Bekl grundsätzlich einen Anspruch auf Schutz vor einem neuen Prozeß über demselben Streitgegenstand, Mü RR **94**, 201. Er hat daher ein Recht auf ein Urteil über jeden gegen ihn erhobenen prozessualen Anspruch, BGH **106**, 367. Die Einwilligung des Bekl ist eine Parteiprozeßhandlung, Grdz 47 vor § 128. Sie erfolgt formlos in der mündlichen Verhandlung, Stgt FamRZ **02**, 831 (krit Bergerfurth 1261), und nach einer schriftlichen Klagerücknahme auch durch Einreichung eines sog bestimmenden Schriftsatzes nach § 129 Rn 6, auch als elektronisches Dokument, § 130 a. Der Bekl kann die Einwilligung durch ein schlüssiges Verhalten erklären, zB durch einen bloßen Kostenantrag, Bbg FamRZ **97**, 92, Kblz VersR **81**, 1135. Sie ist nur bis zur Rechtskraft zulässig. Die später erklärte Einwilligung wirkt auch nicht auf eine vor der Rechtskraft erklärte Rücknahme zurück. Sie muß ebenso wie die Klagerücknahme gerade dem Prozeßgericht gegenüber erfolgen. Es reicht nicht aus, daß der Bekl sie nur außergerichtlich gegenüber dem Kläger erklärt, selbst wenn dieser sie dem Gericht mitteilt. Vgl freilich Rn 10.

18 Eine bloße *Untätigkeit* genügt unter den Voraussetzungen I 4. Danach gilt die Einwilligung beim Zusammentreffen mehrerer Bedingungen als erteilt (Fiktion). Zunächst muß die Geschäftsstelle die Klagerücknahme dem Bekl nach dem gegenüber § 270 S 2 vorrangigen I 3 förmlich zugestellt haben. Sie muß auch auf die gesetzliche Folge seines Schweigens hingewiesen haben, I 4 Hs 2, am besten durch Wiedergabe des Gesetzestextes, aber auch mit anderen Worten, wenn eindeutig. Sodann darf der Bekl der Klagerücknahme binnen der in I 4 genannten Notfrist von zwei Wochen nicht widersprochen haben. Die Notfrist nach § 224 I 2 beginnt mit der Zustellung der Klagerücknahme. Sie errechnet sich im übrigen nach § 222. Der Widerspruch ist eine Parteiprozeßhandlung, Grdz 47 vor § 128. Er ist gegenüber dem Prozeßgericht notwendig. Eine Vornahme nur gegenüber dem Kläger reicht nicht aus. Die Erklärung ist auslegbar, Grdz 52 vor § 128. Sie wird dem Kläger formlos mitgeteilt, § 270.

Wegen §§ 612 IV, 640 I gelten im Ehe- und Kindschaftsverfahren *Abweichungen,* Hamm FamRZ **89**, 1102. Eine bedingte, nämlich zB vorweggenommene, Einwilligung ist zwar an sich unzulässig, Grdz 54 vor § 128. Sie ist aber aus prozeßwirtschaftlichen Gründen hinnehmbar, § 295, Karlsr FamRZ **90**, 84 (zum vergleichbaren [jetzt] § 516). Die Erklärung, der Bekl stimme einer Klagerücknahme nur unter der Bedingung des klägerischen Anspruchsverzichts zu, läßt erkennen, daß der Bekl sich zumindest bis zum Eintritt seiner Bedingung gegen die Wirksamkeit der Klagerücknahme wendet. Das Gericht sollte daher dem Kläger anheimgeben, sich binnen einer zu bestimmenden angemessenen Frist zur Bedingung des Bekl zu äußern. Nimmt der Kläger die Bedingung eindeutig an, liegt nunmehr eine Einwilligung des Bekl vor. Andernfalls liegt ein Widerspruch vor.

Im *Klagabweisungsantrag* liegt die Versagung der Einwilligung, Kblz VersR **81**, 1136. Sie liegt ebenso darin, daß der Bekl nach einer in der Verhandlung erklärten Klagerücknahme die Einwilligung nicht bis zum Schluß dieser Verhandlung nach §§ 136 IV, 296 a erklärt, Kblz VersR **81**, 1136. Erörtern die Parteien nach „Antragsrücknahme" die Kostenpflicht, können darin übereinstimmende Erledigterklärungen liegen, Köln RR **98**, 143.

19 Die Einwilligung ist *unwiderruflich,* Grdz 58 vor § 128. Anwaltszwang herrscht wie sonst, § 78, ThP 9, ZöGre 15, aM StJSchu 16 (aber gerade diese weitreichende Parteiprozeßhandlung muß einen Anwaltszwang mitunterliegen, auch zum Schutz des Bekl). Solange die Einwilligung fehlt bzw nach I 4 nicht als erteilt gilt, geht der Prozeß unverändert weiter, Rupp/Fleischmann MDR **85**, 18, und die Rechtshängigkeit bleibt bestehen, Hamm OLGZ **85**, 96, falls nicht etwa der Kläger auf den Anspruch eindeutig verzichtet, § 306, Mayer MDR **85**, 374. Der Kläger ist an seine Rücknahme nicht gebunden, wenn der Bekl eine notwendige Einwilligung versagt, Kblz VersR **81**, 1136. Wenn der Kläger nunmehr nicht verhandelt und der Bekl einen Antrag auf den Erlaß eines Versäumnisurteils stellt, der in seinem Sachantrag stillschweigend enthalten sein kann und dürfte, muß das Gericht die Klage nach § 330 abweisen. Allerdings muß man grundsätzlich davon ausgehen, daß der Kläger jedenfalls dann, wenn er nicht eingeräumt hat, den Klaganspruch derzeit noch nicht oder nicht mehr zu besitzen, nunmehr zum schon gestellten Sachantrag zumindest stillschweigend zurückkehrt. Das ist zulässig, BGH MDR **99**, 861.

Wenn der Bekl den ja schon gestellten Antrag in demselben Termin *nicht wiederholt,* ist er in diesem Termin nicht etwa säumig geworden, § 334, Rupp/Fleischmann MDR **85**, 18. Wohl aber kommt seine Säumigkeit in Betracht, wenn er in einem weiteren Termin nicht mehr verhandelt, § 333, Rupp/Fleischmann MDR **85**, 18. Das alles gilt auch bei teilweiser Klagrücknahme für den zurückgenommenen Teil, Rupp/Fleischmann MDR **85**, 19.

Bei *Säumnis* des Bekl in *diesem* Termin gilt zwar nach § 331 I 1 das tatsächliche mündliche Vorbringen des Klägers als zugestanden, § 288. Das gilt auch nach früherer streitiger Verhandlung. Daran ändert auch der Grundsatz der Einheit der Verhandlung nach Üb 3 vor § 253 nichts. Indessen wird durch solche Unterstellung eben nur der gegnerische Tatsachenvortrag erfaßt. Daher kann man aus der bloßen Säumnis nicht

Titel 1. Verfahren bis zum Urteil § 269

eine auch nur stillschweigende Einwilligung des Bekl zu einer ganz anderen Art von klägerischer Parteiprozeßhandlung ableiten, nämlich zur Klagerücknahme.

Hat der Bekl seine Einwilligung *versagt,* so kann er den Kläger auch nicht durch den nachträglichen **20** Widerruf seiner Versagung an dessen zunächst erklärter Klagerücknahme festhalten, Grdz 58 vor § 128, Kblz VersR **81**, 1136. In Patentnichtigkeitssachen kann man die Klage in jeder Verfahrenslage ohne Einwilligung des Bekl zurücknehmen. In einer Ehesache kann man auf § 630 II abstellen, AG Bln-Schöneb FamRZ **86**, 704. Nach dem Tod einer Partei ist wegen § 619 eine Klagerücknahme unzulässig. Denn erledigt ist erledigt. Eine Zustimmung zur Antragsrücknahme ist trotz vorangegangener Zustimmung zum Scheidungsantrag erforderlich, Mü RR **94**, 201. Im Verfahren wegen einer Restschuldbefreiung ist die einseitige Rücknahme bis zum Schlußtermin möglich, LG Freiburg Rpfleger **04**, 373.

Ein nach § 51 *Prozeßunfähiger* kann evtl wirksam zustimmen, Karlsr FamRZ **77**, 563. Ein Antrag auf den **21** Erlaß eines Arrests oder einer einstweiligen Verfügung ist auch nach einer mündlichen Verhandlung ohne die Einwilligung des Antragsgegners rücknehmbar, § 920 Rn 18. Im Fall einer Rechtswegverweisung nach §§ 13, 17 GVG beginnt beim aufnehmenden Gericht kein „neuer Rechtsstreit". Daher ist die etwa sonst erforderliche Einwilligung nicht entbehrlich, aM Schlesw SchlHA **76**, 48, ZöGre 13.

5) Verfahren, II. Es erfolgt oft erstaunlich „großzügig". **22**

A. Form der Klagerücknahme. Die Erklärung ist auslegbar, Grdz 52 vor § 128. Sie braucht nicht ausdrücklich zu geschehen, Rn 1, BGH RR **96**, 886, LAG Düss DB **77**, 1708. Die Rücknahmeerklärung muß aber unmißverständlich (gemeint) sein, BGH RR **96**, 886. Die Klagerücknahme kann schon im Nichtstellen des Klagantrags oder eines Teils des Antrags liegen, freilich nur bei einer besonderen Sachlage. Regelmäßig gilt nur der Termin als versäumt, § 333. Eine Klagerücknahme kann sogar dann vorliegen, wenn der Kläger auf eine für den Prozeßfortgang wesentliche Anfrage des Gerichts monatelang nicht antwortet, zB die Unterlagen über den Zeitpunkt der Zustellung eines Vollstreckungsbescheids nicht einreicht und auch keinen Hinderungsgrund nennt.

Keine Klagerücknahme liegt vor, wenn der Kläger ohne einen ersichtlichen Grund den neben einem **23** Leistungsantrag gestellten Feststellungsantrag nicht mehr verliest. Die Erklärung, die Hauptsache sei erledigt, § 91 a, ist im allgemeinen keine Klagerücknahme, Rn 1, ebenso die bloße Nichtzahlung eines vom Gericht angeforderten Vorschusses, Düss MDR **02**, 603 (zu §§ 485 ff). Eine einverständliche Versöhnungsanzeige ist meist eine Erledigterklärung.

Die Rücknahmeerklärung muß als Parteiprozeßhandlung *unbedingt* sein, Grdz 47 vor § 128, Kblz MDR **24** **00**, 226. Sie wird mit dem Eingang beim Prozeßgericht wirksam, Rostock MDR **95**, 212. Ihr Widerruf und ihre Anfechtung sind ab Einreichung grundsätzlich unzulässig, Grdz 56, 58 vor § 128, BGH GRUR **85**, 920, Mü FamRZ **82**, 510. Wegen der vereinbarten Rücknahme der Klage vgl Rn 29. Die Rücknahmeerklärung bindet daher den Kläger, auch wenn der Bekl einwilligen muß, bis zur Versagung der Einwilligung, Mayer MDR **85**, 374. Ein Irrtum ist evtl unbeachtlich. Man kann die Rücknahme des Scheidungsantrags mit Rücksicht auf die übrigen Beteiligten des Verbundverfahrens nicht widerrufen, Mü FamRZ **82**, 510.

Die Klagerücknahme erfolgt *mündlich oder* durch Einreichung eines *Schriftsatzes,* BGH MDR **81**, 1002, **25** Kblz JB **75**, 1083. Anwaltszwang herrscht grundsätzlich (Ausnahmen Rn 26) wie sonst, § 78, Ffm Rpfleger **79**, 148, Kblz MDR **00**, 226, aM LG Bonn NJW **86**, 855 (vgl aber Rn 19). Gegebenenfalls muß also die Klagerücknahme durch den ProzBev derjenigen Instanz erfolgen, bei der der Prozeß schwebt, also bis zur Einlegung eines Rechtsmittels durch den ProzBev der unteren Instanz, § 172 Rn 8.

Hat der Bekl ein *Rechtsmittel* eingelegt, muß also unabhängig von dessen Zulässigkeit grundsätzlich der **26** Rechtsmittelanwalt tätig werden. Ist der Kläger aber noch nicht in der höheren Instanz vertreten, so kann die Klagerücknahme auch durch den ProzBev der bisherigen Instanz erfolgen, Kblz MDR **00**, 226. Es mag auch zulässig sein, daß der Kläger nach Verweisung einer beim AG eingereichten Klage an das LG die Klagerücknahme selbst erklärt, Kblz MDR **00**, 226. Wegen einer „Klagerücknahme" nach vorangegangenem Mahnverfahren § 696 Rn 20–22. Eine Protokollierung erfolgt durch Vorlesung und Genehmigung, §§ 160 III Z 8, 162 I. Vgl aber auch Rn 28. Der Schriftsatz ist ein bestimmender, § 129 Rn 6. Das Gericht stellt ihn von Amts wegen förmlich zu. Eine formlose Mitteilung ist wegen § 270 S 1 möglich. Vor dem AG muß man § 496 beachten. In einer Ehe- und Kindschaftssache nach §§ 606 ff, 640 ff gilt nichts Besonderes, Hamm FamRZ **89**, 1102. Vgl allerdings auch Rn 17.

B. Empfänger der Klagerücknahme. Die Klagerücknahme geschieht durch eine Erklärung gegenüber **27** dem Gericht, Rostock MDR **95**, 212. Sie ist nur gegenüber dem Prozeßgericht zulässig, BGH MDR **81**, 1002, mag ihre Wirksamkeit auch von einer Einwilligung des Bekl abhängen. Die Erklärung läßt sich vor dem AG § 361, 362 verordneten Richter in einem Vergleichs- oder Gütetermin nach § 118 I oder § 278 wirksam erklären. Die bloße Mitteilung einer Abschrift der Rücknahmeerklärung, die der Kläger für diesen Prozeß in einem anderen abgegeben hatte, zu den richtigen Akten genügt nicht, BGH MDR **81**, 1002. Freilich kann in der bloßen Abschrift die Erklärung auch gegenüber dem richtigen Prozeßgericht stecken.

C. Wirksamkeit der Rücknahmeerklärung. Eine unter Beachtung von Rn 22–27 abgegebene Rück- **28** nahmeerklärung ist als solche grundsätzlich wirksam. Ihre Wirksamkeit ist nicht davon abhängig, daß das Gericht die Protokollierungsvorschriften des §§ 160 III Z 8, 162 I beachtet hat, BSG MDR **81**, 612. Die Erklärung eines gesetzlichen Vertreters unter einem offenkundigen Mißbrauch seiner Befugnis kann aber unwirksam sein. Der Schuldner kann die Rücknahme nach der Eröffnung des Insolvenzverfahrens nicht mehr wirksam erklären, BGH WertpMitt **78**, 521. Soweit die Einwilligung des Bekl nach Rn 17 notwendig ist, ist diese zwar nicht eine Voraussetzung der Zulässigkeit, wohl aber der Wirksamkeit. Über die Wirksamkeit der Rücknahme entscheidet dasjenige Gericht, vor dem die Rücknahmeerklärung erfolgte, BayObLG ZMR **01**, 989 (zum alten Recht).

D. Amtsprüfung. Die wirksame Klagerücknahme ist von der Zulässigkeit oder Begründetheit der Klage **29** unabhängig. Das Gericht muß sie von Amts wegen beachten, Grdz 39 vor § 128. Denn sie beseitigt die Rechtshängigkeit und damit die Grundlage der richterlichen Tätigkeit. Man darf aber aus Gründen der

§ 269

Prozeßwirtschaftlichkeit nach Grdz 14 vor § 128 keine neue Klage verlangen, falls die Parteien eine Rücknahme der Klagerücknahme vereinbaren. Das kann stillschweigend durch Fortsetzung des Prozesses geschehen, Eisenführ GRUR **85**, 922. Vor der Klarstellung erfolgt kein Kostenurteil.

30 E. **Entscheidung.** Das Gericht, also evtl der Vorsitzende der Kammer für Handelssachen bzw der Einzelrichter nach §§ 348, 348 a, 349 II Z 4, 527 III Z 1, 568 stellt fest, daß die Klage zurückgenommen sei. Das geschieht durch ein Endurteil, Hamm RR **91**, 61, VGH Mü NVwZ **82**, 45 (zu § 92 II VwGO), ZöGre 19 b, aM BGH NJW **78**, 1585, ThP 20 (durch einen unanfechtbaren Beschluß. Aber V 1 gilt eindeutig auch für die bloße Feststellung). Dagegen sind die üblichen Rechtsmittel zulässig. Dabei bleibt die Hauptsache im Streit, auch falls nur eine Kostenentscheidung ergangen ist.

31 Soweit *keine* wirksame Klagerücknahme vorliegt, ergeht die Entscheidung durch ein unselbständiges Zwischenurteil nach § 303 oder in den Gründen des Endurteils.

32 **6) Wegfall der Rechtshängigkeit, III 1.** Die Sache gilt rückwirkend als nicht anhängig bzw als nicht rechtshängig geworden, § 261 Rn 1, Köln JB **99**, 366. Es ist so, als hätte der Kläger keine Klage erhoben und kein Mahngesuch vorgebracht, LG Itzehoe RR **94**, 1216. Das Gericht darf keine Sachentscheidung mehr treffen, BVerwG NVwZ-RR **05**, 739. Das gilt auch für die Kündigungsschutzklage, Pallasch, Der Beschäftigungsanspruch des Arbeitnehmers (1993) 98. Auch ein Beschwerdeverfahren wird gegenstandslos, Ffm RR **95**, 956. Der Kläger kann *diesen* Prozeß auch nicht dadurch fortsetzen, daß er – wenn auch im Einverständnis des Bekl – den Klagantrag in einer späteren Verhandlung stellt, Saarbr MDR **00**, 722, statt nach IV vorzugehen. Darin erschöpft sich die Bedeutung der Klägerrücknahme, BGH NJW **84**, 658, Schlesw JB **91**, 588, anders als bei einem Verzicht auf den Klaganspruch, Rn 1. Ein noch nicht rechtskräftiges Urteil wird grundsätzlich kraft Gesetzes wirkungslos, BVerwG NVwZ-RR **05**, 739, Brdb Rpfleger **98**, 485. Das Verfahren bleibt allein wegen der Kosten rechtshängig, Hamm OLGZ **89**, 466, LG Itzehoe RR **94**, 1216, sofern nicht wegen der Kosten wenigstens ein Teilurteil möglich ist, Rn 43. Das Gericht hebt einen anstehenden Termin auf. Die prozessualen Wirkungen der Rechtshängigkeit, § 261 Rn 1, entfallen rückwirkend, AG Nürnb FamRZ **85**, 1073. Auch eine Streithilfe nach § 66 bleibt bloß wegen der Kosten bestehen, BGH **65**, 134.

Eine wirksam erhobene *Widerklage* nach Anh § 253 bleibt unberührt. Denn sie ist eine wirkliche Klage, Anh nach § 253 Rn 5, und sie leitet ein eigenes Verfahren ein. Dieses kann der Kläger nicht einseitig zunichte machen. Die Klage bindet nicht die Widerklage, sondern erleichtert nur ihre Erhebung, LG Mü NJW **78**, 953. Die sachlichrechtlichen Wirkungen der Rechtshängigkeit entfallen nach dem sachlichen Recht, §§ 212, 941 S 2 BGB, § 1408 II 2 BGB, BGH NJW **86**, 2318, BFH BB **95**, 347, aM Zweibr FamRZ **86**, 72 (aber solcher Wegfall ist eine typische Folge des Prozeßendes). Auch sie entfallen im Zweifel rückwirkend, BGH NJW **86**, 2318. Eine im Prozeß abgegebene sachlichrechtliche Erklärung kann wirksam bleiben, zB § 145 Rn 8. Ein nur anhängig gewordener Scheidungsgegenantrag ist als Erstantrag umdeutbar, Zweibr FamRZ **99**, 952.

33 **7) Bei Klaganlaß bis Rechtshängigkeit: Kostenlast des Klägers kraft Gesetzes, III 2.** Der Kläger trägt grundsätzlich die Prozeßkosten, BGH NJW **04**, 2323. Er trägt nur diese, Kblz VersR **90**, 1135. Er trägt sie mangels einer unten dargelegten zulässigen abweichenden Parteivereinbarung, BGH BB **04**, 1987. Er trägt sie dann unmittelbar kraft Gesetzes nach Rn 39, BGH NJW **04**, 224, Rostock MDR **95**, 212, LAG Bln BB **93**, 583. Er trägt die Kosten also keineswegs erst auf Grund des lediglich diese Kostenfolge richtigerweise nur noch zusätzlich feststellenden Beschlusses, Karlsr MDR **94**, 1245. Das verkennen leider viele, zB Brdb FamRZ **96**, 683, LG Mü RR **04**, 524, Barschkies DRiZ **87**, 278. Insoweit bestehen auch Unterschiede zum Kostenausspruch nach § 494 a II 1, dort Rn 11. Die gesetzliche Kostenfolge ist also eine diesmal nicht richterliche, sondern eben bereits gesetzliche Kostengrundentscheidung. Diese ist ohne Kostenfestsetzung ausreichende Grundlage. Das gilt unabhängig davon, daß der etwa zusätzlich beantragte feststellende Beschluß ein Vollstreckungstitel ist, Rn 43.

Die Kostenpflicht betrifft die *gesamten Kosten*, soweit sie nicht die Widerklage betreffen, durch den aufrechterhaltenen Rest verursacht sind oder soweit das Gericht über sie rechtskräftig erkannt hat, LG Aachen VersR **79**, 1144. Dazu können auch die Kosten des selbständigen Beweisverfahrens zählen, BGH BB **04**, 2602, Karlsr JB **05**, 491, aM BGH RR **05**, 1015, Kblz NJW **03**, 3281. Der Grund der Klagerücknahme ist unerheblich, Mü MDR **81**, 940. Wer zurücknimmt, begibt sich nämlich freiwillig in die Rolle des Unterliegenden, BGH NJW **04**, 223, Köln MDR **93**, 700 (irrtümlicher Bekl). Deshalb gilt III 2 auch beim Klägerwechsel, ZöV 13 „Parteiwechsel", Zweibr JB **04**, 494 (Ausnahme: kein Rechtsschutzbedürfnis), aM Celle MDR **04**, 410. Das gilt auch dann, wenn die Klage begründet war, BGH NJW **04**, 223, § 93 ist deshalb unanwendbar, § 93 Rn 17 „Klagerücknahme". Darauf, ob der Bekl eingewilligt hat, kommt es nicht an. Will er Kosten übernehmen, so bedarf es eines Vergleichs, Anh § 307, Bbg JB **91**, 1696, Bre MDR **03**, 1142, Hamm MDR **87**, 589, aM Ffm RR **89**, 571 (aber niemand haftet ohne klare Grundlage). Eine Beweisaufnahme dazu, ob ein solcher Vergleich zustandegekommen ist, ist aber unzulässig, Ffm MDR **83**, 675. Im Fall der Klage eines vollmachtlosen Vertreters ist dieser daher nur dann selbst für die Kosten haftbar, nicht der Vertretene die Klage veranlaßt hat, § 56 Rn 18, Hamm OLGZ **89**, 321, Emde MDR **97**, 1003, aM Vollkommer MDR **97**, 1004 (aber der Grundgedanke der Haftung eines Vollmachtlosen gilt auch hier, vgl auch § 89 I 3).

34 **8) Kosten bei Säumnis, III 2.** § 344 hat als Spezialvorschrift für den Säumnisfall Vorrang vor dem ja allgemeineren, weil jede bisherige Verfahrenslage erfassenden § 269, BGH **159**, 157, Mü MDR **01**, 533, Brdb MDR **99**, 639, aM Karlsr MDR **96**, 319, Schlesw MDR **02**, 1274, (aber gerade wegen der bloß feststellenden Wirkung des Beschlusses nach [jetzt] III 2, IV, Ffm MDR **83**, 675, bleibt der Vorrang des spezielleren § 344).

35 **9) Kosten bei Teilrücknahme bei Klaganlaß bis zur Rechtshängigkeit, III 2.** Die Kostenpflicht aus § 269 reicht jedoch nur so weit wie die Klagerücknahme. Also entsteht bei einer teilweisen Klagerücknahme auch nur eine entsprechende Kostenpflicht, §§ 92, 308 II, Rn 43, Kblz RR **98**, 71. § 96 ist unanwendbar.

36 **10) Bei Klaganlaßwegfall vor Rechtshängigkeit: Bedingte Kostenverteilung, III 3,** dazu *Schneider* JB **02**, 511 (krit), Schur KTS **04**, 373 (teilweise zum alten Recht): Bei III 3 muß das Gericht die Klage noch nicht zugestellt haben, BGH FamRZ **05**, 794. Soweit auf dieser Grundlage der Anlaß zur Einreichung der

Titel 1. Verfahren bis zum Urteil **§ 269**

Klage schon vor der Klagerücknahme weggefallen war, kommt in Abweichung von III 2 eine Kostenverteilung durch eine nur insoweit echte rechtsbegründende Kostengrundentscheidung in Betracht, LG Münst RR **02**, 1221, Knauer/Wolf NJW **04**, 2858. Das gilt, sofern die folgenden Voraussetzungen zusammentreffen.

A. Wegfall des Klaganlasses. Es darf bei rückschauender Betrachtung im Zeitpunkt der Entscheidungs- **37** reife vernünftigerweise schon zur bloßen Einreichung der Klageschrift objektiv kein Anlaß mehr bestanden haben. Hauptfall ist die dem Gläubiger bei der Klageinreichung noch unbekannte Erfüllung durch den Schuldner nach §§ 362 ff BGB. Es kommen aber auch andere tatsächliche oder rechtliche Vorgänge in Betracht. Diese sind in § 93 Rn 29 ff ausführlich dargestellt. Maßgebend ist wie dort Rn 29, ob der Bekl ein Verhalten zeigte, daß zwar subjektiv eine Klageinreichung, objektiv aber nicht mehr die Notwendigkeit eines Prozesses rechtfertigte.

B. Wegfall vor Rechtshängigkeit. Der Klaganlaß muß schon vor dem tatsächlich nach Rn 36 erfolgten **38** Eintritt der Rechtshängigkeit weggefallen sein, also grundsätzlich vor der Zustellung der Klageschrift, §§ 253 I, 261 I, Köln FamRZ **03**, 1572, aM Brschw FamRZ **05**, 1263 (vgl aber Rn 5). Das Stadium ab Rechtshängigkeit fällt gerade nicht unter III 3, AG Bln-Neukölln MDR **03**, 112, aM Bonifacio MDR **02**, 499 (aber Wortlaut und Sinn sind eindeutig, auch gerade im Vergleich mit III 2, Einl III 39). Das Stadium der bereits mit der Klageinreichung nach § 261 Rn 1 beginnenden sog Anhängigkeit fällt nur ausnahmsweise mit demjenigen der Rechtshängigkeit zusammen, nämlich im Eilverfahren nach §§ 620 ff, 916 ff, 935 ff, dazu § 921 Rn 8. Mit III 3 erfaßt das Gesetz einen Teil der Probleme, die sich ergeben, wenn man vor Rechtshängigkeit den eingereichten Sachantrag unverschuldet nicht mehr aufrechthalten oder aus den Gründen § 91 Rn 30–38 rechtswirksam die Erledigung der Hauptsache erklären kann, Elzer NJW **02**, 2006 (grundsätzlich kein Feststellungsinteresse).

C. Zulässigkeit der Klagerücknahme. Die Klagerücknahme muß bereits wirksam möglich sein. Das **39** setzt III 3 als selbstverständlich voraus. Wegen III 3 Hs 2 bleibt trotzdem eine Kostenverteilung in demjenigen Fall möglich, daß nicht nur der Klaganlaß vor der Klagezustellung wegfiel, sondern daß der Kläger ebenfalls vor der Rechtshängigkeit seine Klage zurücknahm, daß es also gar nicht mehr vor der Rücknahme des Rechtsschutzgesuchs zur Zustellung der Klageschrift gekommen ist.

Das Gericht darf und muß daher (jetzt) einem Schuldner evtl auch dann Prozeßkosten auferlegen, wenn überhaupt kein Prozeßrechtsverhältnis nach Grdz 4 vor § 128 entstanden ist. Es können „Kosten des Rechtsstreits" im Sinn von §§ 91 ff auch die sog Vorbereitungskosten umfassen, § 91 Rn 14, 270 ff. Das gilt allerdings nur, wenn es dann überhaupt zu einem „Rechtsstreit" gekommen ist. Das erfordert an sich ein Prozeßrechtsverhältnis. Der Gläubiger mag durchaus einem sachlichrechtlichen Anspruch auf Ersatz seines Verzugsschadens haben, Üb 69 or § 91.

Nur müßte er diesen notfalls nur *gesondert einklagen* und könnte ihn auch nicht über den gar nicht anwendbaren III 2 als Prozeßkosten festsetzen lassen. Insofern durfte der Gesetzgeber jedenfalls nicht unter dem von ihm auch in III 2 beibehaltenen Begriff der Rücknahme gerade der „Klage" aus einem Schadensersatz eine Erstattung von Prozeßkosten machen. Er hätte dann zusätzlich den Begriff der Rücknahme des Rechtsschutzgesuches einführen müssen. Das hat er nach dem klaren Wortlaut nicht getan. Angesichts so klaren Wortlauts bleibt auch eigentlich kein Raum für eine sinnändernde, weil -erweiternde Auslegung, Einl III 39. Auch § 253 I spricht folgerichtig von einer Klagerhebung erst ab „Zustellung eines Schriftsatzes (Klageschrift)", nicht ab Zustellung „der Klage". Man darf die Standfestigkeit einer Säule des Zivilprozesses, des Prozeßrechtsverhältnisses mit allen seinen Rechten, Pflichten und Obliegenheiten, nicht über eine noch so praktisch scheinende Umdeutung von III 2 erschüttern. Das alles hat freilich III 3 Hs 2 für den derartigen Fall beiseitegefegt. Bei III 2 gilt es indessen fort.

D. Keine Unverzüglichkeit der Klagerücknahme. Die Klagerücknahme muß nicht unverzüglich **40** erfolgt sein. Der Gesetzgeber hat das Wort „unverzüglich" nicht mehr in III aufgenommen.

E. Kostenverteilung nach Ermessen. Beim Zusammentreffen der Voraussetzungen Rn 37–40 darf und **41** muß das Gericht nicht von Amts wegen entscheiden, wie sonst im Urteil bei § 308 II. Es darf und muß vielmehr nur auf Antrag durch Beschluß nach IV eine Kostenentscheidung zu treffen. Insoweit besteht noch kein Ermessen. Es beginnt erst bei der anschließenden Frage, ob und wie als Abweichung von der in III 2 genannten Kostenpflicht des Klägers eine Kostenverteilung unter den Prozeßbeteiligten stattfinden soll. Dabei bedeutet „billiges" Ermessen nur: Das Gericht hat im Rahmen seines wie stets pflichtgemäßen Ermessens einen weiten Spielraum. Dabei darf und muß es den bisherigen Sach- und Streitstand berücksichtigen, wie bei § 91 a I 1, dort Rn 112 ff entsprechend. Auch sind die in § 92 genannten Verteilungsmöglichkeiten entsprechend vorhanden, dort Rn 27 ff. Vor der Entscheidung auch nur teilweise zu Lasten des Bekl muß er rechtliches Gehör nach Art 103 I GG erhalten, Knauer/Wolf NJW **04**, 2858. Daher muß ihm das Gericht die Klageschrift unter angemessener Fristsetzung zustellen, Knauer/Wolf NJW **04**, 2858, freilich nur zum letzteren Zweck. Zwei Wochen Frist dürften meist reichen.

11) Sonstige Kostenfälle, III 2, 3. Den rechtskräftig ausgeschiedenen Kosten stehen die durch einen **42** Vergleich geregelten gleich, auch die durch einen außergerichtlichen geregelten, Köln VersR **99**, 1122, Mü VersR **76**, 395, LG Aachen VersR **79**, 1144. Ferner stehen den rechtskräftig ausgeschiedenen Kosten die durch einen Vergleich in einem anderen Prozeß entstandenen gleich. Die Kostenpflicht entsteht auch, wenn die Klage dem zunächst benannten, aber nach Auswechslung ausgeschiedenen, davon jedoch nicht informierten Bekl noch zugestellt wird, LG Bln MDR **90**, 1122. III 2, 3 schaffen in Verbindung mit § 93 d eine Ausnahme vom Grundsatz Rn 33. Im Fall eines zunächst isoliert gewesenen selbständigen Beweisverfahrens nach §§ 485 ff ist III nicht entsprechend anwendbar und erfaßt der etwa nachfolgenden Prozeß ergehende Kostenspruch nach IV auch die Kosten dieses Verfahrens, § 91 Rn 193, Bre FamRZ **92**, 1083, ZöGre 18 b, aM Karlsr MDR **91**, 911, Köln MDR **02**, 1391 (aber solche Lösung wäre eben systemwidrig).

Eine Versöhnung im *Scheidungsverfahren* ist ein rein tatsächlicher Vorgang. Sie enthält grundsätzlich keine **43** Kostenübernahme (Folge unter Umständen: § 91 a oder § 269 III). Sie kann jedoch als Vergleich (Folge unter Umständen: § 98) bewertbar sein. Wegen der Scheidungsfolgesachen §§ 621 a I 1, 623 I 1, 626 I 2,

§ 269

626 II, Köln FamRZ **86**, 278. Nimmt der Kläger bei der Stufenklage nach § 254 den unbezifferten Zahlungsantrag nach Erledigung des Auskunftsbegehrens zurück, so muß er die gesamten Kosten des Rechtsstreits tragen, Hamm RR **91**, 1407. Denn es kommt wie stets bei Prozeßkosten nur auf das Endergebnis an, Grdz 27 vor § 91, Hamm RR **91**, 1407, Mü MDR **90**, 636, aM BGH NJW **94**, 2895 (allenfalls sachlichrechtlicher Kostenersatz), Stgt FamRZ **94**, 1505 (aber dergleichen verwässert den vorgenannten wenn auch harten Kostengrundsatz, eine Säule des Prozesses).

Ist eine Klage und eine *Widerklage* erhoben, Anh § 253, und wurden beide zurückgenommen, kann hier nicht jede Partei die Kosten ihrer Klage übernehmen. Es muß eine Kostenteilung erfolgen, § 92, da nur ein Streitwert vorliegt. Dasselbe gilt bei einer Rücknahme der beiderseitigen Scheidungsanträge, Hamm FamRZ **79**, 169.

Bei der Rücknahme des *Insolvenzantrags* muß der Antragsteller auch die Kosten des etwaigen vorläufigen Insolvenzverwalters tragen, LG Münst MDR **90**, 453. III gilt entsprechend auch bei einem Ausscheiden eines Klägers nach § 263 Rn 6 oder bei der Rücknahme eines sonstigen Antrags, zB eines Arrestantrags, § 916, Düss NJW **81**, 2284, oder eines Antrags auf eine einstweilige Verfügung, § 935, Ffm WettbR **00**, 149, KG MDR **88**, 239, nicht aber mangels Schutzschrift, Brdb MDR **99**, 570, und auch nicht bei einer Rücknahme des markenrechtlichen Widerspruchs. Wenn die Rücknahme unter den Voraussetzungen KV 1292 a, 1221, 1231 erfolgt, ermäßigt sich die Verfahrensgebühr.

44 12) **Kostenantrag, IV.** Zuständig ist das Gericht der Instanz, vor dem die Klagerücknahme erklärt wurde, Düss Rpfleger **99**, 133, Hamm RR **91**, 60. Es darf und muß die bereits mit der Wirksamkeit der Klagerücknahme unmittelbar kraft Gesetzes eingetretene Kostenfolge nach Rn 33 nur dem Grunde nach feststellen. Darauf hat der Bekl ein Recht. Diese Feststellung erfolgt zwar nicht von Amts wegen, Brdb JB **01**, 264, Kblz MDR **04**, 297, wohl aber auf Antrag, Barschkies DRiZ **87**, 279. Sie erfolgt insofern wegen der nur feststellenden Bedeutung zur scheinbar von § 308 II abweichend. Erforderlich ist ein Antrag des Bekl bzw des Scheidungsantragsgegners, § 622 III, oder des sonstigen Antragsgegners, § 920 Rn 10, KG GRUR **85**, 325, wenn auch nach Zurückverweisung. Funktionell zuständig ist der Vorsitzende der Kammer für Handelssachen bzw der Einzelrichter, §§ 348, 348 a, 349 II Z 4, 526, 527 III Z 1, 568.

Der Bekl soll sogleich einen *Vollstreckungstitel* erwerben können, Rn 43, wenn auch der Höhe nach nur in Verbindung mit dem Kostenfestsetzungsverfahren, Hamm AnwBl **84**, 504. Für dieses ist der Kostenausspruch dem Grunde nach grundsätzlich bindend, Einf 8 vor §§ 103–107. Der Einwand, die Kosten seien bezahlt, hindert nicht, wenn die Erstattungsfähigkeit der Kosten irgendwie streitig ist. Denn diese Feststellung gehört ins Kostenfestsetzungsverfahren nach §§ 103 ff. Sind die Kosten unstreitig bezahlt worden und besteht kein Erstattungsanspruch, würde allerdings das Rechtsschutzbedürfnis fehlen, Grdz 33 vor § 253, Hamm AnwBl **84**, 504, Mü MDR **75**, 584.

Kein Rechtsschutzbedürfnis liegt ferner grundsätzlich vor, soweit der Bekl schon einen Kostentitel besitzt oder die Kosten übernommen hat, Hamm VersR **94**, 834 (Ausnahme: abredewidriges Verhalten des Klägers), Schlesw SchlHA **84**, 48, AG Bielef VersR **86**, 498, oder soweit er gar nicht beabsichtigt, wegen der Kosten zu vollstrecken, etwa weil er einen entsprechenden Verzicht dem Kläger gegenüber erklärt hat. Ein Rechtsschutzbedürfnis für ein Festsetzungsverfahren fehlt selbst dann, wenn der Bekl seinen Erstattungsanspruch vorher abgetreten hatte. Das Gericht muß einen außergerichtlichen oder gerichtlichen Kostenvergleich beachten, Rn 33, Bbg VersR **83**, 563. Das gilt auch dann, wenn in ihm der Versicherer des Bekl die Kosten übernommen hat, Ffm MDR **86**, 765, LG Trier VersR **85**, 1151.

Unbeachtlich sind zB: Der Einwand, der Bekl habe auf die Kostenerstattung verzichtet, soweit dieser eine solche Erklärung bestreitet, Hamm FamRZ **91**, 839, KG VersR **94**, 1491, LG Ffm AnwBl **85**, 270; der Einwand, ein Streitgenosse habe für den anderen auf die Kostenerstattung verzichtet, soweit der Letztere keinen eigenen ProzBev hat und einer derartigen „Vereinbarung" nicht beigetreten war, LG Ffm AnwBl **85**, 270; der Einwand, der Kl habe einen sachlichrechtlichen Schadensersatzanspruch, aM Hamm GRUR **91**, 391 (aber der Ausspruch nach III 2, IV stellt eben nur eine bereits kraft Gesetzes eingetretene Kostenfolge fest. Mag der Kläger nach § 767 vorgehen, Hamm GRUR **91**, 391).

Das Gericht darf die *Prozeßvoraussetzungen* nach Grdz 12 vor § 253 bis auf das in Rn 40 genannte Rechtsschutzbedürfnis im übrigen nicht prüfen. Fehlten sie, so besteht die Kostenpflicht erst recht. Der bewußt vollmachtlose ProzBev haftet als Veranlassungsschuldner, Karlsr MDR **97**, 689. Ein wegen § 51 Prozeßunfähiger kann unter Umständen den Antrag stellen, Karlsr FamRZ **77**, 563. Verzichtet der Kläger zugleich auf den Anspruch, so gilt § 306, nicht § 269. Ist der Verzicht aber streitig, muß der Bekl nach §§ 767, 795 vorgehen, Ffm MDR **83**, 675. Ein Verzicht auf den Antrag nach III ist zulässig und bindend. Der Verzicht des Versicherers bindet den Versicherungsnehmer, AG Duisb AnwBl **83**, 471. Auch beim Ausscheiden eines Streitgenossen ergeht eine Kostenentscheidung, falls sie möglich ist, Hamm GRUR **83**, 608, oft nur bezüglich der eigenen Kosten des Ausscheidenden, Kblz VersR **85**, 789, Köln MDR **76**, 496. § 93 ist auch nicht entsprechend anwendbar, Karlsr GRUR **83**, 608.

Der Kläger trägt nicht die Kosten des eigenen *Streitgehilfen,* wohl aber die des gegnerischen. Wegen des Anspruchs des ausgeschiedenen Bekl bei teilweiser Klagerücknahme (auch Parteiwechsel) § 263 Rn 15. Wenn wegen eines ausgeschiedenen Streitgenossen eine Entscheidung nach III ergeht, wird sie durch einen nachträglichen Kostenvergleich nicht berührt, an dem der Ausgeschiedene nicht beteiligt ist, Kblz VersR **81**, 1136. Wenn ein Dritter ohne Veranlassung des Antragstellers nur wegen eines Zustellungsfehlers in den Prozeß gezogen wurde, kann man jedenfalls nicht III zu seinen Gunsten entsprechend anwenden, Düss MDR **86**, 504, aM Hbg GRUR **89**, 458 (aber das wäre eine Überspannung des Prozeßrechtsverhältnisses). Dann kommt die Staatshaftung in Betracht.

45 13) **Kostenausspruch, IV.** Die Entscheidung erfolgt nur nach einer wirksamen vollen Klagerücknahme und auf Antrag des Bekl, Rn 44. Sie geschieht durch einen Beschluß bei freigestellter mündlicher Verhandlung, IV, § 128 IV, nicht etwa durch ein Urteil, LG Itzehoe RR **94**, 1216. Der feststellende Kostenausspruch ist ein Vollstreckungstitel, Rn 33, III 5 in Verbindung mit § 794 I Z 3. LG Bückebg MDR **97**, 978 wendet § 780 entsprechend an.

Titel 1. Verfahren bis zum Urteil § 269

Gebühren: Des Gerichts keine; des Anwalts: keine, da zum Rechtszug gehörig, § 19 I 2 Z 3 RVG. Es treten ähnliche Fragen auf wie bei § 100, dort Rn 55 ff.

Es ist grundsätzlich kein gesonderter Kostenausspruch aus § 269 auf Feststellung über den *zurückgenommenen Teil* möglich, Wielgoss JB **99**, 127. Vielmehr muß das Gericht in einem solchen Fall in der Kostenentscheidung des etwa noch folgenden Urteils über die restliche Klage einheitlich und von Amts wegen über die gesamte Kostenverteilung unter Beachtung des Anteils der teilweisen Rücknahme am Gesamtstreitwert entscheiden, §§ 92, 308 II, § 92 Rn 15 „Klägerrücknahme", BGH RR **96**, 256, Düss Rpfleger **99**, 133, Mü MDR **90**, 636 (zur Stufenklage), aM Düss RR **94**, 828, ThP 16 (aber III, IV setzen kostenmäßig eine volle Rücknahme voraus und ermöglichen eine Kostenverteilung nur auf Grund einer vollen Rücknahme). Freilich kommt ein Beschluß vor der Urteil in Betracht, soweit ein Streitgenosse ausscheidet. Insofern kann das Gericht auch noch nach dem Urteil den Kostenausspruch durch Beschluß vornehmen, Karlsr MDR **89**, 268. Ein fälschlich ergangener Beschluß bindet im Kostenfestsetzungsverfahren nach §§ 103 ff nicht für die Frage, ob und welche Kosten dem Bekl zu Recht entstanden sind, Hbg MDR **83**, 411. Ist er rechtskräftig, so ist er zu beachten, Nürnb MDR **01**, 535 (freilich aus [jetzt] VV 3301 usw).

14) Ausspruch der Wirkungslosigkeit des Urteils, IV. Ein ergangenes, noch nicht rechtskräftiges **46** Urteil oder Versäumnisurteil bzw ein entsprechender Vollstreckungsbescheid nach § 700 I werden wirkungslos, ohne daß es seiner Aufhebung bedürfte, BGH NJW **95**, 1096, Schlesw JB **92**, 404. Da der Kläger die Klagerücknahme dem Gericht gegenüber erklären muß, ist eine Rechtskraftbescheinigung nicht zu befürchten. Aus Gründen der Klarheit insbesondere zB in einer Ehesache muß das Gericht aber auf Antrag des Bekl aussprechen, daß das Urteil wirkungslos ist und daß der Rechtsstreit als nicht anhängig geworden gilt. Der Ausspruch erfolgt ohne Notwendigkeit einer mündlichen Verhandlung durch Beschluß, IV, § 128 IV. Er ist eine Entscheidung im Sinne von § 775 Z 1.

Für einen Antrag des Bekl kann ein *Rechtsschutzbedürfnis* nach Grdz 33 vor § 253 bei einer Kostenübernahmeverpflichtung fehlen, LG Detm JB **77**, 1780 (auch betr mehrere Bekl), Rn 39. Bei einem Rechtsschutzbedürfnis kann auch der Kläger den Antrag stellen, zB wegen einer Unklarheit über den Ehebestand, Düss FamRZ **77**, 131. Bei einer Kindschaftssache nach §§ 640 ff muß das Gericht seinen klärenden Beschluß zwecks Rechtssicherheit nach EinlI III 43 und wegen des Amtsermittlungsgrundsatzes nach Grdz 38 vor § 128 sogar am besten von Amts wegen aussprechen, Karlsr Just **76**, 513, evtl unter einem gleichzeitigen Ausspruch der Kostenfolge. Es ist also kein Rechtsmittel und kein aufhebendes Urteil der Rechtsmittelinstanz möglich. Denn hierfür besteht kein Rechtsschutzbedürfnis.

Eine *Widerklage* nach Anh § 253 ist *nicht* mehr statthaft. Die vorher erhobene bleibt statthaft. War ein Urteil noch nicht ergangen, so erfolgt nur der Ausspruch, daß der Rechtsstreit als nicht anhängig geworden gilt. Ein entsprechendes Zwischenurteil ist nicht notwendig, AG Nürnb FamRZ **85**, 1073. Ein nach wirksamer Klagerücknahme ergehendes Urteil ist wirksam, aber mangelhaft und aufhebbar, Üb 19 vor § 300, aM ThP 12 (nichtig. Aber es liegt ein äußerlich wirksamer Staatshoheitsakt vor). Eine Klagerücknahme nach einem rechtskräftigen Urteil ist begrifflich ausgeschlossen, Hamm Rpfleger **77**, 445 (betr Insolvenz). Die Zwangsvollstreckung erfolgt nach § 794 I Z 3, Oldb Rpfleger **83**, 329 (krit Lappe), AG Warburg RR **98**, 1221 (deshalb nicht § 767). Stgt RR **87**, 128 wendet III nach einem trotz verspäteten Vergleichswiderrufs ergangenen Urteil entsprechend an.

15) Sofortige Beschwerde, V. Sie hängt vom Zusammentreffen mehrerer Voraussetzungen ab. **47**

A. Gegen den Kostenausspruch, V 1. Erste Voraussetzung ist ein Kostenbeschluß nach IV. Ausreichend ist ein wenigstens teilweise bekräftigender Beschluß, auch wenn irrig als „Urteil" bezeichnete Entscheidung, LG Itzehoe RR **94**, 1216 (vgl freilich Rn 43), Ffm FamRZ **00**, 240, Karlsr MDR **89**, 268. Das gilt auch, soweit eine einheitliche Kostenentscheidung des Urteils nach einer Teilrücknahme nur insofern angegriffen werden soll, als sie auf § 269 beruht, LG Freibg NJW **77**, 2217. Soweit das Gericht den Kostenausspruch abgelehnt hat, ist ebenfalls die sofortige Beschwerde statthaft, auch § 567 I Z 2 statthaft. Soweit das OLG entschieden hat, kommt auch keine Rechtsbeschwerde nach § 574 in Betracht, BGH NJW **03**, 3565. Die Beschwerdefrist gilt auch bei einer Partei kraft Amts, Grdz 8 vor § 50, Kblz RR **00**, 1370 (Insolvenzverwalter, auch beim nachträglichen Eintritt in den Prozeß).

B. Hauptsachewert mindestens 600,01 EUR, V 1. Zweite Voraussetzung einer sofortigen Beschwerde ist ein Mindestwert. Die Statthaftigkeit hängt nach V 1 davon ab, daß der Streitwert der Hauptsache mindestens 600,01 EUR beträgt. Denn der in V 1 genannte § 511 fordert in seinem I Z 1 einen Wert von mehr als 600 EUR. Das gilt unabhängig davon, ob eine Berufung nach § 511 I Z 2 hätte zugelassen werden können, sollen oder müssen. Denn V 1 stellt nur auf den Betrag von mindestens 600,01 EUR ab. **48**

C. Zulässigkeit eines Rechtsmittels gegen Kostenfestsetzung, V 2. Dritte Voraussetzung einer sofortigen Beschwerde ist, daß gegen die Entscheidung über den Festsetzungsantrag nach § 104 noch ein Rechtsmittel zulässig ist, V 2. Nach § 11 II 1 RPflG, Anh § 153 GVG, ist die befristete Erinnerung zulässig, soweit nach den allgemeinen Vorschriften kein Rechtsmittel statthaft wäre. Diese Regelung gilt auch und gerade bei § 104, dort Rn 41 ff. Folglich reicht es für die Zulässigkeit der sofortigen Beschwerde nach V 2 aus, daß entweder nach § 104 III 1 die dort genannte sofortige Beschwerde oder nach § 11 II 1 RPflG in Verbindung mit § 104 III 1 ZPO die befristete Erinnerung noch zulässig ist. Man muß also auch die in § 104 Rn 41 ff erläuterten Fristen beachten. Krit zur Frist Schneider MDR **03**, 901. **49**

Gebühren: KV 1241, VV 3500. Soweit bei entsprechender Anwendung der Rpfl entschieden hat, gilt § 11 RPflG, § 104 Rn 41 ff.

16) Neue Klage, VI. Die Vorschrift ist als Ausnahme eng auslegbar, Oldb MDR **98**, 61. **50**

A. Grundsatz: Zulässigkeit. Eine neue Klage steht dem Kläger immer frei, BGH NJW **84**, 658, BAG NZA **04**, 1290, LG Ffm Rpfleger **84**, 472. Das gilt jedenfalls dann, wenn er nicht auf den Anspruch verzichtet hat (dann wäre eine erneute Klage als unzulässig abzuweisen), Kblz VersR **90**, 1135, Mü OLGZ **77**, 484. Der Kläger darf auch die Klage in demselben Verfahren wieder erweitern, BGH NJW **84**, 658, sofern er nicht auf den Anspruch verzichtet hat. Das kann freilich schon aus Zweckmäßigkeitsgründen nicht

§§ 269, 270

mehr gelten, wenn das bisherige Verfahren auch kostenmäßig abgeschlossen ist. Natürlich kann man aber eine nur teilweise wirksam zurückgenommene Klage bis zur Rechtskraft jederzeit in einer Tatsacheninstanz wieder ganz oder teilweise erweitern oder durch einen Feststellungsantrag ersetzen, Düss FamRZ **03**, 43. Hat der Bekl Widerklage erhoben, so kann der Kläger gegen diese eine Wider-Widerklage erheben, Anh § 253 Rn 14. Wegen einer Klagänderung Rn 1.

51 B. Kostenerstattung. Hat der Kläger dem Bekl die Kosten des ersten Prozesses nicht erstattet, so hat der Bekl bis zur Erstattung eine Zulässigkeitsrüge, § 282 III, § 296 III, LG Gera MDR **02**, 54. Das gilt auch dann, wenn der Kläger gegenüber dem nach der Klagerücknahme erlassenen Kostenfestsetzungsbeschluß eine Vollstreckungsabwehrklage erhebt, die er auf eine Aufrechnung mit dem Anspruch der zurückgenommenen Klage stützt. Das gilt, obwohl VI kein allgemeines Aufrechnungsverbot enthält, BGH NJW **92**, 2034 (eine Belästigungsabsicht des Klägers ist nicht erforderlich), Bre BB **91**, 1891, LG Gera MDR **02**, 54. Auch die Gewährung einer Prozeßkostenhilfe schließt sie nicht aus, § 122 I 2 gilt hier nicht. Wohl aber entfällt sie, wenn dem Kläger jede den Gegner belästigende Absicht fehlt oder wenn der Bekl die Kosten im Verfahren bis zur Klagerücknahme übernommen hatte. Nach einer Klagabweisung ist VI nicht entsprechend anwendbar, Rn 48, Oldb MDR **98**, 61.

Der Bekl muß den fehlenden Betrag *darlegen*, der Kläger die Zahlung. Eine Zahlung vernichtet die Rüge. Eine Ergänzung und Berichtigung der alten Klage hindern nicht. VI gilt als Sondervorschrift trotz § 280. VI gilt auch gegenüber einem anderen Gesamtgläubiger nach § 429 I BGB oder gegenüber dem Rechtsnachfolger des früheren Klägers im Sinn von § 265, auch gegenüber dem, der eine neue Klage erhebenden bisherigen Widerkläger, auch gegenüber der nach Rücknahme im Urkundenprozeß folgenden ordentlichen Klage.

52 C. Verfahren. Das Gericht setzt dem Kläger eine Frist zur Kostenerstattung, LG Gera MDR **02**, 54. Der Bekl muß beweisen, daß und wieviel der Kläger ihm an Kosten des Vorprozesses noch erstatten muß. Der Kläger muß die Erfüllung des so ermittelten Erstattungsanspruchs beweisen. Nach ergebnislosem Ablauf der Erstattungsfrist erfolgt auf Antrag eine Klagabweisung durch ein Prozeßurteil als unzulässig, LG Gera MDR **02**, 54.

53 17) *VwGO*: Zur Ergänzung von § 92 VwGO sind entsprechend anzuwenden, § 173 *VwGO*: **II**, VGH Mannh VRspr **14**, 1013 (jedoch kann im Verfahren vor VG und OVG die Rücknahme auch zu Protokoll des Urkundsbeamten oder in einer Verhandlung nach § 87 VwGO erklärt werden, aM VGH Kassel AS **24**, 120) und **III** 1, BVerwG NVwZ **86**, 468 (nicht bei Übergang zur FortsetzungsfeststKl); der nach § 92 III 1 VwGO vAw ergehende Beschluß (Einstellung, Wirkungslosigkeit eines Urteils, Kostenfolge des § 155 II, dazu VGH Kassel NVwZ-RR **92**, 55 mwN, VGH Mannh VBlBW **83**, 72, krit Kopp) ist unanfechtbar, § 92 III 2 *VwGO* (der Streit über die Wirksamkeit der Klagerücknahme ist ggf in Fortsetzung des ursprünglichen Verf auszutragen, RegEntw S 28, vgl VGH Mü u OVG Saarl NVwZ **99**, 896, 897, zu § 92 II 4). **IV** ist entsprechend anwendbar, § 173 VwGO, Jauernig NVwZ **96**, 31, Ule VPrR § 40 I u Ey § 92 Rn 22, aM RedOe § 92 Anm 15. Entsprechendes gilt für selbständige Nebenverfahren, zB nach § 80 oder § 123 VwGO, nicht aber für unselbständige Zwischenverfahren, VGH Mü NJW **86**, 2068 (betr Aussetzung des Verf). Eine gesetzliche Fiktion der Klagrücknahme sieht § 92 I 3 u § 92 II VwGO vor (Fristverkürzung auf 2 Monate durch 1. JuMoG), dazu Decker BayVBl **97**, 673, Schenke NJW **97**, 93, Kuhla/Hüttenbrink DVBl **99**, 900, ferner § 81 AsylVfG, dazu BVerwG BayVBl **03**, 310.

270 Zustellung; formlose Mitteilung.

[1] Mit Ausnahme der Klageschrift und solcher Schriftsätze, die Sachanträge enthalten, sind Schriftsätze und sonstige Erklärungen der Parteien, sofern nicht das Gericht die Zustellung anordnet, ohne besondere Form mitzuteilen. [2] Bei Übersendung durch die Post gilt die Mitteilung, wenn die Wohnung der Partei im Bereich des Ortsbestellverkehrs liegt, an dem folgenden, im Übrigen an dem zweiten Werktage nach der Aufgabe zur Post als bewirkt, sofern nicht die Partei glaubhaft macht, dass ihr die Mitteilung nicht oder erst in einem späteren Zeitpunkt zugegangen ist.

Schrifttum: *Gansen*, Die Rechtshängigkeit des Schmerzensgeldanspruchs, Diss Bonn 1989; *Halbach*, Die Verweigerung der Terminsbestimmung und der Klagezustellung im Zivilprozeß, Diss Köln 1980.

Gliederung

1) Systematik, S 1, 2 1	B. Sachantrag 5
2) Regelungszweck, S 1, 2 2	C. Klagerücknahme bei Einwilligungsbedürftigkeit 5
3) Geltungsbereich, S 1, 2 3	D. Andere Fälle 5
4) Amts- oder Parteizustellung, S 1, 2 ... 4	6) Formlose Übersendung, S 1, 2 6
A. Von Amts wegen 4	A. Anwaltsprozeß 6
B. Parteibetrieb 4	B. Parteiprozeß 6
C. Verfahren der Amtszustellung 4	7) Verstoß, S 1, 2 7
5) Förmliche Zustellung, S 1, 2 5	8) *VwGO* 8
A. Klageschrift 5	

1 1) Systematik, S 1, 2. § 270 (vgl auch §§ 214, 261) enthält den Grundsatz, daß eine förmliche Zustellung nach §§ 166 ff von Amts wegen erfolgt, also nicht auf Betreiben der Parteien, §§ 191 ff. Dieser Grundsatz kennt nur in den ausdrücklich im Gesetz vorgesehenen Fällen Ausnahmen, zB in § 497 I 1.

2 2) Regelungszweck, S 1, 2. Die Vorschrift dient in ihrem nur Parteierklärungen betreffenden Geltungsbereich nach Rn 3 zwar teilweise auch der Prozeßwirtschaftlichkeit nach Grdz 14 vor § 128 in einem auch

Titel 1. Verfahren bis zum Urteil § 270

vom erfahrenen Praktiker erstaunlich oft verkannten Maße. Sie dient aber vor allem der Rechtssicherheit, Einl III 43. Sie dient insbesondere der Sicherstellung des rechtlichen Gehörs, Artt 2 I, 20 III GG (Rpfl), BVerfG **101**, 404, Art 103 I GG (Richter), Mü NJW **05**, 1130. Denn bei Mißachtung einer notwendigen förmlichen Zustellung oder einer vollständigen Übermittlung läuft zB oft eine Frist nicht an und daher auch nicht ab. Doch kann die dennoch getroffene Entscheidung auf solchem schweren Verfahrensfehler beruhen. Deshalb sollte man § 270 insofern streng auslegen. Anderseits dient die Vorschrift auch nach dem Wegfall von III (jetzt § 167) dem Schutz desjenigen, der zur Wahrung einer Frist auf die Mitwirkung des Gerichts angewiesen ist, LAG Hamm AnwBl **00**, 60 (zum früheren III). Auch das sollte man mitbeachten. Im Zweifel empfiehlt sich die dem Gericht stets erlaubte Anordnung einer förmlichen Zustellung ohne Rücksicht auf deren Mehrkosten. Denn sie dient der Rechtssicherheit. Sie kann weitere Fristsetzungen oder Termine evtl erübrigen.

3) Geltungsbereich, S 1, 2. Vgl Üb 3 vor § 253 und unten Rn 9 ff. Die Vorschrift betrifft nur Schrift- **3** sätze und Erklärungen der Parteien, nicht auch Maßnahmen des Gerichts, insbesondere nicht ein Urteil, § 317 I, oder eine sonstige Sachentscheidung oder eine fristsetzende Verfügung oder einen derartigen Beschluß, § 329 II, III. Sie gilt III nicht bei sonstigen Verfügungen, zB nach § 273, Terminsbekanntmachungen, nicht verkündeten Beschlüssen, soweit sie zugestellt werden müssen, § 329 II 2, III, zB beim Vollstreckungsbescheid im Fall des § 699 IV 2. Das wird oft übersehen.

4) Amts- oder Parteizustellung, S 1, 2. Sie folgen sehr unterschiedlichen Regeln. **4**

A. Von Amts wegen. Die Zustellung erfolgt nicht nur beim AG, sondern auch bei den anderen ordentlichen Gerichten von Amts wegen, §§ 166 ff. Das gilt bei bestimmenden Schriftsätzen, § 129 Rn 5, und Erklärungen der Parteien, auch bei Ladungen, § 214, soweit sie nicht nach § 218 entbehrlich sind.

B. Parteibetrieb. Eine Zustellung im Parteibetrieb nach §§ 191 ff ist zulässig bei der Zwangsvollstreckung, §§ 750 I 2, II, 751 II, 756, 765, 795, 798, 829 II, 835 III, 843, 858 IV. Sie ist nötig beim Vollstreckungsbescheid, sofern die Partei die Übergabe an sich zur Parteizustellung beantragt, § 699 IV 2, Bischof NJW **80**, 2235, beim Arrest und bei der einstweiligen Verfügung, §§ 922 II, 929, 936.

C. Verfahren der Amtszustellung. Die Geschäftsstelle besorgt die Zustellung grundsätzlich ohne richterliche Weisung (Ausnahme: § 168 III). Das übersieht sie infolge mangelhafter Ausbildung nur zu oft. Sie handelt ohne besonderen Antrag. Die Partei braucht nichts anderes zu tun als das zuzustellende Schriftstück dem Gericht einzureichen. Natürlich muß aus dem Schriftstück erkennbar sein, daß seine Bekanntmachung an den Gegner bezweckt wird. Beifügen muß man Abschriften in der erforderlichen Zahl, § 253 Rn 105. Der Urkundsbeamte der Geschäftsstelle prüft beim Eingang eine Voraussetzungen nur des Schriftstücks der Zustellung, nicht diejenige der Eingabe. Denn der Amtsbetrieb für Zustellungen und Ladungen läßt die Parteiherrschaft unberührt, Grdz 18 vor § 128, Hager NJW **92**, 354. Wegen der notwendigen Abschriften § 133. Die Zustellung erfolgt nach §§ 166–190. Wegen der Mängelheilung Üb 14 vor § 166. Die Geschäftsstelle muß schon zur Vermeidung von Amtshaftung die ordnungsmäßige und insbesondere auch unverzügliche Zustellung überwachen und sie notfalls wiederholen.

5) Förmliche Zustellung, S 1, 2. Förmlich zuzustellen sind nur die folgenden Schriftstücke der **5** Parteien (wegen der Verfügungen und Beschlüsse des Gerichts gilt § 329 II 1, 2). Stets muß man das vollständige Dokument nebst Anlagen übermitteln und darf nicht auf eine bloße Akteneinsicht verweisen, Mü NJW **05**, 1130.

A. Klageschrift. Zuzustellen ist die Klageschrift, § 253. Ihre formlose Mitteilung, zB wegen eines gleichzeitigen Antrags auf die Bewilligung einer Prozeßkostenhilfe, reicht nicht aus, Schlesw SchlHA **77**, 189, auch nicht bei Kenntnis des Bekl von der Einreichung der Klageschrift.

B. Sachantrag. Zuzustellen sind alle Sachanträge nach § 297 Rn 1, auch diejenigen des Bekl, zB auf Klagabweisung. Reine Prozeßanträge nach § 297 Rn 4 sind nicht zustellungsbedürftig. Ihre Übermittlung von Amts wegen ist aber meist ratsam. Denn der Urkundsbeamte kann nicht stets klar beurteilen, ob nur ein Prozeßantrag vorliegt.

Nicht hierher gehört ein bloßer Verfahrensantrag, zB derjenige des selbständigen Beweisverfahrens. Vgl freilich dann D.

C. Klagerücknahme bei Einwilligungsbedürftigkeit. Zuzustellen ist die Klagerücknahme nach § 269, soweit zu ihrer Wirksamkeit die Einwilligung des Bekl nach § 269 I erforderlich ist, also ab Beginn der mündlichen Verhandlung des Bekl zur Hauptsache, § 269 Rn 17. Die Notwendigkeit der förmlichen Zustellung folgt freilich nicht aus S 1, sondern aus § 269 II 3, 4.

D. Andere Fälle. Zuzustellen sind andere Schriftsätze und Erklärungen auf besondere Anordnungen des Gerichts. Eine förmliche Zustellung kann bei wichtigen Erklärungen stets am Platz sein. Verstoß: Rn 32. Wegen seiner Bedeutung für die Klage § 253 Rn 16, 17.

6) Formlose Übersendung, S 1, 2. Man muß die beiden Prozeßarten unterscheiden. **6**

A. Anwaltsprozeß. Außer bei Rn 4 darf man alle Parteierklärungen unbeglaubigt unmittelbar und formlos von Partei zu Partei übersenden, §§ 191 ff. Die Einhaltung einer Form schadet natürlich nicht. Jede Partei darf aber solche Erklärungen auch bei Gericht einreichen. Das kann wegen der Feststellung der Absendung zweckmäßig sein. Dann muß das Gericht sie an die Gegenpartei weitergeben. § 166 II bezieht sich zwar dem Wortlaut nach nur auf Zustellungen. Ihn so eng aufzufassen, wäre aber der Partei nachteilig. Es fehlte ihr dann oft der Nachweis des Absendetags, und damit wäre die Vermutung des Zugangs des S 2 für sie wertlos. Diese durch eine Glaubhaftmachung des Nichtzugangs oder des verspäteten Zugangs nach § 294 entkräftbare Rechtsvermutung ist aber entbehrlich, wenn die Formlosigkeit nicht zur Verschleppung führen soll. Kommt die Sendung als unbestellbar zurück, so steht ihr Nichtzugehen fest.

B. Parteiprozeß. Im Verfahren vor dem AG gelten S 1 nach § 495 ohnehin, S 2 nach § 497 I 2 entsprechend. Die Zugangsvermutung ist keineswegs schon als solche etwa wegen Artt 2 I, 20 III GG (Rpfl),

§§ 270, 271

BVerfG **101**, 404, Art 103 I GG (Richter) verfassungswidrig, zumal sie ja widerlegbar ist, S 2 Hs 2, § 294. Im Einzelfall kann sich eine Versagung des rechtlichen Gehörs freilich aus den Gesamtumständen ergeben.

7 **7) Verstoß, S 1, 2.** Die Unterlassung der Mitteilung ist ein Verstoß gegen Art 103 I GG und läßt sich weder durch ein Geheimhaltungsinteresse des Gegners noch durch nachträgliche Erlaubnis zur Akteneinsicht heilen, Mü NJW 05, 1130. Eine Zustellung im Parteibetrieb statt einer Zustellung von Amts wegen oder umgekehrt ist unwirksam. Dieser Fehler kann aber nach §§ 189, 295 heilen. Freilich kann eine Zustellung von Anwalt zu Anwalt nach § 195 ausreichen. Schriftsätze, die sich die Parteien formlos zugehen lassen, wenn förmlich zuzustellen war, sind keine vorbereitenden im Sinne der ZPO, zB im Sinne von § 335 I Z 3. Sie lassen also keine Versäumnisentscheidungen zu. Wegen einer unvollständigen oder sonstwie mangelhaften Zustellung Üb 13, 14 vor § 166. Ein Verstoß zwingt zur Nachholung der Zustellung, BGH RR **86**, 1119. Er macht ersatzpflichtig. Ist der Einlassungs- oder Ladungsfrist nicht gewahrt, so muß der Urkundsbeamte die Sache dem Richter zur Terminsverlegung vorlegen. Gegen eine verzögerliche oder unterbliebene Zustellung ist die Dienstaufsichtsbeschwerde an den Gerichtsvorstand zulässig. Der Spruchrichter muß aber auch von sich aus auf eine Erledigung hinwirken, ohne Zwangsmittel zu besitzen.

8 **8) VwGO:** An Stelle von § 168 und § 270 S 1, 2 gelten §§ 56 und 86 IV 3 VwGO. Entsprechend anwendbar, § 173 VwGO, ist § 167, der einen allgemeinen Rechtsgedanken enthält.

271 Zustellung der Klageschrift.
¹ Die Klageschrift ist unverzüglich zuzustellen.
II Mit der Zustellung ist der Beklagte aufzufordern, einen Rechtsanwalt zu bestellen, wenn er eine Verteidigung gegen die Klage beabsichtigt.

Vorbem. II zunächst idF Art 3 Z 5 G v 2. 9. 94, BGBl 2278, in Kraft in Berlin und den alten Bundesländern seit 1. 1. 2000, in den neuen ab 1. 1. 2005, Art 22 II G, in der vorgenannten Fassung. Sodann Neufassung des Art 22 II G dch Art 1 Z 3 G v 17. 12. 99, BGBl 2448. Daher gilt II nunmehr in der oben abgedruckten Fassung seit 1. 1. 2000 in ganz Deutschland. ÜbergangsR Einl III 78.

Schrifttum: *Halbach*, Die Verweigerung der Terminsbestimmung und der Klagezustellung im Zivilprozeß, Diss Köln 1980.

1 **1) Systematik, I, II.** Die Vorschrift enthält eine gegenüber § 270 vorrangige Sonderregel.

2 **2) Regelungszweck, I, II.** Die Bestimmung dient sowohl der Prozeßbeförderung nach Grdz 12, 13 vor § 128 als auch der Prozeßwirtschaftlichkeit nach Grdz 14, 15 vor § 128 und der Rechtssicherheit nach Einl III 43 durch den Hinweis auf einen etwaigen Anwaltszwang. Deshalb ist sie auch bei einer Überlastung zwingend, selbst wenn die anschließende weitere Bearbeitung derzeit noch kaum möglich scheint. Sie zwingt auch zur unverzüglichen Wahl des Verfahrens, nach etwaiger Güteverhandlung nach § 278 zur Einleitung des schriftlichen Vorverfahrens, §§ 276 ff, oder zur Bestimmung eines frühen, gar vollwertigen ersten Termins, § 272 Rn 5. Auch die Unsicherheit über solche Wahl darf nicht dazu führen, § 271 zu unterlaufen.

3 **3) Geltungsbereich, I, II.** Vgl Üb 2 vor § 253.

4 **4) Zustellung der Klageschrift, I.** Erst diese Zustellung bewirkt die zB wegen der Verjährung oder der Rechtshängigkeit wichtige Klagerhebung, § 253 I. Deshalb muß die Klagezustellung unverzüglich (Begriff § 216 Rn 16) von Amts wegen nach §§ 166 II, 168 erfolgen. Das gilt jeweils ungeachtet eines etwaigen Güteverfahrens des § 278 bei einem frühen ersten Termin spätestens zugleich mit der zugehörigen Ladung nach § 274 II, bei einem schriftlichen Vorverfahren nach § 272 II, 276 ebenfalls unverzüglich nach dem Klageingang, auch wenn noch nicht absehbar ist, wann ein Verhandlungstermin stattfinden wird. Eine geringe Verzögerung zwischen der Aktenvorlage und der Zustellungsverfügung ist zulässig, etwa wegen eines Diktats und der Niederschrift vorbereitender Maßnahmen, § 273. Sie wäre im übrigen auch eine „demnächst" erfolgende Zustellung, § 167.

Die Zustellung erfolgt *förmlich*, § 270. Sie erfolgt durch Übersendung einer vom ProzBev oder nach § 169 II von Urkundsbeamten beglaubigte Klagabschrift. Sie geschieht nach § 170 ff unter den Voraussetzungen § 172 Rn 10 an den bestellten ProzBev. Bei einer Klage zum Protokoll des Urkundsbeamten der Geschäftsstelle nach § 496 letzter Halbsatz erfolgt die Zustellung des Protokolls, § 498. Es erfolgt keine Klagezustellung, solange das Gericht nicht unter den Voraussetzungen des § 63 I 1 GKG den Kostenstreitwert vorläufig festgesetzt hat und solange der Kläger seine Vorwegleistungspflicht nicht erfüllt hat, § 12 GKG, Anh § 271. Die Zustellung erfolgt aber dann, wenn der Bekl den Vorschuß zahlt, Düss OLGZ **83**, 117, oder wenn das Gericht dem Kläger Prozeßkostenhilfe bewilligt hat, § 122 I Z 1. Mit der Klagezustellung muß das Gericht die jetzt schon möglichen Fragen, Hinweise und Auflagen nach §§ 139, 273 verbinden. Außerdem erfolgen gleichzeitig die Festsetzungen nach §§ 275, 276. § 271 gilt einem Widerspruch im Mahnverfahren entsprechend, § 697 I, aber nicht bei einer Klage vor der Kammer für Handelssachen, § 96 GVG.

5 **5) Aufforderung zur Bestellung eines Anwalts, II.** Diese Aufforderung erfolgt zugleich mit der Zustellung nach I von Amts wegen an sich ohne Form. Sie ist daher bei einer Nachholung formlos statthaft, § 329 II 1, wenn ein Anwaltsprozeß vorliegt, § 78 Rn 1, also beim AG nur in den Fällen § 78 II, sowie beim LG. Sie erfolgt nur, soweit der Bekl noch nicht mitgeteilt hat, er wolle sich nicht verteidigen. Eine solche Erklärung könnte ja schon vor der Klagezustellung eingegangen sein. II geht dem ähnlichen § 215 vor. Letzterer gilt erst bei der Ladung, II jedoch schon bei der Klagezustellung, besonders bei einem schriftlichen Vorverfahren. Eine Aufforderung nach II macht eine solche nach § 215 auch keineswegs stets überflüssig. Denn es gilt bei der Klärung, ob das Gericht überhaupt mit einer Verteidigung rechnen soll, § 276 I, II, 307 II, 331 III. Deshalb geht die Aufforderung dahin, einen Anwalt zu bestellen, falls der Bekl eine Verteidigung gegen die Klage beabsichtige. Zugleich erfolgt eine Belehrung nach § 276 II. Der Urkundsbeamte der Geschäftsstelle fügt die Aufforderung nach II von Amts wegen der Klagezustellung bei.

Titel 1. Verfahren bis zum Urteil § 271, Anh § 271

6) Verstoß, I, II. Ein Unterbleiben der Aufforderung ist zwar auf die Wirksamkeit der Klagezustellung ohne Einfluß. Jedoch ist die deshalb ohne ausreichenden Anwalt erscheinende Partei nicht im Sinn von § 335 I 2 ordnungsgemäß geladen. Im übrigen ist eine fehlerhafte Klagezustellung zunächst wirkungslos. Der Fehler ist aber heilbar, § 295 Rn 34.

7) Rechtsmittel, I, II. Gegen die Verweigerung der Zustellung ist die sofortige Beschwerde nach § 567 I Z 2 statthaft. Gegen die Zustellungsanordnung und -durchführung gibt es ein Rechtsmittel erst auf Grund der zugehörigen Sachentscheidung, Ffm NJW 04, 3050. Gegen eine Vorschußanordnung vgl § 67 GKG.

8) VwGO: Abgesehen von I, der ergänzend anzuwenden ist (aM KoppSch § 173 Rn 5), gilt die besondere Regelung in § 85 VwGO.

Anhang nach § 271
Vorwegleistungspflicht des Klägers

GKG § 12. Verfahren nach der Zivilprozessordnung. $^{I\,1}$ In bürgerlichen Rechtsstreitigkeiten soll die Klage erst nach Zahlung der Gebühr für das Verfahren im Allgemeinen zugestellt werden. ^{2} Wird der Klageantrag erweitert, soll vor Zahlung der Gebühr für das Verfahren im Allgemeinen keine gerichtliche Handlung vorgenommen werden; dies gilt auch in der Rechtsmittelinstanz.

$^{II\,1}$ Absatz 1 gilt nicht
1. für die Widerklage,
2. für Scheidungsfolgesachen,
3. für Folgesachen eines Verfahrens über die Aufhebung der Lebenspartnerschaft,
4. für Familiensachen nach § 621 Abs. 1 Nr. 9 der Zivilprozessordnung,
5. für Lebendpartnerschaftssachen nach § 661 Abs. 1 Nr. 7 der Zivilprozessordnung sowie
6. für Rechtsstreitigkeiten über Erfindungen eines Arbeitnehmers, soweit nach § 39 des Gesetzes über Arbeitnehmererfindungen die für Patentstreitsachen zuständigen Gerichte ausschließlich zuständig sind.

$^{III\,1}$ Sofern im Klageverfahren Absatz 1 Satz 1 Anwendung fände, soll auch der Mahnbescheid erst nach Zahlung der dafür vorgesehenen Gebühr erlassen werden. ^{2} Wird der Mahnbescheid maschinell erstellt, so gilt Satz 1 erst für den Erlass des Vollstreckungsbescheids. ^{3} Im Mahnverfahren soll auf Antrag des Antragstellers nach Erhebung des Widerspruchs die Sache an das für das streitige Verfahren als zuständig bezeichnete Gericht erst abgegeben werden, wenn die Gebühr für das Verfahren im Allgemeinen gezahlt ist; dies gilt entsprechend für das Verfahren nach Erlass eines Vollstreckungsbescheids unter Vorbehalt der Ausführung der Rechte des Beklagten.

^{IV} Über den Antrag auf Abnahme der eidesstattlichen Versicherung, auf Erteilung einer Ablichtung oder eines Ausdrucks des mit eidesstattlicher Versicherung abgegebenen Vermögensverzeichnisses oder den Antrag auf Gewährung der Einsicht in dieses Vermögensverzeichnis soll erst nach Zahlung der dafür vorgesehenen Gebühr entschieden werden.

^{V} Über Anträge auf gerichtliche Handlungen der Zwangsvollstreckung gemäß § 829 Abs. 1, §§ 835, 839, 846 bis 848, 857, 858 oder § 886 der Zivilprozeßordnung soll erst nach Zahlung der Gebühr für das Verfahren und der Auslagen für die Zustellung entschieden werden.

Vorbem. Zunächst Fassg Art 1 KostRMoG v 5. 5. 04, BGBl 718, in Kraft seit 1. 7. 04, Art 8 S 1 KostRMoG. Sodann IV geändert dch Art 14 I Z 4 JKomG v 22. 3. 05, BGBl 837, in Kraft seit 1. 4. 05, Art 16 I JKomG. ÜbergangsR §§ 72, 73 GKG.
Schrifttum: *Hartmann* Teil I.

1) Systematik, I–V. Die Vorschrift regelt für fast alle Bereiche des GKG die Frage, ob und von wem in welcher Höhe eine finanzielle Vorwegleistung erforderlich ist, bevor das Gericht tätig werden soll oder darf, Stgt RR **98**, 648. Auf Sondergebieten enthalten §§ 15 ff GKG vorrangige Sonderregeln.

2) Regelungszweck, I–V. Die Vorschrift dient der Verhinderung oder Verminderung des zwar nicht rechtlichen, aber oft tatsächlichen Kostenrisikos der Staatskasse, Düss RR **00**, 368. Damit dient sie auch der Kostengerechtigkeit im weiteren Sinn. So, wie der Beamte ungeachtet einer etwaigen formellen Verfügungsmacht doch zumindest im Verhältnis zum Dienstherrn an Haushaltsvorschriften gebunden ist, „soll" der Richter bzw Rpfl die Bestimmungen zur Vorwegleistungspflicht beachten. Da der Gesetzgeber auch das Wort „muß" kennt, aber hier nicht benutzt ist, liegt dem klaren Wortlaut nach eine bloße Sollvorschrift vor. Bei klarem Wortlaut bleibt grundsätzlich kein Raum für eine inhaltsändernde Regelung, Einl III 39. Mag der Gesetzgeber sich anders entscheiden, wenn er ein „muß" meint. Auch ist das überlastete Gericht kein Zahlmeister und keine Steuer- oder Gebührenbehörde im Sinn einer den Prozeß durchweg hemmenden Vorrangigkeit von Vorschuß- oder Gebühreneintreibung. Daher kann man den Richter bzw Rpfl auch nicht einfach haftbar machen, wenn sie zwecks Prozeßförderung und so in aller Regel auch ohne derartigen Nachweis von einer bloßen Sollvorschrift keinen Gebrauch machen. Sie haben ein pflichtgemäßes Ermessen. Alles das muß man bei der Auslegung mitbeachten.

3) Geltungsbereich, I–V. Im Verfahren vor den Arbeitsgerichten aller Instanzen ist (jetzt) § 12 ebenfalls anwendbar, § 1 Z 5 GKG, ebenso im Verfahren nach dem ArbNEG vor dem für Patentstreitsachen zuständigen Kollegium des ordentlichen Gerichts.

Ein *ProzBev* ist persönlich nie vorschußpflichtig. Man muß aber den Vorschuß wegen § 172 von der Partei über ihn anfordern. Er kann sich verpflichtet haben, für den Auftraggeber Vorschuß auch dann ans Gericht zu zahlen, wenn der Auftraggeber im Innenverhältnis noch keine Deckung erbracht hat.

Im Fall der *Nichtzahlung* werden lediglich die Akten gemäß § 7 III e AktO weggelegt, Ffm Rpfleger **92**, 26, LG Frankenth Rpfleger **84**, 288, LG Kleve RR **96**, 939.

4 **4) Einzelfragen, I–V.** Dazu die Kommentierung bei Hartmann Teil I.

Einführung vor § 272
Die Vorbereitung des Haupttermins
Gliederung

1) Systematik	1	4) Aufgaben der Parteien	4
2) Regelungszweck	2	5) Kritik	5, 6
3) Aufgaben des Gerichts	3	6) *VwGO*	7

Schrifttum: *Leipold,* Wege zur Konzentration von Zivilprozessen, 1999.

1 **1) Systematik.** §§ 272 ff enthalten ein mit deutscher Überperfektion entwickeltes, schwer durchschaubares, nicht abgeschlossenes System von Möglichkeiten der Terminsvorbereitung, des Ausscheidens des nicht verhandlungsbedürftigen und der Heranführung an das Entscheidungserhebliche. Ergänzend gelten §§ 130 ff, 373 ff, 495 a usw.

2 **2) Regelungszweck.** §§ 272 ff dienen mehreren Grundsätzen, vor allem denjenigen der Prozeßförderung und Prozeßwirtschaftlichkeit, Grdz 12 ff vor § 128. Ein umfassend vorbereiteter sog Haupttermin soll den Rechtsstreit als sein Kernstück in der Regel zu einer raschen Entscheidungsreife führen. Diesem Ziel dienen umfangreiche gesetzliche Anweisungen an das Gericht und die Parteien, zahlreiche Fristen, Belehrungen, Auflagemöglichkeiten, eine erhebliche Prozeßförderungspflicht aller Beteiligten, die oft sinnvolle, evtl notwendige Einführung in den Sach- und Streitstand durch das Gericht zu Beginn des Haupttermins, die Pflicht zur Erörterung aller eventuell entscheidungserheblichen, erkennbar von einer Partei oder gar von beiden übersehenen oder für unerheblich gehaltenen rechtlichen Gesichtspunkte vor allem erhebliche Rechte und Pflichten des Gerichts zur Zurückweisung verspäteten Vorbringens. Zum Haupttermin führen nach Wahl des Vorsitzenden zwei Wege: derjenige über einen frühen ersten Termin oder derjenige über ein schriftliches Vorverfahren.

Eine *Güteverhandlung* ist dem allen vorgelagert, nicht stets, aber doch offiziell als Regel und praktisch je nach vorläufiger Beurteilung einer Erfolgsaussicht und nach Mentalität des Gerichts und der übrigen Prozeßbeteiligten notwendige, wünschenswerte oder höchst unerwünschte Vorstufe der eigentlichen mündlichen Verhandlung nach § 279. Sie soll möglichst zur Beendigung des Rechtsstreits führen, noch bevor er richtig begonnen hat. Das ist ein hehres Ziel und deshalb oft auch ein illusionäres. Denn zumindest der Kläger wünscht eine Entscheidung, einen vollstreckbaren Urteilsspruch. Er hat schon lange genug warten müssen und will über Vergleich und Nachgeben jedenfalls in diesem Frühstadium des Prozesses nun gerade noch keineswegs nachdenken, sondern erst einmal die Haltung des Gerichts und die hoffentlich schwache Verteidigung des Gegners erleben.

Dieses *Spannungsfeld* verlangt vom Gericht sowohl Behutsamkeit als auch Entschlossenheit, soweit seine Wahlmöglichkeit bei der Verfahrensgestaltung überhaupt besteht.

3 **3) Aufgaben des Gerichts.** Damit muß das Gericht zwischen dem Eingang der Klage und dem Verhandlungstermin vielfältige Aufgaben mit hohen Anforderungen erfüllen, zB §§ 129 II, 273, 275 I, 276 I, III, 358 a. Eine bloße Terminsbestimmung und Verfügung „zum Termin" auf den eingehenden Schriftsätzen bis zum Termin, nicht so häufig anzutreffen wie Schneider MDR **89**, 712 meint, ist manchmal ein glatter Verstoß gegen seine Amtspflicht. Vielmehr findet eine Annäherung an strafprozessuale Vorbereitungsaufgaben statt. Es besteht nämlich die Notwendigkeit, schon die Klageschrift und sämtliche weiteren Eingänge unverzüglich sorgfältig auf solche Gesichtspunkte zu prüfen, die (weitere) vorbereitende Maßnahmen sinnvoll oder notwendig erscheinen lassen. Die Denkarbeit des Richters konzentriert sich zunächst ganz auf dem Schreibtisch, van Bühren DRiZ **86**, 400. Das gilt auch beim Verfahren mit frühem ersten Termin.

Überdies muß er in zahlreichen Situationen *schriftliche Belehrungen* erteilen, Düss NJW **84**, 1567. Ihre Mangelhaftigkeit kann zu beträchtlichen Rechtsnachteilen jedenfalls einer Partei führen, aM BGH **86**, 225, Hamm NJW **84**, 1566 (aber die Praxis zeigt oft genug derartige üble Folgen). Auch insofern sind Regeln des Strafprozesses übernommen worden. Freilich gelten nach wie vor der Beibringungsgrundsatz nach Grdz 20 vor § 128 (Ausnahmen bestehen in Ehe-, Kindschaftssachen usw) und der Grundsatz der Parteiherrschaft, Grdz 18, 25 vor § 128, Engels DRiZ **85**, 196. Damit hat das Gericht eine wesentlich stärkere Position. Ihr entspricht freilich eine erhöhte Verantwortung für die Zweckmäßigkeit wie Gerechtigkeit des Verfahrens nach § 139, Wagner AnwBl **77**, 329.

4 **4) Aufgaben der Parteien.** Die Parteien müssen zur Vermeidung unwiederbringlicher Rechtsnachteile von Anfang an ganz erheblich intensiv und sorgfältig mitarbeiten, zB §§ 129, 277 I, 282 II, III. Sie haben dann eine große Chance, rasch und verhältnismäßig billig zu ihrem Recht zu kommen. Keinesfalls darf eine Partei und/oder ihr ProzBev, dessen Verschulden man ihr nach § 85 II anlasten muß, erst einmal den Verhandlungstermin an sich herankommen lassen, auch nicht im Parteiprozeß, Brehm AnwBl **83**, 197. Beide müssen dahin zusammenarbeiten. Sie müssen wenigstens eine Auflage des Gerichts erfüllen, BGH NJW **82**, 437. Spätestens im Verhandlungstermin oder beim Einspruch gegen ein Versäumnisurteil muß man zur Sache umfassend Stellung nehmen und Farbe bekennen. Das ist die Regel mit nur wenigen Ausnahmen, Hartmann AnwBl **77**, 92, 93.

5) Kritik. Bei etwas Achtung vor der Zeit und Mühe der übrigen Prozeßbeteiligten funktioniert dieses **5** Verfahren ausgezeichnet, Greger ZZP **100**, 384, aM Behnke MDR **92**, 209 (aber die Praxis beweist die Brauchbarkeit). Das gilt im Ergebnis auch zB in Bayern, Greger ZZP **100**, 384, Mertins DRiZ **88**, 91, Walchshöfer ZZP **94**, 179. Das gilt sogar eingeschränkt trotz der inzwischen enorm angewachsenen Arbeitslast der Gerichte auch jetzt noch, Birk AnwBl **84**, 171. Zum Problem auch Rottleuthner, Die Dauer von Gerichtsverfahren usw, 1990. Die wahren Justizprobleme liegen auf ganz anderen Ebenen, Bachof Festschrift für Baur (1981) 175, Kissel DRiZ **81**, 219. Das Verfahren belohnt die eigene Sorgfalt weit eher als früher. Es läßt die eigene Nachlässigkeit oder Verschleppungsabsicht nachhaltiger spürbar werden. Ob es im Ergebnis statt einer gewissen Entlastung wegen der umfassenden Vorbereitung eine böse Mehrbelastung aller Beteiligten und entgegen seiner gesetzlichen Zielsetzung gerade in der Abkehr von der mündlichen Verhandlung bringt, einen Rückfall in eine Schriftsatzjustiz, ob es den zu zögernden oder zu laschen Richter, den es bewußt anstacheln will, um so mehr überfordert und am Ende doch wieder alles in einer Kette von unvollständig vorbereiteten Terminen mündet, das liegt weitgehend an der Sorgfalt und Haltung vor allem des Richters.

Die *Praxis* fällt freilich vielerorts immer wieder in Übungen früherer Gesetzesfassungen zurück, Brehm AnwBl **83**, 197, van Bühren DRiZ **86**, 400, Lange NJW **88**, 1645, aM Maniotis, Gedächtnisschrift für Arens (1993) 295 (aber eine pflichtbewußte Haltung ist das Gegenteil einer Gefährdung der Rechtssicherheit). Das ist um so bedauerlicher, als die Gerichte in der gegenwärtigen Periode eines auf zahlreichen Gebieten abnehmenden Bewußtseins darüber, daß mit Rechten untrennbar Pflichten verbunden sind, eine wachsende Aufgabe bei der Durchsetzung der vom Gesetzgeber immerhin im Kern klaren Prozeßgrundsätze haben, auch wenn der Prozeß niemals Selbstzweck sein darf.

Überflüssig sind ebenfalls die hier und dort zu beobachtenden Tendenzen einer Verlagerung der Sach- **6** diskussion auf eine *emotionale Ebene*. Man sollte auch bei einer Kritik Ausdrücke wie „überzeugter Verfahrensbeschleuniger", Deubner NJW **80**, 2363, durchaus vermeiden. Die Gesetzgebungstechnik der §§ 272 ff ist allerdings alles andere als übersichtlich. Allein die verschiedenen Belehrungspflichten finden sich derart verstreut, daß Pannen naheliegen. Es muß die Aufgabe der Praxis sein, einerseits trotz all ihrer Pannen und durch das komplizierte Gesetz ihren guten Willen zu zeigen, Brangsch AnwBl **77**, 277, Vogel AnwBl **77**, 284. Man muß andererseits bei der Auslegung und Fortführung des Gesetzes beim gesunden Menschenverstand und der immer dringenderen Notwendigkeit bleiben, das höchst überfeinerte Prozeßrecht wenigstens leidlich verständlich zu halten. Sonst leidet die Rechtssicherheit, eines der höchsten Rechtsgüter, Einl III 43, noch mehr Schaden. Kritisch auch Mertins DRiZ **88**, 91, Rottleutner pp DRiZ **87**, 144. Wegen der Anwendbarkeit in Entschädigungssachen Weiß RzW **78**, 41.

6) VwGO: *§§ 272–278 sind unanwendbar wegen einer eigenen Regelung (§§ 82 ff, 101 ff VwGO, 74 II* **7** *AsylVfG), die auf dem Untersuchungsgrundsatz beruht, Ule VPrR § 46 I, II.*

272 Bestimmung der Verfahrensweise.
I Der Rechtsstreit ist in der Regel in einem umfassend vorbereiteten Termin zur mündlichen Verhandlung (Haupttermin) zu erledigen.

II Der Vorsitzende bestimmt entweder einen frühen ersten Termin zur mündlichen Verhandlung (§ 275) oder veranlasst ein schriftliches Vorverfahren (§ 276).

III Die Güteverhandlung und die mündliche Verhandlung sollen so früh wie möglich stattfinden.

Schrifttum: *Bathe,* Verhandlungsmaxime und Verfahrensbeschleunigung bei der Vorbereitung der mündlichen Verhandlung, 1977; *Bender,* Mehr Rechtsstaat durch Verfahrensvereinfachung, Festschrift für *Wassermann* (1985) 629; *Bender/Belz/Wax,* Das Verfahren nach der Vereinfachungsnovelle und vor dem Familiengericht, 1977; *Böhm,* Evaluationsforschung mit der Survivalanalyse am Beispiel des Gesetzes zur Vereinfachung und Beschleunigung des gerichtlichen Verfahrens, 1989; *Fasching,* Der mühsame Weg der Prozessbeschleunigung, Festschrift für *Beys* (Athen 2004) 305; *Halbach,* Die Verweigerung der Terminbestimmung und der Klagezustellung im Zivilprozeß, Diss Köln 1980; *Leipold,* Wege zur Konzentration von Zivilprozessen, 1999; *Rottleuthner/Rottleuthner-Lutter,* Die Dauer der Gerichtsverfahren usw, 1990; *Rudolph,* Beschleunigung des Zivilprozesses, in: Festschrift für die *Deutsche Richterakademie* (1983) 151.

Gliederung

1) Systematik, I–III	1	C. Änderung der Wahl	9
2) Regelungszweck, I–III	2	D. Gesamtabwägung	10, 11
3) Geltungsbereich, I–III	3	E. Kein Durchruftermin	12, 13
4) Terminsarten, I, II	4, 5	F. Unanfechtbarkeit	14
A. Haupttermin, I	4	6) Beschleunigung, III	15, 16
B. Früher erster Termin, II	5	A. Regelfall	15
5) Wahl des Verfahrens, II	6–14	B. Sonderfälle	16
A. Grundsatz: Ermessen des Vorsitzenden	6, 7	7) VwGO	17
B. Ausnahmen	8		

1) Systematik, I–III. S zunächst Einf 1, 2 vor § 272. Vor die eigentliche mündliche Verhandlung schiebt **1** sich nicht stets, aber oft eine Güteverhandlung nach § 278. Die mündliche Verhandlung findet anschließend statt, und zwar entweder als vorbereitender oder vollwertiger früher erster Termin nach II, der auch nach Rn 5 ein vollwertiger Termin sein kann, oder als Haupttermin nach I oder als weiterer Termin, der vor oder nach dem Haupttermin liegen kann und evtl ein 2. Haupttermin ist. Im Protokoll und im Urteilskopf genügt

§ 272

die Bezeichnung als mündliche Verhandlung. Bei einer Auflage oder Aufforderung an eine Partei zB nach § 275 I muß aber klar sein, welche Art von Frist gesetzt wird. Das Gericht sollte daher erklären, für welche Art von mündlicher Verhandlung die Partei sich äußern soll.

2   **2) Regelungszweck, I–III.** Die Vorschrift dient insgesamt und nicht nur beim frühen ersten Termin der Förderungsaufgabe nach Grdz 12 vor § 128 und damit der Prozeßwirtschaftlichkeit nach Grdz 14 vor § 128 und der Gerechtigkeit, La Bruyère (vor dem Vorwort). Ungeachtet der Worte „in der Regel" in I (zum Haupttermin) kann auch ein geschickt vorbereiteter und vor allem durchgeführter früher „erster" Termin das Ziel der Entscheidungsreife herbeiführen, Rn 5.

Geschickt gehandhabt, insbesondere durch ein sogleich nach dem Klageeingang selbstauferlegtes „Kopfgutachten" des Vorsitzenden (dringend anzuraten) und evtl durch einen Hinweis nach § 139 oder durch vorbereitende Maßnahmen nach § 273 kann das Verfahren mit solchem frühen ersten Termin die Gesamtdauer des Prozesses ganz wesentlich verkürzen. Es kann auch die Terminzahlen nachhaltig senken. Es kann die Kosten und den Zeitaufwand aller Beteiligten senken und so eine ungleich geringere Mühe bei gleich sorgfältigem Ergebnis bedeuten, ein wahrhaft lohnendes Ziel: Die Zahl der unerledigten Sachen sinkt rapide, wenn man das überhaupt ohne Furcht vor anschließender noch weitergehender Belastung („der schafft ja rasch weg!") anzustreben wagt. Die Dezernatsarbeit kann sich halbieren oder noch geringer werden, wie langjährige Erfahrung zeigt, ohne daß Rechtsmittelzahlen steigen.

3   **3) Geltungsbereich, I–III.** Die Vorschrift gilt grundsätzlich in fast allen Verfahren nach der ZPO. In einer Ehesache gilt § 611 I, unten Rn 16. Wegen des arbeitsgerichtlichen Verfahrens Rn 8, §§ 46 II, 56, 57 ArbGG. Vgl ferner § 246 III 2 AktG, §§ 51 II 4, 96, 112 I 2 GenG.

4   **4) Terminsarten, I, II.** Man muß zwei Hauptunterschiede beachten.

A. Haupttermin, I. Das ist diejenige mündliche Verhandlung, in der auf Grund einer möglichst umfassenden Vorbereitung die Entscheidungsreife eintreten soll. Das Gesetz meint mit einer „Erledigung des Rechtsstreits" natürlich nicht nur die Erledigung der Hauptsache im Sinn von § 91 a. Mit dieser erheblichen Betonung des Grundsatzes der Verfahrenskonzentration (Konzentrationsmaxime) erfolgt eine Annäherung an strafprozessuale Regeln. Das Gericht muß im Rahmen der ihm von Amts wegen vorgeschriebenen umfassenden Vorbereitung jetzt insoweit ähnlich wie der Strafrichter an alle nur denkbaren Eventualitäten zur Aufklärung des Sachverhalts denken und letztere nach §§ 273 ff intensiv betreiben. Freilich findet keine Amtsermittlung statt, Grdz 38 vor § 128. Es gilt vielmehr der Beibringungsgrundsatz nach Grdz 18, 20 vor § 128 mit einer erheblichen Prozeßförderungspflicht der Parteien, §§ 275 ff, 282.

5   **B. Früher erster Termin, II.** Auch ein früher erster Termin nach § 275 kann ein vollwertiger, möglichst abschließender Termin sein, BVerfG **75**, 310 (verfehlt krit Deubner NJW **87**, 2735); BGH NJW **87**, 500, Hamm NJW **03**, 2544, AG Lübeck WoM **83**, 51, aM Düss NJW **95**, 2173, Hamm MDR **92**, 186 (aber 15 Minuten können erfahrungsgemäß zu einer erschöpfenden Verhandlung nebst kurzer Beweisaufnahme usw reichen), Mü NJW **83**, 402. Soweit das Gericht also (meist pflichtgemäß, Rn 12) Entscheidungsreife im frühen ersten Termin herbeiführen will, was zumindest beim AG meist möglich ist, Herget MDR **92**, 2340, muß es ihn entsprechend vorbereiten und kann nur dann § 296 schon in ihm anwenden, BayVerfGH NJW **90**, 502.

Das Gericht mag ihn aber auch als einen sog *Durchlauf- oder Durchrufertermin* geplant haben, obwohl das nicht geschehen sollte, Rn 12. Dann gelten andere Regeln zB zur Zurückweisung verspäteten Vortrags, BVerfG **69**, 140 (50 Sachen zu derselben Terminszeit!) und NJW **92**, 300, BGH NJW **87**, 499 und 500, Düss NJW **95**, 2173. Vgl aber auch § 275 Rn 9. Freilich ist ein früher erster Termin keineswegs schon deshalb ein bloßer Durchrufertermin, wie ich den Haupttermin als den Regelfall bezeichnet habe, aM Deubner NJW **87**, 1584 (verkennt die Weite des Begriffs).

6   **5) Wahl des Verfahrens, II.** Der Vorsitzende hat ein echtes Wahlrecht, LG Hbg WoM **03**, 276. Seine Ausübung erfolgt äußerst unterschiedlich je nach Richterpersönlichkeit und bisherigem Akteninhalt.

A. Grundsatz: Ermessen des Vorsitzenden. Der Vorsitzende und nicht das Gericht muß die Wahl unverzüglich vornehmen, § 216 II. Das gilt auch bei Überlastung; Schlesw NJW **81**, 691. Sie erfolgt nach freigestellter Beratung ohne Stimmrecht der übrigen Richter und ohne Anhörung der Parteien, auch ohne Bindung an deren diesbezügliche „Anträge", die nur Anregungen sind. Sie erfolgt vielmehr nur auf Grund der voraussichtlichen Prozeßentwicklung und nach pflichtgemäßem Ermessen. Sie erfolgt im Rahmen der richterlichen Unabhängigkeit. Sie ist der Dienstaufsicht entzogen, BGH **98**, 11, Ffm MDR **83**, 411, Franzki DRiZ **77**, 162.

Die *Wahl* erfolgt vor oder (im Fall einer Änderung, Rn 9) nach der Klagezustellung, § 271, § 273 Rn 3. Sie erfolgt vor oder nach der Übertragung auf den obligatorischen Einzelrichter, §§ 348 a, 527 (nach der Übertragung auf ihn ist er der Vorsitzende; zum Problem Bischof NJW **77**, 1898). Sie erfolgt vor oder nach prozeßleitenden Maßnahmen. Die Terminsbestimmung erfolgt beim etwaigen schriftlichen Vorverfahren erst nach seinem Abschluß, Mü MDR **83**, 324, Bischof NJW **77**, 1897, aM Grunsky JZ **77**, 203, oder nach seinem Abbruch.

7   Die Wahl erfolgt durch eine *Terminsverfügung,* evtl nebst einer Anordnung nach § 275, oder durch eine Aufforderung nach § 276, jeweils evtl neben Maßnahmen nach § 273. Ratsam ist eine stichwortartige Klarstellung, welcher Weg gemeint sei, durch den Vorsitzenden in den Akten, am besten bei der Terminsbestimmung, Brühl FamRZ **78**, 551. Der Vorsitzende muß die Einlassungsfrist des § 274 III und die Ladungsfrist beachten, §§ 217, 337, 495, 697 II, III. Er muß auch darauf achten, ob der Kläger die Prozeßgebühr bezahlt hat, § 12 GKG, Anh nach § 271. Eine bloße Terminsbestimmung ist als früher erster Termin zu verstehen, sofern nicht zuvor schon Maßnahmen nach § 276 erfolgt waren. Eine bloße Klagezustellung ohne Terminsbestimmung und Ladung ist mangels einer abweichenden Klarstellung durch den Vorsitzenden eine Anordnung des schriftlichen Vorverfahrens, Bischof NJW **77**, 1899.

8   **B. Ausnahmen.** In einer Arbeitssache findet kein schriftliches Vorverfahren statt, § 46 II 2 ArbGG, Eich DB **77**, 909, ebensowenig in einer Ehesache nach § 611 II oder in einer Kindschaftssache, § 640. In einer

Titel 1. Verfahren bis zum Urteil § 272

Arbeitssache muß das Gericht statt eines frühen ersten Termins § 54 ArbGG beachten, Eich DB 77, 909. Vgl auch Rn 1.

C. Änderung der Wahl. Der Vorsitzende kann seine Entscheidung auch ohne eine natürlich mögliche 9 nicht bindende Zustimmung der Parteien aus einem erheblichen Grund ändern, § 227 I. Das kann geschehen zB auf Grund besserer Erkenntnis und/oder des weiteren Verfahrensablaufs, zB eines weiteren Schriftsatzes, also infolge eines sehr wohl möglichen jetzt erst eingetretenen Bedürfnisses. Die Änderung ist im Interesse möglichst sachgerechter Terminsvorbereitung unanfechtbar, Rn 6. Sie ist ohne Begründungszwang möglich, KG MDR 85, 416, Mü RR 86, 1512, Hartmann NJW 78, 1457, aM Mü MDR 83, 324, Grunsky ZZP 92, 107, ZöGre 4 (aber solche Verfahrensänderung kann sogar dringend ratsam sein und verringert keineswegs von vornherein die Rechte der anderen Prozeßbeteiligten).

Natürlich muß man die aus einer Änderung folgenden *Formalitäten* beachten. Man muß zB bei einem Übergang ins schriftliche Vorverfahren nunmehr die Frist nach § 276 I 2 beachten. Bei einem Abbruch des schriftlichen Vorverfahrens und einer Terminsbestimmung liegt freilich in der Regel kein früher erster Termin vor (er ist allerdings zulässig, KG MDR 85, 416), sondern eine Bestimmung des Haupttermins. Der Vorsitzende kann natürlich auch nach abweichender Parteianregung unanfechtbar bei seiner vorherigen Wahl bleiben, Ffm MDR 83, 411. Nach einer Terminsbestimmung ist kein Versäumnisurteil nach § 331 III mehr zulässig, KG MDR 85, 416, Mü MDR 83, 324, aM Nürnb MDR 82, 943 (aber § 331 III paßt nun einmal eindeutig nur ins schriftliche Vorverfahren).

D. Gesamtabwägung. Maßgeblich ist das Ziel einer möglichst baldigen Sammlung des Streitstoffs, 10 soweit er voraussichtlich entscheidungserheblich sein wird. Welcher Weg ratsam ist, läßt sich nur auf Grund der Aktenlage beantworten. Zu beachten sind zB der Geschäftsanfalls, die Erfahrung, eine etwaige Anregung des Klägers, eine schon vorliegenden Äußerung des Bekl, die Kenntnis der Mentalität der Beteiligten aus anderen Prozessen und sämtliche weiteren Umstände.

Ein *einfacher Fall* kann schon wegen der Chance der Aussonderung durch ein Anerkenntnis- oder Versäumnisurteil nach §§ 307 II, 331 III das schriftliche Vorverfahren ratsam machen, Dittmar AnwBl 79, 166. Es ist auch keineswegs nur ausnahmsweise statthaft, aM ZöGre 7 (aber diese Lösung ist überhaupt nicht erkennbar als bloße Ausnahme geregelt). Freilich riskiert der Vorsitzende, daß der Bekl gegen das Versäumnisurteil ordnungsgemäß Einspruch einlegt, so daß eine mündliche Verhandlung doch noch notwendig wird.

Gerade einfache Fälle können aber auch einen *frühen ersten Termin* ratsam machen, BGH 86, 38, zB wenn 11 es voraussichtlich nur um Rechtsfragen geht oder wenn ein einigermaßen stoffumfassendes Prozeßkostenhilfeverfahren vorangegangen ist, Franzki DRiZ 77, 161. Er mag auch sinnvoll sein, um eine Klagerücknahme, eine Erledigterklärung, einen Prozeßvergleich zu erreichen oder die einzelnen, prozeßleitend geladenen Zeugen sogleich vernehmen zu können, KG NJW 80, 2362. Auch ein komplizierter Fall kann im übrigen einen frühen ersten Termin ratsam machen, Dittmar AnwBl 79, 166, Lange DRiZ 80, 409. Das gilt etwa, um statt rasch anschwellender Schriftsätze, der Hauptgefahr des schriftlichen Vorverfahrens, in Rede und Gegenrede zum Kern vorzustoßen, Nebensächliches auszusondern und allen Beteiligten die rechtliche Beurteilung des Gerichts klarzumachen, bevor sie unnützes Schreibwerk liefern, Lange NJW 86, 1730. Überhaupt kann ein früher erster Termin ohne vorherige Fristen das Verfahren außerordentlich beschleunigen helfen.

Die Notwendigkeit einer *Erörterung* des Vorbringens des Bekl erst im Termin ändert daran nichts. Der Kläger darf in solcher Lage keineswegs schon in einem frühen ersten Termin eine Zurückweisung wegen Verspätung fordern, sondern allenfalls einen Schriftsatznachlaß nach § 283 erbitten. Auch ein solcher Antrag ist keineswegs automatisch begründet. Der Kläger muß dazu nachvollziehbar darlegen, daß und in welchem Punkt er zur Klagewiderung nicht sogleich Stellung nehmen kann. Oft wiederholt der Bekl ja in ihr nur vorprozessuale Argumente. Auf sie hätte sich der Kläger zum Termin ebenfalls vorbereiten können oder müssen. Er und sein ProzBev hätten dabei zusammenarbeiten sollen. Deshalb reicht auch keineswegs stets eine Begründung aus, man müsse als ProzBev mit dem Auftraggeber Rücksprache halten.

Sofortige Erörterung der Klagewiderung im frühen ersten Termin ist jedenfalls erfahrungsgemäß bei eigener Bereitschaft des Gerichts zum Mitdenken ein ganz vorzügliches Mittel zur Prozeßförderung, Konzentration auf den streitigen Kern und Verdeutlichung auch der vorläufigen Beurteilung durch das Gericht. Im Ergebnis zahlt sich diese anfängliche Bereitschaft meist sehr aus.

Andererseits ist zB bei einem vom Kläger übersichtlich dargelegten sogenannten Punkteprozeß das schriftliche *Vorverfahren* in der Regel *vorzuziehen,* damit der Bekl Punkt für Punkt mit Unterlagen und Gegenbeweisantritten erwidern und das Gericht sodann von den Haupttermin sehr viel mehr tun können. Ausschlußfristen sind bei beiden Wegen möglich, §§ 275 I 1, III, IV einerseits, §§ 276 I 2, III andererseits je in Verbindung mit § 296 I. Sie sind also kein Kriterium für oder gegen den einen oder anderen Weg. Das Gericht muß aber bedenken, daß das schriftliche Vorverfahren zunächst erheblich mehr Schreibtischarbeit machen kann, während ein früher erster Termin die Zeit des Gerichts unter Umständen weniger beansprucht. Die Entlastung der Parteien und ihrer ProzBev darf nicht auf Kosten des Gerichts gehen. Das wäre auch nicht zum Nutzen der Parteien.

E. Kein Durchruftermin. Keineswegs darf der Vorsitzende den frühen ersten Termin zum bloßen 12 „Durchruftermin" degradieren, Rn 4, BVerfG 69, 140, BGH 88, 182, ZöGre 1 („unsinnig"). Freilich kann auch ein „Sammeltermin" ausreichen, § 216 Rn 20, BayVerfG NJW 90, 1654 (abl Deubner). Aber Vorsicht! Das Gericht darf die Akten nicht bis zum ersten Verhandlungstermin fast ungelesen vor sich herschieben. Das übersieht Bayer AnwBl 86, 443 bei seinem Lob des sog Anwaltskartells, § 216 Rn 20, § 296 Rn 66. Unrichtig auch Deubner NJW 85, 1140. Die Terminsplanung muß sachgerecht sein, Hamm RR 89, 895. Zum Problem Franzki NJW 79, 10.

Ob ein bloßer Durchlauftermin vorliegt, muß man nach *objektiven Merkmalen* und nicht allein nach der 13 subjektiven Ansicht des terminierenden Gerichts bestimmen, Ffm NJW 89, 722. Freilich dürfte seine am besten kurz zu protokollierende Ansicht in Verbindung mit dem gesamten Terminsplan dieses Tages und dessen tatsächlichem Ablauf, den man kurz mitprotokollieren sollte, erheblich sein.

Hartmann 1075

§§ 272, 273   Buch 2. Abschnitt 1. Verfahren vor den LGen

14   **F. Unanfechtbarkeit.** Die Verfahrenswahl des Vorsitzenden ist weder durch die übrigen Mitglieder des Kollegiums noch durch eine Partei anfechtbar, BGH **86**, 35, Ffm MDR **83**, 411, LG Hbg WoM **03**, 276. Es gibt also bei einem Verstoß des Vorsitzenden gegen diese Regeln keine direkten Folgen für das Gericht. Der Gesamtbereich aller obigen Erwägungen fällt in die richterliche Unabhängigkeit, Rn 15. Lediglich die an die Verfahrenswahl anschließenden Entscheidungen, zB die Bestimmung des Termins auf einen zu späten Zeitpunkt, können angreifbar sein, § 216 Rn 28, 29.

15   **6) Beschleunigung, III.** Sie ist gerade bei Überlastung dringlich geboten.
   A. Regelfall. Die mündliche Verhandlung soll in jedem Fall möglichst bald stattfinden. Das gilt besonders beim frühen ersten Termin. Das betrifft nicht nur die Zeit zwischen dem Eingang der Klage und der Terminsbestimmung nach § 216 II, sondern auch die Zeit zwischen der Terminsbestimmung und dem Terminstag nach III. Natürlich muß man sämtliche gesetzlichen Voraussetzungen berücksichtigen, von der Erfüllung einer etwaigen Vorwegleistungspflicht nach Anh § 271 und der Ladungs- und Einlassungsfrist nach Rn 7 bis zur richterlichen Frist etwa nach § 273 II Z 1. Die Nichterfüllung einer Auflage ändert an III nichts, Hamm VersR **99**, 860. Wegen allzu später Terminierung § 216 Rn 28, 29.
   Auch die *Güteverhandlung* soll so früh wie möglich stattfinden. Damit unterliegt auch eine solche Verhandlung dem Beschleunigungsgebot, die nach der amtlichen Begriffsbildung keine „mündliche" ist, wie § 278 I 1 zeigt, obwohl natürlich die Güteverhandlung ebenso mündlich erfolgt wie ein früher erster oder ein Haupttermin. Beim Verstoß gelten § 216 Rn 27 ff.

16   **B. Sonderfälle.** Im Eheverfahren gilt zwar III grundsätzlich nicht, § 612 I, BGH NJW **85**, 317, ebensowenig im Kindschaftsverfahren nach § 640, ferner nicht in den Verfahren nach §§ 246 III 2 AktG, 51 III 4, 96, 112 I 2 GenG. Indessen kann besonders in den erstgenannten Verfahren eine baldige Verhandlung notwendig sein, wenn sich sonst die Lage einer Partei verschlechtern würde, Schlesw SchlHA **84**, 56. Zumindest sollte das Gericht eine der Erhaltung der Ehe dienende Sache nach III behandeln, Ditzen FamRZ **88**, 1010.

17   **7)** *VwGO: Unanwendbar,* vgl Einf § 272 Rn 7.

273 *Vorbereitung des Termins.* ¹ Das Gericht hat erforderliche vorbereitende Maßnahmen rechtzeitig zu veranlassen.

   II Zur Vorbereitung jedes Termins kann der Vorsitzende oder ein von ihm bestimmtes Mitglied des Prozessgerichts insbesondere
   1. den Parteien die Ergänzung oder Erläuterung ihrer vorbereitenden Schriftsätze aufgeben, insbesondere eine Frist zur Erklärung über bestimmte klärungsbedürftige Punkte setzen;
   2. Behörden oder Träger eines öffentlichen Amtes um Mitteilung von Urkunden oder um Erteilung amtlicher Auskünfte ersuchen;
   3. das persönliche Erscheinen der Parteien anordnen;
   4. Zeugen, auf die sich eine Partei bezogen hat, und Sachverständige zur mündlichen Verhandlung laden sowie eine Anordnung nach § 378 treffen;
   5. Anordnungen nach den §§ 142, 144 treffen.

   III ¹ Anordnungen nach Absatz 2 Nr. 4 und, soweit die Anordnungen nicht gegenüber einer Partei zu treffen sind, 5 sollen nur ergehen, wenn der Beklagte dem Klageanspruch bereits widersprochen hat. ² Für die Anordnungen nach Absatz 2 Nr. 4 gilt § 379 entsprechend.

   IV ¹ Die Parteien sind von jeder Anordnung zu benachrichtigen. ² Wird das persönliche Erscheinen der Parteien angeordnet, so gelten die Vorschriften des § 141 Abs. 2, 3.

   Schrifttum: *Baur,* Richterliche Verstöße gegen die Prozeßförderungspflicht, Festschrift für *Schwab* (1990) 53; *Deubner,* Gedanken zur richterlichen Verfahrensbeschleunigungspflicht, Festschrift für *Lüke* (1997) 51; *Fuhrmann,* Die Zurückweisung schuldhaft verspäteter und verzögernder Angriffs- und Verteidigungsmittel im Zivilprozeß, 1987; *Leipold,* Wege zur Konzentration von Zivilprozessen, 1999; *Rudolph,* Beschleunigung des Zivilprozesses, Festschrift für die *Deutsche Richterakademie* (1983) 151; *Scheuerle,* Vierzehn Tugenden für Vorsitzende Richter, 1983; *Schöpflin,* Die Beweiserhebung von Amts wegen im Zivilprozeß, 1992.

Gliederung

1) Systematik, I–IV	1	6) Maßnahmen im einzelnen, II	18–28
2) Regelungszweck, I–IV	2	A. Auflage, II Z 1 Hs 1	18, 19
3) Geltungsbereich, I–IV	3	B. Aufklärungsfrist, II Z 1 Hs 2	20
4) Zumutbarkeit, I–IV	4–7	C. Ersuchen, II Z 2	21
5) Terminsvorbereitung, II	8–17	D. Anordnung des persönlichen Erscheinens, II Z 3	22
A. Notwendigkeit der Prüfung	8–10	E. Ladung von Zeugen und Sachverständigen, II Z 4	23–27
B. Entbehrlichkeit einer Maßnahme	11, 12	F. Anordnung nach §§ 142, 144, II Z 5	28
C. Zulässige Maßnahmen	13, 14	7) Widerspruch, III	29
D. Verstoß der Parteien	15	8) Benachrichtigung, IV	30
E. Verstoß des Gerichts	16	9) *VwGO*	31
F. Verstoß der Beweisperson	17		

1 **1) Systematik, I–IV.** Die Vorschrift enthält vor allem in I als Ausformung von § 139 zusammen mit §§ 272, 275 ff den Grundsatz, daß das Gericht den Prozeß tunlichst in einer einzigen mündlichen Verhandlung erledigen soll (Zusammenfassungsgrundsatz, Konzentrationsmaxime), Ffm AnwBl **88**, 411. Trotz

Titel 1. Verfahren bis zum Urteil § 273

gewisser Einschränkung der Parteiherrschaft nach Grdz 18 vor § 128 ist diese Regelung mit dem GG vereinbar.

2) Regelungszweck, I–IV. Der Zusammenfassungsgrundsatz nach Rn 1 ist zusammen mit den vielfach möglichen weiteren Maßnahmen des Gerichts von größter Bedeutung für eine schnelle Prozeßerledigung. Er führt bei sorgfältiger Handhabung in der Mehrzahl der Fälle zur Erledigung in einem Termin. Zweck des § 273 ist wie bei §§ 272, 274 ff die Förderung des Prozesses durch mögliche Herbeischaffung des gesamten zur Entscheidung nötigen Stoffes zur mündlichen Verhandlung, BGH **88**, 182, Kblz JB **92**, 610. Die Vorschrift soll aber nicht die Parteiherrschaft nach Grdz 18 vor § 128 zum bequemen Abwartendürfen verkommen lassen. Daher kann die Partei nicht verlangen, daß das Gericht zB umfangreiche Strafakten beizieht und durchsieht, die die Partei selbst einsehen könnte, Hamm AnwBl **02**, 67.

Zweifelhaft ist *zu viel Mühe.* Das zeigt die Erfahrung ebenfalls, leider. Die bloße Anheimgabe statt einer direkten Auflage beugt dem Vorwurf einer Verletzung des rechtlichen Gehörs ebenso wirksam vor. Sie zwingt aber weder zu ausführlicher präzisester Angabe der fraglichen Punkte noch zu auch kostenmäßig aufwendigerer Fristsetzung mit dem Risiko fehlerhafter Ausführung usw. Eine Zeugenladung mit Zusatz „Es geht um den Unfall (bzw Vorgang) vom ... um ca ... Uhr" kann völlig reichen. Alles das darf man bei der Anwendung mitbedenken.

3) Geltungsbereich, I–IV. Die Vorschrift gilt in allen Verfahren nach der ZPO, auch im Verfahren nach §§ 916 ff, LG Aachen RR **97**, 380, soweit nicht § 495 a im Kleinverfahren zu abweichender Handhabung führt. Im arbeitsgerichtlichen Verfahren gilt § 56 ArbGG. Die Anwendung des § 273 ist dort nicht verboten, Grunsky JZ **78**, 81. Wegen des KapMuG SchlAnh VIII § 10.

4) Zumutbarkeit, I–IV. Im Kollegialverfahren ist in erster Linie der Vorsitzende für den Prozeßbetrieb verantwortlich. Daneben ist aber nach dem Wortlaut und Sinn von I auch das übrige Kollegium für die Prozeßförderung mitverantwortlich, Wolf ZZP **94**, 315. In jeder Lage des Verfahrens muß das Gericht insbesondere an Hand der eingegangenen Schriftsätze anstatt ihrer bloßen Weiterleitung rechtzeitig und sorgfältig prüfen, ob Maßnahmen zur Vorbereitung des Termins ratsam oder gar notwendig sind, BVerfG NJW **89**, 706, Deubner NJW **77**, 924. Das gilt auch schon vor der Verfahrenswahl nach § 272, dort Rn 5, also schon (wichtig und ratsam) nach dem Klageingang oder nach dem Akteneingang beim Streitgericht nach § 696 I 1. Es gilt ferner nach einem Verhandlungstermin. Freilich folgt dann in der Regel eine ordentliche Beweisaufnahme. Es gilt auch in der Berufungsinstanz, BGH NJW **91**, 2760. Was das Gericht trotz eines späten Parteivortrags vorher durchführen kann, das sollte auch geschehen, BGH **76**, 178, Köln VersR **79**, 89, Zweibr JB **78**, 270.

Freilich darf das nicht zu einem *Unterlaufen* der §§ 216 II, 272 III führen, aM Hamm NJW **80**, 294, Kalthoener DRiZ **75**, 202 (zum alten Recht. Aber Rechtsmißbrauch ist niemandem erlaubt). Ebensowenig darf es zu überstürzten Entscheidungen kommen. Das gilt erst recht bei einer erst durch solche Anordnungen entstehenden Verzögerungsgefahr. Das Gericht braucht nur im Rahmen des normalen Geschäftsgangs tätig zu werden, BVerfG **81**, 271, BGH NJW **88**, 3097, LG Hann MDR **85**, 241, also zB nicht dann, wenn nur noch einige Werktage zur Verfügung stehen, BGH NJW **87**, 499, Schlesw SchlHA **80**, 161, aM Hamm RR **94**, 958 (aber dann klappt es ohnehin kaum noch etwas).

Keineswegs darf oder muß gar das Gericht zB schon die bloße Möglichkeit verspäteten Beweisantritts mitberücksichtigen, Celle NJW **89**, 3024. Ob das Gericht etwas anordnen muß, hängt davon ab, ob man ihm jetzt schon oder noch eine solche Anordnung *zumuten* kann, BVerfG **81**, 271, BGH MDR **99**, 1400, Hamm AnwBl **02**, 67. Zumutbar ist dasjenige, was ohne unangemessenen zeitlichen oder sonstigen Aufwand in der Verhandlung klärbar sein dürfte, BGH MDR **99**, 1401, Hamm AnwBl **02**, 67. Die Zumutbarkeit hängt also unter anderem von der Terminsplanung ab, insbesondere der Zahl und der mutmaßlichen Verhandlungsdauer der schon anberaumten Sachen, Oldb MDR **78**, 1028. Die Zumutbarkeit hängt auch davon ab, ob die Partei in einem Versäumnisurteil gegen sich hatte ergehen lassen, BGH NJW **81**, 286, ZöGre 3, aM BGH NJW **80**, 1849 (überspannt die Anforderungen an die Urteilsgründe in solchen Punkten, § 313 Rn 32). Das Gericht muß sich unmißverständlich ausdrücken, Rn 20. Es braucht aber keineswegs die Art und Weise der beabsichtigten Prozeßförderung den Parteien in allen Einzelheiten zu verdeutlichen, BVerfG NJW **91**, 2824, BGH NJW **83**, 577. Es besteht keine Belehrungspflicht wegen einer Fristversäumung, Rn 19.

Bei einem *ausländischen Zeugen* ist evtl eine Vertagung nötig oder eine Anheimgabe ratsam, den Zeugen im Termin zu gestellen, BGH NJW **80**, 1849 (sehr weitgehend). Die Einleitung einer weitergehenden Beweiserhebung ist jetzt schon vor dem Termin zulässig, § 358 a. Natürlich muß das Gericht die Partei vor einer Überrumplung schützen, BVerfG NJW **91**, 2824. Nicht die Taktik soll siegen, sondern das Recht. Im Prozeßkostenhilfeverfahren gilt § 118, nicht § 273. Im Eilverfahren nach §§ 916 ff kommt wegen der Beschränkung auf präsente Beweismittel nach §§ 920 II, 294 II eine Maßnahme nach § 273 nicht grundsätzlich in Betracht, Mü WRP **78**, 400, sondern zB dann, wenn die Partei den Zeugen nicht gestellen kann, Teplitzki DRiZ **82**, 41.Wenn eine Prozeßabweisung wegen einer Aussetzung nach §§ 148 ff wahrscheinlich sind, sind Maßnahmen zur Vorbereitung einer sachlichen Entscheidung wertlos. Stets ist es die Pflicht des Gerichts, die Parteien zur rechtzeitigen und vollständigen Erklärung über tatsächliche Punkte (über rechtliche nur ausnahmsweise) zu veranlassen, § 139.

5) Terminsvorbereitung, II. Mancher vernachlässigt, mancher übertreibt sie.

A. Notwendigkeit der Prüfung. Die vorbereitenden Anordnungen obliegen beim Kollegialgericht grundsätzlich dem Vorsitzenden, Schneider MDR **80**, 178, ausnahmsweise einem von ihm zu bestimmenden Richter, etwa dem Berichterstatter, ebenso beim AG dem Amtsrichter. Alle diese Richter handeln unter eigener Verantwortung im Rahmen eines pflichtgemäßen Ermessens, Kalthoener DRiZ **75**, 203, Walchshöfer NJW **76**, 699.

Wegen des Regelungszwecks nach Rn 2 und wegen § 139 IV 1 soll eine Anordnung nach § 273 *möglichst frühzeitig* und jedenfalls vorzüglich erfolgen. Sie bedarf zumindest dann der vollen Unterschrift, wenn das

§ 273

Buch 2. Abschnitt 1. Verfahren vor den LGen

Gericht sie zB wegen einer Fristbestimmung förmlich zustellen muß, § 329 Rn 8. Eine Belehrung über die Folgen einer Fristversäumung ist nicht erforderlich, Düss MDR **85**, 417, Rudolph DRiZ **83**, 225, ZöGre 4, aM BGH **86**, 218 (aber das Belehrungssystem ist in der ZPO abschließend und durchaus lückenbewußt geregelt, Karlsr RR **87**, 895. Eine unnötige Belehrung kann sogar ein Ablehnungsgrund sein, BVerfG JZ **87**, 719).

10 Die Prüfung, ob überhaupt eine Anordnung notwendig ist, ist *Rechtspflicht,* Kalthoener DRiZ **75**, 202. Die Prüfung, welche Anordnungen erforderlich sind, steht im pflichtgemäßen *Ermessen.* Dieses soll nicht zu einem Vorgriff gegen das Kollegium führen. Jedoch genügt eine Prüfung, ob das zugrundeliegende Parteivorbringen erheblich sein *kann.* Es ist also nicht nötig, daß es auch erheblich *ist.*

11 **B. Entbehrlichkeit einer Maßnahme.** Keineswegs darf oder muß das Gericht gar eine umfangreiche Beweisaufnahme zur Klärung eines vielschichtigen Streitstoffs nach § 273 vorbereiten, BGH NJW **80**, 1103, Kblz NJW **79**, 374, Köln RR **87**, 442, aM Deubner NJW **79**, 337, ThP 1, Wolf ZZP **94**, 315 (aber die Erfahrung zeigt, daß gerade ein solcher Stoff sogar fast ohne Beweisaufnahme entscheidungsreif werden kann).

12 Das Gericht darf eine Beweisaufnahme erst recht nicht zu dem Zweck vorbereiten, ein *verspätetes* Vorbringen vor einer Zurückweisung zu retten, BGH **91**, 304, großzügiger BVerfG NJW **89**, 706. Maßnahmen nach § 273 können entbehrlich sein, soweit zB der Kläger eine nach § 697 I 1 angeordnete, nach § 253 II Z 2 erforderliche Klagebegründung nicht eingereicht oder eine nach §§ 275 IV, 276 III, 277 IV angeordnete Stellungnahmefrist, der Bekl Anordnungen nach §§ 275 III, 276 I 2, 697 III 1 nicht beachtet haben.

13 **C. Zulässige Maßnahmen.** Die nicht abschließende Aufzählung II Z 1–5 („insbesondere") gibt nur Beispiele zulässiger Maßnahmen, Kalthoener DRiZ **75**, 203. Grundsätzlich sind das Kollegium ebenso wie der Vorsitzende zu Aufklärungsmaßnahmen jeder Art zwecks sachlichrechtlicher oder prozessualer Förderung befugt und verpflichtet, Mü JB **92**, 404, Wolf ZZP **94**, 315, mit Ausnahmen derjenigen aus Z 4 und evtl Z 5 bei einem fehlenden Widerspruch des Bekl, ferner derjenigen, die mit einem Beschluß des Gerichts im Widerspruch stehen, oder derjenigen, die eine über II hinausgehende Beweisaufnahme enthalten (dazu § 358 a).

Die Form einer Maßnahme hängt mit von ihrer Art ab, etwa einerseits bei einer prozeßleitenden Ladung, wenn das Gericht sicher sein will, daß der Zeuge die Ladung erhalten hat (Zustellung), andererseits bei einem bloßen Hinweis ohne Aufgabe einer Antwort (telefonisch oder einfach schriftlich). Eine Verfügung reicht, ein Beschluß ist nicht erforderlich. Eine Begründung ergibt sich meist schon aus der Anordnungsart. Eine Begründung ist im übrigen in knappster Form ratsam, aber nur selten notwendig.

14 *Außerdem sind etwa möglich:* Die Einnahme eines Augenscheins; § 371; die Einholung einer schriftlichen Beantwortung einer Beweisfrage durch einen Zeugen, § 377 III, dort Rn 8; die Anordnung des Nachweises fremden Rechts, § 293 S 2; in den Grenzen von Rn 2 aE die Einforderung von Akten, Düss MDR **92**, 812, einschließlich von Generalakten der Gerichtsverwaltung etwa zur Geschäftsverteilung oder zu Generalvollmachten. Ihre Klärung kann in Verfahren mit mündlicher Verhandlung nur dort unter den kontrollierenden Augen der Parteien und ihrer ProzBev korrekt erfolgen. Sie unterliegt nicht dem Datenschutz. Die Verwaltung darf sie daher auch nicht als unentbehrlich zurückhalten, Art 35 I GG, § 80 Rn 13.

Ferner sind möglich zB: Die Einholung von Registerauszügen, Mü JB **92**, 404, oder einer amtlichen Auskunft, Üb 32 vor § 373, BGH NJW **86**, 3081; die Aufforderung oder Anheimgabe zur Gestellung von Zeugen oder zur Einsicht in die Unterlagen durch den Zeugen, § 378, oder zur Einreichung von Urkunden, namentlich nach §§ 142, 144, 423; Anregungen oder eine Anordnung zwecks Informationsbeschaffung unter Wahrung eines Vertraulichkeitsinteresses, Schlosser (bei § 138 vor Rn 1) 1015. Schon auf die bloße Klage hin sind Anordnungen möglich. Denn III 1 ist nur eine Sollvorschrift. Das übersieht Walchshöfer NJW **76**, 699. Außerdem nennt III 1 nur Z 4 und 5 und begründen §§ 271 ff mannigfaltige Pflichten des Gerichts vor dem ersten Termin. Eine Anordnung mit einer Fristbestimmung ist unabhängig von § 132 und auch beim Verfahren mit einem frühen ersten Termin nach § 275 schon vor der Terminsbestimmung zulässig, Kblz NJW **75**, 1645, Büttner NJW **75**, 1349, aM Mü MDR **75**, 495 (aber gerade solche Frühmaßnahmen fördert den Prozeßablauf).

15 **D. Verstoß der Parteien.** Eine Nichtbefolgung von Anordnungen durch die Parteien bei einer Erklärungsfrist nach II Z 1 läßt sich gemäß § 296 I, IV auch gegenüber einer nicht anwaltlich vertretenen Partei frei würdigen, § 286, BGH **88**, 184, Karlsr FamRZ **90**, 535. Der Anwaltsvertrag begründet für beide Partner die Nebenpflicht, einander so weit zu informieren, als eine sachgemäße und ausreichende Beantwortung einer gerichtlichen Auflage möglich ist, BGH NJW **82**, 437. Ein Verschulden der gesetzlichen Vertreter oder des ProzBev gilt auch insofern als ein Verschulden der Partei, §§ 51 II, 85 II. Das Gericht ist an solche Anordnungen nicht gebunden, die bis zum Schluß der mündlichen Verhandlung nach §§ 136 IV, 296 a undurchführbar sind. Denn sonst würde gerade keine Beschleunigung erfolgen. Wird eine Vertagung nötig, so können § 95 ZPO, § 38 GKG, Anh § 95, anwendbar sein. Es liegt kein Verstoß der Parteien vor, wenn ohne ihr Zutun ein Zeuge oder Sachverständiger nicht erscheint oder eine Behörde nicht reagiert, BGH MDR **86**, 1018 (abl Schneider).

16 **E. Verstoß des Gerichts.** Eine Verletzung des § 273 begründet trotz § 567 keine sofortige Beschwerde, aM Schlosser (bei § 138 vor Rn 1) 1016. Er begründet grundsätzlich auch keine Revision. Denn das Urteil kann nicht auf ihr nicht beruhen, BAG MDR **00**, 648. Wohl aber kann eine Verzögerung nach § 282, 296, 530 fehlen, weil die Möglichkeiten des § 273 zur Verfügung standen, BVerfG NJW **89**, 706, BGH RR **02**, 646, KG NJW **79**, 1369. Freilich darf das Berufungsgericht nicht gezwungen sein, einen erstinstanzlichen Verstoß gegen § 296 auch nicht schädlich zu machen, BGH MDR **99**, 1401 (8 Zeugen: unzumutbar), BayVerfGH RR **93**, 638. Es kann auch ein Verstoß gegen Art 103 I GG vorliegen, BVerfG **65**, 307, BGH NJW **91**, 2760. Zum Problem allgemein Walchshöfer NJW **76**, 697. Es liegt keineswegs etwa deshalb eine Unwirksamkeit vor, weil das Gericht keine Belehrung über eine Fristversäumung erteilt hat, Rn 19. Soweit der Gerichtsvorstand oder eine andere Stelle einen Verstoß begeht, etwa Generalakten nicht zur Verfügung stellt (das kommt tatsächlich vor, § 80 Rn 13), bleibt nur der Partei die Möglichkeit eines Antrags nach

Titel 1. Verfahren bis zum Urteil § 273

§§ 23 ff EGGVG und dem Prozeßgericht die Möglichkeit einer etwaigen diesbezüglichen Aussetzung nach § 148.

F. Verstoß der Beweisperson. Soweit ein Zeuge eine zumutbar erfolgte Aufforderung vorwerfbar nicht 17 genug beachtet, muß das Gericht ihn nach § 390 behandeln, sofern das Gericht auf diese Folge rechtzeitig hingewiesen hatte, II Z 4 Hs 2 in Verbindung mit §§ 378, 390.

6) Maßnahmen im einzelnen, II. Innerhalb der nach Rn 13, 14 erläuterten Zulässigkeit hat das Gericht 18 „insbesondere" die folgenden in II ausdrücklich genannten Möglichkeiten.

A. Auflage, II Z 1 Hs 1. Zulässig ist in einer Fortführung der §§ 139, 142 eine Auflage zur Ergänzung und Erläuterung schriftsätzlichen Vorbringens, auch zB zur Anfertigung und Vorlegung einer Skizze oder von Fotos, sowie eine Erklärungsfrist. Auch die Klärung rechtlicher Gesichtspunkte ist unter Umständen ratsam. Wegen Urkundenvorlage gelten §§ 142, 144. Urkunden über die Vorbereitung des Prozesses scheiden aus, § 143 Rn 6. Die Beibringung einer Übersetzung einer fremdsprachigen Urkunde läßt sich allenfalls nach § 142 verlangen.

Die Auflage *ergeht* auf Grund einer mündlichen Verhandlung oder außerhalb dieser. Denn der Beschluß 19 oder die Verfügung sind rein prozeßleitend. Daß die Auflage eine Ausschlußfrist gibt, besagt nicht mehr als eine sonstige Zurückweisungsmöglichkeit. Die bloße Klageschrift kann eine ausreichende Unterlage sein. Sie kann glaubhaft zB die Zweckmäßigkeit einer Zeugenladung ergeben. Bei einer ein- oder zweiseitigen Säumnis ist eine Auflage zulässig. Eine Aktenlageentscheidung ist sie nicht, § 251 a Rn 7. Zulässig ist sie auch beim AG. Das Gericht muß seine Anordnung verkünden und dann, wenn sie ohne mündliche Verhandlung ergeht, der aufklärungspflichtigen Partei zustellen, BGH 76, 238 (ein Zustellungsmangel kann nicht heilen). Der anderen Partei ist sie der Anordnung formlos mitzuteilen, IV, § 329 II. Die Frist ist eine richterliche, Üb 10 vor § 214. Ihre Berechnung richtet sich nach § 222, ihre Abkürzung und Verlängerung nach § 224. Das Gericht kann sie auf den nächsten Termin begrenzen. Dann genügt die Abgabe der Erklärung bis zum Terminsschluß. Dasselbe muß aber auch bei einer kalendermäßigen Befristung genügen.

Die *Erklärung* braucht nicht unbedingt schriftsätzlich zu sein. Das Gericht kann aber eine schriftsätzliche Erklärung auch im Parteiprozeß verlangen. Es verlangt sie stillschweigend im Anwaltsprozeß. Bei einer Verweigerung sind §§ 427, 444 entsprechend anwendbar. Bei Verspätung gilt § 296 I, IV. Es besteht keine Belehrungspflicht, BGH 88, 183, Düss MDR 85, 417, Grunsky JZ 78, 83 (Belehrung ratsam).

B. Aufklärungsfrist, II Z 1 Hs 2. Die Festsetzung einer solchen Frist ist zulässig, wenn das Gericht 20 bestimmte tatsächliche, nicht rechtliche, Punkte für aufklärungsbedürftig hält, Ffm MDR 79, 764, Grunsky JZ 78, 83. Die Punkte müssen streitig sein. Dazu genügt aber ein schriftsätzliches Bestreiten bei Säumnis oder bei einem Beschluß außerhalb der mündlichen Verhandlung. Eine Aufrechnung nach § 145 Rn 8 kann nicht unberücksichtigt bleiben. Denn mit ihrer Geltendmachung fordert das Gericht sie auch auf. Z 1 ist also überhaupt nicht anwendbar. Außerdem würde man durch eine Nichtberücksichtigung die zur Aufrechnung gestellte Forderung aberkennen, § 322 II. Das Gericht muß die Punkte so genau bezeichnen, daß eine zulängliche Erklärung möglich ist, § 138 II, Mü MDR 78, 147. Nicht etwa soll die Auflage zu einer Erklärung „auf den Schriftsatz des Klägers vom ..." auffordern, außer wenn dieser nur einen bestimmten Punkt behandelt. Natürlich kommt nicht eine Auflage zur Erwiderung auf ein noch gar nicht beim Gericht eingegangenes gegnerisches Vorbringen in Betracht, BGH NJW 80, 1168. Regelmäßig muß die Auflage alle erklärungsbedürftigen streitigen Punkte betreffen.

C. Ersuchen, II Z 2. Zulässig ist ferner ein Ersuchen um die Mitteilung von Urkunden oder um eine 21 amtliche Auskunft. Das Postgiroamt ist eine Behörde im Sinn von II, Karlsr RR 91, 63. Denn das Privatrecht gilt nur im Verhältnis zum Kunden, § 13 GVG Rn 54 „Post". Die Übersendungspflicht richtet sich nach § 432, eine amtliche Auskunft nach Üb 32 vor § 373.

D. Anordnung des persönlichen Erscheinens, II Z 3. Die Vorschrift führt den § 141 fort. Diese 22 Bestimmung ist voll anwendbar, auch § 141 I 1, aM Stgt Rpfleger 81, 372 (aber das wäre nicht folgerichtig). Anwendbar ist ferner § 141 I 2, obwohl IV nur § 141 II, III anführt. Denn eine Anordnung nach § 273 kann keine größeren Pflichten nach sich ziehen als diejenige aus § 141. Daher kommt auch die Ladung vor einer streitigen Erklärung der Partei grundsätzlich nicht in Betracht, Köln JB 76, 1113, ZöGre 9, aM ThP 13 (aber die Parteiherrschaft geht vor, Grdz 18 vor § 128). Es besteht kein Erscheinenszwang. Daher ist kein Ordnungsgeld vor einer Einlassung zulässig, § 141 Rn 29, Köln JB 76, 1113, Mü MDR 78, 147. Man kann evtl Z r 3 auf den Streithelfer des § 66 entsprechend anwenden, ZöV 7, § 67 Rn 1.

E. Ladung von Zeugen und Sachverständigen, II Z 4. Die Ladung eines Zeugen ist nur möglich, 23 wenn sich eine Partei auf diesen Zeugen berufen hat, sei es auch nur zu ihrem Hilfsvortrag, Deubner NJW 77, 924 (wegen einer Berufung Deubner NJW 78, 355). Sie ist nur sinnvoll, soweit der Prozeßgegner des Beweisführers das Beweisthema schon bestritten hat oder erkennbar bestreiten wird. Dann kann sie sogar notwendig sein, BVerfG RR 99, 1079, BGH (6. ZS) NJW 87, 261 (je zur Berufungsinstanz), aM BGH (10. ZS) NJW 87, 499 (aber § 273 dient entschieden der Prozeßförderung auch durch das Gericht, Grdz 12 vor § 128). Zur Klärung der Frage, ob das Beweisthema streitig ist, kann das Gericht eine Frist nach Z 1 setzen und „soll" so verfahren, III 1. Der Zeuge muß zu einem präzisen und überschaubaren Beweisthema benannt werden, BGH NJW 87, 261. Dieses ihm wenigstens im Kern mitzuteilen, Meyer JB 92, 717. Mehr ist aber auch nicht nötig, § 373 Rn 6–8. Statt einer Ladung kommt auch eine vorbereitende Anordnung der schriftlichen Beantwortung einer Beweisfrage nach § 377 III in Betracht, dort Rn 6.

Keineswegs darf oder muß das Gericht gar eine *umfangreiche* Beweisaufnahme vorbereiten, Rn 11. Der 24 Zeuge muß unbedingt erscheinen. Ein Ordnungsmittel nach §§ 380, 381 ist nur nach seiner ordnungsgemäßen Ladung zulässig. Zu ihr gehört unter anderem eine Mitteilung des Gegenstands der Vernehmung, Celle NJW 77, 540, Ffm MDR 79, 236 (zu § 377). Ergeht ein Beweisbeschluß nach Aktenlage, § 251 a, so findet eine Vernehmung auch bei Säumnis beider Parteien statt, § 367 I. Eine schriftliche

§§ 273, 274   Buch 2. Abschnitt 1. Verfahren vor den LGen

Äußerung, einschließlich einer eidesstattlichen Versicherung nach § 377 II, III ist zwar zulässig („insbesondere", II 1), aM ThP 10 (unnötig formell). Man muß sie aber im allgemeinen jetzt nach § 358a Z 3 beurteilen.

25   Das Gericht darf und sollte im Rahmen seines pflichtgemäßen Ermessens dem Zeugen aufgeben, *Aufzeichnungen* und Unterlagen usw einzusehen und zum Termin mitzubringen, Hs 2. Dabei bildet die etwaige Unzumutbarkeit eine Ermessensgrenze. Das Gericht muß den Zeugen wegen § 378 II Hs 2 auf die Folgen der Unterlassung solcher ausreichender Vorbereitung „vorher" hinweisen, also auf die Möglichkeit der Kostenauferlegung von Ordnungsgeld und ersatzweiser Ordnungshaft, § 390. Soweit der Hinweis in der Ladung erfolgt, wäre an sich scheinbar dazu die Geschäftsstelle zuständig, § 168 I 1. Indessen sollte der Vorsitzende zumindest organisieren und kontrollieren, ob, wann und wie der Hinweis erfolgt. Er muß eine ausreichende Frist einhalten.

26   Die Ladung eines *Sachverständigen* ist schon wegen § 144, den Z 4 fortführt, von einem entsprechenden, auch nur ohne Namensvorschlag gestellten Parteiantrag unabhängig. Auch sie soll aber nur zu einer Streitfrage erfolgen. § 379 ist entsprechend anwendbar, III 2. Eine Beweisanordnung liegt anders als bei § 358a hier noch nicht vor, Mü AnwBl **89**, 110. In eindeutigen Fällen muß eine Anordnung der Vernehmung eines auswärtigen Zeugen möglich sein. Eine Auslandsladung findet nicht statt, Köln VersR **75**, 772. Ein Privatgutachter ist nicht schon als solcher ein Sachverständiger, Üb 21 vor § 402, Karlsr VersR **03**, 977.

27   Das Gericht braucht *keine Eilmaßnahmen* anzuordnen, etwa einen verspätet benannten Zeugen (jetzt) per Telefax laden zu lassen, Schlesw SchlHA **80**, 161, zumal es auch dem Zeugen eine gewisse Dispositionsfreiheit belassen und sein Persönlichkeitsrecht auch zeitlich wahren muß, Karlsr FamRZ **95**, 738. Es kann durchaus ausreichen, daß das Gericht dem Beweisführer notfalls telefonisch anheimgibt, den Zeugen im Termin zu gestellen, zu „sistieren". Es darf auch den Sistierten vernehmen, Gießßler NJW **91**, 2885, aM Schlesw NJW **91**, 303 (aber man darf stets noch im Termin präsente Beweismittel zur Verfügung stellen, ungeachtet etwaiger Nachfrist zur Stellungnahme zum Beweisergebnis). Das Gericht darf gleichwohl die sofortige Vernehmung des gestellten Zeugen unter anderem dann ablehnen, wenn der Terminstag durcheinander käme oder wenn es den Zeugen aus anderen nicht von Gericht zu vertretenden Gründen nicht abschließend vernehmen kann, BGH NJW **86**, 2257, BayVerfGH RR **93**, 638, LG Köln VersR **90**, 674. Freilich entschuldigt Urlaub des Richters nicht, BVerfG RR **95**, 1469.

Den *verspäteten* Beweisantritt „Sachverständigengutachten" braucht das Gericht keineswegs damit zu berücksichtigen, daß es den Gutachter nur mündlich vorträgt läßt, LG Hann MDR **85**, 241. Vielmehr muß das Gericht zunächst den Prozeßgegner anhören und anschließend prüfen, ob die Zeit noch dazu ausreicht, ein schriftliches Gutachten einzuholen und den Parteien zur Stellungnahme vorzulegen, LG Hann MDR **85**, 241, Köln VersR **90**, 674.

28   **F. Anordnung nach §§ 142, 144, II Z 5.** Das Gericht kann die Vorlegung von Urkunden oder anderen Unterlagen mit oder ohne Fristsetzung nach § 142, die Einnahme des Augenscheines sowie die Begutachtung durch Sachverständige nach § 144 anordnen. II Z 5 ist an sich eine überflüssige Wiederholung der eben genannten weiteren Vorschriften. Sie gewinnt dadurch Bedeutung, daß der Verstoß gegen eine Anordnung nach §§ 142, 144 infolge von deren Erwähnung in II Z 5 zur Zurückweisung nach § 296 I führen kann, deren abschließende Aufzählung zwar nicht direkt, aber eben indirekt über die Bezugnahme auf § 273 II Z 2 auch §§ 142, 144 miterfaßt.

29   **7) Widerspruch, III.** Nur dann, wenn der Bekl dem Klagantrag widersprochen hat, soll eine Anordnung nach II Z 4 sowie gegenüber einem Dritten nach II Z 5 ergehen, dann freilich auch schon zur Vorbereitung eines frühen ersten Termins, KG NJW **80**, 2363. Die Anordnung ist aber auch ohne vorherigen Widerspruch wirksam, ebenso bei einem verspäteten Widerspruch, §§ 275 III, 276 I 1, § 331 Rn 1. Im jedem Fall kann, nicht muß, das Gericht einen Vorschuß nach pflichtgemäßem Ermessen fordern, § 379 Rn 1. Es darf die Ladung nach Z 4 von der Zahlung nach § 379 abhängig machen, III 2, aM ZöGre 10, 11 (aber diese Vorschrift gilt uneingeschränkt). Vgl § 379 III 2 auch wegen eines Verstoßes gegen die Vorschußanforderung und wegen der Rechtsmittel.

30   **8) Benachrichtigung, IV.** Das Gericht muß jede Partei von jeder nicht ihr gegenüber ergangenen Aufklärungsanordnung zeitig formlos benachrichtigen, schon wegen des Gebots des rechtlichen Gehörs, aber auch mit Rücksicht auf das Gebot der Parteiöffentlichkeit, §§ 357, 397. Das gilt auch dann, wenn das Unterbleiben ein Ermessen des Gerichts die einzelne Partei in der Wahrnehmung ihrer Rechte nicht beeinträchtigt, BVerwG NJW **80**, 900. Eine Beweisaufnahme ohne die Benachrichtigung ist vorbehaltlich einer Heilung nach § 295 nicht verwertbar, BVerwG NJW **80**, 900, Schlesw NJW **91**, 304 (erörtert nicht den § 295), Gießler NJW **91**, 2885.

31   **9) VwGO:** Es gilt die (inhaltlich weitgehend gleiche) Regelung des vorbereitenden Verf in §§ 87, 87a u 87b VwGO, dazu Kopp NJW **91**, 524, Stelkens NVwZ **91**, 214, Pagenkopf DVBl **91**, 289, ferner § 74 II AsylVfG. Zur Weigerung der Behörde, Akten vorzulegen, s § 99 VwGO idF des RmBereinVpG v 20. 12. 01, BGBl 3987, dazu Redeker/Kothe NVwZ **02**, 313, Kienemund NJW **02**, 1234.

274 Ladung der Parteien; Einlassungsfrist. [1] Nach der Bestimmung des Termins zur mündlichen Verhandlung ist die Ladung der Parteien durch die Geschäftsstelle zu veranlassen.

II Die Ladung ist dem Beklagten mit der Klageschrift zuzustellen, wenn das Gericht einen frühen ersten Verhandlungstermin bestimmt.

III [1] Zwischen der Zustellung der Klageschrift und dem Termin zur mündlichen Verhandlung muss ein Zeitraum von mindestens zwei Wochen liegen (Einlassungsfrist). [2] Ist die Zustellung im Ausland vorzunehmen, so hat der Vorsitzende bei der Festsetzung des Termins die Einlassungsfrist zu bestimmen.

Titel 1. Verfahren bis zum Urteil § 274

Gliederung

1) Systematik, I–III	1	5) Früher erster Termin, II	7
2) Regelungszweck, I–III	2	6) Einlassungsfrist, III	8–10
3) Geltungsbereich, I–III	3	A. Grundsatz: Gesetzliche Überlegungsfrist	8
4) Ladung, I	4–6	B. Dauer	9
A. Förmliche Zustellung	4	C. Verstoß	10
B. Formlose Ladung	5	7) *VwGO*	11
C. Keine Ladung	6		

1) Systematik, I–III. Nach dem Eingang der Klageschrift prüft der Vorsitzende zunächst, ob er einen **1** Gütetermin nach § 278 und sodann oder gleichzeitig einen frühen ersten Termin oder ein schriftliches Vorverfahren veranlassen soll, § 272 II, oder ob das schriftliche Verfahren stattfinden kann und soll, § 128 II. Nur im ersten Fall bestimmt er sogleich nach § 216 II einen Güte- bzw baldmöglichen Verhandlungstermin, § 272 III. Demgegenüber verfährt er beim schriftlichen Vorverfahren nach § 276. Erst nach dessen Abwicklung bzw Abbruch erfolgt eine Terminsbestimmung. I bezieht sich auf beide Wege, II auf die Wahl des frühen ersten Termins, III wiederum auf beide Wege.

2) Regelungszweck, I–III. Während I eine Zuständigkeitsvorschrift zwecks Entlastung des Vorsitzenden **2** enthält, dient II der Klarstellung des Umfangs des Prozeßrechtsverhältnisses nach Grdz 4 vor § 128 und zusammen mit III dem Gebot des rechtlichen Gehörs, Art 103 I GG, Einl III 16. Diese außerordentliche Bedeutung der Vorschrift muß man bei der gebotenen strengen Auslegung mitbeachten.

Es ist *keinesfalls* stets eine *Pflicht des Vorsitzenden*, der Geschäftsstelle nun auch noch die genaue Ladungsverfügung abzunehmen. Daran ändern auch murrende Verwaltungen mit immer weitergehenden Verlagerungen der Arbeitslast auf den Richter nichts. Ob er im Zweifel der Geschäftsstelle zB die Anweisung gibt, einen ProzBev durch Zustellungsurkunde zu laden statt mit erfahrungsgemäß bei diesem Anwalt seltsam spät datiertem Empfangsbekenntnis oder den Zeuge A formlos zu laden, den B förmlich schriftlich, den C „nur" telefonisch mit Aktenvermerk, dazu § 418, das ist eine andere, von den Gesamtumständen abhängende, aber tunlichst eine Ausnahme bleibende Frage.

3) Geltungsbereich, I–III. Die Vorschrift gilt im Gesamtbereich der ZPO. Im Kleinverfahren nach **3** § 495a gilt zumindest grundsätzlich III. Wegen des Mahnverfahrens § 697 Rn 12. Die Einlassungsfrist ist immer dann notwendig, wenn eine Klage bzw ein Scheidungsantrag vorliegt. Sie gilt entsprechend im Berufungsverfahren nach § 523 II und im Revisionsverfahren, § 553 II. Sie gilt auch bei einer öffentlichen Zustellung nach §§ 185 ff. Sie gilt nicht im vorläufigen Verfahren nach §§ 916 ff (Arrest bzw einstweilige Verfügung), mit dessen Zweck der raschen Verfahrensdurchführung sie nicht vereinbar ist, selbst wenn das Gericht eine mündliche Verhandlung für erforderlich hält. Jedoch gilt dort die Ladungsfrist, § 217, Lidle GRUR **78**, 93. Im arbeitsgerichtlichen Verfahren gilt § 47 I ArbGG, Lorenz BB **77**, 1001. I ist im arbeitsgerichtlichen Verfahren anwendbar, Lorenz BB **77**, 1001.

4) Ladung, I. Es gibt drei Wege. **4**

A. Förmliche Zustellung. Die Ladung zu einem jeden Verhandlungstermin erfolgt grundsätzlich von Amts wegen, §§ 166 II, 168, 214, 270. Das geschieht gegenüber allen Parteien, ab Bestellung eines ProzBev an diesen, § 172. Sie erfolgt evtl zur Zustellung an die Partei in den Fällen §§ 141, 273 II 3, 278 II, 445 II. Sie geschieht unter Zustellung der Terminsverfügung des Vorsitzenden nach § 329 II 2 und unter Wahrung der Ladungsfrist nach § 217 durch den Urkundsbeamten der Geschäftsstelle, §§ 167 ff. Er „veranlaßt" nicht die Ladung, sondern bewirkt sie in eigener Verantwortung. Der Urkundsbeamte prüft nicht, ob, sondern wer zu laden ist. Er muß namentlich § 63, Ladung von Streitgenossen, und § 71 III, Zuziehung des Streithelfers, beachten. Er muß zB im Abstammungsprozeß den anderen Elternteil nach § 640 e I verständigen. Für die Beiladung von Streitgenossen nach § 63 muß die Partei die Unterlagen der Ladung der Geschäftsstelle liefern. Ob und welche Belehrung das Gericht beifügen muß, das muß es von Amts wegen nach den infragekommenden Vorschriften prüfen. Der Urkundsbeamte muß jede Ladung nach Art und Zeitpunkt aktenkundig machen.

B. Formlose Ladung. Im Verfahren vor dem AG erfolgt die Ladung des Klägers nach § 497 I 1 zum **5** ersten Verhandlungstermin formlos. Jedoch muß das Gericht ihn im Fall des § 340a S 1 auch zum ersten Termin förmlich laden. Der Bekl wird wie sonst geladen.

C. Keine Ladung. Zu einem Verhandlungstermin, den das Gericht, auch ein LG oder OLG, in einer **6** verkündeten Entscheidung bestimmt hat, ist nach § 218 eine förmliche oder formlose Ladung überhaupt nicht nötig, abgesehen vom Fall § 141 II. Sie ist ferner im Verfahren vor dem AG im Fall § 497 II nicht erforderlich, aber zulässig.

5) Früher erster Termin, II. Grundsätzlich bereits zugleich mit der Klageschrift, §§ 253 I, 271 I, muß **7** das Gericht die Ladung nur dann zwingend zustellen, wenn der Vorsitzende nach § 272 II statt eines schriftlichen Vorverfahrens einen frühen ersten Termin bestimmt. Das gilt auch in dem bloßen Terminsbestimmung auf die Vorlage der Klageschrift bei ihm, selbst wenn er zugleich vorbereitende Maßnahmen nach § 273 trifft. Im Zweifel besteht eine Erkundigungspflicht der Geschäftsstelle, welchen Weg der Vorsitzende gewählt hat. Erst mit der Klagezustellung ist die Klage erhoben, so daß deren Wirkungen eintreten, § 253 Rn 8. Vgl im übrigen §§ 271, 275, 276. Nach einem schriftlichen Vorverfahren erfolgt die Ladung, sobald der Termin steht. Wegen der Vorwegleistungspflicht, vgl § 12 GKG Anh § 271.

6) Einlassungsfrist, III. Das Gericht muß sie wegen Art 103 I GG sorgsam wahren. **8**

A. Grundsatz: Gesetzliche Überlegungsfrist. Einlassungsfrist ist nach dem klaren Wortlaut von III 1 nur die Frist zwischen der Zustellung der Klageschrift (Klagerhebung) und dem ersten Termin zur „mündlichen" Verhandlung. Die Güteverhandlung nach § 278 II 1 geht nach dessen ebenso eindeutigem Wortlaut der mündlichen Verhandlung gerade voraus. Sie ist also selbst gerade noch keine „mündliche Verhandlung",

Hartmann 1081

§§ 274, 275

auch nicht eine solche nach III 1. Infolgedessen ist eine Einlassungsfrist vor einer Güteverhandlung noch nicht notwendig. Wohl aber ist sie notwendig vor der etwa nach § 279 I 1 unmittelbar oder überhaupt irgendwann anschließenden eigentlichen mündlichen Verhandlung etwa eines frühen ersten Termins. Ein Verstoß ist heilbar, § 295 Rn 39 „Ordnungsvorschrift". Daher ist auch ein Verzicht zulässig. Man sollte ihn nach § 160 II protokollieren.

Die Einlassungsfrist ist eine *Zwischenfrist* (Überlegungsfrist) und eine gesetzliche Frist, Üb 10 vor § 214, eine Schutzfrist gegenüber dem Bekl nur zur Sache selbst, BGH RR **94**, 1213. Sie ist nicht zur Einhaltung des rechtlichen Gehörs auch in allen übrigen Prozeßfragen notwendig, also zB nicht bei §§ 36, 37, BGH RR **94**, 1213.

Die Übersendung des Schriftsatzes im *Prozeßkostenhilfeverfahren* nach §§ 114 ff, der die Klageschrift mitenthält, zur bloßen Stellungnahme zum Prozeßkostenhilfegesuch an den Antragsgegner läßt die Einlassungsfrist noch nicht beginnen. Daher muß das Gericht nach der Bewilligung der Prozeßkostenhilfe die Klageschrift auch wegen III nochmals und jedenfalls jetzt förmlich zustellen lassen, § 329 II 2. Für alle späteren Termine gelten nur nach §§ 132, 217 und das Gebot rechtlichen Gehörs, Düss RR **99**, 860. Das gilt auch bei einer Klagerweiterung oder -änderung, § 263, Düss RR **99**, 860, und bei einer Widerklage, Anh § 253. Vgl freilich § 227 I.

Die Ladungs- und die Einlassungsfrist können an *verschiedenen* Tagen beginnen, zB die Einlassungsfrist bereits mit der noch terminlosen Zustellung der Klageschrift, mit der das Gericht die Fristen nach § 276 setzt, Büttner NJW **75**, 1349. Das muß man besonders nach einem schriftlichen Vorverfahren beachten.

9 **B. Dauer.** Die Dauer der Einlassungsfrist beträgt grundsätzlich 2 Wochen, III 1, auch beim AG, § 495, und auch in Wechsel- und Schecksachen, § 604 Rn 3, § 605 a. Bei einer Auslandszustellung muß der Vorsitzende sie nach III 2 festsetzen. Wohl meist üblich sind ähnlich wie bei § 339 Rn 6 etwa 4 Wochen. Eine kürzere als die in III 1 genannte Frist widerspräche natürlich dem Sinn und wäre daher auch nach § 227 I ein „erheblicher" Grund. Der Urkundsbeamte muß die Festsetzung in beglaubigter Abschrift zustellen. Für eine öffentliche Zustellung nach §§ 185 ff gilt nichts Besonderes. Der Zustellungstag bestimmt sich nach § 188. Ihre Berechnung richtet sich nach § 222, ihre Abkürzung nach § 226. Eine Verlängerung ist unzulässig, § 224 II Hs 2. Ihre Unterbrechung richtet sich nach § 249, ihre Hemmung nach § 223. Sie ist keine Notfrist, § 224 I 2. Deshalb ist keine Wiedereinsetzung nach § 233 möglich. Man sollte bei der Terminierung bedenken, daß die Akte zwischen der Bearbeitung durch den Richter und dem Hinausgehen der Ladung je nach der Geschäftsbelastung Tage oder mehr Zeit benötigt.

10 **C. Verstoß.** Bei einem Verstoß findet kein Versäumnisverfahren gegen den Bekl statt, § 337, aM ThP 4, ZöGre 6 (sie wenden § 335 I Z 3 an. Aber § 337 spricht spezieller von der Einlassungsfrist). Das gilt auch, wenn der Bekl anwesend ist, aber die Einlassung verweigert, ZöGre 6, aM StJL 13 (aber auch dann enthält § 337 die richtige Spezialregelung). Der Bekl hat vielmehr einen Vertagungsanspruch. Der Kläger darf sich aber auf die Nichteinhaltung der Frist gegenüber dem verhandlungsbereiten Bekl nicht berufen. Denn der Mangel ist heilbar, § 295 Rn 39 „Ordnungsvorschrift", Stgt RR **01**, 971. Außerdem gilt § 189. Eine zu Unrecht ergangene Versäumnisentscheidung läßt sich nur mit dem gegebenen Rechtsbehelf anfechten. Gegen ein zweites Versäumnisurteil ist die Berufung nach § 514 II zulässig.

11 7) *VwGO:* Es gilt § 102 I iVm § 56 VwGO, die keine besondere Einlassungsfrist vorsehen. Ladungsfrist: § 102 I VwGO.

275 Früher erster Termin.

I ¹ Zur Vorbereitung des frühen ersten Termins zur mündlichen Verhandlung kann der Vorsitzende oder ein von ihm bestimmtes Mitglied des Prozeßgerichts dem Beklagten eine Frist zur schriftlichen Klageerwiderung setzen. ² Andernfalls ist der Beklagte aufzufordern, etwa vorzubringende Verteidigungsmittel unverzüglich durch den zu bestellenden Rechtsanwalt in einem Schriftsatz dem Gericht mitzuteilen; § 277 Abs. 1 Satz 2 gilt entsprechend.

II Wird das Verfahren in dem frühen ersten Termin zur mündlichen Verhandlung nicht abgeschlossen, so trifft das Gericht alle Anordnungen, die zur Vorbereitung des Haupttermins noch erforderlich sind.

III Das Gericht setzt in dem Termin eine Frist zur schriftlichen Klageerwiderung, wenn der Beklagte noch nicht oder nicht ausreichend auf die Klage erwidert hat und ihm noch keine Frist nach Absatz 1 Satz 1 gesetzt war.

IV ¹ Das Gericht kann dem Kläger in dem Termin oder nach Eingang der Klageerwiderung eine Frist zur schriftlichen Stellungnahme auf die Klageerwiderung setzen. ² Außerhalb der mündlichen Verhandlung kann der Vorsitzende die Frist setzen.

Schrifttum: *Deubner,* Gedanken zur richtlichen Verfahrensbeschleunigungspflicht, Festschrift für *Lüke* (1997) 51; *Garbe,* Antrags- und Klagerwiderungen in Ehe- und Familiensachen, 2. Aufl 2001; *Maniotis,* Einige Gedanken zur Beteiligung des Richters an der Bemessung der Fristen für Klageerwiderung und Replik, Gedächtnisschrift für *Arens* (1993) 289.

Gliederung

1) Systematik, I–IV 1	A. Klagerwiderung, I 1: Wahlrecht des Vorsitzenden 4
2) Regelungszweck, I–IV 2	B. Fristbemessung, I 1 .... 5, 6
3) Geltungsbereich, I–IV 3	C. Belehrung, I 1 7
4) Vorbereitung des frühen ersten Termins, I 4–8	D. Mitteilung der Verteidigungsmittel, I 2 8
	5) **Vorbereitung des Haupttermins, II** ... 9, 10

Titel 1. Verfahren bis zum Urteil **§ 275**

6) **Klagerwiderung, III**	11–13	7) **Stellungnahme des Klägers, IV**		14–16
A. Grundsatz: Vermeidung einer Zurückweisung	11	A. Grundsatz: Pflichtgemäßes Ermessen		14
B. Fristbemessung	12	B. Fristbemessung		15
C. Belehrung	13	C. Belehrungspflicht		16
		8) *VwGO*		17

1) Systematik, I–IV. Vorgelagert ist nicht stets, aber oft eine notwendige Güteverhandlung nach § 278. **1**
§ 275 ist sodann zur Durchführung des zur Wahl des Vorsitzenden gestellten Verfahrens mit frühem ersten Termin erlassen. Die Vorschrift ergänzt also § 272 II, aber auch § 273.

2) Regelungszweck, I–IV. Das ziemlich verwirrend anmutende Geflecht verschiedener Vorbereitungs- **2**
möglichkeiten schon des frühen ersten Termins ist ein typisches Produkt deutscher Überperfektion. Es dient einer auf den Einzelfall zugeschnittenen Arbeitsweise aller Prozeßbeteiligten. Das Gesetz soll auch einer zögernden Richterpersönlichkeit entgegenkommen. Natürlich dient das alles in seiner Gründlichkeit der Gerechtigkeit als dem obersten Prozeßziel, Einl III 9. Der erfahrene, energisch arbeitende Richter macht von allen diesen ja auch Zeit kostenden Möglichkeiten so wenig wie möglich Gebrauch.
Er fertigt ohnehin bei *gründlicher Arbeitsweise* sogleich nach dem Klageingang ein erstes „Kopfgutachten" an. Er kann dann selbst bei Erhalt einer Klagerwiderung erst im Termin doch sogleich um eine mündliche Darstellung ihres wesentlichen Inhalts bitten, sie gleichzeitig „querlesen". Er kann anschließend ergänzende Fragen an den Bekl stellen und daran sofort eine erste oder sogar möglichst abschließende Erörterung der bisherigen Sach- und Rechtslage anschließen. Ihr darf sich der Beteiligte (Kläger wie Bekl) oder sein ProzBev keineswegs stets entziehen, gar ohne Begründung oder mit der Floskel, erst einmal nachdenken zu müssen usw. Man kann doch eigene geduldige und einfühlsame Verhandlungsführung durchaus auch im nicht durch Fristen vorbereiteten, aber als vollwertig angelegten und im ausführlichen Gespräch voll ausgenutzten frühen ersten Termin erreichen. Man kann zumindest einen Beweisbeschluß erstreben, eine fristbemessene Auflage, eine Verweisung, ein Teilurteil, wenn nicht schon die verfahrensbeendende Entscheidung mit oder sogar ohne besonderen Verkündungstermin. Vor alledem sollte sich jedenfalls ein etwas erfahrenes Gericht nicht scheuen.

3) Geltungsbereich, I–IV. Die Vorschrift gilt im Gesamtbereich der ZPO. Sie gilt im Kleinverfahren **3**
nach § 495a nur, soweit der Richter es wünscht. Im arbeitsgerichtlichen Verfahren gilt § 275 nicht, § 46 II 2 ArbGG. In einer Ehesache gelten I 1, III, IV nicht, § 611 II, ebensowenig im Kindschaftsverfahren, § 640. Wegen des arbeitsgerichtlichen Verfahrens BAG DB **80**, 2399, Grunsky JZ **78**, 82.

4) Vorbereitung des frühen ersten Termins, I. Wegen seiner Bedeutung § 272 Rn 4, 12. Auch ein **4**
früher erster Termin kann also die Bedeutung eines Haupttermines haben, §§ 271, 272 Rn 5, 273, 274, 358a, BGH NJW **83**, 576. Neben diesen zum Teil notwendigen Maßnahmen hat der Vorsitzende mehrere Wahlmöglichkeiten.

A. Klagerwiderung, I 1: Wahlrecht des Vorsitzenden. Der Vorsitzende kann statt einer Maßnahme nach I 2, Rn 8, dem Bekl eine Frist zur schriftlichen Klagerwiderung setzen, § 277 (er gilt auch hier, wie § 277 III ergibt). Der Vorsitzende bzw ein von ihm bestimmtes Mitglied des Kollegiums kann, aber muß nicht so vorgehen, BGH **88**, 182, aM Kramer NJW **77**, 1660 (er dürfe nur so vorgehen, wenn der Bekl sich zur Verteidigung bereit erklärt habe. Aber schon die Klageschrift kann eine schriftliche Klagerwiderung aus Richterrecht erforderlich machen). Es besteht also ein pflichtgemäßes Ermessen, KG NJW **80**, 2362, unklar BGH NJW **87**, 499. Man muß wegen § 274 II zugleich nach § 216 II den frühen ersten Termin bestimmen und die Ladung zustellen. Die Entscheidung erfolgt durch eine prozeßleitende unanfechtbare Verfügung. Das Gericht muß so nach § 329 II 2 zB zugleich mit der Klageschrift in beglaubigter Abschrift zustellen und dem Kläger evtl formlos mitteilen, BGH NJW **81**, 1217.
Der Sinn besteht darin, den Bekl zu zwingen, die ihm unter Beachtung seiner Prozeßförderungspflicht nach § 282 I–III möglichen Verteidigungsmittel so zeitig vorzubringen, daß das Gericht und der Kläger schon vor, spätestens in dem frühen ersten Termin möglichst viel aussondern, abtrennen, entscheiden können, Rn 2, BGH **88**, 182, KG NJW **80**, 2363, Stgt NJW **84**, 2538. Zumindest soll das Gericht den Haupttermin möglichst umfassend vorbereiten können, BGH **86**, 35.
Nicht notwendig ist es, zu mehr als zu einer schriftlichen „Klagerwiderung" aufzufordern. Der Vorsitzende kann sich auf Anordnungen nach § 273 beschränken, Karlsr NJW **83**, 403. Eine Aufforderung wegen bestimmter Einzelpunkte ist im allgemeinen eine solche nach § 273 II Z 1 Hs 2. Sie ist freilich auch im Rahmen von I 1 zulässig. Auch beim AG erfolgt die Fristsetzung zweckmäßig schon bei der Klagezustellung, Kramer NJW **77**, 1660.
Der *Inhalt* der Klagerwiderung richtet sich nach § 277 I. Eine Äußerung zu etwaigen Bedenken gegen eine Entscheidung der Sache durch den Einzelrichter ist keine Pflicht. Das ergibt sich aus dem Wort „soll" in I 2 Hs 2. Daher besteht insofern auch keine Hinweis- oder Belehrungspflicht des Gerichts, etwa nach § 277 II, auf den I 2 Hs 2 nicht mitverweist. Freilich kann eine Obliegenheitsverletzung zu prozessualen Nachteilen führen, wenn auch nicht nach dem zu eng auslegbaren § 296, so doch zB nach § 95. Das Gericht braucht keineswegs die Art und Weise der beabsichtigten Prozeßförderung in jeder Einzelheit zu verdeutlichen, BGH **86**, 39.

B. Fristbemessung, I 1. Die Frist beträgt mindestens 2 Wochen seit der Zustellung, § 277 III. Der **5**
Vorsitzende muß sie im übrigen so bemessen, daß der Bekl vernünftigerweise die Klage prüfen, etwa bespechen, überdenken und beantworten kann. Er muß wegen §§ 282, 296 zu einer umfassenden Antwort Zeit haben, BVerfG NJW **82**, 1691, Hamm MDR **83**, 63, Köln NJW **80**, 2421.
2 Wochen können in einer einfachen Sache ausreichen, Stgt NJW **84**, 2538, 3 Wochen reichen meist aus, **6**
Karlsr NJW **84**, 619. Im Anwaltsprozeß darf und sollte der Vorsitzende einen normalen Kanzleibetrieb des Anwalts berücksichtigen. Er darf aber keine Verzögerungs- oder Störversuche durchgehen lassen, Mü MDR

§ 275 Buch 2. Abschnitt 1. Verfahren vor den LGen

80, 148. Der Fristablauf muß spätestens am Tag des frühen ersten Termins liegen. Er muß dann freilich die 2-Wochen-Frist des § 277 II wahren. Jedoch ist wegen § 283 jedenfalls im Anwaltsprozeß eine Frist von mindestens etwa 2 Wochen vor dem frühen ersten Termin sinnvoll. Infolge der Frist ist der frühe erste Termin unter Umständen erst nach 6 bis 8 Wochen möglich. Das ist dann trotz § 272 III zulässig.

Eine *Friständerung* erfolgt nach §§ 224 ff. Eine Unklarheit bei der Fristbemessung führt zur Unanwendbarkeit von § 296 I, BVerfG 60, 6, ebenso unter Umständen eine zu kurze Frist, § 296 Rn 23, BVerfG 69, 137, oder gar die Planung und Vorbereitung des Termins zum bloßen Durchlauf oder Durchruf, BVerfG 69, 137, noch weitergehend Deubner NJW 85, 1140, oder eine unzureichende kurz bemessene Terminsdauer, Hamm RR 89, 895. Eine Verweisung zB nach § 281 beeinflußt die Frist zumindest grundsätzlich nicht, Ffm RR 93, 1085. Eine übermäßig lange Klagerwiderungsfrist ist im Fall der Überlastung unzulässig, § 216 Rn 11. Sie ist als Ablehnung einer Terminsbestimmung anfechtbar, § 216 Rn 27.

7   **C. Belehrung, I 1.** Es besteht eine Belehrungspflicht nur nach § 277 II. Sie besteht auch gegenüber einer anwaltlich vertretenen Partei, BGH 88, 183. Nur bei ihrer Beachtung kann das Gericht bei einem Fristversäumnis § 296 I anwenden, BGH 88, 184, Karlsr OLGZ 84, 472. Gegenüber einem Anwalt genügt der Hinweis auf das Gesetz, Hamm NJW 84, 1566. Die Frist muß die Aufforderung zu einer schriftlichen Erwiderung enthalten. Man muß strenge Anforderungen an die Belehrung stellen, Karlsr OLGZ 84, 472.

8   **D. Mitteilung der Verteidigungsmittel, I 2.** Soweit der Vorsitzende keine Frist nach I 1 setzt, Rn 2, muß er den Bekl zu einer unverzüglichen Mitteilung der etwaigen Verteidigungsmittel auffordern, im Anwaltsprozeß nach § 78 Rn 1 durch einen Anwalt. Das Verfahren läuft wie bei Rn 2–7 ab. Jedoch erfolgt mangels einer hier nicht zulässigen Frist eine formlose Mitteilung, § 329 II 1. Ein Schriftsatzzwang besteht nur im Anwaltsprozeß. Sonst kann man die Erklärung zu Protokoll jeder Geschäftsstelle abgeben, §§ 496, 129 a. Es besteht eine Pflicht zur Aufforderung. Ihr Unterlassen kann (nicht muß) eine Zulassung nach § 296 I oder die Gewährung einer Nachfrist nach § 283 notwendig machen. Hier besteht keine Belehrungspflicht über die Folgen einer etwaigen Versäumnis. Denn weder § 276 II noch § 277 III sind anwendbar. Nach I 2 Hs 2 ist § 277 I 2 entsprechend anwendbar, § 277 Rn 5.

9   **5) Vorbereitung des Haupttermins, II.** Reicht der frühe erste Termin nicht aus, so muß das Gericht alle Anordnungen zur Vorbereitung des Haupttermins treffen. Der frühe erste Termin ist ein vollwertiger Termin zur mündlichen Verhandlung, § 272 Rn 4, BGH 86, 36, Karlsr NJW 83, 403. Das gilt zumindest dann, wenn das Gericht ihn nach dem Akteninhalt als solchen ansetzen kann, Stgt NJW 84, 2538. Das Gericht darf ihn dann gar nicht zum bloßen „Durchrufertermin" herabwürdigen, § 272 Rn 4, BGH NJW 87, 499 und 501. Selbst wenn es das tut, muß die Partei meist vorsorglich mit einer sich als abschließend entwickelnden Verhandlung rechnen, aM Karlsr NJW 84, 619, Stgt RR 86, 1062 (aber eine Partei muß stets damit rechnen, daß das Gericht einen gesetzlich zulässigen Weg zur Prozeßförderung einschlägt). Sein Ablauf richtet sich nach (jetzt) § 279 II, III. Diese Vorschrift ist im übrigen beachtlich, Grunsky JZ 77, 202, Putzo NJW 77, 3. Auch hier ist eine ganz kurze Einführung ratsam. Sie ist aber nicht strikt vorgeschrieben. Der frühe erste Termin soll ein Versäumnis-, Anerkenntnis-, Verzichtsurteil ermöglichen, ferner einen Prozeßvergleich, ein streitiges Endurteil in einfachen Sachen. Er soll zumindest die Eingrenzung des entscheidungserheblichen Stoffs erleichtern.

10   Ist dennoch *keine Entscheidungsreife* nach § 300 Rn 6 erzielbar, so sind zB Auflagen nebst einer Frist nach § 273 II Z 1 ratsam, auch eine Frist zur Klagerwiderung nach III oder zur Stellungnahme darauf nach IV, ein Beweisbeschluß. Er sollte nur im Fall der Notwendigkeit einer Frist nach § 283 erst in einem sofort anzuberaumenden Verkündungstermin, sonst sogleich formuliert werden. Was notwendig ist, entscheidet eine Gesamtlage. Dabei kann auch jetzt schon eine gewisse rechtliche Erörterung wegen § 139 notwendig sein. Dabei muß der Vorsitzende den neuen Termin möglichst bald anberaumen, § 272 III. Fristen sind wie sonst zulässig, zB nach §§ 356, 379.

11   **6) Klagerwiderung, III.** Man muß drei Punkte beachten.

A. Grundsatz: Vermeidung einer Zurückweisung. Wenn der Bekl bis zum frühen ersten Termin nicht oder nicht ausreichend erwidert hat, kann das Gericht evtl weiteres Vorbringen bereits im frühen ersten Termin als verspätet zurückweisen, falls es ihm eine Frist nach I 1 gesetzt hatte, § 296 I, BGH NJW 83, 576, Saarbr MDR 79, 1030, Stgt NJW 84, 2538, aM Stgt RR 86, 1062 (aber § 296 I nennt § 275 III eindeutig mit). Eine Zurückweisung kann auch dann erforderlich sein, wenn der Bekl die Aufforderung nach I 2 nicht unverzüglich befolgt hatte, §§ 282, 296 II. Falls das Gericht keine Frist gesetzt hat, Lange NJW 86, 1731, oder falls der Bekl die Frist unverschuldet versäumte, dann muß, nicht bloß kann oder soll, das Gericht im frühen ersten Termin oder spätestens unverzüglich danach dem Bekl eine Frist zur Klagerwiderung setzen, Rn 2. Es kommt auch ein Verlängerungsantrag in Betracht, sogar für den anwaltlich noch nicht vertretenen Bekl durch den ProzBer des Klägers, Klaes/Schöne ProzRB 03, 226. Das gilt auch beim Einzelrichter, § 348, 348 a, oder beim Vorsitzenden der Kammer für Handelssachen, § 349. Rechtsmißbrauch ist auch hier verboten, Einl III 54.

12   **B. Fristbemessung.** Der Vorsitzende muß die Frist unter Beachtung der Mindestfrist von 2 Wochen seit der Verkündung bzw Zustellung nach § 277 III bemessen. Er muß sie ist im übrigen freilich anders als diejenige vor dem frühen ersten Termin berechnen. Denn wie wird dem Bekl auf Grund des frühen ersten Termins im allgemeinen eher und schneller möglich sein, seine Erwiderung zu formulieren, Mü MDR 80, 148. Vgl im übrigen § 224. Zum Inhalt der Aufforderung § 277 I. Eine Friständerung erfolgt nach §§ 224 ff. Wegen einer übermäßig langen Frist Rn 6. Das Gericht entscheidet durch einen Beschluß. Er bedarf wegen der Unanfechtbarkeit der Anordnung keiner besonderen Begründung, § 329 Rn 6. Das Gericht muß ihn verkünden, § 329 I 1. Man kann die Fristsetzung mit einer weiteren vorbereitenden Anordnung verbinden, zB nach § 273.

13   **C. Belehrung.** Es besteht eine Belehrungspflicht nur nach § 277 II. Das gilt auch gegenüber einer anwaltlich vertretenen Partei, BGH 88, 183. Nur dann, wenn die Belehrung ordnungsgemäß erfolgte, kann man bei einer Fristversäumung § 296 I anwenden, Rn 7. Evtl gilt § 283. Gegenüber einem Anwalt genügt

Titel 1. Verfahren bis zum Urteil §§ 275, 276

der Hinweis auf das Gesetz, Hamm NJW **84**, 1566. Das Gericht braucht keineswegs die Art und Weise der beabsichtigten Prozeßförderung den Parteien in jeder Einzelheit zu verdeutlichen, BGH **86**, 39.

7) Stellungnahme des Klägers, IV. Auch hier sind drei Aspekte beachtlich. 14

A. Grundsatz: Pflichtgemäßes Ermessen. Das Gericht darf diese sog Replik nach pflichtgemäßem, freilich nicht nachprüfbaren Ermessen anfordern. Zuständig zur Fristsetzung ist in der mündlichen Verhandlung das Gericht, IV 1, evtl also das gesamte Kollegium. Außerhalb der mündlichen Verhandlung kann nach IV 2 zwar natürlich ebenfalls das ganze Kollegium, aber auch nur der Vorsitzende die Frist setzen. Eine Entscheidung des Kollegiums erfolgt wie stets durch Beschluß, eine solche des Vorsitzenden kann durch Verfügung ergehen. Ein Beschluß erfordert wegen der Unanfechtbarkeit grundsätzlich keine Begründung, § 329 Rn 6 (auch zu Ausnahmen). Eine Verfügung wird ohnehin nicht begründet. Maßgeblich ist im übrigen das Ermessen des Einzelrichters, §§ 348, 348 a, bzw der Vorsitzenden der Kammer für Handelssachen, § 349. Die Anforderung erfolgt nur nach dem Eingang einer Klagerwiderung, BGH NJW **80**, 1168. Sie erfolgt dann entweder vor oder nach dem frühen ersten Termin oder im frühen ersten Termin, aber nicht mehr, wenn er zum vollwertigen Termin wurde, § 272 Rn 3, BVerfG **75**, 310 (dann gilt § 283).

B. Fristbemessung. Die Frist läßt sich mit einer richterlichen Frist verbinden. Diese muß man unter 15
Beachtung der Mindestfrist von 2 Wochen seit der Verkündung oder Zustellung, § 277 IV, III bemessen, im übrigen nach den Gesamtumständen. Sie muß eine ausreichende Überlegung ermöglichen. Sie kann jedoch meist kürzer als die Frist zur Klagerwiderung sein. Ausnahmen bestehen, wenn der Bekl dort eine umfangreiche Aufrechnung, eine komplizierte Gegenberechnung, längere Rechtsausführungen usw vorgenommen hat. Vgl im übrigen § 224. Bei einer Fristversäumnis gilt § 296 I auch gegenüber einer nicht anwaltlich vertretenen Partei, BGH **88**, 184. Zum Verfahren Rn 2–4. Die Anordnung der Frist muß durch das gesamte Gericht erfolgen. Sie muß im Termin verkündet, § 329 I 1, vor oder nach ihm zugestellt werden, § 329 II 2, Ffm (17. ZS) RR **86**, 1446, Köln MDR **99**, 1462, aM Ffm (9. ZS) MDR **90**, 60, ThP 8 (eine Verfügung des Vorsitzenden oder eines anderen Kollegialmitgliedes reiche. Aber IV fordert eine Fristsetzung des „Gerichts".). Eine übermäßig lange Frist ist auch im Fall der Überlastung unzulässig, § 216 Rn 12. Sie ist als Ablehnung einer Terminbestimmung anfechtbar, § 216 Rn 27.

C. Belehrungspflicht. Hier besteht jetzt auch eine Belehrungspflicht. Denn § 277 IV verweist auch auf 16
dessen II. Zum Inhalt der Aufforderung § 277 IV in Verbindung mit I.

8) VwGO: *Angesichts des § 85 VwGO unanwendbar, vgl KoppSch § 173 Rn 5.* 17

276 *Schriftliches Vorverfahren.* [I] [1] Bestimmt der Vorsitzende keinen frühen ersten Termin zur mündlichen Verhandlung, so fordert er den Beklagten mit der Zustellung der Klage auf, wenn er sich gegen die Klage verteidigen wolle, dies binnen einer Notfrist von zwei Wochen nach Zustellung der Klageschrift dem Gericht schriftlich anzuzeigen; der Kläger ist von der Aufforderung zu unterrichten. [2] Zugleich ist dem Beklagten eine Frist von mindestens zwei weiteren Wochen zur schriftlichen Klageerwiderung zu setzen. [3] Ist die Zustellung der Klage im Ausland vorzunehmen, so bestimmt der Vorsitzende die Frist nach Satz 1.

[II] [1] Mit der Aufforderung ist der Beklagte über die Folgen einer Versäumung der ihm nach Absatz 1 Satz 1 gesetzten Frist sowie darüber zu belehren, daß er die Erklärung, der Klage entgegentreten zu wollen, nur durch den zu bestellenden Rechtsanwalt abgeben kann. [2] Die Belehrung über die Möglichkeit des Erlasses eines Versämnisurteils nach § 331 Abs. 3 hat die Rechtsfolgen aus den §§ 91 und 708 Nr. 2 zu umfassen.

[III] Der Vorsitzende kann dem Kläger eine Frist zur schriftlichen Stellungnahme auf die Klageerwiderung setzen.

Vorbem. II 2 angefügt dch Art 1 Z 3 G v 18. 8. 05, BGBl 2477, in Kraft seit 21. 10. 05, Art 3 S 1 G, ÜbergangsR Einl III 78.

Schrifttum: *Deubner*, Gedanken zur richterlichen Verfahrensbeschleunigungspflicht, Festschrift für *Lüke* (1997) 51; *Maniotis*, Einige Gedanken zur Beteiligung des Richters an der Bemessung der Fristen für Klageerwiderung und Replik, Gedächtnisschrift für *Arens* (1993) 289.

Gliederung

1) Systematik, I–III	1	B. Frist; weiteres Verfahren	10, 11
2) Regelungszweck, I–III	2	C. Verstoß	12
3) Geltungsbereich, I–III	3	6) Belehrung, II	13–19
4) Anzeige der Verteidigungsabsicht, I 1	4–8	A. Grundsatz: Pflicht des Vorsitzenden	13
A. Grundsatz: Pflicht des Vorsitzenden zur Aufforderung	4	B. Schriftliche Entscheidung	14, 15
B. Inhalt der gerichtlichen Aufforderung	5	C. Anwaltszwang	16
C. Frist; weiteres Verfahren	6	D. Weitere Belehrung	17
D. Verstoß des Gerichts	7	E. Mittellosigkeit des Beklagten	18
E. Verstoß der Partei	8	F. Verstoß	19
5) Klagerwiderung, I 2	9–12	7) Stellungnahme des Klägers, III	20, 21
A. Grundsatz: Pflicht des Vorsitzenden zur Fristsetzung	9	A. Grundsatz: Ermessen des Vorsitzenden	20
		B. Verstoß	21
		8) VwGO	22

1) Systematik, I–III. Zur Wahl des Verfahrens als früher erster Termin oder schriftliches Vorverfahren 1
§ 272 Rn 6, 10. Das Güteverfahren nach § 278 ist nicht stets, aber doch oft notwendig und dann zeitlich vorrangig. Das schriftliche Vorverfahren hat formell Gleichrang mit dem Verfahren des frühen ersten

§ 276
Buch 2. Abschnitt 1. Verfahren vor den LGen

Termins. Es herrscht aber in der Praxis durchweg vor. Ein Abbruch des schriftlichen Vorverfahrens ist jederzeit zulässig, Brühl FamRZ **78**, 551. Jedoch muß das Gericht die gesetzliche Mindestfrist wahren. Auch nach einer planmäßigen Beendigung des Vorverfahrens erfolgt unverzüglich eine Terminsbestimmung, §§ 216 II, 279 I.

2 **2) Regelungszweck, I–III.** Es gelten grundsätzlich dieselben Erwägungen wie bei § 275 Rn 2. Allerdings enthält § 276 wegen der Gefahr, daß der Bekl zunächst ohne mündliche Verhandlung unterliegen kann, § 331 III, zwingende Regeln in I und II. Sie sind wegen ihrer erheblichen Bedeutung, vgl auch § 296 I, streng auslegbar.

Verführerisch ist das schriftliche Vorverfahren, wenn man sich vor raschem Eindringen in den Streitstoff und gar vor baldiger Terminierung scheut. Das Argument, man müsse doch zunächst einmal wissen, ob und wie sich der Bekl überhaupt wehren wolle, ist in Wahrheit oft nur im Vorwand, im überlasteten Dezernat Zeit zu gewinnen. Denn auch im Verfahren mit frühem ersten Termin kann (nicht muß) das Gericht Fristen zur Klagerwiderung setzen, ja zur Stellungnahme auf diese. Im übrigen erhält der Bekl ja stets im frühen ersten Termin Gelegenheit zur Äußerung.

Allerdings gibt es natürlich Fälle, in denen ein *ruhiges schriftliches* Hin und Her förderlicher und sachdienlicher ist als ein hastiger Termin. Das Gesetz gibt jeder Richtermentalität Entwicklungsmöglichkeit. Auch das ist bei der Auslegung mitbeachtlich. Es darf nur nicht zum Vor-sich-Herschieben und erst damit zu immer größerem Aktenumlauf kommen, zu immer größeren Rückständen und immer mehr Zeitaufwand beim immer neuen Einarbeiten. Zumindest im schriftlichen Vorverfahren muß und sollte das Gericht seine Aufgaben nach §§ 139, 273 so früh wie möglich und einigermaßen fleißig erfüllen. Jede vermeidbare Unterlassung beim Durchdenken, Anregen, Auffordern, Anordnen rächt sich durchweg im weiteren Prozeßverlauf, wenn es nicht gerade zum Versäumnisurteil nach § 331 III ohne Einspruch kommt. Letzteres geschieht doch meist weniger als erwartet.

3 **3) Geltungsbereich, I–III.** I 2, II sind im schriftlichen Verfahren nach § 128 II entsprechend anwendbar, Kramer NJW **78**, 1411. Nach einem Mahnverfahren kommt jetzt ebenfalls ein schriftliches Vorverfahren in Betracht, § 697 II, § 700 IV. In einer Ehesache gilt § 611 II, in einer Kindschaftssache gilt § 640, es gibt also jeweils kein schriftliches Vorverfahren, wohl aber evtl Anordnungen nach § 273. Beim Arbeitsgericht gibt es kein schriftliches Vorverfahren, § 46 II ArbGG, Lorenz BB **77**, 1001, Reichel NZA **05**, 1098.

4 **4) Anzeige der Verteidigungsabsicht, I 1.** Sie hat sehr erhebliche Bedeutung.

A. Grundsatz: Pflicht des Vorsitzenden zur Aufforderung. Es ist die Pflicht des Vorsitzenden, den Bekl zur Anzeige einer etwaigen Verteidigungsabsicht aufzufordern. Diese Pflicht hat auch der Vorsitzende der Kammer für Handelssachen nach § 349 I bzw der Einzelrichter, §§ 348, 348 a. Die Pflicht entsteht sogleich nach dem Klageeingang und der Wahl des Verfahrens nach § 272 Rn 6. Sie entsteht zugleich mit der Klagezustellung nach § 271 I und zunächst abgesehen von etwaigen Gütestreit ohne eine Terminsbestimmung, ThP 2, ZöGre 2, aM Grunsky JZ **77**, 203 (eine sofortige Terminsbestimmung sei zulässig. Aber das widerspricht gerade dem Wesen des schriftlichen Vorverfahrens.). Das Gericht muß seine Aufforderung notfalls unverzüglich nachholen. Außerdem erfolgen zahlreiche weitere Aufforderungen und Belehrungen. Sie erfordern wegen ihrer zum Teil erheblichen prozessualen Auswirkungen äußerste Sorgfalt. Sie können jedenfalls an diesem Punkt zum genauen Gegenteil einer Vereinfachung führen.

5 **B. Inhalt der gerichtlichen Aufforderung.** Der Inhalt der Aufforderung nach I 1 ist davon abhängig, ob ein Anwalts- oder ein Parteiprozeß vorliegt, § 78 Rn 1. Stets muß der Vorsitzende den Bekl auffordern, eine etwaige Verteidigungsabsicht dem Gericht binnen einer Notfrist anzuzeigen. Im Anwaltsprozeß wird er zusätzlich darauf hingewiesen, daß dies nur durch einen Anwalt schriftlich wirksam erfolgen kann, II in Verbindung mit § 78 I, 271 II. Im Parteiprozeß wird er darauf hingewiesen, daß die Verteidigungsanzeige schriftlich oder zu Protokoll jeder Geschäftsstelle erfolgen kann, §§ 496, 129 a (§ 496 erfaßt nur eine Erklärung, die zugestellt werden soll, meint aber hier mit der Zustellung nur den Übermittlungsweg über das Gericht im Gegensatz zur Übermittlung von Partei zu Partei, erfaßt daher auch die vom Gericht dem Kläger formlos mitzuteilende Anzeige der Verteidigungsabsicht). Dabei ist der weitere Hinweis ratsam, nicht notwendig, daß bei einer Erklärung zu Protokoll eines auswärtigen Gerichts erst der Erklärungseingang beim Prozeßgericht maßgeblich ist, § 129 a II 2.

6 **C. Frist; weiteres Verfahren.** Die gesetzliche Notfrist nach §§ 224 I 2, beträgt bei einer Inlandszustellung zwingend *2 Wochen* seit der Klagezustellung, I 1, Putzo AnwBl **77**, 432, an den jeweiligen Streitgenossen, § 61 Rn 7. Bei einer Auslandszustellung nach § 183 gibt es eine richterliche Notfrist zur Verteidigungsanzeige. Der Vorsitzende handelt dabei nach dem pflichtgemäßen Ermessen, I 3. Er muß die Einschaltung eines Übersetzers bedenken. Unter Umständen sind 6 bis 8 Monate je nach der voraussichtlichen Laufzeit der vorgeschriebenen Zustellungsart erforderlich, § 274 Rn 9, aM Bergerfurth JZ **78**, 299 (aber gerade in solchem Fall schadet zu große Zügigkeit oft). Dabei muß der Vorsitzende die Einlassungsfrist abweichend vom Wortlaut des § 274 III 3 bereits jetzt mitbestimmen. Die Fristberechnung erfolgt nach §§ 224 ff. Der Bekl im Ausland muß innerhalb der Frist zur Anzeige der Verteidigungsabsicht einen inländischen Zustellungsbevollmächtigten bestellen, I 3 Hs 2, um die Rechtsfolgen nach § 184 I 2, II 1 zu vermeiden.

Der *Kläger* erhält von der Aufforderung nur eine formlose Mitteilung, damit er erfährt, daß das schriftliche Vorverfahren läuft. Dem *Bekl* wird die Aufforderung (Verfügung oder Beschluß) nach § 329 II 2 zugestellt, § 329 Rn 32. Zugleich mit der Aufforderung nach I 1 ist eine Belehrung nach II erforderlich, Rn 13 ff. Ferner ist zugleich eine Aufforderung nach § 271 II sowie eine Fristsetzung nach I 2 nebst Belehrung nach § 277 II (im Parteiprozeß nach Maßgabe des § 496) notwendig. Sie muß unmißverständlich sein, Düss NJW **84**, 1567. Schließlich ist evtl eine Frist nach § 273 II Z 1 Hs 2 notwendig.

7 **D. Verstoß des Gerichts.** § 276 ist eng auslegbar, BGH NJW **91**, 2773. Ein Verstoß des Vorsitzenden oder der ausführenden Organe des Gerichts (Geschäftsstelle, Kanzlei usw) gegen diese Pflichten, ist heilbar, soweit es um die förmliche Zustellung geht, § 189, vgl auch § 331 Rn 17. Ein Verstoß kann im übrigen zur Entschuldigung nach § 296 I führen, Bischof NJW **77**, 1899. Er kann die Notwendigkeit einer Nachfrist

Titel 1. Verfahren bis zum Urteil § 276

auslösen, § 283. Ein Versäumnisurteil nach § 331 III kann unzulässig sein, § 335 I Z 4. Soweit statt des Vorsitzenden usw nur ein von ihm bestimmtes Mitglied des Kollegiums gehandelt hat, ist allerdings dessen Anordnung einschließlich einer formell korrekt erfolgten, zB im Original voll unterschriebenen Fristsetzung wirksam, ThP 9, aM Oldb NdsRpfl **79**, 179, StJL 24 (aber I 1 spricht nur vom Vorsitzenden, nicht vom Gericht). Im übrigen kann trotz eines Verstoßes des Gerichts eine Zurückweisung nach §§ 282, 296 II in Betracht kommen.

Bei einer *Nichteinhaltung* der Notfrist im Anwaltsprozeß gilt wegen der Unmöglichkeit, nun rechtzeitig einen Anwalt zu bestellen, bis zur Zustellung eines schriftlichen Versäumnisurteils § 337, § 331 Rn 20. Danach ist Einspruch notwendig, es kann auch § 337 entsprechend anwendbar sein, KG MDR **96**, 634, Dittmar AnwBl **79**, 167, Franzki NJW **79**, 10, aM Rastätter NJW **78**, 96 (liest I 1 als einfache Frist, zustm Brühl FamRZ **78**, 552. Aber I 1 spricht eindeutig von Notfrist.).

E. Verstoß der Partei. Ein Verstoß der Partei kann im engeren Sinn nicht erfolgen. Denn sie hat keine **8** Pflicht zur Antwort. Soweit sie diese Obliegenheit aber nicht erfüllt, zB die Verteidigungsabsicht im Anwaltsprozeß nicht durch einen Anwalt oder im Parteiprozeß beim Gericht nicht durch einen Anwalt bzw einen zugelassenen und postulationsfähigen und prozeßfähigen ProzBev anzeigt, LG Düss VersR **89**, 467, darf und muß das Gericht auf Grund eines Antrags des Klägers ohne eine mündliche Verhandlung eine Entscheidung nach § 331 III erlassen (Versäumnisurteil gegen den Bekl oder sog unechtes Versäumnisurteil, also ein streitiges Endurteil gegen den Kläger, § 331 Rn 24). Mangels Antrags ordnet das Gericht das Ruhen des Verfahrens an, § 331 a entsprechend, ThP 4, aM ZöGre 11 (Terminsbestimmung. Aber § 331 a geht als Spezialvorschrift vor.). Bei einem Verstoß der Partei im Ausland gegen die Obliegenheit, einen Zustellungsbevollmächtigten zu bestellen, treten die Rechtsfolgen nach § 184 I 2, II 1 ein.

5) Klagerwiderung, I 2, 3. Es ist schon wegen § 138 II–IV große Sorgfalt geboten. **9**

A. Grundsatz: Pflicht des Vorsitzenden zur Fristsetzung. Es ist ebenfalls die Pflicht des Vorsitzenden, auch desjenigen der Kammer für Handelssachen, § 349 I, zugleich mit der Aufforderung nach I 1 dem Bekl eine richterliche Frist zur Klagerwiderung zu setzen, natürlich nur für den Fall, daß dieser sich überhaupt verteidigen wolle, Düss NJW **81**, 2264 (abl Deubner), aM ThP 9 (aber das wäre Formelei). Verfahren wie Rn 2–8. Hier handelt es sich nicht um eine Notfrist, § 224 I 2, sondern um eine gewöhnliche richterliche Frist, §§ 221 ff. Ein Mangel der Zustellung kann (jetzt) nach § 189 heilen. BGH **76**, 238. Der Vorsitzende oder der sonst zuständige Richter müssen die Fristverfügung mit dem vollen Namen und nicht nur einem Handzeichen (sog Paraphe) unterzeichnen, § 329 Rn 8, 11. Eine Unterzeichnung „auf Anordnung" durch einen Justizangestellten reicht also nicht aus, BGH JZ **81**, 351. Der Urkundsbeamte der Geschäftsstelle muß dem Bekl eine beglaubigte Abschrift dieser Verfügung förmlich zustellen, BGH JZ **81**, 351.

B. Frist; weiteres Verfahren. Die Frist beträgt bei einer Inlandszustellung mindestens (und nicht etwa in **10** der Regel, Leipold ZZP **93**, 248) 2 Wochen seit dem Ablauf der Anzeigefrist des I 1 („weitere" Wochen). Zur Fristbemessung § 275 Rn 5. Im Anwaltsprozeß darf und sollte der Vorsitzende einen normalen Kanzleibetrieb des Anwalts berücksichtigen. Er sollte aber keine Verzögerungs- oder Störversuche durchgehen lassen, Mü MDR **80**, 148. Der Bekl soll also bei einer Aufforderung zur Klagerwiderung insgesamt mindestens 4 Wochen seit der Klagezustellung Zeit. Das gilt auch im Parteiprozeß. Daher ist der Haupttermin auch bei einer einfachen Sache frühestens etwa 6 bis 8 Wochen nach dem Klageingang zulässig. Selbst ein Versäumnis- oder Anerkenntnisurteil nach §§ 307 II, 331 III kann ja wegen der Laufzeit bis zur Klagezustellung usw praktisch erst frühestens etwa 4 Wochen nach dem Klageingang ergehen. Bei einer Auslandszustellung bestimmt der Vorsitzende die Klagerwiderungsfrist. Eine übermäßig lange Klagerwiderungsfrist ist auch im Fall der Überlastung unzulässig, § 216 Rn 12. Sie ist als Ablehnung einer Terminsbestimmung anfechtbar, § 216 Rn 27. Wegen der Fristberechnung und Friständerung §§ 222 ff. Nach einer Klagänderung muß der Vorsitzende grundsätzlich eine neue, ausreichende Klagerwiderungsfrist bestimmen, Düss MDR **80**, 943. Wegen der Lage bei § 101 I 2 GVG Schneider MDR **00**, 725, aM LG Bonn MDR **00**, 724.

Ein *Hinweis* auf den notwendigen *Inhalt* der Klagerwiderung nach § 277 I ist nicht notwendig, oft aber **11** ratsam. Eine Belehrung über die Folgen einer Versäumung der Klagerwiderung nach § 277 II notwendig, im Parteiprozeß also ohne einen Hinweis auf einen Anwaltszwang, §§ 495, 78. Der Vorsitzende kann mit der Frist zur umfassenden Klagerwiderung nach I 2 weitere Auflagen nach § 273 verbinden. Er sollte aber wegen der evtl unterschiedlichen Folgen der Nichtbeachtung diese letzteren Anordnungen klar sondern. Er sollte insbesondere verdeutlichen, daß er vor allem eine umfassende Klagerwiderung anordnet. Nach dem Eingang einer Klagerwiderung bestimmt der Vorsitzende den Haupttermin oder verfährt nach III.

C. Verstoß. Es gilt dasselbe wie bei Rn 7, 8. Geht bis zum Ablauf der Klagerwiderungsfrist keine **12** Klagerwiderung ein, bestimmt der Vorsitzende unverzüglich nach § 216 II ohne Nachfrist den Haupttermin auf einen möglichst baldigen Zeitpunkt, § 272 III.

6) Belehrung, II. Sie erfordert viel Sorgfalt. **13**

A. Grundsatz: Pflicht des Vorsitzenden. Die Belehrung erfolgt durch eine Verfügung des Vorsitzenden, auch desjenigen der Kammer für Handelssachen, § 349 I, bzw des Einzelrichters, §§ 348, 348 a. Das Gericht muß sie zugleich mit der Aufforderung nach I 1 und damit praktisch in derselben Form zustellen, Rn 5, und dem Kläger nicht notwendig mitteilen. Ein Verstoß nur bei der Belehrung beeinträchtigt zwar die Wirksamkeit der Notfrist des I 1 nicht, wohl aber evtl diejenige der Frist des I 2, BGH NJW **91**, 2774. Er begründet aber evtl eine Wiedereinsetzung nach § 233, zumal dort keine gesteigerten Sorgfaltsanforderungen mehr bestehen.

B. Schriftliche Entscheidung. Stets erfolgt die Belehrung, daß bei einer Fristversäumnis auf Antrag des **14** Klägers eine Entscheidung ohne mündliche Verhandlung erfolgen könne. Ein Hinweis auf § 331 III ist nicht notwendig. Der Gebrauch des Wortes „Versäumnisurteil" ist nicht ratsam. Denn es wird evtl eine andere Entscheidung notwendig, und das Gericht würde sich durch das Wort „Versäumnisurteil" vorzeitig festlegen.

§§ 276, 277

Das könnte auch die Gefahr einer Ablehnung herbeiführen. Ebensowenig ist ein Hinweis notwendig, daß eine Entscheidung auch in einer Nicht-Sommersache während der Zeit vom 1. 7.–31. 8. möglich sei, § 331 Rn 25.

15 Der Hinweis sollte an sich auch dahin erfolgen, daß die Entscheidung *ohne* eine mündliche *Verhandlung* erfolgen könne, falls die Verteidigungsanzeige nicht bis zur Übergabe der Entscheidung an die Geschäftsstelle eingehe. Auch diese Belehrung ist ratsam, obwohl sie die Wirkung der Fristversäumnis wieder erheblich abschwächt. Denn der Bekl muß „über die (dh: alle!) Folgen einer Versäumung..." belehrt werden. Dazu gehört auch nach III 2 ein Hinweis auf Kostenfolgen (nur) nach § 91, nicht auch nach §§ 91 a ff. Dazu gehört ferner ein Hinweis auf die vorläufige Vollstreckbarkeit nach § 708 Z 2, dazu § 215 Rn 10. Dazu gehört schließlich genau genommen auch der Hinweis, daß eine verspätete Anzeige unschädlich sein kann. Freilich sind solche rechtlichen Feinheiten eine Folge des überperfekten Gesetzes, Recken DRiZ **80**, 337. Die Belehrung muß klar sein, BGH **86**, 225 (krit Schneider MDR **85**, 288 vornehmlich zu § 528). Warum aber die Mitteilung des Wortlauts des II, auch formularmäßig, schlechthin unzureichend sein soll, bleibt unerfindlich, aM BGH NJW **91**, 2774 (dem Bekl sei klarzumachen, daß mit einer Fristversäumung grundsätzlich jede Verteidigung abgeschnitten sei und daß er dann Gefahr laufe, den Prozeß vollständig zu verlieren. Aber so schlecht ist der knappere Gesetzeswortlaut nun auch nicht).

16 C. **Anwaltszwang.** Im Anwaltsprozeß nach § 78 Rn 1 erfolgt außerdem eine Belehrung, daß die Anzeige nach I 1 nur durch einen Anwalt wirksam abgegeben werden könne, § 271 II. Dabei muß man § 78 II beachten. Im Parteiprozeß erfolgt kein Hinweis auf einen Anwaltszwang, §§ 495, 78.

17 D. **Weitere Belehrung.** Unabhängig von II muß der Vorsitzende etwaige weitere notwendige Belehrungen beachten, § 277 II. Im Verfahren vor dem AG ist der Hinweis auf die Folgen eines schriftlich abgegebenen Anerkenntnisses erforderlich, § 499. Eine Belehrung über die Folgen einer Versäumung der Klageerwiderungsfrist ist nicht nach II erforderlich, sondern nach § 277 II Hs 2. Denn II verweist nur auf I 1, nicht auf I 2. Eine etwa unrichtige Belehrung kann zur Entschuldigung wegen Fristversäumung ausreichen.

18 E. **Mittellosigkeit des Beklagten.** Der mittellose Bekl kann die Notfrist des I 1 oft nicht einhalten, weil ihm eine Prozeßkostenhilfe noch nicht bewilligt worden ist. Er muß trotzdem mit einer Versäumnisentscheidung rechnen. Der Bekl muß evtl eine Wiedereinsetzung nach § 233 beantragen. Diese wird er freilich im allgemeinen in solchem Fall ohne weiteres erhalten. Deshalb ist es evtl ratsam, auch auf diese Folge hinzuweisen. Es besteht jedoch keine diesbezügliche Belehrungspflicht.

19 F. **Verstoß.** Es gilt dasselbe wie bei Rn 7, 8.

20 **7) Stellungnahme des Klägers, III.** Sie kann hilfreich, aber auch verzögernd sein.

A. **Grundsatz: Ermessen des Vorsitzenden.** Zur sog Replik kann, nicht muß, der Vorsitzende dem Kläger eine Frist setzen. Diese Aufgabe haben auch derjenige der Kammer für Handelssachen, § 349 I, oder der Einzelrichter, §§ 348, 348 a, und nicht das Kollegium, wie bei § 275 IV, dort Rn 14. Ob eine solche Frist notwendig ist, muß der Vorsitzende nach pflichtgemäßem Ermessen unter Berücksichtigung von §§ 272 I, 273 entscheiden, aM BVerfG NJW **89**, 3212 (aber „kann" meint auch hier mehr als eine bloße Zuständigkeitsbestimmung). Die Klagewiderung muß bereits eingegangen sein, BGH **76**, 238. Es ergeht eine Verfügung oder ein Beschluß. Das Gericht muß sie dem Kläger nach § 329 II 2 zustellen, BGH **76**, 238, und kann dem Bekl formlos mitteilen. Der Vorsitzende kann auch die Frist zur Replik mit einer prozeßleitenden Anordnung zB nach §§ 273, 358 a verbinden. Er sollte dann aber ähnlich scharf abgrenzen wie bei der Frist nach I 2, Rn 10.

Die Frist beträgt *mindestens zwei Wochen*, § 277 III, IV. Sie ist wirkungslos, wenn das Gericht die Klagewiderung nicht spätestens mit der Fristsetzung zustellt, BGH NJW **80**, 1167. Man kann eine schriftliche Stellungnahme nur im Anwaltsprozeß nach § 78 Rn 1 verlangen. Sonst kann der Kläger seine Stellungnahme auch zum Protokoll des Urkundsbeamten der Geschäftsstelle jedes AG abgeben, §§ 496, 129 a, Rn 4. Wegen des Mahnverfahrens § 697 Rn 17. Es besteht jetzt eine Belehrungspflicht, § 277 Rn 9.

21 B. **Verstoß.** Es gilt dasselbe wie bei Rn 7, 8. Ein Fristversäumnis ist nach § 296 I schädlich, auch bei einer nicht anwaltlich vertretenen Partei, BGH **88**, 184.

22 **8)** *VwGO:* Es gilt § 87 b *VwGO*, vgl Kopp NJW **91**, 524, Stelkens NVwZ **91**, 213, Pagenkopf DVBl **91**, 289.

277 *Klageerwiderung; Replik.* [I] ¹In der Klageerwiderung hat der Beklagte seine Verteidigungsmittel vorzubringen, soweit es nach der Prozesslage einer sorgfältigen und auf Förderung des Verfahrens bedachten Prozessführung entspricht. ²Die Klageerwiderung soll ferner eine Äußerung dazu enthalten, ob einer Entscheidung der Sache durch den Einzelrichter Gründe entgegenstehen.

[II] Der Beklagte ist darüber, dass die Klageerwiderung durch den zu bestellenden Rechtsanwalt bei Gericht einzureichen ist, und über die Folgen einer Fristversäumung zu belehren.

[III] Die Frist zur schriftlichen Klageerwiderung nach § 275 Abs. 1 Satz 1, Abs. 3 beträgt mindestens zwei Wochen.

[IV] Für die schriftliche Stellungnahme auf die Klageerwiderung gelten Absatz 1 Satz 1 und Absätze 2 und 3 entsprechend.

Schrifttum: *Garbe*, Antrags- und Klagewiderungen in Ehe- und Familiensachen, 1997; *Maniotis*, Einige Gedanken zur Beteiligung des Richters an der Bemessung der Fristen für Klagewiderung und Replik, Gedächtnisschrift für *Arens* (1993) 289.

Titel 1. Verfahren bis zum Urteil § 277

Gliederung

1) Systematik, I–IV	1, 2	6) Erwiderungsfrist, III	8
2) Regelungszweck, I–IV	3	7) **Stellungnahme (Replik), IV**	9, 10
3) Geltungsbereich, I–IV	4	A. Ermessen des Gerichts	9
4) Inhalt der Klagerwiderung, I	5	B. Verstoß	10
5) **Belehrung, II**	6, 7	8) *VwGO*	11
A. Grundsatz: Pflicht des Vorsitzenden	6		
B. Verstoß	7		

1) Systematik, I–IV. Das Gericht kann den Bekl weder im Anwaltsprozeß nach § 78 Rn 1 noch sonst, weder bei einem frühen ersten Termin noch bei einem schriftlichen Vorverfahren zwingen, sich zu melden oder gar Anträge zu stellen oder auch nur an einer Erörterung teilzunehmen. Eine Anordnung des persönlichen Erscheinens führt nur zu den Folgen der §§ 141 III, 613 II. Das Gericht kann aber nach § 273 II Z 1 eine Ergänzung, Erläuterung, Erklärung über bestimmte Einzelpunkte fordern. Es kann auch stattdessen oder außerdem eine Frist setzen, binnen der eine etwaige Klagerwiderung beim Gericht ordnungsgemäß einzureichen ist. Bei Fristversäumnis muß das Gericht den Vortrag grundsätzlich nach § 296 zurückweisen. Die Klagerwiderung ist also keine Rechtspflicht, sondern eine Obliegenheit. Ihre Verletzung kann erhebliche Rechtsnachteile bedeuten. Den notwendigen Inhalt einer ordnungsgemäßen Klagerwiderung bestimmt I 1. Die Form richtet sich im Anwaltsprozeß nach II, §§ 129 ff. Sonst gilt § 496, die jeweilige Frist richtet sich vor einem frühen ersten Termin sowie in oder nach ihm nach III in Verbindung mit § 275 I 1, III, im schriftlichen Vorverfahren nach § 276 I 2, 3.

Darüber hinaus kann, nicht muß, das Gericht den Kläger zu einer *Stellungnahme* auf eine etwaige Klagerwiderung, zur sog Replik, auffordern, nicht zwingen. Ihr notwendiger Inhalt ergibt sich aus IV in Verbindung mit I 1, die Form im Anwaltsprozeß nach § 78 Rn 1 aus §§ 129 ff, sonst aus § 496. Die jeweilige Frist folgt aus IV. Auch sie ist eine Obliegenheit. Ihre Verletzung kann zur Zurückweisung nach § 296 führen. Man darf also auch beim Amtsrichter keineswegs mehr stets bis zum ersten Verhandlungstermin mit dem Vortrag oder doch mit der Stellungnahme zum gegnerischen Vorbringen warten. Unabhängig von einer Frist können beide Parteien zur Mitteilung nach § 282 II verpflichtet sein.

2) Regelungszweck, I–IV. Die Prozeßförderungspflicht der Parteien nach Grdz 12 vor § 128, § 282 Rn 7 ist das Gegenstück zur Förderungspflicht des Gerichts vor einer Zurückweisung verspäteten Vorbringens, § 296 Rn 16. Sie zwingt den Bekl, alsbald nach Erhalt der Klageschrift des nun einmal entstandenen Prozeßrechtsverhältnisses nach Grdz 4 vor § 128 auch im eigenen Interesse zu prüfen, ob und wie er sich verteidigen will. Sowohl das Gericht als auch der Gegner können auch nach § 138 II erwarten, daß bereits in der Klagerwiderung eine der Klageschrift entsprechende umfassende auf den Angriff eingehende Verteidigung erkennbar wird. Das Zurückhalten von Argument, Tatsache, Sachkenntnis und Beweisantrag ist zwar in Grenzen durchaus erlaubt, § 282 Rn 8. Es liegt aber doch eine Ausnahme von der grundsätzlichen Obliegenheit (nicht Pflicht), sich so früh und so vollständig zur Wehr zu setzen, wie es überhaupt zumutbar ist. Die Prozeßwirtschaftlichkeit nach Grdz 14 vor § 128 ist ein so erhebliches Ziel auch des § 277, daß man die Auslegung wesentlich an diesem Ziel ausrichten sollte.

Für die *Stellungnahme nach IV* gilt das alles natürlich entsprechend.

Vernachlässigung der Aufgaben der Parteien ist eine bedauerlich oft vom Gericht hingenommene, statt mit den möglichen Rechtsnachteilen beantwortete Praxis. Sie tritt umso eher ein, je mehr das Gericht im schriftlichen Vorverfahren versucht, aus Replik und Duplik durch immer weitere übervorsichtige „Gelegenheiten zur weiteren Stellungnahme" vollends ein schriftliches Vollverfahren über dessen durch § 128 II gesetzten Grenzen hinaus einreißen zu lassen, statt energisch zum Haupttermin und dessen Regeln überzugehen. Auch das Gericht hat prozeßwirtschaftliche Aufgaben, auch das gehört zur Gerechtigkeit, § 296 Rn 2.

3) Geltungsbereich, I–IV. Die Vorschrift gilt in allen Verfahrensarten der ZPO. Abweichungen sind bei §§ 611 II, 640 vorhanden und bei § 495 a möglich. Sie ist beim Arbeitsgericht unanwendbar, § 46 II 2 ArbGG.

4) Inhalt der Klagerwiderung, I. In der Klagerwiderung muß der Bekl nach I 1 alles mitteilen, was zur Zeit notwendig ist, damit der Kläger sich auf die Verteidigung des Bekl einrichten und notfalls noch einmal umfassend antworten und damit das Gericht den Verhandlungstermin ebenfalls umfassend vorbereiten kann, § 138 II, BVerfG 54, 126, BGH 91, 303. Hierher gehört zB grundsätzlich auch die Aufrechnung, BGH 91, 303, ThP 6, aM Knöringer NJW 77, 2336 (aber auch sie ist der Prozeßförderungspflicht mitunterworfen). Zur Rechtzeitigkeit § 282 Rn 7 ff. Der Bekl darf auch nicht etwa verlangen, das Gericht solle ihm weitere dort für notwendig gehaltene Auflagen machen. Denn damit könnte er seine Obliegenheiten und seine Prozeßförderungspflicht nach Grdz 12 vor § 128 glatt weitgehend unterlaufen. Eine rechtzeitige, aber inhaltlich mangelhafte Erwiderung kann ebenfalls eine Zurückweisung wegen Verspätung auslösen, § 296. Dies gilt auch für die Replik, IV.

Die Verteidigungs*anzeige* ist nur dann beachtlich, wenn sie einen Verteidigungs*willen* ohne prozessual unzulässige Bedingungen ergibt. Die Anzeige einer „Verteidigungsabsicht für den Fall, daß eingeleitete Vergleichsverhandlungen scheitern", würde die gesetzliche Frist unterlaufen. In einem solchen Fall liegt keine wirksame Verteidigungsanzeige vor, und das Gericht darf und muß evtl nach § 331 III entscheiden. Es braucht jedenfalls dann keine Berichtigung der Anzeige anzuregen, wenn sie von einer anwaltlich vertretenen Partei eingereicht worden ist. Eine Äußerung zur Frage, ob einer Entscheidung der Sache durch den Einzelrichter Gründe entgegenstehen, ist nach I 2 nicht vorgeschrieben, sondern „soll" nur erfolgen. Sie erübrigt sich beim originären Einzelrichter des § 348 Sie kommt also praktisch nur beim obligatorischen des § 348 a in Betracht. Eine Unterlassung dieser Obliegenheit kann Folgen nach §§ 95, 296 I haben.

§§ 277, 278 Buch 2. Abschnitt 1. Verfahren vor den LGen

6 5) **Belehrung, II.** Sie erfordert Sorgfalt.
A. Grundsatz: Pflicht des Vorsitzenden. Vgl zunächst Rn 1–3. Die Belehrung erfolgt durch den Vorsitzenden, und zwar auch nach einer Anwaltsbestellung, BGH NJW **86**, 133. Beim AG erfolgt eine Belehrung über einen Anwaltszwang nur in den Fällen § 78 I 2 Z 1–3. Die Belehrung muß sich auch auf die Folgen einer Versäumung der Klagerwiderungsfrist erstrecken. Sie muß diese ganz klarstellen, BGH **86**, 225 (krit Schneider MDR **85**, 288 vornehmlich zu § 528). Gegenüber einem Anwalt genügt aber ein Hinweis auf das Gesetz, BGH NJW **91**, 493.

7 **B. Verstoß.** Bei einem Verstoß gegen eine vorgeschriebene Belehrung ist evtl keine Zurückweisung nach § 296 zulässig, BVerfG NJW **82**, 1454, BGH **88**, 184, Düss NJW **78**, 2204. Im übrigen ist evtl § 283 anwendbar.

8 6) **Erwiderungsfrist, III.** Die vom Gesetz erwähnte, nur für das Verfahren mit frühem ersten Termin geltende Frist von 2 Wochen seit der Verkündung oder Zustellung der Fristverfügung ist nur die gesetzliche Mindestfrist. Im schriftlichen Vorverfahren gilt eine entsprechende Fristregelung, § 276 I 2. Die Frist nach III gilt im Verfahren mit einem frühen ersten Termin sowohl bei der Bestimmung vor ihm wie auch bei derjenigen in ihm. Eine Abkürzung nach §§ 224 ff unter sie ist unzulässig und unwirksam. Das Gericht sollte bei der Fristbemessung den üblichen Kanzleibetrieb des Anwalts berücksichtigen. Es sollte aber keine Verzögerungs- oder Störversuche durchgehen lassen, Mü MDR **80**, 148. Ein nachgeschobenes Mieterhöhungsverlangen rechtfertigt keine längere Frist, LG Hbg WoM **85**, 322. Zum Rechtsbehelf und zu den weiteren Einzelheiten der Frist §§ 221 ff. Wegen einer übermäßig langen Frist § 276 Rn 10.

9 7) **Stellungnahme (Replik), IV.** Sie kann hilfreich, aber auch verzögernd sein.
A. Ermessen des Gerichts. Vgl zunächst Rn 1. Falls das Gericht eine Frist zur Stellungnahme setzt, besteht ebenfalls eine Belehrungspflicht. Denn IV verweist auch auf II. Wegen einer übermäßig langen Frist § 276 Rn 10.

10 **B. Verstoß.** Vgl bei §§ 275, 276. Bei IV kann ein Fristverstoß nach § 296 I zur Zurückweisung des Vortrags auch einer nicht anwaltlich vertretenen Partei führen, BGH **88**, 184. Es kann aber in Wahrheit § 283 anwendbar sein, BVerfG **75**, 310. Allerdings kann bei einem unterlassenen oder mangelhaften Hinweis auf Folgen der Fristversäumnis eine Verspätung nach § 296 I entschuldigt sein, BVerfG NJW **82**, 1454, BGH **86**, 225, Bischof NJW **77**, 1899.

11 8) *VwGO:* Es gilt § 87 b *VwGO, dazu Kopp NJW **91**, 524, Stelkens NVwZ **91**, 213, Pagenkopf DVBl **91**, 289; dazu, ob I 2 im Hinblick auf § 6 VwGO u § 76 AsylVfG, Üb § 348 Rn 5, entspr angewendet werden könnte, vgl § 348 Rn 21.*

278 **Gütliche Streitbeilegung, Güteverhandlung, Vergleich.** ¹Das Gericht soll in jeder Lage des Verfahrens auf eine gütliche Beilegung des Rechtsstreits oder einzelner Streitpunkte bedacht sein.

II ¹Der mündlichen Verhandlung geht zum Zwecke der gütlichen Beilegung des Rechtsstreits eine Güteverhandlung voraus, es sei denn, es hat bereits ein Einigungsversuch vor einer außergerichtlichen Gütestelle stattgefunden oder die Güteverhandlung erscheint erkennbar aussichtslos. ²Das Gericht hat in der Güteverhandlung den Sach- und Streitstand mit den Parteien unter freier Würdigung aller Umstände zu erörtern und, soweit erforderlich, Fragen zu stellen. ³Die erschienenen Parteien sollen hierzu persönlich gehört werden.

III ¹Für die Güteverhandlung sowie für weitere Güteversuche soll das persönliche Erscheinen der Parteien angeordnet werden. ²§ 141 Abs. 1 Satz 2, Abs. 2 und 3 gilt entsprechend.

IV Erscheinen beide Parteien in der Güteverhandlung nicht, ist das Ruhen des Verfahrens anzuordnen.

V ¹Das Gericht kann die Parteien für die Güteverhandlung vor einen beauftragten oder ersuchten Richter verweisen. ²In geeigneten Fällen kann das Gericht den Parteien eine außergerichtliche Streitschlichtung vorschlagen. ³Entscheiden sich die Parteien hierzu, gilt § 251 entsprechend.

VI ¹Ein gerichtlicher Vergleich kann auch dadurch geschlossen werden, dass die Parteien dem Gericht einen schriftlichen Vergleichsvorschlag unterbreiten oder einen schriftlichen Vergleichsvorschlag des Gerichts durch Schriftsatz gegenüber dem Gericht annehmen. ²Das Gericht stellt das Zustandekommen und den Inhalt eines nach Satz 1 geschlossenen Vergleichs durch Beschluss fest. ³§ 164 gilt entsprechend.

Vorbem. VI 1 idF Art 1 Z 8 a des 1. JuMoG v 24. 8. 04, BGBl 2198, in Kraft seit 1. 9. 04, Art 14 S 1 des 1. JuMoG, ÜbergangsR Einl III 78.

Schrifttum, dazu auch Einl I 5: *Bastine*, Mediation für die Praxis usw, 1998; *Bietz* DRiZ **03**, 406 (ausf); *Blankenburg/Simsa/Stock/Wolff*, Mögliche Entwicklungen im Zusammenspiel von außer- und innergerichtlichen Konfliktregelungen, 2 Bde, 1990; *Bork*, Der Vergleich, 1988; *Breidenbach/Henssler*, Mediation für Juristen, 1997; *Dietz*, Werkstattbuch Mediation, 2004; *Duve*, Mediation und Vergleich im Prozeß, 1999; *Ekelöf*, Güteversuch und Schlichtung, Gedächtnisschrift für *Bruns* (1980) 3; *Foerste* NJW **01**, 3103 (Üb); *Friedrich* MDR **04**, 481 (Mediation-Üb); *Gottwald*, Verhandeln und Vergleichen im Zivilprozess, 2. Aufl 2005; *Gottwald/Hutmacher/Röhl/Strempel*, Der Prozeßvergleich, 1983; *Haft*, Mediation – Ein Weg zur außergerichtlichen Konfliktbeilegung in Europa, Festschrift für *Söllner* (2000) 391; *Haft*, Mediation – Palaver oder neue Streitkultur?, Festschrift für *Schütze* (1999) 255; *Haft/Schlieffen*, Handbuch Mediation, 2002; *Hager*, Konflikt und Konsens usw, 2001; *Hennsler/Koch*, Mediation in der Anwaltspraxis, 2000; *Kauffmann* MDR **04**,

Titel 1. Verfahren bis zum Urteil § 278

1035 (Üb); *Kraft,* Mediation usw, 2001; *Mattisseck,* Zweckmäßigkeit und Ausgestaltung einer obligatorischen Streitschlichtung im deutschen Zivilverfahren, 2002; *Musielak* Der Schlichtungsgedanke im deutschen Zivilprozeßrecht, Festschrift für *Beys* (Athen 2004) 1093; *Neuenhahn* NJW 05, 1244 (Üb); *Ott,* Außergerichtliche Konfliktbeilegung in Zivilsachen, 2000; *Preibisch,* Außergerichtliche Vorverfahren in Streitigkeiten der Zivilgerichtsbarkeit, 1982; *Proksch,* Kooperative Vermittlung (Mediation) in streitigen Familiensachen usw, 1998; *Prütting* (Hrsg), Außergerichtliche Streitschlichtung, 2003; *Schlosser,* Die ZPO auf dem Wege zum Urteil mit vereinbartem Inhalt?, Festschrift für *Schumann* (2001) 389; *Stürner,* Formen der konsensualen Prozeßbeendigung in den europäischen Zivilprozeßrechten, in: Festschrift für *Schlosser* (2001); *Weth,* Prämien für gute Richter, Festschrift für *Lüke* (1997) 961; *Wolfram-Korn/Schmarsli,* Außergerichtliche Streitschlichtung in Deutschland usw, 2001. Vgl ferner Anh nach § 307.

Gliederung

1) **Systematik, I–VI**	1–5	9) **Ruhen des Verfahrens, IV**	30–34
A. Verhältnis zum außergerichtlichen Einigungsversuch und zur Mediation, § 15 a EGZPO usw	2	A. Nichterscheinen beider Parteien	31
		B. Ordnungsmäßigkeit der Ladung	32
		C. Anordnung des Ruhens	33
B. Verhältnis zur materiellen Prozeßleitung, § 139	3	D. Aufnahme der Güteverhandlung	34
C. Verhältnis von I, VI zu II–V	4	10) **Verweisung, insbesondere an verordneten Richter, V 1**	35
D. Verhältnis zur mündlichen Verhandlung, § 279 I, und zur Erörterung der Beweisaufnahme, § 279 III	5	11) **Vorschlag außergerichtlicher Streitschlichtung, V 2**	36–42
		A. Bedingung: Geeigneter Fall	36, 37
2) **Regelungszweck, I–VI**	6–8	B. Geeignetenfalls: Vorschlagsermessen	38
3) **Geltungsbereich, I–VI**	9	C. Formfreiheit	39
4) **Gütliche Beilegung in jeder Lage des Verfahrens, I**	10	D. Inhaltsfreiheit	40, 41
		E. Erfolglosigkeit: Güteverhandlung oder streitiges Verfahren	42
5) **Anberaumung einer Güteverhandlung, II 1**	11–17	12) **Außergerichtliche Einigung, V 3**	43
A. Notwendigkeit, II 1 Hs 1	12	13) **Prozeßvergleich, VI 1**	44–46
B. Keine Güteverhandlung nach erfolglosem Versuch vor Gütestelle, II 1 Hs 2	13	A. Schriftlicher Vergleichsvorschlag der Parteien oder des Gerichts	45
C. Keine Güteverhandlung bei Aussichtslosigkeit oder allseitigem Einverständnis, II 1 Hs 3	14–17	B. Inhaltsfreiheit	46
6) **Erörterung in der Güteverhandlung, II 2**	18–22	14) **Schriftsätzliche Annahmen durch die Parteien, VI 1 Hs 2**	47–49
		A. Uneingeschränkte Zustimmung	47
A. Erörterung des Sach- und Streitstands, II 1 Hs 1	19, 20	B. Schriftsatzform	48
B. Fragenstellung, II 2 Hs 2	21	C. Adressat: Gericht	49
C. Freie Würdigung aller Umstände, II 2 Hs 1, 2	22	15) **Feststellungsbeschluß, VI 2**	50–52
		A. Form: Beschluß	50
7) **Anhörung der erschienenen Partei, II 3**	23	B. Inhalt: Feststellung der vereinbarten Punkte	51
		C. Zustellung von Ausfertigungen	52
8) **Anordnung des persönlichen Erscheinens, III**	24–29	16) **Berichtigung, VI 3**	53
A. Anordnung, III 1, 2	25	17) **Verstoß, I–VI**	54
B. Ladung persönlich trotz Anwalts usw, III 2	26	18) **Rechtsmittel, I–VI**	55
C. Ordnungsgeld usw, III 2	27–29	19) ***VwGO***	56

1) Systematik, I–VI. Die dem § 54 ArbGG ähnliche Vorschrift ist Teil einer Gruppe von Bestimmungen innerhalb und außerhalb der ZPO mit ähnlichem Ziel, Rn 6. Man orientiert sich wegen des Verhältnisses dieser Regeln untereinander am besten am zeitlichen Ablauf einer rechtlichen Auseinandersetzung. § 341 a hat Vorrang. Im Altfall gilt § 26 Z 2 EGZPO, aM Kranz MDR 03, 918 (VI entspr. Aber der Wortlaut und Sinn ist klar, Einl III 39). **1**

A. Verhältnis zum außergerichtlichen Einigungsversuch und zur Mediation, § 15 a EGZPO usw, dazu VG Bln (Pressemitteilung) NVwZ 03, 1357 (Gerichtsmediator), *Friedrich* JR 02, 398, Wolf/Weber/Knauer NJW 03, 1488 und die vor Rn 1 Genannten: Zunächst kommt es darauf an, ob und mit welchem Ergebnis ein sog obligatorischer Güteversuch nach § 15 a EGZPO nach entsprechenden anderen Vorschriften vor einer sonstigen Gütestelle im Sinn von § 794 I Z 1 stattgefunden hat oder nötig ist. Denn ein solches vorprozessuales Güteverfahren kann eine Prozeßvoraussetzung für das gerichtliche Verfahren sein, § 15 a I 1 EGZPO, Grdz 13 vor § 253. Es kann ein Rechtsschutzbedürfnis entfallen lassen, zumindest derzeit noch, Grdz 49 vor § 253 „Obligatorisches Güteverfahren", II 1 Hs 2 nimmt diesen Vorrang auf, Rn 13. **2**

Mediation, bei der der Mediator ungeachtet aller schillernder Unschärfen dieses Modebegriffs im Kern am besten keineswegs eine eigene Meinung vertritt oder gar mit ihrer Anwendung im Scheiternsfall droht, ist überhaupt keine typisch richterliche Tätigkeit. Das gilt trotz aller vom Gesetz geforderten und gefürderten richterlichen Vergleichsbemühungen usw. Ob Mediation überhaupt in Richterhand gehört, kann man erheblich bezweifeln. Sie gehört in den außerprozessualen, außergerichtlichen Bereich vor oder während des eigentlichen Zivilprozesses.

B. Verhältnis zur materiellen Prozeßleitung, § 139. Dagegen haben die Rechte und Pflichten aller Beteiligten nach § 139 keinen Vorrang gegenüber § 278. Denn § 139 bezieht sich erst auf die mündliche Verhandlung. Das ergibt sich schon aus der amtlichen Überschrift des Buchs 1 Abschnitt 3 Titel 1 „Münd- **3**

§ 278

Buch 2. Abschnitt 1. Verfahren vor den LGen

liche Verhandlung", zu dem sie gehört. Demgegenüber behandelt aber § 278 I „jede Verfahrenslage". II behandelt gerade nur diejenige „Güteverhandlung", die nach II 1 der „mündlichen Verhandlung" gerade „vorausgeht" und daher eben nicht schon Teil der eigentlichen mündlichen Verhandlung im Sinn von §§ 128 ff ist, sondern diese gerade möglichst vermeiden helfen soll.

Daher entsteht (jetzt) auch *keine Terminsgebühr* schon in der Güteverhandlung. Denn VV amtliche Vorbemerkung 3 III Hs 1 setzt ausdrücklich für eine „Verhandlung" voraus, also keine „mündliche". Vgl auch VV 3104 amtliche Anmerkung I Z 1. Der ganze Vorgang nach § 278 ist auch der eigentlichen Prozeßverhandlung eben gerade bewußt zu deren Vermeidung vorgelagert. Indessen hat das GKG den Anwendungsbereich der früheren Verhandlungsgebühr erheblich mit der neuen Terminsgebühr erweitert. Auch können die Verfahrens- und die Einigungsgebühr neben der Terminsgebühr entstehen. Es handelt sich also um eine kostenrechtliche Aufweichung der prozessualen Grundbegriffe.

4 **C. Verhältnis von I, VI zu II–V.** Die ersteren Absätze haben keinen Vorrang gegenüber den letzteren. Beide Absatzgruppen bezwecken eine gütliche Streitbeendigung. I bezieht sich auf „jede Lage des Verfahrens". Anders als bei § 15 a EGZPO liegt ja bei I auch bereits ein gerichtliches Verfahren vor. Indessen ist II gegenüber I vorrangig, weil spezieller. I ordnet nur allgemein an, was II für den ganz speziellen Abschnitt einer Güteverhandlung näher und weitaus eingehender regelt. Lediglich VI mit seiner Möglichkeit eines gerichtlichen Vergleichsvorschlags ist auch im Geltungsbereich von II–V mitbeachtlich.

5 **D. Verhältnis zur mündlichen Verhandlung, § 279 I, und zur Erörterung der Beweisaufnahme, § 279 III.** Die Vorschrift gilt gerade *vor* der eigentlichen *mündlichen* Verhandlung nach § 279 I. Die Unterscheidung zwischen „großer" und „kleiner" Verhandlung, so Fischer/Schmidbleicher AnwBl **05**, 233, zeigt nicht den vorstehenden Kern. Deshalb gilt ein Verstoß im Güteverfahren noch nicht als ein solcher in der mündlichen Verhandlung. III hat keinen Vorrang gegenüber § 278. III ist allgemeiner gefaßt.

6 **2) Regelungszweck, I–VI.** Auch die in Rn 2, 3, 5 genannten Vorschriften bezwecken die Begrenzung des Streitstoffs und möglichst eine gütliche Beendigung des Streits ohne eigentlich mündliche streitige Verhandlung, § 128 II, und jedenfalls möglichst ohne ein Urteil. Das gilt auch der Sinn des § 278. Die Vorschrift dient damit zumindest der Prozeßwirtschaftlichkeit, Grdz 14 vor § 128. Ein Verfahren mit Einigung ohne Urteil endet meist schneller und ist oft billiger, schon wegen des Wegfalls einer zweiten Instanz. Diese Chance muß man hoch bewerten, Fischer/Schmidbleicher AnwBl **05**, 233, Wrege DRiZ **03**, 130.

Rechtssicherheit nach Einl III 43 ist ein weiteres Ziel der Vorschrift. Der Rechtsfrieden läßt sich meist durch eine wie immer zustandegekommene Einigung eher und oft auch dauerhafter wiederherstellen als durch einen Richterspruch, von dem weder Sieger noch Verlierer so ganz überzeugt sind.

Gerechtigkeit, Hauptziel aller ernsthaft bemühten Justiz nach Einl III 9, wird, meist schon dann am ehesten erreicht, wenn die Parteien immerhin eine Einigung erzielt haben. Um so höher muß man den Wert richterlicher Mitbemühung um gütliche Einigung ansetzen.

7 *Einigung mit sanfter Gewalt* ist die nicht selten fragwürdige Methode, Zierl NJW **02**, 2695. Ihrer bedient sich so mancher nicht zuletzt unter Anerkennung auch der Zweiten Gewalt (Vorgesetzte) bemühte Richter, um die störrischen Parteien zusammenzureden (Heinrich von Kleists Dorfrichter Adam läßt grüßen). Wenn man liest, daß dienstliche Beurteilung, ja Besoldung und Aufstiegschance, ja Amtsdauer rechtspolitisch von dem Prozentsatz erzielter Vergleiche zumindest mitabhängen sollen, muß man nachdenklich werden. Alle noch so beschwörenden Gesetzesaufforderungen finden ihre Grenze dort, wo nur noch um irgendeine äußerliche Einigung gefeilscht wird, die in Wahrheit fast das Gegenteil einer gütlichen Beilegung des Streits mit sich bringt, nämlich tiefe Unzufriedenheit mit einem nachträglich als doch zu unbefriedigend empfundenen Richtervorschlag usw, Zierl NJW **02**, 2695. Jeder erfahrene Richter kennt die Reaktion gerade derjenigen Partei, die scheinbar ihres Rechts ganz sicher war und nach gleichwohl vollem Rechtsverlust durch einen klaren Urteilsspruch ersichtlich geradezu erleichtert den Saal verläßt: Sie hatte in Wahrheit vom Gericht auch gar keine andere Entscheidung erwartet. *Diese* Art von Gerechtigkeitserkenntnis wird durch immer neu erzwungene Schlichtungsversuche keineswegs gefördert, obwohl gerade sie wertvoll ist, auch für die weiteren Beziehungen der Parteien. Der Richter heißt auch nicht Schlichter.

8 *Abwägen* ist daher die schwierige Aufgabe des Gerichts. Fingerspitzengefühl ist gefragt, Katzenmeier ZZP **115**, 91. Das Gericht sollte den Parteien nicht wie lahmen Eseln zureden, schon gar nicht mit Kostenvorteilen, obwohl natürlich auch sie zur Erörterung hinzugehören können. Ebensowenig sollte sich der Richter mit einer allzu bequemen Verfügung „Vermerk: Güteverhandlung erkennbar aussichtslos" nach II 1 Hs 3 um eine Güteverhandlung drücken, bevor er auch nur nach Klageerwiderung kennt, geschweige denn die Einigungschance wenigstens mit *einem* der Beteiligten auch nur andeutungsweise angesprochen hat, Zierl NJW **02**, 2695. Ebensowenig überzeugt an sich die rhetorische Frage zu „Terminsbeginn", ob die Parteien überhaupt eine anfängliche Güteverhandlung wünschten oder ob „wir gleich die Anträge stellen wollen", auch wenn meist wohl kein Widerspruch gegen diesen Vorschlag zu erwarten sein wird. Erst recht unhaltbar ist in der Theorie eine womöglich noch ausführliche streitige mündliche Verhandlung mit der erst anschließenden rhetorischen Frage des Vorsitzenden: „Müssen wir noch einen Güteversuch machen?", soweit er jetzt noch einen solchen nach II und nicht nach I meint.

Alles das ist des Gerichts eigentlich *unwürdig.* Es zeigt aber eine leider realistische Einschätzung der vom Gesetz überspannten Erwartungen an nochmalige Einigungsversuche, Rn 17. Im übrigen kann die eigentliche mündliche Verhandlung sofort nach der Güteverhandlung in demselben Termin stattfinden, sei es ein früher erster Termin, sei es der Haupttermin. Ein paar Minuten eines ernsthaften Anfangsbemühens mögen zwar lästig sein. Sie sind aber allen Beteiligten meist zumutbar. Freilich sind sie oft erkennbar nicht der Weg, den die Parteien wünschen, Rn 7. Alles das muß man bei der Auslegung insbesondere von II 1 Hs 3 mitbeachten.

9 **3) Geltungsbereich, I–VI.** Die Vorschrift gilt grundsätzlich in allen Instanzen und Verfahrensarten nach der ZPO. Das gilt grundsätzlich auch im Prozeßkostenhilfeverfahren, § 118 Rn 6, und nach einem Mahnverfahren (Ausnahme: §§ 241 a, 700 I), ferner im Urkundenprozeß, auch im Eheverfahren, auch im Eilver-

Titel 1. Verfahren bis zum Urteil § 278

fahren etwa nach §§ 916 ff, 935 ff, schließlich im Wiederaufnahmeverfahren nach §§ 578 ff. Im Arbeitsgerichtsverfahren gilt vorrangig § 54 ArbGG, aM Dahlem/Wiesner NZA 04, 531 (§§ 46 II ArbGG, 495. Aber es gilt auch § 54 ArbGG). Freilich muß das Gericht im Eilverfahren das besondere Eilbedürfnis auch dann, wenn überhaupt eine mündliche Verhandlung stattfinden soll, vor Anordnung einer Güteverhandlung besonders bedenken. Zumindest VI ist auch im WEG-Verfahren beachtlich, Ungewitter NZM 04, 89.

Unanwendbar ist § 278 II–VI nach dem Einspruch gegen ein Versäumnisurteil. Denn dann muß der Vorsitzende nach § 341 a mangels Verwerfung sogleich Termin zur eigentlichen mündlichen Verhandlung ansetzen, Rn 1. Unanwendbar ist § 278 auch nach § 9 I 2 KapMuG, SchlAnh VIII.

4) Gütliche Beilegung in jeder Lage des Verfahrens, I. Das Gericht soll auf Antrag oder von Amts **10** wegen ohne besondere Förmlichkeiten auf einen Ausgleich im ganzen oder in einzelnen Punkten bedacht sein, BGH 160, 350. Das gilt schon im Beweisverfahren nach § 118 Rn 14, Lüke NJW 94, 234, oder im selbständigen Beweisverfahren nach § 492 Rn 6, Lüke NJW 94, 234. Es gilt ferner zB schon vor der mündlichen Verhandlung nach § 279, Bbg MDR 88, 149, Schlicht DRiZ 80, 311, vor allem in der Güteverhandlung, § 278. Es gilt natürlich auch jederzeit in der eigentlichen mündlichen Verhandlung, BGH 100, 389, insbesondere einer Beweisaufnahme, auch derjenigen nach § 375, auch bei der Erörterung der Beweisergebnisse nach §§ 279 III, 285, auch zwecks oder nach einer Wiedereröffnung nach § 156, die wegen § 156 sogar nötig werden kann. Es gilt ferner in der Berufungsinstanz, BGH 100, 389, und noch in der Revisionsinstanz. Es wäre grotesk, schon in solcher Bemühung als solcher einen Ablehnungsgrund nach § 42 zu sehen. Vielmehr hat bei einer korrekten Handhabung des I die Partei kein Ablehnungsrecht, Karlsr OLGZ 78, 226. Erst eine problematische Art und Weise der Bemühung mag eine Befangenheit bedeuten können.

„Bedacht sein" ist zwar weniger als ein „Hinwirken", aber auch mehr als ein bloßes „Denken an", Nagel DRiZ 77, 325, Schneider JB 77, 146 (sie lesen freilich zu eng das Wort „soll" als „muß"). Das Gericht hat also vielerlei Möglichkeiten zur Initiative, Weber DRiZ 78, 166, Wolf ZZP 89, 292. Es sollte freilich nicht manipulieren, Stürner, Die richterliche Aufklärungspflicht im Zivilprozeß (1982) 73. Es soll sich auch nicht dem Verdacht aussetzen, sich die Arbeit der Urteilsfällung und -abfassung ersparen zu wollen. Es soll auch nicht mit einem Urteil drohen, sondern auf die natürlich mangels Einigung stets wahrscheinliche Beendigung des Verfahrens durch Urteil ruhig hinweisen. Es soll ferner nicht in Zeiten ungehemmten Streitlust den Parteien Kompromisse aufdrängen, die doch keinen Rechtsfrieden herbeiführen. Das Gericht darf zwar durchaus das Kostenrisiko erörtern, sollte es aber nicht als ein Druckmittel benutzen. Im vorläufigen Verfahren (Arrest und einstweilige Verfügung) ist eine Maßnahme nach I naturgemäß meist nur im etwaigen Verhandlungstermin sinnvoll.

5) Anberaumung einer Güteverhandlung, II 1. Die Vorschrift erklärt die Güteverhandlung als den **11** Regelfall, Hs 1. Das folgt aus den Wörtern „es sei denn, daß ..." in Hs 2.

A. Notwendigkeit, II 1 Hs 1. Eine Güteverhandlung ist, wenn überhaupt, grundsätzlich auch ohne **12** Parteiantrag notwendig, soweit nicht die besonderen Voraussetzungen Hs 2, 3 vorliegen, ZöGre 22, aM Foerste NJW 01, 3104 (aber II 1 steht schlicht im Indikativ). Man muß also zunächst prüfen, ob schon erfolglos eine außergerichtliche Einigung versucht worden war oder ob eine Güteverhandlung erkennbar erfolglos sein dürfte. Erst bei Verneinung beider Umstände entsteht auch ohne Antrag ein Zwang zur Anberaumung eines Gütetermins.

Den *Verhandlungstermin* (frühen ersten oder Haupttermin) soll das Gericht nach § 279 I 1 unmittelbar an den Gütetermin anschließen. Deshalb ist eine Ladung zu beiden Terminsarten durch dieselbe Verfügung dringend ratsam, jedenfalls zulässig. Natürlich muß die Geschäftsstelle und für sie manchmal besser auch ein fürsorglich mitdenkender Richter in seiner Terminsverfügung dafür sorgen, daß die Parteien usw ganz klar aus der Ladung beide Terminsarten erkennen können. Daher muß auch aktenkundig werden, daß sie zB das richtige Ladungsformular erhalten haben, „ZP XXX" kann in höherer Instanz zu verständlichem Unmut und Zweifel an korrekter Verfahrensweise der unteren Instanz führen und auf Antrag sogar zur Zurückverweisung nach § 538 zwingen. Weit verbreitete Sorglosigkeit der Dokumentation ist daher durchaus nicht überzeugend, auch wenn manche Geschäftsstelle oder Verwaltung hier murrt. Wegen der Fristen usw § 279 Rn 4. Bei eindeutiger Ladung nur zum Gütetermin muß das Gericht nur die Ladungsfrist nach §§ 217, 604 II, 605 a einhalten, soweit die Parteien nicht sogar auf sie wirksam verzichten. Die Einlassungsfrist nach § 274 III gilt ja nur vor der eigentlichen mündlichen Verhandlung.

B. Keine Güteverhandlung nach erfolglosem Versuch vor Gütestelle, II 1 Hs 2. Eine Güterver- **13** handlung „geht nicht voraus", soweit bereits ein erfolgloser Einigungsversuch vor einer außergerichtlichen Gütestelle nach § 15 a EGZPO usw stattgefunden hatte, Rn 2. Denn dann wäre eine nochmalige Einigungsbemühung in diesem jetzt streitig gewordenen gerichtlichen Stadium sinnlose Zeitverschwendung, zumal das Gericht ja auch im weiteren streitigen Verfahren ständig um Einigung bemüht bleiben muß, Rn 3–5. Die Gütestelle muß freilich dem § 794 I Z 1 entsprochen haben, aM ZöGre 22 (aber II 1 Hs 2 setzt das als selbstverständlich voraus).

C. Keine Güteverhandlung bei Aussichtslosigkeit oder allseitigem Einverständnis, II 1 Hs 3. **14** Eine Güteverhandlung entfällt unabhängig vom Fall Rn 13 auch insoweit, als alle Beteiligten einverstanden sind, Bamberger ZRP 04, 137, aM ZöGre 22 (aber die Parteiherrschaft hat erhebliche Bedeutung, Grdz 18 vor § 128). Sie entfällt ferner, soweit eine Güteverhandlung als „erkennbar aussichtslos" erscheint. Diese Bestimmung schafft ein weites Ermessen, Schläger ZMR 02, 402. Sie ist zugleich segensreich und gefährlich.

„Erscheint" ist subjektiver als „ist". Das Gesetz deutet mit seiner vorsichtigeren Formulierung an, daß es jedenfalls zunächst nur auf die Bewertung des Gerichts im jetzigen Zeitpunkt ankommt, also bei Entscheidung darüber, ob eine Güteverhandlung anzuberaumen ist oder nicht. Nicht dagegen kommt es nach dieser Gesetzesformulierung darauf an, ob man auch später bei rückblickender Betrachtung eine damalige Aussichtslosigkeit bejahen dürfte. Das rechtliche Gehör nach Art 103 I GG wird kaum schon durch fälschliche

§ 278   Buch 2. Abschnitt 1. Verfahren vor den LGen

oder irrige Annahme der Aussichtslosigkeit verletzt. Denn auch dann muß das Gericht ja die eigentliche mündliche Verhandlung anberaumen.

15   „*Erkennbar*" ist auf dem Boden von „erscheint" gemeint. Auch hier kommt es nur auf die Bewertung im Terminierungszeitpunkt an, nicht auf später zutage tretende Erkenntnismöglichkeiten. „Erkennbar" bedeutet daher: Soweit nach der derzeitigen Akten- und Verfahrenslage schon einigermaßen übersehbar, und nicht: Soweit bei späterer abschließender Würdigung rückblickend als schon damals sicher einstufbar.

16   „*Aussichtslos*" meint natürlich nicht die Prozeßaussicht, sondern nur die Aussicht auf abschließende Einigung welcher Art auch immer. Aussichtslos ist krasser als „nicht hinreichend erfolgversprechend". Man darf jetzt wirklich vernünftigerweise noch nicht, nicht mehr oder überhaupt gar nicht mit irgendeinem auch nur teilweisen, nicht ganz unerheblichen Erfolg der Gütebemühung rechnen können.

17   Aktenvermerk „*Erkennbar aussichtslos*" ist ohne irgendeine wenigstens stichwortartige Mindestbegründung kaum je ein genügendes Zeichen der Abwägung, Rn 8. Das Gericht sollte nicht seine Autorität als von vornherein unzureichend einschätzen. Freilich kann etwa in einer vorprozessual bis zur Erschöpfung ausgeschriebenen Streitigkeit zwischen ohnehin erbitterten Gegnern, die beide ausdrücklich eine Entscheidung durch Urteil begehren, und ähnlich wirklich eindeutigen Fällen auch der bloße Vermerk durchaus als Rechtfertigung der Unterlassung einer Güteverhandlung reichen. Er kann auch die in Rn 8 angesprochene rhetorische Frage ausnahmsweise ausreichen lassen. Fingerspitzengefühl schützt vor einem Ablehnungsgesuch und dergleichen. Es macht im Zweifel eine gewisse Begründung ratsam.

18   **6) Erörterung in der Güteverhandlung, II 2.** In der bloßen Güteverhandlung amtiert das Gericht grundsätzlich wie sonst in voller erkennenden Besetzung (Ausnahme Rn 35). In einer Handelssache gilt § 349 I 1. Das Gericht hat Rechte und Pflichten. Man muß sie von denjenigen in einer eigentlichen anschließenden mündlichen Verhandlung unterscheiden. Sie hängen in Art und Umfang vom Einigungszweck ab. §§ 136 ff, 139 sind ja in diesem Prozeßabschnitt noch nicht direkt anwendbar, Rn 3, und auch nicht ohne weiteres entsprechend zu beachten. Denn sie dienen dem weitergehenden Zweck der abschließenden Behandlung bis zur Entscheidungsreife. Es besteht Anwaltszwang wie sonst nach § 78, Zweibr RR 03, 1654. Wegen eines Dolmetschers gilt § 185 GVG. § 128 a (Videokonferenz) ist zumindest entsprechend anwendbar. Ein Protokoll ist nach §§ 159 ff notwendig. Denn dazu muß nur eine „Verhandlung" und keine „mündliche" vorliegen.

19   **A. Erörterung des Sach- und Streitstands, II 2 Hs 1.** Das Gericht ist verpflichtet, in der Güteverhandlung den Sach- und Streitstand mit den Parteien unter freier Würdigung aller Umstände zu erörtern. Das gilt sowohl bei einer von Amts wegen für notwendig oder sinnvoll gehaltenen Güteverhandlung als auch bei einer erst oder doch wesentlich nur auf Parteiantrag anberaumten.

20   *Erörterung* ist derselbe Begriff wie in § 139 I 1, aber weniger als die in § 139 I 2 zusätzlich geforderte Tätigkeit des Hinwirkens auf rechtzeitige und vollständige Erklärungen usw. Immerhin setzt der in Rn 6, 7 dargelegte und begrenzte Zweck der ganzen Güteverhandlung auch deutliche Grenzen der Erörterungspflicht. Das Gericht braucht nur die Einigungschancen auszuloten. Das mag gerade im schwierigsten Punkt eine doch schon ziemlich präzise tatsächliche wie rechtliche Besprechung erfordern. Denn nur so können die Parteien ihre Chancen für die streitige mündliche Verhandlung einigermaßen abschätzen. Anderseits zeigt schon das Ausbleiben einer Anordnung wie bei § 139 I 2 und erst recht das Fehlen einer Anordnung wie bei § 139 II, III in § 278 II 3 die geringeren Anforderungen für die Güteverhandlung. Ein Vergleich läßt sich auch und oft gerade dann erreichen, wenn das Gericht seine ja meist jetzt noch keineswegs präzise Bewertung durchaus noch etwas offen läßt und dadurch auch eine gewisse Unsicherheit der Parteien jetzt noch nicht völlig ausräumt. Das darf und sollte der Richter sehr wohl mitbedenken. Er darf ja selbst in der eigentlichen mündlichen Verhandlung trotz des § 139 immer nur eine vorläufige Beurteilung preisgeben, wenn er ein Ablehnungsgesuch verhindern will, § 42 Rn 44. Zu diesem wäre eine Partei auch schon in der bloßen Güteverhandlung formell berechtigt.

21   **B. Fragestellung, II 2 Hs 2.** Diese Aufgabe heißt unter solchen Umständen keineswegs: Hinwirken auf erschöpfende Darlegungen, wie bei § 139 I 2 allenfalls nötig sein könnte. Nur bei solchen Umständen darf und muß das Gericht fragen, die gerade für eine Einigung wesentlich wären. Nur insoweit sind Fragen „erforderlich".

22   **C. Freie Würdigung aller Umstände, II 2 Hs 1, 2.** Das Gericht hat ein zwar pflichtgemäßes, aber weites Ermessen bei der Abwägung der Einigungschancen. Es muß zwar „alle" rechtlichen, wirtschaftlichen, psychologischen Umstände mitbeachten. Es hat aber einen erheblichen Spielraum in ihrer Gewichtung. Daher darf man den Richter auch nicht schon dann bequem abzulehnen versuchen, wenn er nicht auf jedes von einer Partei für wichtig gehaltene Detail sogleich ebenso zentral eingeht. Er hat ja im Prinzip selbst ein Interesse an einer Einigung, sei es auch nur, um keine mündliche Verhandlung oder gar Beweisaufnahme anschließen und kein Urteil schreiben zu müssen. Man sollte ihm vertrauen, daß er sich um die gütliche Beilegung genug bemühen wird. Er darf bei der freien Würdigung auch den Umstand beachten, daß evtl eine Partei eben ein Urteil und keinen Vergleich wünscht, Rn 8. Eine Beweisaufnahme oder gar -würdigung sollte aber dem eigentlichen streitigen Verfahrensabschnitt vorbehalten bleiben. Freilich darf und sollte das Gericht durchaus vorbereitende Informationen einholen, auch zu vorliegenden Beweismitteln.

23   **7) Anhörung der erschienenen Partei, II 3.** Das Gericht muß jede nun einmal von sich aus erschienene oder gar persönlich vorgeladene Partei ist schon nach II 3 „hierzu" auch persönlich hören, unabhängig von den Möglichkeiten nach III, Rn 24. „Hierzu" meint: zu den in II 2 genannten Umständen, Rn 19–21, nicht zu einer abschließenden Erörterung, schon gar irgendwelchen Nebenpunkte. „Hören" meint: Gelegenheit zu einer sofortigen Äußerung in diesem Gütetermin geben, nicht etwa: Der Partei, die sich nicht sogleich äußert, dazu eine Nachfrist setzen. Denn an den Gütetermin darf sich die eigentliche mündliche Verhandlung sogleich anschließen, und auch unabhängig von solcher Terminierung soll die Güteverhandlung nicht auch noch alle Möglichkeiten der eigentlichen mündlichen Verhandlung vorwegnehmen. § 283 gilt für die mündliche Verhandlung, nicht auch schon für die Güteverhandlung.

Titel 1. Verfahren bis zum Urteil § 278

Prozeßhandlungen der Parteien nach Grdz 46 ff vor § 128 sind zulässig, soweit das Gesetz nicht ihre Vornahme gerade in der ja erst nach § 279 nachfolgenden eigentlichen mündlichen Verhandlung zur Wirksamkeitsbedingung macht, wie zB beim Sachantrag nach § 279.

8) Anordnung des persönlichen Erscheinens, III. Zur Erhöhung der Einigungschance soll das 24 Gericht das persönliche Erscheinen aller Parteien anordnen. Es soll dabei die Möglichkeiten nach § 141 I 2, II, III ausnutzen. Das gilt auch für den verordneten Richter. Es handelt sich um eine Sollvorschrift, nicht um eine bloße Kannbestimmung. Das bedeutet gleichwohl eine Bindung wie an eine Mußvorschrift nach EinI III 32, nur eben eine eingeschränkte Folge der Nichtbeachtung durch das Gericht. Die Vorschrift gilt gerade dann, wenn die Partei gegenüber dem Gericht bereits anwaltlich vertreten ist oder sein muß. Sie gilt aber auch schon dann, wenn das Gericht noch nicht weiß, ob als ProzBev ein Anwalt oder außerhalb von Anwaltszwang ein befugter anderer Vertreter auftreten wird. Jedenfalls ist praktisch immer die Anordnung nach III erforderlich, solange man nicht höchstwahrscheinlich eine Einigung auch ohne Anwesenheit der Parteien und ohne notwendige Rückfragen der Anwälte erwarten kann. Das bedeutet für jeden Prozeß in diesem früheren Stadium eine erhebliche Zunahme an Mühe, Aufwand und Zeitplanung, ein zweifelhaftes Ergebnis, Zierl NJW 02, 2695.

A. Anordnung, III 1, 2. Von der grundsätzlich notwendigen Anordnung nach III 1 darf das Gericht 25 nach III 2 in Verbindung mit § 141 I 2 nur dann absehen, wenn es einer Partei die persönliche Wahrnehmung des Gütetermins wegen großer Entfernung oder aus sonstigen wichtigem Grund nicht zumuten kann, Kahlert NJW 03, 3391. Wegen dieser letzteren Voraussetzungen § 141 Rn 17–21. Für die bloße Güteverhandlung darf man eine Unzumutbarkeit eher annehmen als für die eigentliche mündliche Verhandlung. Die bloße Güteverhandlung ist nicht so wichtig wie die mündliche Verhandlung. In ihr ist das Gericht ja ohnehin ständig neu zur Einigungsbemühung verpflichtet, Rn 3–5.

B. Ladung persönlich trotz Anwalts usw, III 2. Wenn das Gericht das Erscheinen anordnet, muß es 26 die Partei nach III 2 in Verbindung mit § 141 II 1 von Amts wegen laden, an sich §§ 168 ff, ferner §§ 214, 270, aber auch § 141 II 2 Hs 2, also ohne Notwendigkeit einer förmlichen Zustellung. Das Gericht muß die Ladung dann an die Partei persönlich richten, auch wenn sie einen ProzBev nach §§ 80 ff, 172 bestellt hatte, III 2 in Verbindung mit § 141 II 2 Hs 1. Die Ladungsfrist beträgt eine Woche im Anwaltsprozeß, Begriff § 78 I, im übrigen 3 Tage, § 217. Eine Einlassungsfrist ist nicht vor der „Güteverhandlung" notwendig, sondern erst vor der „mündlichen" Verhandlung, § 274 Rn 8. Wegen der Einzelheiten § 141 Rn 26–28.

C. Ordnungsgeld usw, III 2. Bleibt eine ordnungsgemäß geladene Partei im Gütetermin aus, so kann 27 das Gericht sie nach III 2 in Verbindung mit § 141 III 1 mit einem Ordnungsgeld wie bei einem im Vernehmungstermin nicht erschienen Zeugen belegen, also nach §§ 380, 381. Wegen der Einzelheiten zu den Voraussetzungen des § 141 III 1 dort Rn 30–44. Das Gericht kann nach pflichtgemäßem Ermessen auch unabhängig von einem Ordnungsmittel ohne die Partei verhandeln lassen.

Kein Ordnungsgeld wird nach III 2 in Verbindung mit § 141 III 2 festgesetzt, wenn die Partei zur Güteverh- 28 andlung einen Vertreter entsendet, der zur Aufklärung des Tatbestands in der Lage und zur Abgabe der schon im Gütetermin gebotenen Erklärungen ermächtigt ist, also insbesondere zum Abschluß eines Vergleichs, Karlsr VersR 05, 1103. Zu diesen Einzelheiten § 141 Rn 45–51. Ein Ordnungsgeld unterbleibt ferner, wenn die Abwägung unzumutbar war, § 141 Rn 18, Düss VersR 05, 855.

Hinweisen muß das Gericht die Partei nach III 2 in Verbindung mit § 141 III 3 von Amts wegen auf die 29 Folgen ihres Ausbleibens in der Ladung, Düss VersR 05, 854. Wegen dieser Einzelheiten § 151 Rn 52, 53.

Aufhebung des Ordnungsgelds und Rechtsmittel richten sich nach den in § 141 Rn 54–60 dargelegten Regeln.

9) Ruhen des Verfahrens, IV. In hier vorrangiger Abwandlung des allgemeineren § 251 bestimmt IV 30 eine Pflicht und nicht nur ein Recht des Gerichts, unter Voraussetzungen wieder Parteien das Ruhen des Verfahrens anzuordnen. Das ist ein ganz erhebliches Druckmittel zwecks Einigungsversuchs. Angesichts des jedenfalls zunächst schon zeitlich auch nach dem Wegfall der 3-Monatsfrist des § 251 II aF immer noch praktisch eintretenden Zeitverlusts sollten sich die Parteien und ihre ProzBev die Rechtsfolge des Ruhens klarmachen, bevor sie nicht zum Gütetermin erscheinen.

A. Nichterscheinen beider Parteien. Erste Voraussetzung des Ruhens des ganzen Prozesses und nicht 31 nur seines Gütestadiums ist das schlichte Nichterscheinen beider Parteien. Das Ausbleiben nur eines Teils der Parteien reicht also nicht. „Partei" meint dasselbe wie sonst, Grdz 4 ff vor § 50. Das Erscheinen des ProzBev reicht, Schläger ZMR 02, 402. Das Ausbleiben nur einer Partei oder nur eines Teils der Parteien reicht nicht aus.

Eine *Entschuldigung* ist unerheblich. IV stellt nicht auf eine Säumnis ab, sondern nur auf das bloße Nichterscheinen. Es gibt daher auch keine Veranlassung, etwa § 337 entsprechend anzuwenden. Es liegt ja noch gar keine mündliche Verhandlung vor, sondern erst die Güteverhandlung, Rn 3.

B. Ordnungsmäßigkeit der Ladung. Zweite Voraussetzung des Ruhens ist die Ordnungsmäßigkeit der 32 Ladung aller Parteien gerade und zumindest auch zunächst zur Güteverhandlung. Das ist eine selbstverständliche und darum in III nicht besonders wiederholte Bedingung der Rechtsfolge. Das Gericht muß also entweder gerade das persönliche Erscheinen der Parteien nach III 1, 2 angeordnet haben, Rn 25, 26, oder es muß doch die ProzBev ordnungsgemäß geladen haben. Im letzteren Fall würde schon deren Ausbleiben beim Fehlen auch des Vollmachtgebers ausreichen, selbst wenn dieser nicht mitgeladen worden wäre.

C. Anordnung des Ruhens. Soweit und sobald die Voraussetzungen Rn 31, 32 zusammentreffen, muß 33 das Gericht das Ruhen anordnen, und zwar verzüglich nach § 121 I BGB, also ohne schuldhaftes Zögern, mithin meist sofort. Die Anordnung erfolgt durch einen Beschluß. Man muß ihn wie bei § 251 Rn 7 behandeln. Das Gericht muß ihn also grundsätzlich begründen, § 329 Rn 4. Er wird verkündet, § 329 I 1 oder beiden Parteien mitgeteilt. Das geschieht durch förmliche Zustellung, § 329 II 2 Hs 2. Denn er setzt die Frist der sofortigen Beschwerde nach §§ 252, 567 I Z 1, 569 I 1, 2 in Lauf. Eine Verfügung des

§ 278   Buch 2. Abschnitt 1. Verfahren vor den LGen

Einzelrichters nach §§ 348, 348 a bzw des Amtsrichters genügt. Man muß sie wie ein Beschluß behandeln. Eine bloße Verfügung des Kollegiums reicht nicht.

Rechtsbehelfe: § 252. Vgl aber Rn 34. Daher könnte schon das Rechtsschutzinteresse für die sofortige Beschwerde fehlen.

34   **D. Aufnahme der Güteverhandlung.** Jede Partei kann nach der Anordnung des Ruhens die Aufnahme der Güteverhandlung jederzeit ohne besondere Voraussetzungen und auch ohne Wartefrist beantragen, auch ohne Zustimmung des Gegners. Das folgt nach dem Fortfall des § 251 II aF aus allgemeinen Verfahrensgrundsätzen. Daher ist es auch wenig sinnvoll, gegen den Beschluß nach Rn 33 sofortige Beschwerde einzulegen. Ein formloser Aufnahmeantrag führt rascher und billiger zu einem sicheren Ziel. Nach Eingang des Aufnahmeantrags beginnt die Vorbereitung einer Güteverhandlung von neuem. Nur bei sinnlos wiederholtem Ausbleiben verfährt das Gericht wegen Rechtsmißbrauchs der Parteien nach Einl III 54 so wie nach einer gescheiterten Güteverhandlung.

35   **10) Verweisung, insbesondere an verordneten Richter, V 1.** Das Gericht kann nach § 281 oder nach §§ 17, 17 a GVG verweisen. Es hat ein pflichtgemäßes Ermessen, ob es die Parteien für die notwendige Güteverhandlung vor einen beauftragten oder ersuchten Richter verweisen will. Für diesen gelten §§ 361, 362 entsprechend. Er muß alles an sich dem Prozeßgericht Obliegende veranlassen. Er darf das Ersuchen nur unter den Voraussetzungen des § 158 GVG ablehnen.

Eine *Verweisung* erfolgt nur durch einen Beschluß des Prozeßgerichts, nicht des verordneten Richters selbst, Ffm FamRZ **87**, 737 (zum alten Recht). Der Beschluß erfordert keine mündliche Verhandlung, § 128 IV. Sie erfordert keine Öffentlichkeit. Denn sie findet nicht vor dem erkennenden Gericht statt, § 169 S 1 GVG. Der verordnete Richter bestimmt einen Termin. Er lädt die Parteien von Amts wegen. Ein Güteversuch und ein Prozeßvergleich nach Anh § 307 sind allerdings auch vor dem Einzelrichter der §§ 348, 348 a, 526 zulässig, Ffm FamRZ **87**, 737 (es bestehe kein Bedürfnis), ebenso vor dem Vorsitzenden der Kammer für Handelssachen, § 349 I. Vor dem verordneten Richter besteht kein Anwaltszwang, § 78 V Hs 1, Anh § 307 Rn 29. Im übrigen besteht Anwaltszwang wie sonst, Anh § 307 Rn 26, Karlsr JB **76**, 372, also auch vor dem Einzelrichter, §§ 348, 348 a. Denn er ist erkennendes Gericht. Bleibt eine Partei aus, gilt III. In einer Wettbewerbssache ist eine Vertagung auch zwecks eines Gütersuchs vor dem Einigungsamt nach § 15 X UWG zulässig.

36   **11) Vorschlag außergerichtlicher Streitschlichtung, V 2,** dazu Schneeweiß DRiZ **02**, 107 (Üb): Die Vorschrift erweitert die Möglichkeiten des Gerichts zur Erzielung einer Einigung. Diesen Möglichkeiten stehen entsprechende Pflichten gegenüber. Beide gelten freilich nur unter einer bestimmten Voraussetzung. Zuständig ist grundsätzlich das Gericht und nur bei der Durchführung durch Terminierung usw der Vorsitzende.

A. Bedingung: Geeigneter Fall. Es muß sich bei pflichtgemäßer Prüfung des Gerichts ergeben, daß der Fall für einen Vorschlag der außergerichtlichen Streitbeilegung überhaupt schon und noch geeignet ist. Solche Prüfung erfordert eine Abwägung jedenfalls dahin, daß das Gericht die Chance deutlich höher ansetzen kann als die Risiken. Es reicht also nicht aus, daß das Gericht den Fall als nicht völlig ungeeignet ansieht. Was nicht völlig ungeeignet ist, wird nicht schon deshalb geeignet. Oft lassen sich Chancen und Risiken ja gerade erst in einem ersten Gespräch ausloten, eben in der Güteverhandlung. Es wäre eine wirkliche Überhitzung des Gütegedankens, den Richter sogar noch vor dieser Güteverhandlung zu evtl umfangreicher Aktivität zu verpflichten, um sogar noch die Güteverhandlung zu erübrigen.

37   *Chancenreich genug* ist nur in der Lage, in der aus tatsächlichen und/oder rechtlichen Erwägungen ein gewisses gegenseitiges Nachgeben oder sogar ein außergerichtliches Eingeständnis bzw eine Anspruchsrücknahme noch ratsamer sind als ein erstes Gespräch vor dem Richter. Dabei sollte man die Chance eher zurückhaltend bejahen. Natürlich mag schon ein schriftlicher oder telefonischer Hinweis des Gerichts die Vergleichsbereitschaft ganz wesentlich erhöhen, etwa bei möglicher Verwirkung oder bei ersichtlicher Unkenntnis einer festen Rechtsprechung oder einer Spezialnorm. Andererseits darf V 2 nicht zu noch weiterer Verzögerung sogar noch vor einer Güteverhandlung führen.

38   **B. Geeignetenfalls: Vorschlagsermessen.** Liegen die Voraussetzungen Rn 36, 37 vor, so ist das Gericht zu einem Vorschlag vor der Güteverhandlung berechtigt, aber nicht stets verpflichtet. „Kann" bedeutet ein zwar pflichtgemäßes, aber ziemlich weites Ermessen. Das Gericht darf es nicht dahin mißbrauchen, daß ähnlich wie bei Rn 16 einfach ein Aktenvermerk „keine Eignung zum Vergleichsvorschlag" zu den Akten gelangt. Andererseits darf sich das Gericht mit einer knappen Skizzierung der Erwägungen begnügen, aus denen es von einem Vorschlag nach V 2 absehen möchte. Die Unterlassung eines solchen Vorschlags zieht ohnehin keine anderen Rechtsfolgen nach sich als die Anberaumung der Güteverhandlung, wenn nicht auch diese nach II 1 als aussichtslos zu bewerten ist.

39   **C. Formfreiheit.** Das Gericht braucht bei seinem Vorschlag keine Form einzuhalten. Es kann ihn schriftlich abfassen, durch Telefax übersenden, telefonisch oder elektronisch übermitteln, in einem spontan oder zufällig sich ergebenden Gespräch an beliebiger Stelle ansprechen. Es kann ihn der einen Partei anders übermitteln als der anderen, auch früher als der anderen, den einen gegenüber vorläufiger formulieren als gegenüber der anderen. Es kann den Vorschlag als Skizze oder als volle Ausarbeitung anbringen.

Schriftform usw ist ratsam. Denn sie ermöglicht am besten eine eigene Entscheidung jeder Partei. Sie beugt am ehesten dem Argwohn vor, der Richter taste zum Vorteil der einen Partei die Haltung der anderen ab usw. Sie vermeidet am besten eine zeitliche Ausdehnung dieser ohnehin schon verzögernden Phase.

40   **D. Inhaltsfreiheit.** Das Gericht hat im Rahmen der Bemühung um Schlichtung dieses Rechtsstreits ein weites Ermessen für den Vorschlagsinhalt. Es kann sich auf den wichtigsten Teil des Streits beschränken, um dann den Rest nachzuschieben. Es kann mit den leichtesten Punkten oder den schwierigsten beginnen. Es kann eine abschließende Gesamtäußerung fordern oder eine Teiläußerung anregen. Es kann Streitpunkte, die gar nicht Gegenstand des jetzt unter diesem Aktenzeichen anhängigen Prozesses sind, von vornherein oder im Verlauf einbeziehen. Es kann sogar nach § 147 verbinden oder nach § 146 auf einzelne Punkte begrenzen

Titel 1. Verfahren bis zum Urteil § 278

oder nach § 145 trennen, soweit das der Streitbeilegung des Hauptverfahrens dienlich sein kann. Es kann kurze oder geräumige Fristen setzen, Zwischenäußerungen zulassen oder ablehnen usw. Gerade auch hier gilt zur Frage der Ablehnbarkeit Rn 10. Natürlich darf der Richter gerade auch hier anregen, neue Ansprüche oder Bedenken miteinzubeziehen. Denn es soll ja gerade Einigkeit zustandekommen, KG RR 00, 1166.

Beilegung gerade dieses Streits muß das klar erkennbare Ziel des ganzen Vorschlagsverfahrens sein und bleiben. Dazu mögen Klagerücknahme wie Anerkenntnis dienen, Erledigterklärungen wie Verzicht, Ratenzahlung, Ruhenlassen des Verfahrens und jede denkbare andere Art und Weise der Streitbeendigung. Auch die Anregung eines vollstreckbaren Anwaltsvergleichs nach § 796a kann sinnvoll sein, ebenso ein Schiedsgutachen, BGH WertpMitt **01**, 1863, Greger ZRP **98**, 185, Stubbe BB **01**, 690. Der Richter darf sich zu endlosem Hin und Her weder verleiten lassen noch gar verpflichtet fühlen.

Fertige Vergleichsformulierung ist von vornherein ratsam. Auch der außergerichtliche Vergleich, den das **41** Gericht vorschlägt, steht unter gerichtlicher Mitverantwortung für den Inhalt bis hin zur Brauchbarkeit der Kostenregelung und zur Vollstreckbarkeit des Gesamtinhalts, auch wenn die Parteien die formelle Alleinentscheidung treffen, ob und wie sie sich außergerichtlich einigen wollen.

E. Erfolglosigkeit: Güteverhandlung oder streitiges Verfahren. Soweit und sobald das Gericht **42** erkennen muß, daß sein Vorschlag nicht zu irgendeiner abschließenden außergerichtlichen Einigung führt, darf und muß es entweder in die weitere Durchführung der etwa bisher in im übrigen noch gar nicht begonnenen Güteverhandlung eintreten, sie terminieren usw. Oder die Gütebemühung als gescheitert erachten und folglich den Prozeß weiter fördern, sei es durch Anberaumung eines frühen ersten Termins, durch Einleitung bzw Fortführung eines schriftlichen Vorverfahrens usw. Ob solche Erfolglosigkeit des Schlichtungsvorschlags vorliegt, entscheidet das Gericht nach pflichtgemäßem Ermessen. Ein entsprechender, kurz in Stichworten begründeter Vermerk beugt dem Vorwurf vor, § 278 nicht genug beachtet zu haben.

12) Außergerichtliche Einigung, V 3. Soweit und sobald sich die Parteien nach einem Vorschlag des **43** Gerichts so oder irgendwie anders außergerichtlich wenigstens dahin geeinigt haben, den vorliegenden Prozeß zumindest derzeit nicht weiter zu führen, muß das Gericht wegen der Verweisung in V 3 auf § 251 das Ruhen des Verfahrens anordnen, nicht weniger, aber auch nicht mehr.

Ruhen hat die in § 251 Rn 8 erläuterten Wirkungen. Nach dem Wegfall des § 251 II aF kann jede Partei den Prozeß jederzeit ohne Angabe von Gründen aufnehmen, § 251 Rn 10. Bis dahin hat das Gericht zur Prozeßförderung kein Recht und keine Pflicht. Die Akten werden nach Abwicklung der Kostenfrage weggelegt. Zwar mag über den Vorschlag des Gerichts ein Protokoll nach § 159 I 1 anzufertigen gewesen sein. Denn diese Vorschrift gilt nicht nur für die mündliche Verhandlung, sondern für jede Verhandlung, also auch für die Güteverhandlung. Auch mag nach § 160 III Z 10 das Ergebnis der Güteverhandlung in Protokollform vorliegen. Wenn es aber eben noch nicht einen gerichtlichen Vergleich ausweist, liegt im außergerichtlichen selbst dann nicht stets ein Vollstreckungstitel, wenn er auf einem Gerichtsvorschlag beruht. Denn § 794 I Z 1 erfaßt ihn nicht mit. Freilich kann ein vollstreckbarer Anwaltsvergleich nach §§ 796a–c entstanden sein. Meist wird wohl aus dem Ruhen ein wirkliches Prozeßende. Sonst haben es eben die Parteien in der Hand, dem Prozeß durch Aufnahmeanträge den Fortgang zu geben.

VI bleibt unberührt, Rn 4. Die Parteien können also statt eines außergerichtlichen Vergleichs einen Prozeßvergleich schließen. Er bildet einen Vollstreckungstitel nach § 794 I Z 1.

13) Prozeßvergleich, VI 1, dazu *Nungeßer* NZA **05**, 1027 (Üb): In Ergänzung zu den im Anh § 307 **44** ausführlich dargestellten Regeln zum Prozeßvergleich gibt VI dem Gericht die Möglichkeit, einen solchen Vollstreckungstitel nach § 794 I Z 1 auch ohne eine Güteverhandlung im Sinn von II–V oder gar eine mündliche Verhandlung zustandezubringen. Es muß natürlich ein im ordnungsmäßigen Verfahren zustandegekommener Vergleich im Sinn von § 794 I Z 4 „vor Gericht abgeschlossen". Das Gericht hat ja wesentlich an seinem Zustandekommen zumindest formell teilgenommen, selbst wenn es die Brauchbarkeit, Bestimmtheit, Vollstreckbarkeit nur überprüft hat, wie es auch bei VI seine Pflicht war. Oft hat das Gericht bekanntlich auch außerhalb eines Verfahrens mit VI nicht mehr zu tun. Niemand bezweifelt dann aber die Existenz eines Prozeßvergleichs. Schließlich ist der Vergleich nach VI 1 ausdrücklich ein „gerichtlicher". Obendrein „ersetzt" natürlich der Feststellungsbeschluß nach VI 2 zugleich ein sonstiges Protokoll, auch eine notarielle Beurkundung, § 127a BGB, aM Dahlem/Wiesner NZA **04**, 531 (aber sie findet hier ja gerade nicht statt, Foerste NJW **01**, 3105).

A. Schriftlicher Vergleichsvorschlag der Parteien oder des Gerichts. Erste Voraussetzung ist ein **45** Vergleichsvorschlag. Ihn dürfen die Parteien dem Gericht schriftlich unterbreiten. Er kann aber auch vom Gericht ausgehen. Das Gericht muß ihn also für sinnvoll halten. Es muß aber auch seinen Vorschlag so formulieren, daß er weder die Wirksamkeit noch die Vollstreckbarkeit des Vergleichs gefährdet. Das Gericht hat also in beiden Fällen von VI 1 eine entscheidende Mitverantwortung für die Brauchbarkeit seines Vorschlags, Knauer/Wolf NJW **04**, 2859.

Schriftlichkeit und die ihr gesetzlich gleichstehende elektronische Form des § 130a sind erforderlich. Bloße Mündlichkeit oder ein nur telefonischer Vorschlag reichen allenfalls zur Vorbereitung des dann schriftlich folgenden Textes aus.

B. Inhaltsfreiheit. Inhaltlich haben die Beteiligten ein dem Sinn der Vorschrift gemäßes weites Er- **46** messen. Sie können alles dasjenige vorschlagen, was im Rahmen der Parteiherrschaft nach Grdz 18 vor § 128 vergleichbar ist, wie bei einem Prozeßvergleich in der eigentlichen mündlichen Verhandlung. Sie können zB auch andere, bisher anderswo oder noch nicht anhängige Streitpunkte einbeziehen, aber auch nur auf die Beilegung der nach 1 ausreichenden einzelnen Streitpunkte auch mit weiteren Beteiligten abzielen. Sie können auch zunächst nur die einfacheren Punkte zur Einigung vorschlagen, nach deren Beilegung dann andere und nach deren Schlichtung den schwierigen Rest zur Einigung vorschlagen usw.

§ 278

Buch 2. Abschnitt 1. Verfahren vor den LGen

Kein Bazar darf entstehen. Das Gericht braucht und sollte nicht würdelos immer neu und mit feilschender Methodik auf Biegen und Brechen irgendeine Einigung herbeischreiben, nur um als schlichtender Richter dastehen zu können. Der moderne Servicegedanke darf nicht zur Würdelosigkeit abgleiten. Das gilt in jeder Verfahrenslage.

47 **14) Schriftsätzliche Annahmen durch die Parteien, VI 1 Hs 2.** Zweite Voraussetzung eines Vergleichs nach VI ist, daß alle Beteiligten einen etwaigen Vorschlag des Gerichts wirksam annehmen, ähnlich wie bei Vertragsschluß, §§ 145 ff BGB.

A. Uneingeschränkte Zustimmung. Jeder Beteiligte muß inhaltlich voll und unbedingt einverstanden sein. Dabei gelten die bei jeder Parteiprozeßhandlung möglichen und erforderlichen Auslegungsregeln, Grdz 51 ff vor § 128. Eine „Annahme" unter Erweiterungen usw läßt sich wie bei § 150 II BGB beurteilen, ZöGre 21, aM Foerste NJW **01**, 3105 (aber es ist für VI gerade typisch, daß ein Vorschlag ganz ähnlich wie ein Vertrag zustandekommt), führt grundsätzlich zu einem neuen Gerichtsvorschlag, nicht etwa zur Möglichkeit, daß etwa nun das Gericht den geänderten Parteivorschlag seinerseits „annimmt". Es ist ja nicht selbst Partei des Vergleichs, sondern vermittelt ihn nur. Freilich können übereinstimmende „Annahmen" trotz ihrer Abweichung vom Gerichtsvorschlag ein weiteres Verfahren vor Erlaß des Feststellungsbeschlusses erübrigen, Naumb NJW **02**, 3786.

48 **B. Schriftsatzform.** Jede Annahmeerklärung bedarf der Form eines sog bestimmenden Schriftsatzes, § 129 Rn 5 ff. Eine formlose Annahme reicht also nicht. Denn nur durch den ordnungsgemäß gefertigten und unterzeichneten Schriftsatz kann man die notwendige Verantwortung dafür übernehmen, daß mit dem Zugang der Annahmeerklärung der Vergleichsvorschlag zum gerichtlichen Vergleich und Vollstreckungstitel wird. Deshalb ist hier eine strenge Auslegung geboten. Wegen elektronischer Übermittlung § 130 a.

49 **C. Adressat: Gericht.** Jeder Beteiligte muß seine Annahme gerade dem Gericht gegenüber erklären. Eine Erklärung nur gegenüber dem Gegner ist unwirksam. Hat das Gericht eine Annahmefrist gesetzt, so muß die Annahme bis zum Fristablauf bei demjenigen Gericht in der Posteingangsstelle eingehen, das den Vergleichsvorschlag gemacht hat. Eine Notfrist steht dem Gericht nicht zur Verfügung. Denn § 224 I 2 setzt eine gesetzliche Fristsetzung voraus, keine nur richterliche Frist im Sinn von § 224 II Hs 1. Hat das Gericht seine Frist fälschlich als Notfrist bezeichnet, so hat es gleichwohl nur eine einfache richterliche Frist bestimmt. Deshalb kommt auch keine Wiedereinsetzung in Betracht, § 233.

50 **15) Feststellungsbeschluß, VI 2.** Dritte Voraussetzung eines Vergleichs nach VI ist, daß das Gericht sein Zustandekommen und den Inhalt durch einen Beschluß feststellt. Das gilt auch und gerade nach einem Vergleichsvorschlag der Parteien. Denn sie haben bei VI 1 Hs 1 keinen Vergleich „geschlossen", sondern nur einen Vergleichs-„Vorschlag dem Gericht unterbreitet". Das Gericht hat also seine inhaltliche Mitverantwortung und seine alleinige Feststellungsbefugnis behalten. Sein Feststellungsbeschluß ist keine Entscheidung im kostenrechtlichen Sinn, Kblz JB **03**, 533. Er führt zum Vollstreckungstitel nach § 794 I Z 1, Nürnb FamRZ **05**, 920, aM Oldb 8 W 10/05 v 7. 2. 05 (aber der Feststellungsbeschluß führt erst zur Wirksamkeit).

A. Form: Beschluß. VI 2 schreibt als Form den Beschluß vor, § 329. Man mag eine bloße Verfügung nach §§ 329, 319 in einen Beschluß berichtigen oder sogar so auslegen dürfen. Das ist aber riskant. Die Urteilsform ist verfehlt. Auch sie mag der Berichtigung oder Umdeutung zugänglich sein. Der Beschluß ist der inneren Rechtskraft fähig, § 329 Rn 21, Schlosser (vor Rn 1) 402, aM Knauer/Wolf NJW **04**, 2859 (vgl aber Rn 50 aE).

51 **B. Inhalt: Feststellung der vereinbarten Punkte.** Obwohl ja schon Vorschlag und uneingeschränkte Annahmeerklärungen vorliegen, muß doch noch die gerichtliche Bestätigung als Feststellung des Vergleichsinhalts hinzutreten. Das beruht darauf, daß ja denn sonst in mündlicher Verhandlung nach Anh § 307 Rn 21 erforderliche Protokollierung gerade entfallen kann (nicht muß, aber dann läge eben kein Vergleich gerade nach VI vor), Kblz JB **03**, 533, Mü MDR **03**, 533.

Volles Rubrum, klarer Feststellungstext nebst Kostenregelung und volle Unterschriften aller am Zustandekommen des Vergleichsvorschlags beteiligten Richter sind wesentliche Bedingungen für das Zustandekommen der weitreichenden Wirkungen des Prozeßvergleichs nach VI. Er kann ja sogar den ganzen Prozeß beenden, wenn er alle Streitpunkte umfaßt. Auf Vollstreckungsfähigkeit muß das Gericht großen Wert legen. Zu diesem Zweck mag sogar eine zwar nicht inhaltliche, aber in der Formulierung etwas vom Vorschlag und seinen Annahmen abweichende Fassung ausnahmsweise in engen Grenzen erlaubt sein. Das Recht soll auch hier nicht an wirklichen Formalien scheitern. Aber Vorsicht!

52 **C. Zustellung von Ausfertigungen.** Die Mitteilung erfolgt durch förmliche Zustellung je einer Ausfertigung an alle am Vergleich Beteiligten schon wegen des Charakters eines Vollstreckungstitels nach § 794 I Z 1, LG Ingolst Rpfleger **05**, 456. Das folgt aus § 329 III Hs 1 Rn 50.

53 **16) Berichtigung, VI 3.** Infolge der Verweisung auf § 164 gilt: Die Parteien können den nach VI geschlossenen Vergleich grundsätzlich nicht anfechten (Ausnahme evtl bei Aufnötigung). Das Gericht kann seinen Feststellungsbeschluß bei einer Unrichtigkeit jederzeit von Amts wegen oder auf Antrag berichtigen, § 164 I, Mü MDR **03**, 533. Es muß zuvor die Beteiligten anhören, § 164 II. Die Berichtigung wird auf dem Feststellungsbeschluß vermerkt. Dabei kann man auf eine mit dem Originalbeschluß zu verbindende Anlage verweisen, § 164 III 1. Den Vermerk unterschreiben diejenigen Richter, die den Feststellungsbeschluß unterschrieben haben, oder der allein tätige Richter, selbst wenn dieser an der Unterschrift verhindert war, § 164 III 2 Hs 1. Eine Mitwirkung des Urkundsbeamten entfällt bei VI 3 anders als beim sonstigen Prozeßvergleich, II 2 Hs 2 in Verbindung mit Anh § 307 Rn 22 J.

54 **17) Verstoß, I–VI.** Soweit das Gericht gegen eine seiner Pflichten verstößt, hat das auf den weiteren Prozeßverlauf nur sehr bedingt einen direkten Einfluß. Er ist oben bei den jeweiligen Pflichten mit dargestellt worden. Grundsätzlich nimmt das Verfahren dann den vom Gericht eingeschlagenen weiteren Gang, LG Stgt

Titel 1. Verfahren bis zum Urteil   §§ 278, 279

JB **05**, 322. § 164 ist anwendbar, Stgt RR **04**, 424. Wie jeder Verfahrensfehler kann auch ein solcher nach § 278 zwar theoretisch in der höheren Instanz zur Zurückverweisung führen. Indessen müßte dann gerade wegen des Fehlers im Güteverfahren später nach § 538 II Z 1 auch eine umfangreiche oder aufwendige Beweisaufnahme notwendig sein. Das dürfte praktisch nie schon wegen Verstoßes gegen § 278 in Betracht kommen.
  Soweit das Gericht eine bei VI wesentliche, nicht zu berichtigende Betätigung versäumt hat, kommt kein Vollstreckungstitel nach § 794 I Z 1 zustande. Dann kann Amtshaftung nach Art 34 GG, § 839 BGB eintreten. Freilich gehört das Verfahren zur Rechtsprechung und unterfällt daher dem Spruchrichterprivileg nach § 839 II BGB.

18) Rechtsmittel, I–VI. Es gelten die allgemeinen Regeln, zB §§ 252, 567 ff, aM Hintzen Rpfleger **55 03**, 328 (aber § 567 I Z 2 kann jedenfalls gegen die Ablehnung des von einer Partei beantragten Güteversuches durch Beschluß infrage kommen). § 321 a ist wegen ganz anderer Ausgangslage nicht einmal entsprechend anwendbar. Bei II kommt gegen die Anordnung wie gegen die Unterlassung keine sofortige Beschwerde in Betracht, Gehrlein MDR **03**, 422. Bei VI kommt bei Ablehnung eines Gerichtsvorschlags in den Grenzen von § 567 II die sofortige Beschwerde nach § 567 I Z 2 in Betracht, Mü MDR **03**, 533. Gegen einen Vergleichsvorschlag besteht kein Rechtsbehelf, sondern die ja auch ausreichende Möglichkeit, ihn einfach nicht anzunehmen. Gegen die Ablehnung des erforderlichen Feststellungsbeschlusses gelten wiederum §§ 567 I Z 2, II. Gegen den Feststellungsbeschluß kommt keine sofortige Beschwerde in Betracht, Mü MDR **03**, 533, Kranz MDR **03**, 918. Denn sie ist in VI nicht ausdrücklich vorgesehen, § 567 I Z 1. Abramenko NJW **03**, 1358 regt die Zulassung der sofortigen Beschwerde durch Gesetzesänderung an. Dienstaufsichtsbeschwerde kommt nur bei pflichtwidriger nicht ganz unerheblicher Verzögerung in Betracht, sofortige Beschwerde unter den Voraussetzungen des § 252 auch bei pflichtwidrig nicht unerheblich andauernder völliger Untätigkeit. Gegen eine Ablehnung der Feststellung nach VI 2 kann die sofortige Beschwerde unter den Voraussetzungen des § 567 I Z 2 zulässig sein, Knauer/Wolf NJW **04**, 2859.

19) VwGO: Es gilt § 87 I 2 Z 1 VwGO. Zur Mediation im Verwaltungsprozess vgl von Bargen DVBl **04**, 468, **56** Ortloff NVwZ **04**, 385, Pitschas NVwZ **04**, 396.

279 *Mündliche Verhandlung.* ¹ ¹ Erscheint eine Partei in der Güteverhandlung nicht oder ist die Güteverhandlung erfolglos, soll sich die mündliche Verhandlung (früher erster Termin oder Haupttermin) unmittelbar anschließen. ² Andernfalls ist unverzüglich Termin zur mündlichen Verhandlung zu bestimmen.

II Im Haupttermin soll der streitigen Verhandlung die Beweisaufnahme unmittelbar folgen.

III Im Anschluss an die Beweisaufnahme hat das Gericht erneut den Sach- und Streitstand und, soweit bereits möglich, das Ergebnis der Beweisaufnahme mit den Parteien zu erörtern.

Schrifttum: *Bottke*, Materielle und formelle Verfahrensgerechtigkeit im demokratischen Rechtsstaat, 1991; *Brehm*, Die Bindung des Richters an den Parteivortrag und Grenzen freier Verhandlungswürdigung, 1982; *Hahn*, Anwaltliche Rechtsausführungen im Zivilprozeß usw, 1998; *Laumen*, Das Rechtsgespräch im Zivilprozeß, 1984; *Nowak*, Richterliche Aufklärungspflicht und Befangenheit, 1991; *Peters*, Richterliche Hinweispflichten und Beweisinitiativen im Zivilprozeß, 1983; *Scheuerle*, Vierzehn Tugenden für Vorsitzende Richter, 1983; *Spickhoff*, Richterliche Aufklärungspflicht und materielles Recht usw, 1999; *Stürner*, Die richterliche Aufklärungspflicht im Zivilprozeß, 1982; *Waldner*, Der Anspruch auf rechtliches Gehör, 1989. S auch bei § 139.

Gliederung

1) Systematik, I–III 1	7) Einführung in den Sach- und Streitstand, I 8
2) Regelungszweck, I–III 2	8) Anhörung der Parteien, I 9, 10
3) Geltungsbereich, I–III 3	A. Grundsatz: Sollvorschrift 9
4) Mangels oder nach erfolgloser Güteverhandlung: Unmittelbar anschließender Verhandlungstermin, I 1 4	B. Verstoß, I 10
	9) Beweisaufnahme, II 11, 12
	A. Grundsatz: Unmittelbare zeitliche Folge 11
5) Mangels Unmittelbarkeit: Unverzügliche Terminsbestimmung, I 2 5	B. Verstoß, II 12
6) Haupttermin, I, II 6, 7	10) Nochmalige Erörterung, III 13
A. Grundsatz: Sachliche, ruhige Gestaltung 6	11) Verstoß, III 14
B. Verhandlungsablauf 7	12) VwGO 15

1) Systematik, I–III. Die Vorschrift regelt die eigentliche mündliche Verhandlung im frühen ersten **1** Termin des § 275 oder in dem nach schriftlichem Vorverfahren, §§ 276, 277, anzuberaumenden Haupttermin, 272 I. Sie ergänzt in I den § 278 II–V. Sie wird durch §§ 136 ff, 285 ergänzt, ferner durch §§ 169 ff GVG.

2) Regelungszweck, I–III. Ziel ist entsprechend dem Gebot des § 272 I die Herbeiführung der **2** Entscheidungsreife nach § 300 I, aber nicht auf fixem Weg, sondern unter Einhaltung aller rechtsstaatlich gebotener Anforderungen. Die Vorschrift dient also zugleich der Prozeßförderung nach Grdz 12 vor § 128, der Prozeßwirtschaftlichkeit nach Grdz 14 vor § 128, der Gerechtigkeit nach Einl III 9 und in diesem

Rahmen dem rechtlichen Gehör, Art 103 I GG, BGH RR **97**, 441. Diese in der Praxis manchmal schwer zu verbindenden Ziele muß man bei der Auslegung abwägen.

„*Neuer Termin*" ist eine verbreitete Entscheidung am Ende des Haupttermins, des ersten von manchmal erschreckend vielen, von denen so mancher durch mehr Sorgfalt und Energie vor allem des Gerichts hätte vermieden werden können. War schon nach der außergerichtlichen Phase des § 15 a EGZPO und jedenfalls nach der Güteverhandlung des § 278 ein schriftliches Vorverfahren vorausgegangen, gar mit Stellungnahme nach § 277 IV (Duplik) oder weiterem schriftlichen Hin und Her, § 277 Rn 2, dann sollte nun wirklich ein auch nach § 273 usw vorbereiteter Haupttermin zumindest zum Beweisbeschluß führen, allenfalls in einem kurzfristig anberaumten Verkündungstermin. Andernfalls dürfte die bisherige Verfahrensführung zu großzügig gewesen sein. Ausnahmen bestätigen eine Regel, die man bei der Auslegung mitbeachten sollte.

3 **3) Geltungsbereich, I–III.** Die Vorschrift gilt in allen Verfahrensarten nach der ZPO, auch im arbeitsgerichtlichen Verfahren, §§ 46 II 1, 54 ArbGG. Im FGG-Verfahren ist (jetzt) III 1 unanwendbar, BayObLG **90**, 179.

4 **4) Mangels oder nach erfolgloser Güteverhandlung: Unmittelbar anschließender Verhandlungstermin, I 1.** Wenn es nicht zu einer erfolgreichen oder zu gar keiner Güteverhandlung nach § 278 II–VI gekommen ist, „soll" sich die eigentliche „mündliche Verhandlung" einschließlich derjenigen nach § 128 a unmittelbar ausschließbar, also sofort, an demselben Tag, wenn auch vielleicht nach einer kurzen Pause. Das bedeutet: Das Gericht muß, wenn es derart verfahren will, die Einlassungsfrist des § 274 III einhalten. Es muß mindestens die Ladungsfrist nach § 217 beachten, wenn es die Güteverhandlung nach § 278 anberaumt. Es muß klarstellen, daß sowohl die Güteverhandlung als auch bei deren Ausbleiben oder Scheitern die mündliche Verhandlung stattfinden soll. Wer zur Güteverhandlung ausbleibt, wird säumig, §§ 330 ff, wenn er nicht zur ordnungsgemäß anberaumten unmittelbar anschließenden mündlichen Verhandlung erscheint, ohne sich wenigstens zu letzteren entschuldigt zu haben, § 337. Alles das gilt unabhängig davon, ob die mündliche Verhandlung als früher (evtl aber vollwertiger!) erster Termin stattfindet, § 275, oder nach schriftlichen Vorverfahren als Haupttermin, § 276. Die Güteverhandlung mit unmittelbar anschließendem Haupttermin kann also erst nach einem etwaigen schriftlichen Vorverfahren stattfinden.

5 **5) Mangels Unmittelbarkeit: Unverzügliche Terminsbestimmung, I 2.** Soweit das Gericht von der bloßen Sollvorschrift des I 1 keinen Gebrauch macht, muß es den frühen ersten Termin oder den Haupttermin „unverzüglich" ansetzen, also zwar unter Wahrung von Einlassungs- bzw Ladungsfrist, in diesen Grenzen aber ohne vorwerfbares Zögern, § 121 I 1 BGB.

6 **6) Haupttermin, I, II.** Er hat zentrale Bedeutung.

A. Grundsatz: Sachliche, ruhige Gestaltung. Zum Begriff § 272 Rn 1, 2. § 279 gilt auch für den frühen ersten Termin, soweit er zu einer Entscheidungsreife führt, § 272 Rn 5, Bischof NJW **77**, 1902, Grunsky JZ **77**, 202, Schneider MDR **77**, 886. Das Gesetz verpflichtet das Gericht und alle Beteiligten, den Haupttermin als Zentrum des Prozesses in einem für alle Verfahrensbeteiligten und Interessierten klar verständlichen Ablauf und weder hektisch noch sonst irgendwie strapaziös, sondern ruhig und sachlich zu gestalten. Zur Sitzungsgewalt § 176 GVG, zur Öffentlichkeit §§ 169 ff GVG, zur Prozeßleitung § 136.

7 **B. Verhandlungsablauf.** Zunächst erfolgt der Aufruf. Daran schließt sich die Eröffnung der einer Güteverhandlung des § 278 ja erst nachfolgenden eigentlichen mündlichen Verhandlung an, § 136 I. Die weitere Reihenfolge ergibt sich von Fall zu Fall nach der Sachdienlichkeit. Über sie befindet der Vorsitzende nach pflichtgemäßem Ermessen unter Berücksichtigung des Üblichen nach §§ 137 ff, Henkel ZZP **110**, 91 unterscheidet aus psychologischer Sicht sogar 7 Phasen.

Nach dem *Aufruf* folgt im allgemeinen die Feststellung, wer anwesend ist. Sodann wird die Sitzordnung geklärt. Dann wird geklärt, ob öffentlich oder nichtöffentlich zu verhandeln ist. In der eigentlichen mündlichen Verhandlung folgt, soweit noch nicht in der Güteverhandlung geschehen, durch den Vorsitzenden oder den Berichterstatter die Einführung in den Sach- und Streitstand, soweit sie zur Zulässigkeit der Klage gehört. Sodann erfolgen etwa notwendige Hinweise zB nach § 504 und die Aufnahme etwaiger Zulässigkeitsrügen, über die evtl zu entscheiden ist. Danach folgt die Einführung in den Sach- und Streitstand, soweit diese zur Frage der Klagebegründetheit gehört. Daran schließt sich die Anhörung der Parteien hierzu an. Bereits jetzt ist ein ja grundsätzlich in jeder Verfahrenslage gebotener Versuch der Einigung nach § 278 I zulässig. Es folgt eine etwaige Erörterung vor einer Antragstellung. Nun beginnt die eigentliche streitige Verhandlung durch die Antragstellung, § 137 I, Baur ZZP **91**, 329, Bischof NJW **77**, 1900, RoSGo § 106 III 4, aM Grunsky JZ **77**, 203, Putzo AnwBl **77**, 433 (die Antragstellung sei grundsätzlich schon vor der Einführung in den Sach- und Streitstand notwendig. Aber die Einführung soll gerade einem selbstkritischen Überdenken des geplanten Sachantrags mitdienen, Rn 8). Hierauf folgt die Parteianhörung, § 137 IV. Daran schließt sich die streitige Verhandlung in Rede und Gegenrede an, § 137 II.

Nun ergeht der etwa notwendige besondere *Beweisbeschluß* usw, oder es wird eine Vertagung angeordnet, § 227. Sonst folgt unmittelbar die Beweisaufnahme, II. Erst jetzt müssen Zeugen bis zu ihrer Vernehmung den Raum verlassen. Der Beweisführer sollte sie freilich schon vor der Einführung in den Sach- und Streitstand darum bitten, ohne sie dazu nötigen zu dürfen. Nach der Beweisaufnahme folgt die nach III nicht sowie nach §§ 285, 370 I vorgesehene sofortige Verhandlung über die Beweisergebnisse und eine erneute Erörterung des Sach- und Streitstands mit den Parteien, II. Daran schließen sich abschließende Entscheidungen an, wenn möglich wird zugleich die Verhandlung geschlossen, §§ 136 IV, 296 a. Es folgt die Beratung und die sofortige oder spätere Verkündung der Entscheidung.

8 **7) Einführung in den Sach- und Streitstand, I.** Es handelt sich um eine von einem verständigen Gericht seit jeher vorgenommene Maßnahme, auch wenn sie nicht mehr ausdrücklich vorgeschrieben ist.

Titel 1. Verfahren bis zum Urteil § 279

Sie dient der besseren Verständlichkeit, Beschleunigung und Herausarbeitung des tatsächlich oder rechtlich Erörterungsbedürftigen und zur Verbesserung des Prozeßklimas, Schneider DRiZ **80**, 221, Weber DRiZ **78**, 168, aM Bettermann ZZP **91**, 372 (dergleichen sei „Unfug". Aber die vorstehend genannten Ziele sind alle hilfreiche Mühe wert). Die Einführung erfolgt durch den Vorsitzenden oder ein von ihm zu bestimmendes Mitglied des Kollegiums, in der Regel den Berichterstatter. Ein schriftliches Votum ist nicht notwendig, oft jedoch ratsam. Keineswegs kann die Partei oder gar ihr ProzBev zunächst einen umfassenden Bericht fordern oder gar die Einlassung vorher verweigern. Letzteres wäre evtl Säumnis. Das Gesetz will den Parteien und ihren ProzBev keineswegs das Denken und die insbesondere nach §§ 277, 282 gebotene gründliche Vorbereitung auf den Haupttermin abnehmen. In einer einfachen, offenbar für alle Prozeßbeteiligten übersehbaren Sache ist ausnahmsweise keine Einführung notwendig. Gerade der Haupttermin soll konzentriert und zügig ablaufen.

Der *Umfang* der Einführung ist von sämtlichen zur Verständlichkeit des Sach- und Streitstands maßgeblichen Gesichtspunkten abhängig, zB von der Schwierigkeit der Rechtslage, von dem Aktenumfang, davon, ob Maßnahmen nach §§ 273, 358 stattgefunden haben, ob seit dem schriftlichen Vorverfahren neue Erwägungen bei einem Beteiligten aufgetreten sind usw. Die Einführung erfolgt möglichst konzentriert und knapp. Auf Zuhörer braucht das Gericht in der Regel keine besondere Rücksicht zu nehmen. Etwas anderes mag gelten, wenn zB eine Schulklasse zuhört. Denn § 279 soll auch zur Übersichtlichkeit der Rechtspflege beitragen. Ein Verstoß ist nur in Verbindung mit § 139 II prozessual erheblich.

8) Anhörung der Parteien, I. Sie kann sehr nützlich sein, aber auch zu Spannung führen. 9

A. Grundsatz: Sollvorschrift. Die Anhörung erfolgt an sich schon nach der Einführung in den Sach- und Streitstand. Das gilt aber nur, wenn die Partei von sich aus oder auf Anforderung des persönlichen Erscheinens erschienen ist, so daß also keineswegs vertagt wird, weil sie ohne Erscheinenszwang ausgeblieben ist. Das wäre eine Umgehung der Säumnisfolgen. Oft ist es freilich ratsam, die Anhörung noch nicht in diesem Stadium durchzuführen. Denn die vermutlichen Ausführungen der Partei könnten den weiteren Gang erschweren. Deshalb handelt es sich nur um eine Sollvorschrift. Zeugen müssen entgegen einem verbreiteten Irrtum nicht vor dem Saal warten. Denn § 394 I gebietet nur die Vernehmung eines Zeugen in Abwesenheit späterer Zeugen, also nicht die Anwesenheit aller Zeugen vor Beginn der ersten Vernehmung. Das Gericht sollte den Zeugen aber vorübergehendes Warten vor dem Saal bitten, es sei denn, ihr Zuhören dient einer zügigeren Durchführung der Beweisaufnahme.

Diese letztere Möglichkeit sollte man *großzügig annehmen*. Denn sie kann die Beweisaufnahme eher vereinfachen und abkürzen. Das gilt etwa dann, wenn man 20 Zeugen in einem Mietstreit über Lärm aus der Wohnung des Bekl dieselbe Frage vorlegen muß und sie gemeinsam einführen und auf das Wesentliche einstimmen kann, um knappe Einzelvernehmungen zu ermöglichen, ein praktisch ausgezeichnet funktionierendes elegantes Verfahren mit enormem Zeitgewinn.

B. Verstoß, I. Ein Verstoß gegen I ist prozessual belanglos, soweit Art 103 I GG durch die Anhörung am 10 Verhandlungsschluß erfüllt wird, BVerfG RR **93**, 765, BGH RR **97**, 441. Bei einer Unterlassungsklage nach § 8 UKlaG muß das Gericht außerdem die Aufsichtsbehörde bzw das Bundesaufsichtsamt hören, § 8 II Z 1, 2 UKlaG.

9) Beweisaufnahme, II. Ihre zügige Vornahme ist segensreich. 11

A. Grundsatz: Unmittelbare zeitliche Folge. Sie gehört grundsätzlich vor das Prozeßgericht, § 355. Sie soll, nicht muß, der streitigen Verhandlung unmittelbar folgen, und zwar auch im frühen ersten Termin, soweit sie dann schon durchführbar wird. Damit läßt sich der Prozeß konzentrieren und beschleunigen. Daher besteht eine Pflicht des Gerichts, den Haupttermin demgemäß nach §§ 139, 144, 273, 358 a vorzubereiten, und es besteht eine Pflicht der Parteien, dem Gericht diese Vorbereitung zu ermöglichen. Eine erneute Erörterung des Sach- und Streitstands nach dem Abschluß der Beweisaufnahme ist wegen der Notwendigkeit des rechtlichen Gehörs erforderlich, III 1, § 285 I. Hier ist evtl ein auch nochmaliger Güteversuch nach § 278 I ratsam. Es ist empfehlenswert, in das Protokoll aufzunehmen, daß eine Gelegenheit zur Äußerung bestand, § 160 II, IV. Grundsätzlich erfolgt eine Vertagung nur zu dem Zweck, einer Partei eine schriftliche Würdigung der Beweisaufnahme zu ermöglichen, Franzki DRiZ **77**, 163.

B. Verstoß, II. Ein Verstoß gegen II läßt sich nur im Rahmen von §§ 282, 296 ahnden. Evtl muß das 12 Gericht § 283 beachten. Gerät der Zeitplan durcheinander, so muß man unterscheiden. Muß das Gericht die Verzögerung verantworten, zB wegen einer mangelhaften Berechnung der Verhandlungsdauer, so haben die Parteien Anspruch auf eine sofortige Beweisaufnahme, soweit diese an sich durchführbar wäre. Das Gericht muß dann evtl bei den folgenden Sachen nach § 227 verfahren. Verantworten die Parteien die Verspätungen usw etwa wegen mitgebrachter, unvorhersehbarer Zeugen oder wegen einer mangelhaften Vorbereitung, so muß das Gericht evtl diesen Termin verlegen, so daß auch dann nach BGH **86**, 201, damit das nicht die nachfolgenden Sachen nötig wird. Freilich darf und muß das Gericht auch § 296 beachten. Ein Verstoß gegen II kann ein Verfahrensmangel sein und daher auf Antrag zur Zurückverweisung nach (jetzt) § 538 führen, BGH NJW **90**, 122. Gegen die Entscheidung besteht jeweils der Rechtsbehelf wie bei § 227.

10) Nochmalige Erörterung, III, dazu *Schulz/Sticken* MDR **05**, 1 (ausf): Das, was im wohl irrtümlich 13 stehengebliebenen § 285 I ausgedrückt ist, besagt überflüssigerweise III nochmals mit etwa anderen Worten, ergänzt durch den Zwang nach Hs 2, nach der Beweisaufnahme nochmals den Sach- und Streitstand mit den Parteien zu erörtern. Sie sollen vor dem Verhandlungsschluß nach §§ 136 IV, 296 a nochmals die Möglichkeit zur Stellungnahme haben, diesmal zum Ergebnis der Beweisaufnahme. Es ist ratsam, diese Möglichkeit nach § 160 II zu protokollieren, schon wegen § 321 a Schulz/Sticken MDR **05**, 5.

11) Verstoß, III. Ein Verstoß gegen III kann zum Abhilfeverfahren nach § 321 a führen. 14

12) VwGO: Unanwendbar, § 278 Rn 56; es gelten § 104 I (u § 108 II) VwGO, dazu BVerwG NVwZ **03**, 15 1132.

§ 280 Abgesonderte Verhandlung über Zulässigkeit der Klage.

280 *Abgesonderte Verhandlung über Zulässigkeit der Klage.* ¹ Das Gericht kann anordnen, dass über die Zulässigkeit der Klage abgesondert verhandelt wird.

II ¹ Ergeht ein Zwischenurteil, so ist es in betreff der Rechtsmittel als Endurteil anzusehen. ² Das Gericht kann jedoch auf Antrag anordnen, dass zur Hauptsache zu verhandeln ist.

Schrifttum: *Schwab,* Die Entscheidung über prozeßhindernde Einreden, Festschrift für *Weber* (1975) 413.

Gliederung

1) Systematik, I, II	1	B. Entscheidung nach abgesonderter Verhandlung, II 1	6–8
2) Regelungszweck, I, II	2	C. Zwischenurteil ohne Endurteil, II 2	9
3) Geltungsbereich, I, II	3	D. Zwischenurteil und Endurteil, II 2	10
4) Zulässigkeit abgesonderter Verhandlung und Entscheidung, I	4	E. Rechtsmittel gegen Beschluß, II 2	11
5) Entscheidungen, I, II	5–11	6) *VwGO*	12
A. Anordnung abgesonderter Verhandlung, I	5		

Schrifttum: *Ernst,* Die Einrede des nichterfüllten Vertrages usw, 2000; *Jäger,* Zwischenstreitverfahren nach den §§ 280, 303 ZPO, 2002.

1 **1) Systematik, I, II.** Die Zulässigkeit der Klage bzw Widerklage hängt von Umständen ab, die das Gericht zum Teil von Amts wegen und zu einem anderen Teil nur auf Rüge beachten muß (der frühere Begriff der prozeßhindernden Einrede ist entfallen). Während §§ 282 III, 296 III die Zulässigkeitsrügen behandeln, erfaßt § 280 diese und außerdem alle von Amts wegen zu prüfenden Prozeßvoraussetzungen, insbesondere Grdz 12 ff vor § 253, *Düss RR* **98**, 109. Die Vorschrift ist dem § 146 ähnlich, der einzelne Angriffs- und Verteidigungsmittel behandelt.

Die *Reihenfolge* der Prüfung ist etwa: Die deutsche Gerichtsbarkeit, §§ 18–20 GVG; die Ordnungsmäßigkeit der Klagerhebung, §§ 253, 261; die Parteifähigkeit, § 50; die Prozeßfähigkeit, §§ 51, 52, BayObLG *WoM* **01**, 303; die gesetzliche Vertretung, § 51 II; die Prozeßvollmacht, § 80; das Prozeßführungsrecht, Grdz 22 vor § 50; die Zulässigkeit des Rechtswegs; die örtliche und sachliche Zuständigkeit; ein etwa nötiger Vorbescheid einer Behörde; das Fehlen anderweiten Rechtshängigkeit, § 261; das Rechtsschutzbedürfnis, Grdz 33 vor § 253; besondere Prozeßvoraussetzungen des betreffenden Verfahrens, Grdz 23 vor § 253, BGH *NJW* **79**, 428; die Klagbarkeit, Grdz 25 vor § 253; das Fehlen des Mangels einer Kostenerstattung; das Fehlen der Kostengefährdung, § 110 Rn 1, § 282 Rn 22; das Fehlen einer Schiedsvereinbarung, §§ 1025 ff, einschließlich einer Schiedsgutachtervereinbarung (beide sind aber auslegbar, Brdb *RR* **02**, 1537); das Fehlen eines obligatorischen Güteverfahrens nach § 15 a EGZPO, LG BadBad *WoM* **01**, 560; die Zulässigkeit der Klagänderung, § 263, BGH *NJW* **81**, 989; das Fehlen einer entgegenstehenden Rechtskraft, § 322.

2 **2) Regelungszweck, I, II.** I gibt dem Gericht im Interesse der Prozeßwirtschaftlichkeit nach Grdz 14 vor § 128 eine Möglichkeit zur abschließenden Klärung vorgreiflicher Fragen. Sie ist freilich meist mit einem erheblichen Zeitverlust verbunden und daher nur von Fall zu Fall sinnvoll, nicht stets.

Nicht häufig ist ein Zwischenurteil nach § 280 sinnvoll. Falls ja, erscheint es aber auch vernünftigerweise meist als geradezu notwendig. Dieser Erfahrungssatz erleichtert die Entscheidung innerhalb des durch das Wort „kann" in I formell eingeräumten Ermessens. Das Gericht muß einen Ablehnungsantrag vorweg erledigen, einen Verweisungsantrag nach der Zuständigkeitsprüfung. Man kann II entsprechend bei einer Zwischenentscheidung des Familiengerichts über die Zuständigkeit anwenden, Stgt *FamRZ* **78**, 443. Soweit das Gericht das Verfahren der abgesonderten Verhandlung aber nicht beachtet, sondern einfach durch einen Beschluß entschieden hat, kommt die sofortige Beschwerde und dann evtl eine Zurückverweisung in Betracht, Zweibr *FamRZ* **83**, 618. Wegen einer Sicherheitsleistung nach § 110 vgl § 112 Rn 3.

3 **3) Geltungsbereich, I, II.** Die Vorschrift gilt in allen Verfahren nach der ZPO. Sie ist auch im arbeitsgerichtlichen Verfahren anwendbar, *Lorenz BB* **77**, 1002. Dabei kann zB der Große Senat des BAG vorab gesondert über die Zulässigkeit seiner Anrufung entscheiden, BAG *NJW* **84**, 1990. § 280 ist auch im WEG-Verfahren vor dem WEG-Gericht anwendbar, Celle *RR* **89**, 143. Wegen des Patentstreits BPatG *GRUR* **86**, 50. Wegen eines Zwischenstreits über andere Fragen als die Zulässigkeit der Klage §§ 303, 304. Wegen des Zwischenstreits mit einem Dritten §§ 71, 135 II, 387, 402. Das Gericht darf bei § 280 die Anspruchsgründe nicht untersuchen, BGH *VersR* **45**.

4 **4) Zulässigkeit abgesonderter Verhandlung und Entscheidung, I.** Über sämtliche Zulässigkeitsfragen kann das Gericht jederzeit abgesondert verhandeln und entscheiden, I, II. Das gilt unabhängig davon, ob das Gericht sie nun von Amts wegen oder nur auf Grund einer Rüge prüfen muß. Nach § 349 II Z 2 ist auch der Vorsitzende der Kammer für Handelssachen befugt, BGH *RR* **01**, 930. Wann eine Rüge notwendig ist, das richtet sich nach §§ 282 III, 296 III. Bei der Prüfung von Amts wegen ist wegen deren Vorrang vor der Prüfung der Begründetheit nach Grdz 14 vor § 253 die Prüfung ebenfalls vorrangig, ob abgesondert zu verhandeln sei. Jedoch kann man § 280 auch noch später anwenden, wenn sich zB die Zweckmäßigkeit des Zwischenverfahrens erst dann ergibt, BGH *RR* **92**, 1388. Das Gericht entscheidet nach pflichtgemäßem Ermessen, MDR **85**, 149. Ein Parteiantrag läßt sich als bloße Anregung behandeln.

Eine *Entscheidung* ergeht auch nach § 128 II. § 280 ist auch noch in der Berufungsinstanz anwendbar, BAG *DB* **01**, 1044 (evtl sogar in der Revisionsinstanz). Verweigern darf der Bekl die Verhandlung zur Hauptsache nur bei §§ 113 S 2, 269 IV. Sonst wäre er säumig, § 333. Lehnt das Gericht eine abgesonderte Verhandlung ab, muß der Bekl sofort zur Sache verhandeln, BGH *DB* **76**, 1009. Die Anordnung abgesonderter Verhandlung ist auch dann zulässig, wenn die Rüge nur einen von mehreren Klagegründen betrifft. Die Anordnung leitet

Titel 1. Verfahren bis zum Urteil § 280

einen Zwischenstreit ein. Das Versäumnisverfahren findet nur nach § 347 II statt. Es kann auch zum unechten Versäumnisurteil gegen den Kläger führen, § 331 II Hs 2. Über den Beweis rügebegründender Behauptungen Üb 19 vor § 12 entsprechend. Gelingt der Beweis nicht muß das Gericht zur Hauptsache entscheiden.

5) Entscheidungen, I, II. Es sind mehrere recht unterschiedliche Wege möglich. 5
A. Anordnung abgesonderter Verhandlung, I. Die Entscheidung ergeht durch einen unanfechtbaren Beschluß. Das Gericht muß ihn verkünden oder nach § 329 II 1 formlos mitteilen. Bei gleichzeitiger Terminsbestimmung muß es den Beschluß nach § 329 II 2 förmlich zustellen, abgesehen vom Verkündungsfall des § 218. Das Gericht darf den Beschluß ändern. Es muß dabei freilich § 139 beachten.

B. Entscheidung nach abgesonderter Verhandlung, II 1. Auf Grund der abgesonderten Verhandlung 6 sind mit Ausnahme von § 128 II, Rn 4, die folgenden Entscheidungen möglich.
Im Fall der *Unzulässigkeit* der Klage bzw Widerklage erfolgt grundsätzlich eine Abweisung durch ein Prozeßurteil, Grdz 14 vor § 253, ohne Rechtskraftwirkung, § 322 Rn 60. Ausnahmsweise muß das Gericht im Fall einer Unzuständigkeit evtl verweisen, §§ 281, 506, und zwar durch einen Beschluß, BAG BB **76**, 513, LG Trier NJW **82**, 286. Im Fall einer Rechtswegverweisung nach §§ 17–17 b GVG ergeht ebenfalls ein Beschluß, § 17 a II 3, IV 1 GVG. Wegen § 113 S 2 vgl dort. Ein die Sicherheit anordnendes Zwischenurteil ist unabhängig davon, ob eine abgesonderte Verhandlung stattfand, selbständig anfechtbar, § 112 Rn 3. Unanfechtbar ist die gegenüber dem Antrag des Bekl niedrigere Bemessung der Sicherheitsleistung.

Im Fall der *Zulässigkeit* der Klage bzw Widerklage nach Anh § 253 ergeht nach einer abgesonderten 7 Verhandlung über diese ein Zwischenurteil, II 1, § 303, Ffm NJW **95**, 538, Zweibr NJW **95**, 538. Es kann zB lauten: „Die Klage" (oder: „Der ordentliche Rechtsweg") „ist zulässig", BGH **102**, 234 (Feststellungsurteil). Dieses führt einen tatsächlichen Verfahrensstillstand herbei, Üb 1 vor § 239. Er dauert bis zu der nach dem Eintritt der Rechtskraft von Amts wegen notwendigen Ladung fort, BGH NJW **79**, 2307 (zu § 304), oder bis zu einer Anordnung nach Rn 4.

Die *Anfechtung* des Endurteils ergreift das Zwischenurteil nicht. Ist es rechtskräftig, bindet es die höhere 8 Instanz. Wegen der Rechtskraft § 322 Rn 60 „Prozeßurteil". Die Kostenentscheidung bleibt dem Schlußurteil vorbehalten. Streitwert: Anh § 3 Rn 90 „Prozeßvoraussetzungen". Das Zwischenurteil ist unabhängig von der Rechtskraft des Endurteils und auch im übrigen selbständig anfechtbar. Die Rechtsmittel sind grundsätzlich dieselben wie nach einem Endurteil, II 1, BGH NJW **79**, 428, Düss ZMR **01**, 182, Saarbr NJW **92**, 987. Unanfechtbar sind ein Urteil des LG, das die sachliche Zuständigkeit zu Unrecht bejaht, § 513 II, und ein Urteil, das in einer vermögensrechtlichen Sache nach Grdz 10 vor § 1 die Rüge der örtlichen Unzuständigkeit verwirft, (jetzt) § 513 II, Schlesw FamRZ **78**, 429, § 549 II. Anfechtbar ist indessen ein Urteil, das die Rüge der internationalen Unzuständigkeit verwirft, das Gericht also für zuständig erklärt, BGH RR **88**, 173, Düss VersR **75**, 646, Saarbr NJW **92**, 987. Dem Rechtsmittelgericht fällt grundsätzlich nur der Zwischenstreit an, BGH RR **86**, 62. Bei Erfolglosigkeit des Rechtsmittels gilt § 97. Im übrigen erfolgt die Kostenentscheidung im Schlußurteil. Hat das Gericht fälschlich einen „Nichtverweisungsbeschluß" anstelle eines Zwischenurteils gefällt, ist nach dem Meistbegünstigungsprinzip die Beschwerde wie die Berufung möglich, Gottwald FamRZ **91**, 1072.

C. Zwischenurteil ohne Endurteil, II 2. Die Anordnung der Verhandlung zur Hauptsache erfolgt nur 9 auf Antrag und grundsätzlich nur auf mündliche Verhandlung, Rn 7. Vgl freilich §§ 128 II. Sie ergeht nur vor der Rechtskraft des Zwischenurteils nach 1. Sie kann die Anhängigkeit des Prozesses in zwei Instanzen gleichzeitig begründen. Sie ist sofort nach dessen Verkündung zulässig. Sie steht im Ermessen des Gerichts. Sie ist zu empfehlen bei Gefahr im Verzug oder schlechten Aussichten eines Rechtsmittels, zB wegen (jetzt) § 513 II, BGH NJW **98**, 1230, oder wegen § 549 II. Sie ergeht durch Beschluß, evtl nebst Terminsbestimmung. Das Gericht muß ihn begründen, § 329 Rn 4. Es muß beiden verkündet oder nach § 329 mitteilen. Die Terminsbestimmung ist wegen des gerichtlichen Ermessens unanfechtbar, Ffm MDR **85**, 149, ZöGre 9, aM StJL 25. Gegen die Ablehnung einer Terminsbestimmung ist entsprechend § 252 die sofortige Beschwerde statthaft.

D. Zwischenurteil und Endurteil, II 2. Liegen ein Zwischenurteil über die Zulässigkeitsfrage und ein 10 Endurteil zur Hauptsache vor, ist das Endurteil durch die Aufhebung des Zwischenurteils bedingt, ähnlich dem Urteil über den Betrag nach § 304. Das Zwischenurteil ist bei der Frage der Kostengefährdung nur zusammen mit dem Endurteil nach § 113 anfechtbar, BGH **102**, 232, Ffm NJW **95**, 538. Hebt die höhere Instanz das Zwischenurteil auf und weist ab, so bricht das Endurteil ohne weiteres und trotz etwa eingetretener formeller, äußerer Rechtskraft zusammen und entsteht eine Schadensersatzpflicht nach § 717 II. Ein Endurteil hindert also die Anfechtung des Zwischenurteils nicht, Rn 6. Dieselbe Instanz kann das Endurteil nicht förmlich aufheben, die höhere nicht, weil ihr nicht die Entscheidung über dieses Urteil angefallen ist. Es bedarf dessen auch nicht. Das Urteil ist nämlich hinfällig und ein Rechtsmittel mangels Beschwer unzulässig. Die Zwangsvollstreckung aus dem Endurteil ist schon vor der Rechtskraft des die Zulässigkeitsrüge verwerfenden Zwischenurteils zulässig. Mit dem Wegfall des Endurteils entsteht ein Ersatzanspruch entsprechend § 717 II. Dieselben Grundsätze gelten bei einer Säumnis des Bekl in der Hauptsache nach dem Erlaß des Zwischenurteils.

E. Rechtsmittel gegen Beschluß, II 2. Gegen die Anordnung wie Ablehnung durch einen Beschluß ist 11 die sofortige Beschwerde zulässig, § 252 entsprechend, § 567 I Z 1, BGH NJW **01**, 3787 (zum alten Recht und zu § 1059), aM BayObLG WoM **01**, 303 (eine Auflage sei unanfechtbar), Ffm MDR **85**, 149 (die Anordnung der Hauptsacheverhandlung sei unanfechtbar. Beides paßt jedenfalls jetzt nicht mehr zum klaren Gesetzestext). Eine Rechtsbeschwerde kommt unter den Voraussetzungen des § 574 in Betracht. Eine Verhandlung zur Hauptsache zwingt das Gericht, über diese zu entscheiden.

6) VwGO: *Entsprechend anwendbar, § 173 VwGO, sind sowohl I, da eine abgesonderte Verhandlung danach nicht* 12 *erforderlich ist (abw wohl BVerwG* **14***, 273), als auch II, da § 109 VwGO ein Zwischenurteil über die Zulässigkeit der Klage vorsieht, das nach § 124 I VwGO anfechtbar ist.*

Hartmann

§ 281

281 *Verweisung bei Unzuständigkeit.* [I] [1] Ist auf Grund der Vorschriften über die örtliche oder sachliche Zuständigkeit der Gerichte die Unzuständigkeit des Gerichts auszusprechen, so hat das angegangene Gericht, sofern das zuständige Gericht bestimmt werden kann, auf Antrag des Klägers durch Beschluss sich für unzuständig zu erklären und den Rechtsstreit an das zuständige Gericht zu verweisen. [2] Sind mehrere Gerichte zuständig, so erfolgt die Verweisung an das vom Kläger gewählte Gericht.

[II] [1] Anträge und Erklärungen zur Zuständigkeit des Gerichts können vor dem Urkundsbeamten der Geschäftsstelle abgegeben werden. [2] Der Beschluss ist unanfechtbar. [3] Der Rechtsstreit wird bei dem im Beschluss bezeichneten Gericht mit Eingang der Akten anhängig. [4] Der Beschluss ist für dieses Gericht bindend.

[III] [1] Die im Verfahren vor dem angegangenen Gericht erwachsenen Kosten werden als Teil der Kosten behandelt, die bei dem im Beschluss bezeichneten Gericht erwachsen. [2] Dem Kläger sind die entstandenen Mehrkosten auch dann aufzuerlegen, wenn er in der Hauptsache obsiegt.

Schrifttum: *Gaede,* Zuständigkeitsmängel und ihre Folgen nach der ZPO, 1989; *Herz,* Die gerichtliche Zuständigkeitsbestimmung: Voraussetzungen und Verfahren, 1990; *Sachsenhausen,* Die Entwicklung der Verweisung eines Verfahrens usw, Diss Regensb 1989; *Schwab,* Zum Sachzusammenhang bei Rechtsweg- und Zuständigkeitsentscheidung, in: Festschrift für *Zeuner* (1994); *Vollkommer,* Die Neuregelung des Verhältnisses zwischen den Arbeitsgerichten und den ordentlichen Gerichten und ihre Auswirkungen, in Festschrift für *Kissel* (1994).

Gliederung

1) Systematik, I–III 1	9) Weitere Ausnahme: Schwerer Verfahrensverstoß, II 2–4 38–45
2) Regelungszweck, I–III 2	A. Willkür, Rechtsmißbrauch 39, 40
3) Geltungsbereich, I–III 3–14	B. Kein rechtliches Gehör 41, 42
A. Umfassende Geltung 3	C. Keine Begründung 43
B. Beispiele zur Frage der Anwendbarkeit 4–14	D. Klagänderung, Klagerücknahme .. 44
	E. Gerichtsstandsvereinbarung 45
4) Verweisung, I, II 1 15–26	10) Bei Ausnahme von der Unanfechtbarkeit: Sofortige Beschwerde, II 2–4 . 46
A. Unzuständigkeit des angerufenen Gerichts 15, 16	11) Bei Weiterverweisung, Zurückverweisung, II 2–4 .... 47, 48
B. Bestimmbarkeit des zuständigen Gerichts 17	12) Internationale Zuständigkeit, II 2–4 .. 49
C. Antrag des Klägers 18, 19	13) Berichtigung, II 2–4 50
D. Rechtshängigkeit 20	14) Anhängigkeit beim neuen Gericht, II 2–4 51
E. Verstoß 21	
F. Weiteres Verfahren 22–24	15) Weiteres Verfahren, II 2–4 .... 52, 53
G. Entscheidung in erster Instanz 25	16) Kosten, III 54–59
H. Entscheidung in Rechtsmittelinstanz 26	A. Grundsatz: Mehrkostenlast des Klägers 54
5) Grundsatz: Unanfechtbarkeit, II 2–4 .. 27–29	B. Mehrkostenbegriff 55, 56
6) Weiterer Grundsatz: Unwiderruflichkeit; Bindung, II 2–4 30–32	C. Einzelfragen 57
7) Ausnahme: Keine Bindungsabsicht, II 2–4 33–36	D. Verstoß 58, 59
8) Weitere Ausnahme: Irrtum, II 2–4 ... 37	17) VwGO 60

1 **1) Systematik, I–III.** Die Vorschrift regelt das Verfahren, das vor einen objektiv unzuständigen Richter geraten ist, mit den Folgen zur Haupt- und Nebensache. Sie wird durch §§ 36 ff, 295, 696 ergänzt. Wegen der nachträglich eintretenden Unzuständigkeit § 506.

2 **2) Regelungszweck, I–III.** Die Vorschrift dient dem Gebot des gesetzlichen Richters, Art 101 I 2 GG, und damit der Rechtssicherheit, Einl III 43. Sie dient in Wahrheit auch der Prozeßwirtschaftlichkeit, Grdz 14, 15 vor § 128. § 281 soll eine Verzögerung verhindern, AG Seligenstadt MDR **82**, 502. Die Vorschrift soll eine Verteuerung des Prozesses durch einen Streit um die angebliche örtliche und/oder die sachliche Zuständigkeit vermeiden, BGH FamRZ **88**, 943, Ffm NJW **01**, 1583, Diederichsen ZZP **91**, 406. Wegen der funktionellen Unzuständigkeit Rn 6 ff. Wegen der Gefahr eines Verstoßes gegen Art 101 I 2 GG ist die Vorschrift strikt, aber nicht allzu rasch anwendbar. Die Hemmungslosigkeit manchen Gerichts bei dem Versuch, eine Sache „loszuwerden", darf nicht durch Unterstützung der dazu aufgewendeten Fantasie auch noch gefördert werden, die Fischer MDR **00**, 684 mit Recht als grenzenlos bezeichnet.

Verfahrensverstoß nach Rn 38–45 sollte andererseits nun auch nicht zum Mittel der Abstrafung werden. Willkür ist ein schwerer, der Justiz nicht förderlicher Vorwurf. Dasselbe gilt für den Vorwurf, das rechtliche Gehör sei durch und durch ein Fundament rechtsstaatlichen Verfahrens zu haben. Die Leichtigkeit, mit der eine abweichende Meinung, noch dazu vielleicht von einer nur schlicht als „herrschend" plakatierten, Einl III 47, zur Aufhebung eines Verweisungsbeschlusses praktisch auf dem Rücken der Parteien vorkommen kann, ist alles andere als überzeugend. Alles das gilt es bei der Auslegung mitzubeachten.

3 **3) Geltungsbereich, I–III.** Ein Grundsatz zeigt breite Wirkung.

    A. Umfassende Geltung. § 281 ist unmittelbar nur für das Urteilsverfahren anwendbar, BGH FamRZ **89**, 847. Ihrem Grundgedanken nach ist die Vorschrift aber weit darüber hinaus grundsätzlich in jedem beliebigen Verfahren nach der ZPO anwendbar, BayObLG Rpfleger **86**, 98, Düss FamRZ **86**, 181. Das gilt

Titel 1. Verfahren bis zum Urteil § 281

grundsätzlich auch im Rechtsmittelverfahren, BGH NJW **86**, 2764, Hbg FamRZ **83**, 613, aM BGH FamRZ **84**, 36 (aber Art 101 I 2 GG gilt in jeder Instanz). Wegen Ausnahmen Rn 7 „Handelssache", Rn 10 „Rechtsmittelgericht".

B. Beispiele zur Frage der Anwendbarkeit 4
Abtrennung: § 281 kann für eine Teilverweisung gelten, soweit eine Abtrennung nach § 145 zulässig ist.
Anerkenntnis: Rn 12 „Teilanerkenntnisurteil".
Arbeitsgerichtssache: § 281 schafft *keine* rechtswegübergreifende Zuständigkeit, Ffm RR **95**, 319. Vgl vielmehr §§ 17, 17 a GVG in Verbindung mit § 48 ArbGG.
Arrest, einstweilige Verfügung: § 281 gilt im Verfahren auf einen Arrest oder eine einstweilige Verfügung, §§ 916 ff, 935 ff, BGH FamRZ **89**, 847, BAG BB **82**, 313. Das gilt freilich nur, soweit sein Eilzweck nicht einer Verweisung entgegensteht, Teplitzky DRiZ **82**, 41.
S auch Rn 11 „Schriftliches Verfahren".
Aufgebotsverfahren: § 281 gilt im Verfahren nach §§ 946 ff.
Ausland: Vgl zunächst Einl III 77. Es erfolgt *keine* Verweisung an ein ausländisches Gericht, Köln NJW **88**, 2183, LG Kassel NJW **88**, 652. Im übrigen kann § 281 auch bei einer Auslandsberührung anwendbar sein, BGH FamRZ **84**, 162. Wegen einer Verweisung auf Grund vorrangiger Zuständigkeit nach der EuGVVO SchlAnh V C 4.
Ausschließlicher Gerichtsstand: § 281 galt auch dann, § 40 II 1, 2, BGH NJW **83**, 285.
Baulandsache: Von der Zivilkammer erfolgt an die Kammer für Baulandsachen eine *formlose Abgabe* durch eine prozeßleitende Verfügung, Kissel NJW **78**, 1035, aM Oldb FamRZ **78**, 345, Müller DRiZ **78**, 15 (§ 281 sei entsprechend anwendbar. Aber es geht hier nur um die funktionelle Unzuständigkeit, Rn 6). Man kann § 281 entsprechend bei Anrufung des örtlich falschen OLG in der Berufungsinstanz anwenden, Köln RR **97**, 1351.
Beschwerdeverfahren: § 281 gilt im Beschwerdeverfahren, § 573 Rn 4.
Eheverfahren: § 281 gilt im Eheverfahren, BGH RR **93**, 1091, Kblz FamRZ **77**, 796.
Einstweilige Verfügung: Rn 4 „Arrest, einstweilige Verfügung".
Erledigung der Hauptsache: § 281 gilt im Verfahren nach § 91 a wegen der Kosten, Ffm NJW **93**, 2946.
Europarecht: Rn 4 „Ausland".
Familiensache: Eine Verweisung kommt von FamG zu FamG infrage, Brdb JB **03**, 129. 5
Wie bei jeder bloß funktionellen Unzuständigkeit nach Rn 6 erfolgt im Verhältnis zwischen ProzG und FamG sowie umgekehrt grds nur eine *formlose Abgabe* durch eine prozeßleitende Verfügung, Üb 3 vor § 128 (evtl mit der Folge eines Verfahrens nach § 36 I Z 6, § 36 Rn 33), BGH NJW **86**, 2765, Kblz FamRZ **99**, 658, Köln FamRZ **98**, 171, aM BGH FamRZ **90**, 987, Karlsr FamRZ **98**, 1380, Köln FER **99**, 190 rechts (aber man darf die Förmlichkeit nicht überspannen). Ausnahme: § 18 I 3 HausrVO, § 281 Anh I Rn 4.
§ 281 gilt *ferner nicht* im Verhältnis zwischen einem erstinstanzlichen FamG und einem Familiensenat des OLG, BayObLG FamRZ **79**, 940, oder im Verhältnis zwischen dem Vollstreckungsgericht und dem FamG, LG Mainz NJW **78**, 172, oder im Verhältnis zwischen dem Vormundschaftsgericht und dem FamG in einer FGG-Sache, BGH RR **90**, 707.
S auch „Freiwillige Gerichtsbarkeit", Rn 10 „Rechtsmittelgericht".
Finanzgerichtssache: § 281 gilt bei einer Finanzgerichtssache.
S auch Rn 7 „Haupt- und Hilfsanspruch", aber auch Rn 7 „Mehrheit von Klagegründen".
Freiwillige Gerichtsbarkeit: Für eine Verweisung aus dem Streitverfahren vor den ordentlichen Gerichten ins FGG-Verfahren fehlt eine allgemeine Vorschrift und ist § 281 *grds nicht* anwendbar, LG Mü RR **00**, 567. Infolge der Besonderheit, daß es sich hier um eine andere Verfahrensart handelt, ist bei einer Verweisung in das streitige Verfahren der freiwilligen Gerichtsbarkeit eine solche entsprechend § 17 GVG zweckmäßig. Entsprechendes gilt, wenn ein FamG vom ordentlichen Streitverfahren ins Verfahren der freiwilligen Gerichtsbarkeit (und umgekehrt) wechseln muß, Kissel NJW **77**, 1036. Zur Anwendbarkeit im isolierten Verfahren wegen einer Familiensache der freiwilligen Gerichtsbarkeit BGH FamRZ **98**, 361. Wegen einer Hausrats- oder WEG-Sache § 281 Anh I, II.
S auch „Familiensache".
Funktionelle Unzuständigkeit: § 281 gilt *nicht direkt* bei einer bloß funktionellen Unzuständigkeit, § 21 e 6 GVG Rn 8, BGH FamRZ **04**, 869 rechts, Hamm FamRZ **95**, 487, LG Hechingen RR **03**, 769. Das gilt also zB im Verhältnis der Abteilungen, Kammern oder Senate desselben Gerichts untereinander, BGH **63**, 217, Bbg FamRZ **90**, 180, oder bei § 1062, Brdb RR **01**, 645. Vielmehr erfolgt dann eine formlose Abgabe durch eine prozeßleitende Verfügung, Üb 5 vor § 128. Freilich ist dann evtl § 36 I Z 6 anwendbar.
S auch Rn 5 „Familiensache", Rn 7 „Handelssache".
Gerichtsstandsbestimmung: § 281 gilt auch bei § 36, BayObLG NJW **03**, 366 (abl Vossler 1164), aM jetzt BayObLG **03**, 217 (derselbe 1. ZS ohne ausdrückliche Aufgabe seiner früheren Beurteilung. Er setzt sich hier nicht einmal mit der früheren Entscheidung und den dort zitierten weiteren Fundstellen auseinander, sondern erklärt schlicht, seine [jetzige] Auffassung entspreche „der ständigen Praxis des BayObLG." Danach erfolgte eine nicht bindende formlose bloße Abgabe.
Gerichtsstandsvereinbarung: Vgl zunächst §§ 38 ff, ferner § 261 Rn 28.
Gesetzlicher Richter: Die Anwendung oder Nichtanwendung von § 281 darf nicht dazu führen, daß jemand seinem gesetzlichen Richter entzogen wird, Art 101 I 2 GG.
Handelssache: In einer Handelssache muß das *AG* auf Klägerantrag verweisen. Das Gericht darf und muß 7 den Antrag anregen, § 139. Eine Verweisung erfolgt grds nicht etwa von Amts wegen (nur Amtsprüfung, Grdz 39 vor § 128). Die Verweisung geschieht an die Kammer für Handelssachen, §§ 95, 96 II GVG. Das ist keine bloße Abgabe. In einem Zweifelsfall sollte das Gericht allerdings nur an die Zivilkammer verweisen.

§ 281

Buch 2. Abschnitt 1. Verfahren vor den LGen

Vom *LG, Zivilkammer,* erfolgt an die Kammer für Handelssachen *nicht* eine Verweisung nach § 281, sondern eine formlose Abgabe, §§ 97 ff GVG, § 696 I 4, § 36 Rn 30 ff. Die ordentliche Berufungskammer kann nicht mehr an die Kammer für Handelssachen verweisen, Schneider NJW **97**, 992, aM LG Köln NJW **96**, 2737.

Haupt- und Hilfsanspruch: § 281 gilt, soweit es sich um einen Haupt- und einen Hilfsanspruch handelt und soweit nur der Hilfsanspruch zur Zuständigkeit des ordentlichen Gerichts gehört, § 260 Rn 8. BGH NJW **80**, 192.

S aber Rn 8 „Mehrheit von Klagegründen".

Hausratssache: Anh I nach § 281.

Insolvenzverfahren: § 281 gilt nach § 4 InsO auch ohne dortige mündliche Verhandlung, II 2, Celle Rpfleger **04**, 240, Kblz Rpfleger **89**, 251.

Kartellsache: § 281 gilt in einer Kartellsache auch bei einer Verweisung vom allgemeinen Berufungsgericht zum besonderen, BGH **71**, 374, Hamm WettbR **00**, 198, Köln WettbR **00**, 224.

Klagänderung, -erweiterung: § 281 gilt auch dann, wenn das Gericht erst infolge einer Änderung bzw Erweiterung usw der Klage nach §§ 263, 264 unzuständig geworden ist.

8 **Landwirtschaftssache:** § 281 gilt bei einer Verweisung an ein LwG. Wegen der Verweisung von einem LwG an ein anderes Gericht Anh III nach § 281.

Mahnverfahren: § 696 Rn 26, § 700 Rn 14, BAG NJW **82**, 2792. Eine Verweisung findet auch auf Grund einer ordnungsgemäßen Vereinbarung eines Gerichtsstands statt, BayObLG MDR **95**, 312.

Markensache: Anh I nach § 78 b GVG.

Mehrheit von Klagegründen: § 281 gilt *nicht,* soweit bei einer mehrfachen rechtlich und tatsächlich selbständigen Begründung eines einheitlichen prozessualen Anspruchs nach § 260 Rn 2 für einen Klagegrund der ordentliche Rechtsweg, die sachliche oder die örtliche Zuständigkeit gegeben ist. Dann darf sich das ordentliche Gericht nur mit diesem befassen und durch Endurteil entscheiden. Falls diese Anspruchsgrundlage nicht vorliegt, muß er also abweisen. In den Gründen muß er aber die Unzulässigkeit oder Unzuständigkeit im übrigen aussprechen, BGH NJW **64**, 45 (sachliche Zuständigkeit), BGH VersR **80**, 846, Ffm MDR **82**, 1023 (örtliche Zuständigkeit), ZöGre 8, aM LG Köln NJW **78**, 329 (Sachzusammenhang, krit Flieger NJW **79**, 2603), StJL 13 (Teilverweisung. Aber es gibt keinen allgemeinen Gerichtsstand des Sachzusammenhangs, § 32 Rn 14). Die Verweisung ist insofern ausgeschlossen, da eine solche über einen einzigen Klagegrund eines einheitlichen Anspruchs unzulässig ist, § 301 Rn 5, Ffm MDR **82**, 1023.

S aber Rn 7 „Haupt- und Hilfsanspruch".

Nichtvermögensrechtlicher Streit: § 281 gilt auch bei einem solchen Streit, Grdz 10 vor § 1.

Patentsache: Anh I nach § 78 b GVG, BGH **72**, 6 (zustm von Falck GRUR **78**, 529.

9 **Prozeßkostenhilfeverfahren:** § 281 gilt im Verfahren nach §§ 114 ff, BGH FER **97**, 40, BAG NJW **93**, 751, KG FamRZ **97**, 1160, aM OVG Münst NJW **93**, 2766, Albers § 17 a GVG Rn 5 (keine isolierte Verweisung, da eine Verweisung ist grds in allen Verfahrensarten denkbar).

Dabei besteht eine *Bindung* an den Verweisungsbeschluß für das Prozeßkostenhilfeverfahren, BGH RR **94**, 706, Drsd FamRZ **99**, 449, KG FamRZ **97**, 1160. Sie besteht aber nicht auch für die Klage, erst recht nicht für eine erst beabsichtigte Klage, BGH FER **97**, 40 (Vorlage), Hamm RR **00**, 67, LG Mü RR **00**, 567, aM BAG MDR **82**, 172, Düss Rpfleger **79**, 431 (eine Bindung erfolge auch für die Klage, soweit der Gegner gehört werde. Aber das ändert nichts an § 308 I). Notfalls ist § 36 I Z 6 anwendbar, BGH NJW **83**, 285, Düss FamRZ **86**, 181, Hamm FamRZ **89**, 641.

10 **Rechtsmittelgericht:** Vgl zunächst Rn 3.

§ 281 gilt *nicht* im Verhältnis zwischen zwei Rechtsmittelgerichten, BGH FamRZ **01**, 618, Hamm FamRZ **97**, 502, Bergerfurth FamRZ **87**, 1008. Die Vorschrift gilt auch dann nicht, wenn der Kläger zB statt des OLG das LG hätte anrufen müssen, BGH VersR **96**, 1391.

S auch Rn 7 „Handelssache", Rn 12 „Verfahrensfehler".

Regelbedarf: § 281 gilt im Verfahren auf Änderung des Regelbedarfs, § 651 II 1.

Sachzusammenhang: § 17 GVG Rn 5.

11 **Scheidung:** Rn 4 „Eheverfahren".

Schiedsrichterliches Verfahren: § 281 gilt im Verfahren auf die Vollstreckbarerklärung eines Schiedsspruchs, §§ 1060, 1061.

§ 281 gilt *nicht* zwischen dem staatlichen Gericht und dem Schiedsgericht, Junker KTS **87**, 37, und nicht bei § 1062, Brdb RR **01**, 645.

Schiedsspruch: S „Schiedsrichterliches Verfahren".

Schriftliches Verfahren: § 281 gilt im Verfahren ohne mündliche Verhandlung nach §§ 128 II, 495 a S 1 schon wegen II 2. Das gilt zB im Arrestverfahren oder im Insolvenzverfahren, Kblz Rpfleger **89**, 251. Denn der Zivilprozeß ist nicht für nutzlose förmliche Tüfteleien da, Mü MDR **87**, 147.

Selbständiges Beweisverfahren: § 281 gilt in diesem Verfahren, § 490 Rn 3.

Sozialgerichtssache: §§ 17, 17 a GVG, § 52 SGG.

S auch Rn 7 „Haupt- und Hilfsanspruch", aber auch Rn 8 „Mehrheit von Klagegründen".

12 **Teilanerkenntnisurteil:** § 281 gilt nach einem Teilanerkenntnisurteil, § 307 Rn 5, BGH RR **92**, 1091.

Unterhalt: Rn 10 „Regelbedarf".

Verfahrensfehler: § 281 gilt *nicht,* soweit der Berufungskläger wegen eines Verfahrensfehlers der ersten Instanz das Berufungsgericht fälschlich angerufen hat, KG NJW **87**, 1483.

13 **Versäumnisurteil:** § 281 gilt nach einem Versäumnisurteil, § 342, BGH RR **92**, 1091.

Verwaltungsgerichtssache: Rn 60.

14 **Widerklage:** § 281 gilt auch gegenüber einer unzulässigen Widerklage eines Dritten, Hbg RR **04**, 62.

Wiederaufnahmeverfahren: § 281 gilt im Verfahren nach §§ 578 ff, BayObLG WoM **91**, 134.

Wohnungseigentumssache: Anh II nach § 281.

Zurückverweisung: § 281 ist auf einen solchen Antrag anwendbar, Karls FamRZ **05**, 380.

Titel 1. Verfahren bis zum Urteil § 281

Zuständigkeitsbestimmung: § 281 gilt auch bei § 36, BayObLG RR **00**, 589.
Zwangsvollstreckung: § 281 gilt im Zwangsvollstreckungsverfahren, BayObLG Rpfleger **86**, 98.

4) Verweisung, I, II 1. Sie erfolgt oft erstaunlich „großzügig". 15

A. Unzuständigkeit des angerufenen Gerichts. Voraussetzung einer Verweisung ist, daß das angerufene Gericht seine örtliche oder sachliche Unzuständigkeit oder seine Unzuständigkeit im ordentlichen Rechtsweg ausspricht, zu letzterer §§ 17 ff GVG. Die Klage darf also nicht nur eingereicht, sondern muß auch zugestellt worden sein, BGH NJW **80**, 1281, Düss Rpfleger **78**, 62, LG Hann Rpfleger **77**, 453. Denn sonst ist keine Verweisung im Sinne von § 281 möglich, der die Möglichkeit einer Unzuständigkeitserklärung zur Voraussetzung hat, Rn 20.

Das *verweisende Gericht* kann mit der obigen Einschränkung auch ein Berufungsgericht sein, KG BB **83**, 16 214, Köln OLGZ **89**, 87. Der früher versäumte Verweisungsantrag läßt sich dort nachholen, BAG BB **75**, 1209. Verweisen kann auch das Revisionsgericht, BAG BB **75**, 1209. Dabei ist das die Zuständigkeit bejahende oder wegen Unzuständigkeit abweisende Urteil der Vorinstanz durch ein Urteil aufhebbar, also nicht durch einen Beschluß, KG BB **83**, 214, Köln OLGZ **89**, 86. Das aufhebende Urteil ist entsprechend § 281 II unanfechtbar. So kann zB nach erstinstanzlichem Prozeßurteil unter dessen Aufhebung grundsätzlich eine Verweisung an das erstinstanzlich zuständige Gericht erfolgen, Köln OLGZ **89**, 87.

Unzulässig wäre es aber, daß das LG als Berufungsgericht nach einer Klageerweiterung der amtsgerichtlichen Klage nunmehr durch eine Verweisung an eine andere Kammer des LG diese wegen des über die amtsgerichtliche Zuständigkeit hinausgehenden Streitwerts als erste Instanz zuständig macht.

B. Bestimmbarkeit des zuständigen Gerichts. Weitere Voraussetzung einer Verweisung ist, daß das 17 Gericht ein inländisches Gericht nach Rn 14 als örtlich und sachlich zuständig bestimmen kann. Sind mehrere Gerichte örtlich zuständig, so gehört es zum Antrag des Klägers, daß er wählt. Nicht aber darf das verweisende Gericht demjenigen Gericht, an das es verweist, die Prüfung seiner Zuständigkeit unter mehreren anderen Gerichten überlassen, BayObLG **93**, 172. Im übrigen genügt es, daß das verweisende Gericht das andere pflichtmäßig für örtlich und sachlich zuständig hält. Dabei muß es die Behauptungen des Klägers zugrundelegen, soweit sie für die Bestimmung der Zuständigkeit genügen, Üb 19 vor § 12. Bestreitet der Gegner die eine Verweisung begründenden Tatsachen, also die Zuständigkeit eines anderen Gerichts, so kann auch eine Beweiserhebung nötig werden, soweit vorher ein Antrag vorliegt, Rn 18. Die Bezeichnung der Abteilung oder Kammer des Gerichts, an das verwiesen wird, ist unnötig und zwecklos, Hamm FamRZ **79**, 1035. Das gilt freilich nur innerhalb derselben Funktion dieses Gerichts. Die Bezeichnung einer Funktion wie „Familiengericht" oder „Prozeßgericht" ist bindend, Rn 31. Wegen der Verweisung an die Kammer für Handelssachen eines anderen LG § 96 GVG Rn 3, 4.

C. Antrag des Klägers. Erforderlich ist ferner ein Antrag des Klägers auf Verweisung, BGH **63**, 218, 18 Karlsr RR **02**, 1168, Köln GRUR **02**, 104. Das gilt auch in höherer Instanz. Ein „Antrag" des Bekl ist nicht als solcher wirksam, sondern nur als Anregung, auch in höherer Instanz, aM BezG Gera FamRZ **91**, 1072 (abl Gottwald), Oldb FamRZ **81**, 186 (diese Gerichte lassen, letzteres unter Berufung auf den BGH, den Antrag des „Betroffenen" ausreichen. Aber I 1 spricht klar von einem Antrag „des Klägers". Das entspricht seiner Parteiherrschaft, Grdz 18 vor § 128). Etwas anderes gilt in den Fällen §§ 506, 696 ZPO, §§ 97 ff GVG sowie bei einer sog Meistbegünstigung, Grdz 28 vor § 511. Der Verweisungsantrag kann ein Sachantrag sein, § 297 Rn 9 „Verweisung". Er ist als Hilfsantrag zulässig. Der Kläger kann ihn auch im Säumnisverfahren nach §§ 331 ff stellen, auch im Verfahren nach § 36 I Z 6, BGH NJW **78**, 1163, auch in Verbindung mit einem Rechtsmittel im Anschluß an dieses. Er kann den Verweisungsantrag auch nach einer Rücknahme wiederholen.

Es besteht *kein Anwaltszwang,* soweit man den Verweisungsantrag oder eine weitere diesbezügliche Erklä- 19 rung des Klägers oder des Bekl (zulässigerweise, II 1) *vor* der Verhandlung der *Geschäftsstelle* auch jedes Amtsgerichts nach § 129a zu Protokoll abgibt, § 78 V Hs 2. Ein Anwaltszwang entsteht allenfalls, soweit es zu einer dem Gericht freigestellten und nun eben tatsächlich anberaumten oder doch stattfindenden mündlichen Verhandlung kommt, und nur für ihre Dauer. Wegen derjenigen Verfahren, die überhaupt keine Verhandlung kennen, s unten.

D. Rechtshängigkeit. Der Prozeß muß bei dem verweisenden Gericht schon und noch rechtshängig 20 sein, § 261 Rn 4, § 920 Rn 7, BGH RR **97**, 1161, Zweibr RR **98**, 1606 (also evtl auch nach einem Teilversäumnisurteil), LAG Mü MDR **94**, 824. Eine bloße Anhängigkeit nach § 261 Rn 1 genügt nicht, BGH RR **97**, 1161, BayObLG **91**, 243, Karlsr NZM **03**, 576. Vielmehr findet dann eine formlose Abgabe ohne vorherige Anhörung des Gegners und ohne eine Bindungswirkung statt, Hbg FamRZ **88**, 300 (Umdeutung eines „Verweisungs"-Beschlusses), BayObLG **91**, 243, Kblz Rpfleger **89**, 251 (Eröffnung des Insolvenzverfahrens). Es liegt ja noch gar kein Prozeßrechtsverhältnis vor, Grdz 4 vor § 128.

E. Verstoß. Fehlt ein Erfordernis nach Rn 15–20 und war keine Heilung möglich, so liegt grundsätzlich 21 eine Willkürentscheidung vor, Rn 39, BayObLG MDR **02**, 661, Karlsr RR **02**, 1168 (Ausnahme nur bei Rn 18), Köln GRUR **02**, 104. Ausnahmsweise kann freilich das Gewähren des rechtlichen Gehörs eine erfolgte Verweisung wirksam sein, BGH FER **97**, 89. Andernfalls muß das Gericht die Klage durch ein Prozeßurteil abweisen. Es ist eine Belehrung nach § 139 nötig, Stürner, Die richterliche Aufklärungspflicht im Zivilprozeß (1982) 66.

F. Weiteres Verfahren. Zuständig ist auch bei einer Entscheidung ohne mündliche Verhandlung das 22 gesamte Gericht (Kollegium), §§ 348, 348a, 526, 527, 568, der Vorsitzende der Kammer für Handelssachen, § 349 II Z 1. Die Entscheidung über den Verweisungsantrag kann wegen der in I 1, II 3, 5 vorgeschriebenen Beschlußform grundsätzlich ohne mündliche Verhandlung stattfinden, § 128 IV. Sie ist also freigestellt.

Das Gericht entscheidet nach *pflichtgemäßem Ermessen,* ob es eine mündliche Verhandlung anordnet oder 23 diese Anordnung wieder aufhebt. Es ist an einen diesbezüglichen „Antrag" nicht gebunden. Es muß die Schwierigkeit der Sach- und Rechtslage zur Zuständigkeitsfrage abwägen. Es muß ferner die Entfernung der

§ 281

Buch 2. Abschnitt 1. Verfahren vor den LGen

Parteien vom Gerichtsort und nur in diesem Rahmen auch die Kosten eines etwa notwendigen oder gar zusätzlich erforderlichen Anwalts(wechsels) gerade nur zwecks Wahrnehmung dieser Verhandlung mitbedenken. Es sollte sich mit ihrer Anordnung zwar zurückhalten. Es darf und muß eine Verhandlung bei Erforderlichkeit oder auch nur Zweckmäßigkeit auch durchaus anordnen und keineswegs an Kostenerwägungen scheitern lassen. § 21 GKG ist unanwendbar, solange die Terminsanordnung nicht gänzlich abwegig war.

24 Ein besonderes *Einverständnis* „mit einer schriftlichen Entscheidung" oder „mit dem schriftlichen Verfahren" ist überflüssig. Schriftlich kann die Verweisung ohnehin im schriftlichen Verfahren stattfinden, KG AnwBl **84**, 507. Das kann auch im Aktenlageverfahren nach § 251a sowie in denjenigen Verfahren stattfinden, die keine mündliche Verhandlung erfordern, zB beim Arrestantrag, § 921 I. Ein Anwaltszwang gilt auch dann, Ffm AnwBl **80**, 198. Alles das gilt auch im Verfahren auf den Erlaß einer einstweiligen Verfügung, §§ 935 ff. Soweit keine Verhandlung stattfindet, muß das Gericht schon wegen Artt 2 I, 20 III GG (Rpfl), BVerfG **101**, 404, Art 103 I GG (Richter) stets mit einer angemessenen Frist den Antragsgegner vor der Verweisung anhören, BGH FamRZ **89**, 847. Es muß dem Antragsgegner daher selbst in einer klarliegenden Sache eine Gelegenheit zu einer schriftlichen Äußerung geben, aM BAG BB **82**, 313.

25 G. **Entscheidung in erster Instanz.** Die Verweisung geschieht durch einen zu verkündenden, bei einer Entscheidung ohne mündliche Verhandlung grundsätzlich nach § 329 II 1 formlos mitzuteilenden Beschluß, BGH RR **00**, 1732 oben links (also nicht durch Urteil, dazu aber Rn 28). Nicht etwa erfolgt zusätzlich eine Klagabweisung als unzulässig, BAG BB **76**, 513, aM LAG Hamm BB **76**, 331 (aber der Prozeß geht vor dem richtigen Gericht weiter; bisherige Kosten Rn 54). Die etwaige Möglichkeit einer sofortigen Beschwerde in den leider in der Praxis gar nicht seltenen formell strengen Ausnahmefällen nach Rn 46 mag allerdings zur Anordnung der vorsorglichen förmlichen Zustellung nach § 329 III 2 führen. Diese dürfte man jedenfalls nicht nach § 21 GKG beurteilen (Nichterhebung etwaiger Zustellungs-Auslagen). Nach einem erfolglosen Güteversuch erfolgt die Verweisung auch durch den Vorsitzenden. Der Beschluß lautet entweder auf Zurückweisung des Antrags oder dahin, daß sich das Gericht insgesamt, nicht nur in der entscheidenden Abteilung oder Kammer usw, Ffm FamRZ **88**, 736, für unzuständig erklärt und dem Rechtsstreit grundsätzlich insgesamt an das andere Gericht verweist, nicht nur wegen einzelner Anspruchsgrundlagen, Ffm RR **96**, 1341 (auch zu Ausnahmen zB bei § 32). Unterbleibt die Unzuständigkeitserklärung, so ist das unwesentlich, solange diese Grundlage der Verweisung eindeutig erkennbar ist. Das verweisende Gericht muß das andere Gericht genau bezeichnen. Eine Verweisung „an das zuständige Gericht" oder „an das ordentliche Gericht" ist wirkungslos. Es muß seinen Verweisungsbeschluß grundsätzlich begründen, § 329 Rn 4, schon wegen unten Rn 43. Er darf keine Kostenentscheidung enthalten, auch nicht wegen der Mehrkosten des II 2.

26 H. **Entscheidung in Rechtsmittelinstanz.** Bei ihr ist nach einem erstinstanzlichen Urteil nun auch zwecks Verweisung grundsätzlich ein Urteil notwendig, BGH MDR **05**, 265 (keine Hinderung durch § 513 II). Denn man kann die gleichzeitig erforderliche Aufhebung des erstinstanzlichen Urteils nicht durch einen Beschluß vornehmen, BGH RR **88**, 1403, Ffm FamRZ **91**, 1073, Köln FamRZ **90**, 645. Das gilt auch beim bloßen Hilfsantrag auf Verweisung im Anschluß an eine erstinstanzliche Klagabweisung, BGH NJW **84**, 2040, BAG BB **75**, 1209, Hamm OLGZ **89**, 339. Insoweit ist dann auch unverändert und trotz II 2 in Wahrheit eine mündliche Verhandlung mit Anwaltszwang notwendig. Freilich kommt ein Beschluß infrage, wenn von der Verweisung nur derjene Teil der Klage berührt wird, der erstmals im Rechtsmittelzug durch nachträgliche Anspruchshäufung eingeführt wurde und das erstinstanzliche Urteil nicht berührt, Köln FamRZ **90**, 645. Nach einer erst im Anschluß an einen Einspruch gegen ein Versäumnisurteil oder einen Vollstreckungsbescheid oder im Anschluß an einen Widerspruch im vorläufigen Verfahren erfolgten Verweisung durch das Rechtsmittelgericht muß dasjenige Gericht über diese Rechtsbehelfe befinden, an das verwiesen wurde. Die Ablehnung der Verweisung erfolgt wie bei Rn 25.

27 5) **Grundsatz: Unanfechtbarkeit, II 2–4.** Beim Rpfl gilt in den Fällen Rn 27–45 § 11 RPflG, § 104 Rn 41 ff. Im übrigen gilt: Der Beschluß ist unabhängig von der Frage der Bindungswirkung nach Rn 30 grundsätzlich völlig unanfechtbar, BayObLG FamRZ **04**, 869 rechts. Das gilt, mag er zurückweisen, Oldb MDR **92**, 518, oder verweisen, BGH NJW **03**, 2990, Naumb FamRZ **00**, 545, LG Mainz NJW **78**, 171, mag er zurückverweisen, BGH FamRZ **98**, 477, Düss MDR **96**, 311, Karlsr FamRZ **05**, 380, mag er richtig sein oder auf einem Prozeßverstoß beruhen, BGH NJW **03**, 2990, BAG NJW **91**, 1630, Naumb FamRZ **00**, 545, aM Ffm NJW **93**, 2448, Hbg MDR **03**, 1072 (aber der Regelungszweck liegt zunächst auch in der Eindämmung von Prozeßerschwernissen, Rn 29, 30).

28 Der Verweisungsbeschluß ist sogar dann unanfechtbar, wenn das verweisende Gericht *ausschließlich* zuständig ist, BAG BB **83**, 579, Ffm MDR **79**, 851. Die Unanfechtbarkeit besteht auch dann, wenn die Verweisung durch Urteil ausgesprochen wurde, BGH RR **00**, 1732 oben links (erste Insanz), BayVGH FamRZ **75**, 60 (Berufungsinstanz). Ist für die Anspruchsgrundlagen eines einheitlichen prozessualen Anspruchs zum Teil das ordentliche Gericht, zum Teil das ArbG ausschließlich zuständig und verweist das AG oder das ArbG zu Unrecht die Sache ans LG, so ist das LG (anders Rn 7) uneingeschränkt zuständig geworden, erst recht bei mehreren Ansprüchen.

29 Der Zweck der Vorschrift nach Rn 2, 30 *verbietet* grundsätzlich jede *Nachprüfung* in der höheren Instanz, BGH NJW **90**, 94. Das gilt selbst dann, wenn das verweisende Gericht nicht ordnungsgemäß besetzt war, Ffm MDR **79**, 851. Vielmehr ist evtl § 36 I Z 6 anwendbar, Düss MDR **96**, 311 (nicht nach Zurückverweisung, BGH FamRZ **98**, 477). Eine Nachprüfung erfolgt freilich dann, wenn das Gericht an ein anderes Gericht zur Prüfung der Zuständigkeit verweist. Denn das ist keine Verweisung nach § 281 Rn 30, 33. Erst recht nicht eröffnet die Fehlerhaftigkeit eine sonst fehlende weitere Instanz, Köln FamRZ **92**, 971. Gegen einen Beschluß ist freilich Verfassungsbeschwerde zulässig, Art 101 I 2 GG, BVerfG **29**, 50 (zu § 36).

30 6) **Weiterer Grundsatz: Unwiderruflichkeit; Bindung, II 2–4.** Der formell korrekte, rechtskräftige Beschluß ist für das verweisende Gericht grundsätzlich unwiderruflich, § 329 Rn 16, Karlsr RR **95**, 1536, Schlesw MDR **05**, 233, LG Regensb JB **04**, 390. Er bindet grundsätzlich zwar nicht eine andere Abteilung bzw Kammer desselben Gerichts, BayObLG Rpfleger **02**, 630, Bbg FamRZ **90**, 180, Köln RR **02**, 427

Titel 1. Verfahren bis zum Urteil **§ 281**

(dann ist § 36 I Z 6 anwendbar). Er bindet aber auch bei Mängeln im Sinn von Rn 27 grundsätzlich das andere selbständige Gericht, BGH NJW **03**, 2990, BayObLG NZM **02**, 461, Drsd FamRZ **04**, 952. Er bindet auch das Gericht der höheren Instanz, Ffm JB **96**, 481. Er bindet auch die Rechtsmittelinstanzen des anderen Gerichts. Die Verweisung soll ja gerade die Sache fördern und einen Zwischenstreit zur Zuständigkeit beenden, BGH RR **92**, 903, Oldb MDR **89**, 1002. Das gilt nicht nur wegen derjenigen Zuständigkeitsfrage, derentwegen er verwiesen hat, BAG BB **77**, 613, sondern auch hinsichtlich sonstiger Zuständigkeitsfragen, jedenfalls soweit das verweisende Gericht letztere erkennbar zumindest subjektiv abschließend (mit-)geprüft hat, BGH RR **98**, 1219, BayObLG WoM **03**, 534 rechts oben, Ffm MDR **79**, 851.

Die Bindungswirkung gilt auch im *Mahnverfahren*, BGH Rpfleger **78**, 13. Sie gilt ferner im streitigen **31** Verfahren, BayObLG RR **02**, 1152, und im Verfahren nach § 36, BayObLG NZM **02**, 796. Auch der Verweisungsbeschluß eines in Wahrheit ausschließlich zuständigen Gerichts kann unter diesen Voraussetzungen grundsätzlich binden, BAG RdA **83**, 72, BayObLG **85**, 20. Eine im Prozeßkostenhilfeverfahren beschlossene Verweisung an das damals zuständige Gericht kann auch für das Klageverfahren binden, BAG MDR **82**, 171, Düss Rpfleger **79**, 431, aM BGH RR **92**, 59, Karlsr OLGZ **85**, 124, ZöGre 17 (aber der Regelungszweck nach Rn 2, 30 ist auch hier maßgeblich).

Eine *Prozeßkostenhilfeentscheidung* des verweisenden Gerichts im Hauptverfahren bindet grundsätzlich, Düss RR **91**, 63, aM BGH NJW **80**, 1282, ThP 1 (die Bindung umfasse nicht die Unterfrage, welcher Spruchkörper desjenigen Gerichts funktionell zuständig sei, an das die Sache verwiesen werde. Diese Meinung ist eine Folge des heillosen gesetzgeberischen Durcheinanders). Die Verweisung des Einzelrichters nach § 348, 348 a, 526, 527, 568 bindet den Einzelrichter des anderen Gerichts, Ffm MDR **03**, 1375, Kblz MDR **86**, 153.

Im Umfang der Bindungswirkung darf das andere Gericht die Zuständigkeit des verweisenden Gerichts **32** auch nicht erneut unter einem *anderen rechtlichen Gesichtspunkt* überprüfen, Ffm FamRZ **88**, 734, Oldb MDR **89**, 1002. Das wegen der Zuständigkeitsfrage gebundene Gericht muß zur Sache entscheiden. Es ist dabei aber an die diesbezügliche Ansicht des verweisenden Gerichts nicht mitgebunden, LG Gött VersR **80**, 1180.

7) Ausnahme: Keine Bindungsabsicht, II 2–4. Der Beschluß bindet allerdings nur, soweit er auch in **33** Wahrheit bei vernünftiger Auslegung überhaupt binden will, BGH RR **96**, 897, BAG NJW **97**, 1091, BayObLG RR **96**, 956, aM StJL 27 (aber auch der Bindungswille und sein Umfang sind durch Auslegung ermittelbar, soweit das notwendig wird). Daher bindet er nicht für die sachliche Zuständigkeit, wenn nur wegen der funktionellen verwiesen wurde, Nürnb MDR **96**, 1068, und nicht wegen der angeblichen funktionellen, Zweibr FamRZ **02**, 1044. Er bindet ferner nicht, wenn das Gericht nur wegen der örtlichen Unzuständigkeit verwiesen hat, BGH NJW **78**, 887, BayObLG MDR **86**, 326, Düss Rpfleger **78**, 328. Dann ist jeweils eine Weiterverweisung zulässig, BayObLG MDR **86**, 326, LG Hbg WoM **88**, 407. Deshalb ist auch bei einer Verweisung vom AG an das LG nur wegen des Streitwerts eine Weiter- oder Rückverweisung an ein ausschließlich zuständiges Gericht möglich, BayObLG MDR **83**, 322 Nr 68, auch an ein ArbG, Oldb MDR **89**, 1002.

Es kommt auch eine Weiter- oder Zurückverweisung in Betracht, soweit sich der *Streitgegenstand* im Sinn **34** von § 2 Rn 3 nach der vorangegangenen Verweisung *ändert*, BGH NJW **90**, 54, oder soweit zB wegen Parteiänderung mit dem jetzigen Bekl bei der ersten Verweisung noch gar kein Prozeßrechtsverhältnis nach Grdz 4 vor § 128 bestand, KG MDR **98**, 367.

Es ist auch eine *Weiterverweisung* von ArbG zu ArbG möglich (nicht aber eine Rückverweisung), oder in **35** einen anderen Rechtsweg, BAG NJW **93**, 1878, Karlsr VersR **04**, 886, oder nach einer Rechtswegverweisung an ein im neuen Rechtsweg örtlich zuständiges anderes Gericht, BAG NJW **96**, 742, oder eine Rückverweisung vom LG an das AG, wenn dieses § 29 a übersehen hatte.

Zulässig ist eine Verweisung von der Berufungs- an die erstinstanzliche Kammer. Denn sonst würde eine **36** Verkürzung des Rechtszuges eintreten. Ist nur wegen der *sachlichen* Unzuständigkeit verwiesen worden, so kann der Beschluß *auch für* die *örtliche* Zuständigkeit binden. Denn sie müßte an sich ja bei ordnungsgemäßer Arbeit bei der sachlichen mitgeprüft worden sein, BayObLG RR **96**, 956, Mü Rpfleger **76**, 108, aM BAG BB **81**, 616 (aber das Gericht muß stets alle Zulässigkeitsfragen klären). Ausnahmen gelten aber, wenn die örtliche Zuständigkeit in Wahrheit eindeutig nicht wenigstens subjektiv abschließend geprüft wurde, BGH NJW **78**, 888 betr eine Familiensache, BayObLG MDR **83**, 322 Nr 68, Köln VersR **94**, 77. Man muß im übrigen § 11 beachten. Eine Weiterverweisung nach §§ 97 ff GVG an die Kammer für Handelssachen bleibt möglich. An den an ein AG ergangenen Verweisungsbeschluß ist nur das AG als Ganzes gebunden, nicht sein Familiengericht, soweit es sich nicht um eine Familiensache handelt, Düss Rpfleger **81**, 239.

8) Weitere Ausnahme: Irrtum, II 2–4. Vgl zunächst Rn 27–29. Hat das verweisende Gericht einen **37** landesrechtlichen Spezialgerichtsstand offenbar übersehen, so ist eine Weiterverweisung zulässig, LG Regensb JB **47**, 390. Hatte das verweisende Gericht sich offenbar über die richtige Bezeichnung desjenigen Gerichts geirrt, an das es verweisen wollte, zB einen falschen Ortsnamen gewählt, weil es die Bezirksgrenzen nicht kannte, so ist eine Weiterverweisung zulässig, BAG DB **94**, 1380, oder auch eine Berichtigung möglich, Rn 43, Stgt MDR **04**, 1377. Ohne bindende Wirkung ist eine Verweisung an eine andere Zivilkammer desselben Gerichts in derselben Instanz, wenn es sich um eine Geschäftsverteilungsfrage handelt, oder sonst bei funktioneller Unzuständigkeit, zB bei § 1062, Brdb RR **01**, 645. Dagegen ändert eine bloß unrichtige rechtliche Beurteilung nichts an der Bindungswirkung, BGH RR **92**, 903, Düss WoM **92**, 548, KG RR **97**, 251. Dasselbe gilt erst recht bei zweifelhafter Rechtslage, BGH RR **95**, 702.

9) Weitere Ausnahme: Schwerer Verfahrensverstoß, II 2–4. Nicht bindend ist eine Verweisung **38** ferner, wenn sie nicht mehr eine im Rahmen des § 281 liegende Entscheidung ist, BGH FER **97**, 89, BAG NZA **05**, 183, Karlsr NZM **03**, 576. Bei derart schweren Verfahrensverstößen kommt es nicht darauf an, ob sie für die Verweisung ursächlich waren, BayObLG MDR **80**, 583. Insofern muß man die folgenden Fallgruppen unterscheiden.

39 **A. Willkür, Rechtsmißbrauch,** dazu *Fischer* MDR **05**, 1091 (Üb): Die Verweisung bindet nicht beim Fehlen des nach Rn 18 erforderlichen Verweisungsantrags, Brdb FGPrax **03**, 130, Köln GRUR **02**, 104. Sie bindet ferner nicht, soweit sie rechtsmißbräuchlich, weil objektiv willkürlich ist, Einl III 21, BVerfG **22**, 254, BGH FamRZ **97**, 173, Saarbr NJW **05**, 907, Schlesw MDR **05**, 233. Willkür liegt beim Fehlen jeder rechtlichen Grundlage vor, Einl III 21, BGH NZM **05**, 396, Ffm RR **05**, 936, Oldb FamRZ **03**, 1853. Willkür kann bei einer Unverständlichkeit infolge Unterlassung einer gebotenen Vertragsauslegung vorliegen, BGH BB **04**, 2602 (streng. Wann beginnt Unverständlichkeit?). Willkür dürfte zumindest dann naheliegen, wenn die auch nur bloße Erwähnung einer Streitfrage als solcher oder gar auch nur einer der abweichenden Stimmen einfach nicht erfolgt, wie leider sogar auch höchstrichterlich zunehmend zu beobachten.

Gefährlich ist die Benutzung eines Begriffs, mit dem man in einer ohnehin notgedrungen die Berufsehre des Gerügten scharf angreifenden Weise das Verfahren in zweifelhafter Weise steuern könnte. Es kann bequem sein, einem vielleicht nur ungeschickt ausgedrückten Denken das Fehlen jeglicher gesetzlichen Grundlage anzulasten, um dem Verfahren eine andere Richtung zu geben. Natürlich muß man einen schweren Fehler rügen dürfen. Man sollte aber doch sehr zögern, einem Gericht das Fehlen jeder gesetzlichen Grundlage auch nur objektiv vorzuwerfen. Es könnte sich ein eigener Denkfehler bei solcher Kritik eingeschlichen haben.

Willkür fehlt bei einer vertretbaren Auffassung, Brdb NJW **04**, 780, Hbg MDR **02**, 1210, Tombrink NJW **03**, 2367. Das gilt evtl sogar beim Abweichen von einer fast einhelligen Rspr, BGH NJW **03**, 3201, Drsd FamRZ **04**, 952. Es gilt inbesondere bei einer Streitfrage, Schlesw MDR **05**, 234, LG Regensb JB **04**, 390. Es gilt selbst dann, wenn das verweisende Gericht zwar die Streitfrage als solche erwähnt, BGH NJW **05**, 1052, und wenn es sie auch zumindest teilweise belegt, aber nun auch nicht sämtliche Stimmen dazu erkennt bzw erwähnt und selbst wenn eine der Meinungen überwiegt, Hbg MDR **02**, 1210, aM Schlesw MDR **00**, 1453 (der Senat macht denselben Fehler, den er der unteren Instanz wahrscheinlich obendrein zu Unrecht vorwirft, weil er Rspr und Schrifttum nicht einigermaßen vollständig erkundet), Fischer MDR **02**, 1405, Womelsdorf MDR **01**, 1161 (vgl aber § 29 Rn 33). Willkür fehlt ferner dann, wenn eine „herrschende Meinung" nach Einl 47 gar des BGH keine Begründung erhalten hat, Ffm NJW **00**, 1583.

Willkür *fehlt ferner* beim (vorläufigen) Fehlen eines notwendigen, aber nachholbaren Antrags, Oldb FamRZ **03**, 1853, oder bei Nichtbeachtung von gar nicht vorgetragenen Allgemeinen Geschäftsbedingungen, BGH BB **95**, 2029, und evtl auch bei Gesetzesunkenntnis gar in Verbindung mit deshalb unrichtiger Anregung zu falschem Verweisungsantrag, BGH BB **02**, 2152, Bre FamRZ **99**, 1666 (generell aber Vorsicht! Wo liegt die Grenze?). Nicht jede Abweichung selbst von der ohnehin begrifflich problematischen „herrschenden Meinung" nach Einl 47 ist gleich willkürlich, BGH NJW **03**, 3202, aM Naumb MDR **01**, 770. Willkür sollte eigentlich nur bei Rechtsbeugung vorliegen, Endell DRiZ **03**, 135.

40 Die Verweisung bindet ferner nicht, soweit sie *sonst rechtsmißbräuchlich* ist, Einl III 54, wenn ihr zB jede gesetzliche Grundlage fehlt, BGH RR FER **98**, 136, BayObLG ZMR **00**, 185, Zweibr RR **00**, 590, oder wenn sie auf einer Täuschung des Gerichts beruht, BayObLG **03**, 229, Celle RR **04**, 627.

41 **B. Kein rechtliches Gehör.** Die Verweisung bindet insbesondere grundsätzlich nicht, soweit das Gericht das rechtliche Gehör nicht gewährt hatte, Artt 2 I, 20 III GG (Rpfl), BVerfG **101**, 404, Art 103 I GG (Richter), Einl III 16, BVerfG **61**, 40, BGH FamRZ **97**, 171 und 173, Saarbr NJW **05**, 907, aM BGH NJW **03**, 2990, Hbg FamRZ **88**, 300, Saarbr FamRZ **78**, 521 (das gelte nicht bei § 251. Aber das rechtliche Gehör ist ein Eckpfeiler, Einl III 16). Abweichungen gelten bei Insolvenz, BGH NJW **96**, 3013.

42 Das Gericht muß also auch den Ablauf seiner selbst gesetzten Frist zunächst einmal wirksam *in Gang setzen*. Daran fehlt es ungeachtet ständiger Verstöße aller möglichen Gerichte, wenn die fristsetzende Verfügung usw nur mit einem bloßen Handzeichen versehen ist, § 329 Rn 10, und nicht förmlich zugestellt wurde, § 329 II 2. Das Gericht muß sodann auch den Frist*ablauf* abwarten, BVerfG **61**, 41, BGH FamRZ **86**, 789. Es darf seine Überlegungen nicht nur der einen Partei mitteilen, BGH FamRZ **86**, 789. Dieser Verstoß ist auch bei der Verweisung eines Antrags auf den Erlaß einer einstweiligen Verfügung zu beachten, Rn 24, aM BAG BB **82**, 313 (aber gerade im Eilverfahren sollte das Gericht keinen erheblichen Verfahrensverstoß auf dem Rücken des Betroffenen begehen dürfen). Die bloße Unterlassung einer ohnehin freigestellten mündlichen Verhandlung stellt aber noch keinen derart schweren Verstoß dar, BGH RR **90**, 506.

43 **C. Keine Begründung.** Die Verweisung bindet nicht, wenn mangels einer Begründung des Verweisungsbeschlusses nicht feststellbar ist, ob das verweisende Gericht eine gesetzliche Grundlage angenommen hatte, und wenn man letzteres auch nicht den Akten entnehmen kann, Art 101 I 2 GG, BayObLG BB **03**, 2371, KG MDR **02**, 905, Fischer NJW **93**, 2421, aM BGH FamRZ **88**, 943 (aber Art 101 I 2 GG duldet keine völlige Unklarheit). Zwar braucht der Beschluß schon wegen seiner Unanfechtbarkeit keine ausführliche Begründung zu enthalten. Der bloße Satz „Es handelt sich um eine Familiensache" ist aber keine Begründung, § 329 Rn 4, Mü FamRZ **82**, 943. Die Begründung fehlt vielfach, ein nicht endendes Übel allzu verweisungsfreudiger Gerichte. Nur in einem für beide Parteien eindeutig klaren Fall mag die aus den Akten ableitbare Unzuständigkeit keiner Begründung bedürfen. Unzulängliche Zitate bei Streitfragen stellen jedenfalls keinen wirklichen Verstoß nach Rn 41, 42 dar, aM KG RR **97**, 825 (zitiert selbst unvollständig). Eine Begründung fehlt auch, soweit das Gericht diejenigen Tatsachen völlig außer acht läßt, die einer Verweisung entgegenstehen, KG MDR **99**, 56, oder soweit es ohne nachvollziehbare Begründung von einer bisher einhelligen Meinung abweicht, KG RR **00**, 801.

44 **D. Klagänderung, Klagerücknahme.** Bei einer nachträglichen im Sinn von § 263 sachdienlichen Klagänderung ist eine Weiter- oder Rückverweisung zulässig, BGH RR **94**, 126, Ffm FamRZ **81**, 186. Eine solche Maßnahme ist aber nicht auf Grund einer nunmehr getroffenen Parteivereinbarung statthaft, § 261 III 2, BGH RR **94**, 126, Düss OLGZ **76**, 476. Ferner tritt nach dem Wegfall der Rechtshängigkeit und deshalb nach wirksamer Klagrücknahme keine Bindung ein, Köln JB **99**, 366.

Titel 1. Verfahren bis zum Urteil § 281

E. Gerichtsstandsvereinbarung. Eine solche Vereinbarung *vor* einer Verweisung nach § 38 ist unschädlich, wenn sie dem verweisenden Gericht unbekannt war, BGH FamRZ **89**, 847. Eine solche Vereinbarung *nach* einer Verweisung erlaubt keine Weiter- oder Zurückverweisung, § 261 Rn 28. 45

10) Bei Ausnahme von der Unanfechtbarkeit: Sofortige Beschwerde, II 2–4. Die sofortige Beschwerde ist nach § 567 I grundsätzlich zulässig, wenn der Beschluß nicht einmal den allgemeinen Anforderungen des Gesetzes genügt, Kblz FamRZ **77**, 796, wenn das erstinstanzliche Gericht etwa an ein OLG verwiesen hat oder wenn der Kläger die Verweisung erst nach dem Verhandlungsschluß in einem ihm nicht nachgelassenen Schriftsatz beantragt hatte, AG Seligenstadt MDR **82**, 502, oder wenn in Wahrheit nur eine formlose Abgabe vorliegt, Mü RR **88**, 982, LG Mainz NJW **78**, 171, aM Oldb FamRZ **78**, 344 (aber andernfalls würde ein gerichtliches Versehen die Partei ihres Rechts berauben). Eine Rechtsbeschwerde ist in Fortführung der vorstehenden Erwägung unter den Voraussetzungen des § 574 denkbar. Wegen einer Anschlußbeschwerde § 567 III. Beim Rpfl gilt § 11 RPflG, § 104 Rn 41 ff. 46

11) Bei Weiterverweisung, Zurückverweisung, II 2–4. Verweist das grob verfahrensfehlerhaft für zuständig erklärte und in Wahrheit unzuständige Gericht *zulässig* weiter oder zurück, so bindet diese Weiter- oder Zurückverweisung das ursprünglich verweisende Gericht. Dieses kann auch nicht etwa zB jetzt die versäumte Anhörung nachholen und dann wirksam erneut an dasselbe Gericht verweisen, Ffm MDR **80**, 583. Zulässig kann eine Zurückverweisung ferner etwa dann erfolgen, wenn sich der Streitgegenstand inzwischen geändert hat, Rn 44. 47

Verweist das Gericht dagegen *unzulässig* weiter oder zurück, so entscheidet das im Rechtszug vorgeordnete Gericht, § 36 I Z 6, BGH FER **97**, 89, Brdb NJW **04**, 780, Ffm FamRZ **88**, 735. Hat das Gericht, an das verwiesen wurde, sich vorher rechtskräftig für unzuständig erklärt, § 11, so geht diese Rechtskraft dem Verweisungsbeschluß vor, der Verweisungsbeschluß bindet also nicht. Einzelheiten § 36 Rn 24 ff. 48

12) Internationale Zuständigkeit, II 2–4. Das bezeichnete Gericht darf und muß seine internationale Zuständigkeit prüfen, Üb 6 vor § 12. 49

13) Berichtigung, II 2–4. Das verweisende Gericht darf seinen nach § 329 Rn 23 hinausgegangenen Beschluß grundsätzlich nicht ändern. Es darf ihn aber berichtigen, § 319. Das gilt insbesondere bei einem offenbaren Irrtum über das wirklich zuständige Gericht. Dabei sind nicht der Wortlaut maßgeblich, sondern der Sinn und Zweck des früheren wie des berichtigenden Beschlusses, BVerfG **29**, 50. Solange das Gericht die Entscheidung nach einer gemäß II 2 freigestellten mündlichen Verhandlung oder nach § 128 II nicht verkündet oder sonst ohne Verhandlung nach § 329 Rn 23, 24 hinausgegeben hat, ist sie frei abänderlich. 50

14) Anhängigkeit beim neuen Gericht, II 2–4. Nicht mit einer Verkündung (Mitteilung), sondern nach § 1 3 schon mit und erst mit dem Eingang der Akten (Posteingangsstempel der Verwaltungsgeschäftsstelle) „wird" die Sache beim bezeichneten Gericht „anhängig", § 261 Rn 1, BGH RR **93**, 700. Eine schon vorher nach § 261 Rn 3 rechtshängig gewesene Sache bleibt natürlich auch beim neuen Gericht vom Eingang an rechtshängig, BGH JZ **89**, 50, Köln FamRZ **85**, 1278, aM BayObLG FGPrax **98**, 103 (ab Verweisungsbeschluß). Hat das AG verwiesen, ist jetzt das LG das erstinstanzliche Gericht. Daher geht eine sofortige Beschwerde in der Sache selbst an das OLG. Auch ist keine Aufhebung der einstweiligen Verfügung durch das verweisende, aber bisher unzuständige Gericht mehr möglich, auch nicht die Nachholung der unterlassenen Prüfung, ob ein Einspruch gegen das Versäumnisurteil des verweisenden Gerichts überhaupt zulässig war. 51

15) Weiteres Verfahren, II 2–4. Es richtet sich nach sofortiger Beschwerde gegen eine richterliche Entscheidung nach §§ 567 ff, gegen eine solche des Rpfl nach § 11 RPflG in Verbindung mit §§ 567 ff, vgl § 104 Rn 41 ff. Erstinstanzlich gilt: Das verweisende Gericht muß dem anderen Gericht die Akten von Amts wegen zusenden. Dieses bestimmt einen Termin und lädt von Amts wegen, und zwar wegen der jetzigen Anhängigkeit bei ihm nach Rn 51 auch dann, wenn es den Verweisungsvorgang für fehlerhaft und nicht bindend hält, BGH JZ **89**, 50. Die Einlassungsfrist nach § 274 III ist nicht als Verweisung neu zu wahren. Das bisherige Verfahren behält seine prozessuale Bedeutung, LG Arnsberg RR **93**, 319. Eine Prozeßkostenhilfe und frühere Prozeßhandlungen wirken fort. Die Zuweisung an den Einzelrichter nach §§ 348, 348 a bleibt bindend. Die Wirkungen der Rechtshängigkeit dauern an, ebenso die Bindung durch ein Geständnis usw. Das neue Verfahren setzt das alte fort, BGH **97**, 161, Hamm Rpfleger **76**, 142. 52

Wird verwiesen, so sind auch *Ausschlußfristen* gewahrt, § 253 Rn 21. Soweit das jetzt befaßte Gericht seine Zuständigkeit ebenfalls verneinen will, muß es evtl nach einem Hinweis nach §§ 139, 504 notfalls mangels eines wenigstens hilfsweisen Weiterverweisungsantrags die Klage abweisen, BGH JZ **89**, 50. Über ein Rechtsmittel gegen eine Verweisung vorauf gegangene richterliche Entscheidung befindet abgesehen von § 11 Rn 3, 4 RPflG das neue Gericht, soweit es abhelfen kann, sonst sein Rechtsmittelgericht. 53

16) Kosten, III. Ein klarer Grundsatz zeigt manches Einzelproblem. 54

A. Grundsatz: Mehrkostenlast des Klägers. Die gesamten Prozeßkosten bilden ebenso wie das Verfahren eine Einheit, Ffm GRUR **88**, 646. Das Gericht, an das verwiesen wurde, entscheidet grundsätzlich allein über die Kosten, Rn 25. Das gilt auch, wenn die Gerichte verschiedenen Ländern angehören. Dagegen kann bei einer Verweisung von einem höheren an ein erstinstanzliches Gericht das Rechtsmittelgericht über die Kosten des Rechtsmittelverfahrens entscheiden, Hamm Rpfleger **76**, 142, auch bei einer Verweisung an ein VG, BGH JR **76**, 85, aber nicht bei einer Verweisung an ein LwG. Im Fall der Verweisung in der höheren Instanz entscheidet das Rechtsmittelgericht über die Rechtsmittelkosten. Im Fall einer Rechtswegverweisung nach §§ 17 ff GVG kann das verweisende Gericht evtl selbst über die bisherigen Kosten entscheiden. Das Gericht, an das verwiesen worden ist, muß dem Kläger die durch die Anrufung des unzuständigen Gerichts erwachsenen Mehrkosten auferlegen, Schlesw SchlHA **80**, 220 (etwas anderes gilt nur bei einer abweichenden Regelung in einem Vergleich, § 98 Rn 55 „Verweisung"). Das gilt auch dann, wenn der Kläger in der Hauptsache siegt. Das gilt auch, wenn das Gericht nicht hätte verweisen dürfen. „Kosten" können „Mehrkosten" bedeuten, Kblz Rpfleger **91**, 477.

§ 281, § 281 Anh I   Buch 2. Abschnitt 1. Verfahren vor den LGen

55   **B. Mehrkostenbegriff.** Mehrkosten sind der Unterschied zwischen den dem Bekl tatsächlich entstandenen gesamten Kosten (Gebühren und Auslagen) und denjenigen, die ihm nur entstanden wären, wenn der Kläger das zuständige Gericht sofort angerufen hätte, Hamm MDR **90**, 161, Nürnb JB **91**, 1636, LAG Bre BB **86**, 672.

56   *Zu den Mehrkosten zählen* namentlich meist die Kosten des anderen Anwalts, Düss MDR **80**, 321, Ffm VersR **80**, 876, aM von Gierke-Braune/Hiekel Rpfleger **85**, 228 (vgl aber § 91 Rn 130 „Unzuständigkeit"). Wegen des Verkehrsanwalts Ffm AnwBl **82**, 384. Zu den Mehrkosten zählen auch die Kosten für Informationsreisen zu dem nunmehr erforderlich gewordenen Anwalt. Der Bekl braucht sich nicht schon im Hinblick auf eine mögliche Verweisung einen Anwalt auszusuchen. Hat die 2. Instanz verwiesen, so kommen nur die Mehrkosten der 1. Instanz infrage. Ein wie stets auslegbarer Vergleich geht vor, § 98 Rn 29 ff. Säumniskosten nach § 344 und Kosten erfolgloser Angriffs- und Verteidigungsmittel nach § 96 sind keine Mehrkosten im Sinn von III 2.

57   **C. Einzelfragen.** Bei einer Verweisung vom ArbG ans ordentliche Gericht gelten der dem III inhaltlich entsprechende § 17 b II GVG in Verbindung mit § 48 I ArbGG, letzterer abgedruckt hinter § 281 ZPO. Im übrigen gilt dort (jetzt) § 4 GKG, Hamm Rpfleger **76**, 142; desgleichen umgekehrt. Im Arbeitsgerichtsverfahren muß man ferner (jetzt) § 42 IV GKG, ferner § 12 a ArbGG beachten, Ffm MDR **83**, 942, LAG Hamm MDR **87**, 876, LAG Kiel SchlHA **89**, 79, aM LAG Bln AuR **84**, 122, LAG Bre BB **86**, 671 (Erstattung nur der Mehrkosten. Aber §§ 42 IV GKG, 12 a ArbGG haben teilweise andere Grundsätze). Bei einer Verweisung aus § 506 gilt S 2 nicht. Wegen des Mahnverfahrens § 696 Rn 21. Bei einer bloßen Abgabe nach Rn 20 ist III unanwendbar. Vielmehr gelten dann §§ 91 ff, Ffm FamRZ **94**, 1603, KG MDR **90**, 1019, Schlesw JB **91**, 702, aM Hbg MDR **86**, 679, Kblz JB **84**, 759 (die Vorschrift sei entsprechend anwendbar. Aber § 281 ist nicht zu weit auslegbar).
   Gebühren: §§ 4, 37 GKG, wegen eines Vorschusses Anh § 271. Mehrere Anwalte können getrennt berechnen.

58   **D. Verstoß.** Hat das Gericht die Auferlegung der Kosten versäumt, dann darf der Rpfl im Kostenfestsetzungsverfahren nicht abhelfen, Einf 9 vor §§ 103–107, Düss MDR **99**, 568, Hbg MDR **98**, 1502, Naumb Rpfleger **01**, 372, aM Ffm MDR **97**, 102, Rostock JB **01**, 591, LG Mü MDR **00**, 729 (aber der Rpfl ist dort weitgehend gebunden). Regelmäßig liegt dann eine unvollständige Entscheidung vor. Es muß dann eine Urteilsergänzung nach § 321 erfolgen, keine Berichtigung nach § 319, Hamm MDR **00**, 1150, Köln Rpfleger **93**, 37. Denn wenn das Gericht alle Kosten dem Bekl auferlegt hat, dann hat es die Mehrkosten einfach übersehen. Ist eine richterliche Ergänzung nicht mehr möglich, kann der Rpfl eine Ergänzung auch nicht mit der Erwägung nachholen, daß diese Kosten nicht notwendig gewesen seien, § 91 I, aM Mü MDR **00**, 543 (vgl aber Einf 8 ff vor §§ 103–107). Ein unrichtiger Urteilsausspruch bleibt für ihn bindend, Einf 17 vor §§ 103–107, Hbg MDR **98**, 1502, Karlsr MDR **88**, 1063 (auch wegen Prozeßvergleichs), Kblz RR **92**, 892, aM Rostock JB **01**, 591 (aber § 281 ist systematisch sauberer), Köln Rpfleger **93**, 37 (der Beschluß sei bindend, aber seine Notwendigkeit sei zu prüfen. Das ähnelt einer Wortspielerei). LG Mü MDR **00**, 729. § 99 hilft nicht, Kblz MDR **85**, 852. Beim Verstoß gegen § 47 kommt es nicht darauf an, welcher Richter bei richtiger Verfahrensweise entschieden hätte, Karlsr NJW **03**, 2174.

59   Mit einer grundsätzlich zulässigen *Auslegung* nach Einf 19 vor §§ 103–107 hat das nichts zu tun. Die richterliche Entscheidung umfaßt eben auch dann die gesamten Kosten, wenn das Gericht § 281 übersehen hat. Die beim unzuständigen Gericht entstandenen Säumniskosten trägt der Säumige, aM Habel NJW **97**, 2358 (aber § 344 hat auch hier Vorrang). Bei Willkür kann § 36 I Z 6 entsprechend anwendbar sein, BAG NJW **05**, 3232.

60   **17) VwGO:** Es gilt § 83 VwGO, der auf §§ 17–17 b GVG verweist, s die dortigen Erl, BVerwG NVwZ **95**, 372 u NVwZ-RR **95**, 300 mwN, VGH Kassel NJW **95**, 1171. Anstelle von III tritt die (gleichlautende) Regelung in § 17b II GVG, wenn die Anrufung des Gerichts nicht vom Beklagten (durch unrichtige Rechtsmittelbelehrung) verschuldet worden ist, § 155 V VwGO (daß § 155 V vorgeht, ergibt die Begr zum 4. VwGOÄndG, BT-Drs 11/7030 S 38). Bei Verweisung durch das BVerwG (als 1. Instanz) hat dieses gesondert über die Kosten des Revisionsverf zu entscheiden, BVerwG KR § 155 Nr 6.

Anhang nach § 281

I. Abgabe in Hausratssachen

HausratsVO § 18. Rechtsstreit über Ehewohnung und Hausrat. [I] [1] Macht ein Beteiligter Ansprüche hinsichtlich der Ehewohnung oder des Hausrats (§ 1) in einem Rechtsstreit geltend, so hat das Prozeßgericht die Sache insoweit an das nach § 11 zuständige Familiengericht abzugeben. [2] Der Abgabebeschluß kann nach Anhörung der Parteien auch ohne mündliche Verhandlung ergehen. [3] Er ist für das in ihm bezeichnete Gericht bindend.
[II] Im Falle des Absatzes 1 ist für die Berechnung der in § 12 bestimmten Frist der Zeitpunkt der Klageerhebung maßgebend.

HausratsVO § 11. Zuständigkeit. [I] Zuständig ist das Gericht der Ehesache des ersten Rechtszuges (Familiengericht).
[II] [1] Ist eine Ehesache nicht anhängig, so ist das Familiengericht zuständig, in dessen Bezirk sich die gemeinsame Wohnung der Ehegatten befindet. [2] § 606 Abs. 2, 3 der Zivilprozeßordnung gilt entsprechend.
[III] [1] Wird, nachdem ein Antrag bei dem nach Absatz 2 zuständigen Gericht gestellt worden ist, eine Ehesache bei einem anderen Familiengericht rechtshängig, so gibt das Gericht im ersten Rechtszug das bei ihm anhängige Verfahren von Amts wegen an das Gericht der Ehesache ab. [2] § 281 Abs. 2, 3 Satz 1 der Zivilprozeßordnung gilt entsprechend.

Titel 1. Verfahren bis zum Urteil § 281 Anh I, II

Schrifttum: *Wagner,* Zuständigkeitsverteilung zwischen Familiengericht und Prozeßgericht bei Streitigkeiten um die Herausgabe des Hausrats zwischen getrenntlebenden Eheleuten, Diss Münst 2000 (2001).

1) Systematik, Regelungszweck. Die HausrVO v 21. 10. 44, RGBl 256, mehrfach geändert, sieht keine Verweisung vor, sondern eine Abgabe. Das ist ein Unterschied. Die Abgabe muß zum einen von Amts wegen erfolgen. Das Verfahren vor dem Gericht der Abgabe ist zum anderen keine Fortsetzung des Verfahrens vor dem abgebenden Prozeßgericht, schon weil es anderer Art ist, kein Prozeß-, sondern ein Verfahren der freiwilligen Gerichtsbarkeit. Für die Gerichts- und Anwaltskosten bestimmt freilich § 23 VO, daß man sie als einen Teil der Kosten vor dem übernehmenden Gericht behandeln muß.
Zweck ist derselbe wie bei § 281. Vgl daher dort Rn 2.

2) Voraussetzungen der Abgabe, § 18 I. Es müssen zwei Bedingungen zusammentreffen.

A. Einigungsmangel. Es muß sich um einen Fall handeln, in dem bisherige Ehegatten sich nach der Trennung, Scheidung oder Aufhebung der Ehe nach §§ 1, 25 HausrVO nicht darüber einigen können, wer von ihnen künftig die Ehewohnung (auch eine Gartenlaube, BGH FamRZ **90**, 987) bewohnen, Ffm FamRZ **91**, 1327, oder die Wohnungseinrichtung oder den sonstigen Hausrat erhalten soll. Für einen solchen Fall sieht die VO eine auf Antrag stattfindende Regelung durch den Richter der freiwilligen Gerichtsbarkeit vor. Ein Streitverfahren findet nur vor dem Familiengericht zum Zweck einer einstweiligen Anordnung im Eheverfahren statt, § 19 VO, vgl bei §§ 620 ff. Darum muß das außerhalb dieses Falls angerufene Prozeßgericht die Sache ans zuständige Familiengericht abgeben. Eine Hausratssache liegt auch vor, soweit es um eine andere als die in § 1 HausrVO und in § 1361 a BGB genannte Eigentums- oder Besitzstreitigkeit zwischen getrennt oder in Scheidung lebenden Eheleuten über Haushaltsgegenstände geht, Bbg RR **96**, 1413, Hbg FamRZ **80**, 250, LG Bochum FamRZ **83**, 166, oder soweit es nur die Zuweisung eines Haustiers geht, Zweibr MDR **98**, 911.
Eine Hausratssache liegt *nicht* vor, wenn der Streit der Eheleute nur um eine Nutzungsentschädigung für die Vergangenheit geht, Hbg FamRZ **82**, 941. Vor einem Hausratsverfahren ist eine Auskunftsklage unzulässig, Düss FamRZ **85**, 1153. Zur Zulässigkeit des Hausratsverfahrens vor Anhängigkeit einer Ehesache Hamm FamRZ **86**, 490.

B. Anspruch eines Beteiligten. Es muß sich weiter handeln um den Anspruch eines „Beteiligten". Beteiligt sind nach § 7 HausrVO nicht nur die Ehegatten, sondern auch der Vermieter der Ehewohnung, der Grundstückseigentümer, Personen, mit denen die Gatten oder ein Gatte hinsichtlich der Wohnung in Rechtsgemeinschaft stehen, bei Dienstwohnung auch der Dienstherr.

3) Entscheidung. Das Prozeßgericht prüft, ob die Voraussetzungen Rn 2 vorliegen. Trifft das einwandfrei von vornherein zu, so kann es ohne mündliche Verhandlung abgeben. Andernfalls muß es die Parteien hören, um ein klares Bild zu gewinnen. Es kann das in mündlicher Verhandlung tun, aber auch schriftlich. Ob die Frist des § 12 HausrVO eingehalten ist, berührt das Prozeßgericht nicht. Darüber befindet das Gericht der Abgabe. Das Prozeßgericht darf in keinerlei sachliche Verhandlung eintreten. Das Fehlen der örtlichen Zuständigkeit ist ein wichtiger Grund für das, die Sache ans örtlich zuständige AG weiterzugeben, § 11 II HausrVO. Die Entscheidung erfolgt durch verkündeten oder formlos mitgeteilten Beschluß. Das Gericht muß seinen Beschluß begründen, § 329 Rn 4. Er bindet das AG, an das abgegeben ist, BGH FamRZ **90**, 987, Karlsr FamRZ **92**, 1083, auch wenn er falsch ist, Schlesw SchlHA **80**, 212. Diese Wirkung tritt auch innerhalb desselben AG im Verhältnis zwischen seiner Zivilprozeßabteilung und seinem Familiengericht ein, Ffm FamRZ **81**, 479, Heintzmann FamRZ **83**, 960. Die Bindung ergreift aber nicht die Frage, nach welchen Verfahrensregeln das nunmehr zuständige Gericht entscheiden muß, Hbg FamRZ **82**, 941, Heintzmann FamRZ **83**, 960, für die erste Instanz aM Karlsr OLGZ **86**, 131 (aber nur die Zuständigkeitsfrage ist nun geklärt).

4) Rechtsmittel. Gegen den Beschluß ist die einfache Beschwerde zulässig, §§ 13 I HausrVO, 19 FGG, aM Heintzmann FamRZ **83**, 957. § 14 HausrVO steht nicht entgegen, da der Beschluß nach §§ 11, 18 HausrVO zwar bindend, Ffm FER **98**, 835, nicht aber für unanfechtbar erklärt ist, vgl dagegen § 281 II. § 567 ist unanwendbar. Denn auch das Prozeßgericht ist den Sonderregeln der HausrVO (und damit FGG) bei der Abgabe unterworfen, Karlsr FamRZ **76**, 93, Heintzmann FamRZ **83**, 957, aM BayObLG FamRZ **82**, 399 (aber die HausrVO ist Spezialgesetz). Vgl auch § 281 Anh II Rn 9. Zur Entscheidung über die Beschwerde ist der Familiensenat des OLG zuständig, Heintzmann FamRZ **83**, 961. Karlsr OLGZ **86**, 132 wendet den Meistbegünstigungsgrundsatz an, Grdz 28 vor § 511. Beim Rpfl gilt § 11 RPflG, § 104 Rn 41 ff.

II. Abgabe nach dem Wohnungseigentumsgesetz

WEG § 46. Verhältnis zu Rechtsstreitigkeiten. [I] [1] **Werden in einem Rechtsstreit Angelegenheiten anhängig gemacht, über die nach § 43 Abs. 1 im Verfahren der freiwilligen Gerichtsbarkeit zu entscheiden ist, so hat das Prozeßgericht die Sache insoweit an das nach § 43 Abs. 1 zuständige Amtsgericht zur Erledigung im Verfahren der freiwilligen Gerichtsbarkeit abzugeben.** [2] **Der Abgabebeschluß kann nach Anhörung der Parteien ohne mündliche Verhandlung ergehen.** [3] **Er ist für das in ihm bezeichnete Gericht bindend.**

[II] **Hängt die Entscheidung eines Rechtsstreits vom Ausgang eines in § 43 Abs. 1 bezeichneten Verfahrens ab, so kann das Prozeßgericht anordnen, daß die Verhandlung bis zur Erledigung dieses Verfahrens ausgesetzt wird.**

§ 281 Anh II Buch 2. Abschnitt 1. Verfahren vor den LGen

Gliederung

1) Systematik, I, II 1	B. Rechte und Pflichten des Verwalters ... 6
2) Regelungszweck, I, II 2	C. Verwalterbestellung................... 7
3) Voraussetzungen der Abgabe, I 3–8	D. Beschluß der Wohnungseigentümer.... 8
A. Rechte und Pflichten des Wohnungseigentümers 3–5	4) Entscheidung, I....................... 9
	5) Rechtsmittel, I, II 10

1 **1) Systematik, I, II.** Nach § 1 WEG ist die Begründung folgender Eigentumsformen möglich: Wohnungseigentum, dh Sondereigentum an einer Wohnung; außerdem Teileigentum, dh das Sondereigentum an nicht zu Wohnzwecken dienenden Räumen eines Gebäudes, in den beiden ersteren Fällen in Verbindung mit dem Miteigentumsanteil an dem gemeinschaftlichen Eigentum, zu dem es gehört. Die Verwaltung des gemeinschaftlichen Eigentums erfolgt durch die Wohnungseigentümer gemeinschaftlich, § 21 WEG, oder durch einen Verwalter. Das Verfahren in Wohnungseigentumssachen gehört zur freiwilligen Gerichtsbarkeit, § 43 WEG. Mangels Vorliegens der allgemeinen Prozeßvoraussetzungen erfolgt keine Abgabe, sondern eine Abweisung durch ein Prozeßurteil, § 56 Rn 4 usw, Kbl z NJW **77**, 57. Es erfolgt keine Verweisung, sondern eine Abgabe, § 281 Anh I Rn 1. Folglich ist § 281 nicht anwendbar, wenn auch mitbeachtlich, BayObLG FGPrax **98**, 103. Für die Kosten vor dem Prozeßgericht wegen der Gerichts- und Anwaltskosten muß man das Verfahren vor dem Prozeßgericht dann als einen Teil des Verfahrens vor dem übernehmenden Gericht behandeln, § 50 WEG, KG OLGZ **90**, 193.

2 **2) Regelungszweck, I, II.** Er ist derselbe wie bei § 281. Vgl daher dort Rn 2.

3 **3) Voraussetzungen der Abgabe, I.** Es muß sich um Angelegenheiten des § 43 I handeln. Maßgeblich sind der Tatsachenvortrag des Antragstellers und sein Antrag, BayObLG MDR **84**, 942.

A. Rechte und Pflichten des Wohnungseigentümers. Es muß sich (wegen der erst künftigen BGH RR **87**, 1036) um die aus der Gemeinschaft der Wohnungseigentümer, KG OLGZ **77**, 1 handeln, und aus der Verwaltung, auch Benutzung, des gemeinschaftlichen Eigentums folgenden Rechte und Pflichten der Wohnungseigentümer untereinander. Ausreichen können auch eine unerlaubte Handlung im Zusammenhang mit dem Gemeinschaftsverhältnis, BGH WoM **91**, 418, oder ein Anspruch gegen einen ausgeschiedenen Wohnungseigentümer, AG Karpen ZMR **99**, 125, oder gegen einen Testamentsvollstrecker, Hbg ZMR **03**, 134.

4 Das ist *nicht* der Fall, soweit einer dieser Beteiligten als *Vertragspartner* der anderen auftritt, Celle RR **89**, 143, Stgt OLGZ **86**, 36, oder als Nachbar. Dann ist der ordentliche Rechtsweg gegeben. Dasselbe gilt bei einem Streit wegen des Umfangs des Sondereigentums, Stgt OLGZ **86**, 36, bzw Sondernutzungsrechts, BGH NJW **90**, 1113, oder beim Streit zwischen Miteigentümern aus einem nur zwischen ihnen vereinbarten Konkurrenzverbot, BGH BB **86**, 1676, oder beim Streit mit dem Versicherer des Verwalters oder eines Miteigentümers, BayObLG RR **87**, 1099, oder beim Streit mit einem vor Rechtshängigkeit nach § 261 Rn 1 ausgeschiedenen Wohnungseigentümer, BGH NJW **94**, 256, BayObLG ZMR **99**, 725, LG Bln ZMR **02**, 158 (dann ist das Prozeßgericht zuständig), aM BGH NZM **02**, 1003 (aber dann bestand überhaupt kein Prozeßrechtsverhältnis nach Grdz 4 vor § 128 gerade zum WEG-Gericht). Wegen der Rechtsbeziehungen zwischen eingetragenen Wohnungseigentümern und einem noch nicht eingetragenen Käufer KG RR **87**, 841 (Vorlagebeschluß) und LG Aachen MDR **87**, 500.

5 Wenn es um einen Anspruch aus dem *Gemeinschaftsverhältnis* gegenüber dem vor Rechtshängigkeit Ausgeschiedenen geht, ist das Prozeßgericht zuständig, BGH **106**, 19. Eine Ausnahme bildet der Anspruch im Falle der Aufhebung der Gemeinschaft, § 17 WEG, und der Anspruch auf Entziehung des Wohnungseigentums, §§ 18, 19 WEG. Die Abgabe erfolgt im oder nach dem Mahnverfahren, § 688 Rn 3, und zwar nur durch den Richter, LG Schweinf MDR **76**, 149, Vollkommer Rpfleger **76**, 3. Ein nach §§ 485 ff (und nicht nach § 164 FGG) eingeleitetes selbständiges Beweisverfahren wird nicht abgegeben, LG Bln MDR **88**, 322. Zum Anspruch aus dem Gemeinschaftsverhältnis gegen den Insolvenzverwalter kann das WEG-Gericht zuständig sein, KG FGPrax **02**, 161.

6 **B. Rechte und Pflichten des Verwalters.** Es kann sich auch um die Rechte und Pflichten des Verwalters bei der Verwaltung des gemeinschaftlichen Eigentums handeln, auch zu der Frage, ob die Verwalterbestellung wirksam ist, KG OLGZ **76**, 267, oder bei einem Streit über einen Anspruch aus dem Verwaltervertrag, Schlesw SchlHA **80**, 54, oder über Abwicklungspflichten des früheren Verwalters, BGH NJW **80**, 2466, BayObLG WoM **89**, 532, Köln RR **05**, 1096, aM AG Mü RR **87**, 1425 (aber die Natur des Rechtsverhältnisses ändert sich durch das Ausscheiden nicht). Das gilt aber nicht wegen der Tätigkeit als Baubetreuer vor einer wenigstens tatsächlichen Bindung der Gemeinschaft, BGH **65**, 267, oder für einen Anspruch gegen den Verwalter wegen seines Sondereigentums, BayObLG WoM **89**, 533.

7 **C. Verwalterbestellung.** Es kann um seine Bestellung in dringenden Fällen handeln, § 26 II WEG.

8 **D. Beschluß der Wohnungseigentümer.** Es kann schließlich um die Gültigkeit eines Beschlusses der Wohnungseigentümer handeln.

9 **4) Entscheidung, I.** Liegen die Voraussetzungen vor, so erfolgt die Abgabe vom WEG-Gericht an das Prozeßgericht nur auf Grund eines Antrags, Mü RR **89**, 272, und zwar durch Beschluß, in der Rechtsmittelinstanz durch Urteil. Sie erfolgt, sofern die Sache zweifelsfrei ist, ohne mündliche Verhandlung. In jedem Fall muß das Gericht die Parteien vorher hören. Das kann auch schriftlich geschehen. Abgegeben wird an das AG, in dessen Bezirk das Grundstück liegt, § 43 I WEG. Der formell korrekte rechtskräftige Abgabebeschluß bindet grundsätzlich das neue Gericht, BayObLG ZMR **00**, 185. Nach einer Abgabe an das falsche AG ist eine Weiter- oder Rückabgabe an das richtige zulässig. Für dieses Empfängergericht ist der Abgabebeschluß bindend, Karlsr OLGZ **75**, 286, Vollkommer Rpfleger **76**, 4. Es ist auch eine Abgabe vom Gericht der freiwilligen Gerichtsbarkeit an das Prozeßgericht mit einer für das erstere unabänderlichen und bis letztere grundsätzlich bindenden Wirkung zulässig, BGH **78**, 60, BayObLG ZMR **99**, 725.

Titel 1. Verfahren bis zum Urteil §281 Anh II, III

5) Rechtsmittel, I, II. Zulässig ist gegen einen Abgabebeschluß die einfache Beschwerde, §§ 43 I WEG, 10
19 FGG. §§ 45, 58 WEG stehen nicht entgegen, zumal der Beschluß nach § 46 I WEG zwar grundsätzlich
bindet, Rn 8, BayObLG MDR **87**, 59 (vgl aber § 329 Rn 15 „§§ 313–313 b"), aber nicht für unanfechtbar
erklärt ist, vgl dagegen § 281 II. Eine Ausnahme besteht bei offensichtlicher Unrichtigkeit, BayObLG WoM
91, 361. § 567 ist unanwendbar. Denn auch das Prozeßgericht ist den Sonderregeln des WEG und damit des
FGG bei der Abgabe unterworfen. Vgl auch § 281 Anh I Rn 5. § 46 WEG betrifft nicht das Verhältnis
zweier Gerichte derselben Gerichtsbarkeit, BayObLG WoM **91**, 414, Düss MDR **87**, 242, Kblz ZMR **77**,
87, aM BGH **97**, 289, Hamm Rpfleger **78**, 25 (aber auch dann tritt die Problematik des § 46 WEG auf).

Wegen einer Abgabe durch ein Urteil BGH **97**, 288. Ob § *17a GVG* für eine Verweisung vom Prozeß- 11
gericht an das FGG-Gericht entsprechend anwendbar ist, BayObLG WoM **92**, 204, kann offen bleiben. Die
Vorschrift ist jedenfalls bei einer Verweisung vom FGG-Gericht an das Prozeßgericht entsprechend anwendbar, BayObLG RR **91**, 1358. Beim Rpfl gilt § 11 RPflG, § 104 Rn 41 ff.

III. Abgabe nach dem Verfahrensgesetz in Landwirtschaftssachen

LwVG § 12. Abgabeverfahren. ¹¹Hält das Gericht sich für unzuständig, so hat es die Sache an
das zuständige Gericht abzugeben. ²Der Abgabebeschluß kann nach Anhörung der Beteiligten
ohne mündliche Verhandlung ergehen. ³Er ist für das in ihm bezeichnete Gericht bindend. ⁴Im
Falle der Abgabe an ein Gericht der streitigen Gerichtsbarkeit gilt die Rechtshängigkeit der
Sache in dem Zeitpunkt als begründet, in dem der bei dem für Landwirtschaftssachen zuständigen Gericht gestellte Antrag dem Beteiligten bekanntgemacht worden ist, der nach der
Abgabe Beklagter ist. ⁵ § 167 der Zivilprozeßordnung ist entsprechend anzuwenden.
 ᴵᴵ ¹Wird in einem Rechtsstreit eine Angelegenheit des § 1 Nr. 1 oder Nr. 2 bis 6 anhängig
gemacht, so hat das Prozeßgericht die Sache insoweit an das für Landwirtschaftssachen zuständige Gericht abzugeben. ²Absatz 1 Satz 2, 3 ist anzuwenden.
 ᴵᴵᴵ Für die Erhebung der Gerichtskosten ist das Verfahren vor dem abgebenden Gericht als
Teil des Verfahrens vor dem übernehmenden Gericht zu behandeln.

1) Abgabe ans Prozeßgericht, I. Man muß drei Phasen beachten. 1

A. Verfahren. Hält das Landwirtschaftsgericht das Prozeßgericht für sachlich zuständig, BGH NJW **91**,
3280 (für den umgekehrten Fall), so muß es auch ohne Antrag die Sache von Amts wegen an das Prozeßgericht abgeben. Vorher erfolgt eine Anhörung der Parteien, ohne daß hiervon die Wirksamkeit der Abgabe
abhängig wäre. An die Anträge der Parteien ist das Gericht nicht gebunden. Mündliche Verhandlung ist
freigestellt. Der Vorsitzende kann allein entscheiden, § 20 I Z 3 LwG. Als rechtshängig wird bei der
Verweisung die Sache von dem Zeitpunkt ab angesehen, in dem der bei dem Landwirtschaftsgericht gestellte
Antrag dem Beteiligten, der nunmehr Bekl ist, bekanntgemacht worden ist. Ist erheblich, ob durch den
Antrag eine Frist gewahrt oder die Verjährung gehemmt ist, so ist nicht die Einreichung des Antrags beim
Landwirtschaftsgericht maßgebend, wenn die Bekanntmachung demnächst erfolgt, § 167.

B. Entscheidung. Der Beschluß ist keine Entscheidung in der Hauptsache. Das Gericht muß ihn 2
begründen, § 21 LwVG. Er ist für das Prozeßgericht bindend. Im Prozeßkostenhilfeverfahren gilt dasselbe
wie § 281 Rn 3.

C. Rechtsmittel. Gegen den Beschluß ist die sofortige Beschwerde zulässig, § 22 LwVG, zumal der 3
Beschluß nach § 12 Landwirtschaftsgericht nicht für unanfechtbar erklärt ist, vgl dagegen § 281 II. § 567 ist
unanwendbar. Denn auch das Prozeßgericht ist den Sonderregeln bei der Abgabe unterworfen, § 9 LwVG.
Es entscheidet das OLG. Wird der Beschluß durch das Beschwerdegericht aufgehoben, so entfällt damit auch
die Anhängigkeit beim Prozeßgericht. In der Revisionsinstanz findet keine Überprüfung der sachlichen
Zuständigkeit mehr statt, § 545 II, § 48 I LwVG, BGH NJW **91**, 3280. Beim Rpfl gilt § 11 RPflG, § 104
Rn 41 ff.

2) Abgabe ans Landwirtschaftsgericht, II. Auch hier gelten drei Phasen. 4

A. Verfahren. Im umgekehrten Fall wie Rn 1 muß das sachlich unzuständige Prozeßgericht an das
Landwirtschaftsgericht verweisen, BGH NJW **91**, 3280. Ist der Anspruch außer auf Landpachtvertrag auch
auf unerlaubte Handlung gestützt, kann man wegen letzterer nicht an das Landwirtschaftsgericht verweisen.

B. Entscheidung. Der Beschluß ergeht nur nach Anhörung der Parteien, II 2, aber ohne Bindung an 5
deren Anträge und in jeder Lage des Verfahrens von Amts wegen, Celle MDR **76**, 586. Auch dann erfolgt
keine sofortige Abweisung der Klage. Das Gericht muß seinen Beschluß begründen. Er ist für das Landwirtschaftsgericht bindend, nicht aber für die Parteien, Rn 2. Denn es fehlt eine dem § 281 II Hs 1 entsprechende Vorschrift. Es greift also die Sonderregelung des § 12 LwVG ein.

In der *Rechtsmittelinstanz* ist die Abgabe zwar grundsätzlich zulässig. Sie ist aber nur dann bindend, wenn 6
sie durch Urteil unter gleichzeitiger Aufhebung des vorinstanzlichen Urteils erfolgt, BGH RR **88**, 1403.

C. Rechtsmittel. Es gelten dieselben Regeln wie Rn 3. 7

3) Kosten, III. Für die Kostenregelung ist maßgebend, welches Gericht endgültig über die Sache 8
entscheidet. Die Sache wird also im Falle der Abgabe auch bezüglich der Gerichtskosten so angesehen, als
wenn sie immer bei diesem Gericht anhängig gewesen wäre („als Teil des Verfahrens vor dem übernehmenden Gericht zu behandeln"). Eine Entscheidung des abgebenden Gerichts über die durch seine Anrufung
entstandenen Mehrkosten ist unzulässig.

Hartmann

§ 282

282 *Rechtzeitigkeit des Vorbringens.* ¹Jede Partei hat in der mündlichen Verhandlung ihre Angriffs- und Verteidigungsmittel, insbesondere Behauptungen, Bestreiten, Einwendungen, Einreden, Beweismittel und Beweiseinreden, so zeitig vorzubringen, wie es nach der Prozesslage einer sorgfältigen und auf Förderung des Verfahrens bedachten Prozessführung entspricht.

II Anträge sowie Angriffs- und Verteidigungsmittel, auf die der Gegner voraussichtlich ohne vorhergehende Erkundigung keine Erklärung abgeben kann, sind vor der mündlichen Verhandlung durch vorbereitenden Schriftsatz so zeitig mitzuteilen, dass der Gegner die erforderliche Erkundigung noch einzuziehen vermag.

III ¹Rügen, die die Zulässigkeit der Klage betreffen, hat der Beklagte gleichzeitig und vor seiner Verhandlung zur Hauptsache vorzubringen. ²Ist ihm vor der mündlichen Verhandlung eine Frist zur Klageerwiderung gesetzt, so hat er die Rügen schon innerhalb der Frist geltend zu machen.

Schrifttum: *Fleck,* Die Redlichkeitspflichten der Parteien im Zivilprozess usw, 2004; Die Zurückweisung schuldhaft verspäteter und verzögernder Angriffs- und Verteidigungsmittel im Zivilprozeß, 1987; *Fuhrmann,* Die Zurückweisung schuldhaft verspäteter und verzögernder Angriffs- und Verteidigungsmittel im Zivilprozeß, 1987; *Grunsky,* Taktik im Zivilprozeß, 2. Aufl 1996; *Hartwieg,* Die Kunst des Sachvortrags im Zivilprozeß, 1988 (rechtsvergleichend); *Nordemann,* Taktik im Wettbewerbsprozeß, 2. Aufl 1984; *Oelkers,* Anwaltliche Strategien im Zivilprozeß usw, 1. Aufl 2001; *Prechtel,* Erfolgreiche Taktik im Zivilprozeß, 2. Aufl 2003; *Rinsche,* Prozeßtaktik, 4. Aufl 1999; *Peters,* Auf dem Wege zu einer allgemeinen Prozeßförderungspflicht der Parteien?, Festschrift für *Schwab* (1990) 399.

Gliederung

1) Systematik, I–III	1	7) Zulässigkeitsrüge, III	17–23
2) Regelungszweck, I–III	2	A. Grundsatz: Prozeßwirtschaftlichkeit und Beschleunigung	17
3) Geltungsbereich I–III	3, 4	B. Unzuständigkeit	18
4) Angriffs- und Verteidigungsmittel, I, II	5, 6	C. Schiedsgericht	19–21
		D. Kostengefährdung	22
5) Rechtzeitigkeit des Vorbringens, I	7–13	E. Keine Kostenerstattung	23
A. Möglichkeiten	7, 8	8) Verlust des Rügerechts, III	24, 25
B. Grenzen der Möglichkeiten	9–12	A. Verhandlung zur Hauptsache	24
C. Verstoß	13	B. Fristablauf	25
6) Rechtzeitigkeit eines Schriftsatzes, II	14–16	9) *VwGO*	26
A. Grundsatz: Gegner muß Zeit behalten	14, 15		
B. Verstoß	16		

1) Systematik, I–III. Während § 138 den Inhalt des Parteivortrags regelt, erfaßt § 282 neben anderen Vorschriften, zB §§ 275 I 2, 276 I 2, 296, den Zeitpunkt, bis zu dem ein Vortrag zur Vermeidung von Prozeßnachteilen erfolgen muß. Ergänzend gelten § 132, BGH NJW **97**, 2244, § 283. § 1032 I hat aber als Sondervorschrift Vorrang vor III 2, BGH NJW **01**, 2176.

2) Regelungszweck, I–III. Während vor allem die §§ 272, 273 das Gericht zu einer konzentrierten Verfahrensführung anhalten, enthält § 282 den Grundsatz der allgemeinen Prozeßförderungspflicht der Parteien, Grdz 12 vor § 128, Peters (vor Rn 1) 407. Diese Pflicht hat eine erhebliche praktische Bedeutung, Ffm MDR **80**, 943, AG Lübeck WoM **83**, 52. Ihre Verletzung kann zumindest zur Zurückweisung nach § 296 II führen, wenn nicht nach § 296 I. Die Prozeßförderungspflicht gilt für beide Parteien, Hamm OLGZ **89**, 465.

Zumutbarkeit ist der in § 282 nicht ausdrücklich, aber erkennbar zugrundegelegte Maßstab der zeitlichen Redlichkeit. Man muß ihn nach der parallelen Verschärfung der gerichtlichen Pflichten durch § 139 I, II, IV strenger beurteilen. In der Praxis verstößt so mancher Beteiligte bei der Anfertigung, Entgegennahme, Weiterleitung der Information aus Gründen gegen seine Obliegenheit, die nicht tragfähig genug sind. Beim Tempo der möglichen Mitteilungswege muß man an die Zumutbarkeit zeitigen Vorbringens zusätzlich einen nicht allzu großzügigen Maßstab anlegen. Allzu entgegenkommende Handhabung schafft zwar evtl weniger Verdruß bei den anderen Prozeßbeteiligten, aber oft ein ungleich härteres Maß an Arbeit ohne nennenswert gerechteres Ergebnis. Auch das zeigt leider die Erfahrung nicht ganz selten. Das alles darf und sollte man bei der Auslegung mitbedenken.

3) Geltungsbereich, I–III. Die Vorschrift gilt grundsätzlich in allen Verfahren nach der ZPO. Sie findet schon vor der mündlichen Verhandlung Anwendung, §§ 277 I, IV, 282 II, III 2, BVerfG, zit bei Schneider MDR **86**, 896, Hartmann AnwBl **77**, 90, aM RR **05**, 1007 (aber es handelt sich um eine Grundregel. Man sollte sie in diesem frühen Verfahrensabschnitt schon aus Gründen der Prozeßwirtschaftlichkeit anwenden dürfen). Der Grundsatz gilt sogar vor einem frühen ersten Termin, § 272 Rn 3, aM BGH RR **05**, 1007, Deubner NJW **87**, 1585 (vgl aber die soeben angestellte Erwägung). Der Grundsatz gilt ferner in mündlichen Verhandlung gleich welcher Art, BVerfG NJW **89**, 3212, aM BGH NJW **92**, 1965 (nicht in der ersten Verhandlung. Aber auch hier gilt die vorher genannte Überlegung). Der Grundsatz gilt schließlich erst recht vor einem weiteren Verhandlung, § 611 I, II, BGH NJW **92**, 1965, Celle VersR **83**, 187.

In einer *Ehesache* gilt er abgeschwächt, § 611 I, freilich aus § 615. In der Berufungsinstanz gelten (jetzt) §§ 530ff, BGH NJW **87**, 261. § 282 gilt nach § 523 auch für die Anschlußberufung, BGH **83**, 373. Die in erster Instanz siegende Partei kann sich in der Berufungserwiderung grundsätzlich auf eine Verteidigung des angefochtenen Urteils und auf eine kritische Auseinandersetzung mit den Argumenten des Berufungsklägers beschränken, BGH NJW **81**, 1378. Ein nicht rechtzeitiges Vorbringen kann zu einer Nachfrist nach § 283 veranlassen.

Titel 1. Verfahren bis zum Urteil § 282

Im *Arbeitsgerichtsverfahren* gilt § 61 a ArbGG, Zimmermann BB **84**, 478. Eine Güteverhandlung nach § 54 **4**
ArbGG ist eine Verhandlung auch im Sinn von § 282 I, LAG Mü DB **88**, 1608.

4) Angriffs- und Verteidigungsmittel, I, II. Die in Einl III 70, § 296 Rn 28 erläuterten Begriffe **5**
erhalten hier eine weite Auslegung, BGH VersR **82**, 346, Schenkel MDR **05**, 727. Sie umfassen jeden
Vortrag zur Begründung eines Sachantrags nach § 253 II 2 oder zur Verteidigung gegen ihn. Sie erfassen also
tatsächliche Behauptungen, Beweismittel, Einwendungen, das Bestreiten, Beweismittel und Beweiseinreden,
sachlichrechtliche Erklärungen, etwa eine Aufrechnung, BGH **91**, 303, evtl auch rechtliche Ausführungen,
Rn 15, aM Deubner NJW **77**, 921 (aber auch solche Ausführungen haben Bedeutung für das weitere
Prozeßgeschehen). Zulässigkeitsrügen sind in III besonders geregelt, obwohl sie begrifflich zu den Angriffs-
und Verteidigungsmitteln zählen.

Ein Angriffs- oder Verteidigungsmittel liegt erst dann vor, wenn eine Partei es überhaupt *einführt*, AG **6**
Lübeck WoM **83**, 52. Die Klage oder die Widerklage, also die Sachanträge selbst, sind keine Angriffs- oder
Verteidigungsmittel, Einl III 70, Anh § 253 Rn 5. Die Widerklage ist also bis zum Schluß derjenigen
mündlichen Verhandlung zulässig, auf die das Urteil ergeht, BGH NJW **95**, 1224, aber eben auch nicht
später, § 296 a Rn 2. Eine Klagänderung ist kein Angriffs- oder Verteidigungsmittel, sondern ein neuer
Angriff, BGH NJW **95**, 1224, Karlsr NJW **79**, 879. Freilich kann das Gericht im Fall ihrer Verspätung ihre
Sachdienlichkeit verneinen.

5) Rechtzeitigkeit des Vorbringens, I. Die Praxis verfährt oft zu großzügig, Rn 2. **7**
A. Möglichkeiten. Maßgeblich ist die Prozeßlage. Beide Parteien müssen je nach den objektiven
Anforderungen der Prozeßlage sorgfältig und auf eine unverzügliche Prozeßförderung bedacht vorgehen.
Was noch ohne Beweisantritt behauptet wird, kann man auch noch ohne Gegenbeweisantritt bestreiten:
„quod gratis asseritur, gratis negatur" (scholastische Maxime). Freilich gilt das nur bei eindeutiger Beweislast
und beim Fehlen einer gerichtlichen Auflage. Es besteht also keineswegs der Zwang, vornherein tatsächlich oder gar rechtlich erschöpfend alles auch nur ganz eventuell im Prozeßverlauf einmal Erhebliche
vorzutragen und unter Beweis zu stellen, BVerfG **54**, 126, BGH NJW **92**, 2428, Hbg RR **90**, 63. Das stünde
nämlich im Widerspruch zum Beibringungsgrundsatz, Grdz 20 vor § 128, BVerfG **67**, 42. Es würde auch
der dringend notwendigen Konzentration auf das Wesentliche widersprechen. Es könnte sogar zur Verzögerung des Rechtsstreits führen, BVerfG **54**, 126.

Eine *gewisse Prozeßtaktik* ist in den Grenzen der Wahrhaftigkeits- und Lauterkeitspflicht zulässig, § 138, **8**
Grdz 16 vor § 128, BGH NJW **03**, 1400, Müther MDR **98**, 1335, Prechtel (vor Rn 1). Der Umfang der
Darlegungspflicht nach § 138 Rn 13 ff, § 253 Rn 32 hängt vom Verhalten des Prozeßgegners mit ab, BGH
NJW **92**, 2428. Keine Partei braucht sich selbst ans Messer zu liefern, noch gar von vornherein. Es kann
zweckmäßig sein, bestimmte Gesichtspunkte zurückzuhalten, solange nicht die Entwicklung des Prozesses
oder eine Auflage des Gerichts die Einführung des Gesichtspunkts erfordert, BVerfG **54**, 126, zB nach § 273
II. Der Bekl mag zB mit der Einrede der Verjährung zurückhalten, bis objektiv erkennbar wird, daß der
Anspruch des Klägers ausreichend dargelegt bzw bewiesen wird oder daß die Behauptung des Bekl, er habe
den Anspruch erfüllt, nicht erweisbar ist, strenger Leipold ZZP **93**, 260, Schneider MDR **77**, 795.

Selbst eine auf Grund der *Verjährungseinrede* jetzt erst mögliche Beweisaufnahme mag keineswegs verboten
sein. Denn der Bekl braucht sich durchaus verständlich nicht nachsagen zu lassen, er habe nur das moralisch
oft umstrittene Notmittel der Verjährung nicht einsetzen wollen, strenger BGH NJW **91**, 240, Heyer MDR **93**,
686, Schneider MDR **77**, 795 (aber die Parteiherrschaft gilt auch insofern, Grdz 18 vor § 128). Eine Partei
braucht sich noch nicht zu einer erst vorbehaltenen oder angekündigten, aber noch nicht erklärten Aufrechnung des Prozeßgegners zu äußern, BVerfG **67**, 42, ebensowenig zu einer vom Gegner rechtswidrig erlangten Tatsache, Heinemann MDR **01**, 142. Man muß Prozeßlage mithin unter Beachtung der Interessen aller
Beteiligten abschätzen. Nur ausnahmsweise muß die Partei eine ihr bisher unbekannte Tatsache schon wegen
§ 282 ermitteln, BGH NJW **03**, 202.

B. Grenzen der Möglichkeiten. Andererseits duldet das nach dem Sach- und Streitstand Notwendige **9**
keinen Aufschub, Schlesw SchlHA **82**, 72. Es ist keineswegs eine tröpfchenweise Information des Gerichts
und des Gegners zulässig, nur um Zeit zu gewinnen, Ffm MDR **82**, 329, Leipold ZZP **93**, 240, oder nur um
den Gegner zu zermürben. Bei einem unkomplizierten und übersichtlichen Sachverhalt ist eine alsbaldige
einigermaßen umfassende Klagebegründung oder Klagerwiderung notwendig, LG Kblz NJW **82**, 289 (zustm
Deubner), und zwar einschließlich aller zumutbaren Beweisantritte, BVerfG, zit bei Schneider MDR **86**,
896. Das berücksichtigte Hbg RR **90**, 63 nicht genügend. Wenn sich auf denselben Anspruch mehrere
selbständige Angriffs- oder Verteidigungsmittel beziehen, dann darf die Partei sich grundsätzlich nicht auf das
Vorbringen einzelner von ihnen beschränken. Das gilt selbst dann, wenn sie nach dem Sach- und Streitstand
davon ausgehen darf, daß diese für die Rechtsverfolgung oder Rechtsverteidigung ausreichen, Flieger MDR
78, 535. Was schon nach eigenem Vortrag „auf der Hand liegt", darf man nicht länger zurückhalten, Kblz
RR **03**, 970.

Eine Hilfsbegründung ist zB bei einer Zahlungsklage mit einer Hauptbegründung aus einem Kaufvertrag **10**
und mit hilfsweise genannten Tatsachen betr eine unerlaubte Handlung oder eine ungerechtfertigte Bereicherung nur solange entbehrlich, wie der Kläger hochgradig mit dem Erfolg der Hauptbegründung rechnen
kann. Daher muß den Wechsel des Aufenthaltsorts des eigenen Zeugen unverzüglich anzeigen, LG Ffm RR
86, 143. Bei einer Verteidigung gegen den Vertragsanspruch mit der Behauptung, die Schuld sei erfüllt
worden, ist eine Hilfaufrechnung notwendig, BGH **91**, 303, jedenfalls sobald die Beweisbarkeit der Erfüllung fraglich wird. Das mag allerdings erst nach einer Beweisaufnahme so sein, strenger Schneider MDR
77, 796, ZöGre 3 (aber man darf die Zumutbarkeit nicht überspannen).

Bloße *Nachlässigkeit* oder gar eine Verschleppungsabsicht sind *schädlich*. Das Gericht sollte jeden Ansatz zu **11**
einem erneuten Zurückfallen in den altbekannten Schlendrian der Parteien energisch unterbinden. Ein
Verschulden des gesetzlichen Vertreters und des ProzBev, gilt als solches der Partei auch dasjenige des sog
Kartellanwalts, § 216 Rn 20, oder des „nicht sachbearbeitenden" Sozius, § 296 Rn 14, §§ 51 II, 85 II,
BGH VersR **83**, 562. Eine Partei muß auch eine sog negative Tatsache darlegen, also das Fehlen von

§ 282   Buch 2. Abschnitt 1. Verfahren vor den LGen

Umständen, soweit das für ihren Angriff oder ihre Verteidigung erheblich ist. Aus Darlegungsschwierigkeiten folgt keine Umkehr der Darlegungslast. Vielmehr folgt nach Treu und Glauben die Aufgabe des Gegners, sich nicht mit einem einfachen Bestreiten zu begnügen, sondern im einzelnen darzulegen, daß die von ihm bestrittene Behauptung unrichtig sei, § 138 II, BGH NJW **81**, 577. Das Gericht darf freilich diese Anforderungen nicht überspannen, BGH NJW **84**, 2889 (zustm Lange DRiZ **85**, 252, Stürner JZ **85**, 185). Zur Aufklärungspflicht der nicht beweisbelasteten Partei Arens ZZP **96**, 1.

12   Ein *Beweisbeschluß* kann jede Partei auch ohne eine ausdrückliche Auflage zwingen, den bisherigen Vertrag selbstkritisch zu überprüfen und zB weitere Beweisanträge genauer zu fassen oder die bisherigen schärfer zu formulieren, BGH VersR **84**, 540, oder das Gericht vor dem Schluß der letzten Verhandlung dieser Instanz vorsorglich auf sein offenkundiges Übergehen eines erheblichen Beweisantrags hinzuweisen, aM BVerfG, zit bei Schneider AnwBl **88**, 259 (das sei eine unzulässige Verlagerung richterlicher Pflichten auf die ProzBev. Aber die Prozeßförderungspflicht bleibt gerade dann bestehen). Ein für den Gegner völlig unerwartetes Beweisergebnis muß das Gericht dazu zwingen, Gelegenheit zur Rücksprache mit der Partei zu geben. An sich muß die Partei sich aber auf die möglichen Waffen des Gegners einstellen, Kblz RR **91**, 1087.

13   **C. Verstoß.** Es gilt § 296 Rn 74–76. Im schriftlichen Verfahren nach § 128 II ist das alles entsprechend anwendbar. Soweit keine Zurückweisung erfolgt, kann § 138 III zunächst unanwendbar sein. Es kommen dann eine Vertagung nach § 227 oder eine Nachfrist nach § 283 in Betracht, daneben Kostenfolgen nach § 95 und/oder eine Verzögerungsgebühr nach § 38 GKG, Anh § 95.

14   **6) Rechtzeitigkeit eines Schriftsatzes, II.** Auch hier ist die Praxis oft zu großzügig, Rn 2.
      A. Grundsatz: Gegner muß Zeit behalten. I behandelt das Verhalten in der mündlichen Verhandlung, BVerfG NJW **93**, 1319, sei es ein früher erster Termin oder ein Haupttermin, BGH NJW **89**, 716, 718 und 3212, Schlesw NJW **86**, 856, Deubner NJW **87**, 1585. Demgegenüber erfaßt der von KG NJW **80**, 2362 nicht genug beachtete II Angriffs- und Verteidigungsmittel nach Einl III 70 und außerdem Anträge aller Art vor der mündlichen Verhandlung, also vor dem frühen ersten Termin, zwischen ihm und dem Haupttermin und im schriftlichen Vorverfahren sowie zwischen dem Haupttermin und einem etwaigen weiteren Verhandlungstermin, BGH NJW **89**, 716.

15   Die Anwendungsbereiche von II und von § 277 I, IV sowie von § 132 *überlappen* sich zum Teil. Das sieht BGH NJW **89**, 716 nicht deutlich genug. Das gilt nur im Anwaltsprozeß, § 129 I, BVerfG NJW **89**, 3212, Ffm FamRZ **93**, 1468. Eine etwaige Anordnung im Parteiprozeß nach § 129 II fällt jedenfalls nicht unter II, sondern zB unter § 273 II Z 1, BVerfG NJW **93**, 1319. Vgl freilich § 129 a.
      II bezieht sich auch auf *Rechtsausführungen*. Die Partei muß einen Schriftsatz so rechtzeitig einreichen, daß der Gegner sich noch im erforderlichen Umfang dazu erkundigen kann. Aus II folgt, daß auch das Gericht dem Gegner die nötige Zeit lassen muß, Kblz RR **91**, 1087, Schlesw NJW **86**, 856. Zur bloßen Verspätung muß bei II also die dadurch bedingte Einschränkung der Erklärungsmöglichkeit für den Gegner hinzutreten, Schlesw NJW **86**, 856, Deubner NJW **87**, 1585. Was für eine Versäumnisentscheidung zeitig genug ist, besagt an sich § 132. Man muß aber berücksichtigen, daß der Anwalt zunächst seine Partei benachrichtigen muß und daß auch noch etwas anderes tun darf als den Prozeß zu führen. Im übrigen ist wegen der Prozeßförderungspflicht und der Folgen nach §§ 296 II, 283 keine Langatmigkeit zulässig. In einem etwas umfangreicheren Fall kann eine Einreichung spätestens etwa drei Wochen vor der mündlichen Verhandlung notwendig sein, BGH VersR **82**, 346.

16   **B. Verstoß.** Bei einem Verstoß, der auch bei Einhaltung der Frist des § 132 vorliegen kann, BGH NJW **89**, 716, gilt § 296 Rn 74–76.

17   **7) Zulässigkeitsrüge, III.** Man muß zahlreiche Aspekte beachten.
      A. Grundsatz: Prozeßwirtschaftlichkeit und Beschleunigung. Die Vorschrift dient der Prozeßwirtschaftlichkeit nach Grdz 14, 15 vor § 128 und der Beschleunigung, BGH NJW **85**, 744. Gemeint sind sämtliche Rügen, die die Sachurteilsbefugnis des Gerichts bezweifeln, also nicht nur alle prozeßhindernden Einreden des § 274 aF, sondern sämtliche Prozeßhindernisse und Prozeßvoraussetzungen, § 280 Rn 1, also auch alle von Amts wegen zu prüfenden, § 296 Rn 71. Bei ihnen ist die Rüge natürlich nur eine Anregung, das Unterlassen der Rüge prozessual belanglos. Der Bekl muß alle Rügen gegenüber einer nach dem Klägervortrag zulässigen, aber unbegründeten Klage vor der ersten Verhandlung zur Hauptsache nach § 39 Rn 6 in erster Instanz im Anwalts- wie im Parteiprozeß gleichzeitig und für alle Rechtszüge vorzubringen, BGH NJW **85**, 744, Zweibr NJW **95**, 538. Dabei gibt es keinerlei logisches, prozessuales oder praktisches Eventualverhältnis, Schröder ZZP **91**, 305. III ist entsprechend anwendbar auf Rügen des Klägers, zB als Widerbekl oder bei einem Gegenvorbringen gegen eine Zulässigkeitsrüge des Bekl. Daher muß der Kläger sie evtl innerhalb einer diesem gesetzten Frist vorbringen, §§ 275 IV, 276 III, 277 IV, Schröder ZZP **91**, 313.

18   **B. Unzuständigkeit.** Eine Rüge ist im Fall der Unzuständigkeit nach den §§ 529 II, 549 II erforderlich. Wie die sachliche Zuständigkeit behandelt das Gesetz die Zuständigkeit der zu Patentgerichten bestellten LG, § 78 b GVG Anh I Rn 2. Der Streit, ob ein ArbG oder ein VG zuständig ist, geht um die Zulässigkeit des Rechtswegs, §§ 13, 17 ff GVG. Eine Rüge der Unzuständigkeit führt demgegenüber in der Regel nur zur Verweisung, §§ 281 ZPO. Das ist zumindest entsprechend anwendbar auf die internationale Unzuständigkeit, BGH DB **76**, 1009. Man kann III entsprechend anwenden, wenn der Bekl rügt, nicht die Zivilkammer sei zuständig, sondern die Kammern für Handelssachen, Bre MDR **80**, 410. Wegen des Einspruchs § 340 III 1, 3, § 700.

19   **C. Schiedsgericht,** dazu *Schröder* ZZP **91**, 302: Eine Rüge ist im Fall der Zuständigkeit eines Schiedsgerichts zulässig und erforderlich, § 1032 I, BGH DB **88**, 2302. Diese Vorschrift hat Vorrang vor III, Rn 1. Voraussetzung ist ein schiedsrichterliches Verfahren im Sinn von §§ 1025 ff, mag es auf einer Schiedsvereinbarung oder einer Verfügung nach § 1066 beruhen. Für das arbeitsgerichtliche Verfahren gelten §§ 101 ff ArbGG. Auch der Insolvenzverwalter ist an die vom Schuldner eingegangenen Schiedsvereinbarung gebunden.

Titel 1. Verfahren bis zum Urteil §§ 282, 283

Die *Zuständigkeit* eines gesetzlich eingesetzten Schiedsgerichts gehört nicht hierher, auch nicht die Vereinbarung eines vorherigen gütlichen Ausgleichsversuchs, Grdz 28 vor § 253, ein Gütevertrag oder ein Vereinsschiedsgericht, gegen das die Anrufung der Hauptversammlung zulässig ist, Grdz 28 vor § 253, aM Oldb MDR 87, 414. Die Rüge versagt mit dem Erlöschen der Schiedsvereinbarung, zB infolge Kündigung wegen Armut. Das muß der Kläger beweisen. Sie versagt ebenso mit der Beendigung des schiedsrichterlichen Verfahrens. Denn der Schiedsspruch bewirkt die Rechtskraft. Ein Vergleich gibt die Rüge aus diesem, eine rechtskräftige Unzuständigkeitserklärung bindet bezüglich der Zuständigkeit. **20**

Hat sich der Bekl vor dem Schiedsgericht darauf berufen, daß das ordentliche Gericht zuständig sei, so widerspricht es *Treu und Glauben,* Einl III 54, wenn er in dem darauf folgenden Verfahren vor dem ordentlichen Gericht die Schiedsgerichtsrüge erhebt. Ein ausländischer Schiedsvertrag gibt die Rüge, falls er nach dem anwendbaren Recht wirksam ist, mag der Schiedsspruch im fremden Staat Anerkennung finden oder nicht. Haben die Parteien für das schiedsrichterliche Verfahren deutsches Prozeßrecht vereinbart, so muß das Gericht die Rüge nach deutschem Recht prüfen, BAG NJW 75, 408. Ist der Hauptvertrag wirksam, so greift die Rüge trotzdem durch, wenn das Schiedsgericht über die Wirksamkeit entscheiden muß. **21**

Die Rüge versagt gegenüber einer *einstweiligen Verfügung,* §§ 935 ff. Denn für sie ist immer das Staatsgericht zuständig ist. Eine Schiedsgerichtsklausel kann die Vereinbarung betreffen, das Schiedsgericht solle auch über die Auslegung der Schiedsvereinbarung entscheiden, insbesondere über ihren Umfang. In diesem Fall prüft das ordentliche Gericht nur die Gültigkeit dieser sog Kompetenz-Kompetenzklausel, BGH DB 88, 2302. Die Schiedsgerichtsklausel kann ferner die zur Aufrechnung verwendete Gegenforderung betreffen, § 145 Rn 10, 11, BGH 60, 89. Die Verweisung auf eine Charter Party-Klausel im Konossement kann genügen, Hbg VersR 76, 538. Die Verweisung auf eine noch fehlende Schiedsvereinbarung ist nicht in einen Vorvertrag dazu umdeutbar. Ein Vorvertrag gibt die Rüge, Habscheid KTS 76, 4. Keineswegs darf man dem Bekl zubilligen, die Rüge schon deshalb zurückzuhalten, um sich nicht einen Sieg in der Sache zu verbauen, Ffm MDR 82, 329, aM StJGr § 529 Rn 3 (aber das verstößt dann doch gegen seine Prozeßförderungspflicht, Grdz 12 vor § 128).

D. Kostengefährdung. Eine Rüge ist im Fall der Kostengefährdung erforderlich, § 110 Rn 10, BGH NJW 81, 2646, Ffm NJW 95, 538, Zweibr NJW 95, 538. Eine Klageerweiterung begründet die einmal verwirkte Rüge nicht neu. Erweitert der Kläger die zunächst in geringfügiger Höhe erhobene Klage unverhältnismäßig, so braucht sich der Bekl nicht mit der bisherigen Sicherheitsleistung zu bescheiden. Er muß die Rüge vor der neuen Hauptsacheverhandlung geltend machen. **22**

E. Keine Kostenerstattung. Eine Rüge ist schließlich im Fall der mangelnden Kostenerstattung erforderlich, § 269 IV, BGH JR 87, 332. Es ist keine „Erneuerung des Rechtsstreits", wenn die frühere Klage durch Urteil erledigt war oder wenn die Partei das Rechtsmittel erneuert oder wenn der Kläger die Klage nach einer teilweisen Klagerücknahme wieder erweitert. **23**

8) Verlust des Rügerechts, III. Man muß die folgenden Situationen unterscheiden. **24**

A. Verhandlung zur Hauptsache. Das Rügerecht erlischt mit dem Beginn der Verhandlung des Bekl oder des Klägers zur Hauptsache, III 1, § 39 Rn 6, BGH JR 87, 332. Das gilt in jedem Rechtszug, BGH NJW 85, 744. Also ist eine Erörterung vor der Antragstellung unschädlich. Da III in Wahrheit ohnehin nur diejenigen Rügen erfaßt, auf die der Bekl nach Rn 18–23 verzichten kann, erübrigt sich die entsprechende Beschränkung in § 296 III.

B. Fristablauf. Das Rügerecht erlischt auch mit dem Ablauf einer etwaigen Klagewiderungsfrist, III 2 in Verbindung mit §§ 275 I 1, III, 276 I 2, 277, 697 III 3. Es erlischt also nicht schon mit dem Ablauf einer Erklärungsfrist nach § 273 II Z 1. Dann erfolgt jedoch eine Zurückweisung nach § 296 I. Trotz einer Frist muß die Partei die Rüge spätestens im Termin erheben, selbst wenn er vor dem Fristablauf liegt. Das ergibt sich aus dem Wort „schon" in III 2. In den Fällen Rn 24, 25 erfolgt die Zulassung einer verspäteten Rüge nur nach § 296 II, III, BGH NJW 85, 744. **25**

9) VwGO: Da auch im VerwProzeß für alle Beteiligen die Prozeßförderungspflicht besteht, sind **I u II** als Ergänzung zu den §§ 85 S 2 und 86 IV VwGO entsprechend anzuwenden, § 173 VwGO; ein Verstoß hat aber keine unmittelbaren prozessualen Folgen, KoppSch § 86 Rn 30. Im Asylverfahren gilt § 74 II AsylVfG. **III** ist wegen § 86 I VwGO unanwendbar, vgl § 296 Rn 77. **26**

283 *Schriftsatzfrist für Erklärungen zum Vorbringen des Gegners.* [1] Kann sich eine Partei in der mündlichen Verhandlung auf ein Vorbringen des Gegners nicht erklären, weil es ihr nicht rechtzeitig vor dem Termin mitgeteilt worden ist, so kann auf ihren Antrag das Gericht eine Frist bestimmen, in der sie die Erklärung in einem Schriftsatz nachbringen kann; gleichzeitig wird ein Termin zur Verkündung einer Entscheidung anberaumt. [2] Eine fristgemäß eingereichte Erklärung muss, eine verspätet eingereichte Erklärung kann das Gericht bei der Entscheidung berücksichtigen.

Gliederung

1) **Systematik**, S 1, 2	1	A. Unzumutbarkeit sofortiger Erklärung	6, 7
2) **Regelungszweck**, S. 1, 2	2	B. Verspätung als Ursache	8
3) **Geltungsbereich**, S. 1, 2	3	C. Keine Vertagung	9
4) **Vorbringen des Gegners**, S 1	4	7) **Nachfrist**, S 1	10–13
5) **Rechtzeitigkeit der Mitteilung**, S 2 ...	5	A. Antrag	10
6) **Erklärungsmöglichkeit**, S 1	6–9	B. Anordnung	11, 12
		C. Ablehnung	13

Hartmann 1119

§ 283
Buch 2. Abschnitt 1. Verfahren vor den LGen

8) Umfang der Erklärungspflicht, S 1, 2	14, 15	11) Verhandlungsschluß, S 1, 2		20
9) Einhaltung der Nachfrist, S 2	16–18	12) Entscheidung, S 1, 2		21
10) Nichteinhaltung der Nachfrist, S 2	19	13) *VwGO*		22

Schrifttum: S bei § 296.

1 **1) Systematik, S 1, 2.** Die Vorschrift stellt eine Ergänzung zu den in § 282 Rn 1 genannten Regeln dar. Ihr setzt § 296 a eine Grenze.

2 **2) Regelungszweck, S. 1, 2.** Die Vorschrift soll die Beachtung des Art 103 I GG sichern. Sie durchbricht daher den Grundsatz des § 310 I 1 Hs 1, Stgt NJW **84**, 2539. Sie durchbricht auch den Mündlichkeitsgrundsatz nach Üb 1 vor § 128 zum Nachteil der nicht rechtzeitig vortragenden Partei. Wegen der zahlreichen Rechte und Pflichten des Gerichts, schon vor der mündlichen Verhandlung für einen umfassenden Vortrag beider Parteien zu sorgen und ihn durch Ausschlußfristen zu erzwingen, hat § 283 nur noch eine hilfsweise Bedeutung. Man darf die Vorschrift nicht mit § 277 IV verwechseln, BVerfG FamRZ **91**, 1283. Sie verdrängt keineswegs den § 296, § 296 Rn 1, 44, 48, Stgt NJW **84**, 2538, aM BGH NJW **85**, 1558, BAG NJW **89**, 2214, Köln VersR **89**, 778 (aber dann könnte man § 296 allzu leicht unterlaufen. Er ist eine vorrangige Spezialvorschrift.

Angebliche Unfähigkeit sofortiger Stellungnahme läßt sich leider nur allzu oft beobachten. Manches Gericht verlangt dazu nicht einmal eine ausreichende Erklärung. „Alleinige Sachbearbeitung" ist in einer Sozietät auch an dieser Stelle keineswegs automatisch ein ausreichendes Argument, solange man nicht die wirkliche Verhinderung aller anderen Mitglieder der Sozietät darlegt. Sie sind schließlich auch füreinander tätig. Nicht selten erscheint genau der angeblich absolut verhinderte „Sachbearbeiter" dann noch persönlich vor dem hart gebliebenen Richter. Überarbeitung ist weder beim Gericht noch beim anderen Prozeßbeteiligten stets ausreichend, wenn auch oft genug gerade beim Tüchtigen vorhanden. Auch kurz vor dem Termin kann und muß man wenigstens in Kern noch aufnehmen und durchdenken können, was der Gegner leider erst jetzt vorträgt. Notfalls ist eine gewisse Sitzungspause ein geeignetes Mittel zur Vermeidung einer Nachfrist, die alle nur zu nochmaligem Einarbeiten usw zwingen würde. Auch das sollte man bei der Auslegung mitbeachten.

3 **3) Geltungsbereich, S 1, 2.** Die Vorschrift gilt in allen Verfahren nach der ZPO. Sie ist hauptsächlich dann an wendbar, wenn eine Verspätung genügend entschuldigt worden ist, um dem Gegner das nur dann erforderliche rechtliche Gehör zu sichern, Stgt NJW **84**, 2539. Sie gilt aber auch dann erst, wenn die Verspätung so erheblich ist, daß der Gegner sich trotz seiner erhöhten Pflicht zur sorgfältigen und auf Verfahrensförderung bedachten Prozeßführung nicht bis zur mündlichen Verhandlung nach § 138 II ausreichend äußern kann, BVerfG NJW **80**, 277, Stgt NJW **84**, 2539. Wenn der verspätete Vortrag erst im Verhandlungstermin erfolgt, so mag zwar § 282 den Gegner dazu zwingen, sich je nach der Art und dem Umfang des Vortrags sogleich dazu zu äußern. Dabei mag ein Bestreiten mit Nichtwissen nach § 138 IV unzulässig sein. In solchem Fall kann sich der ProzBev auch nicht auf sein persönliches Nichtwissen berufen, § 85 II.

Es wäre aber eine *glatte Verkennung* der §§ 296, 528, stets einen Antrag nach § 283 für zumutbar zu halten und eine Verzögerung schon deshalb zu verneinen, weil ja nach dem Ablauf der Nachfrist aus § 283 „bloß ein Verkündungstermin nach § 310" notwendig werde, Hamm MDR **86**, 766, Köln FamRZ **86**, 929. Abgesehen davon, daß das Gericht eine fristgerecht nachgereichte Erklärung nach S 2 berücksichtigen muß und daß solche Erklärung einen völlig anderen weiteren Prozeßverlauf einleiten mag, kann schon die Notwendigkeit eines derart erzwungenen besonderen Verkündungstermins eine Verzögerung bedeuten, aM BGH **94**, 213, Mü VersR **80**, 95 (aber das gewünschte Ergebnis darf nicht die Abgrenzung der Voraussetzungen beherrschen). Das Gericht darf auch keinen Antrag anregen, den es sogleich zurückweisen müßte. Vgl auch § 282 II. Angesichts der Wahrhaftigkeitspflicht nach § 138 I hat § 283 besondere Bedeutung. Die Vorschrift darf aber nicht außerhalb von § 128 II zu einem schriftlichen Verfahren führen, Rn 16. Wegen eines Beschlußverfahrens Köln VersR **81**, 559.

4 **4) Vorbringen des Gegners, S 1.** Das ist an sich jede Tatsachenbehauptung und jede Rechtsausführung, jeder Gesichtspunkt im Sinn von § 139 I 1. Denn das Gericht darf danach in auch insofern eine Entscheidung nicht ohne Gelegenheit zur Äußerung treffen, BVerfG **86**, 144, aM BPatG GRUR **04**, 953, ThP 2, ZöGre 2 a (aber Art 103 I GG gilt für jedes Vorbringen). Es kann also zB notwendig sein, wegen des in der mündlichen Verhandlung vom Bekl mit Nachweisen aus der Rspr vorgetragenen Gedankens einer Verwirkung dem Kläger eine Nachfrist zur Überprüfung der Nachweise usw zu gewähren, wenn das Gericht erwägt, die Klage wegen Verwirkung abzuweisen. Wenn aber nicht der Gegner, sondern erst das Gericht einen beachtlichen rechtlichen Gesichtspunkt eingeführt hat, ist § 283 unanwendbar, AG Lübeck WoM **83**, 52. Dasselbe gilt bei Rechtsausführungen des Gegners, die bei zumutbarer Sorgfalt nach § 85 Rn 9 ff nicht wirklich überraschend sein können. Ob dann § 139 anwendbar bleibt, ist eine andere Frage. Nicht hierher gehören der Sachantrag nach § 297 Rn 4 und ein Vorbringen, das man als bloße Erwiderung mithilfe schon genannter Argumente einstufen muß.

5 **5) Rechtzeitigkeit der Mitteilung, S 2.** Ob eine Partei ein Vorbringen nicht rechtzeitig mitgeteilt hat, richtet sich im Anwaltsprozeß zunächst nach § 132, in jedem Fall aber nach den §§ 273 I Z 1, 275 I 1, III, IV, 276 I 2, III, 277, 282. Im Parteiprozeß genügt nur nach Maßgabe dieser Vorschriften ein Vortrag im Termin.

6 **6) Erklärungsmöglichkeit, S 1.** Ob die Partei sich nicht erklären kann, muß das Gericht nach pflichtgemäßem Ermessen prüfen. Dabei muß das Gericht drei Prüfungsschritte vornehmen.

A. Unzumutbarkeit sofortiger Erklärung. Das Gericht muß zunächst klären, ob wirklich keine sofortige Erklärung zumutbar ist. Dabei muß man strenge Anforderungen stellen. Denn die Partei ist längst auf ihre Förderungspflicht aufmerksam gemacht worden und hat unabhängig davon eine gesteigerte Vorbereitungspflicht nach § 282. Das Gericht hat die Pflicht, im Verhandlungstermin mit den Parteien auch

Titel 1. Verfahren bis zum Urteil **§ 283**

einen längeren Schriftsatz oder Vertrag Punkt für Punkt wenigstens im Kern darauf durchzugehen, was es an Neuem enthält und ob bzw weshalb eine sofortige Stellungnahme dem Gegner nicht zumutbar ist. Dabei kommt es grundsätzlich nicht auf den Kenntnisstand des ProzBev an, sondern auf denjenigen der Partei und die ihr vor dem Termin zumutbaren Möglichkeiten der vollständigen und rechtzeitigen Information des ProzBev. Er darf keineswegs grundsätzlich erklären, er könne sich nicht sogleich äußern, unklar BVerfG FamRZ **95**, 1562. Daran ändert auch ein noch so weitverbreiteter Gerichtsgebrauch nichts. Andererseits mag ein überraschend später Hinweis nach § 139 dazu führen, daß sich die Partei nicht sofort erklären kann, BGH MDR **99**, 758 rechts.

Keineswegs darf man mit Hilfe einer *allzu großzügigen Auslegung* des Nichtkönnens im Sinn von S 1 eine der **7** Hauptsünden des Zivilprozesses begünstigen, nämlich die lasche, oberflächliche, in letzter Sekunde stattfindende Terminsvorbereitung. Sie ist leider nicht nur bei manchem Gericht vorhanden, sondern auch gelegentlich bei Anwälten, und zwar wegen § 85 II zu Lasten ihrer Auftraggeber. Dasselbe gilt natürlich erst recht für den Fall, daß eine Partei erst im letzten Moment einen ProzBev beauftragt oder gar einen sog gewillkürten Anwaltswechsel vornimmt, so daß der (jetzige) ProzBev notgedrungen ungenügend informiert auftritt. Flucht in die Anwaltsbestellung oder den Anwaltswechsel wäre ein zu bequemer Weg, alle gesetzlichen und gerichtlichen Versuche der Verfahrensförderung und -beschleunigung zu unterlaufen. Es ist und bleibt vielmehr der Prozeß der Parteien, Grdz 18 vor § 128. Sie mögen um ihr Recht kämpfen und sich auch auf die eine oder andere etwas übergroßzügige mögliche Waffen des Gegners einstellen. Natürlich können Art und Umfang des gegnerischen Vorbringens auch dem sorgfältig vorbereiteten Gegner und dessen ProzBev eine sofortige Stellungnahme unmöglich machen. Ob und inwiefern das aber so ist, läßt sich nur bei einer wenigstens vorläufigen sorgfältigen Erörterung dessen beurteilen, was überhaupt „übrigbleibt". Das gilt auch nach einer Beweisaufnahme, § 370 I, BGH FamRZ **91**, 43. Eine Ausnahme gilt nach einer fremdsprachigen Zeugenerklärung gem § 377 III.

B. Verspätung als Ursache. Das Gericht muß ferner klären, ob wirklich nur die fehlende Rechtzeitig- **8** keit nach Rn 5 und nicht etwa auch oder vor allem ein Mangel der eigenen Überlegung dazu führen, daß die Partei sich nicht sofort erklären kann.

C. Keine Vertagung. Das Gericht muß schließlich klären, ob statt einer bloßen Nachfrist nebst einem ja **9** sogleich zu bestimmenden Verkündungstermin eine Vertagung nach § 227 erforderlich wird. Man darf § 283 nicht mit § 277 IV verwechseln, BVerfG FamRZ **91**, 1283. Nur soweit sie erkennbar schon jetzt unvermeidbar ist, hat diese Maßnahme Vorrang vor einer Nachfrist.

7) Nachfrist, S 1. Die Praxis verfährt oft viel zu großzügig, Rn 2. **10**

A. Antrag. Zunächst ist ein Antrag erforderlich, BVerfG **75**, 310, Deubner NJW **87**, 1585. Man muß ihn im Zweifel vor einer Verfassungsbeschwerde stellen, Einl III 17, BVerfG NJW **93**, 2794. Das Gericht darf der Partei eine Nachfrist also nicht von Amts wegen gewähren. Es darf einen Antrag zwar grundsätzlich anregen und mag auch dazu nach § 139 verpflichtet sein, Naumb RR **94**, 704. Es ist zu solcher Anregung aber keineswegs stets verpflichtet oder auch nur berechtigt. § 139 Rn 66 „Nachfrist", aM Hamm MDR **92**, 186 (aber die Parteiherrschaft gilt auch hier, Grdz 18 vor § 128). Das Gericht darf eine solche Anregung zB dann nicht geben, wenn es einen daraufhin gestellten Antrag doch nicht berücksichtigen dürfte, aM BGH NJW **94**, 214 (aber seine Auffassung paßt nicht zu seinem eigenen Verzögerungsbegriff). Es ist unzulässig, statt eines Antrags auf eine Nachfrist jede Einlassung zu verweigern, KG NJW **83**, 580, Mü VersR **80**, 95, Naumb RR **94**, 704. Wer nur einen Antrag nach § 227 stellt, riskiert, sowohl mit ihm abgewiesen zu werden als auch die Chance der Nachfrist zu verlieren, BVerfG NJW **80**, 277, und beides erst im Urteil zu erfahren. Soweit ein Antrag fehlt, setzt das Gericht einen Verkündungstermin ohne Nachfrist an oder entscheidet sofort bzw am Schluß der Sitzung.

B. Anordnung. Die Bestimmung einer Nachfrist nebst gleichzeitiger Bestimmung eines Verkündungs- **11** termins nach § 310 I ist nur dann wegen Art 103 I GG eine Rechtspflicht des Gerichts, wenn nach seinem pflichtgemäßen Ermessen sämtliche Voraussetzungen Rn 4–9 erfüllt sind und wenn es überhaupt um einen derzeit entscheidungsbedürftigen Punkt geht, Gaier MDR **97**, 1094, aM Schneider MDR **98**, 139 (aber Unerhebliches überhaupt nicht beachtlich, vgl auch § 156). Insofern bedeutet „kann" = muß (es handelt sich um eine bloße Zuständigkeitsregelung). Die Nachfrist wird durch einen Beschluß des Gerichts gesetzt, nicht durch einen solchen des Vorsitzenden, BGH NJW **83**, 2031. Er ergeht in der mündlichen Verhandlung. Daher gibt es gegen sie wie gegen ihre Ablehnung keinen Rechtsbehelf, § 567 I Z 2. Die Fristberechnung erfolgt nach § 222, die Abkürzung oder Verlängerung nach §§ 224 II, 225, und zwar durch das Kollegium, nicht den Vorsitzenden, BGH NJW **83**, 2031.

Im *Anwaltsprozeß* darf und sollte das Gericht einen normalen Kanzleibetrieb des Anwalts berücksichtigen. **12** 3 Arbeitstage können zu kurz sein, erst recht in einer umfangreichen oder schwierigen Sache, BAG DB **82**, 1172. Das Gericht darf aber keine Verzögerungs- oder Störversuche durchgehen lassen, Rn 6, 7, Mü MDR **80**, 148. Es besteht wegen der Fristbedeutung keine Belehrungspflicht, BVerfG **75**, 311. Der Verkündungstermin unterliegt keiner Höchstfrist. Man sollte ihn so legen, daß das Gericht einen fristgemäß eingehenden Schriftsatz noch durcharbeiten kann. Dabei muß beachten, daß zwischen einer Frist ohne einen Zusatz des Eingangs bei der Poststelle genügt und bis zum Eingang bei der Geschäftsstelle der Abteilung Tage vergehen können. Da das Gericht einen fristgemäß eingehenden Schriftsatz berücksichtigen muß, ist eine erhöhte Vorsicht zur Vermeidung einer wegen § 318 irreparablen Fehlentscheidung wegen zu kurzer Zeit zwischen dem Fristablauf und dem Verkündungstermin notwendig. Eine Fehlentscheidung könnte eine Staatshaftung auslösen. Zweckmäßig sollte auch beim AG oder beim Einzelrichter, wo keine Beratung notwendig ist, zwischen dem Fristablauf und dem Verkündungstermin mindestens 1 Woche liegen. Die 3-Wochen-Frist des § 310 I 2 ist zwar hier nicht direkt anwendbar, wohl aber sinngemäß seit dem Ablauf der Nachfrist. Man darf den Verkündungstermin auch nachträglich bestimmen.

C. Ablehnung. Soweit das Gericht eine Nachfrist ablehnt, muß das unverzüglich erfolgen, also im **13** Termin, durch einen Beschluß. Das Gericht darf eine an sich schon im Termin mögliche Entscheidung nicht

§ 283

bis zum Urteilserlaß hinausschieben, Schneider MDR 82, 902. Es sollte sich aber auch nicht gedrängt fühlen, über eine Nachfrist sofort zu entscheiden. Es darf wie muß evtl in einem Verkündungstermin nach § 310 I 1 Hs 1 durch das Urteil zugleich eine Nachfrist ablehnen, wenn sich diese Notwendigkeit nach erneuter Beratung ergibt. Um dem Antragsteller den Erlaß eines Versäumnisurteils gegen sich und damit einen weiteren Vortrag in der Einspruchsfrist zu ermöglichen, sollte das Gericht über einen vor der Stellung eines Sachantrags vorliegenden Antrag nach § 283 soweit ihm zumutbar freilich auch vor der Protokollierung des Sachantrags entscheiden.

14 8) **Umfang der Erklärungspflicht, S 1, 2.** Das Gericht darf die Nachfrist auf eine Erklärung über inhaltlich bestimmte Punkte beschränken. Sonst könnte die Partei unter dem Vorwand, auf einen Nebenpunkt nicht sofort antworten zu können, umfangreiche neue Behauptungen nachschieben und damit das gesamte System der §§ 272–282, 296 unterlaufen, aM BGH 94, 214 (aber das wäre sogar Rechtsmißbrauch, Einl III 54). Eine genaue Eingrenzung im Beschluß ist dringend ratsam. Nur sie gibt dem Gericht die Möglichkeit, aus dem innerhalb der gewährten Nachfrist Eingereichten das „Untergemogelte" unbeachtet zu lassen. Mangels einer Eingrenzung besteht die Nachfrist nur zu allen denjenigen Punkten tatsächlicher und rechtlicher Art, zu denen die Partei im Verhandlungstermin keine Erklärung abgeben konnte, LG Brschw WoM 77, 12.

15 Innerhalb des gewährten Erklärungsumfangs hat die begünstigte Partei die Pflicht, die zuvor noch nicht mögliche Erklärung vollständig und wahrheitsgemäß *nachzuholen,* § 138 I, II. Andernfalls können zB die Rechtsfolgen aus § 138 III, IV eintreten. Das Gericht darf den zum Anlaß einer Nachfrist genommenen Vortrag nicht schon deshalb als verspätet zurückweisen, weil der von ihr begünstigte Gegner ohne Entschuldigung auch in der Nachfrist nicht geantwortet hat. Vielmehr läßt sich die Verspätungsfrage erst auf Grund der Erwiderung beurteilen, Mü VersR 80, 94. Freilich kann sich dabei ergeben, daß eine zunächst verständlicherweise vorsorglich gewährte Nachfrist in Wahrheit objektiv gar nicht notwendig gewesen war. Das in ihr Nachgeschobene bleibt dann unberücksichtigt, wie man überhaupt alles Nachgeschobene zurückweisen muß. Vortrag zu einer Abtretung reicht zB nicht als Vortrag zu einer Prozeßermächtigung, Düss GRUR-RR 05, 283.

16 9) **Einhaltung der Nachfrist, S 2.** Vgl zunächst Rn 1–3. Geht die Erklärung nach Rn 12 fristgemäß ein, also im Zweifel bei der Poststelle des Gerichts, so muß das Gericht sie bei der nächsten Entscheidung berücksichtigen, auch wenn das zu einer erheblichen weiteren Verzögerung usw führt. Ihre Nichtberücksichtigung würde gegen Art 103 I GG verstoßen, Einl III 16, BVerfG 34, 347. Sie kann auch im Fall einer nur irrigen Fehlleitung im Gericht die Berufung entsprechend (jetzt) § 514 II 2 eröffnen, LG Hann RR 89, 382, LG Münst RR 89, 381. Dies gilt natürlich nur, soweit das Gericht eine Stellungnahme erlaubt hatte, Rn 14, BGH FamRZ 79, 573. Haben beide Parteien Nachfristen erhalten, wenn auch nacheinander, so ist das Gericht damit ins schriftliche Verfahren übergegangen, § 128 I, Köln RR 87, 1152, Schlesw SchlHA 83, 182. Dann ist evtl § 156 anwendbar. Das Gericht braucht sich auch keineswegs beiderseitigen Verschleppungsabsichten der Parteien zu unterwerfen. Es braucht daher keineswegs stets beiderseitigen Anträgen stattzugeben.

17 Eine *Wiedereröffnung* kann notwendig werden, wenn die nachgereichte Erklärung eine Klagänderung enthält, § 263, Mü NJW 81, 1106, oder wenn sie eine Gegenerklärung notwendig macht. Denn diese wäre grundsätzlich nicht verwertbar, auch wenn sie vor dem Verkündungstermin eingegangen ist. Keineswegs sieht aber das Gesetz eine solche Gegenerklärung vor, BFH BB 75, 771. Das Abschneiden der Gegenerklärung ist vielmehr gerade der Zweck des § 283, LG Bln MDR 84, 58. Darum sollte die Wiedereröffnung nur dann stattfinden, wenn ohne sie ein Verfahrensfehler eintreten würde, LG Bln MDR 84, 58, oder wenn das Gericht ohne Gegenerklärung nicht weiterkommt.

18 Das Gericht muß die in der Nachfrist eingegangene Erklärung dem Gegner *mitteilen.* Das kann formlos geschehen. Die Unterlassung der Mitteilung ist wegen § 296 a Rn 20, prozessual belanglos. Eine Zurückweisung wegen Verspätung kommt zumindest nach § 296 I auch dann in Betracht, wenn das Gericht dem Gegner eine Frist zur Erklärung auf einen nachgereichten Schriftsatz gesetzt hatte, Düss MDR 85, 417.

19 10) **Nichteinhaltung der Nachfrist, S 2.** Geht die Erklärung nach Rn 12 nicht fristgemäß im Zweifel bei der Poststelle des Gerichts ein, dann kann das Gericht sie bei der nächsten Entscheidung berücksichtigen. Kann bedeutet hier grds nur: darf, keineswegs: muß. Es gibt also ein pflichtgemäßes Ermessen, BVerfG NJW 93, 2794, Fischer NJW 94, 1321, nicht nur eine Zuständigkeitsregelung. Eine Berücksichtigung kommt zB dann in Betracht, wenn das Gericht selbst verfahrensfehlerhaft gehandelt hatte, BGH NJW 00, 143 links, oder wenn die Fristversäumung nur gering war und das Gericht bei der Vorlage der Erklärung noch nicht mit der Beratung oder dem Diktat der Entscheidung begonnen hatte oder wenn fälschlich nur der Vorsitzende und nicht das Kollegium die Frist oder deren Verlängerung bewilligt hatte, BGH NJW 83, 2031, oder wenn eine sonst etwa doch unvermeidbare Wiedereröffnung auf diesem Weg unnötig wird. Das Gericht sollte die Nichtberücksichtigung im Tatbestand oder den Entscheidungsgründen ganz kurz vermerken. § 156 ist auch hier mitbeachtlich, Schneider MDR 86, 905.

20 11) **Verhandlungsschluß, S 1, 2.** Es verschiebt sich nur der Schluß der wie sonst erforderlichen mündlichen Verhandlung nach §§ 136 IV, 296 a, Schlesw SchlHA 86, 91. Der Verhandlungsschluß tritt mit dem Eingang der fristgemäßen Erklärung oder mit dem Fristablauf ein, BGH 152, 305 (auch zu Besonderheiten nach § 26 Z 5 S 1 EGZPO). Daher darf das Gericht eine Entscheidung verkünden, auch wenn das Verfahren später unterbrochen wurde, § 249 III. Es müssen dieselben Richter wie in der mündlichen Verhandlung mitwirken, § 309. Im Sinn von §§ 323, 767 verschiebt sich der Verhandlungsschluß auf das Fristende für denjenigen, dem das Gericht die Einreichung erlaubt hatte, nicht für den Gegner.

21 12) **Entscheidung, S 1, 2.** Die Entscheidung ergeht nicht etwa in einem nunmehr schriftlichen Verfahren. Wäre das Gericht nach Rn 16 in dieses übergegangen, so müßte es jetzt § 128 II beachten. Die Entscheidung kann beliebiger Art sein, auch ein Beweisbeschluß, ThP 7, aM Knöringer NJW 77, 2336 (aber das Gesetz erfaßt gerade auch diese prozeßfördernde Maßnahme).

Titel 1. Verfahren bis zum Urteil § 283, Einf § 284

13) *VwGO*: Das Verfahren des § 283 ist entsprechend anwendbar, § 173 VwGO, BVerwG NJW **95**, 2308, 22 Dolderer DÖV **00**, 404, RedOe § 108 Anm 2, KoppSch § 104 Rn 9.

Einführung vor § 284
Beweis

Schrifttum: *Balzer,* Beweisaufnahme und Beweiswürdigung im Zivilprozeß, 2. Aufl 2005; *Baumgärtel,* Beweisrechtliche Studien, Festschrift der *Rechtswissenschaftlichen Fakultät* ... Köln (1988), 165; *Baumgärtel,* Das Beweismaß im deutschen Zivilprozeß, in: Tagungsbericht 1987 Nauplia, 1991; *Baumgärtel,* Ausprägung der prozessualen Grundprinzipien der Waffengleichheit und der fairen Prozeßführung in zivilprozessualen Beweisrecht, Festschrift für *Matscher* (Wien 1993) 29; *Bender/Nack,* Tatsachenfeststellung vor Gericht, Bd I, II, 2. Aufl 1995; *Berger,* Beweisaufnahme vor dem Europäischen Gerichtshof, Festschrift für *Schumann* (2001) 27; *Brehm,* Die Bindung des Richters an den Parteivortrag und Grenzen freier Verhandlungswürdigung, 1982; *Coester-Waltjen,* Internationales Beweisrecht, 1983; *Eberle,* Zur Rhetorik des zivilprozessualen Beweises, 1989; *Eichele/Klinge,* Das Beweisbuch für den Anwalt, 1997; *Gottwald,* Das flexible Beweismaß im englischen und deutschen Zivilprozess, in: Festschrift für *Henrich,* 2000; *Greger,* Beweis und Wahrscheinlichkeit, 1978; *Huber,* Das Beweismaß im Zivilprozeß, 1983; *Kargados,* Das Beweismaß, in: Tagungsbericht 1987 Nauplia, 1991; *Kemper,* Beweisprobleme im Wettbewerbsrecht, 1992; *Kollhosser,* Das Beweisantragsrecht usw, Festschrift für *Stree* und *Wessels,* 1993; *Leipold,* Beweismaß und Beweislast im Zivilprozeß, 1985; *Leipold,* Wahrheit und Beweis im Zivilprozeß, in: Festschrift für *Nakamura* (1996); *Meyke,* Darlegen und Beweisen, 2. Aufl 2001; *Michel/von der Seipen,* Der Schriftsatz des Anwalts im Zivilprozess, 6. Aufl 2004; *Meyke,* Darlegen und Beweisen im Zivilprozeß, 2. Aufl 2001; *Motsch,* Vom rechtsgenügenden Beweis, 1983; *Motsch,* Einige Bemerkungen zum Beweisrecht usw, Festschrift für *Schneider* (1997) 129; *Musielak/ Stadler,* Grundfragen des Beweisrechts, 1984; *Nagel/Bajons,* Beweis/Preuve/Evidence, Grundzüge des Beweisrechts in Europa, 2003; *Pantle,* Die Beweisunmittelbarkeit im Zivilprozeß, 1991; *Rechberger,* Maß für Maß im Zivilprozeß? Ein Beitrag zur Beweismaßdiskussion, Festschrift für *Baumgärtel* (1990); *Schilken,* Gedanken zum Anwendungsbereich von Strengbeweis und Freibeweis im Zivilverfahrensrecht, Festschrift für *Kollhosser* 2004 (649); *Schneider,* Beweis und Beweiswürdigung, 5. Aufl 1994; *Schneider* MDR **98**, 887 (Üb); *Schöpflin,* Die Beweiserhebung von Amts wegen im Zivilprozeß, 1992; *Sturmberg,* Der Beweis im Zivilprozeß, 1999.

Gliederung

1) Systematik		1	8) Beweisgegenstand	17–22
2) Regelungszweck		2	A. Tatsache: Nachprüfbarkeit durch Dritte	17–19
3) Geltungsbereich		3	B. Innere Tatsache	20
4) Beweisbedürftigkeit		4, 5	C. Juristische Tatsache	21
5) Beweisgrad		6–9	D. Erfahrungssatz	22
A. Strengbeweis		7	9) Beweisantritt	23–26
B. Glaubhaftmachung		8	10) Ausforschungsbeweis	27–31
C. Freibeweis		9	11) Beweismittel	32, 33
6) Beweisrichtung		10–13	A. Arten	32
A. Hauptbeweis		11	B. Benutzungsfreiheit	33
B. Gegenbeweis		12	12) Beweiswürdigung	34, 35
C. Negativbeweis		13	13) *VwGO*	36
7) Streitnähe		14–16		
A. Unmittelbarer Beweis		15		
B. Mittelbarer Beweis		16		

1) Systematik. „Das Wahre ist gottähnlich; es erscheint nicht unmittelbar, wir müssen es aus seinen **1** Manifestationen erraten" (Goethe, Wilhelm Meisters Wanderjahre III, 18. Kap). §§ 284 ff regeln zusammen mit §§ 355 ff das Beweisrecht. Beweis ist eine Tätigkeit des Gerichts und der Parteien, die das Gericht von der Wahrheit oder der Unwahrheit einer Tatsachenbehauptung überzeugen soll, aM Meyke NJW **89**, 2032 (aber das Gericht darf erst auf Grund der Beweisaufnahme zur allein entscheidenden abschließenden Überzeugung kommen, § 286 Rn 16). Oft versteht man auch das Beweismittel oder das Beweisergebnis. Wegen der Freiheit der Rechtswahl Art 14 Übk v 19. 6. 80, BGBl **86** II 810.

2) Regelungszweck. Ziel allen Beweisrechts wie allen Prozeßrechts ist die sachlichrechtlich richtige **2** Entscheidung, Einl III 9. Die Rechtsidee hat freilich mehrere Komponenten. Von ihnen stellt die materielle Gerechtigkeit nur *eine* dar, § 296 Rn 1. Deshalb muß oft die Beweislast entscheiden, Anh § 286, ungeachtet ihrer umstrittenen Rechtsnatur, Anh § 286 Rn 2, 3. Der für den modernen Prozeß so außerordentlich wichtige Grundsatz freier Beweiswürdigung nach § 286 Rn 2 darf nicht zur Schludrigkeit der Beweiserhebung führen.
Anscheinsbeweis nach Anh § 286 Rn 15 ist ein manchmal verlockender, aber oft auch allzu verführerischer „Ausweg", wenn die Durchführung einer vollen Beweisaufnahme mit ihren Mühen und Tücken droht. Er ist andererseits ein elegantes Mittel, mithilfe der nicht allzu strapazierten alltäglichen Lebenserfahrung die Unsicherheiten nicht nur eines Zeugenbeweises zu erübrigen. Bedenkt man, wie schillernd im Grunde auch das übliche Beweismaß der „an Sicherheit grenzenden Wahrscheinlichkeit" bleibt, dann ist weder Scheu noch Leichtfertigkeit erlaubt, wohl aber eine vernünftige ruhige Abwägung der Beweisbedürftigkeit und -methode das richtige Verfahren. Alles das sollte man bei jeder Auslegung mitbedenken.

3) Geltungsbereich. Die Vorschriften über den Beweis gelten voll in allen Verfahrensarten nach der **3** ZPO. Nur diejenigen zur Beweislast nach Anh § 286 gelten eingeschränkt.

Hartmann 1123

Einf § 284 Buch 2. Abschnitt 1. Verfahren vor den LGen

4 **4) Beweisbedürftigkeit.** Das Gericht muß jeden ihm ordnungsmäßig unterbreiteten Zivilprozeßfall entscheiden. Es darf eine Entscheidung niemals mangels genügender Klärung ablehnen. Im Rahmen des Beibringungsgrundsatzes, der Verhandlungsmaxime nach Grdz 20 vor § 128 ist das Gericht verpflichtet, alles zur Klärung Geeignete zu tun. Die Partei hat infolge des Justizanspruchs nach Grdz 1 vor § 253 grundsätzlich auch ein Recht auf Beweis, Habscheid ZZP **96**, 306. Das gilt auch bei sehr großer Unwahrscheinlichkeit der behaupteten Beweisbarkeit, BVerfG NVwZ **87**, 786.

Des Beweises bedarf alles, was nicht unstreitig, anerkannt, § 307, offenkundig, § 291, gesetzlich zu vermuten ist, § 292, ferner alles, was nicht zu unterstellen (zu fingieren) ist, zB § 138 III, IV, oder was man nicht als sog gleichwertiges, also der anderen Partei günstiges Vorbringen des Prozeßgegners bewerten kann, § 138 Rn 19. Die beweispflichtige Partei kann sich nicht mehr auf solche beweisbedürftigen Tatsachen berufen, die sie nicht beweist.

Bei *mehreren* beweisbedürftigen Fragen sollte das Gericht zwar kostenschonend vorgehen. Es darf aber die Prozeßwirtschaftlichkeit nach Grdz 14 vor § 128 auch so beachten, daß es zunächst denjenigen Beweis erhebt, der die weitere Beweisaufnahme erübrigen könnte, selbst wenn er teuer ist, etwa beim Sachverständigen. Hier ist viel Fingerspitzengefühl gefragt. Der weite Ermessensspielraum wegen der Reihenfolge bleibt indes bestehen.

5 *Von Amts wegen* darf das Gericht Beweis erheben, soweit in einem Augenschein besteht oder in der Zuziehung von Sachverständigen, der Heranziehung von Urkunden, in der Vernehmung einer Partei §§ 142, 144, 273, 358 a, 448, oder soweit der Ermittlungsgrundsatz gilt, Grdz 38 vor § 128, namentlich in einer Ehe-, Familien- und Kindschaftssache nach §§ 616, 640 I. Im übrigen muß das Gericht wegen der Parteiherrschaft nach Grdz 18 vor § 128, Habscheid ZZP **96**, 309, von den Parteien Beweisantritt nach Rn 23 erfordern, § 139, BVerfG NJW **94**, 1211. Vgl bei diesen Vorschriften auch wegen gewisser Einschränkungen.

Die Parteien müssen den Beweis nach den Vorschriften der ZPO *erbringen*, ihn führen. In Wahrheit haben sie aber keine prozessuale Pflicht, sondern nur eine Obliegenheit. Deren Nichteinhaltung kann zum Unterliegen führen. Der so häufig mißbrauchte Ausdruck „unter Beweis stellen" bedeutet nicht beweisen, den Beweis erbringen, sondern den Beweis antreten, ihn versuchen, § 282.

6 **5) Beweisgrad.** Nach dem Grad von Anforderungen an die Überzeugungskraft kann man drei Beweisarten unterscheiden.

7 **A. Strengbeweis.** Es gibt den eigentlichen, den vollen Beweis (Strengbeweis), §§ 355 ff. Er bezweckt die volle Überzeugungsbildung des Gerichts, § 286 Rn 16, Kiethe MDR **03**, 782.

8 **B. Glaubhaftmachung.** Es gibt einen geringeren, für gewisse Fälle ausreichenden Beweis, die Glaubhaftmachung, § 294.

9 **C. Freibeweis.** Es gibt den Freibeweis, BGH NJW **87**, 2876 (krit Peters ZZP **101**, 296), Koch/Steinmetz MDR **80**, 901. Das gilt (jetzt) auch nach § 284 S 2–4 namentlich bei der Feststellung der allgemeinen und der besonderen Prozeßvoraussetzungen, Grdz 18 vor § 253, § 56 Rn 4, Knauer/Wolf NJW **04**, 2862, und bei der Feststellung sonstiger von Amts wegen zu prüfenden Tatsachen, Grdz 39 vor § 128, BGH NJW **87**, 2876, KG MDR **86**, 1032, ZöGre 7 vor § 284, aM StJSchu 21 ff vor § 355, ThP 6 vor § 284 (aber das engt das Gericht in der Beweiswürdigung zu sehr ein). Einen Freibeweis gibt es ferner bei der Feststellung eines Erfahrungssatzes nach Rn 22 in gewissen Grenzen im Prozeßkostenhilfeverfahren, § 118, in Verfahrensabschnitten, in denen das Gericht ohne mündliche Verhandlung entscheidet, zB im Beschwerdeverfahren, §§ 567 ff, und bei der Ermittlung ausländischen Rechts, § 293. Wegen amtlicher Auskünfte Üb 32 vor § 373.

10 **6) Beweisrichtung.** Nach der Richtung, die ein Beweis aus der Sicht des jeweiligen Beweisführers erbringen soll, kann man drei Beweisarten unterscheiden.

11 **A. Hauptbeweis.** Es gibt den Hauptbeweis. Er liefert die Tatbestandsmerkmale des anzuwendenden Rechtssatzes. Er ist erst erbracht, wenn das Gericht voll überzeugt ist, § 286 Rn 16, BGH JR **78**, 418. Er ist beim Bestreiten seiner Tatsachen auch dann nötig, wenn Indiztatsachen unstreitig sind, BGH RR **97**, 238. Das Fehlen eines Gegenbeweises reicht natürlich nicht zum Hauptbeweis aus, BAG DB **03**, 724.

12 **B. Gegenbeweis.** Es gibt den Gegenbeweis. Ihn erbringt die Gegenpartei zum Beweise des Gegenteils der Behauptung des Beweisführers. Er ist grundsätzlich erst dann erbracht, wenn das Gericht vom Gegenteil der vom Beweisführer zu erbringenden Tatsache voll überzeugt ist, also nicht schon dann, wenn durch ihn die Überzeugung des Gerichts von der zu beweisenden Tatsache lediglich erschüttert wird, § 418 Rn 9, BVerfG NJW **92**, 225, BGH NJW **90**, 2125, Köln RR **03**, 803, aM BGH VersR **83**, 561 (aber das begünstigt unzulässig den Gegner des Hauptbeweisführers). Der sog „Beweis des Gegenteils" ist Hauptbeweis, wenn er eine gesetzliche Vermutung entkräftet, wie bei § 292, oder Gegenbeweis, zB bei § 445 II, Düss MDR **95**, 959.

13 **C. Negativbeweis.** Es kann zum Haupt- wie zum Gegenbeweis erforderlich sein, das Nichtvorliegen einer Tatsache zu beweisen. Das gilt zB dann, wenn eine anspruchsbegründende oder -vernichtende Vorschrift im Tatbestand das Nichtvorhandensein eines meist subjektiven Umstands voraussetzt, BGH NJW **85**, 1775, BAG NJW **04**, 702.

14 **7) Streitnähe.** Nach dem Grad von Annäherung an die umstrittene tatsächliche beweisbedürftige Behauptung kann man zwei Beweisarten unterscheiden.

15 **A. Unmittelbarer Beweis.** Es gibt den unmittelbaren, direkten Beweis. Er ergibt unmittelbar das Vorliegen der Beweistatsachen.

16 **B. Mittelbarer Beweis,** dazu *Meixner*, Der Indizienbeweis, 1982; *Nack* MDR **86**, 366 (ausf): Es gibt den mittelbaren, indirekten, den Indizienbeweis, BGH RR **02**, 1072, BAG NJW **93**, 613. Er ergibt nur Tatsachen, aus denen der Richter kraft seiner Lebenserfahrung auf das Vorliegen der Beweistatsachen schließt und schließen darf, BGH VersR **98**, 1302. Hilfstatsachen des Beweises nennt man Tatsachen, die der

Würdigung von Beweismitteln oder Indizien dienen, Lange DRiZ **85**, 248, zB die Glaubwürdigkeit oder Unglaubwürdigkeit eines Zeugen dartun, BGH NJW **92**, 1899. Sie sind die Grundlage der Beweiseinreden, § 282. Für diese Fälle gelten die gewöhnlichen Regeln der Beweisführung, BGH RR **88**, 412. Der Richter darf den Antritt eines mittelbaren statt eines unmittelbaren Beweises nicht von vornherein zurückweisen oder unbeachtet lassen, BGH NJW **92**, 1899. Er muß zunächst prüfen, ob der Beweisantritt schlüssig ist, BGH RR **93**, 444. Der Indizienbeweis ist keineswegs von vornherein ungeeignet, BGH RR **90**, 1276, aM LG Bbg VersR **84**, 49 (aber das verstößt gegen den Grundsatz freier Beweiswürdigung). Das gilt, mag sein Beweiswert auch in der Regel nur gering sein, BGH NJW **84**, 2040. Es ist eine Gesamtschau erforderlich, BGH RR **94**, 1113. Das Gericht darf nicht auf Grund eines Indizienbeweises den Hauptbeweisantrag übergehen, BGH RR **02**, 1072.

8) Beweisgegenstand. Man muß vier Aspekte beachten. 17

A. Tatsache: Nachprüfbarkeit durch Dritte. Beweisgegenstand sind nur Tatsachen. Auch Rechtssätze, die wegen Art 20 III GG grundsätzlich nicht der freien Beweiswürdigung unterliegen, zählen im Fall des § 293 zu den Beweistatsachen. Indessen findet dann nicht ein wirklicher Beweis statt, § 293 Rn 6.

Regelmäßig stellt man Tatsachen in Gegensatz zu *Werturteilen* oder Urteilen schlechthin, BVerfG **77**, 362. 18 Dabei bezeichnet BGH NJW **81**, 1562 als Tatsachen „konkrete, nach Zeit und Raum bestimmte, der Vergangenheit oder der Gegenwart angehörige Geschehnisse oder Zustände der Außenwelt und des menschlichen Seelenlebens". Tatsachen als gegenständliche Vorgänge kommen in ihrer Reinheit aber für den Richter nicht in Betracht. Der Mensch nimmt alle gegenständlichen Vorgänge mit den Sinnen auf und verarbeitet sie mit dem Verstand. An ihn selbst, und erst recht wenn sie ihm von einem Dritten, treten sie ausnahmslos in der Form eines Urteils heran. Ob dieses mehr oder weniger gefärbt ausfällt, mehr oder weniger „Werturteil" ist, hängt von gar manchem ab, Köln NJW **98**, 237. Manche stellen darauf ab, ob eine objektive Klärung möglich ist oder ob eine subjektive Wertung ganz im Vordergrund steht, BGH NJW **78**, 751. Andere lassen maßgeblich sein, ob eine Beurteilung als richtig oder falsch erlaubt ist (Tatsache) oder ob noch Streit möglich ist, Tillmann NJW **75**, 761.

Nach richtiger Auffassung ist *Tatsache* jeder äußere oder innere Vorgang, der der Nachprüfung durch 19 Dritte offensteht. Das trifft bei „Werturteilen" zu, wenn sich feststellen läßt, daß die Mehrzahl der anständig und verständig Denkenden denselben Vorgang gleichermaßen würdigt. In der Rechtsprechung herrscht Verwirrung. Die Auslegung eines Rechtsgeschäfts beruht auf einer Urkunde ist keine Tatfrage, sondern immer eine Rechtsfrage. Häufig werden dem Richter Beweistatsachen durch Mittelspersonen, insbesondere Zeugen, zugänglich. Er empfängt dann als Tatsache, was diese Personen als Tatsache beurteilen. Bekundet ein Zeuge die Ermordung eines Menschen, so bekundet er eine Tatsache, besser eine Tatsachenfülle. Behauptet der Zeuge, jemand sei Erbe des Ermordeten, so zieht er einen Schluß aus Tatsachen und gibt damit ein wirkliches Urteil ab. Man muß ein solches Urteil von Tatsachen scharf unterscheiden. Es bezieht sich nicht auf Tatsachen, Vorgänge, sondern auf die Folge eines Vorgangs.

B. Innere Tatsache. Innere Tatsachen nennt man Vorgänge des Seelenlebens im Gegensatz zu äußeren 20 Tatsachen. Zu den inneren Tatsachen gehören Beweggründe, Überlegungen und Willensrichtungen, BVerfG NJW **93**, 2165, BGH NJW **83**, 2035, ferner ein Kenntnisstand, BGH RR **04**, 248. Sie sind mustermäßige „Urteile". Im juristischen Sinne gelten aber Vermutungstatsachen (hypothetische Tatsachen), dh Dinge, die unter bestimmten Voraussetzungen geschehen wären, regelwidrig als Gegenstand des Beweises, BVerfG NJW **93**, 2165, zB daß man jemanden unter gewissen Umständen zum Direktor gewählt hätte oder ein Grundstück erwerben würde, aM LG Ffm RR **86**, 551 (aber dann geht es nicht um einen zukünftig denkbaren Vorgang). Natürlich ist in solchen Fällen Vorsicht bei der Beweiswürdigung ratsam. Zu den inneren Tatsachen gehören auch unmögliche oder unterbliebene (negative). Das Gericht muß prüfen, auf Grund welcher Umstände der Zeuge von der inneren Tatsache Kenntnis erlangt hat, BGH RR **04**, 248.

C. Juristische Tatsache. Solche Tatsachen, besser juristische Urteile, enthalten die rechtliche Beurtei- 21 lung eines Vorgangs als Kauf, Kündigung usw, also eine Einordnung unter Rechtssätze. Sie sind begrifflich keine Beweistatsachen, sondern reine Urteile, Rn 22, Teil der richterlichen Tätigkeit. Eine scharfe Scheidung verbietet aber das praktische Bedürfnis. Man kann mit Rücksicht auf den Bildungsgrad und die Begabung der Mittelsperson und die Einfachheit und Geläufigkeit des Begriffs die Grenze nur von Fall zu Fall ziehen. Ein ganz einfacher, geläufiger Rechtsbegriff kann im Einzelfall Beweistatsache sein, zB ein einfacher Kauf, die Erteilung eines Auftrags, vereinzelt sogar Eigentum. Keine Beweistatsache ist zB der Begriff „höhere Gewalt". Wohl aber ist eine Beweistatsache zB der die höhere Gewalt angeblich auslösende Sturm. Reine Urteile sind auch die sog technischen Tatsachen, dh Schlüsse, die man wegen seiner besonderen Sachkunde aus Vorgängen zieht, wie den Tod infolge einer Körperverletzung oder die Zahlungseinstellung. Für sie gilt dasselbe wie für juristische Urteile. Andere reine Urteile sind prozessual belanglos.

D. Erfahrungssatz, dazu *Konzen,* Normtatsachen und Erfahrungssätze usw, Festschrift für *Gaul* (1997) 22 335: Erfahrungssätze, etwa ein Handelsbrauch, eine Verkehrssitte, ein typischer Ablauf, Anh § 286 Rn 15, sind selbst nicht stets Tatsachen, BGH NJW **156**, 254. Sie sind vielmehr Schlüsse, die man erst aus einer Reihe gleichartiger Tatsachen auf Grund seiner Erfahrung zieht, auch auf Grund fachlicher Erfahrung oder auf Grund einer Meinungsumfrage. Sie gehören also entweder der allgemeinen Lebenserfahrung oder der besonderen Fachkunde an. Der Richter darf und muß sie in jedem Fall einer etwa vorhandenen eigenen Sachkunde entnehmen, BGH NJW **04**, 1164. Diese hängt nicht stets von seiner Zugehörigkeit zum angesprochenen Verkehrskreis ab, BGH **156**, 254. Macht er solches Wissen zur Grundlage seiner Entscheidung, so muß er es den Parteien mitteilen, sofern es außerhalb der allgemeinen Lebenserfahrung liegt, Ffm NJW **86**, 855, außer wenn er sich auf Grund dieses Wissens einem Sachverständigengutachten anschließt. Er kann sein Wissen auch solchen Gutachten entnehmen, die in anderen Akten enthalten sind. Darin liegt ein erlaubter Urkundenbeweis von Amts wegen.

Erfahrungssätze bieten immer nur ein Mittel zur rechtlichen Einordnung der Tatsachen. Sie sind keine Normen, schon weil sie auf Erfahrung beruhen, aM Oestmann JZ **03**, 290 (aber auch ein allgemeiner Rechtsmißbrauch kann leider ein Erfahrungssatz sein). Eine Beweislast für Erfahrungssätze gibt es nicht. Der Richter darf und muß sie von Amts wegen beachten, Grdz 39 vor § 128, Christl NJW **84**, 270, auch wenn sie eine besondere Fachkunde verlangen, falls er sich diese zutraut. Als Rechtssätze zur Beurteilung von Tatsachen sind Erfahrungssätze in der Revisionsinstanz nachprüfbar.

23   **9) Beweisantritt.** Das ist die Einführung eines bestimmten Beweismittels nach §§ 371, 373, 403, 420 ff, 445, 447 durch die Partei in den Prozeß zum Beweis einer bestimmten gleichzeitig oder vorher aufgestellten Behauptung, des Beweissatzes (Beweisthemas). Dessen Genauigkeit hängt nach § 138 I, II vom Gesamtvortrag des Gegners mit ab, BGH MDR **04**, 1016 (krit Wax LMK **04**, 200). Der Beweisführer muß also zB angeben, welcher Zeuge was zu welchem Vorgang genau bekunden soll, § 373 Rn 8. Beweisführer braucht nicht derjenige zu sein, den die Beweislast trifft, BGH NJW **84**, 2039, Stgt MDR **87**, 1035. Der Beweisantritt erfolgt durch einen vorbereitenden Schriftsatz, § 130 Z 5, durch einen mündlichen Vortrag, durch Bezugnahme auf einen Schriftsatz oder durch Vorlage einer Urkunde. Beweisantritt erfolgt also nicht schon durch deren bloße Ankündigung. Das ergibt sich aus dem immer wieder oberflächlich gelesenen § 420 bei genauer Prüfung schon seines Wortlauts. Der Vortrag eines einzelnen Beweisantrags schließt eine stillschweigende Bezugnahme im übrigen nicht stets aus. Es kommt aber auf die Prozeßlage an. Der Beweisführer muß die Beweismittel nach Rn 5 außer beim Sachverständigenbeweis nach § 403 zu jeder Tatsache besonders bezeichnen, BGH **66**, 68 (sonst evtl § 144).

24   Eine völlig *unsubstantiierte* Behauptung ist nicht ausreichend, BGH RR **94**, 378, Köln VersR **77**, 577. Eine bloße Verweisung auf umfangreiche alte Schriftsätze ist bei einer langen Dauer eines verwickelten Prozesses kein Beweisantritt. Entgegen einer weitverbreiteten Unsitte ist auch die bloße Bezugnahme auf eine Bußgeld- oder Strafakte kein ausreichender Beweisantritt. Das gilt selbst dann, wenn der Beweisführer das Aktenzeichen angibt, LG Köln VersR **81**, 245, und wenn die Akte nur einen geringen Umfang hat. Denn es ist insbesondere im Bereich des Beibringungsgrundsatzes nach Grdz 20 vor § 128 nicht die Aufgabe des Gerichts, solche Akte ohne eine nähere Seitenzahlangabe des Beweisführers auf die ihm günstigen Teile zu durchsuchen. Freilich muß das Gericht im Rahmen des Zumutbaren auf den Mangel einer lückenhaften Bezugnahme hinweisen. Es darf aber keine damit zusammenhängende Verzögerung dulden.

25   *Ebensowenig genügt* in der Berufungsinstanz stets eine allgemeine Bezugnahme auf das frühere Vorbringen ohne die Rüge, daß und welche Beweise bisher nicht erhoben worden seien. Das Gericht muß auf eine ungenügende Bezugnahme hinweisen, BVerfG NJW **82**, 1637. Eine Bezugnahme reicht aus, soweit das Vordergericht den Vortrag als unerheblich beurteilte und der Rechtsmittelführer diese Ansicht angreift, BVerfG NJW **74**, 133, oder soweit das Berufungsgericht einen Beweisantritt für erheblich hält, BGH NJW **82**, 581.

26   *Ohne* einen *Beweisantritt* darf das Gericht *keinen Gegenbeweis* erheben. Der Beweisantritt hemmt nicht die Verjährung nach dem BGB, anders als ein Beweissicherungsantrag, § 485.

27   **10) Ausforschungsbeweis**
   Schrifttum: *Chudoba,* Der ausforschende Beweisantrag, 1993; *Müller,* Der Ausforschungsbeweis usw, Zürich 1991; *Stürner,* Die richterliche Aufklärung im Zivilprozeß, 1982.

   Es ist *grundsätzlich unzulässig,* Beweis zur Beschaffung einer beweiserheblichen Tatsache als Grundlage für neue Behauptungen anzutreten, also willkürliche aus der Luft gegriffene Behauptungen aufzustellen, wenn tatsächliche Unterlagen für sie ganz fehlen, BGH NJW **99**, 1407, BAG VersR **00**, 1144, LG Köln NZM **99**, 409. Ebenso unzulässig ist es, Behauptungen aufzustellen, für deren Richtigkeit keine Wahrscheinlichkeit spricht, die nicht im erforderlichen Maß substantiiert sind. Sie sollen vielmehr eine Substantiierung erst ermöglichen, BGH MDR **91**, 689, BAG DB **83**, 292, Baumgärtel MDR **95**, 987. Zu Unrecht meint Gamp DRiZ **82**, 171, es handle sich um ein Scheinproblem. Die hinter dem Ausforschungsbeweisantrag stehende, vom Gesetz mißbilligte Haltung geht oft weit über eine bloß nicht genügend bestimmte Formulierung eines Beweisantrags hinaus. Wegen gewisser Besonderheiten beim selbständigen Beweisverfahren § 485 Rn 2, 12, § 494 Rn 1. Zum internationalen Recht Schlosser ZZP **94**, 369.

28   Das alles gilt auch beim Beweis durch *Zeugen,* BGH RR **87**, 415, oder durch die Gegenpartei. Es gilt aber auch beim *Urkundenbeweis,* etwa beim beliebten Antrag, eine nur generell bezeichnete Unfallakte „beizuziehen", § 420 Rn 3. Es gilt ferner beim *Sachverständigenbeweis,* zB dann, wenn eine Partei noch nicht ausreichende Tatsachen vortragen kann, LG Köln NZM **99**, 404, oder wenn sie mittelbare Tatsachen zurückhält, um sie erst durch den Sachverständigen „ermitteln" zu lassen, oder wenn sich eine Partei der Prüfung ihrer kaufmännischen Fähigkeit durch den Sachverständigen unterziehen soll. Denn diese dient der Beschaffung des tatsächlichen Materials gegen sie. Es gilt schließlich im *selbständigen Beweisverfahren* nach §§ 485 ff, Düss JB **92**, 426.

29   Jede Partei steht zwar unter der *Wahrhaftigkeitspflicht.* Aber niemand braucht seinem Gegner die Waffen in die Hand zu geben, § 138 Rn 21, BGH **93**, 205. Der Richter braucht auch nicht einer ohne jede Grundlage ins Blaue aufgestellten Behauptung nachzugehen, BGH NJW **86**, 247. Er kann den Beweisführer vielmehr zur Darlegung der Erkenntnisquelle der Beweisbehauptung auffordern. Er darf den Erlaß eines Ausforschungsbeweisbeschlusses ablehnen bzw einfach unterlassen. Der ersuchte Richter darf dessen Ausführung ablehnen, § 158 II GVG (verbotene Handlung). Freilich braucht sich der nicht Beweispflichtige auch nicht ins Blaue zu verteidigen.

30   Die Partei behauptet aber *nicht ins Blaue,* wenn sie lediglich imstande ist, eine zunächst nur vermutete Tatsache als Behauptung einzuführen, BGH NJW **96**, 3150, Düss RR **88**, 1529, Demharter FamRZ **85**, 235. Das gilt auch dann, wenn die Partei zB einen Antrag auf Einholung eines Blutgruppengutachtens oder eines erbbiologischen Zusatzgutachtens nach § 372 a Rn 6 ff damit begründet, daß ein Dritter der Kindesmutter in der Empfängniszeit beigewohnt habe und das Kind nicht die geringste Ähnlichkeit mit dem Beweisführer habe, oder wenn die Partei die Glaubwürdigkeit der Kindesmutter bestreitet und darum bittet, diese Glaubwürdigkeit durch das beantragte Gutachten überprüfen zu lassen, § 372 a Rn 2.

Zulässig ist demgemäß auch der Beweisantritt, daß die Kindesmutter allgemein einem außerehelichen 31
Geschlechtsverkehr leicht zugänglich sei, sofern dafür ein gewisser Anhalt besteht. Zulässig ist die Vernehmung eines Lotterieeinnehmers darüber, ob er ein Los auf eigene oder fremde Rechnung gespielt habe. Kein Ausforschungsbeweis liegt vor, wenn gewisse Umstände wahrscheinlich machen, daß sich das Behauptete aus Akten ergeben kann, die das Gericht heranziehen soll. Für den Abstammungsprozeß gilt § 640 Rn 11. Der Beweisführer braucht überhaupt nicht bereits beim Beweisantritt das behauptete Ergebnis wahrscheinlich zu machen. Denn das wäre eine verfrühte Beweiswürdigung, Mü OLGZ **79**, 355.

11) Beweismittel. Die Möglichkeiten sind zahlreich. 32

A. Arten. Beweismittel im Sinne des § 282 sind die im Titel 6–10 des Buchs 2 der ZPO geregelten, nämlich Augenschein, Zeugen, Sachverständige, Urkunden, Parteivernehmung. Dazu tritt die amtliche Auskunft, Üb 32 vor § 373. Wegen einer Tonaufzeichnung usw Üb 11 vor § 371.

Keine Beweismittel sind das gerichtliche Geständnis nach § 288 Rn 1 ff und das außergerichtliche Geständnis, das ein bloßes Indiz ist, Rn 16. Andere Erkenntnisquellen als die genannten sind nur bei Erfahrungssätzen, Rn 22, Rechtssätzen, Offenkundigkeit zulässig.

B. Benutzungsfreiheit. Beweisfragen unterliegen der Parteiherrschaft, Grdz 18 vor § 128. Ihr unter- 33
liegen außer dem Sachverständigen- und dem Augenscheinsbeweis alle Beweismittel, soweit nicht die Parteiherrschaft gesetzlich beschränkt ist, wie im Eheverfahren. Die Wahrhaftigkeitspflicht nach § 138 zwingt keine Partei dazu, ihr Vorbringen zu beweisen. Die ZPO gibt jeder Partei das Recht, auf Beweismittel des Gegners zu verzichten. Darum dürfen die Parteien beliebige Tatsachen dem Beweis entziehen oder einzelne Beweismittel durch Vereinbarung ausschließen. Insofern darf das Gericht keinerlei Beweis erheben, Schultze NJW **77**, 412. Wegen eines Beweisvertrags Anh § 286 Rn 7.

12) Beweiswürdigung. Die fast unlösbare Aufgabe des Richters ist es, in dem ihm übermittelten 34
Trugbild angeblicher Tatsachen die wahren Umrisse, den wirklichen Vorgang zu erkennen, Rn 1. Dazu muß er Fehlerquellen möglichst ausscheiden und auf einer reichen Lebenserfahrung aufgebaute Schlüsse fast hellseherisch ziehen. Er darf sich dabei notfalls technischer Gehilfen, der Sachverständigen, bedienen. Über sachverständige Zeugen § 414. Weiteres bei § 286. Die freie Beweiswürdigung ist ein Kernstück des neuzeitlichen Zivilprozesses. Sie ist sein größter Fortschritt gegenüber dem Gemeinen Prozeß. Sie ist der notwendige Ausgleich der nicht hoch genug zu veranschlagenden Mangelhaftigkeit fast jeder Beweiserhebung. Sie gilt ausnahmslos, soweit nicht § 286 II eingreift. Die Vorschriften über die Beweiswürdigung sind zwingendes öffentliches Recht. Sie sind daher der Parteivereinbarung entzogen.

Das *Berufungsgericht* prüft die Beweiswürdigung in grundsätzlich freier Würdigung nach. Das Revisionsge- 35
richt prüft nur auf gesetzliche Anwendung des Würdigungsrechts. Dieses ist entweder durch die gesetzwidrige Beschaffung der Grundlage der Entscheidung verletzt, zB durch eine unzulässige Ablehnung einer Zeugenvernehmung, oder durch falsche Schlüsse aus den Grundlagen.

13) VwGO: *Da der Ermittlungsgrundsatz gilt, § 86 I VwGO, werden alle Beweise von Amts wegen erhoben, vgl* 36
Geiger BayVBl **99***, 321; den Umfang der Beweisaufnahme bestimmt das Gericht nach pflichtgemäßem Ermessen ohne Bindung an das Vorbringen. Demgemäß hat keiner der Beteiligten den Beweis zu „führen", Rn 23 ff (formelle Beweislast), BVerwG NJW* **81***, 1389,* **52***, 260, Grunsky § 41 II 1 mwN, abw Baur, Festschr Bachof, 1984, S 285–288. Im übrigen gelten die vorstehend dargelegten Grundsätze sinngemäß auch im VerwProzeß; für das AsylVerf s § 74 II AsylVfG.*

284 Beweisaufnahme.

¹ **Die Beweisaufnahme und die Anordnung eines besonderen Beweisaufnahmeverfahrens wird durch die Vorschriften des fünften bis elften Titels bestimmt.** ² **Mit Einverständnis der Parteien kann das Gericht die Beweise in der ihm geeignet erscheinenden Art aufnehmen.** ³ **Das Einverständnis kann auf einzelne Beweiserhebungen beschränkt sein.** ⁴ **Es kann nur bei einer wesentlichen Änderung der Prozesslage vor Beginn der Beweiserhebung, auf die es sich bezieht, widerrufen werden.**

Vorbem. S 2–4 angefügt dch Art 1 Z 9 des 1. JuMoG v 24. 8. 04, BGBl 2198, in Kraft seit 1. 9. 04, Art 14 S 1 des 1. JuMoG, ÜbergangsR Einl III 78.

1) Systematik, Regelungszweck. Die Beweisaufnahme erfolgt nach den §§ 355–455. Die Frage, ob ein 1
förmlicher Beweisbeschluß notwendig ist, wird in den §§ 358–360 geregelt. Angesichts des Freibeweises nach Einf 9 vor § 284 kann man die Verweisung in § 285 nicht als abschließend bewerten. Das gilt erst recht nach S 2–4. Das danach formell erforderliche und nur bedingt widerrufliche Eingeständnis der Parteien hat angesichts des unveränderten § 286 mit seinen längst geltenden Freiheiten der Überzeugungsbildung keine nennenswerte Bedeutung. Es kann zB nur eine formlose ergänzende Zeugenbefragung erleichtern. S 2 gilt auch bei einer von Amts wegen zu prüfenden Voraussetzung, (zum alten Recht) BGH NJW **90**, 1735. Freilich muß das Gericht gerade dann im Ergebnis voll überzeugt sein, Grdz 39 vor § 128. Das alles gilt nicht bei dem nach § 295 II Unverzichtbaren, Fölsch MDR **04**, 1030.

2) VwGO: *Neben §§ 96 und 97 VwGO gelten nach § 98 VwGO entsprechend die §§ 358–444 und 450–494.* 2

285 Verhandlung nach Beweisaufnahme.

¹ **Über das Ergebnis der Beweisaufnahme haben die Parteien unter Darlegung des Streitverhältnisses zu verhandeln.**

II **Ist die Beweisaufnahme nicht vor dem Prozessgericht erfolgt, so haben die Parteien ihr Ergebnis auf Grund der Beweisverhandlungen vorzutragen.**

§ 285

Buch 2. Abschnitt 1. Verfahren vor den LGen

Gliederung

1) Systematik, I, II 1	5) Außerprozeßgerichtliche Beweisaufnahme, II 7, 8
2) Regelungszweck, I, II 2	A. Grundsatz: Vortrag des Beweisergebnisses 7
3) Geltungsbereich, I, II 3	B. Ausnahmen 8
4) Verhandlung, I 4–6	6) Verstoß, I, II 9
A. Übliche Sorgfalt 4	7) VwGO 10
B. Erneute Erörterung des Sach- und Streitstands 5	
C. Säumnisverfahren 6	

1 **1) Systematik, I, II.** Während § 284 und die in ihm in Bezug genommenen Vorschriften die Beweisaufnahme regeln, bestimmt § 285 zusammen mit § 279 III als notwendiges und leider nicht selten mißachtetes Zwischenstadium die Erörterung der Beweisergebnisse mit den Parteien, bevor dann §§ 286 ff zur Beweiswürdigung überleiten.

2 **2) Regelungszweck, I, II.** Gelegenheit zur Äußerung über das Beweisergebnis müssen die Parteien erhalten. Das gilt schon wegen Artt 2 I, 20 III GG (Rpfl), BVerfG **101**, 404, Art 103 I GG (Richter), Einl III 16, BGH NJW **90**, 122, Bbg FER **99**, 99, Schneider MDR **92**, 827. § 279 III verpflichtet das Gericht deshalb auch schon wegen § 529 I zur Erörterung des Beweisergebnisses mit den Parteien unter Darlegung seiner vorläufigen Beweiswürdigung, natürlich vorbehaltlich der Schlußberatung. § 285 gibt ihnen das Recht, ihre Auffassung über das Beweisergebnis darzulegen, Beweiseinreden, auch des Beweisführers selbst, vorzubringen und Gegenbeweis oder neuen Beweis anzutreten, Walker Festschrift für Schneider (1997) 167. Darum verlangt er eine mündliche Verhandlung der Parteien über das Beweisergebnis nach § 279 III, bei der sie den jetzigen Streitstand erörtern können, nicht müssen, Schneider MDR **01**, 781. Diese Verhandlung setzt die durch die Beweisaufnahme unterbrochene Verhandlung fort. Sie soll grundsätzlich unmittelbar nach der Beweisaufnahme in demselben Termin stattfinden, § 370 I, BGH FamRZ **91**, 43. Sie bildet mit ihr eine Einheit, Üb 3 vor § 253. Daher braucht man die schon gestellten Anträge nicht zu wiederholen, BGH **63**, 95. Das Gericht darf abgesehen von den Fällen der Säumnis nach Rn 5 in seiner Entscheidung kein Beweisergebnis verwerten, über das die Parteien nicht verhandeln konnten, Schneider MDR **92**, 827.

Vielfältige Folgen kann das Beweisergebnis auch für das weitere prozessuale Verhalten aller Beteiligten haben. Es läßt sich nur nach den Gesamtumständen des Einzelfalls beurteilen, ob und welche weiteren oder erstmaligen Beweismittel verständigerweise jetzt angeboten, erhoben oder zurückgewiesen werden müssen, ob jetzt erst Widerklage, Hilfsantrag, Verweisung, Abgabe, Nachfrist usw infrage kommen und ob dazu Vertagung ratsam oder notwendig wird. Alles das muß man bei der Art und dem Umfang der „Verhandlung" nach I oder des „Vortrags" nach II mitbeachten. Die Vorschrift darf aber keine Trödelei erlauben.

3 **3) Geltungsbereich, I, II.** Die Vorschrift gilt in allen Verfahrensarten nach der ZPO. Im FGG-Verfahren ist I unanwendbar, BayObLG **90**, 179.

4 **4) Verhandlung, I.** Man darf ihre Bedeutung wegen § 286 nicht unterschätzen.

A. Übliche Sorgfalt. Es gelten natürlich zur Frage des „Könnens" im Sinn von Rn 2 die üblichen Sorgfaltsmaßstäbe, Schneider MDR **92**, 827. Im übrigen muß die Partei selbst bei gegnerischen Betriebsgeheimnissen auch im Anschluß an die Möglichkeit der Teilnahme an einer Beweisaufnahme nach § 357 Rn 4 über diese verhandeln dürfen. Man muß die Vorschrift auch bei einer Wiederholung der Beweisaufnahme beachten. Wenn die Beweisaufnahme unmittelbar vorangeht, ist der Vortrag ihres Ergebnisses grundsätzlich entbehrlich. Wenn aber zB ein Sachverständiger ein Gutachten nur mündlich, dafür aber außerordentlich ausführlich erstattet, muß das Gericht einer nicht sachkundigen Partei die Gelegenheit geben, nach der Vorlage des Protokolls nochmals Stellung zu nehmen, BGH FamRZ **91**, 45. Bei einer früheren Beweisaufnahme genügt regelmäßig ein Parteibericht, Üb 5 vor § 253. Es ist zumindest ratsam, einen Hinweis auf die Verhandlung nach § 285 in das Protokoll aufzunehmen, strenger BGH NJW **90**, 122 (er sei nach § 160 II auch notwendig).

Der *Bezug* auf einen Schriftsatz oder auf das Protokoll richtet sich nach § 137 III. Der Vorsitzende muß auf einen geeigneten Vortrag hinwirken, § 139. Im schriftlichen Verfahren nach § 128 II muß man entsprechend vorgehen. Am besten setzt das Gericht dann eine Erklärungsfrist, wenn es die Beweisergebnisse mitteilt. Die Ablehnung eines Antrags, einen beweiswürdigenden Schriftsatz nachreichen zu dürfen, ist grundsätzlich kein Verstoß gegen Art 103 I GG, Einl III 16, BGH FamRZ **91**, 43, aM Schneider MDR **92**, 827 (aber man darf auch ein weitgefaßtes Gehör nicht endlos ausdehnen. In aller Regel ist eine sofortige Würdigung zumutbar).

5 **B. Erneute Erörterung des Sach- und Streitstands.** Während § 285 die Erörterung des Ergebnisses gerade der Beweisaufnahme regelt, schreibt § 279 III eine erneute Erörterung des übrigen Sach- und Streitstands nach der Beweisaufnahme vor. In der Praxis lassen sich diese beiden Erörterungsarten freilich oft kaum trennen.

6 **C. Säumnisverfahren.** Wenn das Gericht den Termin gleichzeitig zur Beweisaufnahme und zur mündlichen Verhandlung angesetzt hat, gilt: Bei Säumnis *einer* Partei wird die Beweisaufnahme nach Möglichkeit durchgeführt, § 367. Dann ergeht auf Antrag eine Versäumnisentscheidung in der Sache, §§ 330, 331, 331 a. Das gilt aber natürlich nur, wenn die Partei überhaupt noch keinen Sachantrag gestellt hat. Wenn sie dagegen zu Beginn des Termins streitig verhandelt hat und nun nach der Beweisaufnahme „keinen Antrag stellt", ist das keine Säumnis, sondern Verzicht auf weitere Ausführungen nach Erhalt des Gehörs. Bei Säumnis *beider* Parteien findet die Beweisaufnahme ebenfalls wenn möglich statt. Dann werden Vertagung, das Ruhen oder eine Entscheidung nach Aktenlage beschlossen. Bei ihr darf und muß das Gericht das Beweisergebnis verwerten, § 251 a.

Titel 1. Verfahren bis zum Urteil §§ 285, 286

5) Außerprozeßgerichtliche Beweisaufnahme, II. Ein Grundsatz hat Ausnahmen. 7
A. Grundsatz: Vortrag des Beweisergebnisses. Nach einer Beweisaufnahme vor dem beauftragten oder ersuchten Richter oder im Ausland oder vor demjenigen Einzelrichter oder Vorsitzenden der Kammer für Handelssachen, der nur vorbereitend tätig und deshalb nicht Prozeßgericht war, §§ 361, 362, 372 II, 375, 402, 434, 451, § 157 GVG, müssen die Parteien das Ergebnis auf Grund der Beweisverhandlungen vortragen, falls nicht verzichtet wird. Eine Säumnis oder ein Nichtstellen des Sachantrags bleiben erlaubt, BGH NJW **04**, 1733 (natürlich mit deren Folgen). Dabei genügt eine auch stillschweigende Bezugnahme auf das Protokoll, auf ein Gutachten oder auf eine schriftliche Auskunft. Dasselbe muß bei einer Beweisaufnahme vor einem anderen Kollegium gelten. Das Verfahren läuft im übrigen wie bei I ab. In der Praxis übernimmt der Vorsitzende den Vortrag für die Parteien. Er ist aber dazu nicht verpflichtet.

Unverwertbar ist der persönliche Eindruck des vernehmenden verordneten Richters, wenn er ihn nicht im Vernehmungsprotokoll festgelegt hat, § 355 Rn 6. Dasselbe gilt nach einem Richterwechsel, § 355 Rn 7.

B. Ausnahmen. Bei einem Amtsbeweis § 144 oder beim Beweis über Punkte, die das Gericht von Amts 8 wegen nach Grdz 39 vor § 128 beachten muß, ist der Vortrag nach II unnötig. Bei einer Verwertung der Ergebnisse eines selbständigen Beweisverfahrens gilt § 493 II.

6) Verstoß, I, II. Ein Verstoß gegen I oder II ist ein Verfahrensfehler, BGH FER **01**, 176, Kblz RR **91**, 9 1087. Er kann nach § 295 heilen, BGH **63**, 95, ZöGre 4, aM ThP 2 (aber man kann im Bereich der Parteiherrschaft sogar auf jeden Beweis als Gegner verzichten). Ein Verstoß begründet ein Rechtsmittel, auch Revision. Er erlaubt aber nicht stets eine Verfassungsbeschwerde, BVerfG **67**, 95, BGH FamRZ **91**, 43, aM Schneider MDR **92**, 827.

7) *VwGO: I* gilt in dem Sinne, daß die Beteiligten Gelegenheit erhalten müssen, sich zu den Beweisergebnissen zu 10 *äußern, weil andernfalls das Urteil nicht auf sie gestützt werden darf, § 108 II VwGO. II ist unanwendbar, weil das Gericht das Ergebnis einer Beweisaufnahme vor dem beauftragten oder ersuchten Richter von Amts wegen zum Gegenstand der Verhandlung macht, § 103 II VwGO.*

286 *Freie Beweiswürdigung.* ¹¹ Das Gericht hat unter Berücksichtigung des gesamten Inhalts der Verhandlungen und des Ergebnisses einer etwaigen Beweisaufnahme nach freier Überzeugung zu entscheiden, ob eine tatsächliche Behauptung für wahr oder für nicht wahr zu erachten sei. ² In dem Urteil sind die Gründe anzugeben, die für die richterliche Überzeugung leitend gewesen sind.

II An gesetzliche Beweisregeln ist das Gericht nur in den durch dieses Gesetz bezeichneten Fällen gebunden.

Schrifttum: *Balzer,* Beweisaufnahme und Beweiswürdigung im Zivilprozeß, 2. Aufl 2005; *Baumgärtel,* Beweisrechtliche Studien, Festschrift der *Rechtswissenschaftlichen Fakultät . . . Köln* (1988) 165; *Bender,* Merkmalskombinationen in Aussagen usw, 1987; *Bender/Nack,* Vom Umgang der Juristen mit der Wahrscheinlichkeit, in: Festschrift für die *Deutsche Richterakademie* (1983) 263; *Bender/Nack,* Tatsachenfeststellung vor Gericht, Bd I, II, 2. Aufl 1995; *Brehm,* Die Bindung des Richters an den Parteivortrag und Grenzen freier Verhandlungswürdigung, 1982; *Deppenkemper,* Beweiswürdigung als Mittel prozessualer Wahrheitserkenntnis usw, 2004; *Englisch,* Elektronisch gestützte Beweisführung im Zivilprozeß usw, 1999; *Fuchs,* Das Beweismaß im Arzthaftungsprozess, 2005; *Habscheid,* Beweislast und Beweismaß – en kontinentaleuropäischer und angelsächsischer Rechtsvergleich, Festschrift für *Baumgärtel* (1990) 105; *Heilmann,* Kindliches Zeitempfinden und Verfahrensrecht, 1998; *Huber,* Das Beweismaß im Zivilprozeß, 1983; *Kodek,* Rechtswidrig erlangte Beweismittel im Zivilprozeß, Wien 1988 (rechtsvergleichend); *Koussoulis,* Beweismaßprobleme im Zivilprozeßrecht, Festschrift für *Schwab* (1990) 277; *Lampe,* Richterliche Überzeugung, Festschrift für *Pfeiffer* (1988) 353; *Leipold,* Beweismaß und Beweislast im Zivilprozeß, 1985; *Leipold,* Wahrheit und Beweis im Zivilprozeß, in: Festschrift für *Nakamura* (1996); *Lepa,* Beweislast und Beweiswürdigung im Haftpflichtprozeß, 1986; *Matscher,* Mangel der Sachverhaltsfeststellung, insbesondere der Beweiswürdigung und Verletzung von Verfahrensgarantien im Licht der EMRK, Festschrift für *Gaul* (1997) 435; *Motsch,* Vom rechtsgenügenden Beweis, 1983; *Musielak,* Hilfen bei Beweisschwierigkeiten im Zivilprozeß, Festgabe 50 Jahre Bundesgerichtshof (2000) 193; *Musielak/Stadler,* Grundfragen des Beweisrechts, 1984; *Motsch,* Einige Bemerkungen zum Beweisrecht usw, Festschrift für *Schneider* (1997) 129; *Nell,* Wahrscheinlichkeitsurteile in juristischen Entscheidungen, 1983; *Nierhaus,* Beweismaß und Beweislast – Untersuchungsgrundsatz und Beteiligtenmitwirkung im Verwaltungsprozeß, 1989; *Perband,* Der Grundsatz der freien Beweiswürdigung im Zivilprozeß (§ 286 ZPO) in der Rechtsprechung des Reichsgerichts, 2003; *Peters,* Richterliche Hinweispflichten und Beweisinitiativen im Zivilprozeß, 1983; *Prütting,* Gegenwartsprobleme der Beweislast (1983) § 8; *Rechberger,* Maß für Maß im Zivilprozeß? Ein Beitrag zur Beweismaßdiskussion, Festschrift für *Baumgärtel* (1990) 471; *Schneider,* Beweis und Beweiswürdigung, 5. Aufl 1994; *Schneider* MDR **98**, 999 (Üb); *Schwab,* Das Beweismaß im Zivilprozeß, Festschrift für *Fasching* (1988) 451; *Stürner,* Die richterliche Aufklärung im Zivilprozeß, 1982; *Walter,* Freie Beweiswürdigung, 1979.

Gliederung

1) Systematik, I, II	1	B. Berücksichtigung des gesamten Streitstoffs	13–15
2) Regelungszweck, I, II	2	C. Überzeugungsbildung	16–19
3) Geltungsbereich, I, II	3	D. Begründungspflicht	20, 21
4) Freie Beweiswürdigung, I	4–23	E. Verhandlungsinhalt	22
A. Freiheit der Überzeugungsbildung	4–12	F. Privatwissen	23

§ 286

Buch 2. Abschnitt 1. Verfahren vor den LGen

5) **Erschöpfung der Beweismittel, I**	24–26	J. Abstammungsprozeß	41–44
6) **Ablehnung eines Beweismittels, I**	27–49	K. Verschwiegenheitspflicht	45
A. Erwiesenheit, Offenkundigkeit, Unstreitigkeit	28	L. Verspätung	46
B. Unerheblichkeit	29	M. Gesetzliche Beweisregel	47
C. Wahrunterstellung	30	N. Rechtskräftige Feststellung	48
D. Unzulässigkeit, Unerreichbarkeit, Ungeeignetheit, Ungenauigkeit (Ausforschung)	31–34	O. Weitere Einzelfragen	49
		7) **Sachverständigenbeweis, I**	50–62
E. Erwiesenheit des Gegenteils	35	8) **Urkundenwürdigung, I**	63–70
F. Unglaubwürdigkeit	36	A. Freie Beweismittelwahl	63
G. Verwandtschaft, Gesellschaftsbeteiligung usw	37	B. Würdigung anderer Akten	64–67
H. Auswärtiger Zeuge	38	C. Rechtswidrig erlangte Urkunde	68
I. Unwirtschaftlichkeit	39, 40	D. Verhältnis zum Zeugenbeweis	69, 70
		9) **Gesetzliche Beweisregeln, II**	71
		10) **VwGO**	72

1 1) **Systematik, I, II.** Über die Beweiswürdigung im allgemeinen Einf 1 vor § 284.

2 2) **Regelungszweck, I, II.** Der Grundsatz der freien Beweiswürdigung nach Rn 4 ist als eine der wichtigsten Errungenschaften des modernen Prozeßrechts auch Zweck des § 286, selbst wenn gewisse gesetzliche Beweisregeln aus Gründen der Praktikabilität bestehengeblieben sind, II. In den vom Gebot des rechtlichen Gehörs nach Artt 2 I, 20 III GG (Rpfl), BVerfG **101**, 404, Art 103 I GG (Richter), Einl III 16, BVerfG RR **01**, 1006, wie vom Verbot der Willkür nach Einl III 21 gezogenen Grenzen soll das Gericht eben wirklich nur dem Gesetz und seinem Gewissen unterworfen sein, Art 97 I GG. Das gilt auch und gerade bei der Feststellung der entscheidungserheblichen Tatsachen. Das wird bei der oft reichlich engen Handhabung von Durchführungsvorschriften wie etwa dem § 398 bedauerlicherweise übersehen. Freilich ist der – auch wiederholte – persönliche Eindruck von einer Beweisperson usw zur wirklich freien Würdigung meist so notwendig, daß man vor zu großzügiger Handhabung des § 286 auch insoweit warnen muß.

3 3) **Geltungsbereich, I, II.** Die Vorschrift gilt in allen Verfahrensarten nach der ZPO, auch im arbeitsgerichtlichen Verfahren, § 46 II 1 ArbGG, und im FGG-Verfahren, BayObLG FER **97**, 173.

4 4) **Freie Beweiswürdigung, I.** „Was ist Wahrheit?" (Joh **18**, 38). Die Freiheit des Gerichts bei der Beweiswürdigung ist eine der wichtigsten Errungenschaften des heutigen Prozeßrechts. Sie hat auch im Zivilprozeß eine zentrale Bedeutung.

    A. Freiheit der Überzeugungsbildung. Das Gericht entscheidet, abgesehen von den Fällen einer gesetzlichen Vermutung oder Beweisregel, im gesamten Prozeßrecht auch zB bei den Prozeßvoraussetzungen nach Grdz 12 vor § 253 nach freier Überzeugung, ob eine tatsächliche Behauptung wahr ist oder nicht, BGH RR **88**, 524, Britz ZZP **110**, 90. Das gilt in Wahrheit unabhängig von dem etwaigen Einverständnis der Parteien nach § 284 S 3–5, Rn 1. Das Gericht steht in der Würdigung des Prozeßstoffs auf dessen Beweiswert völlig frei da. Dabei entscheiden die Verknüpfung von Denken und Fühlen sowie Intuition, Scherzberg ZZP **117**, 184. Daran sollten auch nicht die verbreiteten Verkümmerungen in der Praxis der Bewertung von Zeugenaussagen etwas ändern, die Reinecke MDR **86**, 636 mit Recht beklagt. Es ist aber auch erforderlich, daß das Gericht vorher die Parteien von allem für sie Wissenswerten in Kenntnis gesetzt hat, zB auch davon, daß der Zeuge erklärt hat, er könne eine vollständige Aussage erst nach Einsicht in seine Unterlagen machen, wenn das Gericht diese Einsicht für nicht erforderlich gehalten hat. Es gehört zu den Rechten und Pflichten des Gerichts, die Glaubwürdigkeit grundsätzlich selbst zu beurteilen. Das Gericht darf zB einem 7jährigen Zeugen glauben, AG BergGladb WoM **94**, 193. Nur ausnahmsweise wird es ratsam sein, zB einen Aussagepsychologen heranzuziehen, BVerwG NJW **85**, 757.

5 Das Gericht darf eine Tatsache *ohne jede Beweisaufnahme* für wahr halten, § 294 Rn 4 (zur Glaubhaftmachung), BGH VersR **92**, 868, Düss NVersZ **00**, 579, Hamm VersR **93**, 694. Dieser Grundsatz gilt auch im Urkundenprozeß, §§ 440 Rn 3, 592 Rn 9, 10, Köln DB **83**, 105. Er gilt bei klarem und widerspruchsfreiem Sachverhalt sogar trotz beiderseitigen Beweisantritts, BGH **82**, 21. Das Gericht muß freilich seine Sachkunde prüfen, BGH VersR **81**, 577. Das Gericht darf sich mit einer Anhörung nach § 141 sinnentsprechend einer Partei begnügen, wenn sie glaubwürdig wirkt, BGH VersR **99**, 994, Hamm VHR **97**, 271, KG MDR **04**, 533. Das darf und muß das Gericht grundsätzlich annehmen, Karlsr MDR **98**, 494, und zwar schon wegen Artt 1, 2 GG. Das Gericht darf auch einer Parteierklärung ebenso oder mehr glauben als einem eidlichen Zeugnis, KG MDR **04**, 533, Karlsr MDR **98**, 494. Es darf für die Behauptung des Klägers bei einer mangelnden Substantiierung der Gegenerklärung der Bekl folgen, BGH FamRZ **89**, 841 (auch zu den Grenzen). Das Gericht ist dann auch nicht gezwungen, die Partei nach § 448 zu vernehmen.

    Das Gericht kann *unterstellen*, daß eine Partei ein ihr günstiges Beweisergebnis in den eigenen Vortrag übernimmt, BGH NJW **01**, 2178 links. Es kann die Glaubwürdigkeit der im Vorprozeß als Zeuge vernommenen Partei des jetzigen Rückgriffsprozesses ohne Bindung an das Gericht des Vorprozesses beurteilen, aM Karlsr MDR **01**, 1188 (aber außerhalb der Rechtskraft nach § 322 gilt § 286 uneingeschränkt. Ein verständiger Richter wird eine Abweichung nur aus triftigen Gründen vornehmen). Das Gericht darf einem Polizisten besonders glauben, weil er im Beruf zu einer sorgfältigen Beobachtung usw verpflichtet ist, Karlsr VersR **77**, 937.

    Das Gericht kann aber nicht dann, wenn die Gegenseite die Behauptung bestreitet, auf Grund einer einfachen Anhörung Feststellungen treffen, die seinen eigenen in einem früheren Urteil *widersprechen*. Es kann nicht die bisher von einem anderen Senat für glaubwürdig angesehenen Zeugen nach einer Zurückverweisung ohne Vernehmung für unglaubwürdig halten, § 398 Rn 5.

    Das *Berufungsgericht* darf nicht die Glaubwürdigkeit eines Zeugen ohne eigene Vernehmung anders als das erstinstanzliche Gericht beurteilen, § 398 Rn 9, BGH NJW **76**, 1742 (Ausnahmen Rn 64). Das Berufungsgericht darf nicht auf Grund von Lichtbildern aus einer anderen Blickrichtung Feststellungen treffen, die von den Ergebnissen einer Ortsbesichtigung des erstinstanzlichen Gerichts abweichen. Das Berufungsgericht darf grundsätzlich nicht eine Aussage für widerspruchsfrei erklären, die erstinstanzlich mit Nichtwissen, zweitinstanzlich mit Wissen lautete, BGH RR **00**, 686. Freilich kann die Erinnerung zwischenzeitlich zurückgekehrt sein. Das Berufungsgericht darf nicht eine Aussage als sachlich und emotionslos würdigen, die einen anderen als „gerissen" und „verlogenen Hund" gekennzeichnet hatte, BGH RR **00**, 686. Verweist das Berufungsgericht nach fehlerhafter erstinstanzlicher Beweisaufnahme nicht zurück, sondern entscheidet selbst, so muß es zuvor die Beweisaufnahme voll rechtlich selbst wiederholen, BGH NJW **00**, 2024.

Das *Revisionsgericht* darf die vorinstanzliche Beweiswürdigung nur auf Verstöße gegen Denkgesetze und **6** Verfahrensregeln überprüfen, BGH RR **05**, 558 (Ermessensfehlgebrauch), BAG NJW **04**, 2852, BayObLG WoM **94**, 229. Ein solcher Verstoß liegt zB in den in Rn 5 aE genannten Fällen vor, BGH RR **00**, 686. Das gilt ferner zB dann, wenn der Tatrichter die Doppeldeutigkeit einer Indiztatsache nicht erkennt oder einer Tatsache eine Indizwirkung zuerkennt, die sie nicht haben kann, BGH NJW **91**, 1895, oder beim auch stillschweigenden Verzicht auf Vernehmung, BGH RR **97**, 343, auch bei Nichtbeachtung allgemein anerkannter Erfahrungssätze, KG WoM **97**, 608 (aber Vorsicht!). Ein Verstoß liegt dagegen nicht schon dann vor, wenn die Feststellungen und Schlüsse des Vorderrichters nicht zwingend sind, BAG KTS **89**, 151.

Das Revisionsgericht darf freilich eine *Urkunde anders auslegen* als das Berufungsgericht, soweit dieses **7** rechtsfehlerhaft ausgelegt hat und keine weiteren tatsächlichen Feststellungen mehr in Betracht kommen, BGH NJW **91**, 1180.

Unzulässig ist es, aus der Unglaubwürdigkeit eines wenn auch der Partei nahestehenden Zeugen auf die **8** Unglaubhaftigkeit des Parteivortrags zu schließen, BGH VersR **99**, 181, strenger Foerste NJW **01**, 326, oder einen Zeugen schon wegen seiner *Bindung an die Partei* oder nur unter besonderen Voraussetzungen, zB als deren Angestellten oder Beifahrer, für glaubhaft oder unglaubhaft zu halten, BGH NJW **88**, 567, Karlsr MDR **98**, 494, aM Reinecke MDR **89**, 115 (er fordert mit Recht die Gesamtabwägung, beurteilt aber die Wahrheitsliebe des Beifahrers zu kritisch), LG Köln NZV **88**, 28, AG Mü NJW **87**, 1425 (abl Putzo). Ein vorbestrafter Zeuge ist keineswegs schon deshalb unglaubwürdig, Bbg MDR **04**, 648.

Das Gericht darf sich nicht auf ein Sachverständigengutachten stützen, wenn es einen *anderen Sachverhalt* **9** zugrunde legt. Es darf aber aus Tatsachen und Beweisverhandlungen andere Schlüsse ziehen als die Parteien. Es darf Handlungen und Unterlassungen der Partei frei würdigen, KG JR **78**, 379. Es darf aber nicht eine Vertragsauslegung gegen seinen Wortlaut, gegen das übereinstimmende Verständnis der Beteiligten und gegen die Parteiinteressen vornehmen, BGH NJW **01**, 143 und 144.

Die *Beweislast* ist dabei *völlig unerheblich*. Namentlich kommt sie für die Auslegung von Urkunden und **10** Willenserklärungen nicht in Betracht, vgl aber auch Anh 286 Rn 220 „Vertragsurkunde". Weigert sich die nicht beweispflichtige Partei grundlos, die Anschrift eines nur ihr bekannten Zeugen anzugeben, so kann das zu ihren Ungunsten sprechen. Dasselbe gilt, wenn die Partei das Bankgeheimnis ausnutzt, um die Wahrheitsfindung zu vereiteln, Anh § 286 Rn 26. Wegen der Weigerung, das Augenscheinsobjekt bereitzustellen, Üb 7 vor § 371. Tatsächliche Vermutungen und der Anscheinsbeweis gehören zur Beweiswürdigung, Anh § 286 Rn 15.

Der freien Beweiswürdigung *widerspricht* es, wenn das Gericht den gesetzlichen Beweisregeln weitere **11** hinzufügt, II, wenn es zB mangels besonderer Anhaltspunkte für eine unrichtige Aussage stets auf die Glaubwürdigkeit schließt, AG Marbach MDR **87**, 241, oder wenn es aus der Eidesverweigerung oder der Verwandtschaft des Zeugen mit der Partei ohne weiteres auf seine Unglaubwürdigkeit schließt, § 384 Rn 6, KG VersR **77**, 771, aM Hamm VersR **83**, 871 (fordert zusätzliche Anzeichen. Aber auch ein solcher Zeuge kann natürlich sehr wohl die Wahrheit gesagt haben).

Der Beweiswert einer *Indiztatsache* für den Hauptbeweis ist in der Regel nur gering, BGH NJW **84**, 2040. **12** Unzulässig ist es, ein Indiz ohne seine Schlüssigkeitsprüfung auszuwerten, BGH VersR **83**, 375, oder eine etwaige Doppeldeutigkeit nicht zu würdigen, BGH NJW **91**, 1895, oder ohne weitere Prüfung aus dem Ausscheiden eines Indizes zu folgern, daß die übrigen nicht genügen, oder einen Anwalt von vornherein für besonders glaubwürdig zu halten. Es empfiehlt sich eine Zurückhaltung vor der Annahme, der Anwalt habe bewußt unwahr ausgesagt. Es ist auch unzulässig, sich auf stereotype Wendungen zurückzuziehen, Schneider DRiZ **77**, 75.

B. Berücksichtigung des gesamten Streitstoffs. § 286 erlaubt dem Gericht nicht eine Mißachtung **13** der Parteiherrschaft und des Beibringungsgrundsatzes, Grdz 23 vor § 128. Daher darf das Gericht nur das berücksichtigen, was die Prozeßbeteiligten ihm vortragen, BGH NJW **01**, 1285. In diesen Grenzen gilt jedoch: § 286 befreit den Richter nicht von der Pflicht zu gewissenhaftester Prüfung und Abwägung der für oder gegen die Wahrheit einer erheblichen Behauptung sprechenden Umstände, BVerfG RR **01**, 1006, BGH VersR **87**, 767, BAG DB **97**, 1235. Der Richter darf zB nicht ein zulässiges einfaches Bestreiten zum Nachteil der nicht beweispflichtigen Partei auswerten, BGH FamRZ **87**, 260. Er darf nicht in einer Spezialfrage schon deshalb dem Vortrag eines sachverständigen Zeugen folgen, BAG DB **76**, 2356, oder demjenigen einer sachkundigen Partei folgen, weil der nicht sachkundige Gegner nur knapp bestreitet. Der Richter muß seine Sachkunde im Urteil darlegen, soweit er von einem sachverständigen Zeugen abweicht, BGH NJW **03**, 1325 rechts. Der Richter darf nicht leugnen, was durch einen Augenschein klar festgelegt ist, Grave-Mühle MDR **75**, 276. Er darf nicht erbbiologischen Untersuchungen grundsätzlich den Beweiswert absprechen, § 372 a Rn 13. Er darf nicht das Gutachten eines anerkannten Fachgelehrten hinter das anderer Sachverständiger zurücksetzen, denen die Sachkunde auf dem betreffenden Gebiet abgeht. Er darf ein von der Partei vorgelegtes Privatgutachten nicht als solches ganz unbeachtet lassen, BGH NJW **01**, 78 links.

Das Gericht muß den *gesamten Streitstoff erschöpfen*, schon wegen Art 103 I GG, BVerfG NJW **03**, 421, **14** BGH NJW **04**, 3776, Oldb MDR **98**, 89. Mitbeachtlich sind auch eine Anlage zur Klage usw, Mü RR **01**, 66, evtl auch ein erst am Vortag des Termins eingegangener Schriftsatz, BFH BB **84**, 1673 (freilich zum Steuerverfahren), aber auch wegen Art 3 I GG (Willkürverbot, Einl III 21), BVerfG NJW **97**, 311, oder ein erst auf Grund eines Hinweises fristgerecht eingegangener Tatsachenvortrag, BGH FamRZ **04**, 1095. Ur-

§ 286

Buch 2. Abschnitt 1. Verfahren vor den LGen

teilsgrundlage ist der gesamte Inhalt der Verhandlungen bis zum Schluß der letzten, BGH GRUR **95**, 700, und grundsätzlich nur er, §§ 136 IV, 296 a, BGH GRUR **95**, 701, BayObLG **90**, 175, einschließlich des Ergebnisses der Beweisaufnahme. Dabei darf das Gericht nur dasjenige berücksichtigen, was auf der Wahrnehmung der an der Entscheidung beteiligten Richter beruht oder aktenkundig ist und wozu sich die Parteien äußern konnten, BVerfG **91**, 180, BGH NJW **91**, 1302, Pantle NJW **91**, 1280. Wahrnehmen müssen heißt nicht auch stets in allen Einzelheiten im Urteil mitabhandeln müssen, Einl III 17.

Eine *Widersprüchlichkeit* im Verlauf des Vortrags einer Partei nimmt dem Vortrag eine Schlüssigkeit nicht von vornherein, BGH NJW **02**, 1277. Freilich ist dann stets besondere Vorsicht geboten, § 138 I. Auch das Berufungsgericht muß einen entscheidungserheblichen Widerspruch zu klären versuchen, BGH NJW **02**, 1277. Auch rechtliche Erwägungen können zu beachten sein, Einl III 16, BVerfG WoM **99**, 383. Die Berücksichtigung einer erst nach Verhandlungsschluß veröffentlichten Grundsatzentscheidung oder sonstigen Rechtsansicht erfordert den Wiedereintritt in die Verhandlung, §§ 139 II, 156. Das Gericht kann auch nach einer Beweisaufnahme verpflichtet sein, ein zunächst als beweisbedürftig behandeltes Vorbringen nach nochmaliger Prüfung als unerheblich oder auch als doch nicht genügend substantiiert bewerten. Es sollte dann aber eine Überraschungsentscheidung wegen § 139 vermeiden, Saarbr MDR **03**, 1372.

15 *Zur Erschöpfung des Streitstoffs gehören* aber viele Umstände, etwa die volle Ausschöpfung der Zeugenaussage, BGH RR **03**, 1107, die Glaubwürdigkeit einer Partei und der Zeugen, BGH NJW **97**, 1586, BAG BB **78**, 1217, die Versagung ihrer Mitwirkung bei der Beweisaufnahme, § 444 Rn 5, 6, BGH FamRZ **88**, 485, die Verweigerung einer nach Treu und Glauben zu erwartenden Erklärung, Einl III 54, die Einlassung nach § 141, Karlsr VersR **00**, 487, oder eine frühere abweichende Versicherung nach § 807 I, Karlsr VersR **00**, 487. Darüber, welcher Grad im Einzelfall genügt, muß die besondere Veranlagung des Richters und seine durch die Lebenserfahrung bedingte Einstellung entscheiden. Man darf die Anforderungen an die Schlüssigkeit wie Beweiserheblichkeit nicht überspannen, BGH RR **96**, 56. Der Richter darf auch nicht vorübergehend schlafen, Einl III 18, BFH BB **86**, 2402 (auch zur Revisionsrüge), BVerwG NJW **01**, 2898, Günther MDR **90**, 875 (ausf).

16 **C. Überzeugungsbildung.** Beweis ist erst erbracht, wenn der Richter persönlich voll überzeugt ist, BGH VersR **98**, 1302, und zwar nicht nur von der Wahrscheinlichkeit, sondern von der Wahrheit der behaupteten Tatsache, BGH NJW **91**, 3284, Karlsr RR **98**, 789, Oldb VersR **97**, 1492. Insofern ist die vom RG entwickelte Floskel von der „an Sicherheit grenzenden Wahrscheinlichkeit", Kollhosser ZZP **96**, 271, Meyke NJW **89**, 2036 (aber was heißt „hohe Flexibilität"?), zumindest mißverständlich, BGH NJW **89**, 2949, Kblz VersR **00**, 219. Zum Problem Allgaier MDR **86**, 626.

17 Noch weniger reicht anders als bei einer bloßen Glaubhaftmachung nach § 294 Rn 1 eine *überwiegende Wahrscheinlichkeit* zum Beweis oder auch nur zum Anscheinsbeweis aus, Oldb FamRZ **00**, 835. Denn das Gericht muß eine größtmögliche Übereinstimmung zwischen der Wahrheit und ihrem Erkennen anstreben, § 284 Rn 1, Bruns ZZP **91**, 70, RoSGo § 112 II, ZöGre 18, aM Einmahl NJW **01**, 474 (beim Verkehrsunfall reiche hohe Wahrscheinlichkeit), aM auch Prütting, Beweismaßprobleme im Schadensersatzprozeß (1976) 9, Motsch NJW **76**, 1389 (aber weder im Verkehrsrecht noch sonstwo hilft ein Abgleiten auf bloße Wahrscheinlichkeitsstufen). Natürlich kann auch eine eidesstattliche Versicherung zur vollen Überzeugung führen. Andernfalls muß das Gericht den Antritt von Vollbeweis anheimgeben, BGH NJW **00**, 814. Es gibt aber keineswegs von vornherein eine Herabsetzung des Beweismaßes beim Interessenausgleich, Katzenmeier ZZP **117**, 215.

18 Der Richter muß prüfen, ob er die an sich möglichen Zweifel überwinden kann. Er braucht diese aber nicht völlig auszuschließen. Ausreichend ist ein für das praktische Leben *brauchbarer Grad von Gewißheit* und nicht nur von Wahrscheinlichkeit, BGH NJW **99**, 488 (keine unerfüllbaren Anforderungen), Kblz NVersZ **02**, 185. Dieser Gewißheitsgrad muß einem restlichen etwaigen Zweifel Schweigen gebieten, ohne ihn völlig ausschließen zu müssen, BVerfG NJW **01**, 1640, BGH RR **94**, 567, Kblz NVersZ **02**, 407.

19 Das gilt sogar dann, wenn nach dem Gesetz zB eine „offenbare Unmöglichkeit" vorliegen muß. Es gilt auch für die *von Amts wegen* festzustellenden Punkte, Grdz 39 vor § 128, zB für die Prozeßvoraussetzungen, Grdz 12 vor § 253, BGH VersR **77**, 721. Der Richter darf und muß sich seine persönliche Gewißheit frei von Beweisregeln bilden (Ausnahmen II). Er ist nur seinem Gewissen unterworfen. Es ist unerheblich, ob andere zweifeln oder eine andere Auffassung haben können, Kblz VersR **00**, 219.

20 **D. Begründungspflicht,** dazu *Grunsky,* Überlegungen zur Konkurrenz mehrerer Klageabweisungsgründe, Festschrift für *Schumann* (2001) 159: Das Gericht muß trotz der Erleichterungen der §§ 313 III, 313 a I, II die wesentlichen Gründe, die es bei der Beweiswürdigung geleitet haben, in dem Urteil darlegen, BGH NJW **82**, 1155. Das muß nachvollziehbar geschehen, BVerfG WoM **94**, 187, BGH VersR **94**, 163, und in einem streng logischen Aufbau, BGH VersR **94**, 163, Grave-Mühle MDR **75**, 276. Sätze wie „das Gericht hat auf Grund der Verhandlung und der Beweisaufnahme die Überzeugung erlangt, daß ..." sind nichtssagend. Das Gericht muß die konkreten Umstände nennen, die seine Überzeugung gebildet haben, BGH MDR **78**, 826. Es sollte Leerfloskeln möglichst vermeiden, Schneider MDR **01**, 246, gerade weil sie bei der Beweis-„Würdigung" verführerisch oft benutzt werden.

21 Was dem Gericht *unerheblich* scheint, das braucht es nicht ausdrücklich zu erörtern. Es braucht zB nicht jedes Parteivorbringen, jedes Beweismittel, jede Zeugenaussage, jedes abgelehnte Beweisvorbringen abzuhandeln, BVerfG NJW **93**, 254, BGH NJW **93**, 270, BAG NJW **04**, 2852. Ausreichend ist, daß das Gericht nichts übersehen und alles im Zusammenhang gewürdigt hat, BVerfG NJW **92**, 2217, BGH GRUR **91**, 215, BAG NJW **04**, 2852. Ein Verstoß kann zur Zurückverweisung führen, BGH RR **88**, 524. Er kann eine Verfassungsbeschwerde begründen, BVerfG NJW **92**, 2217.

22 **E. Verhandlungsinhalt.** Der „gesamte Inhalt der Verhandlung" umfaßt alles, aber grundsätzlich auch nur dasjenige, was in der mündlichen Verhandlung vorgetragen ist, BGH RR **04**, 425, Düss NJW **87**, 508, einschließlich der außerprozeßgerichtlichen Beweisverhandlung, § 285 II, und der vor dem Prozeßraum aufgenommenen Beweise, BGH VersR **81**, 352. Jedes Mitglied eines Kollegiums muß grundsätzlich die gesamten Akten selbst lesen und darf sich keineswegs auf die Kenntnisnahme eines Berichts des Vorsitzenden oder des sog Berichterstatters (Votum) beschränken, Einl III 18. Das ist eine in der Praxis nicht ganz selten grotesk mißachtete Aufgabe. Das Gericht ist aber auch verpflichtet, die Parteien von denjenigen Prozeßvorgängen zu unterrichten, die für die Parteien wichtig sind, BVerfG MDR **78**, 201. Das Prozeßgericht darf und muß auch und manchmal sehr wesentlich seinen persönlichen Eindruck von den Prozeßbeteiligten und ihren Vertretern berücksichtigen. Über die Verwertung des Eindrucks eines Zeugen, eines Sachverständigen, einer Partei auf den verordneten Richter § 285 Rn 6. Über die Beweiswürdigung nach einem Richterwechsel § 355 Rn 8. Über die Behandlung eines nach dem Verhandlungsschluß eingereichten Schriftsatzes § 156 Rn 4. Eine Beweisaufnahme ist nur dann verwertbar, wenn sie das Gericht bei ihr alle wesentlichen Formen gewahrt hat, zB die Parteiöffentlichkeit, § 357, die Protokollierung, §§ 159 ff, und dergleichen. Unverwertbar ist ein Sachverhalt, den keine Partei behauptet und der sich auch nicht aufdrängt, § 308 I, BGH RR **90**, 507.

F. Privatwissen, dazu *Lipps*, Das private Wissen des Richters usw, 1995: Sein privates Wissen über im **23** Prozeß behaupteten Vorgänge darf der Richter nicht verwerten. Er kann nicht gleichzeitig Richter und Zeuge sein, dazu noch ein heimlicher. Etwas anderes gilt bei Erfahrungssätzen, Einf 22 vor § 284, den Parteien bereits mitgeteilten Kenntnissen und offenkundigen Tatsachen, § 291. Amtliches Wissen etwa aus einem Vorprozeß ist benutzbar, wenn es gerichtskundig ist, § 291 Rn 3, 4.

5) Erschöpfung der Beweismittel, I **24**

Schrifttum: *Born*, Wahrnstellung zwischen Aufklärungspflicht und Beweisablehnung wegen Unerheblichkeit, 1984; *Gamp*, Die Ablehnung von Beweisanträgen im Zivilprozeß usw, Diss Bochum 1980; *Reichenbach*, § 1004 BGB als Grundlage von Beweisverboten usw, 2004; *Schwab*, Unzulässigkeit von Beweismitteln bei Verletzung des Persönlichkeitsrechts, Festschrift für *Hubmann* (1985) 421. Vgl zur Beweisbedürftigkeit zunächst Einf 2 vor § 284.

Das Gericht muß die Beweise *erschöpfen*, von den in Rn 27 ff und in § 287 I 2 genannten Fällen abgesehen, BVerfG RR **01**, 1006, BGH RR **04**, 425, KG MDR **93**, 797. Grundsätzlich muß das Gericht die vom Beweispflichtigen prozessual korrekt, insbesondere rechtzeitig angetretenen entscheidungserheblichen Beweise erheben, BVerfG NJW **90**, 3260. Die Änderung des Parteivortrags ist nicht von vornherein verboten, auch nicht in der Berufungsinstanz. Ein daraus folgender etwaiger Beweis ist frei zu würdigen, BGH RR **00**, 208. Es ist also keine Vorwegnahme der Beweiswürdigung statthaft, BGH MDR **99**, 183. Auch ein zeitnaher neuer Zeuge macht die beantragte Vernehmung anderer Zeugen aus früherer Zeit (10 Jahre zwischen Ereignis und Vernehmung) nicht einfach entbehrlich, aM Hamm RR **00**, 1669 (aber dergleichen gehört erst zur Beweiswürdigung). Eine eidesstattliche Versicherung kann Zeugenbeweisantritt sein, BVerfG NJW **90**, 3260, nicht NJW **97**, 1988, VGH Kassel MDR **97**, 98.

Das gilt auch bei einem zur Vertragsauslegung notwendigen Beweis, auch Indizienbeweis, BGH NJW **92**, **25** 2489, oder dann, wenn für den wirklichen Willen der Parteien ein Beweisantritt vorliegt, BAG VersR **75**, 98. Eine weitergehende Erhebungspflicht besteht im Verfahren mit einer Amtsermittlung nach Grdz 38 vor § 128 AB Rn 18, § 616, 640, BGH JZ **91**, 371. Sie besteht auch nicht beim ausländischen Recht, § 293. Der Beweisantrag muß erkennen lassen, auf welche vorangestellten Behauptungen er sich bezieht, BAG BB **75**, 885. Evtl muß das Gericht die Partei befragen, § 139. Es mag auch einen Zeugen vom Hörensagen vernehmen müssen. Seine Aussage mag freilich besonders kritisch zu würdigen sein, ArbG Bln BB **83**, 1478. Das Gericht darf und muß im Umfang des § 284 S 3–5 auch außerhalb von §§ 355 ff liegende Beweisarten und -möglichkeiten nutzen.

Ein *Verstoß* ist ein erheblicher Verfahrensfehler, Hamm RR **95**, 518, Zweibr FamRZ **93**, 441. Er kann **26** einen Verstoß auch gegen Artt 2 I, 20 III GG (Rpfl), BVerfG **101**, 404, Art 103 I GG (Richter) darstellen, BVerfG RR **01**, 1006, BVerwG NJW **90**, 1553, Zweibr FamRZ **93**, 441. Er kann ein Rechtsmittel begründen. Er kann einen absoluten Revisionsgrund bilden, BVerfG NJW **79**, 413. Er kann unter den in Einl III 16 ff genannten Voraussetzungen die Verfassungsbeschwerde begründen, BVerfG RR **95**, 441, sofern nicht ein Verstoß gegen die Prozeßförderungspflicht vorliegt, § 282 Rn 12. Er kann auch (jetzt) auf Antrag zur Zurückverweisung führen, BGH MDR **99**, 183, Hamm RR **95**, 518, Zweibr FamRZ **93**, 441.

6) Ablehnung eines Beweismittels, I. Hier ist Zurückhaltung erforderlich, BVerfG NJW **90**, 254. Man **27** kann die folgenden Fallgruppen unterscheiden. Dabei gelten etwa dieselben Grundsätze, wie sie § 244 III, IV StPO einhält, BGH FamRZ **94**, 507, BVerwG VBlBW **88**, 469 (unsubstantiierter Beweisantrag), OVG Münst FamRZ **81**, 700, aM Schneider ZZP **75**, 180 (diese Anlehnung sei weder für notwendig noch statthaft. Aber gerade bei der Beweisaufnahme gleichen sich beide Verfahrensordnungen ziemlich. Erst bei der Beweiswürdigung trennen sich die Wege). Eine ordnungsgemäße Ablehnung eines Beweismittels ist kein Verstoß gegen Art 103 I GG, BGH DB **02**, 2716.

A. Erwiesenheit, Offenkundigkeit, Unstreitigkeit. Das Gericht darf die ordnungsgemäß beantragte **28** Beweiserhebung ablehnen, wenn die Tatsache, die der Beweisführer beweisen will, in Wahrheit für das Gericht schon erwiesen ist, BGH NJW **00**, 3720, oder wenn sie zugunsten des Beweisführers unterstellen kann, BGH NJW **00**, 3720, oder wenn sie nach § 291 offenkundig ist, oder wenn sie unstreitig ist. Ein Geständnis nach § 288 bindet das Gericht bis zur Offenkundigkeit des Gegenteils. Das Gericht muß auf sie nach § 139 hinweisen. Das Berufungsgericht darf eine Tatsache nicht schon deshalb als erwiesen ansehen, weil das erstinstanzliche Gericht sie als erwiesen angesehen hat, BVerfG WoM **94**, 187.

B. Unerheblichkeit. Das Gericht darf die Beweiserhebung ablehnen, wenn die Tatsache für die Entschei- **29** dung unerheblich ist. Das muß das Gericht im Urteil näher begründen. Solange der Hauptbeweis nicht nach Einf 11 vor § 284 vorliegt, darf das Gericht zwar den Gegenbeweis anordnen und erheben, Einf 12 vor § 284. Es braucht das aber noch nicht zu tun. Das Gericht darf nicht auf Grund eines Indizienbeweises den Hauptbeweisantrag übergehen, BGH RR **02**, 1072. Es darf aber auch nicht die Vernehmung eines hier mittelbaren Zeugen nur deshalb unterlassen, weil der Beweisführer nicht auch den der zugehörigen unmittelbaren Zeugen benannt hat, BGH RR **02**, 1433. Die Unerheblichkeit kann sich auch zB wegen eines restlichen Beweisbeschlusses ergeben. Dazu ist evtl eine Erörterung erforderlich, Art 103 I GG, Ffm NJW **86**, 855. Es reicht auch, daß das Gericht die Erheblichkeit mangels näherer Bezeichnung der unter Beweis

§ 286

gestellten Tatsache nicht beurteilen kann, BGH NJW **96**, 394, Baumgärtel MDR **95**, 987, oder daß die Behauptung erkennbar aus der Luft gegriffen ist, Einf 27 vor § 284. Die Unerheblichkeit mag auch nur derzeit bestehen, etwa dann, wenn es um einen Beweisantritt des Gegners des Beweispflichtigen geht und wenn der Beweisantritt des letzteren noch nicht erledigt ist, weil zB sein Zeuge ausgeblieben ist. Eine vorprozessuale Äußerung nimmt dem prozessualen Vortrag die Beachtlichkeit nicht von vornherein, BGH NJW **96**, 394.

30 **C. Wahrunterstellung.** Das Gericht darf die Beweiserhebung ablehnen, wenn es die behauptete Tatsache (nicht etwa ihr Gegenteil) und nicht nur die Aussage als wahr unterstellen kann, BGH RR **05**, 1052, LG Bbg VersR **84**, 49, Bauer MDR **94**, 955. Eine teilweise Wahrunterstellung genügt nicht. Handelt es sich nur um Indizien für einen Vorgang, so kann das Gericht frei würdigen, ob sie geeignet sind, Beweis zu erbringen, falls sie als wahr unterstellt würden. Das Gericht kann die Beweiserhebung ablehnen, falls es diese Eignung bei seiner freien Würdigung verneint, BGH RR **93**, 444.

31 **D. Unzulässigkeit, Unerreichbarkeit, Ungeeignetheit, Ungenauigkeit (Ausforschung).** Das Gericht darf die Beweiserhebung ablehnen, wenn das Beweismittel unzulässig ist. Das gilt etwa wegen einer in Wahrheit vorliegenden Beweisvereitelung, § 444, LG Köln RR **94**, 1487 (Nichtvorlage erforderlicher Dokumente), oder wegen Rechtsmißbrauchs (offensichtlich ins Blaue aufgestellte Behauptung), Einl III 54, BGH RR **03**, 491, Mü MDR **00**, 1096 (Vorsicht!), oder wegen einer Verletzung des Persönlichkeitsrechts, zB bei Verletzung der Privatsphäre usw, Üb 12 vor § 371 (Tonbandaufnahme, Mithören usw), §§ 383 ff, §§ 592, 595, Reichenbach (bei Rn 24), etwa beim Detektiv, der das Vertrauen des Prozeßgegners erschlich, Hbg VersR **03**, 616 (auch zu einer Ausnahme). Das gilt ferner bei Mitbestimmungswidrigkeit, Fischer BB **99**, 156, oder wenn das Beweismittel unerreichbar ist, §§ 356, 363 ff, Rn 34, BGH NJW **92**, 1768 (Zeuge in der Türkei, Nagel IPRax **92**, 301), Hamm RR **88**, 703 (Zeuge in Polen), Saarbr RR **98**, 1685 (Zeuge in ausländischer psychiatrischer Behandlung). Es gilt schließlich, wenn das Beweismittel für den Beweis der behaupteten Tatsache völlig ungeeignet ist, BVerfG NJW **93**, 254, Zurückhaltung geboten), BGH NJW **03**, 2528 (Lügendetektor), Düss VersR **93**, 1168. Dabei muß man § 284 S 3–5 beachten.

32 Es kann zB eine Einwilligung des Beweisführers in eine Operation zwecks Aufklärung eines Arztfehlers wegen deren Lebensgefährlichkeit unwirksam sein, Saarbr VersR **88**, 831. Dabei ist eine *Vorwegnahme* der Beweiswürdigung *unzulässig,* BVerfG RR **95**, 441, BGH FamRZ **94**, 508.

33 Es ist eine *strenge, aber nicht überzogene Prüfung* notwendig. Unzulässig ist also die Begründung, der Zeuge werde doch nichts Wesentliches aussagen können, BVerwG NJW **84**, 2962, etwa weil der Vorfall zu lange zurückliege und er vermutlich doch keine Erinnerung mehr daran habe, oder weil der Zeuge über die Schmerzen einer Partei doch nichts Wesentliches sagen könne, BVerfG RR **95**, 441, BGH NJW **86**, 1542, oder weil der Sachverständigenbeweis unergiebig sein werde, BGH VersR **86**, 546. Denn ob der Zeuge noch eine Erinnerung hat, das soll sich ja erst in der Beweisaufnahme ergeben.

34 Etwas anderes mag gelten, wenn eine Partei für einen lange zurückliegenden durch Fotos und einen Polizeibericht festgehaltenen Vorfall Zeugen benennt, ohne deren Erinnerungsmöglichkeiten darzulegen, evtl auch bei einem geistesschwachen Zeugen (Vorsicht!). Auch kann die *Lebenserfahrung* mitbedeutlich sein, BGH RR **90**, 1276, freilich nur in engen Grenzen, Söllner MDR **88**, 365. Es kann ein Anscheinsbeweis vorliegen, Anh § 286 Rn 15. Bei einem schlechten Gedächtnis des Zeugen muß das Gericht Kontrollmöglichkeiten ausnutzen, die sich anbieten. Man darf das ausgeübte Schweigerecht eines Zeugen oder Sachverständigen nur unter besonderen Umständen zum Nachteil des Beweisführers würdigen. Vielmehr ist das Beweismittel dann ungeeignet, Hamm VersR **83**, 870. Das gilt auch dann, wenn der Zeuge erst in zweiter Instanz schweigt, aM Hamm VersR **01**, 1169 (Verwertung der erstinstanzlichen Aussage, noch dazu ist Zeuge in der Instanz). Aber das ist ein gefährlicher Weg des Unterlaufens).
Eine zunächst unzulässig gewesene Beweisaufnahme mag *zulässig* werden. Das gilt zB dann, soweit der zur Aussageverweigerung entschlossen gewesene und berechtigte Zeuge nun doch noch aussagen will, Köln NJW **75**, 2074. Bloßer Ungehorsam im Sinn von § 380 oder ein Umzug bedeuten keine Unerreichbarkeit, Köln NVersZ **00**, 483. Ein strafprozessuales Geständnis, das in verfahrensfehlerhafter Handlungsweise der Ermittlungsbehörde oder des Strafgerichts zustande kam, ist dennoch evtl als Indiz mitverwertbar, BGH BB **04**, 1248, Hamm RR **89**, 573. Der Zivilrichter kann eine Verhörsperson des Strafverfahrens trotz dortiger Belehrungsverstöße usw evtl als Zeugen oder Sachverständigen in die Beweisaufnahme einbeziehen, BGH **153**, 169 (zustm Leipold JZ **03**, 632, krit Katzenmeier ZZP **116**, 375).
Im Fall eines nur im Ausland lebenden Zeugen ohne die Möglichkeit einer persönlichen Anwesenheit des Gerichts bei einer Auslandsvernehmung nach Rn 31 kommt es auf die Entbehrlichkeit des persönlichen Eindrucks des Gerichts an, BGH MDR **83**, 505. Eine Ablehnung kann ferner erfolgen, wenn der Beweisantritt in Wahrheit zu ungenau ist, also beim Ausforschungsbeweis nach Einf 27 vor § 284, BGH RR **95**, 716, 723. Das kann zB der Fall sein, wenn der Vermieter beim Mieterhöhungsverlangen die angeblich vergleichbaren Wohnungen nicht für den Mieter identifizierbar angibt, BGH MDR **03**, 451. Wegen des Beweisvertrags Anh § 286 Rn 5. Wegen des Beweislastvertrags Anh § 286 Rn 6.

35 **E. Erwiesenheit des Gegenteils.** Die Ablehnung der Beweisaufnahme mit der Begründung, das Gegenteil sei bereits erwiesen, wäre eine verbotene vorweggenommene Beweiswürdigung, BVerfG RR **01**, 1006, BGH MDR **05**, 164, VGH Kassel MDR **97**, 98. Erst recht verboten ist die Ablehnung wegen großer Unwahrscheinlichkeit der behaupteten Tatsache, BVerfG NVwZ **87**, 786. Es verstößt aber andererseits auch gegen I, wenn sich das Gericht nicht mit dem Fehlen jeder „inneren Wahrscheinlichkeit" (ein unglücklicher Ausdruck) auseinandersetzt, BGH NJW **95**, 967. Man darf auch das vorprozessuale Verhalten einer Partei erst *nach* und nicht *statt* der Beweisaufnahme berücksichtigen, BGH MDR **02**, 595.

36 **F. Unglaubwürdigkeit.** Das Gericht darf eine Unglaubwürdigkeit nicht von vornherein abstrakt annehmen, BVerfG RR **95**, 441, BGH NJW **95**, 957, auch nicht zB gegenüber Mitfahrern oder sonstigen Unfallbeteiligten. Man spricht dabei übrigens von Glaubwürdigkeit der Person, Glaubhaftigkeit der Aussage, BGH VersR **91**, 925. Vielmehr kann sich das Gericht über die Unglaubwürdigkeit solcher Personen erst aus der Vernehmung ein Bild machen, BGH NJW **95**, 957, Hamm VHR **96**, 87, zumal ein Zeuge gerade in gewissen Punkten Glauben verdienen kann. Nur in eigenartigen Ausnahmefällen mag es anders sein. Die zu beweisende Behauptung braucht nicht wahrscheinlich gemacht zu werden. Es genügt nicht, daß sich aus anderen Tatsachen oder aus einem früheren Parteiverhalten die Unwahrscheinlichkeit oder Unglaubhaftigkeit der behaupteten Tatsache ergibt. Angaben der Partei darüber, auf welche Weise, wo oder wann ein Zeuge eine Tatsache erfahren hat, sind grundsätzlich noch nicht erforderlich, § 373 Rn 4, sondern natürlich evtl vom Zeugen selbst. Insbesondere ist es unzulässig, die Unglaubhaftigkeit aus der Vernehmung des Zeugen in einer anderen Sache zu schließen oder sie aus dem Urteil in einem anderen Verfahren zu übernehmen, solange die Parteien nicht mit der Verwendung der dortigen Aussagen einverstanden sind. Aber auch dann ist das Gericht an die frühere Würdigung natürlich nicht gebunden. Ist eine Partei die Gewährsperson des Zeugen, so mag das Gericht neben seiner auch ihre Glaubwürdigkeit prüfen müssen, BGH VersR **96**, 703.

G. Verwandtschaft, Gesellschafterbeteiligung usw. Unzulässig wäre es, die Vernehmung eines Verwandten der Partei als Zeugen mit der Begründung abzulehnen, wegen eines Beteiligungs-, Verwandtschafts-, Schwägerschafts-, Gesellschaftsverhältnisses usw sei keine Klärung zu erwarten usw. Das gilt jedenfalls, solange keine besonderen, die Glaubwürdigkeit beeinträchtigenden weiteren Umstände hinzutreten, BGH NJW **95**, 957, Mü RR **91**, 17. 37

H. Auswärtiger Zeuge. Unzulässig ist die Ablehnung der Vernehmung eines nur durch einen beauftragten Richter vernehmbaren Zeugen mit der Begründung, das Prozeßgericht könne seine Glaubwürdigkeit nur durch eine Vernehmung vor eben dem Prozeßgericht beurteilen, BAG BB **77**, 1706. Der Spruchrichter muß sich vielmehr den Eindruck des verordneten Richters in prozessual einwandfreier Weise vermitteln lassen, BGH NJW **97**, 1586. Er darf sich nicht stets auf dessen bisheriges Protokoll beschränken, BGH NJW **98**, 2222. 38

I. Unwirtschaftlichkeit. Unzulässig ist erst recht die Ablehnung einer Beweisaufnahme mit der Begründung, die Beweiserhebung sei unwirtschaftlich, BVerfG **50**, 35. 39

Berechtigt ist aber zB die Ablehnung der erneuten Vernehmung eines in demselben Prozeß schon vernommenen Zeugen mit der Begründung, er habe den Beweispunkt schon früher bekunden müssen und verdiene daher bei einer erneuten Bekundung keinen Glauben. Vgl aber auch Rn 64, 68. Nur ganz ausnahmsweise und nur dann kann man also den Beweis von vornherein als ungeeignet ablehnen und die Erhebung des Beweises als völlig nutzlos ansehen, so daß sie für die Überzeugung des Gerichts nichts Sachdienliches erbringen kann. Das Gericht muß die Gründe einer solchen Ablehnung eingehend darlegen. Sie können etwa in der rechtswidrigen Erlangung des Beweismittels liegen. Das gilt zB dann, wenn der Zeuge heimlich, wenn auch nicht unbedingt strafbar, mitgehört hatte, Üb 11, 12 vor § 371, Gießler NJW **77**, 1186. Die Ablehnungsgründe mögen in einer völligen Unglaubwürdigkeit des Zeugen liegen. Freilich ist größte Vorsicht bei derartiger Bewertung geboten. 40

Ein schwerwiegender *Widerspruch* zwischen mehreren Aussagen desselben Zeugen, auch in mehreren Instanzen, läßt sich kaum mit dem persönlichen Eindruck des Gerichts vom Zeugen beseitigen, strenger BGH NJW **95**, 967. Auch ein Widerspruch zwischen den Aussagen mehrerer Zeugen zwingt zur Erörterung bei der Beweiswürdigung.

J. Abstammungsprozeß, dazu auch bei § 372a. Im Abstammungsprozeß muß das Gericht alle vernünftigerweise sachdienlichen Beweise erheben, BGH FamRZ **88**, 1038, Karlsr FamRZ **77**, 342. Jedoch darf und muß sich das Gericht hier ebenso wie sonst nach Rn 18 mit einem praktisch brauchbaren Grad von Gewißheit begnügen, BGH FamRZ **88**, 1038, Oldb FamRZ **79**, 970. Problematisch ist eine ohne Kenntnis und Zustimmung des Betroffenen erhobene DNA-Analyse, VGH Mannh NJW **01**, 1084 (zur arbeitsrechtlichen Verdachtskündigung). Es gelten insofern ähnliche Folgen wie beim Augenschein, Üb 12, 13 vor § 371. 41

Die Einholung eines Blutgruppen- oder erbbiologischen *Gutachtens* (zum Antrag Hummel FamRZ **76**, 257, Schlosser FamRZ **76**, 6, 258) ist zwar in seltener Ausnahmelage entbehrlich, Brdb FamRZ **00**, 1582 (s aber unten), AG Westerstede FamRZ **94**, 645. Sie ist aber grundsätzlich kaum entbehrlich. Man darf sie nicht davon abhängig machen, daß der Mann konkrete Umstände gegen die Vaterschaft vortragen kann. Das Gericht darf die Einholung des Gutachtens nicht ablehnen, wenn Mehrverkehr eingeräumt worden ist und man den entsprechenden Zeugen nicht mehr vernehmen kann, Kblz JB **76**, 683, oder weil das Bundesgesundheitsamt die fragliche Methode des Gutachters nicht anerkannt habe, oder weil die Mutter eine Dirne sei. Man darf die Vernehmung eines Mehrverkehrszeugen selbst bei hoher Wahrscheinlichkeit der Vaterschaft des Bekl (99,9996% im Blutgruppengutachten) nicht ablehnen, BGH FamRZ **88**, 1038, aM Brdb FamRZ **00**, 1582 (aber gerade in diesem Verfahren mit seinen weiten Rechtswirkungen ist besondere Sorgfalt bei der Aufklärung des Sachverhalts geboten). 42

Jedoch braucht das grundsätzlich *kein erbbiologisches* Gutachten einzuholen, wenn Geschlechtsverkehr in der Empfängniszeit bereits nebst gewichtigen Anzeichen für die Vaterschaft erwiesen ist und kein Anhalt mehr für einen Mehrverkehr in der Empfängniszeit besteht. 43

Ein zusätzliches erbbiologisches Gutachten ist ferner nicht mehr erforderlich, wenn das weitere Bestreiten des Bekl *ohne jede Substanz* ist, Bbg FamRZ **75**, 51, aM Hbg FamRZ **75**, 108 (es sei unerheblich, ob der Bekl Mehrverkehr behaupten könne. Aber auch hier gilt das besondere Sorgfaltsgebot, Rn 42). Wenn das Abstammungsgutachten nicht zur Überzeugung des Gerichts von der Vaterschaft ausreicht, darf das Gericht es auch nicht als Indiz für eine Beiwohnung innerhalb der Empfängniszeit verwenden, aM Maier NJW **76**, 1135. Bei unberechtigter Verweigerung einer nicht zwangsweise durchführbaren Blutprobe kann man den verweigernden Bekl so beurteilen, als hätte eine Untersuchung keine schwerwiegenden Zweifel an seiner Vaterschaft erbracht, BGH NJW **93**, 1391. Vgl auch Rn 50 sowie Anh § 286 Rn 204 „Vaterschaft" und 4. 44

K. Verschwiegenheitspflicht. Unzulässig ist die Beweisaufnahme, soweit die Beweismittel nur unter Verstoß gegen eine Verschwiegenheitspflicht verwertbar wären, LAG Köln MDR **03**, 462. Ihr unterliegt zB 45

§ 286

auch das Finanzamt, BAG NJW **75**, 408, § 299 Rn 5. Wegen der Verwertbarkeit der Aussage von Polizisten bei deren Verstoß gegen § 136 I 2 StPO, Üb 10 vor § 373.

46 **L. Verspätung.** Das Gericht darf ein Beweismittel nicht berücksichtigen, soweit man es wegen §§ 296, 530 als verspätet zurückweisen muß.

47 **M. Gesetzliche Beweisregel.** Soweit sie vorliegt, ist ein Hauptbeweis nicht notwendig. Der Gegenbeweis ist aber grundsätzlich zulässig, falls das Gesetz ihn nicht ausschließt. Man unterscheidet zB Tatsachenvermutungen, etwa in §§ 363, 685 II, 938, 1117 III, 1253 II, 1720 II, 2009, 2270 BGB, und Rechtsvermutungen, etwa in §§ 891, 1006, 1362, 2365 BGB, sowie weitere Beweisregeln, etwa in §§ 80, 165, 415–418, 445, 592, 595 II, Rn 71.

48 **N. Rechtskräftige Feststellung.** Soweit eine Tatsache in einem anderen Verfahren in einer für beide jetzige Prozeßparteien bindenden Weise rechtskräftig festgestellt ist, liegt nunmehr ein Beweistatsachenverbot vor, Habscheid ZZP **96**, 310.

49 **O. Weitere Einzelfragen.** Auch sachlichrechtliche Bestimmungen können der Durchführung eines Beweises entgegenstehen, so § 38 I StVO (daher ist ein Einsatzfahrzeug nicht im fließenden Verkehr als Beweismittel für Fragen akustischer oder optischer Wahrnehmbarkeit geeignet), Nürnb VersR **77**, 64, oder § 1594 BGB, der es verbietet, daß die Ehelichkeit eines Kindes in einem anderen Verfahren angegriffen wird, oder § 1600 d BGB. Das Gericht darf aber einen Beweisantrag nicht mit der Begründung ablehnen, ein allgemeiner Erfahrungssatz stehe entgegen. Abgesehen davon, daß ein solcher mit der Revision nachprüfbar ist, daß er allerdings auch mangelnde oder unzureichende Beweise ersetzen kann, läßt er im allgemeinen den Nachweis zu, daß der Fall eine abweichende Entwicklung genommen hat. Ob noch ein Beweisantrag vorliegt, ist eine Auslegungsfrage, BAG DB **78**, 1088. Das Gericht darf dem protokollierten Ergebnis eines Augenscheins des Vorderrichters mangels eigener Beweiserhebung keine abweichende Bedeutung geben, vgl auch für den Zeugenbeweis § 398 Rn 6, 7, BGH VersR **85**, 839.

50 7) **Sachverständigenbeweis, I,** dazu *Ehlers,* Medizinische Gutachten im Prozess, 2000 (Bespr *Wasserburg* NJW **01**, 2779), *Fratz,* Die Zivilprozessuale Bedeutung der Regeln der Technik, 2001: Das Gericht ist nach einigen Spezialvorschriften zur Einholung eines Gutachtens verpflichtet, zB nach §§ 4 IV 2, 13 II RVG. Im übrigen ist es zur Einholung eines Gutachtens berechtigt und nach Maßgabe der folgenden Regeln verpflichtet, BGH GRUR **04**, 413. Eine Ablehnung der Einholung eines Gutachtens ist nicht stets ein Verstoß gegen Art 103 I GG, BGH DB **02**, 2716.

Auch ein Sachverständigengutachten nach §§ 402 ff unterliegt der *freien Beweiswürdigung,* BVerfG FamRZ **97**, 152, BGH NJW **02**, 2945, BayObLG BB **79**, 185. Zu den allgemeinen Anforderungen Rumler-Detzel VersR **99**, 1209 (Üb). Den Sachverständigenbeweis darf das Gericht nur dann ablehnen, wenn es seine eigene Sachkunde mit Recht für ausreichend hält und nutzen darf, BVerfG NJW **03**, 1655, BGH **156**, 254, Naumb RR **04**, 965, auch diejenige „nur" eines der Beisitzer, oder diejenige der Handelsrichter, BGH NJW **89**, 2822, Pieper ZZP **84**, 1. Das Gericht handelt insofern nach pflichtgemäßem Ermessen, BGH **89**, 114. Den Beweis darf das Gericht aber nicht schon wegen drohender Unergiebigkeit des Gutachtens zurückweisen, BGH VersR **86**, 546, aber auch VersR **87**, 782.

Das Gericht muß die *tatsächlichen* Grundlagen entweder selbst ermitteln und sie dem Sachverständigen mitteilen, BGH VersR **02**, 1259, BAG DB **99**, 104, oder es muß deren Ermittlung dem Sachverständigen überlassen, BGH RR **95**, 716. Das Gericht muß dann evtl überprüfen, zumindest dazu in der Lage sein, ob er die Tatsachen ordnungsgemäß erhoben hat, BVerfG RR **96**, 186, BGH NJW **97**, 1446, BAG DB **99**, 104, aM BVerfG **97**, 311, LG Halle ZMR **02**, 427 (aber der Sachverständige bleibt trotz aller faktischen Macht doch Gehilfe des Richters). Dazu reicht eine anonymisierte Angabe des Sachverständigen nicht aus, aM LG Mü WoM **02**, 557 (aber man muß „auf den richtigen Klingelknopf drücken" können, ähnlich BGH NJW **03**, 963). Vorsicht mit zu früher Unterstellung des Ablaufs früherer Teile eines streitigen Kausalablaufs, Oldb RR **99**, 718. Das gilt insbesondere bei einer schwierigen Frage. Dort mag zB ein Hinweis auf Fachliteratur nicht als Nachweis eigener Sachkunde reichen, BGH VersR **94**, 986, Naumb NJW **01**, 3420 (zumindest nicht vor gründlicher selbstkritischer Überprüfung).

Die Beurteilung der *Glaubwürdigkeit* darf das Gericht mit Ausnahme besonderer Umstände sich selbst zutrauen, BGH RR **97**, 1111. Die Urteilsgründe müssen aber stets die Sachkunde des Gerichts nachvollziehbar erkennen lassen, BVerfG JZ **60**, 124, BGH NJW **99**, 1860, BayObLG **83**, 310. Das gilt sowohl bei einer Entscheidung ohne Hinzuziehung eines Sachverständigen, BayObLG NZM **99**, 1146, als auch besonders bei einer Abweichung vom Gutachter, BGH VersR **01**, 1030. Selbst langjährige Tätigkeit schafft nicht stets ausreichende Sachkunde des Gerichts, BGH DB **97**, 1329.

51 Die Sachkunde ist vom *Revisionsgericht* überprüfbar, BGH RR **88**, 764, Köln VersR **95**, 1082. Die Nichteinholung eines Gutachtens oder einer Meinungsumfrage ist also unter Umständen ein Verfahrensverstoß. Er kann (jetzt) auf Antrag zur Zurückverweisung führen, BGH NJW **97**, 1641, BAG BB **79**, 111. Er kann als Verstoß gegen Art 103 I GG eine Verfassungsbeschwerde begründen, BVerfG NJW **03**, 1655.

52 Dem Antrag, einen Sachverständigen *vorzuladen,* um ihm Fragen vorzulegen, muß das Gericht im allgemeinen stattgeben, § 411 Rn 10, BGH NJW **97**, 802, Köln NJW **94**, 394. Dasselbe gilt evtl für einen Antrag, einen Zeugen zur Widerlegung der tatsächlichen Grundlagen eines Gutachtens zu hören, BVerfG RR **96**, 186 (großzügig), BGH RR **96**, 185.

53 Bei besonders *schwierigen* Fragen, BGH RR **95**, 677 (§ 3 UWG), KG VersR **04**, 1195, Mü RR **86**, 1142, ferner bei widersprechenden oder lückenhaften Gutachten muß das Gericht eine weitere tatsächliche Aufklärungsmöglichkeit nutzen, BGH VersR **02**, 1259, da kann §§ 144 KG VersR **04**, 1195, Oldb MDR **91**, 546, Schlesw RR **91**, 715. Das gilt insbesondere bei mehreren sich widersprechenden Privatgutachten, Hamm VersR **00**, 56. Andernfalls ist eine sorgfältige Abwägung notwendig, bevor das Gericht sich einem der Sachverständigen anschließt, BVerfG FamRZ **97**, 152, BGH RR **88**, 764. Das Gericht muß erkennen lassen, daß es sich mit Unterschieden in mehreren Äußerungen des Sachverständigen auseinandergesetzt hat,

Titel 1. Verfahren bis zum Urteil § 286

BGH NJW **93**, 270. Das Gericht muß die Sachkunde des Sachverständigen prüfen, BGH GRUR **98**, 366, auch wenn das praktisch nur sehr bedingt möglich ist. Zumindest empfiehlt sich im Urteil ein Satz, gegen die Sachkunde seien keine Bedenken erkennbar geworden.

Es muß evtl mangels Sachkunde des Gutachters *weitere* Gutachten einholen, BGH NJW **01**, 1788, KG VersR **04**, 1195. Ein Privatgutachten ist zwar formell ein bloßer Parteivortrag, Üb 21 vor § 402. Es darf aber nicht schon deshalb ganz unbeachtlich bleiben, BGH NJW **01**, 78 links. Es kann evtl einen Gerichtsgutachter entbehrlich machen, Köln VersR **01**, 755. Es kann aber auch zu weiterer Aufklärung Veranlassung geben, BGH MDR **02**, 570. Das gilt sogar nach einem vorangegangenen Gutachten des vom Gericht beauftragten Sachverständigen, BGH MDR **02**, 570. Die Einholung eines weiteren Gutachtens kommt insbesondere dann in Betracht, wenn das Berufungsgericht vom erstinstanzlichen Gutachten abweichen will, ohne eigene Sachkunde zu haben, BGH RR **88**, 1235. Wegen einer ergänzenden Anhörung § 402 Rn 8 „§ 398", § 411 Rn 9 (evtl Anhörungspflicht). Sie steht im pflichtgemäßen Ermessen des Gerichts, BGH NJW **97**, 803. Sie kann durchaus notwendig werden, BGH VersR **02**, 1259. Ein Antrag auf die Hinzuziehung eines weiteren Sachverständigen ist nicht ausreichend, wenn der Beweisführer nicht darlegt, der weitere Sachverständige verfüge über bessere Methoden usw, Mü RR **91**, 17.

Zumindest muß das Gericht freilich im Urteil darlegen, warum es ein *Obergutachten* nicht für notwendig **54** hält, Rn 61, BGH VersR **85**, 189, Hamm VersR **80**, 683. Dasselbe gilt bei auch nur angeblichen, einigermaßen substantiiert behaupteten groben Mängeln im eingeholten Gutachten, BGH RR **88**, 764, Mü RR **86**, 1142, Stgt VersR **88**, 410. Das gilt ferner dann, wenn der Sachverständige selbst neuerliche Beweisbehauptungen für evtl erheblich erklärt. Fehlerhaft wäre dann eine Ablehnung des Beweisantrags mit der Begründung, die Behauptungen seien unbestimmt, § 412 Rn 4, 5.

Bei *Unklarheiten,* Widersprüchen oder Lücken kann zumindest eine Amtspflicht entstehen, den Gutachter **55** zur Klarstellung zu veranlassen, BGH NJW **01**, 2791, KG VersR **04**, 1195, Saarbr RR **99**, 719. Das Gericht darf aber nicht anordnen, daß sich eine Partei einer noch dazu etwa riskanten Operation unterziehen müsse, wenn der Sachverständige nur auf Grund der Ergebnisse einer Operation ein Gutachten erstellen kann. Vielmehr ist der Sachverständige bei unaufklärbaren Widersprüchen als Beweismittel ungeeignet, BGH RR **01**, 1509, Düss NJW **84**, 2635. Auch § 372 a hilft dann nicht weiter.

Wegen eines *aussagepsychologischen* Gutachtens Rn 2. Die Beurteilung der Geschäftsfähigkeit ist in der **56** Regel keine besonders schwierige Frage, die ein Obergutachten erforderlich machen würde. Denn hier ist nur die Feststellung des tatsächlichen Verhaltens schwierig, nicht die ärztliche Beurteilung. Eine Prüfung, ob der Betreffende wegen Trunkenheit geschäftsunfähig gewesen sei, bloß auf Grund einer Unterschriftsprobe ist meist unmöglich. Vorsicht mit der eigenen Sachkunde des Gerichts bei medizinischen Fragen, BGH NJW **94**, 794 (Selbstmordgefahr), oder beim merkantilen Minderwert, Darkow VersR **75**, 210, oder gegenüber Zeugenangaben über das Tempo oder den Zeitpunkt, Schneider MDR **75**, 19, oder bei Softwarefragen, Bartsch, Softwareüberlassung und Zivilprozeß, 1991.

Auch das Gutachten eines *fachlich anerkannten* Sachverständigen hat keinen „Anschein der Richtigkeit" **57** für sich, den die betroffene Partei entkräften müßte. Es unterliegt vielmehr der normalen Beweiswürdigung, BGH VersR **81**, 1151. Das Gericht muß selbständig und eigenverantwortlich prüfen, ob es dem oder den Gutachten folgen darf, BGH NJW **94**, 163, 1597, Stgt VersR **88**, 410, Schneider MDR **85**, 199 (er kritisiert freilich mit Recht die Strenge der Anforderungen der Rechtsprechung an die Sachkunde des Tatrichters).

Das Gericht muß insbesondere prüfen, ob der Sachverständige von *zutreffenden Tatsachenfeststellungen* **58** ausgegangen ist, BVerfG WoM **97**, 318, BGH BB **94**, 1173, BayObLG FamRZ **88**, 1313. Es muß klären, ob er sich vollständig und widerspruchsfrei geäußert hat, BGH NJW **97**, 1039, BayObLG FamRZ **88**, 1313. Es muß prüfen, ob der Sachverständige eine Abweichung von einem Mietspiegel begründet hat, LG Potsd WoM **04**, 671. Daher ist das Gutachten unverwertbar, soweit der Gutachter seine tatsächlichen Grundlagen, aus welchem berechtigten Grund auch immer, nicht wegen einer Schweigepflicht, nicht vollständig nachprüfbar offenlegt, Üb 8 vor § 402, § 407 a Rn 18, BVerfG WoM **97**, 318, BGH NJW **01**, 2794 und 2795, LG Mü WoM **03**, 97, eigenartig als Fallfrage eingeschränkt von BVerfG NJW **97**, 311, aM LG Halle ZMR **02**, 427, Walterscheidt WoM **95**, 86 (vgl aber § 407 a Rn 18. Das Gericht darf und muß auch die tatsächlichen Grundlagen des Gutachters überprüfen. Dazu reicht eine anonymisierte Angabe des Sachverständigen nicht aus, Rn 50). Das alles gilt auch beim Gutachten eines Meinungsforschungsinstituts, BGH RR **87**, 351.

Ein *Verstoß* kann (jetzt) auf Antrag zur Zurückverweisung führen, Kblz NJW **04**, 1186, Saarbr RR **99**, **59** 719, Stgt VersR **88**, 410.

Das Gericht kann vom Ergebnis des Gutachtens *abweichen,* Stgt NJW **81**, 2581, wenn es bei einer eigenen **60** Sachkunde hierfür eine ausreichende Begründung geben kann. Es muß dann aber dem Sachverständigen zuvor Gelegenheit zur Nachbesserung, Vervollständigung, Vertiefung geben, BGH MDR **02**, 570. Die vom Gutachten abweichende Begründung des Gerichts sollte nur zurückhaltend sein, Schneider MDR **84**, 194. Sie muß gegebenenfalls erfolgen, BGH NJW **01**, 2791, Baumgärtel VersR **75**, 677. Das ist aber bei erbbiologischen Fragen in Abstammungssachen nur schwer möglich, Üb 5 vor § 12. Zur Computer-Tomographie Mü VersR **78**, 65. Das Gericht muß sorgfältig auf Anzeichen einer etwaigen evtl unbewußten Voreingenommenheit des Sachverständigen achten, BGH NJW **81**, 2010, BSG NJW **93**, 3022. Das gilt besonders im Kunstfehlerprozeß wegen etwa überholter Standesregeln, BGH NJW **80**, 2751, BSG NJW **93**, 3022 Franzki NJW **75**, 2225. Ein Literaturstudium reicht nur dann aus, wenn man das gesuchte Ergebnis unmittelbar der Literatur entnehmen kann, BGH MDR **78**, 42. Parapsychologische Gutachten sind ungeeignet, BGH NJW **78**, 1207. Eine Abweichung von der Arzneimittelaufsicht erfordert einen Sachverständigen, BGH NJW **05**, 2705.

Ein *Obergutachten* nach Rn 94 ist nur bei konkreten sachlichen Bedenken gegen den vom Gutachter **61** gewählten Weg notwendig, Köln GRUR **91**, 390 (nicht schon deshalb, weil er neue Wege beschreitet), oder bei besonders schwierigen Fragen, BGH BB **80**, 863. Diese sind nicht stets dann gegeben, wenn die bisherigen Gutachten voneinander abweichen, BGH BB **80**, 863, aM Hamm VersR **80**, 683 (aber das

Hartmann 1137

§ 286 Buch 2. Abschnitt 1. Verfahren vor den LGen

Gericht kann das Gewicht jedes Gutachtens selbst einschätzen). Dann ist vielmehr unter Umständen eine Stellungnahme der bisherigen Gutachter ausreichend, um das Gericht instand zu setzen, die Fragen zu überblicken. Es ist allerdings unzulässig, Abweichungen unkritisch nebeneinanderzustellen, BGH NJW 92, 2292, und daraus auf die Unmöglichkeit von Feststellungen zu schließen, oder gar überhaupt keine Stellungnahme zu den Abweichungen zu beziehen, Hamm VersR 80, 683. Vielmehr muß das Gericht nachvollziebar begründen, warum es sich welchem der sich widersprechenden Gutachter anschließt, § 412 Rn 4, BGH RR 04, 1680, Pieper ZZP 84, 24.

62 Wegen eines *Privatgutachtens* Üb 21 vor § 402. Das Gutachten des abgelehnten Sachverständigen ist unverwertbar, es sei denn, alle Beteiligten wären mit der Verwertung einverstanden.

63 **8) Urkundenwürdigung, I.** Sie erfolgt oft recht großzügig.

A. Freie Beweismittelwahl. Unter den Beweismitteln darf die Partei frei wählen, also insbesondere Zeugen- oder Sachverständigenbeweise durch Urkundenbeweis ersetzen. Das Gericht darf auch einen Mietspiegel heranziehen, §§ 558c, d BGB, Wetekamp NZM 03, 184 (Üb). Es darf ihn freilich als alleiniges Beweismittel nur vorsichtig einsetzen, strenger LG Mü WoM 96, 709 (abl Blank WoM 97, 178), großzügiger LG Ffm RR 95, 463. Eine solche Ersetzung kann auch im Einverständnis mit der Verwertung von Beiakten liegen. Die Parteien können auch den Inhalt anderer Akten einschließlich dortiger Zeugenprotokolle vortragen. Das Gericht muß sie dann als Parteivortrag würdigen. Das Gericht darf und muß den Urkundeninhalt frei würdigen, BAG KTS 89, 151, evtl auch zum Nachteil des Beweisführers, BGH MDR 83, 1018. Es darf die Verwertung einer fremdsprachigen Urkunde wegen Artt 2 I, 20 III GG (Rpfl), BVerfG 101, 404, Art 103 I GG (Richter) trotz § 184 GVG mit Rücksicht auf § 142 III erst nach vergeblicher Fristsetzung zur Vorlage einer Übersetzung ablehnen, BVerwG NJW 94, 1553, und auch das nicht bei einer Amtsermittlung nach Grdz 38 vor § 128 etwa bei §§ 606 ff, 640 ff.

64 **B. Würdigung anderer Akten,** dazu *Fasching,* Strafurteil und Zivilprozeß, Festschrift für *Schumann* (2001) 83; *Häcker,* Grenzen der Verwertbarkeit strafprozessualer Aussagen im Zivilprozeß, Diss Tüb 1994: Das Gericht darf auf Grund eines Beweisantrags Zeugen- und andere Protokolle sowie andere Urkunden würdigen, zB eine schriftliche Erklärung. Solche Würdigung ist grundsätzlich in anderen Akten ohne Zustimmung der Parteien erlaubt, Üb 12 vor § 402, BGH NJW 97, 3381, Köln VersR 00, 1303, Oldb FamRZ 00, 835, namentlich aus Strafakten, BGH NJW 02, 2324 (auch zu den Grenzen), Hamm NVersZ 98, 44 (§ 383), Köln VersR 94, 374. Die Rechtssicherheit, Einl III 43, ist lediglich *ein* Element der Rechtsidee, § 296 Rn 2. Die Gerechtigkeit als Hauptziel des Zivilprozesses hat Vorrang, Einl III 9. Sie führt den Zivilrichter zu Grenzen einer auch nur gefühlsmäßigen Bindung an ein Strafurteil, Hartmann NJW 02, 2618.

Zumindest kann auf Parteiantrag erneut Beweis dazu notwendig werden. Er zwingt ihn dann auch hier zur freien Beweiswürdigung. Es handelt sich dann nicht um einen Urkundenbeweis, §§ 415 ff, 122, jedoch kann bei einem selbständigen Beweisverfahren nach § 485 ff im zugehörigen Hauptsacheprozeß um einen Sachverständigenbeweis. Der Beweisantrag braucht allerdings nicht förmlich zu sein, BVerfG NJW 94, 1211 (die Bezugnahme genügt, ist aber notwendig).

Das Gericht darf *Protokolle* auch aus einem Prozeßkostenhilfeverfahren nach § 118 II 2 urkundenbeweislich würdigen, sogar bei einem Widerspruch des Gegners des Beweisführers, BGH NJW 85, 1471, Ffm VersR 96, 838, Köln VersR 93, 1367 (es bedarf aber einer Klärung, zB nach § 139. Vgl im übrigen Rn 68). Es darf ein Protokoll in der Berufungsinstanz wenigstens nach § 284 S 2 grundsätzlich ohne eigene Zeugenvernehmung würdigen, (zum alten Recht) Oldb FamRZ 00, 835, und zwar vom Vorderrichter abweichend, § 398 Rn 4, BGH MDR 83, 830. Etwas anderes gilt nach einer früheren Vernehmung im Prozeß, Rn 4. Natürlich muß die Partei Gelegenheit haben, sich zur Verwertung zu äußern, BGH MDR 91, 844. Einen Widerruf zB eines Geständnisses vor der Polizei darf das Gericht frei würdigen, Köln VersR 00, 1303. Ebenso darf das Gericht eine amtliche *Auskunft* würdigen, Üb 25 vor § 402, BVerwG NJW 86, 3221. Wegen Privatgutachten Üb 21 vor § 402. Freilich muß das Gericht dann einen anderen Sachverständigen hinzuziehen, wenn ihm ein Gutachten nicht ausreicht, BGH NJW 02, 2324. Das Gericht darf derartige Akten von Amts wegen heranziehen. Ein Unfallbericht der Polizei hat zwar nicht den Wert einer Parteivernehmung, § 448. Er hat aber einen gewissen Indizwert, insbesondere wenn der Vernommene sich auf ihn bezieht.

65 Auch eine *Privaturkunde,* etwa ein ärztliches Zeugnis, ist benutzbar, BGH RR 87, 1522, LG Köln VersR 02, 334. Sie läßt aber keinen Beweis über Tatsachen außerhalb der Urkunde zu, die sich mit ihrem unzweideutigen Inhalt nicht vertragen, BGH NJW 82, 581 (abl Hartung VersR 82, 141), oder nicht zur Deutung führen müßten, sondern zu einer Umdeutung. Natürlich muß das Gericht die Parteien über eine beabsichtigte Verwertung informieren, Artt 2 I, 20 III GG (Rpfl), BVerfG 101, 404, Art 103 I GG (Richter), Stürner, Die richterliche Aufklärungspflicht im Zivilprozeß (1982) 58. Die Parteien können Bedenken äußern. Diese muß das Gericht wenigstens mitbeachten, BFH BB 85, 1118. Der Beweiswert wird bei einer Privaturkunde oft gering sein. Als Zeugenaussage lassen sich Aussagen in anderen Prozessen nur dann würdigen, wenn die Voraussetzungen des § 374 vorliegen oder wenn beide Parteien sie gelten lassen wollen, als seien sie als solche in diesem Prozeß und vor diesem Gericht gemacht worden, BGH MDR 92, 803, Düss MDR 78, 60.

Die *Glaubwürdigkeit* läßt sich aus einem Protokoll eines anderen Prozesses selbst dann kaum beurteilen, wenn das dortige Gericht zugehörige Umstände dort vermerkt hat, BGH NJW 00, 3420. Freilich darf das nicht zur völligen diesbezügliche Unverwertbarkeit des Protokolls des ersuchten Richters führen. Entsprechendes gilt bei der Augenscheinseinnahme, § 371. Auch ein bloßer Vermerk des beauftragten Richters über das Ergebnisse eines Augenscheins hat Beweiswert, wenn die Parteien ihn nicht beanstanden, auch nach einem Richterwechsel.

66 Wird dagegen eine *Vernehmung* auch für den vorliegenden Rechtsstreit beantragt, so handelt es sich nicht um einen Antrag auf eine wiederholte Zeugenvernehmung, über den das Gericht nach § 398 Rn 4 befinden könnte, sondern um einen neuen Beweisantritt, BGH NJW 95, 2857, Düss RR 96, 638, Ffm VersR 96,

Titel 1. Verfahren bis zum Urteil **§ 286, Anh § 286**

838. Das gilt auch, wenn der Zeuge im vorausgegangenen Prozeßkostenhilfeverfahren gehört worden war, oder bei der Aufnahme von Zeugenaussagen in einem früheren, nunmehr aufgehobenen Berufungsurteil nach einem Richterwechsel. Es gilt auch im Berufungsverfahren, wenn das Berufungsgericht zur Berufung gegen ein Teilurteil Beweis erhoben hat, wenn es aber jetzt um die Berufung gegen das Schlußurteil geht. Denn dann liegen zwei verschiedene Berufungsverfahren vor. Es gilt dann also das in Rn 24 Ausgeführte, auch wenn eine Abweichung vom früheren Protokoll sehr wahrscheinlich ist, vgl auch § 355 Rn 4–6.

Das gilt erst recht bei einer *schriftlichen Äußerung* einer Privatperson, um so mehr, als die Unmittelbarkeit **67** und die Parteiöffentlichkeit fehlen und die Aussage nicht mit der Aussicht auf eine Beeidigung erfolgte.

C. Rechtswidrig erlangte Urkunde. Eine solche Urkunde ist unverwertbar, soweit sie verfassungswid- **68** rig entstand oder in die Hand des Vorlegers kam. Üb 13 vor § 371, aM Zeiss ZZP **89**, 399 (sie sei verwertbar, wenn die Schwere des Eingriffs zum erstrebten Zweck in einem angemessenen Verhältnis stehe. Aber das GG hat Vorrang und schützt die Geheimsphäre usw stärker). Eine solche Urkunde ist ferner unverwertbar, wenn sie unter Verstoß gegen eine bei ihrer Entstehung zu beachtende sonstige gesetzliche Bestimmung zustandekam, Ffm MDR **87**, 152, zB wenn der danach Vernommene nicht über sein Schweigerecht belehrt worden war, BGH VersR **85**, 573. Dieser Mangel ist aber nach § 295 heilbar, etwa dadurch, daß der Vernommene im späteren Zivilprozeß nach ordnungsmäßiger Belehrung aussagt, BGH NJW **85**, 1471. Das Gericht darf ferner zB nicht das von ihm eingeholte Gutachten eines anderen als des im Beweisbeschluß genannten Sachverständigen ohne die Zustimmung der Parteien als Urkunde würdigen, BGH NJW **85**, 1401.

D. Verhältnis zum Zeugenbeweis. Grundsätzlich darf das Gericht einen Zeugenbeweis nicht in unge- **69** setzlicher Form zulassen oder ihn außerhalb der Verwertungsmöglichkeiten nach § 374 durch einen Urkundenbeweis ersetzen, BGH MDR **92**, 803, Köln NVersZ **00**, 483. Beantragt eine Partei die mündliche Vernehmung nicht, so darf und muß evtl das Gericht die Urkunde als solche würdigen, KG VersR **85**, 332. Beantragt sie aber die Vernehmung, so darf das Gericht diese auf eine Urkunde hin nur ablehnen, wenn es die Zeugen- oder Sachverständigenvernehmung überhaupt ablehnen könnte, Rn 24 und 66. Liegt ein Vernehmungsantrag vor, so darf sich das Gericht nicht auf eine urkundenbeweisliche Verwertung der Niederschrift einer Aussage in einem anderen Verfahren beschränken, BGH VersR **83**, 668 und 669, KG VersR **76**, 474, Köln NVersZ **00**, 483.

Das gilt auch dann, wenn der Zeuge zB wegen *Ungehorsams* im Sinn von § 380 oder wegen eines Umzugs Probleme bereitet, Köln NVersZ **00**, 483. § 398 ist dann unanwendbar. Freilich kann im Einverständnis mit der Aktenverwertung ein Verzicht auf den Zeugen zumindest für diese Instanz liegen, BGH MDR **92**, 803, Mü VersR **76**, 1144. Das gilt noch in 2. Instanz. Man kann einen solchen Verzicht aber nicht ohne weiteres unterstellen, Hamm RR **02**, 1653. Denn wenn die Partei in der 1. Instanz nicht die Vernehmung verlangt hatte, so lag ein Verfahrensmangel noch gar nicht vor, auf den sie hätte verzichten können.

Verlangt die Partei eine *Augenscheinseinnahme* durch das Prozeßgericht nach § 371 so darf dieses eine solche **70** aus einem anderen Verfahren ohne Einverständnis der Parteien nicht urkundenbeweislich verwenden. Soweit das Gesetz nach § 377 III eine schriftliche Zeugenaussage zuläßt, liegt kein Urkundenbeweis vor, sondern ein Zeugenbeweis. In einer Ehesache gilt nichts Besonderes, nur muß das Gericht § 616 beachten.

9) Gesetzliche Beweisregeln, II. Solche binden das Gericht wegen ihres Ausnahmecharakters nach **71** Rn 2 nur in den im Gesetz ausdrücklich bezeichneten Fällen, LG Hbg WoM **77**, 37. Sie bestehen zB: Für Urkunden, §§ 415–418, BGH NJW **90**, 2125; für die Echtheit einer elektronischen Signatur, § 292 a, für das Protokoll, § 165; für die Zustellung von Anwalt zu Anwalt, §§ 174 I 2, 195 II; für eine Zustellung im Ausland, § 183; für eine Amtszustellung an einen Anwalt usw, (jetzt) §§ 174, 195 I 2, BGH NJW **90**, 2125; für die Übersendung von Schriftsätzen und die Erklärung durch die Post, § 270 S 2; für den Tatbestand des Urteils, § 314, usw. Landesgesetzliche Beweisregeln sind aufgehoben. Denn der Vorbehalt in § 16 Z 1 EG ZPO hat sich durch das PStG, § 17 II EG ZPO durch die Anlegung der Grundbücher erledigt. Wegen Tatsachen- und Rechtsvermutungen § 292 Rn 47.

10) *VwGO*: I gilt in Ergänzung zu § 108 I VwGO, BVerwG NVwZ **99**, 77, Dawin NVwZ **95**, 729; zur **72** Ablehnung von Beweisanträgen, Rn 27 ff, vgl § 93 a II 3 u 4 VwGO (Musterverfahren) sowie allgemein *Jacob* VBlBW **97**, 41, BVerfG DVBl **02**, 834, BVerwG BayVBl **04**, 94, NVwZ-RR **02**, 311 mwN, NVwZ **96**, Beil 10 S 75, NVwZ-RR **90**, 379, VGH Kassel DVBl **97**, 668 mwN, VGH Mannh NVwZ-Beilage 9/97 S 67 u 4/95 S 28 mwN und die Kommentare zu § 86 II VwGO. **II** ist entsprechend anzuwenden, § 173 VwGO, da gesetzliche Beweisregeln auch für den VerwProzeß gelten, zB §§ 164, 314, 415 ff, vgl Rn 71.

Anhang nach § 286

Die Beweislast

Schrifttum: *Arens*, Zur Problematik von non-liquet-Entscheidungen, Festschrift für *Müller-Freienfels* (1986) 13; *Baumgärtel*, Beweislastpraxis im Privatrecht, 1996; *Baumgärtel*, Das Verhältnis von Beweislastumkehr und Umkehr der konkreten Beweisführungslast im deutschen Zivilprozeß, in: Festschrift für *Nakamura* (1996); *Baumgärtel* pp, Handbuch der Beweislast im Privatrecht, Bd 1: Allgemeiner Teil und Schuldrecht BGB usw, 2. Aufl 1991; Bd 2: Sachen-, Familien- und Erbrecht, 2. Aufl 1999; Bd 3: AGBG/UWG, 1987; Bd 4: AbzG, HGB (§§ 1–340, 343–438), CMR, BinnSchG, 1988; Bd 5: Versicherungsrecht, 1993; *Baumgärtel*, Beweislastpraxis im Privatrecht, 1996; *Berg*, Die verwaltungsrechtliche Entscheidung bei ungewissem Sachverhalt, 1980; *Buciek*, Beweislast und Anscheinsbeweis im internationalen Recht, Diss Bonn 1984; *Chiang*, Beweislast und Beweiserleichterung bei der Haftung von Angehörigen der freien Berufe usw, 1999; *Eickmann*, Beweisverträge im Zivilprozeß, 1987; *Ekelöf*, Beweiswert, Festschrift für *Baur* (1981) 343; *Engels*, Der Anscheinsbeweis der Kausalität usw, 1994; *Friedl*, Beweislastverteilung unter Berücksichtigung des Effizienzkriteriums, 2003; *Habscheid*, Beweislast und Beweismaß – ein kontinentaleuropäisch-angelsächsischer Rechtsvergleich, Festschrift für *Baumgärtel* (1990) 105; *Heinemann*, Die Beweislastverteilung bei positiven Forderungsverletzungen, 1988 (rechtsvergleichend); *Heinrich*, Die Beweislast bei Rechtsgeschäften,

Anh § 286

Buch 2. Abschnitt 1. Verfahren vor den LGen

1996; *Heinrich,* Die Funktion der Beweislastnormen, Festschrift für *Musielak* (2004) 229; *Huber,* Das Beweismaß im Zivilprozeß, 1983; *Hüffer,* Zur Darlegungs- und Beweislast bei der aktienrechtlichen Anfechtungsklage, Festschrift für *Fleck* (1988) 151; *Kegel,* Beweislast und Relationskunst, Festschrift für *Baumgärtel* (1990) 201; *Konzen,* Normtatsachen und Erfahrungssätze bei der Rechtsanwendung im Zivilprozeß, Festschrift für *Gaul* (1997) 335; *Larenz,* Zur Beweislastverteilung nach Gefahrenbereichen, Festschrift für *Hauß* (1978) 225; *Leipold,* Beweismaß und Beweislast im Zivilprozeß, 1985; *Lepa,* Beweislast und Beweiswürdigung im Haftpflichtprozeß, 1988; *Lieb,* Vermutungen, Beweislastverteilung und Klarstellungsobliegenheiten im Arbeitskampf, Festschrift für *Herschel* (1982); *Motsch,* Vom rechtsgenügenden Beweis, 1983; *Musielak,* Hilfen bei Beweisschwierigkeiten im Zivilprozeß, Festgabe *50 Jahre Bundesgerichtshof* (2000) 193; *Musielak/Stadler,* Grundfragen des Beweisrechts, 1984; *Nierhaus,* Beweismaß und Beweislast – Untersuchungsgrundsatz und Beteiligtenmitwirkung im Verwaltungsprozeß, 1989; *Prütting,* Gegenwartsprobleme der Beweislast, 1983 (speziell auch zum Arbeitsrecht); *Rommé,* Der Anscheinsbeweis im Gefüge von Beweiswürdigung, Beweismaß und Beweislast, 1989; *Rosenberg,* Die Beweislast usw, 5. Aufl 1966; *Schlemmer-Schulte,* Beweislast und Grundgesetz, 1997; *Schneider,* Beweislast und Beweiswürdigung, 5. Aufl 1994; *Schwab,* Zur Abkehr moderner Beweislastlehren von der Normentheorie, Festschrift für *Bruns* (1978) 505; *Schwab,* Das Beweismaß im Zivilprozeß, Festschrift für *Fasching* (1988) 451; *Stürner,* Beweislastverteilung und Beweisführungslast in einem harmonisierten europäischen Zivilprozeß, in: Festschrift für *Stoll* (2001); *Wahrendorf,* Die Prinzipien der Beweislast im Haftungsrecht, 1976; *Walter,* Freie Beweiswürdigung, 1979.

Gliederung

1) **Systematik**	1–3	B. Grundsatz mangels gesetzlicher Regelung	10–13
A. Begriff	1	6) **Tatsächliche Vermutung**	14
B. Rechtsnatur	2, 3	7) **Anscheinsbeweis**	15–25
2) **Regelungszweck**	4	A. Anwendbarkeit	16–23
3) **Geltungsbereich**	5	B. Unanwendbarkeit	24, 25
4) **Vertragliche Regelung**	6–8	8) **Beweisvereitelung**	26–32
A. Beweisvertrag	6	A. Grundsatz: Freie Beweiswürdigung	27, 28
B. Beweislastvertrag	7	B. Fälle	29–32
C. Rechtswahl	8	9) **Beispiele zur Frage der Beweislast**	33–238
5) **Träger der Beweislast**	9–13	10) **Verstoß**	239
A. Ausdrückliche, direkte gesetzliche Regelung	9	11) **VwGO**	240

1 **1) Systematik.** Die Beweislast hat enorme praktische Bedeutung. Sie ist gefährlich.

A. Begriff. Die Beweislast (schlecht Beweispflicht) ist das Risiko des Prozeßverlusts für den Fall der Nichtbeweisbarkeit. Sie ist eine Folge des Beibringungsgrundsatzes, Grdz 20 vor § 128, BVerfG **52**, 145. Es ist die Aufgabe einer Partei, die Tatsachen notfalls zu beweisen, die ihr Vorbringen tragen, BGH NJW **91**, 1053. Das gilt nicht nur im Bereich des Beibringungsgrundsatzes. Es gilt auch beim Kampf um die Identität (dann also kein Statusverfahren) oder dann wenn es sich um ein Grundrecht handelt.

2 **B. Rechtsnatur.** Vorwiegend früher wurden, aber auch heute noch werden die Rechtssätze über die Beweislast vereinzelt als prozessual angesehen, da die Beweislast nur im Prozeß eine Rolle spielt, indem sie notfalls den Inhalt des richterlichen Urteils im Zivilprozeß bestimmen, Häsemeyer AcP **188**, 165, Mühlberger MDR **01**, 735 (prozessuale Theorie). Inzwischen bewies sich aber die Auffassung, daß die Regelung der Beweislast dem materiellen Recht angehörte, BGH NJW **83**, 2033, Schneider MDR **89**, 138, als zu eng.

Heute werden die Rechtssätze über die Beweislast meist demjenigen Rechtsgebiet zugeordnet, dem der *Rechtssatz angehört,* dessen Voraussetzungen die streitigen Tatsachen *begründen* sollen, BGH RR **88**, 831, Fritze GRUR **82**, 525, Schneider MDR **82**, 502, aM Düss ZMR **88**, 335 (aber erst solche Zuordnung berücksichtigt die faktische Gemengelage unterschiedlicher Rechtssätze in unterschiedlich zugearteten Gestzeszusammenhang). Diese Zuordnung hat eine praktische Bedeutung, Rn 237. BGH NJW **96**, 1059 unterscheidet zwischen „objektiver" und „subjektiver" Beweislast (zu § 52; vgl aber unten Rn 11 und § 56 Rn 5). Es gibt Versuche der letzten Jahrzehnte in Teilen der Rechtslehre, die dogmatischen und rechtstheoretischen Grundlagen der Beweislast zu klären, um neue und sicherere Methoden zur Lösung des Einzelfalls zu gewinnen, Musielak ZZP **100**, 385 (Üb). Sie haben aber für die Praxis noch nicht zu grundlegend neuen Erkenntnissen geführt.

3 Es scheint am ehesten unverändert mit der weiterentwickelten *„Normentheorie" Rosenbergs* eine fallgerechte Lösung möglich zu sein. Jede Partei muß die Voraussetzungen der *ihr günstigen Norm beweisen,* also derjenigen, deren Rechtswirkung ihr zugutekommt, BGH NJW **05**, 2396 und RR **05**, 1184, BAG BB **95**, 468, aM Boechen VersR **91**, 965. Der Anspruchsteller hat also die Beweislast der rechtsbegründenden Tatsachen, BGH NJW **02**, 1123. Der Gegner hat diejenige der rechtshemmenden, -hindernden oder -vernichtenden Tatsachen, Rn 10, BGH NZM **05**, 665, BAG BB **95**, 468, Heinrich (vor Rn 1) 250. Das gilt freilich nur im Rahmen des Zumutbaren, BGH BB **99**, 2161 (evtl Vortrag des Gegners abwartbar). Eine Umkehrung der Beweislast nur aus Billigkeitsgründen ist unzulässig, BGH MDR **97**, 496. Das ausländische Recht bestimmt die Beweislast, falls man das Rechtsverhältnis nach ihm beurteilen muß, § 293 Rn 6.

4 **2) Regelungszweck.** Der Richter muß das gesamte Vorbringen beider Parteien würdigen. Er muß die angetretenen Beweise ohne Rücksicht auf eine Beweislast erheben, Einf 23, 26 vor § 284, BGH NJW **79**, 2142. Daher ist der wahre Sinn der Beweislast praktisch nur die Klärung der Frage, wen nach der Erschöpfung aller Beweismittel die Folgen der Beweislosigkeit treffen, BGH NJW **85**, 498 (zustm Baumgärtel JR **85**, 244), Musielak ZZP **100**, 391.

Titel 1. Verfahren bis zum Urteil **Anh § 286**

Man hat die Lehre von der Beweislast das *Rückgrat des Zivilprozesses* genannt. Das ist übertrieben. Zivilprozesse leben ohne dieses Rückgrat sehr nachdrücklich. Streitigkeiten über die Beweislast sind nicht allzu häufig. Oft tritt auch der nicht Beweispflichtige Beweis an. Das verlangt ja § 282 I eigentlich auch von ihm. Zu seiner Aufklärungspflicht Arens ZZP **96**, 1. Bedeutungsvoll wird die Beweislast namentlich beim Beweisantritt durch Antrag auf Parteivernehmung, § 445. Die Beweislast schließt die Darlegungslast, die Behauptungslast ein, LAG Mü DB **82**, 2302. Sie zwingt die Parteien, Behauptungen aufzustellen. Wie weit sie dabei im einzelnen gehen müssen, richtet sich nach der Prozeßlage, §§ 138, 282, BGH NJW **81**, 577. Sie gilt auch bei den von Amts wegen zu beachtenden Punkten der Amtsprüfung nach Grdz 39 vor § 128. Sie gilt aber nicht im Verfahren mit Amtsermittlung, Grdz 38 vor § 128. Sie gilt ferner nicht bei der Ermittlung der Rechtsfolge einer Tatsache. Auf die Auslegung von Willenserklärungen und Urkunden nach Grdz 52 vor § 128 sind die Regeln der Beweislast unanwendbar, Rn 220 „Vertragsurkunde".

Anscheinsbeweis nach Rn 15 ist ein Weg der Umkehrung der Beweislast. Er ist oft prozeßentscheidend, mindestens oft arbeitserleichternd und damit verführerisch und gefährlich. Er ist aber auch oft unentbehrlich. Mit diesem Mittel der Wahrheitsfindung muß man behutsam, aber auch nachdrücklich umgehen.

Unterliegen wegen Beweislast ist eine Entscheidungsgrundlage, die manche zu sehr scheuen. Es ist evtl weniger belastend, „nur" mangels Beweises zu verlieren. Es ist für das Gericht evtl ehrlicher, die verbleibende Ungewißheit einzugestehen, genauer: ganz einfach mitzuteilen, als sich selbst verpflichtet zu fühlen, zu einer Überzeugung zu kommen, obwohl sie nicht erreichbar ist. Zwar kann es bequem sein, die Beweislast entscheiden zu lassen. Oft genug verbleiben aber auch bei allem Bemühen nun wirklich mehrere Erklärungsmöglichkeiten für einen mehr oder minder lange Zeit zurückliegenden Vorgang des äußeren oder inneren Geschehens. Zwischen ihnen sich irgendwie mit gequälter Gewißheit zu entscheiden ist in Wahrheit nicht vertretbar. Dann ist Mut zum Abstellen auf die Beweislast nötig. Alles das sollte man bei ihrer Anwendung mitbedenken.

3) Geltungsbereich. Die Vorschrift gilt in allen denjenigen Verfahrensarten nach der ZPO, in denen das **5** Gericht keine Amtsermittlung vornimmt, Grdz 38 vor § 128, sondern allenfalls eine Amtsprüfung, Grdz 39 vor § 128.

4) Vertragliche Regelung, dazu *Wagner*, Prozeßverträge, Privatautonomie im Verfahrensrecht, 1998 **6** (Bespr *Spickhoff* NJW **00**, 196). Es gibt drei Hauptwege.

A. Beweisvertrag. Eine vertragliche Beschränkung der Freiheit der richterlichen Beweiswürdigung, der sogenannte Beweisvertrag, ist die Bindung des Gerichts an die Bewertung von Vorgängen seitens der Parteien, also eine Beschränkung der Beweise. Er mag zwar zulässig sein, kann aber das Gericht nicht in der Beweiswürdigung binden, § 286 Rn 4, Weth AcP **189**, 333, aM ThP 41 vor § 284. Daher ist ein Vertrag unbeachtlich, nach dem eine bestimmte Tatsache als unwiderlegbar anzusehen sei (Geständnisvertrag). Ebenso unbeachtlich ist ein Vertrag, nach dem eine Tatsache als bewiesen gelten soll, falls eine andere bewiesen wird (Vermutungsvertrag). Solche Verträge schränken zudem unzulässig die Entschlußfreiheit der Parteien ein. Sie enthalten regelmäßig eine Knebelung der beweispflichtig gemachten Partei. Über die Einschränkungen der Beweislast durch Unterstellungen und Rechtsvermutungen vgl bei § 292.

B. Beweislastvertrag. Hingegen ist ein Beweislastvertrag gültig, der eine Partei mit der Ungewißheit **7** einer Tatsache belastet, auch als Teil von allgemeinen Geschäftsbedingungen, sofern die Parteien über den Vertragsgegenstand verfügen dürfen und sofern die Vereinbarung nicht gegen § 309 Z 12b BGB verstößt, § 726 Rn 4, Düss RR **96**, 148, Mü RR **01**, 131, Drsasdo NZM **98**, 256. Allerdings ist eine Änderung zum Nachteil des Partners des AGB-Verwenders insbesondere dann unwirksam, wenn die zu beweisenden Umstände im Verantwortungsbereich des Verwenders liegen oder wenn er den Partner eine bestimmte Tatsache bestätigen läßt (Ausnahme: gesondert unterschriebenes Empfangsbekenntnis), Stgt RR **93**, 1535, LG Mü DNotZ **90**, 574, aM Nürnb DNotZ **90**, 565, LG Köln DNotZ **90**, 570 und 577, LG Mainz DNotZ **90**, 567 (aber dergleichen liegt an der Grenze zum Rechtsmißbrauch). Eine allzu ungewöhnliche Klausel *kann* nach § 305c BGB *unwirksam* sein, § 38 Rn 6, BGH **65**, 123. Eine Klausel, die eine überwiegende Wahrscheinlichkeit zum Leistungsausschluß des Versicherers genügen läßt, kann wirksam sein, Karlsr VersR **88**, 713. Beweislastverträge zu Lasten Dritter sind ungültig, KG OLGZ **75**, 11. Bei der Auslegung eines Beweislastvertrags ist § 242 BGB anwendbar. Ferner ist § 61 VVG mitbeachtlich, Ffm MDR **85**, 671, LG Ffm VersR **76**, 841.

C. Rechtswahl. Wegen der Freiheit der Rechtswahl vgl Art 14 Übk v 19. 6. 80, BGBl **86** II 810. **8**

5) Träger der Beweislast. Seine Ermittlung ist manchmal schwierig. **9**

A. Ausdrückliche, direkte gesetzliche Regelung. Zunächst muß man prüfen, ob das Gesetz die Beweislast ausdrücklich und direkt selbst regelt, zB in §§ 179 I, 2336 III BGB, oder ob es eine Tatsachen- oder Rechtsvermutung gibt, die der Richter nach § 292 beachten muß. Auch eine Beweislastregel muß mit dem GG vereinbar sein, Einl III 21 ff, Reinhardt NJW **94**, 99.

B. Grundsatz mangels gesetzlicher Regelung. Soweit eine vorrangige Regelung nach Rn 9 fehlt, gilt **10** der folgende Grundsatz: Jede Partei muß unabhängig von ihrer prozessualen Parteistellung die bejahenden oder verneinenden Tatsachen beweisen, aus denen sie Rechte herleitet, Rn 4, BGH NJW **95**, 50, Oldb FamRZ **91**, 1071, Gottwald BB **79**, 1782. Es kommt aber nicht auf eine geringere Wahrscheinlichkeit oder auf die sachliche Gerechtigkeit allein an.

Allerdings muß man den *Zweck* der jeweiligen sachlichrechtlichen Norm mitberücksichtigen, Baumgärtel **11** Gedenkrede auf Bruns (1980) 16. Dieser Grundsatz gilt nahezu lückenlos, sofern nicht eine Aufklärung von Amts wegen vorgeschrieben ist. Gewisse Einschränkungen gelten bei § 3 UWG, BGH MDR **78**, 469. Die gelegentliche Unterscheidung zwischen subjektiver und objektiver Beweislast, Rn 2, ist praktisch bedeutungslos.

Der Grundsatz gilt bei rechtsbegründenden, rechtshindernden, rechtsvernichtenden, rechtshemmenden **12** Tatsachen, Üb 8 vor § 253. Anders gesagt: Wer ein Recht *in Anspruch nimmt,* muß die rechts*begründenden* Tatsachen beweisen, BVerfG **54**, 157, BGH NJW **89**, 1728, LG Mü DNotZ **90**, 575. Das sind diejenigen

Hartmann

Tatsachen, die das Gesetz für wesentlich hält. Wer ein Recht trotz dessen gewisser Entstehung leugnet, muß die rechtshindernden, rechtsvernichtenden, rechtshemmenden Tatsachen beweisen, Rn 4, BGH NJW **86**, 2427, Oldb FamRZ **91**, 1071, LG Mü DNotZ **90**, 575. Zu diesen letzteren Tatsachen gehören abweichende Vereinbarungen (die accidentalia). Die Parteistellung ist bei alledem ohne Bedeutung, LG Mü DNotZ **90**, 575. Zu alledem krit Grunsky AcP **81**, 345 (er erwägt die Einführung „verschiedener Stufen der Beweislastnormen". Aber warum noch mehr Komplikationen?). Der Gedanke, die Beweislast allgemein demjenigen aufzuerlegen, in dessen Einflußsphäre sich der Vorgang ereignet hat, ist in dieser Allgemeinheit zu wenig differenziert. Im übrigen bleibt der Schutz zB eines Geschäftsgeheimnisses zu beachten, Stgt RR **87**, 677.

Bei einer *Vollstreckungsabwehrklage* nach § 767 trägt der Kläger die Beweislast für eine rechtsvernichtende oder hemmende Einwendung, § 767 Rn 47, BGH NJW **81**, 2756, Münch NJW **91**, 805 (ausf, auch zum Problem der anspruchsbegründenden Tatsachen). Bei einer Widerrufsklage muß der Bekl sein Recht auf eine ehrenschädigende Behauptung beweisen. Im höheren Rechtszug bleibt die Beweislast unverändert.

13 Oft ist zweifelhaft, ob eine rechtshindernde Vorschrift vorliegt oder ein im Fehlen liegendes (negatives) Tatbestandsmerkmal. In solchen Fällen gibt das *BGB* meist einen sicheren *Anhalt*. Es macht eine rechtshindernde Vorschrift durch Wendungen erkennbar wie „es sei denn, daß", „gilt nicht, wenn", „wenn nicht", „ist ausgeschlossen, wenn", „beschränkt sich" und ähnlich. Nicht immer ist aber ein solcher Anhalt vorhanden. Dann entscheidet, ob das Vorbringen des Bekl auf die Geltendmachung einer Gegennorm oder einer von ihm zu beweisenden Ausnahme von der Regel hinausläuft, BGH BB **89**, 658, ThP 24 vor § 284, aM Reinecke JZ **77**, 159 (aber die vorstehende Regel ist gerade noch praktikabel), oder ob es nur ein Bestreiten des Klagegrunds darstellt, Rn 186 „Schenkung". Böser Glaube ist zu beweisen, nicht der gute. Denn den letzteren sollte man wegen Artt 1, 2 GG zunächst unterstellen.

14 **6) Tatsächliche Vermutung.** Die Lebenserfahrung begründet häufig die hohe Wahrscheinlichkeit eines gewissen Ablaufs, einen Erfahrungssatz, Einf 22 vor § 284, eine tatsächliche oder unechte Vermutung. Sie kann bei freier Beweiswürdigung weiteren Beweis überflüssig machen. Man kann sie neben anderen Umständen würdigen, wenn ihr eine so starke Beweiskraft nicht zukommt. Man hüte sich aber vor Mißbrauch. Insbesondere nötigt nicht jede Wahrscheinlichkeit den Gegner zur Entkräftung. Es besteht zB kein Erfahrungssatz für das Zugehen behördlicher Schriftstücke.

15 **7) Anscheinsbeweis** (Prima-facie-Beweis, Beweis des ersten Anscheins). Dieser Beweis ist eine Form des Indizienbeweises, nicht etwa eine andere Beweisart, BGH NJW **98**, 81. Er fällt in das Gebiet der Erfahrungssätze, BGH NJW **98**, 81, und der Beweiswürdigung, BGH NJW **98**, 81, nicht der Beweislast, BGH **100**, 34, BFH BB **89**, 2386, Taupitz ZZP **100**, 295 (keine Beweislastumkehrung), aM Greger VersR **80**, 1102 (ausf), der den Anscheinsbeweis nur aus dem sachlichen Recht ableitet (aber die Rechtsnatur der Beweislast ist nach Rn 2 zu beurteilen). Der Anscheinsbeweis ist dogmatisch noch nicht geklärt, Düss VersR **97**, 337. Es hat indessen eine erhebliche praktische Bedeutung. Er hat sich im allgemeinen bewährt. Er ist Gewohnheitsrecht, Celle MDR **96**, 1248. Das Gericht muß ihn daher von Amts wegen beachten, § 293 Rn 3, aM Huber MDR **81**, 98 (er will den Anscheinsbeweis ganz abschaffen. Aber der Anscheinsbeweis ist trotz seiner Gefährlichkeit praktisch unentbehrlich). Man sollte den Anscheinsbeweis nicht mit dem Begriff „Beweisregel auf erste Sicht", oder „für das äußere Bild" verwechseln, einer weniger weitgehenden bloßen Beweiserleichterung, BGH VersR **91**, 925.

Freilich birgt der Anscheinsbeweis auch eine erhebliche *Versuchung*, Einf 2 vor § 284. Denn man kann mit seiner Hilfe unter Berufung auf so schillernde Begriffe wie „Lebenserfahrung" oder „typischen Geschehensablauf" nach Rn 16 dem Prozeß eine erwünschte Richtung geben, die derjenigen ohne Anwendung solcher oft leichtfertig unkontrollierten Begriffe gerade entgegengesetzt verläuft. Eine „Lebenserfahrung" ist rasch dahingeredet und dann nur mühsam als Leerformel widerlegbar. Deshalb ist beim Anscheinsbeweis wegen seiner Unentbehrlichkeit wie Gefährlichkeit Zurückhaltung für alle Prozeßbeteiligten einschließlich des Gerichts erforderlich, Rn 4.

16 **A. Anwendbarkeit.** Der Anscheinsbeweis greift nur bei formelhaften *typischen Geschehensabläufen* ein. Es muß also ein gewisser Sachverhalt feststehen, der nach der Lebenserfahrung auf nur eine bestimmte Ursache oder einen bestimmten Ablauf hinweist, BVerfG NJW **93**, 2165, BGH NJW **05**, 2454 und 2615, Hamm VersR **05**, 1303, aM BVerwG ZMR **79**, 372 (zu eng). Dabei muß man sämtliche bekannten Fallumstände in die Prüfung einbeziehen, BGH NJW **01**, 1140.

17 Dabei ist es unerheblich, ob der Sachverhalt *unstreitig oder streitig* ist, BGH RR **88**, 790, KG VersR **88**, 1127, Köln RR **89**, 439. Der Beweispflichtige braucht in diesen Fällen nur den typischen Tatbestand darzutun und evtl zu beweisen, Ffm VersR **78**, 828, Karlsr VersR **78**, 771. Dabei muß man gewisse Denkgesetze des Anscheinsbeweises beachten, Nack NJW **83**, 1035. Das Revisionsgericht kann nachprüfen, ob ein Geschehensablauf typisch ist, BGH VersR **92**, 59, BayObLG **94**, 285.

18 Es ist dann Sache desjenigen, der einen vom gewöhnlichen Verlauf *abweichenden Gang* des Geschehens behauptet, die ernstliche und nicht nur vage Möglichkeit eines solchen durch konkrete Tatsachen darzulegen, BVerfG NJW **92**, 226, BGH NJW **05**, 2454, Hamm VersR **99**, 1255.

19 Eine bloß *vage*, nicht ernstliche *Möglichkeit* eines derart abweichenden Verlaufs entkräftet den Anscheinsbeweis nicht, BGH NJW **78**, 2033, Hamm VersR **05**, 1303. Auch gehen Untersuchungserschwerungen nicht zu Lasten desjenigen, der für den typischen Geschehensablauf beweispflichtig ist. Ein voller Gegenbeweis ist aber nicht nötig, LG Hildesh RR **86**, 254.

20 Werden die Tatsachen *bestritten*, aus denen die Abweichungen vom gewöhnlichen Gang hergeleitet werden soll, so muß man sie beweisen, LG Gießen VersR **77**, 1118. Damit ist dem Anscheinsbeweis die Grundlage entzogen. Das Gericht muß also der Behauptung nachgehen, daß der nach der Lebenserfahrung typische Verlauf nicht eingetreten sei. Diese Behauptung kann man auch nicht damit entkräften, daß der behauptete Verlauf der Lebenserfahrung widerspreche. Dabei gilt der Anscheinsbeweis, der mehrere mögliche schuldhafte Verursachungen umfaßt, erst bei Ausräumung aller unterstellten Möglichkeiten als entkräftet, Rn 25.

Titel 1. Verfahren bis zum Urteil **Anh § 286**

Wer ihm das verwehrt, kann sich nicht auf Anscheinsbeweis berufen, § 444 Rn 5 (Beweisvereitelung), BGH NJW **98**, 81. Dagegen scheidet ein Anscheinsbeweis aus, soweit der Schaden auf mehrere typische Geschehensabläufe zurückzuführen sein kann, von denen nur einer zur Haftung führt, Hamm VersR **00**, 56, Köln VersR **01**, 872.

Gelingt der Nachweis eines atypischen Geschehens, so kann sich der Beweispflichtige auf den Ablauf nach **21** der Lebenserfahrung nicht mehr berufen, sondern muß nun seinerseits vollen Beweis erbringen, KG VersR **78**, 155, Zweibr RR **02**, 749. Hier liegt also keine sogenannte Umkehrung der Beweislast vor. Zum Problem Laumen NJW **02**, 3739 (ausf). Welche Tatsachen zur Erschütterung des typischen Ablaufs genügen, um ernsthaft einen atypischen Ablauf wahrscheinlich zu machen, ist Sache der tatrichterlichen Beweiswürdigung. Das Revisionsgericht kann aber nachprüfen, ob der Vorderrichter den Begriff der Ernsthaftigkeit verkannt hat.

Der Anscheinsbeweis ist im *Vertragsrecht* möglich, BGH VersR **05**, 271, Hamm VersR **05**, 1075, KG VersR **22** **88**, 1127, und im Recht der *unerlaubten Handlungen,* zB bei einer Verkehrssicherungspflicht bzw bei einer Unfallverhütungsvorschrift, BGH NJW **05**, 2454, überhaupt bei einem Schutzgesetz, BGH NJW **94**, 946. Der Anscheinsbeweis ist auch zum Nachweis eines ursächlichen Zusammenhangs zulässig, BGH VersR **93**, 1351 (Brandursache), Köln NJW **87**, 2303 (Operation), LG Kblz NJW **88**, 1522. Der Anscheinsbeweis ist auch zum Nachweis des *Verschuldens* zulässig, BGH RR **88**, 790, Celle MDR **96**, 1248, Nürnb VersR **95**, 331, aM Hamm RR **87**, 609 (es handelt sich um eine ganz allgemeine Methode der Beweiserleichterung). Vgl freilich auch Rn 24, 25 sowie Rn 206–217 „Verschulden".

Die Grundsätze zum Anscheinsbeweis sind abgewandelt auch im Verfahren der *freiwilligen Gerichtsbarkeit* **23** anwendbar, BayObLG **79**, 266, Zweibr RR **02**, 749. Manche meinen, daß es sich beim Anscheinsbeweis um verschleierte gewohnheitsrechtliche Beweiswürdigungsregeln handele, in der § 286 doch gerade abgeschafft habe, in dem sich also das Revisionsgericht entgegen der gesetzlichen Regelung die Möglichkeit einer Nachprüfung der Beweiswürdigung offenhalte, Ekelöf ZZP **75**, 301. Zum Unterschied zwischen Anscheinsbeweis und Beweislastumkehr Walter ZZP **90**, 270 (erst sachlichrechtliche Gründe erlaubten eine Beweiserleichterung). Man sollte das Gebiet des Anscheinsbeweises nicht gesetzlich regeln. Solche Regelung würde noch stärker als bisher die Tendenz fördern, die formelle Wahrheit zum Schaden einer gerechten Entscheidung genügen zu lassen, Baumgärtel Gedenkrede auf Bruns (1980) 15. Die Gefahr, daß das Gericht mit Hilfe des Anscheinsbeweises so manche prozessuale Klippe einigermaßen kühn umschifft, nämlich einen Anscheinsbeweis annimmt oder ausschließt, um sich die Entscheidung zu erleichtern, Rn 4, ist demgegenüber das geringere Übel.

B. Unanwendbarkeit. Ein Anscheinsbeweis fehlt zB: Auf Grund eines bloßen Verdachts; bei einem **24** außergewöhnlichen Vorgang, etwa einem nur seltenen Fehler eines Handwerkers, KG VersR **88**, 1128; für die privatrechtliche Inhaberschaft eines Betriebes durch seine gewerberechtliche Anmeldung; durch ordnungsgemäß geführte Handelsbücher; für den Zugang einer empfangsbedürftigen Willenserklärung, wenn diese „eingeschrieben" abgegangen ist, Rn 153; für die Wahrheit der vom Anmeldenden in polizeilichen Meldeschein angegebenen Tatsachen; bei einem Sachverständigenstreit über die Möglichkeit eines angeblich typischen Ablaufs; bei der Klärung, wie jemand gehandelt haben würde, BGH VersR **75**, 540; bei der vertraglichen Regelung eines besonderen Einzelfalls, da dann ein atypischer Verlauf vorliegt, BGH NJW **80**, 122; beim Massenunfall, Müller VersR **98**, 1184.

Ein Anscheinsbeweis *fehlt* abgesehen von den Fragen Rn 22 *ferner* bei der Feststellung eines individuellen **25** *Willensentschlusses* angesichts einer besonderen Lage, BGH NJW **88**, 2041, BFH BB **89**, 2386, Düss VersR **97**, 337, aM Walter ZZP **90**, 270. Ein Anscheinsbeweis fehlt ferner dann, wenn erfahrungsgemäß zwei verschiedene Möglichkeiten in Betracht kommen, auch wenn die eine wahrscheinlicher als die andere ist, Rn 20, BGH RR **88**, 790, Düss VersR **95**, 724, Köln MDR **02**, 1370. Erfahrungssätze, die für einen Anscheinsbeweis nicht ausreichen, lassen sich evtl als Beweisanzeichen auswerten.

8) Beweisvereitelung **26**

Schrifttum: *Baumgärtel,* Die Beweisvereitelung im Zivilprozeß, Festschrift für *Kralik* (Wien 1986) 63; *Krapoth,* Die Rechtsfolgen der Beweisvereitelung im Zivilprozeß, 1996; *Musielak,* Die Grundlagen der Beweislast im Zivilprozeß (1975) 133 ff; *Musielak,* Hilfen bei Beweisschwierigkeiten im Zivilprozeß, Festgabe *50 Jahre Bundesgerichtshof* (2000) III 193; *Schatz,* Die Beweisvereitelung in der Zivilprozeßordnung, Diss Köln 1992.

A. Grundsatz: Freie Beweiswürdigung. Es gibt eine Beweisvereitelung, BGH RR **05**, 1052, AG Bln- **27** Wedding FamRZ **05**, 1193 (bei § 372a). Sie ist im Gesetz nicht allgemein geregelt, BGH DB **85**, 1020. Zur Dogmatik krit Paulus AcP **197**, 136 (ausf). Sie liegt vor, wenn eine Partei dem beweispflichtigen Gegner die Beweisführung vorwerfbar unmöglich macht oder erschwert, indem sie vorhandene Beweismittel vernichtet oder sonstwie deren Benutzung verhindert, BGH NJW **86**, 60, Düss MDR **03**, 216, Köln VersR **92**, 356. Das Gericht darf dann wegen des stets von Amts wegen zu beachtenden Verstoßes gegen Treu und Glauben nach Einl III 54 in freier Beweiswürdigung aus solchem Verhalten einer Partei beweiserleichternde Schlüsse ziehen, § 444 Rn 5, BGH GRUR **95**, 697, Köln VersR **92**, 356, AG Bln-Wedding FamRZ **05**, 1193, aM BGH DB **85**, 1020 (man müsse ein Verschulden voraussetzen, bevor man dann frei würdigen könne), Hbg NJW **82**, 1020 (es handle sich um einen Anwendungsfall unzulässiger Rechtsausübung, so daß man auch von der Schuldfrage absehen könne. Beide letzteren Meinungen verengen aber den tragenden Gedanken einer wirklich freien Beweiswürdigung).

Nicht ganz zutreffend spricht man in derartigen Fällen oft von einer *Umkehrung* der Beweislast, BGH NJW **80**, 888, Köln VersR **92**, 356, LG Bautzen VersR **96**, 367. Richtigerweise ermöglicht die Beweisvereitelung zunächst nur eine dem Vereiteler nachteilige Beweiswürdigung, BGH GRUR **95**, 697. Das gilt, wenn die Partei eine Beweisführung arglistig oder fahrlässig vereitelt oder verzögert, BGH BB **85**, 1020, Hbg VersR **89**, 1282, Mü VersR **92**, 320. Das gilt ferner, wenn sie die Beweisführung erschwert, BGH BB **79**, 1527, LG Köln DB **89**, 1780.

Anh § 286 Buch 2. Abschnitt 1. Verfahren vor den LGen

28 *Maßgeblich* ist nicht die Vernichtung des Beweismittels, sondern die Vernichtung seiner Beweisfunktion, BGH VersR **75**, 954. Im Prozeß folgt aus dem Prozeßrechtsverhältnis nach Grdz 4 vor § 128 eine Förderungspflicht, § 282. Vgl auch § 444 Rn 4. Keine Umkehr der Beweislast erfolgt, wenn eine Partei eine vorprozessuale Aufforderung des Gegners nicht befolgt, sich untersuchen zu lassen.

29 **B. Fälle.** Vgl auch § 444 Rn 6, 7. Eine Beweisvereitelung liegt zB in folgenden Situationen vor: Die Partei gibt die allein ihr bekannte Anschrift eines Unfallzeugen nicht an, vgl freilich § 282 Rn 7; sie nutzt unberechtigt das Bankgeheimnis aus; sie verweigert dem Gegner die Einsicht in Akten, die sie selbst in den Prozeß eingeführt hat; ein Anwalt legt seine Handakten im Prozeß des Auftraggebers gegen ihn nicht vor; die Partei vernichtet ein Beweismittel, Mü OLG **77**, 79, zB ein Testament; sie verändert den beweiserheblichen Zustand, Mü VersR **89**, 489, und macht dadurch die Beweisführung unmöglich; sie entfernt das vom Sachverständigen zu prüfende Objekt, LG Hbg ZMR **77**, 210; sie verweigert dem Sachverständigen des Versicherers das dessen Anreise grundlos bei der Besichtigung eines Unfallwagens, BGH BB **84**, 568 (zur Pflicht zum Ersatz etwaiger diesbezüglicher Mehrkosten); sie gibt dem beweispflichtigen Gegner im Patentverletzungsprozeß keine Spezifizierung von ihr leicht, ihm aber praktisch nicht zugänglichen Tatsachen, BGH GRUR **04**, 269.

30 *Weitere Beispiele:* Eine Partei hat eine für das Rechtsverhältnis zum Prozeßgegner wichtige Unterlage pflichtwidrig nicht aufbewahrt; ein Arzt hat die vorgeschriebenen Aufzeichnungen über ein Krankheitsbild unterlassen, so daß sich der strenge Beweis einer falschen Behandlung nicht führen läßt, BGH **72**, 137 (zum Problem BVerfG JZ **79**, 596); er hat es unterlassen, rechtzeitig Röntgenaufnahmen zu machen; er hat ein Röntgenbild nicht vorgelegt; er hat seine Aufzeichnungspflicht ungewöhnlich grob vernachlässigt, BGH NJW **78**, 2337; der Gegner des Beweisführers stellt sich nicht zu der vom Gericht angeordneten Untersuchung durch einen Sachverständigen, BAG NJW **77**, 350, und zwar gerade nach dem Ablauf einer Frist aus § 356 oder aus § 372a.

31 *Weitere Beispiele:* Eine Partei entbindet den Arzt nicht von der Schweigepflicht, obwohl letzteres zumutbar wäre, § 444 Rn 7; die Entbindung von der Schweigepflicht erfolgt verspätet, Ffm NJW **80**, 2758; eine Partei handelt den Unfallverhütungsvorschriften entgegen; eine Werbeagentur klärt den Kunden nicht über die Rechtswidrigkeit der vorgeschlagenen Werbung auf (sie ist beweispflichtig, daß der Kunde die Werbung dennoch eingesetzt hätte), BGH **61**, 123; in einer Tbc-Fürsorgestelle sind die Räume unzureichend gegen Ansteckungsgefahr gesichert, § 618 BGB; eine Partei legt die erhaltene Urkunde nicht vor, vgl aber auch § 427; ein angetrunkener Unfallbeteiligter schaltet die Polizei durch ein mündliches Schuldanerkenntnis aus; ein Tierkörperverwerter läßt einen Kadaver nicht auf eine Seuche untersuchen, LG Oldb VersR **82**, 1176.

32 *Weitere Beispiele:* Eine verkehrssicherungspflichtige Gemeinde verschuldet durch zu seltene Kontrollen, daß man das Alter einer schadhaften Stelle nicht mehr klären kann, LG Ravensbg VersR **75**, 434; sie versäumt es, vor einem Straßenausbau ein Nivellement zu erstellen, so daß später unklar bleibt, worauf eine jetzige Überschwemmung beruht, Ffm MDR **84**, 947; der eigentlich Beweispflichtige kann nicht beurteilen, ob der Gegner zum Vorsteuerabzug berechtigt ist, KG VersR **75**, 451; ein Provisionsvertreter schweigt auf die Übersendung von Auszügen seines Provisionskontos und von Provisionslisten, Brschw VersR **75**, 518; ein Unfallbeteiligter stellt den Wagen so ab, daß er eine objektive Feststellung der maßgeblichen Fahrspuren erschwert oder sogar unmöglich macht, LG Stade VersR **80**, 100; er entfernt sich unerlaubt vom Unfallort, LG Saarbr RR **88**, 37; er zieht entgegen einer vertraglichen Obliegenheit etwa als Mieter des Kraftfahrzeugs die Polizei nicht hinzu, Hamm MDR **82**, 414; der Gläubiger verkauft den Unfallwagen, ohne dem Schuldner eine Schadensfeststellung zu ermöglichen, und fordert dann die gedachten Reparaturkosten, BGH VersR **78**, 183; der Kläger kann bei § 3 UWG einen innerbetrieblichen Vorgang beim Bekl kaum näher darlegen, BGH MDR **78**, 469, Schmeding BB **78**, 741.

33 **9) Beispiele zur Frage der Beweislast.** „AnschBew" bedeutet: Anscheinsbeweis; „BewL" bedeutet: Beweislast; „bewpfl" bedeutet: beweispflichtig.
Abänderungsklage: Rn 198 „Unterhalt".
Abstammung: Rn 204 „Vaterschaft".
Abtretung: Der neue Gläubiger muß, auch bei einer Aufrechnung, nur die zur Abtretung führenden Tatsachen beweisen, allerdings auch die Noch-Wirksamkeit der Abtretung mit ihrem Vorname, BGH NJW **86**, 1925, Düss MDR **90**, 627. Der Schuldner muß rechtshindernde Tatsachen beweisen, BGH DB **83**, 1486. § 406 BGB regelt die BewL nur zwischen dem neuen Gläubiger und dem Schuldner, nicht aber zwischen dem Schuldner und einem Dritten, wenn der Schuldner seine Kenntnis von der Abtretung beim Erwerb seiner Forderung einräumt, Hamm RR **89**, 51. Der neue Gläubiger ist dafür bewpfl, daß die Abtretung vor der Zustellung eines Pfändungs- und Überweisungsbeschlusses erfolgt war, LG Hanau MDR **99**, 628.
Abzahlung: Rn 205 „Verbraucherkreditgesetz".
Aktivlegitimation: Rn 104 „Klagebefugnis".

34 **Allgemeine Deutsche Spediteurbedingungen:** Rn 227 ff „Werkvertrag".
Allgemeine Geschäftsbedingungen: S §§ 305 ff BGB, insbesondere 309 Z 12 BGB, (zum alten Recht:) BGH BB **87**, 781 (Aushandelsbestätigung), BGH RR **89**, 817, Mü RR **95**, 1468. Wer sich auf sie beruft, ist für ihr Vorliegen bewpfl, BGH **148**, 286, LG Potsd RR **98**, 129 (Weigerung der Vorlage). Dabei kann ein AnschBew vorliegen, Willemsen NJW **82**, 1124. Der Verwender ist dafür bewpfl, daß die AGB einzeln ausgehandelt wurden, Heinrichs NJW **77**, 1509, Willemsen NJW **82**, 1124. Der Verwender muß die Marktmäßigkeit beweisen, der Partner dann seine unangemessene Benachteiligung, BGH NZM **03**, 292. Bei einer Unterlassungsklage ist der klagende Verband für die Merkmale des Verwendens oder Empfehlens von AGB bewpfl, BGH **112**, 209. Bei §§ 2 ff UKlaG, abgedruckt in Grdz 30 vor § 253, kann der Verwender zu beweisen haben, daß wegen einer Zusatzinformation eine ausreichende Durchschaubarkeit vorlag, BGH **116**, 3. Bei einer Schadensersatzpauschale nach § 309 Z 12a BGB ist der Kunde dafür bewpfl, daß der Verwender bei der Kalkulation gegen diese Vorschrift verstoßen hat. Indessen darf man

keine übermäßigen Anforderungen an die BewL stellen, BGH **67**, 319, Reich NJW **78**, 1571. Eine Sparkasse ist dafür bewpfl, daß ihre Ablehnung einer teilweisen Freigabe von Sicherheiten der Billigkeit entspricht, BGH JZ **81**, 27. Beim UKlaG ist der Kläger für die Voraussetzungen der Zuwiderhandlung bewpfl.

S auch Rn 70 „Schulmedizin".

Amtspflichtverletzung: Rn 160 „Schadensersatz: Amtspflichtverletzung". 35

Amtsprüfung: Bei einer nach Grdz 39 vor § 128 von Amts wegen zu prüfenden Tatsache (nicht zu verwechseln mit der Amtsermittlung nach Grdz 38 vor § 128) ist derjenige bewpfl, der aus ihr eine ihm günstige Entscheidung herleiten möchte, es sei denn, es handelt sich um eine nur auf Grund einer Rüge dann aber von Amts wegen zu beachtende Tatsache. Bloße gerichtsinterne Vorgänge dürfen nicht zu Lasten einer Partei unaufklärbar bleiben, BGH MDR **81**, 644.

Anerkenntnis: Das echte Schuldanerkenntnis nach §§ 781, 782 BGB macht grds den Anerkennenden für 36 die etwa noch zulässigen ihn entlastenden Umstände bewpfl. Das gilt im Ergebnis auch für ein Saldoanerkenntnis zwischen Bank und Bürge, BGH BB **99**, 1625, oder für ein Bekenntnis der Verursachung oder Schuld ohne besonderen rechtsgeschäftlichen Erklärungswillen, etwa spontan nach einen Unfall, § 840 Rn 10, BGH NJW **84**, 799, Bbg VersR **87**, 1246. Beim sofortigen Anerkenntnis ist grds der Bekl unabhängig von der sachlichrechtlichen Lage wegen des Umstandes, daß § 93 eine Ausnahme von § 91 bildet, § 93 Rn 1, auch für die Voraussetzungen des § 93 darlegungs- und bewpfl, Hamm MDR **04**, 1078, Köln FamRZ **00**, 395, Naumb JB **99**, 596, aM Köln FamRZ **88**, 96, ZöHe § 53 Rn 6 „Beweislast" (aber auch bei der BewL muß man allgemeine Auslegungsregeln mitbeachten).

Freilich ist der Kläger für die *Entbehrlichkeit* einer an sich notwendigen Abmahnung im Einzelfall bewpfl, für das Ausreichen einer nur kurzen Abmahnfrist, Stgt WRP **83**, 305, und für den Zugang einer etwa notwendigen Abmahnung aus den Gründen Rn 154, Karlsr RR **99**, 1085 (zumindest wegen Absendung), aM Hamm MDR **99**, 956, Naumb JB **99**, 596 (aber § 93 ist eben eine Ausnahmevorschrift). Beim Anerkenntnis des Fahrers müssen Versicherung und Halter dessen Unrichtigkeit beweisen, LG Erfurt VersR **03**, 193.

Anfechtung: Wenn der Anfechtende ihre Unverzüglichkeit darlegt, ist der Gegner für ihre Verspätung 37 bewpfl, Mü RR **88**, 498. Zur lange zurückliegenden Anfechtung BayObLG FER **01**, 153.

Anfechtungsgesetz: Der Kläger ist bei § 2 AnfG dafür bewpfl, daß die Zwangsvollstreckung nicht zur Befriedigung führen würde. Fruchtlose Vollstreckungsversuche sind zwar zeitlich begrenzt Anhaltspunkte, BGH DB **90**, 2317. § 3 I Z 2 AnfG ist zwar auch im Verhältnis zwischen der Gesellschaft und dem Gesellschafter anwendbar, nicht aber zwischen einem Gesellschafter und einem anderen Gesellschafter, BGH NJW **75**, 2194.

Anlagenberater: Er muß beweisen, daß er seine umfassende Informationspflicht erfüllt hat, Schlesw MDR **97**, 130 (zustm Graf von Westphalen).

Anwaltsvertrag, dazu *Friedhoff,* Der hypothetische Inzidentprozeß bei der Regreßhaftung des Anwalts usw, 38 2002; *Lange,* Die Beweislast im Anwaltshaftungsprozeß, 2002: Es gibt grds keine BewLUmkehr, Köln NJW **86**, 726. Wenn der „Auftraggeber" einen in sich schlüssigen Sachverhalt gegen den Abschluß eines Anwaltsvertrags behauptet, dann muß der Anwalt beweisen, daß der Gegner ihn gerade als Anwalt in Anspruch genommen hat, Ffm AnwBl **81**, 153. Der Auftraggeber muß im Fall der Rückforderung eines angeblich überhöhten Honorars beweisen, daß die Partner keine Honorarabrede getroffen hatten. Bleibt unklar, ob eine mündliche Abrede vorlag, dann muß der Anwalt der Kenntnis des Auftraggebers von einer über das RVG hinausgehenden Vergütung beweisen, LG Freibg MDR **83**, 1033.

Die BewL für eine *Gebührenvereinbarung* trifft denjenigen, der aus der Vereinbarung ein Recht herleitet, 39 Mü NJW **84**, 2537. Der Auftraggeber ist zB dafür bewpfl, daß er mit dem Anwalt eine geringere als die gesetzliche Vergütung vereinbart hat, Stgt AnwBl **76**, 440. Derjenige, der sich auf die Unwirksamkeit der Vereinbarung einer geringeren als der gesetzlichen Vergütung für eine außergerichtliche Anwaltstätigkeit nach § 4 II 1 RVG beruft, muß die dafür sprechenden Umstände beweisen. Es gibt auch keinen AnschBew zu seinen Gunsten. Das Gericht darf auch nicht auf dem verborgenen Umweg über eine Rechtsansicht, nach der die geringere Vergütung grds unzulässig wäre, an den Beweis von Tatsachen, die im Einzelfall die Unzulässigkeit begründen könnten, nur geringe Anforderungen und an den Gegenbeweis um so höhere stellen.

Der Auftraggeber muß beweisen, daß der Anwalt sich so *vertragswidrig* verhalten hat, daß die Kündigung durch den Auftraggeber berechtigt war, BGH NJW **82**, 438. Der Auftraggeber muß beweisen, daß eine vorzeitige Kündigung des Anwalts nicht durch sein, des Auftraggebers, eigenes vertragswidriges Verhalten veranlaßt hatte, Düss VersR **88**, 1155.

S auch Rn 81 „Dienstvertrag", Rn 178 „Rechtsgeschäft", Rn 205 „Verjährung".

Arbeitnehmer, dazu *Kosnopfel* BB **86**, 1982; *Prütting,* Beweisrecht und Beweislast im arbeitsrechtlichen 40 Diskriminierungsprozeß, in: Festschrift *50 Jahre BAG,* 2004; *Vietze,* Die Beweislastverteilung bei Pflichtverletzungen usw, 2005 (je: Üb):

- **(Abtreibung):** Rn 49 „,– (Schwangerschaftsabbruch)".
- **(Akkord):** Der Arbeitgeber ist dafür bewpfl, daß eine Akkordgruppe Schaden verursacht hat. Das Mitglied der Gruppe ist alsdann dafür bewpfl, daß es selbst einwandfrei arbeitete oder jedenfalls keine Schuld hatte.
- **(Amtsarztattest):** Liegt ein amtsärztliches Attest wegen der Arbeitsunfähigkeit vor, haben anderslautende privatärztliche Atteste einen evtl geringeren Beweiswert, OVG Kblz NJW **90**, 788.

S auch Rn 41 „– (Attest)".
- **(Änderungskündigung):** Die Grundsätze zur Änderungskündigung lassen sich nicht stets auf die Beendigungskündigung übertragen, BAG DB **85**, 1189.
- **(Arbeitnehmereigenschaft):** Der Kündigungsschutzkläger muß sie beweisen, LAG Bre BB **98**, 223.
- **(Arbeitnehmererfindung):** Es kann gegen den früheren Arbeitnehmer ein AnschBew dahin vorliegen, daß er eine Erfindung noch vor dem Ausscheiden machte bzw entwickelte, Mü MDR **95**, 283.

- **(Arbeitsförderungsgesetz):** Der Arbeitgeber ist für die Richtigkeit einer Arbeitsbescheinigung nach § 133 AFG bewpfl, ArbG Wetzlar BB **76**, 978.
- **(Arbeitsunfähigkeit):** Der Arbeitgeber ist dafür bewpfl, daß der Arbeitnehmer ohne den Nachweis der Arbeitsunfähigkeit gefehlt hat, BAG NJW **77**, 167. Der Arbeitnehmer ist demgegenüber für seine Arbeitsunfähigkeit bewpfl, BAG BB **98**, 485 (evtl vom ersten Tag an). Er braucht aber seine Arbeitswilligkeit während der Arbeitsunfähigkeit nur ausnahmsweise besonders darzulegen und nachzuweisen, BAG BB **86**, 136.

S auch Rn 41 „– (Attest)", Rn 47 „– (Krankheit)", „– (Kurzerkrankung)".

41 - **(Attest):** Für die Arbeitsunfähigkeit reicht ein dem LFG genügendes Attest trotz der Problematik des sog „gelben Urlaubschein" in der Regel aus, BAG BB **98**, 485, LAG Hamm MDR **03**, 1120, LAG Köln BB **89**, 2048, aM LAG Mü NJW **89**, 2970 (aber man darf gegenüber dem Ärztestand schon wegen Artt 1, 2 GG nicht von vornherein mißtrauisch sein). Das gilt, obwohl das Attest keine Vermutung im Sinn von § 292 darstellt, Eich BB **88**, 202. Allerdings muß der Arzt seine dortige Beurteilung auf Grund einer eigenen Untersuchung vorgenommen haben, BAG NJW **77**, 351, LAG Hamm DB **78**, 2180. Die bloße Schilderung des Verletzten kann beim HWS-Syndrom unzureichend sein, Ffm RR **99**, 822. Der Arbeitgeber ist nach ausreichender Diagnose aber dafür bewpfl, daß das Attest unrichtig ist, BAG NJW **02**, 235, LAG Ffm BB **79**, 1200, Reinecke DB **89**, 2073 (ausf), aM LAG Mü NJW **89**, 998 (vgl aber auch insoweit die vorstehenden Erwägungen zu Artt 1, 2 GG. Ein Falschattest könnte immerhin eine Urkundenfälschung sein). Das gilt zB bei einer Rückdatierung von 2 oder mehr Tagen, LAG Hamm DB **78**, 2180, ArbG Hamm BB **86**, 2127. Der Arbeitgeber ist sodann bewpfl, daß der Arbeitnehmer in Wahrheit doch arbeitsfähig ist, BAG NJW **02**, 235, Wenzel MDR **78**, 128. Es kann ein AnschBew für Unrichtigkeit des Attests etwa dann vorliegen, wenn der Arbeitnehmer unmittelbar vorher diese Arbeit verweigert hat, LAG Bln NZA-RR **03**, 523, oder wenn er nach einer Auseinandersetzung mit dem Arbeitgeber zwei Monate hindurch Atteste von fünf Ärzten über jeweils andere Erkrankungen vorlegt, LAG Hamm NZA-RR **04**, 292. Auch ein ausländisches Attest kann reichen, Rn 42.

S auch Rn 40 „– (Amtsarztattest)", Rn 42 „– (Auslandsattest)", Rn 43 „Beschäftigungsverbot", Rn 50 „– (Solidarische Erkrankung)".

42 - **(Auflösung durch Urteil):** Bei einer Auflösung des Arbeitsverhältnisses durch ein Urteil nach § 9 KSchG ist der Antragsteller bewpfl, BAG DB **77**, 358, aM ArbG Kassel BB **80**, 417 (aber es sollen die allgemeinen Regeln zur BewL nach Rn 3 auch hier gelten).
- **(Auslandsattest):** Es kann reichen, EuGH DB **92**, 1721, BAG DB **97**, 1942, LAG Mü DB **89**, 281.

S auch Rn 41 „– (Attest)".
- **(Auszubildender):** Ein Auszubildender, der die Lehrstelle vorzeitig verläßt, ist für die einverständliche Beendigung des Lehrverhältnisses bewpfl. Die BewL versagt bei einem Auszubildenden, soweit sein Verhalten außerhalb der Ausbildung lag.

43 - **(Bedingung, Befristung):** Zur EG-Richtlinie und EuGH v 4. 12. 97 – Rs C-253/96 Hohmeister BB **98**, 587. Vgl auch Rn 77.
- **(Befristung):** Der Arbeitnehmer ist für einen Verstoß gegen das Ausschlußverbot nach § 14 II 2 TzBfG bewpfl, LAG Hamm NZA-RR **05**, 410.
- **(Bereicherung):** Rn 78.
- **(Berufsfortkommensschaden):** Rn 78.
- **(Berufskrankheit):** Mummenhoff ZZP **80**, 129 (ausf).
- **(Beschäftigungsverbot):** Für sein Bestehen ist grds der Arbeitnehmer bewpfl, BAG BB **01**, 2430 (s aber auch unten). Für seine Unzulässigkeit ist der Arbeitgeber bewpfl, BAG BB **01**, 2430, LAG Düss BB **99**, 1607, LAG Hamm MDR **03**, 1120 (je: evtl für anschließenden Gegenbeweis BewL der Schwangeren). Eine psychische Ausnahmelage ist zugunsten des Arbeitnehmers mitbeachtlich, BAG BB **01**, 2430.

S auch Rn 41 „Attest".
- **(Betriebliche Altersversorgung):** Bei einer betrieblichen Altersversorgung muß der Träger der Insolvenzsicherung beweisen, daß der Versorgungsberechtigte Unternehmer ist, LG Köln DB **89**, 1780 (auch zu einer Ausnahme), und daß der Versorgungsempfänger einen Anspruch auf ein Altersruhegeld hat, weil er innerhalb der letzten 1 1/2 Jahre mindestens 52 Wochen arbeitslos gewesen sei, § 25 II 1 AVG, BGH **113**, 210. Der nach einer Versorgungsordnung schädliche Verdacht einer „Versorgungsehe" läßt sich vom dann bewpfl Versorgungsberechtigten entkräften, BAG VersR **89**, 1218.
- **(Betriebsänderung):** Bei § 1 V 1 KSchG ist der Arbeitnehmer für die Unrichtigkeit der Vermutung (§ 292 S 1) bewpfl, ArbG Siegburg MDR **97**, 1038.

44 - **(Betriebsbedingte Kündigung):** Vgl BAG BB **86**, 1092 und bei den einzelnen Gründen.
- **(Betriebsbezogene Arbeit):** Rn 46 „– (Gefahrgeneigte Arbeit)".
- **(Betriebsdurchschnitt):** Beim Abweichen vom Betriebsdurchschnitt kann ein AnschBew unzumutbarer betrieblicher Auswirkungen vorliegen, Osthold BB **82**, 1308.
- **(Betriebsrat):** Der Arbeitgeber ist dafür bewpfl, daß der Betriebsrat nach § 102 I BetrVG gehört wurde oder nicht gehört zu werden brauchte, BAG NJW **76**, 310, Wenzel MDR **78**, 188.
- **(Betriebsübergang):** Zu § 613a BGB vgl zunächst BAG NJW **86**, 454. Der Arbeitnehmer ist dafür bewpfl, daß der neue Chef das Arbeitsverhältnis unverändert übernommen hatte.
- **(DDR, frühere):** Zur BewL im Prozeß um das Fortbestehen eines Arbeitsverhältnisses des öffentlichen Dienstes der früheren DDR BVerfG NJW **00**, 1483.
- **(Entgelt):** Der Arbeitnehmer muß grds seine Behauptung der Vereinbarung eines bestimmten Entgelts beweisen, LAG Hamm NZA-RR **03**, 520 (auch zu einem Grenzfall).

45 - **(Fehlbestand):** Rn 48 „– (Manko)".
- **(Firmenwagen):** Der Arbeitgeber ist dafür bewpfl, daß er die Benutzung des Firmenwagens nur gegen Entgelt zugelassen hatte, LAG Hamm DB **75**, 1564, oder daß der Monteur den von Unbekannten gestohlenen Kundendienstwagen nicht abgeschlossen hatte, BAG NJW **86**, 865.

Titel 1. Verfahren bis zum Urteil **Anh § 286**

- **(Fortsetzungserkrankung):** Zur BewL für das Vorliegen einer sog Fortsetzungserkrankung BAG NJW **86**, 1568.
- **(Fristlose Entlassung):** Der Arbeitnehmer ist dafür bewpfl, daß der Arbeitgeber bei einer fristlosen Entlassung wußte, daß der Arbeitnehmer in Wahrheit krank war, LAG Ffm BB **75**, 745, Feichtinger DB **83**, 1203. Bei einem arbeitsteiligen Betrieb reicht es aber nicht, daß der Arbeitnehmer seine Krankheit ordnungsgemäß mitgeteilt hatte, LAG Bln BB **77**, 296.
- **(Gefahrgeneigte Arbeit):** Für das Vorliegen einer sog gefahrgeneigten Arbeit ist der Arbeitnehmer **46** bewpfl, BAG BB **77**, 194, LAG Bln VersR **77**, 388, zB beim Lenken eines schwerbeladenen Sattelschleppers bei Nacht, BAG **79**, 70.
  S auch Rn 52 „– (Verschulden)".
- **(Gelber Urlaubsschein):** Rn 41 „– (Attest)".
- **(Gleichberechtigung):** Wegen der Gleichbehandlung von Mann und Frau § 611a I 3 BGB, dazu Langohr-Plato MDR **94**, 122 (ausf), Lorenz DB **80**, 1745, Röthel NJW **99**, 611 (fordert wegen Unvereinbarkeit mit der EG-Richtlinie Beweislast eine weitere Gesetzesänderung).
- **(Häufige Krankheiten):** Rn 52 „– (Vorerkrankung)".
- **(Insolvenz):** Die AOK ist dafür bewpfl, daß der Arbeitgeber zahlungsfähig war, als er Arbeitnehmeranteile zur Sozialversicherung nicht abführte, BGH NJW **02**, 1123.
- **(Konkurrenztätigkeit):** Der Arbeitnehmer ist dafür bewpfl, daß er eine Erlaubnis zu einer Konkur- **47** renztätigkeit erhalten hatte, BAG NJW **77**, 646.
- **(Krankheit):** Der Arbeitgeber ist dafür bewpfl, daß der Arbeitnehmer eine Krankheit, auch eine seelische, verschuldet hatte, LAG Stgt BB **77**, 1607, oder daß er sie vorgetäuscht hat, BAG DB **97**, 1235 (freilich freie Beweiswürdigung, § 286).
  S auch bei den einzelnen Krankheitsarten, Rn 40 „– (Arbeitsunfähigkeit)", Rn 41 „– (Attest)".
- **(Kündigung):** S bei den einzelnen Kündigungsgründen.
- **(Kündigungsschutz):** Im Kündigungsschutzprozeß ist grds nach § 1 II 4 KSchG der Arbeitgeber bewpfl, Becker-Schaffner BB **92**, 557, Eich BB **83**, 444. Bei § 23 I 2 KSchG ist der Arbeitgeber bewpfl, LAG Bln BB **97**, 1000. Der Arbeitnehmer ist dafür bewpfl, daß er in einem Betrieb mit mehr als fünf Beschäftigten tätig war (Schwellenwert), BAG BB **05**, 1630, LAG Hamm DB **97**, 881 (auch zu Einzelheiten), Köln AnwBl **84**, 92, aM ArbG Bln MDR **04**, 1124, und daß das KSchG überhaupt verletzt wurde, aM Berkowsky MDR **98**, 83 (aber solche Verletzung gehört zu den anspruchsbegründenden Tatsachen).
  S auch bei den einzelnen Kündigungsgründen.
- **(Kurzarbeit):** Der Arbeitgeber ist dafür bewpfl, daß er eine betriebsbedingte Kündigung auch nicht durch Kurzarbeit vermeiden konnte, ArbG Mannh BB **83**, 1032, Meinhold BB **88**, 627.
- **(Kurzerkrankung):** Bei einer nach dem Tarifrecht nicht attestbedürftigen Kurzerkrankung ist der Arbeitgeber für Zweifel an der Arbeitsunfähigkeit bewpfl, und erst sie führen zur BewL des Arbeitnehmers für die Erkrankung, LAG Bln BB **88**, 768.
- **(Langanhaltende Krankheit):** Es gibt keinen AnschBew dafür, daß man wegen einer langanhaltenden **48** bisherigen Arbeitsunfähigkeit auch in Zukunft mit einer schlechten Gesundheit rechnen muß, BAG NJW **83**, 2899. Freilich kommt es auf die Krankheitsart an.
- **(Magengeschwür):** Ein Magengeschwür einen Monat nach Beginn der Arbeit ist nicht stets ein AnschBew dafür, daß der Arbeitnehmer es beim Vertragsschluß schon kannte, LAG Bln BB **78**, 1311.
- **(Manko):** Der Arbeitnehmer ist dafür bewpfl, daß er ein Manko bei der ihm übergebenen Ware oder bei dem ihm anvertrauten Geld weder verursacht noch verschuldet hat, BAG NJW **85**, 220. Solange der Arbeitnehmer keinen Gewahrsam hatte, bleibt der Arbeitgeber bewpfl, BAG NJW **85**, 220. Ähnliches gilt, solange dieser die Geschäftsbücher besitzt, BGH NJW **86**, 55.
- **(Mobbing):** Das Gericht wird der etwaige Beweisnot des Arbeitnehmers möglichst wohlwollend mitbeachten, LAG Erfurt MDR **01**, 699.
- **(Nachweisgesetz):** Zu den BewLFragen LAG Hamm MDR **99**, 618, Bergwitz BB **01**, 2316, Franke DB **00**, 274.
- **(Positive Vertragsverletzung):** Rn 49 „– (Schlechterfüllung)".
- **(Rationalisierung):** Der Arbeitnehmer kann dafür bewpfl sein, daß eine Rationalisierung willkürlich **49** erfolgte, BGH VersR **79**, 185, oder daß ein anderweitiger Einsatz möglich war, (es darf keine Überspannung stattfinden), BAG NJW **77**, 125, aM BAG BB **78**, 1310 (aber man darf dem Arbeitgeber nicht von vornherein böse Motive unterstellen).
- **(Schlägerei):** Der Arbeitnehmer ist bewpfl, daß er keine Schuld hatte, LAG Ffm VersR **76**, 1128.
- **(Schwangerschaft):** Zum Beweiswert eines Attests nach § 3 I MuSchG BAG BB **97**, 1485, LAG Hamm MDR **03**, 1120, ArbG Köln NZA-RR **04**, 633. Zum Schwangerschaftsabbruch) Müller DB **86**, 2670.
- **(Seelische Erkrankung):** Rn 47 „– (Krankheit)". **50**
- **(Solidarische Erkrankung):** Bei auffällig vielen „solidarischen" Erkrankungen kann der Beweiswert der Atteste selbst verschiedener Ärzte erschüttert sein, ArbG Bln BB **80**, 1105.
- **(Soziale Rechtfertigung):** Der Arbeitgeber ist dafür bewpfl, daß eine Kündigung grds sozial gerechtfertigt war, BAG NJW Münst **80**, 167, ArbG Münst DB **83**, 444, aM ArbG Münst BB **81**, 913, Tschöpe NJW **83**, 1890 (aber das ist eine Wirksamkeitsbedingung der Kündigung). Zum Problem Linck DB **90**, 1866 (ausf). Der Arbeitnehmer kann dafür bewpfl sein, daß eine Sozialauswahl unrichtig erfolgte, BAG DB **83**, 560, Westhoff DB **83**, 2466.
  S auch Rn 49 „– (Rationalisierung)".
- **(Sozialversicherung):** Rn 46 „Insolvenz".
- **(Sport):** Der Arbeitgeber ist dafür bewpfl, daß eine Sportart besonders gefährlich war, LAG Ffm VersR **76**, 1128.
- **(Stasi-Unterlagen):** Vgl BAG DtZ **94**, 190, Lansnicker/Schwirtzek DtZ **94**, 162.

Hartmann

Anh § 286   Buch 2. Abschnitt 1. Verfahren vor den LGen

51   – **(Trunksucht):** Der Arbeitnehmer ist dafür bewpfl, daß er seine Trunksucht nicht verschuldet hatte, LAG Stgt BB **77**, 1607, soweit man sie nicht (wie mittlerweile wohl fast stets) ohnehin als Krankheit ansieht.
      – **(Unfall):** Der Arbeitnehmer ist dafür bewpfl, daß ein Arbeitsunfall vorlag, ArbG Solingen BB **97**, 1956. Er muß beweisen, daß er wegen eines Unfalls einen Verdienstausfall hatte, Zweibr VersR **78**, 67. Es hängt von der Konjunkturlage ab, ob beim Streit um die Unfallfolgen der Arbeitgeber beweisen muß, daß ohnehin Arbeitslosigkeit eingetreten wäre, oder der Arbeitnehmer, daß er ohne den Unfall wieder Arbeit gefunden hätte, LG Itzehoe VersR **87**, 494.
      – **(Urlaubsschein):** Rn 41 „– (Attest)".
      – **(Verdienst):** Der Arbeitgeber ist bei seiner Einrede der Nichterfüllung bewpfl, LAG Köln MDR **96**, 79.
      – **(Verdienstausfall):** S bei den Ausfallsgründen.
52   – **(Verschulden):** Der Arbeitgeber ist grds dafür bewpfl, daß der Arbeitnehmer insbesondere bei gefahrgeneigter betriebsbezogener Arbeit schuldhaft handelte. Das schließt aber einen AnschBew nicht aus. Der Arbeitgeber ist bei der Lohnfortzahlung grds dafür bewpfl, daß der Arbeitnehmer eine Erkrankung verschuldet hat, LAG Düss DB **78**, 215. Jedoch ist ein AnschBew zB bei einer Verwicklung des Arbeitnehmers in eine Schlägerei möglich, Rn 49 „– (Schlägerei)".
      S auch Rn 46 „– (Gefahrgeneigte Arbeit)", Rn 207 „Verschulden".
      – **(Verschweigen):** Rn 48 „– (Magengeschwür)".
      – **(Versorgungsanwartschaft):** Rn 53 „– (Vorruhestand)".
      – **(Vorerkrankung):** Bei häufigen Vorerkrankungen ist der Arbeitnehmer dafür bewpfl, daß die vorletzte Krankheit beim Beginn der neuen Schicht aufgetreten war, LAG Bln BB **90**, 1708. Der Arbeitgeber muß die Besorgnis weiterer Erkrankungen darlegen, BAG DB **83**, 2525. Dazu kann freilich die Zahl der bisherigen Erkrankungen genügen. Der Arbeitnehmer ist sodann dafür bewpfl, daß trotzdem keine Bedenken gegen die weitere Arbeitsfähigkeit bestehen, BAG DB **03**, 724 (kaum mittels Gutachtens; streng), LAG Hamm BB **79**, 1350 (abl Popp BB **80**, 684).
53   – **(Vorruhestand):** Der Arbeitnehmer muß die Voraussetzungen eines Anspruchs auf Abschluß einer Vorruhestandsvereinbarung beweisen, LAG Mü BB **89**, 71. Zur Versorgungsanwartschaft beim vorzeitigen Ausscheiden BAG VersR **85**, 998.
      – **(Vorschuß):** Der Arbeitgeber ist dafür bewpfl, eine Zahlung als Lohnvorschuß erbracht zu haben, LAG Mü DB **90**, 1292 (kein AnschBew).
      – **(Wichtiger Kündigungsgrund):** Bei der Kündigung des Arbeitgebers nach § 626 BGB muß er diejenigen Tatsachen beweisen, die einen vom Arbeitnehmer schlüssig behaupteten Rechtfertigungsgrund ausschließen, BAG BB **88**, 487. Der Arbeitnehmer ist dafür bewpfl, daß er seinerseits nach § 626 BGB kündigen konnte. Er ist dafür bewpfl, daß er die Ausschlußfrist des § 626 II 1 BGB gewahrt hatte, BAG BB **75**, 1017.
      – **(Zeugnis):** Wegen Verdienstausfalls mangels eines qualifizierten Zeugnisses BAG NJW **76**, 1470. Der Arbeitgeber ist für den Erteilungszeitpunkt bewpfl, BAG DB **83**, 2043. Er ist für die Richtigkeit einer nachteiligen Beurteilung bewpfl. Der Arbeitnehmer ist dafür bewpfl, daß er besser als „durchschnittlich gut" war, BAG BB **04**, 1503, oder daß er durch ein unrichtiges Zeugnis einen Schaden erlitten hat, BAG BB **77**, 697, oder durch einen unrichtigen Vermerk des Arbeitgebers in seinen Personalakten, BAG DB **79**, 2429. Der Arbeitnehmer ist dafür bewpfl, daß eine begehrte Lohnzulage nicht befristet war, LAG Düss DB **76**, 1113. Der Arbeitnehmer ist dafür bewpfl, daß der Arbeitgeber die auf eine Abfindung abgeführte Steuer unrichtig berechnet hat, LAG Bre BB **88**, 408.
54 **Architekt:** Der Architekt ist dafür bewpfl, daß er einen umfassenden Auftrag erhalten hat, nicht nur einen begrenzten, BGH NJW **80**, 122. Es gibt für einen umfassenden Auftrag keinen AnschBew, BGH NJW **80**, 122. Der Bauherr ist dafür bewpfl, daß ein wichtiger Grund für seine entsprechende Kündigung vorlag, BGH RR **90**, 1109, und daß eine objektiv fehlende Planung oder eine ungenügende Aufsicht für seinen Schaden ursächlich waren. Dafür kann ein AnschBew vorliegen, BGH MDR **04**, 1298 links. Der Architekt ist dafür bewpfl, daß er schuldlos handelte. Wendet der Bauherr gegenüber einer Forderung gemäß HOAI einen niedrigeren Festpreis ein, so ist der Architekt mangels eines schriftlichen Vertrags für seine höhere Forderung bewpfl, BGH NJW **80**, 122 (erst, wenn der Bauherr Einzelumstände für einen Festpreis vorträgt, Düss VersR **78**, 1044), KG RR **99**, 242, aM BGH (7. ZS) RR **02**, 1597 (ohne Erörterung der entgegenstehenden obigen BGH-Entscheidung. Aber es sollten die auch sonst bestehenden Regeln gelten).
      Die *HOAI* hat keinen AnschBew ihrer Anwendbarkeit im Einzelfall für sich. Daran ändert auch § 4 II HOAI nichts). Das gilt auch dann, wenn das Honorar von der Frage abhängt, ob der Bauherr die Bausumme begrenzt hatte, BGH NJW **80**, 122, Rn 101 „Kauf". Der Architekt ist für die Umstände bewpfl, nach denen seine Leistung nur gegen eine Vergütung zu erwarten war. Der Auftraggeber muß dann beweisen, daß der Architekt trotzdem unentgeltlich arbeiten sollte, BGH NJW **87**, 2742. Bei viel zu geringer Betondichte und -härte ist der Architekt dafür bewpfl, daß er den Beton ausreichend überwacht hat.
      Der nicht planende, sondern nur die *Bauaufsicht* führende Architekt braucht eine statische Berechnung nicht zu überprüfen. Daher bleibt insofern der Bauherr für das Verschulden des Architekten bewpfl, Stgt VersR **75**, 70. Hat der bauleitende Architekt dem Bauherrn eine einwandfreie Herstellung zugesichert, so ist der Beweis seiner Schuld bei zahlreichen schweren Baumängeln kaum noch widerlegbar, Köln VersR **75**, 352. Er ist besteht kein AnschBew dafür, daß eine vom Architekten geprüfte Schlußrechnung fehlerfrei ist, Köln MDR **77**, 404. Bestreitet der Bauherr vom Architekten angesetzten Kosten substantiiert, dann muß der Architekt entsprechend näher darlegen und beweisen, daß die tatsächlichen und rechnerischen Ansätze stimmen, BGH RR **97**, 1378.
55 **Arglistige Täuschung:** Wer sie behauptet, ist für sie bewpfl. Es gibt in der Regel auch keinen AnschBew dazu, daß jemand durch sie zum Vertragsabschluß bestimmt wurde. Wohl aber ist der AnschBew möglich,

Titel 1. Verfahren bis zum Urteil **Anh § 286**

wenn der Kunde bei einem kaufmännischen Umsatzgeschäft nach bestimmten Erfahrungen mit der Ware gefragt hatte und wenn der Verkäufer oder Lieferer diese falsch angab. Die Zugabe von Diäthylenglykol ergibt einen AnschBew für die Absicht der Vortäuschung einer höheren Weinqualität, AG Bad Kreuznach RR **87**, 242. Legt eine Privatperson Geld an, besteht kein AnschBew, da es sich um einen individuellen Willensentschluß handelt. Dasselbe gilt bei individuellen Vereinbarungen.
S auch Rn 173.
Arrest, einstweilige Verfügung: Gehrlein MDR **00**, 689 (zum Schadensersatzanspruch), Ulrech GRUR **85**, 201 (ausf).
Arzneimittelgesetz: Vgl *Kullmann*, Bestrebungen zur Änderung der Beweislast bei der Haftung aus § 83 AMG, Festschrift für *Steffen* (1995) 247. Vgl auch § 84 II AMG (Vermutung der Ursächlichkeit eines Medikaments), Karczewski VersR **01**, 1076.
Ärztliche Behandlung, dazu *Baumgärtel*, Das Wechselspiel der Beweislastverteilung im Arzthaftungsprozeß, **56** Gedächtnisschrift für *Bruns* (1980) 93; *Baumgärtel*, Die beweisrechtlichen Auswirkungen der vorgeschlagenen EG-Richtlinie zur Dienstleistungshaftung auf die Arzthaftung und das Baurecht, JZ **92**, 421; *Fuchs*, Das Beweismaß im Arzthaftungsprozess, 2005; *Hausch* VersR **05**, 600 (personelle Reichweite); *Jorzig* MDR **01**, 481 (Üb); *Knoche*, Arzthaftung, Produkthaftung, Umwelthaftung, 2005; *Laufs/Uhlenbruck*, Handbuch des Arztrechts, 2. Aufl 1999; *Lepa*, Der Anscheinsbeweis im Arzthaftungsprozeß, in: Festschrift für *Deutsch* (1999); *Meyer-Maly*, Vom hippokratischen Eid zur Beweislastumkehr?, in: Festschrift für *Deutsch* (1999); *Müller* NJW **97**, 3049 (Üb); *Peter*, Das Recht auf Einsicht in Krankenunterlagen, 1989; *Prütting*, Beweisprobleme im Arzthaftungsprozeß, Festschrift für das LG Saarbrücken (1985) 257; *Scholz*, Der Sachverständigenbeweis im Zivilprozeß (Arthaftpflichtprozeß), 2003; *Sick*, Beweisrecht im Arzthaftpflichtprozeß, 1986; *Steffen*, Beweislasten für den Arzt ... aus ihren Aufgaben zur Befundsicherung, Festschrift für *Brandner* (1996):
Die Gerichte haben *harte Anforderungen* entwickelt. Wohl sehr viele Ärzte bewerten sie als manchmal nahezu unerfüllbar und daher unzumutbar. So denken wohl auch die gewissenhaftigsten. Es ist schon deshalb stets eine maßvolle, Arzt und Patient bedenkende Abwägung ratsam.
- **(Anderer Arzt):** Ein Behandlungsfehler ergibt sich nicht schon stets daraus, daß erst ein anderer Arzt **57** tätig war, etwa eine Fistel sogleich beseitigte, Hamm VersR **87**, 1119.
- **(Arztbrief):** Ein Behandlungsfehler ergibt sich nicht schon stets aus einem Arztbrief, Düss VersR **87**, 1138.
S auch Rn 62 „Dokumentation".
- **Assistenzarzt:** Die Übertragung einer Operation auf einen noch nicht ausreichend qualifizierten **58** Asistenzarzt ist ein Behandlungsfehler mit dessen Rechtsfolgen (s das Unterstichwort „Behandlungsfehler"), BGH **88**, 252 (zustm Giesen JR **84**, 331), Düss RR **96**, 279, aM Oldb MDR **93**, 956 (aber auch noch so bedrängende Umstände erlauben ausreichenden Verzicht auf ausreichendes Können, solange der Anfänger nicht unter den schützenden Augen des wenigstens sofort zum Operationstisch abrufbaren Erfahreneren arbeiten kann). Der Krankenhausträger wie auch der für die Übertragung der Operationsaufsicht auf einen Nichtfacharzt verantwortliche Arzt und der aufsichtsführende Arzt selbst müssen beweisen, daß die Gesundheitsbeschädigung nicht auf der mangelhaften Qualifikation des operierenden Assistenzarztes beruhte, BGH VersR **92**, 746. Zur Frage, ob der Assistenzarzt ausreichend geschult worden war, BGH NJW **78**, 1681.
S auch Rn 68 „Organisationsverschulden", Rn 69 „Routinefall", Rn 72 „Ursächlichkeit".
- **(Aufbewahrung):** Rn 62 „Dokumentation".
- **(Aufklärung),** dazu *Büttner*, Die deliktsrechtliche Einordnung der ärztlichen Eingriffsaufklärung – ein juristischer Behandlungsfehler?, Festschrift für *Geiß* (2000) 353; *Lepa* in: Festschrift für *Geiß* (2000): Der Arzt muß beweisen, daß er die notwendige Aufklärung gegeben hat, BGH NJW **05**, 1717, Hamm RR **02**, 815, aM Köln VersR **01**, 66, *Büttner* Festschrift für Geiß (2000) 361 (aber bei gewissenhafter Dokumentation, die ja auch zeitlich im Notfall nachfolgen kann, ist die BewL begrenzt). Freilich kann § 287 helfen (haftungsausfüllende Ursächlichkeit), dort Rn 6, Büttner 363. Zumindest darf man die Anforderungen in Eil- und Notfällen oder bei seelischem Problemzustand des Patienten nicht zu hoch ansetzen.
Der Arzt, der gnädig die volle Wahrheit in diesem Augenblick noch *unerörtert* lassen will, sollte Verständnis auch vor den Richtern finden. Die BewL ausreichender Aufklärung gilt zwar auch dann, wenn der Arzt behauptet, der Patient habe keiner Aufklärung bedurft, weil er die aufzuklärende Behandlung verweigert habe, BGH MDR **92**, 651, oder weil er von anderer Seite bereits hinreichend aufgeklärt worden sei, BGH NJW **84**, 1809 (zustm Giesen JZ **85**, 238, krit Deutsch NJW **84**, 1802), Schmid NJW **84**, 2605 (diese BewL gelte nur beim Vertragsanspruch; beim Anspruch aus unerlaubter Handlung müsse der Patient eine unzureichende Aufklärung beweisen). Man darf aber keine übertriebenen Anforderungen an diesen Beweis stellen, BGH NJW **85**, 1399, Schlesw VersR **96**, 635. Der Patient ist für Beratungsfehler des Arztes bewpfl, Köln VersR **89**, 632. Zur HIV-Aufklärung BGH NJW **05**, 2615.
S auch Rn 60 „Behandlungsfehler", „Beratung", Rn 68 „Nachuntersuchung", Rn 72 „Ursächlichkeit".
- **(Ausbildung):** Zu ihr BGH MDR **98**, 535.
- **(Bakteriologie):** Eine Umkehrung der BewL tritt ein, wenn ein Arzt eine bakteriologische Unter- **59** suchung pflichtwidrig unterlassen hat.
- **(Befund):** Rn 61 „Diagnose".
- **(Behandlungsfehler):** Der Patient muß einen Behandlungsfehler nur im zumutbaren Umfang dar- **60** legen, Brdb RR **01**, 1608, Mü MDR **79**, 1030. Es muß ihn grds auch beweisen, BGH VersR **83**, 563, Karlsr VersR **03**, 225, Kblz NJW **91**, 1553, aM Düss MDR **84**, 1033, Köln VersR **87**, 164 (es genüge ein bestimmter Verdachtsgrund, dann müsse das Gericht von Amts wegen weiterermitteln. Aber das wäre eine Ausforschung nach Einf 27 vor § 284. Sie ist auch durch § 144 nicht gerechtfertigt).
Unter einem *Behandlungsfehler* versteht man eine unsorgfältige Erhebung der Befunde, BGH MDR **96**, 694, Düss RR **94**, 481, und eine vorwerfbare Verletzung der allgemeinen bloßen sog therapeuti-

Anh § 286 Buch 2. Abschnitt 1. Verfahren vor den LGen

schen Aufklärungspflicht im Gespräch mit dem Patienten, BGH **107**, 226 (nicht nur mit Angehörigen), Naumb RR **04**, 964, im Gegensatz zur sog Selbstbestimmungsaufklärung, Rn 70, Karlsr VersR **87**, 1248. Zum Behandlungsfehler gehört natürlich auch der Kunstfehler, das Abweichen von generell geübten und nicht umstrittenen Erkenntnisformen und Behandlungsschritten, BGH NJW **03**, 2312. Ferner zählen hierher die Verletzung der Sorgfalt, die man von einem Arzt der Fachrichtung erwarten kann, sowie die Übertragung einer Operation auf einen noch nicht ausreichend qualifizierten Assistenzarzt, BGH **88**, 252 (zustm Giesen JR **84**, 331), Düss RR **96**, 279, aM Oldb MDR **93**, 956 (s aber Rn 58 „Assistenzarzt"). Ein Behandlungsfehler ergibt sich nicht schon stets aus einem Arztbrief, Düss VersR **87**, 1138, oder daraus, daß erst ein anderer Arzt eine Fistel sogleich beseitigte, Hamm VersR **87**, 1119.

Ob ein Behandlungsfehler vorliegt, muß das *Gericht* nach Beratung durch einen Sachverständigen selbst entscheiden, § 286 Rn 16, Üb 4 vor § 402, BGH NJW **02**, 2945 (keine ungeprüfte Übernahme des Gutachtens). Der Arzt muß eine Abweichung vom Standardverfahren begründen und deren Sinn beweisen, Hamm RR **02**, 815. Eine Beweiserleichterung für den Patienten kommt bei einem Routineeingriff nicht schon deshalb in Betracht, weil ihn ein Assistenzarzt in Abwesenheit eines Facharztes ausführte, Düss NJW **94**, 1598. Zur Weiter- oder Ausbildung BGH MDR **98**, 535.

S auch Rn 65 „Grober Fehler", Rn 67 „Kunstfehler", Rn 72 „Ursächlichkeit".

61 – **(Beratung):** Der Patient ist für einen Beratungsfehler des Arztes bewpfl, Köln VersR **89**, 632. Der Arzt muß beweisen, daß sich die Mutter nach umfassender und richtiger Beratung nicht anders entschieden hätte, BGH NJW **84**, 658.

S auch Rn 58 „Aufklärung", Rn 67 „Mongoloismus", Rz 70 „Schwangerschaft".

– **(Desinfektion):** Es gibt keinen AnschBew dafür, daß ein Einstich zB in oder neben das Kniegelenk nur dann zu einer Entzündung führt, wenn die Einstichstelle vorher nicht gründlich gereinigt bzw desinfiziert wurde, Oldb VersR **87**, 590. Auch ein enger zeitlicher Zusammenhang zwischen Einstich und Spritzenabszeß soll keinen AnschBew bringen, Köln NJW **99**, 1791.

S auch Rn 66 „Infektion", „Injektion".

– **(Diagnose):** Der Arzt muß nicht stets seine Schuldlosigkeit beweisen. Evtl genügen sogar die Angaben des Patienten, BGH VersR **99**, 839 (generalisierende Tendomyopathie). Er kann sich aber leichtfertig verhalten haben, etwa wenn er in einem erheblichen Ausmaß Diagnose oder Kontrollbefunde nicht oder falsch erhoben hat, BGH NJW **99**, 1778, Düss VersR **89**, 193, Ffm VersR **00**, 853. Das kann zur Beweiserleichterung für den Patienten führen, BVerfG NJW **04**, 2079. Das gilt sowohl zum Vorliegen eines Befunds als auch zur Ursächlichkeitsfrage, BGH NJW **04**, 1871, Zweibr VersR **00**, 606 (auch zu den Grenzen). Im Zweifel ist ein Gutachten erforderlich, BGH NJW **03**, 3412 links. Wegen der Folgen der Unterlassung der Befundsicherung Hamm RR **03**, 809, Schultze-Zeu NJW **00**, 565 (Üb).

S auch Rn 65 „Grober Fehler", Rn 67 „Kunstfehler", Rn 69 „Röntgenaufnahme".

– **(Diebstahl):** Rn 161 ff.

62 – **(Dokumentation):** dazu *Bittner,* Die virtuelle Patientenakte usw, 2001: Der Patient hat einen sachlich-rechtlichen Anspruch auf eine ordnungsgemäße lückenlose und genaue Dokumentation durch den Arzt, BGH NJW **96**, 780, Saarbr VersR **88**, 916. Sie hat eine erhebliche Beweisfunktion, Hamm VersR **05**, 412, Oldb MDR **97**, 685. Ihr entspricht eine prozessuale Pflicht, Franzki DRiZ **77**, 37, zur Vorlage der Dokumentation im Rahmen einer Beweisaufnahme, BGH NJW **78**, 1681. Die Dokumentation muß sich sowohl auf die Beschreibung des Handlungsablaufs, der Pflegesituation, der Medikamente usw erstrecken, BGH NJW **86**, 2366 (zustm Matthies JZ **86**, 959), als auch auf die Aufbewahrung der Originalunterlagen. Zur Dokumentationspflicht auch Wasserburg NJW **80**, 623. Die Verletzung dieser Pflicht kann zur Beweiserleichterung für den Gegner führen, BGH NJW **98**, 1780 (auch wegen eines Gesundheitsschadens), bis hin zur BewLUmkehr wegen Beweisvereitelung, BGH NJW **96**, 780, Köln RR **93**, 920. Das gilt insofern, als ein Behandlungsfehler in Betracht kommt, Saarbr VersR **88**, 916. Das gilt aber nicht, soweit man den fehlerhaft dokumentierten Befund doch noch ermitteln kann. Düss VersR **87**, 1138, oder soweit eine Dokumentation nicht üblich ist, BGH NJW **93**, 2376, Köln VersR **98**, 1026, oder soweit sich Aufklärungserschwernisse nicht ausgewirkt haben, Oldb VersR **90**, 666. Zum Mitverschulden des Patienten Taupitz ZZP **100**, 337, 343.

S auch Rn 73 „Zahnarzt".

63 – **(Einwilligung):** Der Arzt muß beweisen, daß er eine objektiv erforderliche Einwilligung etwa auch eines oder beider Elternteile usw erhalten hat. Der Patient muß beweisen, daß die Einwilligungserklärung bei der Unterzeichnung noch nicht den Vermerk über die Beschreibung des Eingriffs enthielt, Ffm VersR **94**, 986.

S auch Rn 70 „Selbstbestimmungserklärung".

– **(Erfolglosigkeit):** Die Erfolglosigkeit einer Operation bedeutet grds keine AnschBew für einen Behandlungsfehler, Düss NJW **75**, 595.

– **(Folgeverletzung):** Für die Ursächlichkeit des groben Behandlungsfehlers für mittelbare, spätere Schäden (sog haftungsausfüllende Ursächlichkeit, § 287 Rn 6) ist grds der Patient bewpfl, BGH NJW **94**, 802, Düss RR **94**, 481, Oldb VHR **98**, 138 (§ 287). Allerdings kann die BewL beim Arzt auch bei der Frage der Nichtursächlichkeit zwischen Erst- und Folgeverletzung bleiben, wenn er gerade mit diesem Folgeschaden hätte vorbeugen müssen, Mü VersR **93**, 607, Oldb VersR **88**, 603.

Der *Arzt* muß dann also grds *nachweisen,* daß die Schädigung auch *ohne* den Behandlungsfehler eingetreten wäre, BGH VersR **89**, 701. Außerdem muß der Fehler geeignet gewesen sein, einen Schaden dieser Art herbeizuführen, BGH VersR **83**, 983, Ffm VersR **79**, 39, Hamm VersR **84**, 92. Der Krankenhausträger wie auch der für die Übertragung der Operationsaufsicht auf einen Nichtfacharzt verantwortliche Arzt und der aufsichtführende Arzt selbst müssen beweisen, daß die Gesundheitsschädigung nicht auf der mangelhaften Qualifikation des operierenden Assistenzarztes beruhte, BGH VersR **92**, 746. Braucht ein gewissenhafter Arzt bei pflichtgemäßer Prüfung eine bestimmte Folge bei der Behandlung

Titel 1. Verfahren bis zum Urteil **Anh § 286**

nicht in Erwägung zu ziehen, so tritt keine Umkehrung der BewL ein, BGH VersR **78**, 543, ebensowenig beim Verschulden auch des Patienten (Vereitelung der Arztbemühungen), KG VersR **91**, 928.
S auch Rn 72 „Ursächlichkeit".

– **(Fragepflicht):** Der Arzt hat im Rahmen der Pflicht zur Beratung und Aufklärung, vgl diese Unterstichwörter, auch eine Fragepflicht etwa nach Vorerkrankungen usw.
Das *Gericht* hat keine erhöhte Fragepflicht nach § 139, aM BGH NJW **79**, 1934 (aber ihr Umfang ergibt sich ohnehin bei jeder Anspruchsart aus den Gesamtumständen).

– **(Gebräuchlichkeit):** Es tritt keine Umkehr der BewL ein, wenn der Arzt ein gebräuchliches Verfahren anwendet, gegen dessen vereinzelt beschriebene Gefahren noch kein anerkannter Schutz gefunden worden ist. Zum Problem der Hinweispflicht auf Versagerquoten BGH NJW **81**, 2004 (zustm Fischer JR **81**, 501). Der Arzt muß den Sinn einer Abweichung vom Standardverfahren beweisen, Hamm RR **02**, 815.
S auch Rn 60 „Beratung". **64**

– **(Grenzbereich):** Es findet keine Umkehr der BewL statt, soweit sich der Arzt allenfalls im Grenzbereich zwischen mittel- und schweren Fehlern bewegt hat und außerdem die Ursächlichkeit sehr unwahrscheinlich ist, BGH NJW **88**, 2950, Köln VersR **86**, 1216.
S auch Rn 65 „Grober Fehler", Rn 72 „Ursächlichkeit".

– **(Grober Fehler):** Zum Begriff BGH NJW **92**, 755. Ob er vorliegt, hängt von den objektiven Gesamtumständen ab, BGH NJW **88**, 1511, Köln VersR **03**, 1444, Oldb VersR **93**, 753 (Verspätung des Eingriffs), Zweibr OLGZ **88**, 474 (Anfängernarkose). Es kommt also nicht auf eine etwa zusätzliche Verwerfbarkeit an, Köln VersR **03**, 1444. Als grober Fehler kann auch die Nichterhebung von Diagnose- oder Kontrollbefunden in erheblichem Ausmaß gelten, BGH NJW **99**, 861 und 862, Düss VersR **89**, 193, Nixdorf VersR **96**, 160. Dergleichen muß man unabhängig von der Frage der Aufklärungspflicht prüfen, BGH NJW **87**, 2292. **65**

Der *Patient muß* einen groben Behandlungsfehler *beweisen,* Zweibr RR **97**, 666. Diese Schwelle liegt hoch, Bbg VersR **92**, 832, Köln VersR **98**, 1026. Gelingt dem Patienten dieser Beweis, so muß der *Arzt* grds im Wege einer Umkehrung der BewL für die Gesamtheit der Kunstfehler für die unmittelbar folgende körperliche Schädigung *nicht ursächlich war,* BGH **159**, 53 (krit Katzenmeier JZ **04**, 1030, Spickhoff NJW **04**, 2345; allgemein), BGH NJW **94**, 802 (verspätete Diagnose), BGH NJW **05**, 427 (Aufklärung); BGH NJW **94**, 1594 (Organisationsfehler), Bre RR **96**, 1115 (auch zu Ausnahmen), Düss RR **96**, 279 (Geburtshilfe), BVerfG NJW **04**, 2079, BGH NJW **159**, 53 (krit Katzenmeier JZ **04**, 1030, Spickhoff NJW **04**, 2345), Hamm RR **03**, 809 (je: Unterlassung diagnostischer Abklärung). Das gilt auch dann, wenn man nicht mehr aufklären kann, ob für die eingetretenen Schäden der Kunstfehler oder andere Ereignisse ursächlich waren, BGH NJW **00**, 3424, Düss VersR **92**, 240, etwa die Konstitution des Kranken, aM Bre VersR **77**, 378, oder wenn andere Ereignisse hinzutraten, Ffm VersR **00**, 853. Freilich muß sich gerade dasjenige Risiko verwirklicht haben, dessen Nichtbeachtung den Fehler als grob erscheinen läßt, BGH NJW **81**, 2513. Auch muß der Begünstigte evtl einer Obduktion des Verstorbenen zwecks Ursachenklärung zustimmen, LG Köln NJW **91**, 2974 (Vorsicht!). Der Ursachenzusammenhang kann im Einzelfall natürlich ganz unwahrscheinlich sein, Hamm VersR **04**, 1322. Andererseits ist keine Wahrscheinlichkeit für ein Ergebnis einer Kontrolluntersuchung erforderlich, BGH NJW **05**, 427.
S auch Rn 60 „Behandlungsfehler", Rn 67 „Kunstfehler", Rn 72 „Ursächlichkeit".

– **(Handlungsablauf):** Rn 62 „Dokumentation". **66**
– **(Hebamme):** Zu unterlassener Eintragung im Geburtsjournal Bbg VersR **05**, 1244.
– **(HIV):** S „Infektion".
– **(Indikation):** Der auf Schadensersatz beanspruchte Arzt muß das Fehlen einer Indikation beweisen, BGH NJW **85**, 2754.
– **Infektion):** Beim Infektionsschaden kann ein AnschBew zugunsten des Patienten gelten, Deutsch NJW **86**, 759. Das kann auch bei HIV gelten, BGH NJW **05**, 2615.
S auch Rn 61 „Desinfizierung".
– **(Injektion):** Zum Injektionsschaden Jaeger VersR **89**, 994 (Üb).
– **(Kausalität):** Rn 72 „Ursächlichkeit". **67**
– **(Kontrollbefund):** Rn 61 „Diagnose".
– **(Kunstfehler):** Er ist das Abweichen von generell geübten und nicht umstrittenen Erkenntnisformen und Behandlungsschritten und damit Teil des Oberbegriffs Behandlungsfehler, Rn 60. In gesteigerter Form tritt der Kunstfehler als grober Fehler auf, Rn 65.
– **(Lagerung):** Arzt und Krankenhaus sind für eine ordnungsgemäße Lagerung des Patienten bewpfl, Köln VersR **91**, 696.
– **(Leberbiopsie):** Zur perkutanen Leberbiopsie Celle MDR **77**, 410.
– **(Medikament):** Rn 62 „Dokumentation".
– **(Mitverschulden):** Rn 62 „Dokumentation", Rn 68 „Patientenschuld".
– **(Mongoloismus):** Die Patientin, die wegen unvollständiger Beratung über die Gefahr der Trisomie Ersatz des Unterhaltsaufwands für ein mongoloides Kind verlangt, ist dafür bewpfl, daß es ihr gelungen wäre, rechtzeitig für einen erlaubten Schwangerschaftsabbruch eine Fruchtwasseruntersuchung durchführen zu lassen, BGH NJW **87**, 2923.
– **(Nachuntersuchung):** Der Patient ist dafür bewpfl, nicht ordnungsgemäß über ihre Notwendigkeit aufgeklärt und nicht richtig einbestellt worden zu sein, Hamm VersR **05**, 837 (streng). **68**
– **(Narkose):** Ob bei einer Anfängernarkose ein grober Behandlungsfehler nach Rn 60, 65 vorliegt, muß man nach den Gesamtumständen beurteilen, Zweibr VersR **88**, 474. Eine Umkehrung der BewL zu Lasten des Arztes kann eintreten, wenn technisch unzulängliche Mittel benutzt wurden, BGH JZ **78**, 275, Hamm VersR **80**, 585 (Narkosegerät). Zu Narkoseschäden Düss VersR **87**, 487 und 489.
– **(Obduktion):** Der Begünstigte muß evtl einer Obduktion zwecks Ursachenklärung zustimmen, LG Köln NJW **91**, 2975 (Vorsicht!).
S auch Rn 72 „Ursächlichkeit".

- **(Organisationsverschulden):** Bei einem schweren Fehler kommt eine BewL des Arztes in Betracht, falls bloßes Organisationsverschulden genügt.
  S auch Rn 58 „Assistenzarzt".
- **(Patientenschuld):** Es tritt keine Umkehr der BewL zu Lasten des Arztes ein, soweit der Patient zumindest mitvorwerfbar handelte, etwa durch eine Vereitelung der Arztbemühungen, KG VersR **91**, 928.
- **(Pflegesituation):** Rn 62 „Dokumentation".
- **(Psychotherapie):** Zur psychotherapeutischen Behandlung Kroitzsch VersR **78**, 399.

69
- **(Reinigung):** Rn 61 „Desinfizierung".
- **(Röntgenaufnahme):** Eine Umkehr der BewL zu Lasten des Arztes kann eintreten, wenn er eine erforderliche Röntgenaufnahme unterlassen hatte, BGH VersR **89**, 701.
- **(Routinefall):** Eine Beweiserleichterung für den Patienten kommt bei einem Routineeingriff nicht schon deshalb in Betracht, weil ihn ein Assistenzarzt in Abwesenheit eines Facharztes ausführte, Düss NJW **94**, 1598.

70
- **(Schuldlosigkeit):** Der Arzt muß nicht stets seine Schuldlosigkeit beweisen, Weber NJW **97**, 767.
  S auch Rn 68 „Patientenschuld".
- **(Schulmedizin):** Eine Klausel, die dem Versicherungsnehmer die BewL dafür auferlegt, daß ein nicht zur Schulmedizin zählendes Mittel in der Praxis ebenso erfolgversprechend ist, ist wegen Verstoßes gegen (jetzt) §§ 307 ff BGB unwirksam, LG Hbg NVersZ **00**, 274.
  S auch Rn 68 „Patientenschuld".
- **(Schwangerschaft):** Der Arzt muß beweisen, daß die Mutter sich nach umfassender und richtiger Beratung nicht für eine pränatale Untersuchung der Leibesfrucht auf etwaige Schädigungen entschieden hatte und daß sie sich nach einem etwa ungünstigen Ergebnis auch nicht für den Abbruch der Schwangerschaft entschieden hätte, BGH NJW **84**, 658. Schwangerschaft trotz Tubensterilisation ist kein AnschBew für die Fehlerhaftigkeit der letzteren, Düss RR **01**, 959, Saarbr VersR **88**, 831 (das Gewebe kann nämlich nachwachsen).
  S auch Rn 67 „Mongoloismus".
- **(Selbstbestimmungserklärung):** Der Arzt muß beweisen, daß er die von ihm vor einem Eingriff zur Erzielung einer wirksamen Einwilligung des Patienten anzufordernde sog Selbstbestimmungserklärung des Patienten erhalten hat, BGH NJW **86**, 1542, Düss VersR **90**, 853 (beim Arzt ist evtl ein Dolmetscher nötig), Karlsr VersR **87**, 1248, aM Hamm VersR **89**, 195 (aber außer im Notfall ist die wirksame Einwilligung nur ganz selten schon aus dem Besuch beim Arzt usw ableitbar).
  S auch Rn 57 „Aufklärung", Rn 63 „Einwilligung".
- **(Sorgfaltspflicht):** Rn 58 „Aufklärung", Rn 60 „Behandlungsfehler".

71
- **(Technische Mittel):** Eine Umkehrung der BewL zu Lasten des Arztes kann eintreten, wenn er technisch unzulängliche Mittel benutzt hatte, BGH JZ **78**, 275, Hamm VersR **80**, 585 (Narkosegerät).
- **(Tierarzt):** Die in diesem Unter-ABC für den Arzt genannten Regeln gelten auch grds beim Tierarzt, Karlsr MDR **99**, 1461, aM Baumgärtel/Wittmann JR **78**, 63. Denn das Tier hat neue rechtliche Qualität. Daher ist bloße Ausrichtung auf wirtschaftliche Interessen überholt, aM Celle VersR **89**, 640. Der Tierarzt ist beim groben Kunstfehler entlastungsbewpfl, Hamm VersR **89**, 1106, Mü MDR **89**, 738. Der Tierarzt ist dafür bewpfl, daß die Verletzung einer voll beherrschbaren Nebenpflicht nicht schuldhaft war, etwa bei den technischen Geräten, BGH VersR **78**, 82. Wegen schädigender Auswirkungen des Haftungsgrundes ist § 287 anwendbar.
- **(Tubensterilisation):** Rn 68 „Narkose".
- **(Tupferrest):** Eine Umkehr der BewL tritt ein, wenn Tupferreste in einer Wunde gefunden werden, die bis dahin von keinem anderen Arzt behandelt wurde. Damit ist auch die Verwendung von Tupfern gerade bei dem jetzt beklagten Arzt erwiesen.
- **(Unaufklärbarkeit):** Eine Umkehr der BewL zu Lasten des Arztes tritt auch dann ein, wenn man nicht mehr klären kann, ob für die eingetretenen Schäden der unstreitige oder erwiesene Kunstfehler nach Rn 67 oder andere Ereignisse ursächlich waren, BGH NJW **88**, 2304, Düss VersR **92**, 240, etwa die Konstitution des Kranken, aM Bre VersR **77**, 378 (aber ein wirklicher Kunstfehler führt nun einmal erfahrungsgemäß meist zu bösen Folgen).
  Im übrigen gibt es aber bei Unaufklärbarkeit des eingetretenen Ergebnisses weder einen AnschBew noch eine Umkehr der BewL gegen den Arzt.
  S auch Rn 72 „Ursächlichkeit".
- **(Unterlassung):** Rn 59 „Bakteriologie", Rn 60 „Behandlungsfehler", Rn 65 „Grober Fehler", Rn 69 „Röntgenaufnahme".

72
- **(Ursächlichkeit):** Nicht ohne weiteres trägt der Arzt die *Folgen* einer jeden Fehlbehandlung. Sie begründet nicht ohne weiteres die Vermutung, daß sie die Ursache für einen eingetretenen Schaden ist, BVerfG **52**, 146, BGH NJW **93**, 3140, Hamm VersR **91**, 1059, aM Mü MDR **79**, 1030 (es stellt darauf ab, ob dem Patienten ein noch präziserer Tatsachenvortrag zumutbar ist. Aber damit ist der Patient ohnehin meist überfordert). Es findet keine BewLUmkehr statt, soweit sich der Arzt allenfalls im Grenzbereich zwischen mittelschweren und schweren Fehlern bewegt hat und soweit außerdem die Ursächlichkeit sehr unwahrscheinlich ist, BGH NJW **88**, 2950, Karlsr VersR **05**, 1246, Köln VersR **86**, 1216.
  Der *Patient* muß einen *groben* Behandlungsfehler beweisen, Zweibr RR **97**, 666. Diese Schwelle liegt hoch, Hbg VersR **92**, 832, Köln VersR **98**, 1026. Gelingt dem Patienten dieser Beweis, so hat der *Arzt* grds im Wege einer Umkehrung der Beweislast nachzuweisen, daß der Kunstfehler für die unmittelbar folgende körperliche Schädigung nicht ursächlich war, BGH NJW **93**, 3140 (allgemein), BGH NJW **94**, 802 (verspätete Diagnose), BGH NJW **94**, 1594 (Organisationsfehler), Bre RR **96**, 1115 (auch zu Ausnahmen), Düss RR **96**, 279 (Geburtshilfe), Hamm VersR **96**, 756, Kblz VersR **99**, 318 und 491 (je: Unterlassung diagnostischer Abklärung).

Titel 1. Verfahren bis zum Urteil **Anh § 286**

Das gilt auch dann, wenn man *nicht mehr aufklären* kann, ob für die eingetretenen Schäden der Kunstfehler oder andere Ereignisse ursächlich waren, BGH NJW **88**, 2304, Celle MDR **02**, 882, Düss VersR **92**, 240, etwa die Konstitution des Kranken, aM Bre VersR **77**, 378 (aber ein wirklicher Kunstfehler hat nun einmal meist böse Folgen). Freilich muß sich gerade dasjenige Risiko verwirklicht haben, dessen Nichtbeachtung den Fehler als grob erscheinen läßt, BGH NJW **81**, 2513. Auch muß der Begünstigte evtl einer Obduktion des Verstorbenen zwecks Ursachenklärung zustimmen, LG Köln NJW **91**, 2974 (Vorsicht!).

Für die Ursächlichkeit des groben Behandlungsfehlers für *mittelbare, spätere* Schäden (sog haftungsausfüllende Ursächlichkeit, § 287 Rn 6) ist grds der Patient bewpfl, BGH VersR **94**, 802, Düss RR **94**, 481, Oldb VHR **98**, 138 (§ 287). Allerdings kann die BewL beim Arzt auch bei der Frage der Nichtsächlichkeit zwischen Erst- und Folgeverletzung bleiben, wenn er gerade auch diesem Folgeschaden hätte vorbeugen müssen, Mü VersR **93**, 607, Oldb VersR **88**, 603.

Der *Arzt* muß dann also grds nachweisen, daß die Schädigung *auch ohne* den Behandlungsfehler eingetreten wäre, BGH VersR **05**, 942. Ffm VersR **79**, 39 setzt außerdem voraus, daß der Fehler geeignet war, einen Schaden dieser Art herbeizuführen, BGH VersR **83**, 983, Hamm VersR **84**, 92. Mangels ausreichender Aufklärung muß der Arzt beweisen, daß er zu dem Eingriff auch bei zutreffender Aufklärung gekommen wäre, BGH VersR **05**, 942. Der Krankenhausträger wie auch der für die Übertragung der Operationsaufsicht auf einen Nichtfacharzt verantwortliche Arzt und der aufsichtsführende Arzt selbst müssen beweisen, daß die Gesundheitsschädigung nicht auf der mangelhaften Qualifikation des operierenden Assistenzarztes beruhte, BGH VersR **92**, 746. Braucht ein gewissenhafter Arzt bei pflichtgemäßer Prüfung eine bestimmte Folge bei der Behandlung nicht in Erwägung zu ziehen, so tritt keine Umkehrung der BewL ein, BGH VersR **78**, 543, ebensowenig beim Verschulden auch des Patienten (Vereitelung der Arztbemühungen), KG VersR **91**, 928.
- (**Vereitelung**): Rn 68 „Patientenverschulden".
- (**Verrichtungsgehilfe**): Die Regeln des § 831 BGB können nur unter Beachtung aller von den Gerichten zur Arzthaftung entwickelten Gesichtspunkte angewandt werden, aM Oldb VersR **87**, 794 (abl Wosgien).
- (**Versagerquote**): Vgl zur Hinweispflicht auf sie BGH NJW **81**, 2004 (zustm Fischer JR **81**, 501). S auch Rn 60 „Beratung", Rn 64 „Gebräuchlichkeit".
- (**Versicherung**): Der Versicherer ist bewpfl, daß ein Schaden vor dem Ablauf der Wartezeit eingetreten war, Hamm VersR **77**, 953.
- (**Vornahme**): Der Arzt muß beweisen, daß er den vereinbarten Eingriff überhaupt vorgenommen hat, BGH NJW **81**, 2004 (zustm Fischer JR **81**, 501), Köln FamRZ **86**, 465.
- (**Vorsatz**): Die Regeln über eine etwaige Umkehrung der BewL zu Lasten des Arztes gelten nicht, wenn es um einen Anspruch des Täters einer vorsätzlichen Körperverletzung gegen den Arzt des Opfers geht, Köln VersR **89**, 294.
- (**Wartezeit**): Rn 72 „Versicherung". 73
- (**Weiterbildung**): Zu ihr BGH MDR **98**, 535.
- (**Zahnarzt**): Die in diesem Unter-ABC genannten Regeln zum Arzt gelten auch beim Zahnarzt, BVerfG **52**, 131, Hbg VersR **89**, 1298, Köln RR **95**, 347 (Dokumentation). Manche meinen, es spreche eine AnschBew für eine längere und schmerzhaftere Behandlung als üblich, wenn nicht der Zahnarzt, sondern eine nicht beaufsichtigte Hilfskraft die Arbeit vorbehaltene Tätigkeit im grundsätzlichen Einverständnis des Patienten und objektiv fehlerfrei durchführe, LG Ffm NJW **82**, 2611.
- (**Zwischenfall**): Vgl Celle VersR **81**, 784 und die spezielleren Unterstichwörter, zB Rn 68 „Narkose". S auch Rn 127 „Krankenhaus".

Aufklärungspflicht: Rn 57 ff „Ärztliche Behandlung", Rn 179 „Schadensersatz", Rn 201 „Ursächlich- 74 keit".
Aufrechnung: Der Aufrechnende ist für seinen Gegenanspruch bewpfl, BGH NJW **92**, 2229.
Aufsichtsverstoß, § 832: Der Kläger ist dafür bewpfl, daß der Bekl für eine Aufsicht Anlaß hatte. Erst dann ist der Bekl für das Fehlen einer Ursache oder einer Schuld bewpfl.
S auch Rn 174.
Auftrag: Der Auftraggeber ist für den Auftragsinhalt und seine Weisungen bewpfl, BGH RR **04**, 927. Der Beauftragte ist anschließend für die ordnungsgemäße Ausführung des Auftrags bewpfl, BGH RR **04**, 927. Der Auftraggeber ist dafür bewpfl, daß der Verwalter eines Sparkontos noch Beträge besitzt, BGH FamRZ **89**, 960. Nach einer Verfügung muß der Beauftragte den Verbleib und die Rechtmäßigkeit der Verwendung beweisen, BGH NJW **91**, 1884, Saarbr MDR **02**, 690.
Ausgleichsanspruch: Rn 82 „Ehe".
Auskunft, dazu *Bürge,* Der Kupolofall – zwischen Beweislastverteilung und Auskunftsanspruch, Festschrift für *Lüke* (1997) 7: Es gelten die normalen Regeln, BAG NJW DB **87**, 2050, Köln FamRZ **94**, 1197. Man darf keine unerfüllbaren Beweisanforderungen stellen, BGH NJW **96**, 2969.
Auslegung: Sie hat grds nichts mit der BewL zu tun, BGH FamRZ **89**, 959. Sind Wortlaut und Sinn eindeutig, so muß derjenige, der ein vom Wortlaut und objektiven Sinn abweichendes Verständnis der Erklärungen geltend macht, dies beweisen, BGH NJW **01**, 144. Wer einen anderen Vertragsinhalt als den durch Auslegung zu findenden behauptet, muß ihn beweisen, LAG Bre BB **88**, 408.
Bankrecht, dazu *Nirk,* Beweislast und Prozeßökonomie bei der Saldokontokorrentklage, in: Festschrift für 75 *Merz* (1992); *Pleyer,* Materiellrechtliche und Beweisfragen bei der Nutzung von EC-Geldausgabeautomaten, Festschrift für Baumgärtel (1990) 439:
Der *Stempel auf der Rechnung* oder dem Überweisungsdoppel hatte sehr wohl Beweiswert, Vogel DB **97**, 1758. Das galt, solange nicht die Übung um sich griff, daß die Bank den Kunden auffordert, ihren Stempel in Selbstbedienung selbst zu betätigen. Angesichts des Abbaus des Service und des Übergangs zu elektronischer Überweisung und zum Eintippen am Automaten hat ein solcher Stempel praktisch kaum noch Beweiswert. Bei § 676 b BGB muß der Überweisende eine Pflichtverletzung der Bank beweisen, Graf von

Anh § 286   Buch 2. Abschnitt 1. Verfahren vor den LGen

Westphalen BB **00**, 161. Es gibt keinen AnschBew dafür, daß eine Bank einen Überweisungsauftrag auch ausgeführt hat, BGH RR **97**, 177, solange sie letzteres nicht ausdrücklich mitbescheinigt hat. Klagt der Abbuchungsschuldner gegen den Gläubiger aus ungerechtfertigter Bereicherung, muß der Gläubiger ausnahmsweise beweisen, daß er seine Leistung erbracht hat, Düss RR **99**, 417.

Die *Gläubigerbank,* die wegen einer unberechtigten Rückbelastung einer Abbuchungsauftragslastschrift gegen die Schuldnerbank einen Anspruch aus ungerechtfertigter Bereicherung geltend macht, trägt die BewL dafür, daß die Lastschrift schon vor ihrer Rückgabe eingelöst worden war und nicht mehr hätte zurückgegeben werden dürfen, BGH NJW **83**, 221. Es besteht ein AnschBew dafür, daß derjenige, auf den ein Bankkonto (wenn auch nur formell) lautet, über das Guthaben verfüge darf, BGH NJW **83**, 627. Beim sog „Oder-Konto" muß der nach § 430 BGB in Anspruch Genommene beweisen, daß das Innenverhältnis der Gesamtschuldner anders, als nach dem Gesetz vermutet, ausgestaltet war, BGH DB **90**, 215, Rn 95 „Gesamtschuldner". Beim Diebstahl einer EC-Karte gelten etwa dieselben Regeln wie beim Autodiebstahl, Rn 161, Hamm NJW **97**, 1711. Hat der Dieb die richtige PIN benutzt, besteht nicht stets AnschBew, daß der Kontoinhaber sie entweder auf der Karte oder auf einem ihr beigegebenen Zettel notiert habe, Ffm VersR **02**, 370, Oldb VersR **02**, 371. Trotzdem besteht dann im Ergebnis ein AnschBew für grobe Fahrlässigkeit des Kunden mit der ec-Karte und Geheimzahl, BGH **160**, 313 (ziemlich streng wohl auch vom verständlicherweise gewünschten Ergebnis her; zustm Meder LMK **05**, 24, Spindler BB **04**, 2767, im Ergebnis auch Timme MDR **05**, 306). Wer zB am Flughafen 90 Minuten bis zur Kartensperre wartet, setzt einen AnschBew für Nachlässigkeit, Ffm RR **04**, 207.

Wenn die Bank auf Grund einer vom Kläger *widerrufenen Anweisung* dennoch irrig zahlte, muß der Kläger beweisen, daß der Widerruf dem Empfänger bekannt war, BGH **87**, 400. Beim Geldautomaten ist grds der Kunde für den Einwurf der gefüllten Kassette bewpfl, Ffm BB **87**, 1765. Es besteht mangels anderer Anhaltspunkte ein AnschBew dafür, daß er die Codekarte mit der Geheimzahl usw benutzt hat, LG Bonn MDR **95**, 277, LG Duisb RR **89**, 879, LG Saarbr NJW **87**, 2382. Es ist der Kunde für eine zu geringe Auszahlung bewpfl, AG Nürnb NJW **87**, 660. Indessen können aufgetretene Fehlermöglichkeiten die Bank für korrekte Auszahlung bewpfl machen, AG Aschaffenb RR **89**, 45, AG Bln-Schöneb RR **04**, 1277, AG Essen RR **01**, 699. Es gibt keinen AnschBew dafür, daß der Kunde mit seiner Geheimnummer Mißbrauch trieb, LG Ffm BB **96**, 820. Beim Börsentermingeschäft braucht derjenige, der Schadensersatz wegen unredlicher Vhinderung des Termineinwands fordert, nicht zu beweisen, daß das Geschäft für ihn unverbindlich war, BGH MDR **92**, 575.

Die *Mißbrauchsklausel* ist wirksam, AG Saarbr NJW **87**, 963. Die Bankeintragung im Sparbuch (und nicht im Geschäftsbuch) liefert Beweis für Höhe und Zeitpunkt der Einzahlung, Ffm RR **89**, 1517 (auch nach vielen Jahren), AG Hbg RR **87**, 1073. Die Bank ist grds dafür bewpfl, daß sie ein Spargutthaben auszahlt hat, LG Bonn RR **96**, 557. Zu einer Beweiserleichterung nach dem Ablauf einer langen Zeit BGH NJW **02**, 2708 (krit), KG RR **92**, 1195. Der Beweiswert einer Bankquittung kann im Einzelfall erschüttert sein, Ffm RR **91**, 172. Wer den Untergang einer unstreitigen Forderung behauptet, muß ihn beweisen, BGH BB **93**, 1551. Das Kreditkartenunternehmen ist bewpfl, daß abgerechnete Leistungen nicht vom Vertragsunternehmen stammen, Ffm RR **96**, 1328. Wegen eines Uraltsparguthabens mit Sparbuch BGH NJW **02**, 2708, Arendts/Teuber MDR **01**, 549. Ohne Vorlage des Sparbuches ist der Kunde bewpfl, Köln BB **99**, 759.

S auch Rn 36 „Anerkenntnis", Rn 37 „Anlagenberater", Rn 151 „Rechtsgeschäft", Rn 185 „Scheck".

76 Baurecht, dazu *Baumgärtel,* Grundlegende Probleme der Beweislast im Baurecht, Keio Law Review **90**, 109; *Baumgärtel,* Die beweisrechtlichen Auswirkungen der vorgeschlagenen EG-Richtlinie zur Dienstleistungshaftung auf die Arzthaftung und das Baurecht, JZ **92**, 321:

Zum Problem des AnschBew bei einer unvorschriftsmäßigen Anbringung von *Sicherungsstiften* an einem Baugerüst Düss VersR **82**, 501. Der Baugläubiger ist bewpfl für die Höhe des vom Empfänger erhaltenen sog Baugeldes, BGH NJW **87**, 1196. Zum Problem Bre VersR **93**, 488. Der Auftraggeber ist für den Umfang selbst gestellter Arbeitskräfte bewpfl, BGH RR **88**, 983. Zu VOB/B Hamm RR **98**, 885. Zum Subventionsbetrug Mü RR **02**, 888.

S auch Rn 227 „Werkvertrag".

77 Bedingung und Befristung: Wer sich auf eine Bedingung des Wollens (Potestativbedingung) beruft, muß deren Eintritt beweisen, Düss AnwBl **88**, 411. Der Bekl, der eine aufschiebende Bedingung, auch bei einem Rückgaberecht, oder eine Befristung einwendet, leugnet den behaupteten Vertragsinhalt. Der Kläger ist dann für unbedingten und unbefristeten Abschluß bewpfl, BGH NJW **02**, 2862, AG Delmenhorst RR **94**, 823, LAG Köln DB **88**, 1607 (anders bei Befristung des Arbeitsvertrags; aM BAG BB **95**, 467 (bei Befristung sei bewpfl, wer sich auf die frühere Beendigung berufe. Aber auch dann leugnet der Bekl den klagebegründenden behaupteten Vertragsinhalt). Dagegen ist der Bekl bewpfl, daß eine auflösende Bedingung vereinbart wurde und eingetreten ist, auch wenn er diese Behauptung nur hilfsweise neben dem Leugnen des Zustandekommens des Geschäfts aufstellt, Reinecke JZ **77**, 164.

Wer behauptet, daß *nachträglich* eine Bedingung hinzugefügt worden sei, ist dafür bewpfl. Es genügt, daß der Kläger einen Vorgang beweist, der keine Bedingung erkennen läßt. Wer die Vereinbarung einer Rückwirkung eines Bedingungseintritts behauptet, muß diese Vereinbarung beweisen, Düss GRUR **85**, 149. Die Vorschrift regelt eine rechtshindernde Einwendung. Daher muß der Kunde beweisen, daß die Voraussetzung der schwebenden Unwirksamkeit und damit seines Widerrufsrechts vorlagen, BGH **113**, 225. Für eine auflösende Bedingung und deren Eintritt ist der dies Behauptende bewpfl.

Befundsicherung, dazu *Steffen,* Beweislasten des Arzt und den Produzenten aus ihren Aufgaben zur Befundsicherung, Festschrift für *Brandner* (1996): Man kann oft von einer Befundsicherungspflicht sprechen, nicht nur im Arzthaftungsrecht. Die Verletzung kann zur Umkehr der BewL führen, zumindest zur Beweiserleichterung, BGH NJW **96**, 317, Baumgärtel Festschrift für Walder (Zürich 1994) 152.

78 Bereicherung, dazu *Halfmeier,* Zur Beweislast für den Mangel des Rechtsgrunds, in: Festschrift für Schmidt (2005): Es gelten grds die allgemeinen BewLRegeln, BGH MDR **92**, 803, Köln VersR **99**, 1507. Der

Titel 1. Verfahren bis zum Urteil **Anh § 286**

Kläger, der vorbehaltlos geleistet hat, ist grds für eine Erfüllung und für das Fehlen des Rechtsgrundes dazu bewpfl, BGH **154**, 9, Ffm FamRZ **86**, 997, Köln VersR **89**, 1073. Er muß auch eine Nichtberechtigung des Empfängers beweisen, BGH VersR **00**, 1565 (Schenkung) und NJW **04**, 2897 (Abschlag), Düss RR **88**, 1536, Ffm RR **86**, 1354. Der Bereicherungsgläubiger trägt auch dann die BewL, wenn der Bereicherungsschuldner sich hilfsweise auf einen anderen als den ursprünglich angegebenen Rechtsgrund beruft, BGH RR **91**, 575. Man darf die Anforderungen an den Entreicherten aber nicht überspannen, BGH **154**, 9. Abweichungen können beim Abbuchungsverfahren bestehen, Düss RR **99**, 417. Das gilt auch bei der Kfz-Versicherung, Köln VersR **86**, 1234, oder bei der Aufrechnung des Arbeitgebers gegen Lohnansprüche, LAG Mü DB **89**, 280.

Wenn aber die Leistung nur in der *bloßen Erwartung* der künftigen Feststellung der Schuld erfolgte, also nicht in Anerkennung einer schon bestehenden, dann ist der Bekl dafür bewpfl, daß die Feststellung erfolgt ist oder erfolgen muß, BGH NJW **89**, 162, oder daß der geforderte Vorschuß berechtigt war, BGH NJW **00**, 1718, LG Kblz WoM **95**, 99 (Mietnebenkosten). Der Scheckschuldner ist, bewpfl, daß gegen den Rückgriffsanspruch keine sonstigen Einwendungen zu erheben waren, KG RR **01**, 1056.

Ein *Vorbehalt* ist je nach seinem auszulegenden Sinn evtl geeignet, den Empfänger für die Berechtigung seiner Forderung bewpfl zu machen, Düss DB **88**, 2849. Er ist evtl aber auch nur als Ausschluß des § 814 BGB gedacht und dann kein Grund für eine BewLUmkehrung, BGH MDR **92**, 803. Die Erfüllung der bestimmten Schuld wird durch eine ausdrückliche oder stillschweigende Erklärung bei der Leistung bewiesen, § 157 BGB. Bei § 814 BGB muß der Empfänger der Leistung beweisen, daß dem Leistenden die Nichtschuld bekannt war. Der „Bereicherte" muß die Unmöglichkeit der Herausgabe beweisen, BGH BB **88**, 1552 (anders beim diesbezüglichen Scheingeschäft). Wegen § 2287 BGB vgl BGH **66**, 17. Wer eine Entreicherung nach § 818 III BGB geltend macht, muß ihre Voraussetzungen beweisen, BGH NJW **99**, 1181, zB eine Minderung des Saldos, BGH BB **90**, 20 (Leasingvertrag), oder den Verbrauch, BAG MDR **95**, 827. Dafür kann zwar ein AnschBew bestehen, nicht aber auch nach einer erheblichen Gehaltsüberzahlung, BAG MDR **01**, 1357.

S auch Rn 75 „Bankrecht", Rn 79 „Bürgschaft", Rn 218 „Versicherung".
Berufsfortkommensschaden: Vgl *von Hoyningen-Huene/Boemke* NJW **94**, 1757 (ausf).
Berufung: Die BewL bleibt unverändert.
S auch Rn 94 „Frist".
Beschwerde: Die BewL bleibt unverändert.
Besitz: Wer die Aufgabe des Mitbesitzes gegenüber § 958 BGB behauptet, ist dafür bewpfl, Düss NZM **02**, 192.
S auch Rn 99 „Herausgabe".
Bevollmächtigung: Rn 222 „Vollmacht".
Beweissicherung: Rn 189 „Selbständiges Beweisverfahren".
Beweisvereitelung: Rn 26, 27, § 449.
Börsenprospekt: Rn 148 „Prospekthaftung".
Brand: Es kommt auf die Gesamtumstände an, Stgt VersR **97**, 340.
S auch Rn 166.
Briefzugang: Rn 153 ff.
Bürgschaft: Es gelten grds die allgemeinen BewLRegeln, BGH MDR **02**, 403. Der Gläubiger ist für das Bestehen der Hauptschuld bewpfl, BGH MDR **02**, 403. Der Bürge ist für die Erfüllung der Hauptverbindlichkeit ebenso bewpfl wie der Hauptschuldner, BGH MDR **02**, 403, Düss BB **88**, 97. Das gilt auch dann, wenn die Bürgschaft einen nicht anerkannten Tagessaldo aus einem Kontokorrent betrifft, BGH NJW **96**, 719, oder einen sonstigen Abschlußsaldo, BGH MDR **02**, 403. Der Bürge ist für eine andere Sicherheit nach § 772 II BGB bewpfl. Bei Bürgschaft „auf erstes Anfordern" muß grds der Bereicherte das Entstehen und die Fälligkeit der Hauptforderung beweisen, der Bürge die Leistung des Hauptschuldners, BGH RR **93**, 693 (Art 189 II EGV enthält eine vorrangige abweichende Regelung). Dann gelten im Rückforderungsprozeß dieselben BewLRegeln wie im Hauptprozeß gegen den Bürgen, BGH DB **89**, 2600. Der Gläubiger ist dafür bewpfl, daß der Anspruch durch die vom Bürgen „auf erstes Anfordern" übernommene Verpflichtung gesichert ist, BGH NJW **99**, 2361.

Der Bürge ist für eine Tatsache bewpfl, die den Einwand nach *§ 242 BGB* rechtfertigt, BGH DB **96**, 2074. Das gilt auch bei der Behauptung der Nichtigkeit des Bürgschaftsvertrags, BGH MDR **02**, 1339. Wer eine Blankobürgschaft unterschrieben haben will, ist dafür bewpfl, Köln BB **99**, 339. Bei der Ausfallbürgschaft ist der Gläubiger nicht nur für den Verlust bewpfl, sondern auch dafür, daß der Ausfall trotz aller Sorgfalt eingetreten ist oder wäre, BGH NJW **99**, 1467. Bei der Abgrenzung von Zeitbürgschaft und gegenständlich beschränkter Bürgschaft ist der Gläubiger grds für den von ihm behaupteten Inhalt bewpfl und kann beim Kontokorrent die letztere Auslegung naheliegen, BGH NJW **04**, 2233. Im Befreiungsprozeß gegenüber dem Hauptschuldner ist der Bürge für die Behauptung bewpfl, ihm stünden die Rechte eines Beauftragten zu, BGH NJW **00**, 1643.

S auch Rn 36 „Anerkenntnis".
Btx-Anschluß: Der Inhaber ist für einen nicht veranlaßten Mißbrauch bewpfl, Köln VersR **93**, 840.
S auch Rn 91 „Fernsprechgebührenrechnung".
Computer: Es gelten die normalen Regeln, zB Rn 151 „Rechtsgeschäft". Der Speicher ist keine Urkunde, Üb 7 vor § 415, Redeker NJW **84**, 2394. Der Anbieter kann für die Brauchbarkeit einer EDV-Anlage bewpfl sein, BGH NJW **96**, 2924 (Sicherungsroutine).
Darlehen: Wenn der Bekl bestreitet, das Geld als Darlehen erhalten zu haben, ist der Kläger dafür bewpfl, daß es als Darlehen gegeben wurde, Rn 186 „Schenkung", BGH **147**, 205 (§ 767, auch bei Unterwerfung unter die Zwangsvollstreckung), LG Bayreuth RR **02**, 1423 (Bankkredit, auch nach Vertragserneuerung), Schneider MDR **89**, 138. Das soll sogar dann gelten, wenn der Schuldner den Empfang

notariell bestätigt hat, BGH NJW **01**, 2096 (!?). Wer den Darlehensempfang quittiert und eine Rückzahlungspflicht unterschreibt, ist dafür bewpfl, daß keine Schuld entstanden ist, BGH NJW **86**, 2571 (zu einem Testament).

Allerdings beweist eine schriftliche *Verpflichtung* zu einer zB monatlichen Zinszahlung aus einem bestimmten Betrag noch nicht schon die Hingabe eines Darlehens, BGH WertpMitt **76**, 974. Der Beweis, daß entgegen dem Schuldschein kein Bardarlehen nach § 488 I 2 BGB vorliegt, entbindet nicht von der Entkräftung der gegnerischen Behauptung, es liege ein Vereinbarungsdarlehen nach § 488 I 1 BGB vor. Eine Umwandlung in ein Bardarlehen muß der Gläubiger beweisen. Der Schuldner ist für die Unwirksamkeit des Darlehensvertrags bewpfl. Der Gläubiger ist für die Fälligkeit nach (jetzt) §§ 488 III, 608 BGB bewpfl, der Schuldner für einen Stundung oder für einen Erlaß usw, ferner grds für vertragsgemäße Rückzahlung, AG Mü RR **96**, 687 (auch zu einer Ausnahme nach anfänglichen Teilzahlungen und dann langem Zeitablauf). Zur Beweiswürdigung bei Darlehen oder Schenkung naher Angehöriger Kblz FamRZ **05**, 898.

Wenn der Geschäftsinhaber für einen *Angehörigen* im Betrieb ein Darlehenskonto führt und wenn der Angehörige den Saldo anerkannt hat, dann muß der Angehörige beweisen, welche Buchungen unrichtig sind, BGH MDR **80**, 45. Beim objektiv sittenwidrigen Kredit muß der Darlehensgeber beweisen, daß die subjektiven Voraussetzungen des § 138 I BGB nicht vorgelegen haben, BGH BB **94**, 1311 (krit Groeschke 1312), Sandkühler DRiZ **89**, 127. Der Schuldner muß beweisen, daß die Parteien im Folgeanspruch ausnahmsweise nicht in eine Sicherungsabrede, zB eine Grundschuld, einbezogen haben, BGH NJW **04**, 158.

S auch Rn 76 „Baurecht", Rn 96 „Gesellschaft", Rn 205 „Verbraucherdarlehensvertrag".
Deckungspflicht: Rn 203 „Ursächlichkeit", Rn 218 „Versicherung".
Diebstahl: Rn 161, 168, 170 „Schadensersatz".
81 **Dienstbarkeit:** Zur BewL im Rahmen von § 1020 BGB beim Streit über eine rechtsgeschäftlich festgelegte Trassenführung einer Leitungsdienstbarkeit BGH NJW **84**, 2157.

Dienstvertrag, dazu *von Craushaar,* Zur Auswirkungen der Beweislastregelung in der geplanten EG-Dienstleistungshaftungsrichtlinie auf das deutsche Privatrecht, Gedächtnisschrift für *Arens* (1993) 26:
Die BewL für die Vergütung läßt sich ebenso wie beim Kauf beurteilen. Bei einem Anspruch aus § 618 BGB oder aus § 62 HGB ist der Kläger nur für solche Mängel bewpfl, die nach dem natürlichen Verlauf der Dinge den späteren Schäden verursachen konnten. Der Bekl muß beweisen, daß ihn und diejenigen, für die er haftet, keine Schuld trifft und daß die Mängel nicht ursächlich waren (sozialer Schutz). Wer sich auf § 626 BGB beruft, muß seine Voraussetzungen beweisen, BGH NJW **03**, 432. Der Dienstverpflichtete muß beweisen, daß er seine Dienste angeboten hat, KG BB **97**, 114. Der Dienstberechtigte muß beweisen, daß er die Kündigung des Partners nicht (mit)verschuldet hat, BGH MDR **97**, 197. Der Dienstberechtigte ist grds dafür bewpfl, daß die abgeschlossene Dienstleistung Fehler oder Lücken aufweist, Kblz RR **93**, 251 (auch zu einer Teilleistung), oder daß ausnahmsweise keine Vergütung vereinbart wurde, wenn sie sonst üblich ist, oder daß er anfechten oder kündigen konnte, KG BB **97**, 114.

S auch Rn 38 „Anwaltsvertrag", Rn 151 „Rechtsgeschäft".
DIN-Norm: Vgl BGH **114**, 273, Kroitzsch BauR **94**, 673.
Dokumentationspflicht. Ihre Verletzung führt zur Beweiserleichterung für den Gegner bis zur Umkehr der BewL wegen Beweisvereitelung, Rn 27, BGH DB **85**, 1020.
S auch Rn 62 „Ärztliche Behandlung: Dokumentation".
Duldung: Der Gläubiger braucht im Prozeß auf Duldung der Zwangsvollstreckung aus einer Zwangshypothek grds die Entstehung der gesicherten Forderung nicht zu beweisen, BGH NJW **94**, 460 (Ausnahme, wenn dem Titel die innere Rechtskraft fehlt).
EDV-Anlage: Rn 79 „Computer".
82 **Ehe:** Der Antragsteller (Kläger) muß beweisen, daß der andere Ehegatte Familieneinkommen beiseitegeschafft hat, BGH NJW **86**, 1871. Bei § 1357 I 1 BGB ist der Vertragspartner des geschäftsführenden Ehegatten dafür bewpfl, daß das die Mithaftung des anderen Ehegatten begründende Geschäft nicht nur nach seiner Art, sondern tatsächlich dem familiären Lebensbedarf dient, AG Bochum RR **91**, 453. Bei §§ 1365, 1368 BGB ist derjenige Ehegatte bewpfl, der die Unwirksamkeit des Rechtsgeschäfts geltend macht, BGH RR **90**, 1155. Beim Ausgleichsanspruch muß nur in einem einfachen Fall der Ausgleichspflichtige lediglich beweisen, daß der andere von Umständen wußte, die die Ehe beendeten. Sodann muß der Ausgleichsberechtigte einen Rechtsirrtum beweisen, BGH **100**, 210. Vgl aber Rn 205 „Verjährung". Der Ausgleichsberechtigte muß die Höhe des Anspruchs beweisen, Stgt FamRZ **93**, 193, freilich nur der Größenordnung nach, BGH NJW **98**, 353, strenger Köln RR **99**, 229 (BewL für Aktiva und Fehlen von Passiva im Endvermögen, auch zu den Grenzen).
83 **Ehre,** dazu *Leipold,* Zur Beweislast beim Schutz der Ehre und des Persönlichkeitsrechts, Festschrift für *Hubmann* (1985) 271:
Grundsätzlich ist der Verletzte dafür bewpfl, daß der Verletzer rechtswidrig handelte. Bei einer üblen Nachrede ist jedoch wegen § 186 StGB der Verletzer bewpfl, solange er sich nicht auf die von ihm zu beweisende Wahrnehmung berechtigter Interessen berufen kann, BGH NJW **79**, 266, Ffm NJW **80**, 597. Nach der Feststellung der Wahrnehmung berechtigter Interessen kann der Verletzte für die Unwahrheit der Behauptung bewpfl werden, BGH NJW **85**, 622. Bei § 185 StGB ist der Verletzer für die Wahrheit bewpfl, Ffm MDR **80**, 495. Wer wegen teils wahrer, teils unwahrer Behauptungen aus § 824 BGB klagt, muß beweisen, daß sein Schaden durch die unwahren entstand, BGH NJW **87**, 1403.
S auch Rn 235 „Widerruf".
Eigenbedarf: Rn 137 „Miete".
84 **Eigentum:** Der Kläger, der eine auf dem Nachbargrundstück bevorstehende Anlage verbieten will, muß beweisen, daß mit Sicherheit von ihr unzulässige Einwirkungen ausgehen werden. Der Störer ist dafür bewpfl, daß eine bestehende Störung nur unwesentlich ist, Düss NJW **77**, 931, oder daß er alles Zumut-

Titel 1. Verfahren bis zum Urteil **Anh § 286**

bare zur Beseitigung der Störung unternommen hat, BGH NJW **82**, 440, oder daß der Beeinträchtigte die Störung sonstwie dulden muß, BGH **106**, 145. Wer trotz § 891 BGB das Grundeigentum bestreitet, ist für dessen Fehlen bewpfl, auch bei einem Erwerb durch Genehmigung, BGH DB **79**, 1357, oder bei § 900 BGB. Bei § 931 BGB ist der Veräußerer dafür bewpfl, daß vor der Abtretung in seiner Person Eigentum entstanden ist. Der Erwerber muß beweisen, daß das Eigentum des Veräußerers vor der Abtretung untergegangen war. Der Vorbehaltseigentümer ist gegenüber dem unmittelbaren Besitzer bewpfl, aM KG JR **78**, 378. Er muß auch Eigentumsvorbehalt versicherter, abgebrannter Sachen beweisen, BGH NVersZ **99**, 177. Die Eigentumsvermutung nach § 1006 BGB zwingt zum Beweis des Gegenteils, BGH KTS **02**, 362. Diejenige nach § 1362 II BGB führt nicht stets zur Umkehrung der BewL, Nürnb MDR **00**, 704. Wegen eines Anbaus Köln DB **75**, 497. Zur BewL bei unzulässigen Einwirkungen Baumgärtel Keio Law Review **83**, 151.
S auch Rn 99 „Herausgabe", „Höferecht".
Einschreiben: Rn 153.   85
Einstweilige Einstellung: Vgl § 707 Rn 7.
Eisenbahn: Bei Verspätung, Verlust, Beschädigung gelten Artt 28 CIM, CIV (grds ist die Eisenbahn für ein Verschulden des Reisenden bewpfl, Ausnahmen dort), Einl IV 14. Verunglückt ein Reisender beim Einsteigen in einen haltenden Zug, so liegt AnschBew für sein Verschulden vor, LG Düss VersR **79**, 166. Frachtrechtliche Einzelheiten bei Finger VersR **82**, 636.
Elektronische Signatur: § 292 a.
E-mail-Ausdruck: Er wird sich als Beweismittel durchsetzen, Mankowski NJW **04**, 1903 (Üb), aM noch AG Bonn RR **02**, 1363. Ein AnschBew ist nur unter den Voraussetzungen des § 292 a möglich, Ernst MDR **03**, 1091.
Energieversorgung: Der Versorger muß die Tatsachen beweisen, die zum gesetzlichen Haftungsausschluß führen, BGH BB **82**, 335. Er muß auch beweisen, daß er die Preise im Rahmen eines billigen Ermessens festgesetzt hat, BGH NJW **03**, 1181.
S aber auch Rn 78 „Bereicherung".
Enteignung: Der Kläger ist für einen Umbauplan bewpfl.
Entgangener Gewinn: Aus § 252 S 2 BGB folgt, daß der Geschädigte nur die Wahrscheinlichkeit darlegen und beweisen muß, der Schädiger aber bewpfl dafür ist, daß solcher Gewinn nicht erzielt worden wäre, BGH NJW **88**, 204.
Erbrecht: Zur Totenfürsorge BGH MDR **92**, 588. Durch den Erbfall gehen nicht nur die Ansprüche des 86
Erblassers auf den Erben über, sondern auch dessen damit verbundene beweisrechtliche Positionen, BGH RR **94**, 323. Wer einen von § 2066 S 1 BGB abweichenden Erblasserwillen behauptet, muß ihn beweisen, Tappmeier NJW **88**, 2715. Wer sein Erbrecht auf ein Testament stützt, sei es vorhanden oder nicht mehr, der muß sowohl die formgültige Errichtung nachweisen, Hamm FamRZ **93**, 607, als auch grds den vollen Wortlaut des Testaments, BayObLG Rpfleger **85**, 194. Dabei sind alle zulässigen Beweismittel verwendbar, Zweibr RR **87**, 1158. Wer sich auf die Gültigkeit eines Erbvertrags beruft, ist dafür bewpfl, daß sie in seinem Sinne gemeint ist und damit dem § 2274 BGB genügt, Stgt OLGZ **89**, 417. Den der Erbvertrag widerrufende Erblasser muß beweisen, daß der Bedachte den Tatbestand einer entsprechenden Straftat erfüllt hat. Zur lange zurückliegenden Anfechtung BayObLG FER **01**, 153. Der Bedachte muß Rechtfertigungs- oder Entschuldigungsgründe beweisen, BGH MDR **86**, 208. Bei § 2077 BGB ist derjenige, der die Unwirksamkeit der letztwilligen Verfügung geltend macht, dafür bewpfl, daß im Zeitpunkt des Erbfalls keine Versöhnungsbereitschaft der Ehegatten bestand, BGH **128**, 130.
Bei *§ 2079 BGB* trägt der gesetzliche Erbe die BewL dafür, daß das gesamte Testament auf der Nicht- 87
kenntnis des Pflichtteilsberechtigten beruhte, LG Darmst RR **88**, 262. Die BewL dafür, daß das Recht eines Dritten zur Anfechtung eines gemeinschaftlichen Testaments entsprechend § 2285 BGB ausgeschlossen ist, trifft den Anfechtungsgegner, Stgt OLGZ **82**, 315. Für die Voraussetzungen eines Herausgabeanspruchs nach § 2287 BGB ist der Kläger bewpfl, BGH **66**, 8, Köln RR **92**, 200. Verlangt der Nacherbe nach dem Eintritt des Nacherbfalls die Herausgabe von Sachen, die nicht von Anfang an zum Nachlaß des Erblassers gehörten, trägt der Nacherbe die BewL für die während der Vorerbschaft eingetretenen Ersatzvorgänge, BGH NJW **83**, 2874. Bei § 827 BGB ist der Schädiger für die Unzurechnungsfähigkeit bewpfl, BGH **102**, 229.
Die Anforderungen an den Beweis, eine *Veränderung* der Urkunde sei auf eine Handlung des Erblassers zurückzuführen, dürfen vor allem dann nicht zu hoch sein, wenn sich die Urkunde bis zuletzt im Gewahrsam des Erblassers befand, BayObLG **83**, 208. Der Nachlaßverwalter ist dafür bewpfl, daß eine Zulänglichkeit des Nachlasses für eine Zahlung vorhanden oder anzurechnen war, BGH FamRZ **84**, 1005. Hängt die Entgeltlichkeit einer Verfügung des Testamentsvollstreckers davon ab, daß der Empfänger der Leistung Miterbe ist, dann ist die Erbengemeinschaft nachzuweisen, BayObLG RR **86**, 1070. Die Beweiskraft eines Erbscheins verringert sich nicht dadurch, daß er nur für bestimmte Zwecke erteilt worden ist, Ffm RR **94**, 10.
S auch Rn 74 „Auftrag", Rn 127 „Krankenhaus", Rn 144 „Pflichtteil", Rn 186 „Schenkung".
Erfüllung: Der Schuldner muß die bis zur Annahme als Erfüllung grds beweisen, §§ 362, 363 BGB, BGH 88
VersR **93**, 1911, Ffm RR **88**, 108, Hamm RR **88**, 1088. Das gilt auch insoweit als der Gläubiger einen Anspruch aus einer angeblichen Nichterfüllung geltend macht, aM Grames ZMR **94**, 7 (aber auch dann ist Erfüllung eine rechtsvernichtende Einwendung, Rn 3). Eine Quittung hat wegen der Unterschrift den Beweiswert des § 416, Saarbr MDR **97**, 1107, und wegen der Richtigkeit des Inhalts zwar meist einen AnschBew, Saarbr MDR **97**, 1107. Das Gericht darf sie indes zumindest bei Zweifeln frei würdigen, BGH VersR **93**, 1911, Ffm RR **91**, 172, Saarbr MDR **97**, 1107. Eine auch maschinelle Bankquittung hat erheblichen Beweiswert, BGH RR **88**, 881, Köln MDR **97**, 3080. Der Bekl muß eine Abweichung von den gesetzlichen Vorschriften beweisen, namentlich bei einer Stundung, § 271 I BGB, bei Unmöglichkeit, Schopp ZMR **77**, 354, und bei Teilzahlung, aM Reinecke JZ **77**, 165 (aber sie ist nicht die gesetzliche

Regel). Der Kläger (Gläubiger) ist bewpfl für eine Vorleistungspflicht des Schuldners, für einen Ausschluß der Aufrechnung, für ein Fixgeschäft usw.

89 Bei einer *Erfüllungsverweigerung* ist der Gläubiger grds dafür bewpfl, daß er zur Gegenleistung bereit war. Jedoch muß der Schuldner das Gegenteil beweisen, wenn er endgültig verweigerte. Soll auf eine Klageforderung eine Zahlung nicht angerechnet werden, so muß der Kläger Forderungen aus mehreren Schuldverhältnissen beweisen. Der Bekl muß alsdann beweisen, daß er gerade die Klageforderung getilgt hat, BGH RR **93**, 1015, Ffm RR **88**, 108. Ist offen, ob eine Zahlung für den Empfänger bestimmt war oder für einen Dritten, als dessen Vertreter bzw Inkassobeauftragten der Zahlungsempfänger auftritt, so richtet sich die BewL nach den Regeln zur „Stellvertretung", Ffm RR **88**, 109. Soweit der Schuldner den Nachweis der Erfüllung nicht mehr zumutbar führen kann, weil er den geleisteten Gegenstand nicht mehr in Händen hat, muß der diesen besitzende Gläubiger beweisen, daß die Leistung im Sinn von § 363 BGB unvollständig war, Köln FamRZ **84**, 1090. Der Versicherer ist dafür bewpfl, daß der Versicherungsnehmer nach § 39 VVG gemahnt wurde, AG Mü VersR **76**, 1032.

S auch Rn 51 „– (Verdienst)", Rn 75 „Bankrecht", Rn 79 „Bürgschaft", Rn 142 „Nachgiebige Vorschriften".

90 **Erledigung der Hauptsache:** Soweit das Gericht über ihr Vorliegen streitig entscheiden muß, ist der Kläger grds wie sonst dafür bewpfl, daß die Klageforderung zulässig und begründet war und daß erst ein erledigendes Ereignis sie beseitigt hat, Düss RR **91**, 138, Schneider MDR **84**, 550. Indessen kann der Bekl bewpfl werden, wenn er sich auf eine Unmöglichkeit beruft, so schon BGB, Düss RR **91**, 138.

91 **Fahrrad:** Die Notwendigkeit einigen Kraftaufwands zur Beseitigung der Verdrehung des Lenkers nach einem Unfall bringt einen AnschBew dafür, daß er vorher nicht fest genug saß, Ffm VersR **94**, 1118.
S auch Rn 105 ff.

Fälligkeit: Der Schuldner ist für eine solche erst nach dem Verlangen des Gläubigers bewpfl, BGH RR **04**, 209.

Fehlen von Umständen: Beweispflichtig ist der Kläger. Fehlt ihm aber jeder Anhalt und kann der Bekl leicht aufklären, so gilt das Fehlen nach der Lebenserfahrung als bewiesen, wenn der Bekl die Klärung verweigert. Es liegt dann übrigens auch ein Verstoß des Bekl gegen die Förderungspflicht vor, Grdz 12 vor § 128, BVerfG **54**, 157.

Fernabsatzgesetz: Die BewL für einen Ausschluß des Widerrufsrechts nach § 3 II FernAbsG (§ 312 IV BGB) liegt beim Unternehmer, BGH **154**, 239.

Fernsprechgebührenrechnung: Rn 79 „Btx-Anschluß", Rn 194 „Telefonrechnung".

92 **Feststellungsklage,** dazu *Stetter-Lingemann,* Die materielle Rechtskraft eines die negative Feststellungsklage abweisenden Urteils – insbesondere bei unrichtiger Beweislastverteilung, Diss Tüb 1992:

Bei den behauptenden und den leugnenden muß derjenige, der eine rechtshindernde oder rechtsvernichtende Tatsache behauptet, diese beweisen. Rechtswirkungen, wie die Gültigkeit eines Rechtsgeschäfts, sind nicht bewpfl. Die Parteistellung entscheidet nicht, § 256 Rn 47, BGH NJW **93**, 1717, Hbg FamRZ **89**, 1112, Oldb FamRZ **91**, 1071. Es reicht aus, daß die Grundlagen einer künftigen Leistungsklage wahrscheinlich gegeben sind, BGH NJW **78**, 544. Bei der leugnenden Klage ist der Bekl für das beanspruchte Recht nach Grund und Höhe bewpfl, BGH NJW **92**, 1103, Hbg FamRZ **89**, 1112.

Vgl auch § 256 Rn 47, 107.

93 **Form:** Wer sich auf sie beruft, muß ihre Einhaltung beweisen, Rostock NZM **02**, 955. Behauptet der Kläger einen vorbehaltlosen Vertragsabschluß, der Bekl dessen Abhängigkeit von einer Schriftform, so ist der Kläger bewpfl. Wer mündliche Abreden neben einem ausführlichen schriftlichen Vertrag behauptet, muß Umstände dartun, die die Nichtaufnahme der Abreden in den Vertrag erklären. Denn der schriftliche Vertrag hat die Vermutung der Vollständigkeit und Richtigkeit für sich. Die Gerichte sollten jeden Angriff auf das einzige einigermaßen zuverlässige Beweismittel, die Urkunde, mißtrauisch behandeln und den minderwertigeren Zeugenbeweis strenger beurteilen. Wenn die Urkunde lückenhaft ist, fragt es sich, ob man diese Lücken nicht als Absicht vermuten muß. Das trifft meist zu, wenn das Gesetz die Regelung ausreichend ergänzt.

Fortdauer eines Zustands: Bis zum Beweis des Gegenteils spricht für sie kein Erfahrungssatz.

Fracht: Rn 223 „Währung", Rn 227 „Werkvertrag".

94 **Fremdwährung:** Rn 223 „Währung".

Frist: Wer eine Verjährung oder den Ablauf einer Auschlußfrist behauptet, ist für Beginn und Ablauf bewpfl. Der Gegner ist dafür bewpfl, daß die Frist gehemmt wurde. Der Einwendende ist für deren Beseitigung bewpfl. Steht ein Posteinzahlungstag fest, so liegt AnschBew dafür vor, daß die Einzahlung vor Schalterschluß erfolgte, Düss VersR **76**, 429. Bei einer Rechtsmittelfrist ist der Rechtsmittelführer grds für die Einhaltung bewpfl, jedoch nicht bei Umständen aus dem Verantwortungsbereich des Gerichts, Baumgärtel Festschrift für Mitsopoulos (Athen 1993) 22.

Fund: Rn 220 „Verwahrung".

95 **Gefahrenbereich:** Es gibt eine Verteilung der BewL nach Gefahrenbereichen, BGH RR **90**, 1422, Karlsr MDR **99**, 1461, soweit man dem Geschädigten mangels näherer Kenntnis von Tatsachen aus dem Bereich des Schädigers nicht zumuten kann, näher vorzutragen und einen Beweis zu stellen, BGH NJW **80**, 2186. Eine Umkehr der BewL setzt aber voraus, daß der Betroffene das Risiko voll beherrscht, Hamm RR **03**, 31 (nicht im Altenheim bei maximal 215 Minuten Pflege pro Tag).

Geliebtentestament: Beweispflichtig ist jeweils derjenige, zu dessen Gunsten die behaupteten Umstände bei der Prüfung der Sittenwidrigkeit ausfallen. Für diese sind der Inhalt des Testaments und seine Auswirkung wesentlich, auch das Motiv, etwa eine Belohnung für die Hingabe.

Gemeinschaft: Der Zusatz „TG" auf einem Spielschein beweist, daß der Ausfüller den Gewinn der Tippgemeinschaft zufließen lassen wollte, Mü RR **88**, 1268.

Genehmigung: Rn 141 „Minderjährigkeit".

Gerichtsstand: Vgl Üb 19 vor § 12.

Titel 1. Verfahren bis zum Urteil **Anh § 286**

Gesamtschuldner: Wer eine von § 426 BGB abweichende Vereinbarung behauptet, muß sie beweisen, BGH DB **90**, 215, Köln RR **96**, 557.
S auch Rn 75 „Bankrecht".
Geschäftsunfähigkeit: Rn 99 „Handlungsunfähigkeit".
Geschlecht: Seine Benachteiligung ist stets verboten, Art 3 II 1 GG, Richtlinie 97/80/EG v 15. 12. 97, ABl L 14/6 DE v 20. 1. 98.
Gesellschaft: Der Gesellschafter, der ein Recht aus einem Gesellschafterbeschluß ableitet, muß die formelle **96** und sachlichrechtliche Wirksamkeit des Beschlusses beweisen, BGH BB **82**, 1016. Nach einer Übertragung eines Gesellschaftsanteils ist derjenige bewpfl, der den Verbleib einer Forderung gegen die Gesellschaft beim Übertragenden behauptet, BGH DB **88**, 281. Wer sich auf die Nichtigkeit eines Beschlusses beruft, muß sie im einzelnen darlegen und beweisen, BGH NJW **87**, 1263. Im Abwicklungsstadium ist der Gesellschafter dafür bewpfl, daß der rückständige Beitrag nicht mehr notwendig ist. Der Abwickler ist sodann dafür darlegungspflichtig, wie die Verhältnisse der Gesellschaft liegen, BGH MDR **79**, 119. Gliedert der herrschende Unternehmer-Gesellschafter im Rahmen eines Beherrschungsvertrags mit einer KG das Unternehmen der abhängigen Gesellschaft in das eigene Unternehmen ein, so ist er nicht nur dafür bewpfl, daß ihn kein Verschulden trifft, sondern im allgemeinen auch dafür, daß die behaupteten pflichtwidrigen Handlungen nicht vorliegen, BGH BB **79**, 1735. Bei der BGB-Außengesellschaft muß der einzelne für die Gesellschaft auftretende Gesellschafter, wegen § 714 BGB seine Alleinvertretungsbefugnis beweisen, Schmidt NJW **01**, 999.
Der Gesellschafter ist für die Leistung seiner *Stammeinlage* bewpfl, Köln RR **89**, 354. Soweit die GmbH beweist, daß ihr neben der Stammeinlage noch eine weitere Forderung gegen den Gesellschafter zusteht, muß er beweisen, daß er gerade die Stammeinlage vorgenommen hat, Stgt NJW **87**, 1032. Bei einem Anspruch gegen den Gesellschafter aus sog Unterbilanzhaftung kann der Anspruchsteller im Besitz der notwendigen Unterlagen bewpfl dafür sein, daß der Gesellschafter seinen Anteil am Stammkapital bei Eintragung der Gesellschaft nicht voll eingezahlt hatte, Ffm DB **92**, 1335. Mangels geordneter Aufzeichnungen kann ausnahmsweise der Gesellschafter für das Fehlen einer Unterbilanz bewpfl sein, BGH LMK **03**, 89 (zustm Müller). Der Gesellschafter ist bewpfl, daß er keine Kenntnis von einer Krise hatte, die zur Anwendung von Eigenkapitalersatzregeln führte, BGH NJW **98**, 3201. Wer sich auf die Eigenkapitalersatzregeln beruft, ist für eine Insolvenz der GmbH bewpfl, BGH RR **01**, 1450.
Der Gläubiger muß gegenüber dem Geschäftsführer die *Überschuldung* der Gesellschaft beweisen, der Geschäftsführer sodann, daß eine Fortbestandschance bestand, Kblz RR **03**, 1198. Beim Streit um ein Gesellschafterdarlehen ist die Gesellschaft für ihre Kreditunfähigkeit und für das Fehlen stiller Reserven bewpfl, wenn für ihr Vorliegen nach dem Jahresabschluß Anhaltspunkte bestehen, BGH NJW **99**, 3121. Der Gesellschafter, der von einem Mitgesellschafter die Rückzahlung angeblich eigenmächtiger Entnahmen verlangt, muß solche Entnahmen beweisen. Anschließend muß der Bekl seine Berechtigung beweisen, BGH BB **00**, 58.
Steht fest, daß ein Gesellschaftsanteil *treuhänderisch* für einen Außenstehenden gehalten worden ist, dann muß dieser, wenn er später der Gesellschaft ein Darlehen gewährt, beweisen, daß zu diesem Zeitpunkt das Treuhänderverhältnis nicht mehr bestand, BGH DB **89**, 271 (wegen einer Gesellschaftsinsolvenz). Zur BewL bei der aktienrechtlichen Anfechtungsklage Hüffer Festschrift für Fleck (1988). Zur BewL wegen der Aktivlegitimation des geschäftsführenden Alleingesellschafters BGH BB **04**, 1359. Die GmbH ist bewpfl für einen Schaden infolge eines Verhaltens des Geschäftsführers, er ist bewpfl für Fehlen von Verschulden, BGH DB **02**, 2706. Der Geschäftsführer ist bewpfl, einbehaltene Gesellschaftsmittel an die Gesellschaft abgeführt zu haben, BGH BB **91**, 232. Der Geschäftsführer ist dafür bewpfl, für die Gesellschaft erhaltene Gelder ordnungsgemäß an die Gesellschaft weitergeleitet zu haben, Ffm RR **93**, 546. Die Gesellschaft ist bei § 303 AktG für innere Vorgänge bewpfl, der Anspruchsteller für die weiteren Voraussetzungen der Konzernhaftung, BAG NJW **99**, 741. Beim Freistellungsanspruch des Ausgeschiedenen nach § 738 I 2 BGB ist der Befreiungsschuldner für das Erlöschen bewpfl, BGH NJW **00**, 1642.
S auch Rn 74 „Aufrechnung".
Geständnis: Das prozessuale Geständnis nach § 290 kehrt die BewL um, das außergerichtliche läßt sich frei **97** würdigen, Köln VersR **90**, 857. Dementsprechend bestimmt § 476 BGB beim Verbrauchsgüterkauf: „Zeigt sich innerhalb von sechs Monaten seit Gefahrübergang ein Sachmangel, so wird vermutet, die Sache bereits bei Gefahrübergang mangelhaft war, es sei denn, diese Vermutung ist mit der Art der Sache oder des Mangels unvereinbar".
Gewässerschaden: Zum sog Kleckerschaden Emde VersR **96**, 291 (ausf).
Gewerblicher Rechtsschutz: Rn 234 „Wettbewerb".
Gewinn: Für den entgangenen Gewinn ist der Geschädigte bewpfl, BGH NJW **89**, 2757 (krit Wolf ZZP **103**, 70). Vgl freilich § 287.
Grundrecht: Die Behauptung, es sei verletzt worden, ändert die BewL nicht.
Grundschuld: Wer eine fehlende Valutierung behauptet, ist dafür bewpfl, BGH KTS **92**, 497 (freilich muß der Sicherungsnehmer Umfang und Höhe der gesicherten Forderung beweisen). Der Schuldner ist für eine Sicherungsabrede bewpfl, die ihm Einwendungen erlaubt, BGH RR **91**, 759. Der Sicherungsgeber ist für das Erlöschen der gesicherten Forderung auch dann bewpfl, wenn er nicht zugleich Schuldner der Forderung ist, BGH NJW **00**, 1108.
Haftpflicht, dazu *Lepa*, Beweislast und Beweiswürdigung im Haftpflichtprozeß, 1988: Die Darlegungs- und **98** BewL für das Vorliegen der Voraussetzungen des § 4 I Nr 6 a AHG trägt der Versicherer. Beweiserleichterungen kommen dem Versicherer dabei nicht zugute, Kblz VersR **95**, 1083.
S auch Rn 105 „Kraftfahrzeug", Rn 159 „Schadensersatz", Rn 200 „Ursächlichkeit", Rn 218 „Versicherung".
Handelsbrauch: Soweit sein Bestehen feststeht, ist man für ein Abweichen von ihm bewpfl, Schmidt Handelsrecht (1980) 21.
S auch Rn 151 „Rechtsgeschäft".

Anh § 286 Buch 2. Abschnitt 1. Verfahren vor den LGen

Handelsregister: Seine Beweisfunktion läßt sich nicht auf Zeugnisse über den Inhalt der dem Register zur Eintragung vorgelegten Urkunden ausdehnen, Köln RR **91**, 425.

Handelsvertreter, dazu *Martinek,* der handelsvertreterrechtliche Ausgleichsprozeß usw, Festschrift für *Lüke* (1997) 409 (426): Er ist dafür bewpfl, daß er geschäftliche Beziehungen zwischen neuen Kunden und dem Unternehmer hergestellt hat, BGH BB **89**, 1077. Der Unternehmer ist dafür bewpfl, daß ihm die Ausführung des Geschäfts aus von ihm nicht zu vertretenden Gründen unmöglich geworden oder ihm nicht zuzumuten ist, BGH BB **89**, 1077. Zum Ausgleichsanspruch des ausgeschiedenen Tankstellenpächters BGH MDR **88**, 930. Der entgangene Gewinn läßt sich nach § 287 ermitteln, dort Rn 22, BGH BB **89**, 2429. Zur BewL für den Fall, daß der Unternehmer ein Grundkapital zur Verfügung stellen und auf dessen Rückzahlung evtl verzichten muß, BGH RR **92**, 1388.

99 **Handlungsunfähigkeit;** dazu *Reinicke,* Entspricht die Beweislast bei Prozeßfähigkeit derjenigen bei der Geschäftsfähigkeit?, in: Festschrift für *Lukes* (1989) 755; *Wolf* AcP **170**, 181 (Handlungsbegriff): Beweispflichtig ist der Einwendende, BGH RR **04**, 174, Düss FamRZ **97**, 829, Musielak NJW **97**, 1741. Das gilt: Bei der Unzurechnungsfähigkeit. Das darf aber nicht dazu führen, daß dem Versicherer die BewL für grobe Fahrlässigkeit abgenommen wird; bei der Testierunfähigkeit; bei der Deliktsunfähigkeit; bei der Minderjährigkeit. Wer trotzdem eine Handlungsfähigkeit behauptet, etwa nach § 112 BGB, ist dafür bewpfl. Man kann den Beweis dafür, daß der Verletzungsvorgang nicht unter physischem Zwang erfolgt oder als unwillkürlicher Reflex durch fremde Einwirkung ausgelöst worden ist, zu den vom Verletzten zu beweisenden Tatsachen rechnen. Denn andernfalls liegt kein der Bewußtseinskontrolle unterliegendes und durch den Willen beherrschtes Tun vor, also keine Handlung im Sinne von § 823 BGB. Davon weicht BGH NJW **87**, 121 bei Bewußtlosigkeit des Täters ab und gibt ihm diese BewL. Hat der Arzt trotz 3,0⁰/₀₀ oder mehr BAK „klares Bewußtsein, geordneten Denkablauf und beherrschtes Verhalten" attestiert, muß man eine Unzurechnungsfähigkeit näher beweisen, Ffm NVersZ **99**, 573. Wegen der Prozeßfähigkeit § 56 Rn 5.

Haustürgeschäft: Vgl zunächst Rn 77 „Bedingung und Befristung" sowie Rn 235 „Widerruf". Läßt sich der Auftragnehmer eine von ihm vorformulierte Erklärung bestätigen, die dahinterliegende Verhandlung sei auf vorhergehende Bestellung des Kunden geführt worden, so bleibt es wegen Nichtigkeit dieser Klausel bei der BewL des Auftragnehmers für eine vorhergegangene Bestellung im Sinn von (jetzt) § 312 II Z 1 BGB, Köln MDR **02**, 751, Zweibr RR **92**, 565. Ist streitig, ob und wann die Belehrung über das Widerrufsrecht usw dem Kunden ausgehändigt wurde, so ist sein Vertragsgegner bewpfl, § 312 II BGB.

Hebamme: Ein schwerer Behandlungsfehler kann zu Beweiserleichterungen zugunsten der Patientin bei der Frage der Ursächlichkeit führen, Brschw VersR **87**, 76.

Herausgabe: Wegen der Notwendigkeit einer Gesamtschau sachlichrechtlicher und prozessualer Regeln insbesondere des § 893 kommt es auf einen Beweis der Unmöglichkeit der Herausgabe nur an, soweit der Schuldner behauptet, er habe die Unmöglichkeit nicht zu vertreten, Schmidt ZZP **87**, 61, aM Wittig NJW **93**, 638 (aber der Besitzer hatte mit der Sachherrschaft auch die Vermutung gegen sich, nicht herausgeben zu wollen). Hat der Besitzer in gemieteten Räumen investiert, so muß er gegenüber dem Anspruch des Eigentümers auf Herausgabe von Nutzungen den nicht herausgabepflichtigen Investitionsmehrwert beweisen, BGH BB **95**, 2341.

Hinterlegung: Beim Streit, an wen man herausgeben muß, trägt grds der Kläger wie bei § 812 BGB die BewL, BGH **109**, 244. Bei einer Widerklage entscheidet das Innenverhältnis, Peters NJW **96**, 1249.

Höferecht: Verlangt ein Abkömmling aus einem formlosen Hofübergabevertrag die Übereignung des Hofes, so trifft ihn die BewL dafür, daß sich der Eigentümer trotz aufgetretener Zerwürfnisse binden wollte und die Bindung nachträglich nicht wieder weggefallen ist, BGH MDR **93**, 241.

100 **Immission:** Rn 237 „Zuführung".

Injektionsschaden: Rn 56 „Ärztliche Behandlung".

Insolvenz: Für den Gläubiger ist grds dafür bewpfl, daß die objektiven Voraussetzungen einer Pflicht zum Insolvenzantrag vorlagen, BGH BB **94**, 1657. Zur BewL zur Überschuldung nach Gutachten BGH NJW **97**, 3171, und bei Kreditunwürdigkeit einer GmbH BGH BB **98**, 555. Bei unzureichender Deckung kann ein Beweisanzeichen für eine Benachteiligungsabsicht des Schuldners vorhanden sein, BGH **157**, 252 (zustm Lessing LMK **04**, 96). Es kann bei nur geringer Unterdeckung entkräftet sein, besonders wenn dazu bei einem direkten Zusammenhang mit einem Sanierungsplan usw, BGH RR **93**, 238. Der Insolvenzverwalter ist bewpfl, soweit streitig ist, ob die an den Anfechtungsgegner abgetretene Forderung auf der Weiterveräußerung von Ware beruht, die der Schuldner unter verlängertem Eigentumsvorbehalt erworben hatte, BGH NJW **00**, 3777. Hat der Schuldner dem Anfechtungsgegner eine Vergütung für Leistungen gewährt, die dieser unentgeltlich erbringen mußte, so liegt darin ein erhebliches Beweisanzeichen für eine Gläubigerbenachteiligungsabsicht, BGH NJW **95**, 1093.

S auch Rn 37 „Anfechtungsgesetz", Rn 40 „Arbeitnehmer", Rn 96 „Gesellschaft".

Internetgeschäft: Es gibt keine Beweiserleichterung zugunsten des Anbieters, Köln VersR **02**, 1565, Hoffmann NJW **04**, 2571. Wegen des Dialers Schlegel MDR **04**, 128 (evtl AnschBew der Richtigkeit). Vgl aber Rn 194 „Telefonrechnung").

Kartellrecht: Wegen der BewL beim Alleinbezugsvertrag wegen Art 85 I EGV Ebenroth/Rapp JZ **91**, 965. Die BewL dafür, daß die Behinderung eines Unternehmens unbillig im Sinn von § 26 II GWB ist, trifft denjenigen, der daraus Rechte herleitet, BGH **134**, 9.

101 **Kauf,** dazu *Henninger,* Die Frage der Beweislast im Rahmen des UN-Kaufrechts usw, 1995; *Reimers-Zocher,* Beweislastfragen im Haager und Wiener Kaufrecht, 1995: Im Geltungsbereich der Richtlinie 1999/44 EG v 25. 5. 99 „zu bestimmten Aspekten des Verbrauchsgüterkaufs und der Garantien für Verbrauchsgüter", in Kraft seit 7. 7. 99, ABl EG L 171.07.07 S 12, wird nach deren Art 5 III beim Auftreten eines Mangels binnen 6 Monaten nach Lieferung widerlegbar vermutet, daß der Mangel bereits bei Lieferung existierte und nicht vom Verbraucher nachträglich verursacht worden ist, Ehmann/Rust JZ **99**, 857. Dementsprechend bestimmt § 476 BGB beim Verbrauchsgüterkauf: „Zeigt sich innerhalb von sechs Monaten seit Gefahrübergang ein Sachmangel, so wird vermutet, dass die Sache bereits bei Gefahrübergang mangelhaft

Titel 1. Verfahren bis zum Urteil **Anh § 286**

war, es sei denn, diese Vermutung ist mit der Art der Sache oder des Mangels unvereinbar." Das ist aber keine Umkehrung der BewL für das Vorliegen eines Sachmangels, sondern nur für seinen Zeitpunkt, BGH **159**, 218.

Im übrigen gilt: Der Verkäufer muß beweisen, den Kaufpreis nach Versendung per Nachnahme nicht erhalten zu haben, AG Bielef RR **04**, 560. Wer einen freibleibenden Kauf oder einen Rücktrittsvorbehalt oder ein Umtauschrecht behauptet, ist dafür bewpfl. Wenn der Kläger einen Kauf zu einem unbestimmten, angemessenen Preis behauptet, der Bekl (Käufer) einen solchen zu einem bestimmten Preis, dann ist der Kläger für seine Behauptung bewpfl. Wegen Stundung s Rn 88 „Erfüllung". Verweigert der Käufer bei einem Kauf Zug um Zug die Annahme, so muß grds der Verkäufer beweisen, daß die Ware mangelfrei ist, BGH DB **86**, 1386. Der Käufer muß die Mangelhaftigkeit bei einer Vertragsklausel „Kassa gegen Faktura" oder dann beweisen, wenn er vorleisten mußte. Der Verkäufer, der im schriftlichen Vertrag erklärt hatte, am verkauften PKW sei nur Blechschaden entstanden, muß bei schärfsten Anforderungen an ihn beweisen, den tatsächlich größeren Schadensumfang mündlich erläutert zu haben, Bbg RR **94**, 1333.

Der Käufer muß auch dann beweisen, daß ihn der Verkäufer *nicht genug aufgeklärt hat,* wenn dieser erklärt hatte, ihm sei „vom Vorhandensein wesentlicher unsichtbarer Mängel nichts bekannt", BGH NJW **03**, 2380. Der Käufer, der trotz Beschränkung seiner Gewährleistungsrechte auf Nachbesserung oder Ersatzlieferung wegen § 309 Z 12 BGB zurücktritt oder mindert, ist dafür bewpfl, daß die Nachbesserung oder Ersatzlieferung fehlgeschlagen ist, BGH DB **90**, 1082, auch wenn sich die Sache nicht mehr beim Verkäufer befindet, Düss OLGZ **92**, 382. Der Käufer, der das Fehlen einer Eigenschaft usw erst nach Monaten rügt, ist für ihr anfängliches Fehlen bewpfl, Köln RR **95**, 751 (Alarmanlage). Der Käufer ist grds bewpfl für Kenntnis oder grob fahrlässige Unkenntnis des Verkäufers wegen Vertragswidrigkeit der gelieferten Ware, Art 40 CISG, BGH NJW **04**, 3181 (auch zu Ausnahmen; zustm Saenger LMK **04**, 201). Der Käufer ist bewpfl für arglistiges Verschweigen von Bodenverunreinigungen beim Altlastengrundstück, BGH NJW **01**, 65, Müggenborg NJW **05**, 2815.

Der Käufer, der wegen *Untergangs* zurücktritt, ist für sein Nichtverschulden bewpfl, BGH NJW **75**, 44. Der Verkäufer kann bei Rückgängigmachung des Kaufs für die Mangelfreiheit der Ware bewpfl sein, Hamm MDR **81**, 756. Nach einer Annahme als Erfüllung muß der mindernde oder rücktretende Käufer aber den Mangel beweisen, BGH **86**, 1386. Einzelheiten zur BewL für Sollbeschaffenheit und Qualitätsabrede Nierwetberg NJW **93**, 1745 und zur Vorteilsanrechnung BGH RR **02**, 1280. Der Käufer muß Arglist beweisen, der Verkäufer deren Nichtursächlichkeit oder die Mängelkenntnis des Käufers, BGH **89**, 1583. Bei einer Wertermittlung im Vergleichswertverfahren liegt die Sittenwidrigkeit nicht schon im Mißhältnis von Wert und Preis, BGH **160**, 11. Beim Kauf auf Probe trägt nach sofortiger Beanstandung durch den Käufer der Verkäufer die BewL für die Probemäßigkeit, Karlsr OLGZ **91**, 372.

Beim anfänglichen *Skonto* ist meist der Verkäufer für das Fehlen usw bewpfl, BGH NJW **83**, 2944. **102** Anders muß man schon von Anfang an konkret festgelegten Kaufpreis beurteilen, LG Stgt RR **99**, 1738 (BewL des Käufers für Skontovereinbarung). Natürlich muß der Käufer auch eine nachträgliche Ermäßigung beweisen, BGH NJW **83**, 2944. Bei der Klausel „gekauft wie besichtigt" ist der Verkäufer dafür bewpfl, daß der Käufer den Mangel kannte oder hatte erkennen müssen, Ffm MDR **80**, 140. Behauptet ein Grundstückskäufer, dem „Miet- und Pachtrechte" bekannt waren, ist ihm bei den Verhandlungen gesagt worden, die Verlängerungsvereinbarung zu einem Pachtvertrag sei zurückgenommen worden, so ist er bewpfl, BGH RR **88**, 79. Bei einer Garantie des Verkäufers ist er für ein Verschulden des Käufers während der Garantiezeit bewpfl, BGH DB **95**, 623. Fordert der Verkäufer einen höheren Preis, so muß er den entsprechenden Umfang der Lieferung beweisen, LG Freibg MDR **80**, 140. Wegen Verzugsschadens durch Kursverlust BGH NJW **76**, 848. Beim Verbrauchsgüterkauf gilt evtl die Vermutung des § 476 BGB, BGH NJW **04**, 2299, Hamm RR **05**, 1369 (Tierkauf), Lorenz NJW **04**, 3022. Sie gilt freilich zB bei regelmäßigem Verschleiß keineswegs stets, Celle NJW **04**, 3566. Sie entfällt andererseits nicht schon deshalb, weil der Verbraucher das Kaufobjekt durch einen Dritten hat zB einbauen lassen, BGH NJW **05**, 283 (zustm Wertenbruch LMK **05**, 21). Sie läßt sich nur nach § 292 durch vollen Gegenbeweis entkräften, Celle NJW **04**, 3566. Der Versender muß beweisen, daß der Mangel des Verbrauchsguts nicht beim Transport entstand, AG Fürstenwalde NJW **05**, 2717. Wegen des Vorkaufsrechts eines Siedlungsunternehmens BGH DB **77**, 494.

Der Käufer ist für den Zugang der Mängelanzeige nach § 377 *HGB* bewpfl, BGH NJW **87**, 2236. **103** Wegen eines BewLVertrags beim Kauf von Einbaumöbeln Rn 6. Wegen des Einheitlichen Kaufgesetzes Rn 1 und Düss DB **87**, 1039. Zweibr MDR **87**, 844 zählt einen Stromlieferungsvertrag hierher und macht den Lieferanten für einwandfreie Zähler und Ablesungen bewpfl. Beim Gaststättentrunk „auf Bierdeckel" reicht nicht einmal der nicht vom Trinker geschriebene Name des Trinkers aus, aM AG Saarbr RR **88**, 948 (aber das öffnet der Fälschung Tür und Tor).

S auch Rn 99 „Haustürgeschäft", Rn 130 „Mehrwertsteuer", Rn 186 „Schenkung", Rn 189 „Schlechterfüllung", Rn 223 „Vorkauf".

Kausalität: Rn 200 „Ursächlichkeit".
Kindergeld: Der Berechtigte bzw Begünstigte ist dafür bewpfl, daß die Sperrfrist von 7 Tagen seit der **104** Gutschrift noch nicht abgelaufen ist, § 12 I 3 Hs 2 BKGG.
Klagebefugnis: Man muß ihren Wegfall wegen Forderungsübergangs beweisen, KG BB **97**, 114.
Kommission: Im Rahmen des § 384 III HGB trägt der Kommissionär die BewL dafür, daß er dem Kommittenten zugleich mit der Anzeige von der Ausführung der Kommission den Dritten namhaft gemacht hat, mit dem er das Geschäft abgeschlossen hat, BGH DB **84**, 2297. Der Kommissionär ist dafür bewpfl, daß der Verlust oder die Beschädigung trotz der Sorgfalt eines ordentlichen Kaufmanns unabwendbar waren, § 390 HGB. Der Kommissionär ist für die Durchführung eines Auftrags wegen im Ausland verwahrter Wertpapiere bewpfl, BGH DB **88**, 1313.
Kontokorrent: Rn 75 „Bankrecht".
Kraftfahrzeug, Fahrrad: Man muß sehr fein unterscheiden. **105**
– **(Abbiegen):** Rn 114 „Linksabbiegen".

Hartmann

Anh § 286
Buch 2. Abschnitt 1. Verfahren vor den LGen

- **(Abstand):** Der AnschBew gegen den Auffahrer geht dahin, daß er entweder einen zu kurzen Abstand einhielt, zB bei 60 km/h nur eine Wagenlänge, Bre VersR **76**, 545, oder daß er auf den Vordermann zu spät reagierte. Bei § 3 I StVO fehlt ein AnschBew, wenn der Fußgänger evtl zu spät auf die Fahrbahn trat, LG Tüb VersR **98**, 607.

106   — **(Alkohol):** Wenn ein alkoholbedingt *bewußtseinsgestörter Fußgänger* einen Unfall erleidet, spricht ein AnschBew für seine Schuld, Hamm VersR **77**, 762, jedenfalls nicht für die Schuld des ihn auf der eigenen Fahrbahn von hinten erfassenden Pkw-Fahrers, Mü RR **86**, 253, aM Zweibr VersR **77**, 1135 (zum alten Recht), LG Köln VersR **84**, 796 (aber auch § 3 II a StVO entkräftet nicht eine Lebenserfahrung). Dieser AnschBew wird nicht schon durch die Möglichkeit entkräftet, daß auch ein Nüchterner die gleiche Unachtsamkeit begehen kann. Der AnschBew wird vielmehr erst bei der realen Möglichkeit entkräftet, daß der Gefährdete auch nüchtern die Lage nicht gemeistert hätte, Kblz VersR **75**, 515. Der Versicherer muß eine alkoholbedingte Bewußtseinsstörung beweisen, BGH NJW **02**, 3113.

Die BewL des Versicherers für eine *absolute Fahruntüchtigkeit* des Versicherungsnehmers besteht auch gegenüber einem vom Versicherungsnehmer behaupteten Nachtrunk, Hamm VersR **81**, 924. Ist der die Fahruntüchtigkeit zur Unfallzeit geklärt, dann ist der Versicherungsnehmer für den Nachtrunk bewpfl, Nürnb VersR **84**, 437. Er kann sich dann auch beim Überholen nicht mit einem Überraschungsmoment wegen eines Dritten herausreden, Naumb VersR **05**, 1233. Bei einer relativen Fahruntüchtigkeit spricht kein AnschBew dafür, daß über die Alkoholmenge hinaus weitere ernsthafte Anzeichen für Ausfallerscheinungen vorliegen, Hamm VersR **81**, 924.

Bei alkoholbedingter nur *relativer Fahruntüchtigkeit* gibt es keinen AnschBew für sie, BGH NZV **88**, 17. Wenn ein alkoholbedingt Fahruntüchtiger verunglückt, spricht ein AnschBew dafür, daß der Alkohol unfallursächlich war, falls ein Nüchterner die Verkehrslage hätte meistern können, Hamm VersR **87**, 281, Karlsr VersR **83**, 628, Köln VersR **02**, 1040 (Radfahrer). Selbst bei einem verkehrswidrigen Verhalten des nüchternen Gegners bleibt ein AnschBew für eine Mitursächlichkeit der Trunkenheit bestehen, falls auch ein Nüchterner ebenso wie der Angetrunkene reagiert hätte, aM KG NJW **75**, 267, Schlesw VersR **75**, 290.

107   Wenn der Fahrer bei 1,94⁰/₀₀ auf der Gegenfahrbahn mit einem *Entgegenkommer* zusammenstößt, liegt ein AnschBew für grobe Fahrlässigkeit des betrunkenen Fahrers vor, LG Köln VersR **82**, 386. Zu streng wertet Ffm VersR **85**, 759 beim Ermüdeten bereits 1,15⁰/₀₀ als Anzeichen einer alkoholbedingten Bewußtseinsstörung. Beim Zusammenstoß in Fahrbahnmitte kann AnschBew dafür vorliegen, daß der mit 2,4⁰/₀₀ Alkoholisierte infolgedessen auf die Gegenfahrbahn geriet, Hamm VersR **87**, 788. Fährt ein Alkoholisierter ungebremst in den Wagen des Unfallgegners, spricht ein AnschBew für die Unfallsächlichkeit der Alkoholisierung, Hamm VersR **02**, 76. Bei 0,97⁰/₀₀ Blutalkohol sprechen objektive alkoholtypische Verstöße natürlich zusätzlich für Fahruntüchtigkeit und entlastet eine Blendung usw nicht, Kblz VersR **02**, 181 links unten.

Der AnschBew der Schuld des Angetrunkenen ist entkräftet, wenn der *Gegner ebenfalls alkoholbedingt fahruntüchtig* ist, Schlesw VersR **92**, 843, LG Münst VersR **77**, 128. Wenn jemand stark alkoholisiert einen Unfall begeht, den ein Nüchterner vermieden hätte, spricht ein AnschBew für Bewußtseinsstörung als Unfallursache, Hamm VersR **77**, 762.

Ein Mitverschulden des *Mitfahrers* setzt voraus, daß er die Fahruntüchtigkeit des alkoholisierten Fahrers hätte erkennen müssen, Ffm VersR **87**, 1142 (dazu soll nicht einmal Alkoholgeruch bei Verlassen einer Diskothek zu später Nachtzeit ausreichen!), Köln VHR **96**, 38. Es gibt keinen AnschBew dafür, daß ein Mitfahrer die Fahruntauglichkeit des Fahrers erkennen muß, und zwar selbst dann nicht, wenn der Fahrer hochgradig alkoholisiert ist.

Es gibt keinen AnschBew für Alkohol als Unfallursache, *wenn ein nüchterner Fahrer nicht anders* gehandelt hätte, Bbg VersR **87**, 909. Die bloße Möglichkeit eines auch in nüchternem Zustand gleichen Unfallablaufs entlastet freilich nicht, LG Stgt VersR **83**, 1153. Man kann nicht schon bei jedem Fahrer ihm ein falsches Verhalten annehmen, der nicht mehr ganz nüchtern ist, Zweibr DB **75**, 497. Der AnschBew der Ursächlichkeit der Angetrunkenheit des Fahrers für den Unfall wird nicht schon durch die bloße Behauptung eines sog Nachtrunks entkräftet, Ffm VersR **81**, 51.

108   — **(Ampel):** Das Überfahren einer roten Ampel läßt sich nur nach den Gesamtumständen beurteilen, Hamm RR **87**, 609. Der Überfahrer muß eine Bewußtlosigkeit (Sekundenschlaf) beweisen, Saarbr RR **03**, 605. Der Ampelbetreiber ist dafür bewpfl, daß er an einer Ampelstörung keine Schuld trägt, Düss MDR **76**, 842.

S auch Rn 114 „Linksabbiegen".

- **(Abkommen von Fahrbahn):** Bei ungeklärter Ursache besteht kein AnschBew für grobe Fahrlässigkeit, Schlesw NVersZ **00**, 278.

S auch Rn 125 „– (Vorfahrt)".

- **(Anfahren vom Fahrbahnrand):** AnschBew spricht für ein Verschulden desjenigen, der vom Fahrbahnrand anfährt, gegenüber dem fließenden Verkehr, Düss VersR **78**, 852.

S auch Rn 125 „– (Vorfahrt)".

- **(Anrollen):** Rn 110 „– (Führerlosigkeit)".
- **(Aquaplaning):** Rn 116 „– (Nässe)".
- **(Auffahren):** Beim Auffahren (Vorderpartie gegen Hinterpartie eines Kfz, Oldb VersR **92**, 842, kein seitlicher Aufprall, kein Aufprall auf ein schräges Fahrrad) sind alle Umstände beachtlich, Hamm VersR **05**, 1303, KG MDR **75**, 664. Es gilt der Grundsatz eines AnschBew für das Verschulden des Auffahrers, BGH VersR **75**, 374, Köln VersR **04**, 78 (Ausnahme beim Spurwechseln des Vordermanns, dazu Rn 119 „Spurwechsel"), LG Bre RR **05**, 1050 (grds keine Änderung wegen Vor-Heckschadens).

Soweit unklar ist, ob ein Auffahren oder ein Spurwechsel vorliegt, gibt es für das erstere *keinen* AnschBew, Köln VersR **04**, 78, Naumb RR **03**, 810.

S im einzelnen bei den unterschiedlichen Merkmalen eines Auffahrunfalls sowie Rn 109 „Bundesautobahn", Rn 110 „Doppelauffahren".

Titel 1. Verfahren bis zum Urteil　　　　　　　　　　　　　　　　　　　　　　　　Anh § 286

- **(Bahnübergang):** Wird jemand auf dem Übergang einer eingleisigen Bahnstrecke trotz rechtzeitig   109
  geschlossener Schranken von einem Zug erfaßt, spricht der AnschBew dafür, daß sich der Unglücksfall
  nicht ohne Verschulden des Verunglückten ereignet.
- **(Baum):** Fährt jemand gegen einen Baum usw., so besteht AnschBew für ein Verschulden, Ffm VersR
  87, 281. Daran ändert auch eine Übermüdung nichts. Es besteht kein AnschBew dafür, daß er beim
  Aufprall noch lebte, Ffm NVersZ **02**, 558 (?!).
  S auch Rn 112 „– (Hindernis)".
- **(Beifahrer):** Rn 107 „– (Alkohol)".
- **(Beleuchtung):** AnschBew für Verschulden des Wartepflichtigen kann entkräftet sein, wenn der Vorfahrtberechtigte nachts ohne Licht fährt, Köln VersR **88**, 859.
  S auch Rn 112 „– (Hindernis)" sowie bei den einzelnen Beleuchtungsarten.
- **(Bergfahrer):** Ein AnschBew kann für ein Auffahren des Talfahrers statt für ein Zurückrollen des
  Bergfahrers sprechen, LG Stgt NJW **90**, 1858.
- **(Berührung):** AnschBew spricht grds für ein Verschulden des Fahrers, wenn eine Berührung mit
  einem anderen Fahrzeug erfolgt, aM BGH VersR **75**, 765 (Überholen).
  S aber auch Rn 121 „– (Ursächlichkeit)".
- **(Betriebsgefahr):** Sie kann angesichts eines AnschBew im Einzelfall völlig zurücktreten, aM Köln
  VersR **04**, 78 (aber das wäre eine Verletzung der Pflicht zur Abwägung der Gesamtumstände).
- **(Betrug):** Rn 120 „– (Täuschung)".
- **(Bewußtlosigkeit):** Wer sich auf sie beruft (Sekundenschlaf usw), ist dafür bewpfl, Saarbr RR **03**, 605.
- **(Blutalkohol):** Rn 106 „– (Alkohol)".
- **(Bremsen):** Der AnschBew gegen einen Linksfahrer kann entkräftet sein, wenn sich der Unfall erst
  infolge eines Bremsens ereignet, dessen Ursache nicht erwiesen ist, Oldb VersR **78**, 1449, LG Stgt
  VersR **84**, 592. Der AnschBew gegen den Auffahrer kann entfallen, wenn der Vordermann scharf
  bremst, Köln VersR **76**, 670, aM LG Freib VersR **77**, 90 (Mitschuld, wenn der Vordermann wegen
  eines Tieres bremst. Aber das ist eine erst wegen des AnschBew zu klärende Anschlußfrage). Die bloße
  Behauptung, ein Tier sei in die Fahrspur gelaufen, reicht meist nicht, Karlsr Just **79**, 295. Der
  AnschBew gegen den Auffahrer ist aber nicht entkräftet, wenn er den Grund des Bremsens des Vordermanns erkennt, AG Singen VersR **77**, 629. Ein Bushalter ist gegenüber dem Fahrgast dafür bewpfl, daß
  eine scharfe Bremsung des Busfahrers notwendig war, KG VersR **77**, 724, aM LG Düss VersR **83**, 1044
  (aber auch der Busfahrer muß § 1 StVO beachten).
  S auch Rn 124 „– (Verwechslung)".
- **(Bundesautobahn):** Kommt ein Fahrer über den Grünstreifen der Autobahn auf die Gegenfahrbahn,
  spricht AnschBew für sein Verschulden, außer wenn die Fahrbahn grobe Mängel aufweist. Beim
  Auffahren auf einer BAB-Einfahrt spricht kein AnschBew gegen den BAB-Benutzer, BGH NJW **82**,
  1596, sondern ein AnschBew gegen den Einfahrer, auf den der BAB-Benutzer auffuhr, KG VersR **02**,
  628. Das gilt umso mehr angesichts der bekannten Rücksichtslosigkeit vieler Einfahrer, die sich für
  absolut bevorrechtigt wähnen. Wer auf der BAB einen Unfall verursacht, kann zu 2/3 am Schaden eines
  Hineinfahrers schuldig sein, Düss VersR **78**, 142.
- **(Bus):** Es gibt keinen AnschBew, daß ein Linienbus an einer Haltestelle hält, LG Bln VersR **76**, 1097.
  S auch „– (Bremsen)".
- **(Diebstahl):** Rn 114 „– (Lenkradschloß)", Rn 122 „– (Versicherung)".   110
  S auch Rn 161 ff „Schadensersatz".
- **(Doppelauffahren):** Der AnschBew gegen jeden Auffahrer besteht auch beim sog Doppelauffahrunfall, Zweibr VersR **75**, 1158. Der AnschBew gegen den Hintermann als Auffahrer kann entkräftet sein,
  wenn auch sein Vordermann selbst auffährt, Bre VersR **76**, 571, Düss VersR **99**, 729, LG Heilbr VersR
  87, 290. Beim sog Kettenunfall (Massenunfall), dazu Heitmann VersR **94**, 137, gilt der AnschBew nur
  gegen den letzten Fahrer, LG Heilbr VersR **87**, 290. Ein Fahrer inmitten der Kette muß bei einer
  Unklarheit über die Reihenfolge der Anstöße denjenigen Teil des Gesamtschadens tragen, der dem
  Umfang der von ihm mit Sicherheit verursachten Schäden im Verhältnis zu den übrigen Beschädigungen entspricht. Karlsr VersR **82**, 1150. Soweit er beweist, daß der Hintermann auf ihn auffuhr, braucht
  er nicht zu beweisen, daß sein eigener Wagen durch den Stoß von rückwärts auf seinen Vordermann
  aufgeschoben wurde, Nürnb VersR **83**, 252.
- **(Einsehbarkeit):** Der AnschBew gegen den Wartepflichtigen kann bei einer schwer einsehbaren
  Vorfahrtstraße entkräftet sein, Hamm VersR **78**, 64, Köln VersR **88**, 859. Freilich gilt dort die höchste
  Sorgfaltspflicht.
- **(Eisglätte):** Rn 112 „Glatteis".
- **(Entgegenkommer):** Beim Zusammenstoß auf der linken Seite kann der Entgegenkommer mitschuldig sein, Oldb VersR **89**, 526. Der AnschBew für Verschulden des Linksfahrers kann ferner entkräftet
  sein, wenn der Entgegenkommer nach links abbiegt, besonders in ein Grundstück, LG Mü VersR **83**,
  936. Der AnschBew für das Verschulden eines Fahrers wird nicht dadurch entkräftet, daß nach § 18 I 2
  StVG im Rahmen der Gefährdungshaftung das Verschulden des entgegenkommenden Fahrers vermutet
  wird. Wer trotz Gegenverkehrs überholt wird und nach rechts abkommt, hat keinen AnschBew gegen
  sich, BGH NJW **96**, 1828.
- **(Fahrbahnrand):** Rn 108 „– (Abkommen von Fahrbahn)", „– (Anfahren vom Fahrbahnrand)".
- **(Fahrer):** Wer nur Fahrer, nicht Halter ist, braucht nicht die Unabwendbarkeit des Unfalls, sondern
  nur seine Schuldlosigkeit zu beweisen, § 18 I 2 StVG, freilich hinsichtlich sämtlicher möglicher Unfallursachen.
- **(Fahrerlaubnis):** Wer ohne sie fährt, muß den AnschBew für Unfallursächlichkeit zumindest dann
  entkräften, wenn ähnliches Fahren die Entziehungsursache war, LG Lpz RR **97**, 25.
- **(Fahrlehrer, -schüler):** Der Fahrlehrer ist dafür bewpfl, daß er den Motorrad-Fahrschüler ausreichend
  im Kurvenfahren unterwiesen hat, Mü VersR **88**, 526.

Anh § 286   Buch 2. Abschnitt 1. Verfahren vor den LGen

- **(Fahrstreifenwechsel):** Rn 119 „Spurwechsel".
- **(Fahruntüchtigkeit):** Rn 106 „,– (Alkohol)".
- **(Führerlosigkeit):** AnschBew spricht für ein Verschulden desjenigen, der ein Fahrzeug nachmittags geparkt hatte, wenn es nachts führerlos anrollt.
- **(Fußgänger):** Beim Zusammenstoß eines Fußgängers mit einem Kfz auf dessen Fahrbahnseite spricht ein AnschBew dafür, daß der Fußgänger unaufmerksam ist, Nürnb VersR **84**, 247, aM Zweibr VersR **77**, 1135 (aber der Fußgänger muß auf der Fahrbahn den Vorrang des Kfz beachten). Das gilt auch dann, wenn der Fußgänger vor Schreck fällt, oder wenn es sich um ein Kind handelt, Nürnb VersR **84**, 247, oder wenn der Fußgänger betrunken ist, auf der Fahrbahn rechts (statt auf einem der Seitenwege) nachts schwarz gekleidet geht und nicht durch Laternen beleuchtet ist, Karlsr VersR **89**, 302. Bleibt ein Fußgänger am Busausstieg hängen, so spricht AnschBew für seinen Unfallschock. Wird jemand auf dem Übergang einer eingleisigen Bahnstrecke trotz rechtzeitig geschlossener Schranken von einem Zug erfaßt, spricht der AnschBew dafür, daß sich die Unglücksfall nicht ohne Verschulden des Verunglückten ereignet. Bei einem Unfall mit einer nach § 3 I StVO geschützten Person fehlt ein AnschBew gegen den Fahrer, wenn der Fußgänger evtl zu spät auf die Fahrbahn trat, LG Tüb VersR **98**, 607. Bei § 3 II a StVO setzt ein AnschBew der Schuld des Fahrers voraus, daß er den Geschützten sieht oder sehen kann, Hamm RR **87**, 1250.

    S auch Rn 106 „,– (Alkohol)", Rn 117 „,– (Rückwärtsfahrt)".

111 – **(Gefährdungshaftung):** Rn 110 „,– (Entgegenkommer)".
- **(Gefälle):** Bei ansteigender Straße besteht beim Anfahren kein AnschBew gegen den Hintermann (Auffahren) oder Vordermann (Zurückrollen), LG Köln NJW **92**, 324.
- **(Gegenfahrbahn):** S zunächst Rn 114 „,– (Linke Seite)". Die bloße Benutzung der Gegenfahrbahn reicht nicht stets für einen AnschBew des Verschuldens aus, BGH JZ **86**, 251, Ffm VersR **91**, 1194, Hamm VersR **04**, 529 (je: Möglichkeit der Schuld eines Dritten).

    S aber auch Rn 109 „,– (Bundesautobahn)".
- **(Gehweg):** Rn 117 „,– (Rückwärtsfahrt)".
- **(Gerade Strecke):** AnschBew spricht grds für ein Verschulden des Fahrers, wenn sein Fahrzeug auf gerader Strecke aus der Fahrbahn getragen wird, Ffm VersR **87**, 281, Hamm MDR **93**, 516, Karlsr VersR **94**, 698. Das gilt aber nicht, wenn er trotz Gegenverkehrs knapp überholt wurde, BGH NJW **96**, 1828.
- **(Geschwindigkeit):** Rn 120 „,– (Tempo)".

112 – **(Glatteis):** AnschBew für Verschulden des Fahrers liegt vor, wenn der Wagen bei Glatteis ins Schleudern gerät, Hamm VersR **78**, 950, Schlesw VersR **75**, 1132, milder Köln VersR **99**, 377, Schlesw (7. ZS) VersR **99**, 375 (nur bei Vorhersehbarkeit. Aber Glatteis ist meist vorhersehbar, sogar unter dünnem Schnee). AnschBew liegt ferner bei einem Unfall in Windböen und bei Glatteis vor, KG VersR **85**, 370, Karlsr VersR **75**, 886. Dabei ist eine Entkräftung zwar dann möglich, wenn ein Beifahrer den Fahrer irritiert, KG VersR **85**, 369, nicht aber schon dann, wenn der Fahrer die nötige und mögliche besondere Fahrweise in solcher Lage nicht kennt oder nur mangelhaft beherrscht.
- **(Granulat):** Rn 119 „,– (Stein)".
- **(Grundstücksaus- oder einfahrt):** AnschBew spricht für ein Verschulden desjenigen, der aus einem Grundstück herausfährt, gegenüber dem fließenden Verkehr, Celle MDR **03**, 1351, KG VersR **75**, 664, oder für ein Verschulden desjenigen, der als Einbieger in ein Grundstück mit einem Überholer zusammenstößt, Oldb VersR **78**, 1027, LG Mü VersR **83**, 936, oder der sonstwie mit dem fließenden Verkehr zusammenstößt, Hamm VersR **79**, 266.

    S auch Rn 124 „,– (Vorfahrt)".
- **(Haube):** Es besteht kein AnschBew, daß der Tankwart am Vortag den Umstand verschuldete, daß die Haube später auffliegen konnte.
- **(HWS-Syndrom):** Für ein solches des Vordermanns besteht kein AnschBew bei nur geringer Tempoänderung infolge Auffahrens des Hintermanns, Mü VersR **05**, 424, LG Saarbr VersR **02**, 1572, LG Wuppert VersR **05**, 1099. Die Einhaltung solcher „Harmlosigkeitsgrenzen" schließt aber auch nicht die Ursächlichkeit des Unfalls für ein HWS-Verletzung aus, BGH NJW **03**, 1116.
- **(Hindernis):** Es besteht kein AnschBew für Verschulden desjenigen, der bei Dunkelheit auf ein unbeleuchtetes Hindernis auffährt, Celle VersR **86**, 450.

    S auch Rn 109 „,– (Baum)".
- **(Kanaldeckel):** Der Verkehrssicherungspflichtige ist bewpfl, daß das Unterbleiben regelmäßiger Kontrollen eines dann brüchigen Kanaldeckels nicht schadensursächlich war, Ffm MDR **81**, 764.

113 – **(Kauf):** Rn 101.
- **(Kausalität):** Rn 121 „,– (Ursächlichkeit)".
- **(Kettenunfall):** Rn 110 „,– (Doppelauffahren)".
- **(Kind):** § 7 I StVG gilt auch zu Lasten desjenigen, der einem Kind ausweicht und von dessen Eltern Schadensersatz wegen Geschäftsführung ohne Auftrag fordert, Celle VersR **76**, 449.

    S auch Rn 115 „,– (Minderjähriger)".
- **(Kraftrad):** S bei den einzelnen Vorgängen.
- **(Kreuzung):** Rn 110 „,– (Einsehbarkeit)", Rn 114 „Linksabbiegen", Rn 124 „,– (Vorfahrt)", Rn 125 „,– (Wartepflicht)".
- **(Kurve):** AnschBew spricht für ein Verschulden des Fahrers, wenn sein Fahrzeug in einer Kurve aus der Fahrbahn getragen wird, Düss VersR **81**, 263, LG Köln VersR **84**, 396, sei es in einer Linkskurve, KG VersR **81**, 64, in einer Rechtskurve oder in einer Doppelkurve. Der AnschBew gegen den Auffahrer kann entkräftet sein, wenn sich der Auffahrunfall in einer engen starken Kurve ereignet.

    S auch Rn 110 „,– (Fahrlehrer, -schüler)".

114 – **(Laterne):** Der AnschBew gegen den Auffahrer kann entkräftet sein, wenn jemand gegen einen nur unzureichend durch eine Laterne beleuchteten Lkw fährt, weil er nicht genug dem Eigentempo angepaßt Obacht gibt, Hamm VersR **87**, 492.

Titel 1. Verfahren bis zum Urteil **Anh § 286**

- **(Lenkradschloß):** Es besteht kein AnschBew, daß das unbeschädigte Lenkradschloß des gestohlenen Pkw nicht auf „Blockieren" eingestellt war.
- **(Linienbus):** Rn 109 „– (Bus)".
- **(Linke Seite):** AnschBew spricht für ein Verschulden desjenigen, der grundlos nach links gerät, BGH JZ **86**, 251, Hamm MDR **93**, 516, KG VersR **83**, 1163, und dort mit einem Entgegenkommer zusammenstößt, Düss VersR **88**, 1190, Oldb VersR **89**, 526 (Mitverschulden des Entgegenkommers), oder mit einem Wartepflichtigen, BGH NJW **82**, 2668.
S auch Rn 110 „– (Entgegenkommer)", Rn 111 „– (Gegenfahrbahn)".
- **(Linksabbiegen):** Es besteht AnschBew dafür, daß ein Linksabbieger schuldhaft handelt, wenn er mit einem geradeaus fahrenden Entgegenkommer in dessen Fahrbahn zusammenstößt, Celle VersR **78**, 94 (dieser AnschBew ist entkräftbar), Düss VersR **76**, 1135. Es besteht kein AnschBew für ein Verschulden des Überholers bei einem Zusammenstoß mit dem in derselben Richtung nach links Abbiegenden. Er besteht auch dann nicht, wenn der Überholte alsbald von der Fahrbahn abkommt, LG Traunstein VersR **76**, 476. Beim Zusammenstoß zwischen einem Linksabbieger und einem entgegenkommenden Geradeausfahrer an einer mit grünem Pfeil versehenen Kreuzung entfällt eine BewL des Abbiegers wegen § 9 I, III StVO, BGH MDR **97**, 733, und muß der Geradeausfahrer beweisen, daß der Pfeil nicht leuchtete, BGH NJW **96**, 1405, solange nicht feststeht, daß die Ampelschaltung defekt war.
- **(Massenunfall):** Rn 110 „– (Doppelauffahren)". **115**
- **(Mauer):** Rn 109 „– (Baum)".
- **(Mietwagen):** Der Geschädigte muß die Notwendigkeit eines Mietwagens insbesondere dann beweisen, wenn seine Fahrleistung vor und nach dem Unfall wesentlich geringer ist als während der umstrittenen Ausfallzeit. Das Gericht darf dann auch nicht einfach einen Mindestbetrag für Mietwagenkosten ansetzen, LG Paderb VersR **81**, 585.
- **(Minderjähriger):** Ein AnschBew ist auch gegenüber einem falsch fahrenden Minderjährigen möglich.
S auch Rn 113 „– (Kind)".
- **(Mitverschulden):** S bei den einzelnen Gründen eines Mitverschuldens.
- **(Montage):** Es gibt grds keinen AnschBew für die Ursächlichkeit eines Montagefehlers im Herstellerwerk für einen späteren Unfall, Oldb VersR **84**, 1097. Ausnahmen können nach einer sog Rückrufaktion gelten.
- **(Motorrad):** S bei den einzelnen Vorgängen.
- **(Nässe):** Der AnschBew gegen den Auffahrer besteht auch bei sehr nasser Fahrbahn, BGH VersR **75**, **116** 374. AnschBew für ein Verschulden des Fahrers besteht dann, wenn sein Wagen infolge Aquaplaning ins Schleudern gerät, Düss VersR **75**, 160. Er besteht jedoch nicht für grobes Verschulden, Hamm VersR **85**, 679.
- **(Ölspur):** Der AnschBew gegen einen Auffahrer kann entkräftet sein, wenn der Auffahrer möglicherweise nur infolge einer Ölspur auf seiner Fahrbahn in Verbindung mit Seitenwind ins Schleudern kam, Hbg VersR **80**, 1172.
- **(Parklicht):** Der AnschBew gegen den Auffahrer kann entkräftet sein, wenn der Vordermann außerhalb einer geschlossenen Ortschaft nur das Parklicht einschaltet, Mü VersR **83**, 1064.
- **(Parklücke):** Rn 117 „– (Rückwärtsfahrt)".
- **(Parkstreifen):** Rn 117 „– (Rückwärtsfahrt)".
- **(Querstellen):** Der AnschBew gegen einen Auffahrer kann entkräftet sein, wenn der Vordermann grob fahrlässig von der Fahrbahn abkommt und sich querstellt, Hamm VersR **81**, 788.
- **(Radfahrer):** Rn 106. **117**
- **(Reaktion):** Rn 105 „– (Abstand)".
- **(Rechte Seite):** AnschBew spricht für ein Verschulden desjenigen, der grundlos nach rechts gerät, BGH VersR **84**, 44 (Entlastungsbeweis möglich, wenn ein Tier den Fahrer irritierte).
- **(Reifen):** Der AnschBew gegen den von der Fahrbahn abkommenden Fahrer kann erschüttert werden, wenn infolge eines schleichenden Luftverlustes der Vorderreifen zusammenbricht, Köln VersR **89**, 526.
- **(Rettungswagen):** AnschBew gegen den Wartepflichtigen kann entkräftet sein, wenn ein Rettungswagen die Vorfahrtstraße kreuzt.
- **(Richtgeschwindigkeit):** Die bloße Überschreitung einer Richtgeschwindigkeit erbringt noch keinen AnschBew für die Ursache des folgenden Unfalls auf der BAB, Köln VersR **82**, 708. Indessen kann sich der Fahrer dann nur für den Fall auf § 7 II StVG berufen, daß er nachweist, daß es auch beim Einhalten des Richttempos zu vergleichbaren Folgen gekommen wäre, BGH BB **92**, 1310.
S auch Rn 120 „– (Tempo)".
- **(Rückblick):** Rn 120 „– (Tempo)".
- **(Rücktritt):** Wer den Einwand erhebt, auch der Gegner habe sich vertragswidrig verhalten, braucht nur dies zu beweisen. Der Gegner muß seine Berechtigung dazu beweisen, BGH NJW **99**, 352.
- **(Rückwärtsfahrt):** AnschBew spricht für das Alleinverschulden desjenigen, der vom Parkstreifen rückwärts auf die Fahrbahn fährt und mit einem dort Herankommenden zusammenstößt, Ffm VersR **82**, 1079, oder der einen Fußgänger auf dem Gehweg anfährt. Der AnschBew gegen den Auffahrer kann entkräftet sein, wenn der Vordermann wegen einer Parklücke zurücksetzt, BGH VersR **78**, 155.
- **(Schadensersatz):** Rn 159. **118**
- **(Schleudern):** Rn 112 „– (Glatteis)", Rn 116 „– (Nässe)", „– (Ölspur)".
- **(Schuldanerkenntnis):** Ein mündliches Bekenntnis der Alleinschuld am Unfallort kann die BewL umkehren, Celle VersR **80**, 1122. Aber Vorsicht! Es kommt darauf an, ob das Bekenntnis ernst gemeint und wirksam war, ob kein Unfallschock usw vorlag.
- **(Schutzhelm):** Wenn ein Kraftradfahrer ohne Schutzhelm Verletzungen am Kopf erleidet, vor denen der Helm allgemein schützen soll, spricht der AnschBew für den Ursachenzusammenhang zwischen der Nichtbenutzung des Helms und den Verletzungen, BGH NJW **83**, 1380.

Anh § 286

Buch 2. Abschnitt 1. Verfahren vor den LGen

- **(Schwarzfahrt):** Der Geschädigte ist grds dafür bewpfl, daß der Halter seine Verkehrssicherungspflicht verletzt. Jedoch ist der Halter dafür bewpfl, daß er vom Schlüsselbesitz des Schwarzfahrers nichts wissen mußte, Oldb VersR Rn **78**, 1046.

119
- **(Seitenwind):** Rn 116 „,– (Ölspur)".
- **(Sicherheitsgurt):** Die Nichtbenutzung eines Sicherheitsgurts gilt als AnschBew für eine Mitverursachung der eigenen Unfallfolgen, Karlsr Just **79**, 263. Zur Problematik Weber NJW **86**, 2670. Bei bestimmten typischen Gruppen von Folgen (Verletzungen) kann ein AnschBew dafür bestehen, daß ein Insasse keinen Gurt benutzt hat, BGH VersR **91**, 230.
- **(Spurwechsel):** Der AnschBew gegen einen Auffahrer kann entkräftet sein und gegen den „Vordermann" umschlagen, wenn der Vordermann erst unmittelbar zuvor von der Seite her in die Spur des Auffahrers hineingewechselt ist, BGH VersR **82**, 672, KG VersR **04**, 621, Köln VersR **04**, 78. Freilich besteht kein AnschBew dafür, daß ein Spurwechsel stattfand, Köln VersR **04**, 78, und daß er auf die Überholspur unmotiviert war, Hbg VersR **75**, 911.
    S auch; Rn 108 „Auffahren", Rn 119 „,– (Straßenbahn)".
- **(Stein):** Bei nicht unerheblichem Tempo spricht AnschBew dafür, daß ein Stein hochgeschleudert werden kann. Die Anforderungen an den Entlastungsbeweis des Überholers, dessen Wagen den Stein hochschleuderte, sind hoch, LG Aachen VersR **83**, 591. Zur Problematik dann, wenn Herabfallen oder Wegschleudern in Frage kommt, LG Passau VersR **89**, 1061. Ein durch Granulat geschädigter Autobesitzer ist dafür bewpfl, daß die Gemeinde fehlerhaft und übermäßig gestreut hat, LG Wiesb NJW **87**, 1270.
- **(Straßenbahn):** Es gibt keinen AnschBew zu Lasten eines auffahrenden Straßenbahnführers, Düss VersR **76**, 499. Er besteht erst recht dann nicht, wenn obendrein ein Pkw vor der Straßenbahn die Spur wechselt, Hbg VersR **75**, 475.
- **(Streuen):** S „,– (Stein)".

120
- **(Talfahrer):** Rn 109 „,– (Bergfahrer)".
- **(Täuschung):** Beim Vortäuschen eines Auffahrunfalls durch den Vordermann Köln VersR **77**, 938. Wegen des betrügerischen Zusammenwirkens zweier „Unfall"-Fahrer Ffm VersR **78**, 260, LG Hagen VersR **78**, 356.
- **(Technisches Versagen):** AnschBew spricht für ein Verschulden des Fahrers, wenn eine technische Einrichtung am Fahrzeug versagt.
- **(Tempo):** Ein unzulässig hohes Tempo kann AnschBew für die Unfallursache und -schuld sein. Das gilt etwa bei einer Überschreitung um 50%, Kblz VersR **00**, 720. Schleudert der Wagen nach einer Linkskurve, so spricht das dafür, daß sein Tempo überhöht ist, Düss VersR **75**, 615. Dasselbe gilt dann, wenn ein Motorrad eine Kurve außerordentlich schnell durchfährt und dann stürzt. Eine Mitschuld des Vorfahrtberechtigten ist nicht schon bei einem nur um 15 oder 20% überhöhten Tempo erwiesen, Celle VersR **86**, 450, Köln VersR **78**, 830, wohl aber bei einem um 100% überhöhten Tempo, KG VersR **83**, 1163, oder bei einem Tempo von 120 km/h, Stgt VersR **82**, 1175. Bei solchem Tempo auf der Autobahn kann der Fahrer (Versicherungsnehmer) für das Fehlen grober Fahrlässigkeit bewpfl sein (zu langer Blick nach hinten), Köln VersR **83**, 575.
    S auch Rn 117 „,– (Richtgeschwindigkeit)", Rn 119 „,– (Stein)", Rn 125 „,– (Wenden)".
- **(Tier):** Entlastungsbeweis ist möglich, soweit ein Tier im oder vor dem Fahrzeug den Fahrer irritierte, BGH VersR **84**, 44, Düss NVersZ **00**, 579, Naumb RR **03**, 676 (je: kein AnschBew bei Rehen), strenger Hamm RR **04**, 1264. Freilich muß der Fahrer die Irritation durch das Tier beweisen, Naumb RR **03**, 677 (Reh). Der Aufenthalt einer Katze auf dem Autodach liefert keinen AnschBew dafür, daß sie tiefe dortige Kratzer verursachte, AG Celle VersR **99**, 1376.
    S auch Rn 109 „,– (Bremsen)".
- **(Trunkenheit):** Rn 106 „,– (Alkohol)".

121
- **(Überholen):** AnschBew gegen den Hintermann besteht auch dann, wenn der Vordermann überholt hat. Freilich ist der Entlastungsbeweis eines verkehrswidrigen Überholens zulässig, Düss VersR **76**, 298 (beim scharfen Wiedereinscheren wegen eines Hindernisses).
    S auch Rn 109 „,– (Berührung)", Rn 112 „,– (Grundstücksaus- oder einfahrt)", Rn 114 „,– (Linksabbiegen)", Rn 119 „,– (Stein)".
- **(Übermüdung):** Rn 109 „,– (Baum)".
- **(Unfallschock):** Wer ihn behauptet, muß ihn grds beweisen, Ffm NVersZ **01**, 321. Natürlich ist ein AnschBew möglich.
- **(Ursächlichkeit):** Der Geschädigte ist für die Ursächlichkeit der Fahrweise des Gegners jedenfalls dann bewpfl, wenn sich die Fahrzeuge der Parteien nicht berührt haben, Düss VersR **87**, 568, Kblz VersR **75**, 913. Der Geschädigte ist dafür bewpfl, daß der Schaden am Gebrauchtfahrzeug gerade durch den Zusammenstoß entstanden ist.
    S auch Rn 113 „,– (Kanaldeckel)", Rn 115 „,– (Montage)".
- **(Verletzung):** Es besteht kein steter AnschBew dafür, daß die gleich nach dem Unfall im Krankenhaus festgestellten Verletzungen Unfallfolgen sind.
    S auch Rn 118 „,– (Schutzhelm)", Rn 119 „,– (Sicherheitsgurt)".

122
- **(Versicherung):** Der Versicherungsnehmer ist dafür bewpfl, daß bei einer Kaskoversicherung der Unfall durch Haarwild entstand, Jena RR **99**, 1258 (Wildausweichschaden), LG Tüb VersR **76**, 262 (der AnschBew durch Tierhaare am Kfz ist entkräftet, wenn der Fahrer alkoholisiert ist). Eine Schreckreaktion vor plötzlich auftauchendem Kleinwild läßt nicht zwingend auf grobe Fahrlässigkeit im Sinn von 61 VVG schließen, Zweibr NVersZ **00**, 34. Der Versicherungsnehmer und bei der Direktklage der Geschädigte, BGH VersR **87**, 38, sind dafür bewpfl, daß eine Gefahrerhöhung, zB durch abgefahrene Reifen oder mangelhafte Bremsen, ohne Einfluß auf den Eintritt des Versicherungsfalls und den Umfang der Versicherungsleistung geblieben ist, BGH NJW **78**, 1919. Es besteht kein AnschBew dafür, daß das Anzünden einer Zigarette durch den übermüdeten Fahrer Unfallur-

Titel 1. Verfahren bis zum Urteil **Anh § 286**

sache war. Man kann die BewL bei einer Ausschlußklausel evtl entgegen deren Wortlaut verstehen, Hamm RR **89**, 26.

Der Versicherer ist dafür bewpfl, daß der Versicherte *vorsätzlich* handelte, Kblz RR **04**, 113, aM BGH DB **81**, 1667. An den Nachweis eines Diebstahls darf man keine überspannten Anforderungen stellen, Kblz VersR **76**, 1173 (Kfz), LG Kref VersR **76**, 1127, strenger BGH VersR **77**, 368. Man muß aber Mindesttatsachen darlegen, BGH VersR **02**, 431. Eine Unstimmigkeit, vgl auch „Schadensersatz", kann den AnschBew eines Unfalls entkräften, Ffm VersR **02**, 476, Hamm VersR **00**, 103 (Rost schon am „Unfall"-Tag), KG VersR **03**, 611 (zum „Berliner Modell") und 613 (ungewöhnliche Häufung von Beweisanzeichen gegen „echten" Unfall). Sie kann auch den AnschBew eines KfzDiebstahls entkräften, Ffm VersR **75**, 341, LG Kblz VersR **77**, 563, LG Mü VersR **76**, 430, erst recht eine fingierte Rechnung, Mü VersR **76**, 1127. Der Versicherer muß besondere Umstände beweisen, nach denen der Halter den Kfz-Schlüssel auch vor Angehörigen sichern mußte, Hamm VersR **83**, 871.

Für die *Vortäuschung* eines Diebstahls können Widersprüche beim „Schlüsselverlust" sprechen, Köln NVersZ **99**, 480. Wenn der Versicherer Umstände nachweisen kann, die den Schluß auf einen Verkehrsunfall als zweifelhaft erscheinen lassen, etwa sehr hohe Mietwagenkosten, Zweibr VersR **00**, 223, dann muß der Anspruchsteller den vollen Beweis der anspruchsbegründenden Tatsachen erbringen, Ffm VersR **80**, 978, LG Mü VersR **76**, 300.

Zur Glaubwürdigkeit des Versicherungsnehmers nach einer *früheren Unwahrheit* BGH MDR **77**, 738. **123** Wegen einer früheren falschen Offenbarungsversicherung BGH RR **88**, 343 (zu einem Hausratsdiebstahl). Der Versicherungsnehmer ist dafür bewpfl, daß er der Versicherung eine unrichtige Auskunft nur infolge einfacher Fahrlässigkeit erteilt hat, Mü VersR **77**, 540. Der Versicherungsnehmer ist dafür bewpfl, daß das Fehlen seiner Fahrerlaubnis nicht ursächlich war, Köln VersR **77**, 537. Die BewL für das Fehlen eines Rechtswidrigkeitszusammenhangs liegt nach § 6 II VVG beim Versicherungsnehmer, Nürnb MDR **02**, 1309. Der Versicherungsnehmer muß beweisen, daß er dem Fahrer ohne Fahrerlaubnis den Wagen nicht überlassen hatte (Schwarzfahrt), BGH RR **88**, 342, aM Düss VersR **86**, 377 (aber trotz „Laterngaragen" usw bleibt doch notgedrungen grds der Halter dafür verantwortlich, daß kein Unbefugter losfahren kann). Der Versicherer ist für einen höheren Restwert als den erzielten Verkaufspreis bewpfl, BGH BB **05**, 2212.

S auch Rn 162 ff.

– **(Verwechslung):** Wenn der Vordermann Kupplung und Bremse verwechselte und deshalb grundlos **124** bremst, was freilich der Auffahrer beweisen muß, LG Amberg VersR **79**, 1130, kann der AnschBew gegen den Auffahrer entkräftet sein, LG Stgt VersR **75**, 165.

– **(Vordermann):** Beim Auffahren kann der Vordermann mitschuldig sein, Düss VersR **76**, 545, Mü VersR **83**, 1064, LG Gießen VersR **96**, 773 (Spurwechsel).

S auch bei den unterschiedlichen Merkmalen des Auffahrunfalls.

– **(Vorfahrt):** AnschBew spricht für ein Verschulden desjenigen, der die Vorfahrt verletzt, zB an einer Kreuzung, KG VersR **02**, 589, Köln VersR **88**, 59, Stgt VersR **82**, 783. Dieser AnschBew kann durch den Beweis eines wesentlich überhöhten Tempos des Vorfahrtberechtigten entkräftet werden, BGH VersR **88**, 859, aM LG Köln VersR **78**, 68 (aber sehr hohes Tempo führt meist zu bösen Folgen). Zur Unklarheit, ob der Bevorrechtigte beim Beginn des gegnerischen Einbiegens sichtbar war, Mü VersR **98**, 733.

S auch bei den einzelnen Arten der Vorfahrtverletzung. Vgl ferner Rn 110 „– (Einsehbarkeit)", Rn 120 „– (Tempoverstoß)" oder Rn 125 „– (Wartepflicht)".

– **(Vorschaden):** Steht fest, daß nicht sämtliche Schäden auf diesem Unfall beruhen, so ist der Geschädigte bewpfl, daß kein Vorschaden vorlag, Köln VersR **99**, 866.

– **(Wartepflicht):** Der Wartepflichtige ist für die Mitschuld des Vorfahrtberechtigten bewpfl, Düss VersR **125** **83**, 1164, KG VersR **77**, 651, aM Hamm VersR **78**, 64 (aber es muß noch ein Rest von Vertrauen auf das eigene Vorfahrtrecht bestehenbleiben dürfen).

S auch Rn 124 „– (Vorfahrt)", ferner bei den einzelnen Situationen einer Wartepflicht.

– **(Waschanlage):** Wegen des Herausspringens des Wagens aus einer Waschanlage LG Bln VersR **83**, 841, LG Darmst VersR **78**, 1047. Im Fall der Beschädigung des Kundenwagens in einer Waschanlage dem Unternehmer obliegende Entlastungsbeweis ist nicht schon durch den Hinweis auf die Vollautomatik zu führen, LG Bayreuth VersR **83**, 253. Für Fehler der Bedienung ist der Kunde bewpfl, LG Bochum RR **04**, 963.

– **(Wenden):** Wer wendet, ist dafür bewpfl, daß er korrekt wendet. Überhöhtes Tempo des Entgegenkommers kann, muß aber nicht den AnschBew gegen den Wender entkräften, BGH VersR **85**, 989.

– **(Windböe):** Bei Windstärke 9 spricht AnschBew für diese Ursache des Umfallens eines nur im Plastiksockel verankerten Verkehrschilds, LG Bln RR **04**, 169. Rn 112 „– (Glatteis)".

– **(Windschutzscheibe):** Wenn eine Windschutzscheibe zerspringt, spricht ein AnschBew für einen Unfallschock, selbst wenn dieser tödlich verläuft.

– **(Zeuge):** Für einen AnschBew ist kein Raum, soweit der (Auffahr-)Vorgang durch Zeugen feststellbar **126** ist, Köln VersR **77**, 939. Zum Problem der Glaubwürdigkeit Kirchhoff MDR **99**, 1473 (ausf).

– **(Zurücksetzen):** Rn 117 „– (Rückwärtsfahrt)".

Krankenhaus, dazu *Baumgärtel,* Das Wechselspiel der Beweislastverteilung im Arzthaftungsprozeß, Gedächt- **127** nisschrift *für Bruns* (1980) 93:

Der Träger ist dafür bewpfl, daß der Patient wirksam in eine kunstgerechte Behandlung *eingewilligt* hat, aM Baumgärtel 105 (der Patient sei für das Fehlen seiner Einwilligung bewpfl. S aber Rn 63 „Einwilligung"). Der Träger ist auch dafür bewpfl, daß die Behandlung kunstgerecht war, „lege arte". Der Träger ist dafür bewpfl, daß ein Fehler bei der Zubereitung einer Infusionsflüssigkeit nicht auf einem ihm zuzurechnenden Organisations- oder Personalverschulden beruht, BGH NJW **82**, 699. Der Träger ist neben dem verantwortlichen Arzt dafür bewpfl, daß der Patient sorgfältig und richtig im Bett, Naumb VHR **97**, 63, oder auf dem Operationstisch gelagert wurde und daß die Operateure das kontrolliert haben, BGH NJW **84**, 1404. Bei einer extrem seltenen unvorhersehbaren Anomalie kann die Notwendigkeit solchen Entlastungsbeweises entfallen, BGH NJW **95**, 1618. Der Träger kann dafür bewpfl sein, daß Fehler irgendwelcher Angehörigen des Pflegepersonals für die Infektion nicht ursächlich waren. Ein Therapieversuch einer Krankenschwester kann als grobe Fehlbehandlung zur Haftung des Krankenhausträgers führen, Stgt VersR **93**, 1358 (Verstellen eines Tropfes).

Mängel des *Krankenblatts* können den Patienten von seiner etwaigen BewL befreien und diese umkehren. Ein gestürzter Patient ist dafür bewpfl, daß der grds zugelassene Boden übermäßig glatt war, Köln VersR **77**, 575. Zur BewL für die Ursächlichkeit zwischen einem Organisationsmangel und dem Nichtzustandekommen eines wirksamen Patiententestaments BGH NJW **89**, 2946.

S auch Rn 56 „Ärztliche Behandlung".

Kreditkarte: Rn 75 „Bankrecht".

Kündigung: Der Kündigende ist für die Wirksamkeit grds bewpfl, KG BB **97**, 114, AG Osnabr WoM **00**, 35. Wer die Vereinbarung einer anderen als der gesetzlichen Kündigungsfrist behauptet, ist dafür bewpfl. Sonst käme der Kündigende in die Hand des Gegners. Der Unternehmer ist dafür bewpfl, daß seine Kündigung zuging, insbesondere zu einem bestimmten Datum, LAG Bre BB **86**, 1992, und daß sie auch nach §§ 89a I, 90a II 2 HGB berechtigt war. Dabei wäre eine BewLUmkehr im Formularvertrag unwirksam.

S auch Rn 40 „Arbeitnehmer".

128 Lagerung: Wie „Kommission", §§ 390, 417 I HGB. Wegen Braugerste BGH VersR **75**, 417. Der Lagerhalter muß darlegen, wie und wo er das Gut aufbewahrt und welche Sicherungsmaßnahmen er getroffen hat. Erst dann ist der Kunde für grobe Fahrlässigkeit bewpfl, BGH VersR **86**, 1021. Der Einlagerer ist dann, wenn auf einen Wunsch von einer Auflistung des Lagergutes abgesehen worden war, dafür bewpfl, daß bestimmte Güter in bestimmter Menge in die Verwahrung des Lagerhalters gelangt und dort auch verblieben sind, BGH BB **91**, 2330.

Leasing: Der Leasingnehmer ist für die entscheidungserheblichen Verhältnisse des Leasinggebers bewpfl, an denen sich im Versicherungsfall die Höhe der Neupreisentschädigung orientiert, Karlsr VersR **90**, 1222. Der Umstand, daß der Leasingnehmer den Erhalt des geleasten Gegenstands vor Vertragsschluß bestätigte, schließt den Beweiswert als Quittung nicht aus, Mü RR **93**, 123. Der Leasinggeber, der sich mit einer Vollstreckungsabwehrklage gegen die Zwangsvollstreckung aus einer Sicherungsgrundschuld wehrt, muß beweisen, daß sein Anspruch auf eine Nutzungsentschädigung nicht vom Sicherungszweck der Grundschuld erfaßt wird, BGH **114**, 71.

S auch Rn 78 „Bereicherung", Rn 131 „Miete, Pacht".

Leihe: Bei § 599 BGB ist der Schuldner dafür bewpfl, daß er die Unmöglichkeit der Leistung oder die Leistungsverzögerung nicht zu vertreten hat. Der Verleiher ist für die Voraussetzungen seines Kündigungsrechts nach § 605 BGB bewpfl, Köln RR **00**, 153.

Leistungsbestimmungsrecht: Der Gläubiger ist dafür bewpfl, daß seine Bestimmung der Billigkeit entspricht, §§ 315, 316 BGB, BGH DB **95**, 1760.

Luftfahrzeug: Die Regeln zum Kraftfahrzeug sind nicht ohne weiteres anwendbar. Beim Leistungsausschluß ist der Versicherer bewpfl, daß der Versicherte gar kein Fluggast war, BGH NVersZ **99**, 476.

129 Makler: Die Vorkenntnisklausel begründet lediglich eine widerlegbare Beweisvermutung. Der Gegner des Maklers muß die eigene Vorkenntnis beweisen. Es kann für trotzdem vorhandene Mitursächlichkeit der Maklertätigkeit eine tatsächliche Vermutung bestehen, BGH WertpMitt **78**, 885 (das Angebot folgte, war günstiger, kurz danach Vertragsschluß). Bei einem gleichzeitigen Zugang mehrerer Angebote ist der Makler dafür bewpfl, daß gerade sein Angebot (mit-)ursächlich war, BGH NJW **79**, 869. Der Auftraggeber ist dafür bewpfl, daß einer der Umstände vorliegt, aus denen ein Makleranspruch trotz Vertragsabschlusses, Tätigkeit und Erfolgsursächlichkeit wegen § 2 II, III WoVermG nicht zusteht.

Der Makler ist für sein Angebots bewpfl, ferner für den Abschluß des vermittelten oder eines gleichwertigen Vertrags, BGH ZMR **98**, 580 (evtl Beweiserleichterungen), und für seine auftragsgemäße Tätigkeit, PalSprau § 652 BGB Rn 55. Er hat also die BewL auch dafür, daß der Auftrag nur den von ihm behaupteten Umfang hatte, BGH RR **90**, 629. Der Makler muß beweisen, daß der Kunde ihm eine Provisionszusage machte, auch wenn sich der Kunde unstreitig an den Makler wandte, Hamm BB **89**, 873. Wird für den Fall der Weitergabe an einen Dritten ein Schadensersatzanspruch vereinbart, so ist der Makler für die anspruchsbegründenden Umstände bewpfl, Mü RR **95**, 1525 (innerhalb eines Konzerns).

Bei § 653 I BGB muß der Makler beweisen, daß Umstände vorlagen, nach denen der Auftraggeber seine Vermittlung nur gegen eine Vergütung erwarten konnte. Der Auftraggeber muß dann beweisen, daß die Parteien eine Unentgeltlichkeit der Vermittlung vereinbart haben, BGH NJW **81**, 1444.

Bei § 653 II BGB ist der Makler dafür bewpfl, daß die vom Auftraggeber behauptete niedrigere Vergütung nicht vereinbart wurde, so daß die höhere übliche als vereinbart gelte, BGH DB **82**, 1263. Jedoch muß der Auftraggeber eine nachträgliche Herabsetzung beweisen, BGH DB **82**, 1263.

Bei § 654 BGB ist grds der Auftraggeber bewpfl, BGH BB **92**, 236. Soweit aber der Makler Vorteile daraus ableiten will, daß der Kunde ihn aus der Treuepflicht entlassen habe, ist der Makler für eine endgültige Absage des Auftraggebers bewpfl, BGH BB **92**, 236.

S auch Rn 34 „Allgemeine Geschäftsbedingungen".

Mangel: Rn 101 „Kauf".

Marke: Der vom Markeninhaber belangte Dritte ist für die Erschöpfung des Markenrechts grds bewpfl, EuGH GRUR **03**, 513 (auch zu den Grenzen; zustm Müller 669). Der Markeninhaber muß evtl beweisen, daß er die Orginalware des Verletzers im Verkehr gebracht hatte, BGH GRUR **04**, 157. Der Anmelder ist nicht für die Absicht bewpfl, eine entsprechende Ware ins Sortiment aufzunehmen, BGH MDR **75**, 643 (zum alten Recht). Zu § 24 MarkenG Hbg GRUR-RR **02**, 328, Meyer-Kessel GRUR **97**, 878. Wegen der BewL im Löschungsverfahren vgl § 55 III MarkenG.

130 Mehrwertsteuer: Der Gläubiger ist dafür bewpfl, daß die Mehrwertsteuer zu einem Nettopreis hinzutreten sollte, Karlsr BB **92**, 231.

Titel 1. Verfahren bis zum Urteil **Anh § 286**

Meßinstrument: Die allgemeine Erwägung, daß es versagen kann, genügt nicht. Vielmehr müssen die übrigen Beobachtungen mit dem Meßergebnis unvereinbar sein. Vor allem muß ein derartiges Versagen, wie es dann eingetreten sein müßte, physikalisch denkbar sein.

Miete, Pacht: Die BewL bei der Vergütung läßt sich grds wie beim Kaufpreis beurteilen. **131**
- **(§ 134 BGB):** Bei § 5 II WiStrG muß der Mieter beweisen, daß er erfolglos eine günstigere Wohnung gesucht hatte und daher auf den jetzigen ungünstigen Vertrag angewiesen ist, BGH NZM 04, 381.
- **(§§ 276–278 BGB):** Bei Schlechterfüllung durch den Vermieter kann dieser für seine Schuldlosigkeit bewpfl sein, AB Bln-Spandau WoM 00, 678, AG Bln-Wedding RR 92, 968 (Rohrbruch). Bei Schlechterfüllung durch den Mieter ist der Vermieter für den Schaden bewpfl, der Mieter für seine Schuldlosigkeit, BGH VersR 78, 724, und für ein Mitverschulden des Vermieters, BGH NZM 05, 341. Wegen ölverseuchten Bodens BGH NJW 94, 1880.
- **(§ 535 BGB):** Für rechtzeitige Gewährung mangelfreien Gebrauchs ist vor der Übergabe der Vermieter bewpfl, Köln ZMR 87, 230. Beim Einwand überhöhter Miete kann die Vorspiegelung des Mieters, der Nachmieter gestatte keine Besichtigung, eine Beweisvereitelung sein, § 444 Rn 5, 6, LG Ffm RR 91, 13. Bei § 535 BGB muß der Vermieter beweisen, daß ihm eine (Nebenkosten-)Forderung zustand, auch wenn der Mieter eine Überzahlung zurückfordert, LG Kblz WoM 95, 99, AG Hbg-Harbg NZM 00, 460 (zumindest bei Zahlung unter Vorbehalt).
Unter *Kaufleuten* kann bei probeweiser Gebrauchsüberlassung der Benutzer für die Unentgeltlichkeit bewpfl sein, Stapel NZM 99, 932 unter Hinweis auf Rostock v 22. 3. 99.
- **(§ 535 I 2 BGB):** Der Vermieter muß beim Bestreiten eines Mangels (Wasserverfärbung) mehr als nur *eine* Stichprobe nehmen, LG Bln NZM 00, 709.
- **(§ 536 BGB):** Bei § 536 BGB, auch in Verbindung mit § 320 BGB, muß der Mieter den objektiven **132** Mangel beweisen, LG Tüb WoM 97, 41, Michalski ZMR 96, 638. Das gilt insbesondere nach Übernahme ohne Protokollrüge für Anfangsmängel, Düss RR 04, 300. Dafür kann ein AnschBew vorliegen, zB bei Feuchtigkeit, Hamm MietR 97, 275, LG Brschw ZMR 02, 916, Jenmann NZM 98, 855. Der Mieter muß beweisen, daß ein Mangel den Gebrauchswert beeinträchtigt, LG Ffm RR 01, 944. Im übrigen muß man unterscheiden: Der Vermieter ist bewpfl, daß die Mangelursache nicht aus seinem Verantwortungsbereich stammt, sondern aus demjenigen des Mieters, BGH NJW 00, 2344, LG Bln NZM 03, 434, AG Mü NZM 03, 975 (je: sog fogging = Schwärzung). Hat er das bewiesen bzw liegt dafür ein AnschBew vor, so muß der Mieter nachweisen, daß er den Mangel nicht zu vertreten hat, BGH NJW 00, 2344, LG Bln NZM 02, 523 (Wasserschaden). LG Brschw ZMR 02, 916. Nur in den sonstigen Fällen muß der Vermieter beweisen, daß der Mieter einen Mangel zu vertreten hat, LG Brschw WoM 88, 357, LG Hbg WoM 88, 359, AG Dortm WoM 93, 40 (die bloße Behauptung mangelnder Lüftung nebst Beweisantritt „Gutachten" reicht nicht), aM Hamm MietR 97, 275 (aber es bleibt beim gesetzlichen Grundsatz der umfassenden Haftung beim objektiven Mangel).
Der Vermieter ist auch für ein *Mitverschulden* des Mieters bewpfl, AG Bochum WoM 85, 25. Zur BewL bei Frostwasserschaden Mü VersR 89, 1157, Heitgreß WoM 85, 107. Der Vermieter ist dafür bewpfl, daß seine Mängelbeseitigung erfolgreich war, BGH NJW 00, 2344, Hamm RR 95, 525. Zur BewL bei Bodenverunreinigungen Schlemminger/Latinovic NZM 99, 163.
- **(§ 536b BGB):** Der Vermieter ist dafür bewpfl, daß der Mieter Kenntnis im Sinne von § 536b BGB hatte.
- **(§ 537 BGB):** Bei § 537 I 2 BGB ist der Mieter für eine anderweitige Vermietbarkeit bewpfl, Köln VersR 92, 243. Der vorzeitig ausgezogene Mieter muß im Rahmen von § 537 II BGB beweisen, daß der Vermieter die Wohnung selbst bezogen hat, Oldb OLGZ 81, 202.
- **(§ 538 BGB):** Bei einer Klage auf Schadensersatz wegen vertragswidriger Abnutzung der Mietsache **133** und beim Einwand des Mieters, es liege nur eine nach § 538 BGB unschädliche Abnutzung vor, ist der Vermieter für den einwandfreien Anfangszustand bei der Übergabe und dafür bewpfl, daß bei der Rückgabe überhaupt eine Veränderung oder Verschlechterung eingetreten war, Saarbr RR 88, 652. Der Vermieter muß auch beweisen, daß die Veränderung oder Verschlechterung durch einen vertragswidrigen Mietgebrauch herbeigeführt wurde, soweit der Endzustand auch ohne Vertragswidrigkeit des Mieters eingetreten sein konnte, Saarbr RR 88, 652, LG Kiel RR 91, 400, aM BGH NJW 94, 2019 (stellt auf den Obhutsbereich ab und schafft damit zusätzliche Probleme), Karlsr NJW 85, 142 (der Mieter sei auch dann für Schuldlosigkeit bewpfl).
Der Mieter ist sodann dafür bewpfl, daß der *Endzustand* vertragsgemäß war, LG Karlsr VersR 84, **134** 1055. Zum Problem des § 538 BGB Schweer ZMR 89, 287 (ausf). Soweit der Endzustand objektiv nur vom Verhalten des Mieters herrührt, ist er dafür bewpfl, daß er die weitergehende Abnutzung jedenfalls subjektiv nicht zu vertreten hatte, BGH 66, 349, Karlsr NJW 85, 142. Man muß auch § 11 Z 15 AGBG beachten.
- **(§ 540 BGB):** Bei einer Untervermietung muß der Hauptvermieter grds beweisen, daß der Unter- **135** mieter beim Abschluß des Untermietvertrags die Rechtslage zwischen dem Haupt- und Untervermieter kannte, LG Nürnb-Fürth WoM 91, 489. Der Mieter muß beweisen, daß die Berufung des Vermieters auf ein vertragliches Verbot der Untervermietung oder das Fehlen ihrer vertraglichen Erlaubnis eine unzulässige Rechtsausübung ist, Hbg NJW 82, 1158, aM LG Ffm WoM 81, 40 (aber es handelt sich um eine Ausnahme vom Grundsatz der Vertragsfreiheit). Der Mieter muß den Fortbestand eines an sich erloschenen Optionsrechts beweisen, BGH DB 82, 2456.
- **(§ 543 BGB):** Der Kündigende trägt die BewL, Reichert-Leininger ZMR 85, 402. Man kann aus dem Gesamteindruck der Zeugen auf deren Alkoholmißbrauch schließen, AG Rheine WoM 97, 217. Bei einer fristlosen Mieterkündigung wegen allzu schwerer Mängel der Mietsache kann dem an sich bewpfl Mieter ein AnschBew zugutekommen, Köln RR 89, 439. Der Betreiber eines Parkhauses muß beim Schadensersatzanspruch beweisen, daß der Besitzer einer verlorengemeldeten Code-Karte auch die ersatzweise erhaltene genutzt und nicht nur besessen hat, LG Kleve RR 90, 666. Der Vermieter ist grds

dafür bewpfl, daß der Mieter den Schaden in seinem Obhutsbereich entstehen ließ, BGH NZM 05, 18 (Ausnahme, wenn alle Vermietersachen ausgeräumt waren).
- (§ 543 II Z 3 BGB): Bei § 543 II Z 3 BGB gelten für die Erfüllung die normalen Regeln, Rn 88 „Erfüllung", Bender ZMR 94, 252, aM Grams ZMR 94, 5 (aber es gibt keinen Anlaß zur Abweichung von den allgemeinen Beweisregeln).

136 - (§ 546 BGB): Bei § 546 BGB muß der Vermieter grds die Wirksamkeit seiner Kündigung beweisen, AG Osnabr WoM 00, 35, oder das Zustandekommen eines Mietaufhebungsvertrags, auch durch schlüssiges Verhalten des Mieters im Anschluß an eine Vermieterkündigung, LG Freibg WoM 89, 7. Aber Vorsicht mit der Umdeutung der Kündigung, AG Offenbach WoM 89, 71. Für rechtzeitige Rückgabe ist der Mieter bewpfl, LG Bln ZMR 98, 703.

Man muß die BewL bei einer *Mietsicherheit* nach Rn 135 ist zunächst nach dem auszulegenden Wortlaut der zugehörigen Vereinbarung beurteilen. Meist setzt diese für den Rückzahlungsanspruch nicht nur das Ende des Mietverhältnisses voraus, sondern außerdem zB eine „ordnungsgemäße Rückgabe der Mietsache" (BewL des Mieters) und weiter, daß „der Vermieter keine Gegenansprüche geltend machen kann". Auch bei solcher Fassung wäre der Mieter bewpfl. Wegen Vermieterwechsels LG Ffm WoM 98, 31.

137 - (§ 546a BGB): Bei § 546a BGB ist der Mieter für den Untergang der Mietsache bewpfl, der Vermieter dafür, daß daraus ein Schaden erwachsen ist, Schopp ZMR 77, 354.
- (§ 548 BGB): Der Vermieter ist dafür bewpfl, daß ein Schaden nicht von einem Dritten verursacht wurde, für den der Mieter nicht nach § 278 BGB haftet, BGH MDR 05, 386.
- (§ 557a BGB): Der Vermieter muß die Wirksamkeit der Vereinbarung der Staffelmiete beweisen.
- (§ 558 BGB): Der Vermieter muß alle Voraussetzungen beweisen, insbesondere die Ortsüblichkeit der verlangten Miete, AG Köln WoM 85, 294, auch des Betriebskostenanteils, AG Hbg-Altona WoM 87, 227, sowie die Richtigkeit der Daten der Vergleichsobjekte, AG Karlsr WoM 90, 222. Der Vermieter ist dafür bewpfl, daß die bei einer Mieterhöhung begehrte neue Miete das Ortsübliche nicht übersteigt, BVerfG 53, 361. Die Vergleichbarkeit beweist noch nicht die Ortsüblichkeit, LG Düss WoM 90, 393. Ein Mietspiegel, dazu Börstinghaus NZM 02, 273 (Üb mit Tabelle), kann im Prozeß einen geringeren Beweiswert haben, wenn er nicht auf einer Repräsentativbefragung beruht, strenger AG Ffm RR 89, 12 (er dürfe dann nicht als Beweismittel verwendet werden. Aber das wäre eine unzulässige Einschränkung des Grundsatzes der freien Beweiswürdigung, § 286 Rn 2, LG Lüb WoM 95, 189. Das Mietgefüge ist nur *ein* Anhaltspunkt der Ortsüblichkeit).
- (§ 558d BGB): Ein sog qualifizierter Mietspiegel kann die Vermutung der Ortsüblichkeit bringen, § 558d III BGB.

138 - (§ 569 I BGB): Bei § 569 I BGB ist der Mieter für die Tatsachen bewpfl, die seine Kündigung rechtfertigen, LG Mannh WoM 88, 360.
- (§ 573 BGB): Bei einer Eigenbedarfsklage nach § 573 II Z 2 BGB ist der Vermieter dafür bewpfl, daß keine bestimmte Mietzeit vereinbart war, LG Aachen WoM 89, 1163, und daß für seine Kündigung zu ihrem Zeitpunkt ein berechtigtes Interesse bestand (und erst später weggefallen ist), BGH NJW 05, 2397, LG Gießen ZMR 96, 328, LG Hbg RR 93, 333. Freilich muß der Mieter beim Schadensersatzanspruch beweisen, daß der Eigenbedarf vorgetäuscht war, so auch BGH NJW 05, 2397. Indessen setzt das stimmige Tatsachenbehauptungen des Vermieters zum unverschuldeten Wegfall des Eigenbedarfs voraus, LG Ffm WoM 95, 165. Freilich kann auch der Vermieter getäuscht worden sein, zB vom Mieter über das Fehlen einer Ersatzwohnung, LG Brschw WoM 95, 184.

139 Der Mieter ist dafür bewpfl, daß der Vermieter seinen Eigenbedarf *vorgetäuscht* hat, LG Aachen WoM 76, 201. Unterbleibt aber die Eigennutzung, so muß der Vermieter beweisen, daß das nur infolge wirklich unvorhersehbarer Umstände geschieht, LG Gießen ZMR 96, 328. Der Mieter muß beweisen, daß er ein Feuer in der Mietsache nicht zu verantworten hat, BGH VersR 78, 724, Düss OLGZ 75, 318. Zum Problem auch Wichardt ZMR 79, 197. Der Vermieter ist dafür bewpfl, daß der Mieter eine Verstopfung verschuldet hat, AG Bln-Schöneb MDR 77, 54. Der Vermieter muß beweisen, daß entgegen dem Wortlaut des Mietvertrags nicht eine Pauschale, sondern eine bloße Vorauszahlung vereinbart wurde, LG Mannh WoM 77, 8.

140 - (§ 575 BGB): Der Mieter ist bewpfl dafür, daß demnächst eine weitere Wohnung frei wird, LG Hann WoM 89, 416. Beim Zeitmietvertrag nach § 575 I BGB ist der Vermieter für dessen Vorliegen bewpfl, ebenso für sein berechtigtes Interesse an der Beendigung des Mietverhältnisses. Beim Fortsetzungsstreit nach § 575 II, III BGB ist der Vermieter für alle Voraussetzungen bewpfl, § 575 III 2 BGB.
- (Sonstiges): Der Eigentümer muß beweisen, welchen Mietausfall er durch seinen Verwalter hatte, der Verwalter muß seine Schuldlosigkeit beweisen, Köln RR 03, 1665. Der Mieter muß den Verzicht des Vermieters auf dessen Pfandrecht beweisen, BGH NZM 05, 665.

141 **Minderjährigkeit:** Die BewL für die fortdauernde oder die wiederhergestellte Genehmigungsfähigkeit des Vertrags trifft den Partner des Minderjährigen, Hbg FamRZ 88, 1168. Der volljährig Gewordene, der den Vertrag jetzt genehmigt und sich trotzdem auf dessen Unwirksamkeit beruft, ist dafür bewpfl, daß sein gesetzlicher Vertreter die Genehmigung vor der Volljährigkeit verweigert hatte, BGH NJW 89, 1728.
Mobilfunk: Rn 194 „Telefonrechnung".
Muster (Gebrauchs- und Geschmacks-): Der Gegner des Inhabers ist für den Mangel der Neuheit bewpfl. Denn sonst würde man den Schutz praktisch unerträglich erschweren. Es besteht also eine tatsächliche Vermutung für den Schutz.

142 **Nachbarrecht:** Wenn streitig ist, ob der eine Nachbarwurzel zurückschneidende gestörte Eigentümer den Störer benachrichtigt hat, damit dieser die restliche Standfestigkeit des Baumes sichern konnte, muß der Störer das Fehlen der Unterrichtung beweisen, Köln VersR 95, 665. Der Störer ist dafür bewpfl, daß ein Überhang nicht beeinträchtigt, BGH NZM 05, 319.
Nachgiebige Vorschriften: Wenn gesetzliche Vorschriften unstreitig vertraglich ausgeschaltet sind oder wenn streitig ist, ob sie ausgeschaltet sind, dann ist derjenige bewpfl, der eine günstigere Regelung als die

Titel 1. Verfahren bis zum Urteil   Anh § 286

gesetzliche für sich beansprucht. Wenn der Kläger behauptet, er habe dem Bekl 3 Monate Ziel bewilligt, muß der Bekl ein längeres Ziel beweisen, weil er ja wenigstens diese 3 Monate zugesteht und nur noch mehr will.
Nachnahme: Nach Aushändigung muß der Zusteller die Nichtzahlung beweisen, LG Hann RR **99**, 1225.
Negativbeweis: Zum Begriff Einf 13 vor § 284. Die BewL kehrt sich nicht um, BGH NJW **85**, 1775 (zustm Baumgärtel JZ **85**, 541).
Nettopreis: Rn 130 „Mehrwertsteuer".
Nichtigkeit: Wer sich auf die Nichtigkeit des Vertrags beruft, muß die zugehörigen Tatsachen darlegen, § 253 Rn 33, und daher auch beweisen, BGH GRUR-RR **04**, 353 (auch bei Teilnichtigkeit), Sedemund NJW **88**, 3071. Es kann ihm aber § 291 zugutekommen, LG Aachen MDR **89**, 63. Bei einem objektiv krassen Mißverhältnis zwischen Leistung und Gegenleistung läßt sich eine verwerfliche Gesinnung des Begünstigten auch ohne dessen Kenntnis der tatsächlichen Verhältnisse vermuten, soweit nicht besondere Umstände entgegenstehen, BGH NJW **01**, 1127.
Notar: Der Geschädigte hat nicht zu beweisen, daß dem Notar keine Rechtfertigung für eine schadensverursachende Amtshandlung zur Seite steht, BGH BB **85**, 153. Der Notar muß beweisen, daß eine Belehrung nicht (mehr) notwendig war. Ein Verstoß gegen § 13 a I 2 BeurkG ändert die BewL nicht, BGH RR **03**, 1432. Vgl die Üb DNotZ **85**, 25 sowie Rn 177 „Schadensersatz".
Notwehr: Der Notwehrer muß ihre Voraussetzungen beweisen, zB eine Unverhältnismäßigkeit der polizeilichen Mittel, BGH NJW **76**, 42, Düss RR **96**, 22. Für Notwehrüberschreitung ist aber der Angreifer bewpfl, BGH NJW **76**, 42. Bei Putativnotwehr muß der angeblich Angegriffene die Entschuldbarkeit des Irrtums beweisen, BGH NJW **81**, 745.
Parteifähigkeit: § 56 Rn 5.   143
Patent, dazu *Scholl,* Die Beweislast im Patenterteilungs-, Patentverletzungs- und Patentnichtigkeitsverfahren, Diss Heidelb 1963:
Technische Erfahrungssätze können die Ausführbarkeit oder den technischen Fortschritt für die Erteilung ausreichend glaubhaft werden lassen. Für die Erschöpfung der Patentrechte ist bewpfl, wer die Erschöpfung behauptet, BGH RR **00**, 569. Wer ein Gegenrecht behauptet, ist dafür bewpfl, BGH NJW **02**, 1277.
Persönlichkeitsrecht, dazu *Brandner* JZ **83**, 295, *Leipold,* Zur Beweislast beim Schutz der Ehre und des Persönlichkeitsrechts, Festschrift für *Hubmann* (1985) 271: Es gelten die normalen Regeln, Rn 9, 10.
Pflichtteil, dazu *Baumgärtel,* Das Verhältnis der Beweislastverteilung im Pflichtteilsrecht zu den Auskunfts- **144** und Wertermittlungsansprüchen in diesem Rechtsgebiet, in: Festschrift für *Hübner* (1984):
Die Entziehung richtet sich nach *§ 2336 III BGB.* Jedoch bleiben die BewLRegeln des Eheverfahrens unberührt. Der Pflichtteilsberechtigte muß für die Zugehörigkeit des umstrittenen Gegenstands zum Nachlaß beweisen, BGH **89**, 29. Er muß für einen Ergänzungsanspruch die Unentgeltlichkeit der früheren Verfügung beweisen, Keim FamRZ **04**, 1086. Freilich muß der Gegner das Gegenteil darlegen und bei grobem Mißverhältnis beweisen, BGH RR **96**, 1705, Keim FamRZ **04**, 1086.
S auch Rn 86 „Erbrecht", Rn 186 „Schenkung".
Positive Forderungsverletzung: Rn 173, Rn 189 „Schlechterfüllung".
Post: Rn 153.
Preisbindung: Der nach § 9 II Z 1–4 G v 2. 9. 02, BGBl 3448, Klageberechtigte ist für einen Verstoß gegen die G bewpfl. Der Kläger muß gegenüber einem Außenseiter beweisen, daß er ein Preisbindungssystem lückenlos aufgerichtet hat und durch Verpflichtung der einzelnen Händler und ihre Überwachung auch kontrolliert. Dann kann er sich auch einer Reihe von Testkäufern bedienen. Sie büßen nicht schon dadurch allein ihre Glaubwürdigkeit ein. Der Außenseiter kann den gegen ihn sprechenden AnschBew dadurch erschüttern, und zwar nachweist, daß der Preisbinder seine Verstöße nicht genügend vorgegangen ist, daß die Durchführung des Systems mangelhaft ist, daß das System in einem Ausmaß zusammengebrochen ist, das die weitere Vertragserfüllung für ihn unzumutbar macht. Gegenüber einem Händler liegt die BewL für eine theoretische Lückenlosigkeit beim Preisbinder. Der Händler ist bewpfl dafür, daß tatsächlich Lücken bestehen.
Produkthaftung, dazu *Arens* ZZP **104**, 123; *Knoche,* Arzthaftung, Produkthaftung, Umwelthaftung, 2005; **145** *Steffen,* Beweislasten für den ... Produzenten aus ihren Aufgaben zur Befundsicherung, Festschrift für *Brandner* (1996):

A. Geltungsbereich des ProdHaftG. Soweit der Sachverhalt vom ProdHaftG erfaßt wird, richtet sich die BewL nach

ProdHaftG § 1. Haftung. ... [IV][1] **Für den Fehler, den Schaden und den ursächlichen Zusammenhang zwischen Fehler und Schaden trägt der Geschädigte die Beweislast.** [2] **Ist streitig, ob die Ersatzpflicht gemäß Absatz 2 oder 3 ausgeschlossen ist, so trägt der Hersteller die Beweislast.**

Wegen des Umfangs des Geltungsbereichs des ProdHaftG vgl dessen §§ 1–5. In den neuen Bundesländern gilt das ProdHaftG nur für solche Produkte, die am 3. 10. 90 oder später in den Verkehr gebracht worden sind, EV Anl I Kap III Sachgeb B Abschn III Z 8. Die Regeln zur BewL gelten auch voll beim 2000-Problem, Spindler NJW **99**, 3741. Die Gefährdungshaftung nach dem ProdHaftG, § 1 I, verschließt, anders als zB § 7 II StVG, den Entlastungsbeweis eines schuldlosen Verhaltens.
Ob ein *Produkt* im Sinn des ProdHaftG vorliegt, richtet sich nach seinem § 2. Ob ein *Fehler* vorliegt, **146** muß man nach seinem § 3 beurteilen. Wer als *Hersteller* gilt, besagt § 4 (evtl auch ein Kleinbetrieb, BGH **116**, 106; zustm Baumgärtel JR **92**, 504). Der Geschädigte ist grds dafür bewpfl, daß das Produkt überhaupt dem Hersteller zuzurechnen ist, BGH NJW **05**, 2695, Frietsch DB **90**, 33, daß das Produkt im Schadenszeitpunkt fehlerhaft war, Frietsch DB **90**, 33, daß dieser Zustand im Zeitpunkt des Inverkehrbringens schon als Fehler einzustufen war, Frietsch DB **90**, 33, und daß überhaupt ein Schaden durch die Benutzung des Produkts eingetreten ist, BGH VersR **92**, 99, Ffm RR **94**, 800. Erst danach ist der

Anh § 286 Buch 2. Abschnitt 1. Verfahren vor den LGen

Hersteller dafür bewpfl, daß dieses Produkt seinen Betrieb danach fehlerfrei verlassen hat oder daß der Fehler erst danach entstanden ist, BGH NJW **99**, 1028, Frietsch DB **90**, 33. Zum Verfalldatum Michalski/ Riemenschneider BB **93**, 2103.

Jedoch kann bei einem *besonders risikobehafteten* Produkt unter ganz besonderen Umständen eine BewLUmkehr zugunsten des Geschädigten eintreten, so schon BGH NJW **93**, 528 (zu § 823 BGB; zustm Foerste JZ **93**, 680). Grundsätzlich bleibt es aber bei Art 4 EU-Produkthaftungsrichtlinie. Danach muß der Geschädigte den Schaden, den Fehler und den Ursachenzusammenhang beweisen, Arens ZZP **104**, 127. Als vorrangiges Spezialgesetz muß man das ProdHaftG und daher auch seinen § 1 IV eng auslegen. Es ist nach seinem § 16 nicht auf ein vor dem 1. 1. 90 in den Verkehr gebrachtes Produkt anwendbar.

147 *Im einzelnen:* Zu den in Rn 146 genannten Grenzen gelten die in § 1 IV genannten gesetzlichen Beweisregeln. Wegen der sog Befundsicherungspflicht BGH BB **93**, 1476.

148 **B. Übrige Fälle.** Soweit das vorrangige ProdHaftG unanwendbar ist, zB für Produkte, die vor dem 1. 1. 90 in den Verkehr gebracht wurden, kann eine Haftung nach anderen Vorschriften in Betracht kommen. Sie bleibt nach § 15 ProdHaftG ohnehin unberührt und kommt vor allem in Betracht, soweit diese Vorschriften weiter reichen. Soweit freilich das ProdHaftG gerade wegen seiner Anwendbarkeit einen Anspruch versagt, muß man die Anwendbarkeit anderer Vorschriften trotz § 15 II ProdHaftG kritisch prüfen, auch zur BewL. Zur deliktischen Haftung Schmidt-Salzer NJW **92**, 2871.
Prozeßfähigkeit: § 56 Rn 5.
Prospekthaftung: Bei §§ 44, 47 II BörsG ist der Anspruchsteller bewpfl, bei § 45 BörsG der Anspruchsgegner.
Prozeßvoraussetzungen: Sie unterliegen der BewL des Klägers, Grdz 40 vor § 128, BVerfG NJW **92**, 361, BGH RR **92**, 1339. Denn eine Prüfung von Amts wegen nach Grdz 39 vor § 128 ist keine Ermittlung von Amts wegen nach Grdz 38 vor § 128.
Prüfung von Amts wegen: Rn 35 „Amtsprüfung".
149 **Quittung:** Rn 75 „Bankrecht", Rn 88 „Erfüllung", Rn 128 „Leasing".
150 **Rechtliches Gehör:** Wer die Versagung behauptet, kann dafür bewpfl sein, BGH BB **99**, 2053.
Rechtsanwalt: Wegen einer geringeren als der gesetzlichen Vergütung ist der Auftraggeber bewpfl, § 4 II 1 RVG.
S im übrigen Rn 178 „Schadensersatz".
Rechtsbeistand: Rn 178.
Rechtsfähigkeit: Bewpfl ist der sie Bestreitende, BGH **97**, 273, Rn 99 „Handlungsunfähigkeit".
151 **Rechtsgeschäft,** dazu *Heinrich,* Die Beweislast bei Rechtsgeschäften, 1996; *Hübner,* Beweislastverteilung bei der Verletzung von Vertragspflichten im französischen und deutschem Recht, Festschrift für *Baumgärtel* (1990) 151:

Rechtsgeschäftliche und *bloß tatsächliche* Erklärungen haben unterschiedliche Beweiskraft, BGH VersR **89**, 834. Wer den Abschluß eines Rechtsgeschäfts behauptet, der behauptet auch die gewöhnliche Rechtsfolge. Den Abschluß muß der Kläger beweisen, etwaige Willensmängel muß der Bekl beweisen. Beim kaufmännischen Bestätigungsschreiben ist der Absender dafür bewpfl, daß und wann dieses zugegangen ist, BGH **70**, 233 (zustm Baumgärtel JR **78**, 458). Inhalt und Umfang einer Vertragsänderung muß grds derjenige beweisen, der aus ihr ein Recht herleiten will, BGH NJW **95**, 50. Der Absender muß ferner beweisen, daß vorher Verhandlungen stattfanden. Er ist dafür bewpfl, daß zusätzliche Absprachen vorliegen, BGH **67**, 381. Überhaupt gilt: Wer Abweichungen vom schriftlichen Vertrag behauptet, muß sie beweisen, BGH VersR **99**, 1374, Hbg VersR **88**, 811. Haben die Parteien eine Nebenabrede zu einem beurkundungsbedürftigen Rechtsgeschäft getroffen, die nicht mitbeurkundet werden sollte, so ist die grundsätzliche Vermutung der Richtigkeit und Vollständigkeit der diese Abrede nicht enthaltenden Vertragsurkunde entkräftet, BGH NJW **89**, 898. Wer ein Scheingeschäft behauptet, ist bewpfl, Rn 185.

152 Der Empfänger ist dafür bewpfl, warum das kaufmännische *Bestätigungsschreiben nicht gilt,* etwa wegen einer erheblichen Abweichung von den früheren Vereinbarungen oder wegen bewußter Unrichtigkeit, oder wegen eines Widerspruchs. Insofern ist er jedoch nicht bewpfl, wenn er weder Kaufmann ist noch wie ein solcher aufgetreten ist. Die Rechtzeitigkeit der Annahme des Antrags muß der Kläger beweisen, ebenso die Wahrung der nötigen Form. Der nach § 315 BGB zur Bestimmung Berechtigte ist dafür bewpfl, daß seine Bestimmung der Billigkeit entspricht. Wer sich auf das Fehlen der Einwilligung nach § 1365 I BGB beruft, ist bewpfl dafür, daß alle Vertragspartner wußten, daß der Gegenstand dem § 1365 BGB unterfiel. Bei §§ 315, 316 BGB ist der Gläubiger für die Billigkeit bewpfl, BGH DB **75**, 250, Reinecke JZ **77**, 159.

153 Es gibt keinen AnschBew dafür, daß ein Mahn-Einwurf- oder Übergabe-*Einschreibebrief* (ohne Rückschein), zu den Begriffen Dübbers NJW **97**, 2503, zugegangen ist, LG Potsd NJW **00**, 3722, Friedrich VersR **01**, 1039, aM AG Paderb NJW **00**, 3723 (s aber Rn 154). Das gilt trotz der sehr geringen Verlustquote der Deutschen Post AG, AG Brschw JB **91**, 133, Allgaier VersR **92**, 1070. Ihre Qualität läßt nach, LG Bonn DGVZ **04**, 45. Dieser Gedanke läßt sich vorsichtig auch außerhalb von § 9 VVG anwenden, Hamm VersR **76**, 723, LG Ffm MDR **87**, 582, AG Köln ZMR **77**, 278. Es gibt auch keinen AnschBew dafür, daß der Einschreibebrief einen bestimmten Inhalt hat, selbst wenn man vermuten darf, daß er weder leer ist noch bloß eine Unterschrift enthält, großzügig Hamm RR **87**, 344. Erst recht gibt es keinen AnschBew dafür, daß der Einschreibebrief ohne Rückschein innerhalb einer bestimmten Frist zuging, Düss NVersZ **02**, 357, Kblz Rpfleger **84**, 434, Köln MDR **87**, 405, aM AG Osnabr WoM **00**, 35 (aber der Alltag zeigt manchmal stark schwankende Laufzeiten). Zur besseren Lage beim Einwurf-Einschreiben Hohmeister BB **98**, 1478, Reichert NJW **01**, 2524 (ein Rückschein ist am besten). Ein Einwurf einer Benachrichtigung mit der Bitte um Abholung eines Einschreiben mit Rückschein bei der Post abzuholen, führt grds nicht zum Zugang, Brdb NJW **05**, 1585.

Titel 1. Verfahren bis zum Urteil **Anh § 286**

Die Regeln zum Einschreibebrief (§ 418 ist unanwendbar, dort Rn 4 „Post") gelten ebenso bei einem **154** *gewöhnlichen Brief,* BGH NJW **78**, 886, Hamm RR **95**, 363 (keine Ausnahme bei § 93), LAG Düss JB **04**, 389, aM BVerfG NJW **92**, 2217 (Absendung und Fehlen einer postalischen Rücksendung „als unzustellbar" = Beweisanzeichen für Zugang, also praktisch als AnschBew, grds problematisch, s unten), LG Hbg VersR **92**, 85 (bei einer Reihe von Schreiben in engem zeitlichen Abstand), Schneider MDR **84**, 281 (aber Vorsicht gegenüber Statistiken der dort mitgeteilten Art: Sie weisen zB nicht aus, wieviele nicht als „Verlust" gemeldete Briefe tatsächlich doch nicht oder doch falsch „zugestellt" wurden, wie die fast tägliche zunehmende Gerichtserfahrung beweist. Mancher Bürger hält es mit Recht für meist sinnlos, sich zu beschweren. Er erscheint schon deshalb nicht in solchen Statistiken!).

Man darf zwar *keine unzumutbaren Anforderungen* an den Absender stellen, BVerfG NJW **92**, 2217, BAG **155** DB **86**, 2337. Aber Vorsicht! Wo liegen die Grenzen? Diese Regeln gelten erst recht bei einer bloßen Fotokopie, LG Ffm VersR **78**, 861. Es gibt auch keinen AnschBew dafür, daß eine Postsendung nach einem bestimmten Zeitablauf beim Empfänger ankommt, Hamm VersR **82**, 1045. Zu einer Willenserklärung gegenüber dem Versicherungsnehmer Voosen VersR **77**, 895. Zur BewL für die Bösgläubigkeit einer Pfandkreditanstalt bei der Verpfändung von Teppichen BGH NJW **82**, 38.

S auch Rn 38 „Anwaltsvertrag", Rn 75 „Bankrecht", Rn 79 „Computer", Rn 81 „Dienstvertrag", Rn 98 „Handelsbrauch", Rn 142 „Nichtigkeit", Rn 192 „Stellvertretung", Rn 194 „Telefax", Rn 206 „Verschulden", Rn 219 „Vertrag", Rn 227 „Werkvertrag" usw.

Rechtsmißbrauch: Vgl zunächst Einl III 54. Soweit eine Partei den gegnerischen Rechtsmißbrauch aus- **156** reichend darlegt, muß der Gegner das Fehlen solchen Mißbrauchs beweisen, BGH DB **99**, 797, aM LG Bln MDR **00**, 915 (aber in solcher Lage liegt die Entlastungsmöglichkeit nun wirklich nur beim Mißbrauchsverdächtigen).

Rechtsschein: Wer sich auf ihn beruft, ist für ihn bewpfl, ferner auch dafür, daß der Rechtsschein für sein rechtsgeschäftliches Handeln ursächlich war. Letzteres muß man allerdings meist nach der Erfahrung des täglichen Lebens bejahen. Wer Rechtsscheinsfolgen nicht gegen sich gelten lassen will, ist bewpfl zB dafür, daß sein Partner eine Haftungsbeschränkung trotz eines Verstoßes gegen § 4 II GmbHG kannte oder daß der Verstoß für den Schaden nicht ursächlich war, BGH BB **75**, 924. Vgl auch Rn 192 „Stellvertretung".

Rechtsschutzversicherung: Rn 218 „Versicherung".

Rechtswidrigkeit: Bei einer unerlaubten Handlung muß grds zunächst der Verletzte die Rechtswidrigkeit beweisen. Der Verletzer muß anschließend einen Rechtfertigungsgrund beweisen. Vgl aber zB § 7 II StVG.

Reisegepäckversicherung: Rn 161 „Schadensersatz". **157**

Reisevertrag: Wenn viele an demselben Essen erkrankten, muß der Veranstalter beweisen, daß seine Reiseverpflegung nicht ursächlich war, LG Hann RR **89**, 634. Der Veranstalter muß beweisen, daß am Reiseziel ein Reiseleiter für Mängelanzeigen erreichbar war und daß der Reisende ihn nicht bzw zu spät ansprach. Der Reisende muß insofern Schuldlosigkeit beweisen, LG Ffm RR **86**, 540 (auch zu weiteren Einzelfragen), LG Ffm RR **89**, 1212, aM BGH NJW **05**, 418 (volle BewL des Veranstalters für die Schuldlosigkeit seiner Erfüllungsgehilfen), LG Hann RR **90**, 1018 (BewL des Reisenden), zu großzügig LG Ffm NJW **87**, 133 (zum Entlastungsbeweis nach § 651 g BGB genüge die Glaubhaftmachung der Absendung. Vgl aber Rn 151 „Rechtsgeschäft"). Der Veranstalter, der sich auf Verjährung beruft, ist für den Zeitpunkt bewpfl, zu dem eine nach § 651 g II 3 BGB eingetretene Hemmung beendet wurde, LG Ffm RR **87**, 569.

Rennsport: Zur BewL der Rennleitung wegen des Fehlens sofortiger Hindernisbeseitigung BGH VersR **87**, 1149.

Revision: Die BewL bleibt unverändert.

Sachbefugnis: Zugunsten einer urheberrechtlichen Verwertungsgesellschaft wird ihre Sachbefugnis im **158** Umfang von § 13 b des VerwertungsG vermutet.

Sachverständiger: Der außergerichtliche Sachverständige ist für die Billigkeit des von ihm festgesetzten Honorars bewpfl, AG Schwerin RR **99**, 510. Beim gerichtlich bestellten gilt das ZSEG/JVEG.

Saldo: Rn 75 „Bankrecht".

Schadensersatz, dazu *Baumgärtel/Wittmann,* Zur Beweislastverteilung im Rahmen von § 823 Abs. 1 BGB, **159** Festschrift für *Schäfer* (1980) 13; *Fischer,* Der Kausalitätsbeweis in der Anwaltshaftung, in: Festschrift für *Odersky* (1996); *Grunsky,* Beweiserleichterungen im Schadensersatzprozeß, 1990; *Lepa,* Beweislast und Beweiswürdigung im Haftpflichtprozeß, 1988; *Prütting,* Beweiserleichterungen für den Geschädigten, Karlsruher Forum 1989), 3, VersR **90**, (Sonderheft) 13; *Vollkommer,* Beweiserleichterungen für den Mandanten bei Verletzung von Aufklärungs- und Beratungspflichten durch den Anwalt?, Festschrift für *Baumgärtel* (1990) 585:

§ 287 ändert grds nichts an der Darlegungs- und BewL, § 287 Rn 2, BGH NJW **86**, 247. Zum sog **160** Gefahrenbereich Rn 95.

Wegen *Amtspflichtverletzung:* Der Kläger ist für die objektive Verletzung und ihre Ursächlichkeit bewpfl (Ausnahmen bestehen bei einer Beratungspflicht, s unten), BGH MDR **110**, 257, Köln MDR **93**, 630. Der Beamte muß sodann seine Schuldlosigkeit beweisen, Karlsr MDR **00**, 722. S auch Rn 175 (Diensthund), Rn 200 „Ursächlichkeit". Bei einer Amtshaftung kann § 287 anwendbar sein, BGH **129**, 233.

Wegen *Diebstahls:* Man darf keine überspitzten Anforderungen an den Bestohlenen stellen, BGH RR **161** **91**, 737 und 738, Düss VersR **00**, 225 (je: Nachschlüsseldiebstahl), Hamm RR **00**, 1049 (Art der Entwendung unklar), strenger BGH NJW **93**, 1014 (Versicherungsnehmer hatte ein Kfz einem Dritten überlassen), Mü RR **03**, 678 (Autovermieter behauptet Verschwinden des Wagens beim Autopflegedienst). Überspitzte Anforderungen sind insbesondere dann unzulässig, wenn der Dieb entkam, BGH VersR **92**, 868, Hamm VersR **91**, 330, AG Bochum VersR **95**, 1094 (Reisegepäck), strenger BGH VersR **77**, 368, Karlsr VersR **77**, 904, AG Mü NVersZ **01**, 41 (aber was soll der Bestohlene dann noch tun?). Das gilt auch beim Werkverkehr, Hamm RR **03**, 251.

Hartmann

Zum *Einbruchschaden* BGH VersR **94**, 1185, Bre VersR **81**, 1169, Hamm RR **04**, 1402. Zum Kfz-Aufbruch AG Hbg VersR **87**, 1189 (Spuren am Kfz nötig).

162 Die *objektiven Umstände* müssen aber auf einen Einbruch, Raub usw schließen lassen, damit man einen entsprechenden AnschBew annehmen kann, BGH **130**, 3, Hamm VHR **97**, 271, Köln VersR **94**, 420. Der Unfallgeschädigte muß grds beweisen, welcher Schaden ihm entstanden ist, LG Wiesb VersR **03**, 1297. Das äußere Bild eines Versicherungsfalls muß vorliegen, BGH NVersR **00**, 87, Köln VersR **02**, 372, Saarbr RR **96**, 409 (je: die bloße Anzeige reicht nicht), Düss VHR **96**, 79 (Schlüsselgutachten), Köln VersR **95**, 41, Nürnb VersR **95**, 1089 (je: beim Kfz-Diebstahl müssen alle Schlüssel vorliegen oder plausibel fehlen). Das reicht dann freilich auch beim Fehlen eines typischen Geschehensablaufs aus, BGH RR **93**, 798, Hamm VersR **93**, 220. Dazu muß aber der Versicherungsnehmer zB beweisen, daß er das Kfz an bestimmter Stelle abgestellt und dann nicht dort wiedergefunden habe, Brdb NVersZ **98**, 127, oder daß und wie der Täter in den Besitz eines passenden Schlüssels gekommen war, Hbg VersR **95**, 208, Hamm DB **93**, 695. Es kommt natürlich auf seine Glaubwürdigkeit an, Rostock VersR **05**, 495, Saarbr VersR **04**, 731. Ein AnschBew zugunsten des Bestohlenen ist nicht erforderlich, BGH RR **87**, 537. Er braucht beim Kunstdiebstahl nur zu beweisen, *daß*, nicht auch, wie das Ausstellungsstück aus einer Vitrine verschwand, Köln NVersZ **02**, 234. Nach einem Verstoß gegen eine Obliegenheit des Bestohlenen zur Einreichung einer Stehlgutanzeige binnen 3 Tagen muß er beweisen, daß das Stehlgut auch bei rechtzeitiger Anzeige mit an Sicherheit grenzender Wahrscheinlichkeit nicht wieder herbeigeschafft worden wäre, LG Detm VersR **84**, 249.

163 Zum AnschBew beim Kfz-Diebstahl *im Ausland* Stgt VersR **83**, 29. Vorsicht mit § 141, Hbg VersR **00**, 1273, Mü VersR **98**, 1370. Es würde allgemein zu weit gehen, aus dem Fehlen vorher vorhandener Sachen stets auf einen Nachschlüsseldiebstahl zu schließen, Hamm VersR **80**, 738. Auch bei ihm darf man die Anforderungen aber nicht überspannen, Düss VersR **82**, 765, Hamm VersR **93**, 694 (stellt auf Ungereimtheiten ab), Köln VersR **83**, 1121. Die bloße Tatsache, daß der „Bestohlene" eine Strafanzeige erstattet, reicht auch zusammen mit dem Verschwinden von Gepäck nicht als AnschBew für einen Gepäckdiebstahl aus, LG Hbg VersR **84**, 1169, ebensowenig dann, wenn das Fahrzeug ausgeschlachtet wurde, LG Freibg VersR **87**, 758. Beweiserleichterungen zugunsten des „Bestohlenen" gelten nicht im Rückforderungsprozeß zugunsten des Versicherers, BGH **123**, 219 (zustm Knoche MDR **93**, 1056).

164 Ob *Hausrat* aus einer Wohnung entwendet wurde, darf das Gericht auch dem Bestohlenen ohne Beweis glauben, solange seine Glaubwürdigkeit nicht durch Anzeigen geschwächt ist, Hamm VersR **94**, 48. Steht fest, daß Hausrat aus der Wohnung entwendet wurde, und liegt kein AnschBew für einen Einbruch oder ein Eindringen vor, dann kann ein AnschBew für einen Nachschlüsseldiebstahl bestehen bleiben, LG Köln VersR **86**, 29. In Hamm kann er im übrigen der Versicherungsnehmer den erforderlichen Beweis dadurch erbringen, daß er alle nicht versicherten Regelungsmöglichkeiten ausschließt, Ffm NVersZ **01**, 36, Hamm RR **04**, 1402, KG VersR **04**, 733, oder daß er Umstände beweist, die nach der Lebenserfahrung mit lediglich hinreichender Wahrscheinlichkeit auf die Benutzung zB eines Nachschlüssels schließen lassen, BGH RR **90**, 607. Aus einer Unklarheit läßt sich nicht stets ein Diebstahl zB mittels eines Nachschlüssels folgern, Ffm VersR **86**, 1092, AG Bre VersR **85**, 1030. Wegen des auf einen „Diebstahl" folgenden „Brandes" Bre VersR **86**, 434.

Steht ein Einbruchdiebstahl fest, dann ist der Versicherer für *grobe Fahrlässigkeit* des Versicherungsnehmers bewpfl, BGH VersR **85**, 29. Die sog Nachtzeitklausel der Hausratsversicherung führt zur BewL des Versicherungsnehmers, AG Köln VersR **88**, 26.

165 Die BewL für die *Nichtursächlichkeit* einer grob fahrlässigen Obliegenheitsverletzung bzw Gefahrerhöhung für den Umfang der Leistungspflicht des Versicherers trifft den Geschädigten bzw den Versicherungsnehmer, Ffm VersR **87**, 1143, AG Aachen VersR **81**, 1146, aM BGH VersR **85**, 29 (aber grobe Fahrlässigkeit alleine reiche zur Erleichterung auch bei weiteren Details nachliegen). Den Versicherungsnehmer trifft ebenso die BewL für das Fehlen von grober Fahrlässigkeit oder Vorsatz bei einer Verletzung der Auskunftsobliegenheit, BGH VersR **83**, 675. Der Versicherungsnehmer ist dafür bewpfl, daß die zum Versicherungsfall führende Krankheit erst nach dem Ablauf der Wartefrist eintrat, LG Ffm VersR **84**, 458.

166 Der Versicherer ist grds bewpfl für eine *Täuschung* durch den „Abgebrannten", BGH VersR **87**, 277, Karlsr VersR **95**, 1088, Kblz VersR **98**, 181. Es kann zugunsten des Versicherers aber eine Beweiserleichterung eintreten, BGH RR **96**, 275. Ein bloßer Verdacht nebst Strafverfahren gegen den dann Freigesprochenen reicht nicht, BGH VersR **90**, 175. Die bloße Verspätung der Schadensanzeige schafft keine zu hohe BewL des Versicherungsnehmers für Nichtursächlichkeit, BGH VersR **95**, 76.

167 Der Versicherer ist ferner grds bewpfl für eine Täuschung durch den in Wahrheit Kranken, Hamm VersR **84**, 232, oder durch den „Verunglückten", BGH VersR **79**, 515, Hamm VersR **01**, 1128. Freilich ist ein AnschBew für einen *gestellten Unfall* möglich, BGH VersR **89**, 269, Hamm VersR **98**, 734 (20 Auffahrunfälle an derselben Stelle in 26 Monaten), Köln VersR **97**, 129 (auffälliges Gutachten) und NVersZ **01**, 133 (Widersprüche), Bre VersR **03**, 1553, KG VersR **04**, 1018 (je: Häufung von Auffälligkeiten). Selbst das Zusammentreffen von Entwendung, Unfall und Unfallflucht ergibt nicht stets einen AnschBew für einen gestellten Unfall, Köln VersR **01**, 673. Zum „Bayeschen Theorem" BGH NJW **89**, 3161 (zustm Rüßmann ZZP **103**, 65). Zum Gesamtproblem Knoche MDR **92**, 919 (ausf). Freilich gelten Beweiserleichterungen für die Versicherer nicht, soweit der Versicherungsfall als solcher bewiesen oder unstreitig ist, BGH MDR **89**, 976.

168 Der Versicherer ist auch grds bewpfl für eine Täuschung durch den *„Bestohlenen"*, BGH VHR **97**, 50, Düss NVersZ **01**, 511, Kblz VersR **03**, 1567 (erst recht nach Zahlung), aM Saarbr NJW **89**, 1679 (aber man kann trotz böser Erfahrungen nicht einfach jedem Kunden ohne weiteres erst einmal eine Straftat unterstellen, Artt 1, 2 GG). Üb bei Kollhosser NJW **97**, 969.

169 Eine *Vorstrafe* des Versicherungsnehmers oder seines Repräsentanten oder Geschäftspartners oder Zeugen kann den AnschBew für einen Diebstahl des Kfz samt seiner Ladung entkräften, Hamm VersR **87**, 150, Mü VersR **85**, 277, LG Mannh VersR **85**, 1131. Das gilt besonders dann, wenn außerdem weitere Umstände entgegenstehen, Ffm RR **87**, 1244, Hamm VersR **83**, 852, LG Hbg VersR **91**, 810 (Raub).

Titel 1. Verfahren bis zum Urteil   Anh § 286

Ein früherer Verdacht eines fingierten Diebstahls reicht aber jetzt nicht zur Entkräftung des AnschBew eines jetzt echten Diebstahls aus, Hamm VersR 83, 1172. Eine frühere falsche Offenbarungsversicherung kehrt die BewL nicht stets um, BGH RR 88, 343. Eine frühere Entwendung eines anderen Fahrzeugs des Bestohlenen spricht aber für sich nicht dafür, daß der neue Diebstahl vorgetäuscht worden ist, Düss NVersZ 01, 511, Hamm VersR 81, 923. Der Beweis für die Vortäuschung eines Versicherungsfalls ist auch nicht schon deswegen erbracht, weil das Fahrzeug wiederholt in Versicherungsfälle verwickelt worden war, Hamm VersR 90, 378, strenger Hamm (27. ZS) VersR 99, 336.

Sprechen aber alle Anzeichen zB *gegen* eine *Brandstiftung* durch einen Dritten, muß der Versicherungs- **170** nehmer den AnschBew der eigenen Brandstiftung entkräften, LG Arnsb VersR 88, 794.

Eine *Unstimmigkeit* kann auch beim AnschBew eines Diebstahls entkräften, BGH RR 87, 537, Hamm RR 04, 1402, Köln NVersZ 00, 35. Das gilt freilich *nicht für jede* Unstimmigkeit, BGH VersR 02, 531, Hamm VHR 96, 33 (Nachschlüssel), Saarbr VHR 96, 30.

Eine Unstimmigkeit kann auch den AnschBew eines Zusammenstoßes entkräften, Celle VersR 80, 483. **171** Das gilt ein bei einer *Wiederholung* gleichartiger Auffälligkeiten, Hamm VersR 94, 1223, Ffm MDR 89, 458, Karlsr VersR 94, 1224. Der Versicherer muß beweisen, daß der „Einbrecher" beim Versicherungsnehmer wohnt, der letztere muß einen entsprechenden AnschBew entkräften, Köln VersR 88, 257.

Erst recht kann der AnschBew durch eine *fingierte* oder überhöhte *Rechnung* entkräftet werden, Düss **172** NJW 78, 830, Mü VersR 76, 1127, Nürnb VersR 78, 614. Zum AnschBew beim „Rauchen im Bett" Düss VersR 83, 626. Der Versicherungsnehmer ist dafür bewpfl, daß er einen Vorschaden nur versehentlich nicht im Schadenanzeigeformular erwähnte, selbst wenn er für ihn keine Erstattung verlangt hatte, LG Hbg VersR 85, 132.

Wegen *Arglist:* Für die Täuschung ist bewpfl, wer sie behauptet, Köln WoM 92, 263. Der Kläger ist **173** bewpfl auch für die Ursächlichkeit der Täuschung für seinen Schaden.

Wegen *positiver Vertragsverletzung:* Der Kläger ist für die Ursächlichkeit bewpfl, selbst bei einer Schädigung durch Unterlassen, für die ein AnschBew möglich ist. Jedoch wird die BewL umgekehrt, wenn die Schadensursache im Gefahrenkreis des Schuldners liegt, BGH NJW 86, 55, Zweibr VersR 77, 848, LG Bln VersR 83, 842. Hinzukommen muß freilich, daß die Schadensursache zumindest in der Regel der Sachkenntnis des Klägers entzogen ist, BGH VersR 78, 87, Rn 189 „Schlechterfüllung". Es kommt darauf an, ob der Auftraggeber einem pflichtwidrigen Anwaltsrat folgte oder aus eigenem Antrieb handelte, und darauf, wie er sich bei richtiger Beratung verhalten hätte, BGH NJW 02, 594, wie das Gericht hätte richtigerweise entscheiden müssen, Köln NJW 00, 3076.

Wegen eines *Verrichtungsgehilfen,* § *831 BGB:* Derjenige, der den anderen zur Verrichtung bestellt hat, ist nach § 831 I 2 BGB entlastungsbewpfl wegen der gegen ihn sprechenden Vermutung eines Verschuldens oder der ebenso gearteten Vermutung der Schadensverursachung, BGH RR 92, 533.

Wegen Verletzung der *Aufsichtspflicht:* An den Entlastungsbeweis nach § 832 I 2 BGB muß man strenge **174** Anforderungen stellen, BGH NJW 84, 2576.

Wegen *Tierhalterhaftung,* dazu *Baumgärtel* Festschrift *Karlsruher Forum* 1983, 85, *Honsell* MDR 82, 798, **175** *Terbille* VersR 95, 129: Der Geschädigte ist bewpfl für die Tierhaltereigenschaft des Bekl und eine spezifische Tiergefahr, Terbille VersR 95, 133. Grundsätzlich muß der Tierhalter sodann beweisen, daß der Schaden nicht auf eine spezifische Tiergefahr zurückzuführen ist, aM LG Gießen RR 95, 601, Terbille VersR 95, 133 (aber das BGB macht es dem Tierhalter bewußt schwer). Der Tierhalter muß zwar beweisen, daß seine Sicherungsmaßnahmen generell geeignet waren, nicht aber, wie das Tier konkret die Sicherung überwinden konnte, LG Köln RR 01, 1606. Der Tierhalter ist für ein Mitverschulden des Geschädigten bewpfl, Terbille VersR 95, 133. Man muß strenge Anforderungen an die Entlastungsmöglichkeit desjenigen stellen, dessen Bulle auf der BAB einen Unfall verursacht, Celle NJW 75, 1891, Hamm VersR 82, 1009. Strenge Anforderungen sind evtl auch an den Entlastungsbeweis eines Reitlehrers zu stellen, Köln VersR 77, 938.

Der *Tiermieter* ist gegenüber dem Tierhalter dafür bewpfl, daß er selbst die erforderliche Sorgfalt beobachtete oder daß der Mangel an Sorgfalt für den Schaden nicht ursächlich war, Düss NJW 76, 2137. Der AnschBew spricht für Untauglichkeit oder Fehlerhaftigkeit eines Karabinerhakens für ein Pferdegespann, das mit 18 Reisenden verunglückt, Karlsr NJW 89, 908. Zur Infektion durch Importbier Ffm NJW 85, 2425. § 833 II BGB findet auch bei einer Amtshaftung (Schaden durch Diensthund) Anwendung, BGH VersR 95, 173.

Wegen Verletzung der *Verkehrssicherungspflicht:* Der Geschädigte ist für sie grds bewpfl, Bre VersR 78, **176** 873, Hamm MDR 00, 84, Schmid NJW 88, 3183. Der Fußgänger ist bei einem Sturz auf einen erkennbar unebenen Bürgersteig bewpfl, Ffm VersR 79, 58. Indessen kann der Verkehrssicherungspflichtige darlegen müssen, ob und welche Maßnahmen er zur Gefahrenabwehr getroffen hatte, Mü VersR 92, 320, AG Gernsbach VersR 96, 1291. Steht die Verletzung der Streupflicht fest, kann ein AnschBew dafür vorliegen, daß sie für den Glatteisunfall ursächlich war, Hamm MDR 00, 86, aM Karlsr VersR 02, 1385 (aber eine bloße Nichtausschließbarkeit einer anderen Ursache steht einer Lebenserfahrung für die eine Ursache nicht entgegen). Der AnschBev, daß das Fehlen eines Treppen-Handlaufs ursächlich für einen Sturz war, entfällt dann, wenn der Sturz nicht in dem Bereich erfolgt ist, in dem ein Handlauf ihn hätte verhindern können, BGH VersR 86, 916, Kblz VersR 95, 157, Köln VersR 92, 512.

Wenn sich der Schaden unmittelbar an einer *Gefahrenquelle* ereignet, kann ein AnschBew für ihre Ursächlichkeit vorliegen, Kblz RR 95, 158 (Banane im Laden), aM Hamm BB 94, 820 (aber man stürzt dort erfahrungsgemäß allzu leicht). Liegt die Schadensursache im Gefahrenbereich des Verkehrssicherungspflichtigen, hat er die BewL dafür, daß seine Leute sich korrekt verhielten, Drsd RR 00, 761 (Pflegeheim). Ab Beginn von Vertragsverhandlungen ist aber § 282 BGB entsprechend anwendbar, BGH BB 86, 1185. Zum schadhaften Gerüstbrett BGH VersR 97, 834.

Beim Schadensersatzanspruch des bei *Glatteis* Gestürzten muß man unterscheiden: Ist er innerhalb der zeitlichen Grenzen der Streupflicht gestürzt, kann ein AnschBew dafür, daß der Verantwortliche seine Streupflicht verletzt hat, vorliegen, nicht aber dann, wenn der Sturz außerhalb der Zeit der

Anh § 286 Buch 2. Abschnitt 1. Verfahren vor den LGen

Streupflicht eingetreten ist, BGH NJW **84**, 433, LG Bln VersR **81**, 1138, aM LG Mannh VersR **80**, 1152 (aber jedermann weiß, daß keine Streupflicht zeitlich unbegrenzt erfüllbar ist). Der Verunglückte muß dann beweisen, daß er bei pflichtgemäßem Verhalten des Sicherungspflichtigen nicht verunglückt wäre, KG VersR **93**, 1369. Der Sicherungspflichtige muß nachweisen, daß Streumaßnahmen unzumutbar gewesen wären, zB weil sie ihre Wirkung alsbald verloren hätten, BGH NJW **85**, 485, Schmid NJW **88**, 3184.

Bei *§ 836 BGB,* der eine BewLUmkehrung enthält, BGH NJW **99**, 2593, liegt kein AnschBew vor, daß ein Rohrbruch seine Ursache in einer fehlerhaften Anlage oder Unterhaltung hatte, LG Heidelb VersR **77**, 47. Bei § 844 II BGB ist der Geschädigte für die Leistungsfähigkeit des Getöteten bewpfl. Das Gericht muß sie nach § 287 prüfen.

177 Gegen einen *Notar* wegen der Verletzung einer Belehrungspflicht: Der Geschädigte ist grds bewpfl, Hamm VersR **80**, 683. Freilich kann § 287 anwendbar sein, BGH NJW **92**, 3241. Vgl auch die Üb DNotZ **85**, 25 und Rn 142 „Notar".

178 Gegen einen *Anwalt, Rechtsbeistand, Steuerberater* usw wegen Verschuldens, zB beim Verlust eines Rechtsstreites, dazu *Ruppel,* Standeswidriges Verhalten des Anwalts im Zivilprozeß und seine prozessualen und materiellrechtlichen Folgen, Diss Gießen 1984, *Vollkommer,* Beweiserleichterungen für den Mandanten bei Verletzung von Aufklärungs- und Beratungspflichten?, in: Festschrift für *Baumgärtel* (1990): Der *Kläger* muß alle diejenigen Tatsachen beweisen, die er in dem anderen Prozeß auch hätte beweisen müssen, BGH RR **87**, 899, und zwar auch negative Tatsachen, BGH NJW **85**, 265.

179 Das gilt auch dann, wenn der Kläger einen Verstoß gegen die *Aufklärungspflicht* des Bekl behauptet, BGH BB **87**, 1203. Der Kläger braucht aber nicht auch zu beweisen, daß seinem Anspruch keine Einwände entgegengestanden hätten. Letzteres ist vielmehr Sache des Bekl. Es kommt nicht darauf an, ob der Auftraggeber einem pflichtwidrigen Anwaltsrat folgte oder aus eigenem Antrieb handelte, sondern darauf, wie er sich bei richtiger Beratung verhalten hätte, BGH VersR **05**, 271. Es kommt ferner nicht darauf an, wie das Gericht entschieden hätte, sondern darauf, wie es hätte entscheiden müssen, BGH NJW **05**, 3072, Düss VersR **88**, 522, Hamm RR **95**, 526. Der Auftraggeber ist dafür bewpfl, daß der Anwalt den Vergleich vorwerfbar für sie nachteilig abgeschlossen hat, Köln VersR **97**, 619. Das Gericht kann auch diejenigen Beweismittel verwerten, die in dem durch ein Verschulden des Anwalts unterbliebenen Prozeß nicht hätten berücksichtigt werden dürfen, BGH NJW **87**, 3256.

180 Der Auftraggeber ist dafür bewpfl, daß der *Fehler* des Anwalts vorlag und daß dieser Fehler auch gerade für seinen Schaden *ursächlich* war, BGH MDR **04**, 1297, Karlsr VersR **03**, 327. Das gilt auch dann, wenn er keinen Einblick in die Hintergründe hat, BGH NJW **99**, 2437, Kblz VersR **01**, 1027 (auch zu den Grenzen). Ein AnschBew kommt dem Auftraggeber zugute, wenn bei vertragsmäßiger Beratung eigentlich nur ein bestimmtes Verhalten des Auftraggebers nahegelegen hätte, BGH MDR **04**, 333 (andernfalls § 287). Das setzt freilich nicht eine bestimmte Empfehlung des Anwalts voraus, BGH **123**, 314 (zustm Baumgärtel JR **94**, 466). Er kann demgegenüber Tatsachen zu beweisen versuchen, die für eine atypische Reaktion des Auftraggebers sprechen, BGH **123**, 314 (zustm Baumgärtel JR **94**, 466). Der Anwalt ist für Schuldlosigkeit einer objektiven Pflichtverletzung bewpfl, BGH NJW **02**, 292.

Zur *Schadenshöhe* Rn 85 „Entgangener Gewinn". Der Anwalt ist bewpfl dafür, daß der Auftraggeber, den er nicht genug über die Möglichkeiten einer Beratungs- oder Prozeßkostenhilfe beraten hatte, trotzdem zu den gesetzlichen Gebühren abgeschlossen hätte, Schneider MDR **88**, 282, und daß der Prozeß trotz des Anwaltsfehlers zum Nachteil des Auftraggebers hätte ausgehen müssen, BGH NJW **05**, 3072 (krit Römermann BB **05**, 1813). Der aus der Sozietät Ausgeschiedene haftet, solange er nicht alles ihm Zumutbare zur Tilgung seines Namens aus dem Praxisschild und den Briefkopf des Verbliebenen tat, BGH VersR **91**, 1003.

181 Wegen *Manöverschadens* BGH **125**, 232. Wegen Tiefflugschadens: Der Geschädigte braucht nur aus seiner Sicht vorzutragen. Der Schädiger muß beweisen, daß er zB die zulässige Flughöhe einhielt, Schmid JR **86**, 403, strenger LG Mü JR **86**, 420.

182 Beim *Unfall:* Der Berechtigte der Unfallversicherung muß den Unfall beweisen, Köln RR **95**, 546, Zweibr VersR **84**, 578. Im übrigen: Der Kläger ist dafür bewpfl, daß zu den Folgen sein entgangener Gewinn zählt. Bei § 828 II BGB ist der Minderjährige bewpfl, BGH VersR **77**, 431. Der Schädiger ist für eine Mitschuld nach § 254 BGB bewpfl, KG VersR **77**, 724, ebenso für die Verletzung einer Schadensminderungspflicht durch den Geschädigten, BGH VersR **86**, 705, aM Köln VersR **78**, 552 (betr eine andere Erwerbsmöglichkeit. Aber auch sie würde ja eine anspruchsverringernde Tatsache sein. Ein AnschBew für die Fehlerhaftigkeit eines Baugerüsts kann vorliegen, wenn es erst kurz vor dem Unfall eines Bauarbeiters (Loslösung einer Strebe) errichtet wurde und er als erster betreten hat, Köln VersR **92**, 704. Zur BewL bei einer Gefahrerhöhung Honsell VersR **81**, 1094.

183 Wer eine *Ursächlichkeit leugnet,* weil der Schaden doch in anderer Form eingetreten wäre, ist für diesen Verlauf bewpfl. Vgl aber auch die obige Rechtsprechung zum Anwaltsverschulden. Wer seine Aufklärungs- oder Beratungspflicht verletzt, ist dafür bewpfl, daß der Schaden auch bei einem eigenen korrekten Verhalten eingetreten wäre, Rn 16, BGH VersR **89**, 701 (auch zu einer Ausnahme beim Arzt), Düss AnwBl **84**, 444, Stgt DNotZ **77**, 48 (Notar), aM Stgt NJW **79**, 2413 (es genüge wahrscheinlich zu machen, wie sich der Geschädigte bei einer ordnungsgemäßen Aufklärung verhalten haben würde. Aber Beweis ist eben mehr als Wahrscheinlichkeit, eifer 7 vor § 284). Es besteht ein AnschBew dafür, daß ein Turmdrehkran fehlerhaft errichtet oder unterhalten wurde, Düss MDR **75**, 843. Bei einer möglichen Selbstverursachung besteht keine Vermutung nach § 830 I 2 BGB zugunsten des Geschädigten, wohl aber evtl ein AnschBew. Zu § 830 I 2 BGB im übrigen Celle VersR **77**, 1008.

184 Ein außergerichtliches *Anerkenntnis* kann die BewL umkehren, BGH **66**, 255. Eine Zahlung ohne Anerkenntnis einer Rechtspflicht kehrt die BewL nicht um. Der Geschädigte ist dafür bewpfl, daß ihm kein Vorsteuerabzug möglich ist, KG VersR **75**, 451. Zur Anrechnung von Steuerersparnissen beim vom Geschädigten zu beweisenden Verdienstausfall BGH JZ **87**, 574 (krit Laumen). Der Schädiger ist evtl für eine Verletzung der Schadensminderungspflicht bewpfl, BGH VersR **78**, 183. Die Unterzeichnung einer Abfindungsvereinbarung durch einen Beauftragten kann einen AnschBew für die Wirksamkeit ergeben,

Hamm VersR **84**, 229. Wegen Urteilserschleichung: Der Bekl ist dafür bewpfl, daß die von ihm im Vorprozeß vernichtete Urkunde einen anderen Inhalt als den vom jetzigen Kläger behaupteten hat, Mü NJW **76**, 2137. Wegen einer Schadensersatzpauschale s „Allgemeine Geschäftsbedingungen".

Der Versicherungsnehmer ist dafür bewpfl, daß er die *Klagefrist* des § 12 III VVG schuldlos versäumt hat, Schlesw VersR **82**, 358.

S auch Rn 77 „Befundsicherung", Rn 78 „Bereicherung", Rn 85 „Entgangener Gewinn", Rn 95 „Gefahrenbereich", Rn 122 „Kraftfahrzeug. Versicherungsfragen", Rn 200 „Ursächlichkeit", Rn 206 „Verschulden", Rn 217 „Versicherung", Rn 237 „Zuführung".

Scheck: Wenn der Scheckeinreicher die Inkassobank auf einen Schadensersatz in Anspruch nimmt, weil sie **185** den Scheck schuldhaft nicht der bezogenen Bank vorgelegt habe, dann muß er darlegen und beweisen, daß auf dem Konto des Scheckausstellers bei der bezogenen Bank bei einer ordnungsgemäßen Vorlage des Schecks eine Deckung vorhanden gewesen wäre, BGH NJW **81**, 1102. Wer Einreden aus dem Grundgeschäft erhebt, trägt gegenüber dem ersten Schecknehmer die BewL für deren Bestehen, BGH RR **94**, 114. Der Scheckschuldner ist beim Herausgabeverlangen wegen ungerechtfertigter Bereicherung für die Unwirksamkeit des Grundgeschäfts bewpfl, Oldb BB **95**, 2342.

S auch Rn 75 „Bankrecht", Rn 151 „Rechtsgeschäft".

Scheingeschäft: Wer es behauptet, ist bewpfl, BGH NJW **99**, 3481, BAG NJW **03**, 2930. **186**

Schenkung, dazu *Böhr* NJW **01**, 2059: Soweit der Bekl Schenkung behauptet, muß der Kläger seinen vertraglichen oder gesetzlichen Anspruch auf Zahlung oder Herausgabe beweisen, BGH VersR **00**, 1565, Zweibr Rpfleger **85**, 328, zB auf Grund eines Darlehens, Rn 80 „Darlehen", oder eines Kaufs, oder eines Werkvertrags. Bei der Herausgabeklage ist für den Kläger § 1006 II BGB anwendbar, für den Bekl § 1006 I BGB anwendbar. Im Fall einer Zuwendung nach § 516 II BGB ist der Bekl nur für die Zuwendung und den Fristablauf bewpfl.

Bei der Schenkung unter einer *Auflage* trägt der Beschenkte im Fall des § 526 BGB die BewL für den Mangel, den Fehlwert und seine Unkenntnis. Beim Widerruf wegen Undanks nach § 530 BGB muß der Schenker nicht nur das verletzende Verhalten des Bekl beweisen, Kblz RR **02**, 630, sondern auch ihr Nichtvorhandensein, falls dieser eine Reizung durch den Schenker einwendet. Er kann bei Beweisnot seine eigene Parteivernehmung beantragen, Kblz RR **02**, 630 (das Gericht darf dann neben § 448 auch § 141 anwenden). Der Pflichtteilsberechtigte muß auch bei der Behauptung, der Erblasser habe innerhalb der Frist des § 2325 III BGB verschenkt, beweisen, daß der Gegenstand zum gedachten Nachlaß gehörte, BGH **89**, 30. Er trägt die BewL für die Werte von Leistung und Gegenleistung, wenn er in einem vom Erblasser mit einem Dritten abgeschlossenen Kaufvertag eine gemischte Schenkung sieht, BGH **89**, 30. Bei einem groben Mißverhältnis zwischen Leistung und Gegenleistung besteht eine Vermutung unentgeltlicher Zuwendung, BGH NJW **87**, 890, Winkler von Mohrenfels NJW **87**, 2559.

Schiedsverfahren: Wegen eines ausländischen Schiedsspruchs BGH MDR **00**, 1450. **187**

Schiffsunfall: Eine Pflichtverletzung spricht dafür, daß sie für den Unfall ursächlich war. Beim Zusammenstoß zwischen einem fahrenden und einem ordnungsgemäß liegenden Schiff spricht ein AnschBew für die Schuld des Führers des ersteren, KG VersR **76**, 463. Zur Problematik beim Anfahren gegen einen nicht ordnungsgemäß gesicherten Stillieger BGH VersR **82**, 491. Die Verletzung einer Unfallverhütungsvorschrift spricht dafür, daß sie ursächlich war. Dasselbe gilt beim Verstoß gegen die Notwendigkeit eines Radarschifferzeugnisses, BGH VersR **86**, 546. Zum AnschBew für eine Ursächlichkeit zwischen dem Anzünden einer Zigarre an Deck einer kurz zuvor betankten Motoryacht und einer sofort anschließenden Explosion unter Deck Köln VersR **83**, 44. Der Kläger muß beweisen, daß der Unfall durch ein Ereignis eingetreten ist, vor dem die Verhütungsvorschrift schützen sollte. Ein AnschBew spricht für Schuld des Auffahrers, Köln VersR **79**, 439.

Wenn ein Kahn *aus dem Kurs läuft,* spricht ein AnschBew für seine falsche Führung. Es ist aber ein Gegenbeweis zulässig (zB: Rudervertagen, Zwang durch andere Schiffsführer), Hbg VersR **78**, 959. Steht fest, daß ein Schiff beim Begegnen mit einem anderen eine Geschwindigkeit hatte, die zu einer Absenkung des Wasserspiegels und daher zu einer Grundberührung des Entgegenkommers führen kann, so spricht ein AnschBew dafür, daß das überhöhte Tempo die Grundberührung verursacht hat, BGH VersR **80**, 328. Auf dem Rhein muß der Talfahrer beweisen, daß ihm der Bergfahrer keinen geeigneten Weg zur Vorbeifahrt freigelassen hat usw, BGH RR **89**, 474.

Wenn ein Schiff durch das unsachgemäße Verhalten der Leute des Greiferbetriebs beim *Beladen* **188** beschädigt wird, trägt der in Anspruch genommene Geschäftsherr die BewL dafür, daß der Schaden auch bei einer ordnungsgemäßen Beladung eingetreten wäre. Es gibt keinen AnschBew dafür, daß wegen eines fehlenden Ausgucks. Es besteht kein AnschBew zugunsten des unerlaubten Ankerliegers. Es gibt keinen AnschBew dafür, daß ein Ladungsschaden während der Seefahrt ohne weitere Störung auf einem Verschulden der Besatzung beruht, Hbg VersR **78**, 714. Wegen eines Unfalls zwischen einem Schwimmkran und einer Containerbrücke Hbg VersR **76**, 752. Wegen der Beschädigung eines Dalbens BGH VersR **77**, 637. Wer ein Manöver durchführt, das den durchgehenden Verkehr behindern kann, ist für die Zulässigkeit des Manövers bewpfl.

Schlechterfüllung, dazu *Baumgärtel,* Gedanken zur Beweislastverteilung bei der positiven Forderungsverletzung, Festschrift für *Carnacini* (1984) Bd 2, 915; *Heinemann,* Die Beweislastverteilung bei positiven Forderungsverletzungen, 1988 (rechtsvergleichend):

Der Kläger muß eine Schlechterfüllung grds als Anspruchsbegründung beweisen, BGH ZMR **90**, 453, Hamm RR **89**, 468, Köln NJW **86**, 726. Soweit allerdings der Schaden bei der Vertragsabwicklung eingetreten ist, liegt grds schon deshalb ein Beweis der objektiven Pflichtverletzung und ihrer Ursächlichkeit vor, Hamm RR **00**, 837. Im übrigen trägt der Bekl die BewL für Umstände aus seinem Gefahrenbereich, BGH RR **91**, 575. Hat der Öllieferant das Einfüllen nicht ausreichend überwacht, muß er im Rahmen der vertraglichen Haftung beweisen, daß der Ölaustritt nicht durch eine Pflichtverletzung verursacht wurde anders beim deliktischen Anspruch, LG Trier RR **92**, 1378.

S auch Rn 173 „Schadensersatz".

Anh § 286 Buch 2. Abschnitt 1. Verfahren vor den LGen

Schuld: Rn 36 „Anerkenntnis", Rn 206 „Verschulden".
Schuldversprechen: § 780 BGB: Der Kläger trägt die BewL für die Selbständigkeit, der Bekl diejenige von Einwendungen aus dem etwaigen Grundgeschäft, BGH WertpMitt **76**, 254 (eigentlich selbstverständlich).
Schwarzfahrt: Rn 122 „Kraftfahrzeug: Versicherungsfragen".
Selbständiges Beweisverfahren: Hat im selbständigen Beweisverfahren der Gegner eine mögliche und zumutbare Einwendung unterlassen, so ist er dafür bewpfl, daß das Ergebnis der Beweisaufnahme nicht zutrifft, Düss BB **88**, 721.

190 **Selbsttötung, Selbstverletzung:** Der Lebensversicherer ist für eine Selbsttötung bewpfl, Düss NVersZ **99**, 322, Oldb NVersZ **00**, 86. Es gibt grds keinen AnschBew für vorsätzliche Selbsttötung, BGH NJW **94**, 794, Köln VersR **92**, 229, Oldb VersR **91**, 985. Der durch Lebensversicherung Begünstigte hat die BewL für einen Ausschluß der freien Willensbestimmung des Selbstmörders, Karlsr VersR **03**, 978. Zur versuchten Selbsttötung Hamm VersR **90**, 1345, KG VersR **87**, 778, Oldb NVersZ **00**, 86.
Sicherheitsleistung: Wegen des Wegfalls § 109 Rn 17. Wegen der Ausländersicherheit § 110 Rn 12.
Signatur, elektronische: § 292 a.
Sofortiges Anerkenntnis: Rn 36 „Anerkenntnis".
Software: Rn 199 „Urheberrecht".
Sortenschutz: Vgl Hesse GRUR **75**, 455, Würtenberger GRUR **04**, 568 (je: ausf.)
Sozialleistung: Beim Unterhalt muß man die in § 1610 a BGB enthaltene BewLRegelung beachten, Rn 198.
Sparbuch: Rn 75 „Bankrecht".
Spedition: Rn 227 ff „Werkvertrag".

191 **Sportunfall:** Zur Risikoverteilung Scheffen NJW **90**, 2663, Zimmermann VersR **80**, 497. Der Geschädigte ist beim Gemeinschaftssport für einen Regelverstoß bewpfl, BGH VersR **75**, 156, Scheffen NJW **90**, 2663. Das gilt auch beim Handball, AG Bln-Charlottenb VersR **82**, 1086, und bei anderen Sportarten nach Regeln, Bonde SchlHA **84**, 180, aber nicht beim Schlittschuhlauf, BGH NJW **82**, 2555. Bei diesem besteht auch kein AnschBew für Verschulden des von hinten Auffahrenden, Düss VersR **94**, 1484. Beim Fußball besteht für einen Regelverstoß nicht schon deshalb ein AnschBew, weil eine erhebliche Verletzung eingetreten ist, Nürnb VersR **98**, 69. Die Abrede, nicht mit vollem Einsatz zu spielen, begründet keine Umkehr der BewL zugunsten des verletzten Fußballers, Hamm MDR **97**, 553. Der Geschädigte ist für die Schuld des Schädigers bewpfl, AG Bln-Charlottenb VersR **82**, 1086, Heinze JR **75**, 288.

Ist ein *Badebecken* 4 Stunden nach der Reinigung schon wieder gefährlich glitschig, besteht ein AnschBew dafür, daß die Reinigung ungenügend war, Mü VersR **75**, 478. Es besteht ein AnschBew dafür, daß eine tiefe Stelle in der Badeanstalt, an der ein Nichtschwimmer versank, für seinen Tod ursächlich war. Beim Tanzsport gelten die sonstigen Sport-Beweisregeln nur eingeschränkt, Hamm VersR **88**, 1295. Für den Verlust eines eng sitzenden Ringes durch eine äußere Einwirkung beim Ski-Sturz spricht ein AnschBew nur dann, wenn der Finger anschließend schwer verletzt war, Hbg VersR **83**, 1129. Zur Skibindung Mü VersR **85**, 298, Dambeck VersR **92**, 284. Eine positive A-Probe begründet den AnschBew eines schuldhaften Dopingregelverstoßes, Ffm RR **00**, 1121. Zum Inline-Skating (Blader) Mü RR **04**, 751.

Spedition: Rn 231–233 „Werkvertrag".
Staatshaftung: Zu den zahlreichen Problemen Baumgärtel VersR **82**, 514.

192 **Stellvertretung:** Der Kläger ist für die Vertretungsmacht des Abschließenden und dafür bewpfl, daß die Vollmacht nicht eingeschränkt war. Der Bekl muß das Erlöschen der Vollmacht beweisen. Behauptet der Bekl, in anderem bzw fremdem Namen gehandelt zu haben, ist der Bekl dafür bewpfl, daß das beim Vertragsabschluß erkennbar hervorgetreten war, BGH RR **92**, 1010, Köln BB **97**, 229, Reinecke JZ **77**, 164. Der Bote ist dafür bewpfl, daß er als solcher erkennbar war, Schlesw MDR **77**, 841.
S auch Rn 88 „Erfüllung", Rn 222 „Vollmacht", Rn 225 „Wechsel".

193 **Steuerberater:** Er ist dafür bewpfl, daß er die zur Erledigung des Autrags benötigten Unterlagen angefordert, jedoch erst nach dem Erlaß des zugehörigen Bescheids des Finanzamts erhalten hat, BGH VersR **83**, 61. Der Steuerberater ist dafür bewpfl, daß trotz seines Fehlers dieselbe oder eine höhere Steuerschuld entstanden wäre, soweit im Besteuerungsverfahren des Finanzamt dieselbe sachlichrechtliche BewL hat, BGH VersR **83**, 177. Vgl im übrigen BGH NJW **86**, 2570. Der Steuerberater ist für die Ermessensausübung bei einer Rahmengebühr nicht nur beim Überschreiten der Mittelgebühr bewpfl, Hamm RR **99**, 510. Der Auftraggeber ist für eine Pflichtverletzung durch den Steuerberater bewpfl, BGH RR **99**, 642. Die BewL des Ausgangsprozesses kann auch im Rückgriffsverfahren gelten, BGH NJW **01**, 2169. Bloßes Bestreiten durch den Steuerberater gilt dabei als sein Geständnis, BGH VersR **99**, 642. Aus einer Möglichkeit von Steuerersparnis läßt sich keineswegs ein AnschBew für einen Kirchenaustritt ableiten, aM Düss RR **03**, 1071 (aber Religionszugehörigkeit hängt dem wohl gottlob doch noch von anderen als Geldargumenten ab).
S auch Rn 159, 178 „Schadensersatz".
Streithilfe, Streitverkündigung: § 68 Rn 7.
Stromversorgung: Rn 218 „Versorgungsunternehmen".

194 **Tankstellenpächter:** Rn 98 „Handelsvertreter".
Teilleistung: Wer sie erbracht hat, muß seine Berechtigung zu ihr beweisen, Kblz RR **93**, 251 (zum Dienstvertrag).
Telefax, dazu *Riesenkampff* NJW **04**, 3296 (Üb): Der Absender ist für den Zugang bewpfl, LG Bln ZMR **02**, 751. Die Absendung beweist wie beim Brief nach Rn 153 ff nicht den Zugang, sondern ist dafür evtl nur ein Anzeichen, § 233 Rn 164, BGH NJW **95**, 667, LG Bln ZMR **02**, 751 (Sendeprotokoll), LAG Düss JB **04**, 389, Gregor NJW **05**, 2886 (je: „OK"-Vermerk), aM Hbg RR **94**, 629, Rostock NJW **96**, 1831, noch strenger AG Düss RR **99**, 1510 großzügiger Riesenkampff NJW **04**, 3298 (aber es gibt trotz technischer erheblicher Weiterentwicklungen leider immer noch eine Fälle von Störungsmöglichkeiten bei der Übermittlung, § 233 Rn 164 ff). Daran ändert auch BVerfG MDR **00**, 836 nichts. Vielmehr muß

der Absender auch nach dieser Entscheidung jedenfalls im Ergebnis einen Fehler in der Leitung und/oder im Empfangsgerät beweisen. Der Ausdruck des Empfangsgeräts reicht, BGH **101**, 280, LG Bln ZMR **02**, 751. Freilich kann schon der *Sendebericht nebst „OK"-Vermerk* AnschBew erbringen, Mü MDR **99**, 286, AG Rudolstadt RR **04**, 1151, Riesenkampff NJW **04**, 3298. Das erörtert LG Bln ZMR **02**, 751 nicht mit. Freilich ist Zurückhaltung ratsam, BAG BB **02**, 2560 (noch strenger).

Telefonrechnung: Zunächst muß man klären, ob überhaupt eine Vergütungspflicht dem Grunde nach besteht. Manche verneinen sie wegen Sittenwidrigkeit nach § 138 BGB bei Telefonleistungen im Bereich von Telefonsex auch gegenüber der Telefongesellschaft, BGH RR **02**, 1424 (partielle Geschäftsunfähigkeit!), Düss RR **99**, 1431, Stgt RR **99**, 1430, aM LG Bielef RR **99**, 1513. Bei Bejahung der Vergütungspflicht gilt das folgende.

Man kann grds den *AnschBew der Richtigkeit* der Rechnung zulassen, LG Saarbr RR **96**, 894, LG Wuppert RR **97**, 701, Schlegel MDR **04**, 128 (zum Dialer), aM LG Oldb RR **98**, 1365, AG Haßfurt RR **98**, 1368 (aber auch der Inhaber einer geschäftstüchtigen solchen Firma ist nicht schon deshalb von vornherein ein Betrüger). Er ist aber jedenfalls dann erschüttert, wenn eine Manipulation der Software möglich ist, AG Bielef RR **03**, 1699, oder wenn sonstige konkrete Umstände gegen den üblichen Kausalverlauf sprechen, LG Saarbr RR **96**, 894, AG Bln-Tiergarten RR **02**, 997, AG Paderb RR **02**, 1141 (je: vielfach höhere Gebühren als sonst). Das gilt, wenn zB der Anschlußinhaber verreist war, LG Mü RR **96**, 893, oder wenn der Verteilanlage im Keller des Kunden oder gar außerhalb nicht gegen Mißbrauch geschützt ist, LG Saarbr RR **98**, 1367, AG Ffm DWW **94**, 187 (Antillen-Nr), AG Lpz RR **94**, 1396, oder wenn die Möglichkeit der softwaremäßigen Simulation von Verbindungen besteht, AG Starnberg NJW **02**, 3714, oder wenn ständig Premium-SMS-Nummern auftauchen, AG Aachen RR **04**, 1569, oder über überhaupt bei der Möglichkeit von Mißbrauch, AG Pinneb RR **04**, 270.

Da ein Verbrauch gerade durch den Anschlußinhaber bzw die von seinem Gerät Telefonierenden zu den *Anspruchsvoraussetzungen* der Telefonfirma gehört, sollte sie für solchen Verbrauch auch unabhängig von den skandalösen Mißbrauchsfällen durch angeblich technisch schwer bekämpfbare Dritte eigentlich ganz selbstverständlich darlegungs- und bewpfl sein, Celle RR **97**, 568, AG Bln-Charlottenb RR **02**, 998 (je: auch zur Beweisvereitelung durch Zuwarten des Kunden bis zur Datenlöschung), LG Mü BB **96**, 450 (keine datenschutzrechtlichen Bedenken), LG Ulm BB **99**, 472 (BewL dafür, daß die automatische Gebührenerfassung funktionierte). Zumindest muß der Anbieter den Kunden auf eine vertragliche BewLUmkehrung hinweisen, LG Memmingen RR **02**, 997. Beim Mobilfunk gibt es bei hohen Gebühren keinen AnschBew dafür, daß die Datenerfassung richtig gearbeitet hat, LG Bln BB **96**, 818, AG Hersbruck RR **99**, 1510. Wegen Einzelgesprächsnachweisen LG Kiel RR **98**, 1366.

Tierarzt: Rn 71 „Tierarzt".
Tierhalterhaftung: Rn 175 „Schadensersatz".
Transportunternehmer: Rn 227 „Werkvertrag".
Umsatzsteuer: Rn 130 „Mehrwertsteuer".
Umwelthaftung, dazu *Boecken* VersR **91**, 964; *von Craushaar,* Die Auswirkungen der Beweislastregelung in **195** der geplanten EG-Dienstleistungshaftungsrichtlinie auf das deutsche Privatrecht, Gedächtnisschrift für *Arens* (1993) 28; *Kargados,* Zur Beweislast bei der Haftung von Umweltschäden, Festschrift für *Baumgärtel* (1990) 187; *Kimeck,* Beweiserleichterungen im Umwelthaftungsrecht, 1998; *Knoche,* Arzthaftung, Produkthaftung, Umwelthaftung, 2005:

Da es sich um eine Gefährdungshaftung nach § 1 UmweltHG handelt, kommt eine BewL grds nur zur *Verursachungsfrage* in Betracht. § 6 I UmweltHG stellt auf Grund der bloßen Eignung einer Anlage auch die gesetzliche Vermutung auf, daß ein Schaden durch sie entstanden ist. § 6 II–IV, § 7 UmweltHG regeln die Fälle, in denen diese gesetzliche Vermutung entkräftet oder sonst unanwendbar ist. Die BewL trägt derjenige, der die Vermutung entkräften muß. Soweit sie entfällt, muß man die BewL nach den sonst geltenden Regeln beurteilen. Insoweit ist grds der Verletzte bzw Geschädigte bewpfl. Freilich kann auch bei einer Unanwendbarkeit der gesetzlichen Vermutungsregeln im Einzelfall nach den Gesamtumständen ein AnschBew gelten. Mit seiner Bejahung soll man allerdings wegen der vorrangigen eingehenden Regeln der §§ 6, 7 UmweltHG zurückhaltend sein. Zum Problem BGH NJW **97**, 2748 (zustm Petersen NJW **98**, 2099). Die BewL für eine Altlast, auf die das UmweltHG nach seinen § 23 unanwendbar ist, trägt der Inhaber der Anlage, Boecken VersR **91**, 966.

Unerlaubte Handlung: Vgl *Baumgärtel/Wittmann,* Zur Beweislastverteilung im Rahmen von § 823 Abs. 1 **196** BGB, Festschrift für *Schäfer* (1980) 13. Der Geschädigte muß grds die Haftungsvoraussetzungen beweisen, Köln VersR **99**, 1507. Es gibt keinen AnschBew dafür, daß Musikhören einen Hörsturz verursachte, Karlsr JZ **00**, 789 (zustm Stadler/Bensching). Für einen Fall nach § 823 II BGB können auch im Gesellschaftsrecht besondere Umstände sprechen, Drsd RR **01**, 1690.

S auch Rn 159 „Schadensersatz".
Unfall: Rn 105 ff, 200 ff, 206 ff, 218 ff.
Ungerechtfertigte Bereicherung: Rn 78 „Bereicherung".
Unmöglichkeit: Der Schuldner ist bewpfl dafür, daß er sie nicht vertreten muß, BGH RR **88**, 1196 (zum alten Recht). Dabei darf es nicht zu einer faktischen Umkehr der BewL kommen, BGH RR **92**, 1337. Bei § 324 I BGB ist der Schuldner bewpfl, daß der Gläubiger Unmöglichkeit zu vertreten hat, BGH NJW **92**, 683.
Unterhalt, dazu *Oelkers/Kreutzfeldt* FamRZ **95**, 137 (ausf): **197**

Vgl zunächst BGH NJW **81**, 923. Der Unterhaltsberechtigte muß seine Bedürftigkeit beweisen, der Unterhaltsverpflichtete die etwaige Beschränkung seiner Leistungsfähigkeit, BGH NJW **03**, 969 (auch nach einem Anspruchsübergang), Hbg FamRZ **89**, 1112 (auch bei einer verneinenden Feststellungsklage), Karlsr RR **97**, 323. Das Kind, das mehr als den Regelbedarf fordert, ist für die Höhe bewpfl, Karlsr FER **01**, 60. Der Bekl muß zwar das Vorhandensein anderer, näher Verpflichteter beweisen. Der Kläger ist aber dafür bewpfl, daß diese an sich näher Verpflichteten hier ausscheiden, Ffm FamRZ **84**, 396. Eine Ehefrau, die bei ihrem Freund lebt, ist für ihre Bedürftigkeit bewpfl, Bre NJW **78**, 1331.

Zur BewL für die *Unterhaltsbedürftigkeit* eines *Geschiedenen,* der einen anderen in seine Wohnung aufnimmt, BGH NJW **83**, 683. Der Unterhaltspflichtige muß die tatsächlichen Voraussetzungen des § 1579 I Z 4 BGB beweisen, BGH FamRZ **82**, 464, ebenso diejenigen für das Fortbestehen eines Härtegrundes nach § 1579 I Z 7 BGB, BGH NJW **91**, 1290. Ein Vollstreckungstitel reicht bis zur Abänderung usw nach §§ 323, 767 als Beweis aus, aM BSG RR **96**, 899 (Abänderbarkeit genüge. Aber man muß dann eben klagen). Bei §§ 645 ff gelten keine Besonderheiten, Brdb FamRZ **00**, 1159. Wer nur den Mindestbedarf fordert, ist für dessen Höhe nicht bewpfl, KG FamRZ **00**, 1174.

198 Werden für Aufwendungen infolge eines Körper- oder Gesundheitsschadens *Sozialleistungen* beansprucht, muß wegen § 1610a BGB und darf wegen § 292 der Schuldner beweisen, daß die Kosten der Aufwendungen geringer als die Höhe dieser Sozialleistungen waren, BGH FamRZ **93**, 22, Hamm (12. FamS) FamRZ **91**, 1198, Weychardt FamRZ **91**, 782. Man kann die BewL für die Höhe von Aufwendungen vor und nach dem Inkrafttreten des § 1610a BGB einheitlich beurteilen, Hamm FamRZ **91**, 1200. Gelingt die Widerlegung der gesetzlichen Vermutung, so ist der Gläubiger bewpfl, Künkel FamRZ **91**, 1134. Bei der Abänderungsklage nach § 323 ist der Kläger für eine wesentliche Änderung der Verhältnisse bewpfl, BGH FamRZ **04**, 1180, Brdb RR **03**, 1448, Hbg FamRZ **93**, 1476 (Eintritt der Volljährigkeit). Der Bekl ist aber dafür bewpfl, daß trotz Wegfalls wesentlicher Umstände der Titel im Ergebnis unverändert gerechtfertigt ist, Brdb RR **03**, 144, Köln RR **01**, 1371, Zweibr FamRZ **04**, 1885.

Entsprechendes gilt bei einer *Erweiterung der Berufung* nach Ablauf der Begründungsfrist anstelle einer Abänderungsklage, Kblz RR **88**, 1478. Den Umstand, daß sich die Einkommensverhältnisse der Eheleute seit der Trennung unerwartet und erheblich geändert haben, muß grds derjenige Ehegatte beweisen, der daraus ein Recht herleitet, BGH FamRZ **99**, 1512. Ausnahmsweise kann dessen Gegner beweisen, daß die Veränderung nicht maßgeblich ist, Mü FamRZ **99**, 1512. Wechselt der Abänderungsbekl die Anspruchsgrundlage, so ist er für den neuen Anspruch bewpfl, BGH FamRZ **90**, 496, KG FamRZ **89**, 1206, Zweibr FamRZ **89**, 1192.

199 **Unterlassung:** Grundsätzlich muß der Gläubiger die Erstbegehungs- wie die etwaige Wiederholungsgefahr beweisen, Hirtz MDR **88**, 182. Man kann die Wiederholungsgefahr mit allen Mitteln des § 286 ausräumen, Steines NJW **88**, 1361. Bei einer Briefkastenwerbung trotz Verbots besteht ein AnschBew dafür, daß die Werber trotz einer Verbotsaufschrift auf dem Kasten die Werbung eingeworfen haben, solange nicht das Unternehmen Belehrung bzw Überwachung der Mitarbeiter darlegen kann, KG DB **90**, 2319.

S auch Rn 34 „Allgemeine Geschäftsbedingungen", Rn 234 „Wettbewerb".

Unterschrift, elektronische: § 292a.
Unzulässigkeit der Rechtsausübung: Rn 156 „Rechtsmißbrauch".
Unzurechnungsfähigkeit: Rn 99 „Handlungsunfähigkeit", Rn 206 „Verschulden".
Urheberrecht: Im Verletzungsprozeß muß der Urheber die Schutzfähigkeit und evtl den Schutzumfang des Werks beweisen. Der Verletzer muß beweisen, daß der Urheber auf vorbekanntes Formengut zurückgegriffen hatte, BGH NJW **82**, 108. Die Herstellung von Plattenhüllen bringt keinen AnschBew für die Herstellung zugehöriger Platten, aM BGH **100**, 34 (zustm von Gravenreuth GRUR **87**, 633. Aber man stellt im allgemeinen das eine nicht ohne das andere her). Zur Problematik bei einer Verletzung betr Software Dreier GRUR **93**, 789. Die BewL dafür, daß eine pauschale Nutzungsrechtseinräumung dem Vertragszweck entspricht, trägt derjenige, der sich darauf beruft, BGH GRUR **96**, 121.
Urkunde: §§ 415 ff.

200 **Ursächlichkeit,** dazu *Fischer,* Der Kausalitätsbeweis in der Anwaltshaftung, in: Festschrift für *Odersky* (1996); *Knoche,* Arzthaftung, Produkthaftung, Umwelthaftung, 2005; *Mätzig,* Der Beweis der Kausalität im Anwaltshaftungsprozeß, 2001; *Mummenhoff,* Erfahrungssätze im Beweis der Kausalität, 1997; *Weber,* Der Kausalitätsbeweis im Zivilprozeß, 1997:

Für den Beweis der *haftungsbegründenden* Ursächlichkeit gibt es keine allgemeinen Beweiserleichterungen, BGH NJW **98**, 748 (freilich § 287), Hamm NVersZ **01**, 508 (Unfall als Ursache für Bandscheibenschaden), Knoche 71. Bestehen nur für eine von mehreren möglichen Ursachen bestimmte Anhaltspunkte, dann spricht die Erfahrung für diese Ursache, selbst bei ungewöhnlicher Folge, BGH **81**, 227. Wenn der Schuldner durch ein vom Gläubiger zu beweisendes objektiv pflichtwidriges Verhalten in seinem Gefahren- und Verantwortungsbereich eine positive Vertragsverletzung begangen hat, wird er von seiner Haftung für die dadurch entstandenen Schaden nicht schon durch den Nachweis frei, daß ihn hinsichtlich einer von zwei als Schadensursache in Frage kommenden Handlungen kein Verschulden trifft, BGH MDR **81**, 39.

201 Wer eine *Aufklärungs- oder Betreuungspflicht* verletzt hat, muß beweisen, daß der Schaden auch bei vertragsmäßigem Verhalten eingetreten wäre, BGH NJW **89**, 2946, Schultz VersR **90**, 812, Stodolkowitz VersR **94**, 12 (Beweiserleichterung zugunsten des Geschädigten). Bei einem Verstoß gegen ein Schutzgesetz ist grds der Verletzte bewpfl, BGH NJW **84**, 433. Er muß beweisen, daß er einen Unfall nicht erlitten hätte, wenn der Verkehrssicherungspflichtige rechtzeitig gestreut hätte, Düss VersR **84**, 1173, oder daß ein Sturz im Gefahrenbereich geschah, Schlesw MDR **98**, 286. Ein gerichtliches Mitverschulden ist beachtlich, Schneider NJW **98**, 3696.

202 Es kann jedoch ein AnschBew bestehen, wenn das Schutzgesetz einer *typischen Gefährdungsmöglichkeit* entgegenwirken will, BGH VersR **75**, 1008 (Straßenbahnunfall), BGH NJW **84**, 433, BayObLG **94**, 285, Ffm VersR **80**, 51 (Streupflicht), BGH NJW **89**, 2947 (Unfallverhütungsvorschrift, auch zu den Grenzen), BGH BB **91**, 1149 (DIN), Kblz OLGZ **89**, 346 (Technische Regeln Flüssiggas), aM Zweibr VersR **77**, 849 (Brand. Aber auch er ist eine typische Gefahr). Es muß sich aber auch die vom Schutzgesetz bekämpfte Gefahr verwirklicht haben, BGH DB **86**, 1815. Die bei einem groben Behandlungsfehler des Arztes nach Rn 56 „Ärztliche Behandlung" mögliche BewLVerteilung kann auch bei einer groben Verletzung der Pflicht eines anderen Berufsstandes gelten, zB bei einer Badefrau, Ffm VersR **84**, 169.

Wegen einer Amtspflichtverletzung BGH MDR **86**, 650. Für eine Mitverursachung durch den Geschä-

Titel 1. Verfahren bis zum Urteil   Anh § 286

digten ist der Schädiger bewpfl, BGH VersR **83**, 1162. Fließt aus einer Wasserleitung „dicke braune Brühe", so muß das Wasserwerk beweisen, daß dieser Umstand weder auf typischen Betriebsrisiken noch auf einem groben Überwachungsverschulden beruht, LG Duisb MDR **82**, 53. Zu Brand-Folgeschäden BGH VersR **84**, 63.

Auch bei § 7 I StVG ist der Kläger bewpfl, Düss VersR **87**, 568, Köln VersR **89**, 152. Das gilt auch im **203** Deckungsprozeß, nunmehr zu Lasten desjenigen Versicherers, der im Außenverhältnis gegenüber dem Unfallgegner des Kunden geleistet hatte. Trotz abgefahrener Reifen kann deren Ursächlichkeit für Unfallfolgen fehlen, BGH NJW **78**, 1919. Der Versicherer ist auch dann bewpfl, wenn der Versicherungsnehmer eine Straftat beging, deren Beendigungszeitpunkt unklar ist, Hamm VersR **78**, 1137. Der Versicherungsnehmer ist beim Sturmschaden bewpfl, daß der Sturm alleinige oder letzte Ursache war, Köln RR **99**, 468. Es besteht ein AnschBew dafür, daß täuschende Angaben des Versicherungsnehmers im Versicherungsantrag für den Vertragsabschluß ursächlich waren, LG Dortm VersR **80**, 963. Bei einer Tempoänderung von unter 15 km/h spricht kein AnschBew für die Ursächlichkeit eines Auffahrunfalls für einen HWS-Schaden, KG NJW **00**, 878.

Vgl auch Rn 56 „Ärztliche Behandlung", Rn 105 „Kraftfahrzeug", Rn 159 „Schadensersatz", Rn 187 „Schiffsunfall", Rn 189 „Selbständiges Beweisverfahren", Rn 193 „Steuerberater" usw.

Vaterschaft: Vgl §§ 1591 ff BGB, § 286 Rn 25, § 372a Rn 3. Trotz §§ 1592, 1593 BGB erfolgt eine **204** etwaige Ermittlung von Amts wegen, Grdz 38 vor § 128, selbst wenn die Vaterschaft unstreitig ist. Weder Kosten noch eine Verzögerung sind maßgeblich. Denn es geht darum, die biologische Abstammung zu klären. Daher ist eine Berufung des Mannes auf ein erbbiologisches Gutachten kein unzulässiger Ausforschungsantrag. Eine Vaterschaftsvermutung wird erst nach der Beweisaufnahme bedeutsam. „Schwerwiegende Zweifel" bestehen, wenn die Vaterschaft nicht „sehr wahrscheinlich" ist, ferner wenn die Erzeugung durch den angeblichen Vater nicht wahrscheinlicher ist als diejenige durch einen erwiesenen Mehrverkehr. Im Anfechtungsprozeß ist grds der Bekl dafür bewpfl, daß die Frist abgelaufen ist, BGH RR **87**, 899. Das klagende Kind muß beweisen, daß die Mutter den Namen seines Vaters kennt, Köln FamRZ **94**, 1198.

Verbotene Eigenmacht: Grundsätzlich hat derjenige die BewL, der aus einer verbotenen Eigenmacht **205** Rechte ableitet, Saarbr MDR **03**, 1198. Jedoch muß der Störer die gesetzliche oder vertragliche Gestattung beweisen, Saarbr MDR **03**, 1198.

S auch Rn 98 „Besitz".

Verbraucherdarlehensvertrag, dazu (zum alten Recht) *Bülow* NJW **98**, 3454 (ausf), *Gilles,* Prozessuale Weiterungen des Verbraucherschutzes bei Kreditgeschäften, Festschrift für *Kitagawa* (1992) 347: Es gelten die allgemeinen BewLRegeln, zB Rn 151 „Rechtsgeschäft", Teske NJW **91**, 2801.

Einen AnschBew für die Entgeltlichkeit eines erheblichen *Zahlungsaufschubs* kann der Kreditgeber dadurch ausräumen, daß er seine Absicht beweist, die für den Zahlungsaufschub anfallenden Kosten ausnahmsweise aus seinem sonstigen Ertrag bestreiten zu wollen, LG Hbg RR **94**, 247. Der Kreditgeber ist grds dafür bewpfl, daß der Verbraucher nicht rechtzeitig und wirksam widerrufen hat, aM Teske NJW **91**, 2801 (aber §§ 491 ff BGB machen den Eintritt der zu den anspruchsbegründenden Voraussetzungen zählenden Wirksamkeit der Willenserklärung des Verbrauchers vom Nichtwiderruf abhängig, Rn 77 „Bedingung und Befristung"). Das gilt auch beim sog verbundenen Geschäft (Kauf + Kredit). Die vom Kreditgeber zu beweisende Übergabe oder Leistungserbringung kann bei Verträgen auf Lieferung oder Leistung gegen Teilzahlungen den Mangel der gesetzlichen Form heilen.

Vereinsbeschluß: Wird behauptet, daß unberechtigte Dritte bei der Abstimmung mitgewirkt hätten, so muß grds der Verein das Gegenteil beweisen. Ist der Mitgliederversammlung satzungsgemäß das Protokoll der vorangegangenen Versammlung zur Genehmigung vorgelegt worden und hat das Mitglied damals nicht widersprochen, sondern erst nachträglich die Nichtigkeit behauptet, weil durch nichtberechtigte Dritte die Mehrheit erzielt worden sei, so ist das Mitglied dafür bewpfl.

Verfahrensdauer: Ihre Überlänge kann zur Beweiserleichterung führen, Einl III 23.

Verjährung: Wer sich auf sie beruft, muß ihre Voraussetzungen beweisen, BGH BB **94**, 601. Bei § 167 ist der Gläubiger für seine Schuldlosigkeit und damit für eine Hemmung der Verjährung bewpfl, Kblz VersR **89**, 164. Der Anwalt, der pflichtwidrig nicht auf mögliche Verjährung hinwies, ist dafür bewpfl, daß der Auftraggeber nicht belehrungsbedürftig war, BGH NJW **00**, 1263.

Verkehrssicherungspflicht: Rn 176 „Schadensersatz".

Verkehrsunfall: Rn 91 „Fahrrad", Rn 105 ff, 200 ff, 206 ff, 218 ff.

Vermögensgesetz: Der Grundsatz, daß jede Partei die BewL für das Vorliegen der ihr günstigen Tatsachen trägt, gilt auch bei § 1 VermG. Ob eine Umkehrung der BewL in Betracht kommt, hängt vom Einzelfall ab, auch bei § 1 VermG, BVerwG DB **94**, 37.

Verschulden, dazu *Eschke,* Die Geltung der Unschuldsvermutung im Zivil- und Zivilverfahrensrecht, 2003: **206** Beim Verschulden während der Vertragsverhandlungen kann der Gefahrenkreis und Verantwortungsbereich wesentlich für die BewL sein. Der Schädiger muß die Behauptung des Geschädigten widerlegen, letzterer hätte bei wahrheitsgemäßer Information keinen Vertrag abgeschlossen, BGH NJW **96**, 2503. Bei einem vertraglichen Schuldverhältnis ist der Bekl für seine Schuldlosigkeit bewpfl, BGH NJW **78**, 2243, zB für den Wegfall des Schuldnerverzugs, für eine unvertretbare Unmöglichkeit, Crezelius BB **85**, 213, für eine Schuldlosigkeit bei positiver Vertragsverletzung, BGH VersR **78**, 724, Düss OLGZ **75**, 318. Vgl aber auch Rn 56 „Ärztliche Behandlung".

Anders liegt es bei betriebsbezogener, *gefahrengeneigter Arbeit,* Rn 40 „Arbeitnehmer". Die positive **207** Vertragsverletzung selbst muß der Gläubiger beweisen, wenn die Schadensursache nicht nachweislich im Gefahrenkreis des Schuldners liegt, Rn 159 „Schadensersatz".

Ein *Beamter,* in dessen amtliche Obhut die Sache gelangt ist, muß den Verlust aufklären. Dazu genügt **208** der Nachweis, daß die Sache ohne sein Verschulden verloren worden sein kann. Bei einem Schaden aus fehlerhafter Vertragserfüllung ist der Schuldner bewpfl, wenn der den Schaden verursachende Mangel zunächst gegen seine Sorgfalt spricht.

Anh § 286 Buch 2. Abschnitt 1. Verfahren vor den LGen

209 Der Schädiger, auch ein minderjähriger, ist für ein *Mitverschulden* des Geschädigten bewpfl, BGH NJW **79**, 2142 (der Geschädigte ist aber darlegungspflichtig, daß und wie er den Schaden mindern helfen kann), KG VersR **77**, 724. Zum Problem Köhnken VersR **79**, 791. Auch bei einem Minderjährigen ist ein AnschBew möglich.

210 Der *Versicherer* ist für Arglist beim Vertragsschluß bewpfl, zB daß der Versicherungsnehmer eine im Antrag nicht erwähnte Krankheit kannte, Hamm VersR **86**, 865. Man darf jedoch keine überspannten Anforderungen stellen, AG Altötting VersR **79**, 1024. Bei § 61 VVG ist der Versicherer für grobe Fahrlässigkeit bewpfl, Karlsr VersR **76**, 454, LG Landau VersR **76**, 455, und für deren Schadensursächlichkeit, LG Mü VersR **77**, 858. Auch hier ist ein AnschBew zulässig, Einf 6 vor § 284, Ffm VersR **77**, 927. Wegen des AnschBew beim Brand infolge Asche im Plastikeimer Celle VersR **78**, 1033. Wegen Schweißarbeiten nahe von brennbarem Material BGH VersR **80**, 532. Wegen vorsätzlicher Brandstiftung beim eigenen Hof Hamm VersR **85**, 437. Der Beweis der Selbstverstümmelung ist bereits dann erbracht, wenn die Schilderung des Unfallversicherten erwiesen falsch ist, LG Mü VersR **82**, 466.

211 Bei der Verletzung einer *Obliegenheit* des Versicherungsnehmers ist der Versicherer für deren objektives Vorliegen bewpfl, Hamm VersR **78**, 815 (§ 8 AVB).

212 Der Versicherungsnehmer muß beweisen, daß die Verletzung der Obliegenheit für den Schaden *nicht ursächlich* war, Ffm VersR **84**, 859, Karlsr VersR **77**, 245, oder daß er keine Schuld hatte, Hamm VersR **78**, 816, zB *nicht grob fahrlässig* handelte, LG Wiesb VersR **77**, 1148, aM BGH RR **86**, 705, LG Köln VersR **76**, 748, LG Mü **76**, 430 (aber eine Obliegenheitsverletzung geht erfahrungsgemäß sehr oft mit ganz erheblicher Nachlässigkeit einher, wenn nicht sogar mit Gleichgültigkeit und daher mit bedingtem Vorsatz).

213 Der Versicherer muß beweisen, daß der Versicherungsnehmer *vorsätzlich* handelte, BGH VersR **77**, 734, Hamm VersR **89**, 269, Zweibr VersR **77**, 807, aM BGH MDR **85**, 917 (aber man kann nicht einfach von einer Straftat ausgehen, Artt 1, 2 GG).

214 Der Versicherer muß grds (Ausnahme: § 827 I BGB, s unten) die *Zurechnungsfähigkeit* des Versicherungsnehmers beweisen, aM Hamm VersR **82**, 995, LG Wiesb VersR **77**, 1148 (aber man darf nicht dergleichen zunächst einfach zu Lasten eines sich wehrenden Kunden beurteilen).

215 Der Versicherer muß beweisen, daß der Versicherungsnehmer von den Umständen Kenntnis hatte, die eine *Gefahrerhöhung* auslösten, LG Karlsr VersR **81**, 1169. Der Versicherungsnehmer muß beweisen, daß eine Gefahrerhöhung den Schaden nicht verursachte, BGH MDR **87**, 224, Hamm VersR **78**, 284, oder er sie nicht von ihm verschuldet hatte. Der Versicherer ist dafür bewpfl, daß nur eine Sucht die Ursache der Krankheit war. Wegen der BewL bei einer sog Brandrede (Anstiftung) Sieg VersR **95**, 369.

Ein objektiv *schwerer Verstoß* liefert keinen AnschBew für grobe Fahrlässigkeit, Düss VersR **04**, 66. Vgl freilich grds Rn 16. Der Versicherungsnehmer muß beweisen, daß er schuldlos annehmen durfte, sein ausländischer Führerschein sei noch im Inland gültig, Karlsr VersR **76**, 181, oder sein Fahrer besitze einen Führerschein, LG Regensb VersR **75**, 850.

216 Bei einer *unerlaubten Handlung* ist der Schädiger für das Verschulden des Schädigers grds bewpfl, BGH NJW **78**, 2242. Bei § 823 II BGB muß der Schädiger seine Schuldlosigkeit beweisen, soweit das Schutzgesetz das geforderte Verhalten so genau umschreibt, daß die Verwirklichung des objektiven Tatbestands den Schluß auf die Schuld nahelegt, BGB NJW **92**, 1040. Bei § 486 IV 2 HGB ist der Geschädigte für das Eigenverschulden des Reeders bewpfl. Eine Vertragsklausel, daß der Kraftfahrzeugmieter trotz einer entgeltlichen Haftungsfreistellung die BewL dafür trage, daß er weder vorsätzlich noch grob fahrlässig handelte, kann gegen Treu und Glauben verstoßen, (jetzt) § 309 Z 12 a BGB, BGH VersR **76**, 689, LG Ffm VersR **76**, 841.

Wegen des Entlastungsbeweises eines *Brotherstellers* AG Ffm VersR **77**, 1137. Es findet grds keine BewLUmkehr betr Verschulden statt, LG Kref VersR **86**, 270, LG Mainz VersR **77**, 941. Bei § 827 BGB ist aber der Schädiger für die Unzurechnungsfähigkeit bewpfl, BGH NJW **90**, 2388. Zu den Anforderungen an den Nachweis einer alkoholbedingten Bewußtseinsstörung im Verkehr BGH VersR **85**, 583.

S auch Rn 36 „Anerkenntnis", Rn 159 „Schadensersatz".

217 **Versicherung,** dazu *Hansen,* Beweislast und Beweiswürdigung im Versicherungsrecht, 1990; *Lang,* Beweislast und Beweiswürdigung im Versicherungsrecht, 1990; *Lücke* VersR **96**, 791, 802:

Der Versicherungsnehmer ist für den *Inhalt der Vereinbarung* über Art und Umfang der Versicherung bewpfl, Saarbr NVersZ **01**, 401. Er ist auch für den Eintritt eines Versicherungsfalls bewpfl, Ffm NVersZ **01**, 36 (Hausratsversicherung), Hamm NVersZ **02**, 213, Karlsr VersR **97**, 607. Wegen der Diebstahlsversicherung vgl zunächst die umfangreichen Nachweise in Rn 161 ff „Schadensersatz", wegen der Brandversicherung Rn 166 ff, wegen der Verkehrsunfallsfragen Rn 166 ff. Der Versicherer ist für Arglist bei Nichtangabe nicht erfragter Gefahrumstände nach § 18 VVG bewpfl, BGH NJW **04**, 3427. Der Versicherer muß grds einen Vorsatz des Versicherungsnehmers beweisen, BGH RR **05**, 1051, Hamm VersR **96**, 601. Der Vertreter ist dafür bewpfl, daß er vor dem Ablauf der meist vereinbarten 12 Beitragsmonate schon die Provision endgültig verdient hat, Karlsr VersR **84**, 935. Der Versicherungsnehmer ist dafür bewpfl, daß der Versicherer eine Ausweis- und Beratungspflicht nicht erfüllt hat, Hamm VersR **05**, 685. Der Versicherungsmakler ist dafür bewpfl, daß der Schaden des Kunden auch bei vertragsgerechter Erfüllung der Aufklärungs- und Beratungspflicht eingetreten wäre, BGH **94**, 363. Im Fall der Berichtigung der Schadensanzeige ist der Versicherungsnehmer dafür bewpfl, erst nachträglich die notwendige Tatsachenkenntnis erlangt zu haben, LG Osnabr VersR **86**, 1237. Wird ein Fußgänger, der ein Fahrrad geschoben hatte, in einem tiefen Graben neben der Straße tot gefunden, liegt AnschBew für Hinunterstürzen oder -rutschen vor, Karlsr MDR **99**, 1443.

218 Der Versicherungsnehmer ist für eine *rechtzeitige Prämienzahlung* bewpfl, LG Osnabr VersR **87**, 62. Der Versicherungsnehmer ist wegen § 6 III VVG grds für die Erfüllung seiner Obliegenheit bewpfl, LG Stade VersR **88**, 712, aM Köln VersR **95**, 567 (aber diese Erfüllung ist selbstverständliche Anspruchsvoraus-

setzung). Das gilt zB bei einer vollständigen und rechtzeitigen Schadensanzeige, AG Düss VersR **87**, 63. Der Versicherungsnehmer ist für die Leistungspflicht des Versicherers bewpfl, Knoche MDR **90**, 965. Er ist auch für Eigentumsvorbehalt an versicherten, abgebrannten Sachen bewpfl, BGH NVersZ **99**, 177. Daher muß er auch die Angemessenheit zB stationärer Behandlungskosten beweisen, LG Mü RR **03**, 161. Der Versicherer ist dafür bewpfl, daß ein Kippfenster grob fahrlässig lange offenstand, Hamm NVersZ **99**, 178. Es gibt keinen AnschBew für Mängel der Gebäudeerrichtung oder -unterhaltung nach Ablösung von Gebäudeteilen bei einem Orkan, LG BadBad VersR **03**, 517.

Der Versicherungsnehmer muß beweisen, daß eine *Heilbehandlung* überhaupt notwendig war, BGH RR **04**, 1399. Der Versicherer muß aber sodann beweisen, daß die Heilbehandlung das medizinisch notwendige Maß überschritten hat, BGH VersR **91**, 987. Der Versicherer ist für die Voraussetzungen einer Rückforderung bewpfl, BGH NZM **01**, 638 (grobe Fahrlässigkeit bei Obliegenheitsverletzung), Köln NVZ **90**, 466, Knoche MDR **90**, 965. Hat der Versicherer vor Fälligkeit „vorbehaltlich Akteneinsicht" gezahlt, muß er aber nur dies bewL beweisen, der Versicherungsnehmer muß indes das Bestehen der Schuld beweisen, Düss VersR **96**, 89. Der Versicherer ist für den Zugang einer qualifizierten Mahnung nach § 39 I VVG bewpfl, Köln NVersZ **02**, 110. Zu § 7 Z 1a, 2 AFB 87 BGH RR **97**, 407. Zum Umfang des Kausalitäts-Gegenbeweises bei § 21 VVG BGH NVersZ **01**, 400.

Der Versicherungsnehmer muß beweisen, daß der Vermittler *Mitarbeiter* bzw Agent nach § 43 VVG war, Köln VersR **05**, 775. Der Versicherer ist dafür bewpfl, daß der Versicherte, der im vom Agenten ausgefüllten Antrag Gesundheitsfragen objektiv falsch beantwortete, Kenntnis des wahren Krankheitsbildes hatte, Ffm NVersZ **02**, 114, Hamm VersR **94**, 1333, Karlsr RR **93**, 489. Zur BewL beim Streit, ob der Makler oder der Versicherer den Antrag änderten, BGH NJW **88**, 62. Zur Frage, ob der Versicherungsnehmer den Agenten bei der Antragsausfüllung richtig informierte und der letztere unrichtig ausgefüllt hat, BGH BB **90**, 1731. Der Versicherungsnehmer ist dafür bewpfl, daß entgegen dem schriftlichen Antrag mündlich ein erweiterter Schutz vereinbart wurde, BGH VersR **02**, 1089. Die BewL in § 827 S 1 BGB gilt bei §§ 152 VVG, § 3 Z 1 PflVG, BGH **111**, 374. Zur Berufsunfähigkeit BGH NJW **88**, 974. Zum Gesundheitsraubbau BGH NVersZ **01**, 404. Für Eigenbrandstiftung ist kein AnschBew möglich, Stgt VersR **97**, 824. Zum kriegsbedingten Schiffsbrand Hbg VersR **03**, 730. Zur Provision bei vermittlungsfremder Vertretertätigkeit BGH RR **05**, 1275.

S auch Rn 159 „Schadensersatz", Rn 190 „Selbsttötung", Rn 200 „Ursächlichkeit", Rn 206 „Verschulden", § 444 Rn 4 (Urkundenentsorgung).

Versorgungsunternehmen: Es hat die BewL für „Billigkeit" des Tarifs, LG Bln RR **02**, 993 (Strom).
Verspätung: Bei § 296 I ist der verspätet Vortragende für die zur Entschuldigung ausreichenden Tatsachen bewpfl, Schneider MDR **87**, 900. Jedoch mag das Gericht nur eine Glaubhaftmachung nach § 294 fordern, § 296 IV. Bei § 296 II ist der verspätet Vortragende nicht dafür bewpfl, daß keine grobe Nachlässigkeit vorlag, solange das Gericht sie nicht feststellen kann, Schneider MDR **87**, 901.
Vertrag: Wegen der grundsätzlichen Vermutung seiner Vollständigkeit und Richtigkeit hat derjenige die BewL, der eine Nebenabrede behauptet, BGH RR **00**, 274.

S auch Rn 74 „Auslegung", Rn 77 „Bedingung und Befristung", Rn 93 „Form", Rn 99 „Handlungsunfähigkeit", Rn 101 „Kauf", Rn 141 „Minderjährigkeit", Rn 151 „Rechtsgeschäft", Rn 189 „Schlechterfüllung", Rn 192 „Stellvertretung".
Vertrag zugunsten Dritter: Der Dritte ist bei § 331 BGB für einen entsprechenden Abschluß bewpfl.
Vertragsstrafe: Unterwirft sich der Schuldner ihr „für jeden Fall einer schuldhaften Zuwiderhandlung", so ergibt sich zB nach dem Hamburger Brauch bei dem Wort „schuldhaft" nicht, daß damit eine BewL-Abrede dahingehend getroffen worden ist, der Gläubiger müsse dem Schuldner ein Verschulden nachweisen, Hbg GRUR **80**, 874 (zum alten Recht).
Vertragsurkunde: Die Partei, die sich für einen bestimmten Vertragsinhalt auf Tatsachen außerhalb der Urkunde beruft, muß diese beweisen. Eine Ermittlungspflicht für derartige Umstände besteht für das Gericht nicht. Ist der Vertragsinhalt völlig widerspruchsvoll, verbinden die Parteien aber einen bestimmten Sinn damit, so muß das Gericht von diesem ausgehen. Nur im äußersten Falle kann man den Vertrag als nicht auslegungsfähig ansehen, nämlich wenn die bewpfl Partei wegen einer Uneinigkeit über die Auslegung keine klärenden Tatsachen beweisen kann. Ist dagegen die Urkunde aus sich heraus verständlich, so muß man eine abweichende Vereinbarung beweisen. Die Auslegung selbst ist Sache des Gerichts und hat mit der BewL nichts zu tun. S auch Rn 151 „Rechtsgeschäft".
Vertreter: Rn 98 „Handelsvertreter", Rn 192 „Stellvertretung".
Verwahrung: Auch auf die öffentliche Verwahrung sind §§ 688 ff BGB entsprechend anwendbar, BGH MDR **90**, 417.
Verwirkung: Der Schuldner muß beweisen, daß der Gläubiger seine Forderung lange Zeit hindurch nicht geltend gemacht hat. Der Gläubiger braucht nur substantiiert zu bestreiten und darzulegen, wann und unter welchen Umständen er das getan hat. Daher gehen Unklarheiten auch nach einer Parteivernehmung des Gläubigers zu Lasten des Schuldners. Beweisschwierigkeiten des Schuldners rechtfertigen die Annahme einer Verwirkung zwar nicht schon wegen des Zeitmoments, evtl aber dann, wenn der Schuldner ein Beweismittel im Vertrauen darauf vernichtet hat, der Gläubiger werde nicht mehr hervortreten (Umstandsmoment), BGH MDR **93**, 26.
Verzicht: Wer den gegnerischen behauptet, ist bewpfl, BGH NZM **05**, 665.
Verzug: Wegen (jetzt) § 286 IV BGB ist der Schuldner für das Fehlen von Verzug bewpfl, BGH VersR **83**, 61. Eine Vereinbarung kann zur BewL des Gläubigers führen, AG Rastatt Rpfleger **97**, 75.
Verzugsschaden, Verzugszinsen: Der Gläubiger ist für ihre Entstehung und die Höhe bewpfl. Freilich ist § 287 anwendbar, Schopp MDR **89**, 1. Der Unternehmer muß beweisen, daß er an der Verzögerung schuldlos ist, BGH RR **01**, 806.
Vollmacht: Bei der Klage gegen den Vollmachtgeber ist der Kläger für das Entstehen der Vollmacht bewpfl, der Bekl für deren Untergang. Etwas anderes gilt, wenn der Untergang der Vollmacht unstreitig ist. Bei einem Wechsel ist der Kläger dafür bewpfl, daß die Vollmacht zur Zeit der Annahme noch bestand. Ist ein

Anh § 286

Generalbevollmächtigter eine Wechselschuld für eigene Verbindlichkeit eingegangen, so muß der Vertretene einen Mißbrauch der Vollmacht beweisen, insbesondere wenn sein Einverständnis behauptet wird. Verhandlungs- und Bankvollmacht können den Rechtsschein für eine Abschlußvollmacht begründen, Oldb BB **95**, 2342.
S auch Rn 95 „Gemeinschaft", Rn 192 „Stellvertretung", Rn 225 „Wechsel".

223 **Vollstreckungsabwehrklage:** Der Kläger muß grds die Voraussetzungen seiner Klage zumindest wegen der den Anspruch des Vollstreckungstitels vernichtenden Tatsachen beweisen, § 767 Rn 47, BGH NJW **81**, 2756, Düss RR **97**, 444, Münch NJW **91**, 795 (ausf). Jedoch muß der Bekl beweisen, daß eine Vereinbarung, auf deren Nichtigkeit der Kläger die Vollstreckungsabwehrklage stützt, ein bloßes Scheingeschäft war, BGH DNotZ **93**, 234.
Vorkauf: Der Vorkaufsberechtigte ist für eine Umgehung (jetzt) des § 465 BGB bewpfl, BGH **110**, 234.
S auch Rn 101 „Kauf".
Vorläufiger Insolvenzverwalter: Der nach §§ 21 II Z 1, 22 InsO Bestellte muß seine Verwaltungs- und Verfügungsbefugnis beweisen, Urban MDR **82**, 446.
Vorlegung: Es kommt auf den Einzelfall und auf die Beachtung des Verbots des Ausforschungsbeweises an, Einf 27 vor § 284, BGH **93**, 205.
Vorsatz: Ein AnschBew für ihn kommt kaum in Betracht, BGH NJW **02**, 1645 (sehr strenge Anforderungen).
Vorschuß: Rn 78 „Bereicherung".
Währung: Wer eine Forderung in fremder Währung geltend macht (Valutaforderung), muß ihre wirksame Entstehung beweisen, auch eine etwa nach § 3 WährG erforderliche Genehmigung, Kblz NJW **88**, 3099.

224 **Warenhaus:** Bei einem Unfall des Kunden, der über Obstreste ausglitt, muß der Inhaber beweisen, daß er zur Erfüllung seiner Verkehrssicherungspflicht genügend getan hat, insbesondere dafür sorgen ließ, daß der Boden ständig beobachtet und geräumt wurde. Das gilt besonders bei einem Selbstbedienungsgeschäft.
Wasserverbrauch: Bei einwandfreiem Zähler (spätere Kontrolle genüge – ? –) ist der Verbraucher für geringeren Verbrauch bewpfl, VG Ffm NVwZ-RR **04**, 898.

225 **Wechsel:** Der Wechselschuldner muß das Fehlen einer sachlichen Berechtigung beweisen, BGH NJW **94**, 1353, Bulla DB **75**, 193. Das gilt auch dann, wenn die Wechselrechte beim Besitzerwerb nicht auf den Gläubiger übergegangen sind, dieser aber behauptet, die Rechtsübertragung habe nachträglich stattgefunden. Das gilt ferner dann, wenn der Gläubiger behauptet, er habe sich mit dem Schuldner nachträglich über im Grundgeschäft geeinigt, BGH NJW **75**, 214, oder wenn es um eine Zwischenfeststellungsklage des Gläubigers geht, BGH **125**, 256. Der Gläubiger ist dafür bewpfl, daß der Schuldner auf eine Einrede verzichtet hat, Bulla DB **75**,193. Der Gläubiger muß beweisen, daß der Wechselinhaber beim Erwerb wußte, daß die zugrunde liegende Forderung noch nicht fällig war, BGH RR **86**, 670. Wer aus einem Wechsel als Vertreter ohne Vertretungsmacht in Anspruch genommen wird, muß beweisen, daß er bevollmächtigt war, den Wechsel für den Vertretenen zu zeichnen, BGH NJW **87**, 649.

226 **Werbebehauptung:** Grundsätzlich muß der Kläger die Eignung einer Irreführung beweisen, BGH GRUR **04**, 246. S aber auch Rn 234. Der Richter wird eine Irreführung oft auf Grund eigener Sachkunde bestätigen können, aber kaum ohne weiteres das Gegenteil. Wer vorhersagt, muß beweisen, daß er nicht irreführt, KG RR **97**, 993. Der Werbende muß beweisen, daß die Lieferunfähigkeit unverschuldet war, BGH DB **83**, 2351. Der Kläger mußte schon nach dem UWG aF grundsätzlich alle Umstände beweisen, die eine vergleichende Werbung als sittenwidrig erscheinen ließen, BGH **138**, 58 und **139**, 381, Hbg GRUR-RR **02**, 362, Hartmann NJW **63**, 517. Das gilt mit den Präzisierungen in § 6 II Z 1–6 UWG im Kern unverändert. Denn der Vergleich als Denkmethode ist wertfrei und kann erst durch seine Art der Vornahme evtl unlauter werden, im Ergebnis auch Richtlinie 97/55 EG v 6. 10. 97 (abgedruckt auch in GRUR **98**, 117), BGH NJW **02**, 378. Bei einer Gegenüberstellung eigener Leistungen usw ist der Werbende für deren Richtigkeit bewpfl. Das Gericht muß aber seine Geschäftsgeheimnisse schützen, Stgt RR **87**, 677. Wenn der Kläger dem Wettbewerbsverstoß nicht zumutbar darlegen kann, ist der Bekl dafür bewpfl, daß kein Verstoß vorliegt, BGH RR **91**, 1391, Schmeding BB **78**, 741. Es kann AnschBew dafür bestehen, daß der Hersteller an einer redaktionellen Werbung mitwirkte, BGH NJW **97**, 2757.
S auch Rn 234 „Wettbewerb".

227 **Werkvertrag,** dazu *von Craushaar,* Die Auswirkungen der Beweislastregelung in der geplanten EG-Dienstleistungshaftungsrichtlinie auf das deutsche Privatrecht, Gedächtnisschrift für *Arens* (1993) 22:
Der Unternehmer muß das Zustandekommen beweisen, Düss RR **02**, 163. Die Bew für den Leistungsumfang liegt beim Unternehmer wegen eines Pauschalpreises, wenn er selbst die Leistungsbeschreibung erstellt hat, Schlesw MDR **03**, 215.
Man muß die BewL für die *Vergütung* wie beim Kauf beurteilen. Der Unternehmer muß grds beweisen, daß die Parteien statt des vom Besteller eingeräumten niedrigen Festpreises, Höchstpreises oder Pauschalpreises entweder einen höheren bestimmten Preis, zB den Einheitspreis nach VOB, oder zusätzliche Leistungen vereinbarten, BGH RR **96**, 952, oder daß sie gar keinen bestimmten Preis vereinbart haben, und zwar mit der Folge, daß man einen höheren Preis als üblichen Werklohn ansehen muß, BGH NJW **83**, 1782, aM Honig BB **75**, 447, von Mettenheim NJW **84**, 776 (aber der angebliche Festpreis oder Höchstpreis ist gegenüber der Forderung des höheren Bestimmten oder des höheren Angemessenen ein substantiiertes Bestreiten). Man kann vom Besteller eine präzise von ihm behauptete Darstellung der Vereinbarung nach Ort, Zeit und Höhe fordern, BGH BB **92**, 1238 (krit Baumgärtel MDR **92**, 1028), Ffm MDR **79**, 756, Beweispflichtig ist auch derjenige, der sich auf eine Vereinbarung beruft, die nicht einmal halbwegs kostendeckend ist, Karlsr MDR **79**, 756.
Allerdings ist der Besteller bewpfl, der sich auf eine *Fest- bzw Pauschalpreisvereinbarung* beruft, die erst während der Vertragsdurchführung getroffen sei. Denn er behauptet eine Vertragsänderung, Ffm RR **97**, 276. Bei § 632a BGB ist der Unternehmer bewpfl. Bei § 641 II 1, 2 BGB ist der Unternehmer bewpfl. Der Unternehmer ist grds für die Notwendigkeit der Arbeitszeit bewpfl, Celle RR **03**, 1243. Gegenüber einer genauen Aufstellung des Unternehmers ist evtl der Besteller für eine geringere Stundenzahl bewpfl, Düss RR **03**, 456 (Vorsicht!).

Titel 1. Verfahren bis zum Urteil **Anh § 286**

Bis zur Abnahme muß der Unternehmer mangels abweichender Vereinbarung die Mangelfreiheit des 228
Werks beweisen, § 13 Z 1 VOB/B, BGH NJW **02**, 223. *Nach der Abnahme* und dem ihr nach §§ 640 I 2,
3, 641 a BGB gleichstehenden, noch vom Unternehmer zu beweisenden Situationen muß der Besteller
beweisen, daß das Werk mangelhaft ist bzw daß der Unternehmer pflichtwidrig handelte, BGH NJW **02**,
223. Bei § 641 III BGB ist der Besteller bewpfl. Der Steuerberater muß beweisen, daß er einen notwendigen Hinweis oder Rat auch gegeben hat, BGH NJW **82**, 1517. Nach Mangelbeseitigung ist der
Besteller bewpfl, noch nicht abrechnen zu können, BGH NJW **90**, 1475. Bei § 649 ist der Besteller für
ersparte Aufwendungen, anderweitige Verwendung der Arbeitskraft oder deren böswilliges Unterlassen
bewpfl, BGH MDR **01**, 447.

Hat der Besteller nachgewiesen, daß objektiv eine *Pflichtverletzung* vorliegt, so ist es Sache des Unter- 229
nehmers nachzuweisen, daß sein Verhalten nicht schadensursächlich war, Celle VersR **87**, 993, oder daß er
den Schaden nicht zu vertreten hat, §§ 634 Z 4 in Verbindung mit § 280 I 2 BGB. Das gilt unabhängig
davon, ob es sich um einen Mangel- oder Folgeschaden handelt, Baumgärtel Festschrift für Baur (1981)
225 (auch zu weiteren Einzelfragen).

Jedoch muß man grds eine objektive Pflichtverletzung und ihre Schadensursächlichkeit als bewiesen 230
annehmen, wenn der Schaden bei der *Vertragsabwicklung* vor der Werkabnahme entstand, Hamm RR **89**,
468. Der Unternehmer, der den Besteller vor Schaden zu bewahren hat, ist für Schuldlosigkeit bewpfl,
wenn die Ursache im eigenen Verantwortungsbereich liegt, BGH RR **95**, 684. Er muß auch eine
Einwilligung des Bestellers etwa in dessen Eigentumsverletzung beweisen, BGH RR **05**, 172. Nach
seiner Kündigung ist der Besteller dafür bewpfl, daß der Unternehmer eine höhere Ersparnis als die
eingeräumte hatte, BGH RR **92**, 1077. Im übrigen ist der Besteller dafür bewpfl, daß der Unternehmer
im Sinn von § 638 BGB arglistig handelte, BGH DB **75**, 1166. Der Unternehmer muß beweisen, daß er
bei der Annahme einer Schlußzahlung nach § 16 VOB/B einen Vorbehalt gemacht hatte. Hat der
Unternehmer die Einsparung von Energie zugesichert und dem Besteller ein Rücktrittsrecht für den Fall
eingeräumt, daß die Einsparung nicht erreicht wird, dann muß der Unternehmer die Einhaltung der
Zusicherung beweisen, BGH BB **81**, 1732. Wenn ein Aushandeln der Gewährleistungsregelung der
VOB/B behauptet wird, ist der Verwender bewpfl, Hamm ZMR **89**, 100. Wegen § 6 Z 6 c VOB/B
Düss RR **01**, 1028.

Der Absender ist dafür bewpfl, daß *Tiefkühlgut* bei der Beendigung seiner Verladung noch die für die 231
Beförderung zugesagte Temperatur hatte. Der Frachtbrief dient bis zum Gegenbeweis als Nachweis für
Abschluß und Inhalt des Frachtvertrags, § 409 I HGB. Dasselbe gilt für eine Empfangsbestätigung oder
Übernahmequittung des Frachtführers von geschlossenen Behältnissen, BGH MDR **03**, 650. Er dient
auch mangels Vorbehalts als Vermutung, daß das Gut und seine Verpackung bei Übernahme durch den
Frachtführer äußerlich einwandfrei waren, § 409 II HGB. Der geschädigte Anspruchsteller ist daher bewpfl,
daß der Schaden in der Zeit zwischen Übernahme und Ablieferung des Guts durch den Frachtführer
eintrat, so schon BGH RR **88**, 1369. Zu § 51 ADSp BGH BB **97**, 652 (Containerdiebstahl). Bei § 51
ADSp trägt der geschädigte Anspruchsteller die BewL, BGH **129**, 347. Für die Voraussetzungen des § 54
lit a Z 3 ADSp ist der Anspruchsteller bewpfl, BGH RR **96**, 546.

Der Kunde muß darlegen und beweisen, daß der Spediteur entgegen § 54 ADSp ausnahmsweise
unbegrenzt haftet, Köln RR **92**, 1448. Der Spediteur ist dafür bewpfl, daß das in ordnungsgemäßem
Zustand in seine Obhut gelangte Gut ohne sein Verschulden Schaden nahm, BGH VersR **98**, 128
(Umzug), und daß es nicht auf der Fernstrecke abhanden kam, sondern im speditionellen Gewahrsam, Mü
BB **92**, 1744. Zur BewL bei grober Fahrlässigkeit BGH NJW **91**, 1490 (§ 51 Buchstabe b S 2 ADSp ist
wirksam, insbesondere mit [jetzt] §§ 307 ff BGB vereinbar) und BB **97**, 1070, Geiger VersR **92**, 170,
Wingbermühle VersR **93**, 539 (str).

Der Absender muß beweisen, daß das beförderte Gut erst *auf dem Transport* beschädigt wurde, BGH RR 232
94, 995, Karlsr VersR **75**, 669. Bei einer Beförderung nach einer CMR, dazu Thume VersR **00**, 821, ist ein
AnschBew zulässig, BGH BB **00**, 2491 (es reicht für Art 18 II 1 CMR die Möglichkeit eines ursächlichen
Zusammenhangs zwischen den in Art 17 IV CMR bezeichneten besonderen Gefahren und einem Verlust
des Transportguts aus). Dann ist der Auftraggeber dafür bewpfl, daß die Verladung einwandfrei war oder
daß deren Mangel nicht ursächlich war, Köln RR **75**, 719. Beim wohl multimodalen
Transport, dazu BGH **101**, 176, muß der Auftraggeber beweisen, daß der Schaden auf derjenigen Transportstrecke eintrat, bei der die für ihn günstigste Haftungsordnung galt, Karlsr OLGZ **84**, 492. Nachlässigkeit bei der Erstellung der Tatbestandsaufnahme bei einer Umladung kann man entsprechend § 444
würdigen, Hbg VersR **89**, 1282. Zur Beweiskraft des Frachtbriefs § 409 HGB.

Der Verfrachter ist dafür bewpfl, daß eine *IoC-Klausel* vereinbart worden ist, LG Hbg VersR **75**, 734.
Bei einem normalen Fahrtverlauf spricht der AnschBew dafür, daß der Absender ungenügend verladen
hatte, Köln VersR **77**, 860. Der Verfrachter muß beweisen, daß das Schiff anfänglich tauglich war, BGH
MDR **78**, 735. Zu Sackrißschäden BGH MDR **78**, 819. Zur Reichweite der Beweiswirkung von
Art 11 II WA bei Luftfracht BGH VersR **05**, 811. Der Empfänger von Luftfracht muß beweisen, daß das
Frachtgut während der Luftbeförderung beschädigt wurde, Ffm MDR **84**, 236. Ein AnschBew dafür, daß
ein Handwerker einen Fehler machte, liegt nur bei einem solchen Fehler vor, der sich oft einschleicht,
BGH VersR **79**, 823. Der Frachtführer muß die Fälligkeit der Fracht beweisen, Düss RR **01**, 1122.

Zur BewL bei *§ 61 IV BinnSchG* BGH VersR **85**, 36. Zur BewL wegen eines Standgelds im inter- 233
nationalen Güterverkehr Mü OLGZ **87**, 472. Zur BewL betr grobe Fahrlässigkeit bei einer speditionellen
Falschbehandlung Köln VersR **94**, 1453, Mü RR **93**, 927, Nürnb RR **93**, 862. Zur BewL beim
Warschauer Abkommen betr Luftfracht Gran Festschrift für Piper (1996) 847. Zu einem Zwischenhändler
und § 5 GüKG BGH MDR **88**, 930.

S auch Rn 54 „Architekt", Rn 76 „Baurecht", Rn 157 „Reisevertrag", Rn 205 „Verjährung".

Wettbewerb, dazu *Kemper,* Beweisprobleme im Wettbewerbsrecht, 1991; *Kur,* Beweislast und Beweisführung 234
im Wettbewerbsprozeß, 1981, *Mes,* Si tacuisses. Zur Darlegungs- und Beweislast im Prozeß des gewerblichen Rechtsschutzes, in: Festschrift für *Hertin* (2000):

Der Kläger muß beweisen, daß ein Angestellter oder Beauftragter die Handlung im *Geschäftsbetrieb* des beklagten Inhabers vorgenommen hat. Es gibt keinen AnschBew dafür, daß der für ein Unternehmen Reisende eine Ware, die nicht im Unternehmen selbst geführt wird und die sich der Reisende selbst beschafft hat, zugunsten des Geschäftsherrn verkauft, sich also mit der Provision bescheidet, auch wenn es sich um Ware aus dem Geschäftszweig handelt, BGH MDR **78**, 735. Grundsätzlich muß der Kläger die Eignung zur Irreführung beweisen, BGH GRUR **04**, 246. Zur Umkehr der BewL bei irreführender Werbung auch BGH GRUR **92**, 525, Borck GRUR **82**, 657, Kur GRUR **82**, 663. Zum Arrest und zur einstweiligen Verfügung Ulrich GRUR **85**, 201 (Üb). Zum Sortenschutz-Verletzungsprozeß Hesse GRUR **75**, 455. Zu Beweiserleichterungen allgemein BGH **120**, 327. Beim Unterlassungsanspruch gilt kraft Gewohnheitsrecht eine tatsächliche Vermutung der Wiederholungsgefahr nach einer Erstbegehung. Der Bekl muß sie widerlegen, Hirtz MDR **88**, 186.

Der Unterlassungsschuldner ist bewpfl dafür, daß seine einem *Dritten* gegenüber abgegebene strafbewehrte Unterwerfungserklärung auch dem Gläubiger des vorliegenden Verfahrens gegenüber die Wiederholungsgefahr beseitigen kann, BGH NJW **87**, 3252, oder daß eine Marktverstopfung droht, Köln WettbR **97**, 54. Der Beweis läßt sich mit allen Mitteln des § 286 führen, Steines NJW **88**, 1361. Der Verletzer muß beweisen, daß der Schaden auch bei Erfüllung seiner diesbezüglichen Aufklärungspflicht eingetreten wäre, BGH RR **88**, 1067. Ein bloßer Beweisantritt ist natürlich noch kein Beweis, Ffm GRUR-RR **03**, 295. Zum sortenschutzrechtlichen Übertragungsanspruch BGH GRUR **04**, 936.

S auch Rn 53 „Arbeitnehmer", Rn 199 „Unterlassung", Rn 200 „Ursächlichkeit", Rn 226 „Werbebehauptung".

235 **Widerruf** einer ehrenkränkenden Behauptung: Es ist ein AnschBew für deren Fortwirkung möglich. Der Bekl ist für die Wahrheit der behaupteten Tatsache erweitert darlegungspflichtig, BGH DB **76**, 1100, Schnur GRUR **79**, 142 (er unterscheidet zwischen einem eingeschränkten und einem uneingeschränkten Widerruf). Beim Widerruf einer Willenserklärung, zB beim Haustürgeschäft, ist der Widerrufende für die Widerruflichkeit und daher dafür bewpfl, daß das Gesetz damals bereits galt, BGH **113**, 224, und daß besondere Umstände für die häusliche Erklärung mitursächlich waren, BGH FamRZ **04**, 1866. Er muß auch den Zugang zB beim Widerspruchsvergleich beweisen, Rn 135, 136, LAG Düss JB **04**, 389.

S auch Rn 83 „Ehre", Rn 99 „Haustürgeschäft".
Widersprüchlichkeit: Sie kann zur Umkehrung der BewL führen, Ffm GRUR-RR **03**, 277.
Wiederholungsgefahr: Rn 199 „Unterlassung", Rn 234 „Wettbewerb".
Willenserklärung: Wer eine Willenserklärung im eigenen Namen abgegeben hat und sich darauf beruft, sie sei unternehmensbezogen und wirke daher gegen den mit ihm nicht personengleichen Unternehmensinhaber, muß die Unternehmensbezogenheit beweisen, BGH BB **95**, 11.

S auch Rn 37 „Anfechtung", Rn 151 „Rechtsgeschäft".

236 **Zahnarzt:** Rn 72 „Ärztliche Behandlung".
Zinsen: Der Gläubiger muß beweisen, daß er höhere als die gesetzlichen fordern kann. Es gibt dafür keinen AnschBew wegen BGH **91**, 1406. Es ist keineswegs eine „Rechtsfortbildung" zulässig, weil der Wille des Gesetzes eindeutig feststeht, zumal die Zinssätze der Wirtschaft rasch schwanken, aM Gelhaar NJW **80**, 1373 (aber das Gesetz hat trotz seiner irritierend häufigen Änderungen Vorrang und ist leidlich klar). Freilich braucht ein Kaufmann nicht zu beweisen, daß er wegen seiner Klageforderung Kredit aufnehmen mußte. Auch kann bei einem hohen Schaden eine großzügigere Beurteilung zulässig sein, BGH VersR **80**, 195.

237 **Zuführung,** dazu *Gmehling,* Die Beweislastverteilung bei Schäden aus Industrieimmissionen, 1988: Bei § 906 I BGB ist der Kläger für sein Eigentum und dessen Störung bewpfl, der Bekl für die Unwesentlichkeit oder Üblichkeit bzw Unvermeidbarkeit. Bei § 906 II 2 BGB muß der Kläger die Unzumutbarkeit beweisen. Dabei sind die Richtwerte des BImSchG für einen AnschBew erheblich. Der Betreiber einer Schmelzanlage ist dafür bewpfl, daß er zumutbare Vorkehrungen getroffen hat, um die Schädigung eines anderen zu verhindern, BGH BB **86**, 2297.
Zugang eines Briefes: Rn 153 ff.
Zugewinnausgleich: Rn 82 „Ehe".
Zurechnungsfähigkeit: Rn 99 „Handlungsunfähigkeit", Rn 206 „Verschulden".
Zurückbehaltungsrecht: Der Gegner ist dafür bewpfl, daß der einbehaltene Betrag unbillig hoch ist, BGH DB **96**, 2435.
Zusage persönlicher Vorteile an den Vertreter der Gegenpartei: Da damit im allgemeinen eine Vernachlässigung des Interesses verbunden ist, muß nicht der Vertretene, der sich darauf beruft, sondern sein Vertragsgegner beweisen, daß keine nachteiligen Wirkungen eingetreten sind.
Zuständigkeit: Rn 95 „Gerichtsstand".
Zustellung: Die BewL liegt bei demjenigen, der für sich günstige Folgen aus einer ordnungsgemäßen Zustellung herleiten will, BGH NJW **92**, 1240.
Zwangsverwaltung: Der Verwalter ist bewpfl, daß er an einem Verwahrlosungsschaden schuldlos ist, BGH WoM **05**, 597.

238 **Zwangsvollstreckung,** dazu *Baumgärtel,* Probleme der Beweislastverteilung in der Zwangsvollstreckung, Festschrift für *Lüke* (1997) 1: Die BewL entspricht im wesentlichen den Regeln des Erkenntnisverfahrens, Baumgärtel aaO (6). Wegen einer einstweiligen Einstellung § 707 Rn 7.

S auch Rn 81 „Duldung".

239 **10) Verstoß.** Wegen der Rechtsnatur der Beweislast, Rn 2, 3, gilt: Der Verstoß gegen die Beweislastregel bedarf keiner besonderen Rüge, BGH RR **92**, 1010. Demgegenüber muß man einen Verfahrensverstoß besonders rügen. Er ermöglicht nur dann auf Antrag eine Zurückverweisung, wenn die jeweilige Beweislastvorschrift dem Prozeßrecht angehört, BGH RR **88**, 831, ZöGre 15 vor § 284, aM Düss ZMR **88**, 336, Ffm RR **96**, 575, Mühlberger MDR **01**, 735 (stets sei Zurückverweisung möglich), Schneider MDR **89**, 139 ([jetzt] § 538 sei entsprechend anwendbar, wenn ein grober sachlichrechtlicher Fehler bei

der Beweislastverteilung zu einem überflüssigen Rechtsmittelverfahren geführt habe. Beides widerspricht dem Grundgedanken des § 538 mit seiner Beschränkung auf Verfahrensfehler und – jetzt – einen Zurückverweisungsantrag).

11) *VwGO:* Der VerwProzeß kennt keine formelle Beweislast, Einf § 284 Rn 36, wohl aber eine materielle **240** Beweislast (Feststellungslast) in dem Sinne, daß die Folgen der Beweislosigkeit einen Beteiligten treffen, BVerwG in stRspr, **18**, 71, **44**, 265, **47**, 339, BayVBl **89**, 24; näheres vgl Ewer/Rapp NVwZ **91**, 549 mwN; Nierhaus, Beweismaß u Beweislast, 1989; Berg F Menger, 1985, S 548 bis 553; Baur, F Bachof, 1984, S 288–292; Peschau, Die Beweislast im VerwRecht, 1983; Berg, Die verwaltungsrechtliche Entscheidung bei ungewissem Sachverhalt, 1980; Calliess, DVBl **01**, 1725. Die Frage nach der Beweislast ist in Anlehnung an die für den Zivilprozeß entwickelten Grundsätze zu beantworten, OVG Münst DVBl **87**, 1225 mwN (bestätigt durch BVerwG DVBl **88**, 404), vgl Ey § 86 Rn 2–2 b, KoppSch § 108 Rn 11–18 a, RedOe § 108 Anm 10–15, Ule VPrR § 50, Grunsky § 41 III 2. Beweislastregeln (zB § 282 BGB bei Inanspruchnahme wegen Fehlbeträgen, BVerwG DVBl **99**, 318 mwN) können entspr angewendet werden. Allein eine überlange Verfahrensdauer rechtfertigt noch nicht eine den gesetzlichen Regeln widersprechende Beweislastverteilung; das kann nur bei einer schuldhaften Beweisvereitelung seitens der beklagten Behörde der Fall sein, BVerwG NWVBl **01**, 427. Zum Anscheinsbeweis, oben Rn 15 ff, s BVerwG NVwZ-RR **00**, 256 mwN, OVG Kblz RiA **03**, 50.

287 *Schadensermittlung; Höhe der Forderung.* I ¹ Ist unter den Parteien streitig, ob ein Schaden entstanden sei und wie hoch sich der Schaden oder ein zu ersetzendes Interesse belaufe, so entscheidet hierüber das Gericht unter Würdigung aller Umstände nach freier Überzeugung. ² Ob und inwieweit eine beantragte Beweisaufnahme oder von Amts wegen die Begutachtung durch Sachverständige anzuordnen sei, bleibt dem Ermessen des Gerichts überlassen. ³ Das Gericht kann über den Beweisführer über den Schaden oder das Interesse vernehmen; die Vorschriften des § 452 Abs. 1 Satz 1, Abs. 2 bis 4 gelten entsprechend.

II Die Vorschriften des Absatzes 1 Satz 1, 2 sind bei vermögensrechtlichen Streitigkeiten auch in anderen Fällen entsprechend anzuwenden, soweit unter den Parteien die Höhe einer Forderung streitig ist und die vollständige Aufklärung aller hierfür maßgebenden Umstände mit Schwierigkeiten verbunden ist, die zu der Bedeutung des streitigen Teiles der Forderung in keinem Verhältnis stehen.

Schrifttum: *Gottwald,* Schadenszurechnung und Schadensschätzung, 1979; *Greger,* Beweis und Wahrscheinlichkeit, 1978; *Weber,* Der Kausalitätsbeweis im Zivilprozeß, 1997.

Gliederung

1) Systematik, I, II	1
2) Regelungszweck, I, II	2–4
3) Geltungsbereich, I, II	5
4) Ursächlichkeit, I, II	6–8
5) Schadensermittlung, I	9–29
A. Schadensentstehung	9–14
B. Schadenshöhe	15
C. Beispiele zur Frage der Anwendbarkeit von I	16–24
D. Verfahren	25–29
6) Schadensschätzung, I 2, 3	30–34
A. Ermessen, I 2	30–33
B. Schätzungsvernehmung, I 3	34
7) Anderer Prozeß: Bedingte Anwendbarkeit, II	35–40
A. Schwierigkeit der Aufklärung	35
B. Geringfügigkeit des Streits	36
C. Beispiele zur Frage der Anwendbarkeit von II	37–40
8) VwGO	41

1) Systematik, I, II. Die Vorschrift stellt eine Ausnahme vom Grundsatz des § 286 dar. Daran ändert **1** auch der Umstand nichts, daß sie in ihrem Geltungsbereich praktisch wie ein eigener weiterer Grundsatz angewandt wird.

2) Regelungszweck, I, II. § 287 ist aus Gründen der *Prozeßwirtschaftlichkeit* nach Grdz 14 vor § 128 eine **2** Ausnahmevorschrift, Rn 1. Man darf sie daher nicht zu weit auslegen, Bendref NJW **86**, 1723. Das beachtet BGH RR **92**, 203 zu wenig. Sie ist nicht anwendbar, soweit man zB den Schaden ohne Schwierigkeiten exakt berechnen kann oder man stärkere Anhaltspunkte als die nach § 287 ausreichenden benötigt, Leisse GRUR **88**, 90. Die Vorschrift erweitert im Ersatzprozeß den Umfang der richterlichen Würdigung über die Grenzen des § 286 hinaus. Denn ein strenger Beweis läßt sich dann oft kaum führen, BGH NJW **88**, 2366, Streitigkeiten hierüber verzögern nur ungebührlich, BayObLG **87**, 14, und der Schuldner ist der Verursacher der Beweisnotlage, Hamm RR **90**, 42. Ähnlich ist der Sinn des § 252 S 2 BGB, BGH NJW **82**, 583. § 287 tritt gegenüber § 252 S 2 BGB zurück, von Hoyningen-Huene/Boenke NJW **94**, 1763 (zum sog Berufsfortkommensschaden).

Eine Erleichterung bringt § 287 für die Darlegungslast in Abweichung vom Grundsatz der Notwendigkeit der Erschöpfung der Beweismittel nach § 286 Rn 24 zur Vereinfachung und Beschleunigung des Verfahrens, BGH NJW **00**, 3358, Hamm RR **90**, 42, Schreiber NJW **98**, 3743. Daher muß der Kläger dann auch nicht den strengen Beweis erbringen. Man darf die Anforderungen an ihn nicht überspannen, BGH VersR **00**, 233. Es genügen greifbare Anhaltspunkte, Hamm RR **04**, 214. Es kann sogar eine deutlich überwiegende und auf gesicherter Grundlage beruhende Wahrscheinlichkeit genügen, BGH NJW **02**, 505, Kblz NVersZ **01**, 269 (diese ist aber auch nötig). Die Darlegungs- und Beweislast nach Anh § 286 entfällt aber nicht schlechthin, BGH BB **92**, 1300, Nürnb MDR **87**, 150. Sie bleibt zB bestehen, wenn „alles offen" ist, BGH RR **92**, 203, wenn eine Schätzung also völlig in der Luft hängen würde, Rn 4, Brdb ZMR **03**, 909, Hamm FamRZ **05**, 718, Köln VersR **04**, 391.

Man darf dann auch nicht nach § 287 einfach einen „Mindestschaden" konstruieren, aM Düss RR **03**, 87 (aber § 287 ersetzt nicht einfach die Grundregel des Beibringungsgrundsatzes nach Grdz 22 ff vor § 128). Lücken im Vertrag lassen sich im Rahmen des von BGH RR **92**, 203 als „frei" bezeichneten, in Wahrheit natürlich pflichtgemäßen Ermessens zwar berücksichtigen. Man darf sie aber deshalb doch nicht einfach zugunsten des unzureichend Vortragenden ausfüllen. Wo wäre sonst die Grenze? Es erfolgt also keine Umkehr der Darlegungs- oder Beweislast. Im übrigen ist der Umfang der Beweiserleichterung eine Tatfrage, zB bei § 844 II BGB.

3   Der *Richter* ist *nicht an Beweisanträge gebunden,* BGH NJW **02**, 128. Er ist freilich auch nicht zu ihrer willkürlichen Zurückweisung befugt, BGH VersR **76**, 389. Er ist vielmehr in der Auswahl der Beweise und ihrer Würdigung freier gestellt, BGH NJW **02**, 128. Er darf aber auch im § 287 auf einen Sachverständigen nur bei genügender eigener Sachkunde statt eines bloßen „Eindrucks" usw verzichten, BGH NJW **95**, 1619. Man muß zwar eine Einschränkung der Glaubwürdigkeit der Partei beachten. Sie darf aber nicht für sich allein zur Anwendung des § 286 statt des § 287 führen, BGH RR **88**, 343. Freilich bleibt § 287 unanwendbar, soweit der Geschädigte bewußt die Sachaufklärung wegen der Grundlagen der Schadensschätzung behindert, Hamm RR **90**, 42. II erstreckt die Erweiterung auf ähnliche Fälle. § 287 betrifft aber nur die Entstehung und die Höhe des Schadens, BGH NJW **02**, 128, Schlesw SchlHA **80**, 213. Die Vorschrift betrifft also nicht das schädigende Ereignis, den Haftungsgrund, Rn 10, BVerfG **50**, 36.

4   Obwohl die *Verursachung* an sich zum schädigenden Ereignis gehört, unterwerfen Rechtsprechung und Lehre sie ziemlich einmütig aus praktischen Gründen dem § 287. Daher kann man einen ursächlichen Zusammenhang bejahen, wenn man eine erhebliche Wahrscheinlichkeit bejahen darf. Sie reicht dem Richter hier anders als bei § 286 Rn 16 zur freien Überzeugungsbildung aus, Bbg VersR **76**, 998, AG Köln VersR **84**, 492.

Sehr häufig folgt ein ausreichender Beweis aus Erfahrungssätzen bzw wird durch einen *Anscheinsbeweis* erleichtert, Anh § 286 Rn 15. Wenn man aber ein Ereignis durch zwei verschiedene typische Geschehensabläufe erklären kann, so ist weder ein Anscheinsbeweis annehmbar noch § 287 anwendbar, Bbg VersR **76**, 998. Wegen der Nachprüfung durch das Revisionsgericht Rn 32. Im Versäumnisverfahren ist § 287 unanwendbar. Dort muß das Gericht über die Höhe nach § 331 befinden.

Schätzung ins Blaue ist die Hauptgefahr bei § 287. Das weite richterliche Ermessen kann unversehens zur nur noch floskelhaft verbrämten Nachlässigkeit umschlagen. Oft lassen sich bei weiterer Erörterung und fleißigerer Suche im eigenen Kopf doch noch Maßstäbe, Argumente, Vergleichszahlen, -mengen, -zeiten entdecken. Sie können wenigstens etwas mehr nachprüfbare Präzision bedeuten, selbst wenn am Ende doch nur eine Schätzung möglich bleibt. Sowohl beim Ob als auch beim Wie, Wann und Wo der Anwendung von § 287 sollten sich alle Prozeßbeteiligten solcher Risiken bewußt bleiben. Das veranlaßt zu einer im Ergebnis weder zu großzügigen noch zu vorsichtigen Handhabung dieser schwierigen, hilfreichen, tückischen Vorschrift. Sie erfordert erhebliche Abwägungskunst des Richters.

5   **3) Geltungsbereich, I, II.** Die Vorschrift gilt in den Verfahrensarten nach der ZPO, auch in arbeitsgerichtlichen Verfahren, § 46 II 1 ArbGG.

6   **4) Ursächlichkeit, I, II**

Schrifttum: *Hanau,* Die Kausalität der Pflichtwidrigkeit, 1971.

Fehlt die Ursächlichkeit naturwissenschaftlich, so fehlt sie auch rechtlich, Köln VersR **83**, 980. Ist die Ursächlichkeit naturwissenschaftlich vorhanden, so kann sie rechtlich fehlen, BGH NJW **83**, 232. Erforderlich ist, zunächst ein *nach § 286* zu bereitender Zusammenhang zwischen dem Verhalten des Verletzers oder dem rechtswidrigen Zustand und dem ersten Erfolg der *haftungsbegründenden* Ursächlichkeit, BGH NJW **05**, 1652, 1654 und 1719, Köln VersR **05**, 423, LG Bonn VersR **05**, 1098. Das gilt etwa zwischen Unfall oder Schuß und Wunde oder zwischen Stufe und Sturz, Köln VersR **05**, 423, LG Kleve VersR **87**, 775.

Erforderlich ist ferner ein *nach § 287* zu beurteilender Zusammenhang zwischen dem rechtswidrigen Zustand bzw ersten Erfolg und den etwaigen weiteren Erfolgen der *haftungsausfüllenden* Ursächlichkeit, BGH NJW **05**, 1652, 1654 und 1719, Düss VersR **04**, 462, Karlsr VersR **03**, 225. Das gilt zB zwischen Wunde (Behandlungsfehler) und Verdienstausfall, BGH NJW **93**, 2384, oder zwischen Unfallverletzung und Erhöhung des Risikos weiterer Unfälle, Oldb VersR **94**, 60 (Vorsicht!), oder zwischen dem seelischen Schock der schwangeren Ehefrau des Unfallopfers und der Verletzung ihrer Leibesfrucht, BGH **93**, 354, strenger BGH MDR **98**, 1165 (Hirnschaden) oder zwischen Gesundheitsschaden und Invalidität, BGH **159**, 369.

7   Das Verhalten des Verletzers muß bei einer objektiv nachträglichen Vorhersage im allgemeinen und nicht nur unter besonderen, unwahrscheinlichen Umständen geeignet gewesen sein, den Erfolg herbeizuführen, *sog Adäquanzlehre,* BGH **85**, 12, Düss VersR **82**, 1201, aM Bernert AcP **169**, 442 (aber diese Lehre hat sich als praktisch allein brauchbar längst auch im Zivilprozeß durchgesetzt). Von einer besonderen „Sozialadäquanz" sollte man aber nicht sprechen, BGH **85**, 112.

8   Zusätzlich wird ein Rechtswidrigkeitszusammenhang gefordert, *sog Schutzzwecklehre.* Danach muß der Schaden innerhalb der verletzten Norm liegen, BGH MDR **85**, 112, Lange JZ **76**, 198. Dieser Zusammenhang wird zB in folgenden Fällen bejaht: Für die Haftung des betrügerischen Autoverkäufers, wenn der Wagen durch einen vom Käufer unverschuldeten Unfall beschädigt wurde, BGH **57**, 137 (bei einer Unfallschuld des Käufers sei § 254 BGB auch hier anwendbar); bei der Bezifferung des als Vermögensschaden oder als Schmerzensgeld verlangten Ersatzes wegen Urlaubsärgers; bei einer weiteren Verletzung des Opfers des ersten Unfalls dadurch, daß ein Dritter in die Unfallstelle hineinfuhr.

Der Zusammenhang wird *verneint:* Für Strafverteidigungskosten des Unfallverletzten; für einen Verdienstausfall wegen eines bei der Unfalloperation mitentdeckten, früher entstandenen Hirnschadens; für einen Verstoß gegen § 15 d StVZO, wenn keine Fahrgäste verletzt wurden. Die Prüfung der Ursächlichkeit ist jedenfalls nicht etwa eine bloße Tatsachenfeststellung, sondern eine richterliche Bewertung von Tatsachen.

Titel 1. Verfahren bis zum Urteil **§ 287**

5) Schadensermittlung, I. Die Vorschrift gibt dem Gericht eine manchmal gefährliche Freiheit. 9
A. Schadensentstehung. I gilt in Schadensersatzprozessen jeder Art, also beim vertraglichen oder gesetzlichen Schaden, bei schuldabhängiger oder bei Gefährdungshaftung, auch bei Enteignung oder Aufopferung.

Nach I muß man einen Streit über die Entstehung des Schadens beurteilen, also über den *konkreten* 10 *Haftungsgrund,* wenn der Haftungsgrund unstreitig oder erwiesen ist, BGH RR **87**, 339. Wenn mehrere Ereignisse zum Haftungsgrund gehören, so muß der Kläger sie grundsätzlich sämtlich nach § 286 beweisen. Das gilt auch dann, wenn sie aufeinander folgen oder wenn eines aus dem anderen folgt, BGH VersR **87**, 766.

Allerdings ist § 286 und nicht § 287 dann anwendbar, wenn streitig ist, ob das schadenstiftende Ereignis 11 den Ersatzbegehrenden *überhaupt betroffen* hat, sog konkreter Haftungsgrund, BGH NJW **87**, 705 (wo als Verletzungsfolge behaupteter Tod überhaupt eingetreten sei), BGH VersR **87**, 766 (Ausnahme: lange Entstehungszeit, etwa beim Einsickern, LG BadBad VersR **94**, 852). Nach § 286 muß man auch prüfen, ob die eine oder die andere Ursachenkette maßgeblich ist, Köln VersR **78**, 346, aM Stgt VersR **89**, 643 (zwar sei § 287 in einem gewissen Umfang auch für die „Feststellung schadensbegründeter Tatsachen" anwendbar, also möglicherweise für den Haftungsgrund. Nötig sei aber die Überzeugung von der Richtigkeit solcher Feststellungen. Damit würde also im Ergebnis doch wieder § 286 gelten, dort Rn 16. Deshalb ist diese Ansicht unnötig kompliziert). Manche wenden demgegenüber § 287 sogar dann an, wenn man im Verfahren nach § 323 die für das frühere Urteil maßgeblichen Erwägungen nicht hinreichend erkennen kann, Zweibr FamRZ **82**, 415.

Nach § 286 und nicht nach § 287 muß man ferner die Frage beurteilen, ob überhaupt dem Grunde nach 12 ein *Mitverschulden* vorliegt, BGH NJW **92**, 3298. Man darf nur dessen *Höhe* nach § 287 klären, Rn 21 „Mitverschulden".

Dagegen muß man Ursachenzusammenhang zwischen dem *Haftungsgrund und dem Schaden* nach § 287 13 beurteilen, BGH NJW **93**, 2676 , Ffm OLGZ **87**, 25, Oldb VersR **94**, 60 (Vorsicht!). Allerdings differenziert BGH NJW **93**, 3076:

Wie hier nur bei einer Vertragsverletzung, bei § 823 I BGB dagegen Anwendung des § 286 auf den 14 Zusammenhang zwischen dem Verhalten des Schädigers und der Rechtsgutsverletzung im allgemeinen(?). Hypothetische Ereignisse sind nur bedingt beachtlich, BGH RR **95**, 936.

B. Schadenshöhe. Nach I muß man auch einen Streit über die Höhe des Schadens beurteilen. Dahin 15 gehört alles, was zur Berechnung der Schadenshöhe zählt, BGH NJW **02**, 826, BAG NJW **89**, 317 (krit Bauer VersR **89**, 724).

C. Beispiele zur Frage der Anwendbarkeit von I 16

Abänderungsklage: Nach § 287 muß man einen Mehr- oder Minderbedarf beurteilen, BGH FamRZ **01**, 1604, Düss FamRZ **81**, 587.

Ab- und Anmeldekosten: Nach § 287 muß man beurteilen, welche Kosten nach einem Unfall zur Ab- bzw (Wieder-)Anmeldung angemessen sind, Hamm RR **95**, 224 (100 DM).

Abnutzungsersparnis: Nach § 287 muß man beurteilen, ob und welche Abnutzungsersparnis eingetreten ist, Ffm VersR **78**, 1044 (15–20% der Mietwagenkosten), Karlsr VersR **89**, 58, Mü VersR **76**, 1147 (meist 15%).

Abschleppkosten: Nach § 287 muß man beurteilen, welche Höhe Abschleppkosten erreicht hätten, Hamm VersR **99**, 364.

Abschreibung: Hamm FER **99**, 142 erkennt nur ²/₃ der steuerrechtlichen Möglichkeiten als Wertverlust an.

Abstrakte Schadensberechnung: Nach § 287 muß man beurteilen, welcher Schaden dem einzelnen entstanden ist, wenn unsicher ist, welches von mehreren Unternehmen den Auftrag erthalten hatte, und wenn man demgemäß einen Schaden nur im Wege einer abstrakten, also nicht konkreten, Berechnung ermitteln kann.

Abzinsung: Rn 24 „Zinsen".

Allgemeinunkosten: Nach § 287 muß man beurteilen, welcher Pauschalsatz wegen Allgemeinunkosten angemessen ist, etwa bei Vermietung oder Verpachtung für den Erhaltungsaufwand, BGH RR **90**, 408, oder nach einem Verkehrsunfall, Köln VersR **92**, 719 (bis [jetzt] ca 15 EUR + 40 EUR zur An- und Abmeldung), AG Wiesb VersR **84**, 397 ([jetzt] ca 15 EUR auch bei Schaden unter 500 EUR).

Amtspflichtverletzung: § 287 ist auf eine Forderung aus jedem Rechtsgrund und daher auch aus einer Amtspflichtverletzung anwendbar, BGH NJW **05**, 72 (Staatsgewalt) und NJW **96**, 3009 (Notar).

Anderer Arbeitgeber: Nach § 287 muß man beurteilen, ob bei einem anderen Arbeitgeber nur ein geringerer Verdienst erzielt wird, BAG NJW **76**, 1470.
S auch Rn 19 „Gewinn".

Anschaffungskosten: Nach § 287 muß man beurteilen, welchen Teil der Anschaffungskosten eines neuen Pkw infolge eines Unfalls Querschnittsgelähmter vom Schädiger ersetzt fordern kann, Mü VersR **84**, 246.

Anwaltsvertrag: Rn 23 „Vertrag".

Arbeitsfähigkeit: Nach § 287 muß man beurteilen, wie ein Mehrbedarf zur Erhaltung der Arbeitskraft zu berechnen ist, BGH FamRZ **94**, 22 (Kampfflieger), oder wie sich eine unfallbedingte Erkrankung (§ 286) auf die Arbeitsunfähigkeit auswirkt, BGH VersR **01**, 1548. Nach § 287 muß man die Dauer einer ärztlich ohne zeitliche Angaben bescheinigten Arbeitsunfähigkeit beurteilen, BGH NJW **02**, 128.

Art des Ersatzes: Nach § 287 muß man die Art eines Schadensersatzes beurteilen.

Arztpraxis: Ihr Wert läßt sich nach § 287 ermitteln, KG RR **96**, 431 (Zahnarzt).

Aufopferung: § 287 ist auf eine Forderung aus jedem Rechtsgrund und daher auch auf Grund eines Aufopferungsanspruchs anwendbar, insbesondere wegen Impfschadens.

Aufwendung: Nach § 287 muß man ihre Höhe, auch ihre Ersparnis, beurteilen, BayObLG ZMR **00**, 49.

§ 287

17 Bankkredit: Nach § 287 muß man beurteilen, zu welchem Zinssatz der Gläubiger Bankkredit in Anspruch nehmen durfte bzw genommen hat, BGH NJW **84**, 372, Karlsr RR **90**, 945 (nicht ab Verhandlungsschluß), Schlesw SchlHA **80**, 213 (Vorsicht, insbesondere zur Frage, ob überhaupt Bankkredit in Anspruch genommen wurde!).
S auch Rn 24 „Zinsen".
Bastlerstück: Nach § 287 muß man beurteilen, wie sich der Geldersatz bei der Beschädigung eines wertvollen Bastlerstücks bemißt. Das gilt zB bei einem Modellboot, BGH **92**, 86, Köln VersR **83**, 378, Medicus JZ **85**, 42.
Baum, Strauch: Nach § 287 muß man beurteilen, wie hoch der Schaden an einem Baum, Straßenbaum oder Strauch ist, Mü VersR **90**, 670, Breloer VersR **87**, 436, Koch VersR **86**, 1160 sowie Aktualisierte Gehölzwerttabellen, 2. Aufl 1987. Seine Methode ist brauchbar, Düss VersR **05**, 1445.
Baurecht: Zur Ermittlung einer Schadensquote im Bauprozeß Schulz BauR **84**, 40, Diederichs, Schadensabschätzung nach § 287 ZPO bei Behinderungen gemäß § 6 VOB/B, 1998. Beim Subventionsbetrug ist der hypothetische Wettbewerbspreis nach § 287 einschätzbar, Mü RR **02**, 888.
Behinderung: Nach § 287 muß man den durch eine Behinderung bedingten Mehraufwand schätzen, Düss RR **02**, 870.
Bereicherung: Rn 22 „Ungerechtfertigte Bereicherung".
Berufsausbildung: Nach § 287 muß man beurteilen, wie eine Berufsausbildung voraussichtlich verlaufen wäre und nun verlaufen wird, Karlsr FamRZ **89**, 738.
S auch Rn 18 „Erwerbsleben".
Betreuer: Entsprechend § 287 muß man ermitteln, welchen Stundensatz ein Betreuer zu erhalten hat, Zweibr FGPrax **00**, 198, LG Bln FamRZ **00**, 1452, und wieviel Zeit er brauchte, BayObLG FamRZ **01**, 375, LG Essen FER **98**, 83, LG Stgt FamRZ **98**, 496. Man darf den Gesamtaufwand nicht zu eng schätzen, Schlesw FER **98**, 36.
Beweislast: § 287 dienst *nicht* der Verringerung des Kostenrisikos bei der Beweislast.
Beweisvereitelung: Sie kann § 287 *unanwendbar* machen, Düss VersR **03**, 1294.
Bild: Nach § 287 muß man beurteilen, welcher Betrag als Entschädigung bei der Verletzung des Rechts am eigenen Bild angemessen ist.
Bremsstrecke: Nach § 287 muß man beurteilen, welche Strecke ein Kraftwagen bis zum Unfallpunkt zurücklegte.
18 Darlehen: Rn 17 „Bankkredit".
Dauer: Rn 24 „Zeitpunkt".
Dauerschaden: Nach § 287 muß man beurteilen, ob infolge einer Verletzung ein Dauerschaden bevorsteht, BGH NJW **02**, 505, Hamm RR **94**, 482 (ungeachtet etwa strengerer medizinischer Maßstäbe).
S auch Rn 22 „Rente", Rn 24 „Zeitpunkt".
Detektiv: Rn 22 „Unerlaubte Handlung".
Dienstbarkeit: Nach § 287 muß man den Wert einer beschränkten persönlichen Dienstbarkeit beurteilen, Karlsr WoM **96**, 325.
Dritter: Nach § 287 muß man beurteilen, welche Beträge der Bekl von einem veruntreuenden Dritten in Einzelposten erhalten kann.
S aber auch Rn 24 „Willensbildung".
Ehe: Nach § 287 läßt sich evtl ein Arbeitsumfang als Ausgleichsleistung nach ehebedingter Zuwendung beurteilen, BGH RR **02**, 1298.
Einbauküche: Im Rahmen von § 4a II 2 WoVermittlG muß man den objektiven Wert an Ort und Stelle und nicht nach dem Abbau nach § 287 ermitteln, Köln ZMR **01**, 187.
Emission, Immission: Zur Problematik Schwabe VersR **95**, 376.
Enteignung: Nach § 287 muß man eine Entschädigung beurteilen, BGH NJW **85**, 387, BayObLG **87**, 450.
Epilepsie: Nach § 287 muß man einen Ursachenzusammenhang zwischen einem Unfall und einer Epilepsie beurteilen, Rn 13.
Erfüllung: Rn 23 „Vertrag".
Ermessen: Seine Voraussetzungen und Grenzen sind auch bei § 287 beachtbar, Mü NJW **04**, 959.
Erschleichung: Nach § 287 muß man beurteilen, welche Schadensfolgen ein erschlichenes Urteil hat. Es erfolgt also keine erneute Prüfung dieses Urteils auf Grund der neuen Tatsachen, sondern das nunmehr erkennende Gericht beurteilt diese Tatsachen selbständig.
Erst-, Zweit-, Dauerschaden: § 287 kann mangels abgrenzbarer Schadensteile auf jede dieser Schadensarten anwendbar sein, BGH NJW **02**, 505.
Erwerbsleben: Nach § 287 muß man beurteilen, wie sich das Erwerbsleben voraussichtlich entwickelt hätte und nun entwickeln wird, BGH JR **95**, 2292. Man darf und muß die letzten Jahre vor dem Schadensfall beachten, BGH NJW **04**, 1947. Dabei darf man die Anforderungen an den Geschädigten nicht überspannen, BGH VersR **00**, 233.
S auch Rn 17 „Berufsausbildung", Rn 19 „Gewinn".
Examen: Rn 21 „Prüfung".
Firmenwagen: Seine private Nutzungsmöglichkeit erhöht das Einkommen, AG Weilbg FamRZ **98**, 1169.
Foto: § 287 ist auf die Schadensberechnung wegen unberechtigter Verwertung anwendbar, Düss RR **99**, 194 (auch evtl Pauschalzuschlag).
Gebrauchsdauer: Man muß ihre voraussichtliche Länge beachten, zB bei einer Wohnungseinrichtung, Celle MietR **96**, 123.
19 Gehalt: Die Üblichkeit seiner Höhe ist nach § 287 ermittelbar, LAG Ffm NJW **00**, 3372.
Gehölz: Rn 17 „Baum, Strauch".
GEMA: Nach § 287 muß man beurteilen, welche Vergütung die GEMA zahlt, falls kein Tarif vorhanden ist, BGH MDR **76**, 28, Brdb VHR **96**, 85, oder wieviel die GEMA bei einer unberechtigten öffentlichen

Titel 1. Verfahren bis zum Urteil § 287

Musikwiedergabe fordern kann. Diese Regeln sind auf andere ungenehmigte Vervielfältigungen und Verbreitungen von Musikwerken nicht stets anwendbar, BGH NJW **87**, 1405.

Geschäftsgrundlage: Nach § 287 muß man beurteilen, wie beim Fehlen der Geschäftsgrundlage die voraussichtliche Entwicklung verlaufen wäre und nun verlaufen wird, Köln NJW **94**, 3237.

Gewinn: Nach § 287 muß man beurteilen, welcher Gewinn oder Verdienst entgangen ist, (jetzt) § 252 S 1 BGB, BGH NJW **02**, 2553 und 2557, KG VersR **04**, 483, LAG Ffm MDR **01**, 351, aM Ffm VersR **81**, 1036 (aber dieser Fall ist ein geradezu klassisches Anwendungsbeispiel für § 287). § 287 ist auch anwendbar, soweit es auf einen Durchschnittsgewinn ankommt, BGH **62**, 108, Düss RR **90**, 608, Hamm VersR **02**, 732. Allgemeinkosten scheiden dabei aus, BGH RR **01**, 986.
  S auch Rn 16 „Anderer Arbeitgeber", Rn 18 „Erwerbsleben", Rn 22 „Umsatz", Rn 24 „Zinsen".

Grundstück: Rn 17 „Belastbarkeit", Rn 23 „Verkehrswert".

Gutachtenbasis: Nach § 287 muß man beurteilen, ob sich ein Unfallschaden auch trotz bereits durchgeführter Reparatur auf Gutachtenbasis ermitteln läßt, BGH NJW **89**, 3009, Schlesw MDR **01**, 270 (Vorsicht!), soweit solche Berechnung überhaupt noch zulässig ist. § 142 I 1 kann helfen, Greger NJW **02**, 1478.

Haftpflicht: § 287 ist auf eine Forderung aus jedem Rechtsgrund und daher auch aus einer gesetzlichen oder vertraglichen Haftpflicht anwendbar.
  S auch Rn 16 „Amtspflichtverletzung".

Halswirbelsäulenverletzung: Nach § 286 muß man die Ursächlichkeit eines Unfalls für einen HWS-Schaden beurteilen, KG NJW **00**, 878.

Handelsvertreter: Auf seinen Ausgleichsanspruch ist § 287 anwendbar, Schreiber NJW **98**, 3743.

Hausfrau: Nach § 287 muß man beurteilen, wie sich nach einer Tötung oder Verletzung der Hausfrau bzw des Hausmanns die Mehrkosten nach Art und Umfang bemessen lassen, Düss RR **03**, 87 (mangels Darlegung: Mindestschaden, zu großzügig, Rn 3), Kblz NJW **03**, 2835, Oldb NJW **77**, 962.

Haushaltsgeld: Auf seine Schätzung ist § 287 anwendbar, Mü FamRZ **05**, 367.

Heilungskosten: Nach § 287 muß man beurteilen, ob Aufwendungen zwecks Heilung angemessen sind.

Heizkosten: Rn 23 „Vertrag".

Impfschaden: Rn 16 „Aufopferung".

Invalidität: § 287 ist auf die Frage anwendbar, ob ein Unfall auch eine Invalidität ausgelöst hat, Düss VersR **04**, 462.

Interesse: Das in I erwähnte „zu ersetzende Interesse" fällt nach der jetzigen Fachsprache unter den Schaden.

Jagdrecht: Nach § 287 muß man den Wert eines Eigenjagdrechts und seine Steigerungsrate beurteilen, BayObLG **01**, 252.

Kapital: Rn 22 „Rente". 20

Kostenpauschale: Rn 16 „Allgemeinunkosten".

Kostenrisiko: Rn 17 „Beweislast", Rn 21 „Mitverschulden", Rn 22 „Unbezifferter Klagantrag".

Kredit: Rn 17 „Bankkredit".

Kundenstamm: Nach § 287 muß man seinen Wert beurteilen, BGH NJW **02**, 1341 (Umsatz maßgeblich).

Leasing: Rn 24 „Zinsen".

Lizenz: Nach § 287 muß man beurteilen, welcher Mindestschaden infolge entgangener Lizenz vorliegt, BGH **119**, 30 (keine zu hohen Anforderungen), und wie man überhaupt eine Lizenzgebühr bemessen kann, BGH RR **95**, 1320 (auch zu den Grenzen), Mü RR **03**, 767. Meist ist ca 1% des zugehörigen Umsatzes angemessen, Hbg GRUR-RR **04**, 140.
  S auch „Marke", Rn 21 „Patent".

Lohn: Die Üblichkeit seiner Höhe ist nach § 287 ermittelbar, LAG Ffm NJW **00**, 3372.

Luftfracht: Rn 22 „Reisemängel".

Lungenembolie: Nach § 287 muß man einen Ursachenzusammenhang zwischen einer Körperverletzung und einer tödlichen Lungenembolie beurteilen, Rn 13.

Mangelbeseitigungskosten: Das Gericht braucht für I greifbare Anhaltspunkte, BGH RR **04**, 1023.

Marke: Nach § 287 muß man beurteilen, welche Lizenzgebühr bei einer Markenverletzung erforderlich ist.

Marktverwirrung: Nach § 287 muß man beurteilen, wie hoch ein sog Marktverwirrungsschaden ist, BGH MDR **88**, 1029, zum Problem Leisse GRUR **88**, 90.

Mehrbedarf: Ein solcher, zB im Krankenhaus, läßt sich nach § 287 beurteilen, Karlsr FamRZ **98**, 1436.

Mehrheit von Schuldnern: Nach § 287 muß man beurteilen, wie man einen Schaden auf mehrere Schuldner verteilen kann.

Merkantiler Minderwert: Nach § 287 muß man beurteilen, wie hoch ein merkantiler Minderwert ist, BGH **164**, 157, Düss VersR **88**, 1026 (auch beim älteren Kfz), Ffm VersR **78**, 1044 (man darf den Minderwert nicht stets durch einen Prozentsatz der Reparaturkosten errechnen), KG VersR **88**, 361, Karlsr VersR **83**, 1065, AG Essen VersR **87**, 1154 (eine Meinungsumfage kann Grundlage sein).

Mietvertrag: Rn 23 „Vertrag".

Minderung: § 287 ist unanwendbar, soweit es um einen Minderungsanspruch geht, BGH NJW **05**, 1713, aM BGH RR **05**, 1157. Denn das ist kein Schadensersatz, KG ZMR **02**, 824.
  S auch Rn 23 „Vertrag".

Mindestschaden: § 287 ist anwendbar, soweit es um die Klärung eines Mindestschadens geht, BGH RR **02**, 1027, Brdb ZMR **99**, 166, Ffm VersR **02**, 476. § 139 kann anzuwenden sein, BGH RR **96**, 1077. Aber Vorsicht!

Mitverschulden: Nach § 287 muß man beurteilen, *in welcher Höhe* es vorliegt, BGH NJW **86**, 2946, Köln RR **05**, 1044. 21
  Demgegenüber muß man nach § 286 klären, *ob überhaupt* ein Mitverschulden vorliegt, Rn 12. Im übrigen dient § 287 *nicht* der Verringerung des Kostenrisikos beim Mitverschulden.

Mitverursacher: Nach § 287 muß man beurteilen, wenn es um das Entstehen und die Höhe des Schadens durch einen Mitverursacher geht, BGH **66**, 75.

§ 287

Buch 2. Abschnitt 1. Verfahren vor den LGen

Modellboot: Rn 17 „Bastlerstück".
Neu für alt: Nach § 287 muß man beurteilen, wie weit die Regeln „neu für alt" anwendbar sind, Karlsr RR **88**, 373.
Nichterfüllung: Rn 23 „Vertrag".
Notar: Rn 16 „Amtspflichtverletzung".
Nutzungsausfall, dazu die Tabellen von *Küppersbusch* NJW **02**, Heft 10 Beilage, *Sander/Danner/Küppersbusch* NJW **99**, 2238: Nach § 287 muß man beurteilen, wie hoch ein Nutzungsausfall ist, BGH NJW **05**, 1044, Celle NJW **04**, 3347, Kblz RR **03**, 1424, aM LG Osnabr RR **99**, 349 (aber dieser Fall ist ein geradezu klassisches Anwendungsbeispiel für § 287). Nach dieser Vorschrift ist ferner zu klären, wie ein Mietvorteil zu bemessen ist, Hamm FER **99**, 204. Tabellengebrauch ist grds zulässig, BGH **161**, 157 (zustm Oetke LMK **05**, 71).
Nutzungsdauer: Sie kann beim Großkommentar 15 Jahre betragen, AG Köln NJW **04**, 3343.
Nutzungsherausgabe: Nach § 287 muß man beurteilen, wie hoch herauszugebende Nutzungen anzusetzen sind, BGH **115**, 51 (Kaufpreis = Bruttopreis), Düss RR **05**, 1243 (Mietausfall), Ffm RR **96**, 585 (Nutzung auf Grund Vermieterpfandrechts), Kblz RR **92**, 688 (EDV-Anlage).
Patent: Nach § 287 muß man klären, welche Lizenzgebühr bei Verletzung erforderlich ist.
Pauschale: Rn 16 „Allgemeinunkosten".
Pflegekosten: Nach § 287 darf und muß man ihre Höhe bemessen, Düss RR **03**, 90. Solche der Mutter dürfen höher sein als solche eines Pflegedienstes, Mu RR **02**, 675.
Privatnutzungsanteil: Nach § 287 muß man beurteilen, wie hoch der Anteil der privaten Nutzung ist, zB beim Pkw, Ffm NJW **85**, 2956, Hamm FamRZ **05**, 804, Mü FamRZ **99**, 1350 (man kann von der steuerlich anerkannten Aufteilung ausgehen).
Prognose: Bei der Schadensberechnung ist auch eine Zukunftsprognose zulässig, BGH NZM **01**, 859. Zum Problem beim Berufsanfänger BGH NJW **98**, 1633.
Psychischer Folgeschaden: Man muß ihn nach § 287 beurteilen, BGH NJW **00**, 863, Celle RR **04**, 1253, KG VersR **04**, 1195.
Prüfung: Nach § 287 muß man beurteilen, wie eine Prüfung bei richtiger Arbeitsweise des Prüfers wahrscheinlich verlaufen wäre, wenn der durchgefallene Prüfling Schadensersatz wegen Amtspflichtverletzung fordert, extra bei einer Befangenheit des Prüfers, BGH NJW **83**, 2242.

22 **Rechtsanwalt:** § 287 ist anwendbar, wenn der Auftraggeber auf Grund der Beratung vernünftigerweise zwischen mehreren Entscheidungen hätte wählen können, BGH MDR **04**, 333.
Reisemängel: Nach § 287 muß man beurteilen, wie sich ein Geldersatz wegen eines Reisemangels und wegen vertaner Urlaubszeit bemißt, KG MDR **82**, 317, LG Hann NJW **89**, 1936. Auch ein Reisegepäckschaden läßt sich so bewerten, Ffm RR **03**, 23 (Luftfracht).
Rente: Nach § 287 muß man beurteilen, wie sich die Höhe einer Rente berechnet, BGH RR **90**, 962, Stgt VersR **77**, 1039, und wie man ihre vermutliche Dauer bemessen soll, BGH VersR **76**, 663, Stgt VersR **93**, 1537, sowie ob ein Kapital oder eine Rente in Betracht kommt, BGH DB **76**, 1521.
S auch Rn 18 „Dauerschaden".
Restwert: Nach § 287 läßt sich der Restwert eines Kfz klären, Düss RR **04**, 1471, LG Regensb RR **04**, 1475.
Schadensentwicklung: Nach § 287 kann man sie großzügig auch für die Zukunft beurteilen, BGH NJW **00**, 3288. Freilich muß man sie mit ausreichender Wahrscheinlichkeit beurteilen können, BGH MDR **04**, 277.
Schadenshöhe: Man kann sie typischerweise nach § 287 beurteilen, BGH VersR **05**, 1005.
Schadensminderung: Rn 21 „Mitverschulden".
Schadensverteilung: Rn 20 „Mehrheit von Schuldnern", Rn 21 „Mitverschulden".
Schlechterfüllung: Rn 20 „Mindestschaden".
Schmerzensgeld, dazu *Hacks*, Schmerzensgeldbeträge, 23. Aufl 2005; *Slizyk*, Beck'sche Schmerzensgeldtabelle, 4. Aufl 2001; *Slizyk/Schlindwein*, IMM-DAT, Die Schmerzensgeld-Datenbank, seit 2002: Nach § 287 muß man beurteilen, wie hoch es sich bemißt, BGH MDR **92**, 349, Hamm VersR **01**, 1169 (auch zu den Grenzen), Mü MDR **04**, 959.
S aber auch „Schadensentwicklung", „Unbezifferter Klagantrag".
Selbstmord: Nach § 287 muß man beurteilen, ob eine unfallbedingte Schmälerung der geistigen und seelischen Verfassung zu einem Selbstmord führte.
Sport: Ein Teilnahmerecht an einem Wettbewerb und sein Erlösanteil lassen sich nach § 287 schätzen, BGH NJW **01**, 144.
Steuerberater: Nach § 287 muß man beurteilen, welche Entwicklung bei einem ordnungsgemäßen Handeln eines Steuerberaters eingetreten wäre, BGH NJW **00**, 2804.
Straßenbaum: Rn 17 „Baum, Strauch".
Teilnutzung: Man kann sie nach § 287 beurteilen, AG Köln NJW **04**, 3343.
Telekommunikation: Nach § 287 muß man einen Ausgleichsanspruch nach § 57 II 2 TKG beurteilen, Hamm RR **02**, 769.
Tier: Man kann seinen Wert mangels Marktgängigkeit nach § 287 schätzen, BVerwG NVwZ-RR **05**, 448.
Totalschaden: Nach § 287 muß man beurteilen, ob ein Totalschaden eines Kfz vorliegt, wie hoch dann der Wiederbeschaffungspreis ist und wieviel die sog Totalschadenspauschale beträgt, also beim Einsatz eines Sachverständigen zur Klärung der Fahrfähigkeit eines gebrauchten Ersatzwagens, AG Freibg VersR **83**, 70.
Umsatz: Nach § 287 muß man beurteilen, welcher Umsatzausfall eingetreten ist, BGH NJW **90**, 2471 oben links, BAG NJW **89**, 61. S auch Rn 19 „Gewinn".
Umwelthaftung: Zur Problematik Schwabe VersR **95**, 376.
Unbezifferter Klagantrag: § 287 dient *nicht* der Verringerung des Kostenrisikos beim unbezifferten Klagantrag.
S auch „Schmerzensgeld".

Titel 1. Verfahren bis zum Urteil § 287

Unerlaubte Handlung: § 287 ist auf eine Forderung aus jedem Rechtsgrund und daher auch aus unerlaubter Handlung anwendbar, BGH **111**, 181 (Detektivkosten) und NJW **92**, 3298 (§ 844 II BGB). Zum Unlauteren Wettbewerb Leisse/Traub GRUR **80**, 1 ausf. Zu einem unerlaubten Werbehinweis in einer Fernsehsendung Mü DB **87**, 89.
Unfallversicherung: § 286 ist auf Ausgestaltung und Dauer des Schadens anwendbar, § 287 auf Ursächlichkeit zwischen Schädigung und Invalidität, BGH VersR **01**, 1548, strenger Kblz VersR **02**, 181 links Mitte (§ 286).
Ungerechtfertigte Bereicherung: § 287 ist auf eine Forderung aus jedem Rechtsgrund und daher auch gerade auf Schadensersatz nach § 818 BGB anwendbar.
  § 287 ist aber *unanwendbar*, soweit es um die sonstige Herausgabe der Bereicherung geht. Denn das ist kein Schadensersatz.
Unlauterer Wettbewerb: S „Unerlaubte Handlung".
Unterhalt: Nach § 287 muß man beurteilen, ob ein Unterhaltsanspruch entzogen wurde, ob also der getötete Unterhaltspflichtige leistungsfähig gewesen wäre oder wie man einen Mehr- oder Minderbedarf beziffern muß, BGH FamRZ **01**, 1604, Hamm NJW **05**, 370, Düss FamRZ **81**, 587. § 287 gilt auch bei der Frage, wie man Naturalunterhalt bewerten soll, KG FamRZ **03**, 53.
Unternehmenswert: Man muß ihn nach § 287 beurteilen, BayObLG JB **00**, 416.
Urheberrecht: Eine Lizenz läßt sich nach § 287 beurteilen, BVerfG NJW **03**, 1655, Hbg RR **00**, 1072.
Urlaub: S „Reisemangel".
Urteil: Rn 18 „Erschleichung".
Verdienst: Rn 19 „Gewinn". 23
Vergleich: S „Vertrag".
Verkehrswert: Nach § 287 muß man beurteilen, wie hoch der Verkehrswert eines Grundstücks ist, BayObLG **87**, 14, Celle NZM **98**, 638 (Ertragswert). Anerkannt ist die WertermittlungsVO 1988, BGH NZM **01**, 440.
Verletzter: Sein Verhalten kann sich auf die Beurteilung der Ursächlichkeit auswirken, Hamm VersR **00**, 373. S auch Rn 21 „Mitverschulden", „Mitverursacher".
Vermehrung der Bedürfnisse: Eine solche nach § 843 I Hs 2 BGB läßt sich nach § 287 beurteilen, BGH RR **04**, 672.
Vermögensschaden: Seine Höhe kann man nach § 287 berechnen, BVerwG NJW **99**, 594. Das gilt aber nur bei Feststellbarkeit der zugrunde liegenden Bedingungen, Köln VersR **04**, 391.
Versicherungsentschädigung: Nach § 287 muß man beurteilen, in welcher Höhe eine Versicherung eine Entschädigung leisten muß, BGH RR **88**, 343, oder ob der Eigentümer wegen eines Brandschadens eine Versicherungsleistung erhalten hätte, BGH NJW **03**, 296.
Vertrag: § 287 ist auf einen Vertrag anwendbar, zB auf einen Anwaltsvertrag, BGH VersR **05**, 1241, LG Hbg RR **98**, 1384, auch wegen eines Ersatzwagens, LG Freibg RR **97**, 1069, oder auf einen Mietvertrag, BGH NJW **05**, 1713 (Grundlage einer Minderung: Bruttomiete einschließlich aller Nebenkosten, auch bei Pauschalen), zB auf die Miethöhe anhand eines Mietspiegels, BGH NJW **05**, 2074, LG Bln WoM **03**, 499, LG Duisb WoM **05**, 460, oder wegen der Höhe von Mängelbeseitigungskosten einschließlich Hotelunterkunft des Mieters, BGH RR **03**, 878, oder wegen des Mindestschadens, Brdb ZMR **99**, 166, oder wegen eines Mietausfalls, LG Brschw NZM **00**, 277, oder wegen einer „schwarzen" Wohnung, AG Hbg-Wandsbek NZM **00**, 906 (zur Problematik Moriske NZM **00**, 894), oder wegen eines Vergleiches, Köln NJW **94**, 3237, oder wegen Hausmeisterkosten, AG Köln WoM **02**, 615, oder hoher (Vandalismus), AG Köln WoM **00**, 680, oder wegen der Abwägung von Modernisierungskosten und Heizkostenersparnis, AG Köln NZM **01**, 617, LG Lüneb WoM **01**, 83, oder wegen Entfernung von Inventar des Mietobjekts, LG Hildesh ZMR **03**, 267 (Lampe). Wegen eines Mietspiegels vgl auch Üb 32 vor § 373.
  § 287 ist aber *unanwendbar*, soweit es um den Anspruch auf eine Vertragserfüllung und nicht auf Schadensersatz geht.
Vertragsstrafe: § 287 ist *unanwendbar*, soweit es um sie geht. Denn sie ist kein Schadensersatz.
Verzugsschaden: § 287 ist anwendbar, soweit es um seine Höhe beim Verbraucherkredit geht, BGH RR **99**, 1274. Das gilt auch beim Nutzungsausfall, Rn 21.
Vorfälligkeitsentschädigung: Zur Berechnung ist § 287 anwendbar, BGH NJW **05**, 752, Schlesw MDR **98**, 356.
Vorteilsausgleich: Nach § 287 muß man beurteilen, welcher Vorteilsausgleich in Betracht kommt, BGH NJW **05**, 1042, Hamm RR **94**, 346.
Wasser-Nachbarschaden: § 287 ist anwendbar, soweit der Kläger wegen eines vom Nachbar verursachten 24 Wasserschadens seine Räume nicht nutzen kann, LG Köln NZM **01**, 333.
Wiederbeschaffungspreis: Rn 22 „Totalschaden".
Willensbildung: § 287 dient *nicht* der Erleichterung bei der Klärung der Frage, unter welchen Voraussetzungen ein Dritter eine bestimmte Willensbildung vorgenommen hätte, BGH NJW **85**, 3082.
Wohnungseinrichtung: Rn 19 „Gebrauchsdauer".
Zahnarztpraxis: Rn 16 „Arztpraxis".
Zeitaufwand: Er läßt sich entsprechend § 287 beurteilen, Hbg MDR **00**, 116 (vereinbartes Anwalts-Zeithonorar), Zweibr Rpfleger **99**, 182 (Betreuer).
Zeitpunkt: Nach § 287 muß man beurteilen, in welchem Zeitpunkt das schädigende Ereignis eingetreten ist und wann seine Wirkung aufgehört hat.
  S auch Rn 18 „Dauerschaden".
Zinsen: Nach § 287 muß man beurteilen, welcher Zinssatz infragekommet, Schopp MDR **89**, 1, aM Köln JB **01**, 312 (wendet II an), und welche Abzinsung in Betracht kommt, Celle MDR **94**, 273 (bei Leasingraten). Es reichen Anhaltspunkte dafür, welcher über den gesetzlichen Zinsfuß hinausgehende Gewinn erzielt worden wäre, BGH NJW **95**, 733.
  S auch Rn 17 „Bankkredit".

§ 287
Buch 2. Abschnitt 1. Verfahren vor den LGen

Zukunft: Rn 21 „Prognose".
Zwangsversteigerung: Nach § 287 muß man die Höhe eines mutmaßlichen Gebots beurteilen, das wegen eines Verfahrensfehlers des Gerichts unterblieb, oder die Frage, ob bei richtiger Verfahrensführung ein höheres Gebot erfolgt wäre, BGH NJW 00, 3359.
Zweitverletzung: Auf sie kann § 287 anwendbar sein, BGH NJW 02, 505, aM Arens ZZP **88**, 43 (§ 286).

25 **D. Verfahren.** Das Gericht entscheidet in den Fällen Rn 9–24 unter Würdigung aller Umstände, BGH VersR **01**, 1458. Es entscheidet nach freier Überzeugung, Rn 4. Man braucht Entstehung, Höhe, ursächlichen Zusammenhang nach Rn 6 nicht im einzelnen substantiiert darzulegen, BGH NJW **94**, 664 (zustm Baumgärtel JZ **94**, 531). Das Gericht muß die Parteien aber anhalten, geeignete Schätzungsunterlagen beizubringen, BGH NJW **95**, 1023, Nürnb MDR **85**, 240, AG Köln WoM **02**, 615. Diese Unterlagen müssen also ausreichen, die Ausgangssituation für die Schätzung zu schaffen, soweit diese Beibringung zumutbar ist, Karlsr VersR **88**, 1164 (etwa durch Abdecken der den Ehegatten betreffenden Teile einer gemeinsamen Steuererklärung).

26 Der Geschädigte muß beweisen, daß diese *Unterlagen zutreffen*. Bei alledem darf man die Anforderungen an ihn nicht überspannen, BGH NJW **95**, 1023. Kann er mögliche Anhaltspunkte nicht nachweisen, so geht das zu seinen Lasten, BGH NJW **94**, 664 (zustm Baumgärtel JZ **94**, 531), KG VersR **91**, 706. Erst ab Vorlage ausreichender Unterlagen darf und muß das Gericht den Schaden und seine Höhe nach dem mutmaßlichen Geschehensablauf einschätzen, Köln NJW **95**, 1023. Dagegen kann der Bekl Gegenbeweis antreten. Die Partei darf auch nichts versäumen, BGH NJW **81**, 1454. Sie muß zB einen Schaden rechtzeitig feststellen lassen, wenn sie andernfalls in den Verdacht der Mitverursachung käme. Der Kläger braucht jedoch nicht genaue Tatsachen anzugeben, die zwingend auf das Bestehen und den Umfang des Schadens schließen lassen.

27 Das Gericht darf allerdings auch keine bloße Spekulation betreiben, LG Darmst ZMR **94**, 166. Das Gericht darf *nicht ins Blaue entscheiden*, BGH NJW **94**, 665, Ffm VersR **91**, 1070. Es muß über die Ausgangs- und Anknüpfungstatsachen auch nach Sachverständigenbeweis evtl weiter Beweis erheben, BGH RR **98**, 333. Es darf nicht eine abstrakte Berechnung eines hypothetischen Schadens vornehmen, soweit feststeht, daß tatsächlich überhaupt kein Schaden eingetreten ist. Es darf einen Mindestschaden schätzen, LG Aachen VersR **86**, 775, aber nicht, sofern auch er der Höhe nach völlig unklar ist, aM BGH NJW **02**, 3320, Mü VersR **77**, 628. (Aber dann gäbe es praktisch immer einen bequemen Teil- oder sogar Vollerfolg des Klägers).

28 Es kann aber zur Klärung des Schadens gesetzliche Bemessungsregeln heranziehen. Es kann ferner zB im Rahmen und in den Grenzen von § 144 Rn 10 einen *Augenschein* vornehmen, § 371. Es kann *Sachverständige* beauftragen, §§ 144, 402 ff, Einf 5 vor § 284. Es kann ferner anordnen, daß der Kläger sich vernehmen und untersuchen läßt, §§ 372 a, 448. Das Gericht kann die „Grundsätze zur Errechnung der Höhe des Ausgleichsanspruchs (§ 89 b HGB)" berücksichtigen, Ffm VersR **86**, 814. Solange das Gericht mit solchen Mitteln nach § 287 zu einer Schätzung kommen kann, ist eine Klagabweisung unstatthaft. Darum läßt sich der Anspruch regelmäßig nicht mit Wendungen wie „die Verhältnisse sind unübersehbar" abtun. Es genügt die allgemeine Überzeugung des Gerichts, daß aus dem Ereignis ein Schaden entstanden ist. Aber auch diese allgemeine Überzeugung bedarf einer nachvollziehbaren Begründung.

29 Die *Ablehnung* einer Schätzung kommt erst nach einer Prüfung infrage, ob nicht wenigstens eine ausreichende Grundlage für die Schätzung eines Mindestschadens vorhanden ist. Kommt es darauf an, wie eine Verwaltungsbehörde entschieden hätte, so muß das Gericht die praktische Einstellung der Behörde ermitteln. Bei einem Schadensersatzanspruch gegenüber einem ProzBev wegen mangelnden Sachvortrags muß das Gericht den Schaden nach dem Ergebnis beurteilen, das man in dem früheren Prozeß bei einem vollständigen Vortrag und einer zutreffenden Entscheidung erzielt hätte.

30 **6) Schadensschätzung, I 2, 3.** Auch insoweit besteht ein fast zu weiter Spielraum.
A. Ermessen, I 2. Ob das Gericht Beweis erheben will, steht in seinem pflichtgemäßen Ermessen, BGH VersR **88**, 38, Schlesw SchlHA **80**, 213, Kblz VersR **96**, 908. Das Gesetz nimmt ein etwaiges Abweichen der richterlichen Schätzung von der Wirklichkeit hin, BGH **91**, 256. Die Schätzung soll aber das Gericht möglichst nahe an die Wirklichkeit heranführen, BGH VersR **92**, 1411. Es kann ohne Beweiserhebung schätzen, wenn es von der Entstehung des Schadens überzeugt ist und auch sein darf, BSG NZS **04**, 207. Das Urteil muß aber die Beweisanträge würdigen, BVerfG NJW **03**, 1655. Es muß ihre Ablehnung begründen, BGH NJW **82**, 33. Das gilt zB dann, wenn nach dem Ermessen des Gerichts die Beweisaufnahme keine Klärung bringen würde. Das Gericht muß eine solche Erwägung aber näher darlegen. Denn es muß genügende schätzungsbegründende Tatsachen feststellen, BGH VersR **92**, 1411. Das Gericht darf nicht das Parteivorbringen zugunsten eines beweisanzeigenden Umstands vernachlässigen, Mü DB **87**, 89. Es darf in einer wichtigen Frage nicht auf die Herbeischaffung unerläßlicher Fachkenntnis verzichten, BVerfG NJW **03**, 1655, BGH RR **95**, 1320. Es darf nicht wegen Unwirtschaftlichkeit einen Beweisantrag ablehnen, § 286 Rn 39. Ist eine Täuschung möglich oder kann der äußere Eindruck irreführend sein, so muß der Richter mit der Verwertung der eigenen Sachkunde vorsichtig sein, BGH VersR **76**, 390. Auch hier genügt aber eine hohe Wahrscheinlichkeit für das gefundene Ergebnis.

31 Die Partei muß schätzungserleichternde Tatsachen *darlegen*. Das Gericht muß sie soweit zumutbar rechtlich einwandfrei auch ohne Unterstellungen feststellen können, BGH RR **88**, 1209, Mü VersR **87**, 362 (nur grds zustm Künz). Das Gericht darf zwischen abstrakter und konkreter Schadensberechnung wählen, soweit nicht der Kläger einen Beweis für die konkrete höhere Schadenshöhe angetreten hat. Die für die Schadensfeststellung maßgebenden einzelnen Erwägungen des Gerichts sind als Äußerungen freien Ermessens in der Berufungsinstanz voll nachprüfbar, Zweibr MDR **89**, 269. In der Revisionsinstanz findet eine Überprüfung aber nur noch auf eine etwaige Überschreitung dieser Grenzen statt, BGH RR **88**, 1209, BayObLG **87**, 15.

32 Das *Revisionsgericht* kann also nur nachprüfen, ob der Tatrichter von zutreffenden Erwägungen ausgegangen ist, BGH VersR **05**, 945, zB von einem richtigen Eigentumsbegriff, BGH DB **81**, 2170, und ob er überhaupt § 287 beachtet und die Schätzungsgrundlagen richtig ermittelt hat, BGH RR **05**, 1157 und VersR **05**, 945, BSG NZS **04**, 208. Das Revisionsgericht kann die Erwägungen des Tatrichters beanstanden, wenn sie auf einem grundsätzlich falschen Satz beruhen oder offensichtlich unsachlich sind, BGH VersR **88**,

Titel 1. Verfahren bis zum Urteil **§ 287**

943, BayObLG **87**, 15. Das Revisionsgericht kann die Erwägungen des Tatrichters ferner beanstanden, wenn sie zu einer grundlosen Bereicherung oder zu einem verkappten Ausgleich des immateriellen Schadens führen, insbesondere bei einem typischen Fall wie bei der Berechnung eines Kraftfahrzeug-Nutzungsausfalls oder eines Wertverlusts nach zeitweiser Benutzung durch den Käufer vor dem Austausch, BGH **88**, 29.

Eine *Schmerzensgeldtabelle* gibt nur Anhaltspunkte, Köln VersR **77**, 628. Der Wert von Tabellen ist ungeachtet ihrer Beliebtheit und ihrer Hilfe zu einigermaßen einheitlicher Beurteilung doch leider oft nur begrenzt § 323 Rn 38, 39, AG St Blasien MDR **86**, 757 (zustm Müller-Langguth). Das Revisionsgericht darf prüfen, ob der Vorderrichter schätzungsbegründende Tatsachen nicht gewürdigt oder falsche Rechtsbegriffe oder Rechtssätze angewandt hat, BGH VersR **88**, 943. **33**

B. Schätzungsvernehmung, I 3. Das Gericht kann den Beweisführer über die Höhe des Schadens vernehmen, BAG NJW **05**, 3167, nicht über andere Punkte. Das gilt auch dann, wenn der Kläger seinen Ersatzanspruch nicht im einzelnen begründet hat. Diese Vernehmung ist eine Abart der Parteivernehmung nach § 448, nicht eine bloße Parteianhörung im Sinn von § 141, Kblz VersR **80**, 1173. Sie unterscheidet sich von der Parteivernehmung dadurch, daß § 448 einigen Beweis voraussetzt, die Schätzungsvernehmung nicht. Ein Einverständnis des Gegners ist nicht erforderlich. Auch hier ist eine Vernehmung des Gegners nach § 445 zulässig, also auf Antrag des Beweisführers. Zunächst erfolgt eine uneidliche Vernehmung. Eine Beeidigung geschieht nur nach § 452 I 1, II–IV, dh auf Anordnung des Gerichts, wenn es einigen Beweis durch die Vernehmung für erbracht hält. Den § 452 I 2 erwähnt der § 287 I nicht. Das besagt, daß das Gericht nur den Beweisführer beeidigen darf, auch wenn es den Gegner vernommen hat. Die Schätzungsvernehmung kommt unter den Voraussetzungen des § 296 nicht mehr in Betracht. **34**

7) Anderer Prozeß: Bedingte Anwendbarkeit, II. Die erweiterte freie Würdigung, mit Ausnahme der Schätzungsvernehmung, ist bei einem auf Geld oder vertretbare Sachen vermögensrechtlichen Anspruch („Höhe der Forderung") insoweit anwendbar, als die Voraussetzungen Rn 35, 36 zusammentreffen. **35**

A. Schwierigkeit der Aufklärung. Eine völlige Aufklärung aller maßgebenden Umstände muß im Vergleich zur Bedeutung der gesamten Forderung oder eines Teils davon schwierig sein, BGH **74**, 226.

B. Geringfügigkeit des Streits. Außerdem darf der Streit im Verhältnis zur Schwierigkeit der Klärung nur eine geringe Bedeutung haben, BGH FamRZ **93**, 792. Es gilt also ein ganz fallweiser Maßstab. **36**

C. Beispiele zur Frage der Anwendbarkeit von II **37**
Arbeitslohn: II gilt wegen der Höhe eines fiktiven Arbeitseinkommens, BGH FamRZ **93**, 792, Düss FamRZ **81**, 256.
Aufklärung: II gilt bei einer Unmöglichkeit der Aufklärung.
Ausgleichsanspruch: II gilt beim Ausgleichsanspruch eines Bausparkassenvertreters wegen eines Folgevertrags nach seinem Ausscheiden oder beim Ausgleichsanspruch nach § 89 b HGB, BGH NJW **00**, 1415. Beim vorzeitigen Erbausgleich ist eine Lebensversicherung mit dem Zeitwert ansetzbar, Karlsr FER **97**, 207.
Beweisaufnahme: II gilt bei wahrscheinlich langer Dauer und hohen Kosten einer Beweisaufnahme, zB in einem Bauprozeß, BGH FamRZ **93**, 792.
Erfüllung: II gilt bei einem Erfüllungsanspruch, zB aus ungerechtfertigter Bereicherung. **38**
Erwerbsmöglichkeit: II gilt *nicht,* soweit es um die anderweitige Erwerbsmöglichkeit eines unterhaltsberechtigten geschiedenen Ehegatten geht, BGH NJW **86**, 3081.
Gefahrgeneigte Arbeit: II gilt beim Ersatzanspruch des gefahrgeneigten Arbeitnehmers wegen Verfalls einer Sicherheitsleistung nach der StPO, BAG NJW **89**, 317, krit Bauer VersR **89**, 724.
Grunderwerb: II gilt bei einem Anspruch nach § 313 BGB.
Haushaltstätigkeit: II gilt bei ihrer Bewertung, BGH FamRZ **01**, 1694 (zustm Büttner).
Inflation: II gilt beim Anspruch auf eine Anpassung von Gehalt oder Ruhegeld wegen der Geldentwertung, BAG MDR **87**, 257. **39**
Insolvenz: II gilt zwecks Beurteilung der Masseunzulänglichkeit, BGH NJW **01**, 3706.
Kleine Forderung: Da II auf I 1, 2 verweist, gilt II beim Streit darüber, ob eine dem Grunde nach unstreitige Forderung überhaupt einen Betrag ausmacht, etwa bei einem angeblichen Gewinn.
Leistungsbestimmung: II gilt *nicht* bei §§ 315, 316 BGB. Denn das Gericht darf nicht einfach anstelle der Partei die Leistung bestimmen, BGH ZZP **86**, 322.
Mangel: II gilt bei der Schätzung seiner Mindesthöhe, LG Tüb RR **04**, 267 (Garagenparkfläche).
Mieterhöhung: II läßt sich zur Frage der Ortsüblichkeit höherer Miete bei § 558 BGB anwenden, soweit das Gericht nicht dadurch praktisch überfordert wird, LG Düss WoM **90**, 393, LG Hbg WoM **90**, 32, AG Straubing WoM **85**, 327.
Pflegebedarf: II gilt bei der Ermittlung des Zeitbedarfs der Pflegeperson(en), BSG NZS **04**, 207.
Provision: II gilt beim Provisionsausfall über einen längeren Zeitraum, BAG VersR **86**, 75. **40**
Steuerberatung: II gilt bei der Haftung eines Steuerberaters zB wegen einer Fehlerhaften Bilanz, BGH VersR **88**, 178.
Ursächlichkeit: II gilt bei einer hypothetischen Ursächlichkeit, Karlsr FamRZ **85**, 1045.
Versicherungsvertrag: II gilt bei der Geschäftsgebühr des zurücktretenden Versicherers, § 40 II 2 VVG, Sieg VersR **88**, 310.
Wasserschaden: II gilt nach einem Wasserschaden bei der Bestimmung des Mindestverbrauchs, AG Mü WoM **90**, 85.

8) ***VwGO:*** In Ergänzung des § 108 I *VwGO* ist § 287 entsprechend anwendbar, § 173 *VwGO,* KoppSch § 108 Rn 16 u § 173 Rn 4, BVerwG NVwZ **99**, 77, NJW **95**, 2306 (eingehend), OVG Münst NVwBl **98**, 281 *mwN, VGH Mü NVwZ-RR **96**, 555, weil diese Beweiserleichterung mit dem Wesen des VerwProzesses vereinbar ist und dafür ein praktisches Bedürfnis besteht, Grunsky § 43 II 2 (Bettermann, 46. DJT II E 48, hält wegen des Ermittlungsgrundsatzes nur II für entsprechend anwendbar). Jedoch gilt II nicht, wenn der Behörde eine Schätzungsbefugnis zusteht, BVerwG NJW **86**, 1124 (betr Erschließungsbeitrag).* **41**

Einführung vor §§ 288–290

Geständnis

1 **1) Systematik.** Man muß vier Varianten unterscheiden.
A. Gerichtliches Geständnis. Gerichtliches Geständnis, Tatsachengeständnis, ist die einseitige Erklärung an das Gericht, eine vom Gegner behauptete Tatsache sei wahr, BGH NJW **83**, 1497, Schneider MDR **91**, 297.

2 **B. Außergerichtliches Geständnis.** Es gibt zunächst das außergerichtliche Geständnis. Es ist etwa in einem anderen Verfahren oder in einem vorbereitenden Schriftsatz erfolgt. Es ist kein Beweismittel, sondern ein Indiz, Einf 16 vor § 284. Sein Beweiswert hängt von den Begleitumständen ab. Bedeutsam sind die Geständnisabsicht und das Bewußtsein der Tragweite. So beweist eine Quittung vorbehaltlich Gegenbeweises regelmäßig den Empfang der Leistung. Die Annahme ist unnötig.

3 **C. Anerkenntnis; Verzicht.** Das ist ein Rechtsgeständnis. Es bezieht sich nicht auf Tatsachen im Sinn von Einf 17 vor § 284, sondern auf einen prozessualen Anspruch, §§ 306, 307.

4 **D. Nichtbestreiten.** Es gibt schließlich das bloße Nichtbestreiten, Rn 3, § 138 II, III, BGH NJW **99**, 580, § 288 Rn 5.

5 **2) Regelungszweck.** Das gerichtliche Geständnis ist eine einseitige, nicht annahmebedürftige Parteiprozeßhandlung, Grdz 47 vor § 128, BGH NJW **87**, 1948. Es kann durch einen Prozeßvertrag erfolgen BGH NJW **01**, 2551. Es ist kein Beweismittel. Denn es erbringt nicht Beweis, sondern es erspart den Beweis, es erläßt dem Gegner die Beweislast, Anh § 286, Köln VersR **90**, 857. Das tut aber auch das bloße Nichtbestreiten, § 138 III. Darum liegt die eigentümliche Wirkung des Geständnisses nicht hierin, sondern in der besonderen Regelung der Widerruflichkeit, § 290. Das gerichtliche Geständnis ist daher die prozessuale Erklärung des Einverständnisses damit, daß das Gericht die zugestandene Tatsache ungeprüft verwertet. Insoweit geht es über das bloße Nichtbestreiten hinaus. Deshalb wäre die Gleichsetzung von bloßem Nichtbestreiten und Geständnis evtl eine Verletzung von Art 103 I GG, BVerfG NJW **01**, 1565.

Zurückhaltung vor der Annahme des Vorliegens eines Geständnisses ist die gebotene Folge der vorstehenden Funktion dieses prozessualen Verhaltens. Ob es häufiger vorkommt oder seltener als im allgemeinen angenommen, läßt sich auch nach langer zivilrichterlicher oder -anwaltlicher Tätigkeit schwer beurteilen. Jedenfalls ist eine sorgfältige Begründung der Entscheidung ratsam, es liege ein Geständnis vor, sei es auch nur zur Vermeidung des Vorwurfs, man habe sich um eine nähere Prüfung des in Wahrheit bloßen Nichtbestreitens gedrückt.

6 **3) Geständnis und Wahrheitspflicht.** Die Geständniswirkung tritt nach dem Gesetz unabhängig von der Postulationsfähigkeit nach Üb 1 vor § 78 ein, Hamm MDR **98**, 286. Sie tritt grundsätzlich auch dann ein, wenn das Geständnis der Wahrheit widerspricht, § 290 Rn 5, Schneider MDR **75**, 444. Indessen darf der Richter ein als offenkundig unwahr erkanntes Geständnis nicht beachten. Denn es läuft der Wahrhaftigkeitspflicht des § 138 zuwider, einer öffentlichrechtlichen Pflicht, § 291 Rn 7. Ein arglistiges oder zu einem sittenwidrigen Zweck abgegebenes Geständnis verliert seine Wirkung nicht bloß nach § 290, sondern überhaupt, sobald sich die Unwahrheit herausstellt, Einl III 54, Düss RR **98**, 606. Der Gegner darf die zugestandene Behauptung immer zurücknehmen, wenn er damit nicht gegen die Wahrhaftigkeitspflicht verstößt. Die Rücknahme eines nach § 288 Rn 4 vorweggenommenen Geständnisses ist unzulässig.

7 **4) VwGO:** Das gerichtliche Geständnis hat im *VerwProzeß* nicht die Wirkungen der §§ 288 bis 290, weil das Gericht an das Vorbringen der Beteiligten nicht gebunden ist und den Sachverhalt vAw erforscht, § 86 I VwGO, BVerwG JZ **72**, 119 (abw Grunsky § 20 I, der immer dann, wenn die Beteiligte nach materiellem Recht verfügungsbefugt ist, Geständniswirkung annimmt). Das Gericht hat demgemäß jedes Geständnis, auch das gerichtliche, frei zu würdigen, § 108 I VwGO (vgl § 617).

288 **Gerichtliches Geständnis.** I Die von einer Partei behaupteten Tatsachen bedürfen insoweit keines Beweises, als sie im Laufe des Rechtsstreits von dem Gegner bei einer mündlichen Verhandlung oder zum Protokoll eines beauftragten oder ersuchten Richters zugestanden sind.

II Zur Wirksamkeit des gerichtlichen Geständnisses ist dessen Annahme nicht erforderlich.

Schrifttum: *Brehm,* Die Bindung des Richters an den Parteivortrag und Grenzen der freien Verhandlungswürdigung, 1982; *Orfanides,* Berücksichtigung von Willensmängeln im Zivilprozeß, 1982; *Orfanides,* Das vorweggenommene Geständnis, Festschrift für *Baumgärtel* (1990) 427; *Schoofs,* Entwicklung und aktuelle Bedeutung der Regeln über Geständnis und Nichtbestreiten im Zivilprozeß, Diss Münster 1980; *Ullmann,* Gedanken zur Parteimaxime im Patentverletzungsstreit – Geständnis usw, Festschrift für *Ballhaus* (1985) 809; *Wolf,* Geständnis zu eigenen Lasten und zu Lasten Dritter?, in: Festschrift für *Nakamura* (1996).

Gliederung

1) Systematik, Regelungszweck, I, II 1	4) Erklärung, I 7
2) Geltungsbereich, I, II 2	5) Geständniswirkung, II 8, 9
3) Beweisentbehrlichkeit, I, II 3–6	A. Grundsatz: Kein Beweisbedarf 8
A. Tatsachenbezug 3	B. Grenzen 9
B. Tatsachenbehauptung 4	6) *VwGO* 10
C. Zugeständnis des Gegners 5	
D. Unbedingtheit usw 6	

Titel 1. Verfahren bis zum Urteil **§ 288**

1) Systematik, Regelungszweck, I, II. Vgl Einf 1–5 vor §§ 288–290. §§ 289, 290 gelten ergänzend. **1**

2) Geltungsbereich, I, II. Die Vorschrift gilt in allen Verfahrensarten nach der ZPO, die überhaupt der **2** Parteiherrschaft unterliegen, Grdz 18 vor § 128. Sie gilt daher nicht im Insolvenzverfahren, Köln Rpfleger **00**, 410.

3) Beweisentbehrlichkeit, I, II. Die Vorschrift wird zu wenig beachtet. **3**
A. Tatsachenbezug. Das Geständnis muß eine Tatsache betreffen. Begriff Einf 17 vor § 284, BGH RR **05**, 1298, Düss GRUR-RR **04**, 167, Schneider MDR **91**, 299. Es kann also eine innere Tatsache genügen, etwa eine Willensrichtung, BGH NJW **81**, 1562. Auf juristische Tatsachen kann sich das Geständnis in demselben Umfang erstrecken wie bei der Beweiserhebung, also auch auf ganz geläufige, einfache Rechtsbegriffe, Einf 21 vor § 284, BGH FamRZ **03**, 1549 (Vertragsschluß), Kblz OLGZ **93**, 234 (auch zu den Grenzen), auch auf die Echtheit der eigenen Unterschrift, Saarbr MDR **02**, 109. Das Geständnis kann sich nicht auf den Begriff der guten Sitten erstrecken, ebensowenig auf reine Werturteile oder Wertungen, Düss GRUR-RR **04**, 167, auf Rechtsätze, Rechtsfolgen, Hamm MDR **92**, 998, oder Erfahrungssätze. Die Parteien können das Gericht nicht zu einer bestimmten rechtlichen Beurteilung auf Umwegen zwingen. Vorgreifliche, präjudizielle Tatsachen sind dem Geständnis zugänglich, BGH FamRZ **03**, 1549. So kann zB bei der Klage des Vermieters auf Zahlung und Räumung im Anerkenntnis des Zahlungsanspruchs das Geständnis der Verzugstatsache liegen.

B. Tatsachenbehauptung. Die Tatsache muß von einer Partei behauptet worden sein, also vom Gegner **4** des Gestehenden, BGH NJW **94**, 3109, oder von dessen Streithelfer im Rahmen des § 67, Köln VersR **00**, 1302. Eigene Behauptungen darf jede Partei bis zum Schluß der letzten Tatsachenverhandlung im Rahmen des § 290 Rn 8, widerrufen, BGH NJW **90**, 393. Hat der Gegner sie aber übernommen, also zu den seinigen gemacht, und ist dann auch vorbehaltlos darüber verhandelt worden, BGH NJW **90**, 393, dann liegt ein vorweggenommenes Geständnis mit allen Wirkungen des gerichtlichen Geständnisses vor, BGH FamRZ **78**, 333. Es bedarf dann keiner Wiederholung der Behauptung, sofern sie nicht vorher widerrufen worden war. Der Widerruf kann auch in einer vom Gericht gesetzten Nachfrist erfolgen, auch durch jetzt abweichenden Vortrag, BGH NJW **90**, 393.

Die Partei muß aber auch die nicht widerrufenen eigenen Behauptungen darüber hinaus nach *Treu und Glauben* gegen sich gelten lassen, Einl III 54, § 286 Rn 13 ff. Die bei der Parteivernehmung oder -anhörung gemachte zugestehende Bekundung kann ein Geständnis sein, Rn 5, LG Arnsb RR **03**, 1187, ZöGre 5, aM BGH NJW **95**, 1432, Köln VersR **00**, 1302, StJL 12 (aber auch eine Beweisaufnahme mit ihrer Wahrhaftigkeitspflicht usw ist zumindest im weiteren Sinn Teil der Verhandlung. Sonst wäre zB auch eine unmittelbar während einer Parteivernehmung erfolgende Klagerücknahme bis zum Vernehmungsende unbeachtlich. Das wäre formalistisch).

C. Zugeständnis des Gegners. Der Gegner des Behauptenden muß die Tatsache als wahr zugestanden **5** haben, BGH RR **01**, 986. Nötig ist also ein übereinstimmendes Parteivorbringen, BGH RR **97**, 150 (dann kann auch die eigene Behauptung unter I fallen). Das Geständnis muß unzweideutig sein, Schlesw SchlHA **83**, 43. Es liegt auch in einer Anerkennung, Oldb RR **99**, 611. Es braucht nicht notwendig ausdrücklich zu geschehen, BGH NJW **99**, 580. Eine bloße Hauptaufrechnung des Bekl kann sein Zugeständnis der klagebegründenden Tatsachen bedeuten, BGH RR **96**, 699. Ein bloßes Nichtbestreiten genügt grundsätzlich nicht, Einf 5 vor §§ 288–290, BVerfG NJW **01**, 1565, BGH RR **05**, 1298, Hamm FamRZ **01**, 371. Ebensowenig genügt die Erklärung, „nicht bestreiten zu wollen". Über deren Gleichwertigkeit § 138 Rn 36 ff, BGH NJW **94**, 3109, Karlsr VersR **81**, 645, ZöGre 3, aM Mü MDR **84**, 322 (aber die praktische Brauchbarkeit verlangt eine Gleichwertigkeit). Eine Erklärung während einer Parteivernehmung muß nicht ein Geständnis sein, BGH NJW **95**, 1432, Köln VersR **03**, 385. Dasselbe gilt für eine Erklärung während einer Anhörung nach § 141, Köln VersR **03**, 385 (Folge: § 286).

Doch kann diese Erklärung in Verbindung mit anderen Parteiäußerungen ein *stillschweigendes* Geständnis enthalten, BGH RR **01**, 986, Köln RR **97**, 213. Es ist aber eine vorsichtige Beurteilung geboten, BGH RR **05**, 1298. Entsprechendes gilt von dem ausdrücklichen Aufgeben einer Behauptung. Der Wille zu gestehen (animus confitendi) oder das Bewußtsein der ungünstigen Wirkung sind hier unerheblich, BGH (4. ZS) VersR **96**, 584, aM BGH NJW **91**, 1683.

D. Unbedingtheit usw. Ein bedingtes Geständnis ist grundsätzlich unzulässig, BGH RR **03**, 1146 **6** (Ausnahme: innerprozessuale Bedingung). Ein Geständnis nur für diese Instanz ist wie jedes bedingte Geständnis unzulässig, § 532. Tatsächlich handelt es sich dabei meist nicht um ein Geständnis, sondern um ein vom Gericht nach § 139 zu klärendes Nichtbestreitenwollen in dieser Instanz, § 138 III, Köln JB **75**, 1251. Zulässig ist auch ein vorweggenommenes Geständnis, wenn sich der Gegner des Erklärenden dessen Ausführungen zumindest hilfsweise zu eigen macht (sog gleichwertiges Vorbringen, § 138 Rn 19), BGH RR **94**, 1405. Unzulässig wie ein bedingtes Geständnis ist das unbedingte für einen gewissen Fall. Wirksam gestehen oder widerrufen können nur die prozeßfähige Partei oder der gesetzliche Vertreter nach § 51 sowie der Streitgenosse für sich persönlich und der Streithelfer im Rahmen von § 67, BGH NJW **76**, 293, Hamm MDR **98**, 286, die Partei immer auch selbst, § 78 Rn 17, BGH **129**, 110, Hbg FamRZ **88**, 1169, ZöGre 5, aM Zweibr OLGZ **78**, 359, RoSgo § 124 I 3 (aber die Parteiherrschaft ist als Grundregel weit zu verstehen, Grdz 18 vor § 128, Köln **7** Rn 7). Das gilt zB beim Widerruf der Partei, wenn der ProzBev gestehen will, § 85 I 2.

4) Erklärung, I. Das Geständnis erfolgt im Laufe des Prozesses in der notwendigen oder doch stattfinden- **7** den mündlichen Verhandlung, BGH RR **91**, 541, auch im Fall der Säumnis des Gegners. Die Erklärung erfolgt vor dem Prozeßgericht, auch vor dem Einzelrichter oder dem Vorsitzenden der Kammer für Handelssachen, oder zu Protokoll eines verordneten Richters, BGH RR **91**, 541, Bbg RR **03**, 1223 (nicht sonstwo). Die auch stillschweigende Bezugnahme auf einen Schriftsatz kann aber ausreichen, § 137 Rn 28 ff, BGH RR **90**, 1151, Bbg RR **03**, 1223, Saarbr MDR **02**, 109. Der ProzBev ist zu ihm stets ermächtigt. Bei einem Widerspruch zwischen seiner Erklärung und derjenigen seines Auftraggebers geht die letztere allgemein vor, Rn 6.

Hartmann 1197

§§ 288–290   Buch 2. Abschnitt 1. Verfahren vor den LGen

Das Geständnis ist *kein Anerkenntnis* im Sinn von § 307. Eine Protokollierung ist in der mündlichen Verhandlung vor dem Prozeßgericht unnötig. Beim verordneten Richter ist eine Protokollierung aber für die Wirksamkeit des Geständnisses wesentlich, Brschw MDR **76**, 673. Ein schriftliches Geständnis genügt im schriftlichen Verfahren nach § 128 II, im schriftlichen Vorverfahren nach §§ 272, 276, 277 und im Aktenlageverfahren, § 251 a. Dasselbe gilt bei freigestellter mündlicher Verhandlung, § 128 IV. Die Erklärung ist bis zum Schluß der letzten Tatsachenverhandlung zulässig, §§ 136 IV, 296 a, auch in Abwesenheit des Gegners. Eine Annahme des Geständnisses ist unnötig, Einf 3 vor §§ 288–290. Eine Erklärung nur im Prozeßkostenhilfeverfahren nach §§ 114 ff ist für das Hauptverfahren nicht ausreichend, Ffm VersR **84**, 972.

8   **5) Geständniswirkung, II.** Ein Grundsatz zeigt mancherlei Grenzen.
    A. Grundsatz: Kein Beweisbedarf. Die Wirkung des Geständnisses liegt darin, daß die zugestandene Tatsache keines Beweises bedarf, Einf 3 vor §§ 288–290, daß also eine Umkehr der Beweislast eintritt, Köln VersR **90**, 857. Die Partei ist ferner im Rahmen des § 290 an ihr Geständnis gebunden, auch im Nachverfahren, Saarbr MDR **02**, 109, und auch in der Berufungsinstanz, § 532, Düss MDR **00**, 1211 (Säumnis), Ffm GRUR **02**, 237, Hamm BB **98**, 1654. Das Geständnis bezieht sich nicht ohne weiteres auf einen neuen Klagegrund. Ein behauptetes Geständnis muß derjenige beweisen, der sich darauf beruft. Die Geständniswirkung entfällt mit der Rücknahme der Behauptung des Gegners, BGH VersR **79**, 75, oder mit der Aufhebung des Verfahrens nach § 564 II oder bei einer Zurückverweisung nach § 565. Das gilt selbst nach einem vorweggenommenen Geständnis, Rn 3.

9   **B. Grenzen.** Das Geständnis entfließt der Parteiherrschaft, Grdz 18 vor § 128. Es kann deshalb seine Wirkung nur in ihrem Machtbereich äußern. Darüber hinaus kann das Gericht es frei würdigen, Pawlowski MDR **97**, 7. Das gilt zB in der Revisionsinstanz, BGH NJW **01**, 2551. Dort kann eine solche Bewertung auch erstmalig erfolgen, BGH NJW **99**, 580. Das gilt im Eheverfahren und im Kindschaftsverfahren, §§ 617, 640, 641 Karlsr FamRZ **77**, 205. Das gilt ferner bei allen von Amts wegen zu beachtenden Punkten, Grdz 39, 40 vor § 128. Das gilt ferner bei einer Berichtigung des Tatbestandes, § 320. Es gilt ferner für unmögliche Tatsachen, auch für diejenigen, deren Gegenteil offenkundig ist, Einf 4 vor §§ 288–290. Denn die Logik entzieht sich der Parteiherrschaft. Das gilt ferner dann, wenn das Geständnis nur infolge verbotener Auswertung eines Beweismittels erfolgte, zB nach einem Video-Spähangriff des Arbeitgebers gegen seine Kassiererin, LAG Stgt BB **99**, 1439. Das gilt schließlich für offenkundige Tatsachen aus demselben Grund und wegen § 291. Über das Geständnis unwahrer Tatsachen Einf 4 vor § 288, § 290 Rn 6. Zur Patentverletzung Ullmann GRUR **85**, 809.

10 **6) VwGO:** Nicht anwendbar, vgl Einf §§ 288–290 Rn 7.

289 *Zusätze beim Geständnis.* ¹Die Wirksamkeit des gerichtlichen Geständnisses wird dadurch nicht beeinträchtigt, dass ihm eine Behauptung hinzugefügt wird, die ein selbständiges Angriffs- oder Verteidigungsmittel enthält.
      ᴵᴵInwiefern eine vor Gericht erfolgte einräumende Erklärung ungeachtet anderer zusätzlicher oder einschränkender Behauptungen als ein Geständnis anzusehen sei, bestimmt sich nach der Beschaffenheit des einzelnen Falles.

1   **1) Systematik, Regelungszweck, I, II.** Vgl Einf 1–5 vor §§ 288–290. § 289 behandelt drei verschiedene Fälle von Zusätzen zu einem gerichtlichen Geständnis.
2   **2) Geltungsbereich, I, II.** Vgl § 288 Rn 2.
3   **3) Beifügung eines selbständigen Angriffs- oder Verteidigungsmittels, I.** Begriff Einl III 70, vgl auch § 146 Rn 3. Hier sind der Sachverhalt des Geständnisses und der Zusatz verschieden. Daher bleibt das Geständnis wirksam.
    Beispiel: Der Kläger klagt auf Lieferung der Kaufsache; der Bekl gibt den Kaufabschluß zu, behauptet aber geliefert zu haben: das Geständnis des Kaufabschlusses ist voll wirksam; der Bekl muß die Lieferung beweisen.
4   **4) Zusätze nach II.** Man muß die folgenden Situationen unterscheiden.
    A. Anderer Sachverhalt. Es kann sich um die Beifügung eines anderen Zusatzes mit verschiedenem Sachverhalt handeln, also um ein begründetes, qualifiziertes Bestreiten und Leugnen, motiviertes Leugnen.
    Beispiele: Der Kläger klagt auf Lieferung der Kaufsache; der Bekl gibt den Kaufabschluß zu, behauptet aber einen aufschiebend bedingten Kauf. Hier liegt kein Geständnis vor; der Bekl leugnet, und daher muß der Kläger den unbedingten Kauf beweisen, Anh § 286 Rn 77 „Bedingung". Dies gilt immer beim Einwand einer aufschiebenden Bedingung. Eine andere Rechtsauffassung beim Zugestehen ist unerheblich.
5   **B. Derselbe Sachverhalt.** Es kann sich auch um die Beifügung eines anderen Zusatzes mit demselben Sachverhalt handeln, um eine eingeschränkte, qualifizierte Einräumung des Geständnisses.
    Beispiel: Der Kläger klagt auf Lieferung der Kaufsache; der Bekl gesteht den Kaufabschluß wie behauptet zu, ficht aber wegen Irrtums an. Hier liegt ein Geständnis des Kaufs vor. Der Bekl muß den Anfechtungsgrund beweisen, Anh § 286 Rn 151 „Rechtsgeschäft".
    Ob Rn 4 oder Rn 5 vorliegt, ist notfalls nach den Regeln der *Beweislast* zu entscheiden.
6   **5) VwGO:** Nicht anwendbar, vgl Einf §§ 288–290 Rn 7.

290 *Widerruf des Geständnisses.* ¹Der Widerruf hat auf die Wirksamkeit des gerichtlichen Geständnisses nur dann Einfluss, wenn die widerrufende Partei beweist, dass das Ge-

Titel 1. Verfahren bis zum Urteil §§ 290, 291

ständnis der Wahrheit nicht entspreche und durch einen Irrtum veranlaßt sei. ²In diesem Fall verliert das Geständnis seine Wirksamkeit.

Schrifttum: *Orfanides,* Die Berücksichtigung von Willensmängeln im Zivilprozeß, 1982.

1) **Systematik, Regelungszweck S 1, 2.** Vgl Einf 1–5 vor §§ 288–290. 1
2) **Geltungsbereich, S 1, 2.** Die Vorschrift hat nur geringe Bedeutung. 2
   A. Anwendbarkeit. § 290 behandelt den einseitigen Widerruf des gerichtlichen Geständnisses, den es grundsätzlich erlaubt, abweichend von der bei Parteiprozeßhandlungen geltenden Regel, Grdz 58 vor § 128, BGH DB **77**, 628, Gaul AcP **172**, 355. Die Vorschrift ist auf ein Einverständnis des angeblichen Vaters zur Blutentnahme anwendbar, Oldb RR **05**, 1023.
   Freilich ist der Widerruf des gerichtlichen Geständnisses anders als derjenige sonstiger tatsächlicher Erklärungen nicht schon wegen *bloßer Unrichtigkeit* zulässig. Eine Anfechtung des Geständnisses nach sachlichem Recht gibt es so wenig wie bei anderen Parteiprozeßhandlungen, Grdz 59 vor § 128.
   B. Unanwendbarkeit. § 290 bezieht sich nicht auf: Das außergerichtliche Geständnis. Sein Widerruf ist 3 unbeschränkt und frei zu würdigen, Köln VersR **90**, 857; den sofortigen Widerruf von Erklärungen des ProzBev oder Beistands nach §§ 85 I 2, 90 II; das sogenannte unterstellte Geständnis § 138 III, dort Rn 43. Es ist grundsätzlich bis zum Schluß der mündlichen Verhandlung frei widerruflich, § 288 Rn 5; den Widerruf mit dem Einverständnis des Gegners. Er ist im Rahmen der Parteiherrschaft nach Grdz 18 vor § 128 frei zulässig; den Widerruf des prozessualen Anerkenntnisses, Einf 5 vor §§ 306 ff, Ffm AnwBl **88**, 119.
   C. Berufungsinstanz. In der Berufungsinstanz gilt für das wirkliche Geständnis § 532, für das unterstellte § 528. 4
3) **Widerruf nach § 290, S 1, 2.** Es müssen mehrere Bedingungen zusammentreffen. 5
   A. Unwahrheit. Der Widerruf des gerichtlichen Geständnisses ist nur dann wirksam, wenn die widerrufende Partei beweist, daß das Geständnis unwahr war, Hamm VersR **97**, 302, Oldb VHR **98**, 140. Der volle Beweis der Unrichtigkeit der zugestandenen Tatsache ist auch dann notwendig, wenn dem Widerrufenden nach dem sachlichen Recht dem Geständnis eine Beweiserleichterung zugute gekommen wäre, Ffm MDR **82**, 329. Das Gericht kann den Nachweis der Unwahrheit frei würdigen. Alle Beweismittel sind zulässig, auch eine Parteivernehmung. § 290 hat keineswegs stets Vorrang vor § 138, Olzen ZZP **98**, 421.
   B. Irrtum. § 290 verlangt ferner den Nachweis, daß das Geständnis auf einem Irrtum beruhte, Oldb 6 VHR **98**, 140. Wenn das Geständnis gegen besseres Wissen und zu eigenem Nutzen abgegeben wurde, also ohne Irrtum, dann ist § 290 nicht anwendbar, § 814 BGB. Unbeachtlich ist nämlich ein solches Geständnis, das mit der Wahrhaftigkeitspflicht nach § 138 I in Widerstreit steht. Die Partei kann es ohne weiteres widerrufen, um ihre Wahrhaftigkeitspflicht zu erfüllen. Wirkt ein solches Geständnis zugunsten des Gegners, so bleibt aber der Erklärende an sein Erklärung gebunden.
   C. Einzelfragen. Jeder Irrtum, dh der irrige Glaube an die Wahrheit der zugestandenen Tatsache, 7 genügt. Das gilt für verschuldeten oder schuldlosen, Tatsachen- oder Rechtsirrtum, solchen der Partei oder ihres gesetzlichen Vertreters, solchen des ProzBev. Nur muß der Irrtum beim Erklärenden gelegen haben. Eine bloße gar wiederholte Änderung seiner Beurteilung genügt nicht, BGH VersR **99**, 839. Der ProzBev muß sich selbst geirrt haben. Dasselbe gilt für die Partei oder ihren am Geständnis nach §§ ProzBev bevollmächtigten Vertreter bei der Unterstützung nach § 166 BGB. Vgl aber auch dessen II. Man muß die den Irrtum veranlassenden Tatsachen ausreichend darlegen, Köln RR **00**, 1478. Man muß sie auch beweisen. § 286 ist anwendbar. Die Genehmigung des Geständnisses in Kenntnis seiner Unwahrheit oder Irrigkeit ist ein neues Geständnis. Ein Betrug enthält stets eine Irrtumserregung. Andere Willensmängel kommen nicht in Betracht, etwa ein bloßer Scherz oder ein bloßer Motivirrtum. Da das Geständnis der Parteiherrschaft nach Grdz 18 vor § 128 entfließt, kann ein Einverständnis der Parteien die Erfordernisse des Widerrufs ersetzen, soweit es die öffentlichen Belange zulassen. Über den Widerruf in der 2. Instanz vgl bei § 532.
4) *VwGO:* Nicht anwendbar, vgl Einf §§ 288–290 Rn 7. 8

291 *Offenkundige Tatsachen.* Tatsachen, die bei dem Gericht offenkundig sind, bedürfen keines Beweises.

Gliederung

1) Systematik	1	5) Beweisentbehrlichkeit	6–8
2) Regelungszweck	2	A. Grundsatz: Kein Beweisbedarf	6
3) Geltungsbereich	3	B. Behauptungslast	7
4) Offenkundige Tatsache	4, 5	C. Einzelfragen	8
A. Allgemeinkundigkeit	4	6) *VwGO*	9
B. Gerichtskundigkeit	5		

Schrifttum: *Schmidt-Hieber,* Richtermacht und Parteiherrschaft über offenkundige Tatsachen, Diss Freibg 1975; *Seiter,* Beweisrechtliche Probleme der Tatsachenfeststellung bei richterlicher Rechtsfortbildung, Festschrift für *Baur* (1981) 573.

1) **Systematik.** Die Vorschrift zählt im weiteren Sinn zu den von § 286 II umfaßten gesetzlichen Beweis- 1 regeln. Freilich verbietet sie dem Gericht eine Beweiserhebung nur indirekt, zB auch über § 8 GKG.

§ 291

2) Regelungszweck. Die Vorschrift dient der Prozeßförderung nach Grdz 12 vor § 128 und der Prozeßwirtschaftlichkeit nach Grdz 14 vor § 128. Sie dient auch der Kostengerechtigkeit, Rn 1, § 91 Rn 28, 29. Sie hat eine etwas verführerische Komponente. Deshalb ist eine allzu rasche Annahme der Offenkundigkeit zwar bequem, aber nicht schon deshalb erlaubt. Die Begriffe sowohl der Allgemeinkundigkeit nach Rn 4 als auch der Gerichtskundigkeit nach Rn 5 brauchen Schutz vor manipulierender Handhabung. Im Zweifel sollte man eine Offenkundigkeit verneinen, und man sollte einen Zweifel eher bejahen als verneinen. Andererseits gibt es natürlich völlig klare Offenkundigkeit, die nun wirklich keiner Begründung bedarf. Deshalb ist auch keine Ängstlichkeit vor § 288 erforderlich.

3) Geltungsbereich. Die Vorschrift gilt in allen Verfahrensarten nach der ZPO, auch im arbeitsgerichtlichen Verfahren, § 46 II 1 ArbGG.

4) Offenkundige Tatsache. Zum Begriff der Tatsache Einf 17 vor § 284. Ein Erfahrungssatz ist keine Tatsache, Einf 22 vor § 284, BGH **156**, 254. Offenkundige Tatsachen lassen sich wie folgt unterteilen.

A. Allgemeinkundigkeit. Es kann sich um eine Tatsache handeln, die weite, verständige Kreise für feststehend halten, Ffm GRUR-RR **03**, 275, Kblz FamRZ **87**, 83, Mü MDR **04**, 532 (Schullärm). Allgemeinkundig ist ein Ereignis oder Zustand, den so viele wahrnehmen oder ohne weiteres zuverlässig wahrnehmen können, daß die Unsicherheit bei der Wahrnehmung des einzelnen unerheblich ist, Karlsr MDR **89**, 363. Allgemeinkundig ein so allgemein verbreitetes Ereignis bzw Zustand, daß ein besonnener Mensch von seiner Wahrheit überzeugt sein kann, BGH MDR **89**, 63, BVerwG NJW **87**, 1433, Celle MDR **95**, 1262.

Beispiele: Allgemein anerkannte wissenschaftliche Wahrheiten (also nicht etwa okkulte); weltgeschichtliche Vorgänge unter Ausschluß wissenschaftlicher Streitfragen; in den Medien widerspruchslos veröffentlichte, auch dem Besonnenen glaubhafte Mitteilungen; Gewohnheiten und Bräuche, auch örtlich begrenzte, dort aber allgemein bekannte; *nicht* schon die Staatsangehörigkeit eines bekannten Rockmusikers, Köln GRUR-RR **05**, 75.

Es schadet nichts, wenn der Richter die Tatsache erst durch eine *Nachfrage* oder durch ein Nachschlagen in einem allgemein zugänglichen zuverlässigen Buch feststellt, zB in einem statistischen Jahrbuch, BGH JR **93**, 1229, einen Lebenskostenindex, BGH NJW **92**, 2088 (die Fachpresse genügt), oder das Datum einer Wahl, eine Entfernung oder den Kurs eines Börsenpapiers; die Unmöglichkeit einer Leistung durch Parapsychologie, LG Kassel NJW **85**, 1642. Zumindest liegt dann ein Beweisanzeichen für ihre Richtigkeit vor. Vorsicht ist geboten, Pantle MDR **93**, 1168 (enge Auslegung). Das Gericht darf nicht Gefahr laufen, daß die höhere Instanz das widerlegt, was es selbst als offenkundig bezeichnet. Ein Zugang ist nicht schon auf Grund eines Posteinlieferungsscheins offenkundig.

Allgemeinkundige Tatsachen, die auch allen Prozeßbeteiligten mit Sicherheit gegenwärtig sind und von denen sie wissen, daß sie für die Entscheidung erheblich sind, bedürfen *keiner Erörterung*, BSG NJW **79**, 1063, Mü GRUR-RR **02**, 20. Sie bedürfen auch keines Beweises, BGH JR **93**, 1229, Mü GRUR-RR **02**, 20, LG Aachen MDR **89**, 63. Soweit die Parteien sich nicht auf die allgemeinkundige Tatsache berufen können, ist wegen Art 103 I GG eine Erörterung nach § 139 erforderlich, BGH JR **93**, 1229.

Nicht allgemeinkundig ist eine Tatsache, die nur für den Empfänger oder Wahrnehmer offenkundig ist, BGH NJW **02**, 1719.

B. Gerichtskundigkeit. Es kann sich auch um eine solche Tatsache handeln, die der Richter aus seiner jetzigen oder früheren amtlichen Tätigkeit sicher kennt, BGH RR **88**, 173 (Sitz einer Großbank), BAG MDR **96**, 828 (Tarifrecht), AG Bln-Tempelhof-Kreuzb FamRZ **05**, 1261, AG Dortm WoM **04**, 721 (allgemein bekannte Rechtsfrage). Hierher gehören die aus der Rechtsfrage). Hierher gehören die aus der dienstlichen Mitteilungen, aus früheren Prozessen, Konzen JR **78**, 405, oder aus früherer Spezialzuständigkeit, BGH NJW **98**, 3498, oder aus einem früheren Sachverständigengutachten einwandfrei bekannten Tatsachen. Das Gericht muß gerichtskundige Tatsachen aber als solche mitteilen und zum Gegenstand der Verhandlung machen. Denn sonst verletzt es das rechtliche Gehör, Artt 2 I, 20 III GG (Rpfl), BVerfG **101**, 404, Art 103 I GG (Richter), Einl III 16, (jetzt) § 139, BVerfG **48**, 209, Köln Rpfleger **85**, 498, AG Bln-Tempelhof-Kreuzb FamRZ **05**, 1261.

Sind die Tatsachen *nur aktenkundig*, muß sie der Richter also erst aus den Akten feststellen, so *fehlt* die Gerichtskundigkeit, Ffm NJW **77**, 768, Hbg FamRZ **82**, 426, ZöGre 1, aM Nürnb JB **78**, 762, RoSGo § 114 I 3 (aber das Gericht darf keine Überraschungsentscheidung treffen, Art 103 I GG). Dasselbe gilt für Eintragungen in einem öffentlichen Register. Ein privates Wissen des Richters kann zwar nicht unter Rn 5 fallen, wohl aber unter Rn 4.

5) Beweisentbehrlichkeit. Man muß die Darlegung und den Beweis unterscheiden.

A. Grundsatz: Kein Beweisbedarf. Offenkundige, notorische Tatsachen bedürfen keines Beweises. Eine Hilfstatsache der Offenkundigkeit läßt sich im Weg des Freibeweises würdigen. Allgemeine Erfahrungssätze nach Einf 22 vor § 284 unterliegen zwar derselben Regel. Sie sind aber als Schlüsse aus Tatsachen keine offenkundigen Tatsachen. Der praktische Unterschied liegt darin, daß Erfahrungssätze keiner Geltendmachung bedürfen. Aus demselben Grund gehören die Vorgänge im Prozeß nicht hierher.

B. Behauptungslast. Die Partei muß eine offenkundige Tatsache behaupten, Grdz 22, 23 vor § 128, BVerfG JZ **60**, 124, ZöGre 2, aM AG Dortm WoM **04**, 721, MüKoPr 13, RoSGo § 114 I 3 (aber die Parteiherrschaft nach Grdz 18 vor § 128 hat eine Behauptungslast zur Begleitfolge). Das gilt, sofern es sich nicht um Indizien und Hilfstatsachen des Beweises handelt, Einf 16 vor § 284. Das gilt auch für rechtsvernichtende und rechtshemmende Tatsachen. Es gilt zwar nicht für Tatsachen, die das Gericht von Amts wegen beachten muß. Es gilt aber wohl für solche Erklärungen, auf deren Vortrag der Vorsitzende nach § 139 hinwirken muß, Ffm MDR **77**, 849. Ein Bestreiten oder ein Geständnis ist bei Offenkundigkeit bedeutungslos, BGH BB **79**, 1470, ebenso eine Säumnis. Angebotene Beweise braucht das Gericht nicht zu erheben. Ein Gegenbeweis ist dahin zulässig, daß die als offenkundig angenommene Tatsache unrichtig sei. Die Frage der Offenkundigkeit ist keine Rechts-, sondern eine Tatfrage, BGH GRUR **90**, 608, BayObLG

Titel 1. Verfahren bis zum Urteil §§ 291, 292

WoM **84**, 17. Die Verkennung des Begriffs ist ein Verfahrensmangel. Er kann folglich auf Antrag zur Zurückverweisung nach § 138 führen.

C. Einzelfragen. Was in der 1. Instanz offenkundig war, braucht es nicht in der 2. Instanz zu sein. Die 8 2. Instanz prüft den Beweiswert der in der 1. Instanz bejahten Offenkundigkeit frei nach. Die Revisionsinstanz prüft nur die richtige Anwendung des Begriffs, ob das Berufungsgericht also eine Offenkundigkeit hinreichend sicher festgestellt hat. Das muß sich aus der Urteilsbegründung ergeben. Eine verfahrensmäßig einwandfreie Feststellung der Offenkundigkeit ist zumindest wegen derjenigen Umstände nötig, deren Kenntnis man normalerweise nicht vermuten kann. Zur Bejahung der Offenkundigkeit durch das Kollegium genügt die Mehrheit. Denn es handelt sich um eine Beweisfrage.

6) *VwGO*: Entsprechend anzuwenden, *§ 173 VwGO*, *BVerwG NVwZ* **90**, *571 u* **83**, *99*, *VGH Kassel* 9 *ESVGH 50*, *289*, *OVG Münst u VGH Mannh NVwZ-Beilage I 7/99 S 68*, *KoppSch § 98 Rn 22 ff*, *mit der Einschränkung*, *daß offenkundige Tatsachen niemals von einem Beteiligten behauptet zu werden brauchen*, *oben Rn 6*, *weil der Ermittlungsgrundsatz gilt*, *§ 86 I VwGO*. *Zum Begriff der Allgemeinkundigkeit*, *oben Rn 4*, *im AsylVerf BVerwG NVwZ* **83**, *99*, *DÖV* **83**, *206 u 207*, *OVG Hbg HbgJVBl* **90**, *36 mwN*, *zur Entbehrlichkeit der Erörterung*, *oben Rn 4 aE*, *BVerwG Buchholz 402.24 § 28 AuslG Nr 36*.

292 *Gesetzliche Vermutungen.* ¹Stellt das Gesetz für das Vorhandensein einer Tatsache eine Vermutung auf, so ist der Beweis des Gegenteils zulässig, sofern nicht das Gesetz ein anderes vorschreibt. ²Dieser Beweis kann auch durch den Antrag auf Parteivernehmung nach § 445 geführt werden.

Schrifttum: *Allner*, Die tatsächliche Vermutung mit besonderer Berücksichtigung der GEMA-Vermutung, 1993; *Baumgärtel*, Die Bedeutung der sog „tatsächlichen Vermutung" im Zivilprozeß, Festschrift für *Schwab* (1990) 43; *Holzhammer*, Die einfache Vermutung im Zivilprozeß, Festschrift für *Kralik* (Wien 1986) 205; *Konzen*, Normtatsachen und Erfahrungssätze bei der Rechtsanwendung im Zivilprozeß, Festschrift für *Gaul* (1997) 335; *Medicus*, Ist Schweigen Gold?, Zur Widerlegung der Rechtsvermutungen aus §§ 891, 1006 BGB, Festschrift für *Baur* (1981) 63; *Prütting*, Die Vermutungen im Kartellrecht, Festschrift für *Vieregge* (1995) 733; *Sander*, Normtatsachen im Zivilprozeß, 1998.

1) Systematik, S 1, 2. Die Vorschrift zieht aus den vorwiegend im sachlichen Recht verstreuten 1 verschiedenartigen sog Vermutungen, einer aus Gründen der Praktikabilität geschaffenen eigenartigen Rechtsfigur, die prozessualen Folgen. Sie ergänzt gesetzliche Beweisregeln im Sinn von § 286 II, ohne im engeren Sinn zu ihnen zu gehören.

2) Regelungszweck, S 1, 2. Die Vorschrift dient der Gerechtigkeit nach Einl III 9. Sie schränkt in 2 Wahrheit deshalb prozeßwirtschaftliche Erwägungen ein, auf denen gesetzliche Vermutungen ja an sich beruhen. Das gilt jedenfalls bei einer widerleglichen Vermutung. Aus dieser Erwägung darf man auch nicht etwa zum Wie und Wann eines Beweises des Gegenteils härtere Anforderungen stellen als sonst, Einf 12 vor § 284. Man darf die Mittel eines danach zulässigen Gegenbeweises ebensowenig beschränken, wie man das Beweismaß aus § 286 Rn 16 ff nur wegen § 292 strenger gestalten darf. Auch das muß man bei der Auslegung mitbeachten.

3) Geltungsbereich, S 1, 2. Die Vorschrift gilt in allen Verfahrensarten nach der ZPO. Sie gilt auch im 3 arbeitsgerichtlichen Verfahren, § 46 II 1 ArbGG.

4) Rechtsvermutung, S 1. Rechtsvermutungen sind ungeachtet mancher dogmatischer Nuancen Vor- 4 schriften, nach denen das Gericht eine Tatsache als feststehend behandeln muß, wenn eine andere feststeht.

A. Gewöhnliche Rechtsvermutung. Diese Art, praesumtio iuris, läßt den Gegenbeweis zu, §§ 270, 437 I, 440 II, dort Rn 4, BGH MDR **88**, 770, Köln WoM **96**, 266, OVG Münst ZMR **89**, 395, § 476 BGB, Celle NJW **04**, 3566. Das gilt ferner zB bei §§ 891, 921, 938, 1006 I 1, 1253 II, 1362, 1377 I, 1610a BGB, Hamm FamRZ **91**, 1199, §§ 1964 II, 2009, 2365 BGB, AG Bln-Charlottenb WoM **03**, 87, § 1 V KSchG, ArbG Siegburg MDR **97**, 1038, krit Medicus Festschrift für Baur (1981) 81. Ein sog qualifizierter Mietspiegel kann eine Vermutung der ortsüblicher Vergleichsmieten bringen, § 558 d III BGB. Auch Subventionsbetrug gehört hierher, Mü RR **02**, 888.

B. Unwiderlegliche Rechtsvermutung. Diese Art, praesumtio iuris et de iure, schließt jeden Gegen- 5 beweis aus, zB in §§ 39, 267, 547, 755 ZPO, 1566 BGB, Brdb FamRZ **00**, 1417, § 27 III InsO. Die Auslegungsregeln des BGB sind regelmäßig Tatsachenvermutungen, zB § 742 BGB. Bei der unwiderleglichen Vermutung regelt das Gesetz in Wahrheit nicht das Verfahren der Tatsachenermittlung, sondern ändert den anzuwendenden Rechtssatz durch eine Art Fiktion, OVG Münst ZMR **89**, 395.

5) Tatsachenvermutung, S 1. Tatsachenvermutungen, unechte Vermutungen, praesumtiones facti, sind 6 Beweislastnormen, Baumgärtel Festschrift für Schwab (1990) 18, 45, 50 f, nämlich aus der Lebenserfahrung gezogene Schlüsse (vgl auch Anh § 286 Rn 14). Alle tatsächlichen Vermutungen lassen den Gegenbeweis zu. Er geht dahin, daß die vermutete Tatsache nicht zutrifft, Rn 7.

6) Unterstellung, S 1. Von den Vermutungen zu unterscheiden sind die Unterstellungen, Fiktionen. Sie 7 zwingen zur Anwendung der Rechtsfolgen eines Tatbestands auf einen anderen Tatbestand, obwohl jede Möglichkeit fehlt, daß dieser Tatbestand zutrifft. Dahin gehören §§ 138 III (unterstelltes Geständnis), 332 (unterstellter Wegfall der früheren Verhandlung). Die Unterstellung ist keine Beweisvorschrift. Man darf diese Unterstellung nicht mit der Unterstellung einer möglicherweise wahren Tatsache als tatsächlich wahr unterstellen, etwa in den Fällen, in denen die Wahrheit nichts an der Entscheidung ändern könnte.

7) Quellen, S 1. Rechtsvermutungen finden sich größtenteils in sachlichrechtlichen Gesetzen, obwohl 8 sich ihre Bedeutung im Prozeß erschöpft. Sie sind meist prozessualer Natur, Anh § 286 Rn 2, 3. Landesge-

§§ 292–293

setzliche Vermutungen bestehen weiter, weil die Gesetze sie irrig als sachlichrechtliche behandeln. Ausländische bestehen ebenso, sofern das ausländische Gesetz sie sachlichrechtlich behandelt. Rechtsvermutungen bestehen nur, wenn das Gesetz sie ausdrücklich vorschreibt. Sie sind nur dann unwiderleglich, wenn es das Gesetz ausdrücklich verlangt. Andernfalls lassen sie den Beweis des Gegenteils zu und fordern ihn, VGH Kassel FamRZ **86**, 1100.

9 **8) Beweiserleichterung, S 1, 2.** Man muß zwei Fallgruppen trennen.

A. Grundsatz, S 1. Rechtsvermutungen ändern die Beweislast nicht, aM Prütting (vor Rn 1) 738, sondern erleichtern den Beweis, indem sie nur dazu nötigen, das Vorhandensein eines Anzeichens, die Ausgangstatsache, zu behaupten und zu beweisen. Den Schluß daraus zieht das Gesetz.

Beispiel: Wer seinen Besitz beweisen hat, gilt als Eigentümer, § 1006 BGB. Das ist ein vom Gesetz gezogener Rechtsschluß. Der Beweisführer braucht diesen Rechtsschluß nicht einmal zu behaupten. Dem Gegner obliegt es zu beweisen, daß der Besitzer etwa nur Verwahrer ist.

Der *Beweis des Gegenteils* besteht im vollen Nachweis, daß man aus dem Indiz, aus dem als Vermutungsgrundlage behandelten Tatbestand, notwendig ein anderer Schluß ziehen muß, daß also jede Möglichkeit des gesetzlichen Schlusses wegfällt, BGH MDR **03**, 650, BAG NJW **77**, 350, Celle MDR **04**, 3566. In Wahrheit liegt kein Gegenbeweis vor, sondern ein Hauptbeweis, Einf 11 vor § 284. Jedes Beweismittel ist zulässig.

10 **B. Parteivernehmung, S 2.** Hierher zählt auch eine Parteivernehmung nach § 445 ff, falls die Partei keine anderen Beweismittel vorbringt oder schon einigen Beweis, aber nicht vollständig erbracht hat. § 445 II ist hier unanwendbar, BGH MDR **88**, 770. Daß § 292 die Parteivernehmung nach § 447 nicht ausschließt, folgt aus dem Sinn und Zweck der Vorschrift, Rn 2.

11 **9) VwGO:** *Entsprechend anzuwenden,* § 173 *VwGO,* BVerwG NVwZ **96**, 178; jedoch ist S 2 gegenstandslos, da der Ermittlungsgrundsatz gilt, § 86 I VwGO, und die Beschränkungen für die Parteivernehmung, §§ 445 ff, nicht anzuwenden sind, §§ 96 I, 98 VwGO, vgl Tietgen 46. DJT I 2 B 53.

292a (weggefallen)

293 Fremdes Recht; Gewohnheitsrecht; Statuten.

¹Das in einem anderen Staat geltende Recht, die Gewohnheitsrechte und Statuten bedürfen des Beweises nur insofern, als sie dem Gericht unbekannt sind. ²Bei Ermittlung dieser Rechtsnormen ist das Gericht auf die von den Parteien beigebrachten Nachweise nicht beschränkt; es ist befugt, auch andere Erkenntnisquellen zu benutzen und zum Zwecke einer solchen Benutzung das Erforderliche anzuordnen.

Schrifttum: (Auswahl): *Adamczyk,* Die Überprüfung der Anwendung ausländischen Rechts durch den BGH und das schweizerische Bundesgericht im Zivilprozeß, 1999; *Arens,* Prozessuale Probleme bei der Anwendung ausländischen Rechts im deutschen Zivilprozeß, in: Festschrift für Zajtay (1982) 7; *Buchholz,* Zur richterlichen Rechtsfindung in internationalen Familiensachen, Festschrift für Hauß (1978) 15; *Coester-Waltjen,* Internationales Beweisrecht, 1983; *Heldrich,* Probleme bei der Ermittlung ausländischen Rechts in der gerichtlichen Praxis, in: Festschrift für Nakamura (1996); *Hetger,* Sachverständige für ausländisches und internationales Privatrecht, 1990 (auch DNotZ **94**, 88); *Jaspers,* Nachträgliche Rechtswahl im internationalen Schuldvertragsrecht (2002) 279; *Körner,* Fakultatives Kollisionsrecht in Frankreich und Deutschland, 1995; *Krause,* Ausländisches Recht und deutscher Zivilprozeß, 1990; *Kropholler,* Internationales Privatrecht, 5. Aufl 2004, § 59; *Küster,* Die Ermittlung ausländischen Rechts im deutschen Zivilprozeß und ihre Kostenfolgen, Diss Hann 1995 (rechtsvergleichend); *Lindacher,* Zur Mitwirkung der Parteien bei der Ermittlung ausländischen Rechts, Festschrift für Schumann (2001) 283; *Lindacher,* Zur Anwendung ausländischen Rechts, Festschrift für Beys (Athen 2004) 909; *Linke,* Internationales Zivilprozeßrecht, 3. Aufl 2001, § 8; *Nagel/Gottwald,* Internationales Zivilprozessrecht, 5. Aufl 2002; *Oldenbourg,* Die unmittelbare Wirkung von EG-Richtlinien im innerstaatlichen Bereich, 1984; *Raape/Sturm,* IPR I, 6. Aufl (1977) § 17; *Reichert-Facilides,* Fakultatives und zwingendes Kollisionsrecht, 1995; *Ress,* Die Drittwirkung von Richtlinien: Wandel von der prozeßrechtlichen zur materiellrechtlichen Konzeption, Gedächtnisschrift für Arens (1993) 351; *Schellack,* Selbstermittlung oder ausländische Auskunft unter dem europäischen Rechtsauskunftsübereinkommen, 1998; *Schilken,* Zur Rechtsnatur der Ermittlung ausländischen Rechts nach § 293 ZPO, Festschrift für Schumann (2001) 373; *Sturm,* Fakultatives Kollisionsrecht: Notwendigkeit und Grenzen, Festschrift für Zweigert (1981) 329; *Theiss,* Die Behandlung fremden Rechts im deutschen und italienischen Zivilprozeß, 1990; *Graf von Westphalen,* Einige international-rechtliche Aspekte bei grenzüberschreitender Tätigkeit von Anwälten, Festschrift für Geimer (2002) 1485; *Wiedemann,* Revisibilität ausländischen Rechts im Zivilprozeß, Diss Erl 1991. S ferner die weiteren Lehrbücher zum deutschen IPR. Rechtsvergleichend *Bachmann* IPRax **96**, 228 (Tagungsbericht).

Gliederung

1) Systematik, S 1, 2	1, 2	A. Grundsatz: Gerichtsanspruch auf Parteimitwirkung	5, 6
A. In Deutschland geltendes Gesetzesrecht	1	B. Sachverständigenhilfe	7
B. Weiteres Recht	2	C. Auslegung; Ermittlungsgrenzen	8, 9
2) Regelungszweck, S 1, 2	3	D. Beispiele zur Frage der Ermittlung ausländischen Rechts	10–13
3) Geltungsbereich, S 1, 2	4		
4) Beweis, S 1, 2	5–13		

Titel 1. Verfahren bis zum Urteil **§ 293**

5) Europäisches Auskunftsübereinkommen	14–17	6) Zweiseitige Auskunftsverträge	18
A. Übereinkommen	14	7) Rechtsbehelfe, S 1, 2	19
B. Ausführungsgesetz	15	8) *VwGO*	20
C. Geltungsbereich	16		
D. Zusatzprotokoll	17		

1) Systematik, S 1, 2. Man muß zwei Hauptgebiete unterscheiden. **1**

A. In Deutschland geltendes Gesetzesrecht. Der Richter muß das gesamte in Deutschland geltende Bundes-, Landes- oder sonstige Gesetzes- und Verordnungsrecht sowie Kreis- und Gemeinderecht einschließlich Rechtsprechung und Lehre kennen und von Amts wegen anzuwenden: jura novit curia, BGH RIW **98**, 318, Hay/Hampe RIW **98**, 761, Schneider AnwBl **88**, 260. Das muß in jeder Lage des Verfahrens geschehen, BGH NJW **93**, 2305, Ffm FamRZ **00**, 37. Kennt der Richter es nicht, so muß er es von Amts wegen ermitteln, Grdz 38 vor § 128, BGH NJW **84**, 2764, BAG MDR **96**, 828 (Tarifrecht). Insoweit findet auch keine Beweisaufnahme statt, Karlsr FamRZ **90**, 1367, Kblz FamRZ **98**, 756 (internationale Zuständigkeit, dazu Üb 6 vor § 12), Spickhoff ZZP **112**, 268 (fremdes deutsches Rechtsgebiet), aM BGH JZ **99**, 301 (abl Spickhoff), BVerwG NJW **99**, 1045 (aber wo liegen die Grenzen?). Man muß die Kosten eines zu Unrecht eingeholten Gutachtens nach § 21 GKG behandeln, Hartmann Teil I dort Rn 31 „Rechtsgutachten". Auch der grenzüberschreitend tätige Anwalt muß zB die Kollisionsregeln des deutschen Rechts zutreffend anwenden, Kblz NJW **89**, 2699, Graf von Westphalen (vor Rn 1) 1488.

Zum in Deutschland geltenden Recht zählen auch das deutsche *internationale* Recht, BGH FamRZ **01**, 412, von Bogdandy NJW **99**, 2088 (Überlagerung durch WTO-Recht), Mankowski MDR **01**, 199. Hierher zählt ferner das *Völkerrecht,* Artt 25, 59 II GG, von Schönfeld NJW **86**, 2980, Schütze EWS **90**, 49, Sommerlad/Schrey NJW **91**, 1378, vgl aber auch § 1 GVG Rn 7. Hierher gehört ferner das als inländisches Recht zu behandelnde Recht der *Europäischen Union,* Einl III 39, BGH **19**, 265, Schütze EWS **90**, 50, Sommerlad/Schrey NJW **91**, 1378. Zum deutschen Recht gehört natürlich auch das Steuerrecht, Tipke NJW **76**, 2200, aM BGH JZ **99**, 301 (krit Spickhoff). Vgl freilich Üb 32 ff vor § 373.

Eine Direktwirkung von *Richtlinien des Gemeinschaftsrechts* ist zwischen Staat und Bürger nur dann möglich, wenn die Richtlinienbestimmung klar, eindeutig und unbedingt ist, wenn keine weiteren nationalen Ausführungsakte zu ihrer Anwendung erforderlich sind und wenn der Staat seiner Umsetzungspflicht in nationales Recht innerhalb der in der Richtlinie gesetzten Frist nicht nachgekommen ist, EuGH zB Slg 1982, 53, 71, Ress (vor Rn 1) 351. Im Verhältnis von Bürger zu Bürger tritt keine solche Direktwirkung ein, EuGH zB Slg 1987, 3969, 3985, Ress (vor Rn 1) 351.

Die *Verkehrssitte* oder der Handelsbrauch, dh die Verkehrssitte des Handels, oder Vertragsformulare schaffen keinen Rechtssatz, Berger IPRax **93**, 281, Jayme IPRax **93**, 351, Kappus IPRax **93**, 137, aM Oestmann JZ **03**, 290 (aber nicht jeder Erfahrungssatz wird schon deshalb zu einer Rechtsnorm. Erfahrungssatz ist auch etwa ein leider oft verbreiteter Rechtsmißbrauch). Sie geben dem Richter nur ein Auslegungsmittel an die Hand. Zu den Grenzen einer entsprechenden Anwendbarkeit im Steuerrecht BFH BB **84**, 715.

B. Weiteres Recht. Recht, das nicht in Deutschland gilt, sowie Gewohnheitsrecht und Satzungsrecht **2** (Statutarrecht) braucht der Richter nicht zu kennen, Hetger DNotZ **94**, 88. Das gilt auch bei dessen inhaltlicher Übereinstimmung mit dem deutschen Recht, RIW **78**, 718. Der Richter ist aber verpflichtet, es in jeder Verfahrenslage von Amts wegen zu ermitteln, Grdz 38 vor § 128, BGH RR **05**, 1071. Das gilt also auch im Revisionsverfahren. Er muß dabei alle ihm zugänglichen Erkenntnisquellen auszuschöpfen, BGH MDR **02**, 900, BVerwG NJW **89**, 3107, Ffm FER **99**, 194. Das gilt auch für die ausländische Rechtsprechung und Rechtspraxis, BGH MDR **02**, 900. Es gilt auch zB für die Auskunft eines ausländischen Ministers. Sie reicht evtl zur Auslegung evtl nicht aus, wenn sie sich auf den Gesetzestext beschränkt, BGH IPRax **02**, 302 (krit Hüßtege 292). Zum Problem Jansen/Michaels ZZP **116**, 3. Dabei läßt sich das Problem nicht stets klären, ob fremdes Recht eine Rechts- oder Tatfrage ist. Man sollte funktionelle Gesichtspunkte mitentscheiden lassen, Spickhoff ZZP **112**, 291.

Zum Gewohnheitsrecht gehören namentlich die Gewohnheitsrechte engeren Geltungsbereichs, die *Herkommen,* eine Verkehrssitte, BGH RR **04**, 1248, die räumlich begrenzten sog Observanzen, etwaige Regelungen der Streupflicht. Ein Gewohnheitsrecht verlangt zur Entstehung der Rechtsüberzeugung der Beteiligten, nicht notwendig die Überzeugung von der Befolgung eines positiven Rechtssatzes. Satzungen, Spickhoff ZZP **112**, 267. Statuten sind das geschriebene oder geübte Recht autonomer Kreise, zB Tarifnormen, BAG MDR **00**, 648. Man darf sie nicht mit privatrechtlichen Rechtsvorschriften vermengen, wie Allgemeinen Geschäftsbedingungen, den Statuten von Versicherungsgesellschaften oder dergleichen, BayObLG MDR **77**, 491. Man wendet § 293 entsprechend zwecks Feststellung der Arbeitsweise von Heimarbeitsausschüssen an. Der Rpfl darf, nicht muß die Sache nach § 5 II RPflG, Anh § 153 GVG seinem Richter vorlegen, soweit ausländisches Recht in Betracht kommt.

2) Regelungszweck, S 1, 2. Die Vorschrift dient zwar einerseits der Gerechtigkeit, Einl III 9. Denn sie **3** nimmt dem Gericht nicht die Ermittlung des etwa anwendbaren ausländischen Rechts gänzlich ab. Sie dient aber andererseits auch der Prozeßwirtschaftlichkeit, Grdz 14 vor § 128. Denn sie zwingt die Parteien zu verstärkter Prozeßförderung. Sie erweitert überdies die gerichtlichen Erkenntnisquellen.

Überforderung ist eine Hauptgefahr für alle Beteiligten sowohl bei der Ermittlung als auch bei der Anwendung des fremden Rechts. Daran hat sich trotz der rasant zunehmenden Internationalisierung erstaunlich wenig geändert. Sogar in so manchem mittleren LG gibt es nur in Ansätzen übernationale oder gar ausländische Rechtsquellen oder wenigstens einigermaßen bequem zugängliche und nutzbare technische Hilfsmittel wie das Internet. Dabei zwingt der Vorrang etwa supranationaler Vorschriften und die ganze Problematik der Vereinbarkeit solcher schon längst in den Rechtsalltag eingedrungenen Regeln mit einer noch deutschen Verfassung zu wenigstens unproblematischer Erschließungsmöglichkeit der Quellen und Literatur.

§ 293

Buch 2. Abschnitt 1. Verfahren vor den LGen

Mut zur Einarbeitung ist ein daher oft nicht nur an Überlastung scheiterndes Gebot. Umso verantwortungsvoller ist die Übertragung der Aufgabe auf den Sachverständigen oder den ProzBev. Wer zur Einarbeitung bereit ist, sollte von der Gerichtsverwaltung jede mögliche Unterstützung erwarten können. Auch sie hat Mitverantwortung an der Anwendbarkeit des § 293 mit seiner ständig wachsenden Bedeutung.

4 **3) Geltungsbereich, S 1, 2.** Die Vorschrift gilt in allen Verfahrensarten nach der ZPO, auch im Urkundenprozeß, BGH MDR **97**, 879, ferner im arbeitsgerichtlichen Verfahren, § 46 II 1 ArbGG, und im finanzgerichtlichen Verfahren, § 155 FGO, BFH RR **98**, 1041. Im FGG-Verfahren gilt § 12 FGG (Ermessen), BayObLG FamRZ **99**, 101.

5 **4) Beweis, S 1, 2.** Die Regelung hat steigende Bedeutung.

A. Grundsatz: Gerichtsanspruch auf Parteimitwirkung. Nach dem deutschen internationalen Zivilprozeßrecht gilt verfahrensrechtlich das am Gerichtsort bestehende Recht, die lex fori, Einl III 74, Üb 7 ff vor § 12, BGH RR **90**, 249. Wenn § 293 sagt, fremdes Recht usw bedürfe des Beweises, so bedeutet das nur: Das Gericht darf die Mithilfe der Partei in einem ihr zumutbaren Umfang bei der Erforschung dieses Rechts beanspruchen, BGH NJW **87**, 1146, Köln Rpfleger **89**, 67 (keine Anwendbarkeit von S 2 im FGG-Verfahren; zustm Kirstgen), Lindacher (vor Rn 1) 294.

6 *Nicht aber bedeutet* § 293 etwa, daß das Gericht einen bisher nur behaupteten Rechtssatz als nicht vorhanden ansehen dürfte oder daß es wegen wirtschaftlicher Betrachtungsweise von der Ermittlung des ausländischen Rechts absehen dürfte, BGH RR **95**, 766, selbst wenn das schwierig ist, BGH NJW **97**, 325, oder daß es das fremde Recht wie eine beweisbedürftige Tatsache ansehen dürfte. Ein Beweisverfahren ist gar nicht möglich. Denn Rechtssätze unterliegen keinem Beweis und keiner Beweislast, BGH RR **05**, 1071, Kblz JB **03**, 364, Stgt MDR **89**, 1111, aM Schilken (vor Rn 1) 388 (Freibeweis. Aber Amtsermittlung geht über Beweisaufnahme weit hinaus). Vielmehr muß das Gericht das etwa maßgebliche ausländische Recht eben von Amts wegen ermitteln, Rn 3. Das gilt zumal § 293 hinter §§ 288–290 steht, Saarbr NJW **02**, 1209, Geißler ZZP **91**, 176, Lindacher (vor Rn 1) 294, nur scheinbar aM Mü NJW **76**, 489 (übersieht das Problem, krit auch Küppers). Das Übk v 19. 6. 1980, BGBl **86** II 809, gilt nicht, dort Art 1 II h. Dabei darf und muß sich der Richter natürlich aller Erkenntnisquellen und daher auch aller Beweismittel bedienen. Ein Verstoß gegen die Ermittlungspflicht ist ein Verfahrensfehler. Er kann (jetzt) auf Antrag nach § 538 zur Zurückverweisung führen, Saarbr NJW **02**, 1209.

7 **B. Sachverständigenhilfe.** Das Gericht kann und muß evtl amtliche Auskünfte erfordern, auch von ausländischen Stellen, wenn das in Staatsverträgen vorgesehen ist, oder es muß ein Gutachten einholen, BGH MDR **97**, 879, Hamm FamRZ **88**, 639, etwa des Max-Planck-Instituts für ausländisches und internationales Privatrecht in Hamburg, BGH NJW **91**, 1419, Saarbr NJW **02**, 1209. Das reicht meist aus, aber nicht stets, zB nicht, wenn das Institut nicht die ausländische Praxis kennt, BGH NJW **91**, 1419, krit Samtleben NJW **92**, 3057. Das Gericht kann und muß im technisch zumutbar möglichen Umfang auch das Fachschrifttum einsehen. Es darf bei fortbestehenden eigenen Zweifeln auch ein Rechtsgutachten von einer Einzelperson anfordern, Üb 10 vor § 402, Bendref MDR **83**, 894, vgl die Zusammenstellung geeigneter Sachverständiger bei Hetger DNotZ **03**, 310, zumal manches Institut notgedrungen langsam arbeitet, Hetger DRiZ **83**, 233.

8 **C. Auslegung; Ermittlungsgrenzen.** Das deutsche Gericht darf und muß einen ausländischen Rechtssatz unter Ermittlung des dortigen Gesamtgefüges entsprechend seiner ausländischen Anwendung auslegen, BGH NJW **03**, 2686, Düss RR **97**, 3. Einen übereinstimmend vorgetragenen Inhalt des ausländischen Rechts kann das Gericht in der Regel ohne eigene Nachprüfung zugrundelegen, BAG MDR **75**, 875. Es sollte dabei freilich vorsichtig sein.

9 Läßt sich das fremde Recht weder von Amts wegen noch mit Hilfe der Parteien ermitteln, so muß das deutsche Gericht nach deutschem, sog *Ersatzrecht* entscheiden, BGH FamRZ **82**, 265, KG FamRZ **02**, 167, Graf zu Westphalen NJW **94**, 2116, aM Kreutzer NJW **83**, 1945, Müller NJW **81**, 486 (bitte dort im einzelnen nachlesen mit Hinweisen auf die zahlreichen Meinungsspielarten, unter ihnen zB StJL 36ff: zunächst sei das dem anwendbaren Recht vermutlich am nächsten verwandte anzuwenden; Heldrich Festschrift für Ferid, 1978, 216: Der Gesetzestext sei unter Umständen ausreichend, wenn die Rechtsprechung oder Literatur nicht zugänglich seien). Aber in jedem Fall muß man auch den Grundsatz der Prozeßwirtschaftlichkeit beachten, Grdz 14 vor § 128. Die Klärung des anwendbaren Rechts und seines Inhalts darf nicht endlose Zeit beanspruchen und auch nicht unverhältnismäßig schwierig sein.
Erst in letzter Linie ist die *lex fori* anwendbar, Rn 5. Nur ganz selten darf das Gericht ein nur wahrscheinlich geltendes ausländisches Recht heranziehen. Das ist etwa dann zulässig, wenn auch die Anwendbarkeit des deutschen Ersatzrechts nach Rn 9 äußerst unbefriedigend wäre, BGH NJW **78**, 497, KG FamRZ **02**, 167.

10 **D. Beispiele zur Frage der Ermittlung ausländischen Rechts,** dazu *Schellack* (vor Rn 1, ausf): **Amtsermittlung:** Rn 1, 4.
Arrest, einstweilige Verfügung: dazu *Brinker* NJW **96**, 2851 (EG-Recht), *Sommerlad/Schrey* NJW **91**, 1381: Die Regeln Rn 4ff müssen auch im Verfahren auf den Erlaß eines Arrests oder einer einstweiligen Anordnung oder einer einstweiligen Verfügung gelten. Denn dieses Verfahren entbindet trotz seiner Notwendigkeit einer schnellen Erledigung das Gericht nicht von seiner Pflicht zur Heranschaffung der fremden Rechtsquellen. Freilich geht die Pflicht zur Ermittlung und Glaubhaftmachung grds im Eilverfahren nicht über die sogleich heranziehbaren Erkenntnisquellen hinaus, Kblz IPRax **95**, 39.
Auslegungsregeln: Rn 11 „Entscheidungsgründe".
Beweisantritt: S „Bindung".
Beweislast: Wegen der Notwendigkeit der Amtsermittlung nach Rn 1, 4 gibt es keine Beweislast im eigentlichen Sinn, § 286 Anh Rn 4, Küppers NJW **76**, 489, aM Stgt RIW **83**, 460 (abl Schütze) (aber die Beweislast gehört in den Bereich der Tatsachenklärung, nicht der Klärung des anwendbaren Rechts).
Bindung: Das Gericht ist ungeachtet der Aufgabe, evtl Fragen zu stellen, Rn 11 „Fragepflicht", weder stets gezwungen, einen etwa angetretenen Beweis zu erheben, noch in den Erkenntnisquellen an das Parteivor-

Titel 1. Verfahren bis zum Urteil § 293

bringen, Hamm FamRZ **88**, 639, oder grds sonst irgendwie beschränkt oder an Beweisquellen gebunden, Geisler ZZP **91**, 196. Vgl freilich Rn 13 „Sachverständiger".
Einstweilige Verfügung: Rn 10 „Arrest, einstweilige Verfügung". 11
Entscheidungsgründe: Sie müssen ergeben, ob dem Gericht bei der Anwendung ausländischen (Vertrags-) Rechts auch die Auslegungsregeln des ausländischen Rechts bekannt waren, BGH RR **90**, 249.
Erkenntnisquelle: Rn 10 „Bindung".
Ermessen: § 293 erlaubt nur, die Ermittlung in den Formen des Beweises vorzunehmen, dh unter Benutzung der Beweismittel wie überhaupt aller zugänglichen Erkenntnisquellen, BGH FamRZ **82**, 265. Wie sich das Gericht die Kenntnis verschafft, das steht in seinem pflichtgemäßen Ermessen, BGH NJW **03**, 2686, BVerwG NJW **89**, 3107, Sommerlad/Schrey NJW **91**, 1379. Das Gericht muß dabei alle Umstände des Einzelfalls berücksichtigen, BGH NJW **95**, 1032. Es muß mangels eigener Fachkunde zumindest die Anregung befolgen, sachverständigen Rat einzuholen, BGH NJW **84**, 2764. Das Gericht muß wegen seiner Erkenntnisquellen zum Inhalt und Zweck von Auslandsrecht den Prozeßbeteiligten rechtliches Gehör gewähren, Art 103 I GG, BVerwG InfAuslR **85**, 275.
Ersatzrecht: Rn 9.
Fragepflicht: Das Gericht muß zwar evtl nach § 139 fragen und auch evtl § 144 anwenden, BGH **87**, 591, Es ist aber nur wenig gebunden, Rn 10 „Bindung".
Geständnis: Wegen des Amtsermittlungsgrundsatzes nach Rn 1, 4 ist ein Geständnis im Verfahren der 12 Ermittlung zur Anwendung des ausländischen Rechts meist bedeutungslos, Sommerlad/Schrey NJW **91**, 1381. Soweit das anwendbare ausländische Recht ein Geständnis kennt und beachtlich macht, ist es natürlich auch vom deutschen Gericht zu beachten.
Nichtbestreiten: Es gelten dieselben Regeln wie Rn 12 „Geständnis".
Parteimitwirkung: Rn 5.
Parteivernehmung: Es gelten dieselben Regeln wie Rn 12 „Geständnis".
Parteivorbringen: Rn 10 „Bindung".
Privatgutachten: Es ist als Parteivortrag zulässig. Das Gericht muß es auch kostenrechtlich so beurteilen, Mankowski MDR **01**, 199.
Rechtspraxis, -lehre, Rechtsprechung: Das Gericht muß das ausländische Recht als Ganzes ermitteln, 13 BGH NJW **03**, 2686. Es muß daher auch die Rechtspraxis, die Lehre und die Rechtsprechung ermitteln, BGH NJW **03**, 2686, BVerwG NJW **89**, 3107, aM Samtleben NJW **92**, 3057 (aber die Mitwirkungspflicht der Parteien entbindet das Gericht nicht von *seiner* umfassenden Klärungspflicht). Es darf sich freilich im Interesse der Prozeßwirtschaftlichkeit nach Grdz 14 vor § 128 evtl mit einer neueren, ihm als ausreichend erscheinenden Stimme aus dem ausländischen oder deutschen Schrifttum begnügen, Düss FER **96**, 26.
Sachverständiger: Vgl zunächst Rn 7. Das Gericht sollte einem Sachverständigen stets die Gelegenheit geben, die Frage zu prüfen, welches Recht anwendbar ist. Es sollte im Ersuchen Angaben über den Wohnsitz, den gewöhnlichen Aufenthaltsort, die Staatsangehörigkeit, die Religion und die Volksgruppenzugehörigkeit machen, Bendref, zitiert bei Herold DRiZ **83**, 479. Das Gericht kann den Sachverständigen zur mündlichen Erläuterung vorladen, § 411 III, BGH NJW **75**, 2142. Es ist auf Antrag dazu verpflichtet, BGH NJW **94**, 2959.
Säumnis: Auch im Säumnisverfahren findet eine Prüfung von Amts wegen statt. Sie ist allenfalls dann gemindert, falls keine begründeten Zweifel am Vortrag des Klägers über das ausländische Recht vorhanden sind, MüKoPr 55, Sommerlad/Schrey NJW **91**, 1382, ZöGei 18, aM Mü NJW **76**, 489 (ein Beweisantritt des Klägers reiche aus. Aber das paßt nicht zu § 331 I 1 mit seiner Beschränkung auf die Wirkung tatsächlichen Vorbringens).
Urteil: Rn 11 „Entscheidungsgründe".
Versäumnisverfahren: S „Säumnis".

5) Europäisches Auskunftsübereinkommen. Vgl ferner das Übk v 7. 6. 68, BGBl 74 II 938, nebst 14 AusfG v 5. 7. 74, BGBl 1433, zuletzt geändert durch Art 8 I RpflVereinfG v 17. 12. 90, BGBl 2847:

A. Übereinkommen

Übk Art 1. Anwendungsbereich des Übereinkommens. **¹ Die Vertragsparteien verpflichten sich, einander gemäß den Bestimmungen dieses Übereinkommens Auskünfte über ihr Zivil- und Handelsrecht, ihr Verfahrensrecht auf diesen Gebieten und über ihre Gerichtsverfassung zu erteilen.**

II ¹ Zwei oder mehr Vertragsparteien können jedoch vereinbaren, den Anwendungsbereich dieses Übereinkommens untereinander auf andere als die im vorstehenden Absatz angeführten Rechtsgebiete zu erstrecken. ² Eine solche Vereinbarung ist dem Generalsekretär des Europarats im Wortlaut mitzuteilen.

Übk Art 2. Staatliche Verbindungsstellen. I ¹ Zur Ausführung dieses Übereinkommens errichtet oder bestimmt jede Vertragspartei eine einzige Stelle (im folgenden als „Empfangsstelle" bezeichnet), welche die Aufgabe hat:
a) Auskunftsersuchen im Sinne des Artikels 1 Abs. 1 entgegenzunehmen, die von einer anderen Vertragspartei eingehen;
b) zu derartigen Ersuchen das Weitere gemäß Artikel 6 zu veranlassen.
² Diese Stelle kann entweder ein Ministerium oder eine andere staatliche Stelle sein.

II ¹ Jeder Vertragspartei steht es frei, eine oder mehrere Stellen (im folgenden als „Übermittlungsstelle" bezeichnet) zu errichten oder zu bestimmen, welche die von ihren Gerichten ausgehenden Auskunftsersuchen entgegenzunehmen und der zuständigen ausländischen Emp-

§ 293

fangsstelle zu übermitteln haben. ² Die Aufgabe der Übermittlungsstelle kann auch der Empfangsstelle übertragen werden.

III Jede Vertragspartei teilt dem Generalsekretär des Europarats Bezeichnung und Anschrift ihrer Empfangsstelle und gegebenenfalls ihrer Übermittlungsstelle oder ihrer Übermittlungsstellen mit.

Bem. Deutsche Empfangs- und Übermittlungsstelle nach II 1, 3 ist (jetzt) das Bundesministerium der Justiz, 11015 Berlin, Bek v 11. 4. 02, BGBl II 1160 (dort auch wegen Ukraine). Wegen des Vereinigten Königreichs Bek v 11 2. 03, BGBl II 259.

Übk Art 3. Zur Stellung von Auskunftsersuchen berechtigte Behörden. I ¹ Ein Auskunftsersuchen muß von einem Gericht ausgehen, auch wenn es nicht vom Gericht selbst abgefaßt worden ist. ² Das Ersuchen darf nur für ein bereits anhängiges Verfahren gestellt werden.

II Jede Vertragspartei, die keine Übermittlungsstelle errichtet oder bestimmt hat, kann durch eine an den Generalsekretär des Europarats gerichtete Erklärung anzeigen, welche ihrer Behörden sie als Gericht im Sinne des vorstehenden Absatzes ansieht.

III ¹ Zwei oder mehr Vertragsparteien können vereinbaren, die Anwendung dieses Übereinkommens untereinander auf Ersuchen zu erstrecken, die von anderen Behörden als Gerichten ausgehen. ² Eine solche Vereinbarung ist dem Generalsekretär des Europarats im Wortlaut mitzuteilen.

Übk Art 4. Inhalt des Auskunftsersuchens. I ¹ Im Auskunftsersuchen sind das Gericht, von dem das Ersuchen ausgeht, und die Art der Rechtssache zu bezeichnen. ² Die Punkte, zu denen Auskunft über das Recht des ersuchten Staates gewünscht wird, und für den Fall, daß im ersuchten Staat mehrere Rechtssysteme bestehen, das System, auf das sich die gewünschte Auskunft beziehen soll, sind möglichst genau anzugeben.

II Das Ersuchen hat eine Darstellung des Sachverhalts mit den Angaben zu enthalten, die zum Verständnis des Ersuchens und zu seiner richtigen und genauen Beantwortung erforderlich sind; Schriftstücke können in Abschrift beigefügt werden, wenn sie zum besseren Verständnis des Ersuchens notwendig ist.

III Zur Ergänzung kann im Ersuchen Auskunft auch zu Punkten erbeten werden, die andere als die in Artikel 1 Abs. 1 angeführten Rechtsgebiete betreffen, sofern diese Punkte mit denen im Zusammenhang stehen, auf die sich das Ersuchen in erster Linie bezieht.

IV Ist das Ersuchen nicht von einem Gericht abgefaßt, so ist ihm die gerichtliche Entscheidung beizufügen, durch die es genehmigt worden ist.

Übk Art 5. Übermittlung des Auskunftsersuchens. Das Auskunftsersuchen ist von einer Übermittlungsstelle oder, falls eine solche nicht besteht, vom Gericht, von dem das Ersuchen ausgeht, unmittelbar der Empfangsstelle des ersuchten Staates zu übermitteln.

Übk Art 6. Zur Beantwortung von Auskunftsersuchen zuständige Stellen. I Die Empfangsstelle, bei der ein Auskunftsersuchen eingegangen ist, kann das Ersuchen entweder selbst beantworten oder es an eine andere staatliche oder an eine öffentliche Stelle zur Beantwortung weiterleiten.

II Die Empfangsstelle kann das Ersuchen in geeigneten Fällen oder aus Gründen der Verwaltungsorganisation auch an eine private Stelle oder an eine geeignete rechtskundige Person zur Beantwortung weiterleiten.

III Ist bei Anwendung des vorstehenden Absatzes mit Kosten zu rechnen, so hat die Empfangsstelle vor der Weiterleitung des Ersuchens der Behörde, von der das Ersuchen ausgeht, die private Stelle oder die rechtskundige Person anzuzeigen, an die das Ersuchen weitergeleitet werden soll; in diesem Falle gibt die Empfangsstelle der Behörde möglichst genau die Höhe der voraussichtlichen Kosten an und ersucht um ihre Zustimmung.

Übk Art 7. Inhalt der Antwort. ¹ Zweck der Antwort ist es, das Gericht, von dem das Ersuchen ausgeht, in objektiver und unparteiischer Weise über das Recht des ersuchten Staates zu unterrichten. ² Die Antwort hat, je nach den Umständen des Falles, in der Mitteilung des Wortlauts der einschlägigen Gesetze und Verordnungen sowie in der Mitteilung von einschlägigen Gerichtsentscheidungen zu bestehen. ³ Ihr sind, soweit dies zur gehörigen Unterrichtung des ersuchenden Gerichts für erforderlich gehalten wird, ergänzende Unterlagen wie Auszüge aus dem Schrifttum und aus den Gesetzesmaterialien anzuschließen. ⁴ Erforderlichenfalls können der Antwort erläuternde Bemerkungen beigefügt werden.

Übk Art 8. Wirkungen der Antwort. Die in der Antwort enthaltenen Auskünfte binden das Gericht, von dem das Ersuchen ausgeht, nicht.

Übk Art 9. Übermittlung der Antwort. Die Antwort ist von der Empfangsstelle, wenn die Übermittlungsstelle das Ersuchen übermittelt hat, dieser Stelle oder, wenn sich das Gericht unmittelbar an die Empfangsstelle gewandt hat, dem Gericht zu übermitteln.

Übk Art 10. Pflicht zur Beantwortung. ¹ Vorbehaltlich des Artikels 11 ist die Empfangsstelle, bei der ein Auskunftsersuchen eingegangen ist, verpflichtet, zu dem Ersuchen das Weitere gemäß Artikel 6 zu veranlassen.

Titel 1. Verfahren bis zum Urteil § 293

II Beantwortet die Empfangsstelle das Ersuchen nicht selbst, so hat sie vor allem darüber zu wachen, daß es unter Beachtung des Artikels 12 erledigt wird.

Übk Art 11. Ausnahmen von der Pflicht zur Beantwortung. Der ersuchte Staat kann es ablehnen, zu einem Auskunftsersuchen das Weitere zu veranlassen, wenn durch die Rechtssache, für die das Ersuchen gestellt worden ist, seine Interessen berührt werden oder wenn er die Beantwortung für geeignet hält, seine Hoheitsrechte oder seine Sicherheit zu gefährden.

Übk Art 12. Frist für die Beantwortung. ¹Ein Auskunftsersuchen ist so schnell wie möglich zu beantworten. ²Nimmt die Beantwortung längere Zeit in Anspruch, so hat die Empfangsstelle die ausländische Behörde, die sich an sie gewandt hat, entsprechend zu unterrichten und dabei nach Möglichkeit den Zeitpunkt anzugeben, zu dem die Antwort voraussichtlich übermittelt werden kann.

Übk Art 13. Ergänzende Angaben. ¹Die Empfangsstelle sowie die gemäß Artikel 6 mit der Beantwortung beauftragte Stelle oder Person können von der Behörde, von der das Ersuchen ausgeht, die ergänzenden Angaben verlangen, die sie für die Beantwortung für erforderlich halten.

II Das Ersuchen um ergänzende Angaben ist von der Empfangsstelle auf dem Wege zu übermitteln, den Artikel 9 für die Übermittlung der Antwort vorsieht.

Übk Art 14. Sprachen. ¹ ¹Das Auskunftsersuchen und seine Anlagen müssen in der Sprache oder in einer der Amtssprachen des ersuchten Staates abgefaßt oder von einer Übersetzung in diese Sprache begleitet sein. ²Die Antwort wird in der Sprache des ersuchten Staates abgefaßt.

II Zwei oder mehr Vertragsparteien können jedoch vereinbaren, untereinander von den Bestimmungen des vorstehenden Absatzes abzuweichen.

Übk Art 15. Kosten. ¹Mit Ausnahme der in Artikel 6 Abs. 3 angeführten Kosten, die der ersuchende Staat zu zahlen hat, dürfen für die Antwort Gebühren oder Auslagen irgendwelcher Art nicht erhoben werden.

II Zwei oder mehr Vertragsparteien können jedoch vereinbaren, untereinander von den Bestimmungen des vorstehenden Absatzes abzuweichen.

Übk Art 16. Bundesstaaten. In Bundesstaaten können die Aufgaben der Empfangsstelle, mit Ausnahme der in Artikel 2 Abs. 1 Buchstabe a vorgesehenen, aus Gründen des Verfassungsrechts anderen staatlichen Stellen übertragen werden.

Übk Art 17. Inkrafttreten des Übereinkommens. ¹ ¹Dieses Übereinkommen liegt für die Mitgliedstaaten des Europarats zur Unterzeichnung auf. ²Es bedarf der Ratifikation oder der Annahme. ³Die Ratifikations- oder Annahmeurkunden werden beim Generalsekretär des Europarats hinterlegt.

II Dieses Übereinkommen tritt drei Monate nach Hinterlegung der dritten Ratifikations- oder Annahmeurkunde in Kraft.

III Es tritt für jeden Unterzeichnerstaat, der es später ratifiziert oder annimmt, drei Monate nach der Hinterlegung seiner Ratifikations- oder Annahmeurkunde in Kraft.

Übk Art 18. (nicht abgedruckt).

Übk Art 19. Örtlicher Geltungsbereich des Übereinkommens. ¹Jede Vertragspartei kann bei der Unterzeichnung oder bei der Hinterlegung ihrer Ratifikations-, Annahme- oder Beitrittsurkunde das Hoheitsgebiet oder die Hoheitsgebiete bezeichnen, für das oder für die dieses Übereinkommen gelten soll.

II Jede Vertragspartei kann bei der Hinterlegung ihrer Ratifikations-, Annahme- oder Beitrittsurkunde oder jederzeit danach durch eine an den Generalsekretär des Europarats gerichtete Erklärung dieses Übereinkommen auf jedes weitere in der Erklärung bezeichnete Hoheitsgebiet erstrecken, dessen internationale Beziehungen sie wahrnimmt oder für das sie berechtigt ist, Vereinbarungen zu treffen.

III Jede nach dem vorstehenden Absatz abgegebene Erklärung kann für jedes darin bezeichnete Hoheitsgebiet gemäß Artikel 20 zurückgenommen werden.

Übk Artt 20, 21. (nicht abgedruckt).

B. Ausführungsgesetz

I. Ausgehende Ersuchen

AusfG § 1. ¹Hat ein Gericht in einem anhängigen Verfahren ausländisches Recht einer der Vertragsparteien anzuwenden, so kann es eine Auskunft nach den Vorschriften des Übereinkommens einholen. ²Das Gericht kann die Abfassung des Ersuchens auch den Parteien oder Beteiligten überlassen; in diesem Fall ist dem Auskunftsersuchen des Gerichts die gerichtliche Genehmigung des Ersuchens beizufügen. ³Das Auskunftsersuchen ist von dem Gericht der Übermittlungsstelle vorzulegen.

AusfG § 2. ¹Eine Mitteilung des anderen Vertragsstaats, daß für die Erledigung des Ersuchens mit Kosten zu rechnen ist (Artikel 6 Abs. 3 des Übereinkommens), leitet die Übermittlungsstelle dem ersuchenden Gericht zu. ²Das Gericht teilt der Übermittlungsstelle mit, ob das Ersuchen aufrechterhalten wird.

AusfG § 3. ¹Werden für die Erledigung eines Auskunftsersuchens von einem anderen Vertragsstaat Kosten erhoben, sind die Kosten nach Eingang der Antwort von der Übermittlungsstelle dem anderen Vertragsstaat zu erstatten. ²Das ersuchende Gericht übermittelt den Kostenbetrag der Übermittlungsstelle.

AusfG § 4. Die Vernehmung einer Person, die ein Auskunftsersuchen in einem anderen Vertragsstaat bearbeitet hat, ist zum Zwecke der Erläuterung oder Ergänzung der Antwort unzulässig.

II. Eingehende Ersuchen

AusfG § 5. ¹Bezieht sich ein Auskunftsersuchen auf Landesrecht, leitet es die Empfangsstelle an die von der Regierung des Landes bestimmte Stelle zur Beantwortung weiter. ²Bezieht sich ein Auskunftsersuchen auf Bundesrecht und auf Landesrecht, soll es die Empfangsstelle an die von der Regierung des Landes bestimmte Stelle zur einheitlichen Beantwortung weiterleiten. ³Gilt Landesrecht in mehreren Ländern gleichlautend, so kann die Beantwortung der Stelle eines der Länder übertragen werden.

AusfG § 6. I ¹Die Empfangsstelle kann ein Auskunftsersuchen an einen bei einem deutschen Gericht zugelassenen Rechtsanwalt, einen Notar, einen beamteten Professor der Rechte oder einen Richter mit deren Zustimmung zur schriftlichen Beantwortung weiterleiten (Artikel 6 Abs. 2 des Übereinkommens). ²Einem Richter darf die Beantwortung des Auskunftsersuchens nur übertragen werden, wenn auch seine oberste Dienstbehörde zustimmt.

II ¹Auf das Verhältnis der nach Absatz 1 bestellten Person zur Empfangsstelle finden die Vorschriften der §§ 407, 407a, 408, 409, 411 Abs. 1, 2 und des § 412 Abs. 1 der Zivilprozeßordnung entsprechende Anwendung. ²Die nach Absatz 1 bestellte Person ist wie ein Sachverständiger nach dem Gesetz über die Entschädigung von Zeugen und Sachverständigen zu entschädigen. ³In den Fällen der §§ 409, 411 Abs. 2 der Zivilprozeßordnung und des § 16 des Gesetzes über die Entschädigung von Zeugen und Sachverständigen ist das Amtsgericht am Sitz der Empfangsstelle zuständig.

AusfG § 7. ¹Wird die Auskunft von einer privaten Selle oder rechtskundigen Person erteilt (Artikel 6 Abs. 2 des Übereinkommens, § 6), obliegt die Entschädigung dieser Stelle oder Person der Empfangsstelle. ²Die Empfangsstelle nimmt die Zahlungen des ersuchenden Staates entgegen. ³Die Kostenrechnung ist der Empfangsstelle mit der Auskunft zu übersenden.

AusfG § 8. ¹Leitet die Empfangsstelle ein Ersuchen an eine von der Landesregierung bestimmte Stelle weiter, so nimmt diese mit dem Ersuchen die Aufgaben und Befugnisse der Empfangsstelle nach den §§ 6, 7 Satz 1, 3 wahr. ²In den Fällen des § 6 Abs. 2 Satz 3 ist das Amtsgericht am Sitz der von der Landesregierung bestimmten Stelle zuständig. ³Die von der Landesregierung bestimmte Stelle übermittelt die Antwort der Empfangsstelle. ⁴Hatte die von der Landesregierung bestimmte Stelle die Beantwortung übertragen (Artikel 6 des Übereinkommens, § 6), übermittelt die Empfangsstelle die Zahlungen des ersuchenden Staates dieser Stelle.

III. Sonstige Bestimmungen

AusfG § 9. ¹Die Aufgaben der Empfangsstelle im Sinne des Artikels 2 Abs. 1 des Übereinkommens nimmt der Bundesminister der Justiz wahr.

II ¹Die Aufgaben der Übermittlungsstelle im Sinne des Artikels 2 Abs. 2 des Übereinkommens nimmt für Ersuchen, die vom Bundesverfassungsgericht oder von Bundesgerichten ausgehen, der Bundesminister der Justiz wahr. ²Im übrigen nehmen die von den Landesregierungen bestimmten Stellen diese Aufgaben wahr. ³In jedem Land kann nur eine Übermittlungsstelle eingerichtet werden.

III ¹Der Bundesminister der Justiz wird ermächtigt, durch Rechtsverordnung, die der Zustimmung des Bundesrates bedarf, eine andere Empfangsstelle zu bestimmen, wenn dies aus Gründen der Verwaltungsvereinfachung oder zur leichteren Ausführung des Übereinkommens notwendig erscheint. ²Er wird ferner ermächtigt, durch Rechtsverordnung, die nicht der Zustimmung des Bundesrates bedarf, aus den in Satz 1 genannten Gründen die andere Übermittlungsstelle für Ersuchen zu bestimmen, die vom Bundesverfassungsgericht oder von Bundesgerichten ausgehen.

AusfG § 10. Dieses Gesetz gilt nach Maßgabe des § 13 Abs. 1 des Dritten Überleitungsgesetzes vom 4. Januar 1952 (Bundesgesetzbl. I S. 1) auch im Land Berlin.

AusfG § 11. ¹Dieses Gesetz tritt gleichzeitig mit dem Europäischen Übereinkommen vom 7. Juni 1968 betreffend Auskünfte über ausländisches Recht in Kraft.

II Der Tag, an dem dieses Gesetz in Kraft tritt, ist im Bundesgesetzblatt bekanntzugeben.

Titel 1. Verfahren bis zum Urteil §§ 293, 294

C. Geltungsbereich. Das Übereinkommen *gilt auch für* Belgien, Dänemark, Frankreich einschließlich **16** seiner Übersee-Departments u -territorien, Island, Italien, Liechtenstein, Malta, Norwegen, Österreich, Schweden, Schweiz, Spanien, Vereinigtes Königreich, Zypern, Jersey, Bek v 4. 3. 75, BGBl II 300, Türkei, Costa Rica, Bek v 8. 6. 76, BGBl II 1016, Niederlande, Bek v 21. 1. 77, BGBl II 80, Griechenland, Bek v 21. 4. 78, BGBl II 788, Luxemburg, Portugal, Bek v 12. 10. 78, BGBl II 1295, Aruba, Bek v 26. 6. 87, BGBl II 385, Ungarn, Bek v 10. 1. 90, BGBl II 67, Finnland, Bulgarien, Sowjetunion, Bek v 20. 3. 91, BGBl II 647, Polen, Bek v 12. 3. 93, BGBl II 791, Estland, Weißrußland, Bek v 11. 3. 98, BGBl II 681, Slowenien, Bek v 22. 5. 98, BGBl II 1174, Albanien, Bek v 26. 9. 01, BGBl II 1120, Ukraine, Bek v 11. 4. 02, BGBl II 1160, Republik Moldau, Bek v 9. 7. 02, BGBl II 2295, Mazedonien, Bek v 20. 3. 03, BGBl II 58.

D. Zusatzprotokoll. Vgl ferner das *Zusatzprotokoll* v 15. 3. 78, BGBl **87** II 60, dazu G v 21. 1. 87, BGBl **17** II 58. Es gilt für die BRep, Belgien, Dänemark, Frankreich, Italien, Luxemburg, Niederlande, Norwegen, Österreich, Portugal, Schweden, Schweiz, Spanien, Vereinigtes Königreich, Zypern, Bek v 11. 9. 87, BGBl II 593, Griechenland, Bek v 10. 12. 87, BGBl **88** II 6, Malta, Bek v 30. 5. 89, BGBl II 544, Island, Ungarn, Bek v 10. 1. 90, BGBl II 67, Finnland, Bulgarien, Bek v 20. 3. 91, BGBl II 647, Rumänien, Bek v 14. 5. 92, BGBl II 413, Polen, Bek v 12. 3. 93, BGBl II 791, Ukraine, Bek v 13. 7. 94, BGBl II 1260, Slowakei, Bek v 11. 3. 97, BGBl II 804, Litauen, Bek v 23. 4. 97, BGBl II 1083, Estland, Weißrußland, Bek v 11. 3. 98, BGBl II 682, Slowenien, Bek v 22. 5. 98, BGBl II 1174, Tschechische Republik, Bek v 14. 10. 98, BGBl II 2945, Belgien, Bek v 11. 12. 98, BGBl **99** II 15, Aserbaidschan, Bek v 22. 8. 00, BGBl II 1210, Schweden, Georgien, Beck v 18. 7. 01, BGBl II 789, Republik Moldau, Bek v 9. 7. 02, BGBl II 2295, Bundesrepublik Jugoslawien, Bek v 4. 9. 02, BGBl II 2535.
Zum Ubk Festschrift für *Otto* Firsching (1985), *Wolf* NJW **75**, 1583 ausf, *Wollny* DRiZ **84**, 479. Vgl ferner die Auskunftsstellen für Notare rt Liste in DNotZ **79**, 130.

6) Zweiseitige Auskunftsverträge. Vgl Art 18–26 des deutsch-marokkanischen Vertrags v 29. 10. 85, **18** BGBl **88** II 1055, in Kraft seit 23. 6. 94, Bek v 24. 6. 94, BGBl II 1192.

7) Rechtsbehelfe, S 1, 2. Die Anordnung zur Unterstützung des Gerichts, zB durch die Beibringung **19** eines Rechtsgutachtens, ist nur zusammen mit dem Endurteil anfechtbar, Ffm MDR **83**, 410. Beim Rpfl gilt § 11 II RPflG, § 104 Rn 69 ff. In der Berufungsinstanz kann die Klärung eher notwendig werden, ob deutsches oder ausländisches Recht anwendbar ist, BGH WertpMitt **80**, 1083, Ffm RIW **85**, 488, aM ZöGei 13 (aber die höhere Instanz hat höhere Verantwortung). Die Ermessensausübung ist grundsätzlich in der Revisionsinstanz nur auf die Überschreitung der Grenzen des Ermessens nachprüfbar. Das Revisionsgericht darf also das Verfahren bei der Feststellung des ausländischen Rechts nur im letzteren Sinn und wegen des sonstigen Verfahrens prüfen, BGH VersR **96**, 515, BVerwG RR **90**, 248, Saarbr NJW **02**, 1209. Insoweit ist aber auch eine volle Nachprüfung möglich, BGH NJW **02**, 3335. Allerdings darf es dabei nicht nur um die Nachprüfung des nicht revisiblen ausländischen Rechts gehen, BGH **118**, 163 und NJW **88**, 648. Die Klärung kann evtl offen bleiben, BGH NJW **91**, 2214, aM BGH NJW **92**, 3106 (aber es geht um Amtsermittlung, Grdz 38 vor § 128). Zum Problem Samtleben NJW **92**, 3057.

8) VwGO: *Entsprechend anzuwenden,* § 173 VwGO, BVerwG NVwZ **85**, 411 *(auch zur Notwendigkeit der* **20** *Gewährung rechtlichen Gehörs). Es steht im Ermessen des Tatrichters, wie er sich die Kenntnis des fremden Rechts verschafft,* BVerwG bei Melullis MDR **94**, 337, NVwZ-RR **90**, 653 mwN. Ob eine Beweisaufnahme über den Normzweck der fremden Vorschrift erforderlich ist, hat er nach § 86 I VwGO zu beurteilen, BVerwG Buchholz 427.6 § 3 BFG Nr 12; zu den Voraussetzungen, unter denen ein Sachverständigengutachten eingeholt werden muß, vgl BVerwG Buchholz 310 § 98 Nr 41.

294 Glaubhaftmachung.
I Wer eine tatsächliche Behauptung glaubhaft zu machen hat, kann sich aller Beweismittel bedienen, auch zur Versicherung an Eides statt zugelassen werden.
II Eine Beweisaufnahme, die nicht sofort erfolgen kann, ist unstatthaft.

Schrifttum: *Bender/Nack,* Vom Umgang der Juristen mit der Wahrscheinlichkeit, in: Festschrift für die Deutsche Richterakademie 1983; *Bender/Nack,* Tatsachenfeststellung vor Gericht, Bd I: Glaubwürdigkeits- und Beweislehre, 2. Aufl 1995; *Greger,* Beweis und Wahrscheinlichkeit, 1978; *Scherer,* Das Beweismaß bei der Glaubhaftmachung, 1996. S ferner bei §§ 916, 920.

Gliederung

1) Systematik, I, II 1–3	5) Versicherung an Eides Statt, I 7, 8
A. Begriff 1	A. Grundsatz: Druckmittel der Strafbarkeit
B. Zulässigkeit 2	falscher Versicherung 7
C. Notwendigkeit 3	B. Einzelfragen 8
2) Regelungszweck, I, II 4	6) Sofortige Beweisaufnahme, II 9–11
3) Geltungsbereich, I, II 5	A. Notwendigkeit 9, 10
4) Zulässigkeit aller Beweismittel, I 6	B. Verstoß 11
	7) VwGO 12

1) Systematik, I, II. Glaubhaftmachung hat enorme praktische Bedeutung. Sie ist bei einer einstweiligen **1** Verfügung in einer UWG-Sache entbehrlich, § 12 II UWG.

A. Begriff. „Ich weiß aber, daß die Reden, die sich nur auf die Wahrscheinlichkeit stützen, Geschwätz sind und ... einen gar leicht täuschen", Simmias, in: Platon, Phaidon, 41. – Glaubhaftmachung ist ein

§ 294

geringerer Grad der Beweisführung, Einf 8 vor § 284, BFH BB **78**, 245. Das Verfahren weicht daher von §§ 355 ff ab, BGH **156**, 141. Beweis ist eine an Sicherheit grenzende Wahrscheinlichkeit, § 286 Rn 16. Glaubhaftmachung ist weniger, nämlich nur eine *überwiegende Wahrscheinlichkeit*, BVerfG **38**, 39 (OWiG, StPO), BGH **156**, 142, Zweibr MDR **01**, 413. Dabei sollte man aber eine Überspannung vermeiden, Zweibr MDR **01**, 413 (§ 4 InsO). An der Intensität, mit der das Gericht die rechtliche Beurteilung des Sachverhalts vornehmen muß, ändert die Zulässigkeit bloßer Glaubhaftmachung einer Tatsache nichts, Kblz NJW **01**, 1364. Auch bleiben Einwendungen des Gegners wie sonst statthaft.

2   **B. Zulässigkeit.** Die Glaubhaftmachung ist grundsätzlich nur in den vom Gesetz ausdrücklich genannten Fällen erlaubt bzw ausreichend.
Beispiele: §§ 1994 II BGB, 15 II FGG, §§ 44 II, 71 I 2, 104 II 1, 118 II 1, 224 II, 236 II 1, 251a II 4, 296 IV, 299 II, 367 II, 386 I, II, 406 I, II 2, III, 424 Z 5, 430, 435 S 1, 441 IV, 487 Z 4, 493 II, 494 I, 511 III, 531 II 2, 532 S 3, 571 II 2, 589 II, 605 II, 714 II, 719 I 2, II 2, 769 I 2, 805 IV 1, 807 I 1, 815 II 1, 903, 914 I, 920 II, 980, 986 I–III, 996 II, 1007 Z 2, 1010 II.
Eine Glaubhaftmachung ist meist bei reinen *Prozeßfragen* oder dann zulässig, wenn eine mündliche Verhandlung nicht notwendig ist. Eine entsprechende Anwendung auf andere Fälle ist nur ganz vereinzelt zulässig. Denn § 294 ist als Ausnahme von der Regel des Vollbeweises, § 286, eng auslegbar. Die entsprechende Anwendung ist regelmäßig nur dann möglich, wenn eine mündliche Verhandlung entbehrlich ist. § 294 gilt für beide Parteien. Er ist auch dann anwendbar, wenn das sachliche Recht eine Glaubhaftmachung verlangt.

3   **C. Notwendigkeit.** Soweit die Glaubhaftmachung für die eine Partei ausreicht, reicht sie auch gegenüber dem gegnerischen Bestreiten, Köln KTS **88**, 554. Freilich kann dann auch die andere Partei für ihre Gegenbehauptungen eine bloße Glaubhaftmachung vornehmen, BGH MDR **83**, 749. Wenn sich ein Beweis erübrigt, ist auch keine Glaubhaftmachung notwendig. Das gilt beim gerichtlichen Geständnis, § 288, beim unterstellten Geständnis, § 138 III, bei Offenkundigkeit, § 291, bei einer Rechtsvermutung, § 292. Der Richter braucht seine pflichtgemäße Beurteilung zur Glaubhaftigkeit einer Tasache zwar nicht bis in jede Verästelung zu begründen. Er muß aber nachvollziehbar machen, daß er anhand des richtigen Maßstabs sorgfältig geprüft und abgewogen hat. § 286 I 2 ist insofern nicht voll anwendbar, empfiehlt sich aber im Hinblick auf ein Rechtsmittel. In der Revisionsinstanz ist das tatsächliche Vorbringen nicht nachprüfbar. Daher sind auch die Mittel zu seiner Glaubhaftmachung nicht überprüfbar. Da voller Beweis ein Mehr ist, genügt er in allen Fällen der Glaubhaftmachung, soweit auch er sofort erhebbar ist, II.

4   **2) Regelungszweck, I, II.** Sinn der Vorschrift ist zunächst eine zeitliche Einschränkung im Interesse der Prozeßwirtschaftlichkeit nach Grdz 14 vor § 128 und im Interesse der Gerechtigkeit, Einl III 9. Zugleich schafft die Vorschrift aber auch eine im Umfang klare Ausweitung der prozessualen Möglichkeiten der Meinungsbildung.
Großzügigkeit wie Behutsamkeit sind die Pole der Spannung, in die § 294 das Gericht und damit die Parteien stellt. Die floskelhafte Versicherung der Richtigkeit darf nicht zu bequemer Bejahung einer Glaubhaftigkeit führen. Sie führt noch dazu oft zum Vollstreckungstitel ohne vorherige Anhörung des Gegners, etwa bei §§ 916 ff, 935 ff. Andererseits lassen sich nun einmal enorme wirtschaftliche Verluste oder immaterielle Nachteile nur auf dem Boden bloßer Glaubhaftigkeit eines Vortrags wenigstens vorläufig eindämmen oder verhindern. Das zwingt zu einer weder zu nachlässigen noch zu vorsichtigen Handhabung des Begriffs der Glaubhaftmachung. Zumutbarkeit weiteren Vortrags oder weiterer präsenter Beweismittel ist oft ein hilfreiches Abwägungsmerkmal.

5   **3) Geltungsbereich, I, II.** Die Vorschrift gilt in allen Verfahrensarten nach der ZPO, auch im arbeitsgerichtlichen Verfahren, § 46 II 1 ArbGG, auch im Insolvenzverfahren, § 4 InsO, BayObLG KTS **02**, 145, Zweibr MDR **01**, 413, AG Potsd RR **03**, 335.

6   **4) Zulässigkeit aller Beweismittel, I.** Wer in den gesetzlich vorgesehenen Fällen eine tatsächliche Behauptung glaubhaft machen muß, darf sich aller Beweismittel nach § 284 S 2, §§ 355 ff ZPO bedienen, auch einer schriftlichen Zeugenerklärung nach § 377 III, oder eines Attests, Ffm NJW **05**, 2634, auch eines Privatgutachtens nach Üb 21 ff vor § 402, auch der uneidlichen Parteivernehmung, §§ 445 ff. Die eidliche setzt voraus, daß sich das Gericht auf Grund der unbeeidigten Aussage einer Partei eine Überzeugung von der Wahrheit oder Unwahrheit der zu erweisenden Tatsachen noch nicht bilden konnte, § 452. Das Gericht kann auch außerhalb der Formen der Beweismittel nach §§ 371 ff jede nach II sofort mögliche Art und Weise der Wahrscheinlichmachung berücksichtigen. Es kann zB eine sofort erreichbare Akte beiziehen, ein Foto betrachten, Jena OLGR **97**, 94, oder das Wissen jeder Auskunftsperson ohne Rücksicht auf die Form der Bekundung würdigen, Mü Rpfleger **85**, 457. Eine schlichte Parteierklärung kann zur Glaubhaftmachung genügen, § 286 Rn 5, BVerfG NJW **97**, 1771, Köln FamRZ **83**, 711, LG Dortm Rpfleger **86**, 321. Daher kann ausnahmsweise (zur Regel § 420 Rn 2) auch zB eine unbeglaubigte Fotokopie genügen, BGH RR **87**, 900, BayObLG RR **92**, 1159. Andererseits mag bloßer Beweisantritt ungenügend sein, Köln FER **97**, 175.

7   **5) Versicherung an Eides Statt, I.** Die Praxis behandelt sie zu großzügig.
A. Grundsatz: Druckmittel der Strafbarkeit falscher Versicherung. Das Gericht kann auch die mit dem Druckmittel des § 156 StGB versehene eidesstattliche Versicherung der Behauptung gestatten, BGH **156**, 141. Es kann also eine solche Versicherung entgegennehmen, soweit diese nicht gesetzlich ausdrücklich ausgeschlossen ist, zB in §§ 44 II 1, 406 III, 511 III. Sie ist schriftlich, mündlich oder evtl auch per Telefax statthaft, BayObLG NJW **96**, 406 (krit Vormbaum/Zwiehoff JR **96**, 292). Sie ersetzt den bei der Parteivernehmung geleisteten Eid. Sie ist aber ein ganz andersartiges Beweismittel. Die eidesstattliche Versicherung setzt eine Eidesfähigkeit voraus. Das Gericht kann sie den Parteien und Dritten über eigene und fremde Handlungen abnehmen, auch dem Beweisführer. Es kann außerdem alle Mittel anwenden, die seiner Überzeugungsbildung dienen können. Es kann zB eine schriftliche Zeugen-

Titel 1. Verfahren bis zum Urteil §§ 294, 295

aussage entgegennehmen und deren Echtheit frei prüfen. Bei der Würdigung einer eidesstattlichen Versicherung ist in der Regel besondere Vorsicht geboten, BPatG GRUR **78**, 359, AG Brschw AnwBl **85**, 539. Es ist auch ein gesundes Mißtrauen erlaubt, LAG Mü DB **78**, 260, zB bei der Erklärung eines Testkäufers, Ffm GRUR **84**, 304.

B. Einzelfragen. Nicht jede einfache Erklärung des ProzBev reicht aus. Freilich darf das Gericht auch sie 8 stets frei würdigen, BAG BB **86**, 1232, LAG Stgt MDR **78**, 789. Seine anwaltliche Versicherung kann eher ausreichen. Das Gericht darf auch sie frei würdigen, § 286, BayObLG WoM **94**, 297, Kblz Rpfleger **86**, 71, Köln MDR **86**, 152. Die eidesstattliche Versicherung eines Anwalts ist allerdings keineswegs von vornherein mehr wert, LAG Düss DB **76**, 106, AG Brschw AnwBl **85**, 539. Auch sie muß sich gerade auf eine selbst erlebte Tatsache beziehen. Sie darf daher nicht nur zB auf das „Entstehen einer Gebühr" beschränkt sein, LG Köln AnwBl **82**, 84. Sie darf auch nicht im Widerspruch zum sonstigen Vortrag stehen, BGH NJW **02**, 1430 oben links. Die sog anwaltliche Versicherung reicht zumindest nicht wegen des Verhaltens eines Dritten aus, etwa eines Angestellten, Drsd FamRZ **00**, 834.

Die eidesstattliche Versicherung einer *Partei* ist oft wertlos. Sie erfolgt nur zu oft leichtfertig. Sie ist meist nichts anderes als eine eindringliche Parteierklärung. Man muß eine bloße Bezugnahme der Partei auf einen gesonderten eigenen Antrag oder auf einen Anwaltsschriftsatz ohne eigene Tatsachenbehauptung in der eidesstattlichen Versicherung zurückhaltend bewerten, BGH NJW **88**, 2045 (er bezeichnet sie als eine „heute weit verbreitete Unsitte"), BGH NJW **89**, 1682, Ffm FamRZ **84**, 313. Es kommt darauf an, ob die Partei den Anwaltsschriftsatz als selbst gelesen hat, Kblz MDR **05**, 828, oder ob sie wenigstens nicht nur sein Diktat als miterlebt bezeichnet, sondern auch die Fertigstellung, am besten bis zur Anwaltsunterschrift. Dritte unterschreiben meist, was man ihnen vorlegt, BPatG GRUR **78**, 360. Im übrigen ist höchstens die derartige Bezugnahme auf Tatsachenvortrag zulässig, nicht auch diejenige auf Rechtsausführungen, Kblz MDR **05**, 828. Eine eidesstattliche Versicherung des Gegners kann diejenige des Erklärenden entkräften, Mü FamRZ **76**, 696.

6) Sofortige Beweisaufnahme, II. Die Vorschrift wird nicht selten verkannt. Sie gilt nur, soweit das 9 Gesetz eine Glaubhaftmachung geradezu erfordert und nicht bloß als genügend bezeichnet.

A. Notwendigkeit. Die Glaubhaftmachung verlangt einen solchen Beweis, den das Gericht sofort erheben kann. Die gilt insoweit, als das Gesetz sie fordert und nicht nur, soweit das Gericht nicht ohnehin nach § 216 einen Termin anberaumen und zB nach § 273 vorbereiten muß. Ein bloßes Erbieten zur Glaubhaftmachung ist unbeachtlich. Die Partei muß daher grundsätzlich jedes Beweismittel und insbesondere jeden Zeugen zum Gericht bringen, BGH **156**, 141. Eine Vertagung zur Beweisaufnahme ist unzulässig, BGH FamRZ **89**, 373. Das übersieht Ffm NJW **87**, 1411 und 1412, das eine erst noch wenn auch kurzfristig anzuberaumende Augenscheineinnahme zuläßt (aber ein möglichst baldiger Termin ist ohnehin bei jeder Terminsart nach § 216 II geboten).

Daher müssen *Urkunden* sofort vorliegen. Auch eine eidesstattliche Versicherung des Gegners zur Entkräftung muß sofort vorliegen, Mü FamRZ **76**, 696. Ein Antrag nach § 421 reicht also nicht aus. Das gilt selbst dann, wenn die Bezugnahme auf eine vom Gericht erst noch einzuholende Auskunft reicht nicht aus. Das gilt selbst dann, wenn die Behörde sie der Partei nicht direkt erteilen würde. Die Vernehmung des Prozeßgegners ist zulässig, wenn er sofort erscheint. Über die Echtheit einer Urkunde muß das Gericht sofort frei entscheiden. Man darf im Termin beantragen, sofort erlangbare Akten beizuziehen.

Dem Gericht ist aber *nicht* zuzumuten, eine Akte erst auf einer anderen Geschäftsstelle oder im Archiv 10 usw *heraussuchen* zu lassen, jedenfalls nicht, wenn der Verhandlungstermin im übrigen enden könnte und sich sofort Verhandlungen in anderen Sachen anschließen sollen. Eine Amtliche Auskunft muß sofort vorliegen. Der Beweisführer muß eine Beweisperson regelmäßig gestellen, „sistieren", Ffm MDR **84**, 1034. Hat er sich auf sie in einem vorbereitenden Schriftsatz bezogen, so darf, aber muß der Richter sie nicht laden, §§ 118 II 3, 273. Die Partei kann sich nicht auf eine derartige Ladung verlassen Das Gericht braucht den Beweisführer von dem Unterbleiben der Ladung einer Beweisperson nur dann zu informieren, wenn das ohne jede zeitliche oder sonstige Schwierigkeit möglich ist. Ein Beweisbeschluß und eine Protokollierung der Beweisaufnahme wie sonst nötig.

B. Verstoß. Er ist an sich unheilbar, soweit keine Parteiherrschaft besteht, Grdz 18, 19 vor § 128, BGH 11 FamRZ **89**, 373. Jedoch ist ein verfahrensfehlerhaft bis zum Verhandlungsschluß zur Akte gelangtes Glaubhaftmachungsmittel mitverwertbar, BGH FamRZ **89**, 373.

7) *VwGO*: Entsprechend anzuwenden, § 173 VwGO, BVerwG NJW **96**, 409, NVwZ **89**, 1058, Buchholz 12 *303 § 227 Nr 13, VGH Mü MDR 75, 873, weil auch der VerwProzeß die Glaubhaftmachung kennt, zB bei der Ablehnung von Gerichtspersonen, bei der Wiedereinsetzung in den vorigen Stand (vgl RedOe § 60 Anm 12) und bei einstweiligen Anordnungen, vgl Finkelnburg/Jank Rn 338ff.*

295 *Verfahrensrügen.* **I Die Verletzung einer das Verfahren und insbesondere die Form einer Prozeßhandlung betreffenden Vorschrift kann nicht mehr gerügt werden, wenn die Partei auf die Befolgung der Vorschrift verzichtet, oder wenn sie bei der nächsten mündlichen Verhandlung, die auf Grund des betreffenden Verfahrens stattgefunden hat oder in der darauf Bezug genommen ist, den Mangel nicht gerügt hat, obgleich sie erschienen und ihr der Mangel bekannt war oder bekannt sein musste.**

II Die vorstehende Bestimmung ist nicht anzuwenden, wenn Vorschriften verletzt sind, auf deren Befolgung eine Partei wirksam nicht verzichten kann.

Schrifttum: *Ahrendt,* Der Zuständigkeitstreit im Schiedsverfahren, 1996 (rechtsvergleichend betr §§ 1025 ff); *Fenger,* Die Genehmigung unwirksamer Prozeßhandlungen, Diss Mü 1986.

S ferner Grdz 45 vor § 128.

§ 295

Buch 2. Abschnitt 1. Verfahren vor den LGen

Gliederung

1) Systematik, I, II 1	C. Verlust durch Rügeunterlassung 10
2) Regelungszweck, I, II 2	D. Voraussetzungen einer Rügeunterlassung 11–15
3) Geltungsbereich, I, II 3	
4) Heilungsarten, I, II 4–6	6) Unheilbarer Mangel, II 16
5) Heilbarer Mangel, I 7–15	7) Beispiele zur Frage der Heilbarkeit oder Unheilbarkeit, I, II 17–62
A. Grundsatz: Rügemöglichkeit bis zur Verhandlung 7, 8	8) VwGO 63
B. Verzichtserklärung 9	

1 **1) Systematik, I, II.** Die Vorschrift stellt in I nur scheinbar eine Ausnahme vom Grundsatz dar, daß man einen Verfahrensverstoß auch bis zum Schluß der letzten mündlichen Verhandlung rügen kann, §§ 136 IV, 296 a, und daß das Gericht ihn ohnehin von Amts wegen beachten muß In Wahrheit ist I ein neben II gleichrangiger weiterer Grundsatz. §§ 276 I, 277 I gehen vor, dort Rn 4.

2 **2) Regelungszweck, I, II.** I dient der Parteiherrschaft, Grdz 18, 19 vor § 128, Nürnb MDR **99**, 1409. Die Vorschrift dient auch der Erkenntnis, daß die Rechtsidee eben aus drei Komponenten besteht. Von ihnen ist die Gerechtigkeit nur ein Aspekt, wenn auch der wichtigste, § 296 Rn 2. II dient vor allem der Rechtsstaatlichkeit nach Einl III 15, aber auch der Rechtssicherheit, Einl III 43. Auch soll Verfahrensrecht nie zum Selbstzweck werden, Einl III 38. Diese unterschiedlichen Zielsetzungen muß man bei der Auslegung mitbeachten.

Kenntnis oder Kennenmüssen sind nach I wesentliche Voraussetzungen des Rügeverlusts. Im Vorliegen läßt sich manchmal nur schwierig beurteilen. Dann kommt es darauf an, welches Maß an Sorgfalt man von der Partei verlangen will. Je mehr Wert man der Parteiherrschaft zuspricht, desto mehr muß man ein Gesicht auch von der Partei auch eine Aufmerksamkeit fordern, nicht umgekehrt, wie es oft fälschlich geschieht. Wer einer Partei eher eine Erkennbarkeit zumutet, ehrt sie in Wahrheit mehr. Natürlich darf solche Haltung nicht zur glatten Überforderung führen. Wohl aber darf solche Haltung auch zur Folge haben, daß Partei und ProzBev sich intensiver und selbstkritischer beachten müssen und im Zweifel eher eine Rüge erheben sollten. Auch das ist bei der Anwendung von § 295 mitbeachtlich.

3 **3) Geltungsbereich, I, II.** § 295 betrifft nur ein Verfahren mit einer notwendigen oder freigestellten mündlichen Verhandlung, nicht zB das Mahnverfahren, §§ 688 ff. Er bezieht sich auf mangelhafte Prozeßhandlungen im weitesten Sinne, Grdz 46 vor § 128, und zwar auf solche der Parteien, des Gerichts, mitwirkender Amtspersonen, etwa der Zustellungs- und Vollstreckungsbeamten. Wenn solche Prozeßhandlungen gegen zwingende öffentlichrechtliche Vorschriften verstoßen, so sind sie immer, wenn sie nicht eine Entscheidung darstellen, bedingt wirksam, Einl III 30, sonst ganz unwirksam. Sie sind aber schon zur Vermeidung des Selbstzwecks von Verfahrensregeln nach Einl III 9, 10 evtl der Heilung fähig, wenn der Mangel ihre Form oder das Verfahren im Gegensatz zum Inhalt der Prozeßhandlung betrifft, den error in procedendo im Gegensatz zum error in iudicando.

Danach ist § 295 *nicht* auf solche Mängel anwendbar, die die Beschaffenheit des Prozeßstoffes betreffen, also den Inhalt der Parteierklärungen oder die Begründung der Ansprüche. Unanwendbar ist die Vorschrift auch auf die Beurteilung des Prozeßstoffs durch das Gericht, zB auf die Verwertung einer nicht protokollierten Aussage durch einen Richterwechsel. Die Rechtskraft schließt jede Mängelrüge aus. Es bleibt lediglich die Möglichkeit einer Nichtigkeitsklage nach § 579. Auch die von dieser betroffenen Mängel heilen aber mit dem Ablauf der Frist des § 586. § 295 ist bei § 111 BNotO entsprechend anwendbar, BGH MDR **00**, 914. Jedenfalls außerhalb des „streitigen" Verfahrens ist § 295 im Bereich des FGG nur bedingt anwendbar, BayObLG FamRZ **88**, 873, und erst recht nicht anwendbar im Verwaltungsverfahren, BSG MDR **92**, 1067.

4 **4) Heilungsarten, I, II.** Mangelhafte Prozeßhandlungen heilen: Rückwirkend durch Genehmigung, wenn sie zulässig ist, dh wenn die handelnde Partei parteifähig war, § 50, oder prozeßunfähig, § 51, oder wenn sie mangelhaft vertreten war, § 78 Rn 32, Hager NJW **92**, 353; für die Zukunft durch die erneute Vornahme einer wirksamen Prozeßhandlung, BPatG GRUR **82**, 365; durch den Verzicht des Rügeberechtigten; durch die Unterlassung einer Rüge, BVerwG NJW **89**, 601, Nürnb OLGZ **87**, 485. § 295 behandelt nur die beiden letzten Fälle. Beide Arten von Mängeln heilen für alle Instanzen, §§ 531, 558. Sachlichrechtlich können sich aus der Heilung für die Verjährung und andere Fristen Wirkungen ergeben.

Wird das objektiv völlige Fehlen einer Klagezustellung nicht gerügt, so tritt die *Rechtshängigkeit* nach § 261 mit dem Zeitpunkt ein, in dem man nicht mehr rügen kann, also grundsätzlich nicht rückwirkend, BGH NJW **84**, 926. Jedoch wahrt man dadurch rückwirkend die Frist entsprechend § 167, wenn das noch einer demnächstigen Zustellung entspricht. Ebenso kann sich eine Unterbrechung bei der Erhebung eines neuen Anspruchs mit der Einreichung des Schriftsatzes ergeben, wenn rügelos verhandelt wird, obwohl der Schriftsatz noch nicht ordnungsgemäß zugestellt ist.

5 Ist eine Klagezustellung, wenn auch eben fehlerhaft, vorgenommen worden, dann kann durch das rügelose Verhandeln eine *Rückwirkung* der Heilung zu dem Zustellungspunkt eintreten, BGH NJW **84**, 926. Freilich gilt das nicht, wenn zwingende Vorschriften umgangen würden, etwa eine Klagausschlußfrist oder § 1589 II BGB, BGH NJW **84**, 926. Auch sonst hat eine Heilung keine rückwirkende Kraft, zB dann nicht, wenn der Klageschrift ein wesentliches Erfordernis fehlt, etwa die Unterschrift, §§ 130 Z 6, 253 IV, Tempel NJW **83**, 556. Die Heilung tritt dann erst im Zeitpunkt der Behebung des Mangels oder der rügelosen Verhandlung ein, aM BAG NJW **86**, 3224 (aber eine Rückwirkung ist als Ausnahme nur selten möglich).

6 Die etwaige Heilbarkeit berechtigt das Gericht keineswegs dazu, einen schon vorher erkannten Mangel zu *übersehen* oder zu übergehen und einfach abzuwarten, ob eine Partei ihn rügt. Keine Partei kann das Gericht zu einer solchen Mißachtung der Verfahrensvorschriften zwingen, schon gar nicht mit dem Mittel eines Ablehnungsgesuchs oder einer Dienstaufsichtsbeschwerde. Mag sie nach § 567 I Z 2 vorgehen.

Titel 1. Verfahren bis zum Urteil **§ 295**

5) Heilbarer Mangel, I. Er beherrscht die Praxis. Er liegt vor, soweit kein öffentliches Interesse oder Schutzbedürfnis im Sinn von Rn 16 besteht. 7

A. Grundsatz: Rügemöglichkeit bis zur Verhandlung. Mangelhafte Prozeßhandlungen des Gerichts dürfen beide Parteien rügen, solche einer Partei nur der Gegner. Die Rüge ist eine einseitige Parteiprozeßhandlung nach Grdz 47 vor § 128, Jena FamRZ **03**, 1843. Sie ist nicht annahmebedürftig und daher auch dann wirksam möglich, wenn der Gegner nicht erscheint oder nicht verhandelt, Jena FamRZ **03**, 1843. Sie ist stillschweigend möglich, Jena FamRZ **03**, 1843. Die Partei muß evtl schon vor, jedenfalls aber bei der nächsten mündlichen Verhandlung rügen, die auf Grund des mangelhaften Verfahrens stattfindet, wenn auch vor einem unzuständigen Gericht, oder die auf die Verhandlung des mangelhaften Verfahrens Bezug nimmt. Das Verfahren vor dem Kollegium und vor dem Einzelrichter nach §§ 348, 348a, 526, 527, 568 ist einheitlich. Beim verordneten Richter der §§ 361, 362 ist eine Rüge entbehrlich. Der Termin muß der Verhandlung derjenigen Sache dienen, die der Mangel betrifft. Eine bloße Vertagung begründet keinen Verzicht. Nach einem entscheidungserheblichen heilbaren Mangel muß das Gericht die Verhandlung wiedereröffnen, § 156 II Z 1. Ein erst aus dem Urteil erkennbarer Verfahrensfehler heilt in dieser Instanz nicht, Schlesw MDR **99**, 761.

Verhandlung ist auch eine solche im Anschluß an die Beweisaufnahme, §§ 285 I, 370 I. Es ist also nicht ein neuer Termin notwendig, BVerwG NJW **77**, 314, Karlsr VersR **89**, 810, Nürnb MDR **05**, 473. Die Verhandlung braucht keine solche zur Hauptsache zu sein, § 137 Rn 2. Sie muß aber über die Verfahrensfehler-Erörterung hinausgehen und zur Sache erfolgen, Nürnb MDR **05**, 473. Man muß Mängel der Beweisaufnahme vor dem Prozeßgericht in der anschließenden Verhandlung rügen. Das darf also nicht erst im danach folgenden Termin geschehen, § 367 Rn 4, Zweibr RR **99**, 1368. Die Partei muß im Termin erschienen sein und verhandeln, die Rüge in einem vorbereitenden Schriftsatz genügt nicht. Ein Erscheinen und Verhandeln des Gegners ist unnötig. Vgl aber § 342. Im schriftlichen Verfahren nach § 128 II ist die Rüge im nächsten Schriftsatz geboten, Bischof NJW **85**, 1144, aM ThP 6, StJL 31 (sie sei bis zur nächsten Entscheidung erlaubt), ZöGre 2 (sie sei nur bis zum Einverständnis mit einer Entscheidung – gemeint wohl: der nächsten – im schriftlichen Verfahren erlaubt. Beide Varianten beachten genug das Gebot der Prozeßförderung nach Grdz 12 vor § 128 und damit das Gebot der Unverzüglichkeit wie bei § 121 I 1 BGB). Im Aktenlageverfahren nach § 251a erfolgt die Rüge nur in einer mündlichen Verhandlung. Denn diese Verfahrensart hat keinen Dauercharakter und ist nicht freiwillig schriftlich. 8

B. Verzichtserklärung. Das Rügerecht geht durch den Verzicht auf eine Befolgung der Vorschrift verloren. Der Verzicht hat mit demjenigen auf den Anspruch nach § 306 nichts gemeinsam. Er entspricht dem Verzicht des § 296 III. Er ist eine einseitige Erklärung derjenigen Partei, die durch den Mangel benachteiligt wäre. Ein Verzicht ihres Prozeßgegners ist nicht erforderlich und nicht ausreichend. Die Verzichtserklärung ergeht als eine Parteiprozeßhandlung nach Grdz 47 vor § 128 gegenüber dem Gericht. Soweit das Verfahren eine mündliche Verhandlung verlangt, muß man seinen Verzicht in dieser Verhandlung erklären, Zweibr RR **99**, 1368, aM StJL 21 (aber genau auch zu solcher fast prozeßbeendenden Erklärung ist die Verhandlung grundsätzlich da). Die Verzichtserklärung kann formlos, ausdrücklich oder stillschweigend geschehen, BVerwG NJW **89**, 601, Düss RR **01**, 522. Wenn nicht der vorheriger Verzicht ausdrücklich zugelassen ist, also eine „Einwilligung" wie bei § 263, dann kann man den Verzicht nur nachträglich im Anschluß an den Verfahrensverstoß erklären. Jedoch kann man auf das Rügerecht nicht zurückgreifen, wenn die Parteien selbst einen dahingehenden Antrag gestellt haben. Ein weitergehender Verzichtswille ist nicht erforderlich, Nürnb MDR **05**, 473. Der Verzicht ist unwiderruflich, Grdz 58 vor § 128. 9

C. Verlust durch Rügeunterlassung. Das Rügerecht geht durch das Unterlassen der Rüge verloren, und zwar endgültig, Karlsr OLGZ **85**, 495 (zu § 93), von jetzt an, nicht stets rückwirkend, Jena FamRZ **98**, 1447 (Rechtshängigkeit). Das ist nicht ein vermuteter Verzicht, sondern ein selbständiger Heilungsgrund. Er erfordert darum keinen Verzichtswillen. Der Verzichtende muß aber den Mangel kennen oder schuldhaft nicht kennen, BVerwG NJW **89**, 601. Ob das zutrifft, braucht das Gericht in Ausübung seiner Fragepflicht nach § 139 nur dann festzustellen, wenn es die Partei ohne einen entsprechenden Hinweis auf das Rügerecht von seiner Entscheidung überraschen würde. Ein Anwalt braucht ihm übersandte Akten nicht außerhalb des bisherigen Einsichtszwecks auf etwaige Verfahrensfehler durchzuprüfen, BVerfG **18**, 150. Eine Unkenntnis gerichtsinterner Vorgänge schließt die Fahrlässigkeit im allgemeinen aus. Bei einer späteren Rüge muß die Partei Schuldlosigkeit an der Unkenntnis dartun, BGH RR **99**, 1252. Rüge und Unterlassen können durch schlüssige Handlungen geschehen. 10

D. Voraussetzungen einer Rügeunterlassung. Es müssen im einzelnen die folgenden Voraussetzungen zusammentreffen. 11

Im Anschluß an den Verfahrensverstoß muß eine mündliche *Verhandlung* stattfinden, Schlesw MDR **99**, 761. Sie kann sich unmittelbar anschließen, zB an eine Beweisaufnahme, §§ 279 III, 285 I, 370 I. Eine Erörterung genügt nicht, Rn 12. Es genügt, daß ein Verfahrensbeteiligter bzw das Gericht in dieser nächsten Verhandlung oder Erörterung auf den fehlerhaften Verfahrensteil oder -akt auch nur stillschweigend Bezug nimmt.

Der vom Verfahrensmangel Benachteiligte muß ferner gerade zu der nächsten Verhandlung nach Rn 11 *erschienen* sein, sei er Partei, Streitgenosse, Streithelfer, gesetzlicher oder rechtsgeschäftlicher Vertreter, ProzBev oder Beistand. Das Erscheinen auch des Prozeßgegners ist nicht erforderlich, Jena FamRZ **03**, 1843. Das gilt vorbehaltlich § 342. 12

Der vom Verfahrensmangel Benachteiligte nach Rn 12 muß gerade in der nächsten Verhandlung nach Rn 11 auch zur Sache *verhandeln*, § 137 Rn 7, Düss RR **01**, 522. 13

Der Verhandelnde nach Rn 13 darf den Mangel bis zum Schluß dieser Verhandlung *nicht* ausdrücklich oder stillschweigend *gerügt* haben. Nach einem Verstoß des vorbereitenden Einzelrichters nach § 527 genügt die nächste Verhandlung in dem Kollegium, BGH NJW **94**, 802. Im schriftlichen Verfahren nach § 128 II genügt die Rüge in dem einem Verstoß folgenden Schriftsatz, Bischof NJW **85**, 1143. 14

§ 295

Buch 2. Abschnitt 1. Verfahren vor den LGen

15 Der nach Rn 14 nicht gerügte Mangel muß beim Benachteiligten im Zeitpunkt des Beginns seiner Verhandlung nach § 137 Rn 4, § 297 schon und noch *bekannt* sein oder sein können, Pantle NJW **88**, 2028. Dabei gelten §§ 51 II, 85 II. Einfache Fahrlässigkeit ist bereits schädlich.

16 6) Unheilbarer Mangel, II. Ein unheilbarer Mangel liegt vor, soweit die Partei nicht wirksam auf die Rüge verzichten kann, BGH NJW **05**, 1661. Es handelt sich hier um einen wesentlichen Verstoß. Er unterliegt nicht dem Beibringungsgrundsatz, Grdz 20 vor § 128. Es handelt sich nämlich vielmehr um eine Mißachtung zwingender öffentlichrechtlicher Vorschriften, BGH **86**, 113, Hbg FamRZ **85**, 94, Schlesw FamRZ **88**, 737. Zu ihnen gehört ein Verstoß gegen die Grundlagen des Prozeßrechts, Köln OLGZ **85**, 320, vor allem gegen die von Amts wegen zu beachtenden Punkte, Grdz 39 vor § 128, also ein Verstoß gegen die Funktionsfähigkeit der Rechtspflege.

17 7) Beispiele zur Frage der Heilbarkeit oder Unheilbarkeit, I, II
Abänderungsklage: *Unheilbar* ist ein Verstoß gegen § 323 III, Hbg FamRZ **85**, 94.
Ablehnung eines Richters: Heilbar ist die Unterlassung einer Entscheidung über das Befangenheitsgesuch, BVerwG NJW **92**, 1186.
Unheilbar ist mit Ausnahme der Fälle nach § 43 grds ein Verstoß gegen die Regeln über die Ablehnung eines Richters, Üb 7 vor § 41. Eine Ausnahme mag bei § 48 gelten, BGH MDR **00**, 914 (zu § 111 BNotO).
Anspruchshäufung: *Unheilbar* ist die fälschliche Zulassung einer Anspruchshäufung, § 260.
18 Antrag: Heilbar ist eine versehentliche Nichtverlesung usw des Antrags, Ffm FamRZ **82**, 812, KG FamRZ **79**, 140.
Unheilbar sind das Hinausgehen über den Antrag, § 308 I, § 295 Rn 13 (dort auch zu einer zweitinstanzlichen Ausnahme), oder das Fehlen der nach § 253 II Z 2 nötigen Bestimmtheit des Antrags, BGH RR **94**, 1185.
Anwaltszwang: *Unheilbar* ist grds ein Verstoß gegen die Regeln zum Anwaltszwang, Kblz RR **02**, 1510. Vgl freilich § 78 Rn 32–34.
Arbeitnehmererfindung: Rn 32 „Klageerhebung".
Arbeitsgericht: Rn 60 „Zuständigkeit".
19 Aufnahme: Rn 54 „Unterbrechung".
Ausländer: Rn 51 „Sicherheitsleistung".
Aussageverweigerungsrecht: Rn 60 „Zeugnisverweigerungsrecht".
Ausschließliche Zuständigkeit: Rn 60 „Zuständigkeit".
Ausschluß eines Richters: *Unheilbar* ist ein Verstoß gegen die Regeln über den Ausschluß eines Richters, Üb 7 vor § 41.
20 Baulandprozeß: Heilbar ist im Baulandprozeß die Bestellung eines nur vorbereitenden Einzelrichters, BGH **86**, 113.
Beeidigung: Rn 24 „Eid".
Befangenheit: Rn 17 „Ablehnung eines Richters".
Beglaubigungsvermerk: Rn 27 „Form".
Beibringungsgrundsatz: Heilbar ist ein Verstoß gegen den Beibringungsgrundsatz, Grdz 20 vor § 128, BGH VersR **77**, 1125.
21 Belehrung: Rn 60 „Zeugnisverweigerungsrecht".
Besetzung (Zusammensetzung): Rn 29 „Gerichtsbesetzung".
Beweisantrag: Heilbar ist das Fehlen eines Beweisantrags bei der Zeugenvernehmung.
22 Beweisaufnahme: Rn 21 „Beweisantrag", Rn 22 „Beweisbeschluß", Rn 25 „Einzelrichter", Rn 41 „Parteiöffentlichkeit", Rn 47 „Referendar", Rn 53 „Unmittelbarkeit der Beweisaufnahme", Rn 57 „Verhandlung nach Beweisaufnahme".
Beweisbeschluß: Heilbar ist eine Beweisaufnahme ohne einen nach §§ 358, 358 a erforderlichen Beweisbeschluß.
Beweismittel: Heilbar ist die Auswertung eines unzulässigen Beweismittels, BGH MDR **84**, 824.
Beweissicherung: Rn 51 „Selbständiges Beweisverfahren".
23 Beweiswürdigung: Heilbar ist ein Verstoß gegen § 285, BGH **63**, 94.
Unheilbar ist ein Verstoß gegen die Regeln zur Beweiswürdigung, § 286, BGH RR **95**, 1328, Pantle NJW **91**, 1280.
Dolmetscher: Rn 24 „Eid".
24 Ehesache: *Unheilbar* ist die Nichtbeachtung der Besonderheiten des Eheverfahrens, zB zum Verbundverfahren, Düss FamRZ **88**, 965.
S auch Rn 50 „Scheidungsantrag", Rn 58 „Vorwegentscheidung beim Scheidungsantrag".
Eid: Heilbar ist ein Mangel der Beeidigung, außer in einer Ehe- oder Kindschaftssache.
Unheilbar ist wegen § 189 GVG die Nichtvereidigung des Dolmetschers, BGH NJW **94**, 942.
25 Einlassungsfrist: Rn 39 „Ordnungsvorschrift".
Einzelrichter: *Unheilbar* ist grds ein Verstoß gegen die Regeln über die Bestellung des streitentscheidenden Einzelrichters. Denn es liegt ein Verstoß gegen Art 101 I 2 GG vor, BGH NJW **01**, 1357, Ffm MDR **03**, 1375, Jena MDR **99**, 501, aM Brdb VersR **01**, 1242, Karlsr VersR **94**, 860, ZöGre § 348 Rn 6 (je zum alten Recht. Aber unabhängig davon ist ein so schwerwiegender Verstoß nicht hinnehmbar).
S aber auch Rn 20 „Baulandprozeß", ferner Rn 29 „Gerichtsbesetzung", Rn 55 „Unterschrift", § 375 Rn 17.
Erörterungspflicht: Heilbar ist ein Verstoß gegen § 139, aM ZöGre 4 (aber mit ihm ist nicht die Funktionsfähigkeit der Justiz gefährdet).
26 Feststellungsklage: *Unheilbar* ist die fälschliche Annahme, es sei eine Feststellungsklage zulässig.

Titel 1. Verfahren bis zum Urteil § 295

Form: *Unheilbar* ist die Nichtbeachtung einer solchen Formvorschrift, deren Einhaltung eine Entscheidung 27 überhaupt erst zur wirksamen Entstehung bringt bzw überhaupt erst einen Vollstreckungstitel schafft, etwa bei §§ 160 III Z 1, 7, 165, § 170 Rn 6, §§ 310, 317 (Beglaubigungsvermerk), BGH NJW **76**, 2263.
S auch Rn 43 „Prozeßvergleich".

Frist: Heilbar ist das Fehlen einer Zustellung einer gewöhnlichen Klage auch dann, wenn von einer 28 ordnungsgemäßen Zustellung eine sachlichrechtliche Frist abhängt, Rn 3. Heilbar ist ein Verstoß bei einer anderen Zustellung. Das gilt wegen § 189 auch, soweit sie eine Notfrist in Lauf setzt, Rn 37.
S aber auch Rn 61 „Zustellung".

Gehör: Rn 44 „Rechtliches Gehör". 29
Gerichtsaufbau: *Unheilbar* ist die Nichtbeachtung des Aufbaus der Gerichte.
Gerichtsbesetzung: *Unheilbar* ist eine fehlerhafte Besetzung (Zusammensetzung) des Gerichts, BGH RR **98**, 699, BVerwG NJW **97**, 674, Ffm MDR **03**, 1375.
S auch Rn 25 „Einzelrichter", Rn 30 „Gesetzlicher Richter", Rn 48 „Richteramt".

Gerichtsbrauch: Heilbar ist ein Verstoß auch dann, wenn er bei einem Gericht ständig erfolgt, ZöGre 1, aM Köln OLGR **98**, 56 (aber die Partei darf nicht auch noch dafür büßen müssen).

Gerichtsstand: Rn 45 „Rechtsmißbrauch", Rn 60 „Zuständigkeit". 30
Geschäftsverteilung: Heilbar ist ein Verstoß gegen die Geschäftsverteilung, erst recht beim AG, § 22 d GVG.

Gesetzlicher Richter: *Unheilbar* ist ein über einen bloßen Verfahrensirrtum hinausgehender Verstoß gegen das Gebot des gesetzlichen Richters nach Art 101 I 2 GG, BGH NJW **93**, 601, Celle MDR **03**, 524, Ffm MDR **03**, 1375, aM Herr JZ **84**, 318.
S auch Rn 29 „Gerichtsbesetzung".

Gesetzliche Vertretung: Heilbar ist die Vernehmung des gesetzlichen Vertreters als Zeugen. 31
Unheilbar ist ein Verstoß gegen die Regeln zur gesetzlichen Vertretung, § 51.

Gutachten: Rn 49 „Sachverständiger".
Insolvenz: Die fehlerhafte Zustellung einer gegen den Schuldner gerichteten Klage an den Verwalter kann dadurch geheilt werden, daß er den Prozeß aufnimmt und daß der Kläger klarstellt, daß die Klage gegen den Verwalter gerichtet sein soll, Nürnb OLGZ **94**, 456.

Klagänderung: Rn 39 „Ordnungsvorschrift". 32
Klagbarkeit: *Unheilbar* ist ein Verstoß gegen die Regeln zur Klagbarkeit, Grdz 25 ff vor § 253.
Klagerhebung: Heilbar ist eine Klagerhebung ohne ein vorausgegangenes Schiedsverfahren nach dem Gesetz über Arbeitnehmererfindungen.

Klageweiterung: Rn 39 „Ordnungsvorschrift". 33
Klagefrist: *Unheilbar* ist die Nichtbeachtung einer Klagefrist. Das gilt zB: Für § 61 LandbeschG; für § 4 KSchG, aM BAG NJW **86**, 3224 (aber Fristen sind stets streng einzuhalten); für Art 12 NTS-AG, BGH NJW **90**, 3086.

Klagerücknahme: Heilbar ist ein Verstoß gegen das Gebot der Kostenerstattung nach § 269 IV.
Klageschrift: Heilbar ist ein inhaltlicher oder formeller Mangel der Klageschrift, auch des Scheidungsan- 34 trags, Rostock FamRZ, **99**, 1076, solange kein Verstoß gegen den Bestimmtheitsgrundsatz vorliegt, BGH **65**, 346, und sogar im letzteren Fall, wenn in der Verhandlung außer Frage steht, was Streitgegenstand usw sein soll, BGH NJW **96**, 1351 (reichlich großzügig). Heilbar ist auch ein Verstoß gegen § 253 V, AG Weilburg RR **94**, 829.
S auch Rn 43 „Prozeßkostenhilfe", Rn 50 „Scheidungsantrag", Rn 55 „Unterschrift", Rn 61 „Zustellung".

Klagezustellung: Rn 31 „Insolvenz", Rn 61 „Zustellung".
Ladung: Heilbar ist ein Mangel der Ladung eines Zeugen, Karls VersR **89**, 810. 35
S auch Rn 39 „Ordnungsvorschrift".

Mahnbescheid: Heilbar ist das Fehlen seiner Zustellung, Nürnb OLGZ **87**, 485. 36
Mündlichkeitsgrundsatz: Heilbar ist ein Verstoß gegen den Mündlichkeitsgrundsatz.
Nebenintervention: Rn 52 „Streithilfe".
Notfrist: Heilbar ist die Nichtbeachtung einer Notfrist, § 189. 37
S auch Rn 61 „Zustellung".

Obligatorisches Güteverfahren: Rn 43 „Prozeßvoraussetzungen". 38
Öffentlichkeit: *Unheilbar* ist ein Verstoß gegen die Voll-Öffentlichkeit bzw -nichtöffentlichkeit (anders als gegen die bloße Parteiöffentlichkeit, zu ihr Rn 41), Köln OLGZ **85**, 320, StjL 6, ThP 3, aM ZöGre 5 (wirksam sei der *nach* dem Verfahrensfehler erklärte Verzicht der Partei. Aber sie kann gar nicht auf die im allgemeinen Interesse mühsam errungene Öffentlichkeit wirksam verzichten, Üb 2 vor § 169 GVG).

Ordnungsvorschrift: Heilbar ist ein Verstoß gegen eine bloße Ordnungsvorschrift, etwa über die Ein- 39 lassungs- und Ladungsfrist, BVerwG NJW **89**, 601, oder über die Klage- und Widerklageerhebung (vgl freilich Rn 61 „Zustellung") oder über die Klagänderung, BGH KTS **86**, 666, oder Klagerweiterung, LAG Bln MDR **01**, 1304.

Örtliche Zuständigkeit: Rn 60 „Zuständigkeit".
Parteifähigkeit: *Unheilbar* ist ein Verstoß gegen die Regeln zur Parteifähigkeit, § 50. 40
Parteiherrschaft: *Unheilbar* ist ein Verstoß im Verfahren außerhalb der Parteiherrschaft. Vgl bei den einzelnen Stichwörtern.

Parteiöffentlichkeit: Heilbar ist ein Verstoß gegen den Grundsatz der Parteiöffentlichkeit der Beweisauf- 41 nahme, § 357. Unheilbar kann es im Verfahren nach der FGO nicht dann der Fall sein, wenn die Voll-Öffentlichkeit auf Antrag des Steuerpflichtigen zulässigerweise ohne weitere Begründung ausgeschlossen worden war.
S aber auch Rn 38 „Öffentlichkeit".

Parteivernehmung: Heilbar sind: Die Vernehmung einer Partei als Zeuge und umgekehrt; ein Verstoß 42 gegen die Regeln über die Zulässigkeit der Vernehmung einer Partei von Amts wegen, § 448, BGH VersR **81**, 1176.

§ 295

Postulationsfähigkeit: *Unheilbar* ist ein Verstoß gegen die Postulationsfähigkeit der Parteien und der ProzBev, BGH MDR **91**, 131.
Protokoll: *Unheilbar* ist die Unterlassung einer vorgeschriebenen Protokollierung, zB der Aussage eines Zeugen oder der Darstellung eines Sachverständigen, es sei denn, das Urteil gibt sie einwandfrei wieder, § 161 Rn 7 (dort zur Streitfrage), BGH RR **93**, 1034.
S auch Rn 27 „Form".
Prozeßart: *Unheilbar* ist die irrige Bejahung einer besonderen Prozeßart.
S auch Rn 26 „Feststellungsklage".
43 **Prozeßfähigkeit:** *Unheilbar* ist ein Verstoß gegen die Regeln zur Prozeßfähigkeit, § 51.
Prozeßkostenhilfe: Soweit der Antragsgegner auf eine förmliche Klagezustellung im Prozeßkostenhilfeverfahren verzichtet, ist § 295 *unanwendbar,* Nürnb MDR **99**, 1409.
Prozeßvergleich: *Unheilbar* ist ein Formmangel beim Prozeßvergleich, § 160 Rn 8, Anh nach § 307 Rn 21 ff, Ffm FamRZ **80**, 907 (er läßt sich auch nicht durch eine dauernde Erfüllung des Vergleichs heilen.
Prozeßvoraussetzungen: *Unheilbar* ist ein Verstoß gegen die von Amts wegen beachtbaren Prozeßvoraussetzungen, Grdz 12 ff vor § 253. Wegen des obligatorischen Güteverfahrens Grdz 49 vor § 253, Hartmann NJW **99**, 3747 (*keine* Heilung).
44 **Rechtliches Gehör:** *Heilbar* ist ein Verstoß gegen das Gebot des rechtlichen Gehörs, Grdz 45 vor § 128, BFH DB **77**, 804, Höfling NJW **83**, 1584, großzügiger ZöGre 5, strenger BAG BB **79**, 274. Freilich heilt die Erlaubnis zur Akteneinsicht nicht einen Verstoß gegen § 103 I GG, Mü NJW **05**, 1130. Ein unsachliches Verhalten des Vorsitzenden kann dazu führen, daß man einer Partei im Revisionsverfahren nicht entgegenhalten kann, sie hätte das Verhalten des Richters schon im damaligen Rechtszug rügen müssen und könne deshalb die Verletzung des Anspruchs auf das rechtliche Gehör jetzt nicht mehr rügen, BFH NJW **80**, 1768.
45 **Rechtshängigkeit:** *Heilbar* ist ein Verstoß gegen § 261 II 1 Hs 1 (Geltendmachung eines nachträglich erhobenen Anspruchs in der mündlichen Verhandlung), AG Landstuhl FamRZ **94**, 838 (betr USA).
Unheilbar ist ein Verstoß gegen die übrigen Regeln zur Rechtshängigkeit, § 261.
Rechtsmißbrauch: *Unheilbar* ist Rechtsmißbrauch, zB die Erschleichung des Gerichtsstands, Einl III 56, § 504 Rn 3.
46 **Rechtsmittel:** *Unheilbar* ist grds ein Verstoß gegen die Regeln über die Statthaftigkeit und Zulässigkeit eines Rechtsmittels, BGH RR **89**, 441, BAG DB **77**, 216.
47 **Rechtsmittelschrift:** Rn 61 „Zustellung".
Rechtsschutzbedürfnis: *Unheilbar* ist ein Verstoß gegen die Regeln zum Rechtsschutzbedürfnis, Grdz 33 ff vor § 253.
Rechtsweg: *Unheilbar* ist ein Verstoß gegen die Regeln zur Zulässigkeit des Rechtswegs.
Referendar: *Unheilbar* ist der Fehler einer Zeugenvernehmung durch einen Referendar in Abwesenheit des Richters, § 10 GVG Rn 1.
48 **Rheinschiffahrtsgericht:** Rn 46 „Rechtsmittel".
Richteramt: *Unheilbar* ist ein Verstoß gegen die Regeln über die Befähigung zum Richteramt.
49 **Sachliche Zuständigkeit:** Rn 60 „Zuständigkeit".
Sachverständiger: *Heilbar* ist ein Mangel bei der Anordnung der Form des Gutachtens, Karlsr VersR **89**, 810, oder bei seinem Inhalt oder bei der Person des Erstellers, Ffm VersR **03**, 927, Zweibr RR **99**, 1368, oder bei der Unterzeichnung, BGH BB **90**, 2435.
50 **Scheidung:** Rn 58 „Vorwegentscheidung beim Scheidungsantrag".
Scheidungsantrag: *Unheilbar* ist das Fehlen der Zustellung eines Scheidungsantrags, Schlesw FamRZ **88**, 737, aM Naumb FamRZ **02**, 401 (aber dort fehlt die Parteiherrschaft, Rn 61. Dann hilft auch nicht stets § 189).
Schiedsstelle: Rn 32 „Klageerhebung".
Schiedsvereinbarung: *Heilbar* ist ein Verstoß gegen § 1032 I (vorbehaltlich dort II), Mü MDR **94**, 1244.
51 **Schriftliches Vorverfahren:** Rn 60 „Zuständigkeit".
Selbständiges Beweisverfahren: *Heilbar* ist ein Verfahrensfehler im selbständigen Beweisverfahren, §§ 485 ff.
Sicherheitsleistung: *Heilbar* ist das Fehlen einer Ausländersicherheitsleistung, §§ 110 ff, BGH RR **93**, 1021.
52 **Streitgenossenschaft:** *Heilbar* ist ein Verstoß gegen die Erfordernisse der Streitgenossenschaft.
Streithilfe: *Heilbar* ist ein Verstoß gegen die Erfordernisse der Streithilfe, Nürnb MDR **05**, 473.
Streitverkündung: *Heilbar* ist ein Mangel des Inhalts oder der Zustellung des Streitverkündungs-Schriftsatzes.
53 **Unmittelbarkeit der Beweisaufnahme:** *Heilbar* ist ein Verstoß gegen den Grundsatz der Unmittelbarkeit der Beweisaufnahme nach §§ 355, 375, soweit nicht dadurch auch § 286 verletzt ist (wie wohl meist), § 375 Rn 17, BGH RR **97**, 506, BayObLG FamRZ **88**, 423, Hamm MDR **93**, 1236 (der Mangel ist freilich unheilbar, meinen die Einzelrichter ohne einen entsprechenden Übertragungsbeschluß des Kollegiums entscheidet), aM Düss BB **77**, 1377, Schneider DRiZ **77**, 15 (die Mängelheilung sei zumindest bei einer Umgehung des § 348 a möglich, die durchweg anzunehmen sei. Aber der Mangel ist nicht derart schwerwiegend). Freilich muß der Verstoß überhaupt vor Verhandlungsschluß bekannt geworden sein, Pantle NJW **88**, 2028. Das ist zB dann nicht der Fall, wenn er sich erst aus dem Urteil ergibt, BGH RR **97**, 506.
54 **Unterbrechung:** *Heilbar* ist ein Fehler bei der Aufnahme eines unterbrochenen Prozesses.
Unheilbar ist im übrigen ein Verstoß gegen §§ 240, 250, Nürnb OLGZ **82**, 380.
55 **Unterschrift:** *Heilbar* ist das Fehlen der wirksamen Unterzeichnung der prozessual fristgebundenen Klage, BGH NJW **96**, 1351, BAG NJW **86**, 3225, und erst recht der nicht fristgebundenen Klage, BGH RR **99**, 1252, Zweibr FamRZ **89**, 191. Bei der fristgebundenen Klage ist keine Rückwirkung möglich, BGH

Titel 1. Verfahren bis zum Urteil **§§ 295, 296**

VersR **04**, 629. Heilbar ist ferner bei einem echten Beschluß des Kollegiums nach (jetzt) § 348a eine vergessene Unterschrift, Köln NJW **76**, 680.
S auch Rn 49 „Sachverständiger".
Urteil: Rn 8, 11, 62 „Zustellung".
Verbundverfahren: Rn 24 „Ehesache". 56
Verhandlung nach Beweisaufnahme: Heilbar ist ein Verstoß gegen die Notwendigkeit, nach der Beweisaufnahme nochmals zu verhandeln, § 285, BGH **63**, 95. 57
Verhandlungsschluß: Heilbar ist ein Verstoß gegen die Regeln zum Vortrag nach dem Verhandlungsschluß, § 296 a.
Verlesung: Rn 18 „Antrag". 58
Verspätetes Vorbringen: Unheilbar ist grds ein Verstoß gegen § 296, BGH NJW **90**, 2390.
Vollmacht: Heilbar ist ein Verstoß gegen § 88 I, LG Münst MDR **80**, 853.
Vorwegentscheidung beim Scheidungsantrag: Heilbar ist ein Verstoß gegen § 628 I, Düss FamRZ **80**, 146.
Wahrheitspflicht: *Unheilbar* ist eine Verletzung der öffentlichrechtlichen Pflicht zur Wahrheit bzw Wahrhaftigkeit, zB bei § 138, dort Rn 13 ff. 59
Widerklage: Heilbar ist das Fehlen eines Zusammenhangs zwischen der Klage und der Widerklage. Heilbar ist das Fehlen der Zustellung der Widerklage, Jena FamRZ **03**, 1843.
Wiedereinsetzung: *Unheilbar* ist grds ein Verstoß gegen die Regeln über die Wiedereinsetzung in den vorigen Stand, § 238 Rn 4, BGH FamRZ **89**, 373 (auch zu einer Ausnahme).
Zeugnisverweigerungsrecht: Heilbar sind: Ein Mangel in der Beurteilung des Zeugnisverweigerungsrechts, § 387 Rn 1; eine wegen mangelhafter Belehrung über ein Aussageverweigerungsrecht unzulässige Verwertung der Zeugenaussage, BGH NJW **85**, 1159. 60
Zuständigkeit: Heilbar ist ein Verstoß gegen eine nicht ausschließliche Zuständigkeit, Vossler NJW **02**, 2374.
Unheilbar sind: Ein Verstoß gegen die ausschließliche Zuständigkeit, zB eines Kartellgerichts, BGH NJW **05**, 1661, oder eines Arbeitsgerichts, Mü VersR **82**, 198; ein Verstoß gegen die Zuständigkeit bei § 276, BGH NJW **91**, 2773.
S auch Rn 29 „Gerichtsaufbau".
Zustellung: Heilbar ist wegen § 189 ein anfänglicher Verstoß gegen eine Zustellungsvorschrift, sobald und soweit ein tatsächlicher Zugang erfolgt. Heilbar ist das Fehlen der Zustellung einer gewöhnlichen Klageschrift, BGH NJW **95**, 1032, Köln VersR **03**, 269, Zweibr RR **98**, 429, aM BGH RR **91**, 926, Jena FamRZ **98**, 1447, LG Brschw FamRZ **85**, 1075 (aber bei Parteiherrschaft ist das kein zu schwerer Mangel). Das gilt auch dann, wenn von einer ordnungsgemäßen Zustellung eine sachlichrechtliche Frist abhängt, Rn 3, oder bei einer anderen Zustellung, und zwar wegen § 189 auch, soweit sie eine Notfrist in Lauf setzt, oder bei der Einlassungs- und Ladungsfrist, Rn 39 „Ordnungsvorschrift". Heilbar ist ferner das Fehlen der Zustellung der Rechtsmittelschrift, BGH **65**, 116, Düss RR **01**, 522, oder der Widerklage, Jena FamRZ **03**, 1843. 61
Unheilbar sind: Das Fehlen der Zustellung eines Scheidungsantrags, Schlesw FamRZ **88**, 737, aM Naumb FamRZ **02**, 401 (s aber Rn 50 „Scheidungsantrag"); vorbehaltlich § 189 ein Verstoß gegen die Regeln über eine fristschaffende Zustellung, zB bei § 329 II 2, Düss MDR **85**, 852; bei § 929 II, dort Rn 2; ein Verstoß über die Regeln der Urteilszustellung. 62
S auch Rn 31 „Insolvenz", Rn 37 „Notfrist", Rn 52 „Streitverkündung".

8) **VwGO:** *Entsprechend anzuwenden,* § 173 VwGO, auf anwaltlich vertretene Beteiligte, Kohlndorfer DVBl **88**, 474 (eingehend), BVerwG in stRspr, zB Buchholz 237.1 Art 86 Nr 10, NVwZ **99**, 66, NJW **98**, 3369, NVwZ **98**, 635, NJW **97**, 674, **94**, 1975, **92**, 1186, **89**, 1233, 678 u 601, **88**, 579 u 2491, **83**, 2275, ZBR **82**, 30, VerwRspr **30**, 1018, VGH Kassel AuAS **03**, 69 (rechtliches Gehör). Im Nichterscheinen liegt kein Verzicht auf die Befolgung der VerfVorschriften, BVerwG NJW **84**, 251. Ein heilbarer Mangel des Verfahrens muß in der nächsten mündl Verh gerügt werden, BVerwG **8**, 149, falls er später erkennbar wird, ist Rüge im Berufungsrechtszug notwendig, BVerwG DVBl **61**, 379. Der Betroffene muß eindeutig zum Ausdruck bringen, daß er sich mit dem Verfahrensverstoß nicht abfinden werde, BVerwG NJW **89**, 601, OVG Hbg FEVS **52**, 258. Nächste mündliche Verhandlung kann auch ein Termin iSv § 370 I sein, BVerwG NJW **88**, 579 mwN. 63

296 *Zurückweisung verspäteten Vorbringens.* [I] Angriffs- und Verteidigungsmittel, die erst nach Ablauf einer hierfür gesetzten Frist (§ 273 Abs. 2 Nr. 1 und, soweit die Fristsetzung gegenüber einer Partei ergeht, 5, § 275 Abs. 1 Satz 1, Abs. 3, 4, § 276 Abs. 1 Satz 2 Abs. 3, § 277) vorgebracht werden, sind nur zuzulassen, wenn nach der freien Überzeugung des Gerichts ihre Zulassung die Erledigung des Rechtsstreits nicht verzögern würde oder wenn die Partei die Verspätung genügend entschuldigt.

[II] Angriffs- und Verteidigungsmittel, die entgegen § 282 Abs. 1 nicht rechtzeitig vorgebracht oder entgegen § 282 Abs. 2 nicht rechtzeitig mitgeteilt werden, können zurückgewiesen werden, wenn ihre Zulassung nach der freien Überzeugung des Gerichts die Erledigung des Rechtsstreits verzögern würde und die Verspätung auf grober Nachlässigkeit beruht.

[III] Verspätete Rügen, die die Zulässigkeit der Klage betreffen und auf die der Beklagte verzichten kann, sind nur zuzulassen, wenn der Beklagte die Verspätung genügend entschuldigt.

[IV] In den Fällen der Absätze 1 und 3 ist der Entschuldigungsgrund auf Verlangen des Gerichts glaubhaft zu machen.

§ 296

Schrifttum: *Ballon,* Das Zurückweisungsrecht des Gerichts bei nachträglichem Parteivorbringen, Festschrift für *Beys* (Athen 2004) 75; *Baur,* Wege zur Konzentration der mündlichen Verhandlung im Prozeß, in: Beiträge zur Gerichtsverfassung und zum Zivilprozeßrecht (1983) 223; *Deubner,* Gedanken zur richterlichen Verfahrensbeschleunigungspflicht, Festschrift für *Lüke* (1997) 51; *Fuhrmann,* Die Zurückweisung schuldhaft verspäteter und verzögernder Angriffs- und Verteidigungsmittel im Zivilprozeß, 1987; *Gounalakis,* Die Flucht vor Präklusion bei verspätetem Vorbringen im Zivilprozeß, 1995; *Habermann,* Die Flucht in die Widerklage zur Umgehung der Verspätungspräklusion, 2004; *Kallweit,* Die Prozeßförderungspflicht der Parteien und die Präklusion verspäteten Vorbringens usw, 1983; *Mackh,* Präklusion verspäteten Vorbringens im Zivilprozeß usw, 1991; *Müller-Eising,* Die Zurückweisung verspäteten Vorbringens nach § 296 Abs. I ZPO in besonderen zivilprozessualen Verfahrensarten, Diss Bonn 1993; *Nottebaum,* Die Zurückweisung verspäteten Vorbringens nach der Vereinfachungsnovelle, Diss Bochum 1984; *Otto,* Die BGH-Rechtsprechung zur Präklusion verspäteten Vorbringens, Festgabe *50 Jahre Bundesgerichtshof* (2000) 161; *Pieper,* Eiljustiz statt materieller Gerechtigkeit? usw, Festschrift für *Wassermann* (1985) 773; *Rinsche,* Prozeßtaktik, 4. Aufl 1999; *Rudolph,* Beschleunigung des Zivilprozesses, Festschrift für die Deutsche Richterakademie (1983) 151; *Ruppel,* Standeswidriges Verhalten des Anwalts im Zivilprozeß und seine prozessualen und materiellrechtlichen Folgen, Diss Gießen 1984; *Schumann,* Die materiellrechtsfreundliche Auslegung des Prozeßgesetzes, Festschrift für *Larenz* (1983) 571; *Seifert,* Prozeßstrategien zur Umgehung der Präklusion, 1996; *von Stosch,* Prozeßförderung durch das Mittel der Präklusion im österreichischen und deutschen Recht usw, 2000; *Weth,* Die Zurückweisung verspäteten Vorbringens im Zivilprozeß, 1988.

Gliederung

1) Systematik, I–IV 1	B. Unanwendbarkeit des sog hypothetischen Verzögerungsbegriffs 42
2) Regelungszweck, I–IV 2	C. Schädlichkeit einer nicht ganz unerheblichen Verzögerung 43
3) Geltungsbereich, I–IV 3	D. Schädlichkeit bei Notwendigkeit einer Nachfrist 44
4) **Zurückweisungspflicht in erster Instanz, I–IV** 4–8	E. Beispiele zur Frage einer Verzögerung, I 45–51
5) **Zurückweisungspflicht in der Berufungsinstanz, I–IV** 9–11	15) **Genügende Entschuldigung, I** 52–56
6) **Anwaltspflicht, I–IV** 12–15	A. Begriff der Partei 52
7) **Förderungspflicht des Gerichts, I–IV** 16–25	B. Scharfe Anforderungen 53
A. Grundsatz: Voraussetzung jeder Zurückweisung 16	C. Beispiele zur Frage einer Entschuldigung, I 54–56
B. Grenzen: Unzumutbarkeit 17	16) **Verspätung von Angriffs- oder Verteidigungsmittel, II** 57
C. Ermessen 18	
D. Beispiele zur Frage einer Förderungspflicht, I–IV 19–25	17) **Ermessen, II** 58, 59
8) **Verfassungsmäßigkeit, I–IV** 26	18) **Verzögerung, II** 60
9) **Rechtsmißbrauch, I–IV** 27	19) **Grobe Nachlässigkeit, II** 61–68
10) **Angriffs- und Verteidigungsmittel, I, II** 28, 29	A. Begriff der groben Nachlässigkeit 61–63
11) **Fristlauf, I** 30–36	B. Notwendigkeit des Ursachenzusammenhangs 64
A. Notwendigkeit enger Auslegung 30	C. Beispiele zur Frage einer groben Nachlässigkeit, II 65–68
B. Zu beachtende Fristen 31	20) **Verspätung von Zulässigkeitsrüge, III** 69–72
C. Unbeachtliche Fristen 32	A. Grundsatz des Rügeverlustes 70
D. Notwendigkeit wirksamer Anordnung 33, 34	B. Ausnahme: Beachtlichkeit der Rüge bei einem von Amts wegen zu prüfenden Mangel 71
E. Erheblichkeit des Angriffsmittels usw 35	C. Weitere Ausnahme: Genügende Entschuldigung, III 72
F. Maßgeblichkeit des Eingangs 36	21) **Glaubhaftmachung, IV** 73
12) **Grundsatz: Ausschluß verspäteten Vortrags, I** 37	22) **Verstoß; Rechtsmittel, I–IV** 74–76
13) **Ausnahme: Zulassung nach Ermessen, I** 38	23) *VwGO* 77
14) **Fehlen von Verzögerung, I** 39–51	
A. Schädlichkeit irgendeiner zeitlichen Verschiebung, sog absoluter Verzögerungsbegriff 40, 41	

1   **1) Systematik, I–IV.** Die Vorschrift ist besonders wichtig, Lange DRiZ **80**, 408. Sie enthält eine Einschränkung von Art 103 I GG, BGH RR **05**, 669. Sie regelt die Folgen verspäteten Vortrags, der immerhin noch vor dem Verhandlungsschluß erfolgt. Demgegenüber regelt § 296 a in Verbindung mit §§ 156, 283 den Vortrag nach dem Verhandlungsschluß. Allerdings muß man auch in den Fällen des § 296 die Regelung des § 283 mitbeachten, BGH NJW **81**, 1319. Vgl freilich auch Rn 4. Manchmal helfen §§ 95 und § 34 GKG, abgedruckt im Anh § 95, eher als § 296, Völker FamRZ **01**, 1332.

2   **2) Regelungszweck, I–IV.** Die Rechtsidee hat drei Komponenten: *Gerechtigkeit, Rechtssicherheit, Zweckmäßigkeit.* Gerechtigkeit, eine „Utopie" (Max Frisch), ist das Hauptziel, Einl III 36, BGH **76**, 178, Baumgärtel Gedenkrede auf Bruns (1980) 18. Aber es läßt sich weder ohne Rechtssicherheit erreichen, Einl III 43, BVerfG NJW **92**, 232, BGH RR **93**, 131, noch ohne Zweckmäßigkeit, BAG NJW **89**, 1054. Das gilt auch im Zivilprozeß. Ein noch so gerechtes Urteil ist sinnlos, wenn es inzwischen niemandem mehr nützen kann. Kein Zivilprozeß darf unerträglich dauern, nur um so gerecht wie nur möglich zu enden. Natürlich soll nicht Fixigkeit siegen, sondern das Recht, BGH **86**, 224, Brangsch AnwBl **77**, 277, Wolf JZ **83**, 312. Das wahre Recht darf aber nicht endlos auf sich warten lassen, Rauter DRiZ **87**, 354. Natürlich besteht bei einem so weitgehenden System von Zurückweisungsvorschriften wie dem jetzigen die Gefahr, daß der allzu forsche

Titel 1. Verfahren bis zum Urteil § 296

Richter allzu formal vorgeht und entscheidungserheblichen Stoff übergeht, Bruns Festschrift für Liebman (1979) I 132. Dieses Risiko hat der Gesetzgeber ersichtlich selbst bewußt in Kauf genommen, BGH **86**, 33 und 223, Baumgärtel Gedenkrede auf Bruns (1980) 18. Daher ist § 296 auch im Rahmen der Abwehr pflichtwidriger Verfahrensverzögerung verfassungsgemäß, BGH RR **05**, 669. Das alles muß man bei jeder Auslegung der Vorschrift beachten, BGH **86**, 223, Wolf ZZP **94**, 322, Otto (vor Rn 1) 187.

Einfühlsamkeit, aber auch Entschlossenheit sind zusammen der richtige Weg der Abwägung für das Gericht. Genügende Entschuldigung bei I und III, grobe Nachlässigkeit beim strengeren II sind ziemlich dehnbare Begriffe. Man kann sie innerhalb des richterlichen Ermessens in sehr unterschiedlicher Richtung anwenden und ziemlich strapazieren. Der heftige diesbezügliche Anfangsstreit ist zwar weitgehend ausgefochten. Die Akzente lassen sich aber gerade im alltäglichen Durchschnittsfall unverändert äußerst unterschiedlich setzen. Eine weder eilfertige noch unsichere Handhabung bringt am ehesten ein unangefochtenes Ergebnis.

3) Geltungsbereich, I–IV. Die Vorschrift gilt in allen Verfahrensarten der ZPO, ähnlich auch im arbeits- 3 gerichtlichen Verfahren, §§ 46 II 1, 67 II, 83 I a, 87 II 4 ArbGG, und im patentgerichtlichen Verfahren, BPatG GRUR **05**, 59. Vor den Finanzgerichten gelten die vergleichbaren §§ 76 III, 79 b III FGO, BFH BB **99**, 1911.

4) Zurückweisungspflicht in erster Instanz, I–IV. Der Richter darf einen klaren Gesetzesbefehl nicht 4 mißachten, Lange NJW **86**, 1732 und 3044. Er darf das schon gar nicht mit genau demjenigen Argument tun, das der Gesetzgeber eben nicht als das maßgebliche anerkannt hat, dem einer Gefahr für die Gerechtigkeit der Entscheidung. Das klärt BGH (8. ZS) **76**, 178 trotz seiner im übrigen richtigen Haltung nicht genügend. Zwar ist § 296 keine Strafvorschrift, Leipold ZZP **93**, 251, Mischke NJW **81**, 565, aber er dient der Beschleunigung, BGH **86**, 33, aM Hamm NJW **80**, 294 (beachte §§ 216 III, 272 nicht; abl auch Deubner).

Das Gericht hat das Recht und die unmißverständliche *Pflicht*, verspätetes und verzögerndes Vorbringen, den „prozessualen Wechselbalg", Zeidler DRiZ **83**, 257, unter den gesetzlichen Voraussetzungen zurückzuweisen, Stgt NJW **84**, 2539. Das gilt auch schon im frühen ersten Termin, § 275, BGH NJW **87**, 499 und 500, Düss NJW **87**, 508, Lange NJW **86**, 3043, solange eine Streitbeendigung dort nicht von vornherein aussichtslos ist, BGH BB **05**, 1818. Das gilt evtl sogar gegen den Wunsch des Gegners des Verspäteten, Grdz 27 vor § 128, aM Deubner NJW **79**, 343 („Sachvortrag auf Probe"), Schneider MDR **89**, 676 (§ 296 sei ganz abdingbar. Beide Varianten bedenken nicht genug die Prozeßförderungspflicht auch des Gerichts).

Das Gericht muß eine evtl sachlichrechtliche *Unrichtigkeit*, eine *Ungerechtigkeit* der daraus folgenden 5 Entscheidung *hinnehmen*. Damit erweist sich § 296 als eine betonte Maßregel zur Stützung der Rechtssicherheit und der Zweckmäßigkeit, selbst auf Kosten der Gerechtigkeit, Rn 2, BVerfG **2**, 403, BGH **86**, 223. Die Vorschrift ermächtigt nicht nur, sondern verpflichtet den Richter unter den strengen Voraussetzungen des Gesetzes unter Umständen wohl, in einem in Wahrheit nur Anerkennung des Wertsystems beruhenden Sinn „sehenden Auges Unrecht" zu sprechen, zumal in einem weiteren, eigentlichen Sinn auch ein solches Ergebnis *„gerecht"* ist, BVerfG **69**, 136, BGH **75**, 142, Deubner NJW **77**, 921, aM Bischof MDR **86**, 439, Knöringer NJW **77**, 2337, ZöGre 2 (aber es ist und bleibt im Bereich der Parteiherrschaft nach Grdz 18 vor § 128 eben der Streit der Parteien, Rn 8. Wer ihre Herrschaft ernst nimmt, muß auch ihre Verantwortung hoch ansetzen).

Ohne eine *energische Anwendung* des § 296 würde das für den Richter verbindliche Ziel des Gesetzes, den 6 Zivilprozeß in einem erträglichen Zeitraum zu beenden, und damit die gesamte Regelung der §§ 271 ff weitgehend unerreichbar sein, BGH **86**, 34, Stgt NJW **84**, 2539, van Els FamRZ **94**, 735 (er leitet aus dem Grundsatz eines fairen Verfahrens nach Einl III 22 allgemein einen Beschleunigungsgrundsatz ab), § 342 Rn 1, aM Baumgärtel NJW **78**, 931, Deubner NJW **80**, 947 (aber II macht ohnehin schon wieder erhebliche Zugeständnisse gegenüber der ungleich schärferen Waffe des I). Aus diesen Gründen ist auch die hier und dort erkennbare Tendenz bedauerlich, die Sachdiskussion auf eine emotionale Ebene zu verlagern. Man sollte auch Ausdrücke wie „Überzeugter Verfahrensbeschleuniger", Deubner NJW **80**, 2363, bei seiner Kritik durchaus vermeiden.

Zwar stellt § 296 *hohe Anforderungen* an alle Beteiligten. Es hat sich aber ergeben, daß sie durchaus *nicht zu* 7 *hoch* sind, wenn die Beteiligten nur mit dem vom Gesetz geforderten und forderbaren Haltung vor dem Staat und dem Gegner gegenübertreten. Sie beeinträchtigt auch in gewissen Grenzen zulässige Prozeßtaktik nach § 282 Rn 8 entgegen ZöGre 2 keineswegs. Man mag es als problematisch empfinden, wenn das Gesetz Sorgfaltsanforderungen aufstellt, die im Vergleich zu den heutigen allgemeinen Qualitätsvorstellungen jedenfalls äußerst anspruchsvoll sind. Um so mehr ist der Richter verpflichtet, den unmißverständlichen Willen des Gesetzgebers zu respektieren. Er darf ihn nicht durch noch so gut gemeinte Gerechtigkeitsbestrebungen oder gar durch Ignoranz unterlaufen, BGH **86**, 34. Die Parteien müssen eine vom Gericht gesetzte Frist auch dann grundsätzlich strikt einhalten, wenn sie nicht erkennen können, wie weitgehend das Gericht den Prozeß im folgenden Termin zur Entscheidungsreife führen will, BGH **86**, 37.

Bei der Auslegung von § 296 muß man stets auch §§ 277 I, 282 berücksichtigen, BGH **86**, 37. 8 Keineswegs darf man bequem auf § 283 ausweichen. Der Zivilprozeß ist und bleibt der Kampf der Parteien, Leipold ZZP **93**, 264. Er ist nur in diesem Rahmen auch eine bloße „Arbeitsgemeinschaft", Grdz 26 vor § 128, aM Schmidt JZ **80**, 158, Schneider MDR **77**, 793. Die gesamte Regelung des verspäteten Vorbringens ist der nicht geringe Preis, den die Parteien dafür zahlen müssen, daß sie schneller zu ihrem Recht kommen können. Sie sollen die gesetzten Fristen nach allen Kräften einhalten und ihre Prozeßförderungspflicht sehr ernst nehmen, Grdz 12 vor § 128.

5) Zurückweisungspflicht in der Berufungsinstanz, I–IV. Daher wäre es auch verfehlt, durch eine 9 obendrein bequeme Zurückverweisungspraxis nach §§ 528, 529, 538 den vom Gesetz gerade erst mühsam geschaffenen Ermessensspielraum der 1. Instanz bei § 296 gleich wieder einzuengen, BGH **76**, 138. Die 2. Instanz sollte auch im Rahmen von §§ 530, 531 dieselben harten Anforderungen stellen wie die 1. Instanz bei § 296. Nur durch eine derartige Übereinstimmung der Auslegung kann man die dringend erforderliche

§ 296

Buch 2. Abschnitt 1. Verfahren vor den LGen

Zügigkeit zum Nutzen aller Beteiligten erreichen, BVerfG NJW 92, 2557, BGH ZMR 99, 94, Düss RR 92, 1239.

10 Nicht überzeugend sind Formulierungen, die zB ZöGre § 543 Rn 14 unter Bezug auf BGH NJW 82, 2874 *„emotionale Äußerungen"* (in früheren Auflagen „Schulmeistereien"), Roellecke DRiZ 83, 261 „öffentliche Blamierungen" nennt. Wenn das Berufungsgericht ein vom Vorderrichter als verspätet zurückgewiesenes Vorbringen als rechtzeitiges beurteilt und den Rechtsstreit zurückverweist, sollte es keine Wertungen der Arbeitsweise des Erstgerichts vornehmen, die als unangemessene sprachliche Wendungen und als Zeichen dafür gelten müßten, daß sich das Berufungsgericht seiner eigenen Aufgabe nicht bewußt ist, Horst DRiZ 87, 115, Mutschler FamRZ 82, 549. Eine Häufung solcher Mißgriffe kann eine Befangenheit begründen, § 42, Hamm VersR 78, 646. Eine Zurückverweisung kommt ohnehin dann nicht mehr in Betracht, wenn der Prozeß inzwischen entscheidungsreif geworden ist, Ffm DB 79, 2476.

11 Das *Berufungsgericht* muß Angriffs- und Verteidigungsmittel, die im ersten Rechtszug vorgebracht wurden, unter den Voraussetzungen des (jetzt) § 531 I ausschließen, BGH JZ 81, 352. Es darf eine von der ersten Instanz unterlassene Prüfung nicht nachholen, BGH JZ 81, 352. Es darf daher auch nicht ein in erster Instanz nur nach I zurückgewiesenes Vorbringen nach II zurückweisen, BGH JZ 81, 352, aM KG MDR 81, 853 (aber § 531 I setzt dem Berufungsgericht klare Grenzen). Das Berufungsgericht muß § 139 beachten, BVerfG VersR 91, 1268 (§ 296 enthält freilich verschiedenartige Tatbestände).

12 6) **Anwaltspflicht, I–IV.** Auch der ProzBev muß § 296 beachten. Überlastung ist zwar ein Zeichen der Zeit. Der Gesetzgeber hat sie gleichwohl nicht als ausreichende Entschuldigung anerkannt. Deshalb ist Überlastung kein Argument zur Prozeßverschleppung, auch nicht zur ungewollten. Jeder einzelne Vertrag zwingt den Anwalt als ProzBev, alles ihm überhaupt nur Zumutbare zu tun, um diesen einzelnen Rechtsstreit korrekt und rasch zum Ziel zu führen, § 85 Rn 8, BGH NJW 82, 437 und § 233 Rn 114 Gesetzesunkenntnis". Jeder einzelne Mandant hat das Recht, derartige Sorgfalt zu verlangen, und braucht keinerlei Rücksicht auf andere Auftraggeber zu nehmen, aM Schlesw VersR 81, 691 (aber jeder einzelne Anwaltsvertrag verursacht volle Verbindlichkeit).

13 An dieser eindeutigen bürgerlichrechtlichen Situation vermag auch kein *Standesrecht* etwas zu ändern. Der ProzBev darf nur soviele Aufträge annehmen, daß er jeden einzelnen mit der vom Gesetz und vom Vertrag geforderten Sorgfalt bearbeiten kann, und zwar vor allem zu Prozeßbeginn, Brehm AnwBl 83, 197, Franzki DRiZ 77, 169. Auch das Gericht muß ja jedem Prozeß sein volles Können zuwenden. Zur Problematik Hanna, Anwaltliches Standesrecht im Konflikt mit zivilrechtlichen Ansprüchen des Mandanten, 1988.

14 Der sog *Kartellanwalt* nach § 216 Rn 20 muß selbstverständlich den Sachstand beherrschen, Düss NJW 82, 1888, ebenso der nicht sachbearbeitende Sozius, § 85 Rn 21 „Sozius". An die Sorgfalt des Anwalts muß das Gericht schärfere Anforderungen zu stellen als an diejenige der Partei.

15 Ein *Verschulden* des ProzBev gilt als solches der Partei, § 85 II, auch im Bereich des § 296, BGH NJW 83, 577, Düss NJW 82, 1889 (zu § 528 II), Karlsr NJW 84, 619. Es wäre verhängnisvoll, ein diesbezügliches Verschulden nur deshalb zu verneinen, weil eine allgemeine Überlastung vorliege, Schlesw VersR 81, 691. Genau solche Argumentation hat der Gesetzgeber bei der Verschärfung der Vorschriften zur Zurückweisung verspäteten Vorbringens nicht anerkennen wollen. Im Urteil ist ein Hinweis auf § 85 II zulässig, Karlsr NJW 84, 619, Köln VersR 84, 1176, aM Franzki NJW 79, 12 (aber das Gericht ist sogar verpflichtet klarzustellen, daß die persönlich schuldlose Partei zwar im Außenverhältnis die Folgen vorwerfbarer Untätigkeit oder Verzögerung ihres ProzBev hinnehmen muß, gleichwohl ihm gegenüber dadurch aber nicht völlig rechtlos wird).

16 7) **Förderungspflicht des Gerichts, I–IV.** Es gilt ein Grundsatz mit klaren Grenzen.

A. Grundsatz: Voraussetzung jeder Zurückweisung. Die gesamte Neuregelung zur Zurückweisung verspäteten Vortrags setzt natürlich voraus, daß auch und vor allem das Gericht seine Pflichten erfüllt, § 273 Rn 16, BVerfG RR 99, 1079, BGH RR 02, 646, Schneider MDR 02, 684.

17 **B. Grenzen: Unzumutbarkeit.** Freilich muß das Gericht bei verspätetem Vorbringen nur in zumutbaren Grenzen aktiv werden, BGH RR 94, 1145, Köln NJW 87, 442, Stürner, Die richterliche Aufklärungspflicht im Zivilprozeß (1982) 34. Es braucht sich nicht abzuhetzen und alles andere liegenzulassen, andere Termine zu verschieben usw. Ein Zeitraum von 2–3 Werktagen ist meist zu kurz, BGH NJW 80, 1103. Keineswegs kann man dem Gegner des verspätet Vortragenden durchweg zumuten, einen Antrag nach § 283 zu stellen. Schon die Notwendigkeit einen derart erzwungenen besonderen Verkündungstermins kann eine Verzögerung verursachen, § 283 Rn 1. Man darf eine vermeidbare Verzögerung des Gerichts nicht als Unzumutbarkeit mißbrauchen, BVerfG RR 99, 1079.

18 **C. Ermessen.** Das Gericht hat ein pflichtgemäßes, aber weites Ermessen. Natürlich darf das Gericht mit einer Fristsetzung keinen Mißbrauch treiben, BVerfG WoM 94, 123, BGH NJW 87, 499 und 500, Karlsr NJW 84, 619. In diesen Grenzen ist jede Zusammenarbeit mit den Parteien und ihren Anwälten hilfreich, Hamacher DRiZ 85, 331. Selbst im Fall eines Verstoßes des Gerichts gegen seine Förderungspflicht kann dennoch eine Zurückweisung notwendig sein, weil zB die Partei die mangels wirksamer Zustellung nicht angelaufene „Frist" zu einer vorwerfbar unvollständigen Stellungnahme genutzt hat, so daß zwar nicht I, wohl aber II anwendbar ist.

19 **D. Beispiele zur Frage einer Förderungspflicht, I–IV**
Anregung: Das Gericht braucht keinesfalls stets einen Beweisantritt anzuregen, Mayer NJW 83, 858. S auch Rn 21 „Hinweis".
Belehrung: Das Gericht muß eine Belehrung ordnungsgemäß vornehmen, soweit es zu ihr überhaupt verpflichtet ist. Das ist nur in den im Gesetz ausdrücklich genannten Fällen so, zB bei § 277, nicht aber zB bei § 276 II. Denn dort erfolgt eine Verweisung nur auf § 276 I 1. Demgegenüber verweist § 296 I nur auf § 276 I 2, Düss MDR 85, 417. Vgl aber auch § 335 I Z 4. Natürlich muß auch eine ohne gesetzlichen Zwang erteilte Belehrung ordnungsgemäß erfolgen.

Titel 1. Verfahren bis zum Urteil § 296

Ist eine vom Gesetz nicht vorgeschriebene Belehrung auch tatsächlich *unterblieben*, so kann darin natürlich kein Verstoß gegen Art 103 I GG liegen, BVerfG NJW **87**, 2736. Ist sie irreführend erfolgt, so kann eine Zurückweisung unzulässig sein, BVerfG **60**, 100, BGH NJW **86**, 133. Ist eine strikt vorgeschriebene Belehrung unterblieben, so wird die verspätet vortragende Partei geschützt, BGH NJW **86**, 183, Franzki NJW **79**, 12.

Beweismittel: Trotz § 273 braucht das Gericht keineswegs jedes verspätet angebotene Beweismittel sofort herbeizuschaffen, etwa einen Zeugen telefonisch usw zu laden, Schlesw SchlHA **80**, 161. Es muß vielmehr zunächst dem Gegner des verspäteten Beweisführers eine ausreichende Gelegenheit zu einer Stellungnahme geben, Art 103 I GG, BVerfG RR **95**, 1469, BGH NJW **80**, 946. Erst anschließend darf es prüfen, ob die jetzt noch verbleibende Zeit zu zumutbaren Maßnahmen nach § 273 ausreicht, BGH **76**, 136.

In diesem Zeitpunkt kommt es sehr wohl darauf an, ob die *Terminsbelastung* am meist ja längst anberaumten Sitzungstag noch die Ladung zusätzlicher Zeugen usw erlaubt, BVerfG RR **95**, 1469 (Urlaub des Richters entschuldigt nicht), aM BVerfG WoM **94**, 123, Kblz NJW **89**, 987, Schneider NJW **80**, 948 (aber solche Großzügigkeit verleitet geradezu zu Laxheit der Partei und verkennt die Notwendigkeit, im allgemeinen an denselben Tag mehrere Verhandlungstermine mit notgedrungen nur schätzbarer Einzeldauer anzuberaumen). Das Gericht darf und muß nämlich auch an die anderen anschließend anberaumten Prozesse und an die Zeitplanung dafür denken, § 227 Rn 8, soweit diese sachgemäß war, Hamm RR **89**, 895. Vgl freilich Rn 21 „Gestellung".

Durchlauftermin: Das Gericht darf allerdings einen Vortrag nicht schon auf Grund eines wirklich bloßen 20 „Durchlauftermins" als verspätet zurückweisen, BVerfG NJW **92**, 300. Freilich mag ein früher erster Termin zulässigerweise als echter zur Entscheidungsreife führender Termin geplant und durchgeführt werden, § 272 Rn 5. Solche Zügigkeit ist förderungswürdig. Man sollte sie nicht im Ergebnis erschweren.

Fristbemessung: Das Gericht darf eine richterliche Frist nicht so kurz bemessen, daß das praktisch einer Verletzung des rechtlichen Gehörs entspräche, BGH **124**, 74. Auch eine unklare Fristbemessung macht I unanwendbar, BVerfG **60**, 6.

Fristverlängerung: Rn 22 „Nachfrist".

Früher erster Termin: Soweit er nach § 272 Rn 5 eine Entscheidungsreife herbeiführen soll, muß das Gericht ihn ausreichend vorbereiten, BayVerfGH NJW **90**, 502. Es muß eine Frist nach § 275 IV in voller Besetzung beschließen, § 275 Rn 15. Eine Zurückverweisung entfällt, soweit eine Streitbeendigung im frühen ersten Termin von vornherein aussichtslos ist, BGH BB **05**, 1818.

Gestellung: Die Erwägungen Rn 19 „Beweismittel" gelten erst recht beim gestellten (sistierten) Beweis- 21 mittel. Es kann ratsam und sogar notwendig sein, den verspätet benannten Zeugen zwar nicht zu laden, dem Beweisführer jedoch seine Gestellung anheimzugeben, BGH NJW **80**, 1849 (sehr weitgehend). Erscheint der gestellte Zeuge, so kommt es auf die nach der Terminsplanung verfügbare zusätzliche freie Zeit an. Ist ohne Vorhersehbarkeit ein Dazwischenschieben der Vernehmung der gestellten Zeugen zumindest für die in anderen Sachen pünktlich Erschienenen unzumutbar, so ist das Gericht keineswegs verpflichtet, schon wegen seiner bloßen Anheimgabe des Erscheinens auch sogleich eine Vernehmung vorzunehmen. Würde deshalb ein weiterer Termin erforderlich, so ist die Zurückweisung wegen Verspätung in solcher Lage sehr wohl zulässig und im Interesse der Prozeßwirtschaftlichkeit wie des Prozeßgegners auch geboten, und zwar ohne Frist nach § 356, BGH NJW **98**, 762. Das gilt trotz vielfach entgegenstehender falsch verstandener „Fürsorge"-Anschauungen.

Gutachten: Es kann notwendig sein, ein Gutachten nach §§ 139, 402 ff anzuregen oder von Amts wegen einzuholen, § 144, BGH NJW **83**, 2031. Das Gericht braucht einen verspätet beantragten Beweis „Gutachten" keineswegs derart zu berücksichtigen, daß es den Gutachter nur mündlich vortragen läßt, LG Hann MDR **85**, 895.

Hinweis: Auch ein nach § 139 notwendiger Hinweis gibt der Partei nicht einen Anspruch auf die Berücksichtigung eines nicht unverzüglich und daher evtl sofort noch in demselben Termin zumindest im Kern erfolgten anschließenden Vortrags oder Beweisantritts, Deubner NJW **89**, 1475. Die Unterlassung eines Hinweises zB auf das Abhandenkommen eines Einspruchs kann aber II unanwendbar machen, BVerfG NJW **98**, 2044.

Kartellanwalt: Hat sich das Gericht pflichtwidrig nach § 216 Rn 20 auf die Mitwirkung eines sog 22 Kartellanwalts eingelassen, so muß es der Partei Gelegenheit geben, noch anschließend vorzutragen, Düss NJW **89**, 1489. Das ist eine traurige unvermeidbare Folge unhaltbarer vorangegangener Verfahrensleitung.

Ladung: Das Gericht muß eine Ladung in vernünftiger sinnvoller Weise anordnen und veranlassen, BVerfG RR **95**, 378 (aber: noch nicht eindeutig notwendige Ladungen sind aus einer ganzen Reihe von prozeßwirtschaftlichen Gründen durchaus vermeidbar. Außerdem darf nicht infolge zusätzlicher Vernehmungen alles durcheinander geraten).

Nachfrist: Es kann erforderlich sein, auch unabhängig von der Verspätungsfrage eine Nachfrist anzuregen, LG Aurich MDR **00**, 106, bzw zu gewähren, § 283, BPatG GRUR **99**, 352, Mü VersR **82**, 884 (vgl aber auch Rn 44), und zwar durch einen Beschluß des Kollegiums, auch bei einer Fristverlängerung, § 283 Rn 11, BGH DB **83**, 1503.

Rechtliches Gehör: Das Gericht muß zur Frage der Verspätung stets das rechtliche Gehör gewähren, 23 Art 103 I GG, Einl III 16, Bbg RR **98**, 1607, Karlsr NJW **79**, 879, LG Aurich MDR **00**, 106.
S auch Rn 19 „Beweismittel".

Sachverständiger: Das Gericht muß prüfen, ob es zumutbar und sinnvoll ist, einen Sachverständigen wenigstens zum Termin hinzuziehen, auch in der Berufungsinstanz, BGH NJW **99**, 585.

Schriftsatznachlaß: Rn 22 „Nachfrist".

Sistierung: Rn 21 „Gestellung".

Terminierung: Das Gericht darf und muß einen Termin in einer vernünftigen und sinnvollen Art bemessen 24 und rechtzeitig ankündigen, BVerfG RR **95**, 378.
S auch Rn 22 „Ladung".

§ 296

Buch 2. Abschnitt 1. Verfahren vor den LGen

Überspannung: Man darf die Förderungspflicht des Gerichts keineswegs überspannen, Deubner NJW **79**, 880, aM Karlsr NJW **79**, 879.
Unterschrift: Der Richter muß eine fristsetzende Verfügung mit dem vollen Namen handschriftlich unterschreiben. Das darf also nicht nur mit einem Namenskürzel (Paraphe) geschehen, § 129 Rn 31, § 329 Rn 8, 9, 15.

25 **Verfahrensplanung:** Das Gericht soll das „gesetzliche Leitbild des Prozeßablaufs" beachten, Wolf JZ **83**, 312. Es braucht aber auch insofern wegen seines weiten Ermessens nach Rn 20 insbesondere die Art seiner beabsichtigten Verfahrensförderung den Parteien nicht in sämtlichen Einzelheiten zu verdeutlichen, BGH **86**, 39.
Zeitplanung: Rn 19 „Beweismittel".
Zeuge: Rn 19 „Beweismittel", Rn 21 „Gestellung".
Zustellung: Das Gericht muß eine fristsetzende Verfügung förmlich zustellen, § 329 Rn 32, BGH VersR **90**, 673, und zwar in beglaubigter Abschrift, BGH JZ **81**, 351, an die fristbelastete Partei. Nur an ihren nicht mitbelasteten Gegner genügt die formlose Mitteilung.

26 **8) Verfassungsmäßigkeit, I–IV,** dazu *Schumann,* Bundesverfassungsgericht, Grundgesetz und Zivilprozeß, 1983: Nach alledem ist die Regelung durchaus mit dem GG vereinbar, Einl III 16, BVerfG RR **93**, 637 (zu § 296a), BGH **86**, 33, 38, 222, Stgt NJW **84**, 2538, aM Deubner NJW **89**, 1238 und 1475 (er sieht wegen des Verhältnismäßigkeitsgrundsatzes Probleme), Schneider NJW **80**, 947 (aber eine angebliche Unverhältnismäßigkeit usw. ist meist nur eine Selbsttäuschung). Entschiedenheit und entschlossenes Durchgreifen gegen verschuldete Verzögerung ist durchweg nicht nur durchaus verhältnismäßig, sondern dringend geboten, auch als Folge der Parteiherrschaft, Grdz 18 vor § 128). Mancher, aber keineswegs jeder Verstoß gegen § 296 ist auch ein Verstoß gegen Art 103 I GG, einerseits BVerfG NJW **92**, 681, andererseits BVerfG NJW **90**, 566. Gerade Art 103 I GG kann eine Zurückweisung gebieten, BVerfG NJW **91**, 2276, BayVerfG NJW **90**, 1654, Franke NJW **86**, 3053. Nicht jede Abweichung von einer höchstrichterlichen Auslegung ist mangels näherer Begründung verfassungswidrig, aM VerfGH Bln JR **96**, 234 (in erschreckender Verengung).
Eine *entsprechende* Anwendung des § 296 ist wegen seiner einschneidenden Wirkungen auch bei verfassungsrechtlicher Beurteilung unzulässig, BVerfG **69**, 136 und 149, BGH VersR **82**, 345, Düss MDR **83**, 943. Die Vorschrift ist also auch im Beschwerdeverfahren anwendbar, BVerfG **59**, 334, BGH MDR **81**, 664, Mü MDR **81**, 1025, aM KG OLGZ **79**, 367 (aber es handelt sich um eine Hauptfolge der Parteiherrschaft, Grdz 18 vor § 128).

27 **9) Rechtsmißbrauch, I–IV.** Wegen der Pflichten des Gerichts Rn 16. Ein formell nicht verspätetes Vorbringen einer Partei kann wegen Rechtsmißbrauchs dennoch unbeachtlich sein, Einl III 54, LG Bln WoM **03**, 155, Wolf ZZP **94**, 322 (er spricht von Verwirkung). Freilich kann eine solche Situation nur ausnahmsweise vorliegen, Wolf ZZP **94**, 323, und unter anderem nur dann, wenn man dem Gegner infolge eines mittlerweile zu seinen Gunsten bestehenden Vertrauensschutzes die Rechtsausübung nicht mehr zumuten kann, die infolge einer Zulassung des Vorbringens der anderen Partei notwendig würde. Denn er würde dadurch einen Rechtsnachteil erleiden, den er sonst nicht erlitten hätte, etwa eine Verschlechterung seiner Beweismöglichkeiten, Wolf ZZP **94**, 323. Es kann auch ein gerichtlicher Rechtsmißbrauch verliegen, BVerfG RR **95**, 378.

28 **10) Angriffs- und Verteidigungsmittel, I, II.** Die beiden Absätze gelten im Erkenntnisverfahren, Mü MDR **81**, 1025. Sie gelten auch in der Berufungsinstanz, (jetzt) § 525, BVerfG NJW **91**, 2276, BGH NJW **81**, 1319, mit gewissen Abweichungen, §§ 530 ff. Sie gelten auch nicht einmal beim Mahnverfahren, §§ 697 III, 700 III 2, 340 III 3. Sie gelten jeweils bis zum Schluß der mündlichen Verhandlung, §§ 136 IV, 296 a. Sie umfassen alle nicht rechtzeitig vorgebrachten Angriffs- und Verteidigungsmittel, Einl III 70, § 282 Rn 5, BGH FamRZ **96**, 1071 (das sind nicht nur Tatsachenbehauptungen, Bischof Rpfleger **93**, 378), einschließlich ihrer Begründungen, Karlsr NJW **79**, 879, mit Ausnahme der Zulässigkeitsrügen, die in III besonders geregelt sind. Gewisse Besonderheiten oder andere Regelungen gelten im Beschlußverfahren, BVerfG NJW **83**, 2187, Mü MDR **81**, 1025, aM Schumann NJW **82**, 1611, im Beschwerdeverfahren, § 567, im Ehe- und Kindschaftsverfahren, §§ 615 I, 640, im Fall der örtlichen oder sachlichen Unzuständigkeit, § 39, und in Arbeitssachen, §§ 56 II, 61 a V, 67 ArbGG. Vgl im übrigen § 282 I.
Ein Angriffs- oder Verteidigungsmittel liegt erst dann vor, wenn eine Partei es überhaupt bis zum *Schluß des Verhandlungstermins einführt*, AG Lübeck WoM **83**, 52, ebenso die Anschlußbeschwerde, BPatG GRUR **97**, 57. Die Anschlußberufung kann hierher gehören, BGH **83**, 371, Deubner NJW **82**, 1708, Olzen JR **82**, 447. Im Einzelfall nach §§ 916 ff, 935 ff ist eine Zurückweisung nach § 296 ebenfalls zulässig, § 922 Rn 6, Schneider MDR **88**, 1025, aM Hbg RR **87**, 36 (aber es handelt sich um eine Hauptfolge der gerade auch im Eilverfahren vorhandenen Parteiherrschaft, Grdz 18 vor § 128). Ein Eilverfahren läßt im übrigen natürlich auch eine Zurückweisung nach §§ 920 II, 936, 294 II zu.

29 *Keine* Angriffs- oder Verteidigungsmittel sind zB: Der Sachantrag, § 297 Rn 3; die nach § 253 II Z 2 erforderliche Aufgliederung, BGH MDR **97**, 288; die Klagänderung oder -erweiterung, §§ 263, 264. Sie sind vielmehr jeweils ein neuer Angriff, BGH NJW **01**, 1201, Köln WoM **92**, 263, Mü RR **95**, 740. Vgl aber auch § 264 Rn 3. Auch eine Widerklage ist kein bloßes Angriffs- oder Verteidigungsmittel, Anh § 253 Rn 5, § 282 Rn 5, BGH NJW **95**, 1224, Köln MDR **04**, 962, aM LG Bln MDR **83**, 63 (es komme darauf an, ob zwar die Klage, nicht aber die Widerklage entscheidungsreif sei). Aber man muß begrifflich scharf unterscheiden und darf die Entscheidungsreife erst anschließend klären). Natürlich darf die Widerklage nicht als Arglist erfolgen, Einl III 54, unten Rn 51. Zum Problem Habermann (vor Rn 1).

30 **11) Fristablauf, I.** Die Vorschrift gilt für die Fälle des Fristablaufs, während II, III andere Fälle erfassen.
A. Notwendigkeit enger Auslegung. Eine Verspätung liegt nur vor, wenn die Partei eine der in I genannten Fristen versäumt hat. Das ergibt sich schon aus dem Ausnahmecharakter des § 296, BVerfG NJW **93**, 1319, BGH VersR **90**, 674, BayVerfGH NJW **90**, 502 und 1654. Diese enge Auslegung ist auch verfassungsrechtlich geboten, Rn 24.

Titel 1. Verfahren bis zum Urteil § 296

B. Zu beachtende Fristen. In Betracht kommen daher nach I nur die folgenden Fristen. 31
§ 273 II Z 1, LG Aachen RR **97**, 380 (auch bei §§ 916 ff);
§ 273 II Z 5 in Verbindung mit einer Anordnung nach § 142 oder nach § 144 (Fristsetzung gegenüber einer Partei);
§ 275 I 1, BGH NJW **87**, 499 und 500, Düss NJW **87**, 508, Karlsr (8. ZS) NJW **83**, 403, aM Karlsr (13. ZS) NJW **80**, 296, Mü NJW **83**, 402, Deubner NJW **85**, 1140 (aber gerade auch durch die Mißachtung der in I eindeutig mitgenannten Klagerwiderungsfrist beginnen die sattsam bekannten Verzögerungen, die es zu vermeiden gilt);
§ 276 I 2, BGH NJW **79**, 2110;
§ 276 III;
§ 277, AG Meldorf RR **03**, 1029;
§ 340 III, dort Rn 15, BGH **75**, 141, Deubner NJW **77**, 922;
§ 411 IV 2;
§ 530;
§ 697 III 2 Hs 2;
§ 700 V Hs 2.

C. Unbeachtliche Fristen. I ist also nicht beim Ablauf anderer Fristen anwendbar, zB derjenigen nach 32 *§ 283,* BVerfG FamRZ **91**, 1283, oder derjenigen nach *§ 379,* BGH NJW **80**, 344, Hamm RR **95**, 1152, oder derjenigen nach *§ 697 I,* BGH NJW **82**, 1533, Hamm MDR **83**, 413, Köln FamRZ **86**, 928, aM Franzki NJW **79**, 12, Kramer NJW **78**, 1414, Mischke NJW **81**, 565 (aber I ist eng auslegbar, Rn 30). Es kann freilich in solchen Fällen *II* anwendbar sein. Im schriftlichen Verfahren nach § 128 II ist bei einem Vortrag nach Fristablauf § 296 a entsprechend anwendbar, nicht § 296, aM Kramer NJW **78**, 1414 (vgl aber auch insofern Rn 30).

D. Notwendigkeit wirksamer Anordnung. Das Gericht muß die Frist wirksam gesetzt haben, BGH 33 NJW **91**, 2774. Der Vorsitzende muß die Verfügung mit seinem Namen unterzeichnet haben, §§ 129 Rn 13, 329 Rn 8. Ein bloßes Handzeichen (Paraphe) reicht also nicht aus, § 329 Rn 8, 11, BGH VersR **90**, 673, LAG Hamm MDR **82**, 612. Eine Unterzeichnung „auf Anordnung" durch einen Justizangestellten reicht natürlich erst recht nicht aus, BGH JZ **81**, 351. Der Urkundsbeamte der Geschäftsstelle muß die Fristverfügung dem Empfänger in beglaubigter Abschrift zugestellt haben, BGH JZ **81**, 351.

Eine Verspätung kommt ferner nur in Betracht, wenn die fragliche Frist gerade vom Gericht dieser Instanz 34 stammt, BVerfG **59**, 334, und wenn es sie gerade für dieses Angriffs- und Verteidigungsmittel *("hierfür")* gesetzt hatte, Deubner NJW **77**, 922, Schröder ZZP **91**, 306. Das gilt zB nicht dann, wenn die Partei eine andere als die vom Richter nach § 273 II Z 1 angeforderte Urkunde vorlegt. Dann kann freilich evtl II anwendbar sein. Bei einer umfassenden Klagerwiderung oder Replik gibt § 277 I, IV den Maßstab des Notwendigen.

Ein Vorbringen kann unter solchen Voraussetzungen *schon im ersten Termin verspätet* sein, BGH **88**, 182, Karlsr NJW **84**, 619, LG Aachen MDR **78**, 851. Das Gericht darf und muß ein verspätetes Vorbringen auch dann als verspätet behandeln, wenn es ein Grundurteil erlassen will, BGH MDR **80**, 51.

E. Erheblichkeit des Angriffsmittels usw. Natürlich setzt das Gesetz außerdem voraus, daß das 35 Angriffs- oder Verteidigungsmittel überhaupt erheblich ist, Düss NJW **87**, 508, Deubner NJW **89**, 717.

F. Maßgeblichkeit des Eingangs. Für die Einhaltung der Frist reicht der Eingang beim Gericht aus. Ein 36 Eingang auf der zuständigen Geschäftsstelle ist dann nicht notwendig, BVerfG **60**, 122, aber auch 246. Natürlich reicht nicht der rechtzeitige Eingang irgendeines Schriftsatzes aus, sondern nur derjenige eines inhaltlich den jeweiligen gesetzlichen Anforderungen entsprechenden.

12) Grundsatz: Ausschluß verspäteten Vortrags, I. Ein Fristversäumnis nach I hat grundsätzlich den 37 Ausschluß des Vortrags kraft Gesetzes zur Folge, BGH JZ **81**, 352. Man darf diese entscheidende Verschärfung gegenüber der Regelung nach II nicht durch eine allzu großzügige Zulassung verwässern, Rn 4.

13) Ausnahme: Zulassung nach Ermessen, I. Trotz einer Fristversäumnis kann das Gericht den 38 Vortrag ausnahmsweise zulassen, wenn die beiden besonderen Voraussetzungen Rn 39 ff oder Rn 52 ff vorliegt. Diese Voraussetzungen sind wie alle Ausnahmeregeln eng auslegbar, obendrein wegen der grundsätzlichen Bedeutung des § 296, Rn 2. Ob eine Verzögerung fehlt, muß das Gericht nach der freien Überzeugung des Kollegiums und nicht nur des Vorsitzenden prüfen. Das Gericht hat also einen zwar pflichtgemäßen, aber weiten Ermessensspielraum, BGH NJW **81**, 928. *Wenn* aber nach seinem Befund eine Verzögerung fehlt, dann muß es den verspäteten Vortrag zulassen, hat also insofern anders als bei II keinen weiteren Ermessensspielraum. Die Entscheidung über die Zulassung erfolgt im Endurteil oder in einem Zwischenurteil aus § 304. Ein bloßer Beschluß hätte keine Bedeutung. Das Gericht müßte die Entscheidung im Endurteil wiederholen. Die Anfechtung der Zulassung ist nur zusammen mit derjenigen des Endurteils möglich, Rn 74. Nachprüfbar ist in der höheren Instanz nur, ob Ermessensmißbrauch vorlag, Rn 75.

14) Fehlen von Verzögerung, I. Das Gericht muß einen verspäteten Vortrag zulassen, wenn er die 39 Erledigung des Rechtsstreits nicht verzögert. Grundsätzlich kommt eine Verzögerung nur gerade auf Grund einer tatsächlichen streitigen Behauptung in Betracht, BGH NJW **80**, 947, Hamm MDR **92**, 186, Naumb RR **94**, 704. Die Behauptung darf auch nicht sofort klärbar sein, Karlsr MDR **87**, 241, Deubner NJW **81**, 930. Sie muß natürlich entscheidungserheblich sein, Rn 46. Freilich kann bei schwierigen Rechtsfragen ausnahmsweise auch eine Rechtsausführung ausnahmsweise die Verzögerung herbeiführen, aM Bischof Rpfleger **93**, 378 (aber dann geht es eigentlich gar nicht um schuldhafte Verzögerung). Das Gericht muß auch in der Verhandlung klären, ob eine evtl verspätete Behauptung überhaupt streitig und entscheidungserheblich ist, Karlsr MDR **87**, 241, Bischof Rpfleger **93**, 378. Man darf den Verzögerungsbegriff keineswegs im Verfahren mit einem frühen ersten Termin großzügiger auslegen als nach einem schriftlichen Vorverfahren, BGH **86**, 36, Stgt NJW **84**, 2539.

Hartmann

§ 296

40 A. Schädlichkeit irgendeiner zeitlichen Verschiebung, sog absoluter Verzögerungsbegriff. Eine Verzögerung liegt auch dann vor, wenn der Prozeß ebenso lange dauern würde, falls der verspätete Vortrag fristgerecht eingegangen wäre. Eine Verzögerung liegt also schon dann vor, wenn die Zulassung des nach Fristablauf eingegangenen Vortrags zu irgendeiner zeitlichen Verschiebung zwingt, die nicht ganz unerheblich ist, Rn 43. Nur so kann I seine Aufgabe wirksam erfüllen. Man muß die Vorschrift zu diesem Zweck klar und streng handhaben, Rn 4.

41 Der BGH vertritt diese Auslegung seit vielen Jahren in stRspr, zB schon BGH **86**, 34. Man kennzeichnet sie als den „*absoluten*" oder „*realen*" Verzögerungsbegriff (Wolf ZZP **94**, 313). Dieser ist grundsätzlich mit dem GG vereinbar, BVerfG FamRZ **91**, 1284 (unklar BVerfG NJW **95**, 1418 ohne ausreichende Erörterung der wahren Problematik), BGH NJW **87**, 500, BayVerfGH NJW **90**, 1654, MüKoPr 77, ThP 14. Der absolute Verzögerungsbegriff gilt auch im finanzgerichtlichen Verfahren, BFH BB **99**, 1911.

42 B. Unanwendbarkeit des sog hypothetischen Verzögerungsbegriffs. Demgegenüber vertreten einige trotz der stRspr des BGH, Rn 41, unrichtigerweise immer noch den sog „hypothetischen" Verzögerungsbegriff (eine Verzögerung liege nur dann vor, wenn die Instanz bei einem rechtzeitigen Vorbringen früher beendigt wäre), *so* möglicherweise BVerfG NJW **95**, 1417 (unklar, ohne ausreichende Erörterung der wahren Problematik), Drsd MDR **98**, 1118, Naumb VersR **99**, 1099, Leipold ZZP **97**, 410, Schumann ZZP **96**, 208, ZöGre 19. Wolf JZ **87**, 418 empfiehlt eine Orientierung am jeweils richterlich geplanten Prozeßablauf.

Ein *Verstoß* gegen die von BVerfG **75**, 315, Hamm RR **89**, 895 ausdrücklich als grundsätzlich mit dem GG vereinbar erklärte Auslegung des BGH ist für sich allein allerdings noch kein Verfassungsverstoß, BVerfG **51**, 191.

43 C. Schädlichkeit einer nicht ganz unerheblichen Verzögerung. Nur eine völlig unerhebliche Zeitspanne ist unschädlich, Fey DRiZ **78**, 180, strenger Mü NJW **90**, 1371 (krit Deubner), Stgt NJW **84**, 2539. Jede größere Zeitspanne ist aber bereits schädlich, Lange DRiZ **80**, 410, zB 10 Kalendertage, Karlsr NJW **84**, 619. Das Gericht darf also einen Vortrag nach dem Fristablauf nicht etwa schon dann zulassen, wenn die Verzögerung zwar erheblich, aber nicht ernstlich ist.

44 D. Schädlichkeit bei Notwendigkeit einer Nachfrist. Eine Verzögerung liegt insbesondere vor, sobald der geplante oder anberaumte Verhandlungstermin voraussichtlich in Gefahr kommt, Karlsr NJW **80**, 296. Sie liegt auch dann vor, sobald die Zulassung des Vortrags das Gericht auch nur voraussichtlich dazu zwingen würde, dem Gegner eine Nachfrist nach § 283 zu setzen, § 283 Rn 1, 11, Brdb RR **98**, 498, Stgt NJW **84**, 2538, aM BGH NJW **85**, 1558, BAG NJW **89**, 2213, Hamm MDR **92**, 186 (aber das paßt nicht zu dem ja auch und gerade vom BGH vertretenen absoluten Verzögerungsbegriff, Rn 41).

45 E. Beispiele zur Frage einer Verzögerung, I
Ausbleiben: Eine Verzögerung kann vorliegen, soweit ein verspätet benannter Zeuge oder eine verspätet benannte Partei als Beweisperson, die das Gericht nach § 273 II Z 4 dennoch ohne Verpflichtung geladen hatte, im Termin ausgeblieben ist. Das gilt selbst dann, wenn der Beweisführer das bloße Nichterscheinen der verspätet benannten, dann aber an sich ordnungsgemäß geladenen Beweisperson nicht verschuldet hatte. Denn die Beweisperson war eben verspätet benannt, Köln VersR **84**, 1176, Schneider MDR **85**, 279, ZöGre 18, aM BGH NJW **87**, 503 und 1950 (aber es gilt der auch vom BGH vertretene absolute Verzögerungsbegriff, Rn 40, 41). Erst recht kann eine Verzögerung vorliegen, wenn der verspätet benannte Zeuge, den das Gericht nicht geladen hatte, auch nicht erschienen ist, selbst wenn ihn der Beweisführer gestellen wollte, BGH NJW **89**, 719.

Eine *Verzögerung fehlt*, soweit eine Beweisperson rechtzeitig benannt und ordnungsgemäß geladen wurde. Ist sie dann entschuldigt, so erfolgt eine Vertagung, § 227 Rn 4. Ist sie unentschuldigt, so mag zur Vertagung ein Ordnungsmittel hinzutreten müssen, § 380. Eine Zurückweisung wegen Verspätung kann nur unter den Voraussetzungen von II erfolgen, § 379 Rn 8.

46 Entscheidungsreife: Eine Verzögerung kann grds nur insoweit vorliegen, als der Rechtsstreit bereits insgesamt entscheidungsreif ist, § 300 I, BGH RR **99**, 787, LG Bln WoM **03**, 155, zB nicht nur zur Klage oder Widerklage, BGH NJW **81**, 1217, oder wegen *eines* Streitgenossen, Brdb RR **98**, 498 (vgl aber Rn 49). Eine Verspätung zur Klage ist also *unschädlich*, soweit der Vortrag mit demjenigen zur Widerklage übereinstimmt und insofern nicht verspätet ist, BGH NJW **81**, 1217, LG Bln WoM **03**, 155 (Ausnahme: Rechtsmißbrauch), oder sowohl ohnehin zB nur ein Beweisbeschluß möglich wäre, BGH RR **99**, 787, Ffm RR **93**, 62.

Das Gericht muß aber ein verspätetes Vorbringen zurückweisen, soweit der Gegner es zwar als richtig zugesteht, indes nun eine *neue Tatsache* vorträgt, die im an sich bereits entscheidungsreifen Prozeß eine Beweisaufnahme notwendig machen würde, Düss RR **92**, 1239, aM LG Freibg MDR **82**, 762 (aber es gilt der absolute Verzögerungsbegriff, Rn 40, 41).

S auch Rn 46 „Grundurteil", Rn 49 „Teilurteil".

Gegenbeweis: Rn 51 „Weiterer Beweis".

Grundurteil: Eine Verzögerung kann vorliegen, soweit das verspätete Vorbringen den Anspruchsgrund betrifft. Dann kann das Gericht Vortrag nur durch ein Grundurteil zurückweisen. Denn dieses muß sämtliche Klagegründe usw erschöpfend erledigen und einen Anspruch auch der der Höhe nach als mit hoher Wahrscheinlichkeit bestehend beurteilen, § 304 Rn 2, 8. Daher liegt dann Entscheidungsreife vor, § 300 I, BGH WoM **79**, 918.

S auch Rn 46 „Entscheidungsreife", Rn 49 „Teilurteil".

47 Haupttermin: Eine Verzögerung kann vorliegen, soweit zusätzlich zum frühen ersten Termin ein bisher nicht vorgesehener auch weiterer Haupttermin notwendig wird, § 272 Rn 2. Das gilt insbesondere dann, wenn das Gericht den frühen ersten Termin zulässigerweise als einen vollwertigen, abschließenden Termin geplant und durchgeführt hat, § 272 Rn 4. Denn dieses Gericht hätte sonst auf Grund der schon zuvor eingetretenen Entscheidungsreife auch entscheiden müssen, § 300 I, Karlsr NJW **83**, 403, Stgt NJW **84**,

Titel 1. Verfahren bis zum Urteil   § 296

2538, aM Ffm MDR **86**, 539, Mü NJW **83**, 402 (aber es gilt der absolute Verzögerungsbegriff, Rn 40, 41).
Insolvenzverfahren: Zum Einfluß des § 240 Kühnemund KTS **99**, 28 (ausf). **48**
Mutmaßung: Rn 42.
Nachfrist: Eine Verzögerung auf seiten der einen Partei kann auch dann vorliegen, wenn das Gericht der anderen Partei eine Nachfrist nach § 283 zur Erklärung auf einen nachgereichten Schriftsatz des Gegners gesetzt hatte, Düss MDR **85**, 417.
Nichterscheinen: Rn 45 „Ausbleiben".
Selbständiges Beweisverfahren: Ein Antrag auf ein oder in einem selbständigen Beweisverfahren ist grds im Rahmen von II kein „Fluchtweg", Mertins DRiZ **85**, 348. Andernfalls könnte man jede Verspätungsfolge unterlaufen.
Stufenklage: § 254 Rn 20.
Teilurteil: Eine Verzögerung kann vorliegen, soweit das Gericht das verspätete Vorbringen nur durch ein **49** Teilurteil zurückweisen kann. Denn in seinem Umfang muß Entscheidungsreife vorliegen, unabhängig vom Reststoff, § 301 Rn 4 ff, LG Bln MDR **83**, 63, LG Fulda NJW **89**, 3290, Gounalakis MDR **97**, 220, aM BGH **77**, 308 Düss NJW **93**, 2543, ZöGre 12 (aber es gilt der auch vom BGH vertretene absolute Verzögerungsbegriff, Rn 40, 41).
S auch Rn 46 „Entscheidungsreife", „Grundurteil", Rn 51 „Widerklage".
Verfassungsmäßigkeit: Vgl zunächst Rn 24 ff. Eine verfassungsmäßie Auslegung darf nicht dazu führen, **50** den Verzögerungsbegriff in sein Gegenteil zu verkehren, Stgt NJW **84**, 2539. Art 103 I GG (Rechtliches Gehör) verbietet nur eine Zurückweisung solchen verspäteten Vorbringens, dessen Beachtung die Erledigung des Rechtsstreits nicht verzögert, Einl III 16, BVerfG NJW **89**, 705.
Verhältnismäßigkeit: Zwar muß das Gericht den Grundsatz der Verhältnismäßigkeit der Mittel auch hier beachten, Einl III 22, 23. Es darf und muß ihn aber zurückhaltend anwenden. Denn II konkretisiert ihn schon. Jedenfalls bleibt nach einer Bejahung einer Verzögerung kein Raum mehr für Verhältnismäßigkeitsabwägungen. Die hat ja schon der Gesetzgeber vorgenommen, Stgt NJW **84**, 2539.
Verkündungstermin: Eine Verzögerung kann vorliegen, soweit am Schluß des Verhandlungstermins Verkündungsreife eingetreten ist, § 300 I, und die Partei zB ihr verspätetes Beweismittel bis zu einem vom Gericht nach § 311 IV 1 anberaumten bloßen Verkündungstermin noch beschaffen könnte. Denn der Gegner hat Anspruch auf unverzügliche Entscheidung auf Grund des bis zum Ende des Verhandlungstermins vorliegenden Tatsachenstoffs, §§ 136 IV, 296 a, Zweibr MDR **81**, 504, aM Hamm RR **94**, 958, ThP 20, ZöGre 15 (aber es gilt der absolute Verzögerungsbegriff, Rn 40, 41).
Weiterer Beweis: Eine Verzögerung kann vorliegen, soweit das Gericht einen verspätet benannten und **51** lediglich vom Beweisführer gestellten Zeugen in diesem Termin nicht abschließend vernehmen kann, BGH NJW **86**, 2257, Hamm MDR **86**, 766 (je zu [jetzt] § 531 II). Sie kann ferner vorliegen, soweit das Gericht nach der Vernehmung eines verspätet benannten, aber im ersten Termin vom Beweisführer gestellten Zeugen ein erforderliches wegen des Ergebnisses weiterer Beweis oder Gegenbeweis erst in einem späteren Termin erheben könnte bzw müßte, BGH **86**, 201, Kblz NVersZ **01**, 363, LG Ffm NJW **81**, 2266, auch wegen Durcheinandergeratens des Terminstages, Köln MDR **85**, 772, Schneider MDR **85**, 730, aM BGH NJW **91**, 1182 (zu theoretisch. Im übrigen gilt der auch vom BGH vertretene absolute Verzögerungsbegriff, Rn 40, 41).
Eine Verzögerung kann *fehlen,* soweit das Gericht ungeachtet der Verspätung noch einen nicht verspäteten weiteren Beweisantritt beachten muß, BGH RR **99**, 787.
S auch Rn 45 „Ausbleiben", Rn 48 „Selbständiges Beweisverfahren".
Weiterer (Haupt-)Termin: Rn 47 „Hauptvermin", Rn 51 „Weiterer Beweis".
Widerklage: Sie darf nicht der Umgehung von § 296 dienen, Einl III 54, LG Bln WoM **03**, 155, LG Gießen RR **03**, 381, Gounalakis MDR **97**, 220.
S auch Rn 49 „Teilurteil".
Zeuge: Eine Verzögerung kann vorliegen, soweit die Partei einen Zeugen erst nach Monaten und so spät benennt, daß das Gericht seine Dispositionsfreiheit und sein Persönlichkeitsrecht durch eine Ladung im letzten Moment mißachten müßte, Karlsr FamRZ **95**, 738, Gottschalk NJW **04**, 2941.
Eine Verzögerung kann *fehlen,* wenn die Partei das Ausscheiden ihres gesetzlichen Vertreters (Geschäftsführers) rechtzeitig ankündigt und ihn erst dann benennt, Üb 8 vor § 373, BGH NJW **99**, 2446.
S auch Rn 45 „Ausbleiben".

15) Genügende Entschuldigung, I. Das Gericht muß einen verspäteten Vortrag ferner auch dann **52** zulassen, wenn er die Erledigung des Rechtsstreits zwar verzögert, wenn die Partei die Verspätung jedoch entschuldigt. I spricht überflüssig von „genügender" Entschuldigung.

A. Begriff der Partei. Der Parteibegriff ist derselbe wie sonst, Grdz 4 vor § 50. Man muß ein etwaiges Verschulden des gesetzlichen Vertreters oder ProzBev auch hier nach §§ 51 II, 85 II als das Verschulden der Partei beurteilen, Karlsr NJW **84**, 619. Die Partei muß sich spätestens im folgenden Termin entlasten, Karlsr Just **79**, 14. Ein Verschulden des Streithelfers schadet der Partei nicht, soweit sie ausreichend darauf geachtet hat, daß er die Prozeßförderungspflicht einer Prozeßpartei erfüllt, Grdz 12 vor § 128, Fuhrmann NJW **82**, 978, Schulze NJW **81**, 2665.

B. Scharfe Anforderungen. An eine Entschuldigung muß das Gericht aus den Gründen Rn 4 scharfe **53** Anforderungen stellen, BGH NJW **85**, 744, Deubner NJW **77**, 924, aM Lange NJW **86**, 3045 (aber nur eine konsequente Anwendung des § 296 ermöglicht es, seinem Zweck gerecht zu werden). An die Sorgfalt des Anwalts muß man schärfere Anforderungen stellen als an diejenige der Partei. Keineswegs braucht das Gericht von Amts wegen nachzuweisen, daß die Partei die Verspätung schuldhaft oder gar grob fahrlässig oder gar in Verschleppungsabsicht herbeigeführt hat, BGH NJW **83**, 577, mißverständlich BVerfG NJW **89**, 706 rechte Spalte unten (es scheint I und II zu vermengen). Allerdings muß das Gericht trotz einer etwaigen prozeßleitenden Belehrung unter Umständen nochmals im Termin einen Hinweis darauf geben, daß der

§ 296

Buch 2. Abschnitt 1. Verfahren vor den LGen

Vortrag verspätet sein könnte, Deubner NJW **78**, 356, Kinne DRiZ **85**, 15, aM von Bassewitz NJW **82**, 459 (aber § 139 stellt hohe Anforderungen an das Gericht). Es muß auch die Schuldfrage ansprechen, Hamm RR **03**, 1651. Es muß wegen der gerichtlichen Pflicht zur Unparteilichkeit zunächst abwarten, ob die Partei ihrerseits Entschuldigungsgründe darlegt bzw nachreicht, Karlsr Just **79**, 14.

54 **C. Beispiele zur Frage einer Entschuldigung, I**
Anwaltsfrist: Eine Entschuldigung liegt vor, soweit die Partei glauben durfte, ihr ProzBev erhalte ebenfalls eine Frist, LG Paderb NJW **78**, 381.
Anwaltswechsel: Eine Entschuldigung *fehlt*, soweit er gewillkürt war, § 91 Rn 128.
Beauftragung: Eine Entschuldigung *fehlt*, soweit die Partei ihren ProzBev vorwerfbar spät beauftragt hat, LG Paderb NJW **78**, 381.
Einspruchsbegründung: Rn 55 „Fristverlängerung".

55 **Fristbemessung:** Eine Entschuldigung liegt *nicht* schon dann stets vor, wenn das Gericht von vornherein oder rückblickend betrachtet eine Frist zu kurz bemessen hatte, Celle RR **98**, 499 (großzügig: 20 Tage), aM Hamm MDR **83**, 63. Natürlich ist ein solcher Verstoß des Gerichts aber ein Anzeichen für eine Entschuldigung der Partei, Lange NJW **86**, 3045, Leipold ZZP **93**, 247. Dann kann es unschädlich sein, daß ein Verlängerungsantrag erst nach Fristablauf, aber vor der Terminsbestimmung einging, Karlsr RR **90**, 703.
Fristverlängerung: Eine Entschuldigung kann ausreichen, soweit die Partei sofort nach Fristablauf ausreichende Gründe für die Nichteinhaltung genannt hatte, Karlsr MDR **97**, 196. Im übrigen *fehlt* eine Entschuldigung, soweit die Partei keine Fristverlängerung beantragt, zB nach § 340 III 2, BGH NJW **79**, 1989, aM Lange NJW **86**, 3045 (aber das ist eine zumutbare Mindestanforderung). Das Gericht muß hohe Anforderungen stellen, Rn 53, BGH NJW **88**, 62 (Erkundigungsobliegenheit).
Glaubhaftmachung: Erst wenn die Partei ihren Entschuldigungsgrund nachvollziehbar, schlüssig, vorgetragen hat, darf das Gericht prüfen, ob es nach IV eine Glaubhaftmachung fordern muß, Rn 73, LG Ffm NJW **79**, 2112. Letztere braucht die Partei allerdings unabhängig davon, ob die Gründe nach § 291 offenkundig sind, erst auf Verlangen des Gerichts zu liefern, BGH NJW **86**, 1002. Daher darf das Gericht den Vortrag nicht etwa wegen Fehlens einer Entschuldigung zurückweisen, nur weil die Partei ihre Entschuldigungsgründe nicht zugleich mit dem verspäteten Vortrag bereits glaubhaft gemacht hat. Das Gericht muß eine kurze Frist setzen, BGH MDR **86**, 1002. Falls das Gericht eine Glaubhaftmachung fordert, muß es auch § 294 II beachten. Es darf also eine nicht sofortige Beweisaufnahme nicht durchführen.

56 **Krankheit:** Eine Entschuldigung liegt evtl vor, wenn der Alleingeschäftsführer der Partei eine stationäre Kur nehmen mußte, Hamm RR **92**, 122 (großzügig). Freilich muß das Gericht insofern scharfe Anforderungen stellen, Rn 53.
Urlaub: Eine Entschuldigung kann vorliegen, wenn der mit dem Streitstoff bekannte Vertrauensanwalt einer Partei im Urlaub war, Köln NJW **80**, 2422. Im allgemeinen muß sich aber der Urlaubsvertreter einarbeiten, wie in jeder Sozietät. Das besagt schon ihr rechtsverstandener Name.
Verfahrensfehler: Eine Entschuldigung liegt vor, soweit ein Verfahrensfehler des Gerichts für die Verzögerung auch ursächlich war, Rn 16.

57 **16) Verspätung von Angriffs- oder Verteidigungsmittel, II.** Während I die Fälle des Fristablaufs und III die Fälle der Zulässigkeitsrügen regelt, nennt II die Voraussetzungen, unter denen eine sonstige Verspätung zur Zurückweisung führen kann. Umfaßt werden alle Angriffs- und Verteidigungsmittel, Einl III 70, 71, BGH FamRZ **96**, 1072. Eine Zurückweisung erfolgt nur, wenn der Vortrag nicht so rechtzeitig einging, wie § 282 I, II es fordern, BGH GRUR **05**, 59, Celle VersR **83**, 187, Hamm NJW **87**, 1207. Ein Verstoß nur gegen § 132 genügt hier nicht, BGH NJW **97**, 2244, BGH NJW **93**, 1926 behandelt das Fehlen der Zeugenanschrift nur nach § 356. Im schriftlichen Verfahren nach § 128 II gilt das in Rn 32 Ausgeführte entsprechend. Das Gericht darf und muß ein verspätetes Vorbringen auch dann als verspätet behandeln, wenn es ein Grundurteil erlassen will, BGH MDR **86**, 51. II gilt auch in der Berufungsinstanz, BVerfG, zit bei Schneider MDR **86**, 896, BGH NJW **87**, 502. II gilt auch im Mahnverfahren, § 697 Rn 5.

58 **17) Ermessen, II.** Fehlende Rechtzeitigkeit des Vortrags hat mangels Fristverstoßes keinen automatischen Ausschluß zur Folge, Saarbr MDR **79**, 1030. Insofern bestehen erhebliche Unterschiede zu der scharfen Regelung nach I. Bei II bedarf es vielmehr zum Ausschluß des Vortrags auf Antrag oder von Amts wegen eines pflichtgemäßen Ermessens, Rn 38, BVerfG NJW **85**, 1151, BGH VersR **82**, 345, Leipold ZZP **102**, 487, aM Weth 293 (bei verfassungsgemäßer Auslegung verbleibe kein Ermessen. Aber eine Abwägungsmöglichkeit ist für II gerade kennzeichnend).

59 *„Freie Überzeugung"* ist weit gefaßt, Hbg NJW **79**, 376. Bei einer Zurückweisung besteht kein Anspruch auf Wiedereröffnung der Verhandlung nach § 156. Das Gericht ist nicht verpflichtet, § 227 anzuwenden, solange es das rechtliche Gehör gewährt, Einl III 16. Keine Zurückweisung erfolgt bei einem Vortrag, der sich auf Umstände bezieht, die zu den von Amts wegen zu beachtenden Prozeßvoraussetzungen zählen, und soweit das Gericht zur Amtsermittlung nach Grdz 38 vor § 128 verpflichtet ist. Soweit ein früher erster Termin ein bloßer Durchlauftermin nach § 272 Rn 5 war, kommt II nicht in Betracht, BVerfG **69**, 139, Hamm NJW **87**, 1207. Ein als vollwertiger Termin geplanter und durchgeführter früher erster Termin reicht aber aus, § 272 Rn 4, 10, Hamm NJW **87**, 1207.

60 **18) Verzögerung, II.** Die Zurückweisung des ohne einen Fristverstoß dennoch nicht rechtzeitigen Vortrags kommt nach II in Betracht, soweit die beiden in Rn 60, 61 erläuterten Voraussetzungen zusammentreffen. Als erste Bedingung müßte die Erledigung des Rechtsstreits verzögert werden. Zum Verzögerungsbegriff vgl die freilich umgekehrten Voraussetzungen Rn 40, 41, BGH NJW **82**, 2560 (krit Deubner). Eine Verzögerung allein reicht jedoch nicht.

61 **19) Grobe Nachlässigkeit, II.** Als weitere Voraussetzung einer Zurückweisung nach II muß die Verspätung auf einer mindestens groben Nachlässigkeit beruhen. Es ist also zwar keine Verschleppungsabsicht notwendig. Anderseits ist eine nur leichte Nachlässigkeit unschädlich.

Titel 1. Verfahren bis zum Urteil   **§ 296**

A. Begriff der groben Nachlässigkeit. Eine solche liegt erst dann vor, wenn die Partei eine Pflicht in besonders schwerwiegender Weise verletzt, BVerfG **69**, 137, BGH NJW **87**, 502, Hamm NJW **87**, 1207. Sie muß also jede prozessuale Sorgfalt verabsäumt haben. Sie muß die im Prozeß erforderliche Sorgfalt in ungewöhnlich großem Maße verletzt haben. Sie muß dasjenige unbeachtet gelassen haben, was jeder Partei hätte einleuchten müssen, BGH GRUR **90**, 1054, Köln VersR **84**, 1176, Schlesw NJW **86**, 857. Sie muß ausnehmend sorglos gewesen sein. Das liegt erst bei einem groben prozessualen Verschulden vor, Einl III 68. Grobes prozessuales Verschulden darf man freilich wegen der erheblichen Sorgfaltsanforderungen nicht zu vorsichtig annehmen, Düss NJW **82**, 1889.

Es besteht auch hier ein *Ermessensspielraum,* Rn 58, BGH NJW **81**, 928, aM BGH NJW **86**, 1351, Hamm **62** NJW **87**, 1207 (bloßer Würdigungsspielraum. Aber das ist Wortspiegelei). Demnach ist die Anwendung des Rechtsbegriffs der groben Nachlässigkeit in der höheren Instanz nachprüfbar, Rn 75. Deshalb muß das Gericht die zugehörigen Tatsachen im Urteil feststellen, Saarbr MDR **79**, 1030. Es muß sie dabei miteinander abwägen. Maßgeblich ist ein objektiver Maßstab, BGH NJW **86**, 135, Hamm NJW **87**, 1207.

Ein Verschulden des *gesetzlichen Vertreters oder* des *ProzBev* ist auch hier ein Verschulden der Partei, **63** §§ 51 II, 85 II, Karlsr NJW **84**, 619 (zu I), Köln VersR **84**, 1176 (zu II). Auch auf dieses Verschulden darf und muß das Gericht unter Umständen im Urteil eingehen, Köln VersR **84**, 1176. An die Sorgfalt eines Anwalts muß das Gericht auch hier hohe Anforderungen stellen, sogar höhere als an die Partei selbst, Köln VersR **84**, 1176. Seine Überlastung kann auch hier ein Organisationsverschulden sein. Ein Verschulden des Streithelfers schadet der Partei nicht, soweit sie ausreichend darauf geachtet hat, daß er die Prozeßförderungspflicht einer Prozeßpartei erfüllt, Fuhrmann NJW **84**, 978, Schulze NJW **81**, 2665.

B. Notwendigkeit des Ursachenzusammenhangs. Eine grobe Nachlässigkeit ist nur dann schädlich, **64** wenn die Verspätung gerade auf ihr beruht, BGH NJW **82**, 1533. Sie ist also nicht schon dann schädlich, wenn eine Verspätung objektiv feststellbar ohnehin eingetreten wäre bzw wenn auch bei rechtzeitigem Vortrag eine Verzögerung eingetreten wäre, Hamm RR **95**, 127.

C. Beispiele zur Frage einer groben Nachlässigkeit, II   **65**
Anwaltsauftrag: Grobe Nachlässigkeit kann vorliegen, wenn die Partei den ProzBev zu spät beauftragt.
Anwaltskartell: Grobe Nachlässigkeit kann vorliegen, wenn der ProzBev ein sog Anwaltskartell beauftragt, § 85 Rn 28, § 216 Rn 20, § 272 Rn 12, Rudolph DRiZ **86**, 17.
S auch Rn 68 „Unkenntnis".
Anwaltswechsel: Grobe Nachlässigkeit kann vorliegen, wenn die Partei einen zu späten gewillkürten Anwaltswechsel vornimmt.
Beweisantritt: Grobe Nachlässigkeit kann vorliegen, wenn der Beweisführer den Beweis nicht einmal nach **66** der ersten streitigen Verhandlung unverzüglich antritt, Celle VersR **83**, 187.
S auch Rn 67 „Rechtsansicht".
Beweisbeschluß: Grobe Nachlässigkeit kann vorliegen, wenn der ProzBev einen Beweisbeschluß nicht alsbald daraufhin überprüft, ob er einen Antrag auf eine Berichtigung oder Ergänzung stellen oder weitere Informationen einholen muß, Köln VersR **84**, 1176.
Erkundigung: Grobe Nachlässigkeit kann vorliegen, soweit man sich unschwer hätte erkundigen können usw, BGH NJW **88**, 62.
Kostenvorschuß: Grobe Nachlässigkeit kann trotz 7 Wochen Verzug fehlen, wenn das zugehörige Gutachten ohnehin lange gedauert hätte, Rostock WoM **03**, 597.
Krankheit: Grobe Nachlässigkeit kann bei schwerer Erkrankung natürlich *fehlen,* BGH VersR **82**, 346.
Organisation: Grobe Nachlässigkeit kann bei einem anwaltlichen Organisationsverschulden vorliegen, **67** BGH VersR **82**, 346.
S auch Rn 65 „Anwaltskartell", Rn 67 „Rechtsansicht", Rn 68 „Unkenntnis".
Rechtsansicht: Grobe Nachlässigkeit kann vorliegen, wenn der ProzBev trotz der Hinweise des Gerichts auf eine irrigen Rechtsansicht beharrt und daher nicht ergänzend Tatsachen vorträgt bzw Beweis antritt, Oldb NJW **87**, 1340. Es kann zur groben Nachlässigkeit auch hier auch genügen, daß man sich unschwer hätte erkundigen können usw, BGH NJW **88**, 62.
Triftige Gründe: Grobe Nachlässigkeit kann *fehlen,* wenn triftige Gründe zugunsten der Partei oder des ProzBev sprechen, zB bei einer Zurückhaltung von Vortrag, Düss JB **92**, 263.
Unkenntnis: Grobe Nachlässigkeit kann vorliegen, wenn der Anwalt verhandelt, ohne die Sache überhaupt **68** zu kennen, Düss NJW **82**, 1889.
Sie kann *fehlen,* wenn die Partei die Bedeutung des Vorbringens wirklich nicht erkennen konnte.
S auch Rn 65 „Anwaltskartell".
Urlaub: Grobe Nachlässigkeit kann vorliegen, wenn der Beweisführer zwar eine Fristverlängerung beantragt, dann aber in den wenn auch angekündigten Urlaub fährt, ohne die Bewilligung der Fristverlängerung abzuwarten oder in einer unkomplizierten übersichtlichen Sache noch vor dem Urlaubsantritt vorzutragen, LG Kblz NJW **82**, 289.
Zurückbehaltungsrecht: Grobe Nachlässigkeit kann vorliegen, soweit eine Partei ein Zurückbehaltungsrecht erst im oder gar nach dem Termin geltend macht, Hamm RR **89**, 61.

20) Verspätung von Zulässigkeitsrüge, III. Die Vorschrift enthält eine gegenüber I, II vorrangige **69** Sonderregelung für Zulässigkeitsrügen. IV bleibt anwendbar. Das zeigt die ausdrückliche Verweisung.

A. Grundsatz des Rügeverlustes. Mit dem Beginn der mündlichen Verhandlung des Bekl (oder des **70** Klägers, § 282 Rn 10) zur Hauptsache, § 39 Rn 6, § 282 III, gehen sämtliche Zulässigkeitsrügen, auf die der Bekl bzw der Kläger nach § 295 verzichten kann, grundsätzlich verloren, Mü MDR **94**, 1244. Wegen des Einspruchs § 342 Rn 4. Es kommt insoweit auch nicht darauf an, ob die Verspätung zu einer Verzögerung führt, Mü MDR **94**, 1244.

§§ 296, 296a Buch 2. Abschnitt 1. Verfahren vor den LGen

71 **B. Ausnahme: Beachtlichkeit der Rüge bei einem von Amts wegen zu prüfenden Mangel.** Eine „verspätete Zulässigkeitsrüge" ist ausnahmsweise erlaubt, soweit ein von Amts wegen zu beachtender Mangel vorliegt.

Beachtlich bleiben von Amts wegen zB: Eine sachliche Unzuständigkeit, zB eine ausschließliche Zuständigkeit des Arbeitsgerichts, Mü VersR **82**, 198, oder in einer nichtvermögensrechtlichen Sache, Grdz 10 vor § 1; die Unzulässigkeit des Rechtswegs; das Fehlen der deutschen internationalen Zuständigkeit, (jetzt) Artt 22, 25, 26 EuGVVO, SchlAnh V C 4, Köln NJW **88**, 2182; eine anderweitige Rechtshängigkeit, § 261 Rn 28; das Fehlen der Partei- und Prozeßfähigkeit, §§ 50, 51, 56, BGH NJW **04**, 2524; ein Mangel bei der gesetzlichen Vertretung, § 51 II.

Nicht von Amts wegen geprüft werden zB: Die Rüge einer Schiedsvereinbarung, § 1032 I (vorbehaltlich dort II), Mü MDR **94**, 1244; die Rüge der örtlichen Unzuständigkeit, Bischoff NJW **77**, 1900, Grunsky JZ **77**, 206, aM BGH **134**, 127, Ffm OLGZ **83**, 99, Saarbr NJW **05**, 907 (aber das ist kein elementarer Verfahrensverstoß).

72 **C. Weitere Ausnahme: Genügende Entschuldigung, III.** Trotz des grundsätzlichen Verlusts kann man die verspätete Zulässigkeitsrüge ausnahmsweise auch dann zulassen, wenn der Bekl bzw der Kläger nach § 282 Rn 17 die Verspätung entschuldigt. III spricht wie I überflüssig von einer „genügenden" Entschuldigung. Zur Entschuldigung und zur etwaigen Glaubhaftmachung nach IV vgl Rn 73. Ob eine Entschuldigung ausreicht, richtet sich auch hier nach der Ansicht des Gerichts nach nicht derjenigen des Vorsitzenden. Wenn die Entschuldigung ausreicht, ist eine Zulassung der Rüge Pflicht des Gerichts, Rn 38. Dort auch zum Verfahren.

73 **21) Glaubhaftmachung, IV.** Die Vorschrift enthält eine Regelung nur für die Fälle I, III, nicht auch für die Fälle II. Das zeigt schon der Wortlaut. Die Glaubhaftmachung ist nur auf Verlangen des Gerichts nötig, BGH MDR **86**, 1002, Brdb RR **98**, 498, dann aber unverzüglich oder in der gesetzten Frist, BGH MDR **86**, 1002. Das Gericht muß die eigene Frist abwarten. Die Glaubhaftmachung erfolgt nach § 294, Leipold ZZP **93**, 246.

74 **22) Verstoß; Rechtsmittel, I–IV.** Die fehlerhafte Zulassung verspäteten Vortrags ist nur zusammen mit derjenigen des Endurteils anfechtbar, BGH FamRZ **84**, 38. Köln NJW **80**, 2361, LG Freibg NJW **80**, 295. Ein Verstoß gegen § 296 ist in der höheren Instanz nachprüfbar, BGH NJW **86**, 134, Hamm NJW **87**, 1207. Das kann bei greifbarer Gesetzwidrigkeit nach § 127 Rn 25 (Vorsicht mit diesem problematisch gewordenen Begriff!) auch zur Rechtsmittelfähigkeit trotz Fehlens der Rechtsmittelsumme führen, LG Bochum RR **95**, 1342. Das gilt freilich grundsätzlich nur bei einer Rechtsbeschwerde nach § 574.

75 Der Verstoß gegen § 296 ist ein wesentlicher *Verfahrensfehler*, Naumb RR **94**, 704, Stgt RR **86**, 1062, LG Bln WoM **03**, 155. Er kann auf Antrag zur Zurückverweisung nach (jetzt) § 538 führen, BGH NJW **87**, 501, LG Bln WoM **03**, 155, LG Aurich MDR **00**, 106. Das Revisionsgericht prüft die Rechtsbegriffe Verzögerung, Verspätung, Verschulden, grobe Nachlässigkeit voll. Es prüft ein Ermessen des Gerichts aber nur auf dessen Überschreitung nach, BGH VersR **83**, 34.

76 Zur Problematik einer *Dienstaufsichtsbeschwerde* § 26 DRiG, SchlAnh I A, Baur Festschrift für Schwab (1990) 56. § 21 GKG (Kostennichterhebung) ist kaum anwendbar, Hartmann Teil I § 21 GKG Rn 8, 9. Auch § 839 BGB (Amtshaftung) hilft kaum. Soweit kein Rechtsmittel statthaft ist, kann die Verfassungsbeschwerde in Betracht kommen, Rn 24. Freilich ist nicht jeder Verstoß gegen § 296 auch ein Verfassungsverstoß, BVerfG, zit bei Schneider MDR **86**, 896, Waldner NJW **84**, 2926.

77 **23) *VwGO:*** Es gilt die durch das 4. *VwGOÄndG* eingeführte Präklusionsregelung des § 87b *VwGO*, dazu BVerwG NVwZ **00**, 1042 u Beil I 99, NVwZ-RR **98**, 592, OVG Lüneb NVwZ **01**, 1062 mwN, Kopp NJW **91**, 524, Stelkens NVwZ **91**, 213, Pagenkopf DVBl **91**, 289, außerdem § 74 AsylVfG, dazu VGH Mannh NVwZ **95**, 816. Entspr Regelungen gibt es in einzelnen Ges, zB § 17 VIb FStrG, VGH Mannh NVwZ-RR **00**, 471 mwN. Einwendungsausschlüsse im VerwVerf können sich auch auf das Gerichtsverf erstrecken, vgl Brandt NVwZ **97**, 233 mwN, Streinz VerwArch **88**, 272, Degenhart F Menger (1985) S 621–638, BVerfG NJW **82**, 2173 u NVwZ **83**, 27, BVerwG NVwZ **97**, 489 u DVBl **96**, 684 (zu § 17 IV 1 FStrG) mwN, BVerwG NVwZ **84**, 1250 (zu § 17 III, IV WasserstrG), vgl Steinberg/Berg NJW **94**, 488 (zum PlVereinfG) und 490 (zu § 17 FStrG nF); bei der Anwendung solcher Vorschriften ist Art 103 I GG zu wahren, BVerwG NVwZ **84**, 234. Zur Nichtbeachtung eines rechtsmißbräuchlichen Vorbringens (Verschleppung) vgl OVG Münst NWVBl **95**, 75.

296a *Vorbringen nach Schluss der mündlichen Verhandlung.* [1] Nach Schluss der mündlichen Verhandlung, auf die das Urteil ergeht, können Angriffs- und Verteidigungsmittel nicht mehr vorgebracht werden. [2] § 139 Abs. 5, §§ 156, 283 bleiben unberührt.

1 **1) Systematik, S 1, 2.** Die Vorschrift ist mit Art 103 I GG vereinbar, BVerfG RR **93**, 637, BayVerfGH RR **01**, 1646. Sie schafft einen wesentlichen Verfahrensgrundsatz von erheblicher Bedeutung. Sie wird durch § 156 ergänzt, aber nicht etwa verdrängt, sondern bestätigt. § 321 a kann Vorrang haben, vgl aber Rn 6.

2 **2) Regelungszweck, S 1, 2.** Die Vorschrift dient dem rechtlichen Gehör des Gegners nach Art 103 I GG, der Förderungsaufgabe nach Grdz 12, 13 vor § 128 der Prozeßwirtschaftlichkeit nach Grdz 14, 15 vor § 128, dem Verhandlungsgrundsatz nach § 128 Rn 4 und der Rechtssicherheit, Einl III 43. Sie begrenzt die Parteiherrschaft, Grdz 18 vor § 128. Das sollte man bei der Auslegung mitbeachten.

3 **3) Geltungsbereich, S 1, 2.** Die Vorschrift erfaßt jedes Angriffs- oder Verteidigungsmittel im Sinn von Einl III 70, 71. Sie verbietet aber keine bloßen Rechtsausführungen. Sie gilt in allen Verfahrensarten der ZPO, auch im Räumungsprozeß, BVerfG WoM **91**, 466. Sie gilt auch in einer Markensache, § 82 I 1 MarkenG, BPatG GRUR **03**, 531. Sie gilt nicht im WEG-Verfahren, Köln **03**, 112.

4 **4) Verhandlungsschluß, Urteil, S 1, 2.** Die Vorschrift versteht unter „Urteil" nicht schon ein Teilurteil, wenn die anschließende Verhandlung noch den hier maßgeblichen Rest erfassen kann, Köln FamRZ **92**, 1317. Sie enthält eine eindeutige und zwingende Regelung, Düss NJW **87**, 508. Sie setzt nicht voraus, daß

Titel 1. Verfahren bis zum Urteil   §§ 296a, 297

die stattgefundene mündliche Verhandlung notwendig war, aM Mü MDR **81**, 1025 (aber sie spricht schlicht von „der" mündlichen Verhandlung). Der Verhandlungsschluß nach §§ 136 IV, 296 a beendet in der Regel unabhängig vom etwaigen Verschulden der Partei jede Möglichkeit irgendwelchen rechtlichen oder tatsächlichen Vorbringens in dieser Instanz, Düss NJW **87**, 508, also auch eines Sachantrags, §§ 261 II, 297, Düss MDR **00**, 1458, sofern sie überhaupt bis zum Verhandlungsschluß bestand, § 296 usw, BGH NJW **79**, 2110. Das Gericht muß einen vorher eingegangenen Schriftsatz beachten, auch wenn er im Termin nicht vorlag, Düss RR **98**, 1536. Nach rechtzeitigem Widerruf eines bedingten Vergleichs ist neuer Vortrag erlaubt, Hamm VersR **05**, 1445.

Eine erst *nach* Verhandlungsschluß auf der Posteingangsstelle oder per Fax eingehende Erklärung bleibt ungeachtet vorsorglicher Kenntnisnahme nach Rn 5 mangels berechtigter Verfahrensrügen durchweg im Ergebnis unbeachtlich, BayVerfGH RR **01**, 1646, aM LG Hbg MDR **95**, 204 (aber man darf Art 103 I GG nicht überstrapazieren). Dem Verhandlungsschluß entspricht bei § 128 II der dort bestimmte Zeitpunkt, bei § 331 III die Übergabe des unterschriebenen Versäumnisurteils an die Geschäftsstelle.

5) Verfahren, S 1, 2. Das Gericht muß zwar einen verspätet eingegangenen Schriftsatz durchlesen, **5** Fischer NJW **94**, 1321. Denn er kann ein Rechtsmittel enthalten oder zB ein wegen der vor Verhandlungsschluß eingetretenen Vorgänge evtl noch zulässiges Prozeßkostenhilfegesuch, § 114 Rn 95 „Letzter Augenblick", oder zB einen nach § 139 V zugelassenen, in dessen Nachfrist eingegangenen Vertrag oder einen Antrag nach § 156, 283 usw. Er kann auch ergeben, daß der Verhandlungsschluß verfrüht war. Das darf man freilich keineswegs schon wegen der Nachreichung eines Antrags nach § 283 stets annehmen, § 156 Rn 5, BayVGH NJW **84**, 1027. Das Gericht braucht überhaupt grundsätzlich nur in einem solchen Ausnahmefall etwas anderes als „zu den Akten" zu verfügen, zumal sich das Gericht nicht um die nächsthöhere Instanz zu kümmern braucht, BGH NJW **83**, 2031, Hbg MDR **95**, 526 Fischer NJW **94**, 1321, aM StJL 16 (aber wo lägen die Grenzen?). Vgl freilich § 313 Rn 42.

Eine erst *nach* dem Verhandlungsschluß veröffentlichte Grundsatzentscheidung kann zur Wiedereröffnung zwingen, soweit das Gericht sie verwerten will, §§ 139 II, 286 Rn 14. Soweit keine Wiedereröffnung nach § 156 in Betracht kommt, ergibt keine Entscheidung über einen nachgereichten Antrag und erhöht sie den Streitwert durch ihn nicht, Düss MDR **00**, 1458. Eine Tatbestandsberichtigung kommt nicht in Betracht, Köln MDR **91**, 988.

Eine erst jetzt eingehende Widerklage nach Anh § 253 ist unbeachtlich, weil unzulässig, Anh § 253 Rn 5, **6** § 282 Rn 6, BGH MDR **92**, 899, Düss RR **00**, 173, Hbg MDR **95**, 526. Durch ihre Berücksichtigung ließe sich beliebig eine Wiedereröffnung der Verhandlung erzwingen. Das gilt auch dann, wenn der Bekl eine Nachfrist nach § 283 zur Stellungnahme nur auf gegnerisches Vorbringen erhalten hat, Hbg MDR **95**, 526. Daher kommt auch keine Wiedereröffnung der Verhandlung nur zwecks Abweisung der Widerklage als unzulässig infrage, BGH NJW **00**, 2512. Wenn ein Angriffs- oder Verteidigungsmittel nach Einl III 70, 71 unbeachtlich ist, braucht das Gericht es auch nicht mehr an den Gegner zu übersenden, Fischer NJW **94**, 1316, aM Schur ZZP **114**, 348 (aber gerade dergleichen soll § 296 a verhindern. Es liegt dann auch kein Fall nach § 321 a vor). Soweit das Gericht freilich zB einen nachgereichten Sachantrag dem Gegner zustellt, kann es dadurch insoweit die Rechtshängigkeit begründen, § 261, Mü MDR **81**, 502, Schur ZZP **114**, 348, aM StJL 16, ZöGre 2 a (aber § 261 sieht die Zustellung gerade der Klage vor). Erst deshalb kann dann auch eine Wiedereröffnung nach § 156 oder eine Abtrennung nach § 145 usw notwendig werden.

Auch eine *Klageerweiterung* kann zu beachten sein, BFH DB **86**, 628. Denn sie fällt schon deshalb grundsätzlich nicht unter § 296 a, weil sie überhaupt kein bloßes Angriffs- oder Verteidigungsmittel ist, Einl III 71, BGH NJW **95**, 1224. Das übersieht BGH RR **97**, 1486. Nur Arglist ist verboten, Einl III 54. Freilich wird eine Wiedereröffnung nicht schon deshalb notwendig, weil eine Partei in einem ohne Nachfrist eingereichten Schriftsatz erklärt, sie werde auf ihn bei einer Wiedereröffnung Bezug nehmen, Düss NJW **87**, 508. Zur Behandlung eines ohne Nachfrist nach dem Verhandlungsschluß eingegangenen Schriftsatzes allgemein Fischer NJW **94**, 1315. Verspätetes Vorbringen kann im Berufungsverfahren in Bezug genommen werden (vgl freilich § 528), BGH RR **98**, 1514.

6) Verstoß, S 1, 2. Er kann zu einer Verletzung des Art 103 I GG werden, BSG MDR **85**, 700. Er kann, **7** auch wegen Verstoßes gegen § 139 auf Antrag (jetzt) nach § 538, zur Zurückverweisung führen, Düss RR **98**, 1530.

7) *VwGO*: *Unanwendbar wegen § 86 I VwGO, aM Dolderer DÖV **00**, 494.*   **8**

297 *Form der Antragstellung.* ¹¹Die Anträge sind aus den vorbereitenden Schriftsätzen zu verlesen. ²Soweit sie darin nicht enthalten sind, müssen sie aus einer dem Protokoll als Anlage beizufügenden Schrift verlesen werden. ³Der Vorsitzende kann auch gestatten, dass die Anträge zu Protokoll erklärt werden.

II Die Verlesung kann dadurch ersetzt werden, dass die Parteien auf die Schriftsätze Bezug nehmen, die die Anträge enthalten.

Gliederung

1) Systematik, I, II	1	5) Verlesung, I 1, 2	11, 12
2) Regelungszweck, I, II	2	6) Antrag zu Protokoll, I 3	13, 14
3) Geltungsbereich, I, II	3	7) Bezugnahme auf Schriftsätze, II	15
4) Antrag, I 1	4–10	8) Teilverlesung usw, I, II	16
A. Sachantrag	4	9) Verstoß, I, II	17
B. Prozeßantrag	5	10) VwGO	18
C. Beispiele zur Frage des Vorliegens eines Prozeß- oder Sachantrags	6–10		

§ 297

1 1) Systematik, I, II. Die Vorschrift ergänzt den § 137 I und regelt die theoretische Form dieses wichtigsten Teils der mündlichen Verhandlung. Sie wird ihrerseits durch § 157 ergänzt.

2 2) Regelungszweck, I, II. Die Praxis hält die strenge Ausgangsform in I ebensowenig ein wie die übrigen in I, II zur Auswahl gestellten Formen. Das verdeutlicht, wie problematisch der Zweck des § 297 in der Praxis geworden ist. Der Vorsitzende befragt durchweg die Parteien bzw ProzBev, was sie beantragen bzw ob es bei den schriftsätzlich angekündigten Anträgen bleibe. Zu diesem Zweck liest *er* die Anträge vor. Sie bejahen oder verneinen oder ändern mündlich zu Protokoll ab. Immerhin dient auch der praktisch derart abgeschwächte § 297 der Klärung des Streitgegenstands, § 2 Rn 3. Er hat daher größte Bedeutung.

Alsbaldige Antragstellung kann für den weiteren Gang nicht nur dieses Termins, sondern des ganzen Prozesses hilfreich sein. Das Gericht sollte sie schon deshalb durchweg herbeiführen. Wer schon den Sachantrag gestellt hat, kann sich nicht mehr in diesem Termin säumig machen, nur um Zeit zu gewinnen. Ist der gegnerische Antrag gestellt, so droht dem Gegner, der nicht den Gegenantrag stellt, eine Versäumnisentscheidung oder sogar ein Urteil nach Lage der Akten und damit das endgültige Ende mindestens dieser Instanz. Die Stellung des Sachantrags führt evtl zum Verlust eines Rügerechts nach §§ 39, 43, 295.

Vorheriges Rechtsgespräch kann andererseits ebenso ratsam sein, um nicht nur gebührenrechtlich eine Zuspitzung zu verhindern und eine Vergleichsbereitschaft wenn nicht in der Güteverhandlung des § 278 zu erkunden, so doch wenigstens zu Beginn der eigentlichen mündlichen Verhandlung nochmals zu versuchen.

Alle diese Aspekte sollte man beachten, wenn es um die Antragstellung und ihre Protokollierung geht. Fingerspitzengefühl ist gerade an dieser Stelle ein Ausdruck der Souveränität.

3 3) Geltungsbereich, I, II. Die Vorschrift gilt in allen Verfahrensarten der ZPO, auch im arbeitsgerichtlichen Verfahren, § 46 II 1 ArbGG.

4 4) Antrag, I 1. Zwei Antragsarten folgen unterschiedlichen Regeln.

A. Sachantrag. Anträge sind nur die sogenannten Sachanträge. Sie begründen bei § 261 II die Rechtshängigkeit. Sie bestimmen den Inhalt der gewünschten Sachentscheidung bestimmen und begrenzen ihn, §§ 33, 253 Rn 39 ff, §§ 263, 264 Z 2, 3, 308 I, 520 III Z 1, 524 III, 551 III Z 1, Hamm MDR **92**, 308, KG Rpfleger **00**, 238, Karlsr MDR **93**, 1246.

5 B. Prozeßantrag. Nicht unter I 1 fallen bloße Prozeßanträge. Sie betreffen nur das Verfahren, zB der Antrag auf eine Terminsanberaumung, auch zB nach § 697 III, Karlsr MDR **93**, 1246, oder der Antrag auf eine Aussetzung oder eine Verweisung, zB nach § 281, KG AnwBl **84**, 508, der Beweisantrag, §§ 355 ff, der Antrag auf das Ruhen des Verfahrens, § 251a. Eine Verbindung von Sach- und Prozeßantrag kann beim Versäumnisurteil vorliegen, §§ 330 ff, Mü MDR **80**, 235, ferner zB beim Anerkenntnisurteil, § 307, Verzichtsurteil, § 306, auch bei einer Protokollberichtigung, § 164, aM Geffert NJW **78**, 1418 (aber gerade dann können Verfahrens- und Sachbitten zusammentreffen).

6 C. Beispiele zur Frage des Vorliegens eines Prozeß- oder Sachantrags
Abweisungsantrag: Rn 7 „Klagabweisung".
Anerkenntnisurteil: Beim Antrag auf den Erlaß eines Anerkenntnisurteils kann eine Verbindung von Prozeß- und Sachantrag vorliegen, ähnlich wie beim Versäumnis- oder Verzichtsurteil. Der bloße Kostenantrag nach § 93 ist ein Prozeßantrag, aM Kblz AnwBl **89**, 294 (zu § 35 BRAGO. Aber schon § 308 II zeigt den Unterschied.
Anschließung: Es gelten dieselben Regeln wie zum Antrag derjenigen Partei, der man sich anschließt. Meist ist die Anschließung an das gegnerische Rechtsmittel ein Sachantrag, BGH NJW **93**, 270.
Anwaltsbestellung: Sie ist *kein* Sachantrag, Bbg JB **84**, 403, Kblz JB **81**, 1518.
Arrest, einstweilige Verfügung: Es gelten dieselben Regeln wie bei der Klage, auch im Verfahren mit einer mündlichen Verhandlung bzw auf Grund eines Widerspruchs und auf eine Aufhebung. Vgl also zB „Abweisungsantrag", Rn 7 „Klagabweisung", „Klagerwiderung".
Aufnahme: Die Erklärung nach § 250 ist kein Sachantrag, Karlsr JB **97**, 138.
Berichtigungsantrag: Rn 6 „Protokollberichtigung", Rn 8 „Tatbestandsberichtigung oder -ergänzung".
Beweisantrag: Der bloße Beweisantrag ist ein Prozeßantrag. Das gilt auch im selbständigen Beweisverfahren.
Dritter: S „Irrig einbezogene Partei".
Ehescheidung: Es gelten dieselben Regeln wie bei der Klage. Vgl also zB „Abweisungsantrag", Rn 7 „Klagantrag", „Klagerwiderung".
Einstweilige Anordnung, Verfügung: „Arrest, einstweilige Verfügung".
Erledigterklärung: Die erste Erklärung der Hauptsache als ganz oder teilweise erledigt ist ein Sachantrag. Denn der zunächst derart Erklärende muß zumindest mit der Möglichkeit rechnen, daß der Prozeßgegner sich dieser Erklärung doch nicht anschließt, und dann wird ein streitiges Urteil darüber notwendig, ob die Klage zunächst begründet war, § 91 a Rn 170, Beuermann DRiZ **78**, 311, ThP 1, ZöGre 1, aM Schlesw SchlHA **82**, 143 (aber auch die Erledigterklärung bestimmt den Inhalt der jetzt noch gewünschten Sachentscheidung und begrenzt ihn nach § 308 I). Dagegen ist die Erklärung, man schließe sich der gegnerischen Erledigterklärung an, mit Rücksicht auf den dann meist nur noch notwendigen Kostenausspruch nach § 91 a ein bloßer Prozeßantrag. Auch der bloße Kostenantrag statt einer Erledigterklärung ist ein Prozeßantrag, Ffm VersR **78**, 573.
Irrig einbezogene Partei: Der bloße Kostenantrag des irrig in den Prozeß Einbezogenen, der aus dem Prozeß entlassen wurde oder werden will, Grdz 14 vor § 50, ist ein Sachantrag, Mü Rpfleger **85**, 326. Das gilt auch dann, wenn der „Gegner" die Befugnis des Dritten, die zur Entlassung aus dem Prozeß nötigen Handlungen vorzunehmen, bestreitet, Mü Rpfleger **85**, 326.
7 Klagabweisung: Der Antrag auf die Abweisung der Klage oder eines Teils der Klage ist ein Sachantrag, auch der stillschweigende oder umschriebene, Kblz JB **95**, 197 („Entscheidung wie rechtens"). Denn von ihm hängt ab, ob und welche Sachentscheidung möglich und notwendig wird, Hamm MDR **92**, 308, Karlsr MDR **93**, 1246, Mü MDR **91**, 165, aM Kblz VersR **78**, 388, ThP 2 (aber was soll der Bekl noch mehr zur Sache beantragen als eine nicht eindeutig auf ein bloßes sog Prozeßurteil begrenzte Klagabweisung?).

Titel 1. Verfahren bis zum Urteil § 297

Klagantrag: Ein Antrag aus der Klageschrift kann Sach- oder Prozeßantrag sein. Man muß klären, welchen Inhalt er hat, um ihn einordnen zu können.
Klagänderung: Es gelten dieselben Regeln wie bei der Klage. Vgl also zB Rn 6 „Abweisungsantrag", Rn 7 „Klagantrag", „Klagerweiterung", „Klagerwiderung".
Klagebeschränkung: Es gelten dieselben Regeln wie bei der Klage. Vgl also zB Rn 6 „Abweisungsantrag", Rn 7 „Klagantrag".
Klagerücknahme: Die Erklärung der Klagerücknahme oder einer Rechtsmittelrücknahme ist ein Prozeßantrag. Denn sie richtet sich gerade darauf, die zuvor begehrte Sachentscheidung des Gerichts solle jedenfalls in diesem Prozeß nicht mehr erfolgen, Mü MDR **83**, 944. Dagegen ist der Antrag, durch Beschluß nach § 269 IV festzustellen, daß der Kläger nach § 269 III 2 die Kosten tragen müsse, ein Sachantrag. Denn die Kosten sind jetzt restliche Hauptsache.
Klagerweiterung: Es gelten dieselben Regeln wie bei der Klage, Beuermann DRiZ **78**, 311. Vgl also zB Rn 6 „Abweisungsantrag", Rn 7 „Klagantrag", „Klagänderung", „Klagerwiderung".
Klagerwiderung: Ein Antrag aus der Klagerwiderungsschrift oder zum Protokoll kann Sach- oder Prozeßantrag sein. Man muß klären, welchen Inhalt er hat, um ihn einordnen zu können.
S auch Rn 6 „Abweisungsantrag".
Kostenantrag: Rn 6 „Anerkenntnisurteil", Rn 7 „Erledigtklärung", „Irrig einbezogene Partei", „Klagerücknahme".
Mahnverfahren: Rn 8 „Terminsanberaumung".
Protokollberichtigung: Beim Antrag auf die Berichtigung des Protokolls kann eine Verbindung von Prozeß- und Sachantrag vorliegen, Geffert NJW **78**, 1418.
Rechtsmittelantrag: Es gelten grds dieselben Regeln wie in der ersten Instanz, auch für den Anschließungsantrag, Rn 6 „Abweisungsantrag", Rn 7 „Klagantrag", „Klagerwiderung". Sachantrag ist auch derjenige auf die Zurückweisung oder Verwerfung des gegnerischen Rechtsmittels, Hamm AnwBl **78**, 138. Das gilt unabhängig davon, ob ein solcher Antrag verlesen wird oder zuzustellen ist. Wegen der Rechtsmittelrücknahme Rn 5 „Klagerücknahme". **8**
Rücknahme: Rn 7 „Klagerücknahme".
Ruhen des Verfahrens: Der Antrag, das Ruhen des Verfahrens anzuordnen, ist ein Prozeßantrag.
S auch „Terminsanberaumung".
Scheidungsantrag: Es gelten dieselben Regeln wie bei der Klage, Rn 7 „Klagantrag".
Schiedsrichterliches Verfahren: Der Antrag auf Vollstreckbarerklärung eines ausländischen Schiedsspruchs ist ein Sachantrag, BayObLG **99**, 57.
Schriftsatznachlaß: Ein Antrag zB nach § 283 S 1 ist ein bloßer Prozeßantrag.
Selbständiges Beweisverfahren: Rn 6 „Beweisantrag".
Streithelfer: Der Antrag eines Streithelfers zur Sache ist ein Sachantrag, Hamm MDR **92**, 308.
Streitiges Verfahren: S „Terminsanberaumung".
Tatbestandsberichtigung oder -ergänzung: Der Antrag auf eine Berichtigung oder Ergänzung des Tatbestands ist ein Sachantrag.
Teilantrag: Er kann zur Klärung nötigen, ob eine restliche Teilrücknahme vorliegt, §§ 139, 269.
Terminsanberaumung: Bloßer Prozeßantrag ist der Antrag auf eine Terminsanberaumung, auch zB nach § 697 III, Karlsr MDR **93**, 1246.
Versäumnisurteil: Beim Antrag auf den Erlaß eines Versäumnisurteils kann eine Verbindung von Prozeß- **9** und Sachantrag vorliegen, Mü MDR **80**, 235, nämlich wie beim Anerkenntnis- oder Verzichtsurteil.
Verweisung: Der bloße Verweisungsantrag, auch der hilfsweise gestellte, ist ein Prozeßantrag, KG NJW **84**, 508. Tritt zu ihm ein Klagabweisungsantrag hinzu, der auf Unbegründetheit der Klage gestützt wird, liegt insofern ein Sachantrag vor.
Verwerfung: Rn 8 „Rechtsmittelantrag".
Verzichtsurteil: Beim Antrag auf den Erlaß eines Verzichtsurteils kann eine Verbindung von Prozeß- und Sachantrag vorliegen, ähnlich wie beim Anerkenntnis- oder Versäumnisurteil.
Vorläufige Vollstreckbarkeit: Der Antrag auf eine nicht schon von Amts wegen zu gewährende vorläufige Vollstreckbarkeit ist ein Sachantrag.
Widerklage: Es gelten dieselben Regeln wie bei der Klage, Rn 6 „Abweisungsantrag", Rn 7 „Klagantrag", **10** „Klagerwiderung".
Zug-um-Zug-Verurteilung: Der Antrag auf einen Verurteilung Zug um Zug gegen eine Gegenleistung ist ein Sachantrag.
Zurückweisungsantrag: Rn 7 „Klagabweisung", Rn 8 „Rechtsmittelantrag".
Zwischenklage: Es gelten dieselben Regeln wie bei der Klage, Rn 6 „Abweisungsantrag", Rn 7 „Klagantrag", „Klagerwiderung".

5) Verlesung, I 1, 2. Die Verlesung nur der Sachanträge nach Rn 1 aus einem nach §§ 129 ff, 282 **11** vorbereitenden oder nach § 160 V zur Protokollanlage erklärten Schriftsatz ist grundsätzlich sowohl im Anwalts- als auch im Parteiprozeß eine Voraussetzung wirksamer Antragstellung, Karlsr OLGZ **77**, 486. Das gilt, soweit das Gericht im Parteiprozeß überhaupt eine schriftsätzliche Vorbereitung angeordnet hatte, § 129 II. Wegen der zentralen Bedeutung der Sachanträge zB für den Streitgegenstand und damit für den Streitwert, LG Bbg AnwBl **85**, 265, für die Rechtskraft und für die Kosten muß eindeutig sein, was die Partei beantragt und was zur Zeit nicht. Deshalb ist die Verlesung keine Förmelei, sofern irgendeine auch nur etwaige Unklarheit besteht, die oft in der mündlichen Verhandlung noch nicht erkennbar, später aber umso schwerer zu beseitigen ist.

Das Gericht muß die Verlesung im *Protokoll* feststellen, § 160 III Z 2. Diese Feststellung besitzt erhöhte **12** Beweiskraft, § 165. Eine Berichtigung ist zulässig, § 164. Wenn eine Partei den Antrag in einem vorbereitenden Schriftsatz zur Zeit der mündlichen Verhandlung nicht wesentlich verändert, muß sie ihn aus dem Schriftsatz verlesen, auch im Parteiprozeß. Soweit kein solcher Schriftsatz vorhanden ist oder soweit schrift-

§§ 297, 298   Buch 2. Abschnitt 1. Verfahren vor den LGen

liche Anträge überholt sind, ist grundsätzlich eine besondere neue Schrift erforderlich. Der Vorsitzende muß sie dem Protokoll als Anlage beifügen und verlesen (lassen), § 160 V. Eine wesentliche Änderung des schriftsätzlichen Antrags durch eine handschriftliche Vornahme im Termin muß den Zeitpunkt und den Urheber erkennen lassen. Sie kann nach §§ 263, 264 zu beurteilen sein. Eine Wiederholung der Verlesung usw ist auch im späteren Termin nicht erforderlich, auch nicht nach einer Beweisaufnahme oder nach einem Richterwechsel. Freilich ist eine Antragsklärung zu Protokoll zumindest am Schluß der letzten mündlichen Verhandlung sinnvoll und oft ratsam.

13 **6) Antrag zu Protokoll, I 3.** Ein Antrag, den die Partei weder verliest noch durch Bezugnahme auf eine Schrift stellt, sondern nur mündlich erklärt, ist im Anwalts- wie Parteiprozeß nach § 78 Rn 1 zulässig, soweit der Vorsitzende ihn gestattet, Ffm FamRZ **82**, 812. „Kann" stellt hier nicht bloß in die Zuständigkeit, sondern ins pflichtgemäße Ermessen. Denn es würde sonst besonders bei einer Verhandlung insbesondere ohne Hinzuziehung eines Urkundsbeamten der Geschäftsstelle nach § 159 I 2 unter Umständen ein erheblicher Zeitverlust durch das Entgegennahme und das etwaige Diktat eintreten. Das aber sollen §§ 159 ff gerade verhindern. Immerhin ist das Ermessen durch den Zwang zur Aufnahme wesentlicher Vorgänge ins Protokoll begrenzt, § 160 II. Zum stillschweigenden Antrag § 137 Rn 12.

14 Freilich kann die Partei nicht schon wegen der Notwendigkeit, Anträge nach § 160 III Z 2 ins Protokoll aufzunehmen, ihre mündliche Erklärung der Anträge zu Protokoll erzwingen. Es liegt ja erst nach der Erlaubnis des Gerichts zur mündlichen Antragstellung überhaupt ein wirksamer Antrag im Sinn von § 160 III Z 2 vor. § 160 IV ist auch nicht entsprechend anwendbar. Denn I 3 behält die Entscheidung dem Vorsitzenden und nicht dem Gericht vor. Im Zweifel ist eine Verlesung oder eine Bezugnahme auf eine Schrift notwendig, zumal § 162 I die Vorlesung und Genehmigung der Sachanträge nicht vorsieht. Die Ablehnung der Gestattung mündlicher Anträge gehört ins Protokoll, § 160 III Z 6. Eine kurze Begründung ist zumindest Anstandspflicht des Gerichts.

15 **7) Bezugnahme auf Schriftsätze, II.** Eine solche Bezugnahme steht beiden Parteien im Anwalts- wie Parteiprozeß nach § 78 Rn 1 frei. Sie bedarf keiner Genehmigung durch das Gericht. Sie ersetzt die Verlesung voll, BGH VersR **02**, 95. Es genügt, auf eine Schrift im Sinn von I 2 Bezug zu nehmen. Der sprachliche Unterschied zwischen „Schriftsatz" in I 1, 2 und „Schrift" in I 2 nimmt Rücksicht darauf, daß die letztere nicht voll dem § 130 zu entsprechen braucht. Eine solche Bezugnahme ist aber nur dann ausreichend, wenn der Antrag in der Schrift eindeutig ist, BAG NJW **03**, 1549. Bedenklich ist die bloße Bezugnahme auf den Antrag auf Erlaß des Mahnbescheids oder auf dem Mahnbescheid, Schuster MDR **79**, 724, aM Mickel MDR **80**, 278 (aber beim Antrag ist stets höchste Sorgfalt und Klarheit erforderlich). Notfalls muß das Gericht nachfragen, § 139. Es ist aber in erster Linie Aufgabe der Partei, bei ihrer Bezugnahme Mißverständnissen vorzubeugen. Es ist nicht Sache des Gerichts, ihr auch noch das Heraussuchen dessen abzunehmen, was sie beantragen will. Dies wenigstens sollten sie und ihr ProzBev bei Beginn des Verhandlungstermins bereits wissen. Im schriftlichen Verfahren nach § 128 II erfolgt weder eine Verlesung noch eine Bezugnahme, sondern eben ein schriftlicher Antrag. Im Aktenlageverfahren nach § 251 a erfolgt eine Verlesung oder Bezugnahme nur bei einer einseitigen Verhandlung.

16 **8) Teilverlesung usw, I, II.** Im bloß teilweisen Verlesen usw kann eine auf den nicht verlesenen Teil erstreckte Klagerücknahme liegen, § 269. Das Gericht muß seine Fragepflicht ausüben, § 139. Die Partei darf die Frage nicht unbeantwortet lassen oder unklar beantworten. Sie riskiert dann eine pflichtgemäße Auslegung zu ihrem Nachteil, § 269 Rn 22.

17 **9) Verstoß, I, II.** Ein Verstoß gegen § 297 hat die Unwirksamkeit des Antrags zur Folge. Stets muß das Gericht § 139 beachten. Vgl freilich auch Rn 8. Der Verstoß ist ebenso heilbar wie ein Verstoß gegen den Grundsatz der Mündlichkeit, § 295. Nur das Stellen der Anträge ist unverzichtbar, nicht ihr Verlesen usw, Ffm FamRZ **82**, 812, KG FamRZ **79**, 140. Nach einer erfolglosen Anwendung des § 139 ist die Wiedereröffnung der Verhandlung nach § 156 unnötig. Eine Zurückverweisung sollte nur zurückhaltend erfolgen, Mü FamRZ **84**, 407.

18 **10) VwGO:** *Anträge zu Protokoll sind zulässig, § 103 III VwGO, iü gilt § 105 VwGO iVm §§ 159 ff.*

298 *Aktenausdruck.* ^I Von einem elektronischen Dokument (§§ 130 a, 130 b) kann ein Ausdruck für die Akten gefertigt werden.

^{II} **Der Ausdruck muss den Vermerk enthalten,**
1. **welches Ergebnis die Integritätsprüfung des Dokuments ausweist,**
2. **wen die Signaturprüfung als Inhaber der Signatur ausweist,**
3. **welchen Zeitpunkt die Signaturprüfung für die Anbringung der Signatur ausweist.**

^{III} **Das elektronische Dokument ist mindestens bis zum rechtskräftigen Abschluss des Verfahrens zu speichern.**

Vorbem. Eingefügt dch Art 1 Z 21 JKomG v 22. 3. 05, BGBl 837, in Kraft seit 1. 4. 05, Art 16 I JKomG, ÜbergangsR Einl III 78.

Gliederung

1) Systematik, I–III	1	B. Signaturprüfung, II Z 2	6
2) Regelungszweck, I–III	2	C. Zeitpunkt der Signaturprüfung, II Z 3	7
3) Zulässigkeit eines Aktenausdrucks, I	3	5) Mindestspeicherungsdauer bis Rechtskraft, III	8
4) Vermerk, II	4–7		
A. Integritätsprüfung, II Z 1	5		

Titel 1. Verfahren bis zum Urteil   §§ 298, 298a

1) Systematik, I–III. Während § 298a II die Übertragung der Papierform in ein elektronisches Dokument regelt, enthält I, II 1 die Regelung des umgekehrten Wegs der Umwandlung aus einer elektronischen Form in die papierne. Beide Wege sind ja unvermeidbar, solange es noch überhaupt die Papierform gibt. III klärt entsprechend § 298a II 2 die Mindestfrist der hier Speicherung genannten Aufbewahrung.

2) Regelungszweck, I–III. Die Vorschrift zeigt, wie gefährlich sogar der bloße Aktenausdruck in der Herstellung ist, um rechtlich brauchbar zu werden. In bestem Neudeutsch enthält II Z 1 für Juristen, denen man heutzutage nicht einmal mehr das Große Latinum abverlangt, mit dem Begriff Integritätsprüfung ein schillerndes Gebilde auch vor allem für denjenigen Urkundsbeamten, der nicht in einem mehrgliedrigen Schulsystem gelernt hat. II wird auch im übrigen in der Alltagshast kaum stets mit der vom Gesetzgeber als Folge des ganzen Systems kompliziert genug ausgestatteten dreistufigen Sorgfalt zur Anwendung kommen. Andererseits dient ein korrekter Ausdruck nach § 416a der Beweiskraft. Man muß die Vorschrift daher behutsam abwägend und nicht allzu technikgläubig, aber auch nicht zu lasch handhaben.

3) Zulässigkeit eines Aktenausdrucks, I. Sie ist eigentlich selbstverständlich, Rn 1. Sie gilt beim gerichtlichen wie beim sonstigen elektronischen Dokument. Das zeigt der Verweis auf beide einschlägigen Vorschriften §§ 130a, b. Natürlich sind auch mehrere Ausdrucke gleichzeitig oder in beliebigem zeitlichen Abstand herstellbar, solange das elektronische Dokument noch lesbar vorhanden ist.

4) Vermerk, II. Zur rechtlichen Brauchbarkeit und insbesondere zur Beweiskraft nach § 416a ist ein Vermerk auf dem Aktenausdruck erforderlich. Ihn muß der Urkundsbeamte oder derjenige anbringen, der den Ausdruck sonst herstellt und in den Verkehr bringt. Der Vermerk muß drei Gesichtspunkte klären. Es handelt sich nicht etwa nur um eine Sollvorschrift. Es besteht daher kein bloßes Ermessen, sondern eine Amtspflicht zum Handeln.

A. Integritätsprüfung, II Z 1. Der Vermerk muß zunächst besagen, welches Ergebnis die sog Integritätsprüfung des Dokuments ausweist. Zu dieser sprachlichen Glanzleistung Rn 2. Sachlich soll man unter diesem Begriff etwas anderes als eine Authentizität verstehen. Wieso sich beides voneinander unterscheidet, besagt der Bericht des Rechtsausschusses BT-Drs 15/4952, der die Integritätsprüfung fordert, nicht anders als dahin, die Prüfung der Integrität und der Authentizität erfolge durch einen Abgleich der sog Hash-Werte zum Zeitpunkt des Signierens und zum Zeitpunkt des Aktenausdrucks. Was ein Hash-Wert ist, bleibt dem dortigen Leser verborgen. Man liest aber, die Prüfung könne automatisch durchgeführt werden und zusammen mit dem Auslesen von Zertifikatsdaten geschehen, und zwar ohne besonderen Aufwand. Man läßt also besser die Begriffe Integrität, Authentizität, Zertifikation ohne lateinisches Wörterbuch in der Hoffnung auf sich wirken, daß dieser ganze geheimnisvolle Vorgang automatisch klappen wird.

B. Signaturprüfung, II Z 2. Der Vermerk muß sodann klären, wen die Signaturprüfung als Inhaber der Signatur ausweist. Welchen Grad die Signatur haben muß, besagt die Vorschrift nicht. Vgl dazu §§ 130a I 2, 130b Hs 2. Zum Signaturbegriff § 130a Rn 4.

C. Zeitpunkt der Signaturprüfung, II Z 3. Der Vermerk muß schließlich klären, welchen Zeitpunkt die Signaturprüfung für die Anbringung der Signatur ausweist, wann der Verantwortliche das elektronische Dokument also „unterzeichnet" hat, um im herkömmlichen Deutsch zu bleiben. Maßgeblich ist nicht, wann die Signatur hätte erfolgen sollen, dürfen oder müssen, sondern, wann sie tatsächlich geschehen ist. Im Zweifel darf man nicht einen Zeitpunkt hinzudichten. Es kann zB beim Versäumnisurteil usw auf die genaue Uhrzeit ankommen.

5) Mindestspeicherungsdauer bis Rechtskraft, III. Das Gericht muß ein elektronisches Dokument mindestens bis zum rechtskräftigen Abschluß des Verfahrens speichern. Anders als bei der Aufbewahrung eines Papierdokuments nach § 298a II 2 ist die Speicherung eines elektronischen Dokuments nicht davon abhängig, daß es noch weiter benötigt wird. Denn die elektronische Aktenführung wird ja nun zur Regel. Auch bisherige Akten wurden ja unabhängig davon verwahrt, ob man sie noch brauchte.

Rechtskräftiger Verfahrensabschluß ist wie bei § 298a ein anderer Zeitpunkt als die formelle Rechtskraft des Urteils oder gar der ersten von mehreren Entscheidungen. Auch das Kostenfestsetzungsverfahren gehört zB noch zum „Verfahren" im Sinn von III. Es ist zulässig und nach den Regeln Rn 2 evtl durchaus geboten, über die gesetzliche bloße Mindestdauer hinaus in elektronischer Form zu speichern.

Das *Schriftgutaufbewahrungsgesetz*, abgedruckt und erläutert in Anh § 298a, gibt in seinem begrenzten Geltungsbereich Regeln zur Art und Weise der Speicherung und ihrer Höchstdauer.

298a *Elektronische Akte.* [I 1] Die Prozessakten können elektronisch geführt werden. [2] Die Bundesregierung und die Landesregierungen bestimmen für ihren Bereich durch Rechtsverordnung den Zeitpunkt, von dem an elektronische Akten geführt werden sowie die hierfür geltenden organisatorisch-technischen Rahmenbedingungen für die Bildung, Führung und Aufbewahrung der elektronischen Akten. [3] Die Landesregierungen können die Ermächtigung durch Rechtsverordnung auf die Landesjustizverwaltungen übertragen. [4] Die Zulassung der elektronischen Akte kann auf einzelne Gerichte oder Verfahren beschränkt werden.

[II 1] In Papierform eingereichte Schriftstücke und sonstige Unterlagen sollen zur Ersetzung der Urschrift in ein elektronisches Dokument übertragen werden. [2] Die Unterlagen sind, sofern sie in Papierform weiter benötigt werden, mindestens bis zum rechtskräftigen Abschluss des Verfahrens aufzubewahren.

§ 298a
Buch 2. Abschnitt 1. Verfahren vor den LGen

III Das elektronische Dokument muss den Vermerk enthalten, wann und durch wen die Unterlagen in ein elektronisches Dokument übertragen worden sind.

Vorbem. Eingefügt dch Art 1 Z 21 JKomG v. 22. 3. 05, BGBl 837, in Kraft seit 1. 4. 05, Art 16 I JKomG, ÜbergangsR Einl III 78.

Gliederung

1) Systematik, I–III 1	5) Übertragung in elektronisches Dokument, II 1 5
2) Regelungszweck, I–III 2	6) Mindestaufbewahrung bis Rechtskraft, II 2 6
3) Zulässigkeit elektronischer Aktenführung, I 1 3	7) Übertragungsvermerk, III 7
4) Rechtsverordnungen, I 2–4 4	

1 1) **Systematik, I–III.** Die Vorschrift bildet zusammen mit dem Schriftgutaufbewahrungsgesetz (SchrAG) in Art 11 JKomG, in Kraft seit 1. 5. 06, Art 16 II JKomG, und zusammen mit §§ 130 a, b die Basis für die allmähliche Überleitung in das elektronische Aktenführungssystem. Eine weitere Ergänzung befindet sich in der Regelung der zugehörigen Akteneinsicht in § 299 III und in zahlreichen weiteren Vorschriften, zB zur Erteilung von Ausfertigungen usw in § 317 III, V.

2 2) **Regelungszweck, I–III.** Ob der Übergang in das elektronische System ein Segen oder ein Fluch sein werden, kann mit gutem Gewissen derzeit niemand sagen. Die praktisch dem Urkundsbeamten übertragene Aufgabe der Entscheidung, ob und wann ein in Papier eingereichtes Schriftstück überhaupt noch nach seiner hoffentlich fehlerfreien Übertragung in ein elektronisches Dokument mindestens bis zum rechtskräftigen Verfahrensabschluß irgendwo als Papierform bestehenbleibt oder sogleich „ersetzt" wird, also in den Papierkorb wandert, ist ein geradezu atemberaubendes Unterfangen nach II 1, 2. Man kann nur hoffen, daß dabei keine unersetzbaren Verluste entstehen. Ob jemand nach 20 Jahren die derzeitigen elektronischen Systeme außerhalb einiger weniger Spezialinstitute weltweit überhaupt noch entziffern kann, ist ja eine offenbar nach bisherigen Erfahrungen wahrhaft offene Frage – Abschied von zweitausendjahrelanger Lesbarkeit sogar einer Steinschrift.

Umso *sorgfältiger* muß man eine Übertragung ins Elektronische vornehmen. Daher darf man die zugehörigen Anforderungen theoretisch gar nicht hoch genug ansetzen. In der überlasteten Alltagspraxis wird sich auch hier die verbreitete Sorglosigkeit folgenschwer durchsetzen, soweit das elektronische System überhaupt finanzierbar sein wird.

3 3. **Zulässigkeit elektronischer Aktenführung, I 1.** Sie besteht seit 1. 4. 05 theoretisch unbeschränkt. Sie beinhaltet noch keinerlei Pflicht zur Einführung, wohl aber im angeordneten Umfang eine Pflicht zur Durchführung für das Gericht nach I 1 und eine Möglichkeit (nicht Pflicht) zur Benutzung für die übrigen Prozeßbeteiligten nach § 130 a:

4 4. **Rechtsverordnungen, I 2–4.** Es sind die folgenden Rechtsverordnungen ergangen:
Bund:
Baden-Württemberg:
Bayern:
Berlin:
Brandenburg:
Bremen:
Hamburg:
Hessen:
Mecklenburg-Vorpommern:
Niedersachsen:
Nordrhein-Westfalen:
Rheinland-Pfalz:
Saarland:
Sachsen:
Sachsen-Anhalt:
Schleswig-Holstein:
Thüringen:

5 5. **Übertragung in elektronisches Dokument, II 1.** Zur Problematik und zu den daraus zwingend folgenden Sorgfaltsanforderungen Rn 2. Es handelt sich formell um eine bloße Sollvorschrift. Sie begründet formell ein pflichtgemäßes Amtsermessen. Der Urkundsbeamte darf zwar die Meinung des Vorsitzenden oder auch zB des Berichterstatters des Richterkollegiums oder des Rpfl einholen und wird sich praktisch strikt an Weisungen, Empfehlungen, Richtlinien halten. Natürlich darf er auch nicht eine mit der Bitte um Rückgabe nach Gebrauch zur Akte eingereichte Papierurkunde nach Übertragung ins Elektronische zerreißen und fortwerfen. Er handelt aber im übrigen in eigener Zuständigkeit und Verantwortung.

6 3) **Mindestaufbewahrung bis Rechtskraft, II 2.** Eine Pflicht zur Aufbewahrung der Papierform besteht überhaupt nur insoweit, als eine Unterlage in Papierform „weiter benötigt wird". Auch und gerade darüber muß man wie bei Rn 2 entscheiden. Beim geringsten Zweifel geht die Aufbewahrung jeder entgegengesetzten Bitte der Gerichtsverwaltung vor. Die Entscheidung kann Teil der nach § 26 DRiG, SchlAnh I, unangreifbaren richterlichen Entscheidungsfreiheit sein. Nötig machen kann zB die geringste etwaige Augenscheinsnahme zwecks Echtheitsprüfung, aber auch etwa eine Schwerlesbarkeit des Originals, irgendein Streit über ein Datum, eine Unterschrift, eine Randänderung usw. Maßgebend ist die Gesamtlage im Entscheidungszeitpunkt zur Aufbewahrungsfrage. Es empfiehlt sich dringend, die Gründe bloßer „Er-

Titel 1. Verfahren bis zum Urteil § 298a, Anh § 298 a

setzung" der Urschrift aktenkundig zu machen. Ein vernünftiger Beteiligter verweigert weder seine Mitwirkung noch seine Unterschrift oder Signatur dazu.

Rechtskräftiger Verfahrensabschluß ist wie bei § 298 ein anderer Zeitpunkt als die formelle Rechtskraft des Urteils oder gar der ersten von mehreren Entscheidungen. Auch das Kostenfestsetzungsverfahren gehört zB noch zum „Verfahren" im Sinn von II 2. Es ist zulässig und nach den Regeln Rn 2 evtl durchaus geboten, über die gesetzliche bloße Mindestdauer hinaus in Papierform aufzubewahren.

Das *Schriftgutaufbewahrungsgesetz*, abgedruckt und erläutert im Anh § 298 a, gibt für seinen begrenzten Geltungsbereich Regeln zur Art und Weise der Aufbewahrung und zu ihrer Höchstdauer.

7) Übertragungsvermerk, III. Er ist zwingend vorgeschrieben. Ihn muß der Urkundsbeamte selbst **7** dann anfertigen, wenn er die Übertragung auf Bitte oder Anweisung des Richters oder Rpfl vorgenommen hat. Der Urkundsbeamte muß ihn elektronisch so signieren, wie es der Bedeutung des Vermerks entspricht, also in der Regel qualifiziert elektronisch nach § 130 a Rn 4.

Anhang nach § 298 a. Schriftgutaufbewahrungsgesetz

SchrAG § 1. Aufbewahrung von Schriftgut. I Schriftgut der Gerichte des Bundes und des Generalbundesanwalts, das für das Verfahren nicht erforderlich ist, darf nach Beendigung des Verfahrens nur so lange aufbewahrt werden, wie schutzwürdige Interessen der Verfahrensbeteiligten oder sonstiger Personen oder öffentliche Interessen dies erfordern.

II 1 Schriftgut im Sinne des Absatzes 1 sind Aktenregister, Namensverzeichnisse, Karteien, Urkunden, Akten und Blattsammlungen sowie einzelne Schriftstücke, Bücher, Drucksachen, Karten, Pläne, Zeichnungen, Lichtbilder, Filme, Schallplatten, Tonträger und sonstige Gegenstände, die Bestandteil oder Anlagen der Akten geworden sind. 2 Satz 1 gilt für elektronisch geführte Akten und Dateien entsprechend.

III Die Regelungen des Zweiten Abschnitts des Achten Buches der Strafprozessordnung, auch in Verbindung mit § 49 c des Gesetzes über Ordnungswidrigkeiten, sowie die Anbietungs- und Übergabepflichten nach den Vorschriften des Bundesarchivgesetzes bleiben unberührt.

SchrAG § 2. Verordnungsermächtigung. I 1 Die Bundesregierung bestimmt durch Rechtsverordnung das Nähere über das aufzubewahrende Schriftgut und die hierbei zu beachtenden allgemeinen Aufbewahrungsfristen. 2 Die Rechtsverordnung bedarf nicht der Zustimmung des Bundesrates. 3 Die Bundesregierung kann die Ermächtigung auf das Bundesministerium der Justiz, das Bundesministerium für Wirtschaft und Arbeit, das Bundesministerium der Verteidigung sowie das Bundesministerium für Gesundheit und Soziale Sicherung insoweit übertragen, dass diese Bundesministerien Regelungen nach Satz 1 für das Schriftgut ihres jeweiligen Verantwortungsbereichs treffen können.

II 1 Die Regelungen zur Aufbewahrung des Schriftguts haben dem Grundsatz der Verhältnismäßigkeit, insbesondere der Beschränkung der Aufbewahrungsfristen auf das Erforderliche, Rechnung zu tragen. 2 Bei der Bestimmung der allgemeinen Aufbewahrungsfristen sind insbesondere zu berücksichtigen

1. das Interesse der Betroffenen, dass die zu ihrer Person erhobenen Daten nicht länger als erforderlich gespeichert werden,
2. ein Interesse der Verfahrensbeteiligten, auch nach Beendigung des Verfahrens Ausfertigungen, Auszüge oder Abschriften aus den Akten erhalten zu können,
3. ein rechtliches Interesse nicht am Verfahren beteiligter Personen, Auskünfte aus den Akten erhalten zu können,
4. das Interesse von Verfahrensbeteiligten, Gerichten und Justizbehörden, dass die Akten nach Beendigung des Verfahrens noch für Wiederaufnahmeverfahren, zur Wahrung der Rechtseinheit, zur Fortbildung des Rechts oder für sonstige verfahrensübergreifende Zwecke der Rechtspflege zur Verfügung stehen.

III Die Aufbewahrungsfristen beginnen mit Ablauf des Jahres, in dem nach Beendigung des Verfahrens die Weglegung der Akten angeordnet wurde.

Vorbem. Eingeführt als Art 11 JKomG v 22. 3. 05, BGBl 837, in Kraft seit 1. 5. 05, Art 16 II JKomG.

1) Systematik, §§ 1, 2. Die Vorschriften ergänzen §§ 298 III, 298 a II 2 ZPO mit ihren Mindestfristen **1** durch Einführung von Höchstzeiten der Aufbewahrung des Schriftguts und durch Regelung ihrer Art und Weise. § 1 II 1 bestimmt den Schriftgutbegriff. § 1 II 2 macht die Regelung für elektronische Akten entsprechend anwendbar. § 1 III läßt einschlägige Vorschriften der StPO, des OWiG und des BArchivG unberührt. § 2 I gibt eine Verordnungsermächtigung. § 2 II nennt den Verhältnismäßigkeitsgrundsatz als Leitgedanken zum Ob und Wie sowie zum Wielange der Aufbewahrung.

2) Regelungszweck, §§ 1, 2. Die Regelung dient sowohl dem Datenschutz als auch einer geordneten **2** rechtsstaatlichen Ermöglichung der Einsicht und sonstigen Benutzung durch jeden Berechtigten nach Verfahrensende. Die Auslegung erfordert die Beachtung beider Ziele.

3) Geltungsbereich, §§ 1, 2. Die Vorschriften gelten nur für Schriftgut und elektronische Akten der **3** Bundesgerichte und des Generalbundesanwalts, I 1. Das beruht auf Zweifeln des Gesetzgebers an seiner Kompetenz zur Regelung auch für die Länder nach Art 72 II GG im Anschluß an das Studiengebühr-Urteil des BVerfG vom 26. 1. 05 – 2 BvF 1/03 –, BT-Drs 15/4952.

4) Rechtsverordnung, § 2. Die BReg hat eine RVO nach § 2 I wie folgt erlassen:
Die in § 2 I 3 genannten BMinisterien haben für ihre Bereiche die folgenden Regelungen getroffen:
Justiz:
Verteidigung:
Gesundheit und Soziale Sicherung:

299 **Akteneinsicht; Abschriften.** [I] Die Parteien können die Prozeßakten einsehen und sich aus ihnen durch die Geschäftsstelle Ausfertigungen, Auszüge und Abschriften erteilen lassen.

[II] Dritten Personen kann der Vorstand des Gerichts ohne Einwilligung der Parteien die Einsicht der Akten nur gestatten, wenn ein rechtliches Interesse glaubhaft gemacht wird.

[III] [1] Werden die Prozessakten elektronisch geführt, gewährt die Geschäftsstelle Akteneinsicht durch Erteilung eines Aktenausdrucks, durch Wiedergabe auf einem Bildschirm oder Übermittlung von elektronischen Dokumenten. [2] Nach dem Ermessen des Vorsitzenden kann Bevollmächtigten, die Mitglied einer Rechtsanwaltskammer sind, der elektronische Zugriff auf den Inhalt der Akten gestattet werden. [3] Bei einem elektronischen Zugriff auf den Inhalt der Akten ist sicherzustellen, dass der Zugriff nur durch den Bevollmächtigten erfolgt. [4] Für die Übermittlung ist die Gesamtheit der Dokumente mit einer qualifizierten elektronischen Signatur zu versehen und gegen unbefugte Kenntnisnahme zu schützen.

[IV] Die Entwürfe zu Urteilen, Beschlüssen und Verfügungen, die zu ihrer Vorbereitung gelieferten Arbeiten sowie die Dokumente, die Abstimmungen betreffen, werden weder vorgelegt noch abschriftlich mitgeteilt.

Vorbem. III, IV idF Art 1 Z 22a, b JKomG v 22. 3. 05, BGBl 837, in Kraft seit 1. 4. 05, Art 16 I JKomG, ÜbergangsR Einl III 78.

Schrifttum: *Abel*, Datenschutz in Anwaltschaft, Notariat und Justiz, 2. Aufl 2003; *Hähnchen* NJW **05**, 2257 (Kosten usw); *Hirte*, Der Zugang zu Rechtsquellen und Rechtsliteratur, 1991; *Jansen*, Geheimhaltungsvorschriften im Prozeßrecht, Diss Bochum 1989; *Liebscher*, Datenschutz bei der Datenübermittlung im Zivilverfahren, 1994; *Werner*, Untersuchungen zum Datenschutz und zur Datensicherung bei der Anwendung elektronischer Datenverarbeitung im Zivilprozeß, Diss Bonn 1994.

Gliederung

1) Systematik, I–IV	1	8) Einsicht eines Dritten, II		23–30
2) Regelungszweck, I–IV	2	A. Parteieinwilligung oder rechtliches Interesse		23, 24
3) Geltungsbereich, I–IV	3	B. Beispiele zur Frage eines Einsichtsrechts durch Dritte, II		25–28
4) Datenschutz, I–IV	4	C. Entscheidung		29
5) Behördeneinsicht, I–IV	5–8	D. Rechtsbehelfe		30
A. Aktenübersendung	6, 7	9) Einsicht in elektronische Akte, III		31–35
B. Auskunft aus Akten	8	A. Aktenausdruck, Bildschirmwiedergabe, elektronische Übermittlung, III 1		32
6) Parteieneinsicht, I Hs 1, IV	9–18			
A. Einsichtsrecht	9			
B. Grenzen	10	B. Elektronischer Zugriff beim Mitglied einer Anwaltskammer, III 2, 3		33
C. Beispiele zur Frage einer Parteieneinsicht, I, III	11–17			
D. Rechtsbehelfe	18	C. Signatur, Schutz, III 4		34
7) Ausfertigungen usw, I Hs 2	19–22	D. Rechtsbehelfe		35
A. Grundsatz: Parteirecht auf Erteilung	19–21	10) *VwGO*		36
B. Rechtsbehelf	22			

1 **1) Systematik, I–IV.** Die Vorschrift stellt eine aus unterschiedlichen Gründen notwendige Regelung als Teil der Rechtsprechung dar, Hamm FGPrax **04**, 142 (deshalb ist § 23 EGGVG unanwendbar). Ohne §§ 299, 299 a müßte man sie nach allgemeinem Verwaltungsrecht in einer den Prozeßfortgang oft störenden Weise klären. Ergänzend gelten §§ 299 a, 760, 915 II, 915 b ff, §§ 996 II, 1001, 1016, 1022 II, 1023 und die AktO, § 29 VwVfG, Bohl NVwZ **05**, 133 (ausf), ferner die in Rn 3, 4 genannten Vorschriften anderer Verfahrensordnungen, etwa § 42 ZVG, § 72 GWB. Wegen des Datenschutzes Rn 4. Vgl §§ 12 ff EGGVG. § 299 bezieht sich auf eine bereits vorhandene Verfahrensakte, § 23 EGGVG demgegenüber auf die Frage, ob überhaupt ein Verfahren besteht, Brdb RR **01**, 1630.

Außerhalb des Justizbetriebs gelten in einigen Ländern Vorschriften zur Einsicht in Behördenakten, zB für Bundesbehörden das IFG v 5. 9. 05, BGBl 2722, in Schleswig-Holstein ein IFG v 25. 2. 00, GVBl 166. Diese Vorschriften treten aber gegenüber § 299 zurück. Er hat als Spezialgesetz Vorrang, Teschner SchlHA **02**, 222, auch als Bundesgesetz.

2 **2) Regelungszweck, I–IV.** Die Akteneinsicht ist wesentlicher Bestandteil der Parteiöffentlichkeit, § 357, LG Mü JB **00**, 260. Sie dient unter anderem der Durchsetzung von Artt 2 I, 20 III GG (Rpfl), BVerfG **101**, 404, Art 103 I GG (Richter), BVerwG NJW **88**, 1280, LG Mü JB **00**, 260. Sie dient aber auch der Rechtssicherheit nach Einl III 43 und der Prozeßwirtschaftlichkeit, Grdz 2 vor § 128, Ffm MDR **96**, 379. Sie ersetzt aber nicht eine nach § 270 S 1 oder sonstwie notwendige vollständige Übermittlung, Mü NJW **05**, 1230.

Weder gedankenlose *Großzügigkeit* noch gleichgültige *Strenge* sind bei der Auslegung angezeigt. Datenschutz, Persönlichkeitsschutz, Schweigepflicht stehen dem Grundrecht auf informationelle Selbstbestimmung und

Titel 1. Verfahren bis zum Urteil § 299

dem oft berechtigten Bedürfnis nach präziser Kenntnis eines evtl vorgreiflichen Vorganges gegenüber, wenn man die natürlich einzudämmende Sensationslüsternheit hinter vorgeschütztem „Informationsbedürfnis" einmal ausklammert. Der Richter muß wieder einmal abwägen. Ihn ermächtigt, genauer beauftragt bei II oft der Gerichtsvorstand auch dann fragwürdig zu einer Entscheidung, die nach dem Gesetz nun gerade Sache der Verwaltung wäre. Solche Art, Arbeit auf andere abzuwälzen, läßt sich auch beim AG nicht auf § 22 II GVG stützen, aM ZöGre 6 (aber diese Vorschrift nennt nur ein „anderes" AG oder ein LG). Derartiges darf nicht zu unüberlegter Einsichtserlaubnis führen, wohl aber natürlich zu begründeter, bei formeller Handhabung nur „im Auftrag" des Gerichtsvorstands. Vgl freilich Rn 6. Natürlich kann auch der Spruchrichter am besten entscheiden, ob und für welche Zeit die Prozeßakten derzeit entbehrlich sind und inwieweit ein Datenschutz gehen muß.

3) Geltungsbereich, I–IV. Die Vorschrift gilt in allen Verfahrensarten der ZPO, auch im arbeitsge- 3 richtlichen Verfahren, § 46 II 1 ArbGG. Die Einrichtung der Gerichtsakten richtet sich nach der Aktenordnung mit landesrechtlichen Ergänzungen. Das Einsichtsrecht umfaßt grundsätzlich die gesamten Akten mit Ausnahme der in III genannten Teile, LG Mü JB **00**, 260, und in den Grenzen Rn 4. Zu den Prozeßakten gehören auch die Zustellungsurkunden und die Beiakten. Urstücke von Parteiurkunden, Handelsbücher usw sind nicht Bestandteil der Akten, LG Hann KTS **84**, 500, Schneider MDR **84**, 109, wohl aber die Prozeßvollmacht. Eine zu den Generalakten der Gerichtsverwaltung genommene oder jedenfalls nicht in die Prozeßakten geheftete Eingabe eines Dritten unterliegt nicht einem Einsichtsrecht nach § 299, Brdb RR **00**, 1454.

§ 299 regelt die Einsicht usw durch die Parteien, ihre gesetzlichen Vertreter, ihre ProzBev, § 19 BerufsO (Wirksamkeit bezweifelt, AnwG Düss NJW **98**, 2296, zustm Römermann NJW **98**, 2249, abl Schlosser NJW **98**, 2794), aM AnwG Kblz NJW **98**, 2751, und durch den Streithelfer, § 66, sowie durch sonstige Dritte. Sondervorschriften gelten für den Dienstvorgesetzten, zB § 26 DRiG, BGH DRiZ **87**, 58, für die Handakten des Gerichtsvollziehers, § 760, und für Aufgebotsakten, §§ 996 II, 1001, 1016, 1022 II, 1023. Die Einsicht in das Schuldnerverzeichnis ist zunächst in §§ 915 ff geregelt. Ergänzend kann § 299 anwendbar sein. Die Einsichtnahme in die Akten nicht oder noch nicht bekanntgemachter Patentanmeldungen ist in §§ 28 I, 30 I PatG in Verbindung mit § 15 VO vom 5. 9. 68, BGBl 997, geregelt. § 299 kommt insofern nicht in Betracht, Boehme GRUR **87**, 668. In Patentnichtigkeitssachen entscheidet der Patentsenat selbst. Vgl zum Patentverletzungsprozeß § 99 III PatG, dazu BPatG GRUR **83**, 264 und 365. § 299 ist auch auf Zwangsversteigerungsakten anwendbar, Ffm Rpfleger **92**, 267, Stgt OLGR **97**, 66. Wegen der Einsicht in das Klageregister nach dem KapMuG SchlAnh VIII § 2 II.

Die Vorschrift ist nach § 4 InsO im Insolvenzverfahren *entsprechend* anwendbar, AG Drsd KTS **02**, 596, Uhlenbruck KTS **89**, 527 (Üb), zB auf die Gläubiger, Brdb KTS **99**, 379, LG Potsd Rpfleger **97**, 450, Haarmeyer/Seibt Rpfleger **96**, 221 (evtl auch auf einen Dritten), oder auf den Insolvenzverwalter, LG Hagen Rpfleger **87**, 427, wegen eines Gutachtens vor Eröffnung LG Magdeb Rpfleger **96**, 365, AG Potsd Rpfleger **98**, 37. Wegen § 78 I 1 *FGO* FGH NJW **94**, 752.

4) Datenschutz, I–IV, dazu neben den vor Rn 1 Genannten *Prütting* ZZP **106**, 427, *Wagner* ZZP **108**, 4 193 (ausf): Das BDSG und die Datenschutzgesetze der Länder sind beachtlich, aber nicht stets vorrangig, BGH VersR **88**, 38 (zu § 915 aF), Prütting ZZP **106**, 456, aM LG Hof Rpfleger **90**, 27 (es sei stets nachrangig. Aber man muß in der Beurteilung dessen, was spezieller sein kann, vorsichtig sein). Man muß seine Anwendbarkeit im Einzelfall prüfen, insbesondere unter dem Gesichtspunkt des Rechts auf informationelle Selbstbestimmung, Einf III 21, Ehmann CR **89**, 49. Zur Problematik auch Dauster/Braun NJW **00**, 313, Hirte NJW **88**, 1698. Art 2 I GG enthält einen Gesetzesvorbehalt auch zugunsten der ZPO. Es kommt für den Umfang des Einsichtsrechts stets auf den Einsichtszweck und dessen Grenzen mit an, AG Köln KTS **89**, 936. Vgl ferner zB §§ 12 ff EGGVG, §§ 35 I SGB I, 67 ff, 78 SGB X, BGH DRiZ **87**, 58. § 117 II 2 kann außerhalb eines PKH-Verfahrens entsprechend anwendbar sein, Nürnb MDR **99**, 315 (Attest nicht an Gegner).

5) Behördeneinsicht, I–IV. Die Einsicht durch Behörden ist öffentlichrechtlich, Art 35 I GG, KG 5 OLGZ **90**, 299, Holch ZZP **87**, 14, Schnapp/Friehe NJW **82**, 1422.

A. Aktenübersendung. Zuständig zur Entscheidung über die Einsicht im engeren Sinn, also für 6 diejenige durch eine Aktenübersendung, ist der Gerichtsvorstand, Holch ZZP **87**, 23, Uhlenbruck KTS **89**, 538 aM ZöGre 8 (auch der Vorsitzende). In einem schwebenden Verfahren darf die Übersendung nur mit Zustimmung des erkennenden Gerichts erfolgen, Rn 15. Die in der Praxis übliche Übertragung des Entscheidungsrechts vom Gerichtsvorstand auf denjenigen Richter, um dessen Abteilungsakten es geht, AG Potsd Rpfleger **98**, 37, ist zwar oft sinnvoll, trotzdem aber oft nicht unproblematisch, Rn 2. Sie ist aber grundsätzlich nicht unzulässig und wohl meist zweckmäßig, Teschner SchlHA **02**, 222, Uhlenbruck KTS **89**, 334. Soweit der Vorsitzende oder das Kollegium entscheiden, liegt in Wahrheit eine in richterlicher Unabhängigkeit ausgeübte Tätigkeit vor. Das Gericht darf Ehescheidungsakten ohne das Einverständnis beider Parteien auch bei einer Rechts- und Amtshilfe nur dann zugänglich machen, wenn das nicht außer Verhältnis zur Bedeutung der Sache und zur Stärke des Tatverdachts steht, BVerfG **87**, 352.

Das Gericht muß ferner Akten insbesondere der *freiwilligen Gerichtsbarkeit* vor einer Herausgabe auch bei 7 einer Anforderung nach § 273 auf ihre Geheimhaltungsbedürftigkeit überprüfen, zB wegen psychiatrischer Gutachten, Rn 23. Steuerakten sind unverwertbar, solange der Betroffene das Finanzamt nicht von der Verschwiegenheitspflicht entbindet, BAG NJW **75**, 408 (freilich ist eine Weigerung des Betroffenen evtl mitverwertbar), § 286.

B. Auskunft aus Akten. Bei dem Verlangen um eine Auskunft aus einer Akte, die nicht übersandt 8 werden soll, handelt es sich um ein Verlangen nach einer Akteneinsicht im weiteren Sinn. Da die Akte beim Gericht bleibt, scheint eine Mitwirkung des Prozeßgerichts nicht erforderlich zu sein. Es handelt sich aber bei der Auskunftserteilung bei genauer Betrachtung um eine richterliche Tätigkeit, Uhlenbruck KTS **89**, 528. Daher empfiehlt es sich für den Gerichtsvorstand, die Zustimmung des Prozeßgerichts einzuholen oder

§ 299

ihm die Entscheidung zu überlassen, Holch ZZP **87**, 25. Wegen einer Auskunft aus dem Schuldnerverzeichnis gelten §§ 915 ff.

9 6) Parteieneinsicht, I Hs 1, IV. Ihre Grenzen sind nicht immer klar.
A. Einsichtsrecht. Die Parteien haben ein Einsichtsrecht. Parteien sind nur diejenigen im Sinn von Grdz 4 vor § 50, LG Mönchengladb NJW **89**, 3164, großzügiger Ffm JB **89**, 867, KG NJW **89**, 534.
  Hierher gehören allerdings auch der Streithelfer nach § 66 und der Bevollmächtigte, auch zB der Bezirksrevisor bei § 127, Karlsr Rpfleger **88**, 425, auch ein weiterer Gläubiger, AG Dortm AnwBl **94**, 480, auch zB bei § 903, dort Rn 3, nicht aber der bloße Streitverkündete, § 72. Die Parteien haben grundsätzlich, das Recht, die gesamten Prozeßakten einzusehen, KG NJW **88**, 1738, LG BadBad JB **90**, 1348, LG Kref JB **90**, 1347. Zu den Akten gehört grundsätzlich alles, was den Akten beiliegt und was das Gericht im Prozeß verwerten will, darf, soll oder zulässig verwertet hat, also auch Urkunden, § 134 II. Nicht dazu gehören Entscheidungsentwürfe, Voten und andere interne Beratungsunterlagen, §§ 192, 193 GVG, Teschner SchlHA **02**, 222. Wegen der Erklärung nach § 117 vgl dort Rn 27, BGH **89**, 67 (kein Einsichtsrecht), Uhlenbruck KTS **89**, 529. Beim elektronischen Dokument nach § 130a beschränkt sich die Einsicht nach III auf einen von der Geschäftsstelle anzufertigenden Ausdruck. Schon die „Anfertigung" kann eine Dokumentenpauschale entstehen lassen, KV 9000, erst recht die „Erteilung", also Aushändigung, oder die „Übermittlung". Zuständig ist jeweils das Prozeßgericht, Schlesw MDR **90**, 254.

10 B. Grenzen. Eine Bitte der übersendenden Behörde, die Akten den Parteien nicht zugänglich zu machen, bindet zunächst das Gericht. Das gilt namentlich für Strafakten im Vorverfahren. Ihre Beifügung im Zivilprozeß darf sie nicht offenlegen. Die Entscheidung darüber, ob und wem sie zugänglich sein sollen, steht der Staatsanwaltschaft zu. Im übrigen kann die betroffene Partei nach §§ 12 ff, 23 ff EGGVG klären lassen, ob die Behörde den Parteien zugänglich machen darf und muß, Köln RR **99**, 1562. Läßt das Gericht Akten nach § 273 beifügen, so wird es zweckmäßig die Erlaubnis einholen. Soweit die Akteneinsicht versagt ist, darf das Gericht natürlich ihren Inhalt auch nicht vorgetragen lassen und nicht als Beweismittel verwerten.

11 C. Beispiele zur Frage einer Parteieneinsicht, I, IV
Anwaltszwang: Eine Einsicht unterliegt nicht dem Anwaltszwang.
Arbeitsgerichtsverfahren: Rn 16 „Rechtshängigkeit".
Auskunft: Das Einsichtsrecht gibt *nicht* stets auch ein Auskunftsrecht. Auskünfte aus Geheimakten darf nur die für diese zuständige Stelle geben.
Auswärtige Einsicht: Die Aktenversendung nach auswärts, auch an einen dortigen Anwalt, kommt nur *ausnahmsweise* in Betracht. Freilich kann die Übersendung an ein dortiges Gericht zur dortigen Einsicht ratsam sein. Wegen der Versendungskosten gilt KV 9003, Hartmann Teil I (abweichende ältere Ansichten sind überholt).
  Der Vorsitzende entscheidet im Rahmen pflichtgemäßen *Ermessens*, Rn 13 „Einsichtsort".

12 Behördenakte: S „Beiakte".
Beiakte: Für eine Beiakte gilt grds dasselbe wie für die Hauptakte, soweit auch die Beiakte der Einsicht eines Privaten offensteht, BayObLG **75**, 281. Im übrigen benötigt das Gericht zur Gestattung der Einsicht evtl die Genehmigung der zuständigen Behörde oder des Betroffenen, LG Hann KTS **84**, 500. Diese muß es auch im Zweifel einholen, LG Mü JB **00**, 260, Schneider MDR **84**, 109 (ausf).
Beratungsunterlagen: Rn 9.
Berichterstatter: Äußerungen des Berichterstatters in einer Gerichtsakte gehören als interne Vorbereitungsvorgänge *nicht* zu den einsehbaren Prozeßakten, §§ 192, 193 GVG.
Dienstliche Äußerung: Rn 17 „Selbstablehnungsanzeige".

13 Einsichtsort: Die Einsicht erfolgt grds nur an der Gerichtsstelle, BSG MDR **77**, 1051, Brdb FamRZ **04**, 388, Düss MDR **87**, 768. Aufsicht führt der Urkundsbeamte der Geschäftsstelle bzw im Sitzungssaal usw der Vorsitzende.
  Ausnahmsweise darf das Gericht eine Einsicht des *Anwalts* bei diesem gestatten, Ffm MDR **89**, 465, Hamm FamRZ **91**, 93, LG Köln Rpfleger **89**, 334. Maßgeblich ist auch das pflichtgemäße Ermessen des Vorsitzenden, Brdb FamRZ **04**, 388, Hamm FamRZ **91**, 93, LG Mü JB **00**, 260, aM Köln RR **86**, 1125, Schneider MDR **84**, 108 (des Kollegiums). Aber dergleichen zählt zum Kernbereich typischer Leitungsaufgaben). In der Zwangsvollstreckung entscheidet der Rpfl, Ffm MDR **89**, 465, Hamm NJW **90**, 843, LG Bln Rpfleger **89**, 468.
  Der Vorsitzende muß alle Umstände *abwägen*, Rn 15 „Geschäftsgang", Hamm FamRZ **91**, 93, BSG MDR **77**, 1051, LG Mü JB **00**, 260. Wegen der Versendungskosten §§ 9 I, 17 GKG, KV 9003.
  S auch Rn 11 „Auswärtige Einsicht":
Elektronisches Dokument: Es gilt III.

14 Entscheidung: Ein Antrag auf eine bloße Akteneinsicht durch einen Anwalt am Ort bedarf keiner förmlichen Entscheidung, Köln RR **86**, 1125. Freilich meint er meist eine Übersendung in seine Kanzlei. Diese ist entscheidungsbedürftig.
Entwurf: *Nicht* zu den einsehbaren Prozeßakten gehören die Entscheidungsentwürfe vor wie nach der Verkündung der zugehörigen Reinschriften, §§ 192, 193 GVG. Entwurf ist eine noch nicht voll unterschriebene oder signierte und noch nicht gesetzmäßig verkündete Entscheidung, § 311 Rn 2, Schneider MDR **84**, 109. Ein Gutachten zählt nicht nach IV, Düss RR **00**, 926.
  S auch Rn 12 „Berichterstatter", Rn 17 „Urschrift".
Geheimakte: Rn 11 „Auskunft".
Geheimhaltungsbedürfnis: Das Gericht muß es zugunsten eines Betroffenen mit in die Abwägung einbeziehen, Köln RR **99**, 1562. Es muß dabei aber auch den Parteianspruch auf rechtliches Gehör mitbeachten, Liebscher (vor Rn 1) 74, Prütting ZZP **106**, 456.
Generalakte: § 80 Rn 13.
Generalvollmacht: § 80 Rn 13.

Titel 1. Verfahren bis zum Urteil **§ 299**

Gerichtsstelle: Rn 13 „Einsichtsort".
Geschäftsgang: Im Rahmen des Ermessens, ob der Anwalt die Akten außerhalb der Gerichtsstelle einsehen **15** darf, Rn 13 „Einsichtsort", muß das Gericht mitprüfen, ob die Akten derzeit im Rahmen eines geordneten Geschäftsgangs überhaupt, für wen und für welchen Zeitraum entbehrlich sind. Werden sie demnächst eilig benötigt, zB zur Vorbereitung eines Termins oder wegen neuer Eingänge, so soll das Gericht sie nicht versenden, Hamm NJW **90**, 843, LG Heilbr Rpfleger **89**, 468 (Zwangsvollstreckung), Uhlenbruck KTS **89**, 539.
    Es kann freilich *mißbräuchlich* sein, einem Anwalt die Herausgabe generell mit der Begründung zu versagen, der geordnete Geschäftsgang habe Vorrang, Hamm NJW **90**, 843, LG Kref JB **90**, 1347, LG Osnabr JB **91**, 267. Zum Steuerprozeß Oswald AnwBl **83**, 253.
Häusliche Einsicht: Rn 13 „Einsichtsort". **16**
Insolvenzakte: Ein künftiger Gläubiger kann schon im Eröffnungsverfahren ein schutzwürdiges Einsichtsinteresse haben, etwa zwecks Prüfung, ob eine Stammeinlage erbracht ist, Köln RR **99**, 1562. Ein Dritter kann auch dann Einsicht in die Insolvenzakte erhalten, wenn er wegen Einstellung mangels Masse Insolvenzgläubiger hätte sein können, Ffm MDR **96**, 379.
    S auch Rn 25 „Insolvenzverfahren".
Prozeßbevollmächtigter: Er darf Behörden- und Gerichtsakten nur an Mitarbeiter aushändigen usw, § 19 BerufsO (Wirksamkeit bezweifelt, Rn 3, AnwG Düss NJW **98**, 2296).
Prozeßkostenhilfe: Vermögensangaben nach § 117 II gehören *nicht* zu den einsehbaren Prozeßakten, sondern zu den gesondert anzulegenden Sonderakten des Prozeßkostenhilfeverfahrens zur Frage der Bedürftigkeit, § 117 Rn 27. Soweit freilich solche Angaben in demselben Schriftsatz stehen, der auch zu den der Anhörung des Gegners unterliegenden Fragen der Erfolgsaussicht Stellung nimmt, ist eine Trennung technisch kaum möglich.
Rechtshängigkeit: Vor der Rechtshängigkeit nach § 261 Rn 1 kommt eine Einsicht für den Antragsgegner oder Bekl *keineswegs* in Betracht, aM Hamm OLGR **94**, 96 (dann besteht noch gar kein Prozeßrechtsverhältnis nach Grdz 4 vor § 128. Vgl freilich § 920 Rn 8). Vor diesem Zeitpunkt besteht ein Einsichtsrecht auch nicht auf Grund einer sog Schutzschrift nach Grdz 7 vor § 128, Liebscher (vor Rn 1) 95, Prütting ZZP **106**, 458, auch nicht im arbeitsgerichtlichen Verfahren, Hilgard, Die Schutzschrift im Arrest- und Einstweiligen Verfügungsverfahren (1983) 46, aM Marly BB **89**, 773 (aber wo lägen die Grenzen, auch des Datenschutzes?).
Rechtskraft: Sie beendet keineswegs stets das Einsichtsrecht, aM ZöGre 2 (aber auch dann kann noch ein ganz erhebliches solches Einsichtsbedürfnis bestehen, etwa zur Klärung von Abweichungen einer Ausfertigung von der Urschrift oder zur Vorbereitung eines Schadensersatz- oder Wiederaufnahmeverfahrens).
Schutzschrift: Rn 16 „Rechtshängigkeit". **17**
Selbstablehnungsanzeige: Die Anzeige nach § 48 gehört wegen der Notwendigkeit einer Anhörung der Parteien, § 48 Rn 7, zu den Prozeßakten. Daher unterliegt sie ebenso wie eine sonstige dienstliche Äußerung der Parteieinsicht.
Übersendung: Rn 11 „Auswärtige Einsicht", Rn 13 „Einsichtsort".
Urschrift: Zu den Prozeßakten gehören die Urschriften der Entscheidungen, auch wenn diese beim entscheidenden Gericht gesammelt zurückbleiben.
    S auch Rn 13 „Entwurf".
Vollmacht: Sie muß entweder als Prozeßvollmacht oder als sonstige Vollmacht aktenkundig sein.
Votum: Rn 9.

D. Rechtsbehelfe. Wenn ein Mitglied des Kollegiums oder der Urkundsbeamte der Geschäftsstelle die **18** Einsicht verweigert, ist die Anrufung des Gerichts zulässig, § 140 entsprechend. Das gilt auch bei einem Urkundsbeamten beim OLG oder BGH, § 573 III. Bei einer Entscheidung des Rpfl ist sofortige Beschwerde zulässig, (jetzt) § 573 II, LG Köln Rpfleger **89**, 334, Schneider MDR **84**, 109, aM Brdb RR **00**, 1454 (sogleich Beschwerde, zum altem Recht). Die Ansicht, die Entscheidung sei stets nur zusammen mit dem Endurteil anfechtbar, bezeugt nur nach einer Verweigerung in der mündlichen Verhandlung, Schneider MDR **84**, 109. Manche befürworten bei einer Übertragung nach Rn 6 die Vorlage beim Gerichtsvorstand und gegen ihn das Verfahren nach § 23 EGGVG, Uhlenbruck KTS **89**, 534. Vgl aber Rn 1.
    Eine *Rechtsbeschwerde* ist unter den Voraussetzungen des § 574 denkbar.

7) Ausfertigungen usw, I Hs 2. Die Regelung zeigt wenig Probleme. **19**

A. Grundsatz: Parteirecht auf Erteilung. Die Parteien nach Grdz 4 vor § 50 einschließlich des Streithelfers nach § 66 und des Bevollmächtigten, nicht aber der bloße Streitverkünder § 72 haben auf Grund ihres Antrags ein Recht auf die Erteilung von Ausfertigungen nach § 317 Rn 8 und von Auszügen und Abschriften, auch unbeglaubigten, aus den Gerichtsakten, also auch auf eine Protokollabschrift, Celle Rpfleger **82**, 388. Diese darf das Gericht freilich nicht schon nach der ZPO von Amts wegen erteilen, zumal die Parteien die erforderlichen Abschriften ihrer Schriftsätze nach § 133 selbst vorlegen sollen.
    Zweck der Vorschrift ist, der Partei die zum ordnungsmäßigen Prozeßbetrieb trotzdem noch nötigen Unter- **20** lagen zu sichern, BVerwG NJW **88**, 1280. Darum muß das Gericht einen Antrag trotz der grundsätzlichen Entbehrlichkeit eines rechtlichen Interesses ausnahmsweise als mißbräuchlich ablehnen, wenn die Partei ohne ein begründetes Interesse statt einer einfachen Abschrift eine Ausfertigung fordert oder wenn sie eine größere Anzahl von Abschriften oder umfangreichere Abschriften verlangt, obwohl sie oder ihr Anwalt sich mühelos aus den Akten die nötigen Aufzeichnungen machen könnte, Einl III 54. Überhaupt muß die Anfertigung dem Gericht zumutbar sein, LG Magdeb Rpfleger **96**, 523. Die Partei kann auslagenfrei mindestens eine vollständige und eine „kurze" Urteilsausfertigung fordern, KV 9000 III a.
    Der sog *Drittgläubiger,* der das Offenbarungsverfahren nach §§ 807, 900 ff nicht betrieben hat, ist wegen § 903 nicht Dritter, dort Rn 3, 7. Er kann also Einsicht fordern, Ffm MDR **89**, 465, LG Kaisersl JB **93**, 436,

§ 299

ZöStö § 900 Rn 27, aM Schlesw MDR **90**, 254 (aber eine Einsichtnahme ist oft prozeßwirtschaftlich hilfreich).

21 Der Antragsteller kann eine Abschrift aber nur verlangen, wenn er im Besitze eines *vollstreckbaren Titels* ist, der mit einer Klausel versehen und zugestellt ist. Hat der Antragsteller nicht eine Prozeßkostenhilfe nach §§ 114 ff, so kann die Geschäftsstelle die Erteilung der Ausfertigung usw von der vorherigen Zahlung der Dokumentenpauschale abhängig machen, (jetzt) § 17 II GKG, aM Hamm Rpfleger **89**, 469 (aber die Justizverwaltung ist keine billige Bank). Bei einer Überlastung darf die Gerichtsstelle die Erteilung nicht ablehnen, wohl aber zurückstellen. Es besteht kein Anwaltszwang, § 78 V Hs 2. Es entscheidet der Urkundsbeamte der Geschäftsstelle. Die Parteien können sich aus den Akten auch selbst Abschriften anfertigen.

22 **B. Rechtsbehelf.** Gegen die Entscheidung des Urkundsbeamten kann man das Gericht anrufen, § 573 I. Gegen seine Entscheidung ist sofortige Beschwerde nach (jetzt) statthaft, § 573 II, Brdb FamRZ **04**, 388. Auch ist eine Ablehnung nach § 42 denkbar, Köln MDR **01**, 891. Eine Rechtsbeschwerde kommt unter den Voraussetzungen des § 574 in Betracht. Ein Verstoß bedeutet nicht stets auch eine Verletzung des an sich von § 299 geschützten Art 103 I GG, BVerwG NJW **88**, 1280 (anders, wenn eine Bitte um Fristverlängerung zwecks Verwertung einzusehender Unterlagen unbeschieden blieb). Beim Verstoß gegen Art 103 I GG kommt auch das gegen die Hauptsacheentscheidung statthafte Rechtsmittel in Betracht. Beim Rpfl gilt § 11 RPflG, § 104 Rn 41 ff. § 23 EGGVG ist unanwendbar, Rn 1.

23 **8) Einsicht eines Dritten, II.** Es gelten die folgenden Regeln.
A. Parteieinwilligung oder rechtliches Interesse. Solchen Personen, die noch nicht oder nicht mehr Prozeßpartei nach Grdz 4 vor § 50 oder Streithelfer nach § 66 oder deren Bevollmächtigte sind oder waren, OVG Münst MDR **78**, 258, Willikowsky BB **87**, 2015 (Einsicht in eine Schutzschrift, Grdz 7 vor § 128), steht kein allgemeines gesetzliches Einsichtsrecht zu, KG NJW **88**, 1738, Saarbr RR **01**, 931. Ihnen kann der Gerichtsvorstand allenfalls die Akteneinsicht im Rahmen einer Ermessensausübung gestatten, Rn 24. Zuständig ist der aufsichtsführende Amtsrichter oder Präsident, nicht der Vorsitzende des Kollegiums. Wegen der in der Praxis üblichen Übertragung der Entscheidung vom Gerichtsvorstand auf einzelne Richter Rn 2, 6. Man darf die Einsicht nicht schon wegen allgemeiner Arbeitsbelastung usw verweigern, LG Köln JB **93**, 241. Man kann sie gestatten, wenn entweder beide Parteien einwilligen, Keller NJW **04**, 413, oder wenn der Antragsteller ein rechtliches und nicht nur berechtigtes oder gar nur wirtschaftliches Interesse glaubhaft macht, § 294, Ffm RR **04**, 1194, KG MDR **76**, 585 (rechtlicher Bezug zum Prozeßstoff), Köln KTS **91**, 205.

In beiden Fällen übt der Gerichtsvorstand sein pflichtgemäßes *Ermessen* aus, Keller NJW **04**, 413. Er muß auch ein Geheimhaltungsinteresse der Parteien beachten, BGH KTS **98**, 582 (deshalb evtl Anhörung des Schuldners nötig), BPatG GRUR **84**, 342, LG Nürnb-Fürth JB **93**, 241. Der Dritte hat also Anspruch auf eine Entscheidung ohne Ermessensfehler, Haertlein ZZP **114**, 470, Teschner SchlHA **02**, 222.

Er muß ferner das absolute *Vorrecht des Spruchrichters* beachten, die Akten während der gesamten Verfahrensdauer zur Verfügung zu behalten, Keller NJW **04**, 413, Teschner SchlHA **02**, 222. Das gilt zumindest, solange er mit solchem Wunsch keinen offensichtlichen Mißbrauch treibt, Köln NJW **99**, 1562. Der Spruchrichter und nicht der Gerichtsvorstand übt in richterlicher Unabhängigkeit ein Ermessen aus. Daher ist zunächst seine Einwilligung erforderlich. Der Spruchrichter kann auch die Dauer der Herausgabe bestimmen. Er kann den Gerichtsvorstand insofern binden. Denn der Gerichtsvorstand ist Hilfsorgan der Rechtsprechung, nicht umgekehrt.

24 Die Ermessensausübung des Gerichtsvorstands beginnt überhaupt erst nach diesen Vorklärungen und *nach* der *Feststellung eines rechtlichen Interesses*, BGH KTS **98**, 582, Düss RR **00**, 926, Saarbr RR **01**, 931, aM Ffm KTS **97**, 672 (aber auch für den Vorstand gilt die Logik). Ein rechtliches Interesse hat jeder, dessen Rechtskreis oder die einzusehende Urkunde oder Erklärung auch nur mittelbar berühren, Brschw Rpfleger **97**, 229, Celle NJW **04**, 864, Hbg RR **02**, 139. Es muß ein auf Rechtsnormen beruhendes gegenwärtiges Verhältnis einer Person zu einer anderen oder zu einer Sache vorliegen, BGH NJW **90**, 842, Hamm RR **97**, 1490 (Schutzzweck der jeweiligen Norm), KG NJW **89**, 534. Es ist allerdings aus Gründen der Prozeßwirtschaftlichkeit nach Grdz 14 vor § 128 wohl meist eine weitherzige Handhabung am Platz, BGH RR **94**, 381 (er unterscheidet haarfein zwischen rechtlichem und weitergehendem berechtigten Interesse), BPatG GRUR **92**, 56, Hbg RR **02**, 139. Es sind jedenfalls nicht so strenge Aufrechnungen wie bei § 256 nötig.

25 **B. Beispiele zur Frage eines Einsichtsrechts durch Dritte, II**
Abschrift: Auf eine Abschrift hat ein Dritter grds *keinen* Anspruch, großzügiger Celle JB **91**, 81, LG Bln NJW **02**, 838 – StPO – (je: für fachjournalistische bzw wissenschaftliche Zwecke; vgl „Forschung"). Indessen kann die Justizverwaltung sie gestatten. Sie sollte das großzügig tun, natürlich nach Schwärzung von Namen, Anschriften, nicht erforderlichen Zahlen usw wie üblich, Rn 29. Das gilt zB bei einer Urteilsabschrift zum Gebrauch durch einen Sachverständigen, durch einen Verband, für eine wissenschaftliche Arbeit usw. Sie ist evtl auslagenfrei, §§ 4 IV, 12 JVKostO, Hartmann Teil VIII A.
Aktenteil: Es kann ratsam oder notwendig sein, die Einsicht des Dritten auf einen bestimmten Aktenteil zu beschränken, Pardey NJW **89**, 1647.
Ausforschung: *Nicht* ausreichend ist nur ein wirtschaftliches Ausforschungsinteresse, selbst wenn es zur Grundlage einer Klage gegen eine der bisherigen Parteien werden kann, BGH NJW **90**, 842, Hbg RR **02**, 139, Saarbr RR **01**, 931. Man sollte aber nicht zu streng werden, Rn 24. Das wirtschaftliche kann nämlich zum rechtlichen Interesse werden und dann ausreichen, Hbg RR **02**, 139.
S auch „Forschung".
Behörde: Sie ist *kein* Dritter, Rn 5. Das gilt auch für eine Steuerfahndungsstelle. Ihr muß der Vorsitzende ohnehin beim Verdacht eines Steuerdelikts die Akten evtl von Amts wegen zuleiten. Auch der Dienstvorgesetzte des Gerichts ist kein Dritter, BGH DRiZ **87**, 58.
Bezugnahme: Sie reicht noch nicht, ZöGre 6 a, aM Saarbr OLGR **00**, 297 (aber dann wäre praktisch jede Ausforschung offen).

Titel 1. Verfahren bis zum Urteil § 299

Einzelfrage: Ihre Klärung ist kaum ausreichend, aM Hamm RR **97**, 1490 (zu großzügig).
Fachzeitschrift: S „Abschrift".
Forschung: Zwar gibt ein rein wissenschaftliches Forschungsinteresse keinen verfassungsunmittelbaren Anspruch, BVerfG NJW **86**, 1278, Keller NJW **04**, 413, Peglau NJ **93**, 443 (ausf), auch nicht nach Art 5 III GG (das wäre reichlich hochgegriffen). Indessen sollte man bei einwandfrei wissenschaftlichen Motiven großzügig sein, Haertlein ZZP **114**, 441, Keller NJW **04**, 413. Das gilt unabhängig davon, ob die einzusehende Entscheidung zur Veröffentlichung vorgesehen ist (wer weiß, wann das endlich geschehen wird?). Es kann auch ein rechtliches Interesse an der Einsicht der ganzen Akte bestehen, Keller NJW **04**, 414 (auch zum Anforderungsverfahren).
S aber auch „ Abschrift", „Ausforschung".
Informationelle Selbstbestimmung: Das Recht der Parteien auf sie ist bei der Ermessensausübung mitbeachtlich, BVerfG NJW **88**, 3009.
Insolvenzverfahren: Ausreichend ist zugunsten eines Titelinhabers die Ablehnung der Eröffnung, Brschw Rpfleger **97**, 229, Celle NJW **04**, 864, Hbg MDR **02**, 235. Der Schuldner mag anzuhören sein, BGH KTS **98**, 582.
Ein nicht Verfahrensbeteiligter hat *kaum* ein Einsichtsrecht, Köln RR **98**, 407, aM Brdb MDR **98**, 1433 (aber auch im Insolvenzverfahren besteht Datenschutz, Persönlichkeitsschutz und oft ein gewerbliches Schutzbedürfnis). Eine Auskunft dazu, ob überhaupt ein Insolvenzverfahren besteht, gehört nicht nach § 299, sondern nach § 23 EGGVG, Rn 1, Brdb RR **01**, 1630.
S auch Rn 16 „Insolvenzakte".
Kostenersparnis: S „Musterprozeß".
Musterprozeß: Ausreichend kann die Bemühung sein, rechtliche Vergleichsmaßstäbe für einen ähnlichen Streit zu erhalten. Dieser mag vor Gericht anhängig sein, KG OLGZ **84**, 478, aM LG Mönchgladb NJW **89**, 3164, oder noch außergerichtlich bestehen. Es mag dasselbe Gericht zuständig sein, aber auch ein anderes. Es kann sich sogar um einen Streit außerhalb der deutschen Gerichtsbarkeit handeln, Hbg OLGZ **88**, 53. Es reicht auch aus, Kosten zu sparen.
Neugier: *Nicht* ausreichend ist eine bloße Neugier. 26
Parallelprozeß: Ausreichend sein kann eine Überlagerung der Sachverhalte mit möglicher Gesamtschuldnerschaft beider Bekl, Drsd VersR **03**, 85.
Presse: Ausreichen kann ein Interesse der Presse. Vgl aber Rn 4.
S auch „Neugier".
Sachverständiger: Ausreichen kann das Interesse eines Sachverständigen am Fortgang oder jedenfalls am Ausgang des Prozesses, auch eines Musterprozesses, Rn 25 „Musterprozeß".
S auch Rn 25 „Abschrift".
Schwarze Liste: Vgl §§ 915 ff.
S auch Rn 27 „Vermögensverzeichnis".
Streitverkündung: Der Streitverkündete hat grds schon vor einem Beitritt, nämlich zwecks Entscheidung über seine Vornahme ein rechtliches Interesse.
Verband: Ausreichen kann das Interesse eines Fachverbandes. Vgl aber Rn 4.
S auch Rn 25 „Abschrift".
Verfahrensfremder: *Nicht* ausreichend ist eine Absicht, Tatsachen über einen Verfahrensfremden zu ermitteln, Brdb RR **01**, 1419.
Veröffentlichung: Sie ist auch durch einen beteiligten Richter zulässig, BVerwG NJW **97**, 2694. Er braucht keine Erlaubnis des Gerichtsvorstands, OVG Bln NJW **93**, 676. Er muß den Datenschutz beachten, Mü OLGZ **84**, 477.
Vermögensverzeichnis: Vor dem Besitz eines Vollstreckungstitels hat ein Dritter grds *kein* Einsichtsrecht in 27
das Vermögensverzeichnis nach § 807, KG NJW **89**, 934 (anders als in die nach § 915 zu beurteilende Schwarze Liste), LG Hbg Rpfleger **92**, 306, großzügiger LG Frankenth Rpfleger **92**, 306, LG Paderb Rpfleger **92**, 306. Anschließend kann sich sein Einsichtsrecht zB daraus ergeben, daß er Klarheit über die Pfändungsmöglichkeiten gegenüber seinem Schuldner gewinnen möchte, Hamm NJW **89**, 553, LG Hof Rpfleger **90**, 27, strenger LG Bln Rpfleger **91**, 428.
Es kann ein *Ermessensmißbrauch fehlen*, wenn das Gericht die Akten zurückhält, um sie jederzeit für eine Abschrift des Vermögensverzeichnisses verfügbar zu haben, LG Nürnb-Fürth JB **93**, 241.
Wirtschaftliches Interesse: Rn 25 „Ausforschungsinteresse". 28
Wissenschaft: Rn 25 „Forschung".
Zwangsvollstreckung: Ausreichen kann ein Interesse des Gläubigers an einer Schuldneranschrift und einem Aktivprozeß des Schuldners, Brdb JB **05**, 435.

C. Entscheidung, II. Die Entscheidung erfolgt durch eine Verfügung. Im Patentnichtigkeitsverfahren 29
enthalten §§ 31, 99 III PatG Sonderregeln, BGH MDR **83**, 750. Kosten: § 5 I JVKostO, Hartmann Teil VIII A. Bei der Herausgabe von Akten muß das Gericht die Namen von Einzelpersonen abdecken, soweit sie an der Geheimhaltung ein berechtigtes und nicht nur ein rechtliches (oder gar nur wirtschaftliches) Interesse haben, Celle JB **91**, 81, Hirte NJW **88**, 1703. Man kann ein solches Interesse stets in Ehe- und Kindschaftssachen bejahen, ferner bei einer Berufsgefährdung, bei einer verstärkten Persönlichkeitsverletzung. Die Einsicht von Akten betr die Intimsphäre zB bei Scheidungsakten ist selbst Behörden und Gerichten nur dann gestattet, wenn sie zur Erreichung des angestrebten Zwecks geeignet und erforderlich ist und wenn der Einbruch in die Intimsphäre nicht unverhältnismäßig schwerwiegt, Rn 6, BVerfG **34**, 209. Wegen des BDSG Rn 4.

D. Rechtsbehelfe. Gegen die Entscheidung sind eine Dienstaufsichtsbeschwerde und (nur) gegen die 30
Entscheidung des Gerichtsvorstands der Antrag auf gerichtliche Entscheidung zulässig, § 23 I 1 EGGVG, dort Rn 3, BGH NJW **90**, 841, Köln FamRZ **95**, 752 (auch zu § 28 I 4 EGGVG), Keller NJW **04**, 414. Nachprüfbar ist aber nur, ob der Gerichtsvorstand sein Ermessen mißbraucht hat, Celle NJW **04**, 864, KG

§§ 299, 299a

MDR **76**, 585, Schlesw MDR **90**, 254. Gegen die Entscheidung des OLG ist keine Beschwerde zulässig, § 29 I 1 EGGVG. Es kann jedoch eine Pflicht zur Vorlage beim BGH bestehen, § 29 I 2, 3 EGGVG. Beim Rpfl gilt § 11 RPflG, § 104 Rn 41 ff. § 23 EGGVG ist unanwendbar, Rn 1.

31   **9) Einsicht in elektronische Akte, III.** Soweit das Gericht die Prozeßakten nach § 298a I elektronisch führt, kommt eine herkömmliche Einsicht in diejenigen Unterlagen in Betracht, die das Gericht noch in Papierform erhielt, solange es sie nach § 298a II 2 in dieser Papierform aufbewahrt. Diese Papiereinsicht erfolgt nach I, II. In die elektronischen Akten erfolgt eine Einsicht demgegenüber nach III. Beide Einsichtsarten können also nebeneinander in Betracht kommen.

32   **A. Aktenausdruck, Bildschirmwiedergabe, elektronische Übermittlung, III 1.** Der Urkundsbeamte gewährt die Einsicht in die elektronische Akte nach pflichtgemäßem Ermessen unter Abwägung aller Umstände und unter möglichster Befolgung der Wünsche des Antragstellers entweder durch die evtl kostenpflichtige Erteilung eines Aktenausdrucks nach § 298 I, II oder durch die Wiedergabe auf einem Bildschirm in der Geschäftsstelle oder in einem vom Gericht etwa dazu eingerichteten Raum (Vorsicht vorm Mit-Hingucken Ungebetener und Unbefugter!) oder durch die evtl ebenfalls kostenpflichtige elektronische Übermittlung der Dokumente. Die zur Einsicht in Papierakten entwickelten zeitlichen und sonstigen Grenzen nach I, II gelten grundsätzlich auch hier. Freilich mag zB die elektronische Übermittlung zeitgleich mit einer elektronischen Bearbeitung durch das Gericht möglich sein und daher auch noch direkt vor dem Termin bedenkenlos bleiben.

33   **B. Elektronischer Zugriff beim Mitglied einer Anwaltskammer, III 2, 3.** Soweit ein ProzBev Mitglied einer Anwaltskammer ist, darf der Vorsitzende nach seinem pflichtgemäßen Ermessen ihm die Einsicht auch durch elektronischen Zugriff auf den Akteninhalt gestatten. Die Geschäftsstelle muß sicherstellen, daß nur dieser Bevollmächtigte solchen Zugriff nehmen kann. Der Vorsitzende sollte den Urkundsbeamten oder den Antragsteller auf diese Sicherungsnotwendigkeit aktenkundig hinweisen. Soweit eine Anwaltssozietät den Zugriff beantragt oder erhält, wird sich der Zugriff durch ein jedes Mitglied der Sozietät technisch evtl kaum verhindern lassen. Selbst ein angestellter Anwalt oder ein Rechtsbeistand als Kammermitglied sind zum Zugriff nach III 2, 3 gesetzlich nach dem stets erforderlichen Ermessen des Vorsitzenden befugt. Der Urkundsbeamte kann das Ermessen des Vorsitzenden ebensowenig ersetzen wie selbst der Berichterstatter des Kollegiums, der in diesem Stadium nicht auch dessen Vorsitzender ist.

34   **C. Signatur, Schutz, III 4.** Das Gericht muß bei Gestattung des elektronischen Zugriffs sicherstellen, daß die Gesamtheit der Dokumente eine qualifizierte elektronische Signatur im Sinn von § 130a Rn 4 erhält und daß außerdem ein ausreichender Schutz gegen unbefugte Kenntnisnahme besteht. Das Letztere ist wahrscheinlich ein reines Wunschdenken des Gesetzgebers. Wie soll das Gericht verhindern, daß im Anwaltsbüro jemand mitliest usw, für den die der Übermittlung gerade nicht gedacht war? Das läuft also auf die Notwendigkeit einer bloßen Aufforderung zur Beachtung des Schutzes beim Empfänger hinaus. Umso deutlicher sollte das Gericht diese Forderung aktenkundig machen.

35   **D. Rechtsbehelfe.** Es gilt dasselbe wie bei Rn 18, 22, 30.

36   **10) VwGO:** *Es gilt § 100 VwGO, der I u III inhaltlich wiederholt. Da dort ausgespart, ist II nicht entsprechend anwendbar,* § 173 VwGO, RedOe § 100 Anm 2, aM Ey § 100 Rn 3, KoppSch § 100 Rn 2, Endemann F Zeidler (1987) S 423. Zum öff-rechtlichen Anspruch eines Beteiligten gegen die Gerichtsverwaltung auf Akteneinsicht vgl OVG Kblz NVwZ **84**, 526, zur Gewährung von Einsicht u Erteilung von Abschriften an Dritte RedOe § 100 Anm 2 u Endemann aaO, zur Aktenübersendung an RAe (u sog Kammerrechtsbeistände, BVerfG NVwZ **98**, 836) Dolde VBlBW **85**, 249, KoppSch § 100 Rn 7, VGH Mü NVwZ-RR **98**, 686 (zur Anfechtung der Ablehnung), zur Veröffentlichung von Entscheidungen, BVerwG NJW **97**, 2694 (Anm Huff NJW **97**, 2651 u Thiedemann NVwZ **97**, 1187), OVG Lüneb NJW **96**, 1489 mwN, Hirte NJW **88**, 1698, Schoenemann DVBl **88**, 520, Endemann aaO.

299a *Datenträgerarchiv.* [1] Sind die Prozessakten nach ordnungsgemäßen Grundsätzen zur Ersetzung der Urschrift auf einen Bild- oder anderen Datenträger übertragen worden und liegt der schriftliche Nachweis darüber vor, dass die Wiedergabe mit der Urschrift übereinstimmt, so können Ausfertigungen, Auszüge und Abschriften von dem Bild- oder dem Datenträger erteilt werden. [2] Auf der Urschrift anzubringende Vermerke werden in diesem Fall bei dem Nachweis angebracht.

1   **1) Systematik, S 1, 2.** Die Vorschrift ergänzt § 299 in ihrem begrenzten Geltungsbereich als eine gegenüber der AktO vorrangige Sonderbestimmung. Ergänzend gilt § 130a II.

2   **2) Regelungzweck, S 1, 2.** Er liegt in einer den technischen Verhältnissen angepaßten prozeßwirtschaftlich vertretbaren Vereinfachung. Diesen Zweck muß man bei der Anwendung neben dem Grundgedanken beachten, daß eine formelle Ausnahmevorschrift eng auszulegen ist.

3   **3) Geltungsbereich, S 1, 2.** Bei einem Bild- oder anderen Datenträgerarchiv, zB Mikrofilm, CD-Rom, Diskette und anderen elektronischen Speichermöglichkeiten muß die Gerichtsverwaltung Ausfertigungen, Auszüge, Ablichtungen und Abschriften von dem Bild- oder Datenträger herstellen. Das muß natürlich vollständig geschehen. Ihre Erteilung ist nur dann zulässig, wenn beim Gericht ein schriftlicher Nachweis der Übereinstimmung dieser verkleinerten Wiedergabe mit der Urschrift vorliegt. Der Nachweis muß im Original vorhanden sein, nicht etwa darf er seinerseits nur als Datenträger vorliegen. Karteiform ist zulässig. Eine Verbindung zwischen dem Nachweis und dem Datenträger, etwa durch eine Schnur oä, ist nicht notwendig. Denn sie ist kaum durchführbar. Die Übereinstimmung der Inhalte des Originals und des Datenträgers muß eindeutig bestehen, Heuer NJW **82**, 1506. Dafür ist außer der Schriftlichkeit keine besondere Form notwendig. Es ist also zB eine Beglaubigung entbehrlich, Heuer NJW **82**, 1506. Die

Aufnahme des Datenträgers muß ordnungsgemäß erfolgt sein. Die zugehörigen Grundsätze sind vom BJM für die Gerichte des Bundes, Richtlinie vom 1. 8. 78 (Inkrafttreten), im übrigen zu den Landesjustizverwaltungen zu erlassen und vorher im Einzelfall zu ermitteln. Die Einsicht erfolgt über ein Lesegerät im Gericht, zB auf der Geschäftsstelle, und unter technischer Überwachung.

Solange eine bloße *Sicherheitsverfilmung* vorliegt, wenn das Gericht also die Originalakten neben dem Datenträger aufbewahrt, statt sie zu vernichten, zB weil das letztere unzulässig wäre, etwa bei von den Parteien eingereichten oder vom Gericht beigezogenen ohnehin zurückzugebenden Urkunden, darf das Gericht Ausfertigungen, Auszüge und Ablichtungen nur anhand des Originals anfertigen. Auf der Urschrift sind evtl Vermerke nötig, zB nach §§ 164 III 1, 319 II, 320 IV 5, 734. Sie werden auf dem schriftlichen Nachweis angebracht, und zwar auf seinem Original, falls von ihm ebenfalls ein Datenträger existiert. Wegen der Bedeutung des § 299 a für Notarakten BGH NJW **77**, 1400. Das Gericht kann durch den Vorsitzenden die Aufbewahrung des Originals anordnen, und zwar nach pflichtgemäßem Ermessen. **4**

4) *VwGO*: Gilt entsprechend, § 100 II 2 VwGO. **5**

Titel 2. Urteil

Übersicht

Schrifttum: Vgl bei den einzelnen Vorschriften, vor allem bei § 313.

Gliederung

1) **Systematik**	1	B. Zwischenurteil	8
A. Urteil	1	C. Vorbehaltsurteil	8
B. Beschluß	1	7) **Bedingtheit**	9
C. Verfügung	1	A. Unbedingtes Urteil	9
D. Sonstiges	1	B. Auflösend bedingtes Urteil	9
2) **Regelungszweck**	2, 3	8) **Wirksamkeit als Hoheitsakt**	10
3) **Tragweite des Urteils**	4, 5	9) **Unwirksamkeit einer Scheinentscheidung**	11–13
A. Sachurteil	4	A. Nichtgericht	11
B. Prozeßurteil	5	B. Keine Verkündung oder Zustellung	12
4) **Sachrechtlicher Inhalt**	6	C. Folgen	13
A. Leistungsurteil	6	10) **Unwirksamkeit eines Urteils**	14–18
B. Feststellungsurteil	6	A. Fehlen der Gerichtsbarkeit	14
C. Gestaltungsurteil	6	B. Nicht bekannte Rechtsfolge	15
5) **Art des Zustandekommens**	7	C. Unzulässige Rechtsfolge	16
A. Streitmäßiges (kontradiktorisches) Urteil	7	D. Tatsächliche Wirkungslosigkeit	17
B. Versäumnisurteil	7	E. Folgen	18
6) **Äußere Bedeutung**	8	11) **Bloße Mangelhaftigkeit eines Urteils**	19, 20
A. Endurteil	8	12) *VwGO*	21

1) Systematik. Titel 2 behandelt das Hauptziel des streitig bleibenden Erkenntnisverfahrens, nämlich das Urteil als Rechts-„Erkenntnis" und als Grundlage einer etwa notwendigen anschießenden Zwangsvollstreckung nach Buch 8. Dabei geht das Gesetz von einem über das Urteil hinausgehenden Begriff der Entscheidung aus. Entscheidung nennt die ZPO häufig jede Willenserklärung des Gerichts, mag sie der Prozeßleitung nach Üb 5 vor § 128 angehören oder als eigentliche Entscheidung den Ausspruch einer Rechtsfolge enthalten. Die eigentlichen Entscheidungen gliedern sich wie folgt. **1**

A. Urteil. Es ergeht in bestimmter Form und auf Grund einer notwendigen mündlichen Verhandlung oder in einem diese Verhandlung ersetzenden schriftlichen Verfahren nach § 128 II oder im Aktenlageverfahren nach § 251 a oder im Einspruchsprüfungsverfahren nach § 341 II oder im Verfahren ohne Verhandlung nach § 495 a.

B. Beschluß. Er ergeht ohne die Form des Urteils oder auf Grund einer mündlichen Verhandlung, die meist freigestellt ist, § 128 IV.

C. Verfügung. Das ist eine Anordnung des Vorsitzenden oder eines verordneten Richters, §§ 361, 362. Regelwidrig gebraucht die ZPO das Wort Verfügung in dem Begriff „einstweilige Verfügung".

D. Sonstiges. Entscheidungen des Rechtspflegers sind Beschlüsse oder Verfügungen. „Anordnung" nennt die ZPO Beschlüsse verschiedener Art, prozeßleitende und entscheidende. Titel 2 handelt nicht nur von Urteilen, wie seine Überschrift vermuten läßt, sondern auch von Beschlüssen und Verfügungen, § 329. Über die Abfassung des Urteils Hartmann JR **77**, 181.

2) Regelungszweck. Die Bedeutung jeder Entscheidung und insbesondere des Urteils liegt zwar darin, das Recht zu finden, es zu „erkennen", Rn 1. Sie besteht aber nicht darin, Recht zu schaffen, wo kein solches besteht. Abgesehen von den Fällen, in denen der Richter durch sein Urteil Rechte nach Grdz 20 vor § 253 Recht gestaltet, darf er Rechtsbeziehungen zwischen den Parteien nicht schaffen und gestalten, sondern nur klarstellen, wer von den Parteien im Recht ist. Wie aber, wenn er dem Recht zuwider entscheidet? Hat zB A dem B 1000 EUR geliehen und weist der Richter die Rückzahlungsklage mangels Beweises ab, so kann das Urteil nichts daran ändern, daß B dem A 1000 EUR schuldet. Es kann den Anspruch aus Darlehen nicht vernichten. Andernfalls läge die Verteilung aller Güter in Richtershand. Wohl aber nimmt das Urteil dem Anspruch den Rechtsschutz, oder, in umgekehrt liegenden Fällen, es gibt Rechtsschutz, obwohl ein Anspruch fehlt. Das zeigt, daß man den Rechtsschutz von dem sachlichrechtlichen Anspruch trennen muß. Zahlt im Beispielsfall B dem A trotz einer rechtskräftigen Aberkennung des **2**

Übers § 300

Anspruchs die 1000 EUR zurück, so hat er ihm nichts geschenkt, sondern eine klaglose Verbindlichkeit erfüllt, Grdz 25 vor § 253, nicht anders, als sei der Anspruch verjährt gewesen.

3   Das Wesentliche liegt also in der Gewährung oder Versagung des *Rechtsschutzes,* Grdz 1 vor § 253. Zweck des Prozesses ist nicht nur, auch nicht bei Feststellungsklagen, der Ausspruch, daß etwas Recht oder nicht Recht ist, sondern vor allem die Erlangung des Rechtsschutzes für einen sachlichrechtlichen Anspruch. Ein von einem ordentlichen Gericht erlassenes Urteil über ein öffentlichrechtliches Rechtsverhältnis wandelt dieses nicht in einen privatrechtlichen Titel um.

Auch ein *Gestaltungsurteil* läßt sich dem Zweck eines sachgerechten Rechtsschutzes ohne weiteres zuordnen. Damit wird deutlich, daß der Richter auch bei der Gestaltung eines Rechts oder Rechtsverhältnisses nicht etwa aus Nichts ein neues Wesen schafft, sondern auch gestaltend im Grunde nur „für Recht erkennt", wie es üblicherweise in wohl jedem Urteil unmittelbar vor dem eigentlichen Spruch, dem Tenor, heißt. In dieser Selbstbescheidung liegt zugleich die dienende Funktion der Rechtsprechung. Sie „beherrscht" das Recht nur vordergründig. In Wahrheit verdeutlicht sie auch bei grundlegender, umwälzender Gestaltung des Einzelfalls nur die Erkenntnis der Folgen einer bereits durch die Rechtslage entstandenen Situation. Das alles muß man bei der Anwendung mitbedenken.

4   **3) Tragweite des Urteils.** Maßgeblich ist weder die Bezeichnung noch die Rechtsansicht des Gerichts, sondern der wahre Inhalt. Ihn ermittelt man im Weg der Auslegung, BGH VersR **99**, 638, Ffm VersR **84**, 168, Köln RR **99**, 1084 (Meistbegünstigung). Die Urteile werden nach der Tragweite der Erledigung wie folgt eingeteilt.

A. Sachurteil. Es entscheidet in der Sache selbst und schafft insofern Rechtskraft.

5   **B. Prozeßurteil.** Es entscheidet nur über Prozeßfragen, über allgemeine oder besondere Prozeßvoraussetzungen, Grdz 13 vor § 253. Daher kann es nur für diese Prozeßfragen Rechtskraft schaffen, nicht für die Sache selbst. Die Abweisung durch ein solches Urteil heißt Prozeßabweisung im Gegensatz zur Sachabweisung, Grdz 14 vor § 253. Kein Urteil kann, richtig bedacht, gleichzeitig gleichrangig eine Prozeß- und eine Sachabweisung aussprechen, § 322 Rn 60 „Prozeßurteil". Verneint das Urteil zB die Zulässigkeit des Rechtswegs, so gilt alles, was es zur Sache ausführt, für die Revisionsinstanz als nicht geschrieben, OVG Schlesw MDR **92**, 525.

Freilich darf das die Klage als unzulässig abweisende Prozeßurteil *hilfsweise zur Unbegründetheit* der Klageforderung Ausführungen machen, Grdz 17 vor § 253. Die Berufungsinstanz muß dann, wenn sie die Voraussetzungen eines Sachurteils bejaht, den vom Erstrichter hilfsweise gegebenen sachlichen Abweisungsgrund prüfen, unklar OVG Schlesw MDR **92**, 525. Das Gericht darf aber nicht eine Entscheidung über Prozeßvoraussetzungen dahingestellt lassen und nur deshalb sachlich entscheiden, Grdz 14 vor § 253, OVG Schlesw MDR **92**, 525. Trotzdem braucht das Revisionsgericht in solchem Falle nicht aufzuheben, wenn die Prozeßvoraussetzungen nach dem unstreitigen Sachverhalt gegeben sind. Dagegen erfolgt eine Zurückverweisung, wenn das Urteil auf eine unberechtigte Prozeßabweisung gestützt ist, selbst wenn das Urteil außerdem sachliche Abweisungsgründe enthält. Zur Unzulässigkeit der Abweisung „angebrachtermaßen" § 322 Rn 15.

6   **4) Sachlichrechtlicher Inhalt.** Nach ihm lassen sich Urteile wie folgt einteilen.

A. Leistungsurteil. Hierhin gehört auch ein Duldungsurteil.

B. Feststellungsurteil. Auch dieses gehört hierher.

C. Gestaltungsurteil. Diese Urteilsarten entsprechen den betreffenden Klageformen, Grdz 10 vor § 253. Ein Urteil kann grundsätzlich nur auf die entsprechende Klageform hin ergehen. Es kann aber ein Weniger zusprechen, indem es auf eine Feststellung statt auf eine Leistung erkennt, § 308 Rn 9. Gewissen Feststellungsurteilen weist man die rückwirkende Gestaltungswirkung zu. Es ist aber falsch, einem Feststellungsurteil Gestaltungswirkung schon deshalb beizulegen, weil es für und gegen alle wirkt.

7   **5) Art des Zustandekommens.** Nach ihr kann man Urteile wie folgt einteilen.

A. Streitmäßiges (kontradiktorisches) Urteil. Es ergeht auf eine zweiseitige Streitverhandlung oder im schriftlichen oder im Aktenlageverfahren. Es umfaßt grundsätzlich sämtliche Urteile, auch zB das Anerkenntnisurteil nach § 307, das Verzichtsurteil nach § 306 oder das Urteil nach Lage der Akten, § 251 a.

B. Versäumnisurteil. Es ergeht auf Grund einseitiger Säumnis gegen den Säumigen, bei § 331 III ohne eine mündliche Verhandlung. Das unechte Versäumnisurteil, das bei einseitiger Säumnis gegen den Erschienenen ergeht, ist ein streitmäßiges Sachurteil, Üb 13 vor § 330.

8   **6) Äußere Bedeutung.** Nach ihr kann man die Urteile wie folgt einteilen.

A. Endurteil. Es entscheidet über die Klage oder das Rechtsmittel endgültig, entweder als Vollurteil über den ganzen Anspruch oder als Teilurteil über einen Teil, § 301. Das abschließende Urteil nach einem Teilurteil heißt auch Schlußurteil. Kein Urteil ist der Spruch im schiedsrichterlichen Verfahren.

B. Zwischenurteil. Es erledigt nur einen Zwischenstreit zwischen den Parteien oder mit Dritten, zB bei § 280, ferner die Vorabentscheidung über den Grund des Anspruchs, § 304.

C. Vorbehaltsurteil. Es erledigt den Streit unter dem Vorbehalt einer Entscheidung derselben Instanz über bestimmte Einwendungen des Beklagten. Zulässig ist es im Urkunden- und Wechselprozeß nach § 599 und bei der Aufrechnung, § 302. Urteile unter dem Vorbehalt der beschränkten Haftung nach §§ 305, 305 a, 780 schließen den Prozeß endgültig ab und sind darum keine Vorbehaltsurteile.

9   **7) Bedingtheit.** Nach ihr lassen sich die Urteile wie folgt einteilen.

A. Unbedingtes Urteil. Ihm haftet keinerlei Bedingung an. Dahin gehören nur die äußerlich rechtskräftigen, vorbehaltslosen Urteile.

B. Auflösend bedingtes Urteil. Dahin gehören sämtliche Vorbehaltsurteile nach Rn 8, sämtliche vorläufig vollstreckbaren Urteile nach §§ 708, 709 (sie sind durch ihre Rechtskraft bedingt) und Endurteile,

Titel 2. Urteil **Übers § 300**

die vor der Rechtskraft eines in demselben Verfahren erlassenen Zwischenurteils ergehen. Es ist zB bei § 304 das Urteil über die Höhe bedingt durch die Rechtskraft des Zwischenurteils über den Grund.

8) Wirksamkeit als Hoheitsakt 10
Schrifttum: Hein, Das wirkungslose Urteil, 1995.

Jede gerichtliche Entscheidung ist ein *Staatshoheitsakt*, Hamm MDR **97**, 1155 (einschließlich der Zustellung). Als solche äußert sie grundsätzlich die angeordneten Wirkungen, mag sie sachlich richtig oder falsch sein, BGH VersR **87**, 1195, Oldb MDR **89**, 268. Wenn Erfordernisse fehlen, sei es in der Entscheidung selbst oder in ihren Voraussetzungen, so muß man wie bei Rn 11–20 unterscheiden.

9) Unwirksamkeit einer Scheinentscheidung 11
Schrifttum: Schneider, Rechtsschutzmöglichkeiten gegen formelle Verlautbarungsmängel usw, 1999.

Scheinentscheidungen, namentlich Scheinurteile, oft Nichturteile genannt, Ffm MDR **91**, 63, Zweibr OLGZ **87**, 372, tragen das Gewand der Entscheidung nur als Maske. In Wahrheit fehlt ihnen das Wesen der Entscheidung. Man kann wie folgt unterscheiden.

A. Nichtgericht. Es kann eine Entscheidung eines gerichtsverfassungsmäßig nicht vorgesehenen Gremiums vorliegen, Hamm FamRZ **86**, 583, also eine solche, die ein Nichtgericht gefällt hat, BGH VersR **87**, 1195, BezG Lpz DtZ **93**, 27. Dazu zählen die Nicht-mehr-Gerichte, mit Recht krit Jauernig DtZ **93**, 173, wie eine Entscheidung durch eine Regierungsstelle oder eine Entscheidung des beauftragten Richters.

B. Keine Verkündung oder Zustellung. Es kann eine Entscheidung vorliegen, die nicht in der 12 vorgeschriebenen Form in deren Elementarteilen erlassen ist, BGH **137**, 51, Hamm FamRZ **86**, 583, zB eine nicht bekannt gemachte Entscheidung, namentlich eine entgegen dem Gesetz überhaupt nicht nach § 311 verkündete, BGH VersR **85**, 46, Brdb FamRZ **04**, 385, Ffm RR **95**, 511. Etwas anderes gilt, wenn das Protokoll fehlt, BGH VersR **85**, 46, oder wenn die Verkündung mangelhaft erfolgt ist, § 310 Rn 3. Ein Fehler beim Erlaß liegt ferner zB bei § 310 III vor, wenn das Urteil überhaupt nicht zugestellt worden ist, § 317. Es ist in Wahrheit dann nur ein innerer Vorgang des Gerichts vorhanden, ein bloßer Urteilsentwurf, BGH **61**, 370, Brdb RR **02**, 356, Ffm MDR **91**, 63. Anders kann man eine zwar gegen Art 103 I GG verstoßende, aber vor Jahren ergangene öffentliche Zustellung bewerten, Hamm MDR **97**, 1155. Der Verkündungsvermerk nach § 315 III genügt zum Nachweis der Verkündung nicht, § 315 Rn 14.

Nicht hierher gehört ein Urteil, das erst nach dem Ablauf der 3-Wochen-Frist des § 310 I 2 verkündet ist, BGH NJW **89**, 1157, oder das entgegen § 310 II bei der Verkündung noch nicht vollständig vorliegt, BGH NJW **89**, 1157, oder das entgegen § 315 I noch nicht vollständig unterschrieben ist, BGH NJW **89**, 1157.

C. Folgen. Alle Nichtentscheidungen sind grundsätzlich unwirksam, BGH **137**, 51, Brdb FamRZ **04**, 13 385, Kblz GRUR **89**, 75. Sie beenden auch nicht das Verfahren. Wegen Berufung § 310 Rn 5 und Grdz 26 vor § 511. Das alles muß das Gericht von Amts wegen beachten, Grdz 38 vor § 128, BezG Lpz DtZ **93**, 27. Wenn der Gläubiger aus einem solchen Urteil die Zwangsvollstreckung anhand einer obendrein scheinbar ordnungsmäßig für vollstreckbar erklärten Ausfertigung betreibt, bleibt der Weg über die §§ 732, 766, 775, 776. Ein Rechtsmittel ist zwar eigentlich gar nicht erforderlich. Es ist aber ausnahmsweise zulässig, Brdb RR **96**, 767, Kblz GRUR **89**, 75, Zweibr OLGZ **87**, 372.

10) Unwirksamkeit eines Urteils. Wirkungslose Entscheidungen, auch nichtige, BayObLG **97**, 57, 14 liegen nur ganz ausnahmsweise vor, Bbg RR **94**, 460, nämlich bei greifbarer Gesetzwidrigkeit (zu diesem zweifelhaften Begriff § 127 Rn 25) und deshalb in den folgenden Fällen.

A. Fehlen der Gerichtsbarkeit. Die Entscheidung ist wirkungslos, soweit dem Gericht die Gerichtsbarkeit fehlt, nicht nur die Zuständigkeit, OVG Lüneb NJW **85**, 1573.

Beispiele: Ein Urteil gegen Exterritoriale, Einf 2, 3 vor § 18 GVG; ein Urteil des Schöffengerichts in einem Zivilprozeß; ein Urteil des Einzelrichters der §§ 348, 348a, 526, 527, 568 statt des notwendigen Kollegiums; ein Urteil des FGG-Richters in einem FGG-Verfahren wegen eines Streitgegenstandes, der zur streitigen ZPO-Gerichtsbarkeit gehört, aM BayObLG FGPrax **05**, 197.

Über die Urteile eines *Sondergerichts* außerhalb seiner Zuständigkeit Üb 2 vor § 12 GVG. Hierher kann ein sog Instanzvorgriff zählen, BPatG GRUR **85**, 219. Ein auf eine unzulässige Beschwerde hin gesetzwidrig erlassener Beschluß fällt unter Rn 19, 20.

B. Nicht bekannte Rechtsfolge. Die Entscheidung ist auch wirkungslos, soweit die ausgesprochene 15 Rechtsfolge der Rechtsordnung überhaupt unbekannt ist, BGH VersR **87**, 1195, Oldb MDR **89**, 268, AG Lübeck Rpfleger **82**, 109.

Beispiel: Das Urteil verurteilt zur Bestellung eines dem Gesetz unbekannten dinglichen Rechts.

BGH RR **90**, 893 gibt bei einer schlechthin mit der Rechtsordnung unvereinbaren Entscheidung (gemeint wohl: auch) ein außerordentliches Rechtsmittel. Das ist zwar oft dogmatisch unsauber, BGH NJW **02**, 1577. Es kann aber außer vor dem BGH praktisch sein.

C. Unzulässige Rechtsfolge. Die Entscheidung ist auch wirkungslos, soweit die ausgesprochene 16 Rechtsfolge schlechthin gesetzlich unzulässig ist, BGH VersR **87**, 1195, Oldb MDR **89**, 268, AG Lübeck Rpfleger **82**, 109. Der Staat kann kein Urteil anerkennen, das gegen seine Ordnung verstößt. Das gilt für ein Urteil, dessen Erfüllung gegen die öffentliche Ordnung oder gegen die guten Sitten verstoßen würde, und für ein Urteil auf Teillöschung einer Marke, weil diese einen gesetzwidrigen Zustand herstellen würde. Man rechnet zu dieser Gruppe ein Versäumnisurteil, das vor der Rechtshängigkeit erging, § 261, LG Tüb JZ **82**, 474, aM ZöGre § 261 Rn 2 (aber auch das ist ein schwerer Verfahrensfehler). Nicht mehr hierher gehören deutsche Urteile, die bei Ausländern entsprechend ihrem Heimatrecht auf Trennung von Tisch und Bett erkennen.

D. Tatsächliche Wirkungslosigkeit. Die Entscheidung ist schließlich wirkungslos, soweit sie aus tat- 17 sächlichen Gründen nicht ihrem Inhalt entsprechend wirken kann, BayObLG RR **00**, 672, Oldb MDR **89**, 268.

Hartmann 1245

Übers § 300, § 300 Buch 2. Abschnitt 1. Verfahren vor den LGen

Beispiele: Ein Urteil (oder ein Beschluß, § 329) ohne Klage bzw verfahrenseinleitenden Antrag (er ist etwa nur angekündigt gewesen), BayObLG RR **00**, 672 (zu § 238); ein Urteil gegen eine nicht, noch nicht oder nicht mehr bestehende Partei, Grdz 19 vor § 50, Hamm MDR **86**, 417 (zu einem Beschluß); ein Urteil auf eine unmögliche Leistung; ein unverständliches oder widerspruchsvolles Urteil; die Scheidung einer nicht bestehenden Ehe.

18 **E. Folgen.** Urteile dieser Art binden zwar das Gericht, aM Hamm FamRZ **86**, 583 (aber es liegen Staatsakte vor, Rn 10). Sie sind auch Grundlage eines Kostenerstattungsanspruches nach §§ 91ff, 103ff, Einf 18 vor §§ 103–107. Sie sind auch der äußeren Rechtskraft fähig, Einf 1 vor §§ 322–327, nicht aber der inneren, Einf 2 vor §§ 322–327. Der Betroffene muß ein solches Urteil mit dem jeweiligen Rechtsmittel oder mit einer Klage auf die Feststellung der Unwirksamkeit bekämpfen, BGH VersR **87**, 1195, Düss NJW **86**, 1763, evtl auch mit der Nichtigkeitsklage nach § 579. Der Zwangsvollstreckung muß man wie bei Rn 15 entgegentreten. Möglich ist auch eine Vollstreckungsabwehrklage, § 767.

19 **11) Bloße Mangelhaftigkeit eines Urteils.** Mangelhafte Entscheidungen im engeren Sinn sind alle mit Fehlern behafteten Entscheidungen, die nicht unter Rn 11–18 fallen.
Dahin gehören: Eine mit erheblichen Mängeln behaftete Entscheidung, BGH NJW **98**, 1319 (wegen eines Beschlusses), zB gegen eine gar nicht gemeinte Partei, Grdz 4 vor § 50, BGH RR **95**, 764; eine Entscheidung, die ohne Gehör der Parteien usw erging, Stgt MDR **96**, 1077 (mangelhafte Belehrung), Jauernig ZZP **101**, 383, oder in fehlerhafter Besetzung; ein Urteil, das ohne ein Prozeßrechtsverhältnis nach Grdz 4 vor § 128 ergangen ist, aM LAG Ffm BB **87**, 1925 (es liege dann eine Nichtigkeit vor); ein Urteil über eine in Wahrheit nicht mehr wirksame Klage, aM Pantle NJW **88**, 2775, RoSGo § 62 IV 2 d, ZöV 18 vor § 300 (aber dann würde eine reine Rechtsfrage etwa zur Wirksamkeit einer Klagerücknahme nach § 269 über die *äußere* Wirksamkeit eines formell ordnungsgemäßen Urteils entscheiden); eine Bewilligung von Prozeßkostenhilfe ohne einen Antrag nach § 117, Oldb MDR **89**, 268. Hierhin gehören auch die sog ungeheuerlichen, monströsen Urteile, zB wenn die Entscheidung von einem Eid abhängig sein soll.

20 Eine mangelhafte Entscheidung ist *bis zur Aufhebung* auf den zugehörigen Rechtsbehelf *voll wirksam,* BGH NJW **99**, 1192, Oldb MDR **89**, 268, Stgt MDR **96**, 1077. Es kann nach LG Stgt RR **98**, 934 bei greifbarer Gesetzwidrigkeit (zu diesem problematischen Begriff § 127 Rn 25) eine „außerordentliche" (?) Beschwerde in Betracht kommen, freilich nicht mehr vor dem BGH, BGH NJW **02**, 1577. Kein Gericht darf eine nur mangelhafte Entscheidung als nichtbestehend behandeln. Freilich kann ihr die sonst bestehende Bindungswirkung fehlen, AG Lübeck Rpfleger **82**, 109. Verspätungsvorschriften können unanwendbar sein, etwa §§ 296 I, 340 III 3, LAG Hamm MDR **82**, 1053. Für andere mangelhafte Prozeßhandlungen, zB für die Beweisaufnahme, gelten die allgemeinen Grundsätze. Sie sind also unwirksam.

21 **12) *VwGO:*** Die vorstehend dargelegten allgemeinen Grundsätze gelten auch im *VerwProzeß*; zum Beginn der Wirksamkeit gerichtlicher Entscheidungen s Geiger BayVBl **01**, 44.

300 **Endurteil.** ¹Ist der Rechtsstreit zur Endentscheidung reif, so hat das Gericht sie durch Endurteil zu erlassen.
II Das Gleiche gilt, wenn von mehreren zum Zwecke gleichzeitiger Verhandlung und Entscheidung verbundenen Prozessen nur der eine zur Endentscheidung reif ist.

Gliederung

1) Systematik, I, II	1	B. Maßgebender Rechtszeitpunkt		7
2) Regelungszweck, I, II	2	C. Zulässigkeitsprüfung		8
3) Geltungsbereich, I, II	3	D. Haupt- und Hilfsantrag		9
4) Urteil, I, II	4	E. Mehrheit rechtlicher Gründe		10
5) Zulässigkeit eines Vorbehalts, I, II	5	7) Prozeßverbindung, II		11
6) Endurteil, I	6–10	8) *VwGO*		12
A. Entscheidungsreife	6			

1 **1) Systematik, I, II.** Die Vorschrift enthält nur *einen* der für das Urteil maßgebenden Gesichtspunkte, nämlich denjenigen des richtigen Zeitpunkts. §§ 301 ff nennen die weiteren Aspekte. § 495 a II regelt die Besonderheiten des Kleinverfahrens usw.

2 **2) Regelungszweck, I, II.** Die Vorschrift dient einerseits der Verhinderung einer vorschnellen Entscheidung. Erst bei wirklicher Entscheidungsreife nach Rn 6 soll das Urteil ergehen dürfen. Damit bezweckt § 300 die Verhinderung eines ungerechten Spruchs, Einl III 9. Andererseits soll das Gericht bei Spruchreife auch sogleich entscheiden, sei es auch nur über einen abtrennbaren Teil. Das dient der Prozeßförderung nach Grdz 12 vor § 128 und der Prozeßwirtschaftlichkeit nach Grdz 14 vor § 128, wie schon § 272 III.
Entscheidungsreife ist ein Zustand, dessen Voraussetzungen sich nur unter Mitbeachtung der Richterpersönlichkeit klären lassen. Was der eine Richter als eindeutig urteilsreif erachtet, das gibt dem anderen Veranlassung zu weiteren Zweifeln, Überlegungen, Klärungsversuchen. Man muß sich davor hüten, die eigene Betrachtungsweise als allein maßgeblich zu bewerten. Freilich darf der Richter weder zu forsch noch zu zaudernd handeln. Beide Arten von Denkweisen treten versteckt öfter auf als gemeinhin angenommen. Wie so oft, ist ein ruhiges Abwägen der richtige Weg zur Vermeidung von Fehlern, die sich in diesem Stadium des Prozesses kaum noch korrigieren lassen. Das alles sollte man bei der Auslegung beachten.

3 **3) Geltungsbereich, I, II.** Die Vorschrift gilt in allen Verfahrensarten der ZPO, auch im arbeitsgerichtlichen Verfahren, § 46 II 1 ArbGG.

Titel 2. Urteil § 300

4) Urteil, I, II. Endurteil ist ein Urteil, das den Prozeß für die Instanz endgültig entscheidet, so daß in ihr 4
kein weiteres Urteil über denselben Anspruch(steil) mehr denkbar ist. Freilich zählt auch ein Versäumnisurteil hierher, Üb 11 vor § 330. Auch ein Prozeßurteil nach Grdz 14 vor § 253 kann ein Endurteil sein, Üb 5 vor § 300. Jedes Verfahren mit einer notwendigen mündlichen Verhandlung nach § 128 Rn 4 verlangt ein Endurteil, soweit nicht eine Klagerücknahme nach § 269, ein Vergleich nach Anh § 307 oder übereinstimmende Erledigterklärungen ein Urteil abschneiden, § 91 a.

Eine *Abweisung „angebrachtermaßen"* ist abgeschafft, § 322 Rn 15. Über die Abweisung wegen des Fehlens der Fälligkeit § 322 Rn 37 „Fälligkeit". Ein Urteil auf eine jedem unmögliche Leistung ist unstatthaft. Etwas anderes gilt nur bei einer noch nicht festgestellten Unmöglichkeit. Sonst muß der Kläger zur Ersatzforderung übergehen. Wirkungslos ist nur ein Urteil auf eine rechtlich unmögliche Leistung, nicht dasjenige auf eine tatsächlich unmögliche, Üb 17 vor § 300.

Kein Gericht darf zu einer gesetzlich verbotenen Leistung verurteilen. Daher muß beim Erlaß des Urteils eine etwa nötige Genehmigung nach *Preisvorschriften* vorliegen, § 3 AWG, SchlAnh IV. Doch ist ein unter Verstoß gegen solche Vorschriften erlassenes Urteil nur mangelhaft, Üb 19 vor § 300. Wenn die Genehmigung erst in der Revisionsinstanz ergeht, so muß das Revisionsgericht das berücksichtigen.

5) Zulässigkeit eines Vorbehalts, I, II. Entscheidungsreif, spruchreif, ist der Prozeß, wenn das Gericht 5
dem Klagantrag stattgeben oder die Klage abweisen kann, Rn 2. Nötig ist also eine Klärung des Sachverhalts, soweit diese dem Gericht möglich ist, § 286 Rn 24, und soweit nicht etwa ein Vorbringen wegen §§ 282, 296, 530, 531 außer Betracht bleibt. Ein Urteil unter dem Vorbehalt der Entscheidung über Angriffs- oder Verteidigungsmittel ist nur nach den §§ 302, 599 zulässig. Daher ist auch keine Verurteilung zu einer Zahlung abzüglich eines noch zu ermittelnden Betrags zulässig. Ebenso unzulässig ist ein Urteil, dem erst die Vollstreckungsinstanz einen bestimmten Inhalt geben könnte. Das muß man besonders bei einem Urteil beachten, das eine Unterlassungspflicht ausspricht. Zulässig ist der Vorbehalt der beschränkten Haftung des Erben, §§ 305, 780. Bei einer Entscheidungsreife gegenüber nur einem Streitgenossen vgl § 301 Rn 24.

6) Endurteil, I. Es ist das Ziel des Erkenntnisverfahrens. Das Gericht muß es entsprechend sorgsam 6
vorbereiten.

A. Entscheidungsreife. Das Endurteil ist zu erlassen (Mußvorschrift), sobald der Prozeß zur Entscheidung reif ist, Rn 2, 5, BVerwG NJW **89**, 119. Bei einer Verzögerung der Entscheidung tritt evtl eine Staats- und Richterhaftung ein, bis hin zur Bestrafung wegen Rechtsbeugung durch Unterlassen, Einl III 28. Das Endurteil ergeht auf Grund des Streitstands beim Schluß der mündlichen Verhandlung, §§ 136 IV, 296 a, BGH **77**, 308, BVerwG NJW **89**, 119, Brschw RR **96**, 380. Das gilt, mag der Anspruch von Anfang an begründet gewesen oder auch erst im Laufe des Prozesses begründet geworden sein. Ist ein anfänglich begründeter Anspruch unzulässig oder unbegründet geworden, so muß das Gericht die Klage abweisen, wenn keine übereinstimmenden wirksamen Erledigterklärungen vorliegen. Das Gericht muß natürlich sämtliche Grundlagen einer günstigen Entscheidung beachten, namentlich auch die Prozeßvoraussetzungen nach Grdz 12 vor § 253 (vgl aber wegen des teilweisen Wegfalls des Feststellungsinteresses § 256 Rn 77 „Leistungsklage") und die Sachbefugnis, Grdz 23 vor § 50. Keinesfalls darf das Gericht über die gesetzlichen Fälle zB der §§ 257 ff hinaus künftige Umstände oder Änderungsmöglichkeiten zum Anlaß nehmen, die Entscheidungsreife schon deshalb zu verneinen, BVerwG NJW **89**, 119.

Das *Fehlen* einer Prozeßvoraussetzung *kann* freilich eine grundlegende Prozeßhandlung *unwirksam machen.* So ist die Klage beim Fehlen der Prozeßfähigkeit nach § 51 fehlerhaft. Das Gericht muß sie daher abweisen, soweit nicht eine Handlung möglich und geschehen ist. Der Wegfall der Zuständigkeit nach dem Eintritt der Rechtshängigkeit ist in allen Fällen unbeachtlich, § 261 III Z 2. Über den maßgebenden Zeitpunkt im schriftlichen Verfahren § 128 Rn 27, 28, im Aktenlageverfahren § 251 a Rn 10. Vgl im übrigen §§ 307 II, 331 III. In der Berufungsinstanz gilt nichts Besonderes.

B. Maßgeblicher Rechtszeitpunkt. Das Endurteil ergeht auf Grund des bei der Verkündung geltenden 7
Rechts, Einl III 78. Es genügt eine Gesetzesänderung zwischen der Verhandlung und der Verkündung. Freilich muß das Gericht dann den Parteien rechtliches neues Gehör geben. Für das Revisionsgericht kann nichts anderes gelten. Es muß nach geltendem Recht entscheiden, nicht nach aufgehobenem Recht, Bettermann ZZP **88**, 370.

C. Zulässigkeitsprüfung. Zunächst muß das Gericht die Prozeßvoraussetzungen einschließlich des 8
Rechtsschutzbedürfnisses prüfen, Grdz 14, 33 vor § 253. Bei einem Fehlen erfolgt eine Prozeßabweisung, Üb 5 vor § 300. Eine Abweisung der Klage als „unbegründet" kann in eine solche als „unzulässig" umdeutbar sein, Düss RR **90**, 1040. Das Gericht darf sich darüber, ob ein Angriff oder eine Verteidigung unbegründet sind, hilfsweise nur dann äußern, wenn es zur Frage der Zulässigkeit eine abschließende Entscheidung spätestens gleichzeitig trifft, Grdz 17 vor § 253, § 313 Rn 35. Eine Abweisung wegen unzulänglicher Angabe der Tatsachen, die geeignet seien, den Anspruch zu begründen (mangelnde Substantiierung), ist Sachabweisung.

D. Haupt- und Hilfsantrag. Bei mehreren Haupt- und Hilfsanträgen nach § 260 Rn 8 darf das Gericht 9
nur dann abweisen, wenn es sie sämtlich für unzulässig oder unbegründet befindet. Auf den Hilfsantrag darf es grundsätzlich nur dann eingehen, wenn der Hauptantrag unzulässig oder unbegründet ist oder erledigt ist, BGH **150**, 381. Unzulässig ist es auch, über den Hilfsantrag zu erkennen, „falls der Hauptanspruch nicht durchzusetzen ist". Freilich kann eine vorsorgliche Hilfsbegründung zusätzlich zur stattfindenden Hauptbegründung ratsam sein, Grdz 17 vor § 253, § 313 Rn 35. Greift eine rechtsvernichtende Einrede des Bekl durch, so erübrigt sich die Prüfung des Klagegrunds. Da diese Entscheidung aber eine Sachabweisung ist, befreit sie nicht von der Prüfung der Prozeßvoraussetzungen.

E. Mehrheit rechtlicher Gründe. Unter mehreren rechtlichen Begründungen auf Grund des Sach- 10
verhalts kann der Richter grundsätzlich wählen. Wegen einiger Ausnahmen Einl III 9, 10, § 304 Rn 23. Wegen einer besseren Vollstreckbarkeit kann der Kläger evtl eine Prüfung bestimmter Anspruchsgrundlagen und eine entsprechende Kennzeichnung im Tenor fordern, § 850 f Rn 9. Unter mehreren Gründen der

§§ 300, 301

Sachabweisung kann der Richter wählen, auch wenn ein Grund nur hilfsweise geltend gemacht wird, § 260 Rn 4.

Anders ist es bei der *Hilfsaufrechnung,* § 145 Rn 10–14. Wenn das Gericht auf Grund der Aufrechnung abweist, ist die aufgerechnete Forderung erloschen. Darum darf das nur geschehen, wenn die Klageforderung feststeht (Beweiserhebungslehre), § 322 II, BGH 80, 99, Köln FamRZ **91**, 1194. Ebenso muß das Gericht den Hilfseinwand der Zahlung behandeln. Denn sonst bleibt das Rückforderungsrecht des Bekl ungeklärt. Zur Hilfsbegründung Grdz 17 vor § 253, § 313 Rn 35.

11   **7) Prozeßverbindung, II.** Hat das Gericht mehrere Prozesse nach § 147 verbunden, so muß es ohne Ermessensspielraum ein Endurteil erlassen, sobald einer der Prozesse entscheidungsreif ist. Die Erledigung soll nicht unter der Verbindung leiden. Die Anspruchshäufung nach § 260 trifft II nicht. Das Urteil ist ein Vollurteil und enthält eine Aufhebung der Verbindung. Auch das restliche Urteil ist ein Endurteil, nicht ein Teilurteil. Über den Fall der gewöhnlichen Klägerhäufung § 301 Rn 7 ff.

12   **8) VwGO:** *Entsprechend anzuwenden,* § 173 *VwGO,* BVerwG NJW **89**, 119. *Wegen des Gerichtsbescheids s* § 84 *VwGO.*

301   Teilurteil. [I 1] Ist von mehreren in einer Klage geltend gemachten Ansprüchen nur der eine oder ist nur ein Teil eines Anspruchs oder bei erhobener Widerklage nur die Klage oder die Widerklage zur Endentscheidung reif, so hat das Gericht sie durch Endurteil (Teilurteil) zu erlassen. [2] Über einen Teil eines einheitlichen Anspruchs, der nach Grund und Höhe streitig ist, kann durch Teilurteil nur entschieden werden, wenn zugleich ein Grundurteil über den restlichen Teil des Anspruchs ergeht.

[II] Der Erlass eines Teilurteils kann unterbleiben, wenn es das Gericht nach Lage der Sache nicht für angemessen erachtet.

Schrifttum: *Friedrich,* Probleme der Teilklage, Diss Köln 1995; *Jauernig,* Teilurteil und Teilklage, Festgabe 50 Jahre Bundesgerichtshof (2000) III 311; *de Lousanoff,* Zur Zulässigkeit des Teilurteils gemäß § 301 ZPO, 1979; *Mauer,* Zum Gestaltungsspielraum des § 301 ZPO in Werkvertragsprozessen, in: Festschrift für *Jagenburg* (2002); *Musielak,* Zum Teilurteil im Zivilprozeß, Festschrift für *Lüke* (1997) 561; *Rimmelspacher,* Teilurteile und Anschlußberufungen, in: Festschrift für *Odersky* (1996); *Robertz,* Probleme beim Erlaß des Teilurteils, Diss Köln 1994; *Scholz,* Das unzulässige Teilurteil, Diss Bonn 1998.

Gliederung

1) Systematik, I, II 1	B. Beispiele zur Frage der Zulässigkeit eines Teilurteils 7–32
2) Regelungszweck, I, II 2	5) Unterbleiben des Teilurteils, II 33–35
3) Geltungsbereich, I, II 3	6) VwGO 36
4) Zulässigkeit eines Teilurteils, I 4–32	
A. Grundsatz: Teilbarkeit, Entscheidungsreife, Unabhängigkeit vom Rest 5, 6	

1   **1) Systematik, I, II.** Die Vorschrift birgt erhebliche Schwierigkeiten.

A. Begriff des Teilurteils. Teilurteil ist, anders als ein Grundurteil nach § 304, ein Endurteil über einen größenmäßigen, selbständigen Teil dess Streitgegenstandes, BGH NJW **98**, 686, Karlsr FamRZ **94**, 1122. Es kann sich dabei um einen von mehreren selbständigen Ansprüchen handeln, I 1 Hs 1 Fall 1, BGH **157**, 142, oder um einen Teil desselben Anspruchs, I 1 Hs 1 Fall 2, BGH **157**, 142. Im Fall 1 darf freilich entweder kein sachlichrechtlicher Zusammenhang bestehen oder es darf keine prozessuale Abhängigkeit der Ansprüche voneinander vorliegen, BGH **157**, 142. Eine Abhängigkeit nur von derselben Rechtsfrage stört nicht, BGH **157**, 142. Das Gericht überläßt den in der bisherigen Instanz anhängig bleibenden Rest einem weiteren Teilurteil, dem Schlußurteil. Man kann diesen Rest im Wege der Anschlußberufung in die Berufungsinstanz ziehen. Es liegt aber nicht im Belieben der Partei oder gar des Gerichts, den Instanzenzug zu ändern, § 521 Rn 2, § 537 Rn 3, BGH NJW **83**, 1312, großzügiger Ffm JR **84**, 290. Zulässig ist es aber, daß die Berufungsinstanz auf einen entsprechenden Antrag, dem der Gegner nicht widerspricht, die ganze Klage abweist, wenn das für einen Teilanspruch geschieht, der dem Grunde nach mit dem Restanspruch gleich ist. Die Regelung ist mit dem GG vereinbar, Köln MDR **77**, 939.

2   **2) Regelungszweck, I, II.** Das Teilurteil soll den Rechtsstreit vereinfachen und beschleunigen, BGH **77**, 310, Oldb VersR **86**, 927. Es bindet das Gericht nach § 318. Es ist nicht der Sinn des § 301, einer Partei prozessuale Möglichkeiten abzuschneiden, die sie sonst hätte, BGH **77**, 308. Dennoch ist eine Zurückweisung eines verspäteten Vortrags durch ein Teilurteil zulässig, § 296 Rn 51. Jedes Teilurteil bewirkt allerdings eine Aufspaltung des Prozesses in mehrere voneinander unabhängig werdende Teile, BGH NJW **98**, 686. Das gilt zB für die Zulässigkeit eines Teilurteils von weiterem Vortrag, für die Zulässigkeit eines Rechtsmittels, BGH NJW **98**, 686, Heidemann NJW **02**, 494, für die Vollstreckbarkeit. Deshalb dient das Teilurteil nur bedingt der Prozeßwirtschaftlichkeit, Grdz 14 vor § 128. Das gilt es stets mitzubedenken, zumal ja zunächst auch zusätzliche Arbeit am Teilurteil entsteht. Auch kann sich nicht ganz selten ergeben, daß die in Rn 4 ff genannten Voraussetzungen doch nicht vollständig vorlagen. Deshalb ist eine gewisse Zurückhaltung vor dem Erlaß eines Teilurteils durchaus vertretbar.

Jedes Teilurteil wird *selbständig rechtskräftig,* Mü FamRZ **80**, 279. Das gilt natürlich nur für den entschiedenen Teil des Streitgegenstands, BGH NJW **98**, 686. Man muß die Rechtsmittelsumme für jedes Teilurteil selbständig nach der Beschwer berechnen. Eine Teilung kann also das Rechtsmittel unstatthaft machen, BGH NJW **98**, 686. Über die Kosten beim Teilurteil Rn 19, § 97 Rn 63.

Titel 2. Urteil **§ 301**

3) Geltungsbereich, I, II. Die Vorschrift gilt in allen Verfahren nach der ZPO. Sie ist ferner entspre- 3
chend anwendbar auf das Beschwerdeverfahren nach §§ 567 ff, Schneider MDR **78**, 525. Die Vorschrift ist
im arbeitsgerichtlichen Urteilsverfahren entsprechend anwendbar, § 46 II 1 ArbGG, ebenso im arbeitsgerichtlichen Beschlußverfahren, LAG Bln DB **78**, 1088, und im sonstigen Beschlußverfahren, BPatG GRUR
91, 829, Bre FamRZ **82**, 393, Köln RR **86**, 1190. Die Vorschrift ist jedoch unanwendbar im Hausratsverfahren, LG Siegen FamRZ **76**, 698. Zur entsprechenden Anwendbarkeit im Verfahren über einen Versorgungsausgleich BGH NJW **84**, 120 und 1544, Zweibr FamRZ **83**, 941, zur entsprechenden Anwendbarkeit
im WEG-Verfahren BayObLG WoM **94**, 153 oder im sonstigen FGG-Verfahren Zweibr RR **94**, 1527. Zum
finanzgerichtlichen Teilurteil Rössler BB **84**, 204.

4) Zulässigkeit eines Teilurteils, I. Sie wird leider oft überschätzt. Das Gericht muß die Voraus- 4
setzungen von Amts wegen beachten, Grdz 39 vor § 128, Nürnb MDR **03**, 220 (auch in der Berufungsinstanz).

A. Grundsatz: Teilbarkeit, Entscheidungsreife, Unabhängigkeit vom Rest. Es müssen mehrere 5
Voraussetzungen zusammentreffen, Prütting ZZP **94**, 106. Das derzeitige Rechtsverhältnis muß getrennte Entscheidungen überhaupt als möglich erscheinen lassen, Stgt FamRZ **84**, 273. Es müßte ein
Vollendurteil ergehen können, wenn nur der Teilanspruch im Streit wäre, BGH **72**, 37, Stgt FamRZ
84, 273. Zum maßgeblichen Zeitpunkt § 300 Rn 6, 7. Der weitere Verlauf des Prozesses darf die
Entscheidung unter keinen Umständen mehr berühren können, BGH NJW **04**, 1664, Hamm MDR
05, 412, Schlesw MDR **02**, 662. Es darf also das Schlußurteil nicht auch nur evtl dem Teilurteil
widersprechen können, BGH NJW **04**, 1861, Hamm MDR **05**, 412, Kblz RR **05**, 677. Schädlich ist
schon eine etwaige Widersprüchlichkeit im weitesten Sinn, nicht nur bei der Rechtskraft, Ffm GRUR-
RR **05**, 69.

Die Entscheidung über den Teil darf folglich auch *nicht* davon *abhängig* sein, wie der Streit über den *Rest* 6
ausgeht, BGH **157**, 142, Celle RR **04**, 1367, Nürnb MDR **03**, 220, aM Köln VersR **92**, 852, Musielak (vor
Rn 1) 580 (er stellt auf Abgrenzbarkeit des vom Urteil erfaßten Prozeßstoffs und seine Entscheidungsreife ab,
die herkömmliche Sicht sogar „schädlich", weil zu kompliziert. Das Gegenteil ist aber der Fall). Das gilt etwa
bei der unselbständigen Anschlußberufung, BAG NJW **75**, 1248. Freilich ist es keineswegs die Aufgabe des
unteren Gerichts, nun auch noch die Möglichkeit einzukalkulieren, daß seine Entscheidung von der höheren
Instanz abgeändert wird, aM BGH FamRZ **87**, 152, Hbg FamRZ **91**, 446 (aber dann wäre überhaupt kein
Teilurteil statthaft).

B. Beispiele zur Frage der Zulässigkeit eines Teilurteils 7
Abänderungsklage: Rn 29 „Unterhalt".
Amtshaftung: Werden beamte und Dienststelle verklagt, kann ein Teilurteil gegen nur einen der Bekl
unzulässig sein, BGH NJW **99**, 1035.
Angriffs- und Verteidigungsmittel: Zulässig sein kann ein Teilurteil über eines von mehreren Angriffs-
oder Verteidigungsmitteln, BGH NJW **84**, 615. Es kommt aber auf die Umstände an, BGH DB **93**, 930
(zur Zurückweisung wegen Verspätung nach [jetzt] § 530 II).
Anschlußberufung: Rn 10 „Berufung".
Anspruchshäufung: Zulässig ist ein Teilurteil bei mehreren in einer Klage geltend gemachten Ansprüchen, 8
I 1 Hs 1 Fall 1, also bei objektiver Anspruchshäufung, §§ 260 ff, BGH **157**, 142, Oldb VersR **86**, 927.
Das setzt aber voraus, daß aus dem Teilurteil klar hervorgeht, über welche Teile einer Gesamtforde-
rung das Gericht entscheidet, BGH NJW **00**, 959. Dazu ist eine im einzelnen bezifferte Zuordnung
notwendig, Karlsr VersR **00**, 1422. Ein „erstrangiger" Teilbetrag kann unzureichend sein, Karlsr VersR
00, 1422. *Unzulässig* ist auch ein solches Teilurteil, daß vor Entscheidungsreife sämtlicher Ansprüche
ergeht, Hamm RR **01**, 96.
Arbeitsrecht: Rn 20 „Kündigung".
Aufopferungsanspruch: *Unzulässig* ist ein Teilurteil bei einem Aufopferungsanspruch.
Aufrechnung, Zurückbehaltungsrecht: *Unzulässig* ist ein Teilurteil, wenn dem Klaganspruch eine Auf- 9
rechnung oder ein Zurückbehaltungsrecht entgegensteht, Ffm MDR **75**, 322, oder entgegenstehen kann,
BGH NJW **92**, 1633, Brschw NJW **75**, 2209, LG Bonn RR **90**, 19 (kein Teilurteil über den Räumungs-
anspruch vor Klärung des Verzugs beim Zahlungsanspruch). Unzulässig ist ein Teilurteil ferner, wenn das
Gericht zu dem Ergebnis kommt, der Anspruch habe entweder nicht bestanden oder sei durch eine
Aufrechnung getilgt worden, mag selbst der Aufrechnungsanspruch widerklagend geltend gemacht worden
sein, oder mag die Aufrechnung durch einen offenbleibenden Klaganspruch berührt werden kann, BGH
NJW **00**, 959, Düss RR **99**, 858 (dann Grundurteil unter Vorbehalt).
S auch Rn 14 „Feststellungsklage", Rn 17 „Hilfsantrag".
Baulandsache: Bei einer Baulandsache ist ein Teilurteil nur *ausnahmsweise* zulässig.
Berufung: Zulässig ist ein Teilurteil, Rostock NJW **03**, 2755. Das gilt auch für ein solches über die 10
Berufung und die Anschlußberufung, selbst im Fall der Rücknahme der restlichen Berufung, Celle RR
86, 357.
Unzulässig ist eine Teilentscheidung über eine unselbständige Anschlußberufung, BGH MDR **94**, 940,
und gar eine derartige Teilversäumnisentscheidung, BGH NJW **99**, 1719.
Einheitlichkeit des Anspruchs: Zulässig ist grds ein Teilurteil bei einem einheitlichen nach Grund und 11
Höhe streitigen Anspruch nur, wenn das Gericht zugleich ein Grundurteil nach § 304 über den restlichen
Teil dieses Anspruches fällt, I 2, BGH NJW **01**, 760, Kblz ZMR **02**, 745, Otto Festgabe *50 Jahre Bundes-
gerichtshof* (2000) III 184. Die früheren diesbezüglichen Streitfragen sind durch die jetzige vorstehende
Fassung überholt, aM Schmitz NJW **00**, 3623 (aber I 2 ist eindeutig, Einl III 39). Das gilt zB: Bei einem
Anspruch des Handelsvertreters auf Ausgleich; bei einem Anspruch auf den Versorgungsausgleich; bei
beklagten notwendigen Streitgenossen, Rn 27 „Streitgenosse".
S auch Rn 23 „Postensache", Rn 26 „Scheidungsfolgesache", Rn 32 „Zugewinnausgleich".

§ 301
Buch 2. Abschnitt 1. Verfahren vor den LGen

12 **Elemente des Anspruchs:** *Unzulässig* ist ein Teilurteil über nur einzelne Elemente des Anspruchs, BGH NJW **99**, 1035, Düss VHR **97**, 30.
S auch Rn 7 „Angriffs- und Verteidigungsmittel".
Endgültigkeit des Teilanspruchs: Ein Teilurteil ist zulässig über einen Teil des Anspruchs, der größenmäßig bestimmt ist und endgültig feststeht, BGH NJW **99**, 1035. Eine Abweisung des Teilanspruchs setzt voraus, daß der gesamte Anspruch nicht höher sein kann als der Rest. Eine Verurteilung, „mindestens x EUR zu zahlen", ist unstatthaft. Denn sie enthält keine genaue Feststellung dazu, wie sich der Mindestbetrag auf die einzelnen Posten verteilt, § 260 Rn 5. Zulässig ist aber die Begründung der Verurteilung zu x EUR damit, daß der Bekl soviel auf alle Fälle schuldet. Einzelne Posten eines Kontokorrents usw sind kein Teilanspruch, Mü FamRZ **79**, 1026. Zur Nachholbarkeit der Individualisierung in der Rechtsmittelinstanz BAG NJW **78**, 2114.
Enteignungsanspruch: *Unzulässig* ist ein Teilurteil bei einem Enteignungsanspruch, aM Mü MDR **72**, 788 (überhaupt in Baulandsachen nur ausnahmsweise).

13 **Entscheidungsreife:** Rn 4.
Erledigung der Hauptsache: Rn 19 „Kosten".

14 **Feststellungsklage:** Zulässig sein kann ein Teilurteil dann, wenn es um eine bejahende Feststellungsklage geht, während der Bekl den gegnerischen zusätzlichen Zahlungsanspruch mit einer höheren Aufrechnung bekämpft hat, Kblz RR **88**, 533.
Unzulässig ist ein Teilurteil, wenn das Feststellungsinteresse noch nicht geklärt ist, Mü VersR **97**, 1492, und wenn keine Bezifferung erfolgt ist, BGH NJW **00**, 1406.

15 **Gesamtschuldner:** Zulässig ist ein Teilurteil auch gegen einen von mehreren Gesamtschuldnern, aM KG MDR **05**, 291 (aber es kann außer restlicher Klagerücknahme noch zahlreiche weitere Entwicklungen ohne widersprechendes Schlußurteil geben, und die Verurteilung als Gesamtschuldner ändert nichts an der Leistungspflicht des Verurteilten).
Geschäftsraum: Rn 24 „Räumung".

16 **Gesellschaftsrecht:** *Unzulässig* ist bei der Klage mehrerer Aktionäre durch Anfechtungs- und Nichtigkeitsklage ein Teilurteil nur über die eine oder andere Rechtsfolge, BGH NJW **99**, 1638. Unzulässig ist ein Teilurteil bei Klage auf Feststellung der Unwirksamkeit, Widerklage auf Zustimmung zu demselben Beschluß, Mü RR **04**, 192.
Grundurteil: Zulässig ist die Verbindung von Teil- und Grundurteil bei einem bestimmten Teil eines teilbaren Streitgegenstands, BGH NJW **99**, 1709 (bei § 254), Düss VHR **97**, 30 (Vorsicht!), Schlesw RR **99**, 1094. Freilich kann man bei einem einheitlichen nach Grund und Höhe streitigen Anspruch durch ein Teilurteil nur dann entscheiden, wenn zugleich ein Grundurteil über den restlichen Teil des Anspruchs ergeht, I 2, BGH MDR **04**, 820, Kblz ZMR **02**, 745, Otto Festgabe *50 Jahre Bundesgerichtshof* (2000) III 184. Ein Grundurteil über einen Teilanspruch darf dann, wenn der Bekl wegen des Restanspruchs eine verneinende Feststellungswiderklage erhoben hat, nur zugleich mit einem Endurteil über die Widerklage ergehen, BGH NJW **02**, 1806.
S auch Rn 14 „Feststellungsklage".

17 **Haftungsquote:** Zulässig ist ein Teilurteil über die Haftungsquote, wenn es im Schlußurteil um ein zugehöriges Schmerzensgeld geht, BGH NJW **89**, 2758.
Handelsvertreter: Rn 11 „Einheitlichkeit des Anspruchs".
Hauptanspruch: Rn 17 „Hilfsantrag", Rn 30 „Vorbehalt", Rn 32 „Zinsen".
Hilfsantrag: Beim Hilfsantrag nach § 260 Rn 10, 21 gilt: Wechselseitige Hilfsanträge sind zulässig, BGH MDR **92**, 708. Gibt das Urteil dem Hauptanspruch statt, so ist es ein Vollendurteil. Den Hauptanspruch kann das Gericht durch ein Teilurteil abweisen, soweit es sich beim Hilfsanspruch nicht nur um eine andere Begründung desselben prozessualen Anspruchs handelt, sondern um einen anderen Anspruch, BGH NJW **95**, 2361, mag er auch aus demselben Sachverhalt folgen, § 2 Rn 3, BPatG GRUR **80**, 997 (jedoch gilt § 301 nicht im patentamtlichen Patenterteilungsverfahren).
So ist ein Teilurteil über den *Hauptanspruch* zulässig bei einem Hauptanspruch auf die Feststellung der Nichtigkeit des Kaufvertrages geht, beim Hilfsanspruch auf Zahlung, oder bei einem Hauptanspruch auf eine Rente nach BEG, einem Hilfsanspruch auf eine Kapitalentschädigung, oder bei einem Hauptanspruch auf die Feststellung des Nichtbestehens der Ehe, einem Hilfsantrag auf die Scheidung, BGH NJW **81**, 2418, Düss FamRZ **89**, 649.
Unzulässig ist ein Teilurteil, solange eine Hilfsaufrechnung ungeklärt ist, mag der Bekl auch insofern Widerklage erhoben haben, Düss RR **95**, 576, oder wenn eine Vollstreckungsklage unzulässig ist und das Gericht für die hilfsweise erhobene Abänderungsklage örtlich nicht zuständig ist (es muß dann verweisen), Drsd FamRZ **00**, 34.
Kauf: Zulässig ist ein Teilurteil über das Objekt 1 von mehreren Objekten, selbst bei Musterwirkung, BGH NJW **04**, 1664.

18 **Klägerhäufung:** Zulässig ist ein Teilurteil bei mehreren in einer Klage geltend gemachten Ansprüchen, I 1 Hs 1 Fall 1, also auch bei einer Klägerhäufung, §§ 59 ff, BGH **157**, 142, Oldb VersR **86**, 927. § 300 II ist auf den Fall der gewöhnlichen Klägerhäufung nicht anwendbar.
Klagenhäufung: Rn 8 „Anspruchshäufung", Rn 27 „Subjektive Klagenhäufung".

19 **Kosten:** Ein Teilurteil über die Kosten kann ratsam sein. Denn der Ausgang des Rechtsstreits kann unklar sein. Es ist aber grds nicht nötig, ZöV 11, aM LAG Bln MDR **78**, 345 (aber dann gilt ohnehin § 308 II). Es ist zulässig, soweit auch diese Entscheidung vom Ausgang des Reststreits unabhängig ist, BGH RR **01**, 642, zB beim Ausscheiden eines Streitgenossen. Im Einzelfall ist ein Teilurteil über die Kosten des beiderseits für erledigt erklärten Teils des ursprünglichen Streits ist denkbar. Das gilt unabhängig davon, ob diese Kosten jetzt Hauptsache sind oder nicht, besonders in der Berufungsinstanz. Vgl freilich § 91 a Rn 77.

20 **Kündigung:** *Unzulässig* ist ein Teilurteil, wenn es im Rechtsstreit über die Auflösung eines Arbeitsverhältnisses um die Wirksamkeit einer Kündigung geht, BAG NJW **82**, 1119. Unzulässig ist ein Teilurteil mangels Teilbarkeit auch bei § 9 KSchG, BAG NJW **80**, 1485, LAG Köln MDR **97**, 1132. Unzulässig ist

Titel 2. Urteil **§ 301**

ein Teilurteil, wenn die Wirksamkeit der Kündigung auch für die Widerklage bedeutsam sein kann, BGH NJW **00**, 2513.
Leistungsverweigerungsrecht: *Unzulässig* ist ein Teilurteil, soweit das Gericht ein solches Recht dem Grunde nach verneint, während das Berufungsgericht es bejahen könnte, KG RR **03**, 804. 21
Mehrheit von Ansprüchen: Rn 8 „Anspruchshäufung", Rn 18 „Klägerhäufung".
Miete: Rn 23 „Postensache".
Minderungsrecht: *Unzulässig* ist ein Teilurteil, wenn dem Klaganspruch ein Minderungsrecht entgegensteht, Düss MDR **90**, 930 (es ist nämlich kein eigener Anspruch).
Mindestschaden: *Zulässig* sein kann ein Teilurteil wegen eines nach § 287 zugesprochenen Mindestschadens, selbst wenn zu darüber hinausgehender Höhe noch Beweis notwendig ist, BGH MDR **96**, 520 (abl Müller JZ **96**, 1189. Aber § 287 dient gerade der Erleichterung).
Mitverschulden: *Zulässig* sein kann ein Teilurteil zur Frage des Mitverschuldens, BGH NJW **84**, 615.
Musterentscheidung: *Zulässig* sein kann ein Teilurteil als Musterentscheidung, BGH **157**, 142.
Passivlegitimation: Ist sie ganz streitig, so darf sie *nicht* im Teilurteil offen bleiben, Düss RR **97**, 660. 22
Patent: Rn 17 „Hilfsantrag".
Pflichtteil: *Zulässig* ist ein Teilurteil, soweit ein bestimmtes Guthaben feststeht, Hbg FER **99**, 129.
Unzulässig ist ein Teilurteil bei einem Pflichtteilsanspruch, wenn ungeklärt bleiben würde, ob seine Abweisung wegen zu geringer Aktiven oder zu hoher Passiven geschehen soll oder wenn nur eine solche Verteilungsmasse verbleibt, die evtl später nicht mehr reicht, Celle FamRZ **04**, 1823.
Postensache: *Zulässig* ist ein Teilurteil wegen der Einheitlichkeit des Anspruchs nur unter den Voraussetzungen I 2, Rn 11. Bei einer Mietermehrheit ist unter den Voraussetzungen eines Teilurteils ein Zwischenfeststellungsurteil nach § 256 II denkbar, Kblz ZMR **02**, 745. 23
Räumung: *Zulässig* ist ein Teilurteil auf die Räumung eines Wohnraums trotz eines Streits auch über gesondert vereinbarten Geschäftsraum, BezG Cottbus WoM **92**, 302. 24
Unzulässig ist ein Teilurteil auf Räumung bei Streit über evtl sittenwidrige Mietforderung, Stgt MDR **98**, 960.
S auch Rn 9 „Aufrechnung, Zurückbehaltungsrecht".
Rechtliche Grundlage: *Unzulässig* ist ein Teilurteil grds wegen einer von mehreren rechtlichen Grundlagen desselben prozessualen Anspruchs, BGH NJW **99**, 1035, aM. Ausnahmsweise kann auch eine Verweisung durch Endurteil wegen eines vor dem bisher angegangenen Gericht nicht zulässigen Anspruchsgrunds in Betracht kommen, etwa bei § 32, Peglau JA **99**, 141.
S auch Rn 25 „Rechtsfrage".
Rechtsfrage: *Unzulässig* ist ein Teilurteil über einzelne Rechtsfragen, zB über das Vorliegen von Verzug, § 256 Rn 50, Ffm MDR **75**, 322. Unzulässig ist es auch bei einer Widerspruchsgefahr wegen einer ungeklärten Rechtsfrage, Hamm RR **04**, 820. 25
S auch Rn 24 „Rechtliche Grundlage".
Rechtsmißbrauch: Er ist auch hier verboten, Einl III 54. Daher stört die Gefahr widersprüchlicher Entscheidungen ausnahmsweise nicht, wenn die Widerklage rechtsmißbräuchlich ist, LG Gießen RR **03**, 381.
Rechtsmittel: Rn 10 „Berufung", Rn 29 „Unterhalt".
Reisevertrag: Rn 23 „Postensache", Rn 26 „Schmerzensgeld".
Revision: Die Beschwer richtet sich auch dann nur nach dem Teilurteil, wenn dort die Revisionssumme nicht erreicht wird, BGH NJW **96**, 3216.
Scheidungsfolgesache: *Zulässig* ist ein Teilurteil bei einer Scheidungs- und Folgesache, §§ 623 I 1, 627, 629, wegen der Einheitlichkeit des Anspruchs nur unter den Voraussetzungen I 2. 26
Schmerzensgeld: *Zulässig* sein kann ein Teilurteil über ein Teilschmerzensgeld, BGH MDR **04**, 702, Oldb VersR **86**, 927. *Zulässig* ist ein Teilurteil bei einem einheitlichen bloßen Schmerzensgeldanspruch nur unter den Voraussetzungen I 2, Rn 11, BGH MDR **04**, 701.
Unzulässig ist ein Teilurteil bei einem Schmerzensgeld nebst Minderung wegen Reisemängeln, LG Ffm RR **90**, 189, oder ein Teilurteil über Schmerzensgeld ohne Grundurteil über weitere Arzthaftungsansprüche, MDR **03**, 1373.
Streitgenossen: *Zulässig* ist grds ein Teilurteil bei der einfachen Streitgenossenschaft, BGH BB **03**, 604, BAG NJW **04**, 2849, Köln VersR **03**, 1049, aM Köln RR **05**, 798 (nicht bei Gefahr widersprüchlicher Entscheidungen), Mü RR **94**, 1278 (aber die einfache Streitgenossenschaft erfordert keine einheitliche Entscheidung, § 61 Rn 7). 27
Unzulässig ist ein Teilurteil bei einfacher Streigenossenschaft im Fall der Gefahr sich widersprechender Entscheidungen, BGH NJW **04**, 1452, ferner grds bei der notwendigen Streitgenossenschaft, BGH BB **03**, 604, Köln NVersZ **00**, 481, außer wenn die übrigen Streitgenossen sich zur Leistung bereit erklärt haben.
S auch Rn 19 „Kosten".
Stufenklage: Rn 29 „Unterhalt".
Subjektive Klagenhäufung: *Unzulässig* ist ein Teilurteil schon dann, wenn es zu unterschiedlicher Beurteilung gegenüber einem weiteren Bekl kommen kann, Schlesw MDR **02**, 662.
Teilbarkeit des Streitverhältnisses: Rn 4. 28
Tilgungsbestimmung: *Unzulässig* ist ein unter ihrer Mißachtung nach § 366 II BGB ergehendes Teilurteil, Zweitb VersR **99**, 509.
Unabhängigkeit vom restlichen Stoff: Rn 5, 6. 29
Unterhalt: *Zulässig* ist ein Teilurteil nur auf Vorsorgeunterhalt, soweit das Gericht über den Gesamtunterhalt noch nicht entschieden hat, Mü FamRZ **94**, 967. *Zulässig* ist eine gleichzeitige Entscheidung über den Auskunfts- und einen teilweise bezifferten Zahlungsantrag (Mindestunterhalt), wenn man ausschließen kann, daß letzterer Antrag dem Grunde und der Höhe nach durch das weitere Verfahren beeinflußt werden kann, Nürnb FamRZ **94**, 1594. Das Verbundverfahren schadet nicht stets, aM AG Groß Gerau

§ 301

FamRZ **02**, 1265 (abl Gottwald). Zulässig ist ein Teilurteil über den von einer Verfahrensunterbrechung nach § 240 nicht betroffenen künftigen Unterhalt, Hamm FamRZ **05**, 280.

Unzulässig ist ein Teilurteil in folgenden Fällen: Das Gericht könnte nur über einen Teil des Unterhalts von einem bestimmten Zeitpunkt an entscheiden, nicht aber über den restlichen Unterhalt für denselben Zeitraum (sog horizontales Teilurteil), Brdb FER **00**, 219, Nürnb MDR **03**, 220; die Leistungsfähigkeit ist noch nicht abschließend geklärt, Hamm FamRZ **93**, 1215, insbesondere bei mehreren gleichrangigen Gläubigern, Zweibr FamRZ **01**, 115; bei einer Abänderungsklage auf eine Erhöhung der Unterhaltspflicht, wenn in demselben Rechtsstreit eine Widerklage auf eine Ermäßigung derselben Pflicht anhängig ist, BGH **87**, 441, ebenso beim entsprechenden Rechtsmittel, BGH NJW **99**, 1719 (gar durch Teilversäumnisurteil), Kblz FamRZ **89**, 770.

Urteilselement: *Unzulässig* ist ein Teilurteil schon bei Gefahr unterschiedlicher Beurteilung einzelner Urteilselemente, Schlesw MDR **02**, 662.

30 **Versäumnisurteil:** Rn 10 „Berufung".
Versorgungsausgleich: Rn 11 „Einheitlichkeit des Anspruchs".
Verteidigungsmittel: Rn 7 „Angriffs- und Verteidigungsmittel".
Vertragsaufhebung: Rn 31 „Widerklage".
Verzug: Rn 45 „Rechtsfrage".
Vorbehalt: *Unzulässig* ist ein Vorbehalt über den Hauptanspruch im Teilurteil, BGH NJW **96**, 395.
Vorfrage: *Unzulässig* ist ein Teilurteil schon dann, wenn die Möglichkeit abweichender Beurteilung im Schlußurteil wegen einer zunächst noch offenen Vorfrage besteht, Ffm GRUR-RR **05**, 69.

31 **Werkvertrag:** Rn 23 „Postensache".
Widerklage: Zulässig ist ein Teilurteil grds dann, wenn das Gericht nur über die Klage oder nur über die Widerklage oder die Zwischenwiderklage des § 256 II entscheidet, BGH NJW **87**, 441 (auch zu den Grenzen), LG Kblz MDR **99**, 1020. Ein rechtlicher Zusammenhang hindert dann nicht.

Unzulässig ist ein Teilurteil grds in folgenden Fällen: Klage und Widerklage betreffen denselben Streitgegenstand, schließen sich also gegenseitig aus, BGH NJW **97**, 593, Düss RR **01**, 523 (Ausnahme: Abweisung der Widerklage bei Nichtbestehen der Gegenforderung), Köln NZM **03**, 417 (Ausnahme während bloßer Anhängigkeit der Widerklage); die Klage betrifft die Rückgewähr einer Anzahlung wegen einer Vertragsaufhebung, die Widerklage betrifft die Zahlung einer Restvergütung, Ffm MDR **83**, 498; für Klage wie Widerklage kommt es auf die Abnahme an, BGH NJW **97**, 454; die Klage betrifft die Feststellung der Unwirksamkeit einer Kündigung, die Widerklage betrifft die damit zusammenhängende Schadensersatzforderung, Stgt RR **99**, 141; die Klage betrifft einen Ersatzanspruch des wegen Mietsachemangels fristlos ausgezogenen Mieters, die Widerklage betrifft die restliche Miete, LG Köln ZMR **03**, 190; die Klage gründet auf dem Fehlen eines Vermögens, die Widerklage auf seinem Vorhandensein, Jena FamRZ **03**, 1843.

S auch Rn 7 „Aufrechnung, Zurückbehaltungsrecht", Rn 29 „Unterhalt".
Wohnraum: Rn 24 „Räumung".

32 **Zinsen:** *Unzulässig* ist ein Teilurteil über Zinsen, soweit nicht zugleich eine Entscheidung über den zugehörigen Hauptanspruch ergeht, Ffm MDR **75**, 322.
Zugewinnausgleich: Zulässig ist ein Teilurteil wegen der Einheitlichkeit des Anspruchs nur unter den Voraussetzungen I 2, Rn 11, noch strenger Hamm FamRZ **03**, 1393. Zugewinn- und Ausgleichsanspruch können selbständig zu beurteilen sein, Drsd FamRZ **01**, 762, aber nicht stets, BGH FamRZ **02**, 1097.

S auch Rn 26 „Scheidungsfolgesache".
Zurückbehaltungsrecht: Rn 7 „Aufrechnung, Zurückbehaltungsrecht".
Zwischenklage: Rn 31 „Widerklage".

33 **5) Unterbleiben des Teilurteils, II.** Das Gericht braucht weder bei I 1 noch bei I 2 ein Teilurteil zu erlassen, wenn ihm das nach der Lage des Falls unsachgemäß scheint. II mildert die durch I ausgesprochene Amtspflicht. Immerhin zeigt schon die Fassung von II, daß das Unterbleiben die Ausnahme sein soll, Köln MDR **77**, 939, Schlesw SchlHA **79**, 23, Schneider MDR **76**, 93. Das gilt auch im Versäumnisverfahren, §§ 330 ff. Ausnahmen von II: §§ 254, 306. § 307 gibt dem § 301 II vor, § 307 Rn 18. Das Gericht muß zum Ausdruck bringen, ob es nur über einen Teil des Streitgegenstands vorabentscheiden und in dem Fall I 1 den Rest später regeln will, Düss RR **99**, 858. Andernfalls liegt kein Teilurteil vor, BGH NJW **84**, 1544, Düss RR **99**, 858. Das Urteil ist aber auch beim Fehlen der Bezeichnung als eines solchen evtl dahin auslegbar, § 322 Rn 6, BGH NJW **99**, 1035, Düss VersR **89**, 705. Ergibt die Auslegung nicht, über welche Einzelforderungen oder Teilbeträge das Gericht entschieden hat, so entsteht in ihm keine innere Rechtskraft, BGH NJW **99**, 1035.

34 Die *Zweckmäßigkeit* eines Teilurteils ist *nicht nachprüfbar*, Köln MDR **77**, 939. Denn sonst müßte das Berufungsgericht grundsätzlich unzulässigerweise den noch nicht der Berufungsinstanz angefallenen Streitstoff heranziehen, BGH NJW **83**, 1312. Auch dürfte das Berufungsgericht weder selbst entscheiden noch zurückverweisen. Ein Verfahrensfehler wegen Unzulässigkeit des Teilurteils heilt, wenn das Rechtsmittelgericht die gegen das Teilurteil und das Schlußurteil gerichteten Rechtsmittel verbindet, BGH NJW **91**, 3039. Andernfalls kann es auf Antrag zur Zurückverweisung kommen, (jetzt) § 538, Zweibr VersR **99**, 509.

35 Das *Berufungsgericht kann* auch wegen Sachdienlichkeit die in erster Instanz noch nicht beschiedenen Anträge „*an sich ziehen*", § 540, Düss RR **97**, 660, Hamm VersR **96**, 646, Köln VersR **97**, 625. Es kann ein Zwischenfeststellungsverfahren nach § 256 II anregen, BGH RR **03**, 303. Das Gericht kann die Zulassung der Revision auf einen noch tatsächlich und rechtlich selbständigen Teil des Streitgegenstands beschränken, über den das Berufungsgericht durch ein Teilurteil hätte entscheiden können, BGH FamRZ **95**, 1405. Das Revisionsgericht darf die Zulässigkeit eines angefochtenen Teilurteils außer in einer Ehesache grundsätzlich nur auf Grund einer Verfahrensrüge prüfen, BGH NJW **99**, 1035, BAG DB **94**, 484, zweifelnd BGH NJW **03**, 2381. Dann darf es aber aufheben und insgesamt entscheiden, BAG DB **94**, 484. Bei einer einfachen Streitgenossenschaft handelt es sich um ein Teilurteil. Es kann also trotz Entscheidungsreife nach

§ 300 Rn 5 aus Zweckmäßigkeitsgründen unterbleiben. Mit Einverständnis der Parteien darf das Berufungsgericht über den an sich in erster Instanz verbliebenen Reststoff mitentscheiden, Düss VersR **89**, 705.

6) **VwGO:** *Eigene Regelung in § 110 VwGO, vgl BVerwG bei Melullis MDR* **95**, *234 und Uerpmann NVwZ* **36** *93, 743 (betr AsylVf).*

302 *Vorbehaltsurteil.* ¹ Hat der Beklagte die Aufrechnung einer Gegenforderung geltend gemacht, so kann, wenn nur die Verhandlung über die Forderung zur Entscheidung reif ist, diese unter Vorbehalt der Entscheidung über die Aufrechnung ergehen.

II Enthält das Urteil keinen Vorbehalt, so kann die Ergänzung des Urteils nach Vorschrift des § 321 beantragt werden.

III Das Urteil, das unter Vorbehalt der Entscheidung über die Aufrechnung ergeht, ist in Betreff der Rechtsmittel und der Zwangsvollstreckung als Endurteil anzusehen.

IV ¹ In Betreff der Aufrechnung, über welche die Entscheidung vorbehalten ist, bleibt der Rechtsstreit anhängig. ² Soweit sich in dem weiteren Verfahren ergibt, dass der Anspruch des Klägers unbegründet war, ist das frühere Urteil aufzuheben, der Kläger mit dem Anspruch abzuweisen und über die Kosten anderweit zu entscheiden. ³ Der Kläger ist zum Ersatz des Schadens verpflichtet, der dem Beklagten durch die Vollstreckung des Urteils oder durch eine zur Abwendung der Vollstreckung gemachte Leistung entstanden ist. ⁴ Der Beklagte kann den Anspruch auf Schadensersatz in dem anhängigen Rechtsstreit geltend machen; wird der Anspruch geltend gemacht, so ist er als zur Zeit der Zahlung oder Leistung rechtshängig geworden anzusehen.

Schrifttum: *Hall,* Vorbehaltserkenntnis und Anerkenntnisvorbehaltsurteil im Urkundenprozeß, 1992; *Rabback,* Die entsprechende Anwendbarkeit des den §§ . . ., 302 Abs. 4 S. 3 usw zugrunde liegenden Rechtsgedankens auf die einstweiligen Anordnungen der ZPO, 1999.

Gliederung

1) Systematik, I–IV	1	5) Vorbehaltsurteil, I–III		9–11
2) Regelungszweck, I–IV	2	A. Grundsatz: Ermessen des Gerichts		9
3) Geltungsbereich, I–IV	3	B. Entscheidungsformel		10
4) Voraussetzungen eines Vorbehaltsurteils, I	4–8	C. Rechtsmittel		11
A. Geltendmachung einer Gegenforderung	4	6) Nachverfahren, IV		12–16
B. Unerheblichkeit der Frage eines Zusammenhangs	5	A. Grundsatz: Fortbestand der Rechtshängigkeit		12–14
C. Einzelfragen	6	B. Urteilsformel		15
D. Entscheidungsreife des Klaganspruchs	7	C. Versäumnisverfahren		16
E. Fehlen der Entscheidungsreife des Aufrechnungsanspruchs	8	7) Schadensersatz, IV		17, 18
		A. Grundsatz: Volle Ersatzpflicht		17
		B. Verfahren		18
		8) VwGO		19

1) Systematik, I–IV. Die Vorschrift schafft eine gegenüber § 301 vorrangige Sonderregelung mit einem **1** grundsätzlichen Zwang zur Anwendung nach I. Man muß sie als solche eng auslegen, Kblz MDR **02**, 715. Ihr gegenüber enthalten §§ 599, 602, 605 a wiederum besondere Spezialregelungen.

2) Regelungszweck, I–IV. Die Vorschrift dient theoretisch der Prozeßförderung nach Grdz 12, 13 vor **2** § 128 und der Prozeßwirtschaftlichkeit, Grdz 14, 15 vor § 128. In Wahrheit schafft sie oft zusätzliche Unklarheiten, Schwierigkeiten und Verzögerungen. § 302 soll eine Prozeßverschleppung durch eine ungeklärte Aufrechnung verhindern. Seine Beschränkungen dienen auch dem Schutz des Bekl, Schmitz/Goldmann NJW **99**, 2953. Über eine Prozeßtrennung § 145 III. Sie ist nicht notwendig.

Einheitlichkeit der Gesamtentscheidung auch im zeitlichen Sinn ist ein für den Rechtsfrieden im Einzelfall fast immer so wichtiger Umstand, daß ein Vorbehaltsurteil mit seinen nicht ganz leicht durchschaubaren Folgen nur in wirklich klarer Lage hilfreich wird, also nur dann, wenn wirklich nur noch die Gegenforderung weiterer Erörterung bedarf, aber eben wohl. Man sollte die Schadensersatzanspruch nach IV 3 möglichst gar nicht erst auch nur formell eventuell möglich machen. Schon er würde ja auch der Prozeßwirtschaftlichkeit des Gesamtverfahrens ziemlich entgegenstehen. Das sollte man bei der Handhabung mitbedenken.

3) Geltungsbereich, I–IV. Die Vorschrift ist in allen Verfahren nach der ZPO anwendbar. In der **3** Berufungsinstanz ist § 302 für eine erstinstanzliche und eine zweitinstanzliche Aufrechnung anwendbar. Im Urkundenprozeß ist § 302 unanwendbar, § 598 Rn 2, aM ThP 5 (aber die Vorschrift paßt dort nicht). § 302 findet bei einer Vorlage nach Art 100 GG keine entsprechende Anwendung, BVerfG **34**, 321, Jülicher ZZP **86**, 211 (allenfalls ist eine einstweilige Verfügung möglich).

4) Voraussetzungen eines Vorbehaltsurteils, I. Sie sind nicht allzu problematisch. **4**

A. Geltendmachung einer Gegenforderung. Der Bekl muß eine Gegenforderung geltend machen, und zwar durch eine Aufrechnung mit einer rechtlich selbständigen Gegenforderung, § 145 Rn 8, Mü RR **03**, 863. Es genügt nicht, daß der Bekl sich die Aufrechnung nur vorbehalten hat. Er muß sie vielmehr erklären, BGH **103**, 368.

„*Geltendmachung*" einer „*Gegenforderung*" ist dem Wortlaut nach etwas anderes als eine bloße Minderung der Hauptforderung oder als ein Zurückbehaltungsrecht oder eine bloße Verrechnung, Celle RR **05**, 654.

§ 302

Buch 2. Abschnitt 1. Verfahren vor den LGen

Der Wortlaut ist für sich klar. Für eine Auslegung bleibt zwar nur dann kein Raum, wenn Wortlaut und Sinn und Zweck eindeutig sind, Einl III 39. Sinn der Vorschrift ist vorwiegend eine Verbesserung der Stellung des Klägers, zB eines Bauhandwerkers. Er soll nicht wegen irgendwelcher formellen Aufrechnung endlos länger auf die Durchsetzung seines für sich allein entscheidungsreifen Klaganspruchs warten müssen. Andererseits ist aber nicht einmal eine formell als „Aufrechnung" bezeichnete Verhaltensweise eine echte Aufrechnung mit einer „Gegenforderung", Kblz MDR **02**, 715. Dann aber dürfen erst recht nicht auch eine Minderung oder ein Zurückbehaltungsrecht der Aufrechnung im Sinn von I gleichstehen.

Zwar hätte der Gesetzgeber zu solchem Zweck gut daran getan, einfach nur von der *„Geltendmachung eines Einwands"* zu sprechen. Die sprachliche Präzision des Gesetzgebers läßt aber oft genug zu wünschen übrig. Die Stellung des Klägers sollte bei I an sich nicht davon abhängen, in welche Form der Bekl seine Bemühung um Verringerung der Klageforderung kleidet. Es gibt aber unleugbar rechtliche Unterschiede zwischen Aufrechnung, Minderung, Zurückbehaltung oder Verrechnung. § 302 ist als Ausnahme von § 301 eng auslegbar, Kblz MDR **02**, 716, Mü RN **03**, 864. Es läßt sich daher kaum vertreten, die letzteren Verhaltensweisen einer Aufrechnung im Sinn von I gleichzustellen. Ein Vorbehaltsurteil ist vielmehr außerhalb echter Aufrechnung unzulässig, KG IBR **02**, 288 (abl Buscher), Kblz MDR **02**, 715, aM Buscher BauR **02**, 875 (aber es kommt nicht nur auf praktische Wünsche an).

5 **B. Unerheblichkeit der Frage eines Zusammenhangs.** Es kommt nach I nicht (mehr) darauf an, ob zwischen der Klageforderung und der Aufrechnungsforderung ein rechtlicher oder auch nur wirtschaftlicher Zusammenhang besteht, Düss RR **01**, 882. Die früheren diesbezüglichen Streitfragen sind infolge der jetzigen Fassung des Gesetzes überholt. Damit könnte das Gericht zB über einen Werklohn vor der Klärung von Gewährleistungsansprüchen entscheiden, krit Korbion MDR **00**, 942.

6 **C. Einzelfragen.** Unerheblich ist, wann der Bekl aufrechnet, ob vor oder in dem Prozeß. Hat er aufgerechnet und wegen des überschießenden Teils Widerklage nach Anh § 253 erhoben, so ist ein Vorbehaltsurteil höchst unzweckmäßig. Über die sachlichrechtliche und die prozessuale Aufrechnung § 145 Rn 10.

Eine *Hilfsaufrechnung* genügt grundsätzlich, § 145 Rn 13. Bei einer Hilfsaufrechnung mit einer Gegenforderung, die mit der Klageforderung zusammenhängt, erlassen Schmitz/Goldmann NJW **99**, 2953 ein Feststellungsvorbehaltsurteil. Das setzt eine Auslegung dahin voraus, daß I unter „Verurteilung" nur ein Leistungsurteil meint. Solche Auslegung orientiert sich am Regelungszweck, Rn 2. Gleichwohl bleibt sie gewagt, Einl III 39. Denn auch ein Feststellungsurteil ist nun einmal schon nach dem Wortlaut eine Verurteilung. Man sollte daher wenn irgend möglich den Prozeß auch zur Hilfsaufrechnung entscheidungsreif machen und dann einheitlich entscheiden.

7 **D. Entscheidungsreife des Klaganspruchs.** Der Klaganspruch muß entscheidungsreif sein, so daß der Entscheidung nur die Aufrechnung im Weg steht. Es genügt aber, daß er nur dem Grunde nach feststeht, ThP 3, ZöV 4, aM StJL 8 (aber auch ein Grundurteil setzt diesbezügliche Entscheidungsreife voraus).

8 **E. Fehlen der Entscheidungsreife des Aufrechnungsanspruchs.** Die Aufrechnungsforderung darf nicht entscheidungsreif sein, § 300 Rn 6, BAG NJW **02**, 292. Sonst ist weder ein Vorbehaltsurteil noch ein Teilurteil noch ein Zwischenurteil zulässig. Das gilt auch, wenn sich die Aufrechnung von vornherein als unzulässig erweist, so daß man die Zulässigkeit zunächst prüfen muß. Bei einer Bejahung der Zulässigkeit ist ein Vorbehalt für das Nachverfahren möglich, Rn 13, § 322 Rn 21. Man darf aber eine nach Grund und Höhe umstrittene Forderung hier nur dann zur Aufrechnung stellen, wenn das Prozeßgericht darüber entscheiden kann. Daher darf man nur mit einem Kostenerstattungsanspruch nur dann aufrechnen, wenn das Gericht ihn rechtskräftig festgestellt hat.

9 **5) Vorbehaltsurteil, I–III.** Sein Gebrauch hat Vor-, aber auch Nachteile.

A. Grundsatz: Ermessen des Gerichts. Liegen die Voraussetzungen des § 302 I vor, so kann das Gericht auch ohne einen Antrag das Urteil unter dem Vorbehalt der Entscheidung über die Aufrechnung erlassen, Düss RR **01**, 882, Hamm MDR **75**, 1029, Braun ZZP **89**, 108. Diese Möglichkeit ist durch eine Parteivereinbarung nicht ausschließbar. Im Rahmen des Ermessens wird das Gericht zwar grundsätzlich auch berücksichtigen, daß dem Bekl durch die Nichtanwendung der Vorbehaltsbefugnis die Geltendmachung einer etwa verspätet erklärten Aufrechnung in diesem Prozeß unmöglich werden kann. Das Gericht muß aber auch das Interesse des Klägers an einer baldigen endgültigen Beendigung des Prozesses beachten und bedenken, daß der Bekl sonst die Verspätungsregeln mithilfe des Vorbehalts unterlaufen könnte. Daher muß es im Fall einer verspäteten Aufrechnung in der Regel kein Vorbehaltsurteil erlassen.

Das Vorbehaltsurteil ist durch eine anderweitige Entscheidung im Nachverfahren *auflösend bedingt*, und umgekehrt. Für die Rechtsmittel und die Zwangsvollstreckung steht es einem Endurteil gleich, III, wenn man es nicht überhaupt als ein Endurteil ansehen will, StJL 11, ThP 1, aM RoSGo § 59 V 4 (aber auch das Vorbehaltsurteil muß normal anfechtbar sein). §§ 707, 719 sind anwendbar. Der inneren Rechtskraft nach Einf 4 vor §§ 322–327 ist ein Vorbehaltsurteil seiner Natur nach unfähig. Es bindet aber dasselbe Gericht und alle anderen Gerichte wegen des Anspruchs des Klägers wie ein rechtskräftiges Urteil, § 318. Es muß über die Kosten nach § 91 und über die vorläufige Vollstreckbarkeit nach § 708 wie sonst entscheiden, IV 2. Es darf nicht weitergehen als eine Aufrechnung. Wegen des überschießenden Teils des Klaganspruchs muß ein abschließendes Urteil ergehen. Ein Vorbehalt mit Wirkung nur für eine Partei ist unzulässig.

10 **B. Entscheidungsformel.** Der Vorbehalt muß in der Urteilsformel stehen, §§ 311 II 1, 313 I Z 4, BGH NJW **81**, 394. Das Gericht muß die Aufrechnungsforderung dort möglichst genau bezeichnen, auch durch eine Bezugnahme auf den Tatbestand. Man kann zB so formulieren: „Der Beklagte wird verurteilt, an den Kläger 10 000 EUR ... zu zahlen (folgen Nebenentscheidungen). In Höhe von 3000 EUR ergeht das Urteil unter Vorbehalt wegen einer Aufrechnungsforderung des Beklagten vom ..., näher gekennzeichnet im Tatbestand dieses Urteils". Fehlt der Vorbehalt, so stehen ein Antrag auf eine Berichtigung, falls der Vorbehalt nur in der Formel vergessen worden war, § 319 Rn 6 ff, oder ein Antrag

Titel 2. Urteil **§ 302**

auf eine Urteilsergänzung nach § 321 und im übrigen die Rechtsmittel zur Wahl, § 321 Rn 3. Hat das Gericht teils mit und teils ohne Vorbehalt verurteilt und liegt unbeschränkt Berufung vor, so muß die 2. Instanz voll entscheiden, wenn die Voraussetzungen des § 302 fehlten. Wenn der Vorbehalt erst im Berufungsurteil ergeht, so erfolgt (jetzt) auf Antrag evtl eine Zurückverweisung nach § 538, Mü MDR 00, 903, LAG Düss DB 75, 2040.

C. Rechtsmittel. Das Rechtsmittelgericht prüft nur den im Vorbehaltsurteil entschiedenen Streitstoff, **11** also nicht die Aufrechnungsforderung. Die höhere Instanz kann das Vorliegen der Voraussetzungen des Ermessens nachprüfen, nicht aber die Angemessenheit des Vorbehaltsurteils, und zwar aus denselben Gründen nicht wie beim Teilurteil, § 301 Rn 24. Hat das Gericht ein Vorbehaltsurteil erlassen, obwohl die Aufrechnungsforderung unzulässig war, so liegt ein zur Zurückverweisung berechtigender Verfahrensmangel vor, Karlsr RR 87, 254. Dann kann der Kläger die Verurteilung ohne einen Vorbehalt beantragen, BGH NJW 79, 1046, Karlsr RR 87, 254. Liegt gegen ein Urkunden-Vorbehaltsurteil Berufung vor und weist das Gericht deren Erledigung die Klage im Nachverfahren ab, wird die Berufung gegenstandslos, Brschw RR 00, 1094.

6) **Nachverfahren, IV.** Es findet oft nicht zügig genug statt. **12**

A. Grundsatz: Fortbestand der Rechtshängigkeit. Das Vorbehaltsurteil läßt die Klageforderung in der Instanz rechtshängig. Das gilt aber nur, soweit eine Aufrechnung vorbehalten ist. Neues Vorbringen gegen die Klageforderung ist ausgeschlossen. Das Gericht beraumt von Amts wegen einen Verhandlungstermin an, § 216. Er ist vor der Rechtskraft des Vorbehaltsurteils zulässig. Das Gericht muß die Ladungsfrist beachten, § 217. Eine Einlassungsfrist von § 274 III besteht nicht. Führt der Bekl im Vorbehaltsverfahren in der 2. Instanz eine Gegenforderung ein, so erstreckt sich die Bestätigung des Vorbehalts durch das Berufungsgericht auch auf das Nachverfahren der 1. Instanz, Mü MDR 75, 324. Möglich ist aber eine Klagänderung oder Klagerweiterung, deren neuem Anspruch der Bekl dann auch Neues entgegensetzen kann. Möglich ist es auch, den abgewiesenen Teilanspruch im Wege der Anschlußberufung geltend zu machen. Der Bekl kann wegen § 145 Rn 15 nur die vorbehaltene Aufrechnungsforderung geltend machen. Er kann diese aber auch anderweit verfolgen, solange das Gericht nicht im Nachverfahren rechtskräftig entschieden hat, § 322 II. Die Parteirollen im Nachverfahren bleiben unverändert. Eine Widerklage nach Anh § 253 sowie eine Streithilfe sind zulässig, § 72.

Eine Entscheidung über die Zulässigkeit der *Aufrechnung* bindet für das Nachverfahren, BGH NJW 79, **13** 1046. Das gilt selbst dann, wenn das Gericht nur über bestimmte Aufrechnungshindernisse entschieden. Dann ist aber das Vorbehaltsurteil anfechtbar. Eine Bindung nach § 318 tritt in demjenigen Umfang ein, in dem die Tatsacheninstanz entscheiden wollte bzw mußte, also nicht wegen der übrigen Aufrechnungshindernisse. Fehlt eine Entscheidung über die Zulässigkeit, so fehlt eine Bindungswirkung.

Die *Fortsetzung* des Verfahrens geschieht auf Antrag einer Partei, §§ 253 V, 274, 497. Er ist sofort nach **14** dem Erlaß des Vorbehaltsurteils zulässig. Im allseitigen Einverständnis darf das Gericht dann auch sofort im Nachverfahren verhandeln lassen. Das Vorbehaltsurteil bewirkt bis zu einem Antrag einen tatsächlichen Stillstand des Verfahrens, Üb 1 vor § 239. Die Ladung setzt eine Rechtskraft des Vorbehaltsurteils nach § 322 nicht voraus. Die Einstellung der Zwangsvollstreckung erfolgt nach § 707.

B. Urteilsformel. Das Schlußurteil im Nachverfahren lautet wie folgt: Beim Durchgreifen der Aufrech- **15** nung erfolgen eine Aufhebung des Vorbehaltsurteils und eine Klagabweisung. Dabei ist das Gericht an sein Urteil über die Klageforderung schlechthin gebunden und darf sie nicht erneut prüfen, § 318. Das Gericht muß über die Kosten neu entscheiden. Die vorläufige Vollstreckbarkeit des Vorbehaltsurteils entfällt nach § 717 I. Bei einer Ablehnung der Aufrechnung spricht das Gericht die Aufrechterhaltung des bisherigen Urteils und den Wegfall des Vorbehalts aus. Es muß zugleich über die weiteren Kosten entscheiden. Hebt die höhere Instanz das Vorbehaltsurteil auf und weist die Klage ab, so wird damit ohne weiteres ein Urteil im Nachverfahren hinfällig, selbst wenn es rechtskräftig war.

C. Versäumnisverfahren. Ein Versäumnisverfahren nach §§ 330 ff ist nur wegen der Aufrechnung denk- **16** bar. Denn der Prozeß schwebt nur insoweit noch in der Instanz. Da der Aufrechnende in diesem Verfahren angreift, hat er praktisch die Stellung des Klägers. Ist er säumig, so spricht das Gericht den Wegfall des Vorbehalts und die Aufrechterhaltung des bisherigen Urteils im übrigen aus. Ist der Kläger säumig, dann gilt der Vortrag des Bekl zur Aufrechnungsforderung als zugestanden, § 331. Soweit er schlüssig ist, hebt das Gericht das Vorbehaltsurteil auf und weist die Klage ab. Daher ist die Aufrechnung bis zur Höhe der Klageforderung verbraucht.

7) **Schadensersatz, IV.** Die Vorschrift hat keine große Bedeutung. **17**

A. Grundsatz: Volle Ersatzpflicht. Hebt das Urteil im Nachverfahren das Vorbehaltsurteil ganz oder teilweise auf und weist die Klage im Nachverfahren ab, dann muß der Kläger dem Bekl ohne Rücksicht auf Verschulden grundsätzlich den vollen Schaden ersetzen, der dem Bekl aus der Zwangsvollstreckung aus dem Vorbehaltsurteil entstanden ist. Dazu gehört nicht nur der durch die Beitreibung erwachsene Schaden, sondern auch der durch eine Leistung zur Vermeidung der Beitreibung entstandene. Unerheblich ist, ob das Vorbehaltsurteil rechtskräftig oder vorläufig vollstreckbar war. Dieser sachlichrechtliche Ersatzanspruch entsteht aufschiebend bedingt mit der Beitreibung oder Abwendungsleistung, aM StJL 28 (mit der Verkündung des Schlußurteils). Aber erst die vorgenannten Leistungen verschlechtern die Vermögenslage wirklich). Man kann wegen der Haft, die man auf Grund eines später aufgehobenen Vorbehaltsurteils nach § 901 erlitt, Schmerzensgeld unter den Voraussetzungen des § 253 II BGB fordern.

B. Verfahren. Der Bekl kann den Ersatzanspruch geltend machen: In einem besonderen Prozeß; durch **18** eine Widerklage, Anh § 253; durch eine Aufrechnung in einem anderen Prozeß; durch einen Zwischenantrag (Inzidentantrag) im Nachverfahren. Das gilt auch noch in der Revisionsinstanz entsprechend § 717. Nur beim Zwischenantrag im Nachverfahren gilt der Anspruch als mit der Zahlung oder Leistung rechtshängig geworden. Weiteres bei § 717. § 717 III ist unanwendbar.

Hartmann

§§ 302, 303 Buch 2. Abschnitt 1. Verfahren vor den LGen

19 8) *VwGO: Entsprechend anzuwenden,* § *173 VwGO, BVerwG NJW 83,* 776, *wie KV 2113 u 2123 ergaben; vgl iü Ehlers JuS 90, 782 mwN, u a Kröger/Jakobs JA 81, 266, Pietzner VerwArch 74, 72 mwN, Herdegen VBlBW 84, 195, Grunsky § 46 II 5. Jedoch darf ein Vorbehaltsurteil nur ergehen, wenn über die Aufrechnung im VerwRechtsweg entschieden werden kann, Ehlers aaO, aM Herdegen aaO, OVG Münst NJW 80, 1068, OVG Lüneb VerwRspr 29, 757 (nach OVG Münst DÖV 76, 673 hindert die Aufrechnung auch die Vollstreckung); das war schon immer bei unbestrittenen oder rechtsbeständig festgestellten Gegenforderungen anzunehmen, BVerwG NJW 87, 2530, gilt aber jetzt nach § 17 II 1 GVG auch sonst,* § *17 GVG Rn 6 (offen BVerwG NJW 94, 2969), soweit nicht* § *17 II 2 GVG eingreift, dazu BVerwG DVBl 93, 885, BFH NVwZ-RR 98, 790 mwN. In den letztgenannten (Ausnahme-) Fällen ist das Verfahren entsprechend § 94 VwGO auszusetzen und eine Frist zur Klagerhebung vor dem für die zuständigen Zivilgericht zu bestimmen, hM, Gaa NJW 97, 3346, Ehlers aaO, BVerwG NJW 99, 161 mwN, BFH NVwZ 87, 263, VGH Mannh NJW 97, 3394. Bei Spruchreife des Klagebegehrens kann darüber in diesen Fällen durch Vorbehaltsurteil unter Aussetzung des Nachverfahrens erkannt werden, BVerwG aaO; bei offensichtlich unbegründeten Gegenforderungen darf ohne Vorbehalt über die Klagforderung entschieden werden, VGH Mannh NVwZ 90, 685, krit Ehlers aaO. An die Stelle von § 321, II, tritt § 120 VwGO.*

303 Zwischenurteil. Ist ein Zwischenstreit zur Entscheidung reif, so kann die Entscheidung durch Zwischenurteil ergehen.

Schrifttum: *Jäger,* Zwischenstreitverfahren nach dem §§ 280, 303 ZPO, 2002.

Gliederung

1) Systematik 1	5) Beispiele zur Frage der Anwendbarkeit 5–8
2) Regelungszweck 2	6) Zwischenurteil 9, 10
3) Geltungsbereich 3	7) Rechtsmittel 11
4) Zwischenstreit 4	8) *VwGO* 12

1 **1) Systematik.** Zwischenurteile sind bei §§ 280, 303, 304 Feststellungsurteile, die nur über einzelne verfahrensrechtliche Streitpunkte ergehen, und zwar zwischen den Parteien oder zwischen diesen und Dritten. Ein Zwischenurteil ist unzulässig, soweit es endgültig über einen Teil des Streitgegenstands entscheidet, BGH NJW 87, 3265, also über sachlichrechtliche Ansprüche oder über ein selbständiges Angriffs- oder Verteidigungsmittel nach Einl III 70, Tiedtke ZZP 89, 65. Bei mehreren solchen Zwischenurteilen erfolgt notfalls eine Beschränkung der Verhandlung nach § 146. Die Entscheidung muß immer einheitlich sein.

2 **2) Regelungszweck.** Die Vorschrift dient der Prozeßförderung nach Grdz 12, 13 vor § 128 und der Prozeßwirtschaftlichkeit, Grdz 14, 15 vor § 128. In der Praxis kann ihre Anwendung freilich zu Unklarheiten, Schwierigkeiten und Verzögerungen führen. Es gelten ähnliche Erwägungen wie beim Teil- oder Vorbehaltsurteil, § 301 Rn 2, § 302 Rn 2. Das Zwischenurteil kann durchaus nützlich sein. Man sollte es aber nur bei wirklich klarer Lage zum Zwischenpunkt erwägen und selbst dann nur zurückhaltend erlassen. Die Einheitlichkeit einer Schlußentscheidung über den Gesamtprozeß verdient meist den Vorzug, selbst wenn sie noch etwas Zeit braucht.

3 **3) Geltungsbereich.** § 303 gilt in allen Verfahren nach der ZPO. Die Vorschrift gilt entsprechend im Beschwerdeverfahren, § 567, Düss OLGZ 79, 454. § 303 ist im patentgerichtlichen Beschwerdeverfahren entsprechend anwendbar, BPatG GRUR 78, 533. Im arbeitsgerichtlichen Beschlußverfahren ist ein Zwischenbeschluß zulässig. Der Große Senat des BAG kann vorab gesondert über die Zulässigkeit seiner Anrufung entscheiden, BAG NJW 84, 1990. Die Vorschrift gilt entsprechend für eine Zwischenentscheidung im FGG-Verfahren, LG Neubrdb FamRZ 00, 1305, und im Patentverfahren, BPatG GRUR 02, 371.

4 **4) Zwischenstreit.** § 303 betrifft nur den Zwischenstreit, also noch nicht die Hauptsache, zwischen den Parteien und auch dann unter Ausschluß desjenigen Zwischenstreits, der durch eine Zulässigkeitsrüge entstanden ist (darüber §§ 280, 282 III, 296 III), und desjenigen über eine Vorabentscheidung über den Grund nach § 304, der kein Zwischenstreit ist. Unter § 303 fällt auch das Grundurteil des arbeitsgerichtlichen Verfahrens, § 61 NJW ArbGG, BAG NJW 76, 774. Zwischenstreit ist zwischen den Parteien entstandener Streit über Fragen, die den Fortgang des anhängigen Verfahrens betreffen und über die das Gericht nur auf Grund einer mündlichen Verhandlung entscheiden darf.

5 **5) Beispiele zur Frage einer Anwendbarkeit**
Angriffs- und Verteidigungsmittel: *Nicht* unter § 303 fällt der Streit über einzelne Angriffs- und Verteidigungsmittel, Rn 1.
Anspruchsgrund: Unter § 303 fällt der Streit über einzelne Anspruchsgründe, BGH VersR 85, 45.
S aber auch „Element".
Ausländersicherheit: Unter § 303 fällt ein Streit über die Notwendigkeit einer Sicherheitsleistung durch einen Ausländer, § 112 Rn 3, BGH DB 82, 802, Bre NJW 82, 2737.
Dritter: Unter § 303 fällt ein Zwischenstreit mit einem Dritten, Rn 1.
Einspruch: Unter § 303 fällt die Zulässigkeit eines Einspruchs, § 341, BPatG GRUR 02, 371.
Element: *Nicht* unter § 303 fällt der Streit über einzelne Elemente der Sachentscheidung, BGH 72, 38.
S aber auch „Anspruchsgrund".

Titel 2. Urteil   §§ 303, 304

Erledigung der Hauptsache: *Nicht* unter § 303 fällt der Streit über eine Erledigung der Hauptsache, Köln RR **96**, 122, Tiedtke ZZP **89**, 72.
Gerichtsstand: Unter § 303 fällt der Streit über die örtliche Zuständigkeit, LG Mainz RR **00**, 588.   6
Geständnis: Unter § 303 fällt der Streit über den Widerruf eines Geständnisses, § 290.
Grundurteil: Rn 2.
Klagänderung: Unter § 303 fällt der Streit über die Zulässigkeit einer Klagänderung, §§ 263 ff. S aber auch „Parteiwechsel".
Klaglosstellung: Unter § 303 fällt der Streit darüber, ob der Bekl den Kläger klaglos gestellt hat.
Parteiwechsel: *Nicht* unter § 303 fällt der Streit über die Zulässigkeit eines gewillkürten Parteiwechsels, § 263 Rn 5, BGH NJW **81**, 989.
Prozeßvergleich: § 307 Rn 39.
Prozeßvoraussetzungen: Unter § 303 fällt der Streit über Prozeßvoraussetzungen, soweit sie nicht in einer Zulässigkeitsrüge bestehen.
Rechtsmittel: Unter § 303 fällt ein Streit über die Zulässigkeit eines Rechtsmittels, BGH NJW **87**, 3265, 7 oder eines Rechtsbehelfs.
Rechtsweg: Unter § 303 fällt ein Streit über die Zulässigkeit des Rechtswegs, Tiedtke ZZP **89**, 68.
Sachbefugnis: *Nicht* unter § 303 fällt der Streit über die Sachbefugnis, Grdz 23 vor § 50, Tiedtke ZZP **89**, 72.
Sachverständiger: Unter § 303 fällt der Zwischenstreit mit einem Sachverständigen, §§ 387 ff, 402.
Streithelfer: Unter § 303 fällt der Zwischenstreit mit einem Streithelfer, § 71.
Unterbrechung: Unter § 303 fällt der Streit über den Eintritt einer Unterbrechung nach § 240, BGH 8 NJW **05**, 291, oder über die Aufnahme nach einer Unterbrechung, § 250.
Urkunde: Unter § 303 fällt ein Streit über die Pflicht zur Vorlegung einer Urkunde, §§ 422, 423, oder über deren Echtheit, §§ 440 ff, oder der Streit mit dem ProzBev des Gegners bei einer Urkundenrückgabe, § 135 II.
Vergleich: § 307 Rn 39.
Verjährung: *Nicht* unter § 303 fällt der Streit über das Vorliegen einer Verjährung, Tiedtke ZZP **89**, 65.
Wiederaufnahme: Unter § 303 fällt der Streit über eine Wiederaufnahme des Verfahrens, § 590 II 1.
Wiedereinsetzung: Unter § 303 fällt der Streit über die Zulässigkeit einer Wiedereinsetzung, § 238.
Zeuge: Unter § 303 fällt der Zwischenstreit mit einem Zeugen, §§ 387 ff.
Zuständigkeit: Rn 6 „Gerichtsstand".

6) **Zwischenurteil.** In den Fällen des § 303 steht der Erlaß eines Zwischenurteils grundsätzlich im 9 pflichtgemäßen, nicht nachprüfbaren Ermessen des Gerichts, Ausnahmen bilden §§ 280 II, 347 II, 366. Bisweilen ist ein Zwischenurteil zweckmäßig, weil es die Streitfrage infolge der Bindung des Gerichts für die Instanz ausscheidet, § 318. Auch ein Versäumniszwischenurteil ist statthaft, § 347. Es kommt aber praktisch kaum je vor. War das Zwischenurteil unzulässig, so bindet es das Gericht nicht, Tiedtke ZZP **89**, 75. Ebensowenig ist das Berufungsgericht an seine Sachentscheidung gebunden, die es trotz einer Unzulässigkeit des Rechtsmittels erlassen hat.

Keine Bindung besteht, wenn das Zwischenurteil wegen später eingetretener neuer Umstände nicht mehr 10 zutrifft. Es ergeht grundsätzlich keine Kostenentscheidung. Die Zwangsvollstreckung ist ausgeschlossen. Eine Kostenentscheidung nach §§ 91 ff ergeht nur bei einem Zwischenstreit mit einem Dritten, nicht bei einem Zwischenstreit zwischen den Parteien. Ob ein Zwischenurteil oder ein Beschluß ergehen muß, ist oft zweifelhaft und steht manchmal zur Wahl. Aus dem Begriff des Zwischenstreits folgt dafür nichts.

7) **Rechtsmittel.** Das Zwischenurteil ist ein vorweggenommener Teil der Endentscheidung. Es ist darum 11 grundsätzlich nicht selbständig anfechtbar, BGH NJW **87**, 3265, BVerwG NJW **97**, 2898, Köln RR **96**, 122, großzügiger BGH NJW **05**, 291. Wegen einer Ausnahme § 112 Rn 4. Das Zwischenurteil ist auch dann nur zusammen mit dem Endurteil anfechtbar, wenn es unzulässig ergangen ist, BGH VersR **85**, 45, BAG MDR **84**, 83. Eine das unzulässige Rechtsmittel verwerfende Entscheidung des Berufungsgerichts ist nicht mit der Revision oder Anschlußrevision anfechtbar, BGH VersR **85**, 45.

8) **VwGO:** Nach § 109 VwGO kann durch (selbständig anfechtbares) Zwischenurteil bejahend über die Zuläs- 12 sigkeit der Klage entschieden werden, dh über sämtliche Sachurteilsvoraussetzungen, BVerwG NJW **62**, 2074. Ferner ist in § 111 VwGO ein Zwischenurteil über den Grund des Anspruchs vorgesehen, § 304 Rn 32. Im übrigen ist § 303 entsprechend anzuwenden, § 173 VwGO, BVerwG NJW **97**, 2898 zB bei der Entscheidung über die Zulässigkeit eines Rechtsmittels, BVerwG NVwZ **82**, 372, über die Wiedereinsetzung, § 238 Rn 16, BVerwG DVBl **86**, 1202, OVG Münst NJW **72**, 75, Unterbrechung, § 239 Rn 23, Klagänderung, § 263 Rn 32; wegen der Anfechtbarkeit s oben Rn 11. Wegen des Zwischenstreits über die Zeugnisverweigerung s § 387 Rn 7.

304 *Zwischenurteil über den Grund.* I Ist ein Anspruch nach Grund und Betrag streitig, so kann das Gericht über den Grund vorab entscheiden.

II Das Urteil ist in Betreff der Rechtsmittel als Endurteil anzusehen; das Gericht kann jedoch, wenn der Anspruch für begründet erklärt ist, auf Antrag anordnen, dass über den Betrag zu verhandeln sei.

Schrifttum: *Arnold,* Das Grundurteil, 1996; *Becker,* Die Voraussetzungen für den Erlaß eines Grundurteils usw, Diss Augsb 1984; *Lohner,* Die Aufteilung eines einheitlichen Rechtsstreits durch ein Grundurteil nach § 304 ZPO bei einer Mehrheit von Klagegründen innerhalb eines Streitgegenstands, Diss Regensb 1985.

§ 304 Buch 2. Abschnitt 1. Verfahren vor den LGen

Gliederung

1) Systematik, I, II	1	6) Vorabentscheidung, I, II	20–27
2) Regelungszweck, I, II	2	A. Zulässigkeit, Notwendigkeit, I	20–22
3) Geltungsbereich, I, II	3	B. Urteilsformel, I, II	23
4) Voraussetzungen, I	4, 5	C. Urteilsfunktion, II	24, 25
A. Art des Anspruchs	4	D. Fortsetzungsanordnung, II	26
B. Streitumfang	5	E. Rechtsmittel, II	27
5) Grund und Betrag, I	6–19	7) Betragsverfahren, II Hs 2	28–31
A. Grundsatz: Vereinfachungszweck	6, 7	A. Grundsatz: Bindung an Grundurteil	28, 29
B. Erschöpfende Erledigung	8–10	B. Einzelheiten	30, 31
C. Beispiele zur Frage von Grund oder Betrag	11–19	8) *VwGO*	32

1 **1) Systematik, I, II.** § 304 erlaubt in gewissen Fällen eine Vorabentscheidung über den Grund des Anspruchs durch ein besonders geregeltes Zwischenurteil, BGH NJW **98**, 1709, Schlesw MDR **87**, 417. Es ist im Fall des § 301 I 2 sogar notwendig. Es beendet den Prozeß noch nicht.

2 **2) Regelungszweck, I, II.** Die Vorschrift dient der Prozeßwirtschaftlichkeit, Grdz 14, 15 vor § 128, BGH NZM **03**, 373, BVerwG WoM **94**, 698, Düss ZMR **02**, 42. Sie soll das Verfahren nicht verwirren, BGH VersR RR **87**, 1278. Sie soll es vielmehr vereinfachen und verbilligen, BGH MDR **89**, 535, indem sie umfangreiche Beweisaufnahmen über den Betrag erspart, die bei einer anderweitigen Einstellung der höheren Instanz ins Wasser fallen. Diese Zweckrichtung muß man bei der Auslegung mitbeachten, BGH **108**, 259, Düss ZMR **02**, 42, aM BGH NJW **84**, 2214 (zu eng). § 304 ist insofern für den Kläger zweischneidig, als dieser Gefahr läuft, daß das Gericht durch eine unzweckmäßige Beschränkung auf den Grund die Entscheidung und die Befriedigung des Klägers stark verzögert. Außerdem bedeutet die Vorschrift eine starke Verteuerung, wenn etwa der Kläger auch in der Berufungs- und Revisionsinstanz dem Grunde nach siegt, der Bekl also diese Rechtsmittelkosten nach § 97 I nach einem hohen Streitwert tragen muß, wenn sich dann aber im Betragsverfahren herausstellt, daß von der Klageforderung wenig oder nichts übrig bleibt. Das Gericht sollte auch bedenken, daß es sich doch im Grundurteil voreilig festlegen könnte. Es geht jedenfalls keineswegs nur um den Bekl, sondern auch um den Kläger, der weiterkommen will. Das übersieht Celle RR **03**, 788.

Der Richter muß also bei jedem einzelnen der geltend gemachten Ansprüche prüfen, ob er *mit hoher Wahrscheinlichkeit in irgendeiner Höhe* besteht, BGH BB **05**, 1248. Dabei muß er auch einen Übergang auf den Versicherungsträger und möglichst den Grad eines etwaigen mitwirkenden Verschuldens berücksichtigen, Rn 8–18. Prozeßwirtschaftlich ist oft eine baldige Heranziehung der Unterlagen über die Höhe. Daher kann das Gericht wenigstens teilweise auch über den Betrag entscheiden. Problemübersicht bei Schneider MDR **78**, 705, 793.

3 **3) Geltungsbereich, I, II.** Die Vorschrift ist in allen Verfahren nach der ZPO anwendbar, auch bei einer Stufenklage, BGH NJW **99**, 1709, aM BGH NJW **89**, 2822 (aber die Prozeßwirtschaftlichkeit erlaubt die Anwendung, Grdz 14 vor § 128). Sie gilt auch im arbeitsgerichtlichen Verfahren, § 46 II 1 ArbGG. Zum finanzgerichtlichen Zwischenurteil Rössler BB **84**, 204. Die Vorschrift gilt entsprechend für eine Grundentscheidung im FGG-Verfahren, BayObLG NZM **02**, 567 (WEG), LG Neubrdb FamRZ **00**, 1305.

4 **4) Voraussetzungen, I.** Sie bereiten der Praxis ganz erhebliche Probleme.

A. Art des Anspruchs. Da § 304 einen „Betrag" verlangt, muß der sachlichrechtliche Anspruch nach § 194 BGB auf Geld oder vertretbare Sachen gehen, BGH RR **94**, 319. Darunter fällt der Ersatz durch Befreiung von einer bestimmten Geldschuld, ferner der Anspruch auf eine Duldung der Zwangsvollstreckung oder auf die Zustimmung zur Auszahlung eines hinterlegten Betrags oder auf eine bezifferte Feststellung, BAG NJW **82**, 774. Auch bei einem Bereicherungsanspruch ist ein Grundurteil möglich, aM Celle ZZP **80**, 145 (abl Walchshöfer). Man muß den Anspruch muß mit der Klage oder der Widerklage erheben, Anh § 253.

Keine Vorabentscheidung findet statt: Über einen Rückgewähranspruch nach dem AnfG bzw der InsO; über einen Anspruch auf Herausgabe bestimmter Sachen; auf eine Auflassung, BGH DNotZ **82**, 699; auf die Bestellung eines Erbbaurechts; über den erbbaurechtlichen Heimfallanspruch, BGH NJW **84**, 2213; wegen einzelner Kontokorrentposten, weil sie bei einer Klage auf den Saldo nur Bestandteil des Klagegrunds sind; bei einer Stufenklage wegen der Höhe nach unbestimmten Hauptschuld, BGH NJW **90**, 1367; wegen einer bloßen Feststellung, § 256, BGH NJW **83**, 332; wegen einzelner Anspruchsgrundlagen, Ffm MDR **87**, 62; wegen bloßer sonstiger Elemente der Begründetheit, BGH NJW **92**, 511, Ffm VersR **84**, 168. Bei einer Widerklage wegen einer aufgerechneten Gegenforderung muß ihr Gegenstand denjenigen der Klage übersteigen, so daß bei einer Verrechnung ein Überschuß bleibt, LG Köln VersR **78**, 162. Andernfalls muß das Gericht die Widerklage abweisen. Bei einem Anspruch aus § 89 b HGB ist ein Grundurteil unzulässig, ebenso bei einem Anspruch wegen unbestimmter Kosten, Spesen und Zinsen, BGH RR **87**, 756.

5 **B. Streitumfang.** Der Anspruch muß nach Grund und Betrag streitig sein, § 301 I 2, BGH NZM **03**, 373, Karlsr RR **04**, 816, Köln VersR **78**, 771. Die Entscheidung über den Grund muß spruchreif sein, § 300 Rn 6, BGH NZM **03**, 373, Karlsr RR **04**, 816. Die Entscheidung über die Höhe darf nicht spruchreif sein, BGH NZM **03**, 373, Ffm RR **88**, 640, Karlsr RR **04**, 816. Zur Zulässigkeit bzw Notwendigkeit der Verbindung von Teil- und Grundurteil Rn 21 und § 301 Rn 8, 11. Es genügt nicht, daß nur der Betrag streitig ist, dh Geld oder vertretbare Sachen, BGH MDR **89**, 535, Schneider JB **76**, 1137, oder daß nur der Grund streitig, jedoch der Betrag unstreitig ist. Im Enteignungsverfahren zB steht der Grund fest, also findet

Titel 2. Urteil **§ 304**

grundsätzlich keine Vorabentscheidung statt (wegen einer Ausnahme BGH WertpMitt **75**, 141). Etwas anderes gilt ausnahmsweise etwa bei einem Streit, ob der Bekl eine Ersatzanlage liefern oder in Geld entschädigen muß.

5) Grund und Betrag, I. Der Zweck wird nicht immer genug beachtet. 6
A. Grundsatz: Vereinfachungszweck. Was zum Grund und was zum Betrag gehört, ist manchmal schwer zu sagen. Die Rechtsprechung schwankt. Leitender Gedanke muß sein, daß § 304 vereinfachen soll, Rn 2. Die Abgrenzung ist darum nicht nach rein abstrakten Erwägungen möglich. Sie ist vielmehr nach dem Gesichtspunkt der Prozeßwirtschaftlichkeit nach Rn 2 und der praktischen Brauchbarkeit notwendig, BGH NZM **03**, 373, Hamm VersR **94**, 301, Karlsr FamRZ **94**, 1122. Immer muß das Urteil klar zu erkennen geben, worüber das Gericht entschieden hat, BGH NZM **03**, 373. Denn es müssen die Grenzen der Rechtskraft geklärt sein, § 322. Das wäre nicht der Fall, wenn der Kläger zB in den Anträgen nicht gesagt hätte, ob er den Rentenanspruch für die Witwe oder auch für ihn zur Zeit der Vollendung des 18. Lebensjahres geltend macht, oder auch wie hoch er für die Kind sein soll, § 253 Rn 81 „Rente". Andererseits darf das Gericht im Grundurteil je nach Zweckmäßigkeit den Beginn und das Ende einer Rente festlegen oder sie dem Betragsverfahren vorbehalten. Es muß dann aber den Vorbehalt wenigstens in den Gründen aussprechen. Jedenfalls ist eine Begrenzung der Ansprüche im Grundurteil nicht schlechthin unzulässig. Sie muß aber gerade den Grund betreffen und darf nicht dem Betragsverfahren vorgreifen.

Hat der Kläger die Leistungsklage mit einer *Feststellungsklage* verbunden, so muß das Gericht bei ihrer 7 Entscheidungsreife ihretwegen ein Teilurteil nach § 301 erlassen. Es kann wegen jener ein Grundurteil fällen, also ein Zwischenurteil. In der Zuerkennung des Anspruchs dem Grunde nach kann unter Umständen aber auch diejenige des Feststellungsanspruchs liegen. Insofern handelt es sich um ein Teilendurteil, BGH VersR **75**, 254, Düss VHR **97**, 30 (Vorsicht!). Eine Pfändung und Überweisung nach §§ 829 ff steht dem Grundurteil nicht entgegen. Denn es stellt nur fest, daß der Bekl zahlen muß, nicht aber auch, ob er an den Kläger oder den Pfandgläubiger zahlen soll.

B. Erschöpfende Erledigung. Das Grundurteil muß grundsätzlich sämtliche Klagegründe und die 8 Sachbefugnis nach Grdz 23 vor § 50 nebst zugehörigen Einwendungen dem Grunde nach erschöpfend erledigen, BGH RR **05**, 928, Düss FamRZ **80**, 1012, Hamm NVersZ **99**, 192.

Das gilt auch für eine Abtretung und für einen gesetzlichen Forderungsübergang, BGH VersR **87**, 1243. 9 Wegen jeden Unfalls, wegen jeden Anspruchs muß das Bestehen dem Grunde nach feststehen, BGH NJW **92**, 511, Düss VHR **97**, 30, und müssen hinreichende Anhaltspunkte für irgendeinen erstattungsfähigen Schaden gegeben sein, BGH BB **05**, 1248, BayObLG NZM **02**, 667 (WEG), Karlsr RR **04**, 816 (verlangt sogar hohe Wahrscheinlichkeit). Das gilt, mag auch ein Gesamtschaden aus selbständigen Ansprüchen geltend gemacht sein. Daher muß das Gericht über jeden Klagegrund entscheiden, Ffm MDR **87**, 62. Das gilt selbst dann, wenn das Gericht summenmäßig dem Antrag voll stattgibt. Jedoch kann bei einer Forderung mehrerer Teilbeträge zugunsten verschiedener Personen ausreichen, daß das Gericht die Forderung entsprechend der Summe der geltend gemachten Ansprüche für möglich hält, Mü VersR **92**, 375. Das Urteil muß ergeben, welchem Kläger welcher Anspruch dem Grunde nach zusteht.

Das Gericht darf den *weiteren* Klagegrund dann unentschieden lassen, wenn der entschiedene Klagegrund zur Begründung der Klage auch nach der im einzelnen noch zu prüfenden Höhe voll geeignet ist, Mü VersR **92**, 375, und wenn man aus dem unentschieden bleibenden Klagegrund keine weiteren Folgen herleiten kann als aus dem entschiedenen, BGH **72**, 34. Ein Grundurteil über einen Teilanspruch ist dann, wenn der Bekl gegen den Restanspruch eine verneinende Feststellungswiderklage erhoben hat, nur zugleich mit einem Endurteil über die Widerklage zulässig, BGH NJW **02**, 1806.

Hat der Kläger aber für einen Anspruch *zwei Klagegründe* geltend gemacht, die *sich ausschließen* und die 10 auch verschiedene Schadensbeträge ergeben können, so muß das Gericht klären, welcher Klagegrund zutrifft. Im Nichtbescheiden eines Klagegrundes liegt in der Regel noch keine Abweisung, aM Ffm MDR **87**, 62 (aber das ist eine Frage der Gesamtauslegung im Einzelfall). Das nur einen Klagegrund ablehnende Urteil ist ein Zwischenurteil. Das Gericht muß auch klarstellen, ob mehrere Hauptansprüche vorliegen oder ob nur ein Hauptanspruch mit Hilfsansprüchen gegeben ist.

C. Beispiele zur Frage von Grund oder Betrag 11
Abtretung: Zum Anspruchsgrund gehört die Entscheidung über eine Abtretung.
Alternative Ansprüche: Sie gehören zum Anspruchsgrund und müssen daher sämtlich dem Grunde nach entscheidungsreif sein, BGH NJW **01**, 225 (Gesellschafts-Auseinandersetzung).
Anspruchsbegründung: Zum Anspruchsgrund gehören die anspruchsbegründenden Tatsachen, zB die Sachbefugnis, Rn 15.
Anspruchsübergang: Zum Anspruchsgrund gehört die Frage, ob der Anspruch auf einen Dritten übergegangen ist, zB auf einen Versicherungsträger, Rn 8, ob also für den Kläger überhaupt noch etwas übriggeblieben ist. Im Betragsverfahren ist diese Klärung auch hinsichtlich eines Teilübergangs nicht nachholbar. War aber der Rechtsübergang unbekannt geblieben, so wäre die Nichtbeachtung im Betragsverfahren ein Rechtsmißbrauch des Klägers, Einl III 54, aM Schneider MDR **78**, 794 (aber ein arglistiges Verschweigen eines entscheidungserheblichen Umstands ist stets Mißbrauch).
Anwaltshaftung: Im Anwaltshaftungsprozeß gehört zum Anspruchsgrund die Frage, ob der Auftraggeber überhaupt einen sachlichrechtlichen Anspruch hatte, BGH VersR **80**, 868.
Anwaltsvergütung: Zum Anspruchsbetrag gehört die Beurteilung, in welcher Höhe ein Anwaltshonorar angemessen ist, (jetzt) § 14 II RVG, Düss AnwBl **84**, 444.
Aufrechnung: Eine Aufrechnung mit einer rechtlich zusammenhängenden Gegenforderung ist grds zu erledigen. Andernfalls würde der Berechtigte damit im Betragsverfahren entsprechend § 767 II ausgeschlossen. Ein Vorbehalt im Grundurteil ist nur bei einer Aufrechnung mit nicht im Zusammenhang stehenden Forderungen zulässig, § 302 Rn 3.

Bei der Aufrechnung ist grds eine *ziffernmäßige Prüfung* der Höhe der Aufrechnungsforderung notwendig. Das gilt allerdings ausnahmsweise insoweit nicht, als die Klageforderung einwandfrei höher ist.

§ 304
Buch 2. Abschnitt 1. Verfahren vor den LGen

Man muß beachten, daß bei einer zusammenhängenden Gegenforderung mindestens eine summarische Prüfung nötig ist, ob für den dem Grunde nach geklärten Anspruch mit hoher Wahrscheinlichkeit noch ein Betrag verbleibt, ob man den Bekl also nicht etwa nur mit einem nutzlosen Grundverfahren belastet, strenger Schilken ZZP **95**, 55.

Ausgleichsanspruch: Rn 13 „Handelsvertreter".

12 **Beschränkung der Haftung:** Rn 13 „Haftungsbeschränkung".

Beteiligungsquote: Zum Anspruchsgrund gehört die Höhe einer Quote an der Beteiligung (x %) an einer Gesellschaft.

Bezifferung: Rn 17 „Unbezifferter Antrag".

Bürgschaft: Zum Anspruchsgrund gehört das Bestehen auch der Hauptschuld, BGH NJW **90**, 1367.

Dauer der Folgen: Die Dauer der Folgen eines Unfalls und damit der Rente gehört eigentlich zum Anspruchsgrund. Zweckmäßig läßt man die Bestimmung des Endtermins dem Betragsverfahren offen. Das Grundurteil muß aber jedenfalls erkennen lassen, ob das Gericht darüber entschieden hat.

13 **Einheitlicher Anspruch:** § 301 Rn 11.

Einwendung: Jede Einwendung, die sich gegen das Bestehen des Anspruchs als solchen richtet, gehört zum Anspruchsgrund, aM BGH NJW **93**, 1794 (aber es geht dann eben schon um das Ob). Das Gericht muß einen dann nicht gerechtfertigten Anspruch durch Teilurteil abweisen, Celle VersR **82**, 599.

Ersetzungsbefugnis: Rn 14 „Hilfsantrag".

Feststellung: Ein bezifferter Feststellungsantrag kann zum Anspruchsgrund gehören, BGH NJW **04**, 2527, Hamm NZM **99**, 753. Das Gericht darf einen unbezifferten Feststellungsantrag nicht durch Grundurteil bescheiden, BGH NJW **02**, 1116.

Gesellschaft: Rn 11 „Alternative Ansprüche", Rn 12 „Beteiligungsquote".

Gewöhnlicher Verlauf: Der Schaden braucht nicht unumstößlich festzustehen. Es genügt und ist bei einer Leistungsklage auch zwecks Vermeidung eines unnötigen weiteren Rechtsstreit festzustellen, daß nach der Sachlage und bei einem regelmäßigen Verlauf der Dinge ein ziffernmäßig feststellbarer Schaden wahrscheinlich eingetreten ist, Hbg VersR **79**, 667. Solange letzteres unklar ist, ergeht kein Grundurteil, sondern findet eine Beweisaufnahme statt. Wenn der Kläger eine Sozialrente erhält, so genügt die Feststellung, daß sein Schaden diese mit hoher Wahrscheinlichkeit übersteigt.

Haftungsbeschränkung: Im Grundurteil ist ein Ausspruch beschränkter Haftung zulässig, zB bei der Erbenhaftung.

Handelsvertreter: Ein Grundurteil zum Ausgleichsanspruch setzt voraus, daß sämtliche Voraussetzungen des § 89b I 1 Z 1–3 HGB erfüllt sind, BGH NJW **96**, 849.

14 **Hilfsantrag:** Zum Anspruchsgrund gehört die Entscheidung über einen Hilfsantrag im Fall der Abweisung des Hauptanspruchs, BGH MDR **75**, 1008. Das gilt auch wegen einer hilfsweise geltend gemachten Ersetzungsbefugnis. Das Gericht ist an die vom Kläger genannte Reihenfolge gebunden, BGH RR **92**, 290.

Unzulässig ist ein Grundurteil, des nur entweder den Haupt- oder den Hilfsanspruch feststellt, BGH RR **92**, 290, oder im Grundurteil, das sowohl dem Haupt- als auch dem Hilfsanspruch stattgibt, BGH NJW **02**, 3479.

Immission: Zum Anspruchsbetrag gehört die Frage, inwieweit man dem lärmbelästigten Grundeigentümer nach den Umständen notwendige Abwehrmaßnahmen zumuten kann, BGH NJW **81**, 1370.

Insolvenz: Zum Anspruchsgrund gehört auch eine Feststellung zur Tabelle.

Klagänderung: Zum Anspruchsgrund gehört die Entscheidung über eine Klagänderung.

Mitgliedschaftsdauer: Zum Anspruchsgrund gehört die Dauer einer Mitgliedschaft.

Mitursächlichkeit: Ein Grundurteil darf nur ergehen, soweit neben dem zugesprochenen Haftungsgrund weitere Schadensursachen mit Sicherheit nicht zu Lasten des Bekl gehen können, BGH NJW **00**, 3424, großzügiger Düss ZMR **02**, 42.

15 **Mitverschulden:** Zum Anspruchsgrund gehört grds auch das mitwirkende Verschulden, BGH NJW **79**, 1935. Sofern feststeht, daß jedenfalls ein Anspruch des Klägers übrigbleibt, kann das Gericht ein mitwirkendes Verschulden dem Betragsverfahren vorbehalten, BGH NJW **97**, 3176, Ffm ZMR **97**, 523. Das gilt auch dann, wenn das Mitverschulden nur bei einzelnen Schadensposten infrage kommt. Im Betragsverfahren kann man das Mitverschulden aber nur nach einem Vorbehalt im Grundurteil geltend machen. Zum UN-Kaufrecht BGH NJW **99**, 2441.

S auch Rn 16 „Schadensminderungspflicht", „Schmerzensgeld".

Pfändung, Überweisung: Eine Pfändung und Überweisung der Klageforderung macht ein Grundurteil unzulässig. Das Urteil darf einen Pfändungsgläubiger nicht auf einen gar nicht geltend gemachten Teil des Anspruchs verweisen.

Rente oder Kapital: Zum Anspruchsgrund gehört die Frage, ob beim Schadensersatz eine Rente oder ein kapitalisierter Betrag infrage kommen. Freilich ist ein Vorbehalt für das Betragsverfahren zulässig, BGH **59**, 139.

S auch Rn 12 „Dauer der Folgen".

Sachbefugnis: Zum Anspruchsgrund gehört die Sachbefugnis. Dadurch findet freilich nicht stets eine erschöpfende Erledigung statt.

16 **Schadensberechnung:** Zum Anspruchsbetrag gehört die Frage, ob man einen Schaden abstrakt oder konkret berechnen muß. Zum Grund gehört die Feststellung hinreichender Anhaltspunkte, daß überhaupt ein Schaden entstanden ist.

Schadensentstehung: Zum Anspruchsgrund gehört die Frage, ob überhaupt ein Schaden entstanden ist, BGH NJW **04**, 2527.

S auch Rn 13 „Gewöhnlicher Verlauf".

Schadensminderungspflicht: Zum Anspruchsbetrag gehört die Frage einer Schadensminderungspflicht des Verletzten.

S aber auch Rn 15 „Mitverschulden".

Titel 2. Urteil **§ 304**

Schmerzensgeld: Die Regeln zum Mitverschulden nach Rn 15 gelten auch beim Schmerzensgeldanspruch. Für ihn kommt dann, wenn zB die Hälfte des Verschuldens dem Verletzten zur Last fällt, nur diese Hälfte in Betracht. Denn auch bei der Bemessung des Schmerzensgeldes ist ein Verschulden mitentscheidend, BGH (GrZS) **18**, 157, aM Düss VersR **75**, 1052 („angemessenes Schmerzensgeld unter Berücksichtigung des Mithaftungsanteils der Verletzten"), Köln MDR **75**, 148 (es erfolge keine endgültige Quotierung im Grundurteil. Beides ist unpraktisch kompliziert)).
S auch Rn 19 „Zurückverweisung".
Stufenklage: Zum Anspruchsgrund kann das Gericht den Leistungsanspruch unabhängig vom Auskunftsanspruch prüfen müssen, BGH NJW **99**, 1709. Das gilt zB beim bezifferten Mindestbetrag, BGH FamRZ **03**, 32.
Übergang: Rn 11 „Anspruchsübergang".
Unbezifferter Antrag: Ein solcher Antrag, insbesondere eine unbezifferte Feststellungsklage, läßt keine **17** Entscheidung dem Grunde nach zu, BGH **126**, 220, aM BGH VersR **75**, 254. Das gilt auch beim Zusammentreffen mit einem weiteren, bezifferten Anspruch, BGH NJW **00**, 1572, Köln VersR **02**, 998.
Untergang: Zum Anspruchsgrund gehört bei § 989 BGB, ob die Sache unterging.
Ursächlichkeit: Wenn das Gericht nur allgemein die Haftung für ein schädigendes Ereignis dem Grunde nach bejaht, so ist es Sache des Betragsverfahrens festzustellen, ob die Ursächlichkeit auch für jeden Einzelanspruch vorliegt, so auch die Abweisung einzelner Posten möglich ist. § 318 steht nicht entgegen. Richtigerweise muß das Gericht aber die Ursächlichkeit schon für jeden Einzelanspruch im Grundurteil prüfen, BGH VersR **80**, 868, großzügiger Düss ZMR **02**, 42.
Verein: Rn 14 „Mitgliedschaftsdauer".
Verjährung: Die Einrede der Verjährung gehört grds zum Anspruchsgrund. Soweit sie sich aber nur gegen **18** einen Teil des Anspruchs richtet, kann man sie aus Zweckmäßigkeitsgründen dem Betragsverfahren überlassen, ähnlich wie bei der Dauer der Folgen, Rn 12.
Versicherung: Nicht von einer Partei angesprochene etwaige versicherungsrechtliche Einwendungen sind nicht Teil des Anspruchsgrunds, Hamm NVersZ **99**, 192.
Vertrag: Sein Fortbestehen gehört zum Anspruchsgrund, Hamm VersR **99**, 51.
Vertrauensschaden: Vgl BGH NJW **77**, 1539.
Verzinsung: Zum Anspruchsbetrag gehört eine Verzinsungspflicht.
Vorgreiflichkeit: Die Entscheidung über den Grund darf nicht derjenigen über den Betrag vorgreifen.
Vorteilsausgleichung: Zum Anspruchsgrund gehört auch die Ausgleichung des Schadens durch Vorteile. Die Feststellung der Höhe ist nicht erforderlich, wenn nur wahrscheinlich ist, daß ein Restbetrag bleibt.
Wahrscheinlichkeit: Rn 13 „Gewöhnlicher Verlauf". **19**
Zeitliche Begrenzung: Zum Anspruchsgrund gehört eine zeitliche Begrenzung des Anspruchs, zB einer Rente.
Zinsen: S „Verzinsung".
Zug um Zug: Die Einrede der bloßen Zug-um-Zug-Leistung kann im Grundurteil vorbehalten werden. Denn sie berührt nur die Art der Leistung.
Zulässigkeit: Zum Anspruchsgrund gehört die Zulässigkeit der Klage bzw des Antrags.
Zurückbehaltungsrecht: Ein Zurückbehaltungsrecht kann im Grundurteil vorbehalten werden. Denn es berührt nur die Art der Leistung.
Zurückverweisung: Wenn das Berufungsgericht ein Grundurteil erläßt, muß es grds dann, wenn die erste Instanz auch über die Höhe entschieden hatte, selbst ebenfalls dazu mitentscheiden, BGH NJW **98**, 613. Falls es dennoch den Prozeß wegen der Höhe zurückverweist, kann es diese Zurückverweisung allenfalls auf einen wegen etwaigen Mitverschuldens noch nicht entscheidungsreifen Feststellungsantrag erstrecken, Düss MDR **85**, 61.
S auch Rn 15 „Mitverschulden".

6) Vorabentscheidung, I, II. Der Antrag auf ein Grundurteil ist ein Prozeßantrag, § 297 Rn 5, BGH **20** FamRZ **03**, 32. Die Vorabentscheidung über den Anspruchsgrund steht beim Vorliegen ihrer Voraussetzungen im pflichtgemäßen Ermessen des Gerichts, BGH FamRZ **03**, 32, BayObLG **94**, 281 („freies" Ermessen), Ffm ZMR **97**, 523.

A. Zulässigkeit, Notwendigkeit, I. Eine Vorabentscheidung muß im Fall § 301 I 2 ergehen, dort Rn 11. Sie sollte in den übrigen Fällen nur dann ergehen, wenn in ihr wirklich eine Förderung des Prozesses liegt und nicht in Wahrheit eine Verschleppung oder Gefährdung, Rn 2. Sie sollte nicht ergehen, wenn das Gericht *einen* Grund bejaht, andere Gründe verneint, wenn diese Gründe im Betragsverfahren verschieden wirken können. Ob die Entscheidung das tut, muß man durch Auslegung ermitteln, § 322 Rn 10. Das Grundurteil muß wegen seiner Bindungswirkung nach § 318 eindeutig ergeben, inwieweit es den Streit vorab entschieden, BGH VersR **87**, 1243. Eine Abweisung wegen der verneinten Gründe in der Formel ist nicht unbedingt notwendig. Eine Vorabentscheidung ist unzulässig, wenn die Tatsachen für den Grund und die Höhe des Anspruchs annähernd identisch sind oder in so engem Zusammenhang stehen, daß die Herausnahme einer Grundentscheidung unzweckmäßig und verwirrend wäre, BGH MDR **95**, 412, Hamm VersR **94**, 301, Schlesw MDR **98**, 720. Hat der Kläger einen Gesamtschaden eingeklagt, so ist ein Grundurteil nur möglich, wenn die Verteilung der rechtlich selbständigen Einzelansprüche auf die Klagesumme geklärt ist.

Setzt sich ein Anspruch aus *mehreren* nicht selbständigen Forderungen zusammen, so kann das Gericht mit **21** Ausnahme des Falles § 301 I 2, Rn 20, die Entscheidung über die Verursachung der einzelnen Posten dem Betragsverfahren überlassen, BGH **108**, 259. Jedoch sind dann die Rechtsmittel gegen derjenigen Schadensposten möglich, die nicht verursacht sein sollen, § 318 Rn 8, 11. Eine Pfändung und Überweisung nach §§ 829 ff steht einem Grundurteil nicht entgegen. Das Grundurteil ist auch als Teilurteil statthaft, BGH MDR **05**, 46. Ist es zur Klage unstatthaft, dann auch bei derselben Vorfrage zur Widerklage, BGH MDR **05**, 46. Es ist im Fall § 301 I 2 notwendig, Rn 20. Dabei muß das Gericht in den nicht nach

§ 304

§ 301 I 2 gehörenden Fällen abweisen, soweit die Klage unbegründet ist. Zulässig ist das auch als Urteil der Berufungsinstanz, wenn die 1. Instanz auch über den Betrag erkannt hat, BGH VersR **79**, 25, freilich nicht als Versäumnisurteil. Denn der Streit über den Grund ist kein Zwischenstreit. Es ist nur ein Versäumnisurteil in der Sache möglich, Kblz MDR **79**, 587. Ein Urteil nach Aktenlage ist statthaft, § 251 a. Eine Verjährung steht dem Grundurteil nur insoweit nicht entgegen, als sie nur einen Teil der Klageforderung betrifft.

22 Das Gericht muß die Zulässigkeit bzw Notwendigkeit des Grundurteils *von Amts wegen* prüfen, Grdz 39 vor § 128. Denn das ganze weitere Verfahren baut auf ihm auf, BGH RR **91**, 600, BayObLG **94**, 281. Liegt sie vor, so steht der Erlaß der Vorabentscheidung in den nicht von § 301 I 2 erfaßten Fällen im pflichtgemäßen Ermessen des Gerichts, Rn 20. Ein verspätetes Vorbringen darf und muß man ebenso wie vor einem Endurteil behandeln, BGH MDR **80**, 51. Wegen einer Zurückverweisung BGH NJW **76**, 1401, Düss MDR **85**, 61. Der vorherigen Beschränkung der Verhandlung auf den Grund bedarf es nicht.

23 **B. Urteilsformel, I, II.** Die Urteilsformel lautet: „Die Klage ist dem Grunde nach gerechtfertigt", BGH VersR **79**, 25 (insbesondere in der Berufungsinstanz). Wenn notwendig, macht das Gericht Einschränkungen zB zur Leistung erst von einem bestimmten Zeitpunkt ab, Celle VersR **82**, 598, oder zur Hälfte, wenn nur die Hälfte eingeklagt wurde oder wenn der Bekl infolge eines mitwirkenden Verschuldens des Klägers nur zur Hälfte verpflichtet ist. Dann muß man die andere Hälfte aber sofort abweisen. Denn die Sache ist insofern entscheidungsreif. Wenn zB nach einem Unfall eine Leistungs- und Feststellungsklage folgt und wenn das Gericht über den Feststellungsanspruch gleichzeitig mit dem Leistungsanspruch entscheiden kann, dann muß es das auch aussprechen. Insofern liegt ein Teilurteil vor. Ein Vorbehalt muß wenigstens in den Entscheidungsgründen stehen, BGH ZMR **96**, 315. Bei einem Anspruch des Klägers gegen eine Krankenkasse oder Berufsgenossenschaft ist eine Entscheidung dem Grunde nach gerechtfertigt, soweit der Anspruch nicht auf öffentliche Versicherungsträger übergegangen ist. Bei einem Haupt- und Hilfsanspruch nach § 260 Rn 8 muß die Formel klarstellen, welcher begründet ist. Über die Kostenentscheidung bei einem erfolglosen Rechtsmittel § 97 Rn 37. Sonst erfolgt keine Kostenentscheidung, BGH **110**, 205. Es erfolgt auch keine Entscheidung zur Vollstreckbarkeit.

24 **C. Urteilsfunktion, II.** Das Urteil ist ein Zwischenurteil, BGH VersR **87**, 940, Düss RR **93**, 976, Schlesw MDR **87**, 417. Es ist aber selbständig anfechtbar und insofern einem Endurteil gleichgestellt, BGH MDR **80**, 51. Im arbeitsgerichtlichen Verfahren muß man §§ 61 III, 64 VII ArbGG beachten, BAG NJW **76**, 744. Es ist aber kein Endurteil im Sinne des § 179 II InsO. Es unterscheidet sich von einem Feststellungsurteil dadurch, daß es einen bestimmt begrenzten Vermögensschaden erfordert, während die Feststellungsklage einen nicht zu übersehenden, vielleicht gar nicht entstehenden Schaden genügen läßt und daher kein Grundurteil zuläßt, Hamm VersR **92**, 209. Außerdem kennt das Feststellungsverfahren kein Nachverfahren. Nach einem Feststellungsurteil eine längere Verjährungsfrist von 30 Jahren, § 197 I 2 3 BGB. Nach dem Grundurteil läuft die dreijährige Frist des § 195 BGB. Ein Teilurteil nach § 301 liegt vor, wenn das Gericht einen bezifferten Teil des Anspruchs abweist. Ein Grundurteil liegt vor, wenn das Gericht den Grund des Anspruchs einschränkend näher bestimmt. Die Umdeutung eines Zwischenurteils in ein Teilurteil ist jedenfalls insoweit unzulässig, als sie zu einer verbotswidrigen Änderung zum Nachteil des Bekl führen würde, BGH NJW **84**, 2214.

25 Entscheidet das Gericht im Grundurteil über etwas zum *Betragsverfahren* Gehöriges, so ist diese Entscheidung insofern unverbindlich und ohne Rechtskraftwirkung, § 322 Rn 45 „Grund des Anspruchs", aM Tiedtke ZZP **89**, 79 (das Grundurteil sei ja zur Aufhebung berufen). Läßt ein Grundurteil etwas zum Grund Gehöriges offen, so findet eine Nachholung des Versäumten im Betragsverfahren statt, Tiedtke ZZP **89**, 76. Die Verkündung des Grundurteils bewirkt einen tatsächlichen Stillstand des Verfahrens, Üb 1 vor § 239, bis eine Partei die Fortsetzung anregt, RoSgo § 59 IV 5 a, StJL 45, ZöV 19, aM BGH NJW **79**, 2308 (das Gericht müsse nach dem Eintritt der Rechtskraft des Grundurteils von Amts wegen einen Termin zur Fortsetzung des Betragsverfahrens bestimmen, mit Recht krit Grunsky ZZP **93**, 179). Der rechtskräftig ausgeschiedene, am Betragsverfahren noch beteiligte Streitgenosse nach §§ 59 ff bleibt im Grundverfahren seines Genossen Partei.

26 **D. Fortsetzungsanordnung, II.** Das Gericht kann auf Antrag einer Partei jederzeit die Fortsetzung anordnen. Das steht in seinem pflichtgemäßen Ermessen, aM Celle RR **03**, 788 (aber es geht nicht nur um den Bekl, sondern auch um den Kläger, der weiterkommen will). Dabei ist die Dringlichkeit oder die offensichtliche Erfolglosigkeit des Rechtsmittels gegen das Grundurteil beachtlich und die Fortsetzung die Ausnahme. Die Fortsetzung ist auch dann zulässig, wenn das Verfahren über das Grundurteil in der Rechtsmittelinstanz anhängig ist, Nürnb MDR **90**, 451.

27 **E. Rechtsmittel, II.** Vgl § 280 Rn 5. Es liegt also grundsätzlich ein dem Endurteil gleicher Fall vor, Ffm ZMR **97**, 523. Über den Fall, daß das Urteil Zweifel über seine Natur läßt, Grdz 28 vor § 511. Eine Beschwer liegt vor, wenn sich das Grundurteil auf das Betragsverfahren auswirken kann, München NZM **03**, 372. In der Zurückweisung des Rechtsmittels gegen das Grundurteil kann eine Zurückverweisung wegen des Betrags liegen, Düss JB **78**, 1809, Ffm AnwBl **84**, 98, aM Schlesw MDR **87**, 417 (aber sonst würde dem Kläger eine Instanz verlorengehen). Bei der Feststellungs- und Leistungsklage nach Grdz 8 vor § 253 darf das Berufungsgericht nicht auch zur Entscheidung über den Feststellungsanspruch weiterschreiten, es wegen der Leistungsklage zum Grundurteil kommt, BGH NJW **97**, 3176, Hamm NZM **99**, 753. Es liegt insofern keine Aufhebung oder Abänderung des erstinstanzlichen Zahlungsurteils vor, BGH NJW **90**, 1302. Hält das Berufungsgericht die Klage auch der Höhe nach für begründet, so darf es durchentscheiden, Kblz MDR **92**, 805. Man kann die Zulassung der Revision auf einen solchen tatsächlich oder rechtlich selbständigen Teil des Streitgegenstands beschränken, über den man durch ein Grundurteil hätte entscheiden können, BGH FamRZ **95**, 1405. Das Revisionsgericht überprüft die Voraussetzungen des § 304 von Amts wegen, BGH NJW **03**, 2381, BayObLG **94**, 81. Es kann zurückverweisen, (jetzt) § 563, BGH NJW **99**, 1709. Wegen der Kosten § 97 Rn 29.

Titel 2. Urteil **§§ 304, 305**

7) Betragsverfahren, II Hs 2. Es folgt einem selbstverständlichen Grundsatz. 28
A. Grundsatz: Bindung an Grundurteil. Das Grundurteil bindet das Gericht für das Nachverfahren ähnlich wie § 322, BGH NJW **04**, 2527, Oldb VHR **98**, 139. Das gilt, soweit es den Anspruch subjektiv und objektiv tatsächlich festgestellt und rechtlich bestimmt hat (Auslegungsfrage, BGH RR **05**, 1158), und zwar nach § 318, vgl aber auch dort Rn 9, nicht nach § 322, BGH VersR **87**, 940. Wegen der Bindung des Berufungsgerichts BGH NJW **04**, 2527. Das Urteil „ist in betreff der Rechtsmittel als Endurteil anzusehen", dh es ist nur der äußeren Rechtskraft fähig, Einf 1 vor §§ 322–327, nicht der inneren, Einf 2 vor §§ 322–327. Etwas anderes gilt im arbeitsgerichtlichen Verfahren; dort findet keine selbständige Anfechtung statt, § 61 III ArbGG, BAG NJW **76**, 744.

Das Gericht kann dann, wenn *kein Schaden* feststellbar ist, noch im Nachverfahren ganz abweisen, § 322 29 Rn 45 „Grund des Anspruchs", BSG FamRZ **91**, 561. Das Gericht muß abweisen, wenn sich das Fehlen einer Prozeßvoraussetzung ergibt, Grdz 12 vor § 253. Denn das gesamte Verfahren ist einheitlich. Das gilt zB bei einer nachträglichen Feststellung der Unzulässigkeit des Rechtswegs nach § 13 GVG oder bei einer Säumnis des Klägers, § 330. Bei einer Säumnis des Bekl nach § 331 wirkt die Bindung. Irgendwelche Einwendungen zum Grund, die der Bekl vor dem Erlaß des Grundurteils hätte erheben können, läßt das Nachverfahren nicht zu.

B. Einzelheiten. Die Entscheidung über die Zulässigkeit einer Aufrechnung ist bindend. Mit einer 30 Schadensersatzforderung, die schon vor der Entscheidung über den Grund bestand, kann der Bekl nicht mehr im Betragsverfahren aufrechnen. Etwas anderes gilt nur für diejenige Forderung, die erst nach dem Schluß der mündlichen Verhandlung im Grundverfahren entstanden ist, und für diejenige, die das Gericht, wenn auch zu Unrecht, ins Verfahren über den Betrag verwiesen oder übersehen hat. Das Gericht kann die Entscheidung über diesen Anspruch im Betragsverfahren nachholen. Dann tritt keine Bindung an das Grundurteil ein. Im Nachverfahren muß die Partei auch Wiederaufnahmegründe gegen das Grundurteil geltend machen.

Erweitert der Kläger die Klage im Nachverfahren, so muß das Gericht den Klagegrund für den über- 31 schießenden Teil ganz neu prüfen. Denn insofern bestand keine Rechtshängigkeit, § 261, BGH NJW **85**, 496. Notfalls muß das Gericht die Gründe der Vorabentscheidung zur Auslegung dessen heranziehen, was diese feststellt, § 322 Rn 10. Die im Verfahren über den Grund mögliche Heilung eines sachlichrechtlichen Mangels des Kaufvertrags und dergleichen läßt sich nicht im Nachverfahren nachholen. Hebt die höhere Instanz die Vorabentscheidung auf, so verliert das Betragsurteil ohne weiteres jede Bedeutung. Das gilt selbst dann, wenn es formell rechtskräftig ist. Es ist also auflösend bedingt, Köln VersR **05**, 237 (das Rechtsmittelgericht muß über die Kosten im Umfang des weggefallenen Grundurteils mitentscheiden). Auch vor der Rechtskraft der Vorabentscheidung kann der Sieger aus dem Betragsurteil vollstrecken. Er tut das freilich auf seine Gefahr. Denn er haftet bei einer Aufhebung auch ohne Verschulden für jeden Schaden grundsätzlich entsprechend § 717 II (Ausnahme § 717 III). Denn der dort ausgesprochene Rechtsgedanke trifft auch hier zu, § 717 Rn 26.

8) *VwGO:* Eigene Regelung in *§ 111 VwGO, BVerwG NVwZ* **96**, *175.* 32

305 *Urteil unter Vorbehalt erbrechtlich beschränkter Haftung.* I Durch die Geltendmachung der dem Erben nach den §§ 2014, 2015 des Bürgerlichen Gesetzbuchs zustehenden Einreden wird eine unter dem Vorbehalt der beschränkten Haftung ergehende Verurteilung des Erben nicht ausgeschlossen.

II Das Gleiche gilt für die Geltendmachung der Einreden, die im Falle der fortgesetzten Gütergemeinschaft dem überlebenden Ehegatten nach dem § 1489 Abs. 2 und den §§ 2014, 2015 des Bürgerlichen Gesetzbuchs zustehen.

1) Systematik, Regelungszweck, I, II. Die Vorschrift schafft für die in ihr geregelten Sonderfälle 1 ähnlich wie § 599 eine eigenartige, wegen ihres Ausnahmecharakters eng auslegbare Regelung. Sie wird der Vorläufigkeit des jetzt möglichen Spruchs gerecht. Das Gericht sollte in § 302 Rn 2 genannte mögliche Nachteile eines Vorbehaltsurteils auch bei § 305 durchaus mitbedenken. I drückt sich ja schon mit den Worten „... nicht ausgeschlossen" bemerkenswert zurückhaltend aus. Gerade der Erbschaftsstreit sollte möglichst mit nur einem einzigen, den Gesamtprozeß abschließenden Urteil enden, wenn sich das in einigermaßen naher Zukunft einrichten läßt.

2) Geltungsbereich, I, II. Die Vorschrift gilt in allen Verfahren nach der ZPO. 2
3) Erbenstellung, I, II. Man muß zwei Zeiträume unterscheiden. 3
A. Vor Annahme der Erbschaft. Der Erbe ist noch nicht richtiger Bekl. Denn es steht nach § 1958 BGB noch nicht fest, ob er überhaupt haftet, und der Berechtigte kann nur gegen einen Nachlaßpfleger klagen, § 1961 BGB. Das Gericht muß eine gegen den „Erben" erhobene Klage durch Sachurteil abweisen, aM PalEdenh § 1958 BGB Rn 1, StJL 1, ThP 1, ZöV 1 (die Klage sei derzeit unzulässig). Aber es fehlt nicht am Rechtsschutzbedürfnis, sondern an der Rechtsstellung. Wegen der Zwangsvollstreckung vgl § 778. Der erneuten Klage nach der Annahme der Erbschaft steht die Rechtskraft nach § 322 nicht entgegen. Denn die neue Klage stützt sich auf andere Tatsachen. Einen nach § 261 rechtshängigen Prozeß braucht der Erbe nicht fortzusetzen, § 239 V.

B. Nach Annahme der Erbschaft. Wenn der Erbe durch eine Versäumung der Inventarfrist nach 4 § 1994 BGB oder gegenüber dem betreffenden Gläubiger unbeschränkt haftet, verläuft das Verfahren wie gegen den Erblasser. Wenn der Erbe die Haftung noch auf den Nachlaß beschränken darf, kann er die Begleichung bis zum Ablauf der Fristen der §§ 2014 f BGB verweigern (Dreimonatseinwand und Einwand aus dem Aufgebot, beides aufschiebende Einreden).

Hartmann 1263

§§ 305, 305a   Buch 2. Abschnitt 1. Verfahren vor den LGen

5   **4) Haftungsvorbehalt, I.** Die Einreden führen nur zur Verurteilung unter dem Vorbehalt der beschränkten Haftung ohne eine Prüfung der Begründetheit der Einreden. Das mit diesem Vorbehalt versehene Urteil ist kein Vorbehaltsurteil, Üb 8 vor § 300. Das Gericht muß den Vorbehalt in die Formel aufnehmen, §§ 311 II 1, 313 I Z 4, und zwar von Amts wegen, sobald der Erbe die Einreden erhoben hat. Wegen des Vorbringens in der Revisionsinstanz § 780 Rn 4. Das gilt auch bei einem Urteil nach Aktenlage nach § 251 a. Es gilt nicht aber bei einem Versäumnisurteil nach §§ 330 ff, falls es nicht der Kläger selbst beantragt. In einen Kostenfestsetzungsbeschluß nach § 104 kann man den Vorbehalt jedenfalls dann nicht aufnehmen, wenn der Erblasser beim Urteilserlaß noch lebte, Hamm AnwBl **82**, 385. Bei einer Übergehung des Vorbehalts erfolgt eine Ergänzung nach § 321 oder ein Rechtsmittel, § 321 Rn 3. Denn der Vorbehalt ist wegen § 780 I nötig.

Erkennt der Erbe *sofort* mit Vorbehalt nach § 307 an und hat er keinen Klagegrund gegeben, so bleibt er kostenfrei, § 93. Andernfalls erstreckt sich der Vorbehalt nicht auf die Kosten. Denn die Haftung hierfür entsteht durch die Prozeßführung als solche. Im Fall eines unbeschränkten Antrags erfolgt eine Kostenteilung nach § 92. Eine Einrede des Testamentsvollstreckers, Nachlaßverwalters, Nachlaßpflegers macht wegen § 780 II keinen Vorbehalt nötig.

6   **5) Überlebender Gatte, II.** Soweit der Überlebende nur infolge des Eintritts der fortgesetzten Gütergemeinschaft den Gläubigern persönlich haftet, haftet er wie ein Erbe, § 1489 II BGB. Darum gilt für den Haftungsvorbehalt hier dasselbe wie beim Erben.

7   **6) VwGO:** *Entsprechend anzuwenden, § 173 VwGO, bei Zahlungsklagen gegen Einzelpersonen.*

305a Urteil unter Vorbehalt seerechtlich beschränkter Haftung. [I] [1] Unterliegt der in der Klage geltend gemachte Anspruch der Haftungsbeschränkung nach § 486 Abs. 1 oder 3, §§ 487 bis 487 d des Handelsgesetzbuchs und macht der Beklagte geltend, dass
1. aus demselben Ereignis weitere Ansprüche, für die er die Haftung beschränken kann, entstanden sind und
2. die Summe der Ansprüche die Haftungshöchstbeträge übersteigt, die für diese Ansprüche in Artikel 6 oder 7 des Haftungsbeschränkungsübereinkommens (§ 486 Abs. 1 des Handelsgesetzbuchs) oder in den §§ 487, 487 a oder 487 c des Handelsgesetzbuchs bestimmt sind,

so kann das Gericht das Recht auf Beschränkung der Haftung bei der Entscheidung unberücksichtigt lassen, wenn die Erledigung des Rechtsstreits wegen Ungewissheit über Grund oder Betrag der weiteren Ansprüche nach der freien Überzeugung des Gerichts nicht unwesentlich erschwert wäre. [2] Das Gleiche gilt, wenn der in der Klage geltend gemachte Anspruch der Haftungsbeschränkung nach §§ 4 bis 5 m des Binnenschifffahrtsgesetzes unterliegt und der Beklagte geltend macht, dass aus demselben Ereignis weitere Ansprüche entstanden sind, für die er die Haftung beschränken kann und die in ihrer Summe die für sie in den §§ 5 e bis 5 k des Binnenschifffahrtsgesetzes bestimmten Haftungshöchstbeträge übersteigen.

[II] Lässt das Gericht das Recht auf Beschränkung der Haftung unberücksichtigt, so ergeht das Urteil
1. im Falle des Absatzes 1 Satz 1 unter dem Vorbehalt, dass der Beklagte das Recht auf Beschränkung der Haftung geltend machen kann, wenn ein Fonds nach dem Haftungsbeschränkungsübereinkommen errichtet worden ist oder bei Geltendmachung des Rechts auf Beschränkung der Haftung errichtet wird;
2. im Falle des Absatzes 1 Satz 2 unter dem Vorbehalt, daß der Beklagte das Recht auf Beschränkung der Haftung geltend machen kann, wenn ein Fonds nach § 5 d des Binnenschifffahrtsgesetzes errichtet worden ist oder bei Geltendmachung des Rechts auf Beschränkung der Haftung errichtet wird.

1   **1) Geltungsbereich, I, II.** §§ 486 ff HGB, 4–5 m BinnenschiffahrtsG erlauben eine Beschränkung der Haftung für Forderungen, auch wegen Ölverschmutzungsschäden. In diesem Zusammenhang muß man auch die SVertO beachten, § 872. § 305 a erfaßt aus dem Kreis solcher Fälle diejenigen, bei denen die Voraussetzungen I Z 1 und 2 zusammentreffen. Zur bloßen Möglichkeit der Haftungsbeschränkung müssen also folgende Umstände hinzutreten: Der Bekl muß sie auch geltend machen; er muß außerdem aus demselben Ereignis von mindestens zwei weiteren Gläubigern in Anspruch genommen werden, denen gegenüber eine Haftungsbeschränkung geltend machen kann; schließlich muß die Summe der Ansprüche die gesetzlichen Haftungshöchstbeträge übersteigen. Maßgeblich ist der Schluß der letzten mündlichen Verhandlung, §§ 136 IV, 296 a.

2   **2) Zulässigkeit des Vorbehaltsurteils, I.** Es müssen die folgenden Voraussetzungen zusammentreffen.
A. Erschwerung der Erledigung des Rechtsstreits. Die Beendigung des Prozesses (der Ausdruck Erledigung ist nicht im Sinn von § 91 a gemeint) muß nicht unwesentlich erschwert werden, sei es zeitlich, sei es sachlich oder prozessual. Eine nur unerhebliche Erschwerung reicht also nicht aus. Als Erschwerungsgrund nennt I 1 eine Ungewißheit über Grund oder Betrag der außerhalb dieses Prozesses entstandenen weiteren Ansprüche nach Z 1. Ob eine ausreichende Erschwerung besteht, muß das Gericht nach pflichtgemäßer, aber weiter „freier" Überzeugung entscheiden. Das Gericht braucht daher nicht in eine umfassende Prüfung einzutreten. Freilich reicht eine bloße Parteibehauptung ebensowenig aus. Eine Aktenbeiziehung kann entbehrlich sein, wenn das andere Gericht usw ausreichende Auskunft über den dortigen Sach- und Verfahrensstand gibt.

B. Entscheidungsreife. Der vorliegende Rechtsstreit muß abgesehen von der Frage der Haftungsbeschränkung wegen der weiteren Ansprüche entscheidungsreif sein, § 300 Rn 6.

3) Fassung des Urteils, II. Die Verurteilung des Bekl kann ohne Vorbehalt ergehen, nach dem pflichtgemäßen Ermessen des Gerichts aber auch unter etwa folgendem Zusatz: „Der Beklagte kann ein Recht auf die Beschränkung seiner Haftung nach §§ 486 ff HGB (bzw: nach §§ 4 ff BinnenschiffahrtsG) geltend machen, soweit ein Fonds nach dem Übereinkommen über die Beschränkung der Haftung für Seeforderungen" (bzw: nach § 5 d BinnenschiffahrtsG) „errichtet worden ist oder im Zeitpunkt der Geltendmachung seines Rechts auf Haftungsbeschränkung errichtet wird". Die Entscheidungen zu den Kosten und zur vorläufigen Vollstreckbarkeit ergehen wie sonst, §§ 91 ff, 708 ff. Das Urteil ist kein Vorbehaltsurteil, Üb 8 vor § 300. Wegen der Zwangsvollstreckung § 786 a.

Einführung vor §§ 306, 307
Verzicht und Anerkenntnis

Schrifttum: *Ebel,* Die Grenzen der materiellen Rechtskraft des Anerkenntnis- und Verzichtsurteils usw, Diss Saarbr 1975.

Gliederung

1) Systematik	1, 2	3) Geltungsbereich	4–9
A. Prozessuale Erklärung	1	A. Unbedingtheit	4–7
B. Sachlichrechtliche Erklärung	2	B. Unwirksamkeit	8, 9
2) Regelungszweck	3	4) *VwGO*	10

1) Systematik. Man muß das Prozeßrecht und das sachliche Recht sorgfältig trennen. **1**

A. Prozessuale Erklärung. Verzicht und Anerkenntnis sind prozessuale Gegenstücke. Beide müssen also gerade auch im Prozeß erfolgen, um die Rechtsfolgen der §§ 306, 307 auszulösen, LG Lpz RR **97,** 571 (zu § 307). Andernfalls tritt eine freie Beweiswürdigung nach § 286 ein. Beide betreffen als Parteiprozeßhandlungen nach Grdz 47 vor § 128 den prozessualen Anspruch, § 2 Rn 3, BGH NJW **81,** 686, BPatG GRUR **94,** 280, Ffm AnwBl **88,** 119. Beide enthalten ein Zugeständnis, der Verzicht dahin, daß der prozessuale Anspruch nicht besteht, das Anerkenntnis dahin, daß er besteht. Man könnte den Verzicht eine Anerkennung der Einwendungen des Bekl nennen, das Anerkenntnis einen Verzicht auf Einwendungen, LG Lpz RR **97,** 571.

B. Sachlichrechtliche Erklärung. Verzicht und Anerkenntnis können auch sachlichrechtliche Erklärungen enthalten, BGH **66,** 253, Düss FamRZ **83,** 723, Hamm FamRZ **88,** 854. Als Parteiprozeßhandlungen muß man sie aber von solchen sachlich-rechtlichen Inhalt streng trennen, Grdz 61 vor § 128, BPatG GRUR **94,** 280, Düss RR **99,** 1514, ZöV 5 vor §§ 306-307, aM AG Hildesh ZMR **76,** 153, Thomas ZZP **89,** 80 (*Doppelnatur:* Verzicht und Anerkenntnis sollen prozessual und sachlichrechtlich sein), ZöGre § 269 Rn 2 (rein sachlichrechtliche Willenserklärung. Diese letzteren Auffassungen berücksichtigen nicht den grundverschiedenen Charakter des prozessualen und des sachlichrechtlichen Verzichts und Anerkenntnisses). Sachlichrechtlich bestehen Formvorschriften und eine Anfechtbarkeit wegen Willensmangels. Prozeßrechtlich bestehen Formfreiheit und keinerlei Anfechtbarkeit, Grdz 56 vor § 128, Düss RR **99,** 1514. **2**

Vielmehr kommt beim prozessualen Anerkenntnis allenfalls ein Widerruf unter den Voraussetzungen *Grdz 58 vor § 128* in Betracht, etwa bei einem Restitutionsgrund nach §§ 580, 581, Düss RR **99,** 1514, Rostock FamRZ **05,** 119. Der sachlichrechtliche Verzicht führt nach einer Sachprüfung zur Sachabweisung, der prozessuale Verzicht führt zwar auch zu einer Sachabweisung, aber ohne jede sachlichrechtliche Prüfung. Das sachlichrechtliche Anerkenntnis begründet eine neue Schuld und führt zum Sachurteil auf Grund dieser Schuld, das prozessuale Anerkenntnis führt ohne Prüfung zum Sachurteil, BSG MDR **78,** 172 (krit Behn JZ **79,** 200).

Die prozessuale Erklärung eines Verzichts läßt sich *frei würdigen,* § 307 Rn 16, wenn nicht die Gegenpartei auf sie hin ein entsprechendes Urteil beantragt. Beim Anerkenntnis ist kein Antrag des Klägers mehr erforderlich, § 307 Rn 15.

2) Regelungszweck. §§ 306, 307 dienen in hohem Maße der Parteiherrschaft nach Grdz 18 vor § 128 und damit der Prozeßwirtschaftlichkeit, Grdz 14 vor § 128. Der mündige Bürger soll auch als Kläger oder Bekl weitgehend über den Anspruch und dessen prozessuale Behandlung verfügen können, sei es auch durch Folgen, die der wahren Rechtslage kaum entsprechen. Deshalb darf man die Vorschriften weit auslegen. **3**

Richterliches Zureden wäre freilich unangebracht, solange nicht eindeutig nur Unkenntnis prozessualer und kostenrechtlicher Vorteile den Hinderungsgrund eines Verzichts oder Anerkenntnisses bilden oder die Aussichtslosigkeit der Rechtsverfolgung oder -verteidigung klar zutage getreten ist. Insbesondere in der letzteren Lage kann allerdings ein behutsamer Ton einer richterlichen Anheimgabe erfahrungsgemäß zu einer raschen und alle Beteiligten erleichternden Prozeßbeendigung beitragen, wenn ein Prozeßvergleich keine als gerecht empfundene Lösung zu sein scheint.

3) Geltungsbereich. Vgl zunächst Üb 2 vor § 253. **4**

A. Unbedingtheit. Verzicht und Anerkenntnis müssen als reine Parteiprozeßhandlungen nach Grdz 47 vor § 128 unbedingt und vorbehaltlos sein, Düss OLGZ **77,** 252, aM Schilken ZZP **90,** 175, Baumgärtel ZZP **87,** 132 (vgl aber Rn 2). Beide wirken entsprechend in der Berufungsinstanz, und zwar trotz § 531. Beide erfordern nur die Prozeßvoraussetzungen, Grdz 12 vor § 253, nicht die sachlichrechtlichen Voraussetzungen wie die Verfügungsbefugnis, die Geschäftsfähigkeit. Sachlichrechtliche Formerfordernisse scheiden ganz aus. Die Prozeßvollmacht nach § 80 ermächtigt auch zur Erklärung von Verzicht und Anerkenntnis. Sie läßt aber eine Beschränkung zu, § 83. Verzicht und Anerkenntnis sind einseitige Erklärungen. Sie bedürfen keiner Annahme, BPatG GRUR **80,** 783. Man kann sie wirksam nur dem Prozeßgericht gegenüber abgeben, BPatG GRUR **80,** 783, auch gegenüber dem Vorsitzenden der Kammer für Handelssachen, § 349 II Z 4, nicht aber vor dem verordneten Richter.

Einf §§ 306, 307, § 306   Buch 2. Abschnitt 1. Verfahren vor den LGen

5   Beide sind grundsätzlich *unwiderruflich*, soweit nicht der Gegner zustimmt, Mü FamRZ **92**, 698, Saarbr RR **97**, 252, ZöV 6 vor §§ 306–307, aM ThP § 307 Rn 8 (aber eine Parteiprozeßhandlung ist fast stets unwiderruflich, Grdz 58, 59 vor § 128).

6   Beide sind den sachlichrechtlichen Vorschriften über *Willensmängel* entzogen, Grdz 56 vor § 128, BGH **80**, 393, Bbg FamRZ **90**, 1096 (bei § 323 widerruflich), KG RR **95**, 958 (bei § 580 Z 7 b).

7   Bei einer arglistigen Täuschung oder Drohung ist die *Wiederaufnahme* nach der Rechtskraft des Urteils zulässig, § 578, Hamm FamRZ **93**, 78, Mü FamRZ **92**, 698. Während des Verfahrens sind Widerruf und Rechtsmittel zulässig. Beim Vorliegen eines Restitutionsgrundes kann man den Widerruf auch mit der Berufung geltend machen, BGH **80**, 394, Hamm FamRZ **93**, 78, KG RR **95**, 958.

8   **B. Unwirksamkeit.** Es verstößt gegen Treu und Glauben, wenn die Gegenpartei auf einen als irrig erkannten Verzicht oder ein als irrig erkanntes Anerkenntnis hin ein Urteil verlangt. Das Gericht muß einen solchen Antrag als rechtsmißbräuchlich zurückweisen, Einl III 54, BGH VersR **77**, 574, Ffm AnwBl **88**, 119. Dasselbe gilt, wenn der Verzicht oder das Anerkenntnis gesetz- oder sittenwidrig erfolgt, § 307 Rn 11, 12, etwa beim zeitlichen Ausschluß der Scheidung, soweit nicht schon ein Scheidungsrecht entstanden ist, BGH **97**, 309, oder wenn der Verzicht bzw das Anerkenntnis offensichtlich die Benachteiligung eines Dritten erstreben (Scheinprozeß). Bei einem nicht anerkannten Irrtum gibt es keinen Einwand. Der Widerruf ist nur beim Vorliegen eines Restitutionsgrundes möglich, § 580 Z 2, 4, 7, Ffm AnwBl **88**, 119, aM Hamm FamRZ **93**, 78, Kblz FamRZ **98**, 916 (auch bei § 323, vgl aber Rn 5). Ein Verschulden im Sinn von § 582 ist dabei unschädlich.

9   Weder ein Verzicht noch ein Anerkenntnis können der Förderung einer *gesetzwidrigen Handlung* dienen, Rn 8. Beide führen nicht zum Urteil, soweit die Parteien über das Rechtsverhältnis nicht verfügen können, § 307 Rn 10, BGH **104**, 24, Hamm Rpfleger **87**, 414, Nürnb NJW **89**, 842. Es ist keine gerichtliche Genehmigung nötig. Das gilt auch dann, wenn sie sachlichrechtlich nötig wäre, ZöV 7 vor §§ 306–307, aM Brüggemann FamRZ **89**, 1137 (ausf), Thomas ZZP **89**, 81 (aber es handelt sich eben nur um die prozessualen Folgen, Rn 2).

10   4) **VwGO:** *Verzicht und Anerkenntnis sind zulässig, soweit der Erklärende über das in Frage stehende Recht verfügen kann,* Grunsky §§ 9 III 1 u 10, Ule VPrR §§ 28 II u 43 I.

---

306   *Verzicht.* **Verzichtet der Kläger bei der mündlichen Verhandlung auf den geltend gemachten Anspruch, so ist er auf Grund des Verzichts mit dem Anspruch abzuweisen, wenn der Beklagte die Abweisung beantragt.**

1   1) **Systematik.** Vgl Einf 1 vor §§ 306, 307.

2   2) **Regelungszweck.** Die Vorschrift dient der Parteiherrschaft wie der Prozeßwirtschaftlichkeit, Einf 2 vor §§ 306, 307. Das erlaubt freilich keine vorschnelle Bejahung des Vorliegens eines Verzichts.

3   3) **Geltungsbereich.** Der prozessuale Verzicht nach Einf 1 vor § 306 ist eine Folge der Parteiherrschaft nach Grdz 18 vor § 128. Er ist darum nur in deren Wirkungsbereich zulässig, § 307 Rn 11, 12. Er ist auch im vorläufigen Verfahren zulässig, §§ 916 ff, 935 ff. Die Erklärung, einen Arrest oder eine einstweilige Verfügung nicht vollziehen zu wollen, ist ein prozessualer Verzicht auf die Sicherung des Anspruchs. Sie führt zur Aufhebung des Arrests usw. Auch ein teilweiser Verzicht ist möglich, zB wegen eines Auflösungsantrags nach § 9 I KSchG, BAG NJW **80**, 1485. Dann hat § 306 Vorrang vor § 301 II. Wenn der Kläger den Anspruch sofort und für alle Kosten aneinem einheitlichen Umkehrung von § 93 in Betracht kommen, § 93 Rn 109, aM Hamm MDR **82**, 676 (aber § 93 enthält einen allgemeinen Rechtsgedanken. Eine Umkehrung ist etwas anderes als eine zu weite Auslegung). Der Verzicht kann im Anerkenntnis des Abweisungsantrags des Berufungsklägers liegen. Er liegt keineswegs in einer Rechtsmittelbeschränkung, BGH RR **89**, 962. § 14 III KapMuG, SchlAnh VIII, macht § 306 dort unanwendbar, Schneider BB **05**, 2255. § 306 ist im Verfahren nach dem KapMuG unanwendbar, SchlAnh VIII § 14 III 1.

4   4) **Verzichtserklärung.** Der Kläger muß einen Verzicht in der mündlichen Verhandlung ausdrücklich oder schlüssig erklären, § 128 Rn 7. Immer muß der Verzicht aber eindeutig sein. Anwaltszwang besteht wie sonst, § 78 Rn 2, BGH NJW **88**, 210. Der Verzicht bedarf im Gegensatz zur Klagerücknahme nicht der Zustimmung des Gegners. Im Zweifel liegt kein Verzicht vor. Er liegt nicht in einer Klagerücknahme, § 269. Denn sie besagt anders als eine Verzichtserklärung über das Nichtbestehen des bisher geltend gemachten Anspruchs nichts. Ein Verzicht liegt auch nicht in der Ermäßigung des Anspruchs. Wenn der Kläger bei der Klagerücknahme zugleich auf den Anspruch verzichtet, dann muß das Gericht nach § 306 verfahren, nicht nach § 269. Das Gericht muß nach § 139 klären, ob in dem Antrag, die Hauptsache für erledigt zu erklären, ein Verzicht liegen soll. Meist wird in solchem Antrag kein derartiger Verzicht liegen, § 91 a Rn 92 „Verzicht". Ein bloßer Kostenantrag kann eine bloße Erledigterklärung sein. Ein schriftlicher Verzicht ist nur im schriftlichen Verfahren nach § 128 II und bei einer Entscheidung nach Aktenlage wirksam, § 251 a. Vor dem nach §§ 361, 362 verordneten Richter kann man einen Verzicht nicht erklären. Seine Protokollierung erfolgt nach §§ 160 III Z 1, 162. Die Erklärungsabgabe läßt sich aber auch außerhalb des Protokolls nachweisen.

5   5) **Verzichtsfolge.** Eine einfache Folge ergibt sich in einem etwas komplizierten Verfahren.

     A. Verzichtsurteil. Einzige Folge ist das Verzichtsurteil. Der prozessuale Verzicht berührt ohne ein entsprechendes Urteil die Rechtshängigkeit nach § 261 und das sachliche Recht überhaupt nicht, Ffm FamRZ **82**, 812. Nach einem Urteil berührt er es nur insofern, daß er den Anspruch unklagbar macht, falls dieser an sich trotzdem bestehen sollte, Einf 2 vor §§ 306 ff, aber auch Üb 3 vor § 300. Wenn der Bekl trotz eines Verzichts ein streitiges Urteil beantragt, fehlt das Rechtsschutzbedürfnis, Grdz 33 vor § 253, BGH **76**, 50.

Titel 2. Urteil **§§ 306, 307**

B. Verfahren. Wenn der Bekl es beantragt, muß das Gericht den Kläger auf den Verzicht hin mit dem 6 Anspruch abweisen, Einf 2 vor §§ 306 ff. Dieser Antrag ist ein Prozeßantrag, § 297 Rn 5, Einf 1, 2 vor §§ 306 ff, StJL 11, ZöV 5, aM Schilken ZZP **103**, 217 (aber die Abweisung erfolgt ohne jede sachlichrechtliche Prüfung, BGH RR **98**, 1652). Der Antrag des Bekl auf ein Verzichtsurteil braucht sich dem Verzicht nicht unmittelbar anzuschließen. Er ist auch bei einer Säumnis des Klägers zulässig, § 330. Das Gericht muß das Verzichtsurteil auf den Antrag hin erlassen, auch wenn der Kläger auf einen abtrennbaren Teil des Anspruchs verzichtet, BAG NJW **80**, 1486. Denn § 306 geht dem § 301 II vor. Fehlt eine Prozeßvoraussetzung nach Grdz 12 vor § 253, dann ist auch hier eine Prozeßabweisung geboten, nicht eine Sachabweisung auf Verzicht, Grdz 14 vor § 253. Das gilt auch bei § 256, dort Rn 3. Verneint das Gericht einen wirksamen Verzicht, so muß es ein Verzichtsurteil durch Zwischenurteil oder im Endurteil ablehnen, MüKoMu 5, aM ZöV 7 (durch Beschluß. Aber § 280 paßt besser). Über eine Verkündung vor der Niederschrift § 311 II 2.

Eine *abgekürzte Form* des Urteils ist statthaft, § 313 b I. Aus dem Verzicht folgt die Kostenpflicht, und 7 zwar grundsätzlich nach § 91. § 93 ist grundsätzlich unanwendbar, § 93 Rn 12. Vgl aber oben Rn 3. Evtl findet § 97 II Anwendung, Schlesw SchlHA **78**, 172. Das Gericht muß der vorläufige Vollstreckbarkeit ohne eine Sicherheitsleistung aussprechen, § 708 Z 1. Während die Klagerücknahme eine Erneuerung des Prozesses zuläßt, weil der Kläger nur auf die Durchführung in diesem Prozeß verzichtet hat, § 269 Rn 48, steht nach einem Verzichtsurteil dem Anspruch die Rechtskraft entgegen, § 322.

6) Rechtsmittel. Das Verzichtsurteil ist mit den normalen Rechtsmitteln anfechtbar, §§ 511 ff. Der 8 Verzicht ist auch in der Rechtsmittelinstanz zulässig. Verzichtet der Kläger dann auf einen Anspruchsteil, so bleibt das Rechtsmittel zulässig, selbst wenn der Restanspruch die Rechtsmittelsumme unterschreitet.

7) *VwGO*: Entsprechend anzuwenden, § 173 *VwGO*, weil auch im *VerwProzeß* die Hauptbeteiligten die Herr- 9 *schaft über das Verfahren als Ganzes haben*, Grdz § 128 Rn 65, und die VwGO keine entgegenstehende Bestimmung *enthält*, Ey § 86 Rn 3, KoppSch § 173 Rn 4, Ule VPrR § 28 II u Grunsky § 9 III 1 (eingehend), außerdem *§ 617 für die Anwendbarkeit spricht, vgl dort Rn 2. Die zu fordernde materielle Befugnis des Klägers, auf sein Recht zu verzichten, wird idR nicht fehlen.*

307 *Anerkenntnis.* [1] **Erkennt eine Partei den gegen sie geltend gemachten Anspruch ganz oder zum Teil an, so ist sie dem Anerkenntnis gemäß zu verurteilen.** [2] **Einer mündlichen Verhandlung bedarf es insoweit nicht.**

Vorbem. Fassg Art 1 Z 9 a des 1. JuMoG v 24. 8. 04, BGBl 2198, in Kraft seit 1. 9. 04, Art 14 S 1 des 1. JuMoG, LG Stgt NJW **05**, 3153, ÜbergangsR Einl III 78.

Schrifttum: *Hall,* Vorbehaltserkenntnis und Anerkenntnisvorbehaltsurteil im Urkundenprozeß, 1992; *Ullmann,* Gedanken zur Parteimaxime im Patentverletzungsstreit – Anerkenntnis usw, Festschrift für *Ballhaus* (1985) 809; *Würthwein,* Umfang und Grenzen des Parteieinflusses auf die Urteilsgrundlagen im Zivilprozeß, 1977.

Gliederung

1) Systematik, S 1, 2 1	5) Anerkenntnisfolge, S 1, 2 14–19
2) Regelungszweck, S 1, 2 2	A. Anerkenntnisurteil 14
3) Geltungsbereich S 1, 2 3	B. Von Amts wegen 15
4) Anerkenntnis S 1, 2 4–13	C. Unerheblichkeit eines Antrags 16
A. Voraussetzungen 4–7	D. Sonstige Verfahrensfragen 17
B. Erklärung 8, 9	E. Urteilseinzelheiten 18, 19
C. Wirksamkeit 10–13	6) Rechtsmittel, S 1, 2 20
	7) *VwGO* 21

1) Systematik, S 1, 2. Über den Begriff, die Form und die Rechtsnatur des Anerkenntnisses Einf 1–3 1 vor §§ 306 ff. Ein Geständnis nach § 288 bezieht sich auf Tatsachen, das Anerkenntnis bezieht sich auf den bisher geltend gemachten prozessualen Anspruch gleich welcher Art, BSG MDR **78**, 172, Ffm MDR **78**, 583. Das Geständnis bezieht sich auf die Vordersätze, das Anerkenntnis auf die Schlußfolgerungen. Ein Anerkenntnis kann unter Umständen das Geständnis vorgreiflicher Tatsachen enthalten, § 288 Rn 1.

2) Regelungszweck, S 1, 2. Die Vorschrift dient der Parteiherrschaft wie der Prozeßwirtschaftlichkeit, 2 Einf 2 vor §§ 306, 307.

3) Geltungsbereich, S 1, 2. Die Vorschrift ist in allen Verfahren nach der ZPO mit Parteiherrschaft 3 anwendbar, Grdz 18 vor § 128. Im sozialgerichtlichen Verfahren ist § 307 entsprechend anwendbar, BSG MDR **78**, 172 (krit Behn JZ **79**, 200). Im FGG-Verfahren hat ein Anerkenntnis nicht die Folgen des § 307, Hbg FamRZ **88**, 1179, aM AG Wuppert WoM **95**, 555, Bonifacio WoM **02**, 363 (großzügiger beim WEG. Aber solches Verfahren kennt eine Parteiherrschaft nur eingeschränkt). Zum Patentverletzungsstreit Ullmann GRUR **85**, 810. Zur Befugnis des Generalbundesanwalts im Verfahren nach dem AUG Grdz 28 vor § 50, Üb 6, 8 vor § 78. Im Adhäsionsverfahren der StPO ist ein Anerkenntnisurteil jetzt nach § 406 II StPO zulässig.

4) Anerkenntnis, S 1, 2. Es ist ein Ausdruck von Rechtseinsicht, oft erst infolge behutsamen richterli- 4 chen „Zuredens".

A. Voraussetzungen. Das Anerkenntnis muß anders als ein Geständnis unumschränkt sein, BGH NJW **85**, 2716, LG Hann RR **87**, 384. Wer „anerkennt", daß er zwar nicht uneingeschränkt schulde, wohl aber Zug um Zug, der gesteht freilich beschränkt zu. Ein Anerkenntnisurteil Zug um Zug hätte aber einen

§ 307

anderen Inhalt als ein uneingeschränktes. Es wäre nicht ein Weniger oder ein Teilurteil (Anerkenntnis der minderen Verpflichtung), Düss MDR **89**, 825, RoSGo § 133 IV 2, aM BGH **107**, 146, Schilken ZZP **90**, 175, StJL 6 (aber Zug um Zug ist eine Bedingung eigener Art). Ebenfalls erkennt nicht an, wer nur „im Urkundenprozeß" anerkennt. Denn das dann ergehende Urteil wäre ein durch die Aufhebung im Nachverfahren bedingtes, Rn 5, § 599 Rn 9, Naumb RR **97**, 893, LG Hann RR **87**, 384, aM Düss RR **99**, 68 (kommt prompt zu Folgeproblemen).

Kein Anerkenntnis gibt derjenige ab, der statt Zug um Zug gegen 100 EUR nur Zug um Zug gegen 150 EUR herausgeben will. Der Kläger kann in solchen Fällen ein Anerkenntnisurteil nur dann erzielen, wenn er seinen Klagantrag diesem Anerkenntnis anpaßt. Ein Vorbehalt der Aufrechnung nach § 302 ist unzulässig, aM Ffm MDR **78**, 583 (aber auch das wäre eine unzulässige Einschränkung). Der Vorbehalt der beschränkten Haftung nach § 305 ist freilich wegen dieser gesetzlichen Sonderregelung statthaft, ebenso derjenige nach § 780, Bre OLGZ **89**, 365. Eine Beschränkung auf vorgreifliche Rechte oder Rechtsverhältnisse ist als Anerkenntnis unzulässig, Schilken ZZP **90**, 177.

5 Das Anerkenntnis duldet *keine Bedingung*, BGH NJW **85**, 2716, auch nicht diejenige der Gewährung von Ratenzahlungen, die schon in einer „Bitte um Genehmigung durch das Gericht" liegen kann. Es darf nicht im Ermessen eines Dritten stehen, etwa des Gerichts. Zusätze, die die rechtlichen Folgen des Anerkenntnisses ausschließen wollen, sind wirkungslos. Eine Formulierung wie „ich erkenne an, verwahre mich aber gegen die Kosten" wirkt allerdings als ein unbedingtes Anerkenntnis. Denn das Gericht muß ohnehin über die Kosten von Amts wegen befinden, § 308 II. Unbedenklich ist ein Anerkenntnis eines zum Teilurteil geeigneten Anspruchsteils, § 301 Rn 4, Schilken ZZP **90**, 178.

6 *Unzulässig* ist aber das Anerkenntnis nur eines von mehreren Klagegründen, LG Hann RR **87**, 384, ZöV 2 vor §§ 306–307, aM Schilken ZZP **90**, 183 (aber dann fehlt eben die Uneingeschränktheit, Rn 4). Unzulässig ist auch ein Anerkenntnis nur des Grundes des Anspruchs, also beim Bestreiten des Betrags, MüKoMu 12, StJL 9, aM LG Mannh MDR **92**, 898, RoSGo § 133 IV 2, ZöV 7 (aber auch dann fehlt die Uneingeschränktheit). Kein Anerkenntnis ist ferner ein solches zwar des Arrestanspruchs nach § 916, aber nicht des Arrestgrundes, § 917. Ein solches Anerkenntnis ist regelmäßig ein Geständnis nach § 288, aM Schilken ZZP **90**, 184 (es sei bindend. Aber die Parteiherrschaft legt eine Geständniswirkung als die elegantere Lösung näher). Ein derartiges Geständnis ist unter den Voraussetzungen des § 290 widerruflich. Ein Anerkenntnis der Kosten ist nur zugleich mit demjenigen der Hauptsache zulässig, wenn die Kosten Hauptsache geworden sind oder wenn die Hauptsache erledigt ist, § 91 a.

7 Neben einem Abweisungsantrag ist ein *hilfsweises* Anerkenntnis selbst dann unzulässig, wenn der Bekl den Abweisungsantrag auf Fehler einer von Amts wegen zu prüfenden Prozeßvoraussetzung stützt, Grdz 12 vor § 253. Darauf kann der Bekl ja hinweisen, RoSGo § 133 IV 2, aM Mummenhoff ZZP **86**, 311, ThP 3, ZöV 9. Zulässig ist aber ein Anerkenntnis für den Fall, daß die Rüge der internationalen Unzuständigkeit nach Üb 6 vor § 12 erfolglos bleibt, BGH DB **76**, 1010.

8 **B. Erklärung.** Die Erklärung des Anerkenntnisses erfolgt zwar oft erst in der mündlichen Verhandlung. Nach S 2 kann sie aber (jetzt) auch schriftlich erfolgen. Das ergibt sich aus dem Wort „insoweit" und ist daher kein Versehen des Gesetzgebers, aM Knauer/Wolf NJW **04**, 2861 (aber § 137 III zwingt nicht zur Mündlichkeit). Freilich sollte (nicht: muß) das Gericht wegen Art 6 I EMRK mit seinem Mündlichkeitsgrundsatz wenigstens auf Antrag eine mündliche Verhandlung ansetzen. Sie ist auch im schriftlichen Verfahren nach § 128 II statthaft, so schon Brdb MDR **99**, 504, und im Aktenlageverfahren, § 251 a. Sie wird nach § 160 III Z 1 protokolliert, Düss FamRZ **83**, 723. Diese Protokollierung ist aber nicht der einzige zulässige Nachweis des prozessualen Anerkenntnisses, BGH NJW **84**, 1466, BSG MDR **81**, 612, Ffm AnwBl **88**, 119, aM Düss FamRZ **83**, 723 (zu formstreng).

9 Das Anerkenntnis ist *in jeder Lage* des Verfahrens möglich, auch in der Revisionsinstanz. Es kann freilich zwar noch zum Urteil nach S 2 führen, wenn der Bekl vorher eine Verteidigungsabsicht angezeigt hatte, Bohlander NJW **97**, 36, nicht aber mehr zur Kostenlast des Klägers, § 93 Rn 97 „Klagerwiderung", Ffm RR **88**, 128, Hbg GRUR **88**, 488. Es kann ausdrücklich oder durch schlüssige Handlung erfolgen. Es muß aber zweifelsfrei und dem Gericht gegenüber erfolgen. Denn es ist etwas anderes als das sachlichrechtliche Anerkenntnis, Einf 3 vor §§ 306, 307. In einem bloßen Schweigen liegt kein Anerkenntnis, ebensowenig in einer trotz eines fortbestehenden Abweisungsantrags vorbehaltlosen außergerichtlich stattfindenden Leistung, BGH NJW **81**, 686. Das unterstellte Geständnis des § 138 wirkt erst für die letzte Tatsachenverhandlung. Eine Ermäßigung der Klageforderung um den Betrag einer Aufrechnungsforderung enthält kein Anerkenntnis und bindet den Kläger nicht.

10 **C. Wirksamkeit.** Anerkennen kann nur eine Partei, hier grundsätzlich nur der Bekl oder der Widerbekl, und zwar jeder Streitgenosse für sich selbst, §§ 59 ff. Der streitgenössische Streithelfer nach § 69 kann dem Anerkenntnis des Bekl wirksam widersprechen, Schlesw RR **93**, 932. Der Kläger kann nur ganz ausnahmsweise anerkennen, so zB die Kostenlast nach einer Erledigung der Hauptsache nach § 91 a und nicht nach II. Anwaltszwang herrscht wie sonst, § 78 Rn 2. Erkennt der Kläger und Berufungsbekl den Berufungsantrag des die Klagabweisung fordernden Bekl und Berufungsklägers an, so ist das ein Verzicht auf den Klageanspruch, Einf 2 vor §§ 306 ff. Das Anerkenntnis ist nur insoweit wirksam, als die Prozeßhandlungsvoraussetzungen nach Grdz 18 vor § 253 vorliegen und das Rechtsverhältnis der Verfügung der Parteien unterliegt, Grdz 20 vor § 128, Einf 8 vor § 306 ff, BGH **104**, 24, Brdb FamRZ **01**, 503, Kblz RR **00**, 530. Wegen Unanfechtbarkeit und Widerrufs Einf 2 vor §§ 306–307, Düss RR **99**, 1514, Rostock FamRZ **05**, 119.

11 Das Anerkenntnis ist daher zB als ein prozessuales grds *nicht wirksam* im Eheverfahren, §§ 606 ff, Ffm FamRZ **84**, 1123, LG Köln NJW **77**, 1783 (vgl allerdings wegen des Gegenstücks eines Verzichts Einf 8 vor §§ 306 ff), und in Kindschaftsverfahren, § 640 ff, Brdb FamRZ **01**, 503, Hamm FamRZ **88**, 854, AG Hann FamRZ **00**, 1434. Es ist ferner dann nicht wirksam, soweit öffentlichrechtliche Verbote entgegenstehen, und überhaupt immer insoweit nicht, als eine unverzichtbare Sachurteilsvoraussetzung fehlt, etwa die Vollstreckbarkeit des bisherigen Titels bei § 323, KG FamRZ **88**, 310, überhaupt soweit es ein gesetzwidriges Urteil herbeiführen soll, Üb 16 vor § 300, Kblz RR **00**, 530 (kein Anspruch wegen Fehlens

Titel 2. Urteil § 307

gesetzlicher Grundlage), Stgt JZ **86**, 1117, Geimer DNotZ **89**, 335. Das gilt zB zur Frage der vorläufigen Vollstreckbarkeit, Einf 4 vor §§ 708–720, Nürnb NJW **89**, 842.

Das Anerkenntnis ist zB nicht zur Erzielung eines *sittenwidrigen* Ergebnisses zulässig, Einl III 54, Stgt NJW **12** **85**, 2273, Kohte NJW **85**, 2228. Ein Anerkenntnis kann nicht ein Urteil gegen Preisvorschriften herbeiführen. Es ist nicht zulässig, um einem nicht anerkennungsfähigen ausländischen Urteil nach § 328 Rn 14 eine Vollstreckbarkeit zu verschaffen. Unzulässig ist es, wenn der Insolvenzverwalter eine unanmeldbare Forderung anerkennt oder wenn ein Testamentsvollstrecker „anerkennt", sein Amt sei nicht nur in seiner Person erloschen, sondern überhaupt. Ein solches Anerkenntnis ist unwirksam, führen also nicht zum Urteil. Daran kann auch das Bestreben des § 307 nichts ändern, eine sachlichrechtliche Prüfung zu erübrigen. Die Partei kann nicht durch ein Anerkenntnis wesentliche Grundsätze der Rechtsordnung überspielen. Wegen eines Irrtums usw Grdz 56 vor § 128.

Ein *unwahres* Anerkenntnis ist voll wirksam, solange es nicht sittenwidrig ist. Denn die Partei darf über **13** ihren prozessualen Anspruch frei verfügen, Grdz 18, 19 vor § 128. Sie kann ja auch zB eine Nichtschuld bezahlen, Köln RR **98**, 724. Ein Formnichtigkeit des Geschäfts berührt die Wirksamkeit eines Anerkenntnisses nicht. Eine fehlerhafte Protokollierung ist für sich nicht ausreichender Grund zur Unwirksamkeit des Anerkenntnisses, § 162 Rn 11. Unschädlich ist auch das Fehlen einer sachlichrechtlich nötigen gerichtlichen Genehmigung, Einf 9 vor §§ 306 ff. Ein Anerkenntnis ist auch bei einer Feststellungsklage nach § 256 zulässig, Ffm MDR **78**, 583 (es wirkt aber beim Übergang zur Leistungsklage ihr gegenüber), oder bei der Gestaltungsklage, zB bei der Erklärung für erbunwürdig, LG Köln NJW **77**, 1783, aM LG Aachen MDR **88**, 240 (aber auch solche Gestaltung unterliegt der Parteiherrschaft, Grdz 18 vor § 128).

Ein Anerkenntnis ist auch *im vorläufigen Verfahren* nach §§ 916 ff, 935 ff möglich. Dabei bezieht sich das Anerkenntnis nur auf das Schutzbedürftigkeit. Es greift dem Hauptprozeß nicht vor. Insofern ist es auch im zugehörigen Aufhebungsverfahren nach §§ 925, 936 zulässig.

5) Anerkenntnisfolge, S 1, 2. Der Prozeß ist rasch und fast umfassend beendet. **14**

A. Anerkenntnisurteil. Einzige Wirkung des prozessualen Anerkenntnisses ist der Anspruch auf ein Anerkenntnisurteil, Hirtz AnwBl **04**, 504. Das gilt auch dann, wenn keine mündliche Verhandlung stattfand. Denn § 128 IV erlaubt nur dann einen Beschluß ohne Verhandlung, wenn die Entscheidung kein Urteil ist. S 2 spricht aber (unverändert) von „verurteilen". Die Lage ist daher dem § 341 II vergleichbar, wenn auch nur dort das Hauptwort „Urteil" fehlt. Auch bei § 331 III 1 ergeht die „Entscheidung" ohne Verhandlung nach der amtlichen Überschrift ja durch ein (Versäumnis-)Urteil. Das sachlichrechtliche Schuldverhältnis berührt das prozessuale Anerkenntnis überhaupt nicht, anders als gegebenenfalls das sachlichrechtliche. Daher gibt auch ein Teilanerkenntnis für eine Würdigung des Restanspruchs nichts her, zumal die Beweggründe für jenes nicht sachlichrechtlichen, sondern taktischen und sonstigen Erwägungen entspringen können. Über den Widerruf des Anerkenntnisses vgl Grdz 59 vor § 128 und Einf 5, 6 vor §§ 306, 307. Ein vereinbarter Widerruf ist bis zum Urteil als Folge der Parteiherrschaft jederzeit statthaft, Grdz 18, 19 vor § 128. Wenn ein Anerkenntnisurteil entgegen Rn 10 ergeht, so kann man es mit dem gewöhnlichen Rechtsmittel anfechten, §§ 511 ff, Grdz 16 vor § 704, § 89 Rn 11. Ein Anerkenntnisurteil ist nur dann wirkungslos, wenn auch ein sonstiges Urteil wirkungslos wäre, Üb 14 vor § 300, ferner bei widersinnigen Ansprüchen, etwa beim Anerkenntnis des Eigentums eines nicht eingetragenen Grundstücksbesitzers. Denn es schafft keine Rechtskraft gegenüber dem in Wirklichkeit Eingetragenen.

B. Von Amts wegen. Es ist kein Antrag erforderlich, Rn 16. Vielmehr führt das wirksame Anerkenntnis **15** in seinem Umfang von Amts wegen zur Entscheidung, und zwar beim Erfolg zum Anerkenntnisurteil. Bei einer Säumnis des Klägers darf ein Versäumnisurteil auf Abweisung ergehen, § 330. Ein bloßes Anerkenntnisurteil kann grundsätzlich keine Abweisung eines Klagantrags enthalten, Zweibr OLGZ **87**, 372. Bei einer Säumnis des Bekl hindert das Anerkenntnis ein Zurückgreifen auf die Klagebegründung nicht. Es kann und muß daher auch dann ein echtes Versäumnisurteil ergehen, § 331, BGH NJW **93**, 1718, aM StJL 29, ZöV 5 (möglich sei nur ein unechtes Versäumnisurteil auf Anerkennung).

C. Unerheblichkeit eines Antrags. Aus Rn 15 folgt: Es kommt nicht darauf an, ob der Kläger einen **16** „Antrag" auf den Erlaß eines „bloßen" Anerkenntnisurteils stellt oder ausdrücklich ein „streitiges" Urteil und „kein Anerkenntnisurteil" beantragt usw. Denn die Anerkenntnisfolge besteht eben in einem von Amts wegen ergehenden entsprechenden Spruch.

D. Sonstige Verfahrensfragen. Das Gericht muß die unheilbaren Prozeßvoraussetzungen nach Grdz 12, **17** 14 auch § 253 auch in diesem Verfahren prüfen, Grdz 39 vor § 128, Karlsr WRP **79**, 223. Fehlen sie, so muß das Gericht die Klage trotz eines Anerkenntnisses durch ein Prozeßurteil abweisen, Rn 16, Grdz 14 vor § 253, Hamm MDR **90**, 638. Hingegen ist ein Anerkenntnis auch beim Fehlen der besonderen Prozeßvoraussetzungen des § 256 zulässig, aM Köln VersR **77**, 938 (aber die Parteiherrschaft hat Vorrang, Grdz 18 vor § 128). Auch beim Fehlen der Voraussetzungen der §§ 259, 592, 722, 723 zulässig. Heilbare Mängel im Sinn von § 295 kommen hier nicht in Frage, weil ihrer Rüge das Anerkenntnis entgegensteht. Bei einem Anerkenntnis ist keine mündliche Verhandlung notwendig, S. 2.

E. Urteilseinzelheiten. Das Anerkenntnisurteil muß ohne jede Sachprüfung ergehen, Hamm VersR **90**, **18** 1026, Schlesw RR **93**, 932, Streit/Schade JB **04**, 121. Das gilt auch dann, wenn die Sache aussichtslos wäre. Etwas anderes gilt nur im Fall einer sittenwidrigen Forderung, vgl Rn 11. Wenn die Partei einen Teilanspruch anerkennt, so muß ein Teilanerkenntnisurteil ergehen. Denn § 307 geht dem § 301 II vor, Schlesw SchlHA **88**, 65. Das Gericht darf den Erlaß nur bei einer Verneinung eines wirksamen Anerkenntnisses ablehnen. Diese kann das Gericht durch ein Zwischenurteil aussprechen, LG Nürnb-Fürth NJW **76**, 633, oder im Endurteil aussprechen, Rn 6, aM Schumann Festschrift für Larenz (1983) 585, ThP 10 (Zwischenurteil oder Beschluß), ZöV 4 (Beschluß. Aber § 280 paßt besser).

Die *Bezeichnung* als Anerkenntnisurteil ist grundsätzlich erforderlich, § 313 b I. Sie ist jedoch entbehrlich, **19** soweit ein derartiges Urteil vollständig mit Tatbestand und Entscheidungsgründen ergeht, Düss MDR **90**, 59. Die Kostenentscheidung ergeht auch im Fall II nach §§ 91, 93, dort Rn 22. Das Gericht spricht die vorläufige Vollstreckbarkeit nach § 708 Z 1 aus. Die Verkündung erfolgt nach § 311, im Fall des II 1 durch Zustellung, § 310 III, BGH NJW **04**, 2020. Eine abgekürzte Urteilsform ist zulässig, § 313 b. §§ 319–321 a sind anwendbar.

20   **6) Rechtsmittel, S 1, 2.** Die Anfechtung erfolgt wie bei jedem Endurteil, §§ 511 ff, BGH FamRZ **03**, 1923 links, Düss RR **99**, 1514, Kblz RR **00**, 530 (gesetzwidriges Urteil). Nach einem gemäß § 310 III erlassenen Anerkenntnisurteil beginnt die Rechtsmittelfrist mit der letzten von Amts wegen notwendiger Zustellung, § 317, Ffm NJW **81**, 291. Hat das Gericht unrichtigerweise ein Teilanerkenntnisurteil zur Hauptsache und ein Schlußurteil über die Kosten erlassen, ist sofortige Beschwerde gegen das letztere zulässig. Soweit das OLG als Berufungsgericht entschieden hat, kommt allenfalls eine Rechtsbeschwerde an den BGH unter den Voraussetzungen des § 574 in Betracht. Auf Grund neuer Tatsachen kann man sein Anerkenntnis in der Berufungsinstanz ändern, Hbg FamRZ **84**, 706.

21   **7) VwGO:** *Entsprechend anzuwenden, § 173 VwGO, ist I, soweit der Beklagte über den Streitgegenstand verfügen kann, weil insofern die in § 306 Rn 9 genannten Gründe gelten und in § 156 VwGO die Zulässigkeit vorausgesetzt wird,* BVerwG NVwZ **97**, 576 mwN, VGH Mannh NJW **91**, 859 mwN, KoppSch § 173 Rn 4, Ule VPrR §§ 28 II u 43 I (eingehend) und Grunsky § 10 (vgl auch BSG JZ **79**, 199, SGb **80**, 122, dazu Behr SGb **80**, 525), *und zwar auch im Anfechtungsprozeß, aM* BVerwG **62**, 19 *(ohne weitere Begr); einschränkend auch Falk* (Üb 1 § 1) S 83 ff. *Eine mdl Verh ist nicht erforderlich,* VGH Mannh aaO. **II** *ist unanwendbar.*

Anhang nach § 307

Vergleich

Schrifttum: *Bork,* Der Vergleich, 1988; *Duve,* Mediation und Vergleich im Prozeß, 1999; *Egli,* Vergleichsdruck im Zivilprozeß, 1996 (Rechtstatsachen); *Ekelöf,* Güteversuch und Schlichtung, Gedächtnisschrift für *Bruns* (1980) 3; *Felsenstein,* Die Vergleichspraxis vor deutschen Gerichten, Diss Augsb 1980; *Göppinger/Börger,* Vereinbarungen anläßlich der Ehescheidung, 8. Aufl 2005; *Gottwald,* Streitbeilegung ohne Urteil, 1983; *Gottwald,* Verhandeln und Vergleichen im Zivilprozess, 2. Aufl 2005; *Gottwald/Treuer,* Vergleichspraxis – Tips für Anwälte und Richter, 1991; *Gottwald/Hutmacher/Röhl/Strempel,* Der Prozeßvergleich usw, 1983; *Haft,* Verhandeln – Die Alternative zum Rechtsstreit, 1992; *Jerschke,* Der Richter als Notar usw, in: Festschrift für *Hagen* (1999); *Kropholler,* Europäisches Zivilprozeßrecht, 7. Aufl 2002, Art 51 EuGVÜ; *Lindacher,* Der Prozeßvergleich, Festgabe *50 Jahre Bundesgerichtshof* (2000) III 253; *Musielak,* Der Schlichtungsgedanke im deutschen Zivilprozeßrecht, Festschrift für *Beys* (Athen 2004) 1093; *Negaal,* Der außergerichtliche Vergleich, 2002; *Preibisch,* Außergerichtliche Vorverfahren in Streitigkeiten der Zivilgerichtsbarkeit, 1982; *Röhl,* Der Vergleich im Zivilprozeß usw, 1983; *Salje* DRiZ **94**, 285 (ausf; krit *Geffert* DRiZ **94**, 421, *Lempp* DRiZ **94**, 422); *Schallow,* Der mangelhafte Prozessvergleich usw, 2003; *Stueber,* Grundfrage vom Prozessvergleich aus deutscher und österreichischer Sicht, 2001; *Tempel,* Der Prozeßvergleich usw, Festschrift für *Schiedermair* (1976) 517; *Tempel/Theimer/Theimer,* Mustertexte zum Zivilprozeß, Bd 2: ... Prozeßvergleich, 5. Aufl 2003; *Ullmann,* Gedanken zur Parteimaxime im Patentverletzungsstreit – Prozeßvergleich, Festschrift für *Ballhaus* (1985), 809; *Veeser,* Der vollstreckbare Anwaltsvergleich, 1995; *Vollkommer,* Formzwang und Formzweck im Prozeßrecht, in: Festschrift für *Hagen* (1999); *Wagner,* Prozeßverträge, Privatautonomie im Verfahrensrecht, 1998; *Wehrmann,* Die Person des Dritten im Prozeßvergleich in materiellrechtlicher und prozessualer Hinsicht, 1995. Vgl ferner die Angaben bei § 279.

Gliederung

1) Systematik 1	F. Ort, Zeit, Beteiligte 22
2) **Regelungszweck** 2	G. Verhandlungsablauf 22
3) **Rechtsnatur des Prozeßvergleichs** 3–7	H. Vergleichswortlaut 22
A. Doppelnatur: Parteiprozeßhandlung	I. Vorlesung, Genehmigung 22
und Rechtsgeschäft 3–5	J. Unterschriften 22
B. Vergleichsgegenstand 6, 7	K. Weitere Einzelfragen 23–25
4) **Zulässigkeit** 8–14	L. Vertretung 26–33
A. Notwendigkeit der Parteiherrschaft 8	6) **Wirkung** 34, 35
B. Beispiele zur Frage einer Zulässigkeit	A. Sachlichrechtliche Wirkung 34
des Berufsvergleichs 9	B. Prozessuale Wirkung 35
C. Widerruf 10–14	
5) **Erfordernisse** 15–33	7) **Unwirksamkeit** 36–47
A. Vor Gericht 15, 16	A. Grundsatz 36
B. Vor Gütestelle 17	B. Streit über die Wirksamkeit 37–41
C. Vergleichspartner 18	C. Bedingter Vergleich usw 42–46
D. Verfahrensart 19, 20	D. Einstellung der Zwangsvollstreckung ... 47
E. Protokoll: Wegfall bei § 278 VI 1, sonst	8) *VwGO* 48
Notwendigkeit 21	

1   **1) Systematik.** Die Begriffsbestimmung des bürgerlichrechtlichen Vergleichs gibt § 779 BGB. *Häsemeyer* ZZP **108**, 289 erörtert sogar beim außergerichtlichen Vergleich eine Doppelnatur (prozessual/sachlichrechtlich). Der Prozeßvergleich ist ein Vollstreckungstitel nach § 794 I Z 1. Er ist eine Rechtsfigur zumindest auch prozeßrechtlicher Art und nicht etwa nur ein bürgerlichrechtlicher Vergleich, der zufällig im Prozeß vereinbart wird, Rn 3. Auch während des Prozesses können die Parteien einen außergerichtlichen Vergleich vereinbaren, Grdz vor § 128. Er kommt ohne Zuziehung des Gerichts zustande. Er unterliegt nur den Vorschriften des sachlichen Rechts. Er gibt gerade keinen Vollstreckungstitel und, auch wenn er während des rechtshängigen Prozesses zustandekommt. Wenn im Anwaltsprozeß nach § 78 Rn 1 eine Partei in Abwesenheit ihres Anwalts vor Gericht einen Vergleich schließt, so ist das grundsätzlich ein außergerichtlicher Vergleich, Rn 26. Solch Vergleich berührt die Rechtshängigkeit nicht, § 261, auch nicht die ergangene

Titel 2. Urteil **Anh § 307**

Entscheidung. Er verpflichtet aber als sachlichrechtlicher Vertrag über prozessuale Beziehungen nach Grdz 48 vor § 128, soweit er den Prozeß erledigt, zur Klagerücknahme nach § 269. Er gibt insoweit bei einer Fortsetzung des Prozesses die Einrede der Arglist, Einl III 54, § 269 Rn 10. Der außergerichtliche Vergleich kann nur durch eine Klage aus ihm und ein entsprechendes Urteil vollstreckbar werden.

Der außergerichtliche Vergleich ist unter anderem in §§ 796 a–c *(anwaltlicher Vergleich)* geregelt; s dort. Der außergerichtliche Vergleich ist im Prozeß unbeachtlich, solange ihn nicht eine Partei geltend macht. Er beendet einen Prozeß nicht unmittelbar, BGH NJW **02**, 1503. Jede Partei darf sich auf ihn berufen und eine Verurteilung nach dem Vergleich mit einem neuen Antrag verlangen. Darin liegt nach § 264 Z 3 keine Klagänderung. Im weiteren Verfahren ist auch über die Wirksamkeit des außergerichtlichen Vergleichs zu befinden. Hat sich ein im Vergleich zur Klagrücknahme verpflichtet, so darf das Gericht nur auf Rüge des Bekl aussprechen, daß das Verfahren seit dem Abschluß des Vergleichs unstatthaft war.

Nach § 278 VI 1 können die Parteien einen „gerichtlichen Vergleich" auch dadurch schließen, daß sie einen schriftlichen Vergleichsvorschlag des Gerichts durch Schriftsatz gegenüber dem Gericht annehmen. Diese Unterart eines Prozeßvergleichs unterscheidet sich von dem in Rn 3 ff erläuterten, in einem Termin zur mündlichen Verhandlung vor Gericht mit oder ohne dessen Vorschlag oder sonstige Mitwirkung zustandekommenden Prozeßvergleich nur durch die Art des Zustandekommens, nicht aber durch die Rechtsfolgen.

2) Regelungszweck. Der Prozeßvergleich wie indirekt der außergerichtliche Vergleich während eines 2 Prozesses dienen der Parteiherrschaft nach Grdz 18 vor § 128. Er dient damit auch der Prozeßwirtschaftlichkeit, Grdz 14 vor § 128. Deshalb fördert ihn § 278 VI, und deshalb lassen die betreffenden Regeln ihn sich großzügig handhaben. Als Vollstreckungstitel nach Rn 1 muß der Prozeßvergleich aber auch die Anforderungen der Rechtssicherheit erfüllen, Einl III 43. Er muß bestimmt sein. Er muß einen vollstreckbaren Inhalt haben usw. Daher muß das Gericht seine formellen wie inhaltlichen Anforderungen auch wiederum streng prüfen. Erst eine vorsichtige Abwägung ergibt eine in erheblicher Mitverantwortung des Gerichts liegende richtige Handhabung.

Bedrängung der Parteien zum Abschluß eines Vergleichs, den sie erkennbar noch oder überhaupt im Grunde gar nicht abschließen wollen, ist eine zwar keineswegs ganz seltene, aber des Gerichts unwürdige Praxis. Sie wird gelegentlich gefördert von einer Strömung, die den ständigen Einigungsversuch des Richters höher bewertet als seinen Mut und seine Fähigkeit zur Streitscheidung im Namen des Volkes. Natürlich kann auch ein mit sanfter Gewalt herbeigeredeter Prozeßvergleich eine heilsame Wirkung haben. Dem Rechtsfrieden ist gedient, wenn sich die Streithähne schließlich sogar im Gerichtssaal die Hände reichen. Aber auch der durch Urteil Unterliegende zeigt nicht selten sogleich nach dem Spruch, daß er im Grunde auch nichts anderes erwartet hatte. Die Zweifel darüber, ob ein Vergleich wirklich gerecht war, können sogar weiteren Streit über andere Fragen herbeiführen oder verstärken. Auch das gilt es mitzubedenken.

Widerrufsvergleich ist eine verbreitete Praxis. Bald ist sie der einzige Weg, bald nur ein scheinbares und alsbald erfolgloses Mittel der Lösung von Problemen, die tiefer sitzen, und sei es nur psychologisch. Wer sich den Widerruf vorbehält, schließt derzeit in Wahrheit eben noch nicht einen wirklichen Vergleich. Das Gericht bräuchte sich daher eigentlich gar nicht auf einen Widerrufs-„Vergleich" einzulassen. Tut es das doch, so sollte es zumindest sofort nach dieser bedingten Einigung einen baldigen Termin zur Verkündung „einer" Entscheidung für den Fall rechtzeitigen Widerrufs ansetzen und noch im Vergleichstermin mitteilen, auch um eine nochmalige Ladungsfrist und förmliche Zustellung zu erübrigen, § 218. Selbst ein solches prozessual einwandfreies Druckmittel hilft erfahrungsgemäß nicht stets. Das weiß jeder Praktiker. Auch das gilt es vor umständlichen Hin und Her zum Ob eines Widerrufsvergleichs mitzubedenken und evtl energisch mitzuteilen, damit die Parteien von einem Widerruf absehen, evtl nach kurzer Terminsunterbrechung zwecks Rücksprache mit dem Mandanten usw. Sie kann oft mehr nutzen als eine Widerrufsfrist.

3) Rechtsnatur des Prozeßvergleichs. Sie ist streitig, aber nicht allzu wichtig. 3

A. Doppelnatur: Parteiprozeßhandlung und Rechtsgeschäft. Eine teilweise Begriffsbestimmung des Prozeßvergleichs steckt in § 794 I Z 1: Eine vor Gericht oder vor einer durch die Landesjustizverwaltung eingerichteten oder anerkannten Gütestelle abgegebene beiderseitige Parteierklärung legt einen Streit ganz oder zu einem Teilurteils fähigen Teil bei. § 127 a BGB besagt nichts anderes. Die Formulierung „gerichtlicher Vergleich" in §§ 278 VI 1, 794 I Z 1 nötigt nicht zur Unterstellung des Prozeßvergleichs auch unter § 779 BGB. Das gilt, zumal dieser in § 127 a BGB nicht erwähnt wird, obwohl das nur zu nahe gelegen hätte. Der Prozeßvergleich führt zur Vollstreckbarkeit und beendet den Prozeß, Hbg FamRZ **87**, 1173. Ein gegenseitiges Nachgeben ist hier unnötig, LAG Halle MDR **00**, 1635, Keßler DRiZ **78**, 79. Selbst dann, wenn der Bekl vergleichsweise den Anspruch anerkennt und die gesamten Kosten übernimmt, liegt ein wesentlicher Unterschied zum Anerkenntnisurteil vor. Es fehlen nämlich sowohl die Rechtskraftwirkung nach § 322 Rn 69 „Vergleich" als auch vor allem die seelische Wirkung einer Verurteilung.

Nach der *absolut herrschenden Meinung* (zum problematischen Begriff Einl III 47, Zasius DGVZ **87**, 80) hat 4 der Prozeßvergleich nun aber ebenso wie sein Widerruf eine *Doppelnatur*, BGH **142**, 88, LAG Hamm MDR **83**, 714, Gottwald FamRZ **01**, 843: Er ist einerseits ein sachlichrechtliches Geschäft nach § 779 BGB, andererseits eine Parteiprozeßhandlung, Rn 5. Holzhammer Festschrift für Schima (1969) 217 sieht den privatrechtlichen Vergleich von einem Prozeßbeendigungsvertrag isoliert nebeneinander (Doppeltatbestand); ähnlich Tempel Festschrift für Schiedermair (1976) 543. RG **153**, 67 nannte ihn einen „bloßen Privatvertrag", ähnlich BayObLG DNotZ **88**, 113 („Vertrag"). Natürlich kann ein sachlichrechtliches Geschäft gleichzeitig erfolgen, Stgt OLGZ **89**, 416 (Erbvertrag), auch wenn es als solches den Prozeß nicht beenden kann. Im Übrigen Prozeßvergleich ist gerade die Mitwirkung des Gerichts eigentümlich. Das Gericht trägt die volle Verantwortung für die Form, §§ 160 III Z 1, 162, für den Inhalt zumindest insofern, daß der Vergleich nicht gegen ein gesetzliches Gebot verstößt, Keßler DRiZ **78**, 80 (weitergehend). Das Gericht darf erst recht einen Vorschlag nach § 278 VI natürlich nicht mit gesetzwidrigem Inhalt machen insbesondere nicht mit einem nicht vollstreckungsfähigen.

Anh § 307

Buch 2. Abschnitt 1. Verfahren vor den LGen

5   Der Prozeßvergleich ist also auch eine *Prozeßhandlung der Parteien*, soweit man ihn gegenüber dem Prozeßgericht erklären muß, Grdz 47 vor § 128, Rn 11, AG Mosbach FamRZ **77**, 813. Das gilt auch bei den Annahmeerklärungen nach § 278 VI 1. Sie müssen zur Wirksamkeit ja gerade „gegenüber dem Gericht" erfolgen. Der Prozeßvergleich ist auslegbar, Rn 11. Wegen seiner Änderung oder Beseitigung Rn 37. Auch nach Ansicht derer, die ein gegenseitiges zumindest ganz geringes Nachgeben verlangen, braucht sich dieses nicht auf die Hauptsache zu beziehen. Es genügt, daß eine Partei einen Bruchteil der Kosten und der Zinsen übernimmt, LAG Köln MDR **01**, 656, oder daß der Bekl in eine Klagerücknahme einwilligt, wenn diese Einwilligung notwendig ist, aM Mü MDR **85**, 328, StJM § 794 Rn 15 (läßt sogar eine volle Anerkennung genügen, wenn der Kläger sein auf eine der inneren Rechtskraft fähige Entscheidung gerichtetes Ziel aufgibt. Dann bleibt freilich von § 779 BGB nichts Rechtes mehr übrig). Zu den Möglichkeiten und Grenzen des Vergleichs Freund DRiZ **83**, 136, Strecker DRiZ **83**, 97, Wacke AnwBl **91**, 601.

6   **B. Vergleichsgegenstand.** Der Prozeßvergleich muß den Streitgegenstand nach § 2 Rn 3 wenigstens mitbetreffen. Er braucht ihn aber nicht unmittelbar zu betreffen. Auch ein Dritter kann an ihm teilhaben. Zum Problem Segmüller NJW **75**, 1686. Die Parteien können zB einen Mietstreit dadurch erledigen, daß der Bekl dem Kläger einen Pkw abkauft. Der Prozeßvergleich kann auch einen nicht eingeklagten Anspruch einbeziehen. Er kann auch ein nach § 148 Rn 1 vorgreifliches Rechtsverhältnis bindend bewerten, auch als sog Zwischenvergleich, der den Prozeß zwar tatsächlich oder rechtlich berühren muß, ihn aber nicht voll beendet. Er kann auch die Kosten eines anderen Prozesses mitbetreffen oder sich auf die Kosten des vorliegenden Prozesses beschränken, § 98. Soweit die Parteien mehrere anhängige Verfahren erledigen, liegt ein sog Gesamtvergleich vor, BAG MDR **82**, 526. Der Prozeßvergleich kann aufschiebende oder auflösende Bedingungen enthalten.

7   Der Prozeßvergleich kann sich auf einen durch *Teilurteil* abtrennbaren Teil beschränken, § 301 Rn 4. Wenn er die Kosten übergeht, dann greift § 98 ein. Ein Prozeßvergleich nur über die Hauptsache und eine gerichtliche Entscheidung über die Kosten sind zulässig, § 98 Rn 30 „Anrufung des Gerichts". Ein Prozeßvergleich ist auch in einem Privatklageverfahren oder in einem öffentlichen Strafverfahren über Kosten und Ersatzleistung zulässig. Kein Prozeßvergleich ist der im schiedsrichterlichen Verfahren geschlossene Vergleich, § 1053 (Ausnahme: § 1032 II).

8   **4) Zulässigkeit.** Sie folgt einer prozessualen Grundregel.
A. Notwendigkeit der Parteiherrschaft. Die Grenzen der Parteiherrschaft nach Grdz 18 vor § 128 beschränken den Prozeßvergleich inhaltlich, Zweibr Rpfleger **92**, 441, LAG Düss MDR **90**, 1044. Das Gericht muß bei § 278 VI 1 formell vorschlagen und darf und muß auch außerhalb von § 278 VI 1 anregen und bei der Formulierung helfen. Es darf aber keinerlei eigene inhaltliche Entscheidung treffen, auch nicht bei § 278 VI 1. Dort bleibt es ebenfalls den Parteien überlassen, ob sie den Gerichtsvorschlag annehmen. Ein Prozeßvergleich ist unzulässig und daher unwirksam, Rn 36 ff, soweit die Parteiherrschaft versagt, soweit also zwingende Vorschriften entgegenstehen.

9   **B. Beispiele zur Frage einer Zulässigkeit des Prozeßvergleichs**
Arbeitsrecht: Wegen des arbeitsgerichtlichen Beschlußverfahrens Lepke DB **77**, 629.
  S auch „Öffentlichrechtliche Pflicht", „Tariflohn".
Auslandsunterhalt: Wegen der Befugnisse des Generalbundesanwalts im Verfahren nach dem AUG Grdz 28 vor § 50, Üb 6, 8 vor § 78.
Ehesache: Zur Zulässigkeit eines Vergleichs in einer Ehesache § 617 Rn 4, LG Aachen Rpfleger **79**, 61, AG Mosbach FamRZ **77**, 813.
  Unzulässig ist ein Vergleich über das Bestehen einer Ehe außer in Richtung auf eine Versöhnung.
Gesetzeswidrigkeit: *Unzulässig* ist ein Vergleich, soweit sein Inhalt staatsordnungs- oder sonst gesetzeswidrig ist, § 134 BGB.
  S auch „Sittenwidrigkeit".
Kapitalanleger-Musterverfahren: Ein Prozeßvergleich ist nur begrenzt zulässig, § 14 III 2 KapMuG, SchlAnh VIII.
Notar: *Unzulässig* ist ein Vergleich über die Höhe einer Notarvergütung nach § 140 S 2 KostO, soweit es nicht um eine Unklarheiten des Wertansatzes geht, Schlesw DNotZ **85**, 480 (zustm Lappe).
Öffentliche Mittel: *Unzulässig* kann ein Vergleich sein, soweit eine Partei über den Streitgegenstand nicht verfügen darf, Rn 8, weil es sich zB um öffentliche Mittel handelt, §§ 58, 59 BHO, § 4 DarlVO v 31. 5. 74, BGBl 1260.
Öffentlichrechtliche Pflicht: *Unzulässig* ist ein Vergleich, soweit es sich um eine öffentlichrechtliche Pflicht handelt, zB um eine Eintragung in eine Steuer- oder Versicherungskarte, LAG Düss MDR **90**, 1044 (auch zur Vollstreckbarkeit nach § 888).
Ordnungsmittel: *Unzulässig* ist ein Vergleich, soweit er ein Ordnungsmittel androht oder festsetzt, § 890 Rn 7, 32.
Patent: Wegen eines Patentverletzungsstreits Brändle GRUR **01**, 880, Ullmann GRUR **85**, 811.
Scheidung: S „Ehesache".
Sittenwidrigkeit: *Unzulässig* ist ein Vergleich, soweit sein Inhalt sittenwidrig ist, § 138 BGB.
  S auch „Gesetzwidrigkeit".
Strafantrag: Zulässig ist ein Vergleich auch, soweit er die Rücknahme eines Strafantrags umfaßt. Es hat sich sogar die faktische Aushandelung der Ergebnisse ganzer Strafverfahren mehr oder minder eingebürgert.
Strafanzeige: Zulässig ist ein Vergleich auch, soweit er die Rücknahme einer Strafanzeige umfaßt, Ffm MDR **75**, 585.
  S auch „Strafantrag".
Tariflohn: *Unzulässig* ist ein Vergleich, soweit er gesetz- oder sittenwidrigerweise den Grundsatz der Unabdingbarkeit des Anspruchs auf einen Tariflohn verletzt.
Überschreitung des Streitgegenstands: Zulässig ist ein Vergleich auch, soweit er über den bisherigen Streitgegenstand hinausgeht, Oldb VersR **92**, 377.

Titel 2. Urteil **Anh § 307**

Unbestimmtheit: Sie mag vollstreckungsschädlich sein und eine neue Klage erfordern. Sie macht den Vergleich aber nicht unwirksam, Zweibr FamRZ **98**, 1127.
Vollstreckbarkeit: Sie ist zwar Voraussetzung einer Zwangsvollstreckung. Sie ist aber nicht Voraussetzung schon der Wirksamkeit des Prozeßvergleichs, BayObLG NJW **00**, 225 (Vereinbarung, keiner schulde dem anderen noch etwas), Kblz JB **04**, 135.
Wohnungseigentum: Zur Zulässigkeit eines Vergleichs in einer WEG-Sache BayObLG FGPrax **99**, 99.

C. Widerruf, dazu *Scharpenack*, Der Widerrufsvergleich im Zivilprozeß, 1996; *Schneider* MDR **99**, 595 **10** (zur Fristberechnung): Man muß eine etwaige Genehmigungsbedürftigkeit prüfen, zB bei einer Wohnungseigentümergemeinschaft, KG ZMR **02**, 72. Liegt sie vor, so hängt die Wirksamkeit bereits von der Genehmigung ab. Ist diese zwar nicht erteilt, aber auch nicht erforderlich oder ist sie erteilt, so gilt: Der Widerruf des Prozeßvergleichs hängt in seiner Wirksamkeit zunächst von einem eindeutig anderen natürlich vorrangigen Parteiwillen ab, BGH **88**, 367. Mangels solcher Abhängigkeit ist seine Erklärung trotz des auf eine auflösende Bedingung deutenden Worts „Widerruf" in der Regel als aufschiebende Bedingung des Nichtwiderrufs gemeint, BGH **88**, 367, BAG DB **98**, 1924, BVerwG NJW **93**, 2193. Das gilt insbesondere bei einer kurzen Widerrufsfrist, die in der Praxis die Regel ist. Der Widerruf ist grundsätzlich zulässig. Das gilt auch bei § 278 VI 1. Zu seiner praktischen Bedeutung wie Problematik Rn 2. Den Widerruf knüpft der Vergleich zweckmäßig an einen bestimmten Tag, bis zu dem der Widerruf bei Gericht eingehen muß. Sonst können Unklarheiten über die Wirksamkeit entstehen, § 222 Rn 1.

Eine *Widerrufsfrist* ist keine richterliche Frist. Sie ist erst recht keine gesetzliche Notfrist, § 224 I 2. Das gilt auch bei § 278 VI 1. Denn dort schlägt das Gericht nur vor, erst die Parteien vereinbaren die Frist. Darum gibt es gegen ihre Versäumung grundsätzlich keine Wiedereinsetzung, § 233 Rn 9, BGH NJW **95**, 522, BAG MDR **98**, 794, LAG Bre DB **02**, 2732, aM StJSchu § 233 Rn 17 (aber man muß angesichts des klaren Wortlauts des § 233 mit einer ausdehnenden Auslegung äußerst behutsam sein, Einl III 39). Die Rechtzeitigkeit des Widerrufs läßt sich unterstellen, falls sonst ein Verstoß wegen Treu und Glauben vorliegen würde, Einl III 54, BGH **61**, 400. Die Frist kann wegen der Parteiherrschaft nach Grdz 18 vor § 128 bei Einhaltung der Vergleichsform einverständlich verlängert werden, Hamm FamRZ **88**, 535, Karlsr JB **05**, 546, LG Bonn MDR **97**, 783, aM BGH **61**, 398 (aber es ist eben der Vergleich der Parteien. Das Gericht beurkundet ihn nur). Das gilt wohl sogar für eine einverständliche erst nach Fristablauf vereinbarte „Verlängerung". Sie läuft inhaltlich auf einen außergerichtlichen Vergleich mit Widerrufsvorbehalt bis zum Ende der „verlängerten" Frist hinaus. Eine Anzeige vor Fristablauf beim Gericht ist bei solch vereinbarter Verlängerung nicht nötig, Karlsr JB **05**, 546.

Da der Widerruf nach Rn 5 auch eine Parteiprozeßhandlung ist, darf das Gericht seine *Wirksamkeit* auch **11** bei Vereinbarung einer Form *nur nach dem Prozeßrecht* beurteilen, Grdz 58 vor § 128, Mü NJW **92**, 3042, aM Hamm NJW **92**, 1705, ThP § 794 Rn 13 (aber die Parteien haben die Inhaltsherrschaft, das Gericht hat die Formherrschaft).

Der Vergleich ist auch wegen eines Widerrufs der *Auslegung fähig*, Rn 5, Grdz 52 vor § 128. Das gilt auch in der Revisionsinstanz, BAG BB **04**, 895. Sie darf nicht kleinlich am Wortlaut kleben, Einl III 40, BGH Rpfleger **91**, 261, Oldb VersR **92**, 377, Gottwald FamRZ **01**, 843. Das gilt auch bei § 278 VI 1. Der Widerruf nur gegen mehrere Schuldnern kann danach ausreichend sein, Kblz VersR **05**, 656. Zur Auslegung des Vorbehalts zugunsten mehrerer gemeinsam Vertretener BGH **61**, 394. Wenn danach wirksam widerrufen wurde, dann ist eine Rücknahme des Widerrufs nicht möglich, selbst wenn der Gegner einverstanden wäre. Denn es würde sich zumindest auch um den Widerruf einer in Wahrheit unwiderruflichen Prozeßhandlung handeln, Grdz 56 vor § 128. Ein einseitiger Rücktritt ist mangels vereinbarter Zulässigkeit wirkungslos, BayObLG FGPrax **99**, 99.

Mangels abweichender Vereinbarung genügt ein Widerruf *gegenüber dem Gegner* nicht, Rn 45. Das gilt erst **12** recht bei § 278 VI 1. Dort ist ja schon die Annahme des Gerichtsvorschlags „gegenüber dem Gericht" notwendig. Wenn die Parteien freilich zulässigerweise eindeutig vereinbart haben, daß der etwaige Widerruf nur gegenüber dem Gegner erfolgen müsse, dann handelt es sich auch bei § 278 VI 1 (nur) beim Widerruf um eine empfangsbedürftige Willenserklärung des bürgerlichen Rechts, § 130 BGB. Es kann eine abweichende Übung bestehen. Ist eine bloße „Anzeige zu den Akten" vereinbart, so genügt ein Schriftsatz ohne eigenhändige Unterschrift des ProzBev. Ist dagegen „mit Schriftsatz" oder „schriftlich" vereinbart, so muß man den Widerruf als sog bestimmenden Schriftsatz wie sonst voll unterschreiben, § 129 Rn 5, 9, BAG NJW **89**, 3035, LAG Köln AnwBl **90**, 626. Wegen eines elektronischen Dokuments § 130a. Die Fristberechnung erfolgt nach § 222 II, BGH MDR **79**, 49 (er wendet § 193 BGB an).

Für die *Rechtzeitigkeit* eines Widerrufs „gegenüber dem Gericht" ohne nähere Angabe, gegenüber wem **13** dort im einzelnen, genügt der Eingang bei der dortigen Posteinlaufstelle, zB der Verwaltungsgeschäftsstelle. Es ist dann also der weitere Eingang auf der Geschäftsstelle der zuständigen Abteilung nicht notwendig, BVerfG **60**, 246. Das gilt auch bei einer „Anzeige zu den Gerichtsakten", Hamm MDR **05**, 1072. Dem ArbG München steht die „allgemeine Einlaufstelle der Justizbehörden" gleich. Denn das ArbG gehört zu den letzteren, aM LAG Mü NJW **88**, 439. Der vereinbarten Hauptstelle mit eigentlich Zweigstelle steht im Stammgericht gleich, BAG NZA **04**, 1000. Vgl auch Rn 42. Es kann ein Einwurf in den Nachtbriefkasten genügen, Köln RR **96**, 122 (auch zu Beweisfragen). Es kann auch ein Einwurf in das beim AG für das LG miteingerichtete Postfach genügen, BGH VersR **89**, 932.

Falls nichts Besonderes vereinbart worden ist, genügt eine *telefonische* Mitteilung oder die Aushändigung der Widerrufsschrift an den Urkundsbeamten der Geschäftsstelle des Gerichtstages, BGH NJW **80**, 1754. Man kann den Eingang beim Stammgericht für nicht ausreichend halten, wenn vereinbart wurde, der Widerruf müsse bei einem auswärtigen Senat eingehen. Ein Widerruf des vor einem LAG geschlossenen Vergleichs muß bei dem ProzBev erfolgen, LAG Freibg DB **76**, 203. An die Überwachung der Rechtzeitigkeit des Widerrufs durch den ProzBev muß man scharfe Anforderungen stellen. Sie gehen über diejenigen bei § 233 wegen Rn 10 hinaus, BGH NJW **95**, 522.

Die Nichtausnutzung einer Widerrufsmöglichkeit ist *unanfechtbar*. Der Verzicht auf einen Widerruf ist **14** zulässig. Er ist ebenfalls unanfechtbar, LAG Köln MDR **04**, 902. Er führt zur Unwirksamkeit eines trotzdem erklärten Widerrufs. Der Widerruf ist grundsätzlich unwiderruflich, Grdz 56 vor § 128. Bei einem Streit über den Widerruf gilt das in Rn 36 ff Ausgeführte, § 310 Rn 7, auch zum Verkündungstermin für den Fall rechtzeitigen Widerrufs.

15 **5) Erfordernisse.** Man muß eine ganze Reihe von Bedingungen beachten.

A. Vor Gericht. Der Prozeßvergleich muß vor einem deutschen Gericht erfolgen. Das gilt auch bei § 278 VI 1. Denn die erforderlichen Annahmeerklärungen müssen „gegenüber dem Gericht" erfolgen. Erst mit ihrem dortigen Eingang kommt der Vergleich nach § 278 VI 1 zustande. Gemeint ist das mit dem Prozeß befaßte Gericht, das Prozeßgericht, Düss JB **93**, 728, also auch der Einzelrichter, §§ 348, 348 a, 526, 527, 568. Gemeint sind ferner: § 118 I 3 das mit dem Prozeßkostenhilfeverfahren befaßte Gericht, §§ 117 ff; das Beschwerdegericht, § 567; der verordnete Richter, §§ 361, 362; das Vollstreckungsgericht einschließlich des Versteigerungsrichters; die Kammer für Baulandsachen, Mü MDR **76**, 150; der Rpfl, soweit er zuständig ist, zB Rn 21; das Strafgericht zB bei §§ 403 ff StPO, Pecher NJW **81**, 2170. Eine fehlerhafte Besetzung schadet nicht, zB mit einem Hilfsrichter als Vorsitzenden. Denn es kann auch eine gerichtliche Protokollierung erfolgen. Anders, wenn §§ 41 ff vorliegen.

16 Ein befaßtes Gericht kann sämtliche *anderen Streitigkeiten* der Parteien, anhängige und andere, zusammen mit dem Streitgegenstand nach § 2 Rn 3 vergleichen. Dabei genügt jeder Zusammenhang mit dem Streitgegenstand, Rn 6. Gerade das ist eine verdienstvolle Tätigkeit des Richters, zwischen den Parteien glatte Bahn zu schaffen. Hierin gehört jedes ordentliche Gericht, aber auch ein Sondergericht, das wesentlich nach der ZPO arbeitet, also vor allem auch das Arbeitsgericht, §§ 54, 57 ArbGG. Es kommt also weder auf die örtliche noch auf die sachliche Zuständigkeit an. Demgemäß genügt auch ein Gericht der freiwilligen Gerichtsbarkeit. Das ist eine praktische Notwendigkeit, zumal immer mehr „streitige" Sachen im Verfahren der „freiwilligen" Gerichtsbarkeit entschieden werden. Wegen der vorrangigen EuGVVO SchlAnh V C 4.

17 **B. Vor Gütestelle.** Der Prozeßvergleich kann auch vor einer durch die Landesjustizverwaltung eingerichteten oder anerkannten Gütestelle erfolgen, § 794 Rn 4, § 797 a Rn 2. Diese Vergleiche stehen in ihren Voraussetzungen und Wirkungen den gerichtlichen gleich. Sie ersetzen also wie die gerichtlichen Vergleiche auch jede sachlichrechtliche Form, Rn 34.

18 **C. Vergleichspartner.** Zustandekommen kann der Vergleich zwischen den Parteien des Streit-, Güte-, Prozeßkostenhilfeverfahrens nach Grdz 4 vor § 50, auch des Vollstreckungsverfahrens. Dabei muß man grundsätzlich jeden Streitgenossen selbständig behandeln, § 61. Bei einer notwendigen Streitgenossenschaft nach § 62 bindet der von von einem Streitgenossen abgeschlossene Prozeßvergleich das Gericht und andere Streitgenossen nur, wenn der Abschließende sachlichrechtlich über den ganzen Streitgegenstand verfügen durfte oder alle anderen zustimmen, § 62 Rn 20. Über die Vergleichsbefugnis des Streithelfers § 67 Rn 11. Der Vergleich kann auch zwischen beiden Parteien und einem Dritten zustandekommen. Dieser gilt für den Prozeßvergleich als Partei, aber nicht für den Prozeß, BGH **86**, 164. Das gilt nach dem Regelungszweck auch bei § 278 VI 1. Ein Vergleich zwischen „einer Partei und einem Dritten" (so der Text des § 794 I Z 1) würde die andere Partei nichts angehen, § 794 Rn 5.

19 **D. Verfahrensart.** Der Prozeßvergleich muß grundsätzlich zustandekommen ab Anhängigkeit, § 261 Rn 1 (s aber unten), zB im Prozeßkostenhilfeverfahren, § 118 I 3, und bis zur Rechtskraft, § 322, eines zivilgerichtlichen Streitverfahrens, § 794 I Z 1, oder eines Entschädigungsanspruchs im Strafprozeß, § 404 II StPO, ohne daß er auf das Urteilsverfahren beschränkt wäre. Der Prozeßvergleich ist also auch im Arrest- und einstweiligen Verfügungs- oder Anordnungsverfahren zulässig, §§ 916 ff, BGH Rpfleger **91**, 261. Dort gilt auch die Hauptsache vergleichen. Dabei muß man KV 1653 beachten. Der Prozeßvergleich ist ferner im selbständigen Beweisverfahren nach §§ 485 ff zulässig, unabhängig von einer Klageerhebung, § 492 III Hs 2. Natürlich ist ein Prozeßvergleich auch in einer höheren Instanz statthaft. Nicht ausreichend ist sein Abschluß im Vollstreckbarkeitsverfahren des § 722. Denn dort ist auch eine private Vereinbarung ausgeschlossen, § 722 Rn 3.

20 *Nicht zulässig* ist ein protokollierender Prozeßvergleich im Mahnverfahren nach §§ 688 ff. Denn vor einem Widerspruch, mit dem es endet, ist keine Terminsbestimmung möglich. Es ist aber ein Prozeßvergleich nach § 278 VI 1 auf Vorschlag schon des Rpfl möglich. Über den Prozeßvergleich in einer Ehesache Rn 9. Eine tatsächliche Rechtshängigkeit nach § 261 genügt. Das Gericht darf Prozeßvoraussetzungen nach Grdz 12 vor § 253 nicht prüfen, die die Parteien und den Dritten betreffen. Vorliegen müssen: Die Partei- und Prozeßfähigkeit, §§ 50, 51; eine gesetzliche Vertretung; die Vollmacht, § 80. Letztere ermächtigt stets nach außen, wenn der Vollmachtgeber sie nicht ersichtlich beschränkt hat, § 83. Auch dann heilt eine Genehmigung. Unbeachtlich sind zB eine Unzuständigkeit oder eine Unzulässigkeit des Rechtswegs oder einer Widerklage, Anh § 253, BGH NJW **88**, 65.

21 **E. Protokoll: Wegfall bei § 278 VI 1, sonst Notwendigkeit.** Beim Prozeßvergleich auf *Gerichtsvorschlag* nach § 278 VI 1 entfällt ein Protokoll, LG Stgt JB **05**, 322, zumindest für die Annahmeerklärungen der Parteien, Dahlem/Wiesner NZA **04**, 531. Vielmehr genügt und ist erforderlich, daß diese Erklärungen bei Gericht eingehen und daß das Gericht anschließend das Zustandekommen und den Inhalt des bereits „geschlossenen" Vergleichs nach § 278 VI 2 durch Beschluß feststellt. Er ersetzt eine Schriftform. Er erfordert keine mündliche Verhandlung, § 128 IV, und daher auch kein Protokoll. Das gilt ungeachtet § 164. Er gilt nach § 278 VI 2 ja nur entsprechend für den Beschluß des § 278 VI 2.

In sonstigen Fällen gilt: § 118 I 3 Hs 2 schreibt für den Vergleich im Prozeßkostenhilfeverfahren ein gerichtliches Protokoll vor, BVerwG JZ **96**, 100, LG Bln Rpfleger **88**, 110, AG Groß Gerau JB **98**, 76. Das gilt auch in allen anderen sonstigen Verfahrensarten, außerhalb von § 278 VI 1, Köln FamRZ **94**, 1048. Zur Beurkundung kann auch der Rpfl zuständig sein, soweit ihn der Vorsitzende damit beauftragt, § 20 Z 4 a RPflG, Anh § 153 GVG.

Zur *Berichtigung* des Protokolls § 164. Ein Prozeßvergleich enthält streng genommen selbst dann keine Sachentscheidung im Sinn von § 319, wenn das Gericht auf seinen Inhalt erheblich eingewirkt hat. Aus

Titel 2. Urteil **Anh § 307**

praktischen Erwägungen ist aber § 319 meist entsprechend anwendbar, § 319 Rn 3. Die Protokollierung ersetzt eine notarielle Beurkundung, § 127 a BGB.
Erforderlich und ausreichend sind Angaben nach Rn 22, 23.

F. Ort, Zeit, Beteiligte. In das Protokoll gehören nach § 160 I: Der Ort und der Tag der Verhandlung; die Namen der Richter bzw des Rpfl, des Urkundsbeamten der Geschäftsstelle, des Dolmetschers; die Bezeichnung der Sache; die Namen der erschienenen Parteien, Nebenintervenienten, Vertreter, Bev, Beistände, Zeugen und Sachverständigen; die Angabe, ob öffentlich oder nichtöffentlich verhandelt ist. 22

G. Verhandlungsablauf. In das Protokoll gehören nach § 160 II die Angabe des Ablaufs der Verhandlung im wesentlichen, also zB ob der Vergleich auf Anregung des Gerichts zustande kam. Das ist für seine Wirksamkeit freilich nicht wesentlich.

H. Vergleichswortlaut. In das Protokoll gehört nach § 160 III Z 1 der volle Wortlaut des eigentlichen Prozeßvergleichs.

I. Vorlesung, Genehmigung. Erforderlich sind nach § 162 I der Vermerk über die Vorlesung oder Vorlegung gegenüber allen Beteiligten, KG FamRZ **84**, 285, und der Vermerk über deren Genehmigung, BGH **142**, 88, Düss FamRZ **83**, 723, Hbg FamRZ **87**, 1173. Ein Verstoß ist aber kein Wirksamkeitsmangel, BGH MDR **99**, 1150, aM Hamm MDR **00**, 350, Köln FamRZ **99**, 1048 (aber ein solcher Verstoß ist meist heilbar, § 162 Rn 10). Erforderlich und unverzichtbar ist ferner der Vermerk über etwaige Einwendungen, zB über einen Rücktritts- oder Widerrufsvorbehalt, Hbg FamRZ **87**, 1173, LG Köln JMBlNRW **80**, 272.

J. Unterschriften. Erforderlich sind nach § 163 die vollen Unterschriften des Vorsitzenden und des Urkundsbeamten der Geschäftsstelle, vor denen der Prozeßvergleich zustande kam, also zB des beauftragten Richters bzw Rpfl.

K. Weitere Einzelfragen. Wegen einer vorläufigen Aufzeichnung § 160 a. Das Gericht darf und muß stets sorgfältig auf Klarheit und vor allem auch auf eine Vollstreckbarkeit achten, Schneider MDR **97**, 1092. Ein Prozeßvergleich, „die laufende Miete pünktlich zu zahlen", ist nicht vollstreckbar. Eine Formungültigkeit läßt sich zeitlich unbegrenzt geltend machen. Eine mündliche Erklärung ohne Aufnahme ins Protokoll reicht nicht mehr aus, Rn 21. Die Bezugnahme auf ein Schriftstück genügt, falls es dem Protokoll als Anlage beigefügt wurde und als solches bezeichnet worden ist, § 160 V, Ffm FamRZ **80**, 908. Eine sachliche Änderung nur durch das Gericht ist unstatthaft, Nürnb MDR **03**, 652. Eine bloße Protokollberichtigung ist zulässig, Hamm MDR **83**, 410, Vollkommer Rpfleger **76**, 258, aM Stgt Rpfleger **76**, 278 (aber § 164 gilt für jedes Protokoll). Ein Formverzicht ist unwirksam, LG Brschw MDR **75**, 322. 23

Falls danach ein unheilbarer *Formfehler* vorliegt, ist der Prozeßvergleich nicht wirksam zustande gekommen. Folglich liegt dann auch kein Vollstreckungstitel vor, BGH NJW **84**, 1466, Köln FamRZ **86**, 1018, Zweibr Rpfleger **00**, 461. Vielmehr mag dann ein außergerichtlicher Vergleich vorliegen, § 160 Rn 8, Düss FamRZ **83**, 723. Das gilt auch dann, wenn der Formfehler einen Dritten betrifft. Es kommt für die Wirksamkeit als außergerichtlicher Vergleich auf § 154 II BGB an, KG FamRZ **84**, 285 (beim Scheidungsfolgevergleich ist Zurückhaltung geboten). 24

Eine *Unterschrift der Parteien* oder der zugezogenen Dritten unter dem Protokoll ist *unnötig*. Ein gerichtlicher Vergleichsvorschlag mit dem Zusatz, mangels anderweitiger Nachricht gelte der Vergleich als abgeschlossen, bedeutet nur, daß das Gericht beim Schweigen eine Einigung annimmt. Die Annahme des gerichtlichen Vergleichsvorschlags ist eine unwiderrufliche Parteiprozeßhandlung, Grdz 47 ff vor § 128. 25

L. Vertretung 26

Schrifttum: *Bücker,* Anwaltszwang und Prozeßvergleich, Diss Bochum 1980.

Soweit ein *Anwaltszwang* besteht, § 78 I, II, gilt er auch für einen Prozeßvergleich, BGH NJW **91**, 1743, Schlesw MDR **99**, 252, aM Mü Rpfleger **86**, 409 (aber gerade der Prozeßvergleich erfordert erfahrungsgemäß eine anwaltliche Vertretung). Das gilt auch iR § 278 VI 2. Denn die Annahme des dortigen Gerichtsvorschlags erfordert ja eine Parteiprozeßhandlung „gegenüber dem Gericht". Sowohl die Partei als auch ein hereingezogener Dritter muß anwaltlich vertreten sein, aM BGH **86**, 160 (abl Bergerfurth JR **83**, 371. In der Tat handelt es sich dann grundsätzlich allenfalls um einen außergerichtlichen Vergleich. Auf ihn findet § 794 I Z 1 keine Anwendung, Düss NJW **75**, 2299, Köln AnwBl **82**, 114, Stgt JB **76**, 92). Das hat seinen guten Sinn darin, daß die Parteien oder der Dritte oft genug nicht die volle Tragweite der Erklärungen einschließlich der oft mit dem Vergleich verbundenen Verzichtserklärungen übersehen können, während sich andererseits auch das Kollegium oft nicht hinreichend allen Einzelheiten widmen kann, die etwa verglichen oder mitberührt werden. Deshalb hat der Gesetzgeber den Weg nach § 278 VI eröffnet.

Vor einer *zu großzügigen Praxis,* insbesondere vor dem Abschluß bei einem Kollegialgericht ohne Anwaltsmitwirkung, sollte man im Interesse der Vollstreckbarkeit absehen. Mangels Vollstreckbarkeit oder wegen Unwirksamkeit des Vergleichs kann nur zu leicht ein weiterer Rechtsstreit entstehen, BGH NJW **85**, 1963. 27

Eine *Klagerücknahme* nach § 269 ist ebenso wie die Rücknahme eines Rechtsmittels oder eines Rechtsmittelverzicht häufig Gegenstand eines Vergleichs. Man kann sie vor einem Kollegialgericht nur durch den ProzBev wirksam erklären. Denn der Prozeßvergleich ist ja zumindest auch eine Parteiprozeßhandlung nach Rn 3, Ffm Rpfleger **80**, 291, Köln FamRZ **88**, 1274, StjBo § 78 Rn 17, aM Schneider MDR **76**, 393 (aber man muß dann auch konsequent sein). 28

Anwaltszwang besteht auch vor dem *Einzelrichter,* soweit er das Prozeßgericht ist, (jetzt) §§ 348, 348 a, 526, 527, 568, Celle OLGZ **75**, 353, Karlsr JB **76**, 372, ZöV § 78 Rn 11, aM Kblz MDR **76**, 940 (aber dann erfolgt der Vergleich eben vor dem Prozeßgericht). Er besteht auch im Eilverfahren wie sonst, § 920 Rn 17, § 936 Rn 2 „§ 920", Köln FamRZ **88**, 828. 29

Kein Anwaltszwang besteht freilich bei einem Vergleich vor dem beauftragten oder ersuchten Richter, §§ 78 V Hs 1, 361, 362, Düss NJW **75**, 2299. Kein Anwaltszwang besteht ferner vor dem im Prozeßkostenhilfeverfahren nach §§ 114 ff beauftragten Rpfl, § 20 Z 4 a RPflG, Anh § 153 GVG. Freilich muß der beauftragte oder ersuchte Richter gesetzmäßig zuständig gewesen sein, Ffm FamRZ **87**, 737. 30

31 Anwaltszwang besteht aber für denjenigen Vergleichsabschluß, der erst nach der *Beendigung* des Prozeßkostenhilfeverfahrens zustandekommt, Köln AnwBl **82**, 114, unklar Celle Rpfleger **90**, 27. Anwaltszwang besteht auch vor dem Vorsitzenden der Kammer für Handelssachen, § 349, Stgt JB **76**, 92, Bergerfurth NJW **75**, 335, § 78 Rn 38.

32 Anwaltszwang besteht stets beim Vergleich vor dem *Familiengericht* in den Fällen (jetzt) § 78 II, BGH NJW **91**, 1743 (eine gerichtliche Genehmigung heilt nicht), Zweibr FamRZ **87**, 84, AG Groß Gerau FamRZ **01**, 422, aM Hbg FamRZ **88**, 1299, Mü Rpfleger **86**, 409, AG Groß Gerau FamRZ **88**, 187 (aber § 78 II ist nach Wortlaut und Sinn eindeutig, Einl III 39. Das gilt gerade auch gegenüber § 78 III).

33 Anwaltszwang für den Prozeßvergleich bedeutet bei einem gleichzeitig erfolgenden *sachlichrechtlichen Geschäft* nicht, daß für das letztere die Mitwirkung *seiner* Partner entbehrlich wäre, Grdz 61 vor § 128, Stgt OLGZ **89**, 417 (Erbvertrag).

34 6) Wirkung

Schrifttum: *Münzberg,* Die Auswirkung von Prozeßvergleichen auf titulierte Ansprüche und deren Vollstreckung, Festschrift für *Gaul* (1997) 447.

A. Sachlichrechtliche Wirkung. Der Prozeßvergleich ersetzt schon wegen seiner Doppelnatur auch jede sachlichrechtliche Form, Rn 5, BGH Rpfleger **91**, 261. Das gilt nicht nur bei Verträgen. Es gilt auch bei § 278 VI 1. Etwas anderes gilt nur dann, wenn eine andere Behörde sachlich ausschließlich zuständig ist, wie der Standesbeamte für die Eheschließung. Der Prozeßvergleich ersetzt zB die Schriftform der Bürgschaftserklärung oder eine Beurkundung, etwa eines Erbverzichtsvertrags. Das gilt auch dann, wenn die gleichzeitige Anwesenheit der Parteien erforderlich ist, wie beim Ehevertrag. Denn auch beim Prozeßvergleich müssen ja außerhalb desjenigen nach § 278 VI 1 beide anwesend sein, wenn sie auch anwaltlich vertreten sein mögen, Art 143 EGBGB, und beim Vergleich nach § 278 VI 1 müssen die Annahmeerklärungen „gegenüber dem Gericht" abgegeben werden und zur Wirksamkeit dort auch rechtzeitig eingehen. Eine Auflassung kann im Prozeßvergleich erfolgen, § 925 I 3 BGB. Eine persönliche Erklärung zB nach § 2347 II BGB wird nicht ersetzt. Es besteht in ihr keinerlei Formerfordernis. Dann aber darf die Partei persönlich erscheinen und sich erklären, selbst im Anwaltsprozeß.

Bei § 278 VI ist der nach dort S 2 vorgeschriebene feststellende Beschluß notwendig. Unabhängig davon bleibt bei jedem Prozeßvergleich eine etwa notwendige gerichtliche Genehmigung abzuwarten, AG Mosbach FamRZ **77**, 813. Im Zweifel ist der im Vergleich erfaßte Anspruch sofort fällig, Köln ZMR **96**, 86. Solange nicht zB der Vormund bzw Betreuer seine Genehmigung dem Gegner mitgeteilt hat, ist ein im übrigen wirksamer Vergleich doch unwirksam, § 1829 BGB. Der Prozeßvergleich wirkt nicht schuldumschaffend, BGH NJW **03**, 3346. Wegen der Wirkung des außergerichtlichen Vergleichs Rn 2, 24. Wegen einer Abänderbarkeit § 323 Rn 66.

35 **B. Prozessuale Wirkung.** Der Prozeßvergleich beendet den Prozeß, §§ 81, 83: „Beseitigung des Rechtsstreits", BGH **86**, 187, Hamm AnwBl **89**, 239. Das gilt auch bei § 278 VI 1. Daher erlischt mit seinem Wirksamwerden in seinem Umfang die Rechtshängigkeit, § 261. Sie beginnt allenfalls neu, wenn der Rechtsstreit wegen der Unwirksamkeit des Prozeßvergleichs fortgesetzt wird, Rn 37, BAG NJW **83**, 2213. Ein Prozeßvergleich macht den Rückgriff auf einen früheren Standpunkt unwirksam, Düss NVersZ **01**, 479. Er beseitigt auch im vereinbarten Umfang die Wirkung eines noch nicht rechtskräftigen Urteils, Düss RR **99**, 943, Hamm AnwBl **89**, 239, Mü BB **00**, 744. Die Parteien können durch eine Verzichtserklärung usw den wirksam zustande gekommenen Prozeßvergleich in seiner prozessualen Wirkung nicht wieder beseitigen, Rn 42, 43. Sie können vereinbaren, ihn nicht geltend zu machen, Grdz 19 vor § 704. Der Prozeßvergleich ist Vollstreckungstitel, § 794 Rn 7, BGH Rpfleger **91**, 261. Das gilt natürlich auch bei § 278 VI 1. Denn auch er ist ein „gerichtlicher" Vergleich, nämlich zumindest im weiteren Sinn vor Gericht geschlossen. Ein Prozeßvergleich muß nicht schon zur Wirksamkeit, sondern erst zu Vollstreckbarkeit einen vollstreckungsfähigen Inhalt haben, Rn 9 „Vollstreckbarkeit", Grdz 15 vor § 704. Einzelfragen § 794 Rn 7–11.

36 **7) Unwirksamkeit,** dazu *Schneider* MDR **05**, 19 (Kostenfragen), *Schallow* (vor Rn 1): Man muß zahlreiche Streitfragen beachten.

A. Grundsatz. Der Prozeßvergleich ist wegen seiner Doppelnatur nach bürgerlichem Recht anfechtbar, Rn 5, Hbg ZMR **96**, 266, OVG Hbg NJW **04**, 2111. Wegen Geistesstörung Brschw OLGZ **75**, 441, LG Schweinfurt MDR **83**, 64. Wegen der Doppelnatur fehlt jeder Grund zu einer unterschiedlichen Behandlung der sachlichrechtlichen Anfechtbarkeit oder Nichtigkeit und der zweifellos möglichen prozeßrechtlichen, etwa beim Mangel in der Vertretung. Auch bleibt danach trotz des Fehlens der prozessualen Form nach Rn 21 meist die sachlichrechtliche Wirkung bestehen. Das gilt insbesondere dann, wenn eine Berufung auf einen Formmangel ohnehin rechtsmißbräuchlich wäre, Einl III 54, Grdz 44 vor § 704, Ffm FamRZ **84**, 302. Beim „Fortfall der Geschäftsgrundlage", § 323 Rn 67, die BGH NJW **86**, 1348 nicht als ausreichenden Angriff auf die Wirksamkeit anerkennt, zeigen sich freilich Schwierigkeiten der absolut herrschenden Meinung deutlich, zB bei BAG NJW **98**, 2379. Man kann sie aber angesichts ihres praktisch erdrückenden Gewichts in Kauf nehmen.

Erst recht muß ein *Prozeßbetrug* eine Anfechtbarkeit auslösen. Denn es versagen diejenigen Gründe, die an sich bei einem rechtskräftigen Urteil dagegen sprechen, ihm die Wirksamkeit aus dem Gesichtspunkt einer Erschleichung abzusprechen, Einf 35 vor §§ 322–327. Zur Annahme eines Prozeßbetrugs genügt freilich noch nicht ein Mißverhältnis zwischen der Ausgangslage und den übernommenen Leistungen. Wohl aber genügt es, wenn die Partei sich eines derartigen Mißverhältnisses bewußt war und unter Hinzunahme weiterer für den Gegner ungünstiger Umstände die Situation in einer nach § 138 BGB untragbaren Weise ausnutzte. Ein Vergleich, den das Gericht der Partei unkorrekt aufgenötigt hat, kann für sie anfechtbar sein.

Zum *Widerruf* Rn 10. Eine Verfassungsbeschwerde ist unstatthaft, BayVerfGH NJW **94**, 2281.

37 **B. Streit über die Wirksamkeit.** Bei einem Streit über die Wirksamkeit des Prozeßvergleichs kann jede Partei grundsätzlich in dem bisherigen Prozeß die Anberaumung eines Termins zur Fortsetzung des bisherigen Prozesses erwirken, BAG DB **03**, 2500, LG Stgt JB **05**, 322 (wegen § 278 VI). Das geschieht grund-

Titel 2. Urteil **Anh § 307**

sätzlich vor dem Gericht der Sache, BGH NJW **99**, 2903, Hamm FamRZ **01**, 106, Köln FER **99**, 109. Das gilt grundsätzlich auch bei § 278 VI 1. Denn auch jener Vergleich ist im Verlauf eines Prozesses zustandegekommen. Ein Verfahren zur Klärung der Frage der Wirksamkeit eines Vergleichs des § 278 VI 1 würde mangels mündlicher Verhandlung auf ein rein schriftliches Verfahren hinauslaufen. Dieses wäre allenfalls unter den Bedingungen der §§ 128 II, 495 a S 1 statthaft. In jedem Vergleichsfall fehlt einer neuen Klage das Rechtsschutzbedürfnis, BGH **142**, 254 (auch bei § 812 BGB).

Die vorstehende Regel gilt auch, falls streitig ist, ob ein Voll- oder nur ein *Teilvergleich* zustandegekommen **38** ist, Köln FamRZ **96**, 174. Nur insoweit, als der Vergleich umstreitig ein bloßer Teilvergleich sein und die streitig gebliebenen übrigen Streitpunkte gar nicht berühren sollte, kann eine neue Klage notwendig werden, BGH **142**, 254, Ffm RR **90**, 168. Dasselbe gilt beim Auslegungsstreit über den unstreitig erfolgten Vergleich, BAG DB **03**, 2500. Zuständig ist im erstgenannten Fall der Fortsetzung des bisherigen Prozesses das Gericht der Instanz, in oder nach der der Vergleich zustande kam. Das Revisionsgericht darf die Auslegung des Prozeßvergleichs durch das Berufungsgericht nur beschränkt überprüfen, BAG BB **05**, 446. Die Rechtshängigkeit nach § 261 lebt ab Terminsanberaumung wieder auf, aM StJM § 794 Rn 47 (sie bestehe fort. Aber der Vergleich hatte sie zumindest zunächst beendet, Rn 35).

Einer *Vollstreckungsabwehrklage* fehlt grundsätzlich das Rechtsschutzbedürfnis nach Grdz 33 vor § 253, soweit das Prozeßgericht in Fortsetzung des bisherigen Prozesses entscheiden kann, § 767 Rn 10. Dieses Gericht muß unverzüglich einen neuen Termin bestimmen, sobald eine Partei die Unwirksamkeit des Vergleichs behauptet, § 216. Ein Einspruch reicht aus. Ein Antrag, die Wirksamkeit des Vergleichs festzustellen, ist unzulässig, ThP § 794 Rn 38, aM Ffm MDR **75**, 584 (aber eine solche Feststellung führt oft nicht zur notwendigen abschließenden Klärung nach Rn 39).

Das *bisherige Prozeßgericht* muß über die Wirksamkeit des Vergleichs entscheiden. Es muß also darüber **39** befinden, ob der Prozeß bereits beendigt ist. Bejaht es diese Beendigung, so fällt es ein Endurteil, BGH NJW **96**, 3346 (Streitfrage der Entscheidungsform). Das Urteil lautet auf eine Feststellung dahin, daß der Prozeß bereits durch den Vergleich erledigt, besser: eben beendet war, Hamm FamRZ **01**, 106. Die weiteren Kosten trägt dann entsprechend § 91 derjenige, der sich auf die Unwirksamkeit beruft. Alles das gilt aus den in Rn 37 genannten Gründen auch beim Vergleich nach § 278 VI 1. Ab Rechtskraft dieses Urteils nach § 322 ist ein weiterer Streit um diese Wirksamkeit unzulässig, BGH **79**, 71, aM Pecher ZZP **97**, 172 (aber es muß wenigstens jetzt endlich Rechtssicherheit eintreten).

Verneint dieses Gericht diese Beendigung, was auch durch ein Zwischenurteil nach § 303 geschehen kann, Pankow NJW **94**, 1184, so muß es in der Sache selbst entscheiden, Kblz NJW **78**, 2399. Das gilt auch dann, wenn der Prozeßvergleich über den Streitgegenstand hinausging, § 2 Rn 3. Wenn der Vergleich ein anderes Verfahren umfaßte, kann man die Unwirksamkeit auch in jenem geltend machen, BGH BB **83**, 1250. Wenn der Vergleich in einem Verfahren nach § 620 b oder nach § 620 f abgeschlossen worden war, dann ist ein neues ordentliches Erkenntnisverfahren notwendig, falls es zum Streit über die Wirksamkeit des Prozeßvergleichs kommt, Hamm FamRZ **91**, 582. Eine Partei, die sich weiter auf den Prozeßvergleich beruft, erstrebt den Anspruch des Gerichts über die Prozeßlage dahin, daß der Rechtsstreit erledigt sei, aM Ffm MDR **75**, 584 (es sei nur eine Feststellungsklage zulässig. Aber gerade diese Lösung bringt nicht die durchweg gewünschte Vollstreckbarkeit). Hat das Gericht die Wirksamkeit eines Widerrufs zu Unrecht verneint, verweist das Rechtsmittelgericht zurück, Karlsr JB **05**, 546.

Wenn der Bekl außer der Berufung auf eine *Nichtigkeit* des Vergleichs auch behauptet, daß die durch den **40** Vergleich begründete Forderung nachträglich weggefallen sei, dann ist für alle Einwendungen der Vollstreckungsabwehrklage im bei ihr möglichen Umfang zulässig, § 767 Rn 10. Wenn die Parteien nur über die Auslegung eines unstreitig wirksamen Prozeßvergleichs streiten, dann ist beim Streit über den vollstreckbaren Inhalt eine Feststellungsklage nach § 256 zulässig, sonst eine Vollstreckungsabwehrklage. Wegen eines sog Anwaltsvergleichs §§ 796 a–c. Alles gilt auch bei § 278 VI 1.

Manche lassen beim Streit über die Wirksamkeit eines Prozeßvergleichs, der mehrere anhängige Verfahren **41** betraf (sog *Gesamtvergleich*), auch ein neues Verfahren sowie eine Zwischenfeststellungsklage nach § 256 II oder -widerklage im alten oder neuen Verfahren zu, BAG MDR **82**, 526. Andere lassen ein neues Verfahren zu, wenn nur die Wirksamkeit eines über den ursprünglichen Streitgegenstand hinausgehenden Vergleichspunkts umstritten ist, BGH **87**, 231, Ffm FamRZ **84**, 408. Der Fortsetzungsantrag des nach § 50 Prozeßunfähigen ist unzulässig, BGH **86**, 189. Dasselbe gilt vom Fortsetzungsantrag eines Dritten, selbst wenn er dem Vergleich beigetreten war, BGH **86**, 164. Er muß nach §§ 732 ff, 767 vorgehen, BGH **86**, 164.

C. Bedingter Vergleich usw. Man kann einen Vergleich unter der aufschiebenden Bedingung der **42** fristgerechten Nachreichung einer notwendigen, aber noch fehlenden Vollmacht oder unter der Bedingung des Nichtwiderrufs schließen. Das geschieht auch meist so, Rn 10, BGH NJW **88**, 416, Ffm FGPrax **96**, 8, LG Kblz JB **03**, 444. Das gilt auch bei § 278 VI 1. Dann ist der Eintritt der Bedingung für die Wirksamkeit des Prozeßvergleichs entscheidend. Bei einem Streit über die Wirksamkeit des Widerrufs erfolgt eine Fortsetzung des Prozesses. Wenn erst das Berufungsgericht den Widerruf für wirksam hält, dann ist eine Zurückverweisung zulässig. Wenn der Vergleich ebenfalls zulässigerweise unter der auflösenden Bedingung des Widerrufs geschlossen wurde, findet der Rechtsstreit bei Streit über ihren Eintritt seine Fortsetzung. Über den Widerruf Rn 10. Die Widerrufsfrist beginnt beim Prozeßvergleich im Zweifel mit dem auf den Vergleichsabschluß folgenden Tag, Schlesw RR **87**, 1022 (Leitsatz irreführend). Eine stillschweigende Vereinbarung reicht, BGH RR **05**, 1324.

Bei einem *Rücktritt* wegen Nichterfüllung des Vergleichs ist ein neuer Prozeß notwendig. Die Rechts- **43** hängigkeit kann nicht wieder aufleben. Nur die sachlichrechtlichen Folgen des Vergleichs können entfallen. Dasselbe gilt dann, wenn jemand mit der Behauptung einer positiven Vertragsverletzung des Vergleichs einen Schadensersatzanspruch geltend macht oder wenn er den Wegfall seiner Geschäftsgrundlage behauptet, aM LG Brschw NJW **76**, 1749 (aber das setzt ja gerade den vorherigen Wegfall der Rechtshängigkeit voraus). Auch auf Grund einer Parteivereinbarung zB eines beiderseitigen Verzichts auf den Prozeßvergleich bzw seiner einverständlichen Aufhebung lebt der alte Prozeß nicht wieder auf, sondern ist ein neuer Prozeß nötig,

Kblz JB **93**, 115, aM BAG NJW **83**, 2213 (aber ab Ende der Rechtshängigkeit ist durchweg ein formell neues Verfahren notwendig).

44 Möglich ist aber, die *sachlichrechtlichen* Wirkungen des Prozeßvergleichs durch eine Parteivereinbarung zu *ändern* oder zu *beseitigen,* Hbg FamRZ **87**, 1174, auch zum Adressaten eines Widerrufs, Düss RR **87**, 256. Das gilt auch bei § 278 VI 1. Die *prozessualen* Vereinbarungen zum Widerruf des Prozeßvergleichs sind nur eingeschränkt auslegbar, Grdz 52 vor § 128, anders als beim außergerichtlichen. Zum Problem Hbg FamRZ **87**, 1174 (zustm Künkel). Auf die sachlichrechtlichen Wirkungen kann § 139 BGB anwendbar sein, BGH NJW **88**, 416.

45 Mangels einer nach Rn 12 zulässigen abweichenden klaren Vereinbarung, muß der Widerruf wegen der ohne solche Vereinbarung auch prozessualen Natur des Prozeßvergleichs nach Rn 3 *dem Gericht gegenüber* erfolgen, BAG MDR **98**, 784, Brdb RR **96**, 123, Mü NJW **92**, 3042, aM Kblz MDR **97**, 883, MüKoWo § 794 Rn 73, ThP § 794 Rn 24 (auch bloß dem Gegner gegenüber. Aber eine Parteiprozeßhandlung erfolgt im Prozeß, und ihre Wirksamkeit hängt grundsätzlich von ihrer Einführung in die Gerichtsvorgänge und damit -akten ab, Grdz 51 vor § 128). Das gilt erst recht bei § 278 VI 1. Denn dort müssen ja schon die Annahmeerklärungen „gegenüber dem Gericht" erfolgt sein. Ein nicht handschriftlich voll unterzeichneter Widerruf reicht grundsätzlich nicht aus. Denn der Widerruf ist ein bestimmender Schriftsatz, § 129 Rn 5, 6, LAG Düss BB **90**, 562, LAG Mü DB **89**, 836. Ein Telefax kann ausreichen, § 129 Rn 21, 22. Wegen der „Anzeige zu den Gerichtsakten" Rn 13.

46 Mit einem *„Eingang beim Gericht"* ist ein Zugang im Sinne von § 130 I 1 BGB gemeint, also nicht eine Übergabe an einen zur Entgegennahme und zur Beurkundung des Zeitpunkts befugten Beamten, sondern ein Zugang in den Machtbereich des gesamten Gerichts, BGH NJW **80**, 1752 (zustm Grundmann JR **80**, 331), BAG NJW **86**, 1374, und nicht etwa nur bei einem Dritten. Maßgeblich ist der normale Postzustelldienst, BAG NJW **86**, 1374 (auch wegen eines Postfachs). Ist eine schriftliche Anzeige an das Gericht vereinbart, so kann der Widerruf im Zweifel nicht wirksam schon gegenüber dem Prozeßgegner erfolgen, BAG DB **91**, 2680. Die Vereinbarung einer Verlängerung der Rücktrittsfrist bedarf daher der Protokollierung, VG Hbg MDR **82**, 962, LG Bonn MDR **97**, 783, aM FamRZ **88**, 536, ZöStö § 794 Rn 10 (aber die Parteien hatten eben das Gericht als Adressaten vereinbart). Hat eine Partei die Widerrufsfrist nicht eingehalten, so ist der Rechtsstreit beendet, AG Mü ZMR **87**, 343, und keine Wiedereinsetzung möglich, Rn 10. War ein Widerruf gegenüber dem Gegner wie auch gegenüber dem Gericht vereinbart, reicht letzterer, BGH RR **05**, 1324.

47 D. **Einstellung der Zwangsvollstreckung.** Sie ist entsprechend §§ 719, 707 zulässig. Das gilt auch bei § 278 VI 1 und im arbeitsgerichtlichen Verfahren, LAG Ffm NZA-RR **04**, 158, ferner auch bei der Vollstreckungsabwehrklage nach §§ 767, 769, sofern vor dem Abschluß des Prozeßvergleichs eine vollstreckbare Entscheidung ergangen war, § 767 Rn 10, 11, Ffm Rpfleger **80**, 117. Es besteht für die Einstellung der Zwangsvollstreckung kein Rechtsschutzbedürfnis, Grdz 33 vor § 253, sofern der Weg nach Rn 37 möglich ist. Die Rückforderung des Geleisteten wird in einem besonderen Prozeß geklärt.

48 VwGO: *Eigene Regelung in § 106, Lüke NJW **94**, 233, Stelkens NVwZ **91**, 216 (dazu §§ 55 VwVfG, 54 SGB X). Zur Rechtsnatur des Prozeßvergleichs BVerwG NJW **94**, 2306 mwN, zur Wirksamkeit, wenn im Vergleich eine gesetzwidrige Leistung vereinbart wird, BVerwG DVBl **76**, 217, zur Gültigkeit einer in einem unwirksamen Prozeßvergleich getroffenen materiellen Vereinbarung BVerwG NJW **94**, 2307 u OVG Lüneb DVBl **85**, 1325, zum gesetzesinkongruenten Prozeßvergleich nach § 106 VwGO allgemein Meyer-Hesemann DVBl **80**, 869, RedOe § 106 Anm 4. Zur Wirksamkeit einer Grundstücksübertragung, Rn 34, s BVerwG NJW **95**, 2179. Zur Geltendmachung der Unwirksamkeit OVG Lüneb NVwZ **00**, 1309 u VGH Mü NVwZ **00**, 1310. Zum Widerruf, Rn 10ff, vgl BVerwG NJW **93**, 2193 (zu OVG Lüneb NJW **92**, 3253), Dawin NVwZ **83**, 143 (abl zu OVG Münst NVwZ **82**, 378), VGH Kassel NVwZ-RR **00**, 545 (Fristablauf für Widerruf), OVG Lüneb DÖV **99**, 923 mwN (keine WiedEins bei Fristversäumung); zur Wiedereröffnung eines durch Vergleich abgeschlossenen Verfahrens s OVG Münst NVwZ-RR **92**, 277, Dolderer VBlBW **01**, 404. Zur Bindung des Einzelrechtsnachfolgers an den Vergleich VGH Mü NVwZ **00**, 1312.*

308 Bindung an die Parteianträge. ¹¹Das Gericht ist nicht befugt, einer Partei etwas zuzusprechen, was nicht beantragt ist. ²Dies gilt insbesondere von Früchten, Zinsen und anderen Nebenforderungen.

II Über die Verpflichtung, die Prozesskosten zu tragen, hat das Gericht auch ohne Antrag zu erkennen.

SachenRBerG § 106. Entscheidung. ¹¹Das Gericht kann bei einer Entscheidung über eine Klage nach § 104 im Urteil auch vom Klageantrag abweichende Rechte und Pflichten der Parteien feststellen. ²Vor dem Ausspruch sind die Parteien zu hören. ³Das Gericht darf ohne Zustimmung der Parteien keine Feststellung treffen, die

1. einem von beiden Parteien beantragten Grundstücksgeschäft,
2. einer Verständigung der Parteien über einzelne Punkte oder
3. einer im Vermittlungsvorschlag vorgeschlagenen Regelung, die von den Parteien nicht in den Rechtsstreit einbezogen worden ist,

widerspricht.

Schrifttum: *Brehm,* Die Bindung des Richters an den Parteivortrag und Grenzen freier Verhandlungswürdigung, 1982; *Bruns,* Zur richterlichen Kognition, judicial process, Festschrift für *Rammos* (1979) 167; *DuMesnil de Rochemont,* Die Notwendigkeit eines bestimmten Antrags bei der Unterlassungsverfügung ..., § 308 Abs. 1 ZPO contra § 938 Abs. 1 ZPO?, 1993; *Frühauf,* Die Grenzen des Zinsurteils usw, 1998; *Jauernig,* Das gleichwertige („aequipollente") Parteivorbringen, Festschrift für *Schwab* (1990) 247; *Melissinos,* Die Bindung des Gerichts an die Parteianträge nach § 308 I ZPO, 1982; *Musielak,* Die Bindung des Gerichts an die Anträge der Parteien im Zivilprozeß, Festschrift für *Schwab* (1990) 349; *Wendtland,* Die Verbindung von Haupt- und Hilfsantrag im Zivilprozeß, 2001; *Würthwein,* Umfang und Grenzen des Parteieinflusses auf die Urteilsgrundlagen im Zivilprozeß, 1977.

Titel 2. Urteil **§ 308**

Gliederung

1) Systematik, I, II	1	9) Prozeßkosten, II		15–17
2) Regelungszweck, I, II	2	A. Grundsatz: Entscheidung von Amts wegen		15
3) Geltungsbereich, I, II	3	B. Ausnahmen		16
4) Maßgeblichkeit der Parteianträge, I	4, 5	C. Verstoß, II		17
5) Bindungsgrenzen, I	6	10) Rechtsmittel, I, II		18
6) Weniger als beantragt, I	7	11) Verfassungsbeschwerde, I, II		19
7) Beispiele zur Frage der Gerichtsbefugnis, I	8–12	12) *VwGO*		20
8) Verstoß, I	13, 14			

1) Systematik, I, II. Die Vorschrift enthält eine inhaltliche Grundregel aller Urteilsarten. Sie gilt auch **1** im EU-Recht, EuGH NJW **00**, 1933. Abgesehen von der Kostenentscheidung nach §§ 91 ff und derjenigen über die vorläufige Vollstreckbarkeit nach Einf 4 vor §§ 708–720 begrenzen die Parteianträge und nicht der Beschluß über die Gewährung einer Prozeßkostenhilfe das Urteil. In der Berufungsinstanz muß man § 536 beachten, BGH NJW **98**, 3411. § 308 a enthält eine vorrangige Sonderregelung.

2) Regelungszweck, I, II. Die Vorschrift dient in I der Parteiherrschaft, Grdz 18 vor § 128, BAG NZA **2** **04**, 975. Aus ihr folgt: Ohne Antrag keine Verurteilung („ne ultra petita partium"). II enthält wegen des Gebots der Prozeßwirtschaftlichkeit nach Grdz 14, 15 vor § 128 einen anderen weiteren Grundsatz. *Sorgfältige Beachtung beider* Regeln ist nicht in der Praxis leider bei I nicht ganz selten ein übersehenes Gebot. Ein Verstoß läßt sich oft auch nicht nach § 319 korrigieren. Er ändert an der Wirksamkeit des über das erlaubte Ziel hinausgeschossenen Urteils als eines Staatsaktes meist nichts, Einf 19, 20 vor § 300. Er ändert auch nichts an zugehöriger etwaiger Unanfechtbarkeit mangels Beschwer usw und an zugehöriger Rechtskraft, § 322. Die Abgrenzung ist freilich dann außerordentlich schwierig, wenn es nicht um eine Bezifferung geht, sondern um ein Tun oder Unterlassen, um eine vertretbare oder unvertretbare Handlung, um eine Willenserklärung. Es ist in solcher Lage ratsam, im Urteil klarzustellen, weshalb das Gericht den ihm nach I gesetzten Rahmen nicht als gesprengt ansieht.

3) Geltungsbereich, I, II. Die Vorschrift gilt in allen Prozeßarten, BGH NJW **92**, 825, BAG NJW **95**, **3** 1374, Köln FamRZ **95**, 888. Sie gilt auch einen: im Beschwerdeverfahren, § 567, Köln NJW **80**, 1531, aM Ffm FamRZ **83**, 1042 (aber sie enthält einen Kerngedanken des Zivilprozeßrechts); beim Kostenfestsetzungsbeschluß, Köln Rpfleger **01**, 150, Zweibr Rpfleger **81**, 455; beim Schiedsspruch, §§ 1051 ff; grundsätzlich in einer Ehesache, §§ 606 ff (wegen der Ausnahmen s unten); bei einer Schadenschätzung nach § 287; trotz § 938 I auch bei einer einstweiligen Verfügung, § 938 Rn 3; für Haupt- und Nebenforderungen, § 4 Rn 10, BGH WertpMitt **78**, 194; bei der Rangfolge von Haupt- und Hilfsanträgen, § 260 Rn 8, BGH NJW **92**, 290, etwa bei einer Hilfsaufrechnung, § 145 Rn 13, denn der Bekl will den eigenen Gegenanspruch natürlich nur für den Fall opfern, daß ihm die Abwehr des gegnerischen Klaganspruchs mißlingt; bei der Reihenfolge von mehreren Hilfsanträgen untereinander; im selbständigen Beweisverfahren, §§ 485 ff, Ffm RR **90**, 1024; im patentgerichtlichen Verfahren, BPatG GRUR **00**, 897 (Markenrecht).

4) Maßgeblichkeit der Parteianträge, I. Maßgebend sind allein die Parteianträge. Dabei kommt es **4** grundsätzlich nur auf den Sachantrag an, § 297 Rn 1, 3. Maßgeblich ist grundsätzlich der Sachantrag des Klägers bzw Widerklägers und nur ausnahmsweise derjenige des Bekl, Musielak (vor Rn 1) 351, zB bei §§ 306, 330. Freilich kann es ausreichen, daß zwar nicht die vom Kläger, wohl aber die vom Bekl vorgetragenen Tatsachen das Begehren des Klägers im Ergebnis auch ohne eine Beweisaufnahme rechtfertigen, wenn der Kläger den Vortrag des Bekl bestreitet, sog gleichwertiges, „aequipollentes", Parteivorbringen, § 138 Rn 19, Einf 4 vor § 284, Jauernig (vor Rn 1) 251, RoSGo § 133 I 3 a, aM BGH NJW **89**, 2756 (aber Prozeßwirtschaftlichkeit hat hohen Rang, Grdz 14 vor § 128). Maßgeblich ist nicht der Wortlaut, sondern der erkennbare wahre Wille des Antragstellers, Grdz 52 vor § 128, BAG NZA **04**, 975, Ffm MDR **77**, 56, Nürnb FamRZ **82**, 1103. Das Gericht muß ihn durch eine auch in den Grenzen des § 308 zulässige Auslegung klären, Grdz 52 vor § 128, BGH RR **97**, 1001, Nürnb FamRZ **82**, 1103. Das geschieht durch Mitbeachtung der Antragsbegründung und durch eine Ausübung der Fragepflicht, § 139, Grunsky ZZP **96**, 398. Das Gericht darf aber nicht ganz neue, zusätzliche Anträge anregen, auch nicht zB bei einem hohen Zinsbetrag.

Sofern ein *unbezifferter* Antrag nach § 253 Rn 49 zulässig ist, darf das Gericht die vom Kläger genannte **5** Mindestsumme überschreiten. Es darf auch die vom Kläger genannte Größenordnung überschreiten, Rn 11 „Unbezifferter Antrag", § 253 Rn 29, BGH 132, 351, Fenn ZZP **89**, 110, MüKoMu 14, aM Röttger NJW **94**, 369 (aber auch die Größenordnung stellt nur eine gesetzliche Mindestangabe dar). Das Gericht muß stets von Amts wegen auf die Vollstreckbarkeit des Urteils achten, § 139, Meyer NJW **03**, 2888. Zum Problem allzu präziser Widerrufsanträge Ritter ZZP **84**, 168. Auch das Zusprechen von Früchten, Zinsen und dergleichen muß sich grundsätzlich streng im Rahmen des Beantragten halten, Zimmermann JuS **91**, 583 (ausf). In der höheren Instanz wirkt sich derselbe Grundsatz als ein Verbot einer vorteilhaften oder nachteiligen Änderung aus, §§ 528 S 2, 557. Das Verbot, einer Partei etwas anderes als dasjenige zuzusprechen, was sie beantragt hat, wirkt für Maß und Art, BGH KTS **86**, 666, Köln MDR **02**, 717. Das Gericht darf also nicht 150 EUR statt 100 EUR zusprechen und darf nicht auf Herausgabe von Ware statt auf Zahlung verurteilen.

5) Bindungsgrenzen, I. Das Gericht ist aber grundsätzlich nicht an die von der Partei gewünschte **6** rechtliche Begründung ihres Vortrags gebunden, Grdz 35 vor § 128, oder an deren Reihenfolge, BAG BB **75**, 609. Das gilt auch bei einer nur hilfsweise geltend gemachten Verjährung, § 145 Rn 13, PalH § 222 BGB Rn 2, Schneider JB **78**, 1265. Denn mit der Verjährungseinrede opfert der Bekl anders als bei der auch nur hilfsweisen Aufrechnung keinen eigenen Gegenanspruch. Der Kläger kann das Gericht grundsätzlich

§ 308

auch nicht zwingen, eine bestimmte rechtliche Anspruchsgrundlage ungeprüft zu lassen, zB den Gesichtspunkt einer unerlaubten Handlung. Wegen einer dortigen Ausnahme § 32 Rn 14. Der Kläger kann das Gericht ferner nicht dazu zwingen, bei einem Streit über die Erledigung der Hauptsache von einer Abweisung wegen anfänglicher Unzulässigkeit oder Unbegründetheit abzusehen, aM BGH NJW **91**, 1684 (eine Abweisung dürfe nicht erfolgen, wenn der Kläger den Anspruch nicht mehr zur Entscheidung stelle. Er tut das aber auch durch den einseitigen Erledigungsantrag, § 91 a Rn 170). Wegen des SachenRBerG vgl dessen § 106, abgedruckt vor Rn 1.

7 6) Weniger als beantragt, I. Ein quantitatives oder qualitatives Weniger (minus) steckt stets im Mehr, BGH NZM **05**, 319, Ffm FamRZ **90**, 50. Das gilt auch dann, wenn der Kläger neben dem Leistungsantrag nicht ausdrücklich hilfsweise einen Feststellungsantrag nach § 256 stellt, BGH **118**, 82. Daher darf das Gericht den letzteren Anspruch zusprechen. Es muß aber auch über den Rest entscheiden. Es muß die Klage dann im übrigen abweisen. Die Kostenverteilung erfolgt dann nach § 92. Das Gericht muß einen unzulässigen und unbegründeten Anspruch immer auch von Amts wegen zurückweisen. Diese Zurückweisung enthält kein „Zusprechen". Sie ist daher auch bei einer Säumnis des Gegners zulässig, § 331 II. Das Gericht ist „nicht befugt", etwas zuzusprechen, was die Partei als Herr der Anträge überhaupt nicht haben will, also etwas ganz anderes (aliud), BGH NJW **01**, 1792, Ffm FamRZ **90**, 50. Deshalb darf das Gericht keine Verurteilung aussprechen, die der Kläger ausdrücklich als unerwünscht bezeichnet. Es muß dann abweisen, wenn der Kläger von dem erfolglosen Antrag, so wie er ihn gestellt hat, nicht abgehen will.

8 7) Beispiele zur Frage der Gerichtsbefugnis, I
Andere Tatsache: Das Gericht darf *nicht* anstelle der vom Kläger zur Entscheidung gestellten Tatsache eine ganz andere, wenn auch vielleicht ähnlich wirkende, als Begründung heranziehen, BGH **154**, 342 (zustm Walker LMK **03**, 157).
Arbeitsgericht: Das Gericht darf im Streit über die Entfernung eines Abmahnungsschreibens den beklagten Arbeitgeber *nicht* ohne entsprechenden Antrag für berechtigt erklären, erneut schriftlich abzumahnen, BAG NJW **95**, 1374.
Arbeitsrecht: Hat eine Partei keinen Antrag auf Feststellung der Beendigung eines Arbeitsverhältnisses gestellt, darf das Gericht *nicht* eine außerordentliche Kündigung in eine ordentliche umdeuten, BGH MDR **00**, 656.
Aufrechnung: Das Gericht darf *nicht* ohne einen Antrag nach § 302 IV entscheiden.
Aufspaltung: Das Gericht darf *nicht* einen nach Wortlaut und Sinn einheitlichen Antrag in mehrere prozessuale Ansprüche aufspalten, BAG NJW **04**, 387.
Ausgleichsanspruch: Das Gericht darf zum Ausgleich nach § 906 II 2 BGB statt zum Schadensersatz verurteilen, BGH JZ **90**, 978 (zustm Gerlach), Stgt NJW **89**, 1224.
Befreiung: Das Gericht darf zur Freistellung von einer Schuld des Klägers statt zu einer Zahlung an ihn verurteilen, BGH NJW **94**, 945, Ffm FamRZ **90**, 50, aM Görner MDR **95**, 241 (aber Freistellung läuft auf nichts anderes hinaus als auf Nichtzahlung).
Begründung: Zur Auslegung des Antrags ist seine Begründung heranziehbar, und zwar bis zum Verhandlungsschluß, BGH MDR **01**, 471.
Bezifferung: Rn 11 „Unbezifferter Antrag".
Bild: Das Gericht darf *nicht* auf die Einwilligung in die Entfernung der Signatur statt in die Kennzeichnung des Bildes als Fälschung verurteilen, BGH **107**, 394.
Duldung: Das Gericht darf zur Duldung etwa der Zwangsvollstreckung statt zur Leistung verurteilen, BGH KTS **96**, 717.
Einstweilige Anordnung: Keine Bindung des Gerichts an Parteianträge liegt vor zB bei §§ 621 I Z 6, 621 a I (Vertragsausgleich), Düss FamRZ **85**, 720.
Einstweilige Verfügung: § 308 I gilt trotz § 938 I, II auch bei der einstweiligen Verfügung, § 938 Rn 3.
Erfindung: Der Anspruch auf Vergütung als Alleinerfinder umfaßt denjenigen als Miterfinder, BGH RR **01**, 477.
Erledigung: Das Gericht darf *nicht* zu einer Zahlung verurteilen, soweit der Kläger die Hauptsache wirksam, wenn auch vielleicht einseitig, für erledigt erklärt hat. Freilich kann dann eine Klagabweisung nötig sein, aM Ffm MDR **77**, 56 (aber gerade die einseitige Erledigterklärung zwingt zu Sachentscheidung, § 91 a Rn 170).

9 Feststellung: Das Gericht darf theoretisch ein bloßes Feststellungsurteil statt eines Leistungsurteils erlassen. Denn jede Verurteilung zur Leistung enthät eine Feststellung, Grdz 8 vor § 253, BGH **118**, 82, Köln FamRZ **86**, 578. Das gilt freilich nur, soweit dem Kläger mit der bloßen Feststellung gedient ist, § 139, BGH NJW **84**, 2296. Das trifft meist praktisch *nicht* zu. Denn derjenige, der einen Vollstreckungstitel begehrt, kommt regelmäßig mit einer Feststellung nicht aus. Die vom Kläger begehrte uneingeschränkte Feststellung schließe eine vom Bekl verlangte nur eingeschränkte evtl aus, BPatG GRUR **91**, 315.

Bei einer *leugnenden* Feststellungsklage kann das Gericht entscheiden, daß ein Teilanspruch doch besteht, wenn dem das Klagezweck nicht widerspricht. Es kommt also auf die Klarstellung und Auslegung des Antrags an.

Das Gericht darf grds *nicht* auf Leistung statt auf die nur beantragte Feststellung erkennen. Jedoch kann ein formell bloßer Feststellungsantrag in einen Antrag auf eine jetzige oder sogar nur künftige Leistung umdeutbar sein, Düss MDR **04**, 1257.
Freistellung: Rn 8 „Befreiung".
Freiwillige Gerichtsbarkeit: Wegen des FGG Brschw OLGZ **76**, 435, Kblz KTS **95**, 363 (§ 139).
S auch „Hausrat", Rn 12 „Wohnungseigentum".
Geldersatz: Das Gericht darf *nicht* zum Geldersatz statt zu der nur beantragten tatsächlichen Wiederherstellung verurteilen.
Gesamthaftung: Das Gericht darf eine objektiv vorliegende Gesamthaftung auch ohne einen entsprechenden Antrag klarstellen.

Titel 2. Urteil § 308

Grenzstreit: Das Gericht darf eine Grenzlinie anders als beantragt festsetzen, soweit der Kläger dadurch nicht mehr als beantragt erhält.
Hausrat: Keine Bindung des Gerichts liegt bei einer Hausratssache vor.
Heizungskosten: Das Gericht darf *nicht* zur Erstattung auf Grund einer Abrechnung statt auf Grund einer Pauschale verurteilen, soweit eine solche Pauschale überhaupt im Klagezeitraum zulässig war.
Herausgabe: Das Gericht darf *nicht* zu einer Herausgabe statt zu einer Zahlung verurteilen.
Hinterlegung: Das Gericht darf zu einer Hinterlegung statt zu einer Zahlung verurteilen.
Immission: Rn 8 „Ausgleichsanspruch".
Kapitalabfindung: Das Gericht darf *nicht* eine Kapitalabfindung statt eine Rente zusprechen.
Kommanditgesellschaft: Eine bloße Teilentziehung der Geschäftsführungs- und Vertretungsbefugnis eines Gesellschafters ist gegenüber der zunächst beantragten vollständigen nicht ein Weniger, sondern etwas *anderes,* BGH DB **02**, 678.
Kosten: Rn 15 ff.
Kostenvorschuß: Rn 11 „Vorschuß".
Künftige Leistung: Das Gericht darf zur künftigen statt zur sofortigen Leistung verurteilen, §§ 257 ff. Bei einer Klage auf eine künftige Räumung soll eine Umdeutung auf einen späteren Zeitpunkt erfolgen, LG Bonn WoM **93**, 464.
Lärm: Rn 11 „Verbot". 10
Markenrecht: Ein Verzicht auf einen Antrag im Beschwerdeverfahren ist kein nach I erheblicher Umstand, BPatG GRUR **00**, 897.
Mietmängel: Das Gericht darf *nicht* statt des begehrten bloßen Aufwendungsersatzes nach §§ 256, 257, 536 a II Z 1 BGB auf einen Minderungsanspruch nach § 536 BGB oder auf Schadensersatz nach §§ 249, 536 a BGB erkennen.
Mitverschulden: Eine seinetwegen erfolgende Kürzung ist als bloßes Minus zulässig, BGH NJW **97**, 2235.
Postensache: Das Gericht darf nur die Endsumme der eine Einheit bildenden Posten nicht überschreiten. Einzelne Posten dürfen sich der Höhe nach grundsätzlich verschieben, sogar über das jeweils einzeln Geforderte hinaus, BGH GRUR **90**, 355, Nürnb JB **75**, 771. Freilich darf das Gericht der Partei für einen Zeitabschnitt *nicht* auf solchem Saldierungsweg mehr zusprechen, als gerade für sie zB als Rente beantragt, BGH VersR **90**, 212.
Räumung: Im Rahmen des § 308 a ist das Gericht nicht an die Parteianträge gebunden.
S auch Rn 9 „Künftige Leistung".
Rente: Rn 9 „Kapitalabfindung".
Säumnis: Das Gericht darf auch beim bloßen Versäumnisantrag des Klägers durch ein sog unechtes Versäumnisurteil entscheiden, § 331 Rn 21. Im Kleinverfahren nach § 495 a ist das Gericht berechtigt, trotz bloßen Antrags auf ein Versäumnisurteil durch ein die Instanz beendendes Urteil zu entscheiden, § 495 a Rn 75. Es sollte freilich ein solches Urteil eindeutig als solches bezeichnet und nach § 313 a I 2 Hs 2 begründen.
Schadensberechnung: Rn 11 „Vorbehalt".
Schadensersatz: Rn 11 „Vorschuß".
Schmerzensgeld: Rn 11 „Unbezifferter Antrag".
Schutzrecht: Es kommt auf den Lebensvorgang an, den Sachverhalt. Trägt der Kläger nur denjenigen zum Schutzrecht A vor, darf das Gericht *nicht* das Schutzrecht B mit einem ganz oder teilweise anderen Sachverhalt beurteilen, BGH MDR **01**, 950.
Stufenklage: Das Gericht darf *nicht* eine Endsumme mit einem Betrag auffüllen, den es einem noch nicht bezifferten Zahlungsanspruch einer Stufenklage entnimmt, BGH GRUR **90**, 355.
Teilanspruch: Das Gericht darf natürlich grds einen Teilanspruch statt des ganzen zuerkennen. 11
Es darf aber *nicht* zu einer bloßen Teilmaßnahme verurteilen, die dem Kläger nur im Rahmen eines nicht durchsetzbaren Gesamtplans nützen würde, LG Köln WoM **93**, 41, oder wenn der Teilanspruch andere Voraussetzungen als die vom Kläger eingeführten erfaßt, BGH **154**, 342.
S auch Rn 9 „Feststellung".
Unbezifferter Antrag: Soweit er zulässig ist, darf das Gericht die vom Kläger genannte Mindestsumme überschreiten. Es darf ebenso auch die von ihm genannte Größenordnung überschreiten, Rn 5 § 253 Rn 59, BGH VersR **96**, 990 (zustm Frahm 1212), Fenn ZZP **89**, 134, MüKoMu 14, aM Röttger NJW **94**, 369 (aber diese Befugnis ist nur eine zwingende Folge der Zulässigkeit eingrenzbarer unbezifferter Antragstellung). Manche begrenzen die Überschreitung auf 20%, Düss RR **95**, 955, andere lassen 50% und mehr zu, Brdb VersR **00**, 490.
Unterhalt: Da Elementar- und Altersvorsorgeunterhalt zu demselben Anspruch gehören, darf das Gericht die Mitteilung anders vornehmen, Hamm FamRZ **99**, 443.
Unterlassung, dazu *Backsmeier,* das „minus" beim unterlassungsrechtlichen Globalantrag, 2000: Beim Unterlassungsurteil ist gegenüber einer Erstreckung des Tenors auf den „Kern" nach § 890 Rn 3 mangels eines präzisen Antrags Zurückhaltung geboten, Schubert ZZP **85**, 51.
Das Gericht darf aber *nicht* statt des vom Kläger bezeichneten Produkts ein ganz anderes einbeziehen, BGH NJW **01**, 157.
S auch „Verbot".
Vaterschaft: Keine Bindung des Gerichts liegt vor bei § 641 h (Abweisung der verneinenden Vaterschaftsfeststellungsklage).
Verbot: Das Gericht darf ein beantragtes Verbot eingeschränkt aussprechen.
Das Gericht darf *nicht* zu einer zeitlichen Einschränkung zB eines Flugbetriebs statt zur begehrten Unterlassung zu starken Lärms verurteilen, BGH **69**, 122. Es darf auch nicht statt der Unterlassung einer Lautstärke von mehr als 40 dBA zu einer solchen von mehr als 35 dBA verurteilen, LG Freibg WoM **02**, 95.
Versäumnis: Rn 10 „Säumnis".

Verurteilung des Klägers: Das Gericht darf den Kläger *nicht* ohne eine Widerklage oder einen Zwischenantrag des Bekl verurteilen.
Vollstreckbarkeit: Das Gericht muß stets von Amts wegen auf die Frage der Vollstreckbarkeit des Urteils achten, § 139. Ein etwa notwendiger Vorbehalt behördlicher Genehmigung steckt im nachbarrechtlichen Hauptantrag, BGH NZM **05**, 319.
Vollstreckungsschaden: Das Gericht darf *nicht* ohne einen Antrag nach § 717 II entscheiden.
Vorbehalt: Das Gericht darf ein bloßes Vorbehaltsurteil statt eines endgültigen erlassen. Es darf wegen der Besonderheiten im Patent- und Wettbewerbsprozeß auch ohne Antrag dem Schuldner wahlweise vorbehalten, daß der Gläubiger die für die Berechnung des Schadens maßgebenden Umstände einer Vertrauensperson mitteilen müsse, BGH GRUR **78**, 53.
S aber auch Rn 8 „Aufrechnung".

12 **Vorschuß:** Das Gericht darf *nicht* statt des begehrten Schadensersatzes einen Kostenvorschuß zusprechen, Köln MDR **02**, 717.
Währungswechsel: Das Gericht darf *nicht* eine Zahlung statt in der ursprünglich begehrten Währung nun in einer anderen ausurteilen, § 264 Rn 8 „Auswechslung von Währungen", BGH IPRax **94**, 366.
Widerruf: Zum Problem allzu präziser Widerrufsanträge Ritter ZZP **84**, 168.
Wiederherstellung: Rn 9 „Geldersatz".
Wohnungseigentum: In einer WEG-Sache ist das Gericht nur ausnahmsweise gebunden.
Zug um Zug: Das Gericht darf Zug um Zug statt unbedingt verurteilen, BGH **117**, 3.
Zwangsvollstreckung: Rn 8 „Duldung".

13 8) **Verstoß, I.** Ein Verstoß gegen I betrifft nicht die Form, sondern das sachliche Prozeßrecht. Er ist daher nach § 295 II unheilbar. Das Gericht muß ihn von Amts wegen in jeder Lage des Verfahrens beachten, Grdz 39 vor § 128, BGH RR **89**, 1087, BAG NZA **04**, 975, Rostock WoM **02**, 675. Hat das erstinstanzliche Gericht mehr als beantragt zugesprochen, so genügt ausnahmsweise zur Aufrechterhaltung eine auch nur hilfsweise Übernahme in den Berufungsantrag, BGH NJW **99**, 61, bzw in den Antrag auf Zurückweisung der Berufung, BGH FamRZ **86**, 662, Mü RR **02**, 1340, Rostock WoM **02**, 675. Das gilt auch ohne eine Anschlußberufung, BGH NJW **79**, 2250, LG Kaisersl NJW **75**, 1037. Etwas anders gilt bei einem Antrag auf Zurückweisung der Revision, BGH WertpMitt **80**, 344, BAG DB **75**, 892, und bei einer Stufenklage, § 254.

14 Man muß einen Verstoß durch das jeweils zulässige *Rechtsmittel* geltend machen, §§ 511 ff, Ffm FamRZ **94**, 835, Hamm MDR **85**, 241. Der Verstoß führt zur Aufhebung und auf Antrag zur Zurückverweisung nach (jetzt) § 538, Kblz MDR **02**, 415, Köln MDR **02**, 717. Wenn das nicht möglich ist, da es gegen das Urteil kein Rechtsmittel gibt, Einf 13 vor §§ 322–327, dann ist eine Verfassungsbeschwerde zulässig, Artt 2 I, 20 III GG (Rpfl), BVerfG **101**, 404, Art 103 I GG (Richter), BVerfG **28**, 385, Schneider MDR **79**, 620. Auch kann nur versehentlichen Verstoß kommt eine Urteilsergänzung entsprechend § 321 in Betracht, Klette ZZP **82**, 93, RoSgo § 133 I 1 b, ZöV 6, aM MüKoMu § 321 Rn 7 (aber schon die Prozeßwirtschaftlichkeit macht solche Lösung vertretbar, Grdz 14 vor § 128). Das Gericht muß Gerichtskosten dann evtl nach § 8 GKG niederschlagen. Wert: Maßgeblich ist der Antrag, nicht die Entscheidung.

15 9) **Prozeßkosten, II.** Ein klarer Grundsatz hat wenige Ausnahmen.
A. Grundsatz: Entscheidung von Amts wegen. Über die Kostenpflicht darf und muß meist das Gericht wegen des öffentlichen Interesses an gerechter Kostenverteilung im Rahmen seiner Kostengrundentscheidung grundsätzlich von Amts wegen erkennen, BGH RR **95**, 1211, Musielak (vor Rn 1) 356, Schneider MDR **97**, 706 (Teilkostenentscheidung). Das gilt auch für Kosten des obligatorischen Güteverfahrens als Teil der Prozeßkosten, § 91 Rn 106, und auch bei der Gerichtskostenfreiheit, OVG Kblz Rpfleger **83**, 124, im Urkundenprozeß nach §§ 592 ff, Karlsr OLGZ **86**, 125, und bei einer Prozeßkostenhilfe, §§ 114 ff. Ein diesbezüglicher Parteiantrag ist eine freilich oft sinnvolle Anregung, § 91 Rn 106 (Güteverfahrenskosten). Es kann eine Schlechterstellung eintreten, Rn 17. Das gilt auch für den Fall des § 91 a Rn 62, aM KG FamRZ **94**, 1608 (aber Kosten bleiben Kosten), im Patenterteilungsverfahren, § 99 I PatG, BGH **92**, 139. Etwas anderes gilt nur bei §§ 269 III 2, IV, 516 III 2, 565 (bloße Feststellungen). Soweit § 98 eingreift, ergeht nur bei einem nachträglichen Streit oder Antrag ein Beschluß, der die gesetzliche Kostenfolge bestätigt. Eine mündliche Verhandlung ist unnötig, § 128 IV.

16 **B. Ausnahmen.** Freilich besteht trotz II nicht stets eine Pflicht des Gerichts, über die Kosten von Amts wegen zu entscheiden. Das gilt zB bei einer Zurückverweisung nach §§ 538, 561 oder bei einem Prozeßvergleich nach § 98 oder überhaupt insoweit, als die Kostenfolge ohnehin kraft Gesetzes eintritt, Musielak (vor Rn 1) 357, aM Köln JB **83**, 1882 (aber II gilt uneingeschränkt), und soweit die Partei nicht einen Anspruch auf einen ja nur klarstellenden entsprechenden Ausspruch erhebt wie etwa bei § 269 III 2, IV, ferner zB bei § 308a. Auch der Kostenfestsetzungsantrag fällt unter I, nicht II, Rn 3. Im übrigen ist die Kostenfestsetzung nur im Rahmen eines Rechtsbehelfs überprüfbar, Mü MDR **00**, 666. Das Revisionsgericht darf die Kostenentscheidung des Berufungsgerichts nicht ändern, wenn es die Beschwerde gegen die Nichtzulassung der Revision zurückweist, BGH NJW **04**, 2598.

17 **C. Verstoß, II.** Man muß einen Verstoß von Amts wegen beachten, Grdz 39 vor § 128, BGH RR **98**, 334 ([jetzt] § 528 S 2 ist unanwendbar). Es würde aber zu weit führen, ein Urteil schon deshalb als unwirksam zu beurteilen, weil etwas anderes beantragt wurde, sofern überhaupt ein Rechtsschutzgesuch an das Gericht vorlag, Üb 10, 19 vor § 300, Musielak (vor Rn 1) 360, aM RoSgo § 133 I 1 b (aber das Urteil bleibt ein Staatshoheitsakt). Dasselbe gilt erst recht beim Zusprechen eines Mehr.

18 10) **Rechtsmittel, I, II.** Gegen einen Verstoß hat der Betroffene die sofortige Beschwerde. §§ 269 III–V, 567 I Z 1 gelten entsprechend. In der Rechtsmittelinstanz unterliegt die Kostenentscheidung nicht dem Verbot der nachteiligen Änderung. BGH NJW **81**, 2360, BAG BB **75**, 231. Das gilt aber nur dann, wenn das Rechtsmittel zulässig ist. Eine Rechtsbeschwerde kommt unter den Voraussetzungen des § 574 in Betracht.

Titel 2. Urteil **§§ 308, 308a**

Beim unzulässigen Rechtsmittel darf das Rechtsmittelgericht die Kostenentscheidung der ersten Instanz gar nicht prüfen. Hat das Gericht Kosten übergangen, so ist § 321 anwendbar, Celle JB **76**, 1255. Es gibt keinen Rechtsbehelf und nach dem Ablauf der Frist zum Ergänzungsantrag keine besondere Klage. Beim Rpfl gilt § 11 RPflG, § 104 Rn 41 ff.

11) Verfassungsbeschwerde, I, II. Nach dem Eintritt der Rechtskraft bleibt nur die Verfassungsbeschwerde denkbar, § 579 Rn 8. 19

12) VwGO: Statt **I** gilt § 88 VwGO. **II** ist entsprechend anwendbar, § 173 VwGO, BVerwG **14**, 171, als 20 (selbstverständliche) Ergänzung zu § 161 I VwGO; ein fehlender Kostenausspruch kann in der Berufungsinstanz von Amts wegen nachgeholt werden, VGH Mü BayVBl **82**, 542.

308a *Entscheidung ohne Antrag in Mietsachen.* **I** ¹ Erachtet das Gericht in einer Streitigkeit zwischen dem Vermieter und dem Mieter oder dem Mieter und dem Untermieter wegen Räumung von Wohnraum den Räumungsanspruch für unbegründet, weil der Mieter nach den §§ 574 bis 574 b des Bürgerlichen Gesetzbuchs eine Fortsetzung des Mietverhältnisses verlangen kann, so hat es in dem Urteil auch ohne Antrag auszusprechen, für welche Dauer und unter welchen Änderungen der Vertragsbedingungen das Mietverhältnis fortgesetzt wird. ² Vor dem Ausspruch sind die Parteien zu hören.
II Der Ausspruch ist selbständig anfechtbar.

1) Systematik, I, II. Es handelt sich um eine vom Grundsatz des § 308 I abweichende vorrangige 1 Sondervorschrift, Musielak Festschrift für Schwab (1990) 358.

2) Regelungszweck, I, II. Die Vorschrift schränkt die Parteiherrschaft nach Grdz 18 vor § 128 im 2 Interesse des Rechtsfriedens in ihrem sozial so empfindlichen Geltungsbereich bewußt ein. Das muß man bei der Auslegung mitbeachten.

3) Geltungsbereich, I, II. Die Vorschrift gilt in dem in I umrissenen Sonderfall und nur in dieser Lage. 3 Es muß also zwar an sich eine Vermieterkündigung wirksam erklärt und daher auch an sich sachlich gerechtfertigt gewesen sein, LG Mü WoM **01**, 561. Es muß aber eine Räumungsklage gerade und nur aus den in I genannten Gründen ausnahmsweise dennoch jedenfalls derzeit unbegründet sein, LG Mü WoM **01**, 561. § 308 a gilt nicht bei § 575 a II BGB, LG Bln MDR **99**, 1436, AG Hbg WoM **88**, 364. I 1 gilt in den neuen Bundesländern entsprechend, Art 232 § 2 II EGBGB.

4) Fortsetzung des Mietverhältnisses, I. § 308 a zwingt das Gericht von Amts wegen zu einer 4 Entscheidung, also ohne Notwendigkeit eines Antrags, Grdz 39 vor § 128, AG/LG Freibg WoM **93**, 402, AG Friedberg WoM **93**, 675. Das gilt im Fall der Abweisung der Räumungsklage unabhängig davon, ob der Mieter eine Fortsetzung des Mietverhältnisses verlangt *hat*. Es genügt vielmehr nach I 1, daß er sie fordern *kann*. Die Entscheidung ergeht rechtsgestaltend in der Urteilsformel darüber, wielange, am praktischsten: bis zu welchem Datum und unter welchen Bedingungen das Mietverhältnis fortbestehen soll. Das Gericht muß einen bestimmten Endzeitpunkt und nicht etwa nur eine Fortsetzung auf unbestimmte Zeit aussprechen, aM AG Friedberg WoM **93**, 675 (aber das Gesetz verlangt einen Anspruch „für welche Dauer"). Auch eine Mieterhöhung kommt in Betracht, LG Aurich WoM **92**, 610, LG Heidelb WoM **94**, 682. Das gilt freilich nur, wenn der Vermieter sie nur mittels Kündigung durchsetzen könnte, AG Heidenheim WoM **92**, 436.
Beiden Parteien muß das Gericht dazu das *rechtliche Gehör* geben, Art 103 I GG. Es muß einen Termin 5 nach § 216 unverzüglich bestimmen, und zwar auch für die Zeit vom 1. 7. bis 31. 8. ohne spätere Verlegungsmöglichkeit, § 227 III 2 Hs 1 Z 2. Ein Versäumnisurteil nach § 331 ist gegen den Bekl unzulässig, soweit dies aus den vom Kläger genannten Tatsachen (im Zweifel nicht) einen Fortsetzungsanspruch des Bekl ergeben. Das Gericht ermittelt sie aber nicht von Amts wegen, Grdz 39 vor § 128. Der Kläger kann aber auch für den Fall der Abweisung seiner Räumungsklage aus den §§ 574–574 b BGB hilfsweise beantragen, daß das Mietverhältnis nicht länger als bis zum .... fortgesetzt werde. Die Klärung der Verhältnisse, die auch seine künftige Mietzeit ohnehin erfordert, muß sich auch darauf erstrecken. Das Gericht wirkt bei der Erörterung der Sache darauf hin, daß die Parteien zweckentsprechende Anträge stellen, § 139. Der Bekl kann auch eine Widerklage erheben. Diese liegt im Zweifel aber nicht vor. Ein Zwischenantrag entsprechend §§ 302 IV, 717 III 2 ist zulässig. Die vorläufige Vollstreckbarkeit seiner Entscheidung richtet sich nach § 708 Z 7.
Kostenrechtlich findet keine Zusammenrechnung der Ansprüche auf Räumung und auf Fortsetzung des 6 Mietverhältnisses statt, § 16 III, IV GKG. § 93 b ist anwendbar, §§ 91, 93 sind nur hilfsweise anwendbar. Eine Berichtigung oder ein Urteilsergänzung sind nach §§ 319, 321 möglich.

5) Rechtsmittel, II. Die Entscheidung ergeht in dem Urteil, durch das das Gericht den Räumungs- 7 anspruch als derzeit noch unbegründet abweist. Auch wenn der Kläger insofern kein Rechtsmittel einlegt, kann er den Ausspruch über die Dauer der Fortsetzung des Mietverhältnisses und über die Vertragsbedingungen selbständig mit der Berufung angreifen, das gilt auch für den Bekl. Hierbei kommt es nicht darauf an, ob er in 1. Instanz mit dem Abweisungsantrag Erfolg hatte und ob er wegen der Mietvertragsfortsetzung Anträge gestellt hat. Denn das Gericht mußte über die Dauer und die Bedingungen der Fortsetzung des Mietverhältnisses von Amts wegen entscheiden, I. Auch das Berufungsgericht muß in einer Räumungssache beim Vorliegen der §§ 574–574 b BGB den § 308 a von Amts wegen beachten.

§§ 309, 310 — Buch 2. Abschnitt 1. Verfahren vor den LGen

309 *Erkennende Richter.* **Das Urteil kann nur von denjenigen Richtern gefällt werden, welche der dem Urteil zugrunde liegenden Verhandlung beigewohnt haben.**

Schrifttum: *Schmidt,* Richterwegfall und Richterwechsel im Zivilprozeß, Diss Hann 1993.

1   **1) Systematik.** Die Vorschrift regelt eine wesentliche Frage der Besetzung des Gerichts. Nur diejenigen Richter dürfen die Sachentscheidung treffen, in der Sache Beschluß fassen, die bei der für diese Entscheidung maßgeblichen Schlußverhandlung die Richterbank gebildet haben, BGH NJW **81**, 1274.

2   **2) Regelungszweck.** § 309 dient in einer Ausprägung auch des Gebots des gesetzlichen Richters nach Art 101 I 2 GG und des Grundsatzes der Mündlichkeit und Unmittelbarkeit der Verhandlung, § 128 Rn 1, Köln NJW **77**, 1159. Natürlich dient eine nach Richterwechsel notgedrungen wegen § 309 anberaumte nochmalige „Verhandlung" in Wahrheit nur nochmaliger Antragsprotokollierung, um das zuvor in anderer Besetzung praktisch abschließend beratene Urteil am Schluß der Sitzung verkünden zu können. Das dient nur sehr bedingt dem Regelungszweck. Immerhin liegt es an der verbliebenen Besetzung, dem hinzugekommenen Kollegiumsmitglied wenigstens die wirkliche Möglichkeit zu geben, einen vielleicht gerade wegen dieses Hinzukommens fruchtbaren weiteren Gedanken zu äußern. Der „Neue" sollte sich davor nicht scheuen. Bei vertrauensvoller vernünftiger Handhabung entartet § 309 auch nicht. Solche verständige Praxis dürfte auch durchweg vorhanden sein.

3   **3) Geltungsbereich.** Wegen des Regelungszwecks nach Rn 2 ist die Vorschrift zwar in allen Verfahren mit tatsächlich stattgefundener mündlicher Verhandlung nach der ZPO anwendbar. Sie findet aber nicht auf eine von vornherein oder schließlich schriftliche Entscheidung nach §§ 128 II, 495 a Anwendung, BGH RR **92**, 1065, StJL 17, ThP 2, ZöV 6, aM Krause MDR **82**, 186 (aber § 309 ist ganz auf eine Lage bei Verhandlungsschluß zugeschnitten). Auch im Verfahren nach Aktenlage nach § 251 a ist § 309 unanwendbar, ebenso arbeitsgerichtlichen Verfahren, BAG MDR **03**, 48, und im FGG-Verfahren, Düss WoM **01**, 620, Köln NZM **04**, 305, Mü MDR **05**, 1159 (je: WEG). Der Einzelrichter des § 348a muß nach der Übertragung auf ihn die Verhandlung geleitet haben, Köln NJW **77**, 1159.
§ 309 gilt auch für einen *Beschluß* nach einer mündlichen Verhandlung nach § 329 I 2 und für einen Beschluß nach Aktenlage, §§ 251 a, 331 a. Vorher von anderen Richtern ordnungsgemäß gefaßte Beschlüsse bleiben wirksam. Über die Beratung und Abstimmung §§ 192 ff GVG.

4   **4) Einzelfragen.** Man muß eine sich aus der Sache ergebende und unvermeidbare Ungewißheit hinnehmen, etwa beim Ausscheiden, einer Krankheit, Verhinderung, Urlaub oder Richterwechsel, BVerfG NJW **04**, 3696 (zu § 522 II). Unschädlich, wenn auch oft unzweckmäßig, ist grundsätzlich ein Richterwechsel zwischen der Beweisaufnahme und der Schlußverhandlung, § 285 II, BGH NJW **79**, 2518, Hamm MDR **93**, 1235. Der Richter der Schlußverhandlung darf also eine Urkunde auswerten, die ein anderer Richter in der Beweisaufnahme gesehen hat. Der Richter der Schlußverhandlung darf einen Zeugen würdigen, dessen Aussage ausnahmsweise von dem anderen Richter des Beweisaufnahmetermins protokolliert wurde, aM BGH NJW **84**, 2629 (aber es bleibt immer die Möglichkeit der Wiederholung der Beweisaufnahme auch in derselben Instanz). Er darf aber keine unprotokollierte, vor einem anderen Richter gemachte Aussage verwerten, Düss NJW **92**, 188, Hamm MDR **93**, 1236, Schlesw MDR **99**, 761, auch keinen nicht genügend protokollierten Augenschein, BGH VersR **92**, 884. Freilich zwingt nicht jeder Richterwechsel zur Antragswiederholung, § 295 I, Düss NJW **92**, 188. Mehrere Termine können dieselbe Schlußverhandlung bilden, VGH Mannh JZ **85**, 852 (VwGO). Unerheblich ist ein Wechsel im Vorsitz desselben Kollegiums, BAG DB **02**, 2056.

5   Wechselt ein Richter auch nur wegen Änderung des Geschäftsverteilungsplans zwischen der Schlußverhandlung und der *Beschlußfassung* zum Urteil, so muß das Gericht die Verhandlung vom neuen Richter wiedereröffnen, § 156 II Z 3, BAG MDR **03**, 48. Der neue Richter kann dann auch nicht argumentieren, die Sache sei schon entscheidungsreif, § 300 Rn 6. Denn er kann den bisherigen Richter nicht zur Entscheidung gegen dessen Überzeugung zwingen, falls dieser überhaupt noch amtiert. Mag er die Sache nur wegen der eigenen Überzeugung nach § 309 notwendige nochmalige Verhandlung durchführen. Wechselt ein Richter zwischen der Beschlußfassung und der Verkündung des Urteils nach § 310, so ist § 309 grundsätzlich unanwendbar. Der neue Richter darf und muß also die bloße Verkündung dann vornehmen, BGH VersR **02**, 1575, Krause MDR **82**, 186. Etwas anderes gilt aber hinsichtlich der Unterschriften nach § 315 Rn 1 und dann, wenn sich aus einem vor Verkündung nachgereichten Schriftsatz ein Zwang zur Wiedereröffnung der Verhandlung wegen eines erst jetzt zutage tretenden Verfahrensfehlers ergibt, BGH NJW **02**, 1427.

6   **5) Verstoß.** Ein Verstoß macht das Urteil nicht nichtig, Grdz 11, 14 vor § 300. Er führt vielmehr auf Antrag evtl zur Zurückverweisung, (jetzt) § 538, Köln NJW **77**, 1159. Er ist ein unbedingter Revisions- und Nichtigkeitsgrund im Sinn von §§ 547 Z 1, 579 I Z 1, BVerfG NJW **64**, 1020. Ein Verstoß nur der ersten Instanz ist aber in der Revisionsinstanz nur nach (jetzt) § 545 beachtlich, BGH FamRZ **86**, 898. Nach der Erschöpfung des Rechtswegs, Einl III 17, ist evtl die Verfassungsbeschwerde gemäß Art 101 I 2 GG statthaft.

7   **6) VwGO:** Es gilt § 112 VwGO (inhaltsgleich).

310 *Termin der Urteilsverkündung.* I ¹Das Urteil wird in dem Termin, in dem die mündliche Verhandlung geschlossen wird, oder in einem sofort anzuberaumenden Termin verkündet. ²Dieser wird nur dann über drei Wochen hinaus angesetzt, wenn wichtige Gründe, insbesondere der Umfang oder die Schwierigkeit der Sache, dies erfordern.

II Wird das Urteil nicht in dem Termin, in dem die mündliche Verhandlung geschlossen wird, verkündet, so muss es bei der Verkündung in vollständiger Form abgefasst sein.

Titel 2. Urteil **§ 310**

III ¹ **Bei einem Anerkenntnisurteil und einem Versäumnisurteil, die nach § 307, § 331 Abs. 3 ohne mündliche Verhandlung ergehen, wird die Verkündung durch die Zustellung des Urteils ersetzt.** ² **Dasselbe gilt bei einem Urteil, das den Einspruch gegen ein Versäumnisurteil verwirft (§ 341 Abs. 2).**

Vorbem. III 1 berichtigt dch Art 1 Z 2 0 c G v 9. 12. 04, BGBl 3220, in Kraft seit 1. .1.05, Art 22 S 2 G. III 2 angefügt dch Art 1 Z 10 des 1. JuMoG v 24. 8. 04, BGBl 2198, in Kraft seit 1. 9. 04, Art 14 S 1 des 1. JuMoG. ÜbergangsR je Einl III 78.

Gliederung

1) Systematik, §§ 310–312	1	A. Grundsatz: Unmittelbar nach Verhandlung	6–9
2) Regelungszweck, I–III	2	B. Verstoß, II	10
3) Geltungsbereich, I–III	3	7) Zustellung, III	11–13
4) Grundsatz: Verkündungszwang, I	4	A. Grundsatz: Verkündungsersatz	11, 12
5) Verstoß, I	5	B. Verstoß, III	13
6) Verkündungszeit, I, II	6–10	8) *VwGO*	14

1) Systematik, §§ 310–312. Die Vorschriften regeln einen wesentlichen Akt der Entstehung des Kernstücks des Prozesses, des Urteils. Man muß sie im Zusammenhang verstehen. **1**

2) Regelungszweck, I–III. Die ordnungsgemäße Bekanntgabe des Urteils dient der Rechtssicherheit, Einl III 43. Sie hat eine hohe Bedeutung, auch um zur Vermeidung aller möglichen Grauzonen im Umfeld von Zustandekommen und Korrektur der Entscheidung, an die das Gericht ja nach § 318 gebunden ist. Das muß man bei der Auslegung mitbeachten. **2**

Umterminierung ist zwar kein ideales, aber ein oft durchaus ratsames Mittel der Vermeidung einer übereilten nicht korrigierbaren Fehlentscheidung. Man kann getrost zunächst „Entscheidung am Schluß der Sitzung" und dann „Weitere Entscheidung am ..." verkünden, Rn 6–8. Man darf sogar diese nochmals notgedrungen vertagen, ohne erneut in eine Verhandlung eintreten zu müssen. Man sollte die Dreiwochenfrist des I 2 freilich nicht durch allzu großzügige Handhabung der dortigen Bedingungen weiter hinausschieben als nun wirklich unumgänglich.

Vollständige Form ist bei II eigentlich eine Selbstverständlichkeit. Der Verstoß überzeugt nicht, auch wenn er keine direkte Haftung des Staates für den säumigen Richter auslöst.

3) Geltungsbereich, I–III. Die Vorschrift gilt in allen Verfahren nach der ZPO. Sie gilt auch beim Urteil nach § 341 II. Eine Verkündung erfolgt auch im schriftlichen Verfahren nach § 128 II, Ffm MDR 80, 320, oder bei einem Urteil nach Aktenlage, § 251 a II 2. Nur beim Anerkenntnis- oder Versäumnisurteil ohne mündliche Verhandlung tritt seine Zustellung an die Stelle der Verkündung, § 310 III, BGH VersR 84, 1193, Unnützer NJW 78, 986. Die Protokollierung erfolgt nach § 160 III Z 7. Ihr Nachweis ist nur nach § 165 möglich. Der Verkündungs- bzw Zustellungsvermerk nach § 315 III beweist die Verkündung nicht stets. Sie kann aber einen Anscheinsbeweis geben. Zulässig ist der Nachweis, daß das Protokoll verloren ist. Die Öffentlichkeit richtet sich nach § 173 GVG. Vgl §§ 60, 84 ArbGG, § 94 I 2 PatG, Schmieder NJW 77, 1218. **3**

4) Grundsatz: Verkündungszwang, I. Das Gericht muß jedes Urteil verkünden, das auf Grund einer mündlichen Verhandlung ergeht. Die Verkündung muß grundsätzlich öffentlich erfolgen, Art 6 I 1 MRK, Einl III 23. Eine vereinbarte Urteilszustellung kann die notwendige Verkündung nicht ersetzen. Die Verkündung bringt das Urteil rechtlich zum Entstehen, BGH NJW 94, 3358, Brdb FamRZ 04, 385, Ffm RR 95, 511. Erst mit der Verkündung ist das Urteil „gefällt", „erlassen", §§ 309, 318. Bis zur Verkündung bleibt es eine innere Angelegenheit des Gerichts, ist es rechtlich lediglich ein abänderbarer Urteilsentwurf, § 299 II, BGH NJW 04, 2020, Brdb FamRZ 04, 385, Ffm FamRZ MDR 70, 63. Dasselbe gilt nach § 160 III Z 7, § 165, wenn etwa eine Protokollierung unterblieben wäre. Von der Verkündung ab ist das Urteil unabänderlich, § 318. Der Vorsitzende muß auf einen Behinderten im Sinn des BGG Rücksicht nehmen. **4**

5) Verstoß, I. Ob eine ordnungsmäßige Verkündung bzw Zustellung vorliegt, muß die höhere Instanz jederzeit von Amts wegen prüfen, Grdz 39 vor § 128. Bei einem leichteren Mangel erfolgt die Prüfung allerdings nur auf Grund einer Rüge, BGH 61, 370, Düss MDR 77, 144. Eine Rüge ist allerdings bei einem Verstoß gegen eine unerläßliche Formvorschrift entbehrlich. Das völlige Fehlen einer ordnungsgemäßen Verkündung führt evtl zunächst zur bloßen Scheinentscheidung, Üb 11 ff vor § 300, Brdb FamRZ 04, 385, Ffm RR 95, 511, Zweibr FamRZ 92, 972. Die fehlende oder mangelhafte Verkündung läßt sich aber grundsätzlich nachholen, BGH NJW 04, 2020, Ffm RR 95, 511, Zweibr FamRZ 92, 972 (nach 2½ Jahren zweifelhaft). Freilich muß man evtl § 128 II 3 beachten, Ffm FamRZ 78, 430, Schlesw SchlHA 79, 21. Die Nachholung ist selbst nach einer Rüge bis zum Urteil der nächsthöheren Instanz möglich. **5**

Beispiele von Fehlern: Der Einzelrichter nach §§ 348, 348 a verkündet ein Kollegialurteil und umgekehrt, Düss MDR 77, 144; es erfolgt eine Verkündung durch den nach der Geschäftsverteilung unzuständigen Richter, LAG Ffm BB 88, 568; die Verkündung erfolgt statt im Sitzungs- im Beratungszimmer ohne Herstellung dortiger Öffentlichkeit; es erfolgt eine Zustellung statt der notwendigen Verkündung und umgekehrt, BGH NJW 04, 2020, Ffm MDR 80, 320. Im Fall des (jetzt) § 311 II 2 erfolgt eine bloße Bezugnahme auf die Urteilsformel, BGH VersR 85, 46. Erst recht läßt sich eine fehlende Protokollierung der Verkündung nachholen, § 164, § 163 Rn 3. Ein verständiger Vorsitzender schickt dann einfach zur Nachholung zurück. Fehlt die Verkündung, so liegt kein Urteil vor. Daher ist keine Urteilsanfechtung möglich, Rn 1, aM Ffm MDR 91, 63 (aber es fehlt der Geburtsakt, Rn 4). Anders ist die Lage, wenn die Geschäftsstelle eine Ausfertigung als Urteilsausfertigung erteilt hat, wenn also äußerlich ein Urteil vorliegt und wenn sogar eine Zustellung folgte, BGH NJW 04, 2020. Dann sind die gewöhnlichen Rechtsmittel statthaft, BGH NJW 04, 2020, Ffm RR 95, 511, LAG Hamm BB 98, 275.

§ 310 Buch 2. Abschnitt 1. Verfahren vor den LGen

Eine *mangelhafte Verkündung* läßt aber ebenfalls Rechtsmittel zu, §§ 511 ff, BGH VersR 84, 1193, Schlesw SchlHA 79, 21. Das gilt schon deshalb, weil aus einem solchen Urteil die Zwangsvollstreckung droht. Freilich beginnen die Fünfmonatsfristen der §§ 517, 548 mangels wirksamer Verkündung nicht zu laufen, BGH VersR 85, 46. Das Urteil beruht meist nicht auf einem Fehler der Verkündung, Köln Rpfleger 82, 113. Andernfalls erfolgt eine Zurückverweisung, Brdb RR 02, 356. Vgl auch § 312 Rn 4. Das Urteil in einer Baulandsache wird von dem besonderen Spruchkörper verkündet. Jedoch ist seine Verkündung durch eine Zivilkammer (Senat) desselben Gerichts wirksam. Das Urteil eines Einzelrichters der §§ 348, 348 a, 526, 527 wird von ihm verkündet. Die Verkündung durch seine Kammer wird nur auf Rüge als Verfahrensverstoß gewertet, Düss MDR 77, 144.

6   **6) Verkündungszeit, I, II.** Eine sofortige Verkündung birgt Risiken.

A. Grundsatz: Unmittelbar nach Verhandlung. Grundsätzlich soll sich die Verkündung unmittelbar an die Verhandlung und Beratung anschließen („Stuhlurteil"), BGH NJW 04, 1666, Stgt NJW 84, 2539. Zulässig ist es auch, am Schluß der einzelnen Verhandlung einen Beschluß zu verkünden, daß „am Schluß der (gesamten) Sitzung eine Entscheidung verkündet werden" soll, und dann am Sitzungsschluß nach nochmaligem Aufruf nebst Feststellung der Anwesenden zu Protokoll entweder durch einen gleichartigen weiteren Beschluß der Sache nach und die Beratung derselben Sitzung natürlich ohne Notwendigkeit einer Parteizustimmung nochmals zu verlängern oder das Urteil zu verkünden, BGH NJW 04, 1666 (das Protokoll muß das aber eindeutig ergeben). Namentlich bei einer Entscheidung durch nur einen Richter ist dieses Verfahren elegant und dient der wünschenswerten Prozeßbeschleunigung. Es ist aber beim geringsten Zweifel und oft auch bei scheinbar eindeutiger Sach- und Rechtslage in Wahrheit riskant. Wenn der Richter nämlich das Urteil schriftlich erst nach der Verkündung absetzen kann, können sich Bedenken ergeben, die zu mangelhafter Begründung oder unkorrekter „Berichtigung" führen, Rn 2.

7   In einer solchen Lage sollte der Richter von der Möglichkeit Gebrauch machen, das Urteil in einem *besonderen Verkündungstermin* zu verkünden. Das Gericht muß ihn sofort anberaumen. Dazu reicht es aber auch, am Schluß der Sitzung „weitere Entscheidung am…" zu verkünden, Rn 2. „Sofort" meint zweckmäßig auch: sofort bei Entscheidungsreife, zB nach Ablauf einer Frist nach §§ 379 S 2, 402. Eine Ladung ist entbehrlich, § 218. Das Gericht darf den Verkündungstermin auf grundsätzlich höchstens drei Wochen hinausschieben, länger nur aus wichtigem Grund, insbesondere wenn der Umfang oder die Schwierigkeit der Sache es erfordern, I 2. Das Gericht hat insofern aber insbesondere bei Überlastung einen Ermessensspielraum, der durch einen etwaigen Wegfall einer Rechtsmittelmöglichkeit nicht stets überschritten wird, BVerfG RR 93, 253 (keine Willkür bei dargelegten Erwägungen). Ihn darf natürlich auch keine Dienstaufsicht unterlaufen, schon gar nicht, wenn Kanzlei und/oder Geschäftsstelle verzögerlich arbeiten bzw ebenfalls überlastet sind. Ein wegen § 283 erzwungener Verkündungstermin kann bereits eine Verzögerung nach § 296 bedeuten, § 283 Rn 1, Stgt NJW 84, 2539.

Man sollte einen Termin vorsorglich schon wegen etwa zutage tretender Notwendigkeit etwa eines Beweisbeschlusses nur zur Verkündung „einer *Entscheidung*" und nicht „des Urteils", ansetzen. Auch im ersteren Fall müssen die Parteien grundsätzlich mit einem Urteil rechnen, BGH VersR 83, 1082. Auch ist zumindest in ständiger Praxis ein Verkündungstermin für den Fall eines rechtzeitigen Widerrufs eines Prozeßvergleichs nach Anh § 307 Rn 10 üblich und trotz solcher Bedingung zulässig. Geht kein rechtzeitiger Widerruf ein, so muß man den Verkündungstermin nicht zusätzlich aufheben. Denn seine Bedingung existiert nicht mehr. Freilich mag beim Streit über die Wirksamkeit des Widerrufs eine neue Verhandlung nötig werden, Anh § 307 Rn 14, 36 ff.

8   *Bei Zeitnot* läßt man sich, bitte, nicht dazu verleiten, eine Entscheidung zu verkünden, die einen reuen könnte, zumal man an sie nach § 318 gebunden sein kann. Vielmehr hebt man dann den bisherigen Verkündungstermin auf und beraumt mit Ladungen und Ladungsfrist einen neuen Verhandlungstermin (Haupttermin) an oder verschiebt den Verkündungstermin, Rn 2. Letzteres kann schriftlich geschehen, aber auch in dem bisherigen Verkündungstermin. Hatte das Gericht diesen bisherigen Termin ordnungsgemäß anberaumt und mitgeteilt, braucht es einer im bisherigen Verkündungstermin nicht erschienenen Partei den neuen bloßen Verkündungstermin nicht mitzuteilen. Es braucht ihn im Rahmen des § 218 erst recht nicht förmlich zu laden. Es war ja ihre Sache, zum bisherigen Verkündungstermin zu erscheinen oder sich unverzüglich nach seinem Ergebnis zu erkundigen. Keine Partei hat Anspruch darauf, ein Verkündungsprotokoll ohne Antrag zu erhalten, noch gar sofort. Abweichende Übungen freundlicher Gerichte sind zwar hilfreicher Service, aber keine Dienstpflicht. Säumnis fehlt nicht schon deshalb, weil man ein Protokoll nicht so rasch erhalten hatte, wie man es sich gedankenlos erwartet hatte.

Die *Geschäftsstelle* sollte freilich vom soeben verkündeten weiteren Verkündungstermin möglicht bald erfahren, um zB telefonische Anfragen nach dem Terminsausgang beantworten zu können. Einen Anspruch hat die Partei aber auch nicht darauf, daß der Richter die Geschäftsstelle sofort informiert. Die Partei hätte eben im Verkündungstermin zuhören können und müssen.

Die *Hinausschiebung* ist auch durch andere Richter als die nach § 309 berufenen statthaft. Gegen eine zu weite Hinausschiebung schützen § 252, auch eine Dienstaufsichtsbeschwerde, BVerfG NJW 89, 3148. Eine Verkündung in einem erst später anberaumten Termin führt nicht zur Aufhebung des Urteils. Der Verkündungstermin läßt ausschließlich die Verkündung zu, sonst nichts, weder eine Verhandlung noch eine Beweisaufnahme, solange nicht sämtliche Prozeßbeteiligten einer Umfunktion unter Verzicht auf alle Ladungsfristen usw zu Protokoll uneingeschränkt zustimmen. Die Verkündung erfolgt durch den Vorsitzenden, § 136 IV. Im besonderen Verkündungstermin ist die Anwesenheit der Beisitzer unnötig, § 311 IV 1. Die Parteien können abwesend sein, § 312 I.

9   Die Verkündung in einem durch Unterbrechung über den natürlichen Tagesrhythmus hinaus erstreckten, nicht als besonderen Verkündungstermin anberaumten *Verhandlungstermin* ist unzulässig, Ffm AnwBl 87, 235. Unzulässig ist ein besonderer Verkündungstermin nur deshalb, weil in der Zeit zwischen dem Verhandlungsschluß und der Verkündung eine wirksame Nachholung eines Mieterhöhungsverlangens nach §§ 558 ff BGB denkbar oder angekündigt ist. Denn das Gericht müßte dann einerseits den Ablauf der

Titel 2. Urteil §§ 310, 311

Zustimmungsfrist nach § 558b III 2 BGB abwarten. Es dürfte aber andererseits den Prozeß nicht schon deshalb aussetzen, Einf 1 vor §§ 148–155, § 148 Rn 7. Es käme also doch nicht weiter. Wenn freilich nur noch der Ablauf der bereits vor dem Verhandlungsschluß begonnenen Frist nach § 558b III 2 BGB bevorsteht, mag ein Verkündungstermin vertretbar sein und in ihm eine Wiedereröffnung der Verhandlung, § 156 Rn 3.

Bei einem *besonderen Verkündungstermin* muß das Gericht sein Urteil zur Zeit der Verkündung theoretisch vollständig abgefaßt haben, BVerfG NJW **96**, 3203, BGH FamRZ **04**, 1277. Das Gericht muß das Urteil dann also in allen seinen Bestandteilen nach § 313 I schriftlich niedergelegt und mit allen beteiligten Richtern unterschrieben haben, Mü MDR **86**, 62. Die Praxis verstößt allerdings oft genug gegen diese Vorschrift. Das ist meist folgenlos, Rn 10.

B. Verstoß, II. Ein Verstoß kann nach § 295 heilbar sein, etwa eine Verkündung durch einen nach der Geschäftsverteilung unzuständigen Richter, LAG Ffm BB **88**, 568, oder in einem nicht korrekt anberaumten oder im falschen Termin, oder eine Verkündung in einem auch zur Verhandlung bestimmten Termin in einer Nichtsommersache während der in § 227 III 1 genannten Zeit. Ein Verstoß gegen das Gebot des Vorliegens einer vollständigen Urteilsfassung im besonderen Verkündungstermin beeinträchtigt die Wirksamkeit der Verkündung grundsätzlich nicht, BGH NJW **89**, 1157, BAG MDR **03**, 47, Ffm MDR **98**, 124, ebensowenig ein Verstoß gegen I 2, BGH NJW **89**, 1157. Er stellt erst dann einen Verstoß gegen Art 103 I GG dar, wenn sich das Gericht in Wahrheit keineswegs mehr erinnern konnte, BVerfG NJW **96**, 3203, BGH FamRZ **04**, 1277. Eine mangelhafte, aber wirksame Verkündung setzt die Frist des (jetzt) § 517 in Lauf, BGH RR **94**, 127. Indessen kann das Urteil in einem krassen Fall aufzuheben sein, etwa beim zwischenzeitlichen Ausscheiden eines Mitglieds des Kollegiums oder nach dem Ablauf von fünf Monaten oder mehr seit der Verkündung, BGH FamRZ **04**, 1277, Hamm FamRZ **97**, 1166, Stgt AnwBl **89**, 232. Sonderfälle sind in §§ 276, 283, 310 III, 331a geregelt. 10

7) **Zustellung, III.** Man muß sie strikt beachten. Sie erfolgt von Amts wegen nach §§ 166 ff. 11

A. Grundsatz: Verkündungsersatz. Knauer/Wolf NJW **04**, 2861 haben Bedenken zur Vereinbarkeit von III mit Art 6 I EMRK. Die Zustellung ersetzt bei einem Anerkenntnis- oder Versäumnisurteil ohne mündliche Verhandlung in den Fällen §§ 276, 307, § 331 III die Verkündung, BGH VersR **82**, 597, LG Stgt AnwBl **81**, 197. Eine solche wäre ohne Wirkung. Daran hat sich auch durch Art 6 I 2 MRK nichts geändert. Das ist keine Gefahr einer „tückischen Falle", aM Zugehör NJW **92**, 2261, sondern eine sich aus der Schriftlichkeit des Vorverfahrens vernünftig ergebende Folge. Das Gericht muß die vollständige Fassung einschließlich des etwaigen Tatbestands und der etwaigen Entscheidungsgründe beiden Parteien zustellen. Die einer Verkündung gleichstehende Wirkung tritt erst mit der Zustellung an § 317 Rn 1 notwendigen Zustellung ein, BGH NJW **96**, 1969, Brdb RR **96**, 767, LG Kiel RR **97**, 1022, aM LG Bückebg RR **86**, 1508, Rau MDR **01**, 797 (aber die Bindung nach § 318 ist eine andere Rechtsfolge als die Einspruchsmöglichkeit).

Die *Verwerfung des Einspruchs* durch Urteil nach § 341 II erfordert statt einer Verkündung (jetzt) ebenfalls nur eine Zustellung.

Bei *Streitgenossen* nach §§ 59 ff tritt die Wirkung für jeden Streitgenossen besonders ein. Bei einer notwendigen Streitgenossenschaft, § 62, tritt sie erst mit der letzten Zustellung für alle Streitgenossen ein. Bei einer Streithilfe, § 66, ist die Zustellung an den Streithelfer notwendig, um die Entscheidung ihm gegenüber wirksam zu machen. Soweit die Verkündung eine Frist in Lauf setzt, wie für die Berichtigung des Tatbestands, § 320 II 3, beginnt die Frist für beide Parteien mit der letzten notwendigen Zustellung zu laufen, § 317 Rn 1, Nürnb NJW **78**, 832. Die Zustellung nach III ersetzt nur die Verkündung. 12

B. Verstoß, III. Nur schwere Fehler machen die Zustellung unwirksam, zB: Das völlige Fehlen der Mitwirkung des Urkundsbeamten der Geschäftsstelle, §§ 315, 317; das Fehlen der Unterschriften nach § 315 unter dem Original im Zeitpunkt der Zustellung der Ausfertigung. Andere Fehler beeinträchtigen die rechtliche Entstehung des Urteils nicht, zB das Fehlen nur des Ausfertigungs- oder Beglaubigungsvermerks oder des Empfangsbekenntnisses des Anwalts, § 195, wenn unstreitig ist, daß er das Urteil erhalten hat, § 189. 13

8) *VwGO*: *Eigene Regelung in § 116 VwGO, dazu BVerwG Buchholz 310 § 116 VwGO Nr 22 u BayVBl* **02**, 25. 14

311 Form der Urteilsverkündung.

¹ Das Urteil ergeht im Namen des Volkes.

II ¹ Das Urteil wird durch Vorlesung der Urteilsformel verkündet. ² Die Vorlesung der Urteilsformel kann durch eine Bezugnahme auf die Urteilsformel ersetzt werden, wenn bei der Verkündung von den Parteien niemand erschienen ist. ³ Versäumnisurteile, Urteile, die auf Grund eines Anerkenntnisses erlassen werden, sowie Urteile, welche die Folge der Zurücknahme der Klage oder des Verzichts auf den Klageanspruch aussprechen, können verkündet werden, auch wenn die Urteilsformel noch nicht schriftlich abgefasst ist.

III Die Entscheidungsgründe werden, wenn es für angemessen erachtet wird, durch Vorlesung der Gründe oder durch mündliche Mitteilung des wesentlichen Inhalts verkündet.

IV Wird das Urteil nicht in dem Termin verkündet, in dem die mündliche Verhandlung geschlossen wird, so kann es der Vorsitzende in Abwesenheit der anderen Mitglieder des Prozeßgerichts verkünden.

Schrifttum: *Schneider,* Rechtsschutzmöglichkeiten gegen formelle Verlautbarungsmängel usw, 1999.

§ 311

Buch 2. Abschnitt 1. Verfahren vor den LGen

Gliederung

1) Systematik, I–IV	1	B. Urteilsformel	5
2) Regelungszweck, I–IV	2	C. Vereinfachte Verkündung	6
3) Geltungsbereich I–IV	3	5) **Entscheidungsgründe, III**	7
4) **Verkündungsform, I, II**	4–6	6) **Verkündungstermin, IV**	8
A. Eingangsformel	4	7) **Verstoß, I–IV**	9
		8) *VwGO*	10

1 **1) Systematik, I–IV.** Während §§ 313 ff dem Inhalt des Urteils, § 310 zusammen mit § 311 IV den Verkündungszeitpunkt, § 309 die Gerichtsbesetzung regeln, enthalten §§ 311, 312 zusammen mit § 173 I GVG die Formen einer wirksamen Urteilsverkündung, sofern sie überhaupt notwendig ist, § 310 III.

2 **2) Regelungszweck, I–IV.** Die Vorschrift bezweckt wegen der zentralen Bedeutung des Urteils eine formell klare Bekanntgabe, und zwar stets in öffentlicher Sitzung, also vor „dem Volk", in dessen Namen das Gericht spricht, § 173 I GVG. Man sollte diese Formen nicht verwässert handhaben. Das gilt auch und gerade angesichts der immer weitergehenden Abschwächung der Vorschrift. Das „Beschreien der Wände" mag keineswegs mehr notwendig sein. Verboten ist eine solche anhörbare akustische letzte Selbstkontrolle nicht. Es kann auch nicht schaden, ein einfaches Versäumnisurteil usw nicht nur „nach Antrag" zu verkünden, sondern zugleich im hinteren Aktendeckel oder auf einem Zettel zu formulieren. Ist eine vermutlich sehr enttäuschte Partei anwesend, sind ein paar Sätze der Begründung „zu viel" vielleicht doch geeignet, ihre Einsicht zu fördern.

3 **3) Geltungsbereich, I–IV.** Die Vorschrift gilt in allen Verfahren nach der ZPO, auch im arbeitsgerichtlichen Verfahren, § 46 II 1 ArbGG. Das gilt auch für IV, §§ 53 II, 60 III ArbGG, Philippsen pp NJW 77, 1135.

4 **4) Verkündungsform, I, II.** Sie wird nicht stets genau beachtet.

A. Eingangsformel. Das Urteil ergeht im Namen des Volkes, Art 20 II GG. Das Fehlen des Vermerks ist unschädlich, LG Dortm WoM 95, 548.

5 **B. Urteilsformel.** Ihre Verkündung ist der „Geburtsakt" des Urteils, BGH VersR 85, 46, LAG Köln AnwBl 95, 159. Sie kann auch „am Schluß der Sitzung" erfolgen. Das ist ein Fall von I, nicht von IV, Fischer DRiZ 94, 97. Grundsätzlich muß das Gericht die Urteilsformel verlesen, nicht auch die Eingangsformel (ihre Erwähnung ist üblich). Die Urteilsformel muß also schriftlich vorliegen, BGH NJW 99, 794, Roth NJW 97, 1968, oder wenigstens „laut niedergeschrieben" werden, wie es in der Praxis vielfach üblich ist. Die Urteilsformel muß freilich grundsätzlich bei ihrer Verkündung nicht unbedingt schon unterschrieben sein, BGH NJW 99, 794 (nämlich im Stenogramm usw stehen), aM BFH BB 96, 997. Ausnahmen: I 2. Die Verweisung auf das Protokoll ersetzt die notwendige Verkündungsform. § 137 III ist unanwendbar. Denn diese Vorschrift betrifft nur solche Schriftstücke, die den Parteien bekannt sind. Doch muß es vernünftigerweise genügen, daß die Parteien die Urteilsformel einsehen. Auch darf man die Unterlassung des Vorlesens zweckmäßigerweise als unschädlich ansehen, BAG DB **88**, 136, Jauernig NJW **86**, 117.

Ein *Aufstehen* während der Verkündung der Urteilsformel ist nicht üblich. Man darf es aber jederzeit praktizieren. Jeder Anwesende muß zumindest nach Aufforderung des Vorsitzenden aufstehen, zumal es die Bedeutung des Augenblicks würdig betont, §§ 173 I, 176 ff GVG. Wegen des Protokolls §§ 160 III Z 6, 7, 165, BGH NJW **94**, 3358. Wegen des Verkündungsvermerks § 315 IV.

6 **C. Vereinfachte Verkündung.** Eine Verkündung ohne Vorlesen der Urteilsformel ist dann statthaft, wenn man kein Auseinanderklaffen von verkündeter und später schriftlich abgefaßter Urteilsformel befürchten muß, Jauernig NJW **86**, 117. Das gilt bei der Verkündung eines Urteils am Schluß der Sitzung oder in einem besonderen Verkündungstermin, sofern jeweils von den Parteien bzw ihren ProzBev niemand dazu erschienen ist, II 2. Dann muß lediglich zu Protokoll eine Bezugnahme auf die Urteilsformel erfolgen. Die Formel muß daher bereits bei der Bezugnahme vorliegen. Weitere Fälle: Beim zu verkündenden echten Versäumnisurteil, § 331 II; beim zu verkündenden Anerkenntnisurteil, § 307 I; beim Verzichtsurteil, § 306; beim Urteil auf Rücknahme des Einspruchs, § 346; beim Urteil auf Rechtsmittelrücknahme, §§ 516 III, 565. Unstatthaft ist die vereinfachte Verkündung: Beim unechten Versäumnisurteil, Üb 13 von § 330; beim Aktenlageurteil, § 251 a. Über die Folgen eines Verstoßes § 310 Rn 3. Wegen des ohne mündliche Verhandlung ergehenden Versäumnis- oder Anerkenntnisurteils § 310 III.

7 **5) Entscheidungsgründe, III.** Ihre Verkündung ist stets entbehrlich, BAG DB **88**, 136. Sie steht im pflichtgemäßen Ermessen des Vorsitzenden als der zur Verkündung nach § 136 IV berufenen Person. Geschieht sie, so muß er die wesentlichen Gesichtspunkte mündlich mitteilen oder die Gründe verlesen. Sie sollte immer mündlich stattfinden, wenn keine schriftliche Begründung erfolgt. Bei einem Widerspruch zwischen den mündlich verkündeten und den schriftlich niedergelegten Gründen gelten die letzteren.

8 **6) Verkündungstermin, IV.** In einem besonderen Verkündungstermin, der nach § 227 III 1 Hs 1 auch in der Zeit vom 1. 7. bis 31. 8. stets zulässig ist, braucht nur der Vorsitzende anwesend zu sein. Er darf wie am Schluß der Sitzung nach Rn 6 zu Protokoll auf die Urteilsformel verweisen, wenn von den Parteien beim Aufruf nach § 220 Rn 5 niemand erscheint, dh sich niemand zu Protokoll meldet, § 310 II. Er braucht dann also erst recht nicht die Wände (mit dem vollen Tenor) zu „beschreien", BGH NJW **94**, 3358, Jauernig NJW **86**, 117. Vgl freilich auch Rn 2. Wegen der Entbehrlichkeit eines Verkündungstermins bei der Einspruchsverwerfung ohne mündliche Verhandlung nach § 341 II vgl § 310 Rn 11.

9 **7) Verstoß, I–IV.** Soweit nicht einmal eine schriftliche Abfassung der Urteilsformel vorliegt, reicht die Bezugnahme auf das Urteil auch dann nicht aus, wenn sie im übrigen nach IV erlaubt ist, BGH NJW **85**,

1783, aM Jauernig NJW **86**, 117 (aber dann entfällt für das Gericht das nach streitiger Verhandlung dringend notwendige Gebot der Selbstkontrolle bei der Urteilsformulierung).

Mangels wirksamer Verkündung liegt rechtlich ein bloßer Urteilsentwurf vor, Üb 12 vor § 300, aM BAG NJW **96**, 674 (evtl § 319. Aber es liegt gar kein Geburtsakt vor, nicht etwa nur ein unrichtiger). Der bloße Entwurf setzt die Rechtsmittelfrist nicht in Lauf, LAG Köln AnwBl **95**, 159, auch nicht die Fünfmonatsfristen der (jetzt) §§ 517, 547, BGH VersR **85**, 46. Eine fehlerhafte Bekanntgabe des Verkündungstermins ist kein wesentlicher Verlautbarungsmangel, § 310 Rn 3.

8) *VwGO:* Statt **I** gilt § 117 I 1 VwGO. Als Ergänzung zu § 116 I 1 VwGO sind **II** u **III** entsprechend 10 anwendbar, § 173 VwGO, II 2 jedoch mit der Einschränkung, daß es Versäumnisurteile im VerwProzeß nicht gibt; **IV** ist ebenfalls entsprechend anwendbar (auch S 1, weil es sich um eine zweckmäßige Erleichterung für alle Kollegialgerichte handelt, die zB unmittelbar für die Baulandgerichte gilt).

312 *Anwesenheit der Parteien.* ¹ ¹ Die Wirksamkeit der Verkündung eines Urteils ist von der Anwesenheit der Parteien nicht abhängig. ² Die Verkündung gilt auch derjenigen Partei gegenüber als bewirkt, die den Termin versäumt hat.

II Die Befugnis einer Partei, auf Grund eines verkündeten Urteils das Verfahren fortzusetzen oder von dem Urteil in anderer Weise Gebrauch zu machen, ist von der Zustellung an den Gegner nicht abhängig, soweit nicht dieses Gesetz ein anderes bestimmt.

Schrifttum: S bei § 311.

1) Systematik, I, II. Die Vorschrift ist eine Ergänzung zu §§ 310, 311, dort Rn 1. 1

2) Regelungszweck, I, II. Das Urteil als Hoheitsakt nach Üb 10 vor § 300 soll in seiner Wirksamkeit 2 möglichst wenig gefährdet werden. Die Anwesenheit ist wegen Art 103 I GG nur im Verhandlungsteil eines Termins wichtig, selbst dort aber keine Pflicht. Bei der Verkündung darf man fehlen, ohne eines der Prozeßziele zu gefährden.

Ein *erfahrener, guter ProzBev* schickt wenn irgend möglich einen Mitarbeiter zum Verkündungstermin, schon wegen § 218, aber auch aus manchem weiteren Grund, etwa deshalb, weil die Geschäftsstelle den Tenor einer Entscheidung und damit auch eine dort verkündete Frist oder Auflage meist anschließend mangels Aktenbesitzes noch nicht kennt, der Mandant aber Anspruch auf alsbaldige Mitteilung dessen hat, was ihn am meisten interessiert, nämlich das Ergebnis der Verhandlung. Die leider nicht ganz seltene Art, das Gericht mit der Ansicht zu konfrontieren, man brauche vor Erhalt des Protokolls vom Ergebnis der Sitzung keine Kenntnis zu nehmen, beruht auf Verkennung gleich mehrerer Grundsätze. Sie führt evtl alsbald zur Haftung nach § 85 II. Es kann erst recht nicht Sache des Gerichts sein, eine Partei oder ihren ProzBev gar ungebeten zusätzlich zu jedem Terminsergebnis telefonisch usw zu informieren, von seltenen Ausnahmen und nur selten nötiger richterlicher Anordnung abgesehen.

3) Geltungsbereich, I, II. Die Vorschrift gilt in allen Verfahren nach der ZPO, auch im arbeitsge- 3 richtlichen Verfahren, § 46 II 1 ArbGG. In WEG-Sachen gilt I nicht.

4) Wirksamkeit des Urteils, I. Die Urteilsverkündung nach § 310 Rn 1–10 darf in Abwesenheit der 4 Parteien geschehen, Rn 2. Hat das Gericht sein Urteil nicht im verkündeten Termin verkündet, sondern in einem den Parteien nicht bekannt gegebenen weiteren Termin, so handelt es sich nicht um ein Nichturteil, sondern um eine Entscheidung, die zur Grundlage für eine Sachentscheidung des Revisionsgerichts werden kann. Das Gericht beachtet einen Fehler nur auf eine Rüge, § 551 III Z 2 b. Meist beruht das Urteil nicht auf ihm, § 310 Rn 1. Mit der Verkündung hat die Partei gesetzlich Kenntnis vom Urteilsinhalt. Unerheblich ist, wann sie von ihm wirklich unterrichtet wird. Das gilt auch für ihren gesetzlichen Vertreter oder ProzBev. Sein Verschulden gilt nur im Verhältnis zum Prozeßgegner als solches der Partei, §§ 51 II, 85 II.

Die Zustellung des Urteils ist nur für folgende Situationen *unentbehrlich:* Für den Beginn der Zwangsvollstreckung, § 750 I; für den Beginn der Notfristen für den Einspruch und die Rechtsmittel (aber nicht für deren Zulässigkeit), §§ 339 I, 517, 547, 569 I; für den Beginn der Frist zur Tatbestandsberichtigung nach § 320 II und zur Urteilsergänzung, § 321 II; beim Anerkenntnis- oder Versäumnisurteil ohne mündliche Verhandlung, § 310 III.

5) Fortsetzung des Verfahrens, II. Es steht den Parteien frei, ein zum Stillstand gekommenes Verfahren 5 fortzusetzen. Das Gericht muß in diesen Fällen eine entsprechende Willenskundgebung abwarten. Sie liegt in der ausdrücklichen Anregung oder in einer Antragstellung.

6) *VwGO:* Entsprechend anzuwenden, § 173 VwGO, auch auf Beschlüsse, RedOe § 122 Anm 6. 6

313 *Form und Inhalt des Urteils.* ¹ Das Urteil enthält:
1. die Bezeichnung der Parteien, ihrer gesetzlichen Vertreter und der Prozeßbevollmächtigten;
2. die Bezeichnung des Gerichts und die Namen der Richter, die bei der Entscheidung mitgewirkt haben;
3. den Tag, an dem die mündliche Verhandlung geschlossen worden ist;
4. die Urteilsformel;
5. den Tatbestand;
6. die Entscheidungsgründe.

II ¹ Im Tatbestand sollen die erhobenen Ansprüche und die dazu vorgebrachten Angriffs- und Verteidigungsmittel unter Hervorhebung der gestellten Anträge nur ihrem wesentlichen Inhalt

§ 313

nach knapp dargestellt werden. [2] Wegen der Einzelheiten des Sach- und Streitstandes soll auf Schriftsätze, Protokolle und andere Unterlagen verwiesen werden.

[III] Die Entscheidungsgründe enthalten eine kurze Zusammenfassung der Erwägungen, auf denen die Entscheidung in tatsächlicher und rechtlicher Hinsicht beruht.

Vorbem. Dazu gelten ergänzend § 9 Z 2, 3 UWG idF § 20 IV Z 3 UWG v 3. 7. 04, BGBl 1414, § 12 III UWG idF v 3. 7. 04, BGBl 1414, in Kraft seit 8. 7. 04, § 22 S 1 UWG. ÜbergangsR jeweils Einl III 78.

Schrifttum: *Anders/Gehle,* Das Assessorexamen im Zivilrecht, 5. Aufl 1996; *Anders/Gehle,* Handbuch für das Zivilurteil, 2. Aufl 1995; *Anders/Gehle,* Antrag und Entscheidung im Zivilprozeß, 3. Aufl 2000; *Baader,* Vom richterlichen Urteil: Reflexionen über das „Selbstverständliche", 1989; *Balzer,* Das Urteil im Zivilprozess, 2003 (Bespr *Edinger* DRiZ **04**, 290); *Balzer/Forsen,* Relations- und Urteilstechnik, Aktenvortrag, 7. Aufl 1993; *Baumfalk,* Die zivilgerichtliche Assessorklausur, 12. Aufl 2003; *Bischof,* Die zivilrechtliche Anwaltsklausur, 2001; *Brehm,* Die Bindung des Richters an den Parteivortrag und Grenzen freier Verhandlungswürdigung, 1982; *Christensen/Kudlich,* Theorie richterlichen Begründens, 2001; *Fischer,* Bezugnahmen ... in Tatbeständen ... im Zivilprozeß usw, 1994; *Furtner,* Das Urteil im Zivilprozeß, 5. Aufl 1985; *Gehle,* Antrag und Entscheidung im Zivilprozeß, 1999; *Gottwald,* Das Zivilurteil (Anleitung für Klausur und Praxis), 2. Aufl. 2004; *Grabenhorst,* Das argumentum a fortiori usw, 1990; *Hartmann,* Das Urteil nach der Vereinfachungsnovelle, JR **77**, 181; *Heinen/Knemeyer,* Zivilrechtliche Assessorklausuren mit Erläuterungen, 3. Aufl 2003; *Huber,* Das Zivilurteil usw, 2. Aufl 2003; *Jauernig,* Das gleichwertige („aequipollente") Parteivorbringen, Festschrift für *Schwab* (1990) 247; *Kegel,* Beweislast- und Relationskunst, Festschrift für *Baumgärtel* (1990); *Knerr,* Die Veröffentlichung von Namen in gerichtlichen Entscheidungen, 2004; *Knöringer,* Die Assessorklausur im Zivilprozeß, 11. Aufl 2005; *Köttgen,* Der Kurzvortrag in der Assessorprüfung, 1988; *Kötz,* Über den Stil höchstrichterlicher Entscheidungen, 1973 (Auszüge DRiZ **74**, 146 und 183); *Kunz,* Rechtsmittelbelehrung durch die Zivilgerichte usw, 2000; *Lamprecht,* Richter kontra Richter, Abweichende Meinungen und ihre Bedeutung für die Rechtskultur, 1992; *Lücke,* Begründungszwang und Verfassung, 1987; *Mürbe/Geiger/Wenz,* Die Anwaltsklausur in der Assessorprüfung, 4. Aufl 2000; *Nordhues/Trinczek,* Technik der Rechtsfindung, 6. Aufl 1994; *Olivet,* Juristische Arbeitstechnik in der Zivilstation, 3. Aufl 2005; *Rosenberg/Solbach/Wahrendorf,* Der Aktenvortrag in Zivilsachen usw (ASSEX), 2. Aufl 1996; *Sattelmacher/Sirp/Schuschke,* Bericht, Gutachten und Urteil, 33. Aufl 2003; *Schellhammer,* Die Arbeitsmethode des Zivilrichters, 15. Aufl 2005; *Schlosser,* Die ZPO auf dem Wege zum Urteil mit vereinbartem Inhalt?, Festschrift für *Schumann* (2001) 389; *Schmitz,* Zivilrechtliche Musterklausuren für die Assessorprüfung, 4. Aufl 2002; *Schmitz/Ernemann/Frisch,* Die Station in Zivilsachen, 6. Aufl 2002; *Schneider,* Zivilrechtliche Klausuren, 4. Aufl 1984; *Schneider,* Beweis und Beweiswürdigung, 5. Aufl 1994; *Schneider,* Der Zivilrechtsfall in Prüfung und Praxis, 7. Aufl 1988; *Schneider,* Richterliche Arbeitstechnik usw, 3. Aufl 1991; *Schneider,* Logik für Juristen, 4. Aufl 1995; *Schneider/van den Hövel,* Die Tenorierung im Zivilurteil, 3. Aufl 04; *Schneider/Teubner,* Typische Fehler in Gutachten und Urteil einschließlich Akten-Kurzvortrag, 3. Aufl 1990; *Schreiber,* Übungen im Zivilprozeß, 2. Aufl 1994; *Schumann,* Die ZPO-Klausur, 2. Aufl 2002; *Smid,* Richterliche Rechtserkenntnis: zum Zusammenhang von Recht, richtigem Urteil und Urteilsfolgen im pluralistischen Staat, 1989; *Tempel,* Mustertexte zum Zivilprozeß, Bd II ... Relationstechnik, 4. Aufl 1996; *Vollkommer,* Formzwang und Formzweck, in: Festschrift für *Hagen* (1999); *Walchshöfer,* Die Abweisung einer Klage als „zur Zeit" unzulässig oder unbegründet, Festschrift für *Schwab* (1990) 521; *Weitzel,* Tatbestand und Entscheidungsqualität, 1990; *Zimmermann,* Klage, Gutachten und Urteil, 18. Aufl 2003.

Gliederung

1) Systematik, I–III	1	H. Beweis	25
2) Regelungszweck, I–III	2	I. Rechtsausführungen	26
3) Geltungsbereich, I–III	3	J. Tatsächliche Einzelheiten	27
4) Parteien usw, I Z 1	4–8	K. Kosten; Vollstreckbarkeit	28
A. Tatsächliche Parteien	4	L. Beispiel eines Tatbestands	29
B. Gesetzlicher Vertreter	5	M. Verstoß, I Z 5, II	30
C. Prozeßbevollmächtigte	6	9) **Entscheidungsgründe, I Z 6, III**	31–50
D. Aktenzeichen	7	A. Umfang	32–37
E. Verstoß, I Z 1	8	B. Anspruchsgrundlagen	38
5) Gericht und Richter, I Z 2	9	C. Einreden, Einwendungen	39
6) Tag des Schlusses der letzten mündlichen Verhandlung, I Z 3	10	D. Tatbestandsmerkmale	40
		E. Beweiswürdigung	41
7) Urteilsformel, I Z 4	11–13	F. Verspätetes Vorbringen	42
8) Tatbestand, I Z 5, II	14–30	G. Nebenentscheidungen	43
A. Grundsatz: Beurkundung des Parteivortrags	14–18	H. Gesetzeswortlaut	44
		I. Lehre und Rechtsprechung	45, 46
B. Anträge	19	J. Aufbau, Sprache, Stil und Verständlichkeit	47, 48
C. Ansprüche	20	K. Beispiel für Entscheidungsgründe	49
D. Angriffs- und Verteidigungsmittel	21	L. Verstoß, I Z 6, III	50
E. Streitig – unstreitig	22	10) **Keine Rechtsmittelbelehrung, I–III**	51
F. Wichtige prozessuale Ereignisse	23	11) *VwGO*	52
G. Reihenfolge	24		

1 1) Systematik, I–III. § 313 gilt für fast sämtliche Urteile, nämlich mit Ausnahme nur derjenigen nach §§ 313 a, 313 b I, 495 a. Er enthält abgesehen von § 315 in II und III alle für die Rechtswirksamkeit des Urteils wesentlichen Erfordernisse. Unwesentlich sind danach der Vermerk „Im Namen des Volkes" nach § 311 I oder die Bezeichnung eines vollständigen Urteils als Anerkenntnis-, Versäumnis-, Wechselurteil usw,

Titel 2. Urteil § 313

BGH VersR 99, 638. Sie sind aber üblich. Den Verkündungstag ergibt der Vermerk nach § 315 III. Auf eine schriftliche Abfassung des Urteils können die Parteien im Umfang des § 313 a verzichten. Bei einem Anerkenntnis-, Versäumnis- oder Verzichtsurteil ist eine abgekürzte Fassung im Rahmen von § 313 b zulässig. Beim Berufungsurteil gibt § 540 Abkürzungsmöglichkeiten. Das Urteil gliedert sich in: Den Kopf, das Rubrum, Z 1–3; die Formel, den Tenor, Z 4; den Tatbestand, Z 5; die Entscheidungsgründe, Z 6; die Unterschriften, § 315 I. Vgl §§ 60, 61 ArbGG. Ein Verstoß gegen § 313 macht das Urteil nicht unwirksam, sofern es überhaupt besteht, BGH VersR 80, 744. Er macht aber das sonst zulässige Rechtsmittel statthaft, soweit das Urteil unbestimmt oder sachlich unvollständig ist. Wegen eines Unterschriftsmangels § 315 Rn 8.

2) **Regelungszweck, I–III.** Die Vorschrift dient einerseits der Prozeßwirtschaftlichkeit nach Grdz 14, 15 vor § 128 in einem wesentlichen Punkt. Denn auch eine kurze Urteilsfassung trägt zur Arbeitsfähigkeit der Justiz bei. Sie dient anderseits natürlich wesentlich der Rechtsstaatlichkeit nach Einl III 15 und Rechtssicherheit, Einl III 43. Sie dient aber schließlich vor allem der Erzielung eines gerechten Ergebnisses, Einl III 1 ff. Denn die Notwendigkeit für das Gericht, über sein Verfahren und dessen Ergebnisse Rechenschaft abzulegen, fördert Sorgfalt und Gewissenhaftigkeit. Das alles muß man bei der Auslegung mitbeachten.
Enorm breit ist das Spektrum von Praktiken, was alles in ein Urteil gehören sollte und was nicht. Man findet alle Spielarten zwischen ruppig kurzen Andeutungen und geschwätzig ausgewalzten Wiederholungen dessen, was die Parteien längst wissen und was der Rechtsmittelrichter ohnehin aus der übrigen Akte zusammenlesen muß. § 313 erlaubt in weitem Umfang Bezugnehmen. Das Urteil ist jedenfalls zumeist auch „nur" für die Parteien und ihre Anwälte und Versicherungen da, nicht für die Öffentlichkeit. Sogar in der Revisionsinstanz steht das Informationsbedürfnis der Wissenschaft über eine hoffentlich abschätzbare Linie nicht in der ersten Reihe der Interessen. Daran sollte man getrost gelegentlich erinnern dürfen.
Ansicht und Meinung sind im Grunde verfehlte Ausdrücke zur Bekanntgabe der Haltung des Gerichts. Es beurteilt, bewertet und entscheidet über die Ansichten und Meinungen der übrigen Prozeßbeteiligten. Das ist selbst dann etwas ganz anderes, wenn es sich ihnen höflich „anschließt". Erst durch seine Beurteilung wird aus einem Plädoyer eine verbindliche Entscheidung. Das dürfte auch in der Sprachführung durchaus klarer zum Ausdruck kommen.

3) **Geltungsbereich, I–III.** Die Vorschrift gilt in allen Verfahren nach der ZPO, auch im arbeitsgerichtlichen Verfahren, § 46 II 1 ArbGG, BAG NZA 04, 565, auch beim streitigen WEG-Urteil, BayObLG FGPrax 01, 189, nicht aber im sonstigen FGG-Verfahren, Köln NZM 00, 686.

4) **Parteien usw, I Z 1.** Die Nämlichkeit muß bei allen Angaben zweifelsfrei feststehen. Es gelten dieselben Regeln wie bei § 253 II Z 1, dort Rn 22 ff, BayObLG FGPrax 01, 189 (WEG). Denn diese Feststellung ist für den Umfang der Rechtskraft nach § 325 Rn 4 und für eine richtige Zustellung mit deren Rechtsfolgen unentbehrlich.
A. Tatsächliche Parteien. Erforderlich ist die Bezeichnung der tatsächlichen Parteien nach Grdz 4 vor § 50 und der Streithelfer nach § 66, nicht auch diejenige der nicht beigetretenen Streitverkündungsgegner, § 74 II. Maßgebend ist der Stand bei der letzten mündlichen Verhandlung, §§ 136 IV, 296 a. Anführen muß das Gericht also eine eingetretene neue Partei, ohne einen Eintritt im Fall des § 265 die alte Partei, bei einer Vertretung ohne Vollmacht die Vertretene, § 89. Die jeweilige Parteistellung gehört jedenfalls im weiteren Sinn zur Nämlichkeitsklärung, Grdz 4 vor § 50. Man sollte sie stets angeben, zB „Kläger und Berufungsbeklagter". Die Firma kann genügen, §§ 17 II, 124 I, 161 II HGB. Vgl aber § 750 Rn 3.
B. Gesetzliche Vertreter. Erforderlich ist ferner die Bezeichnung der gesetzlichen Vertreter, Begriff Grdz 7 vor § 50. Die Angabe „vertreten durch den Vorstand" ist nichtssagend, Kunz MDR 89, 593. Vielmehr ist die Namensnennung notwendig.
C. Prozeßbevollmächtigte. Erforderlich ist ferner grundsätzlich die Angabe der ProzBev, die als solche nach § 172 Rn 5 bestellt sind, Hbg GRUR 81, 91, und die auch aufgetreten sind. Diese Aufgabe kann zwar beim Tätigwerden in eigener Sache unterbleiben. Sie empfiehlt sich aber dennoch vorsorglich, § 78 Rn 56, § 91 Rn 57, 170. Solche Anforderungen fehlen beim Einreichen einer „Schutzschrift" vor der Einreichung des gegnerischen Antrags auf den Erlaß einer einstweiligen Verfügung, Grdz 7 vor § 128, Hbg GRUR 81, 91, oder vor der Klagezustellung, § 253 I. Die Anführung im Urteilskopf beweist streng genommen nicht das Vorliegen einer Prozeßvollmacht, § 80. Sie genügt aber praktisch für deren Nachweis im weiteren Verfahren, zB für die Kostenfestsetzung nach §§ 103 ff. Bei einem Anwalt als ProzBev ist ohnehin meist keine Vollmachtsprüfung erforderlich, § 88 II. Fehlt bei einem anderen Prozeß eine Vollmacht, so vermerkt das Gericht, der Betreffende sei „Beteiligter", Karlsr FamRZ 96, 1335, besser: er sei „als Prozeßbevollmächtigter aufgetreten".
D. Aktenzeichen. Erforderlich ist schließlich das Aktenzeichen.
E. Verstoß, I Z 1. Ein Verstoß bei der Angabe der Parteien macht die Zustellung unter Umständen unmöglich. Er ist ein wesentlicher Verfahrensmangel. Er führt auf Antrag evtl zur Zurückverweisung, auch falls die Nämlichkeit nicht feststeht, (jetzt) § 538, Hbg GRUR 81, 91. Dasselbe kann bei den gesetzlichen Vertretern und beim ProzBev gelten, Hbg GRUR 81, 91. Indessen hängt alles von der Lage des Einzelfalls ab. Außerdem läßt sich ein derartiger Mangel nach einer ordnungsmäßigen Zustellung heilen, sogar noch in der Revisionsinstanz.

5) **Gericht und Richter, I Z 2.** Das Urteil muß wegen §§ 547 Z 1–3, 554 grundsätzlich die Bezeichnung des Gerichts enthalten, auch der Abteilung oder des Kollegiums, ferner die Namen der erkennenden Richter. Die Unterschriften der Richter ersetzen nur diese zweite Angabe, und zwar nur, soweit die Nämlichkeit feststeht, BGH FamRZ 77, 124. Namen und Unterschriften müssen übereinstimmen, § 315. Eine Nachholung oder Berichtigung ist auch nach Rechtsmitteleinlegung gemäß § 319 zulässig. Im Fall § 313 b II ist die Angabe der Richternamen entbehrlich.

6) **Tag des Schlusses der letzten mündlichen Verhandlung, I Z 3.** Das Gericht muß ihn muß schon wegen § 313 a III erwähnen, aber auch wegen § 296 a, Düss NJW 87, 508, sowie zB wegen §§ 323 II,

§ 313

767 II. Ihm steht im schriftlichen Verfahren der in § 128 II 2 Hs 1 und im Aktenlageverfahren der in § 251a II 3 Hs 2 genannte Zeitpunkt gleich. Wenn die Angabe vergessen wurde, läuft die Rechtsmittelfrist gleichwohl grundsätzlich seit der Zustellung des fehlerhaften Urteils, nicht erst seit einer Berichtigung, BGH VersR **80**, 744. Üblich ist der das sog Rubrum beendende Satz, es sei „für Recht erkannt", Einf 9 vor §§ 322–327.

11 7) **Urteilsformel, I Z 4**, dazu *Ritter*, Zur Unterlassungsklage: Urteilstenor..., 1994: Die Urteilsformel, § 311 II, der sog Tenor (Betonung auf der *ersten* Silbe!), ist das Kernstück des Urteils, das Ziel des ersten Hauptabschnitts auf dem Weg des Klägers von der Anrufung des Staats bis zur Befriedigung wegen seiner Forderung. Das Gericht muß die Urteilsformel vom Tatbestand und von den Entscheidungsgründen sondern. Üblicherweise und zweckmäßig, wenn auch nicht notwendig, geht sie voraus. Sie soll kurz und scharf, aus sich heraus verständlich sein, BGH GRUR **89**, 495. Das Gericht muß die Urteilsformel entsprechend den Anforderungen an einen Klagantrag nach § 253 II Z 2 grundsätzlich stets so genau formulieren, daß der Umfang der Rechtskraft nach § 322 erkennbar ist und daß eine etwa beabsichtigte Zwangsvollstreckung möglich wird, Grdz 15, 16 vor § 704, BGH NJW **92**, 1692, Köln NJW **85**, 274, LAG Köln MDR **03**, 778.

Eine *Geldleistung* ist in EUR zu beziffern, in anderer Währung, § 253 Rn 31, Maier-Reimer NJW **85**, 2053, evtl mit Genehmigung nach § 49 II AWG, evtl vorbehaltlich solcher Genehmigung, § 32 AWG, SchlAnh IV A. Bei den nach § 288 I 1 BGB zu beurteilenden Zinsen mag die Wiedergabe des Gesetzestexts ausreichen, Reichenbach NJW **01**, 14.

12 In der Urteilsformel darf das Gericht nur dann auf eine Urteilsanlage *Bezug* nehmen, wenn das technisch unvermeidbar ist, BGH NJW **00**, 2208, LAG Köln MDR **03**, 778. Das gilt zB dann, wenn sie in einem langen Verzeichnis, einer Zeichnung oder einem Computerprogramm besteht, BGH **94**, 291, und wenn die Geschäftsstelle der Anlage mit ausfertigt. Unzulässig ist eine Verurteilung auf den „Betrag aus dem Mahnbescheid", Schuster MDR **79**, 724, aM Mickel MDR **80**, 278 (aber wenigstens das Kernstück der Richtertätigkeit, der Vollstreckungstitel muß aus sich heraus verständlich sein, LAG Köln MDR **03**, 778). Eine Abweisung kann, braucht aber nicht schon in der Urteilsformel erkennen zu lassen, ob sie wegen der Unzulässigkeit oder Unbegründetheit der Klage erfolgt, LG Freibg MDR **97**, 396, und ob die Abweisung nur als „derzeit noch" erfolgt. Besonderheiten gelten im Versäumnisverfahren, §§ 341 I 2, 343, 344, 345. Ein Rechtsmittel wird im Fall seiner Unzulässigkeit ebenfalls „verworfen", im Fall der Unbegründetheit „zurückgewiesen". Bei einem Verfahrensfehler kann es auf Antrag zur „Aufhebung (des Urteils vom ...) und Zurückverweisung (an das ...gericht)" kommen, § 538, „auch wegen der Kosten", § 97 Rn 76.

Die Praxis ist oft *zu weitschweifig*. Statt „das Urteil wird für vorläufig vollstreckbar erklärt" genügt: „das Urteil ist vorläufig vollstreckbar". Statt „der Beklagte wird in die Kosten des Rechtsstreits verurteilt" genügt „der Beklagte trägt die Kosten" (welche denn sonst?). Bei der Formulierung der Vollstreckbarkeit ist zB an § 850f Rn 9, 10 (unerlaubte Handlung) zu denken. Vgl ferner § 713 Rn 3. Ein Urteil, „die laufende Miete zu zahlen", ist nicht vollstreckbar.

Eine *Zulassung der Berufung* nach § 511 II Z 2 sollte schon in der Urteilsformel erfolgen, Hartmann NJW **01**, 1226. Das gilt selbst dann, wenn das Gericht die nach § 511 IV Z 1, 2 erforderliche Kurzbegründung in die Entscheidungsgründe bzw Protokollgründe einfügen muß. Das Gericht sollte auch eine Nichtzulassung schon in der Urteilsformel klarstellend mitnehmen, Hartmann NJW **01**, 1226. Freilich sind die Entscheidungsgründe auslegbar. Wenn weder Tenor noch Entscheidungsgründe dazu etwas enthalten, muß man wohl meist eine stillschweigende Nichtzulassung annehmen, LG Görlitz WoM **03**, 39.

Das Urteil der *höheren Instanz* muß keine neue Fassung erhalten, wenn es die Entscheidung der Vorinstanz nicht bestätigt. Es ist unzweckmäßig, die Entscheidung so zu formulieren, daß der Leser ihren Sinn erst durch Vergleich mehrerer Urteilsformeln erkennen kann. Das muß das Gericht besonders bei § 323 beachten.

13 *Notfalls* muß man die Formel aus dem Inhalt des Urteils *auslegen*, § 322 Rn 6, aber auch 14. Wenn auch das nicht möglich ist, kann keine innere Rechtskraft eintreten, § 322 Rn 9, und keine Zwangsvollstreckung stattfinden. Dann ist vielmehr eine neue Klage notwendig, und auf Revision wird das bisherige Urteil aufgehoben. Andererseits muß das Gericht die Urteilsformel auch weit genug abfassen, insbesondere bei einer Unterlassungsklage, damit der Gegner nicht durch eine geringfügige Abänderung seines Verhaltens das Urteil zuschanden macht, § 890 Rn 3. Bei der Verbandsklage gelten § 9 UKlaG, abgedruckt vor Rn 1 (Formel), und § 7 UKlaG, ebenfalls vor Rn 1 abgedruckt (Veröffentlichung).

14 8) **Tatbestand, I Z 5, II**, dazu *Gaier*, Urteilstatbestand und Mündlichkeitsprinzip usw, 1999: Die Bedeutung des Tatbestands wird nicht selten unterschätzt.

A. Grundsatz: Beurkundung des Parteivortrags. Ein Tatbestand ist grundsätzlich durchaus nötig, Schopp ZMR **93**, 359. In ihm beurkundet das Gericht das Parteivorbringen im Urteil, § 314, BGH RR **05**, 963, BAG NJW **89**, 1627. Das Protokoll nach §§ 159 ff geht im Zweifel dem Tatbestand vor. Er soll zwar den Sach- und Streitstand beim Schluß der mündlichen Verhandlung nach §§ 136 IV, 296a erkennen lassen, Er soll jedoch nur dem wesentlichen Inhalt nach knapp, BGH NJW **04**, 1878, beschränkt sein auf das „unabweisbar Notwendige", BVerfG NJW **01**, 2009, LG Mü NJW **90**, 1488, AG Ffm NJW **02**, 2358. Die viel zu wenig beachtete Fassung der Z 5 bezweckt eine direkte Abkehr von dem früheren Prinzip der Vollständigkeit zugunsten einer Arbeitserleichterung aller Beteiligten. Daher ist es jetzt weder im Tatbestand noch in den Entscheidungsgründen notwendig, eine auch für jeden Dritten vollständige Darstellung zu geben, BGH NJW **04**, 1878, Franzki NJW **79**, 13.

15 Vielmehr reicht es aus, daß die unumgänglichen *Mindestangaben* vorhanden sind und daß die Parteien auf Grund der Verhandlung den Tatbestand verstehen können, Stanicki DRiZ **83**, 270, krit Sirp NJW **83**, 1305. Soweit die Parteien rechtskundig vertreten sind, genügt eine Verständlichkeit für die ProzBev. Es gehört zu deren Aufgabe, die Auftraggeber bei Bedarf zusätzlich zum Inhalt zu informieren. Das Gericht kann sich auch durch Zeichnungen oder Fotos usw ausdrücken, BGH **112**, 142.

Titel 2. Urteil **§ 313**

So weitgehend wie irgend möglich darf und soll das Gericht auf die Akten *verweisen,* und zwar auf jeden **16** beliebigen Aktenteil, soweit er für das Urteil Bedeutung hat. Ein Hinweis auf „die Schriftsätze der Parteien" oder ähnlich allgemeinere Bezugnahme ist zwar einerseits nicht stets notwendig, Oldb NJW **89**, 1165, LG Mü NJW **90**, 1489. Er ist andererseits aber keinesfalls grundsätzlich verboten, aM Hbg NJW **88**, 267, Schwöbbermeyer NJW **90**, 1453 (vgl aber unten wegen des Berufungsurteils). Ein solcher Hinweis ist vielmehr oft ratsam. Es darf freilich nicht die unumgänglichen Mitteilungen zum Tatbestand ersetzen. Man muß auch die Beweiskraft des Tatbestands dafür beachten, daß die Parteien etwas dort nicht Erwähntes auch nicht vorgetragen haben, § 314 Rn 1, 4.

Das Gericht muß so sorgfältig verweisen, daß *keine Mißverständnisse* entstehen können, BVerwG MDR **77**, 604. Auch muß erkennbar bleiben, daß das Gericht den Tatsachenvortrag der Parteien und evtl auch ihre Rechtsausführungen zur Kenntnis genommen hat, Art 103 I GG, BVerfG RR **02**, 69 links. Keineswegs soll das Gericht die protokollierten Aussagen usw nachbeten. Es muß eine logische Reihenfolge wählen. Meist ausreichend und durchaus ratsam ist etwa die Formulierung am Schluß des Tatbestands: „Im übrigen wird auf die Protokolle und den zuletzt mündlich vorgetragenen Inhalt der Parteischriftsätze nebst Anlagen verwiesen".

Die *äußere Trennung* des Tatbestands von der Urteilsformel und von den Entscheidungsgründen ist ratsam. **17** Sie ist aber nicht unbedingt notwendig, BGH NJW **99**, 642. Vielmehr gehört zB auch eine formell in die Entscheidungsgründe aufgenommene tatsächliche Feststellung rechtlich zum Tatbestand und dessen Beweiskraft, BGH RR **05**, 963, Düss RR **04**, 564. Inhaltlich muß das Gericht stets klar und scharf scheiden. Bei einem Urteil nach Aktenlage nach § 251 a und einem Urteil nach § 128 II muß der Tatbestand ergeben, welche Schriftstücke das Gericht berücksichtigt hat. Hat das Gericht Aussagen bei der Entscheidung nicht berücksichtigt, so hat es damit den Beweisbeschluß insofern nachträglich aufgehoben. Daher nimmt es die Aussagen im Tatbestand nicht auf.

Wegen des Urteils im *Kleinverfahren* § 313 a I 1 (kein Tatbestand notwendig). Wegen des Berufungsurteils **18** (jetzt) § 540 und BGH NJW **90**, 2755 (bei einer Bezugnahme auf Schriftsätze müssen jedoch diese Ausführungen der Parteien der revisionsgerichtlichen Beurteilung zugänglich), BGH NJW **99**, 1720 (ohne Tatbestand nur dann keine Aufhebung in der Revisionsinstanz, wenn sich der Sach- und Streitstand aus den Entscheidungsgründen ausreichend ergibt), BAG NZA **04**, 565 (der Tatbestand ist nur beim nicht revisionsfähigen Urteil ganz entbehrlich), BAG NJW **89**, 1627 (eine Bezugnahme auf ein vorangegangenes Revisionsurteil kann ausreichen), Schwöbbermeyer NJW **90**, 1453 (keine „Nur"-Verweisung). Der Tatbestand ist auch bei §§ 313 a II 1, 2, 313 b entbehrlich. Unentbehrlich sind die folgenden Angaben.

B. Anträge. Der Tatbestand „soll" die zuletzt aufrechterhaltenen bzw gestellten Anträge „hervorheben", **19** § 297, und zwar auch diese nur noch ihrem wesentlichen Inhalt nach. Das soll aber natürlich so ausführlich geschehen, daß die Nämlichkeit des Streitgegenstands nach § 2 Rn 3 und der Umfang der Rechtskraft erkennbar ist, § 322 Rn 9. Bei den Anträgen empfiehlt sich am ehesten eine wörtliche und zusätzlich durch Einrücken im Text hervorgehobene Wiedergabe. Das Gericht darf sie allenfalls sprachlich verbessern. Es darf sie aber nicht sachlich ändern, § 308 I. Aber auch hier ist eine Verweisung innerhalb der Hervorhebung als Antrag keineswegs ganz unzulässig.

C. Ansprüche. Unentbehrlich ist ferner eine knappe Darstellung der Ansprüche nach § 253 Rn 30 mit **20** ihrem wesentlichen Inhalt, also eine Begrenzung des Begehrens des Klägers und des Widerklägers nach Gegenstand und Grund. Bei einem unbezifferten Antrag nach § 253 Rn 49 „Bezifferung" empfiehlt es sich, die gegenüber der Klageschrift etwa geänderten Wertvorstellungen oder die dafür vorgetragenen Tatsachen wenigstens zu skizzieren. Denn das kann für die Rechtsmittelinstanz erheblich sein. Verweisungen sind zulässig.

D. Angriffs- und Verteidigungsmittel. Notwendig, aber auch ausreichend ist ferner eine noch knap- **21** pere Darstellung der Angriffs- und Verteidigungsmittel nach § 282 I, Einl III 70 ihrem wesentlichen Inhalt nach. Ausreichend ist zB: „Der Beklagte beruft sich auf Verjährung, der Kläger auf die Unzulässigkeit dieser Einrede". Eine Verweisung ist weitgehend angebracht.

E. Streitig – unstreitig. Erforderlich ist weiterhin die Kennzeichnung als unstreitig, etwa mit den **22** Worten „Der Kläger erlitt einen Schaden", oder streitig, etwa mit der Formulierung „Der Kläger behauptet, einen Schaden erlitten zu haben". Unstreitig sind: Übereinstimmende Tatsachenangaben; zugestandene Behauptungen, §§ 138 II, 288 I; solche Behauptungen, zu denen sich der Gegner nicht ausreichend streitig geäußert hat, § 138 III, IV (Bestreiten mit Nichtwissen). In diesen letzteren Fällen sollte man allerdings besser klarstellen, daß Behauptungen ohne ausdrückliches Bestreiten usw vorliegen. Ein Beweisergebnis wird unstreitig, soweit es der Gegner wenigstens stillschweigend übernommen hat (Auslegungsfrage).

F. Wichtige prozessuale Ereignisse. Notwendig ist schließlich die Anführung der bisher im Verfahren **23** ergangenen Urteile und vergleichbaren wichtigsten Ereignisse prozessualer Art, zB ein Hinweis auf eine teilweise Klagerücknahme nach § 269. Alles das darf und soll in äußerster Knappheit geschehen.

G. Reihenfolge. Es ist ratsam, nach der Kennzeichnung des Streitgegenstands nach § 2 Rn 3 etwa **24** folgende Reihenfolge einzuhalten: Zunächst den unstreitigen Teil des Sachverhalts bzw Angaben zu einem etwa erlassenen Versäumnisurteil und zu dem Zeitpunkt des Einspruchs; dann die streitigen Behauptungen des Klägers; dann die Anträge des Bekl; anschließend die streitigen Behauptungen des Bekl und seine übrige Einlassung in verständlicher Reihenfolge, zB rechtshindernde, -hemmende, -vernichtende Einreden bzw Rügen; daran anschließend die etwaigen diesbezüglichen Erwiderungen des Klägers; dann entsprechende Angaben zu einer Widerklage, Streitverkündung; schließlich etwaige Angaben zur Beweisaufnahme und sonstigen Prozeßgeschichte und etwaige Bezugnahmen.

H. Beweis. Entbehrlich sind: Eine Wiedergabe des Inhalts der Beweisbeschlüsse; die Anführung aller **25** Zeugen, noch gar der nicht vernommenen; meist die Angabe des Tags der Beweisaufnahme oder der Blattzahlen der Beweisprotokolle oder die Wiedergabe des Inhalts der Aussagen.

§ 313

26 I. Rechtsausführungen. Die Wiedergabe der Rechtsausführungen der Parteien ist grundsätzlich entbehrlich, BPatG GRUR **78**, 40. Allenfalls ist eine knappste Andeutung ratsam, FG Hbg MDR **96**, 852, zB „Der Kläger stützt seinen Anspruch insbesondere auf unerlaubte Handlung". Notwendig ist freilich die Angabe aller wesentlichen Einreden, etwa derjenigen der Verjährung. Geht der Streit nur um die rechtliche Würdigung des unstreitigen Sachverhalts, so mag eine etwas ausführlichere Anführung der Rechtsauffassungen ratsam sein. Empfehlenswert ist schon zur Vermeidung des Vorwurfs eines Verstoßes gegen Art 103 I GG der Hinweis darauf, daß und evtl in welchem Umfang das Gericht seine Rechtsauffassung mit den Parteien wegen § 139 erörtert hat, falls dieser Hinweis sich nicht im Protokoll befindet.

27 J. Tatsächliche Einzelheiten. Entbehrlich ist weiterhin die Wiedergabe von Einzelheiten des tatsächlichen Vortrags, insbesondere soweit eine Verweisung auf Schriftsätze möglich ist, aber auch dann, wenn eine solche Verweisung nicht erfolgt, Hamm RR **95**, 510. Wenn freilich zB eine Parteierklärung im Verhandlungstermin nicht protokolliert worden ist, kann ihre Aufnahme in den Tatbestand notwendig sein. Ebenso kann es ratsam sein, den entscheidenden Einzelpunkt eines Tatsachenvortrags in den Tatbestand aufzunehmen.

28 K. Kosten; Vollstreckbarkeit. Die Kostenanträge und Anträge zur vorläufigen Vollstreckbarkeit sind wegen der Notwendigkeit einer Entscheidung von Amts wegen entbehrlich, §§ 308 II, 708, 711 S 1.

29 L. Beispiel eines Tatbestands: „Die Parteien streiten wegen der Folgen eines Verkehrsunfalls (Tag, Stunde, Ort). Der Kläger hält den Beklagten für haftbar. Er verlangt Schadensersatz laut Aufstellung der Klageschrift und beantragt, ... Der Beklagte beantragt, ... Er bestreitet die Darstellung des Klägers zum Hergang, hält den Kläger für allein schuldig und bestreitet hilfsweise die Schadenshöhe laut Schriftsatz Bl . . . . . Über den Unfallhergang ist Beweis erhoben worden. Im übrigen (es folgt die Verweisungsklausel Rn 16 aE)".

30 M. Verstoß, I Z 5, II. Wegen einer Berichtigung § 319. Wegen einer Ergänzung §§ 321, 321 a. Ein Verstoß führt nur insoweit zur Aufhebung, als infolge des Verstoßes keine sichere Grundlage zur Nachprüfbarkeit des Urteils mehr vorhanden ist, BGH RR **97**, 1486, BAG NJW **03**, 918 (zu § 543 II), Ffm MDR **84**, 322.

31 9) Entscheidungsgründe, I Z 6, III, dazu *Brink*, Über die richterliche Entscheidungsbegründung usw, 1999; *Grunsky*, Überlegungen zur Konkurrenz mehrerer Klageabweisungsgründe, Festschrift für *Schumann* (2001) 159; *Kappel*, Die Klageabweisung „zur Zeit", 1999; *Prütting*, Prozessuale Aspekte richterlicher Rechtsfortbildung, Festschrift 600-Jahr-Feier der *Universität Köln* (1988) 305 (rechtspolitisch); *Seiber*, Höchstrichterliche Entscheidungsbegründungen und Methode im Zivilrecht, 1991:

32 A. Umfang. Das Urteil im Kleinverfahren braucht keine gesonderten Entscheidungsgründe zu enthalten, wenn ihr wesentlicher Inhalt in das Protokoll aufgenommen worden ist, § 313 a I 2. Im übrigen gilt: Nur noch eine kurze Zusammenfassung seiner entscheidungserheblichen Erwägungen soll das Gericht in den Entscheidungsgründen formulieren, Einl III 17, BAG NZA **05**, 653. Eine der wichtigsten, freilich viel zu wenig ausgenutzten Möglichkeiten des Gesetzes ist der Wegfall des früheren Zwangs einer erschöpfenden Urteilsbegründung, BVerfG NJW **94**, 2279, Reineke DRiZ **83**, 404. Schon gar nicht sollen wegen der Straffung des Tatbestands nun die Entscheidungsgründe noch länger werden als früher oft. Das Gesetz geht davon aus, daß das Gericht die Rechtslage schon wegen § 139 in der mündlichen Verhandlung ausreichend erörtert hat. Daher brauchen die Entscheidungsgründe nicht viel mehr zu sein als eine Erinnerungsstütze für die dort Beteiligten, Balzer NJW **95**, 2448, Franzki NJW **79**, 13 (er rät sogar dazu, in die routinemäßigen dienstlichen Beurteilungen des Vorgesetzten eine Erörterung aufzunehmen, ob der Richter fähig sei, kurze Entscheidungsgründe abzufassen), Meyke DRiZ **90**, 58, aM Raabe DRiZ **79**, 138 (aber das Gericht ist nicht dazu da, jeden Gedankensplitter zu dokumentieren, Einl III 17). Es ist ratsam, bezwecks Vermeidung des Vorwurfs, nicht alles gesehen und erörtert zu haben, hinter das Wort Entscheidungsgründe zB den Vermerk „(kurzgefaßt, § 313 III ZPO)" zu setzen.

33 Immerhin müssen grundsätzlich schon wegen Art 6 I EMRK *angemessene Gründe* vorhanden sein, EGMR NJW **99**, 2429. Sie dürfen also nicht zu einem entscheidungserheblichen Punkt völlig fehlen, Rn 50, Schlesw FER **00**, 240. Die Entscheidungsgründe müssen so präzise und ausführlich sein, daß die Parteien die maßgebenden Erwägungen bei zumutbarer Bemühung und mithilfe ihrer ProzBev doch auch selbst verstehen und nachvollziehen können, Rn 47, Hamm FamRZ **01**, 1161, Saarbr FamRZ **93**, 1099. Die Entscheidungsgründe müssen so klar sein, daß die höhere Instanz das Urteil überprüfen kann, BGH RR **88**, 524, und daß erkennbar wird, ob das Gericht den Art 3 GG beachtet hat, BVerfG NJW **94**, 2279, und den Art 103 I GG, BVerfG RR **02**, 69 links, Köln RR **87**, 1152. Das Gericht muß den wesentlichen Kern des Parteivortrags zu einer für das Verfahren zentral bedeutsamen Frage erörtern, soweit er nicht nach dem Rechtsstandpunkt des Gerichts unerheblich oder offenbar unsubstantiiert ist, BVerfG NJW **94**, 2279. Schneider MDR **88**, 174 (er fordert eine verfassungskonforme Auslegung). Bei einem Auslandsbezug muß das Gericht erkennbar machen, welche Rechtsordnung es angewendet hat, BGH NJW **88**, 3097.

Auch bei einer *rechtlichen Streitfrage* kann es genügen, sich kurz zu fassen und lediglich durch zB eine Fundstellenangabe klarzustellen, daß das Gericht eine abweichende Auffassung zur Kenntnis genommen hat, BVerfG NJW **95**, 2911 (es bezeichnet eine unter Bezug auf nur eine in Wahrheit nicht einschlägige Fundstelle erfolgende Abweichung vom BGH sogar als Willkür !?). 13 Belege für die eigene, 7 für die abweichende Meinung, so Schlesw RR **88**, 700, sind selbst für ein OLG-Urteil des Guten reichlich viel. Sie zeigen aber, mit welcher Sorgfalt manches Gericht wissenschaftlich weiterhelfende „Fundstellenketten" anführt, selbst wenn es „nur" den Einzelfall beurteilen darf. Zur Problematik im Patentrecht Völcker GRUR **83**, 85. Beim Auslandsbezug müssen die Entscheidungsgründe ergeben, ob dem Gericht bei der Anwendung ausländischen (Vertrags-)Rechts auch die Auslegungsnormen des ausländischen Rechts bekannt waren, § 293 Rn 8, BGH RR **90**, 249.

34 *Keineswegs* braucht die Formulierung aber so ausführlich zu werden, daß *jeder Dritte* eine solche Überprüfung vornehmen oder gar eine Belehrung für alle möglichen Parallelsituationen schöpfen kann, Meyke

Titel 2. Urteil § 313

DRiZ **90**, 58, krit Schultz MDR **78**, 283. Das Urteil ist kein Gutachten. Das hätte LAG Köln AnwBl **88**, 419 bedenken sollen. Natürlich ist eine Selbstkontrolle des Gerichts notwendig. Diese braucht aber nicht dazu zu führen, daß das Urteil verlängert wird. Zwar verlangen grundlegende Entscheidungen oberster Gerichte eine etwas ausführlichere Begründung, Putzo AnwBl **77**, 434, Raabe DRiZ **79**, 138. Auch sie sollten aber schon wegen Art 20 II 2 GG mit den sog obiter dicta zurückhalten, Schneider MDR **78**, 90, aM Köbl JZ **76**, 752. Trotz wünschenswerter Rechtssicherheit durch Grundsatzurteile höchster Gerichte sollte die schon von § 18 GeschO RG beschworene „bündige Kürze" unter strenger Beschränkung auf den Gegenstand der Entscheidung in der Regel den Vorrang haben, Birk AnwBl **84**, 171. Das sollte auch der BGH bedenken. Zulässigkeitsfragen sollte das Gericht nur insoweit behandeln, als es irgendwie streitig sein könnte, ob das Gericht sie richtig beurteilt hat. Dann muß es sie freilich durchaus in nachvollziehbarer Gründlichkeit darstellen.

Ist dem Gericht bekannt, daß die nächsthöhere Instanz dazu neigt, auf Grund angeblicher Verfahrensfehler **35** der unteren Instanz *zurückzuweisen*, (jetzt) § 538, Horst DRiZ **87**, 115, so mag es ratsam sein, den Verfahrensgang einschließlich der etwa vorgenommenen rechtlichen Erörterungen in einer Ausführlichkeit darzulegen, die eigentlich nicht notwendig wäre, Reineke DRiZ **83**, 404. Dazu mag es gehören, etwa kurz auszusprechen, weshalb noch eine Übertragung auf den Einzelrichter zulässig war, § 348 a Rn 9, oder im Fall der Abweisung der Klage als unzulässig hilfsweise anzudeuten, weshalb sie zumindest unbegründet ist, Grdz 17 vor § 253. Durch solche bedauerlichen, praktisch aber ratsamen Absicherungen sollten aber die Gewichte nicht verschoben werden. Das Gericht sollte die Entscheidungsgründe eines nicht mit einem zivilprozessualen Rechtsmittel angreifbaren Urteils so abfassen, daß sie einer etwaigen Verfassungsbeschwerde möglichst standhalten, also nicht insoweit Unklarheiten, Widersprüche usw enthalten.

Das Urteil sollte auch in den Entscheidungsgründen weitgehend nur ein Abbild der maßgeblichen münd- **36** lichen Verhandlung darstellen. Die Verwendung von *Textbausteinen* mag grundsätzlich zulässig sein, VGH Kassel NJW **84**, 2429. Sie sollte aber zurückhaltend erfolgen. Sie darf natürlich nicht in einer bloßen Verweisung auf Bausteine bestehen, die man außerhalb des Urteils nachlesen müßte, VGH Kassel NJW **84**, 2429, oder die nur mit einem Formblatt mit Anweisungen an die Kanzlei für andere Fälle stehen, Celle RR **90**, 124. Erst recht sind Ausdrucke von Computerprogrammen usw keine Begründung, Zweibr FamRZ **04**, 1735. Kritisch zur ungeprüften Verwendung von Textbausteinen (beim Anwalt) Bauer NJW **89**, 24. Freilich kommt es auch hier auf den Einzelfall an. So kann zB die Anweisung „es gilt nur das Angekreuzte bzw Ausgefüllte" durchaus reichen und hat sich in der Praxis bewährt. Andererseits muß der Unterzeichner die inhaltliche Verantwortung übernehmen und dazu auch instande sein, Düss Rpfleger **94**, 75, Köln MDR **90**, 346 (zu einem Beschluß durch Blanko-Formular usw). Beispiele beim Unterhaltsurteil Steffens DRiZ **85**, 297. Das Gericht muß auch Leerfloskeln möglichst vermeiden, Schneider MDR **01**, 246, gerade weil sie zB bei einer Beweis-„Würdigung" verführerisch bequem sind.

Eine Bezugnahme auf die Gründe eines genau bezeichneten *früheren Urteils* ist zweckmäßig, wenn die **37** Parteien oder zumindest der Unterliegende die frühere Entscheidung kennen, BFH BB **75**, 1421. Eine Bezugnahme auf eine gleichzeitig beschlossene, aber erst später zugestellte andere Entscheidung, die dieselben Beteiligten betrifft, reicht aber nicht aus, BFH DB **84**, 1970, ebensowenig die Bezugnahme auf eine andere Entscheidung, die nur einer der jetzigen Parteien bekannt ist, BGH BB **91**, 506. Ein lapidarer Hinweis auf die eigene Rechtsprechungstradition kann nunmehr zulässig sein. Die Beifügung einer überstimmten abweichenden Meinung (dissenting vote) innerhalb des Spruchkörpers ist unzulässig, anders als beim BVerfG, Üb 1, 2 vor § 192 GVG. Zum Problem rechtspolitisch Lamprecht DRiZ **92**, 325.

B. Anspruchsgrundlagen. Notwendig ist eine kurze Bezeichnung der die Entscheidung tragenden **38** Rechtsnormen, § 322 Rn 20, so daß ein zB erkennbar ist, ob der zugesprochene Anspruch auf einen Vertrag (welcher Art? Parteiregeln oder gesetzliche Vertragsregeln?) oder auf eine unerlaubte Handlung stützbar ist. Bei alternativen Sachverhalten muß das Gericht klarlegen, welchen Anspruch es beschieden hat, Hamm RR **92**, 1279. Es kann notwendig sein, wenigstens kurz anzudeuten, weshalb neben dem Fehlen einer Vertragsgrundlage auch keine andere Anspruchsgrundlage besteht, etwa nach § 812 BGB, Köln MDR **83**, 151.

C. Einreden, Einwendungen. Notwendig sind ferner stichwortartige Hinweise, wenn das Gericht zB **39** die Einrede der Verjährung als nicht begründet betrachtet oder wenn eine Partei Verwirkung geltend machte, LG Bln RR **97**, 842.

D. Tatbestandsmerkmale. Erforderlich, aber auch ausreichend ist ferner eine sehr knappe Darstellung, **40** welche Einzelmerkmale der Anspruchsnorm aus welchem Hauptgrund erfüllt sind, falls sie umstritten waren.

E. Beweiswürdigung. Das Gericht muß die Beweiswürdigung darlegen, § 286 I 2, und zwar ausführ- **41** lich, § 286 Rn 20, 21, Köln RR **98**, 1143, Schneider MDR **78**, 3.

F. Verspätetes Vorbringen. Notwendig ist eine kurze Begründung, weshalb eine Zurückweisung nach **42** §§ 282, 296 notwendig war, Schneider MDR **78**, 2. Dabei ist keineswegs eine Erörterung zB darüber notwendig, ob eine Verspätung auch dann vorgelegen hätte, wenn § 296 Rn 42 abgelehnten Auffassung wäre (maßgeblich sei der voraussichtliche Prozeßverlauf), LG Ffm NJW **79**, 2112. Gerade in diesem Punkt mag freilich eine eigentlich ausführliche Darstellung vorsorglich ratsam sein, wenn dem Gericht bekannt ist, daß die höhere Instanz zu allzu großzügiger Zurückverweisung neigt, Rn 35, § 296 Rn 10, Düss VersR **79**, 773. Jedenfalls sollte das Urteil die Vorschrift nennen, auf der die Zurückweisung beruhen soll, im einen um einen Verstoß gegen Art 103 I GG zu vermeiden, BVerfG WoM **94**, 187.

Bei § 296 a kann es zur Vermeidung des Verdachts eines Verfahrensfehlers wegen § 156 sinnvoll sein, im Tatbestand und/oder in den Entscheidungsgründen kurz darauf hinzuweisen, daß das Gericht den nachgereichten Schriftsatz geprüft hat, evtl sogar mit welchem Ergebnis.

G. Nebenentscheidungen. Erforderlich ist schließlich ein knappster Hinweis auf die rechtlichen Grund- **43** lagen der Nebenentscheidungen, Rn 49. Das gilt auch angesichts der nur begrenzten Anfechtbarkeit der bloßen Kostenentscheidung, § 99.

§ 313   Buch 2. Abschnitt 1. Verfahren vor den LGen

44 **H. Gesetzeswortlaut.** Überflüssig ist durchweg eine umständliche Wiedergabe des Gesetzeswortlauts und der Unterordnung der unstreitigen Tatsachen unter ihn.

45 **I. Lehre und Rechtsprechung.** Oft entbehrlich ist die Darlegung irriger Ansichten, Schwarz SchlHA **76**, 87, soweit es sich nicht um wirklich zweifelhafte Rechtsfragen handelt, von denen die Entscheidung zumindest teilweise abhängt. Schon gar nicht ist ein umfangreicher „wissenschaftlicher Apparat" notwendig, OVG Münst DRiZ **82**, 232, Schneider MDR **78**, 89, und zwar nicht einmal in höchstrichterlichen Urteilen, Rn 35, von seltenen Ausnahmen abgesehen. Wirklich abwegig sind immer neue Versuche mancher höheren Instanz, eine nicht erschöpfende Erörterung in die Nähe von Willkür zu rücken, solange die vorinstanzliche Beurteilung immerhin verständigerweise vertretbar bleibt. Die deutsche Überperfektion in Verbindung mit allzu großzügig geduldeten Fleißarbeiten übereifriger Berichterstatter oder deren Assistenten ist das genaue Gegenteil dessen, was das Gesetz nicht zuletzt als Lohn für die verstärkte Sorgfalt des Richters vor und im Verhandlungstermin herbeiführen will.

46 Ganze Salven von *Entscheidungszitaten*, „Literaturfriedhöfe", May DRiZ **89**, 458, gehören in kein Urteil, aM BGH BB **04**, 1471 (mit ermüdender Aufzählung auch von über 50 Urteilen aus weit 1887!, überdies in teils veralterten Auflagen). Ob eine mehr oder minder erschöpfende Erörterung aller möglichen überhaupt nicht entscheidungserheblichen Einzelfragen in sog Grundsatzurteilen in Wahrheit hilft, weitere Prozesse zu vermeiden, das hat noch niemand bewiesen. Auch die Unsicherheit darüber, ob ein etwas anders gelagerter Fall ebenso entschieden werden wird, kann heilsam und prozeßhindernd wirken. Ob ein Hinweis wie „nach dem unstreitigen Sachverhalt" oder „schon nach dem Vortrag des Klägers" ratsam ist, läßt sich nur von Fall zu Fall klären. Ein kurzer hilfsweiser Hinweis dahin, daß die als unzulässig erklärte Klage zumindest unbegründet ist, ist erlaubt, Grdz 17 vor § 253, und evtl ratsam, Rn 35.

47 **J. Aufbau, Sprache, Stil und Verständlichkeit.** Bei alledem muß das Urteil vor allem für die Parteien verständlich sein, damit es sie überzeugen kann, Rn 33, Groh MDR **84**, 196, Wassermann ZRP **81**, 260. Zwar richtet sich das Urteil nicht an außenstehende Dritte, sondern an die unter Umständen rechtskundigen oder rechtskundig vertretenen Parteien. Dennoch muß das Gericht dennoch stets eine Sprache wählen, die möglichst jeder verstehen kann. Verklausuliertes Juristendeutsch im Urteil ist einer der Hauptgründe für Rechtsunsicherheit und mangelndes Vertrauen in die Justiz. Verschachtelte Partizipialkonstruktionen und dgl sind erschreckende Anzeichen dafür, daß der Richter einen wesentlichen Teil seiner Aufgabe verkennt oder nicht beherrscht.

48 Dringend ratsam ist ein strikter *Urteils-, („Denn"-)Stil*, kein Gutachten-(„Also"-)Stil. Der erstere Stil zwingt zu schärferer gedanklicher Straffheit und Klarheit, aM Grunsky NJW **82**, 743 (aber die Subsumtionsmethode ist dem „Rechtsgefühl" und „außerjuristischen Wertungen" immer noch bei weitem überlegen. Denn sie beugt wolkigen Verschwommenheiten am ehesten vor). Zum Problem Gast BB **87**, 1, Lüke NJW **95**, 1067. Man kann durch eiserne Übung ganz erstaunliche Verbesserungen erzielen, wie bei jeder geistigen oder körperlichen Tätigkeit. Hauptsätze statt Schachtelsätze, Aktiv statt Passiv, Einhaltung der richtigen zeitlichen Reihenfolge (ehernes Rundfunkstilgesetz), Einzahl statt Mehrzahl, Verb nach vorn – das sind unzählig oft bewährte und keinesfalls unrichtige Elemente eines gut verständlichen Stils. Der Richter soll zu überzeugen versuchen, auch wenn er keineswegs auf den Bestand seines Urteils vor der höheren Instanz schielen muß. Im übrigen hat der Richter viel Aufbau- und Formulierungsspielraum. Er darf zB dichten, LG Ffm NJW **82**, 650, Beaumont NJW **90**, 1969. In der Rechtschreibreform 1998 lag kein Eingriff in die richerliche Unabhängigkeit (das wäre freilich zu verwaltungstreu und angepaßt gewesen), Kissel NJW **97**, 1106. Gerade deshalb darf das Gericht aber eben auch die „alte" Rechtschreibung beibehalten, wie es zB in diesem Buch außerhalb des verbindlichen „neuen" Gesetzestextes geschieht.

49 **K. Beispiel für Entscheidungsgründe:** „Die auf § X stützbare Klage ist nach der Beweisaufnahme begründet. Der Beklagte hat den Entlastungsbeweis nach § Y nicht erbracht (Beweiswürdigung). Gegen die ausreichend begründete Schadenshöhe hat der Beklagte keine erheblichen Einwände erhoben. Zinsen: § 288 IV BGB. Kosten: § 91 ZPO. Vorläufige Vollstreckbarkeit: § 708 Z 11, § 711 ZPO".

50 **L. Verstoß, I Z 6, III.** Ein Widerspruch zwischen dem Tatbestand und den Entscheidungsgründen begründet die Revision. Die bloße Nichterörterung eines Gesichtspunkts ist mangels besonderer Umstände kein Grund zur Annahme des Übergehens unter Verstoß gegen Art 103 I GG, Rn 32, BAG NZA **05**, 653. Das endgültige Fehlen von Gründen ist ein absoluter Revisionsgrund, § 547 Z 6, und ein Verfahrensmangel, § 538 (Ausnahmen: §§ 313 a, 313 b, 540 I), BGH VersR **86**, 34, Hamm FamRZ **01**, 1161, Schlesw FER **00**, 240. Er kann (jetzt) auf Antrag zur Zurückverweisung führen, so schon BGH RR **88**, 524, Hamm FamRZ **01**, 1161. Wegen des „dissenting vote", Rn 37, Üb 1, 2 vor § 192 GVG. Dem Fehlen steht eine „Begründung" gleich, die infolge einer inhaltlichen Unvollständigkeit nicht ausreichend erkennen läßt, über welchen Antrag das Gericht entscheiden wollte, welche tatsächlichen Feststellungen es der Entscheidung zugrunde gelegt hat und welche tatsächlichen und rechtlichen Erwägungen das Gericht angestellt hat, Ffm MDR **84**, 322. Freilich sind eben nur Angaben Rn 38 erforderlich. Das Fehlen einer Rechtsmittelbelehrung ist kein Verstoß, Rn 47, BGH NJW **91**, 296. Eine unrichtige Rechtsbehelfsbelehrung kann eine Wiedereinsetzung begründen, ¶ 233 Rn 23 „Gericht".

51 **10) Keine Rechtsmittelbelehrung, I–III.** Im Urteil ist eine Rechtsmittelbelehrung nicht erforderlich, ebensowenig wie grundsätzlich sonst, BVerfG **93**, 107 (es spricht davon, dergleichen sei „jedenfalls derzeit noch nicht geboten". Der Gesetzestext ist aber eindeutig: Der Gesetzgeber hat von der auch in der ZPO bewußt vereinzelt genutzten Möglichkeit von Belehrungspflichten ganz offenkundig hier keinen Gebrauch gemacht, und zwar aus vernünftigen, nachvollziehbaren Erwägungen, auf die gerade das BVerfG ja auch sonst abstellt, etwa bei der sog Eigenbedarfsklage). Das Gesetz sieht grundsätzlich keine Belehrungspflicht vor, BGH NJW **91**, 296, Hamm FamRZ **97**, 758. Daher sollte sich das Gericht hüten, Belehrungen zu erteilen, bevor sie evtl auch noch falsch werden. Es könnte sogar in einer vom Gesetz nicht geforderten Rechtsmittelbelehrung ein Ablehnungsgrund liegen, BVerfG JZ **87**, 719. Das sollte BVerfG NJW **95**, 3173 mitbeachtet haben.

Titel 2. Urteil **§§ 313, 313a**

11) *VwGO:* Statt **I** und **II** gelten § *117 II, III VwGO;* zu Fragen des Tatbestandes, *I Z 5,* vgl *VGH Kassel* **52** *NJW 84,* 2429. **III** ist entsprechend anwendbar, § *173,* als Ergänzung zu § *117 II Z 5 VwGO, BVerwG VerwRspr* **29,** 927.

313a Weglassen von Tatbestand und Entscheidungsgründen.
^I ¹ Des Tatbestandes bedarf es nicht, wenn ein Rechtsmittel gegen das Urteil unzweifelhaft nicht zulässig ist. ² In diesem Fall bedarf es auch keiner Entscheidungsgründe, wenn die Parteien auf sie verzichten oder wenn ihr wesentlicher Inhalt in das Protokoll aufgenommen worden ist.

^{II} ¹ Wird das Urteil in dem Termin, in dem die mündliche Verhandlung geschlossen worden ist, verkündet, so bedarf es des Tatbestands und der Entscheidungsgründe nicht, wenn beide Parteien auf Rechtsmittel gegen das Urteil verzichten. ² Ist das Urteil nur für eine Partei anfechtbar, so genügt es, wenn diese verzichtet.

^{III} Der Verzicht nach Absatz 1 oder 2 kann bereits vor der Verkündung des Urteils erfolgen; er muss spätestens binnen einer Woche nach dem Schluss der mündlichen Verhandlung gegenüber dem Gericht erklärt sein.

^{IV} Die Absätze 1 bis 3 finden keine Anwendung:
1. in Ehesachen, mit Ausnahme der eine Scheidung aussprechenden Entscheidungen;
2. in Lebenspartnerschaftssachen nach § 661 Abs. 1 Nr. 2 und 3;
3. in Kindschaftssachen;
4. im Falle der Verurteilung zu künftig fällig werdenden wiederkehrenden Leistungen;
5. wenn zu erwarten ist, dass das Urteil im Ausland geltend gemacht werden wird.

^V Soll ein ohne Tatbestand und Entscheidungsgründe hergestelltes Urteil im Ausland geltend gemacht werden, so gelten die Vorschriften über die Vervollständigung von Versäumnis- und Anerkenntnisurteilen entsprechend.

Schrifttum: *Gottwald,* Grenzen zivilgerichtlicher Maßnahmen mit Auslandswirkung, Festschrift für *Habscheid* (1989) 131; *Lücke,* Begründungszwang und Verfassung, 1987.

Gliederung

1) Systematik, I–IV 1	A. Urteilsverkündung im Verhandlungstermin, II 1 13
2) Regelungszweck, I–IV 2	B. Rechtsmittelfähigkeit für wenigstens eine Partei, II 1, 2 14
3) Geltungsbereich, I–IV 3	C. Rechtsmittelverzicht jedes Anfechtungsberechtigten, II 1, 2 15
4) Entbehrlichkeit, I 4, 5	
5) Zweifelsfrei kein Rechtsmittel, I 6–8	
6) Bei den Entscheidungsgründen zusätzlich: Verzicht, I 2 Hs 1 9–11	9) Wochenfrist, III 16
A. Allseitige Erklärung 9	10) Vollständige Fassung, IV 17–22
B. Rechtzeitigkeit 10	A. Ehesache, IV Z 1 18
C. Form 11	B. Lebenspartnerschaftssache, IV Z 2 19
7) Statt Verzicht: Wesentlicher Inhalt im Protokoll, I 2 Hs 2 12	C. Kindschaftssache, IV Z 3 20
	D. Wiederkehrende Leitung, IV Z 4 21
8) Rechtsmittelfähiges Stuhlurteil: Verzicht, II 13–15	E. Auslandsberührung, IV Z 5 22
	11) *VwGO* 23

1) Systematik, I–IV. Ein Anreiz zum Verzicht auf einen Tatbestand und auf Entscheidungsgründe ist die **1** Ermäßigung der Gerichtsgebühren in vielen Fällen, KV 1211 Z 2, 1222 Z 2, 1311 Z 2 usw. Diese Ermäßigung interessiert nicht nur den Unterlegenen als Entscheidungsschuldner, § 29 I Z 1 GKG, sondern auch jeden weiteren gesetzlichen Kostenschuldner, §§ 22, 29 GKG, vor allem den Antragschuldner, also auch den Sieger. Denn er könnte nach § 31 I GKG ebenfalls haften, wenn auch wegen § 31 II GKG nur hilfsweise und im Fall einer Prozeßkostenhilfe zugunsten des „Unterlegenen" nur ganz ausnahmsweise. Auf alle diese Auswirkungen eines rechtzeitigen Verzichts darf und sollte der Vorsitzende beim Schluß der mündlichen Verhandlung nach §§ 136 IV, 296 a bzw zu dem diesem Schluß entsprechenden Zeitpunkt nach § 128 II von Amts wegen jedenfalls kurz hinweisen, zumindest gegenüber einer nicht rechtskundigen Partei. Denn sie kann sonst den Sinn eines Verzichts kaum voll erkennen. Allerdings besteht keine derartige Hinweispflicht. § 139 I 2 meint nur die bis zur Sachentscheidung selbst, also für die Entscheidungsformel sachdienlichen Anträge. § 139 II ist unanwendbar, weil es das Wie, nicht das Ob einer Entscheidungsbegründung meint. Deshalb hat auch die Unterlassung eines rechtzeitigen Hinweises keine Kostenniederschlagung nach § 21 GKG zur Folge. Denn es liegt kein offenkundiger Verstoß vor, Hartmann Teil I § 21 GKG Rn 10. Es kommt auch keine Amtshaftung gegenüber dem Kostenschuldner in Betracht. Im Berufungsverfahren gilt vorrangig § 540.

2) Regelungszweck, I–IV. Es handelt sich um eine der wichtigen Entlastungsvorschriften. Zu Unrecht **2** hat sie nur geringe praktische Bedeutung, *Schneider* MDR **85,** 906. Sie ist nicht verfassungswidrig, aM *Robbers* JZ **88,** 143 (aber es muß ja ein wirksamer Verzicht vorliegen). Geschickt gehandhabt, ist sie keineswegs ein „Papiertiger", so *Weng* DRiZ **85,** 177, sondern erleichtert dem Gericht und allen anderen Beteiligten die Arbeit erheblich.

Der Hinweis auf die Möglichkeit des Verzichts sollte aber auch nicht zu einer *Nötigung* der Parteien führen. Eher muß sich das Gericht würdevoll dazu bequemen, ein vollständiges Urteil anzufertigen. Erlaubt und ratsam ist es aber, die finanziellen Auswirkungen eines Verzichts in EUR geschätzt mitzuteilen. Wegen der

§ 313a

Buch 2. Abschnitt 1. Verfahren vor den LGen

oft erst später auftretenden Schwierigkeit, den Umfang der inneren Rechtskraft festzustellen, empfiehlt es sich, entweder im Urteilskopf oder in der Urteilsformel oder anschließend wenigstens in einem Satz den Streitgegenstand nach § 2 Rn 3 stichwortartig darzustellen, Schneider MDR **78**, 3. Das gilt zumindest dann, wenn die ohnehin erforderliche Fassung der Urteilsformel dazu nicht genug hergäbe, zB bei einer Klagabweisung oder bei einem unbezifferten Klagantrag.

Fingerspitzengefühl ist angesagt. Eine gute Akzentsetzung auch durch Knappheit wie Ausführlichkeit der Behandlung kann die Lesbarkeit und Überzeugungskraft eines Urteils evtl stärker beeinflussen als die eigentliche Sachargumentation. Man kann aus einer Sequenz von Tönen, ja aus einem einzelnen Ton ein ganzes Musikgebäude bauen. Dasselbe gilt in jeder sog Geisteswissenschaft. Die Fülle der Argumente pro und contra läßt sich faszinierend darstellen, auch wenn das nur schlagwortartig geschieht. Ein gutes knappes Urteil kann von Gedanken strotzen. Vermittlung von Überzeugung sollte vorherrschen und bestimmen, ob und wie man strafft oder nicht. Das alles soll § 313 a keineswegs einengen.

3 **3) Geltungsbereich, I–IV.** Die Vorschrift gilt in allen Verfahren nach der ZPO. Die vorstehenden Regeln gelten entsprechend bei einem Beschluß, Ffm NJW **89**, 841, Schneider MDR **78**, 92, zB nach § 91 a, Hamm RR **94**, 1407. Sie bedeuten aber keinen Rechtsmittelverzicht, Hamm MDR **00**, 721, Schlesw MDR **97**, 1154, aM Brdb RR **95**, 1212 (aber man darf nicht uferlos auslegen). Die Regelung ist im arbeitsgerichtlichen Verfahren anwendbar, nicht aber im arbeitsgerichtlichen Beschlußverfahren, Lorenz BB **77**, 1003, Philippsen pp NJW **77**, 1135, betr das Beschlußverfahren aM Grunsky JZ **78**, 87. Sie ist im patentgerichtlichen Verfahren unanwendbar, Schmieder NJW **77**, 1218.

4 **4) Entbehrlichkeit, I.** Entbehrlich sind Tatbestand bzw Entscheidungsgründe beim streitigen Urteil gleich welcher Unterart nur unter den folgenden Voraussetzungen, von denen keine fehlen darf. Beim Tatbestand müssen die Bedingungen Rn 6–8 erfüllt sein und es darf auch keiner der Fälle Rn 12–16 vorliegen. Bei den Entscheidungsgründen müssen die Bedingungen Rn 6–11 vorliegen und es darf keiner der Fälle Rn 12–16 vorliegen. Notfalls muß das Gericht Tatbestand und Entscheidungsgründe nachholen. §§ 320, 321 sind entsprechend heranziehbar. Wegen des Anerkenntnis-, Versäumnis-, Verzichtsurteils § 313 b.

5 Ein *Verstoß* ist Verfahrensmangel, § 538 II Z 1. Er begründet die Revision. Beim endgültigen Fehlen von Entscheidungsgründen liegt ein absoluter Revisionsgrund vor, § 547 Z 6. Soweit ein Tatbestand und Entscheidungsgründe objektiv erforderlich sind, beginnt die Frist zur Einlegung des Rechtsmittels mit der Zustellung der vollständigen Urteilsfassung. Sie beginnt aber spätestens mit dem Ablauf von 5 Monaten nach der Verkündung, §§ 517, 548. Für den Antrag auf eine nachträgliche Herstellung einer vollständigen Urteilsfassung entsteht keine Gebühr, § 19 I 2 Z 6 RVG entsprechend.

6 **5) Zweifelsfrei kein Rechtsmittel, I.** Tatbestand und Entscheidungsgründe können fehlen, wenn unzweifelhaft kein Rechtsmittel zulässig ist, §§ 511 ff, 542 ff, sei es überhaupt nicht, sei es mangels Erreichens des Beschwerdewerts, Rn 7. Auch eine sofortige Beschwerde darf nicht in Betracht kommen, auch nicht zB nach §§ 71 II, 91 a II, 99 II, 269 V, 387 III, 402, 544. Das muß man von Amts wegen aus der Sicht des entscheidenden Gerichts beurteilen, Grdz 39 vor § 128, nicht aus derjenigen des Rechtsmittelgerichts. Denn das letztere darf sich noch gar nicht dazu äußern. Erforderlich ist ein objektiver Maßstab beim Ablauf der Wochenfrist des III Hs 2. Ein Rechtsmittelverzicht reicht aus, Rn 7.

7 Der *Beschwerdewert* nach §§ 511 II Z 1 darf bei keinem vom Urteil rechtlich Berührten überschritten worden sein. Es darf auch keine Zulassung des Rechtsmittels erfolgt sein, §§ 511 II Z 2, IV. Es muß ein unangreifbares Urteil des Berufungsgerichts vorliegen. Soweit es wegen eines Verfahrensmangels zurückverweist, kann eine Begründung evtl dennoch erforderlich sein, Dodegge MDR **92**, 437. Es kommt auf die Fallumstände an, ob zB der gerügte Verfahrensmangel aus dem Protokoll des Berufungsgerichts erkennbar ist. Es mag auch ein bereits wirksam erfolgter Rechtsmittelverzicht vorliegen. Er ist hier abweichend von § 515 vereinbar. In allen diesen Fällen führt jeder Zweifel zu der Pflicht des Gerichts, eine vollständige Urteilsfassung herzustellen. Das gilt auch, solange einer „herrschenden" Meinung noch eine abweichende Beurteilung gegenübersteht.

8 Soweit das Gericht die Statthaftigkeit eines Rechtsmittels *übersehen* hat, darf es das Fehlende oder eine Vervollständigung wegen § 318 nicht nachholen, Schneider MDR **85**, 907. Es darf allenfalls nach § 321 a V vorgehen. Das Rechtsmittelgericht hebt evtl auf, § 313 Rn 30. Es wendet evtl §§ 538, 547 Z 6 an.

9 **6) Bei den Entscheidungsgründen zusätzlich: Verzicht, I 2 Hs 1.** Entscheidungsgründe sind beim nicht rechtsmittelfähigen Urteil entbehrlich, wenn zusätzlich zu den Bedingungen Rn 6–8 ein Verzicht vorliegt. Es müssen mehrere Voraussetzungen zusammentreffen.

A. Allseitige Erklärung. Alle vom Urteil rechtlich berührten Parteien müssen den Verzicht erklären. Es handelt sich um eine grundsätzlich unwiderrufliche Parteiprozeßhandlung, Grdz 47, 59 vor § 128, Ffm NJW **89**, 841. Der Verzicht wird mit seinem Eingang beim zuständigen Gericht wirksam, nicht erst mit dem Eingang auf der Geschäftsstelle der zuständigen Abteilung. § 129 a ist anwendbar. Ein Anwaltszwang besteht wie sonst, § 78 I. Man darf einen Verzicht nicht bedingt erklären. Sonst ist er unwirksam. Man braucht ihn nicht in der mündlichen Verhandlung zu erklären, sondern kann das noch nach ihrem Schluß nachholen, und zwar auch schon vor der Verkündung des Urteils, III Hs 1. Man kann ihn auch schlüssig erklären, sofern er eindeutig ist. Im Zweifel liegt kein Verzicht vor. Man darf ihn nicht mit dem Verzicht des § 306 verwechseln. Trotzdem sind die Voraussetzungen des § 306 zum Teil vergleichbar.

10 **B. Rechtzeitigkeit.** Dazu Rn 16.

11 **C. Form.** Eine besondere Form ist nicht erforderlich. Freilich müssen die Anforderungen eines bestimmenden Schriftsatzes erfüllt sein, § 129 Rn 5, 6. Er kann dem Anwaltszwang unterliegen, § 78 Rn 4, 5, Naumb FamRZ **02**, 470. Er kann auch einen anderen zusätzlichen Inhalt haben.

12 **7) Statt Verzicht: Wesentlicher Inhalt im Protokoll, I 2 Hs 2.** Die Vorschrift ist zumindst im Bereich des § 495 a verfassungsgemäß, VerfGH Brdb MDR **97**, 591, Heinrichs NJW **91**, 2815, aM Stollmann NJW **91**, 1720 (aber man kann und muß verfassungskonform auslegen). Nur „in diesem Fall" eines unzweifelhaft

Titel 2. Urteil **§ 313a**

nicht rechtsmittelfähigen Urteils nach Rn 6–8 dürfen Entscheidungsgründe im Urteil auch dann fehlen, wenn zwar kein wirksamer Verzicht vorliegt, Rn 9–11, wenn aber das Gericht ihren wesentlichen Inhalt in das Protokoll aufgenommen hat, aM irrig Hartmann NJW 01, 2586. Ein diesbezüglicher Widerspruch der Partei ist unbeachtlich. Die Vorschrift dient der besonderen Entlastung des Gerichts. Sie soll freilich nicht den Richter von der Notwendigkeit befreien, methodisch geordnete sachgerechte Erwägungen anzustellen und in einer solchen Form mitzuteilen, daß die Nämlichkeit des Streitgegenstands, der Umfang der Rechtskraft, die Möglichkeit einer Anfechtung usw erkennbar werden. Daher darf die Wahl von Protokoll-Kurzgründen keineswegs die volle Gedankenarbeit ersetzen. Die Kurzgründe im Protokoll erfordern ein erhebliches Formulierungs- und Konzentrierungsvermögen. Sie dürfen natürlich noch kürzer sein als ohnehin nach § 313 III. Sie müssen aber den Kern der Erwägungen und Resultate enthalten.

Sie müssen vor allem erkennen lassen, daß das Gericht überhaupt den *Gesamtinhalt* des Parteivortrags und der etwaigen Verhandlungen zur Kenntnis genommen und erwogen hat, insbesondere nach irgendeiner Art von Beweisaufnahme, § 286 Rn 13. Im übrigen hat der Vorsitzende natürlich die inhaltliche Alleinverantwortung auch für solche Entscheidungsgründe, die er in das Protokoll aufgenommen hat, das ja bekanntlich ein etwa besonderer Protokollführer formell insgesamt mitunterzeichnen muß. Das Gericht muß stets § 308 I beachten. Dasselbe gilt für die Nebenentscheidungen nach §§ 91 ff, 708 ff und für die Unterschrift, § 315 I, III. Soweit die höhere Instanz den Streitwert höher bewerten könnte, etwa bei §§ 558 ff BGB wegen der Streitfrage Anh § 3 Rn 79, ist es ratsam, keine bloßen Protokollgründe anzufertigen, um eine Zurückverweisung zu verhindern.

8) Rechtsmittelfähiges Stuhlurteil: Verzicht, II. Soweit das Urteil auch nur für *eine* Partei anfechtbar **13** ist, muß das Gericht statt I die Regelung nach II beachten. Danach können der Tatbestand und auch Enscheidungsgründe entfallen, wenn die Voraussetzungen Rn 13–15 und außerdem diejenigen Rn 16 zusammentreffen.

A. Urteilsverkündung im Verhandlungstermin, II 1. Das Gericht muß sein Urteil noch in demjenigen Termin verkünden, in dem es die mündliche Verhandlung geschlossen hat, § 310 I 1 Hs 1, sog Stuhlurteil, § 310 Rn 6–9. Das geschieht also auch bei einer Verkündung „am Schluß der Sitzung". Nicht hierher gehört die Verkündung in einem nach § 310 I 1 Hs 2 anberaumten besonderen bloßen Verkündungstermin, selbst wenn das Gericht ihn ordnungsgemäß sofort angeraumt hat.

B. Rechtsmittelfähigkeit für wenigstens eine Partei, II 1, 2. Beim Vergleich mit II 1 ergibt sich: Das **14** Stuhlurteil muß rechtsmittelfähig sein. Aus II 2 folgt: Es genügt die Anfechtbarkeit für eine der Parteien. Es darf also keine Situation Rn 6–8 für beide Parteien vorliegen.

C. Rechtsmittelverzicht jedes Anfechtungsberechtigten, II 1, 2. Im Gegensatz zu I 2 reicht beim **15** rechtsmittelfähigen Urteil ein bloßer Verzicht auf Tatbesand bzw Entscheidungsgründe nicht aus. Vielmehr müssen nach dem Wortlaut von II 1 „beide Parteien" auf Rechtsmittel verzichten. Aus II 2 folgt, daß in Wahrheit nur derjenige verzichten muß, der überhaupt anfechtungsberechtigt ist. Den Rechtsmittelverzicht muß man nach § 515 beurteilen.

9) Wochenfrist, III. Sowohl der Verzicht auf Tatbestand und Entscheidungsgründe nach I 2 Hs 1 als **16** auch der Rechtsmittelverzicht nach II müssen zur Wirksamkeit binnen einer Woche nach dem Schluß der mündlichen Verhandlung beim zuständigen Gericht eingehen. § 222 ist anwendbar. Bei einem Verhandlungsschluß zB am Freitag vor Karfreitag läuft die Frist grundsätzlich erst am Dienstag nach Ostern um 24 Uhr ab, und auch das nur, wenn dieser Dienstag kein gesetzlicher Feiertag ist (1. Mai). Maßgeblicher Eingangszeitpunkt ist derjenige der letzten erforderlichen Erklärung. Die Fristverletzung führt zur Unwirksamkeit des Verzichts, aM Schneider MDR **85**, 907, ThP 2 (aber man muß eine Frist stets streng handhaben).

10) Vollständige Fassung, IV. Ob unabhängig von I–III doch ein Ergebnis wegen IV eine vollständige **17** Fassung notwendig ist, das richtet sich einerseits nach der Verfahrens- bzw Anspruchsart, andererseits nach einer etwaigen Auslandsberührung. Notwendig ist eine vollständige Fassung in den folgenden Fällen.

A. Ehesache, IV Z 1. Ein vollständiges Urteil ist in einer Ehesache nach §§ 606 ff erforderlich. Jedoch **18** darf das Urteil auf eine Scheidung zwischen Deutschen unter den Voraussetzungen I–III ohne Tatbestand und Entscheidungsgründe ergehen. Das gilt freilich nur für den Scheidungsausspruch, während das Gericht seinen Ausspruch über die Folgesachen, etwa über den Versorgungsausgleich, begründen muß, BGH NJW **81**, 2816, Stgt FamRZ **83**, 82. Das Gericht darf auch den Scheidungsausspruch begründen, sogar gegen den Antrag beider Parteien. Denn nach I 2 „bedarf" der Scheidungsausspruch lediglich keiner Begründung. Das Urteil, das einen Scheidungsantrag zurückweist, muß eine vollständige Begründung erhalten. Dann ist aber eine abgekürzte Fassung nach §§ 313b, 612 IV zulässig.

B. Lebenspartnerschaftssache, IV Z 2. Ein vollständiges Urteil ist in einer Lebenspartnerschaftssache **19** nach §§ 1 ff LPartG erforderlich, soweit es um die Feststellung des Bestehens oder Nichtbestehens einer Lebenspartnerschaft geht, § 661 1 Z 2, oder um die Verpflichtung zur Fürsorge und Unterstützung in der partnerschaftlichen Lebensgemeinschaft, § 661 I Z 3. Im übrigen gelten die Erwägungen Rn 12 hier entsprechend.

C. Kindschaftssache, IV Z 3. Ein vollständiges Urteil ist in einer Kindschaftssache nach §§ 640 ff wegen **20** des öffentlichen Interesses erforderlich.

D. Wiederkehrende Leistung, IV Z 4. Eine vollständige Fassung ist bei einem Urteil auf künftig fällige **21** wiederkehrende Leistungen nach § 258 erforderlich, auch bei §§ 323, 654, soweit das Gericht ihre Voraussetzungen bejaht, im Fall einer negativen Feststellungsklage nach § 256 also bei einer Klagabweisung. Grund ist die Notwendigkeit, bei einer etwaigen weiteren oder erstmaligen Abänderung des Urteils durch ein Urteil oder in einem Beschlußverfahren die Grundlagen der letzten Entscheidung eindeutig vorzufinden. Auch in solchen Fällen ist natürlich keine Begründung bei § 313 b notwendig. Freilich ist sie dann ratsam.

§§ 313a, 313b

22 E. Auslandsberührung, IV Z 5. Eine vollständige Fassung ist schließlich dann erforderlich, wenn eine Partei das Urteil voraussichtlich im Ausland geltend machen muß, sei es zwecks Anerkennung oder zur Zwangsvollstreckung oder sonstwie. Das braucht sie nicht glaubhaft zu machen, sofern sich die Auslandsbenutzung aus der Natur der Sache ergibt, zB dann, wenn am Scheidungsverfahren ein Ausländer beteiligt ist, selbst wenn er zugleich Deutscher ist. Evtl muß das Gericht sein Urteil vervollständigen, soweit die Ausführungsgesetze zu internationalen Abkommen über Versäumnis- oder Anerkenntnisurteile das fordern, Z 5 Hs 2. Vgl SchlAnh V. Man darf diese Fälle nicht mit dem Übersehen der Statthaftigkeit eines Rechtsmittels verwechseln, Rn 11.

23 11) VwGO: Entscheidungsgründe sind (nur) im Fall des § 117 V VwGO entbehrlich (weitergehend § 77 II AsylVfG). Daneben ist § 313 a auch insoweit unanwendbar, als kein Rechtsmittel gegeben ist, BR-Drs 551/74 S 44: der Grundgedanke der Ausnahmen in II Z 1–3 trifft auch auf den VerwProzeß zu (demgemäß fehlt in KV 2114 u 2115 eine KV 1225, 1227 u 1237 entspr Bestimmung). Abw will OVG Hbg, LS HbgJVBl **83**, 179, I entspr anwenden, wenn ein Rechtsmittel (zB wegen wirksamen Verzichts) unzweifelhaft nicht eingelegt werden kann.

313b *Versäumnis-, Anerkenntnis- und Verzichtsurteil.* [I 1] Wird durch Versäumnisurteil, Anerkenntnisurteil oder Verzichtsurteil erkannt, so bedarf es nicht des Tatbestandes und der Entscheidungsgründe. [2] Das Urteil ist als Versäumnis-, Anerkenntnis- oder Verzichtsurteil zu bezeichnen.

[II 1] Das Urteil kann in abgekürzter Form nach Absatz 1 auf die bei den Akten befindliche Urschrift oder Abschrift der Klage oder auf ein damit zu verbindendes Blatt gesetzt werden. [2] Die Namen der Richter braucht das Urteil nicht zu enthalten. [3] Die Bezeichnung der Parteien, ihrer gesetzlichen Vertreter und der Prozessbevollmächtigten sind in das Urteil nur aufzunehmen, soweit von den Angaben der Klageschrift abgewichen wird. [4] Wird nach dem Antrag des Klägers erkannt, so kann in der Urteilsformel auf die Klageschrift Bezug genommen werden. [5] Wird das Urteil auf ein Blatt gesetzt, das mit der Klageschrift verbunden wird, so soll die Verbindungsstelle mit dem Gerichtssiegel versehen oder die Verbindung mit Schnur und Siegel bewirkt werden.

[III] Absatz 1 ist nicht anzuwenden, wenn zu erwarten ist, dass das Versäumnisurteil oder das Anerkenntnisurteil im Ausland geltend gemacht werden soll.

[IV] Absatz 2 ist nicht anzuwenden, wenn die Prozessakten elektronisch geführt werden.

Vorbem. IV angefügt dch Art 1 Z 23 JKomG v 22. 3. 05, BGBl 837, in Kraft seit 1. 4. 05, Art 16 I JKomG, ÜbergangsR Einl III 78.

Schrifttum: *Krause,* Ausländisches Recht und deutscher Zivilprozeß, 1990; *Müller/Hök,* Deutsche Vollstreckungstitel im Ausland, Anerkennung, Vollstreckbarerklärung und Verfahrensführung in den einzelnen Ländern, 1988.

Gliederung

1) Systematik, I–IV 1	5) Entbehrliche Angaben, I, II 5
2) Regelungszweck, I–IV 2	A. Parteibezeichnung usw 5
3) Geltungsbereich, I–IV 3	B. Richternamen 5
4) Mindestinhalt, I 4	C. Urteilsformel 5
A. Gericht 4	D. Tatbestand, Entscheidungsgründe 5
B. Urteilsart 4	6) Aktenbehandlung, II 6
C. Parteien usw 4	7) Geltendmachung im Ausland, III 7
D. Verhandlungsschluß usw 4	8) Elektronische Akte, IV 8
E. Bezugnahme 4	9) Verstoß, I–IV 9
F. Vollständige Formel 4	10) VwGO 10
G. Unterschriften 4	
H. Verkündungsvermerk 4	

1 1) Systematik, I–IV. Die Vorschrift ist eine vorrangige Sonderregel gegenüber § 313 I Z 5, 6. Sie gilt (jetzt) auch im Kleinverfahren des § 495 a.

2 2) Regelungszweck, I–IV. Die Vorschrift dient in I, II der Prozeßwirtschaftlichkeit nach Grdz 14 vor § 128 und in III der Rechtssicherheit, Einl III 43.

3 3) Geltungsbereich, I–IV. Die Vorschrift gilt in allen überhaupt einem Versäumnisurteil zugänglichen Verfahren nach der ZPO. Soweit ein echtes Voll- oder Teilversäumnisurteil gegen den Kläger nach § 330 oder gegen den Bekl nach § 331 ergeht oder ein Anerkenntnis- oder Verzichtsurteil nach §§ 306, 307 ergeht, sind unabhängig von § 313 a I, II grundsätzlich weder ein Tatbestand noch Entscheidungsgründe notwendig, I 1. Deren Vorhandensein ist freilich stets zulässig, BGH NJW **02**, 2709, und evtl ratsam, zB als Kurzfassung wegen § 93. Sie können auch praktisch notwendig sein, etwa bei streitigen Kostenanträgen, Brdb FamRZ **04**, 651. Zumindest ratsam sind sie ferner zB in folgenden Fällen: Um eine Überprüfung des Urteils zu ermöglichen, wenn es nach § 323 evtl abgeändert werden könnte, Maurer FamRZ **89**, 446; wenn es nach § 345 nur infolge Verneinung eines der Fälle der §§ 227, 337 erlassen werden konnte; wenn es um ein höchstrichterliches Versäumnisurteil über eine Grundsatzfrage geht, BGH NJW **84**, 310. Volle Entscheidungsgründe sind notwendig, wenn eine Anerkennung oder eine Zwangsvollstreckung im Ausland in Frage kommt, III, Rn 5. Wegen der ohnehin vorrangigen EuGVVO SchlAnh V C 4. Eine abgekürzte Form ist jetzt auch bei einem echten Versäumnisurteil gegen den Kläger zulässig, nicht aber, soweit ein unechtes Versäumnisurteil ergeht, Üb 13 vor § 330, § 331 Rn 24, BGH BB **90**, 1664. Sie ist auch

1300

Titel 2. Urteil **§ 313b**

bei einem Teilurteil oder bei einem Urteil auf eine Widerklage nach Anh § 253 zulässig. Das gilt auch in der höheren Instanz und bei einer Klagerweiterung oder Klagänderung, §§ 263, 264.
Unanwendbar ist § 313b auf einen Prozeßvergleich, Kblz JB **02**, 551.

4) Mindestinhalt, I. Das abgekürzte Urteil muß mindestens die folgenden Angaben enthalten. **4**
A. Gericht. Erforderlich ist die Bezeichnung des Gerichts.
B. Urteilsart. Erforderlich ist ferner die Bezeichnung als Versäumnis-, Anerkenntnis- oder Verzichtsurteil, I 2, BGH FamRZ **88**, 945, Hamm RR **95**, 187. Sie kann fehlen, wenn ein derartiges Urteil vollständig mit Tatbestand und Entscheidungsgründen versehen ist, BGH FamRZ **88**, 945. Trotz Bezeichnung „Versäumnisurteil" kann ein streitiges Urteil vorliegen, Üb 12 vor § 330.
C. Parteien usw. Erforderlich ist weiterhin die Bezeichnung der Parteien usw nur dann, wenn Abweichungen gegenüber der Klageschrift bzw Widerklageschrift vorhanden sind, II 3.
D. Verhandlungsschluß usw. Notwendig ist außerdem die Angabe des Tages des Schlusses der mündlichen Verhandlung, § 313 I Z 3, bei § 128 II des Zeitpunkts des Einreichungsschlusses. Bei §§ 307 II, 331 III ist außerdem die Angabe notwendig, daß das Gericht ohne mündliche Verhandlung entschieden hat.
E. Bezugnahme. Zulässig ist die Bezugnahme auf die Klageschrift, soweit das Urteil nach dem Klagantrag erkennt, II 4. Entsprechendes gilt bei der Widerklage. Jedoch muß das Gericht eine solche Bezugnahme vermeiden, wenn der Antrag nennenswert ergänzt oder berichtigt worden ist. Ein Zusatz wegen der Zinsen und der Vollstreckbarkeit schadet nicht. Ein Zusatz über die Kosten ist immer notwendig, § 308 II, falls nicht die Klageschrift schon das Nötige enthält, Stürner ZZP **91**, 359. „Rotklammer" usw bezeichnet ausreichend, Hamm MDR **99**, 316.
F. Vollständige Formel. Eine vollständige Formel nach § 311 II ist erforderlich, soweit das Urteil nicht nach dem Klag- bzw Widerklagantrag erkennt.
G. Unterschriften. Erforderlich sind ferner die Unterschriften aller mitwirkenden Richter, § 315.
H. Verkündungsvermerk. Schließlich ist der Verkündungsvermerk des Urkundsbeamten der Geschäftsstelle nach § 315 III notwendig.

5) Entbehrliche Angaben, I, II. Entbehrlich sind im Verfahren ohne elektronische Aktenführung (sonst **5**
gilt IV) die folgenden Einzelheiten.
A. Parteibezeichnung usw. Man kann auf die Bezeichnung der Parteien usw verzichten, soweit diese mit der Klageschrift bzw Widerklageschrift übereinstimmt, II 3.
B. Richternamen. Entbehrlich sind die Namen der entscheidenden Richter, II 2. Wohl aber ist die Bezeichnung des Gerichts notwendig.
C. Urteilsformel. Entbehrlich ist schließlich die Urteilsformel, soweit das Gericht nach dem Klag- bzw Widerklagantrag erkannt hat. Dann genügt eine Bezugnahme auf den Antrag.
D. Tatbestand, Entscheidungsgründe. Sie können zwar auch beim Verzichtsurteil nach § 306 fehlen, BGH RR **98**, 1652, ebenso beim Versäumnis- und beim Anerkenntnisurteil nach § 307. Schon wegen § 99 II ist aber eine Kurzbegründung ratsam. Im Fall streitiger „Kostenanträge" ist eine Kurzbegründung sogar notwendig, Brdb MDR **00**, 233. Überhaupt kann das Gericht stets ein an sich entbehrliches Urteilselement vollständig darstellen, wie es auch höchstrichterlich mit bemerkenswert erfreulicher Tendenz geschieht (solange sie nicht ausartet), BGH NJW **99**, 1395, 1718, Zweibr JB **97**, 431, etwa unter Beschränkung auf eine einzelne Rechtsfrage. Denn das Gericht braucht ja gar nichts zur Begründung auszuführen. Wegen der inneren Rechtskraft § 313a Rn 1.

6) Aktenbehandlung, II. Die Urschrift des Urteils kann auf die Urschrift oder eine Abschrift der **6**
Klageschrift bzw Widerklageschrift gesetzt werden, die sich in der Gerichtsakte befindet. Nach dem Mahnverfahren gemäß §§ 688ff kann die Urschrift auf die Urschrift des Mahnbescheids gesetzt werden. Eine Beglaubigung der Klagabschrift ist entbehrlich. Setzt der Urkundsbeamte das Urteil auf ein besonderes Blatt, so soll er es mit der Klageschrift durch Schnur und Siegel oder durch Aufdrücken des Gerichtssiegels auf die Verbindungsstelle verbinden. Das ganze Verfahren nach II ist nur theoretisch bequem. In der Praxis ist es den Gerichtspersonen oft unbekannt und kann zu Verzögerungen, Fehlern und Unmut führen, den man sich ersparen sollte. Soweit das Urteil auf den Klagantrag verweist, ist dieser Bestandteil des Urteils auch für § 321. Die Ausfertigung erfolgt nach § 317 IV.

7) Geltendmachung im Ausland, III. Soweit eine Partei das Anerkenntnis- oder Versäumnisurteil, **7**
§§ 306, 307, im Ausland geltend machen muß oder will, bleibt die Notwendigkeit von vollem Tatbestand und vollen Entscheidungsgründen. Ist insoweit unanwendbar. Man muß auf den Zeitpunkt des Urteilserlasses abstellen, § 311 Rn 2. Es genügt eine erkennbare Absicht einer Partei, das Urteil auch nur teilweise im Ausland irgendwie rechtlich geltend zu machen (Anerkennungs- oder Vollstreckungsabsicht). Im Zweifel reicht der bloße Auslandsbezug. In solcher Lage ist auch nicht etwa eine abgekürzte Fassung zulässig. Wohl aber bleibt § 313 III anwendbar.

8) Elektronische Akte, IV. Bei ihr ist II unanwendbar. **8**

9) Verstoß, I–IV. Ein entgegen I unstatthaft abgekürztes Urteil stellt einen Verfahrensmangel dar, § 538. **9**
Es führt evtl zur Zurückverweisung, Brdb FamRZ **04**, 651. Es führt evtl zur Zurückverweisung, Brdb FamRZ **04**, 651. Es begründet die Revision. Beim Zweifel über den Umfang der Abkürzung muß man den Parteivortrag heranziehen, LG Mönchengladb KTS **76**, 155. Ein Verstoß gegen I 2 ändert an der Rechtsmittelfrist nichts, Düss MDR **85**, 679. Er ermöglicht aber nach dem Meistbegünstigungsgrundsatz nach Grdz 28 vor § 511 beim Fehlen auch von Tatbestand und Entscheidungsgründen auch evtl eine Berufung, Hamm RR **95**, 186, oder eine Kostenbeschwerde nach § 99. Sie kann zur Zurückverweisung führen, Brdb MDR **00**, 233. Ein Verstoß gegen II ist prozessual belanglos, zumal das Urteil bereits vorher entstanden ist. Man muß einen Verstoß gegen III wie einen solchen nach I behandeln.

§§ 313b, 314   Buch 2. Abschnitt 1. Verfahren vor den LGen

10   **10) VwGO:** *Entsprechend anwendbar, § 173 VwGO, auf Anerkenntnis- und Verzichturteile, §§ 306 Rn 8, 307 Rn 21, OVG Hbg NJW 77, 214.*

314 **Beweiskraft des Tatbestandes.** [1] **Der Tatbestand des Urteils liefert Beweis für das mündliche Parteivorbringen.** [2] **Der Beweis kann nur durch das Sitzungsprotokoll entkräftet werden.**

Schrifttum: *Gaul,* Die „Bindung" an die Tatbestandswirkung des Urteils, in: Festschrift für *Zeuner* (1994); *Weitzel,* Tatbestand und Entscheidungsqualität, 1990.

Gliederung

1) Systematik, S 1, 2 1	5) Fehlen der Beweiskraft, S 1 5
2) Regelungszweck, S 1, 2 2	6) Einzelfragen zur Beweiskraft, S 1 6
3) Geltungsbereich, S 1, 2 3	7) Widersprüchlichkeit, S 2 .... 7, 8
4) Beweiskraft, S 1 4	8) VwGO 9

1   **1) Systematik, S 1, 2.** Die Vorschrift ergänzt den §§ 313 I Z 5. Sie stellt zugleich den Vorrang von §§ 159 ff klar, Rn 2.

2   **2) Regelungszweck, S 1, 2.** § 314 gibt eine gesetzliche Beweisregel, § 286 II. Die Vorschrift soll die Beweiskraft des Tatbestands als einer öffentlichen Urkunde nach §§ 415, 417, § 418 I durch eine über § 418 II hinausgehende Erschwerung des Gegenbeweises erhöhen. Darin liegt für die Parteien eine Gefahr. Sie wird durch die Möglichkeit einer Berichtigung nach § 320 erträglich, also durch die einzige Berichtigungsmöglichkeit, § 320 Rn 1, BGH NJW **93**, 1852. Diesen Zusammenhang muß man bei der Auslegung mitbeachten.
Viel mehr als *Beweisregel* ist aber die weitere eigentliche Funktion des § 314. Sie klingt in seinem Wortlaut nur indirekt an. Der Tatbestand soll erweisen, ob das Gericht die Lebensvorgänge überhaupt im Kern vollständig aufgefaßt und verstanden hat, über die es entscheiden soll. Ein Tatbestand kann insofern peinlich entlarven. Er kann aber auch scharf akzentuieren, beleuchten, einordnen und ins rechte Verhältnis bringen. Aus einem gut gebauten Tatbestand ergibt sich seine rechtliche Würdigung oft fast von selbst. Ein schlechter Tatbestand verwirrt, ein guter lenkt überzeugend. Die Befugnis zur weitgehenden Bezugnahme nach § 313 II 2 erlaubt es, den Blick von vornherein nur auf das Wesentliche zu konzentrieren. Ein Tatbestand kann auch beim „vollständigen" Urteil sehr knapp und gerade deshalb eindringlich wirken. Seine Form ist ebenso variabel wie sein Umfang. Ganz falsch wäre es, allzu ängstlich jede Kleinigkeit zu erwähnen, nur um Fleiß zu zeigen und ja nichts zu vergessen. Die wenn auch vielleicht floskelhaft wirkende Bezugnahme „Im übrigen wird auf den mündlich vorgetragenen Inhalt der Parteischriftsätze nebst Anlagen und auf die Protokolle verwiesen" deckt ohnedies den Gesamtvortrag völlig ausreichend ab. Das alles darf man mitbeachten.

3   **3) Geltungsbereich, S 1, 2.** Die Vorschrift gilt in allen Verfahren nach der ZPO. Die Vorschrift gilt auch im Beschlußverfahren, in dem eine mündliche Verhandlung stattfand, § 573 I, BGH **65**, 30. Im schriftlichen Vorverfahren gilt § 314 grundsätzlich nicht. Die Vorschrift ist im Rechtsbeschwerdeverfahren nach dem GWB entsprechend anwendbar, BGH **65**, 35. Sie gilt auch im arbeitsgerichtlichen Verfahren, § 46 II 1 ArbGG.

4   **4) Beweiskraft, S 1.** Der Tatbestand ist die Beurkundung des Parteivorbringens, abgestellt auf den Schluß der mündlichen Verhandlung, §§ 136 IV, 296 a, BGH NZM **98**, 412. Maßgeblich ist der Tatbestand des angefochtenen Urteils, nicht des im höheren Rechtszug ergangenen, BGH NJW **99**, 1339. Auch eine tatsächliche Feststellung in den Entscheidungsgründen kann zum Tatbestand zählen, § 313 Rn 17. Der Tatbestand liefert Beweis dafür, daß die Parteien etwas in der mündlichen Verhandlung vorgetragen haben, BGH NJW **04**, 3778, KG GRUR-RR **04**, 231, auch zB zu einer Klagänderung, § 263, BVerwG NJW **88**, 1228. Er beweist auch den Vortrag der im Tatbestand erwähnten, in Bezug genommenen Schriftsätze, BGH NJW **04**, 3778. Er liefert, insbesondere soweit er schweigt, Beweis auch dafür, daß sie etwas nicht vorgetragen haben, BGH VersR **90**, 974, Ffm GRUR **02**, 237, KG GRUR-RR **04**, 231. Er beweist daher auch, ob der Vortrag in der Berufungsinstanz neu ist, Schumann NJW **93**, 2787, aM Oehlers NJW **94**, 712 (aber eine solche Folgerung ist geradezu zwingend). Das alles gilt freilich nur, soweit der Tatbestand des Parteivorbringens vollständig wiedergibt, BGH NJW **04**, 1879. Das darf allerdings auch sehr wohl durch die vom Gesetz sogar gewünschte Bezugnahme auf Schriftsätze und Protokolle geschehen. Der Tatbestand ist für das Revisionsgericht bindend, BGH NJW **87**, 2298, Schumann NJW **93**, 2787, für das Berufungsgericht nicht, BGH VersR **92**, 999, Saarbr RR **03**, 574, Schumann NJW **93**, 2787.
Der Beweis, daß eine Partei in der mündlichen Verhandlung auf einen im Tatbestand erwähnten eigenen oder fremden Schriftsatz *in Wahrheit nicht Bezug* nahm, ist nur durch das Protokoll möglich. Überhaupt kann nur das Protokoll entkräften, nicht der Schriftsatz, BGH NJW **99**, 1339.
Wegen des *vorinstanzlichen* Vortrags § 320 Rn 2. Bei einer Entscheidung im schriftlichen Verfahren nach § 128 II gehört auch der Vortrag einer früheren mündlichen Verhandlung in den Tatbestand, wenn die entscheidenden Richter dieselben sind. Der Tatbestand hat dann auch insoweit Beweiskraft. § 314 gilt also im schriftlichen Verfahren nach § 128 II nur für ein solches Vorbringen in einem etwaigen Termin, das nicht aus den Akten hervorgeht, BFH BB **83**, 755, BayObLG MDR **89**, 650.
Der Tatbestand liefert auch Beweis für Anerkenntnisse, Geständnisse, Ffm GRUR **02**, 236, überhaupt *für alle prozessualen Erklärungen* und für deren Reihenfolge. Er liefert auch dafür Beweis, daß eine Partei etwas in der mündlichen Verhandlung anders als in den Schriftsätzen vorgetragen hatte, BGH VersR **83**, 1161, Köln MDR **76**, 848, daß eine Behauptung unwidersprochen geblieben ist, daß es unstreitig war, BGH NJW **03**,

Titel 2. Urteil **§§ 314, 315**

433, oder daß es streitig war, BGH RR **87**, 1091 und 1158, oder daß der Kläger keinen Abstand vom Urkundenprozeß genommen hat.

5) Fehlen der Beweiskraft, S 1. Der Tatbestand liefert keinen Beweis: Für Zeugenaussagen, überhaupt 5 für anderes Vorbringen als dasjenige der Parteien; für die Beweisergebnisse selbst, auch nicht im Fall des § 161 (dann gilt die Beweiskraft aus § 418); für eine rechtliche Folgerung, BGH RR **90**, 814; für sonstiges Prozeßgeschehen, etwa für die Gewährung oder Verlängerung einer Nachfrist nach § 283, BGH NJW **83**, 2032. Die Anträge ergeben sich aus dem Protokoll in Verbindung mit den Schriftsätzen. Der Tatbestand beweist nur, daß sie gestellt wurden, nicht, wann und mit welchem Inhalt sie gestellt wurden, BVerwG NJW **88**, 1228. Der Tatbestand des Revisionsurteils liefert meist keinen Beweis, BGH GRUR **04**, 271 (Ausnahme: Zurückverweisung).

6) Einzelfragen zur Beweiskraft, S 1. Ob eine Berichtigung zulässig ist, ist solange bedeutungslos, wie 6 niemand die Berichtigung erwirkt. Man kann eine Berichtigung nicht schon durch die Berufung erzwingen. Eine Aufhebung des Urteils berührt die Beweiskraft seines Tatbestands nicht. Anders liegt es natürlich, wenn eine Zurückverweisung nach § 538 erfolgt. Wenn der Tatbestand einen Schriftsatz erwähnt, den die Partei nach dem Schluß der Verhandlung eingereicht hat, so muß das Rechtsmittelgericht das Urteil aufheben, wenn sich das Urteil auf neue Tatsachen stützt, die erst in diesem Schriftsatz enthalten sind. Der Tatbestand ist auslegungsfähig, soweit er eine Auslegung gestattet, etwa bestimmte Tatsachen.

7) Widersprüchlichkeit, S 2. Soweit der Tatbestand in sich widerspruchsvoll ist, fehlt ihm die Beweis- 7 kraft, BAG NJW **04**, 1062, Ffm GRUR **02**, 236. Daher ist das Revisionsgericht an ihn nicht gebunden, BGH NJW **00**, 3007, BAG NJW **04**, 1062. Es muß dann zurückverweisen, BGH NJW **00**, 3007. Bei einem Widerspruch zwischen dem Tatbestand und dem Protokoll geht das Protokoll unbedingt vor, soweit es den Vorgang ausdrücklich feststellt, BGH **171**, 515, BVerwG NJW **88**, 1228. Es nimmt dem Tatbestand insoweit jede Beweiskraft, § 418 II, § 165 Rn 10.

Das gilt aber nur für diejenigen Punkte, die gesetzlich in das dem Urteil zugrundeliegende *Protokoll* gehören, §§ 160 II, III, 162, BGH NJW **91**, 2085, aM Düss ZMR **88**, 336 (aber nur solche Punkte haben schon wegen ihrer Aufnahme ins Protokoll von vornherein erhöhte Beweiskraft). Der Vorrang des Protokolls besteht auch nur, soweit das Protokoll seine Beweiskraft nicht verloren hat, § 165. Das bloße Schweigen des Protokolls entkräftet den Tatbestand nicht, aM Düss NJW **91**, 1493 (aber der Protokollvorrang wäre sonst unbegrenzt). Der Tatbestand ist insbesondere nicht entkräftet, wenn das Protokoll erkennbar unvollständig ist, § 165 Rn 10. Wenn kein Widerspruch besteht, dann sind Tatbestand und Protokoll gleichwertig. Jeder andere Gegenbeweis ist ausgeschlossen.

Die übereinstimmende *Anerkennung der Unrichtigkeit* kann den Tatbestand nicht beeinflussen. Denn die 8 Parteien könnten ihn sonst beliebig umformen. „Tatbestand" ist nach § 314 nicht nur derjenige des § 313 I Z 5, II, sondern alles, was tatsächliche Feststellungen enthält, also auch ein derartiger Teil der Entscheidungsgründe, BGH NJW **00**, 3007, Schumann NJW **93**, 2787. Man muß auch die bloße Unterstellung einer Tatsache durch das Gericht zu den Entscheidungsgründen rechnen. Wenn sich insofern Tatbestand und Gründe widersprechen, geht ein eindeutiger Tatbestand vor, BGH NJW **89**, 898. Bei einem mehrdeutigen Tatbestand fehlt eine beweiskräftige Feststellung, § 313 Rn 30.

8) *VwGO: Entsprechend anwendbar, § 173 VwGO, BVerwG NVwZ **00**, 912, VGH Kassel NJW **84**, 2429,* 9 *da das Wesen des VerwProzesses nicht entgegensteht, vielmehr das Gegenstück zu § 314, die Tatbestandsberichtigung des § 320, in § 119 VwGO wiederkehrt und auch § 559 im Zivilprozeß entsprechend gilt. Bei Widerspruch zum Protokoll geht dieses vor, Rn 7, BVerwG Buchholz 310 § 86 Abs 2 Nr 26; bloßes Schweigen des Protokolls entkräftet den Tatbestand nicht, BVerwG Buchholz 442.10 § 4 StVG Nr 60, auch nicht eine unklare Angabe im Protokoll, BVerwG NJW **88**, 1228. Der „Tatbestand" kann sich auch aus den Entscheidungsgründen ergeben, BVerwG NVwZ **85**, 337.*

315 *Unterschrift der Richter.* I ¹Das Urteil ist von den Richtern, die bei der Entscheidung mitgewirkt haben, zu unterschreiben. ²Ist ein Richter verhindert, seine Unterschrift beizufügen, so wird dies unter Angabe des Verhinderungsgrundes von dem Vorsitzenden und bei dessen Verhinderung von dem ältesten beisitzenden Richter unter dem Urteil vermerkt.

II ¹Ein Urteil, das in dem Termin, in dem die mündliche Verhandlung geschlossen wird, verkündet wird, ist vor Ablauf von drei Wochen, vom Tage der Verkündung an gerechnet, vollständig abgefasst der Geschäftsstelle zu übermitteln. ²Kann dies ausnahmsweise nicht geschehen, so ist innerhalb dieser Frist das von den Richtern unterschriebene Urteil ohne Tatbestand und Entscheidungsgründe der Geschäftsstelle zu übermitteln. ³In diesem Falle sind Tatbestand und Entscheidungsgründe alsbald nachträglich anzufertigen, von den Richtern besonders zu unterschreiben und der Geschäftsstelle zu übermitteln.

III ¹Der Urkundsbeamte der Geschäftsstelle hat auf dem Urteil den Tag der Verkündung oder der Zustellung nach § 310 Abs. 3 zu vermerken und diesen Vermerk zu unterschreiben. ²Werden die Prozessakten elektronisch geführt, hat der Urkundsbeamte der Geschäftsstelle den Vermerk in einem gesonderten Dokument festzuhalten. ³Das Dokument ist mit dem Urteil untrennbar zu verbinden.

Vorbem. II 1–3 geändert, III 2, 3 angefügt dch Art 1 Z 24 a, b JKomG v 22. 3. 05, BGBl 837, in Kraft seit 1. 4. 05, Art 16 I JKomG, ÜbergangsR Einl III 78.

Schrifttum: *Schmidt,* Richterwegfall und Richterwechsel im Zivilprozeß, Diss Hann 1993.

§ 315

Buch 2. Abschnitt 1. Verfahren vor den LGen

Gliederung

1) Systematik, I–III	1	
2) Regelungszweck, I–III	2	
3) Geltungsbereich, I–III	3	
4) Unterzeichnung, I	4–10	
A. Grundsatz: Pflicht aller Mitwirkenden, I 1	4	
B. Verhinderung, I 2	5, 6	
C. Verweigerung	7	
D. Verstoß, I	8–10	
5) Urteilsabfassung, II	11–13	
A. Vollständiges Urteil	11	
B. Urteilskopf und -formel	12	
C. Verstoß, II	13	
6) Verkündungsvermerk, III	14, 15	
A. Grundsatz: Bescheinigung der Übereinstimmung	14	
B. Verstoß, III	15	
7) VwGO	16	

1 **1) Systematik, I–III.** Die Vorschrift enthält eine notwendige Ergänzung zu § 313.

2 **2) Regelungszweck, I–III.** *I 1* bezweckt, die Verantwortung des Gerichts für sein Urteil auch durch Unterschriften zu stärken, obwohl diese streng genommen entbehrlich sein könnten. Es gelten indes naturgemäß die Anforderungen an die Unterschrift eines Partei- bzw Anwaltsschriftsatzes in § 129 Rn 8 ff, § 130 Z 6 entsprechend.

I 2 bezweckt die Klarstellung, daß der Verhinderte die Mitverantwortung übernommen hat. In beiden Fällen ist natürlich eine einwandfrei zustandegekommene Urteilsbildung Voraussetzung. Sie entsteht in der Alltagspraxis nicht ganz selten auf eine etwas problematische Art: Haben sich 2 von 3 Richtern geeinigt, so soll manchmal der dritte Kollege mitunterschreiben, ohne voll an einer „Abstimmung" beteiligt worden zu sein. Diese bestand obendrein vielleicht im Kern in der Anfertigung des Textes durch den Berichterstatter nebst seiner Unterschrift und dann nur in der Folgeunterzeichnung durch einen weiteren Kollegen. Dann mag das Gericht gar eine „Verhinderung" schon deshalb angenommen haben, weil der „Verhinderte" gerade an diesem Tag krank ist oder Urlaub hat, sodaß womöglich ein zufällig anwesender oder vorbeikommender anderer Kollege des Vertretungsgremiums oder gar eines anderen Kollegiums um Gegenzeichnung ersucht wird. Man darf die so zustandegekommene Unterzeichnung weder disziplinarisch noch strafrechtlich genauer betrachten, um nicht in arge Bedrängnis zu geraten, vorsichtig ausgedrückt. Solche Folgen sollte man bei der Handhabung trotz aller Überlastung besser mitbeachten.

II bezweckt die Bekämpfung anderer Alltags-Unsitten. Schlimm genug, daß das Gesetz solche Situationen überhaupt ausdrücklich regeln muß. Die Verwaltung hat organisatorisch Mitverantwortung für rechtzeitiges „großes Schreibwerk". Wenn sie schon das „kleine" vielfach unter Mißbrauch faktischer Macht dem Richter überläßt, dann bitte wenigstens nicht auch wie vor 100 Jahren das Schreiben auch noch des Urteils, wenn er das nicht wirklich gern auch noch selbst erledigt, sei es auch nur zur Ersparnis eines unerfreulichen Korrekturgangs.

III dient der Klarstellung und damit der Rechtssicherheit, Einl III 43. Eine eindeutige öffentliche Beurkundung des Ob und Wann bei der Entstehung des Kernstücks des zivilprozessualen Gerichtshandelns hat vielfältige Bedeutung. Sie bedarf daher sorgfältiger Handhabung und strenger Auslegung.

3 **3) Geltungsbereich, I–III.** Die Vorschrift gilt in allen Verfahren nach der ZPO. Im arbeitsgerichtlichen Verfahren gelten §§ 60 IV, 84 ArbGG, LAG Köln BB **88**, 768, Philippsen pp NJW **77**, 1135. Im patentamtlichen Einspruchsverfahren ist I 1, 2 entsprechend anwendbar, BGH GRUR **94**, 725.

4 **4) Unterzeichnung, I.** Man muß sie strikt einhalten. Denn sie ist unentbehrlich.

A. Grundsatz: Pflicht aller Mitwirkenden, I 1. Sämtliche bei der Entscheidung nach § 309 mitwirkenden Richter müssen das vollständige schriftliche Urteil mit ihrem vollen bürgerlichen Nachnamen unterschreiben, LAG Köln BB **88**, 768, und zwar unter der vollständigen Urschrift. Das gilt auch für die überstimmten Richter. Sie dürfen kein „dissenting vote" bekanntgeben, § 313 Rn 37. Grund ist die Übernahme der Verantwortung für den Gesamtinhalt, Celle RR **90**, 124. Eine Unterzeichnung des Protokolls genügt nur, wenn das Protokoll das vollständige Urteil mit dem Tatbestand und den Entscheidungsgründen enthält und wenn das Protokoll die Unterschrift sämtlicher Richter trägt. Die Unterzeichnung eines bloßen Formulars mit einer Fülle von Textbausteinen für verschiedene Fälle läßt evtl noch keine Urschrift entstehen, Celle RR **90**, 124. Vgl aber auch § 313 Rn 36. Unterschreiben dürfen und müssen also nur die nach § 309 erkennenden Richter, nicht die ordentlich ernannten, Köln NJW **88**, 2806.

Bei der *Form* der Unterschrift gelten dieselben Maßstäbe wie bei derjenigen des Anwalts, § 129 Rn 9, KG NJW **88**, 2807. Es muß also die Absicht bestehen, mit dem vollen Nachnamen zu unterschreiben und damit im Gegensatz zum bloßen Entwurf die volle Verantwortung zu tragen. Diese Absicht muß auch erkennbar sein. Man muß den Namen, den Unterschriften unterstellt, herauslesen können, Oldb MDR **88**, 253 (StPO), LG Ffm MDR **90**, 933. Ein Handzeichen (Paraphe) ist keine Unterschrift, § 329 Rn 9, BGH **76**, 241, Fischer DRiZ **94**, 95. Zum Beschlußverfahren § 329 Rn 6, 7.

5 **B. Verhinderung, I 2.** Ein Verhinderungsvermerk ist notwendig bei einer Verhinderung eines Richters nach der Beschlußfassung, §§ 192 ff GVG, BGH NJW **80**, 1849, Stgt RR **89**, 1534, nicht schon bei dessen vorübergehender Erkrankung, BGH NJW **77**, 765, kaum schon bei einer Versetzung des Richters, § 163 Rn 6, BGH VersR **81**, 553, ThP 1, Vollkommer RpflegerR **76**, 258, aM Stgt Rpfleger **76**, 258 (aber der versetzte Richter kann die Unterschrift am neuen Dienstort nachholen). Diesen Verhinderungsvermerk verfertigt und unterschreibt zweckmäßigerweise der Vorsitzende, bei seiner Verhinderung der dienstälteste Beisitzer, Schmidt JR **93**, 457, nur bei gleichem Dienstalter der lebensälteste, § 21 f II GVG, und zwar mit dem Hinweis „zugleich für …" und mit einer Angabe des Grundes, BGH VersR **84**, 586, Ffm VersR **79**, 453. Einzelheiten Fischer DRiZ **94**, 395.

Es genügt also die Fassung „zugleich für den (länger) erkrankten Richter …", BGH VersR **84**, 287. Daher ist eine Rüge zulässig, dessen Unterschrift sei möglich gewesen. Der Vermerk braucht die Art der Erkrankung nicht anzugeben. Zumindest muß die räumliche Stellung und/oder die Fassung des Vermerks

Titel 2. Urteil **§ 315**

zweifelsfrei ergeben, daß er von dem fraglichen Richter herrührt, BGH VersR **84**, 287, Ffm Vers **79**, 453. Bei einer räumlich eindeutigen Zuordnung des Vermerks braucht der Vorsitzende ihn nicht ebenfalls zu unterschreiben, BGH VersR **84**, 287 (die gesonderte Unterschrift ist freilich auch dann ratsam). Eine ordnungsgemäße Ersetzung der Unterschrift macht deren persönliche Nachholung überflüssig, Schneider MDR **77**, 748.

Wird der älteste *Beisitzer* verhindert, nachdem der Vorsitzende unterschrieben hat und dann an der **6** Vertretungsunterschrift verhindert war, so unterschreibt für den ältesten Beisitzer der zweitälteste, ohne daß dieser Umstand einer Begründung bedarf. Sind der Vorsitzende und der dienstälteste Beisitzer von vornherein verhindert, so unterschreibt der dienstjüngere Beisitzer nebst Verkündungsvermerk, BGH VersR **92**, 1155. Wer aus dem Richteramt überhaupt ausgeschieden ist, darf nicht mehr unterschreiben. Denn er hat nunmehr die Beurkundungsfähigkeit verloren, BVerwG NJW **91**, 1192, Mü OLGZ **80**, 465. Natürlich ist auch eine Rückdatierung dann unzulässig.

Beim *alleinigen Richter* läßt sich die Unterschrift nicht ersetzen, Kblz VersR **81**, 688. Da das Urteil mit der Verkündung entsteht, bleibt dann nur eine etwaige Zustellung die Einlegung des zugehörigen Rechtsmittels möglich, vgl aber Rn 8. Fehlt auch die Formel, so fehlt das Urteil. Ein Richter, der bei der Beschlußfassung nicht mitgewirkt hat, darf das Urteil nicht anfertigen und nicht unterschreiben, Kblz VersR **81**, 688.

C. Verweigerung. Eine Unterschriftsverweigerung ist nur unter den Voraussetzungen Rn 4–6 berech- **7** tigt, BGH NJW **77**, 765. Sie führt andernfalls zur Zurückverweisung, Rn 7.

D. Verstoß, I. Die fehlende Unterschrift läßt sich in den Grenzen Rn 6, 7 jederzeit nach § 319 **8** nachholen, BGH NJW **03**, 3057, Köln NJW **88**, 2806, Zeiss JR **80**, 507, auch nach der Einlegung eines Rechtsmittels, Ffm NJW **83**, 2396, bzw einer Nichtzulassungsbeschwerde, BGH NJW **03**, 3057. Ein vernünftiger Richter der höheren Instanz schickt die Akten zur Nachholung der Unterschrift zurück und hebt nicht etwa zugleich das Urteil zum Schaden der Partei auf, Schneider MDR **77**, 748. Fehlt auch nur eine erforderliche Unterschrift, so ist mit der Verkündung zwar ein Urteil entstanden, § 310 Rn 1–4, BGH NJW **89**, 1157, ThP 2, ZöV 1, aM BGH VersR **84**, 586 (es liege nur ein Urteilsentwurf vor, krit Zeiss JR **80**, 508). Es ist dann aber eine wirksame Urteilszustellung nicht möglich, eine bewirkte Zustellung ist wirkungslos. BGH VersR **78**, 138 (die Rechtsmittelfrist läuft nicht an), LAG Köln BB **88**, 768, aM ThP 3 (aber sie setzt grundsätzlich eine formell einwandfreien Entscheidungs-Gesamtvorgang voraus).

Das gilt auch dann, wenn die nach Rn 4–6 erforderliche Angabe des Verhinderungsgrundes *überhaupt fehlt*, **9** BGH NJW **80**, 1849, Ffm VersR **79**, 453, ZöV 1, aM Stgt RR **89**, 1534, ([jetzt] § 189 entsprechend. Aber diese Vorschrift heilt einen Inhaltsmangel des Zustellungsobjekts). Es erfolgt daher notgedrungen eine Zurückverweisung, auch im Fall der unberechtigten Unterschriftsverweigerung, § 551 Z 7, BGH NJW **77**, 765.

Wenn die im Kopf Genannten überhaupt nicht bzw nicht ordnungsgemäß unterschrieben haben, mag die **10** Urteilsausfertigung ihre Unterschrift dennoch aufführen. Sie mag also den *Anschein* einer ordnungsgemäßen Urteils erwecken. Dann ist die Zustellung des Urteils grundsätzlich ohne Rücksicht auf den Mangel zunächst wirksam. Denn die Partei darf sich auf die Ausfertigung verlassen, BGH RR **98**, 141, Ffm NJW **83**, 2396. Wegen einer Ausnahme § 317 Rn 8. Die richtige Unterschrift kann man nachholen, § 319, BGH VersR **03**, 1556, Ffm NJW **83**, 2396. Wird freilich die Nachholung verweigert, so kann rechtlich ein bloßer Entwurf vorliegen, Üb 12 vor § 300, BGH RR **98**, 141 (kein Anlauf der Notfrist). Für die Frage der Zulässigkeit eines Rechtsmittels ist die Unterschrift belanglos, soweit das Rechtsmittel bereits vor der Urteilszustellung zulässig ist, BGH MDR **98**, 336. Das Rechtsmittelgericht prüft nur, ob die als Verhinderungsgrund bezeichnete Tatsache einen solchen darstellen kann. Es prüft nicht, ob er tatsächlich gegeben war. Zur Überprüfbarkeit des Verhinderungsvermerks § 317 Rn 8, BGH MDR **83**, 421 (StPO). Hat auch ein Richter unterschrieben, der an der Beratung und Beschlußfassung nicht mitwirkte, so ist ein Berichtigungsbeschluß notwendig und ausreichend, BGH MDR **98**, 336, Düss RR **95**, 636.

5) Urteilsabfassung, II. Theorie und Praxis klaffen nicht selten auseinander. **11**

A. Vollständiges Urteil. Das Gericht muß sein Urteil bis zu einem besonderen Verkündungstermin vollständig zumindest handschriftlich abgefaßt haben, § 310 II. Das gilt auch bei § 128 II. Wenn das Gericht das Urteil schon in demjenigen Termin verkündet, in dem es die mündliche Verhandlung geschlossen hat, muß es sein erstinstanzliches Urteil in vollständiger Fassung binnen 3 Wochen seit der Verkündung der Geschäftsstelle übermitteln, BGH NJW **04**, 1666 (anders bei § 540 I 2). Es handelt sich nicht um eine Ausschlußfrist, vgl freilich Rn 4–6, sondern um eine bloße Ordnungsvorschrift, BAG MDR **84**, 435, Karlsr NJW **84**, 619. Eine allzu lange Zeitspanne bis zur Unterschrift oder qualifizierten elektronischen Signatur kann freilich einen Verstoß gegen das Rechtsstaatsprinzip bedeuten, Einl III 15, BVerfG NJW **01**, 2161.

B. Urteilskopf und -formel. Ist die Einhaltung der Frist unmöglich, etwa wegen des Umfangs des **12** Urteils oder einer Erkrankung des Richters oder der Schreibkraft oder wegen einer Überlastung, so muß das Gericht sein Urteil innerhalb der Frist wenigstens ohne Tatbestand und Entscheidungsgründe unterschrieben der Geschäftsstelle übermitteln. Es muß sein Urteil auch nicht beschleunigt abfassen. Denn die Partei soll nicht die 3-Monats-Frist des § 320 II 3 verlieren. Zweckmäßiger als das Verfahren nach II 2, 3 ist es, wenn die Richter der letzten Verhandlung beschließen, den Verkündungstermin hinauszuschieben. Denn gerade bei der Absetzung des Urteils in umfangreicheren Sachen können sie eine etwaige Unstimmigkeit gegenüber der verkündeten Urteilsformel sonst nicht mehr ausgleichen, § 310 Rn 8 ff.

C. Verstoß, II. Ein Verstoß gegen II 1 kann zur Aufhebung des Urteils und jedenfalls auf Antrag zur **13** Zurückverweisung nach § 538 führen, wenn die Entscheidungsgründe fünf Monate nach der Verkündung noch nicht vorlagen, §§ 517, 547, BGH FamRZ **91**, 43, Schneider MDR **88**, 640. In diesem Fall muß das Gericht die Kosten durchweg nach (jetzt) § 21 GKG niederschlagen, BGH VersR **87**, 405, Mü NJW **75**, 837. Wegen des Fehlens der Unterschrift oder Signatur Rn 8–10. Die Versäumung der Pflicht nach II 2, 3 ist ein grober Verstoß. Er kann zur Aufhebung führen. Eine ordnungsmäßige Unterschrift oder Signatur unter dem später beigebrachten vollständigen Urteil heilt den Mangel einer unvollständig oder fehlerhaft unterschriebenen oder signierten Formel, den ihrer Zustellung aber nur nach § 189.

14 **6) Verkündungsvermerk, III.** Er hat keine übermäßige Bedeutung.
A. Grundsatz: Bescheinigung der Übereinstimmung. Der bei der Verkündung mitwirkende Urkundsbeamte fertigt das nach § 160 III Z 7 erforderliche Verkündungsprotokolls, § 165, BGH FamRZ 90, 507, Brdb MDR 99, 564, LAG Köln AnwBl 95, 159. Anschließend vermerkt er oder ein anderer Urkundsbeamter der Geschäftsstelle auf dem Urteil den Tag der Verkündung und unterschreibt diesen Vermerk nach III 1. An seine Unterschrift muß man dieselben Anforderungen stellen wie an Unterschriften des Richters oder Anwalts, § 129 Rn 9, § 163 Rn 4, § 329 Rn 8, 9, BGH NJW 88, 713. Bei elektronischer Aktenführung muß der Urkundsbeamte den Vermerk nach III 2 in einem gesonderten Dokument festhalten und es nach III 3 mit dem Urteil elektronisch untrennbar verbinden, ähnlich wie bei § 319 II 2, 3. Zweck ist die Bescheinigung der Übereinstimmung, Ffm RR 95, 511. Der Vermerk gehört auf die Urschrift. Bei einem Anerkenntnis- oder Versäumnisurteil nach §§ 306, 330 ff muß der Urkundsbeamte im Falle des § 310 III der Tag der letzten Zustellung vermerken. III ist auf einen Zuschlagsbeschluß nach § 87 I ZVG anwendbar, Köln Rpfleger 82, 113.

15 **B. Verstoß, III.** Ein Verstoß gegen III ist kein Mangel des Urteils und prozessual unschädlich, auch für die Wirksamkeit der Zustellung, BGH VersR 87, 680, Köln Rpfleger 82, 113.

16 **7) VwGO:** Es gelten statt **I** § 117 I VwGO, statt **II** § 117 IV VwGO und statt **III** § 117 VI VwGO.

316 (weggefallen)

317 *Urteilszustellung und -ausfertigung.* ^{I 1}Die Urteile werden den Parteien, verkündete Versäumnisurteile nur der unterliegenden Partei zugestellt. ²Eine Zustellung nach § 310 Abs. 3 genügt. ³Auf übereinstimmenden Antrag der Parteien kann der Vorsitzende die Zustellung verkündeter Urteile bis zum Ablauf von fünf Monaten nach der Verkündung hinausschieben.

^{II 1}Solange das Urteil nicht verkündet und nicht unterschrieben ist, dürfen von ihm Ausfertigungen, Auszüge und Abschriften nicht erteilt werden. ²Die von einer Partei beantragte Ausfertigung eines Urteils erfolgt ohne Tatbestand und Entscheidungsgründe; dies gilt nicht, wenn die Partei eine vollständige Ausfertigung beantragt.

^{III} Ausfertigungen, Auszüge und Abschriften eines als elektronisches Dokument (§ 130 b) vorliegenden Urteils können von einem Urteilsausdruck gemäß § 298 erteilt werden.

^{IV} Die Ausfertigung und Auszüge der Urteile sind von dem Urkundsbeamten der Geschäftsstelle zu unterschreiben und mit dem Gerichtssiegel zu versehen.

^{V 1} Ausfertigungen, Auszüge und Abschriften eines in Papierform vorliegenden Urteils können durch Telekopie oder als elektronisches Dokument (§ 130 b) erteilt werden. ²Die Telekopie hat eine Wiedergabe der Unterschrift des Urkundsbeamten der Geschäftsstelle sowie des Gerichtssiegels zu enthalten. ³Das elektronische Dokument ist mit einer qualifizierten elektronischen Signatur des Urkundsbeamten der Geschäftsstelle zu versehen.

^{VI 1} Ist das Urteil nach § 313 b Abs. 2 in abgekürzter Form hergestellt, so erfolgt die Ausfertigung in gleicher Weise unter Benutzung einer beglaubigten Abschrift der Klageschrift oder in der Weise, dass das Urteil durch Aufnahme der in § 313 Abs. 1 Nr. 1 bis 4 bezeichneten Angaben vervollständigt wird. ²Die Abschrift der Klageschrift kann durch den Urkundsbeamten der Geschäftsstelle oder durch den Rechtsanwalt des Klägers beglaubigt werden.

Vorbem. III eingefügt, daher bisheriger III zu IV, V eingefügt, daher bisheriger IV zu VI dch Art 1 Z 25 a–d JKomG v 22. 3. 05, BGBl 837, in Kraft seit 1. 4. 05, Art 16 I JKomG, ÜbergangsR Einl III 78.

Gliederung

1) Systematik, I–VI	1	A. Notwendigkeit der Verkündung bzw Zustellung	8, 9
2) Regelungszweck, I–VI	2	B. Einzelfragen	10–13
3) Geltungsbereich, I–VI	3	C. Berichtigung	14
4) Zustellung, I	4–7	D. Unterschrift	15
A. Von Amts wegen	4	6) Abgekürztes Urteil, VI	16, 17
B. Hinausschiebung	5, 6	A. Beglaubigung	16
C. Mitteilungspflicht	7	B. Vervollständigung	17
5) Ausfertigungen usw, II–V	8–15	7) VwGO	18

1 **1) Systematik, I–VI.** Die Vorschrift gilt zusammen mit vielen anderen Bestimmungen, zB §§ 339 I, 700 I, II (Einspruch), 517 (Berufung), 547 (Revision), 750 I 1 (Zwangsvollstreckung). Sie schafft wie diese anderen Vorschriften Klarheit über eine zusätzlich zur etwaigen Verkündung stattfindende Bekanntgabe des Urteils. Sie wird durch §§ 166 ff ergänzt.

2 **2) Regelungszweck, I–VI.** Die Vorschrift dient der Rechtssicherheit, Einl III 43. Man muß sie daher streng auslegen.

Titel 2. Urteil § 317

I bezweckt eine einwandfreie Klärung der Rechtsmittelfrist und damit der Zulässigkeit eines Rechtsmittels. Angesichts des Umfangs der Rechtsprechung zur Wiedereinsetzung wegen Versäumung gerade auch dieser Frist und der von ihr mitabhängenden Rechtsmittelbegründungsschrift ist die Vorschrift wie alle Zustellungsregeln streng auslegbar.

II gilt nicht zuletzt für die in der Alltagspraxis leider nicht ganz selten zu beobachtende Anfertigung einer Ausfertigung vor dem Zeitpunkt, in dem das Original in der Gerichtsakte alle erforderlichen Unterschriften erhalten hat. Solche Ausfertigung auf Verdacht kann sogar zu Namensabweichungen führen, etwa bei Verhinderung eines Richters, die dann nur aus dem Original erkennbar wird. Das ist ein für den Urkundsbeamten evtl höchst unerfreulich folgenreicher Vorgang ohne jede Entschuldigungsmöglichkeit.

III dient ähnlichen Zwecken wie § 315 III, dort Rn 2.

IV bezweckt eine gewisse Erleichterung, vor allem in IV 2. Das ändert aber nichts an der auch hier bestehenden Sorgfaltspflicht wegen der auch hier im Prinzip gleichen Bedeutung wie bei I–III.

3) Geltungsbereich, I–VI. Die Vorschrift gilt umfassend. Sie gilt im Kleinverfahren nach § 495 a insoweit, als sich um das „eigentliche" Urteil und nicht nur um die „Protokollgründe" des § 313 a I 2 Hs 2 handelt. Die Amtszustellung im Verfahren nach §§ 166 ff erfolgt bei sämtlichen Urteilen und in allen Instanzen. **3**

4) Zustellung, I. Sie macht nicht selten ziemliche Schwierigkeiten. **4**

A. Von Amts wegen. Die Zustellung erfolgt im Verfahren nach §§ 166 ff und beim Urteil grundsätzlich zwingend von Amts wegen, (jetzt) § 168 I 1, BGH VersR **78**, 943, Hamm RR **88**, 1151. Ausnahmen gelten nur bei § 750 I 2, § 922 II (also nur beim Beschluß, nicht bei einer einstweiligen Verfügung durch Urteil, § 922 Rn 7), § 936, dort Rn 7 „§ 929". Wegen des Vollstreckungsbescheids § 699 IV, Bischof NJW **80**, 2235. Eine fehlerhafte Zustellung ist nur nach § 189 evtl wirksam. Eine Zustellung ist grundsätzlich an alle Parteien notwendig, nicht an den gewöhnlichen Streithelfer, § 67 Rn 1, BGH NJW **86**, 257, wohl aber an den streitgenössischen, § 69, BGH **89**, 125, und daher auch an den entgegen § 640 e nicht zugeladenen Elternteil, BGH **89**, 125. Das gilt auch bei § 310 III, Nürnb NJW **78**, 832 (krit Schneider) bei einem sog unechten Versäumnisurteil, Üb 13 vor § 330. Einer am Versorgungsausgleich beteiligten Versicherungsgesellschaft braucht das Gericht das Urteil auch dann nur einmal zuzustellen, wenn das Konto sowohl für den Berechtigten als auch für den Verpflichteten dort geführt wird, Zweibr FamRZ **80**, 813.

Die *Rechtsmittel- und die Einspruchsfrist beginnen* bereits und grundsätzlich nur mit einer Zustellung nach I, Gilleßen/Jakobs DGVZ **77**, 111, nicht etwa mit einer Verkündung nach § 750 I 2. Vgl freilich die §§ 517, 547 (absolute Frist von fünf Monaten seit der Verkündung). Ein nicht nach § 310 III ergangenes, sondern verkündetes Versäumnisurteil braucht nur dem Unterlegenen zugestellt zu werden. Bei der Zustellung eines jeden echten Versäumnisurteils muß das Gericht von Amts wegen die Hinweise nach § 340 III 4 geben. Eine Zustellung an den Sieger ist unschädlich.

Die Zustellung erfolgt grundsätzlich *unverzüglich*, sobald die vollständige Urteilsfassung vorliegt, Rn 8–15, bei § 313 b II die abgekürzte Fassung, Rn 16, 17. Ein bestimmter Zustellungstag ist nicht vorgeschrieben. § 193 BGB ist unanwendbar, BGH VersR **83**, 876. Die Zustellung ist in einer Nicht-Sommersache trotzdem im Zeitraum des § 227 III 1 statthaft. Denn die Vorschrift erfaßt nur Termine. Eine vollständige Fassung liegt auch dann vor, wenn das Urteil auf andere Schriftstücke usw nach § 313 II 2 verweist, selbst wenn die letzteren noch nicht zugestellt wurden und nicht beiliegen, aM ZöGu § 516 Rn 9 (aber es kommt nur auf die eigentliche Urteilsurkunde an). Eine Rechtsbehelfsbelehrung ist grundsätzlich nicht notwendig, § 313 Rn 47, 50, BGH NJW **91**, 296.

B. Hinausschiebung. Nur auf Grund eines Antrags beider Parteien darf der Vorsitzende die Zustellung **5** eines verkündeten Urteils bis zum Ablauf von 5 Monaten seit der Verkündung hinausschieben. Es handelt sich um eine bloße Zuständigkeitsregel. Wenn die Parteien die Anträge zulässigerweise stellen, muß der Vorsitzende entsprechend handeln. Die Parteien sollen den Beginn der Rechtsmittelfrist in der Hand behalten können, etwa wegen Vergleichsverhandlungen. Die Regelung gilt nur beim verkündeten Urteil, nicht bei einem nach § 310 III von Amts wegen zuzustellenden und nicht in einer Ehesache, § 618, Familiensache, § 621 c, Kindschaftssache, § 640 I, ferner nicht bei § 50 I 2 ArbGG. Der Antrag bedarf keiner Begründung. Daher ist die „fehlerhafte" Begründung eines an sich statthaften Antrags unschädlich. Der Vorsitzende ist an denjenigen Zeitraum gebunden, den die Parteien übereinstimmend wünschen. Bei unterschiedlichen Wünschen ist er zu einer Rückfrage wegen eines etwaigen Irrtums usw verpflichtet, § 139. Im Zweifel gilt der kürzere Zeitraum als maßgeblich.

Der *Antrag* ist formlos zulässig. Anwaltszwang herrscht wie sonst, § 78 I. Es handelt sich um eine grundsätzlich unwiderrufliche Parteiprozeßhandlung, Grdz 47 vor § 128. Die Frist beginnt am Tag nach der Verkündung, § 222 I in Verbindung mit § 187 I BGB. Es handelt sich um eine uneigentliche Frist, Üb 11 vor § 214, insbesondere nicht um eine Notfrist nach § 224 I 2. Eine Verlängerung ist nach § 224 bis zur Dauer nach I 3 statthaft.

Die *Entscheidung* ergeht durch eine Verfügung oder einen Beschluß mit einer Anweisung an die Geschäfts- **6** stelle, § 329. Das Gericht muß seine Entscheidung kurz begründen, § 329 Rn 4, und beiden Parteien formlos mitteilen. Sofortige Beschwerde ist wie sonst zulässig, §§ 567 ff. Es entstehen keine Gebühren, §§ 1 GKG, 19 I 2 Z 9 RVG. Franzki DRiZ **77**, 167 empfiehlt, den Parteien auf Wunsch eine Urteilsabschrift vor der Urteilszustellung formlos zu übersenden, damit sie prüfen können, ob sie Anträge nach I 2 stellen wollen.

C. Mitteilungspflicht. Der Urkundsbeamte hat Mitteilungspflichten nach §§ 12 ff EGGVG. Sie müssen **7** sich am BDSG messen lassen.

5) Ausfertigungen usw, II–V. Ausgangspunkt ist stets der vollständige Wortlaut, der evtl handschrift- **8** lichen, Urschrift, BGH NJW **01**, 1654, BayObLG **90**, 330. Daher ist beim Urteil eine Ausfertigung notwendig und eine beglaubigte Abschrift oder gar eine unbeglaubigte nicht ausreichend. Das gilt auch bei einer etwa zulässigerweise abgekürzten Fassung. § 169 II ergibt nicht, daß eine beglaubigte Abschrift des

§ 317
Buch 2. Abschnitt 1. Verfahren vor den LGen

Urteils genüge, sondern nur, wie eine beglaubigte Abschrift zustandekommt. Wegen eines elektronischen Dokuments § 174 III.

A. Notwendigkeit der Verkündung bzw Zustellung. Wirksam wird das Urteil mit seiner gesetzmäßigen Verkündung, § 311, BGH BB **93**, 1174. Bei § 310 III wird es mit seiner Zustellung wirksam. Zur Ausfertigung wird das Urteil erst mit der Unterschrift aller mitwirkenden Richter reif, Hamm GRUR **87**, 853. Eine bloße Namensabkürzung (Paraphe) genügt nicht, BGH NJW **80**, 1960. Eine Ausfertigung des Urteils entsteht erst mit der anschließenden Unterschrift des Urkundsbeamten der Geschäftsstelle, BGH NJW **91**, 1116, und zwar derjenigen des erkennenden Gerichts. Ausfertigungen, Auszüge und Abschriften eines Urteils sind vor dessen Verkündung und Unterzeichnung verboten. Eine dennoch verfrüht hergestellte Ausfertigung reicht nicht zur Wirksamkeit der Zustellung, BGH BB **93**, 1174. Bei einer Erteilung von Amts wegen erfolgt nur noch keine Ausfertigung.

9   Wenn eine Partei, zB wegen der Zwangsvollstreckung nach § 750 I 2 eine *Ausfertigung* oder eine beglaubigte Abschrift des Urteils *beantragt*, so erhält sie eine solche mit Urteilskopf, Entscheidungsformel und Unterschriften, aber ohne Tatbestand und Entscheidungsgründe, solange sie keine vollständige Ausfertigung oder vollständige beglaubigte Abschrift begehrt. Ein derartiger stillschweigender Antrag ist zulässig. Ob er vorliegt, ist eine Auslegungsfrage, Grdz 52 vor § 128. Die Zustellung einer Urteilsfassung ohne Tatbestand und Entscheidungsgründe steht der Zustellung eines vollständigen Urteils grundsätzlich keineswegs gleich. Eine Ausnahme gilt bei § 313a I, II. Fehlt der Tenor ganz, § 311 II 1, 313 I Z 4, so ist die Zustellung stets unwirksam, auch diejenige von Anwalt zu Anwalt, (jetzt) § 195, BGH VersR **77**, 155. Im übrigen führt nicht jede Abweichung zwischen der Urschrift und der Ausfertigung zur Unwirksamkeit der Zustellung. Vielmehr ist nur eine wesentliche Abweichung schädlich, BGH NJW **01**, 1654, KG FamRZ **03**, 621, Naumb MDR **00**, 602. Es kann daher unschädlich sein, wenn der Ausspruch „Im übrigen wird die Klage abgewiesen" fehlt, BGH **67**, 284, oder wenn die Kostenentscheidung nur im Tenor der Ausfertigung fehlt, BGH VersR **82**, 70, oder wenn ein Teil des unstreitigen Tatbestands mit bloßer Wiedergabe vom schriftlichem Vertrag nicht vollständig lesbar ist, LAG Bln MDR **03**, 1376. Bei einer Unstimmigkeit zwischen Ausfertigung und Abschrift geht die erstere vor, BGH NJW **01**, 1654.

10 **B. Einzelfragen.** Die Ausfertigung erfolgt beim schriftlichen Urteil anhand der Urschrift. Neben dieser Fertigungsart nach III ist beim schriftlichen „Papier"-Urteil nach V 1 die Erteilung auch entweder als Telekopie oder als elektronisches Dokument statthaft. Dann muß der Urkundsbeamte die Formalien nach V 2, 3 beachten. Bei einem nach § 130 b ergangenen elektronischen Urteil läßt sich eine Ausfertigung nach III anhand eines zunächst nach § 298 erstellten Urteilsausdrucks anfertigen. Das gilt nach III auch bei einem Auszug und bei einer beglaubigten oder einfachen Abschrift.

Jede Ausfertigung muß die *Namen* aller das Original unterzeichnenden Richter in Abschrift ausweisen, BGH FamRZ **90**, 1227. Fehlt die Unterschrift des Richters nach § 315 I bzw dessen qualifizierte elektronische Signatur nach § 130b oder fehlt der vom Urkundsbeamten zu unterschreibende Ausfertigungsvermerk der Geschäftsstelle nach § 315 III, so liegt nur ein Ausfertigungsentwurf vor, BGH **100**, 237. Dann ist die Ausfertigung unwirksam. Denn die Ausfertigung soll eine Übereinstimmung mit der Urschrift bzw dem Urteilsausdruck verbürgen, BGH VersR **83**, 874, ohne dem Empfänger die Prüfung der Richtigkeit oder Vollständigkeit zuzumuten, BGH NJW **78**, 217. Es reicht nicht aus, daß die Ausfertigung lediglich den Vermerk „gez. Unterschrift" usw enthält, BGH NJW **75**, 781. Sie darf auch nicht lediglich die Namen der Richter im Urteilskopf oder die Namen der Unterzeichner bzw Signierer in Klammern ohne weiteren Zusatz enthalten, BGH VersR **94**, 1495, aM Vollkommer ZZP **88**, 334 (aber es muß Klarheit auch über die Verantwortung und Funktion bestehen). Es reicht auch nicht aus, daß die Ausfertigung von mehreren richterlichen Unterschriften nur diejenige des Vorsitzenden wiedergibt, KG JR **82**, 251. Die Ausfertigung darf nicht eine auf der Urschrift gar nicht vorhandene Unterschrift ausweisen, Hamm MDR **89**, 465.

11 *Ausreichend* ist es aber, wenn die Ausfertigung den Vermerk „gez. Namen" enthält, selbst wenn der Name in Klammern steht, BGH VersR **80**, 742. Ausreichend ist es auch, wenn der Name ohne Klammern und ohne den Zusatz „gez." maschinenschriftlich auftritt, sofern dadurch keine Unklarheiten entstehen, BGH VersR **94**, 1495, AG Bergisch-Gladbach Rpfleger **89**, 337. Es ist unschädlich, daß der Name zwischen Binde- oder Trennungsstrichen steht, BGH FamRZ **90**, 1227. Wenn die Richternamen in Klammern stehen, genügt ein einziger Vermerk „gez." am Anfang der Namenszeile, BGH VersR **80**, 742, und ist die Lesbarkeit des handschriftlichen Namenszugs entbehrlich, BGH VersR **83**, 874. Das alles gilt auch bei der Unterschrift für einen verhinderten Richter, BGH NJW **78**, 217. In solchem Fall muß klar sein, wer tatsächlich das Original unterschrieb, BGH RR **87**, 377, Hamm OLGZ **89**, 351. Es reicht aus, daß die räumliche Zuordnung des Vermerks zB nur unter dem Namen des Vorsitzenden eindeutig ergibt, daß der Vermerk vom Vorsitzenden stammt. Das gilt selbst dann, wenn dieser den Vermerk nicht zusätzlich unterschrieben hat, BGH VersR **84**, 287. Bloße Bindestriche sind unschädlich.

12 Für den *Ausfertigungsvermerk* des Urkundsbeamten der Geschäftsstelle ist ein bestimmter Wortlaut nicht vorgeschrieben, BGH VersR **94**, 1496, ebensowenig ein Datum, BGH VersR **85**, 503. Es reicht jedoch nicht aus, in der Abschrift an der für die Unterschrift vorgesehenen Stelle nur den in Klammern gesetzten Namen des Urkundsbeamten der Geschäftsstelle wiederzugeben. Freilich reicht hier „gez. Unterschrift" aus, BGH NJW **75**, 781, ebenso der Name nebst Hinweis „L. S." (= Landessiegel), BGH MDR **93**, 384. Das gilt selbst dann, wenn der Zusatz „gez." fehlt, Hbg DGVZ **02**, 137. Ebensowenig reicht die Abkürzung „F. d. R. d. A." aus. Zur Entzifferbarkeit § 129 Rn 26 „Herauslesenkönnen", BGH VersR **85**, 503.

13 Die Urteilszustellung *vor* einer nach § 311 erforderlichen *Verkündung* ist unwirksam. Eine Zustellung ist nicht schon deshalb unwirksam, weil auf der zugestellten Urteilsausfertigung der Vermerk über die tatsächlich erfolgte Verkündung fehlt. Es genügt, daß eine beglaubigte Abschrift ersehen läßt, daß eine „Ausfertigung" nebst Gerichtssiegel und Unterschrift des Urkundsbeamten der Geschäftsstelle („gez. Unterschrift") vorgelegen hat. Der Vermerk „als Urkundsbeamter der Geschäftsstelle" braucht nicht beigefügt zu werden, falls die Dienststellenbezeichnung vorliegt und falls landesrechtliche Bestimmungen ergeben, daß der Inhaber dieser Dienststelle ein Urkundsbeamter der Geschäftsstelle ist, LG Bln Rpfleger **79**, 111. Die

Titel 2. Urteil **§§ 317, 318**

Rechtsmittelfrist kann freilich nicht anlaufen, wenn die Ausfertigung vom Urkundsbeamten eines anderen als des erkennenden Gerichts stammt, aM BAG BB **85**, 1199 (aber wo liegen dann die Grenzen der Wirksamkeit?). Das Fehlen eines Hinweises auf das in der Vorschrift vorhandene Landeswappen ist unschädlich, BGH VersR **85**, 551. Zur Übung, nur die erste Ausfertigung förmlich zuzustellen, BGH VersR **85**, 551.

C. Berichtigung. Der Urkundsbeamte der Geschäftsstelle berichtigt eine offenbare Unrichtigkeit der 14 Ausfertigung usw entsprechend § 319. Lehnt er die Berichtigung ab, kann man das Gericht anrufen, § 573 I. Gegen die Entscheidung des Gerichts ist sofortige Beschwerde nach § 573 II zulässig. Eine Berichtigung der Urschrift ist nur dem Gericht gestattet, nicht dem Urkundsbeamten. Er vermerkt sie nur nach § 319 II 2.

D. Unterschrift. Sämtliche Ausfertigungen und Auszüge muß der Urkundsbeamte der Geschäftsstelle 15 nach IV unterschreiben, § 315 Rn 14, und mit dem Gerichtssiegel versehen. Statt des Siegels genügt der die Praxis längst vollständig beherrschende Gerichtsstempel, BGH MDR **93**, 384. Das Fehlen eines Hinweises in der zugestellten beglaubigten Abschrift auf das in der Ausfertigung vorhandene Siegel bzw auf den dort vorhandenen Gerichtsstempel macht die Zustellung nicht unwirksam.

6) Abgekürztes Urteil, VI. Der Urkundsbeamte der Geschäftsstelle wählt von zwei möglichen Arten 16 der Ausfertigung eines nach § 313b II hergestellten abgekürzten Urteils die zweckmäßigste und billigste.

A. Beglaubigung. Entweder setzt er die Ausfertigung auf eine beglaubigte Abschrift der Klageschrift oder ein damit zu verbindendes Blatt. Zur Beglaubigung ist er oder der Anwalt des Klägers befugt. Dem Anwalt steht ein Erlaubnisträger nach § 209 BRAO gleich, § 25 EGZPO. Der Urkundsbeamte der Geschäftsstelle darf auch die Urschrift der Klage benutzen.

B. Vervollständigung. Oder er ergänzt das abgekürzte Urteil zu einem gewöhnlichen ohne Tatbestand 17 und Entscheidungsgründe, fügt also alle anderen Erfordernisse des § 313 bei, mithin auch die Unterschriften der Richter. Die Ergänzung muß mit den Angaben der Klageschrift übereinstimmen, § 313b. Sind diese unrichtig und im Urteil nicht berichtigt worden, muß zunächst das Gericht das Urteil berichtigen, §§ 319 ff. Zu irgendeiner sachlichen Änderung ist der Urkundsbeamten der Geschäftsstelle nicht befugt, auch nicht zur Verbesserung von Schreibfehlern, solange solche nicht ganz zweifelsfrei vorliegen und solange das Richtige nicht ebenso zweifelsfrei ist.

7) *VwGO: I 1 u 2 sind durch § 116 I u II VwGO ersetzt, I 3 ist unanwendbar, da im VerwProzeß für solche* 18 *Vereinbarungen kein Raum ist, RegEntwBegr 88 zur VereinfNov. II 1 ist entsprechend anwendbar, § 173 VwGO, ebenso III, BVerwG Buchholz 310 § 117 Nr 20 mwN, und IV. Statt II 2 gilt § 168 II VwGO.*

318 *Bindung des Gerichts.* **Das Gericht ist an die Entscheidung, die in den von ihm erlassenen End- und Zwischenurteilen enthalten ist, gebunden.**

Schrifttum: *Bauer*, Die Gegenvorstellung im Zivilprozeß, 1990; *Diedrich*, Die Interventionswirkung. Ausprägung eines einheitlichen Konzepts zivilprozessualer Bindungswirkung, 2001; *Eichfelder*, Die Stellung der Gerichte ... und die Bindungskraft ihrer Entscheidungen, Diss Würzb 1980; *Gaul*, Die „Bindung" an die Tatbestandswirkung des Urteils, in: Festschrift für *Zeuner* (1994); *Werner*, Rechtskraft und Innenbindung zivilprozessualer Beschlüsse im Erkenntnis- und summarischen Verfahren, 1983; *Ziegler*, Selbstbindung der dritten Gewalt, 1993.

Gliederung

1) Systematik 1	D. Gerichtsbegriff 7
2) Regelungszweck 2	E. Unabdingbarkeit 8
3) Geltungsbereich 3	5) Umfang der Bindung 9–12
4) Bindungswirkung 4–8	A. Grundsatz: Allenfalls Berichtigung 9
A. Grundsatz: Bindung an Urteil 4	B. Ausnahmen 10
B. Ausnahmen 5	C. Einzelfragen 11, 12
C. Verfügung, Beschluß 6	6) VwGO 13

1) Systematik. Die Vorschrift stellt einen für jedes Urteil geltenden Grundsatz auf. Er stellt zugleich den 1 „Auftakt" zu einer Reihe von notwendigen, in §§ 319–321 a, 578 ff sowie in § 63 GKG vorrangig geregelten Ausnahmen dar.

2) Regelungszweck. Die Vorschrift bezweckt eine möglichst abschließende Abwägung zwischen dem 2 Gebot der Rechtssicherheit nach Einl III 43 und dem auch öffentlichen Interesse an der Korrektur einer unrichtigen Entscheidung, BSG MDR **92**, 386. Sie ist deshalb nur in den engen Grenzen des § 319–321 a möglich. Deshalb ist auch eine Gegenvorstellung nach Üb 3 vor § 567 grundsätzlich unstatthaft, BSG MDR **92**, 386. Soweit sie ausnahmsweise infragekommt, etwa wegen eines schweren Verfahrensfehlers, besteht allerdings keine Bindung, BGH NJW **02**, 754.

Bindung besteht nach diesem Zweck nicht nur wegen der Urteilsformel, sondern wegen des Gesamturteils vom Beginn des Urteilskopfes über Tenor, Tatbestand und Entscheidungsgründe bis zu den Unterschriften. Das bedeutet: Das Gericht darf seine Schilderung des Streitgegenstands und der Prozeßgeschichte ebensowenig nachbessern wie seine Entscheidungserwägungen, nicht im Hauptpunkt, nicht in den Nebenentscheidungen, nicht beim Streitwert und nicht bei den Kosten.

Selbstkorrektur bleibt allerdings *bis* zur Unterzeichnung des Urteils statthaft und evtl notwendig. Das gilt etwa dann, wenn das Gericht bei der Abfassung, der „Absetzung", der Entscheidungsgründe seinen Fehler erkennt. Dann darf und muß es diesen Fehler darstellen. Aber es darf die Entscheidung selbst eben nicht wegen solcher Selbsterkenntnis außerhalb von §§ 319–321 a korrigieren. Das Gericht muß es vielmehr der

§ 318

benachteiligten Partei überlassen, ob sie ein etwa zulässiges Rechtsmittel einlegt. Es darf ihr freilich einen entsprechenden Hinweis geben. Es sollte das auch mutig tun, damit ein nicht nach § 319 von Amts wegen behebbarer Fehler im Ergebnis dennoch verschwindet. Selbst beim Versäumnisurteil muß das Gericht allerdings formell abwarten, ob und in welchem Umfang rechtzeitig Einspruch eingeht. Das bedeutet den Vorrang der Rechtssicherheit vor Gerechtigkeit, einen im Zivilprozeß wohlvertrauten Vorgang. Man darf ihn nicht unterlaufen.

3 **3) Geltungsbereich.** Die Vorschrift gilt in allen Verfahren nach der ZPO. Sie gilt auch im arbeitsgerichtlichen Verfahren, § 46 II 1 ArbGG, freilich mit dortigen Besonderheiten wegen der Wertfestsetzung für eine Rechtsmittelfähigkeit, BAG MDR **84**, 84, LAG Düss MDR **00**, 708.

4 **4) Bindungswirkung.** Dem beherrschenden Grundsatz stehen wichtige Ausnahmen gegenüber.

A. Grundsatz: Bindung an Urteil. Das Gericht ist grundsätzlich an die Entscheidungen gebunden, die es in demselben Prozeß gefällt hat, Jauernig MDR **82**, 286, oder die es in einem End- oder Zwischenurteil wirksam getroffen hat, BGH VersR **87**, 940, BFH BB **96**, 997 (s aber § 310 Rn 4), BSG MDR **92**, 386. Die Bindung tritt auch zB zur Höhe einer Sicherheitsleistung nach § 108 ein, Schneider MDR **83**, 905. Das gilt grundsätzlich auch für ein Teilurteil, § 301, Düss RR **01**, 523. Es gilt ferner für ein Vorbehaltsurteil, §§ 302, 599, BGH NJW **88**, 1468. Wegen der Ausnahmen Rn 10. Diese Bindung gilt auch für ein Grundurteil nach § 304, BGH RR **97**, 188. Diese Bindung beruht weder auf der formellen noch auf der sachlichen Rechtskraft nach § 322. Zu ihr ja ein Zwischenurteil aus § 303 auch gar nicht fähig, BGH VersR **87**, 940, BAG DB **84**, 1628, Jauernig MDR **82**, 286.

Die Bindung *beginnt* auch schon *mit dem Erlaß* der Entscheidung, § 311 Rn 5, § 329 Rn 24. Bei einem Versäumnisurteil nach § 331 III beginnt sie also mit dem Eingang auf der Geschäftsstelle, LG Stgt AnwBl **81**, 198, Rau MDR **01**, 795. Sie führt aber für dieses Gericht dieselbe Wirkung wie eine innere Rechtskraft herbei, Einf 2 vor §§ 322–327, BAG DB **84**, 1628. Darum erstreckt sich die Bindung nicht auf die Gründe, OGB BGH **60**, 396, BGH FamRZ **89**, 849, Tiedtke ZZP **89**, 69. Die Gründe sind aber zur Ermittlung der Tragweite der Urteilsformel heranziehbar, § 322 Rn 10, BGH RR **97**, 188. Ein Zwischenurteil nach §§ 280, 303 muß zulässig gewesen sein, Tiedtke ZZP **89**, 73. Praktisch wichtig ist die Bindung namentlich beim Urteil nach § 304. Das Gericht kann sein Urteil auch nicht durch eine einstweilige Verfügung aufheben, LAG Hamm DB **82**, 654.

5 **B. Ausnahmen.** Ausnahmsweise kann und muß das Gericht nach einer Gegenvorstellung die eigene Entscheidung selbstkritisch überprüfen, Üb 3 vor § 567. Es darf und muß sie ändern, soweit es gegen einen wesentlichen Verfahrensgrundsatz verstoßen hatte, BGH NJW **00**, 590. Außerdem kann jedenfalls das letztinstanzliche ordentliche Gericht wegen eines Verfassungsverstoßes etwa gegen Art 103 I GG berechtigt und verpflichtet sein, den Grundrechtsverstoß durch eine neue Sachentscheidung selbst zu beseitigen, BVerfG RR **01**, 860, BGH **130**, 99 (zustm Roth JZ **96**, 375, krit Hoeren JR **96**, 199).

6 **C. Verfügung, Beschluß.** Eine Verfügung nach § 329 Rn 11 bindet das Gericht nicht. Wegen eines Beschlusses § 329 Rn 16 „§ 318", § 577 Rn 9, BGH RR **95**, 765.

7 **D. Gerichtsbegriff.** „Gericht" ist hier derjenige Spruchkörper, der in der Instanz entschieden hat, wenn auch vielleicht in anderer Besetzung, BAG MDR **84**, 83. Das Kollegium ist auch an eine Entscheidung des Einzelrichters nach §§ 348, 348a gebunden. Es ist auch an die Gründe seiner Zurückverweisung gebunden, wenn es später erneut mit der Sache befaßt wird, LAG Ffm DB **00**, 1236. Wegen der Bindung des erstinstanzlichen Gerichts an die zurückverweisende Entscheidung des Berufungsgerichts § 42 Rn 23 „Festhalten an einer Ansicht". Wegen der Bindung des Berufungsgerichts an die zurückverweisende Entscheidung des Revisionsgerichts § 563 IV. Diese Vorschrift ist als allgemeiner Rechtsgedanke auf das erstinstanzliche Gericht entsprechend anwendbar, LG Ffm MDR **88**, 1062.

Gebunden sein kann auch das *Revisionsgericht,* wenn die zurückverwiesene Sache erneut zum Revisionsgericht kommt. Eine solche Bindung tritt allerdings nicht ein, wenn das Revisionsgericht seine Rechtsauffassung wechselt, OGB BGH **60**, 398. Eine Bindung der höheren Instanz an eine Entscheidung der niederen tritt nur insoweit ein, soweit das erstinstanzliche Urteil gar nicht angefochten wurde. Die Bindungswirkung tritt im Umfang der Anfechtung aber nur nach §§ 512, 557 II ein. Voraussetzung der Bindung ist die Entstehung des Urteils, also seine Verkündung, bei § 310 III seine Zustellung.

8 **E. Unabdingbarkeit.** Die Bindung ist ebensowenig wie die Rechtskraft umgehbar, Einf 26 vor §§ 322–327. Sie ist also auch einer abweichenden Parteivereinbarung entzogen. Das gilt grundsätzlich sogar bei einer rückwirkenden Gesetzesänderung, MüKoMu 5, ZöV 511, Zuck NJW **75**, 907 betr BVerfG, Schulte GRUR **75**, 573 betr PatG. Vgl aber auch Rn 4.

9 **5) Umfang der Bindung.** Auch gibt es einen Grundsatz mit Ausnahmen.

A. Grundsatz: Allenfalls Berichtigung. Das Gericht darf seine Entscheidung unter den Voraussetzungen des § 319 berichtigen. Im übrigen darf es sie selbst bei einem Versehen und beim Einverständnis beider Parteien grundsätzlich nicht aufheben, ergänzen oder sonstwie ändern, BGH RR **95**, 765.

10 **B. Ausnahmen.** Ausnahmen gelten: Im Einspruchsverfahren, § 343; im Wiederaufnahmeverfahren, §§ 578 ff; eingeschränkt im Nachverfahren nach einem Vorbehaltsurteil, §§ 302, 599, 600, § 302 Rn 13, § 600 Rn 6, 8; nach einem Zwischenurteil über Prozeßvoraussetzungen bei veränderter Sachlage; nach einer Unterbrechung durch den Tod der Partei nach § 239 zwischen dem Urteilserlaß und der Rechtsmitteleinlegung; dann ist die Rechtsnachfolge klärendes Zusatzurteil statthaft.

11 **C. Einzelfragen.** Das Gericht darf nur von seiner Entscheidung auch dann nicht abweichen, wenn es seine Beurteilung geändert hat oder wenn es sein Urteil als rechtswidrig erkennt. Das gilt auch, wenn die höhere Instanz zwar das Endurteil aufgehoben, das Zwischenurteil aber belassen hat. Die Bindung erstreckt sich allerdings evtl nicht auf die tatsächlichen Unterlagen der Entscheidung. So bindet bei der Stufenklage nach § 254 das Urteil auf eine Rechnungslegung oder Auskunft nicht für die Entscheidung über den Hauptanspruch und das Urteil auf eine Auskunft nicht für die Entscheidung über die Zustellung, Brschw FamRZ **79**,

Titel 2. Urteil §§ 318, 319

929. Die spätere Entscheidung darf die frühere als unerheblich außer acht lassen, wenn das Gericht sie für die weitere Entscheidung nicht braucht. Ein Zwischenurteil nach § 304 Rn 6 bindet nur für den Umfang des Anspruchs, wie er im Schluß der letzten Tatsachenverhandlung rechtshängig war, §§ 136 IV, 296 a. Eine spätere Klageweiterung vor der Urteilsverkündung erfordert eine neue Prüfung.

Die Bindung ergreift bei einem nach § 322 *rechtskräftigen* Urteil, auch jedes andere mit derselben Sache befaßte Gericht. Dieses darf also den Grund nicht erneut prüfen. Etwas anderes gilt aber dann, wenn das Gericht bei einem Grundurteil ein Teil der Klagegründe nicht berücksichtigt hatte. Dann ist eine Entscheidung über diese im Betragsverfahren ohne eine Bindung an das Grundurteil möglich.

Soweit das Gericht den Anspruch schlechthin *dem Grunde nach* bejaht, § 304, BGH RR **97**, 188, ohne die Ursächlichkeit des schädigenden Ereignisses für die Einzelansprüche, darf es im weiteren Verfahren die Ursächlichkeit des Ereignisses für die einzelnen Schadensposten untersuchen. Jedoch kann man einem dem Grunde nach zugesprochenen in der Höhe unbezifferten Feststellungsanspruch eine Wirkung nicht absprechen, so daß die Voraussetzungen von § 304 nicht vorlagen, BGH VersR **75**, 254 (evtl Teilurteil). Wegen der Bindung an das Grundurteil kann nicht geltend gemachten Aufrechnung § 304 Rn 12. Die Rechtsauffassung des Gerichts im Teilurteil nach § 301 bindet nicht, Köln WoM **92**, 263, auch nicht diejenige zu einem wegen einer Gegenforderung nicht zuerkannten Teilanspruch. Eine nachträgliche Aufteilung der Sicherheitsleistung ist grundsätzlich unzulässig. **12**

6) *VwGO:* Entsprechend anzuwenden, § 173 *VwGO*, BVerwG NVwZ **94**, 1206, NJW **87**, 2247 u NVwZ-RR **88**, 126, VGH Mü DVBl **97**, 662, auch auf den die Berufung zulassenden Beschluß, VGH Mannh VBlBW **00**, 230 mwN (aber nicht auf sonstige Beschlüsse, § 329 I 2, VGH Kassel NJW **87**, 1354 mwN): die Selbstbindung des Gerichts ist ein allgemein anerkannter Grundsatz des Verfahrensrechts, vgl *Grunsky* § 50. Bei der Zustellung an Verkündungsstatt, § 116 II u III *VwGO*, tritt die Bindung mit der Übergabe des Tenors an die Geschäftsstelle ein, OVG Weimar NVwZ **00**, 1308 mwN, VGH Mannh NVwZ-RR **00**, 125 mwN, ua VGH Mü BayVBl **98**, 733, sonst mit der ersten Zustellung an einen Beteiligten, Ruthig NVwZ **97**, 1189 mwN; zum Beginn der Bindungswirkung vgl iü Geiger BayVBl **01**, 44, BFH NVwZ-RR **96**, 360, VGH Mannh VBlBW **99**, 262 (dazu Dolderer VBlBW **00**, 417). Ein nicht zulässiger Inhalt eines Zwischenurteils wird von der Bindung nicht erfaßt, oben Rn 4, BVerwG **60**, 125. Ob das Gericht eine Verletzung des Art 103 I GG unter ausnahmsweiser Durchbrechung der Bindungswirkung durch eine neue Sachentscheidung selbst beseitigen darf, läßt BVerwG NJW **84**, 625 offen (bejaht für Beschlüsse nach § 33 AsylVfG, DVBl **84**, 568), vgl VGH Mannh VBlBW **00**, 230. **13**

319 *Berichtigung des Urteils.* [1] Schreibfehler, Rechnungsfehler und ähnliche offenbare Unrichtigkeiten, die in dem Urteil vorkommen, sind jederzeit von dem Gericht auch von Amts wegen zu berichtigen.

[II] [1] Der Beschluss, der eine Berichtigung ausspricht, wird auf dem Urteil und den Ausfertigungen vermerkt. [2] Erfolgt der Berichtigungsbeschluss in der Form des § 130 b, ist er in einem gesonderten elektronischen Dokument festzuhalten. [3] Das Dokument ist mit dem Urteil untrennbar zu verbinden.

[III] Gegen den Beschluss, durch den der Antrag auf Berichtigung zurückgewiesen wird, findet kein Rechtsmittel, gegen den Beschluss, der eine Berichtigung ausspricht, findet sofortige Beschwerde statt.

Vorbem. II 2, 3 angefügt dch Art 1 Z 26 JKomG v 22. 3. 05, BGBl 837, in Kraft seit 1. 4. 05, Art 16 I JKomG, ÜbergangsR Einl III 78.

Schrifttum: *Wolter,* Die Urteilsberichtigung nach § 319 ZPO, 1999.

Gliederung

1) Systematik, I–III 1	6) Verfahren, I, II 26–34
2) Regelungszweck, I–III 2	A. Grundsatz: Jederzeit von Amts wegen .. 26, 27
3) Geltungsbereich, I–III 3, 4	B. Entscheidung 28
4) **Berichtigung der Kostenentscheidung,**	C. Einfluß auf Rechtsmittel usw 29–31
I–III 5	D. Bindungsgrenzen 32
5) **Voraussetzungen, I** 6–25	E. Zwangsvollstreckung 33
A. Grundsatz: Notwendigkeit einer offenbaren Unrichtigkeit „in dem Urteil" ... 6–9	F. Vermerk 34
B. „Offenbar" 10, 11	7) **Rechtsmittel, III** 35, 36
C. Weite Auslegung 12	A. Gegen Ablehnung 35
D. Beispiele zur Frage einer offenbaren Unrichtigkeit 13–25	B. Gegen Berichtigung 36
	8) *VwGO* 37

1) Systematik, I–III. § 318 bindet das Gericht grundsätzlich an seine Entscheidung, aber in gewissem Anklang an § 119 BGB nur an eine gewollte Entscheidung, nicht an das irrig Ausgesprochene, wenn der Irrtum offen liegt, BGH FamRZ **03**, 1270. Ein solcher Irrtum ermöglicht das zulässige Rechtsmittel, soweit er die Entscheidung selbst betrifft, §§ 311 II 1, 313 I Z 4, und nicht nur den Urteilsausspruch der Gründe. § 319 gibt aber als Ausnahme zu § 318 dem Instanzgericht ein einfacheres und billigeres Mittel zur Berichtigung. III geht dem § 99 vor, Karlsr RR **00**, 730. Das Abhilfeverfahren nach § 321 a hat andere Voraussetzungen und Ziele, dort Rn 6. Zur Abgrenzung von einer Protokollberichtigung § 160 a Rn 14, §§ 163, 164. **1**

2) Regelungszweck, I–III. Die Vorschrift dient in den Grenzen des Gebots der Rechtssicherheit nach Einl III 43 dem Hauptziel des Zivilprozesses, der Gerechtigkeit, Einl III 36. Andererseits ist sie ungeachtet **2**

§ 319

Buch 2. Abschnitt 1. Verfahren vor den LGen

ihres allgemeinen Rechtsgedankens nach Rn 3 eine Ausnahmevorschrift, Rn 1. Die Bindung nach § 318 soll wirklich nur ausnahmsweise entfallen können, ähnlich der Rechtskraft mit ihrer freilich noch stärkeren Wirkung. Eine allzu bequeme Möglichkeit der Selbstkorrektur würde der Sorgfalt der Erstentscheidung abträgliche Auswirkungen haben. Das soll der Richter von vornherein mitbedenken. Daran muß man auch die wenigen Möglichkeiten nach § 319 messen. Deshalb muß man auch die Grenzen zwischen dem erheblichen Nichtgewollten und dem unerheblichen Durchdachten vorsichtig ziehen. Man darf also nicht zu großzügig schon wegen etwaiger Ungerechtigkeit eine Berichtigung erlauben. Nicht das erwünschte bessere Ergebnis darf die Prüfung vorrangig bestimmen, sondern nur eine saubere Methodik. Alle diese Gesichtspunkte sollten bei der Auslegung mit dem notwendigen Gleichrang Mitbeachtung finden, Rn 12.

3 **3) Geltungsbereich, I–III.** Die Vorschrift gilt in allen Verfahrensarten nach der ZPO. Sie enthält einen allgemeinen Rechtsgedanken, BGH **106**, 372, Brdb FGPrax **00**, 45. Sie ist darum auf einen Beschluß anwendbar, § 329 Rn 19 „§ 319", zB auf einen Verweisungsbeschluß nach § 281, BVerfG **29**, 50, oder auf den Mahnbescheid, § 692 Rn 8, oder auf den Vollstreckungsbescheid, Ffm Rpfleger **90**, 201, LG Köln Rpfleger **87**, 508. § 319 ist zwar auf einen Prozeßvergleich mangels Vorliegens einer gerichtlichen Entscheidung streng genommen jedenfalls nicht direkt anwendbar. Die Vorschrift ist aber aus Gründen der Prozeßwirtschaftlichkeit nach Grdz 14 vor § 128 auch auf ihn zumindest entsprechend anwendbar. Denn auch bei seiner Formulierung hat das Gericht erfahrungsgemäß oft inhaltlich erheblich mitgewirkt und unabhängig davon zumindest wegen der Form eine Verantwortung, Anh § 307 Rn 21, Hamm (26. ZS) MDR **83**, 410, aM VerfGH Mü NJW **05**, 1347, Hamm (15. ZS) Rpfleger **79**, 30, StJL 1 (aber man sollte auch eine Ausnahmevorschrift prozeßwirtschaftlich handhaben). Freilich kommt eine Berichtigung dann nicht beim allseits unerkannt gebliebenen bloßen Rechenfehler der Parteien in Betracht, soweit das Gericht den Parteiwillen im übrigen ordnungsgemäß protokolliert hatte, VerfGH Mü NJW **05**, 1347, Ffm MDR **86**, 153.

Eine Berichtigung kann und muß gegebenenfalls *jederzeit* von Amts wegen geschehen, BGH VersR **80**, 744, Düss WoM **04**, 604, auch noch nach der Einlegung eines Rechtsmittels, BGH NJW **93**, 1400, Düss WoM **04**, 604, Saarbr FER **00**, 44, sogar noch nach deren Eintritt der Rechtskraft, Rn 26. Daher läuft derjenige die Gefahr der Kostenlast, der sie durch ein Rechtsmittel erreichen will, § 97 I. § 319 betrifft Urteile jeder Art. Das jeweilige Rechtsmittel ist anstelle des Berichtigungsantrags oder neben ihm wie sonst zulässig, BGH MDR **78**, 307.

4 § 319 *gilt auch* für einen Schiedsspruch, § 1058 I–IV, sowie im FGG-Verfahren, BGH **106**, 372, BayObLG (2. ZS) NZM **02**, 302, Brdb FGPrax **00**, 45, aM BayObLG WoM **89**, 104 (III sei entsprechend anwendbar). § 319 gilt auch im Zwangsversteigerungsverfahren, Hamm Rpfleger **76**, 146. Für die Protokollberichtigung gelten §§ 164, 165 vorrangig, Hamm OLGZ **79**, 383. Soweit §§ 319–321 a unanwendbar sind, kann eine Klage auf die Feststellung des richtigen Urteilsinhalts zulässig werden. Zur Anwendbarkeit in der Arbeitsgerichtsbarkeit BAG NJW **05**, 2251, LAG Köln MDR **00**, 1255. Für die Berichtigung einer Bescheinigung nach Art 43 I VO (EG) Nr 2201/2003 gilt nach § 49 IntFamRVG der § 319 ZPO entsprechend.

5 **4) Berichtigung der Kostenentscheidung, I–III.** Eine Berichtigung der Kostenentscheidung ist zulässig, BGH RR **04**, 501, Kblz MDR **04**, 297, Köln FamRZ **93**, 456. Das gilt auch dann, wenn eine Berichtigung in der Sache nun erst auch eine Berichtigung der Kostenentscheidung bedingt. Eine Berichtigung ist auch dann zulässig, wenn das Gericht über die Kosten praktisch unbrauchbar entschieden hat, Köln FamRZ **93**, 456 (falsche Bezugsgröße). Streng genommen ist dieser Weg dogmatisch falsch. Er ist aber der einzige Ausweg, wenn kein Rechtsbehelf möglich ist. Das gilt auch dann, wenn die Kostenentscheidung wegen einer Streitwertänderung falsch geworden, aber nach § 99 I unanfechtbar ist, Düss MDR **01**, 1074, Hamm MDR **01**, 1186, Hartmann Teil I § 63 GKG Rn 30, 31, aM BGH MDR **78**, 196, Zweibr FamRZ **97**, 1164, LG Ffm MDR **97**, 407 (aber auch in diesem Unterfall ist eine prozeßwirtschaftliche Handhabung erlaubt und auch durchaus geboten, um weiteres Unrecht einzudämmen. Prozeßrecht hat ja keinen Selbstzweck, Einl III 10).

Zur sog *Rückfestsetzung* § 104 Rn 14.

6 **5) Voraussetzungen, I.** Man sollte sie weder streng noch lasch handhaben.

A. Grundsatz: Notwendigkeit einer offenbaren Unrichtigkeit „in dem Urteil". Es muß sich um eine Unrichtigkeit gerade „in dem Urteil" handeln, BAG NZA **04**, 455. Jede auch für einen Dritten offenbare Unrichtigkeit unterliegt einer Berichtigung nach § 319, BGH **78**, 22, Düss WoM **04**, 604, LAG Köln MDR **00**, 1255. Andere Unrichtigkeiten fallen unter §§ 320, 321. Das Gesetz nennt als Beispiele offenbarer Unrichtigkeiten Schreib- und Rechenfehler, BAG NJW **02**, 1142, Bbg FamRZ **00**, 38, ArbG Hanau BB **96**, 539. Gemeint sind alle versehentlichen Abweichungen von dem Willen bei der Urteilsbildung bei seinem Ausdruck, also ähnlich wie bei § 119 BGB eine Abweichung zwischen Willensbildung und Willenserklärung BGH FamRZ **03**, 1270, BAG NJW **02**, 1142, Ffm FamRZ **04**, 1727. Maßgeblich ist, was der Richter in Wahrheit wirklich gewollt hatte, nicht dasjenige, was er infolge eines Irrtumes nur scheinbar wollte.

7 Hierher gehört aber grundsätzlich *nicht jeder Fehler* nur der Willensbildung bzw Rechtsanwendung, BGH FamRZ **03**, 1270, Mü RR **03**, 1440, Saarbr MDR **05**, 47.

8 Allerdings kann ausnahmsweise auch ein bloßer *Willensbildungsfehler* in Betracht kommen, Hamm MDR **86**, 594 (besonders beim Rechenfehler), LAG Mü MDR **85**, 171. An bloßen Förmlichkeiten soll das Recht nur im äußersten Notfall scheitern. In welchem Teil des Urteils sich die Unrichtigkeit befindet, ist unerheblich. § 319 ermöglicht auch eine Berichtigung des Urteilskopfes (Rubrum), Celle MDR **99**, 499, sogar bis zum Urteil etwa wegen eines Parteienwechsels (es sollte B und nicht A siegen). § 319 ermöglicht sogar eine Berichtigung der im Tatbestand wiedergegebenen Anträge. Die Vorschrift erlaubt sogar eine Berichtigung der Urteilsformel, §§ 311 II 1, 313 I Z 4, BGH VersR **82**, 70, Düss MDR **86**, 76, aM Mü RR **86**, 1447 (beim sog Stuhlurteil. Aber auch dann gelten richtigerweise *alle* vorgenannten Möglichkeiten zwecks Prozeßwirtschaftlichkeit, Grdz 14 vor § 128).

Titel 2. Urteil § 319

Die Berichtigung darf die *Urteilsformel sogar in deren Gegenteil* verkehren, LAG Köln MDR **00**, 1255, etwa **9** dann, wenn das Gericht irrig die Parteien „vertauscht" hat, wie es nun einmal vorkommen kann. Das gilt selbst wenn das Rechtsmittel dadurch erst statthaft oder unstatthaft wird, BGH **78**, 22. Doch sollte man den Tenor nur sehr behutsam berichtigen, um den Eindruck einer nachträglichen Sinnesänderung zu vermeiden, BFH BB **76**, 1643. In einer Arbeitsgerichtssache darf das Gericht den nach § 61 I ArbGG im Urteil festzusetzenden Streitwert nur in den Grenzen des § 319 berichtigen.

B. „Offenbar". Stets muß der Irrtum bei einer auf den Zeitpunkt der Entscheidung rückbezogenen **10** Betrachtung klar erkennbar, „offenbar" sein, BGH NJW **04**, 2389, Düss FamRZ **97**, 1408, und zwar grundsätzlich abgesehen von Formalien nicht nur für den Rechtskundigen, Saarbr MDR **05**, 47, Runge BB **77**, 472, ZöV 5, aM Düss BB **77**, 472 (abl Runge), MüKoMu 7 (aber es geht um Allgemeinkundigkeit im Sinn von § 291 Rn 4, nicht um bloße Gerichtskundigkeit nach § 291 Rn 5. Letztere würde die Berichtigungsmöglichkeiten zu sehr ausweiten). Die Unrichtigkeit muß also auch für einen Dritten ohne weiteres erkennbar sein, BGH NJW **04**, 2389. Bei Rechenfehlern ist die Grenze flüssig. Sie sind meist Denkfehler, also ein sachlicher Irrtum und nicht nur eine Achtlosigkeit. Trotzdem handhabt die Praxis gerade bei ihnen den § 319 aus prozeßwirtschaftlichen Gründen mit Recht weitherzig, Grdz 14, 15 vor § 128. Die Notwendigkeit sorgfältigen Nachrechnens kann unschädlich sein, Hbg MDR **78**, 583.

„Offenbar" ist ein bei vernünftiger Überlegung *auf der Hand liegender* Irrtum, Rn 6, BGH RR **93**, 700, **11** BFH DB **84**, 2602, Hamm MDR **02**, 602. Hierher gehört grundsätzlich nur ein solcher Irrtum, der sich für einen Außenstehenden aus dem Zusammenhang gerade dieses Urteils ergibt, BGH FamRZ **03**, 1270, Düss MDR **86**, 76, LG Köln RR **87**, 955. Ferner gehört hierher ein Irrtum, der sich mindestens bei den Vorgängen beim Erlaß und der Verkündung ohne weiteres ergibt, § 311, BGH NJW **93**, 1400, BAG NJW **02**, 1142, Düss FGPrax **97**, 73 (veraltert zitierend). Ausnahmsweise kann eine offenbare Unrichtigkeit auch erst aus anderen Umständen erkennbar sein. Das gilt etwa dann, wenn ein anderes Urteil existent wurde als das gewollte, BGH RR **02**, 713. Trotz einer offenbaren Unrichtigkeit kann keine Berichtigung erfolgen, soweit man den wirklichen Willen des Gerichts nicht zweifelsfrei ermitteln kann, § 322 Rn 10, Zweibr FamRZ **82**, 1031, LAG Hamm BB **81**, 795.

C. Weite Auslegung. § 319 läßt sich aus Gründen der Prozeßwirtschaftlichkeit im Rahmen des Zuläs- **12** sigen weit auslegen, Rn 2, Grdz 14 vor § 128, BGH NJW **85**, 742, Hamm MDR **02**, 602, Zweibr ZMR **87**, 233. Ob das Gericht richtig oder falsch verkündet hat, bleibt unerheblich. Hat es falsch verkündet, so muß es seine verkündete Fassung auch ins schriftliche Urteil aufnehmen und gleichzeitig berichtigen. Bei einer unzulässigen Berichtigung muß man das Rechtsmittel gegen das berichtigte Urteil richten. Freilich darf auch die großzügigste Auslegung nicht dazu führen, daß das Gericht ohne jede zeitliche Begrenzung das Urteil inhaltlich korrigieren darf, Rn 17 „Nachschieben", BGH RR **93**, 700, Ffm MDR **84**, 323, LAG Mainz MDR **00**, 228, oder daß das Gericht gar den Prozeß wiederholen darf, wann immer es das für richtig hält, Braun NJW **81**, 427.

D. Beispiele zur Frage einer offenbaren Unrichtigkeit **13**
Aberkennung: *Keine* offenbare Unrichtigkeit liegt grds vor, wenn das Gericht eine im Urteil aberkannte (Teil-)Forderung nun zuerkennen wollte, Ffm MDR **84**, 323. Freilich darf und muß man einen Tenor stets auch unter Berücksichtigung des Tatbestands und der Entscheidungsgründe auslegen.
Anschrift: Eine offenbare Unrichtigkeit *fehlt*, soweit das Gericht von einer Änderung der für seine Zuständigkeit usw erheblichen Anschrift eines Beteiligten erst nach dem Erlaß seiner Entscheidung erfahren hat, BGH RR **93**, 700.
Anspruch: Rn 14 „Auslassung", Rn 16 „Kein Erkenntnis".
Anwartschaft: Wegen der Übergehung eines Teils der für den Versorgungsausgleich in Betracht kommenden Anwartschaften Düss FamRZ **82**, 1093, aM Oldb FamRZ **82**, 1092.
Arbeitsrecht: Rn 20 „Revision".
Aufrechnung: *Keine* offenbare Unrichtigkeit liegt vor, wenn das Gericht irrig eine Aufrechnungsforderung **14** für noch bestehend gehalten hat oder wenn es die Aufrechnungsforderung einfach übergangen hat.
Ausländisches Recht: Eine offenbare Unrichtigkeit kann vorliegen, wenn das Gericht bei der Anwendung ausländischen Rechts eine entsprechende Urteilsformel vergessen hat.
Auslassung: Eine offenbare Unrichtigkeit liegt vor, soweit das Gericht etwas versehentlich ausgelassen hat, Hamm RR **86**, 1444. In Betracht kommen zB: Die mitverkündete Kostenentscheidung fehlt im schriftlichen Tenor, Hamm RR **86**, 1444, LAG Bre MDR **96**, 1069; der Zinslauf ist nicht im Tenor, sondern nur in den Entscheidungsgründen beurteilt worden, Rn 25 „Zinsen"; der Ausspruch über einen Anspruch oder über die vorläufige Vollstreckbarkeit fehlt versehentlich in der schriftlichen Urteilsfassung; das Gericht hat über den Anspruch in den Gründen befunden, das aber nicht in der Formel zum Ausdruck gebracht, BGH RR **91**, 1278, Stgt FamRZ **84**, 403.
Berechnung: Eine offenbare Unrichtigkeit kann vorliegen, soweit falsche Angaben oder Berechnungen **15** vorliegen, Zweibr FamRZ **85**, 614, auch wenn diese Unrichtigkeit nicht auf einem Irrtum des Gerichts beruht, sondern auf einem solchen der Partei selbst, Zweibr ZMR **87**, 233.
Berufung: Eine offenbare Unrichtigkeit liegt vor, wenn die Zulassung der Berufung zwar nicht verkündet worden ist, sich aber aus dem später abgesetzten Urteil ergibt, BGH NJW **04**, 2389, aM BAG NJW **87**, 1221 (aber das ist ein gerade klassischer Fall).
Beweiswürdigung: *Keine* offenbare Unrichtigkeit liegt vor, soweit das Gericht bei der Beweiswürdigung oder der sonstigen Verwertung nicht feststehender Tatsachen einem Irrtum unterlegen ist.
Computer: Eine offenbare Unrichtigkeit kann bei einem Eingabebefehl vorliegen, Bbg FamRZ **98**, 764, Karls MDR **03**, 523.
Keine offenbare Unrichtigkeit liegt bei Verwendung eines falschen Programms vor, Saarbr MDR **05**, 47.
Dritter: Auch für ihn muß die Unrichtigkeit ohne weiteres erkennbar sein, Rn 10.
Ehescheidung: Eine offenbare Unrichtigkeit kann vorliegen, wenn der Richter infolge einer ihm von den Parteien irrig vorgelegten Urkunde über eine erste, inzwischen geschiedene Ehe derselben Partner und in

§ 319

Unkenntnis ihrer nochmaligen Eheschließung nun diese nach seiner Ansicht einzige Ehe, formell aber die frühere nochmals, geschieden hat. Denn er wollte eben in Wahrheit nur die derzeitige Ehe scheiden.

16 Formel: Rn 13 „Auslassung".
Gedankenlosigkeit: Trotz ihres Vorliegens kann offenbare Unrichtigkeit vorliegen, Zweibr MDR **94**, 832.
Gründe: Rn 13 „Auslassung".
Grundstück: S „Irrtum der Partei".
Irrtum der Partei: Eine offenbare Unrichtigkeit kann vorliegen, soweit eine Partei zB in der Klageschrift eine unrichtige Bezeichnung gewählt hat, Rn 18 „Partei", BGH MDR **78**, 308, LG Drsd JB **96**, 95. Das gilt zB bei der Bezeichnung eines Grundstücks, dessen Nämlichkeit feststeht, BAG BB **78**, 453, Kblz WRP **80**, 576, AG Heilbr ZMR **98**, 297. Es gilt auch dann, wenn die Parteien und daher auch das Gericht sich in der Bezeichnung des zuständigen Gerichts irrten, Stgt MDR **04**, 1377.
Kein Erkenntnis: *Keine* offenbare Unrichtigkeit liegt vor, soweit das Gericht über einen Anspruch oder über die vorläufige Vollstreckbarkeit in Wahrheit überhaupt nicht erkannt hat. Dann greift allenfalls § 321 ein, Ffm RR **89**, 640, ThP 3, aM Düss BB **77**, 472 (abl Runge).
Klarstellung: Eine bloß klarstellende Auslegung zB zur Frage, wer Partei ist, ist *keine* Beseitigung einer offenbaren Unrichtigkeit, BAG NZA **04**, 454.
Kosten: Eine offenbare Unrichtigkeit kann vorliegen, wenn das Urteil der siegenden Partei die Kosten außerhalb eines Falls von § 93 auferlegt. Wußte der Rpfl nicht, daß eine Wertfestsetzung geändert worden war, kann § 319 auf seine Kostenfestsetzung anwendbar sein, Mü JB **93**, 680 (aber Vorsicht!).
S auch Rn 13 „Auslassung", Rn 23 „Verweisung".

17 Mehr als beantragt: *Keine* offenbare Unrichtigkeit liegt vor, wenn das Gericht mehr zugesprochen hat, als beantragt worden war, es sei denn, es liege ein klarer Additionsfehler usw vor.
Nachfrist: Rn 21 „Schriftsatz".
Nachschieben: *Keine* offenbare Unrichtigkeit liegt vor, soweit das Gericht eine fehlende Begründung einfach nachschiebt, ohne sie beim Urteilserlaß schon miterwogen zu haben, Rn 12, LAG Mainz MDR **00**, 228.

18 Partei: Eine offenbare Unrichtigkeit kann vorliegen, soweit das Gericht eine Partei gerade „in dem Urteil" nach Grdz 4 vor § 50 unrichtig bezeichnet hat, Rn 16 „Irrtum der Partei", BGH RR **04**, 501, BAG NZA **04**, 454, BayObLG NZM **04**, 659, Ffm MDR **04**, 49 (Anwalt persönlich statt als Insolvenzverwalter), LAG Nürnb Rpfleger **98**, 296 (Gesellschafter statt Gesellschaft), Zweibr RR **02**, 213 (Vorname), AG Hagen DB **95**, 264 (Gesellschaft statt wahrer Geschäftspartner), Zweibr ZMR **87**, 233, (solange die Nämlichkeit bestehen bleibt). Eine offenbare Unrichtigkeit kann auch dann vorliegen, wenn das Gericht die Parteien verwechselt hat, wenn zB B und nicht A siegen sollte.
Keine offenbare Unrichtigkeit liegt vor, wenn die zunächst als „50 nicht bekannte Personen" bezeichneten Bekl, § 253 Rn 24, § 750 Rn 3, teilweise nachträglich mit ihren Nachnamen angegeben werden, Düss OLGZ **83**, 351, oder wenn die klagende KG von vornherein nicht bestand und nun ihre Gesellschafter „berichtigend" eingesetzt werden sollen, Nürnb JB **80**, 144, oder dann, wenn von zwei Klägern einer dem Gericht unbekannt verstorben war, LG Ffm Rpfleger **91**, 426, und überhaupt beim Parteiwechsel, Mü OLGZ **81**, 89, Zweibr ZMR **87**, 233, LG Fulda Rpfleger **01**, 609, oder bei einer bloßen Scheinpartei, Grdz 14 vor § 50, Stgt RR **99**, 216, oder bei einer bloßen Klarstellung, wer wahre Partei ist, *vor* Urteilserlaß, wenn auch in Beschluß- statt Verfügungsform, BAG NZA **04**, 454.
S auch Rn 15 „Berechnung", Rn 23 „Verwechslung".
Preisindex: Eine offenbare Unrichtigkeit kann vorliegen, soweit ein falscher Index zugrundegelegt ist, Düss FamRZ **97**, 1408.

19 Prozeßbevollmächtigter: Eine offenbare Unrichtigkeit kann vorliegen, soweit das Gericht einen ProzBev nach §§ 78 ff unrichtig bezeichnet. Es gelten dieselben Regeln wie bei einer unrichtigen Parteibezeichnung, Rn 18 „Partei".
Punktsache: Eine offenbare Unrichtigkeit kann vorliegen, wenn das Gericht bei einer sog Punktsache eine Forderungsgruppe in deren rechtlicher Beurteilung bei der Formulierung des Tenors mit einer anderen Forderungsgruppe verwechselt hat, BGH FamRZ **95**, 156, etwa bei der Verjährungsfrage.

20 Rechenfehler: Rn 6.
Rechtsbegriff: Eine offenbare Unrichtigkeit liegt vor, soweit das Gericht einen Rechtsbegriff irrtümlich verwendet hat, zB „Offenbarungseid".
Rechtsbeschwerde: Die offensichtlich für jedermann erkennbare versehentliche Unterlassung der gewollten Zulassung der Rechtsbeschwerde läßt sich nach § 319 nachholen, BGH NJW **05**, 156.
Rechtsfehler: Er stellt *keine* offenbare Unrichtigkeit dar, Mü RR **03**, 1440, Naumb FamRZ **03**, 40.
Revision: Eine offenbare Unrichtigkeit kann vorliegen, wenn die Tatsache, daß das Berufungsgericht die Zulassung der Revision beschlossen und nur versehentlich nicht im Urteil ausgesprochen hatte, sogar für andere als die erkennenden Richter ohne weiteres deutlich ist, BGH **78**, 22, oder wenn sich die Revisionszulassung zwar nicht aus dem „anliegend" verkündeten Urteilstenor ergibt, wohl aber aus den zur Zeit der Verkündung schon unterschriebenen Urteilsgründen.
Zum Meinungsstand zur Frage einer Unrichtigkeit, wenn für ein an sich nicht berufungsfähiges *arbeitsgerichtliches* Urteil die Zulassung der Revision weder aus dem Tenor noch aus den Entscheidungsgründen noch aus den Vorgängen bei seiner Verkündung ersichtlich ist, BAG NJW **99**, 1420 (Üb).
Richterbezeichnung: Eine offenbare Unrichtigkeit kann bei einer ungenauen oder falschen Bezeichnung der Richter im Rubrum oder in der Unterschriftsspalte vorliegen, LAG Mü MDR **85**, 171.

21 Schreibfehler: Rn 6.
Schriftsatz: *Keine* offenbare Unrichtigkeit liegt vor, soweit das Gericht einen rechtzeitig nachgereichten oder eingereichten Schriftsatz nicht berücksichtigt hat, sei es auch nur versehentlich, Braun NJW **81**, 427.
Sicherheitsleistung: *Keine* offenbare Unrichtigkeit liegt vor, wenn es um eine nachträgliche Aufteilung einer Sicherheitsleistung gehen soll. Sie ist unzulässig.

Titel 2. Urteil **§ 319**

Streitgegenstand: Eine offenbare Unrichtigkeit kann vorliegen, soweit das Gericht eine Beschränkung des Streitgegenstands übersehen hat, Köln RR **00**, 142.
Streitwert: Rn 5. Eine offenbare Unrichtigkeit *fehlt* bei einem wegen Rechtsirrtums falsch berechneten Wert (Saldierung von Klage und Widerklage), BGH NJW **03**, 141.
Stufenklage: Eine offenbare Unrichtigkeit kann vorliegen, soweit das Gericht nur in den Gründen über alle Stufen im ersten Termin entschieden hat, im Tenor aber ersichtlich nicht, Bbg FamRZ **00**, 900.
Tatsache: *Keine* offenbare Unrichtigkeit liegt vor, wenn das Gericht eine feststehende Tatsache nicht oder falsch berücksichtigt hat, Oldb NJW **03**, 149. Denn dann liegt eine falsche Willensbildung vor, Rn 24 „Willensbildung". Ferner fehlt eine offenbare Unrichtigkeit, soweit eine Partei ihren Tatsachenvortrag erst nachträglich berichtigt hat. 22
Tenor: Rn 6 ff, Rn 14 „Auslassung", Rn 25 „Zinsen".
Übereinstimmung: *Keine* offenbare Unrichtigkeit liegt meist vor, soweit Tenor und Begründung übereinstimmen. Denn dann muß man eine entsprechende Willensbildung annehmen.
Übersehen: Es reicht *keineswegs* stets aus, Köln FamRZ **97**, 570, Zweibr Rpfleger **03**, 101.
Verhandlungszeit: Eine offenbare Unrichtigkeit liegt vor, soweit infolge eines Irrtums der Tag der stattgefundenen letzten mündlichen Verhandlung im Urteilsrubrum fehlt, § 313 I Z 3, BGH VersR **80**, 744. 23
Verjährung: Rn 19 „Punktensache".
Versorgungsausgleich: Rn 13 „Anwartschaft".
Verwechslung: Eine offenbare Unrichtigkeit kann bei einer bloßen Verwechslung vorliegen, zB bei einer solchen der Parteien, Hamm MDR **02**, 602.
Verweisung: Eine offenbare Unrichtigkeit kann vorliegen, soweit sich die Parteien und daher auch das Gericht in der Bezeichnung des zuständigen Gerichts irrten, Stgt MDR **04**, 1377.
Keine offenbare Unrichtigkeit liegt vor, soweit das Gericht den § 281 III 2 vergessen hat, Hamm MDR **00**, 1150.
S auch Rn 24 „Willensbildung".
Vorläufige Vollstreckbarkeit: Rn 13 „Auslassung", Rn 16 „Kein Erkenntnis", Rn 21 „Sicherheitsleistung".
Wert: Rn 5, Rn 25 „Zugewinnausgleich". 24
Widerspruch: Eine offenbare Unrichtigkeit kann bei einem Widerspruch zwischen dem Beschlossenen und dem Herausgegebenen vorliegen.
Willensbildung: *Keine* offenbare Unrichtigkeit liegt vor, soweit es sich um eine falsche Willensbildung handelt, KG NJW **75**, 2107, Köln MDR **97**, 570, Mü RR **03**, 1440, aM LG Stade NJW **79**, 168, LAG Mü MDR **85**, 170 (aber das Gericht wollte in Wahrheit anders entscheiden, Rn 6, 8).
Zinsen: Eine offenbare Unrichtigkeit liegt vor, wenn das Gericht in der Urteilsformel Zinsen „ab jeweiliger Fälligkeit" zuspricht, sie in den Entscheidungsgründen jedoch nach den Kalendertagen bezeichnet, oder wenn der Zinslauf sonstwie unklar ist, BAG NJW **01**, 1518 (Zinsbeginn). 25
Keine offenbare Unrichtigkeit liegt vor, wenn das Gericht weit überhöhte Zinsen lediglich unter Anführung von (jetzt) § 288 III, IV BGB begründet hat, Oldb MDR **00**, 1211.
Zugewinnausgleich: Eine offenbare Unrichtigkeit liegt vor, soweit das Gericht einen erörterten und verhandelten Wert (Grundstück) versehentlich bei der Berechnung dann nicht mehr berücksichtigt hat, Bbg FamRZ **00**, 38.
Zulassung: Rn 15 „Berufung", Rn 20 „Rechtsbeschwerde", „Revision".

6) Verfahren, I, II. Es kann elegant ablaufen. 26

A. Grundsatz: Jederzeit von Amts wegen. Die Berichtigung ist jederzeit auf Antrag oder von Amts wegen statthaft, BGH VersR **80**, 744. Das gilt selbst nach der Einlegung eines Rechtsmittels, BGH MDR **78**, 308 rechts, BayObLG NZM **04**, 659, Saarbr FER **00**, 44. Das Rechtsmittel bleibt zulässig, Köln FamRZ **98**, 1239. Eine Berichtigung ist auch nach dem Eintritt der Rechtskraft statthaft, Brdb MDR **00**, 658, aM Lindacher ZZP **88**, 72 (aber dann würde das gar nicht Gewollte endgültig. Das wäre purer Formalismus auf Kosten der Gerechtigkeit). Verwirkung paßt schon wegen des Worts „jederzeit" in nicht, Brdb MDR **00**, 658. Der Berichtigungsantrag kann freilich ganz ausnahmsweise als Rechtsmißbrauch unzulässig sein, Einl III 54, Hamm FamRZ **86**, 1138. Anwaltszwang herrscht wie sonst, § 78 I, II. Ein Verstoß gegen ihn läßt den Antrag als Anregung bestehen. Zuständig ist nur das Gericht, dh die erkennende Stelle, also auch das Rechtsmittelgericht, BAG NJW **01**, 1518, BayObLG NZM **99**, 34, insbesondere für die ersten Entscheidung, BayObLG **89**, 721 (WEG), Düss MDR **91**, 789 (auch nach Beendigung des Rechtsmittelinstanz).

Das *Kollegium* darf kein Urteil des Einzelrichters nach §§ 348, 348 a berichtigen und umgekehrt. Die Mitwirkung derselben Richter ist unnötig, BGH RR **01**, 61, BayObLG WoM **89**, 104. Denn es handelt sich nicht um eine sachliche Entscheidung. Freilich ist die Überprüfung den nicht zuvor beteiligten Richtern oft kaum möglich, BayObLG WoM **89**, 104. Auch der Verweisung kann noch das verweisende Gericht berichten. Das höhere Gericht darf ein Urteil des niederen berichtigen, soweit es sich das Urteil sachlich zu eigen macht. In einer Arbeitssache ist der Vorsitzende zuständig, §§ 46 II, 53 I 1 ArbGG. Der Urkundsbeamte ist zuständig, soweit es nur um einen Fehler der Ausfertigung geht, § 317. 27

B. Entscheidung. Die Entscheidung erfolgt durch einen Beschluß, § 329, bei freigestellter mündlicher Verhandlung, § 128 IV. Eine Berichtigung nur im Urteil etwa bei einer Parteibezeichnung oder gar auf der Urfassung eines in Abwesenheit der Parteien verkündeten und noch nicht in Ausfertigung hinausgegangenen Urteils mag zwar praktisch sein und wird auch praktiziert. Sie ist aber formell unstatthaft, Hamm MDR **86**, 417. § 249 III ist anwendbar, dort Rn 13. Die Anhörung eines Beteiligten ist nur ausnahmsweise entbehrlich, LG Köln Rpfleger **87**, 508, etwa insoweit, als die Berichtigung reiner Formalien erfolgt, etwa eines Schreib- oder Rechenfehlers ohne einen Eingriff in die Rechtsstellung der Beteiligten oder gar seine Schlechterstellung, BVerfG **34**, 7. Wenn es notwendig ist Beweis zu erheben, liegt kaum noch eine „offenbare" Unrichtigkeit vor. Nur eine sichere Feststellung der offenbaren Unrichtigkeit erlaubt eine Berichtigung, Zweibr RR **99**, 1666. Das Gericht muß seinen Beschluß wenigstens kurz begründen, § 329 Rn 4. 28

Hartmann 1315

§ 319

Der Beschluß ist nicht starr nach seinem Wortlaut und seinem äußeren Anschein auslegbar, sondern nach seinem erkennbaren Sinn und Zweck, BVerfG **29**, 50.
Der Beschluß *wirkt* auf die Zeit der Verkündung des Urteils nach § 311 *zurück*, BGH NJW **93**, 1400, Saarbr FER **00**, 44. Die neue Fassung gilt als die ursprüngliche. Daher sind Rechtsbehelfe nur gegen das alte Urteil in der berichtigten Form zulässig, soweit die Berichtigung wirksam erfolgt ist, BGH NJW **93**, 1400, Saarbr FER **00**, 44. Der rechtskräftige Berichtigungsbeschluß ist grundsätzlich in anderen Verfahren nicht auf seine Richtigkeit überprüfbar, BGH **127**, 76 (auch zu Ausnahmen).
Gebühren: Des Gerichts keine, des Anwalts keine, § 19 I 2 Z 9 RVG. Hatte die Partei zunächst Rechtsmittel eingelegt und erfolgte während des Rechtsmittelverfahrens auf Antrag oder von Amts wegen eine Berichtigung, so muß der Rechtsmittelführer evtl die Kosten des Rechtsmittels tragen, § 97 I.

29 **C. Einfluß auf Rechtsmittel usw.** Die Berichtigung eröffnet grundsätzlich keine neue Notfrist, BVerfG NJW **01**, 142, BGH RR **04**, 713 (keine sog Meistbegünstigung), BayObLG NZM **02**, 303. Sie gibt demgemäß grundsätzlich kein neues Rechtsmittel. Sie beeinflußt das alte Rechtsmittel bzw eine Verfassungsbeschwerde grundsätzlich nicht, BVerfG NJW **01**, 142, BGH FamRZ **00**, 1499, Saarbr FER **00**, 44. Das gilt auch bei einer Berichtigung erst nach der Erhebung einer Revisionsrüge, BayObLG **86**, 398.

30 *Etwas anderes gilt dann*, wenn das alte Urteil nicht klar genug war, um die Grundlage für das weitere Handeln der Partei zu bilden, BGH FamRZ **95**, 156, BayObLG NZM **02**, 303, Celle MDR **99**, 499. Im übrigen kann eine wirksame Berichtigung ein bisher zulässiges Rechtsmittel rückwirkend unzulässig machen, Rn 28, BGH NJW **93**, 1400.

31 Eine *neue Notfrist* nach § 224 I 2 kommt also zB dann in Betracht, wenn erst die berichtigte Fassung erkennen läßt, ob und wie die Partei beschwert ist, BGH NJW **99**, 647 links, Düss MDR **90**, 930, Stgt FamRZ **84**, 403. Es ist jeweils unerheblich, ob sich der Fehler in der Urschrift oder nur in der zugestellten Ausfertigung des Urteils befindet, BGH VersR **82**, 70. Bei Ursächlichkeit der Unrichtigkeit für die Erfolglosigkeit des Rechtsmittels kommt eine Wiedereinsetzung in Betracht.

32 **D. Bindungsgrenzen.** Eine Bindung auch durch einen nach § 322 formell rechtskräften Berichtigungsbeschluß findet nicht statt, wenn er keine gesetzliche Grundlage hatte, wenn zB eine offenbare Unrichtigkeit weder aus der berichtigten Entscheidung noch aus den Vorgängen bei ihrer Verkündung erkennbar ist, BGH RR **93**, 700.

33 **E. Zwangsvollstreckung.** Die Zwangsvollstreckung erfolgt nur aus dem berichtigten Urteil. Hatte der Gläubiger sie vorher im Sinn von Grdz 51 vor § 704 eingeleitet, muß das Gericht sie gegebenenfalls aus § 766 einstellen. Der Schuldner kann das Beigetriebene nur durch eine besondere Klage zurückfordern. Eine Ersatzpflicht entsprechend § 717 II kann nur dann entstehen, wenn die Partei die Unrichtigkeit des Urteils aus dessen ihr zugegangener Fassung erkennen mußte. Das mag freilich bei „offenbarer" Unrichtigkeit oft so sein. Der Berichtigungsbeschluß fällt als „Urteil in einer Rechtssache" unter § 839 II BGB.

34 **F. Vermerk.** Die Geschäftsstelle muß den Berichtigungsbeschluß bei schriftlicher Aktenführung nach II 1 auf der Urschrift des Urteils und auf den Ausfertigungen vermerken, BVerwG NJW **75**, 1796. Die Geschäftsstelle muß die Ausfertigungen zurückfordern. Sie kann deren Rückgabe aber nicht erzwingen. Bei elektronischer Aktenführung muß der Urkundsbeamte nach II 2 den nach § 130 b ergangenen Berichtigungsbeschluß in einem gesonderten elektronischen Dokument festhalten und ihn nach II 3 mit dem Urteil elektronisch untrennbar verbinden, ähnlich wie bei § 315 III 2, 3. Der Vermerk erfolgt an einer sichtbaren Stelle. Die Wirkung des Berichtigungsbeschlusses ist allerdings von dem Vermerk unabhängig.

35 **7) Rechtsmittel, III.** Es kommt auf den Entscheidungsinhalt an.
A. Gegen Ablehnung. Bei einer Ablehnung der beantragten Berichtigung erfolgt die Anfechtung nur zusammen mit derjenigen des Urteils, Brschen DGVZ **92**, 120, Ffm FGPrax **96**, 160, LG Karlsr RR **03**, 788. Das gilt (jetzt) auch, soweit die Ablehnung ohne jede sachliche Prüfung oder unter einer Verkennung des Begriffs der offenbaren Unrichtigkeit erfolgte, BGH BB **04**, 1248, aM (je zum alten Recht) BayObLG WoM **89**, 105 (sofern III 1 überhaupt anwendbar ist; zum FGG-Verfahren Rn 4), LG Bonn JB **91**, 125, LG Karlsr **03**, 788. Eine sofortige Beschwerde entfällt ferner (jetzt), wenn die Ablehnung nur aus prozessualen Gründen erfolgte, BGH BB **04**, 1248, aM (je zum alten Recht) Hamm FamRZ **86**, 1137, LG Ffm Rpfleger **91**, 426. Eine sofortige Beschwerde entfällt schließlich (jetzt) bei sog greifbarer Gesetzwidrigkeit, BGH BB **04**, 1248, aM (je zum alten Recht), Kblz FamRZ **91**, 101, LG Mönchengladb MDR **00**, 3571, oder wenn die Ablehnung durch ein unzuständiges oder fehlerhaft besetztes Gericht erfolgte, aM LG Ffm Rpfleger **91**, 426. Nach einer Entscheidung des OLG kommt ohnehin allenfalls eine Rechtsbeschwerde an den BGH unter den Voraussetzungen des § 574 in Betracht.

36 **B. Gegen Berichtigung.** III geht dem § 99 vor, Karlsr RR **00**, 730. Gegen den Berichtigungsbeschluß ist grundsätzlich die sofortige Beschwerde nach Hs 2 zulässig, § 567 I Z 1, BayObLG DB **96**, 370, KG RR **87**, 954. Das gilt auch zugunsten einer bloßen Scheinpartei, Grdz 14 vor § 50, Stgt RR **99**, 217 (Meistbegünstigung). Das Beschwerdegericht prüft nur die Voraussetzungen der Berichtigung, nicht aber die Entscheidung im übrigen, BayObLG DB **96**, 370. Gegen einen Berichtigungsbeschluß des Beschwerdegerichts kommt allenfalls in einer WEG-Sache eine etwa zugelassene sofortige weitere Beschwerde in Betracht, BayObLG MDR **03**, 592. Hebt das Beschwerdegericht den Berichtigungsbeschluß eines AG auf sofortige Beschwerde auf, so ist gegen den Aufhebungsbeschluß eine Rechtsbeschwerde an den BGH unter den Voraussetzungen des § 574 möglich. Das gilt selbst insoweit, als infolgedessen die Partei sofort auf die Einlegung der Berufung abgedrängt wird, ohne den Ausgang des Berichtigungsverfahrens abwarten zu können. Der Gesetzestext ist eben eindeutig.
Daher ist auch gegen den Berichtigungsbeschluß des *OLG* zu seinem eigenen Berufungsurteil oder zu einem eigenen Sachbeschluß allenfalls die Rechtsbeschwerde denkbar. Ein Rechtsbehelf gegen das Urteil ergreift den Berichtigungsbeschluß als solchen nicht. Darum darf die höhere Instanz nur das berichtigte Urteil ändern, nicht den Berichtigungsbeschluß. Gegen eine Protokollberichtigung ist nur der Fälschungsnachweis zulässig, § 165 S 2, Hamm OLGZ **79**, 383.

8) VwGO: *Es gilt § 118 VwGO, der inhaltlich I u II entspricht. III ist unanwendbar; gegen den Beschluß des VG ist stets Beschwerde nach §§ 146 ff VwGO gegeben, Ey Rn 5 und KoppSch Rn 12 zu § 118, soweit sie nicht ausgeschlossen ist, § 252 Rn 8.* 37

320 **Berichtigung des Tatbestandes.** [1] Enthält der Tatbestand des Urteils Unrichtigkeiten, die nicht unter die Vorschriften der vorstehenden Paragraphen fallen, Auslassungen, Dunkelheiten oder Widersprüche, so kann die Berichtigung binnen einer zweiwöchigen Frist durch Einreichung eines Schriftsatzes beantragt werden.

II [1] Die Frist beginnt mit der Zustellung des in vollständiger Form abgefassten Urteils. [2] Der Antrag kann schon vor dem Beginn der Frist gestellt werden. [3] Die Berichtigung des Tatbestandes ist ausgeschlossen, wenn sie nicht binnen drei Monaten seit der Verkündung des Urteils beantragt wird.

III Über den Antrag ist mündlich zu verhandeln, wenn eine Partei dies beantragt.

IV [1] Das Gericht entscheidet ohne Beweisaufnahme. [2] Bei der Entscheidung wirken nur diejenigen Richter mit, die bei dem Urteil mitgewirkt haben. [3] Ist ein Richter verhindert, so gibt bei Stimmengleichheit die Stimme des Vorsitzenden und bei dessen Verhinderung die Stimme des ältesten Richters den Ausschlag. [4] Eine Anfechtung des Beschlusses findet nicht statt. [5] Der Beschluss, der eine Berichtigung ausspricht, wird auf dem Urteil und den Ausfertigungen vermerkt. [6] Erfolgt der Berichtigungsbeschluss in der Form des § 130 b, ist er in einem gesonderten elektronischen Dokument festzuhalten. [7] Das Dokument ist mit dem Urteil untrennbar zu verbinden.

V Die Berichtigung des Tatbestandes hat eine Änderung des übrigen Teils des Urteils nicht zur Folge.

Vorbem. III idF Art 1 Z 11 des 1. JuMoG v 24. 8. 04, BGBl 2198, in Kraft seit 1. 9. 04, Art 14 S 1 des 1. JuMoG. IV 6, 7 angefügt dch Art 1 Z 26 JKomG v 22. 3. 05, BGBl 837, in Kraft seit 1. 4. 05, Art 16 I JKomG, ÜbergangsR jeweils Einl III 78.

Schrifttum: *Fischer*, Bezugnahmen ... in Tatbeständen usw, 1994.

Gliederung

1) Systematik, I–V	1	6) Frist, I, II		7, 8
2) Regelungszweck, I–V	2	7) Weiteres Verfahren, Entscheidung und Anfechtung, III–V		9–14
3) Geltungsbereich, I–V	3	A. Etwaige Verhandlung; Beschluß		9, 10
4) Voraussetzungen, I	4, 5	B. Grenzen der Berichtigung		11
A. Unrichtigkeit des Tatbestands	4	C. Verfahrenseinzelheiten		12, 13
B. Unanwendbarkeit	5	D. Rechtsmittel		14
5) Antrag, I, III	6	8) VwGO		15

1) Systematik, I–V. Die Vorschrift enthält eine scheinbar gegenüber § 319 vorrangige, in Wahrheit aber 1 neben diese Bestimmung tretende Regelung, Rn 4. Sie hat Vorrang vor § 529, Karlsr RR **03**, 779. Die Tatbestandsberichtigung bereitet einen Antrag auf Ergänzung des Urteils oder ein Rechtsmittel vor, BGH VersR **88**, 268, LAG Bln DB **81**, 592. Sie ist wegen der Rechtskraftwirkung, der Wiederaufnahme usw möglich. Sie ist aber auch bei einem rechtskräftigen Urteil statthaft.
„Tatbestand" ist bei § 320 dasselbe wie bei § 314, § 314 Rn 8, BAG VersR **79**, 94, also grundsätzlich einschließlich von Tatbestandsteilen in den Entscheidungsgründen, § 313 Rn 17, BGH NJW **97**, 1931, Oldb NJW **03**, 149, LAG Köln MDR **85**, 171, zB eine Zeugenaussage. Kopf und Formel gehören nicht dazu, Oldb NJW **03**, 149, ebensowenig wertende Entscheidungsteile. Eine Berichtigung von Tatbestandsteilen in den Entscheidungsgründen eines Urteils ohne besonderen Tatbestand etwa bei §§ 313 b, 540 I ist nur vorsichtig statthaft, Schneider MDR **78**, 1, strenger Köln MDR **88**, 870.
Man kann für die Berichtigung nur insoweit verlangen, als die unrichtigen Tatbestandsteile für das Verfahren *urkundliche Beweiskraft* haben, § 314 Rn 1, BGH GRUR **04**, 271, BayObLG MDR **89**, 650, Köln MDR **88**, 870. Das trifft für die Wiedergabe des Sachverhalts und für die vorinstanzlichen Anträge im Revisionsurteil nicht zu, BGH GRUR **04**, 271, aM LAG Köln MDR **85**, 171 (aber das Revisionsgericht ist insoweit gebunden, § 314 Rn 4). Doch sollte § 418 genügen. § 320 gilt auch bei §§ 307 II, 331 II, III. Das Abhilfeverfahren nach § 321 a hat andere Voraussetzungen, dort Rn 7, 8.

2) Regelungszweck, I–V. § 320 bietet mangels Rechtsmittelmöglichkeit die einzige Möglichkeit einer 2 Berichtigung des Tatbestands, BGH NJW **93**, 1852. Die Vorschrift macht die gesetzliche Beweisregel des § 314 erträglich, BGH NJW **83**, 2032, LAG Köln MDR **85**, 171, Schneider MDR **87**, 726. Damit dient die Vorschrift im Spannungsfeld von Rechtssicherheit nach Einl III 43 und Gerechtigkeit nach Einl III 36 wie § 319 der Auslegung mitbeachten.
Nur scheinbar nutzlos ist eine Berichtigung des bloßen Tatbestands trotz IV. Denn zum einen mag das Ergebnis ohnehin gleich günstig oder günstiger ausfallen, zum anderen gibt ein berichtigter Tatbestand immerhin bei Statthaftigkeit eines Rechtsmittels eine bessere Ausgangsposition, und zum dritten gebieten Wahrhaftigkeit und Lauterkeit mit ihrer selbstverständlichen Geltung gerade auch für das Gericht wenigstens die Klarstellung von unrichtigen Unrichtigkeiten, mag sie schon nach dem methodisch einfacheren § 319 in Betracht kommen. Auch solche Sicht verhilft zur richtigen Anwendung. Deshalb sollte man § 320 trotz der Zunahme solcher Anträge wegen Verschärfung des sog Novenrechts im Berufungsverfahren auch nicht abschaffen, aM Müller/Heydn NJW **05**, 1753.

§ 320   Buch 2. Abschnitt 1. Verfahren vor den LGen

Formale Strenge des Verfahrens steht zu alledem nicht im Widerspruch. Nur bei Einhaltung der Frist nach I, II ist eine über § 319 hinausgehende Korrektur vertretbar, mag man die Frist nun rechtspolitisch für zu kurz oder zu lang halten. IV 1 (keine Beweisaufnahme) dient ebenfalls der notwendigen Rechtssicherheit und ist entsprechend auslegbar.

3   **3) Geltungsbereich, I–V.** Die Vorschrift ist in allen Verfahren nach der ZPO anwendbar. § 320 ist im Rechtsbeschwerdeverfahren nach dem GWB entsprechend anwendbar, BGH **65**, 36. Die Vorschrift gilt auch im arbeitsgerichtlichen Verfahren, LAG Ffm NZA **04**, 105, ArbG Hanau BB **96**, 539, und im WEG-Verfahren, BayObLG NZM **02**, 708, Köln NZM **04**, 305. In Patentsachen gilt § 96 PatG, BGH RR **97**, 232, BPatG GRUR **78**, 40. Einen nach § 320 ergangenen Berichtigungsbeschluß kann man nicht nach § 320 angreifen. Denn das könnte eine endlose Kette solcher Verfahren eröffnen, BGH VersR **88**, 268.

4   **4) Voraussetzungen, I.** Sie sind nicht oft erfüllt.
      A. Unrichtigkeit des Tatbestands. Eine solche Unrichtigkeit läßt eine Berichtigung auf Antrag zu. „Unrichtigkeiten" sind im Gegensatz zu den „offenbaren Unrichtigkeiten" des § 319 solche Unrichtigkeiten, bei denen sich Wille und Ausdruck decken, die also auf einer fehlerhaften Willensbildung beruhen. Als Beispiele nennt I Auslassungen, Dunkelheiten und Widersprüche. Das Urteil soll dem Revisionsgericht vor allem eine klare, richtige, vollständige Grundlage der Entscheidung geben. Im Aktenlageurteil muß das Gericht ein mündliches Vorbringen oder ein solches schriftliches übergangen haben, das in einem benutzbaren Schriftsatz enthalten ist, § 251 a Rn 12.

5   **B. Unanwendbarkeit.** Unanwendbar ist § 320: Bei einem Revisionsurteil. Denn es braucht keinen Tatbestand, sondern fußt auf dem Tatbestand des Berufungsurteils. Daher hat ein Tatbestand des Revisionsurteils eine urkundliche Beweiskraft, soweit eine Urteilsberichtigung nach dem vorrangigen § 319 eingreift. Ein Antrag auf Tatbestandsberichtigung ist dann durch die rechtskräftige Berichtigung wegen § 319 erledigt; wegen derjenigen Punkte, in denen das Sitzungsprotokoll den Tatbestand entkräftet, § 314 Rn 6; wenn das Urteil ohne jede mündliche Verhandlung ergangen ist. Denn dann könnte es nur einen Beweis des schriftlichen Vorbringens nach § 128 II geben, das aus den Schriftsätzen ersichtlich ist, BFH BB **83**, 755; bei § 310 III oder § 313 a I ohnehin, weil kein Tatbestand erforderlich ist; soweit § 321 anwendbar ist; soweit ein Vorbringen nach Verhandlungsabschluß im Sinn von §§ 136 IV, 296 a erfolgte und nicht nach § 283 erlaubt worden war, Köln MDR **91**, 988; soweit das Gericht den Sachverhalt rechtlich fehlerhaft beurteilt hat. In diesem Fall kommt das Rechtsmittel in Betracht; beim sprachlichen bloßen Synonym, AG Hattingen MDR **90**, 729.

6   **5) Antrag, I, III.** Es ist ein Antrag nötig. Ihn kann der Schuldner im Insolvenzverfahren für ein gegen ihn ergangenes Urteil stellen. Er muß den entsprechenden bestimmenden Schriftsatz nach § 129 Rn 5 beim Gericht einreichen. Im Parteiprozeß nach § 78 Rn 1 kann er sich auch zu Protokoll des Urkundsbeamten der Geschäftsstelle eines jeden AG äußern, § 129 a. Anwaltszwang herrscht wie sonst, § 78 I, II. Er fehlt im Parteiprozeß, § 78 V Hs 2. Das Gericht muß die Parteien nur (noch) auf Antrag einer Partei zur mündlichen Verhandlung über die Berichtigung laden, § 274, beim AG in Verbindung mit § 497. Ein gemeinsamer Antrag ist nicht notwendig. Das Gericht muß den Berichtigungsantrag von Amts wegen dem Gegner des Antragstellers zugleich mit der etwaigen Ladung nach § 270 zustellen und die Ladungsfrist einhalten, § 217. Mangels Verhandlungsantrags nach III setzt das Gericht dem Gegner eine angemessene Äußerungsfrist. Meist reichen dazu 2–3 Wochen. Eine etwaige Rückbeziehung erfolgt nach § 167. Eine Ausdehnung der Berichtigung ist im Termin zulässig, wenn der Gegner zustimmt oder das Gericht sie für sachdienlich hält, § 263 entsprechend.

7   **6) Frist, I, II.** Für den Berichtigungsantrag läuft eine zweiwöchige Frist seit der von Amts wegen erfolgten Zustellung des vollständigen Urteils, § 317. Der Antrag ist schon vor dem Beginn der Frist zulässig. Nach Ablauf von 3 Monaten seit der Urteilsverkündung ist der Antrag nach dem klaren Wortlaut von II 3 ausgeschlossen, LAG Ffm NZA **04**, 106. Eine Ausnahme kommt in Betracht, wenn das Urteil nicht binnen 3 Monaten vollständig zugestellt war, KG RR **01**, 1296. Die Zweiwochenfrist ist eine gesetzliche Frist, aber keine Notfrist, § 224 I Hs 2. Sie ist unverzichtbar. Sie duldet eine Abkürzung nur durch eine Parteivereinbarung, § 224 I, jedoch keine Verlängerung, § 224 II Hs 2. Das Gericht muß ihre Einhaltung von Amts wegen prüfen, Grdz 39 vor § 128. Eine Wiedereinsetzung nach § 233 ist nicht möglich, auch dann nicht, wenn das Urteil erst nach dem Ablauf der Frist zu den Akten gelangte. Aus allen diesen Gründen muß der Anwalt das gesamte Urteil nach dessen Erhalt sogleich kontrollieren, § 85 II, Schumann NJW **93**, 2787.

8   Die *Dreimonatsfrist* ist eine uneigentliche Frist, Üb 11 vor § 214. Auch sie duldet weder eine Abkürzung noch eine Verlängerung noch eine Wiedereinsetzung, auch nicht dann, wenn das vollständige Urteil nach drei Monaten seit der Verkündung noch nicht vorliegt. Sie ändert sich nicht infolge der Sommerzeit, § 227 III 1. Sie beginnt mit der Urteilsverkündung. Daher kann sie vor der Zweiwochenfrist ablaufen, ein Grund mehr, das Urteil rechtzeitig zu den Akten zu bringen. Die Partei muß notfalls Dienstaufsichtsbeschwerde einlegen, um ihr Recht zu wahren. Ist das Urteil nach 3 Monaten immer noch nicht begründet, so liegt eine Rechtsverletzung nach § 546 vor, also nicht ein absoluter Revisionsgrund nach § 547 Z 6. Bei einem etwaigen Tatbestand einer nach § 310 III erlassenen Entscheidung beginnt die Zweiwochenfrist mit der Zustellung des vollständigen Urteils, § 310 Rn 11, die Dreimonatsfrist mit der Zustellung der Urteilsformel. Gegen den Streithelfer läuft keine eigene Frist, § 71 Rn 6.

9   **7) Weiteres Verfahren, Entscheidung und Anfechtung, III–V.** Es ist manchmal „lästig". Man muß es aber sorgsam durchführen.
      A. Etwaige Verhandlung; Beschluß. Die Entscheidung ergeht nach Rn 6 nur (noch) dann auf Grund einer notwendigen mündlichen Verhandlung nach § 128 Rn 4, wenn eine Partei es beantragt. Die Entscheidung ergeht auch nach einem Urteil im schriftlichen Vorverfahren nach §§ 307 II, 331 II, III, oder im schriftlichen Verfahren nach § 128 II. Auch über einen unzulässigen Antrag ist grundsätzlich eine mündliche Verhandlung notwendig, Düss RR **04**, 1723. Das gilt aber ausnahmsweise nicht vor dem BGH, BGH NJW **99**, 796, Naundorf MDR **04**, 1274. Das Gericht erläßt seine Entscheidung durch einen Beschluß auf

1318

Titel 2. Urteil **§§ 320, 321**

Berichtigung oder Zurückweisung des Antrags, § 329. Es findet kein Versäumnisverfahren nach §§ 330 ff und keine Beweisaufnahme statt, §§ 355 ff, auch nicht zur Berichtigung von aufgenommenen Zeugen- oder Sachverständigenaussagen. Die Beweiskraft aufgenommener Aussagen richtet sich nur nach § 418. Es gibt kein Geständnis im Sinn von § 288. Maßgebend ist allein die Erinnerung der Richter, unterstützt durch das Protokoll und durch private Aufzeichnungen.

Obwohl der Beschluß grundsätzlich unanfechtbar ist, ist eine wenigstens kurze *Begründung* Rechtspflicht. **10** Denn der Beschluß kann ausnahmsweise doch anfechtbar sein, Rn 14, § 329 Rn 4, Hirte JR **85**, 140. Ein aus dem Richteramt Ausgeschiedener kann nicht mehr mitwirken, Schmidt JR **93**, 458, aM Hirte JR **85**, 140 (aber wo lägen die Grenzen?). Würdigt der Beschluß das durch ihn festgestellte Parteivorbringen, ist er ein unzulässiger Urteilsnachtrag und darf sich nur auf den Tatbestand erstrecken.

B. Grenzen der Berichtigung. Grundsätzlich unzulässig ist es, auf Grund des Beschlusses das Urteil im **11** übrigen zu berichtigen oder zu ergänzen. Die sachliche Entscheidung bleibt ganz unberührt, mag sie auch nach dem Beschluß ersichtlich falsch sein, V. Eine Ergänzung ist nur in den Grenzen und im Rahmen des § 321 I und natürlich im Rahmen von § 319 möglich. Der BGH muß den Beschluß der Revisionsentscheidung zugrundelegen, BGH RR **95**, 572. Das Recht ist verletzt, wenn das Berufungsgericht nach dem Beschluß einen Hilfsantrag übergangen hat. Die Berichtigung reicht nicht allein für eine Wiederaufnahme nach §§ 578 ff aus, BVerfG **30**, 58. Man kann auch nicht schon mit dem Rechtsmittel gegen das bisherige Urteil eine Berichtigung seines Tatbestands erreichen.

C. Verfahrenseinzelheiten. Das Rechtsschutzbedürfnis nach Grdz 33 vor § 253 liegt auch bei einer **12** nicht mehr mit einem Rechtsmittel anfechtbaren Entscheidung schon wegen der Möglichkeit einer Verfassungsbeschwerde vor, Oldb NJW **03**, 149, LAG Köln MDR **85**, 171 (evtl Aussetzung bis zur Klärung, ob eine Nichtzulassungsbeschwerde erfolgt). Es wirken nur diejenigen Richter mit, die beim Urteil mitgewirkt haben, § 309, Düss RR **04**, 1723, also evtl nur ein Mitglied des Kollegiums oder nur die Handelsrichter. Deshalb kann man keinen dieser Richter im Berichtigungsverfahren nach §§ 42 ff ablehnen, Ffm MDR **79**, 940.

Ist ein Mitglied *verhindert*, § 315 Rn 3, oder wird es abgelehnt, so entscheidet die Stimme des **13** Vorsitzenden. Ist er verhindert, so entscheidet die Stimme des ältesten Beisitzers. Sind alle oder der Amtsrichter verhindert, so ist keine Berichtigung möglich. Das Revisionsgericht muß dann nachprüfen, ob ein Antrag Erfolg gehabt hätte. Wegen der Begründungspflicht Rn 10. Ein Urlaub kann ausreichen, BFH BB **78**, 1607. Das Gericht muß den Verhandlungstermin so legen, daß möglichst alle Richter teilnehmen können, Hirte JR **85**, 139. Die Entscheidung ergeht auch in Abwesenheit der Parteien. Sie ist keine Aktenlageentscheidung nach § 251 a, aM ZöV 11 (aber es findet auch kein Versäumnisverfahren statt, Rn 9). § 249 III ist anwendbar, dort Rn 13. Wegen des Vermerks des Beschlusses auf dem Urteil und den Ausfertigungen § 319 Rn 34 entsprechend. Das Gericht teilt den Beschluß an sich nach § 329 II 1 mangels etwaiger Verkündung den Parteien formlos mit. Eine förmliche Zustellung kann aber wegen Rn 14 ratsam sein.

Kosten: Vgl § 319 Rn 28.

D. Rechtsmittel. Eine Anfechtung des Beschlusses ist sowohl bei einer Berichtigung als auch bei einer **14** Ablehnung des Antrags grundsätzlich unstatthaft, BGH VersR **88**, 268.

Sofortige Beschwerde nach § 567 I Z 2 ist aber in folgenden Fällen ausnahmsweise zulässig: Das Gericht hat eine Berichtigung ohne eine Sachprüfung als unzulässig abgelehnt, BVerfG NJW **05**, 658, Düss RR **04**, 1723, Hirte JR **85**, 139; das Gericht hat einen Antrag wegen Versäumung der Frist nach II 3 zurückgewiesen, LAG Ffm NZA **04**, 105, aM Hbg RR **05**, 653; das Gericht hat prozessual unzulässig entgegen dem Antrag des Gegners berichtigt. Die Gegenmeinung müßte die Partei schwer schädigen. Rechtsbehelfe gegen das Urteil, §§ 511 ff, ergreifen den Berichtigungsbeschluß nicht; es hat ein Richter mitgewirkt, der nicht mitwirken konnte, Rn 13; es handelt sich um ein Berufungsurteil des LG. Denn man muß einen derartigen Berichtigungsbeschluß so behandeln, als wäre er nicht ergangen. Bei Rn 4 und Rn 12, 13 ist wegen IV 2 auf Antrag eine Zurückverweisung notwendig. Eine Rechtsbeschwerde kommt unter den Voraussetzungen des § 574 in Betracht.

8) VwGO: Es gilt § 119 VwGO (im wesentlichen inhaltsgleich), BVerwG ZBR **01**, 134. Beschwerde, § 146 **15** VwGO, ist im Hinblick auf § 119 II 2 VwGO nur in den Fällen oben Rn 14 gegeben, vgl VGH Mü DÖV **81**, 766, Ey § 119 Rn 6, KoppSch § 119 Rn 6 mwN, wenn sie nicht schlechthin ausgeschlossen ist, s § 252 Rn 8.

321 *Ergänzung des Urteils.* ᴵ Wenn ein nach dem ursprünglich festgestellten oder nachträglich berichtigten Tatbestand von einer Partei geltend gemachter Haupt- oder Nebenanspruch oder wenn der Kostenpunkt bei der Endentscheidung ganz oder teilweise übergangen ist, so ist auf Antrag das Urteil durch nachträgliche Entscheidung zu ergänzen.

ᴵᴵ Die nachträgliche Entscheidung muss binnen einer zweiwöchigen Frist, die mit der Zustellung des Urteils beginnt, durch Einreichung eines Schriftsatzes beantragt werden.

ᴵᴵᴵ ¹ Auf den Antrag ist ein Termin zur mündlichen Verhandlung anzuberaumen. ² Dem Gegner des Antragstellers ist mit der Ladung zu diesem Termin der den Antrag enthaltende Schriftsatz zuzustellen.

ᴵⱽ Die mündliche Verhandlung hat nur den nicht erledigten Teil des Rechtsstreits zum Gegenstand.

Hartmann

§ 321

Buch 2. Abschnitt 1. Verfahren vor den LGen

Gliederung

1) Systematik, I–IV	1	6) Rechtsmittel, I–IV	10, 11
2) Regelungszweck, I–IV	2	7) Beispiele zur Frage einer entsprechenden Anwendbarkeit, I–IV	12–16
3) Geltungsbereich, I–IV	3	8) *VwGO*	17
4) Voraussetzungen, I	4, 5		
5) Verfahren, II–IV	6–9		
A. Antrag; Frist	6–8		
B. Weiteres Verfahren	9		

1 **1) Systematik, I–IV.** Die Vorschrift ist eine notwendige Ergänzung zu §§ 319, 320. Die Vorschrift steht im Gegensatz zu § 319, Mü RR 03, 1440, AG Mü ZMR 88, 434, aM Düss BB 77, 472 (abl Runge). § 321 kann anderen Rechtsbehelfsmöglichkeiten vorgehen, Zweibr ZMR 99, 663 (FGG). Wenn der Wille des Gerichts zweifelhaft ist, so stellt die Partei zweckmäßigerweise beide Anträge, BGH NJW 80, 841. § 321 gilt auch bei §§ 307, 331 II, III, 599 II, Rn. 12. Ein Antrag auf eine Tatbestandsberichtigung nach § 320 ist neben demjenigen nach § 321 zulässig, Rn 5, BGH NJW 02, 1116. Das Abhilfeverfahren nach § 321 a hat andere Voraussetzungen und Ziele, dort Rn 9.

2 **2) Regelungszweck, I–IV.** Vgl zunächst § 320 Rn 2. § 321 dient der Ergänzung eines lückenhaften Urteils ohne einen Verstoß gegen § 318, Mü RR 03, 1440. Die Vorschrift dient aber nicht der Richtigstellung einer falschen Entscheidung, BGH FamRZ 04, 530 und 531, Köln MDR 92, 301, Saarbr RR 99, 214.

Bloße Lückenhaftigkeit ist ja zumindest auf den ersten Blick weniger schlimm als eine direkt falsche Beurteilung des vom Gericht vollständig behandelten Sachverhalts. Denn es mag weniger zu einem Widerspruch zum bisher Entschiedenen kommen. Freilich mag im Rahmen der Lückenausfüllung nun doch eine tatsächliche oder rechtliche Sicht als notwendig erscheinen, die nicht zu derjenigen im bisherigen Urteil paßt. Das ist aber im Rahmen von § 321 erlaubt und evtl sogar geboten, zumal das bisherige Urteil ja auf Rechtsmittel korrigierbar sein mag. Immerhin darf man eine nach § 321 zulässige Bewertungsweise nicht dazu mißbrauchen, den in diesem Verfahren nicht korrigierbaren Teil des Gesamtspruchs doch noch irgendwie umzuändern zu versuchen.

3 **3) Geltungsbereich, I–IV.** Die Vorschrift gilt grundsätzlich in allen Verfahrensarten nach der ZPO einschließlich eines Schiedsspruchs, § 1058 I Z 3. Sie gilt auch im Rechtsmittelverfahren, BGH FamRZ 05, 881. In einer Ehesache gilt § 321 wegen des Grundsatzes der Einheitlichkeit der Entscheidung, Einf 3 vor § 610. Dort sind nur die etwaigen Rechtsmittel zulässig, §§ 511 ff. Wegen des Verfahrens nach dem FGG BGH 106, 372, BayObLG ZMR 01, 361 (WEG), Zweibr ZMR 99, 663.

4 **4) Voraussetzungen, I.** § 321 setzt voraus, daß das Urteil einen Punkt versehentlich ganz übergeht, den es hätte zu- oder absprechen müssen, BGH NJW 02, 1116, Mü RR 03, 1440, Schlesw MDR 05, 350. Das gilt zB auch für einen Rechtsmittelantrag, BGH FamRZ 05, 881. Eine solche Unterlassung läßt sich nicht etwa in den Urteilsgründen nachholen, BGH FamRZ 04, 530 und 531. Wenn das Urteil als Teilurteil nach § 301 gedacht war, wenn es also absichtlich den Punkt aufspart, oder wenn das Urteil den Punkt für erledigt erklärt, dann versagt § 321. Das gilt selbst bei einem Rechtsirrtum, Rn 5.

§ 321 ist *unanwendbar*: Wenn das Gericht inhaltlich unrichtig entscheiden traf, BGH NJW 02, 1501 (irrige Annahme übereinstimmender Erledigterklärungen), wenn das Gericht einen Anspruch nur in den Gründen übergangen hat, nicht in der Formel, §§ 311 II 1, 313 I Z 4, oder umgekehrt, BGH VersR 82, 70, AG Mü ZMR 88, 434, StJL 4, aM BAG NJW 59, 1942, Lindacher ZZP 88, 73 (aber I spricht von „der" Endentscheidung, also dem ganzen Urteil); wenn das Gericht den Einwand der Dürftigkeit des Nachlasses nach § 780 I nicht beschieden hat, Schlesw MDR 05, 350; wenn das Gericht die Kostenentscheidung vergessen hat, Mü RR 03, 1440; wenn die verkündete Kostenentscheidung versehentlich nicht mit in den schriftlichen Tenor übernommen worden ist, Hamm RR 86, 1444; wenn das Gericht eine Entscheidung in den Gründen ausdrücklich ablehnt, zB die Kostenentscheidung dem Schlußurteil vorbehält; wenn es an einem Antrag fehlt, der übergangen sein sollte; wenn etwa das Gericht die Erhebung des Anspruches entgegen § 314 Rn 20 versehentlich nicht im Tatbestand erwähnt hat (dann ist § 320 anwendbar); wenn das Gericht nur ein einzelnes Angriffs- oder Verteidigungsmittel nach Einl III 70 übergangen hat; wenn das Berufungsgericht die Revision nicht eindeutig zugelassen hat, Saarbr RR 99, 214 (das bedeutet nämlich Nichtzulassung); wenn es die Rechtsbeschwerde nicht zugelassen hat, BGH FamRZ 04, 530 und 531. Aus dem Umstand, daß das Gericht den fraglichen Punkt weder im Tenor noch in den sonstigen Teilen der Entscheidung erörtert hat, läßt sich nicht stets schließen, daß das Gericht ihn übergangen hat, Zweibr FamRZ 80, 1144, aM BayObLG WoM 97, 399 (aber auch das Urteil ist auslegbar, § 322 Rn 10 ff).

Soweit nur ein Fall nach Rn 4 vorliegt, kann man *keine Ergänzung mit Rechtsmitteln* betreiben, Zweibr FamRZ 94, 972. Da dann eine Ergänzung fehlt, fehlt eine Anfechtbarkeit. Daher läßt sich der übergangene Anspruch in der zweiten Instanz nur als „neuer" Anspruch oder evtl als Klageerweiterung geltendmachen, § 264 Z 2, in der Revisionsinstanz gar nicht. Wenn ein Antrag des Bekl die Neufassung seiner Verurteilung bezweckt, so kann die etwa zulässige Berichtigung mit dem Rechtsmittel zusammentreffen. Denn die Entscheidung ist im Grund nicht unvollständig, sondern falsch. Das gilt, wenn beim Urteil nach § 302 der Vorbehalt fehlt, vgl aber auch § 302 Rn 9, oder wenn die Entscheidung über die Kosten fehlt, §§ 91 ff, oder über die vorläufige Vollstreckbarkeit, §§ 708 ff, nicht nur wegen versehentlichen Übergehens. Ist die Rechtshängigkeit erloschen, so ist auch eine neue Klage zulässig, KG Rpfleger 80, 159, Mü AnwBl 88, 249, AG Castrop-Rauxel ZMR 93, 229.

5 „Übergangen" haben muß das Gericht ganz oder teilweise nach dem Tatbestand, auch nach dem gemäß § 320 berichtigten, BGH NJW 02, 1116, einen Haupt- oder Nebenanspruch (dieser macht eine Nebenforderung geltend, § 4), Kblz JB 02, 437, oder den Kostenpunkt. „Übergangen" heißt: versehentlich nicht

Titel 2. Urteil § 321

beachtet, BGH MDR **96**, 1061, Hamm MDR **00**, 1150 (§ 281 III 2), Schlesw MDR **05**, 350. Das gilt zB beim gestempelten Versäumnis- oder Anerkenntnisurteil, das auf keine Klageschrift verweist, die keinen Kostenantrag enthält, Stürner ZZP **91**, 359. „Übergangen" heißt nicht etwa: rechtsirrtümlich, aber bewußt nicht beschieden, BGH NJW **80**, 841, Hamm FamRZ **81**, 190, LSG Darmst MDR **81**, 1052.

Das Übergehen eines *Hilfsanspruchs* nach § 260 Rn 8 genügt, wenn seine Prüfung geboten war, § 260 Rn 8, 9. Die Übergehung des Kostenpunkts bei einem Streithelfer oder Streitgenossen genügt, BayObLG ZMR **01**, 361, Mü RR **03**, 1440, Stgt MDR **99**, 116. Hat das Gericht für einen Streitgenossen in der Hauptsache nicht erkannt, so ist das Urteil ein Teilurteil, § 301. Das Gericht darf es nicht ergänzen, sondern muß vielmehr ein Schlußurteil erlassen. Die höhere Instanz kann eine von der niederen Instanz übergangene Kostenentscheidung nach Antrag von Amts wegen nachholen, § 308 II. Das Übergehen eines Anspruches zur vorläufigen Vollstreckbarkeit genügt, § 716 Rn 1, auch das Übergehen einer Entscheidung nach §§ 708, 711, Einf 6 vor §§ 708–720. Es genügt auch ein Übergehen der Frist nach § 255 oder der Bestimmung der Lösungssumme nach § 923 oder das Übergehen des § 281 III 2. § 321 ist aber unanwendbar, wenn das Gericht nur einzelne Angriffs- oder Verteidigungsmittel bei Einl III 70 übergangen hat, BGH RR **96**, 379, Ffm RR **89**, 640 (Aufrechnung), StjL 4, aM AG Paderb MDR **00**, 1272 (zustm Schneider 1453 wenn eine Zulassung der Rechtsbeschwerde fehlt, Kblz JB **02**, 437. Das ist streng. Aber I spricht vom Haupt- bzw Hilfs-„Anspruch". Das ist mehr als ein bloßes Angriffs- oder Verteidigungsmittel). § 321 ist ferner unanwendbar. Aber die Vorschrift ist ungeachtet der Gehörsproblematik auch nicht entsprechend so weit auslegbar. Im übrigen dürfte jetzt meist § 321 a helfen.

5) Verfahren, II–IV. Das Gericht muß es mit großer Sorgfalt durchführen. **6**

A. Antrag; Frist. Nötig ist ein Antrag auf eine bestimmte Ergänzung. Eine Ergänzung von Amts wegen ist also unzulässig. Man kann den Antrag beim Gericht des bisherigen Urteils stellen, bei AG auch zum Protokoll der Geschäftsstelle, § 496, auch jedes anderen AG, § 129 a. Er ist im übrigen schriftlich erforderlich. Ihn kann nicht nur die betroffene Partei stellen, sondern auch Anspruch übergangenen werden. Anwaltszwang herrscht wie sonst, § 78 I, II, also nicht beim AG, § 78 V Hs 2. Ein Kostenfestsetzungsantrag ist nicht umdeutbar, Stgt MDR **99**, 116. Das Verfahren verläuft im einzelnen wie bei § 320 Rn 6. Die Antragsfrist beträgt 2 Wochen seit der korrekten Zustellung des vollständigen Urteils an den hier in Betracht kommenden Beteiligten nach § 317, BGH RR **05**, 295, Karlsr OLGZ **78**, 487, Mü MDR **03**, 522. Nach Fristablauf ist eine Ergänzung nach § 321 nicht mehr zulässig, BGH FamRZ **05**, 881, Kblz MDR **02**, 1338, Naumb FamRZ **01**, 929. Der nicht beschiedene Anspruch ist dann nicht mehr rechtshängig, Rn 8, § 261 Rn 15, BGH FamRZ **05**, 881. Er ist also nicht etwa untergegangen. Der Antrag ist schon vor dem Fristbeginn zulässig. Ein Antrag auf einstweilige Einstellung der Zwangsvollstreckung ist zulässig, § 707 Rn 2.

Ein Antrag auf Tatbestandsberichtigung *verlängert* ähnlich wie eine Berichtigung nach § 319 Rn 39 *die* **7** *Frist nicht.* Daher muß man die Frist ohne Rücksicht auf einen Erfolg des Tatbestandsberichtigungsverfahrens einhalten, aM BGH NJW **82**, 1822, StjL 13, ThP 4, ZöV 7 (die Frist beginne mit der Zustellung des Berichtigungsbeschlusses von neuem zu laufen. Aber eine bereits abgelaufene Frist kann schon begrifflich nicht erneut als dieselbe Frist beginnen). Hat das Gericht die Kostenentscheidung nach § 101 I übergangen, so beginnt die Frist für den Streithelfer wegen der Ergänzung in diesem Punkt jedenfalls bei einem noch nicht rechtskräftigen Urteil erst mit seiner Zustellung an ihn.

Es handelt sich um eine gesetzliche Frist, aber *nicht* um eine *Notfrist*, § 224 I 2. Darum kann sie nur durch **8** eine Parteivereinbarung nach § 224 I 1 abgekürzt und in keinem Fall verlängert werden, § 224 II. Ebensowenig ist eine Wiedereinsetzung zulässig, § 233 Rn 8. Das Gericht muß den Fristablauf von Amts wegen prüfen, Grdz 39 vor § 128. Vor der Urteilszustellung beginnt die Frist nicht zu laufen. Mit dem Fristablauf erlischt die Rechtshängigkeit des übergangenen Anspruchs, Rn 6, § 261 Rn 15, BGH FamRZ **05**, 881. Daher wird insoweit ein neuer Prozeß statthaft, Hamm Rpfleger **80**, 482, KG Rpfleger **80**, 159, mit Ausnahme der Kosten. In der Rechtsmittelinstanz kann man den mit Fristablauf aus der Rechtshängigkeit entfallenen Anspruch nur dann durch eine Klageerweiterung wiedereinführen, wenn der Rechtsstreit wegen anderer Teile noch dort anhängig ist, BGH FamRZ **05**, 881. Über sie muß das Rechtsmittelgericht mitentscheiden, § 308 II, Rn 9. Zur Entscheidung zuständig ist dasjenige Gericht, das das Urteil erlassen hat.

B. Weiteres Verfahren. Das Gericht stellt den Ergänzungsantrag von Amts wegen mit der Ladung zum **9** Verhandlungstermin nach §§ 214, 270 zu. Die Entscheidung erfolgt auf eine notwendige mündliche Verhandlung, § 128 Rn 4. Sie erfolgt auch nach einem Urteil im schriftlichen Vorverfahren nach §§ 307, 331 II, III, im schriftlichen Verfahren, § 128 II. Die Entscheidung ergeht durch ein Ergänzungsurteil, LG Bielef MDR **87**, 941. Das gilt auch bei einer Zurückweisung aus prozessualen Gründen. Die Verhandlung findet nur über die beantragte Ergänzung statt. Das Gericht muß die Zulässigkeit des Antrags von Amts wegen prüfen, Grdz 39 vor § 128. Da eine neue Verhandlung über den Ergänzungsanspruch notwendig ist, dürfen anders als in § 309 andere Richter als beim ersten Urteil mitwirken. Die frühere eigentliche Entscheidung muß unberührt bleiben. Einen Ergänzungsanspruch des Bekl kann der Kläger anerkennen, § 307. Das Versäumnisverfahren verläuft wie sonst, §§ 330 ff. Eine Entscheidung ist auch noch nach der Rechtskraft der übrigen Entscheidung statthaft, Köln MDR **92**, 301.

Kosten: Das alte Urteil trifft streng eine Kostenentscheidung nur in seinem Entscheidungsbereich. Bei einer Ergänzung ohne Kostenentscheidung kann man aber annehmen, daß das Gericht die Ergänzung in das alte Kostenurteil einschließt, Rn 6–8. Gebühren: Des Gerichts: keine; des Anwalts: Gehört zum Rechtszug, § 19 I 2 Z 9 RVG.

6) Rechtsmittel, I–IV. Das Ergänzungsurteil ist selbständig anfechtbar, §§ 511 ff, BGH NJW **00**, 3008. **10** Man muß es auch für die Rechtsmittelzulassung und für die sofortige Beschwerde als selbständig behandeln, BGH NJW **00**, 3008, LG Bielef MDR **87**, 941. Ein nur über den Kostenpunkt ergangenes Ergänzungsurteil steht in demselben Verhältnis zum ersten Urteil wie ein Schlußurteil zum Teilurteil. Ein Rechtsmittel ist daher nur gegen beide gemeinsam zulässig, Zweibr FamRZ **83**, 621. Das Rechtsmittel gegen das Haupturteil erfaßt ohne weiteres den Kostenausspruch und die Entscheidung zur vorläufigen Vollstreckbarkeit des Er-

§§ 321, 321a   Buch 2. Abschnitt 1. Verfahren vor den LGen

gänzungsurteils nach §§ 708 ff. Das läßt sich aber nicht auf andere Nebenleistungen übertragen, zB nicht auf die Zinsen. Eine Verfassungsbeschwerde setzt die Erschöpfung des Rechtsmittelzugs voraus, Einl III 17, BVerfG RR **00**, 1664.

11   Wenn das Urteil in Wahrheit nur eine *Berichtigung* nach § 319 vornimmt, so muß man es auch wie eine bloße Berichtigung behandeln. Über die Berufungsfrist und die Verbindung der Berufungen § 518 Rn 3, 4.
Hat das Gericht fälschlich durch einen Beschluß nach § 329 entschieden, so ist nach dem Meistbegünstigungsgrundsatz nach Grdz 28 vor § 511 zwar die sofortige Beschwerde nach § 567 I grundsätzlich statthaft, Ffm OLGZ **90**, 76. Sie ist jedoch bei Nichterreichen der Berufungssumme nach (jetzt) § 511 II Z 1 unzulässig, LG Bielef MDR **87**, 941. Eine Rechtsbeschwerde kommt unter den Voraussetzungen des § 574 in Betracht.

12   7) **Beispiele zur Frage einer entsprechenden Anwendbarkeit, I–IV**
Abwendung der Zwangsvollstreckung: Rn 16 „Vorläufige Vollstreckbarkeit".
Arrest: § 321 ist entsprechend anwendbar, soweit das Gericht den Abwendungsbetrag nach § 923 übergeht.
Bekanntmachungspflicht: § 321 ist entsprechend anwendbar, soweit das Gericht einen Ausspruch zur Bekanntmachungs-, Beseitigungs- und Vernichtungspflicht übergeht, zB nach § 23 UWG oder nach dem MarkenG.
Beschlußverfahren: Wegen des Beschlußverfahrens § 329 Rn 20 „§ 321".
Beschränkte Haftung: Rn 16 „Vorbehalt beschränkter Haftung".
Beseitigungspflicht: S „Bekanntmachungspflicht".
Dürftigkeitseinwand: § 321 kann entsprechend anwendbar sein, Schlesw MDR **05**, 350.

13   **Frist:** § 321 ist entsprechend anwendbar, soweit das Gericht eine nach § 255 erforderliche Fristsetzung übergeht.
Nachverfahren: Rn 16 „Vorverfahren".
Räumungsfrist: § 321 ist entsprechend anwendbar, soweit das Gericht einen Ausspruch zur Räumungsfrist nach § 721 übergeht.
Rechtsbeschwerde: § 321 ist *nicht* entsprechend anwendbar, soweit keine ausdrückliche Zulassung erfolgt ist, Kblz JB **02**, 438 (streng).

14   **Revision:** § 321 ist entsprechend anwendbar, soweit das Gericht einen Ausspruch zur Zulassung der Revision übergeht, BGH NJW **80**, 344, BAG BB **81**, 616, StJL 11, aM BGH MDR **85**, 43, Düss MDR **81**, 235, LG Mainz RR **02**, 1654 (mit einem unrichtigen BGH-Fundstellen-Zitat einer hier angeblich falsch benannten BGH-Entscheidung. Im übrigen liegt auch dann eine Urteilslücke vor, deren Gewicht der Übergehung eines einzelnen Anspruchs zumindest voll entspricht. Daher darf man dann nicht zu formstreng sein, Einl III 10, Grdz 14 vor § 128).

15   **Sicherheitsleistung:** Rn 16 „Vorläufige Vollstreckbarkeit".
Teilurteil: § 321 ist entsprechend anwendbar, soweit das Gericht im Teilurteil eine Kostenentscheidung unterläßt und soweit sich dann der Rest erledigt.

16   **Vernichtungspflicht:** Rn 12 „Bekanntmachungspflicht".
Vorbehalt beschränkter Haftung: § 321 ist entsprechend anwendbar, soweit das Gericht einen Vorbehalt beschränkter Haftung übergeht, §§ 305, 780, 786, BGH MDR **96**, 1062.
Vorläufige Vollstreckbarkeit: § 321 ist entsprechend anwendbar, soweit das Gericht den Ausspruch zur vorläufigen Vollstreckbarkeit übergeht, §§ 711, 712, 716, BGH NJW **84**, 1240.
Vorverfahren: § 321 ist entsprechend anwendbar, soweit das Gericht einen erforderlichen Vorbehalt im Vorverfahren für das Nachverfahren übergeht, §§ 302 II, 599 II, Hamm BB **92**, 236.
Zug-um-Zug: § 321 ist entsprechend anwendbar, soweit das Gericht den erforderlichen Zusatz „Zug um Zug" bei einer Verurteilung unterläßt, StJL 9, 10, ThP 7, ZöV 3, aM BGH **154**, 3 (aber es gilt dasselbe wie beim Zurückbehaltungsrecht).
Zurückbehaltungsrecht: § 321 ist entsprechend anwendbar, soweit das Gericht ein Zurückbehaltungsrecht nach § 273 BGB übersehen hat, aM BGH **154**, 3 (aber die Prozeßwirtschaftlichkeit nach Grdz 14 vor § 128 erlaubt eine nicht zu enge Auslegung der Begriffe Haupt- oder Nebenanspruch).

17   8) *VwGO:* Es gilt § 120 *VwGO*, auch für Beschlüsse, OVG Bautzen NVwZ **01**, 1173 (zustm Braun NVwZ **02**, 690); auch die Entscheidung über außergerichtliche Kosten eines Beigeladenen fällt unter § 120, OVG Lüneb NdsRpfl **02**, 33. Ergänzung nur auf Antrag, BVerwG BayVBl **00**, 540.

321a *Abhilfe bei Verletzung des Anspruchs auf rechtliches Gehör.* [I] [1] Auf die Rüge der durch die Entscheidung beschwerten Partei ist das Verfahren fortzuführen, wenn
1. ein Rechtsmittel oder ein anderer Rechtsbehelf gegen die Entscheidung nicht gegeben ist und
2. das Gericht den Anspruch dieser Partei auf rechtliches Gehör in entscheidungserheblicher Weise verletzt hat.

[2] Gegen eine der Endentscheidung vorausgehende Entscheidung findet die Rüge nicht statt.

[II] [1] Die Rüge ist innerhalb einer Notfrist von zwei Wochen nach Kenntnis von der Verletzung des rechtlichen Gehörs zu erheben; der Zeitpunkt der Kenntniserlangung ist glaubhaft zu machen. [2] Nach Ablauf eines Jahres seit Bekanntgabe der angegriffenen Entscheidung kann die Rüge nicht mehr erhoben werden. [3] Formlos mitgeteilte Entscheidungen gelten mit dem dritten Tage nach Aufgabe zur Post als bekannt gegeben. [4] Die Rüge ist schriftlich bei dem Gericht zu erheben, dessen Entscheidung angriffen wird. [5] Die Rüge muss die angegriffene Entscheidung bezeichnen und das Vorliegen der in Absatz 1 Satz 1 Nr. 2 genannten Voraussetzungen darlegen.

[III] Dem Gegner ist, soweit erforderlich, Gelegenheit zur Stellungnahme zu geben.

Titel 2. Urteil **§ 321a**

IV ¹Das Gericht hat von Amts wegen zu prüfen, ob die Rüge an sich statthaft und ob sie in der gesetzlichen Form und Frist erhoben ist. ²Mangelt es an einem dieser Erfordernisse, so ist die Rüge als unzulässig zu verwerfen. ³Ist die Rüge unbegründet, weist das Gericht sie zurück. ⁴Die Entscheidung ergeht durch unanfechtbaren Beschluss. ⁵Der Beschluss soll kurz begründet werden.

V ¹Ist die Rüge begründet, so hilft ihr das Gericht ab, indem es das Verfahren fortführt, soweit dies auf Grund der Rüge geboten ist. ²Das Verfahren wird in die Lage zurückversetzt, in der es sich vor dem Schluss der mündlichen Verhandlung befand. ³§ 343 gilt entsprechend. ⁴In schriftlichen Verfahren tritt an die Stelle des Schlusses der mündlichen Verhandlung der Zeitpunkt, bis zu dem Schriftsätze eingereicht werden können.

Vorbem. Zunächst V 1 letzter Hs angefügt dch Art 1 Z 12 des 1. JuMoG v 24. 8. 04, BGBl 2198, in Kraft seit 1. 9. 04, Art 14 S 1 des 1. JuMoG. Sodann Neufassung dch Art 1 Z 1 G v 9. 12. 04, BGBl 3220, in Kraft seit 1. 1. 05, Art. 22 S 2 G. ÜbergangsR je Einl III 78.

Schrifttum (teils zum alten Recht): *Hinz* WoM 05, 83 (Üb); *Polep/Rensen,* Die Gehörsrüge (§ 321 a ZPO), 2004 (Bespr *Sangmeister* NJW 05, 1260); *Schmidt* MDR 02, 915 (Üb); *Schneider* AnwBl 02, 620; *Treber* NJW 05, 97 (Üb); *Vollkommer,* Erste praktische Erfahrungen mit der neuen Gehörsrüge gemäß § 321 a ZPO, Festschrift für *Musielak* (2004) 619, *Zuck* NJW 05, 1226 (krit Üb).

Gliederung

1)	**Systematik, I–V**	1	11)	**Rügeinhalt, II 5** ... 28–39
2)	**Regelungszweck, I–V**	2, 3		A. Bezeichnung der angegriffenen Entscheidung, II 5 Hs 1 ... 28
3)	**Geltungsbereich, I–V**	4		B. Darlegung der Gehörsverletzung, II 5 Hs 2 ... 29, 30
4)	**Ausschluß von §§ 319–321, 329, I–V**	5–9		C. Darlegung der Entscheidungserheblichkeit der Gehörsverletzung, II 5 Hs 2 ... 31–34
	A. Keine Berichtigung nach §§ 319, 329	6		D. Voraussichtlichkeit, II 5 Hs 1, 2 ... 35
	B. Keine Tatbestandsberichtigung nach § 320	7, 8		E. Beispiele zur Frage einer Gehörsverletzung, II 5 Hs 1, 2 ... 36–39
	C. Keine Ergänzung der Entscheidung nach §§ 321, 329	9	12)	**Stellungnahme des Gegners, III** ... 40–42
5)	**Unbeachtlichkeit von § 156, I–V**	10		A. Erforderlichkeit ... 40
6)	**Unzulässigkeit eines Rechtsmittels oder Rechtsbehelfs, I 1 Z 1**	11–14		B. Stellungnahmefrist ... 41
	A. Kein Berufungswert von mehr als 600 EUR, § 511 II Z 1	12		C. Gegenäußerung des Rügeführers ... 42
	B. Auch keine Berufungszulassung im Urteil, § 511 II Z 2	13	13)	**Verwerfung, Zurückweisung, IV** ... 43–52
	C. Unzulässigkeit eines Rechtsmittels oder Rechtsbehelfs	14		A. Amtsprüfung der Statthaftigkeit und Zulässigkeit, IV 1 ... 43, 44
7)	**Entscheidungserheblichkeit der Verletzung des Anspruchs auf rechtliches Gehör, I 1 Z 2**	15–20		B. Freigestellte mündliche Verhandlung, IV 1 ... 45
	A. Gehörsverletzung des Beschwerten	16–18		C. Bei Unstatthaftigkeit oder Unzulässigkeit: Verwerfungsbeschluß, IV 2, 4, 5 ... 46–50
	B. Entscheidungserheblichkeit des Gehörsverstoßes	19		D. Bei Unbegründetheit: Zurückweisungsbeschluß, IV 3–5 ... 51, 52
	C. Nur bei Endentscheidung, I 2	20	14)	**Abhilfe: Verfahrensfortführung, V** ... 53–56
8)	**Notwendigkeit einer Rüge, I, II**	21		A. Keine Notwendigkeit einer Fortführungsentscheidung, V 1 ... 54
9)	**Rügefrist, II 1–3**	22–25		B. Zurückversetzung des Verfahrens, V 2, 4 ... 55
	A. Fristbeginn mit Kenntnis der Verletzung, II 1 Hs 1	23		C. Neue Entscheidung, V 3 ... 56
	B. Glaubhaftmachung, II 1 Hs 2	24	15)	**Einstellung der Zwangsvollstreckung, § 707** ... 57–59
	C. Jahres-Ausschlußfrist, II 2, 3	25	16)	**Verstoß, I–V** ... 60
10)	**Rügeform, II 4**	26, 27	17)	**Rechtsbehelfe, Verfassungsbeschwerde, I–V** ... 61
	A. Verfahren mit Anwaltszwang: Nur Schriftform oder elektronisch	26	18)	*VwGO* ... 62
	B. Verfahren ohne Anwaltszwang: Auch zu Protokoll	27			

1) Systematik, I–V. Die Vorschrift ist eine notwendige Ergänzung zu §§ 318–321, 329. Denn sie regelt **1** eine dort nicht eindeutig oder gar nicht erfaßte Situation. § 321a gilt deshalb neben §§ 319–321, 329 nur hilfsweise, eben nur, soweit diese letzteren Bestimmungen nicht ausreichen. Daher muß man zunächst stets prüfen, ob §§ 319–321, 329, 544 anwendbar sind. Nur bei deren Unanwendbarkeit entsteht ein Rechtsschutzbedürfnis zum Verfahren nach § 321 a, Celle MDR 03, 593. Dann aber treten sogar §§ 322, 323 zurück, erst recht eine problematisch gewordene außerordentliche Beschwerde wegen „greifbarer Gesetzwidrigkeit", Rn 61, BayObLG FGPrax 03, 25 (KostO), Lipp NJW 02, 1702, aM Schuschke NZM 03, 466 (WEG). Zur befristeten Gegenvorstellung Rn 61.

2) Regelungszweck, I–V. Die Vorschrift dient der Entlastung des BVerfG, Oldb NJW 03, 149. Graven- **2** horst MDR 03, 888 schlägt stattdessen eine „kleine Verfassungsbeschwerde" mit §§ 577 a–e vor (so sein Entwurf). Das BVerfG soll sich nicht mit einem Verstoß gegen Art 103 I GG befassen müssen, den das Verfahrensgericht aus Gleichgültigkeit oder Gedankenlosigkeit oder sogar ohne Vorwerfbarkeit begangen hatte und bei nochmaliger Prüfung voraussichtlich selbst beheben kann. Das rechtfertigt die Durchbrechung der Bindung an die eigene Entscheidung nach §§ 318, 329 und sogar der Rechtskraft nach § 322. Es erübrigt auch ein ohnehin meist erst unter anderen Umständen mögliches Abänderungsverfahren nach § 323 oder eine jetzt unzulässige weitere Beschwerde, KG MDR 02, 1086.

§ 321a Buch 2. Abschnitt 1. Verfahren vor den LGen

3   *Gerechtigkeit* nach Einl III 9 ist also das Hauptziel. Daneben dient § 321a aber eben auch der Prozeßwirtschaftlichkeit, Grdz 14 vor § 128. Das gilt zwar nicht zugunsten des Verfahrensgerichts, wohl aber zugunsten des überlasteten BVerfG. Deshalb muß man die Vorschrift im Zweifel zu Lasten des Verfahrensgerichts auslegen. Man muß ihre Voraussetzungen also großzügig bejahen. Freilich sollte solche Auslegung nun auch keineswegs dazu führen, einer unterlegenen Partei einen billigen Vorwand zu geben, statt eines Rechtsmittelrisikos bequem einen Gehörsverstoß zu behaupten und damit einfach eine Wiedereröffnung der Verhandlung an § 156 vorbei zu erreichen, um dann ergänzend vortragen und beweisen zu können, was längst hätte getan werden können und müssen. Auch diese Gefahr muß man bei der Auslegung mitbeachten.

Rechtssicherheit nach Einl III 43 ist ein weiteres Ziel. Denn eine rechtzeitige Rüge nach § 321a hemmt den Eintritt der formellen äußeren Rechtskraft und damit auch der inneren.

4   **3) Geltungsbereich, I–V.** Die Vorschrift ist in allen Verfahren nach der ZPO uneingeschränkt anwendbar, auch im Urkunden-, Scheck- und Wechselprozeß der §§ 592ff (Vor- wie Nachverfahren) und im Eilverfahren auf Arrest nach §§ 920ff oder einstweilige Verfügung, §§ 935ff. In anderen Gerichtsverfahren gelten entsprechende Vorschriften, §§ 72a, 78a ArbGG, § 29a FGG, § 133a FGO, § 81 II GBO, § 69a GKG, § 71a GWB, § 55 IV JGG, § 4a JVEG, § 12a RVG, § 178a SGG, § 89 II SchiffsRegO, §§ 32a, 356a StPO, § 152a VwGO, § 121a WDiszplO.

I gilt *eigentlich nur in erster Instanz.* Das folgt aus der Stellung im Buch 2 „Verfahren im ersten Rechtszug". Daran ändert auch der weitgespannte Regelungszweck nach Rn 2, 3 nichts. Das galt schon nach dem bis Ende 2004 vorhandenen Recht, Drsd FamRZ **03**, 1846, Rostock NJW **03**, 2105, Kroppenberg ZZP **116**, 446 (je: Unanwendbarkeit auch bei § 522 II), aM (alle zum bisherigen Recht) BVerfG **107**, 395, BGH **150**, 133, VerfGH Brdb NJW **04**, 1651 und 3259 (krit Rensen JZ **05**, 196), KG MDR **04**, 1078, Ffm NJW **04**, 165. Es gilt auch nach der Neufassung seit 1. 1. 05. Zwar enthält sie nicht mehr die Worte „vor dem Gericht des ersten Rechtszuges". Aber sie steht unverändert im Buch 2. Im übrigen enthält § 544 VII eine Sonderregelung für die Revisionsinstanz. Mag der Gesetzgeber einwandfrei einordnen, zB im Buch 1.

Praktisch wird sich sofort allgemein die Ansicht durchsetzen, die Vorschrift gelte jetzt für alle Instanzen. Man wird ihre Stellung im Buch 2 als formales Scheinargument abtun, so wie der Gesetzgeber sich ja zB in § 269 III Hs 3 schlankweg über die jahrzehntelange Dogmatik hinweggesetzt hat. Es gibt zahlreiche vergleichbare Beispiele gesetzlicher Unbekümmertheit, vorsichtig ausgedrückt.

Im Ergebnis ist daher eine Geltung in *allen* Instanzen die kaum vermeidbare Folge.

5   **4) Ausschluß von §§ 319–321, 329, I–V.** Vor einer Prüfung der Voraussetzungen nach I muß man als Gericht wie Partei bzw ProzBev klären, ob das Rechtsschutzbedürfnis für ein Verfahren nach § 321a schon deshalb fehlt, weil einer der Wege einer Berichtigung oder Ergänzung des Urteils nach §§ 319–321 infrage kommt, Rn 1.

6   **A. Keine Berichtigung nach §§ 319, 329.** Das Gericht muß zunächst schon von Amts wegen prüfen, ob eine Berichtigung wegen offenbarer Unrichtigkeit im Hinblick auf die hier natürlich allein interessierende Frage einer entscheidungserheblichen Gehörsverletzung möglich und daher geboten ist. Solche Lage kann zB vorliegen, wenn das Gericht das rechtliche Gehör zumindest nach seiner wahren Ansicht gewährt und nur vergessen hatte, das Ergebnis dieser Gewährung in der Entscheidung zum Ausdruck zu bringen. Denn dann kann schon infolge einer Berichtigung im einfacheren und schnelleren Verfahren nach §§ 319, 329 eine Rüge nach § 321a unnötig werden und eine verständige Partei bereits deshalb von ihr absehen. Die Berichtigung mag im Tenor, Tatbestand oder den Entscheidungsgründen bzw Protokollgründen notwendig sein.

7   **B. Keine Tatbestandsberichtigung nach § 320.** Sodann muß man bei einem Urteil prüfen, ob wenigstens eine Berichtigung des etwaigen Tatbestands nach § 320 wiederum im Hinblick auf eine entscheidungserhebliche Gehörsverletzung infrage kommt. Das kann nicht nur die Partei prüfen, die ja einen nach § 320 I, III notwendigen Antrag stellen müßte. Vielmehr darf und muß auch das Gericht solche Prüfung zwecks Anregung eines etwaigen Parteiantrags vornehmen. Zwar bezieht sich die Erörterungs- und Hinweispflicht des § 139 auf den Verfahrensabschnitt „mündliche Verhandlung". Diese ist ja spätestens mit der Maßnahme nach §§ 136 IV, 296 s 1 jedenfalls zunächst beendet gewesen. Indessen zielt § 321 V ja gerade auf die „Fortführung des Verfahrens" ab, also jedenfalls beim Verfahren mit bisher mündlicher oder notwendiger mündlicher Verhandlung auf den Wiedereintritt in sie. Im übrigen gilt die Fürsorgepflicht des Gerichts in allen Verfahrensabschnitten, Einl III 27.

8   Mit § 320 *erzielt man* freilich vordergründig nur eine Verbesserung des Tatbestandes, nicht der Entscheidungsgründe, dort V. Sie mag aber auch und gerade in der Frage der Gewährung oder Verletzung des rechtlichen Gehörs Auswirkungen bis hin zur Anfechtbarkeit des Urteils und damit zum Entfallen des Verfahrens nach § 321a mit sich bringen, und das ist auch nicht selten. Im übrigen kann ja ein Verfahren nach § 320 ein solches nach § 321 zur Folge haben, das ebenfalls Vorrang vor demjenigen nach § 321a hätte.

9   **C. Keine Ergänzung der Entscheidung nach §§ 321, 329.** Schließlich muß man klären, ob eine Ergänzung der Entscheidung nach §§ 321, 329 infrage kommt. Auch diese Prüfung obliegt nicht nur der Partei, sondern trotz des Erfordernisses ihres Antrags auch dem Gericht wegen seiner in Rn 7 dargelegten hier ebenso bestehenden Fürsorgepflicht. Auch bei § 321 kommt es hier natürlich nur auf eine etwaige entscheidungserhebliche Gehörsverletzung an. Immerhin kann sie gerade auch bei §§ 321, 329 Anlaß zur Ergänzung der Entscheidung sein und damit ein Verfahren nach § 321a erübrigen.

10 **5) Unbeachtlichkeit von § 156, I–V.** Dagegen ist § 156 bei § 321a zunächst unbeachtlich. Denn die Geltungsbereiche überschneiden sich nur wenig. § 156 setzt zwar voraus, daß die mündliche Verhandlung bereits geschlossen war, §§ 136 IV, 296a S 1. Die Vorschrift gilt aber nur bis zur Verkündung oder sonstigen gesetzmäßigen Mitteilung der Endentscheidung. Demgegenüber hat § 321a gerade eine bereits wirksam erlassene Endentscheidung zur Voraussetzung. Ob im Verfahren nach § 321a dann nach dem Schluß der dortigen Verhandlung, aber vor der Entscheidung über die Rüge eine Wiedereröffnung dieser

Titel 2. Urteil **§ 321a**

letzteren Verhandlung nach § 156 notwendig wird, ist eine andere Frage. Diese läßt sich an diesem Anfang der Prüfschritte des § 321 a noch nicht beantworten. Natürlich kann ein Verstoß gegen § 156 die Rüge nach § 321 a eröffnen.

6) Unzulässigkeit eines Rechtsmittels oder Rechtsbehelfs, I 1 Z 1. Ein Abhilfeverfahren nach 11 § 321 a setzt das Zusammentreffen mehrerer Bedingungen voraus. Nach Abklärung, ob eine der Situationen Rn 5–9 vorliegt, ist eine der verbleibenden Bedingungen die Unzulässigkeit irgendeines Rechtsmittels oder Rechtsbehelfs. Zu deren Klärung sind wiederum mehrere Prüfschritte erforderlich.

A. Kein Berufungswert von mehr als 600 EUR, § 511 II Z 1. Die Berufung ist unzulässig, wenn der 12 „Wert des Beschwerdegegenstandes" (so der Wortlaut von § 511 II Z 1) 600 EUR nicht übersteigt. Der Wert des Beschwerdegegenstands ist aber in Wahrheit gar nicht maßgeblich. Denn er steht noch gar nicht fest, bevor ein Berufungsantrag vorliegt, Schneider AnwBl **03**, 317. Deshalb kommt es in Wahrheit auf den Wert der Beschwer an, also desjenigen Betrags, um den das Urteil hinter dem letzten Klagantrag zurückgeblieben ist, Schneider AnwBl **03**, 318 („Unsinn" des Gesetzgebers). Die Beschwer darf also nicht 600,01 EUR oder mehr betragen, aM Schmidt MDR **02**, 916. Maßgebend wäre der Zeitpunkt der Einlegung einer Berufung, BGH RR **88**, 837, Mü RR **90**, 1022. Eine Wertberufung ist zulässig, Jauernig NJW **03**, 469. Einzelheiten zur Wertberechnung bei § 511. Die Möglichkeit einer wertunabhängigen Anschlußberufung führt nicht stets zur Unzulässigkeit einer Rüge nach § 321 a, Wolf ZZP **116**, 527.

Unanwendbar ist I Z 1 auch nur entsprechend bei einem Berufungsurteil, gegen das eine Nichtzulassungsbeschwerde wegen § 26 Z 8 oder 9 EGZPO nicht zulässig ist, Oldb NJW **03**, 150, aM Müller NJW **02**, 2746, Schmidt MDR **02**, 918 (aber Wortlaut und Sinn sind eindeutig, Einl III 39).

B. Auch keine Berufungszulassung im Urteil, § 511 II Z 2. Das Gericht darf eine Berufung auch 13 nicht im Urteil zugelassen haben. Das muß zweifelsfrei feststehen. Ist eine Zulassung erfolgt, so kommt es nicht mehr darauf an, ob das zu recht oder unrecht geschehen ist. Denn das Berufungsgericht wäre zumindest zunächst an die Zulassung gebunden, § 511 IV 2. Es könnte erst im Berufungsverfahren nach § 522 die Berufung verwerfen oder zurückweisen, weil die Voraussetzungen einer Zulassung nicht vorgelegen hätten.

Nichtzulassung bindet zwar das erstinstanzliche Gericht nach § 318. Sie ist aber nach §§ 319–321 eventuell nachholbar. Deshalb muß man zunächst diesen Weg erfolglos versuchen, bevor das Verfahren nach § 321 a sinnvoll ist.

C. Unzulässigkeit eines anderen Rechtsmittels oder Rechtsbehelfs. Es darf gegen die Endentschei- 14 dung auch kein anderes Rechtsmittel und überhaupt kein Rechtsbehelf irgendeiner Art gegeben sein. Damit erweitert I 1 Z 1 den Kreis der zunächst durchzuprüfenden Rechtsbehelfe im weitestmöglichen Sinn und engt dadurch zugleich die Möglichkeit einer Anhörungsrüge ungeachtet ihrer nach Rn 3 eher weiten Auslegbarkeit doch wieder ein. Daher darf man nun auch nicht gleich wieder mit dem schon nach altem Recht genügend problematisch gewesenen „außerordentlichen Rechtsmittel" wegen „greifbarer Gesetzwidrigkeit" die Einschränkung des I 1 unterlaufen oder überhöhen, je nach Betrachtungsweise und Wunschrichtung.

7) Entscheidungserheblichkeit der Verletzung des Anspruchs auf rechtliches Gehör, I 1 Z 2. 15 Nach der Abklärung, ob eine der Situationen Rn 5–9 vorliegt, und nach der Feststellung, daß ein Rechtsmittel oder Rechtsbehelf unzulässig ist, Rn 11–14, hängt die Statthaftigkeit des Abhilfeverfahrens nach § 321 a davon ab, daß außerdem auch das Gericht des bisherigen Rechtszuges den Anspruch des Rügeführers auf rechtliches Gehör in entscheidungserheblicher Weise verletzt hat. Hier muß man also zwei Unterfragen prüfen.

A. Gehörsverletzung des Beschwerten. Das Gericht muß das rechtliche Gehör gerade derjenigen 16 Partei versagt haben, die durch die Endentscheidung beschwert wurde und jetzt als Rügeführer auftritt. Der Verstoß mag vor dem Schluß einer etwaigen mündlichen Verhandlung nach § 136 IV, 296 a oder in einem etwaigen Wiedereintrittsverfahren nach § 156 entstanden sein, im schriftlichen Verfahren bis zum Schluß der Frist zum Vortrag nach § 128 II 2. Er mag in nur einem oder in mehreren Punkten vorliegen. Er mag sich auf eine Tatsache oder eine Rechtsfrage beziehen, zB § 139 II 1. Er mag auch nur den Kostenpunkt betreffen, Celle FamRZ **03**, 1578. Er mag nur diesen Rügeführer oder neben ihm auch andere beschweren.

Tut er das nur gegenüber einem *anderen Beteiligten*, so entfällt für den Rügeführer die Möglichkeit nach I Z 2. Denn diese Vorschrift spricht vom Anspruch auf Gehör gerade „dieser" Partei. I 2 soll natürlich nicht auch dem durch Gehörsverstoß gar nicht Betroffenen eine Rügemöglichkeit eröffnen. Deshalb ist auch bei einfachen Streitgenossen nach §§ 59–61 nur der persönlich Beschwerte rügeberechtigt. Bei notwendigen Streitgenossen kommt es nach § 62 nur auf die Fallumstände an. Auch dann muß aber der Rügeführer zumindest mit durch eine Gehörsverletzung beschwert sein.

Rechtliches Gehör muß man wie bei Einl III 16, Grdz 41 vor § 128 beurteilen. Es erfordert also bei aller 17 manchmal gefährlich schillernden Unschärfe des Begriffs und insbes oft dazu zweckorientierten Auslegung doch im Kern die ausreichende Möglichkeit einer Äußerung zu einer tatsächlichen oder rechtlichen Frage innerhalb einer nach den Gesamtumständen angemessenen nicht allzu großzügig ansetzbaren Frist.

Gesetz und Gesamtumstände sind dabei mitbeachtlich, letztere zumindest hilfsweise und evtl sogar vorran- 18 gig. Im übrigen sei auf die Erörterungen möglicher Gehörsverletzung bei den einzelnen Vorschriften der ZPO, des GVG usw verwiesen. Bereitschaft zur Selbstkritik ist eine gebieterische Forderung an das Gericht gerade im Verfahren nach § 321 a. Das gilt besonders bei der Beurteilung, ob man das Gehör verletzt hatte. Ängstlichkeit ist freilich keineswegs ratsam. Zwar sollte man nach den Anregungen Rn 3 vorgehen. Man sollte aber eben auch nicht eine Beibehaltung der Entscheidung scheuen, wenn man sich einigermaßen bestätigt fühlt. Diese Selbstkritik sollte man auch gegenüber der Verfassungsbeschwerde folgen müssen. Mag in solchem Fall man nach den Anregungen Rn 3 vorgehen.

B. Entscheidungserheblichkeit des Gehörsverstoßes. Gerade der Verstoß gegen das Gebot rechtlichen 19 Gehörs muß für den Rügeführer in der Endentscheidung nachteilige Auswirkungen gehabt haben. Diese Ursächlichkeit muß zweifelsfrei feststehen. Sonst scheitert die Rüge. Eine Mitursächlichkeit genügt. Es ist nicht eine Auswirkung in der Hauptsache erforderlich. Anders als § 139 II 1 reicht auch eine nachteilige Auswirkung wegen einer Nebenforderung, § 4 Rn 10 ff usw. Begriff der Ursächlichkeit § 287 Rn 6–8.

§ 321a

Umfangserheblichkeit des Verstoßes ist *nicht* erforderlich. Denn Entscheidungserheblichkeit ist etwas anderes als ein erhebliches Ausmaß. Daher reicht theoretisch ein Nachteil von sehr geringer Summe. Freilich dürfte das Rechtsschutzbedürfnis nach Grdz 33 vor § 253 bei winzigen Auswirkungen fehlen: minima non curat praetor. Vor diesem Gedanken sollte der Richter auch bei § 321 a nicht furchtsam zurückweichen. In einem allzu krass geringfügig „entscheidungserheblichen" Fall dürfte in einer Rüge nach § 321 a sogar ein Rechtsmißbrauch vorliegen, Einl III 54. Freilich sollte sich das Gericht hüten, diesen Gedanken zum faulen Abschmettern einer Abhilfebitte zu mißbrauchen.

20 **C. Nur bei Endentscheidung, I 2.** Eine Anhörungsrüge kommt nur beim Verstoß einer Endentscheidung infrage. Sie ist also nur bei derjenigen Entscheidung welcher Form auch immer statthaft, die diese Instanz ganz oder teilweise endgültig abschließen sollte. Das wäre auch beim Versäumnisurteil so. Denn mangels Einspruch beendet es die Instanz. Freilich hindert dann I 1 Z 1 eine Anhörungsrüge.

Unstatthaft ist sie stets bei einer bloßen Zwischenentscheidung welcher Form und welchen Inhalts auch immer, etwa beim Zwischenurteil nach § 280.

Unerheblich ist für die Abgrenzung die jeweilige Bezeichnung der Entscheidung. Maßgeblich ist vielmehr der durch Auslegung nach Grdz 52 vor § 128 ermittelbare Inhalt der Entscheidung.

21 **8) Notwendigkeit einer Rüge, I, II.** Das Gericht muß ein Verfahren nach § 321 a zwar evtl von Amts wegen anregen, Rn 7. Es beginnt aber nur auf Grund einer Rüge, also eines hier besonders benannten Antrags, I. Er ist eine Parteiprozeßhandlung, Grdz 47 vor § 128. Er hat die in Grdz 51 ff vor § 128 erläuterten Folgen für Auslegung, Widerruf usw. Die unrichtige Bezeichnung ist unschädlich, soweit die Zweckrichtung einer Bitte um Abhilfe gerade wegen Gehörsverletzung eindeutig erkennbar ist.

22 **9) Rügefrist, II 1–3.** Man muß die Rügeschrift innerhalb von zwei Wochen einreichen, II 1. Die Rechtzeitigkeit ist Voraussetzung der Zulässigkeit der Rüge. Das ergibt sich aus IV 1, 2. Die Zweiwochenfrist ist ausdrücklich als Notfrist bestimmt, II 1 in Verbindung mit § 224 I 2. Sie läßt sich daher nicht abkürzen, § 224 I 1. Es kommt auch keine Verlängerung infrage, § 224 II Hs 2.

23 **A. Fristbeginn mit Kenntnis der Verletzung, II 1 Hs 1.** Die Notfrist beginnt mit der Kenntnis des Rügeführers oder seines nach §§ 51 II, 85 II ihm gleichgestellten gesetzlichen Vertreters oder ProzBev von der Verletzung des rechtlichen Gehörs. Die Rügefrist kann für jeden Betroffenen je nach dem Zeitpunkt gerade seiner Kenntnis unterschiedlich anlaufen.

Kenntnis ist mehr als bloßes Kennenmüssen, – sollen oder – können. Ähnlich wie zB bei § 814 BGB kommt es auf ein positives direktes Wissen an. Nach dem klaren Wortlaut von II 1 Hs 1 ist die Kenntnis aber nur von der Verletzung notwendig, nicht auch von deren Entscheidungserheblichkeit. In der Praxis sollte man deshalb an die Kenntnis keine überscharfen Anforderungen stellen.

Unerheblich ist (jetzt) der Zustellungszeitpunkt der Entscheidung.

24 **B. Glaubhaftmachung, II 1 Hs 2.** Der Rügeführer muß dem Zeitpunkt seiner Kenntnis von der Gehörsverletzung nicht nur darlegen, sondern glaubhaft machen. Das geschieht wie stets nach § 294, s dort. Man kann die Glaubhaftmachung nur innerhalb einer vom Gericht etwa nach § 139 zu setzenden angemessenen Frist nachholen.

Nicht erforderlich ist ein über eine überwiegende Wahrscheinlichkeit hinausgehender Beweisantritt oder gar Beweis. Freilich kann ein Anscheinsbeweis für oder gegen den Rügeführer nach den Regeln Anh § 286 Rn 15 ff vorliegen. Es kann zu einer Verschärfung wie Verringerung der Anforderungen an die Glaubhaftmachung führen

25 **C. Jahres-Ausschlußfrist, II 2, 3.** Nach dem Ablauf eines Jahres seit der Bekanntgabe der angegriffenen Endentscheidung ist die Rüge nach II 2 unstatthaft. Dabei gilt eine nur formlos mitgeteilte Entscheidung nach verfassungsrechtlich nicht wie bei ähnlichen Regelungen problematischer Unterstellung mit dem dritten Tag nach der Aufgabe zur Post nach II 3 als bekanntgegeben. Es handelt sich bei der Jahresfrist um eine Ausschlußfrist nach Üb 11 vor § 214. Sie läßt ebensowenig wie bei § 234 III eine Wiedereinsetzung zu. Die Aufgabe zur Post ergibt sich aus den Gerichtsakten (Abvermerk der Postausgangsstelle). Fehlt er oder ist er widersprüchlich oder unklar, so läuft die Frist allenfalls seit dem einwandfreien Datum der sonstigen Bekanntgabe.

26 **10) Rügeform, II 4.** Die Vorschrift schreibt in II 4 als Rügeform mangels elektronischer Einreichung mithilfe des vorrangigen § 130 a einen herkömmlichen Schriftsatz vor. Eine nur telefonische Einlegung ist also unzulässig und wirkungslos. Erst recht ist eine nur stillschweigende Rüge unzureichend, mag sie auch sonst denkbar sein, wie etwa im finanzgerichtlichen Verfahren, BGH BB 01, 2459. Im übrigen muß man bei genauerer Prüfung wie folgt unterscheiden.

A. Verfahren mit Anwaltszwang: Nur Schriftform oder elektronisch. Soweit das Verfahren mit Anwaltszwang ablief, unterliegt auch die Rügeschrift dem Anwaltszwang, BGH NJW 05, 2017. Er muß mangels elektronischer Übersendung schriftlich erfolgen. Die Einreichung durch Telefax ist wie sonst statthaft. Sie unterliegt dann auch zur Unterschrift dort entwickelten Regeln, § 129 Rn 344 „Telefax". Zum Anwaltszwang § 78 Rn 1, 4–16.

27 **B. Verfahren ohne Anwaltszwang: Auch zu Protokoll.** Soweit das Verfahren keinem Anwaltszwang unterlag, kommt die Einreichung durch eine Erklärung zum Protokoll der Geschäftsstelle eines jeden AG infrage, § 129 a, Hinz WoM 02, 10, aM Schmidt MDR 02, 916 (aber die eben genannte Vorschrift gilt allgemein). Das folgt aus den auch hier als Teile des Buchs 1 der ZPO anwendbaren Vorschriften der §§ 78 V Hs 2, 129 a. Freilich liegt dann eine rechtzeitige Einreichung im Sinn von II 1–3 wegen § 129 a II 2 erst mit dem Eingang auf der Posteinlaufstelle desjenigen Gerichts vor, das erstinstanzlich entschieden hatte.

28 **11) Rügeinhalt, II 5.** Unabhängig von der Rügeform nach Rn 26, 27 muß die Rügeschrift stets zur Wirksamkeit den folgenden Mindestinhalt haben.

A. Bezeichnung der angegriffenen Entscheidung, II 5 Hs 1. Der Rügeführer muß die angegriffene Entscheidung bezeichnen. In der Regel genügen das vollständige Aktenzeichen und das Gericht. Natürlich

Titel 2. Urteil § 321a

sollte man auch das Datum und bei mehreren an demselben Tag ergangenen Entscheidungen etwa über verschiedene Verfahrensteile diejenige Entscheidung im einzelnen bezeichnen, um deren Unrichtigkeit es geht. Unvollständige oder fehlerhafte Angaben muß das Gericht wie bei allen Parteiprozeßhandlungen nach den Regeln Grdz 51 ff vor § 128 durch Auslegung wenn möglich klären, auch durch Rückfrage, evtl nebst Fristsetzung. Verbleibende Unklarheiten können zur Unzulässigkeit der Rüge führen.

B. Darlegung der Gehörsverletzung, II 5 Hs 2. Der Rügeführer muß zusätzlich zu den Angaben 29 Rn 28 auch darlegen, daß das Gericht seinen Anspruch auf rechtliches Gehör überhaupt verletzt habe, BayObLG FamRZ **05**, 917. Diese Darlegung ist derjenigen nach § 520 III Z 2 (Berufungsbegründung) vergleichbar, ebenso derjenigen nach § 551 III Z 2 (Revisionsbegründung) und derjenigen nach § 575 III Z 3 (Rechtsbeschwerdebegründung).

Darlegen ist weniger als glaubhaft machen oder Beweis antreten, aber mehr als bloße floskelhafte Wieder- 30 holung des Gesetzestextes oder Beschränkung auf eine vage Rechtsansicht. Darlegen bedeutet: Bestimmte Umstände tatsächlicher und/oder rechtlicher Art benennen, aus denen man zumindest eine nicht ganz hergesuchte Möglichkeit einer Gehörsverletzung vernünftigerweise ableiten kann, wenn nicht muß. Eine ganz entfernte Möglichkeit wie „es läßt sich nicht völlig ausschließen, daß" reicht nicht aus. Eine hochgradige Gewißheit wie „es läßt sich zwingend nur folgern, daß" ist nicht notwendig. Ein Mittel nach § 294 oder ein Beweisantritt ersetzt nicht die logisch vorher notwendige Darlegung, wozu Mittel und Beweisantritt dienen sollen.

Eine *Flut von Zitaten* und Fundstellen ist erst in Verbindung mit dem konkreten Fall interessant. Man sollte weder zu hohe noch zu geringe Anforderungen an die Darlegung stellen. Was vernünftigerweise eigentlich ganz plausibel klingt, sollte ausreichen. Ohne eine gewisse Auseinandersetzung mit Rechtsprechung und Lehre zum oft gefährlich schillernden Begriff der Verletzung rechtlichen Gehörs dürfte eine Darlegung oft nicht ausreichen. Im Verfahren ohne Anwaltszwang darf das Gericht weniger harte Anforderungen stellen. Auch dort ist aber Phrasendrescherei kein Weg, sich ein Abhilfeverfahren nach § 321 a zu verschaffen. Ein kluges Gericht wägt in Bereitschaft zur Selbstkritik ruhig ab.

C. Darlegung der Entscheidungserheblichkeit der Gehörsverletzung, II 5 Hs 2. Der Rügeführer 31 muß zusätzlich zu den Angaben Rn 28–30 schließlich auch darlegen, daß und inwieweit die von ihm behauptete Verletzung des rechtlichen Gehörs gerade ihm gegenüber nachteilig entscheidungserheblich war, und zwar gerade in der jetzt gerügten Endentscheidung. Das ist der am schwierigste Teil der Rügebegründung. Mängel können zur Unzulässigkeit der Rüge führen. Deshalb ist gerade auch hier Sorgfalt geboten.

Entscheidungserheblichkeit ist ein vom Gesetz nicht näher umschriebener Begriff. Er erfordert eine doppelte 32 Prüfung, am besten in der folgenden Reihenfolge.

Ursächlichkeit ist das erste notwendige Erfordernis. Der Begriff der Ursächlichkeit ist in seiner schillernden 33 Vieldeutigkeit in § 287 Rn 6 ff erläutert. Dort ist auch auf den Hauptunterschied zwischen einer haftungsbegründenden und einer haftungsausfüllenden Ursächlichkeit hingewiesen. Dieser für die Anwendbarkeit des strengeren § 286 oder des milderen § 287 wesentliche Unterschied spielt auch hier eine Rolle, wo es nicht um die Haftung des Staates geht, sondern um eine Fortführung des erstinstanzlich scheinbar schon beendeten Prozesses. Je nach der Art der Ursächlichkeit ist das Gericht also in seiner Entscheidung über eine Fortführung der Instanz freier oder gebundener.

Erheblichkeit ist nach Bejahung der Ursächlichkeit ein weiteres Merkmal, von dessen Vorliegen eine Abhilfe 34 abhängt. Erheblichkeit ist ein weiterer schillernder Begriff. Die Floskel, alles nicht ganz Unerhebliche sei erheblich, wirkt auf den ersten Blick als Wortklauberei. In Wahrheit hilft sie oft ganz gut, die richtige Abgrenzung zu finden. Jedenfalls deutet sie die vernünftige Auslegungsrichtung an. Man sollte wie ja überhaupt bei § 321 a, Rn 2, eine Erheblichkeit eher bejahen als verneinen. Andererseits darf nicht jede winzige Ungenauigkeit oder Unterlassung zur Bejahung einer Entscheidungserheblichkeit führen. Auch hier gilt es also behutsam und vernünftig abzuwägen.

D. Voraussichtlichkeit, II 5 Hs 1, 2. Bei allen Prüfschritten Rn 28 ff ist letzthin eine nachträgliche 35 Prognose erforderlich: Wie hätte das Gericht ohne seinen Gehörsverstoß mit einiger Sicherheit entscheiden müssen? Das ist fast dieselbe schwierige Fragestellung wie zB dann, wenn es um ein angebliches Anwaltsverschulden und seine Auswirkungen auf den Prozeß geht. Auch hier kommt es wie dort nicht darauf an, wie dieses Gericht entschieden hätte, sondern wie es hätte entscheiden müssen, Anh § 286 Rn 179, BGH **133**, 111, Düss VersR **88**, 522, Hamm RR **95**, 526. Auch hier ist weder eine zu strenge noch zu großzügige Handhabung geboten.

E. Beispiele zur Frage einer Gehörsverletzung, II 5 Hs 1, 2. Bei allen Einzelvorschriften sind Hin- 36 weise auf mögliche Verstöße gegen Art 103 I GG in die Kommentierungen eingearbeitet. Deshalb hier nur einige häufigere Beispiele. Man muß stets mitbeachten, daß nach I 2 nur ein Verstoß gerade der Endentscheidung beachtlich ist.

von Amts wegen: Eine Gehörsverletzung kann vorliegen, soweit das Gericht einen von Amts wegen zu beachtenden Umstand außer Acht läßt. Das gilt, obwohl das Gericht nach den Regeln Grdz 39 (nicht 38) vor § 128 nur auf Bedenken aufmerksam macht. Denn es muß ja Gelegenheit zur Stellungnahme geben.

Erst recht gilt das bei notwendiger Amtsermittlung, Grdz 38 vor § 128.

Befangenheit: Eine Gehörsverletzung liegt vor, soweit der Richter unter Verstoß gegen § 47 verfrüht entscheidet. Denn vor der Erledigung des Ablehnungsgesuchs darf er in dieser Sache überhaupt nicht entscheiden, solange noch ein Aufschub erlaubt ist.

Eine Gehörsverletzung *fehlt*, soweit das Ablehnungsgesuch unbeachtlich, weil rechtsmißbräuchlich ist, § 42 Rn 7.

Beweisantrag: Eine Gehörsverletzung liegt vor, soweit das Gericht einen ordnungsgemäßen Beweisantrag übergeht. Denn gerade in der Beweiserhebung liegt oft die entscheidende Chance des Beweisführers, sich mit seinen Tatsachenbehauptungen Gehör zu verschaffen. Die nun notwendige Erheblichkeitsprüfung erfolgt nach Rn 31–35.

§ 321a

Besetzungsfehler: Eine Gehörsverletzung liegt vor, soweit das Gericht in gesetzwidriger Besetzung entscheidet. Denn darin liegt ein Entzug des gesetzlichen Richters, Art 102 I 2 GG, der allein entscheiden darf und folglich auch selbst (mit)anhören muß.

37 **Formverstoß:** Eine Gehörsverletzung liegt vor, soweit das Gericht eine zum rechtlichen Gehör erforderliche Form mißachtet, soweit es etwa eine Frist ohne förmliche Zustellung einer ordnungsgemäß unterschriebenen Fristverfügung bewilligt, sodaß weder ihr Anlauf noch ihr Ablauf feststellbar ist.

Eine Gehörsverletzung *fehlt*, soweit das Gericht die Entscheidung lediglich irrig falsch bezeichnet hat, § 319, oben Rn 6.

Fristverstoß: Eine Gehörsverletzung liegt vor, soweit das Gericht vor dem Ablauf der gesetzlichen oder von ihm selbst gesetzten richterlichen Frist diejenige Entscheidung trifft, vor der es die Frist gerade abwarten mußte. Das gilt unabhängig von einem Verschulden des Gerichts. Ein Fristverstoß liegt auch vor, wenn die Entscheidung zwar äußerlich nach Fristablauf erfolgt, aber ohne Berücksichtigung einer noch im Gang von der Posteinlaufstelle zum Richter befindlichen Stellungnahme, die der Absender etwa unter erlaubter Ausnutzung der Frist bis zur letzten Minute eingereicht hatte.

Zu kurze Fristen stehen an sich ausreichenden, aber nicht abgelaufenen gleich.

S auch Rn 39 „Zustellung".

Gerichtsstand: Eine Gehörsverletzung *fehlt* durchweg, soweit das Gericht lediglich örtlich unzuständig ist. Denn es entscheidet dann im übrigen in dort richtiger Besetzung usw.

Nachfrist: S „Fristverstoß".

38 **Prozeßkostenhilfe:** Eine Gehörsverletzung kann vorliegen, soweit das Gericht gerade in seiner nach I 2 allein angreifbaren Endentscheidung Prozeßkostenhilfe fälschlich versagt oder verspätet über sie entscheidet. Denn von ihrer ordnungsgemäßen Gewährung kann wesentlich mitabhängen, welchen zumindest vorschußpflichtigen Beweisantrag die bedürftige Partei stellt und wozu sie es zur streitigen und damit Beweiskostenrisiken auslösenden Verhandlung kommen läßt, um nur einige der Auswirkungen zu skizzieren.

Prozeßvoraussetzung: Rn 36 „von Amts wegen".

Rechtliche Beurteilung: Eine Gehörsverletzung kann vorliegen, soweit das Gericht seiner Endentscheidung eine Rechtsansicht zugrundelegt, die es unter Verstoß gegen § 139 nicht rechtzeitig vor dem Verhandlungsschluß oder dem nach § 128 II 2 gleichstehenden Zeitpunkt dem dann Benachteiligten zur etwaigen Stellungnahme als freilich nur vorläufige Bewertung mitgeteilt hat.

Rechtsweg: Eine Gehörsverletzung liegt vor, soweit das Gericht im Rechtsweg unzuständig ist. Denn darin liegt ein Verstoß auch gegen das Gebot des gesetzlichen Richters, Art 102 I 2 GG.

S aber auch „Sachliche Unzuständigkeit".

Sachliche Unzuständigkeit: Eine Gehörsverletzung *fehlt*, soweit das Gericht lediglich sachlich unzuständig ist. Denn auf diesen Verstoß könnte man nicht einmal eine Berufung stützen, § 513 II.

S aber auch „Rechtsweg".

Säumnis: Eine Gehörsverletzung liegt meist vor, soweit das Gericht objektiv unrichtig eine Säumnis der Partei annimmt und darauf eine Entscheidung auch nur mitstützt. Dabei kommt es nicht darauf an, ob das Gericht eine Entschuldigung hätte annehmen dürfen und müssen. Freilich darf man zB nicht jede Verspätung bis nach dem Urteilserlaß stets schon wegen eines Verkehrsstaus als nachträgliche Entschuldigung bewerten, § 337 Rn 37 „Verkehrsprobleme".

39 **Terminierung:** Eine Gehörsverletzung *kann vorliegen*, wenn das Gericht den Verhandlungstermin mit gesetzwidrig kurzer Einlassungs- bzw Ladungsfrist anberaumt, insbesondere bei einer Auslandszustellung.

Eine Gehörsverletzung *fehlt*, wenn das Gericht eine wenn auch scheinbar kurze gesetzliche Frist einhält. Angesichts heutiger Übermittlungsgeschwindigkeit per Telefax usw sind manche früher reichlich knappen gesetzlichen Fristen durchaus nicht mehr zu kurz.

Terminsänderung: S „Vertagung".

Überraschungsurteil: Eine Gehörsverletzung liegt vor, soweit das Gericht in seiner Endentscheidung eine Bewertung vornimmt, mit der der Benachteiligte nicht zu rechnen braucht, mag diese Bewertung sich nun auf eine Tatsache oder auf eine rechtliche Beurteilung beziehen, § 139.

Verhandlungsleitung: Eine Gehörsverletzung kann vorliegen, soweit der Vorsitzende gegen eine wesentliche Vorschrift seiner Verhandlungsleitung verstößt, soweit er etwa einen Beteiligten nicht ausreichend zu Wort kommen läßt oder die Verhandlung verfrüht schließt. Freilich ist § 156 nach Urteilserlaß unbeachtlich, Rn 10. Gerade ein Verstoß gegen diese Vorschrift kann aber die Rüge einer Gehörsverletzung eröffnen.

Verspäteter Vortrag: Eine Gehörsverletzung kann vorliegen, soweit das Gericht einen Vortrag objektiv zu Unrecht als verspätet zurückweist und darauf seine Endentscheidung stützt.

Vertagung: Eine Gehörsverletzung liegt vor, soweit das Gericht eine objektiv notwendige Vertagung ablehnt oder nicht wenigstens mit den Betroffenen erörtert. Denn er mag zu ihr einen bisher nicht notwendig zur Sprache gekommenen Grund haben.

Zurückweisung wegen Verspätung: S „Verspäteter Vortrag".

Zustellung: Eine Gehörsverletzung kann vorliegen, soweit das Gericht infolge objektiv unrichtiger Bewertung eine Zustellung nicht für notwendig hält oder eine versuchte als gesetzmäßig korrekt ausgeführt ansieht und folglich zu seiner Endentscheidung kommt, statt zB eine richtige Zustellung nachholen zu lassen. Freilich kann § 189 geheilt haben.

S auch Rn 37 „Fristverstoß".

40 **12) Stellungnahme des Gegners, III.** Das Gericht muß dem Gegner des Rügeführers eine Gelegenheit zur Stellungnahme geben, freilich nur, „soweit erforderlich". Es soll also ein weiterer Verstoß gegen Art 103 I GG verhindert werden.

A. Erforderlichkeit. Die Anhörung darf unterbleiben, soweit eine Verwerfung als unzulässig oder eine Zurückweisung als unbegründet nach IV geplant ist. Denn dann erleidet der Gegner des Rügeführers durch die Entscheidung nach § 321a keinen Rechtsnachteil, Müller NJW **02**, 2744. Die Lage ist insofern nicht anders als in zahllosen vergleichbaren prozessualen Fällen. Natürlich kann es trotzdem ratsam oder doch sinnvoll sein, dem Gegner eine Gelegenheit zur Äußerung zu geben, schon damit das Gericht prüfen kann, ob der Gegner die geplante Beurteilung des Rügeführers teilt oder ob er sogar noch zusätzliche tatsächliche Umstände oder rechtliche Argumente für eine Verwerfung bzw Zurückweisung der Rüge benennen kann, durch die man den Rügeführer noch eher überzeugen könnte. Jedenfalls ist eine Anhörung auch vor geplanter Verwerfung oder Zurückweisung keineswegs verboten, auch nicht zwecks Prozeßwirtschaftlichkeit, Grdz 14 vor § 128. Freilich verbietet sich auch im Abhilfeverfahren etwas ersichtlich Unnötiges, etwa bei einem eindeutigen Fristverstoß.

Unzulässig ist es, einfach Ergänzungen früheren Vortrags unter dem Vorwand nachzuschieben, der Gegner oder man selbst habe kein ausreichendes Gehör gehabt.

B. Stellungnahmefrist. Wenn das Gericht sich entschließt, dem Gegner eine Gelegenheit zur Stellungnahme zu geben, dann muß es ihm dazu auch eine ausreichende Frist gewähren. Ihre Länge richtet sich nach den Gesamtumständen des Einzelfalls. Die moderne Technik mag eine elektronische oder telefonische Rückfrage ausreichen lassen oder etwa bei Fristsetzung per Telefax eine kürzere Frist als bei schriftlicher Fristsetzung zulassen. Überfallartige Schnellfristen muß das Gericht ebenso vermeiden wie allzu großzügige Fristen in diesem ja ohnehin die jeweilige Instanz verlängernden Verfahrensabschnitt, durch den ein Rügeführer vielleicht nur Zeit bis zur Leistungsfähigkeit gewinnen will. In einem nicht komplizierten Fall mögen 2–3 Wochen genügen. Freilich kann man die oft schwierigen Fragen einer Gehörsverletzung auch nicht zwischen Tür und Angel sorgfältig überprüfen. Immerhin hatte ja auch der Rügeführer evtl nur zwei Wochen zur Rüge Zeit, II 1. Es heißt also auch hier behutsam abwägen. Eine Woche mehr ist besser als eine zu wenig. 41

C. Gegenäußerung des Rügeführers. III sieht sie nicht ausdrücklich vor oder ermöglicht sie auch nur anders als zB §§ 275 IV, 276 III. Das ändert nichts dran, daß eine nach III eingeholte Stellungnahme das Gericht zur Vermeidung eines weiteren Verstoßes gegen Art 103 I GG dazu zwingen kann, auch den Rügeführer unter Übersendung der gegnerischen Äußerung noch kurz anzuhören, insbesondere vor einer Verwerfung oder Zurückweisung der Rüge. 42

13) Verwerfung, Zurückweisung, IV. Das weitere Verfahren hängt davon ab, ob das Gericht die Rüge als erfolglos oder erfolgreich erachtet. Das gilt auch bei teilweiser derartiger Beurteilung. Nach einem Richterwechsel kommt es für den jetzt zuständigen Richter darauf an, wie sein Vorgänger hätte beurteilen müssen, Schneider MDR **05**, 249. 43

A. Amtsprüfung der Statthaftigkeit und Zulässigkeit, IV 1. In jedem Fall muß das Gericht zunächst und vorrangig prüfen, ob die Rüge an sich statthaft ist und ob sie bejahendenfalls außerdem sowohl in der gesetzlichen Form als auch innerhalb der gesetzlichen Frist erhoben ist. Die Prüfung erfolgt in der vorstehenden Reihenfolge. Sie hat jedenfalls Vorrang vor der Begründetheitsprüfung. Zwar dürfte das Gericht die Rüge als unstatthaft bzw unzulässig, hilfsweise als unbegründet erachten. Es dürfte aber die ersteren beiden Prüfschritte nicht wegen Unbegründetheit offen lassen, Grdz 17 vor § 253. IV 1 ähnelt dem § 589 I 1 weitgehend schon in Wortlaut.

Von Amts wegen muß das Gericht diese Prüfung nach dem klaren Wortlaut und Sinn des IV 1 vornehmen. Amtsprüfung nach Grdz 39 vor § 128 ist etwas anderes und weniger als eine Amtsermittlung, Grdz 38 vor § 128. Das Gericht nimmt daher keine amtliche Untersuchung vor. Es macht vielmehr nur von Amts wegen auf gewisse Bedenken aufmerksam und fordert dazu auf, sie durch Nachweise zur Gewißheit zu machen oder zu entkräften. Das geschieht im einzelnen nach III, Rn 40–42. 44

B. Freigestellte mündliche Verhandlung, IV 1. Soweit es um die Prüfung der Statthaftigkeit und Zulässigkeit der Rüge geht, ist das Gericht zur Anordnung einer mündlichen Verhandlung berechtigt, aber nicht verpflichtet. Das ergibt sich daraus, daß seine Entscheidung nach IV 2, 4 durch einen Beschluß ergeht. Denn nach § 128 IV kann eine Entscheidung, die kein Urteil ist, ohne mündliche Verhandlung ergehen, soweit nichts anderes gesetzlich bestimmt ist. § 321 a IV enthält keine derartige andere Bestimmung. Es gelten also auch die allgemeinen Regeln zur freigestellten mündlichen Verhandlung, § 128 Rn 10. 45

Auch bei Unbegründetheit ist eine mündliche Verhandlung freigestellt. Denn das Wort „Die Entscheidung" in IV 4 bezieht sich auf IV 2 und 3.

C. Bei Unstatthaftigkeit oder Unzulässigkeit: Verwerfungsbeschluß, IV 2, 4, 5. Soweit die Rüge entweder schon an sich überhaupt unstatthaft oder doch jedenfalls mangels rechter Form und Frist im Einzelfall unzulässig ist, muß das Gericht sie durch einen Beschluß verwerfen, Düss WoM **04**, 161. IV 2 spricht systematisch teilweise unscharf von Verwerfung als „unzulässig" statt als „unstatthaft oder unzulässig", meint aber dasselbe. IV 2 ähnelt dem § 589 I 2 schon in Wortlaut weitgehend. 46

Begründen soll das Gericht den Beschluß „kurz" nach IV 5, einer wiederum etwas systemwidrigen unklaren Anordnung. An sich bedarf ein unanfechtbarer Beschluß keiner Begründung, § 329 Rn 6. Indessen gebieten nicht nur eine Anstandspflicht (nobile officium) eine gewisse eben nur „kurze" Begründung. Deshalb bringt die formell bloße Sollvorschrift doch wie so oft eine praktisch weitgehende Notwendigkeit einer Begründung. Sie fordert eben auch der Gesetzestext von einer vollwertige Begründung. Zwar ist die Verwerfung nach IV 4 unanfechtbar. Indessen mag nunmehr erst recht eine Gehörsverletzung in Wahrheit jedenfalls vor dem etwa trotz aller Entlastungsversuche des Gesetzgebers doch noch anzugehenden BVerfG zutage treten. Schon deshalb soll das Gericht seine Gründe der Verwerfung nachprüfbar offenbaren. Unanfechtbarkeit im Sinn von IV 4 meint ja wie stets in vergleichbarer Lage keine Unzulässigkeit einer Verfassungsbeschwerde vor BVerfG. 47

Kurz und klar sollen und dürfen die Gründe sein. Sie sollten bei einem Fristverstoß eindeutig erkennen lassen, welche der unterschiedlichen Fristen des II 3 der Rügeführer nicht eingehalten hatte. Im Revisionsverfahren braucht das Gericht keine Begründung zu geben, soweit es nach § 564 verfahren hat, BGH NJW **05**, 1433 oben links. 48

§ 321a   Buch 2. Abschnitt 1. Verfahren vor den LGen

49 *Kostenrechtlich* gilt: Es gelten §§ 91 ff. Es entsteht nur bei voller Verwerfung oder Zurückweisung der Rüge eine Gerichtsgebühr nach KV 1700 usw als Verfahrensfestgebühr von 50 EUR. Bei auch nur teilweiser Statthaftigkeit, Zulässigkeit und Begründetheit entsteht diese Gebühr weder im Umfang dieses Teilerfolgs noch wegen des erfolglosen Rügerests, § 1 GKG. Auslagen entstehen beim Gericht schon wegen VV 9002 amtliche Anmerkung in aller Regel ebenfalls nicht. Daher besteht insoweit keineswegs stets ein Anlaß zu einer Grundentscheidung über Gerichtskosten. Anwaltsgebühren entstehen nicht für denjenigen, der schon vor dem Abhilfeverfahren tätig war. Denn dann gehört seine Tätigkeit zum Rechtszug, § 19 I 2 5 RVG, auch wenn das Abhilfeverfahren dort nicht als „insbesondere zugehörig" bezeichnet ist. Soweit der Anwalt nur im Verfahren nach § 321a tätig ist, entsteht unabhängig von seinem Ergebnis nach VV 3330 eine Vergütung.

50   § 96 ist unanwendbar. Denn die Rüge ist kein Angriffs- oder Verteidigungsmittel, dort Rn 4, sondern die Fortsetzung des Angriffs selbst. Auch § 97 ist unanwendbar. Denn es liegt kein Rechtsmittel vor, sondern aus den obigen Gründen allenfalls ein Rechtsbehelf ohne Anfallwirkung, § 97 Rn 15.

51   **D. Bei Unbegründetheit: Zurückweisungsbeschluß, IV 3–5.** Soweit die Rüge zwar nach Rn 43–50 statthaft und zulässig ist, sich aber als unbegründet erweist, muß das Gericht sie ebenfalls durch einen Beschluß entscheiden. Es verwirft sie dann freilich nicht, sondern „weist sie zurück", am klarsten mit dem freilich nicht notwendigen Zusatz „als unbegründet".

52   *Kurz begründen* soll das Gericht diesen Beschluß wie bei einer Verwerfung, Rn 47, 48. Soweit das Gericht schon eine Gehörsverletzung verneint, braucht es natürlich nicht zur nachrangigen Frage einer Entscheidungsunerheblichkeit Stellung zu nehmen. Es darf und sollte das aber hilfsweise zur zusätzlichen Stützung seiner Beurteilung tun. Es muß natürlich zur Ursächlichkeitsfrage verneinend Ausführungen machen, soweit es eine Gehörsverletzung einräumt oder zulässigerweise mangels Ursächlichkeit offen lassen will.

Kostenrechtlich gilt Rn 49 auch hier, BGH WoM 05, 475. §§ 96, 97 sind auch hier unanwendbar.

53   **14) Abhilfe: Verfahrensfortführung, V.** Soweit das Gericht die Rüge für statthaft, zulässig und begründet erachtet, muß es ihr abhelfen, indem es das Verfahren fortführt, V 1. Das gilt nach Hs 2 freilich nur, soweit die Fortführung auf Grund der Rüge nicht bloß zweckmäßig, sondern geradezu geboten ist. Solche Beschränkung ist eigentlich selbstverständlich. Denn schon mit ihr war und ist das Ziel des ganzen Abhilfeverfahrens erreicht. Nicht erreicht ist eine Änderung der bisherigen Endentscheidung. Sie kann sich erst am Ende des nun fortzuführenden Verfahrens nochmals ergeben. Sie ist aber noch keineswegs sicher. Insoweit ähnelt V 2 der Situation nach ordnungsgemäßem Einspruch gegen ein Versäumnisurteil oder einen Vollstreckungsbescheid, §§ 342, 700 I. § 590 ist unanwendbar.

54   **A. Keine Notwendigkeit einer Fortführungsentscheidung, V 1.** Will das Gericht das Verfahren fortführen, so faßt es weder einen Aufhebungsbeschluß noch einen besonderen Fortführungsbeschluß. Ersterer wäre verfrüht. Denn es kann sich ja erst durch das Fortführungsverfahren ergeben, was aus der bisherigen Endentscheidung wird. Letzterer wäre ebenso überflüssig wie zB bei §§ 342, 700 I. Er wäre freilich unschädlich.

55   **B. Zurückversetzung des Verfahrens, V 2, 4.** Die Vorschrift ähnelt dem § 342 schon im Wortlaut weitgehend. Daher sind die zu jener Vorschrift entwickelten Regeln hier mitverwendbar, dort Rn 2 ff. Das gilt insbesondere zur Behandlung von Verspätungsfragen, früheren Anerkenntnissen usw. Die Zurückversetzung erfolgt nur in den Stand „vor dem Schluß der mündlichen Verhandlung" nach § 136 IV, 296 a bzw im schriftlichen Verfahren in den Zeitpunkt, bis zu dem man nach § 128 II 2 Schriftsätze einreichen darf. Beides erfolgt außerdem nur in den Grenzen Rn 53. Eine zeitlich noch weitere Zurückversetzung ist nicht zulässig.

56   **C. Neue Entscheidung, V 3.** § 343 gilt entsprechend. Soweit also die nach der neuen Verhandlung notwendige Entscheidung mit der bisherigen übereinstimmt, muß das Gericht die bisherige in seiner neuen Entscheidung ausdrücklich aufrechterhalten. Andernfalls muß das Gericht in seiner neuen Entscheidung die bisherige aufheben oder teilweise ändern und zur Sache neu erkennen, AG Magdeb ZMR 03, 45. Aufrechterhaltung wie Aufhebung bzw Änderung gehören in den Tenor der neuen Entscheidung oder der jetzt erforderlichen andersartigen neuen Entscheidung, etwa in einen jetzt erforderlichen Kostenbeschluß nach § 91a. Im übrigen gelten die zu § 343 entwickelten Regeln entsprechend, dort Rn 2 ff.

57   **15) Einstellung der Zwangsvollstreckung usw, § 707.** Diese Vorschrift nennt in I 1 auch den § 321a. Das heißt zunächst: Das Gericht kann auf Antrag anordnen, daß die Zwangsvollstreckung gegen Sicherheitsleistung einstweilen eingestellt werde oder nur gegen Sicherheitsleistung stattfinde und daß die Vollstreckungsmaßregeln gegen Sicherheitsleistung aufzuheben seien, § 707 I 1. Dagegen kommt eine Einstellung der Zwangsvollstreckung ohne jede Sicherheitsleistung selbst dann nicht in Betracht, wenn glaubhaft ist, daß der Schuldner zur Sicherheitsleistung nicht in der Lage ist und daß die Vollstreckung einen nicht ersetzbaren Nachteil bringen würde. Denn diese letztere Möglichkeit wird nur in dem hier nicht ebenfalls für anwendbar erklärten § 707 I 2 genannt.

58   *Sicherheitsleistung* muß das Gericht bei § 707 I 1 und folglich nach §§ 108 ff beurteilen. Infrage kommt also wohl in erster Linie eine schriftliche, unwiderrufliche, unbedingte und unbefristete Bürgschaft eines im Inland zum Geschäftsbetrieb befugten Kreditinstituts, § 108 I 2 Hs 1, dort Rn 10 ff.

59   Das *Verfahren* erfordert keine mündliche Verhandlung, § 707 II 1. Eine Anfechtung der Entscheidung ist unstatthaft, § 707 II 2. Das gilt unabhängig davon, ob die Entscheidung in der neuen Hauptsacheentscheidung ergeht oder durch gesonderten Beschluß, von dem § 707 II 2 unvollständig spricht. Wenn das Gericht sie in der neuen Hauptsacheentscheidung mittrifft, ist deren übriger Inhalt natürlich wie sonst anfechtbar.

60   **16) Verstoß, I–V.** Soweit das Gericht gegen § 321a verstößt, mag daran ein erneuter Verstoß auch gegen Art 103 I GG liegen. Indessen würde dessen Beachtlichkeit schon in diesen Verfahrensabschnitt womöglich zu ewigen Wiederholungen des Abhilfeverfahrens führen. Das ist mit dem Grundsatz der durch § 321a ohnehin schon strapazierten Prozeßwirtschaftlichkeit nach Grdz 14 vor § 128 nicht vereinbar. Deshalb macht ja auch IV 4 zumindest einen Verwerfungs- oder Zurückweisungsbeschluß unanfechtbar. Vielmehr ist dann, wenn sich der Verstoß vor der Entscheidung des Abhilfeverfahrens nicht mehr beheben läßt, gegen Verwerfung oder Zurückweisung nur die Verfassungsbeschwerde denkbar, Rn 61. Gegen eine Abhilfe kommt nur der im fortgeführten Verfahren mögliche sonstige Rechtsbehelf infrage. Kosten: Evtl § 21 GKG.

17) Rechtsbehelfe, Verfassungsbeschwerde, I–V. Eine nach bisher verbreiteter Ansicht möglich gewesene außerordentliche Beschwerde wegen *greifbarer Gesetzwidrigkeit* war in Wahrheit schon nach dem alten Recht grundsätzlich wegen Verstoßes gegen das Gebot der Rechtsmittelklarheit unstatthaft, BVerfG NJW **03**, 1924, BGH NJW **05**, 74, BFH (1. Sen) NJW **04**, 2853, BVerwG NVwZ **05**, 232, Karlsr MDR **04**, 593, Rensen MDR **05**, 185, aM BFH (4. Sen) NJW **04**, 2854, Schuschke NZM **03**, 466 (WEG). Sie ist außerdem jetzt wegen § 574 unstatthaft, BGH NJW **04**, 1598, KG FGPrax **05**, 66, Althammer/Löhnig NJW **04**, 1569. Sie läßt sich auch wegen BVerfG NJW **03**, 1924 nicht mehr in eine fristgebundene bisher vielfach als zulässig erachtete Gegenvorstellung umdeuten, wie es bisher zB BFH NJW **03**, 919, Köln NZM **03**, 247, Naumb RR **03**, 313 taten. Sie ist vielmehr jetzt unstatthaft, OVG Lüneb NJW **05**, 2171.

Eine *Gegenvorstellung* gegen den Beschluß des Revisionsgerichts über die Ablehnung einer Nichtzulassungsbeschwerde ist *nicht* in auch nur entsprechender Anwendung von § 321a statthaft, BGH NJW **04**, 1531 (zustm Becker-Eberhard LMK **04**, 172), strenger Köln RR **05**, 1228.

Demgegenüber bejaht BGH NJW **04**, 2529 eine „ergänzende" *Rechtsbeschwerde* bei willkürlicher Nichtzulassung (!?), strenger grundsätzlich denn auch BGH NJW **05**, 680 (zustm Rimmelspacher LMK **05**, 94). Zum Problem Gaul DGVZ **05**, 113. Allenfalls ist der sog Meistbegünstigungsgrundsatz nach Grdz 28 vor § 511 anwendbar, BGH NJW **05**, 680 (falscher Gerichtshinweis), Althammer/Löhnig NJW **04**, 1569.

Nur soweit das Gericht nach IV 4 unanfechtbar verworfen oder zurückgewiesen hat, kommt vernünftigerweise nun erst jetzt nach § 90 II 1 BVerfGG eine *Verfassungsbeschwerde* in Betracht, BVerfG NJW **05**, 3059, HessStGH NJW **05**, 2217 und 2219, Zuck NVwZ-RR **05**, 742. § 321a soll sie ja nur auf ein möglichst geringes Maß beschränken und nicht etwa völlig ausschließen, Rn 2, 3. Letzteres wäre einem einfachen Bundesgesetz ja auch gar nicht möglich.

Abhilfe läßt sich mit demjenigen Rechtsbehelf bekämpfen, der gegen die Entscheidung im nun fortgeführten Verfahren infrage kommt.

18) VwGO: *Eigene Regelung in § 152a VwGO idF des Anhörungsrügengesetzes v 9. 12. 2004, BGBl 3220, 3224 (vgl Guckelberger NVwZ **05**, 11, Schenke NVwZ **05**, 729, Zuck NVwZ **05**, 739), die aber weitgehend mit § 321a nF übereinstimmt und für gerichtliche Entscheidungen aller Instanzen gilt. Die Rüge ist beschränkt auf Verfahrensverstöße gegen Art 103 I GG, sonstige außerordentliche Rechtsbehelfe sind daneben nicht mehr statthaft (VGH Mannheim NJW **05**, 920; für § 321a ZPO aF schon BVerwG NVwZ **05**, 232 mwN).*

Einführung vor §§ 322–327
Rechtskraft

Gliederung

1) Äußere, formelle Rechtskraft 1	C. Rechtsschutzbedürfnis 16–18
2) Innere, materielle Rechtskraft 2	D. Vorrang 19
A. Grundsatz: Keine nochmalige Entscheidung 2	6) **Wirkung der persönlichen Rechtskraft** 20–24
B. Sachliche Rechtskraft 2	A. Zwischen den Parteien 20
C. Persönliche Rechtskraft 2	B. Bindung anderer Staatsbehörden 21
3) Vollstreckbarkeit 3	C. Bindung des Zivilrichters 22–24
4) **Wesen der inneren Rechtskraft** 4–10	7) **Amtsprüfung** 25, 26
A. Sachlichrechtliche Theorie 5	A. Grundsatz: Jederzeitige Beachtung von Amts wegen 25
B. Prozeßrechtliche Theorie 6	B. Einzelheiten 26
C. Gemischtrechtliche Theorie 7	8) **Beseitigung der Rechtskraft** 27–36
D. Rechtsschöpfungslehre 8	A. Zulässigkeit 27
E. Kritik 9	B. Sittenwidrigkeit: Meinungsstand ... 28, 29
F. Prozessuale Bedeutung 10	C. Sittenwidrigkeit: Kritik 30–34
5) **Wirkung der sachlichen Rechtskraft** ... 11–19	D. Sonderfall: Erschleichung 35
A. Prozeßhindernis 12	E. Unwirksamkeit einer Parteivereinbarung 36
B. Unanfechtbarkeit 13–15	9) *VwGO* 37

1) Äußere, formelle Rechtskraft. Sie bedeutet: Das Urteil ist für dasselbe Verfahren unabänderlich. Es unterliegt namentlich keinem Rechtsmittel mehr. Die äußere Rechtskraft wird von § 705 geregelt. Die äußere Rechtskraft ist keine Urteilswirkung, sondern deren Voraussetzung, Rn 2. Mängel des Urteils sind vom Eintritt der äußeren Rechtskraft an nicht mehr beachtlich. Eine Ausnahme macht nur das Scheinurteil, Üb 11 vor § 300. Seinen Scheindasein kann keine äußere Rechtskraft lebendigen Odem einblasen. Wiederaufnahmeklage nach §§ 578 ff, Vollstreckungsabwehrklage nach § 767, Abänderungsklage nach § 323 leiten ein neues Verfahren ein. Wenn die ZPO von Rechtskraft spricht, meint sie meist die äußere Rechtskraft.

2) Innere, materielle Rechtskraft. Man muß drei Aspekte beachten.

A. Grundsatz: Keine nochmalige Entscheidung. Die innere Rechtskraft bedeutet: Das Gericht ist in einem späteren Prozeß der Parteien über dieselbe Sache an die Entscheidung gebunden. Das mißt man am Streitgegenstand nach § 2 Rn 3, BGH NJW **03**, 3059 (im Ergebnis zustm Grunsky LMK **03**, 198), BAG NJW **84**, 1711, Köln ZMR **00**, 459, ferner an den Parteien des Erstprozesses nach Grdz 4 vor § 50 und evtl an deren Rechtsnachfolgern, § 325. Man mißt die innere Rechtskraft auch unter Umständen innerhalb gewisser zeitlicher Grenzen (vgl aber Rn 16). Das Gericht darf also nicht nochmals entscheiden, BGH NJW **85**, 2535. Es darf erst recht nicht abweichend entscheiden: „Ne bis in idem",

Einf §§ 322–327 Buch 2. Abschnitt 1. Verfahren vor den LGen

Rn 12. Die innere Rechtskraft setzt die äußere voraus. Erheblich weitergehende Wirkung kann ein Musterentscheid nach dem KapMuG haben, § 325 a.

B. Sachliche Rechtskraft. Die innere Rechtskraft äußert sich sachlich für den prozessualen Anspruch, § 2 Rn 3.

C. Persönliche Rechtskraft. Die innere Rechtskraft äußert sich auch persönlich für bestimmte Personen.

3 **3) Vollstreckbarkeit.** Man muß die Vollstreckbarkeit von der Rechtskraft unterscheiden. Die Vollstreckbarkeit nach §§ 704 ff kann beim Leistungsurteil und bei der Kostenentscheidung der inneren und äußeren Rechtskraft vorangehen, im letzteren Fall als vorläufige Vollstreckbarkeit, §§ 708 ff. Das sachliche Recht knüpft nicht selten sachlichrechtliche Wirkungen an ein äußerlich rechtskräftiges Urteil, zB § 283 BGB.

4 **4) Wesen der inneren Rechtskraft**

Schrifttum: *Arens*, Überlegungen zum Geltungsgrund der materiellen Rechtskraft, Festschrift des *Instituts für Rechtsvergleichung* der Waseda Universität (1988) 689; *Fenge*, Über die Autorität des Richterspruches, Festschrift für *Wassermann* (1985) 659; *Gaul*, Die Entwicklung der Rechtskraftlehre seit Savigny und der heutige Stand, Festschrift für *Flume* (1978) I 443; *Gaul*, Rechtskraft und Verwirkung, Festschrift für *Henckel* (1995) 235; *Gräns*, Das Risiko materiell fehlerhafter Urteile, 2002 (Bespr *Jost* ZZP **117**, 387); *Koussoulis*, Beiträge zur modernen Rechtskraftlehre, 1986; *Roth*, Der Zivilprozeß zwischen Rechtsklärung und Rechtsschöpfung, Festschrift für *Habscheid* (1989) 253; *Spellenberg*, Prozeßführung oder Urteil – Rechtsvergleichendes zu Grundlagen der Rechtskraft, Festschrift für *Henckel* (1995) 841; *Spieker gen Döhmann*, Die Anerkennung von Rechtskraftwirkungen von ausländischen Urteilen, 2002 (Bespr *Hager* ZZP **117**, 395).

Die Lehre ist *stark umstritten*. Welche Lehre „herrscht" (zur Fragwürdigkeit dieses Begriffs Einl III 47), ist zweifelhaft. Wichtige Theorien sind:

5 **A. Sachlichrechtliche Theorie** (Pagenstecher, Kohler; ihr zuneigend Pohle [österr] JurBl **57**, 117). Nach ihr gestaltet das Urteil die Rechtsbeziehungen der Parteien, und zwar nicht nur beim Gestaltungsurteil im Sinn von Grdz 10 vor § 253, LG Stgt ZZP **79**, 183. Das richtige Urteil bestätigt oder gar schafft erst ein subjektives Recht. Es schafft zumindest eine entsprechende unwiderlegbare Voraussetzung. Das unrichtige Urteil vernichtet ein subjektives Recht. Es entsteht also immer ein Entscheidungsanspruch (Judikatsanspruch), ein Anspruch aus dem Urteil. Das Urteil beeinflußt auch die Rechtslage von Personen, die die Rechtskraft nicht berührt. Eine Abwandlung dieser Theorie unter Ablehnung des Judikatsanspruchs und unter Betonung der prozessualen Bindung aller Gerichte an die Entscheidungen findet sich bei Nikisch.

6 **B. Prozeßrechtliche Theorie.** Nach ihr wirkt das Urteil rein prozeßrechtlich, indem es den Richter an den Ausspruch des Urteils bindet, BAG BB **85**, 1735, Häsemeyer AcP **188**, 162, Kohte NJW **85**, 2227. Zur Abgrenzung von der schon mit dem Urteilserlaß nach § 311 Rn 2 und daher meist noch vor dem Eintritt der äußeren Rechtskraft einsetzenden Bindungswirkung des § 318 dort Rn 2.

7 **C. Gemischtrechtliche Theorie.** Nach ihr sind der Gesetzgeber in seiner Ausgestaltung und der Richter in seiner Auslegung an sachlichrechtliche Wertungen gebunden. Erst so sind die objektiven Grenzen der Rechtskraft ermittelbar, Böttcher ZZP **85**, 15, Henckel, Prozeßrecht und materielles Recht (1970) 421, ähnlich Rimmelspacher, wenn auch von einem sachlichrechtlichen Anspruchsbegriff aus (103, 175, 207: Rechtsposition nebst Rechtsbehelf), ähnlich StJL § 322 Rn 34 ff, 40.

8 **D. Rechtsschöpfungslehre.** Nach ihr schafft der Richter durch sein Urteil überhaupt erst eine für den Einzelfall gültige Rechtsvorschrift (Bülow).

9 **E. Kritik.** Den Vorzug verdient jedenfalls die prozessuale Lehre. Wenn der Richter das subjektive Recht erst durch sein Urteil schüfe, dann wären alle Rechtsgeschäfte nur Wünsche. Der Richter schafft nicht Recht, sondern wendet Recht an. Er „erkennt für Recht", wie er meist ausdrücklich im sog Rubrum erklärt, § 313 Rn 10. Nur beim Gestaltungsurteil nach Üb 6 vor § 300 gestaltet, „schafft" er Recht. Aber auch dort ist kein Recht als bestehend festzustellen, sondern erst an Hand des Gesetzes zu gestalten. Auch ist dort die Rechtskraftwirkung außergewöhnlich. Sie richtet sich nämlich für und gegen alle. Bildet der Richter das Recht fort, so gibt er kein Gesetz, sondern legt den Willen des Gesetzes in einem weiteren Sinne aus, er denkt das Gesetz weiter. Der Richter gewährt oder versagt Rechtsschutz, Üb 3 vor § 300.

Die innere Rechtskraft beruht auf der staatsrechtlichen Erwägung, daß die *Rechtssicherheit* nach Einl III 43 als eine der Grundlagen des Staats das Aufhören eines Streits um das Recht in einem gewissen Zeitpunkt gebietet, BAG NJW **84**, 1711. Ein Richterspruch kann nicht Unrecht zu Recht machen. Aber er kann gebieten, daß das Recht des einzelnen hinter der Sicherung der Allgemeinheit durch Rechtsfrieden zurücktritt, BGH RR **87**, 832, BAG NJW **84**, 1711, Mü FamRZ **01**, 1218. Ein Urteil bringt nicht Rechte zur Entstehung, sondern stellt nur fest, was Rechtens ist. „Die Rechtskraft verändert nicht die materielle Rechtslage, sie ist keine causa für den Erwerb und Verlust von Rechten, sondern besteht in der bindenden Kraft der im Urteil enthaltenen Feststellung". Weil das falsche Urteil die wahre Rechtslage nicht verändert, kann der Berechtigte sein Recht trotz der Rechtskraft immer dann zur Geltung bringen, wenn die Rechtskraft versagt, namentlich also gegenüber Dritten. Die Lehre von der inneren Rechtskraft ist ein Angelpunkt des Zivilprozeßrechts.

10 **F. Prozessuale Bedeutung.** Die innere Rechtskraft liegt wie die äußere ganz auf prozessualem Gebiet. Die ZPO, vgl § 69, und das BGB, anfangs noch ganz im Bann römisch-rechtlicher Anschauungen, stehen auch heute noch teilweise auf einem verschiedenen Boden. Erst die 2. BGB-Kommission verwies die Bestimmungen über die sachlichen Wirkungen der inneren Rechtskraft aus Gründen der Übersichtlichkeit in die ZPO. Folge. Die Landesgesetze über die sachlichen Wirkungen sind durch § 322 aufgehoben worden. § 14 EG ZPO, Art 55 ff EG BGB haben die landesrechtlichen Vorschriften über die persönlichen Wirkungen auf den dem Landesrecht vorbehaltenen Gebieten aufrechterhalten. Die Frage nach der Tragweite und Bedeutung des Urteils richtet sich nach dem Prozeßrecht des erkennenden Gerichts zur Zeit des Eintritts der äußeren Rechtskraft am Gerichtssitz, Einl III 74, ThP § 322 Rn 14, aM ZöV 7 vor § 322 (maßgeblich sei die Zeit des Erlasses des Ersturteils. Aber dessen Geltung mag sich bis zur Rechtskraft des endgültigen Urteils noch erheblich ändern). Dagegen richtet sich die Wirkung des Urteils auf einen späteren Prozeß nach dem für diesen geltenden Prozeßrecht. Das gilt namentlich bei einem ausländischen Urteil.

5) Wirkung der sachlichen Rechtskraft 11

Schrifttum: *Arens,* Zur Problematik von non-liquet-Entscheidungen, Festschrift für *Müller-Freienfels* (1986) 13; *Bettermann,* Über die Bindung der Verwaltung an zivilgerichtliche Urteile, Festschrift für *Baur* (1981) 273; *Bürgers,* Rechtskrafterstreckung und materielle Abhängigkeit, 1993; *Fenge,* Über die Autorität des Richterspruchs, Festschrift für *Wassermann* (1985) 659; *Fischer,* Objektive Grenzen der Rechtskraft im internationalen Zivilprozeßrecht, Festschrift für *Henckel* (1995) 199; *Gaul,* Die Entwicklung der Rechtskraftlehre seit Savigny und der heutige Stand, Festschrift für *Flume* (1978) 443; *Gaul,* Rechtskraft und Verwirkung, Festschrift für *Henckel* (1995) 235; *Gräns,* Das Risiko materiell fehlerhafter Urteile, 2002 (Bespr *Jost* ZZP 117, 387); *Haaf,* Die Fernwirkungen gerichtlicher und behördlicher Entscheidungen, 1984; *Heil,* Die Bindung der Gerichte an Entscheidungen anderer Gerichte, Diss Bochum 1983; *Homfeldt,* Die Beachtung der Rechtskraft im Zivilprozeß von Amts wegen, 2001; *Koussoulis,* Beiträge zur modernen Rechtskraftlehre, 1986; *Leipold,* Zur zeitlichen Dimension der materiellen Rechtskraft, Keio Law Review 90, 277; *Pawlowski,* Rechtskraft im Amtslöschungsverfahren nach § 10 II 2 WZG, in: Festschrift für *Trinkner* (1995); *Stangel,* Die Präklusion der Anfechtung durch die Rechtskraft, 1996; *Werner,* Rechtskraft und Innenbindung zivilprozessualer Beschlüsse im Erkenntnis- und summarischen Verfahren, 1983.

A. Prozeßhindernis. Zum Begriff der sachlichen Rechtskraft Rn 2. Sachlich wirkt die Rechtskraft 12 dahin, daß keine neue Verhandlung und Entscheidung über denselben Streitgegenstand im Sinn von § 2 Rn 3 ff zulässig ist, BGH 157, 49, BAG NJW 02, 1288, Stgt RR 99, 1590. Sie ist also unzulässig über den nach dem Sachverhalt rechtskräftig festgestellten Punkt, *„ne bis in idem",* BGH 157, 49, BAG NJW 02, 1288, Brdb RR 00, 1736 (auch zum Prozeßurteil, § 322 Rn 60). Das gilt auch für einen Beschluß, Beweisbeschluß oder Verfügung zur Vorbereitung eines Urteils, ZöV 23 vor § 322.

Die Rechtskraftwirkung tritt selbst dann ein, wenn die zugrunde liegende Vorschrift *verfassungswidrig* war. BGH NJW 89, 106, oder wenn der Kläger das Urteil unter einer Mißachtung einer anderweitigen Rechtshängigkeit der Sache erschlichen hat, § 261, BGH NJW 83, 515, oder wenn man das Urteil wegen seiner Einstellung heute oder überhaupt als fehlerhaft mißbilligen muß, BGH RR 90, 390. Nur der Gesetzgeber kann dann helfen. Die Rechtskraft ist daher eine verneinende Prozeßvoraussetzung, ein Prozeßhindernis, Grdz 19 vor § 253, BGH NJW 79, 1408, Gaul Festschrift für Weber (1975) 169, StJL § 322 Rn 34 ff. Demgegenüber verbietet Grunsky 431 nicht eine neue Verhandlung, sondern nur eine widersprechende Entscheidung. Nach dieser sog Bindungslehre wäre die Klage in einem zweiten gleichen Prozeß bei einer Säumnis des Klägers nach § 331 II sachlich unbegründet. In Wahrheit ist sie im zweiten gleichen Prozeß unzulässig. Nach der sog Vermutungslehre, zB Blomeyer JR 68, 409, schafft das rechtskräftige Urteil eine unwiderlegbare Vermutung dafür, daß die im Urteil ausgesprochene Rechtsfolge zu Recht besteht. Das ist zu blaß.

B. Unanfechtbarkeit. Die Rechtskraft macht den Anspruch grundsätzlich unanfechtbar, BGH RR 01, 13 477. Das gilt unabhängig davon, ob er entstanden, klagbar, erzwingbar war. Die Rechtskraft gewährt Rechtsschutz ohne Rücksicht auf die wirkliche Rechtslage, Mü FamRZ 01, 1218. Das gilt ohne Rücksicht darauf, ob der Anspruch wirklich erhoben worden ist. Vgl freilich § 308 Rn 14, BGH RR 88, 959, BAG DB 81, 2183, Düss NJW 85, 153. Alle Einreden, die dem Anspruch beim Schluß der mündlichen Verhandlung nach §§ 136 IV, 296 a objektiv entgegenstanden, sind entsprechend § 767 II ausgeschlossen. Das gilt unabhängig davon, ob man sie kannte, BGH 83, 280, Zweibr DNotZ 88, 194, Prölss VersR 76, 428. Das gilt auch beim Vollstreckungsbescheid, § 322 Rn 71 „Vollstreckungsbescheid", § 700 Rn 1, BGH NJW 99, 1257, Köln (7. ZS) RR 86, 1238, LG Köln RR 86, 1493, aM BGH RR 88, 757, Köln (12. ZS) NJW 86, 1351 (aber auch der Vollstreckungsbescheid beendet als vollwertiger Vollstreckungstitel mit seiner Rechtskraft den Prozeß wie ein Urteil, § 322 Rn 71). Zum Schweizer Recht Habscheid ZZP 117, 235.

Unanfechtbarkeit gilt etwa in folgenden Fällen: Wenn im Erstprozeß festgestellte Rechtsfolge für den 14 Zweitprozeß vorgreift; wenn im Erstprozeß das Eigentum rechtskräftig festgestellt worden ist. Dann muß das Gericht des Zweitprozesses auf eine Herausgabe von eben diesem Eigentum ausgehen; wenn die Herausgabeklage im Erstprozeß Erfolg hatte. Dann ist der Herausgabeanspruch im beliebigen Zweitprozeß bindend, BGH NJW 81, 1517; wenn im Wechselprozeß nach § 602 ff die Gültigkeit des Wechsels rechtskräftig festgestellt worden ist. Dann ist im Nachverfahren der Einwand eines unwirksamen Protestes unzulässig; wenn im Ehelichkeitsanfechtungsprozeß nach §§ 640 ff der Scheinvater als Erzeuger ausgeschlossen worden ist. Dann ist im nachfolgenden Vaterschaftsfeststellungsprozeß eine Beweisaufnahme über seine Vaterschaft wegen § 640 h unzulässig, Düss NJW 80, 2760, Mü NJW 77, 342; wenn der im Erstprozeß nach § 885 zur Räumung Verurteilte sich die Räumungspflicht auch im Zweitprozeß auf Schadensersatz entgegenhalten lassen muß; wenn der nach § 254 zur Auskunft und Rechnungslegung Verurteilte diese Pflicht im Verfahren auf die Abgabe der eidesstattlichen Versicherung nach §§ 807, 900 nicht mehr leugnen kann, BGH Wertp-Mitt 77, 1086.

Dieser Ausschluß findet über § 767 II hinaus auch bei *Behauptungen des Klägers* statt, die er im Vorprozeß 15 hätte vorbringen können, AG Nürnb VersR 79, 1042. Jedes Urteil schließt die Parteien mit solchem Vorbringen aus, auch das Feststellungsurteil nach § 256. Dabei muß man berücksichtigen, daß auch jedes Unterlassungsurteil die Feststellung einer Verpflichtung enthält. Sie schließt bei einem späteren Schadensersatzprozeß eine nochmalige Untersuchung dieser Verpflichtung aus.

C. Rechtsschutzbedürfnis. Ist der Streitgegenstand in beiden Prozessen nach § 2 Rn 3 derselbe, so ist 16 eine neue Klage und Entscheidung nur dann zulässig, wenn für sie ein Rechtsschutzbedürfnis besteht, Grdz 33 vor § 253.

Beispiele: Die Akten des Erstprozesses sind verloren, eine Urteilsausfertigung war nicht erteilt worden, und der Vollstreckungstitel läßt sich im bisherigen Verfahren nicht wiederherstellen; das Urteil des Erstprozesses erging im Ausland, Nürnb FamRZ **80**, 925; die Scheidung ist rechtskräftig geworden, aber es fehlt eine Urteilsausfertigung nebst Rechtskraftbescheinigung, und inzwischen ist das erkennende Gericht weggefallen.

17 Dann ist *Feststellungsklage* nach § 256 möglich. Über die Einrede der Aufrechnung § 322 Rn 21. Eine spätere Tatsache berührt die Rechtskraft selbst dann nicht, wenn man sie schon früher hätte herbeiführen können, BGH NJW **84**, 127, LG Nürnb-Fürth AnwBl **86**, 38. Der Kläger kann dann auf Grund der späteren Tatsache neu klagen, der Bekl kann die Zahlung der Urteilssumme im Zweitprozeß geltendmachen.

18 Die Rechtskraft wirkt *grundsätzlich für immer*. Veränderungen der tatsächlichen Verhältnisse kann man nur im Rahmen von §§ 323, 324 berücksichtigen. Veränderungen der Rechtsprechung oder der Rechtsanschauung bleiben grundsätzlich außer Betracht, § 323 Rn 18, BAG DB **76**, 151. Sonst würde jegliche Rechtssicherheit entfallen, Einl III 43. Auch ein rückwirkendes Gesetz kann ein vorher ergangenes Urteil nicht zerstören. Denn das Urteil hat einen verfassungsrechtlichen Bestandsschutz. Gegenüber einem Leistungs- und Feststellungsurteil, das noch in die Zukunft wirkt, kann wegen eines neuen Gesetzes Vollstreckungsabwehrklage nach § 767 zulässig sein, oder negative Feststellungsklage, bei einer Gestaltungsklage eine abermalige, Habscheid ZZP **78**, 401 oder eine Klage auf die Feststellung seines Inhalts, weitergehend BAG DB **76**, 151 bei Ansprüchen, die sachlich in jedem Augenblick neu entstehen (dann trete evtl keine Rechtskraft ein). Hat das Gericht den Anspruch zu Unrecht, aber rechtskräftig abgewiesen worden, dann kann man ihn nicht mehr geltend machen, auch nicht unter dem Gesichtspunkt eines Schadensersatzes, BGH NJW **90**, 1796, Köln MDR **84**, 151. Etwas anderes gilt, wenn das Gericht den Klagantrag im Vorprozeß nicht so umfassend verstanden hatte, wie er gemeint war.

19 **D. Vorrang.** Im Widerstreit zwischen der Rechtskraft und dem Verbot einer nachteiligen Abänderung geht die Rechtskraft vor. Im Widerstreit zwischen Rechtskraft und Rechtskraft geht diejenige aus dem jüngeren Prozeß vor, wenn der neue Prozeß zulässig war. Denn andernfalls würde das jüngere Urteil gegen die öffentliche Ordnung verstoßen, Üb 16 vor § 300, Gaul Festschrift für Weber (1975) 159. Über die Heilung von Verfahrensmängeln durch die Rechtskraft § 295 Rn 2.

20 **6) Wirkung der persönlichen Rechtskraft**

Schrifttum: *Berger*, Die subjektiven Grenzen der Rechtskraft bei der Prozeßstandschaft usw, 1992; *Beys*, Die subjektiven Grenzen der Rechtskraft und die staatsrechtliche Wirkung des Urteils, Festschrift für *Schwab* (1990) 61; *Calavros*, Urteilswirkung zu Lasten Dritter, 1978; *Herrmann*, Zur Bindung des Zivilrichters an Strafurteile usw, Diss Bonn 1985; *Homfeldt*, Die Beachtung der Rechtskraft im Zivilprozeß von Amts wegen, 2001; *Schwab*, Die prozeßrechtlichen Probleme des § 407 II BGB, Gedächtnisschrift für *Bruns* (1980) 181; vgl die Schrifttumsangaben bei § 325.

A. Zwischen den Parteien. Zum Begriff der persönlichen Rechtskraft Rn 2. Persönlich wirkt die Rechtskraft gegenüber Privatpersonen grundsätzlich nur zwischen den Parteien dieses Prozesses, Grdz 4 vor § 50, BGH DB **89**, 420. Denn Dritte können nicht unter dem Streit der Partei leiden. Über die zahlreichen Ausnahmen § 325, Marotzke ZZP **100**, 164.

21 **B. Bindung anderer Staatsbehörden.** Sie läßt sich nicht allgemein beurteilen. Das Gericht muß eine etwaige Bindung von Amts wegen beachten, Rn 25, BGH ZZP **89**, 331. Gebunden sind der Vollstreckungs- und der Insolvenzrichter. Nicht gebunden ist der Strafrichter, außer für die Zuerkennung einer Entschädigung. Den Richter der freiwilligen Gerichtsbarkeit binden rechtsgestaltende Entscheidungen, Grdz 10 vor § 253, BayObLG Rpfleger **82**, 20, sowie Leistungs- und Feststellungsurteile, Grdz 8, 9 vor § 253, im Rahmen ihrer Rechtskraft, auch abweisende, BayObLG MDR **88**, 65. Es kann zB der Nachlaßrichter einen Erbschein nicht derjenigen Partei erteilen, die als Erbe im Prozeß unterlegen ist, wohl aber einem Dritten. Verwaltungsbehörden sind an das Urteil gebunden. Arbeits-, Finanz- oder Sozialgerichte sind grundsätzlich gebunden, BGH **77**, 341, OVG Münst NJW **80**, 1068. Vgl auch § 17 GVG.

22 **C. Bindung des Zivilrichters.** Den Zivilprozeßrichter binden neben den Entscheidungen anderer Zivilgerichte folgende Entscheidungen anderer Gerichte und Behörden: Eine Entscheidung des Vollstreckungsgerichts nach § 764 oder des Insolvenzgerichts bindet, weil beide im weiteren Sinne im Zivilprozeß entscheiden. Ein Urteil des Strafrichters bindet nicht, § 14 EG ZPO, außer soweit er eine Entschädigung zugesprochen hat, § 406 III StPO. Eine Entscheidung des Richters der freiwilligen Gerichtsbarkeit bindet, soweit ihre Rechtskraft zwischen den Parteien reicht, soweit diese Entscheidung ein Recht erzeugt, wie die Eintragung einer Aktiengesellschaft oder die Bestellung eines Betreuers, und soweit die Entscheidung schließlich im Rahmen der sachlichen Zuständigkeit jenes Richters gelegen hat. Darüber hinaus entsteht regelmäßig insoweit keine Bindung, also zB nicht für die Ablehnung der Feststellung der Nichtigkeit einer Annahme als Kind oder für eine Entscheidung des Kartellgerichts, Sieg VersR **77**, 493. Eine Nachprüfung des vorangegangenen Verfahrens ist unzulässig.

23 Eine Entscheidung einer *Verwaltungsbehörde* und eines Verwaltungsgerichts bindet, soweit deren Rechtskraft reicht, § 121 VwGO (im allgemeinen werden nur die Beteiligten und ihre Rechtsnachfolger gebunden. Eine weitergehende Bindung tritt bei einer Statusache ein, zB bei der Feststellung der Staatsangehörigkeit). Das gilt, soweit sie rechtsgestaltend wirkt und von der sachlich zuständigen Stelle vorgenommen wurde, BGH BGH **77**, 341. Entscheidungen eines ArbG, FG oder SG können den Zivilrichter binden, § 17 GVG.

24 Ferner binden diejenigen Entscheidungen, die das Gesetz ausdrücklich als bindend bezeichnet. Vgl Ströbele, Die Bindung der ordentlichen Gerichte an Entscheidungen der Patentbehörden, 1975. Zur Bindung an Entscheidungen des BVerfG Klein NJW **77**, 697. Zur Bindungswirkung einer ausländischen Entscheidung § 328 Rn 1. Wegen der früheren DDR Einf 1–5 vor § 328.

25 **7) Amtsprüfung**

Schrifttum: *Homfeldt*, Die Beachtung der Rechtskraft im Zivilprozeß von Amts wegen, 2001.

A. Grundsatz: Jederzeitige Beachtung von Amts wegen. Das Gericht muß die Rechtskraft als eine öffentlichrechtliche Einrichtung von größter Bedeutung in jeder Lage des Prozesses zwar nicht von Amts wegen nach Grdz 38 vor § 128 ermitteln, wohl aber von Amts wegen beachten, Grdz 39 vor § 128, Rn 22,

BGH FamRZ **87**, 369. Das Gericht darf sie also nicht ungeklärt lassen, BGH WertpMitt **75**, 1181. Einer Parteivereinbarung ist die Rechtskraftwirkung nicht zugänglich, Rn 36.

B. Einzelheiten. Der Einwand, die Sache sei unrichtig entschieden worden, ist unbeachtlich. Die Nicht- **26** beachtung der Rechtskraft ist ein Mangel, der evtl die Restitutionsklage zuläßt, § 580 Z 7. Ein Urteil, das die Rechtskraft in derselben Sache aus einem unzulässigen Rechtsgrund, Rn 27 ff beseitigt, verstößt zudem gegen die öffentliche Ordnung. Denn das Gericht darf eine Erschütterung der Rechtssicherheit nach Einl III 43 nicht wissentlich fördern. Den Inhalt eines rechtskräftigen Urteils darf auch das Revisionsgericht frei würdigen. Die Rechtskraft führt jedenfalls beim Fehlen neuer Tatsachen zu einem etwa geänderten Streitgegenstand, BAG NJW **84**, 1711, zur Klagabweisung als unzulässig, also durch ein Prozeßurteil, Grdz 14 vor § 253, BGH NJW **81**, 2306, Hamm FamRZ **85**, 505. Eine Sachabweisung könnte lediglich hilfsweise zusätzlich zur jedenfalls notwendigen Prozeßabweisung erfolgen, Grdz 17 vor § 253. Ist ein zweites Urteil nach Rn 16 zulässig, so muß es wie das erste lauten.

8) Beseitigung der Rechtskraft **27**

Schrifttum: *Bamberg,* Die mißbräuchliche Titulierung von Ratenkreditschulden mit Hilfe des Mahnverfahrens, 1987; *Braun,* Rechtskraft und Restitution. Erster Teil: Der Rechtsbehelf gemäß § 826 BGB gegen rechtskräftige Urteile, 1979; *Braun,* Rechtskraft und Rechtskraftdurchbrechung von Titeln über sittenwidrige Ratenkreditverträge, 1986; *Gaul,* Möglichkeiten und Grenzen der Rechtskraftdurchbrechung, Thrazische juristische Abhandlungen, 1986; *Grün,* Die Zwangsvollstreckung aus Vollstreckungsbescheiden über sittenwidrige Ratenkreditforderungen: Klage aus § 826 BGB oder beschränkte Rechtskraft des Vollstreckungsbescheids?, 1990; *Hönn,* Dogmatische Kontrolle oder Verweigerung – Zur Rechtskraftdurchbrechung über § 826 BGB, Festschrift für *Lüke* (1997) 265; *Lenenbach,* Die Behandlung von Unvereinbarkeiten zwischen rechtskräftigen Zivilurteilen nach deutschem und europäischem Zivilprozeßrecht, 1997; *Prütting/Weth,* Rechtskraftdruchbrechung bei unrichtigen Titeln, 2. Aufl 1994; *Vollkommer,* Neuere Tendenzen im Streit um die „geminderte" Rechtskraft des Vollstreckungsbescheids, Festschrift für *Gaul* (1997) 759; *Walker,* Beseitigung und Durchbrechung der Rechtskraft, Festgabe *50 Jahre Bundesgerichtshof* (2000) III 367.

A. Zulässigkeit. Die Beseitigung der Rechtskraft ist in folgenden Fällen möglich: Durch eine Wiedereinsetzung wegen Versäumung der Einspruchs- oder Rechtsmittelfrist, §§ 233 ff; durch eine Bestimmung des zuständigen Gerichts nach § 36 I Z 5, 6; durch eine Abänderungsklage, § 323; durch eine Nachforderungsklage, § 324; durch eine Wiederaufnahmeklage, §§ 578 ff. Eine Änderung der Gesetzgebung wirkt regelmäßig nicht auf die Rechtskraft, sofern nicht das Gesetz eine Erneuerung des Streits ausdrücklich zuläßt. Vgl aber § 323 Rn 18, § 767 Rn 18 „Änderung der Gesetzgebung". Der Fortbestand der Rechtskraft muß aber seine Grenze dort finden, wo eine Vollstreckung aus dem Urteil nach dem neuen Gesetz sittenwidrig wäre, § 767 Rn 30 „Treuwidrigkeit".

B. Sittenwidrigkeit: Meinungsstand. Die Frage, ob man die Rechtskraft mit Mitteln des sachlichen **28** Rechts bekämpfen kann, ist *umstritten*.

Das *Reichsgericht* bejahte eine solche Möglichkeit in immer steigendem Maß. Bereits RG **46**, 79 gab gegenüber einem rechtskräftigen Urteil den Einwand der Arglist, § 826 BGB, Walker (bei Rn 27) 395. Die Instanzgerichte verloren allmählich jeden Halt.

Zwar hielt auch zB BGH NJW **51**, 759 den § 826 BGB mit Rücksicht auf die verschiedenen Voraussetzungen von § 580 und § 826 BGB gegenüber dem rechtskräftigen Urteil für anwendbar. So auch BSG BB **87**, 973, Ffm RR **90**, 308, Köln VersR **90**, 501. Das sollte etwa bei einem Urteil gelten, das durch Irreführung des Gerichts arglistig erwirkt wurde, Einl III 54, insbesondere durch falsche Zeugenaussagen oder unrichtige Parteierklärungen. Es soll sogar grundsätzlich genügen, wenn eine Partei ein Versäumnisurteil sittenwidrig ausnutzt, Hamm NJW **91**, 1362, LG Köln NJW **91**, 2427 (krit sogar Grün NJW **91**, 2402), oder einen Vollstreckungsbescheid, BGH NJW **98**, 2818, Hamm RR **90**, 306, LG Heilbr NJW **03**, 2391, oder ein Urteil, dessen Unrichtigkeit sie kennt, BGH FamRZ **87**, 369.

Zugleich läßt sich freilich eine teilweise deutlich *strengere* Entwicklung des BGH und anderer beob- **29** achten. Man betont hier die *Gefahr der Aushöhlung* der Rechtskraft, BGH NJW **05**, 2994. Eine solche Gefahr besteht auch bei einer Verbandsklage, aM Hasselbach GRUR **97**, 44 (aber gerade sie birgt auch zusätzliche Gefahr für die Rechtssicherheit, so sehr sie ihr auch oft dienen mag). BAG NJW **89**, 1054 lehnt ausdrücklich die Auffassung ab, die Gültigkeit eines Vollstreckungstitels sei zu verneinen, wenn ihm ein sittenwidriger Ratenkreditvertrag zugrunde liege. Man weist die Begründung ausdrücklich auf den Rang von Rechtsklarheit und Rechtssicherheit nach Einl III 43 sowie Praktikabilität hin, BGH NJW **05**, 2994. Sehr zurückhaltend und offen auch grundsätzlich BVerfG Rpfleger **91**, 324, noch mehr die Rechtssicherheit beachtend BVerfG RR **93**, 232 (je zu § 700). Schon gar nicht hilft außerhalb der Sonderlage § 767 Rn 32 § 79 II Fall 3 BVerfGG, Köln RR **01**, 139, Wesser NJW **01**, 479, aM LG Köln ZIP **99**, 920 (aber die Vorschrift läßt sich nicht entsprechend anwenden. Sie würde das Problem auch nicht lösen, ohne die Rechtskraft erneut auszuhöhlen. Außerdem setzt das ganze BVerfGG die Zulässigkeit einer Verfassungsbeschwerde voraus. Diese tritt bekanntlich erst nach Erschöpfung des Rechtswegs ein, Einl III 17).

Nur scheinbar überraschend erklärt BGH NJW **88**, 2049 rechts unten, die Berufung auf § 826 BGB könne den Eintritt der Rechtskraft nicht hindern. Gemeint ist in Wahrheit aber nur der Eintritt der formellen Rechtskraft, BGH NJW **88**, 2049 rechts oben. Der BGH lehnt allerdings einen Schadensersatzanspruch ab, wenn sich der jetzige Kläger auf dieselben Behauptungen, Beweismittel und Rechtsausführungen wie im Vorprozeß beruft oder den früheren Vortrag mit Ausführungen oder Beweisanträgen ergänzt, die er schon im Vorprozeß hätte vorbringen können, BGH FamRZ **88**, 829, Hamm RR **94**, 1468.

C. Sittenwidrigkeit: Kritik. Die Versuche zur Beseitigung der Rechtskraft führen zu einer schikanösen **30** Vermehrung und Verteuerung des Prozessierens und zu einer bodenlosen Rechtsunsicherheit, Einl III 43, Hamm FamRZ **84**, 1125. Danach könnte sogar die bloß objektive Unrichtigkeit ohne jedes Erschleichen ausreichen. Außerdem sind die Regeln des BGH in sich unsicher. Gewiß soll das sachliche Recht siegen,

Einl III 1. Das Recht dient dem Leben. Darum ist eine Lehre falsch, die zu einem praktisch unbrauchbaren Ergebnis führt. Man darf aber deshalb nicht die tragenden Pfeiler jeder Rechtsordnung sprengen. Die Rechtssicherheit ist eines der größten Güter, BVerfG **2**, 403, BAG NJW **89**, 1054. Sie dient dem einzelnen wie der Allgemeinheit.

31 Überdies ist eine Aufweichung der Rechtskraft *in sich widersprüchlich*. So nahe bei flüchtiger Überlegung der Gedanke liegt, in solchen Fällen einen Rechtsmißbrauch anzunehmen, so abwegig ist er bei genauerer Prüfung. Gibt es einen schlimmeren Rechtsmißbrauch, als wenn der Sieger trotz Zahlung nochmals vollstreckt? Und trotzdem hat der Verurteilte nach dem ganz klaren Willen des Gesetzes dann nicht auch die Einrede aus § 826 BGB, aM Wesser ZZP **113**, 183, Wüstenberg AnwBl **01**, 142, sondern nur die Möglichkeit der Vollstreckungsabwehrklage, Wesser ZZP **113**, 183. Man beachte auch, daß § 586 II die Wiederaufnahmeklage trotz schwerster Mängel mit dem Ablauf von 5 Jahren seit der Rechtskraft schlechthin verbietet, BGH NJW **94**, 591, Walker (bei Rn 27) 395, während man nach BGH bei leichteren Mängeln gegebenenfalls noch eine spätere Anfechtung aus § 826 BGB zugelassen müßte. Ziemlich heikel BayVerfGH MDR **97**, 882 (Willkür reiche. Zu diesem schillernden Begriff Einl III 21).

32 Die ganze unter der Führung des Reichsgerichts entwickelte Lehre klingt verlockend. Sie wirkt aber als *„juristische Knochenerweichung"* (Baumbach, zuletzt in der 18. Aufl) verderblich und ist abzulehnen, Geißler NJW **87**, 169, Jauernig ZZP **66**, 405 (mit Rücksicht auf die Gesetzeskonkurrenz zwischen §§ 580 ZPO, 826 BGB schließe die erstere Vorschrift als lex specialis die letztere aus, aM Celle OLGZ **79**, 66), RoSGo § 162 III, StJL § 322 Rn 284 ff (bloße Funktion als „Notventil").

33 Beachtenswert BGH (2. ZS) **LM** § 322 Nr 10: Man dürfe nicht von einem als unrichtig erkannten Urteil Gebrauch machen. Köln RR **93**, 570 will einen Anspruch auf Unterlassung der Zwangsvollstreckung und auf Herausgabe eines Titels ausnahmsweise dann zubilligen, wenn zu der Ausnutzung des unrichtigen Urteils, das dem Berechtigten als solchem bekannt sei, *„besondere Umstände"* hinzutreten, die die Ausnutzung in hohem Maße unbillig und geradezu unerträglich machen, BGH NJW **05**, 2994, LG Hbg RR **86**, 407 bejaht, RR **86**, 49, Kblz RR **86**, 50 verneinen dergleichen, soweit es um einen Vollstreckungsbescheid geht. Düss VersR **92**, 764 verneint die Möglichkeit, die Rechtskraft zu bekämpfen, wenn man sie selbst verursacht habe, etwa durch Rücknahme eines Rechtsmittels.

34 Der von der Rechtslehre entwickelte *Scheinprozeß* (simulierte Prozeß) ist ein Gedankenspiel. Kommt er einmal wirklich vor, so mögen die Parteien die Folgen ihres Tuns tragen. Dasselbe gilt, wenn eine Partei ein Versäumnisurteil gegen sich unter einer falschen Voraussetzung ergehen läßt, die dann nicht eintritt. Der besonders unerfreuliche Fall eines Unterhaltsurteils gegen den Scheinvater bei einem entgegenstehenden Abstammungsurteil ist durch das NEhelG ausgeräumt, Üb 3 vor § 642.

35 **D. Sonderfall: Erschleichung.** Bei einer Erschleichung und bei gröbstem Mißbrauch der Rechtskraft nach Einl III 54 genügt die Restitutionsklage zur Beseitigung von Schäden, BGH **151**, 327. Denn Erschleichung ist Prozeßbetrug, als solcher eine Straftat und daher ein Restitutionsgrund, § 580 Z 4. Erschleichung gibt auch einen Ersatzanspruch aus § 826 BGB, § 138 Rn 65, BGH RR **92**, 1073, Düss MDR **84**, 401, Schlesw NJW **91**, 987. Der Zustand voller Gerechtigkeit ist eine Utopie. Zahlen muß zB auch diejenige Partei, die der Richter unter Anwendung eines ganz falschen Gesetzes rechtskräftig verurteilt hat. Falsche Urteile sind häufiger als erschlichene.

36 **E. Unwirksamkeit einer Parteivereinbarung.** Die Parteien können die prozessualen Wirkungen der Rechtskraft nicht durch eine Vereinbarung herbeiführen oder abbedingen. Das gilt nicht etwa schon wegen der Amtsprüfung der Rechtskraft, Grdz 39 vor § 128, aM ZöV 12 vor § 322, wohl aber wegen der Wirkung der inneren Rechtskraft, Rn 11 ff. Die Parteien können vor allem keinen Staatsakt wie das rechtskräftige Urteil durch einen Vergleich beseitigen. Zwar können sie auf die Urteilsfolgen verzichten, so auch auf das rechtskräftig geklärte sachlichrechtliche Gut, den Anspruch. Sie können auch selbst nach der Rechtskraft noch darüber einen Vergleich schließen. Wenn die Sache aber irgendwie nochmals zur gerichtlichen Entscheidung kommt, dann bleibt das rechtskräftige Urteil für den jetzt erkennenden Richter maßgebend. Die Parteien können grundsätzlich nicht wirksam vereinbaren, die rechtskräftig entschiedene Sache einem Gericht oder Schiedsgericht erneut zu einer sachlichen Prüfung zu unterbreiten. Über eine Ausnahme Rn 16.

37 9) *VwGO: Die vorstehend dargelegten Grundsätze gelten auch im VerwProzeß,* Ule VPrR § 59, Ey § 121 Rn 4 ff.

322 **Materielle Rechtskraft.** [I] Urteile sind der Rechtskraft nur insoweit fähig, als über den durch die Klage oder durch die Widerklage erhobenen Anspruch entschieden ist.

[II] Hat der Beklagte die Aufrechnung einer Gegenforderung geltend gemacht, so ist die Entscheidung, dass die Gegenforderung nicht besteht, bis zur Höhe des Betrages, für den die Aufrechnung geltend gemacht worden ist, der Rechtskraft fähig.

EV Art 18 I. Fortgeltung gerichtlicher Entscheidungen. [1] Vor dem Wirksamwerden des Beitritts ergangene Entscheidungen der Gerichte der Deutschen Demokratischen Republik bleiben wirksam und können nach Maßgabe des gemäß Artikel 8 in Kraft gesetzten oder des gemäß Artikel 9 fortgeltenden Rechts vollstreckt werden. [2] Nach diesem Recht richtet sich auch eine Überprüfung der Vereinbarkeit von Entscheidungen und ihrer Vollstreckung mit rechtsstaatlichen Grundsätzen. [3] Artikel 17 bleibt unberührt.

Schrifttum: *Bosch,* Rechtskraft und Rechtshängigkeit im Schiedsverfahren, 1991; *Bub,* Streitgegenstand und Rechtskraft bei Zahlungsklagen des Käufers wegen Sachmängeln, 2001 (Bespr *Rimmelspacher* ZZP **116**, 381); *Habscheid,* Zur materiellen Rechtskraft des Unzuständigkeitsentscheids (rechtsvergleichend), in: Festschrift für *Nakamura* (1996); *Habscheid,* Streitgegenstand, Rechtskraft und Vollstreckbarkeit von Urteilen des EuGH, in: Festschrift für *Beys* (Athen 2003); *Heil,* Die Bindung der Gerichte an Entscheidungen anderer

Titel 2. Urteil **§ 322**

Gerichte, Diss Bochum 1983; *Henssler,* Korrektur rechtskräftiger Entscheidungen über den Versorgungsausgleich, 1983; *Koshiyama,* Rechtskraftwirkungen und Urteilsanerkennung nach amerikanischem, deutschem und japanischem Recht, 1996; *Koussoulis,* Beiträge zur modernen Rechtskraftlehre, 1986; *Lipp,* Doppelzahlung und Rechtskraft, Festschrift für *Pawlowski* (1997) 359; *Musielak,* Einige Gedanken zur materiellen Rechtskraft, in: Festschrift für *Nakamura* (1996); *Oetker,* Die materielle Rechtskraft und ihre zeitlichen Grenzen bei einer Änderung der Rechtslage, ZZP **115**, 3; *Petzold,* Die Rechtskraft der Rentenurteile des § 258 ZPO und ihre Abänderung nach § 323 ZPO, Diss Saarbr 1991; *Reischl,* Die objektiven Grenzen der Rechtskraft im Zivilprozeß, 2002; *Reuschle,* Das Nacheinander von Entscheidungen usw, 1998; *Schneider,* Verbund- und Teilrechtskraft im Scheidungsverfahren, Diss Mü 1982; *Schwab,* Bemerkungen zur Rechtskraft inter omnes usw, Festschrift für *Gaul* (1997) § 729; *Seelig,* Die prozessuale Behandlung materiellrechtlicher Einreden – heute und einst –, 1980; *Stucken,* Einseitige Rechtskraftwirkung von Urteilen im deutschen Zivilprozeß, 1990; *Stürner,* Rechtskraft in Europa, Festschrift für *Schütze* (1999) 913; *Varvitsiotis,* Einführung in die Rechtsnatur der Aufrechnungseinrede im Zivilprozeß, 1987; *Vollkommer,* Schlüssigkeitsprüfung und Rechtskraft, Erlanger Festschrift für *Schwab* (1990) 229; *Zeuner,* Beobachtungen und Gedanken zur Behandlung von Fragen der Rechtskraft in der Rechtsprechung des Bundesgerichtshofes, Festgabe *50 Jahre Bundesgerichtshof* (2000) III 337. Vgl auch Einf vor §§ 322–327.

Gliederung

1) Systematik, I, II 1	5) Grenzen der Rechtskraft, I 16–20
2) Regelungszweck, I, II 2	A. Tatsachenfeststellung 16
3) Geltungsbereich, I, II 3–8	B. Juristischer Obersatz 17
A. Rechtskraftfähigkeit, I 3	C. Allgemeine Rechtsfolge 18
B. Beispiele zur Frage einer Rechtskraftfähigkeit, I 4–8	D. Einreden usw 19
	E. Entscheidungsgründe 20
4) Tragweite der inneren Rechtskraft, I .. 9–15	6) Aufrechnung, II 21–26
A. Maßgeblichkeit des wahren Entscheidungsumfangs 9	7) Beispiele zur Frage des Vorliegens einer Rechtskraft, I, II 27–75
B. Auslegung 10–14	8) *VwGO* 76
C. Anspruch 15	

1) Systematik, I, II. Vgl zunächst Einf vor §§ 322–327. Die Vorschrift regelt die Rechtskraft zentral. Sie **1** wird durch §§ 323 ff ergänzt und in §§ 704 ff für die Zwangsvollstreckung weiterentwickelt. Ausnahmen sind nach §§ 578 ff herbeiführbar.

2) Regelungszweck, I, II. Die Vorschrift bezweckt die Klärung und Abgrenzung desjenigen Streitstoffs, **2** den das Gericht im Erkenntnisverfahren abschließend beurteilt und nun zur Vollstreckung eröffnet hat, mag diese nach §§ 708 ff vorläufig oder eben endgültig erfolgen. Weder eine zu enge noch eine zu großzügige Auslegung dienen der Gerechtigkeit oder sind zweckmäßig. Die Rechtssicherheit nach Einl III 43 als notwendiger dritter Bestandteil der übergeordneten Rechtsidee nach § 296 Rn 2 erfordert sorgsame Abwägung dessen, was man als ausgeurteilt ansehen kann.

Der Streitgegenstand nach § 2 Rn 3 ist ein Zentralbegriff zur Abgrenzung der Rechtskraft. Wer ihn weit auslegt, muß auch die Rechtskraft entsprechend weit reichen lassen. Das führt im Einzelfall oft zu schwierigen Grenzproblemen. Hinzu tritt die nicht selten ebenso heikle Frage, wie weit das Gericht nun eigentlich den ursprünglichen oder infolge Klageerweiterung ausgedehnten Streitgegenstand überhaupt auch durch sein Urteil beschieden hat. Beide Fragen haben direkte Auswirkungen auf weitere Klagemöglichkeiten, auf Umfang und Grenzen der Vollstreckbarkeit und auf den Umfang der Bindung der Parteien wie des Gerichts, wenn die bisher erörterten Probleme auch nur Vorfragen weiterer Auseinandersetzungen werden. Klare Formulierungen im Urteil können vor allem im eigentlichen Urteilsspruch wie auch in den Entscheidungsgründen helfen, solche Folgeprobleme gar nicht entstehen zu lassen. Aber auch eine vernünftige weder zu strenge noch zu großzügige und stets praktikable Auslegung der Rechtskraft kann insoweit helfen. Das sollte man bei der Handhabung des § 322 mitbedenken.

3) Geltungsbereich, I, II. Die Vorschrift gilt in allen Verfahrensarten nach der ZPO. Sie gilt auch im **3** FGG-Verfahren, BayObLG ZMR **01**, 990 (WEG), Karlsr WoM **01**, 460. Sie erfaßt in I die Klageforderung, in II eine Gegenforderung des Bekl. Sie gilt vor den Arbeitsgerichten, BAG NJW **02**, 1288.

A. Rechtskraftfähigkeit, I. Der inneren Rechtskraft fähig sind sämtliche Urteile ordentlicher Gerichte, die endgültig und vorbehaltlos eine Rechtslage feststellen bzw über eine Rechtsfolge entscheiden.

B. Beispiele zur Frage einer Rechtskraftfähigkeit, I. Vgl auch Rn 27 ff (innere Rechtskraft). **4**
Anerkenntnisurteil: Der inneren Rechtskraft fähig ist ein Anerkenntnisurteil, § 307.
Arbeitsgericht: Der inneren Rechtskraft fähig ist ein Urteil des Arbeitsgerichts, BAG NZA **05**, 649, ebenso ein Beschluß, BAG MDR **01**, 281.
Arrest, einstweilige Verfügung: Rn 29 „Arrest und Einstweilige Anordnung oder Verfügung".
Ausländisches Urteil, dazu *Spiecker gen Döhmann,* Die Anerkennung von Rechtskraftwirkungen von ausländischen Urteilen, 2002: Vgl §§ 328, 722, Karlsr RR **99**, 82, Geimer DNotZ **89**, 355.
Berichtigung: Der inneren Rechtskraft fähig ist ein Berichtigungsbeschluß, § 319, BGH NJW **85**, 743. S auch „Beschluß".
Berufung: Rn 7 „Verwerfung".
Beschluß: Der inneren Rechtskraft kann ein Beschluß fähig sein, soweit in ihm eine der äußeren Rechtskraft fähige Entscheidung steckt (ohne äußere Rechtskraft keine innere), § 329 Rn 21 „§§ 322–327".
S auch „Berichtigung", Rn 5 „Kostenfestsetzung", Rn 7 „Verwerfung".
Dritter: Rn 8 „Zwischenurteil".
Einspruch: S „Beschluß", Rn 5 „Prozeßurteil". **5**
Einstweilige Anordnung oder Verfügung: Rn 29 „Arrest und Einstweilige Anordnung oder Verfügung".

§ 322

Erinnerung: Der inneren Rechtskraft fähig ist ein Beschluß im Erinnerungsverfahren, § 766 Rn 27.
S auch Rn 3 „Beschluß".
Gebührenfestsetzung: Der inneren Rechtskraft fähig ist ein Beschluß nach (jetzt) § 11 RVG, BGH NJW 97, 743, BbgJB 78, 1524, Brschw Rpfleger 77, 177.
Gestaltungsurteil: Der inneren Rechtskraft fähig ist ein Gestaltungsurteil, Grdz 10 vor § 253.
Insolvenz: Der inneren Rechtskraft fähig ist eine Eintragung in die Tabelle, § 178 III InsO, und zwar auch dem Verwalter gegenüber.
S auch Rn 3 „Beschluß".
Kostenfestsetzung: Der inneren Rechtskraft fähig ist ein Kostenfestsetzungsbeschluß, § 104 Rn 31, BGH NJW 84, 126.
S auch Rn 3 „Beschluß".
Prozeßvergleich: § 322 Rn 69.
Prozeßurteil: Der inneren Rechtskraft fähig ist ein sog Prozeßurteil, Grdz 14 vor § 253, soweit das Gericht eine Klage wegen Unzulässigkeit abweist oder einen Einspruch oder ein Rechtsmittel als unzulässig verwirft, Üb 5 vor § 300, BGH NJW 85, 2535, Stgt FamRZ 80, 1117, ZöV 8 vor § 322, aM die Vertreter der sachlichrechtlichen Rechtskraftlehre, Einf 5 vor § 322, weil sie diese Rechtskraft von ihrem Standpunkt aus nicht erklären können.
Revision: Rn 7 „Verwerfung".
6 Sondergericht: Der inneren Rechtskraft fähig ist das Urteil eines Sondergerichts im Rahmen seiner sachlichen Zuständigkeit.
Darüber hinaus ist ein solches Urteil *wirkungslos,* Üb 2 vor § 13 GVG.
Unvertretbare Handlung: Der inneren Rechtskraft fähig ist ein Beschluß im Verfahren nach § 888, LG Wiesb NJW 86, 940.
S auch Rn 3 „Beschluß".
7 Versäumnisurteil: Der inneren Rechtskraft fähig ist ein Versäumnisurteil., BGH 153, 242 (abl Roth LMK 03, 116).
Vertretbare Handlung: Der inneren Rechtskraft fähig ist ein Beschluß im Verfahren nach § 887, LG Wiesb NJW 86, 940.
S auch Rn 3 „Beschluß".
Verweisung: Der inneren Rechtskraft *unfähig* ist ein Endurteil, das eine Verweisung ausspricht, § 281.
S auch Rn 8 „Zurückverweisung".
Verwerfung: Der inneren Rechtskraft fähig ist ein Verwerfungsbeschluß zB nach (jetzt) §§ 522, 552, BGH NJW 81, 1962.
S auch Rn 3 „Beschluß", Rn 5 „Prozeßurteil".
Verzichtsurteil: Der inneren Rechtskraft fähig ist ein Verzichtsurteil, § 306.
Vollstreckungsbescheid: Es ist rechtskraftfähig, Rn 71.
Vorbehaltsurteil: *Keine* eigentliche Rechtskraftwirkung hat die Bindung des Vorbehaltsurteils, §§ 302, 599, oder der Vorabentscheidung nach § 304 für das Nachverfahren, Rn 45 „Grund des Anspruchs", § 318 Rn 1.
8 Wiedereinsetzung: Der inneren Rechtskraft fähig ist ein die Wiedereinsetzung ablehnender Beschluß, § 238 Rn 5.
S auch Rn 3 „Beschluß".
Zurückverweisung: Der inneren Rechtskraft *unfähig* ist ein Endurteil, das eine Zurückverweisung ausspricht, §§ 538, 563 I, II.
S auch Rn 7 „Verweisung".
Zwangsvollstreckung: Rn 4 „Erinnerung", Rn 6 „Unvertretbare Handlung", Rn 7 „Vertretbare Handlung".
Zwischenurteil: Der inneren Rechtskraft fähig ist ein Zwischenurteil gegen einen Dritten, zB nach §§ 71, 135, 303 Rn 1, 2, §§ 387, 402.
Der inneren Rechtskraft *unfähig* ist ein Zwischenurteil zwischen den Parteien dieses Rechtsstreits, §§ 280, 303 (der äußeren Rechtskraft ist in den Fällen der §§ 280, 304 fähig).

9 4) Tragweite der inneren Rechtskraft, I. Sie ist oft nur schwer erkennbar.

A. Maßgeblichkeit des wahren Entscheidungsumfangs. Die innere Rechtskraft reicht so weit, wie das Gericht über den Klag- oder Widerklaganspruch nach Rn 15 wirklich entschieden hat, Einf 2 vor §§ 322–327, BGH NJW 99, 287, BAG FamRZ 96, 1300. Die innere Rechtskraft reicht, anders ausgedrückt, soweit der in der Urteilsformel enthaltene Gedanke reicht, BVerfG MietR 96, 121 (mit etwas wolkiger Begründung), BGH RR 87, 831. Rechtskraftfähig sind also nicht schon Vorfragen, BGH NJW 95, 2993, BAG NZA 04, 344, Jena FGPrax 01, 57, aM Hbg ZMR 03, 256 (ohne Auseinandersetzung mit dem Problem). Rechtskraftfähig ist vielmehr nur der vom Richter aus dem Sachverhalt gezogene und im Urteil ausgesprochene Schluß auf das Bestehen oder Nichtbestehen des Anspruchs, BGH RR 01, 477, BayObLG 88, 431, Kblz FamRZ 87, 951. Die Savignysche Lehre, daß sich die Rechtskraft auf die „in den Gründen enthaltenen Elemente des Urteils" erstrecke, schien verlassen. Zeitlich besteht grundsätzlich keine Grenze, BAG MDR 01, 281.

Inzwischen gilt aber wieder mit Recht eine differenzierende Betrachtung und die Teilnahme zumindest der *„tragenden"* Entscheidungsgründe an einer „relativen" Rechtskraft, Rn 10, BGH NJW 95, 968, BayObLG Rpfleger 95, 406, Schwab ZZP 91, 235, aM BGH NJW 95, 2993, BAG NZA 04, 344 (aber nur solche Differenzierung vermeidet unhaltbare Vergröberung). Lindacher ZZP 88, 73 sieht den Tenor, den Tatbestand und die Entscheidungsgründe als Einheit an und läßt die Gründe im Zweifel vorgehen.

10 B. Auslegung. Man darf und muß die Formel auslegen, BGH 159, 69. Das gilt freilich nur, soweit sie Zweifel läßt, Kblz VersR 85, 1150, aM LG Bonn JB 91, 264 (abl Wasmuth). Eine Auslegung darf auch nur in engen Grenzen erfolgen, BGH VersR 86, 565. Sie geschieht dann unter *Heranziehung des Tatbestands und der Entscheidungsgründe,* Rn 9, BVerfG NJW 03, 3759, BGH 159, 69, Düss RR 01, 523.

Titel 2. Urteil **§ 322**

Den im Urteil *in Bezug genommene Parteivortrag* im Prozeß muß man ebenfalls berücksichtigen, BVerfG **11** NJW **03**, 3759, BGH RR **99**, 1006, AG Northeim FamRZ **04**, 959. Nicht Vorgetragenes darf man nicht im Zweitprozeß nachholen, BGH NJW **04**, 295. Maßgeblich ist die Entscheidung der letzten Instanz, StJL 183, ThP 17, aM Jauernig zB Festschrift für Schiedermair (1976) 297 (im Fall der Zurückweisung eines Rechtsmittels komme es ausschließlich auf den Ausspruch der Zurückweisung an, die dafür angeführten Gründe hätten keinerlei Einfluß auf das angefochtene Urteil. Aber es kommt stets auf das Endergebnis eines Prozesses an). Dasselbe gilt bei einer Vorabentscheidung über den Grund, § 304. Wenn der Anspruch A die Voraussetzung eines Anspruchs B bildet, dann ist A ab Rechtskraft seiner Bejahung oder Verneinung auch für B positiv wie negativ festgestellt, BGH NJW **93**, 3204.

Bei einem *Anerkenntnisurteil* nach § 307 oder bei einem *Versäumnisurteil* nach §§ 330 ff dient der Auslegung **12** das Vorbringen des Klägers, BGH **124**, 167, BAG NJW **95**, 2310, AG Ludwigslust FamRZ **05**, 1494. Ferner hilft bei der Auslegung die Anerkenntniserklärung des Bekl, Köln FamRZ **92**, 1446. Die beachten Bbg FamRZ **86**, 702, Ffm RR **94**, 9, Beckmann MDR **87**, 614 nicht genug. Auch im Verhältnis zueinander können die Parteien dem Urteil keinen anderen Inhalt geben, als das Gericht ihn nach dem Streitstoff geben konnte. Andererseits können die Parteien dem Urteil aber auch denselben Inhalt geben, den das Gericht gegeben hat.

Wenn der Kläger zB nach der seinerzeit gegebenen Sachlage und nach seinem Verhalten die ganze **13** Forderung geltend machen wollte, dann ist sie insgesamt im Streit befindlich. Wenn das Gericht entgegen § 308 I über einen *nicht erhobenen* Anspruch als über einen erhobenen erkannt hat, dann erstreckt sich die Rechtskraft seiner Entscheidung auch auf diesen Anspruch, Einf 13 vor §§ 322–327, BGH NJW **99**, 287. Die Rechtskraft macht überhaupt alle Mängel des früheren Verfahrens unbeachtlich, etwa denjenigen, daß das Gericht eine der möglichen Anspruchsgrundlagen übersehen hat, BAG DB **90**, 893. Wenn sich der im neuen Prozeß vorgetragene Sachverhalt seinem Wesen nach von demjenigen am Schluß der letzten mündlichen Tatsachenverhandlung des Vorprozesses nach §§ 136 IV, 296 a oder dem ihm gleichstehenden Zeitpunkt nach § 128 II, III unterscheidet, dann steht der neuen Klage die innere Rechtskraft des Urteils auch dann nicht entgegen, BVerfG NJW **03**, 3543, LAG Mainz NZA-RR **04**, 431. Das gilt jedenfalls dann, wenn das Klageziel äußerlich unverändert geblieben ist und wenn der Kläger die zur Begründung der neuen Klage vorgebrachten Tatsachen schon im Vorprozeß hätte vortragen können, BGH NJW **81**, 2306, BayObLG ZMR **01**, 990. Es gilt auch bei einer Abweisung als (nur) derzeit unbegründet, Rn 28.

Widersprechen sich die Entscheidungsgründe und die Urteilsformel nach §§ 311 II 1, 313 I Z 4, dann geht **14** die Formel vor. Denn die Gründe dienen der Auslegung der Formel, nicht der Änderung, BGH RR **02**, 136. Ergibt die Formel nur eine Teilentscheidung, so wird nur dieser Teil rechtskräftig, BGH RR **02**, 135 links oben. Stützt sich eine Sachabweisung auf mehrere Gründe, so erwächst die Entscheidung für alle Gründe in Rechtskraft. Das gilt zB dann, wenn das Gericht die Klage wegen fehlender Sachbefugnis nach Grdz 23 vor § 50 und wegen Unbegründetheit des Anspruchs abweist. Die Rechtskraft ergreift sogar grundsätzlich die übersehenen rechtlichen Gesichtspunkte, BGH VersR **78**, 60 (eine Ausnahme gilt evtl bei § 32), aM BGH NJW **85**, 2412 (aber es müßte eindeutig feststehen, daß das Gericht solche Gesichtspunkte gar nicht mitbescheiden wollte, Rn 27 „Abweisung"). Soweit der Gericht weitere Tatsachen prüfen mußte, entsteht dort keine Rechtskraft. Führt auch eine Auslegung nicht weiter oder enthält der Tenor einen unauflösbaren Widerspruch, so liegt insofern keine innere Rechtskraft vor, BGH RR **01**, 1352, Brdb MDR **00**, 228, Hamm ZMR **98**, 341. Es gibt dann keinen vollstreckungsfähigen Titel, Brdb MDR **00**, 228, Hamm BB **83**, 1304. Es kommt dann evtl eine Klage entsprechend § 767 in Frage, Brdb MDR **00**, 228. Das gilt etwa bei völliger Unbestimmtheit des bisherigen Titels, Zweibr FamRZ **96**, 750. Aber Vorsicht!

C. Anspruch. Das ist der prozessuale Anspruch, der Streitgegenstand, Einl III 73, § 2 Rn 3 ff, BGH **157**, **15** 49, Zweibr JB **96**, 443, Musielak NJW **00**, 3593. Der Anspruch umfaßt also eine Feststellung und eine Gestaltung, Grdz 9, 10 vor § 253. Eine Entscheidung über den Anspruch ist auch die Entscheidung über Prozeßvoraussetzungen, Grdz 13 vor § 253. Daher handelt es sich darum, inwieweit das Urteil das Bestehen oder das Nichtbestehen einer rechtsbegründenden Tatsachen feststellt, § 253 Rn 32. Das Gericht darf den Einwand nicht ungeprüft lassen, die Sache sei bereits rechtskräftig entschieden worden. Denn es müßte dann evtl die Klage durch ein sog Prozeßurteil als unzulässig abweisen und dürfte allenfalls hilfsweise eine Sachabweisung vornehmen, Grdz 17 vor § 253. Die früher zulässig gewesene Abweisung „angebrachtermaßen", also nur so, wie die Klage angebracht worden war, sodaß man sie mit besserer Darlegung wiederholen konnte, ist abgeschafft, BGH NJW **89**, 394. Hatte das Gericht das Rechtsmittel mangels rechtzeitiger Begründung rechtskräftig verworfen und läuft in Wahrheit die Einlegungsfrist noch, so kann eine Wiederholung des Rechtsmittels zulässig sein, BGH NJW **91**, 1116.

5) Grenzen der Rechtskraft, I, dazu *Gaul*, Die Ausübung privater Gestaltungsrechte nach rechtskräf- **16** tigem Verfahrensabschluß usw, in: Gedächtnisschrift für *Knobbe-Keuk* (1997):

A. Tatsachenfeststellung. Die Rechtskraft ergreift grundsätzlich nicht die tatsächlichen Feststellungen des Urteils, Rn 41 „Feststellungsurteil: b) Sachurteil: Leugnende Klage", BGH NJW **83**, 2032 (problematisch, abl Tiedtke NJW **83**, 2014, Waldner JZ **83**, 374, zustm Messer JZ **83**, 395).

Beispiel: Die Feststellung der Nichtehelichkeit eines Kindes besagt nichts für den Ehebruch der Mutter.

B. Juristischer Obersatz. Die Rechtskraft ergreift auch nicht den juristischen Obersatz, die abstrakte **17** Rechtsfrage. Es bindet nur der Unterordnungsausschluß, nicht der Satz, der unterordnet. Das gilt namentlich beim Reihen-, Teilbetrags- und Ratenprozeß. In solcher Lage tritt also keine Rechtskraft für den nicht entschiedenen Teil oder Prozeß ein.

C. Allgemeine Rechtsfolge. Die Rechtskraft ergreift weiterhin nicht die allgemeine Rechtsfolge. Es **18** bedarf hier derselben Einzelbeziehung wie bei der Klage. Beispiel: Rechtskräftig werden kann nicht die Verurteilung zur Zahlung von 100 EUR, sondern nur die Verurteilung zur Zahlung von 100 EUR aus einem bestimmten Kaufvertrag. Mit der Rechtskraft steht aber nicht etwa ein Abschluß fest.

D. Einreden usw. Die Rechtskraft ergreift ferner grundsätzlich nicht Einreden und sonstige Einwendun- **19** gen des Bekl, wie ein Zurückbehaltungsrecht, die Einrede des nicht erfüllten Vertrags, eine Minderung, Düss

§ 322

Buch 2. Abschnitt 1. Verfahren vor den LGen

AnwBl **84**, 614, ein geltend gemachtes Pfandrecht, soweit der Bekl ihretwegen keine Widerklage nach Anh § 253 erhoben hat. Eine Ausnahme bildet die Aufrechnung, Rn 21, Düss FamRZ **80**, 377. Hier kann im Ergebnis ein Vorgehen nach (jetzt) § 634 Z 2 BGB gleichstehen, Düss AnwBl **84**, 614.

20 E. *Entscheidungsgründe.* Die Rechtskraft ergreift schließlich grundsätzlich nicht sämtliche Entscheidungsgründe, sondern nur die tragenden, Rn 9 ff. Darum entsteht nicht stets eine Rechtskraft für ein vorgreifliches Rechtsverhältnis, § 148 Rn 4, 5, BayObLG ZMR **83**, 288, und für dessen rechtliche Bewertung (Vorsatz, Fahrlässigkeit), BayObLG ZMR **83**, 287. Vgl aber Rn 4 ff. Wegen der leugnenden Feststellungsklage Rn 38 „Feststellungsurteil".

21 6) **Aufrechnung, II**, dazu zB *Kawano* ZZP **94**, 14; *Schreiber*, Die Aufrechnung im Prozeß, Festgabe *50 Jahre Bundesgerichtshof* (2000) III 227: Rechnet der Bekl mit einer Gegenforderung auf, auch hilfsweise, so wird die Feststellung ihres Nichtbestehens bis zum aufgerechneten Betrag rechtskräftig, BVerfG NJW **00**, 1938, VerfGH Bln ZMR **01**, 880, BGH FamRZ **05**, 265. Wegen der Rechtshängigkeit § 145 Rn 15. Das ist eine willkürliche, ausdrückliche, der Ausdehnung auf andere Rechte unfähige Ausnahme von I, BGH NJW **92**, 318, Kblz RR **97**, 1427. Daher ist II bei einer Abweisung aus anderen Gründen weder direkt noch entsprechend anwendbar. II ist daher zB in folgenden Fällen unanwendbar: Wenn es um ein Abrechnungsverhältnis geht, BGH MDR **04**, 703 rechts oben, oder um ein Zurückbehaltungsrecht, BGH NJW **05**, 265, oder wenn der beklagte Bürge mit einer Gegenforderung des Hauptschuldners aufrechnet, oder bei Aufrechnung des Klägers, Kblz RR **97**, 1427 (Ausnahmen bei verneinender Feststellungsklage oder bei § 767), oder wenn sich der Bekl auf eine vom Kläger außerhalb des Prozesses erklärte Aufrechnung beruft, BGH MDR **95**, 407, Tiedtke NJW **92**, 1475, aM Foerster NJW **93**, 1184, ThP 44 ff, ZöV 24 (aber man darf eine Ausnahmevorschrift fast stets nur eng auslegen).

22 *II gilt in folgenden Fällen:* Wenn das Urteil ausspricht, daß die Gegenforderung schon vor der Aufrechnung nicht bestanden habe. Maßgebend ist das Urteil, nicht die Aufrechnungserklärung, Schlesw SchlHA **83**, 198; wenn das Gericht die Aufrechnung als unzulässig erklärt, BGH RR **91**, 972 (die abweichende Entscheidung BGH NJW **01**, 3616 betraf den inzwischen aufgehobenen § 390 S 2 BGB aF); wenn das Gericht die zur Aufrechnung gestellte Forderung als unbegründet erklärt, zB wegen des Fehlens der Gegenseitigkeit, Celle AnwBl **84**, 311; wenn das Gericht die Klage wegen des Verbrauchs durch die als begründet erachtete Aufrechnung abweist (etwas anderes gilt, wenn das Gericht die Klageforderung für evtl nicht begründet erklärt), Hager Festschrift für Kissel (1994) 345, und zwar auch bei einer leugnenden Feststellungsklage, Braun ZZP **89**, 93, wenn der Vollstreckungsabwehrkläger die Aufrechnungsforderung geltend gemacht hat. Demgemäß ist der Bekl beschwert, wenn das Gericht die Klageforderung aus anderen Gründen hätte abweisen können.

Die *Rechtskraft ergreift nur* den zur Aufrechnung verwendeten Teil der Gegenforderung, nicht den überschießenden. Das gilt selbst dann, wenn das Gericht die gesamte Gegenforderung in den Entscheidungsgründen verneint, Celle AnwBl **84**, 311. Eine Annahme der Rechtskraftwirkung auch für den die Klagesumme übersteigenden Teil der Aufrechnungsforderung ist ein Verfahrensfehler. Er kann auf Antrag zu einer Zurückverweisung nach § 538 führen. Rechnet der Kläger mit einem Teil der ihm erstinstanzlich zuerkannten Klageforderung gegen eine anderseitig titulierte Gegenforderung des Bekl auf, so erstreckt sich die Rechtskraft des Berufungsurteils, das die Klage mit Rücksicht auf die Aufrechnung teilweise abweist, nicht auf die Gegenforderung, BGH NJW **92**, 983.

23 Es ist *unzulässig,* die Entscheidung mit dem Argument *zu begründen,* die Klageforderung habe nicht bestanden oder sei durch die Aufrechnung getilgt. Denn dabei bleibt die Rechtskraftwirkung ungewiß. Ebensowenig darf das Gericht eine Hilfsaufrechnung berücksichtigen, bevor es die Hauptforderung für begründet hält, VerfGH Bln ZMR **01**, 880. Ferner darf das Gericht nicht offenlassen, ob die Aufrechnung unzulässig ist, BGH RR **91**, 972. Es darf die Aufrechnung also nicht für unbegründet erklären, ohne vorher über ihre Zulässigkeit entschieden zu haben, BGH RR **91**, 972. Denn die Unzulässigkeit würde der Geltendmachung der Aufrechnung in einem anderen Rechtsstreit nicht entgegenstehen, Celle AnwBl **84**, 311. Wenn dieser Punkt unklar bleibt, muß das Gericht ihn von Amts wegen auch ohne Verfahrensrüge berücksichtigen, BGH RR **91**, 972.

24 Bloße *Hilfserwägungen* zur Begründetheit neben der Erklärung der Unzulässigkeit sind aber statthaft, Grdz 17 vor § 253. Sie sind unschädlich. Sie sind freilich für die Rechtskraft auch unbeachtlich, BGH NJW **88**, 3210.

25 Es kann im *Feststellungsprozeß* nach § 256 notwendig sein, eine schon mögliche Aufrechnung zu erklären, um ihren Ausschluß im späteren Leistungsprozeß zu vermeiden, BGH **103**, 367. Ist die im ersten Rechtszug erfolgte Aufrechnung unangefochten geblieben, so kann das Rechtsmittelgericht nicht entscheiden, die der Aufrechnung zugrunde liegende Forderung bestehe nicht. Ein mit seiner Aufrechnung abgewiesener Bekl muß Berufung oder Anschlußberufung einlegen, um die Aufrechnung weiterverfolgen zu können, Rostock RR **02**, 576, LG Köln WoM **77**, 186. Hat das Gericht die Klage nur auf Grund der Hilfsaufrechnung abgewiesen und legt nur der Kläger Rechtsmittel ein, so darf das Rechtsmittelgericht die Klageforderung nicht erneut überprüfen, BGH WoM **90**, 41.

26 Das ordentliche Gericht kann über eine zur Aufrechnung gestellte Forderung entscheiden, die an sich vor ein *ArbG* gehört. Im streitigen Verfahren der freiwilligen Gerichtsbarkeit ist II entsprechend anwendbar, Stgt WoM **89**, 199. Das LwG kann über eine Forderung entscheiden, die vor ein Prozeßgericht gehört. Vgl ferner § 145 Rn 15. Wegen der Hilfsaufrechnung eines Bürgen § 325 Rn 24 „Bürgschaft". Wegen des Streitwerts Anh § 3 Rn 15 „Aufrechnung".

27 7) **Beispiele zur Frage des Vorliegens einer Rechtskraft, I, II.** Vgl auch Rn 4 ff. Erweiterte Rechtskraft: § 325 Rn 21.

Abänderungsklage: Es kommt auch hier auf die Übereinstimmung der Streitgegenstände an, Karlsr FamRZ **87**, 396.

Abrechnungsverhältnis: Aufrechnung im: Rn 21.

Titel 2. Urteil **§ 322**

Abtretung: Das Urteil, das zur Beglaubigung einer Abtretung verpflichtet, erstreckt sich *nicht* auf den tatsächlichen Vorgang der nach § 888 zu bewirkenden Erklärungen vor dem Notar usw, BayObLG **97**, 91. Der neue Gläubiger wird nur soweit gebunden, als das Urteil gegenüber dem bisherigen Gläubiger rechtskräftig ist. Es ist keine erneute Klage nur auf Grund einer weiteren Abtretungserklärung desselben Zedenten möglich, die man schon im Vorprozeß des neuen Gläubigers hätte machen können, und umgekehrt, BGH NJW **86**, 1046, aM LG Wiesb MDR **79**, 236 (aber das würde auf willkürliche Prozeßhäufung hinauslaufen, Einl III 54).

Abweisung, dazu *Grunsky*, Überlegungen zur Konkurrenz mehrerer Klagabweisungsgründe, Festschrift für *Schumann* (2001) 159: Es kommt auf den gesamten wesentlichen Urteilsinhalt an, Rn 60 „Prozeßurteil", BGH GRUR **02**, 788, Düss RR **92**, 114, KG VersR **94**, 601. Eine Sachabweisung erfaßt grds jeden Rechtsgrund, BGH **153**, 242 (abl Roth LMK **03**, 116), BAG DB **98**, 1924; zum Problem Grunsky 168. Sie ergreift alles, was bei natürlicher Anschauung zum Lebenssachverhalt des Vorprozesses zählt, selbst wenn der Kläger dazu nicht alle Tatsachen vorgetragen hatte, BGH **157**, 49. Dagegen bleibt eine Geltendmachung eines ausdrücklich als *nicht mitbeschieden* bezeichneten Anspruchs im Zweitprozeß möglich, BGH MDR **02**, 1140. Eine Abweisung als derzeit unbegründet läßt eine bessere Begründung im Folgeprozeß offen, BVerfG NJW **03**, 3759, BGH BB **00**, 2490, BayObLG **03**, 265. Das gilt aber nicht für einen vom Gericht ausdrücklich ausgesparten Rechtsgrund, BGH GRUR **02**, 788.

Allgemeine Geschäftsbedingungen: § 11 UKlaG, abgedruckt bei § 890.

Alternative Sachverhalte: Das Gericht muß darlegen, welchen Anspruch es beschieden hat. Sonst *fehlt* eine rechtskräftige Entscheidung, Hamm RR **92**, 1279.

Amtshaftung: Weist das Gericht die Amtshaftungsklage mit Rücksicht auf das Bestehen eines anderweitigen Ersatzanspruchs ab, so ist das nur eine Abweisung als zur Zeit unbegründet, selbst wenn das Urteil ohne zeitliche Begrenzung ergeht. Weist das Gericht dann den anderweitig Ersatzanspruch mit Recht oder zu Unrecht ab, so ermöglicht dieser neue Sachverhalt eine *Wiederholung* des ersten Rechtsstreits.

Etwas anderes gilt, wenn die erste Klage wegen *Versäumnis des Klägers* abgewiesen wurde, § 330. Denn dann ist überhaupt eine Klagabweisung eingetreten.

Anerkenntnisurteil: Rn 1, 12.

Anfechtung: Eine nach dem Schluß der mündlichen Verhandlung des Vorprozesses erfolgte Anfechtung kann einen Folgeprozeß rechtfertigen, soweit man sie objektiv nicht früher hätte vornehmen können, BGH **157**, 49.

Anspruchsaustausch: Der Kläger kann evtl auch einen Anspruch geltend machen, den er zuvor auf einen *anderen Rechtsgrund* stützt, mag er sich auch zahlenmäßig mit dem vorher abgewiesenen Anspruch decken und mag jener auch schon bereits damals vorgelegen haben, BGH MDR **92**, 708. Insofern kann man die Ansprüche also austauschen. Freilich beschränkt sich die Rechtskraft grundsätzlich nicht auf die rechtliche Begründung, sondern erfaßt den Anspruch selbst, BAG VersR **91**, 365.

Anspruchsmehrheit: Spricht das Gericht einen aus mehreren Ansprüchen zusammengesetzten Betrag zu, so muß ersichtlich sein, in welcher Höhe es die einzelnen Ansprüche berücksichtigt hat. *Andernfalls* kann man die Ansprüche trotz eines Teilurteils weiter geltend machen.

Arbeitsrecht: Die sachliche Abweisung der verneinenden Feststellungsklage hat die Wirkung einer bejahenden Feststellung, Rn 41, BAG NZA **05**, 649. Die Feststellung der Unwirksamkeit einer außerordentlichen Kündigung hat stets diejenige der Wirksamkeit zum nächsten ordentlichen Kündigungstermin zur Folge, Mü RR **95**, 740. Weist das Gericht die Klage eines Arbeitnehmers gegen den Pensions-Sicherungsverein auf Gewährung von Insolvenzschutz ab, so kann auch ein Hinterbliebener keinen solchen Schutz verlangen, BAG VersR **91**, 365. Der Arbeitgeber kann eine Wiederholungs- oder sog Trotzkündigung nicht auf einen Grund stützen, den er schon im vorangegangenen Kündigungsschutzprozeß vorgebracht hatte und den das Gericht dort sachlichrechtlich geprüft hatte, bevor es dem Arbeitnehmer recht gab, BAG NJW **94**, 475. Zu Reflexwirkungen gegenüber Dritten BSG KTS **92**, 676. Bei § 103 BetrVG bleiben neue Tatsachen für ein späteres Verfahren verwendbar, BAG NJW **03**, 1205. Hat das ArbG eine Arbeitgeberkündigung sowohl nach § 1 KSchG als auch wegen Fehlens der Beteiligung des Personalrats als unwirksam erachtet, kann das LAG auch bei Beschränkung der Berufung auf den Auflösungsantrag die Beteiligungsfrage erneut prüfen, BAG NJW **02**, 1288. Teil- und Vollzeitfragen, Gleichbehandlung, Eingruppierung können drei Streitgegenstände sein, BAG DB **03**, 341.

Arrest und Einstweilige Anordnung oder Verfügung: Die Abgrenzung ist schwierig.

A. Grundsatz, dazu *Werner*, Rechtskraft und Innenbindung zivilprozessualer Beschlüsse im Erkenntnis- und summarischen Verfahren, 1982: Jede Rechtskraftwirkung im Eilverfahren zu leugnen, Brdb RR **02**, 939, Hamm NJW **99**, 3274, Karlsr GRUR **84**, 157, und unter anderem dasselbe Gesuch mit demselben Glaubhaftmachung erneut zuzulassen, heißt zum Mißbrauch der Gerichte geradezu aufzufordern und bei der Vertretungskammer unter dem Vorwand der Dringlichkeit versuchen zu lassen, was man bei der ordentlichen Kammer nicht erreicht hat. Niemand darf eine doppelte Entscheidung derselben Sache verlangen, KG MDR **79**, 64, OVG Münst FamRZ **75**, 293.

Vielmehr erfordert ein neues Gesuch *neue Tatsachen*, die der Antragsteller im bisherigen Verfahren noch nicht vorbringen konnte, Ffm FamRZ **87**, 394, LAG Köln DB **83**, 2369. Problematisch ist auch die Ansicht, ein solches Urteil sei keine „endgültige Entscheidung", so Teplitzky NJW **84**, 851. Es ist eine solche. Denn es entscheidet in diesem vorläufigen Verfahren endgültig über den Anspruch, so wie er erhoben worden ist und derzeit besteht. Eine abweisende Hauptsacheentscheidung läßt die einstweilige Anordnung usw auch dann außer Kraft treten, wenn das Gericht die Abweisung nicht für vorläufig vollstreckbar erklärt hat, Karlsr FamRZ **87**, 609. Bongen/Renaud NJW **91**, 2886 (Üb) halten auch einen Sieg im Hauptverfahren oder eine Änderung der Rechtsprechung für ausreichend. Im ersteren Fall fehlt aber meist das Rechtsschutzbedürfnis, im letzteren droht eine Durchlöcherung der Rechtskraft.

§ 322   Buch 2. Abschnitt 1. Verfahren vor den LGen

30 **B. Einzelfälle.** Hier muß man die folgenden Situationen unterscheiden.
 – **(Arrestanspruch):** Wenn das Gericht den Rechtsschutz versagt, weil ein zu sichernder sachlichrechtlicher Anspruch nach § 916 fehle, dann ist die Entscheidung endgültig. Ein neues Gesuch ist wegen der Rechtskraft unzulässig, es sei denn, man könnte es auf neue, nach der ersten Entscheidung entstandene Tatsachen stützen, KG MDR **79**, 64.
 – **(Arrestgrund):** Wenn das Gericht den Rechtsschutz versagt, weil ein Arrestgrund nach § 917 fehle, dann liegt eine *neue Sachlage* vor, sobald ein Arrestgrund entsteht. Daher kann dann ein neues Gesuch zulässig werden, Düss NJW **82**, 2453.
 – **(Erledigung):** Die Entscheidung im Arrestprozeß nach § 91 a bewirkt *keine* Rechtskraft über die Rechtmäßigkeit des Arrests.
Vgl aber auch § 945 Rn 10 ff.
 – **(Glaubhaftmachung):** Wenn das Gericht den Antrag zurückweist, weil die Glaubhaftmachung von Arrestgrund oder -anspruch nicht ausreiche, dann kann man das Gesuch mit einer *besseren Glaubhaftmachung* erneuern, Düss NJW **82**, 2453, Zweibr FamRZ **82**, 414. Denn die bisherige Entscheidung erklärt das Gesuch nur für derzeit unbegründet. Bei den beiden vorgenannten Fällen muß eine Wiederholung des Antrags bei einem besonderen Rechtsschutzbedürfnis auch während eines schwebenden Rechtsmittelverfahrens wegen der Ablehnung des ersten Gesuchs möglich sein, Zweibr FamRZ **82**, 414. Das würde bei einem rechtskräftigen Sieg auf Grund des zweiten Gesuchs eine Erledigung des ersten Verfahrens zur Folge haben, Zweibr FamRZ **82**, 414.
 – **(Hauptprozeß):** Innere Rechtskraft für den Anspruch selbst, also mit Wirkung für den Hauptprozeß, kann *keine* Eilentscheidung begründen, BGH FamRZ **85**, 288, Jestaedt GRUR **81**, 154.
 – **(Vollziehung unstatthaft):** Im Fall des § 929 II ist ein neuer Antrag zulässig, § 929 Rn 18.
Auflassung: Sämtliche die Wirksamkeit des Rechtsgeschäfts betreffenden Vorgänge gehören zu dem zur Entscheidung gestellten Lebenssachverhalt, ob sie vorgetragen werden oder nicht, BGH NJW **95**, 968. Das gilt auch dann, wenn die Parteien im Folgeprozeß die Rollen vertauschen, BGH NJW **95**, 968.
31 **Aufrechnung:** Rn 21.
Auskunftsurteil: Wenn seine Formel nicht den Auskunftszeitraum angibt, kann man das Urteil grds allenfalls dahin auslegen, daß die Auskunftspflicht die Zeit zwischen der Klagezustellung und dem Urteilserlaß umfaßt, Ffm FamRZ **84**, 271. Eine die Zukunft im Sinn von § 259 einbeziehende Ausnahme kann nur bei einer Patentverletzung vorliegen, BGH **159**, 70. Auskunft, Einsicht und Leistung können *verschiedene* Gegenstände sein, Köln EWiR § 87 c HGB 1/00 (zustm Emde). Auskunftsanspruch und daraus abgeleiteter Leistungsanspruch sind nicht dieselben Streitgegenstände, BAG NJW **89**, 1236 (krit Deubner).
Auslandsurteil: § 328.
Besitz: Werden Ehemann und Ehefrau aus Besitz in Anspruch genommen, so hat das Gericht damit auch über den Anspruch gegen die Ehefrau als mittelbare Besitzerin entschieden. Das Herausgabeurteil nach §§ 985 ff BGB befindet auch über ein Besitzrecht, BGH NJW **98**, 1709.
Betreuung: Die Vergütungsentscheidung ist rechtskraftfähig, BayObLG FER **98**, 66.
32 **Bürgschaft:** Die Rechtskraft im Prozeß des Hauptschuldners gegen den Gläubiger auf Entlassung des Bürgen und Herausgabe der Bürgschaftsurkunde wirkt im nachfolgenden Prozeß zwischen denselben Parteien auf Unterlassung der Inanspruchnahme des Bürgen. Das gilt auch dann, wenn das Gericht dem Hauptschuldner im Zweitprozeß nach § 926 I eine Klagefrist gesetzt hat, BGH DB **87**, 732.
S auch § 325 Rn 24 „Bürgschaft". Das gegen den Hauptschuldner ergangene Urteil wirkt aber nicht stets auch gegen den Bürgen, BGH **153**, 301.
Buße oder Entschädigungsurteil im Strafverfahren: Die Entscheidung schafft Rechtskraft nur, soweit sie zuerkennt. Das Absehen von einer Entscheidung schafft *keine* Rechtskraft. Vgl §§ 406 III, 405, 406 d StPO.
Derzeitige Unbegründetheit: Rn 27 „Abweisung".
33 **Ehe- und Kindschaftsurteil,** dazu §§ 638, 640 h, Düss NJW **80**, 2760; *Henssler,* Korrektur rechtskräftiger Entscheidungen über den Versorgungsausgleich, 1983; *Schweizer,* Der Eintritt der Rechtskraft des Scheidungsausspruches bei Teilanfechtung im Verbundverfahren usw. 1991; *Stoll,* Der Eintritt der Rechtskraft des Scheidungsanspruchs im Verbundverfahren, Diss Erl/Nürnb 1988. S auch Rn 43 „Gestaltungsurteil":
Das *bisherige Bestehen* der Ehe ist für das Scheidungsurteil keine bloße nichtrechtskraftfähige Vorfrage, sondern Hauptbedingung des ganzen Urteils, aM Köln FamRZ **01**, 1008 (aber die Regelung der Beendigung ist nur eine Folge der zuvor nötigen Klärung). Die Feststellung im Scheidungsurteil zum Trennungszeitpunkt erwächst *nicht* in Rechtskraft, OVG Hbg FamRZ **01**, 985.
Bei *Abweisung* der Anfechtungsklage des Mannes gegen das Kind wegen einer Versäumung der Anfechtungsfrist oder mangels eines Anfechtungsrechts steht nur fest, daß dieser Mann die fehlende Abstammung nicht geltendmachen kann, Düss NJW **80**, 2760. Insofern reichen aber bloß neue Einzelheiten oder Beweismittel nicht für seine weitere Klage, BGH NJW **03**, 585. Entsprechendes gilt, wenn das Gericht im Prozeß auf eine Anfechtung des Vaterschaftsanerkenntnisses die Nichtvaterschaft nicht feststellen kann, Düss NJW **80**, 2760. Eine Entscheidung über den öffentlichrechtlichen Versorgungsausgleich ist der sachlichen Rechtskraft fähig, BGH NJW **82**, 1647, KG FamRZ **82**, 1091. Die Rechtskraft ist auch dann vorhanden, wenn das Gericht sein Urteil unter einer Mißachtung von Rechtshängigkeit der Sache erlassen hat, BGH NJW **83**, 515. Zur Teilrechtskraft eines Scheidungsurteils wegen des Scheidungsausspruchs durch Rechtsmittelverzicht BGH FamRZ **85**, 288. Wenn in Wahrheit noch *keine* Entscheidung über eine Nutzungsentschädigung der zugesprochenen ehelichen Ehewohnung vorliegt, ist trotz rechtskräftigen Scheidungsurteils insofern eine Klage zulässig, Mü FamRZ **89**, 199.
34 **Eigentumsanspruch:** Wegen der Rechtskraftwirkung eines Urteils auf Unterlassung Rn 67 „Unterlassungsanspruch". Das Urteil, das eine Grundbuchberichtigung wegen wirksamer Auflassung ablehnt, schafft *keine* Rechtskraft für einen Bereicherungsanspruch wegen unberechtigten Eigentumserwerbs. Hat das Erstgericht die Klage des Eigentümers auf Löschung einer Auflassungsvormerkung wegen Fortbestands des Auflassungsanspruchs abgewiesen, so ist unklar, ob das Zweitgericht an die Bejahung des Auflassungs-

1342   *Hartmann*

Titel 2. Urteil **§ 322**

anspruchs gebunden ist, zumindest wenn nur der Rechtsnachfolger des Vorgemerkten klagt. Verlangt der Kläger mit einem Berichtigungsanspruch eine Eintragung als Eigentümer, so hat das Gericht auch wohl über das Eigentum selbst erkannt, Wieling JZ **86**, 10. Macht der Kläger im Wege der Herausgabe aus einer Geschäftsführung das Miteigentum mindestens zur Hälfte geltend, ohne eine ganz bestimmte Quote einzuklagen, so ist der Anspruch auf das Miteigentum als solcher streitbefangen und hindert eine spätere Erhöhung des Anteils. Eine Klagabweisung erwächst gegenüber dem nicht klagenden Miteigentümer *nicht* in Rechtskraft, BGH **79**, 247. Hat das Gericht den wegen einer Besitzstörung (Wegerecht) auf Unterlassung klagenden Eigentümer abgewiesen, kann das Gericht im Folgeprozeß dem Eigentümer nicht die Bebauung dieses Grundstücksteils gestatten.
S auch Rn 31 „Besitz", Rn 47 „Herausgabe".

Einrede, Einwendung: Es gelten die allgemeinen Regeln. Es kommt also darauf an, ob und wie weit die **35** Entscheidung über die Einwendung usw zu den das Urteil tragenden Entscheidungsgründen gehört, Rn 4, 6, Doderer NJW **91**, 878, Batschari/Durst NJW **95**, 1653 (zu § 320 BGB).

Einreihung in eine Gehaltsgruppe: Da das Gericht wegen § 308 I im Vorprozeß nur prüfen durfte, ob die Merkmale der damals umstrittenen Gehaltsgruppe erfüllt waren, kann der Kläger einen *weiteren* Prozeß über die Frage führen, ob nunmehr die Merkmale einer höheren Gehaltsgruppe vorliegen, BAG BB **77**, 1356, aM ZöV 27 vor § 322 (aber dann könnte der Kläger diesen ganz anderen Sachverhalt überhaupt nicht klären lassen).

Einstweilige Anordnung oder Verfügung: Rn 29 „Arrest, Einstweilige Anordnung oder Verfügung". **36**

Erbrecht: Die Erbschaftsklage stellt die Wirksamkeit des Testaments noch *nicht* fest. Eine Abweisung mangels gesetzlicher Erbfolge ist für eine nachfolgende Klage auf Grund testamentarischer Erbfolge *unschädlich*, BGH NJW **76**, 1095. Bei § 2018 BGB stellt das stattgebende Urteil auch die Erbeneigenschaft fest, Wieling JZ **86**, 11. Die Klage aller Miterben ist für denjenigen von ihnen unzulässig, dem gegenüber bereits ein rechtskräftiges Urteil zu demselben Streitgegenstand vorliegt, BGH NJW **89**, 2134. Die Entlassung eines Testamentsvollstreckers bringt evtl *keine* Rechtskraft dazu, ob der Erblasser überhaupt eine Testamentsvollstreckung verfügt hat, Düss FER **98**, 135.

Ergänzungsurteil: § 321 Rn 9.

Erledigung: Bei wirksamen übereinstimmenden Erledigterklärungen § 91 a Rn 108. Bei einseitiger Erledigterklärung des Klägers LG Bochum MDR **82**, 675.

Factoring: Wegen einer Abrechnung BGH NJW **93**, 2684. **37**

Fälligkeit: Man muß die folgenden Situationen unterscheiden.

A. Sofortige Fälligkeit. Im allgemeinen ist die Fälligkeit eine Sachvoraussetzung. Fehlt sie und steht nicht fest, ob der Anspruch im übrigen unbegründet ist, so muß das Gericht die Klage als lediglich „zur Zeit unbegründet" ohne eine weitere Prüfung des Anspruchs abweisen, BGH NJW **99**, 1867, LG Köln WoM **90**, 38 (zur Abgrenzung), aM Düss NJW **93**, 803, ArbG Bln BB **76**, 1610 (Prozeßurteil. Aber die Sachvoraussetzung ist gerade keine bloße Prozeßvoraussetzung, Grdz 24 vor § 253). Die Rechtskraftwirkung erstreckt sich dann nur auf die Frage der Fälligkeit, *nicht* auf die weiteren Voraussetzungen des Anspruchs, StJL 248, ZöV 58 vor § 322, aM Brox ZZP **81**, 389 (aber der Tenor zeigt, daß das Gericht nicht mitprüfen wollte). Freilich kann der Bekl beschwert sein, der die endgültige Abweisung erstrebte, BGH EWiR **00**, 939 (zust Siegburg). Hat das Gericht aber den Anspruch im Erstprozeß endgültig als überhaupt nicht bestehend abgelehnt, dann tritt auch wegen der Fälligkeitsfrage im Zweitprozeß eine Bindung ein, Düss NJW **93**, 803, LG Köln WoM **90**, 38.

B. Künftige Fälligkeit. In den Fällen der §§ 257–259 ist die Fälligkeit eine Prozeßvoraussetzung. Eine Klagabweisung trifft nur die Fälligkeit. So steht bei einer Abweisung aus § 259 rechtskräftig nur fest, daß der geltend gemachte Besorgnisgrund nicht vorliegt.

Feststellungsurteil: Rn 49 „Leistungsurteil". Wegen der Wirkung für und gegen einen Dritten § 640 h. **38**

A. Prozeßurteil. Eine Klagabweisung wegen Fehlens von Prozeßvoraussetzungen und insbesondere wegen Fehlens des rechtlichen Interesses an einer alsbaldigen Feststellung ist ein Prozeßurteil *ohne* eine Rechtskraftwirkung in der Sache selbst. Dieses Urteil steht daher einer besser begründeten Feststellungs- oder Leistungsklage nicht entgegen.

B. Sachurteil bei behauptender Klage, dazu *Piepenbrock* MDR **98**, 201 (ausf): Wenn bei einer **39** behauptenden Feststellungsklage ein Sachurteil ergeht, gilt: Hat sie Erfolg, so steht die Rechtsfolge fest, Mü FamRZ **01**, 1218. Das gilt unabhängig davon, ob das Gericht alle Aspekte gewürdigt hat, BGH NJW **93**, 2257, Hbg GRUR-RR **04**, 139. Der Bekl kann dann nicht das Gegenteil derselben Rechtsfolge durch eine nachfolgende leugnende Feststellungsklage erörtern lassen, BGH FamRZ **04**, 864. Weist das Gericht die behauptende Feststellungsklage ab, dann steht das Nichtbestehen der Rechtsfolge fest, BGH NJW **94**, 659, BayObLG ZMR **01**, 990. Evtl ist § 580 anwendbar. Ein Grundurteil nach § 304 bindet nur im Umfang des erhobenen Anspruchs. Daher muß das Gericht für jede darüber hinausgehende Leistung den Grund *neu* prüfen, BGH NJW **89**, 105. Beim Feststellungsurteil erstreckt sich die Rechtskraft auf die Entstehung des Schadens auf Grund des schadenstiftenden Ereignisses, das der Gegenstand des Feststellungsrechtsstreits war, BGH VersR **05**, 1160. Deshalb darf das Gericht die Frage des Mitverschuldens nicht unbedingt geklärt lassen, BGH NJW **89**, 105. Die Schadenshöhe bleibt aber im Folgeprozeß prüfbar, BGH VersR **05**, 1160.

Über *Beginn und Ende des Schadens* braucht das Gericht nichts zu sagen. Vielmehr erfaßt die Feststellung auch den seinerzeit gar nicht bekannten zukünftigen Schaden. Die Rechtskraft läßt eine solche Einwendung nicht zu, die das Bestehen eines festgestellten Anspruchs betrifft und sich auf eine vorgetragene Tatsache stützt, die schon vor Zeit der letzten Tatsachenverhandlung vorgelegen hat, BGH VersR **05**, 1160. Das gilt jedenfalls, soweit nicht das Urteil unmißverständlich die Möglichkeit offenläßt, denselben Klagegrund von Umständen, die bereits beim Schluß der mündlichen Verhandlung vorlagen, dennoch in einer neuen Klage geltend zu machen, BGH NJW **89**, 394.

Freilich kann der Bekl ein später entstandenes *Leistungsverweigerungsrecht* dann auch einwenden. Auch **40** kann der Eigenbeitrag des Geschädigten, der „Sowieso"-Schaden, erst nachträglich abschließend berechenbar sein, BGH RR **88**, 1045. Im nachfolgenden Leistungsprozeß kann das Gericht ein früheres Feststellungsurteil durch ein Leistungsurteil ausfüllen, BGH MDR **68**, 1002. Es ist aber nicht zur Abweichung vom Feststellungsurteil befugt, Hbg GRUR-RR **04**, 140. Man kann Ansprüche, deren Entstehung durch das schadenstiftende Ereignis rechtskräftig feststellt, mit anderen Ansprüchen verbinden, die noch nicht Gegenstand des Feststellungsprozesses waren. Das Urteil deckt nicht den etwaigen Anspruch des Klägers auf eine Befreiung von Schadensersatzansprüchen Dritter gegen ihn aus Anlaß des Unfalls, BGH ZZP **87**, 78 (zustm Rimmelspacher).

S auch Rn 62 „Schadensersatz", Rn 74 „Zur Zeit unbegründet".

41 **C. Sachurteil bei leugnender Klage**

Schrifttum: *Stetter-Lingemann,* Die materielle Rechtskraft eines die negative Feststellungsklage abweisenden Urteils – insbesondere bei unrichtiger Beweislastverteilung, Diss Tüb 1992.

Wenn bei einer leugnenden Feststellungsklage ein *Sachurteil* ergeht, gilt: Hat sie Erfolg, so steht das Nichtbestehen fest. Weist das Gericht sie ab, so kann die Wirkung einer bejahenden Feststellung eintreten, BAG NZA **05**, 649. Indessen entscheiden die Gründe über den Umfang des Bestehens, BGH NJW **86**, 2508, Ffm ZMR **92**, 381, aM BGH NJW **95**, 1757 (maßgeblich sei die Nämlichkeit des Streitgegenstands. Aber auch ein Verstoß des Gerichts läßt sein Urteil wirksam).

42 Das abweisende Urteil stellt das Bestehen nur dann fest, wenn sich die Klage gegen einen *bestimmten* Anspruch oder einen bestimmten Rechtsgrund richtet, BGH NJW **86**, 2508. Es hat die Wirkung eines feststellenden Grundurteils BGH NJW **75**, 1320, soweit es die Höhe der Forderung des Bekl feststellt, Rn 21. Jedoch kann die Abweisung der negativen Feststellungswiderklage gegenüber einem der Höhe nach noch nicht abschließend bezifferten Zahlungsanspruch bedeuten, daß dieser Anspruch auch in seinem Restbetrag feststeht. Im späteren Leistungsprozeß kann man keine Tatsachen mehr vorbringen, die im Feststellungsprozeß bei der mündlichen Verhandlung vorlagen, § 767, Einf 16, 17 vor §§ 322–327 sowie Rn 62 „Schadensersatz". Anders liegt es aber bei einem nur vorübergehenden Leistungsverweigerungsrecht.

43 Freiwillige Gerichtsbarkeit: II ist in ihrem streitigen Verfahren entsprechend anwendbar, Stgt WoM **89**, 199.

Genehmigung: Wenn die Behörde ihre zur Leistung aus einem Urteil notwendige Genehmigung versagt, dann kann man die Klage *wiederholen*, angepaßt an die behördlichen Gegebenheiten. Entsprechendes gilt, wenn ein nach dem Statut erforderlicher Beschluß der Generalversammlung nicht vorlag. Es handelt sich dann um einen neuen Sachverhalt. Nur die Entscheidung über denselben Sachverhalt wäre in ihren tragenden Gründen nicht überprüfbar.

Gesamtschuld: Das Urteil gegen einen Gesamtschuldner wirkt *nicht* gegen einen anderen in einem gegen diesen anhängigen weiteren Prozeß, BGH DB **89**, 420. Es wirkt auch nicht für das Verhältnis der Gesamtschuldner untereinander, Düss VersR **92**, 582. Vgl aber Rn 46 „Haftpflicht".

Gesellschaft: Ein Urteil, durch das das Gericht die Wirksamkeit eines mit den Gesellschaftern bürgerlichen Rechts abgeschlossenen Vertrags feststellt, schafft *keine* Rechtskraft zur Frage, ob die Gesellschafter für die Erfüllung mit ihrem Privatvermögen haften, BGH ZMR **90**, 212 (sehr vorsichtig). Ein Urteil zwischen Gesellschaftern schafft *keine* Rechtskraft gegenüber ihrer GmbH, BGH MDR **03**, 277.

Gestaltungsurteil: Es hat ebenfalls eine Rechtskraftwirkung, BAG NJW **94**, 475, KG FamRZ **82**, 1091. Diese wird auch nicht durch die Gestaltungswirkung überflüssig, BAG BB **77**, 896, Becker AcP **188**, 54. Mit der Rechtskraft steht das Bestehen des sachlichrechtlichen Anspruchs auf eine Rechtsänderung fest. Mit der Rechtskraft der Abweisung steht nur fest, daß der bisher geltend gemachte Gestaltungsgrund nicht besteht, BAG NJW **94**, 475, BayObLG NZM **98**, 974. Da das Urteil Rechte begründet oder vernichtet, Grdz 2 vor § 253, wirkt es für und gegen alle. Ein Schadensersatzanspruch für die Zeit nach der Rechtskraft ist nicht völlig ausgeschlossen. Vgl aber Einf 28 vor §§ 322 bis 327.

44 Gewerblicher Rechtsschutz: Das Urteil auf Unterlassung einer Patentverletzung schafft *keine* Rechtskraft für das Bestehen und den Umfang des Patents, Rn 67 „Unterlassungsanspruch". Das Urteil erstreckt sich nur auf die beanstandete Verletzungsform. Es erfaßt auch nicht unwesentliche Änderungen (sog Kerntheorie, § 253 Rn 90, § 890 Rn 3). Entsprechendes gilt bei einem Wettbewerbsverbot.

45 Grundbuchberichtigung: Das nach § 894 ergehende Urteil wirkt nicht auch zum Bestehen oder Nichtbestehen des geltend gemachten dinglichen Rechts. Denn es handelt sich nur um eine Vorfrage, BGH MDR **02**, 393, aM StJL **92**, 220.

Grundurteil: Eine Vorabentscheidung nach § 304, vgl dort und oben Rn 3, ist nur der äußeren Rechtskraft fähig. Das Grundurteil stellt *nicht* den Anspruch rechtskräftig fest. Es bindet aber im weiteren Verfahren nach § 318, BGH NJW **82**, 1155, und zwar auch andere Gerichte, § 318 Rn 11. Die Bindung läßt sich ebensowenig wie die Rechtskraft beseitigen. Darum sind im Umfang des Grundurteils im weiteren Verfahren nur später entstandene Einwendungen zulässig. Das gilt auch für Änderungen, die sich aus der Entscheidung über solche Klagegründe ergeben, die das Gericht im Grundurteil versehentlich nicht berücksichtigt hat, Hamm RR **93**, 693. Insofern besteht dann auch *keine* Bindung an das Grundurteil. *Keine* Bindung besteht hinsichtlich des Betrags. Im Nachverfahren kann das Gericht die Klage auch mit der Begründung ganz abweisen, es sei kein Schaden entstanden, BGH NJW **86**, 2508.

S auch Rn 74 „Zugewinngemeinschaft".

Grundschuld: Die Abweisung der Klage des Grundeigentümers auf eine Rückabtretung wirkt auch dann, wenn der Bekl nun im Zweitprozeß aus § 1147 BGB klagt, aM ZöV 5 d vor § 322 (aber diese Vorschrift nennt nur die Befriedigungsmethode).

46 Haftpflicht: Der in erster Instanz mitverurteilte Versicherer muß in der Berufungsinstanz das gegen den Versicherten rechtskräftige Urteil gegen sich gelten lassen, LG Bln VersR **76**, 580. Im nachfolgenden Rückgriffsprozeß kann das Gericht auch dann an das Urteil des Deckungsprozesses gebunden sein, wenn sich inzwischen die Rechtsprechung geändert hat. Das Versäumnisurteil gegen den Steuerberater wirkt *nicht* im Prozeß des Geschädigten gegen den Haftpflichtversicherer, LG Mü VersR **88**, 233.

Titel 2. Urteil **§ 322**

Herausgabe: Das Urteil hat eine Rechtskraftwirkung auch für das Eigentum des Klägers, MüKoGo 95, **47** Wieling JZ **86**, 10, aM RoSGo § 154 III 1, StJL **91**, ZöV 36 vor § 322 (aber in aller Regel gehört die Eigentumsfrage zu den tragenden Urteilsgründen). Das Urteil hat eine Rechtskraftwirkung auch für den Anspruch auf Herausgabe der Nutzungen nach §§ 292, 987 BGB, BGH NJW **83**, 165, KG VersR **94**, 602, aM Mädrich MDR **82**, 455 (aber aus dem einen ergibt sich fast zwangsläufig der andere Anspruch). Das Herausgabeurteil wirkt aber *nicht* auch für den Anspruch nach § 988 BGB, BGH NJW **83**, 165. Die Rechtskraft erfaßt nur den Zeitraum seit der Rechtshängigkeit, BGH NJW **85**, 1553, aM Hackspiel NJW **86**, 1150 (aber ein Klagezeitraum beginnt mit Rechtshängigkeit, § 308 I). Der mangels Übereignung abgewiesene Herausgabekläger kann mit der Begründung *neu* klagen, er sei nach dem Schluß der letzten Tatsachenverhandlung, §§ 136 IV, 296 a, Alleinerbe des Eigentümers geworden. Hat das Gericht die Herausgabeklage des mittelbaren Besitzers abgewiesen, kann eine rechtskräftige Entscheidung über den Anspruch auf Abtretung des Herausgabeanspruchs gegen den unmittelbaren Besitzer vorliegen. S auch Rn 63 „Schuldschein".

Hilfsanspruch: Hat der Kläger die Klageforderung aus zwei voneinander unabhängigen Gründen geltend gemacht, etwa aus Bürgschaft und Werklohnforderung, und zwar den einen nur hilfsweise, so kann er nach Abweisung keine neuen Hilfstatsachen nachschieben, LG Stendal MDR **04**, 1140.
 Vergißt nun aber das Gericht im abweisenden Urteil den Hilfsanspruch, so erfaßt die Rechtskraft diesen Hilfsanspruch *nicht* mit, sofern § 321 unanwendbar ist.

Hypothek: Die Abweisung der Klage des Hypothekenschuldners auf Löschungsbewilligung hat nur für das dingliche Hypothekenrecht eine Rechtskraftwirkung, steht also einer Klage aus § 767 wegen der persönlichen Haftung *nicht* entgegen.

Klagänderung: Vgl Altmeppen ZIP **92**, 453 (ausf).

Kündigung: Die Ersetzung der Zustimmung des Betriebsrats nach § 103 BetrVG schafft *keine* rechtskräftige **48** Feststellung, daß die Kündigung berechtigt war. Hat das Gericht die Wirksamkeit einer Kündigung rechtskräftig verneint, so kann man diese Kündigung nicht auf Grund neuer Gründe zum Gegenstand eines weiteren Rechtsstreits machen. Das gilt auch dann, wenn die neuen Gründe im Vorprozeß nicht bekannt waren. Möglich ist aber eine neue Kündigung aus anderen Gründen, selbst wenn die jetzt genannten Kündigungsgründe auch zur Zeit des Vorprozesses objektiv schon vorgelegen hatten, aber dort nicht vorgebracht worden waren, weil sie nicht bekannt waren. Möglich ist auch eine *neue Kündigung* mit der Begründung, ein Arbeitsverhältnis habe nie bestanden, BAG NJW **77**, 1896. Das stattgebende Urteil auf Grund einer Kündigungsschutzklage erfaßt auch frühere Kündigungen, BAG NZA **04**, 1218. Zum Antrag auf die nachträgliche Zulassung einer Kündigungsschutzklage BAG DB **84**, 1835, LAG Hamm DB **90**, 796.

Leistungsurteil: Vgl zunächst bei „Feststellungsurteil". Das Leistungsurteil ergreift den in ihm steckenden **49** Feststellungsausspruch. Der im Leistungsprozeß verurteilte Bekl kann nicht die Feststellung der entgegengesetzten Rechtsfolge im Zweitprozeß fordern. Weist das Gericht eine Klage auf Grundbuchberichtigung ab, weil die Grundbuchbelastung zu Recht bestehe, dann steht das Bestehen jener Belastung rechtskräftig fest.

Mehrheit von Ansprüchen: Rn 28 „Anspruchsmehrheit". S auch Rn 47 „Hilfsanspruch". **50**

Mietsache: Hat das Gericht eine Räumungsklage abgewiesen, so steht damit *nicht* fest, daß diejenige Kündigung das Mietverhältnis nicht beendet hat, auf die die Klage gestützt war. Ein Miete- oder Räumungsurteil nach § 543 BGB erstreckt sich grds auf die Wirksamkeit der Kündigung, Kblz RR **05**, 1174, aM LG Bln WoM **98**, 28 (aber sie ist tragende Voraussetzung). Über vergeblich aufgerechnete Gegenansprüche darf das Gericht im folgenden Zahlungsprozeß nicht mehr entscheiden, LG Kiel WoM **98**, 234. Hat das Gericht eine Eigenbedarfsklage abgewiesen, so ist eine neue gleichartige Klage nur auf Grund wirklich neuer Tatsachen zulässig, LG Hbg MDR **78**, 847, aM Stadie MDR **78**, 800 (aber der Streitgegenstand muß sich ändern, s unten).

Hat das Gericht die Räumungsklage wegen eines *Wohnrechts* des Bekl abgewiesen, so ist eine neue Räumungsklage aus Bereicherung nicht möglich. Hat das Gericht den Räumungsanspruch rechtskräftig abgewiesen, so kann der Kläger ihn nicht bei einem Streit über eine Vertragsstrafe wieder aufrollen. Wenn das Gericht einen Anspruch bejaht, so ist das zwingend in einem späteren Prozeß bindend, in dem ein Anspruch darauf gestützt wird, daß der Bekl nicht geräumt habe, Ffm RR **99**, 1612 (Pacht). Ein Abstand nach § 29 II des 1. BMG ist *nicht* mit demjenigen nach § 29 a I des 1. BMG gleich. Hat das Gericht den Mieter zur Entfernung von Einrichtungen verurteilt und fordert der Vermieter im Zweitprozeß wegen Nichtentfernung Nutzungsentschädigung, ist das Zweitgericht an das Urteil im Erstprozeß gebunden, BGH **104**, 290. Das den Mietzins für den Zeitraum A behandelnde Urteil des Erstprozesses hindert *nicht* ein Urteil im Zweitprozeß wegen des Zeitraums B, BGH NJW **98**, 375, Düss WoM **98**, 484. Hat das Gericht die Klage auf Zustimmung zu einer Parabolantenne abgewiesen, wirkt das im Prozeß über deren Entfernung fort, BVerfG MietR **96**, 121 (etwas wolkig). Die Rechtskraft eines Urteils auf Rückzahlung von Abschlägen auf Nebenkosten nach Mietende hindert den Vermieter nicht daran, restliche jetzt abgerechnete Nebenkosten einzuklagen, BGH NJW **05**, 1502.

Nachforderung, dazu *Beinert,* Der Umfang der Rechtskraft bei Teilklagen, 2000 (Bespr *Becker-Eberhard* **51** ZZP **115**, 399); *Dörr,* Das unvollständig erfaßte Klagebegehren – Betrachtungen zum verdeckten Teilurteil: in: Festschrift für *Erdmann* (2002); *Gottwald,* Abänderungsklage, Unterhaltsanspruch und materielle Rechtskraft, Festschrift für *Schwab* (1990) 151; *Jauernig,* Teilurteil und Teilklage, Festgabe *50 Jahre Bundesgerichtshof* (2000) III 311; *Knüllig/Dingeldey,* Nachforderungsrecht oder Schuldbefreiung, 1984; *Leipold,* Teilklage und Teilklagebefugnis, in: Festschrift für *Zeuner* (1994); *Marburger,* Rechtskraft und Präklusion bei der Teilklage im Zivilprozeß, Gedächtnisschrift für *Knobbe-Keuk* (1997) 187; *Musielak,* Rechtskraftprobleme bei Nachforderungsklagen, Festschrift für *Schumann* (2001) 295; *Schulte,* Zur Rechtskrafterstreckung bei Teilklagen, 1999:

Nur nach einem *wirklichen bloßen Teilurteil* darf und muß das Gericht den Anspruchsgrund neu prüfen, soweit es um den Rest geht, BGH NJW **94**, 3165, Düss MDR **01**, 1257, AG Lindau RR **03**, 432. Ob eine Nachforderung möglich ist, nachdem das Gericht über dieselbe Sache bereits ein rechtskräftiges,

§ 322

Buch 2. Abschnitt 1. Verfahren vor den LGen

wenigstens teilweise stattgebendes Urteil erlassen hat, ergibt die Auslegung des ersten Urteils, BGH RR **87**, 526, Düss FamRZ **98**, 916, Musielak 307. Viele bejahen die Zulässigkeit der sog verdeckten Teilklage, BGH **135**, 181 (zustm Tischner JR **98**, 154, Windel ZZP **110**, 501, krit Jauernig JZ **97**, 1127), Hamm FamRZ **99**, 1085, Mü MDR **02**, 1338. Zum Problem Musielak 307.

52 Dabei muß man § *308 I* beachten, BGH NJW **94**, 3165. Das mit der Nachforderungsklage befaßte Gericht muß die *Auslegung* des ersten Urteils nach seinem Inhalt vornehmen, BGH FamRZ **84**, 773, Hamm FamRZ **99**, 1085, insbesondere durch einen Vergleich der Anträge mit der Entscheidungsformel. Wenn der Kläger einen Schadensersatz in der beantragten Höhe aufgrund seiner Wahl nach dem mutmaßlichen Rechnungsbetrag erhalten hat, dann kann er nicht später den Unterschiedsbetrag der wahren Rechnung nachfordern, AG Landstuhl MDR **81**, 234, AG Nürnb VersR **79**, 1042. Läßt das Teilurteil nicht erkennen, welchen Teil des Gesamtanspruchs, welche der Einzelforderungen oder welche Teilbeträge das Gericht beurteilt hat, dann ist das Urteil *nicht* der inneren Rechtskraft fähig. Das kann der Schuldner entsprechend § 767 I klären lassen, BGH NJW **124**, 166.

Wenn der Kläger die Höhe des Betrags in das *Ermessen* des Gerichts gestellt hatte, dann hatte er grds den vollen Betrag eingeklagt, BGH NJW **80**, 2754 (Ausnahmen sind zB bei Enteignungsfolgeschäden möglich, Kblz RR **97**, 1157). Hatte er lediglich eine Mindestforderung beziffert, so ist eine Nachforderung *nicht ausgeschlossen*, BGH NJW **79**, 720, Oldb VersR **97**, 1541. Der Vorbehalt einer Nachforderung ist dann also wegen § 308 I 1 nicht erforderlich. Ist er erfolgt, so reicht das natürlich, BGH NJW **98**, 995. Man muß aber einen Verstoß gegen diese Vorschrift durch das zulässige Rechtsmittel geltend machen, § 308 Rn 14. Andernfalls steht die Rechtskraft einer weiteren Forderung entgegen, sofern keine unvorhersehbare Verschlechterung usw eingetreten ist, Hamm FamRZ **85**, 241.

53 Es kommt im übrigen nicht auf die Frage an, ob das Gericht den ihm unterbreiteten Tatsachenstoff *umfassend* berücksichtigt und zutreffend *gewürdigt* hat, BGH NJW **88**, 2301, Saarbr MDR **00**, 1317 (angeblich weiterer Kunstfehler; zustm Rehborn), LG Lüneb VersR **86**, 1246. Andernfalls könnte man ein rechtskräftiges Urteil schon mit der Behauptung angreifen, die Entscheidung beruhe auf einer unvollständigen Erfassung des Streitstoffs, BGH NJW **88**, 2301. Da jedoch die Auslegung des Urteils nicht immer sicher ist, wird es meist notwendig oder zumindest ratsam, bei einem bloßen Teilanspruch die Klage auch eindeutig als Teilklage zu bezeichnen oder sich zumindest erkennbar eine Nachforderung vorzubehalten, BGH RR **90**, 390, Düss OLGZ **94**, 547, Köln VersR **93**, 1376 („Vorschuß"), großzügiger BGH NJW **97**, 3020, RoSGo § 154 V, StJL 156 ff (eine Nachforderung sei auch dann zulässig, wenn im vorangegangenen Prozeß eine „erschöpfende" Forderung eingeklagt worden sei, sofern nicht die dortige rechtskräftige Entscheidung eine „Repräsentationswirkung" für den Gesamtanspruch habe. Aber damit kann man die Rechtssicherheit herabsetzen. „Erschöpfend" sollte klar genug sein). Das Wort „mindestens" im Klagantrag bedeutet wohl meist, daß ein Anspruch jedenfalls in dieser Höhe angemessen sei, aM BGH NJW **79**, 720 (aber was soll das Wort denn eigentlich sonst bedeuten?). Eine unzulässige Nachforderungsklage läßt sich evtl in eine zulässige Abänderungsklage umdeuten, Grdz 54 vor § 128, BGH FamRZ **04**, 1713.

54 Auch die *Art der Klage* kann ergeben, ob es sich um einen Teilanspruch oder um den vollen handelt, Rn 72 „Vorschuß". So wird Unterhalt meist voll eingeklagt, § 258 Rn 5, Hamm FamRZ **90**, 300, Kblz FamRZ **86**, 489, aM BGH NJW **94**, 3165, Düss FamRZ **84**, 796 (je betr eine Zugewinngemeinschaft. Aber wer Unterhalt braucht, begnügt sich kaum ohne ausdrückliche Einschränkung mit einem Teil. Das kann er ja nämlich dann meist gar nicht leisten). Eine bloße Teilforderung kann aber auf der Hand liegen, Hamm FamRZ **99**, 1085.

55 Der *Unterhaltskläger* muß verdeutlichen, ob er zusätzlich zum jetzt voll eingeklagten Elementarunterhalt noch Vorsorgeunterhalt geltend machen will, BGH **94**, 147, Karlsr NJW **95**, 2795. Bei einer Klage auf die Titulierung des bisher freiwillig gezahlten Unterhalts oder auf die Zahlung eines über den freiwillig geleisteten Betrag hinausgehenden weiteren Betrags kann das Gericht in aller Regel nur auf der Basis der freiwilligen Grundzahlung über die Angemessenheit des verlangten Spitzenbetrags entscheiden. Daher erwächst nur der Spitzenbetrag in Rechtskraft, BGH NJW **91**, 430, aM Schlesw SchlHA **81**, 67 (aber es geht dem Kläger dann gerade um die Klärung des vom Bekl unfreiwillig zu zahlenden Teils). Vgl auch Rn 66 „Unterhaltsanspruch" und § 323 Rn 12.

56 Einen *sonstigen* Anspruch darf man nicht stets schon deshalb als voll eingeklagt ansehen, weil man ihn nicht ausdrücklich als bloßen Teilanspruch gekennzeichnet hat, Kblz GRUR **88**, 479. Ein Schadensersatzanspruch insbesondere aufgrund eines Unfall wird *keineswegs stets sogleich voll* eingeklagt, vor allem dann nicht, wenn der zunächst nur Krankenhauskosten, einen zeitlich begrenzten Verdienstausfall usw geltend macht und wenn sonstige Schäden (Schmerzen usw) erst nacheinander feststellbar sind, BGH NJW **98**, 1786, Celle VersR **98**, 643, Köln VersR **97**, 1551, großzügiger Stgt RR **99**, 1590, strenger Hamm MDR **97**, 1159. Auch schließt eine Klage mit Ansprüchen, die nur auf das StVG gestützt werden, nicht eine weitere Klage mit einem Anspruch nach BGB aus, falls der Kläger nicht mit der ersten Klage auf weitere Ansprüche verzichten wollte. Einen solchen Verzicht darf man im allgemeinen nicht annehmen. Eine Feststellungsklage auf den Ersatz auch „jeden weiteren Schadens" ist aber im Zweifel auch auf den Ersatz des immateriellen Schadens gerichtet, BGH NJW **85**, 2022. Nur wirklich unvorhergesehene Folgen lassen sich im weiteren Schmerzensgeldprozeß einklagen, Schlesw MDR **02**, 1068.

57 Klagt ein Vertragspartner im Erstprozeß nur einen Teil der *Vertragsforderung* ein, darf und muß das Gericht im Zweitprozeß über den Vertrag neu entscheiden.

58 Etwas anderes gilt natürlich, wenn das Gericht bei einer *Widerklage* das Nichtvorhandensein weiterer Ansprüche festgestellt hat. Eine Nachforderung ist aber auch immer dann zulässig, wenn das Gericht die erste Klage *mangels Bedürftigkeit* voll abgewiesen hatte, BGH NJW **82**, 1284, aM Karlsr FamRZ **80**, 1125 (aber mit der Bedürftigkeit kann sich auch eine weitere Anspruchsgrundlage ergeben), oder wenn entgegen dem früheren Urteil, das eine Bedürftigkeit nur für einen abgegrenzten Zeitraum bejaht hatte, die Bedürftigkeit auch für den Folgezeitraum besteht, Hamm FamRZ **82**, 920 (dann ist eine Klage nach § 323 zulässig), Kblz FamRZ **86**, 489, oder wenn erst nach der Rechtskraft weitere immaterielle Nachteile

Titel 2. Urteil **§ 322**

eingetreten oder erkennbar geworden sind, BGH NJW **80**, 2754, überhaupt dann, wenn spätere Ereignisse die Erfüllung beeinflussen und die Ansprüche erhöhen. Maßgebender Zeitpunkt ist der Schluß der letzten Tatsachenverhandlung, §§ 136 IV, 296 a, AG Nürnb VersR **79**, 1042. Dergleichen kann zB bei einer Inflation eintreten. Möglich ist aber auch dann, daß die Forderung endgültig getilgt ist. Eine vorbehaltslose Annahme steht einer Nachforderung grundsätzlich nicht entgegen. Zur Auswirkung einer Teilklage auf die Verjährung des Restanspruches BGH BB **02**, 1173.
S auch Rn 65 „Teilklage".

Nachlaßfragen: Rn 36 „Erbrecht".
Nebenintervenient: Rn 64 „Streithelfer".
Pachtsache: Rn 60 „Räumung".   59
Parteistellung: Auch bei einer Umkehrung der Parteirollen im Folgeprozeß kommt es nur auf die Nämlichkeit des Streitgegenstands an, BGH NJW **93**, 2684 (auch zu den Grenzen).
Patentsache: Zum Patentnichtigkeitsprozeß Walter GRUR **01**, 1032.
S auch Rn 31 „Auskunftsurteil", Rn 60 „Prozeßurteil".
Prozeßkostenhilfe: Ein Beschluß nach § 127 entsteht nicht in innerer Rechtskraft, Zweibr RR **05**, 306.
Prozeßstandschaft, dazu *Berger,* Die subjektiven Grenzen der Rechtskraft bei der Prozeßstandschaft, 1992: Der Prozeßstandschafter erwirkt Rechtskraft für und gegen den Rechtsinhaber, BGH **123**, 135. Das gilt jedenfalls dann, wenn die Ermächtigung offengelegen hatte, BGH NJW **88**, 1586, aber evtl sogar ohne solche Offenlegung, BGH NJW **85**, 2825.
Prozeßurteil, Üb 5 vor § 300: Es stellt nur die einschlägige Prozeßfrage fest, etwa die Unzulässigkeit des 60
Rechtswegs. Es entscheidet *nichts* für die *anderen* Prozeßvoraussetzungen und erst recht *nicht sachlich,* BGH NJW **85**, 2535, Brdb RR **00**, 1736, Hamm Rpfleger **83**, 362, aM BGH RR **00**, 635 (bei Verbandsklage ohne zugehöre Begründung. Wieso eigentlich nur dort kein Schutzbedürfnis wegen innerer Rechtskraft?). Der wegen Unzuständigkeit des Gerichts abgewiesene Kläger kann also vor einem zuständigen Gericht neu klagen, BGH VersR **78**, 60, Baumgärtel/Laumen JA **81**, 215. Trotzdem ist eine Rechtskraft eben wegen des behandelten verfahrensrechtlichen Punkts möglich, BGH NJW **85**, 2536. Bei einer Änderung der Verhältnisse *versagt* die Rechtskraft, etwa beim Wegfall der Schiedsvereinbarung.
Eine *Prozeß- und Sachabweisung* in demselben Urteil ist natürlich über selbständige Teile des Sachverhalts zulässig, BGH FamRZ **85**, 581. Über denselben Sachverhalt ist sie an sich prozessual unzulässig und schafft Rechtskraft nur als Prozeßurteil, (über die Behandlung in der höheren Instanz Üb 5 vor § 300). Das Gericht darf freilich neben der Prozeßabweisung hilfsweise auch eine Sachabweisung erklären, Grdz 17 vor § 253. Auch dann ist aber nur die Prozeßabweisung in Rechtskraft erwachsen. Ob eine Prozeß- oder eine Sachabweisung vorliegt, ergeben notfalls die Entscheidungsgründe. Zur Unzulässigkeit der Abweisung „angebrachtermaßen" Rn 15. Zur Frage der umstrittenen erweiterten Rechtskraftwirkung im Patentnichtigkeitsverfahren van Venrooy GRUR **91**, 92 (ausf).
Prozeßvergleich: Rn 69 „Vergleich".
Räumung: Der rechtskräftig zur Räumung verurteilte Pächter, der mangels Räumung auf Nutzungsentschädigung verklagt wird, kann jetzt keine Tatsachen mehr vorbringen, die das Räumungsurteil verhindert hätten, Ffm RR **99**, 1612. Ob auch über das Bestehen des zugrundeliegenden Rechtsverhältnisses Rechtskraft eintritt, läßt sich natürlich nur von Fall zu Fall sagen, aM BGH NZM **99**, 139 (beim dinglichen Wohnrecht. Aber gerade § 546 BGB zeigt beim Mietvertrag, daß die Beendigung Voraussetzung der Räumung ist, also tragender Räumungsgrund).
S auch Rn 50 „Mietsache".
Rechnungsposten: Die Rechtskraft umfaßt auch einen nicht in den Rechtsstreit eingeführten unselbständigen Rechnungsposten, KG FGPrax **01**, 138.
Rechtshängigkeit: Ihr Fehlen mag an der Rechtskraft nichts ändern, Zweibr FER **99**, 130.
Rentenurteil: Wenn es unzulässig den Endpunkt der Rente nicht bestimmt, dann ist die Rentendauer *nicht* 61
rechtskräftig geklärt. Es ist dann eine Feststellungsklage zulässig, daß die Rente erloschen sei. Eine Änderung des Rentenurteils ist auch nach einem vorangegangenen Feststellungsurteil nur nach § 323 zulässig.
Schadensersatz: Wenn das Feststellungsurteil eine Ersatzpflicht wegen einer Körperverletzung ausspricht, 62
so hat das Gericht auch zum ursächlichen Zusammenhang rechtskräftig entschieden. Das Feststellungsurteil, das zum Ersatz „jeden weiteren Schadens" verpflichtet, umfaßt auch immaterielle Schäden, soweit nicht der Tenor Einschränkungen enthält oder soweit sonstige Anhaltspunkte für eine Beschränkung des Streitgegenstands vorliegen, BGH NJW **85**, 2022. Wenn der Kläger Ersatz in Natur verlangt und das Gericht jeden Ersatzanspruch verneint, dann ist kein neuer Prozeß auf Geldersatz zulässig, BGH NJW **91**, 2014. Hat das Gericht einen Lieferungsanspruch rechtskräftig abgewiesen, dann ist kein neuer Prozeß auf Ersatz wegen unterlassener Lieferung zulässig. Hat das Gericht im Vorprozeß eine unbeschränkte Schadensersatzpflicht festgestellt, dann kann der Bekl im Leistungsprozeß nicht geltend machen, die Leistungspflicht sei schon vor dem Urteil im Vorprozeß erlassen. Denn das stünde im Widerspruch mit der festgestellten Rechtsfolge.
Wenn das Gericht eine Schadensersatzverpflichtung durch ein *Feststellungsurteil* geklärt hat, dann kann der Bekl im Leistungsrechtsstreit grundsätzlich keine Einwendungen mehr geltend machen, die sich gegen die Verpflichtung richten (Mitverschulden), mögen sie auch damals auch noch nicht bekannt gewesen sein. Stellt das Feststellungsurteil fest, daß ein Vertragsverhältnis wegen arglistiger Täuschung aufgelöst ist, dann steht im Schadensersatzprozeß ebenfalls die Arglist fest, aM BGH RR **88**, 200 (zu eng).
S auch Rn 38 „Feststellungsurteil", Rn 46 „Haftpflicht", Rn 67 „Unterlassungsanspruch".
Scheidungsverfahren: Rn 33 „Ehe- und Kindschaftsurteil".   63
Schiedsvereinbarung, dazu *Bosch,* Rechtskraft und Rechtshängigkeit im Schiedsverfahren, 1991: Bei einer Abweisung der Klage wegen der Rüge der Schiedsvereinbarung steht fest, daß ein Schiedsgericht entscheiden muß. Zur Rechtskraft des Schiedsspruches Loritz ZZP **105**, 3.
Schmerzensgeld: Rn 51 „Nachforderung".
Schuldschein: Das Urteil auf seine Herausgabe stellt *noch nicht* fest, daß der Bekl keine Forderung hat.

Hartmann

§ 322

Sparbuch: Rn 72 „Vorgreifliche Rechtsverhältnisse".
Steuerrecht: Das Urteil des ordentlichen Gerichts kann das Finanzgericht binden, BGH NJW **88**, 2044.

64 Stufenklage, § 254: Der Rechnungslegungsanspruch ist davon abhängig, daß der Hauptanspruch wahrscheinlich vorhanden ist. Bejaht das Gericht den Rechnungslegungsanspruch oder den Auskunftsanspruch, so hat es damit *nicht schon* dem Grunde nach auch die Leistungs- oder die Herausgabepflicht bejaht, § 254 Rn 17, BGH FamRZ **91**, 316, Karlsr MDR **92**, 804, StJSchu § 254 Rn 35, aM BGH WertpMitt **75**, 1086 (aber die notwendige Klärung wahrscheinlicher Existenz ist noch keine Festlegung auf eine endgültige auch nur dem Grund nach). Verneint das Gericht einen Auskunfts- oder Rechnungslegungsanspruch, dann besteht *keine* innere Rechtskraft wegen des Leistungsanspruchs. Eine eidesstattliche Versicherung kann Neues ergeben.
Streitgegenstand: Vgl zunächst Rn 15. Ändert sich der Streitgegenstand, steht die Rechtskraft einer *neuen* Klage selbst dann nicht entgegen, wenn das Klageziel äußerlich unverändert geblieben ist und wenn der Kläger die der neuen Klage zugrundeliegenden Tatsachen schon im Vorprozeß hätten geltend machen können, BGH NJW **00**, 3494.
Streitgenosse: § 325 Rn 37 „Streitgenosse".
Streithelfer: Beim unselbständigen Streithelfer (Nebenintervenienten) wirkt anders als beim streitgenössischen § 69 die Rechtskraft des Urteils im Hauptprozeß *nicht* für oder gegen den Nebenintervenienten, Hbg NJW **90**, 650.

65 Teilklage, -urteil, dazu *Beinert*, Der Umfang der Rechtskraft bei Teilklagen, Diss Passau 1999; *Jauernig*, Teilurteil und Teilklage, Festgabe *50 Jahre Bundesgerichtshof* (2000) III 311; *Kulaksiz*, Die Teilklage im deutschen und türkischen Zivilprozessrecht, 2004; *Oberhammer*, Wieder einmal: Rechtskraft der Teilklage, Festschrift für *Kollhosser* (2004) 501; *Schulte*, Zur Rechtskrafterstreckung bei Teilklagen, 1999: Bei der offenen Teilklage mit vollem Erfolg beschränkt sich die Rechtskraft auf den zuerkannten Teilbetrag, Jauernig 337. Bei ihrer teilweisen oder gänzlichen Abweisung gilt dasselbe im Abweisungsumfang, Jauernig 338. Wenn sich das Gericht in den Gründen eines Teilurteils, das einen Anspruch über einen bestimmten Betrag hinaus abweist, bejahend über den restlichen Klaganspruch ausgesprochen hat, ohne ein Vorbehaltsurteil nach § 302 zu erlassen, dann kann es im Schlußurteil, das an sich einem zurückgestellten Aufrechnungseinwand gewidmet sein sollte, feststellen, daß der Klaganspruch überhaupt nicht bestand. Denn der Bekl hatte gegen die bejahende Stellungnahme im Teilurteil kein Rechtsmittel. Daher band diese Feststellung das Gericht auch *nicht* ausnahmsweise.

Keine innere Rechtskraft entsteht, soweit das Gericht wegen § 301 Rn 27 verbotenerweise ein Teilurteil nur gegen einen von mehreren notwendigen Streitgenossen nach § 62 erlassen hat, BGH NJW **96**, 1061, oder soweit man nicht feststellen kann, über welchen Teil das Urteil ergangen ist, Brdb MDR **00**, 228 (dann evtl § 767 entsprechend).
S auch Rn 13, 51 „Nachforderung".
Testament, Testamentsvollstreckung: Rn 36 „Erbrecht".

66 Übergangener Anspruch: Ihm steht die Rechtskraft *ebensowenig* entgegen wie einer neuen Klage die Klagerücknahme.
Umkehrung der Parteirollen: Rn 59 „Parteistellung".
Umsatzsteuer: Rn 64 „Steuerrecht".
Unterhaltsanspruch: Der Bekl kann den auf Grund eines rechtskräftigen Urteils bezahlten Unterhalt zurückfordern, soweit der Unterhaltsanspruch später *wegfällt*, BGH NJW **82**, 1147. Die Rechtskraft des Abänderungsurteils geht dem späteren Rechtsmittelurteil des Ursprungsprozesses vor, Hamm FamRZ **85**, 505. Anders als beim Ehegattenunterhalt nach § 323 Rn 14 gilt beim Kindesunterhalt keine Unterscheidung zwischen der Zeit vor und nach der Scheidung der Eltern, Kblz FamRZ **88**, 961. Zum Problem der Abgrenzung zu § 323 Gottwald FamRZ **92**, 1376. Weist das Gericht die Klage mangels Leistungsfähigkeit ab, so tritt Rechtskraft hier wegen des Klagezeitraums ein. Daher ist bei späterer Leistungsfähigkeit § 323 nicht anwendbar. Vielmehr kommt dann eine Klage für den *weiteren* Zeitraum in Betracht, § 323 Rn 12. Man kann eine Bindung an das Urteil „in seiner Struktur als Sinneinheit" fordern, Graba NJW **88**, 2367. Das ergäbe eine erweiterte Abänderbarkeit nach Treu und Glauben. Aber Vorsicht! Eine vollstreckbare Urkunde nach § 794 I Z 5 erwächst *nicht* in Rechtskraft, Hamm FamRZ **93**, 340.
S auch Rn 51 „Nachforderung".

67 Unterlassungsanspruch, dazu *Grosch*, Rechtswandel und Rechtskraft bei Unterlassungsurteilen, 2002 (Bespr *Braun* ZZP **117**, 381); *Rüßmann*, Die Bindungswirkung rechtskräftiger Unterlassungsurteile, Festschrift für *Lüke* (1997) 675: Hat das Gericht zur Unterlassung verurteilt, so hat es damit auch nach Grdz 8 vor § 253 festgestellt, daß kein dem Unterlassungsanspruch entgegenstehendes Recht besteht. Das Urteil umfaßt auch jede Änderung, die den Kern der Verletzungsform unberührt läßt (sog Kerntheorie), § 2 Rn 3, § 890 Rn 3, BGH **93**, 334, KG RR **99**, 785. Daher kann diese Feststellung in einem späteren Schadensersatzprozeß nicht mehr Gegenstand der Urteilsfindung sein, KG RR **99**, 789, Teplitzky GRUR **98**, 321. Das Urteil hat für spätere Rechtsstreitigkeiten präjudizielle Bedeutung, ohne daß es einer Zwischenfeststellungsklage bedurft hätte, aM Düss GRUR **94**, 82 (evtl Wahl zwischen neuer Klage und § 890. Aber das wäre eine gefährliche Aufweichung der Rechtskraft).

Wenn der Kläger aber nur eine Unterlassung *seit der Klagerhebung* verlangt und das Gericht sie wegen § 308 I auch nur für diesen Zeitraum befohlen hat, dann steht auch bei derselben Vertragsgrundlage durch das stattgebende Urteil nur die Unterlassung seit der Klagerhebung fest. Das gilt auch für den in einem späteren Rechtsstreit geltend gemachten Schadensersatzanspruch, Ffm GRUR-RR **03**, 275 (sogar erst ab letzter Verhandlung). Für die Zeit vor der Klagerhebung muß das Gericht die Verpflichtung *neu* untersuchen, Karlsr GRUR **79**, 473. Dann hilft nur eine Zwischenfeststellungsklage über die Unterlassungspflicht auf Grund des Vertrages überhaupt. Man darf wie stets nicht nur den früheren Urteilstenor sehen, sondern man muß auch die früheren Urteilsgründe beachten, Ffm OLGZ **85**, 208.

68 Wenn das Urteil den Unterlassungsanspruch *verneint*, dann hat es als solches eine das Gegenrecht bejahende Feststellungswirkung, BayObLG NZM **01**, 671 (WEG). Dieses Gegenrecht gilt also in einem

Titel 2. Urteil §322

weiteren Prozeß als festgestellt, jedoch nur in demjenigen Umfang, der für den Vorprozeß notwendig war, BGH NJW **98**, 2368. Fehlt es an einer Erstbegehungsgefahr, so schafft das die Klage als unbegründet abweisende Urteil *keine* Rechtskraft für den Fall eines späteren Verstoßes, BGH NJW **90**, 2469. Wenn das Urteil den Anspruch verneint, weil keine Wiederholungsgefahr besteht, so verneint es damit nur das Rechtsschutzbedürfnis und sagt *nichts* über den Unterlassungsanspruch an sich.
S auch Rn 34 „Eigentumsanspruch", Rn 38 „Feststellungsurteil", Rn 62 „Schadensersatz".
Unzulässigkeit: Rn 60 „Prozeßurteil".
Urkunde: Rn 66 „Unterhaltsanspruch".
Urkundenprozeß: Das Gericht darf sein im Urkundenprozeß erlassenes rechtskräftiges Anerkenntnisurteil **69** ohne Vorbehalt nach § 599 nicht im Nachverfahren aufheben, § 599 Rn 8.
Vergleich: Der außergerichtliche Vergleich nach § 779 BGB wie der Prozeßvergleich nach Anh § 307 sind ihrer Natur nach *nicht* rechtskraftfähig, BGH **139**, 135, BayObLG RR **90**, 596, Köln MDR **88**, 974. Der Ablauf der Widerrufsfrist ist etwas anderes als derjenige einer Rechtsmittelfrist. Haben die Parteien im Erstprozeß einen Vergleich geschlossen und kam es dort zu dessen Anfechtung, kann man im Zweitprozeß nicht mehr seine sachlichrechtliche Unwirksamkeit geltend machen, BGH NJW **81**, 823.
Versäumnisurteil: Es ist natürlich grds der inneren und äußeren Rechtskraft fähig, Brdb MDR **00**, 228, LG Memmingen VersR **75**, 1061. Es unterscheidet sich von anderen Urteilen nur durch die Art seines Zustandekommens. Ein klagabweisendes Versäumnisurteil hat dieselbe Wirkung, BGH **153**, 242 (krit Just NJW **03**, 2289, Reischl ZZP **116**, 493, Siemons MDR **04**, 307). Es kann sogar weiter als ein kontradiktorisches Urteil wirken. Denn es weist den Anspruch grds überhaupt ab. Vgl aber auch § 330 Rn 6. Man muß freilich zumindest aus den Akten erkennen können, über welchen Teil der Klageforderung das Gericht entschieden hat, Brdb MDR **00**, 228 (sonst evtl § 767 entsprechend). Zur Abänderungsklage Maurer FamRZ **89**, 445 (ausf).
S auch Rn 46 „Haftpflicht".
Versicherungsanspruch: Rn 46 „Haftpflicht".
Versorgungsausgleich: Die innere Rechtskraft läßt sich evtl mit Hilfe von § 10 a VAHRG *durchbrechen*, BGH RR **89**, 130.
Verzichtsurteil: Es ist *keiner* inneren Rechtskraft fähig, soweit es keine Gründe enthält, BGH RR **98**, 1652. **70**
Vollstreckungsabwehrklage: Hat das Gericht sie als unzulässig abgewiesen, so hat es weder den dem Vollstreckungstitel zugrundeliegende Anspruch noch die Wirksamkeit der Klausel verneint, selbst wenn es diese im Urteil in Frage gestellt hat. Hat das Gericht die Vollstreckungsabwehrklage als unbegründet abgewiesen, dann erstreckt sich die Rechtskraft zwar auf den zB mit einer Aufrechnung geltend gemachten Gegenanspruch, Düss RR **92**, 1216, Karlsr MDR **95**, 643, Schmidt Festschrift 50 Jahre BGH (2000) 494. Die Rechtskraft erstreckt sich dann aber *nicht* auch auf das Bestehen des mit dem Ausgangsprozeß verfolgten sachlichrechtlichen Anspruchs, BGH FamRZ **84**, 879. Der Schuldner kann einen Schadensersatzanspruch wegen der Zwangsvollstreckung aus dem Urteil, gegen das sich die Abwehrklage gerichtet hatte, nicht geltend machen, selbst wenn Schadensfolgen erst nach dem Urteil des Vorprozesses eingetreten sind. Der Abwehrkläger kann einen Anspruch auch nicht auf Tatsachen stützen, die er zwar nicht selbst kannte, die er aber zur Zeit der letzten mündlichen Verhandlung des Vorprozesses objektiv vorlagen.
Hat die Abwehrklage *Erfolg*, so bleiben die materielle Rechtskraft des früheren Urteils und dessen Kostenentscheidung unberührt. Das Urteil nach § 767 beseitigt grds ja nur die Vollstreckbarkeit des titulierten Anspruchs, BGH RR **90**, 179 (Ausnahme: § 322 II). Die Rechtskraft erstreckt sich auch *nicht* auf einen Gegeneinwand, BGH FamRZ **89**, 1074.
Vollstreckungsbescheid, dazu *Schrameck,* Umfang der materiellen Rechtskraft bei Vollstreckungsbescheiden, 1990; *Vollkommer,* Neuere Kontroversen im Streit um die „geminderte" Rechtskraft des Vollstreckungsbescheids, Festschrift für *Gaul* (1997) 759: **71**
Es ist der äußeren und inneren Rechtskraft fähig, Einf 13 vor §§ 322–327, § 700 Rn 1, BGH NJW **05**, 2994, Kblz MDR **02**, 475, Köln (7. ZS) RR **86**, 1238, aM (er sei nur der äußeren Rechtskraft fähig) Köln (12. ZS) NJW **86**, 1351, Stgt NJW **87**, 444, Grün NJW **91**, 2864 (nur „beschränkte" Rechtskraft). Aber der Vollstreckungsbescheid verdient unter wertigwer Vollstreckungstitel keine zB von einem Versäumnisurteil abweichende Behandlung). Wegen der Beseitigung der Rechtskraft Einf 28 ff vor §§ 322–327.
Vorbehaltsurteil: Es ist der äußeren, aber nicht der inneren Rechtskraft fähig, § 599 Rn 9, 11.
Vorgreifliche (präjudizielle) Rechtsverhältnisse: Es sind logische Schlußfolgerungen gehen mangels **72** einer Zwischenfeststellungsentscheidung nach § 256 II *nicht* in Rechtskraft über, BGH FamRZ **04**, 864, Düss MDR **01**, 1257. Das gilt insbesondere dann, wenn sie nur Vorfragen sind oder waren, also nicht Streitgegenstand, Rn 9, BGH FamRZ **04**, 864. Daher stehen Willensmängel nicht fest, wenn das Gericht die auf Vertrag gestützte Klage ihretwegen abgewiesen hat. Ein Urteil auf Räumung wegen eines unsittlichen Vertrags stellt die Unsittlichkeit *nicht* rechtskräftig fest. Ein Urteil auf Zahlung von Zinsen schafft *keine* Rechtskraft für die Hauptforderung. Ein Urteil in dem das Gerichts die Nichtehelichkeit eines während der Ehe geborenen Kindes feststellt, stellt *nicht* auch einen Ehebruch der Mutter fest. Das Urteil auf einen Teilbetrag schafft *keine* Rechtskraft für die Mehrforderung, BGH NJW **81**, 1045, außer soweit es diese abspricht, Rn 51 „Nachforderung". Der Besitz am Sparbuch ist *nicht* für die Frage vorgreiflich, wer Gläubiger des Guthabens ist.
Dagegen entsteht eine Rechtskraft wegen der festgestellten oder verneinten *Rechtsfolge* auch dann, wenn sie in einem späteren Prozeß als Vorfrage Bedeutung hat, BGH NJW **93**, 3204, BAG VersR **91**, 366, Kblz RR **05**, 1174. Freilich reicht nicht schon irgendein „Ausgleichszusammenhang" oder ein „(zwingender) Sinnzusammenhang", BGH NJW **03**, 3059 (im Ergebnis zustm Grunsky LMK **03**, 198). Es entsteht ferner eine Rechtskraft für einen weitergehenden Anspruch, wenn der Kläger vor der Beendigung des Vorprozesses von der Möglichkeit eines weitergehenden Anspruchs Kenntnis hatte. Wenn ein Anspruch in einem rechtskräftig festgestellten Urteil wurzelt, so steht seine Voraussetzung rechtskräftig fest, Rn 47 „Herausgabe", Rn 67 „Unterlassungsanspruch". Diese Wirkung über den Prozeß hinaus gilt aber nur bei

Verschiedenheit der Prozesse, nicht in demselben Prozeß. Das Bestehen eines dinglichen Rechts ist für einen Grundbuchsberichtigungsanspruch nicht nur Vorfrage, Jena FGPrax **01**, 57.

Vorschuß: Wegen seiner vorläufigen Natur ist die Rechtskraftwirkung *begrenzt*, Rn 54. Ein weiterer Vorschuß läßt sich nachfordern, selbst wenn sich seine Notwendigkeit schon während des Verfahrens über einen vorangegangenen Vorschuß abzeichnete, Mü MDR **94**, 585.

73 **Wechselklage:** Der rechtskräftig abgewiesene Wechselkläger kann im Zweitprozeß den dem Wechsel zugrundeliegenden *sachlichrechtlichen* Anspruch geltend machen, und umgekehrt.

Widerklage: Die Rechtskraft besteht stets nur soweit, wie das Gericht über die Klage oder Widerklage entschieden hat, BGH MDR **81**, 216.

Widerspruchsklage, § 771. Sie schafft eine Rechtskraft nur wegen der Zulässigkeit der Zwangsvollstreckung und *nicht* wegen des Bestandes des die Veräußerung hindernden Rechts.

74 **Wohnrecht:** Rn 60 „Räumung".

Wohnungseigentum: Die Auslegung einer Teilungserklärung nach dem WEG ist für eine Jahresabrechnung nur *Vorfrage*, Karlsr WoM **01**, 460.

Zinsanspruch: Im Rechtsstreit um den Zinsanspruch darf das Gericht den rechtskräftig bejahten Hauptanspruch nicht mehr prüfen. Zinsen, die über den im Vorprozeß verlangten Betrag hinausgehen, werden von der Rechtskraft des ersten Urteils *nicht* erfaßt, Ffm RR **97**, 700. Nach einer Forderung von Zinsen „mindestens" in der im Erstprozeß zugesprochenen Höhe kann der Gläubiger Mehrzinsen im Zweitprozeß grundsätzlich als weiteren Teilanspruch geltend machen, BGH NJW **79**, 720 (im Einzelfall kann ein Verzicht des Gläubigers auf den Restzins zu ermitteln sein).

Zugewinngemeinschaft: Wenn ein Ehegatte über das Vermögen im ganzen oder über Haushaltsgegenstände ohne die Zustimmung des anderen Ehegatten nach §§ 1365, 1369 BGB verfügt und wenn das Gericht ihn deshalb verurteilt, dann wirkt das Urteil *nicht* auch gegen den anderen Ehegatten. Ein Urteil, durch das die Rückforderung eines Ehegatten nach § 1368 BGB abgewiesen wird, wirkt *nicht* auch gegen den anderen Ehegatten. Denn sonst würde das Gericht dem nicht verfügenden Ehegatten das Rückforderungsrecht nehmen. Wegen der Maßnahmen dieses Ehegatten gegen eine Zwangsvollstreckung § 739 Rn 11, 12. Das Urteil, das eine Klage auf die Feststellung eines nicht abschließend bezifferten Zugewinnausgleiches aus sachlichen Gründen abweist, stellt das Bestehen der Forderung nur dem *Grunde* nach fest, BGH FamRZ **86**, 565. Ein weitergehendes derartiges abweisendes Urteil kann im Zweitprozeß trotz umgekehrter Parteirollen binden, AG Northeim FamRZ **04**, 959.

S auch Rn 45 „Grund des Anspruchs", Rn 51 „Nachforderung".

Zug um Zug, dazu *Dieckmann*, Zur Rechtskraftwirkung eines Zug-um-Zug-Urteils, Gedächtnisschrift für *Arens* (1993) 43 (ausf): Das Urteil schafft eine Rechtskraft nur für die Leistungspflicht, *nicht* für die Gegenleistung, BGH RR **86**, 1066, Scheffler NJW **89**, 1848. Einer neuen Klage jetzt auf unbedingte Leistung steht die Rechtskraft des Zug-um-Zug-Urteils entgegen, soweit die Gründe der neuen Klage schon im Vorprozeß vortragbar waren, BGH **117**, 3.

Zurückbehaltungsrecht: Rn 21.

„Zur Zeit unbegründet": Eine solche Entscheidung läßt eine erneute spätere Prüfung offen, BayObLG Rpfleger **95**, 406.

75 **Zwangsvollstreckung:** Wegen einer einstweiligen Einstellung gelten dieselben Regeln wie zB bei Rn 29 „Arrest und Einstweilige Anordnung oder Verfügung. A. Grundsatz", Ffm FamRZ **87**, 394.

S auch Rn 70 „Vollstreckungsabwehrklage".

Zwischenstreit: Ein Zwischenstreit der Parteien läßt sich nur durch eine Zwischenklage nach § 256 II rechtskräftig entscheiden. Vgl auch Rn 72 „Vorgreifliches Rechtsverhältnis".

76 **8) VwGO:** Es gilt § 121 *VwGO*, dazu BVerwG NJW **96**, 737 (Bescheidungsurteil), Kopp/Kopp NVwZ **94**, 1. Ergänzend ist **I** entsprechend anwendbar, BVerwG **17**, 293 (Feststellungsurteil), ebenso **II**, § 173 *VwGO*, BVerwG DÖV **72**, 575, Appel BayBVI **83**, 202 mwN, hM; vgl § 302 Rn 19. Zur Bindungswirkung rechtskräftiger Entscheidungen der VerwGerichte im Zivilverfahren s § 13 GVG Rn 16 aE. Zur zeitlichen Grenze der Rechtskraft von Urteilen in asylrechtlichen Streitigkeiten, BVerwG DVBl **02**, 343.

323 *Abänderungsklage.* [I] Tritt im Falle der Verurteilung zu künftig fällig werdenden wiederkehrenden Leistungen eine wesentliche Änderung derjenigen Verhältnisse ein, die für die Verurteilung zur Entrichtung der Leistungen, für die Bestimmung der Höhe der Leistungen oder der Dauer ihrer Entrichtung maßgebend waren, so ist jeder Teil berechtigt, im Wege der Klage eine entsprechende Abänderung des Urteils zu verlangen.

[II] Die Klage ist nur insoweit zulässig, als die Gründe, auf die sie gestützt wird, erst nach dem Schluss der mündlichen Verhandlung, in der eine Erweiterung des Klageantrages oder die Geltendmachung von Einwendungen spätestens hätte erfolgen müssen, entstanden sind und durch Einspruch nicht mehr geltend gemacht werden können.

[III] [1] Das Urteil darf nur für die Zeit nach Erhebung der Klage abgeändert werden. [2] Dies gilt nicht, soweit die Abänderung nach § 1360a Abs. 3, § 1361 Abs. 4 Satz 4, § 1585b Abs. 2, § 1613 Abs. 1 des Bürgerlichen Gesetzbuchs zu einem früheren Zeitpunkt verlangt werden kann.

[IV] Die vorstehenden Vorschriften sind auf die Schuldtitel des § 794 Abs. 1 Nr. 1, 2a und 5, soweit darin Leistungen der im Absatz 1 bezeichneten Art übernommen oder festgesetzt worden sind, entsprechend anzuwenden.

[V] Schuldtitel auf Unterhaltszahlungen, deren Abänderung nach § 655 statthaft ist, können nach den vorstehenden Vorschriften nur abgeändert werden, wenn eine Anpassung nach § 655 zu einem Unterhaltsbetrag führen würde, der wesentlich von dem Betrag abweicht, der der Entwicklung der besonderen Verhältnisse der Parteien Rechnung trägt.

Titel 2. Urteil **§ 323**

EV Anl I Kap III Sachgeb A Abschn III Z 5 i. ¹Gegen Entscheidungen, die vor dem Wirksamwerden des Beitritts rechtskräftig geworden sind, finden die vorgesehenen Rechtsbehelfe gegen rechtskräftige Entscheidungen statt (§§ 323, 324, 579 ff., 767 ff.). ²Die Voraussetzungen einschließlich der Fristen richten sich nach der Zivilprozeßordnung.

Vorbem. Das bis zur Vorauflage hier mitabgedruckte Unterhaltstitelanpassungsgesetz ist als Art 4 Teil des Gesetzes zur Ächtung der Gewalt in der Erziehung und der Änderung des Kindesunterhaltsrechts v 2. 11. 00, BGBl 1479. Dieser Art 4 ist in Kraft seit 1. 1. 01, Art 5 I 2 G, und ist am 1. 1. 06 außer Kraft getreten, Art 5 II G.

Schrifttum: *Adams*, Zur Fortgeltung und Abänderung von DDR-Unterhaltstiteln nach Wiederherstellung der Rechtseinheit, Diss Bonn 1995; *Boetzkes*, Probleme der Abänderungsklage usw, Diss Marbg 1986; *Braeuer*, Die einstweilige Anordnung auf Ehegattenunterhalt und ihre Abänderung, Diss Hann 1984; *Braun*, Grundfragen der Abänderungsklage, 1994; *Gottwald*, Abänderungsklage, Unterhaltsanspruch und materielle Rechtskraft, Festschrift für *Schwab* (1990) 151; *Graba*, Die Abänderung von Unterhaltstiteln, 3. Aufl 2004 (Bespr *Bißmaier* FamRZ 05, 92); *Habscheid*, Urteilswirkungen und Gesetzgeber, Festschrift für *Lüke* (1997) 225; *Heil*, Die Bindung der Gerichte an Entscheidungen anderer Gerichte, Diss Bochum 1983; *Hohnschild*, Die Ansprüche des Unterhaltsschuldners bei der Überzahlung von Ehegattenunterhalt und ihre prozessuale Durchsetzung, 2001; *Jakoby*, Das Verhältnis der Abänderungsklage gemäß § 323 ZPO zur Vollstreckungsgegenklage gemäß § 767 ZPO, 1991; *Kalthoener/Büttner*, Die Rechtsprechung zur Höhe des Unterhalts, 3. Aufl 1985; *Kurz*, Die Reformbedürftigkeit der Absätze 3, 4 und 5 des § 323 ZPO insbesondere für das Unterhaltsrecht, Diss Bonn 1992; *Leipold*, Das anwendbare Recht bei der Abänderungsklage gegen ausländische Urteile, in: Festschrift für *Nagel* (1987) 189; *Matsumoto*, Die Abänderung ausländischer Unterhaltsentscheidungen, Diss Regensb 1986; *Moritz*, Probleme der Abänderungsklage nach § 323 ZPO, Diss Passau 1998; *Niklas*, Das Erfordernis der wesentlichen Veränderung der Verhältnisse in § 323 I ZPO, 1988; *Oetker*, Die materielle Rechtskraft und ihre zeitlichen Grenzen bei einer Änderung der Verhältnisse, ZZP 115, 3; *Petzoldt*, Die Abänderung der Rentenurteile des § 758 ZPO und ihre Abänderung nach § 323 ZPO, 1992; *Soyka*, Die Abänderungsklage im Unterhaltsrecht, 2. Aufl 2005; *Thalmann*, Die Abänderungsklage nach § 323 ZPO, in: Festschrift für *Henrich*, 2000; *Wendl/Staudigl*, Das Unterhaltsrecht in der familienrechtlichen Praxis, 1986.

Gliederung

1) **Systematik, I–V** 1	F. Maßgeblicher Zeitpunkt, II 49–53
2) **Regelungszweck, I–V** 2	G. Einstellung der Zwangsvollstreckung 54
3) **Geltungsbereich, I–V** 3	8) **Urteil, II, III** 55–64
4) **Verhältnis zur Vollstreckungsabwehrklage, I–V** 4–7	A. Sachentscheidung 55
A. Wahlmöglichkeit 4, 5	B. Abänderungszeitraum 56–62
B. Praktischer Vorrang von § 323 usw ... 6, 7	C. Kosten 63
5) **Auslandsberührung, I–V** 8	D. Vollstreckbarkeit 64
6) **Voraussetzungen, I** 9–39	9) **Anderer Schuldtitel, IV** 65–79
A. Verurteilung 9–15	A. Abänderungsbeschluß 65
B. Wiederkehrende Leistung 16	B. Prozeßvergleich; Vergleich vor Gütestelle; Vergleich zu Protokoll 66–76
C. Änderung der Verhältnisse 17–20	C. Außergerichtliche Vereinbarung 77
D. Beispiele zur Frage einer Änderung der Verhältnisse 21–35	D. Vollstreckbare Urkunde 78
E. Wesentlichkeit der Änderung 36–39	E. Entsprechende Anwendbarkeit 79
7) **Klage, I–III** 40–54	10) **Vereinfachtes Beschlußverfahren, V** .. 80–83
A. Verfahrensziel: Umgestaltung der Rechtsbeziehung 40, 41	A. Bisher Anrechnung von Kindergeld oder kindbezogener Leistungen, §§ 1612 b, c BGB 81
B. Parteien 42	B. Abänderung durch Beschluß 82
C. Zuständigkeit 43	C. Abweichung vom richtigen Betrag ... 83
D. Antrag 44	11) *VwGO* 84
E. Prüfungsumfang 45–48	

1) Systematik, I–V. Die dem § 767 nachgebildete Abänderungsklage des § 323 ist eine der ältesten, gleichwohl umstrittensten Vorschriften der ZPO, Gottwald (vor Rn 1) 151. Sie ist ein „ständiger Unruheherd", Braun FamRZ 94, 141. Sie gibt dem Unterhaltsgläubiger wie -schuldner bei einem Urteil auf eine wiederkehrende Leistung zur Korrektur erweiterte Möglichkeiten zur Anpassung an wirtschaftliche Veränderung, BGH NJW 05, 2313, Hoppenz FamRZ 87, 1098. Es handelt sich um einen außerordentlichen rein prozessualen Rechtsbehelf um eine prozessuale Gestaltungsklage, Grdz 10 vor § 253, BGH NJW 05, 2313, BFH NJW 86, 2730, RoSGo § 158 I 2, ZöV 2, aM Köln FamRZ 88, 1049, StJL 39, ThP 1 (aber schon der Ausnahmecharakter verlangt eine möglichst begrenzte Auslegung). Dieser Rechtsbehelf dient der Verhütung oder Beseitigung der prozessualen Bindungswirkung des § 318 und nach dem Eintritt der äußeren Rechtskraft, Einf 1 vor §§ 322–327. Er gibt Möglichkeiten zur Beseitigung der inneren Rechtskraft nach Einf 2 vor §§ 322–327 in der Hand, BGH NJW 05, 2313, Nürnb FamRZ 96, 353. Er verschafft eine erweiterte Möglichkeit, das Urteil mit späteren Tatsachen zu bekämpfen, Rn 40. § 323 ist Ausdruck eines allgemeinen Rechtsgedankens, der clausula rebus sic stantibus des § 313 BGB im Zivilprozeß, BGH FamRZ 87, 263, Stgt RR 88, 310, strenger Roth NJW 88, 1236 (Zulässigkeit der Abänderung nur bei Erforderlichkeit der Rechtskraftdurchbrechung).

I, III sind mit *Art 103 I GG* vereinbar, Waldner NJW 93, 2086, aM Braun NJW 95, 936 (aber die ZPO kennt ohne Beanstandung durch das BVerfG so manche Entscheidung wegen der Besonderheit der Verfahrenslage auch ohne vorheriges Gehör, und im übrigen kann sich der Bekl auch im Verfahren nach I, III äußern. Freilich darf die Entscheidung nicht etwa erst später entstehende Einwände abschneiden. Gerade insofern helfen aber I, III. Gerade deshalb liegt auch keine „Zukunftsrechtskraft" vor: Bei jeder im Rahmen

§ 323

des § 323 beachtlichen Änderung, und das ist nach Rn 37 bereits eine solche ab ca 10%, hat der Benachteiligte alle rechtlichen Möglichkeiten der Anpassung).

Im *Altfall* der Festsetzung, Zuerkennung oder Übernahme einer Unterhaltsleistung für ein minderjähriges Kind hat das vor Rn 1 mitabgedruckte Unterhaltstitelanpassungsgesetz einen zeitlich bis zum 31. 12. 05 begrenzten Vorrang. Bei seiner Anwendung muß das Gericht auf Antrag die Verhandlung wiedereröffnen, § 1 G, abgedruckt bei § 156.

§§ 654, 655 haben nicht nur im vorstehend genannten Altfall Vorrang, sondern allgemein als das Vereinfachte Abänderungsverfahren in seinem weiten sachlichen Geltungsbereich als Sondervorschrift gegenüber § 323 Vorrang, BGH FamRZ **03**, 305, Hamm FamRZ **02**, 1051, Nürnb RR **01**, 1229.

2 2) **Regelungszweck, I–V.** Grund der Regelung ist die Erkenntnis, daß man die Entwicklung der Verhältnisse für die ganze Wirkungsdauer eines solchen Urteils im allgemeinen nicht übersehen kann, BGH NJW **81**, 819, BFH DB **81**, 723, Hamm FamRZ **82**, 949. Man kann den Fortbestand der insofern von vornherein zeitlich nur begrenzt vertretbaren Entscheidung mit der sachlichen Gerechtigkeit nach Einl III 9 nicht vereinbaren. Andererseits ist die Verurteilung von vornherein zu einer „dynamischen" den jeweiligen Lebenskosten angepaßten Rente unzulässig, BGH NJW **81**, 820. III dient dem Vertrauensschutz, BGH NJW **98**, 2434.

Durchbrechung der Rechtskraft ist der Weg des § 323. Ihn sollte man als Ausnahme von der unbedingt notwendigen Regel des § 322 nur vorsichtig gehen. Das hat Auswirkungen auf die Auslegung einer Vorschrift, die manche eher als Rückkehr zum allgemeinen Grundsatz von Treu und Glauben sehen, § 242 BGB. Daher wenden sie § 323 eher großzügig an, nicht nur beim Prozeßvergleich, Rn 66. Die Praxis gibt schon bei etwa 10% Abweichung der Entwicklung vom zuvor Vermuteten Abänderungschancen, Rn 17. Das ist ein nicht ungefährlicher Maßstab. Man sollte ihn nicht noch durch eine auch bei den übrigen Voraussetzungen allzu generöse Handhabung noch mehr von der eigentlich gebotenen Bestandskraft des bisherigen Titels entfernen. Andererseits kann kein Richter bei einer Dauerleistung weiter blicken als in eine doch nur recht nahe Zukunft. Es heißt also im Ergebnis auch hier behutsam abwägen.

3 3) **Geltungsbereich, I–V.** Die Vorschrift gilt grundsätzlich in allen Verfahren nach der ZPO, auch im arbeitsgerichtlichen Verfahren, § 46 II 1 ArbGG. Wegen des Vorrangs des Vereinfachten Abänderungsverfahrens nach § 655 auch im Altfall Rn 1.

4 4) **Verhältnis zur Vollstreckungsabwehrklage, I–V.** Es läßt sich oft nur schwer klären. Man muß auf Zweck und Auswirkungen abstellen, BGH NJW **05**, 2313.

A. Wahlmöglichkeit. Die Klage hat aus der Sicht des Schuldners praktisch oft fast dasselbe Ziel wie die Vollstreckungsabwehrklage nach § 767, Düss FamRZ **80**, 1046, Köln MDR **88**, 974. Diese ist darum in geeigneten Fällen wahlweise neben § 323 zulässig und umgekehrt, Mü FamRZ **92**, 213 (zum Prozeßvergleich), Böhmer IPRax **91**, 92, StJL 41 ff, aM (nur § 323 oder nur § 767), BGH NJW **05**, 2313, Bbg FER **99**, 97 (§ 323), Bre FamRZ **00**, 1165, Hamm FER **99**, 76 (§ 767. Aber Prozeßwirtschaftlichkeit ist stets beachtlich, Rn 6, Grdz 14 vor § 128).

Im einzelnen unterscheidet Hamm FamRZ **80**, 150: § 323 betreffe Änderungen, durch welche die Vorausschau des Gerichts unrichtig werde, § 767 Änderungen, die das Gericht nicht voraussehen konnte; § 323 sei eine Sonderregelung, die den § 767 ausschließe und auch den Gläubiger begünstige, BGH FamRZ **77**, 462, Bbg FamRZ **92**, 718, KG FamRZ **90**, 187 (§ 767 bringe den Anspruch endgültig zu Fall). Bbg FamRZ **88**, 641 erfaßt mit § 323 den Einfluß der wirtschaftlichen Verhältnisse, mit § 767 die rechtsvernichtenden sonstigen Tatsachen.

Die Vollstreckungsabwehrklage ist neben § 323 zulässig *auch* als eine *Hilfsklage* nach § 260 Rn 8, BGH FamRZ **79**, 573, Karlsr FamRZ **85**, 288, ZöV 16, aM Düss RR **93**, 137 (aber auch hier sollte die Prozeßwirtschaftlichkeit Vorrang haben, Rn 6, Grdz 14 vor § 128). Das betont sogar BGH NJW **05**, 2314 mit der Prüfung, ob es ein unbilliges Ergebnis gebe).

Das alles gilt etwa dann, wenn der Bekl behauptet, seine *Leistungspflicht* sei jetzt *vermindert,* Rn 28, BGH FamRZ **89**, 767, Ffm FamRZ **91**, 1328 (je: für Rückstände nur nach § 767), oder sie sei wegen eines Verzichts des Klägers weggefallen, LG Köln MDR **58**, 522, das allerdings eine Klage aus § 767 ablehnt, aM Düss FamRZ **85**, 1148 (es komme weder § 323 noch § 767 in Betracht Das ist nun ganz praxisfern). Im Fall einer Verwirkung kommt freilich meist nur § 767 in Betracht, dort Rn 34, BGH FamRZ **87**, 261 (krit v Olshausen JR **88**, 464), Düss FamRZ **81**, 884, aM Ffm FamRZ **88**, 62 (aber diese Situation ist ganz anders als diejenige des § 323 geartet).

5 Die Vollstreckungsabwehrklage ist an den in § 767 I bestimmten *Gerichtsstand* gebunden. Sie wirkt aber in Abweichung von den bei einem Urteil geltenden zeitlichen Beschränkungen des § 323 III auch für die rückständigen Leistungen anderer Schuldtitel nach Rn 65 ff. Die Klage nach § 767 ist also häufig vorteilhafter. Andererseits ist die Klage aus § 323 auch dem Gläubiger gegeben, Hoppenz FamRZ **87**, 1100. Zur Abgrenzung von *§ 1605 BGB* AG Hersbruck FamRZ **85**, 634.

6 B. **Praktischer Vorrang von § 323 usw.** Die Praxis unterscheidet freilich im allgemeinen nicht so scharf. Ist eine Abänderungsklage anhängig, so liegt im allgemeinen für eine Klage aus § 767 kein Rechtsschutzbedürfnis nach Grdz 33 vor § 253 vor und umgekehrt, BGH **70**, 156, Ffm FamRZ **80**, 176, Hahne FamRZ **83**, 1191. Einwendungen aus § 767 läßt man praktischerweise auch im Rahmen von § 323 zu, BGH FamRZ **01**, 282. Eine Umdeutung von der einen zur anderen Klagart ist grundsätzlich zulässig, Brdb FamRZ **02**, 1194.

7 Bei einer Änderung des *Regelbedarfs* kommt das Verfahren nach § 654 in Betracht. Freilich ist dann auch die Abänderungsklage nach § 656 statthaft. Diese Klage nach § 323 ist auch wegen Vorsorgeunterhalts statthaft, BGH FamRZ **85**, 690, Ffm RR **86**, 558. Im übrigen ist eine „Zusatzklage" nicht möglich, sondern allenfalls eine Klage nach § 323, BGH NJW **86**, 3142, Hamm FamRZ **80**, 480. Der ersteren fehlt grundsätzlich das Rechtsschutzbedürfnis, soweit letztere zulässig ist, BGH **94**, 146, Ffm FamRZ **83**, 796 (Ausnahme: Rn 77). Zum Versuch, für Unterhaltsklagen bei einer Heraufsetzung der Richtsätze den § 323 mit Hilfe von § 258 auszuschalten, § 258 Rn 5, § 322 Rn 51 „Nachforderung". Eine unzulässige Nachforderungsklage

Titel 2. Urteil **§ 323**

läßt sich evtl in eine zulässige Abänderungsklage umdeuten, Grdz 54 vor § 128, BGH FamRZ **04**, 1713. Zur Anschlußberufung statt § 323 BGH NJW **89**, 3225. I–IV sind neben einem Anpassungsverfahren nur bedingt zulässig, V, Rn 80.

5) Auslandsberührung, I–V. Hier nur Andeutungen. Das Auslandsurteil muß im Inland anerkennbar **8** sein, §§ 328, 722, Celle FamRZ **93**, 104, Hamm FamRZ **93**, 190, Nürnb FamRZ **96**, 353. Die Abänderbarkeit, ihr *Ob*, richtet sich nach dem deutschen Prozeßrecht, Einl III 74, BGH NJW **92**, 439, Hamm FamRZ **93**, 1477, Köln FamRZ **05**, 535. Dabei kann zB ein ausländisches EU-Gericht international zuständig sein, Nürnb NJW **05**, 1055. Der Abänderungs*maßstab*, das *Wie*, richtet sich aber nach dem ausländischen Recht, Karlsr FamRZ **89**, 1310, Mü RR **90**, 649 (je Jugoslawien), BGH FamRZ **92**, 1062, Celle FamRZ **93**, 104, Hamm FamRZ **93**, 1483 (je Polen), Düss RR **93**, 137 (Serbien), Hamm RR **95**, 457 (Türkei), aM Köln FamRZ **05**, 535.

Beachten muß man Art 18 EGBGB, Karlsr FamRZ **89**, 1311, ferner das HUnterhVollstrÜbk, SchlAnh V A 2. Zur Problematik auch BGH MDR **90**, 718 (österreichischer Titel), Katzke NJW **88**, 104. Wegen der entsprechenden Anwendbarkeit des § 323 bei einem Anspruch nach dem NATO-Truppenstatut Karlsr VersR **76**, 197. Wegen eines Auslandsunterhaltstitels § 10 II AUG, abgedruckt bei § 722.

6) Voraussetzungen, I. Man muß vier Hauptfragen klären. **9**

A. Verurteilung. I verlangt eine Verurteilung nach §§ 300 ff, und zwar auch der früheren DDR, Vorbem, BGH RR **93**, 1475, Brdb FamRZ **97**, 1342, Hamm FamRZ **96**, 1086. Es genügt eine Verurteilung durch ein Teilurteil nach § 301, Karlsr FamRZ **92**, 199, durch ein Anerkenntnisurteil nach § 307, BGH NJW **81**, 2195, (ob der Titel in Verlust geraten ist, ist unerheblich), Bbg FamRZ **01**, 556, Hamm FamRZ **97**, 890. Es genügt auch ein Versäumnisurteil nach §§ 330 ff, gegen das ein Einspruch nicht oder nicht mehr zulässig ist, Hamm FamRZ **90**, 773, Köln FamRZ **02**, 471. Zur Problematik des letzteren Maurer FamRZ **89**, 445 (ausf). Ein solches Urteil läßt also evtl wahlweise Berufung und die Abänderungsklage zu, BGH NJW **86**, 383, Karlsr FamRZ **87**, 1289, aM Hamm FamRZ **78**, 446. Wegen eines Beschlusses im Vereinfachten Verfahren die §§ 645 ff vgl §§ 654, 656.

Die Möglichkeit der *Revision* schadet für § 323 nicht, Hamm FamRZ **85**, 505, schon wegen seines II, MüKoGo 32, StJL 11, 30, ZöV 13, aM RoSGo § 158 V 1 (aber warum sollte das nicht erst recht prozeßwirtschaftlich sein, Rn 6, Grdz 14 vor § 128?).

Es ist also der Eintritt der *Rechtskraft nach § 322 nicht vorausgesetzt*. Eine Rechtsmittelmöglichkeit ist daher **10** keineswegs stets schädlich, BGH NJW **86**, 383, Bbg RR **90**, 74, MüKoGo 32, aM RoSGo § 158 II 3 (vgl aber Rn 9).

Es kommt vielmehr auf das nach dem Einzelfall zu klärende *Rechtsschutzbedürfnis* nach Grdz 33 vor § 253 **11** an, Oldb FamRZ **80**, 395. Allerdings muß die Möglichkeit des Einspruchs bei der Entstehung des Grundes ausgeschlossen sein. Auch ein klagabweisendes Urteil kann genügen, Rn 13, BGH NJW **85**, 1345, Düss FamRZ **84**, 493, Stgt FamRZ **03**, 1121 (zustm Reischl), aM Bre FamRZ **81**, 1076, RoSGo § 158 II 3 (aber auch und gerade der abgewiesene Kläger mag erheblich veränderte Umstände zur weiteren Chance noch in demselben Prozeß nutzen wollen und dürfen).

Allerdings kommt dann, wenn das Gericht die erste Unterhaltsklage mangels Übersehbarkeit der Verhält- **12** nisse als zur Zeit unbegründet abgewiesen hatte, auch eine *neue Leistungsklage* in Betracht, Hamm RR **94**, 649 (auch zu den Grenzen). Dasselbe gilt, wenn das Gericht die erste Klage wegen des Fehlens einer Bedürftigkeit voll abgewiesen hatte, BGH NJW **05**, 142 (ab Wax LMK **05**, 27), Hamm RR **95**, 578, Zweibr FamRZ **83**, 1039 (freilich nicht, falls die Abweisung auf § 1579 I Z 4 BGB gestützt war und dessen Voraussetzungen jetzt fehlen), aM Karlsr FamRZ **80**, 1125, Hahne FamRZ **83**, 1190, Wax FamRZ **82**, 347 (vgl aber Rn 11). Wenn demgegenüber die im ersten Urteil nur für einen begrenzten Zeitraum bejahte Bedürftigkeit auch für den Folgezeitraum eintritt, ist die Klage nach § 323 zulässig, Hamm FamRZ **82**, 920. Dasselbe gilt, wenn das erste Urteil Unterhalt zugesprochen, ein folgendes Abänderungsurteil ihn wieder aberkannt hatte und der Gläubiger nun doch wieder Unterhalt fordert, BGH NJW **85**, 1346, oder wenn nur ein Spitzenbetrag tituliert war, Hamm FamRZ **97**, 619. Nach dem Anerkenntnis eines Teils der Forderung kann eine Klage auf den Rest eine sog Titelergänzungsklage sein, BGH **94**, 145. Auf sie ist § 323 unanwendbar, Naumb FamRZ **03**, 618.

Ein positives *Feststellungsurteil* nach § 256 genügt grundsätzlich nicht. Vgl aber Rn 66 ff, Rn 79. Ein **13** abweisendes Urteil auf Grund einer leugnenden Feststellungklage kann wegen seiner inneren Rechtskraftwirkung genügen, § 322 Rn 41, 42, Hamm FamRZ **00**, 544. Eine einstweilige Verfügung genügt nicht, bei ihr gelten §§ 927, 936, Hamm FamRZ **83**, 415. Ebensowenig genügt eine einstweilige Anordnung, §§ 620 ff, BGH NJW **83**, 1331, Hamm NJW **99**, 3274, Zweibr FamRZ **00**, 1289, aM Ffm FamRZ **80**, 175 (aber auch dann liegt ja durchweg nur eine zeitlich begrenzte Regelung vor). Freilich schließen §§ 620 ff den § 323 nicht automatisch aus, Hamm NJW **78**, 1536, Flieger MDR **80**, 803. In solchem Fall kommt eine Leistungsklage in Betracht, Hamm NJW **99**, 3274, ebenso eine vereinbarte Feststellungsklage, § 256 Rn 63 „Ehe". Eine privatschriftliche Vereinbarung genügt nicht, Rn 75. Gegen einen Schiedsspruch nach § 1054 muß man eine Abänderungsklage je nach der Schiedsvereinbarung beim Schiedsgericht oder beim Staatsgericht erheben. Sie ist ja kein Rechtsbehelf nach § 1059, sondern nur nach Rn 1.

Ist vor der *Scheidung* ein Unterhaltsausspruch ergangen, so kann man nicht schon deshalb seine Abände- **14** rung begehren, weil nach der Scheidung Umstände neu eingetreten sind. Denn nunmehr ist Rechtsgrundlage nicht mehr § 1360 BGB, sondern die Regelung der §§ 1569 ff BGB. Ein Anspruch aus dem alten Urteil ist überhaupt nicht mehr gegeben. Man muß dann vielmehr neu klagen, BGH FamRZ **85**, 581, Hamm FamRZ **88**, 402, ZöV 21, aM Hamm FamRZ **80**, 797 (aber erloschen bleibt erloschen).

Entsprechendes gilt für den Zustand des *Getrenntlebens*, Köln FamRZ **87**, 1060 (zu § 263), Mü FamRZ **15** **81**, 451, auch nach einem erneuten Zusammenleben, Stgt FamRZ **82**, 1012. Zur allgemeinen auch vollstreckungsrechtlichen Problematik Scheld Rpfleger **80**, 325. Dagegen ist der Unterhaltsanspruch des minderjährigen Kindes mit dem Anspruch des mittlerweile volljährig gewordenen jedenfalls dem Grunde nach identisch. Daher ist eine Abänderungsklage insoweit zulässig, Rn 16, BGH NJW **84**, 1613, Hamm (7. ZS)

§ 323   Buch 2. Abschnitt 1. Verfahren vor den LGen

FamRZ **83**, 208 und (9. FamS) FamRZ **91**, 1201, Zweibr FER **00**, 53, aM Hamm (3. ZS) FamRZ **83**, 206 (aber der Streitgegenstand ist in Wahrheit derselbe geblieben).

16 **B. Wiederkehrende Leistung.** Die Verurteilung muß auf wiederkehrende Leistungen im Sinne des § 258 gehen, die wenigstens teilweise in Zukunft fällig werden, BGH **93**, 773. Auch ein Unterhaltsurteil zugunsten eines Kindes gehört hierhin, BGH FamRZ **87**, 709, Karlsr FamRZ **91**, 601, sei es ehelich oder nichtehelich. Es kann auch über die Volljährigkeit hinaus wirken und gehört dann hierher, Rn 15. Ferner zählt hierher eine Verurteilung zur Zahlung eines betrieblichen Ruhegelds, § 16 BetrAVG, FamRZ NJW **81**, 190. Nicht aber gehört hierhin eine Verurteilung aus einem zweiseitigen Vertrag zu Leistungen, deren anspruchsbegründende Tatsachen schon endgültig feststehen, etwa Kaufpreisraten oder Renten nach §§ 912, 917 BGB. Ferner zählt hierher nicht eine Verurteilung zu einer Leistung, die von einer gleichzeitigen oder vorgängigen Gegenleistung abhängt, ferner nicht eine Kapitalszahlung in Raten. Wegen einer Kapitalabfindung Rn 79.

17 **C. Änderung der Verhältnisse.** Es muß weiter grundsätzlich eine objektive Änderung der nach Grund und Betrag erheblichen Verhältnisse bereits eingetreten sein, BGH NJW **93**, 1795 (Ausnahme Rn 34 „Versäumnisurteil"). Die Änderung muß diejenigen Verhältnisse betreffen, die für die Verurteilung oder für deren Dauer oder für die Höhe der Leistung maßgebend waren, Karlsr FamRZ **00**, 907. Die neuen Umstände können allgemein sein oder auch nur in der Person des Berechtigten oder Verpflichteten liegen. Die Darlegung der Änderung der Verhältnisse ist eine Voraussetzung der Zulässigkeit der Klage, BGH FamRZ **84**, 355, Hamm FamRZ **84**, 1124, Schlesw SchlHA **89**, 175. Die Beweislast gilt wie sonst, Naumb FamRZ **03**, 1022 (zu § 1603 BGB). Maßgeblich ist dabei der Saldo, zu Lasten des Klägers, Rn 37, 46.

18 Wegen einer Veränderung der *Gesetzeslage* Bbg FamRZ **92**, 185 (betr § 1610 a BGB), KG FamRZ **87**, 181, Gießler FamRZ **87**, 1276. Eine bloße Änderung der *Rechtsprechung* genügt grundsätzlich nicht, BGH **148**, 374 (vorsichtig ausnahmsweise evtl großzügiger beim Vergleich, § 242 BGB; abl Gottwald FamRZ **01**, 1692, zum Problem Knoche/Biersack MDR **05**, 12 ausf), Hamm FamRZ **02**, 1270, Oldb FamRZ **93**, 1475 (Tabellenänderung), aM Jena FamRZ **04**, 211, Köln FamRZ **03**, 460, Knoche/Biersack MDR **05**, 17 (aber wo liegen die Grenzen?). Ebensowenig genügen ein jetzt besserer, genauerer Vortrag zur objektiv in Wahrheit gleichgebliebenen Verhältnisse, Düss FamRZ **89**, 1207, oder ein bloßer Wechsel in der Beurteilung der damals entscheidungserheblichen Umstände, BGH RR **92**, 1092, Hamm FER **97**, 164, Derleder FamRZ **89**, 559. Ein solcher Wechsel genügt auch dann nicht, wenn in einem zweiten Prozeß wegen eines weiteren Teils des Schadens schon eine andere Entscheidung ergangen ist, BGH VersR **81**, 281. Das gilt grundsätzlich unabhängig davon, ob das Gericht desjenigen Urteils, dessen Abänderung der Kläger jetzt beantragt, damals eine fehlerhafte Beurteilung vorgenommen hatte, BGH VersR **81**, 281, Hamm RR **90**, 841, aM Schlesw FamRZ **88**, 418 (aber die Rechtskraft der weiteren Entscheidung hat Vorrang).

19 Vielmehr müssen sich die *tatsächlichen Verhältnisse* und nicht nur die subjektiven Vorstellungen eines Beteiligten nach Schluß der mündlichen Verhandlung des letzten Vorprozesses nach §§ 136 IV, 296 a *dauerhaft verändert* haben, BGH RR **92**, 1092, Bbg NJW **86**, 730, Hamm RR **90**, 841. Das muß geschehen sein gegenüber dem Voraussehbaren oder Vorausgesehenen, Karlsr FamRZ **97**, 366 (Auslegung), Kblz FamRZ **02**, 472, aM Bre MDR **01**, 1315 (aber sonst würde man den durch Auslegung zu ermittelnden Willen des Gerichts mithilfe des § 323 unterlaufen können). Ein nur kurzer Zeitraum zwischen Verhandlungsschluß und Eintritt der Änderung kann unschädlich sein, Karlsr RR **04**, 585. Es reicht auch eine Veränderung der fingierten Verhältnisse, Graba FamRZ **02**, 12.

20 Das *bloße Bekanntwerden* einer schon vorher eingetretenen Veränderung reicht nicht aus, Düss FamRZ **79**, 803, Hamm RR **90**, 841, Karlsr FamRZ **80**, 1125. Ebensowenig reichen schon der Eintritt der Volljährigkeit des Unterhaltsberechtigten, Hbg FamRZ **83**, 211, oder neue Beweismöglichkeiten. Unerheblich ist, ob die Mutter, die ihre Unterhaltspflicht noch voll durch die Pflege und Betreuung erfüllt, inzwischen wieder außerdem berufstätig ist, BGH NJW **84**, 1459.

21 **D. Beispiele zur Frage einer Änderung der Verhältnisse**
Adoption: Eine Änderung der Verhältnisse kann vorliegen, wenn der Geschiedene ein unterhaltsbedürftiges Kind seines neuen Partners adoptiert, Hamm FamRZ **92**, 322.
S auch Rn 35 „Weiteres Kind".
Altersgruppe: Eine Änderung der Verhältnisse kann vorliegen, wenn der Unterhaltsberechtigte die nächsthöhere Altersgruppe bzw die nächste Tabellenstufe erreicht hat, Hbg FamRZ **89**, 885, Nürnb FER **97**, 187, Oldb FamRZ **93**, 1475.
Anerkenntnisurteil: Maßgebend sind die ihm erkennbar zugrundegelegten Verhältnisse, Bbg FamRZ **01**, 556, Köln FamRZ **04**, 829, AG Ludwigslust FamRZ **05**, 1494.

22 **Arbeitsfähigkeit:** Eine Änderung der Verhältnisse kann vorliegen, wenn der Kläger entgegen der Annahme im bisherigen Urteil in einem gewissen Alter noch arbeitsfähig ist, Karlsr FamRZ **93**, 1456, oder wenn man ihn nicht mehr vermitteln kann, aM Hamm FamRZ **96**, 1017 (aber Änderung der Arbeitsfähigkeit ist ein klassischer Fall für § 323).
Eine hochschwanger gewesene Frau kann sich nach der Geburt *nicht* darauf berufen, nicht mehr arbeiten zu können, Ffm NJW **82**, 1232.
S auch Rn 24 „Erwerbsunfähigkeit".
Arbeitslosigkeit: Eine Änderung der Verhältnisse kann vorliegen, wenn sich der Arbeitslose ernsthaft um Arbeit bemüht, BGH FamRZ **95**, 174, KG NJW **85**, 869, Karlsr FamRZ **83**, 931. Eine Änderung kann auch vorliegen, wenn der Unterhaltsberechtigte mittlerweile seine Obliegenheit verletzt, sich um Erwerb zu bemühen, Hamm FamRZ **87**, 1286.
Eine Änderung der Verhältnisse *fehlt* bei nur vorübergehender Arbeitslosigkeit, Drsd FamRZ **98**, 767 (bis 6 Monate), oder bei Verschlechterung der Bezüge vom Staat, soweit sich der Arbeitslose nicht genug um neue Arbeit bemüht hat, AG Ludwigslust FamRZ **05**, 1117.
S auch Rn 33 „Umschulung".

Titel 2. Urteil § 323

Arzt: Man darf bei stabiler Aufwärtsentwicklung die letzten Jahre zum Vergleich heranziehen, Hamm FamRZ **97**, 310.
Ausland: Rn 27 „Lebensbedarf", Rn 33 „Umzug ins Ausland".
BAföG: Eine Änderung der Verhältnisse kann infolge einer BAföG-Leistung eintreten, Nürnb FamRZ **03**, 1025.
Bedürftigkeit: Eine Änderung der Verhältnisse kann vorliegen, wenn die Bedürftigkeit des Unterhaltsberechtigten ganz oder teilweise entfallen ist, Bbg FamRZ **80**, 617, Hamm FamRZ **97**, 232 (Student).
Beurteilung: Rn 30 „Rechtliche Würdigung".
Darlehen: Eine Änderung der Verhältnisse kann vorliegen, wenn der Schuldner nachhaltig die damals mitberücksichtigte Beteiligung an der Tilgung eines Darlehens unterläßt, Kblz FamRZ **86**, 1232.
Dritter: Eine Änderung der Verhältnisse kann vorliegen, wenn die Unterhaltspflicht gegenüber einem Dritten entfallen ist, BGH FamRZ **88**, 817.
Einkommenssteigerung: Eine Änderung der Verhältnisse kann vorliegen, wenn der Unterhaltspflichtige mittlerweile ein nicht unbedeutendes Einkommen hat, Hamm FamRZ **97**, 232, oder ein trotz des Anstiegs der allgemeinen Lebenskosten immer noch als Steigerung bewertbares Einkommen, BGH FamRZ **95**, 222, Kblz FamRZ **97**, 372, aM LG Kassel NJW **75**, 267 (aber Einkommenssteigerung ist ein typischer Fall für § 323). Dabei kann ein fiktives Einkommen einsetzbar sein, soweit der Schuldner gezielt darauf hingewirkt hat, daß ihm Einkünfte erst nachprozessual zufließen, Hamm FamRZ **96**, 505. Denn Arglist ist auch im Prozeß unzulässig, Einl III 54. Zur Offenbarungspflicht des Schuldners Hamm FamRZ **97**, 434. Auch eine Einkommenssteigerung beim Unterhaltsberechtigten kann zu beachten sein, Ffm RR **00**, 369.
Einkommensverringerung: Eine Änderung der Verhältnisse kann vorliegen, wenn sich das Einkommen des Schuldners verringert, BGH NJW **03**, 1797 (zustm Hoppenz FamRZ **03**, 850).
Ersatzdienst: Die Absicht, nach ihm zu studieren, beseitigt nicht den Fortbestand eines titulierten Anspruchs des früher Minderjährigen, aM Kblz FamRZ **99**, 676 (aber jeder hat Pläne für die Zeit nach dem Ersatzdienst). Zu prüfen bleibt natürlich eine Änderung des Bedarfs wegen des Studiums.
Ersparnis: Eine Änderung der Verhältnisse kann beim Anwachsen von Ersparnissen vorliegen, Brdb FamRZ **97**, 1342. Aber Vorsicht!
Erwerbschance: Eine Änderung der Verhältnisse kann vorliegen, wenn die Erwerbschancen des Unterhaltsberechtigten inzwischen gestiegen sind, Hamm RR **88**, 1476.
Erwerbsunfähigkeit: Eine Änderung der Verhältnisse kann beim Eintritt der teilweisen oder völligen Erwerbsunfähigkeit vorliegen, Zweibr FamRZ **93**, 441. Man muß aber bedenken, daß eine leichte Tätigkeit möglich bleiben kann, Düss FamRZ **01**, 1477.
Freiwillige Leistung: Eine Änderung der Verhältnisse kann vorliegen, wenn bei demjenigen, den das Gericht über freiwillige Unterhaltszahlungen hinaus verurteilt hatte, bzw bei seinem Gegner die Einschränkung der freiwilligen Zahlungen nicht mehr ausreicht und das Titulierte berührt wird, BGH NJW **85**, 1343.
Geburt: Ein Kind aus 2. Ehe kann zur Änderung der Verhältnisse führen. BGH FamRZ **96**, 788.
S auch Rn 22 „Arbeitsfähigkeit".
Geschäftsgrundlage: Nach ihrem Fortfall kann eine Änderung der Verhältnisse vorliegen.
Gesetzgebung: Eine Änderung der Verhältnisse kann vorliegen, wenn sich das Gesetz ändert, sofern es eine wesentliche Abweichung von der früheren Beurteilung nach Höhe und Dauer verlangt, Kblz FamRZ **79**, 703, aM BGH FamRZ **77**, 462 (dann sei eher § 767 anwendbar. Vgl. aber Rn 6), Müller-Webers DRiZ **84**, 372, ThP 19 (jede Gesetzesänderung könne ausreichen).
Gesundheit: Eine Änderung der Verhältnisse kann bei erheblicher Veränderung des Gesundheitszustandes eintreten, Hamm FamRZ **99**, 917 (Besserung beim Berechtigten), Schlesw FamRZ **03**, 685 (Verschlechterung beim Verpflichteten).
Haft: Rn 28 „Leistungsfähigkeit".
Halbtagsarbeit: Rn 28 „Leistungsfähigkeit".
Kapitalisierung: Sie kann nach Erfüllung einer Anpassung *entgegenstehen*. LG Hann RR **02**, 1253.
Kindergeld: Eine Änderung der Verhältnisse kann vorliegen, wenn ein Wechsel bei den Verhältnissen wegen des Kindergeldes eingetreten ist, Hamm FamRZ **90**, 542.
S auch Rn 35 „Weiteres Kind".
Lebensbedarf: Eine Änderung der Verhältnisse kann vorliegen, wenn der Lebensbedarf des Unterhaltsberechtigten gestiegen ist, Hbg FamRZ **83**, 211. Das gilt insbesondere bei einer Erhöhung der allgemeinen Lebenskosten, BGH FamRZ **95**, 222, Hamm NJW **94**, 2627 (Auslandsstudium), Zweibr NJW **94**, 527.
S auch Rn 24 „Einkommenssteigerung", Rn 27 „Lebensstandard".
Lebensgemeinschaft: Eine Änderung der Verhältnisse bzw Verwirkung kann beim nachehelichen Eingehen einer Lebensgemeinschaft mit einem Dritten eintreten, Ffm FamRZ **00**, 427 (auch zur Grenze).
Lebenskosten: S „Lebensbedarf".
Lebensstandard: Eine Änderung der Verhältnisse kann vorliegen, wenn sich der allgemeine Lebensstandard ändert, aM ZöV 33 (aber solche Änderung kann den Abänderungskläger härter als andere getroffen haben).
S auch „Lebensbedarf".
Leistungsfähigkeit: Eine Änderung der Verhältnisse kann vorliegen, wenn die Leistungsfähigkeit des Unterhaltsverpflichteten gestiegen ist, BGH NJW **90**, 3274 (früher Arbeitslosigkeit, jetzt Halbtagsarbeit), Hbg FamRZ **83**, 211, Zweibr FamRZ **79**, 929. Auch die Steigerung der Leistungsfähigkeit des Unterhaltsberechtigten kann zu beachten sein, Ffm RR **00**, 369 (Einkommenssteigerung). Dasselbe gilt, wenn die Leistungsfähigkeit gesunken ist, BGH FamRZ **89**, 173, Ffm FamRZ **95**, 735, Hamm RR **90**, 841. Dasselbe gilt, wenn die Leistungsfähigkeit fortfiel, Karlsr FER **00**, 98. Freilich muß auch sie sich dauerhaft verändert haben, Köln FamRZ **02**, 471.

§ 323

Mehrheit von Ansprüchen: Eine Änderung der Verhältnisse kann *fehlen*, wenn der bisherige Anspruch bereits entfallen war, bevor der neue Anspruch entstand, Hamm FamRZ **93**, 1477 linke Spalte (neuer Trennungsunterhalt nach einer nicht nur ganz vorübergehenden Versöhnung).

29 **Nachehelicher Unterhalt:** Rn 34 „Versorgungsausgleich".
Neue Bundesländer: Rn 27 „Lebensbedarf".
Nichteheliche Beziehung: Eine Änderung der Verhältnisse kann in folgenden Fällen vorliegen: Es ist eine Verfestigung der nichtehelichen Beziehung des unterhaltsberechtigten Geschiedenen eingetreten, Celle NJW **00**, 2282, Düss RR **91**, 1347, Hamm FamRZ **87**, 1266 (Vorsicht! Wo liegen die Grenzen?); ein in der Ehe geborenes Kind wird für nichtehelich erklärt, § 1599 BGB, Nürnb FamRZ **96**, 1090.
Preissteigerung: Rn 27 „Lebensbedarf".

30 **Rechtliche Würdigung:** Wenn das Gericht im ersten Urteil die damaligen Verhältnisse nicht gekannt oder bzw und deshalb falsch beurteilt hatte, dann greift § 323 *nicht* ein, Rn 48, Karlsr FamRZ **83**, 625, Schlesw SchlHA **78**, 198.
S auch Rn 18.
Rechtsgeschäft: Eine Änderung der Verhältnisse liegt *nicht* schon deshalb vor, weil sich rechtsgeschäftliche Änderungen ergeben haben. Dann muß man vielmehr § 767 beachten.
S freilich auch Rn 25 „Geschäftsgrundlage".
Rechtsprechungsänderung: Rn 18.
Rente: Eine Änderung der Verhältnisse kann in folgenden Fällen vorliegen: Ein Beteiligter ist in das Rentenalter eingetreten, BGH NJW **05**, 2314, Hamm FamRZ **99**, 239, Kblz FamRZ **97**, 1338; die Rente, die ein Dritter dem Unterhaltserechtigten zahlt, ist angestiegen, LG Bln FamRZ **72**, 368; eine Rente ist weggefallen; es ist eine auf dem Versorgungsausgleich beruhende Änderung einer Rente eingetreten, Karlsr FamRZ **88**, 197, Köln FER **99**, 249, aM ZöV 16 (aber auch das kann sich als typische Veränderung erheblich auswirken).
S auch Rn 34 „Versorgungsausgleich".
Schwangerschaft: Eine Änderung der Verhältnisse kann beim Eintritt auch einer weiteren Schwangerschaft vorliegen, AG Westerburg FamRZ **97**, 1339. Unschädlich sein kann die Kenntnis der Schwangerschaft im Frühstadium, AG Freising FamRZ **02**, 697 (großzügig).

31 **Schwankungen:** Eine Änderung kann bei längeren Schwankungen vorliegen, Hbg FamRZ **89**, 304.
Sonderbedarf: Eine Änderung der Verhältnisse kann vorliegen, wenn es um einen Sonderbedarf und dessen Erfüllung geht, Stgt FamRZ **78**, 684.
Steigerung: S bei den einzelnen Sachstichwörtern.

32 **Steuerrecht:** Eine Änderung der Verhältnisse kann vorliegen, wenn sich die Situation steuerrechtlich ändert, BGH FamRZ **88**, 817, Bre MDR **01**, 1314 (Vorhersehbarkeit sei unschädlich), Ffm FamRZ **86**, 1130, aM Hamm FamRZ **00**, 888 (aber die maßgeblichen tatsächlichen Umstände ändern sich oft gerade infolge steuerlicher Änderungen). Das gilt freilich nur beim etwa notwendigen Einverständnis des Klägers, Köln FER **98**, 265 (Splitting).
Strafhaft: Rn 28 „Leistungsfähigkeit".
Tabellenänderung: Sie kann ausreichen, Rn 38.
Tabellenstufe: Rn 21 „Altersgruppe".
Teilklage: Hamm FamRZ **99**, 677 erlaubt eine Korrektur des Fehlers, die frühere Teilforderung nicht als solche bezeichnet zu haben, im Abänderungsprozeß. Vgl aber § 322 Rn 51 ff „Nachforderung".
Trennungsunterhalt: Eine Änderung kann nach längerem Wiederzusammenleben vorliegen, Hamm FamRZ **99**, 30.
Sie kann im übrigen *nicht* schon wegen Zeitablaufs vorliegen, Düss FamRZ **96**, 1416, aM Hamm FamRZ **96**, 1219 (kommt deshalb in Schwierigkeiten bei der Beweislast). Ein nur kurzer Zeitraum ist nicht wesentlich, AG Landstuhl FER **00**, 267.

33 **Umschulung:** S zunächst Rn 22 „Arbeitslosigkeit". Die Bemühung um eine neue Arbeit ist freilich während einer vom Arbeitsamt bewilligten Umschulung nicht notwendig, Düss FamRZ **84**, 392.
Umzug ins Ausland: Eine Änderung der Verhältnisse kann vorliegen, wenn ein nichteheliches Kind ins Ausland verzogen ist oder wenn der Unterhaltsschuldner in die Türkei ausgewiesen worden ist, Hamm FamRZ **05**, 1118.
Unterhaltspflicht: Eine Änderung der Verhältnisse kann vorliegen, soweit die Unterhaltspflicht geringer wurde, BGH NJW **04**, 2896 (Erbe), oder weggefallen ist, Bre FER **00**, 161 (Ausbildungsunterhalt). Das gilt auch nach einer einstweiligen Anordnung. Denn auch sie ist rechtskraftfähig, s § 322 Rn 29, aM Brdb RR **02**, 939 (muß auf § 256 zurückgreifen. Das ist nicht prozeßwirtschaftlich, Grdz 14 vor § 128). Zum Regelunterhalt Naumb FamRZ **05**, 1756.

34 **Verdienst:** Eine Änderung der Verhältnisse kann vorliegen, wenn der Unterhaltsberechtigte nach Vollendung des 16. Lebensjahres im Unterhalt jetzt ganz oder teilweise selbst verdient, Hamm FamRZ **98**, 1699.
Versäumnisurteil: Maßgebend sind nicht die damaligen wirklichen Verhältnisse, sondern die erkennbar vom Gericht zugrundegelegten, Köln FamRZ **02**, 471, aM AG Moers FamRZ **01**, 1234 (aber das hebelt das frühere Urteil aus).
Versorgungsausgleich: Eine Änderung der Verhältnisse kann vorliegen, wenn der Unterhaltsberechtigte auf Grund eines Versorgungsausgleichs eine Rente erhält, BGH FamRZ **89**, 159 (wegen der Rückstände nur § 767). Das gilt erst recht dann, wenn er nun außerdem noch einen nachehelichen Unterhalt erhält, Ffm FamRZ **87**, 1271. Es gilt ferner dann, wenn sich die Rentenhöhe infolge eines Versorgungsausgleichs ändert, Karlsr FamRZ **88**, 197, aM ZöV 16 (vgl aber Rn 30 „Rente").
Verwirkung: Eine Änderung der Verhältnisse kann wegen Verwirkung vorliegen, Einl III 54, Ffm FamRZ **00**, 427 (Lebensgemeinschaft, auch zur Grenze), Köln FER **01**, 276 (Vergehen des Unterhaltsberechtigten; auch zur Abgrenzung gegenüber § 767), AG Bad Iburg FamRZ **00**, 289 (Verschweigen der Aufnahme einer Erwerbstätigkeit).
Volljährigkeit: Der Eintritt kann ausreichen, Köln FER **00**, 144. Vgl aber auch Rn 49.

Titel 2. Urteil **§ 323**

Vollzeitarbeit: Ab ihrer Zumutbarkeit kann eine Änderung der Verhältnisse vorliegen, AG Groß Gerau FamRZ **97**, 434.
Vorsorgeunterhalt: Eine Änderung der Verhältnisse kann vorliegen, wenn ein Vorsorgeunterhalt bestimmungswidrig verwendet worden ist, BGH FamRZ **87**, 685.
Wechselkurs: Allein mit der Wechselkursentwicklung läßt sich eine Änderung der Verhältnisse *nicht* **35** begründen. Denn es kommt nur auf den Binnenwert der Währung an, Hamm RR **94**, 649.
Wegfall: S bei den einzelnen Sachstichwörtern.
Weiteres Kind: Eine Änderung der Verhältnisse kann vorliegen, wenn ein weiteres Kind geboren ist, Schlesw FamRZ **88**, 418.
S auch Rn 21 „Adoption", Rn 26 „Kindergeld".
Wiederverheiratung: Eine Änderung der Verhältnisse liegt grds dann vor, wenn eine Wiederverheiratung eingetreten ist, BGH RR **90**, 581, Mü RR **86**, 76.
Zeitablauf: Rn 3 „Trennungsunterhalt".
Zinsniveau: Eine Änderung der Verhältnisse kann vorliegen, wenn sich das Zinsniveau ändert, Karlsr NJW **90**, 1738. Zum Problem Brauer ZZP **108**, 319, Frühauf NJW **99**, 1217, Reichenbach MDR **01**, 14 (je ausf).
Zweite Ehefrau: S „Wiederverheiratung".

E. **Wesentlichkeit der Änderung**, dazu *Niklas,* Das Erfordernis der wesentlichen Veränderung der Ver- **36** hältnisse in § 323 I ZPO, 1988: Die Änderung muß wesentlich sein, BGH **94**, 149, Düss MDR **02**, 279. Das ist sie, wenn sie nach dem sachlichen Recht zu einer anderen Beurteilung des Bestehens, der Höhe oder der Dauer des Anspruchs führt, und zwar in einer nicht unerheblichen Weise, BGH NJW **87**, 1552. Das muß der Kläger behaupten, Brdb FamRZ **02**, 1049. Darüber entscheidet das Gericht bei der gebotenen Gesamtabwägung der in Rn 17 ff genannten Fragen, Brschw FamRZ **83**, 198, LG Nürnb-Fürth FamRZ **76**, 358.

Wesentlich ist eine Änderung grundsätzlich erst dann, wenn sich bei einer notwendigen *Gesamtsaldierung* **37** ergibt, daß zu Lasten des Klägers, eine Abweichung von grundsätzlich *wenigstens etwa 10%* vorliegt, Rn 41, Düss Rpfleger **80**, 462, Hamm FamRZ **98**, 1192, Bieder FamRZ **00**, 654 (mindestens 0,5% des Regelbetrags nach § 18 SGB IV), aM Düss FamRZ **93**, 1103, Stgt FER **00**, 79 (je: bei wirtschaftlich beengten Verhältnissen genügen unter 10%), Nürnb VersR **92**, 623 (fordert eine gravierende Änderung der Lebenskosten). Wenn die Abänderung nur das Existenzministerium von etwa 135% des Regelbedarfs erstrebt, sind 10% Abweichung ausnahmsweise nicht nötig, Hamm FamRZ **04**, 1051. Natürlich kann einer Verbesserung in der einen Hinsicht eine Verschlechterung in der anderen gegenüberstehen. Wesentlich ist nur eine Schlechterstellung des Klägers per Saldo. Die Beteiligten müssen beim Schluß der letzten mündlichen Verhandlung des Vorprozesses nicht imstande gewesen sein, die Änderung vorauszusehen, weil eine Änderung dem gewöhnlichen Verlauf, so wie man ihn damals annehmen durfte, widersprach, Ffm FamRZ **78**, 716, aM BGH NJW **92**, 364, RoSGo § 158 VI 2, ThP 24 (sie stellen auf die tatsächliche Berücksichtigung im Urteil ab. Aber das Gericht kann davon abgesehen haben, eine als selbstverständlich erachtete Urteilsgrundlage ausdrücklich oder doch besonders erkennbar mitzuerörtern). Eine solche Situation kann auch vorliegen, wenn das Gericht damals eine Änderung annahm, die Verhältnisse aber entgegen seiner Annahme gleich geblieben sind. Eine vom Üblichen abweichende Quote bleibt auch später grundsätzlich maßgebend, KG FamRZ **05**, 621.

Eine in wenigen Monaten bevorstehende Einstufung in eine höhere Altersgruppe zB der „Düsseldorfer **38** *Tabelle*" war vorhersehbar, KG FamRZ **83**, 292, eine erst nach Jahren bevorstehende nicht, BGH NJW **05**, 1280 (zustm Maurer LMK **05**, 90, Schürmann FamRZ **05**, 887), Hamm FamRZ **05**, 1101, Nürnb FER **97**, 187.

Tabellen der OLG, dazu *Esser,* Zur Rechtmäßigkeit richterlicher Tabellen, Diss Köln 1999, sind mittlerweile überall eingeführt. Sie können zur Darlegung der Änderung der Verhältnisse ausreichen, Hamm FamRZ **04**, 1885 (Düss). Ihr neuester Stand vom 1. 7. 05 ist im Schönfelder ErgBd Nr 47–47 s abgedruckt und in FamRZ **05**, 1300 ff sowie in der Übersicht der Beilage zur NJW **05**, Heft 30 und in FamRZ **05**, 1300 ff, zusammengestellt. Sie sind auch einzeln abgedruckt, zB für Bbg FamRZ **05**, 1307 ff, Brschw FamRZ **05**, 1307 ff, Brdb FamRZ **05**, 1307 ff, Brschw FamRZ **05**, 1307 ff, Bre FamRZ **05**, 1307 ff, Brschw FamRZ **05**, 1307 ff, Celle FamRZ **05**, 1307 ff, Brschw FamRZ **05**, 1307 ff, Drsd FamRZ **05**, 1307 ff, Brschw FamRZ **05**, 1307 ff, Düss NJW **05**, Heft 22 S XXXI, Ffm FamRZ **05**, 1307 ff, Brschw FamRZ **05**, 1307 ff, Gera FamRZ **92**, 524, Hbg FamRZ **05**, 1307 ff, Brschw FamRZ **05**, 1307 ff, Hamm FamRZ **05**, 1307 ff, Brschw FamRZ **05**, 1307 ff, Jena FamRZ **03**, 1169, KG FamRZ **05**, 1307 ff, Brschw FamRZ **05**, 1307 ff, Karlsr FamRZ **05**, 1307 ff, Brschw FamRZ **05**, 1307 ff, Kblz NJW **03**, 3753, Köln FamRZ **05**, 1307 ff, Brschw FamRZ **05**, 1307 ff, Leipzig FamRZ **92**, 769, Magdeb FamRZ **92**, 646, Brschw FamRZ **05**, 1307 ff, Mü FamRZ **05**, 1307 ff, Naumb FamRZ **05**, 1307 ff, Brschw FamRZ **05**, 1307 ff, Nürnb FamRZ **05**, 1307 ff, Brschw FamRZ **05**, 1307 ff, Oldb FamRZ **05**, 1307 ff, Brschw FamRZ **05**, 1307 ff, Rostock FamRZ **05**, 1307 ff, Brschw FamRZ **05**, 1307 ff, Saarbr FamRZ **03**, 1076, Brschw FamRZ **05**, 1307 ff, Schlesw FamRZ **05**, 1307 ff, Brschw FamRZ **05**, 1307 ff, Stgt FamRZ **05**, 1307 ff, Brschw FamRZ **05**, 1307 ff, Zweibr FamRZ **05**, 1307 ff, Brschw FamRZ **05**, 1307 ff.

Richterliche „Übereinkünfte" zur künftigen Anwendung derartiger Tabellen sind im Ergebnis problematische **39** Selbstbeschränkungen der zB nach § 286 zwingend gebotenen Gesamtwürdigung jedes Einzelfalls, AG St Blasien MDR **86**, 757 (zu § 287; zustm Müller-Langguth), Lindenau SchlHA **85**, 81, Petersen SchlHA **85**, 81 (je auch zur verfassungsrechtlichen Problematik). Ganz problematisch ist die pauschale Übernahme von Tabellenänderungen als wesentlichen Umstand im Sinn von I, Mü FamRZ **97**, 312 (LS), aM Brdb FamRZ **02**, 1049, Saarbr FamRZ **87**, 615 (aber damit engt man den Beurteilungsspielraum in einem wesentlichen Punkt von vornherein ein, selbst wenn das natürlich praktisch sein mag). Als bloße Änderung der Rechtsprechung wären Tabellenänderungen ohnehin unbeachtlich, Rn 18, Düss FamRZ **93**, 1475, Derleder FamRZ **89**, 559. Freilich ergehen sie durchweg eben auf Grund von tatsächlichen Veränderungen, BGH FamRZ **95**, 222. Was im Vorprozeß verlangt worden war, ist unerheblich. Der Kläger kann jetzt auch einen anderen Klagegrund heranziehen, der der Klage nicht zuwiderläuft, zB wenn sich die frühere Klage auf eine Haftpflicht, die Abänderungsklage auf eine Vertragsverletzung stützt.

§ 323 gilt auch dann, wenn nach dem *Unfall*, auf den sich die frühere Klage stützte, unvorhergesehene Folgen einer schon damals vorhandenen Erkrankung eingetreten sind.

40 7) **Klage, I–III.** Es findet kein obligatorisches Güteverfahren statt, § 15a II 1 Z 1 EGZPO, Hartmann NJW **99**, 3747. Man muß zahlreiche schwierige Punkte beachten.

  A. Verfahrensziel: Umgestaltung der Rechtsbeziehung. Die Abänderungsklage verfolgt keinen sachlichrechtlichen Anspruch. Es setzt ihn vielmehr voraus, BGH FamRZ **84**, 353. Das zeigt sich bei einer erstrebten Herabsetzung besonders klar. Sie bezweckt die anderweitige Gestaltung der Rechtsbeziehung aus dem alten Anspruch wegen einer Veränderung der Verhältnisse, BGH NJW **92**, 440, Kblz FamRZ **90**, 427. Deshalb versagt § 323 bei allen ein für allemal feststehenden Leistungen, zB bei einer Leibrente, BayObLG DNotZ **80**, 96 (die Parteien können sich freilich vertraglich der Regelung des § 323 unterwerfen, Rn 75), oder bei einer Überbau- und Notwegrente, §§ 912 II, 917 II BGB. Einredeweise kann man den Abänderungsanspruch nicht geltend machen. Eine Verjährung des Abänderungsanspruchs tritt nicht ein. Auch einen familienrechtlichen Ausgleichsanspruch kann man nicht unabhängig von § 323 zulassen, BGH FamRZ **81**, 762.

41 Die *allgemeinen Prozeßvoraussetzungen* müssen vorliegen, Grdz 12 vor § 253. Auch das Rechtsschutzbedürfnis muß wie stets vorhanden sein, Grdz 33 vor § 253. Es fehlt grundsätzlich, wenn der Saldo nach Rn 37 oder sogar schon die Veränderung überhaupt nach Rn 17ff nur zu einer Besserstellung des Klägers führten. Es darf keine anderweitige Rechtshängigkeit vorliegen, § 261 III Z 1, BGH FER **98**, 136.

42 **B. Parteien.** Klageberechtigt ist jede Partei des Vorprozesses, Grdz 4 vor § 50, § 325 Rn 4, BGH FamRZ **86**, 153, Brdb RR **03**, 1449, Karlsr RR **05**, 1021. Den Parteien stehen diejenigen gleich, auf die sich die Rechtskraft der abzuändernden Entscheidung erstreckt, KG FamRZ **94**, 760, also zB der Rechtsnachfolger, § 325, Brdb RR **03**, 1449, Düss FamRZ **94**, 764, Karlsr RR **05**, 1021. Nach dem Ende der Prozeßstandschaft des Elternteils infolge Rechtskraft der Scheidung ist nur das Kind klageberechtigt, Brdb FamRZ **02**, 1270. Nach einem Übergang der Forderung gemäß SGB sind klageberechtigt auch: Der Versicherungsträger; bei einer Überleitung kraft Gesetzes in diesem Umfang der Sozialhilfeträger, Brdb RR **03**, 1449, wegen des Rests der Schuldner, Düss FamRZ **94**, 764, Karlsr RR **05**, 1021, Zweibr NJW **86**, 731 (str); beim Forderungsübergang nach § 37 I BAföG der neue Gläubiger, BGH FamRZ **86**, 153; bei einem Vollstreckungstitel, dessen Rechtskraft sich nach § 325 auf einen Dritten erstreckt, auch der Dritte, BGH FamRZ **86**, 153, Karlsr RR **05**, 1021, LG Saarbr FamRZ **86**, 254, aM Hamm FamRZ **81**, 590 (aber auch er gilt kraft Gesetzes als Rechtsnachfolger). Nach einem Forderungsübergang kraft Gesetzes muß man sowohl denjenigen verklagen, der den Titel erwirkt hat, als auch denjenigen, auf den die Forderung übergegangen ist, Brdb RR **03**, 1449, Karlsr RR **05**, 1021.

Der *Dritte* kann auch in solchem Fall nur insoweit klagen, als er überhaupt wirksam berechtigt oder verpflichtet war, § 794 Rn 9. Die Identität der Parteien des Abänderungsverfahrens mit denjenigen des abzuändernden Titels ist eine Zulässigkeitsvoraussetzung der Abänderungsklage, BGH FamRZ **86**, 254.

43 **C. Zuständigkeit.** Die Klage leitet grundsätzlich ein neues Verfahren ein. Sie ist allerdings auch als eine Widerklage denkbar, Anh § 253, Bbg FamRZ **99**, 32, Saarbr FamRZ **93**, 1477. Das gilt etwa in dem noch wegen eines Rests anhängigen Erstprozeß, Bbg FamRZ **85**, 692. Man muß im gewöhnlichen Gerichtsstand der §§ 12ff klagen, Bbg FamRZ **80**, 617, nicht in demjenigen des § 767 I. Zur sachlichen Zuständigkeit §§ 9 ZPO, 23–23c GVG. In einer Familiensache nach Grdz 1 vor § 606 ist also das Familiengericht zuständig, BGH NJW **78**, 1812, Düss FamRZ **80**, 794, AG Lübeck NJW **78**, 281. Eine neue Prozeßvollmacht ist erforderlich, § 81 Rn 6 (neuer Streitgegenstand).

44 **D. Antrag.** Es ist ein Antrag erforderlich, BGH NJW **86**, 2049. Ein Antrag des Inhalts, daß keine Ansprüche mehr bestehen, stützt sich auf § 256 I. Man kann ihn aber evtl als einen Antrag nach § 323 umdeuten, BGH FamRZ **83**, 893. Das gilt vor allem dann, wenn er sonst erfolglos wäre, Bbg FamRZ **88**, 640. Eine Rückforderung oder eine Nachforderung im Sinn von § 322 Rn 51 für die Zeit vor der Erhebung der Abänderungsklage ist unzulässig, III. Eine Abänderungsklage kann allerdings in eine Nachforderungsklage mit deren prozessualen Folgen umdeutbar sein, BGH FamRZ **86**, 662. Eine Umdeutung einer Leistungsklage in eine Abänderungsklage kann zulässig sein, BGH NJW **92**, 440, Hamm FamRZ **05**, 1101, AG Ludwigslust FamRZ **05**, 1494. Freilich ist ein klarer bloßer Leistungsantrag ohne eine auf § 323 gestützte Begründung nicht undeutbar, Zweibr FamRZ **92**, 974. Eine Stufenklage ist zulässig, § 254 Rn 2, BGH FamRZ **85**, 501, Hbg (2. FamS) FamRZ **83**, 626, Mü RR **88**, 1286, aM Hbg (2a. FamS) FamRZ **82**, 935 (aber Prozeßwirtschaftlichkeit ist auch hier beachtlich, Grdz 14 vor § 128).

45 **E. Prüfungsumfang.** Es gilt dasselbe bei allen Angriffen gegen ein rechtskräftiges Urteil, Köln FamRZ **83**, 1049. Danach gliedert sich das Verfahren in mehrere Teile, Karlsr FamRZ **88**, 859: das Aufhebungsverfahren, iudicium rescindens, dh die Aufhebung des früheren Urteils, und anschließend das Ersetzungsverfahren, iudicium rescissorium, dh die Ersetzung des früheren Urteils durch ein neues. Zum Aufhebungsverfahren gehört die Prüfung der Zulässigkeit der Klage, überhaupt der Prozeßvoraussetzungen, Grdz 12 vor § 253. Nur bei ihrer Bejahung kommt es zum Ersetzungsverfahren. Der neuen Verhandlung muß das Gericht die tatsächlichen Feststellungen des früheren Urteils zugrundelegen, soweit die Veränderung der Verhältnisse sie nicht berührt hat, aM Mü FamRZ **84**, 492 (aber man darf nicht das frühere Urteil wegen § 322 nur im Rahmen der Merkmals des § 323 antasten). Die Rechtskraftwirkung ist ja nur für die Bemessung der Leistungen ausgeschaltet.

46 Der Kläger muß alle diejenigen Faktoren *darlegen und beweisen*, die für die Festsetzung der titulierten Unterhaltsrente maßgebend waren und die eine wesentliche Änderung der Verhältnisse ergeben, Anh § 286 Rn 198, Brdb RR **03**, 1449, KG FamRZ **94**, 765, Zweibr FamRZ **89**, 304. Es reicht nicht, wenn er nur zu einem einzigen oder zu einzelnen von mehreren maßgeblich gewesenen Bemessungsfaktoren oder gar zu keinem damals entscheidungserheblichen eine wesentliche Änderung darlegt, Ffm FamRZ **85**, 304, Hamm FamRZ **04**, 1656, Karlsr FamRZ **87**, 504. Freilich muß gegenüber der Klage des Vaters auf Herabsetzung des Unterhalts das volljährig gewordene Kind darlegen und beweisen, daß sein Anspruch unverändert geblieben ist, Brdb RR **03**, 1449, KG FamRZ **94**, 765. Das Gericht darf die tatsächlichen Grundlagen des abzuändernden Titels durch dessen Auslegung ermitteln und dabei auch nach § 287 verfahren, BGH FamRZ **01**, 1604, Düss FamRZ **81**, 587.

Das Gericht darf also grundsätzlich nur die Höhe der jetzt gegebenen Ansprüche prüfen. Es darf aber *nicht* **47** auch die *ursprüngliche Begründung nachprüfen,* BGH RR **90**, 194, Brdb FamRZ **02**, 1049, Hamm FER **97**, 164, aM BVerfG **26**, 53, Ffm FamRZ **79**, 238, Oldb NdsRpfl **79**, 223 (keine Rücksicht auf das frühere Urteil oder den früheren Vergleich. Damit hebelt man weit über den Zweck des § 323 hinaus das frühere Urteil vor oder gar nach dessen Rechtskraft weitgehend aus. Diese letztere, gegenüber der hier vertretenen andere Ansicht setzt sich über den eindeutigen Gesetzestext hinweg, Einl III 39). § 323 gestattet lediglich eine „entsprechende Abänderung des Urteils". Damit sind die seit dem Erlaß des Urteils eingetretenen Veränderungen gemeint, gemessen an den für die damalige Urteilsfindung als maßgeblich verwendeten Tatsachen. Durch die hier abgelehnte Auffassung würden uferlose Neufestsetzungen oder jedenfalls Versuche dazu die Folge sein. Das Gericht könnte zB einen zunächst nur nach § 1611 BGB als notdürftig festgesetzten Unterhalt nunmehr voll oder jedenfalls nach einem anderen Maßstab als früher festsetzen, Kblz FamRZ **84**, 185. Vgl ferner Rn 17 ff.

Richtigerweise darf das Gericht also *nicht nachprüfen,* ob das frühere Gericht die früheren Verhältnisse **48** richtig beurteilt hat, etwa die Schadensursache, Rn 17 ff, aM ZöV 32. Das gilt auch dann, wenn das abzuändernde Urteil einen Prozeßvergleich nach Anh § 307 abgeändert hatte und wenn im Vorprozeß das, was die Parteien im damaligen Vergleich gewollt hatten, in der Erörterung eingekommen war, Hamm FamRZ **92**, 1322. Freilich ist das Gericht nicht an die für das frühere Urteil angewendeten rechtlichen Maßstäbe gebunden, Kblz FamRZ **91**, 210. Es ist also zB nicht an die dort angewandten Unterhaltsrichtlinien gebunden, BGH FamRZ **87**, 258, auch nicht an eine im früheren Urteil festgelegte Unterhaltsquote, wenn jenes Urteil keine Feststellung über die Bestimmung der damaligen Lebensverhältnisse traf, BGH FamRZ **95**, 174. Das Gericht ist ferner evtl nicht an die Berechnungsweise des Ausgangsgerichts gebunden, BGH FamRZ **94**, 1101. Dennoch ist eine Änderung nicht schon wegen einer anderen neuen Berechnungsmethode rückwirkend zulässig, BGH NJW **03**, 1181. Ein Berufswechsel kann zur Abänderungsklage berechtigen. Wenn die Verhältnisse bei der Entstehung des abzuändernden Vollstreckungstitels nicht mehr feststellbar sind, kann man die Abänderungsklage wie eine Erstklage behandeln, Köln FamRZ **81**, 999.

F. Maßgeblicher Zeitpunkt, II. Die Vorschrift gilt nicht beim vorrangigen § 654, Kblz FamRZ **02**, **49** 481. Man darf sie freilich nur beim Vortrag des Abänderungsklägers beachten, nicht beim Vortrag des Abänderungsbekl, BGH MDR **01**, 766, Oldb FamRZ **96**, 357. Nur solche Klagegründe genügen, die nach dem Schluß der letzten Tatsachenverhandlung objektiv entstanden sind, §§ 136 IV, 296 a, also nach Sachantragstellung, Hamm FamRZ **03**, 460, Köln FamRZ **96**, 355 (nicht schon nach bloßer Kostenerörterung), Saarbr FamRZ **03**, 686, evtl also nach dem Schluß derjenigen in der Berufungsinstanz, BGH (12. ZS) **136**, 376, Saarbr FamRZ **03**, 686, Zweibr RR **03**, 1300, aM BGH FamRZ **90**, 1096 (Fortsetzungszusammenhang über den Verhandlungsschluß hinaus genüge), Hamm FamRZ **87**, 734, Köln FamRZ **97**, 507 (wahlweise Berufung. Beide Varianten verwässern den klaren zeitlichen Schnitt des II). Der sog Vorsorgeunterhalt unterfällt ebenfalls II, aM Hamm RR **03**, 510 (eine evtl an sich rechtfertigt keinesfalls von vornherein eine Ausnahme. Das gilt, zumal auch die Beachtung von II im Ergebnis meist nicht schadet).

Selbst ein erst nach dem obigen Zeitpunkt eingetretener Umstand ist unbeachtlich, wenn beim Verhandlungsschluß sein *Eintritt in nächster Zeit* feststand und durch das Gegenspiel anderer Faktoren nicht ausgeglichen werden konnte, BGH FER **00**, 25, KG FamRZ **90**, 1122 (krit Diener FamRZ **91**, 211), Karlsr RR **05**, 1021, aM Ffm FamRZ **97**, 434 (dann aber würde man den Abänderungszeitraum gefährlich ausweiten).

Es genügen aber solche Gründe, die nach dem Schluß des *vorangegangenen letzten Abänderungsprozesses* **50** entstanden sind, BGH NJW **00**, 3790, Düss FamRZ **85**, 1277, Zweibr FamRZ **92**, 974. Wenn freilich das Rechtsmittel vor dem Eintritt in die Sachverhandlung zurückgenommen wurde, ist wieder der Schluß der letzten erstinstanzlichen Tatsachenverhandlung maßgebend, BGH NJW **88**, 2473, Hamm FER **00**, 298, Köln FamRZ **97**, 508. Es erfolgt also kein Ausschluß mit Vorbringen, das bereits Gegenstand eines Prozeßkostenhilfegesuchs zur Durchführung einer Anschlußberufung war, wenn die Hauptberufung zurückgenommen wurde, Karlsr FamRZ **99**, 1289, Köln FamRZ **96**, 355. Im übrigen genügen nur solche Klagegründe, die man in dem Verfahren zur Erstinstandsetzung, auch wenn es ein solches des Gegners, nicht vorbringen konnte, die also erst nach dem Ablauf der Einspruchsfrist entstanden sind, BGH NJW **82**, 1812, Hamm FamRZ **97**, 433, aM Köln FER **99**, 249 (großzügiger bei Rentenänderung), StJM § 767 Rn 40 (aber II schränkt den Abänderungszeitraum aus sehr wichtigem Grund stärker ein).

Ebenso wie § 767 kommt es nicht darauf an, ob die Partei von den Gründen *Kenntnis* hatte. Das ist eine dem Schutz der Rechtskraft dienende Erwägung, Düss FamRZ **79**, 803, Zweibr FamRZ **81**, 1190. Das gilt jedenfalls, soweit man sonst eine Rechtskraftwirkung nach Einf 2 vor §§ 322–327 beseitigen würde, BGH FamRZ **87**, 262. Arglist des Gegners mag ausnahmsweise unabhängig von II beachtlich sein, Einl III 54, Kblz RR **03**, 1229. Ob im übrigen II nur die Zulässigkeit und nicht auch die Begründetheit der Klage betrifft, läßt letztlich auch BGH FamRZ **87**, 262 wiederum offen. Seine Erwägungen sind ohnehin reichlich vom gewünschten Ergebnis her bestimmt. Manche möchten zumindest bei Härtefällen II im Interesse des sachlichen Rechts großzügig auslegen, Schlesw FamRZ **88**, 418, Niklas FamRZ **87**, 873, strenger mit Recht Roth NJW **88**, 1239 (Durchbrechung der Rechtskraft erforderlich).

Im *schriftlichen Verfahren* nach § 128 II und im Aktenlageverfahren nach § 251 a entscheidet der dem **51** Verhandlungsschluß gleichstehende Zeitpunkt, § 128 Rn 27, § 251 a Rn 10.

Nach einem *Versäumnisurteil* nach §§ 331 ff kommt es auf den Zustand an, den der damalige Kläger **52** behauptete und der nach § 331 I 1 als zugestanden galt, Hamm (9. FamS) FamRZ **91**, 1201 und (12. FamS) FamRZ **97**, 891, Zweibr FamRZ **83**, 291, aM Hamm (5. FamS) FamRZ **90**, 773, Oldb FamRZ **90**, 188 (maßgeblich seien nicht die als zugestanden anzunehmenden, sondern die tatsächlich vorhanden gewesenen Verhältnisse. Aber ein Geständnis oder auch bloße Unstreitigkeit banden den Richter des ersten Prozesses, Grzd 18 vor § 128). Dasselbe gilt nach einem Anerkenntnisurteil, § 322 Rn 8, aM Bbg FamRZ **86**, 702, Hamm FamRZ **97**, 891 (aber hier gilt im Ergebnis dasselbe wie beim Geständnis).

§ 323 Buch 2. Abschnitt 1. Verfahren vor den LGen

II bezieht sich aber nur auf das Vorbringen des Klägers. Dasjenige des *Bekl* unterliegt der zeitlichen Begrenzung des II nicht, BGH FamRZ **87**, 263. II ist bei einem Urteil, das dem Art 6 Z 1 S 2 UÄndG 1986 unterliegt, nicht anwendbar, AG Peine FamRZ **87**, 594, Ramelsberger DRiZ **89**, 137 (Art 6 Z 1 UÄndG sei verfassungswidrig).

53 Das Gericht muß auch ein nachträglich *mitwirkendes Verschulden* berücksichtigen. Hatte das Gericht die erste Abänderungsklage abgewiesen, weil die erforderliche Steigerung der Lebenskosten damals noch nicht erreicht war, dann darf und muß man in einem weiteren Abänderungsprozeß die während des ersten Prozesses eingetretene Steigerung mit berücksichtigen, Ffm FamRZ **79**, 139. Vgl im übrigen bei § 767 II.

54 **G. Einstellung der Zwangsvollstreckung.** § 769 ist entsprechend anwendbar. Denn die Verhältnisse liegen hier ganz ähnlich wie dort, Rn 1–6, BGH NJW **86**, 2057 (großzügige Prüfung auch wegen der etwaigen Rechtskraftwirkung des Urteils), Hamm FamRZ **02**, 618, Naumb FamRZ **01**, 840. Die Rechtsmittel sind dieselben wie bei § 769, Hbg FamRZ **82**, 622, Hamm FamRZ **81**, 589. Eine Rechtsbeschwerde kommt unter den Voraussetzungen des § 574 in Betracht. Wer eine entsprechende Anwendbarkeit des § 769 ablehnt, muß eine Einstellung der Zwangsvollstreckung durch eine einstweilige Verfügung nach §§ 935 ff zulassen. Bei einer Zwangsvollstreckung während des Prozesses entsteht kein Schadensersatzanspruch entsprechend § 717, wenn das Urteil rechtskräftig war. Auf die Rechtskraft muß man nämlich vertrauen dürfen.

55 **8) Urteil, II, III.** Es muß vor allem in zwei Punkten Klarheit bringen.

A. Sachentscheidung. Das Urteil lautet auf Abweisung oder auf eine völlige Aufhebung der früheren Entscheidung oder auf eine bloße Änderung der früheren Entscheidung nebst einer Neufestsetzung, Karlsr FamRZ **88**, 859. Das Gericht kann also eine vom früheren Urteil zugebilligte Rente auch wegfallen lassen. Es muß die Entwicklung abschätzen, Rn 36, auch nach § 287, BGH RR **90**, 962.

56 **B. Abänderungszeitraum.** Das Gericht darf daher das frühere Urteil im Abänderungsverfahren nach III grundsätzlich nur für die Zeit seit der Erhebung der Abänderungsklage abändern, §§ 253 I, 261 I, BGH NJW **98**, 2434, Naumb FamRZ **01**, 929, Frühauf NJW **99**, 1219, aM Gottwald FamRZ **92**, 1375, Meister FamRZ **80**, 869 (es liege ein Verstoß gegen Artt 3, 19 IV GG vor. Aber man darf auch III nicht im Ergebnis aufweichen). Ausnahmen vom vorstehenden Grundsatz gelten bei III 2, §§ 1360a III, 1361 IV 4, 1613 I BGB, Köln RR **04**, 6. Man kann auch III nicht mit Erwägungen unterlaufen, der Kläger habe auf eine außergerichtliche Einigung vertraut, BGH FamRZ **89**, 161, Ffm FamRZ **91**, 1329, aM Hoppenz FamRZ **87**, 1100 (aber Gerechtigkeit läßt sich nicht ohne Rechtssicherheit herbeizaubern). Evtl bleibt dann der Klage nach § 767 möglich. III ist auch beachtlich, wenn der Schuldner Unterhalt nach freiwilliger Erklärung wieder auf die titulierte Höhe kürzt, aM KG FamRZ **95**, 892 (aber III erlaubt keine Aufweichung bald hier, bald dort). Das alles gilt auch in den neuen Bundesländern, Vogel DtZ **91**, 339, aM KG DtZ **92**, 222 (wegen einer sog Unterhaltseinigung. Aber auch das Beitrittsgebiet unterliegt insofern der ZPO).

57 Bei einer Abänderungs-*Stufenklage* entscheidet für III schon die Erhebung in ihrer ersten Stufe, § 254 Rn 5, Düss FamRZ **87**, 1281. Bei mehreren zeitlich aufeinander folgenden Abänderungsklagen ist das zuletzt ergangene Urteil als Ausgangspunkt maßgeblich, Düss FamRZ **85**, 1277. Dieser Zeitpunkt ist auch für eine weitergehende Änderung ausschlaggebend, auch wenn der Kläger erst im Laufe des Verfahrens geltend macht, § 261 II. Denn III ist wegen des Zwecks nach Rn 56 der Parteidisposition entzogen. Man muß III daher von Amts wegen beachten, Hbg FamRZ **85**, 94. III beruht auf der Erwägung, daß vorher die Rechtskraftwirkung unangetastet war. § 258 Rn 1, RoSgo § 158 VI 2, ThP 31, 32, ZöV 42, aM BGH FamRZ **83**, 2318 (es handle sich um eine reine Zweckmäßigkeitsregel, krit Braun ZZP **97**, 340. Mit bloßer Zweckmäßigkeit würde man aber dem schon in seiner Stellung direkt hinter § 322 angesiedelten § 323 am wenigsten gerecht, auch wenn man stets auch bei ihm die Prozeßwirtschaftlichkeit mitbedenken darf.).

58 Die *Herabsetzung* eines monatlich zu zahlenden Unterhalts kommt also grundsätzlich (wegen der Ausnahmen Rn 56 und der dort genannten Vorschriften) erst vom Beginn desjenigen Monats an in Betracht, der dem Tag der Klagezustellung folgt. Denn der Monat ist durchweg die „kleinste Zahlungseinheit" beim Unterhalt, Stgt FamRZ **80**, 394, StJL 37, aM BGH NJW **90**, 710, Karlsr FamRZ **80**, 918, ZöV 42 (ab Klagezustellung. Aber die Prozeßwirtschaftlichkeit erlaubt auch sonst eine gewisse Berechnungsvereinfachung). Das gilt auch bei einer *Heraufsetzung*, Karlsr FamRZ **83**, 717.

59 Der Zugang des zunächst alleinigen *Prozeßkostenhilfeantrags* nach § 117 Rn 7–11 beim Gegner genügt nicht, BGH NJW **90**, 496, Bbg RR **92**, 1414, Oldb VersR **04**, 654, aM Ffm FamRZ **79**, 964, Kblz FamRZ **79**, 194 (aber das ist inkonsequent. Denn wenn [jetzt] § 167 entsprechend anwendbar wäre, dann müßte ein Eingang beim Gericht ausreichen). Im übrigen ist (jetzt) § 167 unanwendbar, Hamm Rpfleger **86**, 136, Köln FamRZ **87**, 618.

60 Ein *Eingang des Gesuchs* um die Bewilligung einer Prozeßkostenhilfe *beim Gegner* ist *außerdem unnötig*. Denn der Kläger kann gleichzeitig die Klage einreichen, § 117 Rn 7, und dann tritt keine Benachteiligung des Antragstellers ein, BGH NJW **82**, 1051, Hbg FamRZ **82**, 623, aM Maurer FamRZ **88**, 445 (ausf), RoSgo § 158 V 4a (aber III soll nicht von den sonst üblichen Zumutbarkeiten befreien). Auch die formlose Mitteilung der Klageschrift im Prozeßkostenhilfeverfahren reicht noch nicht aus, Drsd FamRZ **98**, 566, Nürnb NJW **87**, 265, aM ZöV 42 (aber auch das ist keine Klagerhebung). Freilich kann die förmliche Zustellung einer Klage „im Rahmen des Verfahrens auf Prozeßkostenhilfe" auch schon in Wahrheit im Einzelfall als eine echte Klagezustellung auslegbar sein, Köln FamRZ **80**, 1144 (sehr weitgehend).

61 Beim *Parteiwechsel* nach § 263 Rn 5 bleibt wegen der Nämlichkeit des Prozeßrechtsverhältnisses nach Grdz 4 vor § 128 der Zeitpunkt der ursprünglichen Erhebung der Abänderungsklage maßgeblich. Ist im früheren Verfahren eine unselbständige Anschlußberufung infolge Rücknahme der Berufung nach § 524 IV wirkungslos geworden, so kann man im Abänderungsverfahren mit dem damaligen Anschließungszeitpunkt der „Erhebung" nach III gleichsetzen (sog „Vorwirkung"), BGH **103**, 396, Hamm FamRZ **87**, 830, aM Eckert MDR **86**, 542, Hoppenz FamRZ **86**, 226 (aber die Anschließung entspricht auch dann der Klagerhebung).

In der Änderung liegt *keine Urteilsänderung* im Sinn der ZPO. Das zeigt die Vollstreckungsabwehrklage. Sie läßt auch den Titel an sich unberührt. Dieser Standpunkt entspricht allein dem praktischen Bedürfnis. Der

Titel 2. Urteil § 323

Umweg über § 767 ist unnötig, Karlsr FamRZ **88**, 859. Die Rechtskraftwirkung des Abänderungsurteils besteht darin, daß man die von ihm erledigten Änderungen bei zukünftigen Erörterungen nicht mehr erneut prüfen darf. Laier AnwBl **82**, 419 weist auf § 65 VII 1 Z 3, 4 GKG hin und hält den Anwalt, der diese Möglichkeit versäumt, für schadensersatzpflichtig.

III steht einem *Schuldanerkenntnis* nicht entgegen, Celle FamRZ **81**, 1201. Wenn das Urteil eine Änderung **62** ohne die Angabe enthält, ab wann sie gültig sein soll, dann tritt sie mit dem Urteilserlaß ein, also mit der Urteilsverkündung, § 311, Köln NJW **75**, 890 (es nennt evtl sogar erst den Zeitpunkt der Rechtskraft). Bei § 310 III tritt die Änderung mit der Urteilszustellung ein. Das Gericht muß die weitere künftige Entwicklung der Verhältnisse erneut vorausschauend prüfen. Maßgebend ist aber letztlich der Zeitpunkt des tatsächlichen Eintritts des ändernden Umstands, BGH NJW **82**, 1812, Bbg RR **90**, 74. Beim Versäumnisurteil ist das der Zeitpunkt des Ablaufs der Einspruchsfrist, Karlsr FamRZ **03**, 50.

C. Kosten. Es gelten in erster Instanz §§ 91 ff, nicht § 97. Wert: Anh § 3 Rn 2 „Abänderungsklage". **63**

D. Vollstreckbarkeit. Vgl § 708 Z 8. **64**

9) Anderer Schuldtitel, IV. § 323 ist nach IV auf die folgenden anderen Schuldtitel entsprechend **65** anwendbar.

A. Abänderungsbeschluß. Die Vorschrift gilt für einen Abänderungsbeschluß im Vereinfachten Verfahren, §§ 645 ff, vgl freilich Rn 80 wegen § 655.

B. Prozeßvergleich; Vergleich vor Gütestelle; Vergleich zu Protokoll. Die Vorschrift gilt ferner **66** grundsätzlich für einen Prozeßvergleich, Anh § 307, BGH NJW **03**, 1181, Hamm RR **99**, 1096, Karlsr FamRZ **98**, 1597, aM Hamm FER **00**, 129 (neue Klage. Aber IV nennt mit der Verweisung auf § 794 I 1 Hs 1 eindeutig auch den Prozeßvergleich). Das setzt voraus, daß der Vergleich überhaupt vollstsreckbar ist, § 794 Rn 7, Zweibr FER **00**, 19. Die Vorschrift gilt ausnahmsweise nicht, soweit dem Vergleich bereits ein Abänderungsurteil folgte, das nun seinerseits abgeändert werden soll, Bbg FamRZ **99**, 32.

IV gilt ferner: Für einen Vergleich vor einer Gütestelle, § 794 I Z 1; einen nach § 118 I 3 protokollierten Vergleich, § 794 I Z 1, Zweibr FamRZ **81**, 1073; einen Schiedsspruch mit vereinbartem Wortlaut, § 1053. Eine Abänderung auf Zahlung des Regelunterhalts erfolgt dann nur, wenn auch die Abänderung auf einen höheren bezifferten Betrag möglich wäre. Auch IV hat rein prozessualen Inhalt, verlangt also einen sachlichrechtlichen Anspruch auf Abänderung. Dem Unterhaltsvertrag und ähnlichen Verträgen wohnt die der Derzeitklausel (clausula rebus sic stantibus) stillschweigend inne, Zweibr FamRZ **82**, 303, aM (LG Kassel NJW **75**, 267: nur dem unselbständigen. Das ist eine unnötige Verengung eines allgemeinen Grundsatzes).

Darum kommt es beim Vergleich auf die *Geschäftsgrundlage* an, (jetzt) § 313 BGB, BGH **148**, 374, Köln **67** FamRZ **05**, 1755, AG Gifhorn FamRZ **02**, 1576. Maßgeblich ist zB, ob der Vergleich nach dem Parteiwillen unabänderlich sein sollte, Köln FamRZ **02**, 675, Mü RR **00**, 1244, Stgt NJW **02**, 1355 (je: auch eine Änderung der Rechtsprechung kann maßgeblich sein). Auch der Parteiwille ist (jetzt) dem § 313 BGB unterstellt, BSG FER **98**, 167, Hamm FamRZ **01**, 1024. Das Gericht muß ihn auch bei einer Abänderung zu beachten, Schlesw SchlHA **78**, 41. Das gilt zB dann, wenn das Gericht dem Kläger nur den notwendigen Unterhalt zugebilligt hatte, nicht den standesgemäßen, oder wenn die Parteien es darum gerade, wie alt der Vergleich sein muß, Karlsr FamRZ **89**, 92, oder wenn nach dem Ablauf einer Frist eine Neufestsetzung und nicht nur eine Anpassung erfolgen soll, Zweibr FamRZ **92**, 840 links.

Wenn die Parteien im Vergleich seine Abänderbarkeit bis zu einer *gewissen Grenze* ausgeschlossen haben, **68** dann muß man regelmäßig davon ausgehen, daß die Parteien bei einer Überschreitung jener Grenze die Verhältnisse zur Zeit des Vergleichsabschlusses nicht als gegeben ansehen wollten. Jedenfalls darf eine vertragliche Ausschließung der Abänderbarkeit wegen der erhöhten Unterhaltspflicht des Mannes infolge einer Wiederverheiratung nicht seine Unterhaltspflicht gegenüber der zweiten Ehefrau in Frage stellen. Denn diese letztere Unterhaltspflicht stellt eine gesetzliche, unabdingbare Verpflichtung dar. Vgl freilich § 1582 BGB. Auch kann § 1578 II BGB entsprechend anwendbar sein, Saarbr FamRZ **99**, 382. Ein Vergleich über den Unterhaltsanspruch während des Getrenntlebens in der Ehe umfaßt grundsätzlich nicht den Unterhaltsanspruch nach der Scheidung, sofern er nicht auch dazu eine Einigung enthält, Rn 10, Hamm FamRZ **81**, 1075. Ein Verzicht auf § 323 kann unbeachtlich sein, BSG FamRZ **79**, 1405, Hamm FamRZ **01**, 1024. Das ist aber keineswegs stets so, Karlsr FER **98**, 147. Eine Pflicht zur Selbstoffenbarung einer Verbesserung der Verhältnisse besteht nur in engen Grenzen, Schlesw MDR **00**, 399.

Auch ein Vergleich im Verfahren nach *§§ 620ff* untersteht grundsätzlich dem § 323, Köln FamRZ **05**, **69** 1755, Köln FamRZ **80**, 69, aM Celle FamRZ **80**, 611 (leugnende Feststellungsklage nach § 254 oder Vollstreckungsabwehrklage nach § 767), Karlsr FamRZ **80**, 609, Zweibr FamRZ **81**, 191 (leugnende Feststellungsklage. Beide Varianten verengen den Geltungsbereich ohne zwingende Gründe). Man kann freilich einen gerichtlich protokollierten Unterhaltsvergleich nicht nach den §§ 620 ff ändern, sondern nur im Verfahren nach § 323, Hamm FamRZ **80**, 608, Zweibr FamRZ **81**, 701. Die Parteien können für den Fall einer Änderung der Verhältnisse eine gänzliche Neufestsetzung vereinbaren, Zweibr FamRZ **04**, 1834.

Kinder erwerben hier wie beim Scheidungsvergleich bei einer einstweiligen Anordnung und bei einem in **70** solchem Verfahren geschlossenen Prozeßvergleich einen Titel ohne förmlichen Beitritt, Köln FamRZ **83**, 88, Schlesw SchlHA **78**, 41. Das gilt, sofern § 1629 II 2, III BGB (Prozeßstandschaft der klagenden Elternteils) anwendbar ist, PalDied BGB § 1585 c BGB Rn 7 und § 1629 BGB Rn 18. Im übrigen erwirbt das Kind einen Titel grundsätzlich nur nach einem förmlichen Beitritt. Dann ist das Kind also nicht an § 323 gebunden, § 794 Rn 8, Wächter FamRZ **76**, 253, aM Hamm FamRZ **80**, 1061, Karlsr FamRZ **80**, 1059 (aber mangels Beitritts liegt kein automatischer Übergang der Rechtsstellung vor).

Ein Vergleich im Verfahren nach §§ 620ff läßt sich aber meist ebenso wie eine einstweilige Anordnung **71** durch eine *anderweitige einstweilige Anordnung* ändern, Rn 13, Ffm FamRZ **89**, 87, AG Hbg FamRZ **78**, 806, Flieger MDR **80**, 803. Ein außergerichtlicher Vergleich hat keine Rechtskraftwirkung. Er fällt deshalb nicht unter § 323. Er unterliegt den allgemeinen Vorschriften. Evtl ist eine Klage auf Feststellung eines anderen Inhalts ratsam. Bei mehreren wegen desselben Rechtsverhältnisses ergangenen Titeln ist stets nur der letzte

§ 323

maßgeblich, Ffm FamRZ **80**, 895. Hat freilich das Kind rechtsfehlerhaft einen eigenen Titel erhalten, so unterliegt es grundsätzlich dem § 323, Ffm FamRZ **83**, 756.

72 Ein *unwirksamer* Vergleich läßt keine Abänderungsklage zu. Er erlaubt vielmehr nur die Fortsetzung des bisherigen Prozesses nach Anh § 307 Rn 37 oder einen ersten Prozeß, Karlsr FamRZ **90**, 522, Köln FER **99**, 109, Zweibr FamRZ **83**, 930.

73 Bei einer Klage aus IV ist *I unanwendbar*, BGH NJW **86**, 2054, aM Celle FamRZ **91**, 853 (aber I paßt hier nicht).

74 Ebenso ist bei ihr *II grundsätzlich unanwendbar*, BGH FamRZ **95**, 223, Hamm FamRZ **94**, 1592 (erst recht für den Bekl), Karlsr FamRZ **05**, 817, aM Ffm FamRZ **84**, 63, Hamm FamRZ **84**, 1033, RoSGo § 131 V (aber auch II paßt hier nicht). Das gilt freilich nicht, wenn das Gericht nach einem Prozeßvergleich eine Abänderungsklage abgewiesen hatte und wenn der Kläger nun nur wegen desselben Zeitraums erneut Abänderungsklage erhebt, Kblz RR **99**, 1681.

75 *III ist* bei einer Parteivereinbarung wie zB dem Prozeßvergleich ebenfalls prozessual grundsätzlich *unanwendbar*, BGH FamRZ **01**, 282, Brdb FamRZ **04**, 211, Karlsr FamRZ **05**, 817. Sonst wäre ein Prozeßvergleich ungünstiger als ein außergerichtlicher Vergleich. Außerdem hat die Regelung des III ihren Grund in der Rechtskraftwirkung eines Urteils. Schon deshalb ist eine Gleichstellung des gerichtlichen und des außergerichtlichen Vergleichs nicht möglich. Vielmehr ist der gerichtliche Vergleich einer vollstreckbaren Urkunde gleichgestellt, also auch der notariellen Urkunde, IV, BGH FamRZ **91**, 542. Für deren Inhalt wäre eine derartige zeitliche Beschränkung der Abänderbarkeit unberechtigt, s oben, aM Ffm FamRZ **83**, 756, Köln FamRZ **82**, 713.

76 Im übrigen muß man aber von dem Prozeßvergleich und seinen Festsetzungen ausgehen. Das gilt auch dann, wenn sie inzwischen schon geändert worden waren, BGH FamRZ **85**, 582, Kblz FER **98**, 124. Sie sind grundsätzlich nicht abänderbar. Das Gericht muß allerdings das sachliche Recht und dort insbesondere den ja außerdem ohnehin auch im Prozeßrecht geltenden Grundsatz von *Treu und Glauben* beachten, § 242 BGB, BGH FamRZ **91**, 542, Brdb FamRZ **04**, 211, Hamm RR **99**, 1096. Insoweit mag das Gericht die Leistungen der Höhe nach auf Grund veränderter Verhältnisse ändern müssen, die nach dem Vergleich eingetreten sind. Eine Anbindung an einen Bruchteil des Einkommens reicht aus, Zweibr FER **00**, 193. Die Wesentlichkeitsgrenze von etwa 10% Änderung kann entfallen, wenn der begehrte Unterhalt das Existenzminimum eines Kindes unter 18 Jahren unterschreitet, Stgt FamRZ **00**, 377. Zur Unaufklärbarkeit der Vergleichsgrundlagen BGH NJW **01**, 2259 (neuer Prozeß), Hamm FER **99**, 142, Mü FamRZ **00**, 612. Zur unterschiedlichen Beweislast Zweibr FamRZ **84**, 728. Man kann eine Abänderungsklage beim Wegfall der Bedürftigkeit für unnötig halten, soweit es um die Rückforderung nach §§ 812 ff BGB geht, Köln MDR **88**, 974. Wenn freilich das Gericht einen Vergleich bereits durch ein Urteil abgeändert hatte, muß man auf eine weitere Abänderung wieder die für Urteile geltende Regelung und daher auch II anwenden, BGH NJW **92**, 364. Dasselbe gilt, soweit der Vergleich das Urteil aufrechterhält, BGH NJW **90**, 710. Eine Abänderungsklage kann dazu zwingen, einen im Vergleich noch einheitlichen Unterhaltsanspruch auf jetzt mehrere Rechtsgrundlagen aufzuteilen, Hbg RR **96**, 323.

77 **C. Außergerichtliche Vereinbarung.** Auf eine privatschriftliche Vereinbarung ist IV grundsätzlich unanwendbar, Zweibr FamRZ **82**, 303 (es kann aber eine unzulässige Rechtsausübung vorliegen). § 323 ist aber voll anwendbar, soweit die Parteien § 323 als anwendbar vereinbarten, BGH BB **04**, 1543, BayObLG DNotZ **80**, 96, Fischer FamRZ **88**, 985, großzügiger Köln FamRZ **86**, 1018 (§ 323 sei auch ohne Vereinbarung anwendbar).

78 **D. Vollstreckbare Urkunde.** Die Vorschrift einschließlich der Handhabung nach Rn 67 ff ist ferner anwendbar auf eine auch vollstreckbare Urkunde, § 794 I Z 5, dort Rn 41, BGH RR **93**, 773, Nürnb MDR **04**, 281, Graba FamRZ **05**, 678. Sie gilt ferner für eine solche gerichtliche oder notarielle Urkunde, die zu künftig fällig werdenden wiederkehrenden Leistungen verpflichtet, in der sich zB der Ehegatte zum Scheidungsunterhalt verpflichtet, Hamm FamRZ **95**, 1151, Zweibr FamRZ **97**, 838 (keine Anwendung von II, III), oder der Vater zum Unterhalt, BGH FamRZ **89**, 173, Celle FamRZ **93**, 838, bzw Regelunterhalt mit einem Zuschlag oder Abschlag oder allein zum Zuschlag, BGH NJW **85**, 64. Hierunter fällt auch eine Urkunde nach dem SGB V, BGH NJW **85**, 64, Brdb FamRZ **02**, 676, Köln FamRZ **01**, 1716, aM Zweibr FamRZ **92**, 841 (aber auch solche Urkunde ist nach § 794 I Z 5 einzuordnen). IV gilt ferner für eine Urkunde nach §§ 59, 60 SGB VIII (Jugendamt), BGH FamRZ **03**, 305, Nürnb FamRZ **04**, 212, AG Halle-Saarkreis FamRZ **05**, 284 (je: keine Anwendung von I–III), aM Hamm FamRZ **00**, 908 (Zusatzklage. Aber auch solche Urkunde unterfällt dem § 794 I Z 5).

Bei einer vollstreckbaren Urkunde wie auch beim Prozeßvergleich muß man beachten, daß sich der Schuldner nur der geforderten Leistung darin unterworfen hat. Demgemäß erfolgt eine Abänderung auch nur im Rahmen der darin *zugebilligten Höhe* der Forderung und ihrer Veränderung durch die Verhältnisse, Karlsr FamRZ **83**, 755. Es ist also nicht zulässig, den ursprünglichen Titel durch eine willkürliche Angleichung an eine Forderung beiseite zu schieben, die verhältnismäßig höher ist als die ursprünglich zugebilligte. Erst recht ist keine freie Zusatzklage schon deshalb statthaft, weil ein einseitiges Schuldbekenntnis vorlag, aM ZöV 43 (aber es ändert nichts an der Gesamtsituation). Zum Problem Graba FamRZ **05**, 678 (ausf).

79 **E. Entsprechende Anwendbarkeit.** § 323 enthält einen allgemeinen Rechtsgedanken, Rn 1. Die Vorschrift ist daher auf andere Schuldtitel entsprechend anwendbar, die in einem anderen Verfahren ergangen sind, sofern sie bürgerlichrechtliche Ansprüche zum Gegenstand haben, wenn eine sonst zuständige Stelle nicht vorhanden ist, etwa bei einem Urteil auf eine Kapitalabfindung statt einer Rente zB nach § 843 III BGB. Denn dort gelten dieselben Erwägungen, Grunsky AcP **181**, 346, ZöV 28, aM BGH **79**, 192, MüKoGo § 158 II 2 (aber § 323 ist schon streng genug).

Weitere Fälle entsprechender Anwendbarkeit: Bei einem Urteil auf Feststellung einer Rente in gewisser Höhe, etwa zu 30%, oder ausnahmsweise, Rn 13, gegenüber einer zur Rentenverpflichtung getroffenen Feststellung, wenn neue Ansprüche geltend gemacht werden können, und wenn bei einem Leistungsurteil die Voraussetzungen des § 323 gegeben wären; gegenüber einer rechtskräftigen Festsetzung der künftig wiederkehrenden Leistungen durch das Entschuldungsamt; bei einem Unterlassungsurteil, Völp GRUR **84**, 489. So ist zB eine Klage auf Aufhebung eines Verbots zulässig, wenn das Verbotene später erlaubt ist, wenn zB eine verbotene Behauptung später wahr wird; bei einem Vollstreckungsbescheid, § 700 I; bei einem Schiedsspruch mit vereinbartem Wortlaut, § 1053; bei einer Reallast, soweit die tatsächlichen Bemessungsgrundlagen genügend bestimmt waren, Oldb RR **91**, 1174; im finanzgerichtlichen Verfahren, zB bei der Frage, ob Versorgungsleistungen in Geld als dauernde Lasten abziehbar sind, BFH NJW **93**, 286. Zum Problem Richter DStR **92**, 812, Seithel BB **93**, 477.

10) Vereinfachtes Beschlußverfahren, V. Es kann das Vereinfachte Verfahren statthaft sein, §§ 645 ff, 80 § 1612a BGB. Eine Klage nach V ist unzulässig, wenn Art 4 § 2 des G zur Ächtung der Gewalt in der Erziehung und zur Änderung des Kindesunterhaltsrechts in Verbindung mit § 655 anwendbar ist, Naumb FamRZ **02**, 183. Soweit die Vereinfachte Verfahren statthaft ist, ist die Abänderung im Verfahren nach §§ 654 ff zulässig, BGH FamRZ **03**, 305. Davon erfaßt V nur den Fall eines Vereinfachten Abänderungsverfahrens nach § 655 und gilt auch dort nur eingeschränkt, Nürnb FamRZ **02**, 1265, während man die übrigen Fälle von Abänderungsmöglichkeiten nach I–IV beurteilen muß. V gilt unter den folgenden Voraussetzungen.

A. Bisher Anrechnung von Kindergeld oder kindbezogener Leistung, §§ 1612b, c BGB. Es muß 81 sich um einen solchen Unterhaltstitel handeln, in dem das Gericht einen Betrag von Kindergeld nach § 1612b BGB oder von kindbezogener Leistung festgesetzt hat, die ein Kindergeld ausschließt, § 1612 BGB.

B. Abänderung durch Beschluß. Man muß die Abänderung muß gerade im Beschlußverfahren nach 82 § 655 beantragt haben (dort zu seinen Einzelheiten), also nicht im Klagewege nach § 654 oder gar in demjenigen im Anschluß an das Beschlußverfahren nach § 656.

C. Abweichung vom richtigen Betrag. Eine Anpassung nach § 655 müßte zu einem Unterhaltsbetrag 83 führen, der nach Rn 36 wesentlich von demjenigen Betrag abweichen würde, der der Entwicklung der besonderen Verhältnisse der Parteien Rechnung trägt, wenn also die Verfahrensgrenzen des § 655 III zu eng wären.

11) *VwGO:* Unter den Voraussetzungen von I entsprechend anzuwenden, § 173 VwGO, auf Leistungsurteile im 84 *engeren Sinne,* Ule VPrR § 58 I, RedOe § 107 Anm 9, auch auf entsprechende Vergleiche, VGH Mü BayVBl **78**, 53, vgl KoppSch § 153 Rn 1a.

324 *Nachforderungsklage zur Sicherheitsleistung.* **Ist bei einer nach den §§ 843 bis 845 oder §§ 1569 bis 1586 b des Bürgerlichen Gesetzbuchs erfolgten Verurteilung zur Entrichtung einer Geldrente nicht auf Sicherheitsleistung erkannt, so kann der Berechtigte gleichwohl Sicherheitsleistung verlangen, wenn sich die Vermögensverhältnisse des Verpflichteten erheblich verschlechtert haben; unter der gleichen Voraussetzung kann er eine Erhöhung der in dem Urteil bestimmten Sicherheit verlangen.**

Vorbem. Wegen der *neuen Bundesländer* vgl § 323 Vorbem.

1) Systematik. §§ 843–845 BGB gewähren eine Geldrente bei einer Tötung, Körperverletzung, Frei- 1 heitsentziehung. §§ 1569 ff BGB gewähren eine solche bei der Scheidung. Das Gericht befindet, ob und in welcher Höhe der Ersatzpflichtige dem Berechtigten eine Sicherheit leisten muß. Soweit das Gericht keine Sicherheit verlangt hat, greift § 324 mit einer dem § 323 nur entfernt ähnlichen, ihm gegenüber vorrangigen Regelung ein. Ähnliche Regelungen enthalten §§ 618 III BGB, 62 III HGB, 13 III StVG, 38 III LuftVG, 30 II AtomG. Auf andere Renten ist § 324 nur anwendbar, soweit die sie anordnende Vorschrift auf die in § 324 genannten Bestimmungen verweist, so bei § 62 III HGB.

Die Nachforderungsklage ist eine von der Abänderungsklage des § 323 wesentlich verschiedene *Zusatzklage.* Mit ihr betreibt der Kläger eine Ergänzung des früheren Urteils wegen seines sachlichrechtlichen Sicherungsanspruchs. Die Grundsätze des § 323 finden darum hier keine Anwendung. Die Verurteilung auf die Geldrente muß nicht, kann aber rechtskräftig sein. Es findet kein obligatorisches Güteverfahren statt, § 15a II 1 Z 1 EGZPO, Hartmann NJW **99**, 3747.

2) Regelungszweck. Die Vorschrift bezweckt eine Sicherung des Gläubigers wegen seines erhöhten 2 Bedürfnisses nach tatsächlichem Erhalt der Geldrente. Sie ist also auch eine in den Bereich der Vollstreckung reichende Gläubigerschutzvorschrift. Natürlich soll aber auch nicht jede kleine Verschlechterung der Schuldnersituation zur Nachforderungsklage berechtigen. Die Lage muß sich vielmehr „erheblich" verschlechtert haben. Beides muß man bei der Auslegung mitbeachten.

3) Verfahren. Klageberechtigt sind beide Teile. Der Berechtigte kann auf die Hingabe einer Sicherheit 3 oder auf deren Erhöhung klagen. Der Verpflichtete kann auf die Aufhebung oder Ermäßigung einer früheren angeordneten Sicherheit wegen einer erheblichen Besserung seiner Verhältnisse klagen. Die Klage ist nur unter einer besonderen Prozeßvoraussetzung zulässig, Grdz 23 vor § 253, nämlich bei einer erheblichen Verschlechterung der Vermögensverhältnisse des Verpflichteten, nicht aus anderen Gründen, etwa bei einer bloßen Verschwendung. Warum nicht früher eine Sicherheit verlangt war, ist unerheblich. Die Veränderung muß nach dem Schluß der letzten Tatsachenverhandlung des Erstprozesses eingetreten sein. Es gilt der gewöhnliche Gerichtsstand.

Die Klage begründet ein *neues Verfahren.* Die Prozeßvollmacht des Vorprozesses genügt hier nicht. Einen 4 sachlichrechtlichen Anspruch gibt § 324 nicht. Er setzt vielmehr einen solchen voraus. Dabei ist der Zeitpunkt des auf die Nachforderungsklage ergehenden Urteils maßgeblich. Soweit das Gericht vom Urteil des Vorprozesses in der Frage der Sicherheitsleistung abweicht, hebt es das frühere Urteil auf. Das Gericht spricht eine Sicherheitsleistung nur für die Zukunft zu, also ab Rechtskraft oder vorläufiger Vollstreckbarkeit. Deshalb muß das Gericht sie auf der Grundlage derjenigen Raten bemessen, die nach dem Urteil fällig werden.

§ 325

325 *Subjektive Rechtskraftwirkung.* ¹ Das rechtskräftige Urteil wirkt für und gegen die Parteien und die Personen, die nach dem Eintritt der Rechtshängigkeit Rechtsnachfolger der Parteien geworden sind oder den Besitz der in Streit befangenen Sache in solcher Weise erlangt haben, dass eine der Parteien oder ihr Rechtsnachfolger mittelbarer Besitzer geworden ist.

II Die Vorschriften des bürgerlichen Rechts zugunsten derjenigen, die Rechte von einem Nichtberechtigten herleiten, gelten entsprechend.

III ¹ Betrifft das Urteil einen Anspruch aus einer eingetragenen Reallast, Hypothek, Grundschuld oder Rentenschuld, so wirkt es im Falle einer Veräußerung des belasteten Grundstücks in Ansehung des Grundstücks gegen den Rechtsnachfolger auch dann, wenn dieser die Rechtshängigkeit nicht gekannt hat. ² Gegen den Ersteher eines im Wege der Zwangsversteigerung veräußerten Grundstücks wirkt das Urteil nur dann, wenn die Rechtshängigkeit spätestens im Versteigerungstermin vor der Aufforderung zur Abgabe von Geboten angemeldet worden ist.

IV Betrifft das Urteil einen Anspruch aus einer eingetragenen Schiffshypothek, so gilt Absatz 3 Satz 1 entsprechend.

Schrifttum: *Berger,* Die subjektiven Grenzen der Rechtskraft bei der Prozeßstandschaft usw, 1992; *Bettermann,* Bindung der Verwaltung an zivilgerichtliche Urteile, Festschrift für *Baur* (1981) 273; *Beys,* Die subjektiven Grenzen der Rechtskraft und die staatsrechtliche Wirkung des Urteils, Festschrift für *Schwab* (1990) 61; *Blume,* Die subjektiven Grenzen der Rechtskraft im Rahmen des § 325 II ZPO, 1999; *Bürgers,* Rechtskrafterstreckung und materielle Abhängigkeit, 1993; *Calavros,* Urteilsleistungen zu Lasten Dritter, 1978; *Dimaras,* Anspruch „Dritter" auf Verfahrensbeteiligung, 1987; *Gaul,* Der Einwendungsausschluß in bezug auf den Schuldtitel nach § 2 AnfG als Problem der Gläubigeranfechtung und der Urteilswirkungen gegenüber Dritten, Festschrift für *Schwab* (1990) 111; *Gottwald,* Bindungswirkungen gerichtlicher Entscheidungen in der Kraftfahrzeug-Haftpflichtversicherung, in: Festschrift für *Mitsopoulos* (Athen) 1992; *Gottwald,* Präjudizialwirkung, Rechtskraft zugunsten Dritter?, Festschrift für *Musielak* (2004) 183; *Henckel,* Der Schutz des Schuldners einer abgetretenen Forderung im Prozeß, Festschrift für *Beys* (Athen 2004) 545; *Herrmann,* Die Grundstruktur der Rechtshängigkeit, entwickelt am Problem des Rechtshängigkeitseinwandes bei Rechtskrafterstreckung auf Dritte, 1988; *Jänsch,* Prozessuale Auswirkungen der Übertragung der Mitgliedschaft, 1996; *Koch,* Prozeßführung im öffentlichen Interesse, 1983; *Koussoulis,* Beiträge zur modernen Rechtskraftlehre, 1986; *Lüke,* Die Beteiligung Dritter im Zivilprozeß, 1993; *Nam,* Rechtskrafterstreckung und gutgläubiger Erwerb im Rahmen des § 325 ZPO, Diss Köln 1998; *Peters,* Die Bundeswirkung von Haftpflichtfeststellungen im Deckungsverhältnis, 1985; *Schilken,* Veränderungen der Passivlegitimation im Zivilprozeß: Studien zur prozessualen Bedeutung der Rechtsnachfolge auf Beklagtenseite außerhalb des Parteiwechsels, 1987; *Schober,* Drittbeteiligung im Zivilprozeß usw (auch rechtsvergleichend), 1990; *Schwab,* Die prozeßrechtlichen Probleme des § 407 II BGB, Gedächtnisschrift für *Bruns* (1980) 181; *Schwab,* Zur Drittwirkung der Rechtskraft, Festschrift für *Walder* (Zürich 1994) 261; *Stucken,* Einseitige Rechtskraftwirkung von Urteilen im deutschen Zivilprozeß, 1990; *Wahl,* Die Bindung an Prozeßlagen als Hauptproblem des gewillkürten Parteiwechsels, Diss Heidelb 1990; *Waldner,* Aktuelle Probleme des rechtlichen Gehörs im Zivilprozeß, Diss Erl (1983) 222; *Zeuner,* Verfahrensrechtliche Folgen des Betriebsübergangs nach § 613a BGB, Festschrift für *Schwab* (1990) 575. S auch Einf 19 vor §§ 322–327.

Gliederung

1) Systematik, I–IV 1	A. Gestaltungsurteil 15
2) Regelungszweck, I–IV 2	B. Keine Verschiedenheit der Entschädigung 16
3) Geltungsbereich, I–IV 3	8) Erweiterung bei Rechtskraftwirkung gegenüber dem Einzelnen, I–IV 17–19
4) Regelmäßige Rechtskraftwirkung, I .. 4–7	A. Prozeßstandschaft usw 17
A. Auf Parteien 4	B. Streithelfer 18
B. Auf Dritte 5	C. Sachliches Recht 19
C. Begriff des Rechtsnachfolgers 6, 7	9) Zwangsvollstreckung, I–IV 20
5) Erwerb vom Nichtberechtigten, II 8–11	10) Beispiele zur Frage des Umfangs der persönlichen Rechtskraft, I–IV 21–40
6) Eingetragenes Recht, III, IV 12–14	
A. Grundsatz: Sonderregeln 12	11) *VwGO* 41
B. Veräußerung, III 1 13	
C. Ersteigerung, III 2, IV 14	
7) Erweiterung der Rechtskraftwirkung gegenüber mehreren Personen, I–IV 15, 16	

1 **1) Systematik, I–IV.** Grundsätzlich wirkt das rechtskräftige Urteil nur zwischen den Parteien, BGH BB 05, 124. Das ist die notwendige Folge der Herrschaft der Parteien über den Prozeß, Grdz 18 vor § 128. Diese Folge und der Grundsatz des rechtlichen Gehörs nach Grdz 41 vor § 128 lassen es an sich als unmöglich erscheinen, die Rechtskraft auf diejenigen zu erstrecken, die an der Gestaltung des Prozesses keinen Anteil hatten, BGH NJW **96**, 396 (zustm Brehm JZ **96**, 526). Indessen verlangen die Rechtssicherheit nach Einl III 43 und die Prozeßwirtschaftlichkeit nach Grdz 14, 15 vor § 128 in zahlreichen Fällen eine Erstreckung der Rechtskraft auf Dritte, BGH NJW **96**, 396 (zustm Brehm JZ **96**, 526), Häsemeyer ZZP **101**, 411. Das gilt auch und gerade trotz Verletzung des rechtlichen Gehörs, Art 103 I GG, Jauernig ZZP **101**, 384. Diese Erstreckung der Rechtskraft wird von §§ 325–327 und anderen Vorschriften geregelt. Soweit solche Vorschriften auf einem allgemeinen Rechtsgedanken beruhen, sind sie einer sinngemäßen Anwendung fähig. Beispiel: § 717 Rn 7. Manche versuchen in Fällen mangelnder Rechtskrafterstreckung mit einer „Tatbestandswirkung" weiterzukommen, BSG MDR **88**, 82. Das ist eine gefährliche Aufweichung der ohnehin zunehmend unterlaufenen Rechtskraft.

Titel 2. Urteil **§ 325**

Im Gegensatz zu einer Rechtskrafterstreckung, die einen Dritten unmittelbar erfaßt, liegt nach Schwab ZZP **77**, 124 vielfach nur eine *Drittwirkung* der Rechtskraft vor, die dem Dritten den Einwand nimmt, das im Vorprozeß zwischen den Parteien Entschiedene sei ihm gegenüber nicht maßgeblich, zB wenn die Erbeneigenschaft des A im Rechtsstreit mit B festgestellt ist, so daß ein Nachlaßgläubiger nur gegen A Ansprüche erheben kann. Die Wirkung, die das Urteil gegenüber dem Dritten hat, muß es auch in einem Rechtsstreit des Dritten gegenüber den Parteien des Vorprozesses haben. Im einzelnen kann es sich auch um eine nur einseitige Rechtskrafterstreckung handeln, also um eine solche nur für oder nur gegen einen Dritten, Stucken (vor Rn 1). Zur Problematik Schack NJW **88**, 865 (ausf).

2) Regelungszweck, I–IV. Vgl zunächst Rn 1. Die Rechtskrafterstreckung bewirkt erst in Verbindung **2** mit einer Umstellung der Vollstreckungsklausel nach § 727 eine Vollstreckungsmöglichkeit für oder gegen den Dritten. II schützt den gutgläubigen Sonderrechtsnachfolger, Rn 8, Stgt FGPrax **96**, 208.

Erstreckung auf andere ist eine zunächst überraschende Rechtsfigur. Denn nur die Parteien und ihre Streithelfer haben das Urteil erstritten. Es muß also einen triftigen Grund für solche Erstreckung der Rechtskraft geben. Das gebietet an sich eine zurückhaltende Handhabung einer formellen Ausnahmevorschrift. Andererseits zwingt das offensichtlich für die ganze Bestimmung maßgebliche Gebot der Prozeßwirtschaftlichkeit nach Grdz 14 vor § 128 zu einer gewissen Großzügigkeit der Auslegung. Es sollen ja ersichtlich auch im Interesse der Rechtssicherheit nach Einl III 43 sich widersprechende Entscheidungen in mehreren sonst etwa nötigen Prozessen unterbleiben. Beide Spannungspole sind mitbeachtlich, Rn 1.

3) Geltungsbereich, I–IV. Die Vorschrift gilt in allen Verfahren nach der ZPO. In Baulandsachen ist **3** § 325 unanwendbar.

4) Regelmäßige Rechtskraftwirkung, I. Man muß zwei Arten von Auswirkung beachten. **4**

A. Auf Parteien. Das Urteil wirkt zwischen den Parteien, dh für und gegen die Personen, auf die es lautet, § 750 Rn 1. Das gilt auch dann, wenn es sich um ein Rechtsverhältnis handelt, an dem nur eine Prozeßpartei oder keine beteiligt ist. Die Umkehrung der Parteirollen im Folgeprozeß ist bei Nämlichkeit des Streitgegenstandes nach § 2 Rn 3 unbeachtlich, § 322 Rn 59 „Parteistellung". Die Rechtskraft tritt freilich nicht zwischen einfachen Streitgenossen untereinander ein, § 59. Die Rechtskraft erstreckt sich nicht auf die gesetzlichen oder rechtsgeschäftlichen Vertreter persönlich. Die Partei kraft Amts nach Grdz 8 vor § 50 ist ein Dritter. Ist sie aber nach der Rechtshängigkeit im Sinn von § 261 bestellt worden, so steht sie dem Rechtsnachfolger gleich. Der Prozeßstandschafter nach Grdz 26 ff vor § 50 erwirkt Rechtskraft für und gegen den Prozeßinhaber, BGH FamRZ **88**, 835.

B. Auf Dritte. Das Urteil wirkt ferner für und gegen diejenigen Personen, die nach dem Eintritt der **5** Rechtshängigkeit Rechtsnachfolger einer Partei geworden sind. Insofern ergänzt § 325 den § 265. Unerheblich ist, ob und wann der Rechtsnachfolger in den Prozeß eingetreten ist. Jedoch wirkt das Urteil nur insoweit, als jemand Rechtsnachfolger ist, nicht auch im übrigen, Rn 26 „Erbrecht", auch nicht wegen bloßer Zumutbarkeit, Gottwald Festschrift für Musielak (vor Rn 1) 186, aM MusMus 3 (aber es gab dann gar kein Prozeßrechtsverhältnis zum Dritten als eigentliche Mindestvoraussetzung). Zwischen einer Partei und ihrem eigenen Rechtsnachfolger wirkt das Urteil nicht. Eine vor der Rechtshängigkeit eingetretene Nachfolge hat keine Wirkung, BAG NJW **00**, 93. Denn der Vorgänger ist nicht sachlich befugt und nicht prozeßführungsberechtigt. Er kann darum seinen Nachfolger nicht binden. Etwas anderes gilt nur bei einer fehlenden Kenntnis von einer Abtretung nach §§ 407 II, 408, 412, 413 BGB oder bei einem Zurückbehaltungsrecht nach § 372 II HGB oder bei einer Marke nach dem MarkenG. Diese Wirkung tritt aber jeweils aber nur gegen den Nachfolger ein, nicht auch für ihn, Rn 21 „Abtretung".

C. Begriff des Rechtsnachfolgers. Rechtsnachfolger ist hier wie in § 265 jeder Nachfolger in das volle **6** oder in das geminderte Recht des Vorgängers durch Rechtsgeschäft, Gesetz oder Staatsakt, § 265 Rn 21, auch durch Pfändung, § 803, BGH MDR **88**, 1053. Ob das Gericht die Nachfolge kennt und im Urteil berücksichtigt, ist unerheblich. Rechtsnachfolger ist auch derjenige, der bei weiter Auslegung nach § 265 Rn 3 ein Besitzmittler an der streitbefangenen Sache geworden ist, § 868 BGB. Es bedurfte der Erwähnung dieses Falls in I nicht. Das gilt auch bei Eigenbesitz. Es gilt beim Eigenbesitz, BGH NJW **81**, 1517, und beim Fremdbesitz. Es entscheidet der Besitzerwerb nach der Rechtshängigkeit. Ältere Besitzer muß man mitverklagen. Besitzdiener gehören nicht hierher. Für und gegen sie wirkt das Urteil ohne weiteres.

Rechtsnachfolger ist *ferner* derjenige, der die Prozeßführung des anderen nach Grdz 22 vor § 50, § 89 **7** Rn 15 genehmigt hat oder über den Streitgegenstand zu verfügen vermag. Rechtsnachfolger ist derjenige, der von einem zur Auflassung Verpflichteten verlangt. Weitere Einzelfälle Rn 21 und Schwab ZZP **77**, 151.

5) Erwerb vom Nichtberechtigten, II. Die Vorschriften des sachlichen Rechts über den Erwerb vom **8** Nichtberechtigten gelten auch für die Rechtskraftwirkung. Damit macht II eine Ausnahme von I. Die Vorschrift schützt den gutgläubigen Erwerber gegen die Rechtskraft, soweit sein Recht von dem des Veräußerers unabhängig ist, wie bei §§ 892 ff, 932 ff BGB, 366 ff HGB. Guter Glaube muß sich auf das Recht bzw auf die Verfügungsbefugnis beziehen, § 366 HGB, und auf die Rechtshängigkeit, Karlsr Rpfleger **00**, 107, StJL 38, ZöV 45, aM von Olshausen JZ **88**, 591 (maßgeblich sei nur der sachlichrechtliche Gutglaubenserwerb. Aber § 325 ist zumindest auch eine prozessuale Vorschrift).

II bezieht sich auch auf den Fall des Erwerbs vom Berechtigten nach dem Eintritt der Rechts- **9** hängigkeit. Das einzelne richtet sich nach dem *sachlichen* Recht, namentlich auch die Frage, ob nur die positive Kenntnis etwa nach § 892 BGB den bösen Glauben auslöst, oder auch schon die durch grobe Fahrlässigkeit bewirkte Unkenntnis etwa nach § 932 BGB, ThP 8, aM Pawlowski JZ **75**, 681 (wegen Art 103 I GG schade nur die positive Kenntnis. Aber das würde eine Überspannung des Art 103 I GG bedeuten). Bösgläubigkeit schadet, mag sie sich auf die Mängel im Recht des Vorgängers beziehen oder nur auf die Rechtshängigkeit, BGH **114**, 309.

Für den *gutgläubigen* Rechtsnachfolger wirkt das Urteil ausnahmslos. Gegen ihn wirkt es nur dann, wenn **10** ihm sein guter Glaube nichts nützt. Kommt es auf den guten Glauben bezüglich der Rechtshängigkeit an, so kann man ihn durch die Eintragung der Rechtshängigkeit ins Grundbuch ausschließen, wenn ein Rechts-

§ 325 Buch 2. Abschnitt 1. Verfahren vor den LGen

schutzbedürfnis nach Grdz 33 vor § 253 dafür gegeben ist, sog Rechtshängigkeitsvermerk, BayObLG Rpfleger **04**, 691, Zweibr NJW **89**, 1098, aM Lickleder ZZP **114**, 208/9 (keine Zulässigkeit solchen Vermerks. Das meist vorhandene Rechtsschutzbedürfnis hat aber Vorrang). Dabei darf das Gericht im allgemeinen die Klagaussichten nicht prüfen, aM Brschw MDR **92**, 75 (keine Eintragung dieses Vermerks auf Grund eines nur schuldrechtlichen Anspruchs. Aber es handelt sich um eine Sondervorschrift).

11   Die *Eintragung* des Rechtshängigkeitsvermerks erfordert nicht stets eine ausreichende Bewilligung bzw eine einstweilige Verfügung nach §§ 935 ff, BayObLG Rpfleger **04**, 691. Es gibt nämlich Situationen, in denen die zum Erlaß der einstweiligen Verfügung erforderliche Glaubhaftmachung eines Berechtigungsanspruchs nach §§ 920 II, 936 nicht möglich ist oder nicht gelingt. Deshalb kann ein urkundlicher Nachweis der Rechtshängigkeit ausreichen, §§ 22, 29 GBO, BayObLG Rpfleger **04**, 691. Hat ein sachlich Unbefugter den Prozeß geführt, so gilt I, mag auch der Gegner den Unbefugten für befugt gehalten haben. Denn die Prozeßführung ist keine Verfügung. Das gilt zB dann, wenn das Gericht den eingetragenen Nichtberechtigten verurteilt hat. Ausnahmen gelten bei §§ 409, 1058, 1412 BGB, Rn 5.

12   **6) Eingetragenes Recht, III, IV.** Man muß die Regelung strikt auslegen.

A. Grundsatz: Sonderregeln. Diese Vorschriften geben Sonderrechte für Urteile bezüglich einer eingetragenen Reallast, Hypothek, Grundschuld, Rentenschuld, Schiffshypothek, ferner für ein Registerpfandrecht an einem Luftfahrzeug, auf das IV sinngemäß anwendbar ist, § 99 I LuftfzRG. III, IV beziehen sich aber nicht auf die der Hypothek zugrunde liegende Forderung.

13   **B. Veräußerung, III 1.** Die Vorschrift macht eine Ausnahme von II, indem sie die Regel I wiederherstellt. Auch der gutgläubige Erwerber ist hier nicht geschützt, wenn er das belastete Grundstück, eingetragene Schiff usw nach der Rechtshängigkeit erworben hat. Denn die Rechte des Gläubigers stehen höher, weil sich der Erwerber ja nach einem Prozeß erkundigen kann. Die Rechtskraftwirkung für den Erwerber richtet sich aber nach I.

14   **C. Ersteigerung, III 2, IV.** Die Vorschrift macht bei einem Grundstück, nicht auch bei einem Schiff, eine Unterausnahme von III 1 für den Fall eines Erwerbs in der Versteigerung. Dann wirkt das Urteil gegen den Ersteher nur, wenn die Rechtshängigkeit spätestens im Versteigerungstermin vor der Aufforderung zur Abgabe von Geboten angemeldet worden ist, selbst wenn sie dem Ersteher bekannt war. Das Gesetz soll eine Täuschung des Erstehers vermeiden. Sein guter Glaube spielt übrigens keine Rolle, § 817 Rn 7. Der Grundpfandgläubiger könnte die Rechtshängigkeit ja anmelden. Dasselbe gilt, wenn der Grundeigentümer eine Feststellung des Nichtbestehens einer Hypothek begehrt. Es gilt aber nicht dann, wenn das Gericht den Rechtsstreit schon vor der Versteigerung rechtskräftig entschieden hat.

15   **7) Erweiterung der Rechtskraftwirkung, gegenüber mehreren Personen, I–IV.** Eine erweiterte Rechtskraftwirkung ergibt sich in dieser Fallgruppe wie folgt.

A. Gestaltungsurteil. Das Gestaltungsurteil nach Üb 6 vor § 300 wirkt immer für und gegen alle. Denn es stellt nicht ein Recht als bestehend fest. Es schafft vielmehr eine neue Rechtslage. Manche halten das für seine Rechtskraftwirkung. Praktisch ist diese Abweichung belanglos.

16   **B. Keine Verschiedenheit der Entschädigung.** Eine erweiterte Rechtskraftwirkung haben für und gegen sachlichrechtliche Berechtigte Urteile in Fällen, die keine verschiedene Entschädigung erlauben. Beispiele: betr den Pfandgläubiger nach § 856 IV, betr den Insolvenzgläubiger nach § 183 InsO. Diese Fälle sind selten. Sie ergreifen Gesamtschuldverhältnisse nicht. Die Rechtskraft des einem Bekl günstigen Urteils steht dem Ausgleichsanspruch nicht im Weg. Ferner ergreift sie nicht Ansprüche auf eine unteilbare Leistung. Die Logik entscheidet in solchen Fällen nicht. Diese sonderbare Folge zeigt die Unzweckmäßigkeit der gesetzlichen Regelung der notwendigen Streitgenossenschaft. Darum kann einer von mehreren auf eine unteilbare Leistung Bekl nicht die Unbeteiligten durch ein Anerkenntnis usw schädigen.

17   **8) Erweiterung der Rechtskraftwirkung gegenüber dem Einzelnen, I–IV.** Eine erweiterte Rechtskraftwirkung haben ferner gegenüber nur einzelnen Dritten Urteile außer nach § 325 in vielen Fällen.

A. Prozeßstandschaft usw. Diese Wirkung ergibt sich im Fall einer Prozeßstandschaft und Prozeßgeschäftsführung, Grdz 26, 29 vor § 50, Hamm FamRZ **81**, 589, Heitzmann ZZP **92**, 66. Das gilt beim Einziehungsabtretungsnehmer, sofern er sich auf die Ermächtigung gestützt hat, beim Nacherben, § 326, beim Testamentsvollstrecker, § 327, überhaupt bei Parteien kraft Amts, Grdz 8 vor § 50. Damit wird aber nicht automatisch auch das Grundrecht des Rechtsnachfolgers verletzt, BVerfG **25**, 262.

18   **B. Streithelfer.** Eine Erweiterung der Rechtskraft ergibt sich ferner gegenüber dem Streithelfer nach § 68 und gegenüber dem Streitverkündungsgegner, § 74 III.

19   **C. Sachliches Recht.** Eine Erweiterung der Rechtskraft ergibt sich schließlich oft nach Vorschriften des sachlichen Rechts. So wirkt das Urteil über eine Gesellschaftsschuld der OHG gegenüber den Gesellschaftern nach § 128 HGB. Das Urteil auf eine Gestattung der Befriedigung aus einem kaufmännischen Zurückbehaltungsrecht wirkt regelmäßig gegenüber dem dritten Erwerber der zurückbehaltenen Sache, § 372 II HGB. Das klagabweisende Urteil wirkt im Prozeß des Geschädigten mit dem Schädiger auch zugunsten des Versicherers und im Prozeß mit dem Versicherer auch zugunsten des Schädigers, § 3 Z 8 PflVG. Das gilt sowohl bei gleichzeitiger als auch bei zeitlich getrennter Inanspruchnahme beider, BGH NJW **82**, 999, Karlsr VersR **88**, 1193. Diese Vorschrift ist auf einen Prozeßvergleich nach Anh § 307 unanwendbar, BGH RR **86**, 22. Es gibt aber keine allgemeine Rechtskrafterstreckung schon auf Grund einer sachlichrechtlichen Mitschuld, Ffm FamRZ **83**, 173, Höhne VersR **87**, 1169. Zur Wirkung gegenüber einem nicht angehörten Dritten Marotzke ZZP **100**, 164.

20   **9) Zwangsvollstreckung, I–IV.** Über diejenige gegen einen Rechtsnachfolger §§ 727, 731.

21   **10) Beispiele zur Frage des Umfangs der persönlichen Rechtskraft, I–IV**
Abtretung: Der neue Gläubiger ist *nicht* Rechtsnachfolger, wenn die Abtretung *vor* der Rechtshängigkeit erfolgt, BGH **86**, 339. § 325 verdrängt nicht § 407 I BGB, BGH BB **05**, 1356. Bei § 407 II BGB tritt

1366   *Hartmann*

Titel 2. Urteil § 325

eine Rechtskrafterstreckung *nicht* zugunsten, sondern allenfalls zu Lasten des neuen Gläubigers ein, BGH MDR **75**, 572, Braun ZZP **117**, 30, ThP 2, aM von Olshausen JZ **76**, 85. Wenn der Kläger vor oder in dem Prozeß abgetreten hat, dann darf der zur Leistung an ihn verurteilte Bekl seit der Kenntnis von dieser Abtretung grds nicht mehr an den Kläger leisten. Eine sog stille Abtretung wirkt nicht zugunsten des neuen Gläubigers, Mü JZ **05**, 361 (krit Braun 363). Unter Umständen muß man §§ 767, 769 anwenden. Wenn der Abtretende mit einer Ermächtigung des neuen Gläubigers klagt, dann wirkt das Urteil gegen den letzteren, Kblz Rpfleger **86**, 449. Der Erwerber eines rechtshängigen Anspruchs muß mit der Abweisung des Abtretenden rechnen. Er ist daher nicht gutgläubig. § 325 ist auch im Fall der Abtretung nach dem Eintritt der Rechtskraft anwendbar, BGH NJW **83**, 2032. II ist auf das selbständige Beweisverfahren entsprechend anwendbar, KG MDR **81**, 940.

Anfechtungsgesetz: Die Frage der Rechtskraftwirkung ist dafür bedeutungslos. Dazu, ob ein vollstreck- 22 barer Titel zur Verurteilung des Anfechtungsgegners ausreicht, Gaul Festschrift für Schwab (1990) 134.

Arbeitsrecht: Eine Pflicht des Betriebsveräußerers gegenüber dem Betriebsrat kann den Erwerber treffen, wenn die Nämlichkeit des Betriebs erhalten bleibt, BAG NJW **91**, 648. Freilich muß der Betriebsübergang nach der Rechtshängigkeit eingetreten sein, Rn 5, BAG NJW **00**, 93.

Bedingung: Wer infolge des Eintritts einer auflösenden Bedingung zurückerwirbt, ist *nicht* Rechtsnach- 23 folger des bis dahin Berechtigten. Wer aufschiebend bedingt erwirbt, ist es mit dem Eintritt der Bedingung. Für den Käufer unter Eigentumsvorbehalt gilt aber I, wenn er besitzt.

Bürgschaft: Wegen der dauernden Abhängigkeit der Bürgschaftsschuld nach §§ 765 I, 767 I, 768 I BGB 24 erstreckt sich die Rechtskraft des stattgebenden wie des abweisenden Urteils auf den Hauptschuldner, RoSGo § 156 III (dort wird allerdings die frühere Lehre vor der Drittwirkung der Rechtskraft nicht mehr aufrechterhalten), aM LG Memmingen VersR **75**, 1061. Der Bürge kann sich Gehör über § 66 verschaffen, und zwar auch nach einem Versäumnisurteil gegen den Hauptschuldner, aM LG Memmingen VersR **75**, 1061. Falls der Hauptschuldner den Bürgen nicht vom Prozeß des Gläubigers gegen den Hauptschuldner informiert, kann der Bürge den Hauptschuldner gegebenenfalls belangen. Nach einer Abweisung der Klage gegen den Hauptschuldner ist also auch Versäumnisurteil gegen den Bürgen zulässig.

Ein Urteil zwischen dem Hauptschuldner und dem Bürgen wirkt *nicht* stets im Verhältnis zwischen dem Gläubiger und dem Bürgen, BGH BB **05**, 124. Ebensowenig wirkt ein Urteil zwischen dem Gläubiger und dem Bürgen, zB bei einer Hilfsaufrechnung des Bürgen mit einer Forderung des Hauptschuldners, im Verhältnis zwischen dem Hauptschuldner und dem Bürgen. Ein „Prozeßbürge" anerkennt meist den Ausgang des Rechtsstreits als für sich verbindlich, BGH NJW **75**, 1121, Kblz MDR **98**, 1022. Eine sog stille Abtretung wirkt nicht zugunsten des neuen Gläubigers, Mü JZ **05**, 361 (krit Braun 363).

S auch § 322 Rn 32 „Bürgschaft".

Buße oder Entschädigung im Strafverfahren: Ein Urteil, das sie zuspricht, berührt *nicht* den Ersatzanspruch des Verletzten gegen einen am Strafverfahren unbeteiligten Dritten.

Drittschuldner: Die Rechtskraft des vom Drittschuldner gegen den Schuldner erstrittenen Urteils auf Vertragserfüllung bindet *nicht* den Vollstreckungsgläubiger, der den Anspruch des Schuldners aus ungerechtfertigter Bereicherung wegen Unwirksamkeit des Vertrags gepfändet hat, BGH NJW **96**, 396 (zustm Brehm JZ **96**, 526).

Ehe: Ein persönlicher Schuldtitel gegen einen Ehegatten wirkt beim Güterstand der Gütergemeinschaft mit 25 einer gemeinschaftlichen Verwaltung des Gesamtguts *nicht* gegen den anderen Ehegatten, Ffm FamRZ **83**, 172. Ein Dritter kann nicht Rechtsnachfolger eines Anspruchs auf Grund der HausratsVO sein, Hamm FamRZ **87**, 509. Ein Urteil gegen den Ehegatten wirkt nicht nach § 325 im Prozeß des anderen gegen den Rentenversicherer, BSG NJW **89**, 2011.

Eigentum: Die Rechtskraft des Urteils auf die Abweisung der Klage eines Miteigentümers nach § 1011 BGB erstreckt sich grundsätzlich nur bei einem Prozeßführungsrecht auf die anderen, BGH **79**, 245. Freilich reicht die auch evtl nur intern erteilte Zustimmung des Miteigentümers zur Klagerhebung durch den anderen aus, BGH NJW **85**, 2825.

Erbrecht: Eine Feststellung durch ein Urteil in einem Prozeß zwischen dem Erben und einem Dritten hat 26 Wirkung auch gegenüber dem Nachlaßgläubiger und Nachlaßschuldner, Rn 3. Ein Urteil zwischen Erbbeteiligten wirkt wegen der Erbschaftssteuer nicht gegen den Fiskus, aM Bettermann Festschrift für Baur (1981) 277 (aber es besteht Gesamtschuldnerhaft im Außenverhältnis). Die Rechtskraft gegen den Erblasser wirkt gegen den Erben, ändert aber nichts an der bereits vor der Rechtshängigkeit dieses Prozesses erworbenen eigenen Rechtsstellung. Wegen des Nacherben § 326.

Forderungsübergang: Rn 30 „Gesetzlicher Übergang".

Gesellschaft: Ein Grundsatz hat vielfältige Auswirkungen. 27

A. Maßgeblichkeit der Prozeßart. Ein Urteil gegen die GmbH im Anfechtungsprozeß eines Gesellschafters wirkt auch im Verhältnis zu den Gesellschaftern. Vgl auch Rn 32 „Juristische Person". Ein Urteil für und gegen die OHG wirkt grundsätzlich *nicht* für und gegen deren Gesellschafter.

B. Einzelfälle 28

– **(Verurteilung):** Eine rechtskräftige Verurteilung der Gesellschaft wirkt begrenzt gegen die Gesellschafter, § 129 I HGB, BGH WertpMitt **80**, 102. Sie beläßt nur persönliche Einreden und solche aus § 767. Auch findet keine Zwangsvollstreckung gegen den Gesellschafter aus einem Urteil statt, das gegen die Gesellschaft ergangen ist, § 129 IV HGB. Der Gesellschafter kann im Prozeß des Gläubigers gegen ihn nicht den Inhalt eines gegen die Gesellschaft erstrittenen Urteils bestreiten, Schwab ZZP **77**, 151. Ein Nichtigkeitsurteil zu dem nach § 172 AktG entstandenen Jahresabschluß wirkt auf weitere Gesellschafter nach § 256 VII AktG, Ffm BB **01**, 2392 links.

S auch Rn 31 „Insolvenzverwalter".

– **(Sieg):** Ein rechtskräftiger Sieg der Gesellschaft befreit die Gesellschafter. Denn es steht fest, daß die 29 Gesellschaftsschuld nicht besteht. Das gilt auch, wenn ein Gesellschafter im Prozeß ausgeschieden ist. Die erstinstanzliche Abweisung einer Klage gegen die KG erwächst nicht in sachlicher Rechtskraft, wenn die KG nach § 161 II HGB erlischt und das Berufungsgericht die jetzt gegen den Rechtsnachfolger (§ 239) gerichtete Klage als unzulässig abweist.

30 Gesetzlicher Übergang, dazu *Hofmann* VersR 03, 288 (ausf): Die Abweisung der Unterhaltsklage wirkt auch gegen den Träger der Sozialhilfe zB nach dem SGB V. Das gilt selbst dann, wenn die Abweisung nur deshalb erfolgt ist, weil das Gericht fälschlich angenommen hat, daß der Anspruch wegen der Unterstützung der Kinder zB nach dem SGB V erloschen sei. Dagegen wirkt eine Verurteilung zum Ersatz allen Unfallschadens nicht für den Sozialversicherungsträger, soweit Schadensersatzansprüche des Verletzten vor der Klagerhebung nach Rn 4, 6 auf den Versicherungsträger übergegangen sind.

Grundbuchamt: Es kann an ein rechtskräftiges Urteil gebunden sein, das zwischen zwei Beteiligten ergangen ist, BayObLG **91**, 335 (Fischereirecht).

31 Hypothek: Wenn der Hypothekenkläger die Hypothek erworben hatte, als der Prozeß des Eigentümers gegen den früheren Hypothekengläubiger auf Feststellung des Nichtbestehens der Hypothekenschuld schwebte, und wenn der Hypothekenkläger die Rechtshängigkeit beim Erwerb kannte, dann nützt ihm guter Glaube nichts. Die Rechtskraft des Titels, auf Grund dessen eine Zwangshypothek eingetragen wurde, erstreckt sich *nicht* auf den späteren Erwerber des belasteten Grundstücks, BGH NJW **88**, 829.

Insolvenzverwalter: Ein Urteil gegen ihn wirkt gegen den Schuldner, BAG NJW **80**, 142, Celle RR **88**, 448. Ein von ihm erstrittenes Urteil gegen einen Gesellschafter wirkt *nicht* stets gegen einen anderen Gesellschafter, BGH BB **05**, 124.

32 Juristische Person: Die Organmitglieder sind als solche *nicht* Rechtsnachfolger früherer Organmitglieder. S auch Rn 27 „Gesellschaft", Rn 33 „Konzern".

33 Käufer: Er hat für eine neue Klage gegen den Besitzer kein Rechtsschutzbedürfnis, auch wenn der Besitzer ein Zurückbehaltungsrecht nicht geltend macht. Dann ist insofern nur eine negative Feststellungsklage möglich.

Kindschaftssache: Wegen der erweiterten Rechtskrafterstreckung § 640 h.

Konzern: Eine „Konzernverbundenheit" schafft *keine* Rechtskraft für oder gegen ein am Prozeß nicht beteiligtes Unternehmen, BPatG GRUR **85**, 126.

Kosten: Das Urteil wirkt auch wegen der Kosten gegenüber dem Rechtsnachfolger, aM ZöV 1.

34 Mieter: Ein Räumungsurteil gegen den Hauptmieter erstreckt sich auch auf den nach der Rechtshängigkeit aufgenommenen Untermieter. Daher ist nur dann eine Umschreibung möglich, § 727, LG Köln WoM **91**, 507. Eine Klage nach § 558 b II BGB gegen nur einen Mitmieter würde trotz anderer Vertragsklauseln *nicht* auch gegen den anderen wirken und ist daher unzulässig, KG WoM **86**, 108.

35 Nichtigkeit des Vertrags: Das Urteil betr einen Vertragspartner wirkt *nicht* betr andere Vertragspartner.

Nießbrauch: Ein Urteil für den die Miete pfändenden Gläubiger auf Mietzahlung im Prozeß gegen den Eigentümer wirkt *nicht* gegen den Nießbraucher des Grundstücks.

36 Patent: Ein Urteil gegen den Inhaber wirkt gegen einen einfachen Lizenznehmer, aber *nicht* gegen einen ausschließlichen. § 145 PatG steht einer Klage gegen andere als den bisherigen Bekl nicht entgegen. S auch Rn 33 „Konzern".

Pfändungsgläubiger: Ein Urteil zwischen ihm und einem Drittschuldner über den Bestand der Forderung wirkt *nicht* gegenüber dem Schuldner. Ist eine zwischen dem Schuldner und dem Drittschuldner in einem Prozeß umstrittene Forderung zulässig gepfändet worden, dann wirkt das Urteil auch gegenüber dem Pfändungsgläubiger, BGH MDR **88**, 1053. Der Schuldner muß notfalls hinterlegen, BGH **86**, 340.

Prozeßstandschaft, dazu *Berger* (vor Rn 1): Das im Rechtsstreit des Prozeßstandschafters ergangene Urteil wirkt für und gegen den Rechtsinhaber, BGH FamRZ **88**, 515.

37 Schuldübernahme, befreiende: Hier findet eine Rechtskrafterstreckung statt, Rn 7.

Streitgenosse: Die Rechtskraft tritt *nicht* zwischen einfachen Streitgenossen untereinander ein, Hamm RR **97**, 90, Höhne VersR **87**, 1169.

38 Unterlassung: Die Rechtskraft eines entsprechenden Urteils wirkt *nicht* gegenüber dem Rechtsnachfolger des Schuldners, auch nicht dann, wenn bisher ein abänderbarer Zustand beeinträchtigt zu werden drohte. Denn auch dann muß man das Verhalten des Rechtsnachfolgers zunächst einmal abwarten. S auch § 265 Rn 6 „Betrieb".

39 Versicherung: Rn 19 und Höhne VersR **87**, 1167 (ausf). S auch Rn 25 „Ehe".

Vertrag zugunsten Dritter: Ein Urteil zwischen Versprechendem und Versprechensempfänger wirkt *nicht* für oder gegen den Dritten, ThP 1, ZöV 4, aM MüKoGo 73, Schwab ZZP **77**, 149 (aber der Dritte erwirbt sein Recht zwingend durch Vermittlung des Versprechenden).

Vollstreckungsgläubiger: Rn 25 „Drittschuldner".

40 Wohnungseigentümer: Ein Urteil wegen eines individuellen Anspruchs des einzelnen gegen einen Dritten wirkt *nicht* für und gegen die am Prozeß unbeteiligten übrigen Wohnungseigentümer.

41 11) *VwGO:* Entspr anzuwenden, § 173 VwGO, in Ergänzung von § 121 VwGO, Ey § 121 Rn 43. Zur notwendigen Beiladung des Rechtsnachfolgers s § 265 Rn 31.

325a *Feststellungswirkung des Musterentscheids.* Für die weitergehenden Wirkungen des Musterentscheids gelten die Vorschriften des Kapitalanleger-Musterverfahrensgesetzes.

Vorbem. Eingefügt dch Art 2 Z 3 G v 16. 8. 05, BGBl 2437, in Kraft seit 1. 11. 05, Art 9 I 2 G, außer Kraft am 1. 11. 10, Art 9 II Hs 2 G (dann wird das bis 31. 10. 05 wirksam gewesene Recht erneut gelten), ÜbergangsR Einl III 78 (§ 31 EGZPO betrifft nicht auch § 325 a).

1 **1) Systematik.** Die direkte Rechtskraft eines Musterentscheids nach § 14 KapMuG, SchlAnh VIII, ergibt sich aus § 16 I 2, 3, 4, II, III KapMuG. § 325 a enthält insoweit mit der Formulierung „weitergehende

Titel 2. Urteil §§ 325a–327

Wirkungen" nur eine unscharfe Umschreibung jener schon im KapMuG geregelten erweiterten Rechtskraft. Gemeint sind aber auch die Aussetzungs- und Aufnahmewirkungen in den mitbetroffenen Verfahren zB nach §§ 7, 11, 17 ff KapMuG.

2) Regelungszweck. Die Vorschrift verweist zwecks Vereinfachung auf das KapMuG, SchlAnh VIII. Sie ist daher weit auslegbar. 2

3) Geltungsbereich. Es geht um die Wirkungen eines Musterbescheids nach §§ 14, 16 ff KapMuG, 3 SchlAnh VIII, insbesondere auch um die Bindungswirkung nach § 16 I 1 KapMuG, Schneider BB 05, 2256.

326 *Rechtskraft bei Erbnachfolge.* I Ein Urteil, das zwischen einem Vorerben und einem Dritten über einen gegen den Vorerben als Erben gerichteten Anspruch oder über einen der Nacherbfolge unterliegenden Gegenstand ergeht, wirkt, sofern es vor dem Eintritt der Nacherbfolge rechtskräftig wird, für den Nacherben.

II Ein Urteil, das zwischen einem Vorerben und einem Dritten über einen der Nacherbfolge unterliegenden Gegenstand ergeht, wirkt auch gegen den Nacherben, sofern der Vorerbe befugt ist, ohne Zustimmung des Nacherben über den Gegenstand zu verfügen.

1) Systematik, I, II. Es handelt sich um eine gegenüber § 325 vorrangige Spezialvorschrift. Ihr Gel- 1 tungsbereich liegt neben demjenigen des gleichermaßen gegenüber § 325 vorrangigen § 327.

2) Regelungszweck, I, II. Der Nacherbe ist Rechtsnachfolger nicht des Vorerben, sondern des Erblassers. 2 Deshalb muß § 326 im § 325 I in einem gewissen Umfang den Fall anwendbar machen, daß ein Urteil zwischen dem Vorerben und einem Dritten ergeht. Die in vielerlei Hinsicht sachlichrechtliche Abhängigkeit des Nacherben vom Vorerben gleich welchen Befreiungsgrads wirkt sich eben auch prozessual sinnvollerweise aus. Deshalb darf man diese Spezialvorschrift in ihrem Geltungsbereich durchaus weitgreifend beurteilen.

3) Vorerbe als Erbe, I. Wenn das Urteil über einen gegen den Vorerben als Erben gerichteten Anspruch 3 nach I über eine Nachlaßverbindlichkeit über §§ 1967, 1968 BGB und nicht über die Prozeßkosten ergeht, wirkt es bei einer Rechtskraft vor dem Eintritt der Nacherbfolge sachlich unberechtigt nur für den Nacherben. Das dem Vorerben ungünstige Urteil trifft den Nacherben nur nach §§ 2112 ff BGB. Ist das Urteil teils günstig, teils ungünstig, so wirkt es, wenn eine Trennung möglich und ein Teilurteil zulässig ist, soweit es günstig lautet.

4) Gegenstand der Nacherbfolge, I. Wenn das Urteil einen der Nacherbfolge unterliegenden Gegen- 4 stand betrifft, muß man wiederum wie folgt unterscheiden: Falls ein dem Vorerben günstiges Urteil vor dem Eintritt der Nacherbfolge rechtskräftig wird, wirkt es nur für den Nacherben. Falls ein dem Vorerben ungünstiges Urteil vor dem Eintritt der Nacherbfolge rechtskräftig wird, wirkt es gegen den Nacherben nur, soweit der Vorerbe ohne Zustimmung des Nacherben verfügen darf. Es wirkt namentlich also dann, wenn er befreiter Vorerbe ist, § 2136 BGB, II.

5) Nacherbfolge während der Rechtshängigkeit, II. Wenn der Vorerbe nicht befugt war, über den 5 Gegenstand zu verfügen, dann verliert er mit der Sachbefugnis das Prozeßführungsrecht. Das Gericht muß die Klage wegen fehlender Sachbefugnis als unbegründet abweisen, wenn der Kläger sie nicht für erledigt erklärt. Vgl aber § 2145 BGB.

6) Eintritt des Nacherben, II. Wenn der Nacherbe nach § 242 in den Prozeß eintritt, ergeht das Urteil 6 auf seinen Namen. Eine spätere Prozeßführung des Vorerben selbst berührt den Nacherben nicht. Etwas anderes gilt bei der Prozeßführung des ProzBev des Vorerben, § 246.

7) Kein Eintritt des Nacherben, II. Wenn der Nacherbe nicht eintritt, gilt § 239. Schlägt der Nacherbe 7 aus und verbleibt die Erbschaft dem Vorerben nach § 2142 II BGB, so bleibt die Unterbrechung des Rechtsstreits bestehen, bis der Vorerbe den Prozeß aufnimmt.
Die *Zwangsvollstreckung* erfolgt nach § 728 I.

8) *VwGO:* Entsprechend anzuwenden, § 173 VwGO, in Ergänzung von § 121 VwGO, Ey § 121 Rn 43. 8

327 *Rechtskraft bei Testamentsvollstreckung.* I Ein Urteil, das zwischen einem Testamentsvollstrecker und einem Dritten über ein der Verwaltung des Testamentsvollstreckers unterliegendes Recht ergeht, wirkt für und gegen den Erben.

II Das Gleiche gilt von einem Urteil, das zwischen einem Testamentsvollstrecker und einem Dritten über einen gegen den Nachlass gerichteten Anspruch ergeht, wenn der Testamentsvollstrecker zur Führung des Rechtsstreits berechtigt ist.

1) Systematik, I, II. § 327 bezieht sich als eine wie § 326 gegenüber § 325 vorrangige Sondervorschrift 1 nur auf den Testamentsvollstrecker der §§ 2197 ff BGB. Die Vorschrift beruht darauf, daß dieser Partei kraft Amtes ist, Grdz 8 vor § 50, § 325 Rn 4. Der Nachlaßpfleger ist Vertreter der unbekannten Erben. Er fällt nicht unter § 327.

2) Regelungszweck, I, II. Die Vorschrift zieht die notwendigen prozessualen Folgerungen aus der 2 Stellung des Testamentsvollstreckers nach dem sachlichen Recht. Dabei muß man mitbeachten, daß ein Testamentsvollstrecker selbst bei völlig korrekter Amtsführung natürlich eine Belastung für den Erben darstellt. Indessen geht der Wille des Erblassers vor. Das gilt, zumal der Erbe einen Testamentsvollstrecker ja wohl meist zum gutgemeinten Schutz des Erben eingesetzt hat. Das Gericht sollte den Testamentsvollstrecker im Ergebnis weder zu argwöhnisch noch zu vertrauensselig behandeln, auch nicht bei § 327.

3) Urteil zwischen dem Testamentsvollstrecker und einem Dritten, I, II. Wenn ein rechtskräftiges 3 Urteil zwischen dem Testamentsvollstrecker und einem Dritten ergeht, muß man wie folgt unterscheiden.

Hartmann 1369

§§ 327, 328 Buch 2. Abschnitt 1. Verfahren vor den LGen

A. Testamentsvollstreckung, I. Wenn das Urteil ein der Verwaltung des Testamentsvollstreckers unterliegendes Recht betrifft, wirkt es für und gegen den Erben. Das gilt auch bei einer Feststellungsklage nach § 256 und bei einer Erbschaftsklage. Der Testamentsvollstrecker ist allein prozeßführungsberechtigt, § 2212 BGB. Die Zwangsvollstreckung richtet sich nach § 728 II.

4 **B. Nachlaßverbindlichkeit, II.** Wenn das Urteil eine Nachlaßverbindlichkeit nach §§ 1967, 1968 BGB betrifft, wirkt es für und gegen den Erben nur insoweit, als der Testamentsvollstrecker nach § 2213 BGB prozeßführungsberechtigt ist. Die Zwangsvollstreckung erfolgt nach §§ 728 II, 748, 749, 780 II.

5 **4) Prozeß des Erben, I, II.** Ergeht das Urteil im Prozeß des Erben, muß man wie folgt unterscheiden.
A. Aktivprozeß. Ein behauptender Prozeß des Erben berührt den Testamentsvollstrecker nicht. Denn der Erbe ist nicht prozeßführungsberechtigt, § 2212 BGB.

6 **B. Passivprozeß.** Ein leugnender Prozeß wirkt nur für den Testamentsvollstrecker, nicht gegen ihn, wenn der Erbe allein oder neben dem Testamentsvollstrecker prozeßführungsberechtigt ist, § 2213 BGB. Ist der Testamentsvollstrecker allein prozeßführungsberechtigt, so berührt ihn das Urteil nicht. Prozessiert der Testamentsvollstrecker aus eigenem Recht, etwa wegen des Bestehens seines Amts, so wirkt das Urteil nur für und gegen ihn.

7 **5) VwGO:** *Entsprechend anwendbar,* § *173 VwGO, in Ergänzung zu* § *121 VwGO, Ey* § *121 Rn 43.*

328 *Anerkennung ausländischer Urteile.* I Die Anerkennung des Urteils eines ausländischen Gerichts ist ausgeschlossen:
1. wenn die Gerichte des Staates, dem das ausländische Gericht angehört, nach den deutschen Gesetzen nicht zuständig sind;
2. wenn dem Beklagten, der sich auf das Verfahren nicht eingelassen hat und sich hierauf beruft, das verfahrenseinleitende Dokument nicht ordnungsmäßig oder nicht so rechtzeitig zugestellt worden ist, dass er sich verteidigen konnte;
3. wenn das Urteil mit einem hier erlassenen oder einem anzuerkennenden früheren ausländischen Urteil oder wenn das ihm zugrunde liegende Verfahren mit einem früher hier rechtshängig gewordenen Verfahren unvereinbar ist;
4. wenn die Anerkennung des Urteils zu einem Ergebnis führt, das mit wesentlichen Grundsätzen des deutschen Rechts offensichtlich unvereinbar ist, insbesondere wenn die Anerkennung mit den Grundrechten unvereinbar ist;
5. wenn die Gegenseitigkeit nicht verbürgt ist.

II Die Vorschrift der Nummer 5 steht der Anerkennung des Urteils nicht entgegen, wenn das Urteil einen nichtvermögensrechtlichen Anspruch betrifft und nach den deutschen Gesetzen ein Gerichtsstand im Inland nicht begründet war oder wenn es sich um eine Kindschaftssache (§ 640) oder um eine Lebenspartnerschaftssache im Sinne des § 661 Abs. 1 Nr. 1 und 2 handelt.

Vorbem. I Z 2 geändert dch Art 1 Z 52 c JKomG v 22. 3. 05, BGBl 837, in Kraft seit 1. 4. 05, Art 16 I JKomG, ÜbergangsR Einl III 78.
Schrifttum: *Basedow,* Die Anerkennung von Auslandsscheidungen, Rechtsgeschichte, Rechtsvergleichung, Rechtspolitik, 1980; *Baumann,* Die Anerkennung und Vollstreckung ausländischer Entscheidungen in Unterhaltssachen, 1989; *Bernstein,* Prozessuale Risiken im Handel mit den USA (ausgewählte Fragen zu § 328 ZPO), Festschrift für *Ferid* (1978) 75; *Bittighofer,* Der internationale Gerichtsstand des Vermögens, 1994; *Boll,* Die Anerkennung des Auslandskonkurses, 1990; *Börner,* Die Anerkennung ausländischer Urteile in den arabischen Staaten, 1996; *Bülow/Böckstiegel/Geimer/Schütze,* Der internationale Rechtsverkehr in Zivil- und Handelssachen, 3. Aufl seit 1990; *Cebecioglu,* Stellung des Ausländers im Zivilprozeß (rechtsvergleichend), 2000; *Drobnig,* Skizze für internationalprivatrechtliche Anerkennung, Festschrift für *von Caemmerer* (1978) 687; *Eilers,* Maßnahmen des einstweiligen Rechtsschutzes im europäischen Zivilprozeßrecht, 1991; *Fadlalla,* Die Problematik der Anerkennung ausländischer Gerichtsurteile, 2004; *von Falck,* Implementierung ausländischer Vollstreckungstitel usw, 1998; *Geimer,* Internationales Zivilprozeßrecht, 3. Aufl 1997; *Geimer,* Anerkennung ausländischer Entscheidungen in Deutschland, 1995; *Geimer,* Gegenseitige Urteilsanerkennung im System der Brüssel I-Verordnung, in: Festschrift für *Beys* (Athen 2003); *Geimer/Schütze,* Internationale Urteilsanerkennung, Bd I 1. Halbband (Das EWG-Übereinkommen über die gerichtliche Zuständigkeit usw) 1983; 2. Halbband (Allgemeine Grundsätze und autonomes deutsches Recht) 1984, Bd II (Österreich, Belgien, Großbritannien, Nordirland) 1971; *Gerichtshof der Europäischen Gemeinschaften* (Herausgeber), Internationale Zuständigkeit und Urteilsanerkennung in Europa, 1993; *Jayme/Hausmann,* Internationales Privat- und Verfahrensrecht, 9. Aufl 1998; *Koch,* Anerkennung und Vollstreckung ausländischer Urteile und ausländischer Schiedssprüche in der Bundesrepublik Deutschland, in: *Gilles,* Effiziente Rechtsverfolgung (1987) 161; *Koshiyama,* Rechtskraftwirkungen und Urteilsanerkennung nach amerikanischem, deutschem und japanischem Recht, 1996; *Krause,* Ausländisches Recht und deutscher Zivilprozeß, 1990; *Kropholler,* Europäisches Zivilprozeßrecht, 8. Aufl 2005; *Kropholler,* Internationales Privatrecht, 5. Aufl 1997, §§ 36, 58, 60; *Lauk,* Die Rechtskraft ausländischer Zivilurteile im englischen und deutschen Recht, Diss Bayreuth 1989; *Leipold,* Lex fori, Souveränität, Discovery, Grundfragen des Internationalen Zivilprozeßrechts, 1989; *Linke,* Internationales Zivilprozeßrecht, 3. Aufl 2001, § 9; *Linke,* Die Bedeutung ausländischer Verfahrensakte im deutschen Verjährungsrecht, Festschrift für *Nagel* (1987) 209; *Martiny,* Anerkennung ausländischer Entscheidungen nach autonomem Recht, in: Handbuch des Internationalen Zivilverfahrensrechts Bd III/1 (1984) 581; *Nagel/Gottwald,* Internationales Zivilprozeßrecht, 5. Aufl 2003; *Nagel,* Die Anerkennung und Vollstreckung ausländischer Urteile ..., Festschrift des *Instituts für Rechtsvergleichung* der Waseda Universität (1988) 757; *Nelle,* Anspruch, Titel und Vollstreckung im internationalen Rechtsverkehr, 2000; *Pfeiffer,* Materialisie-

Titel 2. Urteil **§ 328**

rung und Internationalisierung im Recht der Internationalen Zuständigkeit, Festgabe 50 Jahre Bundesgerichtshof (2000) III 617; *Schack,* Internationales Zivilverfahrensrecht, 3. Aufl 2002 (Bespr *Roth* JZ **03**, 201); *Schütze,* Deutsches Internationales Zivilprozeßrecht, 1985; *Spiecker gen Döhmann,* Die Anerkennung von Rechtskraftwirkungen ausländischer Urteile, 2002 (Bespr *Hager* ZZP **117**, 395); *Staudinger/Spellenberg,* § 328 ZPO, Art 7 § 1 FamRÄndG, 12. Aufl 1992; *Sturm,* Gelten die Rechtshilfeverträge der DDR fort?, Festschrift für *Serick* (1992) 351 (dazu auch SchlAnh V Üb 3).

Einführung. Es sind zwei Urteilsarten zu unterscheiden. **1**

A. Urteil der früheren DDR, Einl III 77. Für die bis 3. 10. 90 eingetretenen Fälle gilt: Ein solches Urteil war bzw ist grundsätzlich ohne ein Verfahren nach § 722 oder nach Art 7 § 1 FamRÄndG, Rn 48, *anerkennungsfähig* (wegen Scheidung Rn 2), BGH **84**, 19, Brdb FamRZ **98**, 1134, aM Düss FamRZ **79**, 313, Schütze JZ **82**, 637 (sie unterscheiden zwischen einem Urteil vor dem 1. 1. 76 und später), Bbg FamRZ **81**, 1104 (es läßt auch eine Klage nach § 722 I zu), Naumb FamRZ **01**, 1013 (Statusurteil nicht anerkennungsfähig). Dementsprechend können Einwendungen gegen den Titel der früheren DDR erhoben werden, nämlich aus dem ordre public, BVerfG **36**, 30, BGH NJW **97**, 2051, AG Hbg-Wandsbek DtZ **91**, 307; wegen Unzuständigkeit, KG Rpfleger **82**, 433; wegen Versagung des rechtlichen Gehörs, Art 103 I GG. Es findet also eine Anlehnung an § 328 statt, AG Hbg-Wandsbek DtZ **91**, 307, Brüggemann FamRZ **92**, 280. Alle diese Einwendungen können aber nur auf dem Umweg des § 766 erhoben werden, aM AG Hbg-Wandsbek DtZ **91**, 307.

Hier *muß* der *Erinnerungsführer behaupten,* daß der Gläubiger aus einem in der BRep unwirksamen Titel vollstrecke oder daß das Umrechnungsverhältnis unzutreffend sei. Insofern muß man also den Grundsatz der ZPO einschränken, das sachliche Recht und das Vollstreckungsrecht getrennt zu halten. Ein abweichendes Verfahren steht im allgemeinen der Anerkennung nicht entgegen. So widersprach das Kassationsverfahren der DDR nicht rechtsstaatlichen Grundsätzen. Eine Entscheidung des staatlichen Notariats der früheren DDR, in der rechtsstaatliche Grundsätze verletzt worden waren, ist nicht anerkennungsfähig, ebensowenig die Entscheidung einer dortigen Verwaltungsbehörde, die zu einem Rechtsverlust führte, weil das Grundrecht der Justizgewährung nicht garantiert war. – Besondere Vorschriften gelten für Vertriebene, §§ 86 ff BVFG (zum Teil ist § 766 anwendbar, zum Teil findet eine Vertragshilfe statt).

B. Scheidungsurteil der früheren DDR. Vgl Einl III 77. Für die bis 3. 10. 90 eingetretenen Fälle gilt: **2** Ein solches Urteil war bzw ist grundsätzlich wirksam, ohne daß es eines förmlichen Anerkennungsverfahrens bedürfte. Art 7 FamRÄndG ist also unanwendbar, BGH **85**, 18. Hat aber eine Partei zur Zeit des Urteilserlasses in der alten BRep oder im früheren Westberlin einen Wohnsitz oder einen ständigen Aufenthalt gehabt, so ist das DDR-Urteil hier nicht wirksam, wenn die Ehe nicht auch nach dem Recht der alten BRep oder des früheren Westberlins geschieden worden wäre, BGH **38**, 1. Hatte zZt der Klagerhebung nur ein Ehegatte seinen gewöhnlichen Aufenthalt in der DDR und hatten die Ehegatten zu diesem Zeitpunkt ihren letzten gemeinsamen gewöhnlichen Aufenthalt in der DDR, so bestand entsprechend §§ 606, 606 a Z 2 eine Gerichtsbarkeit der DDR-Gerichte, also sowohl dann, wenn der Kläger im Zeitpunkt der Klagerhebung in der BRep wohnte, die Ehegatten aber ihren letzten gewöhnlichen Aufenthalt in der DDR hatten, wie auch dann, wenn der Kläger noch in der DDR wohnte, BGH **34**, 139, vgl auch BGH **7**, 221 (konkurrierende Gerichtsbarkeit), BGH **20**, 336 (keine ausschließliche westdeutsche Gerichtsbarkeit). Insoweit stünden also die Zuständigkeitsvorschriften einer Anerkennung nicht entgegen.

Die Anerkennung ist aber *zu versagen,* wenn ein Gericht der BRep ausschließlich zuständig war, BGH **30**, **3** 1, oder wenn die Zuständigkeit eines Gerichts der DDR in einer Umgehungsabsicht begründet wurde, Celle NJW **59**, 2124. Zu prüfen ist ferner, ob grobe Verfahrensverstöße vorliegen, also ob das rechtliche Gehör gewährt wurde, ohne daß aber die persönliche Anwesenheit zu fordern ist, BGH FamRZ **61**, 210; ob nicht etwa die Rechtskraft einer Entscheidung eines Gerichts der BRep entgegensteht, ob zB die Klage in der BRep abgewiesen worden war, BGH FamRZ **61**, 471, dazu Habscheid FamRZ **61**, 523. Andererseits war auch eine Rechtshängigkeit in der DDR zu beachten, Celle NJW **55**, 26, außer wenn der dortigen Entscheidung die Anerkennung mit großer Wahrscheinlichkeit zu versagen war, BGH NJW **58**, 103. Seit der EheVO vom 24. 11. 55 – das dürfte auch für das in der früheren DDR geltende Familiengesetzbuch vom 20. 12. 65, GBl **66**, 1 gelten – lehnte der BGH, der interlokal eine entsprechende Anwendung von Art 17 EGBGB (aF) verneinte, BGH **42**, 99, die Parität des DDR-Eherechts mit Rücksicht auf seine andersartigen ideologischen Grundlagen gegenüber demjenigen der BRep ab, BGH **38**, 2. Für eine entsprechende Anwendung von Art 17 EGBGB (aF) waren zB schon Beitzke JZ **63**, 512, Drobnig FamRZ **61**, 341, Erman/Marquordt Art 17 EGBGB Anm 16 b (sie halfen demgemäß mit Art 17 IV EGBGB (aF)), Neuhaus FamRZ **64**, 23, Soergel/Kegel Art 17 EGBGB Anm 129 f.

Das Urteil war bzw ist also *nachzuprüfen.* Dabei konnten die Parteien alle Tatsachen bis zum Zeitpunkt der **4** Entscheidung des DDR-Urteils unabhängig davon vortragen, ob sie das auch im DDR-Verfahren getan hatten oder nicht, BGH **38**, 6. Im Interesse der Rechtssicherheit gilt aber das DDR-Urteil solange, bis seine Unwirksamkeit durch Urteil festgestellt worden ist. Dies geschieht nur auf Klage des Beschwerten (Ehefeststellungsklage) innerhalb einer angemessenen Frist. Diese ist unter Heranziehung aller Umstände zu bestimmen, BGH **LM** Nr 12, insbesondere unter Abwägung der schutzwürdigen Interessen des anderen Ehegatten oder eines Dritten gegenüber den Interessen des anderen Ehegatten, BGH **LM** Nr 17, zB unter Berücksichtigung der Wiederverheiratung des anderen.

Maßgebend ist, wann dem Beschwerten das Urteil bekannt geworden ist oder, falls es einen Verstoß gegen **5** die guten Sitten oder den Zweck eines deutschen Gesetzes enthält, ohne Frist auf Klage des Staatsanwalts geschehen konnte, BGH **34**, 149. Hieran hat sich auch nach dem Inkrafttreten des FamÄndG nichts geändert, BGH **LM** Nr 12. Erhebt der Beschwerte innerhalb einer angemessenen Frist keine Klage, so wirkt das gleichzeitig wie ein Verzicht auf Einwendungen entsprechend I Z 1–3. So auch Drobnig FamRZ **61**, 341 (eingehend).

C. Früheres Westberlin. Für dieses Gebiet galt in vermögensrechtlichen Sachen das in § 723 Rn 4 **6** Ausgeführte.

§ 328
Buch 2. Abschnitt 1. Verfahren vor den LGen

Gliederung

1) Systematik, I, II	1–6
2) Regelungszweck, I, II	7
3) Geltungsbereich: Urteil, I, II	8–13
A. Jede gerichtliche Entscheidung	8–12
B. Ehesache, Lebenspartnerschaftssache	13
4) Verfahrensgrundregeln, I, II	14, 15
A. Amtsprüfung	14
B. Vollstreckungsurteil	15
5) Unzuständigkeit, I Z 1	16–19
A. Grundsatz: Maßgeblichkeit des deutschen Rechts	16
B. Beispiele zur Frage einer deutschen Unzuständigkeit, I Z 1	17–19
6) Nichteinlassung, I Z 2	20–25
A. Grundsatz: Verteidigungsmöglichkeit	20
B. Begriff der Einlassung	21
C. Berufung auf die Nichteinlassung	22
D. Zustellung	23
E. Rechtzeitigkeit der Zustellung	24
F. Verstoß	25
7) Verstoß gegen Rechtskraft, Rechtshängigkeit usw, I Z 3	26–29
A. Abgrenzung zu I Z 4	26
B. Unvereinbarkeit mit früherem Urteil	27
C. Unvereinbarkeit mit früherem Verfahren	28
D. Beispiele	29
8) Verstoß gegen öffentliche Ordnung, I Z 4	30–45
A. Anwendungsbereich	30
B. Wesentlicher deutscher Rechtsgrundsatz	31
C. Maßgeblicher Zeitpunkt	32
D. Grundrechte	33
E. Unvereinbarkeit	34
F. Beispiele zur Frage eines Verstoßes gegen den ordre public	35–45
9) Fehlen der Gegenseitigkeit, I Z 5	46, 47
A. Grundsatz: Weite Auslegung der Gegenseitigkeit	46
B. Einzelheiten	47
10) Nichtvermögensrechtlicher Anspruch: Maßgeblichkeit des inländischen Rechts, II	48
11) Sonderregeln bei Ehe- oder Lebenspartnerschaftssache, II	49–73
A. Entscheidungsbegriff	52
B. Privatscheidung	53–55
C. Klagabweisung	56
D. Weitere Einzelfragen	57–62
E. Antrag	63, 64
F. Entscheidung der Landesjustizverwaltung usw	65–67
G. Entscheidung des Oberlandesgerichts	68–70
H. Angehörige des Entscheidungsstaats	71, 72
I. Drittstaatsentscheidung	73
12) VwGO	74
Anhang nach § 328. Übersicht über die Verbürgung der Gegenseitigkeit für vermögensrechtliche Ansprüche nach § 328 I Z 5	1–22

1 **1) Systematik, I, II.** Die Vorschrift regelt, ergänzt durch §§ 722, 723 (Verfahren), dort II 2, die Voraussetzungen der Anerkennungsfähigkeit und damit inländischen Vollstreckbarkeit einer ausländischen Entscheidung. Wegen der vorrangigen EuGVVO SchlAnh V C 4, Geimer JZ 77, 145, 213, Kropholler, Europäisches Zivilprozeßrecht, 7. Aufl 2002; zB betr Italien Kblz NJW 76, 488, LG Ffm VersR 77, 67. Der Schutzbereich des § 328 beschränkt sich auf den Bereich der inländischen Gerichtsbarkeit, Mü NJW 89, 3103. Aus der Fassung der Eingangsworte von I darf man weder den Schluß ziehen, daß die Anerkennung (zum Begriff Müller ZZP 77, 199) die Regel sei, noch, daß sie die Ausnahme sei. Richtig ist lediglich: Das ausländische Urteil wirkt nicht ohne weiteres in Deutschland. Vielmehr *muß* man es nach § 328 *prüfen*, BGH FamRZ 87, 370, BayObLG RR 92, 514, Hamm FamRZ 89, 1332. Es findet kein obligatorisches Güteverfahren statt, § 15a II 1 Z 1 EGZPO, Hartmann NJW 99, 3747. Die Vorschrift enthält die Voraussetzungen für eine Anerkennung. Man muß sie aufweisen.

2 Dabei muß man zwischen der Rechtskraftwirkung und der Vollstreckbarkeit entscheiden, Gottwald FamRZ 87, 780: Die Anerkennung ist *teilbar*, BGH VersR 92, 1281. Wenn zB der ausländische Staat auf Grund eines deutschen Urteils in seinem Bereich keine Zwangsvollstreckung gestattet, dann können seine Urteile doch in Deutschland wegen ihrer Rechtskraft anerkennungsfähig sein, während sie wegen ihrer Vollstreckbarkeit nicht automatisch anerkennungsfähig sein mögen, §§ 722–723. Eine solche Differenzierung darf aber nicht zu einer Rechtlosstellung des Gläubigers führen, Rn 46.

3 Wenn das ausländische Urteil im formellen Verfahren nach Art 7 § 1 FamRÄG, unten Rn 49, oder nach Art 33 III EuGVVO, SchlAnh V C 4, oder ohne besonderes Verfahren nach Art 33 I EuGVVO anerkannt wird, dann wirkt es weitgehend wie ein deutsches. Es genießt also *sachliche Rechtskraft*, Einf 4 vor §§ 322–327, LG Münst NJW 80, 534. Das gilt freilich nur, soweit keine Entscheidungsgründe überhaupt eine Klärung zulassen, worauf das Urteil beruht, § 322 Rn 14, Hbg FamRZ 90, 535.

4 Aus dem ausländischen Urteil kann der Gläubiger nach besonderer *Vollstreckbarerklärung* vollstrecken, § 722, Gottwald FamRZ 87, 780. An das anerkannte Urteil können sich auch andere Wirkungen knüpfen, vor allem sachlichrechtliche, soweit sie dem deutschen Recht nicht völlig wesensfremd sind, Bernstein Festschrift für Ferid (1978) 89, aM Müller ZZP 79, 203, 245 (aber erst der deutsche ordre public zieht vernünftigerweise die Grenze).

5 Dem § 328 *gehen* abgesehen von der ebenfalls vorrangigen EuGVVO nach Rn 1 *Staatsverträge vor*, Celle FamRZ 93, 433, Köln FamRZ 95, 306, Habscheid FamRZ 82, 1142, auch solche der Länder aus der Zeit vor dem 1. 10. 1879.

In Betracht kommen namentlich nach Einl IV das HZPrÜbk, auch das HZPrAbk (nur wegen der Kostenentscheidung), das HUnthÜbk, der deutsch-schweizerische Vertrag, sämtlich SchlAnh V. Vgl auch Einl IV 3, 7 sowie wegen der von der früheren DDR geschlossenen Verträge Sturm (s Schrifttum nach § 328) 367. In Betracht kommen ferner das CIM, das CIV; die Revidierte Rheinschifffahrtsakte idF vom 11. 3. 69, BGBl II 597, zuletzt geändert durch das Zusatzprotokoll Nr 3, BGBl 80 II 876, nebst G vom 27. 9. 52, BGBl 641. Vgl ferner Anh § 328.

6 Eine Vereinbarung des Inhalts, ein ausländisches Urteil solle im Inland Rechtskraftwirkung haben, kann als ein sachlichrechtlicher *Vergleich* wirksam sein, § 779 BGB. Auch kann das ausländische Urteil ein Beweismittel sein. Eine Erfüllungsklage (actio iudicati) aus dem ausländischen Urteil gibt es nicht. Wenn man das ausländische Urteil nicht anerkennen kann, bleibt nur eine neue Klage übrig. Läßt sich das ausländische Urteil anerkennen, so ist trotzdem eine selbständige Klage im Inland im Bereich des § 722 zulässig, Gottwald

Titel 2. Urteil **§ 328**

FamRZ **87**, 780. Es ergeht dann ein mit dem ausländischen Urteil inhaltlich evtl übereinstimmendes Sachurteil, § 722 Rn 5, Nürnb FamRZ **80**, 925, Geimer NJW **80**, 1234, aM LG Münst NJW **80**, 535 (aber es muß im Inland einen Rechtsschutz geben, Grdz 1 ff vor § 253). Wegen des einfacheren Klauselerteilungsverfahrens nach der EuGVVO SchlAnh V C 4.

2) Regelungszweck, I, II. Die Vorschrift bezweckt die Klärung der Voraussetzungen, unter denen **7** fremde Rechtsprechung im Inland als verbindlich sein kann und muß. Damit dient die Vorschrift einerseits der Rechtssicherheit nach Einl III 43 (die deutsche Rechtssouveränität bleibt gewahrt), andererseits der Zweckmäßigkeit und damit der Prozeßwirtschaftlichkeit nach Grdz 14 vor § 128 (Vermeidung eines inländischen Zweitverfahrens). Beides muß man bei der Auslegung mitbeachten.

Enorm steigende Bedeutung angesichts immer größerer Lebensräume hat diese Vorschrift. Sie hat ja neben supra- und internationalen Normen bei durchaus ihre erhebliche Bedeutung behalten. Den nationalen Wertungshorizont nicht als den alleinigen zu behandeln, ist bei § 328 ebenso notwendig wie die Erkenntnis, daß es nun einmal zumindest auf absehbare Zeit unverändert weite Bereiche gibt, in denen nationales Rechtswertsystem noch im Zentrum steht. Freilich ist zB die Handhabung des deutschen ordre public nach Rn 30 ff eine Aufgabe, die größte Behutsamkeit und wirklichen Weitblick erfordert, um überzeugende Lösungen zu erbringen. Eine selbstbewußte, aber zugleich bescheidene, anderes Denken und Werten respektierende, aber nicht allein betrachtende Auslegung führt am weitesten.

3) Geltungsbereich: Urteil, I, II. Vgl zunächst Üb 2 vor § 253, §§ 300 ff. **8**

A. Jede gerichtliche Entscheidung. Unter „Urteil" versteht § 328 jede gerichtliche Entscheidung, die den Prozeß der Parteien in einem beiden Parteien nach Art 103 I GG Gehör gebenden Verfahren rechtskräftig entschieden hat. Die Form und Bezeichnung der Entscheidung ist unerheblich, *Koch,* Anerkennungsfähigkeit ausländischer Prozeßvergleiche, Festschrift für *Schumann* (2001) 272.

Hierher gehören auch: Ein Mahnbescheid; ein Versäumnisurteil; ein Abänderungsurteil, Zweibr FamRZ **99**, 34; ein Kostenfestsetzungsbeschluß, ein unanfechtbarer österreichischer Zahlungsauftrag; eine Entscheidung über Unterhaltsgewährung im Eheverfahren; das nordamerikanische Exequaturteil auf Grund eines ausländischen Schiedsspruches, BGH NJW **84**, 2763 und 2765. Zur ausländischen Konkursentscheidung Trunk KTS **87**, 427.

Nicht hierher gehören: Ein Arrest oder eine einstweilige Verfügung, soweit nicht die EuGVVO, SchlAnh V **9** C 4, (vorrangig) gilt, Gottwald FamRZ **87**, 780. Denn sie erledigen den Streit nicht, Rn 62 (etwas anderes gilt aber stets, wenn sie eine vorläufige Verurteilung aussprechen, Grdz 5, 6 vor § 916, Karlsr FamRZ **84**, 820); ein Vergleich, aM Koch (bei Rn 8) 281, es sei denn ein verdeckter ist in Urteilsform; ein Strafurteil, auch wenn es über einen Zivilanspruch entscheidet, trotz § 3 EGZPO; ein Vollstreckbarkeitsurteil eines ausländischen staatlichen Gerichts wegen eines ausländischen Schiedsspruchs, §§ 1059 ff, BGH NJW **01**, 373 (dann können §§ 580 Z 4, 581 anwendbar sein). Etwas anderes gilt, wenn ein Sondergericht über eine Zivilsache im staatlichen Auftrag entscheidet, etwa ein Börsenschiedsgericht. Hierher kann evtl auch eine Entscheidung über einen Streit gehören, an dem volkseigene Betriebe beteiligt waren, Sonnenberger Studien des Institut für OstR **24**, 213. Ob man eine Entscheidung der freiwilligen Gerichtsbarkeit anerkennen darf, muß man (jetzt) nach § 16a FGG prüfen, Gottwald FamRZ **87**, 780. Die Vorschrift gleicht dem § 328 I Z 1–4 ZPO fast wörtlich.

Zur *Herausgabe eines Kindes* nach dem FGG § 883 Rn 14. Die ausländische Gerichtsverfassung ist **10** unerheblich.

Um ein Urteil eines ausländischen Gerichts handelt es sich schon dann, wenn die Entscheidung von einer **11** mit *staatlicher Autorität* bekleideten Stelle erlassen wurde, die nach den ausländischen Gesetzen auf Grund eines prozessualen Verfahrens zur Entscheidung von privatrechtlichen Streitigkeiten berufen ist. Deshalb gehören hierher auch ausländische Entscheidungen über die Anerkennung der Entscheidung eines anderen ausländischen Staates. Daher kann man auf Grund eines Vollstreckungsvertrags der Bundesrepublik mit einem anderen Staat die durch diesen anerkannten Entscheidungen eines dritten Staates, mit dem seitens der Bundesrepublik die Gegenseitigkeit nicht verbürgt ist, in der Bundesrepublik zur Vollstreckung bringen, Schütze ZZP **77**, 287.

Die ausländische Entscheidung muß nach dem Recht des ausländischen *Entscheidungsstaats* wirksam er- **12** gangen sein, um im Inland anerkennungsfähig zu sein, Habscheid FamRZ **81**, 1143. Außerdem darf der ausländische Staat die Grenzen seiner Gerichtsbarkeit nicht überschritten haben, Habscheid FamRZ **81**, 1142.

B. Ehesache, Lebenspartnerschaftssache. Man muß den Begriff Urteil in einer Ehesache nach **13** §§ 606 ff noch weiter fassen. Für sie gilt Art 7 § 1 FamRÄG, der den § 328 insoweit abändert, Rn 49. Entsprechendes gilt für eine Lebenpartnerschaftssache, §§ 1 ff LPartG. Freilich erfaßt II nur die Verfahren auf Aufhebung oder auf Feststellung des Bestehens oder Nichtbestehens, § 661 I Z 1, 2. Es muß sich danach um eine Entscheidung einer ausländischen Behörde handeln. Ausländisch ist auch eine polnische Behörde östlich der Oder-Neiße-Linie, BSG FamRZ **77**, 637, BayObLG NJW **76**, 1032. Zu solchen Entscheidungen zählen nicht nur Urteile, sondern auch zB: eine Scheidungsbewilligung des Königs (Dänemark, Norwegen); eine kirchliche Entscheidung (vgl Rn 21); eine Entscheidung einer anderen religiösen Einrichtung; eine Scheidung durch einen Scheidebrief, wenn zusätzlich ein Hoheitsakt vorliegt, auch derjenige einer staatlich anerkannten und ermächtigten Religionsgemeinschaft, Düss FamRZ **76**, 277, und wenn die nach dem dortigen Recht notwendige behördliche Registrierung vorgenommen war, Rn 54.

4) Verfahrensgrundregeln, I, II. Im Bereich I gelten die Regeln Rn 14, 15, im Bereich II Rn 49–73. **14**

A. Amtsprüfung. Ob die Voraussetzungen der Anerkennung vorliegen, muß das Gericht von Amts wegen prüfen. Denn § 328 ist mit Ausnahme zweier zwingender öffentlichen Recht, Grdz 39 vor § 128, BGH **59**, 121, BayObLG NJW **76**, 1038, aM Gottwald ZZP **103**, 292 (aber man kann solche Verfahrensgrundsätze keineswegs einer Parteiherrschaft unterwerfen). Diejenige Partei, die sich auf das Urteil beruft, muß die Voraussetzungen der Anerkennung beweisen. Z 2 läßt einen Verzicht auf einen Mangel zu. Fehlt eine Voraussetzung, so ist das ausländische Urteil und damit der daraufhin ergangene Kostenfestsetzungsbeschluß als solches unwirksam. Die ausländische Entscheidung kann aber in dem neuen Verfahren vor dem deutschen Gericht als Beweismittel bedeutsam sein, Schütze DB **77**, 2131. Andernfalls sind die Gerichte und im Rahmen des in Einf 20 ff vor §§ 322–327 Gesagten auch andere deutsche Behörden an die ausländische Entscheidung gebunden wie an ein inländisches Urteil, Düss FamRZ **84**, 195, und dürfen keinerlei sachliche Nachprüfung, révision au fond, vornehmen, BGH **53**, 363.

Der Inhalt der *Rechtskraft* nach § 322 Rn 9 und die persönliche Rechtskraftwirkung nach Einf 20 vor §§ 322–327 richten sich nach dem betreffenden ausländischen Recht. Denn sie sind prozeßrechtlich. Das gilt auch dann, wenn das ausländische Recht die Lehre von der Rechtskraft etwa dem sachlichen Recht zuweist. Man muß aber eine etwaige Rück- oder Weiterverweisung beachten, Müller ZZP **79**, 207. Jedoch gilt das nur im Rahmen von Z 4. Es gilt also zB nicht dann, wenn diese Wirkung dem Zweck eines deutschen Gesetzes zuwiderlaufen würde.

15   **B. Vollstreckungsurteil.** Ein gerichtlicher Ausspruch über die Anerkennung ergeht nur in der Form des Vollstreckungsurteils, § 722, Hamm RR **95**, 511.

16   **5) Unzuständigkeit, I Z 1**

Schrifttum: *Buchner,* Kläger- und Beklagtenschutz im Recht der internationalen Zuständigkeit usw, 1998; *Fricke,* Anerkennungszuständigkeit zwischen Spiegelbildgrundsatz und Generalklausel, 1990; *Geimer,* „Internationalpädagogik" oder wirksamer Beklagtenschutz? usw, in: Festschrift für *Nakamura* (1996); *Gottwald,* Internationale Zuständigkeit kraft „business activities" usw, Festschrift für *Geimer* (2002) 231; *Ishikawa,* Die Überprüfung der internationalen Zuständigkeit im Zivilprozeß durch die Rechtsmittelinstanz, Festschrift für *Geimer* (2002) 365; *Möllers,* Internationale Zuständigkeit bei der Durchgriffshaftung, 1987; *Pfeiffer,* Internationale Zuständigkeit und prozessuale Gerechtigkeit, 1995; *Schreiner,* Die internationale Zuständigkeit als Anerkennungsvoraussetzung nach § 328 I Nr. 1 ZPO usw, Diss Regensb 2001; *Schröder,* Die Vorschläge des Deutschen Rats zur internationalen Zuständigkeit und zur Anerkennung ausländischer Entscheidungen, in: *Beitzke,* Vorschläge und Gutachten zur Reform des deutschen internationalen Personen-, Familien- und Erbrechts (1981) 226; *Schulte-Beckhausen,* Internationale Zuständigkeit durch rügelose Einlassung im Europäischen Zivilprozeßrecht, 1994.

A. Grundsatz: Maßgeblichkeit des deutschen Rechts. Die Anerkennung muß unterbleiben, wenn die Gerichte des betreffenden Staats nach dem deutschen Recht unzuständig sind, BayObLG RR **92**, 514. Es handelt sich hier also nicht um eine Zuständigkeit im Einzelfall, sondern um die allgemeine, internationale Zuständigkeit eines Gerichts dieses Staats, Üb 6 vor § 12, KG OLGZ **76**, 39, Habscheid FamRZ **81**, 1143. Irgendein Gericht des Staats müßte in dem Urteilsstaat nach den deutschen Gesetzen zuständig sein, wenn diese dort gelten würden, Üb 7 vor § 12, BGH **141**, 289 (krit Stürner/Bormann JZ **00**, 84 abl Roth ZZP **112**, 483), BayObLG FGPrax **01**, 112, Hamm FamRZ **93**, 340. Maßgeblich ist der Zeitpunkt der Anerkennung. Das folgt schon aus dem Wort „sind" in I Z 1, Habscheid FamRZ **81**, 1143, aM BayObLG RR **92**, 514, RoSGo § 157 I 3 b (je: Zeitpunkt der Urteilsfällung im ausländischen Staat ab. Das wird aber nur der früheren Fassung „waren" gerecht, nicht der heutigen Fassung „sind". Die Zuständigkeit müßte also ohne Rücksicht darauf gegeben sein, ob nach den eigenen Gesetzen des Urteilsstaats eine Zuständigkeit gegeben war, BayObLG **80**, 55). Dabei muß man zB in den USA auf den einzelnen Bundesstaat abstellen, Sieg IPRax **96**, 80, Wazlawik IPRax **02**, 275. Die Prüfung nach I Z 1 ist auch dann erforderlich, wenn die die Zuständigkeit begründenden Tatsachen zugleich die Klageforderung inhaltlich stützen, BGH **124**, 241. Das Gericht muß die Zuständigkeitsprüfung von Amts wegen in jeder Verfahrenslage vornehmen, auch in der Revisionsinstanz, Üb 17 vor § 12, BGH NJW **99**, 1395.

Rügeloses Verhandeln vor einem ausländischen Gericht kann die internationale Zuständigkeit begründen, § 295, BGH NJW **93**, 1073. Eine Unterwerfung durch schlüssiges Verhalten setzt voraus, daß man eindeutig den Willen des Bekl erkennen kann, das Ergebnis der Verhandlung als Grundlage für die Anerkennung in weiteren Staaten hinzunehmen, BGH NJW **93**, 1073. Rügeloses Verhandeln begründet die internationale Zuständigkeit nicht selbständig, wenn der fremde Staat nach seinem eigenen Recht unabhängig davon international zuständig ist, BGH NJW **93**, 1073.

Die einmal begründete Zuständigkeit *wirkt fort,* § 261 III Z 2, KG NJW **88**, 649 (zustm Geimer). Daher steht es zB der Anerkennung eines ausländischen Scheidungsurteils nicht entgegen, wenn ein deutscher Bekl nach der Einleitung des Scheidungsverfahren seinen gewöhnlichen Aufenthalt in der Bundesrepublik nimmt, auch Rn 49. Es ist keine Mängelheilung nach § 295 möglich.

17   **B. Beispiele zur Frage einer deutschen Unzuständigkeit, I Z 1**
Aufrechnung: Wegen der ausländischen Zuständigkeit betreffend eine Aufrechnung § 145 Rn 18.
Ausschließlicher Gerichtsstand: Es darf kein ausschließlicher deutscher Gerichtsstand bestehen, BGH NJW **93**, 1271.
Beweis: Rn 18 „Nachweis".
Exorbitanter Gerichtsstand: Wegen eines sog exorbitanten Gerichtsstands zB in Arkansas Schütze JR **87**, 499, in Texas Schütze JR **87**, 405.
Feststellung: Das deutsche Gericht ist an die tatsächlichen Feststellungen des ausländischen Urteils gebunden, RoSGo § 157 I 3 b, aM BGH **124**, 245, Habscheid FamRZ **81**, 1143) aber das Anerkennungsverfahren ist gerade keine révision au fond, Rn 30).
S aber auch Rn 19 „Wahrunterstellung".
Garantieurteil: Zur Anerkennung eines französischen sog Garantieurteils Bernstein Festschrift für Ferid (1978) 88, Geimer ZZP **85**, 196.

18   **Gerichtsstandsvereinbarung:** Eine Vereinbarung des Gerichtsstands (Prorogation) genügt, soweit dieser Gerichtsstand nicht nach § 40 verboten ist, KG OLGZ **76**, 40. Eine Form ist für die Vereinbarung stets entbehrlich, BGH **59**, 23, auch für die Widerklage, BGH **59**, 116. Ob das deutsche Recht einen entsprechenden Gerichtsstand kennt, ist belanglos, wenn sich danach ein anderer Gerichtsstand ergeben würde.
S auch „Rechnung".

Titel 2. Urteil **§ 328**

Impleader: Zur Anerkennung einer amerikanischen Entscheidung auf Grund eines „Impleader" Hamm NJW **76**, 2080, Bernstein Festschrift für Ferid (1978) 91, Habscheid FamRZ **81**, 1143.
Kapitalanleger: Vgl § 32 b, Schneider BB **05**, 2256.
Nachweis: Der Nachweis der ausländischen Zuständigkeit läßt sich auch durch neu vorgebrachte Tatumstände führen.
Ordonnance de non conciliation contradictoire: Rn 19 „Trennungsunterhalt".
Prorogation: S „Gerichtsstandsvereinbarung".
Rechnung: Eine grds zulässige Gerichtsstandsvereinbarung, s dort, liegt nicht schon in der anstandslosen Entgegennahme einer Rechnung.
Rechtsweg: Die Zulässigkeit des ordentlichen Rechtswegs nach §§ 13 ff GVG fällt nicht unter I Z 1. Sie ist überhaupt eine innere Angelegenheit jedes Staates und ist darum hier nicht zu prüfen.
Scheidungsurteil: Wegen eines ausländischen Scheidungsurteils Rn 49.   19
Tatsachen: Rn 17 „Feststellung", Rn 19 „Wahrunterstellung".
Third party complaint: Vgl Mansel, in: Herausforderungen des Internationalen Zivilverfahrensrechts (1995) 63 (ausf).
Trennungsunterhalt: Zum Vorrang der Entscheidung eines Tribunal de Grande Instance über Trennungsunterhalt in einer ordonnance de non conciliation contradictoire Karlsr RR **94**, 1286.
Vermögensgerichtsstand: Dem ausländischen Gerichtsstand des Vermögens steht ein Wohnsitz im Inland nicht entgegen.
Wahrunterstellung: Das deutsche Gericht ist nicht an eine ausländische prozessuale Wahrunterstellung gebunden, etwa an eine solche nach Artt 149 ff Code de Prcédure Civile, Düss DB **73**, 1697.
S aber auch Rn 17 „Feststellung.
Warranty claim: Zur Anerkennung einer amerikanischen Entscheidung auf Grund eines „warranty claim" LG Bln DB **89**, 2120.

6) Nichteinlassung, I Z 2   20

Schrifttum: *Bajons*, Internationale Zustellung und Recht auf Verteidigung, Festschrift für *Schütze* (1999) 49; *Gottwald*, Schließt sich die „Abseitsfalle"? Rechtliches Gehör, Treu und Glauben im Prozeß und Urteilsanerkennung, Festschrift für *Schumann* (2001) 149; *Merkt*, Abwehr der Zustellung von „punitive damages"-Klagen usw, 1995.

A. Grundsatz: Verteidigungsmöglichkeit. Eine ausländische Entscheidung (also nicht nur ein Versäumnisurteil, Gottwald FamRZ **87**, 780), die einen deutschen oder ausländischen Bekl verurteilt, der sich auf den Prozeß nicht eingelassen hat und sich darauf auch beruft, läßt sich nur dann anerkennen, wenn ihm wenigstens das verfahrenseinleitende Dokument wie zB die Klage oder der Antrag und nicht nur eine bloße Schutzschrift nach Grdz 7 vor § 128 in dem betreffenden Staat oder anderswo ordnungsgemäß und überdies so rechtzeitig zugestellt worden ist, daß er sich demgemäß hätte verteidigen können, Art 103 I GG, BGH **141**, 289 (krit Stürner/Bormann JZ **00**, 81, abl Roth ZZP **112**, 483), BayObLG FamRZ **04**, 274, JM Stgt FamRZ **01**, 1380. Unerheblich ist, ob der Bekl einen deutschen oder ausländischen Rechtsnachfolger hat. Die Staatsangehörigkeit entscheidet nicht mehr. Es kommt nur noch auf die Parteistellung als Bekl im Zeitpunkt der Zustellung bzw Verteidigungsmöglichkeit an. Der Wohnsitz bleibt ebenfalls außer Betracht, Gottwald (bei Rn 20) 157. Bei anderen als natürlichen Personen ist der Sitz maßgeblich. Staatsverträge sind vorrangig, Rn 5, zB im Verhältnis zur Schweiz, KG FamRZ **82**, 382.

Z 2 ist in den Fällen des Art 55 § 1 CIM und CIV *unanwendbar*. Eine Inhaltskontrolle der ausländischen Entscheidung ist im Rahmen von Z 2 unzulässig, Habscheid FamRZ **81**, 1143.

B. Begriff der Einlassung. Der Begriff der „Einlassung" ist weit auslegbar, Geimer IPRax **85**, 6,   21
Habscheid FamRZ **81**, 1143. Hierher gehört jede anerkennende oder abwehrende Parteiprozeßhandlung, Grdz 47 vor § 128, BGH NJW **90**, 3091, BayObLG FamRZ **00**, 1170, KG NJW **88**, 650. Zur Annahme einer Einlassung genügt selbst die Behauptung der Unzuständigkeit des Gerichts, BGH **73**, 381, Hamm NJW **88**, 653, Geimer IPRax **85**, 6. Die Einlassung muß in einer beachtlichen Form geschehen, Matscher ZZP **86**, 415, also nicht durch eine deutsche Eingabe dort, wo man eine solche nicht beachten würde, JM Stgt FamRZ **90**, 1018. Sie kann auch durch einen gesetzlichen oder von der Partei gestellten Vertreter erfolgen, nicht aber durch einen ohne Wissen der Partei bestellten Abwesenheitspfleger, Hamm FamRZ **96**, 179. Eine Einlassung zur Hauptsache nach § 137 Rn 7 ist unnötig. Die Teilnahme am dänischen Separationsprozeß ist aber keine Einlassung, BayObLG FamRZ **88**, 134. Nur die Prozeßeinleitung muß dem Bekl zugestellt worden sein. Seine spätere Versäumnis ist unerheblich.

C. Berufung auf die Nichteinlassung. Die Nichteinlassung ist nur beachtlich, soweit sich der Bekl auf   22
sie spätestens im Zeitpunkt der Entscheidungsreife über die Anerkennung auch beruft, sie also geltendmacht (Einrede, Rüge), Bre FamRZ **04**, 1976. Die ausdrückliche Geltendmachung ist zwar nicht zwingend geboten, aber dringend ratsam. Das Gesamtverhalten des Bekl ist insoweit auslegbar. Dabei darf man zugunsten eines Rügeverzichts weit auslegen, Bre FamRZ **04**, 1976 (zB bei einem Antrag nach Art 7 § 1 FamRÄndG). Völliges Schweigen ist kein auch nur stillschweigendes Sichberufen, es sei denn, die Rüge wäre nach dem Recht des Urteilsstaats sinnlos gewesen, Hamm NJW **88**, 653. Z 2 entfällt nicht schon deshalb, weil der Bekl keinen nach der Verfahrensordnung des Urteilsstaates zulässigen Rechtsbehelf eingelegt hat, BGH **120**, 313 (zustm Rauscher JR **93**, 414, Schack JZ **93**, 621, krit Schütze ZZP **106**, 396).

D. Zustellung. Die Zustellung muß „ordnungsgemäß" erfolgt sein, BGH NJW **90**, 3091, BayObLG   23
FamRZ **05**, 924. Maßgeblich ist die lex fori, Einl III 74, Düss IPRax **97**, 194 (Kroatien), AG Hbg-Altona FamRZ **92**, 83, JM Stgt FamRZ **01**, 1017. Soweit danach die ZPO gilt, sind §§ 166 ff anwendbar, BayObLG FamRZ **05**, 638. Auch ein Ersatzzustellung nach § 178 ff oder eine öffentliche Zustellung nach §§ 185 ff können dann ausreichen, BayObLG FamRZ **04**, 275, ebenso eine Zustellung an einen Generalbevollmächtigten, einen gesetzlichen Vertreter, einen Prokuristen, §§ 170, 171 Rn 4, 5. Eine Zustellung „in Person" ist nicht mehr erforderlich, soweit das anwendbare Recht auch eine andere Zustellungsart ausreichen

§ 328 Buch 2. Abschnitt 1. Verfahren vor den LGen

läßt, BayObLG FamRZ **04**, 275. Eine deutsche Rechtshilfe muß nach der ZRHO erfolgt sein, Bernstein Festschrift für Ferid (1978) 80, oder durch ein deutsches Gericht, einen deutschen Konsul, einen deutschen Gesandten, nicht durch einen ausländischen Konsul oder in dessen Auftrag im Inland.
Die bloße Übersendung der Klageschrift an den deutschen Konsul ist kein Gesuch um Rechtshilfe. Wegen des Aufenthalts eines Deutschen im Drittstaat Geimer NJW **73**, 2140. § 189 ist auch bei der Klagezustellung grundsätzlich zumindest entsprechend anwendbar, (teils noch zum anderslautenden § 187 aF) BGH **65**, 291, Ffm MDR **78**, 943, Gottwald (bei Rn 20) 157, aM BGH **120**, 311 (überholt). Wegen der Verschaffung einer USA-jurisdiction durch Zustellung der „summons" Psolka VersR **75**, 405, durch Zustellung nach den „Long-Arm-Statutes". Zur Zustellung beim Strafschadensersatzfall Mörsdorf, Funktion und Dogmatik US-amerikanischer punitive damages, 1999, Zekoll/Rahlf JZ **99**, 386 (antitrust-treble-damages).

24 **E. Rechtzeitigkeit der Zustellung.** Man muß die Frage einer Rechtzeitigkeit nach den gesamten Fallumständen beurteilen, BayObLG FamRZ **05**, 924. Bei einem Widerspruch zwischen der richtigen fremdsprachlichen Ladung und der falschen deutschen Übersetzung kann man dem Bekl evtl eine Rückfrage zumuten und ihm dafür die Beweislast geben, BGH NJW **02**, 3181 (wegen §§ 184, 185 GVG, streng). Dabei kommt es auch auf die Verfahrensart an, zB darauf, ob es um einen Arrest, eine einstweilige Anordnung oder Verfügung, eine Beweissicherung ging. Die Zumutbarkeit kann gegenüber dem ausländischen Verfahren später als gegenüber einem gleichartigen deutschen eingetreten sein. 8 Tage reichen nicht aus, wenn der Bekl einen mehrseitigen fremdsprachigen Schriftsatz übersetzen lassen, einen beim ausländischen Gericht zugelassenen Anwalt ausfindig machen und ihn beauftragen und informieren mußte, Düss NJW **00**, 3290.

25 **F. Verstoß.** Ein Verstoß gegen Z 2 ist trotz des unveränderten Umstands, daß diese Vorschrift zumindest vorwiegend dem Schutz des Bekl dient, grundsätzlich heilbar, § 189, ferner § 295, BGH NJW **90**, 3091 (zustm Nagel IPRax **91**, 172). Denn die Beachtung der Nichteinlassung hängt ja von ihrer Geltendmachung ab, Rn 22. Das gilt theoretisch sogar beim Verstoß gegen Art 103 I GG. Das ergibt sich daraus, daß Z 2 letzte Satzhälfte ebenfalls von dem „sich hierauf beruft" abhängt. Diese Abhängigkeit ist freilich verfassungsrechtlich problematisch. Denn Art 103 I GG gehört zu den Kernbestandteilen des deutschen Rechts, Köln VersR **89**, 728 (zur „remise au parquet" in Belgien). Indessen liegt beim Verstoß gegen diese Vorschrift unter Umständen zugleich ein Verstoß gegen Z 4 vor. Die Zustellung einer US-Sammelklage kann wegen Verstoßes gegen das GG unzulässig sein, BVerfG NJW **03**, 2599 (krit Zekoll 2885).

26 **7) Verstoß gegen Rechtskraft, Rechtshängigkeit usw, I Z 3**
Schrifttum: *Fritze*, Doppelte Rechtshängigkeit in USA und Deutschland usw, in: Festschrift für *Vieregge* (1995). S auch § 261 Rn 6 „Ausland".
A. Abgrenzung zu I Z 4. Die Vorschrift regelt die Unvereinbarkeit des auf Anerkennung zu prüfenden Urteils mit einer früheren deutschen oder ausländischen Entscheidung, also vor allem den Verstoß gegen eine Rechtskraft sowie den Verstoß gegen eine frühere ausländische oder inländische Rechtshängigkeit, Ffm FamRZ **97**, 93. Damit ergeben sich Überschneidungen mit Z 4 erste Alternative. Denn die Verletzung der Rechtskraft zählt zu den Fundamenten des deutschen Rechts. Ob auch die Wirkungen der Rechtshängigkeit solches Gewicht haben, ist allerdings zweifelhaft. Jedenfalls erweist sich Z 3 nur teilweise als Sonderregelung gegenüber Z 4. Auch wenn letztere nicht eingreift, kann Z 3 anwendbar sein, und umgekehrt. Die Anforderungen sind bei Z 3 nicht so hoch wie bei Z 4.

27 **B. Unvereinbarkeit mit früherem Urteil.** Es kann sich um ein früheres deutsches Urteil („hier erlassen") oder um ein ausländisches Urteil handeln, Bbg FamRZ **97**, 96. Das ausländische Urteil mag bereits im Inland anerkannt oder erst noch anerkennbar sein. Jenes Anerkennungsverfahren mag schon anhängig sein oder noch nicht schweben. Im letzteren Fall muß man im jetzigen Anerkennungsverfahren mitprüfen, ob das frühere ausländische Urteil hier anerkennbar wäre. Es kann sich auch um einen richterlichen sonstigen Entscheid handeln, zB um einen Beschluß, JM Stgt FamRZ **90**, 1018. Die frühere Entscheidung muß im Ergebnis im Kernpunkt mit der jetzt zur Anerkennung anstehenden unvereinbar sein, Hamm FamRZ **01**, 1015. Eine „offensichtliche" Unvereinbarkeit ist nicht erforderlich, anders als bei Z 4 erste Alternative. Das bedeutet aber nicht, daß man sich mit einer nur vorläufigen, oberflächlichen Prüfung begnügen dürfte. Die jetzt zu prüfende Entscheidung darf nicht nur schwer vereinbar sein, sie muß eben zur Überzeugung des Gerichts unvereinbar mit der früheren sein. Dergleichen fehlt zB bei unterschiedlichen Zeiträumen, AG Gelsenkirchen FamRZ **95**, 1160.
Die äußere formelle und/oder innere materielle *Rechtskraft* Einf 1, 2 vor §§ 322–327 ist der Hauptanwendungsbereich der Z 3 erste Alternative. Er liegt nicht vor, wenn früher nur ein nicht der Rechtskraft fähiger Vergleich nach § 794 I Z 1, § 322 Rn 69 „Vergleich" ergangen war oder eine ebenfalls nicht der Rechtskraft fähige Urkunde nach § 794 I Z 5 erstellt war, Hamm FamRZ **93**, 340. Das Gesetz erfaßt aber zumindest nach seinem Wortlaut auch andere Fälle der Unvereinbarkeit der Urteile. Deshalb kann zB der Streit darüber ungeklärt bleiben, wie man das sittenwidrige oder erschleichene Urteil dogmatisch einwandfrei beseitigen kann, Einf 27 vor §§ 322–327. Auch mangels Rechtskraft kann ein solches Urteil unter Z 3 fallen.

28 **C. Unvereinbarkeit mit früheren Verfahren.** Während Rn 27 auf das Endurteil abstellt, genügt nach der zweiten Alternative der Z 3 auch schon eine Unvereinbarkeit der Verfahren. Dieser Fall kann freilich nur dann eintreten, wenn zunächst im Inland ein Verfahren rechtshängig und nicht bloß anhängig geworden war, § 261 Rn 1, Zweibr FamRZ **99**, 34, vgl freilich § 261 Rn 8, § 920 Rn 9, § 936 Rn 2 „§ 920 Gesuch". In solchem Fall mag das spätere ausländische oder deutsche Urteil eines Folgeverfahrens isoliert betrachtet einwandfrei sein. Eine Unvereinbarkeit des ihm zugrundeliegenden Verfahrens mit dem früheren deutschen kann zur Versagung der Anerkennung führen.

29 **D. Beispiele.** Die vor dem 1. 9. 86 ergangenen Entscheidungen usw sind nur nach Maßgabe der jetzigen Fassung der Z 3 verwendbar. Ein Verstoß kann etwa in folgenden Situationen vorliegen: Das ausländische Gericht hat eine inländische Rechtshängigkeit mit oder ohne deren Kenntnis übergangen, BayObLG FamRZ **83**, 501, Hamm NJW **76**, 2081. Zur ausländischen Rechtshängigkeit auch § 261 Rn 9; das Auslandsurteil ist erschlichen, namentlich als Scheidungsurteil, Rn 48, BayObLG **77**, 185. Ein Verstoß kann

Titel 2. Urteil § 328

etwa in folgenden Situationen fehlen: Nach Rechtskraft hat der später Eingebürgerte erneut Scheidungsklage erhoben; es liegt keine Rechtskrafterstreckung vor, § 325; das Urteil ist auf gemeinsamen Antrag beider Parteien ergangen.

8) Verstoß gegen öffentliche Ordnung, I Z 4 30
Schrifttum: *Basedow,* Die Verselbständigung des europäischen ordre public, Festschrift für *Sonnenberger* (2004) 291; *Baumert,* Europäischer ordre public und Sonderanknüpfung zur Durchsetzung von EG-Recht, 1994; *Brockmeier,* Punitive damages, multiple damages und deutscher ordre public, 1999; *Bruns* JZ 99, 274 (Üb. auch rechtspolitisch); *Föhlisch,* Der gemeineuropäische Ordre Public, 1997; *Herrmann,* Die Anerkennung US-amerikanischer Urteile in Deutschland unter Berücksichtigung des ordre public usw, 2000; *Jung,* Der Grundsatz des fair trial in rechtsvergleichender Sicht, Festschrift für *Lüke* (1997) 323; *Koch,* Unvereinbare Entscheidungen im Sinn des Art 27 Nr 3 und 5 EuGVÜ und ihre Vermeidung, Diss Hbg 1993; *Kropholler,* Internationales Privatrecht, 3. Aufl 1997, § 36; *Lorenz,* Renvoi und ausländischer ordre public, Festschrift für *Geimer* (2002) 555; *Martiny,* Die Zukunft des europäischen ordre public im Internationalen Privat- und Zivilverfahrensrecht, Festschrift für *Sonnenberger* (2004) 523; *Marx,* Der verfahrensrechtliche ordre public bei der Anerkennung und Vollstreckung ausländischer Schiedssprüche in Deutschland, 1994; *Schütze,* Überlegungen zur Anerkennung und Vollstreckbarerklärung US-amerikanischer Zivilurteile in Deutschland, Festschrift für *Geimer* (2002) 1025; *Schwark,* Ordre public und Wandel grundlegender Wertvorstellungen usw, Festschrift für *Sandrock* (2000) 881; *Stürner,* Anerkennungsrechtlicher und europäischer Ordre Public als Schranke der Vollstreckbarerklärung – der Bundesgerichtshof und die Staatlichkeit in der Europäischen Union, Festgabe *50 Jahre Bundesgerichtshof* (2000) III 677; *Völker,* Zur Dogmatik des ordre public usw, 1998.

A. Anwendungsbereich. Die Vorschrift erfaßt einerseits den Verstoß gegen sachliches Recht, andererseits und insofern in Ergänzung zu Z 3 grundlegende Verstöße gegen Verfahrensrecht, BayObLG 99, 213. Die Fassung entspricht im wesentlichen dem mit „Öffentliche Ordnung (ordre public)" überschriebenen Art 6 EGBGB. Sie geht über die Bereiche der Sittenwidrigkeit und des Verstoßes gegen den Gesetzeszweck hinaus, die sie mitumfaßt. Zur Unterscheidung zwischen dem ordre public interne und ordre public international BGH NJW 86, 3029, von Winterfeld NJW 87, 3059, aM Kornblum NJW 87, 1105. Eine sachlichrechtliche Nachprüfung über die in Z 4 genannten Verstöße hinaus ist unstatthaft, § 723 Rn 3 (Verbot der sog révision au fond). Das gilt auch bei einer Versäumnisentscheidung, BGH NJW 80, 531. Ein Verstoß gegen Z 4 läßt sich nicht durch solche neuen Angriffs- oder Verteidigungsmittel feststellen, die dem ausländischen Richter noch nicht vorgelegen hatten.

B. Wesentlicher deutscher Rechtsgrundsatz. Wie das Wort „insbesondere" zeigt, ist der Begriff der 31 wesentlichen Grundsätze des deutschen Rechts sogar gegenüber dem Grundrechtsbegriff umfassender. Es muß sich um die Grundlagen des deutschen staatlichen, rechtlichen und in diesem Zusammenhang wirtschaftlichen Lebens handeln, BayObLG FGPrax 00, 112, um die *Grundwerte der deutschen Rechtsordnung,* BGH NJW 85, 2314, Gottwald FamRZ 91, 581, Habscheid FamRZ 81, 1144. Anders ausgedrückt: Es muß sich um die das deutsche Recht tragenden Gedanken, seine Fundamente und Grundprinzipien handeln, BGH VersR 92, 1284.

Nicht hierzu zählen Regeln, die sich derzeit als „Grundsätze" entwickelt haben, ohne über den Gegensatz zur „Ausnahme" hinaus zu eben fundamentalen Säulen des Rechts geworden zu sein, mögen sie auch einer noch so herrschenden Meinung nach Einl III 47 entsprechen. Nicht hierher zählen daher viele sachlich- oder verfahrensrechtliche noch so deutliche Abweichungen des ausländischen vom deutschen Recht, BGH FamRZ 86, 667, BayObLG 99, 214, Hamm FamRZ 93, 438. Immerhin soll Z 4 die Anerkennung ja nicht grundsätzlich erschweren, sondern eben an einer wirklich unerträglichen Rechtsabweichung scheitern lassen, BGH NJW 90, 2198. Vgl freilich auch Rn 1.

C. Maßgeblicher Zeitpunkt. Wie das Wort „Ergebnis" in Z 4 zeigt, kommt es nicht auf den Zeitpunkt 32 des Erlasses der ausländischen Entscheidung an, sondern auf denjenigen der Anerkennung, BGH NJW 80, 531. Änderungen der beiderseitigen Rechtsentwicklung in der Zwischenzeit können die Anerkennung erleichtern oder erschweren.

D. Grundrechte. Gemeint sind nur die als Grundrechte überschriebenen Artt 1–19 GG, BGH MDR 33 94, 40, AG Hbg-Altona FamRZ 92, 83. Der Anspruch auf rechtliches Gehör nach Art 103 I GG, den das BVerfG dogmatisch etwas problematisch als „Prozeßgrundrecht" bezeichnet, Einl III 16, sollte nicht hierher gehören, sondern zu Rn 31, aM AG Hbg-Altona FamRZ 92, 83 (weder-noch). Ebensowenig zählt bisher eine sonstige Verfassungsnorm, BGH MDR 94, 40.

E. Unvereinbarkeit. Die Anerkennung scheitert erst dann, wenn die ausländische Entscheidung nach 34 Rn 32 im Ergebnis bei Anwendung des deutschen Rechts mit eben diesem deutschen Recht unvereinbar ist, Kblz RR 93, 71. Diese Unvereinbarkeit darf also nicht nur gegenüber irgendwelchen Verfahrensabschnitten oder gar Einzelmaßnahmen und Zwischenentscheidungen vorliegen. Sie muß sich aus der Endentscheidung ergeben, mag diese auch zB als Versäumnisurteil ergangen sein. Es muß eine solche Abweichung von den deutschen Prinzipien vorliegen, daß nach deutscher Bewertung kein geordnetes rechtsstaatliches Verfahren mehr vorliegt, BGH VersR 92, 1284, BayObLG 99, 214. Dabei verlangt Z 4 beim Verstoß gegen ein Grundrecht sprachlich nur eine „Unvereinbarkeit", beim übrigen Verstoß eine „offensichtliche". Gemeint ist stets eine unbezweifelbare, auf der Hand liegende, offensichtliche, unverkennbare Unvereinbarkeit, BGH VersR 92, 1284, Düss VersR 91, 1162. Sie liegt natürlich beim Grundrechtsverstoß schon begrifflich vor.

F. Beispiele zur Frage eines Verstoßes gegen den ordre public. Die zum Recht vor dem 1. 9. 86 35 ergangenen Entscheidungen usw sind nur nach Maßgabe der jetzigen Fassung der Z 4 verwendbar, LAG Kiel DB 89, 1828.

Abstammung: Ein Verstoß gegen den deutschen ordre public kann erheblich sein, BGH NJW 97, 2054. Er kann vorliegen, wenn das ausländische Gericht die Vaterschaftsfeststellungsklage unabhängig von der wirklichen Abstammungslage schon deshalb abgewiesen hat, weil ein eheähnliches Zusammenleben der Kindesmutter mit dem Bekl nicht bewiesen war, Oldb FamRZ 93, 1486, oder wenn das ausländische

Gericht den Einwand des Mehrverkehrs und der Zeugungsunfähigkeit nicht berücksichtigt hat, AG Würzb FamRZ **94**, 1596, oder wenn eine Urteilserschleichung vorliegt, BSG FamRZ **97**, 1010 (Türkei; nicht schon beim Fehlen eines Gutachtens).

Ein Verstoß kann *fehlen*, wenn im ausländischen Statusverfahren das Gericht zwar die Mutter angehört, nicht aber ein Gutachten eingeholt hat, BGH FamRZ **86**, 667, Hamm FamRZ **04**, 720, oder wenn das ausländische Gericht nach Blutgruppen- und erbbiologischen Gutachten die Kindesmutter nicht vernommen hat, Düss FER **98**, 282.

Amtsermittlung: Ein Verstoß gegen den deutschen ordre public kann vorliegen, wenn die Entscheidung den Amtsermittlungsgrundsatz nach Grdz 38 vor § 128 nicht beachtet hat, BGH FamRZ **97**, 490, LAG Kiel DB **89**, 1828.

Anwaltszwang: Ein Verstoß gegen den deutschen ordre public kann *fehlen*, wenn es vor dem ausländischen Gericht in Abweichung vom deutschen Verfahrensrecht keinen Anwaltszwang gegeben hat, BayObLG NJW **74**, 418.

Antitrust-treble-damages: Rn 44 „Strafschadensersatz".

Ausforschung: Ein Verstoß gegen den deutschen ordre public kann *fehlen*, wenn die bloße Möglichkeit einer nach deutschem Recht unzulässigen Ausforschung besteht, Einf 27 vor § 284, BGH VersR **92**, 1285, aM LG Bln DB **89**, 2120 (aber die Anforderungen sind weit höher, Rn 31).

36 **Beweissicherung:** Rn 41 „Pre-trial-discovery".

Börsentermingeschäft: Ein Verstoß gegen den deutschen ordre public kann vorliegen, wenn das Urteil gegen Regeln zum Börsentermingeschäft verstoßen hat, BGH NJW **75**, 1600.

S auch „Devisenrecht".

Class action-Urteil: Es kann grds *anerkennungsfähig* sein, Heß JZ **00**, 381 (auch zu den oft komplizierten Einzelfallfragen). Ein Verstoß gegen den deutschen ordre public kann vorliegen, Mann NJW **94**, 1189.

Contempt of court: Ein Verstoß gegen den deutschen ordre public kann *fehlen*, wenn ein englisches Gericht eine Partei wegen contempt of court ausgeschlossen hat, BGH **48**, 327, Roth ZZP **69**, 152.

Devisenrecht: Ein Verstoß gegen den deutschen ordre public kann vorliegen, wenn das Urteil gegen tragende Grundsätze des deutschen Devisenrechts verstößt, Stürner/Münch JZ **87**, 180.

S auch „Börsentermingeschäft", Rn 39 „Grundlegende Unterschiede".

37 **Eherecht:** S „Eheschließung", „Eheschuldstrafe", Rn 38 „Erschleichung", Rn 43 „Scheidung", Rn 45 „Zerrüttung".

Eheschließung: Ein Verstoß gegen den deutschen ordre public kann *fehlen*, wenn zB in den USA eine Ehe formlos geschlossen, aber dort anerkannt worden ist, vgl freilich Rn 49, oder wenn das ausländische Gericht eine Doppelehe ausnahmsweise für gültig hielt und auflöste, BayObLG **93**, 224.

Eheschuldstrafe: Ein Verstoß gegen den deutschen ordre public kann vorliegen, wenn es um eine schweizerische Eheschuldstrafe geht, Rn 39 „Grundlegende Unterschiede".

Entscheidungsgründe: Ein Verstoß gegen den deutschen ordre public kann vorliegen, wenn das Urteil keine Entscheidungsgründe für einen dem ordre public wahrscheinlich widersprechenden Tenor enthält, § 313a II Z 4, LG Bln DB **89**, 2120.

Erfolgshonorar: Ein Verstoß gegen den deutschen ordre public kann vorliegen, wenn es um ein ausländisches Erfolgshonorar geht, BGH VersR **92**, 1287, Heß NJW **99**, 2486.

38 **Erschleichung:** Ein Verstoß gegen den deutschen ordre public kann vorliegen, wenn das Urteil erschlichen worden ist, Einl III 54, zB als Scheidungsurteil, BayObLG **99**, 214, Kblz FamRZ **91**, 460. Betrug zählt hierher, BGH NJW **01**, 373 (zum ausländischen Schiedsspruch, Rn 9).

Europarecht: Stürner (bei Rn 30) 696 empfiehlt vier Prüfstufen: 1. nationaler ordre public; 2. Vereinbarkeit mit EU-Recht; 3. Vereinbarkeit abweichenden Rechts des Urteilsstaats mit Gemeinschaftsrecht; 4. Übereinstimmung der anzuerkennenden Entscheidung mit dem EU-konformen Recht des Urteilsstaats (kein „Ausreißer"). Wegen der bevorstehenden weitgehenden Begrenzung des ordre public durch eine VO (EG) zur Einführung eines europäischen Vollstreckungstitels für unbestrittene Forderungen Einl III 79, Stadler IPRax **04**, 2 (ausf).

Gerichtsstand: Ein Verstoß gegen den deutschen ordre public kann *fehlen*, wenn der deutsche Geschädigte bei der Ausübung der zulässigen Wahl des Gerichtsstands über den ausländischen mehr erhalten hat, als im deutschen möglich gewesen wäre, BGH **88**, 25.

39 **Grundlegende Unterschiede:** Ein Verstoß gegen den deutschen ordre public kann vorliegen, wenn das im Urteil angewandte ausländische Recht vom entsprechenden deutschen staatspolitisch oder sozial grundlegend verschieden ist, wenn es also gegen deutsche Grundwerte verstößt, BGH VersR **92**, 1284, Gottwald FamRZ **91**, 581, Habscheid FamRZ **81**, 1144.

S aber auch Rn 45 „Zwingendes Recht".

Grundgesetz: Rn 33.

40 **Haftungsfolge:** Ein Verstoß gegen den deutschen ordre public kann vorliegen, wenn das Urteil eine mit dem deutschen Recht ganz unvereinbare Haftungsfolge enthält, BGH **88**, 25.

S auch Rn 39 „Grundlegende Unterschiede", Rn 44 „Strafschadensersatz".

Heilungskosten: Ein Verstoß gegen den deutschen ordre public kann *fehlen*, wenn das Urteil zu einem nach dem ausländischen Recht möglichen Ersatz von Heilungskosten unabhängig davon verurteilt, ob sich der Verletzte behandeln lassen will, BGH VersR **92**, 1286.

Herstellerhaftung: Rn 41 „Produkthaftung".

Index: Rn 44 „Unterhalt".

Insolvenz: Rn 42 „Restschuldbefreiung".

Multiple damages: Rn 44 „Strafschadensersatz".

41 **Ordnungswidriger Zustand:** Ein Verstoß gegen den deutschen ordre public kann ausnahmsweise schon dann vorliegen, wenn das Urteil einen ordnungswidrigen Zustand oder eine Ordnungswidrigkeit verlangt. Freilich ist insofern Zurückhaltung geboten. Denn dergleichen stellt kaum einen Verstoß gegen deutsche rechtliche Grundwerte dar.

Titel 2. Urteil **§ 328**

Personalstatut: Ein Verstoß gegen den deutschen ordre public kann vorliegen, wenn es um eine Abweichung des ausländischen Urteils von Art 5 I 2 EGBGB geht, BGH VersR **92**, 1286.

Persönliches Erscheinen: Ein Verstoß gegen den deutschen ordre public liegt vor, wenn der beim Gericht grds zugelassene bzw postulationsfähige erschienene Prozeßvertreter nur deshalb nicht zum Vortrag zugelassen worden war, weil die Partei nicht persönlich erschienen war, BGH **144**, 392.

Pre-trial-discovery, dazu *Eschenfelder,* Beweiserhebung im Ausland und ihre Verwertung im inländischen Zivilprozess (ua zum US-amerikanischen discovery-Verfahren), 2002; *Lorenz* ZZP **111**, 35 (Üb): Ein Verstoß gegen den deutschen ordre public kann *fehlen,* wenn es um das amerikanische „pre-trial-discovery"-Verfahren geht, BGH VersR **92**, 1285, Düss VersR **91**, 1162, aM LG Bln DB **89**, 2120 (aber es gibt doch gewisse Ähnlichkeit zu §§ 485 ff).

Produkthaftung: Ein Verstoß gegen den deutschen ordre public kann vorliegen, wenn das Urteil schon aus der bloßen Tatsache eines Schadenseintritts eine Herstellerhaftung abgeleitet hat, LG Bln DB **89**, 2120 (zum alten Recht; vgl jetzt Anh § 286 Rn 145).

Punitive damages: Rn 44 „Strafschadensersatz".

Rechtliches Gehör: Ein Verstoß gegen den deutschen ordre public kann vorliegen, wenn das Urteil gegen das Gebot des rechtlichen Gehörs nach Art 103 I GG verstoßen hat, BGH BB **00**, 1808, Ffm IPRax **96**, 38, Hamm FamRZ **96**, 179. **42**

Rechtsanwendung: Ein Verstoß gegen den deutschen ordre public kann *fehlen,* wenn das ausländische Gericht sein Recht nicht richtig erkannt bzw angewendet oder fortentwickelt hat (Ausnahme Rechtsbeugung), Stgt FamRZ **73**, 39, Habscheid FamRZ **81**, 1144.

Rechtsbeugung: Ein Verstoß gegen den deutschen ordre public dürfte stets dann vorliegen, wenn das Urteil auf einer Rechtsbeugung beruht. S aber auch „Rechtsanwendung".

Rechtshängigkeit: Ein Verstoß gegen den deutschen ordre public kann vorliegen, wenn das deutsche Verfahren eine ausländische Rechtshängigkeit nicht beachtet hat, Hamm FamRZ **98**, 303, selbst wenn das ausländische Gericht dies alles nicht kannte, Hamm FamRZ **93**, 190.

Rechtskraft: Rn 26.

Rechtsmißbrauch: Er ist auch hier verboten, BayObLG FamRZ **02**, 1638.

Rechtsmittel: Ein Verstoß gegen den deutschen ordre public *fehlt,* wenn er bereits im Urteilsstaat durch den Rechtsmittel beseitigt worden ist, Geimer NJW **73**, 2139, oder wenn man hätte Rechtsmittel einlegen können, KG FamRZ **04**, 277.

Rechtsstaat: Ein Verstoß gegen den deutschen ordre public kann vorliegen, wenn das Urteil nicht in einem geordneten rechtsstaatlichen Verfahren ergangen ist, BGH VersR **92**, 1284, BayObLG FamRZ **83**, 501, Düss FamRZ **82**, 535.

Rechtswahl: Ein Verstoß gegen den deutschen ordre public *fehlt,* soweit niederländische Schutzvorschriften betr die Zuständigkeit abbedungen sind, Köln VersR **98**, 736.

Restschuldbefreiung: S (jetzt) §§ 286 ff InsO.

Schadensersatz: Zur Problematik amerikanischer Schadensersatzurteile exzessiver Höhe Stiefel/Stürner VersR **87**, 829. **43**

S auch Rn 39 „Grundlegende Unterschiede".

Scheidung: Ein Verstoß gegen den deutschen ordre public läßt sich nur von Fall zu Fall klären, soweit es um das Verstoßungsrecht des Mannes nach dem iranischen Scheidungsrecht geht, KG RR **94**, 199. Ein Verstoß gegen den deutschen ordre public kann vorliegen, wenn das ausländische Gericht dem Antragsgegner keine Kenntnis von dem dortigen Verfahren gegeben hat, AG Weilburg RR **99**, 1382, oder wenn auf die Eheleute Druck zwecks Scheidung ausgeübt worden ist, BayObLG FGPrax **01**, 112 (im dortigen Fall verneint).

Ein derartiger Verstoß dürfte in folgenden Fällen *fehlen*: Das ausländische Recht kennt keine Scheidung; ein tschechisches Gericht hat evtl einen falschen Trennungszeitpunkt zugrunde gelegt, BayObLG FamRZ **93**, 1469; ein italienisches Gericht hat vor dem Ablauf der Trennungszeit geschieden, BayObLG **92**, 118.

Schiedsvereinbarung: § 1059 II Z 2 b.

Schmerzensgeld: Ein Verstoß gegen den deutschen ordre public kann *fehlen,* wenn das Urteil zu einem so dem deutschen Recht nicht möglichen Ersatz immateriellen Schadens verpflichtet, LG Heilbr IPRax **91**, 262.

Selbständiges Beweisverfahren: Rn 41 „Pre-trial-discovery".

Spielschuld: Ein Verstoß gegen den deutschen ordre public kann vorliegen, wenn die Entscheidung eine Verurteilung zur Zahlung einer Spielschuld ausspricht, § 762 BGB, BGH NJW **75**, 1600.

Staatsimmunität: Ein Verstoß gegen den deutschen ordre public kann bei einem Auslandsurteil gegen Deutschland auf dessen Haftung wegen Kriegsverbrechen vorliegen, BGH **155**, 282 (zustm Geimer LMK **03**, 215).

Statusverfahren: Rn 35 „Abstammung".

Strafschadensersatz, dazu *Brockmeier* (bei Rn 30); *Merkt,* Abwehr der Zustellung von „punitive damages"-Klagen usw, 1995; *Mörsdorf-Schulte,* Funktion und Dogmatik US-amerikanischer punitive damages usw, 1999; *Müller,* Punitive Damages und deutsches Schadensersatzrecht, 2000; *Nodoushani* VersR **05**, 1313; *Rosengarten,* Punitive damages und ihre Anerkennung und Vollstreckung in der Bundesrepublik Deutschland, 1994; *Triadafillidis* IPRax **02**, 236 (ausf): Ein Verstoß gegen den deutschen ordre public kann vorliegen, wenn es um einen amerikanischen Strafschadensersatz („punitive damages") geht, BGH VersR **92**, 1287, Mü NJW **92**, 3113, großzügiger Rosengarten NJW **96**, 1938. Das ist ein weiterer Geldbetrag zusätzlich zum rein ausgleichenden Schadensersatz, soweit ein absichtliches, bösartiges, rücksichtsloses, rohes Fehlverhalten vorliegt, BGH RR **00**, 1373. Es geht neben dem Ersatz auch um die Verbindung eines Racheakts, BGH RR **00**, 1373. Evtl soll schon die Zustellung der Klage in Deutschland verfassungswidrig sein, BVerfG **91**, 339 (mit Recht krit Juenger/Reimann NJW **94**, 3275), Zekoll/Rahlf JZ **99**, 387 (antitrust-treble-damages), aM KG OLGZ **94**, 587. Im übrigen kann aber die Anerkennung nach Z 4 möglich bleiben, Zekoll/Rahlf JZ **99**, 394. **44**

S auch Rn 40 „Haftungsfolge".

Treu und Glauben: Rn 38 „Erschleichung".
Unerlaubte Handlung: Ein Verstoß gegen den deutschen ordre public kann vorliegen, wenn es um eine Abweichung des ausländischen Urteils von Art 38 EGBGB geht, BGH VersR **92**, 1286.
Unterhalt: Ein Verstoß gegen den deutschen ordre public kann vorliegen, wenn es um einen sog indizierten ausländischen Unterhaltstitel geht, Stürner/Münch JZ **87**, 180, oder wenn ein auch nur teilweiser Unterhaltsverzicht für die Zukunft vorliegt, Nürnb FamRZ **96**, 353 (ziemlich streng, denn im deutschen Scheidungsrecht ist dergleichen keineswegs ganz unzulässig), oder wenn eine ausländische Wartefrist die zum Verdienst unfähige Partei getroffen hat, Zweibr FamRZ **97**, 94.

Ein Verstoß kann *fehlen*, wenn ein englisches Gericht einen Stiefvater zur Unterhaltsleistung verurteilt hat, aM LG Düss FamRZ **91**, 581 (nur wegen § 39 II AVAG, im Ergebnis eher zustm Gottwald. Aber eine Haftung in einem erweiterten Familienverband ist nicht von vornherein ausschließbar).

S auch Rn 36 „Devisenrecht".
Untersuchungsgrundsatz: Rn 35 „Amtsermittlung".
Unzulässige Rechtsausübung: Rn 42 „Rechtsmißbrauch".
Vaterschaft: Rn 35 „Abstammung".
45 **Verhältnismäßigkeit:** Ein Verstoß gegen den deutschen ordre public kann vorliegen, wenn das Urteil auf einem Verstoß gegen das Gebot der Verhältnismäßigkeit der Mittel zum angestrebten Zweck beruht, LG Heilbr IPRax **91**, 262.
Wettschuld: Vgl Rn 43 „Spielschuld".
Zerrüttung: Ein Verstoß gegen den deutschen ordre public kann *fehlen*, wenn eine Scheidung schon wegen unheilbarer Zerrüttung erfolgt ist, Ffm NJW **89**, 672, Stgt FamRZ **73**, 39.
Zwingendes Recht: Ein Verstoß gegen den deutschen ordre public kann *fehlen*, wenn der ausländische Richter von zwingenden, aber nicht die deutsche Rechtsordnung geradezu tragenden Verfahrensregeln abgewichen ist. Dann kann freilich Z 3 vorliegen, BGH RR **91**, 1213, KG NJW **77**, 1017, LG Hbg FamRZ **93**, 1072.

S aber auch Rn 39 „Grundlegende Unterschiede".

46 **9) Fehlen der Gegenseitigkeit, I Z 5**

Schrifttum: *Doser*, Gegenseitigkeit und Anerkennung ausländischer Entscheidungen (§ 328 Abs. 1 Nr. 5 ZPO) usw, 1999; *Schütze*, Überlegungen zur Anerkennung und Vollstreckbarerklärung US-amerikanischer Zivilurteile in Deutschland usw, Festschrift für *Geimer* (2002) 1025.

A. Grundsatz: Weite Auslegung der Gegenseitigkeit. Ein ausländisches Urteil läßt sich nicht anerkennen, soweit die Gegenseitigkeit nicht verbürgt ist (Teilbarkeit, Rn 2). Das deutsche Gericht darf die Gegenseitigkeit aber nur dann prüfen, wenn nicht Staatsverträge eingreifen, Rn 5. Z 5 hat neben den anderen Versagungsgründen eine selbständige Bedeutung. Wenn die Gegenseitigkeit nicht verbürgt ist, so erfolgt selbst dann keine Anerkennung, wenn nach dem deutschen Internationalen Privatrecht dasjenige Recht anwendbar ist, dem das ausländische Gericht angehört, um dessen Urteil es sich handelt. Gemeint ist die sachliche Gegenseitigkeit, § 110 Rn 13: Die Prozeßlage darf im ausländischen Staat für Deutsche nicht ausnahmslos schlechter sein als umgekehrt, BGH **53**, 334 (abl Geimer NJW **70**, 2163, Schütze NJW **73**, 2144), insbesondere im Hinblick auf die Vollstreckbarkeit, BGH **59**, 121.

Jedoch darf man keinen formalen und kleinlichen Maßstab anlegen. Vielmehr ist eine differenzierende und *großzügige Auffassung* des Begriffs der Gegenseitigkeit geboten, BGH **52**, 256. Eine völlige Übereinstimmung des Anerkennungsrechts kann man ohnehin nicht verlangen. Man kann nur bei einer Gesamtwürdigung im wesentlichen gleichwertige Bedingungen für die Vollstreckbarkeit fordern, BGH NJW **01**, 524, Köln FamRZ **95**, 307, Saarbr IPRax **01**, 456. Dabei muß man insbesondere darauf achten, welches Gewicht die einzelne Rechtsungleichheit in der Anerkennungspraxis hat. Die Vorschrift ist verfassungsgemäß, BVerfG **30**, 409. Wer die Anerkennung im Inland erstrebt, muß die Verbürgung der Gegenseitigkeit beweisen, BGH MDR **99**, 1084.

47 **B. Einzelheiten.** Die Gegenseitigkeit läßt sich also nur dann verneinen, wenn nennenswerte Erschwerungen vorliegen. Das kann zB bei einem ausländischen Jurisdiktionsprivileg vorliegen, BGH **53**, 334. Die Gegenseitigkeit ist trotzdem vorhanden, falls sich die ausländische Partei bei einer umgekehrten Rolle nicht auf ihr Jurisdiktionsprivileg berufen könnte, zB wegen eines Verzichts oder einer rügelosen Einlassung, BGH **59**, 123 (betr Frankreich). Man muß eine Gegenseitigkeit verneinen: Bei einer unbeschränkten sachlichen Nachprüfung, révision au fond, irgendwelcher Art (sie ist in Frankreich entfallen, BGH **59**, 123); wenn das ausländische Gericht die sachliche Zuständigkeit nachprüft, da darin eine Nachprüfung der Entscheidung liegt. Etwas anderes gilt daher, wenn es sich um eine bloße Formalität von besonderer Bedeutung handelt. Grundsätzlich wird kein Unterschied zwischen einer zusprechenden und einer abweisenden Entscheidung gemacht, Schütze NJW **73**, 2145. Es kommt trotz der Berücksichtigung der Einzelumstände wesentlich auf die grundsätzliche Anerkennung eines gleichartigen inländischen Urteils an.

Die *praktische Handhabung* entscheidet. Wenn keine Praxis besteht, dann kommt es auf das Anerkennungsrecht des Urteilsstaats an, LG Mü JZ **76**, 610. Die Verbürgung der Gegenseitigkeit ist trotz § 561 in der Revisionsinstanz nachprüfbar. Denn diese Frage betrifft nicht den Tatbestand des Einzelfalls, § 549 Rn 6. Die Frage, was das fremde Recht bestimmt, ist nur eine Vorfrage der Verbürgungsfrage. Für die Prüfung, ob die Gegenseitigkeit verbürgt ist, ist der Zeitpunkt der Anerkennung maßgeblich, aM Schütze DB **77**, 2129 (aber das ist der einfachste, vernünftigste Anknüpfungszeitpunkt). Vgl die Übersicht über die Gegenseitigkeit in Anh § 328. Zur Vollstreckbarkeit von Entscheidungen, die in einem Vertragsstaat anerkannt sind, Rn 11, 12.

48 **10) Nichtvermögensrechtlicher Anspruch: Maßgeblichkeit des inländischen Rechts, II**

Schrifttum: *Arnold/Haecker*, Die Befreiung von der Beibringung des Ehefähigkeitszeugnisses und die Anerkennung ausländischer Entscheidungen in Ehesachen, 1985; *Basedow*, Die Anerkennung von Auslandsscheidungen, 1980; *Haecker*, Die Anerkennung ausländischer Entscheidungen in Ehesachen, 2. Aufl 2000; *Hausmann*, Die kollisionsrechtlichen Schranken der Gestaltungskraft von Scheidungs-Urteilen, 1980; *Helms*

Titel 2. Urteil § 328

FamRZ **01**, 257 (Üb); *Lüderitz,* „Talâq" vor deutschen Gerichten, Bestandsaufnahme, Festschrift für *Baumgärtel* (1990) 333; *Schwenn,* Anerkennung ausländischer Eheurteile, in: Beitzke, Vorschläge und Gutachten zur Reform des deutschen Personen-, Familien- und Erbrechts (1981) 134.

Wenn ein Urteil einen nichtvermögensrechtlichen Anspruch nach Üb 11 vor § 1 betrifft, dann muß man es trotz Z 5 anerkennen, wenn nach dem inländischen Recht ein inländischer Gerichtsstand fehlte, vgl auch § 40 II, oder wenn es sich um eine Kindschaftssache handelt, § 640. Der Haupt-Streitgegenstand entscheidet, die Kostenentscheidung folgt. Wenn die Gegenseitigkeit fehlt, könnte theoretisch ein Vergeltungsrecht anwendbar sein, § 24 EG ZPO. Bisher gibt es dergleichen allerdings nicht.

11) Sonderregeln bei Ehe- oder Lebenspartnerschaftssache, II. In einer Ehesache, nicht aber der **49** früheren sog interlokalen, Vorbem. ist § 328 Z 1–4 keineswegs völlig unbeachtlich, sondern bleibt in zweiter Linie unverändert beachtlich, Bbg FER **00**, 160, BayObLG FamRZ **90**, 650. Das gilt auch in einer Lebenspartnerschaftssache nach § 661 I Z 1, 2 (Aufhebung, Feststellung des Bestehens oder Nichtbestehens), Andrae/Heidrich FamRZ **04**, 1624, Hausmann Festschrift für Henrich (2000) 265, aM Wagner IPRax **01**, 288, ZöGei 234 (aber die Lebenspartnerschaft steht der Ehe zunehmend gesetzlich gleich). Freilich muß man bei einer Ehesache zunächst klären, ob bereits eine Anerkennung seit 1. 3. 05 nach Art 21 I der weiteren EheGVVO vom 27. 11. 03 stattfinden kann, in § 606a Anh I abgedruckt und kommentiert. In einem danach verbleibenden Fall muß man sodann zunächst eine etwaige weitere zwischenstaatliche Regelung prüfen, BGH NJW **90**, 3091.

Bei ihrem Fehlen gilt *Art 7 § 1 FamRÄndG* als eine innerstaatlich dann vor § 328 zu prüfende und insofern vorrangige zwingende Sonderregelung, BGH NJW **83**, 515, Bbg FER **00**, 160, Andrae/Heidrich FamRZ **04**, 1623.

Die Vorschrift ist *mit dem GG vereinbar,* BGH **82**, 40, KG FamRZ **82**, 382, Andrae/Heidrich FamRZ **04**, **50** 1627.

Die Vorschrift setzt *keine* Verbürgung der *Gegenseitigkeit* voraus, BGH NJW **90**, 3091. **51**

FamRÄndG Art 7 § 1. Anerkennung ausländischer Entscheidungen in Ehesachen. [I] [1] Entscheidungen, durch die im Ausland eine Ehe für nichtig erklärt, aufgehoben, dem Bande nach oder unter Aufrechterhaltung des Ehebandes geschieden oder durch die das Bestehen oder Nichtbestehen einer Ehe zwischen den Parteien festgestellt ist, werden nur anerkannt, wenn die Landesjustizverwaltung festgestellt hat, daß die Voraussetzungen für die Anerkennung vorliegen. [2] Die Verbürgung der Gegenseitigkeit ist nicht Voraussetzung für die Anerkennung. [3] Hat ein Gericht oder eine Behörde des Staates entschieden, dem beide Ehegatten zur Zeit der Entscheidung angehört haben, so hängt die Anerkennung nicht von einer Feststellung der Landesjustizverwaltung ab.

[II] [1] Zuständig ist die Justizverwaltung des Landes, in dem ein Ehegatte seinen gewöhnlichen Aufenthalt hat. [2] Hat keiner der Ehegatten seinen gewöhnlichen Aufenthalt im Inland, so ist die Justizverwaltung des Landes zuständig, in dem eine neue Ehe geschlossen werden soll; die Justizverwaltung kann den Nachweis verlangen, daß die Eheschließung angemeldet ist. [3] Soweit eine Zuständigkeit nicht gegeben ist, ist die Justizverwaltung des Landes Berlin zuständig.

[IIa] [1] Die Landesregierungen können die den Landesjustizverwaltungen nach diesem Gesetz zustehenden Befugnisse durch Rechtsverordnung auf einen oder mehrere Präsidenten des Oberlandesgerichts übertragen. [2] Die Landesregierungen können die Ermächtigung auf die Landesjustizverwaltungen übertragen.

[III] [1] Die Entscheidung ergeht auf Antrag. [2] Den Antrag kann stellen, wer ein rechtliches Interesse an der Anerkennung glaubhaft macht.

[IV] Lehnt die Landesjustizverwaltung den Antrag ab, so kann der Antragsteller die Entscheidung des Oberlandesgerichts beantragen.

[V] [1] Stellt die Landesjustizverwaltung fest, daß die Voraussetzungen für die Anerkennung vorliegen, so kann ein Ehegatte, der den Antrag nicht gestellt hat, die Entscheidung des Oberlandesgerichts beantragen. [2] Die Entscheidung der Landesjustizverwaltung wird mit der Bekanntmachung an den Antragsteller wirksam. [3] Die Landesjustizverwaltung kann jedoch in ihrer Entscheidung bestimmen, daß die Entscheidung erst nach Ablauf einer von ihr bestimmten Frist wirksam wird.

[VI] [1] Das Oberlandesgericht entscheidet im Verfahren der freiwilligen Gerichtsbarkeit. [2] Zuständig ist das Oberlandesgericht, in dessen Bezirk die Landesjustizverwaltung ihren Sitz hat. [3] Der Antrag auf gerichtliche Entscheidung hat keine aufschiebende Wirkung. [4] § 21 Abs. 2, §§ 23, 24 Abs. 3, §§ 25, 28 Abs. 2, 3, § 30 Abs. 1 Satz 1 und § 199 Abs. 1 des Gesetzes über die Angelegenheiten der freiwilligen Gerichtsbarkeit gelten sinngemäß. [5] Die Entscheidung des Oberlandesgerichts ist endgültig.

[VII] Die vorstehenden Vorschriften sind sinngemäß anzuwenden, wenn die Feststellung begehrt wird, daß die Voraussetzungen für die Anerkennung einer Entscheidung nicht vorliegen.

[VIII] Die Feststellung, daß die Voraussetzungen für die Anerkennung vorliegen oder nicht vorliegen, ist für die Gerichte und Verwaltungsbehörden bindend.

A. Entscheidungsbegriff. Es muß eine Entscheidung vorliegen, Geimer NJW **88**, 3104. Dieser Begriff **52** ist weit auszulegen, Andrae/Heidrich FamRZ **04**, 1623. Zu den Entscheidungen gehören auch im Rahmen von Staatsverträgen erlassene Entscheidungen. Dazu zählen nicht nur Urteile, sondern auch Entscheidungen von Verwaltungsbehörden, aM Kblz FamRZ **05**, 1693, ferner Hoheitsakte eines Staatsoberhaupts (Dänemark), Rn 7 ff, außer wenn die Parteien Deutsche sind, und geistliche Gerichte, Andrae/Heidrich FamRZ **04**, 1623. Das Verfahren der ausländischen Stelle ist unerheblich. Die Entscheidung muß rechtskräftig sein, Düss FamRZ

§ 328
Buch 2. Abschnitt 1. Verfahren vor den LGen

76, 356. Wenn zum Wirksamwerden der ausländischen Entscheidung eine Registrierung gehört, so muß diese vorliegen, BayObLG FER **98**, 209, Düss NJW **75**, 1081. Ein Urteil auf Trennung von Tisch und Bett ist bei Personen anerkennungsfähig, die nicht Deutsche sind, BayObLG RR **90**, 843. Der Tod eines Ehegatten hindert die Anerkennung nicht. Zum israelischen Scheidungsurteil Scheftelowitz FamRZ **95**, 593 (keine Privatscheidung). Ein Unterhaltsurteil zählt als solches nicht hierher, Hamm RR **89**, 514.

53 **B. Privatscheidung.** Auch eine ausländische Privatscheidung ist grundsätzlich anerkennungsfähig, BGH **110**, 270, BayObLG FamRZ **03**, 381, Düss FamRZ **03**, 381. Das gilt für die einseitige wie die vertragliche Privatscheidung, BGH **110**, 270, JM NRW FamRZ **74**, 193. Dabei gilt allerdings die Voraussetzung, daß *sämtliche Akte,* an die Rechtswirkungen geknüpft werden, *im Ausland* erfolgen, BGH FamRZ **85**, 76, BayObLG **82**, 259. Das gilt zB für die Verstoßung (talâq), BGH FamRZ **85**, 76, oder die Ausfertigung und Übergabe des Scheidebriefs, BayObLG FamRZ **85**, 1259, Stgt FamRZ **80**, 886 (Vorlagebeschluß), Kleinrahm/Partikel 68, aM JM NRW FamRZ **74**, 193 (s aber auch Düss FamRZ **76**, 277). Bei einer Scheidung vor dem ausländischen Konsul im Inland ist § 1 entsprechend anwendbar, BGH FamRZ **82**, 43, BayObLG FamRZ **85**, 1259, JM Stgt FamRZ **80**, 886. Das kann sogar bei einer reinen Privatscheidung in Betracht kommen, BGH **112**, 134, BayObLG FamRZ **02**, 1638, Andrae/Heidrich FamRZ **04**, 1626.

54 Nach Ansicht vieler muß auch eine *Behörde irgendwie mitgewirkt* haben, zB bei einem Sühneversuch oder bei der Registrierung, BGH **110**, 270, Celle FamRZ **98**, 686 und 757, Ffm FamRZ **05**, 989, aM Kleinrahm/Partikel 68 ff (Entscheidungen sind nur der Akt, dem es nach der ausländischen Rechtsordnung zukommt, die Scheidung, Aufhebung und dgl herbeizuführen).

Das Erfordernis der Behördenmitwirkung *verdient den Vorzug.* Denn sonst würde oft für einst deutsche Frauen bei einem hiesigen Scheidungsforum § 606 a I Z 1, II jede Scheidungsmöglichkeit entfallen, während sich der Mann nach seinem Heimatrecht als geschieden betrachten kann, Kleinrahm/Partikel 162 ff. Schon deshalb darf man die Privatscheidung gegen den deutschen ordre public schlechthin verstoßend ansehen. Vielmehr muß man die Auswirkungen im Einzelfall prüfen, BGH FamRZ **85**, 74, Brschw FamRZ **01**, 561, Ffm NJW **90**, 646 (je wegen eines „talâq"), und zwar nach Art 6, 17 EGBGB, nicht nach § 328. Denn die Privatscheidung ist ein privatrechtlicher Vorgang, Ffm NJW **90**, 646, Beitzke FamRZ **74**, 530, der zutreffend auf Art 3 II GG hinweist und auf die „effektivere" Staatsangehörigkeit abstellt, NJW **90**, 620, aM Otto FamRZ **74**, 655.

55 Ist ein *Deutscher* an einer Privatscheidung im Ausland beteiligt, auch ein solcher, der neben der deutschen Staatsangehörigkeit noch eine andere hat, so wird die Entscheidung oft nicht anerkannt, BGH FamRZ **94**, 434, Celle FamRZ **98**, 686 und 757, KG FamRZ **02**, 840, aM BayObLG **98**, 107, Düss FamRZ **03**, 381. Ebensowenig kann man eine inländische Privatscheidung irgendwelcher Art anerkennen, auch dann nicht, wenn Ausländer beteiligt sind, JM Stgt FamRZ **80**, 148, BayObLG **82**, 259, Stgt FamRZ **80**, 886 (Vorlagebeschluß). Keiner Anerkennung bedürfen Entscheidungen eines Gerichts oder einer Behörde des Staates, dem beide Ehegatten in der Zeitpunkt der Entscheidung angehört haben, Art VII § 1 I 1 3 FamRÄndG, Andrae/Heidrich FamRZ **04**, 1623. Eine solche Anerkennung ist aber nicht unzulässig, sondern insbesondere *bei Zweifeln zweckmäßig,* BGH **112**, 130, MüKoGo 162, aM Ffm NJW **71**, 1528, Geimer NJW **71**, 2138, StJSchu 440, 445 (aber Prozeßwirtschaftlichkeit ist stets mitbeachtlich, Grdz 14 vor § 128).

56 **C. Klagabweisung.** Auch eine klagabweisende Entscheidung kann anerkennungsfähig sein, StJR 201, ThP 29, ZöGei 246, aM Andrae/Heidrich FamRZ **04**, 1628 (aber es besteht auch dann ein Klärungsbedarf). Da Art 7 § 1 sie nicht nennt, darf man sie allerdings nur nach § 328 anerkennen, Ffm NJW **89**, 672, Kleinrahm/Partikel 79, StJSchu 428. Habscheid FamRZ **73**, 431 wendet Art 7 § 1 an, soweit die Rechtskraft der abweisenden Entscheidung für und gegen alle wirke, also wenn die Entscheidung im Urteilsstaat eine positive oder negative Feststellung enthalte oder eine Nichtigkeitsklage abweise. Sonst wendet auch er § 328 an.

57 **D. Weitere Einzelfragen.** Die Landesjustizverwaltung kann nur dann anerkennen, wenn die Voraussetzungen des *§ 328* anders als bei einer Privatscheidung nach Rn 53 ff erfüllt sind, BGH NJW **72**, 2188, BayObLG **99**, 213, Bürgle NJW **74**, 2163, aM Kblz FamRZ **74**, 192, Geimer NJW **76**, 1039 (man dürfe Anerkennung wegen Unzuständigkeit nur dann versagen, wenn der Bekl die Unzuständigkeit gerügt habe oder wenn er dazu zumindest das rechtliche Gehör gehabt habe. Dafür reiche bei der Bestellung eines Verfahrenspflegers eine öffentliche Zustellung aus. Das wird im allgemeinen voraussetzen, daß die Entscheidung begründet worden ist).

58 Insbesondere muß das ausländische Gericht beim Erlaß der Entscheidung *international zuständig* gewesen sein, Üb 6 vor § 12, BayObLG FamRZ **93**, 1469, Düss FamRZ **76**, 356.

59 Die Entscheidung ist daher grundsätzlich nicht anerkennbar, wenn eine *ausschließliche deutsche* Zuständigkeit bestand, § 606. Jedoch steht diese im Fall des § 606 a der Anerkennung nicht entgegen. Abweichend von § 328 I Z 5 ist eine Verbürgung der Gegenseitigkeit keine Voraussetzung der Anerkennung. Im Anerkennungsverfahren erfolgt grundsätzlich keine Prüfung der Zulässigkeit eines inländischen Scheidungsverfahrens, BayObLG FamRZ **83**, 501, strenger JM Stgt FamRZ **81**, 1018. Ist die ausländische Scheidung eine Vorfrage, so erfolgt zunächst eine Entscheidung der Landesjustizverwaltung, abgesehen von Rn 60, BGH **82**, 37, Köln FamRZ **98**, 1304.

Das deutsche Scheidungsverfahren wird also *ausgesetzt,* Karlsr FamRZ **91**, 92, Kblz FamRZ **05**, 1693, Köln FamRZ **98**, 1304. Wird die Anerkennung versagt, weil § 328 vorliegt, so erfolgt eine Aussetzung, um das Scheidungsverfahren im Inland durchzuführen, BayObLG **73**, 251, Stgt FamRZ **74**, 460, aM BGH NJW **83**, 515 (es handle sich um eine Fallfrage), BGH **82**, 37 (das Scheidungsgericht prüfe dann diese Frage als Vorfrage). Das ausländische Urteil darf nicht aufgehoben sein, BayObLG FER **98**, 209.

60 Die Entscheidung der Vorfrage erfolgt im Rahmen der *Hauptsache,* wenn eine anerkennungsfähige Entscheidung überhaupt noch nicht vorliegt, Düss MDR **74**, 1023.

61 Art 7 § 1 bezieht sich *nicht* auf die *Nebenentscheidungen* zugleich oder im Zusammenhang mit der Scheidung oder Aufhebung oder Nichtigkeit. Die Vorschrift gilt also zB nicht für die Entscheidung über das Sorgerecht, BGH **64**, 21, Ffm NJW **77**, 504, Hamm FamRZ **75**, 428, aM Hamm NJW **76**, 2080, KG FamRZ **74**, 148, Karlsr FamRZ **84**, 820 (aber man darf das Gesetz hier nicht zu weit auslegen).

Titel 2. Urteil § 328

Einstweilige Anordnungen sind jedenfalls außerhalb des Bereichs der (vorrangigen) EuGVVO, SchlAnh V **62** C 4, Gottwald FamRZ **87**, 780, und der EheGVVO, Rn 49, wegen ihrer nur vorläufigen Wirkung grundsätzlich nicht anerkennungsfähig, Rn 9, zB nicht eine „Ordonnance de nonconciliation" betreffend das Sorgerecht, Düss FamRZ **83**, 422, aM Karlsr FamRZ **84**, 820.

E. Antrag. Es ist ein Antrag erforderlich, BGH NJW **83**, 515, Karlsr RR **01**, 5. Ihn kann jeder stellen, **63** der ein rechtliches Interesse an der Anerkennung glaubhaft macht, III 2, BayObLG **80**, 54, KG FamRZ **04**, 276 (auch mangels Erstantrags), JM Stgt FamRZ **90**, 1016. Das sind außer den Ehegatten, KG OLGZ **76**, 39, oder den Lebenspartnern vor allem diejenigen Personen, deren Erbberechtigung von der Entscheidung abhängt. In Frage kommt aber auch der Sozialversicherungsträger, KG OLGZ **84**, 38.

Der Antrag ist *formgebunden,* BGH FamRZ **85**, 75, Düss FamRZ **74**, 530. Für ihn besteht keine Frist, **64** BGH FamRZ **85**, 75, BayObLG FER **98**, 209, Ffm OLGZ **85**, 258. Wegen einer Verwirkung BayObLG FER **98**, 209, Düss FamRZ **88**, 198. Der Antrag kann nicht nur die Anerkennung bezwecken, sondern auch dahin gehen, daß die Voraussetzungen für die Anerkennung nicht vorliegen, VII. Man kann den Antrag kann bis zum Zeitpunkt der Entscheidung der Landesjustizverwaltung ändern, Düss FamRZ **76**, 356.

F. Entscheidung der Landesjustizverwaltung usw. II bestimmt mangels vorrangiger anderer Regelung **65** (ipso-iure-Anerkennung, Rn 49) die Zuständigkeit der Landesjustizverwaltung, BayObLG **96**, 123. Berlin ist auch dann zuständig, wenn der Antragsteller nicht Ehegatte bzw Lebenspartner war. Die Landesjustizverwaltung muß jedenfalls wegen Art 20 III GG das rechtliche Gehör gewähren, BayObLG FER **00**, 65 (Heilungsmöglichkeit im gerichtlichen Verfahren), StJR 223, ZöGei 232, aM KG OLGZ **76**, 41 (aber es handelt sich um ein Verfahrensgrundrecht, Einl III 16). Sie prüft von Amts wegen, ob der Antrag wegen Rechtsmißbrauchs nach Einl III 54 unbegründet ist, JM Stgt FamRZ **79**, 812. Die Entscheidung ergeht auf die Feststellung, daß die Voraussetzungen der Anerkennung vorliegen oder nicht vorliegen, und zwar unter Berücksichtigung von §§ 328, 606ff. Bis zu dieser Entscheidung ist die ausländische Entscheidung wirkungslos, BGH NJW **83**, 515. Daher kann ein Rechtsschutzbedürfnis für das Nichtvorliegen der Anerkennungsvoraussetzungen nur ganz ausnahmsweise gegeben sein. Nach II a kann ein OLG-Präsident statt der Landesjustizverwaltung zuständig sein.

Dazu sind ergangen in:
Baden-Württemberg: VO v 15. 6. 00, GBl **00**, 499 (Übertragung auf die OLGe);
Bayern: VO v 7. 12. 98, GVBl 1046 (Übertragung auf den Präsidenten des OLG München seit 1. 1. 99);
Berlin:
Brandenburg:
Bremen:
Hamburg:
Hessen: VO v 21. 9. 94, GVBl 435, und v 3. 11. 94, GVBl 635;
Mecklenburg-Vorpommern:
Niedersachsen: VO v 27. 7. 95, GVBl 255 (Übertragung auf die Präsidenten der OLGe Brschw, Celle, Oldb);
Nordrhein-Westfalen: VO v 16. 8. 94, GVBl 695;
Rheinland-Pfalz:
Saarland: VO v 18. 11. 03, ABl 2995;
Sachsen: VO v 29. 12. 97, GVBl 682 (Übertragung auf den Präsidenten des OLG Drsd);
Sachsen-Anhalt:
Schleswig-Holstein: VO v 4. 12. 96, GVBl 720 (§ 1 Z 9 Ermächtigung des JustMin);
Thüringen:

Die *anerkennende* Entscheidung wirkt grundsätzlich auf den Zeitpunkt der Rechtskraft der anerkannten **66** Entscheidung zurück, BGH NJW **83**, 515, BayObLG **88**, 445, Hamm FamRZ **92**, 674. Wenn allerdings ein später in Kraft getretenes Gesetz die Anerkennung überhaupt erst ermöglicht, kann die Entscheidung ausnahmsweise auch nur auf den Zeitpunkt seines Inkrafttretens zurückwirken, BayObLG NJW **88**, 2179. Sie wird mit der Bekanntgabe an den Antragsteller wirksam. Jedoch kann die Landesjustizverwaltung in ihrer Entscheidung die Wirksamkeit erst nach einer bestimmten Frist eintreten lassen, V 3. Das ist zweckmäßig, wenn man erwarten kann, daß der andere Ehegatte bzw Lebenspartner einen Antrag auf eine gerichtliche Entscheidung stellen wird. Auch die verneinende sachliche Feststellung der Landesjustizverwaltung oder des gegen ihre Entscheidung angerufenen OLG ist für Gerichte und Verwaltungsbehörden grundsätzlich bindend, VIII, BayObLG **99**, 215, Hamm FamRZ **92**, 674.

Ausnahmsweise ist beim erst *nachträglichen Bekanntwerden* eines Anerkennungshindernisses aber auch eine sogar rückwirkende Änderung bzw Aufhebung möglich, BayObLG **99**, 215. Ein neuer Antrag auf eine entgegengesetzte Entscheidung ist unzulässig, Habscheid FamRZ **73**, 432. Bindend ist auch schon die Entscheidung der Landesjustizverwaltung, daß ein positiver Feststellungsantrag unbegründet sei, BayObLG NJW **74**, 1630, aM KG OLGZ **76**, 42.

Dagegen tritt keine Bindung ein, wenn die Landesjustizverwaltung den positiven Feststellungsantrag als **67** *unzulässig* abweist. Sie kann diese Entscheidung auch bei einem Antrag eines weiteren Berechtigten oder beim Vorliegen neuer Tatsachen abändern, BayObLG **80**, 353. Die Wiederaufnahme ist statthaft, Grdz 8 vor § 578, Geimer NJW **74**, 1631.

G. Entscheidung des Oberlandesgerichts. Der Antragsteller kann eine Entscheidung des OLG und in **68** Bayern auch eine solche des BayObLG fordern, BayObLG FER **98**, 209. Maßgeblich ist der Zeitpunkt der Antragstellung bei der Landesjustizverwaltung, BayObLG NJW **76**, 1032. Das gilt bei einer Ablehnung seines Antrags auf Anerkennung, BayObLG NJW **74**, 1629, BayObLG **82**, 258, oder zwecks deren Aufhebung, BayObLG MDR **76**, 232 (zustm Geimer) oder zwecks Nichtanerkennung, IV. Das gilt auch dann, wenn nach II a ein OLG-Präsident als Verwaltung entschieden hatte. Der andere Ehegatte bzw Lebenspartner kann die Entscheidung des OLG dann beantragen, wenn eine Anerkennung erfolgte, V. Er kann auch zusätzlich die Feststellung begehren, daß die Voraussetzungen für eine Anerkennung nicht vorliegen,

Hartmann 1383

§ 328, Anh § 328   Buch 2. Abschnitt 1. Verfahren vor den LGen

BayObLG **92**, 195. Wenn beide Ehegatten bzw Lebenspartner bei der Landesjustizverwaltung erfolgreich eine Anerkennung beantragt hatten, kann man eine Entscheidung des OLG nicht herbeiführen, BayObLG MDR **76**, 232 (zustm Geimer).

69   Man muß außerdem jedem ein Antragsrecht geben, der ein *rechtliches Interesse* an einer Entscheidung des OLG hat, also entsprechend III, KG OLGZ **84**, 38, aM KG OLGZ **76**, 41 (es läßt auch keinen Beitritt zu. Aber aus dem rechtlichen Interesse entsteht ein Rechtsschutzanspruch, Grdz 1 ff vor § 253). Zuständig ist ein Zivilsenat des OLG, in dessen Bezirk die Landesjustizverwaltung ihren Sitz hat. Der Antrag ist nicht fristgebunden, BayObLG **82**, 258, Düss FamRZ **74**, 528. Die Form des Antrags richtet sich nach § 21 II FGG. Es besteht kein Anwaltszwang; Geimer NJW **74**, 1032 fordert die Einführung des Anwaltszwangs, aM Bürgle NJW **74**, 2167. Neue Tatsachen und Beweise sind zulässig, § 23 FGG.

70   Der Antrag hat *keine aufschiebende Wirkung*, VI 3. Das OLG kann jedoch durch eine einstweilige Anordnung die Vollziehung der angefochtenen Entscheidung der Landesjustizverwaltung vorläufig aussetzen, § 24 III FGG. Das ist bei einer Anfechtung einer anerkennenden Entscheidung immer dann zweckmäßig, wenn man eine Wiederverheiratungsabsicht oder die Absicht der Begründung einer weiteren Lebenspartnerschaft vermuten kann oder muß. Das OLG entscheidet im Verfahren der FGG. §§ 23 ff EGGVG sind also unanwendbar. Das Gericht kann weder prüfen, ob die Anerkennung vorgreiflich in einem inländischen Verfahren ist, noch, ob sich ein Beteiligter treuwidrig verhält, KG OLGZ **84**, 40. Das OLG muß seine Entscheidung begründen (zumindest Anstandspflicht). Sie ist endgültig. Diese Regelung ist mit dem GG vereinbar, Düss FamRZ **74**, 529. Bei einem erheblichen Verfahrensmangel der Verwaltung kann eine Zurückverweisung an sie erfolgen, etwa wegen Verletzung des rechtlichen Gehörs, Rn 65, BayObLG FER **00**, 65. Die Entscheidung des OLG hat eine allgemein bindende Wirkung, VIII, Andrae/Heidrich FamRZ **04**, 1623. Wenn widersprechende Entscheidungen von Oberlandesgerichten bzw dem BGH vorliegen, besteht eine Vorlagepflicht, §§ 28 II, III FGG, BayObLG FamRZ **78**, 34. Das gilt auch dann, wenn eine gesetzliche Vorschrift inzwischen geändert ist, KG FamRZ **88**, 642.

71   **H. Angehörige des Entscheidungsstaats.** Wenn beide Ehegatten bzw Lebenspartner beim Erlaß der ausländischen Entscheidung Angehörige des Entscheidungsstaats waren, dann bedarf die ausländische Entscheidung eines dortigen Gerichts nach I 3 anders als bei § 1 I 1 keiner Anerkennung im Verfahren nach Art 7 § 1 FamRÄndG, sondern einer solchen nach § 328, Hamm FamRZ **98**, 303, Kblz FamRZ **05**, 1693, AG Weilburg FamRZ **00**, 169. Einer solchen Anerkennung bedarf es auch dann nicht, wenn die beiden früheren Ehegatten bzw Lebenspartner in Deutschland wohnen, Köln FamRZ **88**, 1177. Es tritt freilich auch keineswegs eine automatische Bindung des Gerichts an die ausländische Entscheidung ein, AG Weilburg FamRZ **00**, 169, aM Ffm NJW **71**, 1528 (abl Beitzke FamRZ **71**, 347, Geimer NJW **71**, 2138).

72   Die *Prüfung* des inländischen Gerichts beschränkt sich in diesem Fall allerdings auf die Frage, ob die Voraussetzungen der Z 4 vorliegen (Art 6 EGBGB), Kblz FamRZ **91**, 460, AG Weilburg FamRZ **00**, 169. Hatte aber ein Ehegatte bzw Lebenspartner außerdem die deutsche Staatsangehörigkeit, so wird er so behandelt, als wenn er nur diese hätte. Daher ist dann das Anerkennungsverfahren erforderlich, BayObLG **98**, 105, aM BGH **75**, 40 (es komme darauf an, ob die deutsche Staatsangehörigkeit die effektive sei. Das ist unscharf). Ob auch die deutsche Staatsangehörigkeit vorlag, prüft das Gericht auch dann, wenn es sich bei der ausländischen Entscheidung um eine Vorfrage handelt.

73   **I. Drittstaatsscheidung.** Sind *Ausländer* im dritten Staat geschieden worden oder ist ihre Lebenspartnerschaft dort aufgehoben worden, so erfolgt im Anerkennungsverfahren eine Prüfung, ob der Heimatstaat anerkennen würde, BayObLG FamRZ **76**, 702, Ffm NJW **89**, 3102, aM Hamm RR **95**, 520, Geimer NJW **74**, 1028 (aber eine solche Prüfung liegt nahe und ist zumindest vertretbar).

Ist der Drittstaatsscheidung oder -aufhebung, an der ein *Deutscher* beteiligt war, genügt ein gewöhnlicher Aufenthalt eines der Ehegatten bzw Lebenspartner in dem Entscheidungsstaat, von Ungern-Sternbergs FamRZ **73**, 574, großzügiger BayObLG **80**, 355 (der Senat verzichtet auf das Aufenthaltserfordernis). Aufenthalt ist ein längerer tatsächlicher Mittelpunkt des Daseins, BayObLG FamRZ **79**, 1016.

74   12) *VwGO:* Auch im VerwProzeß beurteilt sich die Anerkennung einer ausländischen Entscheidung nach den Grundsätzen des § 328 I Z 1, 2 und 4, vgl VGH Mü NVwZ **82**, 323.

Anhang nach § 328

Übersicht über die Verbürgung der Gegenseitigkeit für vermögensrechtliche Ansprüche nach § 328 I Z 5

Vgl auch Einl IV Vorbem. Die nachstehende Übersicht gibt keine abschließende Darstellung, sondern nur eine erste Orientierung.

Wegen der EuGVVO Einl IV 2 und SchlAnh V C 4. Es bedeuten: „*ja*": die Gegenseitigkeit ist verbürgt; „*nein*": die Gegenseitigkeit ist nicht verbürgt. „Kosten" meint die dem Kläger oder seinem Streithelfer auferlegten. Vgl auch *Börner*, Die Anerkennung und Vollstreckung ausländischer Titel in den arabischen Staaten, 1996; *Bülow/Böckstiegel/Geimer/Schütze*, Der internationale Rechtsverkehr in Zivil- und Handelssachen (Loseblattsammlung), 3. Aufl seit 1990 (BBGS/Bearbeiter); *Geimer/Schütze*, Internationale Urteilserkennung, Band I 2. Halbband (Allgemeine Grundsätze und autonomes deutsches Recht) 1984; *Haecker*, Die Anerkennung ausländischer Entscheidungen in Ehesachen, 1989; *Martiny*, Anerkennung ausländischer Entscheidungen nach autonomem Recht, in: Handbuch des Internationalen Zivilverfahrensrechts Bd III/1 (1984) 581, zit nach Rn; *Mölling*, Anerkennung und Vollstreckung ausländischer Urteile in Südamerika, 1985; *Schütze*, Die Geltendmachung deutscher Urteile im Ausland – Verbürgung der Gegenseitigkeit, 1977; *Sturm*, Gelten die Rechtshilfeverträge der DDR fort?, Festschrift für *Serick* (1992) 351; vgl dazu auch SchlAnh V Üb 3. Wegen Ehesachen vgl § 606 a.

1   **Ägypten** ja, Ffm WertpMitt **87**, 276, Nagel ZZP **95**, 369, Schütze AWD **69**, 437
    Äthiopien nein, Arnold AWD **68**, 309, aM Martiny 1320

Titel 2. Urteil **Anh § 328**

Afghanistan nein, Krüger IPRax **85**, 152
Albanien nein
Algerien maßgeblich ist der französisch-algerische Vollstreckungsvertrag von 1964, Nagel ZZP **95**, 369, abw Martiny 1312, aM Krüger, in: Böckstiegel (Hrsg), Vertragspraxis und Streiterledigung im Wirtschaftsverkehr mit arabischen Staaten (1981) 49 (nein); vgl BGH NJW **68**, 837
Andorra wohl jetzt ja, BBGS/Rau, Martiny 1313, Maus RIW **81**, 151
Angola nein
Antigua/Barbuda ja, BGH **42**, 194 (Südafrika), BBGS/Schütze
Arabische Emirate, Vereinigte: nein, Krüger RIW **93**, 385 und IPRax **98**, 129
Argentinien jetzt ja, BBGS/Piltz, Martiny 1317 ff, Weinberg IPRax **86**, 318
Armenien nein, Meyer WiRO **97**, 216, aM Schütze NJW **95**, 497
Asserbaidschan nein
Australien grds je Staat gesonderte Regelung, Schütze RIW **78**, 780; ja für Australian Capital Territory, New South Wales, Northern Territory, Southern Australia, Tasmania, Martiny 1321 ff; im übrigen grds nein, da möglicherweise eine sachliche Nachprüfung stattfindet, aM Martiny 1321 ff, MüKoGo 100; jedoch ja auch für Victoria und Western Australia, vgl die oder in Council, Gouvernement Gazette **73**, 85 sowie Patchett, Recognition of Commercial Judgments and Awards in the Commonwealth, 1984, 77 ff
Bahamas ja
Bahrain ja
Bangla Desh ja, aber zeitlich begrenzt, Schütze NJW **73**, 2144, aM BBGS/Otto, Martiny 1333 (ja ohne **2** Versäumnisurteil)
Barbados ja beim Unterhalt, UN-UnterhÜbk
Belarus ja, Art 17 HZPrÜbk, Meyer WiRO **97**, 216, aM ZöGei Anh IV
Belgien ja für die Kosten, Art 18, 19 HZPrÜbk, SchlAnh V. Wegen der EuGVVO SchlAnh V C
Belize ja
Benin nein
Bhutan nein, Schütze JR **61**, 498
Birma ja, Martiny 1339 (binnen 6 Jahren; ohne Verstäumnisurteil)
Bolivien nein, abw Martiny 1340 (ja ohne dingliches Recht in Bolivien)
Bosnien-Herzegowina wegen nachehelichen Unterhalts Hamm RR **95**, 520, nein im übrigen, Köln IPRax **96**, 268
Botswana ja, Martiny 1341, Schütze JR **78**, 55
Brasilien ja, Martiny 1342; im notwendigen Anerkennungsverfahren vor dem Supreme Tribunal Federal findet eine dem § 328 ähnliche Nachprüfung statt, also nicht eine sachlichrechtliche; abw BBGS/ Samtleben (evtl Unterwerfung nötig)
British Columbia ja, Schütze JR **01**, 443
Bulgarien jetzt grds ja, BBGS/Jessel-Holst, Martiny 1343 (nach Art 303 bulgar ZPO genügt eine tatsäch- **3** liche, förmlich festgestellte Gegenseitigkeit)
Burkina Faso zweifelhaft, Geimer/Schütze 1883, aM Martiny 1453
Burundi ja
Chile nein, aM MüKoGo 101, StJSchu 274, ZöGei Anh IV
China (Volksrepublik) jetzt wohl ja, BBGS/Schütze, Ma Lin IPRax **97**, 57, aM Martiny 1345, Münzel RIW **97**, 73; Taiwan ja, Art 402 Rules of Civil procedure, BBGS/Etgen, Geimer/Schütze Bd I Halbbd 2 § 246, Martiny 1346. Hongkong s dort
Ceylon s Sri Lanka
Costa Rica ja, StJSchu 274
Cuba nein, aM Martiny 1423, MüKoGo 101, StJSchu 274, zweifelnd ZöGei Anh IV
Dänemark ja gemäß königlicher Anordnung v 13. 4. 38, deutsche Übersetzung BAnz Nr 105/53, BGH **4** **22**, 27, Schütze ZZP **90**, 71, Kosten gemäß Art 18, 19 HZPrÜbk, SchlAnh V A. Wegen der EuGVVO SchlAnh V C
Frühere Deutsche Demokratische Republik Einl III 77; zur Problematik Sturm (s oben) 367
Dominica (kleine Antillen) ja, MüKoGo 102
Dominikanische Republik nein
Dubai nein
Ecuador ja, Art 451 Code de proc civ, StJSchu 276 **5**
Elfenbeinküste ja, Schütze AWD **74**, 458
El Salvador nein, aM Martiny 1355, MüKoGo 103 (ja ohne Versäumnisurteil), ZöGei Anh IV
Estland wegen der EuGVVO SchlAnh V C
Fidschi ja für Zahlungsurteile, Martiny 1356
Finnland ja für die Kosten, Art 18, 19 HZPrÜbk, SchlAnh V A, nein im übrigen, da eine Anerkennung nur **6** beim Vorliegen eines Staatsvertrags erfolgt, aM MüKoGo 104
Frankreich vgl zunächst die EuGVVO, SchlAnh V C. Die Gegenseitigkeit ist im übrigen grundsätzlich zu bejahen, denn auf eine révision au fond hat der CassHof seit dem Urteil v 7. 1. 64, Rev crit de dr int pr **64**, 344 (mit Note Batiffol), verzichtet, RabelsZ **65**, 405, und ist damit der Ansicht der Cour d'appel Paris, RabelsZ **57**, 533 unter Aufgabe der früheren Rechtsprechung beigetreten.

Die *Nachprüfung* erstreckt sich jetzt nur noch auf ähnliche Voraussetzungen wie bei § 328 I. Wenn das französische Gericht auch die Ordnungsmäßigkeit des ausländischen Verfahrens entsprechend dem vom angewandten Recht nachprüft, so dürfte dies nicht wesentlich über § 328 I Z 2 hinausgehen, wie auch die Prüfung, ob das in der ausländischen Entscheidung angewandte Recht dem französischen Kollisionsrecht entspricht, als eine erweiterte ordre-public-Erwägung angesehen werden muß, Saarbr NJW **88**, 3100, Raape/Sturm IPR 139. Das hat auch BGH **50**, 109 (Anm Mormann **LM** Nr 20, Geimer NJW **68**, 2198, Mezger ZZP **82**, 306) bei der Vereinbarung eines französischen Gerichtsstandes für Vertragssachen anerkannt.

Hartmann 1385

Anh § 328　　　　　　　　　　　　　　　Buch 2. Abschnitt 1. Verfahren vor den LGen

Die Verbürgung der Gegenseitigkeit wird wohl von der deutschen Seite, BGH **53**, 332 (Anm Geimer NJW **70**, 2163), *nicht* aber von der *französischen* Seite verlangt. Das von BGH **42**, 197 aufgestellte Erfordernis, die Vollstreckung eines deutschen Urteils dürfe im anderen Land auf keine größeren Schwierigkeiten stoßen als die Vollstreckung im umgekehrten Falle, dürfte also erfüllt sein.

Ein französisches Urteil ist *nicht* anzuerkennen, wenn ein deutsches Urteil entsprechenden Inhalts in Frankreich wegen des dort geltenden sogenannten Jurisdiktionsprivilegs (Art 14, 15 code civil, dazu zB Geimer NJW **76**, 442) nicht anerkannt würde, BGH **53**, 332, Schütze JR **85**, 457. Das gleiche gilt für sogenannte Garantieurteile, BGH **LM** § 723 Nr 6, Karlsr NJW **74**, 1059, vgl Milleker ZZP **84**, 91, Geimer ZZP **85**, 196. Ja für Kosten, Artt 18, 19 HZPrÜbk, SchlAnh V.

7　**Gabun** nein
Gambia nein
Georgien zweifelhaft, Meyer WiRO **97**, 216, großzügiger BBGS/Schütze 1041
Ghana nein
Griechenland ja, BBGS/Kerameus. Wegen der EuGVVO SchlAnh V C
Großbritannien einschließlich Schottland und Nordirland ja im Rahmen des Abk v 14. 7. 60, Einl IV 8, SchlAnh V B 5, im Ergebnis ebenso BBGS/Schütze. Wegen der EuGVVO SchlAnh V C
Guatemala nein, ZöGei Anh IV, aM Martiny 1372 (ja ohne Versäumnisurteil)
Guyana nein
8　**Haiti** grds nein, jedoch ja beim Unterhalt, UN-UnterhÜbk, MüKoGo 105
Honduras nein, ZöGei Anh IV, abw MüKoGo 106 (ja ohne Versäumnisurteil)
Hongkong ja wie früher Großbritannien, Bek v 13. 8. 73, BGBl II 1306, Arnold AWD **74**, 135, Schütze RIW **82**, 722. Die frühere Regelung gilt zumindest im Ergebnis überwiegend fort, Z 2 a, 7 der Ord.No. 110 of 1997 der Hong Kong Reunification-Gesetzgebung, BJM v 29. 9. 97 I A 4 Bln – 9341 C 2 a – 54 099 3/97, Luthra RIW **97**, 625, aM Drobnig/Ferid/Kegel, Gutachten zum Internationalen und Ausländischen Privatrecht, Baden-Baden 1997; natürlich bleibt die Entwicklung abzuwarten
Indien im Ergebnis ja, BGH **42**, 195 ff, BBGS/Otto (ohne Versäumnisurteil), aM Martiny 1379 ff, Schütze NJW **73**, 2144
9　**Indonesien** ungeklärt, strenger Karlsr RIW **97**, 689 (nein)
Irak nein, Krüger IPRax **88**, 182
Iran nein, ZöGei Anh IV, da eine sachliche Nachprüfung stattfindet, aM Martiny 1387
Irland Vgl zunächst wegen Nordirland bei „Großbritannien". Im übrigen ja wegen der Kosten, Art 18, 19 HZPrAbk, Einl IV 3, SchlAnh V A; ja, auch im übrigen, MüKoGo 107. Wegen der EuGVVO SchlAnh V C
Island ungeklärt, aM ZöGei Anh IV (ja), MüKoGo 107, StJSchu 280 (je:), Schütze NJW **73**, 2144 (grds ja, aber nein wegen Versäumnisurteile), BBGS/Stefánsson (nein). Wegen der EuGVVO SchlAnh V C
Israel weitgehend ja, Art 1 dt-israelischer Vertrag, SchlAnh V B 9 (wegen der Ausnahmen dort Art 4), dort auch wegen des AusfG und des insoweit jetzt maßgeblichen AVAG, SchlAnh V D. Ja zusätzlich wegen der Kosten, Art 18, 19 HZPrAbk, Einl IV 3
Italien grds ja, Versäumnisurteil evtl nein, AG Garmisch-Partenkirchen NJW **71**, 2135, Schütze NJW **73**, 2144. Wegen der EuGVVO SchlAnh V C
Jamaika ja, aM ZöGei Anh IV (nein)
10　**Japan** jetzt ja, BBGS/Schütze, Menkhaus RIW **88**, 192, Nagata RIW **76**, 209, Nagel, Die Anerkennung usw, Festschrift für das Institut für Rechtsvergleichung der Waseda Universität (Tokio 1988) 797
Jemen zweifelhaft, Krüger RIW **93**, 471, Nagel ZZP **95**, 370, strenger MüKoGo 108 (nein)
Jordanien ja, Geimer/Schütze I/2 1851, Martiny 1396, Schütze RIW **77**, 766, aM Nagel IZPR VIII 48 (nein)
Jugoslawien (früheres) ja für die Kosten, Art 18, 19, HZPrÜbk, Einl IV 3, wohl auch im übrigen, Düss FamRZ **82**, 631, LG Mü NJW **75**, 1609 und JZ **76**, 610, AG Singen FamRZ **02**, 114 (zustm Jessel-Holst), Lipowschek RabelsZ **85**, 460, Rauscher IPRax **92**, 16, Varady RabelsZ **87**, 632; aM BGH NJW **76**, 800 und wegen einer Widerklage LG Bonn NJW **74**, 429. Das alles mag freilich derzeit unklar sein
11　**Kamerun** nein
Kanada scheinbar ja, Art 3155 des seit 1. 1. 94 geltenden Code Civil; in Wahrheit wohl nein, denn nach Art 3155 IV c.c. könnte der in der BRep verklagte Bürger durch eine, wenn auch unzulässige, Klage vor einem Gericht in Québec die Vollstreckbarkeit des deutschen Urteils unterlaufen; nein jedenfalls vorher, LG Hbg FamRZ **94**, 403, auch für die Provinz Québec (wegen révision au fond); sonst BGH NJW **01**, 524 (ja für British Columbia), KG FamRZ **88**, 643, Martiny 1410, in der Provinz Saskatchewan ähnlich Großbritannien; insgesamt abw BBGS/Bachmann, MüKoGo 109
Kap Verde teilweise ja, Schütze JR **89**, 325, ja beim Unterhalt, UN-UnterhÜbk, aM ZöGei Anh IV (nein)
Kasachstan nein, Meyer WiRO **97**, 216, ZöGei Anh IV, aM Schütze NJW **95**, 497
Katar: S „Quatar"
Kenia ja für ein Zahlungsurteil, soweit es sich um ein Sachurteil handelt, Martiny 1415 (ohne Versäumnisurteil), Schütze JR **85**, 54
Khmer (Rep) nein
Kirgisistan nein, Meyer WiRO **97**, 216, ZöGei Anh IV, aM Schütze NJW **95**, 216
12　**Kolumbien** nein, aM Martiny 1418
Kongo: (früher: Zaire) ja, Martiny 1573 (noch zu Zaire), aM ZöGei Anh IV (nein)
Korea, Republik (Südkorea) ja, BBGS/Stiller, Martiny 1421
Kroatien ja
Kuba ja
Kuwait im Zweifel nein, Krüger RIW **83**, 809, aM ZöGei Anh IV (ja)
Lesotho nein
Lettland wegen der EuGVVO SchlAnh V C

Titel 2. Urteil **Anh § 328**

Libanon ja wegen der Kosten, Art 18, 19 HZPrÜbk; sonst nein (wegen sachlicher Überprüfung), Martiny 1421, aM Schütze RIW **77**, 761 (ja)
Liberia jetzt ja, Martiny 1428, Schütze RIW **87**, 599
Libyen nein, Geimer/Schütze I/2 1867, Nagel ZZP **95**, 370 (die Lage sei ungeklärt), ZöGei Anh IV, aM StJSchu 283 (ja)
Liechtenstein ja beim Unterhalt, MüKoGo 110, sonst nein (wegen sachlicher Überprüfung), BGH DB **77**, 718, Martiny 1427, StJSchu 283
Litauen ja, da die litauischen Gerichte jetzt den Art 481 litauischer ZPO dahin auslegen, daß statt des dort an sich geforderten, nicht existenten Staatsvertrags die tatsächliche Gegenseitigkeit genügt, Mitt BMJ v 25. 2. 02 – I A 4 – 9341 L 4 – 13 1350/01 –, auch abgedruckt in IPRax **02**, 252. Wegen der EuGVVO SchlAnh V C
Luxemburg ja für die Kosten, Art 18, 19 HZPrÜbk, SchlAnh V A, im übrigen nein, da eine sachliche Nachprüfung stattfindet, aM BBGS/Harles/Kohler. Wegen der EuGVVO SchlAnh V C
Madagaskar nein, Martiny 1432
Malawi ja, aM ZöGei Anh IV (nein)
Malaysia ja für ein Zahlungsvorteil, sonst nein, BBGS/Schütze, Schütze JR **84**, 274
Mali nein, BBGS/Schütze, Schütze JR **85**, 457
Malta vor dem 1. 5. 04 nein, Martiny 1437, Schütze AWD **65**, 84. Wegen der EuGVVO SchlAnh V C
Marokko grds ungeklärt, Nagel ZZP **95**, 370, aM BBGS/Rauscher, ZöGei Anh IV (grds ja); grds ja beim Unterhalt, UN-UnterhÜbk; nein bei einem Unterhaltsurteil gegen den nichtehelichen Vater, Schütze NJW **73**, 2144
Mauretanien: zweifelhaft, Krüger RIW **90**, 990
Mauritius ja, BBGS/Otto
Mazedonien ja
Mexiko ja, Martiny 1441; aber ausgenommen der Bereich der mexikanischen Bundesgerichtsbarkeit
Moldau ja, Art 17 HZPrÜbk, Meyer WiRO **97**, 216, aM ZöGei Anh IV (nein)
Monaco ja (außerhalb von Gerichtsstandsprivilegien), Martiny 1442, MüKoGo 111 (die EuGVVO gilt nicht), aM ZöGei Anh IV (nein)
Mongolei nein
Nepal nein
Neuseeland noch nein, aM BBGS, Martiny 1447 (ja für Zahlungsurteil); jedoch ist eine Regelung zwischen beiden Staaten von der neuseeländischen Regierung angeregt worden. Bis zu ihrem Erlaß ist eine „order in council" (Entscheidung des neuseeländischen Exekutivrats, der sich aus Kabinettsmitgliedern zusammensetzt) erforderlich; sie setzt eine Anerkennung neuseeländischer Entscheidungen in der BRep voraus
Nicaragua ungeklärt, aM Martiny 1448 (ja)
Niederlande ja für die Kosten, Art 18, 19 HZPrÜbk. Wegen der EuGVVO SchlAnh V C
Nigeria wohl ja
Norwegen ja für die Kosten, Art 18, 19 HZPrAbk, Einl IV 3, vgl im übrigen den deutsch-norwegischen Vertrag v 17. 6. 77, BGBl **81** II 342, dazu SchlAnh V B 10
Österreich ja, wegen der EuGVVO SchlAnh V C
Oman nein, Krüger IPRax **98**, 129
Pakistan nein, BBGS/Otto, aM Martiny 1456, Schütze NJW **73**, 2144 (ja, aber zeitlich begrenzt)
Panama jetzt ja (ohne Versäumnisurteil), Martiny 1457
Papua-Neuguinea ja, MüKoGo 114
Paraguay grds ja, StJSchu 288, aber nein wegen Versäumnisurteil, Schütze NJW **73**, 2144
Peru ja, AG Hbg RR **86**, 374, Samtleben RabelsZ **85**, 515, StJSchu 287, aM Martiny 1460
Philippinen ja beim Unterhalt, UN-UnterhÜbk, MüKoGo 114; im übrigen nein (wegen sachlicher Überprüfung)
Polen seit 1. 7. 96 grds weitgehend ja, Art 17 HZPrÜbk, Drsd IPRspr **99**, 153, Karlsr RR **99**, 82, LG Mü – 11 O 2823/96 – v 9. 4. 97, Bytomski FamRZ **97**, 986 (ausf, auch zum deutschen Vorbehalt betr Unterhalt), Meyer WiRO **97**, 217 (ausf). Wegen der EuGVVO SchlAnh V C
Portugal, dazu Arnold AWD **70**, 550: Ja wegen der Kosten, Art 18, 19 HZPrAbk, Einl IV 3, SchlAnh V A; auch im übrigen teilweise ja, Schütze JR **89**, 325. Wegen der EuGVVO SchlAnh V C
Puerto Rico ja, LG Heilbr IPRax **91**, 262
Quatar wohl ja, Krüger RIW **91**, 1008, aM ZöGei Anh IV (nein)
Rumänien ja, Hamm IPRax **86**, 234, LG Mainz IPRspr **86**, Nr 169, Böhmer IPRax **86**, 217, StJSchu 289
Russische Föderation ja, Art 17 HZPrÜbk, Meyer WiRO **97**, 215, aM ZöGei Anh IV (nein)
Rwanda ja, Schütze JR **86**, 99
Sambia ja, aM ZöGei Anh IV (nein)
San Domingo s Dominikanische Republik
San Marino nein, ZöGei Anh IV, aM Martiny 1469, MüKoGo 116 (die EuGVVO gilt nicht)
Saudi Arabien nein, Krüger RIW **90**, 113 ff, Schütze RIW **84**, 262
Schweden ja, Schütze RIW **83**, 417, wegen der Kosten, Art 18, 19 HZPrÜbk, SchlAnh V A, sonst nein, da ein Staatsvertrag fehlt, ähnlich BBGS/Pålsson, Martiny 1472
Schweiz ja, deutsch-schweizerisches Anerkennungs- und Vollstreckungsabkommen, SchlAnh V B 1, abw Stürner Festschrift für Schwab (1990) 472 ff (nur teilweise). Wegen des LugÜbk SchlAnh V D
Senegal grds ja, Martiny 1474, Schütze RIW **85**, 778
Serbien: [bisher] ja wegen der Republik, Düss RR **93**, 137
Sierra Leone nein
Simbabwe ja
Singapur zweifelhaft, vgl Mitt der Bundesstelle für Außenhandelsinformation, Köln, Postfach, Nr 36 von März 81, aM BBGS/Schütze, Schütze RIW **82**, 722, ZöGei Anh IV (ja)

Anh § 328 Buch 2. Abschnitt 1. Verfahren vor den LGen

Slowakei ja. Wegen der EuGVVO SchlAnh V C
Slowenien grds. ja, Artt 94 ff G Nr 56/99, IPrax **03**, 163 (ausführliche Regelung). Wegen der EuGVVO SchlAnh V C
Somalia nein
Sowjetunion, frühere nein
Spanien ja wegen der Kosten, Art 18, 19 HZPrAbk, Einl IV 3. Wegen der EuGVVO SchlAnh V C
Sri Lanka (Ceylon) ja, BBGS/Otto, Martiny 483
Sudan teilweise ja, Schütze RIW **91**, 818
Südafrikanische Union, dazu *Döser,* Gegenseitigkeit und Anerkennung usw (Südafrika), 1999; teilweise, BGH **42**, 197, **52**, 251
Surinam nein
19 **Syrien** ja, BGH **49**, 50, Hamm RIW **87**, 467, Kaiser RIW **85**, 206, Nagel ZZP **95**, 369, aM Börner (vor Rn 1) 423 (keineswegs sicher ja)
Swasiland nein
Taiwan s China
Tansania nein
Thailand nein, BGH VersR **74**, 471
Togo nein
Trinidad nebst Tobago nein
Tschad nein
Tschechische Republik ja, Bek JM der Tschechischen Republik v 21. 8. 01, IPRax **03**, 83. Wegen der EuGVVO SchlAnh V C
Türkei ja wegen der Kostenentscheidung gegen den abgewiesenen Kläger, Art 3, 4 deutsch-türkisches Abkommen, Einl IV 6, im übrigen seit 22. 11. 82 ja, Art 34–45 türkisches IPR-Gesetz Nr 2675, Nürnb IPRax **84**, 162, Oldb FamRZ **84**, 1096 (sein Art 46 hat den vorher entsprechenden Art 540 des türkischen ZPG aufgehoben; das übersieht noch Brschw NJW **84**, 2767); AG Gummersbach RR **86**, 1392, Henrich IPRax **91**, 136
Tunesien, ja, deutsch-tunesisches Anerkennungs- und Vollstreckungsabkommen, Einl IV 8, SchlAnh V B 8, Nagel ZZP **95**, 369
Uganda ja, soweit es um ein Zahlungsurteil geht, vgl BGH **42**, 195 (Südafrika), BBGS/Knieper
Ukraine nein, Meyer WiRO **97**, 216, ZöGei Anh IV, aM Schütze NJW **95**, 497
20 **Ungarn** ja bei einem Urteil, das nach dem 26. 2. 92 rechtskräftig geworden ist, Bek v 29. 7. 92, BGBl II 598; im übrigen wohl ebenfalls ja, BBGS/Kengyel. Wegen der EuGVVO SchlAnh V C
Uruguay ja, Martiny 1508
Usbekistan nein
21 **Vatikan** ja
Venezuela nein, im Ergebnis auch Martiny 1511
Vereinigte Arabische Emirate nein, Krüger IPRax **01**, 376
Vereinigtes Königreich s Großbritannien
22 **Vereinigte Staaten,** dazu *Schütze,* Deutsch-amerikanische Urteilsanerkennung, 1992: Für jeden Staat besonders zu prüfen, Schütze JR **86**, 180; vgl auch Schütze, Die Anerkennung ... in Produkthaftungssachen usw, in: Festschrift für Nagel (1987) 392; derselbe, Die Anerkennung und Vollstreckbarerklärung US-amerikanischer Zivilurteile, die nach einer pre-trial-discovery ergangen sind, in der BRep, Festschrift für Stiefel, 1987; zB ja wegen Alabama, Schütze JR **87**, 280; ja wegen Alaska, Schütze JR **88**, 9; eingeschränkt ja wegen Arizona, Schütze JR **87**, 186; ja wegen Arkansas, Schütze JR **87**, 499; ja wegen Colorado, Schütze JR **89**, 236; ja wegen Columbia, Schütze JR **89**, 190; ja wegen Connecticut, Schütze JR **87**, 366; ja wegen Delaware, Schütze JR **88**, 104; ja wegen Florida, Hamm RR **95**, 511, Schütze JR **87**, 59, aM ZöGei Anh IV; ja wegen Georgia, Schütze JR **88**, 60; ja wegen Hawaii, Schütze JR **88**, 142; ja wegen Idaho, Schütze JR **90**, 325; ja wegen Illinois, Schütze JR **86**, 365, aM Hbg RIW **97**, 688; ja wegen Indiana, Schütze JR **88**, 323; ja wegen Iowa, Schütze JR **89**, 449; ja wegen Kalifornien, BGH VersR **92**, 1285; ja wegen Kansas, Schütze JR **89**, 57; ja wegen Kentucky, Schütze JR **88**, 276; ja wegen Louisiana, Schütze JR **88**, 230; ja wegen Maine, Schütze JR **87**, 102; ja wegen Maryland, Schütze JR **87**, 232; ja wegen Massachusetts, LG Bln DB **89**, 2120, im wesentlichen ebenso Schütze JR **90**, 365; ja wegen Michigan, Schütze JR **88**, 499; ja wegen Minnesota, Schütze JR **90**, 416; nein wegen Mississippi, Schütze JR **90**, 457; ja wegen Missouri, Schütze JR **90**, 59; Montana (ja für in rem judgments (bei Statusentscheidungen weitgehend bedeutungslos), nein für in personam judgments, Schütze JR **86**, 275; ja wegen Nebraska, Schütze JR **89**, 410; ja wegen Nevada, Schütze JR **89**, 367; ja im Ergebnis wegen New Hampshire, Schütze JR **90**, 235; ja wegen New Jersey, Schütze JR **88**, 366; ja wegen New Mexico, Schütze JR **89**, 459; ja wegen eines New Yorker Exequatururteils, BGH NJW **84**, 2765, und auch sonst bei New York, Schütze JR **86**, 324 mwN; ja wegen North Carolina, Schütze JR **86**, 404; wegen North Dakota: beim Zahlungsurteil streitig, nein beim Unterhaltstitel, im übrigen ja, Schütze JR **87**, 447; ja wegen Ohio, Schütze JR **88**, 195 (vgl auch 406;) ja wegen Oklahoma, Schütze JR **89**, 7; ja wegen Zahlungsurteilen, im übrigen nein wegen Oregon, Schütze JR **87**, 319; ja wegen Pennsylvania, Schütze JR **90**, 191; ja wegen Rhode Island, Schütze JR **90**, 102; ja wegen South Carolina, Schütze JR **90**, 279; ja (zum Teil zeitlich eingeschränkt) für South Dakota, Schütze JR **88**, 406; ja wegen Tennessee, Schütze JR **89**, 278; ja wegen Texas, Schütze JR **87**, 405; ja wegen Utah, Schütze JR **87**, 143; ja wegen Vermont, Schütze JR **89**, 499; im Grundsatz ja wegen Virginia, jedoch bei einem Zahlungsurteil nur im Rahmen der zeitlichen Grenze von 10 Jahren, Schütze JR **90**, 149. Vgl auch bei „Westvirginia"; ja wegen Washington, Schütze JR **87**, 10; im Ergebnis ja für Westvirginia, Schütze JR **89**, 103. Vgl auch bei „Virginia"; ja für Wisconsin, Schütze JR **89**, 146; ja wegen Wyoming, Schütze JR **86**, 445; ja wegen der Anerkennung ausländischer Urteile in den Staaten der USA, Deutsch ZZP **71**, 321, Peterson, Anerkennung ausländischer Urteile im amerikanischen Recht, 1964 (Arbeiten zur Rechtsvergleichung Nr 18).

Titel 2. Urteil Anh § 328, § 329

Weißrußland nein
Zaire nein
Zentralafrikanische Republik ja beim Unterhalt, UN-UnterhÜbk, und auch sonst, BBGS/Knieper
Zypern ja, Martiny 1575, MüKoGo 120, aM Schütze AWD **65**, 311, ZöGei Anh IV. Wegen der EuGVVO SchlAnh V C

329 *Beschlüsse und Verfügungen.* I 1 Die auf Grund einer mündlichen Verhandlung ergehenden Beschlüsse des Gerichts müssen verkündet werden. ² Die Vorschriften der §§ 309, 310 Abs. 1 und des § 311 Abs. 4 sind auf Beschlüsse des Gerichts, die Vorschriften des § 312 und des § 317 Abs. 2 Satz 1, Abs. 3 bis 5 auf Beschlüsse des Gerichts und auf Verfügungen des Vorsitzenden sowie eines beauftragten oder ersuchten Richters entsprechend anzuwenden.

II ¹ Nicht verkündete Beschlüsse des Gerichts und nicht verkündete Verfügungen des Vorsitzenden oder eines beauftragten oder ersuchten Richters sind den Parteien formlos mitzuteilen. ² Enthält die Entscheidung eine Terminsbestimmung oder setzt sie eine Frist in Lauf, so ist sie zuzustellen.

III Entscheidungen, die einen Vollstreckungstitel bilden oder die der sofortigen Beschwerde oder der Erinnerung nach § 573 Abs. 1 unterliegen, sind zuzustellen.

Vorbem. I 2 geändert dch Art 1 Z 3 a G v 18.. 8. 05, BGBl 2477, in Kraft seit 27. 08. 05, Art 3 S 2 G, ÜbergangsR Einl III 78.

Schrifttum: *Ehrlein,* Die Begründungspflicht für erstinstanzliche zivilprozessuale Beschlüsse im Erkenntnisverfahren, Diss Tüb 1987; *Fraga Novelle,* Die Wirkung der Beschlüsse im Zivilprozeßrecht, 2000 (Bespr *Spickhoff* ZZP **115**, 406); *Lücke,* Begründungszwang und Verfassung, 1987; *Peters,* Die Bestandskraft von Beschlüssen usw, Festschrift für *Geimer* (2002) 811; *Waldner,* Aktuelle Probleme des rechtlichen Gehörs (1983) 111; *Werner,* Rechtskraft und Innenbindung zivilprozessualer Beschlüsse im Erkenntnis- und summarischen Verfahren, 1983.

Gliederung

1) Systematik, I–III	1	10) Nichtverkündeter Beschluß usw, II		23–27
2) Regelungszweck, I–III	2	A. Entstehung		23–25
3) Geltungsbereich, I–III	3	B. Wirksamkeitsgrundsatz: Gesetzmäßige Mitteilung		26
4) Notwendigkeit einer Begründung, I–III	4, 5	C. Ausnahme bei formloser Mitteilung		27
5) Entbehrlichkeit einer Begründung, I–III	6, 7	11) Formlose Mitteilung, II 1		28–30
6) Unterschrift. I–III	8–10	12) Zustellung von Amts wegen, II 2		31–34
7) Verfügung, I–III	11	A. Terminsbestimmung		31
8) Verkündung, I 1	12	B. Fristlaufbeginn		32, 33
9) Entsprechende Anwendung, I 2	13–22	C. Gebot; Verbot		34
A. Grundsatz: Keine abschließende Aufzählung	13	13) Zustellung von Amts wegen, III		35, 36
		A. Vollstreckungstitel, III Hs 1		35
B. Einzelvorschriften	14–22	B. Befristetes Rechtsmittel, III Hs 2		36
		14) Verstoß, II 2, III		37
		15) VwGO		38

1) Systematik, I–III. § 329 gibt unvollständige Vorschriften über Beschlüsse und Verfügungen, Üb 1 vor **1** § 300, BGH NJW **83**, 123. Über die Notwendigkeit einer mündlichen Verhandlung Üb 1 vor § 128. Eine schriftliche Abfassung ist nicht ausdrücklich vorgeschrieben, aber selbstverständlich. Mündliche Äußerungen sind kein vollendeter Beschluß, § 160 III Z 6 § 7. Das Gericht muß einen in der mündlichen Verhandlung zu Protokoll verkündeten Beschluß im allgemeinen begründen, Rn 4. Das muß zumindest dann nachträglich geschehen, wenn der Beschluß anfechtbar ist, Rn 5, 6. Daß es einen stillschweigenden Beschluß überhaupt nicht gebe, kann man nicht sagen. In besonderen Fällen mag die Untätigkeit des Gerichts notwendig auf einen Beschluß hindeuten und mag in diesem Verhalten dessen Bekanntmachung liegen, Rn 12.

2) Regelungszweck, I–III. Die Vorschrift bezweckt eine Klarstellung der Formen und teilweise auch **2** der Inhalte, die man bei der Abfassung und Mitteilung der neben dem Urteil möglichen und in der Praxis ebenso wichtigen weiteren Entscheidungsarten des Gerichts beachten muß, um die Rechtssicherheit zu wahren, Einl III 44. Es muß ja der Umfang der Rechtskraft festestehen, Einl III 322–327, auch derjenige der Vollstreckbarkeit, soweit sie in Betracht kommen, Grdz 28 ff vor § 704. Es muß ferner das oft in der Praxis vernachlässigte rechtliche Gehör gewahrt bleiben, Artt 2 I, 20 III GG (Rpfl), BVerfG **101**, 404, Art 103 I GG (Richter), Einl III 16. Deshalb ist grundsätzlich eine strenge Auslegung geboten.

Einwandfreie Bekanntgabe ist eine selbstverständliche Bedingung der Wirksamkeit auch eines solchen juristischen Aktes, der nicht in Urteilsform ergeht. Das gilt auch dann, wenn die Bekanntgabe keine Anwesenheit des Adressaten erfordert. Auch für den Lauf der Rechtsmittelfrist hat ein formell einwandfreies Entstehen der Entscheidung gerade auch außerhalb der Urteilsform eine zentrale Bedeutung. Die Nachlässigkeit, mit der eine verbreitete Praxis hier verfährt, ist manchmal erstaunlich. Das geht von dem bloßen Namenskürzel statt der vollen Unterschrift über die Formlosigkeit der Urkunde (einfache Abschrift statt Ausfertigung oder Beglaubigung) bis zur Formlosigkeit der Übersendung (einfacher Brief ohne Zustellungsurkunde oder Empfangsbekenntnis, sodaß man weder einen Fristlauf noch folglich den Fristablauf klar feststellen kann). Überdies wissen alle Beteiligten meist natürlich sehr genau, welche Nonchalance sie sich leisten. Oft wirkt sich diese dann doch nicht nachteilig aus. Das ist aber kein Entschuldigungsgrund.

Hartmann 1389

§ 329

Juristische Formstrenge kann bei aller Lästigkeit doch unvermeidbar sein. Das sollte man bei der Handhabung auch in der Praxis und nicht nur in der unstreitigen Theorie mehr achten.

3 **3) Geltungsbereich, I–III.** Die Vorschrift gilt in allen Verfahren nach der ZPO, im arbeitsgerichtlichen Verfahren nach § 46 II 1 ArbGG mit den Besonderheiten des § 50 ArbGG. II gilt auch im Verfahren nach § 10a VAHRG, BGH NJW **02**, 2252. Wegen des Musterentscheids beim KapMuG SchlAnh VIII § 14.

4 **4) Notwendigkeit einer Begründung, I–III.** Eine Begründung ist manchmal nach dem Gesetz ausdrücklich vorgeschrieben, etwa nach § 922 I 2 (Auslandsbezug). Sie ist aus im übrigen bei einem durch ein Rechtsmittel angreifbaren Beschluß grundsätzlich eine Rechtspflicht, Düss FamRZ **02**, 249, Hamm RR **00**, 212. Das folgt schon aus Art 6 I EMRK, EGMR NJW **99**, 2429, und aus Art 20 III GG. Denn sonst würde die Grundlage der Nachprüfbarkeit durch die Partei wie durch das Gericht fehlen, BVerfG **71**, 135, BGH NJW **83**, 123, Nürnb MDR **01**, 893, aM BGH FamRZ **88**, 943 (aber dann käme gar keine Zurückverweisung wegen Fehlens einer nachprüfbaren Begründung in Betracht. Gerade solche Zurückverweisung erfolgt auch beim BGH oft genug).

Die bloße *Bezugnahme* „auf zutreffende Gründe" eines Schriftsatzes oder einer angefochtenen oder auch unveröffentlichten Entscheidung kann ausreichen, BGH NJW **83**, 123, Hamm MDR **91**, 452, Köln VersR **83**, 252, strenger BVerfG **71**, 135. Man muß sich aber grundsätzlich davor hüten, zu solcher „Begründungs"-Floskel zu greifen, statt den Sachverhalt umfassend nachzuprüfen, § 286 Rn 13, 20, Hamm RR **00**, 211, Jena FamRZ **97**, 758. Eine widersprüchliche Begründung kann als deren Fehlen gelten, BGH MDR **78**, 928.

Soweit eine Begründung in Wahrheit oder schon äußerlich fehlt, kommt eine *Nachholung* in Betracht. Das kann etwa in einem statthaften Nichtabhilfebeschluß auf Rechtsmittel geschehen, Bbg JB **92**, 632, Karlsr Just **76**, 300. Andernfalls liegt ein Verfahrensmangel vor. Er kann auf Antrag zur Zurückverweisung führen, Ffm Rpfleger **84**, 477, Hamm RR **00**, 212, Schlesw MDR **97**, 1154.

5 Wenn *sofortige Beschwerde* nach §§ 567 ff zulässig ist, dann hat das untere Gericht (jetzt) nach § 572 I 1 Hs 2 die Rechtspflicht zur Nachholung der Begründung, falls es der sofortigen Beschwerde nicht abhilft, Nürnb MDR **01**, 893, Schlesw SchlHA **82**, 43. Die bloße Wiedergabe des Gesetzestextes ist keine Begründung, Düss FamRZ **78**, 919. Es ehrt auch den BGH, entsprechend BVerfG GRUR **81**, 295 einen Beschluß auf Zurückweisung der Beschwerde gegen die Nichtzulassung einer Revision stets mit solchen Gründen zu versehen, die nicht nur durch eine gelegentlich formelmäßige Verweisung auf BVerfG NJW **81**, 39 erkennbar machen, ob er die Voraussetzungen der §§ 543, 544 geprüft und verneint hat (nobile officium), § 37 Rn 4. Beim Rpfl gilt § 11 RpflG, Anh § 153 GVG, vgl § 104 Rn 41 ff.

6 **5) Entbehrlichkeit einer Begründung, I–III.** Eine gesetzlich nicht ausdrücklich vorgeschriebene Begründung kann ausnahmsweise fehlen, wenn der Beschluß schlechthin unanfechtbar ist, zB bei § 696 I 3, vgl freilich auch BVerfG **71**, 135 (zu § 119 II) und NJW **93**, 1909 (zu Art 3 I GG). Freilich kann eine Begründung auch bei grundsätzlicher Unanfechtbarkeit notwendig sein, falls im Ausnahmefall ein Rechtsmittel statthaft sein kann und das Rechtsmittelgericht dann zur Überprüfung imstande sein muß, zB bei §§ 707, 769, Düss FamRZ **89**, 389.

7 Eine Begründung kann auch fehlen, soweit der Beschluß *in keine Rechte* eines Betroffenen *eingreift*, BVerfG NJW **57**, 298. Das gilt zB dann, wenn er den übereinstimmenden Anträgen entspricht oder wenn die Gründe schon allen bekannt sind. Es gilt auch bei einem allseitigen Rechtsmittelverzicht, auch wenn der der Entschhausung zugrundeliegenden Fragen auf der Hand liegen (Vorsicht!) oder wenn sie sich aus dem Streitstoff selbst ergeben, Ffm Rpfleger **84**, 477, KG FamRZ **76**, 99, Schlesw SchlHA **82**, 43, etwa bei einem Beweisbeschluß oder bei einer Wertfestsetzung für einen bezifferten Antrag, Schlesw SchlHA **75**, 180.

8 **6) Unterschrift, I–III.** Das Gericht muß seinen Beschluß unterschreiben. Denn nur die Unterschrift verbürgt seine Herkunft, § 129 Rn 8 ff, BGH VersR **86**, 442, Karlsr FamRZ **99**, 452. Im Kollegialgericht genügen die bloße Unterschrift des Vorsitzenden oder des Vorsitzenden und des Berichterstatters nicht, MüKoMu 3, Schneider MDR **89**, 488, StJSchu 14, aM Düss MDR **80**, 943, ThP 11 („gerichtliche Übung". In Wahrheit: Gerichtliche Nachlässigkeit, wie bei so mancher „Übung", die die „Vermutung hat, falsch zu sein" [Lauterbach], ZöV 36 (er beruft sich auf eine „Übung des BGH". Dort wiegt solche etwaige Nachlässigkeit noch schwerer).

9 Ein *Handzeichen* (Paraphe) ist *keine* hier ausreichende Unterschrift, § 104 Rn 15, § 129 Rn 31 „Namensabkürzung (Paraphe)", § 216 Rn 13, § 317 Rn 8, BGH VersR **90**, 673, Brdb Rpfleger **98**, 208, Karlsr RR **04**, 1507 (je: Rpfl). Das gilt auch bei einer Verfügung des Urkundsbeamten, Düss Rpfleger **89**, 276.

10 Bei einem *Verstoß* liegt rechtlich nur ein Entwurf vor, Üb 12 vor § 300, BGH NJW **80**, 1167, Karlsr FamRZ **99**, 452. Er setzt keine Notfrist in Lauf, BGH NJW **95**, 533, auch keine andere Frist. Dann hilft auch kein Nichtabhilfebeschluß auf sofortige Beschwerde nach (jetzt) § 572 I 1 Hs 2, Karlsr FamRZ **99**, 452.

11 **7) Verfügung, I–III.** Man muß eine Verfügung des Vorsitzenden oder eines verordneten Richters wie einen Beschluß behandeln. Das gilt zB wegen der Notwendigkeit einer vollen Namensunterschrift, Rn 8, BVerwG NJW **94**, 746, Köln RR **97**, 1292. Nur bedarf eine Verfügung keiner Verkündung, wenn sie auf Grund einer mündlichen Verhandlung ergeht, sofern sie das Gericht nach II, III behandelt. Kein Richter oder Rpfl braucht außerhalb seines Dienstes zu verfügen. Er darf das aber tun. Die Schriftform kann auch dann erforderlich sein, wenn die Entscheidung keiner förmlichen Zustellung bedarf, BGH **93**, 305.

12 **8) Verkündung, I 1.** Das Gericht muß seinen Beschluß verkünden, wenn er auf eine notwendige oder auf eine freigestellte mündliche Verhandlung ergeht, § 128 IV, also schon BGH FamRZ **00**, 814 (Abweichung beim FGG-Verfahren), Bre FamRZ **81**, 1091. Das gilt im Verfahren nach § 251a. Im schriftlichen Verfahren ist ebenfalls eine Verkündung notwendig, § 128 II 2. Wenn keine Verkündung, sondern eine Zustellung erfolgt, dann ist der Beschluß entstanden. Man kann den Fehler aber rügen, § 310 Rn 3, Bre FamRZ **81**, 1091, Köln Rpfleger **82**, 113. Stellt der Beschluß eine innere Maßnahme des Gerichts dar, so gibt es das

Titel 2. Urteil **§ 329**

Gericht ihn den Parteien nicht bekannt. Ein stillschweigender „Beschluß" reicht jedenfalls nach außen meist nicht, Peters NJW **90**, 1833.

9) Entsprechende Anwendung, I 2. Die Vorschrift hat ganz erhebliche Bedeutung. 13

A. Grundsatz: Keine abschließende Aufzählung. Die Vorschrift macht in lückenhafter Weise einige Vorschriften auf Beschlüsse und Verfügungen entsprechend anwendbar. Bei § 319 zeigt sich klar, daß der berüchtigte Umkehrschluß auf die Unanwendbarkeit anderer Vorschriften zu Unrichtigkeiten führt.

B. Einzelvorschriften: 14
§ 308 ist anwendbar. Das ergibt sich aus der Parteiherrschaft, Grdz 18 vor § 128. Daher ergeht keine Entscheidung über den Antrag hinaus. Ein Beschluß, der aus dem Rahmen eines in sich geschlossenen Verfahrens herausfällt, wie ein Arrestbeschluß nach § 922, enthält von Amts wegen eine Kostenentscheidung.
§§ 309, 310 I (Besetzung des Gerichts, Verkündung) sind anwendbar, I 2, §§ 192 ff GVG sind anwendbar. Denn man darf sich nicht darauf verlassen, im Termin zur Verkündung einer „Entscheidung" werde nur ein Beschluß und kein Urteil ergehen, BGH VersR **83**, 1082, aM BGH MDR **05**, 410. Fristbeginn: Verkündung, § 221 Rn 3.
§ 311 (Art der Verkündung): I–III sind grundsätzlich unanwendbar, LG Ffm Rpfleger **76**, 257. IV ist anwendbar, I 2.
§ 312 (Parteien und Verkündung) ist anwendbar, I 2.
§§ 313–313 b (Form und Inhalt) sind *grundsätzlich unanwendbar,* Schneider MDR **78**, 528. Das sog Rubrum 15 nach § 313 Rn 1 kann abgekürzt sein, Oldb JB **97**, 377, etwa: „In pp", solange kein Vollstreckungstitel vorliegt, Brdb Rpfleger **98**, 208. In jedem Fall muß aber die Nämlichkeit der Beteiligten feststehen, BGH NJW **03**, 3136 (so nur in seiner Theorie richtig). Die Entscheidungsformel muß natürlich verständlich und gegebenenfalls vollstreckbar sein. Eine Begründung ist im Fall des § 620 d zwingend und im übrigen nach Rn 2 notwendig. § 313 a I ist aber anwendbar, so schon Ffm NJW **89**, 841, Hamm JB **96**, 96. Keineswegs darf man höhere Anforderungen als bei § 313 III stellen, BayObLG MDR **87**, 59. „Rotklammer" usw reicht aus, Hamm MDR **99**, 316. Über 20 Zitate mit obendrein sämtlichen Parallel-Fundstellen, so Kblz JB **03**, 319, sind nun wirklich eine Übertreibung selbst bei einer gewissen Streitfrage. Die bloße Verweisung selbst auf einen eindeutig bezeichneten Aktenteil reicht nicht beim Vollstreckungstitel, aM BGH NJW **03**, 3137 (aber wie soll das Vollstreckungsorgan ohne mühsame Aktenbeiziehung die Beteiligten und die Formel usw klar nach § 750 erkennen können?).
§ 314 (Tatbestand) ist im Verfahren mit mündlicher Verhandlung anwendbar, BGH **65**, 30, aM ThP 11, ZöV 35 (aber auch im Beschluß muß wenigstens man sich heraus in gesondertem Teil erkennen lassen, welcher Lebensvorgang und welcher Prozeßverlauf Grundlage der Begründung ist).
Außerhalb der mündlichen Verhandlung ist § 314 bei großzügiger Handhabung aus praktischen Erwägungen meist *unanwendbar,* Ffm MDR **04**, 901, Köln MDR **76**, 848. Natürlich kann auch dann ein auch äußerlich gesonderter „Tatbestand" notwendig, zumindest ratsam sein.
§ 315 (Unterschrift) vgl Rn 8, 9.
§ 317 (Zustellung): I ist unanwendbar; II 1 (Erteilung von Ausfertigungen usw) ist anwendbar, I 2; entgegen allgemeiner (gedankenloser) Übung ist II 2 (Ausfertigung) *unanwendbar;* III (elektronisches Dokument) ist anwendbar, I 2; (jetzt) IV (Unterschrift) ist anwendbar, I 2, BGH NJW **80**, 1960, KG MDR **81**, 853; V (elektronisches Dokument ist anwendbar, I 2; (jetzt) VI (abgekürzte Fassung) ist *unanwendbar,* LG Stade Rpfleger **87**, 253. Wegen eines elektronischen Dokuments § 174 III. Wegen des Fristbeginns bei der sofortigen Beschwerde § 569 I.
§ 318 (Bindung des Gerichts), dazu *Fraga Novelle,* Die Wirkung der Beschlüsse im Zivilprozeßrecht, Diss 16 Passau 1999; *Werner,* Rechtskraft und Innenbindung zivilprozessualer Beschlüsse im Erkenntnis- und summarischen Verfahren, 1982:
– *Grundsatz: Abänderbarkeit.* Die Vorschrift ist teilweise anwendbar. Das Gericht ist an seinen bloßen Entwurf natürlich nicht gebunden, Köln NJW **78**, 2806. Das gilt also, solange keine wirksame Unterzeichnung vorliegt, vgl Rn 8, 9. An seinen wirksam erlassenen Beschluß nur gebunden, solange er nicht abgeändert ist oder wenn er unabänderlich ist, BGH FamRZ **89**, 849, BPatG GRUR **86**, 54, Karlsr RR **95**, 1536 (zu § 281). Regelmäßig ist ein Beschluß frei abänderlich, solange das Gericht mit dem Gegenstand des Beschlusses befaßt ist, zB beim Beweisbeschluß § 360 Rn 1, 2 und daher auch beim Beschluß im selbständigen Beweisverfahren, § 490 Rn 10, aM LG Konst RR **03**, 1379 (aber das führt zu einer sinnlosen Förmelei). Denn auch § 572 I Hs 1 läßt Abänderungen zu). Auch die Ablehnung der Prozeßkostenhilfe nach § 127 I 1 kann abänderbar sein, BVerfG **56**, 154. Wegen § 522 dort Rn 8, BAG NJW **04**, 174, aM Bauer NJW **91**, 1714. Abänderbar ist wegen § 572 II 1 (jetzt) auch ein mit sofortiger Beschwerde angreifbarer Beschluß, Schlesw MDR **04**, 1392. Wegen der Verweisung in § 573 I 2 auch auf § 572 II 1 gilt das auch für den mit sofortiger Erinnerung angreifbaren Beschluß.
– *Ausnahmen: Unabänderlichkeit.* Unabänderlich sind: Ein Beschluß nach §§ 36, 37, dort II und Rn 7; 17 ein Beschluß im Verfahren auf Arrest oder einstweilige Verfügung nach §§ 924, 926, 927, 936 sowie auf die Vollstreckbarerklärung einschließlich desjenigen bei einem vereinbarten Wortlaut, §§ 1053, 1054. Das folgt daraus, daß das Gesetz seine Aufhebung an besondere Voraussetzungen und Verfahren knüpft. Unabänderlich ist ferner ein Beschluß auf eine Verweisung, §§ 281, 506, 696 V. Denn diese nimmt dem bisherigen Gericht dessen Zuständigkeit, Rn 16, 18, aber auch Rn 19.
Unabänderlich ist ferner auch ein Beschluß, soweit er *ausgeführt* und bereits *ausgeführt* ist, soweit das Rechtsmittel- 18 gericht ihn bestätigt hat, soweit er prozessual überholt ist, und grundsätzlich auch, soweit er die Wiedereinsetzung gewährt, § 238 III, BVerfG JZ **59**, 59 (krit Baur), BGH NJW **95**, 2497. Zur Gegenvorstellung Üb 3 vor § 567, BGH **130**, 98. Beim unanfechtbaren Beschluß kommt also freilich zumindest auf Gegenvorstellung eine Nachholung des etwa versagten rechtlichen Gehörs und insofern auch eine Änderung in Betracht, Schlesw SchlHA **84**, 62.

§ 329 Buch 2. Abschnitt 1. Verfahren vor den LGen

19 § **319** (Berichtigung) ist grds anwendbar, § 319 Rn 2, BVerfG **29**, 50, BAG NZA **04**, 454 (nicht bei bloßer Klarstellung bzw. Auslegung), BayObLG RR **89**, 721 (WEG), AG Duisb RR **04**, 260. Bei einem unanfechtbaren Beschluß wäre es unbegreiflich, wenn das Gericht seinen Schreibfehler nicht berichtigen dürfte. Es darf zB eine versehentliche Verweisung berichtigen, BVerfG **29**, 50. Wegen des Mahnbescheids § 692 Rn 9. Auch kann insoweit Kostenfestsetzungsbeschluß nach § 104 läßt sich berichtigen, Hamm Rpfleger **77**, 218, und zwar vom Rpfl, freilich nicht nach § 319, soweit der Rpfl die Kosten irrig von der Kostengrundentscheidung abweichend festsetzte, VG Hann Rpfleger **90**, 388, ZöV § 319 Rn 20, aM Mü Rpfleger **92**, 217 (aber der Rpfl ist an die Kostengrundentscheidung gebunden, Einf 9 vor §§ 103–107). Der Rpfl kann ihn auch insoweit berichtigen, als er einen Teil vergaß, Zweibr Rpfleger **03**, 101. Wegen neuer Sachlage LG Nürnb-Fürth Rpfleger **78**, 333. Wegen des FGG-Verfahrens § 319 Rn 4.

§ **320** (Berichtigung des Tatbestands) ist *unanwendbar*. Denn das Gericht darf und muß Unrichtigkeiten ohne weiteres nach § 319 von Amts wegen berichtigen, soweit keine Bindungswirkung nach § 318 vorliegt, Ffm MDR **04**, 901, Köln MDR **76**, 848, aM BGH **65**, 36 (aber die Bindungswirkung hat dann Vorrang).

20 § **321** (Ergänzung) ist anwendbar, Ffm FamRZ **90**, 297, Mü AnwBl **88**, 249. Das gilt namentlich wegen des Kostenpunkts, KG Rpfleger **81**, 318, also auch wegen der Kostenfestsetzung, KG Rpfleger **80**, 159, Mü AnwBl **88**, 249, oder bei der Entscheidung im Insolvenzverfahren über angemeldete Kosten, KG Rpfleger **80**, 158. Innere Gründe verlangen die Anwendbarkeit. Nur eine Förmelei würde ihr entgegenstehen. Daß § 321 eine mündliche Verhandlung verlangt, besagt nichts, Zweibr FamRZ **80**, 1144. Denn auch der nach I 2 anwendbare § 310 I verlangt eine mündliche Verhandlung. Eine sinngemäße Anwendung bedeutet nicht bindende Anwendung.

Die *Zweiwochenfrist* beginnt mit dem Zugang des Beschlusses. Eine Ergänzung durch eine sofortige Beschwerde ist grundsätzlich unzulässig, § 321 Rn 3 (auch zu Ausnahmen). Bei der Vollstreckbarerklärung eines Schiedsspruchs oder einer ausländischen Kostenentscheidung läßt eine Ergänzung gar nicht entbehren. Vgl auch § 794 I Z 4 a.

§ **321 a** ist *unanwendbar*, insbesondere bei § 522 II, § 321 a Rn 4. Denn I 2 verweist nicht auch auf § 321 a. Das Ergebnis befriedigt freilich nicht. Denn das BVerfG wird über § 321 a von der Nachprüfung eines grundgesetzwidrigen Urteils befreit, nicht aber von derjenigen einer ebenso schwerwiegend unrichtigen Entscheidung in Beschlußform. Freilich dürfte eine solche in der Praxis seltener vorkommen. Man kann evtl auch § 321 a II 2 entsprechend anwenden und daher nur eine befristete Gegenvorstellung zulassen.

21 §§ **322–327** (Rechtskraft), dazu *Peters* (vor Rn 1) 811, *Werner*, Rechtskraft und Innenbindung zivilprozessualer Beschlüsse im Erkenntnis- und summarischen Verfahren, 1982: Der Beschluß ist der äußeren Rechtskraft fähig, Einf 1 vor §§ 322–327, auch vor den Arbeitsgerichten, BAG BB **96**, 2470. Der inneren Rechtskraft nach Einf 2 vor §§ 322–327 kann auch der Beschluß fähig sein, BGH NJW **85**, 1336 (auch zu Grenzfällen), BAG MDR **97**, 71, BayObLG **03**, 264. Die innere Rechtskraft kann natürlich nicht eintreten, soweit der Beschluß eine entsprechende Entscheidung enthält soweit er also urteilsähnlich ist, Oldb FamRZ **03**, 1302, Peters (vor Rn 1) 819, aM Koenigk NJW **75**, 529 (zu theoretisch).

Hierher zählen zB: ein Kostenfestsetzungsbeschluß nach § 104, Hbg MDR **86**, 245, soweit er zuerkennt oder aberkannt, Mü MDR **87**, 419 (auch zur Auswechselbarkeit von Einzelposten, § 104 Rn 18); ein die Prozeßkostenhilfe ablehnender Beschluß, Oldb FamRZ **03**, 1302; ein Verwerfungsbeschluß nach §§ (jetzt) 522 I 3, 552 II, 572 II 2, BGH NJW **81**,1962; ein Beschluß nach § 766, dort Rn 27; ein Beschluß aus § 888; die Ablehnung der Eröffnung eines Insolvenzverfahrens, Hamm BB **76**, 640. Bei einem Beschluß nach § 91 a tritt keine innere Rechtskraft in der Hauptsache ein (anders bei einem Urteil), dort Rn 188, mißverständlich Koenigk NJW **75**, 529 (die Rechtskraft trete auch bei einem Beschluß ein. Gemeint ist das Urteil). Vielmehr tritt die innere Rechtskraft nur wegen der Kosten ein, § 91 a Rn 167.

22 § **328** (ausländischer Beschluß) ist auf einen rechtskräftigen Beschluß anwendbar, § 328 Rn 8.

23 **10) Nichtverkündeter Beschluß usw, II.** Seine Voraussetzungen werden oft unterschätzt. Ein „Sofort!"-, besser noch ein „Noch heute!"-Zusatz am Kopf der Verfügung kann als verbindliche Anweisung an die Geschäftsstelle entscheidend zur Verkürzung der Bearbeitungszeit und damit zur rascheren Ladung und Terminsdurchführung beitragen. Der Richter sollte diesen Zusatz deshalb durchaus in einer Eilsituation oder auch zur generell schnelleren Verfahrensabwicklung miteinsetzen. Bei guten Willen aller Beteiligten, der natürlich stets hinzutreten muß, lassen sich stets und nachhaltig erstaunliche Ergebnisse erzielen. Das Gegenargument der Überbelastung verfängt nur scheinbar: In Wahrheit nimmt der Aktenberg mit dem Bearbeitungstempo auch in der Geschäftsstelle ebenso ab wie beim Richter, beim Rpfl, beim Anwalt usw. Denn es treten keine so langen Pausen mit Erinnerungsverlusten auf. In Wahrheit haben also alle diese weiteren Beteiligten zumindest mittel- und langfristig von rascher Abarbeitung nur erhebliche Vorteile.

24 **A. Entstehung.** Entstanden ist ein nach II, III mitzuteilender Beschluß oder eine entsprechende Verfügung schon mit der ersten Herausgabe durch den Urkundsbeamten der Geschäftsstelle in den Geschäftsgang, Kblz AnwBl **01**, 522, LG Gött RR **93**, 1361. Im Zweifel muß man den sog Meistbegünstigungsgrundsatz anwenden, Grdz 28 vor § 511, BGH NJW **02**, 2106.

Der Beschluß ist derart herausgegeben, sobald er die *Akten endgültig verlassen* hat, um nach außen zu dringen, BGH FamRZ **04**, 1368, Köln FGPrax **05**, 181 (FGG), LG Mü RPfleger **04**, 717. Das ist zB dann der Fall, wenn ihn der Urkundsbeamte der Geschäftsstelle dem Gerichtswachtmeister oder der Post zur Beförderung übergeben hat, BGH FamRZ **04**, 1368, BayObLG MDR **97**, 1153 (FGG), Düss RR **02**, 428, was er ja auch in den Akten vermerken muß, oder sobald er ihn ins Abtragefach gelegt hat, Kblz VersR **82**, 1058, oder sobald der Beschluß ins Anwaltsabholfach kommt, Kblz RR **86**, 935. Bis dahin liegt rechtlich nur ein innerer Vorgang des Gerichts vor, BGH **137**, 52. Das Gericht darf einen solchen nur inneren Vorgang jederzeit beseitigen oder *ändern,* BGH Rpfleger **82**, 306, Köln NJW **88**, 2806. Das Gericht *muß* ihn evtl ändern, Kblz JB **91**, 436, Schlesw SchlHA **82**, 43. Das kann zB wegen des Eingangs eines entscheidungserheblichen Schriftsatzes gelten, Zweibr RR **02**, 1016.

Titel 2. Urteil **§ 329**

Das alles gilt evtl auch dann, wenn sich die Akten zB schon in der Kanzlei befinden, die eine Zustellung **25** durch die Post abschließend vorbereiten soll, Kblz JB **91**, 436, Köln NJW **83**, 460, oder wenn gar bereits irgendeine tatsächliche Voraus-Mitteilung an eine Partei erfolgt ist, Köln Rpfleger **76**, 102, oder an den Gerichtsvollzieher, oder wenn irgendein Vollstreckungsorgan zB von einem Einstellungsbeschluß irgendwie vorab inoffiziell Kenntnis hat, Kirberger Rpfleger **76**, 8.

Nach der Herausgabe des Beschlusses kann keine Partei mehr seine Änderung oder die Berücksichtigung eines neuen Vortrags verlangen. Denn die Hinausgabe entspricht einer Verkündung nach dem Schluß einer mündlichen Verhandlung. Freilich muß erkennbar eine vollständige Entscheidung vorliegen. Diese fehlt, soweit überhaupt keine Unterschrift vorliegt, aM Kblz VersR **82**, 1058 (aber erst sie verbürgt die Entstehung), oder soweit die Unterschrift nicht verbürgt ist, Rn 2 ff, Köln NJW **88**, 2806.

B. Wirksamkeitsgrundsatz: Gesetzmäßige Mitteilung. Wirksam wird ein Beschluß grundsätzlich **26** mit seiner ordnungsmäßigen Verkündung, BGH NJW **81**, 1218, oder mit seiner sonstigen gesetzmäßigen Mitteilung, BGH **137**, 52, Bbg JB **93**, 89, KG RR **00**, 1240. Ausnahme: § 629 d. Maßgeblich ist grundsätzlich die zeitlich erste solche Maßnahme, Schneider NJW **78**, 833. Nur für die Rechtsmittelfrist kommt es davon abweichend die Zustellung an die jeweilige Partei an, KG RR **00**, 1240, Schneider NJW **78**, 833, ZöV 20, aM Nürnb NJW **78**, 832 (je zu § 331 III. Aber das kann zu erheblicher Verkürzung der Rechtsmittelfristen führen. Sie sind ja auch von der Entstehung des anfechtbaren Beschlusses abhängig). Bei einer Verweisung ist die letzte Mitteilung maßgeblich, BGH FamRZ **95**, 552.

Mit einer gesetzmäßigen Mitteilung ist der Beschluß *„erlassen"*, Schlesw SchlHA **82**, 43. Bis zu diesem Zeitpunkt berührt er die Parteien nur insofern, als eine Anfechtung bereits möglich ist, BGH FamRZ **95**, 552, Stgt AnwBl **80**, 114. In einer eilbedürftigen Sache, also bei einer einstweiligen Einstellung, §§ 707, 719, 769, bei einem Arrest, §§ 916 ff, bei einer einstweiligen Verfügung, §§ 935 ff, entscheidet diejenige Bekanntmachung, die zuerst erfolgt, auch für die andere Partei.

C. Ausnahme bei formloser Mitteilung. Ein formlos mitteilbarer Beschluß wird mit der ersten Hin- **27** ausgabe der Entscheidung wirksam, Rn 24, BGH NJW **92**, 840 (mit dem Zugang; wohl ungenau durchdacht, trotz richtiger Erörterung der Rückwirkungsfrage im übrigen), Düss MDR **88**, 62. Der maßgebende Zeitpunkt läßt also nur aus dem Vermerk ersehen, der darüber in den Akten steht. Jedoch ist die Wirksamkeit von jenem Aktenvermerk nicht abhängig. Das gilt zB bei einer telefonischen Mitteilung ohne einen Aktenvermerk.

11) Formlose Mitteilung, II 1. Sie genügt grundsätzlich bei einem nicht verkündeten Beschluß des **28** Gerichts, BGH VersR **81**, 1056. Sie genügt auch bei einer nicht verkündeten Verfügung des Vorsitzenden oder des beauftragten Richters oder des ersuchten Richters, §§ 361, 362, oder des Rpfl. Wegen der Ausnahmen II 2, III. Ausreichend sind dann: Die Übersendung durch die Post; die Aushändigung durch einen Gerichtsboten; der Einwurf in einen Briefkasten; ein Telefonat, BGH FamRZ **00**, 814 (FGG), Hamm Rpfleger **87**, 253; eine e-mail; ein Telefax; eine Erklärung des Urkundsbeamten der Geschäftsstelle, auch eine telefonische, BGH RR **00**, 877 (FGG). Einen als unzustellbar zurückkommenden Brief hat das Gericht nicht gesetzmäßig übersenden können. Wegen eines Aktenvermerks Rn 24.

Das Gericht muß die Voraussetzungen dieser Art der Mitteilung *für jede Partei besonders* prüfen, auch im **29** Beschwerdeverfahren. Für die eine Partei mag eine formlose Mitteilung genügen, während für die andere eine Zustellung notwendig sein kann.

Eine förmliche Zustellung statt einer formlosen Mitteilung genügt immer. Bei einer formlosen *Mitteilung* **30** *statt* einer förmlichen *Zustellung* ist eine Entscheidung entstanden, aber nicht wirksam geworden, aM ThP 7 (aber eine gesetzmäßige Mitteilung ist Wirksamkeitsbedingung, Rn 26). Es ist zwar das jeweils bei einer Wirksamkeit vorgesehene Rechtsmittel zulässig. Jedoch kann das rechtliche Gehör fehlen, Artt 2 I, 20 III GG (Rpfl), BVerfG **101**, 404, Art 103 I GG (Richter), BVerfG NJW **91**, 2757. Ferner beginnt wegen des Mangels der Wirksamkeit die Rechtsmittelfrist noch nicht zu laufen, Köln Rpfleger **76**, 102, Stgt FamRZ **82**, 429. Es ist allerdings eine Rüge erforderlich, Rn 12. Wegen der Zwangsvollstreckung § 750 Rn 9. Wegen des Gebots des Datenschutzes ist die Mitteilung der Entscheidungsgründe im Prozeßkostenhilfeverfahren an den Prozeßgegner des Antragstellers nur zur Frage von Erfolgsaussicht und Mutwillen zulässig, nicht auch zur Frage der Bedürftigkeit, § 117 Rn 27, 28, LAG Hamm MDR **88**, 172.

12) Zustellung von Amts wegen, II 2. Eine Zustellung nach (jetzt) § 270 in Verbindung mit §§ 166 ff **31** ist schon zwecks rechtlichen Gehörs, Art 103 I GG, in den folgenden Fällen notwendig, BGH **76**, 238.

A. Terminsbestimmung. Die Amtszustellung ist erforderlich, wenn die Entscheidung eine Terminsbestimmung nach § 216 enthält. Eine Ausnahme gilt bei der Ladung des Klägers zum ersten Verhandlungstermin beim AG, auch FamG, § 497 I 1, dort Rn 1, ferner bei einer mündlichen Mitteilung nach § 497 II.

B. Fristlaufbeginn. Die Amtszustellung ist ferner dann erforderlich, wenn die Entscheidung eine eigent- **32** liche Frist nach Üb 10 vor § 214 überhaupt wirksam in Lauf setzt. Das gilt zB: Bei einer Frist der in § 296 I genannten Art, BGH NJW **89**, 228, Düss MDR **85**, 852, Hamm NJW **84**, 1566; bei einer Frist nach § 234, BGH VersR **95**, 318, aM BGH VersR **85**, 69 (wegen dessen II. Aber die Behebung des Hindernisses tritt nur als weitere Bedingung hinzu); bei der Frist nach § 356, BGH NJW **89**, 228; bei der sofortigen Beschwerde, § 567 I. Nicht erforderlich ist die Amtzustellung aber bei einer uneigentlichen Frist nach Üb 11 vor § 214, zB bei derjenigen des § 614 III, BGH NJW **77**, 718.

Oft genug liegt ein *Verstoß* gegen II 2 und damit der schwere Verfahrensfehler einer Mißachtung des Art 103 I GG vor. Das Gericht darf nur nach dem Ablauf einer von ihm selbst gesetzten Frist entscheiden. Dazu muß erst einmal der Zeitpunkt des Fristablaufs feststehen, Rn 12, 37.

Eine *Fristverlängerung* nach § 224 bedarf theoretisch keiner Zustellung. Denn der Beginn der alten Frist **33** bleibt bestehen (Ausnahmen s unten), BGH (XII. ZS) NJW **94**, 2365, Müller NJW **90**, 1779, aM BGH (IVa-ZS) VersR **89**, 1063 (wollte seine Haltung aufgeben, vgl den entsprechenden Hinweis in BGH – XII. ZS – FamRZ **90**, 613). Freilich läßt sich ohne förmliche Zustellung evtl nicht feststellen, ob der Betroffene überhaupt von der Verlängerung erfahren hat und ob er die mit ihr bezweckte Verlängerung des

Hartmann 1393

rechtlichen Gehörs nach Rn 30 überhaupt ausnutzen konnte. Überdies darf kein Richter vor dem Ablauf einer richterlichen Frist entscheiden, Rn 32. Daher ist eine förmliche Zustellung zumindest ratsam. Dasselbe gilt natürlich erst recht bei einer Fristverkürzung nach § 224, unklar BVerfG RR **94**, 255.

34 **C. Gebot; Verbot.** Die Amtszustellung ist schließlich dann erforderlich, wenn die Entscheidung ein Gebot oder Verbot enthält, zB nach §§ 936, 938, 940, BGH Rpfleger **82**, 306.

35 **13) Zustellung von Amts wegen, III.** Die Amtszustellung nach § 270 ist erforderlich, wenn es sich um eine Entscheidung nach III handelt, also um eine Verfügung oder einen Beschluß des Gerichts oder des Vorsitzenden oder des beauftragten Richters bzw ersuchten Richters, gleichgültig ob sie zu verkünden war oder nicht. Es muß außerdem eine der folgenden Voraussetzungen erfüllt sein.

A. Vollstreckungstitel, III Hs 1. Die Entscheidung muß entweder einen Vollstreckungstitel gegen denjenigen bilden, dem das Gericht sie dann deswegen förmlich zustellen muß. Die Entscheidung muß also äußerlich nach § 794 und innerlich vollstreckungsfähig sein. Das gilt zB auch bei einem Beschluß nach § 278 VI, dort Rn 50, oder nach § 34 GKG. Zum Beginn der Zwangsvollstreckung nach Grdz 51 vor § 704 genügt grundsätzlich die Amtszustellung, aber auch die Parteizustellung, §§ 166 ff, 750 I, 794 I Z 3, 795.

36 **B. Befristetes Rechtsmittel, III Hs 2.** Oder die Entscheidung muß der sofortigen Beschwerde unterliegen, § 567 I, bzw der Rechtsbeschwerde nach § 574, Köln NJW **04**, 619, bzw der befristeten Erinnerung nach § 573 I, § 11 II 1 RPflG, § 104 Rn 41 ff, Drsd JB **98**, 28.

37 **14) Verstoß, II 2, III.** Vgl Rn 12 sowie Üb 13 ff vor § 166. Man kann das Fehlen der Unterschrift auf dem Empfangsbekenntnis für unschädlich halten, sofern die Sendung unstreitig tatsächlich zuging, (jetzt) § 189, Mü WRP **75**, 457. Beispiel: Ein Beschluß nach § 572 ca GVG, BAG DB **92**, 2040. Dieses Gericht, ferner BayObLG WoM **92**, 204, wenden (jetzt) § 517 entsprechend an.

38 **15) VwGO: I 1** ist unanwendbar, da auch Urteile im VerwProzeß nicht verkündet werden müssen, § 116 II VwGO; **I 2** ist entsprechend anzuwenden, weil § 122 I VwGO insoweit schweigt, VGH Kassel NJW **87**, 1354 (zu § 318); wegen der Anwendbarkeit der in I 2 genannten Bestimmungen vgl bei diesen. Entspr anwendbar, § 173 VwGO, ist auch **II**, BVenwG NJW **98**, 350 u NVwZ **92**, 179, OVG Lüneb NdsRpfl **97**, 82. Statt **III** gilt § 56 I VwGO (ohne wesentliche Unterschiede, jedoch braucht danach nicht jeder Vollstreckungstitel zugestellt zu werden), vgl Roth NJW **97**, 1966, OVG Bre NVwZ **87**, 518. Wegen der Erleichterung der Begründung s § 122 II VwGO.

Titel 3. Versäumnisurteil

Übersicht

Schrifttum: Hartung, Das anwaltliche Verbot des Versäumnisurteils, 1991; *Heinrich*, Säumnis im Zivil- und Arbeitsgerichtsprozeß, 2001; *Heinrich*, Säumnis im Zivil- und Arbeitsgerichtsprozeß, 2001; *Hoyer*, Das technisch zweite Versäumnisurteil, 1980 (Bespr *Kodek* ZZP **116**, 510); *Schubert*, Zur Rechtsgeschichte des Versäumnisverfahrens usw, Festschrift für *Schneider* (1997) 65; *Steinhauer*, Versäumnisurteile in Europa usw, 1996; *Taupitz*, Das Versäumnisurteil zwischen anwaltlicher Kollegialität und Mandantenrecht, Festschrift für *Pawlowski* (1997) 443.

Gliederung

1) Systematik 1	D. Schriftliches Vorverfahren 9
2) Regelungszweck 2	E. Prozeßvoraussetzungen 10
3) Geltungsbereich 3	5) **Folgen der Versäumnis** 11–17
4) **Voraussetzungen der Säumnis** 4–10	A. Versäumnisurteil 11, 12
A. Terminsbestimmung 4, 5	B. Streitmäßiges Urteil 13–15
B. Nichterscheinen, Nichtverhandel 6, 7	C. Rechtskraft 16
C. Ladung, Verkündung 8	D. Entscheidung nach Aktenlage 17
	6) *VwGO* 18

1 **1) Systematik.** §§ 230 ff, 283, 296 regeln die Versäumung einzelner Parteiprozeßhandlungen, Grdz 47 vor § 128. Titel 3 behandelt die Versäumnis von Terminen durch nur eine Partei und der Anzeigefrist des § 276 I 1. Die Säumnis beider Parteien wird in § 251 a geregelt. Grundsätzliches über die Versäumung und Versäumnis Üb 1 vor § 230. Beides kann auch zusammen eintreten, § 454. Wegen des Standesrechts § 337 Rn 10.

2 **2) Regelungszweck.** Das Versäumnisverfahren der §§ 330 ff ist aus dem französischen Jugement par défaut mit der Verschlechterung übernommen worden, daß eine vorherige streitige Verhandlung den Einspruch nicht ausschließt. Die damit gebotene Möglichkeit der Prozeßverschleppung, die „Flucht in die Säumnis", ist durch die Zulässigkeit einer Aktenlageentscheidung gemildert. Einen erheblichen Vorteil bietet die Möglichkeit, ohne mündliche Verhandlung zu entscheiden, wenn die Voraussetzungen des § 331 III vorliegen. Seine Berechtigung findet das Versäumnisverfahren als solches in der Verletzung der durch das Prozeßrechtsverhältnis begründeten Mitwirkungspflicht, Grdz 11 vor § 128. Das Gericht hat mit der Anberaumung des Termins und der Ladung der Partei grundsätzlich die Säumnis zur Wahrung des Art 103 I GG getan, § 337, BVerfG **83**, 301. Das persönliche Erscheinen des Bekl läßt sich bei einer Säumnis auch dann nicht erzwingen, wenn das Gericht es nach § 273 angeordnet hatte.

Herbeiführung des Sachantrags gleich zu Beginn der mündlichen Verhandlung ist nicht nur nach § 137 I ein klares Gebot an das Gericht, § 139 I 2 lt Hs. Es ist außerdem ein vorzügliches richterliches Mittel zur Begrenzung der Säumnisnachteile. Wer den Antrag gestellt hat, ist zumindest in diesem Termin nicht mehr

Titel 3. Versäumnisurteil **Übers § 330**

säumig, auch wenn er sich dann an ihm nicht mehr weiter beteiligt. Verabredete Säumnis ist eine formell zulässige, aber nicht sonderlich überzeugende Methode, Zeit zu gewinnen, meist weil man den Prozeß nicht genug vorbereitet hat. Andererseits kann Säumnis Luft zur selbstkritischen Besinnung schaffen und ist bei klarer Rechtslage natürlich für alle Beteiligten ein eleganter Weg zur raschen Beendigung des Verfahrens, wenn nicht doch noch ein Einspruch folgt. Das Gericht darf den Gedanken der Prozeßwirtschaftlichkeit nach Grdz 14 vor § 128 gerade im Säumnisverfahren auch zur eigenen Arbeitserleichterung mitbeachten. Es braucht sich nicht zu scheuen, auf Säumnis sogleich kraftvoll zu reagieren, statt zB durch ängstliche Fristsetzung den Säumigen auch noch zu belohnen.

3) Geltungsbereich. Die Vorschriften gelten grundsätzlich in allen Verfahren nach der ZPO, auch in der **3** Revisionsinstanz, BGH RR **05**, 1297. Wegen Ehesachen § 612 IV, V. Wegen des Statusverfahrens § 640 I, Bbg RR **94**, 459, Prütting ZZP **91**, 197. Im arbeitsgerichtlichen Verfahren enthalten §§ 55, 59 ArbGG, im Patentnichtigkeitsverfahren enthält § 82 PatG Besonderheiten, BGH GRUR **96**, 757. Ähnliches gilt in einer Baulandsache, § 227 III BauGB, und in einer Entschädigungssache, § 209 III BEG. Wegen des WEG Krumm ZRP **04**, 257 (auch rechtspolitisch). §§ 330 ff sind nach § 14 I KapMuG, SchlAnh VIII, anwendbar, Schneider BB **05**, 1255.

4) Voraussetzungen der Säumnis. Eine Säumnis liegt unter den folgenden Voraussetzungen vor. Von **4** ihnen müssen entweder diejenigen nach Rn 4–8 und 10 oder diejenigen nach Rn 9 und 10 zusammentreffen.

A. Terminsbestimmung. Das Gericht muß einen Termin zur mündlichen Verhandlung bestimmt haben. Es muß die Bestimmung gesetzmäßig, ordnungsgemäß vorgenommen haben, §§ 216 ff, vor allem unter Einhaltung der jeweiligen Ladungsfrist, soweit man sie überhaupt einhalten muß, und unter Beachtung einer etwaigen Einlassungsfrist und der etwa notwendigen Ladungsform. Es kann sich um den ersten oder um einen weiteren Verhandlungstermin handeln, § 332. Maßgeblich ist nur der zur Verhandlung bestimmte Terminsteil, §§ 280, 347 II. Ein Verhandlungstermin nach §§ 921 I, 937 II reicht aus. Ein Gütetermin liegt gerade *vor* der mündlichen Verhandlung, § 279 Rn 4. Wenn eine Beweisaufnahme vor dem Prozeßgericht stattfindet und der Termin mit der Beweisaufnahme beginnt, dann beginnt die mündliche Verhandlung erst nach dem Abschluß der Beweisaufnahme, § 370 Rn 4.

Eine *freigestellte* mündliche Verhandlung nach § 128 IV genügt nur im Verfahren auf einen Arrest oder auf eine einstweilige Verfügung, §§ 922 I, 936, 937 II. Es kommt auch ein Termin im Verfahren auf die Vollstreckbarerklärung eines Schiedsspruchs einschließlich desjenigen mit unverändertem Wortlaut in Betracht, §§ 1053 ff, 1064. Es ist für die Säumnis unerheblich, ob eine Vertagung nach § 227 usw beantragt worden war. Es darf aber natürlich kein zwingender Vertagungsgrund vorliegen. Eine Säumnis fehlt ferner, wenn das Gericht das Verfahren nach §§ 239 ff unterbrochen oder nach §§ 148 ff ausgesetzt hatte oder wenn das Verfahren ruht, § 251 a. Ein Sühne- oder bloßer Verkündungstermin nach § 310 reichen nicht aus.

Der Verhandlungstermin muß vor dem *Prozeßgericht* bestimmt worden sein. Ausreichend sind: Der nach **5** §§ 348 oder 348 a tätige Einzelrichter; der Vorsitzende der Kammer für Handelssachen, § 349 II Z 5; der Entscheidende Richter nach § 526; der Vorbereitende Einzelrichter nach § 527 III Z 2. Nicht ausreichend sind: Der beauftragte Richter, § 361; der ersuchte Richter, § 362. Das Gericht muß der später säumigen Partei das tatsächliche (frühere) mündliche Vorbringen des Gegners und seine (früheren) Anträge rechtzeitig mitgeteilt haben, § 335 I Z 3.

B. Nichterscheinen, Nichtverhandeln. Die Partei muß den Verhandlungstermin versäumt haben. Die **6** Partei muß also bis zu seinem Schluß nach §§ 136 IV, 296 a trotz ordnungsgemäßer Ladung nach Rn 4, 8 und trotz ordnungsgemäßen Aufrufs nach § 220 Rn 1, 2 nicht erschienen sein oder nicht verhandelt haben, § 137 Rn 4, 5, § 220 Rn 8, § 333 Rn 3, 4. Im Anwaltsprozeß muß das Gericht nach § 78 Rn 1 muß das Gericht den ProzBev geladen haben, § 172. Die Partei darf bis zum Aufruf vor dem Sitzungsraum warten, auch wenn sie sich in eine gesetzlich gar nicht vorgesehene, aber anderorts übliche und erlaubte sog Sitzungsliste eingetragen hatte, BVerfG NJW **77**, 1443. Säumnis liegt auch vor, wenn sich die Partei freiwillig nach dem Terminsbeginn entfernt. Läßt das Gericht die Partei aus sitzungspolizeilichen Gründen zwangsweise entfernen, so gilt das als freiwilliges Sichentfernen, § 158. Auch ein Wortentzug nach §§ 157 II, 158 S 2 kann zur Säumnis führen. Nach einer streitigen Verhandlung ist auch im Anschluß an eine etwa inzwischen erfolgte Beweisaufnahme trotz des insoweit irreführenden Wortlauts des § 285 in demselben Termin keine Antragswiederholung notwendig. Über die Zurückweisung von Parteien und Vertretern §§ 157, 158.

Das Gericht braucht nach *pünktlichem Aufruf* gemäß § 220 Rn 1 ff nicht allzu lange auf die Partei oder ihren ProzBev zu warten, zu letzterem § 337 Rn 10 „Standesrecht". Das Gericht ist ungeachtet aller begrüßenswerten modernen Bemühungen um eine serviceähnliche Dienstleistung der Justiz am rechtsuchenden Bürger nun doch auch kein Schalterbeamter, der auf Kundschaft wartet. Nach unpünktlichem Aufruf entsteht keine längere Wartepflicht. Es wäre Sache der Partei, sich nach zwischenzeitlicher Entfernung zu erkundigen, wann etwa der Aufruf erfolgen wird. Auch die Partei braucht nicht unzumutbar auf einen sich hinziehenden Sitzungs- bzw Terminsbeginn zu warten. Sie sollte sich aber dann vorsorglich beim Vorsitzenden, beim Protokollführer oder notfalls auf der Geschäftsstelle unter Grundangabe und möglichst telefonisch erreichbar anmelden, um Säumnis zu vermeiden.

Als ausgeblieben gilt im *Anwaltsprozeß* nach § 78 Rn 1 eine Partei, die ohne zugelassenen bzw postula- **7** tionspflichtigen Anwalt auftritt. Fehlt ein Verschulden, so ist § 337 S 1 beachtlich, BGH NJW **76**, 196, BAG DB **77**, 919, Ffm MDR **76**, 585. Im Zwischenstreit gegen den Zeugen, der seine Aussageverweigerung nach § 386 I, II persönlich schriftlich oder zum Protokoll der Geschäftsstelle erklärt hat, findet wegen § 386 III kein Versäumnisverfahren statt, § 388. Soweit ein Streitgehilfe nach § 67 oder ein nach § 62 notwendiger Streitgenosse der Partei verhandelt, ist auch sie selbst nicht säumig. Die bloße Nichtzahlung eines Kostenvorschusses nach § 12 GKG macht ein Versäumnisurteil gegen den erschienenen und verhandlungsfähigen und -bereiten Kostenschuldner nicht zulässig, BGH **62**, 178.

C. Ladung, Verkündung. Das Gericht muß die Partei ordnungsgemäß geladen haben, § 335 I Z 2, AG **8** Neuruppin NJW **03**, 2249, oder es muß den Termin ordnungsgemäß verkündet worden haben, § 218. Ein

Hartmann 1395

Mangel der Ladung hindert den Erlaß des Versäumnisurteils nicht, soweit die Partei erscheint, aber ohne ausreichende Entschuldigung nicht verhandelt, § 337 Rn 2.

9 **D. Schriftliches Vorverfahren.** Im Fall des § 331 III muß statt der Voraussetzungen Rn 4–8 folgendes vorliegen: Das Gericht muß eine ordnungsgemäße Aufforderung nebst Belehrung nach § 276 I 1, II erteilt haben, § 335 I Z 4. Bis zur Übergabe des vom Gericht unterschriebenen Versäumnisurteils an die Geschäftsstelle nach § 331 Rn 14 darf der Bekl dort keine Anzeige der Verteidigungsabsicht eingereicht haben. Es muß ein Antrag des Klägers auf Erlaß eines Versäumnisurteils ohne mündliche Verhandlung vorliegen. Ein Antrag der Partei auf den Ausspruch der Versäumnisfolgen ist nur bei einer einseitigen Säumnis notwendig. Er ist ein Prozeßantrag, kein Sachantrag, § 297 Rn 4, 6. Er ist aber beim Versäumnisverfahren gegen den Bekl immer mit einem Sachantrag verbunden. Eine Parteivereinbarung, kein Versäumnisurteil zu beantragen, ist für das Gericht unbeachtlich, soweit doch ein Antrag vorliegt, es sei denn, der Antrag wäre arglistig, Einl III 54. Es muß eine Anzeige der Verteidigungsabsicht auch bis zur Hinausgabe des unterschriebenen Versäumnisurteils ausbleiben.

10 **E. Prozeßvoraussetzungen.** In allen Fällen Rn 4–9 müssen schließlich die von Amts wegen zur prüfenden Prozeßvoraussetzungen vorliegen, Grdz 12 vor § 253, LG Hbg MDR **91**, 1089.

11 **5) Folgen der Versäumnis.** Es gibt zwei äußerst unterschiedliche Fallgruppen.

A. Versäumnisurteil. Es kann ein sog echtes Versäumnisurteil zulässig und notwendig sein. Dazu zählt jedes Urteil gegen die säumige Partei auf Grund ihrer Säumnis oder aus anderem Grund. Ein Versäumnisurteil ergeht auch dann, wenn der Berufungskläger nicht erscheint und wenn das Gericht nun eine überhaupt unstatthafte oder in der gesetzlichen Form oder Frist eingelegte und deshalb unzulässige Berufung verwirft, aM BGH NJW **95**, 1561 (zu § 345), RoSgo § 141 I, StJSchu 29 vor § 330 (es ergebe ein kontradiktorisches Urteil, da die notwendige Entscheidung keine Folge der Säumnis sei, ein Versäumnisurteil aber nur ein solches Urteil sei, das aus der Säumnis die gesetzlichen Folgen ziehe. Das bedeutet aber eine unbegründete Einschränkung). Ein Versäumnisurteil ist auch in der Revisionsinstanz möglich, BGH RR **92**, 1474.

12 Das Versäumnisurteil ist grundsätzlich ein *Endurteil* im Sinn von § 300 Rn 4, § 704 Rn 3, BayObLG Rpfleger **82**, 4661. Eine Ausnahme gilt im Fall des § 347 II, also bei einer gegenständlich beschränkten Verhandlung, § 146. Es ist ein sog Sachurteil mit innerer Rechtskraft, Rn 16. Das Versäumnisurteil unterscheidet sich vom streitmäßigen Endurteil nur durch die Art seines Zustandekommens, Üb 7 vor § 300. Ob ein kontradiktorisches oder ein Versäumnisurteil vorliegt, hängt nicht von der Bezeichnung ab, sondern vom Inhalt, Üb 4 vor § 300, BGH NJW **99**, 583, Köln VersR **98**, 387, Zweibr JB **97**, 431. Das echte Versäumnisurteil bedarf grundsätzlich keines Tatbestands und keiner Entscheidungsgründe, § 313 b I 1 (Ausnahme: Geltendmachung im Ausland, § 313 b II).

13 **B. Streitmäßiges Urteil.** Im Fall der Säumnis einer Partei kann ungeachtet eines Säumnisantrags nach Rn 10 ein streitmäßiges Urteil gegen den Gegner in Betracht kommen, zB: Wenn er sich erst nach ihrem Sachantrag entfernt hat; wenn der Bekl eine nach § 269 notwendige Zustimmung zur Klagerücknahme verweigert.

Aber auch gegen die *nichtsäumige Partei* kann ein streitmäßiges Urteil zulässig und notwendig sein. Ein solches Urteil setzt jedenfalls gegenüber der nicht anwaltlich vertretenen Partei einen Hinweis des Gerichts auf die Bedenken gegen das beantragte echte Versäumnisurteil voraus, Art 103 I GG, § 139, BGH RR **86**, 1041, Köln OLGZ **89**, 84. Ein solcher Hinweis kann freilich in der Erörterung der sonstigen Rechtslage liegen. Es handelt sich um ein streitmäßiges „kontradiktorisches" sog unechtes Versäumnisurteil, BGH RR **86**, 1041, Köln OLGZ **89**, 84, LAG Hamm NJW **81**, 887, aM Celle OLGZ **80**, 11 (aber das Urteil ergeht gerade gegen den Nichtsäumigen). Für dieses Urteil gilt § 708 Z 2 nicht.

14 *Dahin gehören:* Ein Urteil nach § 331 II, III auf Klagabweisung; ein Urteil nach § 539 II 2 Hs 2 auf Zurückweisung der Berufung, KG RR **91**, 42; auf Prozeßabweisung gegen den erschienenen Kläger, Üb 5 vor § 300, BGH RR **86**, 1041; auf Abweisung gegen den erschienenen Revisionskläger, BGH RR **86**, 1041.

15 *Dagegen* ist ein Urteil auf Verwerfung einer Klage oder eines Rechtsmittels des Säumigen als unzulässig immer ein echtes Versäumnisurteil, aM Mü MDR **89**, 973 (auch wenn es ergeht gegen den Säumigen). Das Gericht darf ein unechtes Versäumnisurteil, also ein streitiges Endurteil nicht als Versäumnisurteil bezeichnen. Es muß Tatbestand und Entscheidungsgründe erhalten, § 313, BGH BB **90**, 1664. Man kann ein unechtes Versäumnisurteil nur mit der Berufung oder Revision anfechten. Die Rechtsmittelfrist läuft mangels Zustellung eines vollständigen Urteils nicht an, BGH BB **90**, 1664.

16 **C. Rechtskraft.** Das Versäumnisurteil ist als Endurteil der äußeren und inneren Rechtskraft fähig, § 322 Rn 69 „Versäumnisurteil". Gegen das Erste Versäumnisurteil ist nur Einspruch nach § 338 statthaft, ein teilweiser Einspruch, § 340 II 2. Wenn ein Einspruch form- und fristgerecht erfolgt, versetzt er das Verfahren in den Stand vor dem Eintritt der Versäumung zurück, soweit er reicht, § 342. Die Sache fällt nicht der höheren Instanz an. Der Einspruch vernichtet grundsätzlich die Wirkungen des Versäumnisverfahrens, wenn er auch das Versäumnisurteil nicht aus der Welt schafft. Ausnahme: Das zweite Versäumnisurteil im Fachsinn, §§ 345, 513 II. Das Gericht muß ein echtes Versäumnisurteil ohne Antrag und ohne Sicherheit für vorläufig vollstreckbar erklären, § 708 Z 2. Über formfehlerhafte Urteile, Üb 10 ff vor § 300, Grdz 27 vor § 171.

17 **D. Entscheidung nach Aktenlage.** Eine derartige Entscheidung nach §§ 251 a, 331 a ist immer ein Endurteil. Es steht in jeder Beziehung dem streitmäßigen gleich. Es ist keine eigentliche Versäumnisentscheidung. Es löst aber eine Versäumnisfolge aus. Die Überschrift des Titels 3 ist daher ungenau.

18 **6) VwGO:** Ein Versäumnisverfahren gegen den Kläger oder den Beklagten ist unzulässig, weil § 102 II VwGO die Notwendigkeit einer streitigen Entscheidung bei Ausbleiben voraussetzt, OVG Münst JZ **64**, 566, Ule VPrR § 43 II, und die VwGO den Einspruch, § 338, als Rechtsmittel nicht kennt, Rupp AöR **85**, 191 (keine entsprechende Anwendung von § 635). In beiden Punkten aM Grunsky § 21 I: aber § 102 II VwGO steht entgegen, weil

Titel 3. Versäumnisurteil   **Übers § 330, § 330**

„verhandelt und entschieden (werden)" an §§ 101, 107ff VwGO anknüpft und dort die Arten der Urteile abschließend aufgezählt werden.

330 **Versäumnisurteil gegen den Kläger.** Erscheint der Kläger im Termin zur mündlichen Verhandlung nicht, so ist auf Antrag das Versäumnisurteil dahin zu erlassen, dass der Kläger mit der Klage abzuweisen sei.

Gliederung

1) Systematik 1	B. Sachabweisung 6
2) Regelungszweck 2	C. Weitere Einzelfragen 7
3) Geltungsbereich 3	D. Gebühren 8
4) Antrag 4	6) Rechtsbehelfe 9
5) Entscheidung 5–8	
A. Unzulässigkeit der Klage 5	

1) Systematik. Vgl zunächst Üb 1 vor § 330. Der Kläger bezahlt die Versäumung nach Üb 6, 7 vor **1** § 330 seiner durch das Prozeßrechtsverhältnis begründeten Förderungspflicht nach Grdz 12 vor § 128 mit einem Rechtsverlust. Er steht also schlechter als der Bekl da. Die Voraussetzungen Üb 3–10 vor § 330 müssen vorliegen. Man muß §§ 331 a ff ergänzend beachten. Wegen der Besonderheiten im Kleinverfahren § 495 a Rn 20, 21, 75.

2) Regelungszweck. Vgl zunächst Üb 2 vor § 330. Als Folge der Parteiherrschaft nach Grdz 18 vor **2** § 128 muß der säumige Kläger den jedenfalls zunächst eintretenden Prozeßverlust im Interesse der Prozeßwirtschaftlichkeit hinnehmen, Grdz 14 vor § 128. Das ist ein durchaus vertretbarer Zweck der Vorschrift. Mit ihm ist auch vereinbar, daß das Gericht mit dem Bekl Fragen der Zulässigkeit und Begründetheit (Schlüssigkeit) der Klage zwar vorsorglich schon jetzt erörtern darf und vielleicht für den Fall eines zu erwartenden Einspruchs des Klägers auch erörtern sollte, daß es sie aber keineswegs erörtern muß, schon gar nicht zu Protokoll oder zwecks Stellungnahme des Bekl usw. Ob eine protokollierte Erörterung den säumigen Kläger von einem Einspruch abhalten könnte, ist eine Fallfrage.

3) Geltungsbereich. Die Vorschrift gilt nur in der ordnungsgemäßen mündlichen Verhandlung, also **3** noch nicht im ihr gerade vorangehenden Gütetermin nach § 278 II. Sie gilt in allen Verfahren nach der ZPO, soweit in ihnen ein Versäumnisverfahren zulässig ist, Üb 3 vor § 330, also auch im Rahmen von § 347 für eine Widerklage, Anh § 253. Sie gilt ferner im Ehe- und Kindschaftsverfahren, § 612 Rn 5, BGH FamRZ **88**, 945 (Verbund, Unterhalt), Hamm FamRZ **86**, 705 (Ausnahme: § 635), sowie im Statusverfahren. Wegen des Standesrechts § 337 Rn 10. Sie gilt ferner im arbeitsgerichtlichen Verfahren, § 46 II 1 ArbGG. Denn §§ 55, 59 ArbGG enthalten hier keine Besonderheiten.

4) Antrag. Nötig ist stets ein Antrag des Bekl. Er kann im Sachantrag liegen, Kblz FamRZ **90**, 894 (zu **4** § 331). Beim Fehlen jedes Antrags ist auch der Bekl säumig, § 333. Der Antrag ist auf einen nach § 301 abtrennbaren Teil beschränkbar, nach der Erledigung der Hauptsache auch auf die Kosten, § 91 a Rn 106. Der Bekl muß die Erledigung und überhaupt den Sachverhalt darlegen und seinen Antrag begründen. Ein bloßer Vertagungsantrag reicht nicht.

Der Antrag ist nicht ausdrückbar, § 335 I Z 3. Das Stellen und die Begründung des Antrags ist *Verhandlung zur Hauptsache*, § 137 Rn 7. Ein Einspruch beseitigt sie kraft gesetzlicher Unterstellung, § 342. Wenn der Bekl nur ein Prozeßurteil beantragt, Grdz 14 vor § 253, dann ergeht es als echtes Versäumnisurteil, wenn der Antrag begründet ist, Üb 11 vor § 330. Wenn der Bekl nach § 333 nicht verhandelt und der erschienene Kläger keinen Sachantrag nach § 297 stellt, dann ist § 251 a anwendbar. Auch kann der Bekl unter den Voraussetzungen der §§ 331 a, 251 a durch einen Antrag auf Entscheidung nach Aktenlage evtl ein die Instanz beendendes Urteil statt eines bloßen mit Einspruch anfechtbaren Versäumnisurteils erwirken. Das muß man bei der Auslegung mitbeachten und evtl nach § 139 klären. Doch sollte das Gericht dabei nicht durch Zureden in die Gefahr der Ablehnbarkeit nach § 42 kommen. Ein Recht auf Vertagung etwa nach § 227 hat der Bekl nicht schon wegen der Säumnis des Klägers.

5) Entscheidung. Das Gericht erläßt ein Versäumnisurteil gegen den Kläger ohne eine sachlichrechtliche **5** Schlüssigkeitsprüfung schon auf Grund seiner Säumnis auf eine Klagabweisung, BGH FamRZ **87**, 928. Dabei empfiehlt sich die folgende Prüfungsreihe.

A. Unzulässigkeit der Klage. Zunächst sollte das Gericht die allgemeinen Prozeßvoraussetzungen nach Grdz 12 vor § 253 und die besonderen Voraussetzungen des Versäumnisverfahrens prüfen, Üb 4 ff vor § 330. Vor dem AG ist eine formlose Ladung des Klägers zu dem auf die Klage bestimmten Termin mangels abweichender richterlicher Anordnung wirksam möglich, § 497 I. Wenn unheilbare Prozeßvoraussetzungen fehlen oder eine nach § 295 heilbare vom Bekl bemängelt, dann gilt folgendes.

Ist der Mangel *behebbar* oder fehlen die Voraussetzungen des Versäumnisverfahrens, weist das Gericht den Antrag durch Beschluß nach § 335 zurück. Es lädt anschließend die abwesende Partei zu dem sogleich zu verkündenden oder zu bestimmenden Termin förmlich.

Ist der Mangel *nicht* behebbar, so findet eine Prozeßabweisung statt, Grdz 14 vor § 253, Üb 5 vor § 300, Ffm NJW **92**, 1178. Das Urteil ist ein echtes Versäumnisurteil, Üb 11 vor § 330, aM BGH GRUR-RR **01**, 48, ZöHe 7 (es handle sich um ein unechtes Versäumnisurteil. Aber der Wortlaut des § 330 besagt für *jeden* Fall der Abweisung, daß sie durch Versäumnisurteil erfolgen muß, und der Sinn geht auch bei Abweisung als unzulässig dahin, dem Säumigen die Einspruchsmöglichkeit und damit die Instanz zu erhalten).

§§ 330, 331

Gegen einen nach § 51 *Prozeßunfähigen* ist kein Versäumnisurteil möglich. Denn es fehlen die gesetzlichen Voraussetzungen nach Rn 4. Wenn das Gericht sachlich unzuständig ist, so verweist es bei nachträglich eingetretener Unzuständigkeit auf Antrag des Bekl durch Beschluß, § 506. Eine Verweisung nach § 281 kommt nicht in Frage. Denn diese Vorschrift gibt nur dem Kläger ein Antragsrecht.

6   **B. Sachabweisung.** Wenn die förmlichen Voraussetzungen vorliegen, die Klage also zulässig ist, dann muß das Gericht grundsätzlich eine Sachabweisung vornehmen. Ausnahmen bestehen bei §§ 113, 632 IV, 640, wo die Klage als zurückgenommen erklärt wird, sowie bei § 881. Die Sachabweisung geschieht durch ein echtes Versäumnisurteil. Das Gericht bezeichnet es als Versäumnisurteil, § 313b I. Wer diesem Urteil aus Zweckmäßigkeitserwägungen eine volle Rechtskraftwirkung nach § 322 gibt, erkennt den Klaganspruch damit schlechthin ab. Das kann zu unheilbaren Ergebnissen führen, wenn der Einspruch zur Zeit zB wegen einer Stundung sinnlos wäre und wenn der spätere Eintritt der Fälligkeit im Zweitprozeß unbeachtlich bleiben müßte. Denn das abweisende Versäumnisurteil des Vorprozesses braucht keine zur Abgrenzung seiner Rechtskraftwirkung ausreichenden Entscheidungsgründe aufzuweisen. Deshalb ist eine neue Klage zulässig, wenn das abweisende Versäumnisurteil infolge einer späteren Veränderung der maßgeblichen Umstände unrichtig geworden ist. Die diesbezüglichen Tatsachen darf und muß der Kläger im Zweitprozeß beweisen.

7   **C. Weitere Einzelfragen.** Das Gericht kann sein Versäumnisurteil schon vor der schriftlichen Abfassung verkünden, § 331 II 1. Es bleibt auch beim Fehlen der entsprechenden Bezeichnung ein solches, soweit es nach seinem Inhalt und den Akten ein Versäumnisurteil ist, und umgekehrt, Üb 12 vor § 330. Es muß wenigstens klar ergeben, ob eine Sach- oder eine Prozeßabweisung vorliegt, Grdz 14 vor § 253. Denn die Rechtskraftwirkung ist verschieden, § 322 Rn 60 „Prozeßurteil". Bei einem Prozeßurteil wählt man am besten die Formel: „... als unzulässig abgewiesen". Eine förmliche Zustellung des echten Versäumnisurteils erfolgt nach § 317 I nur an den unterlegenen Kläger. Bei Bekl erhält ihm nach § 317 II. Bei der Zustellung muß das Gericht von Amts wegen die Hinweise nach § 340 III 4 geben. Es muß das unechte Versäumnisurteil nach § 317 beiden Parteien zustellen.

8   **D. Gebühren.** Des Gerichts: Keine Urteilsgebühr (wohl aber Verfahrensgebühr, KV 1210); des Anwalts: VV 3100 ff.

9   **6) Rechtsbehelfe.** Gegen einen Zurückweisungsbeschluß ist grundsätzlich die sofortige Beschwerde nach § 336 I 1, 567 I Z 1 zulässig. Eine Rechtsbeschwerde kommt unter den Voraussetzungen des § 574 in Betracht. Gegen das echte Versäumnisurteil ist nur der Einspruch zulässig, § 338, BGH NJW **94**, 665, Zweibr JB **97**, 431. Gegen das unechte Versäumnisurteil sind nur Berufung oder Revision zulässig, §§ 511, 542. Maßgeblich ist, welches Urteil in Wahrheit und nicht nur der Bezeichnung nach ergangen ist, Üb 12 vor § 330, also nicht, welches Urteil hätte ergehen müssen.

331 *Versäumnisurteil gegen den Beklagten.* **I** ¹ Beantragt der Kläger gegen den im Termin zur mündlichen Verhandlung nicht erschienenen Beklagten das Versäumnisurteil, so ist das tatsächliche mündliche Vorbringen des Klägers als zugestanden anzunehmen. ² Dies gilt nicht für Vorbringen zur Zuständigkeit des Gerichts nach § 29 Abs. 2, § 38.

II Soweit es den Klageantrag rechtfertigt, ist nach dem Antrag zu erkennen; soweit dies nicht der Fall ist, ist die Klage abzuweisen.

III ¹ Hat der Beklagte entgegen § 276 Abs. 1 Satz 1, Abs. 2 nicht rechtzeitig angezeigt, dass er sich gegen die Klage verteidigen wolle, so trifft auf Antrag des Klägers das Gericht die Entscheidung ohne mündliche Verhandlung; dies gilt auch, wenn die Erklärung des Beklagten noch eingeht, bevor das von den Richtern unterschriebene Urteil der Geschäftsstelle übermittelt ist. ² Der Antrag kann schon in der Klageschrift gestellt werden. ³ Eine Entscheidung ohne mündliche Verhandlung ist auch insoweit zulässig, als das Vorbringen des Klägers den Klageantrag in einer Nebenforderung nicht rechtfertigt, sofern der Kläger vor der Entscheidung auf diese Möglichkeit hingewiesen worden ist.

Vorbem. III 1 Hs 2 geändert dch Art 1 Z 52a JKomG v 22. 3. 05, BGBl 837, in Kraft seit 1. 4. 05, Art 16 I JKomG. III 3 angefügt dch Art 1 Z 12a des 1. JuMoG v 24. 8. 04, BGBl 2198, in Kraft seit 1. 9. 04, Art 14 S 1 des 1. JuMoG. UbergangsR jeweils Einl III 78.

Schrifttum: *Hartung,* Das anwaltliche Verbot des Versäunisurteils, 1991; *Ritter-Schmidt,* Die Zulässigkeit eines Versäumnisurteils im schriftlichen Vorverfahren nach vorangegangenen Mahnverfahren usw, Diss Marbg 1989 (teilweise überholt); *Taupitz,* Das Versäumnisurteil zwischen anwaltlicher Kollegialität und Mandantenrecht, Festschrift für *Pawlowski* (1997) 443.

Gliederung

1) Systematik, I–III 1	6) Entscheidung, II 9–13
2) Regelungszweck, I–III 2	A. Zurückweisung des Antrags durch Beschluß 9
3) Geltungsbereich, I–III 3	B. Zulässigkeit eines Versäumnisurteils 10
4) Antrag, I 4	C. Begründetheit eines Versäumnisurteils 11, 12
5) Unterstellung, I 5–8	D. Abweisung der Klage durch Urteil 13
A. Grundsatz: Geständnis des Beklagten ... 5	7) Zulässigkeit einer Entscheidung ohne mündliche Verhandlung, III 14–18
B. Umfang des Klagevortrags 6	
C. Parteiherrschaft, I 1 7	A. Korrekte Aufforderung und Belehrung nach §§ 215 I, 276, III 1, 2 14
D. Zuständigkeit, I 2 8	

Titel 3. Versäumnisurteil **§ 331**

B. Fristablauf, III 1, 2	15		B. Verteidigungsanzeige	20	
C. Antrag, III 1, 2	16		C. Klagerwiderung	21	
D. Keine nachträgliche Verteidigungsanzeige, III 1, 2	17		D. Fehlerhafte Aufforderung nach § 276	22	
E. Oder: Bloße Nebenforderung unberechtigt, III 3	18		E. Unklarer Antrag	23	
8) Unzulässigkeit einer Entscheidung ohne mündliche Verhandlung, III	19–23		9) Verfahren ohne mündliche Verhandlung, III	24–28	
A. Aufforderung nur nach § 275	19		A. Allgemeines	24	
			B. Urteil	25–27	
			C. Rechtsmittel	28	

1) Systematik, I–III. Während § 330 die Säumnis des Klägers regelt, behandelt § 331 diejenige des Bekl. §§ 331 a ff wirken ergänzend. Wegen der Besonderheiten im Kleinverfahren § 495 a Rn 20, 21, 75. Die amtliche Überschrift paßt nicht zu II Hs 2, Lappe Rpfleger **03**, 410. **1**

2) Regelungszweck, I–III. Die Vorschrift dient einerseits der Prozeßwirtschaftlichkeit nach Grdz 14 vor § 128, andererseits dem Gebot der sachlichrechtlichen Gerechtigkeit nach Einl III 9 durch Verhinderung einer trotz Parteiherrschaft nach Grdz 18 vor § 128 doch ersichtlich „falschen" Sachentscheidung. **2**

Standesrecht hat keinen Vorrang vor § 331 und auch keinen Vorrang vor den Pflichten aus dem Anwaltsvertrag. Das Gericht hat daher keine Veranlassung, von sich aus auf standesrechtliche Bedenken aufmerksam zu machen oder sie zum möglichen Nachteil der Partei etwa noch zu unterstützen. Ob man vor einem Versäumnisurteil noch etwa 10–15 Minuten abwartet, ob der zunächst Säumige doch noch erscheint, und ob sein Gegner ebenfalls solange abwarten will, ist eine andere Frage. Bei einer zeitlich letzten Sache an diesem Sitzungstag darf das Gericht strenger sein, § 337 Rn 10 „Standesrecht".

Zuständigkeitsprüfung nach I 2 unterliegt der Sonderregelung nicht im Gesamtbereich des Gerichtsstands, wie gelegentlich angenommen, sondern als Ausnahme von I 1 nur im eng auszulegenden Bereich der §§ 29 II, 38. Das ist mit dem Regelungszweck durchaus vereinbar.

Im schriftlichen Vorverfahren nach III weicht die scharfe zeitliche Regelung von III 1 Hs 2 gerade wegen des zugehörigen Zwecks von der allgemeinen Auffassung dahin ab. Eine Entscheidung kann danach schon dann wirksam werden, wenn sie das Richterzimmer verläßt. Daher sollte die Geschäftsstelle den Übergabezeitpunkt sogleich minutengenau in der Akte vermerken.

3) Geltungsbereich, I–III. Vgl zunächst Üb 3 vor § 330. Die Vorschrift gilt nur in einer ordnungsgemäßen mündlichen Verhandlung, also noch nicht im ihr gerade vorangehenden Gütertermin nach § 278 II. Hs 2 gilt auch im schriftlichen Vorverfahren, Rn 24. §§ 612 IV, 640 I verbieten ein Versäumnisurteil gegen den Bekl. II ist im arbeitsgerichtlichen Verfahren anwendbar, BAG NJW **02**, 2972. III ist in der Berufungsinstanz unanwendbar, Kramer NJW **77**, 1657. Dieser Teil der Vorschrift ist auch im arbeitsgerichtlichen Verfahren unanwendbar, Grunsky JZ **78**, 81 (§ 55 II in Verbindung mit I Z 5 ArbGG meint einen anderen Fall). **3**

4) Antrag, I. Wie jedes Versäumnisurteil setzt auch dasjenige gegen den Bekl einen Antrag auf den Erlaß zumindest „einer Versäumnisentscheidung" voraus. Es handelt sich um einen Prozeßantrag, nicht um einen Sachantrag, § 297 Rn 4, 6, Kblz FamRZ **90**, 894. Der Klagantrag ersetzt den Antrag auf Erlaß eines Versäumnisurteils zwar grundsätzlich nicht, aM Köln FamRZ **95**, 889 (aber I 1 setzt eindeutig einen zusätzlichen Antrag auf ein Versäumnisurteil voraus). Jedoch kann im Sachantrag ein stillschweigender Prozeßantrag stecken, Kblz FamRZ **90**, 894, LG Köln MDR **01**, 1018. Für eine Beschränkung und Erweiterung des Antrags gilt § 330 Rn 1, 2. Der Kläger kann statt eines Versäumnisurteils eine Entscheidung nach Lage der Akten beantragen, § 331 a. Er kann auch eine Verweisung nach §§ 281, 506 beantragen. Eine Vertagung kann er regelmäßig nicht beanspruchen, Kramer NJW **77**, 1662. Der Kläger kann wegen eines nach § 301 I abtrennbaren Teils des Versäumnisantrags entsprechend beschränken. **4**

Ein *Teilversäumnisurteil* steht grundsätzlich im pflichtgemäßen Ermessen des Gerichts, § 301 II. Freilich kann das Gericht eine die Instanz beendende Entscheidung zum Teil als Versäumnisurteil erlassen und nach § 313 b I 2 auch als „Teilversäumnisurteil und streitiges Schlußurteil" bezeichnen, Rn 13, 24. Die Antragstellung und die Begründung des Antrags ist Verhandlung zur Hauptsache, § 137 Rn 7. Nach einem Einspruch fällt diese Wirkung kraft gesetzlicher Unterstellung rückwirkend weg, § 342. Wegen des Standesrechts Rn 2, § 337 Rn 10. Wenn der Kläger überhaupt keinen Antrag stellt, dann ist auch er säumig, § 333. Daher liegt dann ein Fall des § 251 a vor, Kramer NJW **77**, 1662.

5) Unterstellung, I. Ein Grundsatz kennt erhebliche Ausnahmen. **5**

A. Grundsatz: Geständnis des Beklagten. Wenn der Kläger das Versäumnisurteil beantragt, gilt sein tatsächliches Vorbringen als vom Bekl zugestanden. Das Gesetz unterstellt also ähnlich § 138 III ein Geständnis.

B. Umfang des Klagevortrags. Das Geständnis kann sich nur auf das mündliche vorgetragene und rechtzeitig schriftlich mitgeteilte tatsächliche Vorbringen beziehen, § 335 I Z 3. Ein schriftliches oder in einem früheren Termin mündlich erfolgtes Vorbringen des Bekl bleibt unbeachtet. Eine Klagänderung nach § 263, 264 ist zulässig, wenn der Kläger sie rechtzeitig mitgeteilt hatte, §§ 335 I Z 3, 132. Ihre Zulassung erfolgt wie sonst, § 263. Bei einer Klage auf den Widerruf einer ehrverletzenden Behauptung gilt ihre Unwahrheit als zugestanden. Daher muß der Widerruf uneingeschränkt erfolgen, Hamm MDR **83**, 850. **6**

C. Parteiherrschaft, I 1. Das Geständnis kann nur im Rahmen der Parteiherrschaft stattfinden, Grdz 18 vor § 128. Daher ist das Versäumnisurteil gegen den Bekl (anders als gegen den Kläger, § 330 Rn 1) im Ehe- und Kindschaftsverfahren unzulässig, §§ 612 IV, 640 I. In einem Scheidungsfolgeverfahren muß man grundsätzlich die Rechtskraft des streitigen Scheidungsurteils abwarten, §§ 623 I 1, 629 II 1. Die Unterstellung versagt also dann, wenn ein Geständnis nach § 288 unwirksam wäre. Das gilt namentlich in folgenden Fällen: Bei einer Rechtsfrage, Küppers NJW **76**, 489; bei unmöglichen, offenkundigen Tatsachen, BGH NJW **79**, 2089; bei sittenwidrigen, ordnungswidrigen Tatsachen; bei von Amts wegen zu **7**

§ 331 Buch 2. Abschnitt 1. Verfahren vor den LGen

beachtenden Punkten, wie der Zulassung des Rechtswegs, der Prozeßfähigkeit, der Rechtskrafterstreckung § 325 Rn 24 „Bürgschaft" (das Verschweigen eines Urteils gegen den Hauptschuldner verstößt gegen die Wahrhaftigkeitspflicht).

8   **D. Zuständigkeit, I 2.** Die Zuständigkeit unterliegt nur noch stark eingeschränkter Parteiherrschaft, Grdz 18 vor § 128. Zwar gilt I 2 nur bei den dort genannten §§ 29 II, 38, nicht also bei § 29 I. Insofern genügt aber eben die bloße Behauptung der Vereinbarung der Zuständigkeit ohne dazu ausreichende Tatsachen nicht. Das gilt selbst dann, wenn der Kläger dazu ausreichende Tatsachen vorgetragen hat. I 2 verbietet die diesbezügliche Unterstellung. Daher ist zur Zuständigkeit eine Amtsprüfung notwendig, Grdz 39 vor § 128. Das gilt bis zur vollen Überzeugung des Gerichts. Daher ist unter Umständen ein voller Beweis notwendig, Ffm MDR **75**, 232. Das gilt auch im Urkundenprozeß, Ffm MDR **75**, 232. Freilich sind die Beweismittel beliebig. Daher braucht das Gericht keineswegs auch mangels nachvollziehbaren Zweifels doch stets starr einen Registerauszug oder eine Urkunde zu fordern, selbst nicht im Urkundenprozeß, § 597 Rn 4. Ein Hinweis im gegnerischen Briefpapier auf dessen Registereintragung kann vielmehr genügen, Karlsr MDR **02**, 1269.

Ein *praktisch brauchbarer* Grad von Gewißheit genügt, Einl III 10, § 286 Rn 16. Das Gericht darf der erschienenen Partei ohne Beweisaufnahme glauben, § 286 Rn 4. Es hat zu Bedenken meist keinen Anlaß. Es muß evtl seine Frage- und Hinweispflicht beachten, § 139. Es sollte zumindest in einem Vermerk oder in einem kurzen Satz von Entscheidungsgründen erkennbar machen, daß es die Problematik erkannt hat („. . . nur zur Zuständigkeitsfrage, § 331 I 2 ZPO"). Wegen des Verfahrens § 335 Rn 4, 8.

9   **6) Entscheidung, II.** Es gibt vier Möglichkeiten.

A. Zurückweisung des Antrags durch Beschluß. Fehlen die Voraussetzungen eines Versäumnisurteils nach Üb 3–10 vor § 330, so muß das Gericht den Antrag durch Beschluß zurückweisen, § 335. Ist der Bekl nach § 51 prozeßunfähig, so weist das Gericht die Klage als unzulässig ab. Zum Ausbleiben des Revisionsbekl § 555 Rn 3.

10 **B. Zulässigkeit eines Versäumnisurteils.** Ein echtes Versäumnisurteil gegen den Bekl ergeht, wenn die folgenden Voraussetzungen zusammentreffen.

Für die Zulässigkeit müssen die *Prozeßvoraussetzungen* nach Grdz 12 vor § 253 und die allgemeinen Voraussetzungen des Versäumnisurteils nach Üb 3 vor § 330 vorliegen, BGH NJW **91**, 44. Ein Verzicht auf die Einhaltung der Prozeßvoraussetzungen ist nicht zulässig, BGH RR **86**, 1041. Das Gericht darf nicht prüfen, ob ein dort zugelassener bzw postulationsfähiger Anwalt auch wirklich eine ausreichende Prozeßvollmacht hat, § 88 II. Im Statusverfahren ist kein Versäumnisurteil gegen den Bekl statthaft, § 640 I, Bbg RR **94**, 460 (keine Nichtigkeit).

11 **C. Begründetheit eines Versäumnisurteils.** Ferner muß das tatsächliche mündliche Vorbringen des Klägers den Klagantrag rechtfertigen. Dabei muß das Gericht die vom Kläger selbst vorgetragenen rechtshindernden und rechtsvernichtenden Tatsachen beachten, Düss NJW **91**, 2089, Nierwetberg ZZP **98**, 442, zB eine Nichtigkeit wegen Sittenwidrigkeit oder das Fehlen der Sachbefugnis, Grdz 23 vor § 50, KG RR **91**, 42. Wegen der Schlüssigkeit eines Hilfsantrags § 260 Rn 8 ff. Wegen der Stufenklage § 254 Rn 22. Sodann muß das Gericht die vom Kläger vorgetragenen Tatsachen als vom Bekl nach § 288 I zugestanden bewerten (gesetzliche Fiktion). Das gilt auch dann, wenn in einem früheren Termin streitig verhandelt worden war. Ein Versäumnis-Grundurteil kommt nicht in Betracht, Kblz MDR **79**, 587. Im Urkundenprozeß hängt die Möglichkeit eines Versäumnisurteils gegen den Bekl wegen § 597 II davon ab, daß der Kläger alle anspruchsbegründenden Tatsachen urkundlich belegt, BGH **62**, 290. Das Gericht müßte einen Antrag auf ein Versäumnisvorbehaltsurteil abweisen. Denn es kommt kein Vorbehalt ins Versäumnisurteil, § 599 Rn 5, und § 308 I verbietet ein Zusprechen *ohne* Vorbehalt, wenn nur *mit* ihm beantragt wurde. Darauf muß das Gericht aber nach § 139 hinweisen.

12 *Unbeachtlich sind* dagegen Einwendungen des Bekl, dh Einreden im Sinne des bürgerlichen Rechts, zB Verjährung, Zurückbehaltungsrecht, aM Düss NJW **91**, 2089 (aber es kommt hier eben nur auf den Vortrag des Klägers an). Was der Kläger oder gar der Bekl nur schriftsätzlich angekündigt, aber nicht nach § 137 Rn 25 ff mündlich vorgetragen hat, bleibt hier grundsätzlich unbeachtet. Nur wenn der Kläger auch selbst auf die schriftsätzliche Einrede zB der Verjährung wirklich durch eigenen Vortrag eingeht, ist sie beachtlich, BGH NJW **99**, 2121 (Gesamtumstände prüfen). Es besteht eine Fragepflicht, § 139. Unbeachtlich ist auch, daß die Schonfrist des § 569 III Z 2 BGB noch nicht abgelaufen ist. Denn das Gericht darf und muß nach dem Stand am Schluß der mündlichen Verhandlung entscheiden, §§ 136 IV, 296a, und es ist dann eben noch unklar, ob der bisher bestehende Räumungsanspruch noch etwa rückwirkend durch eine spätere Handlung des jetzt säumigen Bekl zu Fall kommen könnte. Der Kläger handelt keineswegs arglistig, wenn er bis zur Erfüllung der überfälligen Mietschuld auf der Erteilung eines Vollstreckungstitels besteht, aM Hbg ZMR **88**, 225 (aber es besteht sehr wohl in solcher ungewissen Lage ein Rechtsschutzbedürfnis, Grdz 33 vor § 253). Unzulässig ist ein Versäumnisurteil mit dem Ausspruch, der Anspruch sei dem Grund nach gerechtfertigt, § 304 Rn 21.

Einen *Schmerzensgeldanspruch* kann der Kläger der Höhe nach in das Ermessen des Gerichts stellen, § 253 Rn 49 „Bezifferung", Rn 86 „Schadensersatz". Dann kommt es darauf an, ob der Kläger diejenigen Tatsachen vorgetragen hat, die dem Gericht eine Bemessung nach § 287 ermöglichen, Kblz MDR **79**, 587. Es kann zB beim Zurückbleiben hinter der vom Kläger genannten Mindestsumme oder Größenordnung nach § 253 Rn 57 ein unechtes Teilversäumnisurteil auf diesbezügliche Klagabweisung mit einem dem Rest betreffenden Teil-Versäumnisurteil zusammentreffen. Dann wird das Gericht im Versäumnisurteil eine zuerkannte Summe beziffern. Bei einer nur vom Kläger behaupteten Erledigung lautet das Versäumnisurteil: „Die Hauptsache ist erledigt", § 91 a Rn 175. Bei der Zustellung des Versäumnisurteils muß das Gericht von Amts wegen die Belehrungen nach § 340 III 4 erteilen.

Gebühren: Des Gerichts: keine Urteilsgebühr (wohl aber Verfahrensgebühr, KV 1210); des Anwalts: 3100 ff.

Titel 3. Versäumnisurteil § 331

D. Abweisung der Klage durch Urteil. Soweit die Voraussetzungen Rn 6–9 ausscheiden, muß das **13** Gericht die Klage durch ein „unechtes" streitmäßiges Urteil nach Üb 13 vor § 330 abweisen, BGH NJW **02**, 377, BAG NJW **02**, 2972, LAG Hamm NJW **81**, 887, aM Maurer FamRZ **89**, 447 (es liege auch dann ein Versäumnisurteil vor. Aber dann gibt es auch keinen Anlaß, wie nach „bloßer" Säumnis einen Einspruch und dann die Fortdauer dieser Instanz zu ermöglichen). Es erfolgt eine Prozeßabweisung, wenn Prozeßvoraussetzungen endgültig fehlen und eine Verweisung nicht möglich ist, Grdz 14 vor § 253. Wenn sie nicht endgültig ausscheidet, gilt § 335 I Z 1. Es erfolgt eine Sachabweisung, soweit die Voraussetzungen Rn 8, 9 fehlen. Dieses Urteil läßt nur Rechtsmittel zu, nicht den Einspruch nach § 338, BGH NJW **87**, 1204. Wie das Wort „soweit" in II zeigt, ist ein Teilversäumnisurteil nebst Schlußurteil zulässig, § 301. Bei einer solchen Teilabweisung sind teils Rechtsmittel, teils Einspruch zulässig, etwa bei Abweisung des Hauptantrags und Stattgabe zum Hilfsantrag.

7) Zulässigkeit einer Entscheidung ohne mündliche Verhandlung, III. „Eine Entscheidung", also **14** nicht nur ein Versäumnisurteil, sondern auch evtl ein unechtes Versäumnisurteil nach Rn 13 kann (und muß im Fall II Hs 2) als Ausnahme von § 335 I Z 2 ergehen, KG MDR **85**, 416, Lappe Rpfleger **03**, 410. Erforderlich sind entweder die Voraussetzungen Rn 14–17 bei enger Auslegung, BVerfG NJW **93**, 2864, Mü MDR **83**, 324, oder die Voraussetzungen Rn 18.

A. Korrekte Aufforderung und Belehrung nach §§ 215 I, 276, III 1, 2. Das Gericht muß eine ordnungsgemäße Aufforderung und Belehrung an den Bekl nach §§ 215 I, 276 I 1 Hs 1, II gerichtet haben. Soweit beim AG nach § 78 Rn 1 kein Anwaltszwang besteht, brauchte das Gericht natürlich darauf nicht besonders hinzuweisen. Eine derartige Aufforderung und Belehrung ist jetzt auch nach einem Widerspruch des Antragsgegners gegen den Mahnbescheid notwendig, § 697 Rn 13. Mangels einer ordnungsgemäßen Aufforderung und/oder Belehrung gilt § 335 I Z 4.

B. Fristablauf, III 1, 2. Die Notfrist des § 276 I von meist 2 Wochen, bei einer Auslandszustellung **15** länger, abgelaufen sein. Außerdem müssen folgende Voraussetzungen vorliegen: Entweder hat der Bekl überhaupt nicht geantwortet. Das reicht zB noch vor Ablauf der Schonfrist des § 569 III 2 BGB, LG Hbg WoM **03**, 276. Oder der Bekl hat mitgeteilt, er wolle sich gegen die Klage überhaupt nicht verteidigen. Eine Aufrechnung oder Hilfsaufrechnung wäre eine Verteidigung. Oder der Bekl hat eine Verteidigungsabsicht mitgeteilt, jedoch ist diese Mitteilung trotz Anwaltszwangs ohne einen dort zugelassenen bzw postulationsfähigen Anwalt erfolgt. Das Gericht darf dessen Vollmacht nicht mehr prüfen, § 88 II. Gegen den Fristablauf ist wegen des Notfristcharakers Wiedereinsetzung nach §§ 233 ff statthaft.

Oder es müssen die Voraussetzungen Rn 18 vorliegen.

C. Antrag, III 1, 2. Der Kläger muß einen Antrag auf den Erlaß des Versäumnisurteils gestellt haben, **16** Düss MDR **84**, 950. Er kann diesen Antrag kann schon in der Klageschrift stellen, III 2. Ein Antrag auf eine Entscheidung „ohne mündliche Verhandlung" ist unnötig, aber natürlich zulässig. Das Gericht muß seine Fragepflicht ausüben, § 139, Kramer NJW **77**, 1658. Wenn der Kläger keinen Antrag auf Versäumnisurteil stellt, dann ist § 251 a anwendbar, Rn 1. Das Gericht bestimmt dann also keinen Termin, Kramer NJW **77**, 1662, aM Bergerfurth JZ **78**, 299, Brühl FamRZ **78**, 552, ThP 2 (aber beim Ruhen des Verfahrens erfolgt gerade das Gegenteil eines Termins). Auch insofern besteht eine Hinweispflicht, § 139. Der Anwalt ist nach dem Eingang einer Verteidigungsanzeige des Gegners nicht zur Antragsrücknahme verpflichtet, Stgt AnwBl **85**, 265.

D. Keine nachträgliche Verteidigungsanzeige, III 1, 2. Bis zum Eingang des nach § 315 vollständi- **17** gen, unterschriebenen Versäumnisurteils bzw des unechten Versäumnisurteils in der Geschäftsstelle der zuständigen Abteilung darf dort eine Verteidigungsanzeige des Bekl nicht wirksam eingegangen sein. Unerheblich ist ihr etwaiger Eingang auf der Verwaltungsgeschäftsstelle, Gerichtskasse, Posteinlaufstelle usw, KG MDR **89**, 1003, Bergerfurth JZ **78**, 299. Das folgt aus dem Sinn von III trotz dessen nur scheinbarer Abweichung vom Grundsatz, daß der Posteingang zählt. Dieser Grundsatz gilt ohnehin nur zwecks Fristwahrung. Hier ist aber ein Fristverstoß Voraussetzung. Der Wortlaut von III spricht nicht vom „Gericht", sondern von dessen „Geschäftsstelle", und zwar aus gutem Grund: Sie kennt den genauen Eingangszeitpunkt des Urteils am besten). Auch führt ein Fristablauf nach I 1 ja nicht zur Unzulässigkeit der Verteidigungsanzeige.

Der Bekl darf seine Verteidigungsanzeige auch direkt oder stillschweigend *zurückgenommen* haben, Grdz 58 vor § 128, Stoffel/Strauch NJW **97**, 2372. Es ist ratsam, die Eingänge sowohl des Urteils als auch der Verteidigungsanzeige auf der Abteilungsgeschäftsstelle mit der jeweiligen Uhrzeit zu versehen. Man kann aber nicht verlangen, daß der Richter bzw Aktenbote mit der Übermittlung des Urteils an den Urkundsbeamten der Geschäftsstelle zuwartet, bis dieser den Posteingang oder den elektronischen Eingang durchgesehen hat, KG MDR **89**, 1003, aM Ffm MDR **00**, 902, ThP § 276 Rn 7 (aber das läßt sich zumindest beim größeren Gericht schon technisch gar nicht durchführen).

Das Gericht darf noch *keinen frühen ersten Termin* anberaumt haben, KG MDR **85**, 417, oder gar einen Haupttermin, Mü MDR **83**, 324. II Hs 2 ist anwendbar, aM StjL § 276 Rn 35 (abl Gerhardt ZZP **99**, 494).

E. Oder: Bloße Nebenforderung unberechtigt, III 3. Statt der Voraussetzungen Rn 14–17 reicht es **18** auch, daß II Hs 2 bei einer bloßen Nebenforderung nach § 4 vorliegt. Dann muß das Gericht den Kläger aber auf solche Möglichkeit hingewiesen haben. Eine Änderungsfrist von etwa zwei Wochen dürfte meist reichen.

8) Unzulässigkeit einer Entscheidung ohne mündliche Verhandlung, III. Es ergeht keine Entschei- **19** dung ohne mündliche Verhandlung, wenn eine der folgenden Situationen vorliegt.

A. Aufforderung nur nach § 275. Es muß eine Aufforderung nicht nach § 276 erfolgt sein, sondern nach § 275, vgl § 335 I Z 4.

B. Verteidigungsanzeige. Die Anzeige der Verteidigungsabsicht muß jedenfalls noch vor dem Urteil auf **20** der Geschäftsstelle eingegangen sein, Rn 17, Bergerfurth JZ **78**, 299, Franzki NJW **79**, 10, ThP § 276 Rn 5,

§§ 331, 331a   Buch 2. Abschnitt 1. Verfahren vor den LGen

aM Jauernig ZPR § 66 III 3 (hier sei erst das Wiedereinsetzungsverfahren durchzuführen), Unnützer NJW **78**, 986 (vgl aber Rn 17). Die Meldung eines Anwalts zur Akte kann nach § 172 genügen, Bergerfurth JZ **78**, 299. Etwas anderes gilt, wenn der Anwalt zB nur eine Akteneinsicht begehrt.

21   **C. Klagerwiderung.** Der Bekl mag bis zum Eingang des Versäumnisurteils auf der Geschäftsstelle nach Rn 17, eine Klagerwiderung nach § 276 I 2 eingereicht haben, die zumindest eine Mitteilung der Verteidigungsabsicht umfaßt. In diesem Fall ist auch keine nochmalige Frist nach § 276 I 2 notwendig, wenn die erste Erwiderungsfrist fast oder schon abgelaufen ist, aM Kramer NJW **77**, 1661 (aber eine wirksame Parteiprozeßhandlung bedarf keiner Wiederholung).

22   **D. Fehlerhafte Aufforderung nach § 276.** Die Aufforderung nach § 276 muß irgendwie fehlerhaft gewesen sein. Sie muß zB einen Hinweis auf einen angeblichen, in Wahrheit nicht vorhandenen Anwaltszwang enthalten haben, § 335 I Z 4, dort Rn 9, Bergerfurth JZ **78**, 298.

23   **E. Unklarer Antrag.** Der Antrag auf Versäumnisurteil muß unklar gewesen sein, § 308 Rn 1. Freilich muß das Gericht dann seine Fragepflicht erfüllen, § 139, Bergerfurth JZ **78**, 299. Das Gericht braucht zu einem nachgereichten Antrag des Klägers nach III nicht mehr anzuhören, KG RR **94**, 1344, ThP 2, ZöHe 12, aM Mü MDR **80**, 235, MüKoPr 48 (aber der Säumige muß stets mit einem solchen Antrag rechnen).

24   **9) Verfahren ohne mündliche Verhandlung, III.** Es hat enorme praktische Bedeutung.
A. Allgemeines. Die Entscheidung ergeht wie sonst. Das Gericht darf und muß also das tatsächliche Vorbringen des Klägers in der Klageschrift als zugestanden ansehen, I 1. Es muß seine Zuständigkeit von Amts wegen prüfen, I 2. Soweit danach der Klagantrag gerechtfertigt ist, ergeht ein Versäumnisurteil. Andernfalls ergeht eine Klagabweisung durch ein unechtes Versäumnisurteil, II, Üb 13 vor § 330. Denn „die Entscheidung" in III meint jede der nach I, II möglichen echten Entscheidungen, BayVerfGH NJW **91**, 2079, Brdb MDR **97**, 1158, LG Bln RR **98**, 1285, aM Brdb MDR **98**, 1052, Köln MDR **01**, 954 – abl Heistermann – (statt einer Abweisung erfolge eine Terminsbestimmung), ZöHe 13 (spricht unklar von einem „schriftlichen Versäumnisurteil gegen den Kläger". Aber III erfordert gerade keine mündliche Verhandlung).

Es kann also auch ein Urteil ergehen, das *teilweise* ein Versäumnisurteil ist, teilweise aber ein unechtes Versäumnisurteil darstellt. Wegen der Hinweispflicht des Gerichts auf Bedenken gegen das beantragte echte Versäumnisurteil vor Erlaß des unechten Üb 13 vor § 330. Ein Vorbringen des Klägers in einem weiteren Schriftsatz ist nur dann beachtlich, wenn der Bekl sich auch dazu äußern konnte. Dazu muß das Gericht ihm evtl eine weitere Frist setzen. Anders liegt es nur beim nachgereichten Antrag nach III, Rn 20.

25   **B. Urteil.** Im Urteil heißt es nicht, die Entscheidung ergehe auf die mündliche Verhandlung vom ..., sondern sie ergehe „auf Antrag ohne mündliche Verhandlung am ...". Soweit ein unechtes Versäumnisurteil ergeht, ist § 313 b unanwendbar, Ffm MDR **84**, 322. Die Kostenentscheidung nach §§ 91 ff und die Entscheidung zur vorläufigen Vollstreckbarkeit nach §§ 708 ff lauten stets wie sonst. Das Urteil wird nicht verkündet, sondern von Amts wegen zugestellt, §§ 310 III, 317 I 1, 2. Es findet keine Hinausschiebung dieser Maßnahme statt. Denn § 317 I 3 gilt nur für verkündete Urteile. Bei der Zustellung muß das Gericht nach § 340 III 4 von Amts wegen auf die Folgen verspäteten Einspruchs aufmerksam machen.

26   Das fertiggestellte, aber *nicht mehr zulässige* Versäumnisurteil nach Rn 19–23 bleibt auch in allen Ausfertigungen bei den Akten. Denn man muß nachprüfen können, warum es nicht wirksam geworden ist. Auf seine Existenz und seine Begründung darf keine Partei eine Ablehnung des Gerichts stützen. Denn das Gericht mußte ja eine Entscheidung treffen, wußte nur nicht, daß diese eben nicht wirksam werden würde. Andere Entscheidungen wie etwa ein Beweisbeschluß ergehen nicht nach III, sondern nur nach § 128 II oder nach einer nunmehr im Rahmen von § 128 I notwendigen mündlichen Verhandlung. §§ 319–321 sind anwendbar.

27   Das Versäumnisurteil nach III kann auch in einer *Nichtsommersachen* nach § 227 III 1 während der Zeit vom 1. 7. bis 31. 8. ergehen, erst recht in einem bloßen Verkündungstermin, § 227 III 1 Hs 1. Es kann und muß auch vor dem Ablauf der 2-Monats-Frist des § 569 III Z 2 BGB ergehen, LG Kiel WoM **02**, 149, LG Köln NZM **04**, 65 und 66, aM Hbg ZMR **88**, 226 (aber Sozialpolitik findet ihre Grenze am klaren Wortlaut und Sinn des Gesetzes, das gegen einen Säumigen steht, Einl III 39).

28   **C. Rechtsmittel.** Die Rechtsmittel sind wie sonst statthaft. Wegen des unvollständigen unechten Versäumnisurteils Üb 13 vor § 330.

331a   *Entscheidung nach Aktenlage.* [1] Beim Ausbleiben einer Partei im Termin zur mündlichen Verhandlung kann der Gegner statt eines Versäumnisurteils eine Entscheidung nach Lage der Akten beantragen; dem Antrag ist zu entsprechen, wenn der Sachverhalt für eine derartige Entscheidung hinreichend geklärt erscheint. [2] § 251 a Abs. 2 gilt entsprechend.

Gliederung

1) Systematik, S 1, 2	1	B. Auslegung	5
2) Regelungszweck, S 1, 2	2	5) Entscheidung, S 1, 2	6, 7
3) Geltungsbereich, S 1, 2	3	A. Ermessen, S 1	6
4) Antrag, S 1	4, 5	B. Entsprechende Anwendung der § 251 a II, S 2	7
A. Notwendigkeit	4		

1   **1) Systematik, S 1, 2.** Die Vorschrift gibt eine Wahlmöglichkeit neben §§ 330, 331. Sie setzt die Säumnis nur *einer* Partei voraus, Üb 6 vor § 330. Sind beide säumig, so gilt § 251 a. Dessen II gilt auch bei § 331 a, dort S 2.

Titel 3. Versäumnisurteil § 331a

2) Regelungszweck, S 1, 2. Vgl zunächst § 251a Rn 2. Die Vorschrift soll der „Flucht in die Säumnis" 2 entgegenwirken. Eine Entscheidung nach Lage der Akten hat je nach den Gesamtumständen Vor- und Nachteile. Diese muß derjenige abwägen, der sie beantragt. So entfällt zB hier die Unterstellung nach § 331 I 1. Denn die „Aktenlage" umfaßt die gesamten Akten, also auch den schriftsätzlichen wie mündlichen Vortrag des jetzt Ausgebliebenen. Der Chance des die Instanz beendenden obsiegenden Urteils steht das Risiko des in dieser Instanz endgültigen Prozeßverlusts gegenüber.

Erörterung der Sach- und Rechtslage kann in dieser Situation die Entscheidung erheblich erleichtern helfen. Das Gericht ist nach § 139 auch von sich aus in ziemlich offener Weise berechtigt und verpflichtet, seine „vorläufige" Beurteilung darzulegen. Erst recht kann die Partei mit oder ohne ProzBev durch gezielte Fragen, Mutmaßungen oder geäußerten Zweifel am gegnerischen Vortrag den Richter zur genaueren Erörterung bewegen, ja geradezu zwingen. Ein solches Gespräch mag ja auch ihm durchaus mehr Klarheit und zB auch die Beseitigung tatsächlicher Mißverständnisse bringen. Gerade vor einem Antrag nach § 331a darf man ein derartiges Vorgehen keinesfalls als Belästigung des Gerichts verstehen, solange es in ruhigem Ton erbeten wird. Auch das muß man bei der Auslegung mitbedenken.

3) Geltungsbereich, S 1, 2. Vgl zunächst Üb 3 vor § 330. § 331a gilt auch in der Berufungsinstanz 3 nach § 539 III und im Revisionsverfahren, § 557. Im arbeitsgerichtlichen Verfahren sind §§ 53, 60 I 3, 64 VII ArbGG beachtlich. Es genügt die Anwesenheit in einer früheren Güteverhandlung, ArbG Bln BB **75**, 746, ArbG Ffm BB **76**, 1611.

4) Antrag, S 1. Das Gericht regt ihn zu selten an. 4
A. Notwendigkeit. § 331a mildert in jeder Instanz die Schädlichkeit der unbeschränkten Einspruchsfreiheit, indem er einen Antrag auf eine Entscheidung nach Aktenlage zuläßt, wenn der Kläger gegen den Bekl nach § 331 oder der Bekl gegen den Kläger nach § 330 ein Versäumnisurteil beantragen dürfte, BGH RR **90**, 342. Der Antrag ist für den in Verfahren nach § 331a notwendig. Er ist ein Prozeßantrag, § 297 Rn 5. Er muß gerade auf eine Entscheidung nach Aktenlage gehen. Er ist auch wegen eines Teils des Anspruchs zulässig. Die Partei kann allerdings auch hilfsweise ein Versäumnisurteil für den Fall beantragen, daß das Gericht eine Entscheidung nach Lage der Akten ablehnt. Ein Hilfsantrag auf ein Versäumnisurteil ist aber nicht für den Fall zulässig, daß eine Aktenlageentscheidung ungünstig ausfallen würde. Unzulässig ist ein Aktenlageantrag nur für eine beschränkte, nicht abschließende Entscheidung, etwa nur für den Erlaß eines Beweisbeschlusses. „Statt eines Versäumnisurteils": meint: auch eines unechten, zB bei § 331 II. Wenn die Partei überhaupt keinen Antrag stellt, dann liegt eine zweiseitige Säumnis vor, §§ 251a, 333. Der Termin zur mündlichen Verhandlung kann auch ein solcher sein, auf den hin das Gericht vertagt hatte, § 332 Rn 1.

B. Auslegung. Oft ist zweifelhaft, was ein Antrag bezweckt. Die Auslegung nach Grdz 52 vor § 128 muß 5 zeigen, ob die Partei einen förmlichen Antrag aus § 331a stellt oder sie es anheimstellt, aus § 251a von Amts wegen nach der Aktenlage zu entscheiden, oder ob sie eine schriftliche Entscheidung nach § 128 II beantragt und annimmt, der Gegner werde später erscheinen und sich anschließen. Angesichts der verschiedenen Tragweite aller dieser Maßnahmen für die Hauptsache und die Kosten muß das Gericht eine ganz eindeutige Erklärung herbeiführen, § 139. Soweit das Gericht dabei nicht auf die erschienene Partei einredet, besteht auch keine Ablehnungsgefahr, § 42 Rn 39. Eine bloße Anregung dürfte zwecks notwendiger Klärung zulässig sein.

5) Entscheidung, S 1, 2. Das Gericht geht oft zu zögerlich vor. 6
A. Ermessen, S 1. Dem Antrag „ist zu entsprechen, wenn der Sachverhalt für eine derartige Entscheidung hinreichend geklärt erscheint". Trotz der Mußfassung steht die Entscheidung im pflichtgemäßem, vor Instanzende nicht nachprüfbaren Ermessen des Gerichts, ZöHe 2, aM MüKoPr 10 (aber die Prüfung, ob eine hinreichende Klärung des Sachverhalts vorliegt, läuft praktisch auf eine Abwägungsnotwendigkeit im gesamten Vorgang nach § 331a hinaus). Aber das Gericht muß hier anders als bei § 251a prüfen, ob nicht eine Aktenlageentscheidung möglich ist. Die Erfordernisse der Entscheidung sind dieselben wie bei § 251a. § 331a unterstellt nicht wie § 331 ein Geständnis, sondern gibt nur die Möglichkeit für einen Antrag auf Aktenlageentscheidung. Daher kann ein früheres gegnerisches Bestreiten zur Beweislast führen. Einer Sachverhandlung bedarf es nicht, anders als bei §§ 330, 331. Die Entscheidung braucht kein Urteil zu sein. Sie kann gegen den Antragsteller ergehen. Denn ihr liegt das beiderseitige Vorbringen zugrunde. Eine hinreichende Klärung ist hier dasselbe wie in § 251a.

Fehlt eine Voraussetzung des Antrags, so muß das Gericht ihn *zurückzuweisen*, § 335. Zugleich kann und muß der Vorsitzende einen neuen Termin bestimmen, §§ 227 I 1, 337. Der zurückweisende Beschluß ist unanfechtbar, § 336 II. Die Folge einer Entscheidung, die kein Urteil ist, lautet: Die Schriftsätze gelten als vorgetragen, Zulässigkeitsrügen gehen aber bei schriftlicher Einlassung verloren, § 296 III. Das Urteil ist kein Versäumnisurteil, sondern ein gewöhnliches Endurteil. Seine Voraussetzungen sind die eines streitmäßigen Urteils. Gegen ein Urteil ist nicht der Einspruch nach § 338 statthaft, sondern Berufung, §§ 511 ff.

Gebühren: Des Gerichts: Keine Urteilsgebühr (wohl aber Verfahrensgebühr KV 1210); des Anwalts VV 3100 ff.

B. Entsprechende Anwendung des § 251a II, S 2. Sie bezieht sich nur auf ein Urteil, S 2. Ein solches 7 verlangt eine frühere mündliche Verhandlung und die Anberaumung eines Verkündungstermins mit besonderer Benachrichtigung des Säumigen. In dieser Instanz müssen die Parteien im früheren Termin streitig verhandelt haben, § 137 Rn 7, LAG Bre MDR **04**, 112. § 251a III ist nicht anwendbar gemacht worden. Das Gericht darf nicht das Ruhen anordnen. Denn damit würde auch der Nichtsäumige betroffen, Ffm RR **98**, 1288. Eine Vertagung ist zulässig, §§ 227, 337. Das ergibt sich schon daraus, daß in jedem Antrag auf eine Aktenlageentscheidung ein Hilfsantrag auf Verlegung liegt. In den Fällen des unechten Versäumnisurteils nach Üb 13 vor § 330 ist eine Aktenlageentscheidung ohne die Beschränkung des § 251a II 1, 2 zulässig. Das gilt namentlich dann, wenn Prozeßvoraussetzungen fehlen, Grdz 12 vor § 253, aM ThP 5. Denn dann hat niemand ein schutzwürdiges Interesse daran, daß erst später ein Urteil ergeht als bei einem Antrag auf Versäumnisurteil. § 251a II 4 bleibt auch dann anwendbar.

Hartmann

332 *Begriff des Verhandlungstermins.* **Als Verhandlungstermine im Sinne der vorstehenden Paragraphen sind auch diejenigen Termine anzusehen, auf welche die mündliche Verhandlung vertagt ist oder die zu ihrer Fortsetzung vor oder nach dem Erlass eines Beweisbeschlusses bestimmt sind.**

1 1) **Systematik.** Die Vorschrift macht eine Ausnahme vom Grundsatz der Einheitlichkeit der Verhandlung, Üb 3 vor § 253, § 296 a, indem das bisher vom Bekl Vorgetragene entfällt. § 332 bezieht sich auf Versäumnis- und Aktenlageentscheidungen, §§ 251 a, 330–331 a, nicht aber auf unechte Versäumnisurteile, Üb 13 vor § 330. Man kann den Antrag nach § 331 a in einem Termin stellen, falls die andere Partei in diesem ausgeblieben ist.

2 2) **Regelungszweck.** Die Vorschrift dient einer Ausweitung der Möglichkeiten nach §§ 330 ff. Damit wird Prozeßwirtschaftlichkeit angestrebt, Grdz 14 vor § 128, selbst evtl auf Kosten der Gerechtigkeit, dem eigentlichen Hauptziel des Prozesses, Einl III 36. Diese Abweichung von der eigentlichen Rangfolge beherrscht ja das ganze Versäumnisverfahren weitgehend. Sie führt zu einer entsprechend nicht zu engen Auslegung trotz des formellen Ausnahmecharakters. Indessen bleibt die Notwendigkeit eines Termins gerade zur „mündlichen Verhandlung" im Sinn von § 279 I 1 im Gegensatz zur bloßen Güteverhandlung nach § 278 II 1 auch bei § 332 bestehen. Auch das sollte man mitbeachten.

3 3) **Geltungsbereich.** Vgl Üb 3 vor § 330.

4 4) **Grundsatz: Jeder Verhandlungstermin zur Hauptsache.** Verhandlungstermin ist auch der Termin, auf den vertagt ist oder der Fortsetzung der Verhandlung nach der Beweisaufnahme dienen soll. Sie ist aber grundsätzlich zunächst notwendig, §§ 367, 370, es sei denn, der Termin fände auf Grund eines Einspruchs des Säumigen statt: Dann ergeht ein Zweites Versäumnisurteil nach § 345. Erfaßt wird also hier jeder Verhandlungstermin, der nicht nur für einen Zwischenstreit bestimmt ist. Sobald die Partei einen Sachantrag gestellt hat, § 137 Rn 7, § 297, ist sie in diesem Termin grundsätzlich nicht mehr säumig. Das gilt selbst dann, wenn in ihm eine Beweisaufnahme folgt und wenn die Partei anschließend den Sachantrag nicht wiederholt, § 285 Rn 1, BGH RR **85**, 1253. Trotz der Einheit der Verhandlung nach § 285 Rn 1, BGH **63**, 95, ist es doch zumindest ratsam, die Sachanträge der Erschienenen in jedem Folgetermin klarstellend zu Protokoll wiederholen zu lassen. Das ist ja auch weitverbreitet und geschieht ohne besondere Mühe, sei es auch „nur" etwa mit der Formulierung: „X wiederholte den Antrag aus dem Termin vom ...".

In einem *späteren* Termin muß das Gericht bei § 331 das Vorbringen des Klägers als zugestanden unterstellen, als hätte er es in diesem Termin vorgetragen. Prozeßhandlungen der Parteien in früheren Terminen, Geständnisse nach § 288, Anerkenntnisse, Verzichte, die noch zu keinem Urteil nach § 306, 307 führten, sowie grundsätzlich auch Beweisaufnahmen verlieren wegen § 342 durch Einspruch auflösend bedingt jede Bedeutung.

5 5) **Ausnahmen.** Das Gericht darf auch bei § 332 keine prozessuale Arglist dulden, Einl III 54. Deshalb kann es bei solcher Lage stets unbeachtet lassen, um ein ersichtlich hochgradig unrichtiges Ergebnis zu vermeiden, Brdb MDR **95**, 1262. Bei einem zur Beweisaufnahme und Fortsetzung der Verhandlung anberaumten Termin darf wegen § 367 ein Erstes Versäumnisurteil erst nach dem Schluß der Beweisaufnahme ergehen, also im Verhandlungsteil des Termins, § 285. Allerdings darf ein Zweites Versäumnisurteil auf Einspruchsverwerfung nach § 345 wegen §§ 340 a, 341 sogleich nach vergeblichem Aufruf und Feststellung der erneuten Säumnis ergehen. Das Gericht bleibt an seine End- und Zwischenurteile gebunden, § 318. Eine Vorabentscheidung nach § 304 bindet nur bei einer Säumnis des Bekl. Bei einer Säumnis des Klägers verliert dieses Zwischenurteil durch § 330 jede Bedeutung. Die frühere Verhandlung behält auch Bedeutung für die Zuständigkeit nach § 39 und für die Heilung von Mängeln der Klage, § 253 Rn 16.

333 *Nichtverhandeln der erschienenen Partei.* **Als nicht erschienen ist auch die Partei anzusehen, die in dem Termin zwar erscheint, aber nicht verhandelt.**

Gliederung

1) Systematik 1	5) Entscheidung 7–9
2) Regelungszweck 2	A. Antrag, aber keine Säumnis 7
3) Geltungsbereich 3	B. Antrag und Säumnis 8
4) Nichtverhandeln 4–6	C. Kein Antrag, aber Säumnis 9

1 1) **Systematik.** Die Vorschriften ergänzen die §§ 136, 251 a, 330–332. Dabei setzt § 333 ein völliges Nichtverhandeln bis zum Verhandlungsschluß nach §§ 136 IV, 296 a voraus, BGH NJW **83**, 862. Das ergibt sich deutlich aus § 334. Dann stört § 220 II nicht, BGH NJW **93**, 862. Beide Vorschriften gelten auch bei einer sitzungspolizeilichen Entfernung, § 158. Sie sind auf die Entscheidung nach Aktenlage nach §§ 251 a, 331 a anwendbar.

2 2) **Regelungszweck.** Die Vorschrift dient der Klärung eines im Wortlaut mehrdeutigen Grundbegriffs des Versäumnisrechts und damit der Rechtssicherheit nach Einl III 43 und der Prozeßwirtschaftlichkeit, Grdz 14 vor § 128. Nun ist allerdings nicht nur der Begriff des Erscheinens mehrdeutig, sondern auch derjenige des Verhandelns. Ihn klärt § 333 nicht mit. Man muß ihn daher auslegen, Rn 3. Dabei hilft übrigens § 31 I Z 2 BRAGO (Verhandlungsgebühr) nur bedingt. Denn das Gebührenrecht kennt vielfach andere Begriffe und Abgrenzungen als das Prozeßrecht. Am einfachsten ist das Abstellen auf einen Antrag, und zwar nicht nur auf einen sog Prozeßantrag, sondern auf den eigentlichen Sachantrag, § 297 Rn 4. Damit gewinnt man auch eine einfache Abgrenzung zur bloßen Ankündigung oder Erörterung, zur bloßen Er-

Titel 3. Versäumnisurteil   §§ 333, 334

wägung oder gar zum Versuch, die eigene Entscheidung von einer Empfehlung des Gerichts abhängen zu lassen. Selbst wenn das Gericht nach § 139 I 2 einen angesprochenen möglichen Antrag als sachdienlich bezeichnet, muß es doch abwarten, ob die Partei ihn dann auch wirksam stellt.

3) Geltungsbereich. Vgl Üb 3 vor § 330.   3

4) Nichtverhandeln. Wer zwar erscheint, aber nicht verhandelt oder nicht wirksam verhandeln darf, zB   4
wegen Rechtsmißbrauchs nach Einl III 54 etwa wegen verbotener Mehrfachvertretung trotz Interessenkollision, ist säumig. Verhandeln ist jede handelnde Teilnahme am Prozeßbetrieb in der mündlichen Verhandlung, Bbg RR 96, 318. Sie darf sich auf Prozeßvoraussetzungen beschränken, Grdz 12 vor § 253, etwa auf die Zuständigkeit, strenger BAG NJW 03, 1548, Ffm RR 98, 280 (Sachantrag erforderlich). Es genügen nicht: Ein Antrag auf Aussetzung, §§ 148 ff, BGH RR 86, 1253; auf Trennung, § 145; auf Verbindung, § 147; auf Ablehnung eines Richters, § 42, BGH RR 86, 1253; auch nicht in Verbindung mit einem eindeutig nur hilfsweise gestellten Sachantrag, Ffm WertpMitt 92, 1088.

Im bloßen Stellen der *Anträge* liegt ein Verhandeln nur, aber auch bereits dann, wenn die Antragstellung ein sachliches Eingehen auf das Vorbringen des Gegners beinhaltet, § 137 Rn 5, Kblz JB 95, 197, Köln MDR 91, 896, Schlesw SchlHA 86, 91. Das gilt bis zum Verhandlungsschluß, §§ 136 IV, 296 a, BGH NJW 93, 862. Dann stört § 220 II nicht, BGH NJW 93, 862. Ausreichend ist auch die bloße Bezugnahme auf einen früher gestellten Antrag bzw auf schriftlichen Vortrag nach § 137 III sowie ein stillschweigendes sachliches Eingehen, § 137 Rn 12, Ffm RR 98, 280, Kblz FamRZ 01, 1009, ArbG Düss RR 92, 366, zB ein Widerklagantrag, Anh § 253.

Ein *Beweisantrag* ist Verhandlung. Ein bloßer Vertagungsantrag nach §§ 227, 337 ist keine Verhandlung. Es   5
handelt sich im einzelnen um eine Tatfrage, auch bei der Beurteilung einer Erörterung, aM Kblz MDR 82, 858 (aber Beweis bezieht sich eben auf Tatsachen). Wenn aber eine Partei ihr ProzBev nicht verhandelt, greift § 333 selbst dann nicht ein, wenn zB der ProzBev nach der Verhandlung die Vertretung niedergelegt oder die Fortsetzung der Verhandlung verweigert. Wer zwar den Saal betritt, dann aber einfach die Handakten hinlegt und auf ihnen einen Zettel mit einem „Auftrag" an irgendeinen beim Aufruf evtl anwesenden Kollegen zur Vertretung hinterläßt, ist säumig, LG Duisb RR 91, 1022. Noch weniger reicht die Aufforderung an das Gericht, dieses möge einen Kollegen derart „beauftragen" usw. Das Gericht darf solchen Auftrag „offiziell" gar nicht annehmen.

Daran ändert auch eine noch so großzügige „*Service*"Haltung der modernen Justiz ungeachtet ihrer erheblichen Vorteile nichts. Die Parteiherrschaft und der Beibringungsgrundsatz nach Grdz 18, 20 vor § 128 erlauben nicht eine derartige Verlagerung der prozeßwesentlichen Aktivität von der Partei und ihrem nach § 85 Rn 13 ff zur höchsten Sorgfalt verpflichteten ProzBev über einen ahnungslosen zufällig und evtl im Sitzungsraum anwesenden Kollegen gar auf den zur Unparteilichkeit verpflichteten Richter. Letzterer kann außerdem gar nicht den internen Kenntnisstand des ProzBev haben.

Sobald die Partei während des Termins im vorstehenden Sinn einen nicht nur hilfsweisen *Sachantrag* nach   6
§ 137 I, § 297 Rn 1 stellt, ist sie nicht mehr säumig. Sie kann eine Säumniswirkung dann auch nicht durch die anschließende Erklärung herbeiführen, sie nehme den Sachantrag zurück, Ffm RR 92, 1406, oder verweigere jede weitere Erklärung oder „trete nicht auf". Sie *ist* ja bereits verhandelnd aufgetreten. Deshalb kann sie auch nicht etwa wegen der im Termin zutagegetretenen Schwäche der Position durch solche Äußerungen in die Säumnis flüchten. Zum Problem Schneider MDR 92, 827. Wenn zunächst auf Grund eines Antrags verhandelt und sodann Beweis erhoben wurde, dann schadet das Nichtverhandeln bei der abschließenden Erörterung wegen der Einheit der mündlichen Verhandlung zwar nicht, § 285 Rn 1, BGH 63, 95. Etwas anderes gilt aber, wenn der Termin mit der Beweisaufnahme begonnen hatte, § 332 Rn 3, Üb 2 vor § 330. Das von der Situation des § 334 zu unterscheidende Unterlassen der Verhandlung über einen des Teilurteils fähigen Teilanspruch oder bloß über die Klage oder Widerklage ist Nichtverhandeln im Sinne des § 333 nur dann, wenn das Gericht die Partei ausdrücklich zum Verhandeln aufgefordert hat. Auf den Grund des Nichtverhandelns kommt es nicht an, § 337 Rn 4. § 333 gilt auch dann, wenn die Partei nicht verhandeln darf.

5) Entscheidung. Man muß drei Situationen unterscheiden.   7

A. Antrag, aber keine Säumnis. Wenn die Partei ein Versäumnisurteil beantragt, das Gericht aber die Säumnis verneint, weil es eine nach § 334 unvollständige Verhandlung annimmt, erfolgt eine Zurückweisung durch Beschluß oder durch streitmäßiges Endurteil in der Sache. Zu ihm gibt der Antrag auf Versäumnisurteil eine ausreichende Unterlage.

B. Antrag und Säumnis. Wenn die Partei ein streitmäßiges Urteil beantragt und das Gericht eine volle   8
Säumnis annimmt, erfolgt eine Zurückweisung durch Beschluß, weil eine Versäumnisentscheidung einen besonderen Antrag verlangt. Gegen den Beschluß ist kein Rechtsbehelf gegeben, § 567. § 336 ist dann unanwendbar. Nach § 251 a muß das Gericht dann verfahren, wenn kein zulässiger Antrag gestellt wurde, Bbg OLGZ 76, 353. Das Gericht hat eine Frage- bzw Aufklärungspflicht, § 139.

C. Kein Antrag, aber Säumnis. Wenn das Gericht ein Versäumnisurteil ohne Antrag erläßt, kann der   9
Verurteilte Einspruch einlegen. Der Gegner hat keinen Rechtsbehelf.

334 *Unvollständiges Verhandeln.* **Wenn eine Partei in dem Termin verhandelt, sich jedoch über Tatsachen, Urkunden oder Anträge auf Parteivernehmung nicht erklärt, so sind die Vorschriften dieses Titels nicht anzuwenden.**

1) Systematik. Es handelt sich um eine Einschränkung des Geltungsbereichs der §§ 330 ff und insofern   1
um eine Ausnahmevorschrift. Würde man das ganze Versäumnisverfahren freilich als Ausnahme vom Grundsatz des rechtlichen Gehörs nach Art 103 I GG betrachten, so wäre § 334 eine „Ausnahme von der Ausnahme". In der Praxis spielen solche Spitzfindigkeiten keine Rolle. Immerhin zeigt sich, daß die Vorschrift dogmatisch auf etwas schwankendem Boden steht.

§§ 334, 335　　　　　　　　　　　　　　　Buch 2. Abschnitt 1. Verfahren vor den LGen

2　**2) Regelungszweck.** Die bloße Unterlassung einer Erklärung zu den in § 334 abschließend aufgezählten Umständen soll nicht die weitreichenden Rechtsfolgen einer Säumnis haben. Denn man darf den zum Verhandeln erforderliche Sachantrag nach § 333, den § 334 voraussetzt, nicht allzu entwerten, nur weil die Partei nicht ganz umfassend Stellung nimmt. Das dient dem Hauptziel der Gerechtigkeit nach Einl III 36 und führt dazu, die Vorschrift unabhängig von den in dieselbe Richtung gehenden Erwägungen Rn 1 nicht zu eng auszulegen.

3　**3) Geltungsbereich.** Vgl zunächst § 330 Rn 4, § 333 Rn 1. § 334 gilt also nur insoweit nicht, als ein Verhandeln über einen nach §§ 145, 301 abtrennbaren Teilanspruch usw der Klage oder Widerklage zulässig ist und stattfindet, BGH NJW 02, 145, Kblz FamRZ 01, 1009. Die Partei ist also wegen des abtrennbaren Rests mangels diesbezüglichen Mitverhandelns säumig. Demgegenüber greift § 334 zB dann ein, wenn eine Partei nach ihrer anfänglichen Verhandlung durch Stellung des Sachantrags nach § 297 Rn 4 nun aus irgendeinem Grund eine weitere Erklärung zu denselben Punkten verweigert, BGH NJW 02, 145. Wenn sich die Partei bei der Verhandlung im übrigen nicht zu Tatsachen, Urkunden, Anträgen auf Parteivernehmung erklärt, dann gelten die §§ 85 I, 138 III, IV, 427, 439 I, III, 446, 453, 454, 510. Im übrigen muß das Gericht ihr Verhalten frei würdigen, § 286. Eine Versäumnisentscheidung oder eine Entscheidung nach Aktenlage sind immer unzulässig. Wohl aber sind §§ 282, 296, 528 anwendbar.

335 *Unzulässigkeit einer Versäumnisentscheidung.* ¹ Der Antrag auf Erlass eines Versäumnisurteils oder einer Entscheidung nach Lage der Akten ist zurückzuweisen:
1. **wenn die erschienene Partei die vom Gericht wegen eines von Amts wegen zu berücksichtigenden Umstandes erforderte Nachweisung nicht zu beschaffen vermag;**
2. **wenn die nicht erschienene Partei nicht ordnungsmäßig, insbesondere nicht rechtzeitig geladen war;**
3. **wenn der nicht erschienenen Partei ein tatsächliches mündliches Vorbringen oder ein Antrag nicht rechtzeitig mittels Schriftsatzes mitgeteilt war;**
4. **wenn im Falle des § 331 Abs. 3 dem Beklagten die Frist des § 276 Abs. 1 Satz 1 nicht mitgeteilt oder er nicht gemäß § 276 Abs. 2 belehrt worden ist.**

II Wird die Verhandlung vertagt, so ist die nicht erschienene Partei zu dem neuen Termin zu laden.

Gliederung

1) Systematik, I, II 1	6) Fehlen einer Mitteilung, I Z 3 .... 7, 8
2) Regelungszweck, I, II 2	A. Grundsatz: Tatsachenvortrag; Sachantrag 7
3) Geltungsbereich, I, II 3	B. Verfahren 8
4) Fehlen einer Nachweisung, I Z 1 ...... 4, 5	7) Mitteilung bzw Belehrung, I Z 4 9
A. Grundsatz: Von Amts wegen zu berücksichtigender Umstand 4	8) Vertagung, II 10
B. Verfahren 5	9) Rechtsbehelfe, I, II 11
5) Mangel der Ladung, I Z 2 6	

1　**1) Systematik, I, II.** Die Vorschrift schafft im Gegensatz zu § 337 eine endgültige Regelung. Sie faßt Fälle zusammen, in denen eine Versäumnisentscheidung unzulässig ist und das Gericht daher den Antrag auf eine Versäumnisentscheidung nach Gewährung des rechtlichen Gehörs nach Art 103 I GG durch einen nach § 336 zu verkündenden Beschluß, zurückweisen muß. Die ursprünglich nur für Versäumnisurteile geltende Vorschrift wurde später auf die Entscheidung nach Aktenlage anwendbar gemacht, ohne die Verschiedenheit beider Urteile zu berücksichtigen. Daher rühren Unstimmigkeiten. Man sollte aber mit einer entsprechenden Anwendung zurückhalten. Eine Zurückweisung liegt meist auch in der Vertagung trotz eines Antrags auf eine Versäumnisentscheidung, § 336 Rn 5. Sie berührt die Rechtshängigkeit nach § 261 nicht. Das Gericht soll einen neuen Termin bestimmen und dazu laden und trifft die unterlassenen Maßnahmen des § 276 jetzt. Wenn ein eindeutiges Versäumnisurteil zu Unrecht ergeht, dann kann man es nur mit Einspruch angreifen, nicht auch mit der Berufung. Der sog Meistbegünstigungsgrundsatz nach Grdz 28 vor § 511 gilt dann also nicht, BGH NJW 94, 666. Hat der Säumige einen Einspruch versäumt, so wird das Versäumnisurteil rechtskräftig. Wegen § 554 II Z 2 BGB § 331 Rn 12.

2　**2) Regelungszweck, I, II.** Die Vorschrift dient wie § 337 dem rechtlichen Gehör nach Art 103 I GG als einem wesentlichen Erfordernis der Rechtsstaatlichkeit, Einl III 15 ff. Man muß sie daher im Zweifel zugunsten des Gegners auslegen. Eine entsprechende Anwendung kommt daher wegen des Gebots eines fairen Verfahrens in Betracht, Einl III 23, Hamm RR **91**, 703.
Auch die *Gerechtigkeit* als Hauptziel des Prozeßrechts nach Einl III 36 erfordert das Unterbleiben einer Versäumnisentscheidung, gar eines Zweiten Versäumnisurteils nach § 345, soweit eine Überspannung der Anforderungen an die Partei stattfinden würde. Sieht man §§ 330 ff ohnehin als Ausnahme vom Grundsatz des rechtlichen Gehörs, so ergibt sich erst recht in den Fällen des § 335 die Notwendigkeit einer Handhabung zugunsten des scheinbar Säumigen.
Einengung der Position des Erschienenen und den Sachantrag Stellenden darf aber ebensowenig stattfinden. Gerade eine recht verstandene Parteiherrschaft nach Grdz 18 vor § 128 bringt es mit sich, dem nun einmal nicht Erschienenen bzw nicht Verhandelnden die von ihm ja oft sogar direkt erwünschten vorläufigen oder auch endgültigen Folgen seiner frei eingenommenen Haltung zuzurechnen. Eine allzu großzügige Behandlung des Säumigen ist daher ebenfalls nicht angebracht.
Abwägung heißt daher im Ergebnis das schwierig zu erfüllende Gebot auch bei § 335.

Titel 3. Versäumnisurteil § 335

3) Geltungsbereich, I, II. Vgl Üb 3 vor § 330. 3

4) Fehlen einer Nachweisung, I Z 1. Man muß die Vorschrift sorgfältig beachten. 4
A. Grundsatz: Von Amts wegen zu berücksichtigender Umstand. Überflüssigerweise bestimmt Z 1: Das Gericht muß den Antrag zurückweisen, wenn der Erschienene einen nach Grdz 39 vor § 128 von Amts wegen zu berücksichtigenden Punkt nicht nachweisen kann. Hierher gehören alle sachlichen und förmlichen Voraussetzungen der Versäumnisentscheidung, die das Gericht von Amts wegen prüfen muß, Üb 3 vor § 330, zB: Die Klagerhebung; eine Unklarheit über Parteiwechsel oder bloße Berichtigung, AG Ludwigslust RR **02**, 1293; die Zuständigkeit, § 331 Rn 5; die anderweitige oder fehlende Rechtshängigkeit, § 261, BGH FamRZ **87**, 928; die Kostensicherheitsleistung, § 110; die Anerkennung eines ausländischen Urteils, § 328; eine völlige Säumnis, § 333; beim AG (nur dort, § 88 II) die Vollmacht des Vertreters (Ausnahme: es tritt ein Anwalt auf); die Notwendigkeit, einen Dolmetscher zuzuziehen, LG Bln ZMR **87**, 23. Wegen § 88 I dort Rn 13.
B. Verfahren. Bei einem für den Erschienenen behebbaren Mangel ergeht ein Beschluß auf Zurück- 5 weisung. Bei einem für den Erschienenen unbehebbaren Mangel weist das Gericht die Klage durch unechtes Versäumnisurteil nach Üb 13 vor § 330 oder durch ein Urteil nach Aktenlage ab, § 251 a. Das gilt zB: Bei einem dauernden Mangel der Partei- oder Prozeßfähigkeit; beim Fehlen des nur dem Gegner zustehenden Verweisungsantrags, zB nach § 281, 506; dann, wenn die Partei seine Behebung ablehnt; bei Unzuständigkeit, § 331 Rn 24, LG Bln RR **98**, 1285; bei Unzulässigkeit des Rechtsmittels. Fehlt die Zuständigkeit, so wird auf Antrag auch verwiesen, §§ 281, 506. Es besteht eine Frage- und Aufklärungspflicht, § 139. Die Behauptung einer Zuständigkeit nach §§ 29 II, 38 ist unbeachtlich, § 331 I 2, vgl auch § 40 II. Wer ein Urteil begehrt, muß die Nachweise für die von Amts wegen zu beachtenden Umstände liefern. Das gilt ohne Rücksicht auf die Parteistellung. Bei einem Antrag auf eine Entscheidung nach Aktenlage ist bei Rn 4 eine Zurückweisung ganz unangebracht. Das Gericht muß Beweis beschließen oder dem Kläger evtl eine Auflage nach § 283 machen. Da das Verfahren dem streitigen entspricht, bleibt es aber immer der Kläger beweispflichtig.

5) Mangel der Ladung, I Z 2. Das Gericht muß den Antrag zurückweisen, wenn es den Säumigen 6 nicht ordnungsmäßig oder nicht rechtzeitig geladen hatte, Üb 8 vor § 330, AG Neuruppin NJW **03**, 2249. Das gilt natürlich nur, soweit es einer Ladung bedarf, daher nicht bei § 331 III und nicht bei einem nach § 218 verkündeten Termin, wenn das Gericht den Säumigen zu demjenigen Termin geladen hatte, in dem eine Verkündung erfolgte. Vgl aber II. Eine Bekanntmachung des Termins durch eine zulässige Mitteilung beim AG nach § 497 II steht der Ladung gleich. Die Ladungs- und Einlassungsfrist nach §§ 217, 239 III, 274 III (wegen des Mahnverfahrens § 697 Rn 12), § 604 II muß eingehalten sein, Hamm RR **93**, 896. Ein ausgesetztes oder unterbrochenes Verfahren muß aufgenommen worden sein, § 250, BGH RR **89**, 256. Wegen eines bloßen Zwischenurteils § 347 II. Es ist eine ordnungsmäßige Zustellung notwendig, §§ 166 ff, 270, 329 II 2.
Unerheblich ist, ob das Gericht denjenigen rechtzeitig oder überhaupt vom Termin benachrichtigt hatte, der im Termin auch erschienen ist, § 337 Rn 4. Wer abwesend ist oder zwar erscheint, aber nicht nach § 333 Rn 4 verhandelt, kann nach § 295 verzichten. Wenn die Klage erst nach einer Vertagung zugestellt wurde, dann gilt § 253 Rn 10. Z 2 gilt sowohl für das Versäumnisurteil als auch für die Aktenlageentscheidung. Eine Ankündigung des Prozeßantrags ist nicht erforderlich, Köln MDR **91**, 896. Eine Belehrung über Säumnisfolgen ist (jetzt) nach § 215 I 2 erforderlich.

6) Fehlen einer Mitteilung, I Z 3. Auch diese Vorschrift fordert genaue Beachtung. 7
A. Grundsatz: Tatsachenvortrag; Sachantrag. Das Gericht muß dem Säumigen jedes tatsächliche mündliche Vorbringen rechtzeitig und bei Schriftsatzzwang schriftsätzlich mitgeteilt haben, also alles, was zur sachlichen Begründung des Versäumnisantrags nötig ist, und hierzu jeden Antrag, §§ 297 Rn 4, §§ 129 a, 132, 226, 262, 274 III, 496, und zwar beim Anwaltszwang nach § 78 Rn 1 durch einen postulationsfähigen Anwalt, Rostock OLGR **97**, 75. Prozeßanträge nach § 297 Rn 5 gehören nicht hierher, namentlich nicht der Antrag auf Erlaß eines Versäumnisurteils nach § 331 Rn 20 auch nicht der Antrag, einen Vollstreckungsbescheid aufrechtzuerhalten, auch nicht der Antrag auf Zurückweisung des gegnerischen Rechtsmittels, Celle MDR **93**, 686. Eine weitere Form der Mitteilung ist nicht vorgeschrieben. Darum ist es unerheblich, wie die Mitteilung nachgewiesen wird.
Es *genügt* zB, daß eine Erwiderung bei den Akten oder im Besitz des Erschienenen ist. Ein Schriftsatz ist selbst bei einem grundsätzlichen Schriftsatzzwang ausnahmsweise nicht erforderlich, wenn sich sämtliche Richter eines früheren mündlichen Vortrags aus einer Streitverhandlung erinnern oder wenn sich der Vortrag aus den Akten ergibt, insbesondere aus dem Protokoll. Eine Protokollierung vor dem Einzelrichter genügt. Beides folgt aus dem Grundsatz der Einheit der Verhandlung, § 296 a. Eine Abstandnahme von Tatsachen oder Anträgen bedarf als ein Weniger keiner Mitteilung. Das gilt auch zB bei einer Klagänderung nach §§ 263, 264. Wegen § 331 III Rn 9.
B. Verfahren. Soweit ein Antrag auf Versäumnisurteil vorliegt, ist Z 3 nur bei einer Säumnis des Bekl 8 oder Widerbekl oder Rechtsmittelbekl anwendbar. Bei einer Säumnis des Klägers tritt der Rechtsverlust nach § 330 ohne weiteres ein. Soweit ein Antrag auf Aktenlageentscheidung nach § 251 a Rn 9, 10 vorliegt, muß man eine „rechtzeitige Mitteilung" hier ganz im Sinne des § 251 a Rn 21 verstehen.

7) Mitteilung bzw Belehrung, I Z 4. Vgl zunächst § 276 Rn 4, 14, § 697 Rn 14, 15. Es ist unerheb- 9 lich, ob die Mitteilung des Klägers nach § 331 III schon in der Klageschrift enthalten war. Freilich muß das Gericht in der Regel zunächst die unterlassenen Maßnahmen von Amts wegen nachholen, Rn 1. Der Antrag nach § 331 III wird nicht fristgebunden mitgeteilt, auch nicht, falls er schon in der Klageschrift enthalten war, AG BergGladb NJW **77**, 2080. Z 4 ist im arbeitsgerichtlichen Verfahren unanwendbar, Philippsen pp NJW **77**, 1135.

8) Vertagung, II. Ein unbedingter Anspruch auf Vertagung besteht nicht. Sie ist nur aus erheblichen 10 Gründen zulässig, § 227 I, Ffm FamRZ **93**, 1468, aM ZöHe 6 (aber Wortlaut und Sinn des § 227 I sind

§§ 335–337   Buch 2. Abschnitt 1. Verfahren vor den LGen

eindeutig). Vertagt das Gericht, weil es dem Antrag auf eine Versäumnisentscheidung aus den Gründen Z 1–4 nicht stattgeben will, so muß es den Säumigen trotz § 218 zu dem neuen verkündeten Termin laden, § 274, Köln RR **95**, 446 (auch zu einer ausländischen Entscheidung). Für andere Fälle gilt das nicht. Die Neuladung ist zB dann entbehrlich, wenn das Gericht auf Antrag des Erschienenen einen neuen Termin ordnungsgemäß verkündet hat. Wenn das Gericht aber die Ladungsfrist nach § 217 zum früheren Termin nicht gewahrt hatte, dann ist immer eine neue Ladung notwendig. Denn § 218 setzt eine ordnungsmäßige Ladung voraus.

11   9) **Rechtsbehelfe, I, II.** Vgl Rn 1 und § 336. In einem Vertagungsantrag liegt der Verzicht auf eine sofortige Beschwerde.

336 *Rechtsmittel bei Zurückweisung.* ¹¹Gegen den Beschluss, durch den der Antrag auf Erlass des Versäumnisurteils zurückgewiesen wird, findet sofortige Beschwerde statt. ²Wird der Beschluss aufgehoben, so ist die nicht erschienene Partei zu dem neuen Termin nicht zu laden.
ᴵᴵ Die Ablehnung eines Antrages auf Entscheidung nach Lage der Akten ist unanfechtbar.

1   1) **Systematik, I, II.** Die Vorschrift geht dem § 252 vor. Sie findet in § 567 ff ihre nähere Ausgestaltung. II geht dem § 567 I Z 2 vor.

2   2) **Regelungszweck, I, II.** Angesichts des § 567 I Z 2 ist I 1 auf den ersten Blick überflüssig. Die Vorschrift wirkt aber im Zusammenhang mit II zumindest klarstellend. Sie verdeutlicht den Zweck, eine Überprüfung der ja immerhin zunächst erheblich nachteiligen Zurückweisung klar zu ermöglichen. I 2 dient der Zügigkeit der Fortsetzung nach Erfolglosigkeit einer sofortigen Beschwerde. Denn jetzt hat sich ja endgültig erwiesen, daß eine Säumnis vorgelegen hatte. Der Kläger verdient jetzt eine zügige Weiterbehandlung zwecks Prozeßwirtschaftlichkeit, Grdz 14 vor § 128. II dient der Klarstellung, daß keine weitere Verzögerung durch ein Beschwerdeverfahren eintreten soll, und dient daher ebenfalls der Prozeßwirtschaftlichkeit.

3   3) **Geltungsbereich, I, II.** Vgl Üb 3 vor § 330.

4   4) **Sofortige Beschwerde, I 1.** Weist das Gericht den Antrag auf den Erlaß eines Versäumnisurteils aus § 335 oder aus einem anderen Grund zurück, so kann der Erschienene, der keine Vertagung nach § 335 Rn 10 beantragt hat, die sofortige Beschwerde einlegen, (jetzt) § 567 I Z 1, Hamm RR **91**, 703, KG MDR **83**, 412, Zweibr FamRZ **97**, 506. Das gilt auch dann, wenn das Gericht ein Versäumnisurteil nur gegen einen Streitgenossen nach §§ 59 ff verweigert hat oder wenn das Gericht den Beschluß in ein anderes Versäumnisurteil aufgenommen hat. Es gilt nicht, wenn das Gericht ein Teilversäumnisurteil abgelehnt hat, weil ein solches Urteil im gerichtlichen Ermessen steht, oder wenn es ein klagabweisendes sog unechtes Versäumnisurteil erlassen hat, Üb 13 vor § 330, BGH NJW **87**, 1204. Dann kommt vielmehr nur Berufung in Betracht, §§ 511 ff.

5   Ist nach einem Antrag auf Versäumnisentscheidung eine *Vertagung* oder eine *Auflage* erfolgt, so hat das Gericht damit den Antrag meist zurückgewiesen, Hamm RR **91**, 703, KG MDR **83**, 412. Freilich kommt es auf die Gesamtumstände an. Andernfalls könnte man eine Vertagung glatt unterlaufen. Die sofortige Beschwerde geht verloren, wenn der Berechtigte im neuen Termin trotz Erscheinens des Gegners eine Vertagung beantragt. Denn damit würde er eine neue Kette von Terminen eröffnen können.

6   Die *Beschwerdefrist* von 2 Wochen beginnt mit der Verkündung des Beschlusses, § 567 I 2 Hs 1, Brdb MDR **95**, 1262. Sie beginnt bei einer Verkündung in einem besonderen Verkündungstermin erst mit der Zustellung nach §§ 329 III, 567 I 2 Hs 2, LG Köln MDR **85**, 593, aM Brschw MDR **92**, 292 (aber § 329 III gilt nach seinem eindeutigen Wortlaut und Sinn allgemein, und § 336 enthält keine auch insofern vorrangige eindeutig erkennbare Sonderregel). Im Beschwerdeverfahren braucht das Gericht den Säumigen nicht zu hören, KG MDR **83**, 412. Bei der Aufhebung des Beschlusses muß das Beschwerdegericht das weitere Verfahren der ersten Instanz überlassen, I 2. Es muß also auf Antrag zurückverweisen, BGH MDR **96**, 523, Hamm RR **91**, 703, KG MDR **83**, 412. Eine Rechtsbeschwerde kommt unter den Voraussetzungen des § 574 in Betracht. Wird sofortige Beschwerde zurückgenommen, kann § 516 III anwendbar sein, Zweibr FamRZ **97**, 506.

7   5) **Keine Ladung, I 2.** Zur neuen Verhandlung vor der unteren Instanz nach der Aufhebung ihres zurückweisenden Beschlusses muß das Gericht dann zwar den zuvor Erschienenen nicht säumig Gewesenen laden, nicht jedoch den Gegner. Wenn er erscheint, dann gebietet es die Prozeßwirtschaftlichkeit, ihn zur Verhandlung zuzulassen, Grdz 14, 15 vor § 128, Hamm RR **91**, 703. Es gibt kein späteres Versäumnisurteil von Amts wegen. Vielmehr ist bei Ausbleiben des Beschwerdeführers oder dann, wenn er jetzt kein Versäumnisurteil mehr beantragt, § 251 a anwendbar.

8   6) **Entscheidung nach Aktenlage, II.** Sie steht bei § 331 a wegen der Spruchreife im richterlichen Ermessen. Deshalb läßt II keine Anfechtung der Ablehnung zu. Nach einer Ablehnung kann die Partei ein Versäumnisurteil beantragen, auch hilfsweise. Stellt sie keinen weiteren Antrag, so kann das Gericht vertagen, nicht das Ruhen anordnen, § 331 a Rn 7.

337 *Vertagung von Amts wegen.* ¹Das Gericht vertagt die Verhandlung über den Antrag auf Erlass des Versäumnisurteils oder einer Entscheidung nach Lage der Akten, wenn es dafür hält, dass die von dem Vorsitzenden bestimmte Einlassungs- oder Ladungsfrist zu kurz bemessen oder dass die Partei ohne ihr Verschulden am Erscheinen verhindert ist. ²Die nicht erschienene Partei ist zu dem neuen Termin zu laden.

Titel 3. Versäumnisurteil **§ 337**

Schrifttum: *Hanna,* Anwaltliches Standesrecht im Konflikt mit zivilrechtlichen Ansprüchen des Mandanten, 1988; *Hartung,* Das anwaltliche Verbot des Versäumnisurteils, 1991; *Taupitz,* Das Versäumnisurteil zwischen anwaltlicher Kollegialität und Mandantenrecht, Festschrift für *Pawlowski* (1997) 443.

Gliederung

1) Systematik, S 1, 2	1	B. Beim Zweifel oft: Verhandlung und Verkündungstermin	5
2) Regelungszweck, S 1, 2	2	C. Beispiele zur Frage des Vorliegens einer Entschuldigung	6–16
3) Geltungsbereich, S 1, 2	3	D. Erste Instanz	17
4) Vertagung, S 1, 2	4–18	E. Rechtsmittel	18
A. Grundsatz: Nur bei zu kurzer Frist oder schuldloser Verhinderung	4	5) Neuer Termin, S 1, 2	19

1) Systematik, S 1, 2. Die Vorschrift schafft im Gegensatz zu § 335 eine nur vorläufige Regelung. § 337 **1** nennt ähnlich dem § 227 einige Fälle, in denen eine Entscheidung noch nicht ergehen darf. § 227 bleibt auf den Erschienenen anwendbar, wenn er etwa wegen zu kurzer Frist einen dort geregelten Vertagungsanspruch hat, Köln MDR **00**, 657.

2) Regelungszweck, S 1, 2. Die Vorschrift dient wie § 335 dem rechtlichen Gehör nach Art 103 I GG **2** als einem wesentlichen Erfordernis der Rechtsstaatlichkeit, Einl III 15 ff. Es muß indessen wie bei § 227 auch im Interesse der Prozeßwirtschaftlichkeit nach Grdz 14 vor § 128 eine zu großzügige Vertagungspraxis unterbleiben. Beides muß man bei der Auslegung mitbeachten.

Unbestimmte Rechtsbegriffe kennzeichnen die Voraussetzungen einer Vertagung auch bei § 337. Ihre Handhabung stellt das Gericht wie stets in solcher Lage vor Abwägungsaufgaben. Sie legen je nach Mentalität, Arbeitsbelastung, Abhängigkeitsgrad etwa eines Proberichters als Vorsitzenden oder derzeitiger Strömungen im Gesamtbereich zumindest dieses Gerichts sehr unterschiedliche Lösungen nahe oder erzwingen sie gar fast. Man wird immer die eine oder die andere Partei verärgern müssen, wie auch die Abwägung ausfallen mag. Selbst eine Linie innerhalb der Abteilung, der Kammer oder des Senats mag kaum auf Dauer erzielbar sein. Man sollte zumindest eine emotionale Unterströmung vermeiden, die hier droht.

3) Geltungsbereich, S 1, 2. Vgl Üb 3 vor § 330. **3**

4) Vertagung, S 1, 2. Das Gericht muß behutsam abwägen. **4**

A. Grundsatz: Nur bei zu kurzer Frist oder schuldloser Verhinderung. Die Vorschrift ist wegen § 333 nur auf den Nichterschienenen anwendbar, Hamm NJW **91**, 1067. Ihm steht im schriftlichen Vorverfahren der Bekl gleich, der keine Verteidigungsanzeige macht, § 276 I 1. Vor einem Antrag auf den Erlaß einer Versäumnisentscheidung darf das Gericht nur aus einem wichtigen Grund vertagen, Rn 1. Nach einem solchen Antrag muß es vertagen, wenn die vom Vorsitzenden bestimmte Einlassungsfrist oder Ladungsfrist nach §§ 226, 239 III, 274 III 3, 339 III, 523 II, 553 II (also nicht die gesetzlichen nach § 217, 274 III 1, 2) nach dem Ermessen des Kollegiums für den nicht Erschienenen zu kurz war. Das kann namentlich bei einem Auswärtigen oder einem Abwesenden zutreffen.

Das Gericht darf nur, muß aber auch dann vertagen, wenn die Partei bzw ihr Vertreter nach §§ 51 II, 85 II nach der Vermutung des Gerichts *schuldlos* am Erscheinen verhindert ist, § 233 Rn 11, BGH MDR **91**, 328, Ffm MDR **76**, 585, KG OLGZ **93**, 360. Es ist keine Unabwendbarkeit mehr nötig. Normales Verschulden reicht, BGH MDR **99**, 157. Es genügt so, daß der Grund nach § 291 offenkundig oder nach § 294 glaubhaft ist. An die Glaubhaftmachung darf man vor einem Zweiten Versäumnisurteil nach § 345 evtl geringere Anforderungen stellen, LG Düss MDR **88**, 326 (es schlägt einen Verkündungstermin vor), aM LAG Ffm BB **95**, 468 unten (es hat freilich schon direkt vorher eine Säumnis gegeben). Der Verhinderte muß wenigstens in zumutbarer Weise sein Ausbleiben rechtzeitig mitteilen, Brdb RR **91**, 1679.

Die bloße *Behauptung* einer Verhinderung reicht keineswegs aus, abgesehen von der von Amts wegen zu beachtenden Prozeßunfähigkeit, § 51, Grdz 39 vor § 128, Mü RR **89**, 255. Denn mit ihr könnte die Partei den Prozeßfortgang beliebig verzögern. Die bloße Mitteilung, man werde „abwesend" oder „verhindert" oder „geschäftlich verhindert" sein, ist nicht einmal eine schlüssige Begründung, geschweige denn eine Glaubhaftmachung. Sie gibt daher auch keinen Anlaß zu Nachfragen oder einem neuen Termin. Im Fall der schuldlosen Verhinderung muß ein unechtes Versäumnisurteil nach Üb 13 vor § 330 unzulässig sein. § 337 ist wegen § 333 Rn 3 auf die erschienene, aber nicht verhandelnde Partei unanwendbar, Hamm NJW **91**, 1067. Das gilt selbst dann, wenn das Gericht sie fehlerhaft geladen hatte. Das Gericht muß ausreichende Gründe bis zur Verkündung auch von Amts wegen beachten, Grdz 39 vor § 128, LG Bln MDR **95**, 1067. Sie brauchen sich nicht aus der Verhandlung oder aus den Akten zu ergeben oder mitgeteilt worden zu sein, LG Bln MDR **95**, 1067.

B. Beim Zweifel oft: Verhandlung und Verkündungstermin. Soweit noch unklar ist, ob eine **5** Schuldlosigkeit vorliegt, sollte das Gericht vom Erschienenen den Sachantrag und einen Antrag auf Versäumnisurteil stellen lassen. Es sollte dann nach evtl nach Erörterung der Schlüssigkeitsfragen einen Verkündungstermin anberaumen und dem Abwesenden eine Frist zur Nachholung einer ausreichenden Entschuldigung setzen. Es sollte nach fruchtlosem Fristablauf durch Versäumnisurteil entscheiden, auch durch sog Zweites Versäumnisurteil oder durch Aktenlageurteil. Es sollte bei nachträglich ausreichender Entschuldigung aber einen neuen Verhandlungstermin ansetzen.

C. Beispiele zur Frage des Vorliegens einer Entschuldigung **6**
Anderer Termin: Rn 11 „Terminsverzögerung".
Anwaltsbereitschaft: Eine Entschuldigung dürfte vorliegen, wenn der Säumige trotz aller Bemühung noch keinen zu seiner Vertretung bereiten Anwalt gefunden hat.
Anwaltsvereinbarung: Rn 12 „Vereinbarung".
Arbeitsunfähigkeit: Rn 6 „Erkrankung".

§ 337

Aufruf: Eine Entschuldigung liegt natürlich vor, wenn das Gericht vor der festgesetzten und ordnungsgemäß mitgeteilten Terminsstunde aufruft und die Partei bzw die ProzBev deshalb noch nicht eingetroffen ist, Peters NJW **76**, 675.
S auch Rn 11 „Terminsverzögerung".

Belehrung: Eine Entschuldigung *fehlt*, soweit das Gericht eine mißverständliche, der ProzBev aber eine richtige Belehrung über die Säumnisfolgen gegeben haben, Düss MDR **87**, 769.

Bestellungsanzeige: Rn 9 „Späte Bestellung".

Einspruch: Rn 11 „Urlaub".

Erkrankung: Eine Entschuldigung liegt grds nur dann vor, wenn die Partei bzw der ProzBev ihre ernsthafte Erkrankung unverzüglich meldet, KG MDR **99**, 185, LAG Köln BB **94**, 867, und glaubhaft ein Attest ankündigt, LG Düss MDR **88**, 326 (es schlägt einen Verkündungstermin vor. Ein Attest kann näher zu erläutern sein, selbst wenn es „Verhandlungsunfähigkeit" bescheinigt, Nürnb MDR **99**, 315, und kann evtl entkräftet werden). Eine Entschuldigung liegt auch dann vor, wenn die Partei krankheitsbedingt derzeit prozeßunfähig ist, Köln RR **90**, 1341, Mü RR **89**, 255, oder wenn der ProzBev plötzlich erkrankt ist.

Keine Entschuldigung liegt vor, soweit eine wenn auch krankheitsbedingte Arbeitsunfähigkeit immerhin derzeit nicht auch die Reise- bzw Verhandlungsfähigkeit beeinträchtigt, Zweibr JB **76**, 1256.

Erkundigungspflicht: Als Entschuldigung kann es aus den in Rn 10 „Standesrecht" dargelegten Gründen *nicht* mehr ausreichen, daß der gegnerische Anwalt ein Versäumnisurteil beantragt, ohne sich zuvor wenigstens telefonisch nach dem Grund des Ausbleibens des Kollegen zu erkundigen, aM Nürnb AnwBl **83**, 28 (aber die Wahrnehmung der Rechte des Auftraggebers hat grundsätzlich Vorrang vor Standesrücksichten ohne den Rang eines Behindertengesetzes, Rn 10 „Standesrecht"). Es kommt auf die Gesamtumstände an.

Eine Entschuldigung *fehlt*, soweit die Partei oder ihr ProzBev oder gesetzlicher Vertreter einfach in der Hoffnung oder irrigen Annahme ausbleiben, das Gericht werde auch ohne besondere Umstände wie etwa eine Naturkatastrophe das Ausbleiben entschuldigen, BGH NJW **82**, 888.
S auch Rn 10 „Standesrecht", Rn 12 „Vereinbarung".

7 Fragepflicht: Der Vorsitzende darf und muß im Rahmen des Zumutbaren versuchen, den Grund für das Ausbleiben des Anwalts zu erfahren, zB durch eine telefonische Rückfrage in seiner Kanzlei, falls er kurz zuvor in anderer Sache gesichtet worden war. In solchem Fall liegt aber *kein* Anscheinsbeweis für Schuldlosigkeit vor. Denn nach der Lebenserfahrung kann beim Anwalt wie in jedem Beruf auch schlichtes Vergessen oder mangelhafte Organisation die Ursache sein. Die ist aber gerade kein Fall einer Entschuldigung. Der erschienene Prozeßgegner mag einen Anspruch auf ein Versäumnisurteil oder ein Urteil nach Aktenlage nach § 495a haben.

Kartellanwalt: Vgl BGH NJW **78**, 428.

Kollegialität: Rn 10 „Standesrecht", Rn 12 „Vereinbarung".

Krankheit: Rn 6 „Erkrankung".

Mittellosigkeit: Eine Entschuldigung kann vorliegen, wenn die Partei die Mittel einer Reise vom auswärtigen Wohnort nicht hat, auch keine Prozeßkostenhilfe beantragt, zwar Reisekostenerstattung nach den bei Hartmann Teil V § 25 JVEG Anh I, II abgedruckten Ländererlassen beantragen könnte, aber dazu noch keine ausreichende Gelegenheit erhalten hat, LAG Ffm BB **95**, 468.

Naturkatastrophe: Sie kann entschuldigen. Es kommt auf die Gesamtumstände an. Dabei ist weder Engstirnigkeit noch pauschale grenzenlose Großzügigkeit erlaubt.

Neuer Termin: Rn 8 „Rechtliches Gehör".

8 Prozeßkostenhilfe: Als Entschuldigung reicht es aus, wenn das Gericht über einen ordnungsgemäß und rechtzeitig gestellten Antrag auf die Gewährung von Prozeßkostenhilfe vorwerfbar noch nicht entschieden hat, Zweibr RR **03**, 1079, LG Münst MDR **91**, 160, LAG Mü AnwBl **90**, 176. Es kann als Entschuldigung ausreichen, wenn das Gericht einen solchen Antrag unvorhersehbar erst unmittelbar vor dem Termin oder im schriftlichen Vorverfahren zurückgewiesen hat, Drsd OLGR **96** , 71, Kblz MDR **90**, 255 (dort lag freilich keine solche Unvorhersehbarkeit vor), Schneider MDR **85**, 377, strenger Rstk MDR **02**, 780. Vgl freilich auch § 118 Rn 2.

Rechtliches Gehör: Es kann eine Frist zur Stellungnahme auf einen Gerichtshinweis nebst neuem Termin (statt Versäumnisurteil) gebieten, Köln MDR **00**, 658, Zweibr RR **03**, 1079.

Reisefähigkeit: Rn 6 „Erkrankung".

Rückfrage: Rn 13 „Vertagungsantrag".

Ruhen des Verfahrens: Eine Entschuldigung *fehlt*, soweit die Partei irrig ein Ruhen des Verfahrens annahm, BGH VersR **81**, 1056.

9 Sozietät: Rn 11 „Terminsänderung".

Späte Bestellung: Wenn das Gericht eine bisher nach den Akten noch nicht anwaltlich vertretene Partei pflichtgemäß persönlich laden ließ und wenn dann erst nach Absendung dieser Ladung die Bestellungsanzeige eines ProzBev nach § 172 eingeht, braucht das Gericht entgegen BAG DB **77**, 919 den Anwalt nicht schon auf Grund seiner vorsorglichen Bitte zusätzlich zu laden. Bleibt er aus, liegt daher insofern *nicht stets* eine Entschuldigung vor. Es war nämlich eine eigentlich selbstverständliche Obliegenheit seines Mandanten, ihn unverzüglich vom Termin zu verständigen. Bei einer zeitlichen Kreuzung von Ladung und Bestellungsanzeige mögen Ausnahmen vorliegen.

10 Standesrecht: Das frühere Standesrecht mit seinen Bedenken dagegen, daß ein Anwalt insbesondere ohne vorherige Androhung gegenüber dem gegnerischen Kollegen ein Versäumnisurteil beantrage, ohne zu mindest eine Wartefrist von etwa 15 Minuten einzuhalten, ist *nicht* mehr beachtlich. Die Interessen des Mandanten „erfordern" durchweg einen Antrag auf Versäumnisurteil, soweit er Erfolg verspricht, schon wegen der vorrangigen Vertragspflicht nach § 670 BGB zur umfassenden Interessenwahrnehmung, § 85 Rn 15, 23. Denn solche Kollegialität ist insoweit nicht mehr zur allein maßgeblichen Aufrechterhaltung einer Funktionsfähigkeit der Rechtspflege unerläßlich, BVerfG NJW **93**, 122, BGH NJW **99**, 2122, Köln

Titel 3. Versäumnisurteil **§ 337**

VersR **94**, 242, aM Foerste NJW **93**, 1310, MüKoPr 7 ff (grds keine Fortgeltung der früheren Standesrechts, schon gar nicht als etwaiges vorkonstitutionelles Gewohnheitsrecht, indessen unabhängig davon Wartepflicht. Aber das Gericht terminiert und wartet nicht auf Kundschaft).
Die Pflicht zur Wahrnehmung der Interessen des Auftraggebers hat also *Vorrang vor Standesrücksichten*, BGH NJW **91**, 42, Stgt NJW **94**, 1884. Deshalb kann weder die BRAO noch BORA die Erwirkung eines Versäumnisurteils von der vorherigen Ankündigung gegenüber dem ProzBev des Gegners abhängig machen, LAG Hamm NZA-RR **04**, 158. Vielmehr ist § 13 BORA verfassungswidrig, BVerfG **101**, 325 (zustm Zuck MDR **00**, 177), Römermann BB **00**, 12. Darauf darf und sollte das Gericht hinweisen. Das alles gilt erst recht seit dem Inkrafttreten des Gesetzes zur Neuordnung des Berufsrechts usw, solange kein neues näheres Standesrecht geschaffen ist. Das alles sieht LG Mönchengladb RR **98**, 1287 nicht deutlich genug.
S auch Rn 6 „Erkundigungspflicht", Rn 10 „Standesrecht", Rn 12 „Vereinbarung".

Terminsänderung: Als Entschuldigung kann es ausreichen, daß man auf die Änderung der Terminsstunde **11** vertraut, die vor dem Sitzungssaal als solche angeschlagen steht, Celle MDR **99**, 1345. Ein vorsichtiger Anwalt fragt aber evtl doch besser *im* Sitzungssaal nach.

Terminsverzögerung: Eine Entschuldigung des ProzBev kann vorliegen, wenn sich für ihn ein anderer, vorangehender Termin unvorhersehbar verzögert. Es hängt von den Gesamtumständen ab, ob dergleichen unvorhersehbar war. Bei der hohen Zumutbarkeitsanforderung, BGH MDR **78**, 132, muß der Anwalt fast stets mit gewissen auch vom Gericht oft unvorhersehbaren Verzögerungen in vorangehenden Verfahren rechnen. Er sollte zumindest unverzüglich das Gericht des späteren Termins unterrichten, wann etwa er später eintreffen kann. In einer Sozietät muß auch ein nicht sachbearbeitender Sozius einspringen können, wenn irgend zumutbar.

Urlaub: Jeder hat grds das Recht auf einen ungestörten Urlaub, BVerfG **25**, 166. Daher muß das Gericht tunlichst vertagen, falls die Zustellung oder die Ladung durch eine Niederlegung vermutlich während des Urlaubs des Empfängers erfolgen müßten, und natürlich erst recht dann, wenn der Termin während des Urlaubs stattfinden würde. Wegen einer Sommersache § 227 III.
Keine Entschuldigung liegt vor, soweit die Partei in den Urlaub fährt, ohne den ProzBev vorsorglich zu informieren, obwohl sie auf Grund eigenen Einspruchs mit einem Termin rechnen mußte, BGH VersR **83**, 1082 (zu § 233), zu großzügig LG Tüb RR **87**, 1213.

Vereinbarung: Als Entschuldigung kann es *kaum* noch ausreichen, daß ein Anwalt eine kollegiale Vereinba- **12** rung bricht, kein Versäumnisurteil zu beantragen, oder einen dritten Anwalt um ein Einspringen mit einem nicht wirklich ohne jede nähere Einarbeitung zumutbaren Sachantrag zu bitten.
S auch Rn 5 „Erkundigungspflicht", ferner Rn 14 „Vertreter".

Verhandlungsfähigkeit: Rn 5 „Erkrankung".

Verkehrsprobleme: Schwierigkeiten bei der Anfahrt zum Termin sind trotz allen gebotenen abwägenden **13** Verständnisses leider *nicht stets* eine ausreichende Entschuldigung. Das gilt auch dann, wenn infolge eines Unfalls usw die Zufahrt erschwert wurde. Denn man muß heutzutage leider in aller Regel mit derartigen Schwierigkeiten rechnen, Köln MDR **98**, 617 (krit Schneider 581, 673), LAG Bln BB **76**, 420, aM BGH MDR **99**, 179 (zustm Schneider), Celle NJW **04**, 2534, LAG Köln BB **98**, 595 (aber Verkehrsprobleme sind so häufig vorhanden, daß man sie leider erheblich einkalkulieren kann und muß, von Extremfällen abgesehen). Eine Straßensperrung infolge eines Sport-Großereignisses reicht nicht stets, großzügiger LG Zwickau RR **03**, 576 (aber die Massenmedien geben gerade dazu meist Warnhinweise).
Alles das gilt bei *jeder Art* von Verkehrsmittel und zu allen Tages- und Jahreszeiten. Dementsprechend kann und muß man vorsorglich ausreichend früher losfahren. An alledem kann daher leider auch eine Ankündigung nichts ändern, selbst pünktlich In zu erscheinen, aM Drsd RR **96**, 246 (2 Stunden), Köln RR **95**, 1150 (aber wo läge die Grenze?). Auch die Mitteilung eines Verkehrsproblems direkt vor dem Termin reicht nicht stets aus, großzügiger LG Zwickau RR **03**, 576 (aber das ändert nichts an der Vorfrage, ob man mit dem Verkehrsproblem hätte rechnen müssen). Zumindest muß man vom etwa mitgeführten Handy aus das Gericht und nicht nur den Gegner sofort verständigen, LAG Hamm NZA-RR **04**, 157. Mangels Handy muß man eine Tank- oder Raststätte oder sonst das nächste Telefon benutzen, Celle NJW **04**, 2534.
Hat der Verspätete rechtzeitig um eine *kurze Wartezeit* gebeten, ist eine solche von 5 Minuten zumutbar, OVG Münst AnwBl **01**, 187, evtl sogar eine solche von 20 Minuten, BGH MDR **99**, 179 (zustm Schneider). Das gilt freilich kaum am Sitzungsende.

Vertagungsantrag: Rn 1. Eine Entschuldigung *fehlt*, soweit man einen Vertagungsantrag erst vermeidbar spät ganz kurz vor dem Termin gestellt hatte, Köln VersR **92**, 1023, noch dazu ohne eine entsprechende Rückfrage beim Gericht dazu, ob es ihm noch stattgeben werde, BGH NJW **82**, 889. Wegen einer Sommersache § 227 III.

Vertreter: Der Anwalt muß alles Zumutbare für die Vertretung der Partei im Termin getan haben, BGH **14** MDR **78**, 132. Deshalb kann *kein* Anwalt grds erwarten, bei seinem Ausbleiben werde das Gericht einen zufällig in einer anderen Sache im Saal oder gar irgendwo im Gerichtsgebäude anwesenden anderen Anwalt bitten, für den Abwesenden einen Sachantrag zu stellen. Selbst wenn das Gericht diesem „Vertreter" die Akten zur raschen Einarbeitung überlassen und ihn auch noch in den Sach- und Streitstand einführen würde, wäre eine solche Aktivität keineswegs mehr Teil der prozessualen Fürsorgepflicht des Gerichts, Einl III 27. Das gilt selbst dann, wenn der anwesende Prozeßgegner mit solcher Anwaltssuche einverstanden ist oder sie sogar erbittet, ohne das dem gegnerischen Anwalt zugesagt zu haben.
Ob das Gericht zu einer solchen unter dem vorrangigen Gebot der Unparteilichkeit problematischen **15** Aktivität *bereit* ist, das ist eine andere Frage. Soweit es die Suche nach einem verhandlungsbereiten Prozeßgegner der anwesenden Partei erlaubt, ist das Gericht allerdings nach § 139 I, II zur fördernden Überprüfung der Anträge des dann Auftretenden verpflichtet. Daher reicht auch keineswegs die bloße

Hartmann 1411

§§ 337, 338 Buch 2. Abschnitt 1. Verfahren vor den LGen

Abrede der Anwälte beider Parteien aus, zum Termin 15 Minuten zu spät zu erscheinen, sei es auch wegen anderer Termine. Mögen die Anwälte eine Entscheidung nach § 227 einholen und respektieren. Auch die etwa erscheinende und ein Zweites Versäumnisurteil beantragende Partei ändert daran nichts. Ihr Prozeßgegner muß sich ein Verschulden seines Anwalts bei obiger Vereinbarung nach § 85 II anrechnen lassen. Das übersieht LAG Köln AnwBl **84**, 159. Erst recht *nicht* entschuldigt das bloße Hinlegen der Akten im Sitzungsraum, LG Duisb RR **91**, 1022.

16 **Zustellung:** Eine Entschuldigung *fehlt* grds, wenn die Partei eine ihr ordnungsgemäß durch Niederlegung nach § 181 zugestellte Sendung (Ladung usw) nicht abgeholt hat, § 181 Rn 20.
Zweites Versäumnisurteil: Wegen seiner verschärften Wirkung ist eine Entschuldigung in allen vorgenannten Einzelfällen eher großzügiger annehmbar, BGH MDR **99**, 178, Rstk MDR **99**, 626.

17 **D. Erste Instanz.** Die Vertagung erfolgt durch einen Beschluß. Das Gericht muß die abwesende Partei von Amts wegen zum neuen Termin laden. Es setzt evtl eine neue Einlassungsfrist fest. Die Ladungsfrist läuft neu. Die Anberaumung eines Verkündungstermins für eine Entscheidung nach Lage der Akten stellt keine Vertagung dar.

18 **E. Rechtsmittel.** Ein Verstoß macht das Versäumnisurteil gesetzwidrig, Art 103 I GG, LAG Mü AnwBl **90**, 176. Das gilt auch dann, wenn die Tatsachen nicht erkennbar waren. Der Verstoß ermöglicht den Einspruch nach § 338 bzw nach § 514 II die Berufung. Gegen eine Vertagung ist wegen der darin liegenden Ablehnung des Erlasses des beantragten Versäumnisurteils grundsätzlich die sofortige Beschwerde zulässig, § 336 Rn 1, 2, § 567 I Z 2. Die zweiwöchige Beschwerdefrist nach § 569 I 1 beginnt hier schon mit der Verkündung, nicht erst mit der Zustellung, so schon Brschw MDR **92**, 292, aM LG Köln MDR **85**, 593 (zum alten Recht). Das Rechtsmittelgericht muß bei einem gesetzwidrigen Unterbleiben der Vertagung das Vorliegen einer Versäumung verneinen und auf Antrag evtl an das untere Gericht zurückverweisen, (jetzt) § 538, Nürnb AnwBl **83**, 29. Eine Rechtsbeschwerde kommt unter den Voraussetzungen des § 574 in Betracht.

19 **5) Neuer Termin, S 1, 2.** Das Gericht muß ihn verkünden. Trotzdem muß die säumige Partei abweichend von § 218 laden, Köln RR **95**, 446 (auch zu einer ausländischen Entscheidung). Der neue Termin ist ein regelrechter Verhandlungstermin. Der Säumige darf in ihm zur Sache verhandeln, § 137 Rn 7. Er kann dadurch die Säumnisfolgen abwenden und selbst eine Versäumnisentscheidung erwirken. Wenn der Säumige wieder ausbleibt, so ergeht gegen ihn auf Grund der neuen Verhandlung eine Versäumnisentscheidung.

338 **Einspruch.** [1] **Der Partei, gegen die ein Versäumnisurteil erlassen ist, steht gegen das Urteil der Einspruch zu.** [2] **Hierauf ist die Partei zugleich mit der Zustellung des Urteils schriftlich hinzuweisen; dabei sind das Gericht, bei dem der Einspruch einzulegen ist, und die einzuhaltende Frist und Form mitzuteilen.**

Vorbem. S 2 angefügt dch Art 1 Z 4 G v 18. 8. 05, BGBl 2477, in Kraft seit 21. 10. 05, Art 3 S 1 G, ÜbergangsR Einl III 78.
Schrifttum: *Fasching,* Die Rechtsbehelfe gegen Versäumnisurteile im deutschen und im österreichischen Zivilprozeß, Festschrift für *Baur* (1981) 387; *Stürner,* Die Anfechtung von Zivilurteilen, 2002.

1 **1) Systematik, S 1, 2.** Das Versäumnisurteil unterscheidet sich von dem streitmäßigen Urteil unter anderem durch die Zulässigkeit des Einspruchs. Der Einspruch ist kein Rechtsmittel. Denn die Entscheidung fällt noch nicht durch ihn der höheren Instanz an, Grdz 3 vor § 511, Mü RR **95**, 59. Außerdem findet ja keine Nachprüfung des Versäumnisurteils statt, Köln RR **93**, 1408 (daher ist auch keine Beschwer erforderlich).

2 **2) Regelungszweck, S 1, 2.** Es erscheint als sinnvoll, daß eine unverschuldete bloße Säumnis beim ersten Auftreten noch nicht zum Verlust der Instanz führt. Deshalb ist der ohne den Anfalleffekt einer Berufung nach Rn 1 mögliche Einspruch der einzige zulässige Rechtsbehelf gegen ein Versäumnisurteil, BGH FamRZ **94**, 1521, abgesehen von der Wiederaufnahmeklage nach §§ 578 ff und dem Fall §§ 345, 514 II. Eine Parteivereinbarung kann ein Versäumnisurteil nicht beseitigen.
Bei *frei herbeigeführter* Säumnis ist eine Einspruchsmöglichkeit ein eigentlich keineswegs selbstverständlicher Luxus. Warum soll schon der erstangerufene Richter eigentlich zweimal nachdenken und urteilen, nur weil man es frei heraus nicht für nötig hielt, vor diesem Volksvertreter zu erscheinen?
§ 321a schafft in seinem nicht geringen, aber doch begrenzten Geltungsbereich die Unzulässigkeit einer Berufung nach Rn 11 eine vergleichbare Lösung: Auch dort muß noch einmal der bisherige Richter tätig werden, der judex a quo. Das bringt wohl mehr Vor- als Nachteile. Es gehört zum Richteralltag zu lernen, daß man zumindest in Rechtsfragen fast stets auch anderer Meinung sein kann, ebenso wie etwa in der Beurteilung eines tatsächlichen historischen Vorgangs, den man ja immer nur indirekt nachvollziehen kann, weil man nicht dabei war, Einf 1 vor § 284. Dann aber ist es erst recht nicht problematisch, sich lieber selbst noch einmal mit der Sache befassen zu dürfen, bevor die nächsthöhere Instanz das tun müßte. Auch das wird vom Regelungszweck erfaßt.
Die *Hinweispflicht* nach S 2 bezweckt als Teil richterlicher Fürsorgepflichten im Sinn von Einl III 27 ff die Vermeidung ungerechter, aber unabänderbarer Ergebnisse und dient damit der Gerechtigkeit. Bei der Auslegung von S 2 muß man aber auch die in Einl III 29 genannten Grenzen mitbeachten.

3 **3) Geltungsbereich S 1, 2.** Vgl Üb 3 vor § 330. Der verspätete Widerspruch gilt also evtl als rechtzeitiger Einspruch, § 694 II 2, Ffm OLGR **97**, 60.

4 **4) Einspruch, S 1.** Man muß die folgenden Situationen unterscheiden.
A. Statthaftigkeit. Einspruch ist gegeben gegen ein echtes Versäumnisurteil, Üb 11 vor § 330, nicht gegen ein unechtes Versäumnisurteil nach Üb 13 vor § 330 und nicht gegen ein echtes sog Zweites

Titel 3. Versäumnisurteil **§§ 338, 339**

Versäumnisurteil nach Rn 5 oder gegen eine Entscheidung nach Aktenlage, Rn 7. Maßgeblich ist nicht die Bezeichnung, sondern die Art des Zustandekommens und der Inhalt der anzufechtenden Entscheidung, Üb 12 vor § 330, BGH NJW **99**, 583. Die etwaige Unzulässigkeit des inhaltlich aber eindeutig vorliegenden Versäumnisurteils ist für die Zulässigkeit des Einspruchs grundsätzlich unerheblich, BGH NJW **94**, 665, Düss MDR **85**, 1034, Zweibr RR **97**, 1087. Freilich fehlt dem eindeutig irrig Verurteilten für einen Einspruch das Rechtsschutzbedürfnis. Denn er kann nach § 319 vorgehen, LG Ffm RR **02**, 214. Soweit ein Versäumnisurteil im schriftlichen Vorverfahren zwar noch nicht nach §§ 310 III, 317, 331 III ordnungsgemäß zugestellt worden ist, aber schon in vollstreckbarer Ausfertigung hinausgegangen war, ist Einspruch ausnahmsweise bereits statthaft, Brdb RR **96**, 766.

Der Einspruch kann auch gegen einen *Teil* des Streitgegenstands eingelegt werden, der teilurteilsfähig ist, § 340 II 1 Z 2, BGH FamRZ **88**, 945. Das gilt evtl noch im Einspruchstermin, §§ 346, 515, 516, oder nur wegen der Kosten, § 340 II 2, Brdb RR **00**, 1668. Im nicht angefochtenen Teil tritt dann Rechtskraft nach § 322 ein. § 99 I ist auch unanwendbar. Ein Einspruch steht nur dem Säumigen zu, nicht dem Gegner, Naumb RR **03**, 212. Also wegen des Rechtsbehelfs bei einem formfehlerhaften Urteil Grdz 26 vor § 511, Düss MDR **85**, 1034 (irrig als Zweites Versäumnisurteil ergangenes).

B. Berufung. Gegen ein Versäumnisurteil ist Berufung gegeben, wenn Einspruch unzulässig ist und kein 5 Fall der Versäumung vorlag, § 514 II, oder wenn nur ein scheinbares Versäumnisurteil vorliegt, in Wahrheit ein streitmäßiges Urteil, BGH NJW **99**, 583, zB ein unechtes Versäumnisurteil, Üb 12 vor § 330, oder wenn inhaltlich ein erstes, dem Wortlaut nach aber ein „Zweites" Versäumnisurteil nach § 345 vorliegt, Ffm RR **92**, 1468, Schlesw SchlHA **87**, 171. Dann ist nach dem allgemein geltenden sog Meistbegünstigungsgrundsatz nach Grdz 28 vor § 511 auch der Einspruch statthaft, wie stets bei einer Unklarheit darüber, ob ein streitmäßiges Urteil oder ein echtes Versäumnisurteil vorliegt, Hamm RR **95**, 186, Köln OLGR **96**, 7. Soweit teils ein echtes, teils ein unechtes Versäumnisurteil vorliegt, ist gegen jeden Teil der dafür vorgesehene Rechtsbehelf möglich, Beckmann MDR **97**, 614.

C. Mischfälle. Gegen ein Urteil, das teilweise auf Grund einer Säumnis ergeht, teilweise trotz solcher 6 Säumnis und insoweit als sog unechtes Versäumnisurteil nach Üb 13 vor § 330 oder teilweise auf Grund streitiger Verhandlung, ist teils Einspruch und teils Berufung statthaft, BGH FamRZ **88**, 945 (Verbundverfahren).

D. Aktenlageurteil. Ein Urteil nach Aktenlage nach §§ 251 a, 331 a unterliegt ausnahmslos den ge- 7 wöhnlichen Rechtsmitteln.

5) Hinweispflicht, S 2. Das Gericht muß diejenige Partei, gegen die es ein Versäumnisurteil im Sinn 8 von Rn 4 erläßt, zugleich mit dessen Zustellung schriftlich auf die Einspruchsmöglichkeit nach S 1 hinweisen und dabei nach § 340 I zuständige Prozeßgericht, die nach § 339 erforderliche Frist sowie nach § 340 notwendige Form mitteilen. Wegen § 700 I ist ein entsprechender Hinweis auch zugleich mit der Zustellung des Vollstreckungsbescheids erforderlich. Dabei bleibt das nach §§ 700 I, 340 I zuständige Mahngericht das für den Empfang des Einspruchs maßgebliche Gericht, trotz der in § 700 III ja erst nach Einspruchseingang vorgesehenen Abgabe an ein Gericht des streitigen Verfahrens. Es ist dringend ratsam, den Wortlaut des erfolgten Hinweises aktenkundig zu machen.

339 *Einspruchsfrist.* [1] **Die Einspruchsfrist beträgt zwei Wochen; sie ist eine Notfrist und beginnt mit der Zustellung des Versäumnisurteils.**

[II] **Muss die Zustellung im Ausland oder durch öffentliche Bekanntmachung erfolgen, so hat das Gericht die Einspruchsfrist im Versäumnisurteil oder nachträglich durch besonderen Beschluss zu bestimmen.**

Gliederung

1) Systematik, I, II	1	4) Regelfall, I	4, 5
2) Regelungszweck, I, II	2	5) Zustellung im Ausland usw, II	6, 7
3) Geltungsbereich, I, II	3		

1) Systematik, I, II. Die Vorschrift ist den §§ 517, 547 vergleichbar. Sie wird beim Vollstreckungsbe- 1 scheid durch § 700 I ergänzt. Sie findet in § 224 I 2 ihre begriffliche Präzisierung der Notfrist und in § 341 ihre Durchführung. Beim schuldlosen Fristverstoß können §§ 233 ff helfen. Die Parteien können das Versäumnisurteil zwar einverständlich unbeachtet lassen. Sie können es aber nicht einverständlich wirksam aufheben.

2) Regelungszweck, I, II. Die Rechtssicherheit nach Einl III 43 erfordert eine klar begrenzte Zeit- 2 spanne, nach deren Ablauf die Rechtskraft eintritt, § 322. Die Einspruchsfrist muß den unterschiedlichen Situationen von I, II angepaßt sein. I ist streng anwendbar, wie bei jeder Frist und gar bei einer Notfrist. II bringt zwar ebenfalls eine Notfrist. Die Vorschrift soll aber den sehr unterschiedlichen Verhältnissen anderer Länder angepaßte Lösungen ermöglichen. Sie dient also der Zweckmäßigkeit und einem fairen Verfahren nach Einl III 23. Sie ist entsprechend großzügig auslegbar. Letzthin soll ja das rechtliche Gehör möglich bleiben, Art 103 I GG. Auch soll ein ungerechtes Zweites Versäumnisurteil nach § 345 in Grenzen bleiben. Alles das ist bei der Anwendung mitbeachtlich.

3) Geltungsbereich, I, II. Vgl zunächst Üb 3 vor § 330. Im Arbeitsgerichtsprozeß gilt § 64 VII ArbGG, 3 Leser DB **77**, 2449. In jenem Verfahren beträgt die Frist eine Woche seit der Zustellung, § 59 S 1 ArbGG, LAG Hamm DB **78**, 896. Nur dort ist eine Belehrung notwendig, § 59 S 3 ArbGG, ohne die die Frist trotz einer Zustellung nicht beginnt, BVerfG **36**, 303.

§§ 339, 340 Buch 2. Abschnitt 1. Verfahren vor den LGen

4 **4) Regelfall, I.** Die Einspruchsfrist ist mit dem Grundgesetz vereinbar, BVerfG **36**, 302. Sie beträgt im Anwaltsprozeß wie im Parteiprozeß nach § 78 Rn 1 zwei Wochen seit der Zustellung des Versäumnisurteils oder des Vollstreckungsbescheids, § 700. Im Zivilprozeß besteht grundsätzlich keine Pflicht zur Rechtsmittelbelehrung, § 313 Rn 51, BVerfG **93**, 107, BGH NJW **91**, 296). Ausnahmen von diesen Fristen gelten bei einer Zustellung im Ausland nach §§ 183 ff oder bei einer öffentlichen Zustellung, (jetzt) §§ 185 ff, BVerfG **36**, 305. Wegen einer Kurzausfertigung im arbeitsgerichtlichen Beschlußverfahren BAG NJW **74**, 1156, im arbeitsgerichtlichen Urteilsverfahren LAG Hbg NJW **75**, 951.

Die Frist ist eine *Notfrist,* § 224 I 2. Sie wird nach § 222 berechnet. Das Gericht muß sie von Amts wegen prüfen, § 341 I. Zur Fristwahrung § 233 Rn 18 ff, dort insbesondere Rn 19 „Gericht", Rn 49 „Rechtsanwalt". Wegen der Notfrist ist eine Wiedereinsetzung zulässig, §§ 233 ff, jedoch keine Abkürzung oder Verlängerung nach § 224 I 1 und keine abweichende Parteivereinbarung. Die Notfrist beginnt mit der Zustellung des Versäumnisurteils im Prozeß, nicht etwa mit einer Zustellung außerhalb des Prozesses zur Streitverkündung. Maßgeblich ist die zeitlich letzte derjenigen Zustellungen, die von Amts wegen nach § 317 I erfolgen müssen, § 310 Rn 11. Bei § 310 III ist also unter Umständen die spätere Zustellung an den Gläubiger maßgeblich. Nicht maßgeblich ist die meist später beginnende Zustellung durch den Gläubiger nach § 750 I 2, Bischof NJW **80**, 2236. Die Zustellung muß natürlich wirksam erfolgt sein, BGH NJW **84**, 57. Sie muß also zB an den ProzBev des Säumigen gegangen sein, § 172. Eine bloße Glaubhaftmachung reicht nicht, Ffm RR **97**, 956. Eine Rechtsbehelfsbelehrung ist nicht notwendig, § 313 Rn 47, Karlsr RR **87**, 895. Sie wäre evtl sogar ein Ablehnungsgrund BVerfG JZ **87**, 719 (das sollte BVerfG NJW **95**, 3173 mitbeachtet haben).

Ein *Verstoß* gegen § 340 III 4 berührt den Fristlauf nicht, Rn 17. Ein Zustellungsmangel heilt nach § 189. Ebenso reicht evtl eine Wiederholung der Zustellung.

5 Ein Einspruch ist bedingt und deshalb grundsätzlich unstatthaft (Ausnahme: § 338 Rn 4), wenn er bei § 310 I *vor der Verkündung* eingeht, RoSGo § 107 V 2, ThP 1, ZöHe 2, aM StJSchu 7 (zulässig, wenn der Einsprechende eben das Säumnis annahm, es sei ein Versäumnisurteil ergangen. Aber bedingte Rechtsbehelfe sind ebenso unstatthaft wie bedingte Rechtsmittel. Außerdem sind dergleichen unnötig. Der Säumige kann nochmals nach Verkündung bzw Zustellung Einspruch einlegen. Das ist durchaus zumutbar). Der Einspruch ist auch dann bedingt und deshalb unstatthaft, wenn er bei § 310 III vor der Zustellung eingeht, Unnützer NJW **78**, 986, Zugehör NJW **92**, 2262, aM ThP 1 (bei § 310 III sei der Einspruch ab erster Hinausgabe durch die Geschäftsstelle zulässig). Bei § 310 I ist der Einspruch zulässig, der nach der Verkündung, aber vor der Zustellung eingeht. Die 5-Monatsfristen der §§ 516, 552 sind unanwendbar. Ebensowenig ist die 5-Jahres-Frist des § 586 anwendbar. Möglicherweise ist der Einspruch aber verwirkt. Für den Fristbeginn ist unerheblich, ob das Gericht sein Versäumnisurteil zu Recht oder zu Unrecht erlassen hat, Franzki NJW **79**, 10.

6 **5) Zustellung im Ausland usw, II.** Eine Zustellung nach (jetzt) §§ 183 ff kommt nur dann infrage, wenn kein Zustellungsbevollmächtigter besteht und eine Aufgabe zur Post ausscheidet, BVerfG NJW **97**, 1772, BGH **98**, 266 (zum Vollstreckungsbescheid) und NJW **99**, 1187, Mü Rpfleger **83**, 75 (je zum Versäumnisurteil). Bei einer Auslandszustellung oder bei einer öffentlichen Zustellung muß das Gericht §§ 183 ff muß das Gericht, nicht der Vorsitzende, die Einspruchsfrist von Amts wegen im Versäumnisurteil bestimmen. Das geschieht durch einen Beschluß. Wohl meist üblich sind ähnlich wie bei § 274 Rn 9 etwa 4 Wochen. Wenn das Gericht solche Bestimmung versäumt hat, muß es die Frist durch einen besonderen Beschluß auf eine freigestellte mündliche Verhandlung bestimmen, §§ 128 IV, 329. Wegen der Zuständigkeit des Rpfl nach einem Vollstreckungsbescheid § 20 Z 1 RPflG, Anh § 153 GVG.

7 Der *Beschluß* bestimmt die Frist. Sie ist ebenfalls eine Notfrist, § 224 I 2, Rn 4. Das Gericht muß seinen Beschluß grundsätzlich begründen, § 329 Rn 4. Es muß ihn dem Antragsteller formlos mitteilen, § 329 II 1, und dem Säumigen von Amts wegen zustellen, § 329 II 2. Die Bewilligung der öffentlichen Zustellung des Versäumnisurteils umfaßt eine Zustellung des Beschlusses. Die Einspruchsfrist läuft von der Zustellung des Versäumnisurteils oder bei einem besonderen Beschluß seit dessen Zustellung. Sie läuft jedoch nicht vor der Zustellung des Versäumnisurteils. Die Bestimmung ist eine prozeßleitende Maßnahme. Sie ist daher stets unanfechtbar. Sie wirkt auch dann, wenn ihre Voraussetzungen fehlten und wenn nachher im Inland zugestellt wird. Bei widersprüchlichen Bestimmungen zweier Fristen gilt die längere, BGH NJW **92**, 1701. Eine Zustellung durch Aufgabe zur Post nach § 184 II 1 ist keine Zustellung im Ausland.

340 *Einspruchsschrift.* ¹Der Einspruch wird durch Einreichung der Einspruchsschrift bei dem Prozessgericht eingelegt.

II ¹ Die Einspruchsschrift muß enthalten:
1. die Bezeichnung des Urteils, gegen das der Einspruch gerichtet wird;
2. die Erklärung, dass gegen dieses Urteil Einspruch eingelegt werde.

² Soll das Urteil nur zum Teil angefochten werden, so ist der Umfang der Anfechtung zu bezeichnen.

III ¹ In der Einspruchsschrift hat die Partei ihre Angriffs- und Verteidigungsmittel, soweit es nach der Prozesslage einer sorgfältigen und auf Förderung des Verfahrens bedachten Prozessführung entspricht, sowie Rügen, die die Zulässigkeit der Klage betreffen, vorzubringen. ² Auf Antrag kann der Vorsitzende für die Begründung die Frist verlängern, wenn nach seiner freien Überzeugung der Rechtsstreit durch die Verlängerung nicht verzögert wird oder wenn die Partei erhebliche Gründe darlegt. ³ § 296 Abs. 1, 3, 4 ist entsprechend anzuwenden. ⁴ Auf die Folgen einer Fristversäumung ist bei der Zustellung des Versäumnisurteils hinzuweisen.

Titel 3. Versäumnisurteil § 340

Gliederung

1) **Systematik, I–III**	1	F. Sonstiges	10
2) **Regelungszweck, I–III**	2	G. Verstoß, II Z 1, 2	11
3) **Geltungsbereich, I–III**	3	6) **Einspruchsbegründung im einzelnen,**	
4) **Einlegung, I**	4	III	12–17
5) **Inhalt der Einspruchsschrift, II**	5–11	A. Nachholbarkeit binnen Einspruchsfrist, III 1	12
A. Bezeichnung des Versäumnisurteils, II 1 Z 1	5	B. Begründungsinhalt, III 1	13
B. Einspruchserklärung, II 1 Z 2	6	C. Fristverlängerung, III 2	14
C. Teileinspruch, II 2	7	D. Verspäteter Eingang, III 3	15
D. Einspruchsbegründung	8	E. Hinweispflicht, III 4	16
E. Unterschrift	9	F. Verstoß, III 1–4	17

1) Systematik, I–III. Während § 339 die Einspruchs*frist* regelt, bestimmt § 340 den Inhalt der Einspruchs*schrift* und damit den Umfang desjenigen Streitstoffes, über den das bisherige Gericht nochmals befinden soll. Die Vorschrift ist den §§ 519, 548 und indirekt auch den §§ 520, 551 vergleichbar. Nach einem Vollstreckungsbescheid ist wegen § 700 I eine evtl erstmals nähere Begründung geboten, Rn 12. 1

2) Regelungszweck, I–III. Die Vorschrift dient sowohl der Rechtssicherheit nach Einl III 43 als auch in erheblichem Maße der Prozeßwirtschaftlichkeit nach Grdz 14 vor § 128 unter Beibehaltung der Parteiherrschaft über den Streitstoff (nicht über das Verfahren), Grdz 18 vor § 128. Das muß man bei der Auslegung mitbeachten. 2

Zumutbarkeit ist der hier nicht direkt wiederholte Maßstab der Anforderungen an den Einsprechenden wie bei den echten Rechtsmitteln und überhaupt in jeder Instanz und jeder Verfahrenslage. Das gebietet eine weder zu großzügige noch zu strenge Handhabung jedes der vielen Einzelmerkmale der Vorschrift. Sie stellt auf den Redlichen ab. Das gilt sowohl beim Einspruchführer als auch beim Gegner und mindestens ebenso beim Gericht, vor allem bei III 4. Ob das alles zur bloßen Illusion verkommt, hängt vor allem vom Richter ab. Er darf nicht überfordern, aber auch nicht allzu ängstlich vor jeder energischeren Handhabung etwa der Mindestanforderungen an III 1 zurückschrecken. Eine Fristverlängerung nach III 2 hat sich noch nicht so fast mechanisch als notwendig entwickelt wie etwa bei einer ersten Verlängerung einer Berufungsbegründung mit ihren unerfreulichen Auswirkungen bei der Wiedereinsetzung, § 233 Rn 209. Man sollte solche Tendenzen trotz aller Überlastung sämtlicher Beteiligter möglichst nicht ausweiten. Auch in diesem Sinne sollte man § 340 auslegen.

3) Geltungsbereich, I–III. Vgl zunächst Üb 3 vor § 330. Im arbeitsgerichtlichen Verfahren muß man §§ 59 S 2, 64 VII ArbGG beachten. III ist dort anwendbar, Lorenz BB **77**, 1003, III 2 großzügig anwendbar, Philippsen pp NJW **77**, 1135. Dort besteht in der Berufungsinstanz kein Anwaltszwang. 3

4) Einlegung, I. Man legt den Einspruch dadurch ein, daß man bei demjenigen Gericht, das das Versäumnisurteil erlassen hat, eine Einspruchsschrift einreicht. Beim AG kann das auch zu Protokoll jeder Geschäftsstelle geschehen, §§ 496, 129a, BVerfG **88**, 126, auch zu Protokoll des Richters, Einf 1, 3 vor §§ 159–165, BGH **105**, 199 (sogar in Verbindung mit einer Bezugnahme auf eine schon bei den Akten befindliche Schrift). Der Einspruch kann auch sofort nach dem Erlaß des Versäumnisurteils noch in demselben Sitzungsraum erfolgen, wenn alle Beteiligten einverstanden sind (sonst nicht, da die Sitzung schon beendet war). Man kann ihn nicht wirksam beim LG einlegen. Denn dort fehlt gerade eine dem § 496 entsprechende Vorschrift. Das übersieht Zweibr MDR **92**, 998. 4

Zum Begriff der *Einreichung* § 496 Rn 3. Über die Einlegung durch Telefax usw § 129 Rn 44, BVerfG **36**, 304 (evtl nicht einmal telefonische Aufgabe oder Durchsage), LG Köln NJW **05**, 79 (evtl reicht maschinenschriftlicher Name). § 130 a erlaubt die Einlegung durch ein elektronisches Dokument. Wenn das Revisionsgericht ein streitmäßiges Urteil des OLG in ein Versäumnisurteil umändert, dann muß man den Einspruch beim OLG einreichen. Beim Vollstreckungsbescheid genügt die Einreichung bei der Vollstreckungsabteilung desselben AG, das auch Prozeßgericht ist, LG Köln MDR **88**, 63. Der Einspruch ist unentbehrlich, um das Versäumnisurteil zu beseitigen. Die Parteien können ihn weder durch einen gemeinsamen Beschluß erübrigen, ihn nicht geltend zu machen, noch durch gemeinsame Verhandlungsbereitschaft. Wegen des einseitigen Verzichts § 346.

5) Inhalt der Einspruchsschrift, II. Die Einspruchsschrift ist ein bestimmender Schriftsatz, § 129 Rn 5. Sie muß dessen Anforderungen erfüllen. Sie muß zB eine zur förmlichen Ladung ausreichende Anschrift des Einsprechenden angeben, § 130 Z 1, Düss RR **93**, 1150 (Postfach genügt nicht), aM Mü RR **95**, 59 (aber die Nämlichkeit muß bei jedem bestimmenden Schriftsatz ganz eindeutig sein). Notwendig ist der folgende Inhalt. 5

A. Bezeichnung des Versäumnisurteils, II 1 Z 1. Man muß das Versäumnisurteil bzw bei § 700 den Vollstreckungsbescheid bezeichnen. Anzugeben sind Gericht, Datum und Aktenzeichen. Fehler usw schaden nicht, soweit sich aus den Akten das Richtige mühelos ergibt. Ein Fehler kann aber zur Versäumung der Einspruchsfrist nach § 339 führen, BGH VersR **83**, 750.

B. Einspruchserklärung, II 1 Z 2. Notwendig ist ferner mangels elektronischer Einreichung mithilfe des vorrangigen § 130a die schriftliche Erklärung, man lege Einspruch ein. Mündliche Erklärungen außerhalb eines zu Protokoll erklärten Einspruchs bleiben unbeachtlich, BGH RR **95**, 1214. Das Gericht sollte bei der Prüfung jede bloße Förmlichkeit vermeiden, BGH **105**, 200, AG Dortm MDR **92**, 413. Wenn sich also aus der Eingabe bei ihrer verständigen Auslegung nach Grdz 52 vor § 128 ergibt, daß der Säumige das Versäumnisurteil bzw im Fall des § 700 III den Vollstreckungsbescheid nicht hinnehmen will, dann sind damit die Anforderungen II Z 2 erfüllt, BGH **105**, 200. Das gilt insbesondere bei Verbindung mit einem Wiedereinsetzungsgesuch, BVerfG **88**, 126. Es gilt wohl auch, wenn ein Anwalt die „Einspruchs"-Erklärung 6

§ 340 Buch 2. Abschnitt 1. Verfahren vor den LGen

vergessen hat, BGH RR **94**, 1214, AG Dortm MDR **92**, 413, oder wenn eine Verwechslung der Parteien erfolgte, BGH RR **99**, 938.

Eine *Entschuldigung* wegen Terminversäumung reicht nur aus, wenn das Gericht erkennen kann, daß der Absender auch etwaigen nachteiligen Folgen begegnen will. Es ist aber eine großzügige Auslegung geboten, BGH RR **99**, 938, LG Lpz MDR **96**, 418. Deshalb darf und muß das Gericht einen verspäteten Widerspruch gegen einen Mahnbescheid in einen Einspruch gegen den Vollstreckungsbescheid umdeuten. Das gilt sogar dann, wenn der Vollstreckungsbescheid vor Absendung des „Widerspruchs" usw zugestellt worden war. Denn gerade dann wendet sich der Antragsgegner im Ergebnis gegen einen Vollstreckungstitel. Das Gericht darf und muß evtl nach § 139 fragen.

Wenn aber nur eine Klageerwiderung mit einem *Abweisungsantrag* vorliegt, ist eine Umdeutung in einen Einspruch keineswegs stets zulässig. Denn der Bekl wendet sich dann zwar gegen die Forderung des Klägers, nicht aber auch stets erkennbar gegen deren Beurteilung durch das Gericht, Köln RR **02**, 1231, AG Dortm MDR **92**, 413. Daher reicht auch kein Schriftsatz, den der Betroffene nach sein ProzBev schon vor Kenntnis des Versäumnisurteils abgesandt hat, Köln RR **02**, 1231, LG Lpz MDR **96**, 418, Zugehör NJW **92**, 2261, aM Brschw FamRZ **95**, 237 (aber man darf bei aller gebotenen Großzügigkeit einer Partei nicht unterstellen, sie wende sich gegen eine Entscheidung, wenn sie diese überhaupt noch nicht kennt. Man müßte ihr dann ja auch unterstellen, „auf Verdacht" jede ihr ungünstige Entscheidung bekämpfen zu wollen. Das kann durchaus zu weit gehen, schon aus Kostengründen, aber auch und vor allem aus Achtung vor dem freien Willen der Partei. Mag sie *nach* Kenntnis Einspruch einlegen, soweit zulässig). Alles das gilt auch und gerade bei einer anwaltlich vertretenen Partei. Eine Umdeutung entfällt auch, wenn der Rechtsbehelf an ein für den Einspruch überhaupt nicht zuständiges anderes Gericht gerichtet ist, Bghw FamRZ **94**, 1521.

7 **C. Teileinspruch, II 2.** Soweit man das Versäumnisurteil nur teilweise anfechten will, ist die Bezeichnung desjenigen Teils des Versäumnisurteils notwendig, auf den sich der Einspruch beschränkt. Man kann einen beliebigen Teil anfechten, Bbg RR **95**, 581, oder die Anfechtung nur gegen einzelne der Gegner durchführen. Dabei kann die Auslegung ergeben, daß ein nicht Mitverurteilter für einen Verurteilten Einspruch einlegen wollte, strenger BAG BB **75**, 842 (aber Grdz 52 vor § 128 gelten auch in solcher Lage).

8 **D. Einspruchsbegründung.** Sie ist grundsätzlich gleichzeitig notwendig, III, Rn 12 ff.

9 **E. Unterschrift.** Eine Unterschrift ist wie bei jedem bestimmenden Schriftsatz erforderlich, § 129 Rn 6, 8, 44 (Telefax), § 700 Rn 10, BGH **101**, 137, Karlsr FamRZ **88**, 82, ZöHe 2, aM LG Heidelb RR **87**, 1214 (sie könne fehlen, soweit die Nämlichkeit und der Einreichungswille erkennbar sei. Aber erst mit voller Unterzeichnung übernimmt der Absender die volle Verantwortung, § 129 Rn 10).

10 **F. Sonstiges.** Wenn ein Anwalt eine „Berufung" einlegt, dann muß das Gericht prüfen, ob er wirklich nur eine Berufung oder nicht vielmehr zumindest auch einen Einspruch meint. Es muß klar sein, wer von mehreren Betroffenen der Einspruch einlegt bzw einlegen läßt, BGH VersR **87**, 989, aM BAG BB **75**, 842 (will den Einspruch einer von zwei Gesellschaften dann, wenn in Wahrheit die andere verurteilt worden war, der letzteren Gesellschaft zugute halten. Aber das sprengt wohl die Grenzen der Auslegbarkeit).

11 **G. Verstoß, II Z 1, 2.** Ein Verstoß gegen II führt nach vergeblichem Hinweis des Gerichts auf Nachholbarkeit des noch Fehlenden usw nach Rn 11, § 139 nach dem Ablauf der Einspruchsfrist des § 339 zur Verwerfung des Einspruchs als unzulässig, § 341, Düss RR **93**, 1150. Dagegen kommt eine Wiedereinsetzung nach §§ 233 ff in Betracht.

12 **6) Einspruchsbegründung im einzelnen, III,** dazu *Kabath* DAVorm **93**, 21: Zwar ist eine Einspruchsbegründung nicht schon zur Zulässigkeit des Einspruchs erforderlich, BVerfG **88**, 126. Denn der Einspruch ist kein Rechtsmittel, sondern ein bloßer Rechtsbehelf, § 97 Rn 15, BGH RR **93**, 1408. Zur Vermeidung erheblicher Rechtsnachteile ist grundsätzlich eine „Begründung" (diesen Ausdruck nennt III 2) des Einspruchs aber jedenfalls ratsam. Es ist zumindest notwendig, die in III 1 genannten und in Rn 11 erläuterten Angaben zu machen, Köln **93**, 1408. Das ist nur nach einem Vollstreckungsbescheid wegen des Fehlens einer notwendigen Klagebegründung entbehrlich, § 700 III 2 Hs 2, Hartmann NJW **88**, 2661. Eine Begründung ist freilich auch dort zulässig.

A. Nachholbarkeit binnen Einspruchsfrist, III 1. Die Einspruchsbegründung muß nach dem Wortlaut von III zwar grundsätzlich bereits in der Einspruchsschrift erfolgen. Wenn die Einspruchsschrift noch vor dem Ablauf der Frist des § 339 eingeht, dann kann der die Säumige die Einspruchsbegründung trotz des mißverständlichen Gesetzeswortlauts aber noch während der Einspruchsfrist ohne weiteres nachholen oder verbessern, Mü NJW **77**, 1972, Schlesw SchlHA **82**, 73, Hartmann NJW **88**, 2660, aM Nürnb NJW **81**, 2266 (die Mindestfrist zur Klagerwiderung nach § 276 I 1, 2 sei stets mitbeachtlich. Aber es ist eine möglichst großzügige Behandlung eines Rechtsbehelfs vorziehbar, den ja auch der nicht Rechtskundige im Verfahren ohne Anwaltszwang wirksam einlegen kann).

Die Begründungsfrist ist eine *Notfrist*, § 224 I 2. Denn sie entspricht der Einspruchsfrist, Hartmann NJW **88**, 2660, aM Ffm RR **93**, 1151, Schneider MDR **99**, 596 (unvollständig zitierend), ZöHe 11 (aber man muß Fristen stets streng handhaben). Sie endet erst zusammen mit der Einspruchsfrist, BGH **75**, 138, Mü NJW **75**, 1972. Sie endet aber nur dann, wenn das Gericht den Säumigen auch bei jeder früheren Fristversäumnis spätestens bei der Zustellung des Versäumnisurteils hingewiesen hatte, III 4. Das Gericht braucht einen derartigen Hinweis allerdings noch nicht im Versäumnisurteil selbst zu geben. Zur sog „Flucht in die Säumnis" § 342 Rn 2f.

13 **B. Begründungsinhalt, III 1.** Es gelten zumindest dieselben Anforderungen wie bei §§ 277 I, 282 I 1, III, Schlesw SchlHA **82**, 73. Die Anforderungen sind jedoch eher schärfer. Denn es ist schon zu einem Versäumnisurteil gekommen. Falls das Versäumnisurteil gegen den Kläger erging, muß er jetzt alle auch nur evtl möglichen Ergänzungen der Klageschrift vornehmen und zugleich auf eine etwaige bereits vorliegende Klagerwiderung antworten, Kramer NJW **77**, 1660. Eine Bezugnahme auf frühere Schriftsätze kann allerdings genügen, BGH **105**, 197. In welchem Umfang man seinen Einspruch begründen muß, hängt vom Verfahrensstadium mit ab, Kramer NJW **77**, 1659. Bei einem Teileinspruch ist es ratsam, die Abgrenzung im

Titel 3. Versäumnisurteil **§§ 340, 340a**

Antrag und auch in der Begründung so zu verdeutlichen, daß der Umfang der Rechtskraft des Versäumnisurteils eindeutig wird. Das Gericht hat auch insofern eine Fragepflicht, § 139.

C. Fristverlängerung, III 2. Ausnahmsweise darf das Gericht die Begründungsfrist verlängern und darf **14** man den Einspruch auch noch nach dem Ablauf der Einspruchsfrist begründen, wenn man einen entsprechenden Antrag vor dem Ablauf der Einspruchsfrist des § 339 gestellt hatte. Anwaltszwang herrscht wie sonst, § 78 Rn 1. Außerdem darf entweder durch eine Verlängerung der Begründungsfrist keine Verzögerung eintreten, § 296 Rn 39, oder der Antragsteller muß für die Notwendigkeit einer längeren Begründungsfrist erhebliche Gründe darlegen können. Eine Glaubhaftmachung nach § 294 ist hierzu nicht ausdrücklich vorgeschrieben. Sie ist aber ratsam. In diesem Falle ist eine Verzögerung unschädlich. Man muß freilich abwägen, wie lange die vorgebrachten Gründe eine Verzögerung rechtfertigen können. „Erheblich" bedeutet: weniger als „zwingend", aber mehr als „beachtlich". Vgl §§ 227 I, 520 II 2.

Eine Verlängerung *nach* dem Ablauf der ursprünglichen Begründungsfrist ist begrifflich möglich. Sie ist wirksam, falls wenigstens der Verlängerungsantrag bei Gericht vor dem Ablauf der ursprünglichen Begründungsfrist eingegangen ist, § 519 Rn 19 entsprechend. Die Verlängerung erfolgt durch den Vorsitzenden oder den Einzelrichter nach seinem pflichtgemäßen Ermessen durch einen Beschluß. Das Gericht muß ihn grundsätzlich begründen, § 329 Rn 4. Die verlängerte Frist ist ebenfalls eine Notfrist, § 224 I 2, Rn 12, Hartmann NJW **88**, 2660, aM Wedel MDR **89**, 512 (aber sie ändert durch bloße Verlängerung nicht ihren Charakter). Das Gericht kann die Verlängerung formlos mitteilen, § 329 Rn 28. Denn der Beginn der alten Frist ist unverändert geblieben.

D. Verspäteter Eingang, III 3. Wenn die Einspruchsbegründung nach dem Ablauf der gesetzlichen **15** oder der richterlichen Frist eingeht, muß das Gericht das Vorbringen als verspätet zurückweisen, sofern die Voraussetzungen des § 296 I vorliegen, BVerfG **88**, 126, BGH **75**, 141, oder diejenigen des § 296 III, IV, Hartmann NJW **88**, 2661. Das Gericht darf also den verspäteten Vortrag nur dann zulassen, wenn dadurch keine Verzögerung eintritt, Drsd RR **99**, 214, oder wenn die Verzögerung glaubhaft entschuldigt ist. Es reicht aus, daß das Gericht den Vortrag im Einspruchstermin erledigen kann, BGH **76**, 173. Das Gericht muß ihn sachgerecht vorbereiten, § 341 a I. Es kann sachlichrechtliche Auswirkungen geben, zB den Ausschluß einer Anfechtbarkeit selbst mit dem Ablauf der Frist nach § 124 BGB, BAG DB **84**, 408 (sehr streng). Die Vorschrift ist zB dann unanwendbar, wenn der Vorsitzende die Terminsverfügung zum versäumten Termin nur mit einem Handzeichen versehen und daher nicht ordnungsgemäß unterschrieben hatte, § 129 Rn 31 ff, § 216 Rn 12, LAG Hamm MDR **82**, 1053. Da die Begründungsfrist nach Rn 12, 14 eine Notfrist ist, kommt gegen ihre Versäumung die Wiedereinsetzung in Betracht, § 233, Hartmann NJW **88**, 2661, aM ZöHe 11 (vgl aber Rn 12).

E. Hinweispflicht, III 4. Zu ihrem Zeitpunkt vgl Rn 12. Inhaltlich muß das Gericht den Hinweis so **16** halten, daß im Parteiprozeß auch der nicht Rechtskundige ohne eine Nachfrage verstehen kann, was er beachten muß. Daher ist eine bloße Bezugnahme auf § 296 nur im Anwaltsprozeß ausreichend. Andererseits ist kein Roman notwendig. Grundsätzlich erfolgt nur eine Belehrung über die Folgen einer nicht fristgerechten Begründung, nicht auch eine Belehrung über die Dauer und die Einhaltung der Einspruchsfrist, Bischof ZRP **78**, 105. Bei Verwendung von Belehrungsformularen sollte das Gericht ein Exemplar zu den Akten nehmen, damit der Wortlaut der Belehrung ohne weiteres nachprüfbar ist.

F. Verstoß, III 1–4. Ein Verstoß gegen die Form oder die Frist des III und daher auch das Fehlen einer **17** jeglichen Begründung führt nicht zur Unzulässigkeit des Einspruchs, Mü RR **89**, 255. Ein solcher Verstoß berührt den Lauf der Einspruchsfrist nicht, Köln VersR **98**, 1303. Das Gericht muß solchen Verstoß vielmehr wie bei Rn 15 behandeln, BGH NJW **80**, 1103, Ffm RR **93**, 1151. Eine Zurückweisung wegen Verspätung kommt also sowohl bei einem Verstoß gegen die gesetzliche Frist zur Einspruchsbegründung in Betracht, BGH NJW **81**, 928 (insofern zustm Deubner), als auch dann, wenn die Partei eine vom Vorsitzenden nach III 2 verlängerte Frist nicht eingehalten hat. Enthält die vorhandene und rechtzeitig eingegangene Einspruchsbegründung inhaltlich Mängel, so darf das Gericht diese natürlich erst im Rahmen von § 343 berücksichtigen. Eine wenn auch gesetzwidrige Zulassung des verspäteten Vortrags ist unanfechtbar und für das Rechtsmittelgericht bindend, § 296 Rn 38. Ein Verstoß gegen III 2 macht eine Zurückweisung wegen Verspätung nach § 296 unzulässig.

340a

Zustellung der Einspruchsschrift. [1] **Die Einspruchsschrift ist der Gegenpartei zuzustellen.** [2] **Dabei ist mitzuteilen, wann das Versäumnisurteil zugestellt und Einspruch eingelegt worden ist.** [3] **Die erforderliche Zahl von Abschriften soll die Partei mit der Einspruchsschrift einreichen.** [4] **Dies gilt nicht, wenn die Einspruchsschrift als elektronisches Dokument übermittelt wird.**

Vorbem. S 4 angefügt dch Art 1 Z 27 JKomG v 22. 3. 05, BGBl 837, in Kraft seit 1. 4. 05, Art 16 I JKomG, ÜbergangsR Einl III 78.

1) Systematik, S 1–4. Die Vorschrift ist den §§ 521, 550 vergleichbar. Sie regelt den ersten Schritt des **1** Gerichts im Verfahren über den Einspruch und zur Sache. Wenn freilich der Einspruch unzulässig ist, verliert § 340 a neben § 341 seine praktische Bedeutung.

2) Regelungszweck, S 1–4. Der Sinn der Vorschrift besteht zunächst in der Gewährung des rechtlichen **2** Gehörs, Art 103 I GG, Einl III 16. Denn da das Gericht sein Versäumnisurteil nach § 317 I nur dem Verlierer von Amts wegen zustellt, mag der Sieger zunächst von dem Sieg gar nichts erfahren haben, obwohl der Gegner schon Einspruch eingelegt hatte. Der Zweck der Vorschrift besteht ferner in einer Erleichterung des Verfahrens nach § 341, aber auch desjenigen nach § 341 a. Das Gericht darf den Einspruch erst dann nach § 341 II als unzulässig verwerfen, wenn eine dem Gegner zu setzende angemessene Äußerungsfrist

§§ 340a, 341

abgelaufen ist, (jetzt) § 139 V, BGH VersR 75, 899. Denn der Gegner kann an einer mündlichen Verhandlung interessiert sein.

3 3) **Geltungsbereich, S 1–4.** Vgl Üb 3 vor § 330.

4 4) **Zustellung, Mitteilung, S 1, 2.** Das Gericht stellt die Einspruchsschrift jedem Gegner des Einsprechenden von Amts wegen zu, §§ 166ff, 270. Die Zustellung erfolgt unverzüglich nach dem Eingang des Einspruchs ohne Prüfung der Zulässigkeit des Einspruchs. Zuständig ist der Urkundsbeamte der Geschäftsstelle, § 168 I 1. Er fertigt in der Regel die in S 2 vorgeschriebene Mitteilung ohne eine Vorlage beim Vorsitzenden an. Eine Ausnahme gilt nur dann, wenn der Vorsitzende angeordnet hat, ihm den Einspruch zuvor vorzulegen, oder wenn der Urkundsbeamte Zweifel über das Datum der Zustellung und/oder über den Zeitpunkt des Eingangs des Einspruchs hat. Einzelheiten wie bei §§ 521, 550. Eine Ladung zum etwaigen Einspruchstermin nach § 341 gehört zur Mitteilung nach § 340a.

5 5) **Abschrift, S 3, 4.** Abschriften sind bei einer elektronischen Übermittlung nicht erforderlich. Eine beglaubigte Abschrift ist auch sonst nicht mehr erforderlich. Wenn der Einsprechende sie außerhalb elektronischen Einspruchs nicht mit eingereicht hatte, fertigt der Urkundsbeamte der Geschäftsstelle sie auf Kosten der Partei an, § 133, KV 9000 Z 1 b.

341 *Einspruchsprüfung.* [1] [1] Das Gericht hat von Amts wegen zu prüfen, ob der Einspruch an sich statthaft und ob er in der gesetzlichen Form und Frist eingelegt ist. [2] Fehlt es an einem dieser Erfordernisse, so ist der Einspruch als unzulässig zu verwerfen.

[II] **Das Urteil kann ohne mündliche Verhandlung ergehen.**

Gliederung

1) Systematik, I, II	1	B. Einspruch zulässig; Gegner des Einsprechenden säumig	7
2) Regelungszweck, I, II	2	C. Einspruch zulässig; Einsprechender säumig	8
3) Geltungsbereich, I, II	3	D. Einspruch unzulässig	9
4) Amtsprüfung, nicht Amtsermittlung, I	4	7) Erneute Einlegung, I, II	10
5) Grundsatz: Freigestellte Verhandlung, I, II	5	8) Verstoß, I, II	11
6) Urteil, I, II	6–9	9) Rechtsmittel, I, II	12
A. Einspruch zulässig; Gegner des Einsprechenden verhandelt	6		

1 1) **Systematik, I, II.** Die Vorschrift schließt sich nur scheinbar zeitlich an § 340a an. Gerade bei Verneinung der Zulässigkeit hat sie aber zumindest praktisch Vorrang. Sie ist den §§ 522, 552, 572, 589 vergleichbar.

2 2) **Regelungszweck, I, II.** Die Vorschrift bezweckt eine ebenso gründliche wie rasche Klärung der Frage, ob es überhaupt noch einmal zu einer neuen Sachverhandlung und -entscheidung kommen kann. Sie dient damit sowohl der Rechtssicherheit nach Einl III 43 als auch vor allem in II der Prozeßwirtschaftlichkeit, Grdz 14 vor § 128.

Gewisse Systemwidrigkeit ist bei II nicht zu übersehen. Denn die Instanz war mit dem Verwerfungsurteil jedenfalls zunächst beendet. Nur unter den Voraussetzungen des § 321a bekäme das erstinstanzliche Gericht mangels § 341 nochmals mit der Sache zu tun, vom Fall der Zurückverweisung nach § 538 einmal abgesehen. Damit wird II zur scharfen, zwingenden Maßnahme gegenüber bloßer Form- und Fristwidrigkeit. Nur bei Zulässigkeit des Einspruchs kann es zur Zurückversetzung in den Stand vor dem Eintritt der Säumnis nach § 342 kommen. Damit tritt der Gerechtigkeitsgedanke scheinbar ganz hinter den anderen Bestandteilen der Rechtsidee zurück. Andererseits geht das Gesetz ja auch bei der form- oder fristwidrigen Berufung bzw Revision vergleichbar vor, Rn 1. Das ist bei der Auslegung durchaus mitbeachtlich und verbietet nachlässige Großzügigkeit.

3 3) **Geltungsbereich, I, II.** Vgl zunächst Üb 3 vor § 330. Im arbeitsgerichtlichen Urteilsverfahren ist § 341 anwendbar, BAG NJW 78, 2215, LAG Köln NZA-RR 04, 381, Oetker DRiZ 89, 418.

4 4) **Amtsprüfung, nicht Amtsmitteilung, I.** Das Gericht muß von Amts wegen nach Grdz 39 vor § 128 prüfen, ob folgende unverzichtbaren Zulässigkeitsvoraussetzungen vorliegen, Grdz 13 vor § 253: Ob der Einspruch statthaft ist, § 338, ob also ein echtes Versäumnisurteil vorliegt, Üb 11 vor § 330; ob der Einspruch eines Säumigen eingegangen ist; ob der Einspruch nach § 238 II oder nach § 345 unzulässig ist; ob der Einspruch in der gesetzlichen Form und Frist eingegangen ist, §§ 339, 340, BGH MDR 98, 57, Brschw MDR 98, 621. Bei einem Verstoß gegen § 340 III gilt allerdings § 340 Rn 17. Denn § 340 III erwähnt in Abweichung von § 522 I 1, § 552 I 1, § 572 II 1 eine rechtzeitige Begründung nur. Wenn der Säumige alles für Frist- und Formwahrung beigebracht hat und im Rahmen der ihm Zumutbaren bewiesen oder unter Beweis gestellt hat, BGH VersR 80, 91, muß der Gegner ihn widerlegen, etwa eine frühere Zustellung darlegen.

Das Gericht muß schließlich von Amts wegen prüfen, ob kein wirksamer *Verzicht* auf den Einspruch und keine wirksame Einspruchsrücknahme vorliegen, § 346, aber auch § 340 Rn 4. Alle diese Voraussetzungen prüft das Gericht zur Vermeidung eines auch nicht nach § 295 heilbaren Verfahrenshindernisses auch in der Berufungs- und Revisionsinstanz von Amts wegen, BGH NJW 76, 1940. Diese Prüfung erfolgt vor der erneuten Prüfung der Begründetheit des Klaganspruchs, Grdz 14 vor § 253. Daher muß das Gericht sie nach § 160 III Z 6 zu Protokoll feststellen, noch vor einer Verweisung nach §§ 281, 504, 506. Im Fall eines

Titel 3. Versäumnisurteil §§ 341, 341a

diesbezüglichen Verstoßes muß das Gericht, an das verwiesen wurde, die Prüfung wegen der Bindungswirkung des Verweisungsbeschlusses vornehmen, BGH NJW **76**, 676, Zweibr RR **98**, 1606.

Es findet aber *keine Ermittlung von Amts wegen* im Sinn von Grdz 38 vor § 128 statt, aM Brschw MDR **98**, 621 (aber eine Amtsermittlung findet nur im Ehe- und Kindschaftsverfahren statt, §§ 606 ff, 640 ff). § 295 ist unanwendbar. Fehlt ein eindeutiger Zustellungsnachweis, so muß das Gericht die Zustellung als nicht erfolgt behandeln, Köln Rpfleger **76**, 102. Eine etwaige Gesetzwidrigkeit des Versäumnisurteils bleibt bis zur Feststellung der Ordnungsmäßigkeit des Einspruchs unbeachtlich. Erst dann tritt eine Rückwirkung nach § 342 ein, falls nicht § 345 eingreift, dort Rn 6. Ein „Einspruch" gegen ein gesetzwidriges unechtes Versäumnisurteil kann zB als sofortige Beschwerde nach § 17 a IV 2 GVG umdeutbar sein, Naumb RR **02**, 792.

5) Grundsatz: Freigestellte Verhandlung, I, II. Eine mündliche Verhandlung zum Einspruch steht im pflichtgemäßen, aber freien, nicht nachprüfbaren Ermessen des Gerichts, Kblz JB **03**, 420. Ein Antrag ist unnötig. Das Gericht muß stets das rechtliche Gehör gewähren, soweit das nicht schon geschehen ist, Art 103 I GG, BGH VersR **75**, 899. Es entscheidet in voller Besetzung, LAG Köln NZA-RR **04**, 381. 5

6) Urteil, I, II. Unabhängig davon, ob eine nach Rn 5 ja freigestellte mündliche Verhandlung stattgefunden hat, gelten vier Möglichkeiten. Jedes Urteil bedarf der Verkündung nach § 310 I 1. 6

A. Einspruch zulässig; Gegner des Einsprechenden verhandelt. Ist der Einspruch zulässig, so ergeht ein Zwischenurteil nach § 303 oder das Gericht nimmt die Zulässigkeit in den Gründen des Endurteils, auch eines Versäumnisurteils, an und legt sie zweckmäßigerweise kurz dar, § 313 Rn 33.

B. Einspruch zulässig; Gegner des Einsprechenden säumig. Dann muß das Gericht das Versäumnisurteil aufheben und eine neue Entscheidung treffen, § 343. Es muß also auf Antrag des Einsprechenden ein erstes Versäumnisurteil gegen seinen Gegner erlassen. In ihm muß das Gericht wegen I 1, II die Zulässigkeit des Einspruchs abweichend von § 313 b in Entscheidungsgründen feststellen. 7

C. Einspruch zulässig; Einsprechender säumig. Soweit die Voraussetzungen des I erfüllt sind, was der Erschienene nachweisen muß, verwirft das Gericht den Einspruch durch ein sog Zweites Versäumnisurteil, § 345, van den Hövel NJW **97**, 2864. 8

D. Einspruch unzulässig. Ist der Einspruch unzulässig, so verwirft ihn das Gericht durch ein Endurteil. Dieses ist bei einer Säumnis des Einsprechenden ein echtes Versäumnisurteil, Üb 11 vor § 330, van den Hövel NJW **97**, 2865, StJSchu 21, aM BGH NJW **95**, 1561, RoSgo § 107 V 4 a, VI (es erfolgte bei einer Säumnis des Einsprechenden stets ohne eine Zulässigkeitsprüfung eine Verwerfung nach § 345. Aber diese Vorschrift setzt die Zuverlässigkeit voraus), ZöHe 9 (unechtes Versäumnisurteil. Aber es geht um die Säumnis des Einsprechenden, nicht des Gegners). 9

Es findet *keine Sachprüfung* statt. Mit dem Versäumnisurteil erledigt sich ohne weiteres eine etwa vor der Verwerfung zugelassene Verhandlung zur Hauptsache. Die Parteien mögen sich auch mit ihren Prozeßhandlungen. Einen neuen Einspruch gegen das Versäumnisurteil hindert das Verwerfungsurteil nicht, sofern der neue Einspruch den gesetzlichen Erfordernissen genügt, namentlich die Frist wahrt und eine rechtzeitige Begründung enthält, oder wenn das Gericht eine Wiedereinsetzung gewährt hat. Eine ausdrückliche Aufrechterhaltung des mit dem Einspruch angefochtenen Versäumnisurteils ist zwar nicht notwendig. Sie ist aber auch unschädlich, aM LAG Ffm BB **82**, 1925 (aber was soll daran verboten sein?). Für die Kosten gilt § 97 I entsprechend. Die Entscheidung wird als ohne Sicherheitsleistung vorläufig vollstreckbar erklärt, § 708 Z 3. Das Gericht braucht sie auch nach mündlicher Verhandlung nicht zu verkünden, § 310 III 2, sondern muß sie nur zustellen.

7) Erneute Einlegung, I, II. Man kann den bisher unzulässigen Einspruch erneut und evtl jetzt zulässig einlegen, solange seine Frist noch läuft und eine Verwerfungsentscheidung noch nicht rechtskräftig ist. 10

8) Verstoß, I, II. Soweit das Gericht dem Einspruch durch einen Beschluß statt durch Urteil verworfen hat, ist nach dem sog Meistbegünstigungsgrundsatz nach Grdz 28 vor § 511 die sofortige Beschwerde statthaft, LAG Köln MDR **03**, 953. Über sie muß das Rechtsmittelgericht durch Urteil entscheiden, LAG Köln MDR **03**, 953. 11

9) Rechtsmittel, I, II. Gegen ein Endurteil, das den Einspruch als unzulässig verwirft, ist Berufung wie sonst zulässig, §§ 511 ff. Gegen ein Versäumnisurteil, das den Einspruch verwirft, ist Berufung nur im Rahmen von § 514 II zulässig. In den Fällen Rn 9 ist auch ein neuer Einspruch gegen das alte Versäumnisurteil zulässig. Ist ein Mangel behebbar, so gilt § 335 Rn 4. Das die Zulässigkeit feststellende Zwischenurteil ist nur zusammen mit dem folgenden Endurteil anfechtbar. Hat der Einzelrichter fälschlich durch Beschluß entschieden, muß das Rechtsmittelgericht auf Antrag zurückverweisen, Celle RR **03**, 648. 12

341a *Einspruchstermin.* Wird der Einspruch nicht als unzulässig verworfen, so ist der Termin zur mündlichen Verhandlung über den Einspruch und die Hauptsache zu bestimmen und den Parteien bekanntzumachen.

1) Systematik. Die Vorschrift stellt in Anknüpfung an die vorrangige positive Prüfung nach § 341 eine im Grunde überflüssige Klarstellung desjenigen dar, was sich aus § 342 in Verbindung mit §§ 216, 217, 272 ff ergibt. 1

2) Regelungszweck. Bezweckt wird eine Überleitung in das Verfahren zur Hauptsache. Die Worte „zur mündlichen Verhandlung" stellen klar, daß nun keineswegs etwa nochmals eine bloße Güteverhandlung nach § 278 II 1 in Betracht kommt. Sie unterscheidet sich ja gerade von einer mündlichen Verhandlung im Sinn von § 279 I. § 341 a gestattet dem Vorsitzenden auch kein Ermessen. Die Vorschrift zwingt ihn vielmehr zur Terminsanberaumung „zum Einspruch und zur Hauptsache" mit der Folge, daß dessen Versäumung ein Zweites Versäumnisurteil nach § 345 und damit einen endgültigen Instanzverlust bedeuten kann. Deshalb 2

§§ 341a, 342
Buch 2. Abschnitt 1. Verfahren vor den LGen

muß man die Vorschrift strikt handhaben, auch und wegen Art 103 I GG besonders bei der Bekanntgabe des neuen Termins an die Parteien bzw deren ProzBev, § 172.

3 **3) Geltungsbereich.** Vgl Üb 3 vor § 330. In einer Familiensache muß man die Sonderregel des § 629 II 2 beachten. Im arbeitsgerichtlichen Verfahren gilt § 46a VI ArbGG, LAG Bre MDR **88**, 1083.

4 **4) Terminsbestimmung.** Mangels Verwerfung ohne mündliche Verhandlung nach § 341 II und daher erst unverzüglich nach dem Eingang einer dem Gegner des Einsprechenden nach § 340a Rn 3 anheimgegebenen Äußerung bestimmt das Gericht einen Termin nach § 216 und macht ihn den Parteien bekannt, selbst wenn der Einspruch evtl unzulässig ist, Schlesw SchlHA **77**, 128. Die Terminsbestimmung erfolgt von Amts wegen durch den Vorsitzenden bzw den Einzelrichter der §§ 348, 348a oder den Vorsitzenden der Kammer für Handelssachen, § 349. Er bestimmt evtl den Termin zur mündlichen Verhandlung „über den Einspruch", § 146. Das bedeutet eine Entscheidung nur durch ein Zwischenurteil nach §§ 303, 347 II. Der Vorsitzende usw kann aber auch den Termin sogleich zur Verhandlung „über den Einspruch und zur Hauptsache" ansetzen. Letzteres erfolgt in der Praxis fast stets und ist schon deshalb auch im Zweifel gemeint, BGH NJW **82**, 888. Zugleich erfolgen evtl vorbereitende Maßnahmen nach § 273. Das Gericht muß die Ladungsfrist nach § 217 gegenüber beiden Parteien wahren. Denn die Bekanntmachung ist zwar nicht förmlich, aber der Sache nach eine Ladung.

Im übrigen muß der Vorsitzende den Termin aber nach § 216 II unverzüglich und nach § 272 III *so früh wie möglich* ansetzen, also auf den nächsten freien Terminstag, BGH NJW **81**, 286, Celle NJW **89**, 3025, Köln MDR **05**, 1189, aM BGH NJW **80**, 1105, Hamm NJW **80**, 294, ZöHe 2 (im Rahmen von § 273 dürfe und müsse das Gericht selbst bei einem verspäteten Vortrag noch den Termin so weit hinausschieben, daß man eine Verzögerung abwenden könne. Aber das Gericht führt durch solche Handhabung gerade erst die Verzögerung herbei!). Eine willkürlich allzu kurze Gnadenfrist ist verboten, Düss MDR **05**, 1189. Freilich kann man meist auch kurzfristig allseits sachgerecht vorbereiten.

5 **5) Bekanntmachung.** Der Urkundsbeamte der Geschäftsstelle führt die Bekanntgabe durch, § 274 I. Er stellt sie beiden Parteien nach § 168 I 1 zu, soweit sie überhaupt bei einem Teileinspruch mitbetroffen sind. Spätestens gleichzeitig stellt er dem Einspruchsgegner die Einspruchsschrift zu, § 340a. Beim AG kann § 497 I 1 anwendbar sein, falls ein Vollstreckungsbescheid ergangen ist. Dort genügt auch sonst der einlegenden Partei eine mündliche Mitteilung, falls diese nach § 497 II möglich war. Die Bekanntmachung erfolgt gegenüber sämtlichen Streitgenossen, §§ 59ff. Der Urkundsbeamte muß sie dem Streithelfer dann zustellen, wenn er als solcher aufgetreten war, § 70. Wenn er Einspruch einlegt, lädt das Gericht auch die Hauptpartei. Bei einem Mangel der Ladung gilt § 335 I Z 2. Es ist dann also keine neue Versäumnisentscheidung zulässig.

342
Wirkung des zulässigen Einspruchs. Ist der Einspruch zulässig, so wird der Prozess, soweit der Einspruch reicht, in die Lage zurückversetzt, in der er sich vor Eintritt der Versäumnis befand.

Schrifttum: *Münzberg,* Die Wirkungen des Einspruchs im Versäumnisverfahren, 1959.

1 **1) Systematik.** Der zulässige Einspruch bewirkt in seinem Umfang nach § 340 II 2 außer im Fall der vorrangigen § 345, dort Rn 6: Das Versäumnisurteil bleibt zwar bis zu seiner Aufhebung nach § 343 S 2 bestehen. Die Rechtskraft des Versäumnisurteils ist aber gehemmt, § 705 S 2. Die Zwangsvollstreckung wird nicht beeinflußt. Das Versäumnisurteil ist also nach § 708 Z 2 ohne Sicherheitsleistung vorläufig vollstreckbar. Das Gericht kann die Zwangsvollstreckung aber einstellen, §§ 707, 719 I. Der Prozeß wird im übrigen in den Stand vor dem Eintritt der Säumnis zurückversetzt. Beides erfolgt kraft Gesetzes.

2 **2) Regelungszweck.** Im Umfang des Einspruchs nach § 340 Rn 7 bezweckt die Wiederherstellung des früheren Zustands: Das Gericht muß alles dasjenige als nicht geschehen unterstellen, was nach dem Eintritt der Säumnis geschehen ist. Alles früher Erfolgte wird demgemäß wieder wirksam, mag es sich um Handlungen des Gerichts oder der Parteien handeln, Hamm RR **86**, 1509, LG Mü NZM **99**, 308 (also auch wegen Versagung einer Räumungsfrist, daher insofern keine gesonderte sofortige Beschwerde). Das gilt auch in der Berufungsinstanz, Düss MDR **88**, 681. Es entfällt also auch eine Bindungswirkung des Versäumnisurteils, § 318, Köln VersR **92**, 901.

Es tritt *keine neue Instanz* ein, Mü MDR **84**, 948. Da alles vor dem Eintritt der Säumnis Geschehene nach Rn 5 beachtlich bleibt und bis zu der Säumnis nach §§ 330, 331, 333 erst *im* vorherigen Termin eintreten konnte, kommt zum Einspruch und zur Hauptsache nicht etwa ein zweiter früher erster Termin nach § 275 in Betracht, auch kein gar weiterer Gütetermin nach § 278 II 1, § 341a Rn 2. Vielmehr muß das Gericht nunmehr stets der Sache nach einen Haupttermin nach § 279 mit allen *seinen* Folgen anberaumen. So muß man seine Verfügung deshalb auch im Zweifel verstehen. Eine Verweisung bleibt möglich, Zweibr RR **98**, 1606.

Weite Auslegung des Begriffs Zurückversetzung ist geboten. Denn der Sinn der Vorschrift geht dahin, dem bisherigen Gericht, dem judex a quo, nochmals oder genauer: erstmals eine umfassende Klärung nicht nur auf Grund des Klägervortrags zu ermöglichen. Er soll doch noch ein sachgerechtes und nicht nur prozeßwirtschaftlich brauchbares Ergebnis erzielen, Einl III 36. Was freilich schon vor Säumniseintritt schädlich oder hinderlich war, kann nicht infolge gegnerischer Säumnis plötzlich von sich aus unschädlich und förderlich werden. Auch das gilt es bei der Auslegung mitzubedenken. Die Vorschrift dient nicht einer unbrauchbaren Klage, sondern nur der Beseitigung von Säumnisfolgen.

3 **3) Geltungsbereich.** Vgl Üb 3 vor § 330.

4 **4) Vorherige Verspätung.** Daher gilt bei § 331 III anders als bei einer Terminsäumnis (zu ihr BGH NJW **81**, 1379) ein Vorbringen als rechtzeitig, das Gericht an sich hätte als verspätet behandeln müssen, wenn die Partei es jetzt nur innerhalb der Frist des § 340 III nachholt, Düss NJW **81**, 2264, KG RR **87**,

Titel 3. Versäumnisurteil §§ 342, 343

1203, Zweibr MDR **80**, 585, aM Mü MDR **94**, 1244, Zweibr MDR **79**, 321 (aber der Sinn der Vorschrift geht in Richtung Heilung).
 Damit kann eine Partei freilich das gesetzliche *Ziel* des Versäumnisverfahrens auch evtl in höchst unerfreulicher Weise *unterlaufen*, Leipold ZZP **93**, 251, Schneider NJW **80**, 947 („Flucht in das Versäumnisurteil"). Daran ändern entgegen BGH **76**, 178 auch nicht weder das Kostenrisiko aus § 344 etwas noch das Risiko der vorläufigen Vollstreckbarkeit des Versäumnisurteils nach § 708 Z 2 noch der nur begrenzte Umfang solcher Maßnahmen, die das Gericht nach §§ 341 a, 273 treffen darf und muß. In vielen Fällen kann der zunächst Säumige nämlich alle diese Risiken durchaus hinnehmen, um überhaupt noch mit dem verspäteten Vortrag gehört zu werden, notfalls mit Hilfe von ihm selbst herbeigeschaffter (sistierter) Zeugen. Aber der Wortlaut des Gesetzes ist eindeutig, Einl III 39. Deshalb ist auch (jetzt) § 38 GKG unanwendbar, Hamm RR **95**, 1406, LAG Hamm DB **01**, 1424. § 342 erlaubt die Anwendung von § 296 erst im Fall § 340 III 3. Zum Problem Gounalakis DRiZ **97**, 294. Man muß den § 342 selbst bei offenbaren gesetzgeberischen Unsauberkeiten wie hier respektieren. Zur Annahme eines bloßen Redaktionsversehens besteht keine ausreichende Möglichkeit. Mag das Gesetz in einem wesentlichen Punkt bereinigt werden. Jesse DRiZ **88**, 379 fordert eine Beschränkung des Einspruchs auf den Fall des Vorliegens eines Wiedereinsetzungsgrundes.

5) Weitere Einzelfragen. Ferner ergeben sich die folgenden Konsequenzen. Es treten wieder in Kraft: 5 Ein früherer Verzicht, § 305; frühere Anerkenntnisse, § 307; Geständnisse, § 288; sonstige Parteierklärungen, Beweisbeschlüsse und Beweiserhebungen und -ergebnisse. Die nach § 332 vorgenommene Unterstellung des Wegfalls fällt also ihrerseits weg. Ebenso entfällt die Wirkung der Einlassung nach § 296 III durch Beantragung des Versäumnisurteils. Wenn der Kläger die Klage vorher ohne eine Einwilligung des Bekl nach § 269 Rn 14 zurücknehmen konnte, so kann er das auch jetzt noch tun. In Kraft bleiben nach Rn 1 das Versäumnisurteil selbst sowie alles, was die Unterstellung des § 342 unberührt ließ, also auch der Sachantrag, § 297 Rn 4.
 So bleiben zB die *Ausschlußwirkungen* etwa nach §§ 39, 43, 76 I, 93, 267, 269 I bestehen und kann zB der Bekl einen nach § 295 einmal geheilten Mangel der Klage nicht erneut rügen, also zB nicht eine Unzuständigkeit, das Fehlen einer sonstigen heilbaren Prozeßvoraussetzung, eine Ablehnbarkeit oder die Unzulässigkeit einer Klagänderung. Freilich liegt in dem Einspruch noch kein Verhandeln des Bekl zur Hauptsache im Sinn von § 269 I. Im übrigen bindet ihn aber ein nach § 295 eingetretener Verzicht nicht mehr. Der säumig gewesene Bekl kann zB jetzt erstmalig die Rüge des Fehlens einer Kostensicherheitsleistung erheben, § 110. Wegen eines sofortigen Anerkenntnisses nach dem Einspruch § 93 Rn 102 „Versäumnisverfahren". Ein Zwischenurteil wird wieder bindend, § 318.

343 *Entscheidung nach Einspruch.* ¹Insoweit die Entscheidung, die auf Grund der neuen Verhandlung zu erlassen ist, mit der in dem Versäumnisurteil enthaltenen Entscheidung übereinstimmt, ist auszusprechen, dass diese Entscheidung aufrechtzuerhalten sei. ²Insoweit diese Voraussetzung nicht zutrifft, wird das Versäumnisurteil in dem neuen Urteil aufgehoben.

1) Systematik, S 1, 2. Das Versäumnisurteil kann als Staatsakt nicht mit dem Einspruch ohne weiteres 1 verschwinden, Üb 10 vor § 300. Es bleibt bestehen, solange das Gericht es nicht aufhebt, Hamm RR **86**, 1509. Auf Grund der mündlichen Verhandlung muß das Gericht ein neues Urteil erlassen. § 343 gilt, soweit der Einspruch zulässig ist und der Einsprechende nicht säumig ist. Andernfalls gilt § 341. Bei einer Säumnis des Einsprechenden gilt § 345. Wegen der Zwangsvollstreckung Rn 7.

2) Regelungszweck, S 1, 2. Die Vorschrift bezweckt eine Klarstellung der in Rn 1 genannten Rechts- 2 lage und eine zwecks Rechtssicherheit nach Einl III 43 notwendige Klärung der Frage, ob der ja bisher nun einmal als staatlicher Hoheitsakt existierende Vollstreckungstitel des Versäumnisurteils nach Üb 10 vor § 300 bzw des Vollstreckungsbescheids nach § 700 I formell bestehenbleibt oder nicht.
 Berichtigung nach § 319 durch Ergänzung eines vergessenen Ausspruchs nach § 343 ist zwecks Erreichung des Ziels der Vorschrift eine mögliche Verbesserung des unvollständigen Urteils. Man wird meist unterstellen dürfen, daß das Gericht lediglich vergessen hat, was ihm nach § 343 so klar geboten war. Dabei ist die in der Praxis beliebte „Änderung" statt teilweiser oder gänzlicher „Aufhebung" nach Ansicht mancher noch nicht einmal ein nach § 319 verbesserungsbedürftiger Spruch, soweit der Sinn des Tenors eindeutig bleibt. Zumindest ist auch insofern eine gewisse Großzügigkeit zwar eine Belohnung von Laxheit. Sie ist aber doch um der Sache willen oft ratsam, zumindest hinnehmbar.

3) Geltungsbereich, S 1, 2. Vgl Üb 3 vor § 330. Wegen des SGG-Verfahrens § 182 a II 2 SGG, 3 abgedruckt Grdz 3 vor § 688. In einer Familiensache muß das Gericht die Sonderregel des § 629 II 2 beachten.

4) Sachentscheidung, S 1, 2. Das neue Urteil entscheidet über den Kläganspruch. 4
 A. Aufrechterhaltung, S 1. Das neue Urteil lautet bei einer inhaltlich im Ergebnis, wenn auch vielleicht mit anderer Begründung, gleichen Entscheidung auf Aufrechterhaltung des Versäumnisurteils, Zweibr FamRZ **02**, 470. Das gilt, mag das Gericht der Klage stattgegeben oder sie abgewiesen haben, und mag aus einem bloßen Prozeßurteil nach Grdz 14 vor § 253 ein Sachurteil werden oder umgekehrt, mag ein echtes oder unechtes Versäumnisurteil nach Üb 13 vor § 330 ergehen oder eine Entscheidung nach Aktenlage, §§ 331 a, 251 a. Das gilt auch bei einem Vollstreckungsbescheid, § 700, auch nach Verweisung ins WEG-Verfahren, BayObLG ZMR **86**, 321.
 B. Aufhebung usw, S 2. Das neue Urteil lautet bei einer inhaltlich abweichenden Entscheidung auf 5 Aufhebung des Versäumnisurteils (Aufhebungsverfahren) und auf eine inhaltliche anderweitige Entscheidung (Ersetzungsverfahren). Eine Aufhebung statt einer bloßen Änderung erfolgt aber nur, soweit sich sachlichrechtlich auch im Ergebnis etwas ändert, nicht bei einer bloßen Klarstellung oder Ergänzung der Urteilsformel. Denn sonst bestünde zB die Gefahr eines endgültigen Rangverlustes, § 776 Rn 4, Köln NJW **76**,

Hartmann

§§ 343, 344 Buch 2. Abschnitt 1. Verfahren vor den LGen

113. Das Gericht muß stets auf Klarheit und Einfachheit der Urteilsformel achten. Es sollte deshalb eine bloße „Aufrechterhaltung mit der Maßgabe" möglichst vermeiden.

6 **C. Weitere Einzelfragen, S 1, 2.** Stets muß das Gericht im neuen Urteil auch über die Kosten entscheiden, § 344. Eine Vorabentscheidung über den Grund nach § 304 darf das Versäumnisurteil nicht aufheben. Diese Aufhebung ist nämlich der Entscheidung über den Betrag vorbehalten. Ein Zwischenurteil nach § 71, 135 III, 303, 387 III oder eine Verweisung nach § 281 berühren das Versäumnisurteil nicht. Dagegen ist eine Aufhebung zumindest zulässig und auch meist zweckmäßig, soweit das Gericht das Verfahren in einen andere Verfahrensart abgibt, die kein Urteil kennt, etwa nach § 18 HausrVO, § 281 Anh I, oder nach § 46 WEG, § 281 Anh II. Wenn die Aufhebung versehentlich unterbleibt, darf und muß das Gericht das neue Urteil berichtigen, § 319, Rn 2. Soweit das Gericht einen Kostenanspruch nach § 344 unterlassen hat, ist § 321 anwendbar.

Wenn eine *Berichtigung* und Rechtsmittel versagen, bleibt die Möglichkeit einer Vollstreckungsabwehrklage nach § 767. Bei einer Klagerücknahme nach § 269 muß das Gericht im etwaigen Kostenausspruch das Versäumnisurteil aufheben, Celle OLGR **95**, 216. Eine außergerichtliche Erledigung des Prozesses läßt ein Versäumnisurteil formell bestehen. Sie ermöglicht aber eine Einigung über den Verzicht auf die Rechte aus dem Versäumnisurteil. Seine Aufhebung ist nur im Rahmen eines sonst nötigen Verfahrens möglich, etwa bei einem Streit über die Wirksamkeit der Erledigterklärung, § 91 a Rn 98.

7 **5) Zwangsvollstreckung, S 1, 2.** Soweit ein Sachausspruch des Versäumnisurteils aufrechterhalten bleibt, braucht derjenige, der es erwirkt hat, für die bereits vorgenommene Zwangsvollstreckung keine Sicherheit nachzuleisten. Er darf aber die Zwangsvollstreckung auch wegen der Kosten nur gegen Sicherheitsleistung fortsetzen, § 709 S 3, LG Itzehoe DGVZ **94**, 172. Das muß das Gericht im Urteil aussprechen, LG Memmingen DGVZ **03**, 26, AG Neu-Ulm DGVZ **03**, 26. Das gilt auch beim Zweiten Versäumnisurteil nach § 345. Denn auch dieses ist ein „Urteil" im Sinne von § 709 S 2, aM ZöHe 4 (aber „Urteil" ist der Oberbegriff). Das muß das Gericht in der Urteilsformel aussprechen. Wegen der im Versäumnisurteil noch nicht getroffenen Entscheidungen sowie wegen der weiteren Kosten ist eine vorläufige Vollstreckbarkeit wie sonst möglich, §§ 708 Z 11 Hs 2, 709 S 1, Mertins DRiZ **83**, 228, aM ThP § 709 Rn 6 (aber auch insofern gelten die vorstehenden Vorschriften voll). Eine etwaige Einstellung der Zwangsvollstreckung erfolgt nach § 719.

8 Soweit eine *Aufhebung*, erfolgt, Rn 5, fällt die Vollstreckbarkeit weg, § 717 I, und kann der Schuldner notfalls nach §§ 766, 775 Z 1 vorgehen.

344 *Versäumniskosten.* Ist das Versäumnisurteil in gesetzlicher Weise ergangen, so sind die durch die Versäumnis veranlaßten Kosten, soweit sie nicht durch einen unbegründeten Widerspruch des Gegners entstanden sind, der säumigen Partei auch dann aufzuerlegen, wenn infolge des Einspruchs eine abändernde Entscheidung erlassen wird.

1 **1) Systematik.** § 344 macht ähnlich wie § 281 III 2, 494a II 1, dort Rn 15, eine Ausnahme von § 91, indem er die Versäumniskosten von den übrigen Prozeßkosten trennt. § 98 hat Vorrang, unten Rn 6.

2 **2) Regelungszweck.** Die Vorschrift bezweckt den Schutz des Gegners des Säumigen vor Mehrkosten der Säumnis, LG Bonn Rpfleger **96**, 174. Sie wird in der Praxis leider nicht ganz selten übersehen. Ob eine Berichtigung nach § 319 helfen kann, ist eine manchmal schwierige Fallfrage. Läßt sie sich nicht bejahen, mag wegen der Gerichtskosten und nicht auch wegen der außergerichtlichen eine Nichterhebung (Niederschlagung) nach § 8 GKG geboten sein. Man sollte aber vor allen solchen Notwegen zunächst sorgfältig klären, ob sich im Weg einer Auslegung nicht die Kostenfolge auch im Sinn von § 344 feststellen läßt, etwa mithilfe der Entscheidungsgründe oder des Protokolls.

3 **3) Geltungsbereich.** Vgl Üb 3 vor § 330. Bei einer Verweisung muß das Gericht § 281 III 2 beachten.

4 **4) In gesetzlicher Weise ergangen.** Die Vorschrift greift nur ein, soweit das Versäumnisurteil nach §§ 330 ff „in gesetzlicher Weise ergangen" ist, Köln OLGR **97**, 88. Daher muß das Gericht die Gesetzlichkeit zunächst von Amts wegen prüfen, Grdz 39 vor § 128. Ungesetzlich ist das Versäumnisurteil nur dann, wenn eine seiner Voraussetzungen fehlte. Das gilt unabhängig davon, ob das Gericht das wußte. Das Gericht muß prüfen ob eine Säumnis fehlte, Üb 4 ff vor § 330, insbesondere zB: Ob der Mangel der Ladung wegen einer falschen Beurkundung nicht erkennbar war; ob das Versäumnisurteil gegen einen Prozeßunfähigen ergangen war, § 51; ob § 335 verletzt ist; ob ein Verstoß gegen § 334 oder gegen § 337 vorliegt; ob das Vorbringen des Klägers nicht § 331 II genügte; ob der Gegenstand der Säumnis verschuldet hat, etwa nach einer Parteiabsprache des beiderseitigen Nichterscheinens zwecks Erwirkung einer Entscheidung nach Aktenlage, § 251 a. Ob das Versäumnisurteil inhaltlich richtig ist oder einen Mangel hat, ist unerheblich. Wenn dem Säumigen aber ein Wiedereinsetzungsgrund nach § 233 zur Seite stand, dann kann § 344 nicht eingreifen. Die diesbezüglichen Kosten trägt der Unterliegende. Soweit das Gericht den Einspruch verwirft, ist § 344 unanwendbar und § 341 anwendbar.

5 **5) Neue Entscheidung.** Es kommt auf den Entscheidungsinhalt an.

A. Aufrechterhaltung. Soweit das neue Urteil das Versäumnisurteil aufrecht erhält, spielt die Gesetzlichkeit keine Rolle. Der verurteilte Säumige trägt dann die weiteren Kosten, § 91. Das Gericht muß diese Kostenfolge in der Formel mitaussprechen. Fehlt der Ausspruch, so muß das Gericht sein Urteil berichtigen oder ergänzen, §§ 319, 321, aM StJSchu 2 (will die alte Kostenentscheidung ohne weiteres auf die neuen Kosten beziehen. Aber damit verändert sich ihr Inhalt).

6 **B. Aufhebung**, dazu *Habel* NJW **97**, 2357 (ausf): Bei einer gänzlichen oder teilweisen Aufhebung bzw Änderung des Versäumnisurteils muß das Gericht über die gesamten Kosten neu entscheiden. Die Formel lautet etwa: „Der Beklagte trägt die Kosten seiner Säumnis, die übrigen Kosten trägt der Kläger." Bei einer teilweisen Aufhebung ist es etwa so: „Der Beklagte trägt die Kosten seiner Säumnis, die übrigen Kosten

Titel 3. Versäumnisurteil **§§ 344, 345**

werden gegeneinander aufgehoben." Bei einer Klagerücknahme trägt der Bekl nach dem als Spezialvorschrift gegenüber § 269 vorrangigen § 344 die Kosten seiner Säumnis, § 269 Rn 34 (dort zu dieser Streitfrage). Bei einem Vergleich geht sein Kostenteil dem § 344 vor. Das Gericht muß dann über die Kosten frei bestimmen, § 98, soweit die Parteien im Vergleich keine Kostenregelung getroffen haben, Mü Rpfleger **79**, 345. Im Zweifel hat der Gegner der Säumungen freilich nicht auch Säumniskosten mitübernommen, § 98 Rn 49 „Säumnis". Bei einer Erledigung der Hauptsache nach § 91 a Rn 183, 184 lautet die Entscheidung wie bei einer Aufhebung des Versäumnisurteils. Ein Verschulden des Säumigen bleibt außer Betracht.

Ob infolge der Säumnis *Mehrkosten* entstanden sind und wie hoch sie sind, läßt sich erst im Kostenfest- **7** setzungsverfahren klären, § 104. Die Kostengrundentscheidung des § 344 ist grundsätzlich auch und gerade vor dieser Klärung nötig. Freilich kann beim offensichtlichen Fehlen von solchen Mehrkosten ein Ausspruch nach § 344 sinnlose Förmelei sein, Einl III 37. Er kann deshalb unterbleiben. „Durch die Versäumnis veranlaßt" sind nicht die dem Gegner der säumigen Partei durch die Wahrnehmung des versäumten Termins entstandenen Kosten, sondern die Kosten für die Wahrnehmung eines späteren Termines, der wegen der Säumnis erforderlich wird, Stgt MDR **89**, 269.

Zu den Kosten gehören diejenigen des Einspruchsverfahrens. Nicht hierher gehören aber die Kosten der **8** Zustellung des Versäumnisurteils oder der Zwangsvollstreckung oder ihrer vorläufigen Einstellung, Ffm Rpfleger **75**, 260, auch nicht zB die Prozeßgebühr des Anwalts der nicht säumigen Partei, Mü Rpfleger **81**, 495. „Durch einen unbegründeten Widerspruch" umfaßt zB Kosten einer Beweisaufnahme anläßlich eines Streits über die Rechtzeitigkeit des Einspruchs. Hat das Gericht auch diese Kosten zu Recht oder fälschlich dem Säumigen auferlegt, so findet insoweit keine Korrektur im Kostenfestsetzungsverfahren statt.

345 *Zweites Versäumnisurteil.* **Einer Partei, die den Einspruch eingelegt hat, aber in der zur mündlichen Verhandlung bestimmten Sitzung oder in derjenigen Sitzung, auf welche die Verhandlung vertagt ist, nicht erscheint oder nicht zur Hauptsache verhandelt, steht gegen das Versäumnisurteil, durch das der Einspruch verworfen wird, ein weiterer Einspruch nicht zu.**

Schrifttum: *Hoyer,* Das technisch zweite Versäumnisurteil, 1980; *Lehmann,* Die Berufung gegen das technisch zweite Versäumnisurteil, Diss Köln 1989; *Stahlhacke,* Problem des zweiten Versäumnisurteils, Festschrift für *Schneider* (1997) 109.

Gliederung

1) **Systematik**	1	5) **Entscheidung**	8–10
2) **Regelungszweck**	2	A. Versäumnis sogleich nach Einspruch	8
3) **Geltungsbereich**	3	B. Spätere Säumnis	9
4) **Voraussetzungen**	4–7	C. Säumnis des Gegners	10
		6) **Verstoß**	11

1) Systematik. Die Vorschrift regelt vorrangig den Fall des sogleich nach einen zulässigen Einspruch **1** erneut Säumigen. Sie geht durch die Bestimmung, wie das Urteil lauten muß, auch dem § 343 vor. Soweit der Einspruch nicht zulässig war, gilt § 341.

2) Regelungszweck. Die Vorschrift dient der Prozeßwirtschaftlichkeit, Grdz 14 vor § 128. Eine nun **2** noch gar alsbald erneute Säumige verdient keinen weiteren Schutz, BGH **141**, 353 (zustim Greger ZZP **112**, 495, krit Braun JZ **99**, 1157). Daran ändert dann auch das Hauptziel des Prozeßrechts nichts, die Gerechtigkeit, Einl III 36. Das ist hier ebenso wie in vielen anderen prozessualen Situationen. Deshalb verdient der sogleich erneut Säumige auch nach einem in Wahrheit gesetzwidrig ergangenen ersten Versäumnisurteil nach Rn 6 keinen Schutz, obwohl immerhin sogar Rechtskraft vorliegt.

Gewissenhaftigkeit der Prüfung, ob § 345 anwendbar ist, bleibt natürlich stets geboten. Die Rechtsfolgen des Zweiten Versäumnisurteils lassen sich zwar evtl nach § 321 a beseitigen. Sie sind aber im übrigen hart genug. Das sollte man mitbedenken.

3) Geltungsbereich. Vgl zunächst Üb 3 vor § 330. Im Arbeitsgerichtsverfahren bleibt erstinstanzlich **3** § 345 unberührt, § 59 S 4 ArbGG, und ist statt § 513 II nur der allein anwendbare § 64 II ArbGG zu prüfen, BAG NJW **89**, 2644, LAG Hamm DB **88**, 1124.

4) Voraussetzungen. Das Gesetz meint hier nur ein Zweites Versäumnisurteil im Fachsinn, Boemke **4** ZZP **106**, 373). Das steht im Gegensatz zu einem „weiteren" Versäumnisurteil, das nach einer streitigen Verhandlung vor einer erneuten Säumnis derselben Partei ergangen ist, BGH VersR **84**, 288, Schlesw SchlHA **87**, 172. Nach einem Vollstreckungsbescheid gilt § 345 nach § 700 VI nur eingeschränkt. Das Zweite Versäumnisurteil verlangt nach einer früheren Säumnis, die zum echten Ersten Versäumnisurteil oder zum Vollstreckungsbescheid nach § 700 I führte, die sogleich erfolgende erneute Säumnis in dem nun auf Grund eines nach § 342 zulässigen Einspruchs bestimmten Termin, BGH NJW **95**, 1561, Düss MDR **01**, 833. Das Gericht muß diesen Termin nach § 341 a bestimmt haben, also auch zur Hauptsache. Es reicht auch eine erneute Säumnis derselben Partei in dem nach §§ 227, 335 II, 337 anberaumten Vertagungstermin, Brdb RR **98**, 1679. Es reicht auch nicht, daß die Partei erst in einem Termin säumig wird, dem sie nun folgt. In diesem letzteren Fall kann bei *seiner* Wiederholung sogar ein drittes echtes („Erstes") Versäumnisurteil ergehen, BGH VersR **86**, 288. Es kann wie sonst lauten und mit Einspruch anfechtbar sein.

Ein längeres Zuwarten als die auch sonst meist üblichen *ca 15 Minuten* ist *nicht* erforderlich, aM Rostock MDR **99**, 26 (aber endgültige Rechtsfragen können auch sonst entstehen, und das Gericht ist kein Schalter-

§§ 345, 346

beamter, der auf Kundschaft wartet, die ihr unpünktliches Erscheinen obendrein vertreten muß, wie im dortigen Fall, § 85 II).

5 Das Zweite Versäumnisurteil verlangt *beim Erscheinen* des Säumigen in diesem Termin das Unterbleiben seiner Verhandlung zur Hauptsache, § 333, Boemke ZZP **106**, 375. Eine Verhandlung nur zum Einspruch reicht nicht aus, Münzberg ZZP **80**, 484. Ein bloßes Verlesen der Anträge ist keineswegs stets auch schon eine Verhandlung zur Hauptsache, § 333 Rn 3, 4 (auch zu Ausnahmen), Ffm OLGZ **92**, 480, unklar BGH **63**, 95. Ebensowenig reichen aus: Bloße Erörterungen; Erklärungen auf eine Anhörung usw, § 278 I, solange keine Anträge erfolgen, § 39 Rn 6, § 137 I; die Rüge, über ein Ablehnungsgesuch sei noch nicht rechtskräftig entschieden, selbst wenn hier ein „hilfsweiser" Sachantrag hinzufügt, Ffm OLGZ **92**, 480; ein Verweisungsantrag nach § 281, da er keine Verhandlung erfordert. Ausreichend sind eine Verhandlung zur örtlichen oder sachlichen Unzuständigkeit, Drsd RR **01**, 792, oder ein Antrag auf den Erlaß eines Versäumnisurteils.

6 § 345 ist auch dann anwendbar, wenn das erste Versäumnisurteil *gesetzwidrig* ergangen ist, BGH **141**, 353 (zustm Greger ZZP **112**, 495, krit Braun JZ **99**, 1157), KG MDR **00**, 293, Rostock MDR **99**, 1085, aM BAG JZ **95**, 524, Braun JZ **99**, 1157, ZöHe 4 (§ 342 zwinge zu einer neuen Schlüssigkeitsprüfung). Denn § 345 geht als Spezialvorschrift vor und soll neue Verzögerungen verhindern. Gerade wegen des allgemein anerkannten Gebots der Prozeßwirtschaftlichkeit nach Grdz 14 vor § 128 liegt auch kein nach Einl III 10 mißbilligter Selbstzweck vor. Die Rechtsidee umfaßt unter dem Hauptgedanken der Gerechtigkeit im weiteren Sinn auch die Komponenten der Rechtssicherheit und der Zweckmäßigkeit, § 296 Rn 2. Außerdem setzt das Gericht ja nicht einfach seinen anfänglichen Verfahrensfehler fort, sondern hat dem Säumigen das rechtliche Gehör zumindest durch ordnungsgemäße Ladung zum Termin über den Einspruch und zur Hauptsache gewährt. Erst dessen zumindest jetzige Säumnis ermöglicht ja überhaupt ein Zweites Versäumnisurteil. Das alles muß man bei der Abwägung mitbeachten. Wegen der anders lautenden Regelung beim Vollstreckungsbescheid § 700 Rn 30.

7 § 345 ist *unanwendbar*, wenn im Einspruchstermin der Gegner des Einsprechenden säumig ist oder wenn nach dem ersten Versäumnisurteil eine streitige Verhandlung bzw eine Klagänderung stattgefunden hat, § 263, oder Klagerweiterung, § 261 II, oder einseitige Erledigterklärung, § 91 a Rn 168, § 333 Rn 3–5, BGH NJW **91**, 44, Köln RR **88**, 701 linke Spalte (das OLG hat diesen Satz ungenau gelesen).

Natürlich ist aber § 345 *anwendbar*, soweit es um den bereits vor der ersten Säumnis eingeklagten Forderungsteil geht, Köln RR **88**, 701 linke Spalte. Hiernach muß der ProzBev grundsätzlich auch gegen einen anwaltlich vertretenen Gegner zur Vermeidung einer Schadensersatzpflicht nach § 345 vorgehen, Stgt NJW **94**, 1884 (kein Verfassungsverstoß), LG Essen AnwBl **78**, 420. Das gilt im Ergebnis auch nach der Berufsordnung für Anwälte. Sie verweist auf den Vorrang des Anwaltsvertrags.

8 5) **Entscheidung.** Das Gericht muß die Prozeßvoraussetzungen nach Grdz 12 ff vor § 253 wie sonst von Amts wegen prüfen, LAG Hamm NZA-RR **04**, 157. Man muß im übrigen drei Situationen unterscheiden.

A. **Versäumnis sogleich nach Einspruch.** Im Fall des § 345 muß das Gericht den Einspruch durch ein echtes Versäumnisurteil verwerfen. Ein weiterer Einspruch ist dann unzulässig, Hamm AnwBl **83**, 515, Orlich NJW **80**, 1783. Legt die Partei ihn ein, so muß das Gericht ihn nach § 341 als unzulässig verwerfen. Er hemmt die Berufungsfrist nicht. War der Einspruch verspätet, so gilt § 341 Rn 8, 9. Über die weiteren Kosten entscheidet das Gericht entsprechend § 97. Das Gericht erklärt das Versäumnisurteil nach § 708 Z 2 ohne Sicherheitsleistung für vorläufig vollstreckbar. Eine Berufung ist grundsätzlich nur dann zulässig, wenn ein Fall der Meistbegünstigung vorliegt, dh wenn etwa der Einspruch unstatthaft war, (jetzt) § 514 II, BGH NJW **99**, 2122, KG MDR **00**, 294, Naumb MDR **99**, 186. Das muß der Berufungskläger in der Berufungsfrist darlegen. Eine Versäumung beim Erlaß des ersten Versäumnisurteils reicht nicht aus, BAG DB **75**, 1372. Es gilt aber auch der Grundsatz der Meistbegünstigung, Grdz 28 vor § 511. Zur entsprechenden Anwendung des (jetzt) § 514 II BVerfG **61**, 80, Celle FamRZ **93**, 1220, Schlesw NJW **88**, 68. Bei einem Verstoß zB gegen Art 103 I GG kann eine Verfassungsbeschwerde in Betracht kommen, BVerfG NJW **88**, 2361.

9 B. **Spätere Säumnis.** Im Fall einer sonstigen späteren Säumnis ergeht ein Versäumnisurteil wie sonst, §§ 330, 331, Boemke ZZP **106**, 375. Gegen dieses Versäumnisurteil ist neben der Berufung nach dem sog Meistbegünstigungsgrundsatz in Grdz 28 vor § 511 auch Einspruch zulässig ist, BGH VersR **84**, 288. Das gilt auch dann, wenn das Gericht irrig ein Zweites Versäumnisurteil nach § 345 gefällt hat, BGH VersR **84**, 288, Ffm RR **92**, 1469 (in diesem Fall ist auch die Berufung statthaft und führt zur Korrektur des Tenors sowie zur Zurückverweisung nach [jetzt] § 538). Gegen eine Verschleppung durch planmäßige Säumnis, also gegen Arglist nach Einl III 54 schützt § 251 a.

10 C. **Säumnis des Gegners.** Wenn der Gegner des vorher Säumigen nicht erscheint, dann muß das Gericht das erste Versäumnisurteil auf Antrag durch ein technisch ebenfalls erstes weiteres Versäumnisurteil aufheben und anderweit erkennen, §§ 343, 344.

11 6) **Verstoß.** Soweit das Gericht ein in Wahrheit erstes (weiteres) Versäumnisurteil irrig als „zweites" bezeichnet hat, ist nach dem Meistbegünstigungsgrundsatz in Grdz 28 vor § 511 Einspruch und/oder Berufung statthaft, BGH MDR **97**, 495, Brdb ZMR **99**, 103, Düss MDR **01**, 833. Dasselbe gilt im umgekehrten Fall im Ergebnis, BGH NJW **97**, 1448, ZöHe 6, aM Brdb RR **98**, 1286 (aber der Grundgedanke der Meistbegünstigung gilt dann ebenso). Gegen ein eindeutig Zweites Versäumnisurteil ist Berufung nur begrenzt möglich, § 514 II.

346 *Verzicht und Zurücknahme des Einspruchs.* **Für den Verzicht auf den Einspruch und seine Zurücknahme gelten die Vorschriften über den Verzicht auf die Berufung und über ihre Zurücknahme entsprechend.**

Titel 4. Verfahren vor dem Einzelrichter §§ 346, 347, Übers § 348

1) Systematik. Die Vorschrift enthält mit ihrer Verweisung auf §§ 515, 516 eine vorrangige Sonderregel. 1
Wegen des Anwaltszwangs § 78 Rn 1, 22, § 269 Rn 25. Wegen der Protokollierung § 160 Rn 17.

2) Regelungszweck. Die an sich ungewöhnliche Verweisungstechnik von der ersten in die zweite 2
Instanz statt umgekehrt dient der Vereinfachung und damit der Prozeßwirtschaftlichkeit, Grdz 14 vor § 128.
Das muß man bei kleineren Unstimmigkeiten zwischen der Rechtslage beim Einspruch einerseits und der
Berufung andererseits zulasten des Einspruchsführers wie des Gegners bedenken, je nach der Art solcher
etwaiger Unstimmigkeiten. Das führt zB zur weiten Hinausschiebung der Möglichkeit einer wirksamen
Rücknahmeerklärung auch beim Einspruch, ähnlich wie bei der Berufung, Hartmann NJW **01**, 2591.

3) Geltungsbereich. Vgl Üb 3 vor § 330. 3

4) Verzicht. Einen vor dem Erlaß des Versäumnisurteils einseitig erklärten Verzicht nach § 306 kann man 4
ebenso wie einen vor dem Erlaß des Urteil erklärten Verzicht auf eine Berufung als prozessual wirksam
ansehen, wenn auch mit den bei § 514 Rn 4 genannten Folgen, StJGr 4, aM MüKoPr 4, Rimmelspacher
JuS **88**, 955, ZöHe (aber der Verzichtende fördert hier nur die Prozeßwirtschaftlichkeit nach Grdz 14 vor
§ 128, und der Prozeß ist kein Selbstzweck, Einl III 10). Wegen einer Vereinbarung über einen Verzicht oder
eine Rücknahme § 340 Rn 4. Der Verzicht ist formlos dem Gericht oder dem Gegner gegenüber möglich.
Er ist eine Parteiprozeßhandlung, Grdz 47 vor § 128. Er unterliegt dem Anwaltszwang, Kblz RR **02**, 1510.
Das Gericht hat den nach dem Eingang des Einspruchs erklärten Verzicht von Amts wegen dem Gegner
zustellen, § 168 I 1.

5) Rücknahme. Die Rücknahme muß dem Gericht gegenüber erfolgen. Nach dem Beginn der Ver- 5
handlung über den Einspruch und zur Hauptsache nach § 137 Rn 7 kann man den Einspruch ähnlich wie
bei einer Klagerücknahme nach § 269 Rn 17 nur mit Zustimmung des Gegners zurücknehmen, § 516 I.

6) Kosten. Die Kostenentscheidung nach § 516 III erfolgt durch einen wegen § 329 Rn 4 kurz zu 6
begründenden, zu verkündenden oder wegen § 329 III Hs 1 zuzustellenden unanfechtbaren Beschluß.

347 *Verfahren bei Widerklage und Zwischenstreit.* [I] Die Vorschriften dieses Titels gelten für das Verfahren, das eine Widerklage oder die Bestimmung des Betrages eines dem Grunde nach bereits festgestellten Anspruchs zum Gegenstand hat, entsprechend.

[II] [1] War ein Termin lediglich zur Verhandlung über einen Zwischenstreit bestimmt, so beschränkt sich das Versäumnisverfahren und das Versäumnisurteil auf die Erledigung dieses Zwischenstreits. [2] Die Vorschriften dieses Titels gelten entsprechend.

1) Systematik, I, II. Die Vorschrift gilt einerseits für die Widerklage nach Anh § 253. Sie gilt anderer- 1
seits für ein bloßes Betragsverfahren im Anschluß an ein Grundurteil, § 304 Rn 28.

2) Regelungszweck, I, II. Es gelten dieselben Erwägungen wie bei der Klage, Üb 1, 2 vor § 330. 2
„Entsprechende" Geltung kann natürlich bei wirklicher Vergleichbarkeit zur Sachlage auf Grund einer Klage
eintreten. Immerhin bezweckt § 347 eine Prozeßwirtschaftlichkeit nach Grdz 14 vor § 128 auch in seinem
Geltungsbereich, Rn 3. Daher ist eine großzügige Anwendbarkeit durchweg vertretbar oder gar geboten.

3) Geltungsbereich, I, II. Vgl Üb 3 vor § 330. 3

4) Widerklage usw, I. Die Widerklage nach Anh § 253 steht bei ordnungsgemäßer Erhebung vor dem 4
Termin zur Klage dieser auch für das Versäumnisverfahren gleich. Solange das Gericht die Verhandlung über
die Widerklage nicht von der Verhandlung über die Klage nach § 145 II getrennt hat, schadet eine Säumnis
zur Klage auch derjenigen zur Widerklage. Der Bekl kann also wegen beider Säumnisse eine Versäumnisentscheidung beantragen. Entsprechend kann der Kläger wegen seiner Säumnis des Bekl vorgehen. Wenn nur
zur Klage oder nur zur Widerklage verhandelt wird, dann findet das Versäumnisverfahren statt, soweit nicht
verhandelt wird. Die Erhebung der Widerklage im Termin nach § 261 II läßt wegen § 335 I Z 3 eine
Versäumnisentscheidung *für* die Widerklage nur dann zu, wenn Widerbekl sich rechtzeitig vorher auf sie
einstellen konnte (Fallfrage). Die Vorabentscheidung über den Grund nach § 304 kann nicht durch ein
Versäumnisurteil erfolgen, § 304 Rn 21. Die Verhandlung über den Betrag betrifft trotz ihrer Beschränkung in
Wahrheit den ganzen Anspruch. Deshalb muß das Gericht die Klage bei einer Säumnis des Klägers auch im
Nachverfahren nach § 330 abweisen. Bei einer Säumnis des Bekl bindet die Vorabentscheidung das Gericht,
§ 318. Daher muß das Gericht dann ein Versäumnisurteil nur über den Betrag erlassen, § 331.

5) Zwischenstreit, II. Die Vorschrift betrifft nur den Zwischenstreit zwischen den Parteien, etwa nach 5
§§ 146, 280. Sie verlangt weiter, daß die Verhandlung ausschließlich diesem Zwischenstreit dient, daß also
das Gericht die Parteien eindeutig erkennbar nur für den Zwischenstreit geladen hat, BGH NJW **82**, 888.
Wenn gleichzeitig nach § 137 Rn 7 zur Hauptsache verhandelt wird, ergeht ein Versäumnisurteil in der
Hauptsache. In dem kaum je praktisch vorkommenden Fall II ergeht ein Versäumniszwischenurteil. Beim
Zwischenstreit mit einem Dritten ist kein Einspruch zulässig, sondern allenfalls eine sofortige Beschwerde,
§ 567.

Titel 4. Verfahren vor dem Einzelrichter

Übersicht

Schrifttum: *Haubach,* Kammer oder Einzelrichter: Ist die Kammer ein Qualitätselement des Zivilprozesses?, 2003; *Rottleuthner,* Rechtstatsächliche Untersuchung zum Einsatz des Einzelrichters usw, 1992; *Schneider* MDR **04**, 1269 (ausf, krit).

Hartmann 1425

Übers § 348 Buch 2. Abschnitt 1. Verfahren vor den LGen

Gliederung

1) Systematik 1	4) Begriffe 4
2) Regelungszweck 2	5) *VwGO* 5
3) Geltungsbereich 3	

1 **1) Systematik.** Der Einzelrichter war ursprünglich eine bloße Ausnahme vom Grundsatz der Notwendigkeit einer Tätigkeit und Entscheidung des Kollegiums. Seine Stellung hat im Laufe der Zeit eine wechselnde, aber insgesamt wachsende Bedeutung gewonnen. Der bloß vorbereitende Einzelrichter findet sich wieder in § 375, in der Kammer für Handelssachen, § 349, und beim Berufungsgericht, § 527. Bei der Zivilkammer ist der alleinentscheidende Einzelrichter eingeführt worden. Er kann ohne Zustimmung der Parteien tätig werden. Sie können einen natürlich oft abgewogeneren Spruch des Kollegiums zwar beantragen, aber nicht erzwingen. Andererseits hat das Gesetz die Stellung und das Ansehen der einzelnen Richterpersönlichkeit erheblich gestärkt, Schneider MDR **76**, 619. Das gilt vor allem für den in neudeutschem Küchenlatein amtlich als Originären Einzelrichter Bezeichneten, § 348, aber auch abgeschwächt für den Obligatorischen Einzelrichter des § 348 a. Beide Eigenschaftswörter sind ein Ohrenschmaus für manchen jungen Juristen, der nicht einmal mehr stets das Große Latinum aufweisen muß. Inhaltlich sind beide gleich verwirrend und ungenau. Sie verdecken das wahre Sparziel des Fiskus. Besoldungsunterschiede zwischen dem Kammervorsitzenden und dem Einzelrichter geben keinen ausreichenden Anlaß zur Vorlage beim BVerfG wegen Verstoßes gegen Art 101 I 2 GG, BVerfG NJW **03**, 3264 gegen LG Ffm RR **03**, 215.

2 **2) Regelungszweck.** Der Sinn der §§ 348–350, 526, 527, 568 ist eine Entlastung des Kollegiums als Vorstufe seiner Abschaffung in erster und zweiter Instanz. Das geschieht vor allem aus fiskalischen Gründen, daneben auch mit Rücksicht auf das Gebot der Prozeßwirtschaftlichkeit nach Grdz 14, 15 vor § 128 und mit Rücksicht auf das Gebot der Verfahrensförderung, Grdz 12, 13 vor § 128.

Stärkung der Richterpersönlichkeit ist eine der Folgen. Auch in demjenigen Verfahren, das der Gesetzgeber früher eigentlich nur einem Kollegium anvertrauen mochte, kann jetzt ein einzelner Richter „die Zivilkammer" darstellen. Das gilt uneingeschränkt wie beim Amtsrichter vom Klageingang bis zum Urteil. Der Einzelrichter braucht die anderen Mitglieder des Kollegiums überhaupt nicht über diesen Fall zu informieren, geschweige denn um Rat zu fragen. Das war bisher beim jetzigen obligatorischen Einzelrichter des § 348 a schon ab Übertragung der Sache auf ihn so und ist jetzt beim originären Einzelrichter des § 348 I 1 uneingeschränkt der Regelfall. Von dieser Regel schafft § 348 I 2 nur begrenzte Ausnahmen. Sie lassen sich wiederum beim § 348 a evtl aushebeln.

Schwächung der Ausgewogenheit der Prozeßführung und Urteilsbildung kann eine andere Folge dieser Entwicklung sein, Schneider MDR **04**, 1269. Sechs Augen sehen oft eben doch mehr als zwei. Zwar kann auch im Kollegium ein Zweiertriumphirat herrschen. Das sollte aber nur die unerfreuliche Abwandlung eines Prinzips sein, das auf echter gegenseitiger Achtung aller Mitglieder des Kollegiums beruht. Sie können sich gerade angesichts ständig komplizierter ausfallender Vorschriften und Lebenssachverhalte gegenseitig ergänzen, steigern und vor Fehlern bewahren helfen.

Persönliches Format ist vermeintlich der einzige Garant dafür, daß das Präsidium den Fallkatalog der originären Kollegialsachen passend zuschneidet und daß die Kammer die Geschäftsverteilung mit dem Fingerspitzengefühl vornimmt, ohne das weder eine Kollegialzuständigkeit noch eine Zuständigkeit des Einzelrichters auf Dauer brauchbar funktionieren kann. Insofern hat eine gesetzliche Gradeinteilung nur bedingt Bedeutung. Letzthin appelliert daher auch das Gesetz weitgehend an solches Format richterlichen Selbstinschätzens. Alle übrigen Aspekte von der angeblich begrenzten Verwendbarkeit nur einjähriger zivilrichterlicher Erfahrung bis zur Scheu vor der Grundsatzentscheidung auch des erfahrensten Einzelrichters haben demgegenüber im Grund nur zweitrangige Bedeutung. Das alles mitzusehen hilft bei der Lösung der vielfältig bleibenden, aber in der Praxis nun auch wieder nicht zu überschätzenden Probleme.

3 **3) Geltungsbereich.** Die Vorschriften sind auch beim frühen ersten Termin anwendbar, Köln RR **00**, 1593. §§ 348–350 gelten in der ersten Instanz, §§ 524, 527 in der Berufungsinstanz. Beim Beschwerdegericht gilt vorrangig § 568, Fölsch MDR **03**, 308 (auf zum originären Einzelrichter). In der Revisionsinstanz sind §§ 348–350 unanwendbar, § 555 II. Unanwendbar sind §§ 348–350 bei der Kammer für Baulandsachen, § 220 I 3 BauGB, und im FGG-Verfahren, BayObLG DB **95**, 1169, Ffm DB **92**, 672, sowie nach § 9 I 2 KapMuG, SchlAnh VIII. Im arbeitsgerichtlichen Verfahren gilt § 55 ArbGG.

4 **4) Begriffe.** Begrifflich herrscht großes Durcheinander. Die ZPO kennt als einzelnen Richter: Den Richter am Amtsgericht; bei der erstinstanzlichen Zivilkammer den originären oder den obligatorischen Einzelrichter, § 348, § 348 a. Er wird an Stelle des Kollegiums tätig, nicht in seinem Auftrag, Karlsr JB **76**, 372. Er wird umfassend tätig und entscheidet, sofern er die Sache nicht an das Kollegium zurückgibt. Soweit er nicht kraft Gesetzes von Anfang an allein tätig wird, § 348 I 1, bestellt ihn nicht der Vorsitzende, sondern das Kollegium nach den generell für das Geschäftsjahr nach § 21 g GVG vom Vorsitzenden getroffenen Anordnungen, Stanicki DRiZ **79**, 343; bei der Kammer für Handelssachen den Vorsitzenden, § 349. Er entscheidet zum Teil ohne Einverständnis der Parteien, zum Teil nur in ihrem Einverständnis, zum Teil bereitet er auch nur vor. Er heißt, anders als sein Gegenstück beim Berufungsgericht, nicht Einzelrichter. Er ist bei der Zivilkammer nicht mehr zulässig; beim Berufungsgericht den Entscheidenden Richter, § 526, und den Vorbereitenden Einzelrichter, § 527. Die Aufgaben der letzteren entsprechen im wesentlichen denjenigen des Vorsitzenden der Kammer für Handelssachen, § 349. Er wird, anders als der Einzelrichter des § 348 a, nur ausnahmsweise und nur im Einverständnis der Parteien bis zum streitigen Endurteil tätig; den vorbereitenden Richter als Mitglied des Prozeßgerichts oder als verordneten Richter, § 375; den beauftragten Richter; den ersuchten Richter, §§ 361, 362. Zu beiden (auch verordnete Richter oder Richterkommissare genannt) Einl III 72; in der Beschwerdeinstanz den Originären Einzelrichter, § 568.

1426 *Hartmann*

Titel 4. Verfahren vor dem Einzelrichter   **Übers § 348, § 348**

5) VwGO: Neben der *Sonderregelung für Asylsachen* in § 76 *AsylVfG,* die verfassungsrechtlich unbedenklich ist, 5 *BVerfG NJW 84,* 559 (zu dieser Regelung *OVG Lüneb NVwZ 98,* 85, *VGH Kassel NVwZ-RR 93,* 332 u *AnwBl 86,* 412, *OVG Münst NVwZ-RR 90,* 163), gilt im VerwProzeß 1. Instanz allgemein § 6 *VwGO* idF des Art 9 Z 2 *RpflEntlG,* der im wesentlichen § 348 a entspricht, dazu Stelkens *NVwZ 00,* 158 u *Sch/SchmA/P* § 6 Rn 34, Günther *NVwZ 98,* 37, Schnellenbach *DVBl 93,* 230 (eingehend), Martens *NVwZ 93,* 233, Redeker *DVBl 92,* 214, vgl auch Kävenheim *NJW 93,* 1373, Kretzschmar *BB 93,* 545 u Bilsdorfer *BB 93,* 554 (zur *FGO*). Eine *Entscheidung durch den Vorsitzenden oder Berichterstatter* sehen außerdem §§ 87 und 87a *VwGO,* erweitert durch Art 6 Nr 1 *JuMoG* v 24. 8. 2004, vor (dazu *BVerwG NVwZ-RR 97,* 259 mwN, Klein *BayVBl 92,* 197, Haas *VBlBW 91,* 232, Wahrendorf *NWVBl 91,* 110, Kopp *NJW 91,* 524, Stelkens *NVwZ 91,* 214, Pagenkopf *DVBl 91,* 288, für extensive Auslegung Schmieszek *NVwZ 91,* 525), die *Entscheidung durch den Vorsitzenden* §§ 80 VIII u 123 II 3 *VwGO* sowie die *Beweisaufnahme durch den beauftragten Richter* § 96 II *VwGO* (dazu *BVerwG NJW 94,* 1975 mwN) u § 4 II 2 *VereinsG,* ferner eine Beweisaufnahme durch den „Alleinrichter" § 180 *VwGO,* dazu Kopp *NJW 76,* 1967. Ein Verstoß gegen § 6 *VwGO* ist im Rechtsmittelverfahren nur beachtlich, wenn er zugleich das rechtliche Gehör oder den gesetzlichen Richter verletzt, *BVerwG NVwZ-RR 02,* 150, *NVwZ 00,* 1291. Das *OVG* ist an die Zulassung der Berufung durch den Einzelrichter gebunden, *BVerwG NVwZ 05,* 98, auch bei grundsätzlicher Bedeutung (der Einzelrichter „kann" nach § 6 III 1 *VwGO* den Rechtsstreit auf die Kammer zurückübertragen, muß dies aber nicht).

348 *Originärer Einzelrichter.* [I] [1] Die Zivilkammer entscheidet durch eines ihrer Mitglieder als Einzelrichter. [2] Dies gilt nicht, wenn
1. das Mitglied Richter auf Probe ist und noch nicht über einen Zeitraum von einem Jahr geschäftsverteilungsplanmäßig Rechtsprechungsaufgaben in bürgerlichen Rechtsstreitigkeiten wahrzunehmen hatte oder
2. die Zuständigkeit der Kammer nach dem Geschäftsverteilungsplan des Gerichts wegen der Zuordnung des Rechtsstreits zu den nachfolgenden Sachgebieten begründet ist:
   a) Streitigkeiten über Ansprüche aus Veröffentlichungen durch Druckerzeugnisse, Bild- und Tonträger jeder Art, insbesondere in Presse, Rundfunk, Film und Fernsehen;
   b) Streitigkeiten aus Bank- und Finanzgeschäften;
   c) Streitigkeiten aus Bau- und Architektenverträgen sowie aus Ingenieurverträgen, soweit sie im Zusammenhang mit Bauleistungen stehen;
   d) Streitigkeiten aus der Berufstätigkeit der Rechtsanwälte, Patentanwälte, Notare, Steuerberater, Steuerbevollmächtigten, Wirtschaftsprüfer und vereidigten Buchprüfer;
   e) Streitigkeiten über Ansprüche aus Heilbehandlungen;
   f) Streitigkeiten aus Handelssachen im Sinne des § 95 des Gerichtsverfassungsgesetzes;
   g) Streitigkeiten über Ansprüche aus Fracht-, Speditions- und Lagergeschäften;
   h) Streitigkeiten aus Versicherungsvertragsverhältnissen;
   i) Streitigkeiten aus den Bereichen des Urheber- und Verlagsrechts;
   j) Streitigkeiten aus den Bereichen der Kommunikations- und Informationstechnologie;
   k) Streitigkeiten, die dem Landgericht ohne Rücksicht auf den Streitwert zugewiesen sind.

[II] Bei Zweifeln über das Vorliegen der Voraussetzungen des Absatzes 1 entscheidet die Kammer durch unanfechtbaren Beschluss.

[III] [1] Der Einzelrichter legt den Rechtsstreit der Zivilkammer zur Entscheidung über eine Übernahme vor, wenn
1. die Sache besondere Schwierigkeiten tatsächlicher oder rechtlicher Art aufweist,
2. die Rechtssache grundsätzliche Bedeutung hat oder
3. die Parteien dies übereinstimmend beantragen.

[2] Die Kammer übernimmt den Rechtsstreit, wenn die Voraussetzungen nach Satz 1 Nummer 1 oder 2 vorliegen. [3] Sie entscheidet hierüber durch Beschluss. [4] Eine Zurückübertragung auf den Einzelrichter ist ausgeschlossen.

[IV] Auf eine erfolgte oder unterlassene Vorlage oder Übernahme kann ein Rechtsmittel nicht gestützt werden.

Gliederung

1) **Systematik, I–IV** 1	F. Handelssache, Z 2f 19
2) **Regelungszweck, I–IV** 2, 3	G. Fracht, Spedition, Lagergeschäft, Z 2 g 20
3) **Geltungsbereich, I–IV** 4	H. Versicherungsvertrag, Z 2 h 21
4) **Einzelrichter kraft Gesetzes, I 1** 5–8	I. Urheber- u. Verlagsrecht, Z 2 i 22
5) **Unzulässigkeit des Einzelrichters, I 2** ... 9	J. Kommunikations- und Informationstechnologie, Z 2j 23
6) **Proberichter usw, I 2 Z 1** 10–12	K. Zuständigkeit unabhängig vom Streitwert, Z 2 k 24
A. Noch Proberichter, Hs 1 10	
B. Noch 1 Jahr Zivilrichter, Hs 2 .. 11, 12	8) **Bei Zweifeln: Kollegialbeschluß, II** ... 25–33
7) **Oder: Spezialzuständigkeit, I 2 Z 2** .. 13–24	A. Vorliegen eines Zweifels 26, 27
A. Veröffentlichungsstreit, Z 2 a ... 14	B. Verfahren 28–32
B. Bank- und Finanzgeschäft, Z 2 b 15	C. Unanfechtbarkeit 33
C. Bau-, Architekten-, evtl Ingenieurvertrag, Z 2 c 16	9) **Vorlagepflicht in Sonderfällen, III 1** .. 34–42
D. Anwaltsvertrag usw, Z 2 d 17	A. Vorlagepflicht 36
E. Heilbehandlung, Z 2 e 18	B. Gesamtvorlage 37

§ 348

Buch 2. Abschnitt 1. Verfahren vor den LGen

C. Keine Zeitschranke	38	12) Entscheidung durch Beschluß, III 3	46
D. Besondere Schwierigkeit usw, III 1 Z 1	39	13) Bei Übernahme: Kollegialzuständigkeit, III 2, 3	47
E. Grundsätzliche Bedeutung usw, III I Z 2	40, 41	14) Bei Ablehnung der Übernahme: Weiter Einzelrichter, III 2, 3	48
F. Übereinstimmende Parteianträge, III 1 Z 3	42	15) Keine Zurückübertragung, III 4	49
10) Übernahme durch die Kammer, III 2	43, 44	16) Unanfechtbarkeit, IV	50, 51
11) Keine Parteianhörung, III 2	45	17) *VwGO*	52

1 **1) Systematik, I–IV.** In der Gruppe der erst- und zweitinstanzlichen Vorschriften über einen unterschiedlich bezeichneten Einzelrichter des jeweiligen Kollegiums stellt § 348 den systematisch zunächst zu beachtenden Ausgangsfall dar. Das zeigt sich an § 348 a I mit seiner ausdrücklichen bloßen Hilfsfunktion. Ob die Praxis die letztere Vorschrift als den Regelfall behandelt, ist eine andere Frage.

2 **2) Regelungszweck, I–IV.** I 1 beseitigt grundsätzlich das Kollegialprinzip gleich wieder. Das soll ersichtlich auch der Verbilligung der Justiz dienen und damit nicht der Prozeßwirtschaftlichkeit und erst recht nicht sonderlich der Rechtsstaatlichkeit, Deutsch NJW 04, 1151, sondern der Fiskalwirtschaftlichkeit, Schneider NJW 03, 1434. Daran ändern auch die mit der Aufwertung des Einzelrichters zur Norm verbundenen und natürlich auch richtigen Beteuerungen wenig, man stärke die Richterpersönlichkeit. Freilich ist auch nicht recht einsehbar, daß ein Amtsrichter 700 oder 800 Sachen pro Jahr als Pensum erhält, ein Dreierkollegium des LG dagegen bisher insgesamt 170–200 Sachen. Das gilt selbst dann, wenn vor dem LG oft schwierige, umfangreichere Probleme anfallen. Das tun sie nämlich auch nicht ganz selten beim AG. Beim LG mag die Verstärkung des Einzelrichters in der Tat finanziell entspannend wirken, ohne die Qualität ernsthaft zu gefährden.

3 I 2 und II zeigen denn auch gleich wieder reuige Rückkehr zum Kollegialprinzip in einer derartigen Fülle von Situationen, daß man schon quantitativ nur bedingt von einer wirklichen Umkehr zum Einzelrichter sprechen kann. I 2 Z 1 soll ausreichende „Einübung" gewährleisten, BGH NJW 03, 1876. Sie kann freilich keineswegs stets schon nach einem Jahr so „gewährleistet" sein, wie das BGH NJW 03, 1876 feststellen müßte. Ob der lange Fallkatalog in I 2 Z 2 der Rechtssicherheit nach Einl III 43 dient, bleibt skeptisch abzuwarten. Der Stichentscheid liegt jedenfalls nach II nicht beim Vorsitzenden, sondern bei der Kammer in voller Besetzung. Dabei ist bemerkenswert, daß der Gesetzgeber im Gegensatz zur möglichen und unter Überlastungsdruck weitgehend praktizierten Zweierbesetzung in Strafsachen im Zivilprozeß an der Dreierbesetzung festhält. Umso problematischer sind Tendenzen, einen zeitweise ausfallenden Kollegialrichter einfach nicht anders zu ersetzen als durch den geschäftsplanmäßigen Vertreter aus einer anderen Zivilkammer, auch über viele Monate hinweg.

4 **3) Geltungsbereich, I–IV.** Die Vorschrift gilt in allen Verfahren nach der ZPO und denjenigen Gesetzen, die auf die ZPO verweisen und für die Gerichtsbesetzung keine Sondervorschriften enthalten. In den höheren Instanzen sind §§ 526, 527 (Berufung), 555 II (Revision) und 568 (Beschwerde) vorrangig und ist I 2 Z 1 nicht entsprechend anwendbar, BGH NJW 03, 1876. II ist beim Zuständigkeitskonflikt zwischen Einzelrichter und seinem Senat entsprechend anwendbar, BGH **156**, 149.

5 **4) Einzelrichter kraft Gesetzes, I 1.** Der originäre Einzelrichter ist der gesetzliche Richter. Er nennt sich nur „Kammer". Er arbeitet nicht kraft kollegialer Übertragung, sondern unmittelbar kraft Gesetzes. Er wartet bei genauer Handhabung des § 348 in diesem klaren Fall weder eine Beratung der Kammer noch eine Empfehlung des Vorsitzenden ab, sondern ist von Anfang an der funktionell allein zuständige Richter. Ihm allein legt die Geschäftsstelle der Akten vor. Er darf eigentlich gar nicht mit den Kammerkollegen über den Fall sprechen, solange es nicht Zweifel im Sinn von II gibt. Ob es solche Zweifel geben könnte, entscheidet er allein. Er arbeitet eben wie ein Amtsrichter. Er darf auch nicht bei seinem Kollegium anfragen, wie es denkt, BGH MDR **04**, 104 (zu § 568: Verstoß gegen Art 101 I GG).

6 Praktisch ist damit die Geschäftsstelle oft überfordert. Denn sie müßte ja zumindest vorläufig klären, ob überhaupt der originäre Einzelrichter zuständig ist. Damit müßte sie anhand der Klageschrift und manchmal fast nur anhand einer etwaigen Angabe des Streitgegenstands im Rubrum („wegen ...") eine vorläufige rechtliche Einordnung vornehmen. Deshalb hat sich in der Praxis vielfach der Brauch erhalten, die Sache stets zunächst doch dem Kammervorsitzenden vorzulegen und ihn prüfen zu lassen, ob er die Akte dem originären Einzelrichter zuleitet oder nach § 348 a eine Kollegiumsentscheidung herbeiführt oder eine solche nach § 348 II für sinnvoll hält. Ob das streng dogmatisch der richtige Weg ist, wird vielfach wenig interessieren. Zumindest darf man bei solchem Vorgehen schon wegen § 216 nicht trödeln.

7 *Das gesamte Verfahren* untersteht in den vorgenannten Grenzen der Zuständigkeit dieses Einzelrichters. Das gilt für alle prozeßleitenden Maßnahmen, alle Zwischenentscheidungen, alle Beauftragungen des ersuchten Richters nach § 362. Die gesamte Terminierung, Vertagung usw erfolgt allein durch ihn. Kammerterminierungen in anderen Sachen haben Nachrang gegenüber einer in dieser Einzelrichtersache bereits erfolgten Terminierung. Der Einzelrichter darf sie keineswegs nach § 227 I 1 bloß wegen eines späteren Terminierungsentscheids seines Kammervorsitzenden ändern. Denn dieser muß beim Einzelrichter fragen, ob der Kollege etwa schon auf dieselbe Stunde eine Sache nach § 348 terminiert hat (natürlich auch umgekehrt). Terminsabsprachen sind also zur Vermeidung von Unerquicklichkeiten unerläßlich.

8 *Fehlen einer Weisungsbefugnis des Kammervorsitzenden* ist ein wesentliches weiteres Merkmal der Tätigkeit des Einzelrichters. Das gilt auch zum Stichwort „Einheitlichkeit der Kammerrechtsprechung". Ob es hilfreich wäre, sich insofern wenigstens innerhalb der drei Mitglieder einer Zivilkammer formlos und ohne „Anfrage" im Sinn von Rn 5 unverbindlich abzusprechen, ist eine andere Frage. Gebunden ist der Einzelrichter daran formell nicht. Das Beratungsgeheimnis verbietet ihm ja nach Rn 5 sogar streng genommen im konkreten Fall jede Erörterung mit den Kammerkollegen.

Titel 4. Verfahren vor dem Einzelrichter § 348

Alleinige Weisungsbefugnis des Einzelrichters kennzeichnet die Tätigkeit nach I 1 auch gegenüber der Geschäftsstelle, Kanzlei, Wachtmeisterei, dem ersuchten Richter und etwa bei sitzungspolizeilichen Maßnahmen gegenüber der Gerichtsverwaltung. Er allein bildet den (selten) etwa gerade nur ihm zugeteilten Referendar aus, erteilt ihm ein Zeugnis, ist für Rückfragen an das Gericht zuständig, regelt zusammen mit dem Pressedezernenten den Umgang mit den Medien in einer kraft I 1 ihm zugewiesenen Sache. Kein Geschäftsverteilungsplan darf das alles einschränken. Das Präsidium usw darf nur im Rahmen von I 2 entscheiden, das Kammerkollegium nur im Rahmen von II, III.

5) Unzulässigkeit des Einzelrichters, I 2. In einer formellen Ausnahme vom Grundsatz I 1 darf kein 9 Einzelrichter nach § 348 entscheiden und folglich nach Rn 6–8 auch nicht umfassend tätig sein, wenn einer der Fälle I 2 Z 1 oder Z 2 a–k vorliegt. Die Aufzählung in Z 2 läßt erkennen, wie praktisch nahezu vorherrschend die Streitigkeiten bleiben, die nach § 348 die gesamte Kammer bearbeiten muß, soweit sie nicht dann von der Übertragungsmöglichkeit nach § 348 a Gebrauch macht. Soweit der originäre Einzelrichter wegen I 2 nicht tätig werden darf und die Kammer auch nicht nach § 348 a vorgeht, bleibt es bei den Prinzipien, die für alle Kollegialgerichte fortgelten, darunter auch bei den herkömmlichen Bräuchen der Ernennung eines Kammermitglieds zum Berichterstatter (BE) usw.

6) Proberichter usw, I 2 Z 1. Ein Kammermitglied darf noch nicht als originärer Einzelrichter nach 10 § 348 (anders bei § 348 a als obligatorischer) tätig werden, solange zwei Hemmnisse zusammentreffen.

A. Noch Proberichter, Hs 1. Der Richter muß noch Proberichter nach §§ 12, 13 DRiG sein, abgedruckt im SchlAnh I A. Ein Richter kraft Auftrags nach § 14 DRiG ist gerade kein Proberichter. In der Länderjustiz sind die LRiGe in Verbindung mit den vorgenannten Bestimmungen und dem BRRG usw maßgeblich.

B. Noch nicht 1 Jahr Zivilrichter, Hs 2. Der Proberichter darf noch nicht über einen Zeitraum von 11 mindestens einem Jahr hindurch geschäftsplanmäßig Rechtsprechungsaufgaben in bürgerlichen Rechtsstreitigkeiten wahrzunehmen gehabt haben, §§ 23, 71 I, 72 GVG. Geschäftsverteilungsplanmäßig arbeitet auch derjenige, der als erster oder zweiter Vertreter des erkrankten, beurlaubten oder sonstwie ausgefallenen eigentlichen Kammermitglieds tätig wird. Auch derjenige gehört hierher, der erst aufgrund einer im Laufe des Kalenderjahres eingetretenen Änderung des Geschäftsverteilungsplanes funktionell zuständig wird.

Der Jahreszeitraum kommt bei vernünftiger Auslegung von Hs 2 auch dann zustande, wenn die einzelnen 12 Perioden zivilrichterlicher Tätigkeit bei ihrer Addition 365 Tage ergeben (das Schaltjahr sollte hier keine Rolle spielen). Denn der Sinn der Vorschrift geht dahin, eine Gesamterfahrung von einem Jahr vorauszusetzen. Theoretisch könnten 12 Einzeltätigkeiten von je 1 Monat reichen. Das könnte problematisch sein. In der Praxis wäre dergleichen ohnehin die seltene Ausnahme.

Der Jahreszeitraum ist daher *auch dann erfüllt*, wenn bei Beginn der Bearbeitung des konkreten Einzelfalls in einer beliebig langen Gesamtzeit mindestens 365 Tage Zivilrichtertätigkeit vorliegen. Dabei zählen zB eine Teilzeitbeschäftigung, eine Teilverwendung, eine Erkrankung oder ein Urlaub oder die Abordnung zu einer Fortbildungsveranstaltung grundsätzlich voll mit, solange dabei nicht herauskommt, daß dann effektiv nicht wenigstens annähernd 1 Jahr tatsächlicher Arbeit im bürgerlichen Recht erzielt wurde, Schneider MDR **03**, 555. Eine vernünftige Abwägung muß im Grenzfall entscheiden. Dabei muß man das Gebot des gesetzlichen Richters nach Art 101 I 2 GG stets mitbeachten, Schneider MDR **03**, 556. Es zwingt zu gewisser Zurückhaltung bei der Auslegung des Jahresbegriffs. Im Zweifel gilt II.

7) Oder: Spezialzuständigkeit, I 2 Z 2. Auch wenn kein Zuständigkeitshindernis nach Z 1 besteht, 13 darf kein Einzelrichter statt des Kollegiums tätig werden, soweit die funktionelle Zuständigkeit seiner Kammer oder derjenigen, in der er als erster oder zweiter Vertreter tätig werden soll, nach dem Geschäftsverteilungsplan die Bearbeitung eines der im abschließenden, wegen des formellen Ausnahmecharakters von I Z 2 jedenfalls nicht allzu weit auslegbaren Katalog Rn 14–24 genannten Gebiete umfaßt und wenn die konkrete Sache zu diesem Katalog zählt. Dabei kann es zahlreiche Abgrenzungsprobleme geben. Das gilt insbesondere dann, wenn ein Geschäftsverteilungsplan die jeweilige Zuständigkeit nicht durch wörtliche Wiedergabe des Katalogs beschreibt. Das gilt sowohl für den Ausgangsplan für das Kalenderjahr als auch für etwa notwendige Planänderungen während des Kalenderjahres. Auch hier hilft nur eine vernünftige Auslegung.

Dabei entscheidet *im Zweifel* keineswegs das Präsidium über die Auslegung des Plans, sondern nach II die Kammer unanfechtbar. Es erfolgt daher keine Vorlage an das Präsidium, eigentlich auch gar keine Stellungnahme des Präsidiums (Beratungsgeheimnis!), sondern in Ausübung richterlicher Unabhängigkeit die Kammerentscheidung nebst etwaiger Abgabe an eine andere Kammer. Sie verfährt genauso.

A. Veröffentlichungsstreit, Z 2 a. Abgrenzungsprobleme können insbesondere zu Z 2 d, i, j entstehen. 14 Das speziellere Gebiet hat Vorrang, nicht allein der Schwerpunkt im Einzelfall, meist aber doch wohl im Ergebnis dieser letztere.

Hierher gehören auch: Streit um das Persönlichkeitsrecht, die Ehre, den Ruf, um den eingerichteten und ausgeübten Gewerbebetrieb, soweit es eben um eine Veröffentlichung geht. „Jede Art" von Bild- und Tonträger umfaßt auch das Internet. Auch die Gegendarstellung nach einem Landespressegesetz zählt hierher. Dabei mag es sich jeweils um einen gesetzlichen und/oder vertraglichen Anspruch handeln. Beim Konflikt mit j ist meist a die speziellere Zuweisung und daher meist vorrangig.

B. Bank- und Finanzgeschäft, Z 2 b. Abgrenzungsprobleme können insbesondere zu Z 2 f, h entste- 15 hen. Auch hier hat das speziellere Gebiet Vorrang. Beteiligt sein kann zB: Eine Sparkasse, ein Finanzierungsinstitut. Es mag um Darlehens-, Diskont-, Effekten-, Depot-, Investment-, Leasing- und Werpapiergeschäfte gehen, auch um eine Option oder einen Terminkontrakt, um Festgeld, Spareinlagen, Tagesgeld usw.

C. Bau-, Architekten-, evtl Ingenieurvertrag, Z 2 c. Abgrenzungsprobleme können insbesondere zu 16 Z 2 j entstehen. Auch hier hat das speziellere Gebiet Vorrang. Es kann gehen um: Dienstvertrag, Werk- oder Werklieferungsvertrag, Geschäftsbesorgung. Auch die jeweiligen Mitarbeiter des Architekten, Bauunternehmers oder Bauingenieurs gehören zum hier behandelten Personenkreis. Auch ein Vorvertrag zählt hierher,

Hartmann

§ 348

Buch 2. Abschnitt 1. Verfahren vor den LGen

ferner etwa ein Baubetreuungsvertrag, eine Anwartschaft, ein Träger-Bewerber-Vertrag mit der Pflicht zur Überwachung oder Durchführung des Baues. Der Handwerker am Bau gehört hierher. Nicht jeder Klempner, der ein WC reparierte, muß unter c fallen. Immerhin ist der Begriff des Bauvertrags recht weit und vage. Ein Wohnwagen ist kein Bau.

17   **D. Anwaltsvertrag usw, Z 2 d.** Abgrenzungsprobleme können insbesondere zu Z 2 b, j entstehen. Auch hier hat das speziellere Gebiet den Vorrang. Nur die Berufstätigkeit ist einschlägig, nicht eine Tätigkeit etwa des Anwalts als Komponist, wohl aber eine solche als juristischer Kommentator über Anwaltsfragen, solange diese nicht völlig untergeordnet sind. Im letzteren Fall ist eher Z 2 i anwendbar. Es mag um das Honorar gehen, auch um eine Haftung, einen Regress, um eine gerichtliche oder außergerichtliche Tätigkeit auf einem beliebigen Sachgebiet, um gesetzliche oder vereinbarte Vergütung. Die Mitarbeiter der genannten Berufsgruppen gehören als Erfüllungsgehilfen hierher, soweit ihr Chef haftet usw.

18   **E. Heilbehandlung, Z 2 e.** Abgrenzungsprobleme können insbesondere zu Z 2 h entstehen. Auch hier hat das speziellere Gebiet den Vorrang. Auch der Schwerpunkt des Streits ist mitbeachtlich. Es geht um vertragliche wie gesetzliche Ansprüche für oder gegen alle beruflich mit der Heilbehandlung befaßten Personen, wie den Arzt, so schon Brdb VersR **01**, 1242, ferner Schneider MDR **03**, 556 (Haftung), außerdem den Zahnarzt, auch Tierarzt, ferner den Krankengymnasten, Psychologen, Psychotherapeuten, Physiotherapeuten, nicht aber um jemanden, der nicht eine als Heilbehandlung anerkannte Berufstätigkeit ausübt. Außerberufliche Ansprüche für oder gegen die genannten Berufsgruppen gehören nicht hierher.

19   **F. Handelssache, Z 2 f.** Abgrenzungsprobleme können insbesondere zu Z 2 a, b, c, g, h, i, j entstehen. Auch hier hat das speziellere Gebiet unter Mitbeachtung des Einzelfall-Schwerpunkts den Vorrang. Im § 95 GVG ist der sachliche Geltungsbereich aufgelistet. Die Vorschrift dient demjenigen LG, bei dem nicht ohnehin eine Kammer für Handelssachen besteht. Sie hätte natürlich Vorrang vor Z 2 f.

20   **G. Fracht, Spedition, Lagergeschäft, Z 2 g.** Abgrenzungsprobleme zu Z 2 f können deshalb kaum entstehen, weil g eindeutig spezieller ist und deshalb Vorrang hat, solange nicht seine Kriterien im Einzelfall eine völlig untergeordnete Rolle spielen. Erst recht gilt g natürlich, soweit kein beiderseitiges Handelsgeschäft vorliegt. Die Haftung für Erfüllungsgehilfen gehört zu dieser Fallgruppe.

21   **H. Versicherungsvertrag, Z 2 h.** Abgrenzungsprobleme können insbesondere zu Z 2 b, d, e, f, g entstehen. Auch hier hat das speziellere Gebiet unter Mitbeachtung des Schwerpunkts des Einzelfalls Vorrang. Erfaßt werden gesetzliche wie vertragliche Versicherungsverhältnisse jeder Art zwischen dem Versicherer, dem Versicherungsnehmer, dem Versicherten oder einem Bezugsberechtigten, aber auch einem sonstigen Dritten, soweit das Versicherungsverhältnis ihn mitschützt. Hierher gehört auch ein Fall mit Auslandsbezug.

22   **I. Urheber- und Verlagsrecht, Z 2 i.** Abgrenzungsprobleme können insbesondere zu Z 2 a, f, j entstehen. Auch hier hat das speziellere Gebiet unter Mitbeachtung des Schwerpunkts des Einzelfalls Vorrang. Es geht um das Gesamtgebiet des Urheber- und Verlagsrechts unabhängig davon, ob nur ein Inlandsbezug besteht. Erfaßt sind vertragliche wie gesetzliche Ansprüche, auch gegenüber Lizenz- oder Unterlizenznehmern usw.

Nicht hierher gehören diejenigen Gebiete des Gewerblichen Rechtsschutzes, die nicht gerade zum Urheber- und Verlagsrecht zählen, Schneider MDR **03**, 555.

23   **J. Kommunikations- und Informationstechnologie, Z 2 j.** Abgrenzungsprobleme entstehen evtl insbesondere zu Z 2 a, f, i. Auch hier hat das speziellere Gebiet unter Mitbeachtung des Schwerpunkts des Einzelfalls Vorrang. Es geht um den wachsenden Bereich der Telekommunikation mittels beliebiger Wege mit Ausnahme der in a geregelten Veröffentlichung. Erfaßt werden vertragliche wie gesetzliche Ansprüche in allen Verbreitungsformen und -stufen. Auch die Produkthaftung kann hierher zählen.

24   **K. Zuständigkeit unabhängig vom Streitwert, Z 2 k.** Abgrenzungsprobleme können insbesondere dann entstehen, wenn ein Spezialgesetz Unklarheiten, Auslassungen, Widersprüchlichkeiten usw aufweist. Neben den Amtshaftungsstreitigkeiten nach § 71 II GVG kommen spezialgesetzliche bundes- oder landesrechtliche Zuweisungen infrage.

25   **8) Bei Zweifeln: Kollegialbeschluß, II.** Sobald die Zuständigkeit des Einzelrichters nach I zweifelhaft wird, darf und muß die vollbesetzte Kammer als Kollegium über diese Frage entscheiden. Das ist eine nach dem Wortlaut von II im Vergleich zu III abweichende Regelung. In Wahrheit stimmt die mit III zumindest dann überein, wenn der Zweifel beim Einzelrichter nach I selbst entsteht. Denn dann legt er die Sache dem Kollegium ebenfalls zu dessen Entscheidung über seine weitere Zuständigkeit vor. Nur wenn die Akten gar nicht erst dem Einzelrichter vorlagen, führt der Vorsitzende sogleich im Fall II eine Kollegialentscheidung zur Zuständigkeitsfrage herbei.

26   **A. Vorliegen eines Zweifels.** Es muß ein Zweifel über das Vorliegen der Voraussetzungen des I entstanden sein. Der Zweifel mag sich auf die ausreichende Zivilrichterzeit des Proberichters nach I 2 Z 1 beziehen oder auf das Vorliegen oder Fehlen einer Spezialzuständigkeit I 2 Z 2 oder aber auch auf beide Voraussetzungen.

27   *Zweifel* ist das Gegenteil von Gewißheit. Nach dem Wortlaut von II ist kein „ernsthafter" oder „erheblicher" Zweifel notwendig, die das Gesetz ja auch sonst durchaus als Begriffe kennt. Daher reicht jeder einfache Zweifel. Natürlich muß er nachvollziehbar begründbar sein. Es genügt also nicht, daß der Einzelrichter oder der Vorsitzende irgendein ungutes Gefühl haben, das nicht auf systematischer Prüfung der oben in I entwickelten Voraussetzungen beruht. Andererseits kann jede vertretbare Ansicht einen Zweifel begründen. Es handelt sich ja in diesem Stadium noch nicht um die abschließende, unanfechtbare Entscheidung der Zuständigkeitsfrage, sondern nur um die Schlüssigkeit der Umstände für das Verfahren nach II. Daher sollte man den Zweifelsbegriff weder zu großzügig noch zu streng auslegen, sondern eine vernünftige Abwägung fordern und ausreichen lassen.

Titel 4. Verfahren vor dem Einzelrichter **§ 348**

B. Verfahren. Sobald nach Rn 26, 27 ein Zweifel vorliegt, darf und muß das Verfahren nach II vor dem 28 Kollegium beginnen. Es kommt also zu einer Dreier-Beratung unter dem Vorsitz des diensttuenden Kammervorsitzenden und unter etwaiger Mitwirkung weiterer Urlaubsvertreter usw der ordentlichen Beisitzer. Der vorlegende Einzelrichter nimmt an der Beratung auch dann mit Stimmrecht teil, wenn es um die in I 2 Z 1 erheblichen Fragen geht. Ist er im Zeitpunkt der Beratung verhindert, entscheidet die Kammer unter Mitwirkung seines geschäftsplanmäßigen Vertreters. Die Ablehnungsregeln der §§ 42 ff gelten natürlich wie sonst.

Es gibt *keine Entscheidung des Präsidiums* nach II. Das Präsidium war nur für den Geschäftsverteilungsplan 29 zuständig. Es darf nicht *seine* Auslegung dieses Plans an die Stelle der gerade der Kammer und nur ihr übertragenen Beurteilung setzen. § 21 e GVG besagt nichts anderes. In richterlicher Unabhängigkeit darf und muß der Spruchkörper selbst nach II abschließend beraten und abstimmen. Er darf daher streng genommen schon wegen seines Beratungsgeheimnisses das Präsidium gar nicht auch nur zu einer konkreten Einzelfall-Stellungnahme einschalten. Ob eine allgemeine Auskunft über die derzeitige Auslegung des Geschäftsverteilungsplan zulässig ist, ist eine andere Frage.

Es gibt auch *keine Anhörung* der Parteien. Das ergibt sich beim Vergleich von II mit § 348 a II 3. Denn nur 30 dort entscheidet die Kammer „nach Anhörung der Parteien". Beide Vorschriften wurden in der jetzigen Fassung gleichzeitig erlassen. Sie weichen also kaum nur irrig voneinander ab.

Beschluß ist die vorgeschriebene Entscheidungsform. Ein bloße Verfügung reicht nicht. Der Beschluß 31 lautet nicht etwa auf eine „Übertragung auf den Einzelrichter X". Denn die ist nur im Fall III und bei § 348 a II 3 vorgesehen. Vielmehr stellt der Beschluß lapidar fest: „In pp ist der Einzelrichter nach § 348 I 1 ... zuständig". Eine Feststellung sollte tunlich im Fall I 2 Z 1 den Namen des Proberichters enthalten. Denn bei seinem Wechsel kann eine ganz andere Beurteilung des Jahreszeitraums notwendig werden. Im Fall I 2 Z 2 a–k kommt es nicht darauf an, wie der Einzelrichter derzeit heißt. Daher sollte man ihn in diesem Fall auch gar nicht im Beschluß mit Namen nennen. Denn auch er kann wechseln und einen weiteren Beschluß wegen Namensänderung erforderlich machen.

Eine *Begründung* des Beschlusses ist wegen seiner ausdrücklichen Unanfechtbarkeit formell entbehrlich, 32 § 329 Rn 6. Dennoch sollte sie in nachvollziehbarer Kurzform zumindest bei I 2 Z 1 erfolgen. Denn das BVerfG müßte einen etwaigen Verstoß gegen Art 101 II 1 GG überprüfen können. Eine Kurzbegründung ist daher eine Anstandspflicht (sog nobile officium). Es entstehen in diesem Zwischenverfahren keine Gerichtskosten und keine Anwaltskosten, § 19 I 2 Z 3 RVG.

C. Unanfechtbarkeit. Der Beschluß der Kammer nach II ist kraft dessen ausdrücklichen Wortlauts 33 unanfechtbar, Schneider MDR 03, 556 (krit). Das gilt unabhängig vom Inhalt und seiner Begründung. Wegen etwaiger Verfassungswidrigkeit Rn 32.

9) Vorlagepflicht in Sonderfällen, III. 1. In Abweichung von dem Grundsatz I 1 (Einzelrichter kraft 34 Gesetzes) eröffnet III in drei Sonderfällen ein Verfahren, das mit dem Fortbestand der originären Zuständigkeit des Einzelrichters nach I enden kann, aber auch mit der durch „Übernahme" gekennzeichneten Zuständigkeit der vollbesetzten Kammer nach III, schließlich aber auch mit einer „Übertragung" bezeichneten Zuständigkeit des Einzelrichters nach § 348 a (sog obligatorischer Einzelrichter). Dieses Ineinander ist alles andere als übersichtlich. Es eröffnet evtl manche fragwürdige Behandlung der Zuständigkeitsfrage.

Jede Situation III 1 Z 1–3 reicht zur Vorlagepflicht des Einzelrichters. Darin unterscheidet sich diese 35 Bestimmung vom im übrigen vergleichbaren § 348 a, wo alle Voraussetzungen seiner Z 1–3 zusammentreffen müssen. Die bloße Vorlage erfolgt nur „zur Entscheidung über eine Übernahme" durch die Kammer. Die Voraussetzungen einer Vorlagepflicht sind bei III 1 strenger geregelt als bei II.

A. Vorlagepflicht. Der originäre Einzelrichter darf und muß vorlegen, sobald eine der Voraussetzungen 36 Rn 39 ff eintritt. Er „legt vor" (nicht: Er „kann vorlegen"). *Ob* eine der Voraussetzungen III 1 Z 1–3 vorliegt, muß der Einzelrichter im Rahmen einer etwaigen Vorlagepflicht prüfung auch der unbestimmten Rechtsbegriffe klären. Sie lassen ihm theoretisch keinen Ermessensspielraum, BGH NJW 04, 449 (zu § 568 S 2 Z 2). Wie weit praktisch eben doch zumindest bei III 1 Z 1, 2 ein sogar ziemlich weites Ermessen den Einzelrichter davon abhält, eine dieser Voraussetzungen zu bejahen, ohne daß die Parteien das beanstanden, ist eine ganz andere Frage. Sie hängt seitens der Parteien auch davon ab, ob sie sich bei diesem Einzelrichter besser aufgehoben fühlen als bei der Kammer.

B. Gesamtvorlage. Der Einzelrichter darf den Rechtsstreit nur insgesamt oder gar nicht nach III 1 der 37 Kammer vorlegen. Denn der Einzelrichter muß „den Rechtsstreit" vorlegen, „wenn" (nicht: „soweit") eine der Bedingungen Z 1–3 eingetreten ist. Man muß aber auch das Fehlen einer Zeitschranke in III mitbeachten, Rn 38.

C. Keine Zeitschranke. Für eine Vorlagepflicht nach III gibt es keine zeitliche Grenze. Das zeigt der 38 Vergleich mit § 348 a I Z 3 Hs 1. Daraus folgt: Eine Gesamtvorlage nach Rn 37 kann und muß evtl auch noch im Verlaufe des vor dem originären Einzelrichter vielleicht schon beträchtlich vorangeschrittenen Prozesses erfolgen, sogar bis zum Schluß der mündlichen Verhandlung, §§ 136 IV, 296 a. Insofern erfolgt die Vorlage eben im Ergebnis doch nicht für den gesamten Rechtsstreit zeitlich betrachtet. Wie weit Vorgänge und Entscheidungen vor der Vorlage im Fall der anschließenden Übertragung auf die vollbesetzte Kammer wirksam bleiben, richtet sich auch bei III nach den allgemeinen Regeln.

D. Besondere Schwierigkeit usw, III 1 Z 1. Es genügt unabhängig von Rn 40, 41 zur Vorlagepflicht 39 des originären Einzelrichters, daß er nach Rn 36 erkennt, daß der Prozeß eine besondere Schwierigkeit tatsächlicher oder rechtlicher Art aufweist. Das mag sich allerdings auch erst jetzt herausgestellt haben, Rn 38, etwa auf Grund einer Beweisaufnahme oder wegen von nun an zu beachtender Gesetzesänderung, Einl III 78. „Besonders" ist eine Schwierigkeit, die erheblich über den Durchschnitt hinauszuwachsen droht oder schon derart entstanden ist. Ob das der Fall ist, muß man unter Abwägung aller sachlichen und persönlichen Aspekte ohne den grundsätzlichen Vorrang des einen oder des anderen Gesichtspunkts prüfen. Das Kollegium soll entlastet werden. Das darf aber nicht zum voraussichtlich erheblichen Nachteil

§ 348 Buch 2. Abschnitt 1. Verfahren vor den LGen

der Parteien geschehen. Unerheblich ist, ob die besondere Schwierigkeit tatsächlicher oder rechtlicher Art ist.

III 1 Z 1 liegt *zB in folgenden Fällen* durchweg vor: Die Sache hat einen ganz außergewöhnlichen Umfang. Freilich gehört eine normale und auch einmal eine größere Stoffmenge zur einfachen Schwierigkeit des Richteralltags; die Parteien stehen sich höchst unversöhnlich gegenüber; es wird wahrscheinlich eine sehr komplexe Glaubwürdigkeitsprüfung notwendig werden; der Prozeß berührt ein entlegenes Sachgebiet, das der Einzelrichter nicht speziell beherrscht, LG Heilbr Rpfleger 04, 56; der Einzelrichter ist ungeachtet einer Zivilrichtertätigkeit von über einem Jahr doch für diesen Fall noch zu unerfahren; die wirtschaftlichen, politischen, technischen Hintergründe sind nicht leicht zu erfassen, Meyer-Ladewig NJW 78, 858; der Einzelrichter müßte ausländisches Recht in großem Umfang anwenden.

Dagegen braucht der Umstand, daß es sich um eine lästige Punktensache handelt, keineswegs eine besondere Schwierigkeit zu bieten, Holtgrave DB 75, 40. Auch liegt nicht schon wegen eines hohen Streitwerts stets eine besondere Schwierigkeit vor, Schneider MDR 03, 555.

40 E. **Grundsätzliche Bedeutung usw, III 1 Z 2.** Unabhängig von Rn 39, 41 genügt es zur Vorlagepflicht des originären Einzelrichters, daß er nach Rn 36 erkannt hat, daß die Rechtssache grundsätzliche Bedeutung hat. Auch das mag sich freilich wie bei Rn 39 erst jetzt herausgestellt haben, Rn 38. Nicht jede Bedeutung hat den Rang des Grundsätzlichen. Das gilt selbst bei Annahme eines Abweichens innerhalb der Rechtsprechung oder einer Notwendigkeit der Rechtsfortbildung, BGH NJW 03, 3712 (beides erwähnen Z 1–3 nicht). Eine grundsätzliche Bedeutung liegt evtl auch dann vor, wenn keine besondere Schwierigkeit im Sinn von III 1 Z 1 erkennbar ist. Ob eine grundsätzliche Bedeutung vorliegt, muß man wie bei § 543 II Z 1 beurteilen, § 72 II Z 1 ArbGG, BAG BB 83, 1797, §§ 115 II Z 1 FGO, 162 I Z 1 SGG, 132 II Z 1 VwGO.

Maßgeblich ist, ob die Entscheidung eine allgemeine Bedeutung hat, die über die Regelung der Rechtsbeziehung der Parteien hinausgeht, Holtgrave DB 75, 40, sei es rechtlich oder wirtschaftlich, zB wenn typische Klauseln in AGB auslegungsbedürftig sind. Es kann auch ausreichen, daß eine einheitliche Rechtsprechung und Rechtsfortbildung erfolgen soll, BGH MDR 03, 588 (zu § 568 S 2 Z 2; zustm Abramenko Rpfleger 03, 376). Eine höchstrichterlich entschiedene Rechtsfrage hat keine grundsätzliche Bedeutung mehr, BayObLG WoM 85, 55. Eine Ausnahme kann vorliegen, soweit das Gericht über solche Rechtsfrage jetzt anders entscheiden will, BGH MDR 75, 927, BVerwG NJW 75, 2037. Eine solche Abweichung wird erstinstanzlich selten infrage kommen, LG Ffm RR 03, 215.

42 F. **Übereinstimmende Parteianträge, III 1 Z 3.** Unabhängig von Rn 39, 40 genügt es zur Vorlagepflicht des originären Einzelrichters schließlich, daß er nach Vorlage des Rechtsstreits gerade nach III und nicht etwa nur nach § 348a II Z 2 übereinstimmend beantragen. Sie mögen diese Anträge allerdings erst jetzt gestellt haben, Rn 38. Die Anträge sind jeweils Parteiprozeßhandlungen, Grdz 47ff vor § 128. Dort auch zu ihrer Anfechtbarkeit und Rücknehmbarkeit usw. Die Parteien müssen sie nicht gleichzeitig gestellt haben. Es genügt vielmehr, daß nun der letzte für Z 3 notwendige Antrag vorliegt. Dann darf und muß der Einzelrichter allerdings unverzüglich der Kammer vorlegen, § 121 I 1 BGB.

43 **10) Übernahme durch die Kammer, III 2.** Die Vorschrift regelt die Frage, wann die Kammer den Rechtsstreit übernehmen muß. Dabei ist der Wortlaut von III 2 auf den ersten Blick klar. Danach liegt diese Pflicht nach dem Gesetzestext scheinbar nur dann vor, wenn die Voraussetzungen III 1 Z 1 oder 2 erfüllt sind, nicht aber auch dann, wenn Z 3 erfüllt ist. Dann hätte die Kammer im Fall Z 3 ein Ermessen wegen einer Übernahme, weil III 2 den Fall Z 3 nicht miterwähnt. Das ist aber problematisch. Denn gerade bei übereinstimmenden Anträgen besteht Veranlassung zur entsprechenden Übernahme, wenn denn die Bedingungen III 1 Z 1–3 vorliegen, Hansens AnwBl 02, 127.

44 III 2 setzt das daher bei richtiger *Auslegung* eher als selbstverständlich voraus und erwähnt den Fall Z 3 nur deshalb nicht ausdrücklich mit, Einl III 35ff, obwohl natürlich eine Mitnennung zulässig gewesen wäre. Es kommt hinzu: Durch die Nichterwähnung des Falles Z 3 soll wohl klargestellt werden, daß es in dieser Lage im Gegensatz zur derjenigen der Z 1 oder 2 bei der Kammer ungeachtet der formellen Entscheidungsfreiheit nach Rn 46 im Grunde gar nichts mehr als die Wirksamkeit übereinstimmender Parteianträge zu prüfen gibt, während bei Z 1 oder 2 die Kammer jetzt endgültig über diese Voraussetzungen nach den in Rn 39–42 genannten Kriterien zusätzlich zum vorliegenden Einzelrichter befinden muß. Würde man im Fall Z 3 ein Ermessen eröffnen, wäre der mühsam errungene Fall übereinstimmender Anträge auf eine bloße Anregung reduziert. Das ist zwar vertretbar. Aber es entspricht wohl doch nicht dem Sinn der Vorschrift. Mag die Praxis entscheiden, aber bitte nicht nach Bequemlichkeitsüberlegungen.

45 **11) Keine Parteianhörung, III 2.** Wie im Verfahren nach II nimmt die Kammer auch im Verfahren nach III keine Anhörung der Parteien vor, anders als im Verfahren nach § 348a II 3. Das ergibt der Vergleich des Wortlauts der beiden in ihrer jetzigen Form gleichzeitig in Kraft getretenen Vorschriften. Vgl zum Parallelfall II Rn 30.

46 **12) Entscheidung durch Beschluß, III 3.** Sobald die Sache dem Vorsitzenden der Kammer vorgelegt worden ist oder sobald er es gar nicht zum Einsatz des originären Einzelrichters hatte kommen lassen, muß er eine Beratung der vollbesetzten Kammer zur Beschlußfassung ansetzen. Dabei gelten für die Mitwirkung des Einzelrichters dieselben Grundsätze wie im Kammerverfahren nach II, Rn 28–33. Das Kollegium entscheidet sodann durch einen Beschluß wie bei II. Diesen muß das Kollegium aus denselben Erwägungen wie bei II trotz der Unanfechtbarkeit nach IV kurz nachvollziehbar genug begründen. Dabei ist die Kollegium trotz im Fall III 1 Z 1, 2 noch formell im Fall III 1 Z 3 (übereinstimmende Anträge der Parteien) an die Beurteilung des Einzelrichters bzw diejenige der Parteien gebunden. Die übereinstimmenden Anträge zwingen nur zur Vorlage und zur Beratung. Sie zwingen nicht zur Übernahme durch das Kollegium.

47 **13) Bei Übernahme: Kollegialzuständigkeit, III 2, 3.** Wenn das Kollegium den Prozeß übernimmt, tritt ab jetzt die funktionelle Bearbeitung wie sonst in Sachen ein, die das Kollegium bearbeiten muß. Der

Titel 4. Verfahren vor dem Einzelrichter §§ 348, 348a

Vorsitzende verteilt also nach dem Plan seiner Kammer die Arbeit. Er mag den bisher als originär allein zuständig gewesenen Einzelrichter jetzt als Berichterstatter einsetzen. Er mag auch einen anderen einschließlich sich selbst zum Berichterstatter bestellen müssen. Die während der Zuständigkeit des originären Einzelrichters erfolgten Maßnahmen und Parteiprozeßhandlungen usw bleiben wirksam.

14) Bei Ablehnung der Übernahme: Weiter Einzelrichter, III 2, 3. Wenn das Kollegium die Übernahme ablehnt, bleibt es bei der Zuständigkeit des bisherigen originären Einzelrichters mit allen ihren Wirkungen. Das Kollegium kann hier nicht etwa ein anderes Mitglied zum Einzelrichter bestellen. Denn der bisherige Kollege war ja kraft Gesetzes Einzelrichter, eben anders als bei § 348 a. 48

15) Keine Zurückübertragung, III 4. Aus den Gründen Rn 48 kommt auch keine Zurückübertragung auf den bisherigen Einzelrichter in Betracht. Er kann auch nicht etwa von sich aus erklären, er übernehme die Sache erneut. Hat das Kollegium übernommen, so bleibt es zuständig, solange es nicht nach § 348 a auf den bisherigen Kollegen oder auf ein anderes Kammermitglied überträgt. Das wäre ein zulässiger, aber nach Voraussetzungen und Durchführung ganz anderer Weg zu einem Mitglied der Kammer in einer ganz anderen, wenn auch teilweise dem originären Einzelrichter ähnlichen Funktion. 49

16) Unanfechtbarkeit, IV. Die Entscheidung des Kollegiums nach III ist unabhängig davon, ob sie auf Übernahme oder auf deren Ablehnung lautet oder dergleichen überlassen hat, nach § 318 weder seitens der Kammer abänderbar noch seitens der Parteien anfechtbar. Das stellt IV klar. Dasselbe gilt schon für die Entscheidung des Einzelrichters nach II, III, mag er vorgelegt haben oder dazu keine Möglichkeit gesehen haben, aus welchen Gründen auch immer. 50

Greifbare Gesetzwidrigkeit, ein schillernder, aber modisch gewordener Begriff, § 127 Rn 25, mag im krassen Verstoßfall eine Rechtsmittelmöglichkeit unter den Voraussetzungen der §§ 567 ff eröffnen. Man sollte insofern mit großer Zurückhaltung vorgehen. Art 101 I 2 GG (Gebot des gesetzlichen Richters) ist mitbetroffen und führt zur Unheilbarkeit des Verstoßes, § 295 Rn 30, Celle MDR **03**, 524, und auf Antrag zur Zurückverweisung, BGH MDR **03**, 588 (zu § 568 S 2 Z 2; zustm Abramenko Rpfleger **03**, 376). Das mag auch die Verfassungsbeschwerde eröffnen. 51

17) *VwGO: Es gilt § 6 VwGO, vgl Üb § 348 Rn 5. Ein originärer Einzelrichter ist nur in § 76 AsylVfG (jetzt idF des Art 3 Z 45 G v 20. 6. 02, BGBl 1946) vorgesehen. Zur Verletzung des Art 101 I 2 GG bei Willkür oder Manipulation s OVG Greifsw NordÖR 02, 65.* 52

348a *Obligatorischer Einzelrichter.* ¹Ist eine originäre Einzelrichterzuständigkeit nach § 348 Abs. 1 nicht begründet, überträgt die Zivilkammer die Sache durch Beschluss einem ihrer Mitglieder als Einzelrichter zur Entscheidung, wenn

1. die Sache keine besonderen Schwierigkeiten tatsächlicher oder rechtlicher Art aufweist,
2. die Rechtssache keine grundsätzliche Bedeutung hat und
3. nicht bereits im Haupttermin vor der Zivilkammer zur Hauptsache verhandelt worden ist, es sei denn, dass inzwischen ein Vorbehalts-, Teil- oder Zwischenurteil ergangen ist.

II ¹ Der Einzelrichter legt den Rechtsstreit der Zivilkammer zur Entscheidung über eine Übernahme vor, wenn

1. sich aus einer wesentlichen Änderung der Prozesslage besondere tatsächliche oder rechtliche Schwierigkeiten der Sache oder die grundsätzliche Bedeutung der Rechtssache ergeben oder
2. die Parteien dies übereinstimmend beantragen.

²Die Kammer übernimmt den Rechtsstreit, wenn die Voraussetzungen nach Satz 1 Nr. 1 vorliegen. ³Sie entscheidet hierüber nach Anhörung der Parteien durch Beschluss. ⁴Eine erneute Übertragung auf den Einzelrichter ist ausgeschlossen.

III Auf eine erfolgte oder unterlassene Übertragung, Vorlage oder Übernahme kann ein Rechtsmittel nicht gestützt werden.

Schrifttum (je zum alten Recht): *Ketelaer,* Der alleinentscheidende Einzelrichter des § 348 ZPO, Diss Bonn 1985; *Rottleuthner* DRiZ **89**, 164 (Rechtstatsachen); *Rottleuthner/Böhm/Gasterstädt,* Rechtstatsächliche Untersuchung zum Einsatz des Einzelrichters usw, 1992.

Gliederung

1) Systematik, I–III 1	B. Gesamtvorlage 13
2) Regelungszweck, I–III 2	C. Wesentliche Änderung der Prozeßlage, II 1 Z 1 14
3) Geltungsbereich, I–III 3	D. Besondere Schwierigkeit usw, II 1 Z 1 Hs 1 15
4) Keine Zuständigkeit nach § 348, I 4	E. Grundsätzliche Bedeutung usw, II 1 Z 1 Hs 2 16
5) Grundsatz: Übertragungszwang, I Hs 1 5	F. Übereinstimmende Parteianträge, II 1 Z 2 17
6) Gesamtübertragung, I 6	10) Übernahmepflicht der Kammer, II 2 18
7) Zulässigkeit einer Übertragung, I 7–9	11) Parteianhörung, II 3 19
A. Keine besondere Schwierigkeit, I Z 1 7	12) Entscheidung durch Beschluß, II 3 ... 20
B. Keine grundsätzliche Bedeutung, I Z 2 8	13) Keine erneute Übertragung, II 4 21
C. Zeitschranke, I Z 3 9	14) Unanfechtbarkeit, III 22
8) Übertragungsbeschluß, I 10	15) VwGO 23
9) Vorlagepflicht in Sonderfällen, II 1 ... 11–17	
A. Vorlage 12	

§ 348a

Buch 2. Abschnitt 1. Verfahren vor den LGen

1 **1) Systematik, I–III.** Die „umgetaufte" Vorschrift entspricht teilweise dem früheren § 348. § 348 a gilt nach den klaren Eingangsworten in I nur hilfsweise für den Fall, daß nicht § 348 I eine Zuständigkeit begründet. Die Vorschrift ist aber dem § 348 in den Voraussetzungen und im Verfahren ziemlich nachgebildet. Sie gilt wie § 348 nur in erster Instanz. Im Berufungsverfahren enthalten §§ 526, 527 vorrangige Sonderregeln. In der Revisionsinstanz macht § 555 II die §§ 348, 348 a unanwendbar. § 375 bleibt unverändert bestehen.

2 **2) Regelungszweck, I–III.** Die Vorschrift dient vordergründig der Arbeitsentlastung des Kollegiums. Sie dient in Wahrheit mindestens ebenso fiskalischen Interessen, die der Rechtssicherheit nach Einl III 43 nicht sonderlich guttun. Sie stärkt andererseits im Ergebnis die einzelne Richterpersönlichkeit. Der obligatorische Einzelrichter arbeitet wie der originäre praktisch fast wie ein Amtsrichter und ganz so, solange er sich für zuständig hält und keine Übernahmeanträge der Parteien nach II Z 2 vorliegen. Das dient der Prozeßwirtschaftlichkeit, Grdz 14 vor § 128. Ob die Gerechtigkeit nach Einl III 9 gefährdeter ist, weil statt eines Amtsrichters wegen eines über dessen sachliche Zuständigkeit hinausgehenden Streitwerts zwar formell das LG, dieses aber „nur" in Gestalt seines Einzelrichters fungiert, läßt sich wohl doch in so manchem Fall bezweifeln. Freilich sind die Möglichkeiten des obligatorischen Einzelrichters zur Vorlage an das Kollegium zwecks Übernahme nach II Z 1 erheblich geringer als bei originären Einzelrichter nach § 348. Das alles sollte man bei der Auslegung vorsichtig mitabwägen.

3 **3) Geltungsbereich, I–III.** Er ist derselbe wie bei § 348 Rn 3.

4 **4) Keine Zuständigkeit nach § 348, I.** Voraussetzung des Einsatzes des obligatorischen Einzelrichters nach § 348 a ist, daß ein Einzelrichter nach § 348 nicht tätig werden darf. Vgl dazu die dortigen Rn 9–24. Gerade derjenige Proberichter, der noch nicht ein Jahr hindurch planmäßig Zivilrichter war, kann sehr wohl als Einzelrichter nach § 348 a tätig werden.

5 **5) Grundsatz: Übertragungszwang, I Hs 1.** Der bei § 348 I im Grundsatz unmittelbar kraft Gesetzes eintretenden Zuständigkeit des originären Einzelrichters entspricht beim obligatorischen Kollegen nach § 348 a I Hs 1 der Grundsatz, daß das Kollegium zwar tätig werden und stets zunächst Beschluß fassen muß, daß es aber zur Übertragung auf den obligatorischen Einzelrichter verpflichtet ist. Das Wort „soll" in § 348 I aF ist entfallen, es heißt jetzt einfach „überträgt" und bringt damit in Kurzfassung ein „muß übertragen" zum Ausdruck. Damit entfallen jedenfalls alle bloßen Zweckmäßigkeitserwägungen oder persönlichen Neigungen etwa des Kammervorsitzenden in Richtung Übertragung oder Nichtübertragung jetzt wenigstens offiziell. Wie weit sie versteckt hinter Erwägungen vor allem zu I Z 1 oder 2 weiterhin eine Rolle spielen können, ist eine dem Erkenntnisvermögen der Kollegen zu überlassende Frage.

6 **6) Gesamtübertragung, I.** Nur zur Entscheidung darf nach erstinstanzliche Zivilkammer den Rechtsstreit dem Einzelrichter übertragen. Der vorbereitende Einzelrichter ist nach § 375 bei der Zivilkammer möglich, außerdem bei der Kammer für Handelssachen nach § 349 und beim Berufungsgericht, § 526, Köln NJW **76**, 2219. Die Übertragung auf den Einzelrichter ist auch keineswegs eine bloß interne arbeitsorganisatorische Maßnahme. Deshalb ist auch eine Übertragung unter dem Vorbehalt einer Rückübertragung usw unzulässig, Karlsr VersR **86**, 663. Der Einzelrichter ist zur Rückübertragung vielmehr nur unter den Voraussetzungen II 1 befugt, Köln NJW **76**, 1102. Die Begriffe „Sache" in I umfassen nach dem Entlastungszweck, Üb 1 vor § 348, auch zB das Prozeßkostenhilfeverfahren, §§ 114 ff, das Arrest-, einstweilige Verfügungsverfahren, §§ 916 ff, 935 ff, das selbständige Beweisverfahren, §§ 485 ff, Geffert NJW **95**, 506, und andere Nebenverfahren mit oder ohne mündliche Verhandlung.

Mit der Übertragung auf ihn geht die *gesamte Tätigkeit* des Gerichts in dieser Sache unbegrenzt auf den Einzelrichter über, Karlsr VersR **86**, 663, Köln NJW **77**, 1159, Schultze NJW **77**, 2295. Das gilt auch zB im Fall einer Verweisung nach § 281. Sie macht also den Einzelrichter des anderen Gerichts zuständig, Kblz MDR **86**, 153. Das gilt ferner im Nachverfahren, §§ 302, 600, für die Streitwertfestsetzung, §§ 3 ff, für die Einstellung der Zwangsvollstreckung nach §§ 707, 719 oder nach §§ 887 ff, Kblz MDR **78**, 851, Mü MDR **83**, 499, für eine Entscheidung nach §§ 319–321 a, für die Entscheidung über eine Ablehnung, §§ 42 ff, Mü MDR **83**, 498, oder im Kostenfestsetzungsverfahren, §§ 103 ff, Hamm MDR **93**, 384, VGH Kassel AnwBl **86**, 412.

Der Einzelrichter ist nunmehr das *erkennende Gericht*, Karlsr VersR **86**, 663, Schlesw SchlHA **78**, 69. Auch vor ihm besteht ein Anwaltszwang wie sonst vor dem Prozeßgericht, § 78 Rn 1. Er kann erst auf Grund einer eigenen mündlichen Verhandlung entscheiden, § 309, Köln NJW **77**, 1159. An seine Zwischenentscheidung ist das Kollegium, es heißt sogar: übertragungsgebunden, § 318. § 140 ist im Verhältnis zwischen dem Einzelrichter und dem Kollegium unanwendbar. Sie sind auch nicht verschiedene Instanzen.

Allenfalls durch eine *Zurückverweisung* nach § 538 *oder durch eine Rückübertragung* nach II 1 bekommt die Zivilkammer oder deren Vorsitzender wieder irgendetwas mit der Sache zu tun, Karlsr VersR **86**, 663, Putzo NJW **75**, 187. Schon seine Hilfe vor der Rückübertragung wäre verfassungsrechtlich bedenklich. In der Regel erfolgt die Zurückverweisung freilich an den Einzelrichter, Schlesw SchlHA **78**, 69. Die Bestellung eines beauftragten oder ersuchten Richters nach §§ 361, 362 durch die Zivilkammer ist demgegenüber im Rahmen des § 375 zulässig. Wegen der Übertragung nur der Beweisaufnahme § 375 Rn 2, 3, 16.

7 **7) Zulässigkeit einer Übertragung, I.** Die Übertragung ist nur beim Zusammentreffen der drei folgenden zusätzlichen Voraussetzungen geboten. Über das Vorliegen dieser Voraussetzungen entscheidet keineswegs der in Frage kommende Einzelrichter, sondern das Kollegium.

A. Keine besonderen Schwierigkeit, I Z 1. Der Einzelfall, die „Sache", darf keine besonderen Schwierigkeiten aufweisen. Nicht jede Schwierigkeit verbietet eine Übertragung auf den Einzelrichter, sondern nur eine besondere Schwierigkeit. Wegen der Einzelheiten gilt dasselbe wie bei § 348 Rn 39. Das gilt unabhängig davon, daß dort eine besondere Schwierigkeit *vorliegen*, hier aber *fehlen* muß.

8 **B. Keine grundsätzliche Bedeutung, I Z 2.** Eine im Einzelfall entstehende Rechtsfrage, die die Sache zur „Rechtssache" macht, darf außerdem auch keine grundsätzliche Bedeutung haben. Wegen dieses Begriffs

Titel 4. Verfahren vor dem Einzelrichter § 348a

und der Einzelheiten gilt auch hier dasselbe wie bei § 348 Rn 40, 41, unabhängig davon, daß dort eine besondere Bedeutung *vorliegen,* hier aber *fehlen* muß.

C. Zeitschranke, I Z 3. Anders als bei § 348 Rn 38 muß man nach I Z 3 außerdem noch die Zeitschranke beachten. Die Übertragung ist nur bis zum Beginn der umfassend vorbereiteten Verhandlung zur Hauptsache zulässig, § 137 Rn 7, §§ 272 I, 279. Brdb RR **00**, 1339, Hamm MDR **93**, 576, Jena MDR **99**, 501. Das gilt auch dann, wenn dieser Termin ein früher erster Termin ist, Jena MDR **99**, 501, Mü RR **86**, 1512 (letztere Entscheidung mit nicht überzeugender, auch unnötiger Begründung mittels § 128 II 2), aM Düss MDR **80**, 943, Hamm MDR **93**, 1236, ThP 9 (aber auch ein früher erster Termin kann ein vollgültiger Haupttermin sein, § 272 Rn 4). Es kommt mangels seiner eindeutigen Bezeichnung auf die Vorbereitung und den Ablauf des Termins an, Düss RR **96**, 638, Mü MDR **85**, 679. Es mag auch der Termin nach einem schriftlichen Vorverfahren stattfinden, § 276, oder nach einem im schriftlichen Verfahren nach § 128 II ergangenen Versäumnisurteil, LG Ffm RR **95**, 1211. Die Übertragung ist zugleich mit einem Beweisbeschluß der Kammer nach § 358a oder nach einem solchen Beweisbeschluß zulässig, Schlesw SchlHA **78**, 69. Die Übertragung ist auch im Haupttermin zulässig, solange noch die Einführung in den Sach- und Streitstand und/oder eine Erörterung usw stattfindet, §§ 137 I, 297 I, dort Rn 4.

Eine *Güteverhandlung* ist gerade noch keine mündliche Verhandlung und erst recht kein Haupttermin, § 279 I 1. Hinweise nach § 139 I–III vor der Entgegennahme eines ersten Sachantrags sind unschädlich. Denn grundsätzlich ist die Übertragung erst ab Antragstellung nach § 137 I zur Hauptsache im Sinn von § 39 Rn 6 unzulässig. Keineswegs zulässig ist die Übertragung eben erst nach einem vom Kollegium erlassenen Beweisbeschluß nach § 358, Köln RR **95**, 512. Eine richterliche Manipulierung durch eine mißbräuchliche Nichtveranlassung einer Antragstellung kann freilich ebenfalls zur Unzulässigkeit der Übertragung führen, Oldb MDR **82**, 856. Ein Haupttermin vor dem AG bleibt im Fall der Verweisung an das LG unschädlich.

Zulässig ist die Übertragung auch dann noch für den Fall, daß das Kollegium nur über einzelne Angriffs- oder Verteidigungsmittel nach Einl III 70 oder nur über den Anspruchsgrund verhandelt hat oder daß inzwischen ein Vorbehalts-, Teil- oder Zwischenurteil ergangen ist, §§ 301, 302, 599. Nach dessen Erledigung ist die Übertragung des restlichen Prozesses auf den Einzelrichter zur Antragstellung zur Hauptsache in demjenigen Haupttermin zulässig, der auf den Erlaß des Vorbehalts-, Teil- oder Zwischenurteils folgt. Die Übertragung ist daher evtl noch nach mehreren Haupt- oder sonstigen Terminen zulässig, soweit dort jeweils noch nicht zur Hauptsache verhandelt worden ist. Das alles übersieht Kblz MDR **85**, 66. Ab Entscheidungsreife nach § 300 Rn 6 ist eine Übertragung stets unzulässig. Es kann ratsam sein, daß der Einzelrichter zu Beginn seiner Entscheidungsgründe knapp, aber nachvollziehbar darstellt, daß eine Übertragung noch zulässig war. Das ist eine Vorbeugung gegen den Vorwurf eines schweren Verfahrensfehlers durch Nichtachtung des Gebots des gesetzlichen Richters, Art 101 I 2 GG, Rn 10.

8) Übertragungsbeschluß, I. Die Übertragung ergeht durch Beschluß ohne notwendige mündliche Verhandlung, I, § 128 IV. Diesen Beschluß faßt das Kollegium und nicht etwa der Einzelrichter oder der Berichterstatter, Ffm NJW **77**, 301. Der Beschluß ordnet nicht nur die Übertragung schlechthin an, sondern auch die Übertragung auf einen bestimmten Einzelrichter, Müller DRiZ **76**, 43. Es liegt ja ein vom Vorsitzenden nach § 21 g II, III GVG aufgestellter Plan vor, den der Vorsitzende nur in den Fällen § 21 g II letzter Hs GVG ändern darf, Schuster NJW **75**, 1495. Der Vorsitzende ist am Beschluß auch dann beteiligt, wenn er später zum Einzelrichter bestellt wird. Es ist also ein Beschluß der gesamten Kammer notwendig. Bloße Formfehler sind heilbar, Köln NJW **76**, 680, etwa dann, wenn das Kollegium den Beschluß gefaßt hat, aber nur der Einzelrichter ihn unterschrieben hat.

Eine echte bloße *Selbstbestellung* des Einzelrichters ist wegen greifbarer Gesetzwidrigkeit (zu diesem fragwürdigen Begriff § 127 Rn 25), Seidel ZZP **99**, 82, ein unheilbarer Mangel, § 295 Rn 25 „Einzelrichter". Dieser führt auf Antrag evtl zur Zurückverweisung an die gesamte Kammer, (jetzt) § 538, KG MDR **79**, 764, Köln NJW **76**, 1102, Schlesw JB **96**, 42. Dasselbe gilt nach einer mißbräuchlichen Übertragung, Einl III 54, Nürnb OLGZ **93**, 197, Oldb MDR **82**, 856.

Eine formell ordnungsgemäße Übertragung ist *grundsätzlich unanfechtbar,* III. Trotzdem ist eine ganz kurze Begründung ratsam, § 329 Rn 4. Das gilt, zumal bei einer völligen Verkennung der Voraussetzungen einer Übertragung sofortige Beschwerde denkbar ist, Schlesw NJW **88**, 69, wenn auch nicht schon wegen der Versagung des rechtlichen Gehörs, Celle MDR **94**, 1146. Das gilt jedenfalls bei einer Entscheidung entgegen den Anträgen einer Partei, § 707 Rn 17. Das Kollegium muß seine Entscheidung verkünden oder beiden Parteien formlos mitteilen, § 329 I, II 1, auch den Streithelfern usw. Ein Verstoß ist unheilbar. Denn er richtet sich gegen Art 101 I 2 GG, § 295 Rn 25 „Einzelrichter" (dort zur Streitfrage).

Von ihrer Wirksamkeit nach § 329 Rn 26 an ist die Entscheidung *unabänderlich.* Denn der Rechtsstreit schwebt nunmehr nur beim Einzelrichter, § 318. Der nächste Termin bestimmt erst dieser Einzelrichter. Die schon laufenden Beweiserhebungen zB durch Sachverständige nehmen ihren Fortgang. Alle diesbezüglichen Entscheidungen liegen nunmehr nur beim Einzelrichter. Er bezeichnet sich zB „als obligatorischer Einzelrichter" oder „als der zur Entscheidung (oder: der gemäß § 348a ZPO) berufene Einzelrichter der Zivilkammer X". Gegen seine Entscheidung ist der gegen die Entscheidung des Prozeßgerichts zulässige Rechtsbehelf statthaft, Kblz Rpfleger **78**, 329.

9) Vorlagepflicht in Sonderfällen, II 1. In Abweichung von dem Grundsatz I 1 (Einzelrichter wegen Übertragungszwangs) eröffnet II in zwei Sonderfällen ein dem § 348 III 1 gleichendes Verfahren, dort Rn 34, 35.

A. Vorlage. Es gelten dieselben Erwägungen wie § 348 Rn 36.

B. Gesamtvorlage. Es gelten dieselben Erwägungen wie § 348 Rn 37.

C. Wesentliche Änderung der Prozeßlage, II 1 Z 1. Eine Vorlagepflicht des obligatorischen Einzelrichters entsteht, sobald die folgende Situation eintritt. Es muß eine Änderung der Prozeßlage vorliegen. Es muß außerdem diese Änderung wesentlich sein, nicht bloß geringfügig. Es reicht ferner aus, daß die

§§ 348a, 349

Änderung zwar erheblich ist, daß sie aber nicht schon zur Zeit der Übertragung auf den Einzelrichter vorhersehbar gewesen war, Karlsr VersR **86**, 663. Beispiele: Ein völlig neuer Parteivortrag; ein völlig neues Beweisergebnis nach der Übertragung; eine Rechtsänderung; eine jetzt erst erklärte Haupt- oder Hilfsaufrechnung, § 145 Rn 2 ff; eine Klagänderung, §§ 263, 264; eine Widerklage, Anh § 253.

15 D. **Besondere Schwierigkeit usw, II 1 Z 1 Hs 1.** Es muß sich gerade aus der wesentlichen Änderung der Prozeßlage nach Rn 14 eine besondere Schwierigkeit der Sache in tatsächlicher und/oder rechtlicher Art ergeben *oder* der Fall Rn 16 eingetreten sein. Zur besonderen Schwierigkeit gilt dasselbe wie bei § 348 Rn 39.

16 E. **Grundsätzliche Bedeutung usw, II 1 Z 1 Hs 2.** Soweit die Bedingung Rn 15 nicht eingetreten ist, muß sich gerade aus der wesentlichen Änderung der Prozeßlage nach Rn 14 die grundsätzliche Bedeutung der Rechtssache ergeben haben. Zu diesen Begriffen gilt dasselbe wie bei § 348 Rn 40, 41. Eine Vorlage ist also keineswegs schon deshalb zulässig, weil sich der Einzelrichter der Sache in ihrem Umfang nicht mehr gewachsen fühlt. Denn das ist systemwidrig, Baur ZZP **91**, 330. Er muß sich dann durchbeißen. Ebensowenig ist eine Vorlage schon wegen eines bloßen Irrtums der Zivilkammer darüber zulässig, es liege kein Fall von I Z 1 vor. Der Einzelrichter hat also keineswegs ein freies Ermessen, Kramer JZ **77**, 16 (mit anderer Begründung), aM Köln NJW **76**, 680 (aber das Gesetz engt die Möglichkeiten einer Vorlage bewußt ein).

17 F. **Übereinstimmende Parteianträge, II 1 Z 2.** Unabhängig davon, ob die Bedingungen Rn 15, 16 eingetreten sind, muß der obligatorische Einzelrichter den Rechtsstreit dem Kollegium vorlegen, wenn die Parteien es übereinstimmend beantragen. Wegen der Einzelheiten gilt dasselbe wie bei § 348 Rn 43, 44.

18 10) **Übernahmepflicht der Kammer, II 2.** Es gelten dieselben Erwägungen wie bei § 348, Rn 43, 44. Das gilt insbesondere zur Auslegung dahin, daß das Kollegium auch im Fall II 1 Z 2 sehr wohl entscheidet, und zwar endgültig.

19 11) **Parteianhörung, II 3.** Im Gegensatz zu § 348 III 2, dort Rn 45, darf und muß das Kollegium zumindest diejenige Partei anhören, die von einer ihr nachteiligen Entscheidung betroffen würde. Eine Anhörung nach Art 103 I GG erfordert eine nach der Gesamtlage ausreichende Frist zur Stellungnahme. Eine gerade auch „mündliche" Anhörung ist nicht erforderlich. Denn die anschließende Entscheidung ergeht in Beschlußform, §§ 128 IV, 329. Das Kollegium muß die Fristsetzung aktenkundig machen. Ein Zustellungsfehler kann nach § 189 heilen.

20 12) **Entscheidung durch Beschluß, II 3.** Es gelten dieselben Erwägungen wie bei § 348 Rn 46–48.

21 13) **Keine erneute Übertragung, II 4.** Es kommt keine erneute Übertragung auf den Einzelrichter in Betracht, ebensowenig wie bei § 348 II 4 eine Zurückübertragung, dort Rn 49.

22 14) **Unanfechtbarkeit, III.** Es ist grundsätzlich kein Rechtsmittel zulässig, weder gegen eine erfolgte noch gegen eine unterlassene Übertragung, Vorlage oder Übernahme, ebensowenig wie bei § 348 IV, dort Rn 50. Greifbare Gesetzeswidrigkeit mag ganz ausnahmsweise eine Anfechtbarkeit wie bei § 348 IV zulassen, dort Rn 51.

23 15) *VwGO: Vgl Üb § 348 Rn 5. Wegen der Anlehnung des § 6 VwGO an § 348a sollte das Gericht bei den Beteiligten anfragen, ob einer Übertragung auf den Einzelrichter Gründe entgegenstehen, vgl § 277 I 2. Zu den Voraussetzungen der Übertragung und deren Nachprüfung, Rn 7 ff und 17 f, vgl BVerwG NVwZ **05**, 98, NVwZ-RR **00**, 257, OVG Lüneb NdsRpfl **97**, 82, OVG Hbg NVwZ-RR **96**, 716.*

---

349 **Vorsitzender der Kammer für Handelssachen.** [1] ¹In der Kammer für Handelssachen hat der Vorsitzende die Sache so weit zu fördern, dass sie in einer mündlichen Verhandlung vor der Kammer erledigt werden kann. ²Beweise darf er nur insoweit erheben, als anzunehmen ist, dass es für die Beweiserhebung auf die besondere Sachkunde der ehrenamtlichen Richter nicht ankommt und die Kammer das Beweisergebnis auch ohne unmittelbaren Eindruck von dem Verlauf der Beweisaufnahme sachgemäß zu würdigen vermag.

II Der Vorsitzende entscheidet
1. über die Verweisung des Rechtsstreits;
2. über Rügen, die die Zulässigkeit der Klage betreffen, soweit über sie abgesondert verhandelt wird;
3. über die Aussetzung des Verfahrens;
4. bei Zurücknahme der Klage, Verzicht auf den geltend gemachten Anspruch oder Anerkenntnis des Anspruchs;
5. bei Säumnis einer Partei oder beider Parteien;
6. über die Kosten des Rechtsstreits nach § 91 a;
7. im Verfahren über die Bewilligung der Prozesskostenhilfe;
8. in Wechsel- und Scheckprozessen;
9. über die Art einer angeordneten Sicherheitsleistung;
10. über die einstweilige Einstellung der Zwangsvollstreckung;
11. über den Wert des Streitgegenstandes;
12. über Kosten, Gebühren und Auslagen.

III Im Einverständnis der Parteien kann der Vorsitzende auch im Übrigen an Stelle der Kammer entscheiden.

IV Die §§ 348 und 348 a sind nicht anzuwenden.

Schrifttum: *Weil,* Der Handelsrichter und sein Amt, 3. Aufl 1981.

Titel 4. Verfahren vor dem Einzelrichter § 349

Gliederung

1) **Systematik, I–IV**	1	K. Streitwert, II Z 11	13
2) **Regelungszweck, I–IV**	2	L. Kosten, II Z 12	13
3) **Geltungsbereich, I–IV**	3	7) **Weitere Befugnisse des Vorsitzenden, II**	14–16
4) **Förderungsgrundsatz, I 1**	4	A. Arrest, einstweilige Verfügung	15
5) **Beweis, I 2**	5–8	B. Selbständiges Beweisverfahren	15
A. Grundsatz: Keine zu enge Begrenzung der Befugnisse	5	C. Prozeßabweisung	15
B. Befugnis	6	D. Streithelfer	15
C. Fehlen einer Befugnis	7	E. Verbindung, Trennung	16
D. Verstoß	8	F. Wiedereinsetzung	16
6) **Befugnisse des Vorsitzenden nach dem Gesetzestext, II**	9–13	G. Zeugnisverweigerung	16
A. Verweisung, II Z 1	9	H. Sommersache	16
B. Zulässigkeitsrüge, II Z 2	10	I. Zwischenstreit mit Dritten	16
C. Aussetzung, II Z 3	11	J. Beansprucherstreit; Urheberbenennung	16
D. Klagerücknahme usw, II Z 4	11	8) **Kammertermin, II**	17
E. Säumnis, II Z 5	11	9) **Verstoß, II**	18
F. Erledigung, II Z 6	11	10) **Einverständnis der Parteien, III**	19, 20
G. Prozeßkostenhilfe, II Z 7	12	11) **Unanwendbarkeit der §§ 348, 348 a**	21
H. Wechsel- und Scheckprozeß, II Z 8	12	12) **Rechtsmittel, I–IV**	22
I. Sicherheitsleistung, II Z 9	13	13) *VwGO*	23
J. Einstellung der Zwangsvollstreckung, II Z 10	13		

1) Systematik, I–IV. Während in der erstinstanzlichen Zivilkammer ein Einzelrichter nur noch dann 1 zulässig ist, falls diesem der Rechtsstreit kraft Gesetzes nach § 348 oder durch Kollegialbeschluß nach § 348 a insgesamt zur Entscheidung übertragen ist, ist gerade diese Übertragung in der erstinstanzlichen Kammer für Handelssachen unzulässig, IV, auch wegen der Stellung der Handelsrichter (wegen der Beschwerdeinstanz Üb 3 vor § 348). Der Vorsitzende ist nicht mit dem Einzelrichter der Zivilkammer zu verwechseln, Karlsr NJW 02, 1963, aM ZöGu § 568 Rn 2 (aber es bestehen nun wirklich unverkennbar erhebliche Unterschiede, Rn 2). Das Gesetz nennt ihn deshalb auch nicht Einzelrichter. Er darf grundsätzlich nur vorbereitend tätig werden. Er darf und muß jedoch in zahlreichen Situationen allein entscheiden, II. Beim Einverständnis der Parteien darf er auch umfassend allein entscheiden, III. Er bestimmt nach pflichtgemäßem Ermessen, ob er den ersten Termin vor sich allein durchführt. Er wird jedenfalls bis zur mündlichen Verhandlung ohne eine förmliche Übertragung auf ihn tätig.

Seine Stellung entspricht also *keineswegs* derjenigen des *Einzelrichters* der §§ 348, 348 a, die unanwendbar sind, IV, Zweibr NJW 02, 2722 (zu § 568). Sie entspricht aber derjenigen des Einzelrichters der §§ 526, 527. Sie ist gegenüber der letzteren bei einer Beweiserhebung zum Teil enger, bei einer Entscheidung zum Teil weiter gefaßt. Im Rahmen des § 349 ist der Vorsitzende weder ein beauftragter Richter noch ein ersuchter Richter im Sinn von §§ 361, 362, sondern das Prozeßgericht, Bergerfurth NJW 75, 335. Der Vorsitzende kann beauftragte oder ersuchte Richter wie die Kammer für Handelssachen bestellen. Eine Versäumung von Vorbringen vor ihm kann eine Zurückweisung durch das Kollegium rechtfertigen, Bergerfurth NJW 75, 335.

2) Regelungszweck, I–IV. Die Stellung des Vorsitzenden der Kammer für Handelssachen unterscheidet 2 sich von derjenigen eines Zivilkammer-Vorsitzenden schon deshalb erheblich, weil man den Aufgabenkreis der ehrenamtlichen Handelsrichter naturgemäß nur bedingt mit demjenigen des vollamtlich berufenen Beisitzers der Zivilkammer vergleichen kann. Daher macht IV auch die §§ 348, 348 a gänzlich unanwendbar, und daher gibt zwar III den Parteien die Möglichkeit, den Vorsitzenden insgesamt allein tätig werden zu lassen, schafft aber andererseits I 1 den Grundsatz, daß ohne solchen Parteiwillen der Vorsitzende ähnlich wie im Schöffengericht zwar umfassend vorbereitet, daß das Kollegium aber verhandeln läßt und entscheidet.

Behutsamkeit ist oft zur Klärung nötig, ob man ein Einverständnis nach IV anregen, annehmen, herbeireden oder „abwimmeln" kann. Die Sachkunde erfahrener Handelsrichter ist oft ebensowenig entbehrlich wie die Fachkunde des Vorsitzenden. Überlastung kann für wie gegen die Mitwirkung der Handelsrichter sprechen.

3) Geltungsbereich, I–IV. Vgl zunächst Üb 4 vor § 348. Unstatthaft ist eine vorbereitende Tätigkeit des 3 Vorsitzenden bei einem Arrest oder einer einstweiligen Verfügung. Denn eine solche Tätigkeit ist mit deren Natur unvereinbar (Ausnahmen: Einverständnis, III, Rn 15). In der Berufungsinstanz gehen (jetzt) §§ 526, 527 vor, Putzo NJW 75, 188, Schuster BB 75, 541. In der Beschwerdeinstanz hat § 568 Vorrang. Im FGG-Verfahren gilt § 349 nicht, Naumbg FGPrax 00, 72.

4) Förderungsgrundsatz, I 1. Der Vorsitzende muß die Sache so weit fördern, daß vor der gesamten 4 Kammer für Handelssachen möglichst nur ein einziger Verhandlungstermin erforderlich ist, § 279. Was zulässig, ratsam, ist, muß der Vorsitzende nach seinem pflichtgemäßen Ermessen prüfen. Die Anhörung der Parteien ist anders als bei § 348 a II nicht grundsätzlich vorgeschrieben. Sie ist aber evtl im Einzelfall zumindest ratsam.

Die Förderung umfaßt *alle denkbaren Maßnahmen,* insbesondere alle prozeßleitenden nach § 273, Fristsetzungen zB nach §§ 275 I, III, IV, 276 und den Versuch einer gütlichen Einigung nach § 278. Ausnahmen können nur nach I 2 entstehen. So kann zB ein Termin vor dem Kollegium zunächst etwa wegen der Schwierigkeit und der Bedeutung der Sache ratsam sein, Bergerfurth NJW 75, 332. Dann aber mag er wegen eines inzwischen eingegangenen Schriftsatzes nicht mehr ratsam bleiben. Vielmehr mag statt dessen eine weitere Vorbereitung oder Entscheidung durch den Vorsitzenden nötig werden. Während der Vorbereitung

§ 349

darf der Vorsitzende ehrenamtliche Richter nicht zuzuziehen. Sie sind dann auch noch nicht mitverantwortlich. Es ist natürlich zulässig, daß der Vorsitzende mit ihnen informatorische Rücksprache nimmt. Verhandlungsreife vor dem Kollegium liegt vor, wenn nur noch solche Maßnahmen in Betracht kommen, die er vornehmen muß, weil ihm sonst eine Überzeugungsbildung unmöglich würde.

5 **5) Beweis, I 2.** Man sollte großzügig vorgehen.

A. Grundsatz: Keine zu enge Begrenzung der Befugnisse. Eine Beweiserhebung durch den Vorsitzenden ist eine Ausnahme vom Grundsatz der Unmittelbarkeit der Beweisaufnahme, § 355 I 1. Daher darf man die Vorschrift an sich nicht weit auslegen. I 2 geht als engere Spezialvorschrift dem § 358 a grundsätzlich vor. Freilich findet sich dort ein ähnlicher Grundgedanke. Daher ist § 358 a zur Abgrenzung des nach I 2 Erlaubten mit heranziehbar. Beide Vorschriften nennen ja auch eine Förderungspflicht durch den Vorsitzenden. Daher darf man die Befugnisse des Vorsitzenden nicht allzu eng begrenzen, Bergerfurth NJW **75**, 332. Er darf zB nach §§ 360, 366, 380, 387, 391 vorgehen.

6 **B. Befugnis.** Der Vorsitzende darf zB derart tätig werden, wenn zur Zeit des Beweisbeschlusses voraussichtlich sowohl eine besondere Sachkunde der Beisitzer unerheblich ist als auch deren sachgemäße Beweiswürdigung auch ohne unmittelbaren eigenen Eindruck vom Verlauf der Beweisaufnahme möglich sein wird. Beide Voraussetzungen sind praktisch kaum trennbar. Wenn schon die Auswahl der Beweismittel, die Formulierung des Beweisbeschlusses, die Sichtung der Urkunden usw nur unter der Mitwirkung der ehrenamtlichen Richter sinnvoll sind, dann ist meist auch nur mit ihrer Hilfe eine sachgemäße Beweiswürdigung möglich.

7 **C. Fehlen einer Befugnis.** Umgekehrt setzen evtl nötige sachkundige Zusatzfragen an einen Zeugen oft schon einen sachkundigen Beweisbeschluß voraus. Daher wird eine Beratung der gesamten Kammer bereits zu der Frage notwendig, welche der angetretenen Beweise das Gericht zunächst erheben soll. Man muß die Notwendigkeit mehrerer Termine zwecks sachkundiger Beweisaufnahme hinnehmen. Zwar darf der Vorsitzende seinen persönlichen Eindruck protokollieren, § 285 Rn 6. Trotzdem müßte die Beweisaufnahme evtl wiederholt werden, § 398. Darüber entscheidet das Kollegium nach seinem pflichtgemäßen Ermessen. § 285 II ist anwendbar. Einen Eid bzw eine eidesgleiche Bekräftigung kann grundsätzlich nur die gesamte Kammer für Handelssachen abnehmen.

8 **D. Verstoß.** Ein Verstoß gegen I 2 ist zwar ein Verfahrensfehler, §§ 286, 355, 545. Er läßt aber die Beweisaufnahme zunächst wirksam bleiben, § 355 II. § 295 ist anwendbar. Die Anfechtung ist nur zusammen mit derjenigen des Urteils möglich. Nach ihr erfolgt evtl eine Zurückverweisung, § 538. Bei einer extrem unzweckmäßigen Entscheidung des Vorsitzenden ist evtl eine Kostenniederschlagung nach § 8 GKG notwendig. Das gilt zB bei einer solchen, die hohe Gutachterkosten entstehen läßt, obwohl gegen die Notwendigkeit des Gutachtens gewichtige Gründe sprechen.

9 **6) Befugnisse des Vorsitzenden nach dem Gesetzestext, II.** Z 1–12 ermächtigt nach seinem Wortlaut den Vorsitzenden zwecks rascherer Prozeßbeendigung nach Grdz 14, 15 vor § 128 auch ohne das Einverständnis der Parteien zu sämtlichen Entscheidungen im Sinn von § 160 III Z 6 (Urteil, Beschluß, Verfügung) in den folgenden Fällen, Bergerfurth NJW **75**, 333.

A. Verweisung, II Z 1. In Betracht kommt jede Verweisung gleich welcher Art zB wegen Unzulässigkeit des ordentlichen Rechtswegs oder wegen sachlicher oder örtlicher Unzuständigkeit nach § 281 ZPO, §§ 17, 17 a, 97, 99 GVG.

10 **B. Zulässigkeitsrüge, II Z 2.** Hierher gehören alle Entscheidungen über eine Rüge der Unzulässigkeit, soweit abgesondert verhandelt wird, §§ 146, 280, BGH RR **01**, 930, § 282 III, Z 1. Der Vorsitzende kann zB ein Zwischen- oder Endurteil mit einer Klagabweisung als unzulässig fällen oder einen Verweisungsbeschluß erlassen. Vgl auch Rn 13 (I, J).

11 **C. Aussetzung, II Z 3.** Hierher gehört grundsätzlich jede Aussetzung, §§ 148 ff, auch ein Ruhenlassen nach § 251 (es gehört zum Titel „Unterbrechung und Aussetzung", §§ 239–252), auch die Entscheidung über die Ordnungsmäßigkeit der Aufnahme eines unterbrochenen oder ausgesetzten Verfahrens, §§ 155, 250. § 251 a fällt aber unter Z 5. Die Aussetzung nach Art 100 I GG fällt wegen der gleichzeitigen Verweisung unter Z 1, MüKoDe 11, StJSchu 19, aM ThP 5 (diese Aussetzung sei vom Kollegium zu treffen), ZöGre 7 (es sei dann III anwendbar. Aber beide Varianten beachten nicht genug den Vorrang von Z 1).

D. Klagerücknahme usw, II Z 4. Hierher gehören alle Entscheidungen nach einer Klagerücknahme, § 269 III IV, entsprechend nach einer Einspruchsrücknahme oder dem Verzicht auf ihn, §§ 346, 516 III 2, ferner nach einem Anspruchsverzicht, § 306, einem Anerkenntnis, § 307, einer Berufungsrücknahme, §§ 516 III 2, 527 III Z 1, auch eine Entbindung, § 76, Entlassung, § 75, Übernahme, § 266.

E. Säumnis, II Z 5. Hierher gehören alle Entscheidungen auf Grund einer Säumnis, mag sie einseitig oder zweiseitig sein. Hierher fällt auch eine Entscheidung nach § 331 II. Denn auch das unechte Versäumnisurteil nach Üb 13 vor § 330 ergeht „bei Säumnis". Hierher gehören ferner Entscheidungen nach §§ 251 a, 303, 331 a, 335, 341, 345, ferner über ein Wiedereinsetzungsgesuch gegen die Versäumung der Einspruchsfrist, §§ 233, 238 II.

F. Erledigung, II Z 6. Hierher gehört die Entscheidung nach beiderseitigen wirksamen Erledigterklärungen wegen der Kosten, § 91 a, aber nicht solche bei einer einseitigen Erledigterklärung. Denn dann muß das Gericht die Entscheidung auch darüber treffen, ob die Hauptsache überhaupt erledigt ist, § 91 a Rn 170.

12 **G. Prozeßkostenhilfe, II Z 7.** Hierher gehören alle Entscheidungen im Prozeßkostenhilfeverfahren nach §§ 114 ff. Das gilt unabhängig davon, ob der Kläger oder der Bekl eine Prozeßkostenhilfe beantragt und ob die Entscheidung von den wirtschaftlichen Verhältnissen abhängt, von der Erfolgsaussicht oder vom Fehlen von Mutwillen. Das gilt auch bei einer Entscheidung gemäß §§ 118 II, 124.

Titel 4. Verfahren vor dem Einzelrichter **§ 349**

H. Wechsel- und Scheckprozeß, II Z 8. Hierher gehören alle Entscheidungen im Wechsel- und Scheckprozeß, §§ 602, 605 a, nicht im sonstigen Urkundenprozeß, §§ 592–595, 597–599, Bergerfurth NJW 75, 333. Denn eine Auslegung der Urkunde hängt oft von der Sachkunde der ehrenamtlichen Richter ab, und Rechtsfragen sind nur bei einem Wechsel oder Scheck meist allein erheblich. Der Vorsitzende darf jede Entscheidung fällen. Z 8 gilt nicht für das Nachverfahren, § 600, Bergerfurth NJW 75, 334, oder nach einem Abstand, § 596.

I. Sicherheitsleistung, II Z 9. Hierher gehört die Entscheidung über die Art einer Sicherheitsleistung, **13** § 108, auch für deren Höhe, § 112, oder für deren Frist, § 113, oder ihre Rückgabe, §§ 109, 715, aber nicht dazu, ob eine Sicherheitsleistung überhaupt notwendig ist. Denn Z 9 setzt eine erfolgte Anordnung ausdrücklich voraus. Die Zuständigkeit des Rpfl bleibt unberührt.

J. Einstellung der Zwangsvollstreckung, II Z 10. Hierher gehören alle Entscheidungen über eine einstweilige Einstellung der Zwangsvollstreckung, §§ 707, 719. Denn diese ist eilbedürftig. Unerheblich ist, ob die Einstellung mit einer Sicherheitsleistung oder ohne sie erfolgt. Der Vorsitzende kann aber nur bestimmen, soweit die Anordnung durch das Prozeßgericht erfolgen darf, zB nach §§ 707, 719, 769, nicht dann, wenn das Vollstreckungsgericht zuständig wäre, zB nach § 813 a I.

K. Streitwert, II Z 11. Hierher gehört jede Entscheidung über den Streitwert, §§ 3 ff, § 63 GKG, wegen der Zuständigkeit oder der Kosten oder der Rechtsmittel, BayObLG DB 95, 1169 (nicht im FGG-Verfahren, Üb 4 vor § 348).

L. Kosten, II Z 12. Hierher gehört jede erstinstanzliche Entscheidung wegen der Kosten, Gebühren und Auslagen, §§ 91 ff, auch zB bei der öffentlichen Zustellung des Kostenfestsetzungsbeschlusses nach §§ 104, 185 ff, Ffm MDR 87, 414, oder bei einer Erinnerung gegen den Kostenfestsetzungsbeschluß, § 104 Rn 71, auch zB eine Abgabe an das Rechtsmittelgericht, § 104 Rn 74. Die Zuständigkeit des Rpfl bleibt unberührt.

7) Weitere Befugnisse des Vorsitzenden, II. Die Aufzählung des II ist lückenhaft, Bergerfurth NJW **14** 75, 333. Wenn der Vorsitzende die Sache bis zur Schlußverhandlung nach I 1 fördern soll, dann müssen ihm die dazu notwendigen Entscheidungen zustehen, soweit sie nicht den Streitstoff sachlich würdigen. Auch III ergibt nicht, daß die dortige Entscheidung des Vorsitzenden nur im Einverständnis der Parteien zulässig wäre. III ergibt eher, daß diese Entscheidung auch im Einverständnis der Parteien erfolgen kann. Zwar hat der Gesetzgeber den Katalog der Zuständigkeiten des Vorsitzenden erweitert. Dennoch fehlen regelungsbedürftige Fälle. II muß daher ergänzt werden. Das ist freilich nur unter Beachtung der Grenzen des I zulässig. Der Vorsitzende darf daher auch zB die folgenden Entscheidungen treffen.

A. Arrest, einstweilige Verfügung. Hierher gehören Entscheidungen bei einem Arrest nach §§ 916 ff **15** und einer einstweiligen Verfügung nach §§ 935 ff, soweit die Entscheidung dringlich ist, § 944, Bergerfurth NJW 75, 334. Gerade hier wäre eine Verdrängung durch II sinnwidrig. Allerdings darf der Vorsitzende bei diesen Verfahren nicht außerhalb solcher Dringlichkeit entscheiden.

B. Selbständiges Beweisverfahren. Hierher gehören Entscheidungen beim selbständigen Beweisverfahren, §§ 486 I, 490. § 486 III scheidet hier ohnehin aus. Freilich muß man I 2 beachten.

C. Prozeßabweisung. Der Vorsitzende entscheidet ferner bei einer Prozeßabweisung nach Grdz 14 vor § 253, soweit nicht II Z 2 anwendbar ist.

D. Streithelfer. Der Vorsitzende entscheidet auch über die Zulassung von Streithelfern, § 71.

E. Verbindung, Trennung. Der Vorsitzende entscheidet über eine Verbindung oder Trennung der **16** bisher vom Vorsitzenden allein bearbeiteten Prozesse nach §§ 145, 147, nicht der schon vor der gesamten Kammer für Handelssachen schwebenden Verfahren.

F. Wiedereinsetzung. Der Vorsitzende entscheidet über den Antrag auf eine Wiedereinsetzung gegen eine von ihm bearbeitete versäumte Frist, §§ 350, 233 II.

G. Zeugnisverweigerung. Der Vorsitzende entscheidet auch über die Folgen der Verweigerung des Zeugnisses nach § 387, soweit die Beweisaufnahme nach I 2 durch den Vorsitzenden oder einen von ihm ersuchten Richter stattgefunden hat.

H. Sommersache. Der Vorsitzende entscheidet vorbehaltlich der Entscheidung des Kollegiums über die Fragen im Zusammenhang mit § 227 III 2 (Terminierung vom 1. 7. bis 31. 8.), dort Rn 54, aM (zum alten Recht) Ffm OLGZ 91, 220 (aber das Gesetz gibt dem Kollegium nur den „Vorbehalt", den es freilich jederzeit ausüben darf).

I. Zwischenstreit mit Dritten. Der Vorsitzende entscheidet auch dann, § 303 Rn 1.

J. Beansprucherstreit; Urheberbenennung, §§ 75, 76. Der Vorsitzende entscheidet auch in einem solchen Fall.

8) Kammertermin, II. II gibt keine ausschließliche Zuständigkeit. Im Kammertermin entscheidet das **17** Kollegium, Bergerfurth NJW 75, 334. Ausnahmen gelten nach III.

9) Verstoß, II. Bei einem Verstoß gegen II gilt § 350. **18**

10) Einverständnis der Parteien, III. Im Einverständnis der Parteien kann, nicht muß, der Vorsitzende **19** auch außerhalb der Fälle II und Rn 14 entscheiden. Das gilt in einer vermögens- wie in einer nicht vermögensrechtlichen Sache, Grdz 9 ff vor § 1. Das Einverständnis muß unbedingt sein. Es ist auch für ein Verfahren ohne eine notwendige mündliche Verhandlung zulässig, § 128 IV. Es ist namentlich nicht auf eine bestimmte Richterperson und anders als bei § 128 II auch nicht auf die nächste Zwischenentscheidung beschränkbar. Das Einverständnis erstreckt sich freilich auch nicht automatisch auf eine spätere Widerklage nach Anh § 253, Nürnb MDR 78, 323, oder auf eine sonstige spätere Erweiterung des Streitgegenstands, Nürnb MDR 78, 323. Eine unzweideutige schlüssige Handlung reicht, Nürnb MDR 78, 323. Das Einverständnis wirkt nur für den Erklärenden. Bei Streitgenossen nach §§ 59 ff ist unter Umständen eine

§§ 349–354, Übers § 355   Buch 2. Abschnitt 1. Verfahren vor den LGen

Verfahrenstrennung nach § 145 notwendig. Der Streitgehilfe kann das Einverständnis wirksam erklären, soweit er sich dadurch nicht zur Partei in einen Widerspruch setzt, § 67.

20 Das Einverständnis ist eine unwiderrufliche *Parteiprozeßhandlung*, Grdz 47 vor § 128. Der Vorsitzende erhält durch die Erklärung des Einverständnisses die unbeschränkte Stellung der Kammer für Handelssachen, auch im Rahmen der Zwangsvollstreckung, soweit dort das Prozeßgericht entscheidet, Bergerfurth NJW 75, 335. Die Kostenfestsetzung erfolgt nach § 104 Rn 56.

21 **11) Unanwendbarkeit der §§ 348, 348 a.** Diese Vorschriften sind unanwendbar. Die Stellung des Vorsitzenden der Kammer für Handelssachen ist eben mit derjenigen des Einzelrichters einer Zivilkammer nur begrenzt vergleichbar, Rn 1, 2, § 114 GVG. Daher kann die Kammer für Handelssachen den Prozeß weder auf den Vorsitzenden noch gar auf einen der Handelsrichter übertragen. Ein Handelsrichter kann freilich verordneter Richter sein, §§ 361, 375, Rn 1.

22 **12) Rechtsmittel, I–IV.** Vgl § 350.
23 **13) *VwGO*:** *Vgl Üb § 348 Rn 5.*

350 *Rechtsmittel.* **Für die Anfechtung der Entscheidungen des Einzelrichters (§§ 348, 348 a) und des Vorsitzenden der Kammer für Handelssachen (§ 349) gelten dieselben Vorschriften wie für die Anfechtung entsprechender Entscheidungen der Kammer.**

1 **1) Systematik, Regelungszweck.** Die Vorschrift stellt durch ihre Verweisung klar, daß man die Entscheidungen der nach §§ 348, 348 a, 349 zuständigen Richter wegen ihrer Gesamtverantwortung im Gegensatz zu §§ 361, 362, 375 auch im Hinblick auf die Rechtsbehelfe als solche des gesamten Kollegiums werten darf und muß, BGH 156, 322. Das ist nicht nur nach Grdz 14 vor § 128 prozeßwirtschaftlich. Es ist auch ein Gebot der Rechtssicherheit nach Einl III 43, wenn man schon dem Einzelrichter den Rang der Zivilkammer gibt. Deshalb muß man die Vorschrift ohne Einschränkung strikt auslegen.

2 **2) Geltungsbereich.** Üb 4 vor § 348.
3 **3) Einhaltung der Zuständigkeit.** Trifft der Einzelrichter bzw der Vorsitzende der Kammer für Handelssachen innerhalb seiner Zuständigkeit eine Entscheidung (Urteil, Beschluß, Verfügung, § 160 III Z 6), so steht sie solchen seines Kollegiums völlig gleich. Sie ist eine Entscheidung „des Landgerichts". In keinem Fall kann man etwa wie bei § 140 gegen sie das Kollegium anrufen. Das Kollegium kann eine Entscheidung des Einzelrichters nur nach einer Rückübertragung ändern, §§ 348 III 1, 348a II 1. Das Kollegium kann die Entscheidung des Einzelrichters dann nur wie eine eigene behandeln, § 318. Das gilt auch dann, wenn er eine Entscheidung des Vorsitzenden der Kammer für Handelssachen ändern muß. Eine Zurückverweisung erfolgt an den Einzelrichter, der vorher tätig war, Köln NJW 76, 1102. Ein Einverständnis nach § 349 III bleibt freilich wirksam, Bergerfurth NJW 75, 335.

4 **4) Überschreitung der Zuständigkeit.** Bei einer Überschreitung der Zuständigkeit des Einzelrichters bzw der Vorsitzenden der Kammer für Handelssachen erfolgt eine Zurückverweisung an das Kollegium, §§ 539, 551 Z 1, KG Rpfleger 79, 230, Karlsr Just 79, 15, StJSchu 2. Es kommt auch eine Nichtigkeitsklage in Betracht, § 579 I Z 1. § 295 ist ohnehin anwendbar, soweit nur ein Verstoß gegen die Geschäftsverteilung vorliegt, § 551 Rn 3 ff, aM Düss NJW 76, 114 (aber ein solcher Verstoß ist kein Kapitalfehler). Bei § 349 gilt das jetzt auch im übrigen ohne Beschränkung auf vermögensrechtliche Sachen, wie aus § 349 III ableitbar ist, wegen des Fehlens einer entsprechenden Vorschrift in § 348 aber nicht beim Einzelrichter der Zivilkammer, solange er nicht zurückübertragen hat. Bei § 524 muß man wegen dessen IV wie bei § 349 verfahren. Hat fälschlich das Kollegium entschieden, ist seine Entscheidung unangreifbar, (jetzt) § 513 II, Schneider DRiZ 78, 336.

5 **5) *VwGO*:** *Das gleiche gilt für den Einzelrichter nach § 6 VwGO oder § 76 AsylVfG, Üb § 348 Rn 5, sowie für den Vorsitzenden oder Berichterstatter iRv § 87 a VwGO, vgl § 146 I VwGO.*

351–354 (weggefallen)

Titel 5. Allgemeine Vorschriften über die Beweisaufnahme

Übersicht

Schrifttum: *Balzer*, Beweisaufnahme und Beweiswürdigung im Zivilprozeß, 2. Aufl 2005; *Berger*, Beweisaufnahme vor dem Europäischen Gerichtshof, Festschrift für *Schumann* (2001) 27; *Ciyiltepe-Pilarsky*, Der Grundsatz der Verhältnismäßigkeit und seine Auswirkungen auf Beweisanwendungen, 1995; *Englisch*, Elektronisch gestützte Beweisführung im Zivilprozeß, Diss Regensb 1999; *Kofmel*, Das Recht auf Beweis im Zivilverfahren, Bern 1992; *Kollhosser*, Das Beweisantragsrecht usw, Festschrift für *Stree* und *Wessels*, 1993; *Maass*, Anwaltstätigkeit im Beweisverfahren der Zivilprozeßordnung, 2002.

1 **1) Systematik.** Während §§ 285 ff die Beweiswürdigung regeln, enthält Titel 5 als Ausführungsvorschriften zu § 284 allgemeine Vorschriften über das im Hauptprozeß wie in vorläufigen Verfahren auf eine einstweilige Anordnung, auf einen Arrest oder auf eine einstweilige Verfügung nach §§ 620 ff, 916 ff, 935 ff ergehende Beweisverfahren. Seine Protokollierung erfolgt nach §§ 159 ff, seine Darstellung im Urteil nach § 313. Demgegenüber regeln §§ 485 ff das sog selbständige Beweisverfahren, insbesondere zwecks Beweissicherung, auch soweit es parallel zum Hauptprozeß vor demselben Gericht abläuft.

Titel 5. Allgemeine Beweisaufnahmevorschriften **Übers § 355, § 355**

2) Regelungszweck. §§ 355 dienen unterschiedlich scheinenden Zwecken, in Wahrheit demselben Ziel 2 der Herbeiführung sachlichrechtlicher Gerechtigkeit nach Einl III 9 in den Bahnen und Grenzen der Verfahrensgrundsätze nach Grdz 18 ff vor § 128 einschließlich des Verhältnismäßigkeitsgebots, Einl III 23, Ciyiltepe-Pilarsky (vor Rn 1). Das muß man bei der Auslegung mitbeachten.

3) Geltungsbereich. Die Vorschriften gelten in allen Verfahren nach der ZPO, auch bei §§ 485 ff, Celle 3 NZM **98**, 160, auch im arbeitsgerichtlichen Verfahren. § 46 II 1 ArbGG, mit den wenigen Besonderheiten des § 58 ArbGG, auch vor dem Beschwerdegericht nach § 73 Z 2 GWB. Im Verfahren nach dem FGG können §§ 355 ff anwendbar sein, BayObLG WoM **98**, 49.

4) Beweisantritt. Die Entscheidung, ob und zu welcher Behauptung das Gericht einen Beweis erheben 4 darf und evtl muß, unterliegt grundsätzlich der Parteiherrschaft nach Grdz 18 vor § 128 und dem Beibringungsgrundsatz, Grdz 20 vor § 128. Wichtige Ausnahmen, nämlich Beweiserhebung von Amts wegen nach Grdz 38 vor § 128 liegen vor § 128 liegen vor zB bei §§ 144, 273 II 2, 293, 616, 640 I, 640 d, 946 ff. Eine vertragliche Beschränkung der Beweismittel ist grundsätzlich zulässig, Einl III 11.

5) Durchführung der Beweisaufnahme. Diese Durchführung liegt als ein besonders gearteter Prozeß- 5 abschnitt weitgehend in der Entscheidung des Gerichts. Für dieses Verfahren gilt grundsätzlich der Amtsbetrieb. Die Parteien dürfen mitwirken. Sie dürfen aber nicht entscheidend eingreifen. Darum ist es kein „Nichtbetreiben" im Sinne des § 204 II 2 BGB, wenn sie nicht mitwirken.

6) Beweisarten. Titel 5 gilt für fast sämtliche Beweismittel der ZPO. Das sind: Augenschein, §§ 371– 6 372a; Zeugenbeweis, §§ 373–401, 414; Sachverständigenbeweis, §§ 402–413; Urkundenbeweis, §§ 415– 444; Parteivernehmung, §§ 445–455. Formell erlaubt § 284 S 3–5 jede andere Beweisart unter der Voraussetzung des nur bedingt widerruflichen Einverständnisses der Parteien. Angesichts des unveränderten § 286 mit seiner Freiheit der Überzeugungsbildung hat § 284 S 3–5 praktisch nur geringe Bedeutung, § 284 Rn 1 § 286 Rn 4. Das Geständnis nach § 288 ist kein Beweismittel. Es fällt also nicht unter den Titel 5. Wegen der amtlichen Auskunft Üb 32 vor § 373, wegen der Parteivernehmung in einer Ehesache § 613 Rn 3. Das Beweisverfahren gliedert sich in die Beweisanordnung, die Beweisaufnahme und in einem weiteren Sinn auch in die Beweiswürdigung, § 286.

7) VwGO: Wegen der im VerwProzeß zulässigen Beweismittel s § 96 I VwGO (zur amtlichen Auskunft vgl Üb 7 § 373 Rn 35). Nach § 98 VwGO sind ua §§ 358–370 entsprechend anzuwenden.

355 *Unmittelbarkeit der Beweisaufnahme.* I ¹ Die Beweisaufnahme erfolgt vor dem Prozeßgericht. ² Sie ist nur in den durch dieses Gesetz bestimmten Fällen einem Mitglied des Prozessgerichts oder einem anderen Gericht zu übertragen.

II Eine Anfechtung des Beschlusses, durch den die eine oder die andere Art der Beweisaufnahme angeordnet wird, findet nicht statt.

Schrifttum: *Koukouselis,* Die Unmittelbarkeit der Beweisaufnahme im Zivilprozeß usw, 1990; *Pantle,* Die Beweisunmittelbarkeit im Zivilprozeß, 1991; *Schneider,* Beweis und Beweiswürdigung, 5. Aufl 1994.

Gliederung

1) Systematik, I, II	1	C. Richterwechsel, I 1, 2	7
2) Regelungszweck, I, II	2	D. Verstoß I 1, 2	8
3) Geltungsbereich, I, II	3	5) Anfechtung des Beweisbeschlusses, II	9–11
4) Unmittelbarkeit, I	4–8	A. Grundsatz: Unanfechtbarkeit	9
A. Grundsatz: Beweisaufnahme vor dem		B. Ausnahmen	10
Prozeßgericht, I 1	4, 5	C. Gegenvorstellung	11
B. Ausnahmen, I 2	6	6) VwGO	12

1) Systematik, I, II. Die Vorschrift enthält einen der tragenden Grundsätze der Beweis*aufnahme,* 1 während § 286 den wichtigsten Grundsatz der Beweis*würdigung* nennt. § 357 steht neben § 355, §§ 358 ff enthalten Ausführungsvorschriften. Voraussichtlich seit 1. 1. 04 enthält § 374 eine wichtige Ausnahme. §§ 373 ff enthalten die einzelnen Beweismittel. II hat Vorrang vor §§ 567 ff. Ergänzend gelten §§ 156 ff GVG (Durchführung von Rechtshilfe).

2) Regelungszweck, I, II. Das Gesetz steht mit Recht auf dem Standpunkt, daß nur eine möglichst 2 frisch unter dem persönlichen Eindruck des erkennenden Gerichts vorgenommene Beweisaufnahme eine einigermaßen gerechte Würdigung verbürgt. Daher darf der Sachverständige nur begrenzt Ermittlungen vornehmen, § 407 a Rn 11.

In der Praxis findet so manche Beweisaufnahme nicht vor dem Prozeßgericht statt, sondern vor dem ersuchten Richter eines auswärtigen Gerichts, etwa am Wohnort des Zeugen. Das dient dann der Kostendämpfung, wenn die Parteien und ihre ProzBev den auswärtigen Termin nicht wahrnehmen. Tun sie es aber, so wird die Kostenlast für den Verlierer umso höher. Im übrigen kann auch ein gutes Protokoll des ersuchten Richters mit Aufnahme seines persönlichen Eindrucks nur bedingt diejenigen Wahrnehmungen ersetzen, die man zur erschöpfenden Würdigung der Aussage oder gar zu einer Augenscheineinnahme braucht.

Vorladung vorm Prozeßgericht ist deshalb öfter ratsam als weithin praktiziert. Die staatsbürgerliche Ehrenpflicht einer Beweisperson ist eine Folge des Vorrangs der Gerichts-, genauer: der Parteiinteressen. Diese dürfen freilich auch nicht beim vielbeschäftigten Zeugen oder Sachverständigen alles durcheinanderbringen. Fingerspitzengefühl und telefonische Abklärung können helfen, die Notwendigkeit einer Reise zum Gerichtsort besser beurteilen zu können. In solchem Geist sollte man I handhaben, zumal II sogleich endgültige Lösungen zu schaffen

§ 355

Buch 2. Abschnitt 1. Verfahren vor den LGen

scheint. Eine Änderung des Beweisbeschlusses kann auch über die begrenzten Pflichten nach § 360 hinaus weitere Abhilfe in verfahrener Situation schaffen.

3 **3) Geltungsbereich, I, II.** Vgl zunächst Üb 3 vor § 355. Die Vorschrift ist im FGG-Verfahren mit denjenigen Abweichungen anwendbar, die sich aus der Natur dieses Verfahrens ergeben, § 15 FGG, BayObLG WoM **98**, 49 (WEG), Karlsr FGPrax **98**, 78, Zweibr MDR **89**, 649. In Arbeitssachen gelten §§ 13, 58, 64 ArbGG.

4 **4) Unmittelbarkeit, I.** Man muß Grundsatz, Ausnahmen und einen Sonderfall unterscheiden.

A. Grundsatz: Beweisaufnahme vor dem Prozeßgericht, I 1. Die Beweisaufnahme erfolgt grundsätzlich vor dem Prozeßgericht, §§ 279 III, 370 I, 375, 411 III. Sie erfolgt also mangels Zuständigkeit des Einzelrichters nach §§ 348, 348 a, 526, 527, 568 vor dem vollständigen Kollegium, BGH NJW **97**, 1586, Kblz NVersZ **98**, 123. Das ist der Grundsatz der Unmittelbarkeit der Beweisaufnahme, BGH NJW **91**, 1302. Zur Erleichterung der Durchführung dient § 160 a.

Möglich sind auch: Unter den Voraussetzungen des § 130 a eine audiovisuelle Beweiserhebung; unter Beachtung des § 375 die Übertragung der Beweisaufnahme auf ein Mitglied des Prozeßgerichts, den sog vorbereitenden Richter, evtl auch auf einen verordneten Richter eines anderen Gerichts, §§ 361, 362, Düss NJW **92**, 188, oder auf eine ausländische Stelle, §§ 363 ff, Leipold ZZP **105**, 507; unter den Voraussetzungen des § 377 III die Einholung einer jedenfalls zunächst nur schriftlichen Beantwortung einer Beweisfrage durch einen Zeugen; eine Verwertung der Beweisaufnahme in einer anderen Sache, § 286 Rn 64. Daher ist das auch in einem Berufungsverfahren über das Schlußurteil nach einem vorherigen über ein Teilurteil in derselben Sache möglich.

Das gilt aber nur, wenn die Parteien *zustimmen,* nicht schon dann, wenn sie eine neue Beweisaufnahme beantragen. So verhält es sich auch bei einer Augenscheinseinnahme nach § 371 oder bei der Vernehmung eines Zeugen im vorausgegangenen Prozeßkostenhilfeverfahren nach § 118 II 3 oder in einem vorausgegangenen Strafverfahren, § 286 Rn 64. Wegen des Antrags auf erneute Vernehmung auch im jetzigen Prozeß § 286 Rn 66. Die Zustimmung wirkt grundsätzlich nur für eine Instanz. Stets muß ein Protokoll des anderen Gerichts dessen Bild von besonderen Umständen und zur Glaubwüdigkeit festgehalten haben. Wenn eine nochmalige Vernehmung des im Prozeßkostenhilfeverfahren Gehörten in der Berufungsinstanz beantragt wird, dann muß das Gericht die Zeugen um der Unmittelbarkeit willen nochmals vernehmen, § 398.

5 *Unzulässig sind:* Grundsätzlich der Ersatz der Vernehmung des Zeugen durch seine eidesstattliche Versicherung nach § 294; grundsätzlich die Anhörung des Zeugen nur durch den Sachverständigen, Üb 6 vor § 402, demgemäß auch die Würdigung einer solchen Anhörung durch das Gericht. Man kann allerdings ausnahmsweise das Einverständnis der Parteien bei einer Materialsammlung durch den Sachverständigen unterstellen, wenn die Partei beantragt, der Sachverständige möge die zugehörigen Zeugen hören, wenn die Partei ferner an der Anhörung teilgenommen hat oder teilnehmen konnte, Art 103 I GG, und wenn sie keine Einwendungen erhoben hat, selbst wenn das Verfahren des Sachverständigen bedenklich war. Richtigerweise sollte das Gericht aber den Zeugen möglichst selbst in Gegenwart des Sachverständigen vernehmen. Wegen wiederholter Vernehmung Rn 7, § 398 Rn 2 ff.

Eine *Meinungsbefragung* nach Üb 7 vor § 402 etwa durch eine Industrie- und Handelskammer verstößt nicht gegen den Unmittelbarkeitsgrundsatz. Das gilt insbesondere dann, wenn das Gericht Vorschläge über die Fragen macht, die an die Auskunftspersonen gestellt werden sollen, Üb 7 vor § 402. Wenn das Gericht eine gemeinsame Begutachtung durch mehrere Sachverständige angeordnet hatte, vor Gericht aber nur einer auftritt und das gemeinsame Ergebnis mitteilt, dann ist die Verwertung unzulässig.

6 **B. Ausnahmen, I 2.** Eine Abweichung ist nur insoweit erlaubt, als das Gesetz sie besonders vorsieht. Infrage kommt voraussichtlich seit 1. 1. 04 die Verwertung einer früheren richterlichen Vernehmung nach § 374. Die Übertragung der Beweisaufnahme ist unter den Voraussetzungen der §§ 372 II, 375, 402, 434, 451, Köln NJW **76**, 2218, auf ein Mitglied des Prozeßgerichts statthaft, also auch nach § 361 beauftragten Richter, nicht aber auf zwei Mitglieder des Gerichts. Die Übertragung ist ferner auf ein anderes Gericht statthaft, das nur ein AG sein kann, §§ 156 ff GVG. § 362 II spricht von einem ersuchten Richter. Man faßt diese beiden Fälle unter der Bezeichnung Richterkommissar oder „verordneter Richter" zusammen. Der Einzelrichter des §§ 348, 348 a, 526 und der Vorsitzende der Kammer für Handelssachen des § 349 sind während ihrer Tätigkeit das Prozeßgericht, Hamm MDR **93**, 1235.

Der Richter des *§ 527* soll dann nur beschränkt Beweise erheben, wenn er nicht im Einverständnis der Parteien entscheidet. Das Kollegium kann die vom Einzelrichter der §§ 526, 527 vorgenommene Beweisaufnahme jederzeit wiederholen. Die Übertragung nach I 2 ist eine mündliche Verhandlung zulässig. Denn sie bereitet insoweit die Beweisaufnahme evtl nur vor. Die Übertragung ist jederzeit ebenso widerruflich. Der Beweisbeschluß begrenzt die Befugnisse des verordneten Richters.

7 **C. Richterwechsel, I 1, 2.** Ein Richterwechsel nach dem Abschluß der Beweisaufnahme hindert die Beweiswürdigung grundsätzlich nicht, § 309 Rn 2. Bei der Entscheidung dürfen die Richter aber nur das berücksichtigen, was auf der eigenen Wahrnehmung aller erkennenden Richter beruht, aktenkundig ist und Verhandlungsgegenstand war, § 309. Wenn der persönliche Eindruck von einer Beweisperson erheblich ist, ist daher doch eine Wiederholung der Beweisaufnahme nötig, soweit der persönliche Eindruck nicht nach § 160 III Z 4 in einem früheren Protokoll steht und Verhandlungsgegenstand wurde, § 398, BGH NJW **97**, 1586, Hamm MDR **93**, 1236, Kblz NVersZ **98**, 123. Eine solche Situation stellt ja auf die Glaubwürdigkeit statt auf die Beweiskraft ab.

8 **D. Verstoß, I 1, 2.** Eine Verletzung des Grundsatzes der Unmittelbarkeit ist zwar nicht stets ein Verfassungsverstoß, BVerfG **1**, 429. Sie ist aber ein Verfahrensfehler, BGH NJW **91**, 1302, BayObLG FamRZ **88**, 423, Pantle NJW **88**, 2028. Ein solcher Verfahrensfehler liegt nicht schon vor, wenn das Gericht nicht sämtliche beantragten Beweismittel verwertet hatte, LAG Düss BB **78**, 1310, oder wenn es ein anderes Beweismittel hätte benutzen müssen.

Titel 5. Allgemeine Beweisaufnahmevorschriften **§§ 355, 356**

Eine Verletzung ist nach § 295 *heilbar,* soweit nicht auch § 286 verletzt ist, § 295 Rn 53 „Unmittelbarkeit der Beweisaufnahme". Sie ist daher evtl nur auf Rüge nachprüfbar. Diese entfällt, wenn die Partei zustimmt oder das Rügerecht verloren hat, § 375 Rn 16. Freilich liegt zugleich auch ein Verstoß gegen § 286 vor.

5) Anfechtung des Beweisbeschlusses, II. Auch hier stehen einem Grundsatz Ausnahmen gegenüber. **9**

A. Grundsatz: Unanfechtbarkeit. Mag das Prozeßgericht den Beweis selbst erheben oder ihn vom verordneten Richter erheben lassen, §§ 361, 362, 375, eine Anfechtung des Beweisbeschlusses als solchen ist doch grundsätzlich unstatthaft, auch wenn das Verfahren unrichtig oder unsachgemäß. Das gilt selbst dann, wenn mit dem Beweisbeschluß eine weitere der sofortigen Beschwerde unterliegende Entscheidung verbunden ist, Brdb FamRZ **01**, 294, Köln Rpfleger **90**, 354, ZöGre 7, aM Müller DRiZ **77**, 307 (aber II gilt uneingeschränkt, um die Prozeßförderung zu ermöglichen. Sie ist gerade in diesem Verfahrensabschnitt meist dringend geboten).

Das gilt auch dann, wenn das Gericht einen Antrag auf Übertragung der Beweisaufnahme *zurückgewiesen* hat, oder dann, wenn das Gericht die Beweisaufnahme einem ausländischen Gericht überträgt. Vgl aber auch Einf Rn 38 vor §§ 148–155 und § 252 Rn 2, § 364 Rn 4, § 372 a Rn 24. Wegen Berufung und Revision § 375 Rn 16.

B. Ausnahmen. Ein Beschluß führt praktisch zum Verfahrensstillstand zB evtl nach § 364. Er ist nach **10** § 252 mit sofortiger Beschwerde anfechtbar, dort Rn 3. Zur Anfechtbarkeit eines Beschlusses nach § 372 a dort Rn 26. Wegen Berufung und Revision § 375 Rn 16.

C. Gegenvorstellung. Eine Gegenvorstellung nach Grdz 3 vor § 567 bleibt schon wegen des Fehlens **11** einer Bindung des Gerichts an seine bisherige Anordnung zulässig, Brdb FamRZ **01**, 295 (zu § 360).

6) *VwGO:* Statt *I* gilt § 96 *VwGO* (der in seinem II die Beweisaufnahme durch den verordneten Richter, oben **12** Rn 6, regelt, dazu BVerwG NJW **94**, 1975), statt **II** gilt § 146 II VwGO, RedOe § 98 Anm 2. Zum Verzicht auf Rügen, § 295 ZPO, vgl BVerwG MDR **73**, 338, zur Verwertung mittelbarer Beweismittel Böhm NVwZ **96**, 427.

356 *Beibringungsfrist.* Steht der Aufnahme des Beweises ein Hindernis von ungewisser Dauer entgegen, so ist durch Beschluss eine Frist zu bestimmen, nach deren fruchtlosem Ablauf das Beweismittel nur benutzt werden kann, wenn nach der freien Überzeugung des Gerichts dadurch das Verfahren nicht verzögert wird.

Gliederung

1) Systematik	1	7) Fristsetzung	8–11
2) Regelungszweck: Schädlichkeit von Verschulden	2	A. Grundsatz: Bei Hindernis Fristzwang; keine Notfrist	8–10
3) Geltungsbereich	3	B. Fristverstoß	11
4) Kein Hindernis beim Zeugnis N. N.	4, 5	8) Rechtsbehelfe	12
5) Ungewisse Dauer	6	9) *VwGO*	13
6) Weitere Einzelfragen zum Hindernis	7		

1) Systematik. Verspätete Beweismittel kann das Gericht nach § 296 zurückweisen. § 356 handelt von **1** den rechtzeitig vorgebrachten Beweismitteln, bei denen aber die Beweisaufnahme auf ein beliebiges Hindernis stößt, zB auf einen Umzug des Zeugen, dessen neue Anschrift der Beweisführer nicht rechtzeitig kennen konnte, BVerfG **65**, 307, aM LG Ffm RR **86**, 143 (aber die Vorschrift erfaßt jede Art von Hindernis).

2) Regelungszweck: Schädlichkeit von Verschulden. Die Vorschrift bezweckt eine Verstärkung der **2** Förderungspflicht aller Prozeßbeteiligten, Grdz 12, 13 vor § 128, § 282. Sie bezweckt auch eine Verhinderung vermeidbarer Verzögerung, Hamm FamRZ **03**, 617. Beides muß man bei der Auslegung mitbeachten. Das schließt eine allzu großzügige Annahme eines fristauslösenden Hindernisses aus. Das Gesetz umschreibt den Begriff Hindernis nicht näher. Immer noch sehen manche wie vor 1977 ein vom Beweisführer verschuldetes Hindernis als ausreichend an, um das Gericht zu einer Fristsetzung zu zwingen, BAG NJW **77**, 728 Brschw RR **92**, 124, ThP 3, unklar BVerfG **69**, 255.

Seit der Nov 1977 ist diese großzügige Auslegung *nicht mehr möglich,* BGH NJW **89**, 228, auch nicht mithilfe von Artt 2 I, 20 III GG (Rpfl), BVerfG **101**, 404, Art 103 I GG (Richter). Mit ihrer Hilfe könnte der bewußt *verzögernde* Beweisführer fast alle Beschleunigungsbestrebungen des Gesetzes auch an dieser Stelle *glatt unterlaufen.* Das kann nicht der Sinn des Rechts sein. Es soll auch hier jede Prozeßverschleppung verhindern, Nürnb MDR **83**, 942, LG Hbg RR **94**, 205, aM BGH NJW **81**, 1319 (sogar ein vom Beweisführer bewußt, willkürlich und grundlos erklärter Widerruf seines Einverständnisses mit der Verwertung einer Röntgenaufnahme sei ein „Hindernis". Aber dann bleibt von § 356 praktisch nichts mehr übrig). Demgegenüber gelten in einem solchen Fall die Regeln zur arglistigen Vereitelung der Beweisführung, Anh § 286 Rn 26, § 444 Rn 5.

Vernünftigerweise kann daher nur ein solcher Vorgang ein Hindernis sein, der zwar vielleicht im Einfluß- und Risikobereich des Beweisführers liegt, den der Beweisführer aber *nicht* verschuldet hat, Hamm JB **96**, 660. Angesichts der überall scharfen Anforderungen an die Prozeßförderungspflicht muß das Gericht entsprechend strenge Anforderungen auch hier stellen. Leichte Fahrlässigkeit ist deshalb bereits schädlich.

Auch der *Servicegedanke* nach Grdz 28 vor § 128 mit seinem an sich richtigen Ansatz darf nicht dazu führen, praktisch die bloße Behauptung irgendeiner Verhinderung zur fast erfüllenden Bestimmung einer Nachfrist zu benutzen, mag das Gericht noch so überlastet sein. Zwar mag ein stets elastisches Terminieren die gegenseitige Verständigungsbereitschaft auch durchaus fördern können. Allzu geflissentliches zeitliches Entgegenkommen kann aber ebenso erfahrungsgemäß auch nicht nur zu Begehrlichkeiten führen, sondern

§ 356 Buch 2. Abschnitt 1. Verfahren vor den LGen

auch das Gesamtverhältnis zum Gericht spürbar verlagern, und zwar nicht in einem prozeßwirtschaftlich wünschenswerten Sinn.

Freilich ist § 356 im Verfahren mit *Amtsbetrieb* nach Grdz 38 vor § 128 praktisch kaum anwendbar. Nach einer Ladung ist meist eine Nachfrist nötig (Ausnahme: § 295), Köln RR **98**, 1143.

3 3) **Geltungsbereich.** Vgl Üb 3 vor § 355. Die Vorschrift gilt also auch im Amtsermittlungsverfahren, Grdz 38 vor § 128, Hamm FamRZ **03**, 617.

4 4) **Kein Hindernis beim Zeugnis N. N.** Das unter Rn 1, 2 Ausgeführte gilt insbesondere bei dem beliebten „Zeugnis NN" (nihil nomen = kein Name) oder „Zeugnis XYZ", BGH NJW **87**, 3080. Ihm stehen oft gleich: „Zeuge X, dessen Anschrift nachgereicht wird", BGH NJW **93**, 1927, aM Schneider MDR **87**, 726 (aber *wann* soll eine Nachreichung erfolgen, Rn 6?); oder „Zeuge (folgt Name), zu laden über den Arbeitgeber", LG Hagen MDR **84**, 1034; oder gar „an der vom Gegner mitzuteilenden Anschrift", „Hausbank der Partei (deren Name und Anschrift fehlt)". Das alles ist grundsätzlich kein dem § 373 genügender Beweisantritt, BGH RR **89**, 1324, Düss VersR **93**, 1168, Reinecke MDR **90**, 769. Der Kläger mag als Beweisführer grundsätzlich schon mit der Klage warten, bis er alles beisammen hat, oder eine Stufenklage erheben, § 254. Freilich mag es ausnahmsweise dann ein zunächst ausreichender Beweisantritt sein, wenn zB der Bekl als Beweisführer trotz aller Sorgfalt bisher außerstande war, einen Zeugen exakt namhaft zu machen, dessen Existenz ihm zwar zuverlässig oder hochgradig gewiß bekannt ist, den er aber im einzelnen noch nicht präzise genug ermitteln konnte, BGH NJW **98**, 2368, oder wenn der Beweisführer den Zeugen nur hilfsweise neben anderen oder neben einer Urkunde benennt, Zimmermann JuS **91**, 587 (Bankbescheinigung).

Wenn aber die fehlenden Angaben auf *bloßer Nachlässigkeit* der Partei beruhen oder auf solcher ihres gesetzlichen Vertreters oder ihres ProzBev, dann liegt in Wahrheit gar kein Hindernis vor, sondern bloße prozessuale Nachlässigkeit oder gar Verschleppungstaktik, LG Ffm RR **86**, 143 (Wechsel des Aufenthaltsorts des Zeugen), ZöGre 4 („prozessuale Unsitte"). Der Beweisführer ist in einem solchen Fall ja gar nicht gehindert, sondern er hat die Klärung nur nicht rechtzeitig genug für nötig gehalten. Das kann zB auch dann gelten, wenn er versäumt hat, sich eher nach der neuen Anschrift eines „Verzogenen" zu erkundigen. Man muß hierher unter Umständen sogar die bloße Angabe einer Anschrift des namentlich benannten Zeugen rechnen, an der eine Ersatzzustellung nach §§ 178 ff unzulässig wäre, also zB die Geschäftsanschrift, falls der Zeuge nicht zu den (jetzt) in § 178 Genannten zählt und falls der Beweisführer die Privatanschrift hätte ermitteln können, LG Hagen MDR **84**, 1034.

5 Ob ein Hindernis vorliegt, ist also *Fallfrage*, LG Fulda VersR **80**, 1031, Rixecker NJW **84**, 2136, ZöGre 4. Der Beweisführer muß seine Schuldlosigkeit wegen des Fehlenden darlegen. Wenn eine Nachlässigkeit vorliegt, darf das Gericht auch nicht etwa nach § 139 das Fehlende herbeischaffen, § 139 Rn 18, Mayer NJW **83**, 858, Schneider MDR **98**, 1115. Andernfalls würde es den § 356 aushöhlen. Das erörtern BVerfG NJW **00**, 946, KG MDR **03**, 472, Gottschalk NJW **04**, 2941, leider nicht mit. Vgl auch § 377 Rn 4. Zur Beweiserleichterung im Wettbewerbsprozeß wegen unzumutbarer Nachteile bei Benennung von Zeugen BGH NJW **83**, 171.

6 5) **Ungewisse Dauer.** Nur ein Hindernis von ungewisser Dauer ist beachtlich. Steht seine begrenzte Dauer bereits zeitlich fest, so darf und muß das Gericht nur nach § 216 entsprechend später terminieren. Dann können §§ 148, 640 f anwendbar sein, aM Karlsr OLGZ **90**, 242 (dann könnten §§ 296, 356, 528 entsprechend anwendbar sein. Aber dafür gibt es in solcher Lage gar keine Veranlassung, Grdz 12 vor § 128). Steht fest, daß seine Beseitigung unmöglich sein wird, so versagt § 356. Dann ist dieses Beweismittel überhaupt ganz unerreichbar, Üb 286 Rn 31. Das gilt zB dann, wenn sich die Partei endgültig weigert, einer erforderlichen Untersuchung zu unterziehen, Üb 7 vor § 371, LG Hbg RR **94**, 205, oder wenn die Partei einen nach § 379 rechtmäßig angeforderten Vorschuß ohne ausreichende Entschuldigung verweigert, BGH NJW **98**, 762.

Im übrigen muß man darauf abstellen, ob und welche *Erklärungen* die Partei dazu abgibt, wann sie das Hindernis beseitigen will, LG Fulda VersR **80**, 1031. Zwar besteht auch insofern im Prinzip eine gewisse Fragepflicht, §§ 139, 273. Indessen darf die Partei nicht unter Berufung auf diese Vorschriften in Wahrheit den § 356 unterlaufen. Daher sollte das Gericht nur dann nachfragen, wenn der Beweisführer von sich aus wenigstens angedeutet hat, daß und warum er zumindest bisher am Fehlen der erforderlichen Angaben schuldlos sei und daß und bis wann er das Fehlende nachreichen werde und könne. Natürlich darf man die Zumutbarkeitsanforderungen an den Beweisführer nicht überspannen. In jedem Fall ist eine Feststellung im Urteil in den Grenzen der §§ 313 III, 313 a I, II dazu nötig, ob und weshalb ein Hindernis von ungewisser Dauer vorliegt, BVerfG RR **94**, 700. Ewiges Zuwarten (Zeuge „auf See") ist aber nicht zumutbar.

7 6) **Weitere Einzelfragen zum Hindernis.** § 356 gilt grundsätzlich für jede Art von Beweismittel, auch für die Parteivernehmung nach § 445 ff. Die Vorschrift ist aber für solche Sachverständigen unanwendbar, die das Gericht auswechseln kann, wie meist, § 402 Rn 1, oder auf eine Urkunde. Für sie gilt § 431. Unschädlich ist es, im Anschluß an eine gesetzmäßige Angabe des Beweisantritts bei seiner Wiederholung zB „a. a. O." oder „wie vor" zu schreiben, Celle RR **92**, 703.

8 7) **Fristsetzung.** Das Gericht darf überhaupt grundsätzlich nur bei Bejahung eines unverschuldeten Hindernisses nach Rn 2 eine Nachfrist setzen. Auch das wird leider oft übersehen.

A. Grundsatz: Bei Hindernis Fristzwang; keine Notfrist. Es kann nach Rn 6 ein Hindernis von ungewisser Dauer vorliegen, oder es kann das Gericht trotz des Fehlens dieser Voraussetzung zB die Vernehmung eines Zeugen „NN" angeordnet haben, BGH NJW **89**, 228. Dann muß das Gericht auf Antrag oder von Amts wegen dem Beweisführer eine angemessene Frist für die Beibringung setzen, BVerfG NJW **85**, 3006. Sie ist auch notwendig, solange ein Beschluß nicht rechtskräftig ist, durch den das Gericht ein Ablehnungsgesuch zurückgewiesen hat, das einen Sachverständigen betraf, der den Beweisführer untersuchen sollte, Hamm MDR **03**, 1374. Es handelt sich um eine richterliche Frist, § 224 Rn 7, BVerfG **69**, 255. Sie erfordert also die volle richterliche Unterschrift usw, § 329 Rn 8, 11, BVerfG **69**, 255, und eine förmliche Zustellung, § 329 II 2, BGH NJW **89**, 228.

Titel 5. Allgemeine Beweisaufnahmevorschriften §§ 356, 357

Ihre *Berechnung* erfolgt nach § 222, ihre Abkürzung und Verlängerung richten sich nach §§ 224, 225. Es **9** reicht zur Verlängerung nicht schon aus, daß die Zeugenanschrift jetzt nicht mehr stimmt. Es kommt darauf an, ob sich der Beweisführer früher erfolgreich die neue Anschrift hätte besorgen können und müssen, Rn 4. Im Zweifel darf das Gericht erst gar keine Fristverlängerung bewilligen. Er darf daher auch keinen entsprechenden Antrag anregen. Das Gericht muß aber zB dem Beweisführer mithilfe einer Aussetzung nach § 148 die Möglichkeit geben, gegen den Dritten in einem schon anhängigen dortigen Prozeß ein rechtskräftiges Urteil auf Mitwirkung zu erzielen, wenn er sie überraschend verweigert hatte, Nürnb MDR **83**, 942. Es handelt sich nicht um eine Notfrist nach § 224 I 2. Deshalb ist eine Wiedereinsetzung nach § 233 an sich nicht möglich. Die Frist ist aber notfristähnlich, BGH NJW **89**, 228 (zu § 187 S 2 aF).

Das *Prozeßgericht,* also auch das Kollegium und auch der Einzelrichter nach §§ 348, 348 a, 526, 527, 568 setzt die Frist bei einer nach § 128 IV freigestellten mündlichen Verhandlung durch einen nach § 329 I, II Hs 2 zu verkündenden oder förmlich zuzustellenden Beschluß, BGH VersR **98**, 913. Eine bloße Verfügung des Vorsitzenden reicht also nicht, BVerfG NJW **85**, 3006. Das Gericht sollte den Beschluß allenfalls ganz kurz begründen, § 329 Rn 4. Es kann die Frist auch im Beweisbeschluß setzen, zB bei einer unvollständigen Zeugenanschrift.

Solange das Gericht einen Antrag nicht eindeutig abgelehnt hat, liegt keine *Entscheidung* über ihn vor. Das **10** Gericht mag sich die Entscheidung bis zur Erledigung der übrigen Beweisaufnahme oder anderer Verfahrensereignisse vorbehalten wollen. Das ist ihm ebenso freigestellt wie grundsätzlich die Frage, ob es sämtliche in Betracht kommenden Beweise sogleich erheben will. Es muß zwar die §§ 273, 275, 279 II beachten. Man darf es aber schon wegen der auch von ihm zu beachtenden Prozeßwirtschaftlichkeit nach Grdz 14, 15 vor § 128 nicht dazu zwingen, seine Entscheidungen über den Umfang der etwaigen Beweisaufnahme in einem Zeitpunkt zu treffen, in dem die Notwendigkeit einer Beweisaufnahme noch nicht für alle in Betracht kommenden Beweismittel feststeht.

B. Fristverstoß. Nach erfolglosem endgültigen Fristablauf ist das Beweismittel in dieser Instanz für den **11** Beweisführer nur noch benutzbar, soweit die Benutzung das Verfahren nach der freien Überzeugung des Gerichts nicht verzögert, BVerfG RR **94**, 700, Karlsr RR **94**, 512, Köln RR **97**, 1292. Das gilt unabhängig von etwaigen Verschulden, BGH NJW **89**, 228, Reinecke MDR **90**, 769, ZöGre 7, aM Sass MDR **85**, 99 (aber mit der Fristsetzung war das auch dem Prozeßgegner äußerst zumutbar getan). Das Verzögerungsverbot geht noch weiter als zB bei § 296 I, BGH NJW **89**, 228. Die Rechtsfolge eines Fristverstoßes tritt kraft Gesetzes ein, §§ 230, 231. Keine Verzögerung tritt ein, wenn die Partei den Zeugen wenigstens noch im Termin gestellt, ihn „sistiert" hat, soweit seine Vernehmung auch nach dem Terminsfahrplan dieses Sitzungstags möglich ist, § 273 Rn 27. Mitgebrachte Zeugen dürfen den Fahrplan aber nicht völlig durcheinanderbringen. § 273 ist in den Grenzen Rn 6 auch hier beachtlich. Nach einem Einspruch muß das Gericht die Frage der Verzögerung neu prüfen. Wegen etwaiger Umkehrung der Beweislast Anh § 286 Rn 27.

8) Rechtsbehelfe. Die Fristsetzung ist grundsätzlich nur zusammen mit dem Endurteil anfechtbar, **12** § 355 II, Celle RR **00**, 1166, dann freilich evtl als Rüge eines Verfahrensfehlers, BGH NJW **89**, 228. In der Berufungsinstanz läßt sich das Versäumte im Rahmen von (jetzt) §§ 530, 531 nachholen, Karlsr RR **94**, 512. Im Fall der Ablehnung einer Fristsetzung oder der bloßen Nichtentscheidung oder bei einer Überlänge der Frist ist sofortige Beschwerde nach § 567 I Z 2 zulässig, falls in dieser Verfahrensweise eine Aussetzung liegen sollte, § 252. Das trifft allerdings nur selten zu. Eine Rechtsbeschwerde kommt unter den Voraussetzungen des § 574 in Betracht. Eine Verfassungsbeschwerde kommt beim Verstoß gegen Artt 2 I, 20 III GG (Rpfl), BVerfG **101**, 404, bzw gegen Art 103 I GG (Richter) in Betracht, BVerfG NJW **85**, 3006.

9) *VwGO:* Unanwendbar, weil in § 98 VwGO nicht genannt (wegen des Ermittlungsgrundsatzes, § 86 I VwGO, **13** gibt es keinen Beweisführer, Einf § 284 Rn 36), BVerwG Buchholz 310 § 186 Abs 1 Nr 147, Ey § 98 Rn 3.

357 *Parteiöffentlichkeit.* **¹ Den Parteien ist gestattet, der Beweisaufnahme beizuwohnen.**
II ¹ Wird die Beweisaufnahme einem Mitglied des Prozessgerichts oder einem anderen Gericht übertragen, so ist die Terminsbestimmung den Parteien ohne besondere Form mitzuteilen, sofern nicht das Gericht die Zustellung anordnet. ² Bei Übersendung durch die Post gilt die Mitteilung, wenn die Wohnung der Partei im Bereich des Ortsbestellverkehrs liegt, an dem folgenden, im Übrigen an dem zweiten Werktage nach der Aufgabe zur Post als bewirkt, sofern nicht die Partei glaubhaft macht, dass ihr die Mitteilung nicht oder erst in einem späteren Zeitpunkt zugegangen ist.

Schrifttum: *Baumgärtel,* „Geheimverfahren" im Zivilprozeß zur Wahrung von Geschäftsgeheimnissen nach Schweizer Vorbild? in: Festschrift für *Habscheid* (1989); *Höffmann,* Die Grenzen der Parteiöffentlichkeit, insbesondere beim Sachverständigenbeweis, Diss Bonn 1988; *Schnapp,* Parteiöffentlichkeit bei Tatsachenfeststellungen durch den Sachverständigen?, Festschrift für *Menger* (1985) 557; *Walker,* Zur Problematik beweisrechtlicher Geheimverfahren usw, Festschrift für *Schneider* (1997) 147.

Gliederung

1) Systematik, I–II	1		5) Parteinachricht, I, II	8
2) Regelungszweck, I–II	2, 3		6) Verstoß, I, II	9
3) Geltungsbereich, I–II	4		7) Rechtsbehelfe, I, II	10
4) Parteiöffentlichkeit, I, II	5–7		8) VwGO	11
A. Teilnahmerecht	5, 6			
B. Zutrittsverweigerung	7			

§ 357

Buch 2. Abschnitt 1. Verfahren vor den LGen

1 **1) Systematik, I, II.** Die Vorschrift gibt eine Ergänzung zu §§ 355, 370 I, 397. Sie gilt auch und gerade dann, wenn die Allgemeinöffentlichkeit nach §§ 169 ff GVG entfällt.

2 **2) Regelungszweck, I, II.** Die Vorschrift behandelt die sog Parteiöffentlichkeit, Jankowski NJW 97, 3347. Diese ist eines der wichtigsten Parteirechte und der Eckpfeiler des Beweisaufnahmerechts, BSG MDR 77, 346. Sie ergibt sich mit aus Artt 2 I, 26 III GG (Rpfl), BVerfG 101, 404, VerfGH Bln WoM 04, 459, bzw aus Art 103 I GG (Richter). Nur die Anwesenheit und Vorhaltungen der Partei nach § 397 bringen regelmäßig bei einer Zeugenvernehmung brauchbare Ergebnisse. Oft versäumen das Gericht oder ein evtl nur lückenhaft informierter ProzBev ohne sie eine Frage, und oft kann sich ein Zeuge ohne diejenigen Anhaltspunkte nicht erinnern, die die Partei seinem Gedächtnis geben kann. Darum darf man von diesem Grundsatz anders als bei der Allgemeinöffentlichkeit nach §§ 170 ff GVG Ausnahmen nur nach § 157 II sowie kraft Sitzungsgewalt nach §§ 177 ff GVG machen, aM Ffm FamRZ 94, 1401, StJSchu 22, ZöGre 5 (sie wenden § 247 StPO entsprechend an. Aber dort herrschen Amtsermittlung nach Grdz 38 vor § 128 und ein besonderes Gewaltverhältnis zur „Partei").

3 *Erzwingen* läßt sich eine aus Gerichtssicht noch so erwünschte Parteianwesenheit bei einer Beweisaufnahme praktisch weder nach §§ 141 ff noch nach § 273 oder sonstwie. Auch mag so mancher Zeuge in Abwesenheit des Beweisführers oder erst recht von dessen Prozeßgegner freimütiger aussagen können. Vielleicht verzichtet der Zeuge sogar nur bei Abwesenheit des Gegners auf ein Schweigerecht nach §§ 383 ff. Andererseits kann die Parteianwesenheit bei der Beweisaufnahme den entscheidenden Durchbruch zur Vergleichsbereitschaft, zum Anerkenntnis, gar zur Klagerücknahme oder doch zur Hinnahme des Urteils bedeuten. Das alles darf man bei der Handhabung der Vorschrift durchaus miterwägen.

4 **3) Geltungsbereich, I, II.** Üb 3 vor § 355. I gilt nur für die Beweisaufnahme und bedeutet kein Terminsblockierrecht.

5 **4) Parteiöffentlichkeit, I.** Man muß sie in zwei Richtungen beachten.

A. Teilnahmerecht. Die Parteien sowie die ProzBev nach § 81 Rn 15 und die Streithelfer nach §§ 66 ff dürfen an jeder Beweisaufnahme teilnehmen, §§ 137 IV, 397 II, auch an einer auswärtigen, Mü Rpfleger 83, 319. Das gilt auch im Anwaltsprozeß, § 78 Rn 1. Eine Partei darf sich im Termin von ihrem Privatgutachter beraten lassen, Üb 21 vor § 402, Mü RR 88, 1535.

6 Es ist auch keineswegs stets statthaft, eine Partei schon deshalb von der Beweisaufnahme auszuschließen, weil sie dabei *Betriebsgeheimnisse* des Gegners oder eines Dritten erfahren könnte. Die oben dargelegte Bedeutung der Parteiöffentlichkeit hat dort den Vorrang, aM Kürschner NJW 92, 1804, ZöGre 2 (da gerade das rechtliche Gehör hat meist den Vorrang). Im Einzelfall kommt es auf eine Gesamtabwägung an. Deshalb kann man sich auch grundsätzlich nicht auf den Parteiausschluß als letztes Mittel oder auf den Zutritt nur des ProzBev berufen, BGH 116, 47, Köln RR 96, 1277, Prütting/Weth NJW 93, 577. Auch hier hilft eine Fallabwägung, BVerfG NJW 94, 2347, BAG NJW 93, 612, Wagner ZZP 108, 210. Beim Vorliegen eines erheblichen Grundes ist eine Terminsänderung notwendig, § 227.

Für Anträge und Fragen herrscht *Anwaltszwang* wie sonst, § 78 Rn 2. Keine Beweisaufnahme ist eine vorbereitende Besichtigung, die ein Sachverständiger in Abwesenheit des Gerichts vornimmt, § 407 a Rn 11 ff, Mü NJW 84, 807. Freilich haben die Parteien auch dann ein Anwesenheitsrecht, § 407 a Rn 15. Ein technischer Berater usw darf teilnehmen, Düss MDR 79, 409, Schneider MDR 91, 828. Die Gestellung, „Sistierung", eines Zeugen oder Sachverständigen kann mangels rechtzeitiger Nachricht an den Gegner einer Vernehmung entgegenstehen.

7 **B. Zutrittsverweigerung.** Wenn ein Dritter bei einer Beweisaufnahme in seinen Räumen einer Partei oder deren ProzBev den Zutritt verweigert, dann kann das Gericht den Zutritt nicht erzwingen, Jankowski NJW 97, 3349. Es kann keine ordnungsgemäße Beweisaufnahme stattfinden, § 286 Rn 31. Verhält sich der Gegner des Beweisführers so, dann gilt zunächst dasselbe, Jankowski NJW 97, 3347. Das Gericht muß aber seine Weigerung in der Regel zu seinem Nachteil würdigen, § 444 Rn 5, Köln RR 96, 1277. Ein Zeuge muß die Parteien zulassen, § 219 Rn 6. Stets muß das Gericht Art 13 GG mitbeachten, Jankowski NJW 97, 3347.

8 **5) Parteinachricht, I, II.** Eine rechtzeitige Benachrichtigung der Partei von dem Termin zur Beweisaufnahme ist für sie die Voraussetzung der Möglichkeit, ihn gesetzmäßig wahrnehmen zu können, Artt 2 I, 20 II GG (Rpfl), BVerfG 101, 404, Art 103 I GG (Richter), BPatG GRUR 81, 651, VerfGH Bln WoM 04, 459. Die Terminsnachricht geht zwar notfalls nur an den ProzBev, § 172. Sie geht nicht notwendig an den Unterbevollmächtigten, Nürnb OLGZ 76, 481. Zulässig und oft zweckmäßig ist aber eine zusätzliche Benachrichtigung der Parteien. Ein verkündeter Beweistermin erfordert nach § 128 keine Ladung der Parteien oder ihrer ProzBev, wohl aber diejenige der Beweispersonen und diejenige nach § 141. Die Ladungsfrist nach § 217 gilt für alle Terminsarten im Sinn von Üb vor § 214. Das Gericht muß sie strikt einhalten, soweit nicht alle Beteiligten darauf verzichten (bitte zu Protokoll, § 160 II), § 361 Rn 4. Der ProzBev muß aber schon Vorbereitungen zur Teilnahme am Beweistermin treffen, sobald er von dem Beweisbeschluß erfährt, § 85 Rn 5.

Beim *verordneten* Richter nach §§ 229, 361, 362 ist die Mitteilung der Form nach erleichtert, II, Kblz OLGZ 89, 368. Es besteht aber auch hier kein Anscheinsbeweis für den Zugang einer formlosen Terminsnachricht, Anh § 286 Rn 154 „Rechtsgeschäft", Kblz OLGZ 89, 368. Ein Verzicht auf die Terminsnachricht bedeutet in der Regel einen Verzicht auf das Recht der Anwesenheit. Dieser ist wegen § 367 I zulässig.

9 **6) Verstoß, I, II.** Ein Verstoß gegen § 357 macht die Beweisaufnahme unwirksam, BPatG GRUR 81, 651. Er zwingt daher grundsätzlich zu ihrer Wiederholung nach § 398. Es kann ausnahmsweise einwandfrei feststehen, daß die Anwesenheit der Partei am Ergebnis nichts geändert hätte, weil sie nur bestimmte belanglose Vorbehaltungen gemacht hätte. Dann kann das Gericht die Wiederholung der Beweisaufnahme ablehnen. Die ausgebliebene Partei braucht nicht zu beweisen, daß der Zeuge auf die Fragen anders ausgesagt hätte. Der Verstoß kann nach § 295 heilen, BGH NJW 96, 2735, BayObLG FamRZ 88, 423 (auch mit

Titel 5. Allgemeine Beweisaufnahmevorschriften §§ 357–358

Abweichungen zum FGG-Verfahren), KG VersR **80**, 654, aM Düss BB **77**, 1377, Köln OLGR **98**, 56 (aber der Rechtsmißbrauch im Einzelfall, den das Gericht nach Einl III 54 nicht dulden darf, ändert nichts am Grundsatz der Heilbarkeit).

7) Rechtsbehelfe, I, II. Eine Anfechtung seiner Entscheidung erfolgt nur zusammen mit derjenigen des Endurteils, §§ 355 II, 539, 550, 564, BGH VersR **84**, 946. 10

8) VwGO: Es gilt § 97 VwGO. 11

357a (weggefallen)

358 *Notwendigkeit eines Beweisbeschlusses.* Erfordert die Beweisaufnahme ein besonderes Verfahren, so ist es durch Beweisbeschluss anzuordnen.

Schrifttum: *Engel,* Beweisinterlokut und Beweisbeschluß im Zivilprozeß, 1992; *Zuleger,* Der Beweisbeschluß im Zivilprozeß, Diss Regensb 1989.

1) Systematik. Die Vorschrift eröffnet die Reihe der zur Durchführung von §§ 355–357 erforderlichen Einzelregelungen. Sie steht neben § 273 mit seinen prozeßleitenden vorbereitenden Maßnahmen. Sie wird durch §§ 358 a, 359 ergänzt. 1

2) Regelungszweck. Die Vorschrift dient der Klarstellung desjenigen Tatsachenstoffs, den das Gericht derzeit für beweisbedürftig und entscheidungserheblich hält. Wegen § 286 hat § 358 aber auch nur diese begrenzte Bedeutung. Das Gericht mag die Beweisbedürftigkeit im Verlauf anders beurteilen, § 360. 2

Zulässig ist ein ausdrücklicher Beweisbeschluß auch ohne derzeitige Notwendigkeit eines besonderen Beweisverfahrens stets. Er kann auch für alle Beteiligten stets nützlich sein. Das gilt schon deshalb, weil er klärt, was genau nach der derzeitigen Beurteilung des Gerichts beweisbedürftig ist und was zumindest noch nicht. Beim Richterwechsel, bei der späteren Kostenfestsetzung, bei der Heranziehung der Akte in späteren Parallel- oder Strafverfahren usw läßt sich mithilfe eines vorhandenen Beweisbeschlusses so manches besser abschätzen. Die meist nur kleine Mühe eines scheinbar überflüssigen sofortigen Diktats zahlt sich später oft aus.

Angabe der Beweistatsache und derjenigen Partei, die sie jeweils behauptet, also des Beweisführers, ist weitaus hilfreicher als die bloße Angabe, es solle Beweis „in der Frage ..." erhoben werden.

3) Geltungsbereich. Vgl Üb 3 vor § 355. 3

4) Besonderes Verfahren. Eine prozeßleitende Beweisanordnung ist immer notwendig. Sie liegt nicht schon stets in einer Anordnung nach § 273. Ein ausdrücklicher Beweisbeschluß ist nach Rn 2 stets zulässig und evtl ratsam, zB vorbeugend zur Klärung von Kostenfragen. Er ist auch in Kurzform erlaubt. Ein dem § 359 entsprechender Beschluß ist aber nur dann erforderlich, wenn die Beweisaufnahme ein besonderes Verfahren einleitet und daher eine Vertagung notwendig macht, Brdb FamRZ **01**, 294. Denn dann muß für das weitere Verfahren klarstehen, was es zum Gegenstand haben soll. Wegen der nachträglichen Änderung oder Aufhebung § 360. 4

Ein Beweisbeschluß ist *zB notwendig:* Bei § 358 a; bei einer Parteivernehmung, § 450 I 1; wenn ein verordneter Richter tätig werden soll, §§ 361, 362, § 158 GVG (Rechtshilfe); wenn das Gericht ein schriftliches Gutachten anfordert; wenn das Gericht bei einer freigestellten mündlichen Verhandlung nach § 128 Rn 10 eine solche anordnet; in den Fällen der §§ 251 a, 331 a, weil er nach der Aktenlage die Grundlage für die weitere Verhandlung schafft.

Ein besonderer Beweisbeschluß ist *zB unnötig:* Wenn das Gericht Beweiserhebungen nach § 118 II vornehmen will; bei bloßer Glaubhaftmachung, §§ 294 II, 920 II, 936; wenn das Gericht den Beweis sofort erheben will und kann, Ffm AnwBl **78**, 69, Engel (vor Rn 1) 168.

Gebühren: des Gerichts keine; des Anwalts: Terminsgebühr nach VV 3104, aber keine Beweisgebühr, VV amtliche Vorbemerkung 3 III Hs 1.

5) Verstoß. Eine nicht alsbaldige Überprüfung des Beweisbeschlusses durch den ProzBev einer jeden Partei auf einen Anlaß zu einem Antrag auf eine etwa notwendige Berichtigung oder Ergänzung oder auf die Einholung weiterer Informationen kann eine grobe Nachlässigkeit im Sinne von § 296 II sein, Köln VersR **84**, 1176. Das Fehlen eines an sich erforderlichen besonderen Beweisbeschluß zwingt zwar zur Klärung, ob das Gericht überhaupt Beweis erheben wollte. Es hat aber bei solcher Absicht oder dann, wenn eben eine solche Klärung erfolgte, keine prozeßrechtlichen Nachteilsfolgen. § 295 ist anwendbar. 5

6) Rechtsbehelfe. Die Entscheidung ist grundsätzlich als eine nur verfahrensleitende Anordnung ohne Vorgreiflichkeit für die Erheblichkeit der Beweistatsache oder für die Beweislast und ohne Bindungswirkung für das Gericht nur zusammen mit derjenigen des Endurteils anfechtbar, § 355 II, Brdb FamRZ **01**, 294. Eine sofortige Beschwerde kommt bei zu weiter Hinausschiebung der Beweisaufnahme in Betracht, § 252 Rn 1. Eine Gegenvorstellung nach Grdz 3 vor § 567 bleibt schon wegen des Fehlens einer Bindung des Gerichts an seine bisherige Anordnung zulässig, Brdb FamRZ **01**, 295. 6

7) VwGO: Entsprechend anzuwenden, § 98 VwGO, BVerwG Buchholz 303 § 295 Nr 4 (auch zum Rügeverlust) u NJW **84**, 2645, RedOe § 96 Anm 5 u § 98 Anm 2, KoppSch § 98 Rn 6. 7

§ 358a

358a *Beweisbeschluss und Beweisaufnahme vor der mündlichen Verhandlung.* [1] Das Gericht kann schon vor der mündlichen Verhandlung einen Beweisbeschluss erlassen. [2] Der Beschluss kann vor der mündlichen Verhandlung ausgeführt werden, soweit er anordnet
1. eine Beweisaufnahme vor dem beauftragten oder ersuchten Richter,
2. die Einholung amtlicher Auskünfte,
3. eine schriftliche Beantwortung der Beweisfrage nach § 377 Abs. 3,
4. die Begutachtung durch Sachverständige,
5. die Einnahme eines Augenscheins.

Gliederung

1) Systematik, S 1, 2 1	C. Auskunft, S 2 Z 2 7
2) Regelungszweck, S 1, 2 2	D. Schriftliche Beantwortung, S 2 Z 3 ... 8
3) Geltungsbereich, S 1, 2 3	E. Gutachten, S 2 Z 4 9
4) Beweisanordnung, S 1 4	F. Augenschein, S 2 Z 5 10
5) Ausführung der Beweisaufnahme, S 2 5–10	6) Verstoß, S 1, 2 11
A. Grundsatz 5	7) Rechtsbehelfe, S 1, 2 12
B. Beauftragter Richter usw, S 2 Z 1 6	8) *VwGO* 13

1 **1) Systematik, S 1, 2.** § 273 I ermöglicht in I dem Gericht, in II dem Vorsitzenden oder dem von ihm bestimmten Richter zur Vorbereitung jedes Termins Befugnisse, die eine Beweisaufnahme überflüssig machen oder im Termin erleichtern sollen. Demgegenüber ermöglicht § 358a im Rahmen jener Vorschriften eine so rechtzeitige Anordnung und teilweise Durchführung einer für notwendig gehaltenen Beweisaufnahme, daß deren Ergebnisse im Termin bereits verwertbar sind. Die Vorschrift ermöglicht das alles nur dem „Gericht", also nicht dem Vorsitzenden, BVerfG 63, 151, auch nicht dem Einzelrichter nach § 348a, wohl aber dem Einzelrichter nach §§ 348 und dem Vorsitzenden der Kammer für Handelssachen, § 349. Freilich überschneiden sich die Anwendungsbereiche beider Vorschriften. Daher ergibt evtl erst die Form der Anordnung, ob eine Maßnahme nach § 273 oder ein Beweisbeschluß nach § 358a vorliegt. Ergänzend gilt § 359.

2 **2) Regelungszweck, S 1, 2.** Die Vorschrift dient der Prozeßförderung nach Grdz 12 vor § 128 und damit der Prozeßwirtschaftlichkeit, Grdz 14 vor § 128.

Das Gericht sollte durchaus *von § 358a Gebrauch machen*, wenn eine komplizierte Beweisaufnahme oder eine längere Zeitspanne bis zur Beweisaufnahme bevorstehen. Vor einer voraussichtlich baldigen einfachen Vernehmung etwa eines oder nur weniger Zeugen in einem kurzen übersichtlichen Sachverhalt ist demgegenüber eine prozeßleitende Verfügung in der Praxis vielfach üblich und sinnvoller, § 273 II Z 4, etwa dahin, den Zeugen mit dem bloßen Zusatz zu laden, es gehe „um den Unfall vom ... um etwa ... Uhr", § 359 Rn 8. Das erfordert wesentlich weniger Schreibarbeit und hat sich oft genug als ausreichend bewährt.

3 **3) Geltungsbereich, S 1, 2.** Vgl zunächst Üb 3 vor § 355. Wegen der Unanwendbarkeit in der Berufungsinstanz BGH NJW **86**, 2320. Im arbeitsgerichtlichen Verfahren gilt § 55 IV ArbGG (der Vorsitzende kann allein entscheiden), Lakies BB **00**, 669, auch wegen eines Gutachtens, § 55 IV 1 Z 5 ArbGG, Lakies BB **00**, 669.

4 **4) Beweisanordnung, S 1.** Schon vor der mündlichen Verhandlung kann das Gericht eine Beweisaufnahme beschließen. Der Beschluß ist ab Klageingang zulässig, also schon vor dem Eintritt der Rechtshängigkeit nach § 261. Das gilt unabhängig davon, ob das Gericht einen frühen ersten Termin nach § 275 oder ein schriftliches Vorverfahren nach § 276 gewählt hat. Maßgeblich ist das pflichtgemäße Ermessen, Kblz NJW **79**, 374. Zweckmäßig ist eine Anordnung aber erst nach der Klärung, ob und wie etwa sich der Bekl verteidigen will, zumal bereits der Erlaß des Beschlusses unabhängig von seiner Durchführung Kosten verursachen kann, Hbg JB **79**, 148. Bei einer allzu verfrühten Anordnung müßte das Gericht die Kosten später evtl nach § 21 GKG niederschlagen.

Für den *Inhalt* und die Bekanntgabe des Beweisbeschlusses gilt § 359. Für seine Änderung gilt grundsätzlich § 360. Die Bekanntgabe ist jedoch evtl schon vor der mündlichen Verhandlung und daher gerade ohne eine solche zulässig, Wenzel MDR **77**, 176. Denn sonst würde man den Hauptzweck des § 358a gefährden, Rn 1. Der Beschluß darf jede nach der ZPO zulässige Beweiserhebung enthalten. Zulässig sind vor der mündlichen Verhandlung nur die in Z 1–5 abschließend genannten Maßnahmen. Sie weichen von denjenigen nach § 273 zum Teil ab. Der Einzelrichter des § 527 bzw der Vorsitzende der Kammer für Handelssachen nach § 349 können ihnen im Rahmen jener Vorschriften erheben. *Gebühren:* Des Gerichts keine (wegen der Auslagen Rn 4); des Anwalts: Wie § 358 Rn 4.

5 **5) Ausführung der Beweisaufnahme, S 2.** Es ist eine strikte Begrenzung ratsam.

A. Grundsatz. Die Ausführung der Beweisaufnahme ist vor der mündlichen Verhandlung nur in den folgenden Fällen zulässig. Es ist jeweils eine stufenweise Ausführung zulässig. Das Gericht benachrichtigt die Parteien usw wie bei einem Beweisbeschluß auf Grund einer mündlichen Verhandlung grundsätzlich von der Entscheidung nach § 358a, Ausnahme: § 218.

6 **B. Beauftragter Richter usw, S 2 Z 1.** Ausreichend ist folgende Lage: Die Beweisaufnahme findet unter den Voraussetzungen der §§ 375, 434 vor einem beauftragten oder ersuchten Richter statt, §§ 361, 362, also nicht vor dem Prozeßgericht, es sei denn im Fall Rn 10. Nach dem Zweck der Vorschrift muß der vorbereitende Richter (Mitglied des Prozeßgerichts) nach § 375 dem verordneten eines anderen Gerichts gleichstehen (Redaktionsversehen des Gesetzgebers?). Die Parteien haben ein Anwesenheitsrecht, § 357.

7 **C. Auskunft, S 2 Z 2.** Ausreichend ist folgende Lage: Es wird eine amtliche Auskunft eingeholt, § 273 II Z 2, Üb 32 vor § 373.

Titel 5. Allgemeine Beweisaufnahmevorschriften §§ 358a, 359

D. Schriftliche Beantwortung, S 2 Z 3. Ausreichend ist folgende Lage: Es wird eine schriftliche **8** Zeugenantwort nach § 377 III eingeholt. § 379 (Vorschußpflicht) ist entsprechend anwendbar. Denn die Staatskasse soll keinen Schaden erleiden. Die Formulierung eines Beweisbeschlusses vor der Einholung der schriftlichen Antwort ist zwar aus prozeßwirtschaftlichen Erwägungen nicht zwingend, § 377 Rn 11. Sie ist dennoch aber schon zur Vermeidung etwaiger Mißverständnisse über die Beweisfrage ratsam.

E. Gutachten, S 2 Z 4. Ausreichend ist folgende Lage: Es wird ein schriftliches Sachverständigengut- **9** achten eingeholt, § 411 I. Ein Beweisantritt ist entbehrlich, § 144. Die Vorschrift sieht anders als § 273 II Z 4 keine Ladung des Sachverständigen vor und soll ja die Vorbereitung der mündlichen Verhandlung erleichtern. Deshalb bezieht sie sich nicht auf die Ladung eines Sachverständigen zur mündlichen Aussage. §§ 379, 402 (Vorschußpflicht) sind entsprechend anwendbar. Das Gutachten wird nicht angefordert, wenn ein Vorschuß nicht zu erwarten ist.

F. Augenschein, S 2 Z 5. Ausreichend ist folgende Lage: Es wird ein Augenschein eingenommen, **10** §§ 371 ff. Ein Beweisantritt ist entbehrlich, § 144. Die Parteien haben ein Anwesenheitsrecht, § 357. § 55 IV ArbGG nennt die Fälle Rn 7, 8 nicht. § 58 I 1 ArbGG steht der Augenscheinsinnahme entgegen, Eich DB **77**, 910.

6) Verstoß, S 1, 2. Bei einem Verstoß ist der Grundsatz der Unmittelbarkeit der Beweisaufnahme **11** verletzt. Dieser Verstoß ist grundsätzlich heilbar, § 295. Ein Beschluß nur durch den Vorsitzenden statt durch das vollständige Kollegium bzw den Einzelrichter des § 348 ist ausnahmsweise nach § 295 unheilbar. Denn dann liegt keine ordnungsgemäße Besetzung des Gerichts vor, aM Köln NJW **76**, 2218, MüKoMus 7, ZöGre 5 (aber ein Besetzungsfehler unterliegt nicht der Beurteilung durch die Parteiherrschaft, § 295 Rn 29 „Gerichtsbesetzung").

7) Rechtsbehelfe, S 1, 2. Wegen der Rechtsbehelfe gegen eine prozeßleitende Anordnung des Vorsit- **12** zenden usw oder gegen deren Ablehnung s bei § 273. Gegen einen Beschluß nach § 358a ist ein Rechtsmittel ebensowenig zulässig wie gegen einen sonstigen Beweisbeschluß. Auch sind im übrigen §§ 355 ff direkt anwendbar.

8) *VwGO:* Trotz § 98 VwGO ist die Vorschrift unanwendbar, weil sie durch den weitergehenden § 96 II VwGO **13** ersetzt ist, Ey § 98 Rn 3, RedOe § 98 Anm 2.

359 Inhalt des Beweisbeschlusses. Der Beweisbeschluss enthält:
1. die Bezeichnung der streitigen Tatsachen, über die der Beweis zu erheben ist;
2. die Bezeichnung der Beweismittel unter Benennung der zu vernehmenden Zeugen und Sachverständigen oder der zu vernehmenden Partei;
3. die Bezeichnung der Partei, die sich auf das Beweismittel berufen hat.

Gliederung

1) Systematik, Z 1–3	1	B. Beweisthema, Z 1	8
2) Regelungszweck, Z 1–3	2, 3	C. Beweismittel, Z 2	9
3) Geltungsbereich, Z 1–3	4	D. Beweisführer, Z 3	10
4) Beweisbeschluß, Z 1–3	5, 6	E. Weitere Einzelheiten, Z 1–3	11
5) Inhalt des Beweisbeschlusses, Z 1–3	7–11	6) Rechtsbehelfe, Z 1–3	12
A. Grundsatz: Wesentlichkeit jedes Erfordernisses, Z 1–3	7	7) *VwGO*	13

1) Systematik, Z 1–3. Die Vorschrift enthält die notwendige Durchführungsregel zu §§ 358, 358a. Sie **1** wird durch § 329 (Form, Mitteilung) und zB durch § 377 III (schriftliche Zeugenaussage) ergänzt.

2) Regelungszweck, Z 1–3. Es soll klar sein, über was und in welcher Weise das Gericht Beweis erheben **2** will. Der Beweisbeschluß wendet sich ja auch an die bisher meist ahnungslosen Beweispersonen, die als Staatsbürger jetzt in ein Prozeßverhältnis nach Grdz 4 vor § 128 hineinkommen. Sie müssen zB übersehen können, ob und wie sie sich vorbereiten sollen. Insofern ist § 377 III mitbeachtlich.

Sorgfalt bei Art und Umfang der Formulierung vor allem des Beweisthemas ist ein Gebot der Rechtssicher- **3** heit nach Einl III 43 wie der Prozeßwirtschaftlichkeit nach Grdz 14 vor § 128. Sie ist auch die ziemlich unentbehrliche Voraussetzung einer vollständigen Durchführung der Beweisaufnahme. Das gilt vor allem dann, wenn die Besetzung des Gerichts bis zu ihr wechselt oder wenn bis zur Beweisaufnahme längere Zeit verstreicht, aus welchen Gründen auch immer. Das Gericht muß aber auch die Einzelheiten nach § 358a I 2 Z 1–5 möglichst sorgfältig formulieren, nicht allein für den etwa ersuchten Richter, aber natürlich ebenso für alle übrigen Prozeßbeteiligten. Das erspart Mißverständnisse bei der Vorbereitung der Aussage, des Gutachtens oder der Auskünfte. Es hilft dabei, eine zusätzliche Suche nach Unterlagen, eine zweite Vernehmung und dergleichen zu ersparen.

3) Geltungsbereich, Z 1–3. Vgl Üb 3 vor § 355. **4**

4) Beweisbeschluß, Z 1–3. Er ist eine prozeßleitende Anordnung in besonderer Form, ein nur für das **5** Prozeßgericht unabhängig von § 360 jederzeit abänderlicher Ausspruch über die Notwendigkeit einer bestimmten Beweiserhebung. Nur der verordnete Richter nach §§ 361, 362 ist an den Beschluß gebunden, § 158 GVG. Der Beweisbeschluß sollte vernünftigerweise möglichst umfassend sein. Wenn sich nach der Erledigung eines Teils des Beweisbeschlusses herausstellt, daß die restlich beschlossenen Maßnahmen überflüssig sind, dann kann das Gericht diesen Teil des Beweisbeschlusses unerledigt lassen. Eine hilfsweise

Hartmann 1449

§§ 359, 360

Beweisanordnung ist bedenklich. Sie ist außerdem wegen § 360 entbehrlich. Beim Erlaß des Beschlusses muß sich das Gericht über die Erheblichkeit des Beweispunktes und über die Beweislast klar sein. Freilich fehlt dem Beweisbeschluß eine das Gericht bindende Wirkung, § 358 Rn 6.

6 *Zwecklose Beweiserhebungen* wirken verschleppend und beweisen eine Hilflosigkeit des Gerichts. Als Voraussetzung einer sinnvollen Beweiserhebung muß aber das Parteivorbringen ein lückenloses Bild des Streitstoffs geben, ein günstiges Beweisergebnis unterstellt. Trifft das nicht zu, dann ist die Sache für die Beweiserhebung unter Umständen noch nicht reif. Das kann sich auch aus dem Verfahrensstand ergeben, etwa bei einer Stufenklage nach § 254. Auch ein bloßer Ausforschungsbeweisantrag nach Einf 10 vor § 284 kann dem Beweisbeschluß entgegenstehen. Das Gericht muß die Beweisaufnahme evtl durch eingehende Erörterungen mit den Parteien vorbereiten, § 139. Wegen der Ablehnung eines Beweisbeschlusses § 286 Rn 27 ff. Wegen seiner Änderung § 360. Auch eine Ergänzung des bisherigen oder der Erlaß eines oder mehrerer weiterer Beschlüsse können notwendig werden. Der Beweisbeschluß bedarf keiner Begründung, § 329 Rn 7. Das Gericht muß ihn verkünden bzw im Fall des § 358a sowie im schriftlichen Verfahren nach § 128 II nach § 329 II mitteilen.

7 5) **Inhalt des Beweisbeschlusses, Z 1–3.** Seine Fassung ist leider oft zu ungenau.

A. Grundsatz: Wesentlichkeit jedes Erfordernisses, Z 1–3. Die Erfordernisse des § 359 sind wesentlich. Soweit das Prozeßgericht sie nicht beachtet hat, darf der ersuchte Richter die Erledigung des Beweisersuchens ablehnen, § 158 GVG.

8 **B. Beweisthema, Z 1.** Der Beweisbeschluß muß eine Bezeichnung der Beweispunkte (des Beweisthemas) in so bestimmter Fassung enthalten, daß für die Parteien und auch zB für den Zeugen deutlich wird, welche Aufklärung das Gericht braucht und wie die Beteiligten sich demgemäß vorbereiten müssen, zB nach § 378, BAG NJW **91**, 1252, Ffm RR **95**, 637, Oldb JB **92**, 1541. Der verordnete Richter nach §§ 361, 362 soll sich nicht alles erst aus der Akte zusammensuchen müssen, BAG NJW **91**, 1252, Ffm RR **95**, 637. Die Fassung kann in diesem Rahmen knapp sein. „Über den Unfallhergang vom ..." kann genügen, § 358a Rn 2, Ffm RR **95**, 637, aM ZöGre 3 (aber solch knappe Form kann je nach den Gesamtumständen vernünftigerweise durchaus genügen). Reinecke MDR **90**, 1063 meint, eine zu präzise Formulierung berge eine Suggestionsgefahr. Aber das sollte ein Gericht durchaus trotz Präzision vermeiden können. Eine Verweisung auf Schriftsätze und Protokolle genügt nur ausnahmsweise und nur, wenn dort bestimmte Stellen angezogen werden. Zur Formulierung in EDV-Sachen Bergmann/Streitz NJW **92**, 1726.

9 **C. Beweismittel, Z 2.** Der Beweisbeschluß muß ferner die Bezeichnung der Beweismittel enthalten. Zeugen, Sachverständige, zu vernehmende Parteien sind nach Namen, Stand und vollständiger ladungsfähiger Anschrift zu bezeichnen, § 373 Rn 4–6. Es muß erkennbar sein, ob die Beweisperson als sachverständiger Zeuge oder als Sachverständiger auftreten soll. Für den Sachverständigen gelten Ausnahmen, §§ 372 II, 405. Wegen der Anschriften usw mag zunächst im Fall des § 356 eine Frist ausreichen.

10 **D. Beweisführer, Z 3.** Der Beweisbeschluß muß schließlich die Bezeichnung des Beweisführers enthalten. Wer behauptet hat oder wer beweispflichtig ist, das ist hier nur wegen eines etwaigen Vorschusses erheblich, § 379, § 68 I 1 GKG, anders als bei der Prüfung der Notwendigkeit einer Beweiserhebung, Rn 1. Z 3 ist wichtig für den Fall, daß auf ein Beweismittel verzichtet wird, § 399.

11 **E. Weitere Einzelheiten, Z 1–3.** Anzugeben sind ferner die Art der Beweiserhebung sowie die Höhe des etwaigen Auslagenvorschusses und eine klare Angabe, ob und inwieweit zB eine Ladung von seiner Einzahlung oder von der Nachreichung einer fehlenden Anschrift abhängig ist, §§ 356, 379, 402. Wenn der verordnete Richter den Beschluß durchführen soll, dann empfiehlt sich weiter, den Grund der Übertragung auf ihn anzugeben, § 375 Rn 5. Eine Begründung des Beweisbeschlusses ist zulässig, selten ratsam und kaum üblich, jedenfalls nicht notwendig. Der sonstige Inhalt, zB die Terminsbestimmung oder eine Auflage, zählt nicht zum Beweisbeschluß.

12 6) **Rechtsbehelf, Z 1–3.** Der Beweisbeschluß und seine Unterlassung sind grundsätzlich nur zusammen mit dem Endurteil anfechtbar, § 355 II. Ausnahmen können nur gelten, soweit das Gericht das Verfahren praktisch aussetzt, § 252 Rn 3, § 372a Rn 25, Brdb FamRZ **01**, 294. Soweit das ersuchte Richter die Durchführung ablehnt, kann das ersuchende Gericht Beschwerde und evtl weitere Beschwerde einlegen, § 159 GVG Rn 3, 4, BAG NJW **91**, 1252.

13 7) *VwGO:* Entsprechend anzuwenden, § 98 VwGO, hinsichtlich Z 1 u 2, BVerwG NJW **84**, 2645, VGH Mannh Just **98**, 89 (Sachverständiger), und zwar für jeden Beweisbeschluß (aus § 96 II VwGO folgt keine Beschränkung der Z 1 auf die Beweisaufnahme durch den ersuchten Richter, aM RedOe § 98 Anm 2); Z 1 ist genügt, wenn der Beschluß die Richtung erkennen läßt, in der eine Aufklärung für nötig gehalten wird, BVerwG LS DÖV **88**, 611 (Melullis MDR **89**, 1062). Die Beachtung von Z 3 ist nur zweckmäßig, nicht aber wesentlich, weil es nach § 86 I VwGO auf den Beweisführer nicht ankommt, Einf § 284 Rn 36 (§ 399 ZPO ist unanwendbar).

360 *Änderung des Beweisbeschlusses.* ¹ Vor der Erledigung des Beweisbeschlusses kann keine Partei dessen Änderung auf Grund der früheren Verhandlungen verlangen. ²Das Gericht kann jedoch auf Antrag einer Partei oder von Amts wegen den Beweisbeschluss auch ohne erneute mündliche Verhandlung insoweit ändern, als der Gegner zustimmt oder es sich nur um die Berichtigung oder Ergänzung der im Beschluss angegebenen Beweistatsachen oder um die Vernehmung anderer als der im Beschluss angegebenen Zeugen oder Sachverständigen handelt. ³Die gleiche Befugnis hat der beauftragte oder ersuchte Richter. ⁴Die Parteien sind tunlichst vorher zu hören und in jedem Falle von der Änderung unverzüglich zu benachrichtigen.

Titel 5. Allgemeine Beweisaufnahmevorschriften **§ 360**

Gliederung

1) Systematik, S 1–4	1	B. Berichtigung, Ergänzung	7
2) Regelungszweck, S 1–4	2	C. Ersetzung von Zeugen usw	8
3) Geltungsbereich, S 1–4	3	7) Änderung nach § 358 a, S 1–4	9
4) Aufhebung, S 1–4	4	8) Änderung auf Antrag, S 1–4	10
5) Änderung von Amts wegen nach neuer Verhandlung, S 1–4	5	9) Verfahren, S 1–4	11–14
		A. Zuständigkeit	11
6) Änderung von Amts wegen vor neuer Verhandlung, S 1–4	6–8	B. Anhörung	12
		C. Beschluß	13
A. Zustimmung des Gegners	6	D. Rechtsmittel	14
		10) *VwGO*	15

1) Systematik, S 1–4. Die Vorschrift ergänzt §§ 358, 359. Sie gilt nicht bei § 358 a. Sie wird ihrerseits **1** durch § 286 ergänzt. Ein Abänderungsbeschluß ist eine weitere verfahrensleitende Anordnung, Brdb FamRZ 01, 294. Das Gericht kann und muß von einer weiteren Durchführung seines Beweisbeschlusses auch ohne dessen förmliche Änderung absehen, soweit es keine Beweisbedürftigkeit bzw Entscheidungserheblichkeit mehr sieht. Das kann unabhängig von § 360 geschehen. Das wird oft übersehen. Diese Vorschrift betrifft nur die Änderung oder Ergänzung des an sich fortbestehenden Beschlusses. Die Grenzen fließen freilich. Wer ganz aufheben kann, darf auch frei ändern. Auch im Fall des § 399 (Verzicht der Partei auf Zeugen) erübrigt sich das Verfahren nach § 360. Mitbeachtlich ist das Gebot rechtlichen Gehörs, Rn 12. Rechtspolitisch krit Mertens MDR **01**, 666.

2) Regelungszweck, S 1–4. Die Vorschrift dient der Rechtssicherheit nach Einl III 43 und der Wahrung **2** des rechtlichen Gehörs, Art 103 I GG.

Nur geringe Bedeutung hat die Vorschrift angesichts des § 286 mit seiner Konsequenz aus freier Würdigung eines Beweises, daß auch schon Art und Umfang der Anordnung und Vornahme von Beweis und Gegenbeweis einem ziemlich weiten Ermessen des Gerichts unterliegen. Natürlich darf es kein erhebliches Beweisangebot übergehen, § 286 Rn 24 ff. Aber gerade auch deshalb darf und muß das Gericht evtl seinen bisherigen Beweisbeschluß ändern, ob und so viel es das für nunmehr ratsam oder notwendig hält. An diesem Grundsatz ändert der im Wortlaut insofern eher mißverständliche § 360 nach seinem Regelungszweck nichts. Die Vorschrift dient vielmehr dazu, das Gericht vor einem zu starken Einfluß der Parteien in der Gesamtabwicklung des Beweisabschnitts des Prozesses zu bewahren. Hier kommen Grenzen der Parteiherrschaft vor § 128 zum Vorschein. Man muß diese Grenzen um der Prozeßwirtschaftlichkeit willen in Kauf nehmen, Grdz 14 vor § 128.

Elegante, rücksichtsvolle Handhabung hilft sowohl dem Gericht als auch den Parteien und ihren ProzBev erfahrungsgemäß viel bei der Vermeidung von Zuspitzungen wegen § 360. Man sollte solche Handhabung gerade wegen seiner eben ohnehin nur begrenzten Bedeutung betont pflegen.

3) Geltungsbereich, S 1–4. Vgl Üb 3 vor § 355. **3**

4) Aufhebung, S 1–4. Das Gericht kann seinen Beweisbeschluß als eine prozeßleitende Verfügung **4** jederzeit von Amts wegen aufheben, etwa weil sich dessen Unerheblichkeit herausgestellt hat oder weil das Gericht auf Grund einer neuen Überlegung zB jetzt nach § 287 schätzen will. Letzteres ist allerdings nur dann zulässig, wenn die Schätzung ohne Kosten stattfinden kann. Denn sonst läge eine Änderung vor, weil doch wieder eine Beweisaufnahme notwendig würde. Die Aufhebung kann auch stillschweigend geschehen, etwa durch eine Vertagung zum Zweck der Verkündung eines Urteils, § 311 IV. Daran ändert § 360 nichts. Das alles gilt auch im selbständigen Beweisverfahren, § 490 Rn 6. Wegen § 139 und aus den Gründen Rn 12 ist es aber evtl notwendig, den Parteien Gelegenheit zur Stellungnahme und zu weiteren Anträgen zu geben. Sonst droht Zurückverweisung, § 538. Allerdings kann die Partei das Gericht nicht schon durch einen Antrag auf kommissarische Vernehmung nach §§ 361, 362 zu einer Entscheidung nach § 360 zwingen, unklar BVerfG **69**, 256.

5) Änderung von Amts wegen nach neuer Verhandlung, S 1–4. Von Amts wegen darf das Gericht **5** seinen Beweisbeschluß nach einer neuen mündlichen Verhandlung unbeschränkt ändern, etwa wegen der inzwischen eingetretenen Entscheidungsunerheblichkeit des Beweisthemas.

6) Änderung von Amts wegen vor neuer Verhandlung, S 1–4. In dieser Situation darf das Gericht **6** den Beweisbeschluß nur in einer der folgenden Fälle ändern.

A. Zustimmung des Gegners. Die Änderung ist zulässig, wenn der Gegner des Beweisführers zustimmt. Das gilt auch, soweit es um eine Einbeziehung neuer Tatsachen und um die Vernehmung weiterer Zeugen usw geht. Das Gericht muß bei einer beabsichtigten Änderung nach Rn 6 von Amts wegen die Zustimmungen beider Parteien einholen. Die Zustimmung muß schriftlich erfolgen. Sie ist eine unwiderrufliche Parteiprozeßhandlung, Grdz 47 vor § 128. Sie muß den Inhalt der Änderung decken. Bei § 399 (Verzicht des Beweisführers auf seinen Zeugen) kommt es darauf an, ob der Prozeßgegner verlangt, den erschienenen Zeugen zu vernehmen usw.

B. Berichtigung, Ergänzung. Die Änderung ist ferner zulässig, und zwar auch ohne eine Zustimmung, **7** soweit das Gericht den bisherigen Beweisbeschluß lediglich berichtigen bzw die Beweistatsachen ergänzen will. Berichtigen bedeutet in Einklang bringen entweder mit dem zwar richtigen aber mangelhaft ausgedrückten willen des Gerichts oder mit dem mangelhaft gewürdigten Parteivortrag, § 256 Rn 24. Die Grenze zwischen bloßer Berichtigung und einer Neuentscheidung läßt sich so ziehen, daß die Änderung nicht das Beweisthema gänzlich ändern darf. Denn eine bloße Berichtigung von Schreibfehlern und dergleichen wäre schon nach § 319 zulässig, § 329 Rn 10 „§ 319". Bei einer Änderung des Beweisthemas gilt Rn 6. Die Berichtigung kann auch die Art der Ausführung betreffen. Die Ergänzung darf neue Beweispunkte enthalten, soweit sie

§§ 360, 361 Buch 2. Abschnitt 1. Verfahren vor den LGen

mit den alten im Zusammenhang stehen. Das Gericht darf aber mittels bloßer Änderung usw nicht die Beweiserhebung auf einen anderen Klagegrund ausdehnen.

8 **C. Ersetzung von Zeugen usw.** Die Änderung ist auch zulässig, wenn das Gericht die im Beweisbeschluß angegebenen Zeugen und Sachverständigen durch andere oder durch Gegenzeugen ersetzen oder nur noch einige der bisher angegebenen Zeugen hören will. Der Beweispunkt muß derselbe bleiben. Dagegen ist die Vernehmung eines oder mehrerer erst nachträglich benannter zusätzlicher Zeugen usw vor der Erledigung des Beweisbeschlusses nur mit Zustimmung des Gegners zulässig. Das wird oft übersehen. Es ergibt sich aber schon aus dem eindeutigen Wortlaut von S 2 Hs 2. Er läßt nur „andere", nicht „weitere" Zeugen zu. Freilich darf und sollte das Gericht bei Benennung weiterer Zeugen den Gegner fragen, ob er zustimme, vor allem wenn er vor der Aktenversendung an ein auswärtiges Gericht, damit es die zusätzlichen auswärtigen Zeugen evtl sogleich mitladen kann. Wegen § 399 vgl Rn 3.

9 **7) Änderung nach § 358a, S 1–4.** Die Änderung ist außerdem im Falle des § 358a zulässig, dort Rn 4.

10 **8) Änderung auf Antrag, S 1–4.** Ohne Antrag braucht das Gericht nichts zu ändern, auch nicht im Einverständnis des Gegners. Vor der Erledigung des bisherigen Beweisbeschlusses ist ein Antrag auf eine Änderung nur auf Grund neuen Vorbringens statthaft. Freilich darf die Partei eine Verletzung von Verfahrensvorschriften rügen, zB über die Zulässigkeit des Beweisbeschlusses.

11 **9) Verfahren, S 1–4.** Es verläuft oft fast zu großzügig.
 A. Zuständigkeit. Zur Änderung ist das Prozeßgericht zuständig. Die Befugnis steht auch dem Einzelrichter nach §§ 348, 348a, 526, 527, 568 und dem verordneten Richter zu, §§ 361, 362. Aber diese müssen zurückhaltend verfahren. Denn sie dürfen das Prozeßgericht nicht binden. § 360 soll Weiterungen vermeiden, die durch die starre Bindung des verordneten Richters an den Beschluß entstehen können. Deshalb darf der ersuchte Richter statt des angegebenen Zeugen einen anderen nur dann vernehmen, wenn sich herausstellt, daß dieser und nicht der zunächst angegebene Zeuge Bescheid weiß.

12 **B. Anhörung.** Das Gericht muß die Parteien vor der Entscheidung wegen Artt 2 I, 20 III GG (Rpfl), BVerfG **101**, 404, Art 103 I GG (Richter) in jedem Fall wenn möglich mündlich oder schriftlich hören, BGH NJW **85**, 1400, Köln NJW **92**, 719. Untunlich ist ihre Anhörung zB, wenn die Zeit es nicht erlaubt, wenn etwa ein Zeuge schleunigst verreisen muß. In jedem Fall muß das Gericht die Parteien von der Änderung unverzüglich unterrichten, § 121 I 1 BGB, also sobald dies nach dem ordnungsgemäßen Geschäftsgang möglich ist. Außerdem müssen die Parteien zum Ergebnis Stellung nehmen können, § 285, BGH NJW **85**, 1400. Die Anhörung erfolgt formlos. Ein Mangel der Anhörung oder der Benachrichtigung ist heilbar, § 295.

13 **C. Beschluß.** Die Entscheidung erfolgt grundsätzlich durch einen Beschluß. Das Gericht muß ihn verkünden oder formlos mitteilen, § 329 II 1. Er bedarf keiner Begründung, § 359 Rn 9. Sie ist aber zulässig. Soweit der Änderungswille eindeutig erkennbar ist, mag ein ausdrücklicher Beschluß entfallen, BGH NJW **85**, 1399.

14 **D. Rechtsmittel.** Der Beschluß ist grundsätzlich nicht selbständig anfechtbar, sondern nur zusammen mit dem Endurteil, § 355 II. Denn er bildet mit dem Beweisbeschluß eine Einheit, § 359 Rn 4, Brdb FamRZ **01**, 294. Das gilt auch dann, wenn das Gericht einen Änderungsantrag ablehnt. Eine unzulässige Änderung ist daher ebenfalls grundsätzlich nur zusammen mit dem Endurteil anfechtbar. Wegen ausnahmsweiser Rechtsmittel § 359 Rn 10. Eine Gegenvorstellung nach Grdz 3 vor § 567 bleibt schon wegen des Fehlens einer Bindung des Gerichts an seine bisherige Anordnung zulässig, Brdb FamRZ **01**, 295. Die Verhandlung über das Beweisergebnis erfolgt nach §§ 279 III, 285 vor dem Prozeßgericht.

15 **10) VwGO:** *Entsprechend anzuwenden*, § 98 VwGO, jedoch kommt es auf Zustimmung, S 2, nicht an, weil § 96 II VwGO einen Beweisbeschluß ohne mündliche Verhandlung gestattet (aM RedOe § 96 Anm 6). Eine Änderung durch das Prozeßgericht ist daher (nach Anhörung der Beteiligten) jederzeit vAw zulässig, vgl BVerwG NJW **84**, 2647 mwN, ebenso durch den Einzelrichter, § 6 VwGO, oder den verordneten Richter, S 3, im Rahmen des § 96 II VwGO, oben Rn 11, aM KoppSch § 98 Rn 1 (unanwendbar).

361 *Beweisaufnahme durch beauftragten Richter.* ^I Soll die Beweisaufnahme durch ein Mitglied des Prozeßgerichts erfolgen, so wird bei der Verkündung des Beweisbeschlusses durch den Vorsitzenden der beauftragte Richter bezeichnet und der Termin zur Beweisaufnahme bestimmt.

^{II} Ist die Terminsbestimmung unterblieben, so erfolgt sie durch den beauftragten Richter; wird er verhindert, den Auftrag zu vollziehen, so ernennt der Vorsitzende ein anderes Mitglied.

1 **1) Systematik, I, II.** Die Vorschrift regelt die Durchführung einer Beweisaufnahme vor einem Mitglied des als Kollegium zuständigen Prozeßgerichts. Demgegenüber regelt § 362 diejenige vor dem Mitglied eines anderen Gerichts. § 434 gilt ergänzend.

2 **2) Regelungszweck, I, II.** Auch und gerade dann, wenn die Beweisaufnahme auch nur teilweise nicht vor dem vollbesetzten Prozeßgericht erfolgen soll, zu dem auch der Einzelrichter der §§ 348, 349, 524 zählt, erfordert die Rechtssicherheit nach Einl III 43 eine klare Klarstellung, wer nun für diesen Abschnitt vorübergehend der gesetzliche Richter im Sinn von Art 101 I 2 GG neben dem Prozeßgericht sein soll. Die Bedeutung der Vorschrift schwindet mit der Verlagerung des Kollegialprinzips auf den obligatorischen oder gar den originären Einzelrichter. Das sollte nichts an der Sorgfalt ändern, mit der der Vorsitzende im Fall des § 361 verfahren muß, um Unklarheiten und daraus etwa sogar folgende rechtsmittelerhebliche Vorwürfe einer fehlerhaften Gerichtsbesetzung in diesem wichtigen Verfahrensabschnitt zu vermeiden.

3 **3) Geltungsbereich, I, II.** Üb 3 vor § 355.

Titel 5. Allgemeine Beweisaufnahmevorschriften §§ 361, 362

4) Maßnahmen des Vorsitzenden, I. Der beauftragte Richter nach Einl III 72 darf nur ausnahmsweise **4** tätig sein, § 355 Rn 6, also zB nicht zwecks Sühneversuchs nach § 279, dort Rn 4. Soll er die Beweisaufnahme vornehmen, so wählt ihn der Vorsitzende nach pflichtgemäßem Ermessen aus. Er bezeichnet ihn bei der Verkündung des Beweisbeschlusses namentlich. Etwas anderes würde eine gegen Art 101 I 2 GG verstoßende Auswechslung ermöglichen. Über einen Auslagenvorschuß beschließt das Prozeßgericht, §§ 379, 402. Beschließt das Gericht nachträglich eine Erledigung durch den beauftragten Richter, so muß es ihn im Änderungsbeschluß bezeichnen, § 360. Fällt der beauftragte Richter weg, so tritt sein Vertreter oder sein Nachfolger im Amt ohne weiteres an seine Stelle, soweit der Vorsitzende nichts anderes bestimmt.

5) Maßnahmen des beauftragten Richters, I, II. Den Termin bestimmt der beauftragte Richter, ThP, **5** aM Schneider DRiZ **77**, 14 (dieser bestimmte ihn nur hilfsweise. Man muß aber I mit einer Zäsur hinter, nicht vor den Worten „durch den Vorsitzenden" lesen). Der Termin wird entweder in der Sitzung bestimmt, dann verkündet ihn der Vorsitzende, oder später, dann muß ihn das Gericht den Parteien von Amts wegen bekanntgeben, und zwar immer ihren ProzBev, § 172, ferner § 357 II. Das Gericht muß die Ladungsfrist nach § 217 einzuhalten, ZöGre 1, aM ThP 1 (aber die Ladungsfrist gilt für alle Terminsarten im Sinn von Üb 1 vor § 214). Es besteht kein Anwaltszwang, § 78 V Hs 1.

Die Beweisaufnahme ist mindestens *parteiöffentlich*, § 357 I. Sie ist nicht allgemein öffentlich. Denn sie findet nicht vor dem vollen erkennenden Gericht statt, § 169 S 1 GVG. Der beauftragte Richter hat im Rahmen des Auftrags die Befugnisse und Pflichten des Gerichts und des Vorsitzenden, § 229. Er hat daher auch die Sitzungsgewalt, §§ 176 ff GVG. Daher darf auch § 379 anwenden, aM ZöGre 2 (aber ein ordnungsgemäßer Verlauf kann solche Maßnahmen notwendig machen). Er darf ferner zB: Ein Geständnis aufnehmen, § 288; ein Ordnungsmittel anordnen, §§ 380, 400, 402; im Fall des § 365 den Auftrag weiterleiten. Zum Gütesuch § 278. Wenn der beauftragte Richter im Beweistermin vertagt, dann verkündet er den neuen Termin. Es besteht Protokollzwang, § 159 II.

6) Rechtsbehelf, I, II. Man muß zunächst das Prozeßgericht anrufen, § 573. Zum weiteren Verfahren **6** dort Rn 5.

7) VwGO: *Entsprechend anzuwenden, § 98 VwGO, da eine Beweisaufnahme durch den beauftragten Richter* **7** *zulässig ist, § 96 II VwGO, dazu BVerwG NJW* **94**, *1975 mwN.*

362 *Beweisaufnahme durch ersuchten Richter.* ¹ Soll die Beweisaufnahme durch ein anderes Gericht erfolgen, so ist das Ersuchungsschreiben von dem Vorsitzenden zu erlassen.

II Die auf die Beweisaufnahme sich beziehenden Verhandlungen übermittelt der ersuchte Richter der Geschäftsstelle des Prozeßgerichts in Urschrift; die Geschäftsstelle benachrichtigt die Parteien von dem Eingang.

Vorbem. II Hs 1 geändert dch Art 1 Z 28 JKomG v 22. 3. 05, BGBl 837, in Kraft seit 1. 4. 05, Art 16 I JKomG, ÜbergangsR Einl III 78.

1) Systematik, I, II. Es gelten die Regeln § 361 Rn 1, 2 entsprechend. Die Vorschrift stellt eine **1** vorrangige Abweichung vom Grundsatz der Unmittelbarkeit der Beweisaufnahme nach § 355 dar.

2) Regelungszweck, I, II. Die Vorschrift dient der Prozeßförderung nach Grdz 12 vor § 128 und der **2** Prozeßwirtschaftlichkeit, Grdz 14 vor § 128. Diese Aspekte muß man bei der Auslegung mitbeachten. In der Praxis ist meist eine Übermittlung einer noch nicht allzu umfangreichen Akte als Ganzes üblich. Das kann dem ersuchten Richter erfahrungsgemäß auch sehr helfen, mehr als ein noch so gründlich formulierter Beweisbeschluß nebst Anschreiben. Denn oft ergeben sich zB zur Örtlichkeit eines Unfallhergangs für den nicht ortskundigen ersuchten Richter Fragen, die beim Blick in die Unfallskizze oder die Fotos sofort beantworten lassen, dem auswärtigen Zeugen aber ebensowenig geläufig sind wie dem Richter, weil der Zeuge nur im Urlaub am Unfallort war usw. Deshalb empfiehlt sich bei II jede Großzügigkeit.

3) Geltungsbereich, I, II. Vgl zunächst Üb 3 vor § 355. § 362 ist nur bei §§ 372 II, 375 I, 402, 434, **3** 451, 613 I anwendbar.

4) Ersuchen, I. Soll ein anderes Gericht die Beweisaufnahme als ersuchter Richter nach § 355 Rn 6 **4** vornehmen, so ist zunächst ein entsprechender Beschluß des Prozeßgerichts notwendig. § 362 regelt nur die Durchführung dieses Beschlusses. Zu ihrem Zweck erläßt der Vorsitzende oder der Einzelrichter nach §§ 348, 348 a, 526, 527, 568 ein Ersuchen. Das andere Gericht kann hier nur ein inländisches Amtsgericht sein, §§ 156 ff GVG (Rechtshilfe). Andernfalls ist § 363 nebst Anhang beachtlich. Das Ersuchen erfolgt durch die prozeßleitende Verfügung. Ihre Bezeichnung als Beschluß ist unschädlich. Es muß sie klar und ausführlich genug fassen, so daß man keine Weiterungen durch eine mangelhafte Erledigung befürchten muß. Das Prozeßgericht darf den ersuchten Richter keinesfalls dazu nötigen, sich die Beweisfragen aus langatmigen Parteischriftsätzen usw mühsam herauszuschälen, § 359 Rn 6. Der Vorsitzende entscheidet unter Beachtung dieser Grundsätze nach pflichtgemäßem Ermessen darüber, ob seine Geschäftsstelle dem ersuchten Richter die Gerichtsakten oder nur einen Auszug übermittelt, Rn 2.

Der ersuchte Richter bestimmt den *Termin* nach § 216. Er benachrichtigt die Parteien von Amts wegen **5** nach § 357 II, dort Rn 6. Über die Ablehnung des Ersuchens §§ 158, 159 GVG. Der ersuchte Richter darf also die Durchführung des Ersuchens allenfalls als schlechthin unzulässig oder als unzweckmäßig ablehnen, Ffm Rpfleger **79**, 426 (Nähe des Prozeßgerichts). Es herrscht nach § 78 V Hs 1 kein Anwaltszwang. Es gibt keine allgemeine Öffentlichkeit. Denn der ersuchte Richter ist nicht das erkennende Gericht, § 169 S 1 GVG. Wohl aber herrscht Parteiöffentlichkeit, § 357 I. Der ersuchte Richter ist an das Beweisthema gebunden, solange kein Rechtsmißbrauch nach Einl III 54 vorliegt, etwa ein klarer Ausforschungsbeweisantrag, Kblz NJW **75**, 1036, oder eine bloße Faulheit des nur wenige Minuten entfernten Prozeßge-

Hartmann 1453

§§ 362, 363   Buch 2. Abschnitt 1. Verfahren vor den LGen

richts. Er kann den Beweisbeschluß aber im übrigen nach § 360 ändern, §§ 229, 365, 400 ZPO, 180 GVG. Er muß ein Protokoll erstellen, § 159 II.

6   **5) Übermittlung der Beweisverhandlungen, II.** Der ersuchte Richter muß das Beweisaufnahmeprotokoll in Urschrift der Geschäftsstelle des Prozeßgerichts übersenden oder es elektronisch übermitteln. Erst diese benachrichtigt unverzüglich die Parteien formlos vom Eingang. § 299 sieht keine Pflicht der Geschäftsstelle vor, den Parteien das Beweisaufnahmeprotokoll auch von Amts wegen zu übermitteln. Schon wegen Art 103 I GG ist diese Maßnahme aber unentbehrlich. Sie ist im übrigen auch allein praktisch und im Rahmen von KV 9000 Z 2 d auslagenfrei. Wegen des Verhandlungstermins § 370 II.

7   **6) Rechtsbehelfe, I, II.** Gegen den Übertragungsbeschluß: § 355 Rn 8. Gegen das Ersuchen des Vorsitzenden: keiner. Gegen eine Entscheidung des verordneten Richters: Sofortige bzw einfache Beschwerde gegen die Gebührenfestsetzung unter den Voraussetzungen der §§ 401 ZPO, 4 III JVEG, ferner Beschwerde gegen ein Ordnungsmittel nach § 181 GVG, § 573 Rn 3, im übrigen sofortige Erinnerung an das Prozeßgericht, § 573 Rn 3. Gegen dessen Entscheidung ist sofortige Beschwerde statthaft, §§ 567 I Z 1, 573 II. Eine Rechtsbeschwerde kommt unter den Voraussetzungen des § 574 in Betracht.

8   **7) VwGO:** Entsprechend anzuwenden, § 98 *VwGO*, da eine Beweisaufnahme durch den ersuchten Richter zulässig ist, § 96 II *VwGO*.

363 *Beweisaufnahme im Ausland.* ¹ Soll die Beweisaufnahme im Ausland erfolgen, so hat der Vorsitzende die zuständige Behörde um Aufnahme des Beweises zu ersuchen.

II Kann die Beweisaufnahme durch einen Bundeskonsul erfolgen, so ist das Ersuchen an diesen zu richten.

III ¹ Die Vorschriften der Verordnung (EG) Nr. 1206/2001 des Rates vom 28. Mai 2001 über die Zusammenarbeit zwischen den Gerichten der Mitgliedstaaten auf dem Gebiet der Beweisaufnahme in Zivil- oder Handelssachen (ABl. EG Nr. L 174 S. 1) bleiben unberührt. ² Für die Durchführung gelten die §§ 1072 und 1073.

Vorbem. III angefügt dch Art 1 Z 3 G v 4. 11. 03, BGBl 2166, in Kraft seit 1. 1. 04, Art 2 G, ÜbergangsR Einl III 78.

Schrifttum: *Coester-Waltjen,* Internationales Beweisrecht, 1983; *Daoudi,* Extraterritoriale Beweisbeschaffung im deutschen Zivilprozeß usw, 2000; *Eschenfelder,* Beweiserhebung im Ausland und ihre Verwertung im inländischen Zivilprozeß, 2002; *Geimer,* Internationale Beweisaufnahme, 1998; *Gottwald,* Grenzen zivilgerichtlicher Maßnahmen mit Auslandswirkung, Festschrift für *Habscheid* (1989) 131; *Jayme,* Exterritoriale Beweisverschaffung für inländische Verfahren usw, Festschrift für *Geimer* (2002) 375; *Linke,* Internationales Zivilprozeßrecht, 2. Aufl 1995, § 8; *Mössle,* Exterritoriale Beweisbeschaffung im internationalen Wirtschaftsrecht, 1990; *Musielak,* Beweiserhebung bei auslandsbelegenen Beweismitteln, Festschrift für *Geimer* (2002) 761; *Pfeil-Kammerer,* Deutsch-amerikanischer Rechtshilfeverkehr, 1987; *Schlosser,* Exterritoriale Rechtsdurchsetzung im Zivilprozeß, in: Festschrift für *Lorenz,* 1991; *Stadler,* Grenzüberschreitende Beweisaufnahmen in der Europäischen Union usw, Festschrift für *Geimer* (2002) 1281; *Teske,* Der Urkundenbeweis im französischen und deutschen Zivil- und Zivilprozeßrecht, 1990.

Gliederung

1) Systematik, I–III 1	5) Ersuchen des Vorsitzenden, I, II 8
2) Regelungszweck, I–III 2–4	6) Beweisaufnahme im EU-Staat, III 9
3) Geltungsbereich, I–III 5	7) VwGO 10
4) Parteiantrag, I, II 6, 7	

1   **1) Systematik, I–III.** Die Vorschrift leitet eine solche Durchführung des Beweisbeschlusses ein, die weder durch den beauftragten noch durch den ersuchten deutschen Richter nach §§ 361, 362 geschieht, sondern durch eine deutsche oder ausländische Stelle im Ausland erfolgen soll. Wegen des nach III vorrangigen EU-Rechts gelten die in §§ 1072–1075 abgedruckten und kommentierten Regeln, Rn 9.

2   **2) Regelungszweck, I–III.** Die deutsche Gerichtsbarkeit macht an den Grenzen Deutschlands halt, Mü RR **96**, 60. Wegen Polen Bek v 28. 8. 96, BGBl II 2494. Ein deutsches Gericht kann zwar Zeugen, Sachverständige und Parteien aus dem Ausland ins Inland vorladen. Das ist aber meist zwecklos. Denn das deutsche Gericht kann das Erscheinen aus dem Ausland nicht erzwingen, Hamm RR **88**, 703, Mü RR **96**, 60, Jessnitzer Rpfleger **75**, 345. Im Ausland darf ein deutsches Gericht grundsätzlich nur mit Genehmigung der deutschen und der fremden Regierung tätig werden, Art 32 I GG, BGH NJW **84**, 2039, Celle RR **94**, 830, Stürner JZ **87**, 45. Wegen des EU-Raums Rn 9.

3   Eine bloß *schriftliche Anhörung* ausländischer Zeugen und Sachverständiger nach § 377 III, § 411, LG Aachen RR **93**, 1407, ist als solche Beweismittel nur dann statthaft, wenn das Ausland eine durch Strafe gesicherte eidesstattliche Versicherung kennt. Sie hat schon wegen der ausländischen Staatshoheit ihre Grenzen, § 39 I ZRHO, BGH NJW **84**, 2039, Hamm RR **88**, 703 (damals nicht betr Polen). Regelmäßig ist ein Ersuchen notwendig. BGH NJW **80**, 1849 läßt die Zulässigkeit einer Beweisaufnahme im Ausland vor der mündlichen Verhandlung ebenso offen wie die Verwertung einer derartigen schriftlichen Stellungnahme als Urkunde nach §§ 415 ff, 286 statthaft. Soweit die Partei auf einer Vernehmung usw besteht, muß das Gericht dann prüfen, ob es diese nun zusätzliche Beweisaufnahme entbehren kann, § 286 Rn 27.

4   *Urkundenbeweislich* läßt sich natürlich jede irgendwie und irgendwo zustandegekommene Aussage eines Zeugen oder Beurteilung eines Sachverständigen ohnehin stets verwerten. Ob eine im Ausland erfolgte förmliche Vernehmung wirklich so viel mehr erbringt, wird man nicht ganz selten bezweifeln dürfen. Das

Titel 5. Allgemeine Beweisaufnahmevorschriften § 363, Anh I § 363

gilt umso mehr, als ja auch der Eid vor dem Richter mit oder ohne religiöse Bekräftigung vermeintlich an Gewicht und Druckkraft abgenommen hat, im Ausland unterschiedlich ähnlich wie in Deutschland, ungeachtet aller strafrechtlichen Ahndungsmöglichkeiten. Umso eher ist es zumindest erwägenswert, zunächst zu versuchen, um eine Beweisaufnahme im Ausland trotz aller ihrer formellen Erleichterungen herumzukommen und eine schriftliche Darstellung anzuregen. Man kann immer noch zur förmlichen Vernehmung mit Vorhalt unklarer Passagen der schriftlichen Darstellung übergehen.

3) Geltungsbereich, I–III. Rn 9 (Eu-Raum), Üb 3 vor § 355. 5

4) Parteiantrag, I, II. Der Antrag der Partei auf die Ladung der Beweisperson im Ausland erfordert keine 6 genauere inhaltliche Bestimmung der notwendigen Fragen als bei einer Inlandsvernehmung. Es genügt die Angabe der allgemeinen Richtung der beabsichtigten Fragen, BGH MDR **81**, 1014. Beweismittel und Beweiswürdigung lassen sich nach der ZPO beurteilen, Düss RR **93**, 1348. Auch wenn die Befragung des Zeugen im Ausland unmöglich oder sinnlos geworden ist, zB wegen Zeitablaufs seit dem Ersuchen, LG Aachen RR **93**, 1407, dann kann das Gericht eine etwaige schriftliche Äußerung des Zeugen oder des Sachverständigen urkundenbeweislich verwerten, BGH NJW **84**, 2039. Hat die Partei auf eine Benachrichtigung vom Auslandstermin verzichtet und hat das Gericht sie nicht benachrichtigt, dann darf es das Ergebnis der Beweisaufnahme nur verwerten, wenn es die Belange der nicht benachrichtigten Partei im Hinblick auf ihr Recht, den Beweispersonen Fragen und Vorhaltungen zu machen, nicht beeinträchtigt. Die Gestellung von Zeugen und Sachverständigen aus dem Ausland darf das Gericht keiner Partei auferlegen. Freiwillig darf die Partei natürlich derart verfahren. Wegen des Haager Übereinkommens betr Beweisaufnahmen im Ausland Anh § 363.

Soweit keine der aufgezählten Möglichkeiten in Betracht kommt, muß das Gericht die Partei als *beweisfällig* 7 beurteilen, Hamm RR **88**, 703.

5) Ersuchen des Vorsitzenden, I, II. Der Vorsitzende oder der Einzelrichter erläßt ein Ersuchen um 8 die Beweisaufnahme an die zuständige Behörde, und zwar wenn irgend möglich an den deutschen Konsul. Denn er wendet deutsches Recht an. Er kann auch selbst Vernehmungen (meist: nur) deutscher Personen durchführen und Eide abnehmen, § 15 KonsG v 11. 9. 1974, BGBl 2317, Geimer Festschrift für Matscher (1993) 133. Der deutsche Konsul darf freilich keinen Zwang anwenden. Wegen der ZRHO Anh I § 168 GVG Grdz 2. Soweit letzteres nicht geschieht, darf das Gericht die Anwendung der deutschen Vorschriften über die Beweisaufnahme nicht verlangen und ist darauf angewiesen, den ausländischen Staat nach § 363 I um seine Rechtshilfe zu ersuchen. Für die Benachrichtigung vom Eingang der Beweisverhandlungen und für die Terminsbestimmung gilt § 362 Rn 4 entsprechend.

6) Beweisaufnahme in EU-Staat, III. Die Vorschrift stellt lediglich hinweisend den Vorrang der bei 9 §§ 1072–1075 abgedruckten und kommentierten Regelung zur Beweisaufnahme in den Mitgliedstaaten der EU klar, um diese in das Buch 11 der ZPO aufgenommene Regelung zur Durchführung des EU-Rechts leichter auffindbar zu machen.

7) *VwGO*: Entsprechend anwendbar, § 98 VwGO, BVerwG NJW **84**, 574. Vielfach wird nur ein Ersuchen an 10 *einen Bundeskonsul in Frage kommen, weil ausländische Behörden meist Rechtshilfe nur in bürgerlichen Rechtsstreitigkeiten leisten. Etwas anderes gilt ab* 1. 1. 83 *(Bek v* 29. 11. 82, *BGBl II* 1052) *im Geltungsbereich des EuÜbk v* 15. 3. 78, *BGBl* 81 II 550 *(mit ZustmG v* 20. 7. 81, *BGBl II* 533, *u AusfG v* 20. 7. 81, *BGBl* 665), *vgl dessen Art* 19 ff *u dazu Jellinek NVwZ* **82**, 539 *(Vertragsstaaten: Aserbaidschan, Belgien, Italien, Luxemburg, Portugal; zentrale Behörden: Bek v* 27. 12. 00, *BGBl* 01 II 79. *Im Verhältnis zu Österreich ist der am* 1. 10. 90 *in Kraft getretene Vertrag v* 31. 5. 88, *BGBl* 90 II 357, *maßgeblich, dazu VGH Mannh NVwZ* **01**, 338. *Für Ersuchen aus Ausland, oben Rn* 4, *können i ü die RechtshilfeAbk, Einl IV, und die ZRHO, Grdz Anh* § 168 *GVG, entsprechend angewendet werden, BVerwG NJW* **84**, 574, *VerwRspr* **29**, 891, *nicht dagegen unmittelbar das nur für Zivil- und Handelssachen geltende Haager BewAufnÜbk v* 18. 3. 70, *Anhang I* § 363.

Anhang nach § 363

Wegen des EU-Rechts § 363 Rn 9 und §§ 1072 ff.

Gliederung

I. Haager Übereinkommen über die Beweisaufnahme im Ausland in Zivil- oder Handelssachen

II. Aus dem Ausführungsgesetz
III. Bekanntmachung

I. Haager Übereinkommen über die Beweisaufnahme im Ausland in Zivil- oder Handelssachen

vom 18. 3. 1970, BGBl 77 II 1472

Kapitel I. Rechtshilfeersuchen

Schrifttum: *Berger* IPRax **01**, 522 (Üb); *Blaschzok*; Das Haager Übereinkommen usw, Diss Hbg 1986; *Geimer*, Internationale Beweisaufnahme, 1998; *Heidenberger*, US-Supreme-Court wird über die Anwendung des Haager Beweisübereinkommens entscheiden, RIW **86**, 498; *Junker*, Der deutsch-amerikanische Rechtshilfeverkehr in Zivilsachen – Zustellungen und Beweisaufnahme, JZ **89**, 121; *Müller*, Grenzüberschreitende Beweisaufnahme im Europäischen Justizraum, 2004; *Pfeil/Kammerer*, Deutsch-amerikanischer Rechtshilfeverkehr in Zivilsachen. Die Anwendung des Haager Übereinkommens über ... Beweisaufnahmen im Ausland, 1987; *Schlosser,* EuGVÜ usw, 1996; *Schulze;* IPRax **01**, 527 (Üb); *Trittmann,* Anwendungsprobleme des Haager Beweisübereinkommens im Rechtshilfeverkehr zwischen der Bundesrepublik und den Vereinigten Staaten von Amerika, 1989.

Übk Art 1. ¹ In Zivil- oder Handelssachen kann die gerichtliche Behörde eines Vertragsstaats nach seinen innerstaatlichen Rechtsvorschriften die zuständige Behörde eines anderen Vertragsstaats ersuchen, eine Beweisaufnahme oder eine andere gerichtliche Handlung vorzunehmen.

II Um die Aufnahme von Beweisen, die nicht zur Verwendung in einem bereits anhängigen oder künftigen gerichtlichen Verfahren bestimmt sind, darf nicht ersucht werden.

III Der Ausdruck „andere gerichtliche Handlung" umfaßt weder die Zustellung gerichtlicher Schriftstücke noch Maßnahmen der Sicherung oder der Vollstreckung.

1   **Bem.** Wegen des Geltungsbereichs Einl IV 4, 15. Zur grundsätzlichen Bedeutung des Übk vgl Supreme Court of the United States JZ **87**, 984 (Anm Stürner), dazu Veltins DB **87**, 2396; wegen der Schweiz Bek v 6. 6. 95, BGBl II 532.

Übk Art 2. ¹ ¹ Jeder Vertragsstaat bestimmt eine Zentrale Behörde, die von einer gerichtlichen Behörde eines anderen Vertragsstaats ausgehende Rechtshilfeersuchen entgegennimmt und sie der zuständigen Behörde zur Erledigung zuleitet. ² Jeder Staat richtet die Zentrale Behörde nach Maßgabe seines Rechts ein.

II Rechtshilfeersuchen werden der Zentralen Behörde des ersuchten Staates ohne Beteiligung einer weiteren Behörde dieses Staates übermittelt.

1   **Bem.** In Deutschland sind folgende Stellen als Zentrale Behörden bestimmt worden, Bek v 23. 12. 94, BGBl **95** II 77:
Baden Württemberg: Präsident des AG Freiburg, Holzmarkt 2, 79098 Freiburg
Bayern: Präsident des Oberlandesgerichts München, Prielmayerstraße 5, 80097 München
Berlin: Senatsverwaltung für Justiz von Berlin, Salzburger Str. 21–25, 10825 Berlin
Brandenburg: Ministerium der Justiz des Landes Brandenburg, Heinrich-Mann-Allee 107, 14460 Potsdam
Bremen: Der Präsident des Landgerichts, Domsheide 16, 28195 Bremen
Hamburg: Präsident des Amtsgerichts Hamburg, Sievekingplatz 1, 20355 Hamburg
Hessen: Hessisches Ministerium der Justiz, Luisenstraße 13, 65185 Wiesbaden
Mecklenburg-Vorpommern: Ministerium für Justiz, Bundes- und Europaangelegenheiten des Landes Mecklenburg-Vorpommern, Demmlerplatz 14, 19503 Schwerin
Niedersachsen: Niedersächsisches Justizministerium, Am Waterlooplatz 1, 30169 Hannover
Nordrhein-Westfalen: Präsident des Oberlandesgerichts Düsseldorf, Cecilienallee 3, 40474 Düsseldorf
Rheinland-Pfalz: Ministerium der Justiz, Ernst-Ludwig-Straße 3, 55116 Mainz
Saarland: Ministerium der Justiz, Zähringerstraße 12, 66119 Saarbrücken
Sachsen: Präsident des OLG Dresden, Postfach 120732, Dresden
Sachsen-Anhalt: Ministerium der Justiz des Landes Sachsen-Anhalt, Wilhelm-Höpfner-Ring 6, 39116 Magdeburg
Schleswig-Holstein: Der Justizminister des Landes Schleswig-Holstein, Lorentzendamm 35, 24103 Kiel
Thüringen: Thüringer Justizministerium, Alfred-Hess-Str. 8, 99094 Erfurt.

2   Im übrigen vgl wegen Israel Bek v 5. 6. 81, BGBl II 374; wegen Singapur Bek v 21. 10. 81, BGBl II 962; wegen Finnland Bek v 5. 7. 82, BGBl II 682; wegen Barbados, Italien Bek v 11. 8. 82, BGBl II 998; wegen Zypern Bek v 12. 6. 84, BGBl II 567, und v 13. 9. 84, BGBl II 919; wegen Aruba, Monaco Bek v 3. 12. 86, BGBl II 1135; wegen Spanien Bek v 23. 9. 87, BGBl II 615; wegen Mexiko Bek v 26. 3. 90, BGBl II 298; wegen Nordrhein-Westfalen Bek v 25. 11. 91, BGBl II 1396; wegen Deutschland Bek v 11. 3. 93, BGBl II 739; wegen Australien Bek v 23. 9. 93, BGBl II 2398; wegen Spanien Bek v 23. 12. 94, BGBl **95** II 77; wegen der Schweiz Bek v 6. 6. 95, BGBl II 532; wegen Lettland, Venezuela Bek v 27. 11. 95, BGBl **96** II 16; wegen Slowakei Bek v 28. 8. 96, BGBl II 2494; wegen Polen Bek v 9. 12. 96, BGBl **97** II 161; wegen China Bek v 1. 7. 98, BGBl II 1729; wegen Spanien Bek v 11. 8. 99, BGBl II 788; wegen Bulgarien, Schweden, Schweiz, Vereinigtem Königreich (für Schottland) Bek v 21. 8. 01, BGBl II 1004; wegen Litauen, Slowenien, Sri Lanka Bek v 14. 12. 01, BGBl **02** II 153, wegen der Ukraine Bek v 12. 4. 04, BGBl II 1161; wegen China (Macao) Bek v 7. 11. 02, BGBl II 2923; wegen Griechenland Bek v 11. 5. 05, BGBl II 603.

Übk Art. 3. ¹ Ein Rechtshilfeersuchen enthält folgende Angaben:
a) die ersuchende und, soweit bekannt, die ersuchte Behörde;
b) den Namen und die Anschrift der Parteien und gegebenenfalls ihrer Vertreter;
c) die Art und den Gegenstand der Rechtssache sowie eine gedrängte Darstellung des Sachverhalts;
d) die Beweisaufnahme oder die andere gerichtliche Handlung, die vorgenommen werden soll. Das Rechtshilfeersuchen enthält außerdem je nach Sachlage
e) den Namen und die Anschrift der zu vernehmenden Personen;
f) die Fragen, welche an die zu vernehmenden Personen gerichtet werden sollen, oder die Tatsachen, über die sie vernommen werden sollen;
g) die Urkunden oder die anderen Gegenstände, die geprüft werden sollen;
h) den Antrag, die Vernehmung unter Eid oder Bekräftigung durchzuführen, und gegebenenfalls die dabei zu verwendende Formel;
i) den Antrag, eine besondere Form nach Artikel 9 einzuhalten.

II In das Rechtshilfeersuchen werden gegebenenfalls auch die für die Anwendung des Artikels 11 erforderlichen Erläuterungen aufgenommen.

Titel 5. Allgemeine Beweisaufnahmevorschriften   Anh I § 363

III Eine Legalisation oder eine ähnliche Förmlichkeit darf nicht verlangt werden.

Übk Art 4. I Das Rechtshilfeersuchen muß in der Sprache der ersuchten Behörde abgefaßt oder von einer Übersetzung in diese Sprache begleitet sein.

II Jeder Vertragsstaat muß jedoch, sofern er nicht den Vorbehalt nach Artikel 33 gemacht hat, ein Rechtshilfeersuchen entgegennehmen, das in französischer oder englischer Sprache abgefaßt oder von einer Übersetzung in eine dieser Sprachen begleitet ist.

III ¹ Ein Vertragsstaat mit mehreren Amtssprachen, der aus Gründen seines innerstaatlichen Rechts Rechtshilfeersuchen nicht für sein gesamtes Hoheitsgebiet in einer dieser Sprachen entgegennehmen kann, muß durch eine Erklärung die Sprache bekanntgeben, in der ein Rechtshilfeersuchen abgefaßt oder in die es übersetzt sein muß, je nachdem, in welchem Teil seines Hoheitsgebiets es erledigt werden soll. ² Wird dieser Erklärung ohne hinreichenden Grund nicht entsprochen, so hat der ersuchende Staat die Kosten einer Übersetzung in die geforderte Sprache zu tragen.

IV Neben den in den Absätzen 1 bis 3 vorgesehenen Sprachen kann jeder Vertragsstaat durch eine Erklärung eine oder mehrere weitere Sprachen bekanntgeben, in denen ein Rechtshilfeersuchen seiner Zentralen Behörde übermittelt werden kann.

V Die einem Rechtshilfeersuchen beigefügte Übersetzung muß von einem diplomatischen oder konsularischen Vertreter, von einem beeidigten Übersetzer oder von einer anderen hierzu befugten Person in einem der beiden Staaten beglaubigt sein.

Bem. Vgl wegen Dänemark, Finnland, Frankreich, Luxemburg, Norwegen, Portugal, Schweden, des 1 Vereinigten Königreichs, der Vereinigten Staaten Bek v 5. 9. 80, BGBl II 1290; wegen Finnland ferner Bek v 19. 2. 81, BGBl II 123; wegen Singapur Bek v 21. 10. 81, BGBl II 962; wegen Anguilla, Monaco Bek v 3. 12. 86, BGBl II 1135; wegen Spanien Bek v 23. 9. 87, BGBl II 615; wegen Australien Bek v 23. 9. 93, BGBl II 2398; wegen Venezuela Bek v 29. 9. 94, BGBl II 3647; wegen der Schweiz Bek v 6. 6. 95, BGBl II 532; wegen Bulgarien, China, Portugal Bek v 21. 8. 01, BGBl II 1004; wegen Litauen, Sri Lanka Bek v 14. 12. 01, BGBl 02 II 153; wegen der Ukraine und Weißrußland Bek v 12. 4. 02, BGBl 1161; wegen Griechenland Bek v 11. 5. 05, BGBl II 603.

Übk Art 5. Ist die Zentrale Behörde der Ansicht, daß das Ersuchen nicht dem Übereinkommen entspricht, so unterrichtet sie unverzüglich die Behörde des ersuchenden Staates, die ihr das Rechtshilfeersuchen übermittelt hat, und führt dabei die Einwände gegen das Ersuchen einzeln an.

Übk Art 6. Ist die ersuchte Behörde nicht zuständig, so wird das Rechtshilfeersuchen von Amts wegen unverzüglich an die nach den Rechtsvorschriften ihres Staates zuständige Behörde weitergeleitet.

Übk Art 7. ¹ Die ersuchende Behörde wird auf ihr Verlangen von dem Zeitpunkt und dem Ort der vorzunehmenden Handlung benachrichtigt, damit die beteiligten Parteien und gegebenenfalls ihre Vertreter anwesend sein können. ² Diese Mitteilung wird auf Verlangen der ersuchenden Behörde den Parteien oder ihren Vertretern unmittelbar übersandt.

Übk Art 8. ¹ Jeder Vertragsstaat kann erklären, daß Mitglieder der ersuchenden gerichtlichen Behörde eines anderen Vertragsstaats bei der Erledigung eines Rechtshilfeersuchens anwesend sein können. ² Hierfür kann die vorherige Genehmigung durch die vom erklärenden Staat bestimmte zuständige Behörde verlangt werden.

Bem. Vgl wegen Dänemark, Finnland, Schweden, des Vereinigten Königreichs, der Vereinigten Staaten 1 Bek v 5. 9. 80, BGBl II 1290, ferner wegen des Vereinigten Königreichs Bek v 12. 11. 80, BGBl II 1440, wegen Israel Bek v 5. 6. 81, BGBl II 374, wegen Italien Bek v 9. 11. 82, BGBl II 998, wegen Zypern Bek v 13. 9. 84, BGBl II 919, wegen Guernsey Bek v 20. 3. 86, BGBl II 578; wegen Anguilla Bek v 3. 12. 86, BGBl II 1135; wegen Spanien Bek v 23. 9. 87, BGBl II 615; wegen Australien Bek v 23. 9. 93, BGBl II 2398; wegen der Schweiz Bek v 6. 6. 95, BGBl II 532; wegen Bulgarien Bek v 21. 8. 01, BGBl II 1004; wegen Litauen, Sri Lanka Bek v 14. 12. 01, BGBl 02 II 153; wegen Weißrußland Bek v 12. 4. 02, BGBl II 1162; wegen Griechenland Bek v 11. 5. 05, BGBl II 603.

Übk Art 9. ¹ Die gerichtliche Behörde verfährt bei der Erledigung eines Rechtshilfeersuchens nach den Formen, die ihr Recht vorsieht.

II Jedoch wird dem Antrag der ersuchenden Behörde, nach einer besonderen Form zu verfahren, entsprochen, es sei denn, daß diese Form mit dem Recht des ersuchten Staates unvereinbar oder ihre Einhaltung nach der gerichtlichen Übung im ersuchten Staat oder wegen tatsächlicher Schwierigkeiten unmöglich ist.

III Das Rechtshilfeersuchen muß rasch erledigt werden.

Übk Art 10. Bei der Erledigung des Rechtshilfeersuchens wendet die ersuchte Behörde geeignete Zwangsmaßnahmen in den Fällen und in dem Umfang an, wie sie das Recht des ersuchten Staates für die Erledigung eines Ersuchens inländischer Behörden oder eines zum gleichen Zweck gestellten Antrags einer beteiligten Partei vorsieht.

Übk Art 11. ¹ Ein Rechtshilfeersuchen wird nicht erledigt, soweit die Person, die es betrifft, sich auf ein Recht zur Aussageverweigerung oder auf ein Aussageverbot beruft,
a) das nach dem Recht des ersuchten Staates vorgesehen ist oder

b) das nach dem Recht des ersuchenden Staates vorgesehen und im Rechtshilfeersuchen bezeichnet oder erforderlichenfalls auf Verlangen der ersuchten Behörde von der ersuchenden Behörde bestätigt worden ist.

II Jeder Vertragsstaat kann erklären, daß er außerdem Aussageverweigerungsrechte und Aussageverbote, die nach dem Recht anderer Staaten als des ersuchenden oder des ersuchten Staates bestehen, insoweit anerkennt, als dies in der Erklärung angegeben ist.

1 Bem. Zu I a LG Mü ZZP 95, 363 (zustm Schlosser); wegen Bulgarien Bek v 21. 8. 01, BGBl II 1004.

Übk Art 12. I Die Erledigung eines Rechtshilfeersuchens kann nur insoweit abgelehnt werden, als

a) die Erledigung des Ersuchens im ersuchten Staat nicht in den Bereich der Gerichtsgewalt fällt oder

b) der ersuchte Staat die Erledigung für geeignet hält, seine Hoheitsrechte oder seine Sicherheit zu gefährden.

II Die Erledigung darf nicht allein aus dem Grund abgelehnt werden, daß der ersuchte Staat nach seinem Recht die ausschließliche Zuständigkeit seiner Gerichte für die Sache in Anspruch nimmt oder ein Verfahren nicht kennt, das dem entspricht, für welches das Ersuchen gestellt wird.

Übk Art 13. I Die ersuchte Behörde leitet die Schriftstücke, aus denen sich die Erledigung eines Rechtshilfeersuchens ergibt, der ersuchenden Behörde auf demselben Weg zu, den diese für die Übermittlung des Ersuchens benutzt hat.

II Wird das Rechtshilfeersuchen ganz oder teilweise nicht erledigt, so wird dies der ersuchenden Behörde unverzüglich auf demselben Weg unter Angabe der Gründe für die Nichterledigung mitgeteilt.

Übk Art 14. I Für die Erledigung eines Rechtshilfeersuchens darf die Erstattung von Gebühren und Auslagen irgendwelcher Art nicht verlangt werden.

II Der ersuchte Staat ist jedoch berechtigt, vom ersuchenden Staat die Erstattung der an Sachverständigen und Dolmetscher gezahlten Entschädigungen sowie der Auslagen zu verlangen, die dadurch entstanden sind, daß auf Antrag des ersuchenden Staates nach Artikel 9 Absatz 2 eine besondere Form eingehalten worden ist.

III 1 Eine ersuchte Behörde, nach deren Recht die Parteien für die Aufnahme der Beweise zu sorgen haben und die das Rechtshilfeersuchen nicht selbst erledigen kann, darf eine hierzu geeignete Person mit der Erledigung beauftragen, nachdem sie das Einverständnis der ersuchenden Behörde eingeholt hat. Bei der Einholung dieses Einverständnisses gibt die ersuchte Behörde den ungefähren Betrag der Kosten an, die durch diese Art der Erledigung entstehen würden. 2 Durch ihr Einverständnis verpflichtet sich die ersuchende Behörde, die entstehenden Kosten zu erstatten. 3 Fehlt das Einverständnis, so ist die ersuchende Behörde zur Erstattung der Kosten nicht verpflichtet.

Kapitel II. Beweisaufnahme durch diplomatische oder konsularische Vertreter und durch Beauftragte

Vorbem. Vgl wegen Singapur Bek v 21. 10. 81, BGBl II 962; wegen Venezuela Bek v 29. 9. 94, BGBl II 3647; wegen Portugal Bek v 21. 8. 01, BGBl II 1004.

Übk Art 15. I In Zivil- oder Handelssachen kann ein diplomatischer oder konsularischer Vertreter eines Vertragsstaats im Hoheitsgebiet eines anderen Vertragsstaats und in dem Bezirk, in dem er sein Amt ausübt, ohne Anwendung von Zwang Beweis für ein Verfahren aufnehmen, das vor einem Gericht eines von ihm vertretenen Staates anhängig ist, wenn nur Angehörige desselben Staates betroffen sind.

II Jeder Vertragsstaat kann erklären, daß in dieser Art Beweis erst nach Vorliegen einer Genehmigung aufgenommen werden darf, welche die durch den erklärenden Staat bestimmte zuständige Behörde auf einen von dem Vertreter oder in seinem Namen gestellten Antrag erteilt.

1 Bem. Vgl wegen Dänemark, Norwegen, Portugal, Schweden Bek v 5. 9. 80, BGBl II 1290; wegen Australien Bek v 23. 9. 93, BGBl II 2398; wegen der Schweiz Bek v 6. 6. 95, BGBl II 532; wegen Portugal Bek v 21. 8. 01, BGBl II 1004.

Übk Art 16. I Ein diplomatischer oder konsularischer Vertreter eines Vertragsstaats kann außerdem im Hoheitsgebiet eines anderen Vertragsstaats und in dem Bezirk, in dem er sein Amt ausübt, ohne Anwendung von Zwang Beweis für ein Verfahren aufnehmen, das vor einem Gericht eines von ihm vertretenen Staates anhängig ist, sofern Angehörige des Empfangsstaats oder eines dritten Staates betroffen sind,

a) wenn eine durch den Empfangsstaat bestimmte zuständige Behörde ihre Genehmigung allgemein oder für den Einzelfall erteilt hat und

b) wenn der Vertreter die Auflagen erfüllt, welche die zuständige Behörde in der Genehmigung festgesetzt hat.

Titel 5. Allgemeine Beweisaufnahmevorschriften Anh I § 363

^{II} Jeder Vertragsstaat kann erklären, daß Beweis nach dieser Bestimmung ohne seine vorherige Genehmigung aufgenommen werden darf.

Bem. Vgl wegen Dänemark, Finnland, Frankreich, Luxemburg, Norwegen, Tschechoslowakei, des 1 Vereinigten Königreichs, der Vereinigten Staaten Bek v 5. 9. 80, BGBl II 1290, ferner wegen des Vereinigten Königreichs Bek v 12. 11. 80, BGBl II 1440; wegen Zypern Bek v 13. 9. 84, BGBl II 919; wegen Anguilla, Monaco Bek v 3. 12. 86, BGBl II 1135; wegen Spanien Bek v 23. 9. 87, BGBl II 615; wegen Australien Bek v 23. 9. 93, BGBl II 2398; wegen der Schweiz Bek v 6. 6. 95, BGBl II 532; wegen Bulgarien Bek v 21. 8. 01, BGBl II 1004; wegen Litauen Bek v 14. 12. 01, BGBl 02 II 153; wegen Weißrußland Bek v 12. 4. 02, BGBl II 1161.

Übk Art 17. ^I In Zivil- oder Handelssachen kann jede Person, die zu diesem Zweck ordnungsgemäß zum Beauftragten bestellt worden ist, im Hoheitsgebiet eines Vertragsstaats ohne Anwendung von Zwang Beweis für ein Verfahren aufnehmen, das vor einem Gericht eines anderen Vertragsstaats anhängig ist,

a) wenn eine von dem Staat, in dem Beweis aufgenommen werden soll, bestimmte zuständige Behörde ihre Genehmigung allgemein oder für den Einzelfall erteilt hat und
b) wenn die Person die Auflagen erfüllt, welche die zuständige Behörde in der Genehmigung festgesetzt hat.

^{II} Jeder Vertragsstaat kann erklären, daß Beweis nach dieser Bestimmung ohne seine vorherige Genehmigung aufgenommen werden darf.

Bem. Vgl wegen Dänemark, Finnland, Frankreich, Luxemburg, Norwegen, des Vereinigten König- 1 reichs, der Vereinigten Staaten Bek v 5. 9. 80, BGBl II 1290, ferner wegen des Vereinigten Königreichs Bek v 12. 11. 80, BGBl II 1440, wegen Zypern Bek v 13. 9. 84, BGBl II 919; wegen Anguilla, Monaco Bek v 3. 12. 86, BGBl II 1135; wegen Mexiko Bek v 26. 3. 90, BGBl II 298; wegen der Schweiz Bek v 6. 6. 95, BGBl II 532; wegen Bulgarien Bek v 21. 8. 01, BGBl II 1004; wegen Litauen Bek v 14. 12. 01, BGBl 02 II 153; wegen Weißrußland Bek v 12. 4. 02, BGBl 1161.

Übk Art 18. ^I ¹ Jeder Vertragsstaat kann erklären, daß ein diplomatischer oder konsularischer Vertreter oder ein Beauftragter, der befugt ist, nach Artikel 15, 16 oder 17 Beweis aufzunehmen, sich an eine von diesem Staat bestimmte zuständige Behörde wenden kann, um die für diese Beweisaufnahme erforderliche Unterstützung durch Zwangsmaßnahmen zu erhalten. ² In seiner Erklärung kann der Staat die Auflagen festlegen, die er für zweckmäßig hält.

^{II} Gibt die zuständige Behörde dem Antrag statt, so wendet sie die in ihrem Recht vorgesehenen geeigneten Zwangsmaßnahmen an.

Bem. Vgl wegen der Tschechoslowakei, des Vereinigten Königreichs, der Vereinigten Staaten Bek v 5. 9. 1 80, BGBl II 1290, ferner wegen des Vereinigten Königreichs Bek v 12. 11. 80, BGBl II 1440, wegen Italien Bek v 9. 11. 82, BGBl II 998, wegen Zypern Bek v 13. 9. 84, BGBl II 919; wegen Anguilla Bek v 3. 12. 86, BGBl II 1135; wegen Mexiko Bek v 26. 3. 90, BGBl II 298; wegen Bulgarien Bek v 21. 8. 01, BGBl II 1004; wegen Weißrußland Bek v 12. 4. 02, BGBl II 1161; wegen Griechenland Bek v 11. 5. 05, BGBl II 603.

Übk Art 19. ¹ Die zuständige Behörde kann, wenn sie die Genehmigung nach Artikel 15, 16 oder 17 erteilt oder dem Antrag nach Artikel 18 stattgibt, von ihr für zweckmäßig erachtete Auflagen festsetzen, insbesondere hinsichtlich Zeit und Ort der Beweisaufnahme. ² Sie kann auch verlangen, daß sie rechtzeitig von Zeitpunkt und Ort benachrichtigt wird; in diesem Fall ist ein Vertreter der Behörde zur Teilnahme an der Beweisaufnahme befugt.

Bem. Vgl wegen Bulgarien Bek v 21. 8. 01, BGBl II 1004. 1

Übk Art 20. Personen, die eine in diesem Kapitel vorgesehene Beweisaufnahme betrifft, können einen Rechtsberater beiziehen.

Übk Art 21. Ist ein diplomatischer oder konsularischer Vertreter oder ein Beauftragter nach Artikel 15, 16 oder 17 befugt, Beweis aufzunehmen,

a) so kann er alle Beweise aufnehmen, soweit dies nicht mit dem Recht des Staates, in dem Beweis aufgenommen werden soll, unvereinbar ist oder der nach den angeführten Artikeln erteilten Genehmigung widerspricht, und unter denselben Bedingungen auch einen Eid abnehmen oder eine Bekräftigung entgegennehmen;
b) so ist jede Ladung zum Erscheinen oder zur Mitwirkung an einer Beweisaufnahme in der Sprache des Ortes der Beweisaufnahme abzufassen oder eine Übersetzung in diese Sprache beizufügen, es sei denn, daß die durch die Beweisaufnahme betroffene Person dem Staat angehört, in dem das Verfahren anhängig ist;
c) so ist in der Ladung anzugeben, daß die Person einen Rechtsberater beiziehen kann, sowie in einem Staat, der nicht die Erklärung nach Artikel 18 abgegeben hat, daß sie nicht verpflichtet ist, zu erscheinen oder sonst an der Beweisaufnahme mitzuwirken;
d) so können die Beweise in einer der Formen aufgenommen werden, die das Recht des Gerichts vorsieht, vor dem das Verfahren anhängig ist, es sei denn, daß das Recht des Staates, in dem Beweis aufgenommen wird, diese Form verbietet;
e) so kann sich die von der Beweisaufnahme betroffene Person auf die in Artikel 11 vorgesehenen Rechte zur Aussageverweigerung oder Aussageverbote berufen.

Übk Art 22. Daß ein Beweis wegen der Weigerung einer Person mitzuwirken nicht nach diesem Kapitel aufgenommen werden konnte, schließt ein späteres Rechtshilfeersuchen nach Kapitel I mit demselben Gegenstand nicht aus.

Kapitel III. Allgemeine Bestimmungen

Übk Art 23. Jeder Vertragsstaat kann bei der Unterzeichnung, bei der Ratifikation oder beim Beitritt erklären, daß er Rechtshilfeersuchen nicht erledigt, die ein Verfahren zum Gegenstand haben, das in den Ländern des „Common Law" unter der Bezeichnung „pre-trial discovery of documents" bekannt ist.

1 **Bem.** Vgl wegen Dänemark, Finnland, Frankreich, Luxemburg, Norwegen, Schweden, des Vereinigten Königreichs, Bek v 5. 9. 80, BGBl II 1290, ferner wegen Norwegen, Schweden und des Vereinigten Königreichs Bek v 12. 11. 80, BGBl II 1440, wegen Singapur Bek v 21. 10. 81, BGBl II 962, wegen Italien Bek v 9. 11. 82, BGBl II 998, wegen Zypern Bek v 13. 9. 84, BGBl II 919, wegen Guernsey Bek v 20. 3. 86, BGBl II 578, wegen Anguilla, Monaco Bek v 3. 12. 86, BGBl II 1135; wegen Spanien Bek v 23. 9. 87, BGBl II 615; wegen Argentinien Bek v 30. 8. 88, BGBl II 823; wegen Mexiko Bek v 26. 3. 90, BGBl II 298; wegen Australien Bek v 23. 9. 93, BGBl II 2398; wegen Venezuela Bek v 29. 9. 94, BGBl II 3647; wegen der Schweiz Bek v 6. 6. 95, BGBl II 532; wegen China Bek v 1. 7. 98, BGBl II 1729; wegen Bulgarien, China, Portugal Bek v 21. 8. 01, BGBl II 1004; wegen Litauen, Sri Lanka Bek v 14. 12. 01, BGBl 02 II 153; wegen der Ukraine Bek v 12. 4. 02, BGBl II 1161; wegen Griechenland Bek v 11. 5. 05, BGBl II 603.

Übk Art 24. [1] Jeder Vertragsstaat kann außer der Zentralen Behörde weitere Behörden bestimmen, deren Zuständigkeit er festlegt. [2] Rechtshilfeersuchen können jedoch stets der Zentralen Behörde übermittelt werden.

Bundesstaaten steht es frei, mehrere Zentrale Behörden zu bestimmen.

1 **Bem.** In Deutschland sind die in Art 2 Rn 1 genannten Stellen als Zentrale Behörden bestimmt worden.

Im übrigen vgl wegen des Vereinigten Königreichs Bek v 5. 9. 80, BGBl II 1290, und v 12. 11. 80, BGBl II 1440; wegen Australien Bek v 23. 9. 93, BGBl II 2398; wegen der Schweiz Bek v 6. 6. 95, BGBl II 532; wegen China Bek v 21. 8. 01, BGBl II 1004; wegen Macao Bek v 7. 11. 02, BGBl II 2923.

Übk Art 25. Jeder Vertragsstaat, in dem mehrere Rechtssysteme bestehen, kann bestimmen, daß die Behörden eines dieser Systeme für die Erledigung von Rechtshilfeersuchen nach diesem Übereinkommen ausschließlich zuständig sind.

1 **Bem.** Vgl wegen Guernsey Bek v 20. 3. 86, BGBl II 578.

Übk Art 26. [1] Jeder Vertragsstaat kann, wenn sein Verfassungsrecht dies gebietet, vom ersuchenden Staat die Erstattung der Kosten verlangen, die bei der Erledigung eines Rechtshilfeersuchens durch die Zustellung der Ladung, die Entschädigung der vernommenen Person und die Anfertigung eines Protokolls über die Beweisaufnahme entstehen.

[2] Hat ein Staat von den Bestimmungen des Absatzes 1 Gebrauch gemacht, so kann jeder andere Vertragsstaat von diesem Staat die Erstattung der entsprechenden Kosten verlangen.

Übk Art 27. Dieses Übereinkommen hindert einen Vertragsstaat nicht,
a) zu erklären, daß Rechtshilfeersuchen seinen gerichtlichen Behörden auch auf anderen als den in Artikel 2 vorgesehenen Wegen übermittelt werden können;
b) nach seinem innerstaatlichen Recht oder seiner innerstaatlichen Übung zuzulassen, daß Handlungen, auf die dieses Übereinkommen anwendbar ist, unter weniger einschränkenden Bedingungen vorgenommen werden;
c) nach seinem innerstaatlichen Recht oder seiner innerstaatlichen Übung andere als die in diesem Übereinkommen vorgesehenen Verfahren der Beweisaufnahme zuzulassen.

1 **Bem.** Vgl wegen Dänemark, des Vereinigten Königreichs Bek v 5. 9. 80, BGBl II 1290, ferner wegen des Vereinigten Königreichs Bek v 12. 11. 80, BGBl II 1440; wegen Anguilla Bek v 3. 12. 86, BGBl II 1135; wegen Mexiko Bek Bek v 26. 3. 90, BGBl II 298.

Übk Art 28. Dieses Übereinkommen schließt nicht aus, daß Vertragsstaaten vereinbaren, von folgenden Bestimmungen abzuweichen:
a) Artikel 2 in bezug auf den Übermittlungsweg für Rechtshilfeersuchen;
b) Artikel 4 in bezug auf die Verwendung von Sprachen;
c) Artikel 8 in bezug auf die Anwesenheit von Mitgliedern der gerichtlichen Behörde bei der Erledigung von Rechtshilfeersuchen;
d) Artikel 11 in bezug auf die Aussageverweigerungsrechte und Aussageverbote;
e) Artikel 13 in bezug auf die Übermittlung von Erledigungsstücken;
f) Artikel 14 in bezug auf die Regelung der Kosten;
g) den Bestimmungen des Kapitels II.

Übk Art 29. Dieses Übereinkommen tritt zwischen den Staaten, die es ratifiziert haben, an die Stelle der Artikel 8 bis 16 des am 17. Juli 1905 in Den Haag unterzeichneten Abkommens über den Zivilprozeß und des am 1. März 1954 in Den Haag unterzeichneten Übereinkommens über den Zivilprozeß, soweit diese Staaten Vertragsparteien jenes Abkommens oder jenes Übereinkommens sind.

Übk Art 30. Dieses Übereinkommen berührt weder die Anwendung des Artikels 23 des Abkommens von 1905 noch die Anwendung des Artikels 24 des Übereinkommens von 1954.

Übk Art 31. Zusatzvereinbarungen zu dem Abkommen von 1905 und dem Übereinkommen von 1954, die Vertragsstaaten geschlossen haben, sind auch auf das vorliegende Übereinkommen anzuwenden, es sei denn, daß die beteiligten Staaten etwas anderes vereinbaren.

Übk Art 32. Unbeschadet der Artikel 29 und 31 berührt dieses Übereinkommen nicht die Übereinkommen, denen die Vertragsstaaten angehören oder angehören werden und die Bestimmungen über Rechtsgebiete enthalten, die durch dieses Übereinkommen geregelt sind.

Bem.: Wegen Mexiko Bek v 26. 3. 90, BGBl. II 298.   1

Übk Art 33. [I] Jeder Staat kann bei der Unterzeichnung, bei der Ratifikation oder beim Beitritt die Anwendung des Artikels 4 Absatz 2 sowie des Kapitels II ganz oder teilweise ausschließen. [2] Ein anderer Vorbehalt ist nicht zulässig.

[II] Jeder Vertragsstaat kann einen Vorbehalt, den er gemacht hat, jederzeit zurücknehmen; der Vorbehalt wird am sechzigsten Tag nach der Notifikation der Rücknahme unwirksam.

[III] Hat ein Staat einen Vorbehalt gemacht, so kann jeder andere Staat, der davon berührt wird, die gleiche Regelung gegenüber dem Staat anwenden, der den Vorbehalt gemacht hat.

Bem. Vgl wegen Dänemark, Finnland, Frankreich, Norwegen, Portugal, des Vereinigten Königreichs   1
Bek v 5. 9. 80, BGBl II 1290, ferner wegen des Vereinigten Königreichs Bek v 12. 11. 80, BGBl II 1440, wegen Zypern Bek v 13. 9. 84, BGBl II 919; wegen Anguilla Bek v 3. 12. 86, BGBl II 1135; wegen Spanien Bek v 23. 9. 87, BGBl II 615; wegen Argentinien Bek v 30. 8. 88, BGBl II 823, wegen China Bek v 1. 7. 98, BGBl 1729 und v 21. 8. 01, BGBl II 1004; wegen Sri Lanka Bek v 14. 12. 01, BGBl 02 II 153; wegen der Ukraine Bek v 12. 4. 02, BGBl II 1161; wegen der Russischen Förderation Bek v 1. 2. 05, BGBl II 329; wegen Griechenland Bek v 11. 5. 05, BGBl II 603.

Übk Art 34. Jeder Staat kann eine Erklärung jederzeit zurücknehmen oder ändern.

Übk Art 35. [I] Jeder Vertragsstaat notifiziert dem Ministerium für Auswärtige Angelegenheiten der Niederlande bei der Hinterlegung seiner Ratifikations- oder Beitrittsurkunde oder zu einem späteren Zeitpunkt die nach den Artikeln 2, 8, 24 und 25 bestimmten Behörden.

[II] Er notifiziert gegebenenfalls auf gleiche Weise

a) die Bezeichnung der Behörden, an die sich diplomatische oder konsularische Vertreter nach Artikel 16 wenden müssen, und derjenigen, die nach den Artikeln 15, 16 und 18 Genehmigungen erteilen oder Unterstützung gewähren können;

b) die Bezeichnung der Behörden, die den Beauftragten die in Artikel 17 vorgesehene Genehmigung erteilen oder die in Artikel 18 vorgesehene Unterstützung gewähren können;

c) die Erklärungen nach den Artikeln 4, 8, 11, 15, 16, 17, 18, 23 und 27;

d) jede Rücknahme oder Änderung der vorstehend erwähnten Behördenbezeichnungen und Erklärungen;

e) jede Rücknahme eines Vorbehalts.

Bem. Vgl wegen des Vereinigten Königreichs Bek v 12. 11. 80, BGBl II 1440; wegen Italien Bek v 9. 11.   1
82, BGBl II 998; wegen der Russischen Förderation Bek v 1. 2. 05, BGBl II 329; wegen Griechenland Bek v 11. 5. 05, BGBl II 603.

Übk Art 36. Schwierigkeiten, die zwischen Vertragsstaaten bei der Anwendung dieses Übereinkommens entstehen, werden auf diplomatischem Weg beigelegt.

Übk Art 37. [I] Dieses Übereinkommen liegt für die auf der Elften Tagung der Haager Konferenz für Internationales Privatrecht vertretenen Staaten zur Unterzeichnung auf.

[II] Es bedarf der Ratifikation; die Ratifikationsurkunden werden beim Ministerium für Auswärtige Angelegenheiten der Niederlande hinterlegt.

Übk Art 38. [I] Dieses Übereinkommen tritt am sechzigsten Tag nach der gemäß Artikel 37 Absatz 2 vorgenommenen Hinterlegung der dritten Ratifikationsurkunde in Kraft.

[II] Das Übereinkommen tritt für jeden Unterzeichnerstaat, der es später ratifiziert, am sechzigsten Tag nach Hinterlegung seiner Ratifikationsurkunde in Kraft.

Übk Art 39. [I] Jeder auf der Elften Tagung der Haager Konferenz für Internationales Privatrecht nicht vertretene Staat, der Mitglied der Konferenz oder der Vereinten Nationen oder einer ihrer Sonderorganisationen oder Vertragspartei des Statuts des Internationalen Gerichtshofs ist, kann diesem Übereinkommen beitreten, nachdem es gemäß Artikel 38 Absatz 1 in Kraft getreten ist.

[II] Die Beitrittsurkunde wird beim Ministerium für Auswärtige Angelegenheiten der Niederlande hinterlegt.

§ 363 Anh I, II   Buch 2. Abschnitt 1. Verfahren vor den LGen

III Das Übereinkommen tritt für den beitretenden Staat am sechzigsten Tag nach Hinterlegung seiner Beitrittsurkunde in Kraft.

IV 1 Der Beitritt wirkt nur für die Beziehungen zwischen dem beitretenden Staat und den Vertragsstaaten, die erklären, daß sie diesen Beitritt annehmen. 2 Diese Erklärung wird beim Ministerium für Auswärtige Angelegenheiten der Niederlande hinterlegt; dieses Ministerium übersendet jedem der Vertragsstaaten auf diplomatischem Weg eine beglaubigte Abschrift dieser Erklärung.

V Das Übereinkommen tritt zwischen dem beitretenden Staat und einem Staat, der erklärt hat, daß er den Beitritt annimmt, am sechzigsten Tag nach Hinterlegung der Annahmeerklärung in Kraft.

1   Bem. Vgl wegen Polen Bek v 28. 8. 96, BGBl II 2494.

Übk Art 40. I 1 Jeder Staat kann bei der Unterzeichnung, bei der Ratifikation oder beim Beitritt erklären, daß sich dieses Übereinkommen auf alle oder auf einzelne der Hoheitsgebiete erstreckt, deren internationale Beziehungen er wahrnimmt. 2 Eine solche Erklärung wird wirksam, sobald das Übereinkommen für den Staat in Kraft tritt, der sie abgegeben hat.

II Jede spätere Erstreckung dieser Art wird dem Ministerium für Auswärtige Angelegenheiten der Niederlande notifiziert.

III Das Übereinkommen tritt für die Hoheitsgebiete, auf die es erstreckt wird, am sechzigsten Tag nach der in Absatz 2 erwähnten Notifikation in Kraft.

1   Bem. Vgl wegen des Vereinigten Königreichs und dort Guernsey Bek v 20. 3. 86, BGBl II 578; wegen Anguilla Bek v 3. 12. 86, BGBl II 1135; wegen Jersey Bek v 20. 5. 87, BGBl II 306; wegen Australien Bek v 23. 9. 93, BGBl II 2398.

Übk Art 41. 1 Dieses Übereinkommen gilt für die Dauer von fünf Jahren, vom Tag seines Inkrafttretens nach Artikel 38 Absatz 1 an gerechnet, und zwar auch für die Staaten, die es später ratifizieren oder ihm später beitreten.

II Die Geltungsdauer des Übereinkommens verlängert sich, außer im Fall der Kündigung, stillschweigend um jeweils fünf Jahre.

III Die Kündigung wird spätestens sechs Monate vor Ablauf der fünf Jahre dem Ministerium für Auswärtige Angelegenheiten der Niederlande notifiziert.

IV Sie kann sich auf bestimmte Hoheitsgebiete beschränken, für die das Übereinkommen gilt.

V 1 Die Kündigung wirkt nur für den Staat, der sie notifiziert hat. 2 Für die anderen Vertragsstaaten bleibt das Übereinkommen in Kraft.

Übk Art 42. Das Ministerium für Auswärtige Angelegenheiten der Niederlande notifiziert den in Artikel 37 bezeichneten Staaten sowie den Staaten, die nach Artikel 39 beigetreten sind,
a) jede Unterzeichnung und Ratifikation nach Artikel 37;
b) den Tag, an dem dieses Übereinkommen nach Artikel 38 Absatz 1 in Kraft tritt;
c) jeden Beitritt nach Artikel 39 und den Tag, an dem er wirksam wird;
d) jede Erstreckung nach Artikel 40 und den Tag, an dem sie wirksam wird;
e) jede Behördenbezeichnung, jeden Vorbehalt und jede Erklärung nach den Artikeln 33 und 35;
f) jede Kündigung nach Artikel 41 Absatz 3.

II. Aus dem Ausführungsgesetz

vom 22. 12. 77, BGBl 3105

AusfG § 7. 1 Die Aufgaben der Zentralen Behörde (Artikel 2, 24 Abs. 2 des Übereinkommens) nehmen die von den Landesregierungen bestimmten Stellen wahr. 2 Jedes Land kann nur eine Zentrale Behörde einrichten.

AusfG § 8. Für die Erledigung von Rechtshilfeersuchen ist das Amtsgericht zuständig, in dessen Bezirk die Amtshandlung vorzunehmen ist.

AusfG § 9. Rechtshilfeersuchen, die durch das Amtsgericht zu erledigen sind (Kapitel I des Übereinkommens), müssen in deutscher Sprache abgefaßt oder von einer Übersetzung in diese Sprache begleitet sein (Artikel 4 Abs. 1, 5 des Übereinkommens).

AusfG § 10. Mitglieder des ersuchenden ausländischen Gerichts können bei der Erledigung eines Rechtshilfeersuchens durch das Amtsgericht anwesend sein, wenn die Zentrale Behörde dies genehmigt hat.

AusfG § 11. 1 Eine Beweisaufnahme durch diplomatische oder konsularische Vertreter ist unzulässig, wenn sie deutsche Staatsangehörige betrifft. 2 Betrifft sie Angehörige eines dritten Staates oder Staatenlose, so ist sie nur zulässig, wenn die Zentrale Behörde sie genehmigt hat (Artikel 16 Abs. 1 des Übereinkommens). 3 Eine Genehmigung ist nicht erforderlich, wenn der

Angehörige eines dritten Staates zugleich die Staatsangehörigkeit des Staates des ersuchenden Gerichts besitzt.

AusfG § 12. ¹ ¹ Ein Beauftragter des ersuchenden Gerichts (Artikel 17 des Übereinkommens) darf eine Beweisaufnahme nur durchführen, wenn die Zentrale Behörde sie genehmigt hat. ² Die Genehmigung kann mit Auflagen verbunden werden.

II ¹ Das Gericht, das für die Erledigung eines Rechtshilfeersuchens in derselben Angelegenheit nach § 8 zuständig wäre, ist befugt, die Vorbereitung und die Durchführung der Beweisaufnahme zu überwachen. ² Ein Mitglied dieses Gerichts kann an der Beweisaufnahme teilnehmen (Artikel 19 Satz 2 des Übereinkommens).

AusfG § 13. Für die Erteilung der Genehmigung nach den §§ 10, 11 und 12 (Artikel 19 des Übereinkommens) ist die Zentrale Behörde des Landes zuständig, in dem die Beweisaufnahme durchgeführt werden soll.

AusfG § 14. ¹ Rechtshilfeersuchen, die ein Verfahren nach Artikel 23 des Übereinkommens zum Gegenstand haben, werden nicht erledigt.

II Jedoch können, soweit die tragenden Grundsätze des deutschen Verfahrensrechts nicht entgegenstehen, solche Ersuchen unter Berücksichtigung der schutzwürdigen Interessen der Betroffenen erledigt werden, nachdem die Voraussetzungen der Erledigung und das anzuwendende Verfahren durch Rechtsverordnung näher geregelt sind, die der Bundesminister der Justiz mit Zustimmung des Bundesrates erlassen kann.

AusfG § 15. Der Bundesminister der Justiz wird ermächtigt, durch Rechtsverordnung, die der Zustimmung des Bundesrates bedarf, die nach den §§ 1 und 7 dieses Gesetzes errichteten Zentralen Behörden als die Stellen zu bestimmen, die gemäß den §§ 1 und 3 Abs. 2 des Gesetzes vom 5. April 1909 zur Ausführung des Haager Abkommens über den Zivilprozeß vom 17. Juli 1905 (RGBl. 1909 S. 430) und gemäß den §§ 1 und 9 des Gesetzes zur Ausführung des Haager Übereinkommens vom 1. März 1954 über den Zivilprozeß zur Entgegennahme von Anträgen und Ersuchen des Konsuls eines ausländischen Staates zuständig sind.

Bem. Vgl die Bek v 21. 6. 79, BGBl II 779, ergänzt durch Bek v 25. 11. 91, BGBl II 1396. Die dort **1** genannten Zentralen deutschen Behördens sind dieselben wie beim Haager Zustellungsübereinkommen; vgl daher Anh § 202 Rn 4.

AusfG §§ 16, 17. Nicht abgedruckt.

III. Bekanntmachung

vom 21. 6. 79, BGBl II 780

Bek. Nach Artikel 3 Abs. 2 des Gesetzes vom 22. Dezember 1977 zu dem Haager Übereinkommen vom 15. November 1965 über die Zustellung gerichtlicher und außergerichtlicher Schriftstücke im Ausland in Zivil- oder Handelssachen und zu dem Haager Übereinkommen vom 18. März 1970 über die Beweisaufnahme im Ausland in Zivil- oder Handelssachen (BGBl. 1977 II S. 1452) wird bekanntgemacht, daß das Haager Übereinkommen vom 18. März 1970 über die Beweisaufnahme im Ausland in Zivil- oder Handelssachen nach seinem Artikel 38 Abs. 2 für die Bundesrepublik Deutschland am 26. Juni 1979 in Kraft treten wird. Die Ratifikationsurkunde der Bundesrepublik Deutschland ist am 27. April 1979 bei dem Ministerium für Auswärtige Angelegenheiten der Niederlande hinterlegt worden.
Die Bundesrepublik Deutschland hat bei Hinterlegung der Ratifikationsurkunde folgende Erklärungen abgegeben:
„A. Die Regierung der Bundesrepublik Deutschland gibt folgende Erklärungen nach Artikel 33 Abs. 1 des Übereinkommens vom 18. März 1970 ab:
Die Bundesrepublik Deutschland erklärt den in Artikel 33 Abs. 1 Satz 1 des Übereinkommens gegen die Anwendung des Artikels 4 Abs. 2 des Übereinkommens vorgesehenen Vorbehalt. Rechtshilfeersuchen, die nach Kapitel I des Übereinkommens zu erledigen sind, müssen gemäß Artikel 4 Abs. 1, 5 des Übereinkommens in deutscher Sprache abgefaßt oder von einer Übersetzung in diese Sprache begleitet sein.
Die Bundesrepublik Deutschland erklärt gemäß der in Artikel 33 Abs. 1 Satz 1 des Übereinkommens vorgesehenen Möglichkeit, einen Vorbehalt gegen die Anwendung der Bestimmungen des Kapitels II des Übereinkommens einzulegen, daß in ihrem Hoheitsgebiet eine Beweisaufnahme durch diplomatische oder konsularische Vertreter unzulässig ist, wenn sie deutsche Staatsangehörige betrifft.
B. Die Regierung der Bundesrepublik Deutschland gibt folgende Erklärungen nach Artikel 35 des Übereinkommens vom 18. März 1970 ab:
1. Für die Erledigung von Rechtshilfeersuchen ist das Amtsgericht zuständig, in dessen Bezirk die Amtshandlung vorzunehmen ist.
Rechtshilfeersuchen sind an die Zentrale Behörde des Landes zu richten, in dem das jeweilige Ersuchen erledigt werden soll. Zentrale Behörde nach Artikel 2, 24 Abs. 2 des Übereinkommens ist für

§ 363 Anh III, § 364   Buch 2. Abschnitt 1. Verfahren vor den LGen

Baden-Württemberg das Justizministerium Baden-Württemberg, D-7000 Stuttgart;
Bayern: das Bayerische Staatsministerium der Justiz, D-8000 München;
Berlin: der Senator für Justiz, D-1000 Berlin;
Brandenburg:
Bremen: der Präsident des Landgerichts Bremen, D-2800 Bremen;
Hamburg: der Präsident des Amtsgerichts Hamburg, D-2000 Hamburg;
Hessen: der Hessische Minister der Justiz, D-6200 Wiesbaden;
Mecklenburg-Vorpommern:
Niedersachsen: der Niedersächsische Minister der Justiz, D-3000 Hannover;
Nordrhein-Westfalen: der Justizminister des Landes Nordrhein-Westfalen, D-4000 Düsseldorf;
Rheinland-Pfalz: das Ministerium der Justiz, D-6500 Mainz;
Saarland: der Minister für Rechtspflege, D-6600 Saarbrücken;
Sachsen:Sachsen-Anhalt:
Schleswig-Holstein: der Justizminister des Landes Schleswig-Holstein, D-2300 Kiel.
Thüringen:

2. Gemäß Artikel 8 des Übereinkommens wird erklärt, daß Mitglieder des ersuchenden Gerichts eines anderen Vertragsstaats bei der Erledigung eines Rechtshilfeersuchens durch das Amtsgericht anwesend sein können, wenn die Zentrale Behörde des Landes, in dem das Ersuchen erledigt werden soll, hierfür die vorherige Genehmigung erteilt hat.

3. Betrifft eine Beweisaufnahme durch diplomatische oder konsularische Vertreter gemäß Artikel 16 Abs. 1 des Übereinkommens Angehörige eines dritten Staates oder Staatenlose, so ist sie nur zulässig, wenn die Zentrale Behörde des Landes, in dem die Beweisaufnahme durchgeführt werden soll, sie genehmigt hat. Eine Genehmigung ist gemäß Artikel 16 Abs. 2 des Übereinkommens nicht erforderlich, wenn der Angehörige eines dritten Staates zugleich die Staatsangehörigkeit des Staates des ersuchenden Gerichts besitzt.

4. Ein Beauftragter des ersuchenden Gerichts darf eine Beweisaufnahme nach Artikel 17 des Übereinkommens nur durchführen, wenn die Zentrale Behörde des Landes, in dem die Beweisaufnahme durchgeführt werden soll, sie genehmigt hat. Die Genehmigung kann mit Auflagen verbunden werden. Das Amtsgericht, in dessen Bezirk Amtshandlungen auf Grund eines Rechtshilfeersuchens in derselben Angelegenheit vorzunehmen wären, ist befugt, die Vorbereitung und die Durchführung der Beweisaufnahme zu überwachen. Ein Mitglied dieses Gerichts kann gemäß Artikel 19 Satz 2 des Übereinkommens an der Beweisaufnahme teilnehmen.

5. Die Bundesrepublik Deutschland erklärt gemäß Artikel 23 des Übereinkommens, daß in ihrem Hoheitsgebiet Rechtshilfeersuchen nicht erledigt werden, die ein Verfahren zum Gegenstand haben, das in den Ländern des ‚Common Law' unter der Bezeichnung ‚pretrial discovery of documents' bekannt ist."

1   1) **Geltungsbereich, Inkrafttreten.** Vgl Einl IV 3, Hamm MDR **78**, 941. Zu den Vorbehalten verschiedener Staaten BGBl **80** II 1290, 1440, sowie bei den einzelnen Vorschriften. Zum Inhalt vgl Böckstiegel NJW **78**, 1076. Es sind folgende AusführungsVOen ergangen:
Baden-Württemberg:
Bayern: VO v 10. 5. 78, GVBl 177;
Berlin:
Brandenburg: VO v 4. 6. 91, GVBl 288;
Bremen:
Hamburg:
Hessen: VO v 18. 4. 78, GVBl 251;
Mecklenburg-Vorpommern:
Niedersachsen:
Nordrhein-Westfalen: VO v 4. 4. 78, GVBl 166;
Rheinland-Pfalz:
Saarland: VO v 14. 6. 78, GVBl 617;
Sachsen:
Sachsen-Anhalt:
Schleswig-Holstein: VO v 17. 3. 78, GVBl 112;
Thüringen:

364 *Parteimitwirkung bei Beweisaufnahme im Ausland.* ¹Wird eine ausländische Behörde ersucht, den Beweis aufzunehmen, so kann das Gericht anordnen, dass der Beweisführer das Ersuchungsschreiben zu besorgen und die Erledigung des Ersuchens zu betreiben habe.

II Das Gericht kann sich auf die Anordnung beschränken, dass der Beweisführer eine den Gesetzen des fremden Staates entsprechende öffentliche Urkunde über die Beweisaufnahme beizubringen habe.

III ¹ In beiden Fällen ist in dem Beweisbeschluss eine Frist zu bestimmen, binnen der von dem Beweisführer die Urkunde auf der Geschäftsstelle niederzulegen ist. ²Nach fruchtlosem Ablauf dieser Frist kann die Urkunde nur benutzt werden, wenn dadurch das Verfahren nicht verzögert wird.

Titel 5. Allgemeine Beweisaufnahmevorschriften §§ 364, 365

IV ¹ Der Beweisführer hat den Gegner, wenn möglich, von dem Ort und der Zeit der Beweisaufnahme so zeitig in Kenntnis zu setzen, dass dieser seine Rechte in geeigneter Weise wahrzunehmen vermag. ² Ist die Benachrichtigung unterblieben, so hat das Gericht zu ermessen, ob und inwieweit der Beweisführer zur Benutzung der Beweisverhandlung berechtigt ist.

1) Systematik, I–IV. Vgl auch § 363 Rn 1. § 364 erlaubt es dem Gericht, die Besorgung der Beweisaufnahme im Ausland den Parteien zu überlassen. Das bedeutet aber nur die formelle Art der Erledigung des Beweisbeschlusses. Nicht etwa darf die Partei die inhaltliche Beweiserhebung nach § 364 selbst vornehmen. Freilich kann eine schriftliche Aussage, die die Partei beim Zeugen erwirkt, als Urkunde unter II in Verbindung mit § 416 fallen und deshalb ausreichen. Die Möglichkeit nach § 364 wird zu wenig genutzt, Hamm RR **88**, 703. 1

2) Regelungszweck, I–IV. Die Vorschrift stellt aber nicht etwa diese Art der Erledigung und diejenige aus § 363 zur freien Wahl. Vielmehr besteht zumindest eine Anstandspflicht, wenn nicht eine Amtspflicht des Gerichts, immer dann nach § 363 zu verfahren, wenn das einfacher und sicherer zum Ziel führt, BGH RR **89**, 161, Köln NJW **75**, 2350, und wenn es sich nicht um einen Beweisantritt handelt, dem gegenüber Mißtrauen angebracht ist. Freilich brauchte das Gericht nicht Jahr und Tag auf ein Ergebnis zu warten, BGH NJW **84**, 2039. Die Beweiswürdigung erfolgt grundsätzlich nach dem deutschen Prozeßrecht, Einl III 74. Das Prozeßgericht braucht nicht an der ausländischen Vernehmung teilzunehmen, Saarbr RR **98**, 1685. 2

3) Geltungsbereich, I–IV. Üb 3 vor § 355. 3

4) Anordnungen, I–IV. Das Gericht darf anordnen, daß entweder das Ersuchen der ausländischen Behörde selbst zu besorgen habe oder daß ihm die Erledigung eines amtlichen Ersuchens obliege oder daß eine öffentliche Urkunde über die ausländische Beweisaufnahme beibringen müsse. Das gilt unabhängig von der Beweislast der Beweisführer, Einf 5 vor § 284, BGH NJW **84**, 2039. Über eine Frist und die Folgen ihrer Versäumung § 356 Rn 8–11, BGH NJW **84**, 2039. IV ist auch im Fall des § 383 anwendbar. Die Benachrichtigung erfolgt formlos nach § 329 II 1, soweit nicht das Gericht eine Frist setzt, § 329 II 2. Man muß ihre Möglichkeit und die Rechtzeitigkeit nach dem Einzelfall beurteilen. Inwieweit ein Mangel die Beweisaufnahme unbenutzbar macht, steht zwar nach IV 2 im Ermessen des Gerichts. Es muß aber zumindest den Art 103 I GG beachten. Über das Beweisergebnis müssen die Parteien verhandeln, §§ 279 III, 285, 370. Einzelheiten BGH NJW **84**, 2039. Ein Mangel ist jedenfalls heilbar, § 295. 4

5) Rechtsmittel, I–IV. Bei einem Ermessensmißbrauch ist die sofortige Beschwerde nach § 567 I Z 2 zulässig, § 252 Rn 2, 5, Köln NJW **75**, 2349, aM LG Neubrdb MDR **96**, 1186 (aber ein Mißbrauch läuft auf die Ablehnung einer ordnungsgemäßen Anordnung hinaus). Eine Rechtsbeschwerde kommt unter den Voraussetzungen des § 574 in Betracht. 5

6) VwGO: Unanwendbar trotz § 98 VwGO, da wegen des Untersuchungsgrundsatzes, § 86 I VwGO, kein Beweisführer im Sinne der ZPO vorhanden ist, Einf § 284 Rn 36 (vgl § 118 I 1 SGG), RedOe § 98 Anm 2, KoppSch § 98 Rn 1. 6

365 *Abgabe durch beauftragten oder ersuchten Richter.* ¹ Der beauftragte oder ersuchte Richter ist ermächtigt, falls sich später Gründe ergeben, welche die Beweisaufnahme durch ein anderes Gericht sachgemäß erscheinen lassen, dieses Gericht um die Aufnahme des Beweises zu ersuchen. ² Die Parteien sind von dieser Verfügung in Kenntnis zu setzen.

1) Systematik, S 1, 2. Die Vorschrift ist eine Ergänzung zu §§ 361, 362. Sie wird in der Praxis kaum genutzt. Denn sie schafft zwar eine Ermächtigung, nicht aber eine Verpflichtung des zunächst verordneten Richters. In der Regel reicht er zB bei Unzuständigkeit den Rechtshilfeauftrag an das ersuchende Gericht zurück. Denn er ist dann nicht mehr zu einer auch nur indirekten Rechtshilfe nach §§ 156 ff GVG verpflichtet. 1

2) Regelungszweck, S 1, 2. Die Vorschrift dient in S 1 der Prozeßförderung nach Grdz 12 vor § 128 durch Vermeidung von Aktenhin- und herlauf, in S 2 der Aufrechterhaltung der Parteiöffentlichkeit, in jedem Stadium der Beweisaufnahme, § 357 I. 2

Abschiebepraxis vom einen auf den anderen ersuchten Richter ist natürlich *nicht* der Zweck. Die Auffassungen dazu schwanken, ob die Grenze des nach § 158 GVG Hinzunehmenden mit Entfernung von 5 km vom Gericht erreicht sei oder an der Grenze seines inneren Ortskerns, zumindest stets an der Grenze seines Amtsbezirks oder ob man sogar den am übernächsten Gerichtsort wohnenden, dort vorübergehend aufhältlichen oder tagsüber dort seinen Geschäften nachgehenden Zeugen vernehmen muß, statt den dortigen Kollegen im Wege der Weiterleitung zu beanspruchen. Man sollte alle diese Fragen nicht aus der Sicht des zuerst ersuchten Richters, sondern aus der vermeintlichen Sicht des Zeugen und auch der Parteien bzw ihrer ProzBev. Stellt sich heraus, daß der Augenscheinsort im Bezirk eines anderen AG liegt, so dürfte es kaum Zweifel an der Zulässigkeit einer Weiterleitung geben. Überlastung darf aber jedenfalls nicht offiziell ein Weiterleitungsgrund sein. 3

3) Geltungsbereich, S 1, 2. Vgl Üb 3 vor § 355. 4

4) Weiterleitung, S 1, 2. Der verordnete Richter darf ein anderes Gericht um die Durchführung der Beweisaufnahme ersuchen. Er darf ein ihm zugegangenes Ersuchen also dorthin abgeben, falls ihm nach dem Empfang des Auftrags oder des Ersuchens Gründe bekannt werden, die eine Abgabe als sachgemäß erscheinen lassen, Rn 3. Das gilt etwa dann, wenn der zu vernehmende Zeuge jetzt in einem anderen Gerichtsbezirk wohnt. Ein früheres Entstehen der Gründe hindert nicht. Bei einer Verhinderung des ersuchten Gerichts gilt nicht § 365, sondern § 36, es sei denn, das Prozeßgericht stimmt der Abgabe zu. Eine Abgabe darf nur an ein deutsches AG erfolgen. Das Ersuchen an ein ausländisches Gericht steht nur dem Vorsitzenden oder 5

§§ 365–367   Buch 2. Abschnitt 1. Verfahren vor den LGen

dem Einzelrichter zu, § 363 I. Wenn ein verordneter Richter statt des Prozeßgerichts erledigen soll, dann muß das Prozeßgericht entsprechend beschließen. Ob ausländische Behörden abgeben dürfen, richtet sich nach ihrem Recht, Artt 9, 12 Haager Übk, Anh I nach § 363. Der verordnete Richter muß die Parteien und natürlich auch das Prozeßgericht von der Abgabe formlos benachrichtigen.

6   **5) Rechtsmittel, S 1, 2.** Die Abgabe unterliegt keinem Rechtsbehelf, sondern allenfalls einer Dienstaufsichtsbeschwerde, sofern nicht in der Abgabe eine Rechtshilfeverweigerung liegt. Trifft das zu, so gilt § 159 GVG.

7   **6) VwGO:** *Entsprechend anzuwenden,* § *98 VwGO, vgl* § *361 Rn 7 und* § *362 Rn 7, und zwar auch im Falle des* § *96 II VwGO.*

366 *Zwischenstreit.* ¹ Erhebt sich bei der Beweisaufnahme vor einem beauftragten oder ersuchten Richter ein Streit, von dessen Erledigung die Fortsetzung der Beweisaufnahme abhängig und zu dessen Entscheidung der Richter nicht berechtigt ist, so erfolgt die Erledigung durch das Prozessgericht.

II Der Termin zur mündlichen Verhandlung über den Zwischenstreit ist von Amts wegen zu bestimmen und den Parteien bekanntzumachen.

1   **1) Systematik, I, II.** Die Vorschrift ist zB den §§ 280, 387 ff vergleichbar. Sie ist dem § 389 gegenüber nachrangig. Sie regelt ein evtl notwendiges Zwischenverfahren. Sie stellt insbesondere abweichend von § 365 die Zuständigkeit des Prozeßgerichts klar. Sie steht neben §§ 158 ff GVG.

2   **2) Regelungszweck, I, II.** Das Prozeßgericht und nicht der verordnete Richter können am besten beurteilen, ob und inwieweit der Zwischenstreit überhaupt entscheidungsbedürftig ist oder ob es zB auf den auswärtigen Zeugen verzichten kann, §§ 286, 399. Deshalb sollte der verordnete Richter im Zweifel zur Klärung der Notwendigkeit oder Entbehrlichkeit eines wirklichen Zwischenstreits die Akten an das Prozeßgericht zurücksenden, sobald ernstlicher Zweifel entsteht. Natürlich muß ein echter Zwischenstreit drohen, Rn 4, also nicht nur irgendeine Unstimmigkeit etwa zum Alter oder zur Glaubwürdigkeit, die ohnehin erst das Prozeßgericht prüfen darf. Wohl aber kann natürlich ein mögliches Aussageverweigerungsrecht reichen, Rn 4, soweit der Zeuge oder Sachverständige von ihm überhaupt Gebrauch machen will. Letztere Klärung sollte noch der ersuchte Richter vornehmen.

3   **3) Geltungsbereich, I, II.** Vgl Üb 3 vor § 355.

4   **4) Zwischenstreit, I, II.** § 366 bezieht sich auf einen Streit, der bei der Beweisaufnahme vor dem verordneten Richter entsteht. Es kann sich handeln: Um einen Zwischenstreit zwischen den Parteien, § 303; um einen Zwischenstreit zwischen einer Partei und einem Zeugen oder Sachverständigen, §§ 387, 389, 400, 402; um eine Meinungsverschiedenheit zwischen den Parteien und dem Richter. Die Fortsetzung der Beweisaufnahme muß von der Erledigung des Streits abhängen. Der Richter darf zur Erledigung des Streits nicht zuständig sein. Hierher gehören alle Entscheidungen, die die Befugnis des verordneten Richters übersteigen, sich also nicht nur auf die Art der Erledigung des Auftrags oder Ersuchens beziehen. Der verordnete Richter übt die Sitzungspolizei und die Ordnungsgewalt aus, § 180 GVG.

Er ist zur *Abänderung* des Beweisbeschlusses im Rahmen der §§ 360, 365 befugt. Er nimmt die Aufgaben der §§ 229, 400, 402, 405, 406 IV wahr. Er entscheidet zB über die Art eines Augenscheins. Er setzt eine Entschädigung nach §§ 401, 402, 413 fest, soweit zB nach § 4 I JVEG für ihn erforderlich. Das Prozeßgericht entscheidet demgegenüber nach I, II zB einen Streit über: Die Zulässigkeit von Fragen, § 397 III; die Verweigerung eines Zeugnisses oder Gutachtens, §§ 387, 389, 408; die Beeidigung, §§ 392, 393, 478 ff; eine Urkundenvorlegung, § 434.

5   **5) Verfahren, I, II.** Der verordnete Richter erledigt den Beweisbeschluß bis auf die streitigen Fragen. Sie behält er dem Prozeßgericht vor. Er sendet sodann die Akten zunächst unverzüglich an das Prozeßgericht zurück und teilt diesen dem Zwischenstreit verständlich mit. Das Prozeßgericht bestimmt von Amts wegen einen Verhandlungstermin, § 216. Es lädt dazu die Parteien und die etwa sonst am Zwischenstreit Beteiligten von Amts wegen, § 329 II 2. Seine Entscheidung ergeht durch ein Zwischenurteil, § 303, auch durch ein Versäumnisurteil, § 347 II.

6   **6) Rechtsbehelfe, I, II.** Gegen die Entscheidung des verordneten Richters: § 362 Rn 5. Gegen die Entscheidung des Prozeßgerichts die sich aus ihrer Art ergebenden.

7   **7) VwGO:** *Entsprechend anzuwenden,* § *98 VwGO, vgl* § *361 Rn 7 und* § *362 Rn 7.*

367 *Ausbleiben der Partei.* ¹ Erscheint eine Partei oder erscheinen beide Parteien in dem Termin zur Beweisaufnahme nicht, so ist die Beweisaufnahme gleichwohl insoweit zu bewirken, als dies nach Lage der Sache geschehen kann.

II Eine nachträgliche Beweisaufnahme oder eine Vervollständigung der Beweisaufnahme ist bis zum Schluss derjenigen mündlichen Verhandlung, auf die das Urteil ergeht, auf Antrag anzuordnen, wenn das Verfahren dadurch nicht verzögert wird oder wenn die Partei glaubhaft macht, dass sie ohne ihr Verschulden außerstande gewesen sei, in dem früheren Termin zu erscheinen, und im Falle des Antrags auf Vervollständigung, dass durch ihr Nichterscheinen eine wesentliche Unvollständigkeit der Beweisaufnahme veranlasst sei.

1   **1) Systematik, I, II.** Die Vorschrift stellt in Ergänzung zu § 279 III klar, daß im Gegensatz zu §§ 330 ff die Säumnis oder auch nur das schuldlose, freiwillige Ausbleiben einer Partei bzw ihres ProzBev nichts am Recht und an der Pflicht des Gerichts ändert, die Beweisaufnahme möglichst durchzuführen. Das gilt vor

Titel 5. Allgemeine Beweisaufnahmevorschriften §§ 367, 368

dem Prozeßgericht (Kollegium, Einzelrichter) wie vor dem verordneten Richter. Erst bei der nach § 285 vorgeschriebenen Verhandlung über das Ergebnis der Beweisaufnahme treten die gesetzlichen Folgen einer Säumnis ein. § 368 gilt ergänzend.

2) Regelungszweck, I, II. Die Vorschrift dient in I der Prozeßförderung nach Grdz 12 vor § 128, in II der sachlichrechtlichen Gerechtigkeit nach Einl III 9, 36 und insgesamt der Prozeßwirtschaftlichkeit nach Grdz 14 vor § 128 durch Verhinderung zusätzlicher Termine. Das Ausbleiben nach I ist insofern gefährlich, als der Termin in eine abschließende Verhandlung über das Ergebnis der Beweisaufnahme und zur übrigen Hauptsache nach § 370 unmittelbar und buchstäblich in Sekundenschnelle übergehen kann und ja auch nach § 279 III soll. Erfahrungsgemäß hat das Gericht wenig Neigung, in solcher Lage nochmals nur auf Verdacht einer schuldlosen Verhinderung hin zu vertagen. Das ist auch durchaus verständlich. Eine etwa jetzt eintretende Säumnis kann zB dann, wenn auf Grund eines Einspruchs sogleich Beweis- und Verhandlungstermin anberaumt worden war, zum Zweiten Versäumnisurteil nach § 345 führen, evtl auch zum Urteil nach Aktenlage, § 251 a, BGH AnwBl **01**, 2501. Deshalb ist bei I wie II seitens der Parteien große Sorgfalt in der Zeitplanung ratsam, zumindest eine rechtzeitige Rückfrage, ob man mit einer Vertagung nach dem Ende der Beweisaufnahme rechnen kann.

3) Geltungsbereich, I, II. Vgl Üb 3 vor § 355. § 355 erfaßt nur das freiwillige Ausbleiben, nicht den Fall, daß eine Partei zB zu einem Ortstermin vom Gegner keinen Zutritt erhält, so daß eine Beweisvereitelung vorliegen kann, § 444 Rn 5.

4) Ausbleiben, I. Bleibt eine Partei oder bleiben beide Parteien bzw ProzBev im Beweistermin freiwillig aus, so kann man nicht von einer Säumnis sprechen. Denn die Anwesenheit der Parteien ist nach § 357 Rn 3 nur deren Recht, nicht aber eine Voraussetzung zur Durchführung der Beweisaufnahme, Jankowski NJW **97**, 3347. Diese ist vielmehr notwendig, soweit das in Abwesenheit der Partei geschehen kann. Das gilt vor dem Prozeßgericht und vor dem verordneten Richter. Voraussetzung der Beweisaufnahme in Abwesenheit der Partei ist die Bestimmung dieses Termins zur Beweisaufnahme sowie eine ordnungsmäßige Terminsbenachrichtigung der Partei, § 357 Rn 6. Fehlt sie, so kann die Partei eine Wiederholung der Beweisaufnahme nicht mehr fordern, falls sie ihr Rügerecht verloren hatte. Im Fall des § 273 II muß man dessen IV 1 beachten. Dann darf beim Ausbleiben der Partei keine Beweisaufnahme außer einem Augenschein stattfinden. Etwas anderes gilt nur bei einem dann sofort zulässigen Beweisbeschluß nach Aktenlage, §§ 251, 331 a, sofern das Gericht den erschienenen Zeugen oder Sachverständigen sogleich vernehmen kann und sofern das Gericht auch die Parteien von der Ladung benachrichtigt hatte. Denn nur dann schließt ihre Säumnis einen Verzicht auf die Parteiöffentlichkeit ein.

Die *Folgen des Ausbleibens* sind: Der Ausgebliebene verliert seine aus der Parteiöffentlichkeit folgenden Rechte für diese Instanz. Das gilt zB für die Fragen, die er einem Zeugen vorgelegt hätte. Wenn das Ausbleiben die Beweisaufnahme verhindert, wie den Augenschein an der Person der Partei, dann ist die Partei für diese Instanz mit dem Beweismittel ausgeschlossen, § 528, soweit sie beweispflichtig ist. Andernfalls würdigt das Gericht das Ausbleiben frei, § 286. Im Fall des Ausbleibens der zu vernehmenden Partei gilt § 454. Vor der Erledigung des Beweisbeschlusses darf das Gericht kein Versäumnisurteil erlassen, wohl aber nach ihr, falls das Gericht den Termin auch zur Fortsetzung der Verhandlung bestimmt hatte (wichtig, nicht zu vergessen, Rn 2). Freilich ist der Beweistermin vor dem Prozeßgericht nach § 370 I kraft Gesetzes zugleich auch zur Fortsetzung der mündlichen Verhandlung bestimmt, § 370 Rn 4.

5) Nachholung, Vervollständigung, II. Das Gericht muß eine Beweisaufnahme in den folgenden Fällen nachholen oder vervollständigen, notfalls in der 2. Instanz: Immer, wenn die Nachholung das Verfahren nicht verzögert, dh wenn keine Vertagung notwendig wird, § 296 Rn 40; bei einer Verzögerung aber nur dann, wenn der Gegner des Ausgebliebenen einwilligt oder wenn der Ausgebliebene an seinem Verhalten schuldlos ist, § 296 Rn 52; wenn er eine durch sein Ausbleiben verursachte wesentliche Unvollständigkeit glaubhaft macht, § 294. Eine Verhinderung des ProzBev entschuldigt hier nur ausnahmsweise, wenn die Partei selbst nicht verhindert war. Auch eine zur Beweisaufnahme nicht geladene Partei kann dann, wenn sie diesen Mangel im nächsten Termin nach § 295 gerügt hatte, eine nachträgliche Beweisaufnahme nur noch wegen Unvollständigkeit beantragen.

Die Partei muß eingehend darlegen, daß die Unvollständigkeit erhebliche Punkte betrifft. Insbesondere muß sie diejenigen Fragen angeben, die sie dem Zeugen vorgelegt hätte. Wenn eine Beweisaufnahme vor dem Einzelrichter nach § 527 stattfand, dann kann das Prozeßgericht sie vervollständigen. Die Vervollständigung ist nur auf Antrag des Ausgebliebenen und außer im Falle des § 400 nur beim Prozeßgericht zulässig. Ihre Anordnung erfolgt auf eine mündliche Verhandlung durch einen Beweisbeschluß des Prozeßgerichts, § 358, Nürnb OLGZ **76**, 482. Das Gericht weist den Antrag durch ein Zwischenurteil nach § 303 oder im Endurteil zurück. Unabhängig von II kann eine Wiederholung nach §§ 398, 402 notwendig sein.

6) Rechtsmittel, I, II. Die Anfechtung der Entscheidung des Gerichts ist immer nur zusammen mit der Anfechtung des Endurteils möglich, § 355 II. Ein Verstoß ist Revisionsgrund, wenn das Urteil auf ihm beruht.

7) *VwGO:* *I ist entsprechend anzuwenden, § 98 VwGO, dagegen ist **II** unanwendbar wegen der Amtsermittlungen, § 86 I VwGO, so daß eine Beweisaufnahme bis zum Schluß der letzten Verhandlung immer nachgeholt oder ergänzt werden darf, RedOe § 98 Anm 2.*

368 *Neuer Beweistermin.* **Wird ein neuer Termin zur Beweisaufnahme oder zu ihrer Fortsetzung erforderlich, so ist dieser Termin, auch wenn der Beweisführer oder beide Parteien in dem früheren Termin nicht erschienen waren, von Amts wegen zu bestimmen.**

Hartmann 1467

§§ 368–370   Buch 2. Abschnitt 1. Verfahren vor den LGen

1   **1) Systematik.** Es handelt sich um eine Ergänzung zu § 367. Der neue Termin „zur Beweisaufnahme" kann vor oder nach einer Verhandlung über das Ergebnis der bisherigen Beweisaufnahme nach § 285 erforderlich werden. Im letzteren Fall ist solche Verhandlung im Anschluß an den weiteren Beweistermin erneut erforderlich.

2   **2) Regelungszweck.** Die Vorschrift sichert das Recht der Parteien auf eine Teilnahme an jedem Stadium der Beweisaufnahme nach § 357. Sie dient insofern dem ja in jedem Verfahrensstadium notwendigen rechtlichen Gehör, Art 103 I GG. Deshalb muß man sie strikt beachten und streng auslegen. Das Gericht muß die Ladungsfrist ohnehin einhalten. Eine weitere Einlassungsfrist im Sinn von § 274 III 1 kommt natürlich nicht in Betracht. Eine solche im weiteren Sinn einer Gelegenheit zur Stellungnahme zum Beweisergebnis kann wie sonst nötig sein. Das Gericht muß sie dann natürlich auch ausreichend bemessen.

3   **3) Geltungsbereich.** Üb 3 vor § 355.

4   **4) Von Amts wegen.** Die Durchführung der Beweisaufnahme erfolgt weitgehend im Amtsbetrieb, Üb 1 vor § 355. Daher sind §§ 251 a, 330 ff nur in der nach §§ 279 III, 285, 370 I bestimmten anschließenden Verhandlung anwendbar. Das Gericht muß jeden neuen Termin zur Beweisaufnahme bis zu deren Abschluß von Amts wegen bestimmen, § 216. Das gilt auch dann, wenn eine oder beide Parteien oder der Zeuge oder Sachverständige im früheren Beweistermin ausgeblieben sind oder wenn es um einen Zwischenstreit nach §§ 387 ff geht. Der neue Termin wird nach § 218 verkündet, oder das Gericht stellt die Mitteilung von Amts wegen zu, § 329 II 2. Beim verordneten Richter genügt die formlose Mitteilung nach § 357 II. Eine Verkündung wirkt auch gegenüber der vom früheren Termin ordnungsgemäß benachrichtigten Partei, § 312. Das Gericht muß die Beweispersonen erneut laden, §§ 377, 402.

5   **5) VwGO:** Entsprechend anwendbar, § 98 VwGO.

369 *Ausländische Beweisaufnahme.* Entspricht die von einer ausländischen Behörde vorgenommene Beweisaufnahme den für das Prozessgericht geltenden Gesetzen, so kann daraus, dass sie nach den ausländischen Gesetzen mangelhaft ist, kein Einwand entnommen werden.

1   **1) Systematik, Regelungszweck.** §§ 363, 364 regeln die Form einer ausländischen Beweisaufnahme, § 369 regelt deren formelle Auswertbarkeit. § 286 regelt die inhaltliche Beweiswürdigung, Rn 5.

2   **2) Geltungsbereich.** Üb 3 vor § 355.

3   **3) Voraussetzungen.** Es genügt, wenn eine der folgenden Voraussetzungen erfüllt ist.
    A. Ausländisches Recht. Entweder muß die Beweisaufnahme den Bestimmungen des betreffenden ausländischen Rechts entsprechen. Die Form einer Rechtshandlung richtet sich nach dem Ort der Vornahme, Art 14 HZPrÜbk, Anh I § 168 GVG, Grunsky ZZP **89**, 243.

4   **B. Deutsches Recht.** Oder sie muß den deutschen Prozeßvorschriften genügen.

5   **4) Beweiswürdigung.** Wenn die Form der Beweisaufnahme beiden Rechten nicht genügt, dann muß das Gericht sie insoweit frei würdigen, § 286. Mängel heilen nach § 295. Das Gericht muß die Ergebnisse der Beweisaufnahme ausschließlich nach deutschem Recht würdigen.

6   **5) VwGO:** Entsprechend anzuwenden, § 98 VwGO, BVerwG **25**, 88 (vgl § 363 Rn 9).

370 *Fortsetzung der mündlichen Verhandlung.* ¹ Erfolgt die Beweisaufnahme vor dem Prozessgericht, so ist der Termin, in dem die Beweisaufnahme stattfindet, zugleich zur Fortsetzung der mündlichen Verhandlung bestimmt.

II ¹ In dem Beweisbeschluss, der anordnet, dass die Beweisaufnahme vor einem beauftragten oder ersuchten Richter erfolgen solle, kann zugleich der Termin zur Fortsetzung der mündlichen Verhandlung vor dem Prozessgericht bestimmt werden. ² Ist dies nicht geschehen, so wird nach Beendigung der Beweisaufnahme dieser Termin von Amts wegen bestimmt und den Parteien bekanntgemacht.

1   **1) Systematik, I, II.** Die Vorschrift stellt in I als Folge von § 279 III klar, daß das Gericht den Termin zur Beweisaufnahme vor dem Prozeßgericht nicht isoliert nur für diesen Zweck bestimmen darf. In II erfolgen ergänzende Klarstellungen für die dort genannten Fälle. § 216 gilt mit seinem Gebot unverzüglicher Terminierung ergänzend.

2   **2) Regelungszweck, I, II.** Die Vorschrift bezweckt eine Prozeßförderung, Grdz 12 vor § 128. Sie dient der Prozeßwirtschaftlichkeit, Grdz 14 vor § 128. Wie in § 369 Rn 2 dargestellt, ist die Verbindung von Beweis- und Verhandlungstermin für den im letzten Abschnitt etwa obendrein erneut Säumigen gefährlich. Deshalb sollten die Parteien I sorgfältig beachten. Aber auch das Gericht muß I ebenso strikt einhalten. Je frischer der Eindruck der Beweisaufnahme, desto fruchtbarer die Aussprache über ihr Ergebnis und die daraus folgenden Erwägungen über das weitere Gesamtverhalten aller Beteiligter. Ob man im Laufe solcher Aussprache dann doch noch eine Vertagung für förderlich oder notwendig hält, ist eine ganz andere Frage.

3   **3) Geltungsbereich, I, II.** Vgl Üb 3 vor § 355.

4   **4) Beweisaufnahme vor dem Prozeßgericht, I.** Soll die Beweisaufnahme vor dem vollbesetzten Prozeßgericht stattfinden, so ist der für sie bestimmte Termin kraft Gesetzes auch zur Fortsetzung der

Titel 6. Beweis durch Augenschein §§ 370, Übers § 371

mündlichen Verhandlung bestimmt, auch über das Ergebnis der Beweisaufnahme, §§ 279 III, 285 I. Das gilt selbst bei einem nach § 219 außerhalb der Gerichtsstelle stattfindenden Lokaltermin, sofern dort die Öffentlichkeit gewahrt ist. Das ist zB nicht irgendwo an der Unfallstelle der Fall, selbst wenn dort jedermann zuschauen kann. Denn das ist nicht die Gerichtsöffentlichkeit. Dasselbe gilt gar für eine dortige Urteilsverkündung, einen nach § 295 unheilbarer Fehler. Eine andere ausdrückliche Anordnung ist erlaubt. Sie sollte aber nur ganz ausnahmsweise stattfinden. Denn die Frische des Eindrucks der Beweisaufnahme ist sehr wichtig, und auch die Besetzung des Gerichts kann wechseln, § 309.

Eine *mündliche Verhandlung* nach § 367 I findet erst nach der Beendigung der Beweisaufnahme statt. Daher wird ein Antrag auf Versäumniserteidigung erst dann zulässig. Ein die Säumnis ausschließendes Verhandeln ist bis zum Schluß der mündlichen Verhandlung möglich, § 220 II. Ein Verzicht auf die Beweisaufnahme oder auf ein Beweismittel erledigt insoweit. Er beschwört aber die Gefahr der Zurückweisung bei einer Erneuerung herauf, § 296. Erledigt ist die Beweisaufnahme, wenn das Gericht sie in dem nach § 367 Rn 4 jetzt noch erforderlichen Umfang voll vorgenommen hat oder wenn feststeht, daß sie unausführbar ist, oder wenn diejenige Partei ausbleibt, ohne die eine Beweiserhebung unmöglich ist, § 367 Rn 4.

Kann die Beweisaufnahme nur in diesem Termin *nicht vollständig* stattfinden, etwa weil der Sachverständige oder ein Zeuge ausgeblieben sind, dann muß das Gericht vor dem Eintritt in eine mündliche Verhandlung grundsätzlich nach § 227 Rn 5 vertagen. Dasselbe gilt, wenn das Gericht sonst das rechtliche Gehör verletzen würde, Artt 2 I, 20 III GG (Rpfl), BVerfG **101**, 404, Art 103 I GG (Richter). Die sofortige anschließende Verhandlung ist aber dann zulässig und geboten, wenn das Gericht den verspätet benannten Zeugen zur „Rettung" des Beweistermins nach § 273 II 2, IV geladen hatte. Dann kommt es auch nicht auf eine Entschuldigung des Zeugen an. Bei einem Versäumnisurteil darf das Gericht das Ergebnis einer Beweisaufnahme grundsätzlich nicht berücksichtigen, §§ 330, 331 Rn 5 (wegen der Ausnahme bei der Zuständigkeitsprüfung § 331 Rn 7. Wegen eines als unwahr erkannten Geständnisses Einf 8, 9 vor § 288 und § 290 Rn 6). Etwas anderes gilt bei einer Entscheidung nach Aktenlage, §§ 251 a, 331 a.

5) Beweisaufnahme vor dem verordneten Richter, II. Sieht der Beweisbeschluß sie vor, so kann der 5 Vorsitzende nach II 1 sogleich einen Termin zur weiteren Verhandlung nach dem Schluß der Beweisaufnahme bestimmen. Das ist dann zweckmäßig, wenn er mit einer Erledigung vor dem Termin rechnen kann. Andernfalls bestimmt der Vorsitzende nach II 2 den Verhandlungstermin nach der Erledigung der Beweisaufnahme. Dann muß das Gericht den Termin von Amts wegen durch Zustellung bekanntgeben, § 329 II 2. Es muß die Ladungsfrist nach § 217 einhalten und § 285 II beachten.

6) VwGO: *Entsprechend anwendbar, § 98 VwGO, sind sowohl I, BVerwG DÖV 81, 536, als auch II.* 6

Titel 6. Beweis durch Augenschein

Übersicht

Gliederung

1) **Systematik**	1		E. Weigerung eines Dritten	10
2) **Regelungszweck**	2		F. Sachlichrechtliche Pflicht	11
3) **Geltungsbereich**	3		7) **Schutz der Intimsphäre**	12–18
4) **Begriff des Augenscheins**	4		A. Tonaufzeichnung usw	12
5) **Zulässigkeit des Augenscheins**	5		B. Grundsatz: Unverwertbarkeit	13
6) **Pflicht zur Duldung des Augenscheins**	6–11		C. Ausnahme: Verwertbarkeit	14
A. Grundsatz: Keine allgemeine Pflicht	6		D. Mitabhören	15
B. Prozessuale Parteipflicht	7		E. Sonstiges Mitlauschen	16
C. Weigerung der Partei	8		F. Foto, Videoüberwachung	17
D. Abstammungsuntersuchung	9		G. Sonstige Fälle	18
			8) *VwGO*	19

Schrifttum: *Steeger,* Die zivilprozessuale Mitwirkungspflicht der Parteien beim Urkunden- und Augenscheinsbeweis, Diss Bln 1981.

1) Systematik. §§ 371–372 a enthalten die erste der im Gesetz näher geregelten zulässigen Beweisarten. 1 §§ 355 ff gelten als Allgemeiner Teil des Beweisrechts ebenso wie im Bereich der Beweiswürdigung §§ 284 ff.

2) Regelungszweck. Diese Beweisart dient einer eigentlich fast stets erstrangigen Möglichkeit unmittel- 2 barer Sinneswahrnehmung, soweit das Gericht überhaupt mit bloßem Sinn noch etwas wahrnehmen kann und nicht auf Auswertung durch den nichtjuristischen Fachmann angewiesen ist, wie zunehmend in der hochtechnisierten Welt der Riesigen, Winzigen, nur mit tausend Hilfsmitteln Hörbaren, Sichtbaren, Tastbaren. Den Richter auch noch durch das Mikroskop blicken oder im Schutzanzug in die Druckkammer steigen zu lassen, sollte weniger der Sinn des Augenscheins sein. Wenn ein Foto keinerlei zuverlässige Aussage mehr darüber macht, ob es manipuliert wurde, schmilzt seine Brauchbarkeit. Man kann dann ernsthaft bezweifeln, ob es für den Richter mit seinen bloßen Augen noch sinnvoll ist, das Foto in Augenschein zu nehmen, statt es sogleich dem Fachmann für die Überprüfung solcher Objekte anzuvertrauen. Ob man sich eine Narbe wenigstens zusammen mit dem medizinischen Sachverständigen anschaut, ist eine von Fall zu Fall auftretende andere Frage. Der Weinkenner mag auch als Richter mit dem Augenschein zumindest bei der Farb- und Geschmackskontrolle sehr wohl auskommen können und dürfen, § 256 Rn 50. Das alles darf und muß man bei der Anwendung des Augenscheins als Beweisart mitabwägen.

3 **3) Geltungsbereich.** Die Vorschriften gelten in allen Verfahren nach der ZPO. Sie gelten auch im arbeitsgerichtlichen Verfahren, § 46 II 1 ArbGG. Denn §§ 55, 58 ArbGG enthalten hier keine Besonderheiten.

4 **4) Begriff des Augenscheines.** „On ne voit bien qu'avec le cœur" (de Saint-Exupéry, Le Petit Prince, XXI). Augenschein ist eine unmittelbare Sinneswahrnehmung des Gerichts zur Beweisaufnahme, eine Kenntnisnahme von der äußeren Beschaffenheit einer Sache, § 90 BGB, eines Menschen oder eines Tieres oder eines Vorgangs. Eine Kenntnisnahme vom Inhalt eines Schriftstücks ist ein Urkundenbeweis, §§ 415 ff. Eine Kenntnisnahme von der Bekundung eines Menschen ist ein Zeugenbeweis nach §§ 373 ff oder ein Sachverständigenbeweis, §§ 402 ff. Der Unterschied liegt darin, daß das Augenscheinsobjekt im Schwerpunkt nicht einen gedanklichen Inhalt übermittelt, Redeker NJW **84**, 2394. Der Augenschein kann alle Sinne beanspruchen, das Gesicht, den Geruch, das Gefühl, den Geschmack, das Gehör (wegen Tonaufzeichnung usw Rn 11), auch eines blinden Richters, Ffm FGPrax **95**, 101, Schulze MDR **95**, 670.

Richtiger wäre es, von einem *Wahrnehmungsbeweis* zu sprechen. Sein Ergebnis ist die Beurteilung der vorgefundenen Tatsachen durch den Richter. Diese Beurteilung unterliegt ihrerseits der freien Würdigung des Prozeßgerichts, § 286. Das Gesetz verbietet es gottlob zumindest nicht, auch mit dem Herzen wahrzunehmen. Wenn das Gericht erst durch einen Ortstermin klären will, was überhaupt streitig ist, dann kann eine Beweisaufnahme fehlen. Eine Wiederholung des Augenscheins richtet sich nach § 398 in entsprechender Anwendung, BGH NJW **99**, 358.

Ein *Foto* oder eine *Fotokopie* sind bei der Wiedergabe eines Gedankeninhalts Urkunde, sonst Augenscheinsobjekt, Üb 6 vor § 415, BGH MDR **88**, 42, Hbg MDR **88**, 685, LG Nürnb-Fürth VersR **97**, 382, aM BGH MDR **76**, 304 (aber die erstere Unterscheidung ist angesichts haarfeiner Grenzlinien die brauchbarste). Die digitale Urkunde kann Objekt des Augenscheins sein, § 371 I 2, Geis NJW **97**, 3001. Das Gericht darf und muß sie nach § 286 würdigen. Es muß einen zusätzlichen Ausdruck nach §§ 415 ff beurteilen.

5 **5) Zulässigkeit des Augenscheins.** Eine Augenscheinseinnahme ist stets von Amts wegen zulässig, § 144. Sie kann auch im selbständigen Beweisverfahren erfolgen, § 485 I, II. Sie steht im pflichtgemäßen Ermessen des Gerichts. § 244 StPO ist entsprechend anwendbar, § 286 Rn 27. Sie ist auch zur Vorbereitung der mündlichen Verhandlung zulässig, § 273 II (trotz Wegfalls des früheren § 272 b II Z 5) sowie § 358 a Z 5, aber auch Rn 6. Häufig verbindet sich der Augenschein mit einem anderen Beweis, etwa bei der Benutzung von Landkarten, Lichtbildern und anderen Hilfsmitteln des Augenscheinsbeweises. Das Gericht darf einen zusätzlichen Augenschein ablehnen, wenn das vom Beweisführer vorgelegte Foto ausreicht, BGH MDR **88**, 42. Ein gemischter Augenscheinsbeweis liegt vor, wenn der Augenschein außer dem Gericht gleichzeitig eine Hilfsperson unterrichtet, meist einen Sachverständigen. Das Gericht kann den Augenschein selbst oder durch einen verordneten Richter einnehmen, §§ 361, 362, ja selbst durch einen zuverlässigen Dritten, der über seine Wahrnehmungen (mit)berichten soll, zB einen gerufenen Zeugen oder den Sachverständigen, § 407 a Rn 11. Die Protokollierung erfolgt nach § 160 III Z 5. Einen Sachverständigen kann das Gericht nach § 372 zuziehen. Wenn der Augenscheinsannahme ein Hindernis entgegensteht, dann gilt § 356.

6 **6) Pflicht zur Duldung des Augenscheins**

Schrifttum: *Steeger*, Die zivilprozessuale Mitwirkungspflicht der Parteien beim Urkunden- und Augenscheinsbeweis, Diss Bln 1980.

A. Grundsatz: Keine allgemeine Pflicht. Prozeßrechtlich besteht eine Duldungspflicht an sich nicht allgemein, sondern nur in den Fällen der §§ 372 a, 654, Naumb FamRZ **93**, 1099, Nürnb WoM **90**, 143. Grundsätzlich braucht wegen Art 2 II GG keine Partei ihren Körper zur Augenscheinseinnahme bereitzustellen, Midderhoff DGVZ **82**, 83. Sie braucht also abgesehen vom Verfahren zum Zweck der Abstammungsfeststellung nach Rn 7 keine Untersuchung auf den Geisteszustand oder eine körperliche Untersuchung zu dulden, Schlesw SchlHA **84**, 184. Weigert sie sich berechtigt, so kann ein Sachverständiger sein Gutachten nur auf Grund der sonst erwiesenen Tatsachen erstatten. Ein Dritter kann zwar auf Grund eines Rechtsverhältnisses zu einer Prozeßpartei verpflichtet sein, seine Wohnung zu einer Besichtigung zu öffnen. Jedoch gilt das nicht schon unter dem bloßen Nachbarschaft, auch nicht in demselben Haus, Nürnb WoM **90**, 143.

7 **B. Prozessuale Parteipflicht.** Für die Partei begründet jedoch das Prozeßrechtsverhältnis nach Grdz 4 vor § 128 die Pflicht, an der Erledigung des Prozesses mitzuwirken, Grdz 11 vor § 128. Daraus folgt: Keine Partei darf die Duldung des Augenscheins verweigern, wenn man sie ihr nach Treu und Glauben zumuten kann, Gerhardt AcP **169**, 309. Die Pflicht besteht daher insbesondere bei einem Widerspruch zum bisherigen prozessualen Verhalten. Erzwingbar ist die Pflicht jedoch aber prozeßrechtlich nicht. Die Partei kann also zB eine Grundstücksbesichtigung im Ergebnis verweigern. Sie kann auch das Gericht am Betreten ihres Grundstücks hindern, Schulte NJW **88**, 1009. Das gilt auch im selbständigen Beweisverfahren.

8 **C. Weigerung der Partei.** Wenn der Beweisführer sich weigert, die Untersuchung zu dulden, dann muß ihn das Gericht mit dem Beweismittel für diese Instanz ausschließen, §§ 230, 367. Das gilt unabhängig davon, ob er mit Grund gewogen, LG Hbg RR **94**, 205. Wenn der Gegner die Weigerung erklärt, obwohl er sie bereitstellen müßte und könnte, Peters ZZP **82**, 200, so vereitelt er die Beweisführung, Anh § 286 Rn 26. Dann gilt der Beweis als erbracht, § 444 Rn 6, Schulte NJW **88**, 1009. Weigert der Gegner die Bereitstellung in anderen Fällen, etwa wegen Unzumutbarkeit einer körperlichen Untersuchung, Düss VersR **85**, 457, so darf und muß das Gericht seine Weigerung frei würdigen, § 286. Das Gericht kann auch zB ein Gutachten einholen. Wenn das Gericht einen Augenschein angeordnet hatte, gilt Entsprechendes, soweit sich der Beweispflichtige weigert.

9 **D. Abstammungsuntersuchung.** Einen Sonderfall bildet der Abstammungsprozeß. In ihm müssen sich Parteien und Dritte notfalls einer Blutentnahme oder auch einer erbkundlichen Untersuchung unterwerfen, also einem Augenschein, § 372 a. Über den Beweiswert von Blutgruppenuntersuchungen usw § 372 a Rn 4 ff.

Titel 6. Beweis durch Augenschein **Übers § 371**

E. Weigerung eines Dritten. Wenn sonst ein Dritter die Bereitstellung verweigert, dann steht das der 10 Weigerung der Partei gleich, soweit sie für den Dritten einstehen muß. Das gilt zB dann, wenn ein Dritter im Einverständnis der Partei eine einzusehende Urkunde verbrennt. Im übrigen darf das Gericht eine Weigerung der Partei nicht zu Last legen. Aus der Zeugnispflicht folgt grundsätzlich keine Pflicht zur Duldung der Augenscheinseinnahme, Schulte NJW **88**, 1009 (keien entsprechende Anwendung von § 380). Kein Dritter braucht mit Ausnahme der Lage nach § 372a seinen Körper bereitzustellen. Ein Zivilprozeß anderer Personen darf nur im Rahmen des gesetzlich Bestimmten in den Rechtskreis Dritter eingreifen (Ausnahmen Rn 9, 11).

F. Sachlichrechtliche Pflicht. Häufig ergibt sich eine Pflicht zur Duldung aus dem sachlichen Recht. 11 Sie kann sich zB aus einem Gesellschaftsverhältnis ergeben oder aus §§ 495 II, 809, 811 BGB, 418 HGB. In solchen Fällen muß der Beweisführer klagen und die Zwangsvollstreckung nach §§ 883, 888, 890 betreiben. Evtl muß ihm das Gericht entsprechend § 431 eine Frist setzen, aM Stürner/Stadler JZ **85**, 1104 (es könne eine allgemeine prozessuale Aufklärungspflicht bestehen), ThP Üb 2 vor § 371, ZöGre 6 (sie wenden § 356 an. Aber dessen Rechtsfolge ist zu steng und paßt nicht zur Lage).

7) Schutz der Intimsphäre 12

Schrifttum: *Ahrens,* Elektronische Dokumente und technische Aufzeichnungen als Beweismittel usw, Festschrift für *Geimer* (2002); 1; *Baumgärtel,* Die Verwertbarkeit rechtswidrig erlangter Beweismittel im Zivilprozeß, Festschrift für *Klug* (1984) 477; *Fink,* Die Verwertung rechtswidrig erlangter Beweismittel im Zivilprozeß, Diss Köln 1994; *Kaissis,* Die Verwertbarkeit materiellrechtswidrig erlangter Beweismittel im Zivilprozeß, 1978; *Kodek,* Rechtswidrig erlangte Beweismittel im Zivilprozeß, Wien 1988 (rechtsvergleichend); *Konzen,* Rechtsverhältnisse zwischen Prozeßparteien (1976) 179 ff, 242 ff; *Reichenbach,* § 1004 BGB als Grundlage von Beweisverboten usw, 2004; *Schwab,* Unzulässigkeit von Beweismitteln bei Verletzung des Persönlichkeitsrechts, Festschrift für *Hubmann* (1985) 421.

Die *Verwertbarkeit rechtswidrig* erlangter Beweismittel ist umstritten, BGH **110**, 35 Kiethe MDR **05**, 965 (ausf). Art 2 GG steht nicht entgegen, BVerfG NJW **00**, 3557 (StPO).

A. Tonaufzeichnung usw, dazu *Englisch,* Elektronisch gestützte Beweisführung im Zivilprozeß, Diss Regensb 1999: Tonbandaufnahmen und andere technische Aufzeichnungen, zB Schallplatten, Lochstreifen, Bildbänder, CDs, Videocassetten, DVDs, Computerspeicher, Computerbescheide, sind meist Gegenstand des Augenscheins, BGH NJW **82**, 277, LAG Bln DB **88**, 1024. Das gilt nicht nur wegen ihrer äußeren Beschaffenheit, Rn 2, Baltzer Gedächtnisschrift für Bruns (1980) 73, Redeker NJW **84**, 2394. Denn Urkunden sind nur schriftliche Verkörperungen eines Gedankens. Vgl allerdings auch Üb 4 vor § 415.

B. Grundsatz: Unverwertbarkeit. Die unbefugte Verwertung des nicht öffentlich gesprochenen bzw 13 geschriebenen fremden Worts ist grundsätzlich unzulässig, BVerfG **34**, 245, BGH (6. ZS) NJW **88**, 1016 (betr eine Geschäftsangelegenheit), BAG NJW **83**, 1692, aM BGH (8. ZS) NJW **82**, 1398, LG Köln WoM **95**, 122 (Aufzeichnung lautstarker Worte jenseits der Wand. Aber der Belauschte ist hier nicht schutzbedürftig). Denn sie selbst und auch ihre Verwertung stellt eine Verletzung des durch Artt 1 und 2 GG geschützten *Persönlichkeitsrechts* dar, BGH (12. ZS) FamRZ **03**, 924, Brdb RR **02**, 1128, Karlsr VersR **02**, 590 (je: Fallabwägung nötig), LAG Köln BB **97**, 476, aM BGH MDR **94**, 767 (stets Güterabwägung; zustm Olzen JR **95**, 351, krit Baumgärtel JR **95**, 767. Die Grenzen müssen stets so klar und scharf wie irgend möglich sein).

Das Gericht darf sich nicht zum Werkzeug einer nach § 201 I Z 2 StGB begangenen *Straftat des Beweisführers* machen lassen, BGH NJW **82**, 277, BAG NJW **83**, 1692, Zeiss ZZP **89**, 389. Daran ändert auch der Umstand nichts, daß heute vielfach Abhör- und Mithöreinrichtungen üblich sind, Köln NJW **87**, 263, aM BGH NJW **82**, 1398 (aber eine Gewohnheit wird nicht dadurch rechtmäßig, daß sie eben stattfindet, solange kein Gewohnheitsrecht vorliegt. Davon kann hier noch nicht die Rede sein, solange die Gerichte die Grenzen nicht weiter aufweichen. Man hüte sich vor der verdeckten Duldung des privaten Lauschangriffs).

Man darf auch eine *Verweigerung* des Betroffenen zur Verwertung einer unbefugten Aufzeichnung eine Zeugenaussage grundsätzlich weder herbeiführen noch verwerten. Nach alledem ist es auch unbefriedigend, die Verwertung formell zuzulassen und erst bei Bestreiten im Rahmen von §§ 138, 282, 286 kritisch zu würdigen, Gleß NJW **01**, 3607, aM BGH **80**, 25, LG Heilbr WoM **92**, 10, Heinemann MDR **01**, 142 (aber das ist im Ergebnis oft geradezu eine Verkehrung des noch strafrechtlich wie verfassungsrechtlich vorhandenen Schutzes). Zur Unverwertbarkeit einer sog „Raumgesprächs-Aufzeichnung" BGH MDR **83**, 683 (StPO). Bei Unverwertbarkeit der Aufzeichnung ist auch kein Zeugenbeweis über dessen Betrachtung der Aufzeichnung statthaft, Karlsr VersR **02**, 590.

C. Ausnahme: Verwertbarkeit. Die Verwendung der mit Zustimmung des Betroffenen gemachten und 14 daher befugten Aufzeichnung ist zulässig. Das gilt auch bei stillschweigender nachzuweisender Duldung. Sie kann nach einem Hinweis auf das Einschalten eines Lautsprechers im Schweigen liegen, BVerfG NJW **03**, 2375. Das gilt, außer wenn dadurch etwa die Zeugenaussage selbst ersetzt werden soll. Denn das würde den Unmittelbarkeitsgrundsatz verletzen, § 355 Rn 4. Die Verwendung einer heimlich entstandenen Aufzeichnung ist allenfalls bei Notstand, Notwehr oder Nothilfe oder Wahrnehmung höherer berechtigter Interessen zulässig, BVerfG **34**, 245, BGH NJW **94**, 2289, LAG Bln DB **88**, 1024. Diese kann zB dann gegeben sein, wenn der Beleidiger seine Äußerungen schwerwiegender Art unter Vermeidung dritter Zuhörer wiederholt und dabei seine Absicht kundtut, weitere Beleidigungen auszusprechen.

Man kann darauf abstellen, ob der Privatsphäre *überwiegende berechtigte Interessen* gegenüberstehen, BVerfG MDR **73**, 477 (Strafverfahren). Mann kann auch die Verwertung solcher Aufnahmen erlauben, wenn die Schwere des Eingriffs in einem angemessenen Verhältnis zum erstrebten Zweck steht, BGH NJW **82**, 278, Zeiss ZZP **89**, 399. Zulässig ist es schließlich, nur die eigenen Worte bzw diejenigen der im Raum Anwesenden, Einverstandenen aufzuzeichnen und zu verwerten, nicht aber auch die Worte des Telefonpartners.

15 D. Mitabhören. Das offene Mithören eines Gesprächs, das von einem Apparat im Geschäftsraum eines *Kaufmanns* zu Geschäftszwecken geführt wird, ist ausnahmsweise zulässig, BGH NJW 82, 1398, Schlund BB 76, 1492, aM LG Dortm MDR 94, 407, ThP § 286 Rn 4 (sie übertragen die vom BGH vertretene Erlaubnis auf den gesamten Geschäftsverkehr mit Ausnahme derjenigen, die zur Verschwiegenheit verpflichtet sind. Vgl aber Rn 13), Zeiss ZZP 89, 398 (er wendet insofern § 446 entsprechend an). Auch dann ist aber die Verwertung des heimlichen Mithörens des vertraulichen Telefonats der Parteien an einer zweiten Ohrmuschel oder über den offen hingelegten Hörer usw verboten. Denn sie wäre mit dem Recht auf informationelle Selbstbestimmung usw unvereinbar, Art 2 GG, Einl III 21. Sie wäre auch mit dem Arglistverbot unvereinbar, Einl III 54, Brdb RR 02, 1128, LG Kassel RR 90, 62, LAG Bln ZZP 96, 113.

16 E. Sonstiges Mitlauschen. Vgl zunächst Rn 15. Verboten ist ein Belauschen durch technische Anlagen aller Art wie zB Minisender, Richtmikrofone usw. Zunächst begründet dergleichen ein Verwertungsverbot. Grundsätzlich unzulässig ist auch die Vernehmung eines heimlich in einen Raum geführten oder gelangten Spitzels, der von dort aus mit bloßen Ohren mitlauscht, Art 6 I MRK, Artt 1, 2 GG, BVerfG NJW 02, 3619, BGH NJW 91, 1180, BAG NJW 98, 1331 (je: Arbeitgeber – Arbeitnehmer), Karlsr NJW 00, 1577 (krit Schneider MDR 00, 1029), Lenz/Meurer MDR 00, 75, aM Düss NJW 00, 1578 (erschreckenderweise allgemein zulässig), Köln MDR 94, 408 (Verwertungserlaubnis nach Belehrung über Aussageverweigerungsrecht und Inhaltsbestätigung. Aber eine Straftat läßt sich nicht derart beseitigen), LAG Düss DB 98, 1522. Dasselbe gilt grundsätzlich natürlich auch für die Verwertung einer solchen Aussage.

In allen solchen Fällen ist eine *Abwägung* zwischen dem Persönlichkeitsrecht des Belauschten und dem Beweisführungsinteresse erforderlich, BGH NJW 91, 1180 (abl Helle JZ 91, 929), Lenz/Meurer MDR 00, 75 (keine besondere Vertrauenslage beim nur geschäftlichen Kontakt). Nach Erhalt eines Hinweises auf die Anwesenheit eines Dritten und auf das Einschalten eines Lautsprechers kann aber ein Schweigen als Zustimmung zum Mithören gelten, BVerfG NVwZ 03, 1374. Eine Art Notwehrlage kann rechtfertigen, BAG NJW 03, 3436, AG Zerbst NZM 03, 897, Foerste NJW 04, 263.

17 F. Foto, Videoüberwachung. Fotos oder eine heimliche Videoüberwachung sind als Gegenstand des Augenscheins unzulässig, falls sie nicht das einzige Mittel sind, ArbG Hbg NZA-RR 05, 520, und schon deshalb unter Verletzung des allgemeinen Persönlichkeitsrechts entstanden sind oder verwertet werden sollen, Karlsr NJW 02, 2799, AG Düss NZM 98, 912, LAG Stgt BB 99, 1439, aM BGH NJW 81, 1955, Düss MDR 97, 1062, Köln NJW 05, 2999 (je: außerhalb der Intimsphäre: Interessenabwägung. Aber Artt 1, 2 GG haben Vorrang). Die Lichtbildaufnahme eines im Freien spielenden Kindes ist kein Eingriff in sein Persönlichkeitsrecht, KG NJW 80, 894. Im übrigen gilt Rn 12 entsprechend. Beim geringsten Anzeichen einer möglichen elektronischen Bildverarbeitung (EBV) ist wegen ihrer Manipulationsgefahren größte Zurückhaltung bei der Auswertbarkeitsfrage geboten. Zur Beurteilung eines digitalisierten Fotos Bleutge/Uschold NJW 02, 2765. Zwei Entwürfe eines Gesetzes zum verbesserten Schutz der Intimsphäre (BT-Drs 15/361 und 15/533) bezwecken über einen neuen § 201 a StGB ein Verbot unbefugter Bildaufnahme und -benutzung.

18 G. Sonstige Fälle. Zur Problematik der Verwertung eines Steuergeheimnisses Bullmer BB 91, 365. Die Regeln Rn 12–17 können entsprechend anwendbar sein, wenn eine Partei einen Anspruch mit unzulässig vorgetragenen Tatsachen begründet, etwa mit anvertrautem Anwaltswissen, BGH NJW 94, 462. Zur Problematik eines heimlichen Stimmenvergleiches BGH(St) MDR 94, 497. Der sog Lügendetektor ist zumindest im Bereich des Strengbeweises kein zulässiges Beweismittel, LAG Mainz BB 98, 1216. Wegen des privaten Abstammungsgutachtens § 372 a Rn 6.

19 8) VwGO: Augenschein ist als zulässiges Beweismittel ausdrücklich genannt, § 96 I 2 *VwGO. Einnahme stets vAw,* § 86 I *VwGO,* auch vor der mündlichen Verhandlung, § 87 *VwGO.* §§ *371 ff* gelten entsprechend, § 98 *VwGO,* soweit der Ermittlungsgrundsatz, § 86 I *VwGO,* nicht entgegensteht.

371 *Beweis durch Augenschein.* [I 1] Der Beweis durch Augenschein wird durch Bezeichnung des Gegenstandes des Augenscheins und durch die Angabe der zu beweisenden Tatsachen angetreten. [2] Ist ein elektronisches Dokument Gegenstand des Beweises, wird der Beweis durch Vorlegung oder Übermittlung der Datei angetreten.

[II 1] Befindet sich der Gegenstand nach der Behauptung des Beweisführers nicht in seinem Besitz, so wird der Beweis außerdem durch den Antrag angetreten, zur Herbeischaffung des Gegenstandes eine Frist zu setzen oder eine Anordnung nach § 144 zu erlassen. [2] Die §§ 422 bis 432 gelten entsprechend.

[III] Vereitelt eine Partei die ihr zumutbare Einnahme des Augenscheins, so können die Behauptungen des Gegners über die Beschaffenheit des Gegenstandes als bewiesen angesehen werden.

1 1) Systematik, I–III. Bei allen Beweisarten muß man zwischen dem Beweisantritt, der Beweisanordnung, der Beweisaufnahme, der Beweisführung und der Beweiswürdigung unterscheiden. I, II regelt den Beweisantritt, ohne dessen korrekte Vornahme die folgenden Schritte verfahrensfehlerhaft wären. III regelt einen allgemeinen Rechtsgedanken, einen Fall prozessualer Arglist nach Einl III 54 für einen Teilbereich.

2 2) Regelungszweck, I–III. Der Beweisführer soll sein Beweisangebot von vornherein so bestimmt fassen, daß das Gericht wie der Gegner die Erheblichkeit und die prozessuale Brauchbarkeit übersehen können. Damit dient die Vorschrift der Vermeidung unnötiger Kosten nach § 91 Rn 28 und auch im übrigen der Prozeßwirtschaftlichkeit, Grdz 14 vor § 128. Wegen des ersteren Gesichtspunkts ist die Vorschrift nicht zu großzügig auslegbar. Das wird bei der in der Praxis oft zu laxen Handhabung der Anforderungen an den Beweisantritt zu leicht übersehen. Der Gegner des Beweisführers hat einen vom unparteiischen Richter zu achtenden Anspruch auf Nichtbeachtung vermeidbar fehlerhafter Beweisantritte, § 139 Rn 13 ff.

Titel 6. Beweis durch Augenschein   §§ 371, 371a

Arglist ist schädlich wie stets, Einl III 54. Das kommt in III zum Ausdruck, ebenso wie zB in § 444. Gerade **3** beim Augenschein ist das Gericht ebenso wie der Beweisführer in besonderem Maße auf Zulassung, Öffnung, Zutritt, Gestattung durch den Besitzer angewiesen. Ist er obendrein Prozeßgegner, so könnte er den Beweis oft verhältnismäßig einfach unterlaufen, wenn er seine technisch notwendige Mitwirkung unterlassen dürfte. Natürlich darf man auch bei diesem Beweismittel die Anforderungen an keinen Beteiligten überspannen. Zumutbarkeit ist in III ein brauchbarer, prozessual ja auch sonst vielfach üblicher Abgrenzungsbegriff. Man sollte ihn weder zu streng noch zu weich handhaben.

3) Geltungsbereich, I–III. Vgl Üb 2 vor § 371. **4**

4) Beweisantritt bei Parteibesitz, I. Man muß zwei Formen des Beweisantritts unterscheiden. **5**
A. Bezeichnung usw, I 1. Beim nichtelektronischen Beweisgegenstand verlangt der Beweisantritt die Angabe des Beweisthemas nach § 359 Z 1, des Gegenstandes des Augenscheins und des Beweispunkte. Der Beweisführer muß den Gegenstand möglichst genau bezeichnen, BGH **66**, 68. Sonst und auch ohne jeden Antrag sind evtl §§ 144, 358 a Z 5 anwendbar. Wenn zB ein Schriftwerk stark verstümmelt sein soll, dann muß die Partei die betreffenden Stellen bezeichnen und darf das Gericht nicht darauf verweisen, sie sich selbst herauszusuchen. Bei einem Streit über die Nämlichkeit einer Person oder Sache entscheidet das Prozeßgericht nach §§ 286, 366. Der Beweisführer muß die Nämlichkeit beweisen, solange das Gericht von Amts wegen Augenschein erhebt.
Das Gericht darf einen *förmlichen Beweisantrag* nur unter den Voraussetzungen § 286 Rn 27–49 ablehnen. Mangels gerichtlicher Sachkunde ist § 372 anwendbar. Denn im Ermessen des Gerichts steht nur eine von Amts wegen erfolgende Augenscheinseinnahme. Auslagenvorschuß: § 68 GKG. Wer einen Augenschein nur zur Unterrichtung des Gerichts über eine nicht beweisbedürftige Tatsache beantragt, stellt keinen Beweisantrag.

B. Elektronisches Dokument, I 2. Beim elektronischen Dokument nach § 130 a erfolgt der Beweisantritt durch Vorlegung bzw Übermittlung der Datei. Das Gericht muß einen zusätzlichen Ausdruck des elektronischen Dokuments nach §§ 415 ff beurteilen. **6**

5) Beweisantritt bei Besitz eines anderen, II. Die Vorschrift schafft in den Fällen Rn 4, 5 eine **7** Möglichkeit, einen anderen, sei es den Gegner, sei es einen Dritten, in Grenzen zur Herbeischaffung bzw Vorlegung des Gegenstands der Augenscheinseinnahme zu zwingen. Vgl die Erläuterungen zu §§ 144, 422–432. Beim elektronischen Dokument kommt es statt auf „Besitz" auf die Verfügungsgewalt an, Berger NJW **05**, 1018. Die Inanspruchnahme hängt insbesondere bei mehreren Verfügungsberechtigten von der Zumutbarkeit ab, Berger NJW **05**, 1019.

6) Beweisvereitelung, III. Aus dem Verbot prozessualer Arglist nach Einl III 54 folgt das Verbot einer **8** Beweisvereitelung. § 444 regelt es für den Urkundenbeweis. Vgl die dortigen Erläuterungen. III schafft eine entsprechende Regelung für den Augenscheinsbeweis.

7) Sonstiger Verstoß, I–III. Er ist ein nach § 295 heilbarer Verfahrensmangel. Dieser kann auf Antrag **9** zur Zurückweisung führen, § 538. Vgl auch Rn 2.

8) VwGO: Nur eingeschränkt entsprechend anwendbar, *§ 98 VwGO, vgl § 373 Rn 10.* **10**

371a Beweiskraft elektronischer Dokumente.

^I 1 **Auf private elektronische Dokumente, die mit einer qualifizierten elektronischen Signatur versehen sind, finden die Vorschriften über die Beweiskraft privater Urkunden entsprechende Anwendung.** ²**Der Anschein der Echtheit einer in elektronischer Form vorliegenden Erklärung, der sich auf Grund der Prüfung nach dem Signaturgesetz ergibt, kann nur durch Tatsachen erschüttert werden, die ernstliche Zweifel daran begründen, dass die Erklärung vom Signaturschlüssel-Inhaber abgegeben worden ist.**
^II ¹**Auf elektronische Dokumente, die von einer öffentlichen Behörde innerhalb der Grenzen ihrer Amtsbefugnisse oder von einer mit öffentlichem Glauben versehenen Person innerhalb des ihr zugewiesenen Geschäftskreises in der vorgeschriebenen Form erstellt worden sind (öffentliche elektronische Dokumente), finden die Vorschriften über die Beweiskraft öffentlicher Urkunden entsprechende Anwendung.** ²**Ist das Dokument mit einer qualifizierten elektronischen Signatur versehen, gilt § 437 entsprechend.**

Vorbem. Eingefügt dch Art 1 Z 29 JKomG v 22. 3. 05, BGBl 837, in Kraft seit 1. 4. 05, Art 16 I JKomG, ÜbergangsR Einl III 78.

Schrifttum: (je zu § 292 a aF): *Dästner* NJW **01**, 3469; *Kodek* ZZP **111**, 445; *Krüger/Bütter* MDR **03**, 181; *Mankowski* NJW **02**, 2826; *Roßnagel/Pfitzmann* NJW **03**, 1209; *Stadler* ZZP **111**, 413 (je: Üb).

1) Systematik, I, II. Man muß wie bei einer schriftlichen Urkunde im Sinn von §§ 415 ff zwischen **1** einem privaten und einem öffentlichen Dokument unterscheiden. I regelt die Beweiskraft des ersteren. II diejenigen des letzteren. Dabei stellt I 2 eine Ergänzung zu § 292 dar. Diese Ergänzung war wegen der abweichenden Rechtsfolgen erforderlich. Man hätte sie freilich auch als § 292 II einordnen können. Eine gesetzliche ausdrückliche Regelung des Anscheinsbeweises ist selten. Vgl im übrigen Anh § 286 Rn 15. Das Gericht ist an diese gesetzliche Beweisregel gebunden, § 286 II.
Ein *Ausdruck* eines öffentlichen elektronischen Dokuments nach § 298 hat die in § 416 a geregelte Beweiskraft.

2) Regelungszweck, I, II. Die Vorschrift dient der Prozeßwirtschaftlichkeit, Grdz 14 vor § 128. Sie läßt **2** aber auch das Erfordernis der Gerechtigkeit nach Einl III 36 durch das Genügen „ernstlicher Zweifel" keineswegs unbeachtet. Die elektronische Form bringt ungeachtet ihres Beweiserleichterungs-, Vereinfachungs- und Beschleunigungszwecks doch zwecks Rechtssicherheit nach Einl III 43 erhebliche technische

§§ 371a, 372   Buch 2. Abschnitt 1. Verfahren vor den LGen

Anforderungen der Wirksamkeit mit sich. Diese darf man auch bei I 2 weder unter- noch überbewerten. Alles das sollte man bei der Auslegung durch vorsichtige Abwägung mitbeachten.

3   **3) Beweiskraft, I 1.** Sofern eine qualifizierte elektronische Signatur im Sinn von § 130a Rn 4 vorliegt, finden §§ 416, 419 ff entsprechende Anwendung. Vgl daher dort.

4   **4) Echtheitsanschein, I 2.** Der gesetzliche Anscheinsbeweis erfaßt bei einem privaten elektronischen Dokument nur die Echtheit der Erklärung, also ihre elektronische Dokumentation. Zum Echtheitsbegriff Einf 1 vor §§ 437–443. Andere als die Echtheitsfragen unterliegen den sonstigen Beweisregeln, Anh § 286.
§ 126a BGB nennt die Voraussetzungen: Erklärung; Name des Ausstellers; qualifizierte elektronische Signatur nach dem Signaturgesetz, Roßnagel/Pfitzmann NJW **03**, 1213. Damit erfolgt eine Verweisung auf Art 1 des G vom 16. 5. 01, BGBl 876, also auf das Signaturgesetz 2001 (SigG); dasjenige von 1997 ist aufgehoben worden, Art 5 G. Zur qualifizierten elektronischen Signatur § 130a Rn. 4. Das elektronische Dokument läßt den Augenscheinsbeweis nach § 371 I 2 zu.

5   **5) Ernstliche Zweifel, I 2.** Der Anscheinsbeweis nach Rn 4 läßt sich nur durch eine Tatsache erschüttern, die ernstliche Zweifel daran begründet, daß die Erklärung mit dem Willen des Signaturschlüssel-Inhabers abgegeben worden ist. Dabei scheiden §§ 416, 440 II mangels Urkundenqualität aus, Rn 4. Ernstlich ist nicht jeder leichte Zweifel, sondern erst ein erheblicher, bei dem eine überwiegende Wahrscheinlichkeit für Unechtheit besteht, Mankowski NJW **02**, 2827. Andererseits braucht nicht Vollbeweis der Unechtheit vorzuliegen, also noch kein Gewißheitsgrad wie bei § 286 Rn 16 ff. Ob „ernstliche Zweifel" mehr, gleich viel oder weniger erfordern als eine Glaubhaftmachung nach § 294, darüber läßt sich trefflich streiten. Immerhin nimmt I 2 nicht gleich auf § 294 Bezug. Daraus kann man einen höheren Grad von Wahrscheinlichkeit der Unechtheit eher ableiten als einen geringeren. Es sind also keine allzu strengen Anforderungen notwendig, Roßnagel NJW **01**, 1826. Behutsame Abwägung ist der ratsame Weg, Rn 2.

6   *Signaturschlüssel-Inhaber* ist nach § 2 Z 9 SigG 2001 eine natürliche Person, die einen Signaturschlüssel besitzt und der ein zugehöriger Signaturprüfschlüssel durch ein qualifiziertes Zertifikat zugeordnet ist. Signaturschlüssel sind nach § 2 Z 4 SigG einmalige elektronische Daten wie private kryptographische Schlüssel, die zur Erstellung einer elektronischen Signatur verwendet werden. Signaturprüfschlüssel sind nach § 2 Z 5 SigG elektronische Daten wie öffentliche kryptographische Schlüssel, die zur Überprüfung einer elektronischen Signatur verwendet werden. Qualifiziertes Zertifikat ist nach § 2 Z 6 SigG eine elektronische Bescheinigung (bitte dort die umfangreichen weiteren Verweisungen lesen). Mit deutscher Überperfektion wieder einmal ein Wust von Begriffen, durch die es sich zu quälen gilt, bevor man zum Anscheinsbeweis kommen könnte, den ernstliche Zweifel doch sogleich wieder entkräften können!

7   **6) Beweiskraft eines öffentlichen elektronischen Dokuments, II.** Nach II 1 müssen dieselben Voraussetzungen wie bei einer schriftlichen öffentlichen Urkunde nach § 415 Rn 4–7 vorliegen. Bei einer qualifizierten elektronischen Signatur im Sinn von § 130a Rn 4 gilt nach II 2 § 437 entsprechend (Echtheitsvermutung).

8   **7) VwGO:** Entsprechend anzuwenden, § 173 *VwGO*; vgl dazu Roßnagel DÖV **01**, 231.

372 *Beweisaufnahme.* ¹Das Prozessgericht kann anordnen, dass bei der Einnahme des Augenscheins ein oder mehrere Sachverständige zuzuziehen seien.
ᴵᴵ Es kann einem Mitglied des Prozessgerichts oder einem anderen Gericht die Einnahme des Augenscheins übertragen, auch die Ernennung der zuzuziehenden Sachverständigen überlassen.

1   **1) Systematik, I, II.** Das Prozeßgericht kann und soll wegen des Grundsatzes der Unmittelbarkeit der Beweisaufnahme nach § 355 Rn 4 den Augenschein in der Regel selbst vornehmen, evtl außerhalb der Gerichtsstelle, § 219, § 166 GVG, aber auch durch den ersuchten Richter, § 362, § 158 GVG, Naumb FamRZ **93**, 1099. Die Parteien haben grundsätzlich ein Anwesenheitsrecht, § 357 I. Das gilt auch für die ProzBev. Ausnahmsweise mag bei einer körperlichen Untersuchung davon jeweils eine enge Ausnahme notwendig werden, Saarbr OLGZ **80**, 37. Das Gericht muß das Ergebnis der Wahrnehmungen grundsätzlich protokollieren, § 160 III Z 5. Das Protokoll muß auch anderen ein Bild des vorgefundenen Sachverhalts vermitteln. Eine weitergehende Würdigung im Protokoll ist unnötig und schon wegen § 42 nicht ratsam. Wenn das Prozeßgericht in derselben Besetzung wie bei der Augenscheinseinnahme entscheidet und das Endurteil weder der Berufung noch der Revision unterliegt, dann ist ein Protokoll entsprechend § 161 I Z 1 entbehrlich. Dann muß aber der Urteilstatbestand ausreichende Feststellungen enthalten. Wegen eines Richterwechsels § 309 Rn 1–4.

2   **2) Regelungszweck, I, II.** Das sachkundige Auge ist gerade bei dieser Beweisart eine oft ganz wesentliche Bedingung der Brauchbarkeit. Daher regelt die Vorschrift eigentlich eine Selbstverständlichkeit. Sie scheint fast entbehrlich. Denn das Gericht könnte auch nach § 373, 402 ff ähnlich vorgehen. Indessen kann man die in I enthaltene Befugnis als Ermutigung und auch als Verpflichtung verstehen. Ihre Nichtbeachtung könnte ein Verfahrensfehler sein. Das muß man durchaus bei der Entscheidung über ihre Anwendung mitbeachten. Das Gericht muß ja ohnehin angesichts heutiger Hochtechnologie auch im Bereich der Sinneswahrnehmung sehr vorsichtig sein, wenn es sich genügend Sehschärfe im weitesten Sinn zutrauen will, § 286 Rn 60.
Nicht unproblematisch ist deshalb II mit seiner gewissen Abweichung vom Grundsatz der Unmittelbarkeit der Beweisaufnahme, wie ihn § 355 vorschreibt. Freilich sind die Ausnahmemöglichkeiten ja für eine andere Beweisart bereits in § 375 enthalten. II dient wie § 375 der Prozeßwirtschaftlichkeit, Grdz 14 vor § 128. Das erlaubt trotz seines formellen Annahmecharakters eine gewisse Großzügigkeit bei seiner Anwendung.

3   **3) Geltungsbereich, I, II.** Vgl Üb 3 vor § 371.

Titel 6. Beweis durch Augenschein §§ 372, 372a

4) Sachverständiger, I. Das Prozeßgericht darf und muß evtl einen Sachverständigen zuziehen, § 286 **4** Rn 50. Das gilt zB dann, wenn dem Gericht die nötige Sachkunde zur Wahrnehmung des Wesentlichen fehlt, wenn der Sachverständige das Gericht also unterstützen soll, oder wenn der Sachverständige Unterlagen für ein Gutachten gewinnen können soll. Wenn eine Augenscheinseinnahme durch den Richter unzweckmäßig ist, dann darf er sich einer Mittelsperson bedienen. Das gilt unabhängig von II zB dann, wenn ein Richter blind oder sonstwie behindert ist: Die Kollegen des Spruchkörpers können Mittelspersonen sein, Ffm OLGR **94**, 167.

Der *männliche* Richter kann und muß sich zB vom körperlichen Zustand einer Frau durch eine Frau überzeugen lassen, deren Befund dann sein Augenschein ist, und umgekehrt (Richterin, Zustand eines Mannes, Art 3 GG). Das muß man aber auf unumgängliche Ausnahmefälle beschränken. Zu ihnen gehört auch die Untersuchung nach § 372a Rn 3 oder eine Meinungsforschung, Üb 7 vor § 402. Diese Grundsätze sind auch zwecks Auswertung technischer Aufzeichnungen zulässig, zB solcher eines Computers. Das Gericht muß die Mittelsperson als einen Sachverständigen behandeln, wenn sie sachkundig sein muß oder wenn das Gericht die nötigen Versuche nicht selbst sachgemäß vornehmen kann. Sonst behandelt das Gericht die Mittelsperson wie einen Zeugen aber nicht als einen solchen, LG Trier NJW **87**, 722 (StPO).

5) Verordneter Richter, II. Das Gericht darf den Augenschein und die Ernennung eines Sachverständi- **5** gen nach pflichtgemäßem Ermessen einem verordneten Richter überlassen, §§ 361, 362, BGH NJW **90**, 2937. Das gilt unabhängig von I auch beim blinden Richter usw wie im Fall Rn 3. Das Gericht muß bei der Ausübung seines Ermessens den Grundsatz der Unmittelbarkeit der Beweisaufnahme beachten, § 355 Rn 4. Das Prozeßgericht darf dem verordneten Richter die Zuziehung eines Sachverständigen nach § 405 S 1, § 407a Rn 11 überlassen. Die Regeln des § 375 sind ungeachtet Rn 2 auch nicht entsprechend anwendbar. § 160 III Z 5 ist anwendbar, BayObLG WoM **89**, 346 (FGG). Der verordnete Richter darf mangels anderer Weisung des Prozeßgerichts die Augenscheinseinnahme einem Sachverständigen allein überlassen. Das hat zur Folge, daß der Sachverständige zwar bei seiner Beurteilung in dieser Eigenschaft amtiert, wegen seiner zugrundeliegenden Wahrnehmungen aber als sachverständiger Zeuge nach § 414 aussagt und insoweit auch nicht nach § 406 ablehnbar ist.

6) Rechtsbehelfe, I, II. § 355 Rn 8–10. **6**

7) VwGO: *Entsprechend anwendbar, § 98 VwGO, sind sowohl I als auch II (dazu BVerwG NJW **94**, 1975* **7** *mwN, auch zur Verzichtbarkeit einer entspr Verfahrensrüge). Wegen der Verwertung einer Augenscheinseinnahme des beauftragten Richters, II, wenn dieser an der Endentscheidung nicht mitwirkt, s BVerwG Buchholz 310 § 98 Nr 44.*

372a *Untersuchungen zur Feststellung der Abstammung.* ¹Soweit es in den Fällen der §§ 1600c und 1600d des Bürgerlichen Gesetzbuchs oder in anderen Fällen zur Feststellung der Abstammung erforderlich ist, hat jede Person Untersuchungen, insbesondere die Entnahme von Blutproben zum Zwecke der Blutgruppenuntersuchung, zu dulden, soweit die Untersuchung nach den anerkannten Grundsätzen der Wissenschaft eine Aufklärung des Sachverhalts verspricht und dem zu Untersuchenden nach der Art der Untersuchung, nach den Folgen ihres Ergebnisses für ihn oder einem der in § 383 Abs. 1 Nr. 1 bis 3 bezeichneten Angehörigen und ohne Nachteil für seine Gesundheit zugemutet werden kann.

II ¹Die Vorschriften der §§ 386 bis 390 sind entsprechend anzuwenden. ²Bei wiederholter unberechtigter Verweigerung der Untersuchung kann auch unmittelbarer Zwang angewendet werden, insbesondere die zwangsweise Vorführung zum Zwecke der Untersuchung angeordnet werden.

Schrifttum: *Eichberger*, Aktuelle Probleme der Feststellung der Abstammung (§ 372a ZPO), Diss Regensb 1988; *Jayme*, Exterritoriale Beweisverschaffung für inländische Verrfahren usw, Festschrift für *Geimer* (2002) 375; *Peters*, Auf dem Wege zu einer allgemeinen Prozeßförderungspflicht der Parteien?, Festschrift für *Schwab* (1990) 399; *Schöpflin*, Die Beweiserhebung von Amts wegen im Zivilprozeß, 1992. S auch Rn 3.

Gliederung

1) Systematik, I, II	1		7) Duldungspflicht, I	19–25
2) Regelungszweck, I, II	2		A. Grundsatz: Pflicht eines jeden	19, 20
3) Geltungsbereich, I, II	3		B. Erforderlichkeit	21
4) Voraussetzungen, I, II	4		C. Aufklärbarkeit	22
5) Prüfungsreihenfolge, I	5–17		D. Zumutbarkeit	23–25
A. Blutgruppengutachten	6–8		8) Prüfung der Weigerung, II	26–31
B. Biostatistische Zusatzbegutachtung	9–11		A. Grundsatz: Zwischenverfahren	26
C. Tragezeitgutachten	12		B. Verweigerung mit Grundangabe	27–29
D. Erbbiologisches Gutachten	13–15		C. Verweigerung ohne Grundangabe; bloßes Nichterscheinen	30
E. Zeugungsfähigkeitsprüfung	16		D. Rechtsbehelf	31
F. Identitätsprüfung	17		9) VwGO	32
6) Verfahren, I	18			

1) Systematik, I, II. Die Vorschrift ist in etwa mit §§ 81a–d StPO vergleichbar. Soweit ein Eingriff **1** erfolgt, also bei der Entnahme einer Blutprobe, enthält die Vorschrift eine gesetzliche Einschränkung des Rechts auf körperliche Unversehrtheit. Diese Einschränkung ist nach Art 2 II 2 GG möglich, BVerfG **5**, 15, Ffm NJW **88**, 832, Hamm RR **05**, 231. Gleichzeitig liegt ein Fall einer Pflicht zur Duldung des Augenscheins vor, Üb 5 vor § 371. Ferner liegt eine Ausnahme von der Regel vor, daß kein Dritter seinen Körper im Prozeß anderer bereitstellen muß, KG OLGZ **82**, 64. Das Gericht kann die Duldung erzwingen, Üb 8 vor § 371, aM Franke FamRZ **95**, 975 (ausf. Aber es steht der Schutz des ganzen rechtlichen Stands eines anderen Menschen hinter einer solchen Anordnung). Als Ausnahme ist § 372a nicht einfach auf andere Fälle

Hartmann 1475

§ 372a

übertragbar, etwa auf einen Unfallschaden-Haftungsprozeß. Freilich kann in einer Verweigerung dann ganz ausnahmsweise eine Beweisvereitelung liegen, Anh § 286 Rn 26 ff, § 444 Rn 5 ff, Ffm FER **01**, 165. Aber wegen Art 2 II 2 GG Vorsicht!

2 **2) Regelungszweck, I, II.** Gegenüber den früheren Regelungen enthält § 372a als Ausfluß einer allgemeinen Prozeßförderungspflicht der Parteien nach Grdz 12 vor § 128, Peters (vor Rn 1) 401, ganz wesentliche Milderungen durch eine Erweiterung der Weigerungsgründe. Das muß man bei der Auslegung mitbeachten.

Grundrechtsschutz hat an sich stets einen höheren Rang als einfache prozessuale Grundsätze, selbst höher als das Bestreben nach Gerechtigkeit, das Hauptziel eines korrekten Zivilprozesses, Einl III 9, 36. Indessen sind auch die Intimsphäre und der Persönlichkeitsbereich keine übersozialen Werte. Sie sind vielfachen Belastungen im Zusammenleben unterworfen. Das darf man bei der Lösung der sehr unterschiedlich gelagerten Abgrenzungsfragen zur Zumutbarkeit mitbeachten. Auf sie stellt I mit Recht ab. Muß das Gericht die Erforderlichkeit einer Untersuchung mit einem insofern gewiß strengen Maßstab feststellen, Hamm RR **05**, 231, so ist damit die Zumutbarkeit zwar keineswegs ebenfalls geklärt. Man muß sie aber oft nicht mehr gar so streng beurteilen. Alle Beteiligten sollten die Behutsamkeit der Art und Weise der Untersuchung sollte um so sorgfältiger sichern, auch durch präzise Anordnungen zB nach § 404a IV Hs 1.

3 **3) Geltungsbereich, I, II.** Die Vorschrift ist in allen Verfahren nach der ZPO anwendbar. § 372a ist unanwendbar, wenn die Partei ein neues außergerichtliches Gutachten im Sinn von § 641i I beschaffen will, § 641i Rn 2, LG Bln FamRZ **78**, 836, von Schlabrendorff BVerfG **35**, 62. Zum privaten Abstammungsgutachten Reichelt/Schmidt/Schmidtke Rpfleger **95**, 777.

4 **4) Voraussetzungen, I, II.** § 372a setzt entweder einen Rechtsstreit bzw ein Verfahren der freiwilligen Gerichtsbarkeit nach § 15 FGG voraus oder die Notwendigkeit einer Untersuchung zur Feststellung der Abstammung. Die Anwendbarkeit der Vorschrift ist nicht auf familienrechtliche Streitigkeiten beschränkt. Sie erstreckt sich zB auch auf einen Streit um Unterhalt, Erbrecht, Namen. Es ist auch nicht erforderlich, daß die Parteien gerade über eine Abstammung streiten. § 372a ist nur hilfsweise anwendbar. Zwang ist nicht erlaubt, solange sich die Abstammung ebenso sicher anderweitig ermitteln läßt, etwa durch einen Zeugenbeweis, BGH MDR **90**, 919.

Zunächst ist die Ermittlung notwendig, *wann und mit wem* Geschlechtsverkehr stattfand. Zwang ist ferner nicht erlaubt, wenn gar die Partei eine Untersuchung ins Blaue hinein verlangt, also einen Ausforschungsbeweis betreibt, Einf 27 vor § 284, Bbg FamRZ **75**, 51. Das ist aber nur selten der Fall, Einf 30 vor § 284, § 286 Rn 3, etwa dann, wenn ohne nähere Gründe alle Mitglieder einer Wohngemeinschaft untersucht werden sollen, aM KG NJW **87**, 2311 (aber dann läge Rechtsmißbrauch nahe, Einl III 54). Auch hier muß das Gericht angetretene Beweise grundsätzlich erschöpfen, § 286 Rn 41. Eine Wiederholung der Untersuchung kann in einem seltenen Ausnahmefall in Betracht kommen, etwa bei neuen Tatsachen, modernen Methoden und Auswertungswegen.

Es ist also zumindest ein *Blutgruppengutachten* erforderlich. Das gilt auch dann, wenn kein Anhalt für einen Mehrverkehr besteht. Das Gericht muß im Kindschaftsprozeß einen Beweis von Amts wegen auch zu solchen Tatsachen erheben, die keine Partei vorträgt, die sich aber sonst als erheblich ergeben haben, § 640 I, Grdz 38 vor § 128. Vgl aber auch § 640d. Eine Untersuchung ist nicht erforderlich, wenn sie entscheidungsunerheblich ist, § 286 Rn 29, Karlsr FER **98**, 89, etwa deshalb, weil die Anfechtungsfrist abgelaufen ist. Nach dem Eintritt der Rechtskraft kommt § 372a ab Zulässigkeit eines Wiederaufnahmeverfahrens in Betracht, Celle RR **00**, 1100.

5 **5) Prüfungsreihenfolge, I**

Schrifttum: *Eichberger,* Aktuelle Probleme der Feststellung der Abstammung (§ 372a ZPO), Diss Regensb 1988; *Hummel/Gerchow* (Herausgeber): Festschrift für *Essen/Möller* (1982); *Reichelt,* Verfahren, Zulässigkeit und Auswirkungen der DNA-Technologie (genetischer Fingerabdruck) auf den Anwendungsbereich der Vateschaftsvermutung usw, 1992. Zur biostatistischen Auswertung von Blutgruppengutachten zwecks positiven Vaterschaftsnachweises *Hummel* FamRZ **97**, 326.

Im Abstammungsprozeß ist das Gericht faktisch vom *Sachverständigen* vollständig abhängig, Pieper ZZP **84**, 32. Er richtet sich meist nach Richtlinien des Bundesgesundheitsamts, Rn 6, und den Richtlinien derselben Behörde für die Erstattung von DNA-Abstammungsgutachten usw vom 1.7.92 sowie nach den inhaltlich teilweise neuen Richtlinien der Bundesärztekammer usw vom 8.3.02, FamRZ **02**, 1159, dazu Orgis FamRZ **02**, 1157. Deshalb sollte das Gericht trotz des Fehlens seiner formellen Bindung an solche Richtlinien und seines theoretischen Ermessens über die Art der Untersuchung die von den Sachverständigen meist empfohlene Prüfungsreihenfolge einhalten, BGH **61**, 170. Im Kern geht es um die folgenden hier nur knapp darstellbaren Möglichkeiten.

6 **A. Blutgruppengutachten.** Zunächst empfiehlt sich eine Blutgruppenuntersuchung, KG FamRZ **87**, 294. Sie kann nicht nur zum sicheren Ausschluß der Vaterschaft ohne Möglichkeit eines Gegenbeweises führen, sondern auch die Vaterschaft als abstufbar wahrscheinlich bis hin zum Beweise darlegen, BGH FamRZ **94**, 507, KG FamRZ **92**, 599. Zum Beweiswert der zahlreichen Blutgruppenfaktoren vgl die Richtlinien der Bundesärztekammer und des Robert-Koch-Instituts für die Erstattung von Abstammungsgutachten FamRZ **02**, 1159, krit Martin/Muche/Zang FamRZ **03**, 76, ferner die Leitlinien der Arbeitsgemeinschaft der Sachverständigen für die Erstattung von Abstammungsgutachten FamRZ **03**, 81. Auch ein solches privates Gutachten ist nicht von vornherein wegen Verstoßes gegen das GG unverwertbar, Wellenhofer FamRZ **05**, 668.

7 Ein Blutgruppengutachten läßt sich lt Arbeitsgemeinschaft der gerichtlichen Blutgruppensachverständigen in der BRep (Fassung FamRZ **94**, 872) in ca $^2/_3$ aller Fälle *kostensparend* in der Form eines sog Grundgutachtens erstellen. Es umfaßt zB HLA und DNA nicht mit. Ein Blutgruppengutachten kann bei offenkundig anderer Hautfarbe usw entbehrlich sein, Schlesw SchlHA **89**, 78. Aber insofern Vorsicht!

Titel 6. Beweis durch Augenschein § 372a

Zum *HLA-System* BGH NJW **78**, 1684, KG FamRZ **92**, 599, Hummel NJW **81**, 609; zum HLA- und **8** *Es-D-System* Bre NJW **78**, 1202; zum *DNA-System* BGH NJW **92**, 2976 (das DNA-System enthält nur eine statistische Aussage, die eine Würdigung aller Beweisumstände nicht erübrigt), Brdb FamRZ **00**, 1582, Sprenger/Fischer NJW **99**, 1830. Inzwischen ist beim DNA-System die sog *PCR*-Analyse möglich. Sie ist nicht allzu teuer. Daher hat die DNA-Analyse jetzt hohen Wert, BGH NJW **91**, 751. Zu ihrem Zweck kommt auch eine Exhumierung in Betracht, Köln FER **01**, 131, Mü RR **00**, 1604, Helms Deutsches und Europäisches Familienrecht **00**, 170. Der sog genetische Fingerabdruck ist inzwischen ebenfalls gesetzlich zugelassen. Er hat einen sehr hohen Beweiswert. Seine Erhebung ohne Kenntnis und Zustimmung des Betroffenen ist aber problematisch, BVerfG NJW **01**, 2320 (StPO), BGH JZ **05**, 624 (krit Ohly 626), Celle NJW **04**, 450 (Verstoß gegen Art 2 I GG), Mutschler FamRZ **03**, 74. Zu beiden Methoden Fluck NJW **01**, 2292, Rath/Brinkmann NJW **99**, 2697, Wollweber NJW **01**, 2304.

Wenn *neue Blutgruppensysteme* entwickelt wurden, muß das Gericht einem neuen Beweisantrag stattgeben, falls man davon ein weitere Aufklärung erwarten kann. Dabei bleiben rein theoretische Möglichkeiten unbeachtlich. Es ist auch eine Wiederaufnahme möglich, § 641 i. Zum weiterführenden serologischen Gutachten Goedde/Hirth/Benkmann NJW **76**, 2296.

B. Biostatistische Zusatzbegutachtung, dazu *Hummel* FamRZ **97**, 326 (ausf): Es kann eine biostatisti- **9** sche serostatistische Zusatzberechnung (begründet von Essen/Möller) notwendig oder doch ratsam sein. Auch ist erlaubt unter Umständen eine klare Vaterschaftsfeststellung und hat schon deshalb eine erhebliche Bedeutung, BGH FamRZ **88**, 1038 betr einen Iraner, Hbg MDR **77**, 316, KG FamRZ **75**, 285 betr einen Türken, BGH NJW **80**, 637 betr ausländische Bevölkerungsgruppen.

Durch die biostatistische Zusatzberechnung kann das Ergebnis eines *erbbiologischen* Gutachtens fragwürdig **10** werden. Die Zusatzberechnung ist stets nötig, falls sich beim Blutgruppengutachten kein Ausschluß ermöglichen läßt. Sie hat Vorrang vor der Einholung eines erbbiologischen Gutachtens.

Eine *Wahrscheinlichkeit* von 99,85% kann die Möglichkeit eines Gegenbeweises ausschließen und Maßnah- **11** men nach Rn 10, 11–13 erübrigen, Mü NJW **84**, 1826. Das gilt zumindest dann, wenn kein Verdacht auf Mehrverkehr besteht, BGH FamRZ **94**, 507 (Essen-Möller 99%), Kblz **75**, 51 (Essen/Möller: 99,6%, Hummel: 70%), Oldb FamRZ **79**, 969. Eine so hohe Wahrscheinlichkeit kann sogar bei der Möglichkeit eines Mehrverkehrs die ausreichende Annahme einer überwiegenden Wahrscheinlichkeit der Vaterschaft des Bekl rechtfertigen. Zu Dirnenfällen BGH NJW **82**, 2124. Freilich darf das Gericht eine Aufklärung von Umständen, die gegen die Vaterschaft sprechen, auch bei hoher biostatistischer Wahrscheinlichkeit nicht unterlassen, BGH NJW **87**, 2296.

C. Tragezeitgutachten. Als Ergänzung von Rn 6–11 empfiehlt sich evtl die Einholung eines Ferment- **12** Tragezeitgutachtens.

D. Erbbiologisches Gutachten. Das Gericht muß unter Umständen ein anthropologisch-erbbiologi- **13** sches Gutachten einholen, § 286 Rn 41. Ein solcher Zwang besteht freilich nur insoweit, als auch nach Rn 7–10 Zweifel bleiben, § 286 Rn 16, 50, BGH NJW **87**, 2296, zB weil doch noch Mehrverkehr möglich ist. Das gilt insbesondere dann, wenn nach der Methode Essen/Möller eine Wahrscheinlichkeit von nur 85% entsteht, Karlsr FamRZ **77**, 342, oder gar eine solche von weniger als 99%, Hbg FamRZ **75**, 103. Auch dieses Gutachten kann bereits für sich allein die Vaterschaft ausschließen oder die Vaterschaftsfeststellung ermöglichen. Freilich ist das erbbiologische Gutachten wegen der hohen Zuverlässigkeit heutiger Blutgruppengutachten kaum noch notwendig.

Zu seinem *Beweiswert* allgemein Oepen/Ritter NJW **77**, 2109, bei dem Kind einer Prostituierten Stgt **14** NJW **76**, 1158, zur Erschütterung der Glaubwürdigkeit des Zeugen oder zur Stichhaltigkeit von Blutgruppengutachten und erbbiologischen Gutachten trotz Mehrverkehrs. Neuere statistische Untersuchungen zeigen übrigens, daß die Aussage der Kindesmutter über den wahren Vater jedenfalls in Zweimannfällen recht oft zutrifft. Das gilt übrigens auch in dem medizinisch und gerichtlich erwiesenen Fall, daß Zwillinge von verschiedenen Vätern abstammen können. Schon deshalb darf das Gericht der Kindesmutter keineswegs grundsätzlich mißtrauen.

Eine bloße *Wahrscheinlichkeit* im erbbiologischen Gutachten kann die Aussagekraft einer biostatistischen **15** Zusatzberechnung kaum verstärken. Eine „größte Wahrscheinlichkeit" reicht zumindest in Verbindung mit 97% nach der Methode Essen/Möller aus. Bei Rn 4–10 sollte das Gericht nur die vom BGesundhAmt anerkannten Sachverständigen zuziehen.

E. Zeugungsfähigkeitsprüfung. Trotz einer nach Rn 4–13 sehr hohen Wahrscheinlichkeit kann die **16** Prüfung der Zeugungsfähigkeit nötig werden, vgl aber § 286 Rn 50.

F. Identitätsprüfung. Schließlich ist stets eine Identitätsprüfung notwendig. Die bloße Verweigerung der **17** Unterschrift des zur Blutentnahme Bereiten kann ein Ordnungsmittel auslösen, Köln FamRZ **76**, 548.

6) Verfahren, I. Die Untersuchung nach § 372a ist immer eine Beweisaufnahme, ein Augenschein, **18** BGH NJW **90**, 2937. Die Anordnung der Untersuchung ist ein Beweisbeschluß, § 358. Sie erfolgt durch das Prozeßgericht, BGH NJW **90**, 2937. Sie erfolgt auf Antrag einer Partei nach § 371, aber auch von Amts wegen, Grdz 38 vor § 128, § 144. Eine Anordnung nach § 273 II ist unzulässig. Im übrigen kann das Gericht die Untersuchung bei jeder Beweiserhebung anordnen, auch durch Beschluß nach § 358 a Z 4. Wenn das Gericht die Untersuchung bei einem Dritten anordnet, dann beschließt es damit auch dessen Vernehmung als Zeugen. Wegen der Blutentnahme bei einem Toten Drsd MDR **02**, 1070, Düss FamRZ **78**, 206. Eine Belehrung über ein etwaiges Weigerungsrecht nach Rn 26–29 ist nicht erforderlich und im Zivilprozeß deshalb allgemein auch nicht ratsam, § 139 Rn 52. Das Gericht kann die Durchführung der Beweisaufnahme wie sonst einem anderen Gericht übertragen, § 372, BGH NJW **90**, 2937, auch evtl einem ausländischen, Ffm RR **88**, 714 (lex fori). Die Ladung erfolgt nach § 377 II Z 1–3 „eigentlich" durch das Prozeßgericht, nicht durch den Sachverständigen (in der Praxis oft im letzteren Weg!), Brdb FER **01**, 130.

Unverwertbar ist wegen Verstoßes gegen Artt 1, 2 GG ein privates heimliches DNA-Gutachten, Rittner/ Rittner NJW **02**, 1753. Es kann natürlich auch keine Kostenpflicht eines Betroffenen auslösen, der es nicht

§ 372a Buch 2. Abschnitt 1. Verfahren vor den LGen

in Auftrag gegeben hat. Ausnahmen kommen allenfalls auf Grund nachträglicher wirksamer Genehmigungen aller Beteiligten infrage.

19 **7) Duldungspflicht, I.** Sie besteht nur auf Grund richterlicher gesetzmäßiger Anordnung. Es müssen mehrere Bedingungen zusammentreffen.

A. Grundsatz: Pflicht eines jeden. Die Duldungspflicht besteht an sich nur in einem sehr beschränkten Rahmen, Üb 5 vor § 371. § 372 a erweitert sie aber unter den in Rn 2 genannten, wegen Rn 1 von Amts wegen streng zu prüfenden Voraussetzungen. Sie kann internationalrechtlich fehlen, Köln FamRZ **83**, 826 betr Italien (zustm Grunsky). Es handelt sich um eine Augenscheinseinnahme und bei Einhaltung der Voraussetzungen Rn 19–23 auch nicht um einen unzulässigen Ausforschungsbeweis, Einf 27 vor § 284. Daher sind die §§ 383–385 unanwendbar, wenn auch ähnliche Erwägungen bei der Beurteilung der Zumutbarkeit eine Rollen spielen können, Sautter AcP **161**, 236. Ein Einverständnis ist nur nach § 290 widerrufbar, Oldb RR **05**, 1023.

20 Ihr ist *jede Person* unterworfen. Das gilt nicht nur für die am Rechtsstreit beteiligten Personen, also auch für Streithelfer nach § 66 und Streitverkündungsgegner nach § 74, sondern für alle, die sachlich berührt sind, die also irgendwie für die Abstammung in Betracht kommen. Es gilt zB für den angeblichen Mehrverkehr, wenn entsprechende tatsächliche Anhaltspunkte vorhanden sind, oder für einen vermutlichen Erzeuger, der nicht als Zeuge benannt worden ist, oder für leibliche Eltern des möglichen Vaters, Drsd RR **99**, 85 (auch zu einem Altfall), oder für den möglichen Großvater, auch für das Mitglied einer Wohngemeinschaft mit der Kindesmutter, KG FamRZ **87**, 294. Der Zeuge ist lediglich auf die Einwendungen Rn 19 beschränkt.

Wo der zur Duldung der Untersuchung Verpflichtete im Inland wohnt, ist unerheblich. Ein Deutscher, der sich im Ausland aufhält, unterliegt der Pflicht ebenfalls. Denn sie ist eine öffentlichrechtliche Staatsbürgerpflicht. Dasselbe gilt für einen in Deutschland lebenden und daher der deutschen Gerichtsbarkeit unterworfenen Ausländer (Ausnahmen: §§ 18–20 GVG). Freilich ist die Untersuchung dann oft kaum durchführbar, erst recht nicht bei einem sonst im Ausland lebenden Ausländer, Karlsr FamRZ **77**, 342. Dabei ist freilich evtl eine internationale Rechtshilfe möglich, Hausmann FamRZ **77**, 302.

Der Verpflichtete muß *tätig mitwirken*, soweit das nötig ist. Er muß also etwaige Fragen beantworten, der Vorladung des Sachverständigen zur Blutentnahme usw Folge leisten, sich einer längeren Beobachtung unterziehen, evtl auch eine Klinik zu diesem Zweck aufsuchen. Die Duldungspflicht besteht nur unter den Voraussetzungen Rn 21 ff. Der gesetzliche Vertreter usw ist zur Erklärung der Duldungsbereitschaft des Vertretenen zuständig, soweit der letztere vom etwaigen Weigerungsrecht keine ausreichende Vorstellung hat, Naumb FamRZ **00**, 1290.

21 **B. Erforderlichkeit.** Die Untersuchung muß notwendig sein, Rn 4.

22 **C. Aufklärbarkeit.** Die Untersuchung muß nach den anerkannten wissenschaftlichen Grundsätzen eine Aufklärung des Sachverhalts versprechen. Die Aufklärbarkeit muß feststehen. Es reicht also nicht aus, daß neue noch unsichere Methoden erprobt werden sollen. Aber auch die Anwendung erprobter Methoden reicht nicht aus, wenn sie nicht zum Ziel führen können. Wenn sich das während der Untersuchung herausstellt, so muß man sie abbrechen.

23 **D. Zumutbarkeit.** Das Gericht muß die Belange des zu Untersuchenden und diejenigen der Parteien abwägen, Karlsr FamRZ **92**, 335, Nürnb FamRZ **05**, 728. Denn nur eine solche Abwägung beachtet das Verhältnismäßigkeitsgebot, Einl III 22. Entscheidend ist die Zumutbarkeit der Untersuchung, Ffm NJW **79**, 1257, rechtsvergleichend Bosch Zeitschrift für Rechtsvergleichung (Wien) **93**, 227, aM Nürnb RR **96**, 645 (aber angesichts des Eingriffs in das in Rn 1 genannte Grundrecht ist eine Abwägung zwecks Klärung der Zumutbarkeit eine Selbstverständlichkeit, eben auch nach dem Übermaßverbot, Einl III 22). Die Untersuchung muß im einzelnen nach folgenden Merkmalen zumutbar sein: Die Untersuchung muß ihrer Art nach zumutbar sein. Ein rein vermögensrechtlicher Streit erfordert evtl keine Duldung einer solchen Untersuchung. Eine Ablehnung nur der sofortigen Blutentnahme bei grundsätzlicher Bereitschaft dazu ist meist keine Verweigerung, Hamm FamRZ **03**, 616.

Unzumutbar ist eine obendrein riskante Operation, § 286 Rn 32. Sie ist mehr als eine „Untersuchung". Unzumutbar ist die Untersuchung auch dann, wenn man den Beweis auf andere Weise erbringen kann, Nürnb FamRZ **05**, 728 (sogar durch eine Exhumierung). Die Untersuchung muß nach den Ergebnisfolgen für den zu Untersuchenden oder eine der in § 383 I Z 1–3 genannten Personen erträglich sein. Insbesondere muß man prüfen, ob der zu Untersuchende sich selbst oder durch seine Untersuchung eine der genannten Personen der Gefahr einer strafgerichtlichen Verfolgung aussetzen würde. Ob diese Gefahr hinter den Belangen des anderen Teils zurücktreten muß, das richtet sich nach dem Einzelfall. Es ist also nicht ohne weiteres aus solchen Motiven ein Weigerungsgrund gegeben, Hamm NJW **93**, 475, Karlsr FamRZ **92**, 335 (Inzestverdacht). Man sollte § 81c III StPO bei der Auslegung des § 372 a berücksichtigen, damit nicht § 81 c III StPO unterlaufen werden kann, Sieg MDR **80**, 24, aM Ffm NJW **79**, 1257, ThP 14, ZöGre 11 a (aber § 81 c III StPO gilt allgemein).

24 Es ist *kein Weigerungsgrund,* daß möglicherweise die Nichtehelichkeit des Kindes festgestellt wird und es damit den bisherigen Unterhaltsanspruch verlieren könnte oder daß die nichteheliche Vaterschaft mit ihren vermögensrechtlichen Folgen oder die Nichtvaterschaft festgestellt ist, aM Mü NJW **77**, 341, oder daß der Ehemann der Mutter des nichtehelichen Kindes, die die Blutentnahme dulden soll, das Kind adoptieren will, Nürnb RR **96**, 645, oder daß die Mutter oder Zeugen einen Mehrverkehr eidlich verneint hatten. Ein solcher Weigerungsgrund würde auf eine Vereitelung der Abstammungsfeststellung überhaupt hinauslaufen. Ebensowenig kann jemand die Untersuchung mit der Begründung verweigern, er habe bereits in einem Unterhaltsprozeß des Kindes gegen ihn gesiegt. Noch weniger reicht ein Vermögensnachteil aus.

25 Die Untersuchung muß ferner nach ihren möglichen nachteiligen *Folgen für die Gesundheit* des zu Untersuchenden zumutbar sein. Ein Verweigerungsrecht besteht zB bei einer Gefahr eines wesentlichen psychischen Schadens, etwa einer sog Spritzenphobie, Kblz NJW **96**, 379. Dagegen ist die Verweigerung nicht schon deshalb zulässig, weil der Verweigernde ein Zeuge Jehovas ist, Düss FamRZ **76**, 52. Der Minderjährige

1478 *Hartmann*

Titel 7. Zeugenbeweis § 372a, Übers § 373

handelt durch den gesetzlichen Vertreter, evtl durch einen Prozeßpfleger, Karlsr FamRZ **98**, 563, Mü FamRZ **97**, 1170. Der Minderjährige darf über die Verweigerung ab Verstandesreife meist ab etwa 14 Jahren auch dazu selbst entscheiden, Karlsr FamRZ **98**, 563. Zur Verweigerung genügt eine schriftliche Erklärung nebst Glaubhaftmachung der Gründe, §§ 386, 294. Der Weigernde muß seine Gründe auf seine Kosten darlegen. Denn er will sich einer allgemeinen staatsbürgerlichen Pflicht entziehen. Er erhält seine Unkosten bei erfolgreicher Weigerung evtl entsprechend § 7 JVEG erstattet. Das Gericht muß sie dann dem Antragsteller auferlegen, soweit er die Weigerung für rechtswidrig hielt, Celle OLGR **97**, 82.

8) **Prüfung der Weigerung, II.** Man muß zwei grundverschiedene Lagen trennen. 26

A. **Grundsatz: Zwischenverfahren.** Im Prüfungsverfahren finden §§ 386–390 sinngemäß Anwendung, BGH NJW **90**, 2937, Brdb FER **01**, 131, Ffm RR **88**, 714. Diese setzen eine Ladung nach § 377 II Z 1–3 voraus. Das zeigt auch § 386 III. Daher muß das Gericht ein Ordnungsmittel angedroht haben, Köln FamRZ **76**, 548. Für den sich weigernden Dritten (Zeugen) besteht kein Anwaltszwang, §§ 387 II, 569 II 2, wohl aber wie sonst für die Parteien des Hauptverfahrens und auch für die sich weigernde Partei. Wegen der Weigerung des Minderjährigen § 383 Rn 4. Im einzelnen sind die folgenden Situationen zu unterscheiden.

B. **Verweigerung mit Grundangabe.** Bei einer Verweigerung mit einer Begründung nach §§ 386, 387 27 tritt ein Zwischenstreit vor dem Prozeßgericht ein, § 387, BGH NJW **90**, 2937, Ffm RR **88**, 714, ZöGre 13, aM Stgt FamRZ **92**, 972 (aber der Zwischenstreit ist eine typische Folge auch solcher Verweigerungsart). Auch ein Dritter kann ihn auslösen. Für ihn besteht kein Anwaltszwang, § 387 II. Das Gericht muß die Parteien anhören, Art 103 I GG, Brdb FER **01**, 131. Im Zwischenstreit entscheidet das Gericht nicht über den ja nach § 355 II unanfechtbaren Beweisbeschluß, sondern nur darüber, ob das Beweismittel sachlich geeignet ist, ob ein solcher Beweis also überhaupt zulässig ist, Mü NJW **77**, 341, ZöGre 13, aM MüKoDa 22 (aber man darf die Artt 1, 2 I GG nicht durch § 355 II unterlaufen). Das Prozeßgericht ist auch dann zuständig, wenn der Betroffene sich unter Angabe von Gründen vor dem nach §§ 361, 362 beauftragten oder ersuchten Richter geweigert hat, BGH NJW **90**, 2937. Das gilt freilich nur für die Endentscheidung über die Rechtmäßigkeit der Weigerung. Die dazu erforderlichen Grundlagen darf und muß auch der beauftragte oder ersuchte Richter schaffen, § 389 I, BGH NJW **90**, 2937. Bei der Endentscheidung im Zwischenstreit muß das Gericht von der Rechtsansicht des Prozeßgerichts im Hauptprozeß ausgehen, Ffm NJW **88**, 832.

Gegen das Zwischenurteil ist *sofortige Beschwerde* zulässig, §§ 387 III, 567 I Z 1. Sie steht bei einer 28 Anordnung der Untersuchung dem zu Untersuchenden zu, bei einer Ablehnung der Untersuchung jeder Partei des Hauptprozesses. Sie hat keine aufschiebende Wirkung, § 570 I. Denn es geht noch nicht direkt um ein Ordnungs- oder Zwangsmittel. Es ist aber eine einstweilige Anordnung denkbar, § 570 III. Erst nach dem Eintritt der Rechtskraft des Zwischenurteils darf das Gericht nämlich denjenigen, der sich weiter weigert, in die dadurch verursachten Kosten und ein Ordnungsgeld verurteilen, ersatzweise in eine Ordnungshaft, §§ 386–390 I, Brdb FER **01**, 131, Zweibr FamRZ **79**, 1072. Eine Festsetzung der Ordnungsmittel ist hier ohne ein vorheriges Zwischenurteil unzulässig.

Bei einer *wiederholten* Verweigerung im Sinn von § 390 II, also erst im Anschluß an erfolglose Maßnahmen 29 nach § 390 I, Ffm RR **88**, 714, darf das Gericht nach II 2 die zwangsweise Vorführung des zu Untersuchenden anordnen. Es darf aber auch jeden anderen geeigneten Zwang anwenden. Das Gericht darf also zB anordnen, daß notfalls Gewalt anzuwenden sei. Die Gewaltanwendung verlangt aber besondere Vorsicht. Die Vorführung erfolgt in der Regel durch den für den Aufenthaltsort des Vorzuführenden zuständigen Gerichtsvollzieher. Sie erfolgt auch dann durch diesen, wenn er dazu eine größere Entfernung zurücklegen muß, LG Regensb DGVZ **80**, 172. Zur Beweiswürdigung bei einer endgültigen unberechtigten Weigerung § 444 Rn 6, 7.

C. **Verweigerung ohne Grundangabe; bloßes Nichterscheinen.** Bei einer Verweigerung ohne An- 30 gabe von Gründen findet kein Zwischenverfahren statt. Das Gericht ordnet dann vielmehr nach II 1 sofort Maßnahmen entsprechend § 390 an, BGH NJW **90**, 2937, Düss FamRZ **86**, 192. Das geschieht evtl gegen den Sorgeberechtigten unabhängig von einem Verfahren nach § 1666 BGB, Mü FamRZ **97**, 1170. Zu einer solchen Maßnahme ist auch der nach §§ 361, 362 beauftragte oder ersuchte Richter zuständig, BGH NJW **90**, 2937. Das Gericht darf eine bloße Terminsversäumung nicht durch ein Ordnungsmittel ahnden. Denn es handelt sich um einen Augenscheinsbeweis. Daher ist § 380 nicht anwendbar, Zweibr FamRZ **86**, 493, StJBe 26, aM MüKoDa, ZöGre 15 (aber man darf die Vorschrift nicht einfach ausdehnend anwenden, § 380 Rn 2). Man darf aber wegen des Amtsermittlungsgrundsatzes nicht stets einfach aus einer Verweigerung auf die Vaterschaft schließen, aM AG Hbg FamRZ **03**, 46 (vgl aber Grdz 38 vor § 128). Freilich kann Beweisvereitelung ein Gutachten erübrigen, Anh § 286 Rn 26, 27, AG Bln-Wedding FamRZ **05**, 1193.

D. **Rechtsbehelf.** Es gilt § 390 III. 31

9) *VwGO: Entsprechend anwendbar, § 98 VwGO, da § 372 a nicht nur in familienrechtlichen Streitigkeiten gilt,* 32
Rn 3, aM Koehler § 98 Anm II 3 a. Die Notwendigkeit, die Abstammung festzustellen, wird jedoch im VerwProzeß
sehr selten eintreten.

Titel 7. Zeugenbeweis

Übersicht

Schrifttum: *Arntzen,* Psychologie der Zeugenaussage, 3. Aufl 1993; *Arntzen,* Vernehmungspsychologie, 2. Aufl 1989; *Bender,* Merkmalskombinationen in Aussagen usw, 1987; *Bender/Nack,* Tatsachenfeststellung vor Gericht, Band I: Glaubwürdigkeits- und Beweislehre, 2. Aufl 1995, Band II: Vernehmungslehre, 2. Aufl 1995; *Berk,* Der psychologische Sachverständige in rechtlichen Familiensachen, 1985; *Brunkow,* Der Minderjährige als Beweisperson im Straf- und Zivilverfahren, Diss Freib/Br 2000; *Dreymüller,* Der Zeugenbeweis im Zivilprozeß im common law und im deutschen Recht usw, Diss Münst 2000; *Findeisen,* Der minderjährige

Übers § 373 Buch 2. Abschnitt 1. Verfahren vor den LGen

Zeuge im Zivilprozeß, 1992; *Heilmann,* Kindliches Zeitempfinden und Verfahrensrecht, 1998; *Koukouselis,* Die Unmittelbarkeit der Beweisaufnahme im Zivilprozeß, insbesondere bei der Zeugenvernehmung, 1990; *Kube/Leineweber,* Polizeibeamte als Zeugen und Sachverständige, 1976; *Müller,* Parteien als Zeugen usw, 1992; *Oestreich,* Der Jurist im Spannungsfeld der Psychologie, in: Festschrift für die *Deutsche Richterakademie,* 1983; *Rüßmann,* Physiologische und psychologische Streiflichter zum Zeugenbeweis, Festschrift für *Wassermann* (1985) 789; *Rüßmann,* Zur Mathematik des Zeugenbeweises, Festschrift für *Nagel* (1987) 329; *Schneider,* Nonverbale Zeugnisse gegen sich selbst usw, 1991.

Gliederung

1) **Systematik**	1		B. Beispiele zur Frage der Zeugnisfähigkeit	12–24
2) **Regelungszweck**	2		C. Verstoß	25
3) **Sachlicher Geltungsbereich**	3		6) **Zeugnispflicht**	26–29
4) **Persönlicher Geltungsbereich**	4–10		A. Inländer	26
A. Zeugenbegriff	4		B. Ausländer	27, 28
B. Behördliches Zeugnis	5		C. Verfahren	29
C. Vernehmungsprobleme	6–9		7) **Zeugnisform**	30, 31
D. Spitzel	10		A. Grundsatz: Uneidliche Aussage	30
5) **Zeugnisfähigkeit**	11–25		B. Verstoß	31
A. Grundsatz: Jeder außer Partei bzw Vertreter	11		8) **Amtliche Auskunft**	32–34
			9) ***VwGO***	35

1 **1) Systematik.** §§ 373–401 enthalten die mit Abstand wichtigste Beweisart. §§ 355 ff gelten als Allgemeiner Teil des Beweisrechts ebenso wie im Bereich der Beweiswürdigung §§ 284 ff.

2 **2) Regelungszweck.** Die Vorschriften dienen natürlich vor allem der Wahrheitsfindung und damit der Gerechtigkeit nach Einl III 9, 36. Sie dienen aber auch in vielfacher Hinsicht den in Grdz 18 ff vor § 128 erläuterten unterschiedlichen Zielen. Man muß die in Rn 6 dargestellten Probleme zwar bei der Handhabung des § 373 ff stets mitbeachten. Sie ändern aber nichts an der Unentbehrlichkeit dieses Beweismittels und an der Aufgabe, durch einen unverkrampften Umgang auch und gerade mit einem schwierigen, störrischen Bürger als Zeugen der Wahrheit trotz aller ihrer vielfachen Unerforschlichkeit wenigstens etwas näherzukommen.

Dabei gebietet schon die *Menschenwürde* nach Artt 1, 2 GG dem Gericht den Grundsatz zumindest anfänglicher Glaubwürdigkeit eines Menschen, der sich als Zeuge vor dem Staat in Gestalt seiner Dritten Gewalt äußern muß oder soll. Aus solchem Grundsatz darf keine oberflächliche Vertraulichkeit werden. Ebensowenig ist aber irgendeine mißtrauische geheime Vorbehaltshaltung bis hin zu verborgener Diskriminierung am Platze. Alles das läßt sich manchmal nicht ganz leicht erfüllen. Es ist gleichwohl ernste Richterpflicht bei gerade dieser Beweisart.

3 **3) Sachlicher Geltungsbereich.** §§ 373–401 gelten grundsätzlich in allen Verfahren nach der ZPO. Soweit der Amtsermittlungsgrundsatz nach Grdz 38 vor § 128 herrscht, treten einzelne Regeln des Verfahrens mit Parteiherrschaft zurück.

4 **4) Persönlicher Geltungsbereich.** Es können schwierige Abgrenzungsfragen entstehen.

A. Zeugenbegriff. Zeuge ist, wer nicht als Partei oder deren gesetzlicher Vertreter Auskunft geben soll. Ein ProzBev kann Zeuge sein. Zeuge kann nur eine natürliche Person sein, Düss *MDR* **88**, 593, freilich auch zB ein 7jähriges Kind, AG BergGladb *WoM* **94**, 193, ebenso ein Greis. Der Zeuge soll sein Wissen über bestimmte Tatsachen bekunden (Begriff Einf 17 vor § 284, § 288 Rn 3). Zum Ausforschungsbeweis Einf 27 vor § 284, BAG *VersR* **00**, 1144. Das gilt auch beim Zeugen vom Hörensagen und beim sachverständigen Zeugen, § 414 Rn 1. Der Sachverständige liefert im Gegensatz zum behördlichen Gutachten nach Üb 10 vor § 402 und evtl abweichend von der amtlichen Auskunft im Sinn von Rn 32 lediglich dem Richter auf Grund seiner Sachkunde Erfahrungssätze oder Schlußfolgerungen. Mit deren Hilfe muß dann der Richter und kann theoretisch nur er nach § 286 die richtigen Schlüsse ziehen, BPatG *GRUR* **78**, 359. Der Zeuge ist unvertretbar, der Sachverständige ist vertretbar, Üb 6 vor § 402. Der zum Augenschein hinzugerufene Dritte nach Üb 4 vor § 371 ist Zeuge.

5 **B. Behördliches Zeugnis.** Das Gesetz erwähnt mehrfach behördliche Zeugnisse, zB in § 183 II 2. Sie sind demgegenüber schriftliche Bescheinigungen einer Behörde oder Amtsperson. Sie werden als Urkunden verwertet. Mit dem Zeugenbeweis haben sie nichts gemeinsam. Über die Ersetzung des Zeugenbeweises durch den Urkundenbeweis § 286 Rn 63.

6 **C. Vernehmungsprobleme.** Der Zeugenbeweis ist das häufigste Beweismittel. Die Achtung vor dem Zeugen gebietet, seine Glaubwürdigkeit möglichst zu bejahen, Rn 2. Das geschieht in der Praxis nicht selten sogar ziemlich ungeprüft. Gerade deshalb gilt aber auch die Erfahrung: Der Zeugenbeweis ist leider nicht ganz selten ein ungewisser, schlechter Beweis, LG Köln *NZV* **88**, 28, Kirchhoff *MDR* **01**, 666, Stimpfig *MDR* **95**, 451 (je: Prüfkriterien). Die Zeugenvernehmung ist eine nur begrenzt erlernbare Kunst, Rüßmann *DRiZ* **85**, 41 (ausf). Es gibt kaum je eine objektive Wahrheit, allenfalls subjektive Wahrhaftigkeit, § 138 Rn 15. Der Vernehmende muß sich im Rahmen der nur dem Spruchrichter erlaubten Würdigung nach § 286 bis zur Überzeugung über die Fehlerquellen klar sein, dort Rn 16.

7 Es gibt zunächst *allgemeine* Fehlerquellen. Sie sind in der Schwäche der menschlichen Natur begründet. Hierher gehören: Unzuverlässigkeit des Gedächtnisses. Die Erinnerungsstärke nimmt außerordentlich schnell ab, Kirchhof *MDR* **01**, 666; Mangelhaftigkeit der Wahrnehmung. Man sollte sie freilich nicht zu streng bewerten, § 286 Rn 8. Bei einer Wahrnehmung aus einem gewissen Abstand kann der verschiedene Standpunkt der Zeugen für jeden ein ganz anderes Bild ergeben. Aber auch bei einer guten Wahrnehmungsfähigkeit ist noch nicht gesagt, daß der Zeuge dasjenige gut und richtig wiedergeben kann, was er wahrgenom-

men hat. Auch der Eid hilft in solchen Fällen oft nicht. Weiter gehören hierher: Beeinflußbarkeit durch eigene und fremde Gedanken über den Vorgang; Neigung zur Eigenbewertung; Zuneigung und Abneigung, besonders stark bei Schätzungen, die als solche schon wegen der geringen Möglichkeiten der Nachprüfung eine große Fehlerquelle sind; politische und religiöse Einstellung usw.

Fehlerquellen sind ferner in der *Person* des Zeugen gegeben: In seinem Alter, Deekers NJW **99**, 1365 **8** (Kind, ausf), seiner Bildung, Erziehung, Begabung, Urteilskraft, in seinen persönlichen Beziehungen zu den Parteien; in seinem Gesundheitszustand. So mancher hat zB „eine natürliche Gabe, als Zeuge aufzutreten. Fest wie ein Fels" (Galsworthy). Werden Vernehmungen wiederholt, so ist vielfach die Erinnerung an die frühere Vernehmung, insbesondere an bestimmte Formulierungen stärker als die Erinnerung an den eigentlichen Vorgang. Für den Richter ist es schwierig, den Zeugen aus seiner Gedankenbahn und auch aus seiner Bequemlichkeit herauszubringen. Eine große Lügenquelle bei Männern wie Frauen ist die Hysterie. Sie ist sehr oft kaum erkennbar. Hat der Richter von all dem keine Vorstellung, so fehlt ihm jeder Maßstab zur Würdigung der Aussage. Die Vernehmung erfordert Geduld und Einfühlungsvermögen. Der Richter muß den Zeugen zum Sprechen bringen und die Sprache des Zeugen verstehen. Zur Behandlung der Prozeßbeteiligten allgemein Correll DRiZ **87**, 178. Über Beeinflussungsfragen § 396 Rn 3.

Jeder Richter sollte sich darüber klar sein, daß die Aussage auch des begabtesten und *gewissenhaftesten* **9** Zeugen vielen solcher Fehlerquellen ausgesetzt ist, AG Marbach MDR **87**, 241, Bruns ZZP **91**, 67, Meyke NJW **89**, 2033. Wer hätte nicht schon die feste Überzeugung von der Richtigkeit einer Tatsache gehabt, die sich nachher doch als falsch herausstellte? Welcher Richter dürfte sich auf die Erinnerung eines Zeugen an weit zurückliegende Vorgänge verlassen, wenn er doch leicht wahrnehmen kann, daß er selbst sich im Tatbestandsberichtigungsverfahren nach wenigen Wochen nicht mehr gut erinnern? Die Überschätzung des Zeugenbeweises oder gar der beschworenen Aussage ist verhängnisvoll. Es ist ein Denkmal der Menschenkunde, wenn Artt 1341 ff Code Civil den Zeugenbeweis bei einem Streitwert über einen bestimmten Betrag hinaus (ursprünglich 150 frs) ausschließen.

D. Spitzel. Unzulässig ist die Vernehmung, unverwertbar die Aussage des Spitzels, sofern sein Verhalten **10** einen Verstoß gegen das allgemeine Persönlichkeitsrecht darstellt, PalTh § 823 Rn 175 ff. Eine Ausnahme gilt nicht schon dann, wenn ein Beweis nicht anders möglich ist. Sonst würde man nämlich einen Anreiz zur Arglist geben, aM Zeiss ZZP **89**, 396. Ein Verstoß dieser Art kann allerdings durch Rügeverzicht heilen, § 295 I. Zulässig ist die Verwertung der Aussage eines Polizisten über die Erklärung eines Beschuldigten, wenn jener nicht nach § 136 I 2 StPO belehrt worden war. Unzulässig ist die Verwertung, wenn der Beschuldigte auch nur eventuell sein Aussageverweigerungsrecht nicht kannte oder bei dessen Kenntnis nicht ausgesagt hätte, Celle VersR **77**, 361.

5) Zeugnisfähigkeit, dazu *Bogisch,* „Nemo testis in re sua" (= „Niemand kann in eigener Sache Zeuge **11** sein"). Das Problem der Zeugnisfähigkeit usw, 1998: Ein einfacher Grundsatz hat Tücken. Maßgeblich ist stets der Zeitpunkt der Vernehmung.

A. Grundsatz: Jeder außer Partei bzw Vertreter. Eine allgemeine Zeugnisunfähigkeit kennt das Gesetz nicht. Im Einzelfall ist zeugnisfähig, wer nicht als Partei und nicht als gesetzlicher Vertreter vernommen werden darf, BFH BB **97**, 2205, Meyke NJW **89**, 2032. Das ergibt sich aus §§ 445 ff. Das Gesetz soll jede Person für das Beweisverfahren nutzbar machen. Entscheidend ist der Zeitpunkt der Vernehmung, BGH NJW **99**, 2446. Eine frühere oder spätere Parteistellung stört also nicht, BGH NJW **99**, 2446, Karlsr BB **92**, 97. Die rechtskräftig ausgeschiedene Partei sowie der frühere gesetzliche Vertreter sind mithin jetzt zeugnisfähig BGH NJW **99**, 2446, aber nicht wegen einer noch offenen Kostenfrage, aM KG MDR **81**, 765 (indessen gilt auch hier der Verhältnismäßigkeitsgrundsatz, Einl III 22). Eine frühere Partei darf die Zeugenstellung aber nicht erschleichen, Karlsr BB **92**, 97. Eine jetzige Partei darf die erschlichene Aussage der früheren Partei nicht ausnutzen. Das Gericht darf sie nicht verwerten, Einl III 54. Die Bekundung eines später in den Prozeß eingetretenen Zeugen bleibt eine Zeugenaussage, Rn 24, Karlsr VersR **79**, 1033. Das Gericht würdigt sie nach § 286.

B. Beispiele zur Frage der Zeugnisfähigkeit. Es bedeuten: „*Ja*": die Person ist zeugnisfähig; „*Nein*": **12** die Person ist zeugnisunfähig.
Aussageverweigerungsrecht: *Ja* unabhängig davon, ob der Zeuge das Recht richtig einschätzen kann. Die etwaige Zustimmungsbedürftigkeit des gesetzlichen Vertreters bleibt unberührt.
Beistand: *Ja,* wenn er nicht auch Partei ist. Er kann Beistand des ProzBev sein, Werner AnwBl **95**, 113.
Beteiligter: Im FGG-Verfahren ist ein Beteiligter *nicht* zeugnisfähig, BayObLG FamRZ **97**, 773.
Betreuer: *Ja* auch beim Fehlen der Geschäfts- und Prozeßfähigkeit im Prozeß des Betreuers, BGH **143**, 125.
Dritter: *Ja,* soweit er am Prozeß formell nicht beteiligt ist, auch wenn ihn sein Ausgang wirtschaftlich oder immateriell berührt. S jeweils auch bei den weiteren Stichworten.
Ehegatte: Der *Mann ja,* wenn nicht die Frau in seiner Vertretung klagt. Die *Frau ja,* wenn der Mann nicht **13** in ihrer Vertretung klagt.
Einziehungsabtretung: Für den *Abtretenden* grds *ja,* BGH **108**, 58, Wunderlich DB **93**, 2271. *Nein,* wenn er die Absicht hat, sich die Stellung eines Zeugen zu verschaffen, um als Zeuge zu lügen, Rn 8, 11, § 138 BGB. Meist handelt es sich um eine Frage der Glaubwürdigkeit, BGH WertpMitt **76**, 424, strenger Buß JZ **97**, 694, Meyke NJW **89**, 2032 (Rechtsmißbrauch sei es schon, sich die Zeugenstellung zu verschaffen).
Für den *Abtretungsnehmer ja.*
Erbe: *Ja* im Prozeß des Testamentsvollstreckers. Ja für den Nachlaßprozeß derzeit formell nicht beteiligten Miterben.
Erschleichung: Rn 8.
Europäische Gesellschaft: *Nein* grds bei jedem geschäftsführenden Direktor als ihrem gesetzlichen Vertreter, § 51 Rn 16.

Übers § 373
Buch 2. Abschnitt 1. Verfahren vor den LGen

14 **Gemeinde:** *Ja* beim bloßen Mitglied des Gemeinderates. *Nein* für den Bürgermeister, Rn 23 „Vertreter, gesetzlicher".
Genossenschaft: *Nein* für die Vorstandsmitglieder.
Gerichtspersonen: *Ja*, vgl aber für Richter und Urkundsbeamte der Geschäftsstelle §§ 41 Z 5, 49.
Geschäftsfähigkeit: Rn 19 „Minderjähriger".
Gesellschaft: Generell gilt folgendes: *nein* für den gesetzmäßigen Vertreter; *nein* für den satzungsmäßigen Vertreter, § 30 BGB, aM Barfuß NJW 77, 1273, ThP 7 vor § 373, ZöGre § 373 Rn 6 (aber auch er handelt als Partei); *ja*, soweit auch der gegnerische gesetzliche Vertreter als Zeuge zugelassen worden ist, Art 6 MRK (Waffengleichheit), Einl III 15, 21, 25, EGMR NJW 95, 1413, Schlosser NJW 95, 1404; *ja* für den Leiter einer Zweigniederlassung, Barfuß NJW 77, 1274.

15 – **(BGB-Gesellschaft):** Die Außengesellschaft mit ihrer eigenen Rechts-, Partei- und Prozeßfähigkeit nach BGH 146, 341 wird im Zweifel nach § 714 BGB von allen Gesellschaftern gemeinsam vertreten, Schmidt NJW 01, 999. Nur wer nach dem Gesellschaftsvertrag nicht an ihrer gesetzlichen Vertretung teilhat, ist zeugnisfähig.
– **(AG):** *Ja* für den Aktionär im Prozeß der Gesellschaft, Barfuß NJW 77, 1274, *ja* für ein Aufsichtsratsmitglied, außer wenn es ausnahmsweise zugleich gesetzlicher Vertreter der Gesellschaft ist, Kblz DB 87, 1037, Barfuß NJW 77, 1274; *ja*, soweit ein besonderer Vertreter gemäß § 147 III AktG bestellt worden ist.
Nein grundsätzlich für ein Vorstandsmitglied, Kblz DB 87, 1037, Barfuß NJW 77, 1274.
– **(GmbH):** *Ja* für den Gesellschafter, Barfuß NJW 77, 1274; *ja* für den Aufsichtsrat, soweit ein besonderer Vertreter in Fällen entsprechend § 147 III AktG bestellt worden ist, sonst *nein*, Kblz DB 87, 1037; *ja* für den nur faktischen Geschäftsführer, Mü DB 99, 522.
Nein für den echten, Kblz DB 87, 1037, Barfuß NJW 77, 1274.

16 – **(KG):** *Ja* für den Kommanditisten, weil er nicht selbst vertretungsberechtigt ist, Barfuß NJW 77, 1274, und zwar auch dann, wenn ihm Prokura erteilt worden ist, BAG BB 80, 580, *ja* für den persönlich haftenden Gesellschafter einer in Liquidation befindlichen KG, der nicht Liquidator ist.
Nein für den Geschäftsführer im Prozeß der KG, LG Oldb BB 75, 983, Barfuß NJW 77, 1274; *nein* grds für den Komplementär, ArbG Wiesbaden DB 78, 2036.

17 – **(OHG):** *Ja* für den Gesellschafter nur dann, wenn er nicht selbst vertretungsberechtigt ist, § 125 HGB; *ja* für den früheren Gesellschafter; *ja* für den früheren Gesellschafter, Rn 8.
Nein für alle Gesellschafter, wenn sie in ihrer Gesamtheit Partei seien.
Gesetzlicher Vertreter: Rn 23 „Vertreter, gesetzlicher".

18 **Insolvenz:** *Ja* für den Schuldner im Prozeß der Insolvenzmasse, BFH BB 97, 2205, s freilich auch Rn 22 „Streithelfer".
Nein für den Insolvenzgläubiger.

19 **„Lebensgefährte":** Er ist stets zeugnisfähig.
Lebenspartner: Es gilt dasselbe wie beim Ehegatten, Rn 13.
Minderjähriger: *Ja*, Hamm VersR 03, 473. Das gilt unabhängig vom Alter oder einer geistigen oder seelischen Krankheit und der dadurch bedingten Begrenzung der Geschäftsfähigkeit, AG BergGladb WoM 94, 193 (Siebenjähriger). Freilich muß der Minderjährige, hilfreich unterstützt und von Angst wenigstens etwas befreit, schon imstande sein, eine eigene Wahrnehmung verstehbar darzustellen.

20 **Öffentlichrechtliche Körperschaft:** *Ja* für ein Gemeinderatsmitglied im Prozeß der Gemeinde.
Nein für das Vertretungsorgan, Barfuß NJW 77, 1274.

21 **Partei:** *Ja* für die nicht prozeßfähige Partei im Prozeß, den der gesetzliche Vertreter betreibt, BGH NJW 00, 291; *ja* für die an sich prozeßfähige und nur gemäß § 53 unterstellt prozeßunfähige Partei, wenn sie nicht nach § 455 II vernommen werden kann, dort Rn 2. *Ja* für die frühere Partei selbst dann, wenn sie kostenmäßig noch Beteiligte ist, Kblz RR 03, 283.
Nein in sonstigen Fällen, auch bei der Partei kraft Amtes, Grdz 8 vor § 50. Vgl auch Rn 8.
Prokurist: *Ja*, weil er nicht gesetzlicher Vertreter ist, BAG BB 80, 580.
Prozeßbevollmächtigter: *Ja*, Hamm MDR 77, 143, Werner AnwBl 97, 113.
Prozeßstandschaft: Rn 11 „Einziehungsabtretung".

22 **Streitgenosse:** *Ja* für den einfachen, wenn er rechtskräftig oder durch einen Vergleich ausgeschieden ist; *ja*, wenn er Tatsachen bekunden soll, die ausschließlich für andere Streitgenossen in Betracht kommen können, BGH MDR 99, 48, BayObLG MDR 98, 180, Celle RR 91, 62, aM Lindacher JuS 86, 381 (aber man kann nicht sein eigener Zeuge sein). Der Herausgabe- und der Ersatzanspruch auf Grund derselben Täuschung bilden aber denselben Sachverhalt, auch in der Rechtsmittelinstanz noch einen Teilurteil, BGH NJW 83, 2508. *Ja*, wenn nur noch ein Beschluß nach § 269 III, IV oder § 516 III fehlt, so schon KG MDR 81, 765.
Nein, wenn nur noch eine Vorabentscheidung nach § 304 erfolgt oder wenn er nur noch wegen der streitigen Kosten wenigstens formell beteiligt ist, KG MDR 81, 765, Schneider MDR 82, 372, aM Celle RR 91, 62, ZöGre § 373 Rn 5 a (aber die formelle Beteiligung zieht die notwendige klare Grenze. Sonst wäre diese schon bei jedem restlichen bloßen Nebenpunkt fließend). *Nein* für den notwendigen Streitgenossen, § 62, oder bei Nämlichkeit des Streitgegenstands bei § 260, BGH MDR 84, 47.
Streithelfer: *Ja* für den gewöhnlichen, BayObLG 87, 253; *nein* für den streitgenössischen, § 69.
Streitverkündungsgegner: *Ja*.

23 **Verein:** *Ja* für das Mitglied des Vereins; *nein* für ein Vorstandsmitglied, Barfuß NJW 77, 1273. S auch Rn 13 „Gesellschaft – generell".
Vertreter, gesetzlicher: Maßgeblich ist gerade *dieses* Verfahren mit gerade *diesem* Streitgegenstand und stets der Zeitpunkt der Vernehmung, Rn 8. *Ja*, soweit eine Amtspflegschaft vorliegt, § 1630 BGB. Ja, soweit die Partei nach § 455 II 1 vernehmungsfähig ist. *Ja*, soweit er Sondervertreter nach § 30 BGB ist, Barfuß NJW 77, 1273, oder soweit er im Einzelfall nicht Vertreter sein kann, etwa wegen der Bestellung eines Pflegers nach § 1909 BGB oder beim Vorstandsmitglied nach § 112 AktG, oder soweit der Vertretene

Titel 7. Zeugenbeweis **Übers § 373**

prozeßfähig bleibt, § 53. *Ja,* soweit er nicht mehr gesetzlicher Vertreter ist, Rn 8. *Ja* für einen Betreuer außerhalb seines Aufgabengebiets nach § 1902 BGB.

Nein, soweit er im Prozeß nicht als gesetzlicher Vertreter auftritt, weil § 455 seine Parteivernehmung auch dann zuläßt, Barfuß NJW **77**, 1274. *Nein* für die Mutter des nichtehelichen Kindes, soweit sie das volle elterliche Sorgerecht ausübt. Dann wird sie als Partei vernommen, §§ 613, 640; *nein* für den Vormund, den Gegenvormund, einen Pfleger, einen Betreuer in seinem Aufgabengebiet, § 1902 BGB; *nein* für einen stellvertretenen Vorstand; *nein* bei einer Gesamtvertretung, auch wenn nicht alle auftreten; *nein* für das Mitglied einer den Fiskus vertretenen Kollegialbehörde. Zulässig ist die Verwertung einer Aussage, wenn offen geblieben ist, ob der Aussagende noch gesetzlicher Vertreter war, wenn er also entweder Partei oder Zeuge ist, wenn aber beide Parteien seine Zeugenvernehmung beantragt haben. Wegen des satzungsmäßigen Vertreters Rn 13 „Gesellschaft – generell".

Wechsel der Eigenschaft: Maßgeblich ist diejenige im Zeitpunkt der Vernehmung, Rn 8, 23. Spätere Änderung ist unerheblich. **24**

Widerklage: Die „Ausschaltung" des gegnerischen Zeugen durch Widerklage (auch) gegen ihn ist arglistig, Einl III 54, und nimmt ihm die derzeitige Zeugnisfähigkeit nicht, Rn 8, Karlsr BB **92**, 97.

C. Verstoß. Die Vernehmung einer Partei als Zeugen und umgekehrt kann regelmäßig kein unheilbarer Mangel des Verfahrens mehr sein, BGH WertpMitt **77**, 1007. Denn das Gericht kann den Zeugen und die Partei eidlich oder uneidlich vernehmen. Das Gericht darf und muß die Aussagen beider frei würdigen, § 286, auch beim Zweifel, ob der Vernommene Zeuge oder Partei war. Deshalb hat ein Verstoß eine wesentliche prozessuale Bedeutung nur dann, wenn ein Zeugnisverweigerungsrecht bestand. Denn dann kann man aus der Weigerung regelmäßig nichts folgern, während man aus der Weigerung Schlüsse ziehen kann, sich als Partei vernehmen zu lassen, § 446. **25**

6) Zeugnispflicht. Es kommt auf die Staatsangehörigkeit an. **26**

A. Inländer. Das Erscheinen und grundsätzlich die Aussage und die Eidesleistung sind öffentlichrechtliche Pflichten jedes ordnungsmäßig als Zeuge Geladenen, §§ 380 ff, §§ 391 ff, Celle FamRZ **98**, 2534. Das gilt auch beim Ausländer, der der inländischen Gerichtsgewalt untersteht, §§ 18 ff GVG. Das Gericht kann sie indirekt erzwingen, §§ 380, 390, Nürnb Rpfleger **79**, 234. In gewissen Fällen gewährt das Gesetz allerdings ein Zeugnisverweigerungsrecht. Es findet seine Begründung teils allein in der Person des Zeugen, teils in seinen Beziehungen zum Staat oder in den Beziehungen zu den Parteien. Wegen der Pflicht zur Duldung einer körperlichen Untersuchung § 372 a Rn 17.

Eine *schriftliche* Darstellung nach § 377 III 1 läßt sich nicht direkt erzwingen. Das Gericht geht notfalls zur Ladung und Vernehmung nach § 377 III 2, 3 über. Datenschutz ist zwar beachtlich, aber erst im Rahmen von §§ 383 ff, Prütting ZZP **106**, 459. Wegen einer Aussage im Rahmen einer Videokonferenzschaltung § 128 a.

Eine *Haftung* des Zeugen kann bei seinem Vorsatz nach § 823 II BGB in Verbindung mit §§ 153 ff, 263 StGB und bei Fahrlässigkeit nach § 163 StGB entstehen.

B. Ausländer, dazu *Hecker,* Handbuch der konsularischen Praxis, 1982: Vgl zunächst § 363 Rn 1. Wegen ausländischer *Konsulatsangehöriger* Art 43–45 *Wiener Übereinkommen* v 24. 4. 63, BGBl **69** II 1587, dazu G v 26. 8. 69, BGBl II 1585, für BRep in Kraft seit 7. 10. 71, Bek v 30. 11. 71, BGBl II 1285. **27**

Das Übereinkommen ist *in Geltung im Verhältnis* zu Algerien, Argentinien, Belgien, Bolivien, Brasilien, Chile, Costa Rica, Dominikanische Rep, Ecuador, Frankreich, Gabun, Ghana, Hlg Stuhl, Honduras, Bek v 30. 11. 71, BGBl II 1285, Fidschi, Kolumbien, Lesotho, Luxemburg, Portugal, Rumänien, Vereinigtem Königreich, Bek v 15. 2. 73, BGBl II 166 und v 15. 5. 82, BGBl II 542, Australien, Dänemark, Bek v 24. 5. 73, BGBl II 550, Guyana, Vietnam, Bek v 4. 12. 73, BGBl II 1755, Laos, Bek v 12. 6. 74, BGBl II 945, Oman, Ruanda, Schweden, Bek v 26. 8. 74, BGBl II 1225, Kanada, Tonga, Bek v 10. 10. 74, BGBl II 1322, Neuseeland, Bek v 16. 12. 74, BGBl **75** II 42, Libanon, Iran, Bek v 15. 7. 75, BGBl II 1121, Griechenland, Kuwait, Nicaragua, Bek v 15. 12. 75, BGBl **76** II 35, Jamaika, Türkei, Bek v 22. 3. 76, BGBl II 450, Pakistan, Bek v 17. 5. 76, BGBl II 642 (betr FakultativProt; wg Bangladesch Bek v 3. 4. 78, BGBl 484), Zypern, Bek v 23. 6. 76, BGBl II 1082, Zaire, Bek v 17. 9. 76, BGBl II 1697, Äquatorial-Guinea, Bek v 19. 11. 76, BGBl II 1936, Vereinigte Arabische Emirate, Bek v 2. 5. 77, BGBl II 449, Korea (Rep), Marokko, Tansania, Bek v 13. 10. 77, BGBl II 1183, Indien, Bek v 26. 1. 78, BGBl II 171, Haiti, Bek v 3. 4. 78, BGBl II 484, Peru, Bek v 5. 5. 78, BGBl II 791, Island, Bek v 20. 10. 78, BGBl II 1315, Dschibuti, Syrien, Bek v 5. 1. 79, BGBl II 50, Benin, Bek v 29. 5. 79, BGBl II 682, Seschellen, Volksrepublik China, Bek v 9. 8. 79, BGBl II 950, Kap Verde, Bek v 10. 10. 79, BGBl II 1141, Norwegen, Bek v 17. 4. 80, BGBl II 619, Malawi, Bek v 10. 8. 80, BGBl II 1167, und v 22. 5. 81, BGBl II 323 (betr das Fakultativprotokoll), Finnland, Suriname, Bek v 18. 11. 80, BGBl II 1477, Malawi, Bek v 22. 5. 81, BGBl II 323, Bhutan, Bek v 3. 11. 81, BGBl II 1020, Polen, Bek v 4. 12. 81, BGBl II 1079, St. Christoph-Nevis, Anguilla, Bermuda, Britisches Antarktis-Territorium, Britisches Territorium im Indischen Ozean, Britische Jungferninseln, Kaimaninseln, Falklandinseln und Nebengebiete, Gibraltar, Guernsey, Hongkong, Insel Man, Jersey, Montserrat, Pitcairn, Henderson, Ducieinsel und Oenoinsel, St. Helena und Nebengebiete, die britischer Staatshoheit unterstehenden Stützpunktgebiete Akrotiri und Dhekelia auf der Insel Zypern, Turks- und Caicosinseln, Bek v 11. 5. 82, BGBl II 542, Kiribati, Bek v 30. 6. 82, BGBl II 674, Indonesien, Bek v 24. 9. 82, BGBl II 945, Tuvalu, Bek v 6. 12. 82, BGBl II 1060, Mosambik, São Tomé und Principe, Bek v 5. 7. 83, BGBl II 477, Japan, Togo, Bek v 7. 11. 83, BGBl II 731, Korea, Demokratische Volksrepublik, Bek v 3. 10. 84, BGBl II 938, Liberia, Bek v 30. 10. 84, BGBl II 953, Niederlande, Bek v 3. 10. 86, BGBl II 780, St Lucia, Bek v 1. 12. 86, BGBl II 1099, Jemen, Ungarn, Bek v 29. 10. 87, BGBl II 783, Vanuatu, Bek v 8. 12. 87, BGBl **88** II 3, Vereinigte Staaten, Bek v 18. 1. 88, BGBl II 149 (wegen Jemen), DDR, Dominica, Samoa, Bek v 17. 5. 88, BGBl II 622, Guinea, Bek v 9. 88, BGBl II 953, Saudi-Arabien, Bek v 30. 1. 89, BGBl II 177, Antigua und Barbuda, Bek v 2. 3. 89, BGBl II 334, Mongolei, Sowjetunion einschließlich Ukraine, Weißrußland, Bek v 5. 7. 89, BGBl II 640, Bulgarien, Südafrika, Bek v 25. 10. 89, BGBl II 859, Angola, Bek v 4. 4. 91, BGBl II 673, Albanien, Malaysia, Malediven, Marshallinseln, Föderierte Staaten von Mikronesien, Simbabwe, Bek v 24. 2. 92, BGBl II 233, Estland, Litauen, Bek v 2. 4. **28**

Übers § 373 Buch 2. Abschnitt 1. Verfahren vor den LGen

92, BGBl 353, Lettland, Usbekistan, Bek v 12. 6. 92, BGBl II 458, Schweiz, Bek v 11. 11. 92, BGBl II 1177, Aserbaidschan, Bahrain, Grenada, Namibia, Bek v 28. 12. 92, BGBl **93** II 134, Kroatien, Bek v 26. 3. 93, BGBl II 767, Armenien, Barbados, Georgien, Moldau, Republik Vietnam, Tschechische Republik (als Rechtsnachfolgerin der Tschechoslowakei), Bek v 8. 12. 93, BGBl **94** II 308, Kasachstan, Bosnien-Herzegowina, Mazedonien, ehemalige Jugoslawische Republik Slowakei, Bek v 18. 5. 94, BGBl II 1189, Kirgistan, Bek v 22. 3. 95, BGBl II 326, Sudan, Bek v 12. 6. 95, BGBl II 564, Tadschikistan, Bek v 22. 7. 96, BGBl II 1454, Andorra, Bek v 26. 9. 96, BGBl II 2523, Turkmenistan, Bek v 3. 12. 96, BGBl **97** II 149, Eritrea, Myannear, Bek v 21. 4. 97, BGBl II 1081, Malta, Niederlande (Gegenerklärung), Bek v 16. 6. 98, BGBl II 1635, Libysch-Arabische Dschamahirija, Bek v 7. 12. 98, BGBl **99** II 11, Katar, Bek v 13. 4. 99, BGBl II 394, Portugal, Thailand, Slowakei, Bek v 25. 8. 99, BGBl II 821, Belize, Mauretanien, Jugoslawien, Finnland, Niederlande, Schweden, Bek v 17. 4. 01, BGBl II 505, Mexiko, Bek v 10. 4. 02, BGBl II 1169, Timor-Leste, Bek v 11. 2. 04, BGBl II 364.

29 **C. Verfahren.** Regelmäßig legt man sein Zeugnis während einer gerichtlichen Vernehmung ab, in bestimmten Fällen auch schriftlich, § 377. Die Zeugnispflicht umfaßt die Pflicht, das Gedächtnis durch eine nicht ungewöhnliche zeitraubende und mühevolle Vorbereitung aufzufrischen, § 378, Peters ZZP **87**, 487. Wer das unterläßt, sagt leichtfertig aus. Wer nichts weiß und nie etwas gewußt hat, braucht sich natürlich die Kenntnis nicht zu verschaffen. Zu eigenen Feststellungen ist kein Zeuge verpflichtet. Ein Zeuge hat die Pflicht, sich im Abstammungsstreit Blutproben entnehmen zu lassen und sich sonstigen erbkundlichen Untersuchungen zu unterwerfen, § 372 a. Es ist unzulässig, den Zeugen durch irgendwelche Klagen gegen ihn zu beeinflußen. Der Zeuge darf einen Anwalt als Beistand hinzuziehen, solange nicht eine wirksame Rechtspflege gefährdet ist, BVerfG **38**, 112. Eine solche Gefährdung liegt nicht schon dann vor, wenn das Gericht nichtöffentlich verhandelt. Der Zeuge muß den Beistand selbst bezahlen. Der Beistand nach § 90 hat kein eigenes Fragerecht.

30 **7) Zeugnisform.** Es herrscht eine dem Strafprozeß entgegengesetzte Regelung.

A. Grundsatz: Uneidliche Aussage. Das Gericht muß den Zeugen anders als im Strafprozeß grundsätzlich uneidlich vernehmen. Es beeidigt ihn nur wegen der etwaigen Bedeutung seiner Aussage oder zur Herbeiführung einer wahrheitsgemäßen Aussage nach § 391. Ein auch nur versuchter Prozeßbetrug durch falsche Zeugenaussage ist Straftat, § 263 StGB. Auch abgesehen davon kann die falsche Aussage nach §§ 153 ff StGB strafbar sein. Der Zeuge darf die Eidesleistung wegen gewisser Beziehungen zu den Parteien oder wegen gewisser Beteiligung an der Sache verweigern, § 391 Rn 4.

31 **B. Verstoß.** Alle Verstöße gegen die Form der Vernehmung sind heilbar, § 295. Das gilt namentlich für die Beeidigung, auch soweit sie auf einen Gerichtsbeschluß beruht, § 391. Unheilbar ist ein Verstoß, wenn der Beibringungsgrundsatz nach Grdz 20 vor § 128 versagt. Das gilt zB im Eheverfahren, §§ 606 ff.

32 **8) Amtliche Auskunft.**
Schrifttum: *Hohlfeld,* Die Einholung amtlicher Auskünfte im Zivilprozeß, 1995.

Die amtliche Auskunft ist im Gesetz erwähnt, aber nicht näher geregelt, §§ 273 II Z 2, 358 a Z 2, 437 II, BVerwG NJW **88**, 2492. Sie kann ein selbständiges Beweismittel sein, BVerwG InfAuslR **85**, 147, also nicht nur eine Urkunde, BGH BB **76**, 480, Ffm FamRZ **80**, 706. Das setzt freilich voraus, daß sie überhaupt der Klärung einer Streitfrage dienen soll, nicht etwa nur der rechtlichen Bewertung einer unstreitigen Tatsache oder der bloßen Vertiefung von bereits vorhandenen Anschauungen zu einem unstreitigen Geschehen. Sie ist als Beweismittel immer zulässig, BGH NJW **79**, 268, aM Koch/Steinmetz MDR **80**, 902 (aber das Gericht kann ihren Wert immer noch nach § 286 frei würdigen). Sie ersetzt besonders bei einer Behörde die Zeugen- oder Sachverständigenvernehmung, BGH **89**, 119. Das Gericht erfordert sie auf Antrag oder von Amts wegen. Das braucht aber nach § 377 III zu geschehen (Freibeweis, Einf 9 vor § 284). Das Gericht erfordert die amtliche Auskunft unmittelbar ohne Vermittlung der obersten Landesbehörde, und zwar auch im Verkehr mit obersten Bundesbehörden. Das gilt, soweit es sich nicht um einen Rechtshilfeverkehr mit dem Ausland nach (jetzt) § 183 Rn 4 handelt, BGH WertpMitt **77**, 478.

33 *Entgegenstehende Erlasse* binden den Richter und sein Hilfspersonal nicht. Die Auskunft darf sich nur auf Tatsachen beziehen. Zu deren Wahrnehmung kann freilich eine besondere Sachkunde gehören. Das hätte Tipke NJW **76**, 2200 (betr Steuern) miterwähnen sollen. Eine amtliche Auskunft, die ein Gutachten einschließt, ist ein echtes Sachverständigengutachten, Üb 10 vor § 402, BGH BB **76**, 480, LG Köln AnwBl **85**, 329, VGH Kassel MDR **96**, 418.

Das alles gilt für eine Äußerung einer Behörde im weitesten Sinn. Es gilt für die Auskunft, zB: Einer Rundfunkanstalt, BVerfG NJW **71**, 1739; eines Rentenversicherungsträgers; einer öffentlichen Sparkasse, einer Kirchengemeinde, eines Wasserwerks; einer Industrie- und Handelskammer; einer Handwerkskammer; des Gutachterausschusses nach §§ 192 ff BauGB, BGH **62**, 93, BayObLG **02**, 384, LG Köln AnwBl **85**, 329. Es gilt auch für einen Mietspiegel, krit LG Mü WoM **93**, 451 (weder Benutzerfreundlichkeit noch Einfachheit reichen aus, wenn der Mietspiegel nicht in jedem Fall zu einem zutreffenden Ergebnis führt, aM LG Lübeck WoM **01**, 82. Vgl freilich die Vermutung der Ortsüblichkeit beim sog qualifizierten Mietspiegel, § 558 d III BGB), Müther WoM **99**, 312 (ausf), Reinecke WoM **93**, 102 (hält dann sogar ein Gutachten für meist unzulässig).

Es gilt ferner für die Äußerung der *Anwaltskammer* nach §§ 4, 14 RVG (trotz §§ 73 II Z 8, 75 BRAO), aM Mü MDR **89**, 923 (aber auch die Anwaltskammer tritt zumindest behördenähnlich auf). Gerade die letztere Gutachten beschränkt sich freilich durchweg auf die Erörterung von Rechtsfragen. Es dient also nicht der Klärung streitiger Tatsachen, Ffm MDR **83**, LG Kempten MDR **80**, 412. Für die Eigenschaft solcher Auskunft als Gutachten ist unerheblich, ob §§ 402 ff vollständig oder nur teilweise anwendbar sind, aM Mü NJW **75**, 884 (aber es ist eine zweckgemäße Handhabung erlaubt und geboten).

Titel 7. Zeugenbeweis Übers § 373, § 373

Unanwendbar sind insofern freilich alle Vorschriften, die auf die Einzelperson eines Sachverständigen **34** zugeschnitten sind, § 406 Rn 1, § 411 Rn 10, BGH **62**, 95, BVerwG InfAuslR **85**, 147, Ffm MDR **83**, 327. Ein solches Gutachten wird kostenlos erstattet, §§ 3, 4 IV 3, 14 II RVG. Keine Partei kann der Verwertung eines solchen Gutachtens widersprechen. Liegt aber ein Ablehnungsgrund wegen Befangenheit vor, so muß das Gericht ihn bei der Würdigung eines solchen Gutachtens berücksichtigen, § 406 Rn 1, BGH **62**, 94, BVerwG NJW **88**, 2491. Die Versagung einer Aussagegenehmigung nach § 376 verbietet nicht stets auch eine schriftliche Auskunft der Behörde, BGH NJW **79**, 268.

9) *VwGO:* Zeugenbeweis wird als zulässiges Beweismittel ausdrücklich genannt, § 96 I 2 VwGO. Er wird stets **35** *vAw angeordnet und durchgeführt, § 86 I VwGO, auch vor der mündlichen Verhandlung, § 96 II VwGO. §§ 373 ff gelten nach § 98 VwGO entsprechend, soweit der Ermittlungsgrundsatz, § 86 I VwGO, nicht entgegensteht. Die amtliche Auskunft, oben Rn 32, ist als selbständiges Beweismittel ebenfalls zulässig, BVerwG* **73**, *1, 31, 212, NVwZ* **86**, *35, InfAuslR* **84**, *153, DÖV* **83**, *647, wie § 99 VwGO (Sonderregelung) u § 87 VwGO iVm § 273 II Z 2 ergeben. Um Auskunft können, da § 96 I VwGO keine abschließende Aufzählung der Beweismittel enthält, auch sachkundige Personenvereinigungen ersucht werden, BVerwG DÖV* **58**, *795. Die amtliche Auskunft unterliegt der freien Beweiswürdigung, BVerwG* **73**, *1; ist sie in einem anderen Rechtsstreit eingeholt worden, darf sie auch ohne Zustimmung der Beteiligten im Wege des Urkundenbeweises verwertet werden, BVerwG NJW* **86**, *3221. Die Beteiligten haben nicht das Recht, das Erscheinen des Verfassers zur Erläuterung der Auskunft zu verlangen, BVerwG NJW* **86**, *3221, NVwZ* **86**, *35.*

373 *Beweisantritt.* Der Zeugenbeweis wird durch die Benennung der Zeugen und die Bezeichnung der Tatsachen, über welche die Vernehmung der Zeugen stattfinden soll, angetreten.

Schrifttum: *Kollhosser,* Das Beweisantragsrecht usw, Festschrift für *Stree* und *Wessels,* 1993.

Gliederung

1) Systematik	1	4) Zeugenbenennung	4–7
2) Regelungszweck	2	5) Tatsachenbezeichnung	8, 9
3) Geltungsbereich	3	6) *VwGO*	10

1) Systematik. Vgl zunächst § 371 Rn 1. Gerade beim Zeugenbeweis übersieht man leider oft, was unter **1** Rn 4 zum Beweisantritt als erforderlich dargestellt ist. Ein korrekter Beweisantritt kann erhebliche prozessuale Nachteile verhindern.

2) Regelungszweck. Vgl zunächst § 371 Rn 2 und Üb 2 vor § 373. Auch § 373 dient der Prozeßförde- **2** rung nach Grdz 12 vor § 128 und der Prozeßwirtschaftlichkeit, Grdz 14 vor § 128. Deshalb sollte man seine Anforderungen nicht unterschätzen. Der Versuch einer Ausforschungsbeweises nach Einf 27 vor § 284 wird bei genauer Prüfung meist schon im Stadium des Beweisantritts erkennbar. Es gilt, ihn schon dann zu unterbinden. Andererseits setzt die Zumutbarkeit auch dem gewissenhaftesten Beweisführer schon bei den nach § 373 geforderten Angaben eine Grenze. Auch das muß das Gericht mitbedenken. Die Partei mag durchaus beachtliche ehrenwerte Gründe dafür haben, den Zeugen nicht schon vor seiner Benennung auszufragen, ob und was er wirklich weiß und noch in Erinnerung hat usw. Sie mag auch fürchten, vom Gericht und vom Gegner wegen solcher Vorbefragung mißbilligt zu werden. Allerdings verdient offensichtliche Laxheit etwa bei der Ermittlung einer neuen jetzigen Zeugenanschrift schon im Rahmen von § 373 nicht diejenige Hinnahme, die manch allzu „fürsorglicher" Richter gar einem amtlich vertretenen Beweisführer etwa über eine rasch gewährte Nachfrist nach § 356 entgegenbringt. Auch bei § 373 kann und muß der Beweisführer sich redlich bemühen, Grdz 12, 13 vor § 128. Alles das muß man bei der Auslegung mitbeachten.

3) Geltungsbereich. Vgl Üb 3 ff vor § 373. Die Vorschrift gilt auch im FGG-Verfahren, BayObLG **3** FamRZ **97**, 773. Wegen des Zeugen im Ausland § 363 Rn 1.

4) Zeugenbenennung. Zum Zeugenbegriff Üb 4 vor § 373. Es ist stets ein Beweisantrag erforderlich. **4** Es gibt also keine Zeugenvernehmung von Amts wegen, anders als bei der Parteivernehmung nach § 448. Wer Zeugenbeweis antritt, muß den Zeugen benennen. Er muß ladungsfähige Personalien und eine ladungsfähige Anschrift angeben, BGH **145**, 364. Dazu gehören grundsätzlich auch der Vorname und der „Wohnort", § 395 II 1, also die Privatanschrift, dort Rn 5. Denn das Gericht muß imstande sein, den Zeugen ordnungsgemäß zu laden, auch nach §§ 178 ff. Danach ist aber grundsätzlich ein Zustellungsversuch in der Wohnung und nicht am Arbeitsplatz erforderlich. Der Prozeßgegner muß imstande sein, die Nämlichkeit des Zeugen sowie seine etwa jetzt schon zweifelhafte Kenntnis und Glaubwürdigkeit schon vor der Vernehmung zu überprüfen, soweit möglich und zulässig. Der Beweisführer braucht nicht anzugeben, ob der Zeuge deutsch sprechen und verstehen kann. Das Gericht darf seine Vernehmung nicht wegen des Fehlens eines Hinweises dazu ablehnen, Artt 2 I, 20 III GG (faires Verfahren), Einl III 23, Hamm MDR **00**, 657.

In der Praxis ist oft die Angabe des Beweisführers vorhanden, der Zeuge sei „zu laden bei der Partei" oder **5** „auf dem Polizeirevier" oder „beim Arbeitgeber" mit jeweils nur der *dazu* gehörigen Anschrift. Das funktioniert auch meist. Auch sollten sich die Prozeßbeteiligten keine praktisch unnötige Mühe machen müssen. Dessen ungeachtet ist ein solcher Beweisantrag aber im Spannungsfall bei genauer Betrachtung doch leider selbst dann unzureichend, wenn der Zeuge dort arbeitet, aber nicht wohnt und man ihn daher im Fall einer dem Gericht stets erlaubten und dringend ratsamen förmlichen Zustellung zumindest nicht nach § 178 laden könnte, LG Hagen MDR **84**, 1034, aM LG Bln MDR **01**, 532 (sich im übrigen selbst teilweise am

Hartmann 1485

Schluß widersprechend. Denn was das LG dort als vertretbar unterstellt, das kann folglich nicht jeder gesetzlichen Grundlage entbehren).

Zwar enthält § *10 ZSHG*, abgedruckt bei § 383, ähnlich wie § 68 StPO Möglichkeiten einer sog Abschottung der privaten Zeugenanschrift usw. Im Einzelfall kann auch im Zivilprozeß ein Interesse des Polizisten wie übrigens auch anderer Prozeßbeteiligter an der Geheimhaltung der Privatanschrift bestehen. Seine Berufsstellung bringt aber auch ein solches Risiko mit sich. Notfalls sollte man den Streit verkünden, § 72 I. An alledem ändert auch BGH **145**, 364 nichts: Die Angabe des Arbeitsplatzes *kann*, muß aber nicht stets ausreichen (Fallfrage).

Deshalb *versagt* auch eine *Berufung auf Artt 1, 2 I GG* („informationelle Selbstbestimmung"), solange kein zusätzliches Schutzbedürfnis vorrangig ist, BGH NJW **90**, 180 (StPO).

6 *Amtshaftung* könnte eine der Folgen einer Verweigerung ausreichender Anschriftangaben sein, zumal die anderweitige Ermittlung der Privatanschrift zu schwierig sein kann, etwa beim auswärtigen Wohnsitz (wo überall soll man nachforschen?), AG Offenbach NJW **90**, 2321 (zur vergleichbaren Privatanschrift des Krankenhausarztes). Schutzbedürfnis wegen gegen Racheakte findet jedenfalls bei einem ohnehin in voller Öffentlichkeit stattfindenden Beruf grundsätzlich seine Grenzen, wenn man es nur auf Kosten grundlegender Verfahrensregeln wie der Öffentlichkeit der Sitzung wirklich befriedigen könnte und auch dann nicht gegenüber der Partei, die stets ein Anwesenheitsrecht hat.

7 Wegen der Berufung auf ein „*Zeugnis NN*" BGH RR **89**, 1324 (kein genügender Beweisantritt) und § 356 Rn 4. Die Angabe des Worts Zeuge ist unnötig. Es muß aber klar sein, daß ein bestimmte Person zeugenmäßig aussagen soll. Über eine urkundenbeweisliche Verwertung von Zeugenaussagen § 286 Rn 63. Bei Zeugnisunfähigkeit nach Üb 11 ff, vor § 373 kann eine Umdeutung des Antrags geboten sein, etwa in eine Anregung nach § 448, BGH RR **94**, 1144.

8 *5) Tatsachenbezeichnung.* Der Beweisführer muß genau diejenigen Tatsachen angeben, die der Zeuge bekunden soll, § 377 II 2. Begriff der Tatsache Einf 17 vor § 284, § 288 Rn 3. Es genügt eine innere Tatsache oder eine Vermutungstatsache (hypothetische Tatsache), ferner eine Tatsache, deren Wahrnehmung eine besondere Sachkunde erfordert, § 414. Der Beweisführer muß die Tatsache ausreichend bestimmt bezeichnen, BGH VersR **99**, 1374, BAG VersR **00**, 1144, AG Hbg-Altona NZM **03**, 60. Der Vortrag muß schlüssig und auch widerspruchsfrei sein, § 138, BGH MDR **88**, 133. Der Beweisführer muß also bestimmte Einzelheiten angeben. Über den Ausforschungsbeweis Einf 27 vor § 284, BGH NJW **83**, 2034 (Angabe der Erkenntnisquelle), BAG VersR **00**, 1144. Wie und warum der Zeuge die Wahrnehmung machen konnte und mußte, braucht man im übrigen grundsätzlich nicht anzugeben, BGH FamRZ **88**, 1087. Dasselbe gilt dazu, wie der Zeuge die Tatsache erfahren hat, es sei denn eine innere, BGH RR **88**, 1087. Es genügt die Wiedergabe der Darstellung eines Dritten. Deren Beweiskraft darf und muß das Gericht nach § 286 frei würdigen, BGH NJW **84**, 2040.

9 *Schlüsse* aus nicht nachprüfbaren Tatsachen sind keine Zeugenaussagen. Ebensowenig kann das Gericht einen Zeugen zur Abgabe einer rechtsgeschäftlichen Willenserklärung zwingen. Nicht ausreichend ist auch der Antrag, der Zeuge solle eine „Notwehr" beweisen, Köln MDR **76**, 407. Gemeint ist freilich bei der nach Grdz 52 vor § 128 gebotenen Auslegung wohl, der Zeuge solle solche Tatsachen angeben können, deren rechtliche Beurteilung eine Notwehrlage ergeben werde. Grundsätzlich ist die Bezugnahme auf einen ordnungsgemäßen früheren oder anderweitigen Beweisantritt zulässig, Celle RR **92**, 703. Unzulässig ist aber die Verweisung auf einen in sich widersprüchlichen gegnerischen Vortrag ohne Klarstellung, auf welchen Teil dieses Vortrags sie sich genau bezieht, § 138 I, BGH RR **87**, 1469. Das Gericht muß seine Fragepflicht ausüben, § 139, BVerfG NJW **85**, 3006, BGH VersR **99**, 1374, ThP 1, aM Köln MDR **76**, 408 (aber § 139 gilt allgemein). Notfalls muß das Gericht den Rechtsstreit auf Antrag zurückverweisen, (jetzt) § 538, BGH VersR **99**, 1374. Zur Fristsetzung § 356 Rn 2. § 296 II ist unanwendbar, BGH NJW **93**, 1927.

10 *6) VwGO:* Entsprechend anzuwenden, BVerwG NVwZ-RR *02*, 311c mwN, auf Beweisanträge in der mündlichen Verhandlung, § 86 II VwGO, sonst nur Ordnungsvorschrift, § 98 VwGO, für die Anregungen zur Beweisaufnahme, §§ 82 u 85 VwGO, die ohne Bindung an Beweisanträge vAw angeordnet wird, § 86 I VwGO.

374 (weggefallen)

375

Beweisaufnahme durch beauftragten oder ersuchten Richter. [1] Die Aufnahme des Zeugenbeweises darf einem Mitglied des Prozeßgerichts oder einem anderen Gericht nur übertragen werden, wenn von vornherein anzunehmen ist, daß das Prozeßgericht das Beweisergebnis auch ohne unmittelbaren Eindruck von dem Verlauf der Beweisaufnahme sachgemäß zu würdigen vermag, und

1. wenn zur Ausmittlung der Wahrheit die Vernehmung des Zeugen an Ort und Stelle dienlich erscheint oder nach gesetzlicher Vorschrift der Zeuge nicht an der Gerichtsstelle, sondern an einem anderen Ort zu vernehmen ist;
2. wenn der Zeuge verhindert ist, vor dem Prozeßgericht zu erscheinen und eine Zeugenvernehmung nach § 128a Abs. 2 nicht stattfindet;
3. wenn dem Zeugen das Erscheinen vor dem Prozeßgericht wegen großer Entfernung unter Berücksichtigung der Bedeutung seiner Aussage nicht zugemutet werden kann und eine Zeugenvernehmung nach § 128a Abs. 2 nicht stattfindet.

[1a] Einem Mitglied des Prozeßgerichts darf die Aufnahme des Zeugenbeweises auch dann übertragen werden, wenn dies zur Vereinfachung der Verhandlung vor dem Prozeßgericht zweckmäßig erscheint und wenn von vornherein anzunehmen ist, daß das Prozeßgericht das Beweiser-

gebnis auch ohne unmittelbaren Eindruck von dem Verlauf der Beweisaufnahme sachgemäß zu würdigen vermag.
II Der Bundespräsident ist in seiner Wohnung zu vernehmen.

Gliederung

1) Systematik, I, II	1
2) Regelungszweck, I, II	2, 3
3) Geltungsbereich, I, II	4
4) Voraussetzungen, I	5–11
A. Entbehrlichkeit unmittelbaren Eindrucks, I Hs 1	6, 7
B. Zweckdienlichkeit der Übertragung, I Hs 2 Z 1	8
C. Pflicht zur auswärtigen Vernehmung, I Hs 2 Z 1	9
D. Verhinderung, I Hs 2 Z 2	10
E. Weite Entfernung, I Hs 2 Z 3	11
5) Voraussetzungen, I a	12–14
A. Zweckdienlichkeit der Übertragung, I a Hs 1	13
B. Entbehrlichkeit unmittelbaren Eindrucks, I a Hs 2	14
6) Verfahren, I, II	15
7) Verstoß, I, II	16–18
8) Vernehmung des Bundespräsidenten, II	19
9) *VwGO*	20

1) Systematik, I, II. Die nach § 355 I 2 zulässige Vorschrift schafft Einschränkungen wie Erweiterungen **1** der Befugnisse zur Übertragung von Aufgaben des Prozeßgerichts. Sie ergänzt den § 361. Sie geht ihm im Zweifel aber vor. Man muß von den in § 375 genannten Mitgliedern des Prozeßgerichts den ersuchten Richter eines anderen Gerichts unterscheiden, § 362. Ergänzend muß man § 398 beachten. I a erweitert die Möglichkeit des I. I Z 2, 3 gelten natürlich nicht im Fall einer nach § 128 a geregelten Videokonferenz.

2) Regelungszweck, I, II. Die Unmittelbarkeit der Beweisaufnahme nach § 355 Rn 1 ist beim Zeugen- **2** beweis besonders wichtig. Denn bei ihm kommt es sehr auf den persönlichen Eindruck an. Das Gesetz legt an sich den größten Wert darauf, daß die Ausnahmen I Z 2 – 3 nur zurückhaltend Anwendung finden, auf das Notwendige beschränkt. Daher muß das Prozeßgericht auch als Einzelrichter nach §§ 348, 348 a, 526, 527, 568, den man nicht mit dem „Mitglied des Gerichts" in I verwechseln darf, die Beweisaufnahme grundsätzlich selbst vornehmen, mag sie auch noch so zeitraubend und schwierig sein, Düss NJW **92**, 188, Stgt MDR **80**, 1030 (FGG). Der verordnete Richter der §§ 361, 362 darf nicht am Sitz des Prozeßgerichts nach § 375 amtieren.

Eher anwendbar ist § 375 angesichts der Tendenz, ohnehin immer mehr Kammertätigkeit auf den in Rn 2 **3** genannten Einzelrichter zu übertragen. Das gilt nicht nur angesichts des § 348 I 1, der ja den originären Einzelrichter schlicht als „die Zivilkammer" bezeichnet, sondern auch angesichts der Möglichkeiten, die auch dem obligatorischen Einzelrichter des § 348 a usw zufallen. Auch kann eine sorgfältige Protokollierung des persönlichen Eindrucks des nach § 375 tätigen Richters die Verwendbarkeit seiner Beweisaufnahme erheblich steigern. Andererseits ist es nun einmal ein wenigstens theoretisch wesentliches Merkmal des Kollegialprinzips, daß sechs Augen und Ohren mehr wahrnehmen und drei Köpfe mehr hinterfragen, erahnen und als Zusatzerwägung unmittelbar in die Vernehmung einbringen mögen. Auf solche Arbeitsweise haben die Parteien insbesondere auf denjenigen Gebieten Anspruch, die das Gesetz in § 348 I 2 dem originären Einzelrichter grundsätzlich gerade noch nicht eröffnet hat. Auch das sollte man vor einer Übertragung nach § 375 durchaus mitbedenken. Ein Verstoß könnte ein Verfahrensfehler nach § 538 sein.

Das Kollegialgericht darf die Beweisaufnahme zwar auch nach den gesetzlichen Voraussetzungen an sich sehr wohl einem seiner Mitglieder übertragen. Eine solche Übertragung darf aber *keineswegs systematisch* erfolgen, BGH NJW **79**, 2518, Köln (15. ZS) OLGZ **77**, 493, Köln (17. ZS) RR **98**, 1143, aM Köln (4. ZS) **77**, 250, Dinslage NJW **76**, 1509, Nagel DRiZ **77**, 322 (aber man muß eine Ausnahmevorschrift eng auslegen, Einl III 36).

3) Geltungsbereich, I, II. Die Vorschrift ist in allen Verfahren nach der ZPO anwendbar. Sie ist im **4** FGG-Verfahren anwendbar, BayObLG FamRZ **88**, 873, Köln MDR **83**, 327. In Arbeitssachen gelten die teilweise abweichenden §§ 13, 58, 64 VII ArbGG.

4) Voraussetzungen, I. Man muß die unterschiedlichen, wenn auch teilweise übereinstimmenden Vor- **5** aussetzungen der in I geregelten Übertragung wahlweise auf ein Mitglied des Prozeßgerichts oder auf einen verordneten Richter einerseits, die in I a geregelte Übertragung auch auf ein Mitglied des Prozeßgerichts, also den „vorbereitenden" Richter andererseits unterscheiden. Die Übertragung der Beweisaufnahme nach I ist nur dann zulässig, wenn nach einer sorgfältigen Prüfung sowohl stets die nachfolgende Voraussetzung Rn 6 als auch eine der folgenden Voraussetzungen Rn 8–10 vorliegen, Düss NJW **77**, 2320, Werner/Pastor NJW **75**, 329. Dabei ist (jetzt) § 279 II 1 zwar beachtlich, aber entgegen Schneider JB **77**, 145 kein absolutes Hindernis.

A. Entbehrlichkeit unmittelbaren Eindrucks, I Hs 1. In jedem Fall muß von „vornherein anzuneh- **6** men sein", daß das Prozeßgericht (Kollegium, Einzelrichter) das Beweisergebnis „auch ohne unmittelbaren Eindruck von dem Verlauf der Beweisaufnahme sachgemäß zu würdigen vermag". Das muß nicht nur denkbar, möglich sein. Es muß aber auch nicht absolut sicher sein. Ein hoher Grad von Wahrscheinlichkeit genügt. Er muß aber eben von vornherein vorliegen. Er darf sich nicht erst nach der Übertragung herausstellen. Die Entbehrlichkeit des unmittelbaren Eindrucks liegt vor, je weniger es auf die Glaubwürdigkeit ankommen wird, genauer: je weniger man mit Zweifeln an ihr zu rechnen braucht. Dabei kommt es wie stets auf die Sicht des Gerichts und nicht auf diejenige der übrigen Prozeßbeteiligten allein an. Freilich muß man ihre Ansichten mitabwägen.

Das Prozeßgericht entscheidet nach *pflichtgemäßem Ermessen*. Es berücksichtigt das Beweisthema, die **7** Person des Zeugen, die bisher vorliegenden Beweisergebnisse und sonstigen etwa unstreitigen Hilfsmittel, etwa Fotos oder Skizzen usw. Es kann den verordneten Richter ersuchen, seinen Eindruck von der

Glaubwürdigkeit so zu protokollieren oder in Form eines Aktenvermerks so mitzuteilen, daß dem Prozeßgericht wenigstens anschließend die Entscheidung leichter fällt, ob es den Zeugen doch noch selbst hören muß. Das Prozeßgericht darf dergleichen aber nicht zum systematischen Vorwand der Arbeitsteilung und Arbeitsvorgabe machen, Rn 3. Eine Glaubwürdigkeitsprüfung muß vor dem Kollegium erfolgen, Köln RR **98**, 1143. Notfalls muß das Gericht die Beweisaufnahme nach § 398 wiederholen.

8   **B. Zweckdienlichkeit der Übertragung. I Hs 2 Z 1.** Eine Vernehmung an Ort und Stelle, wenn auch im Gerichtsbezirk, muß die Wahrheitsermittlung fördern können. Beim Haustermin muß das Gericht die Regeln § 219 Rn 6 beachten.

Beispiele: Das Gericht muß den Zeugen einem anderen, behinderten Zeugen nach § 394 II gegenüberstellen; er macht seine Aussage zweckmäßig im Anblick des Tatorts; nur dort kann man mit einer brauchbaren oder ehrlichen Aussage rechnen.

Natürlich darf und muß grundsätzlich auch das Prozeßgericht einen *Ortstermin* wahrnehmen, § 219. Es sollte das aber nur dann tun, wenn Aufwand und Nutzen in einem richtigen Verhältnis stehen. Das ist freilich recht häufig der Fall. Die örtliche Zuständigkeit liegt am Tatort usw, evtl auch dann im Ausland, wenn der Zeuge grenznah im Inland wohnt.

9   **C. Pflicht zur auswärtigen Vernehmung, I Hs 2 Z 1.** Der Zeuge muß nach gesetzlichen Vorschriften an einem anderen Ort zu vernehmen sein, § 382. Hier gilt das in Rn 6 Gesagte entsprechend. Für den Bundespräsidenten gilt II, für ein Parlaments- oder Regierungsmitglied § 382.

10   **D. Verhinderung, I Hs 2 Z 2.** Die Vorschrift gilt nur, wenn der Zeuge nicht per Videokonferenz zu hören ist, § 128a. Der Zeuge muß am Erscheinen verhindert sein, und zwar für längere Zeit, etwa durch Krankheit, hohes Alter oder Gehunfähigkeit. Der in der Wohnung zu vernehmende Zeuge darf den Zutritt grundsätzlich trotz seines Hausrechts wegen der Zeugnispflicht nach Üb 26 vor § 373 dem Gericht, den Parteien, den ProzBev und den zB für eine Gegenüberstellung erforderlichen Personen, auch dem Sachverständigen nicht verweigern. Andernfalls verweigert er das Zeugnis. Reisekosten sind kein Verhinderungsgrund, § 401. Das Gericht muß sie dem Zeugen evtl vorschießen, § 3 JVEG, Hartmann Teil V § 25 JVEG Anh I, II.

11   **E. Weite Entfernung, I Hs 2 Z 3.** Die Vorschrift gilt nur, wenn das Gericht den Zeugen nicht per Videokonferenz vernimmt, § 128a. Der Zeuge muß sich so weit vom Gerichtsort entfernt aufhalten, daß man ihm seine Vernehmung vor dem Prozeßgericht auch unter Berücksichtigung der Bedeutung seiner Aussage nicht zumuten kann. Ob das zutrifft, richtet sich nach der Lage des Falls, auch nach der Geschäftslage des Prozeßgerichts, Rn 6. Der ersuchte Richter darf die Vernehmung nur unter den Voraussetzungen § 158 GVG Rn 2–5 ablehnen. Zu würdigen sind: Die Bedeutung des Prozesses; die Bedeutung der Aussage; die Schwierigkeit der Beweisfragen; der Wert eines persönlichen Eindrucks vom Zeugen; andere Pflichten des Zeugen; sein Gesundheitszustand; die entstehenden Kosten; die bestehenden Verkehrsverbindungen. Ein Aufenthalt in demselben Landgerichtsbezirk bedeutet meist keine weite Entfernung, erst recht keine Entfernung von nur 4 km, Fischer MDR **93**, 838. Ein Aufenthalt nur in demselben OLG-Bezirk kann in einem Flächenland mit schlechteren Verkehrsverbindungen eine weite Entfernung bedeuten. Wegen der Reisekosten Rn 10. Wegen einer Vernehmung im Ausland §§ 363, 364.

12   **5) Voraussetzungen, I a.** Vgl zunächst Rn 5. Während I die Übertragung sowohl auf den sog vorbereitenden Richter (Mitglied des Prozeßgerichts) als auch auf einen verordneten Richter regelt, erfaßt I a nur den ersteren Richter. Er darf wie bei I dann auch im Bezirk eines auswärtigen Gerichts amtieren, § 166 GVG. In Abweichung von I brauchen bei I a nur die Bedingungen Rn 13, 14 zusammenzutreffen.

13   **A. Zweckdienlichkeit der Übertragung, I a Hs 1.** Die Vorschrift dient der Prozeßwirtschaftlichkeit, Grdz 14, 15 vor § 128. Die Übertragung muß „zur Vereinfachung der Verhandlung vor dem Prozeßgericht zweckmäßig erscheinen". Sie braucht also nicht gerade geboten zu sein, darf aber auch nicht nur unzweckmäßig sein. Es darf zwar durchaus auch um eine Arbeitsteilung und damit um eine Arbeitserleichterung für das Kollegium gehen. Dieser Zweck reicht aber nicht aus. Es muß vielmehr um der Sache willen eine Zweckmäßigkeit hinzukommen. Die Verhandlung vor dem Kollegium muß gerade infolge der Übertragung anschließend einfacher sein. Sie muß dort eben nicht in Wahrheit trotz Übertragung anschließend als genau so zeitraubend, mühsam oder streitig bevorstehen. Auch hierbei entscheidet das Prozeßgericht nach pflichtgemäßem Ermessen. Es kommt auch hier auf seine Sicht an und nicht allein auf die natürlich mitbeachtliche Sicht der übrigen Prozeßbeteiligen. So betrachtet kann man die Vorschrift durchaus sinnvoll nutzen, krit Baumgärtel DNotZ **92**, 270.

14   **B. Entbehrlichkeit unmittelbaren Eindrucks, I a Hs 2.** Zusätzlich zu der Voraussetzung Rn 13 („und") muß dieselbe Bedingung wie bei I Hs 1 erfüllt sein. Vgl dazu Rn 6, 7.

15   **6) Verfahren, I, II.** Vgl § 219 Rn 7 (Haustermin), § 357 Rn 6. Ein genaues Protokoll nach §§ 160 III Z 4, 162 ist stets erforderlich.

16   **7) Verstoß, I, II.** Ein Verstoß ist ein erheblicher Verfahrensmangel. Er ermöglicht evtl eine Ablehnung, Schneider JB **77**, 1341. Er ermöglicht außerdem Berufung oder Revision zum Zweck einer Zurückverweisung, Düss NJW **76**, 1103, aM Rasehorn NJW **77**, 792 (aber ein Verfahrensmangel birgt stets das Risiko einer Zurückverweisung). Es kommt zwar nach einer unbeschränkten Übertragung auf den Einzelrichter an ihn, Köln NJW **76**, 1101, andernfalls an das Kollegium, Dinslage NJW **76**, 1509. Dieses kann dann an den Einzelrichter verweisen. § 355 II steht nicht entgegen, Düss NJW **76**, 1104, Schneider DRiZ **77**, 15, aM Köln (8. ZS) NJW **77**, 250 (aber Verweisung ist etwas anderes als Anfechtbarkeit).

17   Zulässig ist eine *freibeweisliche* Verwertung, worauf es nicht auf den persönlichen Eindruck ankommt, Ffm FGPrax **98**, 62. Zulässig ist es ferner, auf das Rügerecht zu verzichten, § 295 I, BGH NJW **96**, 2735, BayObLG FamRZ **88**, 423 (auch mit Abweichungen zum FGG-Verfahren), KG VersR **80**, 654, aM Düss BB **77**, 1377, Köln OLGR **98**, 56 (aber der Rechtsmißbrauch im Einzelfall, den das Gericht nicht dulden darf, Einl III 54, ändert nichts am Grundsatz der Heilbarkeit).

Titel 7. Zeugenbeweis **§§ 375, 376**

Rechtsmißbrauch und daher unbeachtlich wäre ein systematisch erwirkter Rügeverzicht Einl III 54, Rn 3. **18**
Bei einer Rüge darf man im Rahmen von I Z 1–3 nur prüfen, ob das Gericht über deren Voraussetzungen hinaus das Vorliegen von § 375 bejaht hat. Man kann die Entscheidung des Gerichts nur zusammen mit seinem Endurteil anfechten. Der ersuchte Richter darf nicht schon deshalb die Rechtshilfe verweigern, weil sie unter Verstoß zB gegen I Z 3 beantragt worden sei, BAG NJW **01**, 2196.

8) Vernehmung des Bundespräsidenten, II. Sie erfolgt in seiner Wohnung, und zwar nach den **19** allgemeinen Vorschriften, da I Z 1 vorliegt. Präsidenten der deutschen Länder, die die frühere Fassung erwähnte, gibt es nicht, § 219 Rn 12.

9) *VwGO:* I *und* I a *sind nicht entsprechend anwendbar,* § 98 *VwGO, weil* § 96 II *VwGO keine Beschränkung* **20** *für den Zeugenbeweis enthält,* BVerwG Buchholz 310 § 96 Nr 29 *(jedoch ist* § 96 II *nach den Grundsätzen des* § 87 III 2 *VwGO anzuwenden,* BVerwG NJW **94**, 1975), *und die Beweiserhebung durch den Vorsitzenden bzw Berichterstatter in* § 87 III *VwGO abschließend geregelt ist.* II *gilt entsprechend,* § 98 *VwGO.*

376 *Vernehmung bei Amtsverschwiegenheit.* ¹ Für die Vernehmung von Richtern, Beamten und anderen Personen des öffentlichen Dienstes als Zeugen über Umstände, auf die sich ihre Pflicht zur Amtsverschwiegenheit bezieht, und für die Genehmigung zur Aussage gelten die besonderen beamtenrechtlichen Vorschriften.

II Für die Mitglieder des Bundestages, eines Landtages, der Bundes- oder einer Landesregierung sowie für die Angestellten einer Fraktion des Bundestages oder eines Landtages gelten die für sie maßgebenden besonderen Vorschriften.

III Eine Genehmigung in den Fällen der Absätze 1, 2 ist durch das Prozessgericht einzuholen und dem Zeugen bekanntzumachen.

IV Der Bundespräsident kann das Zeugnis verweigern, wenn die Ablegung des Zeugnisses dem Wohl des Bundes oder eines deutschen Landes Nachteile bereiten würde.

V Diese Vorschriften gelten auch, wenn die vorgenannten Personen nicht mehr im öffentlichen Dienst oder Angestellte einer Fraktion sind oder ihre Mandate beendet sind, soweit es sich um Tatsachen handelt, die sich während ihrer Dienst-, Beschäftigungs- oder Mandatszeit ereignet haben oder ihnen während ihrer Dienst-, Beschäftigungs- oder Mandatszeit zur Kenntnis gelangt sind.

Vorbem. Man muß zwischen Bundes- und Landesbeamten unterscheiden. **A**

A. Bundesbeamte. Für sie gelten, im wesentlich mit demselben Wortlaut wie § 39 I–IV BRRG idF der Bek v 31. 3. 99, BGBl 654, die §§ 61, 62 BBG idF der Bek v 31. 3. 99, BGBl 675 (die nach § 46 DRiG auf Richter im Bundesdienst entsprechend anwendbar sind). Abdruck des BBG bei Sartorius Nr 160 ff.

B. Landesbeamte. Für sie gilt als Rahmenvorschrift § 39 BRRG idF v 31. 3. 99, BGBl 654 (mit §§ 61, **B** 62 BBG fast wörtlich gleich). Die entsprechenden Bestimmungen der Beamtengesetze der Länder stimmen damit im wesentlichen überein (und sind nach den Landesrichtergesetzen auf Richter im Landesdienst entsprechend anwendbar). Die nachfolgend verzeichneten Änderungen beziehen sich nur auf die einschlägigen Einzelvorschriften).
Baden-Württemberg: §§ 79, 80 LBG idF v 19. 3. 96, GBl 285, sowie § 8 LRiG idF v 22. 5. 00, GVBl 503;
Bayern: Art 69, 70 BayBG idF v 17. 11. 78, GVBl 832, sowie Art 2 BayRiG v 11. 1. 77, GVBl 27, geändert durch G v 11. 5. 87, GVBl 149;
Berlin: §§ 26, 27 LBG idF v 19. 5. 03, GVBl 203, zuletzt geändert am 23. 6. 05, GVBl 335, sowie BlnRiG v 27. 4. 70, GVBl 642, geändert durch G v 20. 2. 79, GVBl 368;
Brandenburg: G v 24. 12. 92, GVBl 506;
Bremen: §§ 61, 62 BreBG v 8. 5. 73, GBl 132, zuletzt geändert durch G v 28. 6. 05, GBl 308, sowie § 4 BreRiG v 15. 12. 64, GVBl 187;
Hamburg: §§ 65, 66 HbgBG idF v 29. 11. 77, GVBl 367, sowie § 4 HbgRiG v 15. 6. 64, GVBl 109;
Hessen: §§ 75, 76 HessBG v 16. 2. 70, GVBl 110, geändert durch G v 11. 1. 89, GVBl 26, sowie § 2 HessRiG v 19. 10. 62, GVBl 455;
Mecklenburg-Vorpommern: G v 12. 7. 98, GVBl 708;
Niedersachsen: §§ 68–70 NdsBG v 19. 2. 01, GVBl 33, sowie NdsRiG v 14. 12. 62, GVBl 265;
Nordrhein-Westfalen: §§ 64, 65 NRWBG v 1. 5. 82, GVBl 234, sowie § 4 NRWRiG v 29. 3. 66, GVBl 217;
Rheinland-Pfalz: § 70 RhPfBG v 14. 7. 70, GVBl 242, sowie RhPfRiG v 16. 3. 75, GVBl 117;
Saarland: §§ 74, 75 SaarlBG v 1. 9. 71, ABl 613, zuletzt geändert durch G v 26. 1. 94, ABl 94, sowie SaarlRiG v 1. 4. 75, ABl 566;
Sachsen: ErnennungsAnO v 24. 10. 91, GVBl 381;
Sachsen-Anhalt: G v 14. 5. 91, GVBl 61, zuletzt geändert am 28. 6. 05, GVBl 316;
Schleswig-Holstein: §§ 77, 78 LBG idF v 3. 3. 00, GVBl 218, sowie § 6 LRiG v 21. 5. 71, GVBl 300;
Thüringen: G v 17. 7. 91, GVBl 217.

Schrifttum: *Brenner,* Der Einfluß von Behörden auf die Einleitung und den Ablauf von Zivilprozessen, 1989; *Jansen,* Geheimhaltungsvorschriften in Prozeßrecht, Diss Bochum 1989; *Kube/Leineweber,* Polizeibeamte als Zeugen und Sachverständige, 1980; *Ziegler,* Die Aussagegenehmigung im Beamtenrecht, 1989.

§ 376 Buch 2. Abschnitt 1. Verfahren vor den LGen

Gliederung

1) Systematik, I–V	1	5) Genehmigung, III		8–13
2) Regelungszweck, I–V	2, 3	A. Allgemeines		8
3) Sachlicher Geltungsbereich, I–V	4	B. Verfahren		9–13
4) Persönlicher Geltungsbereich: Notwendigkeit der Genehmigung, I, II, V	5–7	6) Bundespräsident, IV		14
		7) Angehöriger der Streitkräfte, I–V		15
		8) *VwGO*		16

1 **1) Systematik, I–V.** Die Vorschrift wird durch die in Vorbem A, B genannten Bestimmungen ergänzt. Zu ihr bildet beim Sachverständigenbeweis § 408 II das Gegenstück. § 376 paßt das Verfahrensrecht im Interesse des Schutzes der dem Staat dienenden Geheimnisse dem Beamtenrecht an, nicht umgekehrt. Die Vorschrift enthält Einschränkungen der Befugnis des Prozeßgerichts bei der Beweiserhebung nur über eine bei der Amtsausübung bekanntgewordene Tatsache. Sie enthält damit scheinbar auch eine Einschränkung des wichtigen Grundsatzes der Freiheit der Beweiswürdigung, §§ 286, 287. In Wahrheit bleibt er jedoch eingeschränkt bestehen, sofern der Richter die Verweigerung einer Aussagegenehmigung zurückhaltend kritisch würdigt. Wegen des Vernehmungsorts gilt § 382.

Man muß eine Genehmigung zur Vernehmung von dem *Zeugnisverweigerungsrecht* unterscheiden. Über das letztere §§ 383 ff. Die ausnahmsweise Zeugnispflicht aus § 385 macht eine etwa notwendige Genehmigung nicht entbehrlich.

2 **2) Regelungszweck, I–V.** Der Schutz der Ersten oder Zweiten vor der Dritten Gewalt ist problematisch, vor allem wegen der Übertragung der Aussagegenehmigung auf jene anderen Gewalten. Er läßt sich aber praktisch nicht immer vermeiden. Er findet sich daher in allen Prozeßordnungen, §§ 46 ArtGG, 54 StPO, 98 VwGO. Man muß ihre Anwendung weder zu strenge noch zu großzügige Auslegung angemessen respektieren. Die Freiheit der Beweiswürdigung und damit auch der kritischen Mitbeachtung der Haltung der Genehmigungsstelle bleibt ungeachtet der Grenzen Rn 6 nach § 286 bestehen.

3 Die *Fürsorgepflicht des Gerichts* nach Einl III 27 erstreckt sich auch auf die Einhaltung der Bedingungen und Grenzen der Herbeiführung und Auswertung der Aussage eines solchen Zeugen, der unter Rn 4, 5 fällt oder auch nur fallen könnte. Der Umstand, daß die Zweite Gewalt entscheidet, ob und wozu der Zeuge aussagen darf, entbindet den Richter nicht von der Mitverantwortung bei der Klärung, ob überhaupt und durch wen eine solche Entscheidung erforderlich ist. Dazu kann es gehören, das Beweisthema genau und umfassend in dem ja in solcher Lage schon wegen § 376 praktisch nach § 358 stets notwendigen Beweisbeschluß zu formulieren, um der Behörde Rückfragen zu ersparen und eine von den Beteiligten hinnehmbare Entscheidung zur Aussagegenehmigung zu erreichen. Solches Vorgehen dient auch der Prozeßwirtschaftlichkeit nach Grdz 14 vor § 128 und damit trotz anfänglich etwas mehr Mühe dann doch auch der Arbeitsverringerung des Gerichts. Auch das ist bei der Handhabung mitbeachtlich.

4 **3) Sachlicher Geltungsbereich, I–V.** Vgl Üb 3 ff vor § 373.

5 **4) Persönlicher Geltungsbereich: Notwendigkeit der Genehmigung, I, II, V.** Maßgebend ist das deutsche Recht. Zur früheren DDR Rein/Hilger DtZ **93**, 261 (Üb). Wegen der EU vgl die VO v 29. 2. 68, ABl EG Nr L 56 S 1 (wie § 61 BBG). Eine Genehmigung zur Aussage als Zeuge brauchen Richter, ehrenamtliche Richter, Beamte aller Arten auch auf Widerruf, Probe, Zeit usw und andere Personen des öffentlichen Dienstes, also auch solche, die nicht Beamte im staatsrechtlichen Sinne sind, LG Gött RR **03**, 117 (Sparkassenangestellter), aM BayObLG NJW **90**, 1857, StJBe 37 (aber nur durch weite Auslegung lassen sich Regelungslücken vermeiden. Sie wären unverständlich). Unter I fallen die Beamten usw des Bundes, Beamten usw der Länder, der Kommunen, der Gemeindestände, der einer staatlichen Aufsicht unterstellten Körperschaften, Anstalten und Stiftungen des öffentlichen Rechts, § 2 I BBG, also auch Kirchenbeamte, ferner Schiedsrichter, Mitglieder eines Ehrengerichts. Für die Vernehmung gehören hierher auch die im Vorbereitungsdienst beschäftigten Beamten.

Notare, Notarvertreter und Notarverweser brauchen eine Befreiung durch die Beteiligten. Wenn diese verstorben sind oder wenn man die Befreiung nur mit unverhältnismäßigen Schwierigkeiten erlangen kann, erteilt der Präsident des LG die Aussagegenehmigung, §§ 18, 92 Z 1 BNotO, und zwar auch auf Grund des Antrags einer Prozeßpartei, Köln DNotZ **81**, 717. Eine sonstige Genehmigung brauchen sie nicht. Denn sie sind keine Beamten.

6 *Nicht hierher gehören* Ehrenbeamte wie Schöffen, ehrenamtliche Richter der Arbeitsgerichte, vgl aber auch § 383 Rn 8, 9, ferner nicht ausländische Beamte. Für die Angestellten und Arbeiter im öffentlichen Dienst regeln die Tarifverträge die Schweigepflicht. Das gilt zB für die Angestellten des Bundes und der Länder in § 9 BAT, für Arbeiter des Bundes und der Länder in § 11 des jeweiligen Manteltarifvertrages für Arbeiter, und für Soldaten.

7 Bei den Mitgliedern des *Bundestages*, eines *Landtages*, den Mitgliedern der *Bundes- oder der Länderregierungen*, also dem Bundeskanzler und den Bundesministern nach Art 62 GG sowie den *Angestellten einer Fraktion* des Bundestages oder eines Landtages gelten nach *II* die für sie maßgebenden besonderen Vorschriften, zB Art 47 GG, abgedruckt bei § 383, ferner § 382, § 383 Rn 8. Im übrigen gelten §§ 6, 7 BMinG (die Bundesregierung erteilt die Aussagegenehmigung). Nach dem Ausscheiden aus dem Amt gelten I–IV unter der Voraussetzungen V ebenfalls, also auch, wenn sich die fraglichen Tatsachen während der aktiven Dienstzeit usw ereignet haben oder dem Betroffenen während dieser Zeit zur Kenntnis gekommen sind. Wegen der Vorgänge bei Beratung und Abstimmung Üb vor § 192 GVG.

8 **5) Genehmigung, III.** Ihre Erteilung erfolgt oft erstaunlich „großzügig".

A. Allgemeines. Über die Versagungsgründe § 61 BBG. Die Entscheidung über die Genehmigung ist ein Verwaltungsakt. Das Gericht darf ihn grundsätzlich nach vielfacher Ansicht in keiner Weise nachprüfen, Rn 8, 9, Hamm MDR **77**, 849. Ausnahmen: Rn 8, 9. Diese Regelung ist allerdings wegen Artt 97, 101 I

Titel 7. Zeugenbeweis §§ 376, 377

GG problematisch. Die betroffene Partei kann aber vor dem VG klagen, Hamm MDR **77**, 849. Dem Gericht steht eine solche Möglichkeit nicht offen. Das Gericht muß evtl der Partei eine Frist nach § 356 setzen, Hamm MDR **77**, 849. Es muß den Rechtsstreit evtl auch aussetzen, § 148, Zweibr MDR **95**, 202, EF § 98 VwGO Rn 4, § 111 BNotO. § 286 bleibt anwendbar, Rn 1.

Eine Genehmigung ist in den Fällen *entbehrlich*, in denen der *Fiskus Beweisführer* ist und die vorgesetzte Dienststelle des Beamten den Fiskus im Prozeß vertritt. Wer die vorgesetzte Stelle ist, das richtet sich nach dem in Betracht kommenden Staatsrecht, vgl auch die Vorbemerkung. Dasselbe gilt für die Frage, wer bei einem Wechsel der Dienststellung die Genehmigung erteilen muß. Beim Ausgeschiedenen ist der letzte Dienstherr zuständig, hilfsweise beim Bundesbeamten usw der Bundesinnenminister, Art 13 G v 28. 11. 52, BGBl 749. Eine Versagung der Genehmigung ist der obersten Aufsichtsbehörde vorbehalten, § 62 IV BBG. Das Verbot einer mündlichen Aussage erstreckt sich nicht stets auf die Erteilung einer schriftlichen Auskunft, Üb 25 vor § 402, BGH NJW **79**, 268. Bis zur Vorlage einer das Beweisthema deckenden Genehmigung besteht ein Vernehmungsverbot. Vor etwaigen Zusatzfragen muß das Gericht evtl eine Zusatzgenehmigung einholen. Freilich darf und muß das Gericht den Umfang der bisherigen Genehmigung vernünftig auslegen, Rn 1, wie bei Einl III 35 ff. Ein Verwertungsverbot der unter Verstoß gegen § 376 gemachten Aussage besteht nicht.

B. Verfahren. Das Prozeßgericht muß die Genehmigung einholen und dem Zeugen bekanntgeben, III. **9** Der nach §§ 361, 362 verordnete Richter ist dazu nicht zuständig. Die Einholung erfolgt schon vor der Zeugenladung. Denn nur diese Reihenfolge ist prozeßwirtschaftlich, Grdz 14, 15 vor § 128. Bei einem Rechtshilfeersuchen eines ausländischen Gerichts holt das ersuchte Gericht die Genehmigung ein. Die Genehmigung wird zusammen mit der Ladung bekanntgegeben. Andernfalls braucht der Zeuge nicht zu erscheinen, wenn er das Zeugnis schriftlich verweigert, § 386 III. Das Gericht muß die Genehmigung einholen, sobald die Aussage auch nur möglicherweise unter die Amtsverschwiegenheit fällt. Das muß man grundsätzlich bei jeder Aussage über dienstliche Vorgänge erwarten.

Der *Beamte muß* sein Weigerungsrecht aber auch *selbst prüfen* und im Zweifel selbst eine Entscheidung **10** seiner vorgesetzten Dienstbehörde einholen. Er hat insofern zumindest eine Obliegenheit. Ein Verstoß kann Rechtsfolgen nach § 380 auslösen. Die Genehmigung kann nicht von der Beachtung des Beratungsgeheimnisses nach §§ 43, 45 I 2 DRiG usw befreien.

Das alles gilt auch bei der Vernehmung eines *Polizeibeamten*, zB zu einem Verkehrsunfall. Die etwaige **11** „Entbindung" durch die Partei(en) befreit ihn noch nicht von der Schweigepflicht, die er über alle Dienstvorgänge als Teil seiner ihm vom Dienstherrn auferlegten und daher nur von diesem wirksam zu lösenden Dienstpflicht eingegangen ist. Man kann also keineswegs stets von einer allgemeinen Genehmigung sprechen, gar von einer etwa vor dem Eintritt des historischen Vorgangs des Sachverhalts erteilten stillschweigenden. Sie wäre bei Erteilung „im voraus" auch überhaupt nicht mit der Fürsorgepflicht des Dienstherrn vereinbar. Diese Fürsorgepflicht zwingt nämlich zu einer Einzelfallprüfung. Die Anwendbarkeit der besonderen beamtenrechtlichen Vorschriften nach I bedeutet auch natürlich nicht, daß das Gericht auch an diejenige Auslegung gebunden wäre, die der Dienstherr des Beamten diesen Vorschriften gibt. Auch das wäre mit Art 97 I GG unvereinbar.

Deshalb ist eine selbst zB vom obersten Dienstherrn durch Erlaß von vornherein für künftige Fälle **12** *allgemein mitgeteilte Rechtsansicht* unhaltbar, eine Aussagegenehmigung sei „nicht erforderlich" oder nur unter besonderen etwa noch dazu dem untergeordneten Beamten zur Prüfung überlassenen Umständen notwendig oder auch nur zulässig. Das wäre mit dem vorrangigen Gesetz unvereinbar. Es wäre daher für das Gericht keine bereits im Einzelfall bindende, wirksame Genehmigung. Darauf darf und muß das Gericht hinweisen. Es muß dann evtl nach Rn 6, 7, 9 verfahren.

Die Erteilung der *Genehmigung* gilt mangels abweichenden Inhalts für alle Rechtszüge. Sie gilt aber nur in **13** diesem Prozeß, freilich auch für abgetrennte Teile usw. Sie gilt also nicht in einem Parallelverfahren, auch nicht im Prozeß auf Grund einer weiteren Teilklage. Die Verweigerung der Genehmigung ohne eine ausdrückliche Beschränkung auf diese Instanz ist auch für die nächste Instanz verbindlich. Daher ist ein neuer Vernehmungsantrag unbeachtlich, sofern die nächste Instanz nun nicht doch noch mit einer Genehmigung rechnen kann. Im Zweifel muß sich das Gericht insoweit erkundigen, § 273.

6) Bundespräsident, IV. Er darf das Zeugnis verweigern, soweit IV nach seinem nicht nachprüfbaren **14** Ermessen zutrifft, etwa bei § 68 GG.

7) Angehöriger der Streitkräfte, I–V. Wegen der Soldaten der Bundeswehr § 14 SoldatenG. Wegen **15** der Einholung der Genehmigung in besonderen Fällen bei den Angehörigen der ausländischen Streitkräfte Art 38 ZAbkNTrSt, SchlAnh III.

8) VwGO: Entsprechend anzuwenden, § 98 VwGO, Ey § 98 Rn 7, RedOe § 98 Anm 5. **16**

377 *Zeugenladung.* ¹ ¹ Die Ladung der Zeugen ist von der Geschäftsstelle unter Bezugnahme auf den Beweisbeschluss auszufertigen und von Amts wegen mitzuteilen. ² Sie wird, sofern nicht das Gericht die Zustellung anordnet, formlos übermittelt.

II Die Ladung muss enthalten:
1. die Bezeichnung der Parteien;
2. den Gegenstand der Vernehmung;
3. die Anweisung, zur Ablegung des Zeugnisses bei Vermeidung der durch das Gesetz angedrohten Ordnungsmittel in dem nach Zeit und Ort zu bezeichnenden Termin zu erscheinen.

III ¹ Das Gericht kann eine schriftliche Beantwortung der Beweisfrage anordnen, wenn es dies im Hinblick auf den Inhalt der Beweisfrage und die Person des Zeugen für ausreichend erachtet.

§ 377

²Der Zeuge ist darauf hinzuweisen, dass er zur Vernehmung geladen werden kann. ³Das Gericht ordnet die Ladung des Zeugen an, wenn es dies zur weiteren Klärung der Beweisfrage für notwendig erachtet.

Vorbem. I 2 geändert dch Art 1 Z 30 JKomG v 22. 3. 05, BGBl 837, in Kraft seit 1. 4. 05, Art 16 I JKomG, ÜbergangsR Einl III 78.

Schrifttum: *Koch,* Die schriftliche Zeugenaussage gemäß § 377 Abs. III ZPO usw, Diss Köln 1996.

Gliederung

1) Systematik, I–III	1	A. Grundsatz: Ermessen	8
2) Regelungszweck, I–III	2	B. Rechtsnatur: Zeugenaussage	9
3) Geltungsbereich, I–III	3	C. Ausreichen einer schriftlichen Erklärung, III 1	10
4) Form und Zeitpunkt der Ladung, I	4–6	D. Unzulässigkeit, III 1	11
A. Wohnsitz im Inland	4	E. Verfahren, III 2, 3	12–15
B. Wohnsitz im Ausland	5	**7) Verstoß, I–III**	16
C. Einzelfragen	6	**8) Rechtsbehelfe, I–III**	17
5) Inhalt der Ladung, II	7	**9)** *VwGO*	18
6) Schriftliche Anhörung, III	8–15		

1 **1) Systematik, I–III.** Die Vorschrift enthält in I mehr formelle, in II, III inhaltliche Regelungen für das Stadium zwischen Beschlußfassung und Beweisaufnahme. Sie geht allgemeinen Ladungsvorschriften im Zweifel vor. III wird durch §§ 130 a, 378 ergänzt. Eine Ladung ist nicht stets Bedingung der Vernehmung und Verwertung. Der gestellte, zitierte oder sonstwie zufällig anwesende bzw herbeirufbare Zeuge bleibt zulässig, Rn 4.

2 **2) Regelungszweck, I–III.** Das Gericht soll alle Prozeßbeteiligten eindeutig über Art, Ort und Zeit sowie voraussichtlichen Inhalt der Beweisaufnahme informieren, damit diese möglichst zur Entscheidungsreife führt, §§ 272, 300 Rn 6. Notfalls sollen die Ordnungsmittel nach § 380 einsetzbar sein. Damit dient die Vorschrift auch der Prozeßförderung nach Grdz 12 vor § 128 und der Prozeßwirtschaftlichkeit, Grdz 14 vor § 128. Auch III soll die Arbeit erleichtern. Man muß die Vorschrift daher aus prozeßwirtschaftlichen Erwägungen weit auslegen, Grdz 14, 15 vor § 128.

Prozeßleitend nach § 273 II Z 4, III darf und soll sich der Richter knapper fassen. Es ist ja sogar eine Ladung durch einen Anruf beim Zeugen oder einem seiner Mitarbeiter oder über einen ProzBev erlaubt. Sie ist ja sogar im Anwaltsprozeß über eine Partei persönlich in geeigneter Lage sinnvoll oder besonders notwendig, wenn zB der Zeuge in kürzester Zeit endgültig ins Ausland verreisen will usw. Auch bei „normaler" Ladung nebst Beweisbeschluß mag etwa eine Kurzfassung des Beweisthemas durchaus ausreichen, etwa „zum Unfall vom ... um ... Uhr", wenn keine Verwechslung infrage kommt. Einführungsvermögen in Person und Lage des Zeugen hilft, die Ladung gesetzmäßig zu halten. Der Zeuge muß sich vorbereiten können. Er muß auch abwägen können, ob sein vom BVerfG bestätigtes Bürgerrecht auf Wahl der Urlaubszeit und des Urlaubsziels nach eigenem Gutdünken ihn zum Antrag auf Verschiebung des Vernehmungstermins usw berechtigt. Diese Erwägungen sind schon bei der Abfassung der Ladung und ihrer Übermittlungsart miterheblich.

3 **3) Geltungsbereich, I–III.** Vgl Üb 3 ff vor § 373. Im arbeitsgerichtlichen Verfahren gilt statt I der leicht abweichende § 58 II ArbGG. III ist im FGG-Verfahren entsprechend anwendbar, Köln FGPrax 04, 79.

4 **4) Form und Zeitpunkt der Ladung, I.** Sie kann formlos und ohne jede Frist geschehen. Sie sollte aber oft besser auf Grund besonderer Anordnung des Vorsitzenden förmlich erfolgen. Sie muß auch bei § 372 a „eigentlich" durch das Prozeßgericht geschehen. Sie darf auch dann nicht durch den Sachverständigen erfolgen (letzteres geschieht oft in der Praxis), Brdb FER **01**, 130. Zwar gibt es beim Zeugen keine Ladungsfrist. Denn § 217 meint nur die Parteien. Indessen darf das Gericht den Zeugen trotz seiner Staatsbürgerpflicht zum Erscheinen nicht unzumutbar überfallen. Das Gericht muß Fingerspitzengefühl entwickeln, wenn es um eine sehr knappe Zeitspanne zwischen Ladung und Termin geht. Das Gericht muß Artt 1, 2, 12 GG beachten. Zumindest kann bei zu knapper Ladungszeit § 381 anwendbar sein, Rn 16.

A. Wohnsitz im Inland. Das Gericht muß die als notwendig erkannte Ladung eines Zeugen von Amts wegen veranlassen, §§ 166 ff. Die Parteien können einen Zeugen gestellen, dh ihn veranlassen, freiwillig zu erscheinen, ihn sistieren, ihn aber nicht laden (anders § 220 StPO). Eine öffentliche Zustellung nach §§ 185 ff ist unzulässig. Wegen der Ladung von Angehörigen der ausländischen Streitkräfte usw Art 37 ZAbkNTrSt, SchlAnh III. Einige fremde Konsuln haben nach Staatsverträgen oder nach der Meistbegünstigungsklausel das Recht, in ihrer Wohnung oder schriftlich vernommen zu werden, nämlich die Konsuln von Argentinien, Belgien, Bolivien, Bulgarien, Finnland, Frankreich, Großbritannien, Griechenland, Honduras, Italien, Japan, Luxemburg, Nicaragua, Paraguay, Salvador, Schweden, Siam, Sowjetunion, Spanien, Südafrika, Türkei, Ungarn, Vereinigte Staaten von Amerika.

5 **B. Wohnsitz im Ausland.** Das Gericht sollte einen im Ausland wohnenden Zeugen im allgemeinen nicht durch eine formell zulässige Rechtshilfe-Zustellung nach §§ 183, 184 laden. Denn das verspricht meist keinen Erfolg. Ein Ordnungsmittel nach § 380 ist hier ohnehin unzulässig. Es bleibt oft nur die Vernehmung im Ausland nach § 363, Anh § 363 möglich, Hamm RR **88**, 703, soweit sie ihrerseits überhaupt durchführbar ist, Hamm RR **88**, 703 (damals noch nicht wieder in Polen). Wegen einer schriftlichen Aussage im Ausland III sowie § 363 Rn 1. Wegen des EU-Auslands §§ 1066 ff.

6 **C. Einzelfragen.** Wegen eines Vorschusses gelten § 379 sowie § 17 GKG. Eine besondere Ladungsform ist an sich nicht erforderlich, Rn 4, § 329 Rn 28. Daher genügt auch das Telefon. Eine förmliche Zustellung erfolgt aber, wenn das Prozeßgericht oder der verordnete Richter sie besonders anordnen, etwa in einem Eilfall oder beim Anlaß zu der Annahme, der Zeuge werde sich der Vernehmung entziehen wollen. Freilich

Titel 7. Zeugenbeweis § 377

gibt in solcher Situation regelmäßig auch ein Einschreibebrief mit Rückschein eine genügende Gewähr, soweit es nicht auf den genauen Zugangszeitpunkt ankommt.

Im übrigen steht es dem Gericht frei, Zeugen auch ohne besondere Umstände förmlich laden zu lassen, zB um sie vor einem Beschluß nach § 380 zu schützen oder zu klären, ob die Anschrift stimmt. Das Gericht handelt nach pflichtgemäßem *Ermessen,* das es nicht in der Ladungsanordnung zu begründen braucht.

Insgesamt ist eine *förmliche Zustellung* nach § 168 I 1 recht häufig ratsam. Bei ihr kann das Gericht ja sofort aus der Akte ersehen, ob, wann und ob unter einer den §§ 178 ff entsprechenden Weise der Zeuge die Ladung erhalten hat. Diese Ladungsform ist auch als praktischer Regelfall durchaus zulässig. Das gilt vor allem in Urlaubszeiten oder bei einer Überlastung des Gerichts. Dieser Weg ermöglicht beim Ausbleiben eher, wenigstens zunächst nach § 380 vorzugehen und auch dadurch zur Prozeßbeschleunigung beizutragen. Das Gericht darf sehr wohl aus diesen Erwägungen und darauf bestehen, eine auch den §§ 178 ff entsprechende volle Zeugenanschrift zu erhalten, § 356 Rn 4.

Das Gericht braucht sich *nicht* damit abspeisen zu lassen, es dürfe ja auch nach I 1 und damit zB unter der Anschrift des *privaten Arbeitgebers* laden, LG Hagen MDR **84**, 1034. Hat das Gericht objektiv überflüssigerweise eine Beweisthema angeordnet, so sind die diesbezüglichen Auslagen deshalb auch keine unrichtige Sachbehandlung im Sinn von § 21 GKG, solange die Maßnahme jedenfalls nicht schlechthin unnötig war. Den Minderjährigen oder eine juristische Person usw lädt das Gericht zu Händen des oder der gesetzlichen Vertreter (einer genügt), § 170 I, III.

5) Inhalt der Ladung, II. Die Ladung muß auf den Beweisbeschluß oder zumindest im Fall des § 273 II **7** Z 4 auf das Beweisthema Bezug nehmen, Ffm AnwBl **85**, 207. Sie muß ferner die Parteien nach § 253 Rn 22 und den Gegenstand der Vernehmung angeben und zum Erscheinen im Saal des Prozeßgerichts oder des verordneten Richters auffordern, § 375 Rn 5. Bei einem Ortstermin muß sie zum dortigen Erscheinen auffordern, § 219 Rn 5, beim Haustermin zum Sich-Bereithalten dort, § 219 Rn 7, § 375 Rn 19. Sie muß einen Hinweis auf die etwaige Notwendigkeit von Ordnungsmitteln enthalten, § 380. Z 1–3 sind wesentlich. Wenn das Gericht sie nicht beachtet, darf es keine Ordnungsmittel verhängen, Ffm MDR **79**, 236. Beim Gegenstand der Vernehmung genügt allerdings meist eine ungefähre stichwortartige Angabe. Der Zweck der Mitteilung liegt darin, dem Zeugen eine ausreichende Vorbereitung zu ermöglichen, Reinecke MDR **90**, 1062. Die Übermittlung des auch auszugsweisen Beweisbeschlusses kann notwendig, aber auch unzweckmäßig sein, etwa dann, wenn der Zeuge dadurch befangen werden könnte, Reinecke MDR **90**, 1061.

6) Schriftliche Anhörung, III. Das Gericht sollte sie zB beim Arzt öfter zulassen. **8**

A. Grundsatz: Ermessen. Das Gericht darf eine schriftliche Zeugenaussage nach pflichtgemäßem Ermessen anordnen, Köln FGPrax **04**, 79. Es sollte das aber nur zurückhaltend tun. Diese Art der Beweisaufnahme stellt bereits zwecks Prozeßwirtschaftlichkeit nach Grdz 14 vor § 128 eine Ausnahme vom Grundsatz der Unmittelbarkeit der Beweisaufnahme nach § 355 dar, LG Gießen MDR **96**, 200. Bei ihr fehlen der persönliche Eindruck und der heilsame Einfluß der Parteiöffentlichkeit, § 357, BPatG GRUR **78**, 359. Die Erfahrung lehrt überdies immer wieder, wie sehr sich die Darstellung wie die Glaubwürdigkeit eines Zeugen in Rede und Gegenrede im Termin in beiden Richtungen ändern können, ohne daß man damit vorher rechnen mußte. Hinzu kommt es nicht nur ausnahmsweise auf die Belastung des Gerichts oder gar des Zeugen an, selbst wenn er glaubhaft zeitlich überlastet ist. Das Gericht muß prüfen, ob es mit einer einigermaßen selbständigen Abfassung der Erklärung durch den Zeugen rechnen kann. Zur Dogmatik krit Stadler ZZP **110**, 137. Wegen der Grenzen der Möglichkeiten nach III bei einem Auslandsbezug BGH NJW **84**, 2039.

Die schriftliche Zeugenaussage besteht in der schriftlichen *Beantwortung der Beweisfrage.* Eine eidesstattliche Versicherung ist nicht mehr notwendig. Sie ist aber natürlich dem Zeugen erlaubt, Rn 15. Das Gericht sollte sie freilich keineswegs auch nur anregen oder anheimgeben. Denn es darf nicht den Anschein eines unzulässigen Drucks geben, obwohl es den Zeugen natürlich vorladen und dann grundsätzlich sogar beeidigen kann. Wenn eine eidesstattliche Versicherung fehlt oder nicht die ganze Bekundung deckt, dann fehlt nicht etwa eine Zeugenaussage.

B. Rechtsnatur: Zeugenaussage. Eine ordnungsgemäße schriftliche Aussage nach III ist Zeugenaussage, nicht Urkundenbeweis, Schultze NJW **77**, 412. Eine nicht ordnungsgemäße schriftliche Aussage ist kein Ersatz für eine Aussage im Verfahren nach III, ZöGre 11, aM Kblz MDR **94**, 410 (aber III setzt nun einmal eine einwandfreie Form voraus). Das Gericht darf und muß sie nach § 286 frei würdigen. Es kann sie nach §§ 415 ff urkundenbeweislich verwerten, falls die Partei zustimmt. Das gilt aber nicht dann, wenn die Partei die Vernehmung des Zeugen beantragt, § 286 Rn 69, Hbg VersR **90**, 610, KG BB **75**, 849. Eine spätere mündliche Vernehmung im Anschluß an eine ordnungsmäßige schriftliche Aussage ist eine wiederholte Vernehmung im Sinn von § 398. Das Gericht darf eine solche mündliche Vernehmung immer anordnen, wenn es das zur weiteren Klärung der Beweisfrage für notwendig hält, III 3. Es hat dabei ebenfalls ein pflichtgemäßes weites Ermessen. Es muß aber dabei das Fragerecht der Parteien nach § 397 mitbeachten. Freilich zwingt diese Vorschrift nicht unbedingt zur Zulassung mündlicher, sondern nur zu derjenigen schriftlicher Fragen, § 397 Rn 6.

Eine etwa abgegebene *eidesstattliche Versicherung* der Richtigkeit der schriftlichen Aussage nach § 294 Rn 6 ersetzt dann nicht eine Beeidigung. Wenn das Gericht den Zeugen unbedingt zur Vernehmung lädt, dann kann es nicht auch eine schriftliche Aussage verlangen. Wohl aber kann das Gericht den Zeugen zB für den Fall laden, daß nicht innerhalb einer zu bestimmenden Frist eine schriftliche Aussage eingeht. Es muß eine schriftliche Aussage kritischer würdigen als die mündliche. Die Anordnung wie die Ausführung der schriftlichen Aussage sind vor der mündlichen Verhandlung zulässig, § 358 a Z 3. Sie setzt immer eine bereits eingetretene Beweisbedürftigkeit voraus, Einf 4 vor § 284.

C. Ausreichen einer schriftlichen Erklärung, III 1. Das Gericht muß im Hinblick auf die Beweisfrage **10** und die Person des Zeugen eine schriftliche Beantwortung der Beweisfrage für ausreichend halten können.

§ 377   Buch 2. Abschnitt 1. Verfahren vor den LGen

Dabei muß es alle Umstände würdigen, zB den Bildungsgrad des Zeugen, seine persönliche Zuverlässigkeit, die Schwierigkeit der Beweisfrage, die etwaige Notwendigkeit eines Vorhalts, § 396 II, III, etwaige Parteifragen, § 397, einer Gegenüberstellung nach § 394 II oder einer Beeidigung nach §§ 478 ff. Eine Gerichtserfahrung ist nicht notwendig, ebensowenig von vornherein Volljährigkeit. Das Gericht muß einen vollwertigen Ersatz einer mündlichen Aussage erwarten können, LG Gießen MDR **96**, 200. Im Kindschaftsprozeß nach §§ 640 ff darf das Gericht eine schriftliche Aussage wegen des Amtsermittlungsprinzips nach Grdz 38 vor § 128 auch ohne eine solche Erwartung anordnen. Bei einem Arzt, der ja oft durch Sprechstunde usw belastet ist, empfiehlt sich III. Freilich hält sich der Arzt leider manchmal nicht an dieses „Angebot". Das Gericht muß ihn dann doch noch laden, Rn 15.

Eine *Zustimmung* der Parteien ist nicht erforderlich. Sie ist aber natürlich meist hilfreich. Sie kann die pflichtgemäße Abwägung des Gerichts allerdings nicht ersetzen. Wenn eine Partei später die mündliche Vernehmung des Zeugen beantragt, so ist das ein Antrag auf eine wiederholte Vernehmung, Rn 6.

11   **D. Unzulässigkeit, III 1.** Unzulässig ist eine schriftliche Anhörung, solange noch keine streitige Einlassung des Gegners vorliegt oder wenn der Zeuge zeugnisunfähig ist, Üb 11 vor § 373. Wenn der Zeuge vielleicht einen Zeugnis- oder Eidesverweigerungsgrund hat, muß ihn das Gericht ihn darüber schriftlich belehren, soweit das ausreicht. Andernfalls muß es ihn vorladen. Im Ehe- und Kindschaftsverfahren nach §§ 606 ff, 640 besteht kein Verbot. Denn ein Verzicht auf eine Beeidigung im Sinne von § 617 liegt nicht vor. Aber in diesem Verfahren sollte das Gericht eine schriftliche Anhörung noch zurückhaltender vornehmen als sonst. In der Regel empfiehlt sie sich nicht. Eine Ausdehnung der Einschränkung auf die Amtsverfahren nach Grdz 38 vor § 128 oder auf alle nach Grdz 39 vor § 128 von Amts wegen zu beachtenden Punkte ist nicht notwendig.

12   **E. Verfahren, III 2, 3.** Die Anordnung der schriftlichen Anhörung erfolgt durch das Prozeßgericht, nicht durch den nach §§ 361, 362 verordneten Richter. Dieser muß seinen Auftrag so erledigen, wie das Prozeßgericht es ihm vorschreibt, § 158 GVG. Das Gericht darf auch mithilfe einer Umfrage arbeiten, BGH NJW **97**, 2817. Sie darf nicht die bessere Aussage durch die schlechtere ersetzen. Die Anordnung erfolgt nur auf einen Beweisantrag oder zumindest auf Grund eines Beweisbeschlusses auch nach § 273, sofern nicht der Amtsermittlungsgrundsatz herrscht, Grdz 38 vor § 128. Ein förmlicher Beweisbeschluß ist zwar an sich nur bei den §§ 358, 358 a notwendig. In den Fällen nach dem BEG herrscht ohnehin eine Erleichterung. Indessen kommt eine „Beantwortung der Beweisfrage" erst dann in Betracht, wenn das Gericht die Beweisfrage in einem Beweisbeschluß für den Zeugen ausreichend formuliert hat. Eine vorher eingeholte oder eingereichte schriftliche Darstellung wäre folglich nicht schriftliche Zeugenaussage, sondern Urkunde. Vgl aber Rn 1. Daher kann auch eine Anordnung nach § 273 vor einem Beweisbeschluß ausreichen. Wegen der Rechtsnatur als Zeugen- und nicht als Urkundenbeweis nach Rn 6 erfolgt die schriftliche Befragung nicht durch den Beweisführer.

13   Der Zeuge darf unter den Voraussetzungen des vorrangigen § 130 a auch elektronisch aussagen. Das Gericht muß ihn nach III 2 ausdrücklich darauf *hinweisen,* daß es ihn zur Vernehmung laden kann, auch wenn sich noch gar nicht abschätzen läßt, ob eine Vernehmung nicht erforderlich wird. Da die schriftliche Darstellung eine Zeugenaussage ist, muß das Gericht auch die Belehrungen entsprechend § 395 I über die Wahrhaftigkeitspflicht, über ein Aussageverweigerungsrecht usw nach §§ 383 ff wie vor einer mündlichen Aussage erteilen. Das macht diesen Weg in der Praxis gefährlich, zumal wenigstens im Kern aktenkundig sein muß, daß Hinweise und Belehrungen erfolgt sind, andererseits aber die Geschäftsstelle die Ausfertigung besorgt. Im Zweifel liegt nur eine Urkunde und keine Zeugenaussage vor.

14   Das Gericht kann seine Anordnung mit einer *Terminsbestimmung* zwecks bloßer Verhandlung oder anderer Beweisaufnahme verbinden. Der Zeuge braucht nicht im Termin zu erscheinen, wenn er vorher eine genügende formgerechte Äußerung einreicht und wenn das Gericht ihn nicht ausdrücklich auch für einen solchen Fall vorgeladen hatte. Wenn er die schriftliche Äußerung später einreicht, kann das Gericht sie trotzdem gelten lassen, Kblz MDR **93**, 410. Eine Pflicht zur schriftlichen Aussage besteht nach vorheriger Ladung diese Zeugen grundsätzlich nicht. Das Gericht kann eine solche Aussage kann auch nicht durch Zwangs- oder Ordnungsmittel nach § 380 erzwingen. Eine Pflicht zur schriftlichen Aussage besteht aber ausnahmsweise nach vorausgegangener Ladung, soweit das Gericht zum Verfahren nach § 377 erkennbar übergegangen ist, Kblz MDR **93**, 410. Bei einer Vielzahl von Zeugen können wegen § 287 II Stichproben genügen, BGH NJW **85**, 860. § 376 ist anwendbar. Indessen darf das Gericht evtl auch eine ohne Genehmigung eingereichte Aussage nach III verwerten, Köln FGPrax **04**, 79.

15   Wenn der Zeuge eine schriftliche Aussage grundlos *verzögert* oder *verweigert* oder wenn es aus anderem Grund nach dem Ermessen des Gerichts nach §§ 391 ff ratsam oder notwendig ist, bleibt nur eine unverzügliche Bestimmung eines möglichst baldigen Termins nach § 216 Rn 16 sowie die Ladung des Zeugen übrig, § 398, Stadler ZZP **110**, 161. Vom Eingang der Äußerung und auch von ihrem Ausbleiben muß das Gericht die Parteien benachrichtigen, § 362 IV entsprechend. Zugleich setzt es meist einen Termin zur Verhandlung über das Beweisergebnis nach § 285 an, § 216 II. Evtl muß das Gericht § 283 beachten. Wenn das Gericht den Zeugen nach Rn 6 nur bedingt geladen hatte, dann muß es bei seinem Ausbleiben und seiner Äußerung nach § 380 verfahren. Eine nachträgliche Ladung kommt in Betracht. Sie wird zwingend, soweit das Gericht sie zur weiteren Klärung der Beweisfrage für notwendig erachtet, III 3. Einzelheiten Rn 6. Wegen § 397 dort Rn 6. Eine eidesstattliche Versicherung des Zeugen bleibt zulässig, Rn 8. Sie kann eine Vorladung ersetzen, aM ZöGre 11 (aber § 294 gilt im gesamten Prozeß). Eine Beeidigung nach Rn 9 muß indes im Termin erfolgen, §§ 478 ff.

16   **7) Verstoß, I–III.** Ein Verstoß des Gerichts ist ein Verfahrensfehler. Er kann auf Antrag zur Zurückverweisung führen, § 538. Er kann nach § 295 heilen. Er kann dazu führen, daß ein Ordnungsmittel nach § 380 unzulässig wird und daß sich der Zeuge jedenfalls nach § 381 entschuldigen kann, Rn 4, Düss OLGR **94**, 170. Ein Ladungsmangel beeinträchtigt aber nicht die Zulässigkeit der Vernehmung des erschienenen Zeugen und deren Verwertbarkeit. Das Gericht beurteilt einen Verstoß des Zeugen wie die Verweigerung einer mündlichen Aussage. Denn die verlangte schriftliche Beantwortung hätte zumindest dann, wenn das

Titel 7. Zeugenbeweis §§ 377, 378

Gericht sie verfahrensfehlerfrei angefordert hatte, einer mündlichen Aussage gleichgestanden. Sie wäre nur dann urkundenbeweislich prüfbar gewesen, wenn sich das Gericht nicht korrekt verhalten hätte, Rn 8. Es gelten also §§ 386 ff.

8) Rechtsbehelfe, I–III. Vgl § 355 Rn 8. **17**

9) VwGO: I und **II** sind entsprechend anzuwenden, § 98 VwGO, ebenso **III**, BVerwG **2**, 310, **34**, 77 u **18** VerwRspr **31**, 885, VGH Kassel bei Melullis MDR **90**, 503, RedOe § 98 Anm 6, Böhm NVwZ **96**, 427. Der im Verstoß gegen III liegende Verfahrensmangel ist entsprechend § 295 heilbar, BVerwG NJW **61**, 379.

378 *Aussageerleichternde Unterlagen.* ¹ ¹ Soweit es die Aussage über seine Wahrnehmungen erleichtert, hat der Zeuge Aufzeichnungen und andere Unterlagen einzusehen und zu dem Termin mitzubringen, wenn ihm dies gestattet und zumutbar ist. ² Die §§ 142 und 429 bleiben unberührt.

II Kommt der Zeuge auf eine bestimmte Anordnung des Gerichts der Verpflichtung nach Absatz 1 nicht nach, so kann das Gericht die in § 390 bezeichneten Maßnahmen treffen; hierauf ist der Zeuge vorher hinzuweisen.

Gliederung

1) Systematik, I, II	1	E. Vorlegungspflicht eines Dritten, I 2	10
2) Regelungszweck I, II	2, 3	**5) Verstoß des Zeugen, II**	11–13
3) Geltungsbereich, I, II	4	A. Verstoß gegen bestimmte Anordnung, II Hs 1	11
4) Einsichts- und Mitbringpflicht, I	5–10	B. Hinweis des Gerichts auf Verstoßfolgen, II Hs 2	12
A. Voraussetzung: Aussageerleichterung, I 1	5	C. Folgen: Kostenauferlegung; Ordnungsmittel, II Hs 1, 2	13
B. Maßstab: Objektive Beurteilung der Erleichterungsfrage, I 1	6	**6) Rechtsbehelfe, I, II**	14
C. Gestattung, Zumutbarkeit, I 1	7	**7) VwGO**	15
D. Einsicht, Mitbringen, I 1	8, 9		

1) Systematik, I, II. Die Vorschrift macht aus einer schon bisher eigentlich selbstverständlich gewesenen **1** Ehren-Obliegenheit des Zeugen eine echte Rechtspflicht mit Sanktionen für den Fall des Verstoßes in II. I stellt eine Erweiterung der Pflichten der Zeugen dar, wie sie § 396 I schafft.

2) Regelungszweck, I, II. Die Vorschrift dient vornehmlich der sachlichrechtlichen Gerechtigkeit, Einl **2** III 9, aber auch der Prozeßwirtschaftlichkeit nach Grdz 14 vor § 128 durch Vermeidung weiterer Vernehmungstermine letzlich auf Kosten der unterliegenden Partei. Man sollte sie nicht zu großzügig auslegen.

Zumutbarkeit nach Rn 5 ist das wohl meist entscheidende Merkmal. Je genauer der Zeuge weiß, was das **3** Gericht von ihm wissen möchte, und je eher er dergleichen übersehen kann, notfalls durch Rückfrage, desto mehr Sorgfalt der Vorbereitung kann man von ihm erwarten. Die notwendigen Kosten einer Rückfrage sind nach dem JVEG erstattbar. Je stärker er derzeit auf dem Zeugen lastender seelischer, gesundheitlicher, beruflicher Druck, desto geringere Erwartungen darf man auf dem Zeugen setzen. Die Bürgerpflicht zur gesetzmäßigen Zeugenhaltung lastet ohnehin auch vielen schwer. Andere nehmen sie erschreckend leicht, auch als Angehörige anspruchsvoller Berufe. Überlastung ist manchmal ein Grund zur Verringerung der Vorbereitung, aber keineswegs stets ein ausreichender. Das alles gilt es bei der Handhabung der Vorschrift mitabzuwägen.

3) Geltungsbereich, I, II. Vgl Üb 3 ff vor § 373. **4**

4) Einsichts- und Mitbringpflicht, I. Sie wird mangels Hinweises oft ärgerlich vernachlässigt. Keineswegs besteht aber eine Pflicht des Zeugen, Tatsachen überhaupt erst zu erforschen. Vielmehr kann es nur **5** darum gehen, das bereits im Kern vorhandene Wissen in zumutbarer Weise aufzufinden oder aufzubereiten. Das muß das Gericht stets mitbeachten.

A. Voraussetzung: Aussageerleichterung, I 1. Die Einsichts- und Mitbringpflicht nach Rn 6 besteht nur, „soweit es die Aussage über seine Wahrnehmungen erleichtert". Sie besteht also nicht stets, sondern nach den Gesamtumständen. Sie setzt aber auch voraus, daß die Einsicht usw zur Aussage „notwendig" oder „ratsam" wäre. Daher besteht sie auch dann, wenn der Zeuge zwar ohne die Einsicht usw leidlich aussagen könnte, es aber mithilfe seiner Unterlagen vor Gericht doch eindeutig leichter hätte, rasch und präzise(r) auszusagen. Er kann sich daher nicht im Termin damit entschuldigen, er habe nicht an eine in Wahrheit durchaus zu erwartende Zusatzfrage gedacht, sein Gedächtnis habe ihn verlassen, er habe befürchtet, durch Einsicht und Mitnahme seiner Unterlagen eher zu verwirren usw. Er muß sich im Rahmen des Zumutbaren nach Rn 7 eben Mühe geben und Zeit aufwenden, um im Termin förderlicher aussagen zu können. Das gilt für den Zeugen jeder Berufsgruppe und -belastung.

B. Maßstab: Objektive Beurteilung der Erleichterungsfrage, I 1. Es kommt bei der Frage, ob die **6** Aussage durch die Einsicht usw erleichtert würde, weder auf die subjektive Ansicht des Zeugen bei der Vorbereitung auf den Termin an noch auf die Ansicht des Beweisführers oder seines Prozeßgegners, sondern auf eine bei rückschauender Betrachtung objektiv eindeutig erkennbare nicht völlig unerhebliche Erleichterungsmöglichkeit. Das Gericht hat durch eine ausreichende Formulierung der Beweisfrage sei es im Beweisbeschluß, sei es in der prozeßleitenden Anordnung eine Mitverantwortung dafür, daß der Zeuge objektiv zutreffend beurteilen kann, ob und wie eingehend er Einsicht nehmen und Unterlagen zum Termin mitnehmen muß. Der Zeuge mag verpflichtet sein, unverzüglich nach Erhalt der Ladung notfalls telefonisch beim Vorsitzenden anzufragen, zu welchen Einzelheiten das Gericht voraussichtlich präzise Einzelheiten

Hartmann 1495

§ 378

brauchen wird. Betriebsgeheimnisse usw sind zwar schon nach § 384 Z 4 vom Zeugen und vom Gericht zu achten. Sie sind aber im Rahmen des § 378 schon deshalb kein Entschuldigungsgrund. Denn der Zeuge muß seine Unterlagen nur persönlich einsehen und evtl mitbringen. Er muß sie aber nicht dem Gericht oder den Parteien im Termin oder außerhalb von diesem vorlegen. Ein solches Ansinnen würde gegen I verstoßen.

7 **C. Gestattung, Zumutbarkeit, I 1.** Weitere Voraussetzung der Einsichts- bzw Mitbringpflicht ist, daß dem Zeugen die Einsicht usw überhaupt „gestattet" ist. Das kann zB von betrieblichen Anweisungen abhängen, die Aufzeichnungen einer Behördenorganisation, von der vorherigen Erlaubnis eines Kollegen als des Miteigentümers oder strafrechtlich Gefährdeten. Der Zeuge ist nicht verpflichtet, solche Hindernisse von sich aus zu beseitigen oder gar irgendwelche rechtlichen oder auch nur moralischen Risiken einzugehen. Er braucht die Hindernisse im Verfahren nach §§ 386 ff nur so zu umreißen, daß das Gericht bei der gebotenen Rücksichtnahme ihre Erheblichkeit abschätzen kann. Auch soweit dem Zeugen die Einsicht usw gestattet ist, muß sie ihm aber außerdem auch „zumutbar" sein. Die Zumutbarkeit entsteht nicht automatisch aus der Gestattung. Es hängt von den Gesamtumständen ab, ob und inwieweit man die Zumutbarkeit bejahen muß. Auch dabei entscheidet eine objektive Beurteilung bei rückschauender Betrachtung, Rn 6.

8 **D. Einsicht, Mitbringen, I 1.** Unter den Voraussetzungen Rn 5–7 besteht eine Pflicht des Zeugen nur dahin, die Aufzeichnungen „einzusehen und zu dem Termin mitzubringen". Er muß sich also optisch, akustisch und anderswie über Form und Inhalt orientiert zeigen. Er muß imstande sein, im Termin ohne übermäßigen Zeitverlust auch Einzelheiten aus den Unterlagen vortragen zu können. Er ist aber nicht auch zur Vorlage verpflichtet oder auch nur zur Einsicht durch das Gericht, den Beweisführer, dessen Prozeßgegner oder andere Prozeßbeteiligte oder gar zur Niederlegung der Geschäftsstelle, zur Aushändigung zwecks auch nur vorübergehenden Verbleibs in den Akten, zur Anfertigung von Kopien usw, Schack JZ 93, 512. Das gilt selbst dann, wenn die Aufzeichnungen keine Betriebsgeheimnisse nach Rn 4 enthalten und wenn auch sonst kein Hindernis erkennbar ist. Der Zeuge ist ja kein Urkundenlieferant. Er ist zur Aussage und zu nichts weiter verpflichtet, von § 420 ff, 429 abgesehen, Rn 10.

Daher kann er *frei entscheiden,* ob er einer Bitte um Vorlage nachkommen will. Das Gericht kann ihn keineswegs wegen Verstoßes gegen I nach II behandeln, soweit er eine solche Bitte zurückweist. Er braucht die Zurückweisung nicht einmal zu begründen. Ob er angesichts solcher Haltung mit Beeidigung oder doch mit lästigen Vorhalten rechnen und *diese* beantworten muß, ist eine andere Frage. §§ 131 ff sind jedenfalls auf ihn unanwendbar. Notfalls muß der Beweisführer den Zeugen auf eine Vorlage verklagen, soweit überhaupt ein sachlichrechtlicher Vorlageanspruch besteht, Schlosser NJW 92, 3277.

9 *Beispiele der Zumutbarkeit:* Ein gewisser Aufwand an Zeit zum Heraussuchen oder zum Hin- und Hertransport. Denn diesen erhält der Zeuge nach dem JVEG ersetzt; ein Verdienstausfall. Denn auch diesen muß das Gericht nach dem JVEG ersetzen; die Notwendigkeit, Rückfragen beim Steuerberater oder im Firmenarchiv oder Nachschau in der eigenen Ablage zu halten. Denn auch das sind erstattungsfähige Aufwendungen.

Beispiele der Unzumutbarkeit: Ein Aufwand, der überhaupt nicht mehr im Verhältnis zur Beweisfrage steht, soweit der Zeuge das bei selbstkritischer Prüfung und notfalls durch eine Rückfrage beim Gericht erkennen kann; Mitbringen von Unterlagen, über die der Zeuge ohnehin von vornherein schweigen darf und will; Einsichtskosten, die das Gericht voraussichtlich nicht wenigstens zu einem erheblichen Teil nach dem JVEG erstatten darf.

10 **E. Vorlegungspflicht eines Dritten, I 2.** Die Vorschrift stellt durch ihre Verweisungen auf §§ 142, 429 klar, daß ein Dritter aus denselben Gründen wie der Gegner des Beweisführers zur Vorlegung einer Urkunde verpflichtet sein kann, also zu weit mehr als zur bloßen Einsicht und Mitnahme zum Termin, wie es § 378 allein fordert.

11 **5) Verstoß des Zeugen, II.** Soweit der Zeuge einer Verpflichtung nach I nicht nachgekommen ist, gelten die folgenden Regeln.

A. Verstoß gegen bestimmte Anordnung, II Hs 1. Das Gericht muß dem Zeugen eine „bestimmte Anordnung" gegeben haben. Sie fehlt, soweit sich das Gericht auf einen bloßen Hinweis auf I und auf die Wiedergabe des Gesetzeswortlauts beschränkt hat. Es muß vielmehr von vornherein oder doch noch vor dem Termin eine so genaue Anordnung getroffen haben, daß der Zeuge das im Termin ihm Fehlende verständigerweise hätte einsehen bzw mitbringen dürfen und können, Rn 6. Man muß auch diese Frage nach den gesamten Umständen beurteilen. Soweit das Gericht bis zum ersten Termin eine genügend bestimmte Anordnung unterlassen hatte oder noch nicht hatte formulieren können, mag es im oder nach dem Termin dergleichen so nachgeholt haben, daß jedenfalls im nächsten Termin ein Verstoß des Zeugen vorliegt.

12 **B. Hinweis des Gerichts auf Verstoßfolgen, II Hs 2.** Das Gericht muß den Zeugen nach § 390 rechtzeitig vor dem Termin auf die Folgen eines Verstoßes hingewiesen haben. Das ist eine gleiche Pflicht des Gerichts wie zB bei §§ 141 III 3, 340 III 4.

13 **C. Folgen: Kostenauferlegung; Ordnungsmittel, II Hs 1, 2.** Unter den Voraussetzungen Rn 8, 9 ist das Gericht zu den in § 390 genannten Maßnahmen berechtigt und verpflichtet. Im Umfang eines Rechts zur Aussageverweigerung nach §§ 383 ff oder gar einer Schweigepflicht im Sinn von § 376 besteht natürlich keine der vorgenannten Möglichkeiten. Das Gericht darf und muß zwecks Vermeidung eines Verfahrensfehlers darauf bedacht sein, dem Zeugen vorwerfbar Versäumtes nachholen zu lassen, das Beweismittel also voll auszuschöpfen, § 286 Rn 24, BGH ZIP **93**, 1308.

14 **6) Rechtsbehelfe, I, II.** Gegen eine Anordnung nach I ist weder dem Zeugen noch einer Partei ein Rechtsbehelf möglich, § 355 II. Gegen eine Maßnahme nach II sind die in § 390 Rn 10 geschilderten Rechtsbehelfe statthaft. Gegen die Bemessung der Entschädigung wegen der Aufwendungen des Zeugen sind die im ZSEG/JVEG genannten Rechtsbehelfe gegeben, Hartmann Teil V.

15 **7)** *VwGO: Entsprechend anzuwenden,* § 98 *VwGO.*

Titel 7. Zeugenbeweis § 379

379 *Auslagenvorschuss.* ¹Das Gericht kann die Ladung des Zeugen davon abhängig machen, dass der Beweisführer einen hinreichenden Vorschuss zur Deckung der Auslagen zahlt, die der Staatskasse durch die Vernehmung des Zeugen erwachsen. ²Wird der Vorschuss nicht innerhalb der bestimmten Frist gezahlt, so unterbleibt die Ladung, wenn die Zahlung nicht so zeitig nachgeholt wird, dass die Vernehmung durchgeführt werden kann, ohne dass dadurch nach der freien Überzeugung des Gerichts das Verfahren verzögert wird.

Gliederung

1) Systematik, S 1, 2	1	5) Verfahren, S 1	5–7
2) Regelungszweck, S 1, 2	2	6) Rechtsbehelfe, S 1	8
3) Sachlicher Geltungsbereich, S 1, 2	3	7) Versäumnisfolgen, S 2	9, 10
4) Persönlicher Geltungsbereich, S 1, 2	4	8) *VwGO*	11

1) Systematik, S 1, 2. § 379 hat als eine zivilprozessuale Sonderregel gegenüber dem nur allgemein **1** geltenden § 68 I 2 GKG Vorrang, LG Hbg JB 00, 89, Röbke NJW **86**, 238, und zwar auch als späteres Gesetz, § 71 GKG, Röbke NJW **86**, 238. Wegen des Vorschusses für einen Soldaten SchlAnh II B Z 22.

2) Regelungszweck, S 1, 2. Der Staat übt die Gerichtsbarkeit im Zivilprozeß nicht kostenfrei aus. Er ist **2** auch nicht über ein unvermeidbares Maß hinaus zur auch nur vorläufigen Finanzierung eines Verfahrens da, auf das der Kläger zwar angewiesen ist, das er aber dessen ungeachtet doch weitgehend in Parteiherrschaft führen lassen kann, Grdz 18 vor § 128. Die Justiz darf nicht zur zinsfreien Bank des Klägers werden. Das klarzustellen ist einer der Zwecke des § 379. Aber darin erschöpft sich die Bedeutung der Vorschrift nicht.
Sie dient vielmehr auch der *Beschleunigung,* aber nicht der Bestrafung des Säumigen, BGH NJW **82**, 2560. Das Gericht ist auch nicht dazu da, fiskalische Interessen höher zu bewerten als den ohnehin kaum noch durchführbaren Grundsatz der Zügigkeit des Verfahrens, Heistermann MDR **01**, 1087, Röbke NJW **86**, 238, Schmid MDR **82**, 94. Ihm gegenüber muß auch ein Kosteninteresse einer Partei zurücktreten. Das Gericht sollte besonders bei Anordnungen nach §§ 273, 358 a mit einer Vorschußanforderung zurückhalten. Es darf aber natürlich auch nicht die Ladung als zu kostspielig ablehnen, BVerfG NJW **79**, 413. Das Gericht „kann" nach pflichtgemäßem Ermessen die Ladung des Zeugen davon abhängig machen, daß der Beweisführer einen Vorschuß zahlt, der die voraussichtlichen Auslagen für den Zeugen deckt. Die frühere Sollvorschrift ist bewußt abgeschwächt worden. Die jetzige Kannvorschrift bedeutet also nicht etwa nur eine Zuständigkeitsregelung, sondern die Einräumung eines echten Ermessensspielraums für das Gericht, Bbg FamRZ **01**, 1387, ThP 1, ZöGre 1 aM Schmid MDR **82**, 96 (aber ist die Auslegung wirklich einmal nach dem rechtshistorischen Ablauf erlaubt, Einl III 42). § 379 hat Vorrang vor (jetzt) § 17 GKG, Bbg FamRZ **01**, 1387, Hartmann Teil I § 17 GKG Rn 2 (dort zur Streitfrage).

3) Sachlicher Geltungsbereich, S 1, 2. Die Vorschrift gilt auch im selbständigen Beweisverfahren nach **3** §§ 485 ff, Ffm MDR **04**, 1255. Bei einer Anordnung aus § 273 II Z 4 ist § 379 entsprechend anwendbar, § 273 II 2. Die Vorschrift ist unanwendbar, soweit eine Partei oder nur der Gegner Auslagenfreiheit oder gar völlige Kostenfreiheit hat, Hamm MDR **99**, 502, oder soweit sie eine Prozeßkostenhilfe erhalten hat, § 122 I Z 1 a, II, Hamm MDR **99**, 502, oder nach § 9 I 2 KapMuG, SchlAnh VIII, Schneider BB **05**, 2257. Zeugengebühren sind als Auslagen Teil der Gerichtskosten, § 1 GKG, KV 9005. Das kann dann nach § 122 II auch zugunsten des Prozeßgegners gelten. Freilich muß der nicht mittellose Widerkläger nach Anh § 253 evtl den Vorschuß für die Kosten der Klage und der Widerklage trennen können. § 379 ist ferner dann unanwendbar, wenn das Prozeßgericht einen Zeugen von Amts wegen vernimmt, sowie nach § 9 I 2 KapMuG, SchlAnh VIII. Wegen des verordneten Richters § 405. Denn das Abhängigmachen der Ausführung würde der Amtspflicht des Gerichts widersprechen, Hartmann Teil I § 17 GKG Rn 27, Schmid MDR **82**, 96.
Bei der *Zwangsvollstreckung* prüft das Gericht von Amts wegen nur die allgemeinen Voraussetzungen der Zwangsvollstreckung nach Grdz 14 vor § 704 und die besonderen Erfordernisse der einzelnen Vollstreckungsmaßnahmen. Es prüft also nicht darüber hinausgehende Erfordernisse. Insofern hat die Partei eine Beweislast und daher auch evtl die Pflicht zur Zahlung eines Auslagenvorschusses.

4) Persönlicher Geltungsbereich, S 1, 2. Die Vorschrift betrifft nur den Beweisführer, Einf 23 vor **4** § 284, Karlsr OLGZ **84**, 103. Sie gilt auch für diejenige Partei, die zwar die Beweislast hat, aber keinen diesbezüglichen Beweis antritt, § 359 Z 3. Wenn beide Parteien Beweisführer sind, entscheidet die Beweislast, Anh § 286, BGH NJW **99**, 2823, Stgt RR **02**, 143, aM Zweibr Rpfleger **89**, 81, Bachmann DRiZ **84**, 401(Gesamtschuldner), RoSGo § 122 VII 2 a (aber es geht ja zunächst um den Zeugen des Beweisbelasteten, auch wenn das Gericht zunächst eine Gegenzeugen vernehmen will). Einzelrichter Schneider DRiZ **76**, 194. Freilich besteht trotzdem eine Gesamtschuld, aM Schmid MDR **82**, 96, ZöGre 4 (aber die spätere Reihenfolge der Durchführung des Beweisbeschlusses ändert nichts an der Wirksamkeit der anfänglichen Anordnung gegenüber allen dort Vorschußpflichtigen). Tritt ein Streithelfer nach § 66 den Beweis an, so ist seine Partei die Beweisführerin. Der verordnete Richter nach §§ 361, 362 darf der Anordnung des Prozeßgerichts keine Bedingungen beifügen. Er darf also nicht eigenmächtig nach § 379 verfahren.

5) Verfahren, S 1. Die Auflage des Vorschusses erfolgt in einer prozeßleitenden Anordnung des Prozeß- **5** gerichts, Bbg FamRZ **01**, 1387, Karlsr OLGZ **84**, 103, also nicht etwa des ersuchten Gerichts. Dieses darf die Durchführung eines Ersuchens schon gar nicht davon abhängig machen, daß der Vorschuß *seiner* Kasse gezahlt wird. Die Auflage erfolgt nach § 273, im Beweisschluß nach § 358 oder später, notfalls mehrfach, Mü MDR **78**, 412, aM Mü MDR **78**, 412 (aber eine Nachschußpflicht kann sich sehr leicht aus dem Verlauf der Beweisaufnahme ergeben). Eine Begründung ist grundsätzlich entbehrlich, § 329 Rn 6, Karlsr OLGZ **84**, 103. Vgl freilich die in Rn 6 genannten Fälle der Anfechtbarkeit. Das Gericht kann nur die Ladung von der Zahlung abhängig machen, nicht die Vernehmung. Das Gericht muß seine Auflage verkünden oder dem

§§ 379, 380

Zahlungspflichtigen förmlich zustellen, soweit sie eine Frist setzt, BVerfG RR **04**, 1151. Diese ist regelmäßig unentbehrlich, § 329 II 2.

Der Zeuge kann auf die Erstattung seiner *Auslagen verzichten*. Das ist ganz ihm überlassen. Das Gericht hat keine Pflicht zu einem Hinweis auf die Möglichkeit des Verzichts oder eine entsprechende Anheimgabe. Nach solchem Verzicht bestehen wegen § 2 I 1 JVEG keine diesbezüglichen Ladungshindernisse mehr. Das gilt selbst dann, wenn das Gericht vorher einen Vorschuß angeordnet hatte, BVerfG NJW **86**, 833. Eine Verzichtserklärung ist nur wegen Täuschung, Drohung, Irrtums, Fortfalls der Geschäftsgrundlage widerruflich, Düss JB **97**, 374. Der Zeuge muß seinen Widerruf unverzüglich erklären, (jetzt) § 5 V JVEG entsprechend, Mü OLGR **95**, 94.

6 Soweit ein *Anwalt* sich vor allem als ProzBev für eine Kostenhaftung bereiterklärt, muß das Gericht prüfen, ob das für eine den Vorschuß evtl erübrigende Kostenübernahme spricht. Das richtet sich nach den Gesamtumständen, Hartmann Teil I § 29 GKG Rn 13.

7 Das Gericht muß den Vorschuß *beziffern*. Seine Höhe hängt von der voraussichtlich nach dem JVEG anfallenden Summe ab. Das Gericht darf und muß sie im Rahmen eines pflichtgemäßen, weiten, aber nicht zugunsten der Staatskasse allzu großzügigen Ermessens schätzen, Heistermann MDR **01**, 1085. Eine nachträgliche Erhöhung ist zulässig, Rn 5. Das Gericht muß der Partei zur Zahlung eine Frist setzen, II. Diese muß es von vornherein so bemessen, daß der Beweisführer sie einhalten kann. In Anwaltsprozeß können 3 Wochen reichen, Heistermann MDR **01**, 1086. 12 Tage sind grundsätzlich zu kurz, Ffm NJW **86**, 731. Zwischen dem Fristablauf und dem Beweistermin sollte so viel Zeit liegen, daß das Gericht den Zeugen trotz geringer Fristüberschreitung noch laden kann, Ffm NJW **86**, 732.

Es handelt sich um eine *richterliche* Frist. Ihre Abkürzung oder Verlängerung richtet sich nach § 224 III. Eine Androhung der Versäumnisfolgen nach Rn 9, 10 ist unnötig., BVerfG RR **04**, 1151. Ein Verstoß ist keine unrichtige Sachbehandlung im Sinn von (jetzt) § 21 I GKG, Düss VersR **85**, 504. BVerfG RR **96**, 1533 fordert evtl eine Rückfrage beim Kostenschuldner oder den Eingang der Zahlungsanzeige. Im übrigen kann beim Unterlassen der Vernehmung ein Verstoß gegen Art 103 I GG vorliegen, BVerfG NJW **00**, 1327.

8 **6) Rechtsbehelfe, S 1.** Gegen die Anordnung des Vorschusses ist grundsätzlich mangels ausdrücklicher gesetzlicher Zulassung keine sofortige Beschwerde statthaft, § 567 I Z 1, Ffm MDR **04**, 1255. Gegen die Ablehnung einer Anordnung kommt die sofortige Beschwerde nach § 567 I Z 2 in Betracht, Ffm MDR **04**, 1255. Bei Prozeßkostenhilfe ist unter den Voraussetzungen des § 127 II 2 sofortige Beschwerde zulässig, § 567 I Z 1. Eine Rechtsbeschwerde kommt unter den Voraussetzungen des § 574 in Betracht. Eine Aufhebung oder eine nachträgliche Bewilligung der Prozeßkostenhilfe machen den Beschluß unwirksam. Ein Unterbleiben der Ladung trotz Fehlens der Vorschußpflicht kann auf Antrag zur Zurückverweisung führen, Hamm MDR **99**, 502. Auch kann das rechtliche Gehör dadurch verletzt sein, BVerfG RR **04**, 1151. § 67 GKG ist unanwendbar, Hartmann Teil I § 67 GKG Rn 2. Wegen der Höhe des Vorschusses dort Rn 4.

9 **7) Versäumnisfolgen, S 2.** Hat die Partei einen ordnungsgemäß angeforderten Vorschuß nicht fristgerecht gezahlt, so unterbleibt die Ladung zu dem bestehenbleibenden Beweistermin, Düss RR **97**, 1085. Das gilt unabhängig von einer Androhung, § 231 I, BVerfG **69**, 149, BGH NJW **98**, 762, Köln RR **97**, 1292. Es gilt auch unabhängig von einem Verschulden, BGH NJW **82**, 2559. Es gilt aber nur, wenn der Vorschuß nicht so zeitig eingeht oder der Zeuge gestellt wird, daß das Gericht die Vernehmung ohne jede Verzögerung durchführen kann, § 296 Rn 40, 41, BVerfG NJW **00**, 1327, BGH NJW **98**, 762. Das Gericht hat auch insofern ein pflichtgemäßes weites Ermessen, S 2, §§ 279 II, 356 S 1. Zu alledem ändert auch § 404 nichts, Hamm RR **95**, 1039. Sonst verliert der Beweisführer dieses Beweismittel grundsätzlich nicht endgültig, § 230, BVerfG NJW **86**, 833, BGH NJW **97**, 3311, Hamm RR **95**, 1151, aM Weber MDR **79**, 799 (aber § 379 hat keinen Sanktionscharakter, Rn 2). Eine zu strenge Beurteilung kann gegen Art 103 I GG verstoßen, BayVerfGH RR **01**, 353. Eine Frist nach § 356 ist nicht sehr wichtig, BGH NJW **98**, 762.

10 Ein Ausschluß dieses Beweismittels kommt *freilich* zB bei §§ 282 I, 296 II in Betracht, BVerfG NJW **00**, 1327, BGH NJW **98**, 762, Köln RR **97**, 1292 (je auch zu den Grenzen), aM BVerfG **69**, 149 (wohl durch die vorgenannte spätere Entscheidung überholt). Wenn das Gericht einen Zeugen trotz des fehlenden Vorschusses lädt oder wenn es von einem Vorschuß abgesehen hat, ist er zum Erscheinen verpflichtet. Wenn er ohne Vorschußanordnung oder -anforderung erscheint, muß das Gericht ihn vernehmen, soweit seine Vernehmung noch erforderlich ist, BGH NJW **82**, 2560. Dann hat der Zeuge auch beim Unterbleiben der Vernehmung evtl einen Entschädigungsanspruch. Der Beweisbeschluß bleibt dann formell bestehen. Wenn der nach §§ 361, 362 verordnete Richter vernehmen sollte, kann der Beweisführer nicht etwa die Vernehmung vor dem Kollegium verlangen. Der Verhandlungstermin bleibt notwendig, Düss RR **97**, 1085.

11 **8) VwGO:** Unanwendbar, § 98 VwGO, wegen des Ermittlungsgrundsatzes, § 86 I VwGO, oben Rn 3 (in §§ 118 I 1 SGG und 82 FGO ist § 379 ausdrücklich ausgenommen), VGH Mannh NVwZ-RR **90**, 592 mwN (zu § 402), KoppSch § 98 Rn 1. Die Vorschußregelung in § 68 III GKG (ohne die Säumnisfolge gemäß Rn 7) gilt auch für die Verwaltungsgerichte (abw Hartmann § 68 GKG Rn 1 u wohl auch VGH Mannh aaO).

380 Folgen des Ausbleibens des Zeugen.

[I] Einem ordnungsgemäß geladenen Zeugen, der nicht erscheint, werden, ohne dass es eines Antrages bedarf, die durch das Ausbleiben verursachten Kosten auferlegt. [2] Zugleich wird gegen ihn ein Ordnungsgeld und für den Fall, dass dieses nicht beigetrieben werden kann, Ordnungshaft festgesetzt.

[II] Im Falle wiederholten Ausbleibens wird das Ordnungsmittel noch einmal festgesetzt; auch kann die zwangsweise Vorführung des Zeugen angeordnet werden.

[III] Gegen diese Beschlüsse findet die sofortige Beschwerde statt.

Schrifttum: *Winter,* Vollzug der Zivilhaft, 1987.

Titel 7. Zeugenbeweis **§ 380**

Gliederung

1) **Systematik, I–III**	1	5) **Wiederholtes Ausbleiben, II**	13–16
2) **Regelungszweck, I–III**	2	A. Begriff	13
3) **Geltungsbereich, I–III**	3	B. Rechtsfolgen	14–16
4) **Ausbleiben, I**	4–12	6) **Sofortige Beschwerde, III**	17, 18
A. Ordnungsmäßigkeit der Ladung	4–6	A. Zulässigkeit	17
B. Ladungsnachweis	7	B. Einzelfragen	18
C. Pflicht zu Maßnahmen	8, 9	7) *VwGO*	19
D. Kostenauferlegung	10		
E. Ordnungsmittel	11, 12		

1) Systematik, I–III. Die Vorschrift nennt die Rechtsfolgen, ohne die alle vorgehenden Bestimmungen **1** „leges imperfectae" wären. Sie erfaßt aber eben auch nur die Folgen des unentschuldigten Ausbleibens, nicht auch die ebenso notwendigen Folgen unerlaubter Aussageverweigerung (dazu gelten §§ 387 ff) oder gar falscher Aussage (dazu gelten §§ 153 ff StGB) oder einer Ungebühr des Anwesenden (dann gilt § 178 GVG), Hbg NJW **97**, 3452. § 380 wird durch § 381 ergänzt.

2) Regelungszweck, I–III. Die Vorschrift bezweckt eine Achtung und Durchsetzbarkeit der staatsbür- **2** gerlichen Ehrenpflichten, die den Zeugen treffen können, damit das sachliche Recht siegen kann, Einl III 9. Ihre Anwendung steht daher auch nicht im Belieben und nicht einmal im Ermessen des Gerichts, sondern ist dessen Pflicht, Rn 9. Sie dient freilich nicht einer Bestrafung. Beides muß man bei der Auslegung mitbeachten. Diese darf nicht einfach ausdehnend erfolgen.

Sogleich Ordnungsmittel, das ist freilich ein scheinbar fast zu harter Weg. Art 103 I GG scheint ihm vorrangig entgegenzustehen. Die bloße Möglichkeit nur nachträglicher Abschwächung oder Aufhebung nach § 381 scheint systematisch bedenklich. Immerhin liegt aber zunächst bei korrekter Handhabung eine „ordnungsgemäße Ladung" vor. Angesichts der vom BVerfG bestätigten Berechtigung auch des Zeugen als Bürgers, Urlaubszeit und -ort nach eigenem Gutdünken zu wählen, und angesichts des Zurücktretens des Bewußtseins von Bürgerpflichten gegenüber Bürgerrechten bleibt die Gesetzesmethode des grundsätzlich ja sogar geforderten sofortiger Ahndung des bloßen Nichterscheinens zwiespältig.

Vor einer *Gesetzesänderung* darf der Richter freilich nicht einfach eine Anhörung oder Entschuldigungsfrist durch eine Auslegung herbeizaubern, deren Verfassungsmäßigkeit ebenso zweifelhaft sein mag. Das gilt angesichts der Gleichgültigkeit manchen Bürgers gegenüber einer Ladung leider auch beim Zeugen, der wahrscheinlich entschuldigt ausgeblieben ist. Er wird vom Gesetz und daher auch vom Gericht stillschweigend gebeten, seinen Entschuldigungsgrund auch nach § 381 vorzutragen. Das muß man bei § 380 mitbedenken.

3) Geltungsbereich, I–III. Vgl zunächst Üb 3 ff vor § 373. Bei § 51 II ArbGG ist III nicht entsprechend **3** anwendbar, LAG Düss MDR **85**, 435.

4) Ausbleiben, I. Die Praxis verfährt oft reichlich nachsichtig. **4**

A. Ordnungsmäßigkeit der Ladung. Nachteilige Folgen hat das Ausbleiben nur des vermutlich nach Form und Inhalt ordnungsmäßig geladenen Zeugen, § 377 Rn 3–7, Ffm MDR **79**, 236. Hierher gehört auch das Ausbleiben eines nur prozeßleitend nach § 273 II Z 4 geladenen Zeugen, Celle OLGZ **77**, 366, Ffm OLGZ **83**, 459. Nicht hierher zählt das Ausbleiben des zu einer schriftlichen Äußerung nach § 377 III aufgeforderten Zeugen. Äußert dieser sich nicht, so muß das Gericht ihn laden. Nur das Ausbleiben des zum Erscheinen verpflichteten Zeugen kann nachteilige Folgen haben. Wegen Ausnahmen von dieser Pflicht §§ 375 II, 377 III, 382, 386 III. Als Ausbleiben gilt es auch, wenn er sich zwischen dem Aufruf nach § 220 I und seiner Entlassung entfernt. Als Ausbleiben gilt es auch, wenn er in vorwerfbar vernehmungsunfähigem Zustand etwa betrunken auftritt und wenn das Gericht ihn daher oder nach § 158 bzw nach § 177 GVG sitzungspolizeilich entfernen lassen muß. Im letzteren Fall gelten nur §§ 177, 178 GVG.

§ 380 ist unanwendbar, soweit die Ladung des Zeugen nach Üb 11 vor § 373 unstatthaft war, zB gegenüber **5** der Mutter des nichtehelichen Kindes, soweit sie nicht Amtspflegerin ist, oder wenn das Gericht den Zeugen nicht rechtzeitig geladen hatte (§ 217 ist unanwendbar), oder wenn der Zeuge im Ausland geladen worden war, oder wenn der Zeuge zwar verspätet erscheint, aber vor Einleitung einer Maßnahme nach I, oder wenn er auf eine Ladung nach Kenntnis vom Termin verzichtet hatte (das darf man aber nicht mit einer mündlichen oder telefonischen Ladung verwechseln), oder wenn das Gericht ihm das Beweisthema nicht ausreichend mitgeteilt hatte, Cclle OLGR **94**, 286, Ffm MDR **79**, 236, Reinecke MDR **90**, 1063. Wenn der Zeuge nach dem Erlaß einer Maßnahme nach § 380 erscheint, gilt § 381 I 2. Die bloße Tatsache des Ausbleibens reicht zunächst aus. Eine Verzögerung des Prozeßablaufs ist unerheblich. Ihr Eintritt ist erst recht zur Maßnahme, BFH DB **88**, 1836. Das Gericht prüft eine Entschuldigung grundsätzlich nur nach § 381. Es muß aber natürlich seine etwaige eigene Unpünktlichkeit usw mitbeachten, Schneider MDR **98**, 1205 (ausf).

Auch kann das Gericht bei inzwischen eingetretener *Entbehrlichkeit* des Zeugen und dann von einer **6** Maßnahme nach I absehen, wenn sein Ausbleiben auf nur geringer persönlicher Mitschuld beruht, Köln VersR **93**, 718, Grüneberg MDR **92**, 330. Das kann zB dann der Fall sein, wenn ein auswärtiger Zeuge um Vernehmung vor dem ersuchten Richter bat, ohne eine dem Gericht noch zeitlich zumutbare ablehnende Antwort zu erhalten, Köln **93**, 718 (aber Vorsicht! Zunächst bleibt die Ladung bis zu ihren Anweisungen maßgeblich). Es kann auch dann gelten, wenn ein ProzBev den Zeugen zwar unbefugt, aber wohlmeinend abbestellt hatte. Allerdings muß das Gericht im Einzelfall abwägen. Es darf sich nicht die Entscheidung über die Entbehrlichkeit von einem übereifrigen anderen Prozeßbeteiligten abnehmen lassen, der oft die wahre Prozeßlage ohnehin nicht voll erkannt hat. Vgl auch § 381 Rn 6.

§ 380

7   **B. Ladungsnachweis.** Es genügt der Nachweis, daß die Ladung hinausgegangen ist. Nicht erforderlich ist der Nachweis, daß sie dem Zeugen auch zugegangen ist, § 381. Immerhin muß der Zugang wahrscheinlich und darf nicht möglicherweise ausgeschlossen sein. Für die Zeit des Zugangs darf man § 357 II entsprechend heranziehen. Das Gericht braucht keine Ladungsfrist einzuhalten. Allerdings muß dem Zeugen genügend Zeit zum Erscheinen bleiben, allerdings nicht unbedingt auch zur Vorbereitung. Die erforderliche Belehrung des Zeugen bei der Ladung muß die Art des möglichen Ordnungsmittels angeben. Sie braucht aber nicht dessen Höhe zu nennen, sondern allenfalls dessen Rahmen anzugeben. Das Gericht muß zwar nicht Ermittlungen vornehmen. Es sollte aber im Zweifel aufzuklären versuchen, ob die Ladung zuging, auch zB durch eine telefonische Rückfrage.

8   **C. Pflicht zu Maßnahmen.** Das Gericht entscheidet in voller Besetzung, LAG Bre MDR **93**, 1007. Auch der verordnete Richter ist zuständig, § 400. Das Gericht hat beim Vorliegen der Voraussetzungen Rn 4–7 ein Wahlrecht weder zum Ob des Ordnungsmittels nach Rn 7 noch zum Nebeneinander von Ordnungsmittel und Kosten, Rn 10. Das gilt unabhängig davon, ob die Vernehmung noch erforderlich ist, ob der Beweisführer auf die Vernehmung verzichtet und ob der Gegner zustimmt, Ffm OLGZ **83**, 459. Es kommt auch nicht darauf an, ob das Gericht mit einer nachträglichen Entschuldigung rechnen könnte, solange dafür nicht bereits triftige Inhaltspunkte vorliegen, so daß man mit dem Beschluß getrost noch etwas zuwarten kann.

9   Das Gericht verhängt stets Kosten und Ordnungsmittel nebeneinander, „zugleich", I 2. Bei allen in Deutschland geladenen Zeugen ergeht von Amts wegen ein Beschluß, § 329. Er kann auch noch nach dem Abschluß des Verfahrens ergehen, BFH DB **88**, 1836. Das Gericht hat insofern *kein Ermessen*. Denn der Zwang zum Erscheinen ist öffentlichrechtlich. §§ 153 I StPO, 47 OWiG (kein Ordnungsmittel bei Geringfügigkeit des Verschuldens) sind nach Grüneberg MDR **92**, 328, ZöGre 3 bis auf die Kostenfolgen entsprechend anwendbar, falls das Ausbleiben keine Nachteile zur Folge hat, mit Recht eher strenger Schmid MDR **80**, 116 (betr OWiG, StPO), noch großzügiger Kblz MDR **79**, 424 (nicht einmal Kostenfolgen). Die Kostenlast nach Rn 6 darf aber nicht dadurch auf die Parteien übergehen. Das Gericht muß seinen Beschluß begründen, § 329 Rn 4. Es muß ihn verkünden oder den Parteien wegen der Kosten formlos mitteilen, § 329 II 1. Es muß ihn dem Zeugen als Vollstreckungstitel zustellen, § 329 III.

10 **D. Kostenauferlegung.** Der Zeuge muß die durch sein Ausbleiben entstandenen im Sinn von §§ 91 ff notwendigen Kosten tragen, BGH BB **05**, 800. Dazu zählen zB Anwaltskosten wegen Teilnahme an einer Vernehmung vor dem ersuchten Richter, BGH BB **05**, 800, oder Fahrtkosten, auch die Kosten der Parteien. Sie sind insoweit antrags- und bei einer Ablehnung beschwerdeberechtigt. Nicht hierher zählt der Zeitverlust des Anwalts. Denn er erhält nur eine Pauschgebühr, aM Hahn AnwBl **76**, 122. Der Beschluß enthält insofern nur die Kostengrundentscheidung, Üb 95 vor § 91, ZöGre 4, aM Celle OLGR **94**, 287 (aber das Gericht kann noch gar nicht den Umfang der Mehrkosten abschätzen). Der Beschluß ist ein zur Kostenfestsetzung durch den Rpfl nach §§ 103 ff geeigneter Titel, § 794 I Z 3. Kosten sind hier nicht festsetzbar, soweit sie auch bei rechtzeitiger Entschuldigung entstanden wären, Nürnb RR **99**, 788. Wenn diese Kosten nicht beigetrieben werden können, dann muß der im Prozeß Unterlegene sie erstatten, soweit die andere Partei die Erfolgslosigkeit der Beitreibung nachweist, § 104.

11 **E. Ordnungsmittel.** Das Gericht muß dem Zeugen Ordnungsmittel auferlegen. Auch diese sind Rechtsnachteile ohne Strafcharakter. Das stellt Art 5 EGStGB klar, abgedruckt bei Schönfelder Nr 85 a, Köln NJW **78**, 2516 (krit Schneider NJW **79**, 987). Es wird ein Ordnungsgeld verhängt. Es beträgt 5–1000 EUR, Art 6 I EGStGB, Vorbem B. 400 EUR können auch bei ungünstigen wirtschaftlichen Verhältnissen eines erscheinensunwilligen Zeugen erlaubt sein, Köln MDR **04**, 901. Soweit das Gericht den oberen Rahmen wählt, muß es das begründen, BFH DB **88**, 1837. Zugleich muß das Gericht ohne eine Wahlrecht zwingend ersatzweise eine Ordnungshaft von einem Tag bis zu 6 Wochen verhängen, Art 6 II 1 EGStGB, Vorbem vor Rn 1. Art 7 des 1. StrRG v 25. 6. 69, BGBl 645, hindert nicht. Die Festsetzung erfolgt jedoch nicht nach Stunden, sondern stets nach Tagen. Manche empfehlen schon beim ersten Mal (jetzt ca) 50 EUR, LG Kiel JB **76**, 114, andere (jetzt ca) 75 EUR, Schalhorn JB **76**, 114 wieder andere (jetzt ca) 100 EUR, Mü OLGR **94**, 202.

12 Gegenüber einem *minderjährigen* Zeugen ist abweichend von § 381 eine Prüfung der Schuldfähigkeit nötig, LAG Nürnb MDR **99**, 1342 (JGG entsprechend anwendbar). Der gesetzliche Vertreter ist nicht als solcher dem § 380 unterworfen, sondern nur insoweit, als er selbst Zeuge ist. Das Gericht kann ihn im übrigen allenfalls nach § 1666 BGB behandeln, MüKoDa 16. Die etwaige Stundung, Gewährung von Raten und deren Änderungen oder Wegfall richten sich nach Art 7 EGStGB, Vorbem vor Rn 1. Wenn das Gericht eine ersatzweise Ordnungshaft nicht festgesetzt hatte, muß es Art 8 EGStGB beachten, Vorbem vor Rn 1. Eine etwaige Niederschlagung richtet sich nach Art 8 II EGStGB, die Verjährung nach Art 9 EGStGB, Hamm BB **78**, 574. Zur Anordnung eines Ordnungsmittels, auch eines nachträglichen, ist nur der Richter zuständig. Dasselbe gilt von der Gewährung nachträglicher Raten, Art 7 II EGStGB.

Für die *Vollstreckung* ist grundsätzlich der Rpfl zuständig, soweit sich nicht der Richter im Einzelfall die Vollstreckung ganz oder teilweise vorbehält, § 31 III RPflG, Anh § 153 GVG, Mümmler JB **75**, 582. Jedoch darf eine Ordnungshaft auch im Rahmen der Vollstreckung nur vom Richter angedroht oder angeordnet werden, § 4 II Z 2 a RPflG. Zuständig ist das Prozeßgericht, nicht die Staatsanwaltschaft, Mü MDR **88**, 784 (zu § 890). Die Kosten und die Ordnungsgelder werden nach § 1 I Z 3, 4 JBeitrO in Verbindung mit §§ 3, 4 EBAO beigetrieben, Hartmann Teil IX A, B, Mümmler JB **75**, 582.

13 **5) Wiederholtes Ausbleiben, II.** Auch hier herrscht zu viel Nachsicht.
    A. Begriff. Wiederholtes Ausbleiben liegt vor, wenn das Gericht schon einmal aus demselben Anlaß auf eine Maßnahme nach I gegen den Zeugen erkannt hat, mag sie damals auch nicht vollstreckt worden sein. Das gilt jedoch nicht, wenn das Gericht die erste Maßnahme nach § 381 I 2 aufgehoben hatte, BayObLG **90**, 40.

14 **B. Rechtsfolgen.** Das Gericht muß noch einmal Ordnungsgeld und ersatzweise Ordnungshaft festsetzen. Nur das Gericht kann auch die Vorführung des Zeugen anordnen, OVG Greifsw LKV **04**, 231. Sie geschieht nicht durch die Polizei, sondern nach § 191 GVGA durch den Gerichtswachtmeister oder den Gerichtsvoll-

zieher, KVGv 270. Das gilt auch bei einem Soldaten, SchlAnh II. Der für den Wohnsitz des Zeugen zuständige Gerichtsvollzieher muß auch dann tätig werden, wenn er zur Vorführung eine größere Strecke zurücklegen muß, LG Regensb DGVZ **80**, 172. Der Vorführungsbefehl wird am besten bei der Ausführung der Vorführung zugestellt. In Bayern ist die Zuziehung polizeilicher Vollzugsorgane statthaft, GVBl **53**, 189. Die Kosten der Vorführung nach KVGv 270, 700 ff sind Kosten des Ausbleibens. Der Beweisführer muß sie nach § 379 mit vorschießen. Vgl §§ 13, 14 GvKostG, 21, 27 VII KostVfg, Hartmann Teil VII A, XI.

Das Gericht kann dem Zeugen auch die durch sein *erneutes* Ausbleiben verursachten weiteren Kosten **15** auferlegen. Zwar nennt II jetzt nur noch „das Ordnungsmittel"; wie § 381 I 1 zeigt, unterscheidet das Gesetz zwischen diesem Ordnungsmittel und der Auferlegung von Kosten. Die Nichterwähnung der Kosten in II beruht aber darauf, daß auch bei einem wiederholten Ausbleiben I anwendbar ist. Sonst würden die weiteren Kosten in der Luft hängen und der hartnäckig ausbleibende Zeuge besser als vorher dastehen.

Auch eine *dritte und weitere* Auferlegung von Kosten nebst Feststellung von Ordnungsmitteln ist zulässig. **16** Der Wortlaut steht nicht entgegen. Denn der Ton liegt auf „noch", nicht auf „einmal". Es wäre sonderbar, wenn ein Zeuge durch dauernden Ungehorsam seiner Zeugnispflicht entgehen könnte, ThP 7, ZöGre 8, aM Celle OLGZ **75**, 327, StJBe 30 (aber gerade ein nur scheinbar zweideutiger Wortlaut darf nicht eine Ermittlung des maßgeblichen Sinns hindern, Einl III 40, 41). Das gilt auch vor der Vollstreckung des früheren Ordnungsmittels.

6) Sofortige Beschwerde, III. Beim Rpfl gilt § 11 RPflG in Verbindung mit §§ 567 ff. Zum Verfahren **17** § 104 Rn 41 ff.

A. Zulässigkeit. Der Zeuge kann sich nachträglich nach § 381 entschuldigen, LG Bochum NJW **86**, 2890 (zum Sachverständigen). Er kann sich statt dessen oder daneben zwar nicht gegen den Beweisbeschluß beschweren, § 355 Rn 8, Köln FamRZ **86**, 708, wohl aber gegen einen Beschluß nach I oder II, auch als Minderjähriger, LAG Nürnb MDR **99**, 1392. Das Gericht muß seine Eingabe schon wegen der Kosten einer erfolglosen Beschwerde sorgfältig nach ihrem Sinn auslegen. Im Zweifel hat das Gericht zunächst nach § 381 prüfen. Dabei gilt der Verhältnismäßigkeitsgrundsatz, Einl III 22. Gegen die Entscheidung des verordneten Richters nach § 400 ist zunächst die befristete Erinnerung nach § 573 I 1 vorgesehen. Es besteht kein Anwaltszwang, §§ 78 V Hs 2, 569 III Z 3. Die sofortige Beschwerde hat eine aufschiebende Wirkung, § 570 I. § 567 II ist unanwendbar. Es gibt also keine Notwendigkeit einer Beschwerdesumme. Denn es handelt sich nicht um eine Kostenentscheidung, § 181 GVG. Soweit die OLG als Berufungs- oder Beschwerdegericht entschieden hat, kommt eine Rechtsbeschwerde an den BGH nur unter den Voraussetzungen des § 574 I–III in Betracht. Die Parteien haben das Beschwerderecht nur im Fall Rn 10. Insofern ist auch eine Verfassungsbeschwerde denkbar, BVerfG **33**, 257.

B. Einzelfragen. Bei einer erfolgreichen sofortigen Beschwerde ist wegen der Kosten (jetzt) § 7 das **18** JVEG anwendbar, Brdbg JB **99**, 156, Düss MDR **85**, 60, aM BFH BStBl **86** II 270, Hamm Rpfleger **80**, 72, LG Heilbr MDR **95**, 754 (§ 467 I StPO § 46 OWiG entsprechend), Zweibr MDR **96**, 533 (§ 467 StPO sei unanwendbar, daher Kosten zu Lasten der unterliegenden Partei. Aber § 7 JVEG hat als Spezialvorschrift Vorrang, wie bei § 381 Rn 4).

7) *VwGO:* Entsprechend anzuwenden, § 98 VwGO, VGH Mannh NVwZ-RR **03**, 690; die Festsetzung eines **19** *Ordnungsgeldes nach Ergehen des Endurteils hält OVG Bre VerwRspr* **31**, *760 für unzulässig. Für die Beschwerde, III, gelten §§ 146 ff VwGO, nicht aber § 146 III, da es sich nicht um eine Kostenentscheidung handelt, oben Rn 13, VGH Mannh Just* **86**, *108. Für die Beschwerde besteht Vertretungszwang, VGH Mannh NVwZ-RR* **03**, *690. Eine Beschwerde entfällt in Sachen nach AsylVfG, VermG, WehrpflG, KriegsdienstverwG, ZivildienstG u SeeUG, da der Ausschluß dieses Rechtsmittels auch für Dritte gilt, vgl BVerwG NJW* **92**, *1459; daggegen ändert eine Beschränkung der Berufung nichts an der Beschwerdemöglichkeit, VGH Mannh aaO (zu Art 2 § 4 EntlG). Gegen Entscheidungen des verordneten Richters ist zunächst das Prozeßgericht anzurufen, § 151 VwGO, vgl BFH BStBl* **74** *II 660 (zu § 133 FGO).*

381 Genügende Entschuldigung des Ausbleibens.

I ¹ Die Auferlegung der Kosten und die Festsetzung eines Ordnungsmittels unterbleiben, wenn das Ausbleiben des Zeugen rechtzeitig genügend entschuldigt wird. ² Erfolgt die Entschuldigung nach Satz 1 nicht rechtzeitig, so unterbleiben die Auferlegung der Kosten und die Festsetzung eines Ordnungsmittels nur dann, wenn glaubhaft gemacht wird, dass den Zeugen an der Verspätung der Entschuldigung kein Verschulden trifft. ³ Erfolgt die genügende Entschuldigung oder die Glaubhaftmachung nachträglich, so werden die getroffenen Anordnungen unter den Voraussetzungen des Satzes 2 aufgehoben.

II Die Anzeigen und Gesuche des Zeugen können schriftlich oder zum Protokoll der Geschäftsstelle oder mündlich in dem zur Vernehmung bestimmten neuen Termin angebracht werden.

Gliederung

1) Systematik, I, II 1	5) Beispiele zur Frage einer Enschuldigung, I 6–8
2) Regelungszweck, I, II 2	6) Entscheidung, I 9
3) Geltungsbereich, I, II 3	7) Anbringung, II 10
4) Ahndungsfreiheit des Zeugen, I 4, 5	8) Rechtsmittel, I, II 11
A. Rechtzeitige Entschuldigung, I 1 4	9) *VwGO* 12
B. Schuldlosigkeit verspäteter Entschuldigung, I 2, 3 5	

1) Systematik, I, II. Die Vorschrift stellt eine notwendige Ergänzung zu § 380 dar, dort Rn 1. **1**

2) Regelungszweck, I, II. Vgl zunächst § 380 Rn 2. Wenn es das Gesetz schon dem Zeugen überläßt, **2** sich rechtzeitig zu entschuldigen oder das nachzuholen, nachdem er ahnungslos ausgeblieben und ein

§ 381

Buch 2. Abschnitt 1. Verfahren vor den LGen

Ordnungsmittel ergangen war, dann darf man die Entschuldigungschance nicht auch noch durch eine zu strenge Anforderung verringern. Andererseits würde die notwendige Wirkung einer gerichtlichen Ladung verpuffen, wenn das Gericht jede Art von Ausrede als Entschuldigung anerkennen müßte. Es gilt daher behutsam weder zu hart noch zu nachgiebig abzuwägen. Dabei hat kaum eine Berufsgruppe von vornherein Vorteile, auch nicht der Arzt, überhaupt nicht jeder arbeitende Mensch in der Arbeitszeit. Denn Arbeitszeit ist nun einmal auch diejenige des Gerichts und der ProzBev. Fingerspitzengefühl und Einfühlungsvermögen helfen bei der Abwägung, insbesondere auch zum Maß eines etwa dem Grunde nach notwendigen Ordnungsmittels. Ordnungshaft bleibt im Zivilprozeß eine praktisch nur ganz selten zu vollstreckende, aber als Druckmittel wirksame Ausnahme.

3 3) **Geltungsbereich, I, II.** Üb 3 ff vor § 373.

4 4) **Ahndungsfreiheit des Zeugen, I.** Die Praxis verfährt oft recht großzügig.

A. Rechtzeitige Entschuldigung, I 1. Ein Rechtsnachteil unterbleibt, wenn der Zeuge sein Ausbleiben rechtzeitig genügend entschuldigt. Hier ist nach dem Gesetzestext nicht stets eine Glaubhaftmachung nötig. Denn erst I 2 fordert eine Glaubhaftmachung. Im Rahmen des pflichtgemäßen Ermessens kann das Gericht aber schon bei I 1 verlangen, daß der Zeuge den Entschuldigungsgrund glaubhaft macht, § 294. Es müssen Umstände vorliegen, die das Ausbleiben nicht als pflichtwidrig erscheinen lassen. Evtl ist ein ärztliches Attest notwendig. Das Gericht muß seinen Wert oder seine Wertlosigkeit nachvollziehbar erläutern, Köln OLGR **99**, 415.

Der Zeuge erhält die *Attestkosten* nach § 7 JVEG ersetzt, wenn seine Entschuldigung durchgreift, wie bei § 380 Rn 18. Was als Entschuldigung genügt, ist eine Frage des Einzelfalls, Düss OLGR **94**, 170. § 233 ist entsprechend, wenn auch nicht so scharf, anwendbar, aM ThP 2 (aber warum denn nicht? I 1 spricht klar von „Entschuldigung", Üb 26 vor § 373). Das Gericht muß von Amts wegen prüfen. Es muß nicht, darf aber Ermittlungen anstellen, Nürnb MDR **99**, 315.

Rechtzeitigkeit der Entschuldigung liegt nur vor, wenn die Entschuldigung noch so früh telefonisch auf der Geschäftsstelle oder auf der Posteinlaufstelle des Gerichts eingeht, daß das Gericht den Termin noch zur Kenntnis aller übrigen Prozeßbeteiligten aufheben oder verlegen kann. Dabei ist eine unverzügliche und objektiv rasche Weiterleitung an den Vorsitzenden unterstellt. Trödelnde Weiterleitung darf nicht dem Zeugen zur Last fallen. Freilich kann er nicht erwarten, daß man im Gericht schon wegen seiner Entschuldigung alles stehen und liegen läßt.

5 **B. Schuldlosigkeit verspäteter Entschuldigung, I 2, 3.** Ist eine Entschuldigung zwar vorhanden, aber nicht nach Rn 4 rechtzeitig, sondern verspätet eingegangen, so reicht auch eine nach § 294 glaubhafte Schuldlosigkeit dieser Verspätung. Nur bei solcher Schuldlosigkeit kommt nach I 3 eine Aufhebung von Maßnahmen infrage, die das Gericht inzwischen angeordnet hatte.

6 5) **Beispiele zur Frage einer Entschuldigung, I**
Abbestellung: Grds *nicht* entschuldigen kann die bloße Abbestellung durch einen ProzBev. Denn allein das Gericht darf die Ladung wirksam aufheben. Das muß sich der Zeuge auch trotz etwa abweichender Mitteilung des ProzBev sagen, § 85 II. Denn es ergibt sich aus der Ladung. Der Zeuge muß zumindest beim Gericht rückfragen. Er darf das Ausbleiben einer Antwort keineswegs stets als stillschweigende Zustimmung zu seinem Ausbleiben ansehen. Die Erwägungen zur Geringfügigkeit der (Mit-)Schuld des vom ProzBev abbestellten Zeugen in § 380 Rn 6 gelten hier entsprechend.
S auch „Auskunft".
Anderer Termin: Rn 6 „Terminsüberschneidung".
Arbeitsunfähigkeit: Rn 5 „Erkrankung".
Auskunft: *Nicht* entschuldigen kann eine Falschauskunft des ProzBev, § 85 II, Köln OLGR **99**, 14.
S auch „Abbestellung".
Berufsbedingte Abwesenheit: Entschuldigen kann eine berufsbedingte Abwesenheit, soweit sie bei strenger Prüfung wirklich unvermeidbar ist. Der Anwaltspflicht geht aber eine Zeugenpflicht vor, BFH NJW **75**, 1248. Vorsicht mit einer Gefälligkeitsbescheinigung, Köln MDR **04**, 901. Auch muß der Zeuge evtl einen Postnachsendeauftrag erteilen, Nürnb MDR **98**, 1369, oder klären, ob eine Ersatzzustellung ausreichen würde, Düss RR **95**, 1341.
S auch Rn 6 „Terminsüberschneidung", Rn 7 „Unaufschiebbares Geschäft".
Ehefrau: Bei einer Ersatzzustellung an sie ist ihre Unachtsamkeit dem Zeugen *nicht stets* auch sein Verschulden, Düss MDR **95**, 1166. Man muß aber alle Fallumstände abwägen.
Erkrankung: Entschuldigen kann natürlich eine solche Erkrankung, die das Erscheinen unzumutbar oder unmöglich macht, nicht freilich schon jede krankheitsbedingte Arbeitsunfähigkeit. Ob Medikamenteneinnahme zumutbar gewesen wäre, ist eine oft sehr schwierige Fallfrage. Das Gericht darf ein Attest nicht schon deshalb als nicht vorhanden zurückweisen, weil der Zeuge die dort genannten nicht entscheidungserheblichen Einzelheiten nicht den Parteien offenbart, Mü MDR **00**, 413.
Nicht entschuldigen kann aber solche eine krankheitsbedingte Arbeitsunfähigkeit, die weder zur Reisenoch zur Verhandlungs- oder Aussageunfähigkeit führt, Zweibr JB **76**, 1256.
Irrtum: Meist *nicht* entschuldigen kann ein bloßer Irrtum über den Terminstag.
Krankheit: Rn 5 „Erkrankung".

7 **Ladung:** Entschuldigen kann ein zu später oder unkorrekter Zugang der Ladung, soweit der Zeuge im Rahmen des ihm Zumutbaren trotzdem zu reagieren versucht.
Ladung: Entschuldigen kann das Fehlen oder ein sonstiger Fehler der Ladung. War sie nach § 377 I 2 formlos erfolgt, so kann eine eidesstattliche Versicherung voll ausreichen, sie nicht oder nicht rechtzeitig erhalten zu haben. Eine solche Versicherung kann evtl sogar überflüssig sein. Es entscheiden eben die Gesamtumstände, Rn 4.
Parknot: Der Zeuge muß eine Parknot in Gerichtsnähe heute grds einkalkulieren. Sie kann daher *nicht* entschuldigen.

Titel 7. Zeugenbeweis §§ 381, 382

Sorgen: Ob sie entschuldigen können, hängt von den Gesamtumständen ab, streng BFH DB **77**, 2312.
Rufbereitschaft: Der Zeuge braucht keineswegs stets von vornherein „auf Verdacht abrufbereit" zu sein, Schmid NJW **81**, 858.
Terminsüberschneidung: Entschuldigen kann ein berechtigter Wunsch, an einem gleichzeitig anberaumten, trotz eines Verlegungsantrags nicht verlegten Gerichtstermin in einer anderen Sache teilzunehmen. Das gilt selbst dann, wenn dort keine Anwesenheitspflicht besteht, sondern „nur" Nachteile für den Fall des Ausbleibens drohen, BFH DB **81**, 924. Beim Anwalt geht ein anderer gleichzeitiger Termin *nicht stets* vor, BFH NJW **75**, 1248.
  S auch Rn 5 „Berufsbedingte Abwesenheit".
Todesfall: Entschuldigen kann natürlich ein Todesfall im engen Familien- oder Berufskreis.   8
Überflüssigkeit: Ob der Zeuge sein Erscheinen für überflüssig oder nicht mehr notwendig hält, ist grds *unerheblich*, aM ThP § 380 Rn 9 (dann solle eine Maßnahme nach § 380 unterbleiben. Aber auch ein Zeuge muß nachdenken. Er kann das Ladungsformular lesen oder beim Gericht rückfragen).
Umzug: Entschuldigen kann ein Umzug, selbst wenn ein Nachsendeauftrag vergessen worden ist, solange der Zeuge nicht mit einer Ladung zu rechnen braucht.
Unaufschiebbares Geschäft: Entschuldigen kann ein unaufschiebbares Geschäft.
  S auch Rn 5 „Berufsbedingte Abwesenheit".
Urlaub: Es gibt ein Recht auf ungestörten Urlaub zum selbstgewählten Zeitpunkt, BVerfG **34**, 156. Daher kommt es darauf an, ob der Zeuge mit einer Ladung rechnen mußte und seine Abwesenheit dem Gericht hätte mitteilen können und müssen (im Zweifel nein).
Unverzügliche Mitteilung: Der Zeuge muß die ausreichende Verhinderung unverzüglich mitteilen, also ohne schuldhaftes Zögern, § 121 I BGB. Nur auf diese Weise hilft er unnütze Termine zu vermeiden. Das ist eine selbstverständliche Nebenpflicht desjenigen, der erscheinen soll. Das Gericht muß aber seinen Kostenbeschluß usw nach I 2 wieder aufheben, wenn der Zeuge die Nachricht von der Verhinderung nur vermeidbar spät abgesandt hat, Ffm MDR **99**, 824, Nürnb MDR **98**, 1432, Celle MDR **99**, 438, aM Nürnb MDR **98**, 1432 (aber I 3 ist eindeutig: Es reicht auch eine „nachträgliche" genügende Entschuldigung).
Vergessen: *Meist nicht* entschuldigen kann ein bloßes Vergessen.
Verkehrsstörung: Entschuldigen kann eine erhebliche Verkehrsstörung, Nürnb MDR **98**, 1432, *nicht* aber eine übliche, einzukalkulierende, Schlesw MDR **78**, 323.
Verspätung: Entschuldigen kann nur eine schuldlose Verspätung der Verhinderungsmitteilung. Es kommt auch darauf an, ob bei früherer Mitteilung noch eine Terminsverlegung möglich gewesen wäre, Nürnb MDR **98**, 1432, aM Celle MDR **99**, 437, Ffm MDR **99**, 824 (aber § 381 stellt auf eine Entschuldigung ab).

6) Entscheidung, I. Ein Beschluß ist nur dann erforderlich, wenn die Partei wegen der Kosten eine   9
Maßnahme beantragt, § 380 Rn 10. Das Gericht muß Kostenbeschluß und Ordnungsmittel aufheben, wenn die Entschuldigung oder deren Glaubhaftmachung nach § 294 nachträglich eingehen, I 3 in Verbindung mit I 2. Statt einer Entschuldigung ist auch die sofortige Beschwerde nach § 380 III zulässig, dort Rn 17. Es hebt auf, wer erlassen hat, das Prozeßgericht aber auch für den verordneten Richter, § 576 I, § 400 Rn 3. Zulässig ist auch eine Ermäßigung. Wegen Stundung und Raten Art 7 EGStGB, Vorbem vor § 380 Rn 1. Das Gericht muß seinen Beschluß begründen, § 329 Rn 4. Es muß ihn dem Zeugen und, soweit Kosten in Frage kommen, den Parteien verkünden oder von Amts wegen zustellen, § 329 II 2. Es muß ein Ordnungsgeld nach der Aufhebung an den Zeugen zurückzahlen, und zwar ohne Zinsen, § 5 IV GKG (Beendigung einer Streitfrage, auch in § 17 IV KostO usw).

7) Anbringung, II. Der Zeuge kann seine Gesuche elektronisch entsprechend § 130 a oder schriftlich 10
oder zu Protokoll der Geschäftsstelle oder im Vernehmungstermin mündlich anbringen. Es besteht kein Anwaltszwang, § 78 V Hs 2. Auf eine Terminsverlegung ist § 227 unanwendbar.

8) Rechtsmittel, I, II. Bei einer Zurückweisung des Gesuchs ist grundsätzlich die sofortige Beschwerde 11
zulässig, § 567 I Z 2. Soweit das OLG entschieden hat, kommt eine Rechtsbeschwerde an den BGH unter den Voraussetzungen des § 574 in Betracht. Gegen die Aufhebung des Ordnungsmittels ist grundsätzlich kein Rechtsmittel statthaft, Hamm RR **87**, 815. Sofortige Beschwerde gegen die Aufhebung des Kostenbeschlusses hat aber die Partei, soweit sie beschwert ist, § 380 Rn 10, 17. Beim Rpfl gilt § 11 RPflG, Anh § 153 GVG, § 104 Rn 41 ff.

9) *VwGO:* *Entsprechend anzuwenden, § 98 VwGO, VGH Mannh NVwZ-RR **96**, 478. Die nachträgliche* 12
*Entschuldigung, Rn 4, muß innerhalb der Beschwerdefrist, § 147 VwGO, eingehen, vgl BFH NJW **70**, 79.*

---

382 **Vernehmung an bestimmten Orten.** **I** Die Mitglieder der Bundesregierung oder einer Landesregierung sind an ihrem Amtssitz oder, wenn sie sich außerhalb ihres Amtssitzes aufhalten, an ihrem Aufenthaltsort zu vernehmen.

II Die Mitglieder des Bundestages, des Bundesrates, eines Landtages oder einer zweiten Kammer sind während ihres Aufenthaltes am Sitz der Versammlung dort zu vernehmen.

III Zu einer Abweichung von den vorstehenden Vorschriften bedarf es:
für die Mitglieder der Bundesregierung der Genehmigung der Bundesregierung,
für die Mitglieder einer Landesregierung der Genehmigung der Landesregierung,
für die Mitglieder einer der im Absatz 2 genannten Versammlungen der Genehmigung dieser Versammlung.

1) Systematik, I–III. Die Vorschrift stellt für den von § 376 erfaßten Personenkreis eine Ergänzung dar. 1
Sie hat Vorrang gegenüber dem Grundsatz, daß der Zeuge dort vernommen wird, wo das Prozeßgericht nach § 355 oder der verordnete Richter tagen, §§ 361, 362. Ein Aussageverweigerungsrecht nach §§ 383 ff oder eine Schweigepflicht nach § 376 usw bleiben unberührt.

§ 382, Einf §§ 383–389   Buch 2. Abschnitt 1. Verfahren vor den LGen

2 **2) Regelungszweck, I–III.** Sinn der Regelung ist eine Rücksicht auf Amt und Rang des betroffenen Zeugen. Das ist keineswegs selbstverständlich. Es gibt in der übrigen Bevölkerung genug andere Menschen von vergleichbarem Rang und Amt. Auch hier läßt sich erheblich bezweifeln, ob die Bevorzugung der Ersten und Zweiten Gewalt in unserer Demokratie eigentlich noch dem Ansehen seiner gleichwertigen Dritten Gewalt dient.

3 **3) Geltungsbereich, I–III.** Wegen der Mitglieder der Bundesregierung und der Landesregierungen § 376 Rn 1, 2. Als Mitglieder einer 2. Kammer kommen diejenigen des Senats in Bayern in Frage, Bay Verfassung Artt 34 ff. Die Vernehmung erfolgt nach § 219 am Sitz des Gerichts des Dienstorts. Sie erfolgt also nicht im Dienstsitz oder in der Wohnung. Dort ist nur der Bundespräsident zu vernehmen, § 375 II. Das Prozeßgericht bestimmt im Beweisbeschluß nach § 358 oder später, ob es selbst oder ob der verordnete Richter die Vernehmung durchführt, §§ 361, 362. Die Genehmigung zu einer Abweichung muß das Gericht oder der Beweisführung durch den Justizminister einholen, auch wenn der Zeuge mit dem Erscheinen vor dem Prozeßgericht oder sonst mit der Abweichung einverstanden ist. Denn der Vorrang ist für den Zeugen unverzichtbar, ZöGre 2, aM StJBe 5 (es bestehe ein Ermessen des Gerichts. Aber die Vorschrift ist zwingendes öffentliches Recht).

Das Gericht muß die Vorschrift ist *von Amts wegen* beachten, Grdz 39 vor § 128. Ein Verstoß beseitigt die Pflicht zum Erscheinen. Er macht § 380 unanwendbar. Er läßt aber die Vernehmung wirksam. Keine Genehmigung ist bei einem Abgeordneten notwendig, wenn der Vernehmungstermin außerhalb einer parlamentarischen Sitzungswoche oder einer Ausschlußperiode (-sitzung, -termin) liegt, ständige Praxis des zuständigen Bundestagsausschusses. Wann die Sitzungswochen liegen, kann das Gericht bei der Verwaltung des Parlaments erfahren.

4 **4) VwGO:** *Entsprechend anwendbar,* § 98 *VwGO.*

Einführung vor §§ 383–389
Zeugnisverweigerung

Schrifttum: *Groß,* Zum Zeugnisverweigerungsrecht der Mitarbeiter von Presse und Rundfunk, Festschrift für *Schiedermair* (1976) 223; *Walker,* Zur Problematik beweisrechtlicher Geheimverfahren usw, Festschrift für *Schneider* (1997) 147.

Gliederung

1) Systematik	1	4) Verweigerungsmitteilung	4
2) Regelungszweck	2	5) Minderjähriger	5
3) Geltungsbereich	3	6) VwGO	6

1 **1) Systematik.** Das Zeugnisverweigerungsrecht ist in den §§ 383–389 im wesentlichen abschließend geregelt. § 383 regelt, wer überhaupt schweigen darf. § 384 regelt das Schweigerecht zu einzelnen Fragen, § 385 enthält Ausnahmen von §§ 383–384. §§ 386 ff regeln das Verfahren. Ganz ausnahmsweise kann das Zeugnisverweigerungsrecht unmittelbar aus dem GG folgen, Art 2 GG, Hamm OLGZ **89**, 469, Art 47 GG, abgedruckt Vorb bei § 383, BVerfG **38**, 114 (jetzt § 383 I Z 5). Immerhin können äußere Umstände auf eine Bereitschaft zur Aussage viel Einfluß haben. Deshalb sind §§ 169 ff GVG mitbeachtlich. Verweigerung bedeutet anders als § 252 StPO kein absolutes Verwertungsverbot früherer Aussagen oder der Vernehmung einer früheren Vernehmungsperson. Ein Aussageverweigerungsrecht hat nur der Zeuge oder Sachverständige, dieser nach § 402 Rn 6. Kein Aussageverweigerungsrecht hat die Partei nach §§ 445 ff.

2 **2) Regelungszweck.** Eine ausdehnende Auslegung ist wegen der auf dem Rechtsstaatsprinzip und dem Gerechtigkeitsgebot fußenden, jedem Staatsbürger auferlegten öffentlichrechtlichen Zeugnispflicht unstatthaft, BVerfG NJW **73**, 2196, Ffm RR **01**, 1364, AG Duisb KTS **92**, 135. Man darf auch nicht eine etwa weitergehende Verweigerungsmöglichkeit nach anderen Verfahrensordnungen, etwa nach der StPO, gegen die Regelung der ZPO ausspielen, Hamm OLGZ **89**, 469, AG Duisb KTS **92**, 135. Unstatthaft ist auch die Ausdehnung durch eine Vereinbarung etwa einer Schweigepflicht, Ffm RR **01**, 1364 (auch ein Unterlassungstitel gegen den Zeugen gibt ihm kein Schweigerecht). Freilich muß das Gericht eine Schweigepflicht nach § 376 usw beachten. Sie enthält nicht nur ein Schweigerecht. Unzulässig ist eine Aussageverweigerung nur wegen eines Glaubensssymbols im Saal. § 481 II bleibt unberührt.

Schutzwürdig sind die in §§ 383 ff genannten Personengruppen indessen aus sehr unterschiedlichen, aber übereinstimmend gewichtigen Gründen in aller Regel auch im Einzelfall derart, daß man weder auf den Entschluß zum Reden oder Schweigen noch vor allem auf die etwaige Art seiner Begründung Druck ausüben dürfte. Natürlich darf und muß das Gericht schon beim Vorliegen eines möglichen Aussageverweigerungsrechts auch von Amts wegen auf einen entsprechenden Hinweis achten. Schweigen unbegründet oder mit schwammiger Formulierung keineswegs schon deshalb ablehnbar. Natürlich darf und muß der Richter dem Zeugen helfen, der sich über ein Schweigerecht oder gar eine Schweigepflicht unsicher ist. Auch solche Hilfe darf aber nicht gar zur näheren Erörterung genau derjenigen Umstände verführen, die gerade evtl unter die Schweigepflicht fallen. Dergleichen darf das Gericht auch keiner Partei und keinem ProzBev gestatten. Mißbrauch des Schweigerechts wäre wie jeder Rechtsmißbrauch auch im Zivilprozeß verboten, Einl III 54. Es gilt also ruhig auf Grund der erkennbaren Umstände abzuwägen. Das gilt für jeden Prozeßbeteiligten.

3 **3) Geltungsbereich.** Vgl zunächst Üb 3 ff vor § 373. §§ 383 ff gelten im Gesamtbereich der ZPO direkt, im FGG-Verfahren entsprechend, § 15 I 1 FGG, Hamm FamRZ **92**, 201.

4 **4) Verweigerungsmitteilung.** Den Rechtsgrund der Weigerung muß der Zeuge angeben. Nach dem Beweggrund darf ihn kein Prozeßbeteiligter fragen. Einem erneuten Antrag auf seine Vernehmung nach

1504 *Hartmann*

seiner Weigerung darf das Gericht schon wegen der Notwendigkeit, die bisherige Weigerung zu achten, und zwecks Vermeidung einer unangemessenen Verzögerung nur dann stattzugeben, wenn es annehmen darf, daß der Zeuge jetzt zur Aussage bereit ist, BGH RR **87**, 445, Köln FamRZ **91**, 581, LAG Köln MDR **00**, 1337. Der Weigerungsberechtigte kann seine Bereitschaft zur Aussage jederzeit zurücknehmen. Eine abgegebene Aussage bleibt bestehen. Sie ist verwertbar, soweit das Gericht sie nicht durch einen Verfahrensfehler herbeigeführt hat. Die bloße Vernehmung zu einem der Schweigepflicht unterliegenden Umstand ist kein solcher Fehler, BGH NJW **90**, 1735 (zustm Bork ZZP **103**, 468). Das Gericht darf und muß einen Widerruf der Aussagebereitschaft frei würdigen, § 286. Eine urkundenbeweisliche Würdigung einer früheren Aussage bleibt zulässig, § 286 Rn 64. Eine teilweise Zeugnisverweigerung ist zulässig, soweit eine weitergehende zulässig ist. Über das Eidesverweigerungsrecht § 391 Rn 5. Partei ist bei §§ 383–385 auch der streitgenössische Streithelfer, Üb 22 vor § 373 „Streithelfer".

5) Minderjähriger. Ein Minderjähriger entscheidet grundsätzlich selbst, ob er verweigern will. Vgl auch **5** den Grundgedanken des § 1626 II BGB. Nur beim Fehlen des Verständnisses für das Verweigerungsrecht ist die Zustimmung des gesetzlichen Vertreters zur Aussage erforderlich, BayObLG **85**, 53, jedoch stets zur Verweigerung, Ffm MDR **87**, 151. Ist nur *ein* Elternteil Partei, dann muß der andere zustimmen. Für den Vertreter muß das Gericht unter Umständen einen Ergänzungspfleger bestellen, etwa bei einem Interessenwiderstreit, Stgt MDR **86**, 58. Auch bei einer Zustimmung des gesetzlichen Vertreters oder Ergänzungspflegers kann der Minderjährige die Aussage unter den gesetzlichen Voraussetzungen verweigern. Das Gericht muß ihn entsprechend belehren.

6) *VwGO:* Entsprechend anwendbar, § 98 VwGO. **6**

383 *Zeugnisweigerung aus persönlichen Gründen.* I Zur Verweigerung des Zeugnisses sind berechtigt:
1. der Verlobte einer Partei oder derjenige, mit dem die Partei ein Versprechen eingegangen ist, eine Lebenspartnerschaft zu begründen;
2. der Ehegatte einer Partei, auch wenn die Ehe nicht mehr besteht;
2 a. der Lebenspartner einer Partei, auch wenn die Lebenspartnerschaft nicht mehr besteht;
3. diejenigen, die mit einer Partei in gerader Linie verwandt oder verschwägert, in der Seitenlinie bis zum dritten Grad verwandt oder bis zum zweiten Grad verschwägert sind oder waren;
4. Geistliche in Ansehung desjenigen, was ihnen bei der Ausübung der Seelsorge anvertraut ist;
5. Personen, die bei der Vorbereitung, Herstellung oder Verbreitung von periodischen Druckwerken oder Rundfunksendungen berufsmäßig mitwirken oder mitgewirkt haben, über die Person des Verfassers, Einsenders oder Gewährsmanns von Beiträgen und Unterlagen sowie über die ihnen im Hinblick auf ihre Tätigkeit gemachten Mitteilungen, soweit es sich um Beiträge, Unterlagen und Mitteilungen für den redaktionellen Teil handelt;
6. Personen, denen kraft ihres Amtes, Standes oder Gewerbes Tatsachen anvertraut sind, deren Geheimhaltung durch ihre Natur oder durch gesetzliche Vorschrift geboten ist, in Betreff der Tatsachen, auf welche die Verpflichtung zur Verschwiegenheit sich bezieht.

II Die unter Nummern 1 bis 3 bezeichneten Personen sind vor der Vernehmung über ihr Recht zur Verweigerung des Zeugnisses zu belehren.

III Die Vernehmung der unter Nummern 4 bis 6 bezeichneten Personen ist, auch wenn das Zeugnis nicht verweigert wird, auf Tatsachen nicht zu richten, in Ansehung welcher erhellt, dass ohne Verletzung der Verpflichtung zur Verschwiegenheit ein Zeugnis nicht abgelegt werden kann.

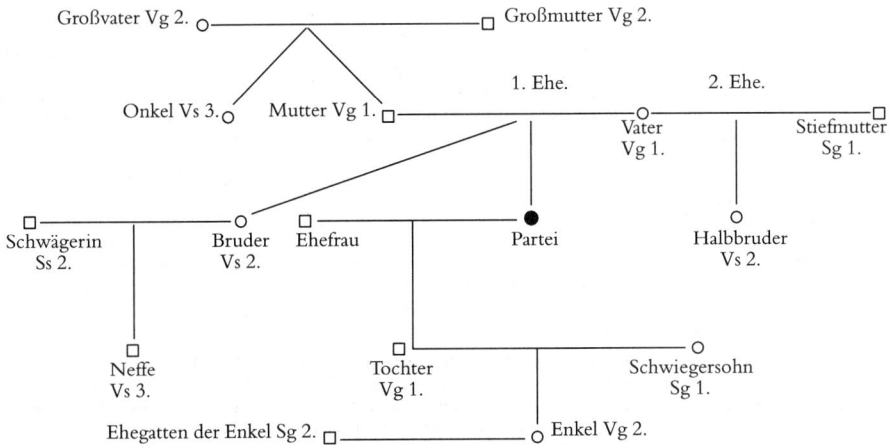

Erläuterung: V = Verwandtschaft, S = Schwägerschaft, g = in gerader Linie, s = in der Seitenlinie, 1, 2, 3 = Bezeichnung des Grades. – Anmerkung: In der geraden Linie fordert das Gesetz keine Gradnähe

§ 383 Buch 2. Abschnitt 1. Verfahren vor den LGen

Vorbem. I Z 1 ergänzt durch Art 5 XXI Z 1 G v 15. 12. 04, BGBl 3396, in Kraft seit 1. 1. 05, Art 7 I G, ÜbergangsR Einl III 78.

Schrifttum: *Baumann,* Die Auseinanderentwicklung der Prozeßrechte usw (betr § 383 III ZPO), Festschrift für *Baur* (1981) 187; *Haas/Beckmann,* Justizgewährungsanspruch und Zeugenschutzprogramm, Festschrift für *Schumann* (2001), 171; *Himmelsbach,* Der Schutz der Medieninformanten im Zivilprozeß usw, 1998; *Jansen,* Geheimhaltungsvorschriften im Prozeßrecht, Diss Bochum 1989; *Kuchinke,* Ärztliche Schweigepflicht, Zeugniszwang und Verpflichtung zur Auskunft nach dem Tod des Patienten, Gedächtnisschrift für *Küchenhoff* (1987) 371; *Schumann,* Der Name als Geheimnis. Umfaßt die anwaltliche und ärztliche Schweigepflicht auch den Namen des Mandanten und Patienten?, Festschrift für *Henckel* (1995) 773.

Gliederung

1) Systematik, I–III 1	B. Ermächtigung 11
2) Regelungszweck, I–III 2	C. Pflichtenabwägung................... 11
3) Geltungsbereich, I–III 3	D. Sondervorschriften 11
4) **Weigerung wegen Familienbande oder Lebenspartnerschaft, I Z 1–3** 4	E. Tod des Begünstigten 11
	F. Weitere Einzelfragen 11
5) **Weigerung der Geistlichen, I Z 4** 5	9) **Beispiele zur Frage einer Schweigepflicht, I Z 4–6** 12–18
6) **Weigerung der Mitwirkenden bei Druckwerken oder Sendungen, I Z 5** 6, 7	10) **Belehrung, II**....................... 19
7) **Schweigepflicht kraft Amtes, I Z 6**.... 8–10	11) **Beschränkte Vernehmung, III** 20
8) **Wegfall der Schweigepflicht, I Z 4–6** .. 11	12) **Verstoß, I–III** 21
A. Öffentlichkeit 11	13) *VwGO* 22

1 **1) Systematik, I–III.** Das Zeugnisverweigerungsrecht nach § 383 fußt auf den persönlichen Beziehungen des Zeugen zu einer Partei. Es führt im Gegensatz zu § 384 Z 1–3 zu einer generellen Befugnis, zur Sache zu schweigen, BGH NJW **94**, 197. I Z 1–3 werden durch § 385 I, Z 4 und 6 durch § 385 II eingeschränkt. I Z 5 ergänzt den Art 5 GG. I Z 6 ergänzt den Art 47 GG.

2 **2) Regelungszweck, I–III.** Vgl zunächst Einf 2 vor §§ 383–389. *I Z 1–3* gründen sich auf einen Interessenwiderstreit infolge von Familienbanden oder Lebenspartnerschaft. In diesen Fällen ist die Weigerung unabhängig von der Beweisfrage schlechthin erlaubt. Eine Ausnahme gilt nur nach § 385. Es genügt, daß die Beziehung zu einem von mehreren Streitgenossen nach §§ 59ff oder zu einem Streitgehilfen nach § 66 besteht, auch zum unselbständigen, oder zum Streitverkündeten nach §§ 72ff, und zwar nach und nicht vor dessen Beitritt, sei es denn, daß die Beweisfrage diesen gar nicht berührt. Daher ist eine Weigerung bei einer notwendigen Streitgenossenschaft nach § 60 immer allgemein berechtigt. Die Beziehungen zu einer Partei kraft Amts nach Grdz 8 vor § 50 geben kein Verweigerungsrecht. Denn sie hat in dieser Eigenschaft keine der in § 383 geschützten persönlichen Beziehungen zur Partei. Bei Beziehungen zu dem eigentlich Betroffenen, für den in einer Partei kraft Amts auftritt, sind §§ 383 Z 1–3, 384 Z 1 und 2 entsprechend anwendbar. Dem Tarnschutz des gefährdeten Zeugen dient der vorrangige § 10 ZSHG, abgedruckt vor Rn 1.

I Z 4–6 fußen auf einem Interessenwiderstreit infolge einer Treupflicht. Hier kommt es auf die Beweisfrage an. Z 4–6 greifen dann ein, wenn der Anvertrauende auf die Geheimhaltung des Anvertrauten bauen darf oder bis zum Tode vertrauen durfte, Rn 11 (E), auch wenn das der anderen eine Schweigepflicht auferlegt hätte, KG FamRZ **75**, 165. Es genügen: Eine berechtigte Erwartung; die Sitte; eine gesetzliche Pflicht. Die Tatsache braucht dem Zeugen nicht gerade von der Partei anvertraut worden zu sein.

Härten können sich insbesondere bei I Z 4–6 nicht nur aus den in so manchem Film sattsam dargestellten Situationen ergeben. Im Zivilprozeß mag das weniger spektakuläre Folgen haben als in entsprechenden Strafverfahren. Dessen ungeachtet bleibt formell ein Schweigerecht eine Ausnahme von der staatsbürgerlichen Zeugen-Aussagepflicht. Das gilt es bei der Handhabung ebenso zu bedenken wie das Gebot, auch als Richter menschlich zu bleiben. Wenn sich eine Zuspitzung wegen eines Schweigens des Zeugen irgendwie umgehen läßt, dann sollte der Richter zumindest zunächst auf solchem Weg weiterzukommen versuchen, etwa durch Vorziehen der übrigen Beweisaufnahme, Vergleichsanregungen zum streitigen Punkt usw.

Sagt der Zeuge aus, so muß er die Wahrheit sagen. Das gilt auch im Falle der Z 4 oder 5. Das Gericht darf und muß die Aussage in den Grenzen der Rn 21 verwerten, Köln VersR **93**, 335. Z 5 festigt auch unabhängig von einem Anvertrauen das Berufsgeheimnis der Presse, BVerfG NJW **02**, 592. Die Pressefreiheit nach Art 5 I 2 GG findet aber ihre Grenze nach Art 5 II GG auch in der ZPO, BVerfG NJW **02**, 592. Keinen Schutz erhält deshalb derjenige Zeuge, den als Autor bezeichnet und seinen Gewährsmann mit wörtlichem Zitat bekanntgegeben hat, BVerfG NJW **02**, 592, Drsd RR **02**, 342. III schützt das Grundrecht auf informationelle Selbstbestimmung, BVerfG RR **05**, 658.

3 **3) Geltungsbereich, I–III.** Vgl Einf 3 vor §§ 383–389.

4 **4) Weigerung wegen Familienbande oder Lebenspartnerschaft, I Z 1–3.** Das Zeugnis verweigern dürfen zwecks Vermeidung von Konflikten in der Familie, Nürnb FamRZ **92**, 1317, auch ohne derartige Begründung im Einzelfall Verlobte, Ehegatten, Verwandte und Verschwägerte der Partei nach Z 1–3, ferner die versprochene Lebenspartner, der eingetragene Lebenspartner oder frühere Lebenspartner. Die Verwandten eines Lebenspartners gelten als mit dem anderen Lebenspartner verschwägert, § 11 II 1 LPartG. Die Linie und der Grad der Schwägerschaft bestimmen sich nach der Linie und dem Grad der sie vermittelnden Verwandtschaft, § 11 II 2 LPartG. Die Schwägerschaft dauert fort, auch wenn die Lebenspartnerschaft, die sie begründet hat, aufgelöst wurde, § 11 II 3 LPartG.

Titel 7. Zeugenbeweis **§ 383**

Alle diese Voraussetzungen richten sich nach dem *bürgerlichen Recht*. Vgl dazu das Schaubild vor Rn 1. Sie begünstigen also auch die als Kind Angenommenen, §§ 1754, 1764 BGB. Bei Verlobten oder versprochenen Lebenspartnern ist ein ernstliches, schon und noch bestehendes Ehe- oder eben Lebenspartnerversprechen notwendig, § 1297 BGB, § 1 III LPartG. Nicht ausreichend ist ein nichtiges Eheversprechen, BVerfG NJW **87**, 2807. Die Verlobung eines Minderjährigen ohne Genehmigung derjenigen, die die Personensorge über ihn haben, ist schwebend unwirksam, PalDied Einf 1 vor § 1297 BGB. § 1303 BGB ist mitbeachtlich, §§ 1304, 1308 BGB sind es nicht. Ein Ehegatte ist auch nach der Scheidung zur Aussageverweigerung berechtigt. Das gilt auch bei einer nichtigen Ehe oder als Witwe(r), Nürnb MDR **75**, 937.

Auch nach der *Auflösung* der Annahme als Kind oder nach einer Anfechtung der Vaterschaft nach § 1600 BGB besteht das Verweigerungsrecht für die vor solchem Vorgang liegenden Tatsachen fort. Der Grund muß bei der Vernehmung vorliegen. Wegen des Minderjährigen Einf 3 vor §§ 383–389. Der rein wirtschaftliche „Lebensgefährte" hat im Gegensatz zum eingetragenen Lebenspartner oder früheren Lebenspartner im Sinn des LPartG kein Schweigerecht, BVerfG FamRZ **99**, 1053 (StPO). Es genügt die persönliche Beziehung zu nur einem Streitgenossen oder Streithelfer.

5) Weigerung der Geistlichen, I Z 4. Sie können die Aussage über dasjenige verweigern, was ihnen 5
als Seelsorgern anvertraut ist. Das ist die Kenntnisnahme einer objektiv vertraulichen Tatsache anläßlich der Amtsausübung, BGH NJW **84**, 2894. Die Art und Weise dieser Kenntnisnahme ist dann unerheblich. Eine lediglich erzieherische, verwaltende, fürsorgende Tätigkeit ist keine seelsorgerische. Freilich liegt oft Anscheinsbeweis für beides vor, Anh § 286 Rn 15. Hierher gehört jeder Religionsdiener einer Glaubensgemeinschaft, der als Seelsorger tätig ist, nicht nur bei einer staatlich anerkannten Gemeinschaft. Denn die Vorschrift schützt das Vertrauensverhältnis, aM ZöGre 11 (er wendet Z 6 an). Es ist unerheblich, ob er zur Geheimhaltung aufgefordert worden ist, BGH NJW **84**, 2894. Nach Art 9 Reichskonkordat vom 20. 7. 33, RGBl II 679, das einem innerstaatlichen Gesetz gleichzuachten ist und weitergilt, sind katholische Geistliche auch bei einer Entbindung von der Verschwiegenheitspflicht zur Zeugnisverweigerung weiterhin berechtigt. In Bayern erstreckt sich dieses Verweigerungsrecht mit Rücksicht auf die Parität der Glaubensbekenntnisse nach Art 144 III BayVerf auch auf die sonstigen Geistlichen. Das einem Dritten Mitgeteilte müssen diese Personen aber bekunden. Ein Vermögenserwerb für die Kirche fällt nicht unter Z 4.

6) Weigerung der Mitwirkenden bei Druckwerken oder Sendungen, I Z 5. Personen, die bei 6
periodischen Druckwerken oder Rundfunksendungen mitwirken oder mitgewirkt haben, haben ein Zeugnisverweigerungsrecht als Folge der Pressefreiheit, Art 5 I 2 GG, BVerfG **20**, 162, Gross Festschrift für Schiedermair (1976) 223. Vgl auch § 53 I Z 5 StPO, BVerfG **64**, 114 (die inhaltlich gleiche Regelung der StPO ist nicht abschließend). Es handelt sich um ein uneingeschränktes Zeugnisverweigerungsrecht für Journalisten, Lektoren, Redakteure, Verleger, Sendeleiter, Reporter, Schriftleiter, Autoren, Bearbeiter und sämtliche anderen irgendwie innerhalb des redaktionellen Teils bei der Vorbereitung, Herstellung oder Verbreitung Beteiligten. Sie haben das Recht unabhängig davon, ob sie insoweit im künstlerischen, wissenschaftlichen, technischen oder finanziellen Bereich tätig waren bzw sind, BVerfG NJW **84**, 1742, Mü NJW **89**, 1226.

Nur der *redaktionelle* Teil ist geschützt, nicht zB der Werbeteil, der Inseratenteil. Die Art des redaktionellen Teils ist unerheblich. Beim Inseratenteil kann ausnahmsweise wegen Art 5 I GG ein Schweigerecht bestehen, BVerfG NJW **90**, 701.

Die *Verbreitung* umfaßt eine Veröffentlichung, auch eine Äußerung in einer Pressekonferenz, Mü NJW **89**, 1226, wie eine nichtöffentliche Abgabe, zB an Mitglieder. Rundfunk umfaßt natürlich auch den Fernsehrundfunk. Die Ausstrahlungsweise, zB Kabelfernsehen, Bildschirmzeitung, ist unerheblich. Bei Druckwerken sind nur die periodischen geschützt, zB die Illustrierten, Vereinsblätter, wissenschaftlichen Zeitschriften. Nicht geschützt werden die einmalig erscheinenden Werke, selbst wenn weitere Auflagen in Zukunft denkbar sind. Anders verhält es sich bei Büchern, die in einem einigermaßen regelmäßigen Zeitabstand eine Neuauflage erlebt haben und höchstwahrscheinlich weiter haben werden, Skibbe DRiZ **76**, 159. Tonbänder, Kassetten, CDs usw sind nur geschützt, soweit sie im Rahmen vom Rundfunk usw hergestellt sind.

Der Schutz setzt eine gegenwärtige oder frühere *berufsmäßige Tätigkeit* voraus. Es genügt jede haupt- oder 7
nebenberufliche Tätigkeit in der Absicht, durch eine wiederholte Ausübung zu einer dauernden oder wiederkehrenden Beschäftigung zu kommen. Insoweit ist auch der freie Mitarbeiter geschützt, Löffler NJW **78**, 913. Unerheblich ist, ob die Tätigkeit entgolten wird. Das Zeugnisverweigerungsrecht umfaßt die Person des Verfassers, des Einsenders oder des sonstigen Informanten bzw Gewährsmannes, Mü NJW **89**, 1226. Das gilt auch dann, wenn er auf eine Verschwiegenheit des Zeugen keinen Wert mehr legt, § 385 Rn 9. Das Verweigerungsrecht umfaßt den gesamten Inhalt der Information gleich welcher Art, zB den Wortlaut des Manuskripts, Notizen über Quellen, Hintermänner, BGH NJW **90**, 525, den sonstigen auch kriminellen Hintergrund, Mü NJW **89**, 1226, aber auch etwaige Honorare, Spesen und dergleichen, soweit sie für das Druckwerk oder die Sendung aufgewendet oder gedacht sind.

Geschützt sind auch nicht veröffentlichten und nicht mehr zur Veröffentlichung geplanten *Informationen*. Die Art der Mitwirkung des Informanten wie des Zeugen ist unerheblich. Geschützt ist also zB auch derjenige, der seinen Beitrag selbst im Rundfunk spricht. Entscheidend ist, für welchen Teil der Beitrag bestimmt ist, nicht, in welchem Teil der Beitrag tatsächlich verwendet worden ist. Zu den Einzelfragen Löffler NJW **78**, 913, Kunert MDR **75**, 885 (ausf).

7) Schweigepflicht kraft Amts usw, I Z 6. Personen, denen kraft ihres Amtes, Standes oder Gewer- 8
bes geheimzuhaltende Tatsachen anvertraut sind, müssen über das Anvertraute schweigen. Das gilt zB beim Notar, BGH NJW **05**, 1949. Die Vorschrift dient ausschließlich dem „Herrn des Geheimnisses", meist also dem Auftraggeber, und nicht auch dem eigenen Geheimhaltungsinteresse des Geheimnisträgers, BGH DB **90**, 93 (das letztere kann nach Art 12 GG geschützt sein). Sie gilt nicht im

Hartmann 1507

§ 383 Buch 2. Abschnitt 1. Verfahren vor den LGen

Honorarprozeß des Geheimnisträgers, Brdb MDR **02**, 906. Sie erfaßt auch Mitarbeiter und Rechtsnachfolger.

9 Über den *Umfang* der Geheimhaltungspflicht Rn 1. Das Zeugnisverweigerungsrecht bezieht sich nicht nur auf eine unmittelbar mitgeteilte Tatsache. Es genügt, daß der Zeuge die Kenntnis in der seine Schweigepflicht begründenden Eigenschaft irgendwie erlangt hat, BGH NJW **05**, 1949, aM Düss MDR **85**, 507 (aber das Gericht darf gerade nicht auch nur versuchen, auf dem Umweg über die Erforschung der Art und Weise des Kenntniserhalts des Zeugen seine Schweigepflicht auszuhöhlen). Die Geheimhaltungspflicht kann sich auch auf die Begründung erstrecken, daß nichts geschehen ist; auch auf eigene Handlungen, wenn sie mit dem Anvertrauten in engstem Zusammenhang stehen, BGH NJW **05**, 1949, StJSchu 7, aM Mü MDR **81**, 854 (aber man darf eben auch nicht auf solchem Weg in Wahrheit die Geheimhaltungspflicht entwerten). Die Schweigepflicht braucht nicht nur einer Partei gegenüber zu bestehen. Sie kann auch dann bestehen, wenn zB der Steuerberater beide beriet, BGH DB **83**, 1921.

10 Wegen des Zeugnisverweigerungsrechts der *Abgeordneten* des Bundestags Vorbem sowie § 376 II, V und Nolte MDR **89**, 514 (teilweise überholt). Entsprechendes gilt für die Landtagsabgeordneten auf Grund der Länderverfassungen oder auf Grund von Z 6.

11 **8) Wegfall der Schweigepflicht, I Z 4–6.** Die Schweigepflicht fällt bei Z 4, 6 in den folgenden Fällen weg.

A. Öffentlichkeit. Die Schweigepflicht entfällt, soweit sich die Tatsache in der Öffentlichkeit abpielte.

B. Ermächtigung. Die Schweigepflicht entfällt, soweit die Tatsache gerade zur Weitergabe an Dritte mitgeteilt worden ist, Düss MDR **75**, 1025, oder soweit derjenige den Zeugen von der Schweigepflicht befreit, dem gegenüber die Schweigepflicht besteht, E, § 385 Rn 9, 10.

C. Pflichtenabwägung. Die Schweigepflicht entfällt, soweit eine höhere sittliche Pflicht oder ein höherwertiger öffentlicher Belang zum Reden verpflichtet. Freilich Vorsicht!

D. Sondervorschriften. Die Schweigepflicht entfällt schließlich kraft einer etwaigen gesetzlichen Sondervorschrift, zB § 53 b II 2, 3 FGG betr den Versorgungsausgleich, Hillermeier FamRZ **76**, 581.

E. Tod des Begünstigten. Die Schweigepflicht erlischt grundsätzlich nicht mit dem Tod des Begünstigten, BGH **91**, 398, Stgt MDR **83**, 237, aM AG Duisb KTS **92**, 136 (aber der Schutz könnte sich dann zB auch nicht auf Umstände erstrecken, die nach dem Willen des Erblasser auch noch nach seinem Tod Bedeutung haben können, Rn 13 „Arzt"). Es kommt eben auch auf den mutmaßlichen Willen des Verstorbenen an, BGH **91**, 398, Köln FER **99**, 191, Naumb VersR **05**, 817. Etwas anderes gilt nur dann, wenn kein weiterer objektiver Grund zur Geheimhaltung mehr besteht, Köln OLGZ **82**, 4 (Notar) und Rpfleger **85**, 494 (Anwalt), AG Duisb KTS **92**, 136. Der Arzt darf trotz seiner Schweigepflicht über den Geisteszustand des Verstorbenen zur Beurteilung von dessen Testierfähigkeit aussagen, § 385 I Z 1, BayObLG RR **91**, 1287. Er darf auch sein Vergütungsinteresse einmal vorgehen lassen, BGH **122**, 120, Stgt OLRG **98**, 427. Ein Erbe kann nur insoweit wirksam von der Schweigepflicht entbinden, als das Recht voll auf ihn übergegangen ist, Nürnb MDR **75**, 931 (großzügig zur Ehre), Stgt MDR **83**, 236.

F. Weitere Einzelfragen. Rn 12 ff, 19 sowie § 385 Rn 9, 10. Bei Z 5 erfolgt keine Einschränkung des Zeugnisverweigerungsrechts, auch nicht durch den Wegfall einer etwaigen Schweigepflicht, § 385 Rn 11. Das Gericht würdigt die Verweigerung einer Entbindung von der Schweigepflicht beim nicht Beweispflichtigen nach § 286 frei, BGH DB **83**, 1921.

12 **9) Beispiele zur Frage einer Schweigepflicht, I Z 4–6**
Abschlußprüfer: Er ist über berufliche Dinge schweigepflichtig, § 168 AktG.
Anwalt und Notar: Der Anwalt und sein Sozius sind im Prozeß und außerhalb des Prozesses wegen aller Umstände schweigepflichtig, die ihm anläßlich der Beauftragung anvertraut wurden, §§ 43 a II, 76 BRAO, BGH NJW **05**, 1949, Köln VersR **93**, 244 (StPO), Eich MDR **91**, 385. Das gilt auch, soweit ein Anwalt in einem obligatorischen Güteverfahren nach § 15 a EGZPO als Parteivertreter oder als Gütestelle tätig war, etwa nach § 3 I Z 1, 3 LSchliG Schleswig-Holstein vom 11. 12. 01, GVBl 361. Das bestimmt zusätzlich zB § 8 I des vorgenannten Landesgesetzes. Die Schweigepflicht erstreckt sich auch auf eine Tatsache, die der Anwalt bei einer Syndikustätigkeit für den Arbeitgeber erfahren hat, LG Mü AnwBl **82**, 197. Das gilt zumindest insoweit, als er in solchem Rahmen eine selbständige anwaltliche Tätigkeit ausübt, Roxin NJW **92**, 1129.

Die Schweigepflicht erstreckt sich auch auf die dem Anwalt bekannten *Auswirkungen*. Wegen des Namens Schumann (vor Rn 1). Sie erstreckt sich ferner auf die vom Anwalt selbst wahrgenommenen Tatsachen, § 18 BNotO, Düss OLGZ **79**, 466, wenn es sich um solche im beruflichen Verkehr handelt. Das Schweigerecht erstreckt sich keineswegs nur auf solche Tatsachen, die dem Anwalt oder Notar gerade von seinem Auftraggeber anvertraut sind oder gerade diesen betreffen, BGH NJW **05**, 1949, aM Düss MDR **85**, 507. Das Schweigerecht umfaßt auch Umstände bei der Vorbereitung der Amtshandlung des schon beauftragten Notars, BGH NJW **05**, 1949.

Nicht schweigepflichtig ist er auch über die ihm vor der Beauftragung bekanntgewordenen Umstände. Freilich sollte er darauf sofort hinweisen, BayObLG FamRZ **91**, 963, Köln Rpfleger **85**, 494 meinen, der beratende Anwalt dürfe über die Errichtungsumstände eines Testaments bzw über den Inhalt eines unauffindbaren Testaments berichten. Das ist problematisch (wer weiß zB, ob dies das letzte Testament war?). Ein angestellter Anwalt hat im Honorarprozeß des Chefs grds *kein* Schweigerecht, Stgt MDR **99**, 192.

Für den *Notar* gilt dasselbe, auch wenn er beide Parteien beraten hat, Kanzleiter DNotZ **81**, 662, aM Mü MDR **81**, 854 (die Amtshandlung selbst unterliege im Gegensatz zu den Tatsachen keiner Schweigepflicht. Aber beides läßt sich oft praktisch gar nicht trennen).
Apotheker: Er ist über berufliche Dinge schweigepflichtig.

Titel 7. Zeugenbeweis § 383

Arzt: Er ist grds schweigepflichtig, BGH **91**, 398. Sein Verweigerungsrecht umfaßt alles, was er als Arzt mit oder ohne Kenntnis des Patienten erfahren hat, evtl auch aus dem Anbahnungsstadium, etwa bei der Aufnahme im Krankenhaus, BGH MDR **85**, 597 (StPO). Wegen des Namens Schumann (vor Rn 1). Wenn er als gerichtlicher Sachverständiger im Strafverfahren tätig war, dann ist durch die Verwertung seiner Aussage im Urteil die Sache noch nicht offenkundig geworden. Auch erledigt sich seine Schweigepflicht nicht durch einen entsprechenden Auftrag auch für den Zivilprozeß. Über die Vorlage des Krankenblattes BGH NJW **78**, 2338, Franzki DRiZ **77**, 37. Eine nur vermutbare Aussageerlaubnis des Patienten reicht kaum aus, aM LG Hanau NJW **79**, 2357 (aber eine bloße Vermutung ist keine eindeutige Erklärung).

Der Arzt hat *nicht* das Recht zu einer Güterabwägung zwischen dem Geheimhaltungsbedürfnis und einer gerechten und richtigen Entscheidung, aM LG Hanau NJW **79**, 2357 (aber solche Abwägung ist allenfalls Sache des Gerichts). Der Arzt ist zwar verpflichtet, dem Ehegatten von der syphilitischen Erkrankung des anderen Ehegatten eine Mitteilung zu machen, nicht aber im Ehescheidungsprozeß, in dem der andere Ehegatte durch Bezugnahme auf das Zeugnis des Arztes zusätzliche Argumente schaffen will.

Über eine Geisteskrankheit oder eine sonstige Testierunfähigkeit des inzwischen *verstorbenen* Patienten bei der Errichtung seines Testaments darf der Arzt aussagen, BayObLG FamRZ **91**, 1461. Nur der Patient kann entbinden, nicht schon der Dritte, den der Arzt hinzuzog oder beauftragte. Nach dem Tod des Patienten besteht die Schweigepflicht grds fort, BayObLG NJW **87**, 1492, Naumb VersR **05**, 817, LG Düss NJW **90**, 2327, und entbindet eine Erlaubnis des Erben oder der Hinterbliebenen den Arzt im übrigen nicht automatisch, Naumb VersR **05**, 817, LG Düss NJW **90**, 2327, LG Hanau NJW **79**, 2357. Rechtsvergleichend Nagel DRiZ **77**, 33. Vgl auch § 385 Rn 8, 9.

Aufsichtsratsmitglied: Es ist über berufliche Dinge schweigepflichtig wie ein Vorstandsmitglied, §§ 93 I 2, 116 AktG, Kblz DB **87**, 1036, Säcker NWJ **86**, 803.

Auskunftei: Der Geschäftsinhaber, der in der üblichen Weise eine Auskunft eingeholt hat, ist zum Schweigen verpflichtet. Der Angestellte einer Auskunftei darf das Zeugnis wie der Inhaber verweigern. Der Inhaber einer Auskunftei darf der Aussage verweigern, soweit er über Auskünfte aussagen soll, die er nicht gerade dem Beweisführer mitgeteilt hat.

Er darf die Auskunft *nicht* über eine Frage verweigern, ob ihm ein ganz bestimmtes Gerücht zugegangen sei, ebenso aber darüber, von wem er diese Kenntnis habe.

Bankangestellter: Er ist über seine Geschäftsbeziehung zum Kunden schweigepflichtig, LG Gött RR **03**, 118. Er muß über das Konto des Erblassers gegenüber jedem Miterben aussagen.
Beamter: Er ist über dienstliche Dinge schweigepflichtig, § 376.
Beistand: Er ist über dienstliche Dinge schweigepflichtig, Werner AnwBl **95**, 113.
Betreuer: Er ist über berufliche Dinge schweigepflichtig, Köln FER **99**, 191 (grds auch nach dem Tod des Betreuten, vgl aber Rn 11).
Büropersonal: Es ist über berufliche Dinge schweigepflichtig.
Diplompsychologe: Er hat ein Schweigerecht und eine Schweigepflicht, die sich auch auf seine Mitarbeiter erstreckt. Falls er im öffentlichen Dienst steht, gilt § 376.
Dolmetscher: Er ist über berufliche Dinge schweigepflichtig.
Drogenberater: Er ist über berufliche Dinge schweigepflichtig, obwohl das G v 23. 7. 92, BGBl 1366, ihn nur im Strafprozeß ausdrücklich schützt.
Eheberater: Er ist über berufliche Dinge schweigepflichtig, BVerfG JZ **73**, 780 (StPO).
Ehrenrichter: Er ist über dienstliche Dinge schweigepflichtig.
Erbe und Testamentsvollstrecker eines Schweigepflichtigen, etwa eines Arztes: Er ist wegen der aus dem Nachlaß ersichtlichen Punkte ebenso gebunden wie der Verstorbene. Vgl auch § 385 Rn 9, 10.
Geistlicher: Rn 5.
Geschäftsführer: Er ist über berufliche Dinge schweigepflichtig.
Gewerkschaftssekretär: Er ist zB über Mitgliedschaftsfragen schweigepflichtig, LAG Hamm BB **95**, 51.
Hebamme: Sie ist über berufliche Dinge schweigepflichtig.
Heilgehilfe, -praktiker: Er ist über berufliche Dinge schweigepflichtig.
Journalist: Rn 6.
Kaufmann: Er ist *nicht* nach Z 4–6 schweigepflichtig.
Kommissionär: Er ist *nicht* nach Z 4–6 schweigepflichtig.
Krankenkasse: Ihre Mitarbeiter sind über berufliche Dinge schweigepflichtig.
Krankenpfleger, -schwester: Sie sind über berufliche Dinge schweigepflichtig, unabhängig von der Ausbildung (maßgeblich ist die tatsächliche Tätigkeit).
Lebensversicherung: Nach dem Tod des Versicherungsnehmers kann ein Verweigerungsrecht des Versicherers *entfallen* sein, AG Duisb KTS **87**, 136 (Vorsicht! Fallfrage, Rn 11).
Mediation: Vorzuziehen ist ein Prozeßvertrag, Grdz 49 vor § 128, Wagner NJW **01**, 1398, aM Groth/v Bubnoff NJW **01**, 341 (aber Z 6 ist zu eng). Die Schweigepflicht ist problematisch, Eckhardt/Dendorfer MDR **01**, 786 (ausf).
Notar: Rn 12.
Pastor: Rn 5.
Patentanwalt: Er ist über berufliche Dinge schweigepflichtig.
Post, Telekom: Der Mitarbeiter ist über berufliche Dinge schweigepflichtig, zumindest im Umfang von § 4 II PTSG (Art 9 PTNeuOG).
Psychologe: Es gelten dieselben Regeln wie beim Arzt, Rn 13.
Psychotherapeut: Es gilt Z 5 (nicht für Gruppenpatienten, diese fallen nicht unter § 384).
Rechtsanwalt: Rn 12.
Redakteur: Rn 5.
Richter: Er ist über dienstliche Dinge schweigepflichtig, §§ 43, 45 DRiG und die LRiGe.

§§ 383, 384   Buch 2. Abschnitt 1. Verfahren vor den LGen

Schiedsmann: Er ist über berufliche Dinge schweigepflichtig.
Schlichter: Er ist über berufliche Dinge vertraulicher Art schweigepflichtig, zB Art 8 II 1 BaySchlichtungsG.
Schriftleiter: Er ist über berufliche Dinge schweigepflichtig, auch nach Z 5.
Sozialarbeiter: Wegen seiner Situation Hamm FamRZ **92**, 202.
Steuerberater, -bevollmächtigter: Er ist über berufliche Dinge schweigepflichtig, §§ 83 StBG, BGH DB **83**, 1921, Kblz VersR **91**, 1192, Schroer DStR **94**, 1173. Nach der Löschung der auftraggebenden Firma im Handelsregister kann eine Schweigepflicht wegen § 57 I StBerG fortbestehen, aM LG Bielef NJW **03**, 1545 (aber die Beschränkung auf unmittelbare persönliche Belange wirkt als gewollte Konstruktion. Wo läge die Grenze bei diesen und ähnlichen Berufen?).
Testamentsvollstrecker: Rn 16 „Erbe und Testamentsvollstrecker".
Tierarzt: Er ist *nicht* nach Z 4–6 schweigepflichtig, BVerfG NJW **75**, 588.
Tod: Rn 11 (E).
Übersetzer: Er ist über berufliche Dinge schweigepflichtig.
Vermessungsingenieur: Er ist über berufliche Dinge schweigepflichtig.
Verteidiger: Rn 12. Schweigepflichtig ist auch ein Nichtanwalt.
Vorstandsmitglied: Er ist über berufliche Dinge schweigepflichtig wie ein Aufsichtsratsmitglied, Rn 13.

18 **Wirtschaftsprüfer:** Er ist schweigepflichtig sowohl für die beratende wie auch für die prüfende Tätigkeit, § 64 WPO.
Zahnarzt: Für ihn gelten dieselben Regeln wie beim Arzt, s dort.

19   **10) Belehrung, II.** Das Gericht muß Verlobte, Gatten, Verwandte und Verschwägerte der Z 1–3 über ihr Verweigerungsrecht belehren, BayObLG RR **91**, 7, Hamm NVersZ **02**, 478. Wenn dem Zeugen das erforderliche Verständnis fehlt, gilt Rn 2. Altersgrenzen sind nicht vorhanden, Ffm MDR **87**, 152. Eine Belehrung ist wegen der Schweigepflicht nach § 376 usw und wegen allgemeiner Kenntnis des sonstigen Schweigerechts bei Z 4–6 unnötig, BayObLG RR **91**, 7. Das gilt auch bei einer erneuten Vernehmung anders als bei § 52 II StPO. Eine vorsorgliche nochmalige Belehrung sollte freilich auch dann erfolgen, § 384 Rn 1, Gottwald BB **79**, 1781. Die Belehrung darf schon bei der Ladung erfolgen und muß bei § 377 III der Aufforderung beigefügt werden. Das Gericht muß sie so klar fassen, daß der Zeuge Grund und Umfang des Schweigerechts erkennen und abwägen kann. Im Termin muß das Gericht eine Belehrung protokollieren.

20   **11) Beschränkte Vernehmung, III.** Die in Z 4–6 Genannten muß der Richter von Amts wegen mit solchen Fragen verschonen, die sie nur unter Verletzung einer gesetzlichen oder vertraglichen Schweigepflicht beantworten könnten, Lachmann NJW **87**, 2207, ThP 11, aM BGH NJW **77**, 1198 (aber genau dort würde eine nötigende Situation beginnen können). Das gilt auch dann, wenn die Schweigepflicht gegenüber der Allgemeinheit nicht nur gegenüber dem Einzelnen besteht. Freilich muß einiger Anlaß bestehen, ein Schweigerecht anzunehmen, BayObLG RR **91**, 7. Eine Vernehmung von Richtern, Schöffen, anderen ehrenamtlichen Richtern über Vorgänge bei der Beratung und Abstimmung ist stets unzulässig.

21   **12) Verstoß, I–III.** Vgl Üb 31 vor § 373. Wenn das Gericht einen Zeugnisverweigerungsgrund unrichtigerweise verneint hat, dann darf es die anschließend vorgenommene Aussage nicht verwerten, § 286 Rn 31 ff, BGH NJW **90**, 1735. Wenn die Belehrung nach II unterbleibt, ist die Aussage unbenutzbar, ähnlich wie in den Fällen Üb 11 ff vor § 371, BGH NJW **85**, 1159, Hamm NVersZ **02**, 478, aM Gottwald BB **79**, 1781 (aber dann könnte eine Belehrung im Ergebnis auch ganz unterbleiben). Wenn das Gericht die unbenutzbare Aussage trotzdem benutzt hat, liegt ein Revisionsgrund vor, Peters ZZP **76**, 160. Ein Verstoß fehlt, soweit der Zeuge sich nach Belehrung zur Sache geäußert hat, Hamm NVersZ **02**, 478. Ein Verstoß heilt aber nach § 295, BGH NJW **85**, 1159, auch in einer Ehesache, §§ 606 ff. Ein Verstoß gegen III führt nicht zur Unverwertbarkeit dieses Teils der Aussage, BGH NJW **90**, 1735 (zustm Bork ZZP **103**, 468). Jedenfalls ist auch dieser Verstoß heilbar, § 295.

22   **13) *VwGO*:** *Entsprechend anwendbar, § 98 VwGO; „Partei" iSv I Z 1–3 ist der Beteiligte, § 63 VwGO, s Rn 1. Unanwendbar auf die Vernehmung eines Beteiligten, § 98 VwGO iVm § 451, BVerwG NVwZ-RR **91**, 488.*

384 Zeugnisverweigerung aus sachlichen Gründen. Das Zeugnis kann verweigert werden:

1. über Fragen, deren Beantwortung dem Zeugen oder einer Person, zu der er in einem der im § 383 Nr. 1 bis 3 bezeichneten Verhältnisse steht, einen unmittelbaren vermögensrechtlichen Schaden verursachen würde;
2. über Fragen, deren Beantwortung dem Zeugen oder einem seiner im § 383 Nr. 1 bis 3 bezeichneten Angehörigen zur Unehre gereichen oder die Gefahr zuziehen würde, wegen einer Straftat oder einer Ordnungswidrigkeit verfolgt zu werden;
3. über Fragen, die der Zeuge nicht würde beantworten können, ohne ein Kunst- oder Gewerbegeheimnis zu offenbaren.

Schrifttum: *Baumgärtel*, „Geheimverfahren" im Zivilprozeß zur Wahrung von Geschäftsgeheimnissen nach Schweizer Vorbild?, Festschrift für *Habscheid* (1989) 1; *Jansen*, Geheimhaltungsvorschriften im Prozeßrecht, Diss Bochum 1989; *Kersting*, Der Schutz des Wirtschaftsgeheimnisses im Zivilprozeß, 1995; *Ploch-Kumpf*, Der Schutz von Unternehmensgeheimnissen in der Zivilprozeßordnung, 1996; *Stadler*, Der Schutz des Unternehmensgeheimnisses im deutschen und amerikanischen Zivilprozeß und im Rechtshilfeverfahren, 1989.

Titel 7. Zeugenbeweis **§ 384**

Gliederung

1) Systematik, Z 1–3	1	6) Kunst- oder Gewerbegeheimnis, Z 3		7–9
2) Regelungszweck, Z 1–3	2	A. Begriff des Geheimnisses		7
3) Geltungsbereich, Z 1–3	3	B. Beispiele zur Frage einer Anwendbarkeit von Z 3		8, 9
4) Drohen eines Vermögensschadens, Z 1	4	7) Verstoß, Z 1–3		10
5) Unehre, Bestrafung usw, Z 2	5, 6	8) *VwGO*		11
A. Grundsatz: Schutz vor sittlicher Herabsetzung	5			
B. Geltendmachung	6			

1) Systematik, Z 1–3. Vgl zunächst Einf 1 vor §§ 383–389. § 384 gibt ein Zeugnisverweigerungsrecht **1** aus sachlichen Gründen. Dieses Recht besteht freilich im Gegensatz zu § 383 grundsätzlich nur für bestimmte Punkte, also nicht allgemein, BGH NJW **94**, 197. Z 1 wird durch § 385 eingeschränkt. Eine Belehrung ist hier nicht notwendig, § 383 Rn 18, Köln Rpfleger **85**, 494, Gottwald BB **79**, 1781. Sie ist aber empfehlenswert, Klemp BB **76**, 914. Der Richter kann die Frage und muß sie zumindest auf Verlangen stellen, BGH NJW **94**, 197. Der Zeuge braucht sie aber nicht zu beantworten, BGH NJW **94**, 197. Das gilt auch dann, wenn die Bejahung Unehre bringen würde, eine Verneinung aber möglich ist. Eine besondere Glaubhaftmachung der Tatsache, die die Weigerung begründen soll, § 294, ist nicht notwendig, falls sich das Weigerungsrecht aus dem Inhalt der Frage ergibt. Sonst gilt § 386 I. Der Zeuge muß nicht etwa alle Weigerungsgründe gleichzeitig vorbringen. § 386 I beweist nichts Gegenteiliges. Ein Verweigerungsrecht nach Z 1–3 kann je nach Sachlage ausnahmsweise im Ergebnis darauf hinauslaufen, daß der Zeuge überhaupt nichts zur Sache zu sagen braucht, BGH NJW **94**, 197.

2) Regelungszweck, Z 1–3. Vgl zunächst Einf 2 vor §§ 383–389. Die Vorschrift bezweckt den Schutz **2** des Zeugen vor Folgen seiner staatsbürgerlichen Ehrenpflicht, die den Grundsatz der Verhältnismäßigkeit verletzen würden, Einl III 22 (Übermaßverbot). Damit dient die Vorschrift auch der Rechtsstaatlichkeit, Art 20 III GG, Einl III 22. Das muß man bei der Auslegung mitbedenken.
Existenznot kann die Folge einer allzu streng herbeigeredeten Aussage sein. Das muß der Richter unbedingt mitbedenken. Daher darf man zB die Abgrenzung zwischen unmittelbarem und unbeachtlichem bloß mittelbaren Schaden bei Z 1 nicht allzu streng vornehmen. Anderseits ist nun auch beileibe nicht jeder Kunstgriff ein Kunst- oder Gewerbegeheimnis nach Z 3. Eine auch sonst nicht durch Spezialvorschriften geschützte Methode mag eher preiszugeben sein. Freilich schützt nicht nur § 384 das Patent bei Zahlung der Gebühren jedenfalls theoretisch ausreichend. Es bleibt allenfalls in der aus Furcht vor Nachahmung nicht mit zum Patent angemeldeten Bestandteilen etwa der Fertigung ein Gewerbegeheimnis. Es ist eine reizvolle, schwierige, verantwortungsvolle richterliche Aufgabe, durch einfühlsame Abwägung zu praktisch brauchbaren Ergebnissen zu gelangen.

3) Geltungsbereich, Z 1–3. Vgl Einf 3 vor §§ 383–389. **3**

4) Drohen eines Vermögensschadens, Z 1. Der Zeuge darf das Zeugnis über solche Fragen verweigern, **4** deren Beantwortung ihm oder einem Angehörigen im Sinn von § 383 I Z 1–3 einen unmittelbaren Vermögensschaden verursachen würde. Vorsicht ist bei einer derartigen Pauschalbehauptung geboten, OVG Lüneb NJW **78**, 1494. Der Schaden muß eine unmittelbare Folge der Aussage und nicht erst eine Folge der Entscheidung im Prozeß sein. Ein sog Regreßschaden kann genügen, Oldb JB **91**, 1255. Wegen eines Disziplinarverfahrens als Folge Rn 5. Die Antwort muß solche Tatsachen preisgeben, die ohne weiteres die Grundlage eines Anspruchs bilden. Es genügt aber auch, wenn die Antwort die Durchführung eines Anspruchs erleichtern würde, Karlsr NJW **90**, 2758. Es reicht aus, daß der Zeuge einen Erwerb preisgeben müßte, der dem AnfG anfechtbar wäre, BGH **74**, 382.
Ein *mittelbarer* Schaden etwa für das Geschäft eines Kaufmanns oder für einen Angestellten genügt nicht. Daher reicht auch nicht ein bloß denkbarer, noch nicht objektiv zu befürchtender, vielmehr bisher nur subjektiv befürchteter Nachteil etwa bei der Beförderung. Auch ein schon bestehender Nachteil reicht als solcher nicht aus.
Z 1 ist auch dann anwendbar, wenn der Schaden eine *Körperschaft* betrifft, deren Vertreter der Zeuge ist, aM StJBe 4, ZöGre 4 (der Zeuge sei als solcher kein Vertreter. Aber der Vertreter ist Zeuge, und der Grund, einen Meineid zu verhüten, trifft auch bei ihm zu. § 385 I begrenzt das Schweigerecht).

5) Unehre, Bestrafung usw, Z 2. Man muß sehr behutsam abwägen. **5**
A. Grundsatz: Schutz vor sittlicher Herabsetzung. Ein Weigerungsrecht besteht bei solchen Fragen, deren Beantwortung dem Zeugen oder einem Angehörigen im Sinn von § 383 I Z 1–3 Unehre bringen oder die Gefahr einer Verfolgung wegen einer Straftat oder einer Ordnungswidrigkeit zuziehen oder erhöhen würde. Unehre bringt alles, was unter Würdigung aller Umstände des Falls das Ansehen des Zeugen in sittlicher Beziehung herabsetzen könnte, Stgt FamRZ **81**, 67, Dillenburg/Pauly MDR **95**, 341, aM Celle RR **91**, 62 (aber man muß den Begriff Unehre verhältnismäßig weit verstehen, damit die Vorschrift sinnvoll bleibt). Hierher gehört also auch die auf Grund der wahren Aussage zu erwartende Entscheidung. Dabei muß das Gericht an die Wertordnung des GG anknüpfen, nicht an frühere Wertvorstellungen, Stgt FamRZ **81**, 67, OVG Lüneb NJW **78**, 1494. Eine Schmälerung der Ehre des Zeugen braucht nicht vorzuliegen. Auch ein verstorbener Ehegatte und daher seine Hinterbliebenen sind geschützt, Nürnb MDR **75**, 937.
Ob der Zeuge Auskunft über nichtehelichen *Geschlechtsverkehr* geben muß, läßt sich nur von Fall zu Fall beantworten, Dillenburger/Pauly MDR **95**, 341, aM Karlsr NJW **94**, 528 (meist Verweigerungsrecht. Aber die Anschauungen sind lockerer geworden). Nach einem Ehebruch hat auch der nicht verheiratete Partner durchweg ein Aussageverweigerungsrecht, Stgt FamRZ **81**, 67. Wenn ein Widerspruch zu einer früheren Aussage vor Gericht vorliegt, ist § 153 StGB beachtlich. Es entscheidet nicht die Ansicht des

§§ 384, 385   Buch 2. Abschnitt 1. Verfahren vor den LGen

Richters, sondern die Ansicht der betreffenden Gegend und der betreffenden Kreise, soweit diese Ansicht außerdem mit der allgemeinen Rechtsauffassung übereinstimmt, OVG Lüneb NJW **78**, 1494. Jede entfernte Möglichkeit einer Verfolgung genügt für das Aussageverweigerungsrecht. Beispiel: Es würde zulässig werden, ein Strafverfahren wieder aufzunehmen, aM Celle RR **91**, 62 (aber schon ein solches Risiko kann sich enorm auswirken). Es genügt, daß die Gefahr aus der Aussage nur in Verbindung mit anderen Umständen folgt.

Eine *ehrengerichtliche* oder dienststrafrechtliche Verfolgung genügt unter dem Gesichtspunkt der Verfolgung wegen einer Straftat oder Ordnungswidrigkeit grundsätzlich nicht, Hbg AnwBl **84**, 104 (StPO), aM MusHu 4, StJBe 8, ZöGre 6 (aber schon die zugehörigen Verfahren verlaufen anders als ein Strafprozeß, und im übrigen sind §§ 383 ff gerade nicht ausdehnend auslegbar, Einf 2 vor §§ 383–389). Eine entsprechende Tatsache kann aber Unehre bringen und auch unter Z 1 fallen, Baumann Festschrift für Kleinknecht (1985) 21. Ein Schriftleiter gehört nicht hierher. Denn Z 2 betrifft den Inhalt der Aussage. Anwendbar mögen aber die §§ 383 I Z 5, 384 Z 3 sein. Die bloße Befürchtung einer erheblichen Gefährdung reicht grundsätzlich nicht aus, Hamm OLGZ **89**, 469. Ebensowenig reicht ein bloßer Verstoß gegen eine Schweigeabrede, Hamm FamRZ **99**, 939, oder die allgemeine Gefahr für jeden Zeugen, bei irgendeiner Verletzung der Wahrheitspflicht nach §§ 153 ff StGB verfolgt zu werden. Die Gefahr eines Widerspruchs zur früheren Ausage genügt wegen § 158 StGB nicht.

6   **B. Geltendmachung.** Der Zeuge braucht sich über eine allgemein unter Z 2 fallende Handlung nicht zu äußern, auch wenn er sie verneinen könnte. Denn Z 2 schützt schon gegen die Bloßstellung, die durch die Frage eintreten könnte. Der Zeuge braucht den Weigerungsgrund nicht im einzelnen zu begründen oder gar nach § 294 glaubhaft zu machen. Andernfalls müßte er ja offenbaren. Eine Weigerung kann ein Beweisgrund nur im Zusammenhang mit der Lage des Falls sein, nicht für sich allein. Zu weitgehend und nicht mit § 286 vereinbar ist es, die Verwertung der Zeugnisverweigerung als prozessual unzulässig anzusehen. Ein Beweisanzeichen kann die Weigerung durchaus sein, Klemp BB **76**, 914. Wegen einer Aussetzung § 149 Rn 6.

7   **6) Kunst- oder Gewerbegeheimnis, Z 3.** Das Weigerungsrecht greift für Fragen durch, bei deren Beantwortung der Zeuge ein Kunst- oder Gewerbegeheimnis offenbaren müßte.

A. Begriff des Geheimnisses. Geheimnis ist eine Tatsache, die nur bestimmten Personen bekannt ist und bekannt sein soll. Geschützt ist das eigene oder ein fremdes Gewerbe, zu dessen Geheimhaltung der Zeuge verpflichtet ist, Schlosser ZZP **95**, 365, Stadtler NJW **89**, 1202, Stürner JZ **85**, 454, aM Düss MDR **78**, 147, Stgt WRP **77**, 127, LG Mü ZZP **95**, 364 (diese Gerichte schützen auch das eigene Geschäftsgeheimnis. Das fremde Geschäftsgeheimnis fällt aber ohnehin meist unter § 383 I Z 6, Gottwald BB **79**, 1781). Die Vorschrift ist eng auslegbar, Einf 2 vor §§ 383–389, Hbg MDR **77**, 761. Trotzdem meint „Gewerbe" auch zB einen freien Beruf etwa eines Wissenschaftlers. Das gilt wegen Art 12 GG. Zum verfassungsrechtlichen Schutz Wolff NJW **97**, 98. Eine Entbindung durch einen anderen läßt ein Schweigerecht hier unberührt.

8   **B. Beispiele zur Frage einer Anwendbarkeit von Z 3**
Auskunftei: Sie kann schweigepflichtig sein, vgl auch § 383 I Z 6.
Bankkredit: Unter Z 3 fällt die Auskunft über einen Bankkredit.
Darlehen: S „Bankkredit".
Gewerbegeheimnis: Eine Schweigepflicht kann sich vertraglich über ein Gewerbegeheimnis ergeben, vgl auch § 383 I Z 6. Dazu können zählen: Arbeitsmethoden; Arbeitsmittel; Bankverbindung; Geldgeber; Informationsmöglichkeiten; eine Kreditlinie; die Kundenkartei; Patentfragen; die Preiskalkulation; ein Teilhaber; Vertragseinzelheiten.
S auch „Auskunftei".
Kartell: Unter Z 3 fällt die Auskunft über jede auch nur kartellähnliche Absprache, zB über Preise oder Lieferbedingungen.
Kunstgeheimnis: Eine Schweigepflicht kann sich vertraglich über ein Kunstgeheimnis ergeben.
9   **Mitarbeiter:** Er kann zur Zeugnisverweigerung berechtigt sein, Hbg MDR **77**, 761, Gottwald BB **79**, 1781. Es muß aber ein beachtliches Geheimhaltungsinteresse bestehen, Mü RR **98**, 1496.
Politische Partei: Z 3 schützt *nicht* ein Geheimnis einer politischen Partei, OVG Lüneb NJW **78**, 1494.
Preisabrede: Rn 8 „Kartell".
Steuerfrage: Unter Z 3 fällt die Auskunft über steuerliche Fragen und Verhältnisse, Düss MDR **78**, 147.
Tatsache: Unter Z 3 fällt die Auskunft über eine Tatsache, aus der sich auch nur ein Vorgang ergeben kann, dessentwegen ein Weigerungsrecht besteht.
Unternehmer: S „Mitarbeiter".
Urheber: Unter Z 3 fällt die Auskunft über den oder die Urheber etwa eines Zeitungsaufsatzes.

10   **7) Verstoß, Z 1–3.** Vgl Üb 12 vor § 371, § 383 Rn 20. Ein Verstoß kann ein Rechtsmittel begründen.
11   **8) VwGO:** *Entsprechend anwendbar, § 98 VwGO.*

385   *Ausnahmen vom Zeugnisverweigerungsrecht.* [I] In den Fällen des § 383 Nr. 1 bis 3 und des § 384 Nr. 1 darf der Zeuge das Zeugnis nicht verweigern:

1. über die Errichtung und den Inhalt eines Rechtsgeschäfts, bei dessen Errichtung er als Zeuge zugezogen war;
2. über Geburten, Verheiratungen oder Sterbefälle von Familienmitgliedern;
3. über Tatsachen, welche die durch das Familienverhältnis bedingten Vermögensangelegenheiten betreffen;
4. über die auf das streitige Rechtsverhältnis sich beziehenden Handlungen, die von ihm selbst als Rechtsvorgänger oder Vertreter einer Partei vorgenommen sein sollen.

[II] Die im § 383 Nr. 4, 6 bezeichneten Personen dürfen das Zeugnis nicht verweigern, wenn sie von der Verpflichtung zur Verschwiegenheit entbunden sind.

Titel 7. Zeugenbeweis **§ 385**

Gliederung

1) **Systematik, I, II**	1	5) **Aussagepflicht nach II**	8–11
2) **Regelungszweck, I, II**	2	A. Rechtsträger	8
3) **Geltungsbereich, I, II**	3	B. Befreiungsbefugnis	9
4) **Aussagepflicht nach I**	4–7	C. Befreiungserklärung	10
A. Rechtsgeschäft, I Z 1	4	D. Nicht betroffener Personenkreis	11
B. Geburt usw, I Z 2	5	6) **Verstoß, I, II**	12
C. Vermögensangelegenheit, I Z 3	6	7) *VwGO*	13
D. Eigene Handlung, I Z 4	7		

1) **Systematik, I, II.** Vgl zunächst Einf 1 vor §§ 383–389. Die Vorschrift bringt Ausnahmen von **1** Ausnahmen, also systematisch betrachtet eine Rückkehr zur grundsätzlichen Aussagepflicht. Wer nach § 383 Z 1–3 oder wer nach § 384 I Z 1 allgemein das Zeugnis verweigern dürfte, nicht aber nach § 384 I Z 2, muß unabhängig von einem unmittelbaren Schaden aussagen, soweit seine Aussage einen der Fälle I betrifft. Wer nach § 383 I Z 4, 6 das Zeugnis verweigern dürfte, muß trotzdem aussagen, wenn er von der Schweigepflicht befreit ist. Das gilt aber nur, soweit die Befreiung sachlichrechtlich wirksam ist, II.

2) **Regelungszweck, I, II.** Die Vorschrift dient dem Interesse der Rechtspflege an der Wahrheitsfindung, **2** Nürnb FamRZ **92**, 1317. Wegen des Charakters als Rückkehr zum Grundsatz der Aussagepflicht nach Rn 1 muß man § 385 eher weit auslegen. Das gilt auch für die Frage, welche Anforderungen man an eine Entbindung von der Schweigepflicht nach II stellen soll. Die einzelnen Fälle des I sind ja ihrer Natur nach schon halbe Entbindungen solcher Art. Natürlich soll der Gegner nun auch nicht über I Z 3 Ausforschung über Vermögensangelegenheiten betreiben dürfen, Einf 27 vor § 284. Es gilt also auch bei § 385 über die ausdrücklich genannten Umstände hinaus auf manches weitere Merkmal des Gesamtvorgangs mitzuachten und es in die Beurteilung durchaus mit der notwendigen Gewichtung einzubeziehen.

3) **Geltungsbereich, I, II.** Vgl Einf 3 vor §§ 383–389. **3**

4) **Aussagepflicht nach I.** Man sollte nicht zu ängstlich werten. **4**

A. Rechtsgeschäft, I Z 1. Es muß um die Zuziehung als Zeuge bei einem Rechtsgeschäft gehen, dh bei jeder Rechtshandlung. Denn man kann sich nicht zuerst gerade als Zeuge zur Verfügung stellen und dann darüber schweigen dürfen. Der Zeuge muß nach den Umständen zumindest mit der Möglichkeit haben rechnen müssen, gerade zur etwa späteren Notwendigkeit zugezogen zu werden, den Vorgang zu beschreiben, BayObLG MDR **84**, 1025. Er mag als Förmlichkeitszeuge aufgetreten sein, etwa bei einer Testamentserrichtung, Köln Rpfleger **85**, 494. Z 1 umfaßt nicht seine Zuziehung zu anderen Zwecken oder seine zufällige Anwesenheit vor der Zuziehung oder nach der etwaigen Entlassung oder die Zuziehung nur zu einer Vor- oder Nachbereitungsmaßnahme des eigentlichen Rechtsgeschäfts. Wer sich auf die Zeugnispflicht beruft, muß die Art der Zuziehung beweisen.

B. Geburt usw, I Z 2. Es muß um Geburten, Heiraten, Sterbefälle von Familienmitgliedern des Zeugen **5** gehen. Eine Verwandtschaft ist unnötig, eine häusliche Gemeinschaft reicht nicht aus. Die Ursache, etwa die Erzeugung, fällt nicht unter Z 2, LSG Darmst NJW **89**, 2711, Müller FamRZ **86**, 634 (auch zu moderner Insemination), ebensowenig der Name des Erzeugers, LSG Darmst NJW **89**, 2711.

C. Vermögensangelegenheit, I Z 3. Es muß um Vermögensangelegenheiten gehen, die unmittelbar **6** durch das Familienverhältnis bedingt sind. Ob der Prozeß darauf beruht, ist unerheblich. Bestimmte Tatsachen müssen ihre Grundlage im Familienverhältnis haben, nicht nur aus einem solchen erwachsen können. Beispiele: Ein Mitgiftversprechen; ein Unterhaltsanspruch, Düss FamRZ **80**, 617 (nicht aber nach seinem Übergang kraft Gesetzes, etwa nach § 37 BAföG, da der Anspruch durch solche Überleitung seinen Charakter ändert, aM Karlsr FamRZ **89**, 765); ein Abfindungsvertrag; ein güterrechtlicher Vertrag; eine Altenteilsregelung; das Erbrecht; eine Erbausschlagung. Z 3 gilt auch für solche Personen, die jetzt außerhalb des Familienverbandes stehen, Nürnb FamRZ **92**, 1316, aM StJBe 4, ZöGre 4 (aber Z 3 stellt gerade nicht auf zusätzliche Zumutbarkeitserwägungen ab).

Nicht hierher gehören Fragen, die nicht gerade durch das Familienverhältnis „bedingt" sind, zB: Die Höhe des Pflichtteils; ein außerehelicher Geschlechtsverkehr ohne Zeugung; Angaben zur Zeugung oder zum Namen des Erzeugers, LSG Darmst NJW **89**, 2711; die Höhe des in die Ehe Eingebrachten; ein Alltagsgeschäft mit einem Angehörigen.

D. Eigene Handlung, I Z 4. Es kann sich um die Begründung eines Rechtsverhältnisses oder um **7** Vorgänge während seines Bestehens bis zur Beendigung handeln. Es muß um eine eigene beliebige Handlung des Zeugen gehen, die sich auf den Prozeß bezieht, soweit er Rechtsvorgänger oder Vertreter einer Partei ist. Zum Begriff des Rechtsvorgängers § 265 Rn 21. Vertreter ist der gesetzliche Vertreter oder ein sonstiger Vertreter im weitesten Sinn, aber nur ein rechtlicher, nicht ein tatsächlicher, etwa als Wortführer, Ratgeber, Mü OLGR **96**, 242, ZöGre 6, aM MüKoDa 5 (aber das weitet unzumutbar aus). Gemeint ist auch der Vertreter des Rechtsvorgängers. „Handlungen" meint: Eine wirkliche Tätigkeit, aber auch bloße Wahrnehmungen, aM MüKoDa 5, ZöGre 6 (aber auch eine Wahrnehmung ist eine Betätigung, nämlich eines Sinnes. Zumindest ist die vorgenommene oder unterlassene Reaktion auf die Wahrnehmung eine Handlung). Es genügt nicht, daß die Partei für Handlungen oder Unterlassungen des Zeugen als eines bloßen Verrichtungsgehilfen einsteht. Z 4 ist auch auf eine bloße Behauptung, es sei entsprechend gehandelt worden, anwendbar („sein sollen").

5) **Aussagepflicht nach II.** Auch hier ist Kleinmut unangebracht. **8**

A. Rechtsträger. Befreien müssen alle, zu deren Gunsten die Bindung besteht, zB der Patient, nicht derjenige, der die Untersuchung veranlaßt hat oder bezahlt hat. Unzulässig ist nach dem katholischen Kirchenrecht eine Entbindung von dem Beichtgeheimnis durch die kirchlichen Vorgesetzten, § 383 Rn 4. Bei öffentlichen Beamten tritt zu II noch § 376 hinzu.

9 B. Befreiungsbefugnis. Befreien dürfen zB: Der Generalbevollmächtigte; grundsätzlich der Insolvenzverwalter, Düss DB **93**, 2481, Nürnb MDR **77**, 145 (auch wegen der Ausnahmen); der gesetzliche Vertreter, aber nicht gegen den Willen des Patienten. Dieser kann bei Einsichtsfähigkeit auch gegen den gesetzlichen Vertreter befreien, BayObLG **85**, 53. Wer an Stelle des Verstorbenen in persönlichen Dingen nach § 383 Rn 11 (E) entbinden kann. Maßgeblich ist der mutmaßliche Wille, Nürnb MDR **75**, 937. Es kann zB der Arzt (vgl aber § 383 Rn 13 „Arzt") oder der Anwalt sein, nicht ohne weiteres ein Erbe oder die Erben, Stgt MDR **83**, 236, sondern vielleicht ein persönlich Näherstehender, unter Umständen auch der Steuerberater, Stgt MDR **83**, 236. Hat der Erblasser im Testament darüber etwas gesagt, so braucht er dazu die Testamentsform nicht eingehalten zu haben. Daher kann auch eine mündliche Erklärung genügen. Zwar kann zB der Rechtsinhaber die Befreiungsbefugnis übertragen, auch über den Todesfall hinaus, sogar formlos, Mü AnwBl **75**, 159. Der ProzBev darf aber trotz § 81 nicht ohne weiteres befreien. Denn die Befreiung ist die Ausübung eines höchstpersönlichen Rechts, Braeuer FamRZ **56**, 427. Das Gericht muß also zunächst anheimgeben, eine Befreiung des Auftraggebers oder sonstigen Berechtigten nachzureichen. Vgl aber auch § 356 Rn 2.

10 C. Befreiungserklärung. Die Befreiung erfolgt durch eine Erklärung gegenüber dem Zeugen, dem Gericht oder dem Gegner. Sie liegt schon in der Benennung des Zeugen durch den Rechtsträger selbst, nicht schon durch seinen ProzBev, Rn 8. Sie muß eindeutig in Kenntnis des Weigerungsrechts erfolgt sein. Eine mutmaßliche Befreiung ist unbeachtlich. Im Prozeß ist die Befreiung als Parteiprozeßhandlung nach Grdz 47 vor § 128 nur noch widerruflich, wenn man sie noch gegenüber dem Gegner erklärt hatte, sondern nur gegenüber dem Zeugen vor dessen Vernehmung, Grdz 58 vor § 128. Eine Versagung ist regelmäßig keine arglistige Vereitelung der Beweisführung. Denn hier übt der Versagende ein Recht aus, BGH RR **96**, 1534. Das Gericht darf und muß eine Versagung aber frei würdigen, § 286, BGH MDR **84**, 48, BayObLG FamRZ **90**, 207. Eine wirksame Befreiung zwingt zur Aussage. Das Gericht muß prüfen, ob die Befreiung wirksam ist.

11 D. Nicht betroffener Personenkreis. II nennt die in § 383 I Z 5 Genannten nicht. Sie behalten also ihr Zeugnisverweigerungsrecht auch dann, wenn sie von ihrer etwaigen Schweigepflicht entbunden worden sind, Groß NJW **75**, 1764. Das gilt sogar dann, wenn ihr Informant ausdrücklich wünscht, daß sie aussagen. Das Berufsgeheimnis ist also vorrangig selbst vor dem berechtigten Interesse des Informanten an einer Preisgabe. Eine daraus folgende etwaige Haftung bleibt unberührt. Jedoch gibt es keine strafrechtlichen Garantenhaftung des leitenden Redakteurs usw mehr.

12 6) Verstoß, I, II. Vgl Üb 12 vor § 371, § 383 Rn 20. Ein Verstoß kann ein Rechtsmittel begründen.

13 7) VwGO: *Entsprechend anwendbar,* § 98 VwGO.

---

386 *Erklärung der Zeugnisweigerung.* ¹ Der Zeuge, der das Zeugnis verweigert, hat vor dem zu seiner Vernehmung bestimmten Termin schriftlich oder zum Protokoll der Geschäftsstelle oder in diesem Termin die Tatsachen, auf die er die Weigerung gründet, anzugeben und glaubhaft zu machen.

ᴵᴵ Zur Glaubhaftmachung genügt in den Fällen des § 383 Nr. 4, 6 die mit Berufung auf einen geleisteten Diensteid abgegebene Versicherung.

ᴵᴵᴵ Hat der Zeuge seine Weigerung schriftlich oder zum Protokoll der Geschäftsstelle erklärt, so ist er nicht verpflichtet, in dem zu seiner Vernehmung bestimmten Termin zu erscheinen.

ᴵⱽ Von dem Eingang einer Erklärung des Zeugen oder von der Aufnahme einer solchen zum Protokoll hat die Geschäftsstelle die Parteien zu benachrichtigen.

1 1) Systematik, I–IV. Die Vorschrift nennt die Pflichten desjenigen Zeugen, der vom Zeugnisverweigerungsrecht Gebrauch macht. §§ 387 ff regeln den weiteren Zwischenstreit.

2 2) Regelungszweck, I–IV. Vgl zunächst Einf 2 vor §§ 383–389. Die Vorschrift bezweckt einen Kompromiß im Interessenkonflikt einerseits wegen des Schutzes des Zeugen, andererseits wegen der Notwendigkeit, die Möglichkeiten der Wahrheitsfindung nun auch nicht ungebührlich einzuschränken. Das Gericht muß bei den Anforderungen an die immerhin notwendigen Andeutungen des Zeugen behutsam, aber auch nicht zu vorsichtig vorgehen. Zu strenge Anforderungen würden es dem Zeugen evtl unmöglich machen, über den Schweigepunkt wirklich ausreichend zu schweigen. Zu großzügige Hinnahme irgendwelcher Floskeln als ausreichende Begründung würden dem Mißbrauch durch den Zeugen Vorschub leisten. Es ist eine manchmal kaum zu bewältigende Aufgabe für das Gericht, sich an einen Erkenntnisstand heranzutasten, von dem aus es das beabsichtigte Schweigen in seiner Berechtigung abschätzen kann. Auch an dieser Stelle sollte man versuchen, eine harte Entscheidung durch zB andere, vorgezogene Beweismittel zu erübrigen. Wenn das nicht möglich ist, hilft eine gelassene, sehr erkennbar um Interessenabwägung bemühte Entscheidungsbegründung allen Beteiligten eher, sich der Beurteilung durch das Gericht zu beugen.

3 3) Geltungsbereich, I, II. Vgl Einf 3 vor §§ 383–389.

4 4) Erklärung, I, II. Der zeugnisverweigernde Zeuge muß seine Weigerung grundsätzlich entweder vor dem Termin schriftlich oder zum Protokoll der Geschäftsstelle oder mündlich im Termin und daher stets ohne Anwaltszwang erklären, § 387 II. Den Weigerungsgrund muß er so angeben, daß der Richter die Berechtigung der Weigerung nachprüfen kann. Dabei braucht der Zeuge aber nicht genau dasjenige preiszugeben, was er gerade verschweigen darf und will. Falsche Angaben sind nach §§ 153 ff StGB strafbar. Darüber muß das Gericht den Zeugen belehren. Eine Glaubhaftmachung erfolgt, auch durch eine eidesstattliche Versicherung. Das Gericht kann sie fordern, etwa bei Zweifelhaftigkeit eines Verlöbnisses. Eine Glaubhaftmachung ist nicht erforderlich, wenn die Beweisfrage den Weigerungsgrund glaubhaft macht, wie meist bei § 384 Z 2. Beamte, § 155 Z 3 StGB, nicht auch Geistliche privater Religionsgemeinschaften oder Anwälte, dürfen durch Versicherung auf den Diensteid glaubhaft machen. Die Zeugenentschädigung nach dem JVEG erfolgt unabhängig von einer Zeugnisverweigerung.

Titel 7. Zeugenbeweis **§§ 386, 387**

5) Recht zum Ausbleiben, III. Nur derjenige Zeuge darf ausbleiben, der seine Weigerung vor dem 5
Termin schriftlich oder zu Protokoll der Geschäftsstelle erklärt und glaubhaft gemacht hat und dessen
Zeugnisverweigerungsrecht die gesamten Beweisfragen deckt. Wenn die Erklärung unzureichend, offenbar
grundlos oder unglaubhaft ist, dann muß das Gericht gegen den Zeugen beim Ausbleiben nach § 380 ein
Ordnungsmittel anordnen. Bei seinem Erscheinen muß es ihn dann nach § 390 behandeln. Beim ausländischen Berufsdiplomaten mag eine andere Form der Weigerung ausreichen, VGH Kassel NJW **89**, 3110.
Wenn sich die Weigerung als unbegründet herausstellt, dann ist ein Ordnungsmittel nur bei schlechtem
Glauben des Zeugen möglich. Bei einer Verweigerung einer schriftlichen Aussage nach § 377 III, IV erfolgt
kein Ordnungsmittel. Denn dann ist noch kein Zwang zulässig. Dann bleibt aber nur übrig, den Zeugen
vorzuladen. Eine erneute Ladung erfolgt allenfalls, wenn eindeutig feststeht, daß der Zeuge nun doch
aussagen will, Köln NJW **75**, 2074.

6) Benachrichtigung, IV. Von der vor dem Termin erklärten Weigerung muß die Geschäftsstelle mit 6
Rücksicht auf § 387 beide Parteien formlos benachrichtigen. Das Gericht sollte nach § 139 darauf hinweisen, daß dieses Beweismittel bis zur etwaigen Entbindung von der Schweigepflicht nach § 385 II
ungeeignet ist, § 286 Rn 31. Ein Verstoß ist prozessual belanglos.

7) *VwGO:* Entsprechend anwendbar, § 98 *VwGO*. 7

387 *Zwischenstreit über Zeugnisverweigerung.* ¹Über die Rechtmäßigkeit der Weigerung
wird von dem Prozeßgericht nach Anhörung der Parteien entschieden.
^{II} Der Zeuge ist nicht verpflichtet, sich durch einen Anwalt vertreten zu lassen.
^{III} Gegen das Zwischenurteil findet sofortige Beschwerde statt.

Gliederung

1) Systematik, §§ 387–389	1	5) Entscheidung, I	5
2) Regelungszweck, §§ 387–389	2	6) Sofortige Beschwerde, III	6
3) Geltungsbereich, §§ 387–389	3	7) *VwGO*	7
4) Verfahren, I, II	4		

1) Systematik, §§ 387–389. Die Zeugnisverweigerung kann einen zur Klärung dieser Frage erforderli- 1
chen und ja auch dienlichen Zwischenstreit zwischen dem Zeugen und dem Beweisführer begründen, soweit
der Zeuge sie nach § 386 ausreichend erklärt hat. Andernfalls sind §§ 380, 390 anwendbar. Wenn der
Beweisführer die Weigerung anerkennt, verzichtet er auf das Zeugnis, § 399. Wenn er ohne eine Rüge zur
Hauptsache verhandelt, verliert er sein Recht, eine Entscheidung über die Berechtigung zur Weigerung zu
verlangen, § 295, BGH RR **87**, 445, Ffm OLGR **95**, 276. Wenn der Gegner die Vernehmung nach § 399
verlangt, führt er den Zwischenstreit durch. Die Prozeßparteien sind nur dann notwendige Streitgenossen
dieses Zwischenstreits nach § 60, wenn beide Parteien die Weigerung bekämpfen. Zwischen dem Zeugen
und derjenigen Partei, die den Zeugen in seiner Weigerung unterstützt, besteht ebenfalls eine notwendige
Streitgenossenschaft. „Anhörung der Parteien" bedeutet: Das Gericht muß zunächst beide Parteien zur
Weigerung hören. Erst ihre Antwort ergibt die Parteirollen. §§ 387, 388 betreffen die Weigerung vor dem
Prozeßgericht. § 389 betrifft die Weigerung vor dem verordneten Richter. Der Einzelrichter nach §§ 348,
348 a, 526, 527, 568 ist beim Verfahren vor ihm das Prozeßgericht.

2) Regelungszweck, §§ 387–389. Vgl zunächst Einf 2 vor §§ 383–389, § 386 Rn 2. Der Zwischenstreit 2
ist zunächst mit einem gewissen Aufwand an zusätzlicher Zeit und Arbeit für alle Beteiligten verbunden. Das
wiegt aber nicht so schwer wie die Chance, die ganze weitere Verfahrensweise in der Hauptsache wenigstens
an diesem Punkt so weit zu klären, daß später zB eine Zurückverweisung nach § 538 nicht schon wegen
eines Mangels bei der Beurteilung einer Vorfrage zu dem entscheidungserheblichen Beweisverfahren notwendig wird. Daher dient der Zwischenstreit wohlverstanden der Prozeßwirtschaftlichkeit, Grdz 14 vor
§ 128. Das ist bei der Handhabung des ganzen Zwischenverfahrens wichtig.

3) Geltungsbereich, §§ 387–389. Vgl zunächst Einf 3 vor §§ 383–389. § 387 gilt auch bei § 372 a 3
entsprechend, dort Rn 26 ff. Die Vorschrift gilt ferner im Insolvenzverfahren, AG Duisb KTS **92**, 135. Zur
Anwendbarkeit im finanzgerichtlichen Verfahren BFH BB **78**, 1052. Wegen des FGG-Verfahrens BayObLG
NJW **87**, 1492.

4) Verfahren, I, II. Es ist ein Amtsverfahren. Denn es ist Teil der Beweisaufnahme, StJBe 2, aM ZöGre 2 4
(nur im Verfahren mit Amtsermittlung kein Antragszwang. Aber innerhalb eines Beweisverfahrens ist das
Gericht auch bei Parteiherrschaft weitgehend von Amts wegen bis zur Beendigung der Beweiserhebung
tätig, und das Verfahren nach §§ 387 dient bereits der Durchführung des Beweisbeschlusses). Man muß das
Unterlassen eines natürlich statthaften Antrags evtl als Verzicht auf den Zeugen bewerten. Anderseits kann
das Gericht die Rüge der Unzulässigkeit einer Weigerung als Anregung nach § 387 auslegen. Das
Zwischenverfahren findet also möglichst sofort statt, § 279 II. Zur Zuständigkeit Rn 5. Parteien des Zwischenstreits sind einerseits der Beweisführer bzw bei § 399 Hs 2 der Prozeßgegner, anderseits der Zeuge,
auch der nach § 372 a Verpflichtete, BayObLG FamRZ **92**, 574, auch der minderjährige. Der Prozeßgegner
des Beweisführers ist Streitgenosse dieses, den er im Zwischenstreit unterstützt. Das Gericht muß den
Zeugen anders als bei § 371 unter Einhaltung der Ladungsfrist des § 217 laden, soweit das Gericht nicht in
Gegenwart des Zeugen sogleich entscheidet. Die Parteien sind mündlich zu hören, soweit sie erschienen
sind. Sind sie ausgeblieben, so entscheidet das Gericht auf Grund des ihm vorliegenden Stoffs.

Die *Versäumnisfolgen* nach §§ 330 ff treten weder gegenüber einer Partei des Hauptprozesses noch gegenüber
dem Zeugen ein. Vielmehr gilt dann § 388, dort Rn 1. In einer mündlichen Verhandlung im Zwischenstreit

§§ 387-389 Buch 2. Abschnitt 1. Verfahren vor den LGen

besteht für die Parteien des Hauptprozesses ein Anwaltszwang wie sonst, § 78 Rn 2, für den Zeugen nicht. Zu einem schriftlichen Zwischenstreit muß im Fall des § 128 II auch der Zeuge sein Einverständnis geben. Denn der Zeuge ist nur im Zwischenstreit Partei, BayObLG **92**, 13. Wenn der Zeuge seine Weigerung nicht begründet, kommt es gar nicht zu einem Zwischenstreit. Das Gericht muß ihn dann vielmehr als einen grundlos Verweigernden behandeln, § 386 Rn 5 und § 390 Rn 4. Verfahren beim Ausbleiben des Zeugen: § 388. Der Hauptprozeß geht erst nach der Beendigung des Zwischenverfahrens weiter, § 370.

5   **5) Entscheidung, I.** Die Endentscheidung über die Rechtmäßigkeit der Weigerung erfolgt durch das Prozeßgericht, BGH NJW **90**, 2937, auch durch den Einzelrichter, Rn 1, auch durch den Vorsitzenden der Kammer für Handelssachen, § 349, nicht durch den verordneten Richter, §§ 366, 389. Sie ergeht durch ein Zwischenurteil nach § 303, BGH NJW **90**, 2937, aM Brdb FER **01**, 131 (bei § 372 a auch durch Beschluß. Aber das ist hier systemfremd). Das Zwischenurteil lautet auf die Feststellung der Berechtigung oder Nichtberechtigung zur genau anzugebenden Aussageverweigerung. Es schafft Rechtskraft nur für den vorgebrachten Grund, § 322 Rn 75, Hamm FamRZ **99**, 939. Es muß auch dann ergehen, wenn das Gericht die Weigerung billigt. Das Gericht muß ein im mündlichen oder schriftlichen Zwischenstreit ergehendes Zwischenurteil auch dem Zeugen zustellen, § 329 II 2. Eine Entscheidung erst in den Gründen des Endurteils ist wegen § 285 unstatthaft. Die durch den Zwischenstreit zusätzlich zum Hauptprozeß entstandenen Kosten trägt entsprechend § 91 der Unterliegende, also evtl der Zeuge. Etwas anderes gilt, wenn der an sich zeugnisbereite Zeuge nur deshalb nicht aussagt, weil die Partei ihn nicht von der Schweigepflicht befreit.

Gebühren: Des Gerichts keine, des ProzBev keine, § 19 I 2 Z 3 RVG, Hbg MDR **87**, 947 (anders bei Beauftragung des Anwalts nur für das Zwischenverfahren), des Zeugen keine nach dem JVEG (er ist ja jetzt Partei), beim Sieg aber Auslagenersatz nach § 91. Wert: Anh § 3 Rn 147.

6   **6) Sofortige Beschwerde, III.** Gegen das Zwischenurteil haben die sofortige Beschwerde nach § 567 I Z 1 nur der Zeuge und der Prozeßgegner beim Zwischenstreit, aM Ffm MDR **83**, 236 (nur der Zeuge. Aber auch der Prozeßgegner kann beschwerte Partei des Zwischenstreits sein, Rn 4). Die andere Partei hat die sofortige Beschwerde nur im Fall des § 399. Eine Rechtsbeschwerde kommt unter den Voraussetzungen des § 574 in Betracht. Das stets erforderliche Rechtsschutzbedürfnis nach Grdz 33 vor § 253 kann trotz Erledigung des Hauptverfahrens noch wegen des Kostenpunkts fortbestehen, Köln FamRZ **86**, 709.

Wenn das Gericht *fälschlich* im *Endurteil* entschieden hat, dann ist trotzdem sofortige Beschwerde gegeben, außer wenn es sich um ein Urteil des OLG handelt, Rn 4. Die Form richtet sich nach § 569 II, III. Die Frist des § 569 I läuft seit der Zustellung des Zwischenurteils, die nach § 317 von Amts wegen erfolgt, ferner § 317 I. Eine aufschiebende Wirkung besteht nur für den Zeugen (§ 390 spricht von „rechtskräftig"), mittelbar damit freilich für das weitere Verfahren. Gegenstand des Beschwerdeverfahrens ist nur der Verweigerungsgrund, den das Zwischenurteil behandelt hat, Hamm FamRZ **99**, 939. Der Zeuge darf einen Anwalt beauftragen, BVerfG MDR **75**, 290. Er muß das aber nicht tun. Die Fortsetzung des Verfahrens findet stets im Amtsbetrieb statt, § 370 II. Eine Aussetzung des Hauptprozesses bzw eines Parallelprozesses kommt jedenfalls dann nicht in Betracht, wenn offen ist, ob und wann der Zeuge aussagen wird, Oldb JB **91**, 1255. Im Verfahren nach § 8 ZDG ist kein Rechtsmittel zulässig.

Hat das Gericht die Verweigerung durch ein nach § 322 *rechtskräftiges* Zwischenurteil für unberechtigt erklärt, so kann man eine Revision nicht darauf stützen, das Zwischenurteil sei falsch, BGH NJW **93**, 1391.

7   **7) VwGO:** Entsprechend anzuwenden, § 98 VwGO, VG Bre NJW **68**, 1946 mwN. Gegen das Zwischenurteil, III, *findet* Beschwerde statt, §§ 146 ff VwGO, sofern sie nicht schlechthin ausgeschlossen ist, § 252 Rn 8. Der Beschwerde darf das Gericht wegen des Grundsatzes der Bindung an Urteile, § 318, entgegen § 148 VwGO nicht abhelfen, OVG Lüneb VerwRspr **11** Nr 23 u AS 33, 432 (nach anderen, zB RedOe § 98 Anm 7, tritt an die Stelle des Zwischenurteils der Beschluß; aber diese Ansicht entfernt sich ohne zwingenden Grund von § 387 und läßt außeracht, daß die VwGO insoweit von § 118 I SGG abweicht). Wie hier auch BFH BStBl **71** II 808 (zu § 82 FGO).

388 Zwischenstreit über schriftliche Zeugnisverweigerung.
Hat der Zeuge seine Weigerung schriftlich oder zum Protokoll der Geschäftsstelle erklärt und ist er in dem Termin nicht erschienen, so hat auf Grund seiner Erklärungen ein Mitglied des Prozessgerichts Bericht zu erstatten.

1   1) **Systematik, Geltungsbereich.** Vgl § 387 Rn 1, 2.

2   2) **Geltungsbereich.** § 388 bezieht sich nur auf einen Zwischenstreit nach § 387. Die Vorschrift setzt voraus, daß der Zeuge seine Weigerung nach § 386 ordnungsmäßig erklärt hat. Sonst gilt § 386 Rn 5. Ein Versäumnisverfahren nach §§ 330 ff gegen den Zeugen findet nicht statt. Denn er ist ja dann zum Erscheinen nicht verpflichtet, § 386 III. Vielmehr verfährt das Gericht nach § 388 Bericht und fällt ein Zwwichenurteil nach § 387.

3   3) **VwGO:** Entsprechend anwendbar, § 98 VwGO.

389 Zeugnisweigerung vor beauftragtem oder ersuchtem Richter.
I Erfolgt die Weigerung vor einem beauftragten oder ersuchten Richter, so sind die Erklärungen des Zeugen, wenn sie nicht schriftlich oder zum Protokoll der Geschäftsstelle abgegeben sind, nebst den Erklärungen der Parteien in das Protokoll aufzunehmen.

II Zur mündlichen Verhandlung vor dem Prozessgericht werden der Zeuge und die Parteien von Amts wegen geladen.

III 1 Auf Grund der von dem Zeugen und den Parteien abgegebenen Erklärungen hat ein Mitglied des Prozessgerichts Bericht zu erstatten. 2 Nach dem Vortrag des Berichterstatters können der Zeuge und die Parteien zur Begründung ihrer Anträge das Wort nehmen; neue Tatsachen oder Beweismittel dürfen nicht geltend gemacht werden.

Titel 7. Zeugenbeweis §§ 389, 390

1) Systematik, Regelungszweck, I–III. Vgl zunächst § 387 Rn 1, 2. Die Vorschrift ist eine Ergänzung 1
zu §§ 386–388. Sie bezweckt eine Klärung der Zuständigkeitsabgrenzung im Interesse der Prozeßwirtschaftlichkeit nach Grdz 14 vor § 128. Man sollte sie entsprechend weit auslegen.

2) Geltungsbereich, I–III. Vgl Einf 3 vor §§ 383–389, § 387 Rn 3. 2

3) Weigerung, I. Weigert ein Zeuge das Zeugnis vor dem verordneten Richter nach §§ 361, 362, so 3
muß dieser die nicht schriftlich oder zu Protokoll der Geschäftsstelle nach § 386 I abgegebenen Erklärungen des Zeugen und die Erklärungen der Parteien zu Protokoll nehmen. Dieses Protokoll gibt die abschließende Unterlage für die Entscheidung des Prozeßgerichts auch als Einzelrichter, BGH NJW **90**, 2937. Die etwa vor dem verordneten Richter erschienenen Parteien des Hauptprozesses können zum Protokoll auf den Zeugen verzichten, § 399. Andernfalls verfährt das Prozeßgericht nach § 387 und nach II, III. Soweit der Zeuge vor dem Einzelrichter des § 348 a von vornherein die Aussage verweigert hat, ist allein § 387 anwendbar. Die Vorschrift ist im Verfahren nach § 372 a entsprechend anwendbar.

4) Verfahren, II, III. Das Prozeßgericht lädt den Zeugen nicht als solchen, sondern als Partei des 4
Zwischenstreits, § 387 Rn 4, und die Parteien des Hauptprozesses von Amts wegen zur mündlichen Verhandlung. Zuständig ist auch das Gericht der internationalen Rechtshilfe, Ffm RR **88**, 714, LG Mü ZZP **95**, 363 (zustm Schlosser). Die Ladung des Zeugen als einer der Parteien des Zwischenstreits ist wesentlich. Der Zeuge kann die Weigerung im Termin zwar nicht auf den bisherigen Rechtsgrund stützen, wohl aber auf einen neuen. Er kann seine schon vor dem verordneten Richter vorgebrachten Tatsachen erläutern. Weder er noch die Parteien des Hauptprozesses können im Termin neue Tatsachen zur bisherigen Aussageverweigerung vortragen, ZöGre 3, aM ThP 2 (aber das Zwischenverfahren gab schon genug Gelegenheit. Es darf den Hauptprozeß nicht infolge immer neuer Angaben lähmen). Ein Zwischenurteil ergeht wie bei § 387.

5) Verstoß, I–III. Wenn das Gericht kein Verfahren nach § 389 eingeleitet hat, dann liegt in einer 5
rügelosen Verhandlung ein Verzicht auf die Rügemöglichkeit, § 295. Das Rechtsmittelgericht muß ein ohne Ladung des Zeugen als Partei des Zwischenstreits nach Rn 4 ergangenes Zwischenurteil auf Grund des zulässigen Rechtsmittels aufheben. Das kann auf Antrag zur Zurückverweisung nach § 538 führen.

6) VwGO: Entsprechend anwendbar, § 98 VwGO. 6

---

390 *Folgen der Zeugnisverweigerung.* ^{I 1} Wird das Zeugnis oder die Eidesleistung ohne Angabe eines Grundes oder aus einem rechtskräftig für unerheblich erklärten Grund verweigert, so werden dem Zeugen, ohne dass es eines Antrages bedarf, die durch die Weigerung verursachten Kosten auferlegt. ² Zugleich wird gegen ihn ein Ordnungsgeld und für den Fall, dass dieses nicht beigetrieben werden kann, Ordnungshaft festgesetzt.

^{II 1} Im Falle wiederholter Weigerung ist auf Antrag zur Erzwingung des Zeugnisses die Haft anzuordnen, jedoch nicht über den Zeitpunkt der Beendigung des Prozesses in dem Rechtszug hinaus. ² Die Vorschriften über die Haft im Zwangsvollstreckungsverfahren gelten entsprechend.

^{III} Gegen die Beschlüsse findet die sofortige Beschwerde statt.

Gliederung

1) Systematik, I–III 1	5) Kosten, Ordnungsmittel, I 7
2) Regelungszweck, I–III 2	6) Zwangshaft, II 8, 9
3) Geltungsbereich, I–III 3	7) Rechtsbehelfe, III 10
4) Voraussetzungen, I 4–6	8) VwGO 11
A. Keine Grundangabe 4	
B. Verwerfung 5	
C. Ladung 6	

1) Systematik, I–III. § 380 regelt die Folgen des bloßen Ausbleibens eines Zeugen. § 390 regelt die 1
Folgen einer unberechtigten Zeugnis- oder Eidesverweigerung vor oder in dem Vernehmungstermin. Ob in der Entfernung nach dem Beginn der Vernehmung eine Zeugnisverweigerung liegt, das hängt von der Lage des Falls ab, § 157 Rn 21, § 158 Rn 4, § 177 GVG Rn 2–4. Über eine freiwillige oder gewaltsame Entfernung § 380 Rn 4. Eine Pflicht, sich eine Blutprobe entnehmen zu lassen, hat der Zeuge im Rahmen des § 372 a. Die Beweisaufnahme ist Augenschein. Sie gehört also an sich nicht hierher. Vgl aber § 372 a II, BGH NJW **90**, 2936. Die Zeugnisverweigerung kann einen sachlichrechtlichen Ersatzanspruch begründen. § 390 ist auf eine Weigerung vor dem Prozeßgericht und auf eine solche vor dem verordneten Richter anwendbar, § 400. Sie ist auch dann anwendbar, wenn der Zeuge trotz eines Hinweises auf die Folgen eine Aufforderung nicht genug beachtet hat, seine Aufzeichnungen und Unterlagen einzusehen und zum Termin mitzubringen, §§ 273 II Z 4 Hs 2, 378.

2) Regelungszweck, I–III. Die Vorschrift dient der Nachhaltigkeit der Zeugniserzwingung im Interesse 2
der sachlichrechtlichen Gerechtigkeit nach Einl III 9 und der Prozeßwirtschaftlichkeit, Grdz 14 vor § 128. Wenn schon nach dem vorigen und nach dem folgenden § ohne mühsamen Zwischenstreit nach §§ 387–389 die Aussage- bzw Eidespflicht feststeht, aber immer noch nicht erfüllt wird, darf und muß das Gericht hart durchgreifen. Das gilt zumindest im Hinblick auf die Art der Folgen und die Unverzüglichkeit ihres Ausspruches, § 121 I 1 BGB. Es gilt natürlich erst recht im Fall II. Die jeweilige Höhe des Ordnungsmittels mag je nach der Ehrenhaftigkeit oder Scheinheiligkeit des zunächst genannten Verweigerungsgrundes sehr unterschiedlich ausfallen. Das Gericht muß beide Aspekte beachten, das Ob bzw Wann und das Wie, um ein rechtsmittelfestes Ergebnis zu erzielen.

§§ 390, 391

3 3) **Geltungsbereich, I–III.** Vgl Üb 3 ff vor § 373. § 390 gilt nach § 643 III 2 in den Fällen § 643 II Z 1, 2 entsprechend.

4 4) **Voraussetzungen, I.** § 390 setzt abgesehen vom Fall als Anwendung nach §§ 273 II Z 4 Hs 2, 378 voraus, daß eine der beiden unter Rn 4, 5 genannten Situationen vorliegt und daß außerdem stets die unter Rn 5 genannte Lage eingetreten ist.

  A. **Keine Grundangabe.** Der Zeuge darf für die Verweigerung der Aussage und nicht nur der Beeidigung keinen nach §§ 383, 384 zulässigen ernstgemeinten Grund angegeben haben. Andernfalls gilt § 387. Unbeachtlich ist die allgemeine Angabe, der Zeuge stehe unter Zeitnot. Nicht unsinnig ist die Weigerung, angesichts eines Kreuzes im Sitzungsraum auszusagen, BVerfG NJW **73**, 2197. Bei jedem noch so unsinnigen Grund eine Entscheidung des Prozeßgerichts zu verlangen, wäre eine sture Wortauslegung. Das Gericht muß den Zeugen nach dem Grund befragen. Eidesverweigerung: § 391 Rn 5.

5 B. **Verwerfung.** Das Gericht muß den etwa angegebenen Grund durch ein rechtskräftiges Zwischenurteil nach §§ 387, 388 verworfen haben. Die vorläufige Vollstreckung reicht also nicht aus. Ungenügend ist ein derartiges Zwischenurteil als Angabe eines neuen, beachtlichen Weigerungsgrunds.

6 C. **Ladung.** Es muß eine ordnungsgemäße Ladung erfolgt sein, § 377 Rn 3, 7.

7 5) **Kosten, Ordnungsmittel, I.** Das Gericht muß dem Zeugen von Amts wegen durch einen Beschluß des Prozeßgerichts oder des verordneten Richters, § 400, die Kosten der Weigerung auferlegen, BGH NJW **90**, 2936, falls der Beweisführer noch nicht auf den Zeugen verzichtet hat, § 399. Zugleich muß der Richter ein Ordnungsgeld *und* ebenfalls zugleich hilfsweise eine Ordnungshaft festsetzen. Einzelheiten Vorbem vor § 380 Rn 1 und § 380 Rn 8, 9, 14. Ein Antrag der Partei ist auch hier zulässig. Denn der Beschluß betrifft die Partei mit. Ein nachträglicher Verzicht auf den Zeugen ändert an dem Verfahren nichts. Ordnungsmittel nach I sind neben Maßnahmen nach § 380 zulässig. Gleichzeitig ordnet das Gericht einen neuen Beweistermin an, § 368. Es lädt den Zeugen neu, auch wenn er bei der Verkündung anwesend ist. Zustellungen erfolgen nach § 329 II 2, III.

8 6) **Zwangshaft, II.** Wenn der Zeuge das Zeugnis wiederholt verweigert, so ordnet das Gericht nur auf Antrag des Beweisführers eine Zwangshaft an, nach seinem Verzicht (§ 399) auch auf Antrag seines Prozeßgegners außer bei § 653 II 2, § 680 III. Eine Wiederholung liegt vor, wenn der Zeuge nach der Verhängung (nicht notwendig der Vollstreckung) einer der Maßnahmen nach I wiederum grundlos oder aus dem bereits für unerheblich erklärten oder aus einem neuen nicht ausreichenden Grund schweigt, Ffm RR **88**, 714, aM ThP 3 (aber nun verdient der Zeuge wirklich keinen weiteren Schutz). Ein weiteres Ordnungsmittel nach I ist dann neben oder statt der in II genannten Zwangshaft und abweichend von § 380 Rn 14 unzulässig. Das Unterlassen des Antrags ist ein Verzicht auf den Zeugen, auch seitens des Gegners des Beweisführers, der eine Vernehmung nach § 399 verlangt. Eine zweite Haftanordnung in derselben Instanz ist unzulässig.

9 Das Gericht muß seinen *Beschluß* begründen, § 329 Rn 4. Es muß ihn verkünden oder dem Zeugen von Amts wegen zustellen, § 329 III. In ihm erfolgt keine zeitliche Begrenzung der Haft. Denn Art 6 II EGStGB, Vorbem vor § 380 Rn 1, meint nur die Ordnungshaft, nicht die Zwangshaft. Das verdeutlicht ein Vergleich mit dem I zusätzlich. Dort wird zwischen einem Ordnungsgeld und einem Zwangsgeld unterschieden. Zum Charakter der Zwangshaft BVerfG **43**, 105/6. Kosten: wie bei § 380.

Auf die *Zwangshaft* sind §§ 904 ff anwendbar. Die erzwingende Partei erteilt dem Gerichtsvollzieher den Auftrag zur Verhaftung. Die frühere Vorschußpflicht nach § 911 aF ist entfallen. Die Haft endet: Mit der Ablegung des Zeugnisses; mit dem Verzicht beider Parteien auf das Zeugnis; mit dem Verzicht der erzwingenden Partei auf die Haftfortdauer; mit Ablauf von 6 Monaten, § 913; mit der Beendigung des Prozesses, mit der Beendigung des Abschnittes der Instanz, die den Zeugen betrifft. In der 2. Instanz ist bei einer neuen Weigerung eine nochmalige Haftanordnung mit insgesamt höchstens 6 Monaten zulässig, § 913. Wegen neuer Tatsachen und auf Grund eines weiteren Beweisbeschlusses bestehen keine zeitlichen Haftgrenzen der bisherigen Dauer.

Gebühren: Des Gerichts keine; des Anwalts keine, § 19 I 2 Z 3 RVG.

10 7) **Rechtsbehelfe, III.** Gegen den Beschluß ist nach § 567 I Z 1 grundsätzlich die sofortige Beschwerde des Zeugen zulässig Düss FamRZ **86**, 192. Sie hat aufschiebende Wirkung, § 570 I. Neue Tatsachen und auch eine ausreichende Begründung der Weigerung sind nachschiebbar. Die Partei hat bei einer Ablehnung oder Unterlassung des Kostenbeschlusses ein Beschwerderecht. Bei einer Ablehnung oder Aufhebung der Zwangshaft hat die beeinträchtigte Partei die sofortige Beschwerde aus § 793. Denn die Entscheidung betrifft das Zwangsvollstreckungsverfahren. Eine Rechtsbeschwerde kommt unter den Voraussetzungen des § 574 in Betracht. Eine Haftentschädigung ist unstatthaft, BGH NJW **90**, 397.

11 8) **VwGO:** Entsprechend anwendbar, § 98 VwGO. Bei wiederholter Weigerung ist wegen des Untersuchungsgrundsatzes, § 86 I VwGO, kein Antrag, **II**, erforderlich. Rechtsmittel, **III**, ist die Beschwerde nach §§ 146 ff VwGO, sofern sie nicht schlechthin ausgeschlossen ist, § 252 Rn 8.

391

Zeugenbeeidigung. Ein Zeuge ist, vorbehaltlich der sich aus § 393 ergebenden Ausnahmen, zu beeidigen, wenn das Gericht dies mit Rücksicht auf die Bedeutung der Aussage oder zur Herbeiführung einer wahrheitsgemäßen Aussage für geboten erachtet und die Parteien auf die Beeidigung nicht verzichten.

Gliederung

1) Systematik 1	C. Eidesverweigerungsrecht 6
2) Regelungszweck 2	D. Pflichtgemäßes Ermessen 7
3) Geltungsbereich 3	E. Notwendigkeit der Beeidigung 8
4) Voraussetzungen 4–8	5) Anordnung der Beeidigung 9
A. Eidesunfähigkeit 4	6) Rechtsmittel 10
B. Verzicht 5	7) VwGO 11

Titel 7. Zeugenbeweis § 391

1) Systematik. In Abweichung vom System der StPO sieht die ZPO eine Beeidigung des Zeugen nicht **1** als Regel vor, sondern nur als Ausnahme. Das gilt trotz des insofern etwas mißverständlichen Worts „Ausnahmen" im Text. Der Ausnahmecharakter der Beeidigung folgt vielmehr aus den beiden mit dem Wort „wenn" beginnenden Bedingungen. Eben nur dann ist eine Beeidigung überhaupt statthaft. Dafür sprechen auch die Wörter „unter Umständen" in § 395 I. Insofern bestehen Grenzen des pflichtgemäßen Ermessens, Rn 6. Das Gericht muß den Zeugen auf die Strafbarkeit auch einer falschen uneidlichen Aussage hinweisen, § 395. Zum Verfahren der Eidesleistung gelten ergänzend §§ 478–484. § 393 geht mit seinem Eidesverbot vor.

2) Regelungszweck. Früher mußte das Gericht einen Zeugen grundsätzlich beeidigen. Eine Eidesinfla- **2** tion drohte aber dem Eid jeden Wert zu nehmen. § 391 ist aber nun auch nicht dahin zu verstehen, daß das Gericht jedem Zeugen blindlings aufs Wort glauben soll, wie in der Praxis so häufig, krit Bull SchlHA 76, 38. Das wäre um so unerträglicher, als die Fehlerquellen bei Zeugenaussagen sehr groß sind, die Vernehmung oft mangelhaft ist, Üb 6, 7 vor § 373, und der Zeuge beim uneidlichen Lügen geringere Gefahr läuft. Seitdem § 153 StGB die vorsätzliche falsche uneidliche Aussage bestraft, ist die Gefahr geringer, aber nicht ausgeräumt.

Problematisch bleibt eine Beeidigung scheinbar stets. Zwar ist der religiöse Druck begrenzt. Denn der Zeuge kann ja ohne irgendwelchen Nachteil erklären, keine religiöse Beteuerung beifügen zu wollen, § 481 I. Auch kann der Druck des Eides im engeren Sinn dadurch entfallen, daß der Zeuge erklärt, überhaupt nicht schwören zu wollen, § 484. Dann aber bleibt vom Sinn einer feierlichen Bekräftigung in Wahrheit nur noch ein solcher Gewissensdruck übrig, den gerade ein in der Glaubwürdigkeit fragwürdiger Zeuge evtl kaum als Druck empfindet. Anderseits mag gerade auch ein gewissenhafter Zeuge in schwieriger Lage die Beeidigung als eine Anordnung empfinden, die ihm geradezu erlösende Möglichkeit verschafft, seine etwa von einem Teil der Beteiligten noch bezweifelte Brauchbarkeit unter wirklichen Beweis zu stellen, ob mit oder ohne religiöse Beteuerung usw. Der Appell an das Gewissen ist unabhängig von möglichen Strafen beim Meineid eines der dem Gericht möglichen Mittel, der Wahrheit wenigstens etwas näher zu kommen.

3) Geltungsbereich. Die Vorschrift gilt grundsätzlich in allen Verfahren nach der ZPO. Ein Verzicht ist **3** im Ehe-, Familien- und Kindschaftsverfahren unwirksam, §§ 617, 640, 641. In einer Arbeitssache gelten §§ 58 II 1, 64 VII ArbGG. Im Verfahren nach § 20 ZDG steht die Beeidigung im Ermessen des Gerichts, ebenso bei § 15 I 2 FGG.

4) Voraussetzungen. Das Gericht muß einen Zeugen zunächst uneidlich vernehmen. **4**

A. Eidesunfähigkeit. Dauernd unvereidigt bleiben die unter § 393 fallenden Personen.

B. Verzicht. Eine Beeidigung ist verboten, soweit beide Parteien wirksam auf sie verzichten, Schultze **5** NJW 77, 412. Der Verzicht kann stillschweigend erfolgen. Er liegt meist im Nichtstellen eines Beeidigungsantrags. Eine Befragung ist ratsam, auch die Protokollierung ihres Ergebnisses. Die Befragung aber nicht notwendig. Der Verzicht ist eine ihrer Natur nach unwiderrufliche Parteiprozeßhandlung, Grdz 47 vor § 128. Ein Verzicht nach der Vernehmung bezieht sich im Zweifel nur auf die gemachte Aussage, nicht auf spätere Aussagen, § 398. Der Verzicht darf und muß die Aussage frei würdigen. Denn die Parteien können das Gericht in der Beweiswürdigung nicht binden, § 286 Rn 2. Wenn das Gericht der unbeeidigten Aussage nicht glauben will, dann muß es darauf hinweisen, § 139. Der Verzicht wirkt nur in dieser Instanz. Daher kann das höhere Gericht eine entscheidungserhebliche Aussage ohne Wiederholung der Vernehmung beeiden lassen.

C. Eidesverweigerungsrecht. Ein Recht zur Verweigerung des Eides oder der eidesgleichen Bekräfti- **6** gung sieht die ZPO nicht ausdrücklich vor. Im § 63 StPO äußert sich aber ein allgemeiner Rechtsgedanke: Wer kein Zeugnis abzulegen braucht, den kann man unmöglich zum Eid oder zur eidesgleichen Bekräftigung zwingen, auch wenn er schon ausgesagt hat. Die nach §§ 376, 383–385 Zeugnisverweigerungsberechtigten dürfen also jede eidesgleiche Bekräftigung auch ohne Angabe weiterer Gründe verweigern, selbst wenn keine Gründe im Sinn von §§ 481 II, III, 481 I vorliegen. Das gilt auch trotz eines etwaigen entgegenstehenden Beschlusses des Gerichts. Das Gericht muß sie sogar entsprechend belehren, § 139. Es würdigt die bloße Eidsverweigerung nach § 286. Ein Verfahren nach § 387 findet also in diesem Fall nicht statt.

D. Pflichtgemäßes Ermessen. Bei anderen Zeugen kann das Prozeßgericht eine Beeidigung anordnen, **7** wenn nicht beide Parteien auf sie verzichten, Rn 9, und wenn das Gericht eine Beeidigung nach § 391 für notwendig halten darf, also nach seinem pflichtgemäßen Ermessen, BVerwG NJW 98, 3369. Das höhere Gericht kann des Ermessen dann, wenn keine Beeidigung durchgeführt wird, auf Überschreitung oder auf Mißbrauch nachprüfen. Ein Urteil, wie sich der Zeuge verhalten wird, läßt sich im allgemeinen erst nach der Anordnung der Beeidigung bilden. Etwas anderes gilt nur, wenn einmal ganz konkrete Umstände überwiegende Zweifel an der Glaubwürdigkeit wegen einer erheblich gebliebenen Tatsache aufkommen lassen oder wenn Tatsachen vorliegen, die den Beweiswert der Aussage erheblich mindern oder ihr Beweiswert nehmen, etwa beeidigte Aussagen anderer Zeugen oder der Partei. Das gilt selbst dann, wenn man einen Meineid befürchten muß. Freilich sollte man keine Beeidigung anordnen, soweit die Aussage nicht entscheidungserheblich ist oder klar dem Gewissen des Zeugen entspricht. Auch mag zunächst eine Gegenüberstellung nach § 394 II ratsam sein. Aber auch die beeidigte Aussage entheht den Richter nicht der Notwendigkeit, die Wahrhaftigkeit zu würdigen. Andernfalls würde es sich um eine verbotene Beweisregel handeln, § 286 II.

E. Notwendigkeit der Beeidigung. Wenn die Entscheidung von der Aussage abhängt, dann ist die **8** Beeidigung im allgemeinen notwendig. Das Gesetz will ja nur überflüssige Eide vermeiden. Ein Zweifel an der Glaubwürdigkeit liegt in der Anordnung nicht. Die Beeidigung ist auch erforderlich, soweit das Gericht die Änderung einer abgegebenen Aussage erwartet oder soweit das Gericht seine Zweifel an der Wahrheit der Aussage beseitigen oder mindern will, Rn 5. Der Richter sollte sich nie zu sehr auf seinen zudem kurzen persönlichen Eindruck verlassen. Er darf auch trotz Artt 1, 2 GG nicht jedem Zeugen vertrauen. Man

§§ 391–393   Buch 2. Abschnitt 1. Verfahren vor den LGen

vergesse freilich auch nicht, daß die hinter dem falschen Eid stehende schwere Strafandrohung eine starke Wirkung äußert, Bull SchlHA **76**, 38, insbesondere bei einem religiösen Menschen. Wenn auch nur entfernt eigene Belange des Zeugen im Spiele sein können, sollte das Gericht den Zeugen getrost beeidigen. Niemand ist ganz sachlich, wenn er selbst betroffen ist. Wenn widersprechende Aussagen nur durch Erinnerungsfehler erklärlich sind, ist ein Eid nicht geboten. Das Gericht kann die Beeidigung eines Teils der Aussage anordnen. Zweckmäßig ist das allerdings nur bei teilweisem Weigerungsrecht.

9   **5) Anordnung der Beeidigung.** Sie erfolgt durch das Prozeßgericht, auch durch den Einzelrichter oder im Rahmen von § 349 den Vorsitzenden der Kammer für Handelssachen, durch einen verordneten Richter nur, soweit das Prozeßgericht ihn dazu ermächtigt hat. Das ist im Rahmen des § 375 zulässig und sollte im Beweisbeschluß stehen. Die Anordnung erfolgt auch ohne Ermächtigung, wenn der Richter auf Grund seines persönlichen Eindrucks der Aussage mißtraut, § 360 Rn 7, StJBe 21, aM RoSGo § 122 VI, ThP 2, ZöGre 6 (aber § 400 bezweckt eine Verfahrensförderung). Hat das Prozeßgericht oder der verordnete Richter grundlos beeidigt, so schadet das prozessual nicht, soweit nicht die Beeidigung unstatthaft war. Das Gesetz soll Eide ersparen, nicht eine eidliche Aussage entwerten.

War eine Beeidigung überhaupt oder nach der vorgenommenen Art zB als Zeugeneid statt als Sachverständigenbehandlung *unzulässig*, so darf und muß das Gericht die eidliche Aussage als eine uneidliche würdigen. Andernfalls liegt ein Verfahrensfehler vor. Er kann auf Antrag zur Zurückverweisung führen, § 538. Unterbleibt die Beeidigung, weil das Gericht irrig ein Eidesverweigerungsrecht oder einen Verzicht annimmt, dann ist auch das ein Verfahrensmangel. Diese Mängel sind nach § 295 heilbar, BVerwG NJW **98**, 3369, außer in einer Ehesache usw, §§ 617, 640, 641, und außer beim Dolmetscher, § 189 GVG Rn 1, BGH NJW **87**, 261. Das Gericht muß die Nichtbeeidigung begründen, um die Nachprüfung seines Ermessens zu ermöglichen.

Das *Berufungsgericht* kann die Beeidigung einer in der 1. Instanz gemachten Aussage anordnen. Im selbständigen Beweisverfahren ist das anordnende Gericht zuständig. Die Anordnung erfolgt durch einen Beschluß, Peters NJW **90**, 1833. Das Gericht muß ihn verkünden, mangels Verhandlung den Parteien und den Zeugen formlos mitteilen. Ein stillschweigender „Beschluß" reicht nicht, Peters NJW **90**, 1833.

10   **6) Rechtsmittel.** Die Entscheidung ist praktisch eine Ergänzung des Beweisbeschlusses. Sie ist deshalb nur zusammen mit dem Endurteil anfechtbar, §§ 355 II, 360.

11   **7)** *VwGO: Entsprechend anzuwenden, § 98 VwGO, da auch im VerwProzeß das Gericht nicht unnötig beeidigen soll, Rn 1, und die Aussage frei würdigen kann, § 108 I VwGO; demgemäß ist die Beeidigung auch unter den Voraussetzungen des § 391 kein „Muß", steht vielmehr im richterlichen Ermessen, BVerwG NJW **98**, 3369 mwN, oben Rn 7. Ein Verzicht bindet das Gericht nicht, § 86 I VwGO, vgl § 617.*

392 *Nacheid; Eidesnorm.* [1] Die Beeidigung erfolgt nach der Vernehmung. [2] Mehrere Zeugen können gleichzeitig beeidigt werden. [3] Die Eidesnorm geht dahin, dass der Zeuge nach bestem Wissen die reine Wahrheit gesagt und nichts verschwiegen habe.

1   **1) Systematik, S 1–3.** Die Vorschrift regelt nur das Wann der Beeidigung. Das Ob ergibt sich einerseits aus § 393, andererseits aus § 391, das Wie aus §§ 478 ff und auch aus § 188 GVG. Im Fall einer Ergänzung der Aussage nach der Beeidigung gilt § 398 III. Das Gericht muß die Aussage dem Zeugen grundsätzlich vor der Beeidigung (Nacheid) vorlesen, §§ 160 III Z 4, 162.

2   **2) Regelungszweck, S 1–3.** Man kann trefflich darüber streiten, ob der Vor- oder der Nacheid sinnvoller sind. Beide Lösungen sind vertretbar. Die letztere ist im Zivilprozeß bindend. Das hat jedenfalls den Vorteil, daß die richterliche Entscheidung über eine Anordnung der Beeidigung erst dann erforderlich wird, wenn man die Tragweite der Aussage und die Persönlichkeit des Zeugen ein wenig besser übersehen kann. Die Vorschrift dient also auch der Prozeßwirtschaftlichkeit, Grdz 14 vor § 128. Das gilt bei S 1 wie erst recht bei S 2.

3   **3) Geltungsbereich, S 1–3.** Üb 3 ff vor § 373.

4   **4) Eideszeit usw, S 1–3.** Das Gericht muß eine etwaige Beeidigung des Zeugen nach seiner Vernehmung anordnen (Nacheid), üblicherweise und zweckmäßig nach der Verlesung seiner Aussage. Ein Voreid ist unzulässig, aber wirksam. Es ist bei einer Eidesverletzung ebenfalls eine Straftat. Im übrigen kann man einem Voreid eine Versicherung nach § 398 III folgen lassen. Über die Bedeutung der „reinen Wahrheit" § 138 Rn 15. Über die Bedeutung des „nichts verschwiegen" ist manchmal eine Belehrung notwendig. Daß der Zeuge nichts hinzusetzen darf, versteht sich von selbst. Trotzdem sollte das Gericht ihn auch darüber belehren.

5   **5)** *VwGO: Entsprechend anwendbar, § 98 VwGO.*

393 *Uneidliche Vernehmung.* Personen, die zur Zeit der Vernehmung das sechzehnte Lebensjahr noch nicht vollendet oder wegen mangelnder Verstandesreife oder wegen Verstandesschwäche von dem Wesen und der Bedeutung des Eides keine genügende Vorstellung haben, sind unbeeidigt zu vernehmen.

1   **1) Systematik.** Es handelt sich um eine Ausnahme von der Ausnahme, nähmlich von § 391 mit Rücksicht auf eine einheitliche Lösung der Eidesreife, § 60 Z 1 StPO. § 393 betrifft nur die Beeidigung. Er ändert nichts an der grundsätzlichen Notwendigkeit einer Vernehmung, § 286 Rn 24. Das Gericht muß die Regelung von Amts wegen beachten, Grdz 39 vor § 128. Bei der Parteivernehmung gilt § 455 II.

Titel 7. Zeugenbeweis   §§ 393, 394

2) Regelungszweck. Zeugenschutz ist der eine Zweck, Verhinderung späterer unerquicklicher Streitigkeiten über Brauchbarkeit oder Strafbarkeit eines Eides beim geistig problematisch wirkenden Zeugen der andere Sinn der Vorschrift. Freilich erfordert ihre Anwendung eine Beurteilung der Verstandeskraft eines Menschen, den der Richter evtl nur in einer sehr kurzen Phase und oft nur in einer spannungsgeladenen Situation erlebt. Zurückhaltung ist daher ratsam. Besser ist es, eine Beeidigung schon nach § 391 für entbehrlich zu erachten. 2

3) Geltungsbereich. Üb 3 ff vor § 373. 3

4) Kein Eid. Uneidlich sind ausnahmslos zu vernehmen: Eidesunmündige, Unreife, Verstandesschwache, die zwar evtl aussagefähig sind, aber den Sinn und die Tragweite des Eides nicht überblicken. Das Gericht muß die Reife im Einzelfall prüfen. Bei einer nur vorübergehenden Eidesunfähigkeit etwa eines Betrunkenen oder Übermüdeten muß das Gericht die Beeidigung vertagen. Aussagen der unter § 393 fallenden Personen darf und muß das Gericht nach § 286 frei würdigen. Der Richter kann ihnen glauben, er kann ihnen auch mißtrauen. 4

5) Verstoß. Wenn eine Beeidigung zu Unrecht vorgenommen wurde oder unterblieb, gilt § 391 Rn 8. 5

6) *VwGO*: Entsprechend anwendbar, § 98 *VwGO* (gilt auch für partiell handlungsfähige Jüngere, § 51 Rn 27, Robbers DVBl **87**, 717). 6

394

Einzelvernehmung. ¹Jeder Zeuge ist einzeln und in Abwesenheit der später abzuhörenden Zeugen zu vernehmen.
ᴵᴵ Zeugen, deren Aussagen sich widersprechen, können einander gegenübergestellt werden.

1) Systematik, I, II. Die Vorschrift leitet die Regelung der Vernehmung zur Person und Sache ein. Sie enthält in I eine vielfach mißverstandene und falsch gehandhabte Anweisung, in II eine Selbstverständlichkeit. Wegen der Ausschließung der Öffentlichkeit § 172 GVG. Wegen der Ordnungs- und Zwangsmittel §§ 177 ff GVG. 1

2) Regelungszweck, I, II. Die Vorschrift dient der Vermeidung von Nachplappereien oder üblen Absprachen. Richtig gehandhabt dient auch I der Prozeßwirtschaftlichkeit nach Grdz 14 vor § 128 aus den in Rn 5 näher dargestellten Gründen. Von solcher Vorbereitung der Einzelvernehmung sollte das Gericht gerade dann getrost Gebrauch machen, wenn es eine ganze Reihe von Zeugen zu demselben Vorgang hören muß, etwa zu einem Unfall oder einer Störung des Hausfriedens usw. Der Richter kann die Zeugen dann auch gemeinsam auf dasjenige aufmerksam machen, was er für wichtig hält und was nicht. Dadurch kann man Uferlosigkeiten und Nebensächlichkeiten erfahrungsgemäß ganz wirksam begrenzen. Deshalb läßt es sich auch durchaus verantworten, 5 oder 8 Zeugen zu derselben Zeit zu laden. Die Erledigung läßt dann beim einzelnen Zeugen oft binnen ganz weniger Minuten erreichen. Zeugen haben für solche Art gemeinsamer Einführung in ihre dann eigene Aufgabe sehr wohl Verständnis. Das alles wird von I keineswegs verboten, sondern eher als nützlich vorausgesetzt. Natürlich gibt es Fälle, die sich für solches Vorgehen überhaupt nicht eignen. 2

3) Sachlicher Geltungsbereich, I, II. Die Vorschrift gilt in allen Verfahren nach der ZPO. 3

4) Persönlicher Geltungsbereich, I, II. Die Vorschrift gilt für den Zeugen. Auf den Sachverständigen ist § 394 nicht anwendbar, wohl aber auf den sachverständigen Zeugen, § 414. Entfernen darf sich ein Zeuge erst nach seiner Entlassung. Sie kann im Schluß des Termins liegen. Das Gericht darf und sollte sie evtl schon vorher erlauben. Es sollte das aber nur mit Zustimmung der Parteien tun, Rn 3. 4

5) Einzelvernehmung, I. Das Gericht muß mehrere Zeugen einzeln vernehmen. I verbietet keineswegs die Anwesenheit der Zeugen vor dem Beginn der Vernehmung des ersten von ihnen, Rn 2. Diese anfängliche Anwesenheit kann in öffentlicher Sitzung wegen des Vorrangs der Öffentlichkeit vor bloßen Befangenheitserwägungen auch nicht verboten sein, aM BAG BB **88**, 1330 (vgl aber Rn 2). Die Anwesenheit des Zeugen vor Beginn der Beweisaufnahme mag durchaus sinnvoll sein, zB zur rascheren Einführung des Zeugen in den derzeitigen Sach- und Streitstand, der ja vom etwa vorhandenen Beweisbeschluß abweichen kann. Ein ehrlicher Zeuge wird durch Zuhören beim Parteivortrag nicht behindert oder weniger glaubwürdig. Auch vernommene und entlassene Zeugen dürfen vor dem Prozeßgericht als Zuhörer anwesend bleiben, § 169 GVG, noch nicht vernommene müssen bleiben. Andernfalls gilt § 380. Es kann ratsam sein, den vernommenen Zeugen erst am Schluß der Beweisaufnahme zu entlassen, wegen Rn 6 oder wegen der Notwendigkeit einer Beeidigung erst auf Grund der Aussagen anderer Zeugen oder wegen des Fragerechts der Parteien nach § 397. Üblich ist es zu fragen, ob gegen die Entlassung Bedenken bestehen. Die bloße Anheimgabe oder wirklich bloße Bitte des Vorsitzenden, ein *gestellter Zeuge* möge bis zur Entscheidung darüber, ob er auch zu vernehmen sei, trotz seiner derzeitigen Zuhöreigenschaft besser den Saal freiwillig verlassen, ist kein Verstoß gegen das Öffentlichkeitsgebot, solange nicht der Vorsitzende durch sein Verhalten zu erkennen gibt, daß er in Wahrheit entsprechenden Druck ausübt. 5

6) Gegenüberstellung, II. Nur bei widersprechenden Aussagen kann das Gericht nach pflichtgemäßem, erst zusammen mit dem Endurteil nachprüfbaren Ermessen Zeugen einander gegenüberstellen. Das darf auch der verordnete Richter, §§ 361, 362. Ein Recht auf eine Gegenüberstellung hat die Partei nicht. Die Gegenüberstellung ist stets eine Vernehmung. Sie ist evtl eine wiederholte Vernehmung, § 398. Natürlich bleibt es auch bei übereinstimmenden Aussagen zulässig, die eine oder andere Einzelheit nochmals mit dem zuvor Vernommenen zu erörtern. Das ist keine Gegenüberstellung. 6

7) Verstoß, I, II. Bei einem Verstoß gegen § 394 entscheidet eine freie Würdigung über den Wert der Aussagen unter Berücksichtigung einer möglichen Beeinflussung, § 286, Düss MDR **79**, 409. Ein Verstoß begründet keine Revision. Denn § 394 ist eine bloße Ordnungsvorschrift Köln FamRZ **96**, 311. 7

8) *VwGO*: Entsprechend anwendbar, § 98 *VwGO*. 8

§§ 395, 396   Buch 2. Abschnitt 1. Verfahren vor den LGen

395 *Wahrheitsermahnung; Vernehmung zur Person.* ¹Vor der Vernehmung wird der Zeuge zur Wahrheit ermahnt und darauf hingewiesen, dass er in den vom Gesetz vorgesehenen Fällen unter Umständen seine Aussage zu beeidigen habe.

II ¹Die Vernehmung beginnt damit, dass der Zeuge über Vornamen und Zunamen, Alter, Stand oder Gewerbe und Wohnort befragt wird. ²Erforderlichenfalls sind ihm Fragen über solche Umstände, die seine Glaubwürdigkeit in der vorliegenden Sache betreffen, insbesondere über seine Beziehungen zu den Parteien vorzulegen.

1   **1) Systematik, I, II.** §§ 395 ff nennen in zeitlicher Reihenfolge den Hergang des Gespräches mit dem Zeugen. §§ 383 ff enthalten die Vorschriften über ein Zeugnisverweigerungsrecht und den etwa dazu notwendigen Zwischenstreit. §§ 391–393 geben den Schlußteil des Zeugenbeweises wieder, ergänzt durch §§ 478 ff.

2   **2) Regelungszweck, I, II.** Die Vorschrift dient teils der äußeren Ordnung (I), Rn 4, teils der Klärung notwendiger Formalien (II 1), teils der Erzielung wahrheitsgemäßer Aussagen und damit der Gerechtigkeit, Einl III 9.

Die *Ermahnung* nach I erfolgt natürlich formell zwecks Erzielung einer größeren Chance, die Wahrheit zu erfahren. Die Vorschrift dient also dem Hauptziel des Zivilprozesses, der Gerechtigkeit, Einl III 9. Der redlich wirkende Zeuge zeigt sich auch durchweg von der Aufforderung zur Ehrlichkeit erkennbar beeindruckt. Ob der Richter den zunächst unredlichen Zeugen durch solche oft ja floskelhaften Worte zur inneren Umkehr veranlassen kann, ist mehr als zweifelhaft. Manch andere hochstehende Rechtsordnung scheint solche Ermahnung nicht als generell notwendig zu empfinden. Es mutet auch im Bagatellfall eher als peinlich an, daß der Vorsitzende einen ehrbaren Bürger, auch zB einen Juristen auf seine Wahrhaftigkeitspflicht ausdrücklich von vornherein hinweisen muß, etwa den als Zeugen mitbenannten ProBev des Beweisführers. „Zur Wahrheit" kann ja dem Sinn nach ohnehin nur heißen: Zur subjektiven Wahrhaftigkeit, wie bei § 138 Rn 15. Gleichwohl ist I zwingend und daher nur in der Art und Weise seiner Durchführung variierbar. Hier bleiben innerhalb pflichtgemäßen Ermessens freilich durchaus Schattierungen zulässig und sinnvoll.

3   **3) Geltungsbereich, I, II.** Vgl Üb 3 ff vor § 373.

4   **4) Ermahnung, I.** Vgl zunächst Rn 2. Das Gericht muß den Zeugen vor seiner Vernehmung zur Wahrheit ermahnen und auf die Möglichkeit einer Beeidigung und die Strafbarkeit einer eidlichen oder uneidlichen falschen Aussage hinweisen, §§ 153, 154 StGB. Auch kann ein Hinweis auf eine mögliche Schadensersatzpflicht wegen vorwerfbarer unrichtiger Aussage zweckmäßig sein. Er ist stets zulässig, aber nicht vorgeschrieben. Es handelt sich um eine der Vernehmung vorgeschaltete, schon nach dem Wortlaut von I, II noch nicht zur Vernehmung zählende Ordnungsmaßnahme, Hamm Rpfleger **90**, 226, Nürnb MR **01**, 114. Die „vom Gesetz vorgesehenen Fälle" braucht der Richter dem Zeugen nicht aufzuzählen. Das gilt auch bei einem Zeugnisverweigerungsberechtigten. Das Gericht muss ihn nach § 383 II belehren. Über das Eidesverweigerungsrecht belehrt der Richter den Zeugen erst vor der Beeidigung, § 391 Rn 6.

Auch den *ProzBev* behandelt der Vorsitzende wie einen Zeugen, sobald und solange er ihn in dieser Funktion heranzieht. Er veranlaßt ihn daher zB auch ratsamerweise, vorübergehend im Zeugenstand Platz zu nehmen.

5   **5) Allgemeine Fragen (Generalfragen), II.** Die Beweisaufnahme beginnt prozessual erst mit den in II 1 genannten Fragen, Nürnb MDR **01**, 114. Der Vorsitzende befragt den Zeugen zunächst nach seinem Vor- und Zunamen, dem Alter, dem Stand, dem Gewerbe, dem Wohnort. Dazu gehört auch die Privatanschrift. Denn sie wird zu einer förmlichen etwaigen weiteren Ladung und zur Klärung der Nämlichkeit notwendig, ja evtl sogar wegen der Auslagenhöhe, zB beim Wohnort Großstadt, § 373 Rn 3 (auch zu Artt 1, 2 GG). Nach Art 136 II Weimarer Verfassung in Verbindung mit, Art 140 GG ist niemand verpflichtet, seine religiöse Überzeugung zu offenbaren. Demgemäß darf das Gericht nur insoweit danach fragen, als davon Rechte und Pflichten abhängen, also nicht anläßlich der Generalfragen. Denn diese Fragen dienen der Feststellung der Nämlichkeit.

Nach gerichtlichem Ermessen („erforderlichenfalls") darf und muß Gericht nach II 2 auch *Glaubwürdigkeitsfragen* stellen. Sie können die Glaubwürdigkeit im allgemeinen oder im Einzelfall betreffen. Allgemeine Fragen sollten schonend erfolgen. Nach einer Vorstrafe wegen Meineids fragt man nicht ohne Anhaltspunkt. Der Zeuge braucht über Vorstrafen evtl erst nach einer Belehrung Auskunft zu geben, § 51 II BZRG. Es besteht keine Pflicht des Zeugen, den Verlust seiner Eidesfähigkeit anzugeben, § 384 Z 2. Das Gericht muß die Glaubwürdigkeit im Einzelfall sorgfältig ermitteln. Persönliche Beziehungen und Beeinflussungen, oft ganz unbewußte, spielen beim Zeugen erfahrungsgemäß eine gewaltige Rolle, BPatG GRUR **78**, 359. Eine Beeidigung nur wegen der aus II zu stellenden Fragen ist unstatthaft.

6   **6) Verstoß, I, II.** Die Unterlassung der Befragung zur Person hindert nicht eine Beweiswürdigung nach § 286, soweit die Nämlichkeit des Zeugen feststeht.

7   **7) *VwGO:* Entsprechend anwendbar, § 98 VwGO.**

396 *Vernehmung zur Sache.* ¹Der Zeuge ist zu veranlassen, dasjenige, was ihm von dem Gegenstand seiner Vernehmung bekannt ist, im Zusammenhang anzugeben.

II Zur Aufklärung und zur Vervollständigung der Aussage sowie zur Erforschung des Grundes, auf den die Wissenschaft des Zeugen beruht, sind nötigenfalls weitere Fragen zu stellen.

III Der Vorsitzende hat jedem Mitglied des Gerichts auf Verlangen zu gestatten, Fragen zu stellen.

Titel 7. Zeugenbeweis **§ 396**

Schrifttum: *Arntzen,* Vernehmungspsychologie, 3. Aufl 1993; *Bender/Nack,* Tatsachenfeststellung vor Gericht, Bd II: Vernehmungslehre, 2. Aufl 1995; *Prange,* Materiell-rechtliche Sanktionen bei Verletzung der prozessualen Wahrheitspflicht durch Zeugen und Parteien, 1995. Vgl auch vor Üb 1 v § 373.

Gliederung

1) Systematik, I–III	1	5) Fragerecht und Fragepflicht, II, III	8
2) Regelungszweck, I–III	2, 3	6) Verstoß, I–III	9
3) Geltungsbereich, I–III	4	7) *VwGO*	10
4) Vernehmung durch den Vorsitzenden, I	5–7		

1) Systematik, I–III. Die Vorschrift enthält die Regelung des Kernstücks einer Zeugenaussage. Die **1** Praxis handhabt sie keineswegs immer unter strikter Beachtung von I. § 397 wirkt ergänzend. Wegen der Vernehmung eines Stummen § 186 GVG.

2) Regelungszweck, I–III. Die Vorschrift dient in I dem Ziel, eine wenigstens in diesem Augenblick **2** möglichst wenig beeinflußte Aussage mit den ganz eigenen Worten des Zeugen zu erhalten. Sie dient in II, III der Schließung erkennbarer Widersprüche, Lücken der Darstellung und damit insgesamt der Wahrheitsfindung nach Einl III 9. Die Darlegungslast läßt sich nicht mit § 396 aushebeln, aM BGH MDR **98,** 1178 (aber das liegt dicht bei Rechtsmißbrauch, Einl III 54).

Der sog *Telefonzeuge,* dazu Helle JR **00,** 353 (ausf), ist noch problematischer als der vorm verordneten Richter immerhin noch Auge in Auge vernommene Zeuge, sobald es um den persönlichen Eindruck geht. Mit Recht sieht das Gesetz ihn daher nicht vor. Hat das Gericht ihn trotzdem am Telefon gehört, etwa zu einer reinen Sachfrage zB als Arzt (sachverständiger Zeuge), darf und muß es seine „Aussage" nach § 286 frei würdigen. Dagegen ist der durch „Videokonferenz" zugeschaltete Zeuge nach § 130 a formell durchaus vollwertig.

In der Praxis findet man außerordentlich unterschiedliche Arten der Vernehmung zur Sache, vom stillen **3** Zuhören des Gerichts bis zur Reihe von halben Suggestivfragen, die der Zeuge am liebsten nur mit Ja oder Nein oder Weißnicht beantworten soll. Das Zuhören fällt auch manchem ProzBev ziemlich schwer. Den weitschweifigen Zeugen zu stoppen oder den wortkargen zu ermuntern sind Aufgaben, die der Vorsitzende manchmal fast von vornherein psychologisch wirksamer dem Beweisführer bzw seinem ProzBev überläßt, um nur einen von unzähligen weiteren hierher gehörenden Aspekten der brauchbaren Handhabung des § 396 zu skizzieren. Großzügigkeit ist geboten, solange sie nicht zur Hilflosigkeit entartet. Großzügigkeit kann bei jedem Zeugen, bei jedem Beweisthema, bei jedem Punkt einer umfangreichen Aussage zu unterschiedlicher Handhabung von § 396 veranlassen.

Kurze Pausen, entspannende humornähere Zwischenbemerkungen eines jeden Beteiligten können Wunder bewirken, auch wenn sie den Regeln der Vorschrift zu widersprechen scheinen. Rückkehr zu ganz straffer Einhaltung von I–III mag in zugespitzter Lage ebenso dringend geboten sein. Die ganze Skala der Menschenkenntnis und -behandlung ist auch und gerade bei der Zeugenvernehmung zur Sache bei allen Beteiligten gefragt, natürlich vor allem beim Vorsitzenden. Sich selbst mit Wohlwollen wie Mißfallen zurückzuhalten kann bald unbedingt notwendig, bald eher etwas fragwürdig sein.

3) Geltungsbereich, I–III. Üb 3 ff vor § 373. **4**

4) Vernehmung durch den Vorsitzenden, I. Über die Kunst der Zeugenvernehmung Üb 6 vor § 373 **5** und oben Rn 2. Wenn möglich, soll sich der Zeuge zunächst selbst im Zusmmenhang so äußern, wie *er* es für richtig hält. Dabei sollte das Gericht ihm geduldig zuhören. Ein sehr verbreiteter und abträglicher Unfug sind die Beeinflussungs-(Suggestiv-)Fragen. Sie können vom Richter, von den Parteien, vom ProzBev ausgehen. Sie legen dem Zeugen meist ganz ohne Absicht eine bestimmte Anwort in den Mund. Sie führen damit zu einer einseitigen Bekundung auch gewissenhafter Zeugen. Sie sind grundsätzlich untunlich. Der Vorsitzende darf und muß sie den Parteien und ProzB untersagen.

Gerade die Aussage *im Zusammenhang* wird vom Gesetz vorgeschrieben, damit der Zeuge unbeeinflußt **6** aussagt. Darum ist es nur begrenzt zulässig und oft gefährlich, ihm von vornherein ganz spezielle Frage vorzulegen, die das Beweisthema nur teilweise behandeln, BAG NJW **83,** 1693. Er soll sich zunächst nur über das Beweissatz im allgemeinen äußern. Häufig empfiehlt sich eine genaue Protokollierung von Frage und Antwort, um die Beeinflussung ersichtlich zu machen. Der Zeuge muß sich in zumutbarem Umfang auf das ihm mitgeteilte Beweisthema sorgfältig vorbereiten. Er darf seine Aussage schriftlich übergeben oder Notizen benutzen. Das Gericht darf und sollte ihm aber klarmachen, daß seine durch solche Unterlagen nicht gestützte Erzählung evtl wertvoller ist. Es muß schriftliche Unterlagen Punkt für Punkt erörtern. Den Parteien muß der Vorsitzende erlauben, den Zeugen zu jedem Punkt zu befragen, § 397. Der Vorsitzende verliest ein Schriftstück und nimmt es als Anlage zum Protokoll.

Ersetzen kann das Schriftstück die Vernehmung nur im Rahmen der §§ 130 a, 377 III. Entsprechend ist **7** ein nachträglich eingereichtes Schriftstück benutzbar. Notfalls gibt das Gericht das Schriftstück zur Beifügung einer eidesstattlichen Versicherung nach § 294 zurück. Das Protokoll muß ergeben, daß der Zeuge frei ausgesagt hat. Einwendungen gegen die Protokollierung: § 160 IV, § 164 II. Über die Verpflichtung des Zeugen zur Nachforschung Üb 26 vor § 373, § 378.

Der Zeuge darf sitzen, statt stehen zu müssen. Der Vorsitzende sollte ihn zur Vermeidung eines Irrtums entsprechend einladen, ohne ihn dazu zu zwingen, solange er nicht stört. Er darf sich auch auf eigene Kosten eines *Rechtsbeistands* bedienen, Art 2 I GG, BVerfG NJW **75,** 103. Er darf diesem freilich nicht die ganze Aussage oder die Formulierung entscheidungserheblicher Antworten überlassen. Letzteres könnte einer Aussageverweigerung gleichkommen. Das Gericht muß nach den Gesamtumständen wegen seiner Fürsorgepflicht nach Einl III 27 auch insofern hilfreich steuern. Bei vorwerfbarer Verletzung der Wahrhaftigkeitspflicht kommen ähnliche Rechtsfolgen wie bei § 138 Rn 65, 66 in Betracht. Prange (vor Rn 1) unter-

§§ 396, 397   Buch 2. Abschnitt 1. Verfahren vor den LGen

scheidet zwischen einfacher und grober Fahrlässigkeit und empfiehlt rechtspolitisch die Abgrenzung zwischen Vorsatz oder grober Fahrlässigkeit und einfacher.

8   **5) Fragerecht und Fragepflicht, II, III.** II ist eine gegenüber § 139 vorrangige Sonderregel, Kblz RR 91, 1471. Nachdem der Zeuge im Zusammenhang ausgesagt hat, stellt der Vorsitzende notfalls weitere Fragen. Dabei soll er feststellen, worauf die Kenntnis des Zeugen beruht, namentlich ob auf eigener zuverlässiger Wahrnehmung, auf fremder Mitteilung oder gar auf bloßer Phantasie, BPatG GRUR 78, 359. Es kann sinnvoll sein zu erfragen, ob der Zeuge seine heutige Erinnerung vielleicht in Wahrheit wesentlich auf eine geistige Lektüre damaliger Notizen usw stützt. Dabei kann Erstaunliches geschehen, wenn der Zeuge zB auf die Frage, was er vor oder nach dem damaligen Ereignis getan habe, mit völligem Nichtwissen reagiert. Natürlich mag er sich hier den jetzt wichtigen Vorgang eingeprägt haben.

Der Vorsitzende muß jedem Mitglied des Gerichts auf Verlangen *Fragen* erlauben. Beanstandet ein Richter oder eine Partei eine Frage als unzulässig, so entscheidet das Prozeßgericht, § 140, bzw der verordnete Richter, § 400. Unsachliche Fragen schneidet der Vorsitzende ab. Daß sich die Fragen im engsten Raum des Beweisbeschlusses halten müßten, ist ein verbreiteter und schädlicher juristischer Aberglaube. Prozeßwirtschaftlichkeit nach Grdz 14, 15 vor § 128 und Wahrheitsermittlung nach Einl III 9 verlangen weitherzige Fragestellung.

Die *Parteibefragung* nach § 397 darf überhaupt erst dann einsetzen, wenn der Zeuge bereits im Zusammenhang ausgesagt *hat,* BAG NJW 83, 1693, und nachdem das Gericht seine ergänzenden Fragen gestellt und Vorhalte gemacht hat.

9   **6) Verstoß, I–III.** Ein Verstoß ist ein Verfahrensfehler. Er kann auf Antrag zur Zurückverweisung führen, § 538, Kblz RR 91, 1471. Er kann nach § 295 heilen. Andernfalls kann die Aussage unverwertbar sein.

10 **7) VwGO:** *Entsprechend anwendbar,* § 98 VwGO.

397 *Fragerecht der Parteien.* ¹ Die Parteien sind berechtigt, dem Zeugen diejenigen Fragen vorlegen zu lassen, die sie zur Aufklärung der Sache oder der Verhältnisse des Zeugen für dienlich erachten.

II Der Vorsitzende kann den Parteien gestatten und hat ihren Anwälten auf Verlangen zu gestatten, an den Zeugen unmittelbar Fragen zu richten.

III Zweifel über die Zulässigkeit einer Frage entscheidet das Gericht.

Schrifttum: vor Üb 1 vor § 373.

Gliederung

1) Systematik, I–III	1	5) Zulässigkeit, III	7
2) Regelungszweck, I–III	2	6) Entscheidung, I–III	8
3) Geltungsbereich, I–III	3	7) Rechtsmittel, I–III	9
4) Fragerecht, I, II	4–6	8) *VwGO*	10
A. Nach mündlicher Aussage	4, 5		
B. Nach schriftlicher Aussage	6		

1   **1) Systematik, I–III.** Die Vorschrift enthält eine wichtige Ergänzung zu § 396, Rn 4. Die bloße Parteiöffentlichkeit nach § 357 genügt oft genug nicht. Erst die Parteibefragung wahrt manchmal das rechtliche Gehör, Art 103 I GG. Ergänzend gelten §§ 136, 140.

2   **2) Regelungszweck, I–III.** Ein vernünftiges Miteinander von Gericht und Partei bei der Befragung auch einmal getrost in „verkehrter" Reihenfolge kann erstaunliche Ergebnisse bei der Klärung der Wahrheit bringen, § 396 Rn 2, 3. Das sollte man bei der Auslegung mitbeachten. Freilich darf sich der Vorsitzende nicht die Verhandlungsleitung nehmen lassen, § 136. Formell ist I nur nach der Vernehmung seitens des Gerichts anwendbar. §§ 136, 140 bleiben unberührt. Praktisch ist ein Hin und Her zwischen Vernehmung, Zwischenfrage als ProzBev, Einwurf der Partei, Erwiderung des Gegners, Ergänzungsfragen an einen schon vernommenen, noch anwesenden anderen Zeugen und Wiedereinstieg in die weitere eigentliche Vernehmung des im Zeugenstuhl Sitzenden ein ganz normales, vielfach bewährtes und erfreuliches Verfahren der Beweiserhebung. Der Vorsitzende kann die Zügel ruhig einmal derart schleifen lassen, solange seine Verhandlungsleistung allseits als selbstverständlich erachtet wird. Die feine Unterscheidung zwischen Pflicht zur Gestattung gegenüber einem anderen Organ der Rechtspflege, dem ProzBev, und der bloßen Befugnis zu dergleichen gegenüber der Partei in II sollte nicht anders als im Notfall drohender Ungebühr deutlich werden. Schließlich dient eine Frage der sachkundigen Partei der Sache manchmal mehr als die ihres nur begrenzt informierten Anwalts.

3   **3) Geltungsbereich, I–III.** Üb 3 ff vor § 373. Die Vorschrift gilt entsprechend im FGG-Verfahren, § 15 FGG, Hamm FamRZ 91, 466, Zweibr FamRZ 01, 639.

4   **4) Fragerecht, I, II.** Man sollte die Vorschrift großzügig handhaben, aber vor jedem auch nur ansatzweisen Mißbrauch energisch schützen.

A. Nach mündlicher Aussage. Parteien nach Grdz 4 vor § 50, Streithelfer nach § 66, ProzBev nach § 80, nach Schneider MDR 91, 828 auch deren beim Prozeßgericht nicht zugelassene Vertreter, ferner Streitgenossen nach §§ 59 ff, soweit sie der Beweissatz berührt, dürfen dem Zeugen durch den Vorsitzenden alle Fragen vorlegen lassen, die sie für aufklärungsfördernd halten. Das folgt auch aus § 357. Dieses Vorlagerecht hat die Partei auch im Anwaltsprozeß. Ihr muß das Gericht ja auch außerhalb der Beweisaufnahme das Wort nach § 137 IV gestatten, also erst recht innerhalb der Beweisaufnahme. Das Recht der unmittelbaren

Titel 7. Zeugenbeweis **§§ 397, 398**

Befragung hat in erster Linie das Gericht. Das Ziel ist aber nicht die Vernehmung durch das Gericht, sondern die Vorlegung und unmittelbare Stellung von Fragen der Partei, BGH MDR **81**, 1014. Ein Anwalt kann als ProzBev verlangen, daß der Vorsitzende ihm die unmittelbare Stellung einer zulässigen Frage erlaubt, auch wenn der Vorsitzende seine Frage nicht für sachdienlich hält. Dem Anwalt steht ein Erlaubnisträger nach § 209 BRAO gleich, § 25 EGZPO. Die Partei selbst darf dieses Recht der unmittelbaren Befragung erbitten. Sie hat jedoch im Anwaltsprozeß nach § 78 Rn 1 grundsätzlich persönlich keinen Anspruch darauf. Eine Versagung empfiehlt sich freilich nur dann, wenn Unsachlichkeit, Erregung usw der Partei kein sachliches Ergebnis erwarten lassen.

Es besteht ein Befragungsrecht immer nur wegen *bestimmter* Fragen. Das Gericht darf den Parteien und 5 ihren Anwälten also die Vernehmung nicht ganz überlassen. Es darf und muß sich notfalls einschalten, KG MDR **93**, 797, auch nach §§ 136 II, 157 II sowie nach §§ 177, 178 GVG. Im Einverständnis mit der schriftlichen Befragung nach § 377 III liegt ein Verzicht auf ein Fragerecht nach § 397. Notfalls ist § 398 anwendbar. Ein Kreuzverhör ist der ZPO unbekannt, aM Nagel JR **89**, 41 (aber es paßt nicht ins System der ZPO). Es ist auch nicht erforderlich, soweit das Gericht einen der Psychologie der Zeugenaussage angepaßten Vernehmungsstil entwickelt, Baumgärtel Gedenkrede auf Bruns (1980) 15. Das Fragerecht besteht nur im Vernehmungstermin und auch dann erst nach der Vernehmung und ergänzenden Fragen oder Vorhalten des Gerichts. Es ist aber statthaft, daß die Partei vorher abgefaßte Fragen überreicht und darum bittet, sie im Termin stellen zu dürfen. Über die Zulassung einer späteren Frage entscheidet das Gericht nach § 398.

B. Nach schriftlicher Aussage. Im Fall des § 377 III gibt § 397 den Parteien zwar stets einen Anspruch 6 auf Fragen, nicht aber stets einen solchen auf mündliche Fragen, deren Notwendigkeit nicht erst jetzt eindeutig erkennbar wird. Andernfalls könnte jede Partei die vom Gesetz in das pflichtgemäße Ermessen des Gerichts gestellte Erleichterung, den Zeugen nur schriftlich aussagen zu lassen, glatt unterlaufen, aM LG Bln RR **97**, 1290 (aber die Entstehungsgeschichte ist nachrangig, Einl III 42). Es kommt vielmehr darauf an, ob schriftliche Fragen ausreichen. Das läßt sich nur nach den Gesamtumständen klären. Dabei mag freilich die Partei als Beweisführer oder Gegner den Zeugen besser vorweg beurteilen können. Auch kann es notwendig sein, den Zeugen wegen solcher Punkte doch noch zu laden, die erst auf Grund seiner schriftlichen Äußerung erklärungsbedürftig werden.

Keineswegs muß das Gericht aber den Zeugen nur deshalb doch noch laden, weil der Beweisführer einfach irgendwelche ersichtlich nicht rechtzeitig vorher angeschnittenen Fragen nachschieben will, selbst wenn diese nicht unzulässig scheinen. Andernfalls könnte die Partei die Verspätungsregeln glatt unterlaufen, aM ZöGre § 377 Rn 10a (aber Rechtsmißbrauch bleibt auch hier ungeschützt, Einl III 54). Deshalb ist es auch notwendig, ergänzende mündliche Fragen dem Gericht derart vorzulegen, daß es die Notwendigkeit einer Ladung wenigstens im Kern beurteilen kann, so wie es ja auch sonst ein Kontrollrecht hat.

5) Zulässigkeit, III. Das Gericht muß das Beweismittel erschöpfen helfen, § 286 Rn 24, KG MDR **93**, 7 797. Bei einem Zweifel über die rechtliche Zulässigkeit einer Frage entscheidet das Gericht. Unzulässig sind Fragen, die gegen §§ 376, 383 III verstoßen. Unzulässig sind ferner solche Fragen, die offenbar nicht zum Beweissatz gehören (s dazu aber § 396 Rn 5), KG MDR **93**, 797, Suggestivfragen, § 396 Rn 1, Ausforschungsversuche, Einf 27 vor § 284, bereits beantwortete Fragen und unerhebliche Punkte, Oldb RR **99**, 178 (zu § 402). Auf unsachliche Fragen bezieht sich III nicht. Der Vorsitzende verhindert sie, § 136 Rn 15ff. Es ist schon zur Vermeidung einer Zurückverweisung nach Rn 8 ratsam, eine nicht zugelassene Frage möglichst wortgetreu zu protokollieren, § 160 II. Auf Antrag *muß* das Gericht evtl so protokollieren, § 160 IV II.

6) Entscheidung, I–III. Die Entscheidung über die Zulässigkeit einer Frage ergeht durch das Prozeßge- 8 richt oder den Einzelrichter auch bei einer Vernehmung durch den verordneten Richter. Er darf aber vorläufig entscheiden, §§ 398 II, 400. Die Entscheidung ergeht auf mündliche Verhandlung durch einen zu verkündenden Beschluß. Das Gericht muß ihn grundsätzlich kurz begründen, § 329 Rn 4. Dem Zeugen steht eine Entscheidung über die Zulässigkeit einer Frage nicht zu.

7) Rechtsmittel, I–III. Die Entscheidung ist stets nur zusammen mit dem Endurteil anfechtbar, 9 § 355 II, KG MDR **93**, 797 (auch grundsätzlich kein Ablehnungsrecht nach §§ 42 ff). Bei einem Verstoß kommt auf Antrag eine Zurückverweisung nach § 538 in Betracht, Hamm FamRZ **91**, 466 (FGG).

8) *VwGO:* Es gilt § 97 S 2 u 3 VwGO, KoppSch § 98 Rn 1. Das darin den Beteiligten gewährte Recht, Zeugen 10 und Sachverständige unmittelbar zu befragen (dazu BVerwG NJW **86**, 3221 u **84**, 2646), steht auch den RAen (und sonstigen Prozeßvertretern, § 67 I VwGO) der Beteiligten zu.

398 *Wiederholte und nachträgliche Vernehmung.* **I Das Prozeßgericht kann nach seinem Ermessen die wiederholte Vernehmung eines Zeugen anordnen.**

II Hat ein beauftragter oder ersuchter Richter bei der Vernehmung die Stellung der von einer Partei angeregten Frage verweigert, so kann das Prozeßgericht die nachträgliche Vernehmung des Zeugen über diese Frage anordnen.

III Bei der wiederholten oder der nachträglichen Vernehmung kann der Richter statt der nochmaligen Beeidigung den Zeugen die Richtigkeit seiner Aussage unter Berufung auf den früher geleisteten Eid versichern lassen.

Schrifttum: *Bender/Nack,* Tatsachenfeststellung vor Gericht, Bd I: Glaubwürdigkeits- und Beweislehre, 2. Aufl 1995; *Geipel* AnwBl **05**, 346 (Anwaltstaktik).

§ 398

Buch 2. Abschnitt 1. Verfahren vor den LGen

Gliederung

1) Systematik, I–III	1	5) Keine Notwendigkeit einer Wiederholung, I	8, 9
2) Regelungszweck, I–III	2	6) Verfahren, I	10
3) Geltungsbereich, I–III	3	7) Neue Tatsache, I	11
4) Wiederholungspflicht, I	4–7	8) Nachträgliche Vernehmung, II	12
A. Mangelhaftigkeit der früheren Vernehmung	4	9) Berufung auf den Eid, III	13
B. Parteiabwesenheit	5	10) Rechtsmittel, I–III	14
C. Andere Glaubwürdigkeitsbeurteilung	6	11) *VwGO*	15
D. Anderes Verständnis des Berufungsgerichts	7		

1   **1) Systematik, I–III.** Die Vorschrift ergänzt die §§ 395–397. Sie dient dem Grundsatz der Unmittelbarkeit der Beweisaufnahme, § 355. Wenn das Gericht den Zeugen prozeßordnungsgemäß vernommen hat, so wäre es freilich ein Mißbrauch des Zeugniszwangs, ihn ohne genügenden Grund in derselben Sache erneut zu vernehmen, Hamm JB **96**, 186, Nürnb OLGZ **76**, 481. Dieselbe Sache ist auch die zurückverwiesene, Brdb MDR **02**, 171, nicht auch die Berufungsverhandlung auf ein Schlußurteil, nach dem ein Teilurteil ergangen war. Einen Zeugen, der das Zeugnis ordnungsmäßig verweigert hat, darf das Gericht nicht neu vernehmen, soweit nicht Tatsachen dafür vorliegen, daß er jetzt zur Aussage bereit ist. BGH NJW **99**, 363 bezieht (systematisch betrachtet problematisch) auch die nach § 448 vernommene Partei ein.

2   **2) Regelungszweck, I–III.** Das Prozeßgericht ordnet wegen Rn 1 eine Wiederholung der vor ihm oder vor dem verordneten Richter stattgefundenen Vernehmung desselben Zeugen über denjenigen Gegenstand, zu dem er schon ausgesagt hat, Schlesw OLGZ **80**, 58, und zwar in demselben Prozeß, auch nach einem selbständigen Beweisverfahren, §§ 485 ff. Das geschieht grundsätzlich nach dem pflichtgemäßen richterlichen Ermessen, BGH NJW **00**, 3720, BAG NZA **04**, 260. Eine Wiederholung erfolgt nur dann, wenn dem Gericht die erste Aussage aus irgendwelchen Gründen nicht genügt, etwa weil es den Zeugen einem anderen Zeugen gegenüberstellen will, § 394 II, BGH RR **93**, 214, BAG NZA **04**, 260, BSG MDR **89**, 1131. Die wiederholte Vernehmung findet von Amts wegen nach Grdz 39 vor § 128 statt, Pantle NJW **87**, 3160, oder auf Antrag. Unanwendbar ist § 398, soweit das Gericht eine frühere Aussage aus einem anderen Verfahren jetzt als Urkunde verwertet hatte, zB nach § 374, und soweit der Zeuge dazu jetzt doch noch aussagen soll oder soweit inzwischen ein anderes Beweisthema vorliegt.

Großzügigkeit bei der Entscheidung *für* eine erneute Vernehmung verdient meist den Vorzug vor der Haltung, die nochmalige Anhörung sei eher entbehrlich. Solche Großzügigkeit widerspricht nur scheinbar der gebotenen Prozeßwirtschaftlichkeit. Denn die Unterlassung einer nochmaligen Anhörung kann als Verfahrensfehler auf Antrag zur Zurückverweisung nach § 538 führen. Diese ist prozeßunwirtschaftlich. Im übrigen ist § 398 als Gegenstück zu § 286 mit seiner weiten Freiheit der Beweiswürdigung ein Ausdruck des Gebots der Vollständigkeit der Erfassung des Prozeßstoffs, § 286 Rn 13. Man sollte die Vorschrift daher lieber zu viel als zu wenig nutzen. Es ehrt den Richter, die Lückenhaftigkeit der bisherigen Vernehmung oder die Unvollkommenheit der bisherigen Einschätzung durch den Entschluß einer nochmaligen Vernehmung einzuräumen. Denn damit beweist er die Ernsthaftigkeit seiner Bemühung um Wahrheitsfindung. Auch kann ja die zwischenzeitliche Entwicklung des Parteivortrags oder der weiteren Beweisaufnahme eine damals noch unvorhersehbare ergänzende Vernehmung jetzt unabweisbar machen. Manchmal mag auch eine ergänzende Auskunft nach § 377 III einen brauchbaren Mittelweg darstellen.

3   **3) Geltungsbereich, I–III.** Üb 3 ff vor § 373. Die Vorschrift gilt auch im arbeitsgerichtlichen Verfahren, BAG NJW **02**, 2197. I gilt auch im FGG-Verfahren nach förmlicher Beweisaufnahme, Zweibr MDR **89**, 649.

4   **4) Wiederholungspflicht, I.** Nur soweit eine der folgenden Voraussetzungen vorliegt, darf und muß das Gericht die Wiederholung der Vernehmung anordnen, BGH NJW **00**, 3720, BAG MDR **00**, 587, Nasall ZZP **98**, 324.

A. Mangelhaftigkeit der früheren Vernehmung. Die Wiederholung ist grundsätzlich notwendig, soweit die frühere Vernehmung verfahrensmäßig nicht ordnungsgemäß war, BGH NJW **94**, 942, BSG MDR **89**, 1131. Das gilt etwa wegen damaliger Nichterörterung eines jedenfalls jetzt entscheidungserheblichen Punkts, BGH NJW **94**, 2962, oder wegen einer Unzulänglichkeit des Protokolls des Erstgerichts, BGH NJW **00**, 3720, BAG NZA **04**, 260, aM ThP § 161 Rn 5, zB wegen Mehrdeutigkeit, BGH MDR **02**, 1268. Es gilt auch bei einer Widersprüchlichkeit, BGH MDR **02**, 1268, Nasall ZZP **98**, 324. Es gilt ferner zB bei Nichtvereidigung des Dolmetschers, BGH NJW **94**, 942. Das gilt auch nur, soweit der Mangel nicht nach § 295 heilbar und auch geheilt ist, Düss NJW **92**, 188. Soweit das Berufungsgericht nach mangelhafter erstinstanzlicher Beweisaufnahme nicht zurückverweist, sondern selbst entscheidet, muß es die Beweisaufnahme auch selbst wiederholen, BGH NJW **00**, 2024.

5   **B. Parteiabwesenheit.** Die Wiederholung ist im Falle des § 367 II erforderlich.

6   **C. Andere Glaubwürdigkeitsbeurteilung.** Man spricht von Glaubwürdigkeit einer Person und von Glaubhaftigkeit einer Aussage, BGH NJW **91**, 3284. Die Wiederholung ist wegen des Grundsatzes der Unmittelbarkeit der Beweisaufnahme nach § 355 grundsätzlich notwendig, soweit das höhere Gericht die Glaubwürdigkeit des Zeugen anders als der Erstrichter beurteilen will. Denn dazu ist ein neuer unmittelbarer Eindruck notwendig, BVerfG NJW **05**, 1487, BGH NJW **00**, 3720, BAG NZA **04**, 260. Das gilt sowohl im Verhältnis zwischen dem Einzelrichter und der Kammer bzw dem Senat als auch im Verhältnis zwischen der ersten Instanz und dem Berufungsgericht, BGH NZM **00**, 144. Dabei muß das Berufungsgericht berücksichtigen, daß sich nicht stets alle Grundlagen der Würdigung des erstinstanzlichen Gerichts aus dem Protokoll ergeben, BGH NJW **82**, 109 und 1052. Auch kann die Notwendigkeit einer Gegenüberstellung nach § 394 II genügen. Ausreichen kann wegen § 309 ein Wechsel der Besetzung des Gerichts, § 355 Rn 7.

Titel 7. Zeugenbeweis § 398

Ausnahmsweise keine Wiederholung erfolgt, soweit auch das erstinstanzliche erkennende Gericht keinen eigenen unmittelbaren Sinneseindruck haben konnte, etwa nach einer Vernehmung des Zeugen vor dem beauftragten Richter gar im Ausland, Karlsr RR **90**, 192. Freilich mag das Protokoll des verordneten Richters nichts zu der entscheidungserheblichen Glaubwürdigkeit hergeben. BGH NJW **91**, 1180 (abl Helle JZ **91**, 929). Kaum hat das Prozeßgericht die Pflicht, den Zeugen, auch den im Ausland vernommenen, nochmals und nun selbst zu vernehmen, BGH NJW **90**, 3090 linke Spalte. Die Parteien müssen sich zur Glaubwürdigkeit äußern können, § 285, BGH NJW **91**, 1180 (abl Helle JZ **91**, 929), Kblz NVersZ **98**, 123. Ein erstmals in der Berufungsinstanz ausgeübtes Schweigerecht macht eine andere als die erstinstanzliche Glaubwürdigkeitsbeurteilung unzulässig, Hamm OLGR **96**, 224.

D. Anderes Verständnis des Berufungsgerichts. Die Wiederholung ist schließlich trotz § 529 I Z 1 **7** erforderlich, soweit das Berufungsgericht die beeidete oder unbeeidete Aussage eines oder mehrerer vorinstanzlich vernommenen Zeugen anders als der Erstrichter verstehen will, BGH RR **01**, 1430, BAG NZA **04**, 260, BayObLG FER **98**, 109. Das gilt jedenfalls, wenn dies letztere nicht ohne einen unmittelbaren Eindruck geschehen kann, BGH RR **02**, 1450. Das gilt auch nach einer Verwertung nach § 374 oder nach einer schriftlichen Beantwortung gemäß § 377 III, oder dann, wenn sich widersprechende Aussagen von Zeugen vorliegen, die erstinstanzlich nur vom beauftragten Richter vernommen worden waren, BGH GRUR **95**, 47, oder bei einer Parteivernehmung, § 445, BGH MDR **82**, 297. Ein substantiierter Parteiantrag auf eine nochmalige Vernehmung kann zu ihr zwingen, Nasall ZZP **98**, 324.

5) Keine Notwendigkeit einer Wiederholung, I. Eine erneute Vernehmung durch das Berufungsge- **8** richt ist schon wegen der Bindungswirkung des § 529 I Z 1 nur eingeschränkt erlaubt, BGH BB **05**, 107. Sie ist entbehrlich, wenn der Erstrichter die Aussage des Zeugen abgesehen von den Fällen Rn 4–7 als unergiebig angesehen hatte, § 286 Rn 31, BSG MDR **89**, 1131, Schlesw OLGZ **80**, 58, oder wenn er sie als unerheblich beurteilt hatte, § 286 Rn 29, BGH NJW **85**, 3078, oder wenn er sie überhaupt nicht gewürdigt hatte, aM BGH RR **91**, 1102 (aber dann war jene Aussage gar nicht Entscheidungsgrundlage).

Eine erneute Vernehmung ist ferner *entbehrlich,* wenn das Berufungsgericht die Beweisbedürftigkeit nach **9** § 286 Rn 29 verneint oder wenn es die Glaubwürdigkeit ebenso wie der Vorderrichter beurteilt, Kblz WoM **02**, 150. Das gilt selbst dann, wenn dieser über seinen persönlichen Eindruck nichts mitgeteilt hat, Brdb MDR **98**, 1185, aM Pantle NJW **87**, 3163 (aber dann liegen übereinstimmende Ergebnisse vor). Die erneute Vernehmung ist ferner in folgenden Fällen entbehrlich: Wenn der Erstrichter die Aussage nur zusammen mit anderen Beweismitteln oder nur eine Aussage aus einem anderen Verfahren als Urkunde gewürdigt hatte, § 286 Rn 64; wenn der Erstrichter einen sachverständigen Zeugen gehört hatte, das Berufungsgericht nun dessen schriftliches Gutachten aus einem anderen Verfahren erstmals als Urkunde verwerten will; wenn das Berufungsgericht einen objektiven von der Aussage nicht erfaßten Umstand anders als der Erstrichter würdigen will, KG VersR **04**, 799, Oldb NdsRpfl **75**, 88; wenn das Berufungsgericht nur eine andere rechtliche Kündigung vornehmen will, Düss MDR **05**, 532; wenn es nur eine andere Auslegung vornehmen will, BGH RR **02**, 1650 (eingehende Erörterung notwendig), Kblz WoM **02**, 150, soweit der Beweisführer für diese Instanz auf einen bereits vernommenen Zeugen verzichtet, BGH NJW **00**, 1200; wenn sich der Beweisführer in Widersprüche zum Beweisthema verwickelt hat, Kblz VersR **00**, 750; wenn eine Partei einen heilbaren Verfahrensfehler nach der früheren Vernehmung nicht nach § 295 gerügt hatte, Rn 4; wenn das Kollegium die frühere Vernehmung vor seinem Einzelrichter trotz deren Verfahrenswidrigkeit nach Zurückverweisung an die Kammer in der Sache doch für ausreichend halten darf, Brdb MDR **02**, 171.

6) Verfahren, I. Die Anordnung der erneuten Vernehmung erfolgt durch einen unanfechtbaren Beschluß **10** des Prozeßgerichts ohne Begründungszwang, § 329 Rn 6, auch ohne mündliche Verhandlung, § 360 S 2. Ein Antrag auf erneute Vernehmung ist erfolglos, wenn nicht ersichtlich ist, warum die neue Aussage anders ausfallen soll als die frühere, Schlesw OLGZ **80**, 59, oder wenn sie bei einem anderen Ausfall unglaubhaft wäre. Das gilt auch in Ehe-, Familien-, Kindschaftssache, §§ 606 ff, 640 ff, und in der 2. Instanz. Maßgebend ist nicht der Inhalt des Beweisbeschlusses, sondern der Inhalt der Aussage, Schlesw OLGZ **80**, 58. Das Gericht muß § 139 beachten, BVerfG VersR **91**, 1268, BGH NJW **85**, 3079. Hält das Berufungsgericht eine Wiederholung der Beweisaufnahme nur wegen eines Teils der erstinstanzlichen Zeugen für erforderlich, darf es das übrige Beweisergebnis nur dann unberücksichtigt lassen, wenn die Partei auf das Beweismittel verzichtet hat, BGH BB **91**, 1005. Eine „informatorische Anhörung" (ein schillernder Begriff) ersetzt keine erneute Vernehmung, BGH RR **98**, 1601.

7) Neue Tatsache, I. Eine Vernehmung über neue Tatsachen fällt nicht unter § 398. Das Gericht darf **11** sie nur nach § 286 Rn 27 ff oder nach § 296 II ablehnen, § 367 II. Hierher zählt auch die Vernehmung über neue Erkenntnisse desselben Zeugen, BGH MDR **85**, 390. In diesem Falle muß das Gericht den Zeugen auch nach seiner früheren Beeidigung, jetzt uneidlich vernehmen, sofern nicht das Gericht aus den Gründen des § 391 seine Beeidigung beschließt. Letzteres kann hier schon vor der Vernehmung geschehen.

8) Nachträgliche Vernehmung, II. Wenn sich ein nach §§ 361, 362 verordneter Richter geweigert hat, **12** eine von einer Partei angeregte Frage zu stellen, dann kann und muß evtl das Prozeßgericht auf Antrag oder von Amts wegen nach Grdz 39 vor § 128 die nachträgliche Vernehmung über diese Frage anordnen. Es ergeht ein unanfechtbarer Beschluß, § 329, wie bei Rn 4–7, 10. Evtl ist dann aber eine Rüge aus § 286 dahin möglich, die Beweisangebote seien nicht erschöpft. Der Beschluß bindet den verordneten Richter, § 158 GVG. Das Prozeßgericht kann den Zeugen über die Frage natürlich auch selbst vernehmen. Wird beantragt, den Zeugen im Hinblick auf seinen persönlichen Eindruck nochmals vor dem Kollegium zu vernehmen, gilt I. Ein weiterer Vorschuß unterbleibt dann meist wegen unrichtiger bisheriger Sachbehandlung nach § 8 GKG.

§§ 398, 399

13   **9) Berufung auf den Eid, III.** Die nachträgliche oder wiederholte Vernehmung geschieht nach §§ 391, 394–397. Das Gericht befindet also erneut über die Beeidigung. In beiden Fällen läßt III die Berufung auf den früher geleisteten Eid nach dem pflichtgemäßen Ermessen des Gerichts zu. Diese Versicherung deckt den Voreid und den Nacheid, § 392, weil sie dessen Inhalt auf die neue Aussage bezieht, also erneut versichert. Ein gerichtlicher Hinweis auf den Eid genügt nicht. Die Berufung auf den Eid ist nur dann zulässig, wenn eine Beeidigung noch zulässig ist. Auch bei einer Wiederholung der Vernehmung 1. Instanz in der 2. Instanz ist die Berufung auf den Eid möglich. Eine schriftliche Versicherung ist unstatthaft. Bei einer nachträglichen schriftlichen Vernehmung muß das Gericht nach § 377 III verfahren. Es muß also eine eidesstattliche Versicherung vorliegen, § 294.

Ein *Verstoß* heilt nach § 295, wie ein Verstoß gegen die Beeidigungsvorschriften grundsätzlich überhaupt, § 391 Rn 8, es sei denn, er würde der Partei erst im Urteil bekannt, Pantle NJW **88**, 2028.

14   **10) Rechtsmittel, I–III.** Gegen die Anordnung der Wiederholung kann man nur zusammen mit dem Endurteil angehen, § 355 II. Gegen die Ablehnung durch besonderen Beschluß kommt eine Anfechtung ebenfalls erst derart in Betracht.

15   **11) *VwGO:*** Entsprechend anwendbar, § 98 *VwGO*, BVerwG DÖV **59**, 396, VGH Kassel ESVGH **50**, 291.

399   **Verzicht auf Zeugen.** Die Partei kann auf einen Zeugen, den sie vorgeschlagen hat, verzichten; der Gegner kann aber verlangen, dass der erschienene Zeuge vernommen und, wenn die Vernehmung bereits begonnen hat, dass sie fortgesetzt werde.

1   **1) Systematik.** Die Vorschrift enthält eine grundsätzlich gegenüber §§ 374 ff vorrangige, nur in Hs 2 eingeschränkte Möglichkeit, den Umfang einer Zeugen-Beweisaufnahme wegen einer oder anderer Beweispersonen in jeder Lage der Beweisaufnahme ganz oder teilweise zu begrenzen. Damit schafft sie eine der vielen im Gesetz ausdrücklich geregelten Möglichkeiten des ausnahmsweisen Widerrufs einer Parteiprozeßhandlung, Grdz 58 vor § 128.

2   **2) Regelungszweck.** Sinn der Vorschrift ist eine möglichst weitgehende Wahrung der Parteiherrschaft, Grdz 18 vor § 128. Das Gericht darf aber nicht schon deshalb trotz der Voraussetzungen des Hs 2 eine weitere Befragung nur wegen drohender prozessualer oder sachlichrechtlicher Nachteile unterlassen oder gar willkürlich abbrechen. Vom Verzicht muß man ein Einverständnis mit dem sog Telefonzeugen nach § 396 Rn 2 unterscheiden.

3   **Entscheidungserheblichkeit** ist natürlich ohnehin Voraussetzung einer Beschäftigung mit § 399. Soweit das, was der Zeuge angeblich bekunden könnte, derzeit noch nicht, nicht mehr oder überhaupt nicht entscheidungserheblich zu sein scheint, kann auch der Gegner des Beweisführers keine Vernehmung des erschienenen Zeugen oder deren Fortsetzung verlangen. Von dieser Regel kann eine Ausnahme gelten, wenn das Gericht zB dann Hauptbeweis einen auswärtigen Zeugen erst nach der Vernehmung der zunächst da geladenen ortsansässigen Zeugen zum Gegenbeweis vernehmen lassen will usw. Eine vorsorgliche gewisse Großzügigkeit der Bejahung einer Vernehmung kann auch bei § 399 ähnlich wie bei § 398 nützlich sein, dort Rn 2.

4   **3) Geltungsbereich.** Vgl Üb 3 ff vor § 373.

5   **4) Verzicht des Beweisführers.** Der Beweisführer nach § 379 Rn 2 kann aus den Gründen Rn 2, 3 bis zur Beendigung der Vernehmung ohne Zustimmung des Gegners auf seine Zeugen verzichten. Der Verzicht unterliegt dem Anwaltszwang wie sonst, § 78 Rn 2. Man kann ihn in der mündlichen Verhandlung erklären, aber auch zu Protokoll des verordneten Richters. Man kann ihn aber auch schriftlich erklären. Er erfolgt ausdrücklich oder durch eine schlüssige Handlung, BGH RR **97**, 344. Das gilt zB dann, wenn die Partei einen unberücksichtigten Beweisantrag nicht aufgreift, obwohl der Zeuge anwesend ist, insbesondere wenn das nach einer Beweisaufnahme geschieht, die das Gericht erkennbar als erschöpfend ansieht, BGH VersR **97**, 592, oder wenn der Beweisführer dem Weggang des Zeugen nicht widerspricht.

Es gilt aber nicht auch beim Einverständnis mit der beweismäßigen Auswertung einer *Beiakte* zu demselben Beweisthema, aM Karlsr RR **86**, 864 (aber das ist in dieser Allgemeinheit zu weitgehend). Die bloße Nichtverlesung eines Beweisantrags ist grundsätzlich kein Verzicht, BGH FamRZ **87**, 1020, ebensowenig die bloße Nichtzahlung eines erforderlichen Vorschusses, Celle RR **95**, 1407. Evtl muß das Gericht aber fragen, § 139.

Ein *Stillschweigen* bei einer noch bevorstehenden Beweisaufnahme ist kein Verzicht. Während der Vernehmung ist ein Verzicht nur noch auf weitere Fragen zulässig. Soweit der Zeuge schon ausgesagt hat, ist ein Verzicht nicht mehr wirksam. Das Gericht muß dann die Vernehmung nach § 286 würdigen.

6   **5) Vernehmungsantrag des Prozeßgegners.** Der Gegner kann stets die Vernehmung des erschienenen Zeugen oder die Fortsetzung der Vernehmung verlangen. Wenn er das unterläßt und sich später auf den Zeugen beruft, dann kann das Gericht diesen Antrag nach § 296 zurückweisen. Im Zwischenstreit nach § 387 ist der Beweisführer Partei. Solange der Zeuge nicht erschienen ist, sei es auch unentschuldigt, hat der Gegner keinen Anspruch auf nochmalige Zeugenladung usw, er hätte sich selbst gegenbeweislich auf den Zeugen berufen. Soweit das Gericht nach dem Stand des Verfahrens eine Vernehmung nicht mehr für notwendig hält, hat keine Partei einen Anspruch auf Vernehmung oder Ladung. Freilich kann das Urteil dann anfechtbar sein.

7   **6) Wirkung des Verzichts.** Das Gericht darf einen Zeugen nach einem Verzicht des Beweisführers und beim Fehlen eines Vernehmungsantrags des Prozeßgegners nicht mehr vernehmen. Es muß eine begonnene Vernehmung abbrechen und den Zeugen entlassen. Nur im Amtsverfahren nach Grdz 38 vor § 128 und bei § 144 darf das Gericht ihn trotzdem vernehmen. Der Verzicht wirkt nur für die jeweilige Instanz, auch wenn

Titel 7. Zeugenbeweis §§ 399–401

der Beweisführer oder beide Parteien weitergehende Erklärungen abgeben. Diese letzteren muß das höhere Gericht frei würdigen. Evtl muß das Berufungsgericht dazu nach § 139 rückfragen, BGH MDR 02, 1268. Eine erneute Benennung des Zeugen ist in der 1. Instanz oder in der Berufungsinstanz in den Grenzen der §§ 296, 530 sowie § 67 ArbGG zulässig.

7) **Verstoß.** Soweit das Gericht die Vernehmung entgegen § 399 vorgenommen oder fortgesetzt hat, ist die Aussage wegen eines Verstoßes gegen die Parteiherrschaft unverwertbar, Grdz 18 vor § 128. Freilich kann der Verstoß nach § 295 heilen. Die Würdigungsfreiheit nach Grdz 35 vor § 128 setzt ja einen wirksam gebliebenen Beweisantritt voraus. Soweit das Gericht fälschlich einen Verzicht angenommen hat, kann ein Verfahrensfehler vorliegen und auf Antrag eine Zurückverweisung nach § 538 in Betracht kommen, Celle RR 95, 1407. 8

8) *VwGO: Unanwendbar trotz § 98 VwGO wegen des Ermittlungsgrundsatzes, § 86 I VwGO, KoppSch § 98 Rn 1. Der Gegner (und die anderen Beteiligten) können aber einen Antrag nach § 86 II VwGO stellen, vgl RedOe § 98 Anm 8.* 9

400 *Befugnisse des mit der Beweisaufnahme betrauten Richters.* **Der mit der Beweisaufnahme betraute Richter ist ermächtigt, im Falle des Nichterscheinens oder der Zeugnisverweigerung die gesetzlichen Verfügungen zu treffen, auch sie, soweit dies überhaupt zulässig ist, selbst nach Erledigung des Auftrages wieder aufzuheben, über die Zulässigkeit einer dem Zeugen vorgelegten Frage vorläufig zu entscheiden und die nochmalige Vernehmung eines Zeugen vorzunehmen.**

1) **Systematik, Regelungszweck.** Die Aufzählung des § 400 ist unvollständig. Die Vorschrift dient durch Klärungen der Prozeßförderung nach Grdz 12 vor § 128 und der Prozeßwirtschaftlichkeit, Grdz 14 vor § 128. 1

2) **Geltungsbereich.** Vgl Üb 3 ff vor § 373. 2

3) **Ermächtigung.** Der nach § 361 beauftragte oder nach § 362 ersuchte, also der verordnete Richter darf folgende Anordnungen treffen: Er darf beim Ausbleiben des Zeugen nach § 380 verfahren. Er darf bei einer Zeugnisverweigerung nach § 390 vorgehen. Er darf die Anordnungen wieder aufheben, § 381, und zwar auch nach der Erledigung seines Auftrags. Da eine solche Wiederaufhebung eine Änderung im Sinn von § 573 II darstellt, ist auch das Prozeßgericht zur Wiederaufhebung usw befugt und verpflichtet, soweit die Voraussetzungen vorliegen, § 381 Rn 8. Er darf über die Zulässigkeit einer Frage nach § 397 vorläufig entscheiden. 3

Er muß die *Ablehnung einer Frage* protokollieren, § 160 IV. Eine wörtliche Aufnahme der Frage ist unnötig. Endgültig entscheidet das Prozeßgericht, § 398 II. Es kann dann den verordneten Richer anweisen, § 158 GVG. Er darf die nochmalige Vernehmung nach § 398 I, II vornehmen. Er darf und muß alle prozeßleitenden Verfügungen im Rahmen seines Auftrags treffen, zB laden, vertagen, §§ 216, 227. Er darf und muß die Sitzungspolizei ausüben, § 180 GVG. Er darf und muß die erforderlichen Anweisungen zur Entschädigung des Zeugen nach dem JVEG treffen, § 401. Er darf, nie muß, schließlich den Beweisbeschluß im Rahmen des § 360 ändern. 4

4) **Fehlen einer Ermächtigung.** Der verordnete Richter darf nicht zB: Eine schriftliche Aussage nach § 377 anordnen, dort Rn 6 ff; einen Zwischenstreit entscheiden, namentlich über eine Zeugnisverweigerung oder eine Eidesverweigerung oder eine Beeidigung, §§ 383 ff, es sei denn, die Verweigerung wäre ohne jede Begründung oder nur mit einer abwegigen erfolgt oder nach § 387 rechtskräftig zurückgewiesen worden, BGH NJW 90, 2936. 5

5) **Weitere Einzelfragen.** Ein Widerspruch gegen eine Anordnung nach Rn 3, 4 begründet keinen Zwischenstreit. Das Prozeßgericht bindet der verordnete Richter nur mit sitzungspolizeilichen Maßnahmen und der Gebührenfestsetzung. 6

6) **Verstoß.** Wenn der verordnete Richter eine Frage zu Unrecht zuläßt, dann entscheidet das Prozeßgericht im Urteil über die Würdigung der Antwort. Bei einem sonstigen Verstoß muß man das Prozeßgericht anrufen, § 573 I 1. Im Zwischenstreit gilt § 366. Erst gegen die Entscheidung des Prozeßgerichts ist grundsätzlich nach § 573 II sofortige Beschwerde zulässig, § 567 I Z 1. Gegen eine sitzungspolizeiliche Maßnahme ist direkt Beschwerde an das übergeordnete Gericht nach § 181 GVG zulässig. Eine Rechtsbeschwerde kommt unter den Voraussetzungen des § 574 in Betracht. 7

7) *VwGO: Entsprechend anwendbar, § 98 VwGO, vgl § 361 Rn 7 und § 362 Rn 7.* 8

401 **Zeugenentschädigung. Der Zeuge wird nach dem Justizvergütungs- und -entschädigungsgesetz entschädigt.**

Vorbem. Fassg Art 4 XX Z 3 KostRMoG v 5. 5. 04, BGBl 718, in Kraft seit 1. 7. 04, Art 8 S 1 KostRMoG, ÜbergangsR § 24 JVEG sowie Einl III 78.

1) **Systematik, Regelungszweck.** Die Vorschrift enthält zwecks Vereinfachung eine Gesamtverweisung: Die Entschädigung des geladenen wie des gestellten, sistierten, und dann auch vernommenen Zeugen für Auslagen und Zeitverlust richtet sich nach dem JVEG, Hartmann Teil V. Der Vorschuß aus der Staatskasse richtet sich nach § 3 JVEG. Ein Soldat ist wie ein sonstiger Zeuge zu behandeln, Erlaß § 18 ff, SchlAnh II. 1

2) **Geltungsbereich.** Vgl Üb 3 ff vor § 373. 2

3) *VwGO: Entsprechend anwendbar, § 98 VwGO; die Geltung des JVEG ergibt sich unmittelbar aus dessen § 1.* 3

Titel 8. Beweis durch Sachverständige

Übersicht

Schrifttum: *Arens,* Der technische Sachverständige, in: *Nicklisch* (Herausgeber), Technologie und Recht 3 (1984) 29; *Bayerlein* (Herausgeber), Praxishandbuch Sachverständigenrecht, 3. Aufl 2002 (Bespr *van Bühren* NVersZ **02**, 550, *Jacobs* NJW **02**, 3385, Nachtrag 2004; *Berk,* Der psychologische Sachverständige in rechtlichen Familiensachen, 1985; *Danner,* Justizielle Risikoverteilung durch Richter und Sachverständige im Zivilprozeß, 2001; *Druschke,* Das Anwesenheitsrecht der Verfahrensbeteiligten bei den tatsächlichen Ermittlungen des Sachverständigen im gerichtlichen Verfahren, Diss Münst 1989; *Ehlers,* Medizinische Gutachten im Prozeß, 3. Aufl 2005; *Eickmeier,* Die Haftung des gerichtlichen Sachverständigen für Vermögensschäden, 1993; *Goerdeler,* Die Zuziehung von Sachverständigen bei der Einsicht in Bücher, Festschrift für *Stimpel* (1985); *Gramm,* Der gerichtliche Sachverständige als Helfer des Richters im Nichtigkeitsberufungsverfahren und im Patentverletzungsprozeß, Festschrift für *Preu* (1988) 141; *Hartwig/Riemann,* Anforderungen an den öffentlich bestellten und vereidigten Sachverständigen usw, 1991; *Höffmann,* Die Grenzen der Parteiöffentlichkeit, insbesondere beim Sachverständigenbeweis, Diss Bonn 1988; *Jessnitzer/Ulrich,* Der gerichtliche Sachverständige, 11. Aufl 2000; *Klein,* Die Rechtsstellung und die Haftung des im Zivilprozeß bestellten Sachverständigen, Diss Mainz 1994; *Klocke,* Der Sachverständige und sein Auftraggeber, 2. Aufl 1987; *Marburger,* Wissenschaftlich-technischer Sachverstand und richterliche Entscheidung im Zivilprozeß, 1986; *Mehring,* Der Sachverständige im Verwaltungsprozeß, Diss Mü 1982; *Müller,* Der Sachverständige im gerichtlichen Verfahren, 3. Aufl 1988; *Nicklisch,* Der technische Sachverständige im Prozeß, 1984; *Pieper,* Rechtsstellung des Sachverständigen und Haftung für fehlerhafte Gutachten, Gedächtnisschrift für *Bruns* (1980) 167; *Pieper/Breunung/Stahlmann,* Der Sachverständige im Zivilprozeß usw, 1981; *Rüffer,* Der Sachverständige im Zivilprozeß, Wien 1995; *Sachverständigenverzeichnis* (Deutscher Anwaltverlag), 4. Aufl 2002; *Schnapp,* Parteiöffentlichkeit bei Tatsachenfeststellungen durch den Sachverständigen?, Festschrift für *Menger* (1985) 557; *Scholz,* Der Sachverständigenbeweis im Zivilprozeß (Arthaftpflichtprozeß), 2003; *Steinlehner-Stelzner,* Zivilrechtliche Probleme in „Sachverständigenprozessen", in: Festschrift für *Graßhoff* (1998); *Stober,* Der öffentlich bestellte Sachverständige zwischen beruflicher Bindung und Deregulierung, 1991; *Stürner,* Der Sachverständigenbeweis im Zivilprozeß der Europäischen Union, Festschrift für *Sandrock* (2000) 959; *Trilsch,* Die Stellung des Sachverständigen gegenüber dem Gericht im deutschen und englischen Zivilprozeßrecht, Diss Hbg 1994; *Volze,* Sachverständigenfragen usw, 2. Aufl 1996; *Wellmann/Schneider/Hüttemann/Weidhaas,* Der Sachverständige in der Praxis, 6. Aufl 1997; *Werner/Pastor,* Der Bauprozeß, 11. Aufl 2005; *Wessel,* Der Sachverständige im Konkurseröffnungsverfahren, 1994; *Zuschlag,* Das Gutachten des Sachverständigen, 2. Aufl 2002. Vgl auch die Nachweise in Üb vor § 485.

Gliederung

1) Systematik	1		C. Verfahren	14
2) Regelungszweck	2		D. Nachprüfungspflicht	15
3) Geltungsbereich	3		6) Rechtsstellung des Sachverständigen	16–19
4) Begriff des Sachverständigen	4–11		A. Tätigkeitspflicht	16
A. Abgrenzung vom Zeugen	4–6		B. Haftung	17–19
B. Meinungsforschungsinstitut	7–9		7) Ermittlungen des Sachverständigen	20
C. Fachbehörde	10		8) Privatgutachten	21–24
D. Dolmetscher	11		9) Amtliche Auskunft	25
5) Hinzuziehungsgrundsätze	12–15		10) VwGO	26
A. Hinzuziehungsfreiheit	12			
B. Hinzuziehungspflicht	13			

1 **1) Systematik.** §§ 402–413 regeln das neben dem Zeugenbeweis wegen der technischen Entwicklung immer wichtigere Beweismittel „Sachverständiger". Der sachverständige Zeuge nach § 414 gehört infolge der dort klarstellenden Verweisung systematisch zum Zeugenabschnitt der §§ 373 ff. § 144 ergänzt im System der Parteiherrschaft problematisch die §§ 402 ff.

2 **2) Regelungszweck.** §§ 402 ff sollen dem Gericht helfen, sich für die ihm theoretisch allein vorbehaltene Beweiswürdigung nach §§ 286, 287 insbesondere technisch, aber zB auch psychologisch genügend kundig zu machen. In der Praxis ist der Sachverständige vielfach längst vom Richtergehilfen zum faktisch allein entscheidenden Richter aufgestiegen, dessen vom Richter kaum noch wirklich kritisch überprüfbare Meinung der Richter dann nur noch rechtstechnisch umsetzt. Das ist eine kaum noch vermeidbare, gerade deshalb aber umso problematischere Entwicklung. Ihr gilt es durch zurückhaltende Auslegung der Rechte des Sachverständigen usw wenigstens einigermaßen entgegenzusteuern.

Ständige Sorgfalt bei der Beauftragung, Begleitung und pflichtgemäß kritischen wie helfenden Überwachung des Sachverständigen und seiner Arbeit ist die mühsame, oft von Irrtum oder Mißgriff und nicht ganz selten von herber Enttäuschung bis hin zu halber Verzweiflung mitgeprägte Aufgabe des Gerichts. Schon die Formulierung des Beweisthemas kann ihm die Kritik des Sachverständigen einbringen. Seine Auffassung von der Zulässigkeit der Übertragung auf Hilfskräfte, Oberärzte, „Subunternehmer" mag gänzlich anders sein als diejenige des Gerichts oder der Parteien. Dasselbe gilt von den beiderseitigen Vorstellungen über den erforderlichen Zeitaufwand. Art und Umfang erforderlicher Untersuchungen mögen sehr unterschiedlich beurteilt werden. Stil, Verständlichkeit und Präzision des Gutachtens erhalten oft völlig unterschiedliche Noten. Fachkunde, Sorgfalt, Herkunft und Überprüfbarkeit des Vergleichsmaterials sind nicht selten alsbald hochstreitig. Das ist nur ein Teil des Spektrums an Gefahren beim Sachverständigenbeweis

Titel 8. Beweis durch Sachverständige **Übers § 402**

Geduldige Bemühung, aber auch deutliche Führung, auch die erkennbare Andeutung eventuell notwendiger Schritte nach § 411 II (Ordnungsgeld) und nach dem JVEG müssen gleichermaßen zum Einsatz kommen. Ein rücksichtsvoller Richter kann einen trotz Überlastung verständnisvoll und zügig arbeitenden Gutachter erhoffen und erwarten.

3) Geltungsbereich. §§ 402–414 gelten grundsätzlich in allen Verfahren nach der ZPO, Düss RR **98**, **3** 933, auch im Verfahren nach § 46 II 1 ArbGG. Sie gelten auch im ZVG-Verfahren BGH VersR **03**, 1049. Sie gelten über § 15 I 1 FGG auch im dortigen Verfahren, BayObLG **04**, 62. Wegen Abweichungen vgl bei den einzelnen Vorschriften.

4) Begriff des Sachverständigen. Er ist nicht gesetzlich bestimmt. Die Abgrenzung ist oft haarfein. **4** Zum Schiedsgutachten Grdz 15, 16 vor § 1025.

A. Abgrenzung vom Zeugen. Der Zeuge bekundet sein Wissen über bestimmte Tatsachen, Begriff Einf 17 vor § 284, Üb 4 vor § 373. Wegen des sachverständigen Zeugen § 414. Der Sachverständige ist ein (hoffentlich) überdurchschnittlich Fachkundiger. Er gibt dem Richter allgemeine Erfahrungssätze aus seinem Fachgebiet. Mit ihrer Hilfe zieht der Richter die ihm mangels eigener Fachkunde nicht möglichen, aber nötigen Schlüsse des grundsätzlich von ihm benutzten Erfahrungsgutes derart eigenen, auf andere Weise zu klärenden Sachverhalts, BPatG GRUR **78**, 359, Düss VersR **93**, 1168, VGH Kassel MDR **97**, 98. Manchmal zieht der Sachverständie Schlüsse auch evtl unerlaubt selbst, BGH NJW **93**, 1797, Düss Rpfleger **87**, 40, und läßt dem Richter nur die rechtliche Beurteilung. In jedem Fall muß der Sachverständige die seiner Überzeugung zugrunde liegenden Tatsachen und die von ihm benutzten Erfahrungssätze derart angeben, daß das Gericht wie die Parteien ihre Richtigkeit und Vollständigkeit sowie die Ermittlungsumstände nachprüfen können, BVerfG WoM **97**, 318, BayObLG FamRZ **86**, 727. Notwendig sind zB die Personalien der vom Sachverständigen befragten Personen, aM Ffm FamRZ **80**, 932 (vgl aber Rn 20). Außerdem muß das Gericht das Gutachten auf seinen Überzeugungswert nachprüfen können.

Der Sachverständige leistet also eine praktisch oft streitentscheidende Tätigkeit, zumindest eine oft er- **5** hebliche Teilnahme am Entscheidungsvorgang, Pieper Gedächtnisschrift für Bruns (1980) 169. Trotzdem ist er kein Angehöriger der staatlichen Rechtspflege, Kblz Rpfleger **81**, 37, LAG Hamm MDR **86**, 787. Er ist vielmehr *Helfer und Berater* des Richters, BGH NJW **94**, 802, Meyer DRiZ **92**, 125, aM BVerfG **75**, 327, Düss MDR **79**, 409, Lamprecht DRiZ **89**, 4 (der Richter sei bloßer Erfüllungsgehilfe des Sachverständigen!), Sendler NJW **86**, 2908 (die hier vertretene Auffassung sei ein „frommer Selbstbetrug" des Richters). Aber das wertet trotz aller offenkundigen Problematik der tatsächlichen Stellung des Sachverständigen doch zu sehr und außerdem wenig förderlich ab). Der Sachverständige ist ein Beweismittel. Zwar ist insbesondere nach §§ 404 a, 407 a eine Zusammenarbeit erforderlich oder doch wünschenswert, Sternbeck/Däther FamRZ **86**, 21. Trotzdem darf das Gericht dem Sachverständigen nicht die Entscheidung überlassen, BVerfG WoM **97**, 318, Marburger ZZP **100**, 364.

Das Gericht darf und muß das Gutachten vielmehr eingehend darauf prüfen, ob es *überzeugt,* § 286 **6** Rn 58, BVerfG WoM **97**, 318, BGH BB **01**, 1012, BayObLG FamRZ **86**, 727. Das Gericht darf aber trotz der Notwendigkeit einer freien Beweiswürdigung nicht ohne eine genügende eigene Sachkenntnis über das Gutachten hinweggehen. Es muß notfalls ein Gegen- oder Obergutachten einholen, § 286 Rn 61, BGH NJW **78**, 752 (das sei bei Schriftgutachten sogar in der Regel notwendig). Schon der Beweisbeschluß darf dem Sachverständigen nach alledem nicht die Prüfung von Rechtsfragen übertragen, auch nicht derjenigen, ob Fahrlässigkeit oder ein Kunstfehler vorliege. Der Sachverständige darf nur die zugehörigen Tatsachen liefern.

Freilich kennt das Recht den Sachverständigen auch als *Empfangs- und Besichtigungsberechtigten* nach § 810 BGB, Mü MDR **87**, 147, oder als Richter. Dahin gehören die Handelsrichter. Als Vertreter des Richters kann der Sachverständige bei einer Augenscheinseinnahme tätig werden, § 372 Rn 4 AG Hann WoM **91**, 355. Das gilt zB bei einer Blutgruppenuntersuchung oder einer erbbiologischen Untersuchung, § 372 a Rn 3. Der Zeuge ist grundsätzlich unvertretbar. Der Sachverständige ist grundsätzlich vertretbar, BGH NJW **85**, 1399, Düss Rpfleger **87**, 40.

B. Meinungsforschungsinstitut. Besonders im Wettbewerbs- und Markenrecht wird viel von der **7** Meinungsbefragung durch anerkannte Spezialinstitute Gebrauch gemacht, zB um den Grad der Bekanntheit einer Marke, die Kennzeichnungskraft einer Ausstattung, die Verwechslungsgefahr oder die Verkehrsauffassung bei einer angeblich irreführenden oder vergleichenden Werbung beim Verbraucher festzustellen, BGH NJW **98**, 2818, an den die sonst um Auskunft ersuchten Industrie- und Handelskammern nicht immer herankommen, BGH NJW **97**, 2817.

Die *Befragung* findet durch hierfür geschulte Leute auf Grund bestimmter Fragen statt. In ihnen darf man vor allem nicht schon eine bestimmte Beantwortung vorwegnehmen. Je nach Lage werden auch den Befragten Bildzeichen vorgelegt. Der Kreis der Befragten wird nach bestimmten Gesichtspunkten ausgewählt, damit er einen für die Frage maßgebenden Bevölkerungsdurchschnitt darstellt. Auch hier handelt es sich bei der Auskunftserteilung um ein Sachverständigengutachten, BGH RR **87**, 350, KG Rpfleger **87**, 262, Eichmann GRUR **99**, 953, aM ThP § 404 Rn 5 (aber es treffen durchaus alle typischen Merkmale der §§ 402 ff zu).

Das Gutachten wird schon wegen § 407 a I, II vom *Leiter* des Unternehmens an Hand der erarbeiteten **8** Feststellungen abgegeben. Das Gericht muß ihn ausreichend anleiten, § 404 a, Eichmann GRUR **99**, 953. In der Befragung durch das Personal des Instituts liegt nicht schon eine Vernehmung. Sie wäre allerdings unzulässig. Denn sie ist allein Sache des Gerichts. Es handelt sich vielmehr um die Befragung eines ausgewählten Bevölkerungsteils nach für alle gleichen Fragen und um die Registrierung ihrer Antworten, AG Hann WoM **91**, 355. In ähnlicher Weise beschaffen sich auch die Industrie- und Handelskammern die Unterlagen für ihre Auskünfte, § 355 Rn 5. Diese ebenso wie die Institute bleiben also Hilfspersonen des Richters.

Auf Erfordern muß der Gutachter seine *Unterlagen offenlegen,* soweit sich das nicht schon aus der Begründung des Gutachtens ergibt. Das folgt bereits aus § 407 a II 2, dort Rn 18, BVerfG **91**, 180, BGH MDR **80**,

308, BayObLG DB **83**, 2029. Ferner muß der Gutacher die Art des Zustandekommens des Gutachtens darlegen, aM LG Ffm RR **91**, 14 (aber nur dann kann das Gericht die Ordnungsmäßigkeit seiner Vorgehensweise pflichtgemäß nachprüfen). Bei begründeten Bedenken gegen die Ordnungsmäßigkeit des Gutachtens müssen die Mitarbeiter des Instituts einschließlich der Befrager als Zeugen zur Verfügung stehen, § 410 Rn 4.

9   Zweckmäßig und nach § 404a I, II oft notwendig ist eine *genaue Ausarbeitung* der Fragen unter Heranziehung der Parteien und des Sachverständigen. Sie empfiehlt sich auch wegen der durch die Auslagen sehr hohen Kosten derartiger Gutachten. Denn der Beweisführer muß das Gutachten durch einen Vorschuß bezahlen, Mü RR **94**, 1201. Bei einer sogenannten Mehr-Themen-Befragung, einem „Omnibus", können schnell mehr als (jetzt ca) 100 000 EUR Kosten entstehen, Heldrich AcP **186**, 89, bei einer Sonderbefragung leicht über 300 000 EUR. Ob die Institute in der Lage sind, auch schwierigere Feststellungen zu treffen, etwa diejenige, ob sich eine Marke schon in der Vergangenheit oder von einem bestimmten Zeitpunkt ab durchgesetzt hat, ist allerdings zweifelhaft. In solchen Fällen kann ein derartiges Gutachten oft nur die Auskünfte anderer Stellen unterstützen, die man ohnehin wegen ihrer geringeren Kosten vorziehen sollte.

Bedenklich bleibt die Anordnung eines derartigen Gutachtens oder die Verwertung eines solchen Privatgutachtens dann, wenn die davon benachteiligte Partei aus geldlichen Gründen nicht in der Lage ist, ein Gegengutachten zu liefern. Dann siegt der Kapitalkräftigere, da die Voraussetzungen für eine Teil-Prozeßkostenhilfe schwerlich gegeben sein werden, der Gegner sie auch nicht wird dartun wollen.

10   **C. Fachbehörde**
Schrifttum: *Enders,* Zur Bedeutung der Gutachten von Gutachterkommissionen und Schlichtungsstellen für den Arzthaftpflichtprozeß. Festschrift für *Schneider* (1997) 421.

Titel 8 hat es nur mit dem Sachverständigen als Beweismittel zu tun. Er kennt grundsätzlich nur die *Einzelperson* des Sachverständigen, § 407a I, II, Hamm RR **90**, 1471 (zum alten Recht), nicht wie zB § 83 StPO auch Fachbehörden, aM BGH NJW **98**, 3356 (aber schon die Verantwortlichkeit und die Entschädigung stellen grundsätzlich noch auf eine natürliche Person und deren Erfüllungsgehilfen in vielleicht großer Zahl ab). Daraus folgt aber nur, daß die Parteien keinen Anspruch auf die Einholung des Gutachtens einer Fachbehörde haben. Nicht kann man aus der gesetzlichen Regelung folgen, daß ein Gutachten einer Fachbehörde unbeachtlich wäre, BGH NJW **97**, 2817. Vgl aber auch § 406 Rn 1, 4. Im Gegenteil sehen einige Gesetze solche Gutachten besonders vor, zB §§ 29 PatG, 21 I GebrMG, 58 I MarkenG, 192 ff BauGB, 14 II RVG, §§ 24, 24c, 36 GewO, § 91 HandwO. Obwohl in derartigen Fällen eine mündliche Vernehmung nur eingeschränkt möglich ist, zB durch die Anhörung eines vom Gutachterausschuß zu benennenden Mitglieds, BGH **62**, 95, liegt ein wirklicher Sachverständigenbeweis und nicht ein Urkundenbeweis vor, Üb 32 vor § 373, BGH NJW **98**, 3356. Bei privaten Organisationen, dazu Enders (s oben), muß das Gutachten den verantwortlichen Verfasser nennen, Karlsr MDR **75**, 670. Wegen der amtlichen Auskunft Üb 32 vor § 373.

11   **D. Dolmetscher.** Vgl § 185 GVG Rn 5, Stgt Rpfleger **83**, 416.

12   **5) Hinzuziehungsgrundsätze.** Man sollte sie sorgfältig beachten.
A. Hinzuziehungsfreiheit. Der Richter darf sein Wissen auch anderswoher holen, soweit es Fachkenntnisse erfordert. Er darf das Fachschrifttum benutzen. Er darf sich überhaupt beliebig amtlich oder privat unterrichten. Das kann zB auch durch häufige Bearbeitung ähnlich liegender Sachen geschehen. Er darf auch ein früheres Gutachten grundsätzlich urkundenbeweislich verwerten, zB aus einem anderen Prozeß, § 286 Rn 64. Die Partei hat insofern weder ein Widerspruchsrecht noch ein Ablehnungsrecht. Freilich kann sie die Sachkunde rügen und dadurch die Hinzuziehung einer besseren Sachverständigen evtl nahezu erzwingen, § 286 Rn 50, BGH NJW **87**, 2301.

13   **B. Hinzuziehungspflicht.** Den Sachverständigen zieht das Gericht grundsätzlich nach seinem pflichtgemäßen Ermessen hinzu, § 286 Rn 50. Es sollte das großzügig tun, Broß ZZP **102**, 438. Die Hinzuziehung ist eine Pflicht evtl vor der Herabsetzung einer Anwaltsvergütung, § 4 IV 2 Hs 1 RVG; ferner beim Streit um eine Rahmengebühr, § 14 II RVG, und ferner insoweit, als das Gericht keine genügende Sachkunde zutraut und daher auch nicht durch Zeugen ausreichend vorankommen kann, BGH NJW **93**, 1797. Ein Gutachten aus einem anderen Prozeß ist verwertbar, § 286 Rn 56. Die Hinzuziehung kann auf Antrag geschehen, aber auch von Amts wegen, §§ 144 I, 273 II Z 4, 372 II. Das Gericht sollte sich eine eigene Sachkunde nur dann zutrauen, wenn es die Frage wirklich beherrscht, § 286 Rn 50. Wenn das Gericht der 2. Instanz der Sachkunde der ehrenamtlichen Richter der Kammer für Handelssachen traut, dann braucht es keinen Sachverständigen zuzuziehen. Das Gericht kann den Sachverständigen bei der Beweisaufnahme zuziehen. Es kann ihm aber auch das Ergebnis der Beweisaufnahme oder bestimmte Fragen vorlegen, § 404a. Es kann ihm nun weiter die Beschaffung der Unterlagen des Gutachtens überlassen, § 404a II–IV. Es kann ihn um ein Gutachten auf Grund der Gerichtsakten ersuchen.

14   **C. Verfahren.** Die Auswahl des Sachverständigen liegt grundsätzlich (Ausnahmen § 487 Rn 7) allein beim Gericht. Die Zuziehung und Auswahl und Vernehmung des Sachverständigen und bei einem schriftlichen Gutachten dessen Nachprüfung ist keineswegs leichte Aufgaben. Die Auswahl geeigneter Kräfte ist schwierig, Nicklisch BB **81**, 1653. Die Fehlerquellen sind zahlreich. Eine Befragung der Handelskammer, Handwerkskammer usw kann zweckmäßig sein. Sie ist vielfach notwendig und üblich. Oft kann man wirklich tüchtige Kräfte nur schwer finden. Untüchtige sind schlimmer als Laien. Zur Parapsychologie Wimmer NJW **76**, 1131. Ungeschicklichkeiten des Gerichts im Umgang mit dem Sachverständigen oder auch Voreingenommenheit des Sachverständigen nach § 406 oder seine persönlichen Beziehungen wie zB eine Abneigung gegen Mitbewerber, eine Hoffnung auf Aufträge der Partei, eine Angst vor der Verstimmung eines Einflußreichen spielen eine große, meist nicht erkennbare Rolle. Beide versuchen §§ 404a, 407a einzudämmen. Das Gericht muß dem Sachverständigen im Rahmen der zumutbaren Anleitung nach § 404a die etwa schon feststehenden oder eben noch gerade vom Sachverständigen nach § 407a Rn 11 zu ermittelnden Tatsachen möglichst genau angeben oder umschreiben, § 404a III.

Titel 8. Beweis durch Sachverständige   **Übers § 402**

D. Nachprüfungspflicht. Der Richter muß das Gutachten auf wissenschaftliche Begründung nach **15**
Kräften nachprüfen, BVerfG WoM **97**, 318, BGH BB **76**, 481, Köln VersR **95**, 1082. Er darf nicht einfach
nachplappern, § 286 Rn 50. Er darf und muß die vom Sachverständigen verwendeten Tatsachen nachprüfbar
vorgetragen verlangen, BVerfG WoM **97**, 318, Düss MDR **95**, 1267. Der Sachverständige, der sich auf seine
Schweigepflicht beruft, ist unbrauchbar, mag sie noch so bestehen, § 286 Rn 58. Die Begründung des
Urteils muß ergeben, warum der Richter weiteren Anregungen der Parteien nicht nachzugehen brauchte,
§ 313 Rn 41. Über den Beweiswert erbbiologischer Gutachten § 372 a Rn 11. Rechtsgutachten sollte ein
Gericht grundsätzlich nur bei einem ausländischen Recht anfordern, § 293 Rn 7.

6) Rechtsstellung des Sachverständigen. Sie ist praktisch gefährlich stark. **16**

A. Tätigkeitspflicht. Die Sachverständigenpflicht ist öffentlichrechtlich, BGH NJW **76**, 1154, *Deutsch*
Festschrift für Ferid (1978), 131, StJL 38 vor § 402. Sie verpflichtet den inländischen Sachverständigen (nicht
den ausländischen, *Deutsch* Festschrift für Ferid 1978, 132) zur Vorbereitung und Erstattung des Gutachtens,
soweit das Gericht ihn ordnungsgemäß ernannt hat, LSG Essen NJW **83**, 360. Sie greift aber anders als die
Zeugenpflicht nur gegenüber bestimmten Personen durch, eben weil der Sachverständige grundsätzlich
vertretbar ist, Rn 1. Der Sachverständige übt keine öffentliche Gewalt aus. Er ist nicht Vertragspartner der
Parteien, Hamm BB **86**, 1397.

B. Haftung, dazu *Eickmeier*, Die Haftung des gerichtlichen Sachverständigen für Vermögensschäden, **17**
1995: Für den gerichtlich beauftragten nicht beamteten Sachverständigen besteht wegen eines Mangels des
Gutachtens grundsätzlich keine Amtshaftung, Düss NJW **86**, 2891, *Deutsch* VersR **87**, 113. Er kann bei
einfacher Fahrlässigkeit nur haften, falls das Gutachten beeidigt wurde, § 410, Hamm BB **86**, 1397, Mü
VersR **84**, 590, aM *Müller* (Schriftum vor Rn 1) Rn 971.
Eine Haftung erfolgt jedenfalls bei auch bedingtem *Vorsatz*, § 839 a BGB, (je zum alten Recht) BGH **62**, **18**
56, Mü MDR **83**, 404. Zum IPR der Arzthaftung *Deutsch* Festschrift für Ferid (1978) 131. Allerdings weiß
jeder unabhängige Richter, daß ein Auftrag zur Begutachtung durch eine Privatperson das Denken rasch zu
anderen als richterlichen Tendenzen der Bewertung verführen könnte. Auch der Privatgutachter mag sich
weniger unabhängig fühlen als der gerichtlich bestellte.
Haftung bei grober Fahrlässigkeit ergibt sich ebenfalls aus § 839 a BGB, § 413 Rn 3. **19**
Keine Haftung des Sachverständigen entsteht bei auftragsbedingtem unvermeidbaren Schaden etwa wegen
einer Materialentnahme. Denn dann fehlt es an dem für eine außervertragliche Haftung erforderlichen
Verschulden, aM Celle OLGR **98**, 71, Düss OLGR **97**, 298 (aber der Geschädigte hat als Partei einen
Erstattungsanspruch nach §§ 91 ff, als Dritter bei Duldungspflicht einen Amthaftungsanspruch gegen den
Staat als Dienstherrn des Gerichts).
Für einen für das Ergebnis des Gutachtens nicht ursächlichen Fehler bei der *Vorbereitung* oder anläßlich der
Tätigkeit als Gutachter kann der Sachverständige evtl auch nach § 823 BGB haften, etwa wegen Sach-
beschädigung, Beleidigung, Körperverletzung, Hausfriedensbruchs, Nötigung usw. Freilich ist insoweit beim
bloßen Vermögensschaden Vorsatz erforderlich (bedingter reicht), etwa eine Gewissenlosigkeit. Wegen des
Privatgutachtens Rn 21.

7) Ermittlungen des Sachverständigen. Vgl dazu § 407 a Rn 11 ff. **20**

8) Privatgutachten, dazu *Graf von Hardenberg* Diss Erlangen 1975: Das ist ein Gutachten, das sich eine **21**
Partei bei einem von ihr ausgewählten Sachverständigen beschafft, Mü RR **83**, 1534, etwa vorprozessual
nach (jetzt) §§ 588 ff BGB, Deggau ZMR **84**, 74. Es ist ein substantiiertes, urkundlich belegtes Parteivorbringen, BGH VersR **01**, 1458. Das Gericht darf und muß ein Privatgutachten wie jeden Parteivortrag
natürlich von vorherein mit aller Sorgfalt nach § 286 würdigen, BGH VersR **01**, 1458, Saarbr VersR **92**,
757, Broß ZZP **102**, 433. Dabei sollte das Gericht mitbeachten, daß oft ein auch gerichtlich sogar
vielbeschäftigter Fachmann nicht schon deshalb an Überzeugungskraft verlieren muß, weil ihn diesmal eine
Partei beauftragt hatte. Keinesfalls hat ein Privatgutachten erst im Anschluß an eine Beweisaufnahme
Gewicht, aM Gehrlein VersR **03**, 575 (aber das Gericht dürfte sogar ohne Beweisaufnahme urteilen, § 286
Rn 5, solange gegen einen durch Privatgutachten überzeugend gewordenen Parteivortrag kein Gegenbeweisantritt vorliegt).
Das gilt jedenfalls dann, wenn die Partei das Privatgutachten einreicht und zum Gegenstand der Ver- **22**
handlung macht bzw machen muß. Es ist dann auch ohne Einverständnis des Gegners lediglich *urkundenbeweislich* benutzbar, BGH NJW **87**, 2300, Köln VersR **90**, 311 (ärztliche Gutachter- oder Schlichtungsstelle),
LG Aurich VersR **91**, 214, aM BPatG GRUR **76**, 609 (aber solche Auswertung wäre sogar bei einer
urkundlichen Äußerung unterhalb des Rangs eines Gutachtens erlaubt und geboten). Daher kommt auch
keine Ladung außerhalb § 273 II Z 4 in Betracht, Karlsr VersR **03**, 977. Allerdings sind §§ 592 ff unanwendbar, Flick WertpMitt **75**, 87.
Freilich muß das Gericht dem Prozeßgegner Gelegenheit zur *Stellungnahme* geben, BGH MDR **01**, 568, **23**
Karlsr NJW **90**, 192. Das Gericht darf das Privatgutachten zu seiner Unterrichtung und als Hilfsmittel zur
freien Würdigung benutzen, BPatG GRUR **76**, 609. Das gilt an Stelle eines gerichtlich erforderten Gutachtens aber nur als Sachverständigenbeweis, also über den Urkundenbeweis hinaus, nur beim Einverständnis
der Parteien, BGH RR **94**, 256, Rex VersR **84**, 619, aM ZfS § 402 Rn 2 (aber §§ 415 ff fordern nur
eine Urkunde im dortigen Sinn. Daher kommt es nicht auf den Umfang der ohnehin weiten Parteiherrschaft
im Sinn von Grdz 18 vor § 128 an). Die freie Würdigung ist auch ohne Einverständnis der Parteien erlaubt,
wenn das Gericht das Privatgutachten für ausreichend hält und halten darf, § 286, Karlsr VersR **84**, 1194, LG
Brschw WoM **77**, 11, aM Mü VersR **86**, 468 (zu streng).
Das ist bei einem *Ablehnungsrecht* nach § 406 Rn 5 bedenklich. Freilich kann ein Privatgutachten Veranlas- **24**
sung zu einem Vorgehen entsprechend § 411 III geben, BGH MDR **02**, 570. Es mag auch dem Prozeßgegner einen Antrag auf ein Gegengutachten ermöglichen. Es mag ferner einen Anlaß zur weiteren Aufklärung auch nach einem Gutachten des gerichtlich bestellten Sachverständigen geben, BGH NJW **98**, 2735,
Köln NJW **94**, 394, Mü RR **88**, 1535. Allerdings wird das Gericht ihn kaum jemals zur Anhörung des

Übers § 402, § 402 Buch 2. Abschnitt 1. Verfahren vor den LGen

gerichtlichen Sachverständigen laden, Karlsr VersR **90**, 55 (der letztere hat den ersteren genügend mitgewürdigt). Wenn das Gericht einen Privatgutachter nur zu seinen Feststellungen vernimmt, so ist er ein sachverständiger Zeuge. Auch das Privatgutachten muß nachprüfbar sein, um prozessual uneingeschränkt verwertbar zu sein, Deggau ZMR **84**, 74. Der Privatgutachter haftet nach dem Vertragsrecht, §§ 276 ff, 634 BGB. Dabei kann ein Dritter in den Schutzbereich zu rechnen sein, BGH NJW **98**, 1060. Der Privatgutachter haftet evtl auch nach §§ 823 ff BGB.

25   9) **Amtliche Auskunft**, dazu *Hohlfeld*, Die Einholung amtlicher Auskünfte im Zivilprozeß, 1995; *Sonnemann*, Amtliche Auskunft und Behördengutachten im Zivilprozeß, 1995: Über sie Üb 32 vor § 373 (dort auch zB zum Mietspiegel). Man muß die Auskunft einer nichtamtlichen Stelle entsprechend dem Privatgutachten behandeln. Sie kann nach § 130 a elektronisch erfolgen.

26   10) *VwGO: (Schnapp, Parteiöffentlichkeit bei Tatsachenfeststellungen durch den Sachverständigen?, F Menger 1985, 557–571; Skouris, Grundlagen des Sachverständigenbeweises im VerwVerf und im VerwProzeß, AöR 107, 216–258; Mehring, Der Sachverständigenbeweis im VerwProzeß, Diss Mü 1982):* Sachverständigenbeweis ist als zulässiges Beweismittel ausdrücklich genannt, § 96 I 2 VwGO. Die Zuziehung erfolgt stets vAw, § 86 I VwGO, auch vor der mündlichen Verhandlung, § 87 VwGO, nach den Grundsätzen von Rn 12 u 13, BVerwG DVBl **99**, 1206 mwN, NVwZ **99**, 187, VGH Kassel MDR **97**, 97, VGH Mannh NVwZ-Beilage 4/95 S 28 mwN. *§§ 402 ff gelten entsprechend, § 98 VwGO, soweit Unterschiede der beiden Verfahren nicht entgegenstehen. Zur Verwertbarkeit eines von der VerwBehörde veranlaßten Gutachtens vgl BVerwG 18, 216, NJW 80, 900 u NVwZ 82, 309, VGH Mü BayObLG 98, 212, zur Abgrenzung zum sachverständigen Zeugen, § 414 Rn 5, s BVerwG NJW 86, 2268, VGH Kassel MDR 97, 97, OVG Kblz NVwZ-RR 92, 592. Zum Vorrang amtsärztlicher Feststellungen über die Dienstfähigkeit gegenüber privatärztlicher Beurteilungen s BVerwG DVBl 01, 1079.*

402 *Anwendbarkeit der Vorschriften für Zeugen.* **Für den Beweis durch Sachverständige gelten die Vorschriften über den Beweis durch Zeugen entsprechend, insoweit nicht in den nachfolgenden Paragraphen abweichende Vorschriften enthalten sind.**

1   1) **Anwendbare Vorschriften.** Die Bestimmungen über den Zeugenbeweis sind wie folgt entsprechend anwendbar.
§§ *283, 296* (Zurückverweisung) sind dann *unanwendbar*, wenn eine Amtspflicht zur Zuziehung besteht, weil das Gericht eine eigene Sachkunde verneint. Über Privatgutachen Üb 21 vor § 402.
§ *356* (Beibringungsfrist) ist *unanwendbar*, soweit der Sachverständige auswechselbar ist, § 356 Rn 7.
§ *373* (Beweisantritt) ist durch § *403* ersetzt.
§ *374* (Verwertung richterlicher Vernehmungsniederschrift) ist auf die Niederschrift über eine mündliche richterliche Vernehmung des Sachverständigen anwendbar. Beim schriftlichen Gutachten gilt § 411 a.
§ *375* (Beweisaufnahme durch den verordneten Richter), sowie
§ *376* (Genehmigung zur Vernehmung von Beamten) mit den einschlägigen Vorschriften, vgl bei § 376, sind anwendbar. Nach § 39 III 2 BRRG und ähnlichen Vorschriften in den Landesbeamtengesetzen, Vorbem B vor § 376, kann die Genehmigung zur Erstattung eines Gutachtens versagt werden, wenn die Erstattung den dienstlichen Interessen Nachteile bereiten würde. Die Unmittelbarkeit der Beweisaufnahme spielt aber hier keine Rolle. Dann ist eine Übertragung auf den verordneten Richter unbedenklich.
§ *377 I, II* (Ladung), *III* (schriftliches Gutachten) ist anwendbar, § 411 Rn 3. III paßt im übrigen nur für den Zeugen und ist daher *unanwendbar*. Statt dessen gilt § 411, aM Jessnitzer DS **91**, 38.
§ *378* (Unterlagen des Sachverständigen) paßt nur *bedingt* neben dem vorrangigen § 404 a, ist aber grds anwendbar.

2   § *379* (Vorschuß, Ermessen) ist grundsätzlich anwendbar, Bbg FamRZ **01**, 1387, Ffm MDR **04**, 1255, Köln RR **97**, 1292. Das gilt auch dann, wenn das Gericht nach § 144 I diesen Sachverständigen von Amts wegen einschalten könnte, Mü RR **94**, 1201 (Umfrage), aM BGH MDR **76**, 396, Bergerfurth FamRZ **90**, 243, ZöGre 8 (aber es kommt nur darauf an, ob das Gericht von Amts wegen bestellt *hat*). Sobald es das freilich auch tut, ist § 379 *unanwendbar*, BGH FamRZ **79**, 477. Dann muß man aber evtl § 68 III GKG beachten, BGH JB **76**, 469, Hbg FamRZ **86**, 196.

3   Wenn das Gericht den Sachverhalt *von Amts wegen* klären muß, Grdz 38 vor § 128, darf es zwar einen Vorschuß anfordern, § 68 III 1 GKG, die Einholung des Gutachtens aber nicht von der Vorschußzahlung *abhängig* machen, Düss AnwBl **89**, 237. Die Vorschrift ist im übrigen nur dann anwendbar, wenn sich der Beweisführer auf den Sachverständigen beruft, Karlsr OLGZ **84**, 103, Mü MDR **78**, 412, bei einer Gutachtenerläuterung also derjenige, der die Vorladung und Erläuterung beantragt. Soweit beide Parteien Beweisführer sind, entscheidet die Beweislast, § 379 Rn 2, aM Bachmann DRiZ **84**, 401 (aber dann *muß* das Gericht nur den Sachverständigen des Beweisbelasteten laden). Die Vorschrift gilt auch beim schriftlichen Gutachten, § 411 I, III. Eine nachträgliche Erhöhung des Vorschusses ist zulässig, falls die zunächst angeforderte Summe nicht zur Sicherstellung der Kostenzahlung ausreicht, § 407 a III 2, Mü MDR **78**, 412, Schmid MDR **82**, 96. Natürlich ist bei einer Nachforderung Zurückhaltung ratsam, KG MDR **83**, 678, Kblz DB **85**, 110. Nur die Beauftragung des Sachverständigen kann vom Vorschuß abhängig sein, nicht die Weiterleitung des schon ohne ausreichenden Vorschuß eingeholten oder eingereichten Gutachtens, Ffm MDR **04**, 1255.

4   § *379* ist *bei der amtlichen Auskunft unanwendbar*, zB bei derjenigen der Rechtsanwaltskammer, Üb 32 vor § 373, Mü NJW **75**, 884. § 379 ist ebenfalls unanwendbar, falls Akten zwecks Begutachtung dem Sachverständigen bereits übersandt worden sind, aM Mü MDR **78**, 412 (aber dann *hat* das Gericht schon gehandelt). Der Gutachtenauftrag ergeht trotz verspäteten Eingangs des Vorschusses, wenn noch kein Verhandlungstermin bestimmt worden war oder wenn er noch mühelos zunächst wieder aufhebbar ist. Andernfalls unterbleibt der Gutachterauftrag in dieser Instanz. Das Gericht weist den Beweisantrag evtl als verspätet zurück, Rostock WoM **03**, 597. Das gilt auch dann, wenn die vom Einzelrichter nach §§ 348,

Titel 8. Beweis durch Sachverständige §§ 402, 403

348 a gesetzte Frist zur Zahlung des Vorschusses erfolglos verstrichen ist und die Zahlung erst im Kammer- oder Senatstermin erfolgt. Ein Verschulden ist auch hier unerheblich, aM ZöGre 2 (aber §§ 379, 402 sehen eine Bedingung gerade nicht vor). Mangels Verspätung kommt auch nach Terminsbestimmung noch ein Gutachterauftrag infrage, Köln RR **97**, 1291. Das hängt freilich meist davon ab, wieviel Zeit der Gutachter braucht und wann Termin ansteht. Nichtzahlung bedeutet nicht stets Klage- bzw Antragsrücknahme, Düss MDR **02**, 603.

Soweit der *Dolmetscher* als Sachverständiger nach § 185 GVG Rn 5 tätig wird, kommt eine Vorschuß- 5 pflicht zwar grundsätzlich in Betracht. Sie entfällt freilich meist deshalb, weil ihn das Gericht von Amts wegen zuziehen muß, Schmid MDR **82**, 97.

§ 380 (Folgen des Ausbleibens) ist durch *§ 409* ersetzt.

§§ 381–384 (Unterbleiben und Änderung von Ordnungsmitteln, Vernehmung am bestimmten Ort, 6 Weigerung des Gutachtens) sind anwendbar. Eine nachträgliche Entschuldigung kann ausreichen, LG Bochum NJW **86**, 2890. § 383 I Z 6 gibt dem Sachverständigen zwar ein Schweigerecht betreffend konkrete Vergleichswohnungen, LG Kref BB **79**, 191. Dann ist sein Gutachten jedoch evtl unverwertbar, § 236 Rn 58, zu großzügig LG Krefeld BB **79**, 191.

§ 385 (ausnahmsweise Zeugnispflicht) ist *unanwendbar*.

§§ 386–389 (Weigerung des Gutachtens) sind anwendbar.

§ 390 (Zeugniszwang) ist durch *§ 409* ersetzt.

§ 391 (Beeidigung) ist neben dem vorrangigen § 410 mitbeachtlich, BayObLG FamRZ **91**, 620. Ein stillschweigender Vereidigungs-„Beschluß" reicht nicht, auch nicht beim allgemein vereidigten Sachverständigen, Peters NJW **90**, 1834. Die Beeidigung steht im pflichtmäßigen, nicht im freien Ermessen, BayObLG FamRZ **91**, 620, vgl aber § 391 Rn 5. Bei Bedenken gegen die Sachkunde des Sachverständigen muß das Gericht besser ein anderer Sachverständiger zuziehen.

§§ 392, 393 (Beeidigung) sind durch *§ 410* ersetzt, BGH NJW **98**, 3356.

§§ 394–398 (Vernehmung) anwendbar, BGH **93**, 209 (zu § 395), Oldb RR **99**, 178 (zu § 397).

Eine *Einzelvernehmung*, § 394 Rn 1, ist aber nicht notwendig. 7

Die Ermahnung nach § 395 I ist beim allgemein beeidigten Sachverständigen nur anfangs notwendig. Die Parteien haben ein Fragerecht nach § 397, § 411 Rn 10, freilich nicht stets nach einer amtlichen Auskunft, Üb 32 vor § 373, BVerwG InfAuslR **85**, 148. Sie verlieren es, wenn sie es nicht in der mündlichen Verhandlung ausüben, Düss FamRZ **84**, 700. Der Antrag zur Ladung des Sachverständigen ist an sich nicht von einer inhaltlich genauen Bestimmung der zu stellenden Fragen abhängig. Es genügt die Darlegung der Notwendigkeit der Fragerichtung, Plagemann NJW **92**, 402, großzügiger BGH MDR **81**, 1014, strenger Gehle DRiZ **84**, 102. Freilich darf und müssen das Gericht jetzt evtl nach § 404 a den Sachverständigen einweisen und ihn § 407 a beim Gericht rückfragen.

§ 398 ist anwendbar, BGH **159**, 258. Das Gericht darf eine nochmalige Vernehmung eines Sachver- 8 ständigen, § 412 Rn 4, der zuvor ein Blutgruppengutachten erstattet hat, bei einem Ergänzungsantrag nicht ablehnen, daß man inzwischen durch weitere Blutgruppensysteme die Vaterschaft ausschließen könne. Das Berufungsgericht muß den Sachverständigen anhören, soweit es sein Gutachten anders als der Erstrichter würdigen will, BGH NJW **93**, 2386, oder wenn das Gericht vom Verständnis des Vorderrichters bei dessen mündlicher Anhörung des Gutachters abweichen will, BGH VersR **01**, 1458, oder soweit der Vorderrichter einen entscheidungserheblichen Gesichtspunkt fehlerhaft übersehen hat, BGH **159**, 258, oder wenn der Vorderrichter einem Anhörungsantrag nicht gefolgt war, BGH FamRZ **05**, 1564. Wegen des Beweiswerts von Blutgruppen- und erbbiologischen Gutachten § 372 a Rn 3 ff. Ob das Gericht den ersten Sachverständigen nach der Anhörung eines anderen wiederum vernehmen will, ist Ermessensfrage.

§ 399 ist anwendbar. Das Gericht kann nach § 144 vorgehen.

§ 400 (verordneter Richter) ist anwendbar, jedoch nur unter Beachtung von §§ 408, 409.

§ 401 ist durch *§ 413* ersetzt.

2) *VwGO*: Entsprechend anwendbar, § 98 VwGO. Einzelheiten bei den genannten Vorschriften; zu § 397 vgl 9 BVerwG NJW **86**, 3221 mwN u **84**, 2646.

403 *Beweisantritt*. Der Beweis wird durch die Bezeichnung der zu begutachtenden Punkte angetreten.

1) Systematik. Die den §§ 371, 373, 420, 445 I, 447 jedenfalls teilweise vergleichbare Vorschrift leitet 1 die Beweismöglichkeit „Sachverständiger" ein. Sie folgt dem Umstand, daß das Gericht außerhalb eines Verfahrens mit Amtsermittlungsgrundsatz nach Grdz 38 vor § 128 nur ausnahmsweise von Amts wegen einen Sachverständigenbeweis beschließen darf, §§ 3, 144, 287, 372, 442. Daran ändert auch der Umstand nichts, daß das Gericht in der Wahl der Person des Sachverständigen nur ausnahmsweise an einen Wunsch des Beweisführers gebunden ist, § 487 Rn 6 ff.

2) Regelungszweck. Nicht erst der Richter, sondern zunächst ganz wesentlich der Beweisführer sind 2 gefordert. Denn § 403 bezweckt eine Erleichterung des Gerichts bei der Auswahl und Anleitung, Üb 2 vor § 402. Sie führt ja in der Praxis ohnehin zu oft erheblicher Arbeitsbelastung. Der Beweisführer kann es sich ja schon wegen § 404 I 1 mit dessen Auswahlpflicht des Gerichts mit den Worten „Beweis: Sachverständigengutachten" scheinbar recht bequem machen. Umso mehr Sorgfalt können Gegner und Gericht, nicht zuletzt aber gerade auch der Sachverständige von der Präzision verlangen, daß der Beweisführer wenigstens das Beweisthema „bezeichnen" und nicht etwa nur umschieben oder andeuten oder skizzieren muß. Übrigens kann solche Präzision den Prozeß auch erheblich beschleunigen und verbilligen helfen. Das sollte der Beweisführer mitbedenken. Oft kann er viel besser als das Gericht die Beweisfrage so auf den Punkt zuspitzen, daß die gesamte anschließende Arbeit weitaus erfolgreicher verlaufen kann. Skizzen, Fotos, technische Angaben können zur geradezu notwendigen Bezeichnung des Beweisthemas gehören. Das

§§ 403, 404

Gericht sollte gerade am Anfang nach §§ 273 II Z 1 von seinen vielfältigen Möglichkeiten energisch Gebrauch machen, bevor es den Gutachter überhaupt beauftragt, natürlich auch im weiteren Verlauf.

3 **3) Geltungsbereich.** Vgl Üb 3 vor § 402. Im selbständigen Beweisverfahren geht § 487 vor, dort Rn 6 ff. Im FGG-Verfahren ist die Vorschrift wegen seines Amtsermittlungsgrundstzes nur bedingt anwendbar. AG Mönchengladbach FamRZ **99**, 730.

4 **4) Beweisantritt.** Zu den Begriffen Beweisantritt usw § 371 Rn 1. Man tritt den Sachverständigenbeweis durch die Bezeichnung der zu begutachtende Punkte nebst dem stets zweckmäßigen, wenn auch nicht unbedingt nötigen Antrag auf „ein" Sachverständigengutachten an. Vgl aber Rn 2. Man braucht das vom Sachverständigen zu behandelnde Beweisthema zwar nicht mit letztmöglicher Präzision zu formulieren, muß aber doch so genau umschreiben, wozu er ein Gutachten liefern soll, daß das Gericht die Beweiserheblichkeit und Eignung erkennen kann, Rn 2, § 286 Rn 31 ff. Die Benennung eines bestimmten Sachverständigen ist grundsätzlich unnötig. Ihn wählt das Gericht von Amts wegen aus, § 404 (Ausnahme § 487 Rn 5). Eine ganz allgemeine Angabe genügt. Denn wenn das Gericht ein Gutachten für nötig hält, muß es ein solches von Amts wegen einholen, Rn 1, und zwar evtl schon vor der Verhandlung, § 358 a.

Es kann aber dringend ratsam sein, einen oder zur Vermeidung von Befangenheitsverdacht mehrere geeignete Sachverständige *vorzuschlagen*, um dem Gericht die Ermittlung eines brauchbaren Sachverständigen zu erleichtern oder gar erst zu ermöglichen, § 404 Rn 7, 8. Da das Gericht die Beweiserhebung immer ablehnen kann, soweit es sich für genügend sachkundig hält und halten darf, ist der Beweisantritt nur eine Anregung. Im übrigen gilt § 286 Rn 50, Düss RR **99**, 794. Vgl auch Üb 11 vor § 402.

Nicht ausreichend sein kann die Vorlage eines Privatgutachtens. Es ist ja nur Parteivortrag, Üb 21 vor § 402, Oldb RR **00**, 949. Es kommt auf die Gesamtumstände an.

5 **5) *VwGO:*** Nur eingeschränkt entsprechend anwendbar, § 98 VwGO, vgl § 373 Rn 10.

404 *Sachverständigenauswahl.* ¹ ¹ **Die Auswahl der zuzuziehenden Sachverständigen und die Bestimmung ihrer Anzahl erfolgt durch das Prozeßgericht.** ² **Es kann sich auf die Ernennung eines einzigen Sachverständigen beschränken.** ³ **An Stelle der zuerst ernannten Sachverständigen kann es andere ernennen.**

II **Sind für gewisse Arten von Gutachten Sachverständige öffentlich bestellt, so sollen andere Personen nur dann gewählt werden, wenn besondere Umstände es erfordern.**

III **Das Gericht kann die Parteien auffordern, Personen zu bezeichnen, die geeignet sind, als Sachverständige vernommen zu werden.**

IV **Einigen sich die Parteien über bestimmte Personen als Sachverständige, so hat das Gericht dieser Einigung Folge zu geben; das Gericht kann jedoch die Wahl der Parteien auf eine bestimmte Anzahl beschränken.**

Gliederung

1) Systematik, I–IV	1	5) Einigung, IV	8
2) Regelungszweck, I–IV	2, 3	6) Entscheidung, I–IV	9
3) Geltungsbereich, I–IV	4	7) Rechtsbehelfe, I–IV	10
4) Auswahl, I–III	5–7	8) *VwGO*	11
A. Ermessen, I	5		
B. Vorrang des öffentlichen Sachverständigen, II	6		
C. Bezeichnung durch die Partei, III	7		

1 **1) Systematik, I–IV.** Die Vorschrift gilt zwar bei allen Arten von Sachverständigen, nicht aber bei allen Arten von Beweisaufnahmen, nämlich im selbständigen Beweisverfahren nur hilfsweise, § 487 Rn 6. Sie gilt beim Sachverständigenbeweis von Amts wegen nach § 144 indes wegen seines II wieder voll.

2 **2) Regelungszweck, I–IV.** Die Vorschrift dient in IV der Parteiherrschaft nach Grdz 18 vor § 128, in I–III dagegen der Prozeßförderung nach Grdz 12 vor § 128 und damit auch der Prozeßwirtschaftlichkeit nach Grdz 14 vor § 128 durch möglichste Vermeidung von Kosten doch nicht genug geeigneter Sachverständiger. In der Praxis sollte das Gericht auch bei I–III möglichst dem Vorschlag des Beweisführers folgen, § 403 Rn 1. Es darf aber nicht einen weniger Geeigneten bestimmen, wenn ein besser Geeigneter vorhanden ist.

3 *Besondere Sorgfalt* ist an dieser Stelle des Beweisverfahrens dringend erforderlich. Leider erfolgt sie nicht selten gar nicht oder zu spät. Inzwischen haben sich dann evtl sogar mehrere Sachverständige für nicht genug fachkundig oder für befangen oder für überlastet erklärt und das Gericht zu immer neuen Umformulierungen des Beweisbeschlusses gezwungen, ganz abgesehen von immer neuen Aktenversendungen und Rücksendungen, zweifelhaften Honorarforderungen der im Ergebnis doch nur durch Aktendurchsicht und Gutachtenverweigerung tätig gewordenen Fachleute. Die Vorschußanforderungen steigen, es geht Zeit ins Land, der Berichterstatter muß sich immer neu einarbeiten, seine Besetzung wechselt, Mahnschreiben frustrierter ProzBev erfordern eine ebengewichtige Antwort – ein Szenario, das sich dort mehr Telefonerkundung unter Umständen am Anfang binnen weniger Tage vermeiden ließ. Enge allseitige Zusammenarbeit unter Einsatz heutiger Telekommunikation hilft erfahrungsgemäß ganz wesentlich, viel solchen Ärger zu vermeiden.

4 **3) Geltungsbereich, I–IV.** Vgl Üb 3 vor § 402, BGH VersR **03**, 1049, BayObLG NJW **03**, 219 (FGG).

5 **4) Auswahl, I–III.** Vgl zunächst § 403 Rn 1.

Titel 8. Beweis durch Sachverständige §§ 404, 404a

A. Ermessen, I. Das Gericht wählt nach pflichtgemäßem Ermessen, BayObLG NJW **03**, 219, Hamm VersR **01**, 249, soweit nicht eine Einigung nach IV vorliegt. Es wählt Sachverständige in beliebiger Zahl aus, stets aber einen bestimmten Sachverständigen, nicht zB eine Alternativauswahl, Ffm VersR **03**, 927, und nicht eine Universitätsklinik als solche, Düss FamRZ **89**, 1101, Laufs NJW **76**, 1124, StJL 13, aM Kblz VHR **98**, 89 (aber §§ 402 ff gehen von einer natürlichen Person aus. Das Gericht darf und muß sich insoweit kundig machen). Es kann sich die Notwendigkeit eines weiteren Gutachters ergeben, § 286 Rn 53 ff. Eine nicht zum Ablehnungsantrag nach § 406 führende Tatsache bringt nicht stets einen Ermessensmißbrauch mit sich. Eine Anhörung ist zwar nicht vorgeschrieben, BGH **131**, 80. Sie ist aber wenn irgend möglich ratsam und auch meist zumindest im Termin üblich. Die Partei kann das Ermessen nicht durch die Benennung eines sachverständigen Zeugen nach § 414 unterlaufen, Hamm VersR **01**, 249, LG Ffm VersR **93**, 1138. § 295 ist beachtlich, Ffm VersR **03**, 927.

Ermessenfehler sind angesichts der Kompliziertheit der Sachverhalte oft nahezu unvermeidbar. Sie können trotzdem zur Unverwertbarkeit des Gutachtens führen, BayObLG BayVBl **04**, 80.

B. Vorrang des öffentlichen Sachverständigen, II. Für gewisse Arten von Gutachten sind Sachverständige von Bundes- oder Landesstellen öffentlich bestellt, Üb 10 vor § 402. Sie haben dann bei der Auswahl den Vorzug, schon wegen § 407. Die Namen der öffentlich bestellten Sachverständigen stehen in einer Liste. II ist nur eine Sollvorschrift, von der das Gericht nach pflichtmäßigem Ermessen abweichen kann, BayObLG FamRZ **91**, 619, wenn zB ein besonders hohes Maß von Sachkunde nötig ist oder wenn gegen die Person des Bestellten Bedenken bestehen. Trotz eines Antrags auf Ernennung eines öffentlich bestellten Sachverständigen ist ein Auftrag an den Gutachterausschuß nach §§ 192 ff BauGB zulässig, Üb 32 vor § 373, BGH **62**, 94. Ein Verstoß ist prozessual belanglos, BayObLG **87**, 15. Im selbständigen Beweisverfahren gilt § 487 Rn 5. 6

C. Bezeichnung durch die Partei, III. Das Gericht kann die Parteien zur Benennung geeigneter Sachverständiger auffordern, § 403 Rn 1. Wegen IV empfiehlt sich das oft. Mangels Benennung muß das Gericht freilich im Rahmen des ihm Zumutbaren den Sachverständigen von Amts wegen ermitteln. In diesem Fall ist es dringend ratsam, die Person des Vorgesehenen schon vor seiner Beauftragung den Parteien mit der Bitte um Mitteilung etwaiger Ablehnungsgründe oder sonstiger Bedenken binnen angemessener Frist zu benennen. 7

5) Einigung, IV. Einigen sich die Parteien über bestimmte Personen, so bindet diese Einigung das Gericht. Das Gericht kann nur vorher oder nachher die Zahl der Sachverständigen beschränken. Wenn die Parteien die Zahl aber nicht einhalten, darf das Gericht wieder ganz frei wählen, § 142. Es darf neben den Gewählten andere Sachverständige bestimmen. Es darf für sie aber wegen der Beauftragung von Amts wegen keinen Vorschuß fordern. IV hat nur die Bedeutung, daß das Gericht den vereinbarten Sachverständige unbedingt hören muß. Es handelt sich um eine einseitig unwiderrufliche Parteiprozeßhandlung, Grdz 47 vor § 128. Anwaltszwang besteht wie sonst, § 78 Rn 2. Die Einigung ist nur beim Eingang der Einigungsmitteilung beider Parteien bis zur Ernennung eines Sachverständigen oder bis zur Ermächtigung des verordneten Richters nach § 405 zulässig. Das Gericht kann eine Einigung anregen, aber nicht erzwingen. Eine Einigung nach IV ist kein Schiedsgutachtervertrag nach Grdz 18 vor § 1025. 8

6) Entscheidung, I–IV. Die Ernennung erfolgt durch einen Beschluß, sei es einen Beweisbeschluß, §§ 358 ff, sei es später. Das Prozeßgericht muß seinen Beschluß wegen § 355 II zwar nicht begründen, § 329 Rn 6. Es sollte ihn aber besser schon wegen etwaiger Ablehnbarkeit nach § 406 II den Parteien förmlich zustellen, § 329 II 2. Ein Verstoß ist zunächst unbeachtlich. Er ist vielmehr erst zusammen mit dem Endurteil anfechtbar, Rn 10. 9

7) Rechtsbehelfe, I–IV. Gegen die Auswahl ist außer dem Rechtsmittel gegen die Sachentscheidung der Instanz, BayObLG **87**, 967, wegen § 355 II kein Rechtsbehelf gegeben, auch nicht bei einer Verletzung von II, BayObLG FamRZ **91**, 619, Mü MDR **71**, 494, § 406 Rn 38 (Ablehnung in der Revisionsinstanz). Das übersieht LG Bochum NJW **86**, 2890, das auf dem Umweg über § 381 das Ermessen überprüft. Freilich besteht das Ablehnungsrecht nach § 406 II. 10

8) VwGO: I bis III sind entsprechend anwendbar, § 98 VwGO, BVerwG NVwZ-RR **95**, 6 u **92**, 311, VGH Kassel ESVGH **50**, 292. IV ist unanwendbar wegen des Untersuchungsgrundsatzes, § 86 I VwGO, allgM, BVerwG VerwRspr **31**, 383 mwN. 11

404a *Leitung der Tätigkeit des Sachverständigen.* [1] Das Gericht hat die Tätigkeit des Sachverständigen zu leiten und kann ihm für Art und Umfang seiner Tätigkeit Weisungen erteilen.

II Soweit es die Besonderheit des Falles erfordert, soll das Gericht den Sachverständigen vor Abfassung der Beweisfrage hören, ihn in seine Aufgabe einweisen und ihm auf Verlangen den Auftrag erläutern.

III Bei streitigem Sachverhalt bestimmt das Gericht, welche Tatsachen der Sachverständige der Begutachtung zugrunde legen soll.

IV Soweit es erforderlich ist, bestimmt das Gericht, in welchem Umfang der Sachverständige zur Aufklärung der Beweisfrage befugt ist, inwieweit er mit den Parteien in Verbindung treten darf und wann er ihnen die Teilnahme an seinen Ermittlungen zu gestatten hat.

V [1] Weisungen an den Sachverständigen sind den Parteien mitzuteilen. [2] Findet ein besonderer Termin zur Einweisung des Sachverständigen statt, so ist den Parteien die Teilnahme zu gestatten.

§ 404a

Schrifttum: *Daub,* Die Tatsachenerhebung durch den Sachverständigen, 1997; *Höffmann,* Die Grenzen der Parteiöffentlichkeit, insbesondere beim Sachverständigenbeweis, Diss Bonn 1988; *Schnapp,* Parteiöffentlichkeit bei Tatsachenfeststellungen durch den Sachverständigen?, Festschrift für *Menger* (1985) 557; *Soergel,* Die Grenzen gerichtlicher Weisungsbefugnis dem Sachverständigen gegenüber, in: Festschrift für *Geiß* (2000).

Gliederung

1) Systematik, I–V 1	7) Bestimmung des Aufklärungsumfangs, IV 8
2) Regelungszweck, I–V 2, 3	8) Fristsetzung, IV 9
3) Geltungsbereich, I–V 4	9) Mitteilungen, Terminsteilnahme der Parteien, V 10
4) Anleitung, Anweisung, I 5	10) Rechtsbehelfe, I–V 11
5) Anhörung, Einweisung, Erläuterung, II 6	11) VwGO 12
6) Bestimmung der zugrunde zu legenden Tatsachen, III 7	

1 **1) Systematik, I–V.** Die Vorschrift stellt zusammen mit § 407a eine Reihe von Grundsätzen auf, nach denen das Gericht und der Sachverständige zusammenarbeiten sollen. Diese Grundsätze gehen sonstigen allgemeineren Regeln nach Rn 8 vor, etwa denjenigen zur Parteiöffentlichkeit nach § 357. Sie dürfen aber nicht dazu führen, tragende Prinzipien des Zivilprozesses zu unterlaufen, etwa durch Abschneiden der Beweisfrage im Wege einer Aufklärungsbeschränkung nach IV.

2 **2) Regelungszweck, I–V.** Vgl zunächst Üb 2 vor § 402. Die Bestimmung soll wie § 407a die Zusammenarbeit zwischen Gericht und Sachverständigem und damit natürlich auch zwischen allen übrigen Prozeßbeteiligten erleichtern, beschleunigen und verbilligen. Das muß man bei der Auslegung berücksichtigen. Andererseits darf nicht durch eine zu weite Auslegung der Rechte und Pflichten des Gerichts aus einem Prozeß mit Parteiherrschaft nach Grdz 18 vor § 128 ein Verfahren mit Ermittlungsgrundsatz werden, soweit dieses nicht ohnehin vorliegt, Grdz 38 vor § 128. Man darf tragende Prinzipien nicht schon wegen des Regelungszwecks mißachten.

3 *Einfühlungsvermögen und Kontaktfreudigkeit* sind in hohem Maße bei allen Beteiligten gefragt, vor allem aber beim Gericht. Der Sachverständige soll sich weder geschmeichelt noch bevormundet fühlen. Er soll vielmehr spüren, daß das Gericht ihm seine Aufgabe erleichtern und hier nun wirklich im Geiste eines „Runden Tisches Gleichberechtigter" eine möglichst baldige, möglichst überzeugende und auch nicht allzu teure Begutachtung erzielen möchte. Dazu sollte auch der Sachverständige von Anfang an beitragen. Es nützt wenig, wenn der Gegner des Beweisführers erst nach dem Gutachten auf eine noch so ehrenvolle Mitarbeit des Gutachters gerade in dem Interessenverband hinweist, dem der Beweisführer nahesteht usw. Es ist verdrießlich, wenn das Gericht erst nach dem Gutachten erfährt, daß dieser Fachmann geringere Prüfmöglichkeiten hat, als es der Stand der Technik oder Wissenschaft fordert. Das offene direkte Gespräch in einem Termin oder am Telefon mit sofortiger anschließender Unterrichtung der restlichen Beteiligten macht oft verhältnismäßig wenig Mühe. Es bringt aber erheblich voran. Das alles gefährdet auch nicht die Unparteilichkeit des Gerichts.

Mißbrauch ist auch dem Gericht verboten, Einl III 54. Daher darf das Gericht zB nicht seine Befugnisse dahin ausweiten, einen „Entwurf" zu fordern und dann nach seinen eigenen Vorstellungen so zu ändern, daß ein anderes Ergebnis als das vom Gutachter nach *dessen* Gewissen erzielte in eine „Endfassung" einfließt, wie es in außergerichtlicher Praxis bereits vorgekommen ist.

4 **3) Geltungsbereich, I–V.** Vgl Üb 3 vor § 402.

5 **4) Anleitung, Anweisung, I.** Der Sachverständige wird zwar oft genug wegen seiner alleinigen Sachkunde praktisch zum entscheidenden Prozeßbeteiligten. Dennoch gilt: Er ist nicht Richter, sondern Helfer des Richters, Üb 4 vor § 402. Das Gericht darf und muß ihn daher anleiten, Franzki DRiZ **91**, 320, soweit erkennbar notwendig, etwa bei einem juristischen Fachbegriff, BGH VersR **96**, 959, Köln VersR **98**, 1249, oder soweit er die Hilfe des Gerichts erbittet. Das gilt im Prinzip für seine gesamte Tätigkeit. Freilich darf das Gericht auf dem Fachgebiet des Sachverständigen nicht mithilfe von Anleitungen schlauer zu sein versuchen als derjenige Fachmann, dessen es ja gerade bedarf. Es darf auch nicht seine Berufsehre ohne triftigen Grund in Zweifel ziehen. Er hat freilich weitreichende Befugnisse, § 193 StGB. Doch muß er schädliche Folgen vermeiden, Ffm NJW **98**, 2834. Unvermeidbare Schäden sind nur nach § 91 erstattbar, dort Rn 193, 277, aM Düss MDR **97**, 886 (aber §§ 91ff gelten für alle Arten von Prozeßkosten). Vgl allerdings auch § 839a BGB.

6 **5) Anhörung, Einweisung, Erläuterung, II.** Solche Maßnahmen kommen nur in Betracht, „soweit es die Besonderheit des Falles erfordert". Das kann zB dann vorliegen, wenn es um das Ausreichen der Sachkunde dieses Sachverständigen oder um die mutmaßliche Höhe der Auslagen nach §§ 379, 402 geht oder um die Zusammenarbeit mehrerer Fachleute, oder wenn das Gericht weiß, daß der Sachverständige zu gewissen Eigenmächtigkeiten oder auch zu übergroßer Sorgfalt neigt, wenn er evtl eine Bausubstanz beschädigen, etwa einen Fußboden öffnen müßte usw. Die Anhörung kann formlos ohne Anhörung der Parteien vor oder auch nach Abfassung der Beweisfrage ratsam sein.

7 **6) Bestimmung der zugrunde zu legenden Tatsachen, III.** Das Gericht muß grundsätzlich die vom Sachverständigen zugrundezulegenden Tatsachen vorher selbst klären. Es kann den Sachverständigen aber auch mit dieser Klärung beauftragen. Das ist zulässig, insbesondere bei § 287, BGH RR **95**, 716, freilich nicht unbegrenzt. Der Sachverständige muß die Akten lesen. Die Vorschrift erfaßt nur den Fall, daß die *streitigen* Tatsachen schon Gegenstand anderer Ermittlungen waren und daß der Sachverständige nun nicht wissen kann, ob das Gericht die Version des Zeugen A oder diejenige des B zugrunde legen will. Davon muß man den Fall Rn 8 unterscheiden. Natürlich kann es gerade im Fall III notwendig werden, das

Titel 8. Beweis durch Sachverständige   §§ 404a, 405

Gutachten ergänzen zu lassen, wenn es sich zeigt, daß das Gericht nun doch die andere Version für die überzeugende hält, BGH NJW **97**, 1446 (notfalls neuer Sachverständiger). Schon deshalb darf das Gericht dem Sachverständigen auch die Anweisung geben, das Gutachten alternativ zunächst auf die eine und dann auf die andere Tatsache zu stützen. Das kann im Beweisbeschluß oder in der Übersendungsverfügung geschehen. Es muß auch im letzteren Fall den Parteien zur Kenntnis kommen. Nach Einwendungen einer Partei gegen das bisherige schriftliche Gutachten darf sich das Gericht evtl nicht damit begnügen, dem Sachverständigen die Einwendungen einfach mit der Bitte um ein Ergänzungsgutachten zu übersenden, Bre RR **01**, 213. Freilich kommt es auch hier auf die Gesamtumstände an.

7) Bestimmung des Aufklärungsumfangs usw, IV. Derartige Maßnahmen kommen nur in Betracht, „soweit es erforderlich ist". Gerade in diesem Punkt sollte das Gericht Zurückhaltung üben. So wünschenswert helfende Anleitungen sein mögen, so sehr können sie sich bei einem zwar fachtüchtigen, aber in Wort oder Schrift und im Umgang mit dem Verfahrensrecht ungeübten Sachverständigen nachteilig und verzögernd sowie verteuernd auswirken. Sie können sogar zu Ablehnungsanträgen usw führen. Andererseits ergeben sich Befugnisse des Sachverständigen schon aus der Beweisfrage, etwa zum Öffnen einer Fläche, Ffm NJW **98**, 2834. IV schränkt grundsätzlich die Parteiöffentlichkeit nach § 357 nicht ein, Kürschner NJW **92**, 1805. Man kann allerdings im Arzthaftungsprozeß für das Anwesenheitsrecht selbst des beklagten Arztes bei Untersuchungen des Sachverständigen Grenzen ziehen, soweit der untersuchte Kläger nicht einverstanden ist (Intimsphäre als höherrangiges Rechtsgut), § 406 Rn 10, 11, Köln NJW **92**, 1568. Der Persönlichkeitsschutz der Parteien muß zwar bestehen bleiben. Denn der Sachverständige ist eben gerade nicht das Gericht. 8

Dennoch muß sich der Sachverständige durchweg im Bereich der ihm vorliegenden Fragen *umfassend informieren* können, Prütting ZZP **106**, 460. Eine etwa aus der Sicht des Sachverständigen erforderliche Zeugenvernehmung wird von § 407 a nicht gedeckt. Sie ist daher dem Gericht vorbehalten. Es darf sie ja mangels *derartigen* Beweisantritts zunächst auch nur bei dem Beweisführer anregen, § 373. Von solcher Vernehmung mögen kurze Auskünfte des „Zeugen" über eine ersichtlich unstreitige fachliche Vorfrage unterscheidbar sein, etwa über den Verlauf oder Standort einer Leitung oder Messung usw.

8) Fristsetzung, IV. Für das Gutachten darf das Gericht den Zeitpunkt zwar dem Sachverständigen überlassen. Es darf aber auch eine Frist setzen und in den Gutachterauftrag aufnehmen, soweit das nicht schon im Beweisbeschluß geschehen ist. Ein Haupttermin zur Verhandlung über das Gutachtenergebnis nach § 285 enthält eine Fristsetzung. Das Gericht sollte von der Fristsetzung grundsätzlich durchaus Gebrauch machen. Andernfalls müßte es gegenüber dem säumigen Sachverständigen vor einem Ordnungsgeld nach § 409 eine Nachfrist setzen. Das würde nicht der Förderungspflicht entsprechen, Grdz 12 vor § 128. Mag der Sachverständige mitteilen, daß und weshalb er eine Frist nicht einhalten kann. 9

9) Mitteilungen; Terminsteilnahme der Parteien, V. Die Mitteilungen erfolgen zwecks Gewährung des rechtlichen Gehörs nach Art 103 I GG unverzüglich von Amts wegen an beide Parteien formlos am besten abschriftlich rechtzeitig vor der Tätigkeit des Sachverständigen. Das Gericht braucht aber nicht von vornherein Stellungnahmen auch der Parteien einzuholen oder gar abzuwarten. Freilich kann dergleichen ratsam sein. Die Parteiöffentlichkeit entspricht § 357. 10

10) Rechtsbehelfe, I–V. Es gelten die Regeln § 273 Rn 17, § 355 Rn 8–10 entsprechend. 11

11) VwGO: Entsprechend anzuwenden, § 98 VwGO, OVG Kblz NVwZ-RR **99**, 808 (zu IV). 12

405 *Auswahl durch den mit der Beweisaufnahme betrauten Richter.* [1] Das Prozeßgericht kann den mit der Beweisaufnahme betrauten Richter zur Ernennung der Sachverständigen ermächtigen. [2] Er hat in diesem Falle die Befugnisse und Pflichten des Prozeßgerichts nach den §§ 404, 404 a.

1) Systematik, Regelungszweck, S 1, 2. Die Vorschrift ergänzt für den Arbeitsbereich des nach §§ 361, 362 verordneten Richters den § 404 zwecks Prozeßwirtschaftlichkeit, Grdz 14 vor § 128. Sie ist daher weit auslegbar. Freilich sollte der beauftragte Richter im Zweifel das Kollegiums entscheiden lassen. Der originäre Einzelrichter nach §§ 348, 568 ist kein beauftragter Richter, ebensowenig wie der obligatorische Einzelrichter nach § 348 a oder der entscheidende Richter nach § 525, selbst nicht der vorbereitende Einzelrichter nach § 527. 1

2) Geltungsbereich, S 1, 2. Vgl Üb 3 vor § 402. 2

3) Ermächtigung, S 1, 2. Der verordnete Richter ist an die Anordnung einer Beweisaufnahme durch das Prozeßgericht nach § 359 Z 2 und auch grundsätzlich an die Auswahl des Prozeßgerichts gebunden, § 144 I. Es kann ihn aber auch ohne Anhörung der Parteien zur Ernennung des Sachverständigen ermächtigen. Denn er mag die Verhältnisse oft besser kennen oder noch Ermittlungen nach einer geeigneten Person anstellen müssen. Das kann im Rahmen des § 375 geschehen, auch nachträglich, § 402 Rn 1 „§ 375". Das Gericht darf die Auswahl im Fall eines ausländischen Sachverständigen auch dem deutschen Konsul überlassen. Denn die Auswahl steht ja auch sonst nicht nur dem Gericht zu, § 404 IV, und das Ablehnungsrecht nach § 406 bleibt. Das Gericht muß seinen Beschluß begründen, § 329 Rn 4. Es kann ihn verkünden oder formlos mitteilen, § 329 II 1. 3

Zulässig ist auch die Ermächtigung eines *ausländischen* Richters, §§ 1072 ff. Der verordnete Richter bestimmt auch die Zahl der Sachverständigen, § 404 I. Er kann nach § 360 aber auch andere wählen und entscheidet über ein Ablehnungsgesuch, § 406 IV. Eine Einigung der Parteien nach § 404 IV bindet auch ihn. Sie kann auch vor ihm geschehen, muß ihm aber vor der Ernennung mitgeteilt werden. Er hat auch die in § 404 a genannten Rechte und Pflichten der Anleitung und Überwachung des Sachverständigen.

§§ 405, 406

4 **4) Rechtsbehelfe, S 1, 2.** Gegen die Ermächtigung und gegen die Ernennung keiner, § 355 II. Gegen eine Entscheidung des verordneten Richters Anrufung des Prozeßgerichts, § 573 I. Gegen dessen Entscheidung sofortige Beschwerde, § 573 II.

5 **5) VwGO:** *Entsprechend anwendbar, § 98 VwGO, ohne Beschränkung auf den Rahmen des § 375, § 96 II VwGO (jedoch ist diese Vorschrift nach den Grundsätzen des § 87 III 2 VwGO anzuwenden, BVerwG NJW 94, 1975).*

406 *Ablehnung eines Sachverständigen.* ^{I 1} Ein Sachverständiger kann aus denselben Gründen, die zur Ablehnung eines Richters berechtigen, abgelehnt werden. ² Ein Ablehnungsgrund kann jedoch nicht daraus entnommen werden, dass der Sachverständige als Zeuge vernommen worden ist.

^{II 1} Der Ablehnungsantrag ist bei dem Gericht oder Richter, von dem der Sachverständige ernannt ist, vor seiner Vernehmung zu stellen, spätestens jedoch binnen zwei Wochen nach Verkündung oder Zustellung des Beschlusses über die Ernennung. ² Zu einem späteren Zeitpunkt ist die Ablehnung nur zulässig, wenn der Antragsteller glaubhaft macht, dass er ohne sein Verschulden verhindert war, den Ablehnungsgrund früher geltend zu machen. ³ Der Antrag kann vor der Geschäftsstelle zu Protokoll erklärt werden.

^{III} Der Ablehnungsgrund ist glaubhaft zu machen; zur Versicherung an Eides statt darf die Partei nicht zugelassen werden.

^{IV} Die Entscheidung ergeht von dem im zweiten Absatz bezeichneten Gericht oder Richter durch Beschluss.

^V Gegen den Beschluss, durch den die Ablehnung für begründet erklärt wird, findet kein Rechtsmittel, gegen den Beschluss, durch den sie für unbegründet erklärt wird, findet sofortige Beschwerde statt.

Gliederung

1) Systematik, I–V 1	6) Weiteres Verfahren, IV 28–31
2) Regelungszweck, I–V 2, 3	A. Anhörung 28
3) Geltungsbereich, I–V 4	B. Beschluß 29
4) Ablehnungsgründe, I 5–20	C. Verhältnis zur Sachentscheidung 30
A. Grundsatz: Ablehnbarkeit bei Befangenheit 5	D. Einzelfragen 31
B. Beispiele zur Frage der Begründetheit einer Ablehnung 6–20	7) Rechtsbehelfe, V 32–34
	A. Gegen stattgebende Entscheidung 32
5) Ablehnungsantrag, II, III 21–27	B. Gegen Zurückweisung des Ablehnungsantrags 33, 34
A. Vor Gutachten oder Vernehmung: Zweiwochenfrist, II 1 .... 21, 22	8) VwGO 35
B. Nach Gutachten oder Vernehmung: nach dem Fristablauf, II 2 23–26	
C. Glaubhaftmachung, III 27	

1 **1) Systematik, I–V.** § 406 behandelt in Anlehnung an §§ 42 ff, aber formell vorrangig und teilweise auch abweichend die Ablehnung eines Sachverständigen. Sie ist auch bei der Zuziehung von Amts möglich. Ein als solches beauftragtes Institut kann man nicht ablehnen, Düss FamRZ **89**, 1102. Anders kann es natürlich bei der Beauftragung seines Leiters oder Mitarbeiters liegen, § 404 Rn 1. Einen sachverständigen Zeugen nach § 414 kann man nicht ablehnen. Als solcher kommt auch der erfolgreich abgelehnte Sachverständige in Betracht. Der Gutachterausschuß der §§ 192 ff BauGB ist eine Fachbehörde zur Ermittlung des Verkehrswerts von Grundstücken, Üb 32 vor § 373. Man kann ihn nicht ablehnen, BGH **62**, 94, BFH BB **81**, 1825, Oldb FamRZ **92**, 451. Entsprechendes gilt bei der amtlichen Auskunft zB der Anwaltskammer, Üb 32 vor § 373, BVerwG NJW **88**, 2491. Für den Dolmetscher gilt § 406 entsprechend, § 191 GVG, BVerwG NJW **85**, 757. Bei einem Gutachten einer Privatorganisation braucht die Partei die Ablehnbarkeit erst vom Zeitpunkt der Kenntnis des verantwortlichen Verfassers an zu prüfen, Karlsr MDR **75**, 670. Einen Umgangspfleger kann man nicht ablehnen, Karlsr FamRZ **05**, 1572.

2 **2) Regelungszweck, I–V.** Die Vorschrift dient wie §§ 42 ff beim Richter dem Schutz vor zu großer Macht des Sachverständigen, auch wenn er offiziell nur ein Gehilfe des Richters ist. Wegen seiner oft faktisch richtergleichen Stellung nach Üb 2 vor § 402 und wegen der zumindest theoretischen Auswechselbarkeit des Sachverständigen nach Üb 4 vor § 402 ist eine an sich strenge Anwendung des § 406 notwendig. Man darf aber auch nicht mit deutscher Überperfektion jeden kleinen unbeabsichtigten Formfehler beanstanden, zB denjenigen eines tüchtigen Handwerksmeisters, der nicht zur vollen juristischen Zufriedenheit vorgegangen ist.

3 *Verbandszugehörigkeit* und dergleichen ist nur zu naheliegend, wenn sich ein Fachmann profilieren will. Aus ihr folgt nicht so automatisch eine Befangenheit, wie das gerade zB im Gewerblichen Rechtsschutz und Urheberrecht mancher Prozeßbeteiligte meint. Zumindest mangels weiterer konkreter Verdachtspunkte sollte man erst einmal das Gutachten abwarten. Freilich kann eine etwas längere Suche vor der Bestellung von unerfreulichen, verteuernden und nicht mehr verzögernden späteren Auseinandersetzungen über Person und Leistung bewahren helfen. Die Einholung einer Vorab-Selbstäußerung des noch nicht Beauftragten mag ein brauchbarer Mittelweg sein. Ins Herz blicken kann man dem Sachverständigen ohnehin ebensowenig wie dem Richter. Beide mögen ihre verborgenen Anti- oder Sympathien bekämpfen müssen und das auch sehr wohl können. Der Kreis geeigneter Fachleute ist manchmal wirklich eng. Die Freiheit der Beweiswürdigung nach § 286 bleibt ja in jedem Fall als wichtige Prüfmöglichkeit bestehen.

Titel 8. Beweis durch Sachverständige § 406

3) Geltungsbereich, I–V. Vgl zunächst Üb 3 vor § 402. Im Verfahren auf einen Arrest oder eine 4 einstweilige Verfügung nach §§ 916 ff, 935 ff ist § 406 anwendbar, Nürnb NJW **78**, 954, ebenso im Prozeßkostenhilfeverfahren nach §§ 114 ff sowie im FGG-Verfahren, BayObLG NZM **00**, 1012, Zweibr RR **02**, 1507, und im SGG-Verfahren, Kühl NZS **03**, 579. Im selbständigen Beweisverfahren ist keine Ablehnung möglich, § 487 Rn 8 (dort zur Streitfrage). Infolgedessen ist sie auch nicht ohne weiteres im zugehörigen Hauptsacheprozeß wegen der Verwertbarkeit jenes Gutachtens zulässig aM KG RR **98**, 144 (aber dann könnte man die im selbständigen Beweisverfahren geltenden Regeln unterlaufen, obwohl das Gutachten doch im Hauptverfahren auswertbar sein soll). Zumindest kann ein Ablehnungsgesuch bei Gefahr der Beweisvereitelung nach Rn 7 unzulässig und im übrigen im Hauptprozeß verspätet sein, Köln VersR **93**, 1502. Der Sachverständige hat kein dem § 48 entsprechendes Selbstablehnungsrecht, vgl aber § 408 I. Eine bedingte Ablehnung ist unzulässig. Den vom Sachverständigen zugezogenen, wenn auch vielleicht hochrangigen Mitarbeiter kann man nicht ablehnen, Rn 12 „Mitarbeiter".

4) Ablehnungsgründe, I. Es gibt ähnliche Probleme wie beim Richter. 5
A. Grundsatz: Ablehnbarkeit bei Befangenheit. Da der Sachverständige Gehilfe des Richters ist, können ihn beide Parteien aus denselben Gründen ablehnen wie ein Richter, VGH Mü NJW **04**, 90. Befangenheit liegt also nach dem sog parteiobjektiven Maßstab vor, wenn ein Grund gegeben ist, der bei verständiger Würdigung ein Mißtrauen der Partei gegenüber dem Sachverständigen von ihrem Standpunkt aus rechtfertigen kann, wie bei § 42 Rn 8, Köln MDR **02**, 53, VGH Mü NJW **04**, 90. Eine offenkundige Pflichtwidrigkeit ist nicht erforderlich. War der Sachverständige parteiisch, so liegt ohne Besorgnis der Befangenheit vor. Der Streithelfer des § 66 kann den von der Hauptpartei gewünschten Sachverständigen nicht ablehnen. Eine Ausschließung des Sachverständigen kennt die ZPO nicht. Die Ausschließungsgründe des § 41 berechtigen aber zur Ablehnung außer bei § 41 Z 5, VG Köln NJW **86**, 2207. I 2 nennt zwar nur die frühere Vernehmung als Zeugen. Indessen kann eine frühere Vernehmung als Sachverständiger genausowenig oder noch weniger besagen. Eine Mitwirkung bei der Entscheidung nach § 41 Z 6 liegt in dem früheren Gutachten nicht, ThP 1, aM Kahlke ZZP **94**, 68 (aber der Sachverständige hat an der früheren Gerichtsentscheidung zumindest formell nicht „mitgewirkt", sondern sie allenfalls mitermöglicht).

B. Beispiele zur Frage der Begründetheit einer Ablehnung 6
Anfrage: Eine Ablehnung ist *unbegründet,* soweit man sie nur darauf stützen kann, der Sachverständige habe eine bloß technische Anfrage nur einer der Parteien ohne eine Erörterung der Sache oder des Gutachtens gehalten, Ffm FamRZ **89**, 410.
S auch Rn 17, 18 „Vorbereitung".
Angestellter: Eine Ablehnung kann begründet sein, wenn der Sachverständige Angestellter einer Partei ist oder war, Rn 8 „Beamter".
S auch Rn 9 „DEKRA".
Angriff: Eine Ablehnung ist *unbegründet,* soweit man sie nur darauf stützen kann, man habe das Gutachten nebst der Gebührenrechnung angegriffen, Mü Rpfleger **80**, 303, und der Sachverständige habe sich sachlich verteidigt, wenn auch vielleicht nach einem unberechtigten Ablehnungsantrag in scharfer Weise, Düss BB **75**, 627, sogar durch Strafantrag.
S auch Rn 8 „Beleidigung".
Anwaltsauftrag: Rn 13 „Prozeßbevollmächtigter".
Arzt: Eine Ablehnung kann begründet sein, wenn der Arzt einen Beteiligten als Haus- oder sonstiger Arzt 7 behandelt (hat), Köln NJW **92**, 762.
Eine Ablehnung kann *unbegründet* sein, soweit man sie nur darauf stützen kann, der Sachverständige habe als Klinikdirektor vom beklagten Arzt Patienten überwiesen erhalten oder nach der Begutachtung dessen Ehefrau in seiner Klinik aufgenommen, Karlsr OLGZ **84**, 105 (großzügig), oder des Sohn des ärztlichen Sachverständigen arbeite in der beklagten Klinik als Arzt in Fort- (oder Weiterbildung, solange nicht das Gutachten selbst Grund zur Beanstandung gibt, aM Köln VersR **89**, 210 (zu ängstlich), oder soweit der Arzt Behandlungsunterlagen nicht erhalten und nur deshalb nicht mitbegutachtet hat, Köln VersR **97**, 596, oder soweit der Sachverständige im Arzthaftungsprozeß eine auch für den Laien verständliche und deshalb deutliche Kritiksprache gewählt hat, Saarbr MDR **05**, 648.
S auch Rn 8 „Beleidigung", Rn 11 „Haftpflichtversicherung", Rn 15 „Tierarzt", Rn 17, 18 „Vorbereitung".
Auftragsgrenzen: Ihre Überschreitung kann eine Ablehnung begründen (Fallfrage), Celle RR **03**, 135, Mü OLGR **97**, 10.
Ausdrucksweise: Eine Ablehnung ist begründet, soweit sich der Gutachter Kritik am Hauptgutachten im Ergänzungsgutachten als „rüpelhaft" oder „flegelhaft" bezeichnet, Köln MDR **02**, 53.
Ausschußwahl: Eine Ablehnung ist *unbegründet,* soweit man sie nur darauf stützen kann, der Sachverständige sei nach der Begutachtung in einen dieser Ausschuß gewählt worden, Düss BB **75**, 627.
S auch Rn 11 „Gutachterausschuß".
Beamter: Eine Ablehnung kann begründet sein, wenn der Sachverständige bei einer Partei als Beamter tätig 8 ist, soweit der Dienstzweig in Betracht kommt, BVerwG NJW **99**, 965 (Zugehörigkeit zur bescheiderteilenden Behörde. Bloße Nämlichkeit des Rechtsträgers reicht nicht), Hbg MDR **83**, 412, Mü MDR **02**, 292.
S auch Rn 5 „Angestellter", Rn 8 „Behörde".
Behörde: Eine Ablehnung der Behörde als solcher ist *unbegründet,* Ffm OLGR **98**, 381, Hamm RR **90**, 1471, Stgt RR **87**, 190.
S auch „Beamter".
Beleidigung: Eine Ablehnung kann begründet sein, wenn der Sachverständige einen Beteiligten grob beleidigt, BGH NJW **81**, 2010 (Arzt gegenüber Patient), Köln MDR **02**, 53, Oldb RR **00**, 1167 (gegenüber Privatgutachter).
S auch Rn 6 „Angriff".

Berater: Eine Ablehnung kann begründet sein, wenn der Sachverständige die Besichtigung wegen der Anwesenheit des technischen Beraters einer Partei ablehnt, solange er nicht stört, Düss MDR **79**, 409.
S auch Rn 17, 18 „Vorbereitung".
Beratung: § 42 Rn 19 „Beratung".
Besichtigung: Rn 17, 18 „Vorbereitung".
Beweisvereitelung: Eine Ablehnung kann begründet sein, soweit sich der Sachverständige auch gegenüber einer Beweisvereitelung einer Partei gleichgültig verhält, AG Kassel WoM **93**, 415.
Beweiswürdigung: Eine Ablehnung kann begründet sein, soweit der Sachverständige eine streitige Behauptung einfach als bewiesen würdigt, statt sie bloß als mit seiner Tatsachenklärung übereinstimmend festzustellen und die rechtliche Beweiswürdigung nach § 286 dem Gericht zu überlassen, Mü NJW **92**, 1569.
Chefarzt: Rn 6 „Arzt", Rn 11 „Haftpflichtversicherung".
9 **DEKRA:** Eine Ablehnung ist *unbegründet,* soweit man sie nur auf die Mitarbeit des Sachverständigen beim DEKRA stützen kann, Schlesw VersR **91**, 1196.
Dritter: Eine Ablehnung kann begründet sein, wenn der Sachverständige eine gleichartige Tätigkeit für einen Dritten ausgeübt hat, der dasselbe Interesse wie der Prozeßgegner hatte, Ffm NJW **83**, 581.
S auch Rn 14 „Schiedsrichter".
Einigung: Eine Einigung nach § 404 IV macht eine Ablehnung *unbegründet,* soweit man sie nur auf die bisher möglichen bzw bekannten Gründe stützen könnte.
Einseitigkeit: Eine Ablehnung kann begründet sein, wenn der Sachverständige offensichtlich einseitig vorgeht bzw Stellung nimmt, Köln VersR **92**, 255, auch nach Erstattung des Gutachtens, Hamm FamRZ **94**, 974. Indessen Vorsicht: Jeder neigt dazu, eine ungünstige Beurteilung als einseitig zu werten.
S freilich auch Rn 10 „Früheres Gutachten", Rn 11 „Gutachterausschuß".
Einwendung: Eine Ablehnung kann begründet sein, soweit der Sachverständige eine Einwendung gegen sein Gutachten pauschal abwertet, Zweibr VersR **98**, 1438.
Fachkunde: Eine Ablehnung kann beim völligen Fehlen der Fachkunde zur Beweisfrage begründet sein, Mü Rpfleger **80**, 303. Denn darauf muß der Sachverständige von sich aus schon nach § 407a I 1 hinweisen. Bei bloßem Zweifel gelten §§ 404, 411, 412.
Falsche Angaben: Eine Ablehnung kann begründet sein, wenn der Sachverständige falsche Angaben über die tatsächlichen Grundlagen seines Gutachtens macht, Ffm FamRZ **80**, 932.
Fehler: Eine Ablehnung ist *unbegründet,* soweit man sie nur auf eine Unzulänglichkeit oder Fehlerhaftigkeit des Gutachtens stützen kann, selbst wenn sie natürlich das Gutachten entwerten, Celle RR **03**, 135, Mü Rpfleger **80**, 303.
S auch Rn 14 „Sachkunde".
10 **Feindschaft, Freundschaft:** Eine Ablehnung kann begründet sein, wenn der Sachverständige mit einer Partei befreundet oder verfeindet ist, aM LSG Essen BB **98**, 376 (aber solche Gefühle sind gerade auch beim Richter kein Ablehnungsgrund, § 42 Rn 22 „Feindschaft, Freundschaft"). So können auch zB heftige Angriffe einer Partei gegenüber dem Sachverständigen diesem die Unbefangenheit nehmen.
Eine bewußte Reizung zu solchem Zweck ist aber selbst bei einer verständlich scharfen Reaktion des Sachverständigen *kein* Ablehnungsmittel, Düss BB **75**, 628, sondern als Rechtsmißbrauch unbeachtlich, Einl III 54.
Früheres Gutachten: Eine Ablehnung ist *unbegründet,* soweit man sie nur darauf stützen kann, daß schon ein Gegengutachten vorliege bzw daß der Sachverständige die Lage in einem anderen gleichliegenden Prozeß oder in der Vorinstanz ungünstig beurteilt habe, Köln MDR **90**, 1121, Mü VersR **94**, 704 (betr ein früheres Strafverfahren), Nürnb NJW **78**, 954 (betr eine frühere einstweilige Verfügung).
S freilich auch Rn 9 „Einseitigkeit".
Geldannahme: Eine Ablehnung ist begründet, soweit der Sachverständige vor oder nach dem Gutachten von einer Partei Geld usw annimmt, Hamm FamRZ **94**, 974.
11 **Gelegenheitstätigkeit:** Eine Ablehnung ist *unbegründet,* soweit man sie nur auf eine bloß gelegentliche oder nur in weitem Zeitabstand vorgenommene Tätigkeit des Sachverständigen für den Prozeßgegner stützen kann, BayObLG DB **87**, 2402.
Geschäftsbeziehung: Sie kann eine Ablehnung begründen, Celle OLGR **96**, 46, Mü MDR **98**, 858.
Gläubiger: Eine Ablehnung kann gegenüber dem Gläubiger einer Partei begründet sein (Fallfrage), Köln OLGR **00**, 16.
Gutachterausschuß: Eine Ablehnung ist *unbegründet,* soweit man sie nur darauf stützen kann, der Sachverständige habe den bei einer Partei (Gemeinde) gebildeten Gutachterausschuß ohne Zuziehung der anderen Partei bei der Vorbereitung befragt.
S aber auch Rn 7 „Ausschußwahl", Rn 9 „Einseitigkeit", Rn 17, 18 „Vorbereitung".
Haftpflichtversicherung: Eine Ablehnung kann begründet sein, wenn der Sachverständige für die Haftpflichtversicherung einer Partei tätig war oder ist. Ausnahmen sind denkbar, zB: Bei einem Einverständnis mit solcher Tätigkeit. Es ist als Verzicht auf das Ablehnungsrecht wertbar; bei einer ständigen Tätigkeit für fast sämtliche Versicherungsträger; bei einem vom Versicherer unabhängigen Chefarzt, Ffm RR **92**, 1470, Köln VersR **92**, 850.
Hausarzt: Rn 7 „Arzt".
Honorar: Eine Ablehnung kann begründet sein, soweit der Sachverständige eine gar überhöhte Honoraranforderung stellt. Freilich mag das auf bloßer Unkenntnis des nach dem JVEG Gesetzmäßigen bzw Üblichen beruhen. Eine Ablehnung kann ferner begründet sein, wenn der Sachverständige einen Zusatzauftrag nur der einen Partei gegen Zusatzhonorar annimmt, Düss MDR **05**, 474.
Kanzleigemeinschaft mit Prozeßbevollmächtigtem: Sie kann die Ablehnung begründen, Düss MDR **01**, 1262.
12 **Konkurrent:** S „Mitbewerber".

Titel 8. Beweis durch Sachverständige § **406**

Kontaktaufnahme: Eine Ablehnung kann begründet sein, soweit der Sachverständige mit nur einer der Parteien einen nicht offengelegten Kontakt aufgenommen hat, Saarbr MDR **05**, 233.

Lehrer, Schüler: Eine Ablehnung ist *unbegründet,* soweit man sie nur darauf stützen kann, ein früherer Schüler des Sachverständigen habe schon ein Gutachten erstattet, Schlesw SchlHA **79**, 23.

Mitarbeiter: Eine Ablehnung kann wegen des Mitarbeiters des Sachverständigen begründet sein, wenn sie auf die Unbefangenheit des Chefs durchschlägt, sonst aber *nicht,* Zweibr MDR **86**, 417.

Mitbewerber: Eine Ablehnung kann begründet sein, wenn der Sachverständige ein Mitbewerber einer Partei ist. Es kommt auf die Gesamtumstände an, ThP 3, ZöGre 8, großzügiger Mü MDR **89**, 828.

Obermeister: Rn 14 „Schiedsgutachter, Schiedsrichter".

Ortstermin: Rn 17, 18 „Vorbereitung".

Patentrecht: Eine Ablehnung ist *nicht stets* schon deshalb begründet, weil der Sachverständige im Nichtigkeitsverfahren für Schutzrechte eines Konkurrenten des Patentinhabers auf dem einschlägigen Gebiet als Erfinder bekannt ist, BGH GRUR **02**, 369. **13**

Privatgutachten: Eine Ablehnung ist grds begründet, wenn der Sachverständige in derselben Sache bereits ein Privatgutachten angeboten oder erstattet hatte, Düss RR **97**, 1428, Hamm MDR **00**, 49, Köln VersR **92**, 517, aM Kblz MDR **84**, 675, Mü MDR **89**, 828 (aber dergleichen kann auch einen Vertrauensvollen schrecken). Freilich kann man auf ein Ablehnungsrecht verzichtet haben, Köln VersR **93**, 1502. Die Bezeichnung eines nachträglich angekündigten Privatgutachtens, das der gerichtliche Gutachter nicht gesehen hat, als Gefälligkeitsgutachten kann zur Ablehnung führen, Zweibr NJW **98**, 913 (Vorsicht!).

Eine Ablehnung ist *unbegründet,* soweit man sie nur darauf stützen kann, es liege eine frühere gewerbliche oder wissenschaftliche Zusammenarbeit mit dem Privatgutachter des Prozeßgegners des Beweisführers vor, Celle RR **03**, 135, Ffm VersR **81**, 557, aM Köln VersR **93**, 72, ZöGre 8 (aber ein Vorgang vor 17 Jahren ist längst Vergangenheit).

Prozeßbevollmächtigter: Eine Ablehnung kann begründet sein, wenn es sich um die Beauftragung des ProzBev des Prozeßgegners des Beweisführers mit einer in die Prozeßmaterie fallenden Angelegenheit handelt, BGH DB **87**, 1089.

Prozeßgegner: Eine Ablehnung ist begründet, wenn der Sachverständige regelmäßig für den Prozeßgegner des Ablehnenden tätig war bzw ist, BayObLG DB **87**, 2402, oder wenn eine Äußerung des Sachverständigen den Schluß nahelegt, er schenke den Angaben des Gegners von vornherein mehr Glauben, Nürnb VersR **01**, 392.

Rechtliche Würdigung: Eine Ablehnung kann begründet sein, wenn der Sachverständige statt der Beantwortung der Beweisfrage eine Prüfung der Schlüssigkeit bzw Erheblichkeit des Parteivortrags vornimmt, Köln RR **87**, 1199. Freilich reichen bloße Rechtsausführungen meist nicht aus, Nürnb MDR **02**, 291. **14**

Sachkunde: Eine Ablehnung ist *unbegründet,* soweit man sie nur auf einen Mangel an Sachkunde des Sachverständigen stützen kann, Ffm FamRZ **80**, 932, Mü Rpfleger **80**, 303.

S auch Rn 9 „Fehler".

Sachverhalt: Eine Ablehnung kann bei Eindeutigkeit seiner bewußt einseitigen Behandlung begründet sein.

Eine Ablehnung ist *unbegründet,* soweit nur ein Fehler vorliegt, Rn 9 „Fehler", Celle RR **03**, 135.

Schiedsrichter: Eine Ablehnung kann nach §§ 1036, 1049 III begründet sein, zB dann, wenn der Sachverständige eine Tätigkeit als Schiedsrichter in einer anderen Sache gegenüber einem Dritten ausgeübt hat, aM Brschw MDR **90**, 730 (Schlichtungsstelle. Aber auch sie kann oft entscheiden), oder wenn ein Obermeister ein Innungsmitglied begutachten soll, LG Mönchengl NJW **76**, 1642.

Schüler: Rn 12 „Lehrer, Schüler".

Selbständiges Beweisverfahren: § 487 Rn 8.

Strafantrag: Rn 6 „Angriff".

Technischer Berater: Rn 8 „Berater". **15**

Terminsverlegung: Eine Ablehnung ist *unbegründet,* soweit der Sachverständige es ablehnt, einen Termin erstmals zu verlegen, LG Dessau DS **04**, 25, oder ihn nochmals zu verlegen, sei es auch wegen des Urlaubs einer Partei, LG Tüb MDR **95**, 960.

Tierarzt: Eine Ablehnung kann begründet sein, wenn der Sachverständige ein Tier, um das es geht, bereits als Tierarzt behandelt (hat), soweit die Zweckmäßigkeit seiner Maßnahme in Frage steht, also nicht schon auf Grund irgendeiner Behandlung, Köln VersR **92**, 518.

S auch Rn 7 „Arzt".

Untersuchung: Rn 17, 18 „Vorbereitung".

Verband, Verein: Vgl Rn 2. Die Mitgliedschaft in ihm macht selbst dann *nicht stets* befangen, wenn gewisse Annäherungen der Sachaufgaben des Gerichts und des Vereins vorhanden sind, Mü WettbR **00**, 268, AG Schwalbach FamRZ **02**, 470. Aber Vorsicht! **16**

Veröffentlichung: Eine Ablehnung kann begründet sein, wenn der Sachverständige eine einseitige einschlägige Veröffentlichung vorgenommen hat, LG Hbg WoM **89**, 439. Freilich ist in solchem Fall Vorsicht geboten. Der Sachverständige kann seine Meinung geändert haben oder ändern wollen. Es kommt darauf an, wie starr er an seiner Ansicht festhält, § 42 Rn 23.

Nicht begründet ist eine Ablehnung wegen allgemeiner Veröffentlichung wissenschaftlicher Ergebnisse, AG Bad Schwalbach FamRZ **02**, 470.

Versicherung: Rn 11 „Haftpflichtversicherung".

Verwandtschaft: Eine Ablehnung ist *unbegründet,* soweit man sie nur auf eine Verwandtschaft zwischen dem Sachverständigen und seinem Gehilfen stützen kann, solange dieser letztere keinen Einfluß auf den Inhalt des Gutachtens nimmt, Köln VersR **81**, 756.

Verwechslung: Eine Ablehnung kann begründet sein, wenn der Sachverständige eine folgenschwere Verwechslung beging, VGH Mü NJW **04**, 90.

Verzögerung: Sie begründet erst im Stadium der faktischen Verweigerung eine Ablehnbarkeit, Brdb FamRZ **01**, 1011. Die Grenzen fließen aber.

§ 406

17 **Vorbereitung:** Eine Ablehnung kann begründet sein, wenn der Sachverständige zu seiner Vorbereitung, etwa zu einer Besichtigung, entweder nur die eine der Parteien oder gar keine von ihnen ordnungsgemäß nach § 407a Rn 15 zugezogen hat, BGH NJW **75**, 1363, Jena MDR **00**, 169, Oldb DS **04**, 263, aM Köln NJW **92**, 1568 (Intimsphäre) (aber gerade dann muß man eine verständliche Empfindlichkeit des Ablehnenden zu seinen Gunsten mitberücksichtigen).

18 Es sind freilich manche *Ausnahmen* denkbar, zB in folgenden Fällen: Das Gericht hat eine Anweisung nach § 404a IV gegeben, dort Rn 8, etwa die Untersuchung des Klägers in Abwesenheit des beklagten Arztes, Köln NJW **92**, 1568, Stgt VersR **91**, 1305; es geht um eine Untersuchung im Intimbereich, Köln NJW **92**, 1568, Saarbr OLGZ **80**, 40 (Mundhöhle; wohl zu großzügig); bei einer Auskunft an einen Buchprüfer, Düss DB **86**, 1118; soweit sich der Sachverständige den zu begutachtenden Gegenstand von einer Partei in Abwesenheit der anderen hat übergeben lassen, Hbg MDR **86**, 153, Zweibr RR **01**, 1149, aM Ffm OLGR **97**, 306 (aber man kann praktische Hilfsanforderung auch allzu rasch beargwöhnen); soweit eine Beweisaufnahme sofort erfolgen muß, § 294 II, Nürnb MDR **77**, 849; soweit eine Partei bereits anderweitig Kenntnis vom Besichtigungstermin hatte Oldb MDR **78**, 1028, LG Aurich MDR **85**, 853, oder solche Kenntnis vom Augenscheinsobjekt hatte, LG Bre MDR **97**, 502; soweit der Sachverständige nur das Gericht fragt, ob er zur Lärmschutzmessung eine Partei nicht hinzuziehen müsse, Saarbr MDR **98**, 492; soweit der Sachverständige im vermutbaren Einverständnis des Gerichts handelte, Stgt MDR **03**, 172.

S auch Rn 6 „Anfrage", Rn 8 „Berater", Rn 9 „Falsche Angaben", Rn 11 „Gutachterausschuß".

Werbeschreiben: Eine Ablehnung ist *unbegründet,* soweit sie sich nur auf ein allgemeines Werbeschreiben des Sachverständigen stützt, LG Mönchengladb WoM **93**, 415.

19 **Wirtschaftliche Beziehungen:** Eine Ablehnung ist *unbegründet,* soweit man sie nur auf allgemeine wirtschaftliche Beziehungen des Sachverständigen zu einer Partei stützen kann, Mü MDR **98**, 858.

Wissenschaftliche Zusammenarbeit: Rn 13 „Privatgutachten".

20 **Zeugenaussage:** Eine Ablehnung ist *unbegründet,* soweit man sie nur darauf stützen kann, der Sachverständige habe früher in derselben Sache als noch dazu evtl sachverständiger Zeuge ausgesagt, ZöGre 9, aM Kahlke ZZP **94**, 60 (aber eine Tatsachenbekundung ist etwas anderes als eine spätere Tatsachenbewertung).

Zusammenarbeit: Rn 13 „Privatgutachten".

Zusatzvergütung: Eine Ablehnung kann begründet sein, wenn der Sachverständige eine private Zusatzvergütung annimmt. Zu ihr grds Hartmann Teil V Grdz 7 vor § 1 ZSEG.

21 **5) Ablehnungsantrag, II, III.** Die Vorschriften werden oft ungenau befolgt.

A. Vor Gutachten oder Vernehmung: Zweiwochenfrist, II 1. Die Partei muß einen Ablehnungsantrag bei demjenigen Richter anbringen, der den Sachverständigen ernannt hat, ThP 6, ZöGre 10, aM Köln MDR **77**, 57 (aber bei wem denn vernünftigerweise sonst?). Der Ablehnungsantrag ist also evtl beim Einzelrichter notwendig, §§ 348, 348a, 526, 527, 568, oder beim Vorsitzenden der Kammer für Handelssachen nach § 349 oder beim verordneten Richter im Fall des § 405. Es besteht kein Anwaltszwang, II 3, § 78 V Hs 2, VerfGH Mü RR **02**, 1501. Der Antrag ist eine Parteiprozeßhandlung, Grdz 47 vor § 128. Er ist erst nach der Ernennung des Sachverständigen zulässig, Schneider MDR **75**, 353. Man kann ihn grundsätzlich nicht unter einer Bedingung stellen, Grdz 54 vor § 128.

Er ist grundsätzlich nur bis zum *Beginn der Vernehmung* des Sachverständigen zur Sache zulässig, II 1, §§ 396, 402. Solange diese noch nicht begonnen hat, läuft eine zweiwöchige *Frist,* VGH Mü NJW **04**, 90. Sie beginnt mit gesetzmäßiger Verkündung oder Zustellung des Ernennungsbeschlusses, § 329 I, II, aber wegen § 189 auch bei formlosem Zugang, ZöGre 11, aM Köln VersR **94**, 1086 (zum alten Recht). Sie ist keine Notfrist, § 224 I 2. Daher kommt keine Wiedereinsetzung nach §§ 233 ff in Betracht. Auch § 296 ist unanwendbar. Eine Abkürzung oder Verlängerung ist nicht möglich. § 224 II Hs 2, da § 406 das nicht bestimmt.

22 Vielmehr kommt eine Ablehnung *nach* dem *Ablauf der Zweiwochenfrist* nur bei Schuldlosigkeit am Fristverstoß unter den Voraussetzungen nach II 2 in Betracht, Rn 23. Das gilt selbst dann, wenn die Vernehmung noch nicht begonnen hat. Bei einer schriftlichen Begutachtung nach § 411 ist die Ablehnung ebenfalls nur innerhalb der vorgenannten Zweiwochenfrist zulässig. Soweit allerdings das Gutachten vor dem Ablauf dieser Frist beim Gericht eingeht, ist die Ablehnung dennoch bis zum Fristablauf zulässig, ohne daß man die besonderen Gründe nach II 2 darlegen muß. Das ergibt sich aus dem klaren Wortlaut von II 1. Daher ist seine einengende Auslegung nicht möglich, auch nicht etwa dahin, die Ablehnung sei nur vor der Einreichung des Gutachtens statthaft. Eine Belehrung und eine Beeidigung des Sachverständigen hindern die Zulässigkeit eines Ablehnungsgesuchs nicht. Ebensowenig hindert die Einreichung eines nur vorbereitenden Gutachtens auf Anordnung des ersuchten Richters, §§ 361, 362.

23 **B. Nach Gutachten oder Vernehmung: nach dem Fristablauf, II 2.** Nach dem Beginn der Vernehmung nach §§ 396, 402 oder nach dem Ablauf der Zweiwochenfrist ist die Ablehnung nur dann zulässig, wenn die Partei nach § 294 glaubhaft macht, daß sie den Sachverständigen unverschuldet nicht früher ablehnen konnte. Das gilt etwa dann, wenn das Gutachten selber erst den Ablehnungsgrund ergibt, BGH NJW **05**, 1869, Köln VersR **89**, 210, evtl erst im höheren Rechtszug, Düss WertpMitt **70**, 1305, strenger Düss MDR **00**, 1335. Die Partei muß ihren Ablehnungsantrag aber nunmehr im Sinn von § 121 I 1 BGB unverzüglich nach Kenntnis des Ablehnungsgrundes einreichen, Brdb FamRZ **01**, 1011, Mü MDR **04**, 229 (je: ca 2 Wochen), Nürnb MDR **02**, 1269 (kein Abwarten eines Ergänzungsgutachtens), aM Schneider MDR **75**, 355 (erst nach einer ruhigen Klärung. Aber schuldloses Zögern reicht, wenn gar keine gewisse Zügigkeit vorliegt). Ein rügeloses Verhandeln zum Beweisergebnis nach §§ 279 III, 285 führt ebenfalls zum Verlust des Ablehnungsrechts, Düss MDR **94**, 620, ZöGre 12, aM MüKoDa 7 (aber schon II 2 zeigt die Verlustmöglichkeit). Eine Auswertung und Abstimmung mit dem ProzBev ist aber erlaubt, Nürnb VersR **01**, 392.

Titel 8. Beweis durch Sachverständige **§ 406**

Man darf der Partei *Postlaufzeiten* zugutehalten, Nürnb VersR **01**, 392. Die Partei darf aber ihren **24** Ablehnungsantrag nach der gesetzlichen Zweiwochenfrist nun auch nicht mehr nach dem Ablauf einer etwa zusätzlich vom Gericht gewährten Frist zur Stellungnahme zum Gutachten stellen, BGH NJW **05**, 1869, Ffm OLGR **95**, 139, Kblz RR **99**, 72, aM BayObLG **94**, 187 (aber Fristablauf bleibt Fristablauf. Fristen muß man stets streng einhalten. Wie lange soll das Ablehnungsverfahren noch den Prozeß verzögern?). Man darf den Ablehnungsantrag erst recht nicht noch Wochen nach einer solchen Stellungnahme stellen, Celle MDR **04**, 709 (7 Wochen), Ffm MDR **89**, 745. Ein Verlust des Ablehnungsrechts gilt bei solchem Fristablauf wegen der bisherigen Gründe für alle Instanzen, § 230, BayObLG FamRZ **86**, 830, ZöGre 12, aM StJL 21 (aber schon II 2 zeigt die Verlustmöglichkeit). Denn nicht erst der Schluß der mündlichen Verhandlung hat den Verlust herbeigeführt. Wenn es zweckmäßig ist, zum Gutachten eine Stellungnahme einzuholen, darf man diese abwarten. Eine Ablehnung auf Verdacht ist unzulässig. Bei einer Einigung auf eine bestimmte Person nach § 404 IV entscheidet der Zeitpunkt der Einigung.

Die Partei verliert das Ablehnungsrecht, wenn sie nicht zeitig sorgfältige *Erkundigungen* nach der Person **25** und dem Verfahren des Sachverständigen eingezogen hat, Oldb MDR **78**, 1028, aM Schneider MDR **75**, 354 (schädlich sei nur eine positive Kenntnis des Ablehnungsgrunds. Aber der Fall liegt hier anders als beim Richter: schon die Förderungspflicht der Partei nach Grdz 12 vor § 128 verlangt eine Erkundigung). Auch nach dem Verlust des Ablehnungsrechts kann die Partei alle Ablehnungsgründe in der mündlichen Verhandlung vorbringen. Das Gericht muß sie bei der Beweiswürdigung dann allerdings „nur" nach § 286 berücksichtigen, dort freilich sehr wohl, BGH NJW **81**, 2010. Das Gericht muß notfalls einen neuen Sachverständigen hören, soweit es nicht schon über die Ablehnung sachlich entschieden hat. Eine Sachverhandlung führt zum Verlust der bis dahin bekannten Ablehnungsgründe wie beim Richter nach § 43.

Wenn das Gericht ein *zweites* Gutachten desselben Sachverständigen nach § 286 Rn 53 einfordert, muß es **26** den Verlust des Ablehnungsrechts erneut prüfen. Etwas anderes gilt, wenn der Sachverständige nur sein früheres Gutachten nach § 411 III erläutern soll. Sonst könnte eine Partei ein ihr ungünstiges Gutachten leicht ausschalten. Unter den Voraussetzungen II 2 ist die Ablehnung auch nach dem Erlaß des Berufungsurteils bis zu seiner Rechtskraft zulässig, MüKoDa 7, ThP 7, aM ZöGre 10 (aber es kommt nach II 2 nur auf das Ende einer Verhinderung an). Die Ablehnung des Sachverständigen ist im nachfolgenden Hauptsacheprozeß auch dann zulässig, wenn der Ablehnende die Ablehnungsgründe schon vor der Einbringung des Gutachtens im selbständigen Beweisverfahren kannte § 487 Rn 8, aM Ffm MDR **85**, 853 (aber dann könnte man die Wirkung des selbständigen Beweisverfahrens entscheidend schwächen). Dasselbe gilt, wenn der Ablehnende die Ablehnungsgründe schon im nur vorprozessualen Erhöhungsverfahren nach § 558 BGB kannte, AG Freibg WoM **87**, 266.

C. Glaubhaftmachung, III. Die Partei muß ihr Ablehnungsgesuch nach § 294 glaubhaft machen. Sie **27** darf das aber nicht durch eine eidesstattliche Versicherung tun. Ein Antrag auf eine Befragung des Sachverständigen kann genügen, § 44 II 2 entsprechend, Bbg FamRZ **93**, 1097, ZöGre 11, aM MüKoDa 10, 18 (aber der Sachverständige steht dann unter erhöhter Wahrheitspflicht). Ein Verstoß führt zur Unzulässigkeit des Antrags, LG Gött RR **88**, 695.

6) Weiteres Verfahren, IV. Das Gericht sollte exakt vorgehen. **28**

A. Anhörung. Sie ist wie stets nur insoweit nötig, als einem Beteiligten sonst ein Nachteil drohen könnte, Art 103 I GG. Das Verfahren erfolgt bei freigestellter mündlicher Verhandlung, § 128 IV. Sie geschieht durch das Prozeßgericht, BayObLG **97**, 144, oder den Einzelrichter, §§ 348, 348 a, 526, 527, 568, außer in denjenigen Fällen, in denen der verordnete Richter den Sachverständigen ernannt hat, § 405 S 2, aM Schneider DRiZ **77**, 14 (die Entscheidung erfolge stets durch das Prozeßgericht. Aber § 400 gilt ziemlich umfassend). Wenn der Rechtsstreit in der höheren Instanz anhängig ist, erfolgt die Entscheidung durch jenes Gericht, BayObLG FamRZ **98**, 1241. Der Prozeßgegner des Ablehnenden ist nicht beteiligt. Das Gericht braucht ihn daher nicht anzuhören, Mü AnwBl **87**, 288.
Eine *Anhörung des Sachverständigen* ist grundsätzlich unnötig, Düss MDR **94**, 1050, Mü Rpfleger **81**, 73, Schlesw SchlHA **79**, 23, aM Kblz NJW **77**, 395, ThP 8 (aber eine dem § 44 III entsprechende Vorschrift fehlt). Freilich können Artt 2 I, 20 III GG (Rpfl) BVerfG **101**, 404, Art 103 I GG (Richter) eine Anhörung erforderlich machen. Das gilt allerdings erst vor der Entscheidung über den Entschädigungsanspruch und nur vor der hierüber entscheidenden Stelle, aM Karlsr OLGZ **84**, 105), ZöV § 44 Rn 4 (aber der Sachverständige ist nicht Partei). Das Gericht muß eine etwaige Stellungnahme des Sachverständigen prüfen. Sie kann einen neuen Ablehnungsgrund ergeben. Zu seiner etwaigen Stellungnahme muß das Gericht die ablehnende Partei hören, Kblz VersR **77**, 231. Bis zur Entscheidung über den Ablehnungsantrag dürfen die Partei die Einlassung zur Sache nicht verweigern, § 137 Rn 13, und darf das Gericht das Gutachten nicht verwerten, Düss JZ **77**, 565.

B. Beschluß. Die Entscheidung erfordert einen gesonderten Beschluß, IV, § 329, BFH BB **87**, 1593, **29** Brdb FamRZ **02**, 976, Ffm OLGR **99**, 381 (nicht im sog Bestellungsbeschluß). Das Gericht sollte ihn baldmöglichst nach dem Eingang des Gesuchs treffen, BSG MDR **96**, 94, BayObLG **94**, 267, Schlesw SchlHA **82**, 30. Es muß seinen Beschluß grundsätzlich begründen, § 329 Rn 4. Es teilt ihn dann, wenn es dem Ablehnungsantrag stattgibt, den Parteien formlos mit, § 329 II 1. Wenn es ihn aber zurückweist, muß es ihn dem Antragsteller förmlich zustellen, § 329 III. Die Entscheidung liegt nicht schon in der Vernehmung des Sachverständigen. Ein Stillschweigen ist kein Beschluß.

C. Verhältnis zur Sachentscheidung. Eine Entscheidung erst in den Gründen der Sachentscheidung ist **30** unzulässig, Brdb FamRZ **02**, 976, Schlesw MDR **01**, 711, BSG MDR **96**, 94. Das gilt auch dann, wenn das Gericht das Gesuch zwar für unzulässig hält, aber sogar für rechtsmißbräuchlich, BayObLG FamRZ **88**, 213. Sie kann einen Verstoß gegen Art 103 I GG bedeuten, BayObLG FamRZ **88**, 213. Sie läßt sich auch nicht in einen versteckten Beschluß umdeuten, aM ThP 10 (aber eine solche Entscheidung erfordert eine klare Form). Sie führt grundsätzlich bei einer Entscheidungserheblichkeit zur Aufhebung und auf Antrag evtl zur Zurückverweisung, § 538, BFH DB **87**, 1404, BSG MDR **96**, 94, Schlesw MDR **01**, 711. Dieselbe

§§ 406, 407

Rechtsfolge gilt, wenn der Beschluß unterbleibt oder dem Urteil erst nachfolgt, BGG MDR **76**, 83. Vgl freilich Rn 31.

Nach *Zurückweisung* des Ablehnungsantrags ist die bisherige Ablehnungsbegründung unbeachtlich. Eine neue Ablehnung auf Grund neuer Erwägungen ist natürlich denkbar. Im übrigen kann das Gericht nach §§ 286, 412 von sich aus oder auf Antrag einen weiten Sachverständigen hinzuziehen. Das Gericht sollte das zumindest bei verbliebenen Zweifeln auch tun, BSG NJW **93**, 3022. Der Richter, der einen nur ihm bekannten Ablehnungsgrund nicht mitbeachtet, kann selbst nunmehr ablehnbar sein, zumindest wegen Verstoßes gegen Art 103 I GG, BSG MDR **99**, 955.

Nach *Stattgabe* darf das Gericht das Gutachten des Abgelehnten nicht mehr verwerten. Es muß dann evtl einen anderen Sachverständigen beauftragen. Wegen der Vergütung des Abgelehnten § 413 Rn 3. Er mag als sachverständiger Zeuge infrage kommen, § 414 Rn 4.

31   **D. Einzelfragen.** Eine Zurückverweisung erfolgt freilich nur durch das Berufungsgericht, § 538, Düss JZ **77**, 565. Sie erfolgt nur dann, falls die Partei ihren Ablehnungsantrag form- und fristgemäß gestellt hatte, BayObLG Rpfleger **82**, 434. Ein Verfahrensmangel kann im Rechtsmittelzug heilen und eine Zurückverweisung erübrigen, Karlsr OLGZ **84**, 105. In der Revisionsinstanz erfolgt keine diesbezügliche Aufhebung, BGH NJW **79**, 720, aM BSG MDR **96**, 94.

Gebühren: Keine, (jetzt) § 19 I Z 3 RVG, Brdb MDR **02**, 1092 (daher keine Kostenentscheidung).

32   **7) Rechtsbehelfe, V.** Es kommt auf die Entscheidungsrichtung an.

A. Gegen stattgebende Entscheidung. Der Beschluß, der dem Ablehnungsantrag stattgibt, ist unanfechtbar, Düss JZ **77**, 565, Mü AnwBl **87**, 288. Das gilt auch dann, wenn ihn der verordnete Richter im Rahmen seiner Zuständigkeit erlassen hat, §§ 361, 362, 405. Es gilt unabhängig davon, ob die Ablehnung unzulässig oder unbegründet war, LG Gött RR **88**, 494. Es gilt auch im selbständigen Beweisverfahren, § 487 Rn 12. Ausnahmen von der Unanfechtbarkeit können bei einem Verstoß gegen Artt 2 I, 20 III GG (Rpfl), BVerfG **101**, 404, Art 103 I GG (Richter) oder bei Willkür vorliegen, Einl III 54, LG Gött RR **88**, 494. Wegen der Urteilsgründe Rn 35. Der Sachverständige verliert den Entschädigungsanspruch nur aus den in § 413 Rn 1, 2 genannten Gründen, Kblz BB **88**, 1490.

33   **B. Gegen Zurückweisung des Ablehnungsantrags.** Gegen den Beschluß, der den Ablehnungsantrag als unzulässig oder unbegründet zurückweist, hat der Ablehnende die sofortige Beschwerde nach § 567 I Z 2 ohne eine aufschiebende Wirkung, (jetzt) § 570 I, BayObLG **97**, 144, Düss JZ **77**, 565, Ffm MDR **84**, 323. Es sind dann auch neue Ablehnungsgründe zulässig, Saarbr MDR **05**, 233. Das gilt auch im Arbeitsgerichtsverfahren, LAG Hamm MDR **86**, 787. Für sie besteht Anwaltszwang, § 78 Rn 2. Eine weitere Verhandlung oder gar ein Urteil sind wegen (jetzt) § 570 I zwar nicht rechtsfehlerhaft, BFH BB **79**, 412. Sie sollten aber nur bei einer offenbar aussichtslosen Beschwerde ergehen. Die Anfechtung nur zusammen mit derjenigen des Endurteils erfolgt aber dann, wenn das Gericht nach Rn 29, 30 fälschlich nicht besonders entschieden hat, Brdb FamRZ **02**, 976. Wenn der verordnete Richter nach §§ 361, 362 entschieden hat, kann die Partei das Kollegium nach § 573 I 1 nur bei einer Zurückweisung des Gesuchs anrufen.

34   Gegen den erstinstanzlichen Beschluß, in dem das Gericht zugleich mit der Zurückweisung des Ablehnungsantrags eine *Wertfestsetzung* nach § 74 a V 1 ZVG vorgenommen hat, ist nach § 74 a V 3 Hs 1 ZVG eine sofortige Beschwerde statthaft. Eine weitere Beschwerde ist grundsätzlich ausgeschlossen, § 74 a V 3 Hs 2 ZVG, Kblz Rpfleger **92**, 170, Zweibr RR **02**, 1507. Eine Ausnahme kann im FGG-Verfahren nach ihrer Zulassung gelten, BayObLG FamRZ **04**, 137. Eine Rechtsbeschwerde kommt unter den Voraussetzungen des § 574 in Betracht, Köln FGPrax **05**, 206, Zweibr RR **02**, 1507. In einer Familiensache nach §§ 606 ff entscheidet das OLG, Ffm FamRZ **86**, 1021 (zustm Bosch, der eine gesetzliche Klarstellung anregt).

35   **8) VwGO:** Entsprechend anwendbar, § 98 *VwGO*, BVerwG NVwZ **98**, 635 mwN, VGH Mü NVwZ **01**, 207, VGH Kassel NVwZ **00**, 211, VGH Mannh Just **98**, 89. Die Ablehnungsgründe, I, werden durch § 54 II u III *VwGO* ergänzt, BVerwG aaO; „Mitwirkung" iSv § 54 II *VwGO* ist der zur Ablehnung als Sachverständige, oben Rn 3, BVerwG aaO mwN. Rechtsmittel gegen einen zurückweisenden Beschluß des VG, V, ist die Beschwerde nach §§ 146 ff *VwGO*, sofern sie nicht schlechthin ausgeschlossen ist, vgl § 252 Rn 8, VGH Mannh Just **98**, 87, OVG Lüneb NdsRpfl **97**, 293. Zur Ablehnung wegen der Zugehörigkeit zu einem auf Grund eines Gesetzes berufenen Gutachterausschuß vgl VGH Mannh NJW **69**, 524, zur Ablehnung eines im Dienst der Beklagten stehenden Beamten vgl OVG Lüneb NdsRpfl **85**, 285, OVG Bln NJW **70**, 1390 (keine Befangenheit schlechthin), zur Ablehnung des Leiters eines der im Deutschen Handwerks-Institut zusammengeschlossenen Institute VG Darmstadt GewArch **90**, 251 (krit Delventhal). Zur entspr Anwendung des § 47 s BVerwG Buchholz 303 § 47 Nr 1.

407   **Pflicht zur Erstattung des Gutachtens.**[1] Der zum Sachverständigen Ernannte hat der Ernennung Folge zu leisten, wenn er zur Erstattung von Gutachten der erforderten Art öffentlich bestellt ist oder wenn er die Wissenschaft, die Kunst oder das Gewerbe, deren Kenntnis Voraussetzung der Begutachtung ist, öffentlich zum Erwerb ausübt oder wenn er zur Ausübung derselben öffentlich bestellt oder ermächtigt ist.

II Zur Erstattung des Gutachtens ist auch derjenige verpflichtet, der sich hierzu vor Gericht bereit erklärt hat.

1   **1) Systematik, I, II.** Der Sachverständige ist vertretbar. Das gilt im Gegensatz zum Zeugen, auch zum sachverständigen Zeugen des § 414, Üb 6 vor § 402. Darum besteht grundsätzlich keine Pflicht zur Begutachtung. Der Ernannte kann grundsätzlich die Tätigkeit unbedingt und ohne Angabe von Gründen ablehnen. Die Vorschrift schränkt diese Freiheit in ihrem persönlichen Geltungsbereich ein. Freilich bleiben die Weigerungsbefugnisse nach § 408 unberührt.

2   **2) Regelungszweck, I, II.** Die Vorschrift dient der Sicherstellung fachkundiger Hilfe für das Gericht. Damit dient sie der Gerechtigkeit, Einl III 36. Wegen dieses Hauptziels des Zivilprozesses ist sie selbst bei

Titel 8. Beweis durch Sachverständige §§ 407, 407a

Annahme eines formellen Ausnahmecharakters weit auslegbar. Bei Annahme eines zweiten Grundsatzes darf man sie erst recht so behandeln.
Überlastung ist das Schicksal des Tüchtigen. Man muß sie respektieren. Aber sie darf nicht zur Versagung der Hilfe führen. Das gilt auch bei nur mäßiger Honorierungsmöglichkeit nach dem JVEG. Alle Prozeßbeteiligten brauchen ein jahrelanges Warten auf ein Gutachten nur im äußersten Notfall hinzunehmen. Das darf und muß auch das Gericht verdeutlichen. Freilich darf dann auch seine eigene Verfahrensführung nicht wegen Überlastung ebensolange dauern. Der Richter kann erfahrungsgemäß durch einen Appell an den Sachverständigen etwa am Telefon oder in einem ganz bewußt nichtamtlichen Schreibstil manchmal eine überraschende Bereitschaft zur Einsicht in die Übernahmepflicht trotz hoher Belastung erreichen. Auch mag ein Hinweis darauf erlaubt sein, daß ständige Versuche der Verweigerung eines Gutachtens Folgen für die weitere Bestallung als Sachverständiger haben können.

3) Geltungsbereich: Begutachtungspflicht, I, II. Die Vorschrift gilt nur gegenüber einem im Inland ansässigen Sachverständigen, Hau DS **04**, 128. Man ist in jedem der folgenden Fällen verpflichtet.   3

A. Öffentliche Bestellung als Sachverständiger, I. Zur Tätigkeit für das Gericht ist zunächst derjenige verpflichtet, der für Gutachten der betreffenden Art öffentlich bestellt ist. Das gilt natürlich nur für solche Gutachten, § 404 Rn 6, Saarbr Rpfleger **88**, 166. Zur öffentlichen Bestellung sind Bundes- wie Landesbehörden berechtigt, zB eine Industrie- bzw Handels- oder Handwerkskammer. Sie führen Listen der Bestellten und erteilen darüber Auskunft, evtl nur gegen Gebühren (sogar Vorauszahlungspflicht). Diese Gebühren können als sog Vorbereitungskosten Teil der Prozeßkosten werden, § 91 Rn 270 ff. Wegen der Pflicht des Gutachterausschusses § 193 I BauGB. Es sind angesichts so mancher Erscheinung auch des öffentlichen Lebens hohe Anforderungen an die Fairneß, Korrektheit und persönliche Untadeligkeit wünschenswert, OVG Münst NJW **87**, 513.

B. Öffentliche Ausübung der Wissenschaft usw zum Erwerb, I. Zur Tätigkeit für das Gericht ist ferner derjenige verpflichtet, der die zum Gutachten nötige Wissenschaft, Kunst oder Gewerbetätigkeit öffentlich zwecks Erwerbs ausübt, dh der Allgemeinheit gegenüber. Das gilt unabhängig davon, ob es für eigene oder fremde Rechnung mit oder ohne Bestellung oder Ermächtigung geschieht. Gewerbe ist hier jede dauernde Erwerbstätigkeit in Handel, Industrie, Landwirtschaft, freiem Beruf, zB als Arzt, Arbeitnehmer, Schriftsteller.   4

C. Öffentliche Bestellung als Wissenschaftler usw, I. Zur Tätigkeit für das Gericht ist ferner derjenige verpflichtet, der zur Ausübung einer in Rn 4 genannten Tätigkeit öffentlich bestellt oder ermächtigt ist, solange er sie noch grundsätzlich ausübt, also nicht mehr nach Pensionierung. Eine Bestellung liegt in einer Zulassung zB des Anwalts oder Arztes. Natürlich muß zur Bestellung die etwa gesetzlich erforderliche Erlaubnis hinzutreten, sei es eine generelle, sei es eine für den Einzelfall erteilte, etwa gegenüber einem beamteten Wissenschaftler usw.   5

D. Bereiterklärung, II. Zur Tätigkeit für das Gericht ist schließlich derjenige verpflichtet, der sich vor Gericht dazu bereit erklärt hat, II, sei es allgemein für Gutachten bestimmter Art oder im Einzelfall. Die Erklärung kann auch stillschweigend durch die Entgegennahme des Auftrags bzw durch ein Erscheinen und das Unterlassen einer im Sinn von § 121 I 1 BGB unverzüglichen Ablehnung der Tätigkeit erfolgt sein. Sie kann auch vor dem verordneten Richter abgegeben werden. In Betracht kommt zB ein Mitarbeiter des Leiters, Köln MDR **82**, 677.   6
Abhängigkeit von höherer Bezahlung nach § 13 JVEG kann einer Erklärung den Charakter nach II nehmen. Andernfalls bleibt es aber bei einer Gutachtenspflicht auch zum Entschädigungssatz nur nach (jetzt) §§ 8, 9 JVEG, Mü FamRZ **02**, 412.

4) Verstoß, I, II. Zunächst muß man prüfen, ob nicht ein Weigerungsgrund nach § 408 vorliegt. Ferner kommt eine Selbstablehnung in Betracht. Liegt dennoch ein Verstoß vor, so gelten §§ 409, 411 II, 413, dort Rn 3.   7

5) *VwGO*: Entsprechend anwendbar, § 98 VwGO, VGH Mü NVwZ-RR **96**, 329.   8

407a
Weitere Pflichten des Sachverständigen. I 1 Der Sachverständige hat unverzüglich zu prüfen, ob der Auftrag in sein Fachgebiet fällt und ohne die Hinzuziehung weiterer Sachverständiger erledigt werden kann. 2 Ist das nicht der Fall, so hat der Sachverständige das Gericht unverzüglich zu verständigen.

II 1 Der Sachverständige ist nicht befugt, den Auftrag auf einen anderen zu übertragen. 2 Soweit er sich der Mitarbeit einer anderen Person bedient, hat er diese namhaft zu machen und den Umfang ihrer Tätigkeit anzugeben, falls es sich nicht um Hilfsdienste von untergeordneter Bedeutung handelt.

III 1 Hat der Sachverständige Zweifel an Inhalt und Umfang des Auftrages, so hat er unverzüglich eine Klärung durch das Gericht herbeizuführen. 2 Erwachsen voraussichtlich Kosten, die erkennbar außer Verhältnis zum Wert des Streitgegenstandes stehen oder einen angeforderten Kostenvorschuss erheblich übersteigen, so hat der Sachverständige rechtzeitig hierauf hinzuweisen.

IV 1 Der Sachverständige hat auf Verlangen des Gerichts die Akten und sonstige für die Begutachtung beigezogene Unterlagen sowie Untersuchungsergebnisse unverzüglich herauszugeben oder mitzuteilen. 2 Kommt er dieser Pflicht nicht nach, so ordnet das Gericht die Herausgabe an.

V Das Gericht soll den Sachverständigen auf seine Pflichten hinweisen.

Schrifttum: *Tratz*, Die zivilprozessuale Bedeutung der Regeln der Technik, 2001.

§ 407a

Gliederung

1) Systematik, Regelungszweck, I–V	1	C. Hinzuziehung der Parteien	15
2) Geltungsbereich, I–V	2	D. Zutritt Dritter	16
3) Prüfung der Fachkundigkeit usw, I ...	3	E. Keine Verhandlung usw	17
4) Keine Übertragungsbefugnis; Angabe der Hilfspersonen, II	4–9	F. Offenlegung der Tatsachen	18
A. Begriffe	4	G. Weitere Folgen	19
B. Klinikleiter usw	5–7	6) Unverhältnismäßigkeit der Kosten, III	20
C. Auswahl und Anleitung der Hilfskräfte	8	7) Herausgabe der Akten usw, IV	21
D. Parteianhörung	9	8) Hinweispflicht des Gerichts, V	22
5) Zweifel des Sachverständigen, III	10–19	9) Rechtsbehelfe, I–V	23
A. Ermittlungen des Sachverständigen ...	11	10) *VwGO*	24
B. Persönliche Pflichten	12–14		

1 **1) Systematik, Regelungszweck, I–V.** Vgl Üb 2 vor § 402, § 404 a Rn 1, 2.

2 **2) Geltungsbereich, I–V.** Vgl Üb 3 vor § 402.

3 **3) Prüfung der Fachkundigkeit usw, I.** Die Vorschrift besagt etwas an sich Selbstverständliches. Indessen hat die Praxis insoweit vielfache Probleme gebracht. Diese soll I und auch II eingrenzen. Hauptproblem ist die Pflicht des Sachverständigen, das Gutachten persönlich zu erarbeiten oder doch zu erstellen, BVerwG NJW **84**, 2645, Ffm MDR **83**, 849, und jedenfalls persönlich in jeder Beziehung allein zu verantworten, wie es sich aus II ergibt, Rn 4 ff. Aber auch die Fachkunde kann so geartet und begrenzt sein, daß der Sachverständige nur unter Hinzuziehung solcher anderen Fachleute auftragsgemäß arbeiten könnte, die er nicht ohnehin nach II wegen untergeordneter Hilfsdienste einsetzen darf.

Im Zweifel ist der Sachverständige zu einer im Sinn von § 121 I 1 BGB *unverzüglichen Verständigung* des Gerichts verpflichtet. Er muß daher eine Überlastung und die voraussichtliche Wartezeit unverzüglich mitteilen und abwarten, ob er trotzdem tätig werden soll. Er darf das Gericht über solche Punkte keineswegs erst nach seiner Einarbeitung in die Akten verständigen, wenn er die Grenzen seiner Möglichkeiten schon alsbald nach Beginn des Aktenstudiums erkennt. Noch weniger darf er seine Bedenken usw erst nach Erstattung des Gutachtens mitteilen. Denn er muß dazu beitragen, daß aus dem Vertrauen des Beweisführers bzw des Gerichts auf seine Fachkunde nicht eine böse Verteuerung und Verzögerung der Beweisaufnahme wegen der Notwendigkeit entsteht, doch noch einen anderen Sachverständigen hinzuzuziehen.

4 **4) Keine Übertragungsbefugnis; Angabe der Hilfspersonen, II.** Die Vorschrift zieht dem Sachverständigen harte Grenzen. Sie lassen sich in der Praxis oft schwer nachziehen. Die moderne Wissenschaft ist so arbeitsteilig, daß gerade die besten Fachleute oft überhaupt nicht ohne einen ganzen Stab von Mitarbeitern auskommen. Diese sind ihrerseits hochkarätige Fachleute. Sie haben evtl schon urheberrechtlich Ansprüche, die sie zu mehr als bloßen „Hilfsdiensten von untergeordneter Bedeutung" machen.

A. Begriffe. II unterscheidet daher allzu fein zwischen der nach S 1 schlechthin unbefugten „Übertragung" und dem nach S 2 Hs 1 erlaubten „Sich-der-Mitarbeit-Bedienen" sowie dem nach S 2 Hs 2 erst recht erlaubten Einsatz der „Hilfsdienste untergeordneter Bedeutung". Die Abgrenzung ist schwierig, Schikora MDR **02**, 1034. Sie erfordert im Einzelfall behutsame Abwägung.

5 **B. Klinikleiter usw,** dazu *Ehlers,* Medizinisches Gutachten im Prozess, 3. Aufl 2005: Der Universitätsprofessor, der die erforderlichen Röntgenaufnahmen von einer hochqualifizierten Schwester, deren Vor-Begutachtung vom jungen Stationsarzt und den Text des Gutachtens von seinem habilitierten langjährigen Oberarzt anfertigen läßt, um das Gutachten dann nach kurzer abschließender Erörterung im Kollegenkreis zu unterzeichnen und vom ja scheinbar Oberarzt gegenzeichnen zu lassen, würde ohne die Auslegung nach Rn 6 wegen II 1 am Rande des Erlaubten handeln. Er überschreitet auf solche Weise ja scheinbar seine Befugnisse, wenn schon die Entscheidung über die zu durchleuchtende Ebene, die zugehörige Vor- oder Nachuntersuchung, gar die Durchsicht der Literatur doch sehr auch davon mitabhingen, wieviel Zeit er selbst für diese Arbeiten zur Verfügung stellen sollte.

Entsprechend liegt es überall dort, wo *Teams* am Werk sind, von Meinungsumfrageinstituten über den Technischen Überwachungsverein bis hin zur Arbeitsgemeinschaft eines Industrie- oder Bürgerverbandes. Man kann II nur im Zusammenhang mit III und mit § 404 a richtig auslegen. Das Gericht muß seinerseits zwar hilfreich bereitstehen. Es darf aber nicht allzu ängstlich oder kleinlich sein. Nur vertrauensvolle Überlassung der Aufgabe und vertrauensvolle Bereitschaft zu Rückfragen beiderseits können Klima und Offenheit schaffen, wie sie gerade beim Sachverständigenbeweis für alle Prozeßbeteiligten unentbehrlich sind.

6 Wird ein *Klinikleiter* angeschrieben, so wünscht das Gericht im allgemeinen dessen persönliche Stellungnahme und Verantwortung. Es muß ihm aber im Zweifel trotz Rn 5 doch wohl überlassen bleiben, inwieweit er Hilfspersonen zuzieht. Denn das ist oft praktisch unvermeidbar, BVerwG NVerwZ **93**, 771 Ffm VersR **94**, 610, Pieper ZZP **84**, 23. Solche Hinzuziehung ist daher bei vernünftiger Auslegung trotz II 1 grundsätzlich zulässig, soweit die Hilfspersonen geeignet sind und zuverlässig sind und der Sachverständige die volle zivil- und strafrechtliche Verantwortung behält, BGH NJW **85**, 1399, BSG VersR **90**, 992 (unzureichend wäre der bloße Vermerk „einverstanden"), BVerwG NVerwZ **93**, 771, BayObLG NJW **03**, 219, Kblz NVersZ **02**, 315 („einverstanden aufgrund eigener Untersuchung und Beurteilung" reicht aus), Ffm VersR **04**, 1122 (unzureichend wäre die bloße Unterzeichnung).

7 Allerdings muß das Gericht im Beweisbeschluß wenigstens *klarstellen, wem* es den (Haupt-)Auftrag in erster Linie erteilt, LSG Essen NJW **83**, 360. Im übrigen kann die Zuziehung solcher Hilfspersonen im Einzelfall bedenklich sein, etwa bei einem psychiatrischen Gutachten wegen der persönlichen Begegnung und Exploration, BSG NZS **04**, 560. Ein Verstoß kann dann zur Ablehnbarkeit zwar nicht des Mitarbeiters, wohl aber des Sachverständigen persönlich nach § 406 sowie zur Gefahr eines Verstoßes gegen § 410 und im

Titel 8. Beweis durch Sachverständige §

übrigen zur Unverwertbarkeit des Gutachtens führen, BGH BB **90**, 2435, Ffm MDR **83**, 849, MDR **86**, 417. Jedenfalls reicht die etwa nach § 411 III erfolgte Erläuterung nur durch einen Mitarbeiter als Gutachter im Zweifel nicht aus. Der Gutachter muß sich nach Erhalt der Ladung dazu kundig machen. Freilich ist ein Mangel heilbar, § 295, Zweibr RR **99**, 1368.

C. Auswahl und Anleitung der Hilfskräfte. Der Sachverständige hat zumindest die Pflicht, seine **8** Hilfskräfte sorgfältig auszuwählen, anzuleiten, zu überwachen und fortzubilden, Bleutge NJW **85**, 1191. Er hat auch die Pflicht, den Umfang der Tätigkeit der Hilfspersonen im Gutachten darzulegen und ihrer Ansicht ausdrücklich zuzustimmen, Zweibr VersR **00**, 606, Ffm Rpfleger **77**, 382, strenger BSG NJW **85**, 1422. Der Sachverständige muß außerdem mindestens auf Befragen eines Prozeßbeteiligten dem Gericht angeben, welche Ausbildung seine Hilfskräfte erhalten haben, Ffm FamRZ **81**, 485. Das Gericht kann Teamarbeit anordnen oder vorschlagen. Es muß aber völlig klarstellen, wer neben oder vor dem anderen verantwortlich sein soll. Der Sachverständige darf keineswegs von sich aus die Erstellung bzw Unterzeichnung ganz einem Mitarbeiter usw überlassen, BGH NJW **85**, 1400.

D. Parteianhörung. Eine Anhörung der Partei vor der Ernennung des Sachverständigen ist nicht **9** vorgeschrieben. Sie ist aber wegen des etwaigen Ablehnungsrechts nach § 406 ratsam. Die 2. Instanz kann die Sachverständigen der 1. Instanz oder andere wählen. Die Auswahl ist ein Teil des Beweisbeschlusses. Sie steht im pflichtgemäßen Ermessen des Gerichts, BayObLG FamRZ **87**, 967. Es kann und muß evtl seine Auswahl ändern, zB wegen Ungeeignetheit oder Überlastung des bisherigen Sachverständigen. Es liegt ein Ermessensmißbrauch vor, wenn das Gericht trotz eines weitergehenden Beweisanerbietens nur einen Sachverständigen mit Kenntnissen für sein Teilgebiet bestellt oder wenn sein Gebiet keine nachprüfbaren Ergebnisse aufweist, Wimmer NJW **76**, 1131 (Parapsychologie). Ein Verstoß gegen § 286, dort Rn 27 ff, ist auf Revision nachprüfbar. Beim Wechsel eines Sachverständigen nach I 3 ist eine mündliche Verhandlung entbehrlich, § 360 S 2, zumindest eine Anhörung der Parteien, BGH NJW **85**, 1400. Die Partei hat einen Anspruch auf Anhörung eines Gegen- oder Obergutachters bei widersprechenden Gutachten nur ausnahmsweise, zB bei groben Mängeln, bei besonders schwierigen oder umstrittenen Fragen, § 286 Rn 54.

5) Zweifel des Sachverständigen, III. Die Vorschrift enthält Selbstverständlichkeiten. Die Praxis **10** beachtet sie aber nicht immer. Das gilt vor allem für den Umfang der Ermittlungstätigkeit des Sachverständigen. Dabei muß man zunächst § 404 a, dort insbesondere II–IV, beachten.

A. Ermittlungen des Sachverständigen, dazu *Druschke,* Das Anwesenheitsrecht der Verfahrensbetei- **11** ligten bei den tatsächlichen Ermittlungen des Sachverständigen im gerichtlichen Verfahren, Diss Münst 1988; *Tropf* DRiZ **85**, 87: Der Sachverständige darf Parteien und Zeugen über wesentliche Streitpunkte grundsätzlich nicht selbständig vernehmen. Soweit das Gericht dennoch eine derartige Vernehmung auswertet, verstößt es gegen den Grundsatz der Unmittelbarkeit, §§ 355, 357 I. Natürlich darf aber zB ein Arzt Fragen wegen derjenigen Erscheinungen stellen, die ein Geschädigter dem fraglichen Ereignis zuschreibt.

B. Persönliche Pflicht. Dabei hat der Sachverständige grundsätzlich die Pflicht zur persönlichen Auf- **12** nahme der Anamnese. Der Sachverständige kann auch dann eigene Ermittlungen verwenden, wenn die ermittelten Tatsachen unstreitig sind, Düss RR **94**, 283, oder wenn sie durch die Beweiserhebung bestätigt worden sind oder wenn die Parteien zustimmen oder der Sachverständige eine Behördenauskunft einholt und mitverwertet. Der Sachverständige darf und muß auch seine Sachkunde auf den ihm zumutbaren neuesten Stand bringen. Er muß die diesbezüglichen Grenzen dem Gericht unverzüglich mitteilen, damit es prüfen kann, ob es zusätzlich oder jetzt nur einen anderen Sachverständigen zuziehen muß. Der Gutachterausschuß hat weitergehende Befugnisse, § 197 BauGB. Ein Arzt darf evtl ihm bei der Besichtigung usw übergebene Unterlagen oder Schriftsätze oder zB fremde Röntgenaufnahmen auswerten, Hamm VersR **97**, 1533, KG DS **04**, 267. Der Sachverständige darf eine Untersuchung von der Bestätigung der Risikoaufklärung abhängig machen, Hamm MDR **03**, 1374. Er darf und muß das Gericht sogleich bitten, ihm eine Unklarheit etwa zur Formulierung der Beweisfrage zu erläutern.

Keineswegs darf sich aber der Richter die Aufklärung eines wichtigen Sachverhalts aus der Hand nehmen **13** lassen, wenn es hierbei auf das Fachwissen des Sachverständigen nicht ankommen kann. Denn es ist allein *Sache des Gerichts, den Sachverhalt festzustellen,* den es rechtlich beurteilen soll. Demgemäß darf sich das Gericht auch nicht mit den Feststellungen des Sachverständigen über die Vorgeschichte einer Krankheit begnügen, wenn eine Partei die Richtigkeit dieser Feststellungen angreift. Es muß meist den Arzt als Zeugen hören, möglichst bei Anwesenheit des Patienten. Ein Verstoß ist heilbar, § 295.

Der Sachverständige muß das Gericht evtl unverzüglich und daher entsprechend § 121 I 1 BGB ohne **14** schuldhaftes Zögern um eine *Weisung* bitten, von welchem Sachverhalt er ausgehen soll. Seine Schweigepflicht kann zur Unverwertbarkeit des Gutachtens führen, § 286 Rn 58. In diesen Grenzen muß er insbesondere die tatsächlichen Grundlagen seines Gutachtens darlegen, BVerfG **91**, 180, BGH BB **94**, 1173, BayObLG FamRZ **86**, 727, höchst eigenartig als Fallfrage eingeschränkt von BVerfG NJW **97**, 311. Der Sachverständige muß also alle in Betracht kommenden Varianten nennen, damit das Gericht das Gutachten nachprüfen kann, Üb 6 vor § 402, BGH BB **94**, 1173, notfalls mit Hilfe eines weiteren Sachverständigen. Das Gericht darf sich keineswegs bequem damit beschränken, im Urteil floskelhaft mitzuteilen, es habe den Sachverständigen für so zuverlässig, daß es auf seine Aufzählung der von ihm zugrunde gelegten Tatsachen verzichte. Damit verzichtet das Gericht nämlich in Wahrheit auf jede Einzelfallkontrolle seines Gehilfen. Das ist ein schwerer Verfahrensfehler. Daran ändert auch die praktische Notwendigkeit nichts, auf einen als zuverlässig erkannten Sachverständigen zu vertrauen. Notfalls muß das Gericht über eine streitige Anknüpfungstatsache vorweg anderswie Beweis erheben, BGH NJW **97**, 3097.

Die vom Sachverständigen *in Abwesenheit des Gerichts* ermittelten Tatsachen enthalten streng genommen ein sachverständiges Zeugnis. Der Sachverständigeneid deckt sie aber im allgemeinen, §§ 410, 414 Rn 4, Leppin GRUR **84**, 558, aM BVerfG **75**, 327 (bei der Ermittlung sei er Augenscheinsgehilfe). Aber das

§ 407a   Buch 2. Abschnitt 1. Verfahren vor den LGen

Gesetz meint unter Augenschein durchweg nur die unmittelbare Sinneswahrnehmung des erkennenden Gerichts).

15   **C. Hinzuziehung der Parteien**, dazu *Höffmann*, Die Grenzen der Parteiöffentlichkeit, insbesondere beim Schverständigenbeweis, Diss Bonn 1988: Der Sachverständige muß die Parteien grundsätzlich bei seiner Arbeit vielfach hinzuziehen, und zwar wegen der Grundsätze der Waffengleichheit und eines fairen Verfahrens, Einl III 21, 23 und wegen der daraus folgenden §§ 357, 402. Das gilt zB: Bei Besichtigungen, insbesondere aus dem Eigentum oder Besitz einer Partei, Kblz DS **04**, 188, Mü NJW **84**, 807, Oldb DS **04**, 263, oder beim Körper eines Menschen, Köln NJW **92**, 1568 (Ausnahmen: ärztliche Untersuchungen, soweit Art 1 GG anwendbar, Mü RR **91**, 896); bei der Beschaffung des Untersuchungsguts, Kblz MDR **78**, 148; bei Befragungen, Mü Rpfleger **83**, 319 (Ausnahmen: Meinungsforscher, Üb 7 vor § 402, und § 294 II, Nürnb MDR **77**, 849). Diese Hinzuziehung erfolgt zumindest insoweit, als sie die Parteien auch nur erkennbar (wie meist) wünschen, Düss FamRZ **89**, 889, Mü (24. ZS) NJW **84**, 807, aM Drsd RR **97**, 1356, Mü (25. ZS) Rpfleger **83**, 320 (es handle sich um eine Fallfrage), Schnapp Festschrift für Menger (1985) 571 (nicht bei Unmöglichkeit, Unzumutbarkeit, Untunlichkeit und Überflüssigkeit. Aber die Parteien haben grundsätzlich ein Anwesenheitsrecht nach § 357. Man sollte es nur in wirklich engen Grenzen verwehren). Daher muß der Beweisführer binnen angemessener Frist die Genehmigung eines Wohnungsinhabers herbeiführen, dessen Wohnung der Sachverständige mitbegutachten soll, zB bei § 558 BGB.

16   **D. Zutritt Dritter.** Der Sachverständige muß auch den sachkundigen Vertretern die Anwesenheit gestatten, § 357, Mü NJW **84**, 807, oder technischen Beratern der Parteien. Sonst setzt er sich der Gefahr der Ablehnung nach § 406 aus, BGH NJW **75**, 1363, Düss MDR **79**, 409.

17   **E. Keine Verhandlung usw.** Freilich darf der Sachverständige nicht anläßlich seiner Ermittlungen mit einer Partei oder beiden Parteien verhandeln. Ein vor ihm geschlossener Vergleich ist kein Prozeßvergleich, Anh § 307. Er ist allenfalls ein sog Anwaltsvergleich, § 796 b. Hat der Sachverständige gegen diese Grundsätze verstoßen, so muß das Gericht sein Verhalten nach § 286 frei würdigen. Das gilt insbesondere dann, wenn kein Antrag nach § 411 III vorliegt. Vgl aber auch § 406 Rn 4 ff.

18   **F. Offenlegung der Tatsachen.** Der Sachverständige muß wegen der in Rn 14, 15, 21 genannten Grundsätze diejenigen Tatsachen offenlegen, die er zur Begutachtung herangezogen hat, § 286 Rn 58, zB bei (jetzt) § 558 BGB die Räumlichkeit der Vergleichswohnungen, BVerfG **91**, 180, LG Gött WoM **90**, 520, höchst eigenartig als Fallfrage eingeschränkt von BVerfG NJW **97**, 311, aM ferner LG Bonn WoM **93**, 133, LG Halle ZMR **02**, 427 (aber nur bei Möglichkeit der Kenntnis aller tatsächlicher Grundlagen des Gutachtens kann das Gericht überhaupt seine Prüfungspflicht erfüllen). Datenschutz usw hat weder stets Vorrang noch stets Nachrang. Man muß eine behutsame Abwägung vornehmen, wie bei Rn 21 näher dargelegt, und dabei wesentlich auf § 286 abstellen, BGH **116**, 47. Notfalls ist das Gutachten insofern unverwertbar, weil ungeeignet, § 286 Rn 31.

19   **G. Weitere Folgen.** Verhindert eine Partei die Tätigkeit des Sachverständigen, so nimmt sie damit rechtlich ihr Beweisanerbieten zurück, Mü NJW **84**, 808. Bei einer Beweisaufnahme von Amts wegen nach § 144 muß das Gericht ihr Verhalten frei würdigen, Anh § 286 Rn 27. Wenn eine Partei den Beweis arglistig vereitelt, gilt der Beweis als erbracht, § 444 Rn 5, 6, Mü NJW **84**, 808. Ob eine Partei dem Sachverständigen Zutritt zu ihren Räumen und eine Untersuchung ihres Körpers gestatten muß, das hängt davon ab, ob man ihr diesen Eingriff nach Treu und Glauben zumuten kann, Mü NJW **84**, 808. Zum Problem BAG § 402 Nr 1, Schmidt-Futterer MDR **75**, 4 (betr Mieterhöhung). Bei §§ 558 ff BGB bleibt der Beweisführer mangels Zutrittserlaubnis eines Dritten nach Rn 15 beweisfällig. Vgl Üb 8 vor § 371 und § 372 a.

20   **6) Unverhältnismäßigkeit der Kosten, III.** Der Sachverständige muß solche voraussichtlichen Kosten rechtzeitig dem Gericht ankündigen, die entweder erkennbar außer Verhältnis zum Streitwert stehen oder einen angeforderten, nicht notwendig schon bezahlten, Vorschuß erheblich übersteigen, BayObLG **04**, 62, KG FamRZ **02**, 411, AG Hann FamRZ **00**, 176. Das gilt um so mehr, als das Gericht die Verhältnismäßigkeit der Kosten zwar stets auch von Amts wegen nach Einl III 23 mitbedenken darf und muß, aber nicht überbetonen muß, BVerfG NJW **79**, 413. Der Sachverständige muß insoweit die Akte auf Streitwert und Kostenvorschüsse durchsehen. Er braucht aber nur grobe Schätzungen vorzunehmen. Er kann notfalls anregen, den Streitwert festzusetzen. Er kann einen weiteren Vorschuß anregen. Auch ohne solche direkte Anregung darf und muß das Gericht evtl einen weiteren Vorschuß anfordern, § 379 Rn 5. Solche Anordnung kann auch die Vergleichsbereitschaft fördern.

Bei einem *Verstoß* des Sachverständigen muß das Gericht evtl das Honorar kürzen, BayObLG **04**, 62, Nürnb RR **03**, 791 (120% des Vorschusses), aM LG Köln DWW **92**, 319 (aber die Regeln § 413 Rn 3 gelten uneingeschränkt). Das gilt aber nicht, wenn das Gericht auch bei erfolgter Anzeige die Tätigkeit des Sachverständigen nicht eingeschränkt oder beendet hätte, BayObLG **04**, 62, KG FamRZ **02**, 411, Nürnb RR **03**, 791, aM Kblz DB **85**, 110 (es komme darauf an, ob der Beweisführer am Beweisantritt festhalte. Aber nicht er, sondern das Gericht bestimmt die Person des Sachverständigen, von §§ 485 ff abgesehen).

21   **7) Herausgabe der Akten usw, IV.** Auch diese Vorschrift ordnet eigentlich Selbstverständliches. Denn das Gericht darf und muß die Brauchbarkeit des Gutachtens seines Gehilfen trotz dessen faktisch oft prozeßentscheidender Stellung doch nach § 286 selbst abschließend nachprüfbar beurteilen. Auch die Parteien haben solches Überprüfungsrecht, §§ 279 III, 285, 411 IV 1. Die Herausgabepflicht besteht aus der Natur der Sache auch ohne zunächst ausdrückliche Aufforderung des Vorsitzenden oder gar Anordnung des Gerichts wegen seiner Akten. Die in IV 1 erwähnten weiteren Unterlagen und Untersuchungsergebnisse müssen „für die Begutachtung beigezogen" sein. Darunter können freilich auch solche Unterlagen fallen, die nicht erst auf Grund des Auftrags entstanden, sondern längst vorher, etwa bei früheren Behandlungen in einem anderen Krankenhaus oder die genauen Adressen der zum Vergleich nach § 558 a II Z 4 BGB

Titel 8. Beweis durch Sachverständige　　　　　　　　　　　　　　§§ 407a, 408

mitverwerteten Wohnungen, Rn 18. Insoweit muß der Sachverständige den Datenschutz beachten, Prütting ZZP **106**, 460 (ausf).

Er muß ferner die gesetzliche oder standesrechtliche *Schweigepflicht* usw beachten. Von ihr kann ihn IV keineswegs befreien. Selbst der vom Gericht bestellte Gutachter mag durchaus gehindert sein und bleiben, zB ihm aus anderen Gutachten bekannte Daten preiszugeben. Wenn und soweit er sich auf solche Hinderungsgründe bezieht und sie etwa so wie ein Zeuge darlegt, der sich auf ein Aussageverweigerungsrecht nach §§ 383 ff beruft, darf das Gericht nicht einfach wegen IV gegen ihn etwa nach § 409 vorgehen.

Die *Herausgabeanordnung* nach IV 2 setzt eine Pflichtverstoß voraus, evtl also eine eingehende Klärung, ob und inwieweit überhaupt eine Herausgabe technisch und rechtlich zulässig ist, soweit es sich nicht um die Gerichtsakten mit ihren Anlagen aus der Zeit vor der Übersendung an den Sachverständigen handelt. Das Gericht sollte notfalls energisch vorgehen. Die Herausgabeanordnung erfolgt durch Beschluß des Gerichts, nicht nur des Vorsitzenden des Kollegiums.

8) Hinweispflicht des Gerichts, V. Das Gericht „soll" die auch schon wegen § 404 a notwendigen **22** Hinweise von Amts wegen umfassend geben, Grdz 39 vor § 128. Das soll auch rechtzeitig und unverzüglich geschehen, soweit erkennbar erforderlich. Es besteht in Wahrheit eine Amtspflicht des Gerichts. Ihr Umfang folgt aus den Fallumständen und sollte eher zu groß als zu klein geraten, solange es sich nicht um einen erfahrenen Gerichtsgutachter handelt. Ein in der Praxis leider nicht ganz seltener Verstoß des Gerichts kann den § 409 unanwendbar sowie eine Anordnung nach IV 2 unmöglich machen und Amtshaftung auslösen. Es ist ratsam, den Hinweis aktenkundig zu machen.

9) Rechtsbehelfe, I–V. Es gelten die Regeln § 273 Rn 16, § 355 Rn 8, 9 entsprechend. Vgl § 409 **23** Rn 8.

10) VwGO: *Entsprechend anzuwenden,* § 98 *VwGO.* Zur Heranziehung von Hilfspersonen, oben Rn 3 ff, vgl **24** BVerwG NVwZ **93**, 771.

408 *Gutachtenverweigerungsrecht.* I 1 Dieselben Gründe, die einen Zeugen berechtigen, das Zeugnis zu verweigern, berechtigen einen Sachverständigen zur Verweigerung des Gutachtens. 2 Das Gericht kann auch aus anderen Gründen einen Sachverständigen von der Verpflichtung zur Erstattung des Gutachtens entbinden.

II 1 **Für die Vernehmung eines Richters, Beamten oder einer anderen Person des öffentlichen Dienstes als Sachverständigen gelten die besonderen beamtenrechtlichen Vorschriften.** 2 **Für die Mitglieder der Bundes- oder einer Landesregierung gelten die für sie maßgebenden besonderen Vorschriften.**

III Wer bei einer richterlichen Entscheidung mitgewirkt hat, soll über Fragen, die den Gegenstand der Entscheidung gebildet haben, nicht als Sachverständiger vernommen werden.

1) Systematik, I–III. § 408 betrifft nur den Sachverständigen, den § 407 zur Begutachtung verpflichtet. **1** Andere Sachverständige können frei ablehnen, § 407 Rn 1. Zum Aussageverweigerungsrecht Müller in Der medizinische Sachverständige **75**, 52.

2) Regelungszweck, I–III. Es sind Unterschiede und Gemeinsamkeiten erkennbar. Gemeinsam ist der **2** Zweck, ein konfliktfrei entstehendes Gutachten zu ermöglichen und damit auch unerfreulichen Erörterungen über die Befangenheit des Sachverständigen vorzubeugen, erst recht solchen über mögliche Verstöße gegen seine dienstliche Schweigepflicht. Auch Behörden verkennen sie erstaunlicherweise nicht ganz selten. Das gilt etwa dann, wenn die Behörde von einem Richter wegen seiner Fachkenntnis ein Gutachten unter dem Stichwort „Amtshilfe" erbittet und sogar über den Dienstherrn annimmt, wie geschehen. Die in I–III aufgeführten unterschiedlichen Situationen erfordern eine entsprechende sehr differenzierte Anwendung von § 408. Am schwierigsten läßt sich I 1 handhaben. Insofern gelten § 383 Rn 1, 2.

Das Gericht sollte eine nach I 2 zulässige Entbindung sollte trotz seines weiten Ermessens doch möglichst *zurückhaltend* vornehmen. Natürlich ehrt es den Gutachter zu bekennen, wenn er an Grenzen des Könnens stößt oder wenn er sich aus achtbaren persönlichen sonstigen Motiven der weiteren Erfüllung der Aufgabe nicht mehr gewachsen fühlt. Oft hätte er das aber auch schon früher feststellen können und müssen. Seine Entpflichtung sollte nicht ohne triftigen Grund auf dem Rücken der Parteien erfolgen.

3) Geltungsbereich, I–III. Vgl zunächst Üb 3 vor § 402. Die Vorschrift gilt auch im selbständigen **3** Beweisverfahren, §§ 485 ff.

4) Verweigerungsrecht, I 1. Jeder Sachverständige darf die Erstattung eines Gutachtens aus den Grün- **4** den der §§ 383–384 verweigern.

5) Entbindung, I 2. Das Gericht kann einen Sachverständigen aus Zweckmäßigkeitsgründen von seiner **5** Verpflichtung befreien, auch wenn er an sich kein Verweigerungsrecht hat, Bbg DS **04**, 101. Zuständig ist das Prozeßgericht, auch der Einzelrichter oder der verordnete Richter, § 360 S 3. Gründe zur Freistellung sind etwa: Fehlen einer Sachkunde; Überlastung des Sachverständigen; Verschleppung des Gutachtens, Bbg DS **04**, 101. Die Entscheidung ergeht nach dem pflichtgemäßen Ermessen durch einen Beschluß. Er ist nach § 355 II unanfechtbar, Bbg DS **04**, 102. §§ 386 ff sind hier unanwendbar. Das Gericht muß seinen Beschluß grundsätzlich begründen, § 329 Rn 4.

6) Vernehmungsverbot, II. Bei Richtern nach §§ 43, 45 I 2 DRiG oder Beamten und anderen **6** Personen des öffentlichen Dienstes nach § 376 Rn 4 verweist das Gesetz wie bei der Zeugenvernehmung auf die besonderen beamtenrechtlichen Vorschriften. Entsprechendes gilt bei den Mitgliedern der Bundes- und der Landesregierungen, § 376 Rn 4. Die bei einem Beamten etwa zur gutachtlichen Nebentätigkeit erforderliche Genehmigung muß der Beamte selbst einholen, §§ 64 ff BBG. Wegen der Entscheidungsform Rn 5.

Hartmann　　　1551

§§ 408, 409 Buch 2. Abschnitt 1. Verfahren vor den LGen

7 **7) Befreiung, III.** Befreit werden soll, wer bei einer richterlichen Entscheidung über eine mitentschiedene Frage mitgewirkt hat. Das muß man weit verstehen. Eine Mitwirkung bei einem Schiedsspruch oder einer Entscheidung eines Ehrengerichts, Dienststrafgerichts, Seeamts genügt. Da es sich um eine bloße Sollvorschrift handelt, ist ein Verstoß prozessual belanglos.

8 **8) Verfahren, Entscheidung, I–III.** Das Verfahren verläuft auch hier nach den §§ 386–389. Es entscheidet das Prozeßgericht. Der verordnete Richter entscheidet nur dann, wenn er einen Sachverständigen durch einen anderen nach § 360, 404 ff ersetzt oder wenn er einen Sachverständigen nach I 2 entläßt. Die Entscheidung erfolgt auf Grund einer freigestellten mündlichen Verhandlung, § 128 IV. Sie geschieht auch von Amts wegen. Wenn das Gericht das Verweigerungsrecht bzw. die entsprechende Pflicht anerkennt, muß es den Sachverständigen entbinden, im Fall des § 404 IV nach Anhörung der Parteien. Es muß dann und darf ja auch unabhängig davon stets einen anderen Sachverständigen bestellen, § 360. Zu alledem ist auch der verordnete Richter im Rahmen von Rn 4 befugt.

Bei *unberechtigter* Verweigerung verfährt das Gericht nach §§ 409, 411 II und wegen der Kosten des Sachverständigen nach § 414 Rn 4 ff.

9 **9) Rechtsbehelfe, I–III.** Eine Entscheidung ist nur zusammen mit dem Endurteil anfechtbar, § 355 II.
10 **10) VwGO:** *Entsprechend anwendbar,* § 98 *VwGO.*

409 *Folgen des Ausbleibens oder der Gutachtenverweigerung.* [I] [1]Wenn ein Sachverständiger nicht erscheint oder sich weigert, ein Gutachten zu erstatten, obgleich er dazu verpflichtet ist, oder wenn er Akten oder sonstige Unterlagen zurückbehält, werden ihm die dadurch verursachten Kosten auferlegt. [2]Zugleich wird gegen ihn ein Ordnungsgeld festgesetzt. [3]Im Falle wiederholten Ungehorsams kann das Ordnungsgeld noch einmal festgesetzt werden.
[II] **Gegen den Beschluss findet sofortige Beschwerde statt.**

1 **1) Systematik, I, II.** Die Vorschrift entspricht in etwa dem § 380. Sie ist auch dem § 95 und dem § 34 GKG ein wenig ähnlich.
2 **2) Regelungszweck, I, II.** Wie beim Zeugen nach § 380 muß auch beim Sachverständigen eine Möglichkeit bestehen, die grundsätzlich oder im Einzelfall freiwillig übernommene Tätigkeit wenigstens einigermaßen zu erzwingen, auch wenn das Gericht ihm nicht die Feder führen kann. Andernfalls könnte die Prozeßförderung nach Grdz 12 vor § 128 scheitern.
3 **3) Geltungsbereich, I, II.** Vgl Üb 3 vor § 402. Die Vorschrift gilt nur gegenüber einem im Inland ansässigen Sachverständigen, Hau DS **04**, 128.
4 **4) Kosten, Ordnungsmittel, I.** Das Gericht ist oft viel zu zurückhaltend.

A. Amtspflicht bei endgültiger Verweigerung. § 409 nötigt das Gericht („werden auferlegt", „wird festgesetzt"). Es hat also keine bloße Möglichkeit, aM Brdb MDR **05**, 1131. Es ist verpflichtet zu Maßnahmen gegen den zum Tätigwerden verpflichteten, nach §§ 402, 377, 380 I ordnungsgemäß geladenen, auch nicht nach §§ 402, 381 entschuldigten, auch nicht unter §§ 375 II, 382 fallenden, nicht erschienenen, das Gutachten verweigernden oder Akten bzw. sonstige Unterlagen zurückbehaltenden Sachverständigen. Wer das Gutachten verweigern darf, braucht nicht zu erscheinen, wenn er nach § 386 III verfährt. Ausbleiben darf also auch derjenige, der nach § 407 zur Erstattung nicht verpflichtet ist. Erscheinen bzw. erstatten muß aber der zur Erstattung Bereite, § 407 Rn 6, Köln MDR **82**, 677. Die Akten usw muß natürlich auch derjenige unverzüglich zurückgeben, der das Gutachten verweigern darf. Seine Versandkosten mag er anschließend nach dem JVEG erstattet fordern. Wegen einer Verweigerung erfolgen erst dann Maßnahmen, wenn die Verweigerung ohne Grundangabe erfolgt oder wenn das Gericht sie rechtskräftig für unbegründet erklärt hat, §§ 386 ff.

5 Im Fall der bloßen *Verschleppung* eines schriftlichen Gutachtens ist § 411 II anwendbar. Freilich kann ein allzu langes Hinauszögern eine Verweigerung darstellen, § 411 Rn 8. Dem Nichterscheinen steht das Sichentfernen vor dem Aufruf gleich, § 220 I, oder eine Entfernung nach § 158. Einem bloßen Privatgutachter nach Üb 21 vor § 402 gegenüber hat die beauftragende Partei natürlich keine Rechte nach § 409, Kblz VersR **88**, 702. Den Gutachter, der die zugrundegelegten Tatsachen nicht angeben darf, etwa bei § 558 b II Z 4 BGB bei Vergleichswohnungen, darf das Gericht nicht mit einem Ordnungsgeld belangen, LG Mönchengladb WoM **98**, 298. Vielmehr ist das Gutachten dann nicht unverwertbar, § 286 Rn 58, § 407 a Rn 18 (wegen der Vergütung § 413 Rn 3).

6 *Zulässige Maßnahmen* sind die Auferlegung der gerade nur durch die Weigerung entstandenen und entstehenden Kosten, I 1, sowie ein bloßes Ordnungsgeld, I 2, evtl auch ein wiederholtes, I 3, nur insofern ebenso wie beim Zeugen, § 380 Rn 7 ff. Dagegen darf das Gericht gegen den Sachverständigen anders als gegen einen sachverständigen oder sonstigen Zeugen keine Ordnungshaft verhängen, auch keine hilfsweise, erst recht keine wiederholte. Das ergibt sich im Vergleich mit § 380 I, II aus dem klaren Wortlaut von I 2, 3. Auch eine zwangsweise Vorführung ist unzulässig.

Außerdem kann das Gericht einen *anderen* Gutachter beauftragen, Brdb MDR **05**, 1131 (Verlust der Vergütung des früheren).

7 **B. Verfahren, Entscheidung, I.** Die Anordnung erfolgt durch einen Beschluß. Das Gericht muß seinen Beschluß grundsätzlich begründen, § 329 Rn 4. Es muß ihn verkünden oder den Parteien wegen der Kosten formlos mitteilen, § 329 II 1, dem Sachverständigen jedoch als Vollstreckungstitel zustellen, § 329 III, ThP § 380 Rn 8, aM ZöGre 2 (aber es handelt sich sogar um einen typischen Anwendungsfall). Der Beschluß verurteilt immer in die Kosten und zugleich ohne Wahlrecht des Gerichts zu einem Ordnungsgeld von 5–1000 EUR, Art 6 I EGStGB, Vorb vor § 380 Rn 1. Ordnungs- oder Zwangshaft und Vorführung sind dagegen beim Sachverständigen unstatthaft. Bei wiederholtem Ungehorsam gilt dasselbe wie bei § 380, es ist also auch ein zweites, drittes oder weiteres Ordnungsgeld erlaubt und evtl notwendig, aM Drsd MDR **02**,

Titel 8. Beweis durch Sachverständige §§ 409, 410

1088 (liest die Betonung in § 380 II Hs 1 unrichtig, dort Rn 12). Das Ordnungsgeld ist auch in stets steigender Höhe statthaft. Jedoch ist auch jetzt keine Haft zulässig. Einzelheiten wie § 380 Rn 8, 9, 14.

5) Rechtsbehelf, II. Gegen den Beschluß ist nach § 567 I Z 1 grundsätzlich die sofortige Beschwerde 8 mit aufschiebender Wirkung zulässig, § 570 I. Soweit das OLG entschieden hat, kommt eine Rechtsbeschwerde unter den Voraussetzungen des § 574 I–III in Betracht. Näheres § 380 Rn 17.

6) *VwGO:* Entsprechend anwendbar, § 98 VwGO, VGH Mü NVwZ-RR **96**, 329; jedoch ist Rechtsmittel, II, 9 die Beschwerde nach §§ 146 ff VwGO, sofern sie nicht schlechthin ausgeschlossen ist, vgl § 252 Rn 8.

410 *Sachverständigenbeeidigung.* **I 1 Der Sachverständige wird vor oder nach Erstattung des Gutachtens beeidigt.** [2] **Die Eidesnorm geht dahin, dass der Sachverständige das von ihm erforderte Gutachten unparteiisch und nach bestem Wissen und Gewissen erstatten werde oder erstattet habe.**

II Ist der Sachverständige für die Erstattung von Gutachten der betreffenden Art im Allgemeinen beeidigt, so genügt die Berufung auf den geleisteten Eid; sie kann auch in einem schriftlichen Gutachten erklärt werden.

1) Systematik, I, II. Die Vorschrift entspricht formell in etwa den §§ 391–393, 398 III, 478 ff. Sie 1 weicht aber inhaltlich wegen der gegenüber dem Zeugen anderen Stellung des Sachverständigen deutlich ab, und zwar zum Ob, aM BGH NJW **98**, 3356 (aber es muß mindestens ein früherer Allgemeinbeeid nach II vorliegen). Eine Abweichung besteht aber auch zum Wie. §§ 153 ff StGB sind mitbeachtlich.

2) Regelungszweck, I, II. Wie beim Zeugen, kann auch beim Sachverständigen Anlaß bestehen, dem 2 Gutachten erhöhtes Gewicht oder dem Gutachter Mahnung zur Selbstkritik zu geben, weil hinter einem Falscheid die erhöhte Strafbarkeit steht. Umso sorgfältiger muß das Gericht mit allen Beeidigungsvorschriften umgehen, auch bei der Auslegung.

3) Geltungsbereich, I, II. Vgl Üb 3 vor § 402. 3

4) Einzelbeeidigung, I. Sie spielt praktisch keine Rolle. 4

A. Grundsatz: Uneidliche Vernehmung. Das Gericht muß den Sachverständigen grundsätzlich uneidlich vernehmen, §§ 391, 402, Mü VersR **84**, 590, aM BGH NJW **98**, 3356 (aber sogar den Zeugen darf das Gericht nur unter den Voraussetzungen des § 391 überhaupt beeidigen. Beim Sachverständigen besteht dazu im allgemeinen noch weniger Anlaß). Beeidigen muß ihn das Gericht nach pflichtgemäßem Ermessen, BayObLG FamRZ **91**, 620. Vernünftigerweise sollte eine Beeidigung aber nicht schon wegen einer bloßen Bewertungsfrage erfolgen, sondern nur wegen der Bedeutung des Gutachtens oder zur Herbeiführung eines wahrheitsgemäßen Gutachtens, genauer: eines zur wirklichen Überzeugung und Wahrhaftigkeit entsprechender Bewertung, mithin zur Eingrenzung einseitige Begutachtung. Dazu wird selten Anlaß sein. Das Gericht hat in Abweichung von § 392 die freie Wahl, ob es einen Voreid oder einen Nacheid abnimmt. Das ergibt sich aus der Fassung „erstatten werde oder erstattet habe" in I 2. Der erstere ist ratsam. Denn er umfaßt die gesamte Tätigkeit im Rahmen dieses Auftrags einschließlich einer Erläuterung nach § 411 III. Es würde sonst bei einem Nachtrag ein neuer Eid oder eine Versicherung nach § 398 III nötig. Das Gericht kann auch statt einer Beeidigung einen anderen Sachverständigen bestellen, § 412. Zur Zuständigkeit der Eidesanordnung § 391 Rn 7.

Die *Beeidigungsanordnung* erfolgt durch Beschluß des Prozeßgerichts, Peters NJW **90**, 1832. Eine wirksame Anordnung der Beeidigung hat die Pflicht nach §§ 478 ff zur Folge, evtl also nur zur eidesgleichen Bekräftigung. Die Eidesnorm nach I 2 enthält nicht auch eine Versicherung der objektiven Richtigkeit, LG Ffm MDR **89**, 75. Der Eid deckt insbesondere auch ein späteres schriftliches Gutachten, ferner Aussagen über den Befund und Quellen der Wahrnehmung. Bei weiteren tatsächlichen Bekundungen ist § 391 anwendbar, also evtl ein Zeugeneid (Nacheid). Ein Parteiverzicht wäre, § 397, 402 führt zur Unzulässigkeit der Beeidigung, § 391 Rn 9. Der Eid des sachverständigen Zeugen nach § 414 oder gar des einfachen Zeugen nach § 392 deckt kein Gutachten. Das Verfahren richtet sich im übrigen nach §§ 478 ff. Wegen des Dolmetschereids § 189 GVG sowie in Bayern G vom 1. 8. 81, GVBl 324. Der Sachverständige ist nicht außerhalb der Verhandlung zum Eide verpflichtet, LG Ffm MDR **89**, 75.

B. Verstoß. Im Fall der unberechtigten Eidesverweigerung gilt § 409. Freilich ist eine Verweigerung der 5 Beeidigung usw außerhalb eines Verhandlungstermins noch nicht unberechtigt, LG Ffm MDR **89**, 75 (dann also nur Ladung). Ein Verstoß gegen § 410 ist nach § 295 heilbar. § 410 ist kein Schutzgesetz im Sinn von § 823 II BGB, Hamm BB **93**, 2408, Mü (20. ZS) VersR **84**, 590, Oldb VersR **89**, 109, aM Mü (5. ZS), zitiert in VersR **84**, 590, Pieper Gedächtnisschrift für Bruns (1980) 171 (aber die Vorschrift schützt ganz wesentlich nur die Funktion eines Gehilfen des Gerichts und damit der Allgemeinheit). Daher haftet der Sachverständige jedenfalls nicht nach dieser Vorschrift, Klein (vor § 413) 116. Eine Haftung nach §§ 823 I, 826, 839 a BGB bleibt denkbar.

5) Allgemeinbeeidigung, II. Ob Sachverständige nach II allgemein vereidigt werden sollen, ist Landes- 6 sache, § 404 Rn 6. Eine solche Vereidigung erfolgt besonders bei häufig zuzuziehenden Sachverständigen. Es genügt dann auf Grund entsprechender Anordnung des Gerichts im Einzelfall die Berufung des Sachverständigen auf den ein für allemal geleisteten Eid, auch wenn eine Verwaltungsbehörde ihn abgenommen hat, sofern er sich auch auf Gutachten solcher Art erstreckte, BGH MDR **85**, 27. Bei der Erstattung eines schriftlichen Gutachtens genügt auch eine schriftliche derartige Berufung, § 411 III, 402. Der Sachverständige ist dazu berechtigt, aber außerhalb eines Verhandlungstermins nicht verpflichtet, LG Ffm MDR **89**, 75. Einen solchen Sachverständigen braucht das Gericht nicht im Einzelfall nach § 395 I zu ermahnen.

Die bloße Verwendung des *Stempels* „öffentlich bestellter und vereidigter Sachverständiger" oder ein gleichlautender maschinenschriftlicher Zusatz unter der Unterschrift stellen jedenfalls dann keine Berufung

§§ 410, 411

im Sinn von II dar, wenn das Gericht keine Einzelbeeidigung angeordnet hatte, Mü VersR **84**, 590, Oldb VersR **89**, 108, Peters NJW **90**, 1832. Das gilt auch dann, wenn neben dem Stempel nur die Versicherung „nach bestem Wissen und Gewissen" steht, Oldb VersR **89**, 109. Ein stillschweigender Vereidigungs- „Beschluß" im Einzelfall reicht nicht, Peters NJW **90**, 1834.

Wegen der *Gebühren* für die allgemeinen Beeidigten § 2 I (Anl 6) JVKostO, Hartmann Teil VIII A.

7   6) *VwGO: Entsprechend anwendbar,* § *98 VwGO.*

411 *Schriftliches Gutachten.* I 1 Wird schriftliche Begutachtung angeordnet, so hat der Sachverständige das von ihm unterschriebene Gutachten der Geschäftsstelle zu übermitteln. ² Das Gericht kann ihm hierzu eine Frist bestimmen.

II ¹ Versäumt ein zur Erstattung des Gutachtens verpflichteter Sachverständiger die Frist, so kann gegen ihn ein Ordnungsgeld festgesetzt werden. ² Das Ordnungsgeld muss vorher unter Setzung einer Nachfrist angedroht werden. ³ Im Falle wiederholter Fristversäumnis kann das Ordnungsgeld in der gleichen Weise noch einmal festgesetzt werden. ⁴ § 409 Abs. 2 gilt entsprechend.

III Das Gericht kann das Erscheinen des Sachverständigen anordnen, damit er das schriftliche Gutachten erläutere.

IV ¹ Die Parteien haben dem Gericht innerhalb eines angemessenen Zeitraums ihre Einwendungen gegen das Gutachten, die Begutachtung betreffende Anträge und Ergänzungsfragen zu dem schriftlichen Gutachten mitzuteilen. ² Das Gericht kann ihnen hierfür eine Frist setzen; § 296 Abs. 1, 4 gilt entsprechend.

Vorbem. I 1 geändert dch Art 1 Z 31 JKomG v 22. 3. 05, BGBl 837, in Kraft seit 1. 4. 05, Art 16 I JKomG, ÜbergangsR Einl III 78.

Gliederung

1) Systematik, I–IV 1	8) Einwendungen, Anträge, Fragen, IV .. 11–18
2) Regelungszweck, I–IV 2	A. Grundsatz: Notwendigkeit eines Antrags 11
3) Geltungsbereich I–IV 3	B. Rechtzeitigkeit des Antrags 12–13
4) Schriftliches Gutachten, I 1 4	C. Antragsmißbrauch 14
5) Frist, I 2 5	D. Auslandsbezug usw 15
6) Ordnungsgeld, II 6–9	E. Gelegenheit zur Stellungnahme 16
A. Nachfrist 6	F. Amtliche Auskunft usw 17
B. Verschulden 7	G. Weitere Einzelfragen 18
C. Weitere Einzelfragen 8	9) *VwGO* 19
D. Rechtsbehelfe 9	
7) Anordnung des Erscheinens zwecks Erläuterung, III 10	

1   **1) Systematik, I–IV.** Der gesetzliche Regelfall ist abweichend von der ganz überwiegenden Praxis die Vernehmung des Sachverständigen, LG Ffm MDR **89**, 828. Das sieht Karlsr VersR **89**, 810 nicht klar genug. Die Parteien können sie nicht durch die gemeinsame Einreichung eines schriftlichen Gutachtens ersetzen. Die Auswertung eines nicht nach I angeordneten Gutachtens wäre ein Urkundenbeweis, §§ 415 ff. Dagegen kann das Gericht nach seinem pflichtgemäßen Ermessen eine schriftliche Begutachtung anordnen, LG Hagen WoM **89**, 439. Das Gericht ist das zweckmäßigerweise auch meist zunächst. Denn der Sachverständige kann sich dann ruhiger und gründlicher vorbereiten, seine Formulierungen sorgfältiger wählen, genauer belegen und eine etwa erforderliche Zusatzbefragung erleichtern. Sie ist ja nach III, IV möglich und evtl notwendig, LG Hagen WoM **89**, 439. Statt schriftlicher Erteilung ist auch die elektronische Abgabe nach dem vorrangigen § 130a statthaft. Auch bei einem mündlichen Gutachten muß das Gericht im übrigen das rechtliche Gehör gewähren, Artt 2 I, 20 III GG (Rpfl), BVerfG **101**, 404, Art 103 I GG (Richter), §§ 279 III, 285, BGH NJW **82**, 1335.

Nur *mündliche* Begutachtung kann allerdings ebenfalls durchaus ratsam sein, etwa bei Zeitdruck oder dann, wenn es nur um eine für den Sachverständigen rasch und leicht zu beantwortende Frage geht, für die sich der Aufwand eines schriftlichen Gutachtens nicht lohnt.

III hat als Spezialvorschrift Vorrang vor §§ 397, 402. Das übersieht BGH DS **04**, 188.

2   **2) Regelungszweck, I–IV.** I 2, II dient der Prozeßförderung. Dabei sind Behutsamkeit und Respekt vor dem oft gerade wegen seines Könnens überlasteten Fachmann einerseits, Entschlossenheit in der Prozeßführung andererseits erforderlich. Im (Telefon-)Gespräch lassen sich Maßnahmen nach § 409 erfahrungsgemäß eher vermeiden als durch schriftliche Mahnungen. Andererseits weckt oft erst eine unmißverständliche, schriftliche Fristsetzung mit der dann ja nach § 329 II 2 notwendigen, vom Gericht leider oft übersehenen förmlichen Zustellung die Bereitschaft des Gutachters, endlich tätig zu werden. Man kann durch allzu große Geduld natürlich auch die künftige Zusammenarbeit harmonischer gestalten, auf die das Gericht angewiesen ist. Aber eine Fristsetzung in Verbindung mit einer möglichst unjuristisch formulierten Bitte um Verständnis für die Pflicht zur Prozeßförderung ist auch ein erfahrungsgemäß oft zum zeitlichen Durchbruch führender Weg. Beim ewig trödelnden, aber leider unersetzbaren Sachverständigen mag auch eine lapidar kurze Fassung der Frist richtig sein. Das Gebot der Rechtsstaatlichkeit nach Einl III 15 ergibt die Notwendigkeit, allzu langes Zuwarten zu unterlassen, KG FamRZ **05**, 730.

3   **3) Geltungsbereich, I–IV.** Die Vorschrift gilt nur gegenüber einem im Inland ansässigen Sachverständigen, Hau DS **04**, 128. Sie gilt in allen Verfahren nach der ZPO. Sie gilt auch im selbständigen Beweisver-

Titel 8. Beweis durch Sachverständige **§ 411**

fahren, § 492 Rn 4, und im FGG-Verfahren, BVerfG FamRZ **92**, 1043, Hbg ZMR **04**, 141, Hamm FamRZ **92**, 1087, Zweibr FamRZ **01**, 639 (nennt irrig nur §§ 397, 402). Auf Privatgutachten ist § 411 schon wegen § 404 unanwendbar, aM Zweibr VersR **98**, 1114 (aber es handelt sich dann nur um einen Parteivortrag, Üb 21 vor § 402). Vielmehr sind dann §§ 415 ff anwendbar. Auch auf ein Gutachten der Anwaltskammer im Gebührenstreit ist § 411 schon wegen (jetzt) § 14 II 2 RVG unanwendbar, Karlsr MDR **99**, 766.

4) Schriftliches Gutachten, I 1. Das Gericht befindet über die Notwendigkeit einer Vernehmung nach **4** seinem pflichtgemäßen Ermessen, Rn 1. In einem schwierigen Fall kann die schriftliche Erstattung notwendig sein, Karlsr VersR **89**, 810 (Arzthaftung). Die Parteien brauchen wie bei § 377 nicht zuzustimmen. Ihre Zustimmung schließt einen Antrag nach III oder IV nicht aus, Rn 11. Eine Vorschußpflicht richtet sich nach §§ 402, 379. Zu den Einzelheiten § 379 Rn 2–6. Die Parteien dürfen die Ladung des Sachverständigen verlangen, um Fragen zu stellen, IV, Rn 6. Eine eidesstattliche Versicherung hat schon wegen § 156 StGB stets eine gewisse zusätzliche Beachtlichkeit, aM Peters NJW **90**, 1832 (aber welcher Sachverständige brauchte diese Strafvorschrift nicht zu fürchten?).

Der Sachverständige darf zwar andere Sachverständige *befragen* oder sich auf das Schrifttum berufen und andere bloße Hilfspersonen hinzuziehen. Er muß sein Gutachten aber vollinhaltlich selbst verantworten, § 407 a I 1, II. Er muß es schon deshalb mangels elektronischer Abgabe nach dem vorrangigen § 130 a auch eigenhändig unterschreiben, § 407 a Rn 5, oder bei (erlaubter) elektronischer Übermittlung der schriftlichen Fassung nach § 130 a I 2 qualifiziert signieren. Eine Beeidigung erfolgt nach § 410. Eine eidesstattliche Versicherung nach § 294 ist nur dann notwendig, wenn das Gericht sie als Eidesersatz verlangt, §§ 391, 402. Der Sachverständige muß sie dann entsprechend § 410 fassen. Beim allgemein vereidigten Sachverständigen gilt § 410 II.

Die *Parteien tragen* das Gutachten nach § 285 II *vor* oder nehmen nach § 137 III Bezug. Bei einem Zweifel an der Echtheit der Unterschrift ist eine Vernehmung notwendig. Häufig empfiehlt sich vor der Erstattung des schriftlichen Gutachtens ein Unterrichtungstermin oder andere Maßnahmen nach § 404 a. Auch der nach §§ 361, 362 verordnete Richter darf eine schriftliche Begutachtung anordnen, wenn sein Auftrag ihn darin nicht beschränkt. Das Gericht muß dem Sachverständigen alle beim Gericht befindlichen Gutachten möglicherweise nützlichen Gegenstände, Akten und Hilfsakten auszuhändigen, zuverlässigen Sachverständigen sogar die Gerichtsakten, falls notwendig oder doch praktisch. Wegen deren Rückgabe § 407 a IV. Schwierige Rechtsbegriffe muß das Gericht dem Sachverständigen umschreiben, § 404 a II. Notfalls muß das Gericht ein ergänzendes Gutachten einholen oder die Vernehmung des Sachverständigen anordnen, vgl Üb 12 vor § 402 und über ein Privatgutachten Üb 21 vor § 402.

5) Frist, I 2. Das Gericht kann dem Sachverständigen zur Erstattung des Gutachtens eine Frist setzen. Sie **5** muß natürlich angemessen sein. Sie darf aber auch nicht zu großzügig bemessen sein. Es handelt sich um eine richterliche Frist, § 224 Rn 4, und keine Notfrist, § 224 I 2. Ihre Verkürzung mit Zustimmung des Sachverständigen und ihre Verlängerung richten sich nach §§ 224, 225. Die Fristsetzung erfordert eine förmliche Zustellung, § 329 II 2 (gilt auch bei einer Verfügung, § 329 II 1).

6) Ordnungsgeld, II. Es wird zu zögernd verhängt. Das nützt niemandem. **6**

A. Nachfrist. Ein Ordnungsgeld gegen den Sachverständigen wegen einer Fristversäumung setzt mangels einer schon mit dem Gutachtenauftrag verbundenen Fristsetzung eine Nachfrist voraus, die mit der Androhung eines nicht notwendig schon dann bestimmten Ordnungsgelds verbunden ist, Bbg DS **04**, 102. Das Gericht muß die Frist so bemessen, daß sie in Verbindung mit der ersten Frist zur Anfertigung des Gutachtens genügt. Das Gericht muß seine Androhung kurz begründen, § 329 II 2. Eine Verlängerung dieser Frist erfolgt nur nach § 225 II, also nach einer Anhörung des Gegners. Denn schon die Nachfrist ist eine Verlängerung. Das Gericht muß jede überlange Wartezeit unterbinden, schon wegen des Gebots der Rechtsstaatlichkeit nach Einl III 15, KG FamRZ **05**, 730. Bei der Versäumung einer Nachfrist liegt eine wiederholte Fristversäumung vor. Dann kommt keine weitere Fristsetzung in Betracht, Köln VersR **03**, 1282. Dann ist ein nochmaliges Ordnungsgeld „in der gleichen Weise" zulässig. Es ist aber nicht in der gleichen Höhe notwendig. Es muß also eine Festsetzung vorangegangen sein, wenn auch nicht eine Vollstreckung. Schon für die Fristsetzung ist ein Beschluß des Kollegiums erforderlich, Köln OLGR **96**, 182, Mü VersR **80**, 1070, aM ZöGre 7 (Zuständigkeit des Vorsitzenden). Es handelt sich nicht nur um eine prozeßleitende Maßnahme. Auch der Fall der Schlechterfüllung innerhalb der Frist kann nach § 411 zu beurteilen sein, Oldb NJW **91**, 1241 (dort wurde freilich Schlechterfüllung verneint).

B. Verschulden. Voraussetzung für die Verhängung eines Ordnungsgelds ist weiterhin stets, daß der **7** Sachverständige schuldhaft handelte, Bbg DS **04**, 102. So muß man den Begriff „Versäumung" in II 1 verstehen. Ein Verschulden liegt schon dann nicht vor, wenn der Sachverständige seinen etwaigen Hinderungsgrund nicht rechtzeitig angezeigt hat, wenn er also zB weder unverzüglich einen Mitarbeiter nach § 407 a I 2 vorschlägt noch bei einer Verzögerung wenigstens einen festen Termin nennt und ihn dann auch einhält, selbst bei einer Überlastung, aM ZöGre 7 (aber auch ein Sachverständiger hat als Teil seiner Stellung im Prozeß eine Förderungspflicht und muß sich in zumutbarer Weise um eine zügige Erledigung bemühen). Ein „privater Grund" ohne nähere Begründung ist keine Entschuldigung, Bbg DS **04**, 102.

C. Weitere Einzelfragen. Im einzelnen zum Ordnungsgeld § 380 Rn 8, 9, 14. 1000 EUR können **8** durchaus vertretbar sein, Bbg DS **04**, 102. Ordnungshaft ist hier unzulässig. Eine hartnäckige Versäumung kann das Gericht als Weigerung des Gutachters auffassen. Folglich darf das Gericht dann den Sachverständigen nach § 409 behandeln oder gebührenlos entlassen. Überhaupt ist bei Schwierigkeiten mit dem ersten Sachverständigen ein Auftrag an einen anderen Sachverständigen ratsam. Eine Ahndung aus § 411 hindert Maßnahmen nach § 409 nicht und umgekehrt. Vgl im übrigen §§ 404 a, 407 a.

D. Rechtsbehelfe. Wegen der Rechtsmittel auch gegen die Androhung gilt § 409 II, Köln VersR **03**, **9** 1282, ThP 4, aM ZöGre 8 (aber auch die Androhung setzt bereits einen Nachteil und ein Rechtsschutzbedürfnis zur Klärung voraus). Ein Verstoß ist heilbar, § 295.

§ 411
Buch 2. Abschnitt 1. Verfahren vor den LGen

10 **7) Anordnung des Erscheinens zwecks Erläuterung, III.** Das Prozeßgericht oder der nach §§ 361, 362 verordnete Richter können und müssen rechtliches Gehör gewähren, Artt 2 I, 20 III GG (Rpfl) BVerfG **101**, 404, Art 103 I GG (Richter), BGH DS **04**, 188, Celle VersR **93**, 629. Schon deshalb, aber auch unabhängig davon können und müssen sie evtl auch ohne Antrag einer Partei und daher auch bei verspätetem Antrag auch wegen § 286 Rn 50 ff im Rahmen eines pflichtgemäßen Ermessens das Erscheinen des in Deutschland ansässigen Sachverständigen zur Erläuterung seines Gutachtens anordnen, BGH NJW **00**, 3270, Hamm MDR **85**, 593, Schrader NJW **84**, 2808, aM Köln VersR **97**, 511 (kein Ermessen; Grenze bei Mißbrauch. aber erst ein Parteiantrag mag die Abwägungsbefugnis beschränken). Das gilt auch bei einem verspäteten Antrag, BGH RR **98**, 1528. Das Ermessen unterliegt einer Überprüfung auch durch das Revisionsgericht, BGH DS **04**, 188. Die Anordnung ist zB dann notwendig, wenn man Zweifel oder Unklarheiten beseitigen muß, BGH NJW **01**, 3270, Köln NJW **94**, 394. Ein ProzBev ist zum Antrag verpflichtet, sobald er merkt, daß das Gericht ein ihn überzeugendes Gutachten nicht überzeugend findet, Hamm VersR **02**, 367. Gegenüber einem im Ausland ansässigen Sachverständigen ist III unanwendbar, Hau DS **04**, 128.

Ein *Parteiantrag* reicht meist aus (Ausnahme: Rn 14), BGH DS **04**, 188, Zweibr FamRZ **99**, 941. Das gilt auch nach einem früheren Einverständnis mit einem nur schriftlichen Gutachten. Denn solches Einverständnis bedeutet keinen Verzicht auf eine sich ja erst später ergebende Notwendigkeit zur Klärung von Unvollständigkeiten oder Ungenauigkeiten oder Mißverständlichkeiten. Nach einer Ernennung eines Sachverständigen im Ausland nach § 405 Rn 3 erfolgt eine Anhörung im Fall III nach § 363, BGH MDR **80**, 931. Einzelheiten Pantle MDR **89**, 312 (ausf). Das Gericht muß die Erläuterung protokollieren, § 160 III Z 4, BGH NJW **01**, 3270. Der bloße Vermerk: „Der Sachverständige erläuterte ausführlich sein Gutachten" kann ungenügend sein, BGH NJW **01**, 3270. Zumindest muß das Urteil den Inhalt solcher Erläuterungen hinreichend deutlich werden lassen, BGH NJW **01**, 3270. III kann auch bei einem Privatgutachten anwendbar sein, Üb 21 vor § 402, BGH RR **98**, 1528.

11 **8) Einwendungen, Anträge, Fragen, IV.** Man muß zahlreiche Aspekte beachten.

A. Grundsatz: Notwendigkeit eines Antrags. Die Parteien wollen evtl Einwendungen gegen das Gutachten erheben. Sie wollen Anträge zum Gutachten oder Ergänzungsfragen stellen, die das Gericht nicht nur im Rahmen der bisherigen Beweiswürdigung von sich aus beachten müßte, § 286 Rn 53, BGH VersR **94**, 163. Dann müssen sie diese Maßnahmen beantragen bzw mitteilen, Plagemann NJW **92**, 402. Sie brauchen allerdings grundsätzlich jedenfalls zunächst nur die Notwendigkeit der Fragestellung und die Fragerichtung darzulegen, nicht die Fragen usw im einzelnen, BGH RR **97**, 1487, BVerwG NJW **96**, 2318, Plagemann NJW **92**, 402, großzügiger BGH RR **88**, 1430, strenger Gehle DRiZ **84**, 101. Das Gericht muß einen dann notwendigen weiteren Vorschuß vom Antragsteller ohne Rücksicht auf die Beweislast anfordern, §§ 379, 402, § 68 I 1 GKG, soweit es nicht das bisherige Gutachten von Amts wegen bestellt hatte.

12 **B. Rechtzeitigkeit des Antrags.** Die Partei muß ihren Antrag im Rahmen des Zumutbaren „innerhalb eines angemessenen Zeitraumes" stellen, Ffm VersR **03**, 927. Das muß also spätestens so rechtzeitig vor demjenigen Termin geschehen, in dem das Gutachten vorgetragen und damit in den Rechtsstreit eingeführt wird, § 285 II, daß die Ladung des Sachverständigen noch möglich ist. BGH MDR **98**, 58, BAG BB **81**, 54, Düss BauR **78**, 412, aM BGH RR **97**, 1487 (ohne Auseinandersetzung wenigstens mit dem vollen Wortlaut von IV 1), Kblz RR **93**, 1215 (kurz vor oder gar im Termin noch rechtzeitig. Aber es kommt auf die Einzelumstände und die Zumutbarkeit im einzelnen an, Celle RR **01**, 142).

13 Das Gericht kann und muß daher im Rahmen seines pflichtgemäßen Ermessens eine *angemessene Frist* setzen, S 2 Hs 1. Die Frist muß wegen ihrer einschneidenden Wirkung eindeutig sein. „Gelegenheit zur Stellungnahme" kann unzureichend sein, BGH MDR **01**, 1130. Diese Formulierung kann aber auch durchaus erkennbar machen, was gemeint ist (was denn sonst außer IV 2?). Bei der Bemessung der Frist muß das Gericht seine Förderungspflicht nach Grdz 12 vor § 128, § 282 und die Interessenlage beider Parteien abwägen, ferner die Schwierigkeit der Beweisfrage und den Überzeugungsgrad des bisherigen Gutachtens, Düss RR **96**, 1527. Eine Frist von mehr als etwa 8–12 Wochen dürfte nur ausnahmsweise notwendig sein, großzügiger Düss MDR **04**, 1200 (fast vier Monate im selbständigen Beweisverfahren). Das Gericht muß seine Fristsetzung kurz begründen, § 329 Rn 4. Es muß sie förmlich zustellen, § 329 II 2. Nach einer ordnungsgemäßen Frist gilt § 296 I, IV entsprechend, S 2 Hs 2. Ebenso ist § 528 anwendbar, Ffm VersR **03**, 927. Ferner ist § 398 anwendbar.

Einem *rechtzeitigen* ausreichend begründeten Antrag muß das Gericht grundsätzlich stattgeben. Denn es handelt sich dann um die der Partei zustehende Befragung, §§ 402, 397, BVerfG RR **96**, 186 (großzügig), BGH RR **02**, 1147 (auch nach Ergänzungsgutachten), Celle VersR **93**, 629. Ein Antrag nach weniger als 3 Monaten ist evtl rechtzeitig, falls die Partei zunächst noch ein Privatgutachten einholte, Düss NJW **00**, 3364 (zu § 492). Auch ein Antrag erst nach 3 Monaten kann in einem schwierigen Fall noch selbst im Verfahren nach §§ 485 ff rechtzeitig sein, Celle MDR **01**, 108. Ein solcher erst nach 10 Monaten ist meist verspätet, Celle RR **01**, 142 (zu § 492).

Demgemäß reicht es jedenfalls *nicht* aus, daß die Partei nach einem schriftlichen Sachverständigengutachten den Antrag erst auf seine Vernehmung, erst *nach dem nächsten Verhandlungstermin* über die Beweisaufnahme nach § 285 II oder gar erst in der Berufungsinstanz stellt, soweit sie ihr Fragerecht früher ausüben konnte. Hatte das Gericht den Antrag erstinstanzlich übergangen, muß das Berufungsgericht dem wiederholten Antrag stattgeben, BGH NJW **96**, 788.

14 **C. Antragsmißbrauch.** Allerdings muß das Gericht einen Antrag bei offensichtlichem Rechtsmißbrauch nach Einl II 54 ablehnen, Hbg ZMR **04**, 411 (WEG). Das gilt zB bei einer Verschleppungsabsicht, BGH MDR **98**, 58, Düss NJW **00**, 3364, Hbg ZMR **02**, 963. Es gilt auch dann, wenn gar keine Zweifel mehr bestehen, Hamm MDR **85**, 593, Oldb VHR **98**, 20 (auch wenn die Fragen unerheblich sind), sondern wenn der Antragseller nur auf das Gericht einwirken will, Oldb MDR **75**, 408 (die Grenzen sind freilich fließend), Ankermann NJW **85**, 1205, Gehle DRiZ **84**, 102. Es gilt auch bei einer grob fahrlässigen

Titel 8. Beweis durch Sachverständige §§ 411, 411a

Verspätung des Sachverständigen. Wenn die Partei das Fragerecht nicht rechtzeitig ausübt, steht die Befragung im pflichtgemäßen Ermessen des Gerichts, BGH NJW 92, 1459, Düss FamRZ 84, 700. Das Berufungsgericht kann verpflichtet sein, die Anhörung nachzuholen, BGH MDR 96, 93. Das gilt selbst dann, wenn in erster Instanz kein rechtzeitiger Antrag gestellt worden war, BGH RR 97, 1487.

D. Auslandsbezug usw. Wohnt der Sachverständige im Ausland, so ist das allein kein Grund, den Antrag 15 einer Partei abzulehnen, er möge sein Gutachten mündlich erläutern. Allerdings ist dann § 363 entsprechend anwendbar, BGH DB 80, 1794. Daher braucht das Gericht den Sachverständigen nicht dazu zu bewegen versuchen, zur Befragung vor dem Prozeßgericht zu erscheinen, BGH MDR 80, 931. Wenn der Sachverständige verstorben ist, muß das Gericht einen neuen beauftragen, BGH NJW 78, 1633.

E. Gelegenheit zur Stellungnahme. Im Anschluß an eine mündliche Erläuterung mit gegenüber dem 16 schriftlichen Gutachten neuen ausführlichen Erörterungen, müssen die Parteien eine Gelegenheit zu einer weiteren sachverständigen Stellungnahme erhalten, Artt 2 I, 20 III GG (Rpfl), BVerfG 101, 404, Art 103 I GG (Richter), § 285, BGH NJW 84, 1823, Zweibr MDR 89, 269. Es kann zB wegen neuer Einwendungen nach der ersten Erläuterung eine weitere notwendig werden, BGH NJW 86, 2886. Nach einem erstinstanzlichen Verstoß gegen § 160 III Z 4 kann in zweiter Instanz eine neue Vernehmung nötig sein, BGH MDR 87, 751. Eine Fristsetzung durch den Berichterstatter reicht nicht, Karlsr VersR 03, 225 (notfalls § 538).

F. Amtliche Auskunft usw. Nach dem Eingang eines Gutachtens als amtlicher Auskunft nach Üb 32 vor 17 § 373 ordnet das Gericht grundsätzlich kein persönliches Erscheinen nach III, IV an. Das gilt zB beim Gutachten einer Rechtsanwaltkammer nach (jetzt) §§ 4, 14 RVG, Ffm MDR 83, 327, Mü NJW 75, 884. Wohl aber darf und muß das Gericht evtl zB ergänzende Auskünfte der Behörde anfordern oder bestimmte Mitglieder etwa eines Sachverständigenausschusses nach § 192 ff BauGB laden, BGH 62, 95, BayOLG 02, 384. Sie sind damit zu Gutachtern bestellt und entsprechend zu behandeln, BGH NJW 98, 3355, auch nach § 414. Im übrigen können Maßnahmen nach I, III, IV von Amts wegen nötig sein, BGH BB 76, 481. Dabei ist das Ermessen des Berufungsgerichts in der Revisionsinstanz nur auf etwaigen rechtsfehlerhaften Gebrauch nachprüfbar, BGH RR 89, 954.

G. Weitere Einzelfragen. III, IV sind unanwendbar, soweit das Gutachten entscheidungsunerheblich 18 geworden ist, BGH RR 89, 954, Hamm MDR 85, 593.

9) VwGO: Entsprechend anwendbar, § 98 VwGO, BVerwG NJW 96, 2318, NVwZ-RR 90, 446, DÖV 88, 19 *222, NJW 86, 3221 u 84, 2646 mwN. Wollen die Beteiligten an den Sachverständigen Fragen stellen, so muß ihrem Antrag, nach III sein Erscheinen anzuordnen, stattgegeben werden, BVerwG NJW 84, 2646 (auch wenn ein Gutachten aus einem anderen Verfahren verwertet werden soll, VGH Kassel ESVGH 50, 288 mwN, str). Stattzugeben ist auch dann, wenn der Antrag vor der mündlichen Verhandlung gestellt wird, vgl BFH BStBl 70 II 460; er ist in der (letzten) Verhandlung über das Gutachten rechtzeitig gestellt, BVerwG NVwZ-RR 90, 446 mwN. Im Antrag müssen die für erörterungsbedürftig gehaltenen Punkte vorab hinreichend konkret bezeichnet werden, BVerwG NJW 96, 2318, NJW 86, 3221 u 84, 2646 mwN. Er darf abgelehnt werden, wenn es ausgeschlossen ist, daß die Befragung zu weiterer Ermittlung oder zu einer anderen Beurteilung führen kann, BVerwG Buchholz 310 § 98 Nr 46, NVwZ-RR 90, 446 mwN. Zur Frage, wann die Anordnung vAw geboten ist, vgl BVerwG DVBl 60, 287. Die Parteien können nicht die Vernehmung eines Privatgutachters verlangen, BVerwG Buchholz 310 § 98 Nr 46. Die Zulässigkeit einer Sachaufklärung durch andere Beweismittel wird durch III nicht berührt, BVerwG Buchholz 303 § 411 Nr 1. Für den Fall der amtlichen Auskunft gilt III nicht entspr, Rn 17, BVerwG NJW 86, 3221, NVwZ 86, 36. Entspr anwendbar ist auch IV, BVerwG NJW 96, 2318, jedoch tritt § 87 b III VwGO an die Stelle von § 296 I u IV.*

411a
Verwertung von gerichtlichen Sachverständigengutachten. Die schriftliche Begutachtung kann durch die Verwertung eines gerichtlich eingeholten Sachverständigengutachtens aus einem anderen Verfahren ersetzt werden.

Vorbem. Eingefügt dch Art 1 Z 14 des 1. JuMoG v 24. 8. 04, BGBl 2198, in Kraft seit 1. 9. 04, Art 14 S 1 des 1. JuMoG, ÜbergangsR § 29 Z 3 EGZPO idF Art 2 Z 2 des 1. JuMoG.

1) Systematik. Die Vorschrift erweitert die Verwertungsmöglichkeiten eines Gutachtens über das Ver- 1 fahren hinaus, für das es eingeholt wurde. Eine solche Verwertung war schon bisher als Urkundenbeweis möglich. Ob die Regelung des § 411 a eher Vorteile oder eher Nachteile bringt, bleibt abzuwarten, Greger NJW Sonderheft „BayObLG" 05, 40, Huber ZRP 03, 270, Schneider AnwBl 05, 549 (krit). Jedenfalls bleibt der Grundsatz einer freien Beweiswürdigung unverändert bestehen, § 286 Rn 4 ff.

2) Regelungszweck. § 411 a bezweckt eine Verbesserung der Prozeßwirtschaftlichkeit, Grdz 14 vor 2 § 128. Das Verfahren kann billiger werden und schneller vorankommen. Andererseits muß man eher eine Schwächung des Grundsatzes der Unmittelbarkeit der Beweisaufname nach §§ 355, 402 in Kauf nehmen. Denn es ist verführerisch, sich einfach auf ein aus anderem Anlaß erstattetes Gutachten zu beziehen. Man muß diese Aspekte behutsam abwägen, statt den bequemen Weg zu wählen.

3) Geltungsbereich. Die Vorschrift gilt in allen Beweisverfahren nach der ZPO. Sie ist auch im selbstän- 3 digen Beweisverfahren nach §§ 485 ff anwendbar, aM Rath/Küppersbusch VersR 05, 890 (aber seine spätere Auswertung ändert nichts am Charakter des Einholungsverfahrens). Gerade dort muß man freilich darauf achten, nicht statt einer auf den jetzigen Zustand abgestellten Begutachtung irgendeine frühere solange als ausreichend zu erachten, bis sich der jetzige Zustand nicht mehr feststellen läßt. Die Beweisfrage muß im jetzigen Prozeß keineswegs mit derjenigen des früheren „anderen Verfahrens" ganz übereinstimmen, aM Rath/Küppersbusch VersR 05, 890 (aber die freie Beweiswürdigung nach § 286 bleibt ohnehin bestehen). Die Parteiherrschaft nach Grdz 18 vor § 128 kann nicht zur Beseitigung des Ermessens nach § 411 a und

§§ 411a, 412

nach § 286 führen, aM Rath/Küppersbusch VersR **05**, 890 (aber keine Parteiherrschaft kann freie Beweiserhebung und -würdigung völlig verbieten).

4 **4) Ermessen.** Das Gericht hat ein weites pflichtgemäßes Ermessen, ob und in welchem Umfang es ungeachtet eines etwaigen Antrags auf Einführung eines Gutachtens ein früheres gerichtlich eingeholtes Gutachten aus einem beliebigen anderen Verfahren gleich welcher Art und Instanz als vollwertigen Sachverständigenbeweis verwendet. Weder das Alter des Gutachtens noch eine Nämlichkeit der Parteien oder der Streitgegenstände sind Bedingung oder Hindernis. Natürlich bleiben §§ 279 III, 285 I, 402 ff, 412 anwendbar.

Unanwendbar ist die Vorschrift auf ein Gutachten aus einem bloßen Verwaltungsverfahren. Denn dieses ist nicht „gerichtlich eingeholt". Ein Privatgutachten ist solange nicht gerichtlich eingeholt, wie das Gericht des anderen Verfahrens es nicht als auch gerichtlichen Anforderungen behandelt hat.

5 **5) Verfahren.** Das Gericht beschließt wie sonst, hier eben evtl auf Verwertung. Die Entscheidung ist ebensowenig anfechtbar wie ein sonstiger Beweisbeschluß auf einen Sachverständigen. § 402 ff bleiben anwendbar. Es entstehen nicht schon infolge der Verwertung zusätzliche Vergütungsansprüche des damaligen Sachverständigen. Etwas anderes kann gelten, soweit er sein damaliges Gutachten zB jetzt mündlich erläutern soll. Er ist zu solcher Zusatzarbeit unter denselben Voraussetzungen verpflichtet wie bei der Erstattung des damaligen Gutachtens. Die Schweigepflicht kann ihm wie dem Gericht Grenzen der Verwertbarkeit setzen.

6 **6) Verstoß.** Es gelten dieselben Regeln wie dann, wenn das Gericht erstmals ein Gutachten einholt. Ein Verstoß gegen die Schweigepflicht nach Rn 5 kann Unverwertbarkeit des Gutachtens und Amtshaftung usw auslösen.

7 **7) *VwGO:* Entsprechend anzuwenden, *§ 98 VwGO.***

412 *Neues Gutachten.* ¹ **Das Gericht kann eine neue Begutachtung durch dieselben oder durch andere Sachverständige anordnen, wenn es das Gutachten für ungenügend erachtet.**

II **Das Gericht kann die Begutachtung durch einen anderen Sachverständigen anordnen, wenn ein Sachverständiger nach Erstattung des Gutachtens mit Erfolg abgelehnt ist.**

Gliederung

1) Systematik, I, II 1	A. Begriff 5
2) Regelungszweck, I, II 2	B. Notwendigkeit 6
3) Geltungsbereich, I, II 3	6) Weitere Begutachtung, II 7
4) Neue Begutachtung: Freie Beweiswürdigung, I 4	7) Verfahren, I, II 8
	8) Verfahren, I, II 9
5) Obergutachten, I 5, 6	9) *VwGO* 10

1 **1) Systematik, I, II.** Es handelt sich um eine in etwa dem § 398 entsprechende, den § 411 ergänzende Vorschrift. Sie wäre letzlich wegen des Grundsatzes der freien Beweiswürdigung nach § 286 entbehrlich. Denn das Gericht müßte nach ihm ohnehin evtl weitere Beweise erheben, § 144.

2 **2) Regelungszweck, I, II.** Die Vorschrift stellt klar, daß das Ziel der sachlichrechtlichen Gerechtigkeit nach Einl III 9 höher steht als Erwägungen der Prozeßwirtschaftlichkeit nach Grdz 14 vor § 128, solange diese Rangfolge nicht zu allzu großen Verzerrungen führt. Auch erhebliche Mehrkosten sind im allgemeinen hinnehmbar, wenn Aussicht auf bessere Beweisergebnisse besteht. Eine Grenze bildet das Verbot der Unverhältnismäßigkeit der Mittel, Einl III 21. Das Gericht muß es auch im Bereich der Parteiherrschaft nach Grdz 18 vor § 128 zum Schutz des Unterliegenden vor extremen Kosten mitbeachten.

3 **3) Geltungsbereich, I, II.** Vgl Üb 3 vor § 402. Im Regreßprozeß ist das Gericht gegenüber dem Haftungsprozeß frei, BGH NJW **05**, 3072.

4 **4) Neue Begutachtung: Freie Beweiswürdigung, I.** Das Gericht würdigt das zunächst erstattete Gutachten grundsätzlich im Rahmen seines pflichtgemäßen Ermessens frei, § 286 Rn 50, Üb 1 vor § 402 und § 402 Rn 6 „§§ 394–398", BGH VersR **88**, 801, BayObLG FamRZ **98**, 921. Vielfach ist das Gericht aber faktisch vom Sachverständigen abhängig, § 286 Rn 50, Pieper ZZP **84**, 29. Nur dann, wenn das Gutachten dem Gericht nicht zur seiner Überzeugung reicht, muß es mangels Vorgehens nach § 411 III auch ohne Antrag einer Partei ein neues Gutachten desselben oder eines anderen Sachverständigen anfordern, § 286 Rn 54, BGH NJW **97**, 803, BayObLG FamRZ **98**, 921, Mü VersR **92**, 1125. Das bezeichnet BGH NJW **78**, 752 bei einem Schriftgutachten sogar als meist notwendig. Eine Entscheidung, ob ein weiterer Gutachter oder gar ein dritter (Obergutachter) nach Rn 5 beauftragt werden soll, ist ungeachtet der freien Beweiswürdigung nur in besonderer Lage notwendig, § 286 Rn 61, BGH NJW **96**, 731, BayObLG **98**, 921 (Unvollständigkeit des bisherigen Gutachtens), Köln VersR **98**, 1512.

Dabei ist *§ 244 IV StPO* rechtsähnlich anwendbar, § 286 Rn 27. Soweit nur die Partei ein weiteres Gutachten für erforderlich hält, ist § 398 anwendbar. Vgl freilich § 286 Rn 61. Ist bei der Prüfung, ob die Partei eine Unbrauchbarkeit eines Schiedsgutachtens nach Grdz 12 vor § 1025 schlüssig vorgetragen hat, entsprechend anwendbar, BGH MDR **84**, 224.

5 **5) Obergutachten, I.** Das Gericht sollte es nur äußerst zurückhaltend angeordnet.

A. Begriff. Obergutachter ist ein Sachverständiger, der auf Grund überragender Sachkunde oder besonderer Autorität die durch gegensätzliche Auffassung mehrerer Sachverständiger entstehenden Zweifel klären soll.

Titel 8. Beweis durch Sachverständige §§ 412, 413

B. Notwendigkeit. Es besteht nur ausnahmsweise eine Pflicht zur Einholung eines sog Obergutachtens, 6 § 286 Rn 61, BGH BB **80**, 863. Das gilt zB: Bei besonders schwierigen Fragen, BayObLG FamRZ **98**, 921; bei Zweifeln an der Sachkunde des Sachverständigen; bei überlegenen Forschungsmitteln des weiteren Gutachters, BGH BB **80**, 863, BayObLG FamRZ **98**, 921, Mü VersR **92**, 1125; bei groben Mängeln des erstatteten Gutachtens, § 286 Rn 61, BGH NJW **86**, 1930, BayObLG FamRZ **98**, 921. Die Kostenfrage ist nicht allein maßgeblich. Sie ist aber mitbeachtlich (Grundsatz der Verhältnismäßigkeit, Einl III 23).

Die Einholung eines Obergutachtens erfolgt nach pflichtgemäßem *Ermessen*, BGH BB **80**, 863, BayObLG FamRZ **98**, 921. Dasselbe gilt für eine nochmalige Anhörung des Sachverständigen, nachdem das Gericht einen anderen Gutachter gehört hatte, BGH BB **80**, 863, BayObLG **87**, 15. Freilich muß man die Grenzen des Ermessens in der Revisionsinstanz beachten, BGH VersR **89**, 759. Es ist kein Obergutachten notwendig, wenn das erste Gutachten ohne erkennbare Fehler und im übrigen überzeugend war, BGH BB **80**, 863, und wenn das Gericht das auch im Urteil nachvollziehbar dargelegt hat, BGH VersR **86**, 467. Ein Obergutachten ist auch nicht schon deshalb notwendig, weil zwei Gutachter einander trotz Zugrundelegung derselben Tatsachen widersprechen, BGH NJW **87**, 442, BayObLG WoM **90**, 178, oder schon deshalb, weil ein weiterer Gutachter eine andere Meinung haben könnte, KG VersR **02**, 439. Vielmehr muß das Gericht dann von Amts wegen eine Aufklärung der Gründe versuchen, Grdz 39 vor § 128. Es muß mit den Parteien zumindest die Lage erörtern, BGH MDR **93**, 797, und eine ergänzende Stellungnahme des gerichtlichen Sachverständigen zu einem ihm widersprechenden Privatgutachten einholen, BGH RR **00**, 45.

6) Weitere Begutachtung, II. Nach einer erfolgreichen Ablehnung eines Sachverständigen im Anschluß 7 an sein Gutachten nach § 406 Rn 23 ist ein weiterer Auftrag an einen anderen Sachverständigen Pflicht des Gerichts. Denn „kann" in II stellt nur in die Zuständigkeit. Andernfalls würde das Gericht den schuldlosen Beweisführer benachteiligen. Der Abgelehnte kann nur ein sachverständiger Zeuge sein, § 414.

7) Verfahren, I, II. Die Anordnung erfolgt auch ohne mündliche Verhandlung nach § 360 S 2 durch das 8 Prozeßgericht, BGH NJW **85**, 1399, und auch durch den verordneten Richter, § 360 S 3. Die Anordnung erfolgt durch einen Beschluß. Er gehört immer zum Beweisbeschluß. Das Gericht muß eine Abweichung vom Gutachten sorgfältig begründen, § 329 Rn 4. Es kann bei einem nicht von Amts wegen zu erhebenden Beweis ein weiterer erheblicher Vorschuß notwendig werden, §§ 379, 402. Ihn muß der Beweisführer zahlen. Denn § 412 setzt im Gegensatz zu § 398 voraus, daß das Gericht und nicht nur die Partei eine weitere Begutachtung wünscht.

8) Rechtsbehelf, I, II. Eine sofortige Beschwerde gegen den Beschluß ist weder bei der Anordnung 9 noch bei der Ablehnung zulässig, § 355 II, Düss RR **98**, 933. Das gilt auch im selbständigen Beweisverfahren, Hamm NVersZ **01**, 384. Ein Verstoß gegen § 412 kann ein Revisionsgrund sein, BGH VersR **81**, 371. Er kann auf Antrag zur Zurückverweisung nach § 538 führen.

9) *VwGO:* *Entsprechend anwendbar, § 98 VwGO, BVerfG AuslR **90**, 164, BVerwG DVBl **99**, 1206,* 10 *NVwZ **99**, 187, NVwZ-RR **95**, 6 u **90**, 653 (auch dann, wenn ein Gutachten urkundenbeweislich verwendet wird, Schulz NVwZ **00**, 1367, VGH Kassel NVwZ **00**, 1428, OVG Münst NWVBl **94**, 393). Bei der Entscheidung über die Einholung eines neuen Gutachtens, Rn 1, hat das Gericht in Ausübung seines Rechts zur freien Beweiswürdigung, § 108 I 1 VwGO, nach Ermessen zu verfahren, BVerfG aaO, BVerwG NVwZ-Beil I **00**, 99 u **99**, 89 mwN, NVwZ **97**, 48, NJW **86**, 2268, VGH Kassel NVwZ-Beil 6/96 S 43 mwN. Die Einholung eines neuen Gutachtens bzw Obergutachtens ist geboten, BVerwG NJW **86**, 2229 mwN: wenn die vorliegenden Gutachten sich in der Beurteilung widersprechen, BVerwG DVBl **60**, 287, oder wenn das Gericht an der Richtigkeit des vorliegenden Gutachtens zu zweifeln Anlaß hat, BVerwG VerwRspr **31**, 382 mwN, zB weil es grobe Mängel oder unlösbare Widersprüche aufweist oder wenn es von falschen sachlichen Voraussetzungen ausgeht, BVerwG **35**, 50, oder weil Bedenken gegen die Sachkunde oder Unparteilichkeit des Sachverständigen bestehen, BVerwG **31**, 149. Das gleiche gilt, wenn das Gericht ohne eigene Fachkunde von dem vorliegenden Gutachten abweichen will, BVerwG **41**, 359. Zur Einholung weiterer Gutachten, wenn Erkenntnisquellen zum Beweisthema vorliegen, vgl Stumpe VBlBW **95**, 172.*

413 *Sachverständigenvergütung.* **Der Sachverständige erhält eine Vergütung nach dem Justizvergütungs- und -entschädigungsgesetz.**

Vorbem. Zunächst Fassg Art 4 XX Z 4 KostRMoG v 5. 05. 04, BGBl 718, in Kraft seit 1. 7. 04, Art 8 S 1 KostRMoG, ÜbergangsR § 24 JVEG sowie Einl III 78. Sodann Überschrift angepaßt dch Art 1 Z 14 a des 1. JuMoG v 24. 8. 04, BGBl 2198, in Kraft seit 1. 9. 04, Art 14 S 1 des 1. JuMoG.

Schrifttum (teilweise zum alten Recht): *Bayerlein* (Herausgeber), Praxisbuch Sachverständigenrecht, 2. Aufl 1996; *Bleutge*, ZSEG, 3. Aufl 1995; *Eickmeier*, Die Haftung des gerichtlichen Sachverständigen für Vermögensschäden usw, 1993; *Hartmann*, Kostengesetze, 34. Aufl 2004, Teil V; *Heck*, Die Entschädigung nach dem ... ZSEG für den Sachverständigen des Handwerks, 1995; *Jessnitzer/Ulrich*, Der gerichtliche Sachverständige, 11. Aufl 2000; *Klein*, Die Rechtsstellung und die Haftung des im Zivilprozeß bestellten Sachverständigen, Diss Mainz 1994; *Meyer/Höver/Bach*, ZSEG, Komm, 21. Aufl 2001; *Müller*, Der Sachverständige im gerichtlichen Verfahren, 3. Aufl 1988; *Thole*, Die Haftung des gerichtlichen Sachverständigen nach § 839 a BGB, 2004; *Wellmann/Schneider/Hüttemann/Weidhaas*, Der Sachverständige in der Praxis, 6. Aufl 1997.

1) Systematik, Regelungszweck: Verweisung. Als abschließende Regelung ist (jetzt) das JVEG mit 1 seiner eingehenden Regelung in §§ 1 ff JVEG maßgebend, BGH NJW **84**, 871, Hartmann Teil V. Diese Regelung ist verfassungsgemäß, BVerfG RR **02**, 67 (zum ZSEG). Soweit der Sachverständige auftragsgemäß über die Beweisfrage hinaus tätig war, erhält er eine Vergütung unabhängig davon, ob eine Partei auch insofern Kostenschuldner wird, Düss DS **04**, 264 (sog Interventionsgutachten zwecks Mediation).

2) Geltungsbereich. Vgl Üb 3 vor § 402. 2

§§ 413, 414

3) Vorsatz, grobe Fahrlässigkeit: Kein Anspruch, sondern Schadensersatzpflicht. Wenn der gerichtlich bestellte oder beauftragte Sachverständige die Unverwertbarkeit seines Gutachtens grob fahrlässig oder gar auch nur bedingt vorsätzlich verschuldet, kann man ihn nicht wegen Vertragsverstoßes oder vertragsähnlicher Haftung belangen, Celle DS **04**, 344. Er kann sich vielmehr allenfalls nach § 839 a BGB wegen eines nach dem 31. 7. 02 eingetretenen Schadens infolge einer auf dem Gutachten beruhenden Gerichtsentscheidung ersatzpflichtig machen, es sei denn, der Geschädigte hatte vorwerfbar kein Rechtsmittel eingelegt, Art 2 Z 5, Artt 12, 13 G v 19. 7. 02, BGBl 2647. Maßgebend für den vorstehenden Stichtag ist aber nicht die Gerichtsentscheidung, sondern die Abgabe des Gutachtens, Art 229 § 8 EGBGB, LG Köln DS **04**, 350. Zur Haftung Brückner/Neumann MDR **03**, 906, Kilian VersR **03**, 683 (je: Üb). Schon vorher konnte er zumindest nach § 826 BGB haften, BGH VersR **03**, 1048. Er konnte dann in entsprechender Anwendung von § 628 I 2 BGB auch seinen Anspruch auf Vergütung verlieren, so schon (je zum alten Recht), Mü FamRZ **95**, 1598.

Bedingter Vorsatz ist also bereits schädlich, ebenso *grobe Fahrlässigkeit,* so schon (je zum alten Recht) Hbg MDR **04**, 906, KG DS **04**, 267, Kblz MDR **04**, 188. Das alles gilt zB: Grundsätzlich wegen Ortstermins ohne Benachrichtigung beider Parteien, Mü MDR **98**, 1123 (Ausnahme: nicht gerichtlicher Hinweis an unerfahrenen Sachverständigen, Kblz DS **04**, 188); wegen herausgekommener völliger Ungeeignetheit, Mü AnwBl **02**, 67 (auch zur Fristeinhaltung); wegen schwerer inhaltlicher Mängel, Kblz BB **93**, 1975, AG Dortm JB **95**, 151; weil eine Partei ihn erfolgreich abgelehnt hat, BGH NJW **76**, 1154 (späterer Ablehnungsgrund), Hbg JB **99**, 426, Kblz FamRZ **01**, 114 (Ausnahme: beide Parteien haben sich das Ergebnis des Gutachtens trotzdem zu eigen gemacht, Mü RR **98**, 1637: neuer Sachverständiger spart Kosten durch Mitverwertung des früheren Gutachtens), LG Bayr JB **91**, 437; weil der Sachverständige nur auf unberechtigte Angriffe reagiert hat, Düss RR **97**, 1353; weil ein anderer Sachverständiger das frühere Gutachten mitverwerten konnte, Düss Rpfleger **91**, 527, Mü RR **98**, 1688; weil er in einer „Kanzleigemeinschaft" mit einem ProzBev mitgeteilt hat, Düss MDR **01**, 1262; weil er die Beweisfrage nicht beantwortet hat oder bei einer Beschränkung auf die Mitteilung des Untersuchungsergebnisses, Ffm MDR **77**, 762; wegen seiner Schweigepflicht, § 286 Rn 58, LG Mönchengladb WoM **98**, 297. Es kommt dann auch eine Kürzung in Betracht, LG Kblz FamRZ **00**, 178, AG Hann FamRZ **00**, 176. Das setzt allerdings auch voraus, daß sein Hinweis den Prozeßgang geändert hätte, LG Kblz FamRZ **00**, 178.

4) Leichte Fahrlässigkeit, Schuldlosigkeit: Anspruch. Der Vergütungsanspruch bleibt bei § 839 a BGB indessen bestehen, wenn der Sachverständige nur leicht fahrlässig handelte, so schon (je zum alten Recht) BGH NJW **84**, 871, Hbg MDR **97**, 103, aM KG FamRZ **99**, 1516, Kblz MDR **02**, 1152 (nach erfolgreicher Ablehnung. Aber das war schon nach altem Recht zu streng). Der Sachverständige würde wesentlich mehr haften als sein Auftraggeber, der Staat). Ein Vergütungsanspruch bleibt erst recht bestehen, soweit der Sachverständige überhaupt keine Schuld hatte, Hamm MDR **84**, 964, mag das Gutachten auch objektiv lückenhaft oder sonstwie fehlerhaft sein, Düss JB **01**, 537.

5) Unterlassung: Evtl kein Anspruch. Der Vergütungsanspruch kann auch wegen pflichtwidriger Unterlassung entfallen, daß der Vorschuß nicht ausreiche, § 407 a III (so auch daß seine Sachkunde fehle, § 407 a I 1, Düss MDR **88**, 874, AG Hann FamRZ **00**, 176, oder wegen übermäßig langer Untätigkeit, zB von 3 Jahren statt (wie beim Nachfolger) 3 Monaten, Ffm DS **04**, 349. Hinzutreten kann die Notwendigkeit auch des Sachverständigeneids. Schlechterfüllung fehlt, soweit die Fachsprache des Sachverständigen nicht unbedingt nötig ist, Oldb NJW **91**, 1241 (zu § 411). Soldaten muß man andere Sachverständige behandeln, Z 18 ff SchlAnh II. Zur Haftung des Sachverständigen Üb 17 vor § 402.

6) VwGO: Entsprechend anwendbar, § 98 VwGO. Die Geltung des ZSEG für alle Gerichte ergibt sich zudem aus seinem § 1.

414

Sachverständige Zeugen. Insoweit zum Beweise vergangener Tatsachen oder Zustände, zu deren Wahrnehmung eine besondere Sachkunde erforderlich war, sachkundige Personen zu vernehmen sind, kommen die Vorschriften über den Zeugenbeweis zur Anwendung.

1) Systematik. Man muß folgende Beweismittel auseinanderhalten: Den Sachverständigen, §§ 402 ff. Er bleibt das, auch wenn er sich die Kenntnis der für sein Gutachten notwendigen Tatsachen erst verschaffen muß, § 407 a Rn 11; den Zeugen und Sachverständigen. Das ist derjenige, der seine ohne einen Zusammenhang mit einem gerichtlichen Sachverständigenauftrag und ohne besondere Sachkunde gemachten Wahrnehmungen bekunden und aus ihr Schlüsse ziehen soll. Er muß evtl den Zeugen- und den Sachverständigeneid leisten. Soweit er als Sachverständiger beansprucht worden ist, kann ihn das Gericht als solchen mit seinen Wertungen wie einen Sachverständiger beurteilen. Er kann auch die Gebühren eines Sachverständigen fordern, selbst wenn das Gericht ihn nur als sachverständigen oder „gewöhnlichen" Zeugen geladen und zunächst auch nur so belehrt hatte, Celle VersR **00**, 58. Ferner gibt es den endgültigen sachverständigen Zeugen, Rn 4.

2) Regelungszweck. Die Verweisung auf §§ 373 ff dient der Vereinfachung. Sie ist ja auch durchaus sinnvoll. Denn der sachverständige Zeuge ist jedenfalls zunächst Zeuge, Rn 1. Wie dort angedeutet, wird aber in der Praxis meist dann doch rasch während der Vernehmung aus dem sachkundigen Darsteller eines vergangenen Geschehens ein sachkundiger Beurteiler jenes Vorgangs und damit ein echter Sachverständiger. Von diesem Augenblick an muß das Gericht ihn als einen Sachverständigen behandeln, beaufsichtigen und nicht zuletzt auch entschädigen. Von diesem Augenblick an endet also verständigerweise die Anwendbarkeit des § 414 mit den dort genannten Zeugenbestimmungen. Es ist die Aufgabe des Gerichts, schon wegen §§ 8, 9 JVEG, aber natürlich auch im übrigen sogleich auch im Protokoll die beabsichtigte bzw eingetretene Funktionsänderung klarzustellen. Rechtsmißbrauch wäre auch hier den Parteien verboten, Einl III 54. Es wäre nicht zulässig, weitere Zeugenbekundungen etwa über ein Schadensbild durch eine Sachverständigenfrage zu unterbrechen, nur um nach der Antwort einen Ablehnungsantrag anbringen zu können.

3) Geltungsbereich. Vgl Üb 3 vor § 402. 3

4) Sachverständiger Zeuge. Er ist ein Zeuge, der die zu bekundenden Tatsachen nur kraft seiner 4 Sachkunde ohne Zusammenhang mit einem gerichtlichen Sachverständigenauftrag wahrgenommen hat, OVG Kassel MDR **97**, 98. Maßgebend ist, ob er unersetzbar ist (dann ist er ein sachverständiger Zeuge) oder ob er auswechselbar ist (dann ist er Sachverständiger), Üb 6 vor § 402, Hamm MDR **88**, 418, Üb 14 vor § 402, § 407 a Rn 6. Seine Eigenschaft ergibt sich zunächst aus dem Beweisbeschluß bzw Auftrag. Sie kann sich gegenüber der Ladung durch die Art der tatsächlichen Heranziehung ändern, Rn 3, Düss VersR **83**, 544. Das gilt zB nach einem Privatgutachten, Hamm JB **91**, 1259. Es gilt ferner dann, wenn das Gericht ihn nun wie einen Sachverständigen um eine Bewertung über die Tatsachenbekundung hinaus bittet. Hier entstehen freilich schwierige, für den Unterlegenen kostspielige Abgrenzungsfragen.

Im *Zweifel* dürfte man eine Beurteilung oder Bewertung meist als Sachverständigentätigkeit beurteilen dürfen und müssen. Er ist im ersteren Fall Zeuge und untersteht ausnahmslos den Vorschriften über den Zeugenbeweis, §§ 373 ff. Der Arzt ist zB sachverständiger Zeuge, wenn er über eine bestimmte Krankheit aussagt, aber Sachverständiger und Zeuge, wenn er die Ursache und die Wirkung dieser Krankheit bekundet. Er kann zum Sachverständigen werden, Rn 1. Der erfolgreich abgelehnte Sachverständige kann anschließend sachverständiger Zeuge sein, Jessnitzer DS **91**, 268. Der sachverständige Zeuge ist zB nicht ablehnbar. Insofern erfolgt eine freie Beweiswürdigung, § 286.

Es findet beim sachverständigen Zeugen *keine gerichtliche Auswahl* statt. Von seiner Anhörung darf das Gericht nicht schon wegen fehlender Sachkunde absehen. Er leistet einen Zeugeneid, §§ 478 ff. Er erhält für seine Tätigkeit in dieser Eigenschaft Zeugengebühren nach dem JVEG und wegen einer etwa vorausgegangenen oder nachfolgenden Tätigkeit als Sachverständiger Entschädigung nach den in § 413 Rn 1–5 dargestellten Regeln, Düss VersR **83**, 544, Mü JB **81**, 1699. Es ist ratsam, die nun tatsächlich geforderte und geleistete Tätigkeitsart im Protokoll festzuhalten, Rn 2. Die von ihm bekundeten Tatsachen sind notfalls unter Hinzuziehung eines Sachverständigen nachprüfbar. Das Gericht würdigt ein Arztattest nicht nach § 414, sondern als Privaturkunde im Sinn von § 416 Rn 1 nach § 286, BGH NJW **90**, 1735.

5) *VwGO:* Entsprechend anwendbar, § 98 VwGO. Zur Abgrenzung zum Sachverständigen s BVerwG NJW **86**, 5 2268, VGH Kassel MDR **97**, 97, OVG Kblz NVwZ-RR **92**, 592.

Titel 9. Beweis durch Urkunden

Übersicht

Schrifttum: *Ahrens,* Elektronische Dokumente und technische Aufzeichnungen als Beweismittel. Zum Urkunden- und Augenscheinsbeweis der ZPO, Festschrift für *Geimer* (2002) 1; *Baltzer,* Elektronische Datenverarbeitung in der kaufmännischen Buchführung und Prozeßrecht, Gedächtnisschrift für *Bruns* (1980) 73; *Becker,* Elektronische Dokumente als Beweismittel im Zivilprozess, 2004; *Britz,* Urkundenbeweisrecht und Elektroniktechnologie, 1996; *Hertel,* Der Urkundenprozeß unter besonderer Berücksichtigung von (rechtlichem Gehör) und Vollstreckungsschutz, 1992; *Reithmann,* Vorsorgende Rechtspflege durch Notare und Gerichte, 1989; *Reithmann/Röll/Geßele,* Handbuch der notariellen Vertragsgestaltung, 7. Aufl 1995; *Schippel,* Die elektronische Form usw, in: Festschrift für *Odersky* (1996); *Schreiber,* Die Urkunde im Zivilprozeß, 1982; *Steeger,* die zivilprozessiale Mitwirkungspflicht der Parteien beim Urkunden- und Augenscheinbeweis, Diss Bln 1981; *Teske,* Der Urkundenbeweis im französischen und deutschen Zivil- und Zivilprozeßrecht, 1990.

Gliederung

1) Systematik	1	B. Innere (materielle) Beweiskraft	10
2) Regelungszweck	2, 3	C. Zeugenaussage, Auskunft, Zeugnis	11
3) Geltungsbereich	4	D. Parteibeweis	12
4) Begriff und Rechtsnatur	5–7	E. Zuverlässigkeit	13
5) Arten	8	7) Ersetzung einer Urkunde	14
6) Beweiskraft	9–13	8) *VwGO*	15
A. Äußere (formelle) Beweiskraft	9		

1) Systematik. §§ 415 ff regeln diejenige Beweisart, die lange als die zuverlässigste galt, bis auch sie im 1 Zuge des technischen Fortschritts mit seinen enorm zunehmenden Manipulationsmöglichkeiten problematisch wurde. Das ändert BayObLG RR **97**, 1029 nicht. Vom Urkundenbeweis muß man Augenscheinsbeweis nach §§ 371 ff unterscheiden. Das gelingt wegen dieser technischen Entwicklung nicht immer leicht, Üb 1 vor § 371.

2) Regelungszweck. Wegen der Manipulationsmöglichkeiten nach Rn 1 ist der lange Zeit hindurch so 2 einfach erkennbare Zweck gerade des Urkundenbeweises, der Wahrheitsermittlung am ehesten mithilfe desjenigen, was der Beweisführer „schwarz auf weiß besitzt", so fragwürdig geworden, daß nur eine zurückhaltende Auslegung sowohl des Urkundenbegriffs als auch der jeweiligen Beweiskraft der verschiedenen Urkundenarten zu vertretbaren Ergebnissen führen kann.

3 *Nahezu wertlos* mutet ein Beweismittel an, das man mit den heutigen technischen Möglichkeiten beliebig so bearbeiten kann, daß aus Ja ein Nein und aus Schwarz ein Weiß werden kann. Das gilt nur theoretisch lediglich bei einer wie immer gearteten Kopie. Auch so manches Original steht aber in solcher Gefahr.
Praktisch unentbehrlich bleibt die Urkunde gleichwohl als Beweismittel. Nicht bei jedem Dokument gibt es gleich auch einen halbwegs begründbaren Anfangsverdacht nachträglicher Verfälschung der vorgenannten Arten. Will man nicht jedermann als Urkundenfälscher bis zum Beweis des Gegenteils befürchten, dann muß man von dem Fehlen solcher strafbaren Begleitumstände ebenso ausgehen, wie man es bei anderen Beweismitteln auch tut und tun muß. Es wäre ja auch verhängnisvoll und mit Artt 1, 2 GG unvereinbar, von vornherein jeden Zeugen oder Sachverständigen als Lügner zu betrachten.
Ruhige Abwägung tut not und hilft, weder übertrieben vertrauensselig noch allzu argwöhnisch an einen Urkundenbeweis heranzugehen. Erhöhte Wachsamkeit ist freilich leider ebenfalls ziemlich unumgänglich geworden.

4 **3) Geltungsbereich.** §§ 415 ff gelten in allen Verfahrensarten nach der ZPO, auch im arbeitsgerichtlichen Verfahren, § 46 II 1 ArbGG. Sie gelten auch für eine ausländische Urkunde, Lorenz ZZP **111**, 59. Zum Verfahren der ausländischen Beweisaufnahme §§ 363 ff.

5 **4) Begriff und Rechtsnatur.** Urkunde im Sinn der ZPO ist die schriftliche Verkörperung eines Gedankens, BGH **65**, 301, FG Bln NJW **77**, 2232. Demgegenüber zielt der Augenschein nach § 371 nur auf die Sinneswahrnehmung der Person oder Sache ab. Anders als im StGB gehören Grenzzeichen und dergleichen zum Augenscheinsbeweis. Denn sie dienen keiner Aussage, sondern einer Kennzeichnung. Das gilt zB für Siegel, Fahrzeug- oder Motorziffern. Dasselbe gilt für Tonbandaufnahmen, Schallplatten, CDs usw sowie Fotos, Üb 12 ff vor § 371. Zur Anwendbarkeit bei § 29 GBO BayObLG IPRax **94**, 122. Unerheblich ist: In welchen üblichen oder vereinbarten Schrift- oder Druckzeichen die Urkunde abgefaßt ist; worauf sie geschrieben oder gedruckt wurde; ob sie unterschrieben ist; welche Bedeutung sie hat und welchem Zweck sie dient. Gegenstand des Beweises ist ihr gedanklicher Inhalt.

6 Eine *Fotokopie* kann auch unbeglaubigt eine Urkunde sein, BGH MDR **76**, 304, Köln NJW **92**, 1774, Laghzaoui MDR **96**, 230 (Telefax), aM BGH NJW **92**, 829, ZöGei 2 vor § 415 (aber wenn auch nur das Original den erhöhten bindenden Beweiswert beanspruchen kann, verbleibt doch stets die Möglichkeit einer weitgehend freien Würdigung nach § 286). Zusammengesetzte Fotokopien von Teilen mehrerer Schriftstücke sind keine Urkunde, Düss NJW **01**, 167 (StGB). Zur Problematik Zoller NJW **93**, 429.

7 *Computerbescheide* und ähnliche technische Aufzeichnungen sind Urkunden, soweit sie wenn auch programmierte Gedanken verkörpern, aM Baltzer Festschrift für Bruns (1980) 80 (§§ 415 ff gelten entsprechend. Aber dieser Umweg ist unnötig). Das gilt auch für den schriftlichen Ausdruck von elektronischen Dokumenten nach § 130a. Man muß dagegen die zugehörige Originaldatei nach § 371 I 2 behandeln. Ein Computerspeicher ist keine Urkunde, Redeker NJW **84**, 2394. Wegen der Verwertbarkeit personenbezogener Daten muß man das BDSG zu beachten. Schuppenhauer DB **94**, 2041 (ausf) wendet §§ 415 ff auf andere elektronische Dokumente bei ausreichender Fehler- und Fälschungssicherheit entsprechend an, aM Malzer DNotZ **98**, 107.

8 **5) Arten.** Die ZPO unterscheidet die öffentliche Urkunde (Begriff § 415 Rn 4, Beweiskraft §§ 417, 418) und die Privaturkunde, (Begriff § 416 Rn 3, Beweiskraft § 416 Rn 6–8). Maßgeblich ist nicht der Inhalt, sondern die Form, BayObLG Rpfleger **75**, 316. Beide Urkundenarten können räumlich verbunden sein, zB bei einer öffentlich beglaubigten Urkunde. Ferner sollte man zwischen der Urschrift und der Abschrift unterscheiden. Unter der letzteren ist wieder eine Ausfertigung und eine beglaubigte Abschrift (Begriff beider § 317 Rn 8) hervorgehoben.

9 **6) Beweiskraft.** Nur eine echte und körperlich intakte Urkunde hat Beweiskraft. Man muß ihre Echtheit nach den §§ 437–443 beurteilen, die Unversehrtheit nach § 419. Ist die Urkunde echt, muß man weiter im Wege gesetzlicher Beweisregeln und insofern unter vorrangiger Einschränkung des Grundsatzes freier Beweiswürdigung nach § 415 Rn 2 wie folgt unterscheiden.

A. Äußere (formelle) Beweiskraft. Die äußere Beweiskraft nach §§ 415 ff bezeugt, daß der Aussteller die in der Urkunde niedergelegte Erklärung wirklich abgegeben hat. Dabei regelt § 417 die äußere Beweiskraft einer öffentlichen Urkunde, § 416 diejenige einer privaten. Ob diese Erklärung richtig oder falsch ist, gehört zur inneren Beweiskraft. Die äußere Beweiskraft erfordert den Nachweis der Echtheit der Urkunde. Für ihn stellt die ZPO bindende Beweisregeln auf und schließt insofern § 286 aus.

10 **B. Innere (materielle) Beweiskraft.** Sie regelt die inhaltliche Richtigkeit der Erklärung. Sie hat die sachliche Bedeutung der Erklärung für den Beweissatz zum Gegenstand. Das Gericht darf und muß die innere Beweiskraft nach freier richterlicher Überzeugung würdigen, § 286, VG Sigmaringen NVwZ-RR **05**, 634. Nach ihr entscheidet sich zB, ob die Urkunde ein Schuldanerkenntnis enthält oder den Wert eines Mängelrüge. Wenn die in der Urkunde enthaltene Erklärung nicht als Beweispunkt in Frage kommt, sondern als Indiz nach Einf 16 vor § 284, dann würdigt das Gericht frei, was die Abgabe der Erklärung für den Beweissatz besagt. Beispiele: Ob in der Mängelrüge ein außergerichtliches Geständnis des Vertragsschlusses liegt; ob die vom Arzt aufgezeichnete Krankengeschichte der Krankheit beweist. Hierbei kommt es auf die Glaubwürdigkeit des Ausstellers an. Nur bei öffentlichen Zeugnissen einer Behörde oder Urkundsperson stellt das Gesetz diese Glaubwürdigkeit durch gesetzliche Beweisregeln fest, zB in §§ 415, 165.

11 **C. Zeugenaussage, Auskunft, Zeugnis.** Über eine urkundenbeweisliche Verwertung von Zeugenaussagen § 286 Rn 69. Über amtliche Auskünfte und behördliche Zeugnisse Üb 32 vor § 373.

12 **D. Parteibeweis.** Der Urkundenbeweis ist regelmäßig ein Parteibeweis, Grdz 20 vor § 128. Eine Erhebung von Amts wegen ist nur zulässig: im Amtsverfahren, §§ 616, 640; nach §§ 142, 143, 273, also wenn sich eine Partei auf die Urkunde bezogen hat, bei Akten und zur Vorbereitung der mündlichen Verhandlung. Bei § 358a nur indirekt, nämlich im Rahmen von Z 2, 3; bei Vollkaufleuten und gewissen Streitpunkten betr die Vorlegung von Handelsbüchern und Tagebüchern der Handelsmakler, §§ 45, 47, 102 HGB. In den letzteren beiden Fällen können die Parteien die Verwertung durch deren vereinbarten Ausschluß verhindern.

E. **Zuverlässigkeit.** Die Urkunde war lange Zeit hindurch das einzige zuverlässige Beweismittel. Man 13
muß es auch heute meist allen anderen Beweismitteln trotz der Grenzen Üb 2, 3 vor § 415 vorziehen. Einen
gegenüber einer Urkunde versuchten Zeugenbeweis muß man oft mit gewissen Mißtrauen betrachten. Meist
soll er dem Beweisführer das rechtswidrige Lossagen von der niedergelegten Vereinbarung ermöglichen. Die
Rechtssicherheit iS Einl III 43 verlangt, daß das Gericht eine Urkunde nicht ohne Not in ihrem Wert
antastet. Über mündliche Abreden neben Urkunden Anh § 286 Rn 93 „Form".

7) **Ersetzung einer Urkunde.** Die Ersetzung einer zerstörten oder abhanden gekommenen gerichtlichen 14
oder notariellen Urkunde nach §§ 46, 68 BeurkG erfolgt durch eine beglaubigte Abschrift einer noch
vorhandenen Ausfertigung oder beglaubigten Abschrift. Andernfalls muß das Gericht oder der Notar den
Inhalt der Urkunde klären. Stets ist der Beweis nach dem Verlust einer privaten Urkunde mit allen anderen
Beweismitteln zulässig.

8) **VwGO:** Urkundenbeweis ist als zulässiges Beweismittel ausdrücklich genannt, § 96 I 2 VwGO. Er wird stets 15
vAw erhoben, § 86 I VwGO, auch vor der mündlichen Verhandlung, §§ 87, 96 II VwGO; §§ 415ff gelten
entsprechend, § 98 VwGO, soweit Unterschiede der beiden Verfahrensarten nicht entgegenstehen. Urkundenbeweis ist
auch die Heranziehung eines anderweit erstatteten Gutachtens, *BVerfG InfAuslR* **90**, 164, *BVerwG NVwZ-RR* **90**,
653. Sondervorschriften gelten für die Aktenvorlage durch Behörden, § 99 VwGO idF des RmBereinVpG, hierzu
Kienemund NJW **02**, 1234 u *Kuhla/Hüttenbrink DVBl* **02**, 87.

415 *Beweiskraft öffentlicher Urkunden über Erklärungen.* ¹ Urkunden, die von einer öffentlichen Behörde innerhalb der Grenzen ihrer Amtsbefugnisse oder von einer mit öffentlichem Glauben versehenen Person innerhalb des ihr zugewiesenen Geschäftskreises in der vorgeschriebenen Form aufgenommen sind (öffentliche Urkunden), begründen, wenn sie über eine vor der Behörde oder der Urkundsperson abgegebene Erklärung errichtet sind, vollen Beweis des durch die Behörde oder die Urkundsperson beurkundeten Vorganges.

II Der Beweis, dass der Vorgang unrichtig beurkundet sei, ist zulässig.

Gliederung

1) **Systematik, I, II**	1	5) **Beweiskraft, I**	8–10
2) **Regelungszweck, I, II**	2	A. Grundsatz: Nicht für inhaltliche Richtigkeit der Erklärung	8
3) **Geltungsbereich, I, II**	3	B. Beurkundeter Vorgang	9, 10
4) **Begriff der öffentlichen Urkunde, I**	4–7	6) **Gegenbeweis, II**	11–13
A. Behörde	4	A. Unrichtigkeit der ganzen Beurkundung	11, 12
B. Mit öffentlichem Glauben versehene Person	5	B. Unrichtigkeit eines Teils der Beurkundung	13
C. Sachliche Zuständigkeit	6	7) *VwGO*	14
D. Form	7		

1) **Systematik, I, II.** Die Vorschrift regelt die Beweiskraft einer öffentlichen Urkunde im Gegensatz zur 1
privaten nach § 416. Das gilt auch bei ihr nur, soweit es sich um eine private Erklärung handelt, nicht um
eine behördliche Erklärung nach § 417 oder um einen sonstigen öffentlich beurkundeten Vorgang. Ergänzend gilt § 419.

2) **Regelungszweck, I, II.** Es handelt sich um eine gesetzliche Beweisregel, Rn 8. Das ist eine Ein- 2
schränkung des Grundsatzes der freien Beweiswürdigung, § 286 Rn 4. Sie ist schon deshalb nicht unproblematisch, wenn auch sicher meist nach Grdz 14 vor § 128 prozeßwirtschaftlich und darum verlockend und ja
eben auch bindend. Da die Gefahr von zumindest nachträglichen Manipulationen auch iS Üb 2 vor § 415 auch
bei öffentlichen Urkunden besteht, ist leider auch iS § 415 eine zurückhaltende Auslegung geboten.
Gegenbeweis, II, sollte umso eher möglich sein. Natürlich reicht zu einem Gegenbeweis nicht schon jede
bloße Möglichkeit oder Wahrscheinlichkeit, Rn 11. Eine Rückkehr zur freien Beweiswürdigung ist aber
beim Gegenbeweis immerhin eher zulässig als nach I beim Hauptbeweis. Natürlich darf man nicht auf
solchem Weg das gesetzliche Gewicht der öffentlichen Urkunde verringern. Die Lebenserfahrung im
Gericht zeigt aber oft genug, daß auch die Behörden problematische Bescheinigungen usw ausstellen. Das
Verhältnis zwischen Staat und Bürger hat sich auch im Urkundenbereich gewandelt. Obrigkeitsgläubigkeit
kann den Blick auf die wahre Problematik verstellen. Das darf man wohl auch bei § 415 ein wenig
miterwägen.

3) **Geltungsbereich, I, II.** Vgl Üb 3 vor §§ 415ff. Die Vorschrift gilt auch im FGG-Verfahren, 3
BayObLG RR **00**, 457. Urkunden, die seinen Erfordernissen genügen, genießen „öffentlichen Glauben".
Fehlt ein Erfordernis, so tritt eine freie Beweiswürdigung nach § 286 ein. Öffentlich nur verwahrte oder
beglaubigte Urkunden sind über den Beglaubigungsvermerk hinaus keine öffentlichen Urkunden, *BGH
MDR* **80**, 299, *BayObLG DNotZ* **85**, 220. Sie sind vielmehr Privaturkunden mit einer öffentlichen
Beglaubigung der Unterschrift oder des Handzeichens. Deutsche Konsuln sind zur Unterschriftsbeglaubigung befugt, § 17 KonsG. Über Lichtbilder von Urkunden (Fotokopien) *LAG Kiel Rpfleger* **89**, 163. Die
unbeglaubigte Fotokopie kann zwar eine Urkunde sein, Üb 6 vor § 415. Sie ist aber keine öffentliche oder
öffentlich beglaubigte Urkunde, *BGH NJW* **92**, 830. Ihre strafrechtliche Beurteilung ist strenger.

4) **Begriff der öffentlichen Urkunde, I.** Es herrschen strenge Voraussetzungen.

A. **Behörde.** Notwendig ist die Ausstellung durch eine öffentliche Behörde oder eine mit öffentlichem 4
Glauben versehene Person. Öffentliche Behörde ist eine solche Behörde, die durch den erkennbar gewordenen Staatswillen als dauernder Träger staatlicher Hoheitsrechte so anerkannt und eingerichtet ist, daß sie

§ 415

nicht vom Dasein eines einzelnen Beamten abhängt. Ob das zutrifft, richtet sich nach dem am Ausstellungsort der Urkunde geltenden Verwaltungsrecht.

Öffentliche Behörden sind: Alle Gerichte, BayObLG **97**, 90, KG MDR **82**, 330; alle Bundesbehörden; alle Landesbehörden, zB die Enteignungsbehörde, BGH **88**, 170; alle Gemeindebehörden; die Sozial- bzw Jugendämter, LG Düss FamRZ **84**, 923, LG Duisb Rpfleger **84**, 98; amtliche Berufsvertretungen; öffentlichrechtliche Versicherungsanstalten; kirchliche Behörden; Universitäten; auch ausländische Behörden, § 438, BVerwG NJW **87**, 1159, Zweibr FamRZ **04**, 729; die Postbank, BayObLG NJW **93**, 2947. Eine ausländische öffentliche Urkunde hat natürlich keine höhere Beweiskraft als eine inländische, Hamm RR **00**, 407. Stgt RR **86**, 7 zählt auch zB den Präsidenten eines Gerichts hierher, der einen Testamentsvollstrecker beruft. Wegen der Deutschen Post AG (jetzt) § 168 I 2, BVerfG RR **02**, 1008, ferner § 418 Rn 5 „Post".

5   **B. Mit öffentlichem Glauben versehene Person.** Das ist eine durch eine staatliche Ermächtigung allgemein oder beschränkt zur Beurkundung bestellte oder ermächtigte Person.

Beispiele: Der Notar, BGH JZ **87**, 522, BayObLG RR **00**, 457, Hamm OLGZ **91**, 25; der Urkundsbeamte der Geschäftsstelle, Mü OLGZ **80**, 468; der Gerichtsvollzieher, Köln MDR **91**, 260, VG Bln DGVZ **89**, 124; der Standesbeamte; der Gerichtswachtmeister bei Zustellungen; kraft Beleihung auch der Postbedienstete, § 168 I 2; Berufs- und Honorarkonsuln im Rahmen von §§ 10 ff KonsG, Geimer DNotZ **88**, 3. Auch ausländische Beamte können Urkundspersonen im Sinne des § 415 sein, vgl aber § 438.

Nicht hierhin gehören zB: Der Handelsmakler nach §§ 93 ff HGB; der amtlich anerkannte Sachverständige nach dem Straßenverkehrsrecht und dgl, aM LG Bonn DGVZ **89**, 13; der Anwalt beim Empfangsbekenntnis, (jetzt) §§ 174, 195, Bbg JB **78**, 243; der Stasi-Bundesbeauftragte, VG Greifswald DtZ **95**, 455.

6   **C. Sachliche Zuständigkeit.** Notwendig ist die Einhaltung der Grenzen der Amtsbefugnisse oder des zugewiesenen Geschäftskreises. Es genügt nicht, daß die Ausstellung der Amtsstelle nicht verwehrt und bei ihr gebräuchlich ist. Ihre Vollmacht läßt sich aber vermuten. Maßgebend ist die sachliche Zuständigkeit. Diese dürfte zB dann fehlen, wenn ein Ermittlungsrichter bei einer Zeugenvernehmung Erklärungen des Zeugen protokollieren läßt, die den letzten Willen des Zeugen enthalten, BayObLG **79**, 237. Die örtliche Zuständigkeit berührt zwar die innere Beweiskraft insofern, als bei ihrem Fehlen die Urkunde unwirksam sein kann, nicht aber die äußere, Üb 9, 10 vor § 415. Auch privatrechtliche Urkunden einer öffentlichen Behörde über in ihren Amtsbereich fallende Privatrechtsgeschäfte sind öffentliche Urkunden, LG Kiel DNotZ **87**, 48. Damit geschieht aber deren Ausstellung noch nicht immer in Ausübung öffentlicher Gewalt, LG Kiel DNotZ **87**, 49. Auch eine solche sog Eigenurkunde des Notars ist eine öffentliche Urkunde, die er errichtet, um eine zuvor beurkundete oder beglaubigte Erklärung eines Beteiligten zu berichtigen oder zu ergänzen oder sie inhaltlich zB an grundbuchrechtliche Erfordernisse anzupassen. Das gilt, wenn der Notar sie unterzeichnet und gesiegelt hat, BGH **78**, 39.

7   **D. Form.** Notwendig ist schließlich die Beobachtung aller wesentlichen Formvorschriften, §§ 159 ff, 190 ff ZPO, Artt 80 ff WG, §§ 8 ff BeurkG, BayObLG FGPrax **01**, 59, dazu DVO v 1. 8. 70, BayJMBl 67, zB die persönliche Entgegennahme der Erklärung, Verlesung des gesamten in der Niederschrift des Notars enthaltenen Erklärungsinhalts, zumindest soweit er beurkundungsbedürftig ist, sowie die Unterschrift, auch bei handschriftlichen Zusätzen, BGH NJW **94**, 2768, und eine etwa notwendige Siegelung. Man kann die Einhaltung der Form nur der Urkunde selbst oder aus Vorgängen entnehmen, die mit ihrer Errichtung in einem unmittelbaren Zusammenhang stehen, nicht aus außerhalb liegenden Umständen. Die Einhaltung einer Sollvorschrift ist nicht notwendig. Aus dem Erklärungsinhalt kann man nichts gegen die Eigenschaft als öffentliche Urkunde herleiten. Hierfür sind lediglich die formalen Voraussetzungen des § 415 maßgeblich. Wegen eines Formmangels Rn 3 und § 416 Rn 3.

8   **5) Beweiskraft, I.** Sie wird oft unter- wie überschätzt.

A. Grundsatz: Nicht für inhaltliche Richtigkeit der Erklärung. § 415 gibt eine gesetzliche Beweisregel, BGH NJW **01**, 449. Sie gilt unter der Voraussetzung der Echtheit nach Einf 1 vor § 437, BGH NJW **01**, 449. Sie erfordert eine äußerliche Mangelfreiheit der Urkunde, § 419. Sie hat Vorrang vor § 286. Die Beweisregel gilt freilich nur für die Abgabe der Erklärung, BGH NJW **01**, 449. Sie gilt also nicht auch für deren inhaltliche Richtigkeit, BGH JZ **87**, 522, BayObLG **04**, 121, Ffm MDR **90**, 641.

Erklärung ist dabei jede Willensäußerung, zB eine Grundstücksauflassung. Die Beurkundung von Tatsachen fällt unter § 418. Zur Beweiskraft der notariellen Urkunde BayObLG Rpfleger **95**, 410. Aber nicht jede öffentliche Urkunde hat diese Beweiskraft, sondern nur diejenige über eine vor der Behörde oder der Urkundsperson abgegebene Erklärung. Das ist nur eine solche „bezeugende" Urkunde, in der die beurkundende Behörde am zu beurkundenden Vorgang nicht beteiligt ist, LG Drsd Rpfleger **95**, 67, zB §§ 167 ff FGG. Nicht aber gehört hierher eine öffentliche Urkunde, die eine von der Behörde selbst abgegebene Erklärung enthält, sog „bewirkende" Urkunde, LG Drsd Rpfleger **95**, 67. Sie kann je nach ihrem Inhalt hoheitsrechtlich (Gerichtsentscheidung, Polizeiverfügung, Steuerbescheid) oder zB gewerberechtlich sein (Mietvertrag, Kaufvertrag, Personen- und Güterbeförderungsvertrag, Vollmacht der Treuhandanstalt usw). Insofern gelten §§ 417, 418, BayObLG Rpfleger **75**, 316.

9   **B. Beurkundeter Vorgang.** Der beurkundete Vorgang ist voll bewiesen, LG Stralsund NJW **97**, 3178. Jede andere Beweiswürdigung schließt § 415 in Abweichung von § 286 aus, BGH MDR **78**, 739, BayObLG RR **97**, 1029. Daher besteht kein Anlaß dazu, den Aufnehmenden als Zeugen zu vernehmen.

10   „*Vorgang*" begreift in sich: Den Ort, Hamm VersR **00**, 1220; die Zeit, Hamm VersR **00**, 1220; die Anwesenheit der Urkundsperson; die Tatsache der Abgabe der Erklärung, BGH NJW **01**, 449, Hamm VersR **00**, 1220, einschließlich der Vollständigkeit der Wiedergabe des geäußerten rechtsgeschäftlichen Willens, BGH JZ **87**, 523, Karlsr MDR **99**, 387, Schlesw MDR **00**, 632, und deren Herkunft von einer bestimmten Person, Hamm VersR **00**, 1220, aM ThP 5 (aber gerade auch diese Nämlichkeits-Teilfrage gehört hierher). *Nicht* zählt dazu: daß sie „persönlich bekannt ist"; auch nicht ein sonstiger Hinweise, sonstige Informationen

Titel 9. Beweis durch Urkunden §§ 415, 416

usw, BGH DNotZ **86**, 79. Wenn die Erklärung ein Anerkenntnis der Echtheit eines übergebenen Schriftstücks enthält, dann erstreckt sich die Beweisregel auch auf dieses Schriftstück. Einen weiteren Beweis für den Vorgang darf das Gericht nicht verlangen. Die Richtigkeit und die Wirksamkeit der abgegebenen Erklärung gehören nicht hierher. Vgl Üb 9 vor § 415.

6) Gegenbeweis, II. Man nimmt ihn zu oft an. Für den Gegenbeweis der Unechtheit gilt nicht II, sondern § 286. **11**

A. Unrichtigkeit der ganzen Beurkundung. Ein Gegenbeweis ist dahin zulässig und notwendig, daß die Urkunde schadhaft sei, § 419, daß der Vorgang unrichtig beurkundet worden sei, § 348 I StGB, BayObLG RR **00**, 457, Hamm VersR **00**, 1220, daß also die Möglichkeit der Richtigkeit ausgeschlossen ist, § 418 Rn 8. Er muß die Beurkundung der abgegebenen Erklärung betreffen. Beispiele: Zeit, Hamm VersR **00**, 1220; Ort; Inhalt, Hamm VersR **00**, 1220; Unrichtigkeit oder Unvollständigkeit der Erklärung, Hamm VersR **00**, 1220; Willen der Nichtbeurkundung, Schlesw MDR **00**, 632; Nämlichkeit des Beurkundenden. Nicht hierher gehört, daß der Erklärende etwas beim Vorlesen überhört oder falsch verstanden habe, BGH **71**, 262, MüKoSchr 25 ZöGei 6, aM RoSGo § 121 III 2 a (aber ein Genehmigen ohne Kenntnis ist ein Willensmangel, so daß allenfalls eine Anfechtung möglich ist, BGH JZ **78**, 565). Folglich ist eine Anfechtung notwendig. Zulässig, aber mit Vorsicht zu behandeln ist der Nachweis, der Erklärende habe widersprochen. Ein Zweifel genügt nicht, Einf 12 vor § 284 (Streitfrage). Es ist also ein voller Gegenbeweis nötig, LG Stralsund NJW **97**, 3178. Soweit eine Partei diesen Gegenbeweis erbracht hat, hat die Urkunde ihre formelle Beweiskraft verloren, Hamm VersR **00**, 1220.

Eine *Parteivernehmung* ist zum Gegenbeweis unzulässig, § 445 II, BayObLG **78**, 286, Zweibr FGPrax **05**, 171, aM BGH NJW **78**, 1481 (aber man muß II zusammen mit I lesen). Über den Nachweis der Unrichtigkeit des Protokolls §§ 164, 165, S 2, über den Nachweis der Unrichtigkeit des Urteilstatbestands § 314 S 2. Er gilt jeweils nicht außerhalb jenes Verfahrens. Inhaltliche Unrichtigkeit oder Willensmängel unterliegen demgegenüber der freien Beweiswürdigung nach § 286, BGH WertpMitt **79**, 1157. **12**

B. Unrichtigkeit eines Teils der Beurkundung. Welche Bedeutung eine nachgewiesene Unrichtigkeit eines Teils der Beurkundung für die Wirksamkeit der ganzen Erklärung hat, ist eine Frage des Einzelfalls. Evtl fehlt eine wesentliche Form. Es kann die ganze Beweiskraft entfallen, Hamm RR **00**, 407. Unrichtig ist auch die unvollständige Urkunde. **13**

7) *VwGO*: Entsprechend anwendbar, *§ 98 VwGO, BVerwG NJW **89**, 1233, VGH Mü NVwZ-RR **97**, 745. Die Abweichung von der Beweisregel in I ist also unzulässig, Ule VPrR § 30 II 1; aM RedOe § 98 Anm 13 (keine starre Bindung, die mit § 86 I VwGO unvereinbar wäre: aber § 415 gilt auch für ZPO-Verfahren mit Ermittlungsgrundsatz und im Verfahren der Sozialgerichte, § 118 I SGG, vgl Meyer-Ladewig Rn 13, 14). Zum Begriff der öff Urkunde, Rn 4 ff, BVerwG NVwZ **97**, 490 (amtl Erklärung), Buchholz 451.90 Nr 51, 310 § 98 Nr 29 (Fotokopie); NJW **87**, 1159 (Abschrift), VG Mainz NVwZ **00**, 228 (Anmeldeformular). Vgl auch § 418 Rn 13.* **14**

416 *Beweiskraft von Privaturkunden.* **Privaturkunden begründen, sofern sie von den Ausstellern unterschrieben oder mittels notariell beglaubigten Handzeichens unterzeichnet sind, vollen Beweis dafür, dass die in ihnen enthaltenen Erklärungen von den Ausstellern abgegeben sind.**

Gliederung

1) Systematik, Regelungszweck	1	5) Beweiskraft		6–10
2) Geltungsbereich	2	A. Grundsatz: Nur für Abgabe der Erklärung		6
3) Privaturkunde	3	B. Beweisregel		7
4) Unterschrift	4, 5	C. Innere Beweiskraft		8–10
		6) VwGO		11

1) Systematik, Regelungszweck. Vgl zunächst § 415 Rn 1, 2. Bei der Privaturkunde regelt das Gesetz die Beweiskraft wegen der Erklärung und sonstige Umstände in derselben Vorschrift. Wegen des Regelungszwecks Rn 1 vor § 415. Die Bedenken wegen der Manipulationsmöglichkeiten gelten bei der Privaturkunde erst recht. **1**

2) Geltungsbereich. Vgl Rn 2 vor § 415. **2**

3) Privaturkunde. § 416 betrifft nur die unterschriebene Privaturkunde, Köln RR **00**, 153, dh jede unterschriebene nichtöffentliche Urkunde einschließlich der öffentlich beglaubigten, § 415 Rn 3, Hbg MDR **99**, 375, Hamm OLGZ **91**, 25. Vgl freilich § 440 II. Ihr steht eine solche öffentliche Urkunde gleich, der ein wesentliches Erfordernis fehlt, BGH NJW **94**, 2768. Andere Privaturkunden darf und muß das Gericht nach § 286 frei würdigen, BGH RR **87**, 1522. Beispiele: Quittungen, BGH RR **88**, 881; Handelsbücher, wonach Eintragungen zu Lasten des Kaufmanns regelmäßig ein außergerichtliches Geständnis sind; das vom Erblasser nicht unterschriebene Nottestament, BayObLG **79**, 238; eine Rechnung ohne Unterschrift; ein Kontoblatt eines Prämiensparbuchs, Hamm NJW **87**, 964; die privatschriftliche Niederschrift über eine Versammlung der Wohnungseigentümer, BayObLG NZM **02**, 748; eine Abholbescheinigung und Frachtbrief, Düss RR **96**, 361; eine Übernahmequittung des Frachtführers, BGH MDR **03**, 649 rechts; Zeitnotizen eines Anwalts bei Vereinbarung eines Zeithonorars, Hbg MDR **00**, 116; der Einschreiben-Rückschein, Reichert NJW **01**, 2524 (Ausnahme: Post, § 418 Rn 5). Grundsätzlich darf man nur das Original als Urkunde ansehen, § 420 Rn 4, (dort auch zu Ausnahmen), Düss RR **95**, 737. **3**

§§ 416, 416a

4 **4) Unterschrift,** dazu *Köhler* Festschrift für *Schippel* (1996) 209: Der Aussteller muß die Urkunde unterschrieben haben. Aussteller ist nicht schon derjenige, der die Niederschrift vornimmt, sondern derjenige, der die Erklärung in der Urkunde abgibt, also zB der Vertreter, nicht der Vertretene. Die Unterschrift muß den ganzen Text decken, BGH **113**, 48. Sie darf also nicht nur *über* ihm stehen, (sog Oberschrift), § 440 Rn 5. Sie darf auch nicht nur *neben* ihm oder im Text stehen, § 440 Rn 5, es sei denn, es blieb *unter* dem Text kein Platz und die Unterschrift neben dem Text deckt ihn eindeutig, Köln Rpfleger **00**, 163 (Testament). Eine Blankounterschrift genügt, sofern nicht eine abredewidrige Textausfüllung vorliegt, BGH **104**, 177, BayObLG FamRZ **91**, 613. Erforderlich ist eine Unterschrift, die den Aussteller hinreichend kennzeichnet, § 129 Rn 9, Düss RR **95**, 737. Regelmäßig genügt der Familienname, je nach der Art der Urkunde, etwa bei Familienbriefen, auch der Vorname oder die Funktion, anders als bei § 126 BGB („Deine Mutter" usw), oder eine Amts- oder Berufsangabe. Im Handelsverkehr genügt die kaufmännische Firma, § 17 HGB. Nach Lage des Falls genügt auch ein Künstlername, Deckname oder Spitzname, BayObLG Rpfleger **79**, 337. Datum und Ort sind für die Unterschrift entbehrlich.

5 Die Unterschrift muß nicht unbedingt *eigenhändig* oder handschriftlich sein, § 129 Rn 9. Bleistift, Handstützung genügen. Der Vertreter kann mit dem Namen des Vertretenen unterschreiben, soweit er dazu bevollmächtigt ist. Das mutmaßliche Einverständnis des Vetreteten mag genügen. Eine Unterstempelung oder ein elektronisches Dokument, ein Telefax oder eine eingescannte elektronische Unterschrift usw genügen nach Lage des Falls, § 129 Rn 44 „Telefax", § 130a. Auch eine maschinelle Bankquittung genügt durchweg, also die Textform, §§ 126a, b, 127 BGB, BGH RR **88**, 881. Wegen der Handzeichen §§ 126, 129 BGB, 183 FGG sowie § 129 Rn 31–33. Das Gericht muß die sachlichrechtliche Gültigkeit der Unterschrift unabhängig von § 416 nach dem sachlichen Recht prüfen, zB nach § 126 BGB. Es muß ein Fehlen der Unterschrift nach § 286 frei würdigen, Köln DB **83**, 105. Das gilt auch bei einer digitalen Unterschrift, Geis NJW **97**, 3001, Ultsch NJW **97**, 3007.

6 **5) Beweiskraft.** Sie ist viel geringer als oft erhofft.

A. Grundsatz: Nur für Abgabe der Erklärung. § 416 gibt eine gesetzliche Beweisregel. Das gilt unter der Voraussetzung der Echtheit nach Einf 1 vor § 437, BGH **104**, 175, und bei einer äußerlichen Mängelfreiheit der Urkunde nach § 419. Nur diese Beweisregel schließt eine freie Beweiswürdigung nach § 286 aus, LAG Hamm NZA-RR **05**, 548, Britz ZZP **110**, 81, insoweit mißverständlich BGH RR **87**, 1522. Die Vorschrift bezieht sich nur auf die äußere Beweiskraft, Üb 5 vor § 415, BGH RR **88**, 881, BAG NJW **04**, 2853. Über den Unterschied zwischen § 416 und § 440 vgl § 440 Rn 1.

7 **B. Beweisregel.** Die in der Urkunde enthaltene Erklärung gilt als vom Aussteller abgegeben, BGH VersR **03**, 229, KG ZMR **04**, 111, LAG Hamm NZA-RR **05**, 548, aM ZöGei 9 (aber der äußerlich wahrnehmbare Vorgang der Abgabe muß eine Äußerung gehört unzweifelhaft zur äußeren Beweiskraft). Zur Beweiskraft des anwaltlichen Empfangsbekenntnisses §§ 174, 195. Die Erklärung gilt also als geäußert und abgesandt. Sie gilt nicht auch stets als zugegangen. Ein Gegenbeweis gegen die äußere Beweiskraft ist begrifflich undenkbar. Das gilt auch bei einem Mißbrauch einer Blankounterschrift. Doch läßt sich dort die Vermutung des § 440 II durch einen Gegenbeweis entkräften, BGH **104**, 177.

8 **C. Innere Beweiskraft.** Die Beweisregel ergreift aber nicht auch den Inhalt der Erklärung, BGH VersR **93**, 1911, BAG NJW **04**, 2853, Hbg MDR **99**, 375. Die Beweisregel ergreift also anders als § 415 nicht die Umstände ihrer Abgabe, wie Zeit und Ort oder ihr wirksames Zustandekommen, also auch nicht den Zugang, LAG Hamm NZA-RR **05**, 548. So beweist ein in der Urkunde enthaltenes Datum nur, daß es angegeben ist, nicht, daß es richtig angegeben ist, BGH **109**, 244, KG MDR **77**, 674. In allen diesen Punkten ist nach § 286 jeder Beweis und Gegenbeweis zulässig, BGH RR **93**, 1379, BayObLG NZM **02**, 748, Hbg MDR **99**, 375, zB derjenige der Erschleichung der Unterschrift oder derjenige einer verabredungswidrigen Niederschrift. Eine Parteivernehmung ist unzulässig, § 415 Rn 12. Die Parteien können einer Privaturkunde auch an sich nicht die Beweiskraft einer öffentlichen Urkunde nach § 418 geben, BayObLG WoM **88**, 98. Bei einer Vertragsurkunde besteht zwischen den Vertragspartnern eine Vermutung, BGH **109**, 245 (also nicht gegenüber einem Dritten). Diese Vermutung geht dahin, daß sie den endgültigen, wohlüberlegten Willen der Parteien enthalte, BGH NJW **02**, 3164. Sie hat die Annahme der Vollständigkeit und Richtigkeit für sich, KG OLGZ **77**, 487, Schlesw NZM **02**, 176.

9 Ein *Gegenbeweis* mündlicher Abreden ist deshalb nur dann zulässig, wenn die Partei bestimmte Tatsachen für eine unrichtige oder unvollständige Beurkundung anführt, BGH RR **89**, 1323, Köln VersR **97**, 597. Diese Tatsachen können sich auch außerhalb der Urkunde ergeben, BGH NJW **02**, 3164 (Begleitumstände usw). Wenn die mündliche Abrede nicht dem Inhalt der Urkunde widerspricht, dann genügt der Nachweis, daß die Parteien die Abrede bei und nach der Beurkundung als Vertragsbestandteil betrachtet haben, BGH NJW **80**, 1680, KG OLGZ **77**, 487, Schlesw NZM **02**, 176.

10 *Unzulässig* ist der Einwand, der Aussteller habe die Urkunde nicht gelesen oder nicht verstanden, aM Mü VersR **88**, 1136 (aber das erstere mag unerheblich sein, das letztere betrifft nur eine innere Tatsache, Einf 20 vor § 284). Evtl ist aber eine Anfechtung wegen Irrtums, Drohung oder Täuschung möglich. Die Auslegung der Parteien bindet das Gericht regelmäßig nicht. Es darf aber der Erklärung keinen Sinn beilegen, den ihr die Parteien bei der Unterschrift nicht geben wollten. Der abgestempelte Frachtbrief hat ausnahmsweise eine volle Beweiskraft nach Art 8 § 3 CIM. Trotz § 416 ist eine Inhaltskontrolle von Allgemeinen Geschäftsbedingungen zulässig, Liebs AcP **174**, 31.

11 **6) VwGO:** *Entsprechend anwendbar,* § 98 VwGO, vgl § 415 Rn 14.

416a

Beweiskraft des Ausdrucks eines öffentlichen elektronischen Dokuments. Der mit einem Beglaubigungsvermerk versehene Ausdruck eines öffentlichen elektronischen Dokuments gemäß § 371a Abs. 2, den eine öffentliche Behörde innerhalb der Grenzen ihrer Amtsbefugnisse oder eine mit öffentlichem Glauben versehene Person innerhalb des ihr zuge-

Titel 9. Beweis durch Urkunden §§ 416a–418

wiesenen Geschäftskreises in der vorgeschriebenen Form erstellt hat, sowie der Ausdruck eines gerichtlichen elektronischen Dokuments, der einen Vermerk des zuständigen Gerichts gemäß § 298 Abs. 2 enthält, stehen einer öffentlichen Urkunde in beglaubigter Abschrift gleich.

Vorbem. Eingefügt dch Art 1 Z 32 JKomG v 22. 3. 05, BGBl 837, in Kraft seit 1. 4. 05, Art 16 I JKomG, ÜbergangsR Einl III 78.

1) Systematik. Während § 371 a die Beweiskraft eines elektronischen privaten oder öffentlichen Dokuments regelt, nennt § 416 a die Voraussetzungen der Beweiskraft eines papiernen bloßen Ausdrucks eines elektronischen öffentlichen Dokuments. Die Vorschrift ergänzt insoweit §§ 415 ff. 1

2) Regelungszweck. Er ähnelt demjenigen des § 415. Freilich bringt § 416 a nur die Beweiskraft einer beglaubigten Abschrift. Das ergibt sich aus seinem Text am Ende. 2

3) Ausdruck nebst Beglaubigungsvermerk. Es muß zunächst ein Ausdruck im Sinn von § 298 I, II vorliegen. Vgl daher dort. Es muß sich bei der Vorlage auch gerade um eine öffentliche elektronische Urkunde im Sinn von § 371 a II handeln. Vgl insofern dort. Schließlich muß ein Beglaubigungsvermerk vorliegen, den gerade eine der zB auch in § 371 a II, 415 genannten öffentlichen Urkundspersonen erstellt hat. Stattdessen kann auch ein gerichtliches elektronisches Dokument nebst Vermerk nach § 298 II zugrundeliegen. 3

Andere Arten von Vorlagen reichen aber nicht, ebensowenig Vorlagen, die nach ihrer Art genügen, aber keine Vermerke der in § 416 a genannten Art aufweisen. Ein unzureichender Vermerk reicht ebenfalls nicht.

4) Beweiskraft öffentlicher Urkunde in beglaubigter Abschrift. Unter den Voraussetzungen Rn 3 steht der Ausdruck einer öffentlichen Urkunde in beglaubigter Abschrift gleich. Das bedeutet nicht die volle Beweiskraft nach § 415 Rn 8 ff, wohl aber mehr als die Beweiskraft nach § 416 Rn 6 ff. Im übrigen bleibt über die formellen Grenzen der Beweiskraft hinaus der Freibeweis nach § 286 Rn 4 ff möglich. Das bedeutet in der Praxis eine zwar nicht ganz, aber doch fast so freie Möglichkeit der Beweiswürdigung wie dort. 4

417 *Beweiskraft öffentlicher Urkunden über amtliche Anordnung, Verfügung oder Entscheidung.* Die von einer Behörde ausgestellten, eine amtliche Anordnung, Verfügung oder Entscheidung enthaltenden öffentlichen Urkunden begründen vollen Beweis ihres Inhalts.

1) Systematik, Regelungszweck. Vgl zunächst Üb 1, 2 vor § 415. § 417 betrifft diejenige öffentliche Urkunde nach § 415 Rn 4, die im Sinn von Einf 1 vor § 437 echt und äußerlich nach § 419 mangelfrei ist und die nicht etwas bezeugt, sondern etwas anordnet oder entscheidet, dh die Willenserklärung einer Behörde enthält, wie eine im Urteil, eine Verfügung, einen Strafbefehl, einen Verwaltungsakt, einen Erbschein, eine Erbausschlagung durch den Amtsvormund und deren Anfechtung, LG Bln Rpfleger **94**, 167, LG Kiel Rpfleger **90**, 420, die Festsetzung einer Vergütung, Kblz Rpfleger **85**, 443. Vgl § 415 Rn 8. 1

2) Geltungsbereich. Vgl Üb 3 vor § 415. 2

3) Beweiskraft. Als gesetzliche Beweisregel gilt: Der Inhalt der Urkunde ist voll bewiesen, also auch das Ergehen der Anordnung usw einschließlich ihrer Begleitumstände, zB der teilnehmenden Personen, des Orts und des Zeitpunkts, Kblz Rpfleger **85**, 443. Nicht bewiesen sind die Motive der Behörde und die sachliche Richtigkeit dieses Inhalts, VG Bln DGVZ **89**, 124, VG Sigmaringen NVwZ-RR **05**, 634. Zum Beweis ist das Dienstsiegel entbehrlich, LG Bln Rpfleger **94**, 167. Gegenbeweis gegen die Echtheit ist statthaft und läßt sich nach § 286 würdigen. Er ist auch gegen die Richtigkeit der Angaben über Ort und Zeit statthaft. Das Fehlen einer dem § 415 II entsprechenden Vorschrift rechtfertigt bei der sachlichen Gleichartigkeit keine förmliche Auslegung. Der Gegenbeweis kann sich auch auf eine Abweichung einer Ausfertigung oder beglaubigten oder gar einfachen Abschrift vom Original beziehen. Eine Abweichung der Urkunde vom mündlich Verhandelten betrifft ihren Inhalt. Eine Anfechtung der in der Urkunde enthaltenen Anordnung usw ist nach den allgemeinen Vorschriften zulässig, zB mit Rechtsmitteln. 3

4) *VwGO:* Entsprechend anwendbar, § 98 VwGO, vgl § 415 Rn 14. 4

418 *Beweiskraft öffentlicher Urkunden mit anderem Inhalt.* I Öffentliche Urkunden, die einen anderen als den in den §§ 415, 417 bezeichneten Inhalt haben, begründen vollen Beweis der darin bezeugten Tatsachen.

II Der Beweis der Unrichtigkeit der bezeugten Tatsachen ist zulässig, sofern nicht die Landesgesetze diesen Beweis ausschließen oder beschränken.

III Beruht das Zeugnis nicht auf eigener Wahrnehmung der Behörde oder der Urkundsperson, so ist die Vorschrift des ersten Absatzes nur dann anzuwenden, wenn sich aus den Landesgesetzen ergibt, dass die Beweiskraft des Zeugnisses von der eigenen Wahrnehmung unabhängig ist.

Schrifttum: *Graßhof,* Sein und Schein – wie weit reicht die Beweiskraft der Zustellungsurkunde über die Niederlegung hinsichtlich der Wohnung des Zustellungsadressaten?, in: Festschrift für *Merz* (1992).

§ 418

Buch 2. Abschnitt 1. Verfahren vor den LGen

Gliederung

1) Systematik, I–III 1	5) Beweisregel für inhaltliche Richtigkeit, I, III 6, 7
2) Regelungszweck, I–III 2	A. Eigene Wahrnehmung der Behörde, I .. 6
3) Geltungsbereich, I–III 3	B. Fremde Wahrnehmung, III 7
4) Öffentliche Urkunde, I–III 4, 5	6) Gegenbeweis, II 8–12
A. Begriff 4	A. Zulässigkeit 8–11
B. Beispiele zur Frage einer öffentlichen Urkunde 5	B. Unzulässigkeit 12
	7) VwGO 13

1 **1) Systematik, I–III.** Vgl zunächst § 415 Rn 1. Die Vorschrift differenziert innerhalb ihres Geltungsbereichs nochmals: In den Fällen III gilt I nur eingeschränkt.

2 **2) Regelungszweck, I–III.** Vgl zunächst § 415 Rn 2. Unabhängig von der Problematik der Manipulation entsteht bei § 418 zusätzlich das Problem der Beweiskraft solcher „öffentlicher" Urkunden, die nur auf Grund einer Gleichstellung von Privatpersonen mit angeblich noch öffentlichen Aufgaben entstehen, doch die in Wahrheit nach dem Willen desselben Gesetzgebers *keine* öffentlichen, sondern im privaten Wirtschaftskampf stehende privatrechtlich organisierte Aufgaben geworden sind und überdies eine etwa noch vorhandene Monopolstellung nach und nach verlieren, wie bei der Briefzustellung durch andere Unternehmen als die nach § 168 I 2 zu beurteilende Deutsche Post AG. Es ist wenig realistisch, jeder Zustellungsurkunde eines Studenten öffentliche Beweiskraft zu verleihen, den ein solches anderes Unternehmen als Ferienaushilfskraft als Postboten einstellt.

Die zunehmende Zahl unbeholfener *Zustellungsfehlleistungen* auch außerhalb der Ferienzeit gibt zu vorsichtiger Auslegung des § 418 auf diesem Teilgebiet Anlaß. Sollte ein solches anderes Unternehmen das Zustellwesen gänzlich auf irgendwelche von ihr „unterbeauftragte" Dritte übertragen, wäre die Grenze des Hinnehmbaren überschritten: Wohin käme man, wenn solche Ketten Privater sich als Obrigkeitsträger mit derart weitreichenden Rechtsfolgen wie zB einer „öffentlichen" Zustellungsurkunde verhalten dürften? Daran ändert sich im Grunde auch nur formell etwas durch Vorschriften wie § 33 I PostG mit seiner Verpflichtung jedes Lizenznehmers zur Zustellung nach den Vorschriften der Prozeßordnungen, und zwar „mit Hoheitsbefugnissen ausgestattet (beliehener Unternehmer)", oder § 35 PostG mit seiner öffentlich-rechtlichen Haftung des Lizenznehmers.

3 **3) Geltungsbereich, I–III.** Vgl Üb 3 vor § 415. § 418 gilt entsprechend bei der Zustellungsurkunde der Deutschen Post AG, § 168 I 2, Rn 5 „Post". BGH NJW **98**, 1716 (damalige Form einer Beleihung) ist überholt. Zum Problem Rn 2.

4 **4) Öffentliche Urkunde, I–III.** Sie hat enorme praktische Bedeutung.

A. Begriff. Eine öffentliche Urkunde nach § 415 Rn 2 mit einem anderen Inhalt als dem in §§ 415, 417 bezeichneten ist eine solche über Wahrnehmungen oder Handlungen der Behörde oder Urkundsperson oder über fremde Wahrnehmungen (sog Zeugnisurkunde), wenn nach dem Gesetz die Beweiskraft von eigenen Wahrnehmungen unabhängig ist. Nach § 418 gehört also nicht die Beurkundung einer eigenen bloßen Willenserklärung. Eine Urkunde kann eine Beweiskraft teils nach § 418 und teils nur nach §§ 415, 417 haben. Das gilt zB bei der Feststellung der Nämlichkeit einer Person und ihrer Testierfähigkeit. Der strafrechtliche Begriff ist meist enger.

5 **B. Beispiele zur Frage einer öffentlichen Urkunde**
Aktenvermerk: § 418 ist anwendbar auf einen Aktenvermerk des Richters, Rpfl oder des Urkundsbeamten, BayObLG RR **00**, 672, Düss NVersR **00**, 469.
Auskunft: § 418 ist anwendbar auf eine amtliche Auskunft, § 273 II 2, Üb 25 vor § 402, BVerwG NJW **87**, 1159, Hamm FamRZ **81**, 916, LG Bln DGVZ **90**, 25.
Ausländische Urkunde: Man sie kann sie nach § 418 beurteilen, BGH NJW **02**, 522 (zu [jetzt] § 183 II 2), Düss FamRZ **94**, 630.
Beglaubigung: § 418 ist anwendbar auf eine Beglaubigung einer Abschrift, Ffm RR **93**, 984, oder Fotokopie, Zweibr JB **97**, 326, oder einer Unterschrift, § 129 BGB, §§ 40–42 BeurkG, Hamm OLGZ **91**, 25.

§ 418 ist *unanwendbar* auf eine Erklärung oberhalb der lediglich beglaubigten Unterschrift, Hamm OLGZ **91**, 25.
Eingangsbescheinigung: § 418 kann anwendbar sein auf eine Eingangsbescheinigung.
Eingangsstempel: § 418 kann anwendbar sein auf einen Eingangsstempel, BVerfG NJW **93**, 255, BGH RR **05**, 75, VGH Mannh NVwZ-RR **05**, 364 (je: entkräftbar).
Einschreiben-Rückschein: S. „Post".
Empfangsbekenntnis: § 418 ist anwendbar auf ein gesetzlich zulässiges Empfangsbekenntnis, BVerfG NJW **01**, 1563, BGH NJW **02**, 3028, BSG RR **02**, 1652, aM BGH FamRZ **95**, 799 (aber auch der Anwalt handelt als öffentlichrechtliches Organ der Rechtspflege, § 1 BRAO).
Grundbuchamt: § 418 ist anwendbar auf ein Zeugnis des Grundbuchamts.
Identität: § 418 ist auf ihre Feststellung anwendbar, zB durch den Notar, §§ 10, 28 BeurkG.
Konsulat: § 418 ist *unanwendbar* auf eine Konsulatsbescheinigung über die Staatsangehörigkeit. S aber auch „Post".
Mahnverfahren: S „Post".
Medizinischer Dienst: § 418 ist auf ein Sozialmedizinisches Gutachten anwendbar, LAG Köln MDR **03**, 462.
Nämlichkeit: S „Identität".
Niederlegungsvermerk: § 418 ist anwendbar auf einen postalischen Niederlegungsvermerk, BVerfG NJW **92**, 225, BGH NJW **96**, 2515, Ffm RR **97**, 957, LG Bln Rpfleger **97**, 120, aM BFH DB **85**, 1676.

Titel 9. Beweis durch Urkunden **§ 418**

Notar: § 418 ist anwendbar auf seine Urkunde, BGH RR **98**, 1470, Zweibr NJW **04**, 2913.
§ 418 ist *unanwendbar* auf eine Feststellung des Notars zur Testierfähigkeit (dafür gilt § 417), §§ 11, 28 BeurkG, BayObLG DNotZ **75**, 555.
S auch „Testament".
Personenstand: § 418 ist auf seine Feststellung anwendbar, zB nach §§ 60, 66 PStG.
S auch „Standesamt".
Polizei-Einsatzbericht: § 418 ist auf ihn anwendbar, OVG Lüneb NJW **05**, 171.
Post: § 418 ist nach § 168 I 2 entsprechend anwendbar auf die Zustellungsurkunde der Deutschen Post AG, BGH **123**, 268, BFH NJW **00**, 1976, Köln RR **03**, 803, aM VG Ffm NJW **97**, 3329 (aber der Wortlaut bindet, Einl III 39). § 418 ist auch nach Rn 2 problematisch genug anwendbar auf die Zustellungsurkunde jedes anderen Lizenznehmers mit dem Recht der Zustellung. Beim Einschreiben liegt keine Sonderlage mehr vor, § 175 Rn 4, Reichert NJW **01**, 2524. Auch der Rückschein ist ebenso bewertbar wie eine sonstige Posturkunde, aM LG Flensb JB **04**, 47 (abl Reinbach, ausf), Schmidt IPRax **04**, 19. Beim maschinellen Mahnverfahren hat der Aktenausdruck die Beweiskraft einer öffentlichen Urkunde, § 696 Rn 9. Auch ein konsularisches Zustellungszeugnis kann unter § 418 fallen, BVerwG NJW **00**, 682.
S auch „Zustellungsurkunde".
Protokoll: Wegen seiner Förmlichkeiten gilt die erhöhte Beweiskraft des § 165. § 418 ist anwendbar: Auf ein Verhandlungsprotokoll, §§ 159 ff, BVerwG NJW **89**, 1233, Ffm AnwBl **88**, 119; auf ein Beweisprotokoll, BGH FamRZ **94**, 301; auf ein Vollstreckungsprotokoll, § 762, Köln MDR **91**, 260; auf das Protokoll über eine Testamentseröffnung, BayObLG JB **77**, 262.
§ 418 ist *unanwendbar* auf das Protokoll einer Versammlung nach dem WEG, BayObLG WoM **88**, 98.
Rechtskraftzeugnis: § 418 ist auf das Zeugnis nach § 706 anwendbar, Hamm FamRZ **82**, 509.
Rückschein: S „Post".
Sozialhilfe: § 418 ist *unanwendbar* auf die Bescheinigung ihres Trägers, daß jemand Sozialhilfe erhalten habe, Hbg FamRZ **97**, 1489.
Standesamt: § 418 ist anwendbar auf eine Urkunde des Standesamts.
S auch „Personenstand", „Sterbeurkunde".
Sterbeurkunde: § 418 ist nach §§ 60, 66 PStG für den Tod anwendbar.
§ 418 ist *unanwendbar* auf die Frage der Todesursache.
Tatbestand: S „Urteil".
Testament: § 418 I ist anwendbar auf die Feststellung der Eigenhändigkeit der Unterschrift. III ist anwendbar auf die Feststellung der Identität des Testators, s „Identität". § 415 ist anwendbar auf die Abgabe der tesamentarischen Erklärung.
§ 418 ist *unanwendbar* auf die Feststellung der Testierfähigkeit (dafür gilt § 417), Rn 5 „Notar".
Testierfähigkeit: „Notar".
Unterschrift: „Beglaubigung", „Postbeamter".
Urteil: § 418 ist anwendbar zB auf den Tatbestand, § 314.
Wechselprotest: § 418 ist anwendbar auf einen Wechselprotest, Art 80 WG.
Zustellungsurkunde: § 418 ist auf sie anwendbar, auch auf die Postzustellungsurkunde, Rn 2, 5 „Post". Das ergibt sich direkt aus § 182 I 2.
S auch Rn 5 „Niederlegungsvermerk", „Post", „Zustellvermerk".
Zustellvermerk: § 418 ist anwendbar auf den Zustellvermerk auf einem Vollstreckungstitel, Düss OLGZ **91**, 230, Köln Rpfleger **97**, 31 (vgl aber Rn 8).
S auch „Zustellungsurkunde".

5) Beweisregel für inhaltliche Richtigkeit, I, III. Man darf sie nicht ungenau bejahen. **6**

A. Eigene Wahrnehmung der Behörde, I. Unter der Voraussetzung der Echtheit nach Einf 1 vor § 437 und einer äußerlichen Mangelfreiheit im Sinn von § 419 sind alle Regelungen zwecks Rechtswirkung bezeugte bewiesen, BGH RR **98**, 1470. Insbesondere ist die in der Urkunde bezeugte Tatsache wie bei § 415 bewiesen, BVerfG NJW **92**, 225. Sie wird nicht etwa nur vermutet, BVerfG NJW **92**, 225, aM BVerfG FamRZ **91**, 286 (aber die jüngere Entscheidung dürfte vorgehen). Über die Reichweite der Beweisregel § 165 Rn 4. Zu den Tatsachen gehören: Die Echtheit der Unterschrift bei der öffentlichen Beglaubigung, AG Bergisch-Gladb Rpfleger **89**, 337; Ort und Zeit; die Übergabe des Schriftstücks, BGH Rpfleger **04**, 510; bei einer Niederlegung nach § 181 das Nichtantreffen eines Empfangsberechtigten und die Zurücklassung der Niederlegungsnachricht, BVerfG NJW **92**, 225, Ffm RR **97**, 957; der Familienstand des in einem Beglaubigungsvermerk Genannten. Eine Eingangsbescheinigung oder ein Empfangsstempel bescheinigt den Eingang zu einer bestimmten Zeit, BGH VersR **73**, 187, nicht den Tag der Erteilung oder die Prüfung eines Beamten.

Die *Postzustellungsurkunde* erbringt zumindest beim Fehlen eines eindeutigen Absende- und Inhaltsvermerks keinen Beweis für den Inhalt der zugestellten Sendung, Rn 1, FG Kassel BB **87**, 2364. Sie erbringt im Fall einer Niederlegung evtl keinen Beweis dafür, daß der Empfänger den Benachrichtigungsschein nicht nur „rechtlich", sondern auch tatsächlich erhalten hat, Hamm MDR **82**, 501, aM BGH VersR **86**, 787. Sie beweist aber, daß der Empfänger überhaupt dort tatsächlich wohnte, § 181 I 2, BVerfG Rpfleger **92**, 358, BGH NJW **04**, 2387, KG MDR **05**, 107, aM BGH NJW **92**, 1240, Köln MDR **96**, 850 (aber man darf die Beweiskraft keineswegs überbeanspruchen. Der Briefträger kann gar nicht immer genau wissen, ob der Adressat dort tatsächlich wohnt, Rn 7, § 182 Rn 12). Zum Problem neben Rn 2 Graßhoff DGVZ **93**, 183 (ausf: Es könne ein Indiz vorliegen, Ffm RR **97**, 957). Nicht ausreichend sind unbestimmte „eigene Wahrnehmungen", Hbg FamRZ **97**, 1490.

B. Fremde Wahrnehmung, III. Einschränkungen gelten bei einer solchen Urkunde, die nicht auf einer **7** eigenen Wahrnehmung beruht, Düss FamRZ **94**, 630, LAG Hamm NZA-RR **05**, 526, zB bei einer Bescheinigung auf Grund des Akteninhalts, III. Hierher gehören zB die Bescheinigung des Sozialamts, daß die Stadtkasse an den Gläubiger eines Unterhaltstitels eine Sozialhilfe gezahlt habe, Hbg FamRZ **81**, 980,

§ 418 Buch 2. Abschnitt 1. Verfahren vor den LGen

oder die Bescheinigung einer Umweltbehörde, VGH Kassel NVwZ-RR **03**, 806, oder die Frage, ob der Zustellungsempfänger an der genannten Anschrift tatsächlich wohnt, Rn 6, § 182 Rn 12, soweit sich der Zusteller nicht erkennbar überzeugt hat, BVerfG NJW **92**, 225, BGH NJW **92**, 1963. Es liegt freilich auch dann ein Indiz vor, Einf 4 vor § 178. Man kann es aber durch eine plausible, in sich schlüssige Darstellung entkräften, BGH NJW **92**, 1240. Das alles gilt ohnehin nur, solange man die Deutsche Post AG im Verhältnis zum Empfänger wegen § 168 I 2 noch halbwegs als öffentlichrechtlich tätig ansehen kann, Rn 5 „Post". Das kann wegen ihrer Teilprivatisierung und des zunehmenden Verlusts ihres Beriefzustellungsmonopols bereits jetzt zweifelhaft sein.

8   **6) Gegenbeweis, II.** Seine Bedingungen werden oft verkannt.
   A. Zulässigkeit. Ein solcher ist nur dann zulässig, wenn ihm nicht ein gesetzliches Verbot oder eine gesetzliche Beschränkung entgegensteht, Rn 12. In diesen Grenzen gilt: Gegenbeweis ist bei sämtlichen derartigen Urkunden bei I und III zulässig, § 182 Rn 3. Das gilt für die Zustellungs*zeit*, BVerfG RR **02**, 1008, BGH RR **05**, 75, Naumb MDR **99**, 501. Es gilt ferner für den Zustellungs*ort*, BVerfG FamRZ **91**, 286, BGH NJW **92**, 1963, BVerwG NJW **85**, 1180. Es gilt ferner für die Zustell*unsart*, BFH BB **81**, 230, Düss GRUR **89**, 542, Zweibr FGPrax **05**, 171. Es gilt ferner für die Empfangsbekenntnis, BVerfG NJW **01**, 1563, BGH FamRZ **97**, 736. Es gilt schließlich für den Inhalt, BPatG GRUR **86**, 807.
   Eine *Parteivernehmung* ist unzulässig, § 415 Rn 12.

9   Ein etwa erforderlicher *Gegenbeweis* ist grundsätzlich erst dann erbracht, wenn er das Gericht voll überzeugt, BVerfG NJW **93**, 255, BGH RR **05**, 75, BSG RR **02**, 1652. Er muß also jede Möglichkeit der Richtigkeit der bisher beurkundeten Zustellung ausschließen, Einf 12 vor § 284, Köln RR **03**, 803.

10 Gegenbeweis ist also grundsätzlich *nicht* schon dann erbracht, wenn zB eine Fehlfunktion eines Nachtbriefkastens nicht undenkbar ist, BGH RR **05**, 75, oder wenn jemand etwas nur *behauptet*, Köln VersR **97**, 469, oder *glaubhaft* macht, BGH RR **01**, 280, Zweibr FGPrax **05**, 171, es sei denn, eine Glaubhaftmachung hatte schon zum Haupt„beweis" genügt, Einf 11 vor § 284, § 294, oder es gebe schon Anhaltspunkte für die Unrichtigkeit des Eingangsstempels, BGH RR **01**, 280, Düss JB **95**, 41, Kblz RR **87**, 510, aM BGH NJW **96**, 2038, BVerwG NJW **85**, 1180 (aber im letzteren Fall kann ein Anscheins-Gegenbeweis vorliegen).

11 Ein Gegenbeweis ergibt sich also nicht schon durch bloßes Bestreiten der Wohnung, § 181 Rn 4, Köln MDR **96**, 851, aM BGH VersR **85**, 143 (aber das ist eine andere Lage als bei Rn 6). Auch ein unsorgfältig geführtes Posteingangsbuch eines Anwalts reicht nicht, BGH RR **02**, 1642. Freilich gelten auch keine besonders erschwerenden Beweisregeln, BGH VersR **77**, 721. Man sollte überhaupt an den Gegenbeweis *keine allzu scharfen Anforderungen* stellen, BGH RR **05**, 75. Er ist ja ebenfalls ein Freibeweis, Naumb MDR **99**, 501. Man darf für den Fall der Erfolglosigkeit des Gegenbeweisantritts hilfsweise Wiedereinsetzung beantragen, BGH NJW **00**, 2280. Ein Zeugen-Gegenbeweis kann reichen, BGH RR **05**, 75. Natürlich müßten dann deren Voraussetzungen auch im übrigen vorliegen. Zweifel genügen allerdings nicht, BVerfG NJW **01**, 1563.

Die teilweise haarsträubende *Nachlässigkeit* gerade auch *öffentlicher Stellen* bei der Durchführung von Beurkundungen, Protokollierungen oder Zustellungen usw gebietet eine Zurückhaltung bei der Anwendung von Vorschriften, die noch von einem leider oft nur theoretisch erfüllbaren Maß an Sorgfalt der öffentlichen Hand ausgehen, Schlee AnwBl **92**, 323, solange die Hand überhaupt noch „öffentlich" ist, Rn 7. Daher kann bei einer Häufung solcher Mängel ein Zeugnis naher Angehöriger über das Fehlen einer Niederlegungsnachricht im Sinn von § 181 genügen, Köln FamRZ **92**, 1082. Auch kann eine eidesstattliche Versicherung zB zum Gegenbeweis der Zugangszeit bei einem ungenügend organisierten Finanzamt genügen, Wilde BB **84**, 1042. Im übrigen ist gegenüber einer öffentlichen Urkunde einer gleichsam in Parteistellung auftretenden Behörde trotz I ohnehin eine gewisse Zurückhaltung und auch daher keineswegs eine enge Auslegung von II geboten, BVerwG NJW **84**, 2962. Andererseits kann nicht schon die noch so hartnäckig wiederholte Behauptung, der Zustellbeamte habe „schlicht und einfach falsch" beurkundet oder der Empfänger sei doch „dort nicht gemeldet", als Gegenbeweisantritt ausreichen. Eine solche bloße Behauptung könnte sonst eine Zustellungsurkunde völlig entwerten oder gar das Verfahren einer öffentlichen Zustellung nach §§ 185 ff erzwingen. Eine Bescheinigung der Einwohnermeldebehörde ist zwar ebenfalls eine öffentliche Urkunde. Sie gibt aber inhaltlich nur Anhaltspunkte für die meist allein entscheidende Frage, ob der Betreffende tatsächlich dort wohnt.

12 **B. Unzulässigkeit.** Ein Bundesgesetz kann den Gegenbeweis beschränken oder ausschließen, zB §§ 165 S 2 (Förmlichkeiten im Protokoll), 314 S 2 (Urteilstatbestand), 445 II (Parteivernehmung). Landesgesetze können die Möglichkeit des Gegenbeweises ausschließen, soweit nicht ein Bundesgesetz entgegensteht oder eine Urkunde auf Grund einer bundesgesetzlichen Vorschrift besteht.

13 **7) VwGO:** Entsprechend anwendbar, § 98 VwGO, vgl § 415 Rn 14, BVerwG NJW **87**, 1159 (Beglaubigung), NVwZ **85**, 337 (Urteilstatbestand), BVerwG NVwZ **89**, 1058, VerwRspr **29**, 1021 und MDR **69**, 951 (gerichtlicher Eingangsstempel), BVerwG NJW **94**, 535 (Empfangsbekenntnis nach § 5 II VwZG), BVerwG NJW **00**, 683 u **86**, 2128 mwN, DÖV **03**, 130 (Postzustellungsurkunde über Ersatzzustellung), BVerwGE **115**, 352 (behördliche Kontrollberichte über Probenahmen), OVG Lüneb NVwZ **04**, 1381 (polizeilicher Einsatzbericht), VGH Mü NVwZ-RR **97**, 745 u VGH Kassel NJW **96**, 1075, FG Düss NVwZ-RR **00**, 654 (Zustellungsurkunde) sowie Buchholz 406.11 § 10 BBauG Nr 10 (Vermerk auf Bebauungsplan), NVwZ **97**, 490 (Erklärung über Bekanntmachung), OVG Hbg HbgJVBl **93**, 107 mwN (Rückzahlungsschein der Post), vgl auch BFH BStBl **73** II 271 (aM BStBl **69** II 444); jedoch gilt I nicht für behördliche Meinungsäußerungen innerhalb vorprozessualer Auseinandersetzungen, BVerwG NJW **84**, 2962. § 418 gilt auch für ausländische öff Urkunden, BVerwG Buchholz 310 § 98 Nr 35 (zu III), NJW **87**, 1159. Der Beweisantritt nach II muß substantiiert sein, BVerwG Buchholz 340 § 3 Nr 16, NJW **86**, 2128 mwN; bei der Entscheidung über ihn darf die Beweiswürdigung nicht vorweggenommen werden, BVerwG NJW **84**, 2962. Die Beweiswirkung ist nicht widerlegt, solange die Möglichkeit besteht, daß die Urkunde richtig ist, BVerwG Buchholz 310 § 98 Nr 20. Zu III VGH Kassel DÖV **04**, 39.

Titel 9. Beweis durch Urkunden §§ 419, 420

419 *Beweiskraft mangelhafter Urkunden.* Inwiefern Durchstreichungen, Radierungen, Einschaltungen oder sonstige äußere Mängel die Beweiskraft einer Urkunde ganz oder teilweise aufheben oder mindern, entscheidet das Gericht nach freier Überzeugung.

1) **Systematik.** Die Vorschrift gibt eine Ergänzung zu §§ 415–418. Sie wiederholt in ihrem Bereich den Grundsatz freier Beweiswürdigung nach § 286 Rn 4, unten Rn 4. 1

2) **Regelungszweck.** § 419 bringt zwar formell eine Ausnahme, inhaltlich aber eine Rückkehr zu einem tragenden Prozeßgrundsatz der freien Beweiswürdigung, BAG NZA 04, 673. Das muß man bei der Auslegung mitbeachten. Anders wäre die Fülle praktischer Fälle nach Rn 3 gar nicht halbwegs elegant zu bewältigen. Natürlich nimmt nicht jede winzige stilistische oder auch wirklich inhaltliche Korrektur einer Urkunde ihr sonstiges Gewicht. Andererseits ist die Einhaltung von Formstrenge nun einmal gerade beim Urkundenbeweis eine typische Voraussetzung auch der Beweiskraft. Das Gericht wird sich davor hüten, ein unbewußt gewünschtes Ergebnis mithilfe einer Beurteilung zu erzielen, die den § 419 strapaziert. Es muß sich daher aus dem äußerem Bild ein Bedenken aufdrängen, BAG NZA 04, 673. Das weite Ermessen bleibt pflichtgebunden. 2

3) **Geltungsbereich.** Vgl zunächst Üb 4 vor § 415. § 419 gilt für eine öffentliche Urkunde und für eine Privaturkunde nach § 416 Rn 3, die äußere Mängel aufweist, BGH NJW 92, 512, BAG NZA 04, 673. Beispiele: Unterschiedliche Schriftfarben; Fehlen des Genehmigungsvermerks; Ffm AnwBl 88, 118; Durchstreichungen oder Änderungen, etwa bei einem Empfangsbekenntnis, BGH VersR 87, 821; eine Überstempelung, BGH NJW 92, 512; eine Überklebung, VGH Kassel NJW 90, 467; Einschwärzungen, BPatG GRUR 91, 309; Flecke; das Fehlen von Teilen, BGH VersR 86, 488; die Unvollständigkeit eines Namens bzw der Unterschrift; das Fehlen von einer nach § 125 BGB in Wahrheit erforderlichen, oft übersehenen festen Verbindung aller Teile der Urkunde; Risse; Radierungen; Einschaltungen, dh äußerlich erkennbare Einfügungen, BGH NJW 94, 2768, BayObLG FamRZ 90, 99, VGH Kassel NJW 96, 1075 (Änderungen im Adreßfeld einer Zustellungsurkunde), zB in freie Zeilen oder am Rand, Kblz DNotZ 77, 48; Zerknitterung oder ein sonst auffälliges Schriftbild; Zusammenkleben von Teilen; widersprüchliche Ausfüllungen (mehrere Zustellversuche an verschiedenen Anschriften), VGH Kassel NJW 90, 467; ein offenbar unrichtiges Datum, BAG NZA 04, 673, VGH Mannh NVwZ-RR 05, 364. Nicht erforderlich ist, daß die unterzeichnete Urkunde nachträglich verändert wurde. Es genügt, daß das nach ihrem Erscheinungsbild nur möglich ist, BGH NJW 80, 893, Köln RR 99, 1509. 3

Nicht hierher gehören Änderungen, die auf einer gesetzlichen Vorschrift beruhen und selbst eine öffentliche Beurkundung darstellen, BGH NJW 94, 2768. Beispiele: Eine Protokollberichtigung, § 164; ein Randvermerk auf einer standesamtlichen Urkunde, §§ 12, 22, 29, 31 PStG; Zusätze und Streichungen nach dem FGG; ein Formmangel, zB nach §§ 126 BGB, 8 ff BeurkG; die Nachholung einer (richtigen) Datierung, BGH VersR 86, 372.

Ob ein äußerer *Mangel* vorliegt, ist Tatfrage, § 286, BGH NJW 80, 893. Eine mangelhafte Urkunde verliert nicht automatisch jede Beweiskraft. Das Gericht kann aus dem Aussehen und der Anordnung der Urkunde vielmehr selbständig seine Schlüsse ziehen, § 286 Rn 63, VGH Kassel NJW 90, 467.

4) **Beweiskraft.** Für sie entfallen bei einer äußerlich fehlerhaften Urkunde die gesetzlichen Beweisregeln der §§ 415–418, auch wenn sämtliche Beteiligten den Mangel genehmigen. Das Gericht würdigt die Urkunde dann insgesamt frei nach § 286 Rn 63, BGH NJW 94, 2768, BAG NZA 04, 673, Köln RR 99, 1509. Das gilt auch gegenüber § 440 II und auch bei einer notariellen Urkunde, aM ZöGei 2 (§ 419 nur wegen der betroffenen Teile. Aber es muß davon abhängen, ob der Gesamtinhalt mit von der Unklarheit erfaßt sein kann). Bei einem Handelsbuch muß das Gericht § 239 HGB beachten. Danach kann es auch ein bis auf die Unterschrift durchstrichenes Indossament als Blankoindossament ansehen oder ihm die Beweiskraft versagen. Wenn die Urkunde zerrissen ist, dann muß das Gericht prüfen, ob das nicht die Aufhebung der beurkundeten Vereinbarung beweist. 4

Der *Notar* muß handschriftliche Änderungen durch eine besondere Unterzeichnung beurkunden. Dann besteht eine volle Beweiskraft trotz der Einschaltungen und Durchstreichungen. Sonst ist § 419 anwendbar, Kblz DNotZ 77, 48. Einfügungen am Schluß der Urkunde beeinträchtigen ihre Beweiskraft nicht. Besonders bei einem Vollstreckungstitel zB nach § 794 sind allerdings strenge Anforderungen erforderlich. Ein handschriftlicher Zusatz darf nicht geeignet sein, den Vollstreckungsschuldner zu irritieren, LG Bre DGVZ 82, 8.

5) *VwGO:* Entsprechend anwendbar, § 98 VwGO, VGH Kassel NJW 96, 1075. 5

420 *Vorlegung durch Beweisführer; Beweisantritt.* Der Beweis wird durch die Vorlegung der Urkunde angetreten.

Schrifttum: *Niehr,* Die zivilprozessuale Dokumentenvorlegung im deutsch-englischen Rechtshilfeverkehr usw, 2004; *Stadler,* Der Schutz des Unternehmensgeheimnisses im deutschen und amerikanischen Zivilprozeß und im Rechtshilfeverfahren, 1989; *Steeger,* Die zivilprozessuale Mitwirkungspflicht der Parteien beim Urkunden- und Augenscheinsbeweis, Diss Bln 1980; *Trilsch,* Die Pflicht zur Vorlage von Urkunden im deutschen und englischen Zivilprozeßrecht, Diss Hbg 1994.

1) **Systematik, §§ 420–427.** Auch beim Urkundenbeweis muß man zwischen dem Beweisantritt, der Beweisanordnung, der Beweisaufnahme, der Beweisführung und der Beweiswürdigung unterscheiden. §§ 420 ff regeln den Beweisantritt und teilweise auch die Art der Beweisanordnung, letztere in Ergänzung zu §§ 358 ff. Man muß den Urkundenbeweis bereits dadurch „antreten" und nicht erst „erbringen", daß man die Urkunde nach Rn 4 vorlegt. Das wird in der Praxis sehr oft übersehen. Solche Nachlässigkeit kann 1

§§ 420, 421

erhebliche Folgen haben, §§ 85 II, 296. Man kann den Urkundenbeweis auch wie folgt antreten: Durch den Antrag, den Gegner die Vorlegung aufzugeben, §§ 421 ff; durch den Antrag, eine Frist zur Herbeischaffung der Urkunde zu setzen, wenn ein Dritter die Urkunde besitzt, §§ 428 ff; durch den Antrag auf eine Einforderung der Urkunde bei einer öffentlichen Behörde, §§ 432 ff. Die eigentliche Beweisführung oder -erbringung verlangt den Vortrag oder die Inbezugnahme der Urkunde, § 137 III. Eine Einreichung in der mündlichen Verhandlung ist eine Inbezugnahme. Das Vorlesen der Urkunde ist regelmäßig entbehrlich, § 137 III. Wegen des spätesten Vorlegungszeitpunkts Rn 6. Die etwaige Zurückweisung des Beweismittels erfolgt nach § 296. Bei einer öffentlichen Urkunde enthält § 435 eine vorrangige Sonderregelung.

2 2) **Regelungszweck, §§ 420–427.** Die Notwendigkeit, schon zwecks bloßen Beweisantritts die Urkunde vorzulegen, entspricht der Notwendigkeit für das Gericht und den Gegner, zum baldmöglichsten Zeitpunkt die Beweiserheblichkeit abzuschätzen, § 286 Rn 29. Diese folgt aus dem Gebot der Prozeßwirtschaftlichkeit, Grdz 14 vor § 128. Deshalb muß das Gericht an jedem Urkunden-Beweisantritt einen strengen Maßstab anlegen. Man sollte die abweichende lasche Praxis nicht übernehmen.
Kopie statt Original ist eine verbreitete, vielfach als selbstverständlich angesehene, entrüstet verteidigte, bequeme Methode des Beweisantritts. Sie kann bei Unstreitigkeit der Existenz eines gleichlautenden Originals ja auch durchaus reichen, Rn 4. Ob solche Übereinstimmung aber auch unstreitig ist, das kann man meistens erst im Stadium der Beweis*erhebung* und eben nicht schon in demjenigen des bloßen Beweis*antritts* übersehen. Mangels korrekten Beweisantritts darf gar keine Beweiserhebung folgen. Das gilt es mitzubedenken.

3 3) **Geltungsbereich.** Üb 4 vor § 415. Die Vorschrift gilt nicht in finanzgerichtlichen Verfahren, AG Hbg WoM **02**, 499.

4 4) **Vorlegung.** Die Praxis verstößt ständig gegen die Vorschrift, Rn 2.
A. **Vorzulegendes Exemplar.** Wer eine Urkunde in Händen hat oder sie sich ohne eine gerichtliche Hilfe beschaffen kann, tritt Beweis grundsätzlich nur dadurch an, daß er das Original vorlegt, §§ 131, 134, BGH VersR **93**, 1911, AG Hbg WoM **02**, 500, LAG Köln MDR **00**, 462. Es genügt also grundsätzlich nicht bloß eine beglaubigte Abschrift oder Fotokopie usw, § 435, BGH DB **86**, 798, oder gar eine unbeglaubigte, BGH NJW **92**, 830, Köln RR **00**, 153, Braeuer FamRZ **86**, 427. Freilich mag ausnahmsweise letztere bei Übereinstimmung mit dem Original ausreichen, etwa infolge einer rügelosen Einlassung des Prozeßgegners zum Inhalt, § 295, Köln DB **83**, 105. Im übrigen würdigt das Gericht die Kopie frei, § 286, BGH DB **86**, 798, aber zurückhaltend, Düss RR **95**, 737 (Gefahr der Manipulation). Zur Problematik Zoller NJW **93**, 429 (ausf). Wegen einer fremdsprachlichen Urkunde § 142 Rn 17 ff, § 184 GVG Rn 4.

5 Die Vorlegung einer *Sammlung* von Urkunden, etwa einer Behörden- oder Privatakte oder eines Briefwechsels, ist nur dann ein Beweisantritt, wenn der Vorlegende die einzelnen beweiserheblichen Urkunden ausreichend bezeichnet, etwa nach Blättern oder Stellen. Das Gericht braucht sie nicht herauszusuchen, Mü ZMR **97**, 461. Gegen diese Notwendigkeit wird in der Praxis mit Duldung durch das Gericht ständig verstoßen, vor allem bei Unfallprozessen usw. In Wahrheit handelt es sich bei derart pauschalen „Beiziehungs-"Anträgen oft um einen glatten Ausforschungsbeweis, Einf 27 vor § 284. Die präzise Angabe der genauen Einzelfundstelle ist auch und gerade bei umfangreichen Urkunden notwendig, etwa bei Büchern. Das Erbieten zur Vorlegung ist nur bei § 434 ein Beweisantritt, BGH RR **93**, 691. Ein Vertagungsanspruch zwecks zur Herbeischaffung besteht nicht.
Die Vorlegung der Urkunde vor dem nach §§ 361, 362 *verordneten Richter* ohne eine Aufforderung des Prozeßgerichts ist kein Beweisantritt. Eine Vorlegung setzt die Existenz der Urkunde voraus. Deshalb ist ein Beweisantritt durch „Vorlegung" einer erst noch anzufertigenden Urkunde unzulässig, Düss MDR **88**, 593.

6 B. **Verfahren.** Vorlegen muß der Beweisführer die Urkunde spätestens bis zum Schluß der mündlichen Verhandlung nach §§ 136 IV, 296a, BGH NJW **86**, 429. Evtl muß er das aber nach §§ 134, 356, 273 II 1 auch schon wesentlich früher tun, Rn 1. Das Gericht fordert zur Vorlegung nach § 139 auf. Der Gegner kann nach § 423 den Beweisführer also auffordern, die Urkunde endlich vorzulegen, BGH NJW **86**, 429. Das Gericht geht dann evtl nach § 356 vor. Bei verspäteter Vorlegung sind §§ 273 II 1, 296 I anwendbar, BVerfG NJW **85**, 3006. Wenn der Beweisführer die Urkunde nicht genau bezeichnet oder nur einen Teil der Urkunde vorlegt, muß das Gericht ihn auf das Fehlen des restlichen Teils hinweisen und ihm Gelegenheit zur Vervollständigung geben.
Es muß den Urkundenteil notfalls *frei würdigen*, § 286. Nur im Fall des § 142 I muß es die vollständige Vorlegung anordnen. Die Beweisaufnahme findet durch Einsicht in die Urkunde statt, Schlesw SchlHA **79**, 183. Auch der Gegner darf sie einsehen. Wegen des Verbleibens bei der Gerichtsakte und über das Rechtsverhältnis zwischen dem Staat und dem Einreicher § 134 Rn 8, 12, § 142 Rn 14, 16. Für Handelsbücher geben die §§ 258–261 HGB Sondervorschriften. Man braucht bei ihnen regelmäßig keine Kenntnis vom vollen Inhalt zu nehmen.

7 5) *VwGO:* Nur eingeschränkt entsprechend anwendbar, § 98 VwGO, vgl § 373 Rn 10, aM RedOe § 98 Anm 13, KoppSch § 98 Rn 1: unanwendbar, so daß es auf die Vorlage der Urkunde nicht ankommt.

421 *Vorlegung durch den Gegner; Beweisantritt.* **Befindet sich die Urkunde nach der Behauptung des Beweisführers in den Händen des Gegners, so wird der Beweis durch den Antrag angetreten, dem Gegner die Vorlegung der Urkunde aufzugeben.**

1 1) **Systematik, Regelungszweck.** Vgl zunächst § 420 Rn 1, 2. § 421 behandelt den Fall, daß sich die Urkunde nach der Behauptung des Beweisführers nachvollziehbar im Zeitpunkt der Antragstellung „in den Händen" des Gegners befindet, KG NJW **93**, 2879. Im allgemeinen wird das dahin verstanden, daß der Gegner die Urkunde im unmittelbaren Besitz hat. Man kann aber darunter auch den Fall verstehen, daß der

Titel 9. Beweis durch Urkunden **§§ 421, 422**

Gegner nur mittelbarer Besitzer ist und daß der Besitzmittler ihm die Urkunde überlassen muß. Dann tritt man den Beweis durch den Antrag an, dem Gegner die Vorlegung der Urkunde aufzugeben. Man braucht also allenfalls die in eigenen Händen befindliche Kopie oder Abschrift vorzulegen, Düss DB **89**, 620. Das Ausforschungsverbot nach Einf 27 vor § 284 darf nicht dazu führen, den § 810 BGB, abgedruckt in § 422 Rn 5, zu unterlaufen, Schlesw RR **91**, 1338.

Nicht ausreichend ist eine bloße Besitzverschaffungsmöglichkeit *ohne* ein bereits bestehendes Besitzmittelungsverhältnis, aM MüKoSchr § 420 Rn 2, ZöGei 1 (aber das ist eine Überspannung des ja ziemlich klar begrenzten Wortlauts und Sinns der Vorschrift. Man darf sie wegen des Grundsatzes § 420 ohnehin nicht zu großzügig auslegen. Auch kann man eine Erlangungsmöglichkeit nicht mit einem schon tatsächlichen Bestehen einer Verfügungsgewalt gleichsetzen.

2) Geltungsbereich. Vgl Üb 4 vor § 415. Im Urkundenprozeß nach §§ 592 ff ist § 421 jedoch unanwendbar, § 595 III, im Eheverfahren nach §§ 606 ff nur beschränkt wirksam, § 617, ZöGei 4, aM MüKoSchr 2 (aber der Amtsbetrieb folgt *seinen* Regeln). 2

3) Verfahren. Der Antrag richtet sich nach § 424, BGH NJW **89**, 717. Antragsberechtigt ist jeder Streitgenosse nach § 59, sofern er einen Vorlegungsanspruch hat, § 422. Der Streithelfer aus Gründen antragsberechtigt, die in seiner Person oder in derjenigen der Partei liegen, sofern die Partei nicht widerspricht, § 67. Der streitgenössische Streithelfer nach § 69 ist wie ein Streitgenosse antragsberechtigt. Antragsgegner ist derjenige, der beim Beweisantritt Gegenpartei ist, also evtl auch jeder gegnerische Streitgenosse und streitgenössische Streithelfer. Andere Streithelfer sind immer Dritte. Der gesetzliche Vertreter muß die Urkunde dann vorlegen, wenn die Partei es tun muß, mag die Urkunde in seinem Besitz oder in demjenigen der Partei sein. Der Beweisantritt erfolgt spätestens in der mündlichen Verhandlung. Vgl aber § 420 Rn 1 und 6, § 424 Rn 4. 3

Eine Aufforderung nach *§ 143* ist kein Antrag. Für das schriftliche Verfahren nach § 128 II und das Verfahren nach Lage der Akten nach § 251 a genügt ein schriftsätzlicher Antrag. Für den Inhalt des Antrags muß man § 424 beachten. Einer Herausgabeklage fehlt meist das Rechtsschutzbedürfnis, Grdz 33 vor § 253. Sie kann in einen Antrag nach § 421 umdeutbar sein, Grdz 52 vor § 128, Ffm MDR **80**, 228. Die Entscheidung erfolgt nach § 425.

4) *VwGO:* Nur eingeschränkt entsprechend anwendbar, § 98 *VwGO, vgl § 373 Rn 10.* 4

422 *Vorlegungspflicht des Gegners nach bürgerlichem Recht.* **Der Gegner ist zur Vorlegung der Urkunde verpflichtet, wenn der Beweisführer nach den Vorschriften des bürgerlichen Rechts die Herausgabe oder die Vorlegung der Urkunde verlangen kann.**

Gliederung

1) Systematik 1	6) Beispiele zur Frage einer Vorlegungspflicht 6–9
2) Regelungszweck 2	7) Verstoß 10
3) Geltungsbereich 3	8) *VwGO* 11
4) Prozessuale Voraussetzungen 4	
5) Sachlichrechtliche Voraussetzungen ... 5	

1) Systematik. Vgl zunächst § 420 Rn 1. Eine prozessuale Pflicht zur Vorlegung einer Urkunde nach 1 § 422 besteht nur: Bei einer bürgerlichrechtlichen Vorlegungspflicht, AG Mü WoM **92**, 136, nach § 422; bei einer öffentlichrechtlichen, zB nach §§ 299, 915 ZPO oder nach § 45 HGB; nach § 422; bei einer Bezugnahme im Prozeß, § 423; schließlich zur Schriftvergleichung, § 441 III. Eine allgemeine Pflicht zur Vorlegung, vgl bei der Zeugnispflicht, gibt es nicht, OVG Münst NVwZ-RR **03**, 800.

2) Regelungszweck. Vgl zunächst § 420 Rn 2. In den Grenzen der Wahrhaftigkeits- und Lauterkeits- 2 pflicht nach § 138, Grdz 16 vor § 128 braucht sich zwar niemand ans Messer zu liefern, § 282 Rn 8. Andererseits ist Beweisvereitelung als Fall prozessualer Arglist verboten, Einl III 54. Das gilt auch und gerade beim Urkundenbewis, § 444. Aus diesem Hintergrund zieht § 422 Grenzen zwischen Erlaubt und Verboten und verweist um der Vereinfachung und Rechtseinheit willen auf das bürgerliche Recht und damit auf die dort herrschende Interessenabwägung. Das ist überzeugend und bedarf entsprechend abwägender Handhabung im Einzelfall. Die Vorschrift bezweckt freilich auch nicht, den Eigentümer vor einer Verwertung der Urkunde zu bewahren, Schleswig NZA **04**, 1073.

3) Geltungsbereich. Vgl Üb 4 vor § 415. 3

4) Prozessuale Voraussetzungen. Notwendig sind: Ein Beweisinteresse, nicht unbedingt ein rechtliches 4 Interesse im strengen Sinn; ein unmittelbarer oder mittelbarer Besitz des Gegners an der Urkunde, § 421 Rn 1 (andernfalls ist § 426 anwendbar); ein prozessualer oder sachlichrechtlicher Vorlegungsanspruch; ein Vorlegungsantrag, §§ 421, 424; schließlich eine Vorlegungsanordnung nach § 425. Die Verpflichtung geht nicht auf eine Vorlegung an den Beweisführer an einen bestimmten Ort, wie bei § 811 BGB. Ihr Inhalt ist eine Vorlegung grundsätzlich vor dem Prozeßgericht und ausnahmsweise vor dem nach §§ 361, 362 verordneten Richter im Fall § 434. Sie ist nur gegenüber einem Dritten durch eine selbständige Klage nach § 429 S 2 erzwingbar, Ffm MDR **80**, 228. Wenn sich der Gegner zur Vorlegung bereiterklärt, schließt er einen Vorlegungsvertrag.

5) Sachlichrechtliche Voraussetzungen. Das bürgerliche Recht sieht eine Vorlegungs- oder Heraus- 5 gabepflicht vor zB in §§ 259 I, 371, 402, 667, 676, 681, 716, 810, 896, 952, 985, 1144, 1799 BGB, 118, 157, 166, 258–261 HGB, 131, 170, 175 II, 340 d AktG, Art 50 WG, § 836 III ZPO, in § 809 BGB nur, wenn der Anspruch „in Ansehung der Sache" besteht, dh in Ansehung der Urkunde als solcher. Die

§§ 422, 423

wesentlichste Bestimmung gibt § 810 BGB. Ihre drei Fälle schließen einander nicht aus, bisweilen treffen mehrere gleichzeitig zu. Sie sind einer sinngemäßen Anwendung fähig.

6) Beispiele zur Frage einer Vorlegungspflicht

Abtretung: Eine Vorlegungspflicht besteht seitens des bisherigen Gläubiges gegenüber dem neuen nach § 402 BGB.

Arztunterlagen: Der Patient kann die Unterlagen des Arztes einsehen, Daniels NJW **76**, 347. Zum Problem BGH NJW **78**, 2337, Uhlenbruck NJW **80**, 1339, Wasserburg NJW **80**, 620.

Aufklärungspflicht: Es besteht *weder* eine allgemeine prozessuale Aufklärungspflicht *noch* gar eine schon aus solcher ableitbare Vorlegungspflicht, MüKoSchr 1, ZöGei 3, aM Schlosser JZ **91**, 608 (aber das paßt nicht zur Parteiherrschaft und zum Beibringungsgrundsatz, Grdz 18 vor § 128). Vgl freilich § 423.

Auftrag: Eine Vorlegungspflicht besteht seitens des Beauftragten gegenüber dem Auftraggeber nach § 667 BGB.

Ausforschung: Eine Vorlegungspflicht *fehlt*, soweit eine Partei aus einer Urkunde überhaupt erst eine Unterlage für einen Anspruch zu erhalten hofft, etwa für einen Ersatzanspruch aus den Handlungen eines Anwalts oder aus der Schadensmeldung des Schädigers an seinen Haftpflichtversicherer, Düss VersR **80**, 270.

Auskunft: Rn 9 „Vertrauliche Auskunft".

Brief, Briefwechsel: Eine Vorlegungspflicht über einen Briefwechsel kann wegen eines Rechtsgeschäfts bestehen, an dem der Beweisführer beteiligt ist.

Eine Vorlegungspflicht *fehlt* bei einem Brief des Erblassers, der nicht zu Beweiszwecken verfaßt ist.

S auch Rn 8 „Privatgebrauch".

Entscheidung: Eine Vorlegungspflicht kann wegen einer Gerichtsentscheidung bestehen, die den anderen betrifft.

Geschäftsbesorgung: Eine Vorlegungspflicht besteht seitens des Beauftragten gegenüber dem Auftraggeber nach §§ 675. 667 BGB.

Geschäftsführung ohne Auftrag: Eine Vorlegungspflicht besteht seitens des Geschäftsführers gegenüber dem Geshäftsherrn nach §§ 681 S 2, 667 BGB.

Gesellschaft: Eine Vorlegungspflicht besteht seitens eines Gesellschafters oder des Geschäftsführers gegenüber einem anderen Gesellschafter nach § 716 BGB.

Handelsbuch: § 258 I HGB läßt die Anordnung der Vorlegung von Handelsbüchern eines Vollkaufmanns auf Antrag oder von Amts wegen zu. §§ 259–261 HGB regeln den Umfang und die Art der Einsichtnahme und Vorlegung. Im übrigen bleibt es nach § 258 II HGB auch insofern bei den allgemeinen Regeln. Gemeinschaftliche Urkunden sind nur insoweit Handelsbücher, als der bestimmte Eintrag eine Rechtsbeziehung zum Gegner betrifft. Um eine Handelssache braucht es sich nicht zu handeln.

Handlungsagent: Er kann die Bücher des Geschäftsherrn zur Ermittlung seiner Provision einsehen.

Krankenpapiere: Rn 6 „Arztunterlagen".

Mieterhöhung: Eine Vorlegungspflicht *fehlt* für den Bekl im Prozeß nach § 558b II BGB wegen des gegnerischen Zustimmungsverlangens, AG Mü WoM **92**, 136.

Miterbe: Ein Miterbe hat ein Einsichtsrecht in Bücher, die ein anderer Miterbe Eintragungen über die Verwaltung der Erbschaft vorgenommen hat, §§ 2032 ff BGB.

Notiz: Man muß nach den Gesamtumständen und unabhängig vom StGB prüfen, ob eine Notiz usw als Urkunde gilt und vorzulegen ist, aM ZöGei 3 (aber auch eine Notiz kann alle zivilprozessualen Voraussetzungen erfüllen).

Patient: Rn 6 „Arztunterlagen".

Privatgebrauch: Eine Vorlegungspflicht *fehlt* bei einer Aufzeichnung, die sich jemand nur zum privaten Gebrauch gemacht hat, BGH **60**, 292.

S auch Rn 6 „Brief, Briefwechsel".

Quittung: Eine Vorlegungspflicht kann wegen einer Quittung bestehen, § 368 BGB.

Rechnung: Eine Vorlegungspflicht kann wegen einer Rechnung bestehen.

Rechtliches Interesse: Eine Vorlegungspflicht besteht im Fall eines rechtlichen Interesses nach § 810 BGB, abgedruckt in Rn 5.

Rechtsanwalt: Rn 6 „Ausforschung".

Schadensersatz: Rn 6 „Ausforschung".

Verbindung, Vermischung, Verarbeitung: Eine Vorlegungspflicht kann nach § 952 BGB bestehen.

Versicherung: Eine Vorlegungspflicht kann wegen eines Versicherungsscheins zugunsten eines Dritten bestehen.

Eine Vorlegungspflicht *fehlt*, soweit es um bloße Ausforschung geht, Rn 6.

Vertrauliche Auskunft: Eine Vorlegungspflicht *fehlt* bei einer streng vertraulichen Auskunft.

Vormundschaft: Eine Vorlegungspflicht besteht seitens des Vormunds gegenüber dem Gegenvormund nach § 1799 II BGB.

7) Verstoß. Die Folgen der Unterlassung bestimmen sich im bisherigen Prozeß nach §§ 426 ff, 444.

8) VwGO: *Unanwendbar trotz § 98 VwGO wegen des Amtsverfahrens, § 86 I VwGO, das keinen Beweisführer kennt. Das Gericht ordnet Vorlegung vAw an, näheres RedOe § 98 Anm 14. Einem entspr Antrag ist im Asylrechtsstreit grundsätzlich zu entsprechen, BVerwG NVwZ-RR **90**, 653 mwN.*

423 *Vorlegungspflicht des Gegners bei Bezugnahme.* **Der Gegner ist auch zur Vorlegung der in seinen Händen befindlichen Urkunden verpflichtet, auf die er im Prozess zur Beweisführung Bezug genommen hat, selbst wenn es nur in einem vorbereitenden Schriftsatz geschehen ist.**

Schrifttum: *Peters*, Auf dem Wege zu einer allgemeinen Prozeßförderungspflicht der Parteien?, Festschrift für *Schwab* (1990) 399.

Titel 9. Beweis durch Urkunden **§§ 423, 424**

1) Systematik. Vgl zunächst § 420 Rn 1, § 422 Rn 1, 2. § 423 gibt neben dem sachlichrechtlichen 1 Vorlegungsanspruch des § 422 einen rein prozessualen Verpflichtungsgrund aus vorangegangenem eigenen Tun. Er gilt auch für den Streithelfer, § 66. Wer auf eine Urkunde zur Beweisführung und nicht nur auf den Inhalt Bezug nimmt, wenn auch nur in einem vorbereitenden Schriftsatz, ist dem Gegner zur Vorlegung verpflichtet, soweit er die Urkunde in Händen hat, Anh § 286 Rn 26. Eine Bezugnahme durch einen Zeugen genügt insoweit nicht. Ein späterer Verzicht des Gegners auf das Beweismittel beseitigt die Pflicht nicht. Über die Pflicht zur Niederlegung der Urkunde auf der Geschäftsstelle §§ 134, 142.

2) Regelungszweck. Vgl zunächst § 420 Rn 2. Die Vorschrift ist ein Ausfluß der Prozeßförderungs- 2 pflicht der Parteien. Grdz 12 vor § 128, Peters (vor Rn 1) 405. Außerdem wirkt sie der Gefahr einer prozessualen Arglist entgegen. Denn ist Einl III 54 nirgends erlaubt, auch und erst recht nicht beim Urkundenbeweis, § 444. Es wäre unverständlich, wenn der Gegner nicht auch solche Urkunden vorlegen müßte, die er besitzt und die er zumindest auch selbst benannt hat. Das wäre eine Beweisvereitelung jedenfalls im weiteren Sinn. Deshalb sollte man die Vorschrift weit zugunsten des Beweisführers auslegen.

3) Geltungsbereich. Vgl Üb 4 vor § 415. 3

4) Verstoß. Das Gericht kann bei einer Nichtvorlage das Gegenteil des bestrittenen Urkundeninhalts als 4 bewiesen erachten, Anh § 286 Rn 27, §§ 427, 444.

5) VwGO: *Unanwendbar trotz § 98 VwGO, vgl § 422 Rn 10.* 5

424 *Antrag auf Vorlegung durch Gegner.* [1] Der Antrag soll enthalten:
1. die Bezeichnung der Urkunde;
2. die Bezeichnung der Tatsachen, die durch die Urkunde bewiesen werden sollen;
3. die möglichst vollständige Bezeichnung des Inhalts der Urkunde;
4. die Angabe der Umstände, auf welche die Behauptung sich stützt, dass die Urkunde sich in dem Besitz des Gegners befindet;
5. die Bezeichnung des Grundes, der die Verpflichtung zur Vorlegung der Urkunde ergibt. [2] Der Grund ist glaubhaft zu machen.

1) Systematik, Z 1–5. Vgl zunächst § 420 Rn 1. In Ergänzung zu §§ 421–423, die die Voraussetzungen 1 einer Vorlegungspflicht regeln, nennt die Vorschrift die Art und Weise, in der der Beweisführer anstelle einer Urkundenvorlegung nach § 420 den Antrag auf Vorlegung durch einen anderen stellen muß, BGH NJW **89**, 717.

2) Regelungszweck, Z 1–5. Vgl zunächst § 420 Rn 2. Die Vorlegung einer Urkunde durch einen 2 anderen als den Beweisführer stellt trotz mancher Fälle einer Vorlegungspflicht immerhin einen Eingriff in fremde Eigentumsrechte dar. Denn § 903 BGB gibt dem Eigentümer das Recht, mit der Urkunde „nach Belieben zu verfahren", also an sich auch das Recht, sie anderen vorzuenthalten. Daher muß man strenge Anforderungen stellen. Man darf sie allerdings wegen Prozeßförderung und -wirtschaftlichkeit nach Grdz 12, 14 vor § 128 auch nicht überspannen. Freilich darf der Beweisführer auch nicht durch einen Antrag nach § 425 eine Ausforschung betreiben, Einf 27 vor § 284, BGH WertpMitt **89**, 278. Immerhin soll das Gericht die Beweiseignung und Entscheidungserheblichkeit prüfen können, KG NJW **93**, 2879. Alles das muß man bei der Auslegung mitbeachten.

3) Geltungsbereich, Z 1–5. Üb 4 vor § 415. 3

4) Vorlegungsantrag, Z 1–5. Zu Rn 4 müssen die Voraussetzungen der Rn 5–9 hinzutreten. 4

A. Mußvorschrift, Z 1–5. § 424 ist trotz seiner „Soll"-Fassung eine Mußvorschrift. Die Sollfassung besagt nur, daß die Erfordernisse spätestens in der mündlichen Verhandlung vorliegen müssen.

B. Urkundenbezeichnung, Z 1. Man muß die Urkunde so genau bezeichnen, daß ihre Nämlichkeit 5 nach Aussteller und Datum feststeht, KG NJW **93**, 2879, LG Bln WoM **86**, 184. Die Bezeichnung als „Korrespondenz" usw genügt nicht. Denn eine Ausforschungsbeweis ist auch hier unzulässig, Einf 6 vor § 284, LG Bln WoM **86**, 184. Freilich kann der Beweisführer zB bei § 254 nicht sofort alles angeben. Wegen Z 5 muß man zB angeben, ob eine Niederschrift (Vorlegungspflicht) oder ein einseitiger Aktenvermerk besteht, BGH **60**, 292.

C. Tatsachen, Z 2. Zum Tatsachenbegriff Einf 17 vor § 284. Zum Ausforschungsbeweis Einf 27 vor 6 § 284.

D. Urkundeninhalt, Z 3. Diese Angabe hat Bedeutung für den Fall des § 427. 7

E. Besitzumstände, Z 4. Wenn der Gegner den Besitz der Urkunde leugnet, findet eine Vorlegungsver- 8 nehmung statt, § 426. Dasselbe gilt dann, wenn er ihr Dasein leugnet. Ist das Gericht aber vom Nichtbestehen der Urkunde überzeugt, so ist eine Vorlegungsvernehmung unstatthaft, § 445 II. Dasselbe gilt im Ergebnis, wenn der Gegner die Originalurkunde gar nicht in Händen haben kann, KG NJW **93**, 2879. Bei Z 4 ist eine Glaubhaftmachung zB unnötig.

F. Vorlagepflicht, Z 5. Hier ist eine Glaubhaftmachung notwendig, § 294. Wegen des Antrags auf 9 Vorlegung der Handelsbücher § 422 Rn 7.

5) Verfahren, Z 1–5. Der Antrag ist ein Prozeßantrag, § 297 Rn 5. Er ist also kein Sachantrag, § 297 10 Rn 4. Deshalb ist eine Verlesung in der mündlichen Verhandlung nicht erforderlich.

6) Verstoß, Z 1–5. Fehlen die Voraussetzungen Z 1–5 am Schluß der mündlichen Verhandlung nach 11 §§ 136 IV, 296 a, so muß das Gericht den Antrag zurückweisen. Man muß aber auch hier die allgemeine Prozeßförderungspflicht nach Grdz 12 vor § 128 und die Regeln zur Zurückweisung nach § 296 beachten.

§§ 424–426   Buch 2. Abschnitt 1. Verfahren vor den LGen

Eine Zurückweisung kann durch ein wegen des vorrangigen § 355 II unanfechtbares Zwischenurteil nach § 303 oder in den Entscheidungsgründen des Endurteils erfolgen.

12   7) *VwGO:* Unanwendbar trotz § 98 *VwGO,* vgl § 422 Rn 10 *(nur scheinbar abw BVerfG InfAuslR* **90,** *164: gemeint ist dort § 432).*

425 *Anordnung der Vorlegung durch Gegner.* Erachtet das Gericht die Tatsache, die durch die Urkunde bewiesen werden soll, für erheblich und den Antrag für begründet, so ordnet es, wenn der Gegner zugesteht, dass die Urkunde sich in seinen Händen befinde, oder wenn der Gegner sich über den Antrag nicht erklärt, die Vorlegung der Urkunde an.

1   **1) Systematik.** Vgl zunächst § 420 Rn 1. Die Vorschrift gilt wie §§ 426, 427 im Fall der Vorlegungspflicht des Prozeßgegners, § 423. Demgegenüber erfassen §§ 428 ff die Vorlegungspflicht eines Dritten. Für die Entscheidungsform gelten die Regeln Rn 4, 5.

2   **2) Regelungszweck.** Vgl zunächst § 420 Rn 2. Es müßte ein „Vollstreckungstitel" geschaffen werden. Freilich nennt § 427 eine elegante Form der Rechtsfolgen des Ungehorsames. Daher bleibt in Wahrheit der Zweck darauf beschränkt, eine für alle Beteiligten klare Festlegung der Art und des Umfangs der Vorlegung vorzunehmen.

3   **3) Geltungsbereich.** Vgl Üb 4 vor § 415.

4   **4) Begründetheit des Antrags.** Wenn die Beweistatsache nach § 286 Rn 13 erheblich ist, wenn das Beweismittel nach § 286 Rn 31 geeignet ist der Vorlegungsantrag nach §§ 422 ff begründet ist, so kann eintreten: der Gegner leugnet den Besitz. Dann verläuft das Verfahren nach § 426; oder: der Gegner leugnet die Pflicht zur Vorlegung. Dann entsteht ein Zwischenstreit. Die Entscheidung ergeht durch ein Zwischenurteil nach § 303 bzw bei Versäumnis § 347 oder im Endurteil; oder: der Gegner gibt den Besitz der Urkunde und seine Vorlegungspflicht zu, § 288, oder: er erklärt sich nicht, § 138 II, III. Dann ordnet das Gericht die Vorlegung durch Beweisbeschluß an, § 425.

5   **5) Unbegründetheit des Antrags.** Wenn der Vorlegungsantrag unbegründet ist oder wenn die Urkunde nach § 424 Rn 5 gar nicht besteht, dann weist das Gericht den Antrag durch einen Beschluß, bei einem Zwischenstreit durch ein Zwischenurteil nach § 303 oder im Endurteil zurück.

6   **6) Rechtsmittel.** Die Entscheidung ist nur beim Teilurteil des § 301 anfechtbar, BGH ZZP **92,** 363 (auch zur Abgrenzung). Im übrigen entfällt die Anfechtbarkeit des zurückweisenden oder anordnenden Beschlusses oder eines Zwischenurteils wegen § 355 II.

7   7) *VwGO:* Unanwendbar trotz § 98 *VwGO,* vgl § 422 Rn 11.

426 *Vernehmung des Gegners über den Verbleib.* [1]Bestreitet der Gegner, dass die Urkunde sich in seinem Besitz befinde, so ist er über ihren Verbleib zu vernehmen. [2]In der Ladung zum Vernehmungstermin ist ihm aufzugeben, nach dem Verbleib der Urkunde sorgfältig zu forschen. [3]Im Übrigen gelten die Vorschriften der §§ 449 bis 454 entsprechend. [4]Gelangt das Gericht zu der Überzeugung, dass sich die Urkunde im Besitz des Gegners befindet, so ordnet es die Vorlegung an.

1   **1) Systematik, Regelungszweck, S 1–4.** Vgl zunächst § 420 Rn 1, 2, § 425 Rn 1, 2. Die Vorschrift regelt den etwa notwendigen Zwischenstreit in Anlehnung an §§ 387 ff.

2   **2) Geltungsbereich, S 1–4.** Vgl Üb 4 vor § 415.

3   **3) Voraussetzungen, S 1–4.** Das Gericht muß den Gegner des Beweisführers über den Verbleib der Urkunde vernehmen, wenn die Urkunde erheblich ist, wenn es ihn nach §§ 422, 423, 425 zur Vorlegung für verpflichtet erklärt, wenn er den Besitz der Urkunde des Vorhandensein der Urkunde bestreitet, wenn ein Beweisantritt nach § 421 und ein Vorlegungsantrag nach § 424 vorliegen und wenn das Gericht die Urkunde für existent hält. Eine Glaubhaftmachung des Besitzes oder auch nur des Daseins der Urkunde nach § 294 ist nicht erforderlich. Eine Vorlegungsvernehmung kann unstatthaft sein, etwa weil feststeht, daß die Urkunde nicht besteht. Dann lehnt das Gericht sie durch einen Beschluß und nach einem etwaigen Zwischenstreit durch ein Zwischenurteil nach § 303 oder in den Gründen des Endurteils ab.

4   **4) Vernehmung, S 1–3.** Sie hat praktisch zu geringe Bedeutung.

   A. Anordnung. Das Gericht ordnet die Vernehmung durch einen Beweisbeschluß an, § 450 I 1. Ein besonderer Antrag ist nicht erforderlich. Der Antrag liegt schon im Beweisantritt. Das Gericht lädt den Gegner persönlich mit Zustellungsurkunde, § 450 I 2. In der Ladung gibt es ihm auf, nach dem Verbleib der Urkunde sorgfältig zu forschen. Von Streitgenossen sind nach §§ 59 ff vernimmt das Gericht nur den Vorlegungspflichtigen. Wenn sich der Antrag gegen alle richtet, gilt § 449. Für einen nach § 51 Prozeßunfähigen muß das Gericht den gesetzlichen Vertreter vernehmen. Sind mehrere gesetzliche Vertreter vorhanden, so vernimmt das Gericht nach seinem Ermessen einen von ihnen oder alle, § 455 I sinngemäß. § 455 II ist nicht anwendbar. Bei einer Behörde vernimmt das Gericht denjenigen Beamten, der den Fiskus usw im Prozeß vertritt.

5   **B. Durchführung.** Sie erfolgt durch das Prozeßgericht oder durch einen verordneten Richter, §§ 451, 375. Sie erstreckt sich auf folgende Fragen: Welche Nachforschungen der Gegner angestellt hat, ZöGei 2, aM MüKoSchr 3 (aber es gilt ja gerade einer Beweisvereitelung vorzubeugen); wohin er etwa die Urkunde verbracht hat; welche Ansprüche er auf ihren Besitz oder ihre Rückgabe oder ihre Vorlegung hat. Der Anspruch ist pfändbar, Grdz 113 vor § 704 „Vorlegung". Die Vernehmung erfolgt grundsätzlich uneidlich.

Titel 9. Beweis durch Urkunden §§ 426–428

Eine Beeidigung nach §§ 478 ff steht gemäß § 452 im pflichtgemäßen Ermessen des Gerichts. Eine völlige oder teilweise Auskunftsverweigerung würdigt das Gericht frei, § 453 II. Bei einer Säumnis des Gegners verläuft das Verfahren nach § 454.

5) Entscheidung nach Vernehmung, S 4. Es entscheidet die Besitzlage. 6

A. Besitz. Kommt das Gericht zu der Überzeugung, daß der Gegner die Urkunde nach § 421 Rn 1 im unmittelbaren oder mittelbaren Besitz hat, dann ordnet es durch Beschluß die Vorlegung nach § 425 an, ebenso bei einer Würdigung der Säumnis als Auskunftsverweigerung, § 453 II. Legt der Gegner dann nicht vor, ist § 427 anwendbar.

B. Kein Besitz. Wenn das Gericht nicht zu solcher Überzeugung kommt, so gilt folgendes: Wenn das 7 Gericht die Nachforschungspflicht für erfüllt hält, weist es den Vorlegungsantrag durch einen Beschluß, durch ein Zwischenurteil nach § 303 oder durch ein Endurteil zurück. Wenn der Gegner die Nachforschung unterlassen oder nicht sorgfältig vorgenommen hat, ist § 427 anwendbar. Wenn der Gegner eine Urkunde nach Einl III 54, Anh § 286 Rn 27 arglistig beseitigt, ist § 444 anwendbar.

6) Rechtsmittel, S 1–4. Eine Anfechtung ist in allen Fällen nur zusammen mit derjenigen des Endurteils 8 möglich, § 355 II.

7) *VwGO*: *Entsprechend anwendbar, § 98 VwGO, wenn das Gericht die Vernehmung für erforderlich hält, § 86 I* 9 *VwGO*.

427 *Folgen der Nichtvorlegung durch Gegner.* ¹**Kommt der Gegner der Anordnung, die Urkunde vorzulegen, nicht nach oder gelangt das Gericht im Falle des § 426 zu der Überzeugung, dass er nach dem Verbleib der Urkunde nicht sorgfältig geforscht habe, so kann eine vom Beweisführer beigebrachte Abschrift der Urkunde als richtig angesehen werden.** ²**Ist eine Abschrift der Urkunde nicht beigebracht, so können die Behauptungen des Beweisführers über die Beschaffenheit und den Inhalt der Urkunde als bewiesen angenommen werden.**

1) Systematik, S 1, 2. Vgl zunächst § 420 Rn 1. Die Vorschrift regelt für die Fälle der §§ 425, 426 die 1 prozessualen Folgen des Ungehorsams des Prozeßgegners. In Anlehnung zB an §§ 444 (Urkunden-Beweisvereitelung), 446, 454 (Parteivernehmung) arbeitet das Gesetz mit einer das Gericht ermächtigenden, nicht zwingenden Unterstellung zu Lasten des Säumigen, also der elegantesten Form einer „Vollstreckung", BGH NJW 83, 2936.

2) Regelungszweck, S 1, 2. Vgl zunächst § 420 Rn 2. Die Vorschrift bezweckt Prozeßwirtschaftlich- 2 keit, Grdz 14 vor § 128. Der Grundsatz der freien Beweiswürdigung nach § 286 Rn 3 soll aber bestehen bleiben. Deshalb „kann", aber nicht muß das Gericht die Unterstellungen vornehmen. Wie bei §§ 446, 454 sollte auch hier eine sorgfältige Gesamtabwägung aller Umstände das pflichtgemäße weite Ermessen prägen.

3) Geltungsbereich, S 1, 2. Üb 4 vor § 415. Die Vorschrift gilt entsprechend bei §§ 134, 142, 273 II Z 1. 3

4) Voraussetzungen, S 1, 2. Es muß eine der folgenden Voraussetzungen vorliegen. 4

A. Keine Vorlegung. Entweder muß der vorlegungspflichtige Gegner des Beweisführers diejenige Urkunde nicht vorgelegt haben, deren Vorlegung das Gericht nach den §§ 425, 426 angeordnet hat.

B. Keine Nachforschung. Oder der vorlegungspflichtige Gegner muß bei seiner Vernehmung erklärt 5 haben, er habe die Urkunde nicht im unmittelbaren oder mittelbaren Besitz nach § 421 Rn 1, und das Gericht muß nach freier nicht nachprüfbarer Überzeugung annehmen, er habe nicht sorgfältig genug nach dem Verbleib der Urkunde geforscht, § 426 Rn 4, 5.

5) Folgen, S 1, 2. Es kommt auf die Vorlegung an. 6

A. Abschrift vorgelegt. Wenn der Beweisführer eine Abschrift der Urkunde vorlegt, liegt ein Fall der Beweisvereitelung vor, Anh § 286 Rn 27, BGH DB **85**, 1020. Daher kann das Gericht diese Abschrift als richtig ansehen. Es darf aber auch der Abschrift mißtrauen und die Behauptungen des Beweisführers über die Beschaffenheit und den Inhalt der Urkunde frei würdigen. Das ist meist dann ratsam, wenn der Beweisführer eine Abschrift nachträglich einreicht.

B. Keine Abschrift vorgelegt. Wenn der Beweisführer keine Abschrift beibringt, kann das Gericht das 7 wie bei Rn 4 frei würdigen. Hält das Gericht die Behauptungen des Beweisführers über die Beschaffenheit und den Inhalt der Urkunde für bewiesen, würdigt es die Bedeutung dieses Umstands frei. Eine Parteivernehmung des Gegners des Beweisführers entfällt, § 445 II.

6) Verfahren, S 1, 2. Das Gericht hat kein Zwangsmittel. Es muß einen Gegenbeweis, aber auch § 445 8 II beachten. Es entscheidet nach pflichtgemäßem Ermessen nach Rn 1 im Endurteil. Der Gegner kann die Vorlegung in der 2. Instanz unter den Voraussetzungen des § 536 nachholen. Das Berufungsgericht ist an die Würdigung der ersten Instanz nicht gebunden. Wenn das Gericht die Vorlegung nach §§ 142 ZPO, 45, 102 HGB usw angeordnet hat und würdigt es eine Nichtvorlegung ohne weiteres frei nach § 286, allenfalls entsprechend § 427, BAG DB **76**, 1020.

7) *VwGO*: *Entsprechend anwendbar, § 98 VwGO, jedoch ist „Beweisführer" jeder Beteiligte, der sich auf eine* 9 *Urkunde beruft, Einf § 284 Rn 36; aM KoppSch § 98 Rn 1: zT unanwendbar.*

428 *Vorlegung durch Dritte; Beweisantritt.* **Befindet sich die Urkunde nach der Behauptung des Beweisführers im Besitz eines Dritten, so wird der Beweis durch den Antrag angetreten, zur Herbeischaffung der Urkunde eine Frist zu bestimmen oder eine Anordnung nach § 142 zu erlassen.**

Hartmann 1577

§§ 428–430

1 **1) Systematik, §§ 428–432.** Während §§ 420–427 die Vorlegung durch den Beweisführer bzw den Prozeßgegner regeln, ordnen §§ 428 ff die Vorlegung durch einem Dritten. Unabhängig davon muß man § 142 beachten.

2 **2) Regelungszweck, §§ 428–432.** Natürlich kann man nicht einen am Zivilprozeß bisher Unbeteiligten ohne jeden Grund zur Vorlage irgendeiner Urkunde nötigen. Denn er darf nach § 903 S 1 BGB grundsätzlich mit seinem Eigentum nach *seinem* Belieben verfahren und andere von jeder Einwirkung ausschließen. § 428 stellt zusammen mit § 429 zwecks Gerechtigkeit nach Einl III 9 eine der in § 903 S 1 BGB zugelassenen Ausnahmen vom eben erwähnten Grundsatz dar. Ausnahmevorschriften sind durchweg eng auslegbar. Man muß daher die Voraussetzungen streng prüfen. Dabei darf man aber eine etwaige Beweisnot des Beweisführers nicht außer acht lassen. Eventuell darf man ihm sogar ohne Zuhilfenahme der §§ 428, 429 glauben, § 286 Rn 5. Auch das sollte das Gericht miterwägen. Deshalb stellt § 429 klar, daß nur unter den dort in Bezug genommenen Voraussetzungen der §§ 142, 421 ff nun gar ein Dritter vorlegen muß.

Deshalb muß die Vorschriften auch *zurückhaltend* auslegen. Immerhin sind die beim Zeugenbeweis geltenden Obliegenheiten nach § 378 dem Grundgedanken nach auch auf eine Vorlegungspflicht von Urkunden anwendbar. Ein Prozeßrechtsverhältnis nach Grdz 4 vor § 128 kann auch hier einen Bürger in Aufgaben hineinziehen, die lästig sein mögen und die er dennoch erfüllen muß. Grenzen ziehen auch hier Artt 1 ff GG.

3 **3) Geltungsbereich.** Vgl zunächst Üb 4 vor § 415. Im Urkundenprozeß ist § 428 grundsätzlich unanwendbar, § 595 III, dort Rn 5 (auch zu Ausnahmen). In Ehe-, Familien- und Kindschaftsverfahren nach §§ 617, 640 I ist § 428 anwendbar.

4 **4) Besitz eines Dritten.** Die Vorschrift gilt, soweit der Dritte nach der ausreichenden Behauptung des Beweisführers die Urkunde im unmittelbaren Besitz hat und der Beweisführer sie nicht von dort herbeischaffen kann oder will. Wegen mittelbaren Besitzes § 421 Rn 1. Dritter kann jeder sein, der weder Beweisführer noch Gegner ist, § 421 Rn 1. Dritter kann auch ein Streitgenosse des Beweisführers nach § 59 ff oder sein Streithelfer nach §§ 66 ff sein. Das gilt mit Ausnahme des notwendigen Streitgenossen nach § 69. Es kann sich auch um einen einfachen Streitgenossen des Beweisgegners handeln.

5 **5) Beweisantritt.** Der Beweis wird durch den Antrag angetreten, zur Herbeischaffung der Urkunde eine Frist zu setzen eine Anordnung nach § 142 zu erlassen. Den Antragsinhalt regeln §§ 430, 431. Ein bloßer Antrag auf Herbeischaffung ohne Anordnung nach § 142 genügt nicht. Er ist aber in einen Antrag auf Fristsetzung umdeutbar. Das Gericht setzt eine Frist mit oder ohne mündliche Verhandlung und auch auf ein schriftliches Gesuch, § 431 I. Es genügt nicht, den Dritten als Zeugen zu benennen und das Gericht zu bitten, den Zeugen aufzugeben, die Urkunde mitzubringen.

6 **6) VwGO:** *Entsprechend anwendbar, § 98 VwGO, jedoch mit den gleichen Einschränkungen wie bei § 373 Rn 10, aM KoppSch § 98 Rn 1: zT unanwendbar.*

429 *Vorlegungspflicht Dritter.* ¹**Der Dritte ist aus denselben Gründen wie der Gegner des Beweisführers zur Vorlegung einer Urkunde verpflichtet; er kann zur Vorlegung nur im Wege der Klage genötigt werden.** ² **§ 142 bleibt unberührt.**

1 **1) Systematik, Regelungszweck, S 1, 2.** Vgl zunächst § 428 Rn 1, 2. Die Möglichkeiten nach § 142 bleiben unberührt. Das stellt S 2 klar. § 429 gilt beim Beweis durch Augenschein entsprechend, § 371 II 2.

2 **2) Geltungsbereich, S 1, 2.** § 428 Rn 3.

3 **3) Vorlegungspflicht, S 1, 2.** Für den Dritten, der die Urkunde im unmittelbaren Besitz hat, besteht die Vorlegungspflicht in demselben Umfang wie für den Gegner des Beweisführers, nur daß die Vorlegung zur Schriftvergleichung wegfällt, § 422 Rn 1. Wegen des mittelbaren Besitzes § 421 Rn 1. Ist der Dritte Streithelfer und nimmt er auf die Urkunde Bezug, so ist § 423 anwendbar. Der Dritte muß stets dem Prozeßgericht oder im Fall des § 434 dem verordneten Richter vorlegen und auch dem Gegner die Einsicht in die Urkunde gestatten. Denn seine Pflicht stützt sich zwar auf das bürgerliche Recht. Sie ist aber prozessual beeinflußt, § 422 Rn 4. Das Gericht hat kein Zwangsmittel.

4 **4) Erzwingung, S 1 2.** Der Beweisführer muß auf die Vorlegung der Urkunde an das Gericht klagen. Der Gerichtsstand ist derjenige des Dritten. Kläger ist die Partei, nicht der Streithelfer. Er kann aber auch diesem Prozeß beitreten oder selbst klagen, wenn er einen eigenen Vorlegungsanspruch hat. Zur Begründung gehört der Nachweis der Fristsetzung nach § 430. Mit dem Wegfall der Notwendigkeit einer Vorlage erledigt sich die Hauptsache. Es sind alle Beweismittel statthaft. Es findet keine Vorlegungsvernehmung statt. Die Zwangsvollstreckung richtet sich bei einer im Inland befindlichen Urkunde nach §§ 883, 899, bei einer aus dem Ausland herbeizuschaffenden nach §§ 888, 913.

5 **5) VwGO:** *Entsprechend anwendbar, § 98 VwGO, soweit nicht § 99 VwGO eingreift, RedOe § 98 Anm 14.*

430 *Antrag bei Vorlegung durch Dritte.* **Zur Begründung des nach § 428 zu stellenden Antrages hat der Beweisführer den Erfordernissen des § 424 Nr. 1 bis 3, 5 zu genügen und außerdem glaubhaft zu machen, dass die Urkunde sich in den Händen des Dritten befinde.**

1 **1) Systematik, Regelungszweck.** Vgl zunächst § 428 Rn 1, 2. § 430 gilt beim Beweis durch Augenschein entsprechend, § 371 II 2.

2 **2) Geltungsbereich.** § 428 Rn 3.

Titel 9. Beweis durch Urkunden §§ 430–432

3) Antragserfordernisse. Form und Inhalt des Antrags richten sich nach § 424 Z 1–3, 5. Außerdem muß der Beweisführer nach § 294 glaubhaft machen, daß sich die Urkunde im unmittelbaren Besitz des Dritten befindet. Vgl aber auch § 421 Rn 1. 3

Beispiel: Er muß glaubhaft machen, daß sich ein herbeizuschaffender Scheck in den Händen einer Bank befindet, daß ihm die Bank zur Vorlegung verpflichtet ist, daß die Urkunde beweiserheblich ist und daß er einen Vorlegungsanspruch hat. Unstreitiger Besitz bedarf keiner Glaubhaftmachung. Nicht ausreichend ist die Behauptung bzw Glaubhaftmachung einer Bemühung nach der Urkunde.

4) Entscheidung. Vgl § 425. An Stelle des Beweisbeschlusses tritt eine Frist nach § 431. 4

5) *VwGO: Nur eingeschränkt entsprechend anwendbar, § 98 VwGO, vgl § 373 Rn 10.* 5

431 *Vorlegungsfrist bei Vorlegung durch Dritte.* ¹ Ist die Tatsache, die durch die Urkunde bewiesen werden soll, erheblich und entspricht der Antrag den Vorschriften des vorstehenden Paragraphen, so hat das Gericht durch Beschluss eine Frist zur Vorlegung der Urkunde zu bestimmen.

ᴵᴵ Der Gegner kann die Fortsetzung des Verfahrens vor dem Ablauf der Frist beantragen, wenn die Klage gegen den Dritten erledigt ist oder wenn der Beweisführer die Erhebung der Klage oder die Betreibung des Prozesses oder der Zwangsvollstreckung verzögert.

1) Systematik, Regelungszweck, I, II. Vgl zunächst § 428 Rn 1, 2. § 431 gilt beim Beweis durch 1
Augenschein entsprechend, § 371 II 2. § 431 hat als Spezialvorschrift Vorrang vor § 356.

2) Geltungsbereich, I, II. § 428 Rn 3. 2

3) Fristsetzung, I. Man muß zwei Phasen unterscheiden. 3

A. Verfahren. Voraussetzung ist wie bei § 425, daß die Beweistatsache erheblich und daß der Antrag begründet ist. Dann setzt das Gericht zur Vorlegung der Urkunde durch einen Beschluß eine Frist, I 1, § 329. Er ist kein Beweisbeschluß. Denn hier bereitet anders als beim nachrangigen § 425 die Fristsetzung den Beweis erst vor. Eine mündliche Verhandlung ist entbehrlich, § 128 IV. Anders als beim nachrangigen § 356 kann das Gericht die Erheblichkeit auch ohne mündliche Verhandlung prüfen. Die Frist ist eine richterliche, Üb 10 vor § 214. Ihre Verkürzung und Verlängerung richten sich nach §§ 224 ff. Das Gericht muß sie so bemessen, daß sie voraussichtlich zur Durchführung des Prozesses gegen den Dritten genügt. Man wahrt sie durch die Einreichung der Urkunde.

B. Rechtsbehelfe. Bei einer Fristsetzung ist grundsätzlich kein Rechtsbehelf statthaft, § 355 II. Bei einer 4
zu langen Frist oder einer Versagung des Fortsetzungsantrags nach II ist die sofortige Beschwerde statthaft, § 252 entsprechend, MüKoSchr 3, StJL 4, ZöGei 1, aM ThP 2 (aber es geht praktisch um eine Aussetzung). Bei einer Zurückweisung des Antrags nach I ist ebenfalls sofortige Beschwerde statthaft, § 567 I Z 2. Das Beschwerdegericht prüft nicht auch die Beweiseignung und die Entscheidungserheblichkeit. Soweit das OLG entschieden hat, kommt allenfalls eine Rechtsbeschwerde an den BGH unter den Voraussetzungen des § 574 in Betracht. Bei einer Friständerung gilt § 225 Rn 7–9.

4) Weiteres Verfahren, II. Das Gericht setzt das Verfahren nur auf Grund des Terminsantrags einer Partei 5
fort, ThP 3, aM StJL 7, ZöGei 2 (aber der Gegner kann ebenfalls durch Terminsantrag vorgehen). Der Beweisführer kann ihn jederzeit stellen. Er muß die Urkunde einreichen. Das mag er auch erst im Termin tun. Etwas anderes gilt nur dann, wenn er auf eine Erledigung seines Antrags verzichtet oder im Prozeß gegen den Dritten nichts erreicht hat. Der Gegner darf die Ladung beantragen, wenn dieser die Erhebung der Klage, die Fortführung des Prozesses oder die Fortführung der Zwangsvollstreckung verzögert. Dann kann der Beweisführer die Urkunde nur durch Vorlegung als Beweismittel benutzen.

5) *VwGO: Entsprechend anwendbar, § 98 VwGO, vgl § 429 Rn 5, aM KoppSch § 98 Rn 1: zT unanwendbar.* 6

432 *Vorlegung durch Behörden oder Beamte; Beweisantritt.* ¹ Befindet sich die Urkunde nach der Behauptung des Beweisführers in den Händen einer öffentlichen Behörde oder eines öffentlichen Beamten, so wird der Beweis durch den Antrag angetreten, die Behörde oder den Beamten um die Mitteilung der Urkunde zu ersuchen.

ᴵᴵ Diese Vorschrift ist auf Urkunden, welche die Parteien nach den gesetzlichen Vorschriften ohne Mitwirkung des Gerichts zu beschaffen imstande sind, nicht anzuwenden.

ᴵᴵᴵ Verweigert die Behörde oder der Beamte die Mitteilung der Urkunde in Fällen, in denen eine Verpflichtung zur Vorlegung auf § 422 gestützt wird, so gelten die Vorschriften der §§ 428 bis 431.

Schrifttum: Brenner, Der Einfluß von Behörden auf die Einleitung und den Ablauf von Zivilprozessen, 1989.

1) Systematik, Regelungszweck, I–III. Vgl zunächst § 428 Rn 1, 2. § 432 gilt beim Beweis durch 1
Augenschein entsprechend, § 371 II 2.

2) Geltungsbereich, I–III. Vgl zunächst Üb 3 vor § 415. § 432 regelt den Fall, daß sich die vom 2
Beweisführer als Beweismittel angezogene öffentliche oder private Urkunde nach §§ 415, 417, 418 im unmittelbaren Besitz einer öffentlichen Behörde nach § 415 Rn 4 oder einer Person des öffentlichen Dienstes nach § 376 Rn 5 gerade in dessen dienstlicher Eigenschaft befindet, also nicht im Privatbesitz. Das gilt aber nur dann, wenn die durch die Behörde vertretene Stelle keine Partei ist (sonst gelten §§ 421–427), wenn kein Fall nach II vorliegt und wenn kein Vorlegungsanspruch nach §§ 429, 422 besteht, III. Die Vorschrift ist im Urkundenprozeß unanwendbar, § 595 III.

§§ 432–434 Buch 2. Abschnitt 1. Verfahren vor den LGen

3 **3) Beweisantritt, I.** Er erfolgt nur selten. Möglich ist zunächst auch die formlose Anregung, das Gericht solle nach § 273 II Z 2 die Vorlegung aufgebe, oder der Weg nach § 435.

A. Verfahren. Man tritt den Beweis durch den Antrag an, die Behörde oder den Beamten um eine Mitteilung der Urkunde zu ersuchen. Der Antrag braucht nicht den §§ 424, 428, 430 zu genügen. Er muß aber ausreichende Anhaltspunkte für die Beweiserheblichkeit der Tatsache nach § 286 Rn 29 und für den unmittelbaren Besitz der Behörde usw ergeben. Bei mittelbarem Besitz gilt § 421 Rn 1. Der Antragsteller muß ferner die Urkunde so genau bezeichnen, daß die Behörde usw das Ersuchen im ordnungsmäßigen Geschäftsgang erledigen kann. Unerlaubt ist auch hier ein bloßer Ausforschungsantrag, Einf 27 vor § 284. Das Gericht ist auch nicht verpflichtet, sich das Wesentliche selbst herauszusuchen, BGH **126**, 217.

4 **B. Entscheidung.** Das Gericht fordert die Urkunde durch einen Beweisbeschluß ein, § 358. Die Zurückweisung des Antrags erfordert keinen besonderen Beschluß. Wenn die Akten den Parteien unzugänglich sind, zB evtl Ermittlungsakten oder wegen eines Datenschutzes nach § 299 Rn 4, dann muß das Gericht ihre Einforderung ablehnen, aM StjL 5 (aber was die Parteien nicht einsehen dürfen, können sie nicht vortragen auf und darf das Gericht nicht verwerten). Es ist den Parteien überlassen, vorher die Genehmigung zur Einsicht zu erwirken. Das Ersuchen erfolgt von Amts wegen durch den Vorsitzenden, auch den Einzelrichter. Über eine amtliche Auskunft Üb 32 vor § 373.

5 **C. Rechtsmittel, I.** Die Entscheidung ist allenfalls zusammen mit dem Endurteil anfechtbar, § 355 II.

6 **4) Parteibeschaffung, II.** Wenn sich der Beweisführer die Urkunde nach einer gesetzlichen Vorschrift selbst beschaffen kann, dann muß er den Beweis nach § 420 antreten. Wenn das nur dem Gegner des Beweisführers möglich ist, dann ist I anwendbar. II gilt auch dann, wenn der Beweisführer eine Ausfertigung oder eine beglaubigte Abschrift beibringen kann, wie bei Registerauszügen, Testamenten, notariellen Urkunden, soweit sie kaum im Original herausgegeben werden dürfen, ferner betr Grundbuchabschriften, Urteilen, § 435. Etwas anderes gilt bei Patenterteilungsakten. Denn bei ihnen besteht kein Anspruch auf eine Erteilung von Abschriften. Die Möglichkeit einer Einsicht steht I nicht entgegen.

7 **5) Verhalten der Behörde, III.** Man muß zwei Phasen unterscheiden.

A. Verfahren. Die Behörde oder der Beamte prüft nach dem für diese geltenden Verwaltungsrecht, ob die Urkunde übersandt werden darf oder muß, Art 35 I GG, § 168 GVG. Sie hat meist ein pflichtgemäßes Ermessen. II erweitert nicht die Berechtigung nach § 51 BeurkG. Wegen der Herausgabe von Akten betr das Gemeinwohl, § 96 StPO, das Steuergeheimnis, die Intimsphäre, zB Scheidungsakten, vgl § 299 Rn 23 ff und BVerfG **34**, 209. Wegen des Datenschutzes § 299 Rn 4. Nicht den Parteien zugängliche Akten sind unverwertbar. Von der Ablehnung und dem Eingang der Urkunde muß die Geschäftsstelle die Parteien benachrichtigen, § 362 II. Wenn die Urkunde eingeht, ist sie in der mündlichen Verhandlung verwertbar. Im schriftlichen Verfahren und im Verfahren nach Lage der Akten ist die Urkunde nach der Benachrichtigung ohne weiteres verwertbar.

8 **B. Rechtsbehelfe, III.** Bei einer unbegründeten Weigerung sind die im Verwaltungsrecht möglichen Rechtsbehelfe und eine Klage vor dem Verwaltungsgericht zulässig. Eine Beschwerde nach § 159 GVG entfällt immer dann, wenn keine Rechtshilfe in Frage kommt. Wenn eine Vorlegungspflicht nach § 422 besteht, kann eine Klage gegen die vom Beamten vertretene Stelle zulässig sein.

9 **6) VwGO:** I ist eingeschränkt entsprechend anwendbar, § 98 *VwGO*, vgl § 373 Rn 10; dem Antrag ist im Asylrechtsstreit grundsätzlich zu entsprechen, BVerfG *InfAuslR* **90**, 165, BVerwG *NVwZ-RR* **90**, 653. Statt II und III gilt § 99 *VwGO*.

433 (weggefallen)

434 Vorlegung vor beauftragtem oder ersuchtem Richter.
Wenn eine Urkunde bei der mündlichen Verhandlung wegen erheblicher Hindernisse nicht vorgelegt werden kann oder wenn es bedenklich erscheint, sie wegen ihrer Wichtigkeit und der Besorgnis ihres Verlustes oder ihrer Beschädigung vorzulegen, so kann das Prozeßgericht anordnen, dass sie vor einem seiner Mitglieder oder vor einem anderen Gericht vorgelegt werde.

1 **1) Systematik, Regelungszweck.** § 434 macht in den Fällen der §§ 420–433 zum Schutz besonders wertvoller oder wichtiger Urkunden insbesondere vor Transportgefahren eine an sich nicht unproblematische, aber im Zivilprozeß ja so manchen Gründen vorkommende und vertretbare Ausnahme von dem wichtigen Grundsatz der Unmittelbarkeit der Beweisaufnahme, § 355 I. Die Parteiöffentlichkeit des § 357 bleibt natürlich insofern gewahrt, als die Parteien Zutritt zur Beweisaufnahme vor dem in § 434 bestimmten Gericht haben. Dieses kann auch ein „anderes" als das Prozeßgericht sein, §§ 361, 362. Die Möglichkeit einer Einsicht durch das Prozeßgericht an Ort und Stelle nach § 219 I besteht wahlweise neben § 434.

2 **2) Geltungsbereich.** Üb 4 vor § 415.

3 **3) Voraussetzungen.** Erforderlich und ausreichend ist eine der folgenden Voraussetzungen.

A. Hindernis. Entweder ist die Vorlegung in der mündlichen Verhandlung wegen erheblicher Hindernisse nicht möglich. Das Gericht darf und muß das diesbezügliche Vorbringen frei würdigen, § 286.

4 **B. Bedenklichkeit einer Vorlegung.** Oder die Vorlegung ist wegen der Wichtigkeit der Urkunde oder der Besorgnis ihres Verlustes oder ihrer Beschädigung bedenklich. Das gilt namentlich bei Grund-, Register- oder Nachlaßakten. Solche Akten sollte das ersuchte Gericht überhaupt nicht versenden. Regelmäßig genügt außerdem die Einreichung einer beglaubigten Abschrift, § 432 Rn 6.

Titel 9. Beweis durch Urkunden §§ 434–436

4) Verfahren. Die Anordnung nach § 434 erfolgt nach pflichtgemäßem Ermessen durch einen Beweisbeschluß auf Grund mündlicher Verhandlung nach § 358 oder ohne solche nach § 358 a. Sie erfolgt jeweils mit Änderungsmöglichkeit, § 360. Der nach §§ 361, 362 verordnete Richter muß eine beglaubigte Abschrift der Urkunde zu den Akten nehmen und Bedenken der Parteien gegen die Echtheit oder deren Zugeständnis protokollieren. Vor ihm besteht kein Anwaltszwang, § 78 V Hs 1, dort Rn 37. Weiteres Verfahren §§ 362 II, 367, 370. Wegen einer Beweisaufnahme im Ausland §§ 363 ff, §§ 1072 ff. 5

5) Rechtsmittel. Die Entscheidung ist nur zusammen mit dem Endurteil anfechtbar, § 355 II. 6

6) *VwGO*: *Entsprechend anwendbar, § 98 VwGO.* 7

435 *Vorlegung öffentlicher Urkunden in Urschrift oder beglaubigter Abschrift.* ¹ Eine öffentliche Urkunde kann in Urschrift oder in einer beglaubigten Abschrift, die hinsichtlich der Beglaubigung die Erfordernisse einer öffentlichen Urkunde an sich trägt, vorgelegt werden; das Gericht kann jedoch anordnen, dass der Beweisführer die Urschrift vorlege oder die Tatsachen angebe und glaubhaft mache, die ihn an der Vorlegung der Urschrift verhindern. ² Bleibt die Anordnung erfolglos, so entscheidet das Gericht nach freier Überzeugung, welche Beweiskraft der beglaubigten Abschrift beizulegen sei.

1) Systematik, Regelungszweck, S 1, 2. Der Beweisführer muß eine Privaturkunde nach § 416 Rn 3 grundsätzlich in Urschrift vorlegen, § 420 Rn 4. Denn nur so ist die Feststellung ihrer Echtheit nach § 439 und Fehlerfreiheit nach § 419 möglich, BGH NJW 80, 1048. Freilich kann ausnahmsweise schon dann eine beglaubigte Abschrift genügen, § 420 Rn 4. Bei einer öffentlichen Urkunde nach § 415 Rn 4 läßt § 435 die Vorlegung einer beglaubigten Abschrift zu. Denn die Urschrift befindet sich meist in einer amtlichen Verwahrung, BGH NJW 80, 1048. Bei der notariellen Urkunde kommt nach den vorrangigen §§ 45 I, 47 BeurkG nur die Vorlage einer Ausfertigung in Betracht. Sie gilt als Urschrift im Sinn von §§ 420, 435. 1

2) Geltungsbereich, S 1, 2. Üb 4 vor § 415. 2

3) Öffentliche Urkunde, S 1. Zu ihrem Begriff § 415 Rn 4. Dahin zählt zB auch eine beglaubigte Fotokopie, aber nicht die Fotokopie einer beglaubigten Abschrift. Dieser Weg ist aber nur dann zulässig, wenn die Beglaubigung den Erfordernissen einer öffentlichen Urkunde genügt. Damit gibt § 435 die folgende Beweisregel: Eine ordnungsmäßig beglaubigte Abschrift einer öffentlichen Urkunde hat dieselbe Beweiskraft wie die Urkunde selbst. Das gilt sowohl dann, wenn nun die Beglaubigung von derjenigen Behörde stammt, die die Urschrift erstellt hat, LG Duisb Rpfleger 84, 98, als auch dann, wenn die Beglaubigung von einer anderen Behörde herrührt. Mit einer solchen Urkunde nicht zu verwechseln ist eine öffentlich beglaubigte Urkunde, § 415 Rn 3. Die Erfordernisse der Urschrift und die Zuständigkeit zur Beglaubigung richten sich nach dem maßgeblichen Bundes- oder Landesrecht. Die Ausfertigung einer öffentlichen Urkunde ist immer nur eine Abschrift. Sie läßt den Gegenbeweis zu. Ein Auszug aus einer öffentlichen Urkunde fällt nicht unter § 435. Er mag selbst eine öffentliche Urkunde sein. 3

4) Anordnung, S 1, 2. Wenn das Gericht gegen die Richtigkeit der beglaubigten Abschrift einer öffentlichen Urkunde Bedenken hat, dann kann es dem Beweisführer die wahlweise Vorlegung der Urschrift oder eine Glaubhaftmachung der Hinderungsgründe aufgeben. Die Anordnung erfolgt durch einen Beweisbeschluß auf Grund mündlicher Verhandlung oder ohne solche in Ergänzung eines Beweisbeschlusses, § 360. Der Gegner darf das vorgelegte Exemplar auf der Geschäftsstelle einsehen, §§ 134, 142 II. Er darf die Aushändigung einer Kopie fordern, §§ 131, 299. Wenn der Beweisführer beiden Anordnungen nicht nachkommt, dann würdigt das Gericht die beglaubigte Abschrift frei, § 286, BGH NJW 80, 1048, BVerwG NJW 87 , 1159. 4

5) Rechtsmittel, S 1, 2. Die Entscheidung ist nur zusammen mit dem Endurteil anfechtbar, § 355 II. 5

6) *VwGO*: *Entsprechend anwendbar, § 98 VwGO, BVerwG NJW 87, 1159.* 6

436 *Verzicht nach Vorlegung.* Der Beweisführer kann nach der Vorlegung einer Urkunde nur mit Zustimmung des Gegners auf dieses Beweismittel verzichten.

1) Systematik, Regelungszweck. Die Vorschrift entspricht formell dem beim Zeugenbeweis geltenden § 399. Sie hat aber keinen so weitgehenden Inhalt. Zwar gebietet die Parteiherrschaft nach Grdz 18 vor § 128 auch beim Urkundenbeweis einen gewissen Handlungsspielraum der Parteien. Indessen ist schon wegen des ja klaren Inhalts usw im Interesse der Gerechtigkeit nach Einl III 9 eine Möglichkeit eingeschränkt, auf ein nicht mehr so günstiges Beweismittel zu verzichten. Dieser letztere Gedanke hat bei der Auslegung Vorrang. 1

2) Geltungsbereich. Üb 4 vor § 415. 2

3) Zustimmungsbedürftigkeit. Bis zur Vorlegung einer Urkunde kann der Beweisführer einseitig auf sie verzichten. Der Gegner kann aber die Vorlegung der einmal in Bezug genommenen Urkunde verlangen, § 423. Hat eine der Parteien oder ein Dritter die Urkunde erst einmal vorgelegt, dann kann der Beweisführer nur mit Zustimmung des Gegners auf sie verzichten. Verzicht und Zustimmung sind unwiderrufliche Parteiprozeßhandlungen, Grdz 47, 58 vor § 128. Die Zustimmung kann auch durch eine schlüssige Handlung erfolgen. Dann scheidet die Urkunde für die Beweiswürdigung aus. Ob das Gericht trotzdem die Vorlegung aus §§ 142 ff von Amts wegen nach §§ 358, 358 a anordnen darf, das hängt davon ab, ob nicht eine zulässige Verfügung über die Beweisfrage vorliegt, ThP 1, ZöGei 1, aM StJL 2 (die Anordnung der Vorlegung sei 3 unbedingt zulässig. Aber das widerspricht dem Beibringungsgrundsatz). Das muß das Gericht nach § 139 klären.

4   **4) VwGO:** Unanwendbar trotz § 98 VwGO wegen des Untersuchungsgrundsatzes, § 86 I VwGO, KoppSch § 98 Rn 1.

Einführung vor §§ 437–443
Echtheit von Urkunden

1   **1) Systematik.** Nur die echte Urkunde ist beweiskräftig, Üb 9 vor § 415. Das Gericht muß die Echtheit also stets prüfen, BGH NJW 01, 449. Die Urkunde ist im Sinn der ZPO dann echt, wenn sie von derjenigen Person herrührt, von der sie herrühren soll, und zwar nach der Behauptung des Beweisführers bzw im Verfahren mit Amtsermittlung nach Grdz 38 vor § 128 nach der Behauptung der durch den Urkundeninhalt begünstigten Partei BGH (1. ZS) NJW 01, 449, aM BGH MDR 88, 770 (vgl aber § 440 Rn 3). Anders ist es im Strafrecht, § 267 StGB. Soweit die Urkunde dem Willen dieser Person entspricht, ist es unerheblich, ob sie selbst unterschrieben hat, BGH MDR 88, 770. Der Klärung der Echtheit dienen bei der öffentlichen Urkunde §§ 437, 438, bei der privaten §§ 439, 440, bei beiden §§ 441 ff. Beim Vorliegen eines Feststellungsinteresses kann man die Echtheit auch mit einer Feststellungsklage aus § 256 geltend machen. Das kommt allerdings praktisch nicht vor. Eine Zwischenklage nach § 280 ist unzulässig. Denn es handelt sich nicht um ein Rechtsverhältnis.

Von der Echtheit muß man die *Unverfälschtheit* unterscheiden, also das Fehlen nachträglicher Veränderungen. Es läßt sich mit allen Beweismitteln beweisen. Auch der Inhalt der Urkunde fällt nicht unter §§ 437 ff, sondern unter §§ 286, 415, 417, 418.

2   **2) Regelungszweck.** Das Gericht muß die Echtheit ungeachtet § 437 besonders sorgfältig prüfen. Denn die echte Urkunde schränkt ja vielfach die Freiheit des Gerichts in der Beweiswürdigung ausnahmsweise als eine gesetzliche Beweisregel ein, zB § 415 Rn 7.

3   **3) Geltungsbereich.** Vgl Üb 4 vor § 415.

437 *Echtheit inländischer öffentlicher Urkunden.* I Urkunden, die nach Form und Inhalt als von einer öffentlichen Behörde oder von einer mit öffentlichem Glauben versehenen Person errichtet sich darstellen, haben die Vermutung der Echtheit für sich.

II Das Gericht kann, wenn es die Echtheit für zweifelhaft hält, auch von Amts wegen die Behörde oder die Person, von der die Urkunde errichtet sein soll, zu einer Erklärung über die Echtheit veranlassen.

1   **1) Systematik, Regelungszweck, I, II.** Vgl Einf 1, 2 vor §§ 437–443. § 437 stellt eine einfache Rechtsvermutung der Echtheit einer inländischen öffentlichen Urkunde auf, Rn 4, § 292 Rn 1, LG Kiel Rpfleger 90, 420. Demgegenüber regelt § 438 die Echtheit einer ausländischen öffentlichen Urkunde. Zur ersteren und evtl auch zur letzteren Art gehört auch die sog Eigenurkunde. In ihr legt ein Notar nicht seine Wahrnehmung nieder, sondern eine Willenserklärung, eigene Verfahrenserklärungen, BGH DNotZ 81, 118, Reithmann DNotZ 83, 439.

2   **2) Geltungsbereich, I, II.** Üb 4 vor § 415.

3   **3) Vermutung der Echtheit, I.** Die Vermutung gilt nur insoweit, als die Urkunde nicht im Sinn des § 419 fehlerhaft ist. Inländische öffentliche Urkunden bedürfen nach § 1 G vom 1. 5. 1878, RGBl 89, idF des BeurkG keiner Amtsbekräftigung (Legalisation). Die Vermutung bezieht sich nur auf die Herkunft der Urkunde, nicht auf ihren Inhalt (dafür gelten §§ 415 ff) oder die Zuständigkeit der ausstellenden Behörde.

4   **4) Zweifel an der Echtheit, II.** Man kann die Vermutung des § 437 durch einen Gegenbeweis entkräften, § 292. Wenn das Gericht die Echtheit nach pflichtgemäßem Ermessen für zweifelhaft hält, muß es von Amts wegen auch ohne mündliche Verhandlung die ausstellende Behörde usw um eine Auskunft über die Echtheit ersuchen. „Kann" stellt nur die Zuständigkeit klar und eröffnet kein weiteres Ermessen. Der Ersuchte muß sich durch eine dienstliche Erklärung äußern, Art 35 I GG. Eine Vernehmung als Zeuge ist dazu nicht erforderlich. Die Vermutung gilt bis zur Feststellung der Unechtheit.

5   **5) VwGO:** Entsprechend anwendbar, § 98 VwGO, vgl BVerwG NJW 87, 1159; jedoch sind Ermittlungen, II, stets vAw zulässig, § 86 I VwGO; abw RedOe § 98 Anm 15: als zwingende Bestimmung im VerwProzeß nicht heranzuziehen.

438 *Echtheit ausländischer öffentlicher Urkunden.* I Ob eine Urkunde, die als von einer ausländischen Behörde oder von einer mit öffentlichem Glauben versehenen Person des Auslandes errichtet sich darstellt, ohne näheren Nachweis als echt anzusehen sei, hat das Gericht nach den Umständen des Falles zu ermessen.

II Zum Beweise der Echtheit einer solchen Urkunde genügt die Legalisation durch einen Konsul oder Gesandten des Bundes.

Schrifttum: *Bindseil* DNotZ **92**, 275 (Üb) und DNotZ **93**, 5 (zur konsularischen Beurkundung); *Brenner,* Der Einfluß von Behörden auf die Einleitung und den Ablauf von Zivilprozessen, 1989; *Bülow/Böckstiegel/Geimer/Schütze,* Der Internationale Rechtsverkehr in Zivil- und Handelssachen, 3. Aufl 1990; Teil D; *Hek-*

Titel 9. Beweis durch Urkunden § 438

ker/Müller-Chorus, Handbuch der konsularischen Praxis, 2. Aufl 2003; Kierdorf, Die Legalisation von Urkunden, 1975; Langhein, Kollisionsrecht der Registerurkunden usw, 1995.
Auskunft erteilt das Bundesverwaltungsamt, Referat III/3, Barbarastr. 1, 50728 Köln, Bindseil DNotZ **92**, 278.

Gliederung

1) Systematik, Regelungszweck, I, II	1	C. Konsularverträge	6
2) Geltungsbereich	2	D. Europäisches Übereinkommen	7
3) Echtheit, I	3	E. Haager Übereinkommen	8–10
4) Amtsbekräftigung, II	4–11	F. Übereinkommen der Europäischen Gemeinschaft	11
A. Grundsatz: Herkunftsbescheinigung ...	4	5) *VwGO*	12
B. Zweitseitige Staatsverträge	5		

1) Systematik, Regelungszweck, I, II. Vgl Einf 1, 2 vor §§ 437–443. Während § 437 die inländische **1** Urkunde behandelt, regelt § 438 die ausländische. Zur Prüfung ihrer Echtheit besteht natürlich ein besonderes Bedürfnis. Daher muß man die Vorschrift grundsätzlich eng auslegen. Das darf freilich nicht zu allzu großen Konflikten mit den zB in § 328 genannten Maßstäben führen. Sie erfordern ja oft aus deutscher Sicht eine erhebliche Großzügigkeit. Das muß man bei der Auslegung mitbeachten.

2) Geltungsbereich, I, II. Vgl Üb 4 vor § 415. Zum Grundbuchverfahren, § 29 GBO, BayObLG IPRax **2** **94**, 122, Roth IPRax **94**, 86.

3) Echtheit, I. Öffentliche Urkunden nach § 415 Rn 4, die von einer ausländischen Amtsperson im **3** Inland oder im Ausland ausgestellt wurden, haben zunächst bis zum Vorliegen einer etwaigen Legalisation nach Rn 4 keine Vermutung der Echtheit für sich, strenger Langhein Rpfleger **96**, 53 (nicht einmal dann stets). Das Gericht entscheidet über die Echtheit von Amts wegen nach pflichtgemäßem Ermessen unabhängig von Parteierklärungen, etwa von Erklärungen über die Echtheit, § 286. Dabei kann es zB eine Auslandsvertretung einschalten, BVerwG NJW **87**, 1159, LAG Hamm BB **89**, 1191. Man kann § 439 I und II entsprechend anwenden, Bindseil DNotZ **92**, 285. Wegen der Übersetzung fremdsprachiger Urkunden RGBl **42** I 609. Soweit das Gericht von der Echtheit ausgehen darf und muß, hat die ausländische öffentliche Urkunde die gleiche Beweiskraft wie eine deutsche, §§ 415, 417, 418. Sie hat aber keine höhere Beweiskraft, BVerwG NJW **87**, 1159, Hamm VersR **00**, 1220.

4) Amtsbekräftigung, II. Es hat sich eine umfangreiche Regelung entwickelt. **4**

A. Grundsatz: Herkunftsbescheinigung. Amtsbekräftigung (Legalisation) ist die Bescheinigung der Echtheit, also der Herkunft einer Urkunde durch die dazu berufene deutsche Amtsstelle, Bindseil DNotZ **92**, 277 (ausf), Luther MDR **86**, 10 (Üb), Wagner DNotZ **75**, 581. Vgl die folgenden Ländervorschriften:
Baden-Württemberg: VO vom 12. 11. 80, GBl 586;
Bayern: VO vom 7. 3. 66, GVBl 106, geändert durch VO vom 18. 4. 78, GVBl 141; Bek v 18. 1. 89, JMBl 13;
Brandenburg:
Bremen:
Hamburg:
Hessen: AnO vom 19. 1. 81, GVBl 25;
Mecklenburg-Vorpommern:
Niedersachsen:
Nordrhein-Westfalen:
Rheinland-Pfalz: Rdschr JM vom 18. 12. 02, JBl **03**, 34;
Saarland: VO vom 21. 1. 81, ABl 101;
Sachsen:
Sachsen-Anhalt:
Schleswig-Holstein: AV vom 29. 6. 66, SchlHA 161, und vom 7. 12. 77, SchlHA **78**, 8, geändert durch AV vom 4. 12. 80, SchlHA **81**, 6;
Thüringen:
Die Amtsbekräftigung durch einen *Konsul* nach §§ 13, 14 KonsG vom 11. 9. 74, BGBl 2317, oder durch einen deutschen *Gesandten* genügt fast immer zum Nachweis der Echtheit einer ausländischen öffentlichen Urkunde, § 415 Rn 3, Bindseil DNotZ **92**, 284 (ausf). Das Gericht darf und muß Zuständigkeit der ausländischen Behörde und die Formgültigkeit des Akts nach § 286 frei prüfen, AG Bln-Tempelhof FamRZ **04**, 1489, Bindseil DNotZ **92**, 285. Meist wird freilich kein Anlaß zu Zweifeln bestehen. Nach § 2 G vom 1. 5. 1878, RGBl 89, idF des BeurkG begründet die Amtsbekräftigung nur die Annahme der Echtheit. Praktisch ist diese Abweichung unerheblich. Die Legalisation „genügt". Sie ist aber dann entbehrlich, wenn das Gericht die Echtheit auch ohne sie nach § 286 frei würdigend feststellen kann, Rn 3. Die Partei darf die Unechtheit der Urkunde oder der Amtsbekräftigung nachweisen, § 292, §§ 18, 61 ZRHO.

B. Zweiseitige Staatsverträge. Zahlreiche Staatsverträge machen eine Amtsbekräftigung entbehrlich, **5** Bindseil DNotZ **92**, 281 (ausf); Urkunden, die in diesen Staaten öffentlich ausgestellt oder beglaubigt sind, stehen inländischen Urkunden gleich. Vgl auch Einl IV 1.
Das gilt für Belgien, Abk v 13. 5. 75, BGBl **80** 815, nebst G v 25. 6. 80, BGBl II 813, dazu VO v 15. 10. 80, BGBl 2002 und Bek v 9. 3. 81, BGBl II 142, ferner für gewisse Behörden in Dänemark, Abk v 17. 6. 1936, RGBl II 214, auf Grund Bek v 30. 6. 1953, BGBl II 186, Frankreich gemäß Abk v 13. 9. 71 nebst G v 30. 7. 74, BGBl II 1074, berichtigt durch BGBl II 1100 (betr öffentliche und gewisse private Urkunden; in Kraft seit 1. 4. 75, Bek v 6. 3. 75, BGBl II 353. Einzelheiten Arnold DNotZ **75**, 581), Griechenland infolge des deutsch-griechischen Rechtshilfeabk v 11. 5. 1938 Art 24 (bezüglich der von Gerichten aufgenommenen oder aufgestellten Urkunden, sowie notarieller Urkunden, die vom Präsidenten

§ 438

Buch 2. Abschnitt 1. Verfahren vor den LGen

des Gerichtshofs 1. Instanz beglaubigt worden sind), RGBl **39** II 849, wieder in Kraft aGrd Bek v 26. 6. 1952, BGBl II 634, Großbritannien und Nordirland gemäß Art VI Abs 3 des deutsch-britischen Abk v 14. 7. 60, SchlAnh V B 5, Italien gemäß Vertrag v 7. 6. 69 nebst G v 30. 7. 74, BGBl II 1069 (betr öffentliche, einschließlich diplomatischer und konsularischer Urkunden; in Kraft seit 5. 5. 75, Bek v 22. 4. 75, BGBl II 660; dazu Bek v 30. 6. 75, BGBl II 931, betr die Zuständigkeit, ferner auch VO v 24. 9. 74, BGBl 2353, ferner zB DVO SchlH v 23. 12. 74, GVBl **75**, 4. Einzelheiten Arnold DNotZ **75**, 581), Luxemburg gemäß Abk v 7. 12. 62, BGBl **64** II 194 (in Kraft seit 7. 9. 66, BGBl II 592) und v 3. 6. 82, BGBl **83** II 698 (betr Personenstandsurkunden und Ehefähigkeitszeugnisse), Österreich (bezügl gerichtlicher und notarieller Urkunden sowie Personenstandsurkunden), Vertrag v 21. 6. 1923, RGBl **24** II 61, aGrd Bek v 13. 3. 1952, BGBl II 436, der Schweiz, Vertrag v 14. 2. 07, RGBl **07**, 411, dazu Bek v 11. 12. 97, BGBl **98** II 71 (keine Beglaubigung nötig), sowie wegen Personenstands- bzw Zivilstandsurkunden Abk v 4. 11. 85, BGBl **88** II 127, dazu G v 28. 1. 88, BGBl II 126, Portugal, Bek v 18. 5. 82, BGBl II 550 (betr Personenstandsurkunden), Marokko, Art 27 des Vertrags v 29. 10. 85, BGBl **88** II 1055, Ungarn, Art 31 II Abk v 2. 5. 98, BGBl **99** II 962 (Sozialversicherung usw).

6 **C. Konsularverträge.** Außerdem bestimmt eine Reihe von Konsularverträgen, daß ausländische Konsuln Rechtsgeschäfte und Verträge aufnehmen, bestätigen, beglaubigen und mit einem Siegel versehen dürfen und daß solche Urkunden sowie Auszüge aus ihnen und Übersetzungen den inländischen öffentlichen Urkunden gleichstehen: Spanien v 12. 1. 72, BGBl 211; Türkei v 28. 5. 29, RGBl **30** II 748, auf Grund Bek v 29. 5. 52, BGBl II 608, USA Abk v 3. 6. 53, Bek v 20. 11. 54, BGBl II 721, 1051.

7 **D. Europäisches Übereinkommen.** Das Europäische Übereinkommen zur Befreiung der von diplomatischen oder konsularischen Vertretern errichteten Urkunden von der Legalisation v 7. 6. 68, BGBl **71** II 86 und 1023, dazu G v 19. 2. 71, BGBl II 85, befreit solche Urkunden von der Legalisation (ohne die Notwendigkeit einer sog Apostille nach Rn 8), die von diplomatischen oder konsularischen Vertretern in einem Mitgliedsstaat errichtet sind und entweder in einem anderen Mitgliedsstaat oder vor dem diplomatischen oder konsularischen Vertreter eines anderen Mitgliedsstaats in einem Nichtmitgliedsstaat vorgelegt werden sollen. Das Übereinkommen ist für die BRep *in Kraft seit* 19. 9. 71, Bek v 27. 7. 71, BGBl II 1023. Es gilt im Verhältnis zu Frankreich, den Niederlanden nebst Surinam und den niederländischen Antillen, Schweiz, Vereinigtem Königreich nebst Man, Zypern, Bek v 27. 7. 71, BGBl II 1023, Italien, Bek v 30. 11 71, BGBl II 1313, Guernsey, Jersey, Bek v 10. 1. 72, BGBl II 48, Österreich, Bek v 15. 6. 73, BGBl II 746, Liechtenstein, Bek v 7. 8. 73, BGBl II 1248, Schweden, Bek v 23. 11. 73, BGBl II 1676, Griechenland, Bek v 26. 3. 79, BGBl II 338, Luxemburg, Bek v 3. 8. 79, BGBl II 938, Norwegen, Bek v 13. 7. 81, BGBl II 561, Spanien, Bek v 28. 6. 82, BGBl II 639, Portugal, Bek v 26. 1. 83, BGBl II 116, Türkei, Bek v 22. 7. 87, BGBl II 427, Polen, Bek v 28. 2. 95, BGBl II 251, Tschechische Republik, Bek 21. 7. 98, BGBl II 2373, Irland, Bek v 3. 8. 99, BGBl II 762, Republik Moldau, Bek v 22. 7. 02, BGBl II 1872.

8 **E. Haager Übereinkommen.** Durch das Haager Übereinkommen v 5. 10. 61 zur Befreiung ausländischer öffentlicher Urkunden von der Legalisation, BGBl **65** II 876, dazu G vom 21. 6. 65, BGBl II 875, Bindseil DNotZ **92**, 280 (ausf), tritt an die Stelle der Legalisation die *Apostille*, also der Echtheitsbestätigung in der äußeren Form des Art 4 des vorgenannten Übk (Muster: BGBl **65** II 883, 884), die die zuständige Behörde des Errichtungsstaates auf der Urkunde oder einem damit verbundenen Blatt anbringt.

9 Das *Übereinkommen gilt für* Urkunden von einem staatlichen Gericht oder einer Amtsperson als Organ der Rechtspflege einschließlich derjenigen Urkunden, die von dem Staatsanwaltschaft oder einem Vertreter des öffentlichen Interesses, dem Urkundsbeamten der Geschäftsstelle oder einem Gerichtsvollzieher ausgestellt sind; für Urkunden der Verwaltungsbehörden, soweit sie sich nicht unmittelbar auf den Handelsverkehr oder das Zollverfahren beziehen; für notarielle Urkunden; für amtliche Bescheinigungen auf Privaturkunden, so auch für die Beglaubigung von Unterschriften; nicht jedoch für Urkunden von diplomatischen oder konsularischen Vertretern. Zur Ausstellung der Apostille VO v 9. 12. 97, BGBl 2872, in § 2 I geändert durch Art 7 XVI G v 27. 6. 00, BGBl 897, sowie Mitt in DNotZ **89**, 721 (betr Vereinigtes Königreich und Nordirland, BayObLG Rpfleger **93**, 192 (betr die USA).

10 Das Übereinkommen ist für die BRep *in Kraft seit* 13. 2. 66, Bek v 12. 2. 66, BGBl II 106. In Geltung im Verhältnis zu Frankreich, Jugoslawien, Niederlanden, Vereinigtem Königreich und zahlreichen Besitzungen, Bek v 12. 2. 66, BGBl II 106, niederländische Antillen und Surinam, Bek v 17. 5. u 17. 7. 67, BGBl II 1811, 2082, Österreich, Malawi, Bek v 18. 1. 68, BGBl II 76, Malta, Bek v 19. 2. 68, BGBl II 131, Portugal, Bek v 21. 1. 69, BGBl II 120 und Bek v 25. 2. 70, BGBl II 121, Japan, Bek v 4. 7. 70, BGBl II 752, Fidschi, Bek v 12. 7. 71, BGBl II 1016, Tonga, Bek v 16. 3. 72, BGBl II 254, Liechtenstein, Lesotho, Bek v 20. 9. 72, BGBl II 1466, Ungarn, Bek v 10. 1. 73, BGBl II 65, Schweiz, Bek v 8. 3. 73, BGBl II 176, Zypern, Bek v 13. 4. 73, BGBl II 391, Belgien, Bek v 7. 1. 76, BGBl II 199, Bahamas, Bek v 5. 1. 77, BGBl II 20, Surinam auch seit seiner Unabhängigkeit, Bek v 1. 6. 77, BGBl II 593, Italien, Bek v 23. 1. 78, BGBl II 153, Israel, Bek v 23. 8. 78, BGBl II 1198, Spanien, Bek v 30. 10. 78, BGBl II 1330, Seschellen, Swasiland, Bek v 30. 4. 79, BGBl II 417, Luxemburg, Bek v 30. 5. 79, BGBl II 684, Vereinigte Staaten, Bek v 16. 9. 81, BGBl II 903, Norwegen, Bek v 8. 7. 83, BGBl II 478, Finnland, Bek v 1. 8. 85, BGBl II 1006, Griechenland, Türkei, Bek v 22. 8. 85, BGBl II 1108, Antigùa, Barbuda, Bek v 10. 3. 86, BGBl II 542, Brunei Darussalam, Bek v 25. 1. 88, BGBl II 154, Argentinien, Bek v 19. 2. 88, BGBl II 235, Panama, Bek v 7. 8. 91, BGBl II 998, Marshallinseln, Rußland, Bek v 24. 8. 92, BGBl II 948, Belize, Bek v 21. 6. 93, BGBl II 1005, Bosnien-Herzegowina, Kroatien (als Rechtsnachfolger), Bek v 16. 12. 93, BGBl **94** II 82, Mazedonien, Bek v 6. 6. 94, BGBl II 1191, Armenien, Bek v 31. 8. 94, BGBl II 2532, St. Kitts und Nevis, Bek v 14. 11. 94, BGBl II 3765, Australien, San Marino, Bek v 8. 2. 95, BGBl II 222, Südafrika, Bek v 22. 3. 95, BGBl II 326, Mexiko, Bek v 25. 7. 95, BGBl II 694, Lettland, Bek v 8. 1. 96, BGBl II 223, El Salvador, Bek v 29. 4. 96, BGBl II 934, Andorra, Bek v 29. 11. 96, BGBl II 2802, Litauen, Bek v 10. 6. 97, BGBl II 1400, Nue, Tschechische Republik, Venezuela, Irland, Bek v. 4. 2. 99, BGBl II 142, Schweden, Bek v 27. 4. 99, BGBl II 420, Samoa, Bek v 12. 8. 99, BGBl II 794, Trinidad, Tobago, Bek v 6. 10. 00, BGBl II 1362, Kasachstan, Kolumbien, Namibia, Bek v 21. 2. 01, BGBl II 298, Bulgarien, Rumänien, Bek

Titel 9. Beweis durch Urkunden §§ 438–440

v 19. 7. 01, BGBl II 801, Estland, Neuseeland (ohne Tokelau), Slowakei, Bundesrepublik Jugoslawien (Rechtsnachfolge), Bek v 11. 2. 02, BGBl II 626, Grenada, Bek v 10. 6. 02, BGBl II 1685, St Lucia, Bek v 29. 8. 02, BGBl II 2503, Monaco, Bek v 13. 12. 02, BGBl 03 II 63, St Vincent, Grenadinen, Bek v 21. 5. 03, BGBl II 698, Dominica, Bek v 10. 7. 03, BGBl II 734, Honduras, Island, Bek v 17. 12. 04, BGBl 05 II 64, Cookinseln, Ecuador, Kolumbien, Bek v 20. 6. 05, BGBl II 752.

F. **Übereinkommen der Europäischen Gemeinschaft.** Wegen der EuGVVO SchlAnh V C 4. **11**

5) *VwGO: Entsprechend anwendbar, § 98 VwGO, BVerfG DVBl 02, 834, BVerwG NVwZ-RR 95, 174 u* **12**
NJW 87, 1159, aM RedOe § 98 Anm 15.

439 *Erklärung über die Echtheit von Privaturkunden.* I **Über die Echtheit einer Privaturkunde hat sich der Gegner des Beweisführers nach der Vorschrift des § 138 zu erklären.**

II **Befindet sich unter der Urkunde eine Namensunterschrift, so ist die Erklärung auf die Echtheit der Unterschrift zu richten.**

III **Wird die Erklärung nicht abgegeben, so ist die Urkunde als anerkannt anzusehen, wenn nicht die Absicht, die Echtheit bestreiten zu wollen, aus den übrigen Erklärungen der Partei hervorgeht.**

1) **Systematik, Regelungszweck, I–III.** Eine Privaturkunde nach § 416 Rn 3 hat im Gegensatz zur **1** öffentlichen Urkunde nach § 437 keine gesetzliche Echtheitsvermutung, BGH NJW 01, 449. Der Beweisführer muß die Urkunde grundsätzlich urschriftlich vorlegen, § 420 Rn 1, 4. In der Vorlegung liegt die Behauptung der Echtheit, Begriff Einf 1 vor §§ 437–443. Der Gegner darf die Echtheit bestreiten, Grdz 22 vor § 128, BGH NJW 01, 449. Das kann auch in der Berufungsinstanz geschehen, § 528 II. Daraus ergibt sich die Erklärungspflicht. Wenn der Gegner die Richtigkeit einer beigebrachten Abschrift nicht bestreitet, dann genügt deren Vorlegung, § 420 Rn 4. Das Gericht muß insofern seine Fragepflicht ausüben, § 139.

2) **Geltungsbereich, I–III.** Vgl zunächst Üb 4 vor § 415. Sondervorschriften bestehen im Verfahren vor **2** dem AG, § 510, und im Ehe-, Familien- und Kindschaftsverfahren, §§ 617, 640.

3) **Erklärung, I, II.** Sie wird oft versäumt. **3**
A. **Grundsatz: Mangels Unverzüglichkeit Geständniswirkung, I.** Der Gegner muß sich unverzüglich zur Echtheit äußern, §§ 282, 296, spätestens aber am Schluß der letzten Tatsachenverhandlung, §§ 136 IV, 296 a. Tut er das nicht, dann greift das unterstellte Geständnis des III ein, Rn 5. Eine Erklärung mit Nichtwissen ist bei einer eigenen oder bei einer in Gegenwart des Erklärenden von anderen unterschriebenen Urkunde unzulässig, § 138 IV. Die sog Anerkennung der Urkunde ist kein Anerkenntnis nach § 307, sondern ein gerichtliches Geständnis nach § 288. Sie ist darum nur nach § 290 widerruflich. Eine Anerkennung vor dem Prozeß ist ein außergerichtliches Geständnis. Soweit der Gegner die Echtheit bestreitet, gilt § 440. Man kann die Echtheit auch erstmals in Nachverfahren des Urkundenprozesses bestreiten, § 600, BGH **82**, 115.
B. **Unterschriebene Urkunde, II.** Wenn die Urkunde nach § 416 Rn 2 mit einem Namen unter- **4** schrieben ist, nicht unbedingt mit dem eigenen, auch mit einem beglaubigten Handzeichen, dann muß man eine Erklärung über die Echtheit der Unterschrift abgeben. Wenn eine Unterschrift fehlt oder wenn ein Handzeichen unbeglaubigt ist, dann muß man die Erklärung über die Echtheit des Textes abgeben.

4) **Unterlassung einer Erklärung, III.** Die Vorschrift ist wegen der Verweisung in I auch auf § 138 III **5** überflüssig. Sie hat aber als eine nun einmal vorhandene Sonderregel Vorrang. Wenn der Gegner des Beweisführers die Echtheit nicht ausdrücklich oder schlüssig bestreitet, dann gilt die Urkunde als anerkannt. Das ist ein unterstelltes Geständnis, § 138 Rn 64. Das gilt nicht, soweit die Geständniswirkung versagt, also vor allem wegen von Amts wegen zu beachtenden Punkten, § 288 Rn 9.

5) *VwGO: Trotz der Verweisung in § 98 VwGO ist § 439 wegen des Ermittlungsgrundsatzes, § 86 I VwGO,* **6**
ebenso unanwendbar wie § 138 III und §§ 288–290, vgl § 617.

440 *Beweis der Echtheit von Privaturkunden.* I **Die Echtheit einer nicht anerkannten Privaturkunde ist zu beweisen.**

II **Steht die Echtheit der Namensunterschrift fest oder ist das unter einer Urkunde befindliche Handzeichen notariell beglaubigt, so hat die über der Unterschrift oder dem Handzeichen stehende Schrift die Vermutung der Echtheit für sich.**

1) **Systematik, Regelungszweck, I, II.** Der Unterschied zwischen § 440 und § 416 ist in Wahrheit nur **1** gering, BGH RR **89**, 1324. Beide betreffen nur die äußere Beweiskraft. § 416 besagt: Wenn unterschrieben wurde, dann ist die Erklärung abgegeben. § 440 betrifft nur die Echtheit. Er besagt: Wenn die Unterschrift echt ist, dann ist die Erklärung abgegeben. Wenn die Erklärung echt ist, dann ist sie auch abgegeben, es sei denn, daß das bürgerliche Recht zur Wirksamkeit eine Hinausgabe der Urkunde verlangt. Diese Hinausgabe beweist weder § 440 noch § 416. Wohl aber kann man eine Hinausgabe dann vermuten, wenn der Erklärungsempfänger im Besitz der Urkunde ist, vgl den Grundgedanken des § 1006 BGB. Dabei ist zB trotz § 416 der Nachweis zulässig, daß die Urkunde vor der Hinausgabe gestohlen wurde. Willensmängel betreffen dagegen nur die innere Beweiskraft, § 416 Rn 7.

§§ 440, 441 Buch 2. Abschnitt 1. Verfahren vor den LGen

2 **2) Geltungsbereich, I, II.** Vgl Üb 4 vor § 415, § 439 Rn 2. Im FGG-Verfahren gilt statt II der Grundsatz freier Beweiswürdigung uneingeschränkt, BayObLG NZM 02, 449.

3 **3) Beweis, I.** Bei einer Privaturkunde nach § 416 Rn 3 muß man zwischen der Echtheit der Unterschrift und der Echtheit der Schrift unterscheiden, dh des durch die Unterschrift Gedeckten. Wenn die Echtheit der Urkunde weder anerkannt noch nach § 439 III zu unterstellen ist, dann muß sie der Beweisführer beweisen, BGH NJW **01**, 449, Köln DB **83**, 105. Das gilt, nicht also muß der Gegner die Unechtheit beweisen, BGH NJW **01**, 449. Freilich kann ein Anscheinsbeweis für oder gegen die Echtheit vorliegen. Er kann den jeweiligen Gegner zum Gegenbeweis nötigen, Anh § 286 Rn 20. Es sind alle Beweismittel zulässig, zB die Benennung des Ausstellers als Zeugen, auch eine Schriftvergleichung nach §§ 441, 442 und Parteivernehmung, §§ 445 ff. Das Gericht kann auch die Echtheit nach freier Beweiswürdigung bejahen, § 286 Rn 4, Köln DB **83**, 105. Das gilt, wenn so erhebliche Gründe für sie sprechen, daß ein substantiiertes Bestreiten notwendig ist. Das gilt etwa dann, wenn bei einem nach Form und Inhalt einwandfreien Handelsbuch jede Begründung für eine Bemängelung fehlt. Das gilt für alle Prozeßarten. Vgl auch § 439 Rn 1.

4 **4) Vermutung, II.** Die Praxis beachtet die Vorschrift zu wenig.
A. Echtheit der Schrift. Wenn der Aussteller die Echtheit der Namensunterschrift anerkannt hat, liegt ein Geständnis nach § 288 vor, Saarbr MDR **02**, 109. Wenn die Echtheit überhaupt feststeht oder wenn der Notar ein Handzeichen beglaubigt hat, dann besteht eine widerlegbare Rechtsvermutung, § 292 Rn 1, BGH RR **89**, 1324, Köln WoM **96**, 266, LAG Hamm NZA-RR **05**, 548. Diese Vermutung geht dahin, daß die Schrift echt ist. Das gilt zwar sogar bei einer Blankounterschrift oder beim Blankettmißbrauch, BGH NJW **00**, 1181. Man muß also nur die Echtheit der Unterschrift beweisen. Echt ist die Urkunde auch dann, wenn andere sie mit dem Willen des Ausstellers für ihn unterschrieben haben, BGH **104**, 176, wenn er die Unterschrift genehmigt oder wenn er bei einer mechanischen Unterschrift den Auftrag zum Stempeln und beim Telefax und e-mail usw den Auftrag zur Absendung gegeben hat.
Das Gericht beurteilt eine Beglaubigung der Unterschrift nach § 418. Der Aussteller kann und muß den Gegenbeweis führen, § 292, BGH RR **89**, 1324, LAG Hamm NZA-RR **05**, 548, etwa eine Ausfüllung oder Einfügung ohne oder gegen eine Vereinbarung (Blankettmißbrauch), BGH NJW **86**, 3086, Düss VersR **79**, 627. Der Gegner muß dagegen beweisen, daß die nachträgliche Ausfüllung oder Einfügung mit dem Einverständnis des Ausstellers erfolgte. Eine Indossamentsunterschrift deckt den Inhalt der Hauptwechselerklärung. Vgl auch § 437 Rn 3.

5 **B. Willen des Ausstellers.** Die Vermutung der Echtheit der Schrift enthält die Vermutung, daß die Schrift mit dem Willen des Ausstellers *über* der Unterschrift stehe, BGH BB **96**, 1082, Mü VersR **88**, 1136. Daher genügt zB grundsätzlich nicht, daß die Schrift nachträglich zugefügt ist oder daß die Schrift *unter* der „Unterschrift" steht, also im Fall einer sog Oberschrift, § 416 Rn 4, BGH NJW **92**, 830, Hamm NJW **89**, 2138, aM BayObLG NJW **91**, 928 (aber man schreibt grundsätzlich in Deutschland von oben nach unten und „unter"-schreibt deshalb, wer mit einem Text verantworten will). Dasselbe gilt grundsätzlich bei einer sog Nebenschrift, § 416 Rn 4, BGH NJW **92**, 830, es sei denn, es blieb *unter* dem Text kein Platz und die Unterschrift neben dem Text deckt ihn eindeutig, Köln Rpfleger **00**, 163. Wer Mängel behauptet, muß beweisen, daß die Schrift nicht mit seinem Willen dort steht.

6 **C. Einschränkungen.** § 419 schränkt den § 440 ein. Bei einer fehlerhaften Urkunde darf und muß das Gericht nach § 286 frei würdigen, ob infolge des Mangels die Vermutung des § 440 entfällt. Das gilt namentlich bei Ausbesserungen oder nachträglichen Zusätzen, BayObLG DNotZ **85**, 221. Es gilt auch dann, wenn die Unterschrift nicht das ganze Schriftstück deckt. Wenn die Vermutung versagt, dann würdigt das Gericht den gesamten Inhalt der Urkunde frei nach § 286, BayObLG DNotZ **85**, 221.

7 **5) VwGO: I** ist insoweit unanwendbar, § 98 *VwGO*, als es danach auf die Anerkennung der Urkunde durch einen Beteiligten ankommt, da die Echtheit ggf vAw zu ermitteln ist, § 86 I *VwGO*. **II** ist entsprechend anwendbar, § 98 *VwGO*.

441 *Schriftvergleichung.* ¹ Der Beweis der Echtheit oder Unechtheit einer Urkunde kann auch durch Schriftvergleichung geführt werden.

ᴵᴵ In diesem Falle hat der Beweisführer zur Vergleichung geeignete Schriften vorzulegen oder ihre Mitteilung nach der Vorschrift des § 432 zu beantragen und erforderlichenfalls den Beweis ihrer Echtheit anzutreten.

ᴵᴵᴵ ¹ Befinden sich zur Vergleichung geeignete Schriften in den Händen des Gegners, so ist dieser auf Antrag des Beweisführers zur Vorlegung verpflichtet. ²Die Vorschriften der §§ 421 bis 426 gelten entsprechend. ³Kommt der Gegner der Anordnung, die zur Vergleichung geeigneten Schriften vorzulegen, nicht nach oder gelangt das Gericht im Falle des § 426 zu der Überzeugung, dass der Gegner nach dem Verbleib der Schriften nicht sorgfältig geforscht habe, so kann die Urkunde als echt angesehen werden.

ᴵⱽ Macht der Beweisführer glaubhaft, dass in den Händen eines Dritten geeignete Vergleichungsschriften sich befinden, deren Vorlegung er im Wege der Klage zu erwirken imstande sei, so gelten die Vorschriften des § 431 entsprechend.

Schrifttum: Köller, Probalistische Schlußfolgerungen im Schriftgutachten usw, 2004; *Michel*, Gerichtliche Schriftvergleichung usw, 1982; *Seibt*, Forensische Schriftgutachten, 1999.

1 **1) Systematik, Regelungszweck, I–IV.** Die Vorschrift ergänzt §§ 437–440 und auch §§ 420 ff. Gerade wegen der Beweisregeln im Urkundenbeweis soll nun um der sachlichen Gerechtigkeit willen der Beweis der Echtheit nicht zu schwer werden, Einl III 9. Vielmehr gewährt das Gesetz mit der Schriftvergleichung die an

Titel 9. Beweis durch Urkunden §§ 441–443

sich natürlich ohnehin mitbeachtlichen Möglichkeiten der Klärung (nur) der Echtheit oder Unechtheit durch den in § 441 besonders ermöglichten richterlichen Augenschein nach §§ 371 ff bzw durch den Sachverständigenbeweis nach §§ 402 ff. Das Gesetz krönt diese Möglichkeiten in § 442 durch den diesbezüglichen Freibeweis. Aus II folgt, daß die Schriftvergleichung einen Parteiantrag voraussetzt. Aus § 286 folgt aber die Notwendigkeit, innerhalb der Beweiswürdigung alle Erkenntnismöglichkeiten zu nutzen, dort Rn 24 ff. Das Gericht darf und muß nach pflichtgemäßem Ermessen auch nach § 142 evtl von Amts wegen eine Schriftvergleichung entweder selbst vornehmen oder meist unvermeidbar durch einen Schriftsachverständigen durchführen lassen, § 286 Rn 50, § 442 Rn 3, BGH NJW 93, 539.

2) Geltungsbereich, I–IV. Vgl Üb 4 vor § 415, § 439 Rn 2. 2

3) Schriftvergleichung, I–IV. Das ist die Untersuchung eines handschriftlichen Erzeugnisses zur Ermitt- 3 lung seiner Echtheit oder Unechtheit sowie zur Identifizierung des Schrifturhebers, BAG BB 82, 117, Michel ZSW 81, 262 (ausf). Sie ist bei sämtlichen Urkunden zulässig. Sie erstreckt sich auf die Schrift und auf die Unterschrift, auf eine Unechtheit und auf eine Verfälschung, Einf 2 vor §§ 437–443. Die Schriftvergleichung liefert einen Indizienbeweis. Sie geschieht durch einen Augenschein nach § 371, BAG BB 82, 117. Er erfolgt durch den Vergleich der streitigen mit unbestrittenen echten oder nach § 437 als echt zu vermutenden oder zu erweisenden Schriftstücken. Die Schriftvergleichung untersteht insofern den Vorschriften des Urkundenbeweises. §§ 144, 372 sind auch im Fall der Hinzuziehung eines Sachverständigen unanwendbar.

Eine Schriftvergleichung sollte nur *zurückhaltend* erfolgen. Denn diese Methode ist recht teuer. Sie kostet meist mehrere tausend EUR. Sie ist auch zeitraubend. Sie dauert evtl mehrere Jahre bis zum Gutachten eines der überlasteten Graphologen. Sie bringt leider auch Unsicherheiten, Michel ZSW 81, 266.

4) Graphologie, I–IV. Man muß von der Schriftvergleichung die Graphologie unterscheiden. Diese 4 untersucht, ob die Handschrift eines Schreibers auch einen Rückschluß auf seinen Charakter zuläßt, BAG BB 82, 117, Michel ZSW 82, 262.

5) Verfahren, I–IV. Zur Anfertigung von Urkunden darf das Gericht den Gegner des Beweisführers 5 anhalten, Üb 7 vor § 371. Wenn die Partei aber die Anfertigung verweigert, vereitelt sie regelmäßig den Beweis, Anh § 286 Rn 26, BGH DB 85, 1020. Dann gilt § 444 entsprechend, aM ZöGei 3 § 446. Aber es handelt sich um einen Fall prozessualer Arglist, Einl III 54). Die Vergleichsstücke müssen Gegenstand der mündlichen Verhandlung sein. Das Gericht darf nicht von Amts wegen Schriftstücke aus Akten oder Beiakten heranziehen, Grdz 39 vor § 128. Es kann das aber anregen. Notfalls ist eine Vorlegungsvernehmung statthaft, III. Das Gericht kann den Gegner nicht zur Anfertigung weiterer Schriftproben zwingen. Es kann aber sehr wohl dazu auffordern und auf die Mindestfolge einer freien Würdigung einer Weigerung nach §§ 286, 442 hinweisen, auch auf §§ 444, 446. Das Gericht sollte aber auch darauf achten, nicht infolge zu deutlichen Drucks ablehnbar zu werden, § 42.

6) VwGO: *I* ist entsprechend anwendbar, § 98 VwGO, *II* und *III* mit Einschränkungen, § 373 Rn 10, weil das 6 Gericht die Echtheit einer Urkunde vAw zu ermitteln hat. Kommt ein anderer Beteiligter einer Anordnung des Gerichts, *III*, nicht nach, so ergibt sich III 3 aus § 108 I 1 VwGO. Entsprechend anwendbar ist auch *IV*, vgl § 431.

442 *Würdigung der Schriftvergleichung.* **Über das Ergebnis der Schriftvergleichung hat das Gericht nach freier Überzeugung, geeignetenfalls nach Anhörung von Sachverständigen, zu entscheiden.**

1) Systematik, Regelungszweck. Vgl § 441 Rn 1. Die Vornahme einer Schriftvergleichung nach 1 § 441 Rn 3 ist eine Beweisaufnahme. Daher muß das Gericht die Parteiöffentlichkeit wahren, § 357. Das gilt auch dann, wenn nach § 434 ein verordneter Richter tätig wird, §§ 361, 362. § 442 stimmt mit § 286 inhaltlich überein, BGH NJW 82, 2874.

2) Geltungsbereich. Üb 3 vor § 415. 2

3) Beweiswürdigung. Über das Ergebnis entscheidet das Gericht in Rückkehr zum Grundsatz der freien 3 Beweiswürdigung nach § 286 Rn 4 ganz frei, BGH NJW 82, 2874. Die Hinzuziehung eines Schriftsachverständigen steht im pflichtgemäßen Ermessen, § 286 Rn 50, § 441 Rn 1. § 411 ist anwendbar. Zur Ermittlung eines Schrifturhebers reicht ein linguistisches Gutachten ohne graphologische oder maschinenschriftliche Prüfung nicht aus, LAG Köln VersR 95, 1074.

4) VwGO: *Entsprechend anwendbar, § 98 VwGO.* 4

443 *Verwahrung verdächtiger Urkunden.* **Urkunden, deren Echtheit bestritten ist oder deren Inhalt verändert sein soll, werden bis zur Erledigung des Rechtsstreits auf der Geschäftsstelle verwahrt, sofern nicht ihre Auslieferung an eine andere Behörde im Interesse der öffentlichen Ordnung erforderlich ist.**

1) Systematik, Regelungszweck. Die Vorschrift enthält eine vorrangige Sonderregelung zur Vermei- 1 dung des Verlusts oder der Beschädigung usw einer Urkunde, um die bereits erheblicher Streit besteht.

2) Geltungsbereich. Üb 4 vor § 415. 2

3) Verfahren. Die Urkunde wird nicht Bestandteil der Gerichtsakten, § 299 Rn 1. Als Ausnahme vom 3 jederzeitigen Rückforderungsrecht nach § 134 Rn 12 muß das Gericht aber eine ihm vorliegende etwa unechte oder verfälschte Urkunde jeder Art bis zur Beendigung des Prozesses auf der Geschäftsstelle zurückhalten. Das gilt freilich nur, sofern nicht die öffentliche Ordnung und damit irgendein Grund des öffentlichen Wohls die Auslieferung an eine Behörde verlangt, etwa an die Staatsanwaltschaft wegen des Verdachts irgendeiner mit der Urkunde zusammenhängenden Straftat, etwa nach § 263 oder §§ 267 ff StGB, oder an den Standesbeamten zur Berichtigung eines standesamtlichen Registers. Soweit zB eine Urkundenstraftat für den Zivilprozeß vorgreifliche Vorfrage sein kann, kommt eine Aussetzung nach § 149 in Betracht. Andernfalls erfolgt die Übersendung an die Behörde erst nach Prozeßende. Obwohl § 183 GVG das Gericht zur Übersendung verpflichten kann, sollte das Gericht auch § 42 mitbeachten.

Der *Urkundsbeamte* klärt vor einer Rückgabe vor dem Prozeßende die Entbehrlichkeit beim Vorsitzenden. Die Art der Verwahrung richtet sich grundsätzlich nach der AktO. Das Gericht darf und muß aber evtl eine spezielle Anordnung treffen. Sie kann bis zur Verwahrung in besonders geeigneten geschützten Räumen gehen. Die Verwaltung muß sie durchführen, soweit technisch durchführbar.

4   4) *VwGO: Entsprechend anwendbar,* § *98 VwGO.*

444   *Folgen der Beseitigung einer Urkunde.* **Ist eine Urkunde von einer Partei in der Absicht, ihre Benutzung dem Gegner zu entziehen, beseitigt oder zur Benutzung untauglich gemacht, so können die Behauptungen des Gegners über die Beschaffenheit und den Inhalt der Urkunde als bewiesen angesehen werden.**

Schrifttum: *Baumgärtel,* Die Beweisvereitelung im Zivilprozeß, Festschrift für *Kralik* (Wien 1986) 63; *Krapoth,* Die Rechtsfolgen der Beweisvereitelung im Zivilprozeß, 1996; *Schatz,* Die Beweisvereitelung in der Zivilprozeßordnung, Diss Köln 1992.

1   1) **Systematik.** Die dem § 427 vergleichbare Vorschrift steht zwar nur im Abschnitt über den Urkundenbeweis. Sie gilt aber praktisch weit darüber hinausgehend als Ausdruck eines allgemeinen Rechtsgedankens, Rn 5–7. Insofern gehört ihr Grundgedanke eigentlich in die Allgemeinen Vorschriften über die Beweisaufnahme nach §§ 355 ff als deren Ergänzung. Der Tarnschutz eines gefährdeten Zeugen hat Vorrang, § 10 II ZSHG, abgedruckt bei § 383.

2   2) **Regelungszweck.** Die Vorschrift ist Ausdruck des Bestrebens, *Arglist* im Prozeß überall und stets *zu unterbinden,* Einl III 54. Sie darüber hinaus eine Folge der Förderungspflicht der Parteien, Gtdz 12 vor § 128. Sie entfließt ihrerseits dem Prozeßrechtsverhältnis, Grdz 4 vor § 128. Darum gilt, was in ihm für Arglist bestimmt ist, schon bei bloßer Fahrlässigkeit, Grdz 12 vor § 128.

3   3) **Geltungsbereich.** Vgl zunächst Üb 4 vor § 415 und sodann Rn 4–7.

4   4) **Direkte Anwendbarkeit.** Wenn eine Partei schuldhaft eine Urkunde beseitigt oder verdirbt, um ihre Benutzung dem Gegner unmöglich zu machen, dann kann das Gericht nach pflichtgemäßem Ermessen evtl die Behauptungen des Gegners über die Beschaffenheit und den Inhalt der Urkunde als bewiesen ansehen, Rn 5, Anh § 286 Rn 27, BGH RR 94, 1534. Eine Erschwerung der Benutzung genügt nicht, wohl aber ein teilweises Unmöglichmachen. Dann tritt je nach Lage des Falls eine Teilwirkung ein. Es kommt nur darauf an, ob der Prozeßgegner dem Beweisführer gegenüber arglistig und rechtswidrig gehandelt hat. Ob der Gegner die Urkunde in seiner Eigenschaft als Eigentümer vernichten oder beschädigen durfte, ist unerheblich. Das Gericht kann auch eine vom Beweisführer beigebrachte Abschrift für richtig ansehen.

Unanwendbar ist § 444 auf eine Beseitigung bzw Vernichtung ohne Entziehungsabsicht, etwa im Zuge allgemeiner Vernichtung älterer Unterlagen, aM BGH VersR 00, 1133 (Versicherung, ohne direkte Erörterung von § 444. Natürlich kann dann eine erhebliche Beweiserleichterung bis zum Anscheinsbeweis eintreten. Aber „Absicht" liegt ohne Arglist kaum vor.

5   5) **Erweiterte Anwendbarkeit.** Sie hat ganz erhebliche Bedeutung.

A. Grundsatz: Allgemeiner Rechtsgedanke. § 444 enthält einen allgemeinen Rechtsgedanken, Einl III 54, Anh § 286 Rn 26, 27, BGH NJW 81, 81, Karlsr VersR **89**, 375, LG Köln DB **89**, 1780. Die Vorschrift hat also eine über ihren Wortlaut hinausgehende Bedeutung, Rn 1. Harte Rechtsfolgen hat eine arglistige oder fahrlässige Vereitelung der Beweisführung durch ein Tun oder pflichtwidriges Unterlassen, zB durch Vernichtung, Vorenthaltung oder Erschwerung der Benutzung, BGH NJW **97**, 3312, BSG NJW **94**, 1303. Das Gericht darf und muß meist eine solche Beweisvereitelung im Rahmen freier Beweiswürdigung für die Richtigkeit des gegnerischen Vorbringens auswerten, Celle RR **97**, 568, LG Köln RR **94**, 1487, ThP 1, aM StJL 7, 8 (aber Arglist ist stets verboten und hart zu ahnden). Das gilt auch, wenn der Gegner des Beweisführers den Beweis vereitelt oder durch einen Dritten so handelt. Zumindest kann das Gericht dann ein gegnerisches Privatgutachten voll verwerten, AG Stade WoM **00**, 418.

Diese Wertung darf allerdings *nicht* zu einer *Beweisregel* erstarren. Es muß zu einer unverschuldeten Beweisnot des Beweisführers kommen, BSG NJW **94**, 1303. Nach einem langen Zeitablauf und beim Hinzutreten des sog Umstandsmoments kann die Vernichtung eines Beweismittels durch den Schuldner unschädlich sein, BGH MDR **93**, 26 (Verwirkung des Gläubigeranspruchs).

6   **B. Anwendungsfälle.** § 444 ist zB anwendbar, Anh § 286 Rn 29: Bei einem schuldhaft vereitelten Augenschein, Brdb NVwZ-RR **04**, 76 (Baumschau, Baumrecht), Celle VersR **89**, 640 (nicht bei Beseitigung eines Tierkadavers), Kblz RR **91**, 25 (bei Vereitelung einer Tierobduktion), Mü NJW **84**, 808, LG Ffm RR **91**, 13, AG Stade WoM **00**, 418 (je betr eine Besichtigung durch den Sachverständigen); wenn eine Probe nicht aufbewahrt worden ist; wenn ein erforderliches Originaldokument nicht vorgelegt wird, LG Köln RR **94**, 1487 (Software); bei einer nach dem HGB aufzuwahrenden Urkunde; wenn eine Partei einen Zeugenbeweis unmöglich macht, wenn sie das zuvor wirksam erteilte Einverständnis zur Verwertung einer Röntgenaufnahme ohne Grundangabe widerruft, aM BGH VersR **81**, 533 (vgl aber § 356 Rn 1, 2); wenn eine Partei ihre Aufklärungspflicht verletzt, Grdz 28 vor § 128, und den Gegner dadurch in Beweisnot bringt, Köln RR **89**, 440, LG Köln DB **89**, 1780; wenn jemand seine Unterschrift bewußt so breit variiert, daß er sich nur zu leicht auf deren Unechtheit berufen kann, BGH NJW **04**, 222 (Vorsicht? Jeder „variiert"

Titel 10. Beweis durch Parteivernehmung § 444, Übers § 445

in der Eile usw, und keineswegs stets in so böser Absicht); wenn es im FGG-Verfahren um eine Pflichtwidrigkeit des Gerichts geht, Düss Rpfleger **89**, 202.

Eine bloße Verweigerung der Befreiung eines Zeugen von der *Schweigepflicht* nach § 385 II ist aber nur **7** ausnahmsweise unerlaubt, BGH RR **96**, 1534, Düss MDR **76**, 762, aM BGH FamRZ **88**, 485, Ffm NJW **80**, 2758 (aber niemand braucht dem Gegner ein an sich verschlossenes Beweismittel zugänglich zu machen). Man verteidigt ja im Zivilprozeß eigene Belange, Düss MDR **76**, 762. Da es sich bei der Vereitelung um eine prozessuale Pflichtverletzung handelt, genügt ein Handeln von solchen Personen, für die man einstehen muß, §§ 51 II, 85 II. Jedoch kann eine unberechtigte Verweigerung der eigenen Einnahme beim Augenscheinsbeweis nach § 372 a Rn 16 wegen des ungewissen Ausgangs jedenfalls nur nach einer Belehrung und Fristsetzung zu einem für den Verweigernden ungünstigen Ergebnis führen, BGH FamRZ **86**, 664 (zustm Stürner JZ **87**, 44). Die Folgen der Beweisvereitelung treffen auch denjenigen, der nach einer ungünstig verlaufenen ersten eine zweite Kontrolluntersuchung verweigert.

6) *VwGO*: Entsprechend anwendbar, § 98 *VwGO*, OVG Hbg NVwZ **83**, 564, und zwar auch in der Er- **8** *weiterung auf jede schuldhafte Beweisvereitelung, Rn 4–6, da der allgemeine Rechtsgedanke nicht nur für das Zivilverfahren zutrifft und dem Grundsatz der freien Würdigung des Gesamtergebnisses der Verhandlung, § 108 I 1 VwGO, entspricht,* BVerwG ZBR **00**, 384, **98**, 203 mwN, ua **10**, 270 (eingehend), OVG Münst DVBl **87**, 1225 (bestätigt durch BVerwG DVBl **88**, 404), VG Würzburg NVwZ **83**, 240, Dawin NVwZ **95**, 733, Peschau (Anh § 286 Rn 240) 60, KoppSch § 108 Rn 17 mwN.

Titel 10. Beweis durch Parteivernehmung

Übersicht

Schrifttum: *Kollhosser*, Parteianhörung und Parteivernehmung im deutschen Zivilprozeß, Festschrift für *Beys* (Athen 2004) 755; *Kwaschik*, Die Parteivernehmung und der Grundsatz der Waffengleichheit im Zivilprozess, 2004; *Müller*, Parteien als Zeugen usw, 1992; *Münks*, Vom Parteieid zur Parteivernehmung in der Geschichte des Zivilprozesses, 1992; *Nagel*, Kann die Subsidiarität der Parteivernehmung in der deutschen ZPO noch vertreten werden?, Festschrift für *Habscheid* (1989) 195; *Peters*, Auf dem Wege zu einer allgemeinen Prozeßförderungspflicht der Parteien?, Festschrift für *Schwab* (1990) 399; *Polyzogopoulos*, Parteianhörung und Parteivernehmung usw, 1976; *Tsai*, Eine rechtsvergleichende Studie der europäischen Parteivernehmung, Festschrift für *Rammos* (1979) 907; *Wittschier*, Die Parteivernehmung in der zivilprozessualen Praxis, 1989.

Gliederung

1) **Systematik**	1		B. Vernehmung nur einer Partei	5
2) **Regelungszweck**	2		C. Eid	6
3) **Geltungsbereich**	3		D. Hilfsbeweis	7
4) **Zulässigkeit**	4–7		5) **Sonderfälle**	8
A. Unterschiedliche Voraussetzungen	4		6) *VwGO*	9

1) Systematik. Zum Parteibegriff Grdz 4 vor § 50, zur Abgrenzung vom Zeugen Üb 12 ff vor § 373. **1** Die Parteivernehmung ist eines der gesetzlich zulässigen Beweismittel, §§ 355 ff. Sie ist in §§ 287, 426, 445–455, 595 II, 613, 640 geregelt. Sie ist neuerdings verständlicherweise wiederum Gegenstand kritischer dogmatischer und rechtspolitischer Überprüfungen, zB Coester-Waltjen ZZP **113**, 269, Oberhammer ZZP **113**, 295, Oepen ZZP **113**, 347 (Bericht), Sutter-Somm ZZP **113**, 327 (aus schweizerischer Sicht), zurückhaltender Lange NJW **02**, 483 (aus nichtlicher langer Erfahrung). Sie ist ein Ausfluß der Prozeßförderungspflicht der Parteien, Grdz 12 vor § 128, Peters (vor Rn 1) 407. Sie ist immer eine Beweisaufnahme, §§ 355 ff. Das gilt auch dann, wenn das Gericht fälschlich keinen Beweisbeschluß nach § 358 erlassen hat. Es genügt, daß das Gericht die Parteivernehmung nur im übrigen nach §§ 445 ff durchführt, BGH RR **88**, 395 (sonst vgl Rn 2). Jede Parteivernehmung beschränkt sich auf Tatsachen. Man muß eine Parteivernehmung scharf von der Anhörung der persönlich erschienenen Partei zur Aufklärung des Sachverhalts nach § 141 unterscheiden, BGH RR **88**, 395.

Die *letztere* dient nicht der Beweiserhebung über streitige Tatsachen, sondern der *Vervollständigung* des Prozeßstoffs nach § 139 Rn 2 in den Grenzen des § 139, BGH KTS **75**, 113, Stgt JZ **78**, 690. Das ändert freilich nichts an der Auswertbarkeit der Anhörung im Rahmen von § 286, 287. Die Parteivernehmung ist ein Beweismittel für streitige Parteibehauptungen. Das Gericht ordnet das persönliche Erscheinen einer Partei von Amts wegen durch Beschluß nach § 329 an und erzwingt es notfalls. Eine Parteivernehmung erfolgt grundsätzlich nur auf einen Beweisbeschluß, § 450, BGH RR **88**, 395. Sie erfolgt auch bei richtiger Handhabung stets nur hilfsweise. Das Gericht kann die Aussage der Partei nicht erzwingen. Im Termin zur persönlichen Vernehmung kann sich die Partei vertreten lassen, § 141 Rn 45. Im Beweistermin zur Parteivernehmung kann sie das nicht tun. Die Ladung zum Beweistermin erfolgt durch eine förmliche Zustellung, § 329 II 2. Die Ladung zum Aufklärungstermin kann formlos erfolgen § 141 II 2.

2) Regelungszweck. Die Parteivernehmung dient der Verwirklichung des sachlichen Rechts nach Einl **2** III 9 durch eine Erweiterung der Beweismittel zwecks möglichst umfassender Würdigung des Prozeßstoffs, § 286 Rn 3. Ihre Gefahren sind teils durch gesetzliche Zulässigkeits- oder Würdigungsregeln begrenzt, zB §§ 447, 454, teils durch den ohnehin geltenden Grundsatz der freien Beweiswürdigung, § 286 Rn 3. Sie erfordert Fingerspitzengefühl schon bei der Zulassungsfrage bis hin zur Entscheidung, ob das Gericht den Eid nach §§ 478 ff abnehmen und wie es das gesamte Beweisergebnis einordnen soll.

Beweisnot kann zum Antrag nach § 447 führen, sich selbst als Partei vernehmen zu lassen, oder nach § 448 eine Vernehmung des Beweispflichtigen auch von Amts wegen anzuordnen. Solange das Gericht einer Partei sogar ohne jeden Beweisantritt nach § 286 Rn 5 glauben darf, sollte man sich nicht allzu sehr scheuen, die vorerwähnten anderen Möglichkeiten zuzulassen. Immerhin muß sich der Antragsteller des § 447 wie der nach § 448 Zugelassene einer Beeidigung nach § 452 mit ihren strafrechtlichen Folgen stellen, soweit das Gericht solche Bekräftigung wünscht. Andererseits darf man die Parteivernehmung nicht zum Hauptbeweismittel umfunktionieren. Sie ist nach § 445 ein bloßer Hilfsbeweis und muß es bleiben, Rn 7. Diese Erkenntnis sollte sich auch auf die Auslegung der §§ 445 ff auswirken.

3 **3) Geltungsbereich.** §§ 45 ff gelten in allen Verfahrensarten nach der ZPO, auch im arbeitsgerichtlichen Verfahren, § 46 II 1 ArbGG. Im Wiederaufnahmeverfahren gilt einschränkend § 581 II.

4 **4) Zulässigkeit.** Sie folgt zu Recht strengen Bedingungen. Es gelten zunächst die allgemeinen Grundsätze eines Beweisverfahrens, §§ 284 ff, 355 ff.

   A. Unterschiedliche Voraussetzungen. Die Parteivernehmung ist zunächst auf Antrag zulässig, und zwar die Vernehmung des Gegners des Beweisführers nach Einf 12 vor § 284, soweit der Beweisführer keine anderen Beweismittel vorbringt oder den Beweis mit solchen nur unvollkommen oder gar nicht geführt hat, § 445, und die Vernehmung des Antragstellers im Einverständnis des Gegners, § 447. Die Parteivernehmung ist ferner von Amts wegen unabhängig von der Beweislast nach Anh § 286 stets dann zulässig, wenn das Gericht einigen Beweis für erbracht hält, § 448. Das Gericht kann dann eine oder beide Parteien vernehmen, § 448. Unzulässig ist eine Parteivernehmung im Verfahren auf die Bewilligung einer Prozeßkostenhilfe nach § 118 oder zur Entkräftung einer gesetzlichen Beweisregel, § 445 I. Nur begrenzt zulässig ist eine Parteivernehmung über Tatsachen zur Begründung einer Restitutionsklage nach § 581 II sowie im Urkundenprozeß, § 595 II.

   Keine Parteivernehmung, sondern ein Urkundenbeweis nach §§ 415 ff ist die Verwertung einer in einem früheren Verfahren gemachten Darstellung der jetzigen Partei, sei es als damaliger Zeuge, Sachverständiger usw, § 286 Rn 64 ff.

5 **B. Vernehmung nur einer Partei.** Abweichend vom österreichischen Recht darf das Gericht nicht grundsätzlich beide Parteien vernehmen. Das Gesetz will das Recht, die eigene Behauptung beweismäßig zu bestärken, grundsätzlich nicht dem Beweispflichtigen geben, § 445 Rn 5. Diesem gibt die Parteiöffentlichkeit nach § 357 ein ausreichendes Mittel an die Hand, die Aussage zu überwachen.

6 **C. Eid.** Die Vernehmung erfolgt zunächst uneidlich. Nur dann, wenn eine uneidliche Bekundung das Gericht nicht voll überzeugt, kann das Gericht die Partei oder dann, wenn es beide Parteien über verschiedene Tatsachen vernommen hatte, beide beeidigen, §§ 452, 478 ff. Das Gericht würdigt auch eine eidliche Parteiaussage frei, §§ 286, 453. Das ist ein großer Fortschritt gegenüber den früheren Vorschriften, die gerade dem Eid volle Beweiskraft beilegten, § 453 Rn 3.

7 **D. Hilfsbeweis.** Der Beweis durch eine Parteivernehmung ist nach geltendem Recht ein Hilfsbeweis, sog Subsidiarität, Rn 2, §§ 445, 450 II. Ihre Durchführung kommt also erst nach vergeblicher Prüfung aller anderen zulässigen Beweismittel und auch der sonstigen Erkenntnismöglichkeiten des Gerichts etwa nach § 291 (Offenkundigkeit) in Betracht, die Parteivernehmung sollte eigentlich oft eher den Vorrang haben, Bender/Röder/Nack 168, Nagel in Festschrift für Habscheid (1989). Man sollte dieses Beweismittel unabhängig von diesem Problem mit großer Vorsicht betrachten. Vollkommen redliche Parteien sind trotz des Wahrhaftigkeitszwangs schwerlich in der Mehrheit. Es ist auch nicht einmal immer möglich, in der eigenen Sache einen Sachverhalt einwandfrei wiederzugeben. Der ProzBev braucht keinen Antrag auf die Vernehmung des Prozeßgegners zu stellen, wenn er nicht hoffen kann, daß der Gegner daraufhin vom bisherigen Sachvortrag abrücken werde, Köln NJW **86**, 726.

   Aus dem Charakter des bloßen *Hilfsbeweises* folgt nicht auch schon, daß das Gericht den bloßen Beweisbeschluß erst nach Erschöpfung der anderen Beweismittel fassen dürfte, aM Oldb RR **90**, 125, ZöGre 5 (aber zumindest ist die in der Praxis übliche Aufnahme auch der Parteivernehmung in den Beweisbeschluß verständigerweise dahin gemeint, daß dieser Teil des Beweisbeschlusses erst nach Erledigung des restlichen Teils ausgeführt werden soll. Das ist zulässig). Schon deshalb muß die geladene Partei bei Vermeidung der Folgen des § 454 zunächst erscheinen.

8 **5) Sonderfälle.** Das Gericht kann eine Partei außerdem vernehmen: In einer Ehesache, § 613. Auch diese Vernehmung kann Beweiszwecken dienen; über einen Schaden, § 287; über einen Urkundenbesitz, § 426. Das Gericht kann die Parteien ferner nach den §§ 118 a, 141, 273 II Z 3 zur Aufklärung hören. Eine Eidesleistung der Partei kennt die ZPO abgesehen von § 452 nicht.

9 **6) VwGO:** An die Stelle der Parteivernehmung tritt die in § 96 I 2 VwGO genannte Vernehmung der Beteiligten, § 63 VwGO, die von der Anhörung zu unterscheiden ist, BVerwG NVwZ **89**, 1058 u NJW **81**, 1748. Sie ist stets vAw zulässig, § 86 I VwGO. Da es auf Anträge nicht ankommt, sind nach § 98 VwGO nur §§ 450–455 entsprechend anwendbar, Ey § 98 Rn 32–35, nicht auch § 448, BVerwG VerwRspr **21**, 370. Der Grundsatz, daß die Vernehmung eines Beteiligten nur als letztes Beweismittel in Frage kommt, § 448 Rn 1 ff, gilt aber auch im VerwProzeß, § 450 Rn 9.

445 *Vernehmung des Gegners; Beweisantritt.* [I] Eine Partei, die den ihr obliegenden Beweis mit anderen Beweismitteln nicht vollständig geführt oder andere Beweismittel nicht vorgebracht hat, kann den Beweis dadurch antreten, dass sie beantragt, den Gegner über die zu beweisenden Tatsachen zu vernehmen.

[II] Der Antrag ist nicht zu berücksichtigen, wenn er Tatsachen betrifft, deren Gegenteil das Gericht für erwiesen erachtet.

Titel 10. Beweis durch Parteivernehmung § 445

Gliederung

1) Systematik, Regelungszweck, I, II	1	5) Beweislast, I	6
2) Geltungsbereich, I, II	2	6) Vernehmungsgegenstand, I	7
3) Antrag auf Vernehmung des Gegners, I	3, 4	7) Gegner, I................................	8
A. Unvollständigkeit anderen Beweises	3	8) Unzulässigkeit, II	9–11
B. Fehlen anderen Beweises	4	9) VwGO	12
4) Zusätzliche Beweiserhebung, I	5		

1) Systematik, Regelungszweck, I, II. § 445 macht die Parteivernehmung zu einem hilfsweisen **1** Beweis, Üb 7 vor § 445. Er kommt erst dann zur Durchführung, wenn die anderen vorgebrachten Beweismittel erschöpft sind. Daher muß derjenige, der in der 1. Instanz eine Parteivernehmung hinter anderen Beweismitteln beantragt hatte, den Antrag in der 2. Instanz bei einer Erledigung dieser Beweismittel wiederholen. Das Gericht hat aber insofern eine Fragepflicht, § 139. Das gilt erst recht in erster Instanz, Oldb RR **90**, 125. Es besteht kein Zwang zum Vorbringen anderer Beweismittel. § 445 unterscheidet sich also von § 448. Es braucht nicht schon eine Wahrscheinlichkeit wie bei § 448 Rn 1, 2 zu bestehen. Der Antrag ist ein Beweisantrag wie jeder andere. Das Verfahren regeln §§ 450 ff. Wegen des Regelungszwecks Üb 2 vor § 445.

2) Geltungsbereich, I, II. Üb 3 vor § 445. **2**

3) Antrag auf Vernehmung des Gegners, I. Die Vorschrift unterscheidet zwei Fälle. **3**

A. Unvollständigkeit anderen Beweises. Die Vernehmung des Prozeßgegners kommt in Betracht, soweit der Beweispflichtige nur einigen Beweis erbracht hat. Er muß also die zu seiner Beweislast nach Anh § 286 zählenden Behauptungen zwar einigermaßen wahrscheinlich gemacht haben. Er braucht aber nicht eine an Sicherheit grenzende Wahrscheinlichkeit dargetan zu haben. Wenn das Gericht dieser Meinung ist, so muß es den Beweispflichtigen nach § 139 befragen, ob er nicht eine Parteivernehmung beantragen will.

B. Fehlen anderen Beweises. Die Vernehmung des Prozeßgegners kommt ferner in Betracht, soweit **4** der Beweispflichtige freiwillig oder notgedrungen überhaupt keinen anderen Beweis antritt. Er kann sich von vornherein auf den Antrag auf Parteivernehmung beschränken. Es hindert auch nicht grundsätzlich, daß die Partei später andere Beweismittel vorbringt. Freilich wird dann kein vernünftiger Richter diese anderen Beweismittel unerledigt lassen, falls sie nur irgend Erfolg versprechen. Er wird dann die Parteivernehmung aussetzen, § 450 II. Denn sie ist immerhin oft ein Beweismittel geringeren Grades. Das Gericht darf eine Parteivernehmung aber nicht mit der Begründung ablehnen, es verspreche sich von ihr wegen des Bestreitens der Partei keinen Erfolg.

4) Zusätzliche Beweiserhebung, I. Andererseits ist es zulässig, andere Beweise selbst nach einer **5** eidlichen Parteivernehmung zum Beweissatz zu erheben. Die Verletzung der Hilfsstellung gibt kein Rechtsmittel.

5) Beweislast, I. Der Richter muß hier die Beweislast sorgfältig prüfen, Anh § 286. Es darf nicht der **6** beweispflichtigen Partei die Beweislast abnehmen, solange noch nicht einiger Beweis für sie spricht. Vorher darf man sie ihre eigenen Behauptungen also noch nicht beschwören lassen, wie bei § 448. Auch wegen der Folgen des Widerstands nach §§ 446, 453 II ist die Beweislast wichtig. Die Partei, die prozessual zu Unrecht aussagen soll, kann sich ohne jeden Schaden dagegen sträuben. Wenn sie aussagt, darf das Gericht ihre Aussage im Prozeß nicht verwerten, ebensowenig wie ein anderes unzulässiges Beweismittel, aM StJL 10 (aber prozessuale Einwandfreiheit des Beweisaufnahme ist ein eigentlich selbstverständlicher Grundsatz der Beweiswürdigung). Das gilt auch dann, wenn die Partei ihre Aussage beschworen hat. Ein Verstoß gegen die Regel begründet die Revision. Er ist freilich nach § 295 heilbar. Daß die Beweislast vielfach für sachlichrechtlich gehalten wird, ist unerheblich. Denn § 447 erlaubt auch ohne Rücksicht auf die Beweislast eine Parteivernehmung. Eine Partei, die vorsichtshalber die Vernehmung des Gegners beantragt, übernimmt damit nicht die Beweislast. Vgl auch § 447 Rn 1.

6) Vernehmungsgegenstand, I. Das Gericht darf eine Partei nur über Tatsachen vernehmen, aber ohne **7** Begrenzung auf eigene Handlungen und Wahrnehmungen. Zum Begriff der Tatsache Einf 17 vor § 284. Die Vernehmung erstreckt sich also nicht auf Rechtsfragen, allgemeine Erfahrungssätze, rein juristische oder technische Urteile. Unerheblich ist: Ob die Tatsache eine äußere oder innere ist; ob es sich um eine Vermutungstatsache (hypothetische) oder um eine negative Tatsache handelt; ob die zu bekundende Handlung unsittlich oder strafbar ist. Eine Einschränkung wie beim Zeugnis gibt es nicht. Es gibt aber auch keinen Aussagezwang. Es kann sich um eine eigene oder um eine fremde Tatsache handeln. Die Tatsache muß bestimmt bezeichnet sein. Das Gericht muß sie im Beweisbeschluß angeben, § 359. Unerheblich ist, ob der Beweisführer die behauptete Tatsache als wahrscheinlich darstellen kann, BGH RR **91**, 890. Unzulässig ist erst die Anforderung, Rn 11.

7) Gegner, I. Es genügt immer ein Antrag auf Vernehmung des Gegners. Der bloße Antrag „Partei- **8** vernehmung" meint bald denjenigen nach § 445, bald denjenigen auf Vernehmung der eigenen Partei nach § 447, seltener die Anregung, von Amts wegen nach § 448 zu verfahren. Das Gericht sollte einen solchen Antrag nach der Gesamtlage und unter Fragepflicht nach § 139 vernünftig auslegen, bevor es ihn nach § 286 Rn 31 ungeeignet erachtet. Wenn die Partei aus Streitgenossen nach § 59 besteht, greift § 449 ein. Ist der Gegner gesetzlich vertreten, so gilt § 455. Antragsberechtigt sind die Partei, ihr gesetzlicher Vertreter, ihr ProzBev, jeder Streitgenosse für sich, der Streithelfer, soweit die Partei nicht widerspricht, § 67. Der Antrag ist rücknehmbar und in den Grenzen des § 296 wiederholbar. Bloßes Nichtstellen in der Verhandlung ist keine Rücknahme, BGH RR **96**, 1459.

Hartmann 1591

§§ 445, 446 Buch 2. Abschnitt 1. Verfahren vor den LGen

9 **8) Unzulässigkeit, II.** Der Antrag ist unzulässig, wenn das Gericht das Gegenteil der zu bekundenden Tatsachen für erwiesen erachtet, etwa wegen Offenkundigkeit, § 291. Diese Vorschrift soll unnütze Parteivernehmungen ersparen, ein wünschenswertes Ziel. Denn die Vernehmung bringt diejenige Partei in Gewissensnot, die ihre eigene Prozeßlage womöglich eidlich gefährden soll, Düss MDR **95**, 959. Darum gilt II unabhängig davon, ob eine Beweisaufnahme geschehen ist oder nicht. II gilt also auch dann, wenn die Beweistatsache unmöglich ist, oder dann, wenn eine gesetzliche Beweisregel oder eine durchgreifende Lebensregel der Behauptung unwiderleglich entgegensteht. Eine Vernehmung zur Widerlegung einer Rechtsvermutung läßt § 292 ausdrücklich zu. Im Bereich des § 292 S 2 ist II aber unanwendbar, BGH **104**, 177.

Einen *Indizienbeweis* nach Einf 16 vor § 284 oder einen Anscheinsbeweis nach Anh § 286 Rn 15 kann man durch den Antrag auf Parteivernehmung wegen seiner Unsicherheit angreifen. Man kann aber wegen II nicht auch die einzelnen bewiesenen Tatsachen angreifen (Indizien, Einf 16 vor § 284). Man kann auch die innere Beweiskraft einer Urkunde beim Feststehen der äußeren angreifen, Begriffe Üb 9, 10 vor § 415. Es genügt nicht, daß das Gericht das Gegenteil für wahrscheinlich hält. Die Tatsache, die das Gericht mit der Vernehmungstatsache nicht vereinbaren kann, gehört in die Entscheidungsgründe. Andernfalls liegt ein Verfahrensfehler vor. Er kann auf Antrag nach § 538 zur Zurückverweisung führen.

10 *Unzumutbarkeit* kann ein weiterer Grund der Unzulässigkeit einer Parteivernehmung nach § 445 sein, BGH **71**, 241. Dergleichen wird freilich nur in engen Grenzen vorliegen, § 286 Rn 31 ff.

11 *Ausforschung* ist ebenfalls unzulässig, Einf 27 vor § 284. Sie liegt im Antrag auf Parteivernehmung des Gegners, soweit der Beweisführer die ins Wissen des Gegners gestellte Tatsache ehrlicherweise noch gar nicht derart behaupten kann, § 138 I, II. Das darf man nur zurückhaltend bejahen, also beim Behaupten ins Blaue ohne jeden halbwegs greifbaren Anhaltspunkt, BGH RR **91**, 890.

12 **9) VwGO:** *Nicht anwendbar, vgl Üb § 445 Rn 9.*

446 **Weigerung des Gegners.** Lehnt der Gegner ab, sich vernehmen zu lassen, oder gibt er auf Verlangen des Gerichts keine Erklärung ab, so hat das Gericht unter Berücksichtigung der gesamten Sachlage, insbesondere der für die Weigerung vorgebrachten Gründe, nach freier Überzeugung zu entscheiden, ob es die behauptete Tatsache als erwiesen ansehen will.

1 **1) Systematik.** Das System der Rechtsfolgen bei Widerstand oder sonstigen Zwischenfällen im Verlauf einer Parteivernehmung ist nicht gerade übersichtlich. Man muß eine Säumnis einerseits und einen Widerstand des zu Vernehmenden andererseits unterscheiden. Im ersteren Fall gilt § 454, im letzteren ist wiederum zu unterscheiden: Lehnt der zu Vernehmende die ordnungsgemäß beschlossene Vernehmung von vornherein gänzlich ab oder schweigt er auf Fragen des Gerichts von vornherein ohne jede Grundangabe oder unter bloß fadenscheiniger Begründung etwa des Nichtwissens, so gilt der dem § 444 vergleichbare § 446. Verweigert er lediglich die Aussage zur Sache oder einen Eid bzw eine eidesgleiche Bekräftigung, so gilt über § 453 II der § 446 entsprechend, anders als beim Zeugen, § 387 ff. Gibt der Verweigerer vernünftige Gründe an, so gilt § 286, evtl auch § 384 entsprechend. §§ 380, 381 treten gegenüber diesen Spezialregeln zurück. Das Ausforschungsverbot bleibt unberührt, § 445 Rn 11.

2 **2) Regelungszweck.** Die Parteivernehmung ist ohnehin nur hilfsweise zulässig, § 445 I. Daher soll mit der Bewältigung der Probleme infolge Säumnis oder Weigerung nicht allzu viel Zeit und Aufwand vergehen. Das liegt im Interesse der Prozeßwirtschaftlichkeit, Grdz 14 vor § 128. Deshalb versucht die Vorschrift mit Hilfe des Grundsatzes freier Beweiswürdigung nach § 286 Rn 4 und der Unterstellung (Fiktion), prozessual zulässige „rasche" Bewertungsmöglichkeiten zu schaffen. Sie bezwecken auch einen Druck auf den zu Vernehmenden. Sie sollen das Gericht aber nicht von gewissenhafter Gesamtabwägung aller Umstände entbinden. Die Vorschriften schaffen keine Prozeßstrafen. Das Gericht sollte sie nicht zu leicht zu Lasten des zu Vernehmenden auslegen. Es sollte sie aber auch nicht zu ängstlich handhaben, Rn 5. Beweisnot nach Üb 2 vor § 445 sollte man auch bei § 446 stets als Gesichtspunkt in die Abwägung einbeziehen, ebenso etwa prozessuale Arglist des Gegners. Sie ist ja nirgends erlaubt, Einl III 54. Er könnte durch Beweisvereitelung im Einzelfall eine ihm an sich auch bei §§ 445 ff erlaubte Prozeßtaktik überbeanspruchen. Freilich müßten dazu besondere Umstände vorliegen. Das Gericht darf solche Umstände nicht allzu leicht bejahen.

3 **3) Geltungsbereich.** Vgl Üb 3 vor § 445.

4 **4) Widerstand des Gegners.** Vgl zunächst Rn 1. Das Gericht kann eine förmliche Parteiaussage nicht direkt erzwingen. Das Prozeßrechtsverhältnis nach Grdz 4, 5 vor § 128 zwingt aber jede Partei grundsätzlich zur Mitarbeit an der Wahrheitsfindung, § 138 Rn 13. Hier setzt § 446 ähnlich wie § 444 an. Die Vorschrift setzt einen Widerstand des Vernehmungsgegners voraus, also der nicht beweispflichtigen Partei, § 445 Rn 6. Er kann ausdrücklich vorliegen. Das gilt etwa dann, wenn der Gegner es ablehnt, sich vernehmen zu lassen. Er kann auch stillschweigend vorliegen. Das gilt etwa dann, wenn der Gegner keine Erklärung abgibt. Das Gericht braucht ihn auf ein Verweigerungsrecht nicht hinzuweisen, Celle VersR **77**, 361, vgl aber § 451 Rn 3 „§ 395". Die Erklärung ist bis zum Schluß der mündlichen Verhandlung möglich, § 136 Rn 28. Im schriftlichen Verfahren nach § 128 II erfolgt sie schriftlich. Sie erfolgt auch nach § 130a elektronisch. Ob sie stillschweigend erfolgt, ist eine Auslegungsfrage.

Das *Schweigen* läßt sich nur dann als Unterlassen ansehen, wenn das Gericht den Gegner zur Erklärung aufgefordert hatte. Die Erklärung muß nunmehr erst in der 1. Instanz bis zum Verhandlungsschluß nach §§ 136 IV, 296a und in der 2. Instanz nach § 533 widerruflich, in der 1. Instanz entsprechend (also nicht im übrigen). Sie wird beim AG nach § 510a protokolliert, sonst nach § 160 III Z 3. Wenn die Partei erscheint und aussagt, jedoch nicht zu einem wesentlichen Punkt, dann muß das Gericht sie insofern nunmehr als verweigernd ansehen. Das gilt aber nur dann, wenn der Richter sie ausdrücklich nach dem wesentlichen Punkt befragt hat. Ob das geschehen ist, soll das Protokoll ergeben.

Titel 10. Beweis durch Parteivernehmung §§ 446, 447

5) Folgen. Das Gericht würdigt die Weigerung frei, § 286. Keineswegs darf es unbedingt nachteilige 5
Schlüsse aus ihr ziehen, Rn 2. Es kann einen vernünftigen Weigerungsgrund geben, BGH NJW **91**, 2501
(Fehlen sicheren Geleits nach § 295 StPO), Düss WertpMitt **81**, 369. Das Gericht muß die gesamte Sachlage
berücksichtigen, namentlich dasjenige, was die Partei zur Begründung ihrer Weigerung angibt, BGH MDR
91, 689. Zur Weigerung berechtigen können: Unsittlichkeit; Unehrenhaftigkeit; Strafbarkeit der zu bekundenden Handlung; Geschäfts- und Betriebsgeheimnisse, aM Gottwald BB **79**, 1783 (aber der Parteienschutz
sollte nicht hinter dem Zeugenschutz zurückstehen); Schamgefühl; die Befürchtung von Nachteilen außerhalb des Prozesses; eine organisationsbedingte generelle Unkenntnis.
Eine Verweigerung nur zu *einzelnen* Punkten kann durchaus berechtigt und sachlich unschädlich sein. Die
Weigerung ist nicht für sich allein ein Beweisgrund. Immer müssen andere Umstände hinzutreten. Das
Berufungsgericht muß eine erst in zweiter Instanz erklärte Bereitschaft evtl als verspätet zurückweisen, Karlsr
RR **91**, 201. Bloße Widerspenstigkeit ist kein Entschuldigungsgrund. Das Gericht muß sie daher nachteilig
würdigen. Das Gericht kann die behauptete Tatsache für erwiesen ansehen. Es kann auch ihre bloße Wahrscheinlichkeit annehmen und daraufhin den Beweispflichtigen nach § 448 vernehmen.

6) *VwGO:* Nicht anwendbar, vgl Üb § 445 Rn 9. 6

447 *Vernehmung der beweispflichtigen Partei auf Antrag.* Das Gericht kann über eine streitige Tatsache auch die beweispflichtige Partei vernehmen, wenn eine Partei es beantragt
und die andere damit einverstanden ist.

1) Systematik. §§ 445, 447, 448 sind aufeinander abgestimmt: Während § 448 die Beweisanordnung 1
ohne Antrag unter den erschwerten dortigen Voraussetzungen zuläßt und evtl notwendig macht, hängen
Beweisanordnungen in den Fällen §§ 445, 447 von Anträgen ab. Außerdem muß bei § 447 noch das
Einverständnis des Prozeßgegners hinzutreten.

2) Regelungszweck. Das meist erhebliche Risiko einer dem Beweisführer ungünstigen Aussage des 2
Gegners erfordert im Fall des § 445 keine weiteren Absicherungen vor den Gefahren einer Beweisverlagerung in den Mund einer Partei. Der Beweisführer mag sich einen Antrag auf Vernehmung des Gegners gut
überlegen, Grdz 18 vor § 128. Man muß aber das noch größere Risiko einer uferlosen Prozessiererei mithilfe
von aus dem Beweismittel „aufgewerteten" eigenen Parteidarstellungen begrenzen. Daher ist das Erfordernis der
Zustimmung des Gegners ein Gebot der Gerechtigkeit, Einl III 9. Das Gericht darf die Verweigerung bzw
das Ausbleiben des Einverständnisses des Gegners grundsätzlich auch dann nicht zu seinem Nachteil
würdigen, wenn er für seine Haltung keinerlei Begründung angegeben hat. Freilich mag der Gegner mit der
Verweigerung seiner Zustimmung die Beweisnot des Beweisführers ausnutzen. Das kann im Ausnahmefall
auch einmal bis zur verbotenen Arglist führen, Einl III 54. Das muß man bei der Auslegung mitbeachten, vgl
auch den Grundgedanken etwa von § 162 BGB. Letztlich muß man daher den § 447 dabei als einen Ausfluß
der Parteiherrschaft werten, Grdz 18 vor § 128.

3) Geltungsbereich. Üb 3 vor § 445. 3

4) Antrag; Einverständnis des Gegners. § 447 sieht von der Beweislast nach Anh § 286 ganz ab. Nur 4
wenn beide Parteien einverstanden sind, dann kann das Gericht nach pflichtgemäßen Ermessen eine
beliebige von ihnen nach § 286 Rn 24, 27 vernehmen, LG Siegen RR **05**, 1340. Das setzt voraus, daß
eine beliebige Partei die Vernehmung beantragt. Also kann sich der Beweispflichtige zur Parteiaussage
erbieten und das Gericht kann, nicht muß, ihn vernehmen, falls der Gegner zustimmt. Es kann aber auch
der Gegner den Beweispflichtigen zwecks Gegenbeweises benennen. Das Einverständnis ist eine Parteiprozeßhandlung, Grdz 47 vor § 128. Sie muß eindeutig sein. Sie kann dann aber auch stillschweigend
erfolgen, aM ZöGre 2 (aber jede Parteiprozeßhandlung ist auslegbar, Grdz 52 vor § 128). Anwaltszwang
besteht wie sonst, § 78 Rn 2. Im Schweigen des Gegners liegt keineswegs stets eine Zustimmung, VerfGH
Bln JR **94**, 500. Keine Zustimmung ist der bloße Gegenbeweisantritt nach § 445, Born JZ **81**, 775. Das
Gericht braucht den Gegner des Antragstellers nicht zum Einverständnis aufzufordern, VerfGH JR **94**, 500.
Außerdem liegt im Erbieten eine Anregung zur Amtsvernehmung nach § 448. Der Antrag ist nach der
Vernehmung nicht rücknehmbar, Grdz 58 vor § 128.

5) Praktische Brauchbarkeit. Vgl zunächst Rn 2, 4. Vorsicht beim Erbieten ist ratsam. Denn wenn sich 5
die Partei erst einmal auf ihre Aussage bezieht, dann kann das Gericht die Aussage unter den Voraussetzungen
des § 454 als verweigert ansehen. Auch könnte im Fall der Rücknahme dieses Beweisantritts § 446 entsprechend anwendbar sein. Ferner birgt eine formelmäßige Bezugnahme auf die Aussage des beweispflichtigen
Gegners die Gefahr, daß dieser die Bezugnahme aufgreift und sich zur Aussage bereit erklärt. Dann ist das
Einverständnis unwiderruflich, Grdz 58 vor § 128. Das gilt erst recht nach der Vernehmung. Die nicht
beweispflichtige Partei kann dem ihr etwa drohenden Nachteil nur entgehen, wenn sie andere Beweise
antritt. Denn das Gericht muß diese vorher erledigen, §§ 450, 445 Rn 1. Nach der Erledigung ist eine neue
Lage eingetreten. Das vorher erklärte Einverständnis dauert nicht an.

6) Weiteres Verfahren. Das Gericht muß wegen dieser Gefahr die Rechtslage mit den Parteien nach 6
§ 139 erörtern, damit Fehler möglichst unterbleiben und rechtzeitige Erklärungen in der mündlichen
Verhandlung erfolgen. Zulässig ist die Erklärung: „Beweis: Vernehmung des Gegners, falls ich
beweispflichtig bin" oder „mit der Vernehmung des Gegners bin ich einverstanden, falls ich beweispflichtig
bin". Eine Einverständniserklärung in der Verhandlung kommt nach § 160 III Z 3 ins Protokoll.

7) Beweiswürdigung. Die Würdigung der Aussage und der Verweigerung erfolgt wie sonst, §§ 453, 7
446. Vor allem die uneidliche Aussage der beweispflichtigen Partei hat geringe Bedeutung.

8) Verstoß. Soweit das Gericht den Beweispflichtigen ohne wirksame Zustimmung des Gegners und 8
auch ohne die Voraussetzungen des § 448 vernommen hat, muß es den Gegner unter Belehrung über die

Hartmann 1593

§§ 447, 448   Buch 2. Abschnitt 1. Verfahren vor den LGen

Folgen einer etwa nachträglichen Zustimmung nach § 139 fragen, ob er zustimmt. Mangels eindeutiger nachträglicher Zustimmung ist § 453 I unanwendbar. Andernfalls wäre § 447 wirkungslos. Das ist nicht mit dem Sinne dieser Vorschrift vereinbar. Allerdings ist der Verstoß nach § 295 teilbar, BGH VersR **81**, 1176 (zum vergleichbaren § 448), ZöGre 4, aM Münks (vor Üb § 445) 186 (aber § 447 ist keine zwingende Grundvorschrift des Prozeßrechts, § 295 Rn 16).

9 9) *VwGO:* Nicht anwendbar, vgl Üb § 445 Rn 9.

448 *Vernehmung von Amts wegen.* **Auch ohne Antrag einer Partei und ohne Rücksicht auf die Beweislast kann das Gericht, wenn das Ergebnis der Verhandlungen und einer etwaigen Beweisaufnahme nicht ausreicht, um seine Überzeugung von der Wahrheit oder Unwahrheit einer zu erweisenden Tatsache zu begründen, die Vernehmung einer Partei oder beider Parteien über die Tatsache anordnen.**

Schrifttum: *Musielak,* Hilfen bei Beweisschwierigkeiten im Zivilprozeß, Festgabe *50 Jahre Bundesgerichtshof* (2000) 193; *Peters,* Richterliche Hinweispflichten und Beweisinitiativen im Zivilprozeß, 1983; *Schöpflin,* Die Beweiserhebung von Amts wegen im Zivilprozeß, 1992.

Gliederung

1) Systematik 1	5) Anordnung 7–14
2) Regelungszweck 2	A. Ermessen 7–9
3) Geltungsbereich 3	B. Vernehmung einer oder beider Parteien 10, 11
4) Zulässigkeit 4–6	C. Abwägungspflicht 12
A. Schon einiger Beweis 4, 5	D. Form 13
B. Bestimmte Tatsache 6	E. Verstoß 14
	6) *VwGO* 15

1 **1) Systematik.** Die Vorschrift ist angesichts der ziemlich strengen Voraussetzungen Rn 3, 4 bei vernünftiger Auslegung mit dem GG vereinbar, BVerfG NJW **98**, 1939, ZöGre 2, aM Gehrlein ZZP **110**, 474. Vgl zunächst § 447 Rn 1. § 448 ist eine eher eng auslegbare Ausnahme vom freilich vielfach durchlöcherten Beibringungsgrundsatz nach Grdz 20, 25 vor § 128 zur Milderung und Begrenzung von §§ 445, 447. Die Vorschrift gibt dem Gericht ein wichtiges, aber auch gefährliches verführerisches Machtmittel nur zur Ergänzung der Beweise in die Hand, AG Nürnb NJW **87**, 660. Ein zurückhaltender Gebrauch ist ratsam, Mü RR **96**, 959, Hbg MDR **82**, 340. Jede Partei muß zunächst die üblichen Beweismittel angeben, soweit ihr das zumutbar ist. Das Gericht muß ebenfalls zunächst die üblichen Beweismittel benutzen, BGH MDR **97**, 638. Das gilt sowohl für die auf Antrag möglichen Beweisarten als auch für die von Amts wegen in Betracht kommenden.

Der Grundsatz der *Waffengleichheit* Einl III 21 steht nicht entgegen, BGH (5. ZS) NJW **99**, 352, Düss VersR **99**, 205, LAG Köln MDR **99**, 1085, aM BGH (1. ZS) NJW **99**, 363, Kocher NZA **03**, 1317 (fordert „Neuinterpretation"), Schöpflin NJW **96**, 2134 (aber man kann solchen Grundsatz auch ins Uferlose ausdehnen). Dieser Grundsatz fordert nicht stets zusätzlich die Vernehmung auch des Gegners, LG Mönchengladb RR **98**, 501. Der Wegfall der förmlichen Eidesnorm und der Beweisbindung gibt dem § 448 eine erhöhte Bedeutung. Ein Ausweichen auf § 141 ist fragwürdig, aM BGH NJW **03**, 3636 (aber § 141 ist kein Beweisersatz).

2 **2) Regelungszweck.** Beweisnot nach Üb 2 vor § 445 ist natürlich stets beachtlich, Karlsr MDR **02**, 882, Kblz RR **02**, 630. Sie darf aber nicht die wohlbedachten vorstehenden Regeln aushöhlen, BVerfG NJW **01**, 2531 (großzügig), BGH NJW **02**, 2249, LAG Köln NZA-RR **04**, 580. Das Gericht darf nicht mithilfe von § 448 in Wahrheit zu einer Art Amtsermittlung nach Grdz 38 vor § 128 übergehen. Unberührt bleiben freilich Rechte und Pflichten des Gerichts nach §§ 139, 141, 144, ebenso Recht und Pflicht des Gerichts zu vernünftiger Würdigung der Darstellung der Partei in Beweisnot nach § 286 Rn 5 (evtl Glaubwürdigkeit ohne Beweisaufnahme) und bei der Klärung einer Schadenshöhe die Vernehmung des Beweisführers von Amts wegen nach § 287 I 3 Hs 1 ohne die weiteren Voraussetzungen des § 448. Auch darf man eine Vorenthaltung eines möglichen Beweismittels wegen etwaiger Arglist nach Einl III 54 nicht bei der Beweiswürdigung mitbeachten, BGH MDR **97**, 638. Das alles muß man bei der Auslegung von im Rahmen der Rn 4, 5 mitbedenken. § 448 bedarf bei richtiger Auslegung keiner Änderung, Lange NJW **02**, 483.

3 **3) Geltungsbereich.** Vgl Üb 3 vor § 445. Die Vorschrift ist im FGG-Verfahren unanwendbar, Zweibr MDR **98**, 1245.

4 **4) Zulässigkeit.** Sie wird zu leicht bejaht.

A. Schon einiger Beweis. Voraussetzung der Parteivernehmung von Amts wegen ist, daß das Ergebnis der Verhandlung und einer im übrigen völlig durchgeführten Beweisaufnahme *noch nicht ganz ausreicht,* LAG Köln MDR **02**, 591. Es muß also ungeachtet etwaiger Beweisnot doch jedenfalls schon einiger Beweis erbracht sein.

Es muß eine *gewisse Wahrscheinlichkeit* für die Richtigkeit der Behauptung bestehen, BGH **160**, 147, Zweibr FGPrax **05**, 150, LAG Köln NZA-RR **04**, 580. Es gibt eine Reihe ähnlicher Anforderungen, BGH NJW **05**, 2453 *(Anfangswahrscheinlichkeit),* BGH RR **89**, 1222 *(hinreichende Wahrscheinlichkeit),* BGH RR **94**, 636 *(gewichtige Umstände),* BAG KTS **88**, 356, LG Köln WoM **97**, 504 (je: *überwiegende Wahrscheinlichkeit),* Hamm VersR **92**, 49, KG OLGZ **77**, 245 (Ausnahme bei Ermittlung von Amts wegen nach Grdz 38 vor § 128), BGH NJW **02**, 2249 (nicht schon dann, wenn überhaupt ein Zeuge vorhanden ist), Köln VersR **94**, 574, Oldb VersR **95**, 1304 (nicht schon stets für den Versicherungsnehmer beim Kfz-Diebstahl), AG Herborn VersR **99**, 47 (nicht schon, weil ein Zeuge nicht zur Verfügung steht).

Titel 10. Beweis durch Parteivernehmung **§ 448**

Das besagt nicht, daß eine vorherige Beweisaufnahme stets nötig wäre, aM Kblz MDR **98**, 712, AG Nürnb NJW **87**, 660 (je zu eng). Auch die *Lebenserfahrung,* die Urkundenauswertung einer früheren Parteiaussage oder eine formlose Parteianhörung können einigen „Anscheinsbeweis" liefern, Anh § 286 Rn 16, BGH RR **91**, 934, Köln VersR **94**, 574, auch die Persönlichkeit, Celle VersR **82**, 500, Oldb VHR **98**, 118 (Arzt), auch eine Parteianhörung nach § 141, Lange NJW 02, 483. Ausreichen kann eine Vermutung nach §§ 416, 440 II, Mü VersR **88**, 1136. Freilich zwingt Beweisnot keineswegs stets zur Herabsetzung des Prüfungsmaßstabs, BGH **110**, 366. Auch „Beweisnot" hilft nicht stets, Rn 1.

Feststellungen in einem *Strafverfahren* erbringen keineswegs stets schon „einigen Beweis", aM Hbg MDR **82**, 340 (aber eine solche Automatik könnte Fehler des Strafrichters auch zivilrechtlich wegen der Tragweite der Parteivernehmung als des letzten Beweismittels nochmals verhängnisvoll wirken lassen. Der Zivilrichter ist freilich praktisch oft an den Strafrichter gebunden. Hat das Gericht zB zwei Zeugen des beweispflichtigen Klägers vernommen und haben im Ergebnis A zugunsten, B zu Lasten des Klägers ausgesagt, dann darf das Gericht nicht fassen, falls es dem A bisher mehr als dem B glaubt, BGH OLGZ **84**, 123. Der Richter muß sich jedenfalls von der Parteivernehmung einen Überzeugungswert versprechen, LAG Köln MDR **02**, 591. Er muß daher abschätzen, ob die Partei glaubwürdig sein wird, Köln NVersZ **02**, 83 (nicht nach erheblichen Vorstrafen), LG Mü VersR **00**, 98, ob ihre zu erwartende Aussage widerspruchsfrei zum bisherigen Vortrag sein wird, vor allem aber, wie das bisherige Beweisergebnis lautet, Hamm VersR **91**, 330.

Wenn *gar nichts* erbracht ist, wenn also zB nur ein widersprüchlicher Vortrag des Beweisführers vorliegt **5** oder wenn sich nur widersprechende Behauptungen gegenüberstehen, ist eine Amtsvernehmung grundsätzlich unzulässig, BGH NJW **89**, 3223, MÜ RR **96**, 959, 1104, LG Siegen VersR **05**, 1340. Sie wäre eben nämlich Willkür. Mit ihr würde das Gericht die notwendigen Folgen der Beweisfälligkeit beseitigen und gegen den Beibringungsgrundsatz verstoßen, Grdz 20 vor § 128. Freilich darf das Gericht vor einer Ablehnung der Vernehmung nach § 448 nicht die übrigen Beweisantritte des Beweisbelasteten übergehen, BGH VersR **84**, 666. Die Zulässigkeit der Parteivernehmung von Amts wegen muß im Zeitpunkt des Beginns der Ausführung vorliegen, BGH NJW **89**, 3223.

B. Bestimmte Tatsache. Es muß sich um eine zu erweisende Tatsache handeln. Einf 17 vor § 284. Es **6** erfolgt keine Vernehmung nur zur Klärung, BGH VersR **77**, 1125. Die Tatsache muß behauptet und bestritten sein. § 448 beseitigt den Beibringungsgrundsatz nach Grdz 20 vor § 128 nur für den Beweis.

5) Anordnung. Sie ist nicht selten prozeßentscheidend. **7**

A. Ermessen. Die Formulierung „kann anordnen" stellt hier wie oft nicht nur in die Zuständigkeit, sondern ins pflichtgemäße nicht völlig freie Ermessen, BGH VersR **99**, 995, BAG KTS **88**, 356, Zweibr FGPrax **05**, 150, aM ZöGre 4 a (aber das Gericht muß die möglichen Erkenntnisquellen stets ausschöpfen, § 286 Rn 24). Das Gericht muß von Amts wegen in jeder Lage des Verfahrens prüfen, ob nicht die Voraussetzung einer Amtsvernehmung vorliegt, bevor es eine Partei für beweisfällig erklärt, BGH NZM **98**, 449. Es muß auch die Beweisnot des Beweisführers mitwägen, BGH **110**, 366, aM Schmidt MDR **92**, 638, ZöGre 4 a (aber Beweisnot ist gerade die Voraussetzung einer Parteivernehmung).

Dabei muß das Gericht vor allem bei einem Vorgang „unter vier Augen" das Prinzip der *Waffengleichheit* mitbeachten, Art 6 MRK, Einl III 15, BGH VersR **99**, 995, anders bei mindestens einem Zeugen, Düss VersR **99**, 206. § 448 kommt nicht zugunsten des Beweisgegners in Betracht, wenn ein Zeuge nicht alleinige Entscheidungsgrundlage wäre, BGH MDR **03**, 647. Dieses Prinzip zwingt aber nicht zu einer „Uminterpretation" des § 448, Rn 1, Mü RR **96**, 958, LAG Köln MDR **02**, 591, großzügiger BVerfG NJW **01**, 2531, Schlosser NJW **95**, 1405, Schöpflin NJW **96**, 2134 (aber das Ermessen hilft auch hier). Das Gericht muß sogar solche Prüfung vornehmen, bevor es eine Vernehmung nach § 445 anordnet. Das Gericht kann von einer Vernehmung etwa wegen der Persönlichkeit der Partei oder der Länge der verflossenen Zeit absehen. Das kann überhaupt immer dann geschehen, wenn ihm die Vernehmung doch keine Überzeugung verschaffen würde, LG Mü VersR **00**, 98. § 295 ist anwendbar, BGH VersR **81**, 1176. Ein „Antrag" ist als eine Anregung umdeutbar. Ein Zeugenbeweisantrag kann bei Zeugnisunfähigkeit nach Einf 8 vor § 373 als solche Anregung umdeutbar sein, BGH RR **94**, 1144. Das Gericht muß in seinem Urteil klar darlegen, nach welcher Vorschrift es vorgegangen ist und aus welchen Erwägungen, BGH NJW **90**, 1721.

Das *Berufungsgericht* prüft die Ausübung des Ermessens nach, BGH VersR **99**, 995, Saarbr OLGZ **84**, 123. **8** Es kann und muß evtl zurückverweisen, soweit das erstinstanzliche Verfahren mangelhaft war, Rn 11, Oldb NJW **98**, 1157, also wohl meist erst ab Erlaß des Beschlusses über die Vernehmung der Partei, Saarbr OLGZ **84**, 123, evtl sogar erst ab Beginn der Vernehmung oder gar erst ab Beginn der Würdigung dieser Vernehmung. Von der nun einmal erfolgten erstinstanzlichen Beweiswürdigung darf das Berufungsgericht nicht ohne erneute Vernehmung abweichen, BGH VersR **99**, 995.

Das *Revisionsgericht* prüft nur die rechtlichen Voraussetzungen und die Grenzen der Ermessensausübung **9** nach Einl III 33, BGH RR **94**, 1144, BAG KTS **88**, 356, Zweibr FGPrax **05**, 150. Es liegt ein Revisionsgrund vor, wenn sich das Berufungsgericht seiner Pflicht nicht bewußt war, BGH VersR **76**, 587. Deshalb muß der Tatrichter zumindest dann in nachprüfbarer Weise darlegen, weshalb er von der Parteivernehmung abgesehen hat, wenn sich eine Vernehmung aufdrängt, BGH NZM **98**, 449 (reichlich großzügig bejaht). Auch wenn das Gericht in seinen Entscheidungsgründen nichts dazu gesagt hat, muß man aber grundsätzlich annehmen, daß das Gericht sein Ermessen ausgeübt hat. Daher muß man einen angeblichen Verstoß gegen § 448 besonders begründen, BGH FamRZ **88**, 485.

B. Vernehmung einer oder beider Parteien. Das Gericht kann ohne Rücksicht auf die Beweislast die **10** Vernehmung einer oder beider Parteien anordnen, ohne die letztere stets ebenfalls hören zu müssen, Rn 1. Es muß sich darüber klar bleiben, daß es sich hier nicht um eine Anhörung zur Klärung handelt, wie bei dem stets mitbeachtlichen § 141, Kblz RR **02**, 630. Es handelt sich vielmehr um ein Beweismittel. Deshalb kommt die Vernehmung in Betracht, soweit die Partei voraussichtlich glaubhaft etwas entscheidungserheblich sagen kann, BGH NJW **99**, 964. Eine Vernehmung beider Parteien kommt eigentlich nur dann in Frage,

§§ 448, 449

wenn das Gericht von beiden eine inhaltlich annähernd gleiche Bekundung erwartet. Dann ist sie aber durchaus denkbar, MüKoSchr 5, ZöGre 5, aM StJL 8, RoSGo § 124 II 6, ThP 4 (aber auch hier darf und muß das Gericht wieder jede Erkenntnismöglichkeit ausschöpfen, § 286 Rn 24).

11 Der *Beweisgegner* kann zB bei einer Gegenüberstellung seine Behauptung fallenlassen, vgl auch § 452 Rn 5. Eine Vernehmung des Beweispflichtigen ist unzulässig, wenn er für seine Behauptung noch nichts erbracht hat. Wenn man dann etwa den Gegner dazu vernehmen wollte, so würde das darauf hinauslaufen, daß die beweispflichtige Partei den Gegenbeweis für eine völlig unbewiesene Behauptung führen sollte. Das Gericht muß schon in diesem Verfahrensabschnitt die spätere Beeidigung mitbedenken und deshalb denjenigen ausscheiden, den es für unglaubwürdig hält.

12 **C. Abwägungspflicht.** Das Gericht muß bei der Auswahl der Partei alle Umstände abwägen, zB die Vertrauenswürdigkeit. Dabei spricht die Art der Prozeßführung mit. Wer unanständig etwa entgegen § 138 I prozessiert, der verdient nicht die Vertrauensmaßnahme der Amtsvernehmung. Sie soll ja Beweis liefern. Ferner muß das Gericht die Wahrscheinlichkeit der Behauptungen prüfen. Darum muß das Gericht eine behauptete Unglaubwürdigkeit schon hier prüfen, nicht erst vor einer Beeidigung. Das Gericht muß ferner eine Hilfstatsache schon jetzt klären, also eine solche, die die Glaubwürdigkeit betrifft. Hat das Gericht alle Umstände geprüft, so darf es auch den Bekl zu seiner Entlastung vernehmen oder den Verletzten über den Unfallhergang.

13 **D. Form.** Die Anordnung der Vernehmung erfolgt nach § 450 I 1. Das Gericht muß das Beweisthema möglichst genau nennen und verdeutlichen, daß es mehr als eine Anhörung nach § 141 plant. Zwar darf das Gericht die Parteivernehmung nach dem auch für § 448 mitgeltenden § 445 I erst nach Durchführung der übrigen Beweisaufnahme vornehmen. *Anordnen* darf es sie aber schon von vornherein. Das geschieht auch praktisch sehr oft zwecks Prozeßwirtschaftlichkeit, Grdz 14 vor § 128. Das Berufungsgericht muß eine nach § 448 ZPO vom erstinstanzlichen Richter vorgenommene Vernehmung auch dann in seine eigene Beweiswürdigung einbeziehen, wenn es keinen Anlaß zu dieser Parteivernehmung gesehen hätte, BAG NJW 02, 2196.

14 **E. Verstoß.** Soweit das Gericht eine nach § 448 gebotene Vernehmung abgelehnt hat, liegt ein Verfahrensfehler vor. Das Gericht darf eine nach § 448 verbotene, aber herbeigeführte Parteiaussage der Sachentscheidung nicht zugrunde legen, BGH RR **94**, 1144, Celle OLGR **94**, 254. Anschließendes erstinstanzliches Verhandeln beseitigt nicht die Rügemöglichkeiten in der Berufungsinstanz, BGH VersR **99**, 995. Das Berufungsgericht muß das insoweit fehlerhafte Urteil aufheben und die Sache auf Antrag nach (jetzt) § 538 zurückverweisen, BGH RR **94**, 1144.

15 6) *VwGO: Nicht anwendbar, vgl Üb § 445 Rn 9.*

---

449 *Vernehmung von Streitgenossen.* Besteht die zu vernehmende Partei aus mehreren Streitgenossen, so bestimmt das Gericht nach Lage des Falles, ob alle oder nur einzelne Streitgenossen zu vernehmen sind.

1 1) **Systematik.** Die Vorschrift gilt für alle Fälle beantragter von Amts wegen geplanter Parteivernehmung. Sie gilt also auch und gerade dann, wenn der Antragsteller entschieden auf der Vernehmung aller zur Partei zählenden Personen, gesetzlichen Vertreter usw besteht. Sie gilt ebenso dann, wenn der Antragsteller nur einige der zur Gegenpartei zählenden Personen vernehmen lassen möchte. Denn § 445 begrenzt die Parteiherrschaft auf die Benennung des „Gegners", und § 447 begrenzt sie auf „die (eigene) Partei", aM ZöGre 1 (aber § 448 ermächtigt nur das Gericht zur Begrenzung der Zahl der zu Vernehmenden). Es handelt sich um eine Eingrenzung des Grundsatzes, daß das Gericht die Beweismittel erschöpfen muß, § 286 Rn 24.

2 2) **Regelungszweck.** Diese Eingrenzung dient der Prozeßwirtschaftlichkeit, Grdz 14 vor § 128. Behutsam gehandhabt verstößt sie nicht gegen die Parteiherrschaft nach Grdz 18 vor § 128 und schneidet keinen Beweis ab. Es gibt meist eine ganze Reihe von gleich gewichtigen Argumenten für und gegen die Einbeziehung mehrerer Streitgenossen in eine Parteivernehmung. Bedenkt man, daß gerade Varianten in der Darstellung zur Glaubwürdigkeit sehr wohl beitragen können, sollte die Entscheidung trotz eines gewissen Mehraufwands bis hin zur Notwendigkeit einer Gegenüberstellung doch eher zugunsten mehrerer Vernehmungen ausfallen können.

3 2) **Geltungsbereich.** Üb 3 vor § 445.

4 3) **Streitgenossen.** Wenn das Gericht eine Partei vernehmen will, die aus mehreren Streitgenossen nach § 59 besteht, dann muß es nach Rn 1 von Amts wegen prüfen, ob es alle oder nur einige von ihnen vernehmen will. Das gilt unabhängig davon, ob und welche namentlichen Begrenzungen beantragt wurden. Das gilt auch bei notwendigen Streitgenossen nach § 62 oder streitgenössischen Streithelfern, § 69. Eine Zeugenvernehmung findet aber statt, soweit die Beweistatsache nur die anderen Streitgenossen betrifft, Üb 22 vor § 373 „Streitgenosse". Wegen des Beweisantritts § 445 Rn 8. Das Gericht bemüht nicht diejenigen Streitgenossen umsonst, denen von vornherein jede Kenntnis fehlen muß. Es bemüht ebensowenig diejenigen, auf deren Bekundung es von vornherein nichts geben könnte. Das gilt auch im Falle des § 445. Es handelt sich also um eine Abweichung vom Grundsatz des § 286 Rn 24. Das Gericht sollte aber zumindest den vom Beweisführer namentlich benannten Streitgenossen vernehmen.

5 Das Gericht prüft nach pflichtgemäßem *Ermessen* unter Würdigung aller Umstände. Bei der Ausschaltung einzelner Streitgenossen ist Vorsicht ratsam. Das Gericht kann seine Anordnung ändern, § 360 S 2 entsprechend. Es kann also nachträglich noch andere Streitgenossen hören. Auch hier muß das Gericht die spätere Beeidigung im Auge behalten.

6 4) *VwGO: Nicht anwendbar, vgl Üb § 445 Rn 9.*

Titel 10. Beweis durch Parteivernehmung **§ 450**

450 *Beweisbeschluss. Hilfsnatur der Vernehmung.* I 1 Die Vernehmung einer Partei wird durch Beweisbeschluss angeordnet. ²Die Partei ist, wenn sie bei der Verkündung des Beschlusses nicht persönlich anwesend ist, zu der Vernehmung unter Mitteilung des Beweisbeschlusses von Amts wegen zu laden. ³Die Ladung ist der Partei selbst mitzuteilen, auch wenn sie einen Prozessbevollmächtigten bestellt hat; der Zustellung bedarf die Ladung nicht.

II 1 Die Ausführung des Beschlusses kann ausgesetzt werden, wenn nach seinem Erlass über die zu beweisende Tatsache neue Beweismittel vorgebracht werden. ²Nach Erhebung der neuen Beweise ist von der Parteivernehmung abzusehen, wenn das Gericht die Beweisfrage für geklärt erachtet.

1) **Systematik, I, II.** Die Vorschrift ist eine Ergänzung zu §§ 358, 359, auf die sie in I 1 indirekt Bezug nimmt, die sie also keineswegs verdrängt. Daher sind §§ 358, 359 ergänzend beachtlich. I 2, II 1 geben lediglich wegen der Hilfsbeweisnatur der Parteivernehmung nach § 445 I folgende Besonderheiten. II 2 stellt klar, was ohnehin bei jeder Beweisart selbstverständlich ist, § 286 Rn 28 ff. Die Ablehnung einer Parteivernehmung erfolgt in den Gründen des Endurteils.   **1**

2) **Regelungszweck, I, II.** I dient in I vornehmlich der Rechtssicherheit, Einl III 43. II dient vor allem der Prozeßwirtschaftlichkeit, Grdz 14 vor § 128. Dementsprechend erfordert I eher eine zurückhaltende Auslegung, II eher eine weite, großzügigere.   **2**

3) **Geltungsbereich, I, II.** Üb 3 vor § 445.   **3**

4) **Beweisbeschluß, I.** Er folgt den sonstigen Beweismitteln.   **4**

A. Notwendigkeit eines Beschlusses, I 1. Das Gericht muß jede Parteivernehmung durch einen Beweisbeschluß anordnen, § 358, BGH RR **88**, 395. Das gilt auch für § 448. Der Beweisbeschluß muß dem § 359 genügen. Es soll klar sein, daß mehr als eine Anhörung nach § 141 geplant ist. Er muß ferner angeben, ob eine Vernehmung von Amts wegen oder auf Antrag stattfinden wird. Das Gericht muß das Beweisthema eindeutig formulieren, auch um dem Betroffenen einen Gegenantrag zu ermöglichen. Ein Verstoß ist nach § 295 heilbar. Der Beschluß ist ebenso frei abänderlich wie jeder andere Beweisbeschluß, § 360 S 2 entsprechend. Das Gericht muß ihn verkünden. Es muß eine anwesende Partei sofort vernehmen, Stgt JZ **78**, 690.

B. Ladung, I 2, 3. Wenn die zu vernehmende Partei bei der Verkündung nicht anwesend war, dann lädt   **5** das Gericht sie von Amts wegen zum Vernehmungstermin. Das geschieht unter Mitteilung des Beweisbeschlusses wenigstens seinem Inhalt nach, ferner unter der Angabe, ob die Aussage auf Parteiantrag oder von Amts wegen erfolgen soll. Andernfalls wären §§ 446, 453 II unanwendbar. Die Ladung erfolgt nach I 2 an die Partei persönlich und nicht unter Ausschluß der Ersatzzustellung nach §§ 178 ff. Sie erfolgt unter eigener Anschrift und nicht unter derjenigen des ProzBev unabhängig von § 172. Es ist grundsätzlich keine förmliche Zustellung notwendig, I 3. Eine formlose Mitteilung des Termins genügt also. Die Mitteilung gilt nach § 270 S 2 als zugegangen. Der Gegner erhält eine formlose Mitteilung, § 329 II 2. Eine Androhung der Folgen eines Ausbleibens nach §§ 446, 453 II ist nicht erforderlich.

Zulässig ist aber eine förmliche Zustellung. Denn I 3 besagt, daß eine förmliche nicht „bedürfe", nicht, daß sie „nicht stattfinde". Der Vorsitzende darf und muß daher in pflichtgemäßem Ermessen prüfen, ob er eine förmliche Zustellung anordnen soll. Sie kommt in Betracht etwa wegen Unklarheit über die gegenwärtige Anschrift der Partei, falls sie etwa nicht einmal ihrem ProzBev derzeit bekannt ist, oder wegen eines möglichen längeren Auslandsaufenthalts der Partei usw. Die Anordnung förmliche Zustellung kann durch Verfügung erfolgen. Sie bedarf keiner Begründung. Sie bindet alle Prozeßbeteiligten und die Zustellungsorgane. Das Gericht muß etwa vermeidbar gewesene Zusatzkosten nur unter den Voraussetzungen des § 8 GKG niederschlagen.

5) **Aussetzung usw, II.** Sie erfolgt nur selten.   **6**

A. Amtspflicht bei neuem Beweismittel, II 1. Das Gericht kann bei den §§ 445, 447, 448 die Ausführung durch einen Beschluß oder stillschweigend aussetzen, wenn irgendeine Partei nach dem Erlaß des Beschlusses neue Beweismittel zum Beweissatz vorbringt. Das ist immer dann Amtspflicht, wenn die neuen Beweismittel Erfolg versprechen, § 445 Rn 1, aM ThP 2, ZöGre 3 (auch dann nur Sollvorschrift. Aber § 286 verpflichtet zur Erschöpfung der Beweismittel). Denn die Parteivernehmung ist ein Hilfsmittel, § 445 I. Das folgt schon daraus, daß sie das unsicherste Beweismittel ist. Darum muß das Prozeßgericht den Parteien einen anderen Beweisantritt gestatten, wenn es eine Beweisaufnahme durchführt. Wenn der verordnete Richter die Partei nach §§ 375, 451 vernehmen soll, muß er entsprechende Anträge aufnehmen und sie dem Prozeßgericht unterbreiten. Wenn die Parteien schriftlich neue Beweise beantragen, muß das Prozeßgericht auch ohne mündliche Verhandlung nach § 360 zunächst darüber entscheiden. § 296 gilt auch hier.

B. Klärung der Beweisfrage, II 2. Wenn das Gericht die Beweisfrage für geklärt hält, dann muß es den   **7** Beweisbeschluß unerledigt lassen, von sich aus. Eine Parteivernehmung ist dann unzulässig. Das folgt schon aus § 445 II. Auch ohne eine neue Beweiserhebung kann das Gericht abweichend von seiner früheren Meinung zu dieser Überzeugung kommen. Auch dann muß es den Beweisbeschluß aufheben, § 360 Rn 4.

6) **Rechtsmittel, I, II.** Die Entscheidung oder ihr Unterbleiben ist stets nur zusammen mit dem End-   **8** urteil anfechtbar, § 355 II.

7) *VwGO: I ist entsprechend anwendbar, § 98 VwGO, so daß auch im VerwProzeß stets ein formeller Beweise-*   **9** *beschluß nötig ist, BVerwG* **14**, 146, **17**, 127 *(Verstoß ist heilbar, § 295). Auch II ist entsprechend anwendbar, so daß die Vernehmung eines Beteiligten erst in Frage kommt, wenn andere Beweismittel nicht zur Verfügung stehen, und unterbleiben darf, wenn nichts für die Wahrscheinlichkeit der Behauptung spricht, BVerwG stRspr, DÖV* **80**, 650, *OVG Münst DÖV* **81**, 384 *mwN, RedOe § 98 Anm 16; aM Kretschmer NJW* **65**, 383 *(Hauptbeweismittel). In Kriegsdienstverweigerungssachen ist die Vernehmung idR geboten, BVerwG NVwZ* **82**, 40, *vgl BVerwG NVwZ* **89**, 650.

§§ 451, 452 — Buch 2. Abschnitt 1. Verfahren vor den LGen

451 *Ausführung der Vernehmung.* **Für die Vernehmung einer Partei gelten die Vorschriften der §§ 375, 376, 395 Abs. 1, Abs. 2 Satz 1 und der §§ 396, 397, 398 entsprechend.**

Schrifttum: *Prange,* Materiell-rechtliche Sanktionen bei Verletzung der prozessualen Wahrheitspflicht durch Zeugen und Parteien, 1995.

1 1) **Systematik, Regelungszweck.** Die Vorschrift ergänzt den § 450. Sie schafft zur Vereinfachung und Vereinheitlichung des Beweisrechts eine grundsätzlich abschließende Verweisung.

2 2) **Geltungsbereich.** Üb 3 vor § 445.

3 3) **Entsprechende Anwendbarkeit.** Sie bringt nur wenige Probleme.
§ 375: Unmittelbarkeit der Beweisaufnahme. Das Prozeßgericht muß die Vernehmung grundsätzlich selbst durchführen. Ein verordneter Richter darf nur in den Fällen des § 375 I Z 1–3 beauftragt werden. Ein Verstoß ist heilbar, § 295. Bei der Parteivernehmung muß das noch viel mehr gelten als bei der Zeugenvernehmung. Denn bei diesem unsicheren Beweismittel kommt auf den persönlichen Eindruck so gut wie alles an. Er gibt ja eine wesentliche Grundlage für die Beeidigung.
§ 376: Eine Genehmigung zur Aussage ist wie bei Zeugen notwendig.
§ 377 III: Nicht miterwähnt und daher *unanwendbar,* BGH NJW 01, 1502. Daher entfällt auch eine elektronische Aussage, § 130 a.
§ 395: I ist wie folgt anwendbar: Es ist eine Ermahnung zur Wahrheit und ein Hinweis auf eine mögliche Beeidigung erforderlich, BGH RR 88, 395. Es besteht keine Belehrungspflicht über ein Aussageverweigerungsrecht, Celle VersR 77, 361. Freilich ist ein Hinweis auf §§ 446, 453 II ratsam. II 1 (Vernehmung zur Person) ist anwendbar, BGH RR 88, 395. *II 2:* Glaubwürdigkeitsfragen sind nicht vorgeschrieben. Trotzdem ist klar, daß das Gericht sie evtl stellen muß. Es sind durchaus Umstände denkbar, die eine Partei in einem Prozeß besonders unglaubwürdig oder auch vermehrt glaubwürdig machen. Man denke nur an einen Unfallprozeß, bei dem die Partei evtl wenig Interesse am Ausgang hat, weil sie versichert ist, oder umgekehrt an einen Prozeß, bei dem eine große Haftung der Partei im Hintergrund steht.
§ 396: Die Partei muß ihre Aussage im Zusammenhang machen. Erst anschließend stellen Gericht und Parteien Fragen. Vgl dazu und über die Kunst der Vernehmung Üb 5–10 vor § 373. Die Parteivernehmung ist noch schwieriger als diejenige eines Zeugen. Denn niemand kann in eigener Sache objektiv sein. Es ist für den Richter sehr schwer, das wahre Bild des Sachverhalts in diesem Hohlspiegel zu erkennen. Wegen der Verstoßfolgen Prange (vor Rn 1) und § 396 Rn 7 (entsprechend).
§ 397: Die Befragung durch die Gegenpartei und die ProzBev, auch denjenigen der vernommenen Partei, erfolgt wie bei einem Zeugen.
§ 398: Eine wiederholte oder nachträgliche Vernehmung erfolgt wie bei einem Zeugen, BAG NJW 02, 2196. Eine andere Würdigung der in der Vorinstanz beeidigten Aussage ist nur nach einer erneuten Vernehmung der Partei zulässig.
Wegen der *Protokollierung* §§ 160 III Z 4, 162. Das richtig formulierte Protokoll ergibt, ob eine bloße Aufklärung nach §§ 141, 613 oder eine förmliche Parteivernehmung stattgefunden hat. Im Fall § 161 I Z 1 ist eine Wiedergabe des wesentlichen Inhalts der Aussage im Urteil unentbehrlich.

4 4) **Unanwendbarkeit.** Alle nicht in § 451 genannten Vorschriften sind grundsätzlich unanwendbar, zB:
§ 377 III: Es erfolgt keine Anordnung einer schriftlichen Beantwortung der Beweisfrage.
§ 394: Eine Einzelvernehmung ist unzulässig, wenn beide Parteien zu vernehmen sind. Die Einzelvernehmung müßte das ganz wesentliche Fragerecht der Partei ausschalten. Gerade hier ist die Parteiöffentlichkeit nach § 357 unentbehrlich.
§ 399 (Verzicht auf die Vernehmung): Es ist zulässig, daß eine Partei im Fall des § 445 ihren Antrag zurücknimmt. Das kommt einem Verzicht gleich. Die Wirkung ist, daß die Partei unvernommen bleibt. Das gilt aber nicht, soweit eine Partei auf einen schriftsätzlichen Beweisantrag im Termin durch ihren Sachantrag Bezug nimmt, § 137 Rn 25, 33, BGH RR 96, 1460. Eine Neubenennung in der ersten Instanz oder in der Berufungsinstanz ist wie bei § 399 Rn 7 möglich (Widerruf des Verzichts).
§ 401 (Entschädigung für Zeitversäumnis usw): Der mittellosen Partei muß das Gericht anläßlich ihrer Parteivernehmung, die Reisekosten zum Termin aus der Staatskasse ersetzen und vorschießen, KV 9005. Vgl dazu die bundeseinheitlichen AV über die Bewilligung von Reiseentschädigung an mittellose Personen usw, auch in Arbeitssachen, Hartmann Teil V § 25 JVEG Anh I, II. Wegen eines Reisekostenvorschusses bzw -ersatzes beim Soldaten SchlAnh II B Z 23, 24. Diese Kosten sind als Teil der Prozeßkosten erstattungsfähig, §§ 91 ff, 104, 308 II.

5 5) *VwGO:* Entsprechend anwendbar, § 98 VwGO. Einzelheiten bei den jeweiligen Vorschriften; unanwendbar ist auch § 383, BVerwG NVwZ-RR *91,* 488.

452 *Beeidigung der Partei.* [I 1] Reicht das Ergebnis der unbeeidigten Aussage einer Partei nicht aus, um das Gericht von der Wahrheit oder Unwahrheit der zu erweisenden Tatsache zu überzeugen, so kann es anordnen, dass die Partei ihre Aussage zu beeidigen habe. [2] Waren beide Parteien vernommen, so kann die Beeidigung der Aussage über dieselben Tatsachen nur von einer Partei gefordert werden.

[II] Die Eidesnorm geht dahin, dass die Partei nach bestem Wissen die reine Wahrheit gesagt und nichts verschwiegen habe.

[III] Der Gegner kann auf die Beeidigung verzichten.

[IV] Die Beeidigung einer Partei, die wegen wissentlicher Verletzung der Eidespflicht rechtskräftig verurteilt ist, ist unzulässig.

Titel 10. Beweis durch Parteivernehmung **§ 452**

Gliederung

1) Systematik, I–IV	1	7) Eidesbeschluß, I	7
2) Regelungszweck, I–IV	2	8) Eidesnorm, Verzicht, II, III	8
3) Geltungsbereich, I–IV	3	9) Eidesunfähigkeit, IV	9
4) Grundsatz: Uneidlichkeit, I	4	10) Eidesverweigerung, I–IV	10
5) Ausnahme: Eidesanordnung, I	5	11) Rechtsmittel, I–IV	11
6) Eid nur einer Partei, I 2	6	12) *VwGO*	12

1) Systematik, I–IV. In teilweiser Abweichung gegenüber den vergleichbaren §§ 391 ff, die aber in der 1 Praxis kaum eintritt, ist die Beeidigung in § 452 einschließlich der mit § 392 S 2 übereinstimmenden Eidesnorm des II für die Parteivernehmung in §§ 452, 478 ff geregelt. Beim Minderjährigen geht § 455 II vor. Es besteht auf Grund einer Anordnung nach I 1 eine Pflicht der Partei zur Beeidigung. Das Gericht kann den Eid aber nicht erzwingen. Eine Eidesverweigerung hat vielmehr die Rechtsfolgen des § 453 II. Man kann deshalb von einer bloßen Obliegenheit sprechen.

2) Regelungszweck, I–IV. Die Vorschrift dient in I der Eindämmung der gerade bei einer Partei großen 2 Gefahr, daß sie nämlich schon zur Verhinderung eines bisherigen versuchten Prozeßbetrugs in Gestalt falscher Angaben in ihren Schriftsätzen nun durch Eid dem Betrug den Meineid hinzufügt. Deshalb sollte das Gericht insbesondere im Fall I 2 sehr zurückhaltend verfahren.

3) Geltungsbereich, I–IV. Vgl Üb 3 vor § 445. Zur Anwendbarkeit im Insolvenzverfahren Schmitz- 3 Herscheidt KTS **96**, 519.

4) Grundsatz: Uneidlichkeit, I. Jede Parteivernehmung geschieht zunächst uneidlich. Die vorsätzlich 4 falsche uneidliche Aussage kann ein zumindest versuchter Prozeßbetrug sein. Sie kann darüber hinaus ersatzpflichtig machen, § 138 Rn 65, 66. Jedoch steht die uneidliche falsche Aussage der Partei sonst nicht unter Strafe. Denn § 153 StGB betrifft sie nicht. Ein fahrlässiger Falscheid ist eine Straftat, § 163 StGB. Wenn eine uneidliche Bekundung ausreicht, um dem Gericht die Grundlagen einer Entscheidung zu geben, dann unterbleibt die Beeidigung. Sie unterbleibt auch dann, wenn das Gericht die Aussage für unglaubwürdig hält und sich auch keine Abänderung durch eine Beeidigung verspricht. Das Gericht sollte einen unnützen Eid vermeiden. Freilich muß das Gericht diese Erwägungen im Urteil anstellen und begründen.

5) Ausnahme: Eidesanordnung, I. Das Prozeßgericht muß aber im Rahmen der bisherigen Beweis- 5 würdigung nach § 286 nach seinem pflichtgemäßem Ermessen zur Erschöpfung aller Erkenntnismöglichkeiten nach § 286 Rn 24 eine Beeidigung des Gegners in Erwägung ziehen. Das gilt, wenn das Gericht von der Unwahrheit des Bestreitens durch den nicht beweispflichtigen Gegner nicht überzeugt ist, der auf Grund einer eigenen Handlung oder Wahrnehmung nur eine eindeutige Auskunft geben könnte, oder wenn das Gericht sonst Zweifel über die Richtigkeit des Bestreitens hat. Das Gericht kann auch dann den Eid einer sonst vertrauensunwürdigen Person nach Lage des Falls eine ausreichende Überzeugungskraft beimessen, § 453 Rn 3. Im einzelnen gilt hier verstärkt, was bei § 448 Rn 12 ausgeführt ist. „Kann" bedeutet auch hier mehr als nur die gesetzliche Ermächtigung. Das Gericht muß beeidigen, wenn es sich davon einen Erfolg verspricht, § 286 Rn 24, § 453 Rn 3. Es darf beide Parteien nur insoweit beeidigen, als sie über verschiedene Tatsachen vernommen worden sind und nicht eine Tatsache in Abhängigkeit von der anderen steht.

6) Eid nur einer Partei, I 2. Dieselbe Tatsache darf nur eine Partei beschwören. Wenn beide Parteien 6 über dieselbe Tatsache vernommen worden sind, dann muß das Gericht ohne Rücksicht auf die Beweislast beschließen. Es kommt auch auf die Glaubwürdigkeit an. Das Gericht darf jedenfalls nicht derjenigen Partei die Eidesmöglichkeit geben, gegen die schon einiger Gegenbeweis vorliegt, § 448 Rn 10, 12. Wenn das Gericht eine von beiden Parteien gesetzwidrig vernommen hatte, etwa den Beweispflichtigen nach § 445, dann muß es von der Beeidigung dieser Partei absehen. Ihr Eid wäre bedeutungslos. § 379 der österreichischen ZPO läßt eine Vertagung zu, wenn es angemessen erscheint, der Partei vor dem Eid eine Überlegungsfrist zu bewilligen. Das ist auch im deutschen Zivilprozeß oft zweckmäßig. Ein übereilter Eid ist ein Unglück.

7) Eidesbeschluß, I. Für den Beschluß ist nur das Prozeßgericht zuständig, nicht der verordnete Richter. 7 Dieser holt vielmehr eine Entscheidung des Prozeßgerichts ein. Der Vorsitzende der Kammer für Handelssachen bzw der Einzelrichter sind zwar im Rahmen ihrer Aufgabe zuständig, §§ 348, 348 a, 349 III, 526, 527, 568. Sie sollten aber diesen Beschluß dem Kollegium überlassen, soweit sie nicht in der Sache entscheiden müssen. Der Beschluß erfolgt nur auf eine mündliche Verhandlung. Wegen III sollte das Gericht stets den Prozeßgegner des zu Beeidigenden hören. Das Gericht muß seinen Beschluß verkünden. Wenn die Beeidigung unterbleiben soll, ist ein entsprechender Beschluß unnötig. Die Eidesabnahme erfolgt nach §§ 478 ff.

8) Eidesnorm, Verzicht, II, III. Es ist nur ein Nacheid zulässig. Ein Voreid wäre aber nicht bedeutungs- 8 los. Vgl im einzelnen die Anm zu § 391. Form der Eidesleistung: II in Verbindung mit §§ 480, 481. Ein nach III wirksamer Verzicht des Gegners führt zur Unzulässigkeit einer noch nicht erfolgten Beeidigung, aber nicht zur Unverwertbarkeit der schon ordnungsgemäß erfolgten. Wegen der Eideswürdigung § 453.

9) Eidesunfähigkeit, IV. Die Vorschrift ist anwendbar, ZöGre 3, aM StJL 13 (wegen der Aufhebung von 9 § 131 StGB. Aber IV geht viel weiter). Eine wissentliche Verletzung der Eidespflicht nach §§ 154 ff StGB ist nicht bloß der Meineid, sondern jede vorsätzliche, nicht auch eine fahrlässige, Eidesstraftat. Die Unfähigkeit tritt erst mit einer rechtskräftigen Bestrafung ein. Deshalb ermittelt das Zivilgericht dazu nicht etwa von Amts wegen, auch nicht bei Anhaltspunkten, solange nicht das ganze Zivilverfahren der Amtsermittlung nach Grdz 38 vor § 128 folgt, §§ 606 ff, 640 ff, strenger ZöGre 3. Eine Aussetzung nach § 149 ist zulässig

§§ 452–454   Buch 2. Abschnitt 1. Verfahren vor den LGen

und evtl ratsam. Doch wird das Gericht dann die Beeidigung ohnedies nicht anordnen, wenn es wesentliche Bedenken hat. Wegen eines Minderjährigen und Prozeßunfähigen § 455.

10 10) **Eidesverweigerung, I–IV.** Vgl §§ 446, 453 II.
11 11) **Rechtsmittel, I–IV.** Die Entscheidung wie auch ihr Unterbleiben ist nur zusammen mit dem Endurteil anfechtbar, § 391 Rn 10. Eine verfahrensfehlerhafte Nichtbeeidigung kann die Revision begründen und auf Antrag nach § 538 zur Zurückverweisung führen.
12 12) *VwGO*: **I, II** und **IV** sind entsprechend anwendbar, § 98 *VwGO*, **III** ist unanwendbar wegen des Untersuchungsgrundsatzes. Beeidigung steht im Ermessen des Gerichts; ihre Ablehnung bedarf nicht der Begründung nach § 86 II *VwGO*, BVerwG Buchholz 310 § 98 Nr 14.

453 *Beweiswürdigung der Parteivernehmung.* ¹ Das Gericht hat die Aussage der Partei nach § 286 frei zu würdigen.
  ᴵᴵ Verweigert die Partei die Aussage oder den Eid, so gilt § 446 entsprechend.

1 1) **Systematik, Regelungszweck, I, II.** Die Verweisung in I auf § 286 ist eigentlich überflüssig. Sie stellt aber klar, daß der Grundsatz der freien Beweiswürdigung nach § 286 Rn 2 mit allen seinen Ausprägungen auch bei der Parteivernehmung gilt. Die Verweisung in II ist ein Teil des in § 446 Rn 1 dargestellten System der Rechtsfolgen.
  Wegen des *Regelungszwecks* von I § 286 Rn 2, von II § 446 Rn 2.
2 2) **Geltungsbereich, I, II.** Üb 3 vor § 445.
3 3) **Aussagewürdigung, I.** Sie erfordert besondere Behutsamkeit.
  A. **Freie Beweiswürdigung.** Das Gesetz gibt keine Beweisregel. Das Gericht würdigt die uneidliche und die eidliche Parteiaussage nach den Umständen ihrer Abgabe und nach ihrem Inhalt frei nach § 286. Bei Unklarheit kann sich eine Beeidigung empfehlen, Kblz RR **02**, 630. Freilich kann gerade dann auch im Einzelfall eine Beeidigung nicht ratsam sein, wenn man von ihr nur noch weitere rechtliche Schwierigkeiten erwarten kann. Das Gericht kann also der unbeeidigten Aussage glauben, der eidlichen mißtrauen und das Gegenteil der Behauptung des Beweisführers als bewiesen erachten. Bei der Parteivernehmung entscheidet mehr als bei anderen Beweismitteln der persönliche Eindruck, § 285 Rn 6, § 349 Rn 5. Deshalb läßt sich ohne ihn die Unglaubwürdigkeit nicht feststellen. Bei einem Richterwechsel muß das Gericht die Vernehmung evtl wiederholen. Zur Geständniswirkung § 288 Rn 2, 3. Soweit der nach §§ 361, 362 verordnete Richter tätig war, darf das Prozeßgericht nur dasjenige berücksichtigen, was sich aus dem Vernehmungsprotokoll zur Sache wie zu den Begleitumständen ergibt, §§ 160 III Z 4, 162. Notfalls muß das Prozeßgericht die Vernehmung wiederholen, wie bei § 398 beim Zeugen. Wegen eines Verstoßes gegen § 447 dort Rn 8.
4 B. **Verhältnis zur Zeugenaussage.** Einer Zeugenaussage kann man die Parteibekundung nicht stets gleichstellen. Das gilt vor allem dann, wenn die Partei nach § 451 Rn 3 „§ 394" zulässigerweise an den Zeugenvernehmungen teilgenommen und die Einstellung des Gerichts kennengelernt hat. Dennoch ist der Ermessensspielraum nicht stets größer als bei der Würdigung anderer Beweismittel. Im übrigen kann (nicht: muß) eine Bestätigung der gegnerischen Behauptung durch die Partei bei ihrer Vernehmung einen erheblichen Beweiswert haben. Man sollte eine Parteiaussage nicht von vornherein geringer bewerten, ebensowenig wie die Darstellung eines Angehörigen als Zeugen, § 286 Rn 4.
5 4) **Weigerungswürdigung, II.** Eine Aussageverweigerung oder eine Eidesverweigerung ist ein Fall der Beweisvereitelung, Anh § 286 Rn 26, BGH DB **85**, 1020. Das Gericht behandelt sie nach § 446. Es kann also nach Lage des Falles die behauptete Tatsache als erwiesen ansehen. Es kann sie aber auch anders würdigen. Das Urteil muß seine Erwägungen erkennen lassen. Eine Belehrung ist nicht vorgeschrieben. Sie ist daher auch nicht generell ratsam, ebensowenig wie zB im Fall des § 139 Rn 52 „Belehrung". Ein Hinweis auf die Folgen nach II ist aber zulässig. Er ist evtl hilfreich, gar bei erkennbarer Rechtsunkenntnis der Partei. Zwang ist unstatthaft.
6 5) *VwGO*: **I** entspricht § 108 I *VwGO*, **II** ist entsprechend anwendbar, obwohl in § 98 *VwGO* § 446 ZPO nicht genannt ist: *Die freie Würdigung der Weigerung folgt aus § 108 I VwGO*, vgl BVerwG NVwZ-RR **91**, 488.

454 *Ausbleiben der Partei.* ¹ Bleibt die Partei in dem zu ihrer Vernehmung oder Beeidigung bestimmten Termin aus, so entscheidet das Gericht unter Berücksichtigung aller Umstände, insbesondere auch etwaiger von der Partei für ihr Ausbleiben angegebener Gründe, nach freiem Ermessen, ob die Aussage als verweigert anzusehen ist.
  ᴵᴵ War der Termin zur Vernehmung oder Beeidigung der Partei vor dem Prozeßgericht bestimmt, so ist im Falle ihres Ausbleibens, wenn nicht das Gericht die Anberaumung eines neuen Vernehmungstermins für geboten erachtet, zur Hauptsache zu verhandeln.

1 1) **Systematik, Regelungszweck, I, II.** Vgl § 446 Rn 1, 2.
2 2) **Geltungsbereich, I, II.** Üb 3 vor § 445.
3 3) **Grundsatz: Kein Vertagungsanspruch, I.** Die Vorschrift regelt einen Fall der Beweisvereitelung, Anh § 286 Rn 26, BGH DB **85**, 1020. I findet nur dann Anwendung, wenn der Termin zur förmlichen Vernehmung oder Beeidigung der Partei gesetzmäßig vorgesehen war, wenn also nicht nur nach §§ 141, 273 II Z 3, 279 II Anordnungen ergangen waren. Die Partei hat grundsätzlich kein Recht auf eine Vertagung. Die Partei kann freilich entschuldigt sein. Das darf man weder zu streng noch großzügig beurteilen. Wegen

Titel 10. Beweis durch Parteivernehmung §§ 454, 455

„sicheren Geleits" BGH MDR **91**, 882. Wenn der Termin zur Parteivernehmung in Anwesenheit der Partei verkündet wird, bedarf es keiner Ladung, § 450 I. Sonst muß das Gericht die Partei persönlich laden, § 450 I 2. Es muß Ladungsfrist beachten, § 217. Ausgeblieben ist die Partei, wenn sie bis zum Terminsende unentschuldigt nicht erschienen ist, § 220 II.

4) Freie Würdigung, I. Das Gericht würdigt das Ausbleiben frei im Rahmen seines Ermessens, BGH NJW **01**, 1501. Es darf und muß dabei alle Umstände berücksichtigen, vor allem die mitgeteilten Entschuldigungsgründe. Solche kann die Partei ohne Anwaltszwang vorbringen. Das Gericht kann die Aussage oder die Beeidigung als verweigert ansehen. Eine endgültige Entscheidung dazu bringt aber erst das Urteil. Denn die ausgebliebene Partei kann sich jederzeit zur Aussage und Beeidigung bereit erklären, auch ohne daß sie sich für ihr vorheriges Verhalten genügend entschuldigt.

§ 454 sieht *keine Ordnungs- oder Zwangsmittel* vor. Es gibt auch keine Verurteilung in die durch das Ausbleiben entstandenen Kosten, § 446 Rn 4. Freilich kann das Gericht § 95 anwenden. Es kann auch eine Verzögerungsgebühr festsetzen, § 38 GKG, Anh § 95, StJL 7, aM MüKoSchr 1, ZöGre 8 (aber diese Rechtsfolgen sind von der Möglichkeit des Schweigens oder der Aussageverweigerung gerade nicht abhängig, sondern entstehen durch die Nichtbefolgung der Anordnung des Erscheinens). Das Gericht kann auch das Verhalten der Partei bei einer erneuten Säumnis anders würdigen. Das ist keine gesetzliche Folge der Versäumung, sondern steht im Ermessen des Gerichts. Daher muß das Gericht darüber einen besonderen Beschluß fassen und verkünden. Er ist unanfechtbar. Der verordnete Richter stellt nur das Ausbleiben zu Protokoll fest und prüft, ob er vertagen muß. Er muß die Würdigung dieses Verhaltens der Partei dem Prozeßgericht überlassen, aM ThP 8 (er könne nach seinem Ermessen einen neuen Termin bestimmen. Aber das paßt nicht zur grundsätzlichen Abhängigkeit vom Prozeßgericht).

5) Verfahren, II. Es empfiehlt sich Behutsamkeit ohne Ängstlichkeit. 5

A. Maßgeblichkeit einer Entschuldigung. Das Gericht muß von Amts wegen vertagen, wenn es die Partei für entschuldigt hält. Dann darf es auch nicht die Aussage für verweigert ansehen. Es beraumt unter Mitbeachtung des § 356 einen neuen Vernehmungstermin an, § 450. Es kann aber auch zweckmäßig einen bloßen Verkündungstermin ansetzen, wenn es damit rechnet, daß die Partei schuldlos säumig ist. Es ist aber auch eine Versäumnisentscheidung nach §§ 330 ff, 367 I, 370 I statthaft.

B. Verhandlung zur Hauptsache. Wenn das Gericht die Aussage für verweigert erklärt, dann müssen 6 die Parteien zur Hauptsache verhandeln, evtl auch nach § 370 I sofort, und das Gericht muß zur Hauptsache entscheiden. Evtl setzt das Gericht einen Verkündungstermin an, wenn es noch mit einer nachträglichen Entschuldigung rechnen kann. Wenn ein Urteil ergeht, ist dagegen nur die Berufung zulässig. Wenn die Partei anwaltlich nicht vertreten ist, kann der Gegner ein Versäumnisurteil beantragen, soweit Anwaltszwang besteht. Nach einem Einspruch kann die Partei wieder zur Aussage oder Beeidigung erbieten. Wenn der verordnete Richter das Ausbleiben feststellt und nicht nach Rn 2 vertagen muß, dann muß das Prozeßgericht von Amts wegen einen Verhandlungstermin anberaumen. In diesem Termin kann das Prozeßgericht die Aussage für verweigert erklären. Wenn aber die zu vernehmende Partei erscheint, muß das Gericht sie vernehmen und beeidigen.

6) *VwGO: Entsprechend anwendbar, § 98 VwGO.* 7

455 *Prozessunfähige.* [I] ¹Ist eine Partei nicht prozeßfähig, so ist vorbehaltlich der Vorschrift im Absatz 2 ihr gesetzlicher Vertreter zu vernehmen. ²Sind mehrere gesetzliche Vertreter vorhanden, so gilt § 449 entsprechend.

[II] ¹Minderjährige, die das sechzehnte Lebensjahr vollendet haben, können über Tatsachen, die in ihren eigenen Handlungen bestehen oder Gegenstand ihrer Wahrnehmung gewesen sind, vernommen und auch nach § 452 beeidigt werden, wenn das Gericht dies nach den Umständen des Falles für angemessen erachtet. ²Das Gleiche gilt von einer prozeßfähigen Person, die in dem Rechtsstreit durch einen Betreuer oder Pfleger vertreten wird.

1) Systematik, I, II. Die Vorschrift gilt für alle Fälle einer Parteivernehmung. Sie knüpft an die in 1 §§ 51 ff geregelte Prozeßfähigkeit an. Sie bedient sich für den Fall des § 449 der Verweisungstechnik. In II liegt eine gegenüber § 452 vorrangige Sonderregelung vor.

2) Regelungszweck, I, II. Die Vorschrift dient in I einer an sich selbstverständlichen Klarstellung im 2 Interesse der Rechtssicherheit, Einl III 43. II dient der Verhinderung von Falscheid beim noch nicht voll dessen Tragweite übersehenden, wenn auch formell eidesmündigen Minderjährigen. Die Vorschrift dient aber auch der Erzielung wahrer Aussagen. Das Gericht sollte die Vorschrift behutsam auslegen.

3) Geltungsbereich, I, II. Üb 3 vor § 445. 3

4) Regelfall, I. Für eine nach § 52 prozeßunfähige Person muß das Gericht regelmäßig ihren gesetzlichen 4 Vertreter als Parteivernehmung vernehmen, Grdz 7 vor § 50, Köln MDR **76**, 937, Barfuß NJW **77**, 1274. Der Vertretene kann dann Zeuge sein (Umkehrung: Fall II, Rn 4). Es entscheidet die gesetzliche Vertretung im Zeitpunkt der Eidesleistung. Bei einem Wechsel der Vertretung nach dem Zeitpunkt der Anordnung muß das Gericht deshalb den neuen gesetzlichen Vertreter in den Beschluß aufnehmen. Der frühere kann Zeuge sein. Bei mehreren gesetzlichen Vertretern gilt § 449 entsprechend. Die BGB-Außengesellschaft ist prozeßfähig, BGH **146**, 341, Schmidt NJW **01**, 293. Bei der Offenen Handelsgesellschaft sind die nicht von der Geschäftsführung ausgeschlossenen Gesellschafter gesetzliche Vertreter, § 125 HGB. Vgl im übrigen wegen der Vernehmungsfähigkeit als Partei Üb 23 vor § 373 „Partei", „Vertreter, gesetzlicher".

5) Minderjährige usw, II. Sie erfordert wie stets große Vorsicht. 5

A. Geltungsbereich. Das Gericht darf sich mit der Vernehmung des gesetzlichen Vertreters begnügen. Es kann aber stattdessen nach pflichtgemäßen Ermessen den Prozeßunfähigen selbst vernehmen, wenn er ein

Minderjähriger über 16 Jahre alt ist oder wenn es sich um einen durch einen Betreuer oder Pfleger nach §§ 1896 ff BGB in diesem Prozeß vertretenen Prozeßfähigen handelt, also um einen nach § 53 unterstellt Prozeßunfähigen. Notwendig ist aber, daß die Beweistatsachen in Handlungen dieser Personen bestehen oder Gegenstand ihrer Wahrnehmung gewesen sind. Handlungen des Gegners, des Rechtsvorgängers oder des Vertreters der Partei scheiden aus. Soweit das Gericht die Partei nach II vernimmt, kann ihr gesetzlicher Vertreter ausnahmsweise Zeuge sein (Umkehrung des Falls Rn 4). Auf andere Personen, zB Insolvenzschuldner, ist II unanwendbar.

6 **B. Beeidigung.** Die Beeidigung der genannten Personen setzt weiter voraus, daß das Gericht sie den Umständen des Falles nach angemessen findet. Dabei muß das Gericht alle Umstände würdigen, vor allem auch persönliche Eigenschaften, etwa die Einsichtsfähigkeit oder Zuverlässigkeit.

7 **C. Anordnung.** Der Beweisbeschluß oder Beeidigungsbeschluß muß den Vertretenen besonders bezeichnen. Das Gericht muß die Gründe der Vernehmung gerade des Vertretenen und nicht seines Vertreters im Urteil nennen. Das Gericht kann zunächst den Vertreter oder zunächst den Vertretenen vernehmen. Der eine mag ja nichts wissen, der andere wohl. Es ist mangels widersprüchlicher Aussagen zulässig, beide zu beeidigen.

8 6) *VwGO: Entsprechend anwendbar,* § *98 VwGO, BVerwG NJW 86, 1188. Partiell handlungsfähige Jüngere,* § *51 Rn 27, dürfen in solchen Verf vernommen werden, Robbers DVBl 87, 717.*

456–477 (weggefallen)

Titel 11. Abnahme von Eiden und Bekräftigungen

Übersicht

Schrifttum: *Brunkow,* Der Minderjährige als Beweisperson im Straf- und Zivilverfahren, Diss Freib/Br 2000; *Findeisen,* Der minderjährige Zeuge im Zivilprozeß, 1992.

1 **1) Systematik.** „Eure Rede aber sei: Ja, ja; nein, nein. Was darüber ist, das ist vom Übel" (Matth 5, 37). Das Ob einer Eidespflicht unterliegt der Gewissens- und Religionsfreiheit, Art 9 I MRK, Einl III 23. Es wird für den Zeugen in §§ 383 ff, 393–395, für den Sachverständigen in § 410, für die als Beweisperson vernommene Partei in §§ 446, 452, 453 II, 455 II, für den Dolmetscher in § 189 GVG geregelt. §§ 478–484 regeln das Wie. Die Rechtsfolgen der Eidesverweigerung sind für den Zeugen in § 390 geregelt, für den Sachverständigen in § 410, für die Partei in § 453 II, für den Schuldner in §§ 888, 889 II. Die ZPO kennt die folgenden vier formell-feierlichen Beteuerungsarten.

A. Eid. Er besteht mindestens aus den Worten „Ich schwöre es". Man darf ihn nur aus Glaubens- oder Gewissensgründen und nach § 391 Rn 6 verweigern. Nach Wahl des Schwörenden erfolgt der Eid entweder mit einem Zusatz „so wahr mir Gott helfe" als Eid mit religiöser Beteuerung, oder der Eid erfolgt ohne jeden Zusatz. Das ist ein Eid ohne religiöse Beteuerung. Der Eid kann auch mit einem Zusatz der Beteuerungsformel einer anderen Religions- oder Bekenntnisgemeinschaft erfolgen.

2 **B. Eidesgleiche Bekräftigung.** Sie erfordert mindestens das Wort „Ja". Ihre Ableistung ist Pflicht, sofern keine Eidespflicht besteht. Sie darf nicht wegen Glaubens-, Gewissens- oder anderer Bedenken irgendwelcher zB weltanschaulicher Art verweigert werden, sondern nur nach § 391 Rn 5. Sie wird nach Wahl des Bekräftigenden entweder mit einem Zusatz der Beteuerungsformel einer Religions- oder Bekenntnisgemeinschaft oder ohne jeden Zusatz abgeleistet.

3 **C. Eidesstattliche Versicherung.** Vgl § 294.

4 **D. Berufung auf einen Diensteid.** Diese erfolgt nach § 386 II auf einen früheren sonstigen Eid oder auf eine frühere eidesgleiche Bekräftigung.

5 **2) Regelungszweck.** Der Meineid ist strafbar, § 154 StGB. Dem Eid steht strafrechtlich die Bekräftigung sowie die Berufung auf den früheren Eid oder auf eine frühere Bekräftigung gleich, § 155 StGB. Strafbar sind ferner der fahrlässige Falscheid nach § 163 StGB und eine falsche eidesstattliche Versicherung, § 156 StGB. Weitere Einzelheiten §§ 157–163 StGB. Die vorgenannten Vorschriften sind bürgerlichrechtlich Schutzgesetze im Sinn von § 823 II BGB. Alle diese Druckmittel bilden den Hintergrund der Eidesanordnung und -ableistung zwecks erhöhter Wahrheitsfindung im Interesse der sachlichen Gerechtigkeit, Einl III 9. Mag auch ein außerdem natürlich geplanter und sicher vielfach vorhandener religiöser Druck heute geringer geworden sein, so dient natürlich auch er demselben Ziel. Deshalb ist sorgfältigste, würdige, aber auch wieder nicht verkrampfte Handhabung notwendig, etwa bei der Erläuterung der sechs verschiedenen Formen von Eid und eidesgleicher Bekräftigung (je: mit oder ohne religiöser Beteuerung oder Anrufung einer anderen Instanz als „Gott").

6 **3) Sachlicher Geltungsbereich.** §§ 478 ff gelten in allen Verfahrensarten nach der ZPO, nach § 807 III entsprechend auch für die Offenbarungsversicherung, soweit vergleichbare Vorschriften vorliegen. §§ 478 ff gelten im arbeitsgerichtlichen Verfahren nur nach Maßgabe des § 58 II 1 ArbGG. Titel 11 gilt ferner entsprechend beim Affidavit, Bambring DNotZ **76**, 728, 737.

7 **4) Persönlicher Geltungsbereich.** Titel 11 gilt bei: Zeugen; Sachverständigen; Dolmetschern; vernommenen Parteien.

Titel 11. Abnahme von Eiden und Bekräftigungen §§ 478–480

478 *Eidesleistung in Person.* **Der Eid muss von dem Schwurpflichtigen in Person geleistet werden.**

1) Höchstpersönlich. Jede Vertretung bei der Eidesleistung ist unzulässig. Der gesetzliche Vertreter muß 1
selbst schwören, § 455 I.

2) VwGO: *Entsprechend anwendbar, § 98 VwGO.* 2

479 *Eidesleistung vor beauftragtem oder ersuchtem Richter.* **I Das Prozessgericht kann anordnen, dass der Eid vor einem seiner Mitglieder oder vor einem anderen Gericht geleistet werde, wenn der Schwurpflichtige am Erscheinen vor dem Prozessgericht verhindert ist oder sich in großer Entfernung von dessen Sitz aufhält und die Leistung des Eides nach § 128a Abs. 2 nicht stattfindet.**

II Der Bundespräsident leistet den Eid in seiner Wohnung vor einem Mitglied des Prozessgerichts oder vor einem anderen Gericht.

1) Systematik, Regelungszweck, I, II. Üb 1–5 vor § 478. Man muß die Vorschrift als eine Ausnahme 1
vom Grundsatz der Unmittelbarkeit der Beweisaufnahme nach § 355 I eng auslegen.

2) Geltungsbereich, I, II. Üb 6, 7 vor § 478. 2

3) Verhinderung usw, I. Regelmäßig ist der Eid vor dem Prozeßgericht erforderlich. Das gilt auch per 3
Videokonferenz, § 128a. Das stellt I letzter Hs klar. Das Prozeßgericht kann aber bei einer Behinderung oder bei einer weiten Entfernung des Schwurpflichtigen nach §§ 375, 402, 451 die Leistung vor einem verordneten Richter anordnen, §§ 361, 362. Die Anordnung ergeht auch ohne mündliche Verhandlung. Sie erfolgt durch einen unanfechtbaren Beschluß, auch wenn der Eid im Ausland zu leisten ist. Das Gericht kann seinen Beschluß den Parteien von Amts wegen formlos mitteilen, § 329 II 1. Erst die Ladung durch den verordneten Richter muß förmlich erfolgen, § 329 II 2. Eine Änderung des Beschlusses erfolgt nach § 360. Beim Auslandseid ergeht ein Rechtshilfeersuchen nach § 157 GVG. Über einen vor dem verordneten Richter entstehenden Zwischenstreit über die Abnahme des Eides entscheidet das Prozeßgericht, § 366. Die Parteien dürfen bei jeder Beeidigung anwesend sein, § 357.

4) Exterritorialer usw, I. Exterritoriale und ausländische Konsuln, die das Gericht nach § 377 Rn 3 in 4
ihrer Wohnung als Zeugen vernehmen muß, werden dort beeidigt.

5) Bundespräsident, II. Der Bundespräsident wird stets in seiner Wohnung beeidigt. Dazu zählen jeder 5
Amtssitz wie jede Privatwohnung nach seiner Wahl. Es reicht aus, daß ein Mitglied des Prozeßgerichts oder ein anderes vollständig besetztes Gericht den Eid abnehmen. Das Erscheinen des vollständig besetzten Prozeßgerichts zur Beeidigung kann bei geringer Entfernung als nobile officium geboten sein. Es beeinträchtigt die Wirksamkeit der dann vom Vorsitzenden vorzunehmenden Beeidigung natürlich nicht.

6) VwGO: *Entsprechend anwendbar, § 98 VwGO.* 6

480 *Eidesbelehrung.* **Vor der Leistung des Eides hat der Richter den Schwurpflichtigen in angemessener Weise über die Bedeutung des Eides sowie darüber zu belehren, dass er den Eid mit religiöser oder ohne religiöse Beteuerung leisten kann.**

1) Systematik, Regelungszweck. Vgl zunächst Üb 1–7 vor § 478. Die Belehrung setzt eine Klärung 1
der Nämlichkeit des Eidespflichtigen als selbstverständlich voraus. Vor allem soll der Schwurpflichtige den Ernst des Augenblicks und die Tragweite des Eids erkennen, um selbstkritisch prüfen zu können, ob er bei seiner Aussage bleiben will. Daneben soll das Gericht allen Beteiligten auch so zur Wahrheitsermittlung verhelfen. Unerläßlich ist ein Hinweis auf die Strafbarkeit eines falschen Eides. Das Gericht soll auch die Strafbarkeit des fahrlässigen Falscheides ansprechen. Wenn es seine Belehrung schon vor dem Beginn der Aussage vorgenommen hatte, dann wiederholt es sie, falls es sie für ratsam oder gar notwendig hält. Das Gericht muß belehren, nicht die Partei. Wegen eines etwaigen späteren Strafverfahrens muß das Gericht den gesamten Vorgang der Beeidigung sorgfältig protokollieren, zumal ein Eid immer ein wesentlicher Vorgang im Sinn von § 160 II ist. Das Gericht muß etwaige Vorhaltungen oder Bedenken einer Partei gegen eine Beeidigung protokollieren, auch wenn sie dergleichen nicht beantragt hat.

2) Geltungsbereich. Üb 6, 7 vor § 478. 2

3) Art und Umfang der Belehrung. Die Belehrung erfolgt in angemessener Weise. Der Vorsitzende 3
muß sie der Sprachkenntnis anzupassen, der Intelligenz, der Verständigkeit, aber auch der bisherigen Glaubwürdigkeit des Schwurpflichtigen und der Situation. Bei einem ausländischen Zeugen wird unter Umständen eine ausführliche Darlegung der Möglichkeiten des § 481 notwendig. Dabei muß das Gricht den Dolmetscher zu einer besonderen Sorgfalt anhalten. Anderseits braucht der Vorsitzende die verschiedenen Möglichkeiten des § 481 nicht schematisch herunterzuleiern. Stets muß er auf die Wahlfreiheit des Schwurpflichtigen hinweisen, mit oder ohne religiöse Beteuerung zu schwören. Ein Hinweis auf die Möglichkeit einer bloßen eidesgleichen Bekräftigung nach § 484 erfolgt grundsätzlich nur dann, wenn der Schwurpflichtige sich gegen eine Eidesleistung unter Berufung auf Glaubens- oder Gewissensgründe wehrt, BVerfG NJW 72, 1183. Es ist also nicht stets ein Hinweis „auf Verdacht" nötig. Die Parteiabwesenheit bei der Belehrung wie beim Eid wird nach § 367 beurteilt.

4) Verstoß: Ein Verstoß macht den Eid weder zivil- noch strafrechtlich unwirksam. Er kann aber ein 4
Verfahrensmangel sein und auf Antrag zur Zurückverweisung führen, § 538.

5) VwGO: *Entsprechend anwendbar, § 98 VwGO.* 5

§ 481

481 *Eidesleistung, Eidesformel.* I Der Eid mit religiöser Beteuerung wird in der Weise geleistet, dass der Richter die Eidesnorm mit der Eingangsformel:
„Sie schwören bei Gott dem Allmächtigen und Allwissenden"
vorspricht und der Schwurpflichtige darauf die Worte spricht (Eidesformel):
„Ich schwöre es, so wahr mir Gott helfe."

II Der Eid ohne religiöse Beteuerung wird in der Weise geleistet, dass der Richter die Eidesnorm mit der Eingangsformel:
„Sie schwören"
vorspricht und der Schwurpflichtige darauf die Worte spricht (Eidesformel):
„Ich schwöre es."

III Gibt der Schwurpflichtige an, dass er als Mitglied einer Religions- oder Bekenntnisgemeinschaft eine Beteuerungsformel dieser Gemeinschaft verwenden wolle, so kann er diese dem Eid anfügen.

IV Der Schwörende soll bei der Eidesleistung die rechte Hand erheben.

V Sollen mehrere Personen gleichzeitig einen Eid leisten, so wird die Eidesformel von jedem Schwurpflichtigen einzeln gesprochen.

1   1) **Eidesteile, I, II.** Der Eid besteht stets aus den folgenden drei Teilen. Die beiden ersteren sind der Vorspruch des Gerichts.

A. Eingangsformel. Zunächst spricht der Richter die Eingangsformel: „Sie schwören" mit oder ohne den Zusatz „bei Gott dem Allmächtigen und Allwissenden", je nach der Wahl der Eidesformel durch den Schwurpflichtigen, die er vorweg abklären muß, Rn 4.

B. Eidesnorm. Sodann spricht der Richter die Eidesnorm: „daß Sie nach bestem Wissen und Gewissen die reine Wahrheit gesagt und nichts verschwiegen haben".

C. Eidesformel. Schließlich antwortet der Schwurpflichtige mit der von ihm gewählten Eidesformel.

2   **D. Gemeinsame Regeln.** Jeder Teil kann je nach Art des Schwurpflichtigen wie des Eides unterschiedlich lauten. Ein falscher Wortlaut gefährdet hier, wo das Gesetz die Form zur höchsten Wichtigkeit erhebt, die Gültigkeit des Eides und beeinträchtigt damit oft die Verwertbarkeit des Beschworenen in einer nicht mehr wiedergutzumachenden Weise. Deshalb ist äußerste Sorgfalt notwendig. Ein Protokoll „X leistete den Eid" oder gar mit dem Zusatz „... vorschriftsmäßig" reicht zwar sogar im Sinn von § 165 aus. Jedoch sollte das Gericht im Zweifel näher protokollieren, ob es nach I, II, III oder nach § 484 verfahren ist.

Dem Eid vorangehen muß die *Belehrung*, § 480. Natürlich ist einem Ausländer gegenüber eine wörtliche Übersetzung sämtlicher Teile des Eides unentbehrlich. Daß dies geschehen ist, sollte (nicht: muß) das Gericht besonders protokollieren.

3   2) **Eidesarten, I–III.** Sie erfordert Ausführlichkeit, Verständlichkeit und große Ruhe.

A. Grundsatz: Wahlrecht des Schwurpflichtigen. Wenn das Gericht die Beeidigung beschließt, besteht grundsätzlich ein Eideszwang. Von ihm gibt es Ausnahmen nur aus Glaubens- oder Gewissensgründen § 484. Dagegen hat der Schwurpflichtige wegen Art 4 GG die freie Wahl, ob er nach I, II oder III schwören will. Eine Belehrung erfolgt allerdings nach § 480 nur über das Wahlrecht zwischen I und II. Sie erfolgt also nicht über die Möglichkeit des III. Über diese belehrt das Gericht den Schwurpflichtigen nur dann, wenn er „angibt", er wolle zusätzlich eine Formel nach III verwenden. Mit diesen Wahlmöglichkeiten ist die Freiheit des Schwurpflichtigen erschöpft. Wenn er zB die Eidesart I wählt, so kann er nicht dessen Teile ändern oder ablehnen. Die Eidesnorm ist ohnehin zwingend.

4   **B. Einzelheiten.** Man muß folgende Vorschriften beachten: Beim Zeugen § 392; beim Sachverständigen § 410 I; bei der vernommenen Partei § 452 II; beim Dolmetscher § 189 GVG; bei der Offenbarungsversicherung §§ 807 II, 883 II, III oder die Urteilsformel. Da es wegen Art 4 GG nach III genügt, daß der Schwurpflichtige „angibt", die fragliche Formel verwenden zu wollen, darf das Gericht die Wahrheit seiner Behauptung über die Mitgliedschaft in der Religions- oder Bekenntnisgemeinschaft sowie die Existenz und die Üblichkeit der angeblich besonderen Beteuerungsformel jedenfalls solange nicht prüfen, wie keine begründeten Zweifel vorliegen. Erst bei solchem Zweifel kann eine Maßnahme nach § 178 GVG in Betracht kommen. Überhaupt ist eine diesbezügliche Nachprüfung schwerlich untunlich, da die Formel des III nur derjenigen des I oder des II angefügt werden darf und da deshalb die Wirkung des Eides jedenfalls zivilprozessual durch die Formel nicht beeinträchtigt wird, ebensowenig übrigens die Strafbarkeit.

Wegen *Juden und Mohammedanern* Jünemann MDR 70, 727. Zulässig ist zB „beim Worte Allahs", Leisten MDR 80, 636. Zu den Bekenntnisgemeinschaften im Sinn von III zählen auch weltliche. Es ist also eine weite Auslegung erforderlich. Heimann-Trosien hält JZ 73, 612 „bei Lenin" für zulässig, will unter Umständen sogar auf „ich schwöre es" verzichten. Das letztere geht jedenfalls zu weit. Wegen der Eidesverweigerung § 391 Rn 4. Die Verweigerung, unter einem Kreuz auszusagen, BVerfG NJW 73, 2197, führt auch zu einem entsprechenden Eidesverweigerungsrecht „bei Gott usw", aber kaum zu einem solchen ohne religiöse Formel oder gar zum Recht, eine eidesgleiche Bekräftigung unter dem Kreuz nach § 484 zu verweigern.

Sich zu erheben ist zwar nicht gesetzlich vorgeschrieben. Es ist aber wohl ausnahmslos üblich. Das gilt für alle Anwesenden einschließlich des Gerichts. Es gilt während des Vorspruchs und der Eidesformel. Ebenso üblich ist ein kurzer Dank des Vorsitzenden an den Eidesleistenden. Ein diesbezüglicher Verstoß bleibt folgenlos, soweit nicht der Vorsitzende das Aufstehen direkt angeordnet hatte. Solche Anordnung kann auch in einer „Bitte" oder „Aufforderung" liegen. Wer gegen sie verstößt, gegen den darf und muß der Vorsitzende evtl nach §§ 178, 179 GVG auch dann vorgehen, wenn es keinen weiteren Ungehorsam usw gibt. Fingerspitzengefühl weist wieder einmal den richtigen Weg.

Titel 11. Abnahme von Eiden und Bekräftigungen §§ 481–484

3) **Handerheben, IV.** Es handelt sich um eine bloße Sollvorschrift. Ein Linkshänder darf entgegen dem Wortlaut von IV und soll durchaus mit der linken Hand schwören. Das ist für seine psychische Verfassung, die der Richter bei jeder Eidesabnahme wegen der Bedeutung des Eides ohnehin mitbeachten sollte, nicht unwesentlich, wie Fachleute bestätigen. Der Verstoß gegen IV ist jedenfalls prozessual belanglos. Ein „Abschwören" durch Weghalten der linken Hand usw kann beachtlich sein, wenn der Schwurpflichtige dadurch zu erkennen gibt, daß er in Wahrheit nicht schwören will. Das Gericht muß dergleichen notfalls als Verweigerung beurteilen. Darüber besteht eine Belehrungspflicht, § 139.

4) **Beeidigung mehrerer, V.** Sie ist bei Zeugen und Sachverständigen zulässig, §§ 392, 400. Mehrere Offenbarungsversicherungen nach §§ 807 II, 883 II, III sind getrennt erforderlich, zumal sie meist verschiedene Prozesse betreffen.

5) *VwGO: Entsprechend anwendbar, § 98 VwGO.*

482 (weggefallen)

483 *Eidesleistung sprach- und hörbehinderter Personen.* ¹¹Eine hör- oder sprachbehinderte Person leistet den Eid nach ihrer Wahl mittels Nachsprechens der Eidesformel, mittels Abschreibens und Unterschreibens der Eidesformel oder mit Hilfe einer die Verständigung ermöglichenden Person, die vom Gericht hinzuziehen ist. ²Das Gericht hat die geeigneten technischen Hilfsmittel bereitzustellen. ³Die hör- oder sprachbehinderte Person ist auf ihr Wahlrecht hinzuweisen.

II Das Gericht kann eine schriftliche Eidesleistung verlangen oder die Hinzuziehung einer die Verständigung ermöglichenden Person anordnen, wenn die hör- oder sprachbehinderte Person von ihrem Wahlrecht nach Absatz 1 keinen Gebrauch gemacht hat oder eine Eidesleistung in der nach Absatz 1 gewählten Form nicht oder nur mit unverhältnismäßigem Aufwand möglich ist.

1) **Geltungsbereich, I, II.** Die Vorschrift gilt nicht nur für gänzlich Stumme und Taubstumme, sondern für jeden Hör- oder Sprachbehinderten. Wenn bei ihnen die Möglichkeit einer Verständigung selbst bei Anwendung von § 483 ganz fehlt, dann sind sie eidesunfähig und ist das Beweismittel ungeeignet geworden, § 286 Rn 31.

Hör- oder Sprachbehinderung ist vorhanden, soweit und solange eine nicht nur ganz vorübergehende nicht ganz unerhebliche Beeinträchtigung desjenigen Grads vorliegt, bei dem man sich selbst bzw gegenüber einem solchen Menschen nicht ohne besonderen technischen oder sonstigen Aufwand im objektiv vor Gericht erforderlichen Umfang einigermaßen brauchbar verständigen kann. Menschenfreundliche Auslegung hilft und ist geboten. Das Gericht darf den Behinderten weder schikanieren lassen noch selbst schikanieren. Alle Prozeßbeteiligten müssen den Zeit-Mehraufwand in erträglichen Grenzen großzügig hinnehmen. Mehrkosten sind unter solcher Voraussetzung Prozeßkosten, §§ 91 ff.

2) *VwGO: Entsprechend anwendbar, § 98 VwGO.*

484 *Eidesgleiche Bekräftigung.* ¹¹Gibt der Schwurpflichtige an, dass er aus Glaubens- oder Gewissensgründen keinen Eid leisten wolle, so hat er eine Bekräftigung abzugeben. ²Diese Bekräftigung steht dem Eid gleich; hierauf ist der Verpflichtete hinzuweisen.

II Die Bekräftigung wird in der Weise abgegeben, dass der Richter die Eidesnorm als Bekräftigungsnorm mit der Eingangsformel:
„Sie bekräftigen im Bewusstsein Ihrer Verantwortung vor Gericht" vorspricht und der Verpflichtete darauf spricht:
„Ja".

III § 481 Abs. 3, 5, § 483 gelten entsprechend.

1) **Systematik, I–III.** Die Vorschrift gibt dem eigentlich Schwurpflichtigen nach *seiner* Wahl neben den drei in § 481 Rn 3 genannten Möglichkeiten der Ableistung des eigentlichen Eids drei weitere Möglichkeiten der Ableistung einer sog eidesgleichen Bekräftigung und damit insgesamt nicht weniger als sechs Möglichkeiten. Über sie muß ihn das Gericht mit gleichbleibender Vollständigkeit belehren, und zwar so einfach, daß er sie auch wirklich versteht.

2) **Regelungszweck, I–III.** Die Vorschrift zieht die prozessual notwendigen Folgen aus der in Art 4 I GG verankerten Glaubens- Gewissens- und Bekenntnisfreiheit. Dem Rang dieses Grundrechts muß das Gericht bei der Auslegung des § 484 Rechnung tragen, BVerfG NJW **72**, 1183. Das gilt also auch beim Christen.

3) **Geltungsbereich, I–III.** Üb 6, 7 vor § 478.

4) **Glaubens- oder Gewissensgründe, I.** „Ich aber sage euch, daß ihr überhaupt nicht schwören sollt" (Matth. 5, 34 a). Nur aus einem dieser Gründe darf ein an sich Schwurpflichtige jeden Eid ablehnen. Andere Gründe können zwar dazu führen, daß das Gericht nur den Eid ohne religiöse Beteuerung verlangen kann, § 481 II, oder nur den Eid mit einer besonderen Beteuerungsformel, § 481 III. Solche anderen Gründe ändern aber nichts an der Eidespflicht und den Folgen der Eidesverweigerung. Wegen der Hinweispflicht § 480 Rn 3, vgl aber auch I 2. „Gewissensgründe" erfassen auch nichtreligiöse Motive, also auch weltan-

§ 484, Übers § 485   Buch 2. Abschnitt 1. Verfahren vor den LGen

schauliche. Durch die Fassung „gibt an" verwehrt das Gesetz dem Gericht grundsätzlich die Überprüfung der Wahrheit der Gründe, also der wirklichen Überzeugung des den Eid Verweigernden, zumindest solange keine begründeten Zweifel bestehen. Auch im übrigen ist eine Überprüfung durchweg untunlich. Denn wer den Eid verweigert, muß eine eidesgleiche Bekräftigung abgeben, die dem Eid zivil- wie strafrechtlich gleichsteht, I 2.

Natürlich muß das Gericht den Verweigernden aber *belehren,* daß statt § 484 die Möglichkeiten des § 481 II, III bestehen. Das Protokoll wird wie bei § 481 Rn 2 angelegt. Eine Verweigerung sowohl des Eids als auch der eidesgleichen Bekräftigung ist nur nach § 391 Rn 6 zulässig. Das Gericht muß sie andernfalls als Eidesverweigerung ahnden, selbst wenn der Verweigernde sie auf Glaubens- oder Gewissensgründe stützt. Das Gericht muß angemessen besonders darauf hinweisen, daß die eidesgleiche Bekräftigung dem Eid gleichsteht, § 480 Rn 3. Wegen eines Kreuzes im Sitzungsraum § 481 Rn 4.

5   **5) Bekräftigungsarten, II, III.** Die Bekräftigung besteht wie der Eid aus drei Teilen: Zunächst der vom Richter gesprochenen Eingangsformel, II; sodann der ebenso vom Richter vorgesprochenen Bekräftigungsnorm, die der sonst jeweils anwendbaren Eidesnorm wörtlich entspricht, § 481 Rn 3, 4; schließlich der vom Verpflichteten gesprochenen Bekräftigungsformel „Ja". „Ich bekräftige es!" dürfte gleichwertig sein. Der Verpflichtete darf wie bei § 481 III, dort Rn 3, 4, eine zusätzliche Beteuerungsformel anfügen, III. Er ist nicht verpflichtet, die Hand zu heben. Denn III verweist nicht auf § 481 IV. Wegen einer eidesgleichen Bekräftigung mehrerer vgl § 481 V. Wegen der Bekräftigung Stummer usw vgl § 483. Strafbarkeit: Üb 5 vor § 478.

6   **6) VwGO:** *Entsprechend anwendbar,* § 98 *VwGO.*

Titel 12. Selbständiges Beweisverfahren

Übersicht

Schrifttum: *Ahrens,* Grenzüberschreitende selbständige Beweisverfahren – eine Skizze, Festschrift für *Schütze* (1999) 1; *Dörschner,* Beweissicherung im Ausland usw (Deutschland, Frankreich, Schweiz), 2000; *Enaux,* Rechtliche Probleme bei der Streitverkündung im selbständigen Beweisverfahren in Bausachen, in: Festschrift für *Jagenburg* (2002); *Fink,* Das selbständige Beweisverfahren in Bausachen, 2004; *Greim,* Probleme des neuen selbständigen Beweisverfahrens usw, Diss Potsdam 1995; *Koeble,* Gewährleistung und Beweissicherung in Bausachen, 2. Aufl 1993; *Linke,* Internationales Zivilprozeßrecht, 2. Aufl 1995, § 8; *Luxemburger,* Selbständiges Beweisverfahren im Arzthaftungsrecht, 2001; *Maass,* Anwaltstätigkeit im Beweisverfahren der Zivilprozeßordnung, 2002; *Müller,* Das selbständige Beweisverfahren, Festschrift für *Schneider* (1997) 405; *Pauly* MDR **97,** 1087 (Bauschäden); *Röthner,* Beweissicherung bei der Bauschadensfeststellung usw, 2. Aufl 1992; *Schuschke,* Selbständiges Beweisverfahren in Kindschaftssachen, Festschrift für *Schneider* (1997) 179; *Sturmberg,* Die Beweissicherung usw, 2003 (Bespr *Knacke* NJW **04,** 1854); *Tilmann/Schreibauer,* Beweissicherung vor und im Patentverletzungsprozeß, in: Festschrift für *Erdmann* (2002); *Ulrich,* Selbständiges Beweisverfahren in Baustreitigkeiten, 2004; *Ulrich* AnwBl **03,** 26, 78 und 144 (je: Üb); *Weise,* Praxis des selbständigen Beweisverfahrens, 1994; *Weise,* Selbständiges Beweisverfahren im Baurecht, 2. Aufl 2002; *Weller,* Selbständiges Beweisverfahren und Drittbeteiligung usw, Diss Bonn 1994; *Werner/Pastor,* Der Bauprozeß, 11. Aufl 2005. Vgl auch die Nachweise in Üb vor § 402.

Gliederung

1) Systematik	1	4) Verfahrensgrundsätze		4
2) Regelungszweck	2	5) Kosten		5
3) Geltungsbereich	3	6) *VwGO*		6

1   **1) Systematik.** Die Sicherung des Beweises, der Beweis zum ewigen Gedächtnis, entstammt dem kanonischen Recht. Das Gericht ordnet sie und darüber hinaus auch unabhängig von einem speziellen Sicherungsbedürfnis ein selbständiges Beweisverfahren an, LG Mü MDR **94,** 355. Das erfolgt unter den Voraussetzungen des § 485 in einem stets eigenständigen, eben „selbständigen" Verfahren, Nürnb NJW **89,** 235, nach pflichtgemäßem Ermessen. Das geschieht, wenn noch kein Prozeß anhängig ist oder wenn in einem anhängigen das Prozeßgericht noch keine Beweisaufnahme beschlossen hat, Düss MDR **81,** 324, oder wenn es noch keine solche durchführen kann, zB wegen einer Aussetzung des Hauptverfahrens. Soweit ein Verfahren nach §§ 485 ff in Betracht kommt, ist ein solches nach §§ 935 ff unzulässig, Köln VersR **96,** 734. Eine Schiedsgutachtervereinbarung kann bei ihrer Auslegung den Fortbestand der Zulässigkeit eines selbständigen Beweisverfahrens ergeben, Brdb RR **02,** 1537.

2   **2) Regelungszweck.** Das selbständige Beweisverfahren bezweckt die rechtzeitige Klärung von Tatsachen, Einf 17 vor § 284, KG MDR **02,** 1453, Saarbr RR **89,** 1216, LG Bln MDR **88,** 322. Es dient der beweismäßigen Vereinfachung, BGH NJW **03,** 3057. Es schützt vor dem drohenden Verlust und vor der drohenden Erschwerung der Benutzbarkeit des Beweismittels mit den Beweismitteln der ZPO, KG MDR **02,** 1453, LG Ffm MDR **85,** 149. Das Verfahren bezweckt aber nicht schon eine Beweiswürdigung nach § 286, Müller (vor Rn 1) 411. Es gehört zum Prozeßrecht, Karlsr MDR **82,** 1027, Schilken ZZP **92,** 238. Das gilt auch dann, wenn es außerhalb eines Prozesses erfolgt, Schilken ZZP **92,** 239, StjL 1 vor § 485. Denn in der Regel ist das Prozeßgericht nach § 486 I, II zuständig, auch das nach § 486 III zuständige AG als solches.

Prozeßvermeidung ist ein weiterer Zweck, Ausdruck der Gebote der Prozeßwirtschaftlichkeit nach Grdz 14 vor § 128 und der Unmittelbarkeit der Beweisaufnahme, § 355 I 1, Hamm MDR **99,** 184. Auch die Förderung einer Vergleichsbereitschaft gehört zu den Zielen. Denn je eher und eindeutiger die Tatsachen

Titel 12. Selbständiges Beweisverfahren **Übers § 485, § 485**

geklärt sind, desto eher kann ein oft ganz wesentlicher Teil des Streits beendet sein. Die Aufgabe des Richters, in einer Güteverhandlung nach §§ 278 II ff und auch in jeder weiteren Lage des Prozesses nach § 278 I auf gütliche Einigung bedacht zu sein, mag nach einem Verfahren nach §§ 485 ff deutlich erleichtert sein. Selbst Erwägungen zu einem Strafverfahren mögen sich nach einer Beweissicherung besser in der einen wie anderen Richtung vorantreiben lassen. Im übrigen kann es dringend erforderlich sein, etwa einen Baufortschritt nach einer Beweissicherung schneller zu ermöglichen. Das selbständige Beweisverfahren hat also vielerlei nützliche Auswirkungen. Auch das ist bei der Auslegung mitbeachtlich.

3) Geltungsbereich. §§ 485 ff gelten für alle nach der ZPO zu behandelnden Verfahren, zB in einer **3** Arzthaftungssache, Kblz MDR **02**, 353, Bockey MDR **03**, 3453 (ausf), aM Köln MDR **98**, 224, Nürnb MDR **97**, 501, Rehborn MDR **98**, 16 (aber jedes selbständige Beweisverfahren trägt die Gefahr nur bedingter Brauchbarkeit in sich). §§ 485 ff gelten auch zB in einer Bausache, Cuypers MDR **04**, 244 und 314, Pauly JR **96**, 269, oder in einer Kindschaftssache, Celle RR **00**, 1100, Schuschke (vor Rn 1) 191. Das selbständige Beweisverfahren muß einen bestimmten Antragsgegner haben, § 487 Rn 4. Als Antragsgegner kommen auch mehrere in Betracht, Nürnb MDR **99**, 1522. Dabei muß man etwa unterschiedliche Inanspruchnahmen genau angeben. Andernfalls gelten alle Gegner als voll beteiligt, Nürnb MDR **99**, 1522. Die Vorschriften kommen auch in einer WEG-Sache (wahlweise neben § 164 FGG) entsprechend in Betracht, BayObLG NZM **02**, 570, Hbg WoM **99**, 187, LG Stgt ZMR **01**, 1015, aM AG Kerpen ZMR **04**, 73. §§ 485 ff sind auch im Arbeitsgerichtsverfahren anwendbar, Zwanziger ZZP **109**, 78, auch in streitigen FGG-Verfahren, BayObLG ZMR **01**, 641, Ffm FamRZ **97**, 1022, auch vor den Finanzgerichten. Das Verfahren auf einen Arrest oder eine einstweilige Verfügung nach §§ 916 ff, 935 ff bezweckt weit mehr als eine bloße Tatsachenklärung, nämlich die Sicherung einer Zwangsvollstreckung bzw eines Anspruchs oder der einstweiligen Zustandsregelung, Grdz 3, 4 vor § 916. Zur Richtlinie 2004/48 EG v 29. 4. 04, ABl (EU) L 157 bei Patverletzungen ab 30. 4. 06 Ahrens GRUR **05**, 837 (ausf). Vgl ferner die Beweissicherung nach Art 7 der Richtlinie 2004/48/EG zur Durchsetzung der Rechte des geistigen Eigentums, dazu Hallstein/Loschelder GRUR **05**, 747, Tilmann GRUR **05**, 737.

4) Verfahrensgrundsätze. Art und Zweck des selbständigen Beweisverfahrens bedingen die Unanwend- **4** barkeit des § 227 III 2, sofern das selbständige Beweisverfahren nicht zu den dort genannten Verfahren gehört. Unanwendbar ist deshalb auch die Vorschriften über eine Unterbrechung, §§ 239 ff, BGH NJW **04**, 1388, Hamm RR **97**, 724, LG Ffm BauR **95**, 586, Grundlach/Frenzel/Schmidt NJW **04**, 3225, aM Mü MDR **04**, 170, LG Karlsr MDR **01**, 958, LG Stgt NZI **03**, 232 (aber fast jedes Verfahren nach §§ 485 ff ist ziemlich eilbedürftig). Unanwendbar sind eine Aussetzung nach §§ 148 ff (erst recht nicht beim Hauptprozeß, § 148 Rn 25 „Selbständiges Beweisverfahren", Düss MDR **04**, 292) und über eine Zurückstellung. Unzulässig ist die Ablehnung des Sachverständigen, § 487 Rn 8. Das Ruhen des Verfahrens kommt nur in Betracht, soweit es den Sicherungszweck nicht gefährdet, KG RR **96**, 1085. Wegen einer Streitverkündung Einf 3 vor §§ 72–74. Wegen (jetzt) des Neubeginns der Verjährung BGH NJW **01**, 220 (nicht bei Miete) und NJW **01**, 385 (bei Gegenantrag), Michalski WoM **93**, 439, Schleicher DWW **94**, 6. §§ 485 ff sind mit Art 13 GG grundsätzlich vereinbar, Schulz BauR **87**, 277.

Das *rechtliche Gehör* ist grundsätzlich notwendig. Artt 2 I, 20 III GG (Rpfl), BVerfG **101**, 404, Art 103 I GG (Richter). Freilich reicht eine Anhörung *nach* der Anordnung des selbständigen Beweisverfahrens meist aus, Karlsr MDR **82**, 1027. Ein Rechtsschutzbedürfnis nach Grdz 33 vor § 253 muß wie bei jedem Gerichtsverfahren vorhanden sein. Es kann fehlen, wenn der beanstandete Zustand seit längerer Zeit besteht, AG Leutkirch ZMR **88**, 68.

5) Kosten. Im selbständigen Beweisverfahren ist eine Prozeßkostenhilfe statthaft, § 114 Rn 38 „Selbstän- **5** diges Beweisverfahren". Wegen der Kostengrundentscheidung § 91 Rn 193 „Selbständiges Beweisverfahren: A. Kostengrundentscheidung" und § 494 a Rn 11 ff. Wegen der Erstattungsfähigkeit § 91 Rn 195 „Selbständiges Beweisverfahren: B. Kostenerstattung". Wegen des sachlichrechtlichen Ersatzanspruchs Üb 66 vor § 91 „Selbständiges Beweisverfahren". Bei mehreren Streitsachen erfolgt eine Aufteilung im Verhältnis der Streitwerte, Düss NJW **76**, 115, Hbg JB **83**, 1257, LG Bln ZMR **88**, 341. Eine Vorschußpflicht besteht nach § 68 GKG.

Gebühren: Des Gerichts: KV 1610; des Anwalts: VV 3100 ff. Wert: Anh § 3 Rn 102 „Selbständiges Beweisverfahren". Eine Nichtzahlung kann als Antragsrücknahme gelten, Ffm MDR **95**, 751.

6) VwGO: *Das selbständige Beweisverfahren ist auch im VerwProzeß zulässig, wie KV 2300 zeigt. §§ 485–494* **6** *sind gemäß § 98 VwGO entsprechend anwendbar, VGH Mannh NVwZ-RR* **96***, 125, OVG Schlesw NVwZ-RR* **92***, 444, RedOe § 98 Anm 17, ebenso der zur Schließung einer Lücke eingefügte § 494 a.*

---

485 Zulässigkeit. [I] Während oder außerhalb eines Streitverfahrens kann auf Antrag einer Partei die Einnahme des Augenscheins, die Vernehmung von Zeugen oder die Begutachtung durch einen Sachverständigen angeordnet werden, wenn der Gegner zustimmt oder zu besorgen ist, dass das Beweismittel verlorengeht oder seine Benutzung erschwert wird.

[II] [1] Ist ein Rechtsstreit noch nicht anhängig, kann eine Partei die schriftliche Begutachtung durch einen Sachverständigen beantragen, wenn sie ein rechtliches Interesse daran hat, dass
1. der Zustand einer Person oder der Zustand oder Wert einer Sache,
2. die Ursache eines Personenschadens, Sachschadens oder Sachmangels,
3. der Aufwand für die Beseitigung eines Personenschadens, Sachschadens oder Sachmangels
festgestellt wird. [2] Ein rechtliches Interesse ist anzunehmen, wenn die Feststellung der Vermeidung eines Rechtsstreits dienen kann.

[III] Soweit eine Begutachtung bereits gerichtlich angeordnet worden ist, findet eine neue Begutachtung nur statt, wenn die Voraussetzungen des § 412 erfüllt sind.

§ 485 Buch 2. Abschnitt 1. Verfahren vor den LGen

Gliederung

1) Systematik, I–III	1	D. Zustandsfeststellung, II 1 Z 1	10, 11
2) Regelungszweck, I–III	2	E. Ursachenfeststellung, II 1 Z 2	12
3) Geltungsbereich, I–III	3	F. Aufwandsfeststellung, II 1 Z 3	13
4) Antrag, I–III	4	G. Beispiele zur Frage einer Anwendbarkeit von II 1 Z 1–3	14–20
5) Zulässigkeit, I, II	5–20	6) Neue Begutachtung, III	21
A. Zustimmung des Gegners, I	5	7) *VwGO*	22
B. Verlustgefahr, Erschwerungsgefahr, I	6		
C. Rechtliches Interesse usw, II	7–9		

1 **1) Systematik, I–III.** Vgl Üb 1 vor § 485. Die Vorschrift durchbricht den Grundsatz der Unmittelbarkeit der Beweisaufnahme nach § 355, Mü RR **01**, 1652. Eine Anwendbarkeit von §§ 485 ff scheidet keineswegs von vornherein schon deshalb aus, weil seine Fragen im mittlerweile anhängigen Hauptprozeß ebenfalls anstehen, aM LG Hanau RR **00**, 688, ZöHe 73 (aber zB bei Gefährdung nach Rn 5 kommt I auch „während" des Streitverfahrens durchaus sinnvoll in Betracht).

2 **2) Regelungszweck, I–III.** Vgl zunächst Üb 2 vor § 485. Ausforschung scheint beim selbständigen Beweisverfahren weitaus eher als im normalen Beweisverfahren in Betracht zu kommen. Sie ist vielfach praktisch fast unvermeidbar, § 494 Rn 1. Denn ein vom Verlust bedrohter Zustand muß einer Untersuchung nicht nur zeitlich eher zugänglich sein dürfen. Indessen ist Ausforschungsbeweis ein grundsätzlich im Zivilprozeß unzulässiges Verfahren, Einf 27 vor § 284. Das darf man auch dann nicht übersehen, wenn man das selbständige Beweisverfahren überhaupt als Ausnahme von der Regel beurteilen wollte. Daher darf man die Anforderungen an § 485 nicht zu gering halten, Düss JB **92**, 426. Freilich kann eine Ursachenfeststellung zulässig bleiben, Rn 12. Alles das muß man mitbedenken.

3 **3) Geltungsbereich, I–III.** Vgl zunächst Üb 3 vor § 485. § 485 ist anwendbar nur bei einem Beweis durch Zeugen, § 373, auch durch sachverständige Zeugen, § 414 Rn 4, durch Sachverständige, § 402, auch mittels eines schriftlichen Gutachtens, § 411, und durch Augenschein, § 371, auch nach § 372. Vor einer Anhängigkeit des Hauptverfahrens kommt der Beweis nach II 1 nur mittels eines schriftlichen Gutachtens in Betracht, also nicht wie bei I durch Zeugen oder Augenschein, Mü RR **01**, 1652. Der Sachverständige mag sein Gutachten freilich nach § 492 III mündlich erläutern müssen, § 411 III. Bei Urkunden nach §§ 415 ff und bei der Parteivernehmung nach § 445 gibt es kein selbständiges Beweisverfahren, Hamm MDR **94**, 307. Doch ist bei Urkunden ein Augenschein möglich, auch eine Zeugen- und Sachverständigenvernehmung, zB um die Echtheit festzustellen.

„Außerhalb eines Streitverfahrens", I, bzw „noch nicht anhängig", II, kann sich auch auf ein bevorstehendes Verfahren nach § 578 ff beziehen, Köln FamRZ **95**, 369 (bei § 641 I). §§ 485 ff sind im WEG-Verfahren entsprechend anwendbar, BayObLG NZM **02**, 448, Hbg WoM **98**, 751, PalBass § 43 WEG Rn 1, aM Mollenkopf ZMR **00**, 583 (aber auch dort besteht ein gleichartiges Bedürfnis). In einer Entschädigungssache bringt § 209 IV BEG eine Sondervorschrift.

4 **4) Antrag, I–III.** Die Anordnung erfolgt nur auf Grund eines Antrags einer Partei, auch eines Wohnungseigentümers oder Wohnungseigentumsverwalters wegen eines Mangels am Gemeinschaftseigentum, BGH DB **80**, 204, BayObLG ZMR **79**, 21. Der Antrag ist ein bloßer Verfahrensantrag nach Sachantrag, § 297 Rn 6 „Beweisantrag". Die Anordnung steht immer im pflichtgemäßen Ermessen des Gerichts. Das Gericht muß also dem Antrag stattgeben, wenn nach seiner Erkenntnis dessen Voraussetzungen vorliegen. Es darf also dann nicht etwa willkürlich oder als unzweckmäßig zurückweisen, Schilken ZZP **92**, 267. Das Gericht muß das Rechtsschutzbedürfnis wie stets klären, Grdz III vor § 253, Hamm RR **98**, 933. Es braucht aber nicht schon deshalb stets die Erheblichkeit der Beweistatsachen prüfen (Kosten: evtl § 96), BGH MDR **00**, 224, Schlesw OLGR **00**, 61, LG Chemnitz ZMR **03**, 116, aM Hamm RR **98**, 933 (aber diese Erheblichkeit soll sich gerade erst erweisen).

Es überläßt die *Beweiswürdigung* dem Hauptprozeß, § 493. Das Gericht darf daher zB nicht einen Zeugen als ungeeignetes Beweissicherungsmittel behandeln, nur weil evtl geistige Gebrechen vorliegen, Hamm RR **89**, 1464. Das Gericht darf aber einen offenbar nutzlosen, zB im Urteilsverfahren endgültig als unerheblich beurteilten Antrag zurückweisen. Denn es ist nicht für Leerlaufarbeit da, Mü OLGZ **75**, 52, Schilken ZZP **92**, 265. Der Antragsgegner kann allerdings keinen Gegenantrag auf Beweissicherung usw stellen, § 487 Rn 8. Zur Beschwerde in solchem Fall § 490 Rn 8, 9. Zum Antragsinhalt § 487.

5 **5) Zulässigkeit, I, II.** Es muß eine der folgenden Voraussetzungen vorliegen. Das Gericht prüft, nicht ermittelt, diese Voraussetzungen in jeder Lage des Verfahrens von Amts wegen, Grdz 39 vor § 128. Der Antragsteller muß einen oder mehrere bestimmte Antragsgegner angeben, § 487 Rn 4. Sie müssen bei einer Mehrheit von Antragsgegnern nach Üb 3 vor § 485 jedem gegenüber vorhanden sein, Nürnb MDR **99**, 1522. Sie mögen sich innerhalb oder außerhalb eines notwendigerweise stets bereits anhängigen Hauptsacheprozesses ergeben, Hamm FamRZ **04**, 956. Das gilt freilich im ersten Fall in den Grenzen III. Zur Zuständigkeit § 486.

A. Zustimmung des Gegners, I. Eine Zustimmung des Gegners oder der etwaigen mehreren Gegner genügt, Üb 3 vor § 485. Die Erklärung muß gegenüber dem Gericht erfolgen, mündlich, schriftlich, elektronisch, § 130 a, oder zu Protokoll der Geschäftsstelle, § 78 V Hs 2. Sie muß mindestens glaubhaft sein, § 294, StjL 6, ThP § 487 Rn 4, ZöHe 2, aM Schilken ZZP **92**, 266 (sei ein Vollbeweis nötig. Aber nicht einmal ein Klagantrag oder Gegenantrag bedarf zur Schlüssigkeit eines Vollbeweises). Ein Widerruf ist nur wegen Arglist zulässig, Einl III 54, Grdz 58 vor § 128. Die Rücknahme des Antrags ist nicht von der Zustimmung des Antraggegners abhängig. Sie liegt bei einer einseitigen Erledigterklärung vor, BGH BB **04**, 2602 rechts unten.

Titel 12. Selbständiges Beweisverfahren **§ 485**

B. Verlustgefahr, Erschwerungsgefahr, I. Statt einer Zustimmung des Gegners genügt auch eine 6
Besorgnis, daß das Beweismittel verlorengeht oder seine Benutzung erschwert wird. Ob eine solche Besorgnis vorliegt, muß das Gericht nach den Umständen im Zeitpunkt der Anordnung beurteilen.
Beispiele: Hohes Alter, KG JB **77**, 1627, Nürnb MDR **97**, 594; eine gefährliche Erkrankung des Zeugen; drohende Verjährung, aM MüKoSchr 11 (aber das drohende Leistungsverweigerungsrecht steht meist wirtschaftlich der Verlustgefahr gleich); eine erhebliche Verteuerung der Beweisaufnahme; übermäßige Erhaltungskosten; eine verständliche alsbaldige Veräußerungsabsicht; der Verderb einer Sache; Schimmelbildung in einer WEG-Wohnung, BayObLG NZM **02**, 448; ihre Veränderung, auch eine erst geplante, Köln MDR **94**, 94; eine Beweiserhebung im Ausland (nicht bei einer mißbräuchlichen Herbeiführung einer solchen Lage, Schilken ZZP **92**, 261); Arzthaftung, Rehborn MDR **98**, 18.
Wenn die Beweisaufnahme *erschwert* ist, dann ist auch ihre Benutzung erschwert. Das Gericht muß das Beweissicherungsinteresse und die Lage des etwaigen Antragsgegners abwägen. Eine engherzige Auslegung schädigt die Partei, Köln MDR **94**, 94. Es reicht auch aus, daß sich der Beweisbeschluß des Prozeßgerichts nicht auf das Beweismittel erstreckt, wenn der Verlust bis zur höheren Instanz droht. Da die Partei nämlich gegen den Beweisbeschluß nach § 360 keinen Rechtsbehelf hat, ist der Schaden dann endgültig.
Keine Besorgnis liegt vor: Wenn die Erhaltung möglich und für den Antragsteller zumutbar ist, Köln MDR **94**, 94 (erst bei Rechtsmißbrauch); wenn die ortsübliche Vergleichsmiete festgestellt werden soll, Rn 17 „Mieterhöhung"; wenn schon ein Gutachten im Hauptverfahren vorliegt und der Antragsteller nur anschließend Ausforschung betreiben will, Stgt RR **86**, 1448; wenn Unterlagen auf Mikrofilm noch längere Zeit aufbewahrt werden, Ffm NJW **92**, 2837; wenn es in Wahrheit nur um einen Auskunftsanspruch geht, Ffm NJW **92**, 2837; wenn es nur um Rechtsfragen oder Nachbesserungskosten geht, Schlesw SchlHA **89**, 142. Die letzteren sind jetzt in II 1 Z 3 geregelt.

C. Rechtliches Interesse usw, II. Diese Voraussetzung ist nicht für ein solches selbständiges Beweisver- 7
fahren erforderlich, das während eines Streitverfahrens läuft, also ab Anhängigkeit nach § 261 Rn 1 bis zur formellen Rechtskraft, Einf 1 vor §§ 322–327. Ein rechtliches Interesse ist dann auch nicht ausreichend, Düss RR **96**, 510. Das Gericht muß ein Beweisverfahren daher mangels Antrags auch nach I an das Hauptsachegericht abgeben, Köln OLGR **95**, 215. Das ergibt der Vergleich von I und II. Mag also die Zustandsfeststellung durch eine Begutachtung im Hauptprozeß erfolgen, Düss RR **96**, 510. Daher reicht auch ein rechtliches Interesse im Sinn von II 2 für ein selbständiges Beweisverfahren nicht aus, soweit ein Hauptprozeß läuft.
Vielmehr zeigt der klare Wortlaut von II 1: Ein Rechtsstreit darf noch *bei keinem Gericht* auch nur *anhängig* sein, geschweige denn rechtshängig. Ferner ergibt der Wortlaut von II 1 eindeutig: Es kommt zwecks bloßer Zustands-, Ursachen- oder Aufwandsfeststellung nach II nur eine schriftliche Begutachtung in Betracht, kein Zeugenbeweis, LG Köln WoM **98**, 110 (krit Scholl 77), Cuypers NJW **94**, 1987. Natürlich darf und muß der Sachverständige Augenschein nehmen. Schließlich ist in allen Fällen von II ein rechtliches und nicht nur wirtschaftliches Interesse gerade dieses Antragstellers notwendig.
Das rechtliche Interesse ist *weit gemeint,* BGH NJW **04**, 3488, Karlsr VersR **03**, 375, Stgt MDR **05**, 348, 8
aM MüKoSchr 13, Schreiber NJW **91**, 2601 (aber II ist wegen seines Schlichtungszwecks weit auslegbar, Rn 1, Kblz MDR **05**, 888). Das Gericht muß das rechtliche Interesse unabhängig von einer Gefahr nach I prüfen. Es darf auch nicht im Beweisverfahren eine Schlüssigkeits- oder Erheblichkeitsprüfung zum Hauptanspruch vornehmen, BGH NJW **04**, 3488. Das rechtliche Interesse muß freilich nicht einem der Punkte Z 1–3 gehen, LG Köln WoM **96**, 484. Es liegt vor, wenn der Zustand der Sache oder ihr Wert die Grundlagen eines beliebigen sachlichrechtlichen Anspruchs des Antragstellers oder eines anderen gegen ihn bilden kann, Düss RR **97**, 1312, Stgt MDR **05**, 348, LG Ellwangen WoM **97**, 299. Es ist insbesondere dann anzunehmen, wenn die Feststellung der Vermeidung eines Rechtsstreits dienen *kann,* II 2, BGH NJW **04**, 3488, Hamm RR **02**, 1674, LG Dortm RR **00**, 516, aM LG Hann JB **92**, 496, 180 (aber schon eine bloße Möglichkeit ist schützenswert).
Es ist also *nicht* notwendig, daß die Feststellung solchen Zielen auch wahrscheinlich dienen *wird,* BGH NJW **00**, 961, Düss MDR **01**, 50, Karlsr MDR **99**, 496. Das selbständige Beweisverfahren dient bei weiter Betrachtung auch dazu, ein Klageverfahren zu ermöglichen, auch eine Wiederaufnahmeklage, aM Köln FamRZ **95**, 369 (aber §§ 485 ff haben gerade ihren Hauptzweck in der Erleichterung der Stellung auch eines künftigen Klägers). Ein angeblicher Vergleich kann dem rechtlichen Interesse entgegenstehen, LG Deggendorf RR **00**, 515. Andererseits beseitigt das mittlerweile eingetretene Fehlen einer Einigungsbereitschaft beim Antragsgegner das rechtliche Interesse keineswegs, Üb 2 vor § 485, Hamm MDR **99**, 184, Oldb MDR **95**, 746, LG Köln WoM **95**, 490, aM Celle JB **92**, 496 (aber gerade dann mag die Klärung von Beweistatsachen doch noch der Einigung helfen können). Offensichtliche völlig eindeutige Nutzlosigkeit kann freilich das Rechtsschutzbedürfnis hindern, BGH NJW **04**, 3488, oder beseitigen, Stgt MDR **05**, 348, LG Chemnitz ZMR **05**, 535.
Der Antragsteller muß sein rechtliches Interesse *glaubhaft* machen. Denn es ist eine Zulässigkeitsvoraus- 9
setzung, § 487 Z 4. Die Glaubhaftmachung erfolgt nach § 294. Das rechtliche Interesse muß ferner gerade darin bestehen, daß das Gericht eine der Feststellungen *Rn 10–13* trifft, Düss JB **92**, 426. Während eines Sachverständigenverfahrens nach § 14 AKB kann das Rechtsschutzinteresse nach § 485 fehlen, Hamm NJW **98**, 699.

D. Zustandsfeststellung, II 1 Z 1. Es reicht aus und ist mangels Rn 12, 13 notwendig, daß das schrift- 10
liche Gutachten den gegenwärtigen Zustand einer Person oder den gegenwärtigen Zustand oder Wert einer Sache feststellen soll, LG Hbg WoM **01**, 345. Es darf also nicht nur um den früheren Zustand gehen, Ffm VersR **92**, 1152, aM Oldb MDR **95**, 746 (aber dann besteht überhaupt kein Anlaß zu solchem Eilverfahren). Es darf aber auch nicht einen allenfalls erst künftigen Zustand betreffen, Mü OLGZ **92**, 471, aM Müller (vor Üb 1 vor § 485) 414, ZöHe 9 (aber das sprengt die Grenzen auch eines sehr weiten Schutzzwecks). Als Person kommen in Betracht: Die Parteien, Grdz 4 vor § 50, Köln NJW **99**, 875; Streithelfer, § 66; Streitverkündete, § 72; Zeugen, § 373; Dritte. Unerheblich sind: Geschlecht; Nationalität; Alter; Vernehmungsfähigkeit; Geschäftsfähigkeit; Bereitschaft.

§ 485

Indessen müssen Gericht und Gutachter natürlich die *Grundrechte* der Person wie ihren Datenschutz usw wahrnehmen und achten. Als Sache kommen alle Sachen im Sinn von §§ 90 ff BGB in Betracht. Tiere zählen im Rahmen des § 103a BGB ebenfalls hierher. Unerheblich sind: Eigentums- und Besitzverhältnisse; Aggregatzustand; Alter; Empfindlichkeit usw. Indessen müssen Gericht und Gutachter natürlich die vorgenannten und sonstige Rechte von am Prozeß nicht Beteiligten wahren und achten. Der Antragsteller braucht die Ursachen des Zustands anders als bei Rn 12 ebenfalls nicht darzulegen, BGH DB **92**, 1408.

11   Der *Wert* mag sich auf den Handels- oder einen Liebhaberpreis, auf die Verkäuflichkeit oder auf einen Schätzpreis beziehen, Scholl WoM **97**, 308, auch auf den Mietwert, Scholl NZM **99**, 398. Das ist gar nicht wenig an Anhaltspunkten, aM Cuypers NJW **94**, 1987 (aber was soll man denn noch dazu fordern?). Wertermittlungsverfahren können helfen, aM Cuypers NJW **94**, 1987 (aber gerade er beruft sich mit Recht auf die Freiheit der Meinungsbildung nach § 286). Wegen einer Vergleichsmiete Rn 17 „Mieterhöhung".

12   **E. Ursachenfeststellung, II 1 Z 2.** Es reicht aus und ist mangels Rn 10, 13 notwendig, daß das schriftliche Gutachten die Ursache eines Personenschadens, Sachschadens oder Sachmangels feststellen helfen soll, LG Hbg WoM **01**, 345, Hesse BauR **84**, 23. Das ist kein Ausforschungsbeweis nach Einf 27 vor § 284, Ffm MDR **03**, 772. Ursache kann auch eine nur teilweise, mittelbare, bloß mitwirkende sein, Düss RR **97**, 1312, Mü MDR **98**, 495. Ziel muß ihre Feststellung sein. Unerheblich ist, ob der Gutachter später nur ihre Möglichkeit feststellen kann. Schaden ist im Sinn von §§ 249 ff BGB gemeint, aM Cuypers NJW **94**, 1986 (aber warum sollen diese Vorschriften eigentlich nicht anwendbar sein?). Mangel kann zB ein solcher nach (jetzt) §§ 434 ff, 536 ff, 633 ff BGB sein, aM Cuypers NJW **94**, 1986 (aber warum sollen auch diese Vorschriften nicht heranziehbar sein?). Hierher kann man auch die Klärung der Verantwortlichkeit für einen Mangel rechnen, Bbg JB **92**, 629, Düss RR **97**, 1312. Man darf die Anforderungen an die Darstellung des angeblichen Fehlers usw nicht überspannen, Köln MDR **00**, 227 (EDV-Mangel).

13   **F. Aufwandsfeststellung, II Z 3.** Es reicht aus und ist mangels Rn 10, 12 notwendig, daß das schriftliche Gutachten den Aufwand für die Beseitigung eines Personenschadens, Sachschadens oder Sachmangels im Sinne von Rn 12 feststellen soll, LG Hbg WoM **01**, 345. Damit ist natürlich noch nicht gesagt, ob der Aufwand auch nach Ansicht des Spruchrichters notwendig war, Schreiber NJW **91**, 2602. Damit ist in dieser früheren Streitfrage durch Z 3 Klarheit geschaffen. Die bloße Aufwandsfeststellung kann für sich allein ein Verfahren nach §§ 485 ff rechtfertigen. Aufwand ist jede tatsächlich notwendige oder ratsame Leistung, auch Dritter.

14   **G. Beispiele zur Frage einer Anwendbarkeit von II 1 Z 1–3**
Arzthaftung, dazu *Luxenburger,* Selbständiges Beweisverfahren im Arzthaftungsrecht, 2001: §§ 485 ff sind anwendbar, BGH **153**, 305 (freilich Fallfrage), aM Köln NJW **99**, 875, Nürnb MDR **97**, 501, Rehborn MDR **98**, 18 (aber ob Einseitigkeit eintreten kann, ist im Folgeprozeß nach § 286 nachprüfbar).
II ist *unanwendbar*, soweit es um ihre Eignung und Notwendigkeit geht, LG Hann VersR **01**, 1100.
Aufgraben usw: Der gegenwärtige Zustand nach II 1 Z 1 umfaßt auch solche Tatsachen, die man erst durch Aufgraben usw ermitteln kann.
Ausforschung: Für II *nicht* ausreichend ist der Wunsch, die Erfolgsaussichten einer Klage zu überprüfen, also eine bloße Ausforschung zu betreiben, KG MDR **99**, 565, LG Frankenth MDR **84**, 854.
Bauwerk: Es gelten dieselben Regeln wie Rn 16 „Kaufsache".
Besichtigung: Wegen der Möglichkeiten des Programmentwicklers nach § 809 BGB in Verbindung mit § 935, Bork NJW **97**, 1671.
Bürge: II kann auch gegenüber einem Bürgen anwendbar sein, Ffm MDR **91**, 989.

15   **Dritter:** Rn 18 „Rückhaftung".
Erbrecht: Rn 19 „Testierfähigkeit".
Fenstererneuerung: II ist anwendbar, soweit der Vermieter Fenster erneuern und die Miete anschließend deshalb erhöhen will, wenn der Mieter die Fenster gerade repariert hat, LG Ffm WoM **82**, 218.
Gütliche Einigung: Die Anwendbarkeit von II hängt nicht davon ab, ob der Gegner eine gütliche Einigung nach (jetzt) § 278 ablehnt oder anstrebt, LG Passau RR **92**, 767.
Immission: II ist bei einer akustischen, optischen oder sonstigen Einwirkung anwendbar, soweit sie sich auf den Zustand der gestörten Sache auswirkt, aM Düss MDR **92**, 807, LG Hbg MDR **99**, 1344 (aber II ist weit gemeint Rn 12).

16   **Kaufsache:** II Z 1 ist anwendbar, soweit es um die Feststellung des Zustands einer Kaufsache geht. Man muß ihn nicht in allen Einzelheiten behaupten. Man muß aber doch zB angebliche tatsächliche Mängel so bezeichnen, daß das Sachverständige weiß, was er untersuchen soll.
Klagerücknahme: Eine Klagerücknahme kann das rechtliche Interesse nach II *beseitigen.*
Kommission: II ist anwendbar, zB wegen einer Beschädigung oder eines Mangels, § 388 HGB.

17   **Lagergeschäft:** II ist anwendbar, zB wegen Veränderungen am Lagergut, § 417 II HGB.
Lärm: Schallwellen sind beim Gestörten ein Teil des Sachzustands, II Z 1, aM Düss OLGZ **92**, 336, LG Hbg MDR **99**, 1344 (aber das ist formal, eng).
Mieterhöhung: Für II *nicht* ausreichend ist der Wunsch, die ortsübliche Vergleichsmiete festzustellen, soweit der Wohnungszustand unstreitig ist, LG Bln RR **97**, 585, LG Brschw WoM **96**, 291, LG Freibg/Br WoM **97**, 337, aM Köln WoM **95**, 490, Scholl WoM **97**, 308 (aber § 558 BGB fordert mehr als einen Schätzpreis).
Mietminderung: Für II *nicht* ausreichend ist der Wunsch festzustellen, in welchem Umfang eine Mietminderung zulässig ist, LG Bln WoM **91**, 163, Scholl NZM **99**, 108, aM KG RR **00**, 513 (aber das ist eine Frage der dem Hauptverfahren vorbehaltenen Beweiswürdigung, Rn 4).
Mietsache: II Z 1 ist anwendbar, soweit es um die Feststellung des Zustands einer Mietsache geht, dazu Kamphausen WoM **83**, 303 (ausf), aber *nicht* bei § 5 WiStG, LG Freibg WoM **97**, 337. Vgl auch wegen der Einzelheiten Rn 16 „Kaufsache".
Minderwert: II Z 1, 2 sind auf seine Feststellung anwendbar, zB dann, wenn eine Mängelbeseitigung unmöglich oder zu teuer wäre, Hamm RR **02**, 1674.

Titel 12. Selbständiges Beweisverfahren **§§ 485, 486**

Rechtsfrage: Für II reicht *nicht* der Wunsch, eine Rechtsfrage zu klären, Schlesw SchlHA **89**, 142. 18
Rechtskraft: Für II *nicht* ausreichend ist der Wunsch, nur solche Tatsachen aufzuklären, die der Begründung eines schon rechtskräftig abgewiesenen Anspruchs gedient hätten, LG Bln MDR **93**, 1015.
Rechtsverhältnis: Für II *nicht* ausreichend ist der Wunsch, etwas zu klären, solange ein Rechtsverhältnis oder ein möglicher Prozeßgegner fehlen, Bbg RR **95**, 894.
Rückhaftung: Auch ein mittelbares Interesse genügt für II, etwa aus Haftung gegenüber einem Dritten.
Sachmangel: II ist anwendbar, soweit es um einen Sachmangel nach §§ 434 ff BGB geht.
S auch Rn 20 „Verjährung".
Schenkung: II ist bei der Schenkung anwendbar, zB wegen einer Sachmängelhaftung nach § 524 BGB. 19
Spedition: II ist auf den Speditionsvertrag anwendbar, zB wegen einer Beschädigung oder eines Mangels, §§ 388, 407 II HGB.
Tausch: II ist beim Tausch nach § 480 BGB anwendbar.
Testierfähigkeit: II ist *unanwendbar*, soweit es um die Testierfähigkeit eines künftigen Erblassers geht, Ffm MDR **97**, 481, LG Ffm Rpfleger **97**, 165.
Veränderungsgefahr: Eine Veränderungsgefahr ist nicht für II erforderlich, aM LG Frankenth MDR **84**, 20 854 (aber schon der jetzige Zustand und seine Ursachen usw genügen).
Vergleichsmiete: Rn 17 „Mieterhöhung".
Vorkauf: II ist beim Vorkauf anwendbar, zB bei § 469 BGB.
Werkvertrag: II ist beim Werkvertrag anwendbar, zB wegen einer Nachbesserung usw, §§ 633 ff BGB.
Zahnarzthaftung: II ist bei ihr anwendbar, Karlsr VersR **03**, 375, Köln VersR **03**, 375.

6) Neue Begutachtung, III. „Soweit" das Gericht eine Begutachtung nach I oder II bereits angeordnet 21 hatte, ist eine neue zu demselben Thema nur unter den Voraussetzungen des § 412 statthaft. Andernfalls wären die Möglichkeiten nach §§ 485 ff weitergehend als diejenigen nach §§ 402 ff. Das würde zum Umweg über §§ 485 ff verleiten, Düss RR **97**, 1086, Ffm BauR **97**, 167, Köln OLGR **97**, 52.

7) VwGO: *Entsprechend anwendbar, § 98 VwGO, OVG Schlesw NVwZ-RR **92**, 444, wenn der VerwRweg* 22 *gegeben ist. Zum rechtlichen Interesse, II, s VGH Mannh VBlBW **04**, 228 u NVwZ-RR **96**, 125, abw VG Köln NWVBl **01**, 108.*

486 *Zuständiges Gericht.* **¹ Ist ein Rechtsstreit anhängig, so ist der Antrag bei dem Prozessgericht zu stellen.**

II ¹ Ist ein Rechtsstreit noch nicht anhängig, so ist der Antrag bei dem Gericht zu stellen, das nach dem Vortrag des Antragstellers zur Entscheidung in der Hauptsache berufen wäre. ² In dem nachfolgenden Streitverfahren kann sich der Antragsteller auf die Unzuständigkeit des Gerichts nicht berufen.

III In Fällen dringender Gefahr kann der Antrag auch bei dem Amtsgericht gestellt werden, in dessen Bezirk die zu vernehmende oder zu begutachtende Person sich aufhält oder die in Augenschein zu nehmende oder zu begutachtende Sache sich befindet.

IV Der Antrag kann vor der Geschäftsstelle zu Protokoll erklärt werden.

Gliederung

1) Systematik, I–IV	1	C. Vor Anhängigkeit, II 1	7
2) Regelungszweck, I–IV	2	D. Keine Rüge der Unzuständigkeit, II 2	8
3) Geltungsbereich, I–IV	3	E. Dringende Gefahr, III	9, 10
4) Antrag, I, IV	4	F. Mehrheit von Amtsgerichten, I–III	11
5) Zuständigkeit, I–III	5–12	G. Zuständigkeitsübergang, II, III	12
A. Rechtsweg, I–III	5	6) *VwGO*	13
B. Anhängigkeit des Hauptprozesses, I	6		

1) Systematik, I–IV. Vgl Üb 1 vor § 485. 1

2) Regelungszweck, I–IV. Sinn der Vorschrift ist eine Vereinheitlichung und Vereinfachung. Sie dient in 2 allen Teilen der Prozeßwirtschaftlichkeit, Grdz 14 vor § 128. Das gilt insbesondere bei II 1, 2. Allerdings darf der Antragsteller nicht dasjenige Gericht anrufen, das nur bei großer Anspannung des Tatsachenvortrags nach II 1 infrage käme. Denn das wäre wahrscheinlich eine Erschleichung des Gerichtsstands und damit als prozessuale Arglist verboten, Einl III 54, 56 usw. Das gilt trotz der harten Folgewirkung des II 2.

Bequemlichkeit darf ebenfalls nicht die Zuständigkeit übermäßig beeinflussen. Bei II 1 mag sie insbesondere im „fliegenden Gerichtsstand" etwa des § 32 durchaus erlaubt sein. Bei III gelten aber die Regeln Rn 9, 10, obwohl sie oft mißbraucht werden. Der Amtsrichter darf sich dann wehren und sollte das auch getrost tun. Das gilt selbst nach der Überführung des landgerichtlichen Verfahrens in eine weitgehende Einzelrichtertätigkeit, §§ 348, 348 a. Immerhin läuft der Instanzenzug dort ja anders als beim AG. Auch mag der Einzelrichter selbst bei § 485 dem Kollegium vorlegen wollen oder müssen.

3) Geltungsbereich, I–IV. Vgl Üb 3 vor § 485. 3

4) Antrag, I, IV. Er ist in der mündlichen Verhandlung zulässig, ferner elektronisch mithilfe des 4 vorrangigen § 130 a, schriftlich oder zur Protokoll jeder Geschäftsstelle, § 129 a, Naumb JB **98**, 268, LG Ffm MDR **85**, 153. Es besteht außerhalb der Verhandlung kein Anwaltszwang, IV, § 78 V Hs 2, in ihr wie sonst, § 78 Rn 2, Cuypers NJW **94**, 1988. Der Antrag läuft selbst neben dem Rechtsstreit her, BGH **59**, 326. Er begründet als solcher keine Rechtshängigkeit, § 261 Rn 11 „Selbständiges Beweisverfahren", ThP 3, ZöHe 1, aM Schilken ZZP **92**, 251, 256 (aber die abschließende Verhandlung und Klärung nebst Beweiswürdigung

§ 486 Buch 2. Abschnitt 1. Verfahren vor den LGen

kann erst im Hauptprozeß erfolgen). Er läßt die Verjährung neu beginnen, soweit das Gesetz das bestimmt, BGH BB **98**, 816 (Ausnahme: Zurückweisung wegen Unzulässigkeit), wie bei (jetzt) 204 I Z 7 BGB, BGH ZMR **95**, 115, aM Haase ZMR **96**, 62, oder bei (jetzt) § 634a BGB, Karlsr MDR **82**, 1027. Das setzt freilich auch voraus, daß gerade der Gläubiger Antragsteller ist und daß der Antrag überhaupt statthaft ist, BGH NJW **83**, 1901, und daß der Antrag nicht nur nach § 494 erfolgt, BGH NJW **80**, 1458. Eine Streitverkündung ist unzulässig, Einf 3 vor § 72 (Streitfrage).

Die *Rücknahme* des Antrags ist möglich, § 269 Rn 3. Sie liegt in einer einseitigen Erledigterklärung, BGH BB **04**, 1602 rechts unten. Sie hebt den Neubeginn der Verjährung auf. Eine durch Gerichtsverschulden veranlaßte Antragsrücknahme oder Erledigterklärung kann zur Kostenniederschlagung führen, (jetzt) § 21 GKG, LG Ffm MDR **85**, 153. Oder der Antrag erhält den Anspruch oder die Einrede nach § 414 HGB. Wenn das Gericht einem formungültigen Antrag stattgibt, gilt dasselbe.

Man darf eine *Klagerücknahme* nach § 269 nicht mit einer Antragsrücknahme nach § 486 verwechseln. Letztere kann aber meist erstere umfassen. Andernfalls bleibt das selbstständige Beweisverfahren bestehen. Freilich mag das rechtliche Interesse nun fehlen, solange keine neue Klage droht.

5   **5) Zuständigkeit, I–III,** dazu *Fischer* MDR **01**, 608 (Üb): Die Zuständigkeit ist teilweise zur Wahl des Antragstellers gestellt, teilweise vorgeschrieben (ausschließlich), auch nach der Wahl, § 12 Rn 9 „Selbständiges Beweisverfahren". Das Gericht prüft von Amts wegen seine Zuständigkeit in jeder Verfahrenslage als Prozeßvoraussetzung, Grdz 39 vor § 128. Es findet aber grundsätzlich keine Amtsermittlung nach Grdz 38 vor § 128 statt.

A. Rechtsweg, I–III. Der ordentliche Rechtsweg muß gegeben sein, § 13 GVG. Vgl bei II, III, aber auch § 46 II ArbGG, § 164 FGG. Wenn der Antragsteller zB in einer WEG-Sache nicht den Weg nach § 164 FGG wählt, sondern denjenigen nach §§ 485ff, dann kommt keine Abgabe in Betracht, Anh II § 281 Rn 2–4. Mangels Abgabemöglichkeit muß das Gericht den Antrag nach § 490 als derzeit unzulässig zurückweisen. Das Gericht darf und muß eine trotz Unzuständigkeit vorgenommene Beweissicherung frei würdigen, § 286.

6   **B. Anhängigkeit des Hauptprozesses, I.** Ab Anhängigkeit, nicht notwendig Rechtshängigkeit des Hauptprozesses nach § 261 Rn 1 und bis zu dessen Beendigung ist stets und grundsätzlich auch nur das Prozeßgericht der Instanz zuständig, evtl also das WEG-AG, BayObLG MDR **96**, 144. Evtl ist also auch das Berufungsgericht zuständig. Das gilt sogar für das Revisionsgericht. Es ist zu derartigen Prozeßhandlungen nicht berufen, soweit es sich nicht um eine Tatsache handelt, die das Revisionsgericht selbst feststellen muß, Schilken JR **84**, 449 StjL 7, ZöHe 3, aM Cuypers NJW **94**, 1988 (aber haben BGH und BVerwG kein Gewicht?). Hauptprozeß kann auch ein Klageverfahren des Antragsgegners sein, zB auf Zahlung desjenigen Werklohns, dessen Verweigerung der Antragsteller mit dem Verfahren nach §§ 485ff bezweckte, AG Stgt RR **99**, 1370. Aber Vorsicht! Die Grenzen dürfen nicht verschwimmen.

Die *Folge* ist allerdings, daß das Berufungsgericht wegen der Möglichkeit der Aufhebung seines Urteils eine Beweiserhebung nicht ablehnen darf, weil es diese für unnötig gehalten hat. Das Gericht kann die Beweisaufnahme unter Beachtung des § 355 I auch einem nach §§ 361, 362 verordneten Richter übertragen. § 375 beschränkt das Gericht hier nicht. Denn sein Grund versagt. Außerdem darf ja der Antragsteller nach II das AG anrufen. Das Gericht eines nur vorläufigen Verfahrens zB auf einen Arrest oder eine einstweilige Anordnung oder Verfügung nach §§ 620ff, 916ff, 935ff ist nicht allein nach I zuständig, Ffm NJW **85**, 811.

7   **C. Vor Anhängigkeit, II 1.** Vor der Anhängigkeit des Hauptprozesses nach § 261 Rn 1 ist stets und grundsätzlich auch nur dasjenige Gericht örtlich und sachlich zuständig, das nach dem Tatsachenvortrag des Antragstellers zur Entscheidung in der Hauptsache berufen wäre, Geffert NJW **95**, 506, also das künftige etwaige Prozeßgericht, Cuypers NJW **94**, 1988. Der Antragsteller sollte § 253 II beachten. Unerheblich ist eine bloße Rechtsansicht des Antragstellers zur Zuständigkeit. Für die sachliche Zuständigkeit ergibt sich der Wert nach Anh § 3 Rn 102. Maßgebend ist der Zeitpunkt des Antragseingang, Ffm RR **98**, 1610. Spätere gesetzliche Änderungen sind also unbeachtlich, Mü OLGZ **94**, 230. § 348 ist anwendbar, Geffert NJW **95**, 506. Eine Schiedsvereinbarung nach § 1025 hindert vor dem Zusammentritt des Schiedsgerichts wegen des Eilcharakters des selbständigen Beweisverfahrens dessen Zulässigkeit noch nicht, § 1033, Ffm BauR **93**, 504, Kblz MDR **99**, 503.

8   **D. Keine Rüge der Unzuständigkeit, II 2.** Soweit einem vor der Anhängigkeit des Hauptprozesses angelaufenen selbständigen Beweisverfahren ein Hauptprozeß vor demselben Gericht folgt, kann sich der frühere Antragsteller weder als Kläger noch als Bekl auf eine in Wahrheit bestehende örtliche oder sachliche Unzuständigkeit dieses Gerichts berufen, Celle RR **00**, 1738. Folglich darf dieses Gericht insofern nicht verweisen oder abgeben. Eine Zuständigkeitsrüge bleibt dem früheren Antragsgegner im Hauptprozeß wie sonst möglich, Ffm RR **98**, 1610. § 39 gilt im selbständigen Beweisverfahren nicht. § 36 ist anwendbar, BayObLG RR **99**, 1010, KG BauR **00**, 1092.

Als *Kläger* darf der Antragsteller des Beweisverfahrens aber ein anderes Gericht angeben, Celle RR **00**, 1738.

9   **E. Dringende Gefahr, III.** Im Fall einer dringenden Gefahr sind vor wie nach einer Anhängigkeit im Sinn von Rn 4–6 ausnahmsweise nach der Wahl des Antragstellers das jetzige oder voraussichtliche Prozeßgericht oder das AG des Aufenthalts des zu vernehmenden oder auf seinen Zustand zu begutachtenden Menschen (Partei, Zeuge, Dritter) zuständig. Das gilt auch für das AG der zu besichtigenden bzw zu begutachtenden Sache. Dabei ist es unerheblich, ob der Antragseller einen richterlichen Augenschein begehrt oder ob das Gericht einen Zeugen oder Sachverständigen hören soll, Mü ZMR **86**, 242, LG Ffm MDR **89**, 828, aM Hamm ZMR **79**, 277 (zuständig sei dann nur das AG der zu besichtigenden Sache. Aber es muß eine Zuständigkeit für jeden der Gründe des § 485 geben). Ob eine dringende Gefahr vorliegt, entscheidet das AG nach pflichtgemäßem *Ermessen*. Der Antragsteller muß solche Gefahr glaubhaft machen, § 294.

Titel 12. Selbständiges Beweisverfahren §§ 486, 487

Grundsätzlich muß ein Kollegialgericht eine eilige Sache ebenso rasch bearbeiten wie ein AG. Deshalb liegt eine *dringende Gefahr* zumindest dann nicht vor, wenn sich das nach I, II zuständige LG an demselben Ort wie das AG befindet, Celle RR **00**, 1738. Angesichts der heutigen Verkehrs- und Kommunikationsmöglichkeiten zB durch Telefax ist aber auch ein am anderen Ort als das AG liegendes übergeordnetes oder nicht allzu weit entferntes LG grundsätzlich ebenso rasch einsatzbereit. Daher darf und muß das nach III angegangene AG den Begriff der dringenden Gefahr eng auslegen. Natürlich muß es zB eine Naturkatastrophe, einen Bahnstreik usw berücksichtigen. Es braucht aber nicht schon wegen eines vorübergehenden Verkehrsstaus oder dergleichen tätig zu werden. Anders, wenn der in seinem Bezirk aufhältliche Zeuge schwerkrank ist oder wenn ein Zeuge abreisen, das Schiff abfahren will, eine Ware sehr rasch zu verderben droht usw. Eine dringende Gefahr kann vorliegen, wenn zur sofortigen Beweiserhebung weder vor dem nach II zuständigen Gericht noch vor einem anderen sogleich bereiten Gericht möglich wäre, BayObLG **91**, 347.

Der *Wohnsitz*, Geschäftssitz oder Aufenthaltsort des Sachverständigen ist nicht mehr ausreichend. Denn III **10** spricht nur von der „zu begutachtenden" Person, nicht von der „begutachtenden". Zwar spricht III auch von der „zu vernehmenden" Person. Damit scheint aus der Sicht des Sachverständigen einzig aus, der nach der praxisfernen Konstruktion des Regelfalls der §§ 402 ff ja grundsätzlich mündliche Gutachten erstattet, § 411 Rn 1, und ohnehin stets nach § 411 III zu laden sein kann. Indessen unterscheidet der vorrangige § 485 I klar zwischen der „Vernehmung von Zeugen" und der „Begutachtung durch einen Sachverständigen". Diese Begriffsbildung muß man bei III mitbeachten. Sie zeigt, daß III überhaupt nicht auf den Sachverständigen abstellt. Das ist auch sinnvoll. Mag sich der Sachverständige zum zu begutachtenden Subjekt oder Objekt begeben, Schreiber NJW **91**, 2602. Außerhalb dringender Gefahr ist das AG nur unter den Voraussetzungen I oder II zuständig, also zB vor einer Anhängigkeit des Hauptprozesses nur noch nach II.

F. Mehrheit von Amtsgerichten, I–III. Wenn die Voraussetzungen von I oder II auf mehrere Gerichte **11** zutreffen, weil mehrere Gerichtsstände zur Verfügung stehen usw, dann hat der Antragsteller die Wahl, § 35. Er verbraucht das Wahlrecht mit dessen erster Ausübung. Daher darf das von ihm zutreffend gewählte Gericht nicht weiterleiten oder abgeben, selbst wenn er das beantragt. Wenn aber zB die Vernehmungen von mehreren Zeugen in verschiedenen Bezirken notwendig werden, dann fehlt ein einheitlicher Gerichtsstand. Es ist dann § 36 I Z 3 entsprechend anwendbar, dort Rn 6 „Selbständiges Beweisverfahren".

G. Zuständigkeitsübergang, II, III. In den Fällen Rn 6, 8–10 geht die Zuständigkeit auf das Prozeß- **12** richt über, sobald es die Beweissicherung einleitet, BGH MDR **05**, 45, Mü OLGZ **82**, 200, ZöHe 7, aM Brschw NdsRpfl **83**, 141, StJL 5 (schon ab Anhängigkeit der Hauptsache. Aber dann ist oft noch völlig offen, ob es im Hauptprozeß überhaupt zu einem Beweisabschnitt kommen wird). Schon wegen der Unbeachtlichkeit eines Ablehnungsantrags nach § 487 Rn 8 bleibt das nach II, III zuständig gewesene AG nach dem Ende des selbständigen Beweisverfahrens nach § 492 Rn 4 für einen Ablehnungsantrag nicht zuständig, Nürnb NJW **89**, 236.

6) VwGO: *Entsprechend anwendbar, § 98 VwGO. Zuständig, I,* ist ebenso wie im Zivilverfahren nicht das **13** *Revisionsgericht*, BVerwG NJW **61**, 1228, auch nicht bei Nichtzulassungsbeschwerde, OVG Münst AS **32**, 235, wohl aber das BVerwG als erstinstanzliches Gericht, RedOe § 98 Anm 17. An die Stelle des AG, **III**, tritt das danach örtlich zuständige VG, OVG Schlesw NVwZ-RR **92**, 444. Wegen der Bestimmung des örtlich zuständigen Gerichts vgl BVerwG **12**, 363.

487 *Inhalt des Antrages.* Der Antrag muss enthalten:
1. die Bezeichnung des Gegners;
2. die Bezeichnung der Tatsachen, über die Beweis erhoben werden soll;
3. die Benennung der Zeugen oder die Bezeichnung der übrigen nach § 485 zulässigen Beweismittel;
4. die Glaubhaftmachung der Tatsachen, die die Zulässigkeit des selbständigen Beweisverfahrens und die Zuständigkeit des Gerichts begründen sollen.

Gliederung

1) Systematik, Z 1–4 1	D. Glaubhaftmachung der Zulässigkeit und Zuständigkeit, Z 4 10
2) Regelungszweck, Z 1–4 2	5) Weitere Einzelfragen, Z 1–4 11
3) Geltungsbereich, Z 1–4 3	6) Verstoß, Z 1–4 12
4) Mindestangaben, Z 1–4 4–9	7) VwGO 13
A. Bezeichnung des Gegners, Z 1 4	
B. Bezeichnung der Beweistatsachen, Z 2 5	
C. Benennung der Zeugen; Bezeichnung der übrigen zulässigen Beweismittel, Z 3 6–9	

1) Systematik, Z 1–4. Die Erfordernisse des § 487 sind ebenso wie bei jedem „normalen" Beweisantrag **1** zwecks Klarstellung dessen, was Gericht und Gegner zur Beurteilung von Zulässigkeit und Begründetheit des Gesuchs wissen müssen, im Prinzip sämtlich wesentlich. Fehlt auch nur ein Erfordernis, so muß das Gericht den Antrag zurückweisen. § 487 ist aber unvollständig, Rn 10, 11 sowie § 494. Ausforschung ist auch hier unzulässig, Einf 27 vor §§ 284, 485 Rn 2, Düss JB **92**, 426.

2) Regelungszweck, Z 1–4. Insbesondere Z 4 dient der Begrenzung einer Verfahrensart, die ungeachtet **2** Art 103 I GG doch ähnlich §§ 915 ff, 935 ff die Gefahr der Übereilung mit sich bringt. Außerdem sollte

§ 487 Buch 2. Abschnitt 1. Verfahren vor den LGen

man einer Gefahr wirklicher bloßer Ausforschung von Anfang an entgegenwirken, § 485 Rn 2. Selbst unter verständlichem Zeitdruck sollte der Antragsteller grundsätzlich die bei einer Klageschrift nach § 253 II Z 2 erforderliche Sorgfalt wenigstens im Kern auch bei § 487 aufbringen müssen. Ausnahmen bestätigen auch hier eine sinnvolle Regel. Gerade beim ja meist beantragten Sachverständigenbeweis kann eine präzise Antragstellung und -begründung den unter zusätzlichem Zeitdruck besonders schwierigen Vorgang der Vorbereitung des Sachverständigen auch durch das Gericht wesentlich erleichtern. Das darf die Anforderungen an den Antrag mitprägen.

3 3) **Geltungsbereich, Z 1–4.** Vgl Üb 3 vor § 485.

4 4) **Mindestangaben, Z 1–4.** Der nach § 486 zu stellende Antrag ist ein bestimmender Schriftsatz, § 129 Rn 5. Der Antragsteller muß ihn als solchen unterschreiben, § 129 Rn 8 ff. Er muß sämtliche folgenden Angaben enthalten. Von Z 2–4 hängt die Zulässigkeit ab. Es handelt sich um Prozeßvoraussetzungen wie bei Grdz 12 vor § 253.

A. **Bezeichnung des Gegners, Z 1.** Der Antragsteller muß grundsätzlich den Antragsgegner so genau wie in einer Klageschrift den Bekl bezeichnen, § 253 Rn 22, BayObLG NZM 02, 1001. Er muß alle in Betracht kommenden Gegner benennen, Ffm MDR 94, 1244. Er darf evtl einen weiteren Gegner einbeziehen, Düss RR 95, 1216. Soweit dem Antragsteller eine Benennung nicht zumutbar möglich ist, gilt § 494. Das hätte Ffm MDR 94, 1244 mitverdeutlichen sollen. Wegen der Unzulässigkeit einer Streitverkündung Einf 3 vor §§ 72–74.

5 B. **Bezeichnung der Beweistatsachen, Z 2.** Der Antragsteller muß die Beweistatsachen grundsätzlich wie bei §§ 359 Z 1, 371, 373, 377 II Z 2, 403 angeben. Ihre Angabe in großen Zügen genügt allerdings, Düss MDR 81, 324, Hbg MDR 78, 845, KG MDR 92, 410, aM StJL § 485 Rn 15, ThP 2 (aber in einem solchen meist eiligen Verfahren mit seinem erheblichen Zeitdruck schon für den Antragsteller und evtl für dessen ProzBev scharf man nun auch nicht allzu scharfe Anforderungen stellen). Da der Beweiserhebung auf Kosten des Antragstellers stattfindet, sind erst recht keine allzu hohen Anforderungen erlaubt, KG MDR 92, 410. Das Gericht darf die Erheblichkeit nicht prüfen, § 485 Rn 3. Freilich darf das Verfahren nicht zu einem Ausforschungsbeweis ausarten, Einf 27 vor § 284, Düss JB 92, 426, KG RR 00, 468, Köln MDR 00, 226. Deshalb muß der Antragsteller zumindest über den beweisbedürftigen Zustand einer Person oder Sache in einem ihm zumutbaren Umfang bestimmte Behauptungen aufstellen, Düss MDR 81, 324, KG MDR 92, 410. Auch kann die Angabe des Anspruchs zweckmäßig sein, Cuypers NJW 94, 1989. Man darf das selbständige Beweisverfahren aber nicht zur Klärung von Rechtsfragen mißbrauchen, Mü OLGR 93, 252.

6 C. **Benennung der Zeugen; Bezeichnung der übrigen zulässigen Beweismittel, Z 3.** Das Gericht muß prüfen können, ob das selbständige Beweisverfahren auf einem zulässigen Weg möglich sein kann, also mit einem dort zulässigen Beweismittel. Der Antragsteller muß daher die von ihm gewünschten Zeugen nach § 373 benennen oder die sonstigen nach § 485 zulässigen Beweismittel bezeichnen. Er darf einen bestimmten Sachverständigen benennen, mag dieser nach § 404 II bestellt worden sein oder nicht. Das Gericht muß den benannten Sachverständigen bestellen, § 404 I ist unanwendbar. Denn die Würdigung des Gutachtens erfolgt erst bei seiner Verwertung in der Beweisaufnahme des Hauptprozesses. Daran hat auch die Neufassung des § 487 in der Sache nichts geändert. Auch die „Bezeichnung der ... Beweismittel" umfaßt beim Sachverständigen dessen grundsätzlich verbindliche Bezeichnung, sofern der Beweisführer überhaupt zulässigerweise nur die Person des Sachverständigen und nicht nur diese Art von Beweismittel bezeichnet. Insofern ist der Unterschied zwischen Benennung und Bezeichnung nur sprachlich beachtlich, LG Gött RR 88, 694, aM Brdb OLGR 95, 34, Düss OLGZ 94, 85, ZöHe 5 (vgl aber Rn 8).

7 Der Antragsteller kann die *Auswahl* des Sachverständigen aber schon zur Vermeidung seiner späteren Befangenheit im Prozeß auch dem Gericht überlassen, § 406 Rn 1, LG Köln NJW 78, 1866, ThP 3, ZöHe 5, aM Mü MDR 76, 851 (aber aus einem Recht folgt nicht stets auch eine systemfremde Pflicht). Der Antragsteller kann die Auswahl des Sachverständigen auch an einen bestimmten Kreis binden, etwa an „einen von der Handelskammer zu benennenden Sachverständigen". Es kann sich auch um einen öffentlich bestellten vereidigten Sachverständigen handeln, AG Neuss ZMR 95, 212. Das Gericht darf dem Sachverständigen keine über den Antrag hinausgehende Aufgabe übertragen, auch nicht nach § 404 a III, Mü RR 01, 1652. Der Sachverständige darf entsprechend nicht den Auftrag bzw Antrag überschreiten, Mü RR 01, 1652.

8 Der Antragsgegner hat *kein Ablehnungsrecht* und auch *kein* Recht auf einen sog *Gegenantrag*, zumal das Gericht an eine etwaige Benennung durch den Antragsteller gebunden ist. Es findet lediglich eine Beurteilung der Situation im Prozeß statt, auch mit Hilfe von § 412, Köln VersR 94, 1328, LG Gött RR 98, 694, LG Münst MDR 98, 1501, aM Hbg MDR 01, 1012, LG Kblz MDR 03, 1379, Herget NJW Sonderheft „BayObLG" 05, 45 (aber der Antragsgegner kann seinerseits einen Antrag auf selbständiges Beweisverfahren stellen, Ffm RR 90, 1023. Dieser begründet bis zur etwaigen Verbindung ein selbständiges Verfahren, Hbg MDR 01, 1012). Der Antragsgegner kann auf diese Weise seinen Sachverständigen einführen, Oldb MDR 77, 500, LG Gött RR 88, 695. Bereits die Zustellung des Antrags hemmt die jeweilige Verjährung, (jetzt) § 204 I Z 7 BGB.

9 § 492 I hilft der Gegenmeinung entgegen Hamm VersR 96, 911 ebenfalls *nicht*. Die Vorschrift scheint zwar auch auf § 404 I zu verweisen. Sie bezieht sich nur auf die „überhaupt" geltenden Vorschriften. Demgegenüber enthält § 487 Z 3 mit dem Wort „Benennung" eine vorrangige, den Besonderheiten dieses Verfahrens angepaßte Regelung: Im „Normalprozeß" ist § 373 nicht bloß wegen § 402 anwendbar, sondern durch § 403 ersetzt, § 402 Rn 1 iV § 373, und dort braucht man nur die „zu begutachtenden Punkte" zu bezeichnen, gerade nicht auch die Person des verlangten Sachverständigen, wie es Z 3 der Sache nach fordert oder doch wenigstens derart zuläßt, daß das Gericht an die Personenbenennung gebunden ist. Im übrigen kann der Antragsgegner auf ein Ablehnungsrecht verzichtet haben, Köln VersR 93, 1502. Jedenfalls ist eine

Titel 12. Selbständiges Beweisverfahren §§ 487–490

denkbare Verringerung einer Ablehnungsgefahr kein gegenüber dem Bezeichnungsrecht des Beweisführers gleichwertiges oder gar vorrangiges Argument zur Begrenzung *seiner* Bezeichnungsfreiheit. Von Amts wegen bestellt das Gericht keinen zusätzlichen Sachverständigen.

D. Glaubhaftmachung der Zulässigkeit und Zuständigkeit, Z 4. Der Antragsteller muß die Tat- 10 sachen, die die Zulässigkeit des selbständigen Beweisverfahrens und die Zuständigkeit des Gerichts begründen sollen, nach §§ 485, 486 darlegen und nach Z 4 außerdem gemäß § 294 glaubhaft machen. Dazu gehört auch die Glaubhaftmachung einer dringenden Gefahr und der ja nur noch in diesem Fall eintretenden Zuständigkeit des AG des Aufenthalts bzw der Belegenheit, soweit es nicht ohnehin das Prozeßgericht ist, § 486 III.

Entbehrlich ist eine Glaubhaftmachung entgegen dem scheinbar umfassenden Zwang nach Z 4 doch ausnahmsweise, soweit der Antragsgegner zustimmt, Cuypers NJW 94, 1989, und soweit der Antragsgegner den Tatsachenvortrag des Antragstellers zugesteht, wie bei § 288, Oldb OLGR 95, 135.

5) Weitere Einzelfragen, Z 1–4. Wegen des Fehlens eines Anwaltszwangs § 486 Rn 1. Eine Drittbe- 11 teiligung und insbesondere eine Streitverkündung ist unstatthaft, Einf 3 vor §§ 72–74, Bohnen BB 95, 2338. Wegen des Auslagenvorschusses § 17 I 1, 2 GKG, Hartmann Teil I. Wert: Anh § 3 Rn 102 „Selbständiges Beweisverfahren".

6) Verstoß, Z 1–4. Das Gericht muß einen formellen oder inhaltlichen Mangel nach § 490 Rn 6 12 beurteilen. Beim Verstoß gegen Z 1 tritt gegenüber dem Gegner keine sachlichrechtliche Wirkung ein, BGH NJW 80, 1458. Eine Zurückweisung mangels ausreichender Glaubhaftmachung bei Z 4 erfordert zuvor einen Hinweis nebst Fristsetzung. Soweit das Gericht einem Befangenheitsantrag nach Rn 8 unzulässigerweise stattgegeben hat, ist die Entscheidung trotzdem wegen § 406 V unanfechtbar, es sei denn, es lägen auch ein Verstoß gegen Art 103 I GG oder Willkür vor, LG Gött RR 88, 694. Die Entscheidung ist für das Hauptverfahren bindend, § 493 Rn 2.

7) VwGO: *Entsprechend anwendbar, § 98 VwGO.* 13

488-489 (weggefallen)

490 *Entscheidung über den Antrag.* ¹ Über den Antrag entscheidet das Gericht durch Beschluss.

II ¹ In dem Beschluss, durch welchen dem Antrag stattgegeben wird, sind die Tatsachen, über die der Beweis zu erheben ist, und die Beweismittel unter Benennung der zu vernehmenden Zeugen und Sachverständigen zu bezeichnen. ² Der Beschluss ist nicht anfechtbar.

Gliederung

1) Systematik, I, II	1	5) Entscheidung, I, II	6, 7
2) Regelungszweck, I, II	2, 3	6) Rechtsbehelfe, I, II	8–10
3) Geltungsbereich, I, II	4	7) *VwGO*	11
4) Verfahren, I	5		

1) Systematik I, II. Die Vorschrift regelt das an den Antrag anschließende Verfahren in I, die Entschei- 1 dung in II. Beide Bereiche finden in §§ 491 ff ergänzende Regelungen. Außerdem gilt natürlich das Buch 1 ergänzend. Ferner gelten ergänzend §§ 128 IV, 492.

2) Regelungszweck, I, II. Der Wegfall des Verhandlungszwangs dient der Prozeßförderung, Grdz 12 vor 2 § 128. Das gilt, zumal manches selbständige Beweisverfahren wegen des drohenden Verlusts des Beweismittels unter einem ähnlichen Zeitdruck steht wie ein Verfahren auf Arrest oder einstweilige Verfügung. I geht sogar noch weiter als § 937 II. Denn dort ist eine Verhandlung nur ausnahmsweise entbehrlich.

Beweiserheblichkeit im Hauptverfahren ist eine bei § 490 noch nicht klärungsbedürftige Frage. Das gilt formell 3 sogar dann, wenn der Hauptprozeß bereits anhängig ist. In der Praxis wird man freilich im Ergebnis über § 485 I einen bereits wahrscheinlich entscheidungsunerheblichen Antrag nach § 487 sehr kritisch zu behandeln versuchen. Dazu mag eine nur mit der Ladungsfrist des § 217 und daher rasch ansetzbare Verhandlung oder gar eine telefonische allzeitige Erörterung sinnvoll sein.

Rechtssicherheit bezweckt II 1. Die Vorschrift wird oft reichlich knapp erfüllt. Das mag den Sachverständigen unnötig verunsichern. Deshalb ist Sorgfalt geboten.

3) Geltungsbereich, I, II. Vgl Üb 3 vor § 485. 4

4) Verfahren, I. Über den Antrag entscheidet das Gericht bei freigestellter mündlicher Verhandlung, 5 § 128 IV. Es muß einen Termin unverzüglich bestimmen, § 216, und zwar auch für die Zeit vom 1. 7. bis 31. 8., § 227 Rn 31. Das selbständige Beweisverfahren ist nicht schon als solches Sommersache. Es kommt für § 227 III 2 Hs 1 Z 1–6 auf den dortigen Charakter des beabsichtigten Hauptprozesses an. Das Gericht muß dem Antragsgegner das rechtliche Gehör gewähren, Art 103 I GG, LG Mü ZMR 85, 417. Das kann allerdings durchaus auch einmal erst *nach* der Anordnung der Beweisaufnahme geschehen, Karlsr MDR 82, 1027. In einem besonderen Eilfall muß das Gericht daher auch vor einem rechtlichen Gehör die Beweisaufnahme anordnen, LG Ffm MDR 85, 153. Freilich ist eine Ablehnung ohne rechtliches Gehör des Gegners

§§ 490, 491 Buch 2. Abschnitt 1. Verfahren vor den LGen

statthaft. Denn der Gegner wäre ja nicht beschwert. Eine Verweisung nach § 281 ist statthaft. Sie erfordert einen Hilfsantrag, Ffm RR **98**, 1610.

6 **5) Entscheidung, I, II.** Die Entscheidung über den Antrag ergeht durch einen Beschluß, I, § 329. Wenn er stattgibt, ist er inhaltlich ein Beweisbeschluß, § 359. Es geht dann freilich in seiner Bedeutung meist weiter. Er darf wegen § 308 I und der vielfach abschließenden Wirkung der Beweisaufnahme im Verfahren nach § 485 keineswegs über die Anträge hinausgehen, § 308 I, BGH NJW **00**, 961, Ffm RR **90**, 1024. Das Gericht muß den Antrag nach einem gemäß § 139 notwendigen Hinweis nebst angemessener Behebungsfrist in folgenden Fällen zurückweisen: Wenn es bei seiner von Amts wegen notwendigen Prüfung nach Grdz 39 vor § 128 seine Unzuständigkeit erkennt; wenn die Voraussetzungen der §§ 485, 487 fehlen, BGH NJW **00**, 961; wenn eine Beweisaufnahme unzulässig ist, BGH NJW **00**, 961. Nicht zu prüfen sind die Beweisbedürftigkeit und die Beweiserheblichkeit der behaupteten Tatsache, § 485 Rn 8, BGH NJW **00**, 961, Düss JB **92**, 426. Denn diese Prüfung ist ja gerade erst im etwaigen Hauptprozeß abschließend möglich, § 286. Wegen eines Vorschusses Üb 5 vor § 485.

7 *Begründen* muß das Gericht seine Entscheidung grundsätzlich in aller Regel, § 329 Rn 4, aM MüKoSchr 2, ZöHe 2 (nur bei einer Abweichung vom Antrag). Aber zumindest wegen der Angreifbarkeit des Urteils nach Rn 9 muß das Gericht die Nachprüfbarkeit vollständig ermöglichen. Insofern geht ja eben die Bedeutung der Entscheidung über einen „einfachen" Beweisbeschluß hinaus). Das Gericht muß seine Entscheidung verkünden oder bei einer Ablehnung dem Antragsteller, nach der Anhörung des Antragsgegners auch ihm, beim Stattgeben beiden Parteien formlos mitteilen, § 329 II 1. Das Gericht stellt die Entscheidung nur dann förmlich zu, wenn es gleichzeitig einen Termin bestimmt, § 329 II 2. Die Entscheidung ist jederzeit abänderlich, Jena MDR **97**, 1161 (vgl aber § 487 Rn 8, 9), Schilken ZZP **92**, 257. Es ist statthaft und oft angebracht, die Entscheidung zugleich auf einen etwaigen vom Gegner angetretenen Gegenbeweis zu erstrecken. Kosten: Üb 5 vor § 485.

8 **6) Rechtsbehelfe, I, II.** Ein stattgebender oder ein die Aufhebung einer Beweisanordnung ablehnender Beschluß ist grundsätzlich erst zusammen mit dem Urteil anfechtbar, § 355 II, BayObLG NZM **02**, 570 (WEG), KG MDR **99**, 564, LG Mainz WoM **97**, 632, aM Ffm RR **93**, 1342 (aber § 355 II gilt für das gesamte Beweisverfahren).

9 Allerdings kann bei *greifbarer Gesetzwidrigkeit* (zu diesem fragwürdigen Begriff § 127 Rn 25) eine sofortige Beschwerde nach § 567 I zulässig sein, (je zum alten Recht) Ffm MDR **91**, 1193, KG MDR **98**, 564 (im dortigen Fall verneint), LG Bln RR **97**, 585. Bei einer Zurückweisung ist grundsätzlich die sofortige Beschwerde nach § 567 I Z 2, (je zum alten Recht), Ffm NJW **92**, 2837, Karlsr MDR **82**, 1027, Saarbr VersR **00**, 891. Eine Zurückweisung kann auch in der Ablehnung eines vor Erledigung des bisherigen Antrags gestellten Antrags auf eine weitere Beweiserhebung liegen, Hbg WoM **93**, 94. Sie kann ferner in einer Änderung des früheren Beschlusses liegen. Eine sofortige Beschwerde kommt auch bei allzu langer Verzögerung der Entscheidung in Betracht, § 252.

Die sofortige Beschwerde ist auch dann zulässig, wenn fälschlich eine *Verfügung* des Vorsitzenden ergangen ist, die aber erkennen läßt, daß das Kollegium entschieden hat, Karlsr OLGZ **80**, 63, aM ZöHe 2 (zu formstreng). Auch gegen die Zurückweisung eines sog Gegenantrags nach § 487 Rn 6 ist die sofortige Beschwerde zulässig, § 567 I Z 2, aM Schilken ZZP **92**, 256 (aber auch dann hat das Gericht ein Verfahrensgesuch abgelehnt). Keine Beschwerde ist gegeben, soweit das Gericht eine Entscheidung nach §§ 398, 402, 412 ablehnt, Ffm OLGR **96**, 82, Hamm OLGR **96**, 203, Köln RR **00**, 729. Zur Anschlußbeschwerde § 567 III. Eine Rechtsbeschwerde kommt unter den Voraussetzungen des § 574 in Betracht

10 Eine Anregung zu einer *Änderung* oder Aufhebung von Amts wegen ist stets zulässig, § 329 Rn 16, § 360 Rn 4, 5, KG MDR **99**, 564, LG Mü ZMR **85**, 417, Mickel BB **84**, 441. Eine sofortige Beschwerde gegen einen anordnenden Beschluß läßt sich grundsätzlich in eine solche Anregung umdeuten, Karlsr MDR **82**, 1027, LG Mü ZMR **85**, 417. Wegen Einwendungen gegen die Ordnungsmäßigkeit der Durchführung vgl § 492 Rn 5.

11 **7) VwGO:** Entsprechend anwendbar, § 98 VwGO. Der ablehnende Beschluß ist mit der Beschwerde, §§ 146 ff VwGO, anfechtbar, sofern sie nicht schlechthin ausgeschlossen ist, vgl § 252 Rn 7; § 146 II VwGO steht nicht entgegen, weil es sich nicht um die Ablehnung eines Beweisantrages iSv § 86 II VwGO handelt, OVG Münst NJW **69**, 1318 mwN.

491 Ladung des Gegners.

I Der Gegner ist, sofern es nach den Umständen des Falles geschehen kann, unter Zustellung des Beschlusses und einer Abschrift des Antrags zu dem für die Beweisaufnahme bestimmten Termin so zeitig zu laden, dass er in diesem Termin seine Rechte wahrzunehmen vermag.

II Die Nichtbefolgung dieser Vorschrift steht der Beweisaufnahme nicht entgegen.

1 **1) Systematik, I, II.** Es handelt sich um eine durch die Besonderheiten des selbständigen Beweisverfahrens bedingte Abwandlung der im Hauptprozeß geltenden Ladungsvorschriften mit Vorrang zB gegenüber § 274 III (Einlassungsfrist) oder § 217 (Ladungsfrist). Die Bestimmungen zum Wie einer Ladung eines schon bekannten Gegners nach § 487 Z 1, zB §§ 166 ff, 178 ff (Ersatzzustellung) bleiben beachtlich. Soweit der Gegner noch unbekannt ist, gilt § 494. Soweit überhaupt kein Termin in Betracht kommt, etwa beim zunächst nur schriftlichen Gutachten, ist § 491 natürlich noch unanwendbar und teilt das Gericht den Beweisbeschluß formlos dem Gegner mit. Eine förmliche Zustellung ist freilich ratsam.

2 **2) Regelungszweck, I, II.** Die Vorschrift dient zwar in I schon nach dem Wortlaut der möglichsten Wahrung des rechtlichen Gehörs nach Art 103 I GG als prozessualen Grundrechts, Einl III 16, Düss RR **97**, 1284. Sie stellt aber zugleich in II klar, daß in Abweichung vom sonstigen Verstoß gegen das Gehör eine Nichtladung usw den Fortgang des Beweisverfahrens nicht beeinträchtigt. Das hat seinen Grund in der meist erheblichen Eilbedürftigkeit wie beim Arrest bzw der einstweiligen Verfügung, wo evtl nicht nur eine

Titel 12. Selbständiges Beweisverfahren **§§ 491, 492**

Verhandlung unterbleiben muß, sondern sogar die bloße Anhörung des Antragsgegners, § 937 Rn 4. Freilich können die Rechtswirkungen des § 493 wegen ihrer Endgültigkeit weiter gehen als diejenigen der §§ 916, 935 ff. Deshalb ist Zurückhaltung beim Absehen von einer Ladung oder gar Anhörung ratsam.

3) Geltungsbereich, I, II. Vgl Üb 3 vor § 485. 3

4) Ladungspflicht, I. Das Gericht muß den Beweisführer und seinen Gegner zum etwaigen Beweister- 4 min von Amts wegen laden, § 214. Soweit der Sachverständige Ermittlungen anstellt, gilt § 407 a Rn 11. Das Gericht braucht keine Ladungsfrist nach § 217 einzuhalten. Doch muß die Ladung so zeitig geschehen, daß der Gegner seine Rechte im Termin wahren kann, Art 103 I GG, §§ 357, 397, 402. Gleichzeitig mit dem Beschluß muß das Gericht etwaige Termin bestimmen, § 216. Ein Termin entfällt, soweit nur ein schriftliches Gutachten ohne mündliche Erläuterung erfolgt. Die Einbeziehung eines weiteren Gegners ist jedenfalls nicht mehr zulässig, soweit das Verfahren beendet ist, § 492 Rn 6, LG Köln MDR **94**, 202. Zeugen und Sachverständige werden wie sonst geladen, §§ 377, 402.

5) Verstoß, II. Bei einem Verstoß findet die Beweisaufnahme trotzdem statt, II, auch beim bloßen 5 Ausbleiben einer Partei, § 367. Die Unterlassung einer Ladung kann sich nach § 493 II auswirken.

6) VwGO: *Entsprechend anwendbar, § 98 VwGO; die Ladung wird vAw zugestellt, § 56 VwGO.* 6

492 *Beweisaufnahme.* [I] Die Beweisaufnahme erfolgt nach den für die Aufnahme des betreffenden Beweismittels überhaupt geltenden Vorschriften.

[II] Das Protokoll über die Beweisaufnahme ist bei dem Gericht, das sie angeordnet hat, aufzubewahren.

[III] Das Gericht kann die Parteien zur mündlichen Erörterung laden, wenn eine Einigung zu erwarten ist; ein Vergleich ist zu gerichtlichem Protokoll zu nehmen.

1) Systematik, I–III. Die Vorschrift enthält Ergänzungen zu § 490 I. Die Möglichkeit III, die dem 1 § 118 I 3 entspricht, enthält eine Abwandlung von § 285.

2) Regelunszweck, I–III. Auch wenn das selbständige Beweisverfahren wegen eines drohenden Verlusts 2 des Beweismittels oft eilbedürftig ist, soll doch gerade auch wegen der gewissen Endgültigkeit der Beweisaufnahme nach § 493 ihre Vornahme ebenso sorgfältig sein wie im Hauptprozeß. I dient also der Ermittlung der Wahrheit und damit der sachlichen Gerechtigkeit, Einl III 9. II hat rein technisch Bedeutung. III dient wie §§ 118 I 3 der Prozeßwirtschaftlichkeit, vgl Grdz 14 vor § 128 auch im Hinblick auf die auch im selbständigen Beweisverfahren geltende Parteiherrschaft, Grdz 18 vor § 128.

3) Geltungsbereich, I–III. Vgl Üb 3 vor § 485. 3

4) Verfahren, I. Die Beweisaufnahme geschieht nach §§ 355 ff, §§ 371 ff, auch § 375, aM ThP 1 (wegen 4 § 486 II, III. Aber das ist ein Sonderfall der Zuständigkeit). § 404 I ist nur insoweit anwendbar, als der Antragsteller nicht die Person des Sachverständigen bindend benennt, § 487 Rn 7, 8, dort auch zur Ablehnungsfrage. Eine Beeidigung findet also nur unter den Voraussetzungen des § 391 statt. Es erfolgt wegen der dem Hauptverfahren nach § 286 vorbehaltenen Beweisaufnahme im selbständigen Beweisverfahren nur ausnahmsweise und bei einer Anhängigkeit des Hauptprozesses nur infolge einer Anordnung des Prozeßgerichts. Der Sachverständige muß das BDSG beachten, soweit das mit seinem Auftrag vereinbar ist, Scholz BauR **87**, 275. Über Einwendungen gegen die Zuständigkeit, den Antrag oder die sonstige Zulässigkeit entscheidet das Gericht im Termin durch Beschluß. Bei einer Beweisaufnahme vor dem § 361, 362 verordneten Richter entscheidet als Prozeßgericht dasjenige Gericht, das die Beweisaufnahme angeordnet hat. Die Einholung einer schriftlichen Zeugen- oder Sachverständigenaussage ist wegen der Verweisung von § 402 ff und damit auf § 411 II zulässig, Schilken ZZP **92**, 257.

Wegen der *Ermittlungen* durch den Sachverständigen § 407 a Rn 11. Wenn die Partei Ermittlungen durch 5 das Gericht wünscht, ist ein Antrag auf richterlichen Augenschein in Gegenwart auch des etwaigen Sachverständigen ratsam, § 371. § 411 III ist anwendbar, Düss NJW **00**, 3364, Köln VersR **97**, 511, Saarbr RR **94**, 788. Der Antragsgegner muß dem Sachverständigen Zutritt gewähren, Karlsr RR **02**, 951. Die Erläuterung bzw Anhörung kann im selbständigen Beweisverfahren erfolgen, Düss MDR **94**, 939, Köln OLGR **97**, 69, Saarbr RR **94**, 787. Man kann sie aber auch im Hauptprozeß unverzüglich beantragen, LG Ffm MDR **85**, 150. Auch § 411 IV ist anwendbar, Celle RR **01**, 142. Dabei reicht eine Frist von 4 Monaten fast stets, Mü MDR **01**, 531. Ein Anhörungsantrag ist nach weniger als 3 Monaten nicht verspätet, zumal wenn der Antragsteller zunächst ein Privatgutachten eingeholt hatte, Düss NJW **00**, 3364. Ein Antrag erst nach 6 Monaten ist meist verspätet, Nürnb MDR **02**, 538, erst recht ein solcher erst nach 10 Monaten, Celle RR **01**, 142. Nur bei Rechtsmißbrauch darf das Gericht einen Anhörungsantrag ablehnen, Einl III 54, Düss NJW **00**, 3364.

Gegen die *Zurückweisung* einer Einwendung ist kein Rechtsbehelf zulässig, § 490 II, soweit er nicht aus §§ 371–414 folgt. Zurückgewiesene Einwendungen kann die Partei noch im Prozeß vorbringen, zB den Sachverständigen ablehnen, § 487 Rn 8. Die Unterlassung einer zumutbaren Einwendung im Beweisverfahren kann entsprechend § 444 deren Unbeachtlichkeit im Hauptprozeß bewirken.

Das Verfahren *endet:* Mit der Zurückweisung des Antrags, BGH **60**, 212; mit der Rechtskraft des ablehnen- 6 den Beschlusses, § 322, Hbg MDR **78**, 845; mit der Durchführung der Beweisaufnahme, LG Köln MDR **94**, 202, genauer: mit der Mitteilung ihres Ergebnisses, also zB: Bei einer Zeugenaussage mit ihrer Verlesung im Termin des Hauptprozesses, § 162; bei einem lediglich schriftlich eingeholten Gutachten grundsätzlich (s aber nr) mit der Mitteilung des Gutachtens an die Parteien, BGH **150**, 58, Düss MDR **04**, 1200, Kblz MDR **05**, 826; bei einer mündlichen Begutachtung oder bei einer mündlichen Erläuterung des zuvor schriftlichen Gutachtens, BGH NJW **02**, 1641, die auch der Antragsgegner beantragen darf, BGH **150**, 58, Saarbr RR **94**, 788, Schilken ZZP **92**, 256, und zwar auch noch angemessene Zeit nach dem Erhalt des

§§ 492, 493   Buch 2. Abschnitt 1. Verfahren vor den LGen

schriftlichen Gutachtens, Düss MDR **04**, 1200 (evtl nach fast 4 Monaten!), Köln RR **98**, 210, aM Brschw BauR **93**, 351, Ffm BauR **94**, 139, Köln BauR **98**, 591 (aber eine Frist muß stets den Gesamtumständen angemessen sein); mit der Verlesung des Protokolls oder mit der Vorlage des Protokolls, freilich nicht erst mit seiner Übermittlung oder mit der Festsetzung des Streitwerts, BGH **60**, 212; mit dem Abschluß eines Vergleichs, III; mit der Kostenentscheidung nach § 494 a II 1.

7   **5) Protokollaufbewahrung, II.** Das Protokoll bleibt beim Gericht. Vgl auch § 362 II. Natürlich kann und muß das Hauptsachegericht das Protokoll beiziehen. Es sendet das Protokoll im Original nach dem Abschluß des Hauptprozesses an das nach II zuständige Gericht zurück und nimmt zweckmäßig vorher eine Protokollabschrift zu den Akten des Hauptprozesses.

8   **6) Erörterung; Vergleich, III.** Die Vorschrift stimmt mit § 118 I 3 wörtlich überein. Vgl daher § 118 Rn 13 ff, ferner § 279 Rn 2, Lüke NJW **94**, 234. Anwaltszwang besteht wie sonst, § 78. Eine Erstattung von Kosten der Teilnahme an einem Termin nach III bedarf einer Übernahme durch Vergleich, LG Stade MDR **95**, 1270. Ein Protokoll ist wie sonst erforderlich, § 160 III Z 1, 4, 5.

9   **7) VwGO:** *Entsprechend anwendbar,* § 98 *VwGO.*

493 *Benutzung im Prozess.* **¹ Beruft sich eine Partei im Prozess auf Tatsachen, über die selbständig Beweis erhoben worden ist, so steht die selbständige Beweiserhebung einer Beweisaufnahme vor dem Prozessgericht gleich.**

II War der Gegner in einem Termin im selbständigen Beweisverfahren nicht erschienen, so kann das Ergebnis nur benutzt werden, wenn der Gegner rechtzeitig geladen war.

Schrifttum: *Weller,* Selbständiges Beweisverfahren und Drittbeteiligung usw, Diss Bonn 1994.

1   **1) Systematik, I, II.** Die Vorschrift enthält im Anschluß an die Regeln zur Beweisaufnahme diejenigen zur Beweiswürdigung. Sie ergänzt damit §§ 286, 287, 367, ohne deren Grundsatz freier Beweiswürdigung einzuschränken. § 494 a enthält ja nur Kostenfolgen.

2   **2) Regelungszweck: Benutzungsrecht, I, II.** Im Benutzungsrecht liegt ein Hauptsinn des selbständigen Beweisverfahrens. Jede Partei darf sich bei Nämlichkeit der Beteiligten nach Rn 4 (nur) auf die inländische selbständige Beweisaufnahme im Hauptprozeß berufen, Köln NJW **83**, 2779 (abl Meilicke NJW **84**, 2017). Das gilt: Immer, wenn der Gegner erschienen war; ferner immer, wenn er ordnungsgemäß und insbesondere rechtzeitig geladen war, § 491; allerdings nicht mehr auch schon dann, wenn der Beweisführer eine schuldlose Unterlassung oder Verspätung der Ladung nach § 294 glaubhaft macht. Wenn die Ladung ohne Schuld des Antragstellers trotz objektiv bestehender Ladungsmöglichkeit unterblieben war, dann darf der Antragsteller eine Wiederholung der Beweisaufnahme verlangen, Rn 5, Celle NZM **98**, 160. Die Rüge des Mangels muß sofort bei der Berufung auf das selbständige Beweisverfahren im Hauptprozeß erfolgen. Andernfalls muß man einen Verzicht annehmen, § 295.

Wer als *Gegner* eine mögliche und zumutbare Einwendung unterläßt, ist beweispflichtig dafür, daß das Ergebnis des selbständigen Beweisverfahrens nicht zutrifft, Düss BB **88**, 721. Mangels eines Termins ist II unanwendbar. Das gilt zB dann, wenn der Sachverständige sein Gutachten nur schriftlich erstatten mußte. Wegen Ermittlungen durch den Sachverständigen § 407a Rn 11. Sie sind kein Termin nach II. Hat der Sachverständige sein Gutachten auf Grund von jetzt unstreitigen Tatsachen erstattet, die er in einem früheren selbständigen Beweisverfahren ohne Beteiligung des jetzigen Bekl ermittelt hatte, so ist II unanwendbar, Düss RR **94**, 283.

3   **3) Geltungsbereich, I, II.** Üb 3 vor § 485.

4   **4) Verstoß, I, II.** Ein Verstoß kann zB bei einer fehlenden „Ladung" zur Ortsbesichtigung vorliegen, ferner bei Mängeln der Identität der Parteien des selbständigen Beweis- und des Hauptverfahrens, Ffm MDR **85**, 853, Köln MDR **76**, 847, die auch den Fall der Abtretung umfaßt, Düss MDR **85**, 1032, KG MDR **81**, 940. Auch die Nichtbeteiligung eines von mehreren Bekl des Hauptprozesses am selbständigen Beweisverfahren macht dessen Ergebnis zumindest diesen Bekl gegenüber unverwertbar, BGH NJW **03**, 3057. Dann darf und muß das Gericht die Verwertbarkeit des schriftlichen Gutachtens frei würdigen, § 406 Rn 30, Cuypers NJW **94**, 1991, aM ThP 2 (das Gutachten sei dann unverwertbar. Aber § 286 kann derartige Bedenken miterfassen). Wegen der Ablehnbarkeit des Sachverständigen nach der Erstattung des Gutachtens des selbständigen Beweisverfahrens im nachfolgenden Hauptprozeß § 406 Rn 31. Ein Verstoß des Gerichts eröffnet dem Gegner den Beweisantritt im Hauptprozeß.

5   **5) Bewertung, I.** Die selbständige Beweiserhebung steht einer vor dem Prozeßgericht geschehenen gleich, Düss RR **97**, 1284, Kblz MDR **90**, 159. Deshalb ist auch weder ein besonderer Verwertungsantrag noch ein besonderer Verwertungsbeschluß notwendig. Vielmehr genügt und ist erforderlich eine ordnungsgemäße Protokollierung nach § 160 III, Düss JB **04**, 534. Die Auswertung erfolgt nach § 286 von Amts wegen. Eine Verhandlung über ihr Ergebnis ist notwendig, § 285 I (nicht II), Hamm MDR **92**, 713. Ein Verstoß ist heilbar, § 295. Eine Ergänzung oder Wiederholung des Beweisverfahrens ist zulässig, Mickel BB **84**, 439. Sie erfolgt nach § 360, 398, 411 IV, 412, Rn 2, Kblz MDR **90**, 159, etwa auch bei unterbliebener Beeidigung, bei Ablehnung eines Sachverständigen oder beim Wechsel der Parteien des selbständigen Beweisverfahrens zum Hauptprozeß, BGH MDR **91**, 236. Darum findet auch keine urkundenbeweisliche Benutzung statt, wenn eine solche Benutzung im Hauptprozeß unzulässig wäre, etwa weil sie eine Zeugenvernehmung ersetzen sollte. Das gilt auch im Urkundenprozeß, § 492. Eine urkundenbeweisliche Auswertung des Ergebnisses des selbständigen Beweisverfahrens bleibt aber gegenüber einem nach Rn 4 zulässigen gegnerischen Beweisantritt im Hauptprozeß statthaft, Ffm MDR **85**, 853. Eine Entscheidung im selbständigen Beweisverfahren über einen Ablehnungsantrag bindet im Hauptprozeß, Ffm RR **90**, 768.

6   **6) VwGO:** *Entsprechend anwendbar,* § 98 *VwGO.*

Titel 12. Selbständiges Beweisverfahren　　　　　　　　　　　　　　　§§ 494, 494a

494 *Unbekannter Gegner.* ¹ Wird von dem Beweisführer ein Gegner nicht bezeichnet, so ist der Antrag nur dann zulässig, wenn der Beweisführer glaubhaft macht, dass er ohne sein Verschulden außerstande sei, den Gegner zu bezeichnen.

II Wird dem Antrag stattgegeben, so kann das Gericht dem unbekannten Gegner zur Wahrnehmung seiner Rechte bei der Beweisaufnahme einen Vertreter bestellen.

1) Systematik, I, II. § 494 macht eine Ausnahme von § 487 Z 1 und damit eine Ausnahme vom 1 grundsätzlichen Verbot eines Ausforschungsbeweises, Einf 27 vor § 284, Ffm MDR **94**, 1244. Denn die Bezeichnung des Gegners auf dieser Entwicklungsstufe ist bisweilen unmöglich. Der Schädiger kann zB unbekannt sein, etwa als ein flüchtender Unfallverursacher, BGH NJW **80**, 1458. Die Vorschrift enthält nur scheinbar sogar eine Ausnahme vom Prozeßgrundrecht des rechtlichen Gehörs, Einl III 16: Wen man nicht kennt, den kann man nicht anhören – *wenn* man ihn wirklich nicht kennen kann.

2) Regelungszweck, I, II. Die in Rn 1 angesprochene Problematik erfordert eine gewisse Großzügig- 2 keit, aber ebenso auch eine gewisse Zurückhaltung. So unvermeidbar die öffentliche Zustellung nach §§ 185 ff trotz ihrer weitreichenden Nachteilsfolgen für den Zustellungsgegner werden kann, so unentbehrlich kann das selbständige Beweisverfahren gegen noch Unbekannt sein. Um so vorsichtiger muß man damit umgehen. Denn seine Folgen können ebenfalls weit reichen, und zwar endgültig. Das gilt es mitzubedenken. Zumindest sollte man von II durchaus Gebrauch machen.

3) Geltungsbereich, I, II. Üb 3 vor § 485. 3

4) Schuldlose Unmöglichkeit der Bezeichnung des Gegners, I. Aus den in Rn 1 genannten 4 Gründen ist ein selbständiges Beweisverfahren auch ohne eine Bezeichnung des Gegners dann zulässig, wenn der Beweisführer nach § 294 glaubhaft macht, daß er den Gegner ohne eigenes Verschulden nicht benennen kann, sei es während oder außerhalb eines Streitverfahrens, § 485 I (seltener), sei es vor Anhängigkeit eines Rechtsstreits, § 485 II (eher). Da die Gefahr des Mißbrauchs nicht unbeträchtlich ist und die Stellung des Gegners im kommenden Prozeß erschweren kann, muß man an die Zumutbarkeit der Nachforschungen strenge Anforderungen stellen.

5) Vertreter, II. Das Gericht kann nach seinem pflichtgemäßen Ermessen dem unbekannten Gegner 5 einen Vertreter bestellen. Er ist ein gesetzlicher Vertreter nach § 51. Der Bestellte ist zur Übernahme des Amtes nicht verpflichtet. Der Antragsteller trägt zunächst seine Vergütung. Sie ist im nachfolgenden Hauptprozeß im Rahmen von § 91 Rn 195 ff erstattungsfähig. Der Vertreter hat keinen Anspruch gegen die Staatskasse. Darum ist § 17 GKG unanwendbar. II ist entsprechend anwendbar, wenn die Partei gestorben oder ihr gesetzlicher Vertreter weggefallen ist.

6) *VwGO:* *Entsprechend anwendbar, § 98 VwGO; „Beweisführer" ist der Antragsteller, § 485.* 6

494a *Frist zur Klageerhebung.* ¹ Ist ein Rechtsstreit nicht anhängig, hat das Gericht nach Beendigung der Beweiserhebung auf Antrag ohne mündliche Verhandlung anzuordnen, dass der Antragsteller binnen einer zu bestimmenden Frist Klage zu erheben hat.

II ¹ Kommt der Antragsteller dieser Anordnung nicht nach, hat das Gericht auf Antrag durch Beschluss auszusprechen, dass er die dem Gegner entstandenen Kosten zu tragen hat. ² Die Entscheidung unterliegt der sofortigen Beschwerde.

Gliederung

1) Systematik, I, II 1	A. Antrag 14
2) Regelungszweck, I, II 2	B. Kostenanspruchszwang 15
3) Geltungsbereich, I, II 3	C. Verfahren 16
4) Noch keine Anhängigkeit, I 4	D. Kein Kostenanspruch nach Anhängigkeit des Hauptverfahrens 17
5) Antrag, I 5	10) Sofortige Beschwerde, II 3 18
6) Anordnungszwang, I 6	11) Bestandskraft des Kostenausspruchs, II 19, 20
7) Verfahren, I 7, 8	A. Grundsatz: Endgültiger Vollstreckungstitel 19
8) Rechtsbehelfe, I 9, 10	B. Verstoß 20
A. Antragsteller des Beweisverfahrens 9	
B. Antragsteller nach I 10	12) *VwGO* 21
9) Kostenausspruch, II 1, 2 11–17	

1) Systematik, I, II. Die Vorschrift entspricht in I weitgehend dem § 926 I. Sie zieht aber in andere, 1 wesentlich engere, nämlich auf die bloßen Kostenfragen beschränkte Folgerungen als ein Verstoß als ein wesentlich weitergehende § 926 II. Sie erfaßt nur ein solches selbständiges Beweisverfahren, das vor der Anhängigkeit der Hauptsache stattfindet, sei es mit oder ohne dringende Gefahr. II hat Ähnlichkeiten mit dem zumindest entsprechend anwendbaren § 269, dort Rn 3, und mit § 344. II ist eine eng auslegbare Ausnahmevorschrift, Rn 11.

2) Regelungszweck, I, II. Er besteht unmittelbar nur darin, dem im isolierten Verfahren unabhängig 2 von seinem Ausgang ohne Kostengrundentscheidung dastehenden Antragsgegner die Möglichkeit zu geben, sich den Kostentitel nach II zu verschaffen, ohne endlos auf einen etwaigen Hauptprozeß mit seiner Kostenentscheidung warten zu müssen, BGH FamRZ **04**, 868, Celle RR **98**, 1079, Ffm RR **01**, 863, Hamm MDR **99**, 1406. Mittelbar kann der Antragsgegner durch den eigenen Antrag nach I aber auch in der Sache selbst Druck auf den Antragsteller ausüben, Ende MDR **97**, 123. Er hat damit evtl schon vor einer

§ 494a

Buch 2. Abschnitt 1. Verfahren vor den LGen

Entscheidung nach § 490 I eine Hinweismöglichkeit, die den Gegner vielleicht vom ganzen weiteren Beweisverfahren abhält, das er mit einer Art Zwangsklägerrolle in einem Hauptprozeß bezahlen müßte.

3 3) **Geltungsbereich, I, II.** Vgl Üb 3 vor § 485.

4 4) **Noch keine Anhängigkeit, I.** Es darf (gemeint natürlich: noch) nicht ein Rechtsstreit anhängig sein. Das muß man ebenso wie in §§ 485 II 1, 486 II 1 verstehen, § 486 Rn 6. Die selbständige Beweiserhebung muß vor der Anhängigkeit des Hauptprozesses bereits beendet sein, § 492 Rn 6, Düss JB **93**, 622. Die Anhängigkeit eines Prozesses mit umgekehrten Parteirollen kann den Antrag unzulässig machen, LG Köln ZMR **03**, 191. Nach Beseitigung der im selbständigen Beweisverfahren festgestellten Mängel entfällt für das Verfahren nach § 494 a das Rechtsschutzbedürfnis, BGH RR **03**, 454.

5 5) **Antrag, I.** Das Anordnungsverfahren nach I erfolgt auf Antrag des Antragsgegners des Beweisverfahrens. Auch den Antrag nach I kann man vor jeder Geschäftsstelle zu Protokoll erklären. Zwar verweist I nicht auf § 486 IV. Es wäre aber widersinnig, alle übrigen Anträge derart zuzulassen, nur denjenigen nach I nicht. Daher besteht für den bloßen Antrag nach I kein Anwaltszwang, (jetzt) § 78 V Hs 2, Brschw OLGR **97**, 71, Düss RR **99**, 509, Jena MDR **00**, 783, aM Zweibr MDR **95**, 744, MüKoSchr 2, ZöHe 6 (aber es gibt mehrere vergleichbare Lagen, zB bei § 104 Rn 56, § 920 Rn 11). Wegen II vgl Rn 12. Ein Rechtsschutzbedürfnis muß wie stets vorliegen, Grdz 33 vor § 253, Karlsr JB **96**, 375.

Unzulässig ist ein Antrag auf Klagerhebung gegen den bloßen Streithelfer des Antragsgegners, Kblz RR **03**, 880.

6 6) **Anordnungszwang, I.** Unter den Voraussetzungen Rn 4, 5 ist das Gericht verpflichtet, unverzüglich anzuordnen, daß der Antragsteller des Beweisverfahrens Klage gegen den Antragsgegner erheben muß. Natürlich meint I nur diesen Antragsteller und nicht denjenigen, der den Antrag nach I stellt. I meint auch nicht einen nach Rn 5 unzulässigen Antrag gegen den bloßen Streithelfer des Antragsgegners, Rn 5. Es besteht also kein Ermessen. Gemeint ist nur eine Klage, die zumindest auch den Gegenstand des selbständigen Beweisverfahrens betrifft, Zweibr MDR **02**, 476, aM Köln RR **97**, 1295 (nur den letzteren. Aber es genügt durchaus dieser eine Bezug). Eine bloße Feststellungsklage reicht nicht. Denn der Zweck von I, II ist auch die Herbeiführung eines Vollstreckungstitels, aM AG Aachen RR **99**, 1442 (aber § 256 ermöglicht gerade keine Zwangsvollstreckung).

7 7) **Verfahren, I.** Das Gericht muß dem Antragsteller des Beweisverfahrens das rechtliche Gehör binnen einer angemessenen Frist gewähren, Art 103 I GG. Es darf aber keine mündliche Verhandlung anberaumen. Das ergibt sich aus dem klaren Wortlaut von I. Es entscheidet durch einen Beschluß, § 329. Die Formel lautet etwa: „Der Antragsteller hat bis zum ... bei dem Gericht der Hauptsache Klage zu erheben". Eine Belehrung über die Folgen einer Fristversäumung sollte nicht vorgeschrieben werden und sollte auch nicht generell stattfinden, aM Köln OLGR **97**, 116, ZöHe 3 (aber die Erwägungen § 139 Rn 52 „Belehrung" gelten auch hier). Im Beschluß braucht das Gericht nicht mitzuteilen, welches Gericht dasjenige der Hauptsache sei. Es sollte auch dazu keine Erläuterung geben.

8 Das Gericht muß seinen *Beschluß begründen*, § 329 Rn 4. Die vom Gericht zu bestimmende Klagefrist muß angemessen sein. Das Gericht muß alle Umstände und Interessen abwägen. Da es „nur" um Kostenfolgen nach II geht, sollte das Gericht die Frist nicht allzu knapp bemessen, solange nicht höhere Kosten des Antragstellers nach I ersichtlich sind. Das Gericht teilt einen ablehnenden Beschluß nur dem Antragsteller nach I formlos mit. Den anordnenden Beschluß teilt das Gericht diesem Beteiligten förmlich zu, § 329 III Hs 2, und dem Antragsteller des Beweisverfahrens ebenfalls von Amts wegen, § 329 II 2. Mit dieser Zustellung beginnt der Fristlauf. Die Frist wird nach § 222 berechnet. Das Gericht kann sie nach § 224 II verlängern, Düss JB **93**, 622. Eine Klagerhebung vor einem unzuständigen Gericht wahrt die Frist. Denn das unzuständige Gericht darf die Sache an das zuständige Gericht verweisen. § 167 ist anwendbar, Hamm OLGR **94**, 622.

Gebühren: Des Gerichts: keine; des Anwalts: VV 3100 ff.

9 8) **Rechtsbehelfe, I.** Man muß zwei Situationen unterscheiden.

A. Antragsteller des Beweisverfahrens. Er hat gegen den stattgebenden Beschluß nach I (nicht zu verwechseln mit demjenigen nach II) noch keine sofortige Beschwerde. Denn die Voraussetzungen des § 567 I Z 2 liegen deshalb nicht vollständig vor, weil das Gericht nicht ein Gesuch des Gegners zurückgewiesen hat. Das gilt auch bei einer Fristverlängerung, Düss JB **93**, 622.

10 B. Antragsteller nach I. Er hat gegen den zurückweisenden Beschluß nach I (nicht zu verwechseln mit demjenigen nach II) die sofortige Beschwerde, § 567 I Z 2. Ein Beschwerdewert ist hier noch nicht nötig. Denn es liegt noch keine Entscheidung im Sinn von § 567 II 1, 2 vor. Diese mag erst nach II folgen.

Rechtsbeschwerde kommt unter den Voraussetzungen des § 574 in Betracht.

11 9) **Kostenausspruch, II 1, 2,** dazu *Notthoff* JB **96**, 5 (ausf): Wenn der Antragsteller des selbständigen Beweisverfahrens einer ordnungsgemäßen Anordnung nach I nicht fristgerecht nach Rn 7 folgt, besteht für seinen Verfahrensgegner die Möglichkeit, eine Kostengrundentscheidung (nur) wegen des selbständigen Beweisverfahrens zu erwirken, Ffm MDR **98**, 128, Hbg MDR **00**, 53. Das gilt aber nicht nach einem nach Rn 5 unzulässigen Antrag gegen den bloßen Streithelfer des Antragsgegners, Kblz RR **03**, 880. Das gilt, wenn der Antragsteller des Beweisverfahrens überhaupt keine Klage erhebt, §§ 253, 261, Düss OLGZ **93**, 342. Vermögensverfall ändert grundsätzlich nichts am Fristablauf, Drsd ZIP **99**, 1814, LG Gött BauR **98**, 590, aM Rostock BauR **97**, 169 (aber Vermögensverfall ist durchweg zumindest im Kern verschuldet). Das gilt ferner, wenn der Antragsteller nur einen winzigen Teilbetrag einklagt, Einl III 54, aM Düss RR **98**, 358 (aber Mißbrauch bleibt Mißbrauch). Es gilt auch bei einer Erstattung der durch das selbständige Beweisverfahren entstandenen Kosten klagt, Nürnb OLGZ **94**, 241, ZöHe 2, aM LG Aachen RR **99**, 1442 (aber das ist durchaus weniger als eine Hauptsacheklage). Eine Widerklage steht der Klage gleich, BGH JB **03**, 488.

12 *Eine Aufrechnung* steht der Klagerhebung nicht gleich, Düss MDR **94**, 201 rechte Spalte, Köln BauR **97**, 917, aM Hamm OLGR **97**, 1295, Köln RR **00**, 508 (aber auch eine Aufrechnung ist weniger als eine

Titel 12. Selbständiges Beweisverfahren § 494a

Hauptsacheklage). Auch die Ausübung eines Zurückbehaltungsrechts steht der Hauptsacheklage nicht gleich, Köln RR **97**, 1295, Nürnb BauR **00**, 442. Es müssen alle Antragsteller die Klagefrist versäumt haben, bevor der Antragsgegner nach II 1 vorgehen kann, Stgt MDR **00**, 1094. Das Gericht muß sie ausreichend bemessen haben, etwa auch zur Erwirkung von Prozeßkostenhilfe für die Hauptklage. „Klageerhebung" bedeutet nach II wie bei §§ 253 I, 261 I: Zustellung der Klageschrift, also nicht bloße Klageeinreichung (Anhängigkeit), sondern Rechtshängigkeit, anders als bei I, aM Ffm RR **01**, 861 (aber der Zeitpunkt der Klagezustellung begründet erst das in II 1 vorausgesetzte Prozeßrechtsverhältnis nach Grdz 4 vor § 128 mit den gerade notwendigen Kostenfolgen auch für das vorangegangene selbständige Beweisverfahren).

Die Regelung ist *lückenhaft*. Denn sie ist eine bloße eng auslegbare Ausnahme, Kblz RR **03**, 880, aM **13** Karlsr MDR **91**, 993, Köln VersR **96**, 1522. Aber der Wortlaut und Sinn sind eindeutig, Einl III 39). Sie erfaßt daher *nicht* die folgenden Fälle: Der Abweisung des Antrags; der Erledigung der Hauptsache, aM Düss MDR **03**, 535 und (bei einseitiger Erklärung) Köln RR **01**, 1651; der Antragsrücknahme, § 91 Rn 193 „Selbständiges Beweisverfahren: A. Kostengrundentscheidung"; der Geltendmachung eines nur winzigen Teilbetrags, BGH NJW **04**, 3121, Schlesw MDR **01**, 836, LG Mü RR **01**, 1151, aM Düss MDR **03**, 1132, Köln RR **01**, 1651 (aber sie ist eben eng auslegbar, s oben); der Erklärung eines „Klageverzichts", aM Köln VersR **96**, 1522 (aber den gibt es gar nicht. Gemeint ist wohl ein Anspruchsverzicht, Mü JB **00**, 589); eines umfassenden außergerichtlichen Vergleichs, Kblz RR **04**, 1728 (dann evtl § 98 entsprechend anwendbar).

Man kann dann § *91a I entsprechend* anwenden, Ende MDR **97**, 125, aM BGH FamRZ **04**, 868 (entsprechende Anwendung von § 494. Aber § 91a paßt besser). Allerdings wäre es sinnlos, dem Antragsgegner auch dann noch einen Kostentitel zu geben, wenn er schon erfüllt hat oder erfüllen will, Ffm AnwBl **99**, 235, Hbg MDR **98**, 242, Mü MDR **99**, 639, oder wenn der zugrunde liegende Streit beendet ist, Drsd RR **99**, 1516, LG Mainz JB **00**, 589. Das gilt auch dann, wenn einer von mehreren Antragsgegnern voll erfüllt hat, Hamm MDR **99**, 1406. Es muß ein deutsches selbständiges Beweisverfahren vorliegen, dessen Ergebnis sich in einem deutschen Hauptprozeß auswerten läßt, Hbg MDR **00**, 53 (auch EuGVVO, SchlAnh V C 4).

A. Antrag. Auch das Verfahren nach II findet nur auf Antrag statt. Dieser kann mit demjenigen nach I **14** verbunden worden sein, aber auch gesondert nachfolgen. Es gibt keine Antragsfrist. Treu und Glauben setzen auch hier zeitliche Grenzen, Einl III 54. Der Antrag ist ebenso formfrei und ohne Anwaltszwang zulässig wie derjenige nach I, Rn 5, Ffm MDR **99**, 1223. Zum Antrag ist natürlich nur derjenige berechtigt, *gegen* den das selbständige Beweisverfahren lief, nicht dessen Betreiber, KG RR **96**, 847.

B. Kostenausspruchszwang. Unter den Voraussetzungen Rn 4–8 ist das Gericht ebenso wie bei I zu **15** einem unverzüglichen Ausspruch grundsätzlich verpflichtet. Ausnahme: Rn 14. Das Gericht muß „aussprechen", also nicht nur nach Rn 5 feststellen, sondern rechtsbegründend tätig werden, Kblz RR **98**, 69. Die Entscheidung muß dahin ergehen, daß der Antragsteller des Beweisverfahrens die seinem Gegner in diesem selbständigen Verfahren entstandenen Kosten zu tragen hat. Es besteht also kein Ermessen des Gerichts. Das gilt unabhängig davon, welche Ergebnisse das Beweisverfahren hatte und welche Parteien gesiegt zu haben meint. Es soll eben der Kostendruck entstehen. Es handelt sich um eine echte Kostengrundentscheidung, Begriff § 91 Rn 5, Ffm MDR **99**, 1223. Der Umfang der Erstattungspflicht richtet sich wie sonst nach §§ 91 ff. Es ist auch eine Teil-Kostenentscheidung denkbar, Düss MDR **97**, 979, Kblz RR **98**, 68, aM AG Gött RR **00**, 1094 (aber §§ 91 ff gelten für jede Art Kostengrundentscheidung). Das Kostenfestsetzungsverfahren verläuft nach §§ 103 ff. Es ist unerheblich, ob das Ergebnis des Beweisverfahrens den Hauptprozeß beeinflußt, aM BGH JB **03**, 489 links (aber der Kostendruck soll vorher entstehen).

C. Verfahren. Das Gericht muß dem Antragsteller des Beweisverfahrens das rechtliche Gehör auch zu **16** dem gegnerischen Antrag nach II gewähren, Art 103 I GG. Soweit die Anträge nach I und II von vornherein verbunden worden waren, reicht die einmalige Anhörung. Eine mündliche Verhandlung ist im Verfahren nach II anders als nach I freigestellt, § 128 IV. Soweit sie stattfindet, besteht in ihr Anwaltszwang wie sonst, § 78 Rn 2. Denn der nach Rn 10 hier mitbeachtliche § 486 IV gilt nur für die Anträge Rn 5, nicht für das gesamte Verfahren, § 128 Rn 11, Mü MDR **99**, 639. Das Gericht entscheidet auch nach II durch Beschluß, § 329. Die Formel lautet grundsätzlich nicht etwa auf eine bloße Feststellung, Rn 15 (anders als zB bei § 269 III 2 oder Störungsbeseitigung, BGH MDR **04**, 1325), sondern etwa: „Der Antragsteller des Beweisverfahrens trägt die dem Verfahrensgegner entstandenen Kosten". Über die eigenen Kosten des Antragstellers des Beweisverfahrens ergeht keine Kostengrundentscheidung nach II, selbst wenn er beide Parteien dies beantragen. Mag er sie im Hauptprozeß erstreiten, Nürnb OLGZ **94**, 242. Das Gericht muß seinen Beschluß begründen, § 329 Rn 4. Es läßt den Beschluß stets beiden Beteiligten förmlich zustellen. Denn die Voraussetzungen des § 329 III Hs 1 liegen stets vor. Der Kostenausspruch ist ja ein Vollstreckungstitel, II 3 in Verbindung mit § 794 I Z 3 Hs 1 und er ist für beide Beteiligten nach Rn 14 anfechtbar.

Gebühren: Des Gerichts: Keine; des Anwalts: VV 3100 ff.

D. Kein Kostenausspruch nach Anhängigkeit des Hauptverfahrens. Das Gericht darf den Beschluß **17** nach II 1 nicht mehr fassen, nicht mehr verkünden bzw nicht mehr statt Verkündung mitteilen, wenn bis zu diesem Zeitpunkt der Antragsteller des selbständigen Beweisverfahrens doch noch verspätet Klage zur Hauptsache erhoben hat, §§ 253, 261, Düss RR **02**, 427, Mü JB **00**, 823, oder wenn zwar der Kostenvorschuß verspätet gezahlt wurde, das Hauptsachegericht die Klage aber alsbald nach dem Vorschußeingang zugestellt hat, bevor es zur Kostenentscheidung nach II kommen konnte, Celle OLGR **96**, 23, Düss RR **98**, 359. Denn das gesamte Verfahren nach II setzt ja gerade voraus, daß die Klagefrist nach I erfolglos verstrichen ist, Mü MDR **01**, 833. Freilich darf das Gericht im Verfahren nach II nicht etwa nach Grdz 38 vor § 128 von Amts wegen ermitteln, ob und bei welchem Gericht eine Klage doch noch erhoben worden ist, Mü MDR **01**, 833. Daher kann es durchaus zu einem objektiv nicht mehr zulässigen Beschluß nach II kommen, Mü MDR **01**, 833. Er ist als Staatshoheitsakt trotz seiner Mangelhaftigkeit wirksam, Üb 10, 19 vor § 300, und mangels Anfechtung nach den Regeln Rn 14 bestandskräftig, Rn 19.

§ 494a, Grundz § 495   Buch 2. Abschnitt 2. Verfahren vor den AGen

18   **10) Sofortige Beschwerde, II 3.** Gegen den Kostenausspruch hat der davon Beschwerte die sofortige Beschwerde, Köln VersR **96**, 1522, Mü MDR **01**, 833. Gegen die Ablehnung des Kostenausspruchs hat der Antragsteller des Verfahrens nach II die sofortige Beschwerde, II 3, § 567 I Z 1, 2. Dabei muß man zum Beschwerdewert § 567 II beachten. Das gilt auch im WEG-Verfahren, Üb 3 vor § 485, BayObLG MDR **96**, 144. Gegen eine Entscheidung des OLG kommt eine Rechtsbeschwerde nach § 574 I–III in Betracht. Wegen einer Anschlußbeschwerde § 567 III.

19   **11) Bestandskraft des Kostenausspruchs, II.** Sie wird unterschätzt.
    A. Grundsatz: Endgültiger Vollstreckungstitel. Der rechtskräftige Kostenausspruch nach II bildet schon wegen seiner Eigenschaft eines Vollstreckungstitels nach Rn 16 eine vom weiteren Verlauf des folgenden Hauptprozesses losgelöste endgültige Entscheidung. Sie ist nicht etwa stillschweigend auflösend bedingt durch eine abweichende Kostengrundentscheidung im Hauptprozeß. Das entspricht allein dem eindeutigen Sinn der Regelung, Einl III 39, aM LG Kleve RR **97**, 1356. Sie ist etwa derjenigen des § 344 vergleichbar. Leider enthält II keine dem § 344 Hs 2 entsprechende klarstellende Formulierung. Der Sache nach soll aber der nach II Unterliegende diese Haftung auch dann behalten, wenn er später in der Hauptsache siegt. Das muß das Gericht der Hauptsache bei seiner späteren Kostengrundentscheidung auch im Fall der Einbeziehung der Kosten des selbständigen Beweisverfahrens mitbeachten, § 91 Rn 195 „Selbständiges Beweisverfahren: B. Kostenerstattung". Das Gericht sollte es am besten etwa so klarstellen: „Die Kosten des Rechtsstreits tragen .... Jedoch bleibt es wegen der Kosten des Antragsgegners des selbständigen Beweisverfahrens (Aktenzeichen) bei dem Beschluß des ... vom ... (nach § 494a Abs. 2 ZPO)".

20   **B. Verstoß.** Soweit das Gericht bei der späteren Kostengrundentscheidung im Hauptprozeß die Regeln Rn 19 verletzt hat, ist nur seine spätere Entscheidung wie sonst anfechtbar, etwa nach §§ 319 ff, 329. § 99 ist dann unanwendbar, § 99 denkbar, § 99 Rn 19 „Unzulässige Kostenentscheidung".

21   **12)** *VwGO: Entsprechend anwendbar*, vgl Üb § 485 Rn 6. Sofortige Beschwerde iSv II 3 ist die Beschwerde, § 146 VwGO, sofern die Beschwerde nicht schlechthin ausgeschlossen ist, vgl § 252 Rn 8. Zu den Fällen, in denen über II 1 hinaus eine Kostenentscheidung zu treffen ist, s VG Köln NWVBl **01**, 110 u Sch/SchmA/P § 98 Rn 264; s ferner Rn 11–13.

Abschnitt 2. Verfahren vor den Amtsgerichten

Grundzüge

Schrifttum: *Hauff*, Arbeitsplatz Gericht. Die Arbeitsweise des Zivilrichters am Amtsgericht, 1996; *Steinbach/Kniffka*, Strukturen des amtsgerichtlichen Zivilprozesses: Methoden und Ergebnisse einer rechtstatsächlichen Aktenuntersuchung, 1982.

1   **1) Entwicklung.** Grundsätzlich verfehlt regelt die ZPO das für die Rechtsuchenden quantitativ wichtigste Verfahren vor dem Amtsgericht hilfsweise hinter dem landgerichtlichen. Nach der ZPO von 1877 stimmte das landgerichtliche Verfahren mit dem amtsgerichtlichen im wesentlichen überein. Erhebliche Abweichungen brachte namentlich die Nov 1909 in der Richtung der Vereinfachung und Beschleunigung des Verfahrens. Die Nov 1924 unterwarf das Verfahren vor dem Landgericht starken Änderungen in derselben Richtung. Das VereinhG brachte auch für das landgerichtliche Verfahren den Amtsbetrieb. Dadurch trat wieder eine Angleichung der beiden Verfahren ein, besonders nachdem das Güteverfahren durch das VereinhG in Wegfall gekommen war.

2   **2) Systematik.** Grundlegende Abweichungen des amtsgerichtlichen Verfahrens sind: Das grundsätzliche Fehlen des Anwaltszwangs (Ausnahme: § 78 II 1 Z 1–3); die grundsätzliche Entbehrlichkeit einer Vorbereitung durch Schriftsätze, § 129 I (Ausnahme: § 129 II vor allem §§ 275–277); die Verbindung der Funktionen des Vorsitzenden und des Kollegiums in demselben Richter. Vielfach ist das obligatorische Güteverfahren nach § 15 a EGZPO als Prozeßvoraussetzung zwingend vorgeschaltet, Grdz 49 vor § 253.

3   **3) Regelungszweck.** Das Verfahren vor dem Amtsgericht ist teilweise das Verfahren recht großer, teilweise das Verfahren der kleineren Streitwerte; klein vergleichsweise, für die Parteien oft groß, ja lebenswichtig. Darum bedarf gerade der Prozeß vor dem Amtsgericht der schärfsten Zusammenfassung und einer möglichsten Beschleunigung, BGH **93**, 245. Der Richter hat gerade hier oft eine erhebliche Fürsorgepflicht nach § 139. Das alles muß man bei der Auslegung mitbeachten. Zur Erschleichung der sachlichen Zuständigkeit durch Teilklagen Einl III 56.

4   *Zügigkeit* soll ein Hauptziel sein. Das gilt nicht nur für das Kleinverfahren nach § 495 a. Größere Ortsnähe, konsequente Ausnutzung aller Förderungsmöglichkeiten schon bei der Verfahrenswahl, Sorgfalt bei der Erstellung eines ersten „Kopfgutachtens" direkt nach dem Klageingang, nicht allzu dichte Terminsfolge an demselben Sitzungstag, Bereitschaft zum offenen Gespräch über Tatsachen wie Rechtsfragen, das sind nur einige der zahlreichen Mittel des Amtsrichters.

    Sorgfalt bleibt natürlich das Hauptziel, auch im Kleinverfahren. Sein weiter Ermessensraum darf weder zu Nachlässigkeit im Durchdenken noch zu Oberflächlichkeit bei der Abfassung der Protokollgründe statt eines Urteils führen, um nur zwei leider typische Gefahren anzusprechen. Auch im Kleinverfahren ist die Rechtslage oft genauso kompliziert wie in einem Verfahren mit sehr hohem Streitwert. Es hilft weder der Gerechtigkeit noch der Rechtssicherheit noch wenigstens der Prozeßwirtschaftlichkeit auf die Dauer wirklich, wenn sich der Amtsrichter unter dem „Schutz" der Unanfechtbarkeit seines Spruches durch Rechtsmittel die Arbeit zu leicht macht. Verdrossenheit der vor ihm auftretenden Anwälte wird eine unangenehme Folge solcher Arbeitsweise sein.

4) Geltungsbereich. §§ 495 ff gelten in allen erstinstanzlich vom Amtsrichter zu bearbeitenden Verfahren nach der ZPO. Sie gelten grundsätzlich als erstinstanzliche Regel auch im arbeitsgerichtlichen Verfahren, § 46 II 1 ArbGG, freilich ohne § 495 a. Das ergibt sich aus § 46 II 2 ArbGG. **5**

5) VwGO: Der 2. *Abschnitt ist unanwendbar, auch § 495 a. Die sich aus der VwGO ergebenden Abweichungen vom landgerichtlichen Verf sind bei der Erläuterung der für dieses geltenden Vorschriften dargestellt.* **6**

495 Anzuwendende Vorschriften.
Für das Verfahren vor den Amtsgerichten gelten die Vorschriften über das Verfahren vor den Landgerichten, soweit nicht aus den allgemeinen Vorschriften des ersten Buches, aus den nachfolgenden besonderen Bestimmungen und aus der Verfassung der Amtsgerichte sich Abweichungen ergeben.

1) Systematik, Regelungszweck: Verweisung. Im allgemeinen gleichen sich das Verfahren vor dem LG und das vor dem AG. Abweichungen ergeben sich aus den Sondervorschriften des Abschnitts 2. Sie gehen auch den allgemeinen Bestimmungen des Buchs 1 vor. **1**

2) Geltungsbereich. Die Vorschrift gilt an sich auch im arbeitsgerichtlichen Verfahren. Denn § 46 II 1 ArbGG nimmt § 495 nicht von vornherein aus. Freilich enthalten §§ 47 ff ArbGG vielfach im Ergebnis vorrangige Abweichungen. **2**

495a Verfahren nach billigem Ermessen.
[1] Das Gericht kann sein Verfahren nach billigem Ermessen bestimmen, wenn der Streitwert 600 Euro nicht übersteigt. [2] Auf Antrag muss mündlich verhandelt werden.

Schrifttum: *Arning,* Das Bagatellverfahren im deutschen Zivilprozeß der Neuzeit usw, Diss Bochum 1994; *Fricker,* Umfang und Grenzen des amtsgerichtlichen Verfahrens nach § 495 a ZPO, 1999; *Kunze,* Das amtsgerichtliche Bagatellverfahren nach § 495 a ZPO, 1995; *Leipold,* Wege zur Konzentration von Zivilprozessen, 1999; *Olzen,* Bagatelljustiz – eine unendliche Geschichte?, in: Festschrift für *Zeuner* (1994); *Rottleuthner,* Rechtstatsächliche Untersuchung zur Praxis von § 495 a ZPO, 1996 (mit Recht krit *anonymus* DRiZ **96**, 424); *Rottleuthner,* Entlastung und Entformalisierung, Festschrift für *Schneider* (1997) 25 (34), *Rottleuthner* Entlastung durch Entformalisierung? (Rechtstatsachen), 1997; *Städing* NJW **96**, 691 (ausf); *Struck,* Salomonisches Urteil und dogmatische Rechtswissenschaft, Festschrift für *Schneider* (1997) 1 (22).

Gliederung

1) Systematik, S 1, 2	1, 2	B. Auf Antrag: Notwendige Verhandlung, S 2	17–19
2) Regelungszweck, S 1, 2	3, 4	C. Säumnisfragen, S 2	20, 21
3) Sachlicher Geltungsbereich, S 1, 2	5–8	7) Urteil, S 1, 2, § 313 a I	22–27
A. Streitwertgrenze 600 EUR	5	A. Rubrum, Formel, § 313 I	23
B. Sonstige Zuständigkeit des AG	6	B. Tatbestand, § 313 a I 1	24
C. Verfahrensziel: Endgültige Klärung ...	7	C. Entscheidungsgründe, § 313 a I 2	25, 26
D. Anspruch jeder Art	8	D. Mitteilung, Ausfertigungen usw	27
4) Persönlicher Geltungsbereich, S 1, 2	9	8) Kosten, S 1, 2	28
5) Billiges Ermessen, S 1	10–15	9) Rechtsbehelfe, S 1, 2	29–31
A. Weite Freiheit der Verfahrensgestaltung	11, 12	10) Dienstaufsichtsbeschwerde, S 1, 2	32
B. Bindung an das sachliche Recht	13	11) Verfassungsbeschwerde, S 1, 2	33
C. Bindung an Verfahrensgrundregeln	14, 15	12) Beispiele zum Verfahren nach § 495 a	34–103
6) Mündliche Verhandlung, S 1, 2	16–21		
A. Grundsatz: Freigestellte Verhandlung, S 1	16		

1) Systematik, S 1, 2. Die Vorschrift nimmt eine Sonderstellung im gesamten System des Verfahrens **1** erster Instanz ein. Sie enthält in ihrem Geltungsbereich nach Rn 5, 6 vorrangige Sonderregeln, hinter die zahlreiche Normalvorschriften zurücktreten, ohne daß das Gesetz das ausdrücklich bestimmen kann. Denn es hängt von dem Umfang ab, in dem das Gericht von den zusätzlichen Möglichkeiten des § 495 a Gebrauch macht, ob und wieweit die sonstigen Verfahrensvorschriften im Einzelfall anwendbar bleiben. Freilich hat das Ermessen des Gerichts Grenzen. Sie kommen in § 495 a nur indirekt und nur teilweise zum Ausdruck. Sie finden sich aber im GG und in allgemeinen Verfahrensgrundsätzen wie Treu und Glauben, Einl III 54. Sie verbieten jede Willkür, jede Faulheit und jede Parteilichkeit etc. Insoweit ergibt die gebotene verfassungskonforme Auslegung die Zulässigkeit des § 495 a, Fischer MDR **94**, 978, Stollmann NJW **91**, 1720. Wegen des obligatorischen Güteverfahrens § 15 a EGZPO. Seine Obergrenze nach § 15 a I 1 Z 1 EGZPO liegt in Abweichung von § 495 a I 1 bei 750 EUR, und zwar nach § 26 Z 2 S 1, Z 11 EGZPO auch in Übergangsrechtsfällen.

Das hat seine ganz konkreten *Auswirkungen* auf die Möglichkeiten nach § 495 a in jedem Einzelfall. Dem **2** Gericht wird eine noch höhere Verantwortung als sonst auferlegt. Es läßt sich nur von Fall zu Fall und selbst während eines Prozesses nur von Lage zu Lage sagen, ob und in welchem Umfang das Gericht die scheinbar fast unbegrenzten Möglichkeiten des § 495 a schon und noch ausschöpfen darf. Die Grenzen stehen nur im Groben abstrakt fest. Man muß sie im Einzelnen vorsichtig ausloten. Andererseits ist das Gericht innerhalb der so skizzierten Grenzen nicht einmal an so grundsätzliche gesetzliche Vorgaben gebunden wie die Entscheidung zwischen einem schriftlichen Vorverfahren oder einem frühen ersten Termin oder den Kreis gesetzlicher Beweismittel. Die Freiheit des Richters ist viel größer, als man traditionell vermuten möchte. Sie

§ 495a   Buch 2. Abschnitt 2. Verfahren vor den AGen

ist hier die größte, die die ZPO dem Richter überhaupt irgendwo gibt. Er befindet sich im Ermessensraum des § 495 a, ob er will oder nicht.

3   **2) Regelungszweck, S 1, 2.** Der Zweck der Vorschrift ist eindeutig. Sie dient zusammen mit dem auch für sie geltenden § 313 a I der Vereinfachung und Beschleunigung des Verfahrens, Pasker ZRP **91**, 417, und insoweit auch seiner Verbilligung. Sie stärkt die Autorität des Gerichts, wenn alle Beteiligten sich ihr beugen. Das gilt auch für das LG und die Dienstaufsicht. Sie ebnet den Weg zum eleganten, lebensnahen, modernen Verständigungstechniken nutzenden Verfahren. Sie ermöglicht eine Sozialautonomie, Arbeitsgemeinschaft und Absprache im besten Sinn. Das bestätigten wohl viele Praktiker. Diese Erkenntnis ist entgegen Lüke NJW **96**, 3265 sehr wohl sinnvoll, Rn 4. Unverkennbar nimmt das Gesetz die unvermeidbaren Gefahren weitgehend hin. Natürlich ist die Vorschrift verführerisch auch im schlechten Sinn, Rottleuthner NJW **96**, 2473. Das richterliche Ermessen ist so weit, daß man einen Mißbrauch nur schwer nachweisen kann. Überdies steht zwischen dem Richter des § 495 a und dem blauen Himmel grundsätzlich nur noch das BVerfG (Ausnahmen Rn 29). Trotzdem gibt das Gesetz mit der Wiedereinführung des Kleinverfahrens seinen erhofften Vorzügen den eindeutigen Vorrang vor den natürlich mitbedachten Bedenken.

4   Diese Zwecke gilt es bei der *Auslegung* zu beachten. Eine ängstliche, den Rechtsstaatsgedanken vorschiebende Einengung des Ermessens würde verhängnisvoll sein, aM Rottleuthner NJW **96**, 2473 (aber wenigstens im Kleinverfahren sollte man auch in Deutschland einmal Mut zur Richterperson aufbringen). Daran ändert auch die leider ebenfalls zu beobachtende Gefahr des Mißbrauchs durch faule Richter wenig. Im internationalen Rechtsverkehr erlebt man auch in Staaten mit ebenso hochstehender Rechtskultur wie bei uns sehr wohl Abweichungen im Gesetz und seiner Anwendung, die aus unserer Sicht zunächst kaum vertretbar scheinen. Trotzdem kann man sie hinnehmen, solange nicht die wirklich unverzichtbar tragenden heimischen Grundlagen angetastet werden, zB § 328 Rn 31. Dann darf und sollte man auch zum heimischen Richter Vertrauen haben, wenn er ungewohnte Wege geht, solange sich das sachlich noch irgendwie rechtfertigen läßt.

Auf solcher Basis *funktioniert* das Verfahren nach § 495 a in der Praxis *ausgezeichnet*, aM MüKoDeu 2, Zeuner NJW **93**, 845 (aber Millionen Fälle zeigen ein gutes Ergebnis). Es stellt hohe Anforderungen an alle Beteiligten und belohnt diese. Es kann auch den deutschen Überperfektionismus eindämmen helfen. Die großzügige vertrauensvolle Gesinnung sollte dem Richter zunächst einmal zugutegehalten werden und bei allen Beteiligten ebenfalls dasjenige Element bilden, in dem allein diese wiederentdeckte Verfahrensart leben kann. Ob es allerdings sinnvoll wäre, daß nun jeder beliebige Amtsrichter sich eine mehr oder minder ausführliche Verfahrensordnung zu § 495 a erstellt und austeilt, wie man gelegentlich hier und da hört, ist ebenso zweifelhaft wie der Versuch, im Schrifttum durch Formularvorschläge vorzugehen. Natürlich ist jeder Erfahrungsbericht wertvoll, Fischer MDR **94**, 983, Kuschel/Kunze DRiZ **96**, 193. Im übrigen eröffnet § 495 a dem Richter keineswegs einen Vorwand zu Faulheit oder Schlamperei.

5   **3) Sachlicher Geltungsbereich, S 1, 2.** Vgl zunächst Grdz 4 vor § 495.

A. Streitwertgrenze 600 EUR. Der Streitwert, genauer: der Zuständigkeitswert nach Einf 4 vor §§ 3–9 darf 600 EUR nicht übersteigen. Den Wert muß man wie sonst ermitteln. Es kommt zwar zunächst auf den Wert bei der Klageeinreichung an, § 4 I Hs 1, hierüber hinaus aber auf den auch sonst maßgebenden Zeitpunkt. Eine spätere Wertsteigerung bleibt unerheblich, solange sich der Streitgegenstand nach § 2 Rn 3 nicht ändert. Wenn sich aber der Streitwert zB infolge einer Klageänderung bzw Klageerweiterung ändert, fällt die Sache kraft Gesetzes aus dem Kleinverfahren heraus. Das Gericht muß sie dann im ordentlichen Verfahren unter Beibehaltung der Wirksamkeit der bisherigen Verfahrensergebnisse weiterbehandeln, ZöHe 3, aM MüKoDe (aber das würde gegen den Grundsatz der Prozeßwirtschaftlichkeit nach Grdz 14 vor § 128 verstoßen). Dagegen ändert eine Widerklage nichts am Kleinverfahren, sofern ihr Streitwert 600 EUR nicht überschreitet. Denn man darf für die Zuständigkeit nicht zusammenrechnen, § 5 Hs 2. Dasselbe gilt bei Hilfsaufrechnung(en), KG MDR **99**, 439 (maßgeblich ist stets nur die Klageforderung).

Mindert sich der Streitwert bei gleichem Streitgegenstand nach dem für den Zuständigkeitswert maßgebenden Zeitpunkt auf 600 EUR oder weniger, so geht die Sache nicht in das Kleinverfahren über, ebensowenig wie zB, leider immer wieder übersehen, das LG nicht an das AG verweisen darf, nur weil irgendwann der Wert dort unter denjenigen des § 23 Z 1 GVG gesunken ist. Dagegen entspricht es dem Gesetzeszweck, beim Absinken des Streitgegenstands auf 600 EUR etwa nach einer teilweisen wirksamen Klagerücknahme den § 495 a ab jetzt anzuwenden, Bergerfurth NJW **91**, 962.

6   **B. Sonstige Zuständigkeit des AG.** Das AG muß auch im übrigen örtlich und sachlich zuständig sein. Es darf zB nicht eine gar ausschließliche Zuständigkeit des LG bestehen, Bergerfurth NJW **91**, 961. Paske ZRP **91**, 417 fordert de lege ferenda die Anwendbarkeit auch auf das Verfahren vor dem LG (gemeint wohl: seinem Einzelrichter). In vorbehaltloser Einlassung liegt ein Rügeverzicht. Man muß ihn wegen seiner Wirksamkeit wie bei Zuständigkeitsfragen beurteilen, § 295. Der Rechtsweg muß zulässig sein, § 13 GVG.

7   **C. Verfahrensziel: Endgültige Klärung.** Das Verfahren muß die endgültige Klärung des Streitfalls erstreben, Schopp ZMR **92**, 161. Es darf sich also eigentlich weder um ein nur vorläufiges Verfahren wie den Arrest oder eine einstweilige Verfügung nach §§ 916 ff, 935 ff handeln noch um einen bloßen Urkunden- oder Wechselprozeß nach §§ 592 ff (anders beim Nachverfahren, Bergerfurth NJW **91**, 962) noch um ein bloßes Vollstreckbarkeitsverfahren usw. Ein Mahnverfahren muß bereits in das streitige Verfahren übergegangen sein, § 696 Rn 9. Denn § 495 a steht nicht im Buch 1 mit seinen allgemeinen Vorschriften für jede Verfahrensart, sondern in demjenigen Abschnitt des Buchs 2, der das eigentliche Streitverfahren erster Instanz behandelt, noch dazu „nur" vor dem AG. Zwar scheint § 495 a auch und gerade zB für das Arrestverfahren zu passen. Jenes enthält aber doch vom Aufbau her grundsätzliche Abwandlungen vom Normalprozeß, Grdz 5, 12 vor § 916, aM MüKoDe, ZöHe 4 (aber § 495 a orientiert sich ungeachtet großer

1624   *Hartmann*

Buch 2. Abschnitt 2. Verfahren vor den AGen § 495a

Richterfreiheit eindeutig am Klageverfahren. Das Kleinverfahren hat ja auch das Ziel einer endgültigen Klärung). Freilich haben §§ 916 ff ohnehin manche dem § 495 a ähnliche Möglichkeiten. Schon deshalb steht der Amtsrichter im Eilverfahren praktisch meist nicht weniger frei da als im Kleinverfahren. Vgl im übrigen Rn 36.

D. Anspruch jeder Art. Dagegen ist das Verfahren keineswegs auf Streitigkeiten über vermögensrechtliche Ansprüche begrenzt, Ecker AnwBl 92, 440. Es ist also für jeden nichtvermögensrechtlichen Anspruch nach Grdz 11 vor § 1 ebenso offen, solange eben nicht dessen Streitwert mehr als 600 EUR beträgt, Rn 5, Bergerfurth NJW 91, 961. Daher ist auch die Verbindung beider Anspruchsarten nach § 147 innerhalb des Gesamtwerts von 600 EUR zulässig. Andererseits wird das Verfahren nach § 495 a nicht schon deshalb statthaft, weil das AG ohne Rücksicht auf den Streitwert zuständig ist, etwa in einer Mietsache. Daher kann das Kleinverfahren zB bei einer Klage nach § 558 b BGB zulässig oder unzulässig sein, je nach der Differenz zwischen gezahltem und verlangtem höheren Mietzins und je nachdem, welcher der Streitmeinungen zur Maßgeblichkeit des Zeitraums sich der Richter anschließt, Anh § 3 Rn 79. 8

4) Persönlicher Geltungsbereich, S 1, 2. Soweit das Verfahren nach § 495 a überhaupt nach Rn 5 zulässig ist, sind ihm alle Prozeßbeteiligten wie sonst dem Normalprozeß uneingeschränkt unterworfen. Das gilt also für: Die Parteien, Grdz 4 vor § 50; ihre ProzBev, § 80; den Verkehrsanwalt, § 91 Rn 220; den Terminsanwalt, VV 3401; den Streitverkündeten, § 72; den Streithelfer, § 66; den Beistand, § 90; den gesetzlichen Vertreter, § 51; den Zeugen, § 373; den Sachverständigen, § 402; eine irgendwie beteiligte Behörde; für den Dienstvorgesetzten; natürlich ohnehin für den Urkundsbeamten und Protokollführer, Wachtmeister usw. Das kann ganz ohne ungewohnte ungewohnte Auswirkungen haben. Eine normalerweise der Art, dem Ort oder dem Zeitpunkt nach so nicht einwandfreie Verfahrens- oder Verhaltensweise des Richters kann wegen seiner besonderen Ermessensfreiheit nach Rn 10 hier sehr wohl völlig korrekt und wirksam sein. Man muß sie infolgedessen durchaus und allseitig unverzüglich respektieren oder befolgen. Nur das ist mit dem Zweck der Regelung vereinbar, Rn 3. 9

5) Billiges Ermessen, S 1. Das Gericht (und nicht die Parteien, Bergerfurth NJW 91, 962) „kann sein Verfahren nach billigem Ermessen bestimmen". Das ist ein weites, freilich stets pflichtgemäßes Ermessen. Seine Mißbrauchsgrenzen liegen erst dort, wo man bei der gebotenen weiten Auslegung nach Rn 4 eindeutig überhaupt keinen Bezug zur pflichtgemäßen Bemühung um Streitbeilegung oder -entscheidung mehr erkennen kann, wo Willkür beginnt, Einl III 21, 54. 10

A. Weite Freiheit der Verfahrensgestaltung. Das gesamte „Verfahren" unterliegt dem billigen Ermessen des Gerichts. Daher beginnt diese Freiheit mit dem Klageingang und endet mit der letzten Amtshandlung der Instanz. Dazwischen ist fast keine Maßnahme einer Einschränkung des Ermessens unterworfen. 11

Daher lassen sich *kaum Regeln* für das Verfahren aufstellen. Das Gericht darf nahezu jede gesetzliche oder gewohnheitsrechtliche Regel des Normalprozesses nach § 495 a abwandeln, aufschieben, vorwegnehmen oder aufheben. Das gilt gegenüber den Prozeßbeteiligten wie gegenüber den Akten. Zwar darf der Richter von jeder Erleichterung oder Vereinfachung nach § 495 a absehen. Je konsequenter aber der Richter seine Erleichterungs- und Beschleunigungsmöglichkeiten nutzt, desto gesetzestreuer arbeitet er. 12

Beispiele: Abkürzung oder Verlängerung von Fristen, solange nicht das rechtliche Gehör leidet; intensiver Gebrauch des Telefons, auch wenn der Prozeßgegner nicht zugeschaltet ist; formlose, nicht protokollierte Gespräche statt Verhandlungen, solange nicht nach S 2 eine mündliche Verhandlung notwendig ist. Selbst im letzteren Fall Verzicht auf ein vollständiges Protokoll, soweit nicht zB ein Prozeßvergleich zustandekommt.

B. Bindung an das sachliche Recht. S 1 betrifft nur das „Verfahren", nicht die Anwendung des sachlichen Rechts. Das ist selbstverständlich. Der Richter des Kleinverfahrens muß das sachliche Recht in jeder Verfahrenslage genau so sorgfältig erforschen und anwenden wie im Normalprozeß, Einl III 9, LG BadBad RR 94, 1088. Nur bei der Abfassung des Urteils usw steht er im Rahmen von § 313 a I wieder freier da. Natürlich muß er auch die Regeln zur Beweislast, zur Verwirkung und zur Verjährung beachten, soweit man sie zum sachlichen Recht oder doch zumindest auch zu ihm zählen muß. Freilich entscheidet über diese letztere oft ja umstrittene Frage wiederum zunächst nur der Richter des § 495 a. 13

C. Bindung an Verfahrensgrundregeln. Trotz der weiten Ermessensfreiheit nach Rn 11, 12 und der gebotenen weiten Auslegung nach Rn 4 bleiben unverzichtbare Bindungen an tragende Verfahrensgrundsätze des Normalprozesses bestehen. Das gilt auch für alle diejenigen Regeln, deren Mängel nach § 295 II nicht heilbar sind, § 295 Rn 23 ff. Zwar steht die Anordnung einer mündlichen Verhandlung dem Gericht zunächst frei, S 1, zum Begriff § 128 Rn 10. Der Richter darf sie anordnen, ist dazu aber zunächst nicht verpflichtet. Sie wird indessen notwendig, sobald auch nur eine der Parteien sie beantragt, S 2. Auch im übrigen bleiben Normalregeln beachtlich, vor allem das Gebot rechtlichen Gehörs, Art 103 I GG, BVerfG NJW 97, 1301, LG Essen RR 93, 576. Beachtlich bleiben die weiteren in Einl III 14 ff erläuterten Leitgedanken des Prozeßrechts, etwa die Fürsorgepflicht, das Gebot der Fairneß, der Waffengleichheit, das Verhältnismäßigkeitsgebot, das Willkürverbot, das Gebot der Unparteilichkeit, § 139 Rn 13, usw. 14

Auch die Prinzipien der *Parteiherrschaft* und des *Beibringungsgrundsatzes* gehören zu den Leitgedanken, Grdz 18, 20 vor § 128. Daher ist der Richter auch im Rahmen des § 495 a keineswegs zur Amtsermittlung nach Grdz 38 vor § 128 verpflichtet oder auch nur berechtigt, aM Bergerfurth NJW 91, 963 (aber das wäre geradezu einer Umkehrung eines natürlich besonders im Kleinverfahren geltenden Grundprinzips). Natürlich bleiben auch die Parteien und sämtliche übrigen Prozeßbeteiligten ungeachtet aller ihnen etwa vom Gericht eingeräumten Freiheiten dazu verpflichtet, die betreffenden Grundregeln einzuhalten, etwa die Wahrhaftigkeitspflicht nach § 138 Rn 13, die Erklärungspflicht nach § 138 Rn 27–62 oder die Pflicht zu rechtzeitigem redlichen Vorbringen nach § 282. 15

Das Kleinverfahren darf nicht, noch dazu etwa unter Ausnutzung der Arglosigkeit eines großzügigen Richters, zu *betrügerischem* oder auch nur fahrlässigen Mißbrauch der Justiz oder des Gegners oder auch nur

§ 495a
Buch 2. Abschnitt 2. Verfahren vor den AGen

zur Spiegelfechterei führen. Keiner der Beteiligten darf etwas gesetzlich schlechthin Verbotenes oder Sittenwidriges oder auch nur Widersinniges tun. Verboten sind zB: Die bösartige Benachteiligung einer Partei gegenüber der anderen; die Preisgabe tragender öffentlicher Belange; eine bewußte Einengung des Rechtsschutzes durch eine im Grunde überhaupt nicht tragbare Aussetzung des Verfahrens; faule Untätigkeit; Mißachtung eines Aussageverweigerungsrechts.

16 **6) Mündliche Verhandlung, S 1, 2**

Schrifttum: *Westerwelle,* Der Mündlichkeitsgrundsatz in der deutschen Zivilprozeßordnung, Diss Bochum 1998.

A. Grundsatz: Freigestellte Verhandlung, S 1. Schon aus dem Antragserfordernis des S 2 ist erkennbar, daß bis zu einem Antrag eine mündliche Verhandlung jedenfalls nicht notwendig ist, LG Wiesb MDR **02**, 1212. Da aber das Gericht im Rahmen seines billigen Ermessens nach S 1 natürlich auch zum klassischen Mittel moderner Justiz greifen darf, nämlich zur mündlichen Verhandlung, gilt insoweit der Grundsatz der freigestellten Verhandlung, § 128 Rn 10. Vor einem Antrag kann der Richter allerdings seine Entscheidung ändern und innerhalb seines Ermessens nach Rn 10 zB vom schriftlichen Verfahren zu einem mündlichen wechseln und umgekehrt.

17 **B. Auf Antrag: Notwendige Verhandlung, S 2.** „Auf Antrag muß mündlich verhandelt werden". Wenigstens das Kernstück der Errungenschaften des modernen Prozesses soll auch im Kleinverfahren zumindest auf Wunsch einer Partei erhalten bleiben. Es ist anders als bei § 128 II ein Antrag erforderlich, LG Stgt MDR **93**, 86. Zu ihm ist jede der Parteien nebst ihrem gesetzlichen Vertreter oder ProzBev oder Beistand berechtigt. Der Antrag nur einer der Parteien genügt. Das Gesetz spricht nicht vom Antrag „der Parteien". Ein Antrag eines sonstigen Prozeßbeteiligten genügt, soweit er kraft Gesetzes die Rechte einer Partei ausüben kann, zB nach § 67 Hs 1. Ein Antrag eines Zeugen oder Sachverständigen ist unbeachtlich.

18 Der Antrag ist eine *Parteiprozeßhandlung,* Grdz 47 vor § 128. Er ist stillschweigend möglich. Anwaltszwang besteht wie sonst, etwa nach § 78 II 1 vor dem FamG. Freilich liegt dort der Streitwert ohnehin kaum im Bereich bis 600 EUR. Der Antrag ist auch hilfsweise wirksam noch wirksam verzichtbar, wohl aber jederzeit einseitig rücknehmbar. Eine antragsgemäß anberaumte Verhandlung bleibt bis zur wirksamen allseitigen Rücknahme notwendig. Das Gericht darf sie anschließend oder mangels solcher Rücknahme(n) als freigestellte vom Gericht bestehen lassen. Es deutet einen unwirksamen Antrag als Anregung zur freigestellten Verhandlung um. Man kann eine beantragte und nur deshalb begonnene Verhandlung nicht durch einen formell wirksamen Verzicht zum Abbruch bringen. Andererseits hindern auch streitige Sachanträge nach § 137 Rn 7, § 297 Rn 1 weder das Gericht noch die Parteien, die weitere Verhandlung abzubrechen und in einem Verfahren ohne sie fortzufahren.

19 Das Gericht braucht *nicht anzufragen,* ob die Parteien einen Antrag auf einen Verhandlungstermin stellen, aM LG Erfurt WoM **03**, 38 (aber das Verfahren verläuft bereits kraft Gesetzes und nicht wegen einer Absicht des Gerichts nach § 495 a). Das müssen die Parteien mitbedenken, § 282. Das Gericht darf sie zwar nicht vor „vollendete Tatsachen" stellen und den Prozeß derart fördern, daß ein Terminantrag zu spät käme. Es kann sich aber zB (ratsam!) darauf beschränken, den Parteien zugleich mit dem Eintritt in das Kleinverfahren kurz mitzuteilen, es werde ab jetzt zB „im Verfahren nach § 495 a" vorgehen, LG Erfurt WoM **03**, 38, Bergerfurth NJW **91**, 963. Das gilt und reicht grundsätzlich auch bei einer nicht anwaltlich vertretenen Partei, solange diese nicht erkennbar mit einem Termin rechnet. Ab Wirksamkeit eines Antrags gelten die Regeln zur notwendigen Verhandlung nach § 128 Rn 4 jedoch wiederum nur in ihren Grundzügen. Das Gericht hat auch im Termin einen weiten Ermessensspielraum. Auch die Verhandlung ändert ja nach Wortlaut und Sinn nichts am Kleinverfahren. Das Gericht soll eben nur das rechtliche Gehör in einem Termin in Rede und Gegenrede statt schriftlich oder fernmündlich erteilen, LG Erfurt WoM **03**, 38.

20 **C. Säumnisfragen, S 2.** Innerhalb der Beachtung des rechtlichen Gehörs nach S 2 steht das Gericht wegen des Fortbestandes des Kleinverfahrens nach Rn 17 auch im Fall der Säumnis einer oder beider Parteien freier da als sonst. Bleiben beide Parteien aus, so kann das Gericht die Sache ruhen lassen, vertagen oder auch ohne frühere streitige Verhandlung nach Lage der Akten entscheiden, sofern es das Gehör gewährt hatte. Es genügt, daß beide Parteien das Vorbringen des Gegners kennen oder schuldhaft nicht kennen und daß das Gericht sie nachweislich zum Erscheinen im Termin aufgefordert hatte. § 497 bleibt anwendbar. Bleibt nur eine Partei aus, so kann das Gericht mit oder ohne Antrag der erschienenen vertagen, wenn ihm das trotz des Beschleunigungszwecks des § 495 a sinnvoll scheint. Es darf nach § 141 auf ein Erscheinen des Säumigen durch ein Ordnungsmittel dringen. Denn ihm steht ja das gesamte Rüstzeug der ZPO zur Verfügung.

21 Das Gericht *darf* ein die Instanz beendendes Urteil erlassen, Rn 69 „Rechtliches Gehör", Rn 75 „Säumnis". Es darf auch ein Versäumnisurteil erlassen oder nach Aktenlage entscheiden. Das gilt auch und gerade nach dem ersten Verhandlungstermin, sofern der Säumige damit rechnen mußte, Bergerfurth NJW **91**, 963. Dabei muß das Gericht den gesamten beiden Parteien zugänglich gewordenen Akteninhalt und das Ergebnis aller bisherigen mündlichen Verhandlungen berücksichtigen. Das Gericht darf auch einen nicht aktenkundigen ihm erinnerlichen Vorgang mitverwerten. Gegen ein Versäumnisurteil ist Einspruch innerhalb der vom Gericht frei setzbaren Frist zulässig, im Zweifel innerhalb derjenigen des Gesetzes. Eine richterliche Frist darf natürlich nicht unhaltbar kurz sein. Sie bedarf der förmlichen Mitteilung, § 329 II 2.

22 **7) Urteil, S 1, 2, § 313a I.** Der frühere II ist in § 313 a I aufgegangen. Vgl daher zunächst dort. Auch nach § 495 a ergeht ein Urteil, soweit es im Normalprozeß notwendig würde. Eine Bezeichnung als „Schiedsurteil" ist nicht verboten.

23 **A. Rubrum, Formel, § 313 I.** Die Bezeichnung der Parteien usw und die Urteilsformel sollten so wie sonst erfolgen, § 313 I. Das ist schon wegen der Abgrenzung der Nämlichkeit, zwecks Vollstreckbarkeit und wegen des Umfangs der Rechtskraft unentbehrlich. Das Gericht kann, muß aber nicht den Rechtsstreit als

Buch 2. Abschnitt 2. Verfahren vor den AGen § 495a

„Verfahren nach § 495 a ZPO" oder „Kleinverfahren" bezeichnen. Dieser Hinweis ist ohnehin nur feststellend, nicht rechtsbegründend. Die Bezeichnung „Schiedsverfahen" könnte mißverständlich sein. Denn sie könnte den Eindruck erwecken, es handle sich um ein schiedsrichterliches Verfahren nach §§ 1025 ff. Man sollte sie daher eher vermeiden.

B. Tatbestand, § 313 a I 1. Das Urteil beliebiger Art im Verfahren nach § 495 a „bedarf keines Tat- **24** bestandes", § 313 a I 1. Er ist auch dann nicht notwendig, wenn das Gericht von § 495 a bis zum Urteil keinen Gebrauch gemacht hat. Er ist also weder verboten noch notwendig, sondern freigestellt. Das gilt auch dann, wenn das Protokoll tatbestandsartige Elemente enthält. Die Partei kann einen Tatbestand auch nicht durch Widerspruch gegen seine Weglassung erzwingen, auch nicht nachträglich. Soweit der Richter einen Tatbestand fertigt, braucht dieser natürlich keineswegs ausführlicher zu sein als nach § 313 II im Normalprozeß. In den Fällen des § 313 a IV sollte der Tatbestand stets normal anfertigen. Zum Verhältnis beider Vorschriften Städing MDR **95**, 1102 (zum alten Recht). In den Fällen § 313 b I empfiehlt sich ein stichwortartig gerafter Tatbestand, soweit er zum Verständnis der Entscheidung für Dritte ratsam ist. Keineswegs ist § 320 mit der Begründung anwendbar, es fehle ein ratsamer Tatbestand oder der vorhandene sei zu kurz usw. Etwas anderes mag bei eindeutig sinnentstellenden Fehlern und dergleichen gelten. §§ 319, 321 a bleiben anwendbar. Soweit die höhere Instanz den Streitwert höher bewerten könnte, etwa bei §§ 558 ff BGB wegen der Streitfrage Anh § 3 Rn 79, ist es ratsam, einen kurzen Tatbestand zu fertigen, um eine Zurückverweisung zu verhindern.

C. Entscheidungsgründe, § 313 a I 2. Das Urteil bedarf grundsätzlich der Entscheidungsgründe wie **25** sonst, § 313 III. Sie brauchen natürlich nicht ausführlicher zu sein als sonst. Daher genügt eine kurze Zusammenfassung derjenigen Erwägungen, auf denen die Entscheidung in tatsächlicher und rechtlicher Hinsicht beruht, wenn es sich um ein streitiges Endurteil handelt. Wenn es sich um ein Anerkenntnis- oder Versäumnisurteil nach §§ 307, 330 ff handelt, sind Entscheidungsgründe schon grundsätzlich ebensowenig überhaupt erforderlich wie sonst, § 313 b I. Sie sind allenfalls zur Kostenfrage ratsam, § 99 II. Die Parteien können uns sonst auf Entscheidungsgründe verzichten, § 313 a I 2 Hs 1. Der Verzicht ist allerdings nur unter den Voraussetzungen dieser Vorschrift wirksam. Denn sonst könnte man durch einen weitergehenden Verzicht die Bedingung des § 313 a I 2 Hs 2 unterlaufen. Das ist nicht der Sinn des Gesetzes.

Das Gericht kann aber nach § 313 a I 2 Hs 2 den „wesentlichen Inhalt" der Entscheidungsgründe „in das **26** Protokoll aufnehmen" und braucht dann keine gesondert formulierten Entscheidungsgründe in das Urteil aufzunehmen, § 313 a Rn 12. Von dieser arbeitssparenden Möglichkeit sollte das Gericht getrost und mutig Gebrauch machen. Natürlich dürfen dabei keine mangelhaft durchdachten und mangelhaft formulierten drei Stichwortsätze herauskommen, wenn man wahrhaftig wenigstens etwas mehr schreiben müßte, um sich verständlich auszudrücken.

D. Mitteilung, Ausfertigungen usw. Das Gericht muß sein Urteil nach einer mündlichen Verhandlung **27** zwar formell nicht zwingend, aber doch tunlichst nach den sonst üblichen Regeln verkünden, § 311, und andernfalls wie sonst zustellen, § 317. Es steht einem im Normalprozeß ergangenen Urteil gleich. Seine äußere und innere Rechtskraft tritt nach § 322 ein. §§ 319 ff sind anwendbar (Ausnahme wegen § 320: Rn 24).

8) Kosten, S 1, 2. Es entstehen dieselben Gebühren und Auslagen wie sonst. Wegen der Notwendigkeit **28** der Einholung eines Gutachtens der Anwaltskammer § 14 II 1 Hs 2 RVG, Rn 49 „Gebührenrechtsstreit".

9) Rechtsbehelfe, S 1, 2. Man muß das Urteil unabhängig davon, ob es einen Tatbestand enthält und ob **29** Entscheidungsgründe im Protokoll, im Urteil oder gar nicht vorhanden sind, wie ein im Normalprozeß ergangenes Urteil wegen etwaiger Anfechtbarkeit beurteilen, §§ 511 ff. Ein Einspruch ist wie sonst statthaft, Rn 20. Die Berufung ist wie sonst grundsätzlich vom Übersteigen der Wertgrenze des § 511 II 1 Z 1 (600 EUR) oder von einer Zulassung durch den Amtsrichter mitabhängig, § 511 II Z 2, 4.

Trotz Nichterreichens der Beschwerdesumme kommt nach Erschöpfung des Ergänzungsverfahrens nach **30** § 321 a ausnahmsweise die wegen der Subsidiarität einer Verfassungsbeschwerde, Einl III 17, zunächst notwendige Berufung in Betracht, soweit die Entscheidung nach einem oft problematisch gewordenen Begriff *greifbar gesetzwidrig* ist, ähnlich wie zB bei § 127 Rn 24, § 707 Rn 17, § 769 Rn 12, BVerfG NJW **97**, 1301, LG Bochum RR **95**, 1342 (zu § 296). Das gilt etwa dann, wenn das Urteil widersinnig oder kein zur Zwangsvollstreckung geeigneter Titel ist, wenn die Voraussetzungen des § 495 a überhaupt fehlten, wenn das Gericht gegen elementare Regeln verstieß oder das rechtliche Gehör versagt hatte, BVerfG NJW **97**, 1301, LG Düss RR **97**, 1490, LG Heilbr MDR **99**, 701, aM LG Duisb RR **97**, 317, LG Memmingen RR **98**, 1075 (aber ein Verstoß gegen Art 103 I GG ist stets ein schwerer Verfahrensfehler. Das gilt besonders im Kleinverfahren mit seiner so besonders freien Stellung des Richters). *Ob* allerdings das rechtliche Gehör verletzt ist, das läßt sich nicht schon aus dem Umstand allein bejahen, daß der Gegner nicht in einem Termin erschienen war. Ein Säumnis würde ihm schädlich sein, Rn 69 „Rechtliches Gehör", LG Mü RR **95**, 1022. Dagegen ist ein Verfahren ohne notwendig gewordene Verhandlung, also unter Verstoß gegen S 2, nicht schon deshalb so greifbar gesetzwidrig, daß es trotz Nichterreichens der Beschwerdesumme berufungsfähig wäre, § 128 Rn 9. Erst recht macht nicht schon ein sonstiger Verfahrensfehler das Urteil rechtsmittelfähig, LG Paderb MDR **00**, 171.

Ob die Voraussetzungen eines Rechtsmittels vorliegen, entscheidet wie stets das *Rechtsmittelgericht*, freilich **31** in den Grenzen des § 511 IV 2 (Bindung an eine Zulassung der Berufung durch das AG). § 717 ist anwendbar. Die vollstreckende Partei durfte sich nicht schon formell auf die Unanfechtbarkeit mehr als im Normalprozeß verlassen. Eine Wiederaufnahme ist wie sonst statthaft, §§ 578 ff. Sie ist im Kleinverfahren notwendig. Denn dieses muß von Amts wegen stattfinden.

10) Dienstaufsichtsbeschwerde, S 1, 2. Sie kommt an sich nur dann in Betracht, wenn der Richter bei **32** der Sachbearbeitung Formen wählt oder Töne anschlägt, die nicht irgendwie wenigstens mittelbar durch die Bemühung um Verfahrensförderung mitbedingt sind, BGH MDR **91**, 150. Indessen steht zu befürchten, daß mancher Vorgesetzte irgendwelche Beschwerden von Prozeßbeteiligten, die dergleichen behaupten, wegen

§ 495a
Buch 2. Abschnitt 2. Verfahren vor den AGen

des etwaigen Fehlens eines Protokolls, einer Verhandlung, eines in den Akten befindlichen förmlichen Beschlusses usw zum Anlaß nimmt, zur Befriedung des Beschwerdeführers auf dem Rücken des Richters offen oder versteckt eine Schelte zu üben, die ihm keineswegs zusteht. § 26 DRiG darf auch hier von keiner Seite überstrapaziert werden. Jedenfalls ist eine unberechtigte Dienstaufsichtsbeschwerde meist eine falsche Anschuldigung nach § 164 StGB und eine zu lasche, zu späte, zu wenig entschiedene Antwort unter Umständen eine Begünstigung zu jenem Delikt und überdies ein Verstoß gegen die Fürsorgepflicht des Vorgesetzten. Das sollten alle Beteiligten gerade dort beachten, wo das Gesetz dem Richter eine besonders große Verfahrensfreiheit gegeben hat.

33 **11) Verfassungsbeschwerde, S 1, 2.** Sie kommt wie sonst in Betracht, meist freilich erst nach der Durchführung eines Ergänzungsverfahrens nach § 321 a bzw eines Nichtigkeitsverfahrens nach §§ 579 ff, BVerfG **34**, 204.

34 **12) Beispiele zum Verfahren nach § 495 a**
Ablehnung: Trotz des weiten Ermessens des Gerichts gelten doch die Regeln zur Ablehnbarkeit sowohl des Richters als auch des Rpfl, des Urkundsbeamten oder des Sachverständigen wie sonst. Es wäre eine fatale Ermessensüberschreitung, diese Regeln weniger zu beachten als im „Normalprozeß". Freilich darf die Partei nicht jede Abweichung von jener „Norm" zum Anlaß nehmen, den Richter für befangen zu erklären. § 495 a eröffnet dem Richter durchaus verfahrensgestaltende Wege, die „normalerweise" nicht zulässig wären, LG BadBad RR **94**, 1088. Das sollte unbedingt auch der nach § 45 II 1 zuständige Richter mitbeachten, erst recht die Dienstaufsicht. Die Regeln zum Querulantentum gelten wie sonst, Einl III 66. Gerade im Kleinverfahren mag der Richter nach früherer sachlicher Bescheidung befugt sein, neue, querulatorische Eingaben unbeachtet zu den Akten zu nehmen, § 42 Rn 7. § 495 a soll ihm die Arbeit erleichtern.
Absinken des Streitwerts: Rn 5, Rn 59 „Mahnverfahren", Rn 82 „Streitwert".
Akteneinsicht: § 299 gilt auch im Verfahren nach § 495 a grds voll. Gerade insoweit, als keine Verhandlung stattfindet, haben die Parteien ein verständliches Einsichtsbedürfnis. Sie dürfen es aber keineswegs zur Verzögerung mißbrauchen. Ab Entscheidungsreife nach §§ 128 II 2, 296 a ist ein solcher Mißbrauch eher möglich. Man muß ihn entschieden bekämpfen, auch durch alle übrigen Gerichtspersonen, die faktisch die Akten aushändigen können.

35 **Aktenlage:** § 251 a ist anwendbar, auch in Verbindung mit § 331 a, Rn 20. Indessen ist das Gericht gerade im Fall der einseitigen oder beiderseitigen Säumnis nicht an sämtliche Voraussetzungen der §§ 251 a, 331 a gebunden. Es kann insbesondere auch nach der ersten Verhandlung bereits auf Grund der Aktenlage entscheiden. Darüber hinaus darf das Gericht gerade bei einer Säumnis auch eine Entscheidung, einfach „im Verfahren nach § 495 a" erlassen, insbesondere das Urteil, ohne überhaupt einen besonderen Verkündungstermin nebst Nachricht darüber ansetzen zu müssen. Das stets erforderliche rechtliche Gehör bestand ja bis zum Ablauf der gesetzten Äußerungsfrist. Dann liegt keine Entscheidung nach Aktenlage im Sinn von §§ 251 a, 331 a vor. So läßt sich der Sinn des § 495 a am folgerichtigsten erfüllen, ein rasches und einfaches Verfahren zu ermöglichen.
S auch Rn 72 „Ruhen des Verfahrens".
Amtsprüfung: Vgl zunächst Rn 62 „Parteiherrschaft". Soweit es sich nach dem Gesetz freilich ohnehin um ein Verfahren mit Ermittlungsgrundsatz nach Grdz 38 vor § 128 handelt, bleiben die daraus entstehenden Rechte und Pflichten des Richters grds voll bestehen. Allerdings liegt der Streitwert dann in der Regel ohnehin weit über der Grenze von S 1.
Anerkenntnis: § 307 gilt auch im Verfahren nach § 495 a grds voll. Wegen des Zwecks der Vorschrift, dem Gericht die Arbeit zu erleichtern, und den entsprechend höheren Anforderungen an den Parteivortrag kann man ein Anerkenntnis im Kleinverfahren eher annehmen als sonst.
S auch Rn 95 „Verzicht auf den Klageanspruch".

36 **Arrest, einstweilige Verfügung:** Vgl zunächst Rn 7. Da das Gebot des rechtlichen Gehörs bei §§ 916 ff zunächst wegen der ja nur vorläufigen Entscheidungsmöglichkeiten des Gerichts nur sehr eingeschränkt gilt, ist auch beim kleinen Streitwert eine Anhörung des Antragsgegners vor dem Erlaß bzw des Antragstellers vor der Zurückweisung des Antrags nicht unbedingt geboten. Der Richter darf und soll gerade im kleinwertigen Eilverfahren rasch, unkompliziert und prozeßwirtschaftlich arbeiten. Er mag zB die Glaubhaftmachung anders als sonst beurteilen, Rn 52.
S auch Rn 75 „Sachliches Recht".
Aufklärung: Rn 46 „Entscheidungsreife".
Ausfertigung: Rn 87 „Umfang der Entscheidungsgründe", Rn 92 „Urteilskopf".
Auslagenvorschuß: Rn 57 „Kostenvorschuß".
Auslandsbezug: Eine Abkürzung nur von Tatbestand und/oder Entscheidungsgründen scheitert an §§ 313 a II Z 4, 313 b III.

37 **Aussetzung:** Sie kommt wie sonst in Betracht. Sie darf aber natürlich gerade in dem der Straffung und Beschleunigung dienenden Verfahren nach § 495 a keineswegs einem faulen Richter den Vorwand geben, Entscheidungen vor sich herzuschieben. Sein formell auch hier weiter Spielraum schrumpft wegen des Gesetzeszwecks in Wahrheit sehr zusammen. Das gibt der Dienstaufsicht usw aber keineswegs ein erweitertes Kontrollrecht. Mag der Betroffene die Aussetzung unter deren Ablehnung anfechten, soweit zulässig. Der vernünftige Richter versucht in einer die Aussetzung erwägbar machenden Situation eine Lösung, die die Partei auch im Kleinverfahren nicht um ihr sachliches Recht bringt, aber auch nicht größere ihm die Mehrarbeit schafft, die ihm ein anderes Gericht oder eine Behörde mit deren ohnehin größerer Pflicht zur Aufklärung usw abnehmen kann.

38 **Beibringungsgrundsatz:** Rn 62 „Parteiherrschaft".
Belehrung: Soweit das Gericht eine Belehrung erteilt hat, etwa dahin, daß nach Fristablauf nur (anders: auch!) ein Versäumnisurteil ergehen könne, würde eine wesentliche Abweichung vom angekündigten Vorgehen eine Überraschungsentscheidung darstellen können, auch wegen § 139 II 1, 2 einen Verstoß

gegen Art 103 I GG. Daher kann das Gericht nicht zB nach dem derartigen Fristablauf statt eines ja mit Einspruch anfechtbaren Versäumnisurteils einfach durch ein unanfechtbares „streitiges" Urteil entscheiden. Es ist ratsam, zumindest auch auf § 495a hinzuweisen, um sich nicht dessen Möglichkeiten zu verbauen. Belehrungen sollten auch im Verfahren nach § 495a nicht über das gesetzlich gebotene Maß hinausgehen.

Beratungshilfe: Im Gegensatz zur Prozeßkostenhilfe sind die Voraussetzungen einer Beratungshilfe in einem eigenen Gesetz geregelt, Anh § 127. Andererseits ist das Verfahren weitgehend dem Rpfl und im übrigen dem Richter übertragen und hat inhaltlich im hier interessierenden Bereich Bezug auf das zivilprozessuale Erkenntnisverfahren. Daher sind die verfahrensmäßigen Vorgänge zumindest indirekt von § 495a mitbeeinflußbar. Indessen sollte das Gericht nur zurückhaltend von dem BerHG abweichen.
S auch Rn 70 „Rechtsbehelf".

Berichtigung: § 319 ist auch im Verfahren nach § 495a grds voll anwendbar. Da das Gesetz dem **39** Richter gestattet, die Entscheidungsgründe über das in § 313 ohnehin knapp bemessene Maß hinaus kurzzufassen, soweit er sie nach § 313a I 2 Hs 2 nur in das Protokoll aufnimmt, muß er die letzteren formell nur nach § 165 berichtigen, der Sache nach zwar auch unter Mitbeachtung von § 319, jedoch großzügiger zugunsten des Gerichts (bloßer Irrtum) als sonst. Freilich darf man diese Erwägungen nicht dazu benutzen, ein unanfechtbares Fehlurteil als verfassungsgerichtlich ebenfalls unangreifbar zu trimmen.
S auch Rn 93 „Tatbestandsberichtigung".

Berufung: Sie bleibt grds nur dann statthaft, wenn der Wert des Beschwerdegegenstands die in § 511 II Z 1 **40** genannte Summe übersteigt oder wenn die Voraussetzungen des § 511 II Z 2 vorliegen. Ob das erstere der Fall ist, entscheidet der Amtsrichter, sondern das Berufungsgericht, evtl auch nach sofortiger Beschwerde gegen die Festsetzung des Zuständigkeitswerts. Über die Voraussetzungen des § 511 II Z 2 (Zulassung) entscheidet der Amtsrichter, und zwar zunächst für das Berufungsgericht bindend, § 511 IV 2. Soweit eine Berufung auch nur ernsthaft in Betracht kommt, sollte der Amtsrichter den nach § 313 a I 1, 2 keineswegs verbotenen Tatbestand und die Entscheidungsgründe auch bei mündlicher Verhandlung nicht nur im Protokoll fertigen, § 313a I 2 Hs 2, sondern wie im Normalprozeß im gesonderten Urteilsexemplar, um eine Zurückverweisung wegen Verfahrensverstoßes zu vermeiden. Eine Berufung ist nach Erschöpfung des Ergänzungsverfahrens nach § 321a ausnahmsweise unabhängig vom Fehlen der Berufungssumme oder einer Zulassung der Berufung aus nach wegen Verstoßes des rechtliche Gehör statthaft, Rn 30, BVerfG NJW **97**, 1301. Das Berufungsgericht ist aber grds gerade auch wegen § 321a nicht dazu da, einen etwaigen Verfassungsverstoß anstelle des BVerfG zu korrigieren, LG Duisb RR **00**, 447, LG Mü RR **95**, 1022, aM LG Duisb RR **97**, 1490 (je zum alten Recht).

Beschlußverfahren: Auch nach § 495a muß das Gericht durch Urteil entscheiden, soweit das im Normal- **41** verfahren notwendig wäre. Es darf nicht etwa statt eines Urteils einen Beschluß oder statt eines Versäumnisurteils einen Versäumnisbeschluß erlassen. Soweit die Bezeichnung zwar falsch ist, die Gründe aber wenigstens der Sache nach denjenigen eines Urteils nach § 313a I 1, 2 entsprechen, mag eine Berichtigung nach § 319 oder eine Ergänzung nach § 321a zulässig und notwendig sein. Andernfalls leidet die Entscheidung an einem gegen die Grundlagen des Verfahrens verstoßenden Mangel. Soweit auch im Normalprozeß ein Beschluß statthaft wäre, ist er es natürlich auch im Verfahren nach § 495a.

Beschwerde: Rn 70 „Rechtsbehelf".

Beweis: Die Fragen, ob er notwendig ist, welchen Umfang er haben muß und in welchem Zeitpunkt des **42** Verfahrens er erforderlich wird, sind grds dieselben wie sonst, §§ 286, 287. Der Richter darf sich auch im Verfahren nach § 495a nicht etwa um der noch so erwünschten Arbeitserleichterung willen um eine Beweisaufnahme drücken, die sonst notwendig wäre. Das sachliche Recht bleibt unangetastet. Freilich mögen die reinen Verfahrensfragen abweichend von den sonst geltenden Regeln zu beurteilen sein, LG BadBad RR **94**, 1088. Das gilt auch für die Frage, ob eine Zeugenbefragung in einem Termin oder am Telefon mit nachfolgender Gelegenheit der Parteien zur Stellungnahme erfolgt, Fischer MDR **94**, 981, aM ZöHe 10 (zulässig, aber unpraktisch). Aber gerade das letztere ist durchaus Fallfrage, etwa dann, wenn es um einen seriösen, vielbeschäftigten Arzt oder sonstigen Zeugen geht, den alle Beteiligten kennen). Die Art der Beweisaufnahme bzw der Beweismittels hängt von der Natur des Beweismittels ab, wie sonst.
S auch Rn 42 „Beweisbeschluß", Rn 43 „Beweislast", Rn 44 „Beweiswürdigung".

Beweisbeschluß: Ein besonderer Beweisbeschluß ist stets zulässig. Seine Notwendigkeit ergibt sich in Abweichung von § 358 nicht schon aus dem etwaigen Erfordernis eines „besonderen Verfahrens". Denn gerade in der Verfahrensgestaltung ist ja S 1 der Richter im Prinzip freier als sonst. Die Notwendigkeit eines Beweisbeschlusses kann sich aber im Einzelfall aus dem auch bei S 1 beachtlich bleibenden Art 103 I GG ergeben. Freilich mag das rechtliche Gehör auch dann genug Beachtung finden, wenn der Richter die Parteien auf andere Weise über Art, Ort und Zeit der geplanten Beweisaufnahme so informiert, daß sie sich auf diese einstellen können. Solange keine mündliche Beweisaufnahme stattfindet oder nach S 2 stattfinden muß, entfällt ja auch das Anwesenheitsrecht des § 357.

Jedenfalls hat zB der Zeuge *keinen Anspruch auf* die *Mitteilung* des Beweisthemas gerade in Beschlußform, auch nicht nach § 377 II Z 2 und erst recht nicht bei schriftlicher Aussage nach § 377 III. Ob der Richter ein Ordnungsmittel nach § 380 verhängen muß, das hängt nicht von der Existenz eines Beweisbeschlusses und dessen Mitteilung ab, ebensowenig wie ein Aussageverweigerungsrecht.

Beweislast: Unabhängig davon, wie man die umstrittene Rechtsnatur der Beweislast nach Anh § 286 Rn 2, **43** 237 beurteilt, kann der Richter sie nicht schon wegen § 495a anders verteilen als sonst. Soweit sie dem Verfahrensrecht angehört, stößt das richterliche Ermessen schon wegen der stets enge Nähe des Kleinverfahrens zum sachlichen Recht auch im Kleinverfahren an die Grenzen. Da die Verkennung der Beweislast ein Verfahrensfehler sein kann, wenn man der in Anh § 286 Rn 237 genannten Auffassung nicht folgt, empfiehlt sich eine ganz knappe Begründung der Beurteilung, wer beweispflichtig sei, soweit andernfalls auch Art 103 I GG verletzt sein könnte.

Beweissicherung: Rn 90 „Selbständiges Beweisverfahren".

§ 495a

44 Beweiswürdigung: § 286 gilt auch im Verfahren nach § 495 a grds voll. Das Gericht darf sich zB nicht dort mit einer bloß überwiegenden Wahrscheinlichkeit wie bei § 294 begnügen, wo es auf den Beweis ankommt. Der Umfang der Beweisaufnahme bleibt im Prinzip unverändert. Nur die Art und Weise ihrer Durchführung ist dem Richter erheblich erleichtert. Freilich muß er den Parteien stets Gelegenheit zur Äußerung geben, soweit sie durch die Beweisaufnahme Nachteile erleiden könnten, § 285. Im übrigen darf der Richter Nachlässigkeiten zwar nicht eines Zeugen, wohl aber des Beweisführers etwa bei Ergänzungsfragen im Kleinverfahren innerhalb seines Zwecks der Arbeitserleichterung und Beschleunigung eher zu Lasten des Beweisbelasteten würdigen.
S auch Rn 102 „Wiederholte Beweisaufnahme".

45 Bindung an Parteianträge: § 308 I, II gelten auch im Verfahren nach § 495 a grds voll. Gerade wegen des Zwecks der Arbeitserleichterung des Gerichts und der Verfahrensbeschleunigung und der entsprechend höheren Anforderung an den Parteivortrag entscheidet das Gericht nur im Rahmen der Parteianträge, von den Kostenfolgen abgesehen.
S auch Rn 53 „Hilfsvortrag".
Dienstaufsichtsbeschwerde: Rn 32.

46 Einlassungsfrist: Die Fristen des § 274 III gelten als gesetzliche Mindestfristen mit Ausnahme der in § 224 II genannten Lagen auch im Verfahren nach § 495 a zwingend. Sie setzen das Gebot des rechtlichen Gehörs in seiner Mindestform zeitlich um. Sie binden daher den Richter auch im Kleinverfahren. Er kann aber auch von Amts wegen ihre Verlängerung anordnen oder sie von vornherein angemessen länger bemessen, ohne dazu verpflichtet zu sein.
S auch Rn 58 „Ladungsfrist".
Einspruch: Rn 70 „Rechtsbehelf", Rn 73 „Säumnis", Rn 101 „Wiedereinsetzung".
Entscheidung nach Aktenlage: Rn 35 „Aktenlage".
Entscheidungsgründe: Rn 87 „Umfang der Entscheidungsgründe".
Entscheidungsreife: Sie muß natürlich wie stets vorliegen, bevor das Urteil ergehen darf. Der Richter muß sie wo sonst auf Grund von § 286 prüfen, Schopp ZMR **92**, 161. Es darf nichts Entscheidungserhebliches ungeklärt bleiben, Schopp ZMR **92**, 161.
Erinnerung: Rn 70 „Rechtsbehelf".
Erledigung der Hauptsache: § 91 a ist anwendbar.

47 Feststellungsklage: § 256 ist auch im Kleinverfahren anwendbar. Man darf die Voraussetzungen des rechtlichen Interesses, insbesondere das Feststellungsinteresse, lassen sich grds keineswegs eher bejahen als sonst. Aus der auch hier wie sonst maßgebenden Streitwerthöhe mag sich ergeben, daß das Gericht die bloße Feststellung eines Anspruchs im Kleinverfahren treffen kann, der im Fall der Leistungsklage nicht mehr in das Verfahren nach § 495 a fallen würde.
Fremdes Recht: § 293 gilt auch im Verfahren nach § 495 a grds voll. Das gilt sowohl für fremdes sachliches Recht als auch für prozessuales. Der Richter darf keineswegs vor der notwendigen Ermittlung zurückschrecken. Ob im Einzelfall der Grundsatz der Unverhältnismäßigkeit eine Grenze setzt, ist eine andere Frage. Jedenfalls sind die Parteien mindestens wie sonst bei § 293 zur Mitarbeit angehalten. Staudinger/Sturm Einl 176 IPR stellen auf die lex fori ab.

48 Frist: Soweit das Gesetz eine Frist und ihre Dauer für das „Normalverfahren" zwingend festsetzt, muß man sie grds auch bei § 495 a beachten. Der Richter kann auch eine Notfrist nach § 224 I 2 wegen ihrer grundlegenden Verfahrensbedeutung nicht in eine einfache Frist umwandeln. Im übrigen kann er in Abweichung von den „Normalregeln" Fristen kürzer oder länger bemessen, abkürzen oder verlängern. Er darf nur nicht derart kurze Fristen entstehen lassen, daß der Betroffene das rechtliche Gehör verliert, Art 103 I GG. Der Richter darf die Einlassungsfrist auch außerhalb des schriftlichen Vorverfahrens bereits im Inland in Anlehnung an § 276 I 1 keineswegs kürzer als mit 2 Wochen bemessen. Sie braucht aber nur ausnahmsweise länger zu sein. Abkürzungs- oder Verlängerungsmöglichkeiten bestehen wie sonst nach §§ 224 ff, jedoch mit erweiterten Gestaltungsrechten des Richters, soweit er nicht das rechtliche Gehör abschneidet.

49 Früher erster Termin: Zu der weiten Ermessensfreiheit nach § 495 a gehört natürlich auch die Befugnis, einen frühen ersten Termin anzusetzen oder auch anschließend an die Anberaumung der Durchführung in das schriftliche Vorverfahren oder schriftliche Verfahren überzuwechseln. Soweit der Richter das rechtliche Gehör gewährt, ist er noch weniger als im „Normalprozeß" zu Fristsetzungen nach § 275 verpflichtet.
S auch Rn 84 „Terminsanberaumung", Rn 85 „Terminsantrag", Rn 97 „Vorbereitende Maßnahme".
Gebührenrechtsstreit: Ein Gutachten der Anwaltskammer nach § 14 II RVG ist auch im Kleinverfahren notwendig. Das stellt § 14 II 1 Hs 2 RVG klar.
Gehör: Rn 69 „Rechtliches Gehör".

50 Gerichtsstand: Obwohl S 1 dem Richter ein weites Ermessen bei der Verfahrensgestaltung einräumt, kann er doch nichts an den Regeln zur örtlichen Zuständigkeit ändern, die zu den Grundlagen eines geordneten Verfahrens zählen. Die Parteien haben Gestaltungsmöglichkeiten nach §§ 38 ff usw wie sonst. Ein Rügeverzicht ist wie sonst möglich, § 295. Man darf ihn grds weder eher als sonst bejahen noch eher verneinen. Nach einer Verweisung zB nach § 281 muß man die Bindungswirkung auch wegen der örtlichen Zuständigkeit wie sonst beurteilen. Eine Gerichtsstandsschleichung ist wie sonst unwirksam, Einl III 56.

51 Geständnis: § 288 gilt im Verfahren nach § 495 a grds wie sonst. Man muß allerdings die dort genannten Alternativen „bei einer mündlichen Verhandlung" oder „zum Protokoll ..." erweitern, soweit der Richter keine Verhandlung durchführen muß und auch nicht einen beauftragten oder ersuchten Richter einschaltet. Andernfalls könnte die Partei zB im schriftlich durchgeführten Kleinverfahren überhaupt kein wirksames prozessuales Geständnis abgeben. Das würde dem Zweck des § 495 a direkt widersprechen. Ob ein Geständnis gewollt und erklärt ist, muß der Richter wie sonst im Wege der Auslegung ermitteln.

Glaubhaftmachung: § 294 gilt wie im Eilverfahren nach §§ 920 II, 936 grds auch im Kleinverfahren nach 52 § 495 a. Indessen mag der Richter die Glaubhaftmachung zumindest wegen einer verfahrensmäßigen Frage, etwa wegen des Arrestgrundes, anders als sonst beurteilen, sei es strenger, sei es großzügiger. Es ist eher als sonst Sache der Partei, in dem gestrafften und der Arbeitserleichterung des Gerichts dienenden Verfahren nach § 495 a rechtzeitig und ausreichend glaubhaft zu machen oder die gegnerische Glaubhaftmachung zu erschüttern.
S auch Rn 62 „Parteiherrschaft".
Grundurteil: § 304 ist auch im Verfahren nach § 495 a grds voll anwendbar. Freilich wird das Gericht ähnlich wie beim Teilurteil nach Rn 83 sein ohnehin geltendes und nach § 495 a erheblich erweitertes Ermessen oft dahin ausüben, von einem Grundurteil abzusehen, durch das der Prozeß nicht beschleunigt und die Arbeit nicht erleichtert werden würden.
Hilfsaufrechnung: Rn 5.
Hilfsvortrag: Er ist auch im Verfahren nach § 495 a grds wie sonst zulässig. Das Gericht muß ihn voll 53 beachten. Es darf keinesfalls den Hilfsvortrag, der rechtzeitig, nachvollziehbar und schlüssig erfolgte, als im Kleinverfahren unbeachtlich zurückweisen. Ob Hilfsvortrag vorliegt, muß man wie sonst durch Auslegung ermitteln. Wegen der dem Zweck der Arbeitserleichterung des Gerichts entsprechenden erhöhten Anforderungen an den Parteivortrag wird man die Frage eher verneinen müssen. Das Gericht braucht jedenfalls eher weniger als sonst nachzufragen, ob und welcher Vortrag ein bloßes Hilfsvorbringen darstellen soll.
Klagänderung: Der Richter muß sie wie sonst beurteilen, auch streitwertmäßig. Ein Verfahren kann infolge 54 der Klagänderung in das Kleinverfahren nach § 495 a oder aus ihm heraus geraten. Im übrigen mag der Richter die Sachdienlichkeit im Sinn von § 263 im Kleinverfahren durchaus auch unter dem Gesichtspunkt der Arbeitserleichterung des Gerichts und der Beschleunigung des bisherigen Prozesses beurteilen und daher eher verneinen müssen als sonst, aber auch umgekehrt.
Klagerücknahme, dazu *Warfsmann* JB 00, 343 (Üb): Ebenso wie die Klageinreichung ist auch die Klagerücknahme Sache der Partei und nicht Teil der Verfahrensgestaltung des Gerichts. Sie ist daher auch im Kleinverfahren wie sonst zulässig und wirksam. Auch die etwa notwendige Zustimmung des Bekl hängt bei § 495 a ebensowenig von dem Gericht ab wie sonst. Die Auslegung der Parteiprozeßhandlungen erfolgt wie sonst. Der Kostenfolgebeschluß nach § 269 IV erfolgt wie sonst. Soweit überhaupt keine Verhandlung stattfindet, gelten die Regeln § 269 Rn 5–16, AG Norden JB 00, 370 (einseitige Rücknahme bis zum Ablauf der Einlassungsfrist).
Klageschrift: Für sie gelten dieselben Anforderungen wie sonst. Denn nur das Gericht bestimmt sein 55 Verfahren frei, nicht aber hat auch der Kläger schon von sich aus Erleichterungen. Es steht ihm lediglich frei, einen Antrag auf mündliche Verhandlung nach S 2 in der Klageschrift oder erst später oder gar nicht zu stellen. Im Zweifel liegt kein solcher Antrag vor, sondern allenfalls eine für den Richter unverbindliche Anregung. Er ist auch nicht stets zu einer diesbezüglichen Rückfrage oder gar zu einer Belehrung verpflichtet. Der Richter braucht eine Aufforderung des Klägers nicht zu befolgen, das Gericht möge sich äußern, ob es nicht von Amts wegen eine Verhandlung wünsche. Mag der Kläger einen bindenden Antrag nach S 2 stellen.
S auch Rn 67 „Prozeßvoraussetzungen", Rn 84 „Terminsanberaumung", Rn 90 „Unterschrift".
Kostenentscheidung: Der Richter entscheidet nur über sein Verfahren nach billigem Ermessen frei, nicht 56 über die Sachentscheidung und daher auch nicht über die auf ihr folgende Kostengrundentscheidung. Insoweit sind §§ 91 ff usw wie sonst anwendbar. Freilich kann der Richter die Begründung der Kostenentscheidung im Fall § 313 a I 1 auf eine stichwortartige Erwähnung der angewandten Vorschriften beschränken und bei § 313 a I 2 auch ganz entfallen lassen, solange nicht besondere Umstände eine etwas nähere Darlegung zwecks Nachvollziehbarkeit erfordern, § 286 Rn 20, 21.
S auch „Umfang der Entscheidungsgründe".
Kostenfestsetzung: § 495 a gilt auch zugunsten des Rpfl. Denn auch er ist „Gericht" im Sinn von S 1. 57 Daher kann auch er sein Verfahren nach billigem Ermessen freier als sonst gestalten. Dabei kommt es auf den Streitwert und infolgedessen nur dann auf den Kostenwert an, wenn dieser zum Streitwert geworden ist. Auch der Rpfl muß bei seinem Verfahren die seinem Verfahren zugrundeliegenden Hauptregeln beachten. Auch er muß zB das rechtliche Gehör wie sonst gewähren. Auch er muß seine Entscheidung wie sonst wenigstens nachvollziehbar begründen usw. Er darf etwa bei einer Nichtabhilfe nicht jegliche Begründung verweigern. Er darf nicht in weiterem Umfang als sonst sachlichrechtliche Einwendungen beachten oder zurückweisen. Mit einer großzügigen Bejahung der Glaubhaftmachung nach § 104 II 1 sollte er zurückhaltend verfahren. Insgesamt kann aber auch er sein Vorgehen erleichtern. Auch das ist der Sinn des § 495 a.
Kostenvorschuß: § 12 GKG ist voll und zwingend anwendbar wie sonst. Denn der Richter bestimmt bei § 495 a nur „sein" Verfahren frei. Unter „Gericht" darf man hier auch den Kostenbeamten verstehen, Hartmann Teil I § 12 GKG Rn 10 (anders der Rpfl, s „Kostenfestsetzung"). Freilich ist die richterliche Anordnung eines Auslagenvorschusses im Interesse einer zügigen und einfachen Verfahrensdurchführung noch eher ratsam als sonst, § 379 Rn 1.
Ladungsart: § 497 Rn 1, dort auch näher zur keineswegs überzeugenden aM des BayVerfGH RR **01**, 1647.
Ladungsfrist: Die Fristen von 3 Tagen bzw 24 Stunden nach § 217 gelten als gesetzliche Mindestfristen mit 58 Ausnahme der in § 224 II genannten Lagen auch im Verfahren nach § 495 a zwingend. Sie setzen das Gebot des rechtlichen Gehörs in seiner Mindestform zeitlich um und binden daher den Richter auch im Kleinverfahren. Er kann aber auch von Amts wegen ihre Verlängerung oder sie von vornherein angemessen länger bemessen, ohne dazu verpflichtet zu sein.
S auch Rn 46 „Einlassungsfrist".
Mahnverfahren: Seine Regeln werden von § 495 a nicht berührt. Denn es ist nicht im Abschnitt 2 des 59 Buchs 2 geregelt, sondern im Buch 7. Vom Übergang in das streitige Verfahren nach § 696 Rn 1 an ist

§ 495a dagegen voll anwendbar. Natürlich behalten die Vorgänge des vorangegangenen Mahnverfahrens ihre Wirksamkeit. Das gilt insbesondere für einen Vollstreckungsbescheid. Bei Nichteinreichung der Anspruchsbegründung trotz Aufforderung nach § 697 I oder § 700 III 2 ist mangels Terminsnotwendigkeit ein Endurteil statthaft. Ein Absinken des Streitwerts des Mahnverfahrens auf einen Betrag von höchstens 600 EUR ab Beginn des streitigen Verfahrens läßt nur ein streitiges Kleinverfahren entstehen.
Mündliche Verhandlung: Rn 16.
Nachfrist: § 283 S 2 Hs 2 ist anwendbar, BVerfG NJW **93**, 2794.
Obligatorisches Güteverfahren: Das Gericht muß seine Versäumung nach § 15 a EGZPO grds nach Grdz 49 vor § 253 beurteilen. Dabei kann sich eine Anhörung erübrigen, AG Nürnb RR **02**, 430.
60 **Öffentliche Zustellung:** Rn 103 „Zustellung".
Ordnungsmittel: Rn 42 „Beweisbeschluß".
Örtliche Zuständigkeit: Rn 50 „Gerichtsstand".
61 **Partei:** Der Richter kann den Parteibegriff nach Grdz 4 vor § 50 und die sich aus ihm ergebenden Regelungen zB zur Prozeßstandschaft, zur Vertretung des Minderjährigen, der juristischen Person, der Partei kraft Amts usw auch im Verfahren nach § 495 a nicht anders als sonst beurteilen. Er verfügt ja nur über das Verfahren frei, nicht über die an ihm Beteiligten. Daher gelten auch zur Prozeßfähigkeit, zur vorläufigen Zulassung nach § 56 usw dieselben Regeln wie sonst.
62 **Parteiherrschaft:** Sie zählt zu den Grundlagen des Zivilprozesses. In sie wie in den Beibringungsgrundsatz und in die Verhandlungsmaxime nach Grdz 18 vor § 128 kann der Richter auch nicht nach § 495 a eingreifen. Es ist nicht seine Aufgabe, der Partei die aus ihrer Parteiherrschaft entstehenden Pflichten und Obliegenheiten abzunehmen. Das gilt selbst dann, wenn er sich dadurch Beschleunigung und Arbeitserleichterung verspricht. Er darf das Verfahren nicht zum solchen von Amts wegen umgestalten, sofern es sich nicht ohnehin um ein letzteres handelt, Grdz 25–40 vor § 128. Freilich sind die Ermessensgrenzen fließend. Das gilt sowohl in Richtung auf Stärkung als auch auf Schwächung der Parteiherrschaft. Der Richter kann der Partei grds durchaus mehr überlassen oder auferlegen als sonst. Er kann andererseits auch sehr wohl die eine oder andere Maßnahme selbst treffen, zB eine Anfrage bei einer Behörde oder bei einem Zeugen, statt das der Partei aufzubürden. Im Zweifel bleibt er innerhalb seiner weiten Gestaltungsfreiheit.
Parteiöffentlichkeit: § 357 gilt auch im Verfahren nach § 495 a grds voll. Freilich hat der Richter wegen des zur Beschleunigung und Arbeitserleichterung geltenden weiten Ermessens der Art der Durchführung auch einer Beweisaufnahme sehr wohl die Möglichkeit, zB einen Zeugen oder Sachverständigen auch außerhalb einer Verhandlung etwa telefonisch zu befragen oder doch in einer Verhandlung einen erst jetzt benannten oder doch nicht erschienenen Zeugen oder Sachverständigen am Telefon zu hören. Er muß dann jeweils das Ergebnis aktenkundig machen und den Parteien Gelegenheit zur Stellungnahme geben. Es kann bei begründeten Bedenken der Partei notwendig werden, von der telefonischen Befragung oder der bloßen schriftlichen Äußerung des Zeugen zur Vernehmung in Anwesenheit der Parteien überzugehen. Solche Abwägungen erfordern Fingerspitzengefühl und gegenseitiges Verständnis.
63 **Persönliches Erscheinen:** Das Gericht kann im Verfahren nach § 495 a das persönliche Erscheinen der Partei auch außerhalb der sonst geltenden Voraussetzungen anordnen. Das gilt zB auch dann, wenn es die Partei außerhalb einer mündlichen Verhandlung anhören möchte, um sich von einer unstreitigen Tatsache ein besseres Bild zu machen. Die Folgen unentschuldigten Ausbleibens können auch in freier Beweiswürdigung bestehen, ähnlich wie bei § 454 I. Das ist eine typische Auswirkung der Ermessensfreiheit des Gerichts nach § 495 a und kein Ermessensmißbrauch.
64 **Protokoll:** Es ist nach § 159 I, II keineswegs bei jeder Amtshandlung in Gegenwart eines Prozeßbeteiligten erforderlich, also erst recht nicht im Verfahren nach § 495 a. Soweit freilich zB die fernmündliche Befragung eines Zeugen nach S 1 stattfindet, ist sie Beweisaufnahme und scheint nach § 159 I 1 ein Protokoll zu erfordern. Gemeint ist dort aber die Beweisaufnahme in einer Verhandlung, nicht außerhalb einer solchen. Das ergibt sich schon daraus, daß ein dem Gericht theoretisch noch auf Wunsch zustehender besonderer Protokollführer ja schon technisch bestenfalls am Zweithörer verfolgen könnte, was er in eigener Verantwortung protokollieren soll. Soweit ein Protokoll aufgenommen wird, darf es bis auf die nach § 160 III unverzichtbaren Bestandteile „lückenhafter" als sonst sein. Freilich ist es ratsam, die nach § 160 I, II genannten Angaben ebenfalls wenigstens im Kern zu machen, insbesondere auch einen Hinweis nach § 139 I–III wegen § 139 IV auch im Kleinverfahren wenigstens knapp zu protokollieren.
Das Gericht sollte die *Möglichkeit nach § 313 a I 2 Hs 2* durchaus nutzen, statt eines Urteils mit Entscheidungsgründen nur deren wesentlichen Inhalt zu formulieren und ins Protokoll zu tun. Denn das Protokoll entsteht oft schneller, und das Gericht kann dann eben noch knapper formulieren. Natürlich übernimmt für diesen Teil des Protokolls nur der Vorsitzende in solcher Eigenschaft die inhaltliche Verantwortung. Die Kurzgründe im Protokoll brauchen natürlich nicht mitvorgelesen zu werden. Wegen der Unanfechtbarkeit des Urteils einerseits, der Möglichkeit einer Verfassungsbeschwerde andererseits und des Fehlens eines Tatbestands und evtl nach § 313 a I 2 Hs 2, auch gesonderter Entscheidungsgründe sollte das Protokoll nicht allzu dürftig sein. Seine Berichtigung erfolgt nach § 319.
65 **Prozeßbevollmächtigter:** Man muß seine Stellung mit ihren Rechten und Pflichten auch im Verfahren nach § 495 a grds ebenso sonst beurteilen. Der Richter verfügt zwar über das Verfahren, nicht aber über die an diesem Beteiligten und deren Bevollmächtigte. Insbesondere bleibt es grds beim Fehlen eines Anwaltszwangs, zumal der Streitwert eines dem Anwaltszwang nach § 78 II unterliegenden Verfahrens ohnehin in aller Regel die 600-EUR-Grenze des § 495 a S 1 übersteigt. Die Formerfordernisse etwa des § 80 I bleiben auch im Verfahren nach § 495 a bestehen. Sie unterliegen grds nicht der Verfügungsbefugnis des Richters. Eine einstweilige Zulassung nach § 89 I sollte keineswegs grds eher als sonst erfolgen und behält die in § 89 I 2, 3, II genannten Folgen.
S auch Rn 55 „Klageschrift", Rn 84 „Terminsanberaumung".
Prozeßhandlung: Man muß ihre Notwendigkeit, Form und Wirksamkeit grds wie sonst beurteilen. Soweit nicht andere gesetzliche Vorschriften zwingend entgegenstehen, kann aber der Richter zB in der Form-

Buch 2. Abschnitt 2. Verfahren vor den AGen § 495a

frage großzügiger als sonst vorgehen. Die Auslegung einer Parteiprozeßhandlung kann ebenfalls großzügiger als sonst erfolgen. Sachlichrechtliche Wirkungen unterfallen nicht der Gestaltungsfreiheit des Gerichts. Der Richter muß die Anfechtbarkeit wie sonst beurteilen.
S auch Rn 80 „Schriftsatz", Rn 90 „Unterschrift".

Prozeßkostenhilfe: Zwar ist sie eine Form der Sozialhilfe, Üb 2 vor § 114. Sie ist aber in das gerichtliche **66** Verfahren eingebettet und der Zuständigkeit des Richters unterstellt. Sie ist also Bestandteil des Verfahrens vor ihm. Daher gilt § 495 a in dem erstinstanzlichen Erkenntnisverfahren auch für das Prozeßkostenhilfeverfahren in allen seinen Verästelungen, Lüke NJW **96**, 3265. Freilich muß der Richter auch hier die Verfahrensgrundlagen einhalten. Er kann zB nicht auf das Erfordernis der hinreichenden Erfolgsaussicht verzichten und, soweit diese von sachlichrechtlichen Fragen abhängt, nicht diese letzteren eher bejahen oder verneinen als sonst. Soweit aber zB verfahrensrechtliche Voreinschätzungen notwendig sind, kann er sich die Arbeit sehr wohl auch im Prozeßkostenhilfeverfahren grds erleichtern. Er ist ohnehin auf diesem wenn auch wirtschaftlich gewichtigen Nebenschauplatz nicht der Hüter der Staatskasse. Das bedeutet freilich keineswegs eine Pflicht zur großzügigeren Gewährung als sonst.

Prozeßrechtsverhältnis: Es gehört zu den Grundlagen des Verfahrens, Grdz 4 vor § 128. Man muß es **67** daher auch im Verfahren nach § 495 a wie sonst beachten und beurteilen. Freilich kann in einem Verfahren, in dem der Richter zwecks Beschleunigung und Arbeitserleichterung eleganter und unkonventioneller als sonst arbeiten darf und soll, sowohl im Verhältnis der Parteien untereinander als auch im Verhältnis jeder Partei zum Gericht ein erhöhtes Maß von Pflichten und Obliegenheiten durchaus zu bejahen sein. § 495 a dient zunächst dem Gericht und gerade nicht den Parteien. Die redliche Partei hat dessen ungeachtet eher Vorteile als die nachlässige, unredliche.

Prozeßvergleich: Rn 92 „Vergleich".

Prozeßvoraussetzungen: Man muß sie grds auch bei § 495 a wie sonst beachten und beurteilen. Sie sind ja durchweg auch nicht nach § 295 wiederherstellbar. Insbesondere muß der Richter zunächst die Zulässigkeit und dann erst die Begründetheit der Klage prüfen. Bei Unzulässigkeit ist eine hilfsweise Erörterung dahin, ob die Klage jedenfalls auch unbegründet sei, wie sonst erlaubt, Grdz 17 vor § 253. Das Gericht sollte durchaus mindestens dieselben Anforderungen wie sonst stellen. Das Kleinverfahren dient nicht der Nachlässigkeit der Parteien, sondern der Arbeitserleichterung, wenn auch nicht Laxheit, des Richters.
S auch Rn 71 „Rechtsschutzbedürfnis".

Prozeßwirtschaftlichkeit: Alle Prozeßbeteiligten sollten diesen ohnehin zu wenig beachteten Verfahrens- **68** grundsatz nach Grdz 14 vor § 128 auch im Verfahren nach § 495 a voll beachten und ausnutzen. Das Gericht muß das Rechtsschutzbedürfnis daher strenger als sonst prüfen. Die Lauterkeitspflicht ist verstärkt. Das Gericht darf und soll das Verfahren erst recht möglichst billig und zweckmäßig gestalten und möglichst rasch beenden. Alles das darf Maßstab für die Zulässigkeit so mancher sonst zweifelhaften Richtermethode sein.
S auch Rn 71 „Rechtsschutzbedürfnis".

Rechtliches Gehör: Die Notwendigkeit, dem Betroffenen als Partei oder sonstigem Prozeßbeteiligtem vor **69** einer ihm nachteiligen Entscheidung das rechtliche Gehör zu gewähren, also eine bloße Gelegenheit zur Äußerung besteht schon bei Einhaltung der Einlassungs- bzw Ladungsfrist und Säumnis. Sie bleibt als eine der wichtigsten Pflichten des Gerichts schon wegen Art 103 I GG auch im Verfahren nach § 495 a voll bestehen, BVerfG NJW **97**, 1301, BayVerfGH RR **01**, 1647, Friedrich NJW **03**, 3535. Das gilt auch und gerade dann, wenn es nicht zu einer mündlichen Verhandlung kommt, auf die auch insoweit kein Anspruch besteht, BVerfG NJW **93**, 2864 (zu § 128 III), BayVerfGH RR **94**, 255, LG Wiesb MDR **02**, 1212. Wegen der regelmäßigen Unanfechtbarkeit der Entscheidung kommt der Gewährung des Gehörs eine besondere Bedeutung zu.

Ein *einfaches Versehen* des Richters eröffnet *keine* Verfassungsbeschwerde, BVerfG NJW **99**, 1177. Das ist eine harte, problematische Notmaßnahme dieses überlasteten Gerichts.

Das bedeutet, daß man zunächst entweder das Ergänzungsverfahren nach § 321 betreiben oder auch sogleich *Berufung* nach § 514 II einlegen muß, BVerfG NJW **99**, 1177, LG Duisb RR **97**, 1490. Es bedeutet aber nicht, daß der Richter übermäßig lange Äußerungsfristen setzen dürfte, daß er bei Säumnis nur ein Versäumnisurteil statt eine solchen nach Lage der Akten oder eines „streitigen" Urteils fällen dürfte, daß er einen Zeugen erst nach vorheriger Rücksprache mit der Partei telefonisch anhören dürfte usw, daß er gar erst nach zwei Zustellungen ein die Instanz beendendes Urteil fällen dürfte, aM Fischer MDR **94**, 981 (aber die Ordnungsmäßigkeit einer Ladung ist ohnehin erforderlich, und dann reicht auch diese eine Gewährung des Gehörs).

Gerade im Verfahren nach § 495 darf man die Notwendigkeit des Gehörs eben auch *nicht überspannen* und zum Vorwand nehmen, das BVerfG wegen jeder Abweichung des Richters vom „Normalprozeß" in Anspruch zu nehmen, LG Paderb MDR **00**, 472 (krit Laws), aM LG Mannh RR **00**, 515 (aber das BVerfG wehrt sich selbst mehr und mehr dagegen, vgl oben). BVerfG NJW **99**, 1177 hätte nun aber auch nicht unter Berufung auf das von ihm sonst so strapazierte Subsidiaritätsprinzip nach Einl III 17, das man auch überspannen kann, bei praktisch einer bloßen Behauptung eines Verstoßes gegen Art 103 I GG eine notwendigerweise doch dann prompt erfolglose Berufung schon zur Zulässigkeitsbedingung einer Verfassungsbeschwerde machen sollen, statt ohne Verhandlung durch eine seiner Kammern notfalls zurückzuverweisen und die Gefahren landgerichtlicher Rechtszersplitterung zu verhindern, Kunze NJW **97**, 2154 („Ersatzgesetzgeber").

Ein *einmaliges* rechtliches Gehör liegt auch dann vor, wenn der Säumige es nicht wahrnimmt. Ein *zweimaliges* ist nicht schon vom GG stets vorgeschrieben, BVerfG NJW **93**, 2864 aE (zum vergleichbaren § 128 III).

Rechtsbehelf: Vgl zunächst Rn 29. Das gesamte System der Rechtsbehelfe und Rechtsmittel bleibt wie **70** sonst bestehen, LG BadBad RR **94**, 1088 (evtl keine Bindung an – jetzt – § 511 II bei reinen Verfahrensfragen). Es zählt zu den Grundlagen des Verfahrens und im übrigen jedenfalls insoweit, als eine Anfallwirkung entsteht, nicht mehr zu derjenigen Instanz, für die § 495 a schon nach seiner Stellung im Buch 2

§ 495a

Buch 2. Abschnitt 2. Verfahren vor den AGen

allein gilt. Das gilt auch für die Anfechtbarkeit von Nebenentscheidungen. Natürlich hängt die Anfechtbarkeit wie sonst generell zunächst von der Art der Entscheidung ab, die das Gericht getroffen hat. Wenn der Richter zB bei der Säumnis des Bekl statt eines Versäumnisurteils ein Vollurteil gewählt hat, so ist nicht etwa schon deshalb gleichwohl ein Einspruch zulässig.

Rechtshängigkeit: Sie läßt sich wie sonst beurteilen. Das gilt auch dann, wenn der Richter die Klage nicht förmlich zustellen, sondern auf andere Weise dem Bekl zukommen läßt, etwa durch Aushändigung oder durch Boten. Die Besonderheiten im Eilverfahren nach § 920 Rn 5, 6 gelten auch in demjenigen nach § 495 a.

Rechtskraft: §§ 322, 705 sind wie sonst anwendbar.

Rechtspfleger: Rn 34 „Ablehnung", Rn 57 „Kostenfestsetzung".

71 **Rechtsschutzbedürfnis:** Es zählt als eine der wichtigsten prozessualen Voraussetzungen eines Erkenntnisverfahrens nach Grdz 33 vor § 253 zu den grds auch im Verfahren nach § 495 a voll beachtbaren Regeln. Wegen des gesteigerten Gebots der Prozeßwirtschaftlichkeit nach Grdz 14 vor § 128 muß der Richter auch das Rechtsschutzbedürfnis strenger als sonst prüfen. Es bleibt eine Zulässigkeitsvoraussetzung. Deshalb kann seine Verneinung nur zur Abweisung bzw Verwerfung als unzulässig führen. Hilfsweise bleibt auch im Verfahren nach § 495 a eine Abweisung als unbegründet möglich, Grdz 17 vor § 253.
S auch Rn 67 „Prozeßvoraussetzungen".

72 **Rechtzeitigkeit des Vorbringens:** § 282 gilt auch im Verfahren nach § 495 a. Das gilt auch für den Fall, daß der Richter überhaupt keine mündliche Verhandlung ansetzt, für die Pflichten nach § 282 II. Da § 495 a der Arbeitserleichterung des Gerichts dient, hat die Partei auch erhöhte Pflichten und Obliegenheiten nach § 282. Die in § 283 genannten Regeln sind ebenfalls voll anwendbar. Sie bedeuten im Verfahren nach § 495 a für die Partei erhöhte Pflichten und Obliegenheiten.

Rubrum: Rn 64 „Protokoll", Rn 92 „Urteilskopf".

Ruhen des Verfahrens: Man muß Voraussetzungen, Herbeiführung und Beendigung des Verfahrens nach § 251 auch im Fall des § 495 a grds wie sonst beurteilen. Das gilt bei S 1 wie bei S 2, auch nach einem Mahnverfahren. Darüber hinaus ist der Richter zwar wegen seines weiten Ermessens theoretisch zur Anordnung des Ruhens eher berechtigt als sonst. Indessen führt dergleichen evtl zur Versagung oder Verlangsamung des Rechtsschutzes und damit zur Verletzung einer der Grundlagen des Verfahrensrechts. Eine solche Verletzung soll auch § 495 a nicht zulassen. Allerdings kann man die in § 251 I genannte Zweckmäßigkeit weit öfter nutzen. Das sollte der Richter kurz aktenkundig machen. Eine solche Arbeitsweise ist der Dienstaufsicht eindeutig entzogen. Mag der Betroffene nach § 567 I sofortige Beschwerde einlegen.

S auch Rn 35 „Aktenlage".

Sachaufklärung: Rn 46 „Entscheidungsreife".

73 **Sachliche Zuständigkeit:** Trotz des weiten Ermessens in der Verfahrensgestaltung ist der Richter wegen der sachlichen Zuständigkeit ähnlich wie bei der örtlichen nach Rn 50 „Gerichtsstand" an die gesetzlichen Regeln und an einen etwaigen Rügeverzicht wie sonst gebunden. Man muß einen Rügeverzicht wie sonst beurteilen, § 295. Der Richter darf ihn erst recht grds weder als sonst bejahen noch eher verneinen. Nach einer Verweisung zB gemäß § 281 muß man die Bindungswirkung auch an die sachliche Zuständigkeit wie sonst beurteilen. Eine Erschleichung der sachlichen Zuständigkeit ist wie sonst unzulässig und unwirksam. Vgl auch zB Einl III 56 zur Gerichtsstandserschleichung.

74 **Sachliches Recht:** Da § 495 a dem Gericht nur wegen seines Verfahrens erweiterte Möglichkeiten einräumt, auch im übrigen, bleibt das sachliche Recht in seinen Voraussetzungen, Formen und Wirkungen grds völlig unberührt. Der Richter muß die sachlichrechtlichen Fragen der Zulässigkeit und Begründetheit genau wie sonst prüfen und bescheiden. Er darf keineswegs zB bei § 823 BGB vom Schulderfordernis nur deshalb absehen, weil der Streitwert 600 EUR nicht überschreitet und er keine Berufung zulassen will. Freilich haben die prozessualen Erleichterungen naturgemäß Auswirkungen auf die sachlichrechtlichen Fragen. Der Richter darf und soll durchaus nicht aus Gerechtigkeitsbemühungen ein nach § 495 a schon einer Entscheidung zugängliches Verfahren nun doch wieder notgedrungen in die Länge ziehen, verteuern und komplizieren. Die Vorschrift dient der Zweckmäßigkeit betonter als der Gerechtigkeit. Im übrigen ist es gerecht, denjenigen im Prozeß nicht nur mit kleinem Streitwert eher unterliegen zu lassen, der zB seine prozessualen Obliegenheiten nicht genug erfüllt.

75 **Säumnis:** Rn 20, 21; Rn 35 „Aktenlage". Wenn der Erschienene nur ein Versäumnisurteil beantragt, keine Entscheidung nach Aktenlage, ist das Gericht nicht etwa wegen § 308 I gehindert, eine Entscheidung nach Aktenlage oder gar eine „im Verfahren nach § 495 a", zu fällen, § 495 a Rn 24, also ohne besonderen Verkündungstermin im Sinn von §§ 251 a, 331 a. Nur durch ein Versäumnisurteil eröffnet das Gericht die Möglichkeit eines Einspruchs, §§ 338 ff. Notfalls verfährt der Richter nach § 319. Er ist nach Gewährung rechtlichen Gehörs keineswegs zu solcher Großzügigkeit verpflichtet. Er darf und sollte durchaus folgerichtig die in der Instanz beendende Urteil fällen, auch etwa ein unechtes Versäumnisurteil, § 331 Rn 24, gegen das also kein Einspruch zulässig ist, (je zum alten Recht) BVerfG NJW **93**, 2864, LG Essen RR **93**, 576, AG Ahrensbg NJW **96**, 2516, aM Peglau NJW **97**, 2224 (vgl aber Rn 3, 4).

S auch Rn 40 „Berufung", Rn 69 „Rechtliches Gehör".

Schadensermittlung usw: Schadensschätzungen können im Verfahren nach § 495 a in noch weiterem Umfang als sonst nach den nicht selten verkannten Möglichkeiten des § 287 erfolgen.

Scheckprozeß: Rn 91 „Urkundenverfahren".

76 **Schlußfrist:** Zwar ist das Gericht auch nach § 495 a keineswegs gezwungen, stets einen Schlußzeitpunkt zu bestimmen, bis zu dem ein Vortrag zulässig ist, solange es nicht das (voll)schriftliche Verfahren nach § 128 II gewählt hat. Indessen ist es bei einem Schriftsatzwechsel schon wegen Art 103 I GG praktisch kaum vermeidbar, zumindest derjenigen Partei eine abschließende Frist zu setzen, die den möglicherweise überraschenden gegnerischen Vortrag bisher nicht beantwortet hat, zumindest bei § 139 V. Jedenfalls sollte der dem Verhandlungsschluß nach § 296 a entsprechende Zeitpunkt den Parteien bekannt sein.

§ 495a

Schriftliches Verfahren: Man muß ein Verfahren nach § 128 II sorgfältig von demjenigen nach § 495 a **77** unterscheiden. Das Gericht kann im Bereich bis 600 EUR Streitwert natürlich auch nach § 128 II verfahren und jene Verfahrensart auch wieder verlassen oder erst im Laufe des Prozesses erstmals oder erneut zu ihr übergehen. Es ist dringend ratsam, die jeweilige Wahl zumindest aktenkundig zu machen. Auch die Parteien haben aber zwar keinen Anspruch auf Belehrung, wohl aber ein Informationsrecht über die jeweils vom Gericht eingeschlagene Verfahrensart, § 139 II 2. Das Verfahren nach § 495 a ist gegenüber demjenigen nach § 128 II wesentlich elastischer und einfacher.

Schriftliches Vorverfahren: S 1 läßt dem Richter die Möglichkeit, ein schriftliches Vorverfahren wie sonst **78** einzuleiten, durchzuführen und in eine andere zulässige Verfahrensart überzuleiten. Innerhalb des Vorverfahrens gelten dessen Regeln, soweit der Richter sie nicht zulässigerweise abändert. Besonders dann, wenn er nicht von Amts wegen einen Haupttermin ansetzen will, sollte er unmißverständlich verdeutlichen, daß er auch ohne Verhandlung entscheiden könnte. Andernfalls könnte seine schriftliche Entscheidung wegen eines Überraschungseffekts gegen Art 103 I GG und § 139 II verstoßen, LG Wiesb MDR 02, 1212.
 S auch Rn 77 „Schriftliches Verfahren".

Schriftliche Zeugendarstellung: Das Gericht kann nach § 495 a zum einen den § 377 III anwenden und **79** zum anderen auch darüber hinaus statt einer Vernehmung eine schriftliche Stellungnahme des Zeugen entweder von sich aus oder über die beweispflichtige Partei herbeiführen, auch über den Bereich des § 364 (Auslandsbezug) hinaus. Freilich hängt die Brauchbarkeit solcher von der Partei beschafften Darstellung unter anderem davon ab, ob das Gericht präzise Fragen hat stellen lassen können. Ob der Gegner eine Vernehmung erzwingen kann, ist Fallfrage. Ein bloßer Terminsantrag ist kaum ausreichend. Der Gegner sollte darlegen, welche Tatsachen die Vernehmung erforderlich machen, § 285.

Schriftsatz: Zwar herrscht im Parteiprozeß kein grundsätzlicher Schriftsatzzwang. Indessen ist die schrift- **80** sätzliche Prozeßführung dringend ratsam. Das gilt nicht nur dann, wenn der Richter sie zulässigerweise anordnet, sondern auch in den restlichen Fällen beim Streitwert bis 600 EUR. Es gilt das zumindest, solange noch keine Partei einen zulässigen Terminsantrag nach S 2 gestellt hat. An den Inhalt und die Form darf das Gericht keineswegs geringere Anforderungen als sonst stellen, eher höhere. Denn die Partei muß damit rechnen, daß das Gericht auf Grund ihres evtl einzigen bisherigen Schriftsatzes bereits endgültig und unanfechtbar entscheidet. Sie hat ja das Gehör gehabt, indem sie den Schriftsatz einreichte.
 S auch Rn 59 „Nachfrist", Rn 65 „Prozeßhandlung", Rn 90 „Unterschrift".

Selbständiges Beweisverfahren: §§ 485 ff gelten auch im Verfahren nach § 495 a. Freilich hat das Gericht wegen § 495 a S 1 bei der Art der Durchführung des Beweisverfahrens einen erweiterten Ermessensraum. Es ist aber keineswegs schon deshalb berechtigt, zB seine Zuständigkeit auch über die Grenzen des § 486 III hinaus zu bejahen.

Sicherheitsleistung: Das ohnehin schon nach § 108 I 1 „freie Ermessen" bei Art und Höhe der prozessualen Sicherheitsleistung ist nach § 495 a noch weiter. Das Ob der Notwendigkeit einer Sicherheitsleistung ist der Verfügungsbefugnis des Richters wie sonst entzogen. Entscheidungen nach §§ 708 ff zählen nicht zum erstinstanzlichen Erkenntnisverfahren und schon deshalb nicht zu § 495 a. Eine innerstaatliche Vorschrift kann ohnehin nicht internationale Regeln nach Anh § 110 verändern.

Sofortige Beschwerde: Rn 70 „Rechtsbehelf".

Sofortige Erinnerung: Rn 70 „Rechtsbehelf".

Sommersache: § 227 III gilt auch im Verfahren nach § 495 a. Der Richter muß die Frage, ob ein besonderes Beschleunigungsbedürfnis nach § 227 III 3 vorliegt, grds ebenso wie § 227 Rn 50–53 prüfen. Freilich gilt auch hier ein weiteres Ermessen als sonst.

Streitgenossenschaft: Es gelten dieselben Erwägungen wie zur Partei, Rn 61 „Partei".

Streithilfe: Wegen der zur Streithilfe Berechtigten gelten dieselben Erwägungen wie zur Partei, Rn 61 **81** „Partei". Auch die sachlichen Voraussetzungen und Wirkungen einer Streithilfe sind der Verfügungsbefugnis des Richters im Verfahren nach § 495 a nicht unterworfen. Es handelt sich vielmehr um grundlegende gesetzliche Regelungen. Auf deren Einhaltung kann allenfalls die Partei nach § 295 verzichten, nicht aber der Richter von sich aus.

Streitverkündung: Es gelten dieselben Erwägungen wie bei der Streithilfe, Rn 81 „Streithilfe".

Streitwert: Man muß den Wert wie sonst ermitteln. Es kann ratsam sein, ihn festzusetzen, um zu verdeutli- **82** chen, daß das Gericht diese Basis eines Verfahrens nach § 495 a erkannt hat. Manchmal kann der Wert umstritten sein, etwa bei §§ 558 ff BGB, Anh § 3 Rn 79. Um zu verhindern, daß das Berufungsgericht auf Grund eigener höherer Wertfestsetzung zu einer Zurückverweisung wegen verfahrensfehlerhafter Anwendung des § 495 a kommt, kann es ratsam sein, zumindest ein Urteil nebst Tatbestand usw zu formulieren. Beim Absinken des Streitwerts gelten die Regeln Rn 5.
 S auch Rn 100 „Widerklage".

Stufenklage: Sie ist wie sonst statthaft. Das Gericht muß ihren Wert wie sonst bestimmen. Beim Übersteigen von 600 EUR ist § 495 a unanwendbar. Ob die Streitfrage, ob es zulässig ist, gleichzeitig über sämtliche Ansprüche nach § 254 Rn 12 abschließend zu entscheiden, mag im Kleinverfahren mit seinem Ziel rascher Beendigung und Arbeitserleichterung für das Gericht eher zu bejahen sein als sonst.
 S auch Rn 82 „Streitwert".

Tatbestandsberichtigung: § 320 ist auch im Verfahren nach § 495 a grds anwendbar, soweit das Urteil **83** überhaupt einen ja stets freigestellten Tatbestand enthält. Wegen des Zwecks des § 495 a, dem Richter die Arbeit zu erleichtern, darf und muß dieser die Voraussetzungen einer Berichtigung strenger fassen.
 S auch Rn 39 „Berichtigung".

Teilurteil: § 301 ist auch im Verfahren nach § 495 a grds voll anwendbar. Freilich wird das Gericht sein ohnehin nach § 301 II geltendes im Kleinverfahren deutlich erweitertes Ermessen oft dahin nutzen, die mit dem Teilurteil ja meist verbundene Mehrarbeit usw zu unterlassen.

Terminsanberaumung: Soweit nicht ein zulässiger und auch rechtzeitiger Antrag nach S 2 vorliegt, ist der **84** Richter nach S 1 stets berechtigt, aber nicht verpflichtet, überhaupt einen Termin anzuberaumen. Er sollte von den Möglichkeiten der Entlastung des Terminsplans voll Gebrauch machen, sofern er nicht eine

§ 495a

entsprechende Mehrbelastung am Schreibtisch befürchten muß. Auch das Risiko ungenügender Aufklärung ändert an dieser vom Gesetz bewußt ermöglichten Abwägung nichts. § 139 II 1, 2 enthalten zwar Grundgedanken. Diese lassen sich aber auch außerhalb einer Verhandlung beachten. Mag die Partei eine solche beantragen. Insbesondere bei ihrer Säumnis besteht nur wenig Veranlassung, schon wegen kleiner Unklarheiten gerade das zu tun, was § 495a gezielt zu beschränken helfen soll. Die Terminanberaumung sollte zweckmäßigerweise für die Parteien den Zusatz „im Verfahren nach § 495a ZPO" enthalten, um sie auf ihr erhöhtes Risiko aufmerksam zu machen, etwa bei einer Säumnis, Rn 75 „Säumnis". Indessen ist ein solcher Zusatz nicht notwendig. Denn bei einem Streitwert im Rahmen des § 495a findet das Verfahren ohnehin zwingend nach dieser Vorschrift statt. Unkenntnis schützt nicht vor dem Gesetz, krit Rottleuthner (vor Rn 1) 36 (aber sind uralte Rechtssprichwörter zynisch oder weise?).

S auch Rn 55 „Klageschrift".

85 Terminsantrag: „... muß mündlich verhandelt werden" in S 2 meint nur, daß überhaupt eine Verhandlung irgendeiner Art stattfinden muß. Daher kann die Partei den Richter durch einen Antrag nach S 2 weder zu einem frühen ersten Termin noch zu einem Haupttermin zwingen. Er ist in seiner Wahl der Verfahrensart unverändert frei, soweit er nur eben auch verhandeln läßt. Ein Antrag auf mündliche Verhandlung läßt sich im übrigen nach Rn 17–21 beurteilen.

S auch Rn 84 „Terminsanberaumung", Rn 97 „Vorbereitende Maßnahme".

86 Terminsart: Das Gericht sollte die Terminsart auch im Verfahren nach § 495a in der Terminsladung kennzeichnen lassen. Es sollte also zB „frühen ersten Termin" oder „Haupttermin" oder dann, wenn es weder die eine noch die andere Verfahrensart wählt, einfach „Verhandlungstermin nach § 495a ZPO" schreiben lassen. Beim Wechsel von der einen in die andere Verfahrensart ist eine Klarstellung besonders ratsam. Ein Verstoß kann, muß aber nicht stets zur Verletzung des Art 103 I GG führen.

S auch Rn 86 „Terminsmehrheit".

Terminsmehrheit: Soweit eine Partei zulässigerweise nach S 2 einen Verhandlungstermin beantragt hatte, gilt dieser Antrag im Zweifel auch für jeden weiteren im Normalprozeß notwendigen Termin. Daher ist es ratsam, im weiteren Termin zu klären, ob die Partei im weiteren Prozeßverlauf den Terminsantrag etwa fallen läßt. Der Gegner ohne einen eigenen Terminsantrag hat zwar theoretisch keinen Anspruch auf einen weiteren Termin. Er könnte sich aber dann, wenn das Gericht nun ohne solchen entscheidet, auf einen Verstoß gegen Art 103 I GG berufen, falls der Richter ihm nicht eine abschließende Äußerungsfrist gesetzt hatte. Es ist daher ratsam, beiden Parteien die Absicht mitzuteilen, ohne weiteren Termin zu entscheiden. Das sollte unter Anberaumung einer etwaigen Schlußfrist geschehen. S auch Rn 86 „Terminsart".

Terminsvorbereitung: Rn 97 „Vorbereitende Maßnahme".

Trennung, Verbindung: §§ 145 ff gelten auch im Verfahren nach § 495a. Das ohnehin vorhandene Ermessen ist im Kleinverfahren noch freier Man sollte es auch unter dem Gesichtspunkt der Arbeitserleichterung des Gerichts und der Beschleunigung des bzw der bisherigen Verfahren(s) beurteilen.

87 Umfang der Entscheidungsgründe: Soweit das Gericht die Begründung seiner Entscheidung in das Urteils-Originalexemplar aufnimmt, gelten die Regeln des § 313 III, dort Rn 31. Es ist also erforderlich, aber ausreichend, daß das Urteil „eine kurze Zusammenfassung der Erwägungen (enthält), auf denen die Entscheidung in tatsächlicher und rechtlicher Hinsicht beruht". Sie kann mit Rücksicht auf das erklärte Ziel des § 495a, die Arbeit des Gerichts zu erleichtern, nun wirklich kurz und knapp sein. Freilich muß das Gericht grds die in § 286 Rn 20 genannten Anforderungen der Nachvollziehbarkeit einhalten, LG Mü RR **04**, 354.

Soweit der Richter die Begründung seiner Entscheidung in das *Protokoll* aufnimmt, § 313a I 2 Hs 2, braucht das Urteils-Originalexemplar nach dem klaren Wortlaut dieser Vorschrift überhaupt keine Entscheidungsgründe zu enthalten. Es endet also mit Rücksicht darauf, daß nach § 313a I 1, auch kein Tatbestand erforderlich ist, nach Wahl des Richters mit dem Tenor wie beim Versäumnisurteil. Freilich sind Entscheidungsgründe auch im Urteilsexemplar erlaubt, soweit sie nicht von dem in das Protokoll aufgenommenen Begründungstext abweichen. Liegt dennoch eine solche Abweichung vor und scheiden eine Berichtigung nach §§ 164 bzw 319 oder eine Ergänzung nach § 321a aus, so hat das Protokoll nicht schon wegen § 165 Vorrang. Denn die Begründung zählt nicht zu den für die mündliche Verhandlung vorgeschriebenen Förmlichkeiten.

Die Worte „ihr wesentlicher Inhalt" in *§ 313a I 2 Hs 2* zeigen, daß der Richter die Protokollgründe noch wesentlich *knapper als* diejenigen nach *§ 313 III* fassen darf. Das ist eines der Hauptentlastungsmerkmale und schon deshalb sinnvoll, zB der Praktiker weiß sehr wohl um die hier eröffneten, wenn auch verführerischen Möglichkeiten der Straffung). Von dieser Möglichkeit sollte er konsequent Gebrauch machen, zumal das BVerfG zwar auf eine gewisse Überprüfbarkeit angewiesen ist, aber auch den übrigen Akteninhalt mitberücksichtigen darf. Es sollte nicht durch seine Anforderungen den Grundgedanken des § 313a I 2 Hs 2 verwässern, obwohl man auch für diese Vorschrift natürlich am GG messen muß. Das wird in seinem Beschluß NJW **92**, 2217 (zu einem Altfall) noch nicht deutlich. Natürlich darf es nicht bei Leerfloskeln oder Sprachblasen bleiben. Die höhere Instanz sollte aber jedenfalls nicht aus der zulässig knappen Fassung von Gründen im Urteil oder Protokoll des AG allzu bequem auf Verfahrensfehler schließen, um die Sache zurückzuweisen oder gar den Amtsrichter wegen angeblicher Willkür als befangen bezeichnen zu können. Solches Vorgehen des Berufungsgerichts wäre seinerseits evtl Willkür usw.

Unechtes Versäumnisurteil: Rn 75 „Säumnis".

88 Unmittelbarkeit der Beweisaufnahme: § 355 gilt auch im Verfahren nach § 495a grds voll. Eine Übertragung der auf den auswärtigen Richter kann freilich wegen des betonten Ziels eher als sonst erfolgen, die Arbeit des entscheidenden Richters zu erleichtern.

S auch Rn 62 „Parteiöffentlichkeit".

89 Unschlüssigkeit: Im Verfahren nach § 495a scheint das Gericht berechtigt zu sein, mangels eines Klägerantrags auf einen Verhandlungstermin eine unschlüssige Klage ohne Anhörung des Bekl mit innerer Rechtskraftwirkung sogleich nach dem Eingang durch Urteil abzuweisen. Der Bekl wäre ja vom Verstoß gegen Art 103 I GG scheinbar nicht benachteiligt. Indessen mag er Gründe haben, zB ein Anerkenntnis abzugeben oder einen Vergleich unter Einbeziehung weiterer Punkte herbeizuführen. Der Normalprozeß verlangt vor dem Endurteil ein Prozeßrechtsverhältnis. Es kann in dieser Verfahrensart anders als evtl im vorläufigen Eilverfahren grds erst infolge Klagezustellung entstehen. Das gehört zu den wichtigsten Prinzipien und ist eine Folge der auch im Kleinverfahren zu achtenden Parteiherrschaft, Grdz 18 vor § 128. Das Gericht darf daher auch ohne Verhandlung über eine unschlüssige Klage erst nach Anhörung des Bekl entscheiden.

Unterbrechung: §§ 239 ff sind auch im Verfahren nach § 495 a grds anwendbar. Der Richter sollte in dieses System nicht ohne schwerwiegenden Anlaß eingreifen, auch wenn er dazu formell berechtigt sein mag. Denn es handelt sich nicht um unverzichtbare Grundbestandteile des Prozesses. Die Unterbrechung bewirkt ja gerade das Gegenteil dessen, was § 495 a bewirken soll. Jedenfalls muß der Richter bei abweichender Anordnung klarstellen, inwiefern andere Folgen als nach §§ 239 ff gelten sollen.

Unterschrift: Die Regeln § 129 Rn 9 ff gelten auch im Verfahren nach § 495 a. An die Unterschrift muß man gerade mit Rücksicht auf den klaren Zweck der Vorschrift, dem Richter die Arbeit zu erleichtern, eher noch höhere Anforderungen stellen. Es ist dem Richter keineswegs zumutbar, hinter einer noch fehlenden, ungenügenden, gar zunächst verweigerten Unterschrift herzulaufen, statt den Prozeß dann eben auf der jetzigen Basis zu beenden. Eine fernmündliche Ermahnung mit Anheimgabe, das Fehlende binnen einer telefonisch gesetzten „Frist" nachzuholen, kann durchaus genügen. Die unzulängliche oder fehlende Unterschrift unter dem verfahrenseinleitenden Schriftsatz zwingt auch nach S 1 und natürlich erst recht nach S 2 keineswegs auch nur zur Zustellung an den Gegner. Ihn würde das Gericht vielmehr auch im Kleinverfahren zu unrecht in ein Prozeßrechtsverhältnis hineinzwingen. Das sollte auch die Dienstaufsicht bedenken, bevor sie auch nur Erwägungen zu Lasten des angeblich pflichtwidrig untätigen Richters gegenüber dem Beschwerdeführer andeutet. 90

S auch Rn 65 „Prozeßhandlung", Rn 80 „Schriftsatz".

Unzulässigkeit: Die Erwägungen zur Unschlüssigkeit nach Rn 89 gelten auch bei der unzulässigen Klage. Insbesondere bei bloßer Unzuständigkeit kommt im übrigen evtl nur eine Verweisung in Betracht. Der Richter darf dem Kläger nicht die Chance nehmen, daß das zuständige Gericht der dort zulässigen Klage auch in der Sache rechtgeben wird.

Unzuständigkeit: S „Unzulässigkeit".

Urkundenverfahren: Auch im Urkunden- und Wechselprozeß gibt § 495 a dem Richter erheblich mehr Freiheit. Freilich darf er keines der gesetzlichen Grundprinzipien dieser besonderen Verfahrensarten antasten. Insbesondere darf er dem widersprechenden Bekl nicht die nach § 599 I vorzubehaltende Ausführung seiner Rechte in einem Nachverfahren nehmen. Freilich mag die letztere sich an das erstere nach gerichtlicher Ankündigung direkt anschließen lassen. Das gilt auch im Scheckprozeß. 91

Urteilskopf: Sowohl dann, wenn das Gericht die Entscheidungsgründe nach § 313 a I 2 Hs 2 nur in das Protokoll aufnimmt, als auch beim Urteil nebst eigenen Entscheidungsgründen nach I wird man in der Urschrift und natürlich in der Ausfertigung usw ein vollständiger Urteilskopf nach § 313 I Z 1, 2 und evtl Z 3, um für Außenstehende, spätere Folgeverfahren, die Zwangsvollstreckung usw die Nämlichkeit der Beteiligten klarstellen zu können. Es ist ratsam, die Worte „im Verfahren nach § 495 a" aufzunehmen. Hat eine Verhandlung stattgefunden, wird sie erwähnt, falls das Verfahren im Sinn von § 296 a endete. 92

S auch Rn 64 „Protokoll".

Verbindung: Rn 86 „Trennung, Verbindung".

Verfahrensbeendigung: S bei ihren einzelnen Arten, zB Rn 95 „Verweisung".

Verfahrensordnung: Eine eigene Verfahrensordnung eines Amtsrichters kann im Grundsatz zulässig sein, Bartels DRiZ 92, 106, selbst wenn es dann von Abteilung zu Abteilung schon einzelne Gerichts je eine auch noch unterschiedlich gestaltete derartige Lokal-ZPO geben würde. Indessen muß der Richter ungeachtet ihrer Bekanntgabe an die Verfahrensbeteiligten den Verdacht vermeiden, daß nicht mehr die bundesgesetzliche ZPO, sondern seine eigene den alleinigen Maßstab gebe. Andernfalls setzt er sich trotz seiner besonderen Gestaltungsfreiheit des Kleinverfahrens allzu leicht dem Vorwurf aus, wegen Starrheit befangen zu sein, § 42 Rn 23 „Festhalten an einer Ansicht".

Verfahrensrüge: Rn 96 „Verzicht auf Verfahrensrüge".

Vergleich: Die Regeln zum außergerichtlichen Vergleich wie zum Prozeßvergleich nach Anh § 307 gelten auch im Verfahren nach § 495 a grds voll. Wegen des Zwecks der Vorschrift, dem Gericht die Arbeit zu erleichtern, und den entsprechend höheren Anforderungen an den Parteivortrag wird man das Zustandekommen eines Vergleichs im Kleinverfahren eher bejahen können als sonst. An die Form des Vergleichs darf man aber auch im Verfahren nach § 495 a keine geringen Anforderungen stellen als sonst. Die Anfechtbarkeit läßt sich wie sonst beurteilen.

Verhandlungsmaxime: Rn 62 „Parteiherrschaft".

Verkündung: Im Verfahren nach § 495 a braucht das Gericht seine Entscheidung, auch ein Urteil, grds nicht zu verkünden, Fischer MDR **94**, 982. Es kann sie durch Zustellung mitteilen, evtl sogar formlos. Das gilt sowohl dann, wenn überhaupt kein Verhandlungstermin stattfand, als auch nach einem solchen. Auch im „Normalprozeß" ist ja die Verkündung keineswegs die einzig zulässige Form der Mitteilung. Ausnahmsweise muß der Richter verkünden, wenn er eine Verkündung angekündigt hatte. Zumindest darf dann eine abschließende Entscheidung nicht vor dem angekündigten Verkündungszeitpunkt auch nur schriftlich hinausgehen, solange das Gericht nicht den Verkündungstermin aufgehoben hat. 93

Versäumnisurteil: Rn 75 „Säumnis".

Verspätetes Vorbringen: § 296 ist auch im Verfahren nach § 495 a grds voll anwendbar, BVerfG NJW **93**, 1319. Dem Zweck des § 495 a, den Richter zu entlasten und den Prozeß zu beschleunigen, entspricht eine erhöhte Anforderung an den Parteivortrag auch zum Stichwort Rechtzeitigkeit. Das darf und sollte der Richter sehr wohl bei der Entscheidung über die Zurückweisung wegen Verspätung mitberücksichtigen. Zwar setzt eine solche Maßnahme unter anderem voraus, daß er auch seinerseits die Förderungs- 94

§ 495a

pflicht und seine übrigen Aufgaben erfüllt hat. Wegen seines Ermessensspielraums darf man eine Verletzung solcher Pflichten aber bei § 495 a durchaus evtl seltener annehmen als sonst. Das bedenkt BVerfG NJW 93, 1319 nicht ausreichend mit.

95 Vertagung: Eine Maßnahme nach § 227 kommt auch im Verfahren nach § 495 a in Betracht. Darüber hinaus ist eine Vertagung wegen des weiten Ermessens sehr wohl zulässig und ratsam, wenn man zB sonst einen Verstoß gegen Art 103 I GG befürchten müßte. Der Richter ist aber keineswegs verpflichtet, statt anderer Maßnahmen eine Vertagung anzuordnen, solange eben nicht eine Gehörverletzung droht. Auch ein zulässiger Antrag nach S 2 gibt keinen Vertagungsanspruch etwa schon deshalb, weil der ProzBev (anders die nicht vertretene Partei!) in Urlaub fahren will oder andere Termine hat, noch weniger als in den Fällen § 227 Rn 13, 14. Zweck des § 495 a ist auch, das Verfahren zu beschleunigen, den Aktenumlauf und die sonstige Arbeitsbelastung des Gerichts zu verringern. Deshalb darf der Richter einen „erheblichen Grund" im Sinn von § 227 hier durchaus noch zurückhaltender bejahen als sonst.
S auch Rn 80 „Sommersache".

Verweisung: Es gelten die „normalen" Regeln, auch zur Form und zur Kostenfolge.
S auch Rn 50 „Gerichtsstand", Rn 74 „Sachliche Zuständigkeit".

Verzicht auf Klageanspruch: § 306 gilt auch im Verfahren nach § 495 a grds voll. Wegen des Zwecks der Vorschrift, dem Gericht die Arbeit zu erleichtern, und den entsprechend höheren Anforderungen an den Parteivortrag darf man einen solchen Verzicht im Kleinverfahren eher annehmen als sonst.
S auch Rn 35 „Anerkenntnis".

96 Verzicht auf Verfahrensrüge: Man muß § 295 und seine Grenzen auch im Verfahren nach § 495 a grds wie sonst beachten. Freilich darf man die Verzichtbarkeit wegen des Zwecks, den Richter im Kleinverfahren zu entlasten, großzügiger bejahen als sonst. Das darf aber nicht dazu führen, zwecks Arbeitserleichterung des Gerichts einen stillschweigenden Rügeverzicht eher als sonst einfach zu unterstellen, solange nicht doch insgesamt deutliche Anzeichen für einen solchen Verzicht sprechen.

Vollmacht: Es gelten dieselben Regeln wie im Normalprozeß. Fehlt die erforderliche Vollmacht, so kann Säumnis vorliegen. Da diese nicht nur zum Versäumnisurteil führen kann, sondern auch nach rechtlichem Gehör zum „streitigen" Endurteil, kann das Fehlen der Vollmacht einen endgültigen Rechtsnachteil bedeuten, soweit nicht das Gericht eine vorläufige Zulassung nach § 89 I 1 vorgenommen hat. Im letzteren Fall müßte man auch im Verfahren nach § 495 a zunächst die Nachfrist nach § 89 I 2 setzen und abwarten. Freilich ist das Gericht zumindest im Kleinverfahren wegen seiner Zielsetzung der Beschleunigung und Arbeitserleichterung zur vorläufigen Zulassung nach § 89 I 1 keineswegs verpflichtet; „kann" stellt zumindest hier in sein pflichtgemäßes Ermessen.

Vorbehaltsurteil: §§ 302, 599, 605 gelten auch im Verfahren nach § 495 a grds voll. Freilich wird das Gericht ähnlich wie beim Teilurteil nach Rn 83 sein ohnehin bei § 302 geltendes Ermessen oft dahin ausüben, von einem Vorbehaltsurteil abzusehen, durch das der Prozeß nicht beschleunigt und die Arbeit nicht erleichtert werden würden.

97 Vorbereitende Maßnahmen: § 273 ist auch im Verfahren nach § 495 a anwendbar. Das Gericht hat ein erweitertes Ermessen. Es darf und sollte alles veranlassen, was den Prozeß beschleunigt, die eigene Arbeit erleichtert und gleichzeitig einer Aufklärung und sachgerechten Beurteilung dienen kann. Die in § 273 II genannten Möglichkeiten sind dort ohnehin nur als „insbesondere" zulässig bezeichnet. Anordnungen können im Kleinverfahren abweichend von § 273 III auch schon dann ergehen, wenn der Bekl dem Anspruch zwar nicht prozessual widersprochen hat, wenn seine vermutliche Einlassung aber schon im vom Kläger glaubwürdig vorgetragenen vorprozessualen Vorgängen abschätzbar ist. Freilich ist das Gericht keineswegs zur umfassenden Vorbereitung nach Art eines Amtsverfahrens verpflichtet.
S auch Rn 62 „Parteiherrschaft".

98 Vorläufige Vollstreckbarkeit: §§ 708 ff gelten auch im Verfahren nach § 495 a. Der Richter muß auch das streitige Endurteil für vorläufig vollstreckbar erklären, selbst wenn nach der Ansicht des Amtsrichters weder die Berufung noch ein anderes Rechtsmittel oder ein Einspruch statthaft sind. Denn das Rechtsmittelgericht könnte zB die Frage, ob der Streitwert 600 EUR überstieg, sogar dahin beantworten, daß er die jeweils geltende Berufungsgrenze in Wahrheit übersteige und daß auch eine entsprechende Beschwer vorliegt. Soweit § 708 die vorläufige Vollstreckbarkeit vom Wert unabhängig vorsieht, gelten die für den Normalprozeß genannten Regeln erst recht auch im Kleinverfahren.

Vorverfahren: Rn 78 „Schriftliches Vorverfahren".

99 Wahl des Verfahrensgangs: § 272 ist auch im Verfahren nach § 495 a anwendbar. Nach dem Mahnverfahren in Verbindung mit § 697 II 1 gilt dasselbe. Statt der dortigen Möglichkeiten kann der Richter auch nach § 128 II oder überhaupt in einem schriftlichen Verfahren auch ohne die Voraussetzungen des § 128 II vorgehen, solange kein wirksamer Terminsantrag nach S 2 vorliegt. Im Urkundenprozeß usw bleiben dessen Besonderheiten grds erhalten. Ein Wechsel von der einen in die andere Verfahrensart ist wie sonst und wegen der Ermessensfreiheit nach S 1 auch darüber hinaus möglich. Der Richter muß ihn aber den Beteiligten gegenüber klarstellen. Der Wechsel darf nicht zu einer Überraschungsentscheidung und nicht zur Versagung des rechtlichen Gehörs führen, § 139 II. Es ist ratsam, die getroffene Wahl aktenkundig zu machen.

Wechselprozeß: Rn 91 „Urkundenverfahren".
Wesentlicher Inhalt: Rn 87 „Umfang der Entscheidungsgründe".

100 Widerklage: Sie ist grds wie sonst zulässig. Für sie gelten dieselben Anforderungen wie sonst. Nach § 5 Hs 2 werden für die Zuständigkeit anders als für die Kosten die Gegenstände von Klage und Widerklage nicht zusammengerechnet. Andererseits ist die Widerklage ihrerseits eine richtige Klage, Anh § 253 Rn 5. Folglich bewirkt sie bei einem eigenen Wert von mehr als 600 EUR, daß man den Rechtsstreit schon deshalb nicht mehr als Verfahren nach § 495 a behandeln darf. Im übrigen bleibt § 506 beachtlich. Die Parteien können zwar auf die Rüge der sachlichen Unzuständigkeit wirksam verzichten. Nicht aber kann der Richter von sich aus oder mit Ermächtigung der Parteien vollständig beim Wert von mehr als 600 EUR das Verfahren einfach dennoch nach § 495 a betreiben. Freilich bleibt seine etwa dennoch auf

Buch 2. Abschnitt 2. Verfahren vor den AGen **§§ 495a, 496**

solchem Wege erfolgte Entscheidung wirksam und unanfechtbar, soweit nicht das Gesetz an besonderer Stelle ihre Anfechtbarkeit vorsieht.
S auch Rn 82 „Streitwert".

Widerspruchsbegründung: Da schon im Normalprozeß nach dem Eingang eines Widerspruchs gegen den Mahnbescheid und der Abgabe an das Gericht des streitigen Verfahrens ab Eingang einer Anspruchsbegründung „wie nach Eingang einer Klage weiter zu verfahren ist", § 697 II 1, kommt es im folgenden schriftlichen Vorverfahren zunächst nur auf eine in Wahrheit ja nochmalige Verteidigungsanzeige und erst danach auf eine etwaige Klagerwiderung an. Geht keine Verteidigungsanzeige ein, so darf und muß das Gericht schon im Normalprozeß ohne Beachtung der etwa ohne im Widerspruch erfolgten Begründung vorgehen. Es muß den Bekl dann auf Klägerantrag durch Versäumnisurteil nach § 331 III verurteilen. Alles das gilt erst recht im Verfahren nach § 495 a. Hier kann die Säumnis ja sogar zum streitigen Urteil ohne Verhandlung führen.

Wiedereinsetzung: Ihre Statthaftigkeit hängt unter anderem von der Versäumung einer Notfrist ab, **101** § 233. Es hängt auch im Verfahren nach § 495 a davon ab, ob das Gesetz eine Frist als Notfrist bezeichnet, § 224 I 2. Die Frist zur Erwiderung auf eine Klageschrift ist weder im Verfahren mit frühem ersten Termin noch im schriftlichen Vorverfahren als Notfrist gekennzeichnet, §§ 275 I 1, 276 I 2. Soweit der Richter nach § 495 a überhaupt keinen Termin ansetzt, ist die von ihm bestimmte Erwiderungsfrist eine richterliche und keine gesetzliche und daher ebenfalls keine Notfrist. Auch die Einlassungsfrist nach § 274 III ist keine Notfrist. Dasselbe gilt für die nach § 128 II gesetzte Frist und für die Erwiderungsfrist nach einem Mahnverfahren, § 697 II. Es bleibt daher praktisch nur die Versäumung der Einspruchsfrist nach § 339 I, evtl in Verbindung mit § 700, als Ausgangspunkt eines Wiedereinsetzungsantrags bestehen. Freilich muß der Richter auf eine Säumnis keineswegs stets nur mit einem Versäumnisurteil reagieren, Rn 20.

Wiederholte Beweisaufnahme: § 398 ist auch im Verfahren nach § 495 a grds voll anwendbar. Es geht ja **102** meist um Fragen des sachlichen Rechts, wenn auch vordergründig „nur" eine prozessuale Frage angeschnitten ist, etwa die Glaubwürdigkeit eines Zeugen. Der Richter darf auch bei § 495 a nicht um der Arbeitserleichterung willen eine sonst notwendige zusätzliche Beweisaufnahme unterlassen. Das sachliche Recht bleibt unangetastet. Freilich mag die Form der nochmaligen Anhörung im Verfahren nach § 495 a anders als sonst verlaufen, zB durch telefonische erneute Befragung nebst anschließender Gelegenheit zur Stellungnahme nach § 285. Nach einem wirksamen Terminantrag muß allerdings auch die wiederholte Beweisaufnahme in einem Termin stattfinden. Andernfalls könnte das Gericht den vielleicht gerade wegen der Beweisfragen gestellten Terminantrag unterlaufen.

Zustellung: Man muß ihre Notwendigkeit grds auch im Verfahren nach § 495 a wie sonst beurteilen. Das **103** gilt insbesondere, soweit von ihr der Beginn einer Frist abhängt, die erst das rechtliche Gehör nachweist, § 329 Rn 32, 33, unklar BVerfG RR **94**, 255. Das Verhalten der Zustellungsbeamten unterfällt dem § 495 a schon insoweit nicht, als sie nicht „Gericht" sind. Das Gericht darf insbesondere die öffentliche Zustellung auch im Kleinverfahren wegen ihrer für den Betroffenen endgültigen Wirkungen keineswegs lascher als sonst handhaben. Freilich kann der Richter oft einen anderen Weg als denjenigen der Zustellung wählen, etwa eine mündliche oder fernmündlich gesetzte und durch Vermerk aktenkundig gemachte Frist oder eine nach § 180 ohnehin wirksame Übermittlung an einem normalerweise nicht vorgesehenen Ort, etwa mittels Boten. Eine Ersatzzustellung nach §§ 178 ff kann das Gericht wie sonst durchführen und beurteilen.

496 *Einreichung von Schriftsätzen; Erklärungen zu Protokoll.* **Die Klage, die Klageerwiderung sowie sonstige Anträge und Erklärungen einer Partei, die zugestellt werden sollen, sind bei dem Gericht schriftlich einzureichen oder mündlich zum Protokoll der Geschäftsstelle anzubringen.**

1) Systematik. Die Vorschrift enthält eine Abwandlung von § 253 V. Statt der beim LG unter Anwalts- **1** zwang nach § 78 Rn 1 notwendigen schriftlichen Einreichung nebst Abschriften nach § 131 genügt die mündliche Erklärung ohne Anwaltszwang nach § 78 V Hs 2, solange nicht das Gericht nach § 129 II zulässigerweise einen Schriftsatz fordert. Das setzt allerdings ein pflichtgemäß ausgeübtes Ermessen voraus und darf daher nur insoweit erfolgen, als es derzeit nach den Gesamtumständen erforderlich oder doch förderlich erscheint, etwa bei verbliebener Unklarheit des vom Urkundsbeamten aufgenommenen Vortrags. § 129 a gilt für dieses Verfahren ergänzend. Im Mahnverfahren gilt § 702. Wegen eines elektronischen Dokuments gilt § 130 a.

2) Regelungszweck. Die Vorschrift dient der Vereinfachung für den rechtsunkundigen Bürger, sei es **2** als Kläger, Bekl oder sonstigen Prozeßbeteiligten. Für einen brauchbaren Text der Klage usw ist der Urkundsbeamte der Geschäftsstelle bzw meist ein Rpfl in der sog Rechtsantragsstelle jedes AG nämlich mitverantwortlich. Damit dient § 496 auch der Rechtssicherheit nach Einl III 43 wie der Kostendämpfung.

Nach obligatorischem Güteverfahren gemäß § 15 a EGZPO sollten die Beteiligten keine geringeren Anforderungen an die Gründlichkeit ihrer Eingaben stellen als dann, wenn ein solches Verfahren nicht vorangegangen war. Natürlich kommt die Bezugnahme auf einen Schriftsatz des Güteverfahrens oder auf ein dortiges Protokoll in Betracht und mag bei gründlicher Abfassung solcher früherer Urkunden auch weitgehend reichen. Formell kann der Richter aber stets eine aus sich heraus verständliche und dem § 253 voll entsprechende Klageschrift fordern und ähnliche Anforderungen auch an alle übrigen Schriftsätze stellen. Das gilt auch im Kleinverfahren.

3) Geltungsbereich. Vgl zunächst Grdz 4 vor § 495. Erfaßt sind: Die Klage; die Klagerwiderung, **3** unerheblich ob sie auf eine Aufforderung nach §§ 275, 276 oder ohne eine solche erfolgt; die Klagerück-

§§ 496, 497   Buch 2. Abschnitt 2. Verfahren vor den AGen

nahme, § 269; Sachanträge, §§ 137 Rn 7, 297 Rn 4; Parteierklärungen, für die die Zustellung besonders angeordnet ist. Man kann alle diese Anträge usw nach eigener Wahl entweder nach § 133 Rn 5 schriftlich einreichen oder zu Protokoll der Geschäftsstelle jedes AG erklären, § 129 a, § 153 GVG, sofern das Gericht keinen Schriftsatz nach § 129 II anordnet, Rn 1. Das gilt auch für alle anderen Eingaben an das Gericht.

4 **4) Verfahren.** Bei der schriftlichen Einreichung soll die Partei die für die Zustellung nötige Zahl von Abschriften beifügen, § 133 I. Wenn sie das unterläßt, fertigt die Geschäftsstelle von Amts wegen auch ohne eine Anweisung des Richters die Abschriften auf Kosten der Partei an, KV 9000 II b. Die Urschrift des Protokolls bleibt bei den Akten oder wird nach § 129 a II unverzüglich weitergesandt. Der Urkundsbeamte der Geschäftsstelle bzw bei der Klage, Klagerwiderung oder in schwierigen Fällen der Rpfl nach § 24 II Z 2, 3 RPflG, Anh § 153 GVG muß bei einer Erklärungsaufnahme zu Protokoll die Partei sachgemäß belehren. Er muß insbesondere darauf achten, daß die Klage dem § 253 genügt und daß bei sonstigen Erklärungen §§ 130 ff beachtet werden . Er darf auch wegen §§ 129a, 167 die Aufnahme eines an das AG gerichteten Antrags usw keineswegs ablehnen. Eine Ausnahme gilt nur bei offenbar sinnlosen Erklärungen, Schimpfereien und dgl, Einl III 66. Vgl freilich auch Einl III 67. Eine nur telefonische Erklärung kann, muß aber nicht von Urkundsbeamten entgegengenommen werden. Vernünftige derartige Mitteilungen notiert er formlos zu den Akten und legt sie unverzüglich dem Gericht vor. Wegen eines elektronischen Dokuments § 130 a.

5 **5) Einzelfragen.** Die Einreichung ist bewirkt mit der Empfangnahme durch einen zuständigen und zur Vornahme des Eingangsvermerks befugten Beamten. Das ist regelmäßig der Urkundsbeamte der Geschäftsstelle bzw der Rpfl, Rn 2, und zwar bei jedem AG, § 129 a, auch der Urkundsbeamte der Briefannahmestelle. Es kann aber auch der zuständige Amtsrichter oder der Vorsitzende oder ein Mitglied eines Zivilkollegiums oder der Präsident des zuständigen Gerichts sein. Nicht zuständig ist ein Unterbeamter. Auch ein Einwurf in den Briefkasten genügt für eine etwaige Wiedereinsetzung, § 233 Rn 19, 20 „Gericht". Wenn das Gericht die Posteingänge nach einer Vereinbarung mit der Post abholt, dann genügt der Eingang beim Postamt. Wegen der gleichzeitigen Einreichung des Antrags auf die Bewilligung einer Prozeßkostenhilfe und der Klageschrift §§ 117 Rn 8, § 253 Rn 11. Eine Einlegung per Telefax usw kann genügen, § 129 Rn 44. Der Nachweis der Einreichung erfolgt durch den dienstlichen Eingangsvermerk. Er ist eine öffentliche Urkunde mit der Beweiskraft des § 418. Er läßt einen Gegenbeweis zu, Rn 418 Rn 7. Die Abgabe bei der Gerichtskasse genügt zur Einreichung zwecks Wahrung einer Klagefrist selbst bei einer entsprechenden Übung nicht, AG Köln WoM **81**, 113.

497 *Ladungen.* ¹¹Die Ladung des Klägers zu dem auf die Klage bestimmten Termin ist, sofern nicht das Gericht die Zustellung anordnet, ohne besondere Form mitzuteilen. ²§ 270 Satz 2 gilt entsprechend.

II ¹ Die Ladung einer Partei ist nicht erforderlich, wenn der Termin der Partei bei Einreichung oder Anbringung der Klage oder des Antrages, auf Grund dessen die Terminsbestimmung stattfindet, mitgeteilt worden ist. ²Die Mitteilung ist zu den Akten zu vermerken.

Gliederung

1) Systematik, I, II 1	5) Andere Ladungen, II 7
2) Regelungszweck, I, II 2	6) Mitteilung statt Ladung, II 8–10
3) Geltungsbereich, I, II 3	A. Voraussetzungen 8
4) Ladung des Klägers zum ersten Termin, I 4–6	B. Vermerk 9
	C. Weitere Einzelfragen 10

1 **1) Systematik, I, II.** Die Ladung zum Termin erfolgt auch im landgerichtlichen Verfahren von Amts wegen, §§ 214, 274. Von der Regel des § 329 II 2 (Zustellung der Terminsladung) enthält § 497 I eine Abweichung: Den Kläger darf und muß der Urkundsbeamte der Geschäftsstelle zum ersten Verhandlungstermin und nur zu diesem mangels einer abweichenden Anweisung des Richters formlos laden, Zweibr FamRZ **82**, 1097. Ein Verstoß kann eine Kostenniederschlagung nach § 21 GKG nötig machen. Es gilt dann die Zugangsvermutung des § 270 S 2. Sie ist nur nach seinem Hs 2 widerlegbar. Sie kann zur Säumnis des Klägers mit der Folge eines Versäumnisurteils gegen ihn nach § 330 führen.

2 **2) Regelungszweck, I, II.** Die in der Praxis viel zu wenig bekannte Regelung kann zu einer ja gerade im Massenbetrieb des AG und dort insbesondere im Kleinverfahren nach § 495 a zu einer erheblichen Verbilligung, Vereinfachung und Beschleunigung führen, Grdz IV § 128. Zur Verfassungsmäßigkeit § 270 Rn 6. Alles das übersieht BayVerfGH RR **01**, 1647 mit seiner uneingeschränkten Forderung, das Gericht müsse sich über den tatsächlichen Zugang der formlosen Ladung vergewissern. Genau das ist wegen der gesetzlichen Zugangsvermutung *nicht* generell nötig. Insofern „beweist" zwar ein Abgangsvermerk in der Akte nicht den tatsächlichen Zugang. Er setzt aber die gesetzliche Zugangsvermutung in Kraft. Der Ladungsempfänger müßte sie erst nach I 2 in Verbindung mit § 270 S 2 durch Glaubhaftmachung nach § 294 entkräften. Warum auch das anders sein soll, macht BayVerfGH RR **01**, 1647 nicht einmal im Ansatz klar.

3 *Prozeßwirtschaftlichkeit* ist das Ziel der ganzen Vorschrift. Sie hat im Massenbetrieb eine zentrale Bedeutung. Sie sollte sich entsprechend klar auf die Auslegung auswirken.

4 **3) Geltungsbereich, I, II.** Vgl zunächst Üb 4 vor § 495. § 47 I ArbGG enthält eine Sonderregel nur für die Frist.

Buch 2. Abschnitt 2. Verfahren vor den AGen **§§ 497, 498**

4) Ladung des Klägers zum ersten Termin, I. „Auf die Klage bestimmt" ist der frühe erste Termin, 5 §§ 272 II, 275 I. Das gilt auch dann, wenn der Bekl eine Frist zur Klagerwiderung erhalten hat, selbst wenn der Kläger eine Frist zur Stellungnahme auf die Klagerwiderung nach § 275 IV bekommen hat. Denn alles dient nach § 275 I 1 zur Vorbereitung des bereits auf Grund des Klageeingangs anberaumten Termins. Auch ein im Kleinverfahren nach § 495 alsbald nach dem Klageeingang anberaumter Verhandlungstermin mit oder ohne Fristsetzungen ist „auf die Klage bestimmt", ebenso der erste Termin nach einem Mahnverfahren.

Der Wortlaut und Sinn von I spricht aber auch dafür, überhaupt jeden der Reihenfolge nach ersten 6 Verhandlungstermin hierher zu zählen, also auch den ersten Haupttermin nach vorangegangenem schriftlichen Vorverfahren, § 276. Sogar der zB auf Grund einer sich ergebenden Unbekanntheit des wahren Aufenthaltsorts des Bekl notwendig gewordene neue Termin nach Aufhebung des früheren kann noch hierher zählen, ebenso ein neuer Termin nach Verlegung nach § 227, dort Rn 4, ZöGre 2, aM MüKoDe 3 (aber die Vorschrift dient der Vereinfachung und Beschleunigung, Rn 1. Sie ist schon deshalb weit auslegbar, zumal sie im Verfahren vor dem AG ja nicht etwa eine Ausnahme regelt). Freilich ist die formlose Ladung nur des Klägers nicht zwingend. Das Gericht darf auch ihn förmlich laden lassen, ohne daß schon deshalb eine Nichterhebung der Zustellungsauslagen nach § 21 GKG infrage käme.

Die *Ladungsfrist* umfaßt außerhalb eines Kleinverfahrens nach § 495 a stets den in § 217 genannten Zeitraum. Die Einlassungsfrist richtet sich in derselben Weise nach § 274 III. Friständerungen erfolgen nach § 226.

5) Andere Ladungen, II. Alle anderen Ladungen, auch diejenige des *Bekl* zum ersten Termin, geschehen 7 durch eine förmliche Zustellung nach § 329 II 2, soweit nicht § 497 II eingreift. Bei einer nach § 128 IV freigestellten mündlichen Verhandlung und in den Fällen der §§ 238, 251 a, 341 a, 366 II, 370 II tritt an die Stelle der Ladung die Bekanntmachung des Termins.

6) Mitteilung statt Ladung, II. Sie kann sehr prozeßfördernd wirken. 8

A. Voraussetzungen. Es bedarf keiner Ladung, wenn das Gericht den Termin bei der Einreichung oder Anbringung einer Erklärung auch zB des Einspruchs der beantragenden Partei bzw ihrem Streithelfer nach § 66 mündlich oder zweckmäßigerweise schriftlich mitteilt. Die Anwendung auf fast gleichliegende Fälle ist an sich zulässig. Das gilt zB dann, wenn das Gericht die Mitteilung der Partei bei einem späteren Erscheinen macht. Besser vermeidet man dergleichen. Das Gericht muß den Gegner immer förmlich laden, § 329 II 2. Einen weiteren Fall der Entbehrlichkeit der Ladung enthält § 218.

B. Vermerk. Der Urkundsbeamte der Geschäftsstelle vermerkt die Mitteilung mit seiner Unterschrift zu 9 den Gerichtsakten, ähnlich wie bei § 173. Der Empfänger der Mitteilung braucht die Kenntnisnahme nicht zu quittieren. Der ordnungsmäßige Vermerk ist eine öffentliche Urkunde, § 418. Er wirkt die Ladung nach, auch für ein Versäumnisurteil oder ein die Instanz beendendes Urteil nach Säumnis, § 495 a Rn 21. Briefe gehen äußerst selten verloren. Vgl freilich Anh § 286 Rn 154. Dem Verurteilten entsteht insoweit kein wirklicher Schaden, als er Einspruch einlegen kann. Das Gericht muß die Gerichtskosten dann, wenn er die Ladung nach § 294 glaubhaft nicht erhalten hat, nach (jetzt) § 21 GKG niederschlagen, BVerfG NJW **74**, 133. Das Gericht darf und muß Zwangsvollstreckung ohne Sicherheitsleistung einstellen. § 344 greift nicht ein. Denn das Versäumnisurteil dann nicht „in gesetzlicher Weise ergangen". Eine Entscheidung nach Aktenlage nach § 251 a ist ohne einen Ladungsnachweis nicht möglich. Der Beweis der Unrichtigkeit des Vermerks ist statthaft.

C. Weitere Einzelfragen. Eine Mitteilung an den ProzBev oder den gesetzlichen Vertreter genügt. Eine 10 Mitteilung an Verwandte, Boten usw reicht nicht aus. Bei einer Anordnung des persönlichen Erscheinens nach § 141 ist eine Mitteilung nur an den ProzBev unzulässig. II gilt auch für Streithelfer nach § 66, nicht aber für sonstige Dritte. Die Bereitschaft zur Entgegennahme der Mitteilung oder deren Quittierung sind unnötig. Der Urkundsbeamte der Geschäftsstelle muß sich aber vergewissern, daß die Partei die Bedeutung einer mündlichen Mitteilung verstanden hat. Bei ihr sind eine Belehrung über die Folgen des Ausbleibens sowie die Übergabe einer Terminnotiz und ein entsprechender Vermerk ratsam. Der Urkundsbeamte vermerkt die Mitteilung einer Abkürzung der Einlassungs- oder Ladungsfrist besonders in den Akten.

498 *Zustellung des Protokolls über die Klage.* Ist die Klage zum Protokoll der Geschäftsstelle angebracht worden, so wird an Stelle der Klageschrift das Protokoll zugestellt.

1) Systematik. Die Vorschrift zieht die prozessuale Folge aus § 496. Sie ändert für das Verfahren vor dem 1 AG den § 253 I (Zustellung der Klageschrift) für den Fall ab, daß der Kläger von der Möglichkeit Gebrauch macht, die Klage zum Protokoll zu erklären.

2) Regelungszweck. Er muß zwecks Klarstellung, wann das Prozeßrechtsverhältnis nach Grdz 4 § 128 2 mit seinen weitreichenden Folgen beginnt, und zur entsprechenden Klärung der Rechtshängigkeit nach § 261 Rn 1 ff eine Regelung erfolgen, die dem Bekl erkenntlich macht, daß und was der Kläger von ihm begehrt. Davon hängt auch die Einlassungsfrist nach § 274 III ab. Die Vorschrift dient also der Rechtssicherheit, Einl III 43. Man muß sie entsprechend streng auslegen. Freilich ist ein Verstoß wie bei einer Klage heilbar, Rn 5.

3) Geltungsbereich. Üb 4 vor § 495. 3

4) Protokollzustellung. Bei einer Klage zum Protokoll der Geschäftsstelle stellt das Gericht das Protokoll 4 dem Bekl von Amts wegen zu, § 168 I 1. Das löst die Wirkung der Klageerhebung aus, §§ 253 I, 261 I, sofern das Protokoll den Anforderungen des § 253 II–IV entspricht. Von ihnen entbindet § 498 natürlich nicht. § 270 ist anwendbar. Eine Einreichung im Sinn von § 167 liegt erst mit dem Eingang beim zuständigen AG vor, § 129 a II 2. Erst dieses geht nach § 498 vor.

5) Verstoß. Ein Mangel des Protokollinhalts bzw der Zustellung ist heilbar, § 295 Rn 61 „Zustellung". 5

§§ 499–504

499 *Belehrungen.* ⁱ Mit der Zustellung der Klageschrift oder des Protokolls über die Klage ist der Beklagte darüber zu belehren, dass eine Vertretung durch einen Rechtsanwalt nicht vorgeschrieben ist.

ⁱⁱ Mit der Aufforderung nach § 276 ist der Beklagte auch über die Folgen eines schriftlich abgegebenen Anerkenntnisses zu belehren.

Vorbem. Überschrift geändert, I eingefügt, daher bisheriger einziger Satz zu II dch Art 1 Z 5 G v 18. 8. 05, BGBl 2477, in Kraft seit 21. 10. 05, Art 3 S 1 G, ÜbergangsR Einl III 78.

1 **1) Systematik, Regelungszweck, I, II.** Die Belehrung nach I ist das Gegenstück zu § 215 II. Sie ist Ausdruck einer Überfürsorge, Einl III 29. II erweitert § 276. Das dient der Vermeidung ungewollter Folgen eines ja nicht dem Anwaltszwang unterliegenden schriftlichen Anerkenntnisses und damit zumindest der Rechtssicherheit, Einl III 43. Deshalb muß man II durchaus strikt beachten.

2 **2) Geltungsbereich, I, II.** Vgl Üb 4 vor § 495.

3 **3) Belehrung nach I.** Sie ist sowohl im Verfahren mit frühem ersten Termin als auch beim schriftlichen Vorverfahren als auch in jedem anderen Fall einer Klagerhebung geboten. Sie muß zusammen mit den in I genannten Vorgängen erfolgen. Sie ergeht nach dem Wortlaut von I stets dahin, daß eine Vertretung durch einen Rechtsanwalt nicht vorgeschrieben ist. Das paßt aber nicht zum Anwaltszwang vor dem AG als Familiengericht nach § 78 II. Letztere Vorschrift hat natürlich unverändert Geltung und als Spezialregel Vorrang vor I. Eine Belehrung darf also keinesfalls nach I auch insoweit erfolgen, als es um eine Sache im Sinn von § 78 II geht.

4 **4) Belehrung nach II.** Ein schriftliches Vorverfahren ist auch beim AG zulässig. In ihm ergeht wie sonst nach § 276 I 1, II eine Aufforderung zu einer etwaigen Verteidigungsanzeige. Ein Hinweis auf einen Anwaltszwang ergeht nur, sofern dieser nach §§ 495, 78 besteht. Zugleich entsteht eine Belehrungspflicht dahin, daß ein etwaiges schriftliches oder unbeschränktes Anerkenntnis nach § 307 auch ohne Antrag und ohne eine mündliche Verhandlung zu einem entsprechenden Anerkenntnisurteil führt. Eine Belehrung erfolgt wegen § 87 auch dann, wenn der Bekl durch einen Anwalt vertreten ist. Eine Belehrung über die Kostenfolgen des sofortigen Anerkenntnisses ist nicht notwendig. Sie ist wegen der nicht ganz einfachen Voraussetzungen des § 93 nur insofern ratsam, als das Gericht seinen Wortlaut mitteilen sollte. Eine Belehrung über den Inhalt der Anerkenntniserklärung ist weder notwendig noch ratsam. Keine Belehrung erfolgt über eine Anerkennungsfrist. Ein Hinweis auf ein mögliches Versäumnisurteil ohne Verhandlung erfolgt nach §§ 215 I, 276 II.

5 **5) Verstoß, I, II.** Ein Verstoß gegen die Belehrungspflicht kann auch bei einer falschen, unvollständigen, verspäteten Belehrung vorliegen. Er hindert ein Anerkenntnisurteil nach § 307 nicht, sofern wenigstens eine ordnungsgemäße Belehrung nach § 276 I 1, II erfolgt ist, Bischof NJW 77, 1899, aM ZöHe 2 (aber die vorgenannte Vorschrift sieht eine noch weitergehende Belehrung vor). Natürlich braucht auch hier ein Hinweis auf einen Anwaltszwang nur in den Fällen § 78 II zu erfolgen. Erst recht bleibt ein Anerkenntnisurteil nach § 307 zulässig.

500–503 (weggefallen)

504 *Hinweis bei Unzuständigkeit des Amtsgerichts.* Ist das Amtsgericht sachlich oder örtlich unzuständig, so hat es den Beklagten vor der Verhandlung zur Hauptsache darauf und auf die Folgen einer rügelosen Einlassung zur Hauptsache hinzuweisen.

Schrifttum: *Laumen,* Das Rechtsgespräch im Zivilprozeß, 1984.

1 **1) Systematik.** Die Vorschrift stellt in Erweiterung des § 139 eine gegenüber §§ 39 S 1, 282 III vorrangige Sonderregel für den Amtsrichter dar. Das stellt § 39 S 1 klar. § 504 steht neben § 506. § 504 gilt nicht im arbeitsgerichtlichen Verfahren, § 39 Rn 5.

2 **2) Regelungszweck.** Die Vorschrift soll eine auch nur objektive Erschleichung der sachlichen oder örtlichen Zuständigkeit des AG oder gar des ordentlichen Rechtswegs verhindern, Einl III 56, 2 Rn 7, Üb 22 vor § 12, Ffm VersR **78**, 878, KG FamRZ **89**, 1105, Schneider MDR **89**, 606. Sie dient dem Schutz des Bekl. Im Verfahren vor dem AG ist sie keine Ausnahmevorschrift und deshalb auch nicht eng auslegbar.

3 **3) Geltungsbereich.** Üb 4 vor § 495. Im arbeitsgerichtlichen Verfahren gilt § 504 jetzt nicht mehr entsprechend, § 39 Rn 5, ArbG Passau BB **92**, 359.

4 **4) Hinweispflicht.** Das AG muß den Bekl schriftlich oder im Verhandlungstermin mündlich vor dessen Verhandlung zur Hauptsache nach § 39 Rn 6, 7 auf eine ursprüngliche sachliche bzw funktionelle und/oder örtliche Unzuständigkeit und auf die Folgen seiner rügelosen Einlassung hinweisen, §§ 39, 282 III, 296 III. Das geschieht von Amts wegen, LG Hbg MDR **78**, 940, Zeiss § 15 VI 1, aM Müller MDR **81**, 11, ThP 1, ZöHe 2, ZöV § 39 Rn 8 (es erübrige sich nur die Rechtsfolgenbelehrung). Aber der Gesetzeswortlaut fordert auch diese uneingeschränkt, Einl III 39). Ein bloßer Hinweis gegenüber dem Kläger reicht selbst dann evtl nicht, wenn das Gericht den Bekl nur zum Verweisungsantrag anhört, BayObLG NJW **03**, 366. Freilich ist auch das Verhalten des Gerichts auslegbar.

Auch das *Familiengericht* hat diese Pflicht, Stgt FamRZ **80**, 385. Es handelt sich um eine Erweiterung der Pflichten des § 139. Sie besteht auch, soweit der Bekl anwaltlich vertreten ist oder sein muß, Stgt FamRZ

Buch 2. Abschnitt 2. Verfahren vor den AGen §§ 504–506

80, 385. Keine Hinweispflicht besteht bei einer internationalen Unzuständigkeit, Ffm NJW 79, 1787 (abl Prütting MDR 80, 368, Schröder NJW 80, 479). Nach einem Mahnverfahren muß man § 696 beachten, § 39 ist erst im Streitverfahren anwendbar.

Soweit man freilich eine *Erschleichung* als Verstoß gegen Treu und Glauben ansehen muß, also als eine **5** prozessuale Arglist, würde auch eine rügelose Einlassung des Bekl zur Hauptsache nichts nützen. Denn man muß einen derart schwerwiegenden Verstoß des Klägers in jeder Verfahrenslage von Amts wegen beachten, Einl III 54. Deshalb ist auch ein ja sogar irreführender Hinweis auf die in Wahrheit dann gar nicht mögliche „Folgen" im Sinne von § 504 sinnlos. Ferner ist ein Hinweis nach I entbehrlich, wenn das Gericht die Frage der etwaigen Unzuständigkeit mindestens nach Verhandlungsabschluß nach §§ 136 IV, 296a für alle Prozeßbeteiligten erkennbar schriftlich oder mündlich angesprochen hatte.

5) Verstoß. Solange eine danach notwendige Belehrung unterbleibt, für die meist mehr als ein bloßer **6** Hinweis auf den Gesetzestext notwendig ist, Bischof NJW 77, 1900, oder soweit das Gericht sogar mit oder ohne rechtliche Erörterung ausdrücklich von seiner in Wahrheit nicht vorhandenen Zuständigkeit ausgeht, entsteht die bisher fehlende Zuständigkeit trotz einer rügelosen Verhandlung des Bekl zur Hauptsache nicht, § 39 S 2, BGH RR **92**, 1091. Deshalb ist ein Protokoll über die Belehrung dringend ratsam, § 160 II, obwohl es sich nicht um eine Förmlichkeit im Sinn von § 159 handelt. Die Belehrung läßt sich bis zum Schluß der mündlichen Verhandlung nach §§ 136 IV, 296a nachholen, LG Hann MDR **85**, 772. Auch dann gilt freilich: Die Rüge des Bekl ist nach Rn 1 in vorrangiger Abweichung von § 282 III bis zu derjenigen Verhandlung zur Hauptsache zulässig, die auf eine ordnungsgemäße Belehrung folgt. Die übrigen Prozeßhandlungen beider Parteien bleiben freilich wirksam. Man muß die Mehrkosten infolge einer verspäteten Belehrung evtl niederschlagen, § 21 GKG. § 281 I, II ist nur nach einer korrekten Belehrung anwendbar, BayObLG NJW **03**, 366. Dasselbe gilt für § 281 III 2.

505 (weggefallen)

506 *Nachträgliche sachliche Unzuständigkeit.* [I] Wird durch Widerklage oder durch Erweiterung des Klageantrages (§ 264 Nr. 2, 3) ein Anspruch erhoben, der zur Zuständigkeit der Landgerichte gehört, oder wird nach § 256 Abs. 2 die Feststellung eines Rechtsverhältnisses beantragt, für das die Landgerichte zuständig sind, so hat das Amtsgericht, sofern eine Partei vor weiterer Verhandlung zur Hauptsache darauf anträgt, durch Beschluss sich für unzuständig zu erklären und den Rechtsstreit an das zuständige Landgericht zu verweisen.

[II] Die Vorschriften des § 281 Abs. 2, Abs. 3 Satz 1 gelten entsprechend.

1) Systematik, I, II. Die Vorschrift ist eine Ausnahme von § 261 III 2. Man muß sie deshalb an sich eng **1** auslegen. Praktische Gründe rechtfertigen nicht sogleich eine Ausnahme von der Ausnahme, Rn 4 (Verbindung). § 506 bezieht sich auf das Streitverfahren und nur auf die nachträglich eingetretene sachliche Unzuständigkeit, BGH RR **96**, 891, nicht auf die ursprüngliche. Bei der letzteren gelten §§ 281, 504. § 506 ist zusammen mit § 281 anwendbar, wenn das AG für die Klage weder örtlich noch sachlich zuständig ist. Dann kann das AG die Sache an das übergeordnete oder an ein anderes LG verweisen, sobald beide Anträge vorliegen.

2) Regelungszweck, I, II. § 506 soll eine Zuständigkeitserschleichung verhindern, § 504 Rn 3. Damit **2** dient die Vorschrift der Eindämmung einer in mancher Form auftretenden Art prozessualer Arglist, AG Bln-Neukölln MDR **05**, 773. Solche Arglist ist ja stets verboten, Einl III 54. Andererseits ist ein echter Fall des § 506 nicht so häufig wie der „unechte" einer Widerklage usw mit einem ebenfalls „nur" zur Zuständigkeit des AG zählenden überschießenden Wert. Deshalb sollte man Abgrenzungsprobleme nicht allzu streng im Sinn einer Verweisungspflicht behandeln. Das gilt erst recht nach der Einführung des obligatorischen und gar des originären Einzelrichters beim LG, §§ 348, 348a.

3) Geltungsbereich, I, II. Vgl Üb 4 vor § 495. **3**

4) Zuständigkeitsverlust, I, II. Die ursprüngliche sachliche Zuständigkeit kann verloren gehen: Durch **4** eine Widerklage, § 33, Anh § 253; durch eine Klagerweiterung, § 264 Z 2, 3; durch eine streitwerterhöhende Klagänderung, § 263; durch eine Zwischenklage, § 256 II. Dagegen gehen nicht verloren: Durch einen Anspruch nach § 510b; durch einen Ersatz- oder Bereicherungsanspruch, zB aus §§ 302 IV 4, 600 II 2, 717 II 2; bei einer Prozeßverbindung, § 147, aM AG Bln-Neukölln MDR **05**, 773 (aber das ist kein Fall von Arglist nach Rn 2). Eine Widerklage auf eine verneinende Feststellung gegenüber einer Teilleistungsklage des überschießenden Teils ist voll statthaft, Anh § 253 Rn 5, 6. Wenn die Widerklage die Zuständigkeit des AG übersteigt, muß es verweisen. Eine Prozeßverbindung nach § 147 macht das LG nicht zuständig. Ausnahmen gelten dann, wenn der Kläger einen einheitlichen Anspruch nach § 2 Rn 7 zur Erschleichung der Zuständigkeit zerlegt hatte, oder im Falle des § 112 II GenG (dabei ist sofortige Beschwerde zulässig).

5) Verweisung, I, II. Sie wird oft unrichtig gehandhabt. **5**
A. Antrag. Die Verweisung erfolgt nicht von Amts wegen, sondern immer nur auf Antrag. Antragsberechtigt ist abweichend von § 281 jede Partei, aber nur bevor sie selbst zur Hauptsache weiter verhandelt. Der Gegner muß die Verweisung vor seiner Einlassung auf den neuen Anspruch beantragen, vgl freilich §§ 39 S 2, 40 II, LG Hbg MDR **78**, 940. Die Verweisung ist auch bei einer Säumnis des Gegners zulässig. Dann muß das LG, an das die Verweisung erfolgt, die Zulässigkeit des Einspruchs prüfen. Mangels Antrags ist § 39 anwendbar. Zum Fehlen einer Belehrungspflicht in diesem Fall § 504 Rn 1. Auf Grund einer Zulässig-

§§ 506–510a   Buch 2. Abschnitt 2. Verfahren vor den AGen

keitsrüge erfolgt mangels eines Verweisungsantrags nach einer auch hier schon wegen § 139 notwendigen vergeblichen Belehrung eine Prozeßabweisung nach Grdz 14 vor § 253 durch Urteil des AG.

6 **B. Stattgabe.** Die Verweisung erfolgt nur an das zuständige LG, und zwar durch einen zu verkündenden Beschluß, in der höheren Instanz im Urteil. Sondergerichte kommen hier nicht in Frage. Der Beschluß ist nach § 281 II unanfechtbar. Er bindet das LG unbedingt, soweit es um dessen sachliche Zuständigkeit ging. Vgl auch im übrigen die Anm zu § 281. Wegen der Verweisung an die Kammer für Handelssachen § 96 GVG Rn 4. Das LG darf die sachliche Zuständigkeit bzw die Zulässigkeit des ordentlichen Rechtswegs weder gegenüber einem verweisenden AG noch gegenüber einem verweisenden ArbG nachprüfen, § 48 I ArbGG. Das LG kann aber evtl an das letztere weiterverweisen, § 281 Rn 33, 34. Die Prüfung der sachlichen Zuständigkeit schließt grundsätzlich diejenige der örtlichen ein, § 281 Rn 33. Daher kann das LG nicht örtlich weiterverweisen, aM Zweibr RR **00**, 590. Wenn die Sache von einem anderen AG wegen örtlicher Unzuständigkeit an dasjenige AG gekommen ist, das dann aus Gründen der sachlichen Unzuständigkeit an das LG verwiesen hat, dann kann das LG nicht aus Gründen der örtlichen Unzuständigkeit eine Verweisung an das dem ersten AG vorgeordnete LG vornehmen. Eine Verweisung wegen örtlicher Unzuständigkeit durch das AG bindet auch das LG, § 281 II 2. § 281 III 1 ist anwendbar. § 281 III 2 ist bei einer Verweisung eindeutig nur wegen der nachträglichen sachlichen Unzuständigkeit unanwendbar, Kblz MDR **87**, 681, bei einer solchen wegen örtlicher Unzuständigkeit aber anwendbar.

7 Eine Verweisung vom *Berufungsgericht* an die erstinstanzliche Zivilkammer ist *unzulässig*. Denn § 506 gilt nur im Verfahren vor dem AG und betrifft nicht die funktionelle Zuständigkeit, Düss MDR **94**, 620, KG MDR **99**, 563, Schneider MDR **97**, 221, aM BAG BB **75**, 1209, LG Aachen RR **99**, 143, LG Hbg RR **01**, 932 (aber Wortlaut und Sinn sind eindeutig, Einl III 39). Erst recht unzulässig ist eine Verweisung vom LG als Berufungsgericht an das OLG als Berufungsgericht, BGH BB **96**, 1408.

Das Gericht muß *jedesmal prüfen,* ob es die dem Anspruchsinhaber durch die Verweisung entstandenen Mehrkosten ihm oder dem Gegner auferlegen muß. Den ersteren treffen sie, wenn er sie hätte vermeiden können, zB bei einer Beauftragung mehrerer Anwälte. Vgl aber auch Üb 22 vor § 12 (Erschleichung des Gerichtsstands).

8 Wenn das Gericht seine Unzuständigkeit von Amts wegen beachten muß oder wenn der Gegner sie rechtzeitig rügt und wenn trotz Ausübung der unabhängig von dem Verhältnis zwischen § 504 und § 506 vorhandenen richterlichen *Fragepflicht* nach § 139 keine Partei einen Verweisungsantrag stellt, dann muß das Gericht die Klage als unzulässig abweisen, Üb 5 vor § 300. Der erforderliche Hinweis kann nach dem Schluß der mündlichen Verhandlung nach §§ 136 IV, 296 a nur durch eine Wiedereröffnung nach § 156 bzw durch ein etwa eingeleitetes Rügeverfahren nach § 321 a erfolgen. Andernfalls liegt ein Verfahrensfehler vor. Er kann auf Antrag zur Zurückverweisung nach (jetzt) § 538 führen, LG Hann MDR **85**, 772.

9 **C. Zurückweisung.** Die Zurückweisung des Verweisungsantrags geschieht dann durch ein Zwischenurteil nach § 280 II, wenn es sich um einen Antrag des Gegners derjenigen Partei handelt, die den neuen Anspruch erhoben hat. Andernfalls erfolgt sie durch ein Zwischenurteil nach § 303 oder im Endurteil.

507–509 (weggefallen)

510 *Erklärung über Urkunden.* Wegen unterbliebener Erklärung ist eine Urkunde nur dann als anerkannt anzusehen, wenn die Partei durch das Gericht zur Erklärung über die Echtheit der Urkunde aufgefordert ist.

1 1) **Systematik, Regelungszweck.** § 510 erweitert zum Schutz des Prozeßgegners des Beweisführers die Aufklärungspflicht des § 139 bei Privaturkunden in Abweichung von § 439 IX zwecks Vermeidung unbedachter Anerkenntniswirkungen oder der nach § 138 III eintretenden Folgen einer Erklärung mit bloßem Nichtwissen. Das Protokoll braucht die Aufforderung zur Erklärung nicht zu enthalten. Der Tatbestand des Urteils muß sie aber ergeben. Andernfalls kann das Berufungsgericht den Vorgang evtl nicht ausreichend nachprüfen und kann evtl auf Antrag wegen eines Verfahrensfehlers nach § 538 zurückverweisen. Eine Nachholung des Bestreitens im Berufungsverfahren ist mangels erstinstanzlicher Aufforderung nach § 510 evtl nicht verspätet.

2 2) **Geltungsbereich.** Üb 4 vor § 495.

510a *Inhalt des Protokolls.* Andere Erklärungen einer Partei als Geständnisse und Erklärungen über einen Antrag auf Parteivernehmung sind im Protokoll festzustellen, soweit das Gericht es für erforderlich hält.

1 1) **Systematik, Regelungszweck.** Ins Protokoll gehören alle Einzelheiten nach § 160, den § 510 a nicht etwa verdrängt, sondern überflüssigerweise ergänzt. „Andere Erklärungen", deren Feststellungen vorgeschrieben sind, fallen ohnehin unter § 160 III Z 3, auch wenn das Gericht sie nicht für erforderlich halten sollte. Was „erforderlich" ist, fällt ohnehin unter § 160 II, was nicht, kann nach derselben Vorschrift ohnehin wegbleiben. § 160 IV gilt auch beim AG. § 510 a geht als Spezialvorschrift in seinem Geltungsbereich dem § 139 IV 1 vor. Auch das dient der Prozeßwirtschaftlichkeit nach Grdz 14 vor § 128. Es erlaubt daher eine nicht zu enge Auslegung der Vorschrift. Sie ist ja nicht einmal formell eine bloße Ausnahme, sondern eine vor dem AG eigenständige weitere Hauptregel.

2 2) **Geltungsbereich.** Üb 4 vor § 495.

§ 510b

510b *Urteil auf Vornahme einer Handlung.* Erfolgt die Verurteilung zur Vornahme einer Handlung, so kann der Beklagte zugleich auf Antrag des Klägers für den Fall, daß die Handlung nicht binnen einer zu bestimmenden Frist vorgenommen ist, zur Zahlung einer Entschädigung verurteilt werden; das Gericht hat die Entschädigung nach freiem Ermessen festzusetzen.

1) **Systematik.** Die Vorschrift schafft keinen eigenen Anspruch. Sie setzt vielmehr das Bestehen einer im 1 sachlichen Recht vorgesehenen Vergütung für den Fall der Nichterfüllung der Handlungspflicht voraus, Rn 3, (jetzt) § 281 BGB (das „Interesse" des § 893), Birmanns DGVZ **81**, 148, Wieser NJW **03**, 2432. Daher ist mit ihrer rechtskräftigen Zubilligung jeder Ersatzanspruch verbraucht. Eine „Verurteilung zur Vornahme einer Handlung" wäre nach §§ 887–889 vollstreckbar, wenn auch die Zwangsvollstreckung in Einzelfall unzulässig sein mag, § 888 II. Die Vorschrift ist auf eine Duldung oder auf die Herausgabe von Sachen nicht anwendbar, Köln OLGZ **76**, 478. Zum Problem Rüter VersR **89**, 1241. Sie gilt auch im Berufungsverfahren gegen ein Urteil des AG.

2) **Regelungszweck.** § 510 b soll eine Vereinfachung und Beschleunigung dadurch erreichen, daß er 2 nicht unproblematisch über § 259 hinausgehend dem Kläger ermöglicht, von vornherein dreierlei zu beantragen: die Verurteilung zur Vornahme einer Handlung; eine Fristsetzung für diese Vornahme; eine Verurteilung zur Entschädigung für den Fall eines fruchtlosen Fristablaufs. Die Vorschrift dient also der Prozeßwirtschaftlichkeit, Grdz 14 vor § 128. Man darf sie entsprechend großzügig auslegen.

3) **Geltungsbereich.** Vgl zunächst Üb 4 vor § 495. Im arbeitsgerichtlichen Verfahren gilt § 61 II 3 ArbGG.

4) **Voraussetzungen.** Man muß drei Aspekte beachten. 4

A. Antrag. Erforderlich ist ein Antrag des Klägers. Das Gericht entscheidet also nicht von Amts wegen. Der Antrag ist mündlich oder schriftlich für diese Instanz zulässig, evtl auch im Berufungsverfahren bis zum Schluß der letzten mündlichen Verhandlung, §§ 136 IV, 296 a. Eine Begründung ist ratsam, schon zwecks Klärung einer Beschwer. Sie ist aber nicht erforderlich. Der Antrag macht den Anspruch auf den Ersatzbetrag rechtshängig, § 261, Rn 1. Da ihn aber § 510 b als Zwischenantrag behandelt, bewirkt er keine Anspruchshäufung nach § 260, aM ZöHe 1. Er begründet deshalb keine Zusammenrechnung der Streitwerte nach § 5, Schneider MDR **84**, 853. Wenn er die sachliche Zuständigkeit des AG übersteigt, ist das unerheblich. Insofern kommt eine Verweisung an das LG nicht in Betracht. Sie bindet jedenfalls nicht. Eine Belehrung über die Beschränkungen der Zwangsvollstreckung durch § 888 a ist geboten, § 139. Nach einer Verweisung aus § 506 ist der Antrag nicht mehr zulässig.

B. Prüfungspflicht. Das Gericht darf keineswegs davon absehen, sich mit dem Antrag näher zu befassen, 5 und zwar auch dann nicht, wenn die Beschaffung der Unterlagen schwierig ist. Das Wort „kann" in Hs 2 stellt wie so oft nicht ins Ermessen (das tut erst Hs 2), sondern nur in die Zuständigkeit, aM MüKoDe 10, ThP 6, ZöHe 4 (aber der Kläger hat ein Rechtsschutzinteresse am Verfahren nach § 510 b, vgl auch Rn 8). Das Gericht muß mitbedenken, daß der Bekl später eine Entscheidung nach § 510b später gezwungen sein kann, Vollstreckungsabwehrklage nach § 767 zu erheben, Rn 9.

C. Entschädigungsanspruch. Das Gericht muß prüfen, ob dem Kläger ein Entschädigungsanspruch 6 nach sachlichem Recht zusteht und in welcher Höhe er in Betracht kommt, § 287. Auch eine Vertragsstrafe kann hierher zählen. Die Höhe des Entschädigungsanspruchs kann die sachliche Zuständigkeit des AG übersteigen, ist also insofern unerheblich. § 510 b gibt nicht selbst sachlichrechtliche Ansprüche, sondern erleichtert nur die Durchführung eines solchen, Rn 1. Der Bekl muß alle sachlichrechtlichen Einwendungen gegen den Anspruch vorbringen. Eine Aufrechnung ist unzulässig. Denn der Anspruch ist noch nicht aufrechnungsfähig, § 387 BGB.

5) **Entscheidung.** Es sind die folgenden Entscheidungen möglich. 7

A. Keinerlei Anspruch. Im Fall einer Verneinung des Anspruchs auf die Vornahme der Handlung weist das Gericht zugleich stets wegen § 888 a auch den Entschädigungsanspruch als unzulässig oder unbegründet ab.

B. Vornahmeanspruch, aber kein Entschädigungsanspruch. Wenn das Gericht einen Anspruch auf 8 die Vornahme der Handlung bejaht, einen Entschädigungsanspruch aber verneint, muß es den Bekl zur Vornahme der Handlung verurteilen und die Klage im übrigen abweisen.

C. Vornahmeanspruch und Entschädigungsanspruch. Wenn das Gericht beide Ansprüche bejaht, 9 verurteilt es den Bekl zur Vornahme der Handlung Es setzt ihm zugleich eine Frist bzw Höchstfrist und verurteilt ihn zugleich für den Fall des fruchtlosen Ablaufes zur Entschädigung nach dem sogleich oder später zu beziffernden Ermessen des Gerichts. Das Gericht schätzt die Höhe der Entschädigung nach § 287 frei. Das besagt auch Hs 2. Evtl weist das Gericht eine Zuvielforderung ab. Ein Urteil auf eine Fristsetzung und eine Zahlung allein ist nur im Fall des § 255 statthaft. Das Gericht erklärt sein ganzes Urteil für vorläufig vollstreckbar, obwohl § 888 a die Zwangsvollstreckung begrenzt. Das Gericht erteilt eine Vollstreckungsklausel nach § 724 sogleich, also ohne den Nachweis der Nichtvornahme der Handlung § 751 Rn 1, Birmanns DGVZ **81**, 148. Die Vornahme der Handlung oder der Fall, daß der Bekl zur Vornahme bei Urteilserlaß nicht mehr imstande ist, sie vorzunehmen, ist dann auf dem Weg der Vollstreckungsabwehrklage, § 767.

D. Keine Kostenentscheidung. Da § 5 nach Rn 4 unanwendbar ist, löst der bloße Entschädigungsan- 10 spruch keine Kosten aus. Infolgedessen erübrigt sich eine Kostenentscheidung neben derjenigen zur Hauptsache. Erfolgt sie dennoch, geht sie insofern ins Leere.

Buch 3
Rechtsmittel

Bearbeiter: Dr. Albers

Vorbem. Das 3. Buch ist durch Art 2 I Z 72 ZPO-RG v 27. 7. 01, BGBl 1887, neu gefaßt worden. Die **Neufassung ist am 1. 1. 02 in Kraft getreten;** wegen des **Übergangsrechts** s § 26 EGZPO idF des Art 3 ZPO-RG. Das 3. Buch regelt folgende Rechtsmittel: **Berufung** (§§ 511–541), **Revision** (§§ 542–566) und **Beschwerde**, nämlich die sofortige Beschwerde (§§ 567–573) und die Rechtsbeschwerde (§§ 574–577). Der **Rechtsentscheid in Mietsachen**, § 541 aF, ist ersatzlos weggefallen (Übergangsrecht: § 26 Z 6 EGZPO).

Schrifttum (Auswahl, weitere Angaben bei einzelnen Vorschriften): *Stackmann,* Rechtsbehelfe im Zivilprozess, 2005; Verhandlungen des 65. Deutschen Juristentages, Zivilrechtliche Abteilung, 2004: *Löhnig/ Althammer* **116**, 217; *Greger* JZ **04**, 811; 2. Hannoveraner ZPO-Symposion, NJW-Sonderheft 2003; *E. Schneider,* ZAP-Ratgeber Prozessrecht „Praxis der neuen ZPO", 2003; Schumann/Kramer, Die Berufung in Zivilsachen, 6. Aufl. 2002.

Grundzüge
Gliederung

1) **Begriff und Wesen des Rechtsmittels** ..	1–4	B. Einzelheiten	23, 24
A. Rechtsbehelf	1	C. Rechtsschutzbedürfnis	25
B. Suspensiveffekt	2	4) **Rechtsmittel bei mangelhafter Entscheidung**	26–33
C. Devolutiveffekt	3	A. Scheinurteile	26
D. Bedingte Rechtsmittel	4	B. Inkorrekte Entscheidungen	27, 28
2) **Zulässigkeit und Begründetheit**	5–12	C. Verfahren	29
A. Allgemeines	5	D. Beispiele	30–33
B. Zulässigkeit	6, 7	5) **Verfassungsbeschwerde**	34
C. Voraussetzungen	8–12	6) **Rechtsmittelbelehrung**.................	35
3) **Beschwer**	13–25	7) *VwGO*	36
A. Allgemeines	13		
a) Beschwer des Klägers	14–18		
b) Beschwer des Beklagten	19–22		

1) Begriff und Wesen des Rechtsmittels 1

(Neueres **Schrifttum:** *Feiber,* Anstöße zu einer Verbesserung des Rechtsmittelverfahrens, NJW **96**, 2057; *Gilles,* Ziviljustiz u Rechtsmittelproblematik, 1992; *ders,* Rechtsmittel im ZivProzeß, 1972, dazu *Bettermann* ZZP 88, 365; *Gift/Baur,* Das Verfahren vor den Gerichten für Arbeitssachen, 1993; *Weitzel,* Grundzüge des Rechts der Rechtsmittel, JuS **92**, 625); *Gottwald,* Verh 61. DJT, Bd 1 S A 1 ff, 1996; *Grunsky,* Der Anwalt in Berufungssachen, 1987; *Prütting,* Grundsatzfragen des deutschen Rechtsmittelrechts, F Nakamura, 1996; *Schumann/Kramer,* Die Berufung in Zivils, 6. Aufl 2002.

A. Rechtsbehelf ist jedes prozessuale Mittel zur Verwirklichung eines Rechts. Es kann das erste Mittel sein, wie die Klage, oder ein späteres, wie Einspruch, Widerspruch, Erinnerung und Wiederaufnahmeklage. **Rechtsmittel sind nach ZPO** (anders nach § 839 III BGB) **nur Berufung, Revision und Beschwerde**, also die Rechtsbehelfe, die eine Entscheidung vor ihrer Rechtskraft der Nachprüfung einer höheren Instanz unterbreiten. Zum Antrag nach § 629 c, Deneke FamRZ **87**, 1214, s dort, zur Anhörungsrüge s Erl zu § 321 a.

B. Zum Wesen der Rechtsmittel gehört die Hemmungswirkung (Suspensiveffekt): das Rechts- 2 mittel hemmt den Eintritt der Rechtskraft, § 705 Rn 5. Diese Wirkung kommt einem nicht statthaften Rechtsmittel iSv Rn 7 nicht zu, StJMü § 705 Rn 4, ThP vor § 511 Rn 2 (vgl die Fälle in § 705 Rn 4). Dagegen hemmt das statthafte, aber im Einzelfall unzulässige Rechtsmittel bis zu seiner Verwerfung die Rechtskraft, § 705 Rn 5, GmS NJW **84**, 1027, LSG Essen FamRZ **82**, 1037 (zustm Rüffer FamRZ **82**, 1039 mwN).

Die Hemmung erfaßt bei Berufung auch den nicht angefochtenen Teil der Entscheidung, solange eine Partei auch diesen Rest durch Erweiterung des Rechtsmittels oder Anschließung der Nachprüfung des höheren Gerichts unterwerfen kann, BGH WM **94**, 550 u NJW **92**, 2296 mwN, so zB bei der Berufung nur wegen einer Folgesache im Verbund, § 623. Der mit der Berufung nicht angefochtene Teil wird somit erst mit Schluß der mündlichen Verhandlung der Berufungsinstanz rechtskräftig, JW **30**, 2954, in der Revisionsinstanz, sobald der Revisionsbeklagte die Ausschließungsmöglichkeit verloren hat, § 554, BGH WM **94**, 551; dagegen kann auch nicht mit Teilurteil des Berufungsgerichts über den nicht angefochtenen Rest angegangen werden, Mü NJW **66**, 1082. Er wird weiter rechtskräftig bei Verzicht auf Rechtsmittel, wo für den Gegner jede Beschwer fehlt, BGH **7**, 143. Werden bei Berufungseinlegung lediglich beschränkte Anträge angekündigt, so ist das idR noch keine Rechtsmittelbegrenzung, BGH NJW **58**, 343; infolgedessen kann auch nach Zurückverweisung durch das Revisionsgericht die Berufung um den zunächst nicht in die Berufungsinstanz gezogenen Rest erweitert werden, BGH **LM** § 536 Nr 9. Die Vollstreckbarkeit wird durch ein Rechtsmittel nicht gehemmt, wo das Gesetz das besonders bestimmt.

C. Zum Wesen der Rechtsmittel gehört weiter die Anfallwirkung (Devolutiveffekt): die Zustän- 3 digkeit zur weiteren Behandlung fällt der höheren Instanz an. Dies gilt auch bei der Beschwerde, §§ 567,

Buch 3. Rechtsmittel **Grundz § 511**

574; der untere Richter kann freilich der Beschwerde durch Abhilfe den Boden entziehen, § 572. Aus dieser Wirkung folgt der Grundsatz, daß kein unteres Gericht eine Entscheidung des höheren nachprüfen darf (Ausnahme s § 924 Rn 11).

D. Bedingte Rechtsmittel (Kornblum GedSchr Arens, 1993, S 211). Das Rechtsmittel als Ganzes darf **4** grundsätzlich nicht von einer (außerprozessualen) Bedingung abhängig gemacht werden, RoSGo § 65 IV 3, vgl für die Klage § 253 Rn 1. Davon zu unterscheiden sind eventuell gestellte Rechtsmittelanträge und auch die in einem anhängigen Rechtsmittelverfahren eingelegten Rechtsmittel, die von einem künftigen innerprozessualen Ereignis abhängig gemacht werden, zB für die Wiederholung eines Rechtsmittels für den Fall, daß die Unwirksamkeit der ersten Einlegung ergibt, oder für Anschlußrechtsmittel für den Fall, daß das eigene Hauptrechtsmittel unzulässig, vgl BGH WertpMitt **86**, 60, oder das des Gegners erfolgreich sein sollte, BGH NJW **84**, 1240, dazu Kornblum NJW **97**, 922 (abl zu BAG NJW **96**, 2533). Insofern gilt entsprechendes wie bei einer Eventual-Widerklage, BGH NJW **96**, 2166 mwN (Anm Wax **LM** § 33 Nr 23).

2) Zulässigkeit und Begründetheit **5**
A. Allgemeines. Bei jedem Rechtsbehelf, also auch jedem Rechtsmittel, ist zu unterscheiden zwischen seiner Zulässigkeit und seiner sachlichen Berechtigung (Begründetheit).

B. Zulässigkeit. Sie ist eine besondere Prozeßvoraussetzung für die zur Entscheidung berufene **6** Instanz, s Grdz § 253 Rn 13 ff. Fehlt sie, so ist das Rechtsmittel ohne Sachprüfung durch Prozeßurteil, Üb § 300 Rn 5, als unzulässig zu verwerfen, Jauernig Festschr Schiedermair S 289, RoSGo § 136 I; die Rechtskraftwirkung der Verwerfung ergreift die Sache selbst nicht. Fehlt die sachliche Berechtigung, so ist das Rechtsmittel als unbegründet zurückzuweisen; dieses Sachurteil äußert Rechtskraftwirkung in der Sache. Die Zulässigkeit darf bei Berufung und Revision auch dann nicht offen bleiben, wenn das Rechtsmittel unbegründet ist; das folgt ua daraus, daß vom Inhalt des Urteiles die Wiederholbarkeit des Rechtsmittels und das Schicksal der Anschließung abhängen, RoSGo § 136 I, Jauernig Festschr Schiedermair S 289 ff, ebenso die Zuständigkeit nach § 584, § 584 Rn 2 (wegen der Beschwerde s Üb § 567 Rn 11).

Die Zulässigkeit im weiteren Sinne kann man spalten in **a)** die **Statthaftigkeit**, dh Zulässigkeit nach **7** der Art der Entscheidung und nach der Person; sie richtet sich nach den jeweiligen gesetzlichen Bestimmungen, außerhalb derer auch ein Verstoß gegen Grundrechte oder (abgesehen von der Beschwerde, § 567 Rn 6) sog greifbare Gesetzwidrigkeit kein Rechtsmittel eröffnen § 511 Rn 21 u 22. Beim Fehlen abweichender Bestimmungen führt eine nachträgliche gesetzliche Beschränkung von Rechtsmitteln nicht zum Wegfall der Statthaftigkeit bereits eingelegter Rechtsmittel, BVerfG NJW **93**, 1124 mwN. Legt ein Unberechtigter ein Rechtsmittel ein, so gibt es keine Anfechtung wegen Irrtums, Grdz § 128 Rn 56, vielmehr ist das Rechtsmittel auf Kosten des Unberechtigten zu verwerfen, **b)** die **Zulässigkeit** im engeren Sinne, dh im Einzelfall. So ist eine statthafte Berufung unzulässig im engeren Sinne, wenn die Beschwer fehlt.

C. Die Zulässigkeit eines Rechtsmittels setzt voraus: a) Erlaß (Verkündung oder Zustellung, aus- **8** nahmsweise Bekanntmachung, § 569 Rn 3) einer mit diesem Rechtsmittel angreifbaren Entscheidung (oder Eintritt von Scheinwirkungen, s u Rn 26). Dabei bleibt gleich, ob die Entscheidung richtig und mängelfrei ist. Einen Rechtssatz, daß erhebliche Verfahrensmängel die Anrufung der höheren Instanz gegen eine sonst unanfechtbare Entscheidung ermöglichen, gibt es nicht, BGH **LM** § 511 Nr 8.

b) Einlegung des Rechtsmittels durch eine **anfechtungsberechtigte Person**, vgl dazu § 511 Rn 4 ff. **9** Anfechtungsberechtigt ist auch eine an sich nicht parteifähige Partei, gegen die ein Urteil ergangen ist, BGH NJW **93**, 2944, ebenso ein Prozeßunfähiger im Streit über die Frage, ob er prozeßfähig ist (dazu eingehend Hager ZZP **97**, 174), also insoweit, als er geltend macht, zu Unrecht sei seine Prozeßfähigkeit verneint worden, BGH NJW **00**, 289 mwN alle mwN (ganz hM), ferner auch dann, wenn er geltend macht, es habe kein Sachurteil gegen ihn ergehen dürfen, BGH NJW **00**, 291 mwN zu NJW **90**, 1735 (Anm Bork ZZP **103**, 468), VGH Kassel NJW **90**, 403 mwN (abw OVG Münst NVwZ-RR **96**, 620), aber auch dann, wenn die in erster Instanz als prozeßfähig angesehene Partei eine Sachänderung der Entscheidung erstrebt, BGH aaO, Düss RR **97**, 1350, Hamm MDR **92**, 412, und immer dann, wenn sich das Rechtsmittel gegen Maßnahmen richtet, die wegen seines Geisteszustandes zu treffen sind und tief in seine persönliche Rechtssphäre eingreifen, BVerfG NJW **84**, 1025 u **60**, 811, BayObLG FamRZ **89**, 316 (dazu Bienwald FamRZ **90**, 232) u NJW **88**, 2384, Stgt RR **91**, 832, vgl §§ 66 u 70a FGG. Anfechtungsberechtigt ist auch der als gesetzlicher Vertreter Auftretende, um dessen Berechtigung der Streit geht (anders bei gewillkürter Vertretung), BGH NJW **90**, 3152 mwN.

c) Wahrung von Form und Frist, falls das Rechtsmittel befristet ist. **10**
d) Beschwer des Rechtsmittelklägers, unten Rn 13 ff, zu der nur ausnahmsweise noch ein Rechts- **11** schutzbedürfnis, Grdz § 253 Rn 33 ff, hinzutreten muß, unten Rn 25, vgl BGH **LM** § 511 Nr 11.
e) Zusätzlich vielfach einen **Mindestbetrag** (Beschwerdesumme), s § 511 II Z 1. **12**
f) Bei Berufung und Revision sowie bei der Rechtsbeschwerde eine formelle **Begründung**.

3) Beschwer **13**
(**Schrifttum:** RoSGo § 136 II 3; Jauernig § 72 V; Baur, Festschrift für Lent, 1957, S 1 ff; Ohndorf, Die Beschwer und die Geltendmachung der Beschwer als Rechtsmittelvoraussetzungen im dt ZPR, 1972; Kahlke ZZP **94**, 423).

A. Allgemeines. Ein Rechtsmittel ist nur zulässig, wenn die angefochtene Entscheidung eine **Beschwer** des Rechtsmittelführers enthält und wenn mit dem Rechtsmittel gerade die **Beseitigung dieser Beschwer** (oder eines Teiles von ihr) erstrebt wird, stRspr, BGH RR **04**, 863 mwN, MDR **02**, 1085, RR **02**, 1074, NJW **99**, 1339 u 1408, RR **96**, 1276, 1211 u 765, NJW **96**, 527, BAG NZA **93**, 381, Köln ZIP **92**, 513 (in diesem Fall wird dem Rechtsmittelführer die Möglichkeit eröffnet, das Rechtsmittel auch zur Erweiterung der Anträge zu benutzen, BGH FamRZ **82**, 1198, § 525 Rn 2, nicht aber zur Auswechselung des Begeh-

Grundz § 511

rens, BGH in stRspr, ZIP **99**, 1069 mwN (Anm Altmeppen), NJW **96**, 527, ZIP **93**, 65 (Anm Altmeppen), RR **91**, 1279, VersR **90**, 1134, RR **89**, 254, Köln RR **90**, 1086, es sei denn, es liegt ein Fall des § 264 vor, BGH NJW **94**, 2897, **88**, 827, Schneider MDR **87**, 811, offen gelassen BGH RR **88**, 959, krit Spickhoff JZ **98**, 227, Altmeppen ZIP **99**, 1071, **92**, 449 u **93**, 65. Es macht den neuen Antrag nicht unzulässig, daß der bisherige Antrag als Hilfsantrag weiterverfolgt wird, BGH NJW **01**, 226 mwN, zustm Gaier NJW **01**, 3289 (BGH NJW **96**, 320 ist aufgegeben, BGH NJW **99**, 2118, krit Greger JZ **99**, 955). Ob im Zeitpunkt der Berufungseinlegung eine Beschwer vorliegt, ist grundsätzlich nach dem UrtTenor zu beurteilen, jedoch sind bei Zweifeln über seinen Inhalt der Tatbestand, die Gründe und das zugrunde liegende Parteivorbringen heranzuziehen, BGH MDR **86**, 574 mwN. Das Rechtsmittel muß sich bei Schluß der mündlichen Verhandlung (auch) gegen die im angefochtenen Urteil liegende Beschwer richten, BGH MDR **02**, 1085. Die Beschwer kann für beide Parteien verschieden hoch sein, BGH RR **96**, 460. Streit besteht aber darüber, wie die Beschwer beschaffen sein muß. RoSGo § 136 II 3 sowie Baur aaO und JZ **65**, 186 bejahen eine solche nur bei Abweichung der Entscheidung vom gestellten Antrag (formelle Beschwer), Brox ZZP **81**, 379 fordert eine materielle Beschwer, dh die Nachprüfung, ob die ergangene Entscheidung dem Rechtsmittelkläger einen rechtlichen Nachteil bringt, die Urteilswirkungen oder eine von ihnen ihn belasten, wobei, auch von Grunsky ZZP **76**, 165, die Entscheidungsgründe in weiterem Maße, als durch die Rspr anerkannt, herangezogen werden. Bettermann ZZP **82**, 44 hält eine formelle oder eine materielle Beschwer für erforderlich und genügend.

14 **a) Beschwer für den Kläger.** Für ihn fordert die Rspr im allgemeinen die **formelle Beschwer**, BGH NJW **94**, 2697 u **91**, 704 mwN, Bbg RR **94**, 459. Sie bejaht also eine Beschwer, wenn die Entscheidung der Vorinstanz dem Rechtsmittelkläger etwas versagt, was er beantragt hat, BGH NJW **84**, 371, stRspr. Bei unklarer Urteilsformel ist dies durch Heranziehung der Gründe zu ermitteln, BGH **LM** § 546 Nr 14. Beschwer ist auch dann gegeben, wenn über einen Punkt entschieden worden ist, der nicht (mehr) Gegenstand des Rechtsstreits war, BGH NJW **91**, 703. Der Anschein einer Beschwer, zB durch eine ins Leere gehende Teilabweisung, genügt, BGH NJW **93**, 2052, vgl auch BVerwG NVwZ-RR **93**, 368.

15 **Beispiele:** Verurteilung des Beklagten zu einer Zug-um-Zug-Leistung statt ohne diese Einschränkung (auch dann, wenn der unstreitige Tatbestand das Erbringen der Gegenleistung ergibt, BGH NJW **82**, 1048) oder Verurteilung nach dem Hilfsantrag, wo der Hauptantrag weiter ging, auch bei gleicher Höhe beider Anträge, wenn es sich um verschiedene Ansprüche handelt und der Hauptanspruch verneint wird: es entscheidet bei verschiedenen Ansprüchen die Rechtskraftwirkung, also worüber rechtskräftig entschieden werden sollte und worüber tatsächlich entschieden ist, BGH **26**, 296; Verurteilung im Grundurteil aus einer Anspruchsgrundlage, die mit einer gewissen Wahrscheinlichkeit (anders als die vorgebrachte) den Anspruch nicht in voller Höhe rechtfertigt, Ffm RR **87**, 191, zB Verurteilung nur aus StraßenverkehrsG, wenn gleichzeitig der Anspruch auch mit unerlaubter Handlung begründet wird, selbst bei summenmäßig voller Verurteilung im Nachverfahren (anders, wenn die Tragweite beider Gründe gleich ist), BGH **LM** § 66 Nr 1; Erlaß eines Vorbehaltsurteils nach § 302, worin darin über die Zulässigkeit der Aufrechnung entschieden worden ist, BGH NJW **79**, 1046; Einschränkung der Verurteilung in der Formel einer Vorabentscheidung nach § 304 (anders, wo dies nur in den Gründen geschieht); vollständige Abweisung eines unbestimmten Klagebegehrens, BGH VersR **75**, 856, bei Teilabweisung in deren Umfang; Abweisung des auf Schmerzensgeldrente gerichteten Hauptantrages und Zusprechen des Hilfsantrages auf Schmerzensgeldkapital (auch bei gleichem Wert), BGH MDR **85**, 40, zustm Lindacher JR **84**, 503. Eine zusätzliche Beschwer liegt darin, wenn eine Klage abgewiesen wird, weil der Anspruch noch nicht fällig und außerdem verjährt sei, BGH NJW **00**, 591.

16 Beschwer ist auch in folgenden Fällen gegeben: Zusprechen eines Weniger, wo der Kläger einen in das richterliche Ermessen gestellten Betrag fordert (zB Schmerzensgeld), der zugesprochene aber hinter dem von ihm (auch außerhalb des Klagantrags, BGH NJW **92**, 312, aber ausweislich des Tatbestands bzw Protokolls) als Mindestbetrag bezeichneten zurückbleibt, BGH NJW **99**, 1339 mwN (Anm Wax **LM** § 253 Nr 129, Probst JR **00**, 154), Fenn ZZP **89**, 128 mwN, oder nicht der vom Kläger im Klagantrag zum Ausdruck gebrachten Größenordnung entspricht, BGH VersR **83**, 1160 (dazu Dunz NJW **84**, 1736), oder hinter dem nach seinem Vortrag zuzubilligenden Betrag zurückbleibt, BayObLG AnwBl **89**, 164, bei wesentlicher Unterschreitung auch dann, wenn keine Teilabweisung ausgesprochen ist, BGH VersR **79**, 472: der Kläger muß also verbindlich zu erkennen geben, welche Vorstellungen er hat, BGH NJW **82**, 340, MDR **78**, 44; Verschweigen führt zur Verneinung der Beschwer, BGH NJW **82**, 340, Oldb VersR **79**, 657 mwN, insbesondere wenn der Kläger die Höhe seines Begehrens voll dem Ermessen des Gerichts unterstellt, BGH **45**, 91, was dann nicht der Fall ist, wenn er sich eine Streitwertfestsetzung zu eigen macht, BGH MDR **85**, 40 mwN, oder wenn der Streitwert als bestimmender Faktor höher als das Zugesprochene angegeben wird, BGH **45**, 91, KG VersR **72**, 279 (zur Beschwer bei unbestimmter Klagantrag: Schumann/Kramer Rn 268–274; Butzer MDR **92**, 539; Husmann NJW **89**, 3129; Gerstenberg NJW **88**, 1354; Dunz NJW **84**, 1737; Röhl ZZP **85**, 66; Zeuner, Festschrift Baur, 1981; Lindacher AcP **182**, 270; vgl auch § 253 Rn 49 ff).

17 Beschwer für den Kläger liegt auch im Unterbleiben einer verfahrensrechtlich nötigen Kostenentscheidung, deshalb auch, wenn die Kosten einem Dritten auferlegt sind, weil dann zwischen den Parteien überhaupt noch keine Kostenentscheidung ergangen ist, BGH NJW **59**, 291; ferner, wenn statt der vom Kläger beantragten Erledigung der Hauptsache auf Klageabweisung erkannt ist, auch wenn es dem Kläger nur oder überwiegend um eine Änderung der Kostenentscheidung geht, BGH NJW **72**, 112, dazu Zeiss JR **72**, 68; bei Abweisung als unbegründet statt als unzulässig, Zweibr RR **99**, 1666 mwN; bei Aufhebung und Zurückverweisung in 2. Instanz, wenn der Kläger Zurückweisung der Berufung beantragt hatte, BGH NJW **97**, 1710 u **91**, 704, RR **90**, 481 mwN, und auch dann, wenn der in 1. Instanz abgewiesene Kläger so beantragt hat, tatsächlich aber sein Sachbegehren weiterverfolgt, BGH NJW **65**, 441 (aM Baur JZ **65**, 186), da der Antrag nur ein Prozeßantrag und die Sache selbst dem Berufungsgericht angefallen ist. Beschwert ist der Kläger auch dann, wenn das Urt seinem Antrag zwar dem Wortlaut nach entspricht, nicht aber dem damit verfolgten materiellen Begehren, Karlsr RR **86**, 582.

Buch 3. Rechtsmittel **Grundz § 511**

Keine Beschwer für den Kläger, wenn sich das Rechtsmittel allein gegen die Urteilsbegründung 18 richtet und dieselbe Entscheidung mit einer anderen Begründung erstrebt, BGH NJW **82**, 579 mwN, stRspr (anders also, wenn die Begründung eine ihm nachteilige Bedeutung des Tenors ergibt, vgl BGH **24**, 284). Deshalb keine Beschwer, wenn das Gericht den angegebenen Mindestbetrag des Schmerzensgeldes zugesprochen, BGH RR **04**, 863 mwN (stRspr), auch dann nicht, wenn das Gericht dabei ein Mitverschulden des Klägers bejaht hat, BGH NJW **02**, 212. Beschwer fehlt auch, wenn der durch einen Unfall geschädigte Kläger nach Abweisung seiner Direktklage gegen den Kfz-Haftpflichtversicherer die Berufung allein auf dessen Einstandspflicht für einen anderen Beteiligten stützt, BGH NJW **88**, 2540. Der Kläger ist ferner nicht beschwert, wenn statt einer Abweisung als unzulässig auf seinen Hilfsantrag an das zuständige Gericht verwiesen wird, Hamm WertpMitt **88**, 391. Ebenso fehlt die Beschwer beim Verzichtsurteil, § 306, Jauernig § 72 V, und beim (wenn auch zu Unrecht ergangenen) Anerkenntnisurteil, § 307, BGH NJW **94**, 2697.

b) Beschwer für den Beklagten. Er wird auch bei Fehlen oder Fortfall eines vollstreckungsfähigen 19 Inhalts durch eine Verurteilung beschwert, da er Abweisung mangels Rechtsschutzbedürfnisses des Klägers erreichen kann, vgl Blomeyer ZPR § 97 II 1, Habscheid NJW **64**, 234, aM Bre NJW **64**, 259. Überhaupt wird man mit den Genannten und BGH NJW **55**, 545 für den Beklagten immer dann eine Beschwer als gegeben ansehen, wenn er eine zu seinen Gunsten abweichende Entscheidung erlangen könnte **(materielle Beschwer)**, Kblz RR **93**, 462, Zweibr FamRZ **92**, 972, Karlsr RR **86**, 582 u MDR **82**, 417 mwN, aM MüKoRi vor § 511 Rn 14–16, RoSGo § 136 II 3 c, Jauernig § 72 V, Baur Festschrift für Lent S 1. Maßgeblich dafür ist der rechtskraftfähige Inhalt der angefochtenen Entscheidung, BGH RR **96**, 829 mwN.

Beispiele: Verurteilung des Beklagten zum Ersatz jeden Schadens statt zu angemessener Entschädigung 20 (Aufopferungsanspruch), BGH **22**, 46; Zurückverweisung statt Sachabweisung, BGH NJW **97**, 1710 u **91**, 704, RR **95**, 124 mwN; Prozeß- statt Sachabweisung, BGH **28**, 349, BAG NZA **98**, 189 mwN; Verweisung statt Klagabweisung, BGH NJW **63**, 587 u **59**, 436; Verurteilung trotz Aufrechnung, BGH RR **96**, 829; Abweisung wegen Eventualaufrechnung statt ohne Berücksichtigung einer solchen, BGH **26**, 297 (ebenso bei Abweisung wegen Prinzipalaufrechnung, BGH MDR **02**, 601 u RR **00**, 285 mwN); Abweisung als zZt unbegründet, wenn der Beklagte die endgültige Abweisung erstrebt, BGH MDR **00**, 967 mwN; Feststellung der Erledigung statt Klagabweisung; Verurteilung trotz Tilgung der Forderung zwischen den Instanzen, sehr str nach Meinung des Beklagten einer Abweisung trotz der Verurteilung fällig wurde, BGH NJW **75**, 539; Zwischenurteil, das den vom Kläger beantragten Parteiwechsel auf der Beklagtenseite gegen den Willen des alten und des neuen Beklagten für zulässig erklärt, BGH NJW **81**, 989 (Beschwer für beide); Anerkenntnisurteil, Kblz RR **93**, 462, Karlsr MDR **82**, 417, GMP § 64 Rn 27 mwN, weil der Beklagte die Unwirksamkeit des Anerkenntnisses einwenden können muß (zum Einwand aus § 323 vgl Karlsr RR **89**, 1468 mwN).

Keine Beschwer für den Beklagten, wenn sich das Rechtsmittel allein gegen die Urteilsbegründung 21 richtet, oben Rn 18 (dagegen ist der Beklagte durch ein Urteil beschwert, wenn sich die nachteilige Bedeutung des Tenors aus den Gründen ergibt, zB Abweisung nur als zur Zeit unbegründet, BGH **24**, 284); deshalb ist der Beklagte nicht beschwert bei Klagabweisung wegen zulässiger und begründeter Erfüllung statt als von Anfang an unbegründet und auch nicht bei Abweisung als unzulässig wegen mangelnden Rechtsschutzinteresses statt Abweisung wegen Unzulässigkeit des Rechtsweges, BGH **LM** § 511 Nr 6; Beschwer fehlt für ihn ferner bei Klagabweisung als unbegründet statt als unzulässig, da die materielle Abweisung weitergehende Folgen hat, BVerwG MDR **77**, 867, ebenso bei Verwerfung als unzulässig trotz Rechtsmittelrücknahme; ferner dann, wenn eine Haftungsbeschränkung nicht im Tenor ausgesprochen ist, die Gründe aber zweifelsfrei eine Beschränkung ergeben, BGH NJW **82**, 447 (§ 12 StVG), NJW **86**, 2704 (§ 3 Z 1 PflVG); ebenso bei Verurteilung zur Hilfsanspruch für Leistung an einen Dritten statt auf Hauptanspruch zur Leistung an den Kläger, RG **152**, 297, ferner idR bei Anerkenntnisurteil, Rn 20, und bei erfolgloser Geltendmachung eines Zurückbehaltungsrechts, BGH RR **96**, 829 mwN.

Die Beschwer fehlt bei vorbehaltloser, aus freien Stücken erfolgender Erfüllung vor Berufungseinlegung, BGH NJW **94**, 942 u Stgt RR **95**, 892 mwN, auch durch den mitverurteilten Versicherer, BGH MDR **76**, 473 (abw Ffm MDR **85**, 60), nicht aber ohne weiteres bei Erfüllung durch einen mitverurteilten Gesamtschuldner, BGH NJW **00**, 1120. Keine Beschwer ist auch bei Erledigung der Hauptsache zwischen Urteil und Rechtsmittel gegeben, sehr str, vgl § 91 a Rn 101, Düss RR **98**, 776 mwN (Beschwer fehlt nicht, wenn nach Gesetzesänderung Urteil eine Klage begründet sein läßt und der Kläger trotz Bereitschaft des Beklagten zu außergerichtlicher Anerkennung ein schutzwürdiges Interesse an der Erlangung eines Titels hat, BGH **LM** § 546 Nr 6).

c) Sonderfälle: In **Ehesachen** ist die Rechtslage teilweise eine andere, Grdz § 606 Rn 5; zur Beschwer 22 in **Kindschaftssachen** s § 640 Rn 12. Beschwer ist unnötig für Rechtsmittel der Behörden in **Baulandverfahren**, BGH MDR **93**, 48 mwN: hier genügt das Anstreben einer abweichenden Entscheidungsformel (in der Regel nicht aber der Angriff gegen die Begründung, vgl BVerwG MDR **77**, 867; anders kann es bei Aufhebungs- und Bescheidungsurteilen, zB nach § 226 BauGB, liegen, Maetzel in Festschrift für den BayVGH, 1979, S 29–38). Beschwer im **Kostenpunkt** allein genügt nicht, § 99, vgl oben.

B. Beschwer muß bei Rechtsmitteleinlegung vorliegen. Deshalb ist die Berufung des bisherigen 23 Klägers unzulässig, wenn nach dem Ergehen des erstinstanzlichen Urteils seine Prozeßführungsbefugnis entfällt, Zweibr FamRZ **89**, 194 mwN (zu § 1629 III BGB). Ein späterer Wegfall der Beschwer schadet regelmäßig nicht, BGH **1**, 29, also auch nicht, wenn die Klagforderung nach Abweisung und Rechtsmitteleinlegung erfüllt wird, BGH NJW **94**, 943 mwN, auch nicht Wegfall des Rechtsschutzinteresses, BAG DB **61**, 1428; doch muß der Rechtsmittelkläger da die Hauptsache für erledigt erklären (es gilt dann § 91 a), widrigenfalls ist als unbegründet zurückzuweisen.

Das Rechtsmittel kann nicht erst eine Beschwer schaffen, oben Rn 13. Ohne Weiterverfolgung 24 jedenfalls eines Teiles des in erster Instanz erfolglos gebliebenen Klaganspruchs ist die Berufung unzulässig,

Grundz § 511 Buch 3. Rechtsmittel

BGH RR **04**, 143 u MDR **03**, 1055 mwN, stRspr (krit Bub MDR **95**, 1191); ob diese Voraussetzung gegeben ist, muß unter Auslegung des erstinstanzlichen Klagantrags durch Vergleich der Sachanträge ermittelt werden, BGH RR **89**, 254 mwN, wobei die Partei an ihr erstinstanzliches Begehren gebunden ist, BGH RR **95**, 839. Der Streitgegenstand ändert sich nicht dadurch, daß der Berufungskläger eine neue Schlußrechnung vorlegt, BGH RR **04**, 526 mwN. Daß der abgewiesene prozessuale Anspruch mit einer anderen Begründung weiterverfolgt wird, ist unschädlich, BGH RR **94**, 61 mwN; die Berufung ist aber unzulässig, wenn neben dem neuen Antrag der bisherige Antrag zumindest teilweise als Hilfsantrag weiterverfolgt wird, BGH NJW **99**, 2118 unter Aufgabe von NJW **96**, 320. Die Berufung darf also nicht mit dem alleinigen Zweck der Klagänderung, BGH in stRspr, NJW **99**, 2119 u MDR **99**, 954 mwN, oder der Klagerweiterung, BGH NJW **88**, 828 mwN, oder der Widerklage eingelegt werden, RoSGo § 136 II 3 a, oder bei vorhandener Beschwer sich nicht dagegen wenden, sondern nur die Möglichkeit schaffen, eine neue, der Sache nach in die 1. Instanz gehörige Angelegenheit in der Berufungsinstanz zu verfolgen, oben Rn 13, BGH in stRspr, RR **91**, 1279, aM Altmeppen ZIP **92**, 449 für den Fall der Klagänderung, §§ 263, 264 u 267. Beschwer ist aber jedenfalls zu bejahen, wenn der Kläger mit der Auskunftsklage abgewiesen ist und Berufung mit Antrag auf Zahlung einlegt, BGH **52**, 169, desgleichen bei Abweisung der Feststellungsklage und Berufung mit Leistungsantrag, BGH NJW **94**, 2099 mwN, aM Köln RR **90**, 1086. Das Rechtsmittel darf auch nicht allein einen noch in der 1. Instanz anhängigen, dort nicht beschiedenen Anspruch betreffen, BGH FamRZ **83**, 459, BGH **30**, 216. Ebensowenig darf ein in 1. Instanz beschiedener, aber nicht in die 2. Instanz gelangter Anspruch zum Gegenstand eines Rechtsmittels in der 3. Instanz gemacht werden, BGH FamRZ **83**, 684. Aus demselben Grunde kann der obsiegende Streithelfer des Klägers nicht nach Seitenwechsel auf Seiten des Beklagten Berufung einlegen, KG JR **49**, 349.

25 **C. Rechtsschutzbedürfnis.** Trotz Beschwer kann für das Rechtsmittel ausnahmsweise das Rechtsschutzbedürfnis fehlen, BGH WertpMitt **74**, 665, Köln RR **86**, 1509, vgl Schumann/Kramer Rn 322–327. Das ist zB der Fall, wenn der Urteilsausspruch und der mit der Berufung verfolgte Antrag gleichwertig sind, BGH NJW **79**, 428, oder wenn die 1. Instanz dem Antrag mit einer anderen rechtlichen Begründung stattgegeben hat, BGH NJW **59**, 486, oder wenn der Rechtsmittelkläger keine Beseitigung seiner Beschwer erstrebt, Karlsr FamRZ **80**, 682. In aller Regel ist mit der Beschwer aber auch das Rechtsschutzbedürfnis gegeben, BGH NJW **97**, 1445 mwN. Es entfällt für die Berufung gegen eine einstw Vfg nicht im Hinblick auf das Aufhebungsverfahren nach §§ 927, 936, ganz hM, Düss RR **88**, 188 mwN.

26 **4) Rechtsmittel bei mangelhafter Entscheidung.** Siehe über solche Üb § 300 Rn 11 ff. **Schrifttum:** *RoSGo* § 135 II; *Jauernig*, Das fehlerhafte Zivilurteil, 1958.

A. Scheinurteile (Braun JuS **86**, 365, vgl Üb § 300 Rn 11 ff). Sie sind keine Urteile und daher keinem Rechtsmittel unterworfen, das aber statthaft ist, wenn Scheinwirkungen (zB Mitteilung des Urteils oder Erteilung einer vollstreckbaren Ausfertigung) eingetreten sind, BGH NJW **96**, 1970 mwN, Ffm MDR **91**, 63, VGH Mü BayVBl **86**, 656 mwN (dazu BVerwG NJW **87**, 2247). Solche Scheinurteile sind selten; hierhin gehören die Entscheidung durch ein Nichtgericht und Entscheidungen mit schwersten und offenkundigen Mängeln, Düss NStZ **89**, 44 (zustm Feiber), ferner nicht verkündete Urteile, BGH NJW **99**, 1192 mwN u **95**, 404, Bra RR **02**, 357, Ffm MDR **91**, 63, und unter Umständen auch ein nicht wirksam verkündetes Urteil, BGH VersR **84**, 1193, Bra MDR **99**, 564, so daß eine statthafte Berufung stets zulässig ist und zur Aufhebung und idR zur Zurückverweisung führt, BGH NJW **96**, 1970 mwN (Anm Braun JZ **96**, 979), u a NJW **95**, 404 (vgl Grunsky LM § 511 Nr 53), dagegen keine Sachentscheidung ermöglicht, bei Verkündungsmängeln aM Ffm RR **88**, 128 mwN. Nicht hierhin gehören Urteile, die gegen § 249 verstoßen, BGH NJW **95**, 2563 mwN, Köln RR **95**, 891, oder in einem fehlerhaft bestimmten Verkündungstermin verkündet worden sind, BGH (GrS) **14**, 39, oder statt einer Verkündung zugestellt worden sind, BGH **17**, 286, Ffm MDR **80**, 320, aM Ffm FamRZ **87**, 430, und ebensowenig unter Verstoß gegen § 310 II verkündete Urteile, BGH MDR **88**, 567, sowie Fehler bei der Unterzeichnung des Urteils. Gegen Scheinurteile ist sonst ggf Klage auf Feststellung zulässig, daß der Gegner aus ihnen keine Rechte herleiten kann. Alle anderen Entscheidungen sind als Staatshoheitsakt nun einmal da; sie wirken bis zu ihrer Beseitigung durch ein Rechtsmittel, auch wenn es sich um wegen besonders schwerer, offenkundiger Fehler nichtigen Beschluß handelt, BGH ZZP **107**, 98 (Anm Walker).

27 **B. Formfehlerhafte (inkorrekte) Entscheidungen.** Bei ihnen handelt es sich um der Art nach falsche oder zweifelhafte Entscheidungen (vgl Üb § 300 Rn 19 ff). Bei ihnen ist das statthafte Rechtsmittel oft ungewiß, worin eine große Gefahr für eine der Parteien liegt. Dazu gibt es unterschiedliche Lehrmeinungen: **a)** die subjektive: maßgebend ist, wie tatsächlich entschieden wurde, also die prozessuale Form der Entscheidung; der Wille des Gerichts ist zur Auslegung heranzuziehen; **b)** die objektive: maßgebend ist, welche Entschei-
28 dung bei richtiger Behandlung hätte erlassen werden müssen; **c)** die vermittelnde: wahlweise ist das Rechtsmittel zulässig, das gegen die getroffenen Entscheidung, oder das gegen die richtige Entscheidung entspricht, sog **Grundsatz der Meistbegünstigung**, hM, MüKoRi vor § 511 Rn 49, RoSGo § 135 II 2, Schenkel MDR **03**, 136, BGH JR **00**, 245, NJW **99**, 584 u **97**, 1448 mwN (zustm Rimmelspacher JR **87**, 194), ZZP **92**, 362 (zustm Gottwald), BAG NJW **86**, 2784 mwN, BVerwG NVwZ-RR **92**, 665 mwN, BayObLG NJW **78**, 903, Köln RR **97**, 956 mwN. An sich gewährleistet nur die subjektive Theorie die erforderliche Sicherheit, weil bei ihr jede Partei weiß, woran sie ist; zudem läßt sich folgerichtig nur auf dem weiterbauen, was geschehen ist, und nicht auf dem, was hätte geschehen sollen. Gleichwohl hat sich der Grundsatz der Meistbegünstigung durchgesetzt. Danach ist sowohl das richtige als auch das der Entscheidungsform entsprechende Rechtsmittel gegeben, BGH **40**, 265, es sei denn, daß einer Partei durch den Fehler des Gerichts ein Vorteil erwachsen würde, der sie sonst nicht gehabt hätte, also nur durch diesen Fehler eine sonst unanfechtbare Entscheidung anfechtbar würde, BGH RR **93**, 957 mwN, Bra NJWE-FER **00**, 241, Köln RR **99**, 1084, LG Bielefeld MDR **87**, 941, vgl auch Zweibr RR **92**, 904, Karlsr NJW **87**, 509. Fehler des Gerichts dürfen nicht zu Lasten der Partei gehen, BGH **LM** § 511 Nr 13, so daß dieser Grundsatz bei einer ihrer Art nach zweifelhaften Entscheidung gilt, BGH DtZ **94**, 72, Ffm RR **93**, 958. Bei der Unsicherheit der Rspr ist den Parteien anzuraten, im Zweifel das nach der prozessualen Form der

Buch 3. Rechtsmittel **Grundz § 511**

Entscheidung in Betracht kommende Rechtsmittel einzulegen und hilfsweise Verweisung an das „richtige" Rechtsmittelgericht zu beantragen, Rimmelspacher JR **87**, 194; gegebenenfalls hat dann das zu Unrecht angegangene Gericht die Sache entsprechend § 281 zu verweisen, Schenkel MDR **03**, 136 mwN, BGH NJW **79**, 43 u **80**, 1282, abw Celle RR **03**, 647. Freilich entstehen der Partei uU dadurch besondere Kosten.

C. Verfahren. Das Rechtsmittelgericht hat das Verfahren in der Verfahrensart weiterzubetreiben, die der **29** wahren Natur seines Prozeßgegenstandes entspricht, und in der Form zu entscheiden, die bei korrekter Entscheidung der Vorinstanz und dem danach gegebenen Rechtsmittel allein zulässig wäre, BGH MDR **66**, 232, BVerwG NJW **82**, 2460, Köln RR **99**, 1084, Zweibr RR **98**, 508, Schlesw RR **88**, 1413, VGH Mannh VBlBW **82**, 292 mwN, str, aM BVerwG **18**, 195, Köln RR **97**, 956, OVG Münst NJW **74**, 1102 (Wahlrecht des Rechtsmittelgerichts).

D. Beispiele für die Anfechtung formfehlerhafter Entscheidungen: **30**
Beschluß und Urteil. Beschluß statt Urteil gibt wahlweise Berufung (bzw Revision, BGH RR **93**, 956) oder Beschwerde, BGH **51**, 147, Zweibr RR **98**, 508, Köln RR **97**, 956, Hamm FamRZ **89**, 877, GMP § 64 Rn 12; jedoch gilt auch für die Beschwerde die Berufungssumme, vgl oben Rn 28, LG Bielefeld MDR **87**, 941, bzw die für die Revision getroffene Regelung in § 543 I, BGH RR **93**, 956. Urteil statt Beschluß gibt Berufung, wenn gegen den Beschluß ein Rechtsmittel gegeben wäre, oben Rn 28, Bra NJWE-FER **00**, 241, Schlesw RR **88**, 1413, so namentlich im Arrest- u einstw VfgVerfahren, ebenso bei unzulässigem Kostenurteil statt Entscheidung durch Beschluß über die Kosten, BGH MDR **59**, 554, MDR **66**, 232, oder bei Urteil statt Verweisung durch Beschluß nach § 17 a II GVG, Naumb RR **02**, 792. Ggf ist die Berufung im weiteren Verfahren als Beschwerde zu behandeln, LG Itzehoe RR **94**, 1216. Anders bei bloßer Erörterung in den Gründen, zB über Ablehnung eines Sachverständigen oder eines Aussetzungsantrages, Hamm MDR **48**, 182.
Streitmäßiges oder Versäumnisurteil. Es kommt auf Form und Inhalt der Entscheidung an, BGH JR **31 00**, 245, NJW **99**, 584 u **94**, 666 (dazu K. Schmidt JuS **94**, 437). Bei Zweifel fragt sich, ob das Gericht eine Folge der Versäumnis (nach hM der völligen, s Üb § 330 Rn 3 ff) aussprechen wollte. Wenn ja, liegt ein VersUrt vor, auch wenn es zu Unrecht einen Fall der Säumnis angenommen hat, BGH JR **00**, 245 mwN. Wenn nein, liegt ein streitmäßiges Urteil vor, selbst wo ein Versäumnisurteil richtig war, und umgekehrt, BGH aaO, Mü FamRZ **89**, 1205 mwN; vgl MüKoPr § 338 Rn 8 ff. Bei fehlender Eindeutigkeit gilt der Grundsatz der Meistbegünstigung, Zweibr RR **97**, 1087, Köln RR **96**, 581.
Versäumnisurteil. Fehlt die Bezeichnung als Versäumnisurteil und enthält das Urteil weder Tatbestand **32** noch Gründe, so ist dagegen sowohl Einspruch als auch Berufung gegeben, Hamm RR **95**, 186. Das gleiche gilt für die fehlerhafte Bezeichnung als zweites VersUrt, BGH NJW **97**, 1448 mwN, und auch für den umgekehrten Fall, daß ein weiteres/erstes VersUrt statt eines zweiten VersUrt erlassen wird, offen BGH aaO.
Verweisung. Hat das Gericht, an das verwiesen ist, in 1. Instanz erkannt statt in zweiter, ist Berufung zulässig, RG **119**, 380.
Zwischenurteil. Nennt sich ein unzulässiges Zwischenurteil Teilurteil, so ist Berufung zulässig, vgl **33** BGH ZZP **92**, 362 m zustm Anm Gottwald. Nennt sich ein Zwischenurteil über den Grund, § 304, Zwischenurteil aus § 303 oder ist ein solches Urteil bei sachlicher Prüfung ein Grundurteil: Berufung, stRspr. Gegen ein Zwischenurteil aus § 280 ist Berufung gegeben, auch wenn es unzulässig war, RG HRR **30**, 444. Bei unzulässigem Urteil aus § 256 II, das in Wahrheit ein Zwischenurteil aus § 303 ist, ist Berufung zulässig. Ein unzulässig erlassenes Zwischenurteil bindet nicht, BGH **8**, 383.

5) Verfassungsbeschwerde. Sie ist kein zusätzliches Rechtsmittel, BVerfG NJW **87**, 1191 mwN, **34** Hamm RR **99**, 651; s Zuck, Das Recht der VerfBeschw, 2. Aufl 1988, Rn 8 ff; Dörr, Die VerfBeschw in der Prozeßpraxis, 2. Aufl Rn 372; Rupp ZZP **82**, 1. Vielmehr gewährt sie Rechtsschutz zur prozessualen Durchsetzung der Grund- und diesen gleichgestellten Rechte. Im Ergebnis führt die Verfassungsbeschwerde aber zunehmend zur Überprüfung und Korrektur unanfechtbarer Entscheidungen, namentlich wegen Verstößen gegen Art 103 I GG, vgl dazu Zuck JZ **85**, 921 u Schumann NJW **85**, 1134, Wimmer DVBl **85**, 773. Zu den Möglichkeiten der Abhilfe durch das Gericht selbst vgl § 321 a und § 511 Rn 20 u 21.

6) Rechtsmittelbelehrung. Anders als im Verfahren der Arbeitsgerichte, § 9 V ArbGG, sieht das Gesetz **35** im Verfahren der Zivilgerichte (abgesehen von § 119 IV GVG und Einzelgesetzen, zB § 69 FGG, LwVG u BauGB, dazu Mann JR **00**, 25, BGH NJW **99**, 1113, Hamm NVwZ **00**, 411) keine Rechtsmittelbelehrung vor, BayObLG RR **00**, 606; sie wird von der Verfassung (noch) nicht gefordert, BVerfG NJW **95**, 3173, und ist auch nach EG-Recht nicht geboten, EuGH EuZW **99**, 446. Die Übernahme von § 9 V ArbGG (und entspr Bestimmungen für die Verw-, Finanz- und Sozialgerichtsbarkeit) würde aber zumindest in Verfahren ohne Anwaltszwang dem Verständnis des Rechtsstaates entsprechen, vgl Gottwald Verh. 61. DJT I A 31, Geisler StAZ **96**, 79, Kühling (abwM zum BVerfG) NJW **95**, 3176, Demharter FGPrax **95**, 217, Büttner DRiZ **95**, 61 mwN, aM Greger JZ **00**, 131. In Einzelfällen kann sich das Erfordernis der Rechtsmittelbelehrung schon heute unmittelbar aus dem GG ergeben, zB für Rechtsmittel nach § 45 I WEG, BGH NJW **02**, 2171. Im übrigen kann eine falsche Rechtsmittelbelehrung durch das Gericht die WiedEins rechtfertigen, BGH MDR **04**, 348.

7) *VwGO:* Die allgemeinen Grundsätze, Rn 1 ff, gelten auch hier; zur Beschwer des Klägers bei einem stattgebenden **36** *Bescheidungsurteil, § 113 V 2 VwGO, s BVerwG LS DÖV **82**, 785, zur nötigen Beschwer des Beigeladenen vgl BFH BStBl **84** II 348, zum Suspensiv- und Devolutiveffekt bei zulassungsbedürftigen Rechtsmitteln Rennert VBlBW **99**, 283. Zur formfehlerhaften Entscheidung, Rn 27 ff, im VerwProzeß vgl Maetzel MDR **69**, 345, BVerwG DVBl **92**, 776 mwN, VGH Mannh NJW **82**, 2460.*

Albers 1651

Abschnitt 1. Berufung

Übersicht

Schrifttum (vgl Vorbem Grdz § 511): *Stackmann*, Rechtsbehelfe im Zivilprozess, 2005; *Schumann/Kramer*, Die Berufung in Zivilsachen, 6. Aufl 2002; *Rixecker* NJW **04**, 705; *Gehrlein* MDR **04**, 661; *Fellner* MDR **03**, 69; *Gehrlein* MDR **03**, 421; *Siegel* MDR **03**, 481.

1   **1) Allgemeines.** Die Berufung findet statt gegen Endurteile 1. Instanz des AG und des LG. Sie eröffnet eine neue Instanz; der Prüfungsumfang ergibt sich aus den §§ 529 ff. Wegen der Frage, ob sich das Berufungsverfahren erledigen kann, s § 91 a Rn 195 ff, BGH WM **98**, 1747 mwN.

2   **2) Zuständigkeit.** Über die Berufung gegen Urteile des AG entscheidet das LG, teils die ZivK, teils die KfH, §§ 72, 100 GVG, das OLG in FamS und in Sachen mit Auslandsberührung sowie an Stelle des LG in anderen Sachen, wenn das Landesrecht dies vorsieht, § 119 GVG; wegen der Berufung gegen Urteile der Schiffahrtsgerichte s § 14 GVG Rn 3. Über die Berufung gegen Urteile des LG entscheidet das OLG, § 119 GVG. Die Berufung gegen ein Urteil des **ArbG** geht ans LArbG: das arbeitsgerichtliche Berufungsverfahren ist das landgerichtliche mit erheblichen Abweichungen, §§ 64 ff ArbGG; vgl dazu im einzelnen die Vorbem der folgenden §§.

3   **3) *VwGO*:** Gegen Endurteile (einschließlich der Teilurteile) und gegen Zwischenurteile, §§ 109 u 111 VwGO, sowie gegen GerBescheide, § 84 VwGO, des VG findet bei der Zulassung durch das VG oder das OVG (VGH) bedürftige Berufung statt, §§ 124, 124 a und 124 b VwGO idF des RmBereinVpG v 20. 12. 01, BGBl 3987, Buscher, Die Zulassungsberufung im VerwProzess, 2004, Kienemund NJW **02**, 1231, Kuhla/Hüttenbrink DVBl **02**, 88, Redeker NordÖR **02**, 185, Seibert NVwZ **02**, 263, BaderVBlBW **02**, 479, Geiger BayVBl **03**, 65, Knopp DÖV **03**, 24, soweit sie nicht ausgeschlossen ist, zB nach § 78 I AsylVfG, dazu BVerfG NJW **83**, 2929, Huber NJW **87**, 3057, oder nach § 37 II VermG, vgl § 511 Rn 28 (keine Umdeutung einer unzulässigen Berufung in einen Zulassungsantrag, BVerwG NVwZ **99**, 641, **98**, 405 u 1297); der Zulassungsbeschluß ist unabänderlich und bindend, VGH Mannh VBlBW **00**, 230. Für das Berufungsverfahren gelten die erstinstanzlichen Vorschriften mit gewissen Abweichungen, § 125 I VwGO. Die Vorschriften der ZPO sind nach § 173 VwGO entsprechend anzuwenden, sofern die VwGO schweigt und die grundsätzlichen Unterschiede der beiden Verfahrensarten nicht entgegenstehen; vgl die Schlußanmerkungen zu den folgenden §§.

511 Statthaftigkeit der Berufung.

[I] Die Berufung findet gegen die im ersten Rechtszug erlassenen Endurteile statt.

[II] Die Berufung ist nur zulässig, wenn
1. der Wert des Beschwerdegegenstandes 600 Euro übersteigt oder
2. das Gericht des ersten Rechtszuges die Berufung im Urteil zugelassen hat.

[III] Der Berufungskläger hat den Wert nach Absatz 2 Nr. 1 glaubhaft zu machen; zur Versicherung an Eides statt darf er nicht zugelassen werden.

[IV] [1] Das Gericht des ersten Rechtszuges lässt die Berufung zu, wenn
1. die Rechtssache grundsätzliche Bedeutung hat oder die Fortbildung des Rechts oder die Sicherung einer einheitlichen Rechtsprechung eine Entscheidung des Berufungsgerichts erfordert und
2. die Partei durch das Urteil mit nicht mehr als 600 Euro beschwert ist.

[2] Das Berufungsgericht ist an die Zulassung gebunden.

1   **Vorbem. 1)** Neufassung von IV mWv 1. 9. 04 durch Art 1 Z 16 des 1. JuMoG v 24. 8. 04, BGBl 2198.

Die Neufassung soll klarstellen, dass die erste Instanz die Zulassung der Berufung nur dann zu prüfen hat, wenn eine Partei durch das Urteil mit nicht mehr als 600 EUR beschwert wird; auf diese Weise ist die insoweit bestehende Problematik, Huber ZRP **03**, 268 beseitigt worden, Knauer/Wolf NJW **04**, 2836.

2) In **arbeitsgerichtlichen** Streitigkeiten gilt § 64 ArbGG idF des Art 30 Z 6 ZPO-RG, vgl Schwab ua NZA **04**, 1002, Stock NZA **00**, 481. Kein Endurteil ist hier das Grundurteil iSv § 304, § 61 III ArbGG.

Gliederung

1) Statthaftigkeit der Berufung, I	2–9
A. Grundsatz	2
B. Endurteil	3
C. Berufungsberechtigung	4
D. Berufungskläger	5–8
E. Berufungsbeklagter	9
2) Zulässigkeit der Berufung: Berufungssumme, II Z 1 u III	10–22
A. Allgemeines	10–12
B. Wert des Beschwerdegegenstandes	13–17
C. Glaubhaftmachung, III	18
D. Festsetzung des Beschwerdewertes	19
E. Fehlende Berufungssumme	20–22
3) Zulässigkeit der Berufung: Zulassung, II Z 2 u IV	23–26
A. Allgemeines	23
B. Zulassungsgründe	24
C. Verfahren	25–26
4) Zulässigkeit der Berufung in Sonderfällen	27
5) *VwGO*	28

2   **1) Statthaftigkeit der Berufung, I**

A. Grundsatz. Berufung ist statthaft gegen erstinstanzliche Endurteile, auch gegen Scheinurteile, Grdz § 511 Rn 26. Sie ist zulässig, wenn und soweit die allgemeinen Voraussetzungen ihrer Zulässigkeit

Abschnitt 1. Berufung **§ 511**

vorliegen, Grdz § 511 Rn 6 ff. Ob Statthaftigkeit eines andern Rechtsbehelfs die Berufung ausschließt, ist nur nach Lage des Falls zu beantworten. Wegen formfehlerhaften Entscheidungen s Grdz § 511 Rn 27 ff.

Nicht berufungsfähig sind von Endurteilen regelmäßig das Versäumnisurteil, § 514 (Ausnahme: § 514 II), das Ausschlußurteil beim Aufgebot, § 957, die Kostenentscheidung, wenn nicht gleichzeitig Berufung in der Sache eingelegt wird, § 99 (unschädlich, wenn es dem Kläger bei Klagabweisung entgegen Erledigungsantrag vorwiegend oder nur auf eine Änderung der Kostenentscheidung ankommt, solange er den Sachantrag weiter verfolgt, BGH NJW **72**, 112); zur Anfechtung der Kostenentscheidung des Schlußurteils nach Teilurteil s § 99 Rn 46 ff, zur Anfechtung der im Endurteil enthaltenen Kostenentscheidung über einen erledigten Teil, Hamm RR **87**, 426, KG MDR **86**, 241, s § 91 a Rn 153. Die Entscheidung über die vorläufige Vollstreckbarkeit kann alleiniger Gegenstand der Berufung sein, Mü FamRZ **90**, 84, Nürnb NJW **89**, 842, Einf §§ 708–720 Rn 6. Anerkenntnisurteile sind berufungsfähig, BGH FamRZ **03**, 1922.

Nur **im ersten Rechtszug erlassene Endurteile** sind berufungsfähig. Deshalb kommt eine Berufung gegen Berufungsurteile des LG nie in Betracht. Dies gilt auch dann, wenn das LG dabei über einen erstmals bei ihm anhängig gemachten Streitgegenstand entschieden hat, BGH NJW **99**, 62 mwN, RR **94**, 61.

B. Endurteil. Ein Endurteil ist ein Urteil, das den Prozeß für die Instanz endgültig entscheidet, § 300 **3** Rn 1. Gleich bleibt, ob das Kollegium oder der Einzelrichter erkannt hat. Ein Urteil ist es erst, wenn es verkündet oder nach § 310 III zugestellt ist. Endurteile sind auch Teilurteile, § 301, und ein Ergänzungsurteil, § 321, weiter das Prozeßurteil, Üb § 300 Rn 5, und die Ablehnung der Aufnahme des Verfahrens wegen fehlender Sachlegitimation des Nachfolgers nach Unterbrechung.

Den Endurteilen stehen für selbständige Rechtsmittel gleich das Vorbehaltsurteil, §§ 302, 599, die Vorabentscheidung über den Grund, § 304, das die Zulässigkeit der Klage feststellende Zwischenurteil nach § 280 II 1, BGH NJW **88**, 1733, sowie ein Zwischenurteil, das die WiedEins ablehnt, BGH NJW **82**, 184 mwN, oder den vom Kläger beantragten Parteiwechsel auf der Beklagtenseite gegen den Willen des alten und des neuen Beklagten für zulässig erklärt, BGH NJW **81**, 989, nicht dagegen andere Zwischenurteile, zB ein solches über die Anordnung der Ausländersicherheit, § 110, BGH NJW **88**, 1733.

C) Berufungsberechtigung. Zur Berufung berechtigt ist derjenige, gegen den sich das Urteil richtet, **4** BGH RR **05**, 118 u 4, 328, aber auch derjenige, der durch eine unrichtige Bezeichnung im Urteil betroffen ist, BGH MDR **78**, 307, Ffm RR **96**, 1169 mwN. Zur Berechtigung eines Partei- oder Prozeßunfähigen und eines als gesetzlicher Vertreter Auftretenden vgl Grdz § 511 Rn 9.

D. Berufungskläger. Als solche kommen idR in Betracht:
a) eine Partei 1. Instanz, bei beendeter Prozeßstandschaft der selbst sachlich Berechtigte, Zweibr FamRZ **5** **89**, 194 mwN, als Rechtsnachfolger der Partei, der Insolvenzverwalter, BGH MDR **97**, 494, nicht dagegen ein Rechtsnachfolger, wenn die Voraussetzungen des § 265 II 2 nicht erfüllt sind, BGH NJW **96**, 2799;
b) eine Person, deren Eintritt als Partei die 1. Instanz angenommen hat, wenn sie nach §§ 239, 265, 266, **6** wenn sie ihren Eintritt weiter betreiben will, BGH NJW **88**, 3209 (Parteiwechsel auf Klägerseite), ebenso wie eine Person, die gegen ihren Willen vom Gericht in das Verfahren einbezogen worden ist, BGH RR **95**, 764, Ffm RR **96**, 1169 mwN (Scheinpartei), BGH NJW **81**, 989 (Parteiwechsel auf der Beklagtenseite);
c) ein streitgenössischer Streithelfer, BGH RR **97**, 865; ferner ein sonstiger Streithelfer, auch in Verbindung mit seinem Beitritt, § 67 Rn 11 ff: für ihn kommt nur die Beschwer der Partei in Betracht, BGH NJW **7** **97**, 2386 mwN, Gorski NJW **76**, 811 gg Köln NJW **75**, 2108 (zur Frage, ob ein Dritter, der im Anfechtungsprozeß des Vaters dem Kinde beigetreten ist, ein selbständiges Recht hat, Berufung einzulegen, vgl § 640 h Rn 1); legen die Hauptpartei und der Streithelfer Berufung ein, so handelt es sich um ein einheitliches Rechtsmittel, das der Streithelfer nicht fortführen kann, wenn die Hauptpartei mit der Rücknahme ihres Rechtsmittels zweifelsfrei der Fortführung des Prozesses widerspricht, BGH NJW **89**, 1357 mwN, ua NJW **88**, 712 (die Rücknahme genügt für sich allein nicht, BGH NJW **93**, 2944 mwN, ebensowenig das Nichtbetreiben des Rechtsmittels, BGH NJW **85**, 2480, oder der Verzicht, § 515, Hbg NJW **89**, 1362), vgl dazu Pantle MDR **88**, 924; der Streithelfer kann einen höheren Berufungsantrag als die Partei stellen, wenn diese damit einverstanden ist, Hamm RR **97**, 1156;
d) die Verwaltungsbehörde im Aufhebungsprozeß, § 631 Rn 10; **8**
e) jeder Gläubiger bei der Hinterlegungsklage aus § 856 II.

E. Berufungsbeklagter. Berufungsgegner kann nur eine Partei 1. Instanz sein, Karlsr OLGZ **86**, 197, **9** nie Dritte wie der Streithelfer oder der eigene Streitgenosse. Streitgenossen stehen behauptend und leugnend selbständig da. Bei notwendiger Streitgenossenschaft, § 62, wirkt die Berufung eines Streitgenossen für den untätigen. Über Streithelfer s auch §§ 67 Rn 11 ff, 69 Rn 8.

2) Zulässigkeit der Berufung: Berufungssumme, II Z 1, III **10**

A. Allgemeines. Nicht jedes erstinstanzliche Endurteil kann mit der Berufung angefochten werden. Eine Beschränkung ergibt sich aus II Z 1, der die Zulässigkeit der Berufung an das Erreichen der **Berufungssumme** knüpft, die sich aus dem Wert des Beschwerdegegenstandes ergibt: dieser Wert muß 600 Euro übersteigen. Dies gilt nicht für bestimmte Streitigkeiten, unten Rn 27. Erweist sich die Berufung als in geringerer Höhe begründet, so ist der Mehranspruch als unbegründet abzuweisen.

Die Berufungssumme gilt auch für **nichtvermögensrechtliche Streitigkeiten**. Der Gesetzgeber geht **11** davon aus, daß diese Beschränkung insoweit nur Streitigkeiten ohne kleine Störungen erfaßt, die nichtvermögensrechtliche Streitigkeiten von einiger Bedeutung schon im Hinblick auf § 12 II GKG einen Berufungssumme übersteigenden Wert haben, BT-Drs 12/1217, krit Lappe NJW **94**, 1190 u **93**, 2786.

Werden **mehrere Urteile** angefochten, muß für jedes die Berufungssumme erreicht sein. Ist ein Verfahren **12** ohne sachlichen Grund in mehrere Verfahren aufgespalten worden, ist der Wert des ursprünglichen Streitgegenstandes maßgeblich, BVerfG NJW **97**, 649, BGH NJW **95**, 3120.

§ 511

13 **B. Wert des Beschwerdegegenstandes**
a) Allgemeines. (Althammer NJW 03, 1079). Maßgeblich für die Zulässigkeit der Berufung ist der Wert des Beschwerdegegenstandes, der nicht mit der Beschwer durch das angefochtene Urteil, Grdz § 511 Rn 13, gleichzusetzen ist. Diese Entscheidung des Gesetzgebers ist hinzunehmen, Fölsch NJW 02, 3759, Fischer NJW 02, 1551, ZöGu 13, aM Jauernig NJW 03, 465 mwN. Demgemäß bestimmt sich die Zulässigkeit der Berufung nach dem Wert der Anträge des Berufungsführers, die für die Nachprüfung des angefochtenen Urteils maßgeblich sind, vgl BVerfG NVwZ 87, 219, OVG Kblz NVwZ 91, 277. Der Wert des Beschwerdegegenstandes kann nie höher sein als der Wert der Beschwer, die ihrerseits durch den Streitgegenstand bestimmt wird. Ist das Gericht dem Antrag auf Erledigterklärung nicht gefolgt, sondern hat es die Klage abgewiesen, verfolgt der Kläger jenen Antrag aber weiter, so bemißt sich der Beschwerdewert nach dem Wert der Hauptsache, ebenso idR bei einem Rechtsmittel des Beklagten gegen ein die Erledigung aussprechendes Urteil, str, vgl Anh § 3 Rn 45 ff. Zu berücksichtigen sind nur Anträge, die auch zulässig begründet sind, BGH BB 76, 815 mwN. Ein zunächst beschränkter Antrag, der unterhalb der Berufungssumme liegt, kann in der mdl Verh erweitert werden, soweit dies von der fristgerecht eingereichten Berufungsbegründung gedeckt ist, BGH RR 05, 714. Bei Zweifeln, ob der Beschwerdewert erreicht ist, empfiehlt sich Berufungseinlegung ohne Rücksicht auf den Ausgang einer Streitwertbeschwerde, vgl Mü NJW 78, 1489, Schlee AnwBl 85, 582.

14 **Der Beschwerdewert läßt sich nicht nachträglich oder künstlich herstellen**, BGH NJW 73, 370 mwN. So nicht durch Erstrecken der Klage auf einen Anspruch, der in Widerspruch mit der Sach- und Rechtslage nur zwecks Erreichung der Summe aufrechterhalten wird, BGH LM § 91a Nr 11, LG Bonn RR 95, 959; nicht durch Klagerweiterung, BGH VersR 83, 1160; nicht durch Erhebung einer unzulässigen Feststellungs- oder Zwischenfeststellungsklage, BGH NJW 73, 370, einer unzulässigen Widerklage oder Nichtbeachtung eines Verzichts, durch nachträgliche Verrechnung von Gegenleistungen statt wie bisher auf Haupt- nun auf Nebenansprüche (Zinsen, Kosten). Den Beschwerdewert begrenzt nach oben, nicht nach unten, der Streitwert; dies gilt jedoch nicht, wenn der Wert nach § 3 zu bemessen ist, BGH NJW 94, 735 (Aufgabe der bisherigen Rspr, RR 86, 737), wohl aber in den Fällen der §§ 4 ff, zB § 8, BGH RR 94, 286, und § 9, Zweibr FamRZ 93, 1336. Der Berufungsbeklagte kann die Berufung nicht durch Verzicht auf einen Teil seines Anspruchs unzulässig machen, RG 165, 87.

Hat die erste Instanz durch sachwidrige, den Gleichheitssatz verletzende **Trennung** von Verfahren, BVerfG NJW 97, 649, bewirkt, daß der Beschwerdewert nicht mehr erreicht ist, § 145 Rn 6, so ist die Berufung als zulässig zu behandeln, BGH NJW 95, 3120, um den Umweg über die Verfassungsbeschwerde zu vermeiden. Wegen der Anwendung von § 8 GKG in einem solchen Fall s BGH RR 97, 832, OVG Münst NJW 78, 720.

15 **b) Einzelheiten:** Bei Erlaß eines Teilurteils ist allein die mit diesem Teilurteil verbundene Beschwer maßgeblich, BGH NJW 98, 686 u 89, 2757, allgM; entsprechendes gilt auch für das über den restlichen Streitstoff ergehende Schlußurteil, BGH NJW 89, 2757 mwN. Bei Vorabentscheidung nach § 304 entscheidet allein der bisher verlangte Betrag. Bei gleichzeitiger Berufung gegen Vorabentscheidung und Schlußurteil ist Beschwerdewert für beide nötig. Bei Urteilen über Rügen der Zulässigkeit der Klage ist der Streitwert Beschwerdewert; so auch bei Einrede mangelnder Kostensicherheit. Beim Ergänzungsurteil sind die Beschwerdewerte dieses Urteils und des Haupturteils zusammenzurechnen. Ein im Prozeß erhobener Entschädigungsanspruch aus §§ 302 IV, 717 II, III bleibt außer Betracht, sofern er nicht über die vollstreckte Klagforderung hinausgeht; sonst ist er wie bei einer Widerklage hinzuzurechnen. Bei Streit um die Zug-um-Zug zu erbringende Gegenleistung ist diese maßgeblich, BGH NJW 73, 654; ihr Wert ist ggf mit dem Wert einer Teilabweisung zusammenzurechnen, BGH RR 86, 1062.

16 Stellt der Berufungskläger einen Haupt- und einen Hilfsantrag, genügt es, wenn einer von ihnen die Berufungssumme übersteigt, KG OLGZ 79, 348, Schumann NJW 82, 2802. Sind in erster Instanz Haupt- und Hilfsantrag abgewiesen, sind die Werte aller wirtschaftlich selbständigen Anträge zusammenzurechnen, BGH RR 94, 701 u 827; verfolgen mehrere dieser Anträge wirtschaftlich das gleiche Ziel, so ist der höhere Wert maßgeblich, Schumann NJW 82, 2802 mwN. Ist der Hauptantrag abgewiesen, aber der Hilfsantrag zugesprochen, so entscheidet für die Höhe der Beschwer die des Hauptantrages, nicht des Unterschiedes zum Hilfsantrag, BGH 26, 295. Ist Leistung beantragt, aber nur dem hilfsweise geltend genannten Feststellungsanspruch entsprochen, so ist unter Anwendung der wirtschaftlichen Betrachtungsweise nicht die Höhe des Anspruchs, sondern das Interesse des Klägers an dem Zusprechen der Leistungsklage die Beschwer, BGH NJW 61, 1466.

17 Bei Streitgenossen sind die Beschwerdegegenstände aller Streitgenossen, soweit es sich nicht um wirtschaftlich identische Streitgegenstände handelt, zusammenzurechnen; legt nur einer von ihnen das Rechtsmittel ein, ist sein Teil maßgebend, und zwar auch bei notwendiger Streitgenossenschaft. Sinkt durch Zurücknahme des Rechtsmittels durch einen Streitgenossen der Wert unter die erforderliche Summe, so ist das Rechtsmittel der übrigen unzulässig, BGH NJW 65, 761. Bei unteilbarer Leistung oder Gesamthaftung kommt der ganze Streitwert in Frage, vgl BGH NJW 62, 345.

Erklärt das Urteil die Hauptsache für erledigt, so gilt das im Anh § 3 Rn 45 ff Gesagte, BGH RR 93, 765, vgl Lappe NJW 88, 3130. Bei Teilerledigung erfolgt keine Hinzurechnung dieser Kosten, vielmehr muß der Rest der Hauptsache die Berufungssumme erreichen, BGH NJW 62, 2202.

Zur **Berechnung des Beschwerdewertes** s Anh § 511.

18 **C. Glaubhaftmachung, III.** Den Beschwerdewert hat der Berufungskläger bis zum Ablauf der Berufungsfrist nach § 294 glaubhaft zu machen, wobei seine eigene eidesstattliche Versicherung ausgeschlossen ist. Mangels Glaubhaftmachung, die bis zur Verwerfung der Berufung nachgeholt werden darf, ist der Wert gegebenenfalls nach § 3 zu schätzen, BGH RR 99, 573 (keine Einholung eines Sachverständigengutachtens).

19 **D. Festsetzung des Beschwerdewertes:** Den für das Erreichen der Berufungssumme maßgeblichen Wert des Beschwerdegegenstandes, Rn 11 ff, setzt das Berufungsgericht ohne Bindung an die Streitwertfestsetzung 1. Instanz, BGH RR 88, 837, durch besonderen Beschluß oder in den Gründen der Entscheidung über das Rechtsmittel fest. Die Festsetzung durch das OLG kann nur zusammen mit dem Urteil angefochten

Abschnitt 1. Berufung **§ 511**

werden, so daß ein vorab ergehender Beschluß unanfechtbar ist, KG MDR **87**, 852. Beruht die Festsetzung auf § 3, darf der BGH sie nur auf Ermessensfehler iSv Rn 18 prüfen, BGH in stRspr, vgl NJW **93**, 2875 u **92**, 2020, RR **91**, 324, 325, 509 u 1467 mwN; die Festsetzung ist deshalb idR zu begründen, BGH RR **91**, 326, und das Fehlen einer Begründung ein Verfahrensmangel, wenn nicht die relevanten Umstände nach Art und Umfang außer Zweifel stehen, BGH FamRZ **91**, 317. Führt die Nachprüfung zu einer die Berufungssumme erreichenden Festsetzung, ist die Sache zurückzuverweisen. Wegen der Bedeutung der Festsetzung für den Kostenstreitwert s § 24 GKG, Einf § 3 Rn 3.

E. Fehlende Berufungssumme. Wird die Berufungssumme nicht erreicht, so kann die Berufung nach 20 II Z 2 zugelassen werden, unten Rn 23 ff. Geschieht dies nicht, ist das Urteil unanfechtbar, aber gleichwohl nach allgemeinen Grundsätzen für vollstreckbar zu erklären. Wegen der Fälle, in denen die Beschränkung durch die Berufungssumme nicht gilt, s unten Rn 27.

Dieser Grundsatz gilt auch bei **schwersten Fehlern des Gerichts**. Die Problematik im Hinblick auf die 21 Versagung rechtlichen Gehörs, vgl 59. Aufl Rn 8 u 9, ist durch die Einführung der Gehörsrüge, § 321 a, entschärft worden. Sie bleibt aber bei Verletzung anderer Grundrechte, zB des Rechts auf den gesetzlichen Richter, bestehen. Bei Vorliegen solcher Fehler ein **Rechtsmittel oder eine Gegenvorstellung** auch gegen unanfechtbare Urteile zuzulassen, ist ohne Gesetzesänderung nicht möglich, BGH NJW **99**, 290; eine analoge Anwendung von § 321 a oder § 514 II würde II Z 1 ohne konkrete Anhaltspunkte aus den Angeln heben, vgl (zumeist für Gehörsverletzungen vor Inkrafttreten des § 321 a) Schneider MDR **01**, 845 u **97**, 991 mwN, Niemann/Herr ZRP **00**, 278 mwN, Kunze NJW **97**, 2154, aM MüKoRi 8 u 9, Schneider MDR **99**, 697, beide mwN, BFH NJW **96**, 1496 m red Anm, Schlesw NJW **88**, 67, KG RR **87**, 1203, LG Bln RR **97**, 842, LG Essen RR **93**, 576, LG Münst RR **89**, 381, LG Ffm NJW **87**, 2591, AG Wiesbaden RR **95**, 702 (offen gelassen für Urteile vom BVerfG NJW **87**, 486 u 1319, vom BSG MDR **92**, 386, und vom BVerwG NJW **95**, 2053, aber bejaht für Beschlüsse, BVerwG NJW **92**, 2657); ebenso scheidet eine 22 Ausnahmeberufung wegen „greifbarer Gesetzwidrigkeit", § 567 Rn 6, aus, BGH NJW **99**, 290 (dazu Schütt u Schneider MDR **99**, 248 bzw 697), aM LG Stgt RR **98**, 934 (sof Beschwerde), LG Bochum RR **95**, 1342, vgl Schneider MDR **96**, 866. Zu befürworten ist dagegen in solchen Fällen, solange der Gesetzgeber nicht Abhilfe schafft (dazu Zuck JZ **85**, 926), die Zulassung einer Wiederaufnahmeklage entspr § 579 I Z 4, BAG NZA **94**, 958 mwN, Wimmer DVBl **85**, 774, § 579 Rn 13.

Selbst bei schweren Fehlern versagt auch die **Verfassungsbeschwerde**, vgl BVerfG EuGRZ **80**, 93, sofern nicht der Anspruch auf rechtliches Gehör verletzt ist, dazu Schumann NJW **85**, 1134 mwN, Wimmer DVBl **85**, 773, oder Willkür vorliegt, BVerfG NJW **82**, 983, 80, 1737, dazu Zuck JZ **85**, 921; auch in diesen Fällen wird die Verfassungsbeschwerde häufig nicht zur Entscheidung angenommen werden, § 93 c S 2 BVerfGG, wenn es sich um einen Betrag unterhalb der Berufungssumme handelt, Berkemann EuGRZ **84**, 451, Kahlke NJW **85**, 2231, beide mwN.

Die Problematik ist nur dadurch erledigen, dass der **Gesetzgeber** den Rechtsschutz gegen die 22 a Verletzung von Verfahrensgrundrechten regelt. Das ist in Kürze zu erwarten, weil das Plenum des BVerfG ihn zu einer solchen Regelung bis Ende 2004 verpflichtet hat, NJW **03**, 1924 (dazu Voßkuhle NJW **03**, 2193, Gravenhorst MDR **03**, 887, Kirchberg, BRAK-Mitt **03**, 177).

3) Zulässigkeit der Berufung: Zulassung, II Z 2 und IV 23

A. Allgemeines. Wenn eine Partei durch das Urteil mit nicht mehr als 600 Euro beschwert ist, IV 1 Z 2, muß das Gericht des ersten Rechtszuges die Berufung zulassen, falls ein Zulassungsgrund IV 1 gegeben ist. Das Berufungsgericht ist an die Zulassung gebunden, IV 2. Die Nichtzulassung ist unanfechtbar.

B. Zulassungsgründe, IV 1. Die Zulassung ist geboten, wenn die Rechtssache grundsätzliche Bedeu- 24 tung hat, IV 1 Z 1, oder die Fortbildung des Rechts oder die Sicherung einer einheitlichen Rechtsprechung eine Entscheidung des Berufungsgerichts erfordert, IV 1 Z 2, dazu BVerfG NJW **04**, 2585. Diese Gründe entsprechen den Gründen einer Zulassung der Revision, § 543 II. Auf die dortigen Erl, Rn 4 u 5, wird verwiesen.

Es muß sich in beiden Fällen um Rechtsfragen handeln, die für die Entscheidung des Rechtsstreits erheblich und nicht der Nachprüfung im Berufungsrechtszug entzogen sind, zB nach § 513 II.

C. Verfahren. Die Zulassung bedarf **keines Antrags**, so daß entsprechende Ausführungen der Parteien 25 zwar zweckmäßig, aber nur Anregungen sind. Das Gericht entscheidet über die Zulassung im **Urteil**. Da das Erstgericht bei Vorliegen der Voraussetzungen, IV, zulassen muß und eine gesetzwidrige Nichtzulassung das Grundrecht aus Art 101 GG verletzen kann, ist eine Entscheidung über die Zulassung der Berufung stets zu treffen, Fischer NJW **02**, 1553, wenn schon der Wert der Gesamtbeschwer oder eines von mehreren selbständigen Ansprüchen die Berufungssumme nicht erreicht. Wegen einer Beschränkung der Zulassung s § 543 Rn 9–12.

Die Entscheidung über die Zulassung ist in den **Tenor** aufzunehmen, jedoch genügt die eindeutige Zulassung in den Entscheidungsgründen, § 543 Rn 13; entspr anwendbar sind § 319 und § 321, § 543 Rn 14 u 15, str.

Das Berufungsgericht ist **an die Zulassung gebunden**, IV 2, vgl § 543 Rn 16. Die Nichtzulassung ist 26 **unanfechtbar und unabänderlich**.

4) Zulässigkeit der Berufung in Sonderfällen: Keiner Berufungssumme oder Berufungszulas- 27 **sung** bedarf es

A. für die Berufung gegen **zweite Versäumnisentscheidungen,** § 514 II 2; eine entspr Anwendung dieser Vorschrift auf Fälle der Verletzung des Rechts auf rechtliches Gehör, vgl 59. Aufl § 511 a Rn 30, kommt im Hinblick auf die Abhilfe nach § 321 a nicht in Betracht, BT-Drs 14/4722 S 94, Voßkuhle NJW **03**, 2193;

B. für die **Anschlußberufung,** § 524;

C. für die Anfechtung der **Kostenentscheidung des Schlußurteils,** wenn das ohne Kostenentscheidung ergangene Teilurteil angefochten ist, Schlee AnwBl **85**, 582, § 99 Rn 48;

§ 511, Anh § 511   Buch 3. Rechtsmittel

D. im Verfahren vor den **Schiffahrtsgerichten,** vgl § 14 GVG;
E. für die Anfechtung von **Scheinurteilen,** Grdz § 511 Rn 26, BGH NJW 95, 404.

28   5) *VwGO: Vgl Üb § 511 Rn 3. Ausschluß der Berufung in Einzelgesetzen, zB AsylVfG, WehrpflG, ZDG, WehrdienstverwG, VermG, SeeUG, vgl Ey § 124 Rn 18.*

Anhang zu § 511

Berechnung des Beschwerdewertes

1   Der Beschwerdewert ist in Anwendung der §§ 3–9 zu bestimmen. Vgl die Erläuterungen zu diesen Vorschriften, insbes Anh § 3; Sondervorschriften wie zB §§ 23 a u 23 b UWG sind hier nicht zu berücksichtigen, KG WRP **87,** 469. Einzelheiten:

2   § 3. Über den **Streitwert der Berufungsinstanz** entscheidet das Berufungsgericht nach eigenem Ermessen ohne Bindung an die Festsetzung 1. Instanz, BGH RR **88,** 837; eine Nachprüfung erfolgt in der Revisionsinstanz nur auf Ermessensfehler, soweit es um die Berufungssumme geht, dagegen uneingeschränkt hinsichtlich der Revisionssumme, § 546 II, § 546 Rn 26. Dabei handelt es sich in der Sache nicht um Ermessen iSv § 40 VwVfG und § 114 VwGO, sondern um kognitives Ermessen, also um eine Beurteilungsermächtigung, wie sie das öff Recht kennt (vgl KoppSch, § 114 Rn 23 ff), Lappe NJW **93,** 2786 u **86,** 2558; die Beurteilung durch die Vorinstanz ist daher nur beschränkt nachzuprüfen, nämlich im wesentlichen darauf, ob ein richtiger und vollständiger Sachverhalt zugrundegelegt ist und allgemeine Wertmaßstäbe eingehalten sind, vgl KoppSch, § 114 Rn 30, BGH RR **98,** 573, FamRZ **96,** 1543 u 1332 (bei Verfahrensfehlern sind in diesem Rahmen auch neue Tatsachen zu berücksichtigen).

Der **Wert im Einzelfall** richtet sich ganz nach dem Interesse des Rechtsmittelklägers an der Abänderung des Urteils ohne Rücksicht auf die Belastung der Gegenpartei, BGH NJW **92,** 1514 mwN (Ausnahme: § 247 I AktG, BGH WM **81,** 1344), wird aber nach oben durch den Streitwert begrenzt, sofern er nach §§ 4 ff zu bemessen ist. Die Wertfestsetzung gehört zur Prüfung der Zulässigkeit des Rechtsmittels, Parteierklärungen über die Höhe binden nicht.

3   **Gegenleistungen** bleiben unberücksichtigt, auch wo sie von vornherein angeboten sind, s Anh § 3 Rn 58. Ist die Klageforderung zuerkannt, erhöht sich die Beschwer nicht dadurch, daß ein hilfsweise geltend gemachtes Zurückbehaltungsrecht erfolglos geblieben ist, BGH RR **96,** 829 mwN. Ist eine Zug-um-Zug zu erbringende Gegenleistung oder ein Zurückbehaltungsrecht allein Gegenstand des Rechtsmittels, so ist deren Wert maßgeblich, nach oben begrenzt durch den Wert des Klaganspruchs, BGH in stRspr, NJW **99,** 723 mwN, JZ **96,** 636 u **95,** 1340 mwN, vgl BGH RR **86,** 1062 u **KR** Nr 743 (zustm Lappe NJW **86,** 2550), Düss MDR **99,** 627. Bei **Unterlassungsklagen** wegen Eigentumsstörung kommt es auf das Abwehrinteresse an der behaupteten Störung an, BGH NJW **98,** 2368 mwN. Für die **Auskunftsklage** gilt (Schulte MDR **00,** 805): Das Abweisungsinteresse des Klägers maßgeblich, KG FamRZ **96,** 500, Düss FamRZ **88,** 1188, das idR mit einem Bruchteil des nach § 9 zu bewertenden Leistungsanspruchs anzusetzen ist, BGH NJW **97,** 1016, FamRZ **93,** 1189 mwN, dagegen bei Vollabweisung der Stufenklage deren Wert entspricht, BGH NJW **02,** 71 u RR **92,** 1021 und bei Bekämpfung eines Zug-um-Zug-Vorbehalts mit dem Klagewert gleichzusetzen ist, BGH NJW **93,** 3207; legt aber der zur Auskunftserteilung verurteilte Beklagte Berufung ein, so bemißt sich der Beschwerdewert nach seinem Interesse, die Auskunft nicht erteilen zu müssen, wobei auf die sonst für ihn eintretenden Belastungen (dazu BGH NJW **01,** 1284 u **99,** 3049 u 3050, FamRZ **98,** 365, NJW-FER **99,** 65 u **97,** 232, 64 u 41) in erster Linie abzustellen ist, BGH in stRspr, FamRZ **05,** 104 u **03,** 1922, RR **02,** 145, MDR **01,** 1183, NJW **00,** 1725 u **97,** 2528 mwN, BGH – GrZS – NJW **95,** 664 (Vorlagebeschluß BGH RR **94,** 1145 u NJW **94,** 1222 mwN), dazu Lappe NJW **96,** 1185, Roth JZ **95,** 683, krit Gehrlein EuGRZ **95,** 54 (VerfBeschw wurde nicht angenommen, NJW **97,** 2229), BAG NZA **94,** 1055, Karlsr NJW-FER **97,** 41; vgl dazu Graba FamRZ **94,** 482 u **93,** 391, Kalthoener/Büttner NJW **93,** 1833; entspr gilt für die Berufung gegen die Abgabe der eidesstattlichen Versicherung, BGH NJW **00,** 2113, WM **96,** 466, NJW **92,** 2020, RR **92,** 450, **91,** 956 u 1467, Düss FamRZ **87,** 172, und für die Berufung wegen der Abweisung eines Vollstreckungsabwehrklage gegen einen Auskunftstitel, Hbg FamRZ **89,** 770.

Ergeht eine den Beklagten nur formal belastende Entscheidung, die eine ihn belastende Kostenentscheidung nach sich zieht, ist für den Beschwerdegegenstand mindestens das **Kosteninteresse** maßgeblich, BGH NJW **92,** 1514. Übersteigt bei Erledigung der Hauptsache das Kosteninteresse den Wert der Hauptsache, ist dieses für die Beschwer maßgebend, Hamm VersR **92,** 514.

4   Wegen weiterer **Einzelheiten s Anh § 3.** Handelt es sich um eine **nichtvermögensrechtliche Streitigkeit,** ist als Ermessensrichtlinie iRv § 3 die an sich für den Gebührenwert geltende Regelung des § 12 II GKG heranzuziehen, BT-Drs 12/1217 S 25, krit Lappe NJW **94,** 1190 u **93,** 2786; dabei sind die Vermögens- und Einkommensverhältnisse auch in Ehe-, Folge- und Kindschaftssachen stets, sonst aber nur ausnahmsweise zu berücksichtigen, MüKoRi Sonderheft S 25.

5   § 4. **Maßgebender Zeitpunkt** für die Berechnung ist die Einlegung des Rechtsmittels, BGH RR **88,** 837, Mü RR **90,** 1022. Eine bis dahin eingetretene Erhöhung oder Minderung nach Umfang oder Wert ist zu berücksichtigen, allgM. Spätere Veränderungen kommen nur in Betracht, soweit sie auf willkürlicher Beschränkung des Rechtsmittelklägers beruhen, Kblz FamRZ **96,** 557, Ffm FamRZ **88,** 520 mwN, was sich erst nach dem in der mündlichen Verhandlung gestellten Berufungsantrag beurteilt, BGH NJW **83,** 1063 mwN (stRspr). Ermäßigt der Berufungskläger die Anträge aus einem Grund ohne einen sich aus dem Verlauf des Rechtsstreits ergebenden Grund, zB agrd einer PKH-Entscheidung, unter die Rechtsmittelgrenze, so wird das Rechtsmittel unzulässig, BGH NJW **51,** 274, Hbg RR **98,** 356 mwN, allgM; so liegt es, wenn die Zahlung zur endgültigen Erfüllung und nicht nur zur Abwendung der Zwangsvollstreckung erfolgt (was idR nicht anzunehmen sein wird), BGH NJW **94,** 943, anders aber dann, wenn der Abweisungsantrag aufrecht erhalten bleibt und die Erledigungserklärung nur hilfsweise erfolgt, BGH NJW **67,** 564.

Abschnitt 1. Berufung **Anh § 511, § 512**

Zinsen sind nicht einzurechnen, soweit die zugrunde liegende Hauptforderung in derselben Instanz **6** anhängig ist; zum Begriff „Zinsen" BGH NJW **98**, 2060 mwN, vgl i ü § 4 Rn 9 ff. Sind sie allein Gegenstand des Rechtsmittelantrages, ist ihr Wert entscheidend, BGH NJW **91**, 639, **90**, 2754 mwN; dabei sind auch die bis zur Erfüllung der Hauptschuld voraussichtlich auflaufenden Zinsen zu berücksichtigen, Köln RR **93**, 1215. Das gleiche gilt, wenn die Zinsen durch rechtskräftige Entscheidung über die Hauptsache zur Hauptsache geworden sind, Celle MDR **71**, 404, wobei das Interesse an ihrer Beseitigung sich nach wirtschaftlichen Gesichtspunkten bemißt, Ffm FamRZ **82**, 806. Das gilt auch, wenn noch ein anderer Teil des Hauptanspruchs in derselben Instanz anhängig ist, BGH NJW **94**, 1869 mwN, oder wenn der Hauptanspruch durch Teilurteil erledigt wird und das Schlußurteil nur wegen der Zinsen erkennt, auch wenn gegen beide Rechtsmittel eingelegt werden, BGH **29**, 126. Zinsen sind auch einzurechnen, wenn Gegenstand des Verf ein Sparkonto ist, BGH ZIP **94**, 1977. Dagegen bleiben Zinsen Nebenforderungen, wenn Gegenstand des Rechtsmittels der einen Partei die Hauptforderung und Gegenstand des Rechtsmittels der anderen Partei das dazu gehörige Zinsforderung ist, BGH MDR **85**, 52, obwohl die Nichtberücksichtigung der Zinsen in diesem Fall unbillig ist, vgl BFH BStBl **77** II 36 (zu § 140 FGO).

Die **Kosten** des jeweiligen Rechtsstreits bleiben außer Betracht, BGH RR **95**, 707, solange noch ein geringer Teil der Hauptsache im Streit ist, BGH NJW **95**, 664 mwN, dazu Schneider **LM** § 3 Nr 88, Roth JZ **95**, 681.

§ 5 (Frank, Anspruchsmehrheiten im Streitwertrecht, 1986). **Zusammenzurechnen** ist bei Streitgenossen, auch gewöhnlichen, soweit es sich nicht um wirtschaftlich identische Streitgegenstände handelt, § 5 **7** Rn 3 ff, BGH RR **91**, 186 (Gesamtschuld), RR **87**, 1148 mwN (Klage von Miteigentümern, dazu Lappe NJW **88**, 3130), LG Köln VersR **89**, 1160 (zustm Haarmann); bei einem Rechtsmittel gegen Streitgenossen erfolgt Zusammenrechnung, soweit die Beschwer sich deckt, BGH **23**, 339, BAG NJW **70**, 1812 mwN. **Klage und Widerklage** sind mehrere Ansprüche auch für das Rechtsmittel derselben Partei, also abweichend vom Wortlaut des § 5 für die Beschwer zusammenzurechnen, wenn sie nicht wirtschaftlich identisch sind, hM, BGH NJW **94**, 3292 mwN, Schneider NJW **92**, 2680 (eingehend), Oehlers NJW **92**, 1667 mwN, Oldb RR **93**, 827, LG Gießen NJW **92**, 2709 (Aufgabe von NJW **85**, 870 u **75**, 2206), aM Glaremin NJW **92**, 1146 mwN, Düss NJW **92**, 3246, ebenso Klage u Hilfswiderklage, wenn der Eventualfall eintritt, BGH NJW **73**, 98; etwas anderes gilt für Rechtsmittel verschiedener Beteiligter. Zusammenzurechnen sind Teilabweisung und Zug-um-Zug-Leistung, BGH MDR **85**, 1022, und ebenso unbeschränkt berufungsfähige Ansprüche mit anderen. Zusammenzurechnen sind die einzelnen Ansprüche bei Stufenklage, krit Lappe NJW **86**, 2550, und auch die Streitwerte mehrerer zu gemeinsamer Entscheidung verbundener Sachen, BFH BStBl **86** II 569 mwN, Schneider **KR** Nr 84. Bei einer Klage gegen Gesamtschuldner erfolgt keine Zusammenrechnung, so daß bei Teilabweisung für jeden Beklagten der jeweilige Betrag maßgeblich ist, BGH RR **91**, 186.

Beschwerdewert bei **Aufrechnung**, § 322 II (wegen Streitwert s Anh § 3 Rn 15 ff), Schneider MDR **85**, **8** 266 mwN, Pfennig NJW **76**, 1075: Zuerkannte Klagforderung und aus materiellen Gründen (zB wegen Unschlüssigkeit) aberkannte Gegenforderung sind zusammenzurechnen, BGH NJW **94**, 1538 u **92**, 317, RR **94**, 827 (vgl § 19 III GKG, dazu Hartmann Rn 40 ff), und zwar letztere bis zur Höhe des Aufrechnungsbetrages, Düss NJW **94**, 1279 (auch zu einer Mehrheit von Gegenforderungen); aber keine Zusammenrechnung, wenn die Gegenforderung lediglich verrechnet worden ist, BGH RR **00**, 285. Dagegen Zusammenrechnung bei für unbegründet gehaltener Prinzipalaufrechnung gegen eine unbestrittene Klagforderung, Bettermann NJW **72**, 2285, aM RoSGo § 136 II 4a, BGH **57**, 301 u Mattern NJW **69**, 1088, nicht aber bei Verurteilung des Bürgen, der erfolgreich mit einer Forderung des Hauptschuldners aufgerechnet hat, BGH NJW **73**, 146; dagegen Zusammenrechnung, wenn eine vorsorglich auch auf Aufrechnung gestützte Vollstreckungsabwehrklage abgewiesen wird, BGH **48**, 356, nicht aber, wenn die Zulässigkeit der Aufrechnung offen geblieben ist, BGH NJW **88**, 3210. Keine Zusammenrechnung bei Verurteilung des Beklagten wegen unzulässiger oder nicht zugelassener Aufrechnung, BGH NJW **01**, 3616 mwN, ebensowenig bei Klagabweisung aufgrund prinzipaler oder eventueller Aufrechnung, BGH **KR** § 19 GKG Nr 33: hier wird der Beschwerdewert für jede Partei durch die Höhe der verrechneten Forderung bestimmt, Bettermann NJW **72**, 2285.

512 Vorentscheidungen im ersten Rechtszug.

Der Beurteilung des Berufungsgerichts unterliegen auch diejenigen Entscheidungen, die dem Endurteil vorausgegangen sind, sofern sie nicht nach den Vorschriften dieses Gesetzes unanfechtbar oder mit der sofortigen Beschwerde anfechtbar sind.

Vorbem. Entsprechend anwendbar ist § 512 im **Verfahren der Arbeitsgerichte**, Grunsky ArbGG § 64 **1** Rn 30. Zu den erst mit dem Endurteil anfechtbaren Entscheidungen gehört hier auch das Grundurteil nach § 304, § 61 III ArbGG, GMP § 61 Rn 41–43.

1) Grundsatz. Der Nachprüfung des Berufungsgerichts unterliegen auch die **dem Endurteil voraus- 2 gegangenen Entscheidungen**, zB alle Zwischenurteile nach § 303, Beweisbeschlüsse, Beschlüsse über Trennung und Verbindung, Mü NJW **84**, 2227, und andere prozeßleitende Anordnungen des Gerichts. Einer Rüge bedarf es dazu nicht, BGH **4**, 7.

2) Ausnahmen. Nicht nachzuprüfen hat das Berufungsgericht die vorausgegangenen **Entscheidungen 3 des Erstgerichts, die**

a) selbständig anfechtbar sind, und zwar entweder mit der sofortigen Beschwerde (zB Ablehnung eines Sachverständigen, BGH **28**, 305, Zwischenurteile im Streit zwischen der Partei und einem Dritten), oder (über den Wortlaut hinaus) mit der Berufung (Zwischenurteil nach § 280, Grundurteil nach § 304);

b) schlechthin unanfechtbar sind, weil das Gesetz ein Rechtsmittel ausdrücklich ausschließt (zB §§ 268, 281 II, 348 II 2), was auch für die verfahrenswidrige Zulassung neuen Vorbringens entgegen § 296 gilt, Köln NJW **80**, 2361.

Albers 1657

§§ 512, 513 Buch 3. Rechtsmittel

An die unter a) oder b) fallenden Entscheidungen der Vorinstanz ist das **Berufungsgericht gebunden**; jedoch ist es befugt, unanfechtbare Beschlüsse auf ihre Verfassungsmäßigkeit zu überprüfen und ggf ohne Bindung an den Beschluß zu entscheiden, Köln FamRZ **95**, 943 (krit Gottwald), Schlesw NJW **88**, 69; entsprechendes gilt für die Überprüfung auf „greifbare Gesetzwidrigkeit" iSv § 567 Rn 6, vgl ThP Rn 12 u ZöGre Rn 15, beide zu § 348 (weitergehend BVerwG NVwZ-RR **00**, 258). Gleich bleibt, ob eine solche Entscheidung in das Endurteil aufgenommen worden ist, BGH **46**, 116; ebenso kommt es nicht darauf an, ob die selbständige Entscheidung im Falle a) angefochten worden ist und ob über die Anfechtung schon befunden war, StJGr 5. Die Bindung erstreckt sich aber nur auf die Entscheidung selbst, nicht auch auf ihre Begründung oder die aus ihr zu ziehenden Folgerungen, BGH MDR **75**, 569.

4   3) *VwGO: Entsprechend anwendbar,* § *173, zur Ergänzung von* § *128 VwGO, KoppSch* § *128 Rn 3 und 4, Günther NVwZ* **98**, *36, BVerwG in stRspr, NVwZ-RR* **02**, *150 u* **00**, *258 mwN (auch zu Ausnahmen), VGH Mü AuAs* **04**, *123, OVG Lüneb NVwZ-RR* **02**, *471, OVG Schlesw NordÖR* **02**, *114, VGH Kassel DRiZ* **00**, *185.*

513 *Berufungsgründe.* ¹Die Berufung kann nur darauf gestützt werden, dass die Entscheidung auf einer Rechtsverletzung (§ 546) beruht oder nach § 529 zugrunde zu legende Tatsachen eine andere Entscheidung rechtfertigen.

II Die Berufung kann nicht darauf gestützt werden, dass das Gericht des ersten Rechtszuges seine Zuständigkeit zu Unrecht angenommen hat.

Vorbem. Im **Verfahren der Arbeitsgerichte** gelten §§ 65, 67 u 68 ArbGG, dazu GMP § 65 Rn 6.

1   1) **Berufungsgründe, I.** Die Berufungsgründe sind darauf beschränkt, daß die Entscheidung auf einer Rechtsverletzung iSv § 546 beruht oder nach § 529 zugrunde zu legende Tatsachen eine andere Entscheidung rechtfertigen, Heiderhoff JZ **03**, 490, Rimmelspacher NJW **02**, 1897. Näheres s bei § 546 und § 529. Hiernach darf das Berufungsgericht überprüfen, ob die Auslegung einer Individualvereinbarung überzeugt, BGH FamRZ **04**, 1482. Andere Gründe sind ausgeschlossen, Mü NJW **04**, 959 u MDR **04**, 112, Hamm MDR **03**, 1249.

2   2) **Ausschluß von Zuständigkeitsrügen, II.** Über § 512a aF hinausgehend schließt II, ebenso wie § 545 II, die Rüge aus, daß das Erstgericht seine Zuständigkeit zu Unrecht angenommen habe. Die Verneinung der Zuständigkeit kann also gerügt werden. „Zuständigkeit" umfaßt sowohl die sachliche als auch die örtliche Zuständigkeit. Hierin gehört auch die Prüfung, ob eine **FamS** vorliegt; dies ergibt sich daraus, daß Bestimmungen, die dies anordneten, als entbehrlich gestrichen worden sind, zB § 529 III aF, s BT-Drs 14/4722 S 102 zu § 532. Die Prüfung des Rechtsweges, § 13 GVG, ist dem Berufungsgericht nur nach Maßgabe des § 17 a V GVG gestattet, s dort Rn 15 u 16, BGH RR **03**, 501, NJW **95**, 2857 (zu § 549 aF).

3   **A. Allgemeines.** Hat die 1. Instanz ihre Zuständigkeit ausdrücklich oder stillschweigend bejaht, so läßt sich keine Anfechtung auf Unzuständigkeit stützen, BGH NJW **53**, 222, auch nicht für den Rechtsmittelbeklagten, Hbg DR **41**, 1499. Dies gilt auch bei ausschließlicher Zuständigkeit, und im Verfahren nach §§ 899 ff. Die Vorschrift greift auch ein, wenn über die Zuständigkeit abgesondert verhandelt und entschieden worden ist, § 280, Schlesw FamRZ **78**, 429. Die Gründe der Bejahung der Zuständigkeit bleiben gleich, BGH NJW **53**, 222, mag der Grund unrichtige Rechtsauffassung sein, etwa darüber, welche Behörde vertritt, § 18, oder ein Irrtum über Tatsachen; auch eine Erschleichung der Zuständigkeit eröffnet keine Prüfung, Düss FamRZ **87**, 281. Hat aber das im Gerichtsstand der unerlaubten Handlung angerufene erstinstanzliche Gericht die allein auf Delikt gestützte Klage unter Prüfung und Verneinung anderer Ansprüche abgewiesen und stützt der Kläger nunmehr seine Klage auch auf diese Ansprüche, so darf der Beklagte im Berufungsrechtszug die örtliche Unzuständigkeit des Erstgerichts rügen, BGH NJW **86**, 2436, vgl Köln RR **87**, 942. § 513 hindert auch nicht die Prüfung des Rechtsschutzinteresses iVm der Wahl des Gerichtsstandes, Hamm OLGZ **87**, 336.

4   Die entgegen § 513 eingelegte Berufung ist unbegründet, weil der geltend gemachte Angriff, nicht das Rechtsmittel versagt, Waldner ZZP **93**, 333 mwN, StJGr 5, ThP 5, aM BGH in stRspr, NJW **98**, 1230 mwN, MüKoRi 15, ZöGu 1 u 11. Etwas anderes gilt dann, wenn das Urteil ausschließlich über die Zuständigkeit ergeht und sie bejaht; hier ist die Berufung unzulässig, Waldner ZZP **93**, § 280 Rn 8, vgl dazu BGH aaO.

Die Versagung des rechtlichen Gehörs darf (und muß) nach § 321 a gerügt werden, s. dort.

5   **B. Nicht zur Zuständigkeit** iSv § 513 II gehört die Frage, ob das Gericht aus anderen Gründen nicht zur Entscheidung berufen war. Zu prüfen ist deshalb die **Exterritorialität**, §§ 18–20 GVG, Rg **157**, 93. Auch die Bejahung der **internationalen Zuständigkeit**, Üb § 12 Rn 6 ff, fällt nicht unter § 513, BGH in stRspr, NJW **04**, 1456, **03**, 2916 u 426, Leible NJW **03**, 408, Piekenbrock/Schulze IPrax **03**, 1 mwN, weil es sich um etwas begrifflich anderes handelt, nämlich um die Frage, ob überhaupt ein deutsches oder ein ausländisches Gericht in der Sache zuständig sei, Celle IPrax **03**, 252, aM Emde EWiR § 545 ZPO 1/03 mwN, ua ThP § 545 Rn 11, ZöGu 1 u 9, ferner Stgt MDR **03**, 351 m Anm Braun; diese Frage ist in jeder Lage des Verf vAw zu prüfen, BGH NJW **87**, 593, stRspr, es sei denn, daß die internationale Zuständigkeit durch rügelose Einlassung begründet werden kann, Geimer IPrax **91**, 35 mwN. Wegen der Prüfung des **Rechtsweges** s oben Rn 2. Der Rechtsgedanke des § 513 II gilt auch, wenn ein nach § 15 a EGZPO erforderl Schlichtungsverf unterblieben ist, LG Marburg NJW **05**, 2866.

6   3) **Entsprechende Anwendung.** § 513 II ist entsprechend anwendbar auf die **Revision**, BGH NJW 05, 1660, und auf die **Beschwerde**, MüKoRi 5, BGH ZIP **92**, 66 mwN, Köln RIW **93**, 499 mwN, und zwar auf jede, da der Grundgedanke, oben Rn 2, auch hier zutrifft (§ 88 ArbGG verweist für das Beschwerdeverfahren ausdrücklich auf die entspr Regelung für das Berufungsverfahren in § 65 ArbGG). Für die **Rechtsbeschwerde** gilt § 576 II.

Abschnitt 1. Berufung §§ 513, 514

4) VwGO: *Daß die vom VG bejahte Zuständigkeit im Berufungsverfahren nicht zu prüfen ist, ergibt sich aus § 83 VwGO iVm § 17a V GVG, BVerwG NVwZ-RR 95, 300 mwN.* 7

514 **Versäumnisurteile.** I 1 Ein Versäumnisurteil kann von der Partei, gegen die es erlassen ist, mit der Berufung oder Anschlussberufung nicht angefochten werden.

II 1 Ein Versäumnisurteil, gegen das der Einspruch an sich nicht statthaft ist, unterliegt der Berufung oder Anschlussberufung insoweit, als sie darauf gestützt wird, dass der Fall der schuldhaften Versäumung nicht vorgelegen habe. 2 § 511 Abs. 2 ist nicht anzuwenden.

Vorbem. Im **Verfahren der Arbeitsgerichte** gilt § 64 II d ArbGG. 1

Schrifttum: *Schumann/Kramer* Rn 245–254; *Hoyer,* Das technisch zweite Versäumnisurteil, 1980.

1) Grundsatz, I. Ein gegen die säumige Partei ergangenes sog **echtes Versäumnisurteil,** Üb § 330 Rn 11, kann von der Partei, gegen die es ergangen ist, **mit der Berufung nicht angefochten werden;** es unterliegt nur dem Einspruch. Unechte VersUrt und Aktenlageentscheidungen, §§ 331a, 251a, sind berufungsfähig, darum bleibt immer zu prüfen, ob nicht eine Aktenlageentscheidung vorliegt. Für die Entscheidung, ob ein (echtes) VersUrt vorliegt, ist nicht die Bezeichnung, sondern der Inhalt des Urteils maßgeblich, BGH JR **00,** 245 mwN, NJW **94,** 665 (dazu K. Schmidt JuS **94,** 437), Zweibr RR **97,** 1087, Mü MDR **88,** 973; zu formfehlerhaften Entscheidungen vgl. BGH JR **00,** 245 mwN, Grdz § 511 Rn 27 ff. Ob ein Fall der Säumnis vorlag, ist nur beim zweiten VersUrt im Fachsinn, § 345, von Bedeutung, vgl § 335 Rn 1 u § 345 Rn 3 u 5. Erläßt das Gericht ein VersUrt aus § 345 auf Verwerfung statt eines gewöhnlichen VersUrt, so ist Einspruch gegeben. Siehe wegen eines formfehlerhaften VersUrt sonst § 511 Rn 27 u 28. Beschwert ein VersUrt den Kläger, so steht ihm die Berufung zu. Da der Beklagte Einspruch einlegen darf, ist bei beiderseitiger Anfechtung zweckmäßigerweise zunächst über den Einspruch zu entscheiden; den Rest berührt diese Entscheidung nicht. 2

Unanwendbar sind die Beschränkungen des § 514 auf die nach § 227 BauGB erlassenen Urteile der Baulandgerichte, § 227 III 2 BauGB, sowie auf Urteile in EheS, § 612 IV.

2) Berufung, II (Schrifttum: *Schneider* MDR **98,** 577 u **85,** 375; *Vollkommer* ZZP **94,** 91; *Braun* ZZP **93,** 443; *Schneider* MDR **85,** 375). 3

A. Allgemeines. Die Berufung kommt nur in Betracht, wo der **Einspruch an sich nicht statthaft** ist, was nur zutrifft bei einem zweiten VersUrt im Fachsinn, § 345, und dort, wo ein VersUrt die WiedEins ablehnt, § 238 II (dieser Fall ist kaum praktisch). Auch gegen ein fälschlich als zweites VersUrt bezeichnetes Urt ist die Berufung statthaft, BGH NJW **97,** 1448 mwN, vgl Grdz § 511 Rn. 32. Das Erreichen der **Berufungssumme,** § 511 II Z 1, **ist nicht erforderlich,** II 2, damit das rechtliche Gehör, Art 103 I GG, gesichert wird, Kramer NJW **78,** 1416; zur gleichen Problematik bei § 341 vgl dort Rn 12.

B. Voraussetzungen (Schumann AP Nr 5). Ein Fall der schuldhaften **Versäumung** iSv § 345 darf nicht vorgelegen haben, hd das Gericht zu Unrecht davon ausgegangen, daß die Partei, die Einspruch eingelegt hat, in der mdl Verh nicht erschienen ist (oder nicht zur Hauptsache verhandelt, dazu Ffm RR **92,** 1468), § 345 Rn 3. Ein Fall der Versäumung liegt nicht vor bei **fehlender Säumnis** (Beispiele: fehlende oder verspätete Ladung; unwirksame Zustellung; fehlender Aufruf, LG Hbg NJW **77,** 1459; mangelnder Antrag auf VersUrt; Unterbrechung des Verfahrens), **oder unverschuldeter Säumnis im Einspruchstermin,** dh einer nicht verschuldeten Verhinderung am Erscheinen iSv § 337 S 1, § 337 Rn 4, BGH NJW **98,** 2121 mwN, Bra RR **98,** 1679, so daß bei Kenntnis des Grundes zu vertagen gewesen wäre (auf Säumnis in der Verhandlung vor Erlaß des 1. VersUrt kommt es nach hM nicht an, s u). Die Verschuldensfrage ist nach denselben Grundsätzen zu beurteilen wie die Wiedereinsetzung, BGH aaO. 4

Beispiele (s auch § 337 Rn 4ff): Hierhin gehören nicht nur Entschuldigung mit Krankheit unter Ankündigung eines Attests, LG Düss MDR **88,** 326, oder Verspätung wegen Verkehrsstaus, BGH NJW **99,** 724 u Schneider MDR **99,** 1034 u 180 sowie MDR **98,** 577 u 673 (zu Köln MDR **98,** 617), Celle NJW **04,** 2534, Rostock MDR **99,** 626, und ähnliche Gründe, sondern auch die verspätete Bewilligung der rechtzeitig beantragten Prozeßkostenhilfe, LG Münst MDR **91,** 160 mwN, oder die fehlerhafte Versagung der Prozeßkostenhilfe bzw das Nichtabwarten der Beschwerdeentscheidung, Schneider MDR **85,** 377, und die Nichtgewährung der beantragten Übernahme der Fahrtkosten, LAG Ffm NZA **95,** 239, uU auch das Nichtabwarten des erheblich verspäteten Aufrufs, LArbG Hamm MDR **73,** 618, oder der überraschende Aufruf einer Sache trotz Rückstands in anderen, Peters NJW **76,** 675, ferner der Bruch der anwaltlichen Vereinbarung, kein VersUrt zu nehmen, BGH NJW **76,** 196, oder der Verstoß gegen die Zusage des gegnerischen RA, er werde für die andere Partei einen RA in Untervollmacht auftreten lassen, Karlsr NJW **74,** 1096, oder die Beantragung eines VersUrt durch die Partei selbst entgegen der Vereinbarung der RAe, später zum Termin zu erscheinen, LAG Köln AnwBl **84,** 159, oder auch sonst, wenn der RA im Einzelfall darauf vertrauen durfte, es werde kein VersUrt beantragt werden, Köln RR **95,** 1150, LG Mönchengl RR **98,** 1287.

Nachdem § 13 der Berufsordnung (Anh I § 155 GVG) für nichtig erklärt worden ist, BVerfG NJW **00,** 347 = FamRZ **00,** 805, BGBl **00,** 54 (dazu Zuck NJW **99,** 3317 u MDR **00,** 177, Borgmann/Jungk BRAK-Mitt **00,** 21) fehlt eine einheitliche Regelung der Frage, wie sich das Kollegialverhalten, wenn es nun in VersUrt gegen eine anwaltlich vertretene Partei in Frage kommt. Bei einem Verstoß gegen die örtliche Übung kollegialer Rücksichtnahme kommt es auf die Umstände des Einzelfalles an, Fochem BRAK-Mitt **00,** 210, Foerste NJW **93,** 1309 mwN, BGH NJW **91,** 43 (zum Vorrang der Interessen des Mandanten), Stgt NJW **94,** 1584, Köln JMBlNRW **94,** 22. Vgl auch § 337 Rn 4ff.

Eine (unverschuldete) Verhinderung am Erscheinen ist nur dann beachtlich, wenn die säumige Partei bzw. ihr Vertreter im Rahmen des Möglichen und Zumutbaren alles versucht hat, dem Gericht die Verhinderung rechtzeitig mitzuteilen, ZöGu 7a, BAG MDR **72,** 360, Celle NJW **04,** 2534, KG MDR **99,** 185, Bra RR **98,** 1679 mwN. Im übrigen ist das Gericht bei Nichterscheinen gehalten, idR 15 Minuten zu warten, vgl

§§ 514, 515

BGH NJW **99**, 724 (Anm Schneider MDR **99**, 1034 u 180), Rostock MDR **99**, 626. Einzelheiten s § 337 Rn 4 ff.

5   **Nicht hierher gehören** die Nichtabholung einer nach § 182 zugestellten Ladung, abw LAG Mannh JZ **83**, 620 (krit Braun), eine im Rahmen des Gesetzes liegende, aber zu kurz bemessene Ladungsfrist, die Ablehnung der vorher beantragten Terminsverlegung, BGH VersR **82**, 268 mwN, und auch nicht der unzulässige Erlaß des 1. VersUrt, § 345 Rn 5, MüKoRi 18, Ffm WertpMitt **92**, 1089, Düss MDR **85**, 1034, etwa bei fehlender Säumnis, BGH AnwBl **86**, 536 u NJW **86**, 2113 (m Übers üb den Streitstand), BAG NZA **94**, 1103, zustm Peters JZ **86**, 860 u Schreiber JR **86**, 512, str, aM ua ZöGn 6, BAG **AP** Nr 6 m Anm Vollkommer, Schneider MDR **85**, 377, Vollkommer ZZP **94**, 93 mwN, LAG Nürnb LS NZA **93**, 816.

6   Daß das **aus anderen Gründen gesetzwidrige Ergehen** des 2. VersUrt die Berufung eröffnet, wird von der hM abgelehnt, § 345 Rn 3, MüKoRi 18 mwN, BGH NJW **99**, 2599 (krit Braun JZ **99**, 1157), KG MDR **00**, 293 u Rostock MDR **99**, 1084 mwN (fehlende Schlüssigkeit), BAG NZA **94**, 1103 (offen gelassen BGH NJW **91**, 45, RR **86**, 1253), aM u a ZöGu 6 a, ThP 4, Orlich NJW **80**, 1782 u Vollkommer ZZP **94**, 91 (beide mwN), für den Fall der Unzulässigkeit der Klage oder ihrer Unschlüssigkeit auch Peters JZ **86**, 860, Schneider MDR **85**, 377, Schumann ZZP **96**, 210 mwN, Braun JZ **99**, 1157 u ZZP **93**, 443, LAG Hamm NJW **81**, 887, dagegen Hamm NJW **91**, 1067, Düss MDR **87**, 769 mwN, Marcelli NJW **81**, 2558; vgl dazu Vollkommer JZ **91**, 828 (eingehend). Vgl die **Erl zu § 321 a**, dazu E. Schneider MDR **04**, 549.

7   Verwirft das 2. VersUrt den (zulässigen) Einspruch gegen einen **Vollstreckungsbescheid**, so kann im Hinblick auf § 700 III die Berufung auf die verfahrensrechtliche Unzulässigkeit des Vollstreckungsbescheides gestützt werden, BGH NJW **82**, 888 u **79**, 658 (zustm Vollkommer ZZP **94**, 91, Peetz **LM** Nr 3), ebenso auf die Unzulässigkeit des Begehrens oder seine Unschlüssigkeit im Zeitpunkt der Entscheidung über den Einspruch, BGH NJW **91**, 45 mwN (dazu BAG NZA **94**, 1103, Schreiber ZZP **105**, 79, Vollkommer JZ **91**, 828, Borgmann AnwBl **91**, 260, Kreft EWiR § 513 1/91, 99), aM Hamm NJW **91**, 1067 (dazu Deubner JuS **91**, 763).

8   **C. Verfahren.** Der Berufungskläger muß das Fehlen oder die Unabwendbarkeit der Säumnis vollständig nach allen Richtungen in der **Begründungsschrift** schlüssig vortragen, BGH NJW **99**, 2121 u 724 mwN, BAG NJW **72**, 790, Naumb MDR **99**, 186 mwN, Bra RR **98**, 1679, Saarbr RR **95**, 1279 mwN, LG Karlsr MDR **88**, 871 (krit Schneider MDR **85**, 375 im Hinblick auf BGH NJW **84**, 178); die Bezugnahme auf eine Urkunde genügt nicht, BGH NJW **67**, 728. Anderenfalls ist die Berufung als unzulässig zu verwerfen, Düss JMBlNRW **87**, 162 mwN; in der Revisionsinstanz ist eine Ergänzung des Vortrags ausgeschlossen, BGH NJW **99**, 2121 u **91**, 43 mwN. Bleibt die Behauptung beweislos oder ist sie widerlegt, wird die Berufung als unbegründet zurückgewiesen. Eine Anschlußberufung ist nicht zulässig, da nur darüber entschieden wird, ob ein Fall der Säumnis vorgelegen hat oder nicht, Bonn (LG) NJW **66**, 602. – Einer dahingehenden Rüge bedarf es auch in den Fällen der Rn 7, LG Duisb RR **91**, 1022.

Sind die Voraussetzungen, oben 3 u 4, gegeben, so ist das VersUrt aufzuheben und gegebenenfalls zurückzuverweisen, § 538 I Z 6. Handelt es sich der Sache nach nicht um ein 2. VersUrt, ist es entspr zu ändern und zurückzuverweisen, Nürnb OLGZ **82**, 448.

9   3) *VwGO:* Unanwendbar, vgl Üb § 330 Rn 18.

515 **Verzicht auf Berufung. Die Wirksamkeit eines Verzichts auf das Recht der Berufung ist nicht davon abhängig, dass der Gegner die Verzichtsleistung angenommen hat.**

Vorbem. Im **Verfahren der Arbeitsgerichte** ist § 515 anwendbar, § 64 VI ArbGG, GMP § 64 Rn 81–83, Grunsky ArbGG § 64 Rn 20. Entsprechend § 515 ist der Verzicht auf andere Rechtsmittel und auf den Einspruch zu behandeln; wegen des Verzichts auf die Anschließung s § 524 Rn 11.

Schrifttum: *Wagner,* Prozeßverträge, 1998, S 504–554.

1   **1) Regelungszweck**
A. Allgemeines. Anders als § 514 aF behandelt § 515 den Verzicht auf die Berufung allgemein ohne Rücksicht darauf, ob er vor oder nach Urteilserlaß erklärt wird, BT-Drs 14/4722 S 94, wie es der Neuregelung in § 313 a II entspricht. Danach ist der **Verzicht durch einseitige Erklärung** vor und nach Urteilserlaß wirksam, ohne daß es einer Annahme durch den Gegner bedarf. Näheres s unter Rn 5–14.

2   **B. Parteivereinbarung.** Daneben besteht die Möglichkeit eines Verzichts durch Parteivereinbarung, die jederzeit möglich ist; er folgt aus der Möglichkeit, den Rechtsweg vertraglich auszuschließen, vgl Habscheid NJW **65**, 2369, Zeiss NJW **69**, 166. Für diesen Verzicht besteht kein Anwaltszwang, BGH WertpMitt **89**, 869, NJW **86**, 198 u **84**, 805; die Erklärung ist aber unwirksam, wenn der Vertreter einer jur Person den Verzicht unter offensichtlichem Mißbrauch seiner Vertretungsmacht erklärt, BGH MDR **62**, 374. Die Vereinbarung kann auch durch vor Gericht abgegebene Erklärungen getroffen werden, Rimmelspacher JuS **88**, 956.

3   Dieser Verzicht ist ein sachlich-rechtliches Rechtsgeschäft, BGH **2**, 114, **28**, 48, Teubner/Künzel MDR **88**, 720 mwN, str, aM ua StJGr 3, Baumgärtel Prozeßhandlungen 206, Orfanides Die Berücksichtigung von Willensmängeln im ZivProzeß, 1982, S 193: rein prozessual. Er untersteht ganz dem bürgerlichen Recht, kann infolgedessen auch zugunsten eines Dritten wirken, Nürnb BayJMBl **51**, 229. Auch stillschweigender Verzicht ist möglich; in solcher Weise muß dann aber aus den Umständen eindeutig hervorgehen, BGH MDR **64**, 883, Schlesw RR **98**, 1371 u Hamm RR **94**, 1407 (zum Verzicht auf Begründung der Entscheidung nach § 91a). Nach bürgerlichem Recht richtet sich beim Verzicht auch die Bedeutung und Behandlung eines Willensmangels, sowie einer etwa notwendigen Genehmigung des Vormundschaftsgerichts.

4   Ein Verzicht durch Parteivereinbarung beendet den Rechtsstreit nicht, macht aber die Berufung unzulässig, BGH NJW **86**, 198, WertpMitt **73**, 144. Zu beachten ist er nur auf Einrede: da ein außergerichtlicher

Abschnitt 1. Berufung **§ 515**

Verzicht nicht bewirkt, daß das Urteil mit Verkündung rechtskräftig wird, unten Rn 12, kommt es auf die Beachtung der Rechtskraft nicht an; außerdem können die Parteien, da es sich um einen außergerichtlichen Vertrag handelt, diesen auch wieder aufheben, falls nicht schon Rechtskraft eingetreten ist; ferner ist die Gegeneinrede der Arglist möglich, BGH WertpMitt **89**, 869, NJW **86**, 198 mwN. Dasselbe gilt für die Ausschließung der Berufung durch außergerichtlichen Vergleich.

2) Verzicht durch einseitige Erklärung 5
A. Allgemeines. Ein solcher Verzicht auf die Berufung (oder andere Rechtsmittel sowie den Einspruch) ist eine einseitige Prozeßhandlung, und zwar auch dann, wenn er gegenüber dem Gegner erklärt wird, unten Rn 8, BGH NJW **85**, 2335. Er bedarf also keiner Annahme, untersteht auch nicht bürgerlich-rechtlichen Vorschriften, Grdz § 128 Rn 56, bedarf zB nicht der Genehmigung des Vormundschaftsgerichts, Blomeyer ZPR § 98 I 1. Nur den außergerichtlichen Verzicht, unten Rn 8, kann mit Zustimmung des Gegners bis zum Eintritt der Rechtskraft der Entscheidung widerrufen werden, BGH NJW **90**, 1118 mwN, str, aM Orfanides ZZP **100**, 72. Sonst ist jeder Verzicht unwiderruflich, außer wo für den Widerrufenden ein Restitutionsgrund vorliegt, BGH RR **94**, 387 u FamRZ **93**, 649 mwN, und auch nicht nichtig oder anfechtbar nach den Grundsätzen des bürgerlichen Rechts, BGH aaO u NJW **90**, 1118 mwN, dazu Zeiss JR **94**, 22 u Orfanides ZZP **100**, 63. Deshalb gibt ein Verstoß gegen § 138 II BGB kein Recht zum Widerruf. Der Geltendmachung des Verzichts kann aber der Einwand der Arglist entgegengesetzt werden, BGH NJW **85**, 2335 u LM Nr 3.

B. Erklärung. Der Verzicht kann sowohl dem Gericht wie dem Gegner gegenüber erklärt werden, BGH 6 NJW **85**, 2335 mwN.
a) Gegenüber dem Gericht. Der Verzicht kann gegenüber dem Gericht in mündlicher Verhandlung 7 (zur Wirksamkeit ist die ordnungsgemäße Protokollierung nicht erforderlich, so daß der Verzicht auch auf andere Weise bewiesen werden kann, BGH NJW **84**, 1465 mwN, str) oder schriftlich, auch vorm verordneten Richter, erklärt werden. Dafür besteht dort, wo er vorgeschrieben ist, **Anwaltszwang**, dh der Verzicht muß durch einen prozeßbevollmächtigten RA erklärt werden, nicht durch die Partei selbst, BGH RR **94**, 386 mwN, oder durch einen Referendar, da dies keine ordnungsmäßige Vertretung ist, BGH **2**, 112; die Erklärung durch einen nur für diesen Zweck bevollmächtigten, uU nicht weiter informierten RA genügt, da die Wirksamkeit der vom RA vorgenommenen Prozeßhandlung nicht von der ordnungsgemäßen Wahrnehmung seiner Pflichten abhängen kann, Zeiß NJW **69**, 170, Mü OLGZ **67**, 23, str, aM ua Bergerfurth AnwZwang 249 (jedenfalls für EheS). Prozeßunfähigkeit des Verzichtenden macht im Anwaltsprozeß bei gültiger Vollmacht den Verzicht nicht unwirksam, sondern berechtigt nur zur Nichtigkeitsklage, § 579 Z 4. Ein solcher Verzicht ist vAw zu berücksichtigen, RoSGo § 136 II 5 a.
b) Gegenüber dem Gegner. Der Verzicht kann auch dem Gegner gegenüber durch einseitige Erklärung 8 oder Vertrag erklärt werden, und zwar schriftlich oder mündlich, BGH RR **91**, 1213 mwN, NJW **85**, 2335 u RR **89**, 1344, Hamm FamRZ **98**, 381, dagegen Zeiss NJW **69**, 166 (bei Erklärung vor Gericht ist dies aber idR nicht gewollt, sondern die Erklärung nur an das Gericht gerichtet). Der Verzicht unterliegt dann nicht dem Anwaltszwang, BGH RR **97**, 1288 u NJW **85**, 2335, Hamm WRP **92**, 337, str, aM RoSGo § 136 II 5 a. Wegen eines stillschweigenden Verzichts s unten Rn 9 aE.
c) Gemeinsames. In allen Fällen ist das Wort „Verzicht" nicht erforderlich, aber immer nötig, daß der 9 klare, eindeutige Wille der Partei zum Ausdruck kommt, sie wolle ernsthaft und endgültig sich mit dem Urteil zufrieden geben und es nicht angreifen, BGH NJW **02**, 2108, **99**, 3565 u **85**, 2335 mwN. Es können zB genügen: mündlicher außergerichtlicher Verzicht gegenüber dem Gegner; Beschränkung der Berufung auf einen von mehreren Klaganträgen oder auf einen Teilbetrag, wo Verzichtsabsicht eindeutig erhellt, BGH NJW **90**, 1118 mwN; Kläger lege keine Berufung ein, BGH **LM** Nr 6, bzw werde sie nicht einlegen, BGH RR **91**, 1213 u NJW **85**, 2335, bzw werde sie nur hinsichtlich der Widerklage durchführen, BGH RR **89**, 1344; die Berufung habe sich erledigt, RG **161**, 355. Ein Verzicht ist auch stillschweigend möglich, zB durch Erfüllung, Hbg NJW **89**, 1362 mwN, nicht jedoch, wenn diese unter dem erkennbaren Vorbehalt der Richtigkeit des Urteils, etwa nur zur Abwendung der Zwangsvollstreckung erfolgt, BGH NJW **94**, 943 mwN.

Keinen Verzicht enthält zB die Mitteilung, die bereits eingelegte Berufung sei zurückgenommen, BGH 10 MDR **94**, 1035 (anders bei Ablauf der Berufungsfrist, BGH NJW **02**, 2105), oder die Erklärung, es werde nicht beabsichtigt, ein Rechtsmittel einzulegen, mit gleichzeitiger Bitte, Kostenrechnung zu übersenden, BGH NJW **58**, 831, oder der Verzicht auf Begründung der Entscheidung, Schlesw MDR **97**, 1154 mwN, Hamm RR **96**, 63 u **95**, 1213, str (aM Bra RR **95**, 1212, Hamm RR **96**, 509, beide mwN) oder der Antrag auf Kostenerstattung. Kein (Teil-)Verzicht liegt darin, daß der in der Begründung gestellte Antrag hinter der Beschwer zurückbleibt, BGH RR **98**, 572 mwN, und demgemäß auch nicht in der Stellung eines eingeschränkten Antrags nach Berufungseinlegung ohne Antrag, vgl BGH NJW **83**, 1562 mwN; erst recht nicht in der Erklärung, daß der Berufungskläger die Beschränkung als vorläufig ansehe, BGH **LM** § 318 Nr 2.

Im Einzelfall ist die Bedeutung eine Frage der **Auslegung** unter Würdigung aller Umstände, BGH MDR **02**, 901, NJW **89**, 2821 u **85**, 2335, Hamm FamRZ **79**, 944; dabei ist Vorsicht geboten, Grunsky Anm NJW **75**, 935. Inhalt und Tragweite eines vor dem Gericht erklärten Verzichts sind danach zu beurteilen, wie die Erklärung bei objektiver Betrachtung zu verstehen ist, BGH FamRZ **86**, 1089, so daß es auf die Auffassungen der Verfahrensbeteiligten und des protokollierenden Richters auch dann, wenn sie übereinstimmen, nicht ankommt, BGH NJW **81**, 2816. Da auch der gegenüber dem Gegner erklärte Verzicht Prozeßhandlung ist, unterliegt die Verzichtserklärung in jedem Falle der eigenen Auslegung durch das Revisionsgericht, BGH NJW **02**, 2108 u **99**, 3565 mwN.

C. Teilverzicht. Ein Verzicht auf einen von mehreren Ansprüchen oder auf den abtrennbaren Teil eines 11 Anspruchs ist statthaft, ThP 2, Schlesw SchlHA **85**, 104, zB bei Verbundurteilen, § 629, ein Verzicht nur hinsichtlich des Scheidungsausspruchs, vgl BGH NJW **81**, 2816. Von Streitgenossen verzichtet jeder für sich. Bei notwendiger Streitgenossenschaft, § 62, wirkt der Verzicht eines Streitgenossen a) außerhalb der Ver-

§§ 515, 516

handlung nur gegen ihn (wenn aber ein anderer Streitgenosse ein Rechtsmittel einlegt, ist der Verzichtende trotzdem Partei, § 62 Rn 20), **b)** in der mündlichen Verhandlung gegen alle unter den Voraussetzungen des § 62 oder bei unterlassenem Widerspruch.

12 **3) Wirkung des Verzichts durch einseitige Erklärung**
A. Grundsatz (Rimmelspacher JuS **88**, 953). Der allseitig dem Gericht gegenüber erklärte Verzicht führt dazu, daß die Entscheidung mit dem Wirksamwerden der letzten Verzichtserklärung rechtskräftig wird; das gilt für den einseitig erklärten Verzicht selbst dann nicht, wenn der Gegner nicht beschwert oder seine Rechtsmittelfrist abgelaufen ist, § 705 Rn 4, str, Rimmelspacher JuS **88**, 954 mwN. Der außergerichtlich erklärte beiderseitige Verzicht ist auf die Rechtskraft ohne Einfluß, Rimmelspacher JuS **88**, 955 mwN, ua BGH ZZP **66**, 149 u **LM** Nr 12, Düss FamRZ **80**, 709, Zeiss NJW **69**, 167, str. Auch ein solcher Verzicht hat aber Bedeutung für ein trotzdem eingelegtes Rechtsmittel.

13 Dieses ist bei wirksamem Verzicht als unzulässig zu verwerfen, und zwar, falls der Verzicht der anderen Partei gegenüber erklärt wird, auf Einrede, BGH RR **97**, 1288 u **91**, 1213, NJW **85**, 2334 mwN, hM, Schlesw SchlHA **85**, 104. Auf die Einrede kann nachträglich verzichtet werden; ebenso ist die vertragliche Rückgängigmachung des Verzichts vor Rechtskraft zulässig, BGH MDR **85**, 831, nach Rechtskraft unzulässig. Ist der Verzicht dem Gericht gegenüber wirksam erklärt, so erfolgt die Prüfung vAw und führt zur Verwerfung des Rechtsmittels durch Beschluß als unzulässig, BGH **27**, 60. Er ist nur bei Vorliegen eines Restitutionsgrundes widerruflich, oben Rn 5, BGH MDR **85**, 831.
Der wirksame Verzicht auf die Berufung, Rn 6, führt dazu, daß eine Ausschlußberufung der Gegenseite, § 524 Rn 20, ihre Wirkung verliert, BGH NJW **94**, 738 mwN; eine Anschlußberufung bleibt für den Verzichtenden möglich, § 524 Rn 11. Wegen der Wirkung des Verzichts auf ein Rechtsmittel des Streithelfers vgl § 67 Rn 9.

14 **B. Ehesachen.** Mit Rücksicht auf den Grundsatz der Einheitlichkeit der Entscheidung und der Möglichkeit, daß in Ehesachen auch der nicht beschwerte Ehegatte Rechtsmittel zum Zwecke der Klagerücknahme und Eheaufrechterhaltung einlegen kann, müssen beide Ehegatten auf Rechtsmittel verzichten, um ein Scheidungsurteil rechtskräftig zu machen, BGH **4**, 321, Oske MDR **72**, 14 mwN, bei Verbundurteilen, § 629, außerdem alle anderen Beteiligten, § 629a Rn 2. Auch hier ist eine vorherige Vereinbarung, Rn 2, möglich, ebenso für die Ehegatten ein Verzicht auf die Anschließung vor Einlegung des Rechtsmittels, § 629a IV. Vgl im Einzelnen § 617 Rn 5.

15 **4) VwGO:** *Entsprechend anzuwenden,* § 173 *VwGO,* KoppSch § 126 Rn 6, *VGH Mannh NVwZ-RR* **89**, *111: Der Verzicht auf die Berufung wird in § 127 II VwGO als zulässig vorausgesetzt. Seine Wirkungen sind die oben Rn 12 dargestellten.*

516 **Zurücknahme der Berufung.** ¹Der Berufungskläger kann die Berufung bis zur Verkündung des Berufungsurteils zurücknehmen.
II ¹Die Zurücknahme ist dem Gericht gegenüber zu erklären. ²Sie erfolgt, wenn sie nicht bei der mündlichen Verhandlung erklärt wird, durch Einreichung eines Schriftsatzes.
III ¹Die Zurücknahme hat den Verlust des eingelegten Rechtsmittels und die Verpflichtung zur Folge, die durch das Rechtsmittel entstandenen Kosten zu tragen. ²Diese Wirkungen sind durch Beschluss auszusprechen.

1 **Vorbem.** Im **Verfahren der Arbeitsgerichte** ist § 516 entsprechend anwendbar, § 64 VI ArbGG, GMP § 64 Rn 73–80a.

Gliederung

1) Allgemeines	2	4) **Wirkungen, III 1**	17–24
2) **Zulässigkeit der Rücknahme, I**	3–6	A. Verlust des Rechtsmittels	17
A. Grundsatz	3	B. Wirkungslosigkeit vorangegangener Entscheidungen	18
B. Einzelheiten	4–6	C. Kostentragung	19–21
3) **Rücknahmeerklärung, II**	7–16	D. Entscheidung, III 2	22–24
A. Grundsatz	7–9	5) **Streit über die Wirksamkeit**	25
B. Erklärung	10, 11	6) *VwGO*	26
C. Streitgenossen	12		
D. Beschränkung des Antrags	13–16		

2 **1) Allgemeines.** In der Berufungsinstanz sind zu unterscheiden a) **Berufungsrücknahme:** sie erledigt nur die eingelegte Berufung, unten Rn 17; b) **Verzicht auf Berufung:** er gibt jeden Anspruch auf Nachprüfung und Abänderung der Entscheidung auf, § 515; c) **Klagrücknahme:** sie erledigt die Klage, § 269; d) **Verzicht auf den Anspruch,** § 306. Was die Partei erklären will, ist notfalls durch Auslegung und Ausübung des Fragerechts, § 139, zu ermitteln, unten Rn 10.

3 **2) Zulässigkeit der Berufungsrücknahme, I**
A. Grundsatz. Anders als nach § 515 aF bedarf die Rücknahme in keinem Fall der Zustimmung des Berufungsbeklagten und kann bis zur Verkündung des Berufungsurteils erklärt werden (im schriftlichen Verfahren tritt an die Stelle der Verkündung die Hinausgabe des Urteils); maßgeblich ist der Beginn der Verkündung, v. Cube NJW **02**, 40, ZöGu 2, vgl Hartmann NJW **01**, 2591. Diese Neuregelung soll der endgültigen Befriedung der Parteien und zugleich der Entlastung des Berufungsgerichts dienen, BT-Drs 14/4722 S 94.

Abschnitt 1. Berufung **§ 516**

B. Einzelheiten. Zulässigkeit der Berufung ist nicht Voraussetzung ihrer Rücknahme, BGH FamRZ 4
88, 496. Rücknahme ist im ganzen möglich oder für einen abtrennbaren Teil. Teilrücknahme liegt vor, wo
nach voller Anfechtung (die in Berufung ohne Antrag nicht liegt, BGH NJW **68**, 2106 u Blomeyer NJW **69**,
50) ein beschränkter Antrag gestellt ist (vgl aber zur Stufenklage BGH NJW **85**, 862). Eine Erweiterung auf
diesen Teil ist dann nicht mehr statthaft, Hamm NJW **67**, 2216, auch nicht bei späterer Bewilligung der
Prozeßkostenhilfe.

Die **vertragliche Verpflichtung zur Berufungsrücknahme** ist statthaft und entsprechend der außerge- 5
richtlichen Verpflichtung zur Klagrücknahme, etwa durch Vergleich, zu behandeln, s § 269 Rn 10, Teub-
ner/Künzel MDR **88**, 720 mwN. Sie ist auch bei formlos zustande gekommenem Vertrag wirksam, BGH
VersR **93**, 714, NJW **85**, 189 mwN, und bedarf nicht der Mitwirkung eines RA, BGH RR **89**, 802. Hält
sich der Berufungskläger nicht an die wirksam eingegangene Verpflichtung und betreibt die Berufung weiter,
so ist die Verpflichtung durch Einrede geltend zu machen, BGH RR **89**, 802 mwN, die ggf zur Verwerfung
der Berufung als unzulässig führt, stRspr, BGH RR **92**, 568 u **89**, 802 mwN,einer Klage auf Rücknahme
würde das Rechtsschutzbedürfnis fehlen, ZöGu 12. Hing die Verpflichtung von einer Bedingung ab und
vereitelt die andere Partei treuwidrig deren Eintritt, so darf die andere Partei die Verpflichtung im Prozeß geltend
machen, BGH WertpMitt **89**, 869.

Die Mitteilung, man habe Auftrag zur Rücknahme gegeben, ist weder eine Rücknahme noch auch nur
ein Vertragsantrag. Späterer Streit über den sachlichen Inhalt des Vertrags macht die erklärte Rücknahme
nicht hinfällig. Eine Anfechtung wegen Willensmangels ist ausgeschlossen, schon weil der Schwebezustand
sich mit einem geordneten Prozeßgang nicht verträgt.

Verfügungsbefugnis des Rechtsmittelklägers ist nötig; sie fehlt ihm, wenn nach Einlegung des 6
Rechtsmittels das Insolvenzverfahren eröffnet worden ist, BGH WertpMitt **78**, 523. Jedoch kann der Prozeß-
oder Postulationsunfähige eine von ihm selbst eingelegte Berufung stets wirksam zurücknehmen, Grdz § 511
Rn 9.

3) Rücknahmeerklärung, II 7

A. Grundsatz. Die Erklärung der Berufungsrücknahme ist entsprechend der Erklärung der Klagrücknahme geregelt, s § 269 Rn 22 ff. Sie ist Prozeßhandlung und als solche bedingungsfeindlich; sie kann auch
nicht von einem innerprozessualen Vorgang abhängig gemacht werden, da die Beendigung eines Verfahrens
keinen Schwebezustand verträgt, BGH VersR **90**, 327.

Die Rücknahmeerklärung ist, wenn wirksam, unten Rn 10 u 11, **unwiderruflich**, BGH NJW **91**, 2839, 8
KG NJW **98**, 3357 (auch keine Beseitigung durch Parteivereinbarung und den Grundsätzen des bürgerlichen
Rechts nicht unterworfen, s Grdz § 128 Rn 56 u 58 f. Deshalb ist jede Anfechtung und jeder Widerruf
wegen Irrtums ausgeschlossen, BGH NJW **91**, 2839, FamRZ **88**, 496, auch dann, wenn die Gegenpartei
diesen verursacht hat, abw GMP § 64 Rn 75, ZöGu 9, Orfanides, Die Berücksichtigung von Willensmängeln im Zivilprozeß, 1982. Jedoch ist die Rücknahme nach Treu und Glauben als unwirksam anzusehen,
wenn der Irrtum für das Gericht und den Gegner ganz offensichtlich war, BGH FamRZ **88**, 496, vgl BGH
VersR **90**, 328, oder wenn der Rechtsmittelgegner den Irrtum verursacht hat, ZöGu 9, Kblz RR **97**, 515.
Eine Erneuerung der Berufung scheitert idR an § 517, BGH RR **98**, 1446.

Ausnahmsweise ist ein Widerruf ferner statthaft, wo das Berufungsurteil der Restitutionsklage aus § 580 9
unterläge, weil da ein vorheriges Urteil ein sinnloser Umweg wäre, BGH NJW **91**, 2839 mwN. Abweichend
von dieser Entscheidung ist in den Fällen einer Eides- oder Wahrheitspflichtverletzung entspr § 581 ein
Widerruf nur dann möglich, wenn das Strafverfahren durchgeführt ist, sofern ein solches nicht etwa
unmöglich ist, BGH **33**, 75, **12**, 286; ist es unmöglich, so ist ein Widerruf später als 5 Jahre ausgeschlossen,
BGH MDR **58**, 670. Auch wenn die Voraussetzungen des § 581 noch nicht erfüllt sind, ist Widerruf aber
nur innerhalb eines Monats nach Kenntnis der dazu berechtigenden Tatsachen möglich, BGH **33**, 73.
Abweichend von dieser Rspr hält Gaul ZZP **74**, 49 u **75**, 267 zur Geltendmachung des Widerrufs stets die
Wiederaufnahmeklage für notwendig, will also der Wiedereröffnung die Prüfung der Zulässigkeit und des
Grundes der Wiederaufnahme vorschalten.

Als Prozeßhandlung ist der Widerruf auch in der Revisionsinstanz **nachprüfbar**, RG **134**, 132. Eine
unwirksame Rücknahme kann, wenn sie vom Gegner angenommen worden ist, vertraglich zur Rücknahme
verpflichten, oben Rn 5.

B. Erklärung. Sie ist abzugeben **a)** mündlich in mündlicher Verhandlung zu Protokoll, § 160 III Z 8, 10
wobei die Protokollgenehmigung, § 162, keine Voraussetzung der Wirksamkeit ist, Stgt FamRZ **84**, 404;
b) sonst durch Einreichung eines Schriftsatzes auf der Geschäftsstelle des Berufungsgerichts, mag auch die
Berufung bei einem anderen Gericht wirksam eingelegt sein, zB § 13 BinnSchVerfG, BGH VersR **77**,
574; die erforderliche Zahl von Abschriften ist beizufügen, § 253 V; die Geschäftsstelle stellt zu, § 270.
Immer besteht für die Abgabe der Erklärung Anwaltszwang, § 78, jedoch kann die vom vorinstanzlichen RA
eingelegte Berufung in gleicher Weise zurückgenommen werden, BGH RR **94**, 759 mwN, vgl BVerwG **14**,
19, LG Bre NJW **79**, 987; entsprechendes gilt für die von der Partei selbst eingelegte Berufung, weitergehend
BFH BStBl **81** II 395: stets Rücknahme auch durch die Partei selbst zulässig (für Klagrücknahme § 269
Rn 25 u 26).

Die Erklärung braucht nicht notwendig ausdrücklich, muß aber eindeutig und bedingungslos sein; was
erklärt worden ist, muß ggf durch Ausübung des Fragerechts, § 139, geklärt werden. Ob die Rücknahme
erklärt worden ist, ist letzten Endes durch Auslegung zu ermitteln (Stillschweigen auf eine gerichtliche
Anfrage genügt auch dann nicht, wenn das Gericht erklärt hat, es werde die Nichtbeantwortung als Rücknahme werten). Auch die Erledigungserklärung des Berufungsklägers kann ausnahmsweise eine Rechtsmittelrücknahme sein, GMP § 64 Rn 80a, zB so wenn ohne weiteres Interesse an der Klagedurchführung
(die Hauptsache für erledigt erklärt; das ist aber dann nicht der Fall, wenn er entgegen III die Kosten dem
Gegner auferlegt wissen will, BGH **34**, 200.

Jede Rücknahme muß einwandfrei ergeben, auf welche Berufung sie sich bezieht, RG HRR **30**, 352. 11
Wegen der Einlegung mehrerer Berufungen gegen dasselbe Urteil, § 519 Rn 18, vgl unten Rn 17. Eine

§ 516

Rücknahme unter offensichtlichem Mißbrauch der Vertretungsmacht durch den Vertreter einer jur Person ist unwirksam, BGH MDR **62**, 374, ebenso eine Rücknahme agrd eines offensichtlichen Irrtums des RA, BGH FamRZ **88**, 496, VersR **77**, 574. Dagegen ist die Erklärung auch dann wirksam, wenn dem RA das Mandat entzogen war, § 87, BGH VersR **90**, 328, oder wenn er weisungswidrig gehandelt hat, § 83, BGH FamRZ **88**, 496.

12 **C. Streitgenossen.** Von ihnen handelt jeder selbständig. Bei notwendiger Streitgenossenschaft, § 62, verliert jeder Streitgenosse durch seine Rücknahme das eigene Rechtsmittel, bleibt aber trotzdem wegen der Berufung der anderen Streitgenossen Berufungskläger, BGH RR **91**, 187; hat nur ein Streitgenosse Berufung eingelegt, nachdem die Frist für die anderen abgelaufen ist, verlieren diese mit der Rücknahme ihre Stellung als Partei, BGH RR **99**, 286. Hatte der Zurücknehmende allein Berufung eingelegt, so können die anderen die Berufung aufrechterhalten. Der Streithelfer darf die Berufung der eigentlichen Partei nicht zurücknehmen, § 67 Rn 8; umgekehrt kann auch die Partei die Berufung des gewöhnlichen Streithelfers nicht wirksam zurücknehmen, Hamm FamRZ **84**, 810, str, Pantle MDR **88**, 925 mwN (wohl aber kann die Partei sie durch Widerspruch unzulässig oder gegenstandslos machen, BGH NJW **93**, 2944 mwN).

13 **D. Beschränkung des Berufungsantrags.** Sie kann sein
14 **a)** Verzicht auf den Restanspruch,
b) teilweise Klagrücknahme,
15 **c)** teilweise Berufungsrücknahme (a–c) nur dann, wenn ein weitergehender Antrag gestellt war, BGH RR **89**, 962 mwN,
16 **d)** Erklärung, das Verfahren insoweit einstweilen nicht zu betreiben, BGH aaO.

Die Erklärung zu d steht einer späteren Erweiterung der Berufung nicht entgegen, RG **152**, 44, während durch die Erklärungen zu a–c ein endgültiger Zustand geschaffen wurde, vgl aber auch unten Rn 17. Für Berufungsrücknahme spricht keine Vermutung, vielmehr ist durch Auslegung zu ermitteln, was gemeint ist, oben Rn 10.

17 **4) Wirkungen, III 1**
A. Verlust des Rechtsmittels. Der Berufungskläger verliert das eingelegte Rechtsmittel, also nur diese Berufung, nicht das Recht zur Berufung überhaupt, wie die Fassung klarstellt. Das entspricht dem Bedürfnis und der Regelung der Klagrücknahme. Hat der Berufungskläger mehrmals Berufung wegen desselben Anspruchs eingelegt, so erledigt eine Rücknahme regelmäßig sämtliche Berufungen, BSG NJW **98**, 2078 mwN, Mü MDR **79**, 409. Anders liegt es, wenn er etwa nur eine der Berufungen als überflüssig zurücknehmen will, BGH **45**, 380, **24**, 179. Was er will, ist durch Auslegung zu ermitteln, oben Rn 10. Handelte es sich um Berufungsschriften sowohl der Hauptpartei als auch ihres Streithelfers, wird die Rücknahme durch die Hauptpartei idR nur ihre Berufung betreffen, BGH NJW **89**, 1358, vgl Pantle MDR **88**, 925; ü vgl Rn 12. Da die Rücknahme nur die eingelegte Berufung betrifft, kann der Berufungskläger sie in der Notfrist erneuern. Rechtskräftig wird das angefochtene Urteil mit Verlust der eingelegten Berufung nicht. Die Rechtskraft tritt, wenn die Berufungsfrist abgelaufen ist, mit Rücknahme ein, ohne daß eine Rückdatierung entsprechend § 269 eintritt, Oldb MDR **54**, 367, KG JZ **52**, 424, Blomeyer ZPR § 88 I 2 b, aM RoSGo § 137 III 4, Bötticher JZ **52**, 424.

18 **B. Wirkungslosigkeit vorangegangener Entscheidungen.** Der Verlust des Rechtsmittels führt dazu, daß eine in dieser Instanz ergangene, noch nicht rechtskräftige Entscheidung wirkungslos wird. Dies gilt zB für ein VersUrt, StJGr 12, auch ein solches gegen den Berufungsbeklagten, Düss MDR **88**, 681.

19 **C. Kostentragung. a) Regel.** Der Berufungskläger muß die Kosten der Berufung tragen, soweit nicht durch Vergleich (auch außergerichtlichen), BGH NJW **61**, 460, Ffm MDR **04**, 844, oder rechtskräftiges Urteil bereits über sie befunden ist. Nehmen von mehreren Berufungsklägern nur einige das Rechtsmittel zurück, kann wegen des Grundsatzes der einheitlichen Kostenentscheidung gegen sie keine gesonderte Entscheidung ergehen, BGH RR **91**, 187, vgl § 100 Rn 54. III greift auch dann ein, wenn die Berufung lediglich zur Wahrung der Frist eingelegt worden ist (zur Kostenerstattung in diesem Fall s § 91 Rn 159 ff); dagegen hat eine lediglich zur Fristsicherung eingelegte zweite und dann „zurückgenommene" Berufung nicht die Kostenfolge des § 516, da ihr keine selbständige Bedeutung zukommt, BGH MDR **88**, 508. Neben § 516 III sind §§ 95–97 unanwendbar; der Berufungskläger ist ohne jede Prüfung in diese Kosten zu verurteilen (jedoch ist der RA, der ohne Prozeßvollmacht Berufung eingelegt hat, in die Kosten zu verurteilen, Schneider Rpfleger **76**, 229, Köln NJW **72**, 1330). Die Kosten seiner Säumnis hat entspr § 344 der Rechtsmittelgegner zu tragen, vgl § 269 Rn 34, str, wie hier Köln MDR **90**, 256 mwN. Auch § 98 ist unanwendbar, wenn die Berufung in Erfüllung eines außergerichtlichen Vergleichs ohne Kostenregelung zurückgenommen wird, BGH NJW **89**, 39 (für den Fall, daß der Vergleich im wesentlichen die Anerkennung des angefochtenen Urteils enthält), aM LAG Mü VersR **88**, 280. Bei Rücknahme in FamS, die im Verbund FolgeS sind, § 623, richtet sich die Kostenentscheidung einheitlich nach III und nicht teilweise nach § 13 a FGG, Karlsr MDR **84**, 59 mwN, str, vgl § 629 a Rn 14.

20 **b) Anschlußberufung** (Maurer NJW **91**, 72; Finger MDR **86**, 881). Für den Fall der Rücknahme gilt folgendes: Bei Zurücknahme der Hauptberufung vor Beginn der mündlichen Verhandlung oder bei ihrer Verwerfung als unzulässig wegen mangelnder Begründung trägt der **Berufungskläger** die Kosten auch der Anschlußberufung, sofern diese zulässig war, BGH RR **05**, 651, FamRZ **05**, 513, BGH – GS – NJW **81**, 1790, Ffm FamRZ **98**, 302 u Mü RR **89**, 575 mwN (aM Maurer NJW **91**, 75, Ffm FamRZ **95**, 945 u RR **93**, 768 mwN, Brschw NJW **75**, 2302: § 91 a entsprechend), einschließlich der durch eine etwaige Säumnis des Anschlußberufungsklägers entstandenen Mehrkosten, Düss MDR **83**, 64 mwN (aM Köln MDR **90**, 256), desgleichen die Kosten der mit der Anschlußberufung erhobenen Widerklage, Karlsr OLGZ **66**, 42 (nicht aber Mehrkosten wegen Erweiterung der Widerklage auf neue Streitgegenstände, KG FamRZ **88**,
21 1301, aM Celle MDR **02**, 58 mwN). Hingegen trägt die Kosten der Anschlußberufung der **Anschlußberufungskläger,** wenn die Anschlußberufung unzulässig war, BGH NJW **83**, 578 mwN, oder nur die Durchführung einer als selbständiges Rechtsmittel unzulässigen Berufung ermöglichen sollte, ZöGu 32, ThP 11,

Abschnitt 1. Berufung **§§ 516, 517**

Düss FamRZ 99, 1675, Ffm RR 87, 1087 mwN, aM Mü RR 96, 1280; das gleiche gilt, wenn die zurückgenommene Berufung von vornherein unzulässig, vgl BGH JZ 77, 105 mwN, BFH BStBl 77 II 430, Bbg MDR 89, 648, Hamm **KR** Nr 38, bzw im Zeitpunkt der Anschließung unzulässig geworden war, Nürnb MDR 89, 648, oder wenn sie vor Einlegung der Anschlußberufung zurückgenommen wurde, mag dem Anschlußberufungskläger das auch unbekannt sein, BGH 17, 399 u 67, 307. Wird nur die Anschlußberufung zurückgenommen, treffen die Kosten den Anschlußberufungskläger; das gleiche gilt bei Verwerfung der nach § 524 IV wirkungslos gewordenen, aber trotzdem weiterverfolgten Anschlußberufung, BGH NJW 95, 2363 u 87, 3264 mwN.

D. Entscheidung, III 2. Alle diese Wirkungen (auch die Wirkungslosigkeit einer vorher ergangenen 22 Entscheidung) sind endgültig und durch keine Vereinbarung zu beseitigen (wegen einer gegen Treu und Glauben verstoßenden Rücknahme s aber Einl III vor § 1 Rn 53 ff).
Sie sind **von Amts wegen durch Beschluß auszusprechen,** wenn es sich nicht um eine Teilrücknahme handelt, Düss MDR 93, 802.

Die Formel lautet etwa: „Der Berufungskläger ist der am ... eingelegten Berufung verlustig. Er trägt die 23 Kosten dieser Berufung." Dieser Beschluß entzieht die Rücknahme jedem Zweifel. Jedoch entfällt der Kostenausspruch, wenn darüber ein Vergleich geschlossen ist und der Gegner die übernommenen Kosten unstreitig bezahlt hat, BGH NJW 72, 1716 mwN m Anm Pietzcker GRUR 72, 726, oder wenn eindeutig keine erstattungsfähigen Kosten entstanden sind, BGH JB 81, 1169, MüKoRi 32, Kblz MDR 96, 211, Schlesw SchlHA **82**, 142, LAG Hamm NZA 99, 335, Dresd MDR 98, 1309 u Köln FamRZ 98, 1382 mwN (zur str Frage der Kostenerstattung bei „nur zur Fristwahrung" eingelegter Berufung), aM BayObLG MDR 94, 1153, Mü MDR 99, 568, ZöGu 29, offen Düss RR 99, 142 mwN.

Der Beschluß ergeht gebührenfrei. Zuständig für den Beschluß ist auch der Einzelrichter, § 527 III Z 1. 24 Er ist unanfechtbar, BGH NJW 90, 841; das gilt auch dann, wenn das OLG irrig durch Urteil entschieden hat, BGH 46, 114. Im Kostenfestsetzungsverfahren darf die Zulässigkeit des Beschlusses nicht in Zweifel gezogen werden, Schlesw SchlHA 89, 130. Streitwert: die gerichtlichen und außergerichtlichen Kosten bis zum Antrag auf Verlusterklärung und auf Kostenentscheidung, BGH 15, 394 gegen RG 155, 382, aM ZöGu Rn 21. Zur Erstattungsfähigkeit von Kosten, wenn die Berufung nur zur Fristwahrung eingelegt worden war, s § 91 Rn 158 u 159 mwN.

5) Streit über die Wirksamkeit. Entsteht Streit darüber, ob die Rücknahme wirksam erklärt oder mit 25 Erfolg angefochten oder widerrufen ist, ist der Verlust des Rechtsmittels gleichwohl durch (unanfechtbaren) Beschluß festzustellen, BGH NJW 95, 2229 mwN (stRspr), aM MüKoRi u Gaul ZZP 81, 273; wird der Verlust des Rechtsmittels durch Urteil festgestellt, so ist dagegen eine Revision zulässig, BGH **46**, 113 (grundsätzlich abw RoSGo § 137 III 5, Gaul ZZP 81, 273, BSG NJW 90, 600: Entscheidung stets durch Urteil). Verneint das Gericht die Wirksamkeit der Rücknahme, so entscheidet es durch Zwischenurteil, § 303, oder in den Gründen des Endurteils, das auf die fortgesetzte Verhandlung ergeht, ThP § 269 Rn 20.

6) *VwGO:* *Es gelten § 126 VwGO und wegen der Kosten § 155 II VwGO (bei Anschlußberufung gilt das in* 26 *Rn 21 Gesagte, VGH Mü BayVBl 94, 60 mwN); zu § 126 VwGO s VGH Kassel NVwZ-RR 98, 688. § 126 III 2 VwGO sieht einen Beschluß nur über die Kostenfolge vor und weicht insofern von der Regelung bei Klagerücknahme, § 92 II VwGO, ab; trotzdem ist III (ebenso wie § 269 III) ergänzend anwendbar, § 173 VwGO, so daß im Einstellungsbeschluß auch der Verlust des Rechtsmittels festzustellen ist, wenn der Gegner dies beantragt, RedOe § 126 Anm 6. Anwendbar ist § 87a iVm § 125 I VwGO, VGH Mü BayVBl 94, 60, VGH Kassel NVwZ 91, 594. Die Zurücknahme einer wirksam eingelegten Berufung ist nicht anfechtbar und nur ausnahmsweise widerruflich, BVerwG NVwZ-RR 99, 407 u NJW 97, 2897, beide mwN.*

517 *Berufungsfrist.* **Die Berufungsfrist beträgt einen Monat; sie ist eine Notfrist und beginnt mit der Zustellung des in vollständiger Form abgefaßten Urteils, spätestens aber mit dem Ablauf von fünf Monaten nach der Verkündung.**

Vorbem. Im Verfahren der **Arbeitsgerichte** gilt das Folgende, §§ 66 u 9 ArbGG: Fehlt es an der 1 Zustellung eines vollständig abgefaßten Urteils, beginnt die Berufungs- und Begründungsfrist spätestens mit Ablauf von 5 Monaten nach Verkündung; in diesem Fall endet die Berufungsfrist 6 Monate und die Begründungsfrist 7 Monate nach Verkündung, BAG NJW 05, 700.

1) Berufungsfrist. Sie beträgt **einen Monat** und ist eine nach § 222 zu berechnende **Notfrist,** § 223. 2 Die Frist darf nicht verlängert oder abgekürzt werden, § 224. Gegen ihre Versäumung ist WiedEins zulässig, § 233. **Die Frist beginnt** mit der (wirksamen) Zustellung des vollständigen Urteils, unten Rn 5 ff, spätestens aber nach Ablauf von 5 Monaten nach der Verkündung, unten Rn 10 ff; ob in Baulandsachen der Lauf der Frist von einer richtigen Rechtsmittelbelehrung, § 211 BauGB, abhängt, ist str, Mü NVwZ 88, 1070. Das **Ende der Frist** errechnet sich nach § 222, s die dortigen Erläuterungen; wird ein Urteil am 31. 1. zugestellt, läuft sie mit dem 28. 2. (in Schaltjahren 29. 2.) ab, bei Zustellung am 28. 2. mit dem 28. 3., BGH MDR 85, 471 u NJW 84, 1358 mwN (wenn nicht § 222 II eingreift); das Ende der Frist wird wegen eines Feiertages nur dann hinausgeschoben, § 222 I, wenn der betreffende Tag an dem Ort, wo das Rechtsmittel einzulegen ist, gesetzlicher Feiertag ist, BAG NJW **89**, 1181 mwN. Wegen der Wirkung einer Unterbrechung des Verfahrens auf den Fristenlauf s BGH NJW 90, 1855, § 249 Rn 2; eine während der Unterbrechung eingelegte Berufung ist wirksam, BGH **50**, 400 u VersR 82, 1054. Eine **Berichtigung** nach §§ 319, 320 hat grundsätzlich keinen Einfluß auf Beginn und Lauf der Berufungsfrist, BGH in stRspr, MDR **04**, 889 mwN, § 319 Rn 29, wohl aber dann, wenn erst die Berichtigung eine Beschwer schafft oder klar erkennen läßt, BGH NJW 99, 621 mwN, Celle MDR 99, 499, und ebenfalls dann, wenn erst die Berichtigung zweifelsfrei ergibt, gegen wen die Berufung zu richten ist, BGH NJW 91, 1834 mwN, vgl auch BGH NJW 86, 936, ZöGu 6; diese Wirkung hat aber nur eine wirksame Berichtigung, so daß etwa eine auf diesem Wege vorgenommene Parteiauswechslung für die neue Partei keine Berufungsfrist in Lauf

§ 517   Buch 3. Rechtsmittel

setzt, Vollkommer MDR **92**, 642 mwN (zu Düss MDR **90**, 930). Über den Fall des Ergänzungsurteils s § 518.

3   **Die Frist wird gewahrt durch rechtzeitige Einreichung der Berufungsschrift**, § 519 Rn 3 ff. Der Berufungskläger hat einen Anspruch auf volle Ausnutzung der Frist, BVerfG NJW **86**, 244 mwN; deshalb ist es Amtspflicht der Justizverwaltung, die Einreichung nach Dienstschluß zu ermöglichen, zB durch die Einrichtung eines Nachtbriefkastens und das Festhalten des Eingangs auf Fernschreiben, BVerfG NJW **76**, 747, dazu Vollkommer Rpfleger **76**, 240. Die Verweigerung der Annahme einer rechtzeitig eingegangenen Berufungsschrift wegen nicht ausreichender Frankierung ändert nichts an der Einhaltung der Frist, VGH Mannh BWVPr **89**, 39.

4   Zum Umfang der **Nachprüfung** bei Zweifeln über den rechtzeitigen Eingang vgl BGH VersR **84**, 442, VersR **76**, 192. Nötig ist voller Beweis; für die Beweiserhebung gilt der sog Freibeweis, Einf § 284 Rn 9, BGH NJW **96**, 2038 (betr eidesstattliche Versicherung), NJW **87**, 2875 mwN, str, vgl Peters ZZP **101**, 297. Die Beweislast für die Wahrung der Frist liegt beim Berufungskläger; zum Nachweis des rechtzeitigen Eingangs BGH NJW **05**, 75, Schlee AnwBl **86**, 339 u Wolf NJW **89**, 2594 (für Telex und Telefax).

Ergeht vor dem Ablauf der Berufungsfrist (ausnahmsweise) bereits ein **Urteil der Berufungsinstanz**, so steht einer erneuten Berufungseinlegung entweder die Rechtskraft oder ein der Rechtshängigkeit entsprechendes Prozeßhindernis entgegen, das vAw zu beachten ist. Dagegen hindert die Verwerfung durch Beschluß idR nicht die erneute Einlegung innerhalb der Frist, § 522 Rn 10.

5   2) **Beginn der Frist** (Schlee AnwBl **93**, 237). Die Berufungsfrist **beginnt mit der Amtszustellung des in vollständiger Form abgefaßten** Urteils durch das Gericht, § 317 I; eine etwaige Zustellung durch eine Partei ist ohne Bedeutung, Bischof NJW **80**, 2235. Die Wiederholung einer (wirksamen) Zustellung läßt keine neue Frist beginnen, BGH VersR **87**, 680, BVerwG **58**, 106. Wegen des Fristbeginns im Fall der Berichtigung, § 319, s oben Rn 2.

6   Notwendig für den Fristbeginn ist eine **wirksame Zustellung**, BGH in stRspr, zB NJW **94**, 526 u 2297, RR **93**, 1213 mwN, BayObLGZ **00**, 16 (zur öff Zustellung); die Zustellung an einen Prozeßunfähigen setzt die Frist in Gang, BGH NJW **88**, 2049 mwN, str, im Ergebnis zustm Orfanides ZZP **102**, 371. Die Frist wird nicht in Lauf gesetzt, wenn das zugestellte Urteil nicht ordnungsgemäß verkündet war, unten Rn 11, BGH VersR **84**, 1192, oder formell fehlerhaft ist, BGH VersR **84**, 586 (zB ein nicht vollständig unterschriebenes Urteil zugestellt wird, BGH NJW **98**, 611 mwN); oder der Verf unterbrochen war, § 249, BGH ZIP **90**, 1631. Die Zustellung eines nach § 313a oder § 313b abgefaßten Urteils setzt die Frist nicht in Lauf, wenn die Voraussetzungen nicht vorlagen, BGH RR **91**, 255. Das gleiche gilt, wenn die zugestellte Ausfertigung den Anforderungen an eine wortgetreue und richtige Wiedergabe der Urschrift, BGH NJW **81**, 2346, nicht genügt, BGH RR **87**, 377, FamRZ **82**, 482, VersR **81**, 576, Ffm NJW **83**, 2396, OVG Münst NJW **92**, 1187, wofür Unleserlichkeit einzelner Seiten nicht ausreicht, BGH VersR **80**, 772, Naumb MDR **00**, 602, auch nicht Ausfertigung durch einen unzuständigen UrkB, BAG LS NJW **86**, 1008, wohl aber das Fehlen mindestens einer Seite, BGH NJW **98**, 1960, oder die nicht ordnungsgemäße Wiedergabe der Unterschriften der beteiligten Richter, dazu BGH FamRZ **90**, 1227 mwN, oder das Fehlen der Unterschrift unter dem Ausfertigungsvermerk, BGH NJW **91**, 1116 mwN (ist die Ausfertigung unterzeichnet, so genügt, daß die Identität der unterzeichnenden Person ohne weiteres festgestellt werden kann, BGH DtZ **93**, 55), oder ein Ausfertigungsvermerk vor der Verkündung, BGH RR **93**, 956. Abweichungen von der Urschrift schaden nur dann, wenn sie wesentlich sind, allgM, BGH VersR **85**, 551 mwN, so daß das Auslassen der Kostenentscheidung, BGH VersR **82**, 70, oder des Ausspruchs der Abweisung im übrigen, BGH **67**, 284, die Wirksamkeit der Zustellung nicht berührt. Auch offenbare Unrichtigkeiten machen grundsätzlich die Zustellung nicht unwirksam, BGH **67**, 284, Stgt FamRZ **84**, 402, etwa Unterzeichnung durch einen an der Entscheidung nicht beteiligten Richter, BGH MDR **98**, 336, NJW **89**, 1157, aM BFH FamRZ **89**, 735, oder die ersichtlich falsche Bezeichnung eines Urteils als Beschluß, Bra NJW **87**, 1064; vgl wegen des Fristbeginns bei Berichtigung i ü oben Rn 2. Durch die Beifügung einer falschen, dem Recht der früheren DDR entspr Rechtsmittelbelehrung wird die Ordnungsmäßigkeit der Zustellung nicht beeinträchtigt, BGH DtZ **91**, 409.

7   **Immer kommt es darauf an**, ob die zugestellte Ausfertigung formell und inhaltlich geeignet war, der Partei die Entscheidung über das Einlegen eines Rechtsmittels zu ermöglichen, BGH VersR **82**, 70. Nimmt das Urteil auf ein gleichzeitig (oder früher) verkündetes Urteil zwischen denselben Parteien Bezug, so beginnt die Frist entsprechend § 518 mit dem Zeitpunkt, in dem beide Urteile zugestellt sind, BGH NJW **71**, 39, krit BFH BStBl **84** II 666; bei Bezugnahme auf ein Urteil, an dem eine Partei nicht beteiligt ist, beginnt demgemäß die Frist für diese Partei überhaupt nicht zu laufen, BGH RR **91**, 831. Wird die zugestellte Ausfertigung von der Geschäftsstelle als „falsch" zurückgefordert, wird die Berufungsfrist nicht in Lauf gesetzt, Köln FamRZ **93**, 718.

8   Die Berufungsfrist beginnt **für jede Partei getrennt** mit der Zustellung an sie, BGH FamRZ **88**, 1159. Dies gilt auch bei notwendiger Streitgenossenschaft, § 62 Rn 19; ein Rechtsmittel muß fristgerecht gegen alle notwendigen Streitgenossen eingelegt sein, BGH **23**, 73. Für Streithelfer gibt es keine gesonderte Rechtsmittelfrist, sie dürfen Rechtsmittel nur so lange einlegen, wie die Frist für die Hauptpartei läuft, BGH RR **97**, 919 mwN, stRspr, vgl § 67 Rn 12; beim streitgenössischen Streithelfer, vgl § 69 Rn 4, kommt es auf die Zustellung an ihn an, BGH aaO, RR **97**, 865. Hat ein Beteiligter mehrere ProzBev, so genügt die Zustellung an einen von ihnen und ist ggf die zeitlich erste Zustellung maßgeblich, BVerwG NJW **84**, 2114 mwN.

9   Der **Nachweis der Zustellung** wird an Hand der Gerichtsakten geführt. Ebenso wie die Zustellungsurkunde, § 198, erbringt das anwaltliche Empfangsbekenntnis, § 212a (das auch in der Berufungsschrift abgegeben werden kann, BGH NJW **87**, 2679), vollen Beweis, BGH NJW **91**, 42; über die Anforderungen an seine Entkräftung vgl BGH NJW **92**, 512, RR **87**, 1151, NJW **87**, 325, Schlee AnwBl **86**, 339. Eine etwaige Unklärbarkeit geht grundsätzlich zu Lasten des Berufungsklägers, BGH NJW **81**, 1674 mwN, BVerwG Rpfleger **82**, 385, doch gilt dies dann nicht, wenn die ungeklärten Umstände in den Verantwortungsbereich

Abschnitt 1. Berufung § 517

des Gerichts fallen, BGH aaO, und auch nicht bei Unleserlichkeit des Datums des anwaltlichen Empfangsbekenntnisses, wenn der RA das spätere Datum als richtig bestätigt, BGH VersR **81**, 354. Das Rechtsmittelgericht ist bei gegebenem Anlaß verpflichtet, zur Aufklärung vAw beizutragen, BGH VersR **80**, 90. Mängel der Zustellung sind nicht durch Parteivereinbarung heilbar, auch nicht nach § 187. Eine Vereinbarung kann auch nicht eine geschehene Zustellung beseitigen, weil sich die Berufungsfrist nicht verlängern läßt. Die Parteien haben aber die Möglichkeit, die Zustellung hinauszuschieben zu lassen, § 317 I 3.

Vor der Zustellung eines Urteils ist die Berufung statthaft, allgM, Vogg MDR **93**, 293 mwN. Keine Berufung ist dagegen vor der Verkündung oder sonstigen Bekanntgabe statthaft, unten Rn 14.

3) Fünfmonatsfrist. Spätestens beginnt die Berufungsfrist **mit dem Ablauf von 5 Monaten nach** 10 **der Verkündung des Urteils.** Die Vorschrift soll verhindern, daß die Rechtskraft eines Urteils allzu lange in der Schwebe bleibt, nämlich dann, wenn die Zustellung an einen Beteiligten unterblieben oder unwirksam ist. Auf die Kenntnis von dem Urteil kommt es nicht an, so daß die Frist auch gegenüber einem Prozeßunfähigen läuft. Notfalls muß WiedEins helfen, s unten. Die Vorschrift gilt für alle Berufungsverfahren (auch im Fall des § 612 IV, ZöGu 20, aM Rolff FamRZ **71**, 624) und auch für die sofortige Beschwerde, § 569 (zu ihrer entspr Anwendung iRv § 320 u § 339 Rimmelspacher F Schwab (1990) S 422), nicht jedoch im Verfahren nach FGG, BayObLG RR **99**, 957 mwN. Wegen der Besonderheiten in **FamS** s § 621 e Rn 20.

A. Die Fünfmonatsfrist beginnt mit der wirksamen Verkündung des Urteils, § 310, die auch im 11 schriftlichen Verfahren, § 128 II u III, und bei einer Entscheidung nach Aktenlage zu erfolgen hat (bzw mit der Zustellung in den Fällen des § 310 III), BGH NJW **99**, 144 mwN, **85**, 1783 (dazu Jauernig NJW **86**, 117). Daß die Zustellung hinausgeschoben wird, § 317 I 3, schadet nicht daran nichts. Darauf, ob das Urteil bei Verkündung vollständig schriftlich abgefaßt war, § 310 II, kommt es nur dann an, wenn die Urteilsformel bei Verkündung durch Bezugnahme noch nicht schriftlich fixiert war, BGH NJW **99**, 794 u 144, **94**, 3358 u **85**, 1783, nicht aber sonst, Jauernig NJW **86**, 117, BGH NJW **88**, 2046, allgM. Überhaupt setzt § 517 keine mängelfreie, sondern eine wirksame Verkündung voraus, BGH NJW **94**, 3358 u RR **94**, 127 mwN, an der es nur bei einem Verstoß gegen Elementaranforderungen fehlt (verneint bei Verletzung des § 310 I 2 u des § 315 I), BGH NJW **89**, 1157 mwN. Die Verkündung muß ordnungsgemäß protokolliert sein, BGH RR **91**, 1084, wobei es auf geringfügige Mängel oder verspätete Absetzung des Protokolls nicht ankommt, Rostock OLG-NL **94**, 68. Sie kann nur aus dem Protokoll bewiesen werden, § 165, BGH aaO u NJW **85**, 1783; zu den Anforderungen an den Nachweis des Verkündungsdatums bei unvorschriftsmäßiger späterer Ergänzung des Protokolls BGH VersR **86**, 488. Wenn die Partei den Sitzungssaal in der irrigen Annahme, die Verhandlung sei beendet, vorzeitig verläßt, ändert das nichts am Beginn der Frist, BGH RR **97**, 770.

Die Frist beginnt mit der Verkündung **nicht** zu laufen, wenn der Betroffene am Verf bislang nicht beteiligt war oder im Verhandlungstermin nicht vertreten und zu ihm nicht ordnungsgemäß geladen war, BGH MDR **04**, 407, FamRZ **95**, 800 u **88**, 827, vgl Celle FamRZ **97**, 761, Mü FamRZ **96**, 740, Ffm FamRZ **85**, 613, wobei eine wirksame Ladung nach §§ 174, 175 genügt, BGH NJW **89**, 1433 (zT abw Rimmelspacher F Schwab, 1990, S 426, der für den Beklagten auf die Zustellung der Klage abstellt, insoweit offen BGH RR **94**, 1022). Wird nach der Verkündung das Urteil **berichtigt** und dadurch eine Partei erstmals beschwert, beginnt die Fünfmonatsfrist für diese Partei erst mit der Berichtigung, oben Rn 2, Düss MDR **90**, 930.

Es handelt sich um eine **uneigentliche Frist**, Üb § 214 Rn 11, so daß eine Abkürzung oder Verlänge- 12 rung nicht in Betracht kommt. Auf die Frist ist § 187 S 1 nicht anwendbar, BGH **32**, 373. Insolvenzeröffnung u dgl unterbricht sie nicht, wohl aber hindert eine Unterbrechung den Beginn der anschließenden einmonatigen Berufungsfrist, BGH NJW **90**, 1855. Die Frist endet mit dem Ablauf von 6 Monaten seit der Verlautbarung des Urteils; die Zustellung des ordnungsgemäß verkündeten Urteils nach Ablauf von 5 Monaten läßt die Frist unberührt, Köln RR **98**, 1447. Nur der 6. Monat ist eine Notfrist, und nur für diese Monatsfrist gilt § 222 II, Ffm NJW **72**, 2313; sie wird durch Insolvenzeröffnung u dgl unterbrochen, Celle Rpfleger **57**, 85. WiedEins ist nur gegen den Ablauf dieser Notfrist zulässig, ZöGu 18, abw möglicherweise BGH NJW **91**, 1432, offen gelassen Stgt FamRZ **78**, 344 mwN.

B. Die Fünfmonatsfrist endet nach Maßgabe des § 222 I u II, s dortige Erläuterungen. Daß innerhalb 13 der 5 Monate das vollständige Urteil nicht zu den Akten gelangt, sollte angesichts des § 310 II nicht vorkommen. Notfalls muß die Partei durch Dienstaufsichtsbeschwerde darauf hinwirken, daß die Justizverwaltung Maßnahmen nach § 26 II DRiG trifft. Geht das Urteil dennoch der Partei zu spät zu, so kann das ein Wiedereinsetzungsgrund sein; es liegt dann außerdem ein wesentlicher Verfahrensmangel iSv § 538, Stgt VersR **89**, 863, bzw der absolute Revisionsgrund des § 547 Z 6 vor, § 547 Rn 16. Nach Ablauf der Fünfmonatsfrist genügt zur Begründung der Berufung, § 520 III 2 Z 2, der Vortrag, das Urteil sei noch nicht abgesetzt, BGH FamRZ **04**, 179 u RR **04**, 361, BAG NJW **96**, 1431.

C. Fehlt die Verkündung (oder Zustellung in den Fällen des § 310 III), läuft keine Frist, BGH NJW 14 **85**, 1783 mwN. Bevor das Urteil auf diese Weise rechtlich existent geworden ist, § 310 Rn 1, ist auch kein Rechtsmittel statthaft, weil dies ein bedingtes und darum unmögliches Rechtsmittel wäre; daran ändert auch eine fernmündliche Durchsage des Tenors durch das Gericht nichts, vgl VGH Mannh DVBl **75**, 381 m Anm Grunsky (anders bei Beschlüssen, § 567 Rn 12). Tritt jedoch das Urteil den Parteien gegenüber als bestehend in Erscheinung, etwa durch Erteilung einer Ausfertigung durch die Geschäftsstelle, ist die Berufung statthaft, Ffm FamRZ **78**, 430.

4) Fristversäumnis. Sie führt zur Verwerfung der Berufung, § 522 I. Die Frist ist auch dann einzuhalten, 15 wenn die Nichtigkeit des angefochtenen Urteils geltend gemacht wird, vgl § 579 II, VGH Mü BayVBl **83**, 502. Zum Nachweis des rechtzeitigen Eingangs ist voller Beweis nötig, vgl dazu Schlee AnwBl **86**, 339; für die Beweiserhebung gilt der sog Freibeweis, Vorbem § 284 Rn 9, BGH in stRspr, NJW **87**, 2876 mwN, str, aM Peters ZZP **101**, 296.

§§ 517–519

16 **5) VwGO:** Es gilt § 124a II u IV VwGO, Kienemund NJW 02, 231, Kuhla/Hüttenbrink DVBl 02, 88, Redeker NordÖR 02, 185. Bei mehreren ProzBev genügt die Zustellung an einen von ihnen, bei Zustellung an jeden ist die zeitlich erste Zustellung maßgebend, BVerwG BayVBl 99, 287 mwN.

518 **Berufungsfrist bei Urteilsergänzung.** ¹ Wird innerhalb der Berufungsfrist ein Urteil durch eine nachträgliche Entscheidung ergänzt (§ 321), so beginnt mit der Zustellung der nachträglichen Entscheidung der Lauf der Berufungsfrist auch für die Berufung gegen das zuerst ergangene Urteil von neuem. ² Wird gegen beide Urteile von derselben Partei Berufung eingelegt, so sind beide Berufungen miteinander zu verbinden.

1 **Vorbem.** Im **Verfahren der Arbeitsgerichte** ist § 518 entsprechend anwendbar, § 64 VI ArbGG, GMP § 66 Rn 4, Grunsky ArbGG § 66 Rn 2.

2 **1) Grundsatz.** § 518 regelt die Fälle des § 321 und seiner sinngemäßen Anwendbarkeit, s § 321 Rn 12 ff, nämlich die Urteilsergänzung. Das ergänzte und das ergänzende Urteil sind selbständige Teilurteile, gegen die getrennte Berufungsfristen laufen. Das Ergänzungsurteil kann mangels wirksamer Zustellung des ergänzten Urteils vor diesem rechtskräftig werden, RArbG JW 37, 2863.

3 **2) Sonderregelungen.** Besonderes gilt nach § 518 für den Fall, daß das ergänzte Urteil noch nicht rechtskräftig ist, wenn die Ergänzungsentscheidung ergeht.
A. Fristbeginn bei Ergänzungsurteil, Satz 1. Die Zustellung des Ergänzungsurteils setzt die Berufungsfrist für das ergänzte Urteil neu in Lauf, BGH VersR 81, 57, und zwar auch dann, wenn das Ergänzungsurteil für sich nicht anfechtbar ist, RG 151, 308, oder nicht angefochten wird. Voraussetzung für den Neubeginn der Frist ist, daß sie bei Ergehen des Ergänzungsurteils noch nicht abgelaufen war, BGH LM Nr 2. Äußerster Termin ist in diesem Fall der Ablauf von 6 Monaten seit Verkündung des Ergänzungsurteils. Die Rücknahme oder Verwerfung der Berufung gegen das ergänzte Urteil als unzulässig ändert nichts an dem Neubeginn der Berufungsfrist auch für dieses Urteil. Wegen der Möglichkeit einer Urteilsergänzung nach Fristablauf ist in jedem Fall rechtzeitige Berufung gegen ein unvollständiges Urteil zu empfehlen. Über ergänzende Kostenurteile s § 321 Rn 10.
Berichtigungen des Urteils aus §§ 319, 320 ändern nichts an der Berufungsfrist, BGH MDR 03, 1128, § 319 Rn 29, es sei denn, das später berichtigte Urteil war nicht klar genug, um die Grundlage für das weitere Handeln der Partei zu bilden, § 319 Rn 30. Ebensowenig berührt ein Zusatzurteil nach § 239 IV gegen den Rechtsnachfolger eines Verstorbenen die Frist.

4 **B. Berufung gegen beide Urteile, Satz 2.** Legt dieselbe Partei gegen beide Urteile Berufung ein, so muß das Gericht in Abweichung von § 147 die Berufungen verbinden.

5 **3) VwGO:** Entsprechend anzuwenden, § 173 VwGO, für den Fall des § 120 VwGO, BVerwG NVwZ-RR 89, 519.

519 **Berufungsschrift.** ¹ Die Berufung wird durch Einreichung der Berufungsschrift bei dem Berufungsgericht eingelegt.
II Die Berufungsschrift muss enthalten:
1. die Bezeichnung des Urteils, gegen das die Berufung gerichtet wird;
2. die Erklärung, dass gegen dieses Urteil Berufung eingelegt werde.
III Mit der Berufungsschrift soll eine Ausfertigung oder beglaubigte Abschrift des angefochtenen Urteils vorgelegt werden.
IV Die allgemeinen Vorschriften über die vorbereitenden Schriftsätze sind auch auf die Berufungsschrift anzuwenden.

1 **Vorbem.** Im **Verfahren der Arbeitsgerichte** ist § 519 entsprechend anwendbar, § 64 VI ArbGG, GMP § 64 Rn 48–53, Grunsky ArbGG § 64 Rn 23–26; zur Wahrung der Schriftform Düwell NZA 99, 291. Zur Einstellung der ZwVollstr, §§ 707 I u 719 I, vgl Groeger NZA 94, 253.

Gliederung

1) Berufungseinlegung, I–IV	2–18	b) Erklärung der Berufungseinlegung		22, 23
A. Einreichung	3–8	c) Einlegungsberechtigter		24
B. Form der Berufungsschrift	9–17	d) Angabe des Berufungsgegners		25–27
C. Mehrere Berufungsschriften	18	3) Anlagen der Berufungsschrift, III		28
2) Inhalt der Berufungsschrift, II	19–27	4) Allgemeine Bestimmungen, IV		29
A. Mängel	19	5) VwGO		30
B. Wesentlicher Inhalt	20–27			
a) Bezeichnung des Urteils	20, 21			

2 **1) Berufungseinlegung, I–IV.** Die Einlegung der Berufung geschieht **durch Einreichung der Berufungsschrift bei dem** zZt der Einreichung zuständigen **Berufungsgericht**; mit der Einreichung wird das Berufungsverfahren anhängig, allgM, BGH DtZ **95,** 444 mwN, § 176 Rn 17. Nötig ist danach stets eine schriftliche Erklärung, unten Rn 9 ff, so daß eine mündliche oder fernmündliche Einlegung ausscheidet, vgl Friedrichs NJW **81,** 1422 mwN. Für die Einlegung besteht grds **Anwaltszwang,** § 78, auch in Baulandsachen, Hamm NJW **96,** 601 mwN.

3 **A. Einreichung, I.** „Eingereicht" ist die Berufungsschrift, wenn sie (auch nach dem Ende der Dienstzeit) in die Verfügungsgewalt des Berufungsgerichts gelangt, BGH VersR **93,** 459 mwN, nicht erst dann, wenn sie

Abschnitt 1. Berufung § 519

von dem zu ihrer Entgegennahme zuständigen Bediensteten der Geschäftsstelle amtlich in Empfang genommen wird, BVerfG NJW **91**, 2076 mwN, oder zu den Akten gelangt, BGH NJW **87**, 2876. Diese Einschränkung wäre mit dem GG nicht vereinbar, BVerfG NJW **91**, 2076 mwN, so daß die entgegenstehende Rspr des BGH überholt ist, BGH NJW **90**, 2822 mwN, vgl auch BAG NJW **86**, 1373. „Eingereicht" ist die Berufungsschrift auch dann, wenn das Schriftstück dem Gericht übergeben wird, damit es unmittelbar an den Gegner weitergeleitet oder als Belegexemplar dem Einreicher zurückgegeben wird, BGH VersR **93**, 459.

Demgemäß wird die **Berufungsfrist gewahrt** durch die Abgabe auf der Annahmestelle oder den Einwurf **4** in den Briefkasten des Gerichts (nicht nur den Nachtbriefkasten), BGH NJW **81**, 1216 (zustm Grundmann JR **81**, 331), oder die Einlegung in sein Postfach, BGH NJW **86**, 2646 mwN (vgl auch BAG NJW **86**, 1373), oder in ein Fach des zuständigen Gerichts bei einem anderen Gericht, BGH RR **89**, 1215, BAG LS NJW **86**, 2728 (dazu s unten), oder auf der Annahmestelle, BVerfG NJW **81**, 1951, oder in das im Anwaltszimmer eingerichtete und regelmäßig geleerte Fach des Gerichts, Köln NJW **86**, 859, dies alles auch dann, wenn mit der Leerung noch am selben Tag nicht zu rechnen ist, BGH NJW **86**, 2646 u NJW **84**, 1237 mwN (in Fortführung von BGH NJW **81**, 1789). Das gleiche gilt für den Eingang des Fernschreibens nach Dienstschluß in der nicht besetzten Fernschreibstelle, BGH NJW **87**, 2587 (BGH **65**, 10 ist durch BVerfG NJW **80**, 580 überholt), BVerwG NJW **74**, 73, BFH BStBl **76** II 570, und ebenso für den Eingang der Telefax-Kopie: maßgeblich ist in beiden Fällen der vollständige Ausdruck im Empfängerapparat, Wolf NJW **89**, 2594 (mit Hinweisen für den Nachweis des fristgerechten Zugangs), BGH NJW **94**, 1882 u 2097 mwN; bei Angabe der Nummer einer anderen Stelle auf gerichtlichen Schreiben genügt der Eingang bei jener Stelle, unten Rn 8. Wegen Fehlern im Empfangsgerät oder in der Übermittlungsleitung s unten Rn 9 u 10; zum unvollständigen Ausdruck s BGH NJW **94**, 1881.

Grundsätzlich muß die Berufungsschrift rechtzeitig in den **Gewahrsam des zuständigen Berufungsge- 5 richts** gelangen, §§ 72 u 119 GVG, mag dies auch erst nach Weiterleitung geschehen; zu den Anforderungen an den Nachweis BGH VersR **84**, 442. Dies gilt auch dann, wenn die Zuständigkeit auf einer Spezialvorschrift beruht, BGH NJW **00**, 1574 mwN (betr BauGB). Der Einwurf einer an das LG adressierten Sendung in den Briefkasten des zuständigen Gerichts wahrt die Frist nicht, BGH NJW **94**, 1354; ebensowenig der Einwurf einer unrichtig adressierten Berufungsschrift in den gemeinsamen Briefkasten, BGH RR **96**, 443, oder ihr Eingang bei der gemeinsamen Annahmestelle, näheres unten Rn 6. Beim Einlegen in ein Behältnis muß es sich um ein solches handeln, das unter Ausschluß eines fortbestehenden Zugriffs des Absenders oder eines Beförderers nur von einer vom Gericht beauftragten Person geleert werden kann, BGH NJW **86**, 2646, BAG LS NJW **86**, 2728 (abw wohl BVerfG NJW **81**, 1951). Deshalb reicht das Einlegen der Berufungsschrift in ein beim LG eingerichtetes besonderes Fach für das OLG nicht aus, BGH JB **84**, 52 (zur WiedEins bei rechtzeitiger Abgabe der Schrift), LAG Bre MDR **96**, 417, erst recht nicht das Ablegen der Berufungsschrift in einem offenstehenden, unbesetzten Raum eines anderen Gerichts, BGH VersR **85**, 87.

Dagegen genügt das Einlegen in ein als **Empfangseinrichtung** auch für das LG geschaffenes, nur von Gerichtsbediensteten zu leerendes Fach beim AG, BVerfG NJW **91**, 2076, BGH RR **89**, 1215, LAG Düss AnwBl **00**, 263, oder in ein sog Behördenaustauschfach, das von Bediensteten des Gerichts geleert wird, Friese AnwBl **86**, 403 gg LG Stgt AnwBl **86**, 250, ebenso wie der Einwurf in einen von der Justizverwaltung eingerichteten, auch für dieses Gericht bestimmten Briefkasten oder die Abgabe bei einer gemeinsamen Annahmestelle, BGH NJW **05**, 75, stRspr, Hbg MDR **99**, 627, Ffm VersR **82**, 449 (auch zur Organisation u Funktion der gemeinsamen Annahmestellen), wenn aus der Schrift erkennbar ist, an das richtige Gericht gerichtet ist, BAG NJW **02**, 846, dazu unten Rn 6. Dabei ist aber auf den Gesamtinhalt abzustellen, so daß ein Vergreifen im Ausdruck unschädlich sein kann, BGH NJW **89**, 591. Wird die Berufung zB ausdrücklich gegen ein Urteil des LG eingelegt, ohne einen Empfänger der Schrift zu bezeichnen, so genügt der Eingang bei der gemeinsamen Annahmestelle auch dann, wenn die Schrift erst nach Ablauf der Frist an das OLG gelangt, BGH NJW **92**, 1047. Daß sie mit dem Eingangsstempel eines des anderen Gerichtes versehen wird, schadet nicht, Stgt NJW **92**, 53 (betr Abgabe bei der Annahmestelle, die die Post aus dem gemeinsamen Briefkasten zu bearbeiten hat).

Die **Frist** wird **nicht gewahrt**, wenn die unrichtig adressierte Berufungsschrift zwar rechtzeitig in den **6** gemeinsamen Briefkasten oder die gemeinsame Annahmestelle gelangt, jedoch erst verspätet das richtige Berufungsgericht erreicht, BGH in stRspr, RR **97**, 892, FamRZ **97**, 172, RR **96**, 443 u **93**, 254 (Abgrenzung zu BGH NJW **92**, 1047), NJW **90**, 2822, FamRZ **90**, 866, NJW **90**, 990, VersR **88**, 251 mwN (Klarstellung zu BGH AnwBl **81**, 499, wo besondere Umstände vorlagen), BAG NJW **02**, 846 u **88**, 3229 mwN, BayObLG NJW **84**, 1050, Mü NJW **89**, 1166 u Ffm NJW **88**, 2812 mwN (die frühere Rspr, BGH NJW **75**, 2294 mwN, BAG NJW **75**, 184, wird danach insoweit aufrechterhalten, ohne daß dies im Hinblick auf die Rspr des BVerfG Bedenken begegnet, vgl BVerfG bei Schlee AnwBl **85**, 254); die Angabe des richtigen Aktenzeichens ändert daran nichts, BAG NJW **02**, 846 gg BGH NJW **89**, 591. Ein unzuständiges Gericht hat einen bei ihm eingegangenen Schriftsatz lediglich im Rahmen des normalen Geschäftsganges weiterzuleiten, BVerfG NJW **01**, 1343 u **95**, 3173, BGH RR **04**, 1655, NJW **00**, 737, **98**, 908 u RR **98**, 354, NJW **98**, 923, BVerwG NJW **98**, 697, OVG Hbg HbgJVBl **98**, 5, OVG Münst NJW **96**, 334.

Ist ein **auswärtiger Spruchkörper** eines Gerichts zuständig, genügt auch die fristgerechte Einreichung beim Stammgericht, BGH NJW **67**, 107 mwN, oder bei einem anderen auswärtigen Spruchkörper dieses Gerichts, BAG LS NJW **82**, 1119, BFH BB **81**, 1759; ebenso wahrt der Eingang der an das Stammgericht gerichteten Schrift bei einem auswärtigen Spruchkörper die Frist, Karlsr NJW **84**, 744, das dies mit Recht aus § 116 II GVG folgert, VGH Kassel AS **34**, 214.

In **Kartellsachen** kann die Berufung gegen das Urteil des LG stets wirksam bei dem diesem LG allgemein **7** vorgeordneten OLG eingelegt werden, mag das LG auch ausdrücklich als Kartellgericht entschieden haben; das OLG hat die Berufung dann ggf auf Antrag entsprechend § 281 an das für Kartellsachen bestimmte OLG zu verweisen, BGH **71**, 367 m Anm K. Schmidt BB **78**, 1538. In **Patentsachen**, Anh I § 78 b GVG, ist die

§ 519
Buch 3. Rechtsmittel

Berufung gegen das Urteil eines nach § 143 II PatG zuständigen LG bei dem ihm übergeordneten OLG auch dann einzulegen, wenn es sich sachlich nicht um eine PatS handelt, BGH 72, 1.

8 Hat das **Gericht selbst** den rechtzeitigen Zugang verzögert, zB durch eine falsche Auskunft, BGH NJW **89**, 589, oder durch Angabe eines unrichtigen Fernschreibanschlusses auf seinen Briefbögen, BVerfG NJW **86**, 244 (s dazu BGH NJW **87**, 2587), oder ihn durch organisatorische Maßnahmen verhindert, zB durch zu frühe Abholung beim Postamt oder eine Absprache mit der Post über die Telegrammzustellung, so geht das nicht zu Lasten des Bürgers, BVerfG aaO, BAG NJW **86**, 1373, VGH Kassel NJW **87**, 2765. Die Frist gilt dann als gewahrt; zB genügt bei Angabe der Telex- oder Telefax-Nr einer anderen Stelle auf gerichtlichen Schreiben der Eingang bei jener Stelle, Wolf NJW **89**, 2594, BVerfG NJW **86**, 244, BGH NJW **87**, 2587, FamRZ **92**, 684 (nicht aber sonst, BGH RR **88**, 893), s unten Rn 10. Jedenfalls ist in solchen Fällen immer WiedEins zu gewähren, BVerfG NJW **83**, 560, BGH NJW **89**, 589.

Wegen des **Nachweises** des Eingangs s § 517 Rn 9.

9 **B. Form der Berufungsschrift, I**
a) **Sonderformen** (§ 129 Rn 13 ff unter dem jeweiligen Stichwort; Übers üb die Rspr: GmS NJW **00**, 2340). Die Berufung darf nach zu Gewohnheitsrecht erstarktem, auf den jeweiligen Stand der Nachrichtentechnik Rücksicht nehmendem Gerichtsgebrauch, von dem nach dem Grundsatz des gleichen Zugangs zu den Gerichten nicht abgewichen werden darf, BVerfG NJW **96**, 2857 u **87**, 2067, abw BayVerfGH BayVBl **87**, 314, auf folgenden technischen Wegen eingelegt werden:

aa) durch Telegramm (auch bei fernmündlicher Aufgabe), BVerfG aaO, BGH NJW **86**, 2646, Köln RR **90**, 895, alle mwN, wobei es zur Fristwahrung genügt, daß der zuständige Beamte des Gerichts die dem Zugang des Ankunftstelegramms vorausgehende fernmündliche Durchsage des Textes in Form einer Aktennotiz aufnimmt, BGH NJW **60**, 1311, BVerwG NJW **56**, 605;

bb) durch Fernschreiben (Telex), BVerfG NJW **87**, 2067, BGH NJW **87**, 2587 mwN u NJW **86**, 1759 zu § 519, Borgmann AnwBl **85**, 197;

cc) durch Telekopie entweder unmittelbar an das Rechtsmittelgericht (Telefax-Dienst) oder bei fehlendem Anschluß des Gerichts an die nächstgelegene Postanstalt und von dieser an das Gericht (Telebrief), Riesenkampff NJW **04**, 3296, Liwinska MDR **00**, 500 u 972, Töpperwien DRiZ **99**, 241, Henneke NJW **98**, 2194 u 2958, Borgmann BRAK-Mitt **98**, 171, Müller NJW **98**, 509, Elzer/Jacoby ZIP **97**, 1821, Pape/Notthoff NJW **96**, 417, Laghzaoui MDR **96**, 230, Ebnet JZ **96**, 507, Daumke ZIP **95**, 722 (alle mwN), BVerfG NJW **96**, 2857 mwN, BGH NJW **94**, 1879 u **93**, 3141 mwN, BAG NJW **89**, 1822 mwN, BVerwG NJW **87**, 2098, BFH NJW **91**, 2927 mwN, BSG NJW **98**, 1814, BayVerfGH NJW **93**, 1125, allgM; dabei darf kein privater Empfänger als Bote zwischengeschaltet werden, BGH NJW **98**, 763 u **94**, 1879 mwN, BAG NJW **90**, 3165 (krit Vollkommer EWiR 1/91, 307), Hbg NJW **89**, 3167 mwN (abw mit guten Gründen Ebnet NJW **92**, 2986, Wolf NJW **89**, 2593 f u Buckenberger NJW **83**, 1475), während es unschädlich ist, daß der Absender das Gerät eines Dritten zur Übermittlung benutzt, BAG NJW **89**, 1822 gegen LAG Hamm NJW **88**, 3286, BFH NJW **91**, 2927 (vgl zu alledem Borgmann AnwBl **89**, 666). Dafür, daß der Schriftsatz vollständig vom Sendegerät eingelesen wird, trägt der Absender die alleinige Verantwortung, Naumb DB **93**, 2588, OVG Kblz NJW **89**, 1815. Eingereicht ist die Berufungsschrift mit ihrem vollständigen Eingang der Telekopie bei dem Gericht, BAG NZA **03**, 573, LAG Bre NZA **02**, 580 mwN. Zum Nachweis des Zugangs reicht der Sendebericht des Sendegeräts nicht aus, BGH NJW **95**, 667, BayObLG FamRZ **98**, 634 mwN, Köln NJW **95**, 1228 mwN, Dresden RR **94**, 1485; er dürfte aber eine tatsächliche Vermutung begründen, Ffm FF **97**, 118, Mü MDR **99**, 286 mwN, NJW **94**, 527, LG Hbg RR **94**, 1486, str, vgl Töpperwien DRiZ **99**, 244, Schneider MDR **99**, 197, BGH NJW **95**, 665 mwN (Anm Marly LM § 144 Nr 12), BayObLG u Mü aaO.

dd) durch Btx-Mitteilung, BVerwG NJW **95**, 2121, **oder durch elektronische Übertragung** einer Textdatei mit eingescannter Unterschrift auf ein Faxgerät des Gerichts, vgl GmS NJW **00**, 2341 mwN (dazu van der Mollen BB **00**, 1640, Schmidt BB **99**, 1125, Schwachheim NJW **99**, 621), BGH MDR **04**, 349, Brschw MDR **04**, 1018. Vgl zum elektronischen Dokument § 130 a.

10 **ee) Gemeinsames:** Erforderlich ist, daß das Ankunftstelegramm bzw ein anderer Mitteilungsträger den **Anforderungen an eine Rechtsmittelschrift** genügt, also insbesondere den Namen des verantwortlichen Rechtsanwalts erkennen läßt (BAG DB **84**, 1688 läßt die pauschale Kennzeichnung der Sozietät nicht genügen), dieser postulationsfähig ist (unten Rn 15) und die Telekopie überdies seine eigenhändige Unterschrift wiedergibt, Rn 11 ff, BGH NJW **98**, 762 u **93**, 3141, BAG NJW **96**, 3164 (gg BFH NJW **96**, 1432), beide mwN, BayObLG NJW **95**, 668, BVerwG NJW **91**, 1193, BSG MDR **85**, 1053, OVG Münst NJW **91**, 1197 mwN (aM LAG MecklVorp MDR **98**, 367), ferner, daß das Schriftstück den Berufungskläger bezeichnet, BGH NJW **94**, 1879 mwN, usw, vgl unten Rn 25. **Fehler im Empfangsgerät** des Gerichts oder in der Übermittlungsleitung, die eine Übermittlung unmöglich machen, verzögern oder zur Verstümmelung des Textes führen, gehen nicht zulasten des Rechtsmittelführers, wenn der Fehler für den Absender nicht erkennbar war, BGH RR **97**, 250, NJW **94**, 1882 mwN, BVerwG NJW **91**, 1193; die Frist gilt als gewahrt, wenn der Inhalt des Schriftstücks anderweit einwandfrei ermittelt werden kann, BGH NJW **94**, 1882. Jedenfalls ist WiedEins zu gewähren, oben Rn 8, BVerfG NJW **96**, 2857, BGH RR **97**, 250, OVG Bautzen NJW **96**, 2251 mwN, bei erkennbarem Defekt dann, wenn andere mögliche und zumutbare Maßnahmen nicht zum Ziel führen, wobei von einem RA nicht verlangt werden darf, daß er innerhalb kürzester Zeit eine andere Zugangsart sicherstellt, BVerfG NJW **00**, 1636 u **96**, 2857, BGH RR **97**, 250 (die strengere Auffassung, zB BGH NJW **95**, 1432 u **92**, 244, Mü VersR **91**, 831, ist damit überholt). **Fehler im Sendegerät** gehen an sich zulasten des Rechtsmittelführers; bei der Gewährung von WiedEins gilt das zuvor Gesagte, wenn der Fehler „in letzter Minute" auftritt, abw BGH RR **96**, 1275. Zur **Fristwahrung** (Zeitpunkt des Eingangs bei Gericht) s oben Rn 4 ff; nötig ist vollständiger **Eingang** bei dem richtigen Gericht bzw auf dessen eigenem Gerät, BGH RR **95**, 442, BAG MDR **00**, 1333, LG Ffm NJW **92**, 3043, bei nur teilweise rechtzeitigem Ausdruck darf nur dieser Teil berücksichtigt werden, BGH NJW **94**, 2097,

Abschnitt 1. Berufung §519

Pape/Notthoff NJW **96**, 419. Zur Rechtslage bei fristgerechter Nachreichung des Originals der Berufungsschrift s unten Rn 18.

b) Schriftform, § 129 Rn 8 ff. In anderen als den zu a) genannten Fällen muß die Berufungsschrift als **11** bestimmender Schriftsatz **von einem RA handschriftlich eigenhändig unterschrieben sein,** der beim Berufungsgericht zugelassen sein muß, wenn dieses ein OLG ist, § 78 I (Ausnahme: § 26 Z 1 EGZPO), allgM, BGH NJW **97**, 3381 mwN, BFH BStBl **86** II 856 (Rspr ist nach wie vor streng, daher Sorgfalt geboten! Krit: Schneider NJW **98**, 1844 u MDR **88**, 747, Vollkommer, Formenstrenge u proz Billigk, 1973). Wegen des Unterschriftserfordernisses vgl § 129 Rn 13 ff (auch zu den Anforderungen an den Namenszug, BGH NJW **94**, 55 mwN; bei Doppelnamen genügt die Unterzeichnung mit einem Namen dann, wenn die Unterschrift dem Unterzeichnenden zugeordnet werden kann, BGH NJW **96**, 997 mwN, jedenfalls aber die Abkürzung des zweiten Namensteiles mit den beiden Anfangsbuchstaben, BAG NZA **89**, 227). Bei fehlender Unterschrift ist die Berufung unzulässig, BGH VersR **83**, 555. Eine nachträgliche Unterzeichnung nach Fristablauf hat keine rückwirkende Kraft, BGH (Anm Späth) VersR **80**, 331, abl List DB **83**, 1672; das Gericht hat insofern keine Hinweispflicht, BGH NJW **82**, 1467 (anders ist ein nobile officium, die fristgemäße Nachholung zu ermöglichen). Mündliche oder telefonische Ergänzungen dürfen nicht berücksichtigt werden, BGH NJW **97**, 3383 u **85**, 2650. Zur WiedEins bei fehlender Unterschrift BGH NJW **85**, 1226.

Danach **genügt nicht** (Faksimile-)Stempel, BGH NJW **76**, 966, ebensowenig bloßes Handzeichen **12** (Paraphe), BGH NJW **75**, 1704 mwN, krit BFH NJW **96**, 1432 (zum Unterschied zwischen Paraphe und Unterschrift BGH NJW **82**, 1467, BVerwG VerwRspr **30**, 880) oder Unterzeichnung mit dem Vornamen Karlsr RR **00**, 948, auch nicht eine Unterschrift in Schreibmaschinenschrift, Kblz LS VersR **82**, 275, oder eine vervielfältigte Unterschrift, aM BVerwG NJW **71**, 1054, oder die Einreichung einer Fotokopie oder Lichtpause von einer handschriftlich unterzeichneten Berufungsschrift, BGH NJW **62**, 1505; ob an dieser strengen Rspr angesichts der abweichenden Behandlung von Telegrammen, Fernschreiben und Btx-Mitteilungen, oben Rn 10, festgehalten werden kann, ist zweifelhaft, vgl BFH NJW **96**, 1432. Dagegen ist sicher, daß die fehlende Unterschrift nicht dadurch ersetzt werden kann, daß der RA den Schriftsatz persönlich dem Gericht übergibt, BGH VersR **83**, 271 u NJW **80**, 291 (zustm Zeiss JR **80**, 207), Mü NJW **79**, 2570 mwN (es sei denn, der RA läßt sich die Einlegung vom Gericht bescheinigen, Ffm NJW **77**, 1246), oder dadurch, daß der RA die Berufungsschrift als Einschreiben mit Rückschein versendet, BVerwG NJW **91**, 120. Überhaupt kann jedenfalls im Anwaltsprozeß die fehlende Unterschrift nicht durch andere Umstände ersetzt werden, offen gelassen BVerwG NJW **89**, 1177.

Auch nach der bisherigen Rspr **genügt** Blankounterschrift (Fertigung der eigentlichen Schrift durch **13** einen Beauftragten), BGH NJW **66**, 351 (wobei die Rspr eine auf den Einzelfall bezogene Überwachung durch den RA verlangt, BAG NJW **83**, 1447, Mü NJW **89**, 1166), ferner die Unterzeichnung eines Begleitschreibens, BFH (GrS) NJW **74**, 1582, jedenfalls dann, wenn es mit der Begründungsschrift fest verbunden ist, BGH RR **99**, 855 mwN, ebenso wie die Unterzeichnung eines sonstigen fristgerecht eingehenden Schriftsatzes, in dem eindeutig gesagt wird, die Berufung sei mit dem nicht ordnungsmäßig unterzeichneten Schriftsatz eingelegt, zB Unterzeichnung eines Beglaubigungsvermerks auf der Abschrift eines vom Unterzeichner stammenden Schriftstücks, BGH RR **04**, 1364 mwN, BAG NJW **79**, 183, oder einer sog zweiten Urschrift, mag ein solches Schriftstück nach der Einreichung auch an den RA zurückgegeben worden sein, Schlesw VersR **83**, 65. Ein per **Computerfax** eingereichtes Schriftstück genügt, weil es technisch bedingt eine eigenhändige Unterschrift nicht enthalten kann, BGH MDR **04**, 349 mwN.

Der unterzeichnende RA muß die volle Verantwortung für den Inhalt der Rechtsmittelschrift über- **14** nehmen, die auch von einem anderen verfaßt werden darf. Davon ist bei der Unterzeichnung durch einen postulationsfähigen RA grundsätzlich auszugehen, BGH in stRspr, RR **99**, 855 u **98**, 575, BAG NJW **90**, 2706, alle mwN, es sei denn, das Gegenteil ergibt sich aus einer Erklärung des RA (die Unterzeichnung „i. A." ist nur ausnahmsweise unschädlich, BGH NJW **93**, 2056 u **88**, 210, die Unterzeichnung „i. V." kann genügen, BAG NJW **87**, 3279 mwN, ebenso die Unterzeichnung „für" einen anderen RA, BGH NJW **90**, 2706) oder aus Form und Inhalt des Schriftsatzes, BGH aaO. Außerdem muß der RA wirksam bevollmächtigt sein, wobei Untervollmacht des Prozeßbevollmächtigten genügt, BAG NJW **90**, 2706. Daß die Bevollmächtigung schon in 1. Instanz Gegenstand des Streits war, begründet nicht die Befugnis des RA, Rechtsmittel einzulegen, BGH NJW **90**, 3152 mwN (anders bei Streit um die gesetzliche Vertretung). Der Mangel der Vollmacht kann geheilt werden, § 89 Rn 11, und zwar rückwirkend, so daß die Berufung zulässig wird, wenn die Partei nach Ablauf der Rechtsmittelfrist eine Prozeßvollmacht erteilt, Ffm MDR **84**, 499. Dagegen scheidet die Heilung in der Revisionsinstanz aus, wenn die vollmachtlos eingelegte Berufung nach ergebnislosem Fristablauf durch Prozeßurteil verworfen worden ist, GmS NJW **84**, 2149.

Der RA muß ferner bei dem zuständigen Berufungsgericht postulationsfähig sein, § 78. Die Unter- **15** schrift eines Vertreters genügt, wenn sowohl der Hauptbevollmächtigte als auch sein Vertreter beim OLG postulationsfähig sind, BGH NJW **55**, 546, BAG NJW **90**, 2706, Karlsr VersR **88**, 587, oder wenn der Vertreter amtlich bestellt ist, § 53 BRAO, BGH AnwBl **82**, 246, es sei denn, daß er für seine eigene Praxis tätig wird, BGH NJW **91**, 1176 mwN (es genügt, daß die Vertreterstellung in der Berufungsschrift hinreichend deutlich erkennbar wird, BGH FamRZ **95**, 134, NJW **93**, 1925), KG MDR **00**, 1231 mwN); der nicht beim OLG postulationsfähige Abwickler der Praxis eines Simultananwalts kann auch nach 6 Monaten seiner Tätigkeit, § 53 BRAO, wirksam Berufung einlegen, wenn dem Simultananwalt unbeschränkt Auftrag zur Prozeßvertretung erteilt war, Hbg AnwBl **72**, 187 gegen Nürnb AnwBl **71**, 103 u Hbg MDR **66**, 684. Ungenügend ist aber die Einreichung durch einen nicht beim OLG postulationsfähigen RA, auch wenn der zugelassene RA ihn beauftragt hat, mit seinem Namen zu zeichnen, BGH NJW **76**, 1268. Genehmigung innerhalb der Frist ist zulässig, BGH NJW **90**, 3086, § 78 Rn 32 ff, wenn erkennbar ist, daß der postulationsfähige RA den Mangel erkannt hat und ihn beseitigen will, BGH FamRZ **99**, 1498 mwN. Wird einem RA, der durch Urteil aus der Anwaltschaft ausgeschlossen worden ist, wegen der Berufung gegen dieses Urteil WiedEins gewährt, so sind zwischenzeitlich vorgenommene Prozeßhandlungen wirksam, BGH WertpMitt **87**, 154.

§ 519

16 Die Zulassung als RA (maßgeblich ist die Aushändigung der Zulassungsurkunde, BGH NJW 92, 2706, Eintragung in die Liste der zugelassenen RAe ist ebenso wie die Vereidigung unerheblich, BVerfG 34, 325) bzw seine Vertretungsbefugnis muß in dem **Zeitpunkt** bestehen, in dem der RA sich der Berufungsschrift entäußert hat, nicht notwendig bei ihrem Eingang, BGH NJW 90, 1305 mwN, ua Ffm NJW 84, 2896 (zustm Münzberg NJW 84, 2871), aM Ffm Rpfleger 71, 229 m krit Anm Vollkommer. Das gleiche gilt für das Bestehen der Prozeßvollmacht, beiläufig abw BGH NJW 90, 3152. Über den Beitritt eines Streitgehilfen bei Einlegung s § 66 Rn 17, über die Verbindung mit Aufnahme des Prozesses s § 250 Rn 2. Zum Nachweis der **Vollmacht** s § 80 Rn 11.

Wegen der Vertretung durch einen **ausländischen Anwalt** vgl Anh I § 155 GVG u Schlußanh VII.

17 c) Eine **beglaubigte Abschrift der Berufungsschrift** ist dem Gegner ohne Terminsbestimmung vAw zuzustellen, § 521 I.

18 C. Die **Einreichung mehrerer Berufungsschriften desselben Inhalts** durch dieselbe Partei (oder ihren Streithelfer) kann sich bei Befürchtung eines Formfehlers empfehlen und ist bei Versäumung der Begründungsfrist (und Verwerfung der Berufung) das einzige Mittel, den Eintritt der Rechtskraft zu verhindern, solange die Berufungsfrist läuft, dazu Pantle NJW 88, 2773 mwN. In einer solchen Wiederholung des Rechtsmittels liegen keine selbständigen Berufungen, so daß die Verlängerung der Begründungsfrist für alle gilt, BGH NJW 93, 269, und nicht etwa eine als unzulässig zu verwerfen ist, BGH NJW 96, 2659 mwN, und bei Rücknahme eines Einlegungsaktes die Kostenfolge des § 516 III nicht eintritt, BGH 24, 180; vielmehr hängt die Bedeutung der zweiten (und jeder weiteren) Einlegungsaktes von der Wirksamkeit und dem Wirksambleiben des vorangegangenen Einlegungsaktes ab, BGH NJW 93, 3141 u 269, BAG NZA 99, 895 mwN. Gegen ein Urteil gibt es nur ein Rechtsmittel, über das einheitlich zu entscheiden ist, BGH MDR 05, 824, NJW 96, 2659, 85, 2480 u 2834 mwN, BAG MDR 73, 83 mwN, BB 77, 500, BFH BStBl 84 II 833, Ffm FamRZ 84, 406: erfüllt eine der Berufungsschriften die Zulässigkeitsvoraussetzungen, so ist in der Sache zu entscheiden, BGH stRspr, zB NJW 93, 3141, BayObLG BayVBl 81, 153 mwN; sind alle Berufungsschriften unzulässig, so ist einheitlich zu verwerfen; erweist sich infolge einer Entscheidung des Revisionsgerichts dann ein Rechtsmittel als zulässig, so ist das in anderer Form eingelegte gegenstandslos, BGH NJW 89, 1357 u 85, 2480, Düss OLGZ 79, 454. Das gilt auch für den Fall, daß dieselbe Partei sowohl Berufung als auch Anschlußberufung eingelegt hat, Karlsr Just 84, 394, und für die Berufungseinlegung durch die Partei und einen Streithelfer, BGH NJW 85, 2480.

Ob er eine oder mehrere Berufungen einlegen will, kann der Rechtsmittelführer bestimmen; fehlt es an einer ausdrücklichen Bestimmung, entscheidet sein prozessuales Verhalten, BGH NJW 93, 1341, BAG NJW 96, 1366. Mehrkosten sind nicht erstattungsfähig.

19 2) **Inhalt der Berufungsschrift, II**

A. **Sämtliche in II aufgeführten Erfordernisse sind wesentlich: ein Mangel macht die Berufung unzulässig.** Eine Heilung ist bis zum Ablauf der Berufungsfrist möglich, ganz hM. Dies gilt auch für die fehlende Unterschrift, BGH VersR 80, 331, **LM** § 519 Nr 63, BFH BStBl 84 II 670 mwN. Es genügt, wenn innerhalb der Frist mehrere Schriftsätze vorliegen, die insgesamt eine formgerechte Berufung ergeben, BAG MDR 82, 965. Die Erklärungen der Parteien sind ggf **nach dem Grundsatz anzulegen**, dass im Zweifel gewollt ist, was nach den Maßstäben der Rechtsordnung vernünftig ist und der recht verstandenen Interessenlage entspricht, BGH in stRspr, RR 02, 646 mwN (keine Auslegung gegen den Wortlaut).

20 B. **Wesentlich sind** (Schlee AnwBl 85, 252 mwN):

a) **Bezeichnung des angefochtenen Urteils, Z 1.** Wie dies geschieht, bleibt gleich; nur darf kein Zweifel an der Nämlichkeit bestehen, BFH NJW 73, 2048, so daß bei Gericht und Gegner innerhalb der Berufungsfrist Gewißheit darüber herrschen muß, welches Urteil angefochten ist: grundsätzlich nötig ist die genaue Bezeichnung der Parteien und des Gerichts, des Verkündungstermins und des Aktenzeichens, BGH NJW 01, 1071 mwN, vgl BGH VersR 92, 761 u NR 89, 959, BAG NZA 97, 456 (falsches bzw fehlendes Aktenzeichen), BGH NJW 89, 2395 u FamRZ 88, 830 (falsche Bezeichnung des Gerichts), RR 87, 319 (irrtümliche Nennung des LG Mü I anstelle des LG Mü II, dazu Borgmann AnwBl 87, 39), VersR 84, 870, 83, 250 mwN. Es genügt, daß für beide diese Gewißheit innerhalb der Frist des § 517 besteht, BGH MDR 78, 308, wobei für das Gericht die Kenntnis der Geschäftsstelle ausreicht, BAG NJW 79, 2000 (BGH VersR 83, 250 läßt dies offen). Die Gewißheit kann sich aus der Auslegung der Berufungsschrift und anderer Unterlagen, aus sonstigen Angaben oder aus den Begleitumständen ergeben, BGH MDR 03, 948 u NJW 01, 1071 mwN, zB **aus dem nach III beigefügten Urteil**, BGH NJW 93, 1720 u 91, 2081 mwN; dann schadet das Fehlen oder die Unrichtigkeit von Angaben in der Berufungsschrift nicht, zB eine unrichtige Angabe des Aktenzeichens, BVerfG NJW 93, 1720 u 91, 3140 (krit Obert NJW 92, 2139), BGH RR 89, 959, BAG NZA 97, 456, und/oder des Verkündungsdatums, BGH LM Nr 10, oder die unterlassene oder falsche Angabe des Gerichts 1. Instanz, BGH MDR 89, 730 mwN, wenn auch für das Berufungsgericht Klarheit besteht, BGH VersR 84, 870, so Schlesw SchlHAnz 90, 88, die auch durch Ermittlungen der Geschäftsstelle herbeigeführt werden kann, BGH VersR 93, 1549, BAG NZA 97, 456. Demgemäß ist bei versehentlich falscher Bezeichnung die Richtigstellung oder Ergänzung innerhalb der Frist jederzeit möglich, was auch durch Einreichung des richtigen Urteils geschehen kann, wenn Gericht und Gegner über das Urteil, das angefochten werden soll, nicht im Zweifel sein können, BGH LM § 554 a Nr 5; eine Berichtigung nach Ablauf der Berufungsfrist ist ausgeschlossen, BGH MDR 78, 308. Die ausdrückliche Verweisung auf das beigefügte Urteil genügt, BGH RR 89, 959 mwN; fehlt es, muß das Gericht den Berufungskläger darauf hinweisen, BGH NJW 91, 2081. Ist das Urteil eindeutig bezeichnet, so kann der Berufungskläger die Berufung nicht nachträglich auf ein anderes Urteil beziehen. Liegt der Berufungsschrift ein anderes Urteil bei als das in ihr genannte, so kommt es auf die Umstände des Einzelfalls an, BGH NJW 91, 2081.

21 Besteht innerhalb der Frist des § 517 bei Gericht und Gegner nicht die erforderliche Gewißheit, so ist die Berufung ohne Rücksicht darauf unzulässig, ob die Bearbeitung des Rechtsstreits durch das Fehlen der nötigen Angaben verzögert wird, BGH VersR 83, 250 mwN. Das Gericht und seine Geschäftsstelle haben keine Prüfungs- und Nachforschungspflichten, BAG NJW 73, 1391 u 79, 2000.

Abschnitt 1. Berufung § 519

b) Die Erklärung, daß der Berufungskläger gegen dieses Urteil Berufung einlege, Z 2. Der 22
Gebrauch des Wortes „Berufung" ist unnötig, wenn der Wille, das Urteil einer Nachprüfung durch das
höhere Gericht zu unterstellen, klar erhellt, BGH RR **98**, 507 mwN, BVerwG BayVBl **96**, 31; es reicht aber
nicht aus, wenn erst der Inhalt der Schrift ausgelegt werden muß, BGH **LM** § 518 II Z 2 Nr 3. Unter
Umständen ist eine Umdeutung möglich, BGH **LM** ZPO Allg Nr 5 („Revision" statt Berufung), BGH
NJW **87**, 1204 („sofortige Beschwerde" statt Berufung), aber mit Rücksicht auf die Belange der Gegenseite
mit Zurückhaltung, und jedenfalls dann nicht, wenn eindeutig ein anderes Ziel verfolgt wird, BVerwG
NVwZ **98**, 1297; zur Umdeutung einer unzulässigen Berufung in eine zulässige Anschlußberufung s BGH
NJW **87**, 3263 (dazu Rimmelspacher JR **88**, 93).

Eine als Ganzes **bedingt oder hilfsweise eingelegte Berufung ist unzulässig,** allgM, BVerfG 40, 272, 23
BAG MDR **86**, 83 mwN, Grdz § 511 Rn 4. Ob eine Berufung in diesem Sinne bedingt eingelegt worden
ist, muß ggf durch Auslegung ermittelt werden, BVerfG aaO, BGH NJW **02**, 1352 mwN, BFH NJW **76**,
141 u NVwZ **83**, 439. Beispiel: Berufungseinlegung in Verbindung mit einem PKH-Gesuch, BGH NJW
95, 2564 mwN, BAG **AP** Nr 5 (zustm Baumgärtel), BVerwG **59**, 305. Ist dem Gesuch eine dem § 519
genügende Schrift beigefügt, so ist eine unbedingte Berufung, wenn sich nicht das Gegenteil eindeutig
aus den Umständen ergibt, BGH RR **00**, 879, NJW **95**, 2564 mwN, u a FamRZ **90**, 995, etwa dann, wenn
in dem Antrag selbst diese Schrift als Entwurf bezeichnet wird, Stgt FamRZ **00**, 240, zumal dann, wenn
erklärt wird, die Einlegung des Rechtsmittels erfolge nach Bewilligung der Prozeßkostenhilfe, BGH VersR
86, 40, oder sei lediglich beabsichtigt, BGH RR **00**, 879 mwN. Zulässig ist auch eine Berufung mit der
Bitte, den Schriftsatz zunächst zu den Akten zu nehmen und erst über ein gleichzeitig gestelltes Prozeßkostenhilfegesuch zu entscheiden, BGH NJW **88**, 2047, oder die Berufungsschrift erst nach Bewilligung der
Prozeßkostenhilfe in den Geschäftsgang zu nehmen, BGH **LM** § 518 Nr 2.

Die Angabe, **in welchem Umfang** Berufung eingelegt wird, ist in der Berufungsschrift entbehrlich.
Erfolgt sie dennoch, so steht das, wenn nicht ein ausdrücklicher (teilweiser) Berufungsverzicht ausgesprochen
ist, einem weitergehenden Antrag innerhalb der Begründungsfrist nicht entgegen, BGH NJW **83**, 1562
mwN, BAG NZA **94**, 272; vgl auch Grdz § 511 Rn 4.

c) Einlegung durch einen beim Berufungsgericht nach § 78 postulationsfähigen RA (nach § 11 24
II ArbGG durch jeden RA und im dort bezeichneten Rahmen ggf auch durch einen Verbandsvertreter), mag
er auch noch nicht vereidigt, BVerfG **34**, 325, oder in die Liste der zugelassenen RAe eingetragen sein,
BGH NJW **92**, 2706, vgl oben Rn 15 u 16. Der Name des verantwortlich Zeichnenden muß sich aus der
Berufungsschrift zweifelsfrei ergeben.

d) Die klare Angabe, für wen und gegen wen der RA Berufung einlegt, BGH NJW **02**, 1430, RR 25
02, 932, NJW **99**, 1554 u 292, RR **99**, 1587, jeweils mwN, was innerhalb der Rechtsmittelfrist im Wege der
Auslegung aus der Berufungsschrift oder doch aus den Umständen mit ausreichender Deutlichkeit zu
erkennen sein muß, so daß bei dem Gericht und den Gegner kein Zweifel aufkommen kann, stRspr,
BGH RR **04**, 572 u 1075 mwN, FamRZ **04**, 697; wegen der nötigen Schriftform genügt dafür eine von
der Geschäftsstelle in einem Aktenvermerk festgehaltene fernmündliche Erklärung nicht, BGH NJW **97**,
3383 mwN, krit Westerhoff JR **86**, 269. Grundsätzlich müssen Berufungskläger und Berufungsbeklagter
unter Angabe der Parteirolle mit ihren Namen (und zweckmäßigerweise auch mit ihrer Anschrift) bezeichnet
werden, so daß die Berufung nicht ordnungsmäßig eingelegt wird, wenn statt des richtigen Berufungsbeklagten
ein mit ihm nicht identisches Unternehmen genannt wird, in dessen Firma sein Name erscheint, BGH NJW
85, 2651. Jedoch macht das Fehlen der Anschrift des Berufungsbeklagten und seines RA die Berufung nicht
unzulässig, BGH **65**, 114, VersR **85**, 571 mwN (trotz der Besonderheiten des Verfahrens der Arbeitsgerichte
gilt hier das gleiche, BAG – GS – NJW **87**, 1356 auf Vorlagebeschluß BAG NJW **86**, 1194, unter Aufgabe
der bisherigen abw Rspr); das gleiche gilt für das Fehlen der ladungsfähigen Anschrift des Berufungsklägers,
BGH NJW **88**, 2114.

Richtet sich die Berufung gegen mehrere **Streitgenossen,** genügt idR die Nennung des an erster Stelle 26
stehenden, BGH NJW **02**, 832 u **94**, 514 mwN; anders liegt es aber, wenn von 3 Streitgenossen nur 2
genannt werden, BGH NJW **61**, 2347, aber auch hier kann eine sinnvolle Auslegung ergeben, daß sich das
Rechtsmittel gegen alle richtet, Hamm MDR **00**, 539, weil die uneingeschränkt eingelegte Berufung sich
im Zweifel gegen alle erfolgreichen Streitgenossen richtet, Bre RR **95**, 1023. Deshalb kann bei ausnahms-
loser Aufführung der Rechtsmittelgegner deren unterschiedliche Bezeichnung als „Beklagte" und als „Beklagte und Berufungsbeklagte" unschädlich sein, BGH NJW **84**, 58 (dazu BGH NJW **03**, 3204 mwN). Bei
einer Vielzahl von Rechtsmittelgegnern genügt eine Sammelbezeichnung jedenfalls dann, wenn sich die
Einzelheiten aus der beigefügten Urteilsabschrift ergeben, BGH VersR **89**, 276. Sind mehrere einfache
Streitgenossen dagegen Berufungskläger, müssen alle genannt werden, BGH NJW **83**, 2944 mwN, Bra
OLG-NL **98**, 261, es sei denn, die Reihenfolge der in der Berufungsschrift aufgeführten Namen läßt
hinreichend sichere Schlüsse zu, BGH NJW **99**, 3124, **76**, 108. Die fehlende Bezeichnung eines Streithelfers
ist unschädlich, BAG NJW **78**, 392.

Eine **fehlende oder falsche Bezeichnung der Parteien** schadet nur, wenn die richtige dem Berufungs- 27
gericht und dem unbefangenen Leser nicht deutlich erkennbar ist, BGH FamRZ **04**, 697, MDR **04**, 703,
NJW **02**, 1430, RR **02**, 932 u 1074, NJW **99**, 1554 u 292 mwN, Brschw MDR **04**, 1438 mwN, wobei
auch das der Rechtsmittelschrift beigefügte Urteil herangezogen werden kann, BGH aaO, stRspr. Wo es
üblich ist, den Kläger stets dem an erster Stelle zu nennen, wenn er auch Berufungskläger ist, werden schon
durch die Reihenfolge die Parteien idR hinreichend deutlich bezeichnet, BVerfG NJW **86**, 2101, BGH RR
01, 572 mwN; enthält die Berufungsschrift bereits Anträge, so kann sich mangels anderer Hinweise aus ihnen
ergeben, gegen welchen von mehreren Prozeßgegnern sich die Berufung richtet, BGH NJW **91**, 2775. Ist
der Name des Rechtsmittelklägers überhaupt nicht genannt, so schadet das dann nicht, wenn er aus sonstigen
innerhalb der Notfrist eingereichten Unterlagen hervorgeht, BAG NJW **73**, 2318, Celle NdsRpfl **90**, 152
mwN, zweifelnd BAG NJW **73**, 1949 (vgl auch Grunsky zu **AP** § 553 Nr 1 u 2); deshalb reicht es nicht aus,
wenn der Name nur aus den Gerichtsakten zu ermitteln ist und diese dem Rechtsmittelgericht nicht
innerhalb der Notfrist vorliegen, BGH **21**, 168. Wenn das Verf nicht von allen in der Berufungsschrift

§§ 519, 520

genannten Rechtsmittelklägern durchgeführt wird, genügt eine Klarstellung bis zum Ablauf der Begründungsfrist, Celle NdsRpfl **90**, 153 (keine teilweise Verwerfung der Berufung).

28 **3) Anlagen der Berufungsschrift, III.** Der Berufungskläger soll ihr eine Ausfertigung oder beglaubigte Abschrift des angefochtenen Urteils beifügen. Es handelt sich um eine bloße Ordnungsvorschrift, deren Beachtung aber wichtig ist, weil sich aus dem Urteil Umstände ergeben können, die für die Auslegung der Berufungsschrift wesentlich sind, BGH RR **89**, 959, oben Rn 20 u 27, vgl Schlee AnwBl **90**, 35.

29 **4) Allgemeine Bestimmungen über vorbereitende Schriftsätze, IV.** Ihre Beachtung, §§ 130 ff, ist durch Ordnungsvorschrift vorgeschrieben. Der Berufungskläger darf, nicht muß, die Berufungsbegründung in die Berufungsschrift aufnehmen, § 520 III 1.

30 **5) VwGO:** Es gelten §§ 124 u 124 a VwGO, vgl § 517 Rn 16; zum Vertretungszwang, § 67 VwGO s BVerwG NJW **98**, 2991 (ausländischer RA); zur Weiterleitung einer fehlgeleiteten Berufungsschrift, Rn 6, OVG Greifsw NVwZ **99**, 201.

520 Berufungsbegründung.
I Der Berufungskläger muss die Berufung begründen.

II [1] Die Frist für die Berufungsbegründung beträgt zwei Monate und beginnt mit der Zustellung des in vollständiger Form abgefassten Urteils, spätestens aber mit Ablauf von fünf Monaten nach der Verkündung. [2] Die Frist kann auf Antrag von dem Vorsitzenden verlängert werden, wenn der Gegner einwilligt. [3] Ohne Einwilligung kann die Frist um bis zu einem Monat verlängert werden, wenn nach freier Überzeugung des Vorsitzenden der Rechtsstreit durch die Verlängerung nicht verzögert wird oder wenn der Berufungskläger erhebliche Gründe darlegt.

III [1] Die Berufungsbegründung ist, sofern sie nicht bereits in der Berufungsschrift enthalten ist, in einem Schriftsatz bei dem Berufungsgericht einzureichen. [2] Die Berufungsbegründung muss enthalten:

1. die Erklärung, inwieweit das Urteil angefochten wird und welche Abänderungen des Urteils beantragt werden (Berufungsanträge);
2. die Bezeichnung der Umstände, aus denen sich die Rechtsverletzung und deren Erheblichkeit für die angefochtene Entscheidung ergibt;
3. die Bezeichnung konkreter Anhaltspunkte, die Zweifel an der Richtigkeit oder Vollständigkeit der Tatsachenfeststellungen im angefochtenen Urteil begründen und deshalb eine erneute Feststellung gebieten;
4. die Bezeichnung der neuen Angriffs- und Verteidigungsmittel sowie der Tatsachen, auf Grund derer die neuen Angriffs- und Verteidigungsmittel nach § 531 Abs. 2 zuzulassen sind.

IV Die Berufungsbegründung soll ferner enthalten:

1. die Angabe des Wertes des nicht in einer bestimmten Geldsumme bestehenden Beschwerdegegenstandes, wenn von ihm die Zulässigkeit der Berufung abhängt;
2. eine Äußerung dazu, ob einer Entscheidung der Sache durch den Einzelrichter Gründe entgegenstehen.

V Die allgemeinen Vorschriften über die vorbereitenden Schriftsätze sind auch auf die Berufungsbegründung anzuwenden.

1 **Vorbem.** Im **Verfahren der Arbeitsgerichte** (Urteilsverfahren) gilt § 66 I 4 u 5 ArbGG, so daß die zweimonatige Begründungsfrist in § 66 I 1 ArbGG (dazu LAG Hamm MDR **91**, 991) ausnahmslos nur einmal verlängert werden darf (dazu BAG NJW **96**, 1430 u 95, 1446); der Verlängerung agrd eines rechtzeitig gestellten Antrags muß innerhalb zweier Monate nach Ablauf der ursprünglichen Frist verfügt werden, BAG – GS – NJW **80**, 309. Das Vorbringen neuer Angriffs- und Verteidigungsmittel durch den Berufungskläger (und den Berufungsbeklagten) ist in § 67 II 1 ArbGG geregelt. Bei einer Berufungsbegründung durch Telefax muss auch die letzte Seite mit der Unterschrift bis 24 Uhr des letzten Tages der Begründungsfrist bei Gericht eingegangen sein, BAG NZA **03**, 573. Für den Inhalt der Begründung gilt III, LAG Düss MDR **04**, 160, BAG NZA **04**, 1350.

Schrifttum: *Stackmann* NJW **03**, 169.

Gliederung

1) Begründungszwang, I	2–3	a) Allgemeines		23–32
2) Begründungsfrist, II	4–15	b) Rechtsverletzung, III 2 Z 2		33
A. Beginn und Ende	4–7	c) Tatsachenwürdigung, III 2 Z 3		34
B. Verlängerung, II 2 u 3	8–14	d) Neue Angriffs- und Verteidigungsmittel, III 2 Z 4		35
C. Versäumung der Frist	15			
3) Inhalt der Begründungsschrift, III–IV	16–35	4) Sollvorschriften, IV		36–37
A. Allgemeines	16	5) Vorschriften über vorbereitende Schriftsätze, V		38
B. Berufungsanträge, III 2 Z 1	17–21			
C. Berufungsgründe, III 2 Z 2–4	22–35	6) VwGO		39

2 **1) Begründungszwang, I.** Der **Berufungskläger** muß seine Berufung innerhalb der Frist, II, begründen; den Umfang bestimmt III abschließend. Dieser Begründungszwang ist mit dem GG vereinbar, vgl BVerfG NJW **74**, 133 u BayVerfGH BayVBl **87**, 314. Er gilt auch in Arrest- und Verfügungssachen, deren Eiligkeit einer ordnungsmäßigen Begründung nicht im Wege steht, str. Die Partei darf die

Abschnitt 1. Berufung § 520

Berufung der Streitgehilfen begründen und umgekehrt der beigetretene Streithelfer die Berufung der Partei, BGH NJW 99, 2046 u 85, 2480; bei notwendiger Streitgenossenschaft s § 62 Rn 18 ff, 26.

Die Berufungsbegründung kann bereits in der Berufungsschrift enthalten sein, III 1. Sie darf auch, wie es der 3 Regel entspricht, in einem besonderen, bei dem Berufungsgericht einzureichenden **Schriftsatz** erfolgen, auch in mehreren rechtzeitig eingereichten Schriftsätzen (Einreichung: § 519 Rn 3 ff). Ein inhaltlich den Anforderungen des § 520 genügender, fristgerechter Schriftsatz reicht idR als Begründung aus, zB ein PKH-Gesuch oder ein Antrag auf Einstellung der Zwangsvollstreckung, BGH FamRZ 89, 850 mwN, sofern nicht ein anderer Wille des Berufungsklägers im Zeitpunkt der Einreichung erkennbar ist, BGH in stRspr, RR 99, 212, u 98, 1262, VersR 95, 1463 mwN u 86, 91 (enger BGH RR 93, 1092: der Schriftsatz muß zur Begründung bestimmt sein). Daß die Berufung schon vor Zustellung des Urteils vollständig und abschließend begründet worden ist, steht ihrer Zulässigkeit grundsätzlich nicht entgegen, BGH NJW 03, 2774.

Die Begründung muß in einem Schriftsatz enthalten sein der zur Begründung bestimmt ist, BGH MDR 05, 944; mündliche (auch zu Protokoll abgegebene) Erklärungen genügen nicht. Für die **Formerfordernisse** gilt das in § 519 Rn 9 ff Gesagte; ebenso wie die Berufung darf auch die Begründung telegrafisch, fernschriftlich oder im Telekopieverfahren eingereicht werden, BGH NJW 90, 188 u 85, 1759 mwN (dazu Zeiss JR 86, 417), BAG NJW 87, 341, wobei eine Abweichung von dieser Rspr gegen den Grundsatz des gleichen Zugangs zum Gericht verstoßen würde, BVerfG NJW 87, 2067, abw BayVerfGH BayVBl 87, 314. Grundsätzlich muß sie ein RA unterschreiben, beim OLG ein dort zugelassener (oder als zugelassen geltender, § 26 Z 1 EGZPO) RA, § 78 I u II, BGH NJW 98, 574, vgl § 519 Rn 15 u 16. Wegen der Verweisung auf ein anderes Schriftstück vgl unten Rn 28 u 29. Zu den Anforderungen für die Begründung, wenn das angefochtene Urteil nach Ablauf von 5 Monaten zugestellt wurde, BGH RR 05, 1986.

2) Begründungsfrist, II 4

A. Beginn und Ende, II 1. Die Frist beträgt 2 Monate ab Zustellung des in vollständiger Form abgefaßten Urteils, II 1, und zwar auch dann, wenn die Berufung vor der Zustellung des Urteils eingelegt wird. Fehlt es an der Zustellung des Urteils, so beginnt die Frist mit Ablauf von 5 Monaten nach der Verkündung, II 2; vgl § 517 Rn 10–14.

Die Frist wird nicht durch einen Antrag auf Prozeßkostenhilfe gehemmt, Zweibr FamRZ 03, 622 (auch zur Wiedereinsetzung in diesem Fall), ebensowenig durch einen Antrag auf WiedEins (und gleichzeitige Erneuerung der Berufung), BGH NJW 98, 1155 mwN (vgl BAG NZA 89, 150), oder durch Verwerfung der Berufung und ein nachfolgendes Beschwerdeverfahren, BGH NJW 98, 1155, stRspr, BVerfG NJW 87, 1191, so daß die Berufung trotzdem innerhalb der Frist vorsorglich begründet werden muß; vgl dazu Wagner NJW 89, 1156 mwN, krit Clausnitzer AnwBl 88, 136. Wird aber ein innerhalb der Begründungsfrist ergangener Verwerfungsbeschluß des LG auf Verfassungsbeschwerde hin aufgehoben, muß dem Berufungskläger die Möglichkeit eingeräumt werden, die Berufung binnen sachangemessener Frist zu begründen, BVerfG NJW 87, 1191; die (volle) Begründungsfrist beginnt mit der Zustellung der Entscheidung des BVerfG entspr § 249 I erneut zu laufen, ThP 4, ZöGu 14, vgl Wagner NJW 89, 1156, zT abw Clausnitzer aaO (der auch die Möglichkeit der WiedEins erwägt) und Wagner NJW 87, 1184 (der mit der Zustellung die Berufungseinlegungsfrist neu beginnen läßt).

Wird eine 2. Berufungsschrift sicherheitshalber eingereicht, weil die erste Berufung vielleicht unwirksam 5 ist, so ist die 2. Berufung, falls die erste doch formrichtig ist, so lange wirkungslos, als nicht etwa diese unwirksam (zB durch Rücknahme) wird; erst dann richtet sich die Begründungsfrist nach der Einlegung der 2. Berufung, BGH NJW 85, 2480 (vgl Pantle NJW 88, 2774).

Für die **Berechnung** gilt § 222, § 517 Rn 2; wegen der Berechnung der verlängerten Frist s § 224 Rn 7, 6 vgl Rostock NJW 03, 3141 (abl Grams BRAK-Mitt 03, 1439).

Die Frist wird durch Einreichung der Begründungsschrift beim Berufungsgericht **gewahrt**, vgl § 519 Rn 3 ff. Ist die Begründungsschrift mit falscher Adresse in den gemeinsamen Briefkasten mehrerer Gerichte gelangt, so genügt die Angabe des richtigen Aktenzeichens des Berufungsgerichts, BGH NJW 89, 591. Umgekehrt ist bei zutreffender Adressierung die Angabe eines falschen Aktenzeichens unschädlich: auf die Einordnung in die Akte kommt es nicht an, BGH VersR 82, 673.

Die Begründungsfrist ist keine Notfrist. Trotzdem ist **Wiedereinsetzung** nach § 233 I statthaft. Die Frist 7 für den WiedEinsAntrag beginnt nicht erst mit der gerichtlichen Mitteilung, daß die Begründungsfrist versäumt ist, sondern schon mit der Erlangung sicherer Kenntnis davon, daß mit der Einhaltung dieser Frist nicht zu rechnen ist, BGH RR 90, 380 mwN. Wird WiedEins beantragt, war die Berufungsbegründung innerhalb des WiedEinsFrist, § 236 I, nachzuholen, BGH in stRspr, NJW 95, 60 mwN; diese Rspr ist aufgegeben worden, BGH NJW 03, 3275. Über die WiedEins entscheidet das Berufungsgericht, das Revisionsgericht nur dann, wenn der Antrag übergangen worden ist, BGH NJW 82, 887 gegen FamRZ 80, 347. Zur Ergänzung einer fristgerechten, aber inhaltlich (teilweise) unzureichenden Begründung kann WiedEins nicht gewährt werden, BGH NJW 97, 1310 mwN, § 233 Rn 3.

B. Verlängerung, II 2 u 3 (Rimmelspacher F Gaul, 1997). Zuständig ist der Vorsitzende, nicht das 8 Gericht, BGH NJW 88, 211 mwN. Eine Verkürzung der Frist durch den Vorsitzenden ist unzulässig, weil § 520 die §§ 224 II, 226 ausschließt, Schlesw SchlHA 76, 28. Die Frist kann aber durch Parteivereinbarung abgekürzt werden, § 224 I, ZöGu 24.

a) Erforderlich ist ein wirksamer **Antrag** (dazu Müller NJW 93, 686). Er muß bis zum Ablauf der 9 Begründungsfrist gestellt werden, unten Rn 10, unterliegt dem Anwaltszwang, § 78 I (allgM), bedarf der Schriftform, BGH NJW 98, 1155, BVerwG NJW 02, 1138 mwN, oder einer anerkannten Ersatzform, § 519 Rn 9, zB durch Telefax, BGH FamRZ 91, 548. In ihm ist der Grund anzugeben, LAG RhPf NZA 96, 1118; ihn glaubhaft zu machen, § 224 II, ist nicht erforderlich, aber ratsam. Ein bestimmter Endtermin braucht nicht genannt zu werden, BGH MDR 01, 951. Wegen des Antrags bei mehrfacher Berufungseinlegung, § 519 Rn 18, s BGH NJW 93, 269. Ob ein Schriftsatz einen Verlängerungsantrag enthält, ist ggf im Wege der Auslegung zu ermitteln, BGH RR 01, 572 u 94, 568 sowie NJW 90, 2628; dabei ist von dem auszugehen, was im Zweifel vernünftig ist und dem recht verstandenen Interesse der Partei entspricht, BGH

§ 520

Buch 3. Rechtsmittel

MDR **03**, 1434. Mängel des Antrags sind jedoch ohne Einfluß auf die Wirksamkeit der Verlängerung, BGH NJW **85**, 1559 u RR **90**, 67. Die Frist darf **auch nach Fristablauf** verlängert werden, sofern dies bis zum Ablauf des letzten Tages der Frist beantragt worden ist (so auch die neueren VerfOrdnungen, §§ 139 VwGO, 164 SGG, 120 FGO), BGH – GrZS – NJW **82**, 1651 mwN (unter Aufgabe der früheren abw Rspr) auf die Vorlage BGH NJW **82**, 51, und zuvor schon für das Verfahren der Arbeitsgerichte BAG (GrS) NJW **80**, 309.

10 Wird der **Antrag verspätet** angebracht, so ist die Berufung als unzulässig zu verwerfen, BGH VersR **83**, 248; daran ändert auch die (dann unwirksame) Verlängerung der Frist durch den Vorsitzenden nichts, unten Rn 13. Eine WiedEins in die Antragsfrist ist nicht möglich, BGH VersR **87**, 308; hat jedoch der ProzBev rechtzeitig und ordnungsgemäß die Verlängerung beantragt, deren Bewilligung er mit großer Wahrscheinlichkeit erwarten durfte (zB nach vielfach geübter Praxis beim ersten, ausreichend begründeten Antrag), geht aber der Antrag wegen Verzögerung des Postlaufs erst nach Ablauf der Frist beim Gericht ein, so kann WiedEins in die versäumte Begründungsfrist gewährt werden, BGH VersR **84**, 894, NJW **83**, 1741, BAG NJW **86**, 603 (das bloße Vertrauen darauf, daß dem Antrag stattgegeben werde, genügt dafür nicht, BGH **83**, 222, VersR **87**, 261 mwN). Zur Frage, ob bei Vorliegen eines solchen WiedEinsGrundes die fristgerechte Nachholung des Verlängerungsantrags genügt, §§ 234 I u 236 II 2, s Ganter NJW **94**, 164 (diff). Es stellt kein der Wiedereinsetzung ausschließendes Verschulden dar, daß der ProzBev sich nicht vor Ablauf der Frist wegen der Verlängerung erkundigt hat, BGH NJW **83**, 1741.

11 b) **Verlängerung, II 2 u 3** (Schneider MDR **05**, 61). **aa)** Verlängern darf der Vorsitzende die Frist ohne zeitliche Begrenzung, wenn und soweit der **Gegner einwilligt, II 2**. Die Einwilligung (vorherige Zustimmung, § 183 BGB) bedarf keiner besonderen Form, BGH NJW **05**, 72; sie ist bedingungsfeindlich und grundsätzlich unwiderruflich. Der Gegner kann sie auf eine zeitlich begrenzte Verlängerung beschränken. Der Vorsitzende ist bei seiner Entscheidung an die Einwilligung gebunden, Zweibr NJW **03**, 3211. **bb) Ohne Einwilligung** des Gegners darf der Vorsitzende die Begründungsfrist nur bis insgesamt einen Monat und nur dann verlängern, wenn nach seiner freien (nicht nachprüfbaren) Überzeugung der Rechtsstreit durch die Verlängerung **nicht verzögert wird** (zB wenn über die Berufung ohnehin erst nach geraumer Zeit entschieden werden kann) **oder wenn der Berufungskläger erhebliche Gründe darlegt, II** 3; fehlt diese Darlegung, muß der Antragsteller damit rechnen, daß in einer grundlosen Verlängerung eine ungerechtfertigte Verzögerung des Rechtsstreits gesehen wird, BGH NJW **92**, 2426. Eine Glaubhaftmachung ist nicht unbedingt erforderlich, BGH NJW **91**, 1359 u RR **89**, 1280, BAG NJW **95**, 150 mwN. Erhebliche Gründe sind zB Vergleichsgespräche, BGH NJW **99**, 430, oder Abwarten einer bevorstehenden Grundsatzentscheidung (offen BGH RR **98**, 574), aber auch Arbeitsüberlastung, BGH NJW **91**, 2081 u RR **89**, 1280, BayVerfGH **95**, 150 u **95**, 1446 (konkrete Angaben über die Gründe und ihre Auswirkung sind nicht erforderlich, zustm BVerfG NJW **00**, 1634), oder Urlaub des RA, BGH NJW **91**, 2080, ferner Personalschwierigkeiten in seiner Kanzlei, BGH RR **89**, 1280, E. Schneider MDR **77**, 89, oder Unmöglichkeit der Einarbeitung des neu bestellten Anwalts, BGH RR **00**, 800, oder die Notwendigkeit eines Informationsgesprächs mit dem Mandanten, BGH NJW **01**, 3552. Bei Vorliegen der Voraussetzungen ist einem ersten Antrag idR zu entsprechen, BGH in stRspr, MDR **01**, 1432 u RR **00**, 799 mwN, u a NJW **99**, 430 mwN, KG MDR **99**, 1523; eine gegenüber dem Gesetz strengere Praxis verstößt gegen das Gebot rechtsstaatlicher Verfahrensgestaltung, BVerfG FamRZ **02**, 533, NJW **00**, 1634, **98**, 3703 u **89**, 1147, BGH NJW **91**, 1359, RR **89**, 1280 mwN, BAG NJW **95**, 1446 u 150, BayVerfGH MDR **96**, 1074. Jedoch kann der RA auch bei einem ersten Antrag grds nicht erwarten, daß ihm entsprochen wird, wenn keiner der Gründe des II 3 vorgebracht ist, BGH NJW **93**, 135. Der Berufungsführer kann grundsätzlich nicht darauf vertrauen, daß ihm ohne Einwilligung des Gegners eine zweite Verlängerung bewilligt wird, BGH NJW **04**, 742. Ebensowenig wie schematische Verlängerung ist engherzige Ablehnung angebracht, zumal die Einwilligung oft eine sorgfältigere Begründung bewirkt, Baumgärtel-Hohmann S 181. Zulässig ist die Verlängerung unter einer Rechtsbedingung, BGH NJW **88**, 3266. Die Verlängerung erfordert nicht die Feststellung (u auch nicht die Darlegung), dass die Berufung rechtzeitig eingelegt worden ist. Hierfür ist unabhängig von der Verlängerung erst bei der Prüfung der Zulässigkeit des Rechtsmittels zu entscheiden, BGH NJW **05**, 944.Auch die **Ablehnung** des Antrags auf Verlängerung steht dem Vorsitzenden zu, BGH NJW **88**, 211 u RR **88**, 581, Demharter MDR **86**, 797, str. Sie braucht nicht begründet zu werden, BGH RR **89**, 1279. Wegen der Mitteilung siehe unten Rn 12. Gewährung einer kürzeren Frist ist idR zugleich Ablehnung des weitergehenden Antrags, BGH RR **89**, 1279. Die Ablehnung ist unanfechtbar, § 225 III, BGH VersR **86**, 772.

12 c) **Entscheidung.** Über das Gesuch entscheidet der Vorsitzende nach Anhörung des Gegners, BVerfG NJW **00**, 945, durch Verfügung, die nicht gesondert angefochten werden kann; sie ist jedoch wirkungslos, wenn der Antrag verspätet gestellt worden ist, BGH RR **96**, 514 mwN, was auf Revision geprüft werden darf, BGH NJW **92**, 842 (BGH **102**, 37 = NJW **88**, 268 ist insoweit aufgegeben worden). Für die Verlängerung besteht eine zeitliche Schranke von höchstens 1 Monat, wenn der Gegner nicht einwilligt, II 3. Die Fristverlängerung sollte stets schriftlich verfügt werden, jedoch ist auch eine vom Vorsitzenden telefonisch ausgesprochene Verlängerung wirksam, BGH NJW **98**, 1156 mwN, str; „stillschweigend" kann die Frist nicht verlängert werden, BGH RR **90**, 67. Auch die schriftliche Verfügung bedarf zu ihrem Wirksamwerden, da hier keine (neue) Frist in Lauf gesetzt, sondern nur die alte erstreckt wird, nicht der Zustellung, hM, Müller NJW **90**, 1778, BGH NJW **94**, 2365 mwN (die abwM, BGH RR **89**, 1404, ist aufgegeben worden); es genügt die formlose Übermittlung an den RA des Berufungsklägers, gleichgültig, ob dies auf Veranlassung des Gerichts oder des RA geschieht, BGH **LM** § 329 Nr 2. Eine entsprechender Aktenvermerk ist zwar zweckmäßig, für die Rechtswirksamkeit aber nicht erforderlich, BGH RR **89**, 1279. Die Mitteilung an den Berufungsbeklagten geschieht ebenfalls formlos, ist für die Wirksamkeit der Verlängerung auch belanglos.

13 Mängel des Antrags, zB Fehlen des Einverständnisses oder sein Fehlen machen die Verlängerung nicht unwirksam, BGH NJW **04**, 1460 mwN, BGH RR **99**, 286 mwN, NJW **98**, 1156 (Anm Gummer **LM** Nr 132), BVerwG NJW **02**, 1139. Eine irrtümliche Verlängerung durch einen nach der Geschäftsverteilung nicht zuständigen Vorsitzenden ist unschädlich, BGH **37**, 125. Die Bewilligung einer kürzeren Frist bedeutet idR Ablehnung des weitergehenden Antrags, BGH RR **89**, 1279; eine solche Verfügung wird auch dann wirksam, wenn die Mitteilung darüber dem Antragsteller erst nach dem neuen Fristende zugeht, BFH BStBl

Abschnitt 1. Berufung § 520

91 II 640 (der auch WiedEins ablehnt: bedenklich). Die Verlängerung wirkt nur zugunsten der antragstellenden Partei, wenn sich aus der Verfügung nichts anderes ergibt, BGH NJW 87, 3263 mwN, allgM. Die Verlängerung auf Antrag des Streithelfers wirkt aber auch zugunsten der Hauptpartei, BGH NJW 82, 2069. Im Streit über die Frage, ob die Frist verlängert worden ist (zB telefonisch), trifft den Berufungskläger die objektive Beweislast, BGH RR 89, 1279.

Über wiederholte Verlängerung, die im Verfahren der Arbeitsgerichte nach § 66 I 4 ArbGG nicht zulässig ist (oben Rn 1) und ohne Einwilligung des Gegners nur bis zu insgesamt einem Monat erlaubt ist, s § 225 Rn 7.

d) Wirkungen. Wegen der Wirkung der Verlängerung einer Begründungsfrist bei mehrfacher Berufungseinlegung durch dieselbe Partei, § 519 Rn 18, s BGH NJW 93, 269. Eine Frist, die über den Antrag hinaus verlängert ist, darf voll ausgenutzt werden, BAG NJW 62, 1413. Das gleiche gilt für den Fall, daß die Mitteilung an die Partei eine über die Verfügung des Vorsitzenden hinausgehende Verlängerung enthält, BGH NJW 99, 1036 u RR 94, 445 mwN, BAG BB 79, 1772, vgl § 170 Rn 14: der Empfänger kann (und darf) seine Entscheidung nur nach der Mitteilung richten (einer WiedEins bedarf es nicht). Wird das vom Vorsitzenden festgesetzte neue Fristende versehentlich nicht mitgeteilt, so ist die Bindung an das bisherige Fristende aufgehoben, eine Bindung an das neue Fristende aber nicht begründet, BGH RR 87, 1277. Zur Berechnung der Frist bei Verlängerung vor Unterbrechung nach § 239 vgl BGH 64, 1. 14

C. Versäumung der Frist. Sie führt dazu, daß die spätere Begründung unbeachtlich ist, BGH NJW 57, 424, und die Berufung verworfen wird, § 522 I. Eine Verwerfung kommt aber nicht in Betracht, wenn die verspätete Begründung als zulässige Wiederholung der Begründung mit gleichzeitiger Begründung angesehen werden kann, BAG NJW 96, 1431, oder wenn eine andere selbständige Berufung derselben Partei, § 519 Rn 18, ordnungsgemäß begründet ist oder die Partei eine zulässige Anschlußberufung eingelegt hat oder die Berufung als Anschließung aufrechterhält, BGH NJW 96, 2659 u 87, 3263 (dazu Rimmelspacher JR 88, 93). Das gleiche gilt, wenn der Streithelfer die Berufung der Partei rechtzeitig begründet; hier ist einheitlich zu entscheiden, BGH MDR 85, 751, Karlsr Just 84, 394. 15

3) Inhalt der Begründungsschrift, III–IV 16

A. Allgemeines. Die Berufungsbegründung ist ein wirksames Mittel, den Berufungskläger im Interesse der sorgfältigen Vorbereitung und Beschleunigung des Berufungsverfahrens dazu zu zwingen, sein Vorbringen aus dem 1. Rechtszug straff zusammenzufassen und darauf zu prüfen, inwieweit es angesichts der abweichenden Auffassung des Erstrichters noch aufrechterhalten oder ergänzt und dem Berufungsrichter unterbreitet werden soll, BGH WertpMitt 77, 941. Allein aus der Begründung sollen Gericht und Gegner erkennen können, welche Gesichtspunkte der Berufungskläger seinem Vorgehen zugrunde legen will; jedoch ist die Berufung insgesamt zulässig, wenn die lediglich zu dem behaupteten Verfahrensfehler, BGH NJW 87, 3265, oder zu einem den Klageanspruch betreffenden Einzelpunkt vorgetragenen Gründe den Erfordernissen des § 520 genügen, BGH NJW 84, 177 mwN, insoweit zustm Lepp NJW 84, 1944, krit Schneider MDR 85, 22 (für nachgeschobene Angriffs- und Verteidigungsmittel gelten §§ 529–531). Ein während der Begründungsfrist eingehender Schriftsatz muß auch zur Begründung bestimmt sein. Hierfür reicht es nicht aus, wenn zwar einzelne Rügen erhoben werden, aber ausdrückl die Prüfung vorbehalten bleibt, ob das Rechtsmittel durchgeführt werde, BGH MDR 05, 944.

B. Berufungsanträge, III Z 1 (Schumann Rn 204–213). Die Begründung muß die Anfechtungserklärung und die Berufungsanträge enthalten. **Aus der Begründung muß klar ersichtlich sein, inwieweit der Berufungskläger das Urteil anficht und welche Abänderungen er beantragt.** Dazu bedarf es nicht unbedingt bestimmt gefaßter Anträge, wenn nur die innerhalb der Frist eingegangenen oder zulässigerweise in Bezug genommenen Schriftsätze ein bestimmtes Begehren eindeutig aufzeigen, BGH FamRZ 04, 179, RR 99, 211, NJW 87, 3265, FamRZ 87, 59, VersR 87, 101 mwN, FamRZ 85, 631. Der bloße Antrag auf Aufhebung und Zurückverweisung genügt, wenn die Wiederherstellung des Verbundes, § 623, erstrebt wird, Ffm FamRZ 88, 966, jedoch idR nicht, wenn deutlich ist, daß der Berufungsführer das Urt sachlich für richtig hält, bestätigt BGH RR 95, 1154, Hbg FamRZ 89, 1054, NJW 87, 783 mwN, (abw für die Anfechtung v. VersUrt LG Wuppertal NJW 85, 2653); sonst wird ein solcher Antrag immer dahin ausgelegt werden können und müssen, daß damit das bisherige Sachbegehren weiterverfolgt wird, BGH RR 95, 1154 mwN, ua NJW 87, 3265, BAG NJW 66, 269. Überhaupt sind die Erklärungen stets **vernünftig auszulegen.** So genügt die Angabe, man fechte das Urteil voll an; es reicht auch aus, wenn sich dieses Ziel zwangsläufig aus dem Inhalt der Berufungsbegründung, BGH VersR 82, 974, oder aus in der Begründungsfrist eingegangenen sonstigen Schriftsätzen ergibt, BGH NJW 92, 698. Ist das Ziel der Berufung die Herabsetzung der Urteilssumme auf einen vom Berufungsgericht als angemessen erachteten Betrag, so muß die Begründung klar erkennen lassen, in welchem Umfang Klagabweisung erstrebt wird, BGH NJW 87, 1335. Es genügt nicht, daß sich der Umfang der Anfechtung aus einem anderen, nicht bei den Akten befindlichen oder nicht von einem beim Berufungsgericht zugelassenen RA oder einem diesem Gleichstehenden, § 78 Rn 27 ff, § 519 Rn 15 u 16, unterzeichneten Schriftstück ergibt, vgl unten Rn 28 u 29. Eine Berufungsschrift, die nichts enthält als die Berufungseinlegung, kann genügen, wenn der ganze Sachverhalt eindeutig ergibt, welcher Antrag gestellt werden wird, nie, wo ein Antrag vorbehalten ist, 1166, oder auch nur vorbehalten sein kann. Ergeben sich Anhaltspunkte dafür, daß der Antrag versehentlich zu eng gefaßt worden ist, hat das Gericht darauf hinzuweisen, §§ 139, 278 III, Schneider MDR 91, 1082 (zu Nürnb MDR 91, 1081). 17

Darauf, ob der **Antrag inhaltlich zulässig** ist, kommt es nicht an. Deshalb ist die Berufung nicht schon wegen Verstoßes gegen § 520 unzulässig, wenn nähere Angaben über die Aufteilung eines bestimmten Teilbetrages auf einzelne selbständige Ansprüche fehlen, BGH VersR 87, 101, 20, 220, oder der Antrag ein unbestimmtes Zahlungsbegehren zum Gegenstand hat, Karlsr FamRZ 87, 607, oder eine Bedingung enthält, vgl Karlsr OLGZ 86, 197, oder ein Alternativantrag ist, BGH WertpMitt 89, 1873. Selbstverständlich kann die Berufung in solchen Fällen aus anderen Gründen, zB mangels Beschwer oder wegen Unzulässigkeit des Antrags, unzulässig sein. 18

Spätere Erweiterungen und Beschränkungen einer zulässigen Berufung sind bis zum Schluß der mündlichen Verhandlung zulässig, §§ 263, 264, 533, BGH RR 05, 714 u 88, 66 mwN, allgM, auch im 19

§ 520

Patentnichtigkeitsstreit, BGH **17**, 305. Änderungen und Erweiterungen der Klage sowie die Erhebung einer Widerklage setzen die Zulässigkeit der Berufung voraus, sind also keine Anfechtung des erstinstanzlichen Urteils, BGH NJW **92**, 3244 mwN, zulässig ist eine Berufung, wenn der Kläger mit ihr agrd desselben Sachverhalts nach § 264 Z 2 von der Feststellungs- zur Leistungsklage übergeht, BGH NJW **94**, 2897, ebenso dann, wenn der Kläger mit der Berufung einen neuen Antrag stellt, aber den bisherigen als Hilfsantrag zumindest teilweise weiterverfolgt, BGH RR **95**, 1154. Dagegen sind Erweiterungen einer Teilanfechtung der erstinstanzlichen Entscheidung (auch auf andere Teile des Anspruchs) nur im Rahmen der fristgerecht vorgebrachten Anfechtungsgründe möglich, stRspr, BGH NJW **90**, 1173, RR **88**, 66, FamRZ **87**, 295 (Verbundurteil), RR **87**, 124 u 249, WertpMitt **85**, 1373, NJW **84**, 438, BGH **91**, 159 (alle mwN), Kblz FamRZ **90**, 770, Düss FamRZ **87**, 285; Erweiterungen der Anträge und neue Anfechtungsgründe dürfen i ü nach Ablauf der Frist nicht mehr vorgebracht werden, BGH in stRspr, NJW **83**, 1063 mwN, FamRZ **82**, 1197, Kblz WRP **81**, 115 mwN, es sei denn, sie stützen sich auf später eingetretene Tatsachen, BGH NJW **87**, 1024 (betr Erstreckung auf Sorgerechtsregelung), Kblz RR **89**, 1024 u **88**, 1478, Hbg FamRZ **84**, 706 (betr Erweiterung auf Unterhaltsänderung), BGH NJW **85**, 2029 (betr Sonderfall), § 519 Rn 4, zweifelnd ThP 19. Beschränkt der Rechtsmittelkläger die Berufung, so liegt darin im Falle des Klägers idR keine teilweise Klagrücknahme, BGH RR **89**, 1277, str. Durch eine solche Beschränkung wird der Berufungsführer bis zum Ende der mdl Verh nicht an einer Erstreckung auf andere Teile des Urteils gehindert, wenn dies von der Begründung gedeckt wird und kein wirksamer, eindeutig erklärter Rechtsmittelverzicht vorliegt, BGH RR **88**, 66 (für die Revision), NJW **85**, 3079, alle mwN (dies gilt auch für eine Erweiterung nach teilweiser Berufungsrücknahme, wenn diese wirksam widerrufen ist, § 516 Rn 9, Kblz RR **97**, 514); geht die Erweiterung über die Begründung hinaus, kann sie auch nicht im Wege der Anschließung an eine Anschlußberufung vorgenommen werden, BGH NJW **84**, 436. Zur Nichtberücksichtigung eines eingeschränkten Berufungsantrages bei der Festsetzung des Kostenwerts s BGH (GrZS) NJW **78**, 1263, dazu abl Hartmann § 14 GKG Rn 4 mwN, ua Baumgärtel/Klingmüller VersR **80**, 420.

20 Durch willkürliche Beschränkung auf einen die Berufungssumme nicht erreichenden Betrag wird die Berufung unzulässig, BGH NJW **83**, 1063 mwN. Eine Erweiterung nach Ablauf der Begründungsfrist kann nie eine anfänglich unzulässige Berufung, § 511, zulässig machen, vgl BGH **LM** § 546 Nr 14, Grdz § 511 Rn 23; dabei ist aber zu berücksichtigen, daß eine unbeschränkt eingelegte Berufung, mag auch der Antrag niedriger sein, auch den Rest mangels eines ausdrücklichen Verzichts auf diesen nicht rechtskräftig werden läßt, so daß eine Erweiterung der Berufungsanträge im Rahmen der fristgerecht eingereichten Begründung (nicht darüber hinaus) bis zur letzten mündlichen Verhandlung erfolgen kann, BGH RR **98**, 572 mwN, zB auf die Widerklage, wenn sie das Gegenstück zu der vom ersten Antrag erfaßten Klage ist, BGH WertpMitt **85**, 144. Auch nach Zurückverweisung ist eine Erweiterung möglich, BGH MDR **68**, 135.

21 Darüber hinausgehende neue Anträge werden durch Art 6 Z 2 UÄndG nicht ermöglicht, BGH MDR **87**, 479.

22 **C. Berufungsgründe und neues Vorbringen, III 2 Z 2–4.** Die Berufungsbegründung muß die Berufungsgründe und etwaiges neues Vorbringen enthalten (Lang AnwBl **82**, 241). Formelhafte, nichtssagende Redewendungen sind keine zulässige Berufungsbegründung, BGH RzW **73**, 116. Angaben wie „das frühere Vorbringen wird wiederholt, neues wird vorbehalten" führen zur Verwerfung wegen Unzulässigkeit, auch wenn derselbe RA wie in der 1. Instanz vertritt, BGH **LM** Nr 31. Andererseits kann der Vorschrift auch schon durch kurze, auf die wesentlichen Gesichtspunkte beschränkte Ausführungen in der Berufungsschrift genügt werden, BGH VersR **80**, 580. Die Berufung bedarf keinen dem Antrag keiner weiteren Begründung, wenn der Berufungskläger nur den Vorbehalt seiner Rechte im Nachverfahren, § 599, erreichen will, Hamm MDR **82**, 415. Auf eine Erweiterung der Klage und die Erhebung einer Widerklage ist Z 2 nicht anzuwenden, BGH RR **88**, 1465 mwN.

23 **a) Allgemeines.** Der Berufungskläger muß mindestens einen der gesetzlichen Berufungsgründe, III, schlüssig darlegen, LG Stendal NJW **02**, 2887, dh er muß die Begründungsfrist dazu verwenden, auf den zur Entscheidung stehenden Fall zugeschnittene Begründung zu liefern, die erkennen läßt, in welchen Punkten tatsächlicher oder rechtlicher Art und warum das angefochtene Urteil nach Ansicht des Berufungsklägers unrichtig ist und welche Gründe er dem entgegensetzt, BGH RR **97**, 866, NJW **97**, 1309, **95**, 1559 u 1560 mwN, so daß formelhafte Wendungen ebensowenig genügen wie die bloße Wiederholung des erstinstanzlichen Vortrags, BVerfG RR **02**, 135, BGH in stRspr, NJW **00**, 1576 u **99**, 3270 mwN, erst recht nicht die bloße Bezugnahme auf den Vortrag erster Instanz, BGH NJW **02**, 682, **99**, 3270 u **98**, 3126 mwN (stRspr), Hamm RR **92**, 631 (eine auch stillschweigende Bezugnahme auf erstinstanzliche Beweisanträge kann ausnahmsweise genügen, BGH NJW **98**, 155 mwN), und auch nicht die bloße Zitierung einer angeblich außerachtgelassenen Norm, BGH NJW **95**, 1559 (unerheblich ist es, ob die Begründung schlüssig oder rechtlich haltbar ist, BGH NJW **02**, 682 mwN). Auch in einfach liegenden Sachen muß erkennbar sein, weshalb die Beurteilung durch die Vorinstanz unrichtig ist, BGH MDR **81**, 656. Wegen der Einzelheiten wird auf Rn 33 ff verwiesen.

24 Bei einem aus teilurteilsfähigen Posten bestehenden Anspruch muß sich die Begründung mit allen für fehlerhaft gehaltenen Punkten befassen, BGH RR **00**, 1015 u NJW **98**, 1082, ebenso bei mehreren selbständigen Ansprüchen, BGH RR **01**, 790 mwN, BAG NZA **95**, 445, Müller-Rabe NJW **90**, 284 mwN, und bei Hilfsansprüchen, BGH **22**, 278. Hängt aber ein Anspruch unmittelbar von dem Bestehen eines anderen Anspruchs ab, so genügen Ausführungen zu diesem Anspruch, BAG NJW **90**, 599, NZA **88**, 37 u **87**, 808 gegen NZA **86**, 600, vgl zur Stufenklage BGH RR **87**, 1030. Nicht anders ist es, wenn die Vorinstanz mehrere Ansprüche aus einem einzigen, allen gemeinsamen Grund abgewiesen hat: dann genügt die Auseinandersetzung mit diesem Grund, BGH RR **01**, 790 NJW **98**, 1400 u 602, **94**, 2290. Wenn mehrere selbständige Klaggründe für denselben Anspruch verneint sind, muß eine Auseinandersetzung mit allen Ausführungen in dem angegriffenen Urteil erfolgen, soweit die Anspruchsgrundlagen aufrechterhalten werden, BGH in stRspr, RR **04**, 641, NJW **02**, 683 u RR **02**, 209 mwN, BAG NZA **98**, 959, Mü RR **02**, 1216, abl Schwab ZZP **84**, 445, zweifelnd BGH NJW **84**, 178. Wird dagegen ein einziger Klaganspruch auf

Abschnitt 1. Berufung § 520

einen einheitlichen Rechtsgrund gestützt und hat die Vorinstanz ihn nur aus einem Gesichtspunkt zurückgewiesen, so genügt die ausreichende Begründung zu diesem, zB der Verjährung, BGH NJW **92**, 1898, **84**, 178 (krit Lepp NJW **84**, 1944 u Schneider MDR **85**, 22). Die Versagung eines hilfsweise geltend gemachten Zurückbehaltungsrechts braucht bei uneingeschränkter Berufung nicht gerügt zu werden, BGH RR **86**, 991, abw Müller-Rabe NJW **90**, 286. Wenn eine Aufrechnungsforderung aberkannt ist und nun mit weiteren Ansprüchen aufgewehrt wird, ist eine Auseinandersetzung mit dem angefochtenen Urteil nur entbehrlich, wenn die neuen Ansprüche weder mit der Klageforderung noch mit der aberkannten Gegenforderung in rechtlichem oder tatsächlichem Zusammenhang stehen, BGH NJW **97**, 3449.

Eine allgemeine Bezugnahme genügt nicht (ausnahmsweise kann die Nichtberücksichtigung von global in 25 Bezug genommenem Vorbringen Art 103 GG verletzen, BVerfG NJW RR **95**, 828, **87**, 485, **82**, 1636 u **74**, 133). Dem Berufungsgericht ist es aber verwehrt, pauschal in Bezug genommenes Vorbringen nur teilweise unberücksichtigt zu lassen, BGH RR **90**, 831. Begründet werden muß auch der Antrag hinsichtlich der Zinsen, BGH FamRZ **95**, 1138 mwN, Müller-Rabe NJW **90**, 284, wenn nicht die Entscheidung über die Hauptforderung substantiiert angegriffen wird, BGH NJW **94**, 1657 mwN. Zu den darzulegenden Gründen der Anfechtung gehören auch die besonderen Gründe, die den Anschluß der Berufung regelwidrig zulässig machen, wie etwa, daß im Fall des § 514 (dort Rn 4 ff) keine Versäumnis vorlag, BGH NJW **67**, 728, LG Münst MDR **88**, 681. Der maßgebliche rechtliche Gesichtspunkt kann uU in einem einzigen Satz dargelegt werden, BGH RzW **73**, 116.

Einzelheiten aus der Rspr: Der Berufungskläger muß auf die einzelnen Vorgänge eingehen, die er 26 anders gewürdigt sehen will; es ist aber keine ausreichende Begründung, wenn sie sich bei einem Punkt erschöpft, durch den der Berufungskläger nicht beschwert ist, BAG AP Nr 6. Formularmäßige Sätze oder Redewendungen genügen nicht, BGH NJW **95**, 1559 mwN, auch nicht bloße Richtpunkte, BGH VersR **76**, 588, so nicht die Behauptung, das Gericht habe einige von mehreren Posten unrichtig oder unzureichend gewürdigt, RG JW **35**, 3101, es habe trotz Antrags nicht alle Akten nicht herangezogen, aus denen sich ein vollständiges Bild ergebe, BGH LM Nr 24. Entbehrlich ist eine Begründung zu vom Vorderrichter nicht erörterten Hilfsanträgen. Hat er aus formalen Gründen abgewiesen, so genügt auch, im Hinblick auf § 538, die Erörterung hierzu, Düss OLGZ **66**, 431; anders liegt es, wenn das Erstgericht hilfsweise auch sachlichrechtliche Gründe anführt, die für andere Teile des Urteils bedeutsam sind, Ffm RR **97**, 1427. Wegen der Begründung in EheS s Üb § 606 Rn 5–7. Eine Begründung der Berufung ist nicht nötig, soweit sie sich auch gegen die in einem Mischurteil enthaltene Kostenentscheidung richtet, aM Stgt WRP **97**, 357, abl Schneider MDR **97**, 704 mwN.

Der unterzeichnende RA muß eine **selbständige Arbeit** leisten und die Verantwortung für die 27 Berufungsbegründung durch seine Unterschrift übernehmen. Deshalb ist die Einreichung einer fremden Begründung mit Vorbehalt unzureichend, BFH NJW **82**, 2896 (zustm Offerhaus), ebenso die rein formale Unterschrift unter der erkennbar von einem Dritten verfaßten Schrift, BGH JR **54**, 463. Hat ein Prozeßbevollmächtigter in Vertretung des Verfassers unterzeichnet, so genügt das, wenn der Verfasser ebenfalls Prozeßbevollmächtigter ist und der Unterzeichner nicht zu erkennen gibt, daß er die Verantwortung nicht übernehmen will oder den Inhalt nicht gekannt haben kann, BAG NJW **90**, 2706 u **87**, 3279, beide mwN. Grundsätzlich muß davon ausgegangen werden, daß der Berufungsanwalt die mit der Begründung zusammenhängenden Pflichten kennt, also wirklich das Urteil geprüft hat und das Ergebnis auch dann vorträgt, wenn er den Schriftsatz des Korrespondenzanwalts übernimmt, BGH VersR **62**, 1204.

Bezugnahmen auf andere Schriftstücke reichen idR nicht aus, außer wenn sich dieses Schriftstück bei 28 den Akten befindet, als Berufungsbegründung inhaltlich ausreicht, der Gegenpartei bekannt ist und von einem beim Berufungsgericht zugelassenen RA unterzeichnet ist, BGH NJW **98**, 1647 mwN, dazu Lange NJW **89**, 438 mwN. Deshalb **genügt** die Bezugnahme auf eine Begründung in einer anderen Sache, wenn diese Begründung vom Berufungsanwalt in jenem Verfahren unterzeichnet ist und in diesem Verfahren eine beglaubigte Abschrift eingereicht wird, BGH **13**, 248, VersR **85**, 67 mwN, ebenso die Begründung für zwei Sachen in einem einzigen Schriftsatz, falls dies genügend erkennbar ist (unzweckmäßig und gefährlich!), BGH MDR **63**, 483, auch die eigenverantwortliche Bezugnahme auf ein eigenes oder durch einen Berufungsanwalt unterzeichnetes PKH- oder Einstellungsgesuch, BGH NJW **95**, 2113 mwN (die Bezugnahme braucht nicht ausdrücklich zu geschehen, vielmehr ist davon auszugehen, daß ein inhaltlich § 520 III genügendes Gesuch des Berufungsanwalts auch als Begründung dienen soll, sofern nicht ein entgegenstehender Wille erkennbar ist, was Auslegungsfrage ist, BGH RR **01**, 789 mwN, Bbg FamRZ **96**, 300), oder die Verweisung auf eine den Anforderungen genügende Anlage, wenn der RA sich ihren Inhalt klar zu eigen macht, BGH bei Lang AnwBl **82**, 242, zB einen begründeten Beschluß, durch den PKH bewilligt worden ist, BGH NJW **93**, 3334, oder eine Berufungsbegründung im Parallelprozeß vor demselben Spruchkörper, BGH NJW **93**, 3334, BAG NJW **66**, 565, oder die Verweisung auf übersichtlich geordnete und die Forderung schlüssig belegende Urkunden, BGH NJW **93**, 1866.

Unzureichend ist dagegen die Bezugnahme auf das Gesuch eines nicht beim OLG als Berufungsgericht 29 postulationsfähigen RA, BGH RR **94**, 569 u NJW **90**, 2628 mwN, Ffm FamRZ **92**, 1086, oder der Partei selbst, ferner die Verweisung auf zB vor Parallelakten, auf erstinstanzliches Vorbringen, BGH NJW **95**, 1559 u 1560 mwN, auch wenn es sich nur um eine einzige Rechtsfrage handelt, BGH NJW **59**, 885, und die Rechtsauffassung des Berufungsklägers in dem angefochtenen Urteil wiedergegeben ist, BGH NJW **81**, 1620 (zu eng), ebenso die Verweisung auf eine Stellungnahme des Berufungsanwalts zum Prozeßkostenhilfeantrag der Gegenpartei, BGH MDR **58**, 763, auch wenn der Begründung beigefügtes ausführliches Rechtsgutachten, auch wenn es alles Nötige enthält, BFH BStBl **85** II 470 mwN, ua BGH VersR **63**, 565 (zu eng), auf ein anliegendes Sachverständigengutachten, BGH MDR **63**, 483, oder eine sonstige Stellungnahme, BGH NJW **94**, 1481, auf eine Anlage zum Gesuch um Prozeßkostenhilfe, die der Berufungsanwalt aber nicht unterzeichnet hat, BGH LM Nr 37 (sehr eng). Es reicht auch nicht aus, daß in einem innerhalb der Frist eingegangenen unterzeichneten Schriftsatz die Berufung erklärt wird, die Berufung sei in einem anderen, unterzeichneten Schriftsatz begründet worden, BGH **37**, 156 (sehr eng). Ebensowenig genügt es, daß in einem unterzeichneten Streitverkündungsschriftsatz erwähnt wird, daß die Berufung begründet worden sei, aber nur ein ununterschriebener Schriftsatz beiliegt, BGH NJW **90**, 1724.

§§ 520, 521 Buch 3. Rechtsmittel

30   Eine **Beschränkung der Berufungsgründe** auf ein einzelnes Urteilselement, zB Verschulden, mit Bindungswirkung für das Rechtsmittelgericht, Grunsky ZZP **84**, 148, wird überwiegend für nicht zulässig gehalten, weil die Rechtsanwendung grundsätzlich nicht zur Disposition der Parteien steht, vgl § 557 III 1, BAG NZA **97**, 282, ThP 26. Eine solche Beschränkung dient aber der Konzentration des Streitstoffs und der beschleunigten Herstellung des Rechtsfriedens. Sie wird deshalb in den Fällen, in denen der Verzicht auf eine volle Nachprüfung nicht notwendig zu einer auf unrichtigen Prämissen beruhenden Entscheidung führt, zuzulassen sein, wenn ihr weder öffentliche Interessen (zB daran, daß eine gegen ein gesetzliches Verbot oder die guten Sitten verstoßende Entscheidung nicht hingenommen werden darf) noch Interessen des Rechtsmittelbeklagten entgegenstehen; letzteres ist dann nicht der Fall, wenn der Rechtsmittelkläger bereit ist, sich mit einem ihm ungünstigen Teil der Gründe abzufinden, oder wenn auch der Rechtsmittelbeklagte ein für ihn ungünstiges Urteilselement nicht mehr in Zweifel zieht, vgl Bamberg NJW **79**, 2316. Jedoch muß die Begründung des angefochtenen Urteils in diesem Punkt jedenfalls vertretbar sein, KG NJW **83**, 291 (wertende Ausfüllung des unbestimmten Rechtsbegriffs der Sittenwidrigkeit).

31   **Ergänzung der Begründung.** Genügt die Begründung den formalen Anforderungen, so darf der Berufungskläger auch nach Ablauf der Frist sein **Vorbringen** im Rahmen seiner Anträge **ergänzen**, BGH NJW **84**, 178 mwN, krit Schneider MDR **85**, 22, Lepp NJW **84**, 1944, zB innerhalb eines einheitlichen Anspruchs die Begründung in anderen Punkten nachschieben, BGH aaO; es ist ihm aber verwehrt, die ausgesparte Begründung zu einem abtrennbaren Anspruch nachzuholen (und diesen Teil im Wege der Berufungserweiterung einzuführen), BGH NJW **84**, 438. Wiedereinsetzung, § 233, zur Ergänzung einer wirksam eingereichten, jedoch inhaltlich (teilweise) unzureichenden Begründung kann nicht gewährt werden, BGH NJW **97**, 1310 mwN, § 233 Rn 3.

32   **Folgen von Verstößen.** Fehlt jede Begründung oder bezeichnet die eingereichte die Berufungsgründe nicht ausreichend: Verwerfung als unzulässig, § 522 I; eine neue Berufung innerhalb der Frist ist zulässig, BGH **45**, 382. Ist nur einer von mehreren Posten zureichend begründet, so ist die Berufung nur insoweit zulässig, BGH NJW **91**, 1684 mwN. Wird Berufung nur hinsichtlich eines Teilbetrages einer Gesamtforderung eingelegt, so macht die unterlassene Aufteilung auf die einzelnen selbständigen Ansprüche, § 253 Rn 43, die Berufung noch nicht unzulässig, da der Mangel noch behoben werden kann, BGH **20**, 219. Ob die Begründung schlüssig, hinreichend substantiiert oder rechtlich haltbar ist, hat für die Zulässigkeit keine Bedeutung, BGH NJW **02**, 682 u **99**, 3785 mwN. Die Zulässigkeit der Berufung wird nicht dadurch berührt, daß die Begründung später nicht aufrechterhalten wird, BGH NJW **85**, 2828, zustm Kuchinke JZ **86**, 90.

33   b) **Rechtsverletzung,** III 2 Z 2 (BGH RR **04**, 1716). Anders als § 519 III Z 2 aF fordert Z 2 nicht mehr die bestimmte Bezeichnung der im Einzelnen anzuführenden Gründe der Anfechtung, § 513 I, sondern läßt die Bezeichnung der Umstände genügen, aus denen sich die Rechtsverletzung ergibt, BT-Drs 14/4722 S 95: Wie ein Vergleich mit § 551 III Z 2 a (Revisionsbegründung) ergibt, braucht die Bezeichnung nicht „bestimmt" zu sein. Danach ist es Sache des Berufungsklägers, die tatsächlichen oder rechtlichen Gründe anzugeben, aus denen er herleitet, daß eine zu bezeichnende Vorschrift des materiellen Rechts oder des Verfahrensrechts unrichtig angewandt worden ist; auf die Schlüssigkeit oder Vertretbarkeit der Rügen kommt es nicht an, BGH NJW **03**, 2533, RR **03**, 1580, MDR **03**, 1131.

34   c) **Tatsachenwürdigung,** III 2 Z 3. Wenn die Vorschrift die Bezeichnung konkreter Anhaltspunkte verlangt, die Zweifel an der Richtigkeit oder Vollständigkeit der Tatsachenfeststellungen im angefochtenen Urteil begründen und deshalb eine erneute Feststellung gebieten, so hängt dies mit dem insoweit beschränkten Prüfungsumfang des Berufungsgerichts zusammen, § 529 I Z 1. Formale Anforderungen an die Darlegung werden damit nicht gestellt; erwartet wird aber eine vertiefte inhaltliche Auseinandersetzung mit den angefochtenen Tatsachenfeststellungen, BT-Drs 14/4722 S 96. Beispiele: Übersehen einer Urkunde, die im Widerspruch zu einer erheblichen Zeugenaussage steht, oder eines persönlichen Umstandes, der die Glaubwürdigkeit eines Zeugen erschüttert, Verwechslung von Personen, Übersehen eines erheblichen Beweisangebotes u dgl.

35   d) **Neue Angriffs- und Verteidigungsmittel,** III 2 Z 4. Im Hinblick auf § 529 I Z 2 hat der Berufungskläger etwaiges neues Vorbringen zu bezeichnen, BGH NJW **03**, 2532; er muß außerdem darlegen, woraus sich die Zulässigkeit dieses Vorbringens nach § 531 II ergibt, s dort Rn 10 ff.

36   4) **Sollvorschriften,** IV. Die Berufungsbegründung soll ferner enthalten: die Angabe des Wertes des nicht in einer bestimmten Geldsumme bestehenden **Beschwerdegegenstandes,** wenn von ihm die Zulässigkeit der Berufung abhängt, **IV Z 1,** vgl § 511 Rn 10 ff; außerdem eine Äußerung dazu, ob einer Entscheidung der Sache durch den **Einzelrichter** Gründe entgegenstehen, **IV Z 2,** vgl § 526 Rn 2. Das Fehlen dieser Ausführungen berührt die Zulässigkeit der Berufung nicht.

37   Nicht vorgeschrieben, aber **ratsam** sind im Hinblick auf § 522 II 2 und 3 Ausführungen dazu, ob die dort genannten Voraussetzungen gegeben sind, vgl BT-Drs 14/4722 S 96.

38   5) **Allgemeine Vorschriften über vorbereitende Schriftsätze, V.** Sie sind auch auf die Berufungsschrift anzuwenden, vgl § 519 IV. Zur Begründung mittels Computerfax ohne eingescannte Unterschrift BGH NJW **05**, 2086. Zu den Voraussetzungen für die Wirksamkeit einer Blanko-Unterschrift BGH FamRZ **05**, 1553.

39   6) *VwGO:* Unanwendbar, da für die Zulassung § 124 a I, IV (idF des 1. JuMoG: Begründung des Zulassungsantrages ist beim OVG einzureichen) u V und für die zugelassene Berufung § 124 a III u VI *VwGO* gelten, dazu BVerwG BayVBl **03**, 412 u 442, DVBl **04**, 125. Verspätetes Vorbringen zur Berufung kann bei Verschleppungsabsicht rechtsmißbräuchlich und damit unbeachtlich sein, OVG Münst NWVBl **95**, 75. Zur Beschränkung der Anfechtung bei einem VerwAkt mit teilbarem Inhalt vgl OVG Lüneb NJW **68**, 125. Eine Verlängerung der Begründungsfrist ist wirksam, auch wenn der Antrag Mängel aufweist, BVerwG DVBl **02**, 1554.

521 **Zustellung der Berufungsschrift und -begründung.** ¹ Die Berufungsschrift und die Berufungsbegründung sind der Gegenpartei zuzustellen.

Abschnitt 1. Berufung **§§ 521, 522**

II ¹ Der Vorsitzende oder das Berufungsgericht kann der Gegenpartei eine Frist zur schriftlichen Berufungserwiderung und dem Berufungskläger eine Frist zur schriftlichen Stellungnahme auf die Berufungserwiderung setzen. ² 277 gilt entsprechend.

Vorbem. Im **Verfahren der Arbeitsgerichte** ist § 521 entsprechend anwendbar, § 64 VI ArbGG, GMP **1** § 66 Rn 4; mit der Zustellung ist der Berufungsbeklagte auf die Berufungsbeantwortungsfrist hinzuweisen, § 66 I 2–4 ArbGG, dazu GMP § 66 Rn 19–24.

1) Zustellung, I. Berufungsschrift und Berufungsbegründung bleiben bei den Gerichtsakten. Dem **2** Gegner des Berufungsklägers ist eine beglaubigte Abschrift von Amts wegen zuzustellen, § 172 II. Verfahren bei Streitgenossen: **a)** ein Streitgenosse ist Berufungskläger: Zustellung an alle übrigen Streitgenossen, die das Urteil betrifft, § 63; **b)** ein Streitgenosse ist Berufungsbeklagter: Zustellung an die Streitgenossen, gegen die sich die Berufung ausdrücklich richtet, bei fehlender Beschränkung an alle, zu deren Gunsten das Urteil lautet. Aufgetretenen Streithelfern ist immer zuzustellen, § 67. Nachträge zur Berufungsbegründung sind zuzustellen, soweit sie in der Begründungsfrist eingehen, ZöGu 1. Die Zustellung ist möglichst zu beschleunigen, aber an eine Frist nicht gebunden.

Die Zulässigkeit der Berufung hängt nicht von der Zustellung ab, BGH **50**, 400, RR **91**, 511; ihre Unterlassung ist nach § 295 heilbar, BGH **65**, 116 mwN. Vor der Zustellung ist keine Terminsbestimmung zulässig. Ist die Berufung von Anfang an offensichtlich und unheilbar unzulässig, darf die Zustellung an den Gegner unterbleiben und sogleich ein Verwerfungsbeschluß ergehen, Schumann Rn 345.

2) Fristsetzung, II. Der Vorsitzende oder das Berufungsgericht kann Fristen setzen a) der Gegenpartei **3** zur schriftlichen Berufungserwiderung und b) dem Berufungskläger zur schriftlichen Stellungnahme auf die Berufungserwiderung, S. 1. Es handelt sich um richterliche Fristen für die §§ 221, 222, 224 und 225 gelten, vgl die dortigen Erläuterungen. Eine Verlängerung, § 224 II, setzt einen innerhalb der Frist gestellten Antrag voraus, Kblz NJW **89**, 987 (Abhilfe im Rahmen der Verspätungsregelung); die verspätete Beauftragung eines beim OLG zugelassenen RA ist kein erheblicher Grund für die Verlängerung der Erwiderungsfrist, Schlesw SchlHA **78**, 117. In der Berufungserwiderung ist zu der Berufungsbegründung Stellung zu nehmen und ggf neues Vorbringen in den Rechtsstreit einzuführen, BGH NJW **81**, 1378; erstinstanzliches Vorbringen braucht nicht wiederholt oder in Bezug genommen zu werden, BVerfG NJW **00**, 131, KG NJW **90**, 844.

Wegen der **entsprechenden Anwendung von § 277 S 2**, s dortige Erl. Ein Verstoß gegen die Belehrungspflicht, § 277 II, ist ein Verfahrensmangel und schließt eine Versäumnisentscheidung aus. Spätestens nach Eingang der Replik sollte in jedem Fall terminiert werden.

3) VwGO: Es gelten §§ 125 I, 81 II, 85 VwGO. **4**

522 *Zulässigkeitsprüfung; Zurückweisungsbeschluss.* ¹¹ Das Berufungsgericht hat von Amts wegen zu prüfen, ob die Berufung an sich statthaft und ob sie in der gesetzlichen Form und Frist eingelegt und begründet ist. ² Mangelt es an einem dieser Erfordernisse, so ist die Berufung als unzulässig zu verwerfen. ³ Die Entscheidung kann durch Beschluss ergehen. ⁴ Gegen den Beschluss findet die Rechtsbeschwerde statt.

II ¹ Das Berufungsgericht weist die Berufung durch einstimmigen Beschluss unverzüglich zurück, wenn es davon überzeugt ist, dass

1. die Berufung keine Aussicht auf Erfolg hat,
2. die Rechtssache keine grundsätzliche Bedeutung hat und
3. die Fortbildung des Rechts oder die Sicherung einer einheitlichen Rechtsprechung eine Entscheidung des Berufungsgerichts nicht erfordert.

² Das Berufungsgericht oder der Vorsitzende hat zuvor die Parteien auf die beabsichtigte Zurückweisung der Berufung und die Gründe hierfür hinzuweisen und dem Berufungsführer binnen einer zu bestimmenden Frist Gelegenheit zur Stellungnahme zu geben. ³ Der Beschluss nach Satz 1 ist zu begründen, soweit die Gründe für die Zurückweisung nicht bereits in dem Hinweis nach Satz 2 enthalten sind.

III Der Beschluss nach Absatz 2 Satz 1 ist nicht anfechtbar.

Vorbem. Im **Verfahren der Arbeitsgerichte** ist I anwendbar, nicht dagegen II u III, § 66 II 2 u 3 ArbGG. Die Verwerfung der Berufung ohne mündliche Verhandlung ergeht durch Beschluß der Kammer. Gegen ihn findet die Rechtsbeschwerde statt, wenn das LAG sie in dem Beschluß zugelassen hat, §§ 77 u 72 II ArbGG.

Schrifttum: *Schellenberg* MDR **05**, 610; *Piekenbrock* JZ **02**, 540; *Ebel* ZRP **01**, 309; *Hirtz* MDR **01**, 1265; *Musielak* NJW **00**, 2773.

Gliederung

1) **Zulässigkeitsprüfung, I**	1–14	B. Voraussetzungen, II 1	16–18
A. Prüfung von Amts wegen, I 1	1, 2	C. Verfahren, II 2	19
B. Entscheidung, I 2–4	3–10	D. Entscheidung, II 1 u 3	20
C. Rechtsmittel, I 4	11–14	E. Rechtsmittel, III	21
2) **Zurückweisungsbeschluß, II u III**	15–20	3) *VwGO*	22
A. Allgemeines	15		

1) Zulässigkeitsprüfung, I 1 **1**

A. Prüfung von Amts wegen, I 1. Das Berufungsgericht (auch durch den Einzelrichter) hat vAw zu prüfen, **ob die Berufung an sich statthaft und ob sie in der gesetzlichen Form und Frist eingelegt**

§ 522

und begründet worden ist. Diese Prüfung muß jeder Sachentscheidung vorausgehen. Sie beschränkt sich auf den dem Gericht vorliegenden oder offenkundigen Prozeßstoff, BGH VersR **82**, 492, NJW **76**, 149. Das Revisionsgericht hat die Zulässigkeit ebenfalls von Amts wegen zu prüfen, BGH NJW **82**, 1873, ohne an die Feststellungen des Berufungsgerichts gebunden zu sein, BGH RR **92**, 1339 mwN.

Auch die Zustellung des Urteils ist vAw zu prüfen. Ob sich das Kollegium mit einer vom Einzelrichter vorgenommenen Prüfung begnügen will, steht bei ihm.

2   Die Tatsachen, aus denen sich die Zulässigkeit ergibt, müssen voll **bewiesen** werden, BGH NJW **00**, 814 mwN. Von der Erhebung zulässiger und rechtzeitig angetretener Beweise darf das Gericht nur dann absehen, wenn das Beweismittel völlig ungeeignet ist oder die Richtigkeit der unter Beweis gestellten Tatsache bereits erwiesen ist oder unterstellt werden kann, BVerfG NJW **93**, 254. Lediglich für die Gewinnung der Beweismittel im Beweisverfahren gelten die Regeln des sog Freibeweises, die das Gericht im Rahmen pflichtgemäßen Ermessens freier stellen, BGH NJW **97**, 3319, RR **92**, 1339, NJW **87**, 2876 mwN. Reichen die in diesem Rahmen zu beachtenden Beweismittel nicht aus, muß auf andere Beweismittel zurückgegriffen werden, weshalb der Partei Gelegenheit zu Beweisangeboten zu geben ist, BGH NJW **00**, 814.

3   **B. Entscheidung, I 2–4**
   a) Verwerfung. Mangelt es an einem der in I genannten Erfordernisse, lautet die Entscheidung auf Verwerfung der Berufung als unzulässig, auch hinsichtlich nur einer Berufung, wenn zweimal Berufung eingelegt ist. Sie erfolgt **aa) durch Urteil, wenn die Entscheidung auf mündliche Verhandlung ergeht**, und zwar durch Endurteil. Ob eine mündliche Verhandlung stattfinden soll, steht im freien Ermessen des Gerichts, § 128 IV; am Platz ist sie überall, wo eine Klärung durch Aussprache zu erwarten steht. Bei Ausbleiben des Berufungsklägers darf ein Urteil nach Aktenlage auch ohne frühere mündliche Verhandlung
4   ergehen; **bb) wenn die Entscheidung nicht auf mündliche Verhandlung ergeht, durch Beschluß**; es bleibt also gleich, ob früher einmal zur Sache, aber nicht zur Zulässigkeit, verhandelt ist, BGH NJW **79**, 1891 mwN. Darum hindert auch eine Verhandlung vor dem Einzelrichter den Beschluß des Kollegiums nicht. Zu einer beabsichtigten Beschlußverwerfung sind die **Parteien zu hören**, Art 103 GG, BGH FamRZ **05**, 1538, NJW **94**, 392 u **91**, 2081, BAG NJW **71**, 1823, vgl auch §§ 125 II 3 VwGO u 158 II 2 SGG; die Verletzung des Rechts auf Gehör ist vAw zu beachten, BGH NJW **94**, 392. Der Beschluß ist zu begründen, BGH NJW **83**, 123.
5   Zu verwerfen ist nur die eingelegte Berufung: ein Verlust des Rechtsmittels tritt regelmäßig nicht ein, so daß eine Neueinlegung innerhalb der Berufungsfrist statthaft ist, unten Rn 10. Legt die Partei eine 2. Berufung ein, bevor über die erste entschieden ist, so ist einheitlich zu entscheiden; ist nur eine Berufung ordnungsmäßig, so ergeht eine Entscheidung in der Sache, die andere Berufung hat dann keine selbständige Bedeutung.

Urteil und Beschluß beseitigen die Hemmungswirkung ex nunc, so daß das Urteil mit der Rechtskraft der Verwerfungsentscheidung rechtskräftig wird, wenn die an sich statthafte und rechtzeitig eingelegte Berufung nach Ablauf der Rechtsmittelfrist verworfen wird, GmS NJW **84**, 1027; vgl § 705 Rn 5. Sowohl das Urteil als auch der Beschluß stellen mit Rechtskraftwirkung klar, daß die Berufung wegen eines bestimmten Mangels unzulässig ist, BGH NJW **81**, 1962; wegen der Erneuerung der Berufung s unten Rn 10. Die rechtskräftige Verwerfung macht deshalb das angefochtene Urteil nur nach den Umständen des Falls rechtskräftig, nämlich dann nicht, wenn die Verwerfung vor Ablauf der Berufungsfrist ausgesprochen worden ist.

Der Beschluß ist wegen der Kosten Vollstreckungstitel, § 794 Rn 15, macht aber das angefochtene Urteil nicht entspr § 708 Z 10 vorläufig vollstreckbar, LG Stgt NJW **73**, 1050.
6   **b) Zulässigkeit der Berufung.** Die Entscheidung kann auch lauten auf Zulässigkeit der Berufung. Sie ergeht auf mündliche Verhandlung durch Zwischenurteil nach § 303, sonst durch Beschluß. Ein solcher Beschluß ist nicht üblich. Regelmäßig beraumt der Vorsitzende Termin an, wenn er keine Bedenken hat. Wenn das Kollegium die Berufung ausdrücklich durch Beschluß für zulässig befunden hat, ist das Berufungsgericht daran gebunden, BGH NJW **54**, 880, hM, MüKoRi 13, ThP 3. Die Gewährung der WiedEins darf auch auf Gegenvorstellung nicht geändert werden, BGH FamRZ **93**, 1191 mwN.
7   **c) Zeitpunkt der Entscheidung.** Die Entscheidung soll von der Übertragung auf den (entscheidenden oder vorbereitenden) Einzelrichter, §§ 526 u 527, ergehen, wie § 523 I 1 zeigt: sobald die Unzulässigkeit feststeht, ist zu verwerfen. Dabei ist für die Beurteilung des Zeitpunkts der Entscheidung maßgebend, wobei für die Wertberechnung § 4 heranzuziehen ist. Namentlich wenn das Urteil nicht berufungsfähig ist, kann die Berufung sofort wegen Unzulässigkeit verworfen werden. Förmliche Mängel der Berufungsschrift lassen sich jedoch in der Berufungsfrist heilen, eine unzulängliche Berufungsbegründung in der Begründungsfrist ergänzen; darum ist die Berufung in diesen Fällen zweckmäßigerweise nicht vor Ablauf der Berufungs- bzw Begründungsfrist zu verwerfen, also nicht wegen Versäumung der Begründungsfrist, solange die Berufungsfrist noch läuft, Pantle NJW **88**, 2773. Wegen Fristversäumung darf die Berufung nicht als unzulässig verworfen werden, bevor über einen wirksam gestellten Verlängerungsantrag nach § 520 entschieden worden ist, BGH FamRZ **04**, 1189 u RR **01**, 931 mwN, es sei denn, es handelt sich um einen rechtsmißbräuchlich wiederholten Verlängerungsantrag, BGH VersR **86**, 166. Eine Verwerfung ist auch dann fehlerhaft, wenn nicht zuvor über einen Antrag auf WiedEins entschieden worden ist, BGH LS VersR **85**, 1143. Ebenso scheidet eine Verwerfung bei Fristablauf aus, wenn eine bedürftige Partei vorher ein Gesuch um Prozeßkostenhilfe einreicht, BGH RR **04**, 1219 mwN, Brschw NdsRpfl **89**, 76. Eine Verwerfung kommt ferner nicht in Betracht, solange es möglich ist, die unzulässige Berufung als Anschließung zu behandeln oder eine solche noch zu erklären, BGH NJW **96**, 2659 mwN, NJW **87**, 3263 (gegen Rimmelspacher JR **88**, 93).
8   **d) Bindende Kraft der Entscheidung.** Jedes **Urteil** bindet, § 318. Doch entscheidet das zulassende Zwischenurteil nur über die derzeitige Sach- und Rechtslage, hindert also eine andere Entscheidung bei Veränderung nicht. Der **zulassende Beschluß** ist frei abänderlich, § 329 Rn 16 (es sei denn, er gewährt zugleich WiedEins, BVerfG **8**, 253, dazu krit Baur JZ **59**, 60, ak auch für dieser Fall bei Verfassungsverstoß BGH NJW **95**, 2497, enger StJGr 35 mwN: wollte man das Berufungsgericht auch an einen solchen (im Grunde deklaratorischen) Beschluß binden, so könnte der Fall eintreten, daß es sich nachträglich von der Unzulässigkeit der Berufung überzeugt, dann aber gezwungen wäre, trotzdem in der Sache tätig und dann in

der Revisionsinstanz wegen Unzulässigkeit der Berufung aufgehoben zu werden. Der **verwerfende Beschluß** ist nur auf Grund der Rechtsbeschwerde, I 4, abänderlich, nicht aber sonst, weil er an Stelle eines Urteils steht, so daß auf ihn § 318 entsprechend anzuwenden ist, BGH RR **95**, 765 mwN, Jauernig MDR **82**, 286 zu BGH NJW **81**, 1962 mwN, BAG **AP** Nr 10 u NJW **71**, 1823 mwN; deshalb ist auch bei Mißgriffen des Gerichts eine Abänderung ausgeschlossen, abw ZöGU Rn 10. Etwas anderes muß jedoch gelten, wenn der Beschluß auf einer Verletzung von Grundrechten beruht, zB auf einem Verstoß gegen Art 103 GG (rechtliches Gehör) oder gegen Art 101 GG (gesetzlicher Richter), BVerfG NJW **87**, 1319 u 486, EuGRZ **85**, 237 mwN, NJW **83**, 1900: in diesem Fall ist der Beschluß entspr § 321 a auf **Gegenvorstellung** zu ändern, BGH NJW **02**, 1577 (zustm Lipp NJW **02**, 1700 u Piekenbrock JZ **02**, 540), BVerwG NJW **02**, 2657, Celle NJW **03**, 906, Müller NJW **02**, 2743, aM Rostock NJW **03**, 2109 mwN, vgl Grdz § 567 Rn 5.

Neben der Rechtsbeschwerde, I 4, muß der Berufungskläger ggf auch **WiedEins** beantragen, BGH NJW **9** **68**, 107, auch wenn die Frist in Wahrheit nicht versäumt war, BAG NJW **71**, 1823, Köln OLGZ **73**, 41, vgl LG Bochum MDR **85**, 239. Einzelheiten s § 233 Rn 18 ff. Zum Beginn der WiedEinsFrist, § 234, und zur Nachholung der Berufungsbegründung, § 236, s § 520 Rn 4–7. Die WiedEins, die nach § 238 III unanfechtbar ist und keiner Nachprüfung in höherer Instanz unterliegt, BGH NJW **82**, 887, macht den Verwerfungsbeschluß gegenstandslos, BGH VersR **82**, 95, NJW **68**, 107, ohne daß es einer ausdrücklichen Aufhebung bedarf (die aber zweckmäßig ist).

Eine **Erneuerung der Berufung** in der Berufungsfrist ist zulässig, ohne daß es darauf ankommt, ob die **10** verworfene erste Berufung von Anfang an unzulässig war oder durch Versäumung der Begründungsfrist unzulässig geworden ist, BGH RR **99**, 287, Dtz **93**, 54 u NJW **91**, 1116 mwN. Jedoch steht die verwerfende Entscheidung einer Erneuerung entgegen, wenn wegen ihrer Bindungswirkung entsprechend § 318 der Erlaß einer sachlich widersprechenden neuen Entscheidung ausgeschlossen ist, Jauernig MDR **82**, 286; das ist der Fall, wenn die neue Berufung dem Berufungsgericht denselben prozessualen Sachverhalt unterbreitet, BGH NJW **81**, 1962, so daß nach Verwerfung wegen Versäumung der Berufungsfrist mit der erneuten Berufung nicht geltend gemacht werden darf, dieselbe Frist habe nicht zu laufen begonnen, BAG NJW **04**, 174, Ffm NJW **83**, 2395. Dagegen ist nach Verwerfung wegen Versäumung der Begründungsfrist eine erneute Berufung zulässig, wenn mit ihr geltend gemacht wird, die Begründungsfrist habe nicht zu laufen begonnen, BGH DtZ **93**, 54 u NJW **91**, 1116, dazu Borgmann AnwBl **91**, 153.

C. Rechtsmittel, I 4 **11**
a) **Revision.** Gegen die Entscheidung durch **Endurteil** findet die Revision nach allgemeinen Grundsätzen statt, § 545, es sei denn, daß die Revision ausgeschlossen ist, zB nach § 542 II oder § 629. Die Entscheidung durch Zwischenurteil, § 303, ist nur zusammen mit dem Endurteil anfechtbar, BGH NJW **87**, 3265.

b) **Beschwerde.** Gegen den Verwerfungsbeschluß findet unter den Voraussetzungen des § 574 II, BGH **12** NJW **03**, 2172, die **Rechtsbeschwerde** statt, I 4, über die BGH entscheidet, § 133 GVG, vgl BGH NJW **02**, 2473. Für sie gelten die Vorschriften der §§ 574 bis 577, s die dortigen Erläuterungen. Zum Ausschluß der Rechtsbeschwerde im Arrestverfahren und im Verfahren der einstwVfg s BGH NJW **03**, 69 u 1531.

Für die Rechtsbeschwerde ist stets eine **Beschwer** nötig; sie fehlt zB, wenn die Berufung zurückgenom- **13** men ist. Eine Beschwer im Kostenpunkt genügt nicht.

c) Im übrigen gibt es idR **keinen Rechtsbehelf**, abgesehen von der Wiederaufnahme, BGH **62**, 18, **14** NJW **83**, 883 mwN. Nur dann, wenn die Rechtsbeschwerde unstatthaft oder nicht zugelassen ist, BGH NJW **04**, 1598, dürfen (und müssen) Verwerfungsbeschlüsse auf **Gegenvorstellung** geändert werden, nämlich dann, wenn durch sie Art 101 oder Art 103 GG verletzt worden ist, Üb § 567 Rn 5, oben Rn 8.

2) Zurückweisungsbeschluß, II u III (Schellenberg MDR **05**, 62; Piekenbrock JZ **02**, 540) **15**
A. **Allgemeines.** Nach dem Beispiel anderer Verfahrensordnungen, zB § 130 a VwGO, erlaubt II dem Berufungsgericht, das Rechtsmittel ohne mündliche Verhandlung durch unanfechtbaren Beschluß zurückzuweisen, um das Verfahren so schnell wie möglich rechtskräftig abzuschließen.

B. **Voraussetzungen, II 1.** Das Berufungsgericht muß davon überzeugt sein, daß die Berufung zwar **16** zulässig ist (sonst ist nach I zu verfahren), aber **keine Aussicht auf Erfolg** hat, II 1 Z 1. Das ist der Fall, wenn das Vorbringen des Berufungsklägers einschließlich etwa geltend gemachter neuer Angriffs- und Verteidigungsmittel dem Rechtsmittel zweifelsfrei nicht zum Erfolg verhelfen kann, Rostock NJW **03**, 1676, wobei etwaiges Gegenvorbringen des Berufungsbeklagten zu berücksichtigen ist, Celle NJW **02**, 2401 unter Hinweis auf BT-Drs 14/4722 S 97; keine Aussicht auf Erfolg hat die Berufung auch dann, wenn sich das Urteil im Ergebnis mit anderer Begründung aufrechterhalten läßt, Rostock MDR **03**, 1134. Eine nach § 533 unzulässige Klageänderung oder Widerklage schließt die Zurückweisung nicht aus, Nürnb MDR **03**, 770, ebensowenig eine vom Berufungsführer erhobene Hilfswiderklage, Rostock NJW **03**, 3211, Ffm NJW **03**, 165. „Offensichtlichkeit" der Unbegründetheit ist nicht erforderlich, KG MDR **04**, 647, Köln **03**, 1435, Celle NJW **02**, 2800, dazu BVerfG NJW **03**, 283. Die Bejahung einer hinreichenden Erfolgsaussicht im PKH-Verfahren schließt in aller Regel die Zurückweisung der Berufung durch Beschluß aus; ebenso, wenn das Berufungsgericht aGrd einer Presseerklärung des BGH davon ausgehen muß, daß ein Senat des BGH in einer für die Berufung entscheidungserheblichen Rechtsfrage inzwischen eine von anderen Senaten abweichende Rechtsauffassung vertritt, BVerfG NJW **05**, 1931.

Die Prognose des Mißerfolgs des Rechtsmittels genügt nicht. Hinzu kommen muß vielmehr die Über- **17** zeugung des Gerichts, daß die Rechtssache **keine grundsätzliche Bedeutung** hat, II 1 Z 2, und daß die Fortbildung des Rechts oder die Sicherung einer einheitlichen Rspr eine **Entscheidung des Berufungsgerichts nicht erfordert**, II 1 Z 3. Damit knüpft das Gesetz an die Maßstäbe an, die für die Zulassung der Berufung, § 511 IV, und die Zulassung der Revision, § 543 II, gelten, s die dortigen Erl. Dadurch wird sichergestellt, daß die Beschlußzurückweisung nicht den Weg zum BGH versperrt. Daß die erste Instanz die Berufung nach § 511 IV zugelassen hat, schließt eine Beschlußzurückweisung nicht aus, wenn das Berufungsgericht die Zulassungsvoraussetzungen anders beurteilt, BT-Drs 14/4722 S 97.

§§ 522–524

18   Weitere Voraussetzung für eine Beschlusszurückweisung ist nach Art 6 I EMRK, dass in erster Instanz eine mündliche Verhandlung stattgefunden hat oder dem Berufungskläger jedenfalls eröffnet war, BVerwG NVwZ **02**, 994 (zu § 130 a VwGO).

19   C. Verfahren, II 2. Da nur das Kollegium eine Berufung durch Beschluß zurückweisen darf, muß diese Frage vor der Übertragung der Sache auf den Einzelrichter geprüft werden, § 523 I 1. Will das Kollegium von dieser Möglichkeit Gebrauch machen, muß es oder der Vorsitzende die Parteien auf diese Absicht und deren Gründe hinweisen und dem Berufungskläger Gelegenheit zu einer Stellungnahme innerhalb einer zu bestimmenden Frist geben. Das Gericht muß den Gegner von dieser Stellungnahme unterrichten.

20   D. Entscheidung, II 1 u 3. Ob das Gericht von II Gebrauch macht, entscheidet es nach pflichtgemäßem Ermessen, dazu Kblz NJW **03**, 2100, aM Köln MDR **03**, 1435. Die Terminierung der Sache schließt die Zurückweisung der Berufung durch Beschluß nicht aus, Düss NJW **05**, 833. Der Beschluß muß **einstimmig** beschlossen werden, **II 1**; die Zurückweisung einer von mehreren Berufungen ist zulässig, jedoch nicht die Zurückweisung eines Teiles des Rechtsmittels, Karlsr MDR **03**, 711, aM Rostock NJW **03**, 2755. Das Gericht darf eine als unzulässig abgewiesene Klage als unbegründet abweisen, § 528 Rn 13, Rostock MDR **03**, 828. Der Beschluß ist zu **begründen,** soweit die Gründe nicht bereits in dem Hinweis nach II 2 enthalten sind, **II 3**; eine Bezugnahme auf die Gründe des angefochtenen Urteils ist zulässig. Eine Kostenentscheidung ist notwendig, Mü MDR **03**, 522.

21   E. Rechtsmittel, III. Der Beschluß ist nicht anfechtbar (zur Gültigkeit s BVerfG NJW **05**, 659): BGH FamRZ **05**, 1555. Sein Wirksamwerden hat die Rechtskraft des angefochtenen Urteils zur Folge. Wegen der Zulässigkeit der Gegenvorstellung bei Verletzung von Verfahrensgrundrechten s oben Rn 8 aE, Celle Ffm NJW **04**, 165, NJW **03**, 906, aM Köln RR **05**, 1227, Dresden FamRZ **03**, 1846. Die Weigerung des Gerichts, nach II zu verfahren, ist nicht mit der Rechtsbeschwerde anfechtbar, BGH FamRZ **04**, 437.

22   3) VwGO: Es gelten § 125 II VwGO, dazu Rudisile NVwZ **98**, 148, bzw § 130 a VwGO, dazu BVerwG NVwZ **04**, 1377 u **02**, 994.

523 *Terminsbestimmung.* ¹ ¹ Wird die Berufung nicht nach § 522 durch Beschluss verworfen oder zurückgewiesen, so entscheidet das Berufungsgericht über die Übertragung des Rechtsstreits auf den Einzelrichter. ² Sodann ist unverzüglich Termin zur mündlichen Verhandlung zu bestimmen.

II Auf die Frist, die zwischen dem Zeitpunkt der Bekanntmachung des Termins und der mündlichen Verhandlung liegen muss, ist § 274 Abs. 3 entsprechend anzuwenden.

Vorbem. Im **Verfahren der Arbeitsgerichte** gilt für die Terminierung § 66 II 1 (Terminierung unverzüglich nach Eingang der Berufungsbegründung).

1   1) Regelungszweck. Die Bestimmung regelt den Gang des Verfahrens bei einer nicht schon durch Beschluß zu verwerfenden oder zurückzuweisenden Berufung, § 522 I u II.

2   2) Terminsbestimmung, I. Macht das Gericht nicht von den Möglichkeiten des § 522 Gebrauch, ist zunächst über die Übertragung der Sache auf den Einzelrichter zu entscheiden, § 526, **I 1**. Sodann ist unverzüglich Termin zur mündlichen Verhandlung zu bestimmen, **I 2,** und zwar entweder durch den Vorsitzenden, § 216 II, oder durch das Gericht; die Setzung von Fristen für die Berufungserwiderung und für die Replik des Berufungsklägers ist in § 521 II geregelt, s dort Rn 3.

3   3) Einlassungsfrist, II. Sie ist nur dem Berufungsbeklagten gegenüber zu wahren und bestimmt sich nach § 274 III, s dort. Gegenüber dem Berufungskläger genügt die Einhaltung der Ladungsfrist nach § 217 (im Wechsel- und Scheckprozeß nach § 604). Wegen der Möglichkeit der Abkürzung s § 226.

4   4) VwGO: Wegen eigener Regelung, § 125 I iVm § 102, unanwendbar; zur Terminierung s BVerwG NJW **90**, 1616.

524 *Anschlussberufung.* ¹ ¹ Der Berufungsbeklagte kann sich der Berufung anschließen. ² Die Anschließung erfolgt durch Einreichung der Berufungsanschlussschrift bei dem Berufungsgericht.

II ¹ Die Anschließung ist auch statthaft, wenn der Berufungsbeklagte auf die Berufung verzichtet hat oder die Berufungsfrist verstrichen ist. ² Sie ist zulässig bis zum Ablauf der dem Berufungsbeklagten gesetzten Frist zur Berufungserwiderung. ³ Diese Frist gilt nicht, wenn die Anschließung eine Verurteilung zu künftig fällig werdenden wiederkehrenden Leistungen (§ 323) zum Gegenstand hat.

III ¹ Die Anschlussberufung muss in der Anschlussschrift begründet werden. ² Die Vorschriften des § 519 Abs. 2, 4 und des § 520 Abs. 3 sowie des § 521 gelten entsprechend.

IV Die Anschließung verliert ihre Wirkung, wenn die Berufung zurückgenommen, verworfen oder durch Beschluss zurückgewiesen wird.

Vorbem. 1) II 2 mWv 1. 9. 04 geändert und II 3 eingefügt durch Art 1 Z 16 a des 1. JuMoG v 24. 8. 04, BGBl 2198. **2)** Im **Verfahren der Arbeitsgerichte** ist § 524 entspr anwendbar, § 64 VI ArbGG.

Schrifttum: *Born* NJW **05**, 3038; *Doms* NJW **04**, 189; *Liesching* NJW **03**, 1224; *Pape* NJW **03**, 1150; *Ludwig* MDR **03**, 670; *Piekenbrock* MDR **02**, 675; *Heiderhoff* NJW **02**, 1402; *v. Olshausen* NJW **02**, 802; *Doms* NJW **02**, 780; *Gerken* NJW **02**, 1098.

Abschnitt 1. Berufung § 524

Gliederung

1) **Anschließung, I**	1–14	3) **Verlust der Wirkung, IV**	20–23
A. Allgemeines	1–5	A. Berufungsrücknahme	20
B. Voraussetzungen	6–10	B. Verwerfung oder Beschlußzurückweisung	21
C. Einzelheiten	11–14	C. Folgerungen	22
2) **Verfahren**	15–19	D. Sonderregelung	23
A. Einlegung, I	15–16	4) *VwGO*	24
B. Anschlußschrift, III	17–18		
C. Zustellung, III 2	19		

1) Anschließung, I   1

A. Allgemeines. Jede durch ein Urteil beschwerte Partei darf Berufung einlegen, uU dürfen es also beide Parteien. Richten sich die Berufungen gegen dasselbe Urteil, so ist über sie einheitlich zu verhandeln und zu entscheiden; eine Prozeßverbindung kommt nicht in Frage, weil keine getrennten Prozesse vorliegen, Schopp ZMR **88**, 324 mwN. Anders liegt es bei Berufungen gegen verschiedene Urteile, wenn auch in derselben Streitsache. Aus der Hemmungswirkung der Berufung, Grdz § 511 Rn 2, fließt das Recht des Berufungsbeklagten, **statt der selbständigen Berufung die Anschließung** an die Berufung des Berufungsklägers zu wählen, BGH NJW **03**, 2388. Wendet er sich gegen einen ihm ungünstigen Teil des Urteils, hat er die Wahl zwischen beiden Möglichkeiten; dagegen muß er sich anschließen, wenn er bei vollem Erfolg in 1. Instanz mehr erreichen will als die Zurückweisung der Berufung, namentlich wenn er in 2. Instanz die Klage erweitern, BGH RR **91**, 510, oder Widerklage erheben, BGH **LM** Nr 4, oder die Scheidung erreichen will, Ffm FamRZ **80**, 710. Jedoch ist eine Anschlußberufung nicht nötig, wenn die Zurückweisung der Berufung mit der Maßgabe begehrt wird, daß nunmehr an einen Zessionar zu zahlen sei, BGH MDR **78**, 398, abl Grunsky ZZP **91**, 316. Eine Anschließung ist auch nicht nur wegen der Kosten nötig, weil das Gericht über sie vAw entscheidet und sie nachteilig abändern darf, und wegen der Zwischenanträge aus §§ 302 IV, 717 II, III usw; zulässig ist Berufung oder Anschließung auch da. Wegen des Verhältnisses zwischen der Abänderungsklage, § 323, und der Anschließung s BGH NJW **88**, 1735 mwN, ua Eckert MDR **86**, 542.

Die Anschließung ist unselbständig, dh von der Berufung abhängig, IV. Das ist kein Rechtsmittel, 2 sondern eine bloße Auswirkung des Rechts des Berufungsbeklagten, im Rahmen der fremden Berufung auch einen angriffsweise wirkenden Antrag zu stellen und die Grenzen der neuen Verhandlung mitzubestimmen, BGH in stRspr, NJW **94**, 803 mwN, **91**, 2569, aM ua StJGr 6, Baur Festschr Fragistas S 359. Dieses Recht ist die notwendige Folge der Ausgestaltung der Berufungsinstanz als (beschränkte) zweite Tatsacheninstanz: die Anschließung beugt überflüssigen oder nur vorsorglich eingelegten Rechtsmitteln vor und stellt für den Gegner des Hauptrechtsmittels Waffengleichheit her, BGH NJW **84**, 1240 (die Zulässigkeit der Anschließung ist nicht nach diesen Merkmalen, sondern nach den unten Rn 6 ff genannten Kriterien zu beurteilen, aber KG MDR **90**, 160). Das Recht zur Anschließung kann aber grundsätzlich nicht so weit gehen, daß noch beim Gericht 1. Instanz anhängige Teilansprüche durch Anschließung in die Berufungsinstanz gezogen werden, BGH FamRZ **83**, 459, BGH **30**, 213 unter Aufgabe von BGH NJW **54**, 640, vgl auch § 301 Rn 1; das verbietet sich schon deshalb, weil die Partei die Sache nicht willkürlich dem Gericht, bei dem sie anhängig ist, entziehen kann.

Für die **Prozeßkostenhilfe** ist jede Anschließung als selbständige Berufung zu behandeln; vgl wegen der 3 Kosten § 516 Rn 19 u 20. **Hilfsanschließung** (Eventualanschließung) ist nicht nur für den Fall des Erfolgs der Berufung, BGH RR **91**, 510, **LM** § 556 Nr 3, Saarbr OLGZ **88**, 234, sondern auch dann statthaft, wenn sie von einem anderen innerprozessualen Vorgang abhängig gemacht wird, BGH NJW **84**, 1240 (die bestimmte Beurteilung einer Rechtsfrage ist jedenfalls eine zulässige Bedingung, wenn auf ihr eine Sachentscheidung unmittelbar beruht); eine Hilfsanschließung des Klägers für den Fall, daß der Klaganspruch eines nicht notwendigen Streitgenossen abgewiesen wird, ist unzulässig, BGH RR **89**, 1099. Unstatthaft ist jede Hilfsanschließung als selbständige Berufung, weil insofern eine bedingte Berufung oder Klage vorliegen würde. Eine **Anschließung des Berufungsklägers** an die Anschlußberufung des Gegners (Gegenanschließung) ist idR nur als Erweiterung oder Änderung der Berufung zulässig und unterliegt den für sie geltenden Beschränkungen, BGH NJW **86**, 1494 u **84**, 437 mwN (abl Fenn JZ **84**, 478, Grunsky ZZP **97**, 478), Celle NdsRpfl **82**, 64; jedoch ist die Anschließung des Berufungsklägers an eine Anschlußberufung zuzulassen, wenn diese sich gegen einen anderen, als zulässig erkennbaren Teil des angefochtenen Urt wendet und der Berufungskläger nunmehr eine Änderung dieses Teiles zu seinen Gunsten erreichen möchte, weil auch hier die eine Anschließung rechtfertigenden Gründe (s oben) eingreifen, offen gelassen von BGH NJW **86**, 1494.

Die **Umdeutung** (§ 140 BGB) einer mangels Beschwer oder aus sonstigen Gründen unzulässigen Berufung in eine Anschließung ist möglich, wenn sie als abhängige Anschließung aufrechterhalten wird, BGH NJW **95**, 1560 mwN, ua **100**, 387 = NJW **87**, 3263 (dazu Rimmelspacher JR **88**, 93) u FamRZ **87**, 154 mwN, Stgt FamRZ **84**, 404, Fenn ZZP **89**, 130 mwN; die Aufrechterhaltung entspricht idR dem mutmaßlichen Parteiwillen, BGH NJW **95**, 2363.

Die zur Begründung einer (zulässigen) Anschließung **erstmals vorgebrachten Tatsachen** können ggf als 5 verspätet zurückgewiesen werden, BGH NJW **82**, 1708 (Anm Deubner).

B. Voraussetzungen. Sie sind auch in der Revisionsinstanz vAw zu prüfen.   6

Die **Anschließung setzt eine zulässige Berufung** voraus. Ist die Berufung vor Einlegung der An- 7 schlußberufung zurückgenommen, so ist die Anschlußberufung selbst dann unzulässig, wenn die Zurücknahme nicht bekannt war, BGH **17**, 399. Entsprechendes gilt für die Verwerfung oder Zurückweisung der Berufung nach § 522.

Die Anschließung muß sich **gegen das mit der Berufung angefochtene Urteil** richten, BGH NJW **83**, 1318 mwN, allgM (nicht notwendig gegen denselben Anspruch, s u). Greift der Beklagte ein Teilurteil und später die Kostenentscheidung des Schlußurteils an, eröffnet diese Berufung dem Kläger die Anschlie-

§ 524

ßung hinsichtlich des ihm ungünstigen Teil des Schlußurteils, aM KG MDR **90**, 160. Ist ein Teilanspruch abgewiesen worden, kann er durch Anschließung in dem wegen des Restanspruchs anhängigen Nachverfahren, § 302, geltend gemacht werden, BGH NJW **62**, 1249 (ebenso im UrkProzeß). Die Anschließung muß immer gegen den Rechtsmittelführer oder dessen notwendigen Streitgenossen gerichtet sein, allgM, BGH NJW **91**, 2569, ZZP **70**, 82, BAG NZA **97**, 902 mwN, also nicht gegen einen bisher am Verfahren nicht beteiligten Dritten, der neben eine der Parteien treten soll, BGH NJW **95**, 198 mwN; etwas anderes gilt im Fall der Auswechslung einer Partei (zB Übergang des Klägers vom Gesellschafts- zum Gesellschafterprozeß), BGH RR **89**, 441 mwN, oder bei Erstreckung der Klage auf Dritte, die zustimmen oder ihre Zustimmung rechtsmißbräuchlich verweigern, BGH NJW **84**, 2104.

8   Bei gewöhnlichen **Streitgenossen** ist zu unterscheiden: Legt einer von ihnen Berufung ein, kann sich die Anschließung der Gegenpartei nur gegen ihn richten, BGH ZZP **70**, 82, BAG NZA **97**, 902, Hamm FamRZ **00**, 433; legt die gegnerische Hauptpartei Berufung ein, ist zur Anschließung nur derjenige Streitgenosse berechtigt, gegen den Berufung eingelegt worden ist, BGH NJW **91**, 2569 mwN, Mü FamRZ **87**, 169 m krit Anm Philippi, und zwar nur in Verbundverf, § 629 a Rn 6 (zur Lage nach § 1629 III BGB, dazu krit Wosgien FamRZ **87**, 1103). Immer muß der Anschlußberufungskläger ein dem Ziel des Berufungsklägers entgegengesetztes Ziel verfolgen; deshalb ist die Anschließung eines Streitgenossen mit demselben Antrag wie demjenigen des Berufungsklägers unzulässig, KG VersR **75**, 452. Gleich bleibt, ob die Partei oder ein Streitgehilfe Berufungskläger ist, OLG **20**, 299.

Gegenstand der Anschließung können auch andere Ansprüche als die mit der Berufung verfolgten sein, wenn über sie in demselben Urteil entschieden worden ist und der Berufungskläger sie nicht fallen gelassen hat (durch Klagrücknahme oder Verzicht auf den Anspruch), StJGr 7, Wiecz § 522 Anm A III b 1, ThP 2 b, Mü FamRZ **87**, 1032, OVG Hbg HbgJVBl **85**, 183; der Verzicht auf die Berufung hindert nicht, s unten. Die Anschließung darf aber nicht noch in der 1. Instanz anhängige Teilansprüche betreffen.

9   Die Anschlußberufung verlangt **keine Beschwer** (Begriff Grdz § 511 Rn 13 ff), BGH NJW **80**, 702 mwN, BAG NJW **76**, 2143 mwN, BVerwG **29**, 264, Fenn ZZP **89**, 121 mwN, Jauernig § 72 VIII, ThP 3, aM StJGr 6, Baur Festschr Fragistas S 368 ff, Gilles ZZP **92**, 159 ff (dieselben Grenzen wie bei selbständiger Berufung). Sie ist zulässig selbst bei völligem Sieg, um durch Geltendmachung neuer Ansprüche, Saarbr OLGZ **88**, 235, oder auch nur wegen der Kosten, BGH **17**, 397, VersR **81**, 1033 mwN (str, aM mit beachtlichen Gründen Gilles ZZP **92**, 159), oder wegen der Vollstreckbarkeit, nicht bloß für die Begründung, etwas über das Zugesprochene hinaus zu erreichen; so etwa durch Klageerweiterung (aber nicht hinsichtlich eines bisher nicht beteiligten Dritten, BGH NVersR **00**, 392, und auch nicht hinsichtlich eines bereits rechtskräftig abgewiesenen Teilanspruchs, BGH **LM** Nr 10), Umwandlung oder Widerklage, §§ 264 Z 2, 3, 533, BGH NJW **82**, 1708, oder um statt Prozeßabweisung eine Sachabweisung zu erreichen, abzulehnen Düss MDR **87**, 1032, oder um den günstigeren Hilfsanspruch statt des zugesprochenen Hauptanspruchs durchzusetzen, RG **87**, 240, oder um für den Fall der verfahrensrechtlich begründeten Aufhebung des eine einstwVfg enthaltenden Urteils ein inhaltlich gleiches Urteil zu erreichen, Karlsr NJW **65**, 47. Zulässig ist eine Anschließung auch, um einen abgewiesenen Teil des Anspruchs im Nachverfahren wegen des Restanspruchs geltend zu machen, BGH **37**, 133.

10   Die Anschließung ist aber **nur dann zulässig**, wenn mit ihr mehr erreicht werden soll als die Zurückweisung der Berufung. Sie ist deshalb unzulässig, wenn mit ihr ein bereits in 1. Instanz zuerkanntes Begehren verfolgt wird, BGH RR **88**, 185, oder wenn mit ihr noch in unterer Instanz anhängige und nicht beschiedene Ansprüche geltend gemacht werden, BGH NJW **83**, 1313. Sie ist ferner nicht statthaft, um eine Verurteilung auch aus einem anderen in der 1. Instanz verneinten Klagegrund zu erreichen, wenn der Anspruch in seinem vollen Umfange zugesprochen worden ist, BGH NJW **58**, 868 (s aber Grdz § 511 Rn 13), ebenso, wenn der einheitliche prozessuale Anspruch auf verschiedene sich ausschließende Klagegründe gestützt ist, von denen jeder den Anspruch in voller Höhe rechtfertigt, BGH aaO, da das eine Anschlußberufung nur zur Abänderung der Gründe wäre, die unzulässig ist, BGH NJW **86**, 2707. Letzteres ist zu verneinen, also eine Anschlußberufung zulässig, wenn die Klage in den Entscheidungsgründen nur als zZ unbegründet abgewiesen ist und völlige Abweisung verlangt wird, BGH **24**, 279. Zulässig ist in Mietsachen auch eine Anschlußberufung, die sich allein gegen die Gewährung einer Räumungsfrist richtet, LG Nürnb-Fürth RR **92**, 1231.

11   **C. Einzelheiten**
  a) Verzicht auf die Berufung, II 1. Er hindert die Anschließung nicht. Das gleiche gilt für die Anschließung nach Rücknahme der eigenen Berufung. Anders liegt es beim Verzicht auf die Anschließung, der entsprechend § 515 vor Einlegung eines Rechtsmittels, an das die Anschließung erfolgen könnte, zulässig ist, ThP 10, Stgt FamRZ **83**, 1152, Hamm FamRZ **83**, 823 mwN, sehr str, abw u a MüKoRi 32, ZöGu 19, Köln FamRZ **83**, 824, Walter FamRZ **83**, 1153, Rüffer, Die formelle Rechtskraft des Scheidungsausspruchs, 1982, S 139, Übers in BGH NJW **84**, 2829 (daß im Verbundverfahren, § 623, bei beiderseitigem Verzicht auf Rechtsmittel gegen den Scheidungsausspruch der Verzicht auf die Anschließung wegen des Scheidungsausspruchs auch schon vor Einlegung eines Rechtsmittels in einer FolgeS zulässig ist, ist in § 629 a IV geregelt). Ein Verzicht ist noch nicht in der vorbehaltlosen Zahlung der Urteilssumme zu sehen, Schlesw SchlHA **55**, 362, kann aber ausnahmsweise im Verzicht auf die Berufung liegen, Hamm FamRZ **79**, 944, zB im Verbund beim Verzicht des Ehegatten auch auf Tatbestand und Entscheidungsgründe, Köln FamRZ **86**, 482. Der Verzicht auf den Anspruch und das Anerkenntnis des Berufungsklägers, §§ 306, 307, stehen der Anschließung entgegen, weil sie endgültig über den prozessualen Anspruch verfügt haben (aM StJ I 3, Wieczorek B II b 1, Ffm NJW **57**, 1641).

12   **b) Ablauf der Berufungsfrist, II 1.** Sie steht der Anschließung nicht entgegen. Die Anschließung kann also auch innerhalb der Berufungsfrist erklärt werden, unten Rn 15 u 16. Die Wirkung (und ihr Verlust, IV) ist in beiden Fällen gleich, Heiderhoff NJW **02**, 1402.

13   **c) Befristung, II 2 u 3.** Die Anschließung ist zulässig bis zum Ablauf der dem Berufungsbeklagten gesetzten Frist zur Berufungserwiderung, § 521 II, III 2. Die Frist kann nach § 224 II verlängert werden,

Abschnitt 1. Berufung § 524

BT-Drs 15/3482 S 18; wird sie versäumt, ist Wiedereinsetzung möglich, Zweibr RR **03**, 1300 mwN, Celle NJW **02**, 2651 (dazu Piekenbrock MDR **03**, 1142 u 678). Die Befristung gilt aber nicht, wenn die Anschließung die Verurteilung zu künftig regelmäßig wiederkehrenden Leistungen, § 323, zum Gegenstand hat, II 3, also namentlich dann nicht, wenn es in dem Rechtsstreit um Unterhaltszahlung geht, BT-Drs 15/ 3482, vgl Born FamRZ **03**, 1265. In diesen Fällen kann die Anschließung also bis zum Schluss der mündlichen Verhandlung erfolgen.

Die Befristung kann darüber hinaus nicht gelten, wenn die Anschließung durch Prozesshandlungen des Berufungsklägers ausgelöst wird, zB eine Erweiterung oder Änderung des Klagebegehrens: der Grundsatz der Waffengleichheit, der durch die Anschließungsmöglichkeit gewahrt werden soll, BT-Drs 14/4722 S 98, läßt eine zeitliche Begrenzung in solchen Fällen nicht zu, Gerken NJW **02**, 1095, Zweibr FamRZ **04**, 554, aM Piekenbrock MDR **02**, 676. Das Gleiche gilt für die Anschließung an eine Anschlußberufung.

d) Berufungssumme. Die Anschlußberufung ist weder von einer Berufungssumme noch von einer **14** Zulassung abhängig.

2) Verfahren **15**

A. Einlegung, I 2. Die Anschließung geschieht allein durch **Einreichung** (Begriff § 519 Rn 3 ff) der Anschlußschrift, nie durch Vortrag in der mündlichen Verhandlung (mag er auch protokolliert werden) oder auf andere Weise, allgM, BGH NJW **93**, 270 mwN, BAG NJW **82**, 1175 mwN, abw MüKoRi 5. Parteizustellung der Anschließungsschrift ist keine Einreichung, sondern Ankündigung des Vortrags und enthält darum keine Erhebung. Der sich Anschließende **muß erkennen lassen**, daß er diesen Weg wählt (und nicht denjenigen der selbständigen Berufung), BGH NJW **03**, 2388, BAG NZA **99**, 612 mwN, oben Rn 1 ff (auch zur Umdeutung). Der Gebrauch des Wortes „Anschließung" oder einer ähnlichen Wendung ist **16** unnötig, BGH FamRZ **84**, 659, Hbg WRP **82**, 343: es genügt jede Erklärung, die ihrem Sinn nach eine dem Erklärenden vorteilhafte, über die Abwehr der Berufung hinausgehende Entscheidung des Berufungsgerichts erstrebt (und nicht als selbständige Berufung gekennzeichnet ist), BGH RR **91**, 510 u NJW **90**, 449, BVerwG NVwZ-RR **95**, 58. Dagegen reicht eine Erklärung, die nur die Abwehr des gegnerischen Begehrens zum Ziel hat, nicht aus, BGH FamRZ **84**, 659. Wie die Erklärung auszulegen ist, unterliegt ggf der freien Prüfung durch das Revisionsgericht, BGH NJW **03**, 2388, RR **91**, 510, NJW **87**, 3264.

B. Anschlußschrift, III. Für ihre Form gilt das gleiche wie für die Berufungsschrift, § 519 Rn 9 ff. Die **17** Anschlußschrift muß enthalten: **a)** Die Bezeichnung des Urteils, gegen das die Anschließung gerichtet wird, sowie die Erklärung, daß gegen dieses Urteil Anschlußberufung eingelegt werde, III 2 iVm § 519 II, **b)** die Begründung der Anschlußberufung, III **1**, für die § 520 III entspr gilt, also die Ausschließungsanträge und die Ausschließungsgründe, s § 520 Rn 17 ff. Die **allgemeinen Vorschriften** über die vorbereitenden Schriftsätze, §§ 130 ff, sind auch auf die Anschlußschrift anzuwenden, III 2 iVm § 519 IV. Wird die Begründung innerhalb der Ausschließungsfrist, II 2, nachgereicht, so genügt dies.

Eine nachträgliche **Erweiterung oder Änderung der Anträge** ist im selben Umfang gestattet wie bei **18** der Berufung; sie muß sich also im Rahmen der Anschließungsgründe halten, kann dann aber auch zu Protokoll erklärt werden, BGH NJW **93**, 270 (dazu Schnauder JuS **93**, 365). Die Erweiterung der Anschließung ist zulässig, solange auch eine erstmalige Anschließung möglich ist, BGH NJW **84**, 2951 zo Düss FamRZ **82**, 923. Enthält die Anschließung neue Ansprüche, so werden diese gemäß § 261 rechtshängig. Fußt die Anschließung nur auf neuen Anträgen, macht sie zB eine Klageerweiterung geltend, dann entfallen die Anschließungsgründe, vgl BGH LM § 826 (ge) BGB Nr 2.

C. Zustellung. Anschließungs- und Begründungsschrift sind dem Berufungskläger entspr § 521 zuzu- **19** stellen, III 2.

3) Verlust der Wirkung, IV **20**

A. Anders als nach früherem Recht wird jede Anschließung, oben Rn 15 u 16, also auch die innerhalb der Berufungsfrist erklärte, unwirksam mit wirksamer **Rücknahme der Hauptberufung,** im Fall der Gegenanschließung, oben Rn 3, mit wirksamer Rücknahme der Anschließung. Ist über einen Teil der Berufung durch Teilurteil entschieden, bleibt die Anschließung bei Rücknahme der restlichen Berufung wirksam, Celle RR **86**, 357. Die Rücknahme der eigenen Berufung steht einer späteren Anschließung nicht im Weg. Unwirksam wird die Anschlußberufung auch durch den (wirksamen) **Verzicht** auf die Berufung, § 515 Rn 19 aE, BGH NJW **94**, 738 mwN. Erklären die Parteien den Klageanspruch in der **Hauptsache für erledigt,** so wird die Anschließung dadurch nicht wirkungslos, BGH NJW **86**, 852 (aM Habscheid/Lindacher NJW **64**, 2395, Mü MDR **74**, 320 mwN), es sei denn, daß die Erklärung als Berufungsrücknahme gemeint ist, BGH NJW **64**, 108. Ein **Vergleich** über den mit der Hauptberufung verfolgten Anspruch macht die Anschließung unwirksam, BAG NJW **76**, 2143.

B. Verwerfung oder Beschlußzurückweisung. Die Anschließung wird ferner unwirksam mit **21** Verwerfung der Berufung als unzulässig, § 522 I, oder ihrer **Zurückweisung durch Beschluß,** § 522 II. Die Zurückweisung als unbegründet durch streitiges Urteil oder durch Versäumnisurteil, RG **103**, 125, stört nicht, Düss FamRZ **82**, 922 mwN (Anschließung bleibt dann wirksam, auch wenn über die Hauptberufung entschieden worden ist, bevor der Anschließungsantrag in mündlicher Verhandlung gestellt worden ist, aM BGH **37**, 131).

C. Folgerungen. Solange die Möglichkeiten zu A u B bestehen, kann über eine Anschlußberufung **nicht 22 vorweg durch Teilurteil** entschieden werden, BGH in stRspr, NJW **94**, 2236 mwN, BAG NJW **75**, 1248; dies gilt auch, wenn die Anschlußberufung unheilbar unzulässig ist, hM, BGH aaO, aM MüKoRi § 521 Rn 40 mwN. Ein Teilurteil über die Anschließung ist unter den Voraussetzungen des § 301 auch in der Sache möglich, wenn über einen Teil der Berufung vorab durch Teilurteil entschieden worden ist (was auch bei Anschließungen zulässig bleibt, StJGr 7 mwN), Celle RR **86**, 357; dies gilt jedoch nicht, wenn es sich bei der Entscheidung über den anderen Teil um ein Versäumnisurteil handelt, Kblz RR **89**, 960.

Die **Wirkungslosigkeit** ist vom Gericht in dem Urteil oder Beschluß nach § 522 auszusprechen; der deklaratorische Anspruch ist nicht anfechtbar, BGH JR **99**, 160. Wenn die Anschlußberufung trotzdem

§§ 524–526

weiterverfolgt wird, ist sie zu verwerfen, BGH NJW **87**, 3264 mwN; die Anfechtung richtet sich in diesem Fall nach § 522, BGH JR **99**, 160 mwN.

Kosten der Anschließung (*Doms* NJW **04**, 190; *Pape* NJW **03**, 1150; *Ludwig* MDR **03**, 670). Wird über die Anschließung entschieden, gelten die allgemeinen Vorschriften, §§ 91 ff, ebenso bei Unwirksamwerden der Anschließung wegen anfänglicher Unzulässigkeit des Hauptrechtsmittels; wegen der Kosten bei dessen Rücknahme s § 516 Rn 20 u 21. I ü sind dem Rechtsmittelkläger idR auch die Kosten des Anschlussrechtsmittels aufzuerlegen, BGH **05**, 727 mwN. Bei Zurückweisung der Berufung nach § 522 II fallen die Kosten den Parteien im Verhältnis der Werte ihrer Rechtsmittel zur Last, Zweibr RR **05**, 507, Dresden MDR **04**, 1386, Ffm RR **05**, 86, Düss NJW **03**, 1260 mwN, Celle NJW **03**, 2755, aM Doms NJW **04**, 190, Ludwig MDR **03**, 670, Celle MDR **04**, 592, Hbg MDR **03**, 1251.

Zur „**Vorwirkung**" einer Änderungsklage, § 323 III, auf den Zeitpunkt einer später wirkungslos gewordenen Anschließung im Vorprozeß s BGH NJW **88**, 1735 mwN, § 323 Rn 61.

23 D. **Sonderregelung.** Wegen der **Anschlußberufung bei Entscheidung im Verbund**, § 629, s § 629 a Rn 5 ff.

24 **4) *VwGO*:** *Für die Anschließung des Berufungsbeklagten und anderer Beteiligter gilt die entsprechende Vorschrift des § 127 VwGO idF des RmBereinVpG v 20. 12. 01, BGBl 3987, BVerwG BayVBl **03**, 727, Kienemund NJW **02**, 1232, vgl § 517 Rn 16.*

525 *Allgemeine Verfahrensgrundsätze.* [1] **Auf das weitere Verfahren sind die im ersten Rechtszuge für das Verfahren vor den Landgerichten geltenden Vorschriften entsprechend anzuwenden, soweit sich nicht Abweichungen aus den Vorschriften dieses Abschnitts ergeben.** [2] **Einer Güteverhandlung bedarf es nicht.**

1 **Vorbem.** Im **Verfahren der Arbeitsgerichte** ist § 525 entsprechend anwendbar, § 64 VI ArbGG, so daß im Berufungsverfahren vor dem LAG §§ 46 ff ArbGG nur insoweit gelten, als sie in § 64 VII ArbGG ausdrücklich genannt werden, Grunsky ArbGG § 64 Rn 18, 36–44.

2 **1) Erläuterung.** Grundsätzlich richtet sich das Berufungsverfahren nach den für das landgerichtliche Verfahren gegebenen Vorschriften, mögen diese im 2. Buch stehen, in anderen Büchern oder in anderen Gesetzen, **S 1**. Wegen Widerklage und Aufrechnung s § 533, wegen des Versäumnisverfahrens s § 539. Ausgeschlossen ist lediglich § 278 II–V (Güteverhandlung), **Satz 2**.

Anwendbar sind danach namentlich die Bestimmungen über die Zwischenfeststellungsklage, § 256 II, Schlesw RR **91**, 190, über die Rechtshängigkeit, § 261, Ffm FamRZ **80**, 710, über die Klageänderung, §§ 263 u. 264, § 533 Rn 2–4, auch über die Erweiterung der Klage, BGH FamRZ **88**, 603, RR **87**, 250 mwN (nicht für einen auf neues Vorbringen gestützten Angriff auf den insoweit nicht angefochtenen klagabweisenden Teil des erstinstanzlichen Urteils), über die Rücknahme der Klage, § 269, über die Fristsetzung, §§ 273 II Z 1, 275 I 1, III, IV, 276 I 2, III u 277, BGH MDR **90**, 1102, über die gütliche Streitbeilegung, § 278 I u VI sowie § 279 II u III, über die Verweisung, § 281 (auch im Verhältnis verschiedener Berufungsgerichte bei wahlweise zulässiger Einlegung, BGH **71**, 367 betr KartellS, über die Konzentration des Verfahrens, also insbesondere die §§ 282 II, 296 II, Schneider MDR **02**, 686, BGH NJW **99**, 2446, NJW **89**, 717 u **87**, 502 mwN, RR **86**, 1317 u NJW **82**, 1708 (zur Zurückweisung von Angriffs- und Verteidigungsmitteln, die erstmals mit der Anschlußberufung vorgebracht werden, krit Deubner, zustm Olzen JR **82**, 417), Celle RR **58**, 69, Karlsr FamRZ **95**, 738, Ffm RR **93**, 170, Oldb NJW **87**, 1339, über nachgelassene Schriftsätze, § 283, Landsberg MDR **76**, 726, über die Beweiswürdigung, § 286, BGH NJW **82**, 2874, über den Rügeverlust, § 295, über die Zurückweisung neuen Vorbringens, § 296, BGH MDR **90**, 1102, Hamm RR **93**, 1150, über das Teilurteil, § 301 (unzulässig bei Berufungen beider Seiten, die denselben Sachverhalt betreffen, Kblz RR **89**, 960), über die Formalien des Urteils, § 313 I (vgl § 540), und über die Berichtigung, § 319, Düss MDR **91**, 789, und Ergänzung des Urteils, § 321, über die Gehörrüge, § 321 a, Müller NJW **02**, 2745, Schmidt MDR **02**, 918, ThP § 321 a Rn 18, Schneider ZAP **02**, 645, BGH FamRZ **04**, 1278, Jena NJW **03**, 3495, Celle NJW **03**, 906, Ffm NJW **03**, 165, aM Musielak § 321 a Rn 1, ZöVollk § 321 Rn 4, Karlsr MDR **04**, 593, Oldenb NJW **03**, 150, Rostock NJW **03**, 2105; Dresden FamRZ **03**, 1846, über die Wiederholung der Beweisaufnahme, §§ 398 u 402.

3 Die **Vorschriften des 1. Buchs** sind nicht entsprechend, sondern unmittelbar anwendbar; dies gilt zB für die richterliche Hinweispflicht, § 139, BGH NJW **99**, 3716, und für die Wiedereröffnung der mündl Verh, § 156. Von den **Vorschriften des amtsgerichtlichen Verfahrens** kommen im Berufungsverfahren vor dem LG in entspr Anwendung in Betracht: § 506, Verweisung wegen nachträglicher sachlicher Unzuständigkeit, und, § 510 b, Verurteilung zu Handlung und Entschädigung. Einzelnes s §§ 506 Rn 2 ff, 510 b Rn 2 ff. Eine Verweisung vom LG als Berufungsgericht an die erstinstanzliche Zivilkammer ist grundsätzlich unzulässig, § 506 Rn 6, KG MDR **99**, 563 mwN, str; erst recht kommt eine Verweisung an das OLG als Berufungsgericht entspr § 506 nicht in Betracht, BGH RR **96**, 891 mwN, aM Rimmelspacher JZ **97**, 976.

4 **2) *VwGO*:** *Es gilt § 125 I (inhaltsgleich).*

526 *Entscheidender Richter.* [1] **Das Berufungsgericht kann durch Beschluss den Rechtsstreit einem seiner Mitglieder als Einzelrichter zur Entscheidung übertragen, wenn**
1. **die angefochtene Entscheidung von einem Einzelrichter erlassen wurde,**
2. **die Sache keine besonderen Schwierigkeiten tatsächlicher oder rechtlicher Art aufweist,**
3. **die Rechtssache keine grundsätzliche Bedeutung hat und**
4. **nicht bereits im Haupttermin zur Hauptsache verhandelt worden ist, es sei denn, dass inzwischen ein Vorbehalts-, Teil- oder Zwischenurteil ergangen ist.**

[II] [1] **Der Einzelrichter legt den Rechtsstreit dem Berufungsgericht zur Entscheidung über eine Übernahme vor, wenn**

Abschnitt 1. Berufung **§§ 526, 527**

1. sich aus einer wesentlichen Änderung der Prozeßlage besondere tatsächliche oder rechtliche Schwierigkeiten der Sache oder die grundsätzliche Bedeutung der Rechtssache ergeben oder
2. die Parteien dies übereinstimmend beantragen.

²Das Berufungsgericht übernimmt den Rechtsstreit, wenn die Voraussetzungen nach Satz 1 Nummer 1 vorliegen. ³Es entscheidet hierüber nach Anhörung der Parteien durch Beschluss. ⁴Eine erneute Übertragung auf den Einzelrichter ist ausgeschlossen.

III Auf eine erfolgte oder unterlassene Übertragung, Vorlage oder Übernahme kann ein Rechtsmittel nicht gestützt werden.

IV In Sachen der Kammer für Handelssachen kann Einzelrichter nur der Vorsitzende sein.

Vorbem. Im **Verfahren der Arbeitsgerichte** ist § 526 unanwendbar, § 64 VI 2 ArbGG, jedoch darf der Vorsitzende in bestimmten Fällen allein entscheiden, GMP § 64 Rn 91 u 92.

Schrifttum: *Schneider* MDR **04**, 1269.

1) Regelungszweck. Das ZPO-RG fördert die Entscheidung durch den Einzelrichter, §§ 348 u 348 a, **1** um die Binnenressourcen der Gerichte besser zu nutzen, BT-Drs 14/4722 S 87. Aus denselben Gründen führt es beim Berufungsgericht den entscheidenden Einzelrichter ein. § 526 gilt nicht im Baulandverfahren, § 220 I 3 iVm § 229 I 2 BauGB.

2) Übertragung des Rechtsstreits auf den Einzelrichter, I. Das Berufungsgericht, dh das Kollegium, **2** hat nach Prüfung, ob es von den Mitteln des § 522 Gebrauch machen will, über die Übertragung der Sache auf den Einzelrichter zu befinden, § 523 I 1. Es entscheidet darüber nach Ermessen („kann"-Vorschrift, anders § 348 a I). Die Sache darf dem Einzelrichter nur übertragen werden, wenn
1. die angefochtene Entscheidung von einem Einzelrichter erlassen wurde, also von einem Alleinrichter (AG) oder einem Einzelrichter iSv § 348 oder § 348 a,
2. die Sache außerdem keine besonderen Schwierigkeiten tatsächlicher oder rechtlicher Art aufweist, vgl § 348 a I Z 1,
3. ferner die Rechtssache keine grundsätzliche Bedeutung hat, vgl § 348 a I Z 2, und
4. nicht bereits in Haupttermin zur Hauptsache verhandelt worden ist, es sei denn, daß inzwischen ein Vorbehalts-, Teil- oder Zwischenurteil ergangen ist, vgl § 348 a I Z 3.

Alle diese Voraussetzungen müssen erfüllt sein; ob das der Fall ist, entscheidet das Kollegium in eigener **3** Verantwortung. Die Entscheidung unterliegt nicht der Nachprüfung, III.

3) Verfahren. Über die Übertragung entscheidet das Kollegium in der Besetzung, die sich aus dem **4** **Mitwirkungsplan**, § 21 g GVG, ergibt. Es ist bei der Bestimmung des Einzelrichters an den Mitwirkungsplan gebunden, § 21 g III GVG, dort Rn 6; der Name des zum Einzelrichter bestimmten Berichterstatters braucht nicht genannt zu werden, BGH NJW **03**, 601, BayObLG FamRZ **04**, 1196. In den Berufungssachen der **Kammer für Handelssachen** kann Einzelrichter nur der Vorsitzende sein, **IV.**

Die Entscheidung ergeht durch **Beschluß**, der ohne mündliche Verhandlung ergehen kann, § 128 IV. Er **5** wird den Parteien mitgeteilt und ist unanfechtbar, III. Entscheidet der Einzelrichter ohne Übertragungsbeschluß, ist die Entscheidung wegen nicht ordnungsmäßiger Besetzung des Gerichts aufgehoben, BayObLG FamRZ **04**, 1137.

Der Einzelrichter tritt an die Stelle des Kollegiums. Er hat dessen Rechte und Pflichten. Entscheidet er **6** über die Berufung, kann er die Revision zulassen, BGH NJW **03**, 2900.

4) Übernahme der Sache durch das Kollegium, II **7**
A. Vorlage, II 1. Der Einzelrichter legt ihm den Rechtsstreit zur Entscheidung über die Übernahme vor, wenn 1. sich aus einer wesentlichen Änderung der Prozeßlage besondere tatsächliche oder rechtliche Schwierigkeiten der Sache oder die grundsätzliche Bedeutung der Rechtssache ergeben oder 2. die Parteien die Übernahme übereinstimmend beantragen, vgl § 348 a II 1. „Grundsätzliche Bedeutung" erfaßt auch die in den §§ 511 IV 1 Z 2, 522 II 1 3 und 543 II 1 Z 1 besonders hervorgehobenen Fälle, s dort; außerdem wird eine „grundsätzliche Bedeutung" auch dann anzunehmen sein, wenn der Einzelrichter von einer gefestigten Rspr des Spruchkörpers, dem er angehört, abweichen will, BT-Drs 14/4722 S 99.

B. Entscheidung, II 2–4. Das **Kollegium übernimmt** den Rechtsstreit im Fall des S 1 Z 2 (Antrag der **8** Parteien ohne weitere Prüfung) oder im Fall des S 1 Z 1, wenn deren Voraussetzungen vorliegen, **II 2.** Es entscheidet hierüber nach **Anhörung der Parteien, II 3**; die Entscheidung ergeht durch **Beschluß,** der keine mündliche Verhandlung voraussetzt, § 128 IV. Die Übernahme schließt eine **erneute Übertragung** nach I aus, **II 4,** nicht dagegen eine Zuweisung nach § 527.

5) Rechtsmittel. Auf eine erfolgte oder unterlassene Übertragung, I, Vorlage, II 1, oder Übernahme, **9** II 2, kann ein **Rechtsmittel nicht gestützt werden,** III; vgl § 348 IV u § 348 a IV.

6) VwGO: Da § 6 VwGO nur *für das* VwGO gilt, sind §§ 526 u 527 unanwendbar; das gleiche **10** gilt nach § 76 AsylVfG, weil eine Übertragung in den Sachen, die nach § 78 II AsylVfG an das OVG gelangen, ausscheidet. Wegen der Vorbereitung (und ggf Entscheidung) durch den Vorsitzenden oder Berichterstatter s §§ 87 und 87 a (idF des 1. JuMoG v 24. 8. 2004) iVm § 125 I VwGO, vgl BVerwG NVwZ-RR **97**, 259, NJW **94**, 1975, Kopp NJW **91**, 524 u 1264, Stelkens NVwZ **91**, 214, Schmieszek NVwZ **91**, 525, Pagenkopf DVBl **91**, 288.

527 *Vorbereitender Einzelrichter.* ¹¹Wird der Rechtsstreit nicht nach § 526 dem Einzelrichter übertragen, kann das Berufungsgericht die Sache einem seiner Mitglieder als Einzelrichter zur Vorbereitung der Entscheidung zuweisen. ²In der Kammer für Handelssachen ist Einzelrichter der Vorsitzende; außerhalb der mündlichen Verhandlung bedarf es einer Zuweisung nicht.

§ 527

II ¹ Der Einzelrichter hat die Sache so weit zu fördern, dass sie in einer mündlichen Verhandlung vor dem Berufungsgericht erledigt werden kann. ² Er kann zu diesem Zweck einzelne Beweise erheben, soweit dies zur Vereinfachung der Verhandlung vor dem Berufungsgericht wünschenswert und von vornherein anzunehmen ist, dass das Berufungsgericht das Beweisergebnis auch ohne unmittelbaren Eindruck von dem Verlauf der Beweisaufnahme sachgemäß zu würdigen vermag.

III Der Einzelrichter entscheidet
1. über die Verweisung nach § 100 in Verbindung mit den §§ 97 bis 99 des Gerichtsverfassungsgesetzes;
2. bei Zurücknahme der Klage oder der Berufung, Verzicht auf den geltend gemachten Anspruch oder Anerkenntnis des Anspruchs;
3. bei Säumnis einer Partei oder beider Parteien;
4. über die Verpflichtung, die Prozesskosten zu tragen, sofern nicht das Berufungsgericht gleichzeitig mit der Hauptsache hierüber entscheidet;
5. über den Wert des Streitgegenstandes;
6. über Kosten, Gebühren und Auslagen.

IV Im Einverständnis der Parteien kann der Einzelrichter auch im Übrigen entscheiden.

Vorbem. 1) III Z 1 eingefügt mWv 1. 9. 04 durch Art 1 Z 17 des 1. JuMoG v 24. 8. 04, BGBl 2198.

2) Im **Verfahren der Arbeitsgerichte** ist § 527 unanwendbar, § 64 VI 2 ArbGG, jedoch darf der Vorsitzende in bestimmten Fällen allein entscheiden, GMP § 64 Rn 91 u 92.

Schrifttum: *E. Schneider* MDR **03**, 374.

1   **1) Regelungszweck.** Neben den entscheidenden Einzelrichter, dessen Bestellung § 526 an enge Voraussetzungen knüpft, tritt nach § 524 der vorbereitende Einzelrichter, der nur ausnahmsweise entscheiden darf, III u IV.

2   **2) Zuweisung an den Einzelrichter, I 1**
   A. Grundsatz. Sie ist statthaft in allen Berufungsverfahren, auch in Arrest- und einstwVfgsSachen, nicht aber in Baulandsachen, §§ 220 I 3, 229 I 2 BauGB, BGH **86**, 112 (bei Verstoß gilt § 295 I). Die Entscheidung über die Zuweisung erfolgt nach Ermessen, wobei die Zweckmäßigkeit den Ausschlag gibt. Deshalb ist dort, wo es nur um Rechtsfragen geht, eine Zuweisung idR nur dann auszusprechen, wenn ein Vergleich möglich erscheint. Dagegen ist die Zuweisung regelmäßig geboten, wenn der Streitstoff aufbereitet werden muß, namentlich in tatsächlich schwierigen oder umfangreichen Sachen (Bauprozesse).

3   **B. Form.** Die Zuweisung außerhalb der mündlichen Verhandlung erfolgt durch die Berufungsgericht. Das Gericht weist durch Beschluß zu. Wegen der Bekanntgabe an die Parteien vgl § 329 I u III. Eine Anfechtung ist ausgeschlossen. Fehlt die Zuweisung, liegt der absolute Revisionsgrund des § 547 Z 1 vor, BGH NJW **01**, 1357.

4   **C. Bestimmung des Einzelrichters, I 2.** Bei der KfH ist der Vorsitzende kraft Amtes Einzelrichter, ohne daß es einer Zuweisung bedarf, I 2. IÜ bestimmt das Kollegium zum Einzelrichter ein Mitglied des Gerichts, das nach dem Mitwirkungsplan, § 21 g II GVG, zur Mitwirkung berufen ist, idR den Berichterstatter (§ 21 g III GVG gilt nur für den zur Entscheidung berufenen Einzelrichter iSv § 526). Eine Bekanntgabe an die Parteien ist nicht nötig, die Anfechtung der Bestimmung ausgeschlossen.

5   **D. Aufhebung der Zuweisung an den Einzelrichter.** Sie ist nicht vorgesehen, aber zulässig, wenn dies zur sachgemäßen Erledigung erforderlich ist; die Entscheidung trifft das Kollegium.

6   **3) Förderung der Sache durch den Einzelrichter, II**
   A. Grundsatz. Er hat die Sache so weit zu fördern, daß nach Möglichkeit eine einzige Verhandlung vor dem Berufungsgericht zur Erledigung genügt, vgl § 349 Rn 4. Auch im Berufungsverfahren hat der Einzelrichter, wenn kein Vergleich zustandekommt, den ganzen Streitstoff erschöpfend mit den Parteien zu erörtern und festzulegen.

7   **B. Beweiserhebung** (Pantle NJW **91**, 1279). Zu dem genannten Zweck kann der Einzelrichter einzelne Beweise erheben. In Punktesachen u dgl wird er häufig mit Nutzen alle Beweise erheben; der Wortlaut („einzelne") steht nicht entgegen, weil er den Grundsatz enthält, aber nicht ausschließt, daß dem Kollegium eine Beweisaufnahme erspart bleibt, bei der es auf einen persönlichen Eindruck nicht ankommt. Entscheidend ist stets, ob die Beweisaufnahme durch den Einzelrichter **zur Vereinfachung der Verhandlung vor dem Berufungsgericht wünschenswert und** (kumulativ) **von vornherein anzunehmen ist, daß das Berufungsgericht das Beweisergebnis auch ohne unmittelbaren Eindruck von dem Verlauf der Beweisaufnahme sachgemäß zu würdigen vermag**, was in Arzthaftungsprozessen idR zu verneinen ist, BGH NJW **94**, 802 mwN (Anm Grunsky **LM** § 286 B Nr 98). Diese zwingende, von § 349 I 2 abweichende Regelung schränkt den dem Einzelrichter nach der Gesetzesfassung eingeräumten Beurteilungsspielraum im Interesse der Unmittelbarkeit der Beweisaufnahme ein, die im 2. Rechtszug besondere Bedeutung hat, § 355. Bei der Nachprüfung im Revisionsverfahren kommt es demgemäß darauf an, ob die Beweiserhebung durch den Einzelrichter vertretbar war oder nicht. Nur im letzten Fall kann ein Verfahrensfehler bejaht werden, zB dann, wenn nur ein Zeuge zu vernehmen war (keine Vereinfachung der Verhandlung vor dem Berufungsgericht) oder wenn von Anfang an klar war, daß das Kollegium den persönlichen Eindruck brauchte. Ein **Verstoß** ist aber nach § 295 heilbar, BGH NJW **94**, 802 u **86**, 113 mwN, aM Werner u Pastor NJW **75**, 331 (zu §§ 348, 349). Stellt sich heraus, daß ein persönlicher Eindruck nötig ist, so ist der Antrag auf nochmalige Vernehmung durch das Berufungsgericht zu stellen, § 398 I. Von ihr kann nur dann (ausnahmsweise) abgesehen werden, wenn der Einzelrichter seinen Eindruck zu Protokoll genommen hat, BGH NJW **92**, 1966 mwN (vgl Pantle NJW **91**, 1279). Eidlich sollte der Einzelrichter weder Zeugen noch Parteien vernehmen, Parteien möglichst überhaupt nicht, weil solche Vernehmungen wegen ihrer Bedeutung idR dem Kollegium vorbehalten bleiben sollten. Immer darf der Einzelrichter einen

Abschnitt 1. Berufung §§ 527, 528

umfassenden Beweisbeschluß erlassen und dessen Erledigung oder Aufhebung dem Kollegium anheimstellen. Bei extremer Unzweckmäßigkeit, zB hohen Kosten eines Gutachtens, gegen dessen Erforderlichkeit gewichtige Gründe sprechen, kann eine Niederschlagung der Kosten nötig werden, Ffm NJW **71**, 1757; das ändert nichts an der Wirksamkeit des Beweisbeschlusses.

C. Vorlage an das Kollegium. Hält der Einzelrichter die Sache für reif zur Schlußverhandlung, so legt **8** er sie dem Vorsitzenden zur Terminsbestimmung vor. Zur Endentscheidung ist er nur nach III oder IV befugt; eine Endentscheidung ist auch die Bestrafung wegen einer Zuwiderhandlung gegen einen Duldungs- oder Unterlassungstitel, Hbg MDR **64**, 1014. Die Parteien haben auf den Abschluß des Verfahrens vor dem Einzelrichter keinen Einfluß. Bei Meinungsverschiedenheiten zwischen dem Einzelrichter und dem Kollegium über die weitere Behandlung der Sache entscheidet dieses; es kann die Zuweisung an den Einzelrichter aus diesem Grunde widerrufen.

4) Entscheidung durch den Einzelrichter, III **9**
A. Benannte Fälle. Die Aufzählung der Fälle, in denen der Einzelrichter im Berufungsverfahren ohne Einverständnis der Parteien entscheiden darf, ist vorbehaltlich des unten bei Rn 11 Gesagten abschließend. Sie entspricht mit einigen Abweichungen dem Katalog in § 349 II. Der Einzelrichter entscheidet danach stets über **a) Z 1:** Verweisung nach § 100 GVG, **b) Z 2:** Folgen der Klagrücknahme, § 269, der Berufungsrücknahme, § 516, und bei Verzicht oder Anerkenntnis, § 349 Rn 11, **c) Z 3:** bei Säumnis einer oder beider Parteien, § 349 Rn 11, auch in Statussachen, § 612 Rn 5 ff, weiter über **d) Z 4:** Kosten des Verfahrens, soweit nicht das Berufungsgericht gleichzeitig mit der Hauptsache hierüber entscheidet, § 349 Rn 11, **e) Z 5:** Wert des Streitgegenstandes für das Berufungsverfahren, wenn er es beendet hat, § 349 Rn 13, und über **f) Z 6:** Kosten, Gebühren und Auslagen, soweit sie in dem durch den Einzelrichter beendeten Berufungsverfahren entstanden sind, § 349 Rn 13.

B. Weitere Fälle. Ferner steht dem Einzelrichter die Entscheidung zu kraft der Zuweisung dann, wenn **10** sie unlösbar zu seiner Tätigkeit gehört, nämlich über **a)** Verbindung und Trennung bei ihm schwebender Verfahren, Stgt Rpfleger **74**, 118, **b)** WiedEins bei ihm versäumte Fristen, **c)** Zulassung oder Zurückweisung eines Streithelfers, Ffm NJW **70**, 817, **d)** Folgen einer Zeugnisverweigerung oder Zwangsmaßnahmen in der Beweisaufnahme, solange die Sache nicht an das Kollegium zurückgegeben ist, Köln MDR **74**, 238, **e)** Entscheidung nach § 537, **f)** Entscheidung nach § 718, str, aM Ffm MDR **90**, 931 mwN, **g)** Vorlage an das BVerfG bzw den EuGH, wenn der Einzelrichter die Sachentscheidung zu treffen hat, § 1 GVG Rn 8 ff u Anh.

C. Ausschlüsse. Nicht dagegen darf der Einzelrichter im Berufungsverfahren ohne Einverständnis der **11** Parteien entscheiden über die Aussetzung des Verfahrens, im Verfahren der Prozeßkostenhilfe, in Wechsel- und Scheckprozessen, über die Art einer angeordneten Sicherheit und über die einstweilige Einstellung der Zwangsvollstreckung, weil diese Entscheidungen in III abweichend von § 349 II fehlen, teilw aM ZöGu 62 ff. Ein einleuchtender Grund für diese Unterscheidung ist freilich kaum zu finden. Außerdem entfällt die Entscheidungsbefugnis des Einzelrichters schlechthin in Beschwerdesachen auch dann, wenn sie in einer ihm zugewiesenen Sache entstehen.

5) Entscheidung im Einverständnis der Parteien, IV. Ebenso wie nach bisherigem Recht darf der **12** Einzelrichter auch im Berufungsverfahren anstelle des Kollegiums entscheiden, wenn die Parteien sich ausdrücklich damit einverstanden erklären. Dies gilt auch in nichtvermögensrechtlichen Streitigkeiten. Der Einzelrichter braucht von der Befugnis keinen Gebrauch zu machen, BGH NJW **89**, 229; daß in 1. Instanz eine Kammer des LG entschieden hat, ist kein Hinderungsgrund, krit ThP 9. Vgl im Einzelnen § 349 Rn 19, 20. Das Einverständnis muß in dem dafür maßgeblichen Zeitpunkt, idR bei der Schlußverhandlung, wirksam erklärt sein; es ist entspr § 128 II 1 bei einer wesentlichen Änderung der Prozeßlage widerruflich, hM, wobei die Prozeßlage bei Abgabe der Zustimmungserklärung mit derjenigen im Zeitpunkt des Widerrufs nach objektiven Maßstäben zu vergleichen ist, BGH NJW **89**, 229. Nach dem Widerruf des Einverständnisses einer Partei ist die Zustimmung der anderen Partei unbeachtlich, BGH NJW **01**, 2479. Ein Verstoß gegen IV kann mit dem gegen die Entscheidung gegebenen Rechtsmittel gerügt werden, unten Rn 13, ggf mit der Nichtigkeitsklage nach § 579 I Z 1, BayVerfGH NJW **86**, 372 mwN.

6) Verstöße. Entscheidet der Einzelrichter unbefugt allein, liegt der absolute Revisionsgrund des § 547 **13** Z 1 vor, BGH NJW **93**, 600 mwN (keine Heilung durch Rügeverzicht, § 295 II), vgl Deubner JuS **93**, 496. Eine insofern allein mit dem Hauptrechtsmittel erhobene Verfahrensrüge kommt einem Anschlußrechtsmittel nur ausnahmsweise zugute, BGH NJW **94**, 803.

7) *VwGO:* Unanwendbar, s § 526 Rn 10. **14**

528 **Bindung an die Berufungsanträge.** ¹**Der Prüfung und Entscheidung des Berufungsgerichts unterliegen nur die Berufungsanträge.** ²**Das Urteil des ersten Rechtszuges darf nur insoweit abgeändert werden, als eine Abänderung beantragt ist.**

Vorbem. Im **Verfahren der Arbeitsgerichte** ist § 528 entspr anwendbar, § 64 VI ArbGG.

1) Regelungszweck. Die Vorschrift, die die §§ 525, 536 und 537 aF zusammenfaßt, bestimmt die **1** Anfallwirkung, Grdz § 511 Rn 3, und ihre Grenzen.

2) Anfallwirkung **2**
A. Allgemeines. In der Berufungsinstanz sind nach Maßgabe der Anträge alle zuerkannten oder aberkannten Streitpunkte Gegenstand der Prüfung und Entscheidung, selbst wenn über sie in erster Instanz nicht verhandelt worden ist, BGH MDR **91**, 1047 mwN.
Der Begriff des Streitpunktes umfaßt den gesamten Streitstoff, also Behauptungen, Beweisantritte, Hilfsanträge (im Gegensatz zu Hilfsansprüchen), Klaggründe, auch hilfsweise Klaggründe bei einheitlichem Antrag, überhaupt alles, was zu einem einheitlichen prozessualen Anspruch gehört, zB die Einrede der

§ 528

Verjährung, BGH NJW **90**, 327. Alle solchen Streitpunkte sind Gegenstand der Verhandlung und Entscheidung des Berufungsgerichts, auch wenn in 1. Instanz nicht über sie verhandelt und entschieden ist. Einer besonderen Anfechtung oder Rüge bedarf es nicht. Die Nachprüfung ist nicht auf die in der Berufungsbegründung angeführten oder auf die in der mdlVerh vorgebrachten Gründe beschränkt, BGH RR **86**, 991, so daß es ohne Bedeutung ist, wenn ein solcher Grund fallengelassen wird, BGH NJW **85**, 2828; soweit eine Berufung mangels notwendiger Begründung einzelner Posten unzulässig ist, § 519 Rn 23 ff, ist das Berufungsgericht an einer Nachprüfung gehindert, vgl Müller-Rabe NJW **90**, 288 mwN.

3 Hat die 1. Instanz nur einen von mehreren Klaggründen desselben Anspruchs geprüft, so muß die Berufungsinstanz sämtliche Klaggründe erledigen. Hat die 1. Instanz unter Zurückweisung der Einwendungen des Beklagten nur wegen seiner Aufrechnung abgewiesen, so kann der Beklagte bei Berufung des Klägers ohne Einlegung eines eigenen Rechtsmittels wiederum auf die anderen Einwendungen zurückgreifen, BGH **16**, 394, Hamm MDR **92**, 998. Hat der verurteilte Beklagte in 1. Instanz hilfsweise ein Zurückbehaltungsrecht geltend gemacht, so ist darüber in 2. Instanz auch ohne Rüge zu entscheiden, BGH RR **86**, 991. Ist bei gegenseitigem Abrechnungsverhältnis der Klage abgewiesen und der Widerklage stattgegeben worden, weil hierfür die Forderungen ein Guthaben ergeben, so kann der Kläger, der die Widerklage mit seiner Berufung abgewiesen haben will, auch dann, wenn er die Abweisung seiner Klage nicht angreift, den Forderungen des Widerklägers die Forderungen, die er in 1. Instanz geltend gemacht hat, entgegenstellen, da die Rechtskraft sich nur darauf erstreckt, daß der Kläger aus dem Abrechnungsverhältnis nichts zu fordern hat, Mü OLGZ **66**, 180. Hat die 1. Instanz wegen Rechtskraft abgewiesen und verneint die 2. Instanz diesen Grund, so gilt § 538 II, BGH NJW **84**, 128. Wegen der Entscheidung über die Aufrechnung bei fälschlicherweise ergangenem Vorbehaltsurteil vgl § 302 Rn 10.

4 **B. Einzelheiten.** Ansprüche, über die das angefochtene Urteil überhaupt nicht entschieden hat, wofür die Urteilsformel maßgebend ist, fallen der Berufungsinstanz nicht an, BGH NJW **91**, 1684, so zB die vorbehaltenen Ansprüche bei einem Vorbehaltsurteil oder die Sache selbst bei Entscheidung über prozessuale Einreden, zB derjenigen des Schiedsvertrages, BGH WertpMitt **86**, 402, oder über andere Einreden aufgrund abgesonderter Verh, § 280, BGH RR **86**, 61. Ausnahmen gelten für neue Ansprüche, für Hilfsansprüche (unten Rn 6) und aus dem gleichen Grund bei objektiver Klagehäufung für Ansprüche, über die das Erstgericht nicht entschieden hat, weil es dies nicht brauchte, BGH NJW **92**, 117, ferner in den Fällen, in denen eine Abänderung des Urteils im Klagabweisung des Restanspruch bedeutungslos macht, BGH VersR **77**, 430, Köln RR **96**, 699 mwN. Dann hat die höhere Instanz geeignetenfalls ganz abzuweisen, wofür kein besonderer Antrag erforderlich ist, RG **171**, 131; für den Streitwert bleibt dabei das Mitabgewiesene außer Betracht, BGH NJW **59**, 1827 (bei dann uneingeschränkter Revision gilt für diese aber der volle Streitwert, BGH **LM** § 559 Nr 14), zustimmend Blomeyer ZPR § 99 IV. Das Berufungsgericht kann zB im Fall der Stufenklage den Hauptanspruch bei Verneinung des in der 2. Instanz gelangten Rechnungslegungs- oder Auskunftsanspruchs abweisen, BGH RR **95**, 1021 mwN (auch dann, wenn der Kläger beim Gericht 1. Instanz Verh über den Hauptanspruch beantragt), Celle NdsRpfl **95**, 15 mwN, und ebenso den Auskunfts- und Schadensersatzanspruch bei Abweisung des Unterlassungsanspruchs, BGH **LM** § 16 UWG Nr 14, BGH **42**, 358.

5 Möglich ist auch die **Heranziehung** des noch in 1. Instanz anhängigen Teils dadurch, daß beide Parteien einverstanden sind, BGH NJW **86**, 2112 mwN, Düss VersR **89**, 507, StJGr 2, ZöGu 8, ThP 2, zB wenn sich der Berufungsbeklagte insoweit rügelos auf den das Ganze betreffenden Abweisungsantrag einläßt, BGH aaO im Anschluß an BGH **8**, 386, BGH **LM** § 303 Nr 4 (BGH VersR **83**, 735 ist überholt); es muß aber Ausnahme bleiben, so daß das Berufungsgericht grundsätzlich nicht über den noch in 1. Instanz anhängigen Teil mitentscheiden kann, mögen auch die abweisenden Gründe des Berufungsgerichts ebenso für den Rest zutreffen, BGH VersR **77**, 430, noch weniger über die dort noch anhängige Widerklage, BGH **30**, 213 m Anm Schwab NJW **59**, 1824 (unter Aufgabe von BGH NJW **54**, 640 und unter Berufung auf Lent ebda; s auch Johannsen **LM** zu Nr 9), und zwar auch nicht hinsichtlich der Widerklage in einer EheS, Düss OLGZ **65**, 186. Hat das LG **unzulässigerweise ein Teilurteil** erlassen, § 301 Rn 4 ff, so kann das Berufungsgericht auch über den danach noch in 1. Instanz verbliebenen Teil mitentscheiden, falls es das für zweckmäßig hält, da dann nur einheitlich entschieden werden kann, BGH NJW **83**, 1311, Düss RR **97**, 660 mwN, Köln FamRZ **92**, 833, VGH Mannh NVwZ **89**, 883. Ist ein **Teilurteil rechtskräftig** geworden, so kann die unterlegene Partei im Rahmen des Berufungsverfahrens eine Abänderungswiderklage erheben, wenn sich Umstände ergeben, die eine Änderung des Teilurteils rechtfertigen würden, BGH NJW **93**, 1795. Hat die 1. Instanz im **Grundurteil** einen Punkt ausgeklammert und dem Betragsverfahren überlassen, so darf das Berufungsgericht diesen Punkt dann an sich ziehen und darüber entscheiden, wenn die Parteien ihn zum Gegenstand des Rechtsmittelverfahrens gemacht haben und die Entscheidung darüber sachdienlich ist, BGH NJW **93**, 1793 u **83**, 1014.

6 **Verfahrensfragen:** Ist durch Prozeßurteil abgewiesen, so darf das Berufungsgericht trotzdem sachlich entscheiden. Einen übergangenen Anspruch darf das Berufungsgericht nicht erledigen; seinetwegen findet Ergänzung nach § 321 statt, RG **75**, 293. Beantragt der Berufungskläger die Aufhebung des seinen Anspruch abweisenden Urteils und Zurückverweisung, so muß das Berufungsgericht in der Sache selbst entscheiden, wenn die Sache entscheidungsreif ist, da der Kläger sie mit der Berufung weiterverfolgt, sie also dem Rechtsmittelgericht angefallen ist, vgl BGH NJW **65**, 441, Grdz § 511 Rn 17.

7 **Beruhen ein Haupt- und ein Hilfsanspruch auf demselben Klaggrund**, so erledigt die Entscheidung über den einen auch den andern. Bei wirklich hilfsweiser Anspruchshäufung, § 260 Rn 8 ff, ist zu unterscheiden: **a)** der Hauptanspruch ist zugesprochen. Dann fällt durch die Berufung des Beklagten der Hilfsanspruch ohne weiteres, also ohne daß Anschlußberufung erforderlich ist, der Berufungsinstanz an, BGH RR **05**, 220 mwN, NJW **92**, 117, RR **90**, 519, stRspr; weist das Berufungsgericht den Hauptanspruch ab, so muß es über den Hilfsanspruch erkennen, ohne daß ein besonderer Antrag erforderlich ist, BGH **LM** § 525 Nr 1 u **41**, 39; aM Brox, Festschrift Heymann S 135: Anschlußberufung des Klägers erforderlich, da über den Hilfsanspruch in 1. Instanz überhaupt nicht entschieden ist, auch bei Ungleichheit der Streitgegenstände

Abschnitt 1. Berufung § 528

eine Schlechterstellung des Beklagten nicht ausgeschlossen ist, die Entscheidung nicht seinem Antrag entspricht; ebenso StJGr 10. **b)** Der Hilfsanspruch ist zugesprochen. Legt der Beklagte Berufung ein, so ist nur diese im Streit, kann also über den abgewiesenen Hauptantrag nicht entschieden werden, falls nicht der Kläger Anschlußberufung einlegt, BGH **41**, 38. Gibt das Berufungsgericht ihm statt, ist auch eine rechtskräftige Entscheidung über den Hilfsanspruch aufgehoben, BVerwG DVBl **80**, 597. **c)** Ist der Hauptanspruch aberkannt, über den Hilfsantrag nicht entschieden, so gilt § 321; ist die Frist verstrichen, so ist die Berufung des Klägers zulässig, mit der er auch den Hilfsantrag geltend machen kann.

Legt der Kläger gegen ein klagabweisendes Urteil Berufung ein, so fällt dem Rechtsmittelgericht auch die Entscheidung über einen in erster Instanz unbeschieden gebliebenen Hilfswiderklagantrag des Beklagten an, BGH in stRspr, NJW **99**, 3780 mwN.

3) Prüfung und Entscheidung. In der Berufungsinstanz ist der gesamte Streitstoff, soweit die Entscheidung der Berufungsinstanz angefallen ist, Grdz § 511 Rn 3, neu zu erörtern und zu würdigen. Das bedeutet indessen nicht, daß zu verhandeln und zu würdigen ist, als habe keine erste Instanz stattgefunden; vielmehr ist auf der Grundlage des angefochtenen Urteils und der früheren Verhandlung zu verfahren, vgl Schneider AnwBl **88**, 259. Neues Vorbringen ist bis zum Schluß der mündlichen Verhandlung statthaft, soweit es §§ 530 ff erlauben, darüber hinaus nicht; die Nichtbeachtung tatsächlichen Vorbringens kann den Anspruch auf rechtliches Gehör verletzen, BVerfG NJW **80**, 278. Unabänderliche Prozeßhandlungen behalten ihre Wirkung für die Berufungsinstanz. Abänderliche sind, wenn die Voraussetzungen ihrer Änderung vorliegen, in der Berufungsinstanz abänderlich. Berufungsanträge sind zu verlesen, § 297. Das Gericht hat auf sachdienliche Anträge hinzuwirken, § 139.

4) Begrenzung durch Anträge   9
A. Allgemeines, S 1. Die Anträge ziehen, entsprechend § 308, dem Gericht die Grenzen. Eine Beschränkung der Anträge ist keine teilweise Berufungsrücknahme, wenn die Berufungsschrift keinen Antrag enthielt (wohl aber sonst), ihre Erweiterung ist kein neuer Anspruch, weil entscheidend ist, welche Anträge die Parteien in der mündlichen Verhandlung stellen (anders liegt es bei der Frage der Zulässigkeit der Berufung), vgl BGH RR **89**, 962 mwN. Hat der abgewiesene Kläger nur wegen eines Teils Berufung eingelegt, so ist das ergehende Urteil kein Teilurteil, sondern ein abschließendes Endurteil, weil eine Erweiterung der Anträge nur bis zum Schluß der letzten mündlichen Verhandlung zulässig ist. Die äußerste Grenze des zulässigen Berufungsantrags ist der Klagantrag, soweit nicht eine Klagerweiterung stattfinden darf.

B. Beschränkung der Änderung des angefochtenen Urteils, S 2   10
a) Grundsatz. Das Berufungsgericht darf das Urteil nur im Rahmen der in der Berufungsinstanz gestellten Anträge abändern. Darin stecken zwei Verbote: **a)** das der Änderung zum Vorteil des Berufungsklägers, dh über seine Anträge hinaus (reformatio in melius), **b)** das der Änderung zu seinem Nachteil (reformatio in peius). Es entscheiden die Anträge bei Schluß der mündlichen Verhandlung, BGH NJW **63**, 444 u **83**, 1063; was die Anträge nicht angreifen, ist für das Gericht unantastbar, mag es noch so falsch sein. In der Berufungsbegründung können Anträge nicht mehr wirksam gestellt werden, wenn die Berufung schon vorher, zB wegen Ablaufs der Begründungsfrist, unzulässig geworden ist, BGH MDR **77**, 649. Die Bindung an die Anträge gilt auch bei Zurückverweisung, Jessen NJW **78**, 1616.

Das Verbot der weitergehenden Änderung entspricht der erstinstanzlichen Bindung des Gerichts an die Anträge, § 308. Eine andere Begründung für das Zugesprochene oder die Verurteilung zu einem Weniger sind statthaft. Siehe auch bei § 308.

b) Einzelheiten. Der Berufungskläger hat (außer bei Anschließung des Berufungsbeklagten) eine Abänderung zu seinem Nachteil nie zu befürchten; das Gericht darf die Verurteilung unter keinen Umständen erweitern, RG JW **36**, 2544. Den Maßstab zur Beantwortung der Frage, ob ein Nachteil entsteht, gibt die innere Rechtskraftwirkung, s Einf § 322 Rn 5 ff. Werden mehrere Ansprüche geltend gemacht, gilt das Verbot für jeden von ihnen, auch dann, wenn sie auf einem einheitlichen Klaggrund beruhen, RoSGo § 140 II 2 a gegen Karlsr NJW **56**, 1245. Beispiele für eine unzulässige nachteilige Änderung: Bei der Abweisung der Klage wegen Aufrechnung darf auf die Berufung des Klägers nicht das ursprüngliche Bestehen der Hauptforderung geprüft und die Klage aus diesem Grunde abgewiesen werden (entspr gilt für die Entscheidung über die auf den Aufrechnungseinwand beschränkte Berufung des Beklagten), stRspr, BGH RR **01**, 1572 mwN, und umgekehrt auf die Berufung des Beklagten diesem die Gegenforderung nicht abgesprochen werden, BGH **36**, 319; bei Verurteilung Zug um Zug darf auf die Berufung des Klägers die Klage nicht abgewiesen, auf die Berufung des Beklagten das Recht auf die Gegenleistung nicht verneint werden, RoSGo § 140 II 2 c; wurde die Klage als zZt unbegründet abgewiesen, so darf sie auf die Berufung des Klägers nicht als schlechthin unbegründet abgewiesen werden, StJGr 7, str, abw hM, BGH NJW **88**, 1982 mwN, Nürnb RR **98**, 1713, ZöGu 5, RoSGo § 140 II 2 e, ThP 8: aber die Rechtskraftwirkung geht in diesem Fall über die des angefochtenen Urteils hinaus, und dem Kläger kann schwerlich ein schutzwürdiges Interesse an der Aufrechterhaltung dieser Position abgesprochen werden, aM BGH aaO, zustm Walchshöfer F Schwab (1990) S 531.

Dagegen liegt keine nachteilige Änderung vor, wenn im Berufungsurteil Vorsatz an Stelle der vom Erstrichter angenommenen Fahrlässigkeit angenommen wird, da die Gründe nicht in Rechtskraft erwachsen, BGH LM § 322 Nr 2, ebenso nicht, wenn nur Rechnungsposten geändert werden, ohne daß der Berufungskläger im Ergebnis weniger erhält, BGH **36**, 321 (wohl aber greift das Verbot der Schlechterstellung ein, wenn die Posten verschiedenen Ansprüchen entstammen, BGH LM Nr 4). S auch § 559 Rn 3.

c) Ausnahmen vom Grundsatz. § 528 hängt eng mit der Parteiherrschaft und dem Beibringungs-   12
grundsatz, Grdz § 128 Rn 18 ff. zusammen. Darum muß das Verbot der Schlechterstellung versagen, wo diese Prinzipien in den Hintergrund treten. Das ergibt folgende Ausnahmen.

aa) Ehesachen. Hier herrscht der Grundsatz der Einheitlichkeit der Entscheidung, Einf § 610 Rn 3; das Verschlechterungsverbot gilt auch für den Bereich des öff-rechtlichen Versorgungsausgleichs, BGH NJW **83**, 173 mwN, jedoch besteht hier keine Bindung an die Sachanträge des Rechtsmittelführers, BGH NJW **84**, 2880, § 621 e Rn 24.

§§ 528, 529

bb) Kosten. Bei der Entscheidung über die Prozeßkosten kommt es auf die Anträge nicht an, § 308 II, so daß insoweit eine Schlechterstellung möglich ist, BGH WertpMitt **81**, 46, § 308 Rn 15; dies gilt auch dann, wenn die Entscheidung einen Streitgenossen betrifft, der rechtskräftig aus dem Prozeß ausgeschieden ist, BGH NJW **81**, 2360.

13 **cc) Klagabweisung als unzulässig.** Sie darf das Rechtsmittelgericht auf die Berufung des Klägers in eine Abweisung als unbegründet ändern, hM, BGH NJW **88**, 1983 mwN, Karlsr NJW **00**, 1577, RoSGo § 140 II 2 d, ZöGu 14. Voraussetzung für eine derartige Änderung, die aus Gründen der Prozeßwirtschaftlichkeit zuzulassen ist, muß aber in der Revisionsinstanz sein, daß ein Schlüssigmachen des Anspruchs nicht mehr zu erwarten ist, § 563 Rn 4, und in der Berufungsinstanz, daß das Fragerecht dahingehend ausgeübt worden ist. Das gleiche gilt umgekehrt für den Fall, daß der Beklagte gegen ein Prozeßurteil Berufung einlegt und Sachabweisung beantragt; die Zurückverweisung kann nunmehr dazu führen, daß die Klage aufgrund der vom Beklagten begehrten sachlichen Prüfung als begründet angesehen wird, BGH **LM** Nr 8.

14 **dd) Fehlende Prozeßvoraussetzungen.** In Fällen, in denen zwingende, vAw zu beachtende Verfahrensvorschriften verletzt worden sind, ist zweifelhaft, ob das Berufungsgericht auf die Berufung des Klägers auch den zu seinen Gunsten lautenden, von ihm nicht angefochtenen Teil des Urteils frei ändern darf, zB bei Fehlen von Prozeßvoraussetzungen, Übersehen der Rechtskraft oder unzulässigem Teilurteil, bejahend BGH **6**, 369 u **18**, 98, Düss RR **97**, 659, Köln VersR **74**, 64, ThP 8, sehr str, zweifelnd BGH NJW **70**, 1683 m krit Anm Berg JR **71**, 159, RoSGo § 140 II 2 d, ZöGu 13, verneinend VGH Kassel NJW **80**, 358 mwN, StJGr 7, MüKoRi 23, Wiecz D II, Blomeyer ZPR § 99 II, vermittelnd BGH NJW **86**, 1494 mwN: danach gilt das Verschlechterungsverbot stets bei behebbaren VerfMängeln, während bei unheilbaren VerfMängeln das Verschlechterungsverbot zurücktreten muß, wenn die verletzte VerfNorm größeres Gewicht als dieses Verbot hat, was insbesondere bei WiedAufnGründen in Betracht kommt, dazu Jauernig § 72 VIII.

15 **5) VwGO:** Es gelten (inhaltsgleich) die §§ 128 u 129 VwGO, dazu BVerwG DVBl **97**, 905. Zum „Heraufholen von Prozeßresten" bei unzulässigem Teilurteil, oben Rn 5, s VGH Mannh NVwZ **89**, 883.

529 **Prüfungsumfang des Berufungsgerichts.** [I] Das Berufungsgericht hat seiner Verhandlung und Entscheidung zugrunde zu legen:
1. die vom Gericht des ersten Rechtszuges festgestellten Tatsachen, soweit nicht konkrete Anhaltspunkte Zweifel an der Richtigkeit oder Vollständigkeit der entscheidungserheblichen Feststellungen begründen und deshalb eine erneute Feststellung gebieten;
2. neue Tatsachen, soweit deren Berücksichtigung zulässig ist.

[II] [1] Auf einen Mangel des Verfahrens, der nicht von Amts wegen zu berücksichtigen ist, wird das angefochtene Urteil nur geprüft, wenn dieser nach § 520 Abs. 3 geltend gemacht worden ist. [2] Im Übrigen ist das Berufungsgericht an die geltend gemachten Berufungsgründe nicht gebunden.

Vorbem. Im Verfahren der Arbeitsgerichte ist § 529 entspr anwendbar, § 64 VI ArbGG.
Gesetzesmaterialien: BT-Drs 14/4722 S 100 u BT-Drs 14/6036 S 123.
Schrifttum: *Manteuffel* NJW **05**, 2963; *Löhnig* FamRZ **04**, 245; *Fellner* MDR **04**, 241; *Rimmelspacher* NJW **02**, 1900; *Crückeberg* MDR **03**, 199; *Heiderhoff* JZ **03**, 490; *Fellner* MDR **03**, 721.

1 **1) Regelungszweck.** Die Vorschrift regelt entspr der Konzeption der Berufungsinstanz vornehmlich als Fehlerkontroll- und Fehlerbeseitigungsinstrument den Prüfungsumfang in der Berufungsinstanz. Unberührt bleibt die Begrenzung der Prüfung durch die Berufungsanträge, § 528.

2 **2) Grundlagen der Verhandlung und Entscheidung, I**
A. In erster Instanz festgestellte Tatsachen, I Z 1. Anders als nach bisherigem Recht ist das Berufungsgericht an die Tatsachenfeststellungen im angefochtenen Urteil gebunden, krit Schneider NJW **01**, 3757. Die **Bindung** entfällt, soweit konkrete Anhaltspunkte Zweifel an der Richtigkeit oder Vollständigkeit der entscheidungserheblichen Feststellungen begründen und deshalb eine erneute Feststellung gebieten. Dieser Umstand muß **gerügt** werden, § 551 III 1 Z 26; dazu ist das Nötige in der Berufungsbegründung vorzutragen, § 520 III Z 3 (abw für Verfahrensfehler BGH MDR **04**, 955).

3 **Voraussetzung** für eine Durchbrechung der Bindungswirkung ist zunächst, daß konkrete Anhaltspunkte für fehler- oder lückenhafte Feststellungen vorliegen. Beispiele: Fellner MDR **03**, 721: Übergehen eines entscheidungserheblichen Vorbringens, Barth NJW **02**, 1702 gegen Grunsky NJW **02**, 800; Verkennen der Beweislast; unauflösbare Widersprüche zwischen dem Protokoll der Vernehmung und den daraus gezogenen Schlüssen; Verstöße der Beweiswürdigung gegen Denkgesetze oder allgemein anerkannte Erfahrungssätze, BGH MDR **04**, 955 mwN. Die geforderten Anhaltspunkte können sich auch daraus ergeben, daß die Feststellungen gerichtsbekannten Tatsachen zuwiderlaufen oder der Vortrag der Parteien Anlaß zu objektiv begründeten Zweifeln gibt, zB dann, wenn die erstmalige Vernehmung eines unmittelbaren Tatzeugen beantragt wird.

4 Die **konkreten Anhaltspunkte** müssen geeignet sein, „vernünftige" Zweifel an der Richtigkeit oder Vollständigkeit entscheidungserheblicher Feststellungen zu wecken: das ist bei fehlerhafter Beweiswürdigung stets der Fall, BGH aaO. Somit muß eine bestimmte, nicht notwendigerweise überwiegende Wahrscheinlichkeit dafür bestehen, daß ein Teil der neuen Beweisaufnahme die erstinstanzliche Feststellung keinen Bestand haben wird, BGH NJW **03**, 3480, vgl BT-Drs 14/6036 S 123 f unter Hinweis auf BVerfG NVwZ **00**, 1163 zu § 124 II Z 1 VwGO (dazu Greger NJW **03**, 2882). Immer muß es sich um einen objektiv gerechtfertigten und intersubjektiv vermittelbaren Zweifel handeln. Die Bindung des Berufungsgerichts tritt nicht schon dann ein, wenn die Feststellungen der ersten Instanz ohne Verfahrensfehler getroffen worden sind, BGH NJW **05**, 1583 mwN, NJW **04**, 2751.

5 Ist dies der Fall, ist eine **erneute Feststellung** geboten. Ob in besonders liegenden Fällen davon abgesehen werden darf, zB bei geringer Bedeutung der Beweisfrage und hohem Aufwand für die Beweisaufnahme, liegt im Beurteilungsermessen des Berufungsgerichts.

Abschnitt 1. Berufung **§§ 529, 530**

Auch nach der Reform des Rechtsmittelrechts hat das Berufungsgericht die erstinstanzliche *Auslegung einer Individualvereinbarung* gem §§ 513 I, 546 ZPO – auf der Grundlage der nach § 529 ZPO maßgeblichen Tatsachen – in vollem Umfang darauf zu überprüfen, ob die Auslegung überzeugt. Hält das Berufungsgericht die erstinstanzliche Auslegung lediglich für eine zwar vertretbare, letztlich aber – bei Abwägung aller Gesichtspunkte – nicht für eine sachlich überzeugende Auslegung, so hat es selbst die Auslegung vorzunehmen, die es als Grundlage einer sachgerechten Entscheidung des Einzelfalls für geboten hält, BGH MDR 05, 945, NJW 04, 2751.

B. Neue Tatsachen, I Z 2. Grundlage für die Verhandlung und Entscheidung des Berufungsgerichts **6** sind neue Tatsachen, soweit ihre Berücksichtigung zulässig ist, § 531 II.

3) Verfahrensmängel und andere Berufungsgründe, II **7**
A. Verfahrensmängel, II 1. Für nicht von Amts wegen zu berücksichtigende Verfahrensfehler wird das angefochtene Urteil nur geprüft, wenn dies nach § 520 III 2 Z 2 bzw § 524 III geltend gemacht worden ist.
B. Andere Berufungsgründe, II 2. Im übrigen, dh bei von Amts wegen zu berücksichtigenden Verfahrensmängeln und bei der Prüfung der Anwendung des materiellen Rechts, ist das Berufungsgericht an die **8** geltend gemachten Berufungsgründe nicht gebunden.
4) VwGO: § 529 ist nicht entspr anwendbar, weil § 128 VwGO die volle Nachprüfung vorsieht. **9**

530 *Verspätet vorgebrachte Angriffs- und Verteidigungsmittel.* Werden Angriffs- oder Verteidigungsmittel entgegen den §§ 520 und 521 Abs. 2 nicht rechtzeitig vorgebracht, so gilt § 296 Abs. 1 und 4 entsprechend.

Vorbem. Im **Verfahren der Arbeitsgerichte** ist § 530 nicht entsprechend anwendbar; an seiner Stelle **1** gilt § 67 II ArbGG (mit im Wesentlichen gleichem Inhalt), vgl LAG Bln NZA **98**, 168 mwN, Grunsky ArbGG § 66 Rn 7 sowie BB Beilage 2/90. Unberührt bleibt § 523 iVm §§ 282, 296 II.
Schrifttum: *Fellner* MDR **04**, 241; *Schneider* NJW **03**, 1434.
1) Regelungszweck. Die Vorschrift dient der Beschleunigung und Konzentration des Berufungsverfah- **2** rens, indem sie bestimmt, daß verspätetes Vorbringen nicht berücksichtigt werden darf, wenn es nicht besonders zugelassen wird. In dieser Beschränkung liegt kein Verstoß gegen das GG, jedoch wird ihre Anwendung durch den strengen Ausnahmecharakter aller Präklusionsvorschriften geprägt, BVerfG NJW **84**, 2203 mwN. **Nicht** anwendbar ist § 530 in **Ehe- und Kindschaftssachen**, §§ 615 II, 640 I.
2) Verspätetes Vorbringen **3**
A. Grundsatz. Beide Parteien dürfen **Angriffs- und Verteidigungsmittel**, s § 282 II, nicht zeitlich unbeschränkt in das Berufungsverfahren einführen, § 525 iVm §§ 282, 296, BGH NJW **99**, 2446. Das gilt sowohl für die Wiederholung von Vorbringen der 1. Instanz, hM (abw Kallweit S 149), auch wenn es dort zurückgewiesen wurde (vgl § 531 I), als auch für neues Vorbringen (dieses unterliegt außerdem den Beschränkungen des § 531 II); darauf, ob es sich um Tatsachen handelt, die in 1. Instanz vorgebracht werden konnten, oder um andere, kommt es bei § 530 nicht an, M. Wolf ZZP **94**, 314.
Neue Anträge gehören nicht hierher, ebensowenig Anregungen zu Punkten, die vAw zu beachten sind, zB zur internationalen Zuständigkeit, aM BayVerfGH **88**, 30, oder Ausführungen zum materiellen Recht. Für die Erweiterung und Änderung der Klage gelten §§ 263 u 264 iVm § 525. Das sie begründende Vorbringen unterliegt dem § 530, Schneider MDR **82**, 627.
Die Angriffs- und Verteidigungsmittel (zB neue Beweisangebote, in 1. Instanz entschuldbar unterbliebenes **4** Bestreiten der Zinsforderung, BGH WertpMitt **77**, 172) **müssen vorgebracht werden a) vom Berufungskläger** in der Berufungsbegründung, § 520 III Z 4, dort Rn 35, vgl dazu Müller-Rabe NJW **90**, 290, **b) wenn Fristen** gesetzt sind, § 521 II, vom **Berufungsbeklagten** (und ggf vom **Berufungskläger**, falls er erst durch die Berufungserwiderung zu weiterem Vorbringen veranlaßt wird) **innerhalb dieser Fristen.** Der Berufungsbeklagte muß dabei seine Verteidigungsmittel insoweit vorzubringen, als nach der Prozeßlage einer sorgfältigen und auf Förderung des Verfahrens bedachten Prozeßführung entspricht, §§ 521 II u 277 I, BGH RR **86**, 1317; in erster Instanz unberücksichtigt gebliebene Angriffsmittel müssen nur dann ausdrücklich erneut geltend gemacht werden, wenn konkrete Anhaltspunkte für eine abweichende Beurteilung durch das Berufungsgericht gegeben sind, so daß ohne solchen Anhalt zunächst nur eine pauschale Verweisung genügt und es Aufgabe des Gerichts ist, auf seine abweichende Ansicht hinzuweisen, § 139, BGH NJW **82**, 582, vgl auch BVerfG NJW **74**, 133, **78**, 413 m Anm Jekewitz. Nach dem maßgeblichen Zeitpunkt entstandene oder als wesentlich erkennbar gewordene Angriffs- und Verteidigungsmittel dürfen zeitlich unbegrenzt vorgebracht werden, soweit dadurch nicht die Prozeßförderungspflicht verletzt wird, unten Rn 8, vgl BVerfG NJW **91**, 2276.
Für den Streithelfer gelten diese Beschränkungen nicht unmittelbar. Sein Vortrag ist aber unbeachtlich, wenn er als Vortrag der Hauptpartei zurückzuweisen wäre, wobei das Verschulden, unten Rn 5, aus der Person der Hauptpartei zu beurteilen ist, vgl Fuhrmann NJW **82**, 978.
B. Zulassung. Ist danach ein **Vorbringen verspätet**, gilt § 296 I und IV entsprechend: Das Vorbrin- **5** gen ist nur zuzulassen, wenn nach der freien Überzeugung des Gerichts die Zulassung die Erledigung des Rechtsstreits nicht verzögern würde oder wenn die Partei die Verspätung genügend entschuldigt. Für beide Alternativen trägt die vom Ausschluß bedrohte Partei die Darlegungs- und Beweislast, Schneider MDR **87**, 900 mwN. **a) Verzögerung.** Ob das zutrifft, bestimmt sich allein nach der Prozeßlage zZt des Vorbringens, vgl im Einzelnen § 296 Rn 39 ff. Das Berufungsgericht muß bei Nichtzulassung die Verzögerung in den Gründen nachprüfbar feststellen und die Möglichkeit ihrer Vermeidung erörtern, falls die Verzögerung nicht offensichtlich ist, BGH NJW **71**, 1565. Zum Verfahren bei unvollständigen Beweisangeboten, § 356, s BVerfG NJW **00**, 946. **b) Genügende Entschuldigung.** Die Partei muß auf Verlangen des Gerichts die Entschuldigungsgründe glaubhaft machen, § 296 IV. Hat das Gericht Zweifel, darf es nicht zulassen. Eine

hinreichende Entschuldigung liegt zB vor, wenn die Tatsachen erst später bekannt werden oder wenn die Partei nicht erkennen konnte, daß es auf ein bestimmtes Vorbringen ankam, oder wenn sie aus berechtigter Furcht vor unzumutbaren Unannehmlichkeiten zurückhielt. Vgl § 296 Rn 52 ff.

6 **C. Entscheidung über Zulassung.** Sie erfolgt im Urteil, wobei das Gericht bei der Feststellung einer Verzögerung (und des Verschuldens) zumindest die Erkenntnismittel ausschöpfen muß, die ohnehin herangezogen werden müßten oder deren Heranziehung ihrerseits zu keiner Verzögerung führt, BVerfG NJW **89**, 705. Hierzu gehört in jedem Fall die Anhörung der Parteien zur Frage der Präklusion, Hermisson NJW **85**, 2558, Weth S 35; eine Belehrung über die Folgen der Versäumung ist jedenfalls bei anwaltlicher Vertretung nicht erforderlich, BVerfG NJW **87**, 2733. Liegen die oben Rn 5 genannten Voraussetzungen für eine Zulassung nicht vor, muß das Berufungsgericht das verspätete Vorbringen zurückweisen, Stgt NJW **81**, 2581 mwN. Es muß die Nichtzulassung unter Angabe von Tatsachen so begründen, daß die Revisionsinstanz ihre gesetzlichen Voraussetzungen nachprüfen kann; anders liegt es nur, wenn der Prozeßverlauf das Nötige klar ergibt. Eine Zurückweisung verspäteten Vorbringens durch Teilurteil ist ausgeschlossen, BGH **77**, 306, **81**, 1217, ZIP **93**, 623, krit Deubner NJW **80**, 2355 u Mertins DRiZ **85**, 345 mwN.

7 Hat das Berufungsgericht bei der Zurückweisung die Begriffe der Verzögerung oder des Verschuldens verkannt oder jede Prüfung verabsäumt, so liegt ein Verfahrensmangel vor. Eine offenkundig unrichtige Zurückweisung, BVerfG NJW **91**, 2276, oder die Zurückweisung eines Vorbringens, dessen Verspätung klar erkennbar nicht kausal für die Verzögerung ist, verletzt zudem den Anspruch der Partei auf rechtliches Gehör, BVerfG NJW **87**, 2735 m Anm Deubner; dies gilt jedoch dann nicht, wenn die Partei in 1. Instanz von der Möglichkeit der Äußerung aus von ihr zu vertretenden Gründen keinen Gebrauch gemacht hat, BayVerfGH NJW **80**, 278. Das Revisionsgericht darf eine Zurückweisung nicht mit anderer Begründung aufrechterhalten, BGH NJW **82**, 1708 (offen gelassen BGH NJW **87**, 261).

Hat das Berufungsgericht ein Vorbringen zu Unrecht zugelassen, ist das (anders als in den Fällen des § 532) mit der Revision nicht angreifbar, Putzo NJW **77**, 8, RoSGo § 140 IV 2 f, BVerfG NJW **95**, 2980, BGH NJW **81**, 928, BAG MDR **83**, 1053, vgl auch BGH NJW **85**, 743; denn das Geschehene zu beseitigen, dient weder der Beschleunigung noch der Wahrheitsfindung, BGH NJW **60**, 100, Deubner NJW **82**, 1710 u NJW **81**, 930.

Wegen der Kosten im Fall der Zurückverweisung s § 538 Rn 23.

8 **3) Verletzung der Prozeßförderungspflicht.** Auch in der Berufungsinstanz haben die Parteien die vor allem durch § 282 konkretisierte Prozeßförderungspflicht, § 525. Soweit nicht § 530 (oder § 531) eingreift, können bei Verletzung dieser Pflicht Angriffs- und Verteidigungsmittel in Ausübung pflichtgemäßen Ermessens zurückgewiesen werden, BGH NJW **87**, 501 mwN, RR **86**, 1317, Oldb NJW **87**, 1339, Stgt NJW **81**, 2581, wenn ihre Zulassung nach der freien Überzeugung des Gerichts die Erledigung des Rechtsstreits verzögern würde, oben Rn 5, oder die Verspätung auf grober Nachlässigkeit beruht (insoweit enger als nach § 521), §§ 296 II, 525, BVerfG NJW **91**, 2276, BGH RR **86**, 1317, Putzo NJW **77**, 7, Grunsky JZ **77**, 206; dazu § 296 Rn 61 ff. Für neues Vorbringen gilt insoweit § 531 II; s dort Rn 12 ff (auch zu den Grenzen der Prozeßförderungspflicht des Siegers erster Instanz). Wegen der Folgen einer verfahrensfehlerhaften Zurückweisung s oben Rn 7.

9 **4) VwGO:** Es gilt § 87 b iVm § 125 I VwGO, dazu Kopp NJW **91**, 524 u Stelkens NVwZ **91**, 213, ferner § 128 a I VwGO.

531 Zurückgewiesene und neue Angriffs- und Verteidigungsmittel.
I 1 Angriffs- und Verteidigungsmittel, die im ersten Rechtszuge zu Recht zurückgewiesen worden sind, bleiben ausgeschlossen.

II 1 Neue Angriffs- und Verteidigungsmittel sind nur zuzulassen, wenn sie
1. einen Gesichtspunkt betreffen, der vom Gericht des ersten Rechtszuges erkennbar übersehen oder für unerheblich gehalten worden ist,
2. infolge eines Verfahrensmangels im ersten Rechtszug nicht geltend gemacht wurden oder
3. im ersten Rechtszug nicht geltend gemacht worden sind, ohne dass dies auf einer Nachlässigkeit der Partei beruht.

2 Das Berufungsgericht kann die Glaubhaftmachung der Tatsachen verlangen, aus denen sich die Zulässigkeit der neuen Angriffs- und Verteidigungsmittel ergibt.

Vorbem. Im **Verfahren der Arbeitsgerichte** gilt § 67 ArbGG idF des Art 30 Z 9 ZPO-RG; RegEntw BT-Drs 14/4722 S 138.

Schrifttum: *Schenkel* MDR **05**, 726 u MDR **04**, 790; *Würfel* MDR **03**, 1212; *Rimmelspacher* NJW **02**, 1903; *Crückeberg* MDR **03**, 10.

Gliederung

1) Zu Recht zurückgewiesene Angriffs- und Verteidigungsmittel, I	1–9	A. Allgemeines		10
A. Geltungsbereich	2–4	B. Neue Angriffs- und Verteidigungsmittel		11–12
B. Voraussetzungen	5–7	C. Zulassung		13–16
C. Entscheidung	8	D. Glaubhaftmachung, II 2		17
D. Verstoß	9	E. Entscheidung		18
2) Neue Angriffs- und Verteidigungsmittel, II	10–18	3) VwGO		19

Abschnitt 1. Berufung §531

1) Zu Recht zurückgewiesene Angriffs- und Verteidigungsmittel, I. Sie **bleiben in der 2. In- 1 stanz ausgeschlossen.** Auf eine Verzögerung im Berufungsrechtszug kommt es nicht an, BGH NJW 79, 2109 und 80, 945. Darin liegt kein Verstoß gegen Art 3 oder Art 103 GG, weil diese Abweichung von dem sachgerechten Streben des Gesetzgebers getragen wird, die Maßnahmen zur Konzentration und Beschleunigung des Verfahrens in der 1. Instanz wirksam zu machen, und eine verfassungskonforme Handhabung möglich ist, BVerfG 69, 145 = NJW 85, 1150 mwN, ua 55, 85 = NJW 81, 271 zu Düss NJW 79, 1719 (m abl Anm Dengler NJW 80, 163), BGH NJW 80, 945 und 1102. Allerdings erreicht I den mit ihm verfolgten Zweck nicht immer; seine scharfe Sanktion verführt dazu, ein in der 1. Instanz von der Zurückweisung bedrohtes Vorbringen dadurch zu retten, daß Auswege gesucht werden, so durch Flucht in die Säumnis, die Berufung oder die Widerklage, Prütting ZZP 98, 131 mwN, Mertins DRiZ 85, 344, Hermisson NJW 83, 2233. Diese Auswirkung muß jedoch bis zu der wünschenswerten Berichtigung durch den Gesetzgeber, Hartmann NJW 78, 1463, hingenommen werden, zumal das Aufsparen des Vorbringens für die Berufung im Hinblick auf I u II mit beträchtlichem Risiko verbunden sein kann, vgl Hermisson NJW 83, 2234, Deubner JuS 82, 334.

A. Geltungsbereich. Der Ausschluß nach I gilt auch für Fälle aus dem EuGVÜ, aM Köln NJW 88, 2 2182, aber überall nur für solches Vorbringen, das in erster Instanz zu Recht nach § 296 II zurückgewiesen oder nach § 296 I oder III nicht zugelassen worden ist, Hamm NJW 03, 2323, unten Rn 5 ff, nicht aber für andere Fälle der Nichtberücksichtigung eines Vortrags, also zB nicht für die Nichtzulassung nach § 296 a, BGH NJW 79, 2109, für das Unterbleiben einer Zeugenvernehmung wegen der Nichtzahlung des Auslagenvorschusses, BVerfG NJW 85, 1150, BGH NJW 80, 343 u 82, 2559, für die Nichtberücksichtigung wegen Unschlüssigkeit, BGH NJW 85, 1543, oder für die Versäumung der Frist des § 128, Kramer NJW 78, 1411. Hat die erste Instanz einzelne Beweisangebote zurückgewiesen, so gilt I nur für diese, während in der Berufungsinstanz angebotene weitere Beweise nach II zu beurteilen sind, BGH NJW 89, 716 (zustm Deubner). Unanwendbar ist I, wenn das verspätete Vorbringen in erster Instanz zugelassen worden ist, GMP § 67 Rn 25, mag dies auch zu Unrecht geschehen sein, BGH NJW 81, 928, oder mag es mangels Substantiierung erfolglos geblieben sein, Köln NJW 80, 2361. Eine entsprechende Anwendung auf neues Vorbringen, das in erster Instanz wegen Verspätung hätte zurückgewiesen werden müssen, selbst dann ausgeschlossen, wenn die Partei dieses Vorbringen bewußt zurückgehalten hat, BGH NJW 81, 1218 gg Ffm MDR 80, 943, abw unter dem Gesichtspunkt des Rechtsmißbrauchs M. Wolf ZZP 94, 318 ff.

Nicht jedes Angriffs- und Verteidigungsmittel, das nach § 296 mit Recht zurückgewiesen oder nicht 3 zugelassen worden ist, bleibt in der 2. Instanz ausgeschlossen. Überhaupt nicht unter diese Bestimmung fällt Vorbringen zu Umständen, die vom Berufungsgericht vAw zu prüfen sind, vgl § 559 Rn 7. Darüber hinaus ist I **einschränkend auszulegen,** M. Wolf ZZP 94, 325: Der Ausschluß gilt nicht für solches Vorbringen, das in der 2. Instanz (offenkundig oder) unstreitig wird, GMP § 67 Rn 22, Weth S 81 ff mwN, ua BVerfG 55, 84 u BGH NJW 80, 945, NJW 03, 2323, Nürnb MDR 03, 1133, Köln MDR 04, 833 oder das hier durch präsente Urkunden bewiesen wird, vgl § 559 Rn 11, Dengler NJW 80, 163 (differenzierend Weth S 42 ff), ferner nicht für Vorbringen, wenn Wiederaufnahmegründe vorliegen, und auch nicht für Vorbringen, dessen Wiederholung durch einen neuen Sach- und Streitstand bedingt ist, M. Wolf ZZP 94, 326, so zurückgewiesenes Vorbringen gegenüber einem nunmehr erstmals verfolgten Hilfsanspruch wiederholt werden darf, Ffm MDR 83, 235. Die von Bender/Belz/Wax Rn 179 vertretene Auffassung, daß der Gegner die Einlassung auf ein wiederholtes Vorbringen nicht verweigern dürfe und das Gericht bei wahrheitswidrigem Bestreiten Beweis erheben müsse, ist dagegen mit I schwerlich vereinbar; das gleiche dürfte für den Vorschlag gelten, seine Auswirkungen dadurch zu mildern, daß in 1. Instanz Vorbringen zur Probe oder unter Vorbehalt der Zulassung durch das Gericht möglich sei, Deubner NJW 78, 355, abl Lüke JuS 81, 506.

Da die Grundsätze der Konzentration und Beschleunigung nicht Selbstzweck sind, sondern den 4 Interessen der Parteien dienen, dürfte ein an sich zu Recht zurückgewiesenes Vorbringen auf übereinstimmende **Bitten beider Parteien** in der 2. Instanz dennoch zuzulassen sein, ZöGu 35, Bettermann ZZP 91, 383, Schneider MDR 89, 676 u NJW 79, 2506, str, abw § 296 Rn 4, Kühnemund KTS 99, 47, Weth S 286, Fuhrmann S 140, StJGr § 527 Rn 21, Lange DRiZ 80, 413.

B. Voraussetzungen. Zu Recht ist ein Vorbringen zurückgewiesen worden, wenn in der 1. Instanz 5 das Gericht § 296 aus der Sicht des Berufungsgerichts zutreffend angewandt hat, Mü RR 97, 944. Das Berufungsgericht hat die Entscheidung darüber vollen Umfangs von seinem Standpunkt und Blickwinkel aus nachzuprüfen, zB ob die Frist des § 276 wirksam gesetzt worden ist, BGH NJW 81, 2255, mit Recht eine Verzögerung angenommen worden ist, BGH NJW 85, 1543 u BAG NJW 89, 2214, LG Münst MDR 90, 1021 (zu § 283), Deubner NJW 90, 1372, ob die Verzögerung durch vorbereitende Maßnahmen des Gerichts abgewendet werden konnte und mußte, BGH NJW 87, 499 (zu § 273), ob das Vorbringen im frühen ersten Termin zurückgewiesen werden durfte, BGH NJW 87, 500, dazu Deubner NJW 87, 465, Düss NJW 95, 2173, Hamm RR 95, 958 (zu § 275), ob für den Haupttermin zu wenig Zeit zur Verfügung stand, BVerfG NJW 92, 299, oder ob der Vorwurf der groben Nachlässigkeit, § 296 II, mit Recht bejaht worden ist, BGH NJW 97, 2245, etwa weil er sich nach dem sich in zweiter Instanz ergebenden Sachverhalt als gerechtfertigt erweist, BGH NJW 86, 134. Unterläßt es die Prüfung, weil sie die Frage für unerheblich hält, so prüft das Revisionsgericht die Rechtmäßigkeit der Zurückweisung, BGH NJW 85, 1558.

Nicht zu beachten ist die Zurückweisung durch die 1. Instanz im Hinblick auf Art 103 I GG, wenn 6 nicht ausgeschlossen werden kann, daß der Eintritt der Voraussetzungen des § 296 I auf einem gerichtlichen Fehlverhalten, etwa auf einer Vernachlässigung der richterlichen Fürsorgepflicht beruht, BVerfG NJW 87, 2003, vgl Deubner NJW 87, 1585; dies gilt auch dann, wenn in 2. Instanz feststeht, daß es bei Vermeidung des Fehlers zur Zurückweisung nach § 296 I kommen mußte, Hensen NJW 84, 1672, LG Münst MDR 90, 1021, aM KG NJW 83, 580. Ist die Zurückweisung zu Unrecht auf eine Vorschrift gestützt worden, so darf das Berufungsgericht sie nicht auf eine andere stützen, stRspr, BGH NJW 92, 1965, 90, 1302 mwN.

Maßgeblich für die Nachprüfung ist die objektive Lage zur Zeit der erstinstanzlichen Entscheidung, 7 Hensen NJW 84, 1672, so daß ein danach rechtmäßig zurückgewiesenes Vorbringen ausgeschlossen ist,

Albers 1697

§ 531

Grunsky JZ **77**, 206 (wegen der Einschränkungen siehe oben Rn 26). Auf die Kenntnis des Gerichts 1. Instanz kommt es demgemäß ebensowenig an, Weil JR **78**, 493 gegen LG Paderborn NJW **78**, 381, wie darauf, ob in der 2. Instanz die ausreichende Entschuldigung nachgeholt wird, Ffm NJW **79**, 375, offen gelassen von BGH NJW **86**, 135 mwN. Jedoch muß I im Hinblick auf Art 103 I GG verfassungskonform dahin ausgelegt werden, daß eine in 1. Instanz schuldlos unterlassene Entschuldigung in der Berufungsinstanz zu berücksichtigen ist, wenn sie dort erfolgt, BVerfG NJW **87**, 2003, krit zur verfassungsrechtl Seite Schmidt-Aßmann DÖV **87**, 1037.

Die rechtmäßige Zurückweisung eines Vorbringens der Hauptpartei schließt auch den **Streithelfer** mit diesem Vorbringen in zweiter Instanz aus, Fuhrmann NJW **82**, 979.

Zur Insolvenzanfechtung der Präklusion, § 129 InsO, vgl Kühnemund KTS **99**, 45.

8 C. Entscheidung. Je nach dem Ergebnis dieser Nachprüfung gilt hinsichtlich des zurückgewiesenen oder nicht zugelassenen Vorbringens: Ist es zu Recht zurückgewiesen worden (und liegt keiner der Ausnahmefälle vor, oben Rn 2 u 3), bleibt es für die 2. Instanz ausgeschlossen; dann ist hierzu ein Zeuge in der Berufungsinstanz auch dann nicht zu vernehmen, wenn er zu neuem Vorbringen zu hören ist, BGH NJW **80**, 1102 gegen Hamm MDR **79**, 148, dazu E. Schneider MDR **80**, 488. Der Ausschluß gilt ferner (mit Wirkung für das Revisionsverfahren), wenn das Berufungsgericht die Rechtmäßigkeit der Zurückweisung nicht geprüft hat, weil es die Frage für unerheblich hielt, BGH NJW **85**, 1558. Hat die 1. Instanz das Vorbringen zu Unrecht nicht berücksichtigt, so ist es zuzulassen, gleichviel, ob das zu einer Verzögerung in 2. Instanz führt oder nicht; ist das Vorbringen nach § 296 I zu Unrecht zurückgewiesen worden, darf das Berufungsgericht die Zurückweisung nicht auf § 296 II gestützt nachholen, BGH NJW **80**, 343, NJW **81**, 2255 m insoweit zustm Anm Deubner. Läßt sich nicht klären, ob das Vorbringen zu Recht zurückgewiesen worden ist, so ist es zuzulassen (keine Beweislast der Partei, Schneider MDR **87**, 901). Ist ein Vorbringen in 1. Instanz zu Unrecht zugelassen worden, so bleibt es zulässig, weil die Zulassung unanfechtbar ist, BGH NJW **81**, 928 m Anm Deubner, LG Freiburg NJW **80**, 295, Putzo NJW **77**, 8.

Die Entscheidung über die Zulassung ist im Urteil zu treffen; sie unterliegt der Nachprüfung des Revisionsgerichts. Ein darauf beschränktes Teilurteil ist unzulässig, BGH ZIP **93**, 623, NJW **81**, 1217, BGH **77**, 306, krit Deubner NJW **80**, 2355 u Mertins DRiZ **85**, 345 mwN.

9 D. Verstoß. Die unrichtige Nichtzulassung kann mit dem gegebenen Rechtsmittel gerügt werden, bei Offenkundigkeit nach Erschöpfung des Rechtsweges mit der Verfassungsbeschwerde wegen Verletzung von Art 103 I GG, BVerfG NJW **87**, 2733 u **85**, 1150. Dagegen kann eine Zulassung entgegen III nicht mit der Revision angegriffen werden, BGH NJW **91**, 1897 mwN, StJGr 16, ThP 26, aM BGH NJW **85**, 744, ZöGu MDR **85**, 289, Schneider NJW **85**, 289, Deubner NJW **81**, 930 (offen BGH NJW **97**, 397 m Üb über den Streitstand).

10 2) Neue Angriffs- und Verteidigungsmittel, II

A. Allgemeines. § 531 verfolgt ebenso wie § 529 das Ziel, das Berufungsgericht an die fehlerfrei gewonnenen Erkenntnisse der ersten Instanz zu binden und neue Angriffs- und Verteidigungsmittel nur zuzulassen, soweit dies durch besondere Gründe gerechtfertigt ist. Die Regelung gilt nicht in Ehe- und Kindschaftssachen, §§ 615 II u 640 I, und wegen des dort geltenden Untersuchungsgrundsatzes auch nicht in Verfahren nach BEG, Weiß RzW **78**, 41, und in Verfahren nach §§ 217 ff BauGB, § 221 II BauGB, BGH NJW **05**, 900.

11 B. Neue Angriffs- und Verteidigungsmittel (Schenkel MDR **04**, 790). Hierher gehören Behauptungen, Bestreiten (Köln ZIP **85**, 436), Einwendungen wie die Geltendmachung der Aufrechnung, BGH **91**, 303, dazu Weth S 71 ff, Fuhrmann s 70 ff (zur Zulassung einer neuen Aufrechnung des Beklagten s § 533 II), Einreden, Beweisanträge und Beweiseinreden, § 282 I, **nicht** aber der Angriff selbst, nämlich Klage und Widerklage (BGH NJW **85**, 3080 mwN), Berufungsanträge (auch dann, wenn sie die notwendige Aufgliederung des Klagantrags nachholen, BGH NJW **97**, 870 mwN), Klagerweiterung und Klagänderung, Ffm RR **88**, 1536, auch im Fall der Widerklage (BGH NJW **86**, 2257 mwN), mit der Folge, daß die zu ihrer Rechtfertigung vorgetragenen Angriffs- und Verteidigungsmittel nicht zurückgewiesen werden dürfen, zum Fall einer „Flucht in die Widerklage" krit Gounalakis MDR **97**, 216. Rechtsausführungen sind keine Angriffs- oder Verteidigungsmittel, Weth S 90 ff. Die Erfüllung von Mitwirkungsobliegenheiten, zB die Gestattung des Zutritts bei einer Ortsbesichtigung, Mü NJW **84**, 807, oder die Entbindung von der Schweigepflicht, BayVerfGH AS **37**, 176, unterliegt II.

12 Angriffs- und Verteidigungsmittel sind **neu**, wenn sie in der 1. Instanz bis zum Schluß der mündlichen Verhandlung (oder dem ihr gleichstehenden Zeitpunkt) nicht vorgebracht worden sind, BGH NJW **89**, 718, zB Bestreiten eines in erster Instanz nicht bestrittenen Vorbringens, Köln ZIP **85**, 436, ferner dann, wenn sie vorgebracht, aber später fallengelassen worden sind, BGH NJW **98**, 2977, Michalski NJW **91**, 2070 mwN, und auch dann, wenn sie im ersten Rechtszug verspätet vorgebracht sind, BGH NJW **82**, 2559. Neu ist auch die bisher fehlende Substantiierung einer vorher erklärten Aufrechnung, BGH **91**, 303, Hamm NJW **03**, 2323. Dagegen ist die Konkretisierung eines schon in erster Instanz eingeführten Vorbringens nicht „neu" iSv III, BGH RR **03**, 1322, RR **91**, 1215.

13 C. Zulassung. Neues Vorbringen bedarf der Zulassung nach II. Da diese Beschränkung einen Verstoß gegen die Prozeßförderungspflicht voraussetzt, BVerfG NJW **84**, 2203, gilt sie nicht für Tatsachen, die erst nach Schluß der letzten mündlichen Verhandlung erster Instanz entstanden sind, und auch nicht für Vorbringen, das erst durch das angefochtene Urteil, BGH NJW **83**, 999 (zustm Deubner), oder durch einen neuen Vortrag der Gegenpartei bzw einen (zulässigen) eigenen neuen Angriff, oben Rn 11, veranlaßt worden ist, BGH NJW **86**, 224 u **82**, 1709 mwN, M. Wolf ZZP **94**, 317: die Präklusion greift immer dann nicht ein, wenn die Partei nach den Grundsätzen einer sorgfältigen und auf Förderung des Verfahrens bedachten Prozeßführung keine Veranlassung hatte, schon früher von der prozessualen Bedeutung des späteren Vorbringens auszugehen, BVerfG NJW **84**, 2203 u **83**, 1308, BGH NJW **86**, 2320. Neues Vorbringen ist ferner zuzulassen, wenn es unstreitig ist, hM, vgl BGH FamRZ **05**, 1555, NJW **05**, 291 u **04**, 1459, Schenkel MDR **04**, 121, oben Rn 3. Ein neues Vorbringen darf auch dann zugelassen werden, wenn dadurch ein Folgeprozeß vermieden wird und der Erstrichter zu den tatsächlichen Voraussetzungen bereits Beweis erhoben hat, Saarbr MDR 04, 412.

Zugelassen werden darf das Vorbringen nur unter folgenden **Voraussetzungen**, II 1, BGH NJW 04, 14
2152 u RR 04, 927:

a) Sie müssen einen Gesichtspunkt betreffen, der vom Gericht des ersten Rechtszuges **erkennbar übersehen oder für unerheblich gehalten worden ist, II 1 Z 1**. In diesem Fall muß den Parteien Gelegenheit gegeben werden, sich auf eine gegenüber der ersten Instanz abweichende rechtliche Beurteilung durch das Berufungsgericht einzustellen und deshalb neue Angriffs- und Verteidigungsmittel vorbringen zu können.

b) Neues Vorbringen ist weiter zuzulassen, wenn es **infolge eines Verfahrensmangels im ersten** 15 **Rechtszug nicht geltend gemacht worden ist, II 1 Z 2**. Ist die Partei durch eine fehlerhafte Prozeßleitung veranlaßt worden, von einem bestimmten Vorbringen abzusehen, oder sind nach § 139 erforderliche Hinweise unterblieben, so ist es geboten, der Partei zu neuem Vorbringen Gelegenheit zu geben, dazu BGH RR 05, 213, NJW 04, 2152, Hamm NJW 03, 2543.

c) Neues Vorbringen ist ferner zuzulassen, wenn es **im ersten Rechtszug nicht geltend gemacht** 16 **worden ist, ohne daß dies auf einer Nachlässigkeit der Partei beruht, II 1 Z 3** (Beispiel Celle RR 04, 1040). II 1 Z 3 gilt auch in Fällen des einstweiligen Rechtsschutzes und in internationalen Streitigkeiten, Staudinger IPRax 04, 510 mwN zu Hbg IPRax 04, 527. Zuzulassen ist immer, wenn das Angriffs- oder Verteidigungsmittel erster nach Schluß der mündlichen Verhandlung erster Instanz entstanden ist, vgl oben Rn 13. Im übrigen ist darauf abzustellen, ob der Partei das neue Angriffs- oder Verteidigungsmittel bis zum Schluß der erstinstanzlichen mündlichen Verhandlung (bzw bis zum Ende des schriftlichen Verfahrens) hätte bekannt sein müssen. Maßstab ist ebenso wie nach § 295 die einfache Fahrlässigkeit. Dabei dürfen die Anforderungen insbesondere bei einer anwaltlich nicht vertretenen Partei nicht überspannt werden; andererseits ist aber zu bedenken, daß der entscheidungserhebliche Sach- und Streitstoff grundsätzlich schon in erster Instanz vollständig dem Gericht unterbreitet werden soll, BT-Drs 14/4722 S 102.

D. **Glaubhaftmachung, II 2**. Das Berufungsgericht hat die Möglichkeit, von der in Betracht kommen- 17 den Partei die Glaubhaftmachung, § 294, der Tatsachen zu verlangen, aus denen sich die Zulassung des neuen Vorbringens ergibt. Auf diese Weise kann es schon frühzeitig prüfen, ob das neue Vorbringen zulässigerweise in das Verfahren eingeführt werden kann. Werden gegen das Urteil lediglich neue Angriffs- und Verteidigungsmittel vorgebracht und mißlingt die Glaubhaftmachung, so ist die Berufung unter den weiteren Voraussetzungen des § 522 II im Beschlußwege zurückzuweisen, BT-Drs 14/4722 S 102.

E. **Entscheidung**. Vgl § 530; dort auch Näheres zu der Hinweispflicht des Gerichts und zu den Folgen 18 einer verfahrensfehlerhaften Zurückweisung. Die **Nichtzulassung** ist im Fall v II 1 Z 3 ausgeschlossen, wenn das Verschulden auch auf einer Verletzung der richterlichen Fürsorgepflicht beruht, BVerfG NJW 87, 2003. Das Verschulden muß in den Gründen nachprüfbar festgestellt werden, BVerfG NJW 87, 1621 (dazu Schneider MDR 87, 901), BGH RR 91, 768 u 701, NJW 89, 718 u 83, 1496, BayVerfGH LS FamRZ 92, 460. Ist Vorbringen entgegen II **zugelassen** worden, so kann die Revision hierauf nicht gestützt werden, allgM, BGH NJW 04, 1459, NJW 91, 1896, beide mwN.

3) *VwGO: Es gilt § 128 a VwGO.* 19

532 *Rügen der Unzulässigkeit der Klage.* ¹Verzichtbare Rügen, die die Zulässigkeit der Klage betreffen und die entgegen den §§ 520 und 521 Abs. 2 nicht rechtzeitig vorgebracht werden, sind nur zuzulassen, wenn die Partei die Verspätung genügend entschuldigt. ²Dasselbe gilt für verzichtbare neue Rügen, die die Zulässigkeit der Klage betreffen, wenn die Partei sie im ersten Rechtszug hätte vorbringen können. ³Der Entschuldigungsgrund ist auf Verlangen des Gerichts glaubhaft zu machen.

Vorbem. Im Verfahren der Arbeitsgerichte entspr anzuwenden, § 64 VI ArbGG.

1) **Verzichtbare Rügen der Unzulässigkeit der Klage, Satz 1**. Bei diesen Rügen, § 296 III, handelt 1 es sich um Vorbringen (Tatsachenbehauptungen und Beweismittel) des Beklagten gegen die Zulässigkeit der Klage, vgl § 282 Rn 17 ff (auch zu den Einzelfällen); die Einrede der nicht eingehaltenen Schlichtungsabrede fällt nicht darunter, § 282 Rn 21, ZöGu 2, aM Oldb MDR 87, 414. Vorbringen des Klägers zur Rechtfertigung der Zulässigkeit fällt unter § 282 II, wie hier Weth (bei § 520) S 80 (aM Schröder ZZP 91, 310: aber die scharfe Sanktion in S 1 zielt darauf ab, eine Prüfung der Zulässigkeit abzuschneiden, wenn bereits sachlich entschieden worden ist). Soweit es sich um unverzichtbare, dh vAw zu beachtende Zulässigkeitsvoraussetzungen handelt, gibt es keine Zurückweisung wegen Verspätung.

Die Rügen hat der Beklagte als Berufungskläger in der **Berufungsbegründung, § 520**, im übrigen 2 **innerhalb der ihm gesetzten Fristen, § 521 II**, schriftsätzlich geltend zu machen. Geschieht dies nicht, sind sie nur zuzulassen, wenn die Partei die Verspätung genügend entschuldigt; vgl dazu § 530 Rn 5.

Dasselbe gilt für verzichtbare **neue Rügen, S 2**, dh solche, die erstmals in der Berufungsinstanz geltend 3 gemacht werden, obwohl sie schon in 1. Instanz hätten vorgebracht werden können, § 296 III, und solche, die zwar vorgebracht, aber wieder fallengelassen worden sind. Dann sind sie nur bei genügender Entschuldigung zuzulassen, BGH RR 90, 378, NJW 81, 2646, Ffm MDR 92, 189, gleichviel, ob §§ 519 II, 521 beachtet worden sind. Das Verschulden wird nicht dadurch ausgeschlossen, daß der Beklagte sich in erster Instanz mit beachtlichen Gründen in der Sache selbst verteidigt hat: § 282 III zwingt ihn, Zulässigkeitsrügen sogleich zu erheben, Ffm MDR 82, 329. Dagegen fallen Rügen, die erst nach Schluß der mündl Verh 1. Instanz entstanden oder der Partei bekanntgeworden sind, nicht unter S 2, StJGr 5.

Bei S 1 u 2 schadet jeder Sorgfaltsverstoß, BGH NJW 85, 744 mwN. Der Entschuldigungsgrund ist auf Verlangen, § 528 I 2, **glaubhaft zu machen, Satz 3**. Auf eine Verzögerung der Erledigung durch die Rüge kommt es nicht an.

Die durch (rechtmäßige) Zurückweisung eintretende Ausschließung dauert im Revisionsverfahren fort, BGH RR **93**, 1021 mwN.

4 Die unter Verstoß gegen S 1 oder 2 erfolgte Zulassung einer Rüge kann Gegenstand der Revision sein, BGH NJW **85**, 743 (anders als in den Fällen des § 531, dort Rn 9).

5 2) **Familiensachen.** Die bisher in § 529 III enthaltene Sonderbestimmung ist als Folgeänderung zu § 513 III (richtig: II) entfallen, BT-Drs 14/4722 S 102. Danach hat der Gesetzgeber die Frage, ob es sich um eine FamS handelt, als Frage der Zuständigkeit angesehen, für die § 513 II gilt; vgl. dazu auch § 545 II für das Revisionsverfahren.

6 3) *VwGO:* Neben § 87b iVm § 125 I *VwGO* ist § 532 unanwendbar.

533 Klageänderung; Aufrechnungserklärung; Widerklage.
Klageänderung, Aufrechnungserklärung und Widerklage sind nur zulässig, wenn
1. der Gegner einwilligt oder das Gericht dies für sachdienlich hält und
2. diese auf Tatsachen gestützt werden können, die das Berufungsgericht seiner Verhandlung und Entscheidung über die Berufung ohnehin nach § 529 zugrunde zu legen hat.

Vorbem. Im **Verfahren der Arbeitsgerichte** entspr anwendbar, § 64 VI ArbGG.

Schrifttum: *Münch* MDR **04**, 781.

1 1) **Regelungszweck.** Die Vorschrift enthält Sonderbestimmungen für Klageänderung, Aufrechnungserklärung und Widerklage: sie läßt für die Zulässigkeit die Einwilligung des Gegners oder die Sachdienlichkeit abweichend von § 530 aF nicht genügen, sondern fordert zusätzlich eine Stützung auf bestimmte Tatsachen.

2 2) **Allgemeines**
A. Klageänderung (Spickhoff JZ **98**, 227; Altmeppen ZIP **92**, 449 u **93**, 65). Für sie gilt dasselbe wie in der 1. Instanz, §§ 525, 263, 264, allgM, BGH MDR **99**, 954, 505, FamRZ **88**, 603, **87**, 249, NJW **86**, 2257, **85**, 1784, 1840 u 1841, Ffm RR **88**, 1536 mwN; s die Erläuterungen zu den §§ 263, 264 (Änderungen des Klageantrags nach § 264 Z 2 u 3 sind auch in der Berufungsinstanz nicht als Klageänderung anzusehen, BGH NJW **04**, 2152). Die Klageänderung setzt aber ein zulässiges Rechtsmittel voraus, BGH in stRspr, MDR **03**, 1054 mwN, namentlich ist erforderlich, daß mindestens ein Teil der durch das angefochtene Urteil gesetzten Beschwer, Grdz § 511 Rn 13, Gegenstand der Berufung ist, BGH aaO, offen gelassen BGH RR **88**, 959 mwN. Soweit in erster Instanz eine Feststellungsklage als unbegründet abgewiesen worden ist, kann der Kl nur dann zur Leistungsklage übergehen, wenn er diesen Teil der Entscheidung durch eine zulässige Berufung oder Anschließung anficht, BGH RR **87**, 249; hat er mit einem Feststellungsantrag obgesiegt, kann er agrd einer Berufung gegen andere Teile insoweit zur Leistungsklage übergehen, BGH NJW **92**, 2296.

3 Klageänderung sind auch der Wechsel der Kläger, BGH MDR **03**, 1054 mwN, und der Beitritt weiterer Kläger in 2. Instanz, BGH in stRspr ZZP, **102**, 471, dazu Roth NJW **88**, 2977 (aM Baumgärtel JZ **75**, 668: Beitritt ist hier unzulässig). Dagegen ist ein Wechsel auf der Beklagtenseite, BGH NJW **74**, 750, ebenso wie die Erstreckung der Klage auf weitere Beklagte, BGH **21**, 287 und NJW **62**, 629, **67**, 635, in der 2. Instanz nur zulässig, wenn der ausscheidende alte Beklagte, BGH NJW **81**, 989, und der neue Beklagte zustimmen oder dessen Weigerung rechtsmißbräuchlich wäre, BGH NJW **87**, 1946 mwN, RR **86**, 356 (dazu Roth NJW **88**, 2977, der die Zustimmung des Eintretenden für entbehrlich hält, wenn die Auswechslung sachdienlich ist); dies gilt zB dann, wenn anstelle einer Kommanditgesellschaft die GmbH, BGH aaO, oder umgekehrt, deren einziger Komplementär die GmbH ist, LG Kblz MDR **80**, 407. Rechtsmißbräuchlich ist die Weigerung immer dann, wenn ein schutzwürdiges Interesse des neuen Beklagten nicht anzuerkennen und ihm nach der gesamten Sachlage der Eintritt in den Rechtsstreit zuzumuten ist, BGH NJW **87**, 1946.

4 Ändert der Berufungskläger zulässigerweise die Klage, so gelten für die Verspätung des sie stützenden Vorbringens § 296 u § 530.

5 B) **Aufrechnung durch den Beklagten**
a) **Allgemeines.** Die Vorschrift will die Prozeßverschleppung durch eine unbegründete Aufrechnung verhüten. Sie ist auch anwendbar auf die Abrechnung (Verrechnung von Gegenforderungen) und auf das Zurückbehaltungsrecht bei beiderseits fälligen Geldforderungen, BGH **37**, 344, Kblz RR **92**, 761 (nicht auch in anderen Fällen), dagegen nicht auf die Minderung u dgl. § 533 trifft nur die Aufrechnung durch den Beklagten, nicht die durch einen Dritten (für sie gilt § 530), BGH NJW **92**, 2576; dabei genügt die hilfsweise Aufrechnung, Ffm MDR **80**, 235, aM E. Schneider MDR **75**, 982. Gleich bleibt, ob der Beklagte Berufungskläger oder Berufungsbeklagter ist, ob er die Aufrechnung innerhalb oder außerhalb des Prozesses erklärt, BGH NJW **92**, 2576, und ob seine Forderung mit der Klageforderung in rechtlichem Zusammenhang steht (wenn nicht, gelten §§ 145 III, 302), BGH NJW **66**, 1029. Der Kläger darf im Rahmen der §§ 282, 296, 525, 530 u 531 unbeschränkt aufrechnen, BGH RR **90**, 1470 mwN (dazu Deubner JuS **90**, 1007); dies gilt auch für die Vollstreckungsabwehrklage, § 767, RG HRR **34**, 914 (zur Gegenaufrechnung des Klägers Braun ZZP **89**, 93). Dazu, daß andererseits eine nicht zugelassene Aufrechnung auch nicht mit dieser Klage, bei welcher der Beklagte dann Kläger wäre, geltend gemacht werden darf, vgl § 767 Rn 53.

6 b) **Zulassung.** Die Aufrechnung des Beklagten im Berufungsrechtszug bedarf der Zulassung, wenn die Aufrechnung neu ist. Das ist der Fall bei ihrer erstmaligen Erklärung in der Berufungsinstanz, aber auch, wenn sie in einem zu anderen Punkten nachgelassenen Schriftsatz, § 283, enthalten ist, Kblz RR **93**, 1408, oder wenn sie in 1. Instanz erklärt, aber fallen gelassen, als unzulässig oder nach § 296 zurückgewiesen worden ist, BGH MDR **75**, 1008; sie ist dagegen nicht neu, wenn die Aufrechnung in 1. Instanz mangels Substantiierung unberücksichtigt geblieben ist, StJGr 518, ZöGu 18, Schneider MDR **90**, 1123, Düss RR **98**, 1288 mwN, aM BGH MDR **75**, 1008, Kblz RR **93**, 1408, Düss MDR **90**, 833 (offen gelassen BGH NJW

Abschnitt 1. Berufung §§ 533–536

83, 931). Nicht anwendbar ist § 533, wenn das Gericht des ersten Rechtszuges sich mit einer Hilfsaufrechnung nicht befaßt, sondern die Klage schon aus anderen Gründen abgewiesen hat, BGH NJW **83**, 931 mwN. Für den zu einer nicht neuen Aufrechnung vorgetragenen Tatsachenstoff gilt § 530, BGH aaO, Saarbr MDR **81**, 679, für das Vorbringen zu einer zugelassenen neuen Aufrechnung dagegen nicht, BGH RR **87**, 1196.

C. Widerklage. Für sie (aber nicht für die Zwischenfeststellungswiderklage iSv 256 II, BGH **53**, 92) gilt   7
das gleiche wie für die Klageänderung: sie bedarf der Zulassung durch das Berufungsgericht.

3) Zulassung   8
A. Allgemeines. Die erforderliche Zulassung ist an zwei **Voraussetzungen** geknüpft, die beide vorliegen müssen: Einwilligung des Gegners oder Sachdienlichkeit, Z 1, und Stützung auf bestimmte Tatsachen, Z 2.

a) Einwilligung des Gegners, Z 1. Hierzu bedarf es einer eindeutigen Erklärung, jedoch genügt die   9
rügelose Einlassung der anderen Partei, Schneider MDR **77**, 973. Die Einwilligung ist bedingungsfeindlich und unwiderruflich. Für sie besteht kein Anwaltszwang, vgl § 78 Rn 24.

b) Sachdienlichkeit. Hat der Gegner nicht eingewilligt, hat das Gericht die Möglichkeit, das Begehren   10
wegen Sachdienlichkeit zuzulassen. Dabei ist darauf abzustellen, ob durch die Zulassung ein weiterer Rechtsstreit vermieden wird, BGH NJW **85**, 1842 mwN, vgl § 264 Rn 24 ff. Die Sachdienlichkeit wird durch den Verlust einer Instanz nicht in Frage gestellt, vgl Mü FamRZ **84**, 492.

c) Gemeinsames. Auch wenn der Gegner einwilligt bzw das Gericht die Sachdienlichkeit bejaht, muß   11
für die Zulassung eine weitere Voraussetzung erfüllt sein, **Z 2**: die Prozeßhandlung muß auf Tatsachen gestützt werden können, die das Berufungsgericht seiner Verhandlung und Entscheidung über die Berufung ohnehin nach § 529 zugrunde zu legen hat. Das Gericht darf also nicht mit Tatsachenstoff konfrontiert werden können, der nach § 529 iVm § 531 ausgeschlossen ist, s die dortigen Erläuterungen. Diese Einschränkung führt dazu, daß die Zulassung praktisch nur dann erlaubt ist, wenn es sich um denselben Streitstoff handelt, BGH RR **05**, 437. Einschränkung der Z 2 gilt nicht im FFG-Verf, das sich sonst hins Aufrechnung nach § 533 richtet, KG MDR **05**, 1188.

B. Verfahren. Über die Zulassung wird im Endurteil entschieden. Die Zulassung ist unangreifbar, BGH   12
WM **85**, 14, JZ **73**, 607, die Nichtzulassung nur darauf nachprüfbar, ob die Rechtsbegriffe der Z 2 verkannt worden sind, BGH NJW **77**, 49 mwN. Die Nichtzulassung hindert die Geltendmachung der davon betroffenen Ansprüche nicht, BGH RR **87**, 1196 mwN.

3) VwGO: Entspr anzuwenden, § 173, und zwar hinsichtlich der Widerklage in Ergänzung von § 89 VwGO,   13
hinsichtlich der Aufrechnung auch dann, wenn der Anfechtungskläger die Aufrechnung erklärt, BVerwG ZBR 74, 158, vgl Pietzner VerwArch 74, 75; jedoch ist die Anwendung der Z 2 fraglich, weil §§ 128 u 128a VwGO einem so weitgehenden Ausschluß entgegenstehen dürften.

534 *Verlust des Rügerechts.* Die Verletzung einer das Verfahren des ersten Rechtszuges betreffenden Vorschrift kann in der Berufungsinstanz nicht mehr gerügt werden, wenn die Partei das Rügerecht bereits im ersten Rechtszuge nach der Vorschrift des § 295 verloren hat.

Vorbem. Im **Verfahren der Arbeitsgerichte** entsprechend anwendbar, § 64 VI ArbGG.

1) Erläuterung. Alle in 1. Instanz vor Schluß der letzten mündlichen Verhandlung eingetretenen Ausschließungen dauern in 2. Instanz fort. Dahin gehört der Rügeverlust aus § 295. Spätere Mängel, zB bei der Zustellung des Urteils, lassen sich noch rügen. In der 2. Instanz ist § 295 selbstständig anwendbar. Daher wird zB eine erneute unzulässige Zeugenvernehmung durch den Rügeverlust in 1. Instanz nicht gedeckt.

2) *VwGO: Entsprechend anzuwenden, § 173 VwGO, VGH Mü NVwZ-RR 91, 221, vgl § 295 Rn 63.*   2

535 *Gerichtliches Geständnis.* Das im ersten Rechtszuge abgelegte gerichtliche Geständnis behält seine Wirksamkeit auch für die Berufungsinstanz.

Vorbem. Im **Verfahren der Arbeitsgerichte** entsprechend anwendbar, § 64 VI ArbGG.

1) Erläuterung. Das gerichtliche Geständnis iSv §§ 288, 289 wirkt für die 2. Instanz fort, auch wenn es   1
mit einer entsprechenden (unwirksamen) Einschränkung nur für die erste erklärt ist, dazu Schneider MDR **91**, 298. Sein Widerruf ist nur entsprechend § 290 zulässig, Celle WM **85**, 1114. Dagegen ist die Rüge zulässig, die 1. Instanz habe irrig ein Geständnis angenommen; dabei kommt es nicht auf den Wortlaut an, sondern darauf, ob die Umstände auf ein Geständnis hindeuten, § 288 Rn 3 u 4. Ein außergerichtliches Geständnis, seine Verwertung und sein Widerruf sind frei zu würdigen. Für das Nichtbestreiten, § 138 III, gilt § 532 nicht, vgl BGH NJW **87**, 1948, ZöGu 1, aM ThP 1, Mü MDR **84**, 321; das Bestreiten im Berufungsrechtszug unterliegt den Beschränkungen des § 531, vgl Köln ZIP **85**, 437.

2) *VwGO: Unanwendbar, weil das gerichtliche Geständnis wegen § 86 I VwGO nicht die Wirkungen der*   2
§§ 288–290 hat.

536 *Parteivernehmung.* [1] Das Berufungsgericht darf die Vernehmung oder Beeidigung einer Partei, die im ersten Rechtszuge die Vernehmung abgelehnt oder die Aussage oder den Eid verweigert hatte, nur anordnen, wenn es der Überzeugung ist, dass die Partei zu der Ablehnung oder Weigerung genügende Gründe hatte und diese Gründe seitdem weggefallen sind.

§§ 536, 537

II War eine Partei im ersten Rechtszuge vernommen und auf ihre Aussage beeidigt, so darf das Berufungsgericht die eidliche Vernehmung des Gegners nur anordnen, wenn die Vernehmung oder Beeidigung im ersten Rechtszuge unzulässig war.

Vorbem. Im **Verfahren der Arbeitsgerichte** entsprechend anwendbar, § 64 VI ArbGG.

1   1) **Regelungszweck.** Die Partei hat sich auf den Antrag auf Parteivernehmung zu erklären, wenn es das Gericht verlangt, § 446. Sie kann ablehnen; dann ist damit der Beweisantritt erledigt und das Gericht zieht seine Schlüsse. Sie kann sich auch bereit erklären; dann ist geeignetenfalls ihre Vernehmung zu beschließen. Die Partei kann dann aber immer noch die Aussage verweigern. Sie kann auch, wo ihre Beeidigung beschlossen war, noch den Eid verweigern. Die Verweigerung der Aussage oder des Eids ist statthaft sowohl bei der vereinbarten Vernehmung, § 447, als auch bei der Amtsvernehmung, § 448. In allen diesen Fällen ist die Weigerung in der 1. Instanz nicht unbedingt endgültig.

2   2) **Nicht vernommene Partei, I.** In allen Punkten der Rn 1 kann die Partei die unterlassene Erklärung nachholen oder die Weigerung in Bereiterklärung verwandeln. Dann stellt sie das Gericht vor eine neue Entscheidung. Es hat nunmehr zu prüfen: **a)** ob die Vernehmung oder Beeidigung noch nötig ist; **b)** ob die Partei in 1. Instanz grundlos verweigert hat (dann ist die Vernehmung abzulehnen) oder ob sie damals einen genügenden Grund hatte, der jetzt fortgefallen ist. Das zweite muß die Partei glaubhaft machen. Nur wo das Gericht dies nach seiner freien Überzeugung bejaht, darf es die Vernehmung oder Beeidigung anordnen. Es kann auch genügen, wenn rein persönliche Gründe fortgefallen sind, wenn etwa die Partei aus begreiflichem Schamgefühl nicht aussagen wollte, die Hemmung aber jetzt überwindet. Hatte das untere Gericht aus der Säumigkeit der Partei gemäß § 454 ihre Weigerung gefolgert, so hat das Berufungsgericht erneut darüber zu befinden, ob dieser Schluß berechtigt war, StJGr 6.

3   3) **Beeidigte Partei, II**
    A. Grundsatz. Hat eine Partei in 1. Instanz ihre Aussage beeidet, so verbietet II grundsätzlich die eidliche, nicht die uneidliche, Vernehmung ihres Gegners. Dies gilt auch dann, wenn das Gericht 1. Instanz der eidlichen Aussage nicht geglaubt hat und wenn ihr auch das Berufungsgericht nicht glaubt, § 453. Das Gericht soll nun einmal nicht Eid gegen Eid stellen. Dasselbe gilt II auch dort, wo das Berufungsgericht selbst eidlich vernommen hat, RG **145**, 273. Nur, wo die Beeidigung unzulässig war, ist anders zu verfahren. Der unzulässige Eid, etwa der dem Beweisführer entgegen § 445 I und ohne Vorliegen der Voraussetzungen der §§ 447, 448 abgenommene, hat keine Beweiskraft.

4   **B. Verstoß.** Er macht den zweiten Eid bedeutungslos; denn es handelt sich um zwingendes Recht und das Gericht handelt außerhalb seiner Befugnisse.

5   4) **VwGO: I** ist unanwendbar, weil das Gericht nach § 86 I VwGO die Vernehmung eines Beteiligten stets vAw anordnen kann und ggf muß. **II** ist entsprechend anzuwenden, § 173 VwGO, da der Grundgedanke, oben Rn 3, auch für den VerwProzeß zutrifft; ein solcher Fall wird aber kaum jemals praktisch werden.

537 Vorläufige Vollstreckbarkeit.
¹ ¹ Ein nicht oder nicht unbedingt für vorläufig vollstreckbar erklärtes Urteil des ersten Rechtszuges ist, soweit es durch die Berufungsanträge nicht angefochten wird, auf Antrag von dem Berufungsgericht durch Beschluss für vorläufig vollstreckbar zu erklären. ² Die Entscheidung ist erst nach Ablauf der Berufungsbegründungsfrist zulässig.

II Eine Anfechtung der Entscheidung findet nicht statt.

Vorbem. Im **Verfahren der Arbeitsgerichte** gilt § 62 I ArbGG.

Schrifttum: *Groeger* NJW **94**, 431; *Waltermann* NJW **92**, 159; *E. Schneider* DRiZ **79**, 44.

1   1) **Regelungszweck.** § 534 bezweckt den Schutz des aus einem Urteil Berechtigten vor den Nachteilen der Hemmungswirkung, Grdz § 511 Rn 2, indem er ihm ermöglicht, alsbald aus einem Urteil ohne Sicherheitsleistung zu vollstrecken, soweit es durch die Berufungsanträge nicht angefochten wird (Berufungsanträge sind insofern auch Anschließungsanträge, hM, Hamm MDR **95**, 311 mwN). Das gilt auch für den Berufungskläger hinsichtlich einer nicht angefochtenen, ihm günstigen Teilentscheidung, MüKoRi 9, StJGr 4, ZöGu 2, Waltermann NJW **92**, 159 mwN, Hamm RR **90**, 1470 u KG MDR **88**, 240 mwN, aM Hamm RR **87**, 832. Auf die Kostenentscheidung eines teilweise angefochtenen Urteils ist § 537 nicht (auch nicht entspr) anwendbar, Schlesw MDR **85**, 679 u SchlHA **83**, 168, str, aM StJGr 2, Wiecz III b, ZöGu 6 (diff). Unanwendbar ist die Bestimmung in EheS, § 704 II, einschließlich der FolgeS, § 623, sowie auf Urteile, die ohne dahingehenden Ausspruch vorläufig vollstreckbar sind, vgl § 922 Rn 7.

2   2) **Vollstreckbarbeschluß, I**
    A. Voraussetzungen. § 537 setzt voraus: **a)** daß das Urteil 1. Instanz gar nicht oder nur bedingt, dh gegen Sicherheit, § 709, für vorläufig vollstreckbar erklärt ist oder dem Schuldner die Abwendung der Zwangsvollstreckung erlaubt (nicht hierher gehört ein Urteil, das ohne Vollstreckungserklärung vollstreckbar ist); **b)** daß das Urteil nur zu einem quantitativ abgrenzbaren Teil angegriffen ist, Schlesw SchlHA **88**, 158; **c)** den Antrag einer Partei, das Urteil hinsichtlich des nicht angefochtenen Teiles vorweg für vorläufig vollstreckbar zu erklären. Er kann vor der mündlichen Verhandlung gestellt werden, und zwar im Anwaltszwang, also stets durch den zweitinstanzlichen RA, aM Ffm FamRZ **79**, 538; die Prozeßkostenhilfe für die Berufungsinstanz umfaßt auch dieses Nebenverfahren.

3   **B. Entscheidung.** Sie ergeht stets durch Beschluß und immer erst nach Ablauf der Begründungsfrist und ohne sachliche Nachprüfung. Der Beschluß muß unbedingt sein und darf keine Abwendung der Zwangsvollstreckung gestatten; eine etwaige Beschränkung der Vollstreckbarkeit durch das angefochtene Urteil wird dadurch hinfällig, ZöGu 3. Der Einzelrichter ist zuständig. Der Erfüllungseinwand ist nur beachtlich, wenn

Abschnitt 1. Berufung   §§ 537, 538

die Erfüllung feststeht, Schlesw SchlHA **87**, 172. Ein Antrag des Klägers erledigt sich, wenn der Beklagte Anschlußberufung einlegt, Hamm MDR **95**, 311, StJGr 3.

Der Beschluß macht den nicht angefochtenen Teil des Urteils nicht rechtskräftig, erhält vielmehr die **4** Hemmungswirkung, Grdz § 511 Rn 2; eine Feststellung durch Teilurteil, daß ein Urteil nicht angefochten ist, ist unzulässig, Mü NJW **66**, 1082. Wenn die Berufungsanträge nachträglich erweitert werden, wird dadurch der Beschluß nicht berührt, aM wohl ZöGu 15. Über die Kosten des Verfahrens ist im Beschluß nach §§ 91 ff zu entscheiden, Hamm NJW **72**, 2314, notfalls im Ergänzungswege nach § 321; bei Ablehnung einer Kostenentscheidung ist sie in der Endentscheidung ggf unter Anwendung der §§ 92 u 97 nachzuholen, vgl Bierbach Rpfleger **55**, 166 (zu Düss Rpfleger **55**, 165).

C. Anfechtung, II. Der stattgebende und der zurückweisende Beschluß sind jeder Anfechtung entzogen. **5** Den zurückweisenden darf das Gericht auf neuen Antrag jederzeit ändern. Eine Änderung des stattgebenden ist wegen der Folgen für die Zwangsvollstreckung unzulässig, es sei denn, der Beschluß verletzte Art 103 GG, Köln RR **95**, 894.

3) *VwGO:* Entsprechend anzuwenden, § 173 *VwGO,* auf Leistungsurteile. *Bei Anfechtungs- und Verpflichtungs-* **6** *klagen kommt § 537 nicht in Betracht, da in diesen Fällen nach § 167 II VwGO nur der Kostenausspruch vorläufig vollstreckbar sein kann, oben Rn 2, vgl OVG Lüneb MDR **75**, 174.*

538 Zurückverweisung.
¹ Das Berufungsgericht hat die notwendigen Beweise zu erheben und in der Sache selbst zu entscheiden.

II ¹ Das Berufungsgericht darf die Sache, soweit ihre weitere Verhandlung erforderlich ist, unter Aufhebung des Urteils und des Verfahrens an das Gericht des ersten Rechtszuges nur zurückverweisen,
1. soweit das Verfahren im ersten Rechtszuge an einem wesentlichen Mangel leidet und auf Grund dieses Mangels eine umfangreiche oder aufwändige Beweisaufnahme notwendig ist,
2. wenn durch das angefochtene Urteil ein Einspruch als unzulässig verworfen ist,
3. wenn durch das angefochtene Urteil nur über die Zulässigkeit der Klage entschieden ist,
4. wenn im Falle eines nach Grund und Betrag streitigen Anspruchs durch das angefochtene Urteil über den Grund des Anspruchs vorab entschieden oder die Klage abgewiesen ist, es sei denn, dass der Streit über den Betrag des Anspruchs zur Entscheidung reif ist,
5. wenn das angefochtene Urteil im Urkunden- oder Wechselprozess unter Vorbehalt der Rechte erlassen ist,
6. wenn das angefochtene Urteil ein Versäumnisurteil ist oder
7. wenn das angefochtene Urteil ein entgegen den Voraussetzungen des § 301 erlassenes Teilurteil ist

und eine Partei die Zurückverweisung beantragt. ² Im Fall der Nummer 3 hat das Berufungsgericht sämtliche Rügen zu erledigen. ³ Im Fall der Nummer 7 bedarf es eines Antrags nicht.

Vorbem. Im **Verfahren der Arbeitsgerichte** ist II 1 Z 1, unanwendbar: § 68 ArbGG, dazu BAG NJW **96**, 3430; jedoch muß auch dort zurückverwiesen werden, wenn ein VerfMangel in der Berufungsinstanz nicht korrigiert werden kann, allgM, GMP § 68 Rn 5 mwN. Unanwendbar ist ferner II 1 Z 5, weil der Fall nicht vorkommen kann. Iü ist § 538 entspr anzuwenden, allgM, § 64 VI ArbGG.

Gliederung

1) Regelungszweck	1	F. II 1 Z 6		19
2) Grundsatz, I	2	G. II 1 Z 7		20
3) Ausnahmen, II	3–21	H. § 629		21
A. II 1 Z 1	4–9	4) Entscheidung		22–25
B. II 1 Z 2	10	A. Allgemeines		22
C. II 1 Z 3	11–12	B. Verfahren		23–25
D. II 1 Z 4	13–17	5) *VwGO*		26
E. II 1 Z 5	18			

1) Regelungszweck. § 538 regelt die Zurückverweisung abweichend von den bisherigen §§ 538–540 **1** neu, indem es sie einschränkt und idR von einem Antrag der Parteien abhängig macht. Eine notwendige Zurückverweisung gibt es nicht mehr.

2) Grundsatz, I. Wie bisher hat das Berufungsgericht die notwendigen Beweise zu erheben, soweit die **2** Beweiserhebung nach §§ 528 bis 531 zulässig ist. Soweit die Berufung zulässig ist, hat es in der Sache selbst zu entscheiden.

3) Ausnahmen, II. Soweit eine weitere Verhandlung erforderlich ist, darf das Gericht die Sache unter **3** Aufhebung des Urteils und des Verfahrens an die erste Instanz **zurückverweisen, wenn eine Partei dies beantragt** (im Fall der Z 7 auch ohne Antrag) **und wenn eine der folgenden Voraussetzungen** vorliegt:

A. soweit das **Verfahren im ersten Rechtszug an einem wesentlichen Mangel leidet und aufgrund 4 dieses Mangels eine umfangreiche oder aufwändige Beweisaufnahme notwendig ist,** II 1 Z 1.

a) Voraussetzung der Zurückverweisung. Nach Z 1 ist sie nur zulässig, wenn der erste Rechtszug an einem wesentlichen Mangel im Verfahren leidet, nicht in der Rechtsfindung (in procedendo, nicht in iudicando). Die Grenzen sind nicht selten fließend, etwa bei Beweislast und Beweiswürdigung, vgl Schneider MDR **89**, 138 mwN. An die Voraussetzungen ist ein strenger Maßstab anzulegen, BGH in stRspr, NJW **00**, 2099 u RR **95**, 124 mwN. Eine Zurückverweisung ist nur wegen eines „**wesentlichen Verfahrensman-**

§ 538

gels" zulässig. Wesentlich ist der Mangel, wenn er seiner Natur nach so erheblich ist, daß das erstinstanzliche Verfahren keine ordnungsmäßige Grundlage für die Entscheidung abgibt, BGH MDR **03**, 108, stRspr. Deshalb kommt es nicht auf die Größe oder Schwere des Mangels an, sondern auf seine Bedeutung für die Richtigkeit der Entscheidung, Bettermann DVBl **61**, 67: es muß auf den Verfahrensfehler für das Ergebnis rechtlich ankommen, BGH DtZ **97**, 290, NJW **93**, 539 mwN, Köln FamRZ **98**, 696, wobei genügt, daß der Fehler für die Entscheidung ursächlich gewesen sein kann oder sie auch nur beeinflußt haben kann. Maßgeblich für die Beurteilung der Frage, ob ein wesentlicher Verfahrensfehler vorliegt, ist der materiellrechtliche Standpunkt des ersten Richters ohne Rücksicht darauf, ob er zutrifft oder nicht, BGH NJW **00**, 143 u **97**, 1447, RR **99**, 1289, RR **95**, 124 mwN, NJW **94**, 587, stRspr, Düss RR **96**, 1021 mwN, krit Rimmelspacher MüKo 6 u ZZP **106**, 251; deshalb ist eine Zurückverweisung nicht zulässig, wenn das Berufungsgericht Parteivorbringen materiellrechtlich anders beurteilt, BGH NJW **01**, 1501 u **00**, 2100 mwN, oder auf andere Weise eine materiellrechtliche Frage falsch beurteilt, Schneider MDR **98**, 679 (zu Köln MDR **98**, 678). Eine Zurückverweisung kann auch nicht darauf gestützt werden, daß das Gericht eine verfahrensrechtliche Entscheidung getroffen hat, die sich noch in den ihm eingeräumten Ermessensgründen hält, BGH MDR **01**, 469.

5 **Beispiele für wesentliche Verfahrensmängel:** Hierhin gehören alle **Verstöße iSv § 547**, zB gegen die Vorschriften über den gesetzlichen Richter, Ffm MDR **03**, 1375 mwN, über die Öffentlichkeit, § 170 GVG, oder über die Beratung, § 193 GVG, VGH Kassel AS **30**, 163, ebenso wie mangelnde Vertretung der Partei, BGH NJW **92**, 2100, ferner (auch nur teilweise) fehlende Entscheidungsgründe, BGH VersR **88**, 943, Hamm NJW **79**, 434, sowie alle sonstigen **vAw zu beachtenden Revisionsgründe**. „Wesentlich" iSv § 538 sind weiter **Verstöße gegen die Grundprinzipien des Zivilverfahrens**, zB gegen das Recht auf rechtliches Gehör, BVerfG NJW **91**, 2824, BGH NJW **93**, 538, Jena OLG-NL **98**, 88, Düss RR **96**, 1021 mwN, Ffm RR **92**, 62, oder durch Verletzung des Rechts auf Parteiöffentlichkeit, ebenso Verstöße gegen den Beibringungsgrundsatz, etwa Stattgabe aus einem nicht geltendgemachten Anfechtungsgrund, Saarbr OLGZ **84**, 79, ferner Verkennen des Kernes eines Vorbringens, BGH NJW **93**, 538 mwN, oder Übergehen eines wesentlichen Teils des Streitstoffs, BGH NJW **93**, 539 mwN, zB eines von mehreren Ansprüchen, Köln MDR **84**, 151, eines unstreitigen erheblichen Vorbringens, Köln ZIP **83**, 869, oder eines unter Beweis gestellten schlüssigen Einwands, Köln JMBlNRW **75**, 113, oder des Inhalts des Vertrages, aus dem der Kläger Rechte herleitet, Oldb MDR **87**, 413. Hierhin gehört auch die (nicht behebbare) Unklarheit, über welche Ansprüche entschieden worden ist, Hamm RR **92**, 1279.

6 **Weitere Beispiele:** Entscheidung durch ein funktionell unzuständiges Gericht, Hamm OLGZ **89**, 338; Übersehen der (heilbaren) fehlenden Prozeßfähigkeit, § 51, BGH RR **86**, 158; Verstoß gegen § 128, Bbg FamRZ **96**, 496; Verletzung der Verfahrensvorschriften für Ablehnung eines Richters, §§ 46 ff, Ffm **76**, 1545; Verstoß gegen § 136, Bbg FamRZ **94**, 1045; grobe Verstöße gegen § 139 (etwa durch eine Überraschungsentscheidung entgegen § 278 III aF), allgM, Neuhaus MDR **02**, 438 mwN, BGH RR **91**, 256 u **88**, 477, Kblz RR **91**, 1471, Ffm NJW **89**, 722 mwN, Schlesw NJW **86**, 3146 (dazu K. Schmidt JuS **87**, 498), Hamm AnwBl **84**, 93; unterlassene Anhörung einer Partei, § 141, Zweibr NJW **98**, 167; Verletzung der Pflicht zur Wiedereröffnung der mündlichen Verhandlung, § 156, BGH NJW **00**, 143; Verstoß gegen § 227, Hamm RR **92**, 121; Berichtigung des Rubrums, die in Wahrheit ein unzulässiger Parteiwechsel § 263, ist, Ffm RR **90**, 1471; Unterlassen einer notwendigen Beweiserhebung, § 284, aus irrigen Erwägungen, BGH NJW **95**, 3125, Hamm RR **95**, 518, Kblz VRS **85**, 27, Düss FamRZ **83**, 394 (nicht aber Verkennung der Beweislastregeln, BGH MDR **88**, 648, dazu Schneider MDR **89**, 138, Ffm RR **96**, 575); falsche Beweiswürdigung, § 286, BGH RR **87**, 1018; Verkennung der Beweiserleichterung nach § 287, Zweibr MDR **89**, 268; Verletzung der Ermittlungspflicht nach § 293, BGH NJW **92**, 2026; fehlerhafte Anwendung von § 296, BGH NJW **83**, 832, Bra RR **98**, 498, Celle RR **95**, 1407, Hamm RR **95**, 1152 mwN, Düss RR **92**, 959, Stgt RR **86**, 1062, Hermisson NJW **82**, 2234; nach § 301 unzulässiges Teilurteil, BGH NJW **01**, 79 mwN, **99**, 1036, Kbz RR **94**, 381 u NJW **92**, 1770, Düss RR **97**, 659; unzulässiges Vorbehaltsurteil nach § 302, BGH NJW **58**, 20, BAG NZA **94**, 133, Karlsr RR **87**, 254; Vorabentscheidung nach § 304 ohne deren Voraussetzungen, BGH in stRspr, NJW **96**, 850 mwN, aM MüKoRi 24; Verstoß gegen § 309, Bra OLG-NL **97**, 53; gesetzwidrige Verkündung, § 310, BGH (GrZS) **14**, 39, Schlesw SchlHA **79**, 21; Tatbestand und Entscheidungsgründe fehlen ganz, Schlesw SchlHG **96**, 104, oder eines von **7** beiden genügt nicht den Mindestanforderungen, § 313 Rn 15 u 50, Naumb NJ **97**, 91, Düss NVwZ-RR **94**, 7; Behandlung der Klage nach § 323 nach den Grundsätzen der Erstklage, Zweibr FamRZ **81**, 415; Verstoß gegen § 333, Bbg FamRZ **96**, 496; Entscheidung durch den Einzelrichter, § 348; nach fehlerhafter Bestellung, Seidel ZZP **99**, 88, Nürnb RR **93**, 574 mwN, Schlesw NJW **88**, 69 u SchlHA **82**, 198 (zurückzuverweisen ist an die Kammer), oder nach Verhandlung im Haupttermin, wobei aber idR nach § 540 zu verfahren ist, BGH RR **91**, 473 (keine Zurückverweisung auch bei Entscheidung durch die Kammer ohne Zurückübertragung, Ffm NJW **77**, 813), enger Hamm MDR **89**, 1235 (Zurückverweisung nur bei willkürlichem und offensichtlich fehlerhaftem Verfahren); Verstoß gegen den Grundsatz der Unmittelbarkeit der Beweisaufnahme, §§ 355 u 398, Düss NJW **92**, 187; Unterlassen der gebotenen Wiederholung einer Zeugenvernehmung, Köln VersR **93**, 1366; Nichtanwendung von § 356, Brschw RR **92**, 124; Verstoß gegen § 375 I a, Köln RR **88**, 1143, oder Hamm FamRZ **99**, 453; fehlerhafte Entscheidung über die Ablehnung eines Sachverständigen, § 406, im Urteil, Schlesw SchlHA **82**, 30, Düss JZ **77**, 565, wenn das Gesuch zulässig war, Karlsr BB **77**, 1424; fehlerhafte Ermessensausübung iRv § 411 III, Zweibr RR **99**, 1156; unterlassene Parteivernehmung, § 448, Kblz MDR **98**, 712; verspätete Urteilsabsetzung, § 547, Ffm MDR **95**, 311 (idR wird aber nicht zurückzuverweisen sein); unterlassene Anhörung in FamS, § 621 a, u nach § 50 b FGG, Zweibr MDR **98**, 721; Verstoß gegen § 623, Schlesw FamRZ **88**, 1301, Hamm NJW **89**, 2204, bzw § 628, dort Rn 10, Kblz RR **91**, 5.

8 **Grenzfälle:** Ob in der Überschreitung der Grenzen der Parteianträge, § 308, ein wesentlicher Verfahrensmangel liegt, ist Frage des Falles, Köln RR **96**, 581, Zweibr FamRZ **92**, 973; es kann sich auch um einen Irrtum in der Urteilsfindung handeln, str, vgl BSG NJW **73**, 2079: denkbar ist auch, daß ein Beweislastfehler, der nach hM zur sachlichrechtlichen Beurteilung zählt, s o, in einen Verfahrensfehler umschlagen kann,

Abschnitt 1. Berufung § 538

Schneider MDR **89**, 138. Ungenügend ist die bloße Nichtvernehmung eines einzelnen Zeugen, BGH **31**, 362; wohl aber genügt das Übergehen der zulässigerweise angebotenen und erheblichen Beweise, BGH NJW **51**, 481, KG MDR **05**, 1071, Hamm RR **95**, 518, Düss MDR **82**, 502, Mü NJW **72**, 2049. Kein Verfahrensmangel liegt vor, wenn die 1. Instanz unzutreffend wegen fehlender Prozeßvoraussetzungen abgewiesen hat (dann § 538 Z 3). Die Auslegung vertraglicher Vereinbarungen ist idR Anwendung des sachlichen Rechts, BGH RR **95**, 125 mwN, dazu Rimmelspacher ZZP **106**, 246, so daß auch das Übersehen der gebotenen ergänzenden Auslegung kein Verfahrensmangel ist, aM Oldenb RR **94**, 843. Die unrichtige Beurteilung tatsächlicher Umstände gehört idR ebenfalls zum materiellen Recht, zB bei der Ermittlung der Verjährung, aM Kblz MDR **94**, 99. Auch eine rechtlich falsche Beurteilung verfahrensrechtlicher Vorgänge kann einen inhaltlichen Mangel (in iudicando) begründen. Maßgebend für die Beurteilung ist immer die materielle Rechtsanschauung des ersten Richters, BGH RR **95**, 124 mwN, NJW **93**, 539 (Anm Rimmelspacher ZZP **106**, 246), so daß eine Zurückverweisung nicht in Betracht kommt, wenn die Vorinstanz von ihrem Standpunkt folgerichtig über einen Streitpunkt nicht entschieden hat, BGH MDR **91**, 1047 (betr hilfsweise erhobene Widerklage).

b) Weitere Voraussetzung. Aufgrund des wesentlichen Mangels muß eine **umfangreiche oder auf-** 9
wändige Beweisaufnahme notwendig sein. Diese Voraussetzung ist nur erfüllt, wenn über das gewöhnliche Maß hinausgehende Beweise erhoben werden müssen, zB eine Vielzahl von Zeugen zu vernehmen sind oder zeitraubende Gutachten einzuholen sind oder die ganze Beweisaufnahme im Ausland stattfinden muß, BGH MDR **05**, 645. Die pauschale Erwägung, es sei nicht Aufgabe des BerGer, erstinstanzlich nicht geschaffene Entscheidungsgrundlagen zu erarbeiten, reicht nicht aus, BGH RR **05**, 1037.

B. eine Zurückverweisung ist auch zulässig, wenn durch das angefochtene Urteil ein **Einspruch als** 10
unzulässig verworfen worden ist, II 1 Z 2. In diesem Fall, § 341, ist nur die Entscheidung über die Zulässigkeit des Einspruchs dem Berufungsgericht angefallen. Die Zurückverweisung kommt nur in Betracht, wenn die Berufung Erfolg hat. Sinngemäß ist II 1 Z 2 anwendbar, wenn das Berufungsgericht einen verworfenen WiedEinsGrund gegen die Versäumung der Einspruchsfrist durchgreifen läßt.

C. Weiter kommt eine Zurückverweisung in Betracht, wenn durch das angefochtene Urteil **nur über die** 11
Zulässigkeit der Klage entschieden worden ist, II 1 Z 3 u II 2, gleichviel, ob abgesondert verhandelt ist, § 280, ob der Mangel durch Rüge geltend gemacht war, § 282 III, oder wegen mangelnder Vertretung abgewiesen war, Nürnb OLGZ **67**, 426. Über die Bedeutung hilfsweiser sachlicher Erörterungen s Üb § 300 Rn 5, dazu E. Schneider MDR **83**, 105 gg KG OLGZ **71**, 176. Ist die Rüge als unbegründet verworfen, so muß das Berufungsgericht über sämtliche anderen Rügen, die die Zulässigkeit der Klage betreffen, entscheiden, II 2, und je nachdem abweisen oder auf die Berufung zurückverweisen. Aus dem Grund der Vorschrift, dem unvollständigen Anfall, und den §§ 280, 282 III folgt, daß Z 2 sich auf alle Prozeßhindernisse und sämtliche Prozeßvoraussetzungen bezieht, auch auf solche, die vAw zu beachten sind, Zweibr NJW **77**, 1928.

Über den Wortlaut hinaus greift Z 3 immer dann ein, wenn über einen sachlichen Anspruch zu Unrecht aus prozessualen Gründen nicht entschieden worden ist, BGH NJW **84**, 128, Düss RR **90**, 1040. Deshalb darf zurückverwiesen werden, wenn eine Klage zu Unrecht wegen der entgegenstehenden Rechtskraft des in einem Vorprozeß ergangenen Urteils abgewiesen wird, BGH **35**, 341, NJW **84**, 128. Das gleiche gilt, wenn nach Klagabweisung wegen Prozeßunfähigkeit der gesetzliche Vertreter die Prozeßführung genehmigt, Nürnb OLGZ **67**, 426, oder wenn ein Anerkenntnisurteil ohne wirksames Anerkenntnis ergangen ist, LG Fürth NJW **76**, 633. Z 2 ist auch dann anwendbar, wenn das Berufungsgericht im Gegensatz zur 1. Instanz einen Nichtigkeitsgrund, § 579, bejaht, KG FamRZ **89**, 647. Ebenso ist Zurückverweisung möglich, wenn der für begründet gehaltene Einwand der Entscheidung durch Schiedsgutachter, Grdz § 1025 Rn 17, in der Berufungsinstanz wegfällt, Walchshöfer F Schwab (1990) S 530, Ffm MDR **85**, 150, weil die Sache dem Berufungsgericht nur in diesem Umfang angefallen ist, BGH MDR **86**, 130.

Dagegen ist Z 3 unanwendbar bei einer Abweisung aus Gründen des materiellen Rechts. Daher darf 12
nicht zurückverwiesen werden, wenn das Berufungsgericht die Nichteinhaltung einer Ausschlußfrist (zB nach § 651 g BGB) bejaht, aM LG Ffm NJW **87**, 784 u **88**, 78 (zustm Schneider MDR **88**, 109), oder den Eintritt der Verjährung verneint, BGH in stRspr, NJW **99**, 3125 mwN u NJW **89**, 3149 mwN, Prütting DRiZ **77**, 78, RoSgo § 140 IV 1, StJGr 10, ThP 10, aM ZöGu 14, Hamm MDR **77**, 585 mwN, Brschw MDR **75**, 671 m Anm Schneider MDR **76**, 52, offen Kblz OLGZ **94**, 223 mwN, und ebensowenig bei Verneinung der Sachbefugnis durch die 1. Instanz, BGH NJW **75**, 1785 (eingehend), NJW **78**, 1430.

D. Weiter ist die Zurückweisung zulässig, wenn im Falle eines **nach Grund und Betrag streitigen** 13
Anspruchs durch das angefochtene Urteil **über den Grund des Anspruchs vorab entschieden oder die Klage abgewiesen ist,** es sei denn, daß der Streit über den Betrag des Anspruchs zur Entscheidung reif ist, II 1 Z 4 (zur Ermessensausübung BGH RR **05**, 928).

a) Voraussetzung ist, daß das Erstgericht bei einem nach Grund und Höhe streitigen Anspruch die Höhe 14
ungeprüft gelassen hat, BGH NJW **98**, 614 mwN. Zurückverweisung auch zulässig, wenn der Kläger im Berufungsverfahren von der Feststellungsklage zur Leistungsklage übergeht, Ffm **88**, 1536 mwN (str, aM ua StJV 19), oder wenn das Erstgericht die Klage mangels Bestehens eines Anspruchs abgewiesen hat, das Berufungsgericht aber den Zahlungsanspruch dem Grunde nach bejaht, BGH aaO, Düss MDR **85**, 61, ZöGu 20, str. Bei Abweisung im 1. Urteil bleibt gleich, ob die 1. Instanz das Verfahren auf den Grund beschränkt hatte, ferner ob der Betrag erst in 2. Instanz beziffert ist. Voraussetzung ist immer, daß die 1. Instanz den Grund verneint hat. Darunter fällt nicht die Abweisung wegen fehlenden Schadens (aM StJ V 2). Die Aufrechnung gehört, soweit sie die Klagforderung ausräumt, zum Grund; deshalb muß die Berufungsinstanz sie erledigen. Ist die Widerklage auf einen Mehrbetrag des Eingeklagten abgewiesen, so ist über den Betrag erkannt und nicht zurückzuverweisen. Stellt aber die 2. Instanz bei Abweisung wegen Aufrechnung einen Mehrbetrag der Gegenforderung fest, so ist bei Widerklage zurückzuverweisen. Stehen Klage und Widerklage in unlöslichem Zusammenhang, so ist auch wegen der Widerklage zurückzuver-

§ 538

weisen, wo an sich nur die Klage betroffen wäre, Düss RR **93**, 976. War in 1. Instanz nur der Betrag streitig und ist in 2. Instanz auch der Grund bestritten, so muß das Berufungsgericht selbst entscheiden; war in 1. Instanz der Grund bestritten, jedoch der Betrag unstreitig, so gilt das unten zu Rn 17 Gesagte.

15 **Weitere Voraussetzung der Zurückverweisung** ist, daß das Berufungsgericht den Grund voll erledigt hat, also über jeden, erforderlichenfalls auch den hilfsweise geltend gemachten Grund, entschieden ist (auch wenn der Grund erst in der Berufungsinstanz geltend gemacht worden ist) und außerdem über die gegen den Grund gerichteten Einreden. Der 1. Instanz darf nur die Entscheidung über den Betrag bleiben. Deshalb hat das Berufungsgericht den Streit über den Mitverursachungsanteil selbst zu erledigen, BGH MDR **97**, 774. Findet das Berufungsgericht die Klage unbegründet, so hat es abzuweisen; hält es entgegen der 1. Instanz die Klage dem Grunde nach für gerechtfertigt, so genügt nicht Aufhebung und Zurückverweisung, vielmehr hat das Berufungsgericht den Grund selbst zu erledigen und ein Grundurteil zu erlassen, wenn es wegen des Betrages nach Z 4 zurückverweist, BGH NJW **78**, 1430 mwN. Hatte die 1. Instanz vorabentschieden, so bedarf es nicht unbedingt des Ausspruchs der Zurückverweisung; er ist aber immer zu empfehlen, damit keine Zweifel entstehen. Hat die 1. Instanz wegen fehlender Prozeßvoraussetzungen abgewiesen, so ist nach Z 4 zu verfahren. Bei Verbindung eines Zahlungs- mit einer Feststellungsklage kann die Zurückverweisung nicht auf die Feststellungsklage erstreckt werden, BGH NJW **02**, 302 mwN (zu Köln RR **00**, 1264).

16 **Entsprechend anzuwenden** ist Z 4 auf die Stufenklage, § 254 Rn 20, StJGr 20, GMP § 68 Rn 18. Demgemäß ist eine Aufhebung und Zurückverweisung zulässig, wenn die 1. Instanz die Klage insgesamt abgewiesen hat und das Berufungsgericht zur Auskunft oder Rechnungslegung verurteilt, BGH NJW **91**, 1893, RR **87**, 1030, Saarbr RR **00**, 229, Zweibr FamRZ **99**, 1140, auch wenn der Kläger trotz uneingeschränkt eingelegter Berufung nur den Antrag auf Auskunft gestellt hat, BGH NJW **85**, 862 mwN (doch kommt nach Erledigungserklärung der Auskunftsstufe eine Zurückverweisung nur in Betracht, wenn das OLG über den Grund des Zahlungsanspruchs vorab selbst entschieden, BGH NJW **91**, 1898 mwN). Das gleiche gilt für den Fall des zweitinstanzlichen Übergangs zur Stufenklage nach Verurteilung zur Rechnungslegung, BGH NJW **79**, 925 mwN, und bei zweitinstanzlicher Stellung eines Hilfsantrages auf Zahlung, Hamm OLGZ **88**, 468. Ebenso ist die Anwendung der Z 4 geboten, wenn durch Teilurteil zu Unrecht ein Teil der Ansprüche abgewiesen worden ist und die erforderliche Sachaufklärung für alle Ansprüche identisch ist, Ffm VersR **86**, 1195. Einer Zurückverweisung wegen der Zahlungsklage bedarf es nicht, wenn sie (teilweise) noch in der Vorinstanz anhängig ist, BGH NJW **95**, 2230.

17 **b) Ist der Streit über den Betrag spruchreif, so entscheidet das Berufungsgericht über ihn ohne Zurückverweisung,** sie ist auch anwendbar, wo die 1. Instanz den Grund voll bejaht hat und Anschließung fehlt, Ffm MDR **86**, 945. Spruchreif ist die Entscheidung über den Betrag, wo kein weiteres Verfahren mehr nötig ist; es darf also auch keine Beweisaufnahme außer durch Urkundenbeweis erforderlich sein. Ist nur ein Teil spruchreif, so ergeht ein Teilurteil und ist nur wegen des Rests zurückzuverweisen.

18 **E.** Zurückverweisung ist auch zulässig, wenn das angefochtene Urteil **im Urkunden- oder Wechselprozeß unter Vorbehalt der Rechte** erlassen ist, II 1 Z 5. Eine Zurückverweisung ist dort nur bei Bestätigung möglich, da aber wieder bedeutungslos, weil nun das Vorverfahren angefallen ist, das Nachverfahren somit nur in der 1. Instanz stattfinden kann. Erläßt das Berufungsgericht erstmals das Vorbehaltsurteil, hat es entspr Z 5 an die 1. Instanz zurückzuverweisen (das gilt ggf auch für das Revisionsgericht), BGH RR **88**, 63 mwN (krit Schneider JR **88**, 466), str, vgl § 600 Rn 3. Nicht zurückzuverweisen ist, wenn erst in der Berufungsinstanz vom Urkundenprozeß Abstand genommen wird, E. Schneider MDR **74**, 628, aM Kblz NJW **56**, 427. Dagegen ist entsprechend Z 5 zurückzuverweisen, wenn die Klage im Urkunden- oder Wechselprozeß abgewiesen ist und das Berufungsgericht ein Vorbehaltsurteil erläßt, Mü MDR **00**, 903 mwN, ZöGu 26, str. Z 5 gilt auch für den Vorbehalt der Aufrechnung, § 302, durch das Berufungsgericht, Düss MDR **73**, 856, Bettermann ZZP **88**, 396.

19 **F.** Zulässig ist die Zurückverweisung, wenn das angefochtene Urteil **ein Versäumnisurteil ist,** II 1 Z 6. Über die Zulässigkeit der Berufung in diesem Fall s § 514. Auf ein unechtes Versäumnisurteil, Üb § 330 Rn 13 ff, ist Z 6 nicht anwendbar; bei ihm muß das Berufungsgericht den Rechtsstreit voll erledigen. Dagegen ist Z 6 entspr anzuwenden bei einem Anerkenntnisurteil ohne Anerkenntnis, Mü MDR **91**, 795.

20 **G.** Ferner ist die Zurückverweisung möglich, wenn das angefochtene Urteil ein **entgegen den Voraussetzungen des § 301 erlassenes Teilurteil ist,** II 1 Z 7; eines Antrages bedarf es in diesem Fall nicht, II 3. Es handelt sich um einen Unterfall der Z 1, vgl BGH NJW **01**, 79 mwN, der zur Beschleunigung des Verfahrens abweichend geregelt ist, BT-Drs 14/4722 S 103.

21 **H.** Sonderregelung für den Fall der **Aufhebung eines den Scheidungsantrag ablehnenden Urteils, § 629 b:** hier ist die Zurückverweisung zwingend vorgeschrieben, wenn über die FolgeS zu entscheiden ist.

22 **4) Entscheidung**

A. Allgemeines. Die Zurückverweisung setzt den **Antrag einer Partei** voraus (Ausnahme, II 3, im Fall eines unzulässigen Teilurteils, II 1 Z 7). Über die Zurückverweisung entscheidet das Gericht in allen Fällen nach **pflichtgemäßem Ermessen.** Der Rahmen für dessen Ausübung wird dadurch bestimmt, daß die Zurückverweisung eine Ausnahme von dem in I wiedergegebenen Grundsatz bedeutet, also unter strengen Anforderungen steht, und daß jede Zurückverweisung eine Verzögerung und Verteuerung des Verfahrens mit sich bringt. Sie darf auch in den Fällen des I Z 2–7 nur in schwerwiegenden und dazu geeigneten Fällen ausgesprochen werden, namentlich dann, wenn das Berufungsgericht eine zeitraubende Sachaufklärung auf sich nehmen müßte, obwohl es nach der ZPO-Reform vornehmlich Kontrollfunktionen wahrzunehmen hat.

23 **B. Verfahren.** Die Entscheidung über die Zurückverweisung ergeht vAw im Endurteil, das den Prozeß für die Instanz erledigt. Eine Zurückverweisung an eine andere Kammer oder Abteilung ist unstatthaft. Die Kostenentscheidung ist dem Gericht, an das verwiesen wird, vorzubehalten; eine Entscheidung über die vorläufige Vollstreckbarkeit erübrigt sich, Köln LS RR **87**, 1152. Die Gerichtskosten der Berufungsinstanz und diejenigen des aufgehobenen Urteils sind bei offensichtlichen schweren Verfahrensfehlern nach § 8

GKG niederzuschlagen, Düss RR **95**, 1024, und zwar vom Berufungsgericht, vgl Hartmann § 8 GKG Rn 8 ff mwN, offen Saarbr MDR **96**, 119 mwN.

Das zurückverweisende Urteil bedarf schon wegen seiner Bindungswirkung, s u, stets der Begründung, **24** Keller MDR **92**, 435. Die Zurückverweisung begründet einen tatsächlichen Stillstand des Verfahrens, Üb § 239 Rn 2, bis zur Terminsbestimmung, die vAw erfolgt. Die Zurückverweisung überläßt die ersetzende Entscheidung, ganz dem unteren Gericht. Das neue Verfahren setzt das frühere erstinstanzliche Verfahren fort, sofern es nicht aufgehoben ist. In diesem Fall muß das Verfahren wiederholt werden; das gilt grundsätzlich auch für eine Beweisaufnahme, dazu Bra MDR **02**, 171. Die Richter, die an der aufgehobenen Entscheidung mitgewirkt haben, sind im neuen Verfahren nicht ausgeschlossen, § 563 Rn 3. Das untere Gericht ist bei seiner Entscheidung **an die Rechtsauffassung des höheren Gerichts gebunden,** soweit nicht neuer Streitstoff zu beurteilen ist, vgl § 563 II, BGH **LM** § 512 Nr 4, Hamm RR **87**, 188 mwN, und zwar auch dann, wenn die Zurückverweisung rechtsfehlerhaft war, vgl LG Ffm NJW **88**, 77 u Schneider MDR **88**, 108 u 151. Diese interprozessuale Bindung gilt aber nur, soweit das obere Gericht erkannt hat, nicht für sonst von ihm angestellte Erwägungen, BGH **31**, 363. An die eigene Entscheidung bleibt das untere Gericht gebunden, § 318, soweit diese Entscheidung nicht aufgehoben ist. Abgesehen von diesen Bindungen ist das untere Gericht in seiner Entscheidung frei, hat neues Vorbringen zu berücksichtigen und darf eine dem Berufungskläger ungünstigere Entscheidung treffen.

Bei **Berufung gegen das neue Urteil** der unteren Instanz ist das Berufungsgericht entspr § 563 II an **25** sein früheres Urteil gebunden, § 318, BGH NJW **92**, 2832 mwN (krit Tiedtke ZIP **93**, 252), ebenso das Revisionsgericht, an das das neue Urteil gelangt, BGH aaO (Verstoß ist vAw zu beachten); diese Bindung an die Rechtsauffassung des Berufungsgerichts gilt für das Revisionsgericht auch im Fall der Sprungrevision gegen das neue Urteil der 1. Instanz, BVerwG MDR **78**, 342. Die Bindung erfaßt auch die Zuständigkeit, zB als FamSenat, BGH FamRZ **82**, 789.

Die **Bindung** besteht immer nur in derselben Sache, in einem neuen Rechtsstreit auch dann nicht, wenn er dieselben Rechtsfragen betrifft und von denselben Parteien geführt wird, BVerwG NVwZ **82**, 120.

5) **VwGO**: *Eigene Regelung in § 130 idF des RmBereinVpG v 20. 12. 01, BGBl 3987, dazu Kienemund* **26** *NJW* **02**, *1233, Redeker NordÖR* **02**, *186. Ergänzend anzuwenden ist II 1 Z 4 im Hinblick auf § 111 VwGO, OVG Lüneb DVBl* **61**, *91. Die Zurückverweisung an die Verwaltungsbehörde regelt § 113 II iVm § 125 I VwGO, dazu Hamann DVBl* **92**, *738.*

539 *Versäumnisverfahren.* [I] Erscheint der Berufungskläger im Termin zur mündlichen Verhandlung nicht, so ist seine Berufung auf Antrag durch Versäumnisurteil zurückzuweisen.

[II] [1] Erscheint der Berufungsbeklagte nicht und beantragt der Berufungskläger gegen ihn das Versäumnisurteil, so ist das zulässige tatsächliche Vorbringen des Berufungsklägers als zugestanden anzunehmen. [2] Soweit es den Berufungsantrag rechtfertigt, ist nach dem Antrag zu erkennen; soweit dies nicht der Fall ist, ist die Berufung zurückzuweisen.

[III] Im Übrigen gelten die Vorschriften über das Versäumnisverfahren im ersten Rechtszug sinngemäß.

Vorbem. Im **Verfahren der Arbeitsgerichte** entsprechend anwendbar, § 64 VI u VII iVm § 59 ArbGG, BAG NJW **04**, 3732 I, NZA **04**, 1294 u NJW **03**, 1548, LAG Bln NZA **98**, 167 (Alleinentscheidung durch den Vorsitzenden).

1) **Allgemeines.** Das Versäumnisverfahren im Berufungsrechtszug ist grundsätzlich dasselbe wie in 1. In- **1** stanz, III. Deshalb sind auch hier die Grundlagen des ganzen Verfahrens vorweg zu prüfen, vgl Düss MDR **00**, 667: **a)** *Zulässigkeit der Berufung*, § 522 I: ergibt sich, daß die Berufung unzulässig ist, muß sie auch im Versäumnisverfahren verworfen werden, gleichgültig, welche Partei säumig ist; das Urteil ist ein streitmäßiges Urteil (unechtes Versäumnisurteil), RoSGo § 140 I, BGH NJW **99**, 291 mwN, Bra RR **98**, 1679 mwN, Düss FamRZ **94**, 1535 (aM MüKoRi 7), wenn nicht die Verwerfung mindestens teilweise auf zwangsläufigen Folgen des Säumnis beruht, BGH NJW **57**, 1840 (zu § 239 IV). **b)** *Zulässigkeit des* **2** *Verfahrens 1. Instanz:* Fehlt eine Prozeßvoraussetzung oder leidet das angefochtene Urteil an einem Mangel, der ihm die Eignung als Grundlage des weiteren Verfahrens nimmt (zB der Einspruch gegen ein Versäumnisurteil ist zu Unrecht als zulässig angesehen worden, das angefochtene Urteil ist ein unzulässiges Teilurteil oder während der Unterbrechung des Verfahrens ergangen), so ist ohne Rücksicht darauf, welche Partei säumig ist, das angefochtene Urteil aufzuheben und die Klage abzuweisen oder an die 1. Instanz zurückzuverweisen, RoSGo § 142 II, ZöGu 7, Hamm FamRZ **98**, 303, Köln ZIP **94**, 958, Ffm OLGZ **94**, 78 mwN, str, aM MüKoRi 7. Auch hier ist das Urteil des Berufungsgerichts stets ein streitmäßiges Urteil, kein Versäumnisurteil, BGH JR **87**, 26 mwN (krit Dunz JR **87**, 27), Köln aaO.

2) **Versäumnisurteil gegen den Berufungskläger, I.** Liegt keiner der Fälle der Rn 2 vor, ergeht bei **3** Säumnis, Üb § 330 Rn 3 ff, auf Antrag des Berufungsbeklagten, § 330 Rn 1, gegen den Berufungskläger ohne weitere Prüfung Versäumnisurteil auf Zurückweisung der Berufung, Hamm FamRZ **98**, 382. Zur Rechtskraftwirkung des Urteils s BGH NJW **03**, 1044 (krit Siemon MDR **04**, 301).

3) **Versäumnisurteil gegen den Berufungsbeklagten** **4**
A. Voraussetzung, II 1. Ist nicht die Berufung zu verwerfen oder über die Klage durch streitmäßiges Urteil (unechtes Versäumnisurteil) zu entscheiden, Rn 1 u 2, so ist bei Säumnis, Üb § 330 Rn 3 ff, des Berufungsbeklagten das **zulässige tatsächliche Vorbringen** des Berufungsklägers als zugestanden anzunehmen (dies gilt nur für Tatsachen, nicht aber für Rechtsfragen, Schack 626, irrig Mü NJW **76**, 489 m abl Anm Küppers). Darauf, ob der Berufungsbeklagte das Vorbringen früher bestritten hat, kommt es nicht an; auch die Feststellungen im angefochtenen Urteil und etwaige Beweisergebnisse bleiben außer Betracht,

ebenso sonstige Umstände, die für die Unrichtigkeit des Vorbringens sprechen können, BGH MDR **79**, 930. Im Hinblick auf § 535 ist jedoch ein in 1. Instanz abgelegtes Geständnis zu berücksichtigen, ThP 10, offen gelassen vom BGH aaO. Das Vorbringen muß jedoch **zulässig** sein, was nach den §§ 530–532 zu prüfen ist. Voraussetzung für den Erlaß des Versäumnisurteils ist in jedem Fall die rechtzeitige Mitteilung, § 335 I Z 3. Wegen der Rechtslage in **EheS** s § 612 Rn 8.

5   **B. Erlaß des Versäumnisurteils, II 2.** Rechtfertigt das als zugestanden fingierte tatsächliche Vorbringen des Berufungsklägers seinen Berufungsantrag, so ist auf seinen Antrag, § 331 Rn 3, durch Versäumnisurteil zu erkennen: hat der Kläger Berufung eingelegt, muß sich daraus die Schlüssigkeit der Klage ergeben, ist der Beklagte Berufungskläger, muß sein Vorbringen zur (auch teilweisen) Unbegründetheit der Klage führen, Putzo NJW **77**, 8. Andernfalls ist die Berufung durch (unechtes) Versäumnisurteil, Üb § 330 Rn 13 ff, zurückzuweisen. Ist dies zu Unrecht geschehen, so kann auch dann, wenn der Beklagte in der Revisionsinstanz säumig ist, das Revisionsgericht nicht anstelle des Berufungsgerichts der Klage durch (echtes) Versäumnisurteil stattgeben, sondern muß aufheben und zurückverweisen, BGH NJW **86**, 3085, BAG NJW **89**, 62 u 734. PKH nur zur Stellung des Antrags, § 331, kommt nicht in Betracht, Köln OLGZ **89**, 70. Bei wechselseitigen Berufungen und Säumnis einer Partei ist ggf einheitlich zu entscheiden, also durch (Teil-)Sachurteil und Versäumnisurteil, Kblz FamRZ **98**, 304.

6   **4) Sonstige Vorschriften, III.** Im übrigen gelten bei Säumnis die Vorschriften über das Versäumnisverfahren 1. Instanz sinngemäß, so daß §§ 330, 331 a–347 anzuwenden sind, also auch § 340 III 4 (Hinweis auf die Folgen der Fristversäumung bei Zustellung des Versäumnisurteils, § 340 Rn 16). Bei zweiseitiger Säumnis gilt § 251 a, § 525. Für Anträge des Berufungsgegners gilt § 335 I Z 3 nicht, Celle MDR **93**, 686. Die zur Aktenlageentscheidung nötige mündliche Verhandlung muß in 2. Instanz stattgefunden haben (ebenso nach § 331 a). Zur Zuständigkeit des Einzelrichters vgl §§ 526 u 527 III 2.

7   **5) Sonderfälle.** Wegen der Versäumnisentscheidung in Ehe- und KindschS s §§ 612 IV, 640 I.

8   **6) VwGO:** Unanwendbar, Üb § 330 Rn 18.

540 **Inhalt des Berufungsurteils.**[1] [1] Anstelle von Tatbestand und Entscheidungsgründen enthält das Urteil
1. die Bezugnahme auf die tatsächlichen Feststellungen im angefochtenen Urteil mit Darstellung etwaiger Änderungen oder Ergänzungen,
2. eine kurze Begründung für die Abänderung, Aufhebung oder Bestätigung der angefochtenen Entscheidung.

[2] Wird das Urteil in dem Termin, in dem die mündliche Verhandlung geschlossen worden ist, verkündet, so können die nach Satz 1 erforderlichen Darlegungen auch in das Protokoll aufgenommen werden.

II Die §§ 313 a, 313 b gelten entsprechend.

Vorbem. Im **Verfahren der Arbeitsgerichte** gilt § 69 idF des ZPO-RG (dazu BT-Drs 14/6036 S 126).

Schrifttum: *Burgermeister* ZZP **116**, 165 (eingehend), *Fellner* MDR **04**, 981.

1   **1) Regelungszweck.** § 540 trägt der Umgestaltung der Berufungsinstanz zu einem Instrument der Fehlerkontrolle und -beseitigung Rechnung, indem die Bestimmung des § 543 aF vereinfacht wird, krit Seitz NJW **03**, 567.

2   **2) Grundsatz.** Anstelle von Tatbestand und Entscheidungsgründen, § 313, enthält das Berufungsurteil nur zweierlei Angaben, I 1:
1. die Bezugnahme auf die tatsächlichen Feststellungen im angefochtenen Urteil mit einer Darstellungen etwaiger Änderungen oder Ergänzungen, vgl §§ 529–531, und
2. eine kurze Begründung für die Abänderung, Aufhebung oder Bestätigung der angefochtenen Entscheidung.

Stets müssen die Ausführungen iVm den in Bezug genommenen Angaben im erstinstanzlichen Urteil die Verständlichkeit der Feststellungen und Rechtsausführungen des Berufungsgerichts sicherstellen. Dazu gehört auch die Wiedergabe der Berufungsanträge, mindestens Ausführungen über das Ziel des Berufungsklägers, BGH RR **05**, 717, NJW **05**, 2858; **04**, 1390 u **03**, 1743 mwN. Findet gegen ein Berufungsurteil die Nichtzulassungsbeschwerde statt, muss aus ihm zu ersehen sein, von welchem Sach- und Streitstand das Gericht ausgegangen ist, welches Rechtsmittelbegehren die Parteien verfolgt haben und welche tatsächlichen Feststellungen der Entscheidung zugrunde liegen, BGH NJW **04**, 293. Ein Berufungsurteil, das keine Bezugnahme auf die tatsächlichen Feststellungen im angefochtenen Urteil mit Darstellung etwaiger Änderungen oder Ergänzungen enthält, unterliegt im Revisionsverfahren grundsätzlich vAw der Aufhebung und Zurückverweisung, BGH NJW **05**, 831 mwN, RR **04**, 494, NJW **03**, 3352 (Bespr Lindner NJW **03**, 3320), MDR **04**, 391 u 464.

3   **3) Vereinfachung, I 2.** Wird das Urteil in dem Termin, in dem die mündliche Verhandlung geschlossen worden ist, verkündet, so können die nach Satz 1 erforderlichen Darlegungen in das **Protokoll** aufgenommen werden; die nach I 1 zu stellenden Anforderungen werden dadurch nicht herabgesetzt, BGH NJW **04**, 1389 u 1666 (eingehend). Die Entscheidung, ob so verfahren werden soll, trifft das Spruchkollegium, nicht der Vorsitzende; denn die in das Protokoll aufzunehmenden Sätze dürfen nur von allen Richtern formuliert werden.

4   **4) Weitere Vereinfachungen, II.** Die Vorschriften in § 313 a über den Verzicht der Parteien und in § 313 b über die abgekürzte Form des Versäumnis-, Anerkenntnis- und Verzichtsurteils gelten entspr, vgl die dortigen Erl.

Abschnitt 2. Revision   §§ 540, 541, Übers § 542, § 542

5) Sonstiger Urteilsinhalt. Die stets erforderlichen Angaben ergeben sich aus § 313 I iVm § 525, s   **5**
dort. Nötig ist ferner eine Entscheidung über die Zulassung der Revision, § 543 I Z 1, s dort Rn 13 ff.
6) VwGO: Es gilt § 130 b VwGO.   **6**

541 *Prozessakten.* ^{I 1} Die Geschäftsstelle des Berufungsgerichts hat, nachdem die Berufungsschrift eingereicht ist, unverzüglich von der Geschäftsstelle des Gerichts des ersten Rechtszuges die Prozessakten einzufordern. ² Die Akten sind unverzüglich an das Berufungsgericht zu übersenden.

^{II} Nach Erledigung der Berufung sind die Akten der Geschäftsstelle des Gerichts des ersten Rechtszuges nebst einer beglaubigten Abschrift der in der Berufungsinstanz ergangenen Entscheidung zurückzusenden.

Vorbem. 1) I 2 angefügt mWv 1. 9. 04 durch Art 1 Z 18 des 1. JuMoG v 24. 8. 04, BGBl 2198.

2) Entsprechend anwendbar im **Verfahren der Arbeitsgerichte**, § 64 VI ArbGG.

1) Erläuterung. Auf die Einforderung der Akten, I, sind diese unter allen Umständen sofort einzusen-   **1**
den, auch wenn ein Teil des Prozesses noch in 1. Instanz schwebt. Nach Erledigung der Berufung, dh nach Erlaß des Endurteils, sind die Akten 1. Instanz zurückzusenden. Ob die Akten 2. Instanz beizufügen sind, bestimmt die AktenO, Üb § 153 GVG Rn 2; wenn danach die Urschrift der Entscheidung des Berufungsgerichts nicht zu den Prozeßakten gelangt, sondern beim Berufungsgericht verbleibt, so ist dies rechtlich unbedenklich, BVerwG Buchholz 310 § 117 Nr 20 mwN. Die Übersendung einer beglaubigten Abschrift des Urteils mit allem, was zum Urteil gehört, wie Verkündigungsvermerk, Berichtigungsbeschluß u dgl, ist zwingenden Rechts. Das gleiche gilt für andere Endentscheidungen des Berufungsgerichts, zB Beschlüsse nach § 516 III.

2) VwGO: *Entsprechend anzuwenden, § 173 VwGO, BVerwG Buchholz 310 § 117 Nr 20.*   **2**

Abschnitt 2. Revision

Übersicht

Schrifttum (vgl Vorbem Grdz § 511): Büttner BRAK-Mitt **03**, 202 u MDR **01**, 1201.

1) Die Revision ist „ein wie die Berufung frei gestaltetes, jedoch auf die rechtliche Würdigung   **1**
des Rechtsstreits beschränktes Rechtsmittel", Mat 362. Als wahres Rechtsmittel unterscheidet sie sich wesentlich von der französisch-rechtlichen cassation: **a)** sie dient zwar in erster Linie der Erhaltung der Rechtseinheit und der Fortentwicklung des Rechts, gibt aber in beschränktem Umfang auch den Parteien eine weitere Instanz für ihre Belange, **b)** das Revisionsgericht hebt nicht ausschließlich auf, sondern ersetzt uU auch die angefochtene Entscheidung durch eine andere, **c)** das Revisionsgericht prüft das Urteil auf Gesetzesverletzung und ist auf die Nachprüfung der gerügten Punkte nur bei Verfahrensrügen beschränkt. **Vgl im übrigen Grdz § 511.**

2) A. Allgemeines. Die **Revision findet statt a)** gegen Berufungsurteile des LG und OLG, außer im   **2**
Verfahren des Arrests und der einstwVfg, **b)** gegen erstinstanzliche Urteile des LG oder AG, sofern die Parteien die Übergehung des Berufungsgerichts vereinbaren (Sprungrevision). **c) Revisionsgericht ist der BGH.** Wegen des BayObLG als Revisionsgericht s § 7 EGZPO.
B. Im Verfahren der Arbeitsgerichte gelten die Vorschriften der ZPO mit Abänderungen, vgl dazu die   **3**
Vorbem zu den folgenden Paragraphen, Schmidt/Schwab/Wildschütz NZA **01**, 1223.

3) VwGO: *Revision, Rn 1, ist statthaft a) gegen Urteile des OVG (VGH), § 132 VwGO, b) gegen Urteile des*   **4**
VG, wenn es sich um eine Sprungrevision handelt, § 134 VwGO, oder die Berufung bundesgesetzlich ausgeschlossen ist wie zB durch § 78 AsylVfG, § 135 VwGO. In allen Fällen bedarf die Revision der Zulassung. Über die Revision und die Nichtzulassungsbeschwerde, § 133 VwGO, entscheidet das BVerwG. Die Vorschriften der ZPO sind nach Maßgabe des § 173 VwGO entsprechend anwendbar.

542 *Statthaftigkeit der Revision.* ^I Die Revision findet gegen die in der Berufungsinstanz erlassenen Endurteile nach Maßgabe der folgenden Vorschriften statt.

^{II 1} Gegen Urteile, durch die über die Anordnung, Abänderung oder Aufhebung eines Arrestes oder einer einstweiligen Verfügung entschieden worden ist, findet die Revision nicht statt. ² Dasselbe gilt für Urteile über die vorzeitige Besitzeinweisung im Enteignungsverfahren oder im Umlegungsverfahren.

Vorbem. In **arbeitsrechtlichen Streitigkeiten** findet die Revision gegen Endurteile der LAG statt, wenn sie vom LAG zugelassen wird, § 72 I ArbGG; gegen Urteile, die über die AnO, Änderung oder Aufhebung eines Arrests oder einer einstwVfg entschieden haben, ist die Revision unzulässig, § 72 IV ArbGG. Auch die mündliche Verhandlung der Revision macht diese nicht zulässig, BAG NJW **84**, 255.

1) Statthaftigkeit   **1**
A. Grundsatz, I. Nach § 542 findet die Revision gegen die in der Berufungsinstanz erlassenen **Endurteile** sowohl des LG als auch des OLG statt, wie sich auch aus § 566 ergibt. Damit wird die Möglichkeit eröffnet, auch in wirtschaftlich weniger bedeutsamen Sachen eine höchstrichterliche Entscheidung herbeizuführen, wenn die Voraussetzungen für die Zulassung der Revision, § 543, vorliegen.

Albers   1709

§§ 542, 543

Im übrigen entspricht I dem § 511; s dort Rn 3 wegen des Begriffs des Endurteils. Auch zurückverweisende Urteile unterliegen der Revision, BGH NJW **86**, 1995 mwN. Ergänzungsurteile sind revisibel; jedoch ist die Revision nur statthaft, wenn sie zugelassen ist oder die erforderliche Beschwer durch das Ergänzungsurteil selbst gegeben ist, BGH VI ZR 2/00. Revisionsfähig sind von den Zwischenurteilen nur die selbständig anfechtbaren, zB nach § 280 II, BGH JR **81**, 147 (Parteiwechsel auf der Beklagtenseite); ein Zwischenurteil, durch das ohne gleichzeitige Verwerfung der Berufung die WiedEins abgelehnt wird, ist wie ein Endurteil zu behandeln, BGH **47**, 289 und VersR **79**, 960. Zulässig wird die Revision auch nicht dadurch, daß das OLG unrichtigerweise auf ein nichtberufungsfähiges Zwischenurteil sachlich entschieden hat, BGH NJW **88**, 1733 mwN, wohl aber dann, wenn es sich nur der Fassung nach um ein Zwischenurteil, in Wirklichkeit aber um ein Endurteil handelt, BGH **38**, 335. Wegen der Anfechtung formfehlerhafter Urteile s im übrigen Grdz § 511 Rn 26 ff; sie sind nur dann anfechtbar, wenn ein ordnungsmäßig erlassenes Urteil revisionsfähig wäre, OGH **1**, 1.

2 Über die **notwendige Beschwer** vgl Grdz § 511 Rn 13 ff. Zurückverweisende Berufungsurteile beschweren denjenigen, der die Erledigung betreibt, BGH **31**, 358. Eine nachteilige Änderung beschwert nur die benachteiligte Partei. Zulässig ist die Revision auch mit dem Antrag, die eigene Berufung für unzulässig zu erklären, wenn auf diese sachlich (auf unselbständige Anschließung des Gegners) zuungunsten des Berufungsklägers entschieden worden ist, BGH FamRZ **56**, 19.

Eine „**greifbare Gesetzwidrigkeit**", § 567 Rn 6, eröffnet die Revision **nicht**, BGH NJW **89**, 2758.

3 **B. Abweichungen:** a) Urteile in Arrest- und Verfügungssachen, §§ 922, 925, 926 f, 936, sind ohne Rücksicht auf ihren Inhalt nicht revisibel, **II 1**; dies gilt auch dann, wenn sie die Berufung als unzulässig verwerfen, BGH NJW **84**, 2368 mwN, Jauernig § 74 II. Gleich bleibt, ob das Urteil dem Gesuch stattgibt oder es zurückweist. Dagegen ist die Revision gegeben, wenn über einen Ersatzanspruch aus § 945 entschieden worden ist; das gleiche gilt auch sonst, wenn es sich nicht um die Anordnung eines Arrests handelt, zB bei der Zulassung eines ausländischen Arrestbefehls zur Vollstreckung, BGH **74**, 278 (zu Art 24 u 25 EuGVÜ, Schlußanh V C 1 u 2). Nicht revisibel sind Urteile über die Aufhebung oder Bestätigung einer gemäß § 11 ba-wü PresseG getroffenen Anordnung, auf die die Vorschriften über die einstwVfg für entsprechend anwendbar erklärt sind, BGH NJW **65**, 1230. In allen diesen Fällen (auch bei einer Kostenscheidung nach § 91 a, BGH RR **03**, 1075 u MDR **03**, 1195) ist auch die Rechtsbeschwerde, § 574, nicht statthaft, BGH NJW **03**, 3565, 1531 u 69, ebensowenig ist ein außerordentliches Rechtsmittel gegeben, § 511 Rn 21, 22. **b) Urteile über die Anordnung, Änderung oder Aufhebung einer vorzeitigen Besitzeinweisung** in Enteignungs- oder Umlegungsverfahren, §§ 77, 116 BauGB, **II 2**, sind ebenfalls der Anfechtung entzogen, weil hier die gleiche Sach- und Interessenlage besteht. **c) Isolierte Kostenentscheidungen**, § 99 Rn 6, sind nicht revisibel; bei einem Teilanerkenntnis endet der Rechtszug hinsichtlich der diesen Teil betreffenden Kosten auch bei einheitlicher Kostenentscheidung beim OLG, BGH **58**, 341 (VersR **70**, 573 und **71**, 126 überholt), ebenso bei einem Teilerledigung, BGH NJW **91**, 2021 mwN. **d) Versäumnisurteile** sind grundsätzlich der Revision entzogen, §§ 565, 514 I.

5 **C. Sonderregelungen.** Sie sind enthalten in § 621 d für FamS des § 621 I Z 4, 5 u 8 sowie in § 629 a I für FolgeS nach § 621 I Z 7 u 9, ferner in den §§ 219 ff BEG für Entschädigungssachen sowie im Gesetz zur Überleitung der Zuständigkeit der Obersten Rückerstattungsgerichte auf den Bundesgerichtshof, Art 9 RpflVereinfG.

6 **2) VwGO:** Statt **I** gilt § 132 I *VwGO*; **II 1** ist gegenstandslos, weil im Verfahren des einstw Rechtsschutzes, § 123 *VwGO*, durch Beschluß entschieden wird; **II 2** gilt nur für Zivilsachen.

543 Zulassungsrevision.
[1] Die Revision findet nur statt, wenn sie
1. das Berufungsgericht in dem Urteil oder
2. das Revisionsgericht auf Beschwerde gegen die Nichtzulassung

zugelassen hat.

II [1] Die Revision ist zuzulassen, wenn
1. die Rechtssache grundsätzliche Bedeutung hat oder
2. die Fortbildung des Rechts oder die Sicherung einer einheitlichen Rechtsprechung eine Entscheidung des Revisionsgerichts erfordert.

[2] Das Revisionsgericht ist an die Zulassung durch das Berufungsgericht gebunden.

Vorbem. Im **Verfahren der Arbeitsgerichts** gelten für die Revision die §§ 72–76, vgl BAG NZA **03**, 575. Die Revisionszulassung muß im Urteilstenor erfolgen, § 72 I ArbGG, BAG MDR **03**, 828 (keine Einschränkung in den Gründen, BAG NJW **04**, 2691). Sie kann im Wege der Ergänzung nachgeholt werden, § 72 I iVm § 64 III a ArbGG.

Gliederung

1) Regelungszweck 1	4) Entscheidung über die Zulassung 9–19
2) Zulassungsrevision, I 2	A. Allgemeines 9–12
3) Zulassungsgründe, II 1 3–8	B. Entscheidung des Berufungsgerichts ... 13–18
A. Grundsätzliche Bedeutung, II 1 Z 1 ... 4, 5	C. Entscheidung des Revisionsgerichts 19
B. Fortbildung des Rechts usw, II 1 Z 2 .. 6–8	5) *VwGO* 20

Schrifttum: *v. Gierke/Seiler* NJW **04**, 1497; *Piekenbrock/Schulze* JZ **02**, 911; *Fischer* AnwBl **02**, 139 (krit); *Dethloff* ZRP **00**, 428.

Abschnitt 2. Revision § 543

1) Regelungszweck. Die Vorschrift ersetzt das bisherige Mischsystem von Zulassungs- und Streitwert- 1
revision durch eine Zulassungsrevision mit Nichtzulassungsbeschwerde. Wegen der Beschränkungen in
Familiensachen, § 26 Z 9 EGZPO, s § 544 Rn 2.

2) Zulassungsrevision, I. Die Revision findet nur statt, wenn sie zugelassen worden ist, und zwar vom 2
Berufungsgericht in dem Urteil, I Z 1, oder vom Revisionsgericht auf Beschwerde gegen die Nichtzulassung, I Z 2 und § 544 (zur Verfassungsmäßigkeit BVerfG NJW 04, 1729 u 1371). Die Voraussetzungen für
die Zulassung sind in beiden Fällen die gleichen, II 1. Das Gericht übt kein Ermessen aus, sondern ist zur
Zulassung verpflichtet, wenn die Voraussetzungen erfüllt sind.

3) Zulassungsgründe, II 1 (Rspr-Üb bei Nassal NJW 03, 1345 u Seiler MDR 03, 785). Die Revision 3
ist zuzulassen, wenn ein Zulassungsgrund gegeben ist.

A. Grundsätzliche Bedeutung der Rechtssache, II 1 Z 1. Nötig ist Vorliegen einer klärungsbedürfti- 4
gen, klärungsfähigen und entscheidungserheblichen Rechtsfrage, das abstrakte Interesse der Allgemeinheit an der einheitlichen Handhabung des Rechts berührt und höchstrichterlich noch nicht entschieden sein
darf, BGH NJW 03, 67 mwN (Anm Scheuch/Lindner NJW 03, 728, Rimmelspacher LMK 03, 13;
Schlosser JZ 03, 263, 02, 3029 u 2957 mwN). Die Auswirkungen der Entscheidung dieser Rechtsfrage dürfen
sich nicht in der Regelung der Beziehungen zwischen den Prozeßbeteiligten oder der Regelung einer von
vornherein überschaubaren Anzahl gleichgelagerter BVerfG Fälle erschöpfen, sondern müssen eine unbestimmte
Vielzahl von Fällen betreffen, BGH, NJW 02, 3029 (Anm Rimmelspacher LMK 03, 11). Die Auswirkungen
dürfen nicht auf tatsächlichem Gebiet liegen, so daß es nicht genügt, wenn vom Ausgang des Prozesses ein
größerer Personenkreis betroffen ist, BGH NJW 70, 1549, BVerwG 13, 90, Hamm aaO. Rechtliche
Auswirkungen dürfen nur dann ausgelaufenes oder auslaufendes Recht betreffen, wenn entweder noch für
eine erhebliche Anzahl von Fällen nach altem Recht zu entscheiden ist oder die Frage für das neue Recht
weiterhin von Bedeutung ist, BGH FamRZ 03, 857. Sonstige Auswirkungen, zB die wirtschaftliche
Tragweite (BGH 2, 396, BAG 2, 26, BSG 2, 129), können nach Lage des Falles ausreichen, die grundsätzliche Bedeutung zu begründen, jedoch genügen dafür die Vermögensinteressen des jeweiligen Klägers oder
Beklagten für sich allein nicht, BVerfG NJW 99, 208 mwN. Der typische Fall ist die fehlende höchstrichterliche Klärung einer schwierigen Rechtsfrage, Prütting MDR 80, 369 gegen Ffm NJW 79, 1787.
Diese darf sich aber nicht auf eine erst nach der Berufungsentscheidung in Kraft getretene neue Rechtsgrundlage stützen, BVerwG v 30. 3. 05, Az 1 B 11.05.

Zuzulassen ist die Revision nur dann, wenn es für die Entscheidung auf die Rechtsfrage 5
ankommt, BGH NJW 03, 1125 (Bespr Lindner NJW 03, 1097 u Baumert MDR 03, 606), NJW 03, 831 u
RR 03, 1004 mwN, bei mehreren gleichwertigen Begründungen also nicht schon wegen grundsätzlicher
Bedeutung nur einer dieser Begründungen, BVerwG NVwZ 91, 376 mwN, **und wenn die Rechtsfrage
zum revisiblen Recht gehört**, also nicht wegen der Frage der örtlichen Zuständigkeit, vgl BGH MDR 80,
203, **und nicht der Nachprüfung entzogen ist**, Günther NJW 86, 290 mwN. Danach ist die Zulassung
möglich (und idR geboten), wenn die vom Berufungsgericht bejahte Verfassungsmäßigkeit eines Bundes-
oder Landesgesetzes fraglich ist, unzutreffend Celle FamRZ 78, 518; das gleiche gilt für die Vereinbarkeit des
Landesrechts mit Bundesrecht, § 545 Rn 18.

B. Fortbildung des Rechts oder Sicherung einer einheitlichen Rechtsprechung, II 1 Z 2. Wenn 6
einer dieser Gründe eine Entscheidung des Revisionsgerichts erfordert, ist die Revision zuzulassen, vgl BGH
NJW 02, 2473 (zu § 574 II). Umgekehrt kommt eine Zulassung nicht in Betracht, wenn mehrere Rechtsfehler des Berufungsgerichts zu einer im Ergebnis richtigen Entscheidung führen, BGH NJW 04, 1167.
Hierhin gehören Fälle der Rechtsprechungsdivergenz, BGH RR 03, 1074, NJW 03, 66, 02, 3180, 3030,
2957 u 2473. Eine bewußte Abweichung von der Rspr eines obersten Gerichts wird stets die Zulassung der
Revision fordern, BVerfG FamRZ 03, 589, ebenso die Abweichung von der stRpsr eines übergeordneten
Gerichts beispielsweise in Mietsachen. Aber auch Divergenzen zwischen anderen Gerichten können diese
Voraussetzungen erfüllen, wenn es sich um eine über das Einzelfall hinausgehende Grundsatzfrage handelt. Es
genügt, daß Fehler unterlaufen, bei denen eine Wiederholungs- oder Nachahmungsgefahr besteht, die eine
höchstrichterliche Leitentscheidung erforderlich macht, BGH MDR 05, 1135 mwN, NJW 04, 1167 u 03,
2120, NJW 03, 66 (dazu Scheuch/Lindner NJW 03, 728, Rimmelspacher LMK 03, 13, Schlosser JZ 03, 263).

Die Revision wird nach II 1 Z 2 ferner zuzulassen sein, wenn es um die Auslegung von Gemeinschafts- 7
recht geht, weil der BGH nach Art 234 III bzw Art 68 EG zur Einholung einer Vorabentscheidung des
EuGH, Anh § 1 GVG, verpflichtet sein würde, Petzold NJW 98, 124 mwN, BVerfG NVwZ 97, 178 u 93,
884, BVerwG NJW 88, 664.

Auch Fälle, in denen die Auslegung und Anwendung des Rechts über den Einzelfall hinaus allgemeine 8
Interessen nachhaltig berühren, rechtfertigen die Zulassung. Eine Entscheidung kann zB zur Wahrung des
Vertrauens in die Rspr erforderlich sein, wenn das angefochtene Urteil Verfahrensgrundrechte, zB Art 101 u
103 GG verletzt, BGH NJW 05, 153 mwN, FamRZ 04, 1189 mwN, MDR 04, 71, NJW 03, 1946 mwN,
ua NJW 02, 2957 u 3030 (Anm Rimmelspacher LMK 03, 11), RR 03, 1004. Andererseits führt die
Verletzung rechtlichen Gehörs nicht zur Zulassung der Revision, wenn sich das angefochtene Urteil aus
anderen Gründen als richtig darstellt, BGH NJW 03, 3205.

4) Entscheidung über die Zulassung 9

A. Allgemeines. Das Berufungsgericht **muß zulassen**, wenn die gesetzlichen Voraussetzungen erfüllt
sind, ohne daß es eines Antrages bedarf. Die Zulassung kann auch beschränkt werden, dazu Tiedtke WertpMitt 77, 666 (eingehend und krit). Geschieht das nicht, so wirkt die Zulassung zugunsten aller Beteiligten,
so daß der Revisionsbeklagte ohne besondere Zulassung Anschlußrevision einlegen darf, BVerwG NVwZ
82, 372. Für den Umfang der Zulassung ist in erster Linie der Tenor maßgebend, BGH NJW 79, 978; im
Einzelfall kann sich eine Beschränkung auch aus den Gründen ergeben, BGH MDR 05, 886 mwN.

Eine **Beschränkung der Zulassung** auf einzelne Rechtsfragen oder Anspruchsgrundlagen ist nach hM 10
nicht zulässig, BGH NJW 04, 2746, RR 03, 1192, BAG NZA 97, 282 u 96, 335 mwN (auch dann, wenn

§ 543

darüber fehlerhaft durch Teilurteil entschieden wird, BAG DB **88**, 2212), vgl § 520 Rn 30. Dagegen ist es rechtlich möglich, die Revision hinsichtlich abgrenzbarer Teile des Streitgegenstandes zuzulassen, stRspr, BGH NJW **04**, 2981 mwN, so daß eine entsprechende Umdeutung der auf eine Rechtsfrage beschränkten Zulassung zu prüfen ist. Eine Beschränkung ist nur dann anzunehmen, wenn sie ausdrücklich und unzweideutig ausgesprochen worden ist, was sich auch aus den Entscheidungsgründen ergeben kann, stRspr, BGH MDR **05**, 411, NJW **04**, 3264, NJW **03**, 2529 u **00**, 1796 mwN, BAG NZA **98**, 3222 mwN, zB bei Zulassung wegen einer Rechtsfrage, die nur für einen von mehreren Ansprüchen oder für einen Teil des Sachverhalts erheblich ist, vgl BGH RR **05**, 715, BGH FamRZ **04**, 612 u **03**, 590 (Anm Büttner) sowie RR **02**, 1148; daß in den Gründen die Rechtsfrage aufgezeigt wird, die Anlaß für die Zulassung war, reicht nicht aus, BGH RR **91**, 197. Bei fehlender Eindeutigkeit ist die Revision unbeschränkt zugelassen, BGH NJW **03**, 2529 mwN. Der BGH prüft die Wirksamkeit einer Beschränkung. Bei Unwirksamkeit ist die Revision voll zugelassen, st Rspr, BGH NJW **04**, 2746 mwN, zB bei einer Beschränkung auf einzelne rechtliche Gesichtspunkte, BGH NJW **82**, 1535 mwN, oder auf einzelne von mehreren konkurrierenden Anspruchsgrundlagen, BGH NJW-RR **03**, 1193, oder auf die Zulässigkeit der Berufung, BGH NJW **01**, 2259 mwN.

11 **Beispiele** für wirksame Beschränkung, vgl BGH NJW **82**, 1873 mwN: Beschränkung auf eine Prozeßpartei, unten Rn 18, oder auf die Zulässigkeit der Klage, BGH NJW **93**, 1799; Zulassung nur für einen von mehreren Streitgenossen, soweit es sich nicht um eine notwendige handelt, BGH **LM** Nr 9, so daß die von den anderen eingelegte Revision unzulässig ist; wirksam ist auch die Zulassung für einen von mehreren selbständigen Ansprüchen, über die das OLG entschieden hat, wenn sich die Beschränkung des Zulassungsgrundes auf diesen Anspruch aus dem Urteil (ggf aus den Gründen) ergibt, BGH NJW **99**, 2116 u **95**, 1956 mwN, ebenso für eines von mehreren Verteidigungsmitteln, wenn es sich um eines selbständigen und untrennbaren Teil handelt, bejaht für Aufrechnungseinwand, BGH NJW **53**, 152, NJW **96**, 527 mwN (betr Hilfsaufrechnung); ebenso für Klage oder Widerklage, Weyreuther Rn 47; ferner für den rechtlich und tatsächlich selbständigen Teil eines einheitlichen Anspruchs, wenn darüber ein Teilurteil ergehen könnte, BGH FamRZ **95**, 1405, NJW **88**, 1734 mwR stRspr, und der Teil sich anhand des Urteils betragsmäßig feststellen läßt, BGH FamRZ **82**, 684; ebenso für den Grund des Anspruchs, wenn nicht mehrere Anspruchsgründe mit sich daraus ergebenden unterschiedlichen Forderungsbeträgen in Betracht kommen, BGH FamRZ **95**, 1405, NJW **82**, 2380, und auch für den Betrag des Klageanspruchs, wenn der Rechtsstreit in ein Grund- und ein Höheverfahren zerlegt werden kann, BGH NJW **99**, 500 mwN; ferner für den Einwand des Mitverschuldens, § 254 BGB, wenn er dem Betragsverfahren hätte vorbehalten werden können, BGH **76**, 397 mwN, dazu Weber **LM** Nr 105 a, uU auch für einzelne Mitverschuldenseinwendungen, wenn es sich nicht um ein einheitlich zu würdigendes Verhalten handelt, BGH NJW **81**, 287, oder für einen Posten der Unterhaltsbemessung, BGH NJW **79**, 767; für Teile des Streitstoffs, über die durch Zwischenurteil hätte entschieden werden dürfen, BGH NJW **83**, 2084, AnwBl **90**, 322 mwN (Zulässigkeit der Klage).

12 Ist die Zulassung beschränkt, so gilt sie für jeden Beteiligten, der durch diesen Teil der Entscheidung betroffen ist, BGH JR **81**, 147 (Parteiwechsel auf der Beklagtenseite). Im übrigen darf die Zulassung der Revision auf diejenige Partei beschränkt werden, zu deren Nachteil die Rechtsfrage entschieden worden ist, BGH NJW **95**, 2036 mwN, aM Tiedtke WertpMitt **77**, 673, Prütting S 231. Wegen der Anschließung s § 556 Rn 2.

13 **B. Entscheidung des Berufungsgerichts, I 1**
a) Form der Entscheidung. Die Zulassung muß sich aus dem **Urteil** eindeutig ergeben; in ihr ist das zuständige Revisionsgericht zu bezeichnen, § 7 EGZPO. Es empfiehlt sich, die Zulassung (und in Zweifelsfällen auch die Nichtzulassung) immer in die Urteilsformel aufzunehmen: zwar dies nicht vorgeschrieben, aber eine zur Selbstkontrolle des Gerichts nützliche Übung, wie sie seit langem in der Verwaltungsgerichtsbarkeit herrscht („aus Gründen der Rechtssicherheit und Rechtsklarheit" ist § 72 I iVm § 64 III a ArbGG (idF des G v 30. 3. 00, BGBl 333) ausdrücklich vorgeschrieben, vgl. BT-Drs 14/626 S. 10. Die eindeutige Zulassung in den Gründen genügt, BGH in stRspr, NJW **95**, 1956 mwN; sie ist unwiderleglicher Beweis dafür, daß die Zulassung zZt der Urteilsverkündung beschlossen war, BGH NJW **56**, 841, BSG **8**, 148. Schweigen im Urteil bedeutet Nichtzulassung, Zweibr FamRZ **80**, 614: ein Grund mehr für das Gericht, sich deutlich im Urteil zu erklären, vgl Volland MDR **04**, 377.

14 Ist die Zulassung beschlossen, aber versehentlich nicht in das Urteil aufgenommen, so ist die **Berichtigung**, § 319, zulässig; ausreichend und erforderlich ist, daß sich das Versehen zweifelsfrei aus dem Zusammenhang des Urteils selbst oder doch aus anderen für den Außenstehenden offenbaren Umständen ergibt, BGH NJW **04**, 2389 mwN. Gegen den ablehnenden Beschluß des OLG gibt es kein Rechtsmittel, BGH WertpMitt **82**, 491.

15 Ist über die Zulassung nicht beschlossen worden, so kann dies durch **Ergänzung entsprechend § 321** nachgeholt werden, ebenso StJGr 13 u StJL § 321 Rn 11, ZöVo § 321 Rn 5, Jauernig § 74 II 3, STr § 621 d Rn 2, Walter S 147 (ferner ZZP **97**, 484, JZ **83**, 348 u FamRZ **79**, 673), Bosch FamRZ **82**, 243. **Abw der hM**, BGH MDR **04**, 465 mwN, NJW **83**, 929 u **81**, 2755 mwN, BGH WertpMitt **82**, 491, MDR **85**, 43, BAG BB **81**, 616, LG Mainz FamRZ **03**, 1195, Saarbr RR **99**, 214 mwN, MüKoWa 50, MusBu 23, ZöGu 55, ThP 24, GMP § 72 Rn 28, krit RoSGo § 142 I 1 d; da aber die Zulassung auf andere Weise nicht nachgeholt werden kann, muß der betroffenen Partei jedenfalls diese (ohnehin begrenzte) Möglichkeit eröffnet werden, weil nicht einzusehen ist, warum für diese wichtige Entscheidung etwas anderes gelten muß als für die Kosten und sonstige übergangene Nebenentscheidungen, § 321 Rn 4 u 5, zumal jedes Berufungsurteil eines OLG eine Entscheidung über die Zulassung oder die Festsetzung der Beschwer enthalten muß; überdies kann die (willkürlich) unterbliebene Zulassung Art 101 I 2 GG verletzen, BVerfG NJW **84**, 2147, FamRZ **91**, 295 (offen NJW **99**, 1390), so daß die Ergänzung in diesen Fällen verfassungsrechtlich geboten ist, Walter ZZP **97**, 484 JZ **83**, 348 mwN, Krämer FamRZ **80**, 971, vgl BGH FamRZ **04**, 1278 (entspr § 321a), dagegen BGH NJW **81**, 2755 mit (nicht überzeugendem) Hinweis auf BVerfG **54**, 277 (zu § 554 b aF). Für die Arbeitsgerichtsbarkeit hat der Gesetzgeber die Ergänzung „aus Gründen der Rechtssicherheit

Abschnitt 2. Revision § 543, Anh § 543, § 544

und Rechtsklarheit" inzwischen vorgesehen, § 72 I iVm § 64 III a ArbGG idF des G v 30. 3. 00, BGBl 333, vgl BT-Drs 14/626 S. 10. Vgl auch OVG Bautzen NVwZ **01**, 1173 (zustm Braun NVwZ **02**, 690).

b) Wirkung der Entscheidung. Das Revisionsgericht ist an die Zulassung **gebunden,** II 2, und zwar **16** ausnahmslos. Die Bindung besteht auch dann, wenn es nach Meinung des BGH auf die vom Berufungsgericht als grundsätzlich angesehene Rechtsfrage nicht ankommt, BGH DB **68**, 351, ThP 29. Daher darf der BGH die Wirksamkeit der Zulassung bei formeller Ordnungsmäßigkeit, Prütting S 264, nicht prüfen, aM ua StJGr 14, Lässig NJW **76**, 271, wohl auch BAG NJW **86**, 2784 u **87**, 1204, dazu Grunsky ArbGG § 72 Rn 19 u 20. Die frühere Streitfrage, ob auch bei offensichtlich gesetzwidriger Zulassung eine Bindung eintritt, ist mit dieser Bestimmung bejahend beantwortet worden, Vogel NJW **75**, 1301 (abw bei offensichtlicher Gesetzwidrigkeit der Zulassung, BFH in stRspr, NVwZ **99**, 696 mwN; Gräber § 115 Rn 45).

Mit der Zulassung ist aber nicht über die **Zulässigkeit der Revision** entschieden: sie kann aus anderen **17** Gründen unzulässig sein, zB als Revision gegen ein Berufungsurteil über ein Zwischenurteil, § 303, weil insofern keine Anfechtbarkeit gegeben ist, BGH NJW **52**, 25, oder bei Revision gegen die Kostenbelastung einer Nichtpartei (nur sofortige Beschwerde), BGH NJW **88**, 50, oder wenn der RevKläger nicht beschwert ist, BGH NJW **93**, 2052, oder ihm das Rechtsschutzbedürfnis fehlt, BGH LM Nr 21. Die Zulassung der Revision wegen einer irrevisiblen Rechtsfrage macht das Rechtsmittel nicht unzulässig, sondern unbegründet, BGH MDR **80**, 203 mit im Ergebnis zustm Anm Waldner ZZP **93**, 332.

Die Zulassung ist **unanfechtbar.** Die Nichtzulassung unterliegt der Nichtzulassungsbeschwerde, § 544, s **18** dort.

C. Entscheidung des Revisionsgerichts, I Z 2. Auf die Erläuterungen zu § 544 wird verwiesen. **19**

5) VwGO: *Eigene Regelung in §§ 132, 133 VwGO. Zur entspr Anwendung von II 2 vgl BVerwG NJW* **88**, **20** *507 u NVwZ* **89**, *248.*

Anhang nach § 543
Erweiterung der Revisions- und Vorlegungsgründe durch G v 19. 6. 68, BGBl 661

§ 18 I ¹ Hat ein Gericht die Revision oder die Rechtsbeschwerde zuzulassen, wenn es von einer Entscheidung eines obersten Gerichtshofs abweicht, so ist die Revision oder die Rechtsbeschwerde auch zuzulassen, wenn das Gericht von einer Entscheidung des Gemeinsamen Senats abweicht. ² Findet die Revision oder die Rechtsbeschwerde an einen obersten Gerichtshof bei einer Abweichung von dessen Entscheidung ohne Zulassung statt, so ist die Revision oder Rechtsbeschwerde auch bei einer Abweichung von einer Entscheidung des Gemeinsamen Senats zulässig.

II Hat ein Gericht eine Sache dem obersten Gerichtshof vorzulegen, wenn es von dessen Entscheidung abweichen will, so hat das Gericht dem obersten Gerichtshof auch vorzulegen, wenn es von einer Entscheidung des Gemeinsamen Senats abweichen will.

Erläuterung. § 18 I des Gesetzes (vgl Anh § 140 GVG) ist für das Zivilverfahren gegenstandslos, weil I 1 **1** u I 2 nicht in Betracht kommen (anders nach FGG), ebenso für das Arbeitsgerichtsverfahren, nachdem die dafür geltenden Vorschriften angepasst worden sind, vgl § 72 II 2 ArbGG. **§ 18 II** gilt im Zivilverfahren ua beim Rechtsentscheid, § 541 aF (vgl § 26 Z 6 EGZPO), und im Verfahren nach § 29 EGGVG, s die dortigen Erl; die Vorlagepflicht ist auf eine beabsichtigte Abweichung von einer Entscheidung des BVerfG auszudehnen, Schneider MDR **00**, 10. In der Verwaltungsgerichtsbarkeit gilt § 124 b VwGO.

544 *Nichtzulassungsbeschwerde.* I ¹ Die Nichtzulassung der Revision durch das Berufungsgericht unterliegt der Beschwerde (Nichtzulassungsbeschwerde). ² Die Beschwerde ist innerhalb von einem Monat nach Zustellung des in vollständiger Form abgefassten Urteils, spätestens aber bis zum Ablauf von sechs Monaten nach der Verkündung des Urteils bei dem Revisionsgericht einzulegen. ³ Mit der Beschwerdeschrift soll eine Ausfertigung oder beglaubigte Abschrift des Urteils, gegen das die Revision eingelegt werden soll, vorgelegt werden.

II ¹ Die Beschwerde ist innerhalb von zwei Monaten nach Zustellung des in vollständiger Form abgefassten Urteils, spätestens aber bis zum Ablauf von sieben Monaten nach der Verkündung des Urteils zu begründen. ² § 551 Abs. 2 Satz 5 und 6 gilt entsprechend. ³ In der Begründung müssen die Zulassungsgründe (§ 543 Abs. 2) dargelegt werden.

III Das Revisionsgericht gibt dem Gegner des Beschwerdeführers Gelegenheit zur Stellungnahme.

IV ¹ Das Revisionsgericht entscheidet über die Beschwerde durch Beschluss. ² Der Beschluss soll kurz begründet werden; von einer Begründung kann abgesehen werden, wenn sie nicht geeignet wäre, zur Klärung der Voraussetzungen beizutragen, unter denen eine Revision zuzulassen ist, oder wenn der Beschwerde stattgegeben wird. ³ Die Entscheidung über die Beschwerde ist den Parteien zuzustellen.

V ¹ Die Einlegung der Beschwerde hemmt die Rechtskraft des Urteils. ² § 719 Abs. 2 und 3 ist entsprechend anzuwenden. ³ Mit der Ablehnung der Beschwerde durch das Revisionsgericht wird das Urteil rechtskräftig.

VI ¹ Wird der Beschwerde gegen die Nichtzulassung der Revision stattgegeben, so wird das Beschwerdeverfahren als Revisionsverfahren fortgesetzt. ² In diesem Fall gilt die form- und fristgerechte Einlegung der Nichtzulassungsbeschwerde als Einlegung der Revision. ³ Mit der Zustellung der Entscheidung beginnt die Revisionsbegründungsfrist.

§ 544

VII Hat das Berufungsgericht den Anspruch des Beschwerdeführers auf rechtliches Gehör in entscheidungserheblicher Weise verletzt, so kann das Revisionsgericht abweichend von Absatz 6 in dem der Beschwerde stattgebenden Beschluss das angefochtene Urteil aufheben und den Rechtsstreit zur neuen Verhandlung und Entscheidung an das Berufungsgericht zurückverweisen.

Vorbem. 1) VII mWv 1. 1. 05 eingefügt durch Art 1 Z 2 des AnhörungsG v 9. 12. 04, BGBl 3220. 2) Im Verfahren der **Arbeitsgerichte** gilt § 72 a ArbGG. Treber NJW **05**, 100; Gravenhorst NZA **05**, 26; BAG NZA **05**, 708, 542 u 652. Nach § 72 b I ArbGG kann das Endurteil eines LarbeitsGerichts durch sofortige Beschwerde angefochten werden, wenn es nicht binnen fünf Monaten nach der Verkündung vollständig abgefasst und mit den Unterschriften sämtl Mitglieder der Kammer versehen der Geschäftsstelle übergeben worden ist.

Schrifttum: *v. Gierke/Seiler* JZ **03**, 403; *Fischer* AnwBl **02**, 139 (krit); *N. Schneider* MDR **03**, 491 (Kosten u Gebühren).

Gliederung

1) Regelungszweck 1	5) Begründung der Beschwerde, II 9
2) Geltungsbereich 2–5	6) Verfahren und Entscheidung, III u IV 10
A. Einschränkung durch § 26 Z 6 EGZPO 2	7) Rechtskraft des Urteils, V 11
B. Einschränkung nach § 26 Z 8 EGZPO 3–5	8) Erfolgreiche Beschwerde, VI 12
3) Gegenstand der Beschwerde, I 1 6	9) Anhörungsrüge, VII 13
4) Einlegung der Beschwerde, I 2 u 3 7–8	10) VwGO 14

1 **1) Regelungszweck.** Die Bestimmung trifft Regelungen für die bisher nicht vorgesehene Anfechtung der Nichtzulassungsentscheidung des Berufungsgerichts, § 543 I Z 1. Sie folgt darin den im wesentlichen bewährten Regelungen in anderen Prozeßordnungen, vgl §§ 72a ArbGG, 133 VwGO, 160a SGG u 115 III–VI FGO.

2 **2) Geltungsbereich.** Die Anwendung des § 544 wird durch § 26 EGZPO in zweifacher Hinsicht eingeschränkt.

    A. Nach § 26 Z 9 S 1 finden in Familiensachen, § 621, die Bestimmungen über die Nichtzulassungsbeschwerde (§§ 543 I Z 2, 544 u 621 e II 1 Z 2) keine Anwendung, soweit die anfechtbare Entscheidung vor dem 1. 1. 2007 verkündet oder einem Beteiligten zugestellt oder bekannt gemacht worden ist. Dies gilt nicht, wenn das Berufungsgericht die Revision verworfen hat, § 26 Z 9 S 2.

3   B. Nach § 26 Z 8 S 1 ist § 544 bis einschließlich 31. 12. 2006 mit der Maßgabe anzuwenden, daß die Beschwerde gegen die Nichtzulassung nur zulässig ist, wenn der Wert der mit der Revision geltend zu machenden Beschwer 20 000 Euro übersteigt. Dies gilt nicht, wenn das Berufungsgericht die Berufung verworfen hat, § 26 Z 8 S 2.

4   Für den **Wert der geltend zu machenden Beschwer** ist nicht die Beschwer aus dem Berufungsurteil, Grdz § 511 Rn 13 ff, sondern der Wert des Beschwerdegegenstandes aus dem beabsichtigten Revisionsverfahren maßgebend, BGH NJW **02**, 2720 (eingehend mwN), bisher str, aM ua 60. Aufl. Wegen des Werts des Beschwerdegegenstandes s § 511 Rn 13–17 und wegen seiner Berechnung s Anh § 511. Sind Teile des Prozeßstoffs abtrennbar und einer beschränkten Revisionszulassung zugänglich, § 543 Rn 9–12, so muß die Wertgrenze in § 26 Z 8 EGZPO hinsichtlich des Teils überschritten sein, für den in der Begründung der Nichtzulassungsbeschwerde, § 544 II 3, ein Zulassungsgrund für die Revision hinreichend dargelegt wird, BGH aaO.

5   Um dem Revisionsgericht die **Prüfung der Wertgrenze** als Zulässigkeitsvoraussetzung zu ermöglichen, muß der Beschwerdeführer innerhalb der Begründungsfrist, § 544 II 1, darlegen, daß er mit der beabsichtigten Revision die Änderung des Berufungsurteils in einem Umfang erstreben will, der die Wertgrenze von 20 000 Euro übersteigt, BGH NJW **02**, 2720.

6 **3) Gegenstand der Beschwerde, I 1,** ist die Nichtzulassung der Revision. Dabei kommt es nicht darauf an, ob – wie es sich dringend empfiehlt – die Nichtzulassung ausdrücklich ausgesprochen wird, § 543 Rn 13. Eine Nichtzulassung liegt auch im Schweigen des Urteils zu der Frage der Zulassung.

7 **4) Einlegung der Beschwerde, I 2 u 3.** Sie erfolgt durch Einreichung der Beschwerdeschrift beim BGH durch einen dort zugelassenen RA, vgl § 519, innerhalb einer Notfrist von einem Monat nach Zustellung des in vollständiger Form abgefaßten Urteils, spätestens aber bis zum Ablauf von 6 Monaten nach der Verkündung des Urteils, vgl § 517. Eine Berichtigung des Urteils, § 319, hat auf den Beginn und Lauf der Frist keinen Einfluss, BGH MDR **04**, 900. Mit der Beschwerdeschrift soll eine Ausfertigung des Berufungsurteils vorgelegt werden.

    Auch die Beschwerde gegen das **Urteil eines bay Gerichts** ist beim BGH einzulegen, der bindend die Zuständigkeit für die Entscheidung festlegt, § 7 II EGZPO.

8   Zu einer **Änderung seiner Nichtzulassungsentscheidung** ist das Berufungsgericht nicht befugt, § 318 iVm § 555 I. Dagegen ist eine Berichtigung, § 319 iVm § 555 I, zulässig, § 543 Rn 14.

9 **5) Begründung der Beschwerde, II.** Die Nichtzulassungsbeschwerde ist innerhalb von 2 Monaten nach Zustellung des in vollständiger Form abgefaßten Urteils zu begründen, spätestens aber bis zum Ablauf von 7 Monaten nach der Verkündung des Urteils, **II 1**. Die Verlängerung der Frist richtet sich nach § 551 II 5 u 6, **II 2**. In der Begründung müssen die Zulassungsgründe, § 543 II, dargelegt werden, **II 3**; dazu BAG NJW **05**, 1965, BGH NJW **03**, 2319 mwN. S auch oben Rn 4 u 5.

10 **6) Verfahren und Entscheidung, III u IV.** Das Revisionsgericht gibt dem Gegner des Beschwerdeführers Gelegenheit zur Stellungnahme, **III**, und entscheidet dann über die Beschwerde durch Beschluß, **IV 1**, bei teilweisem Erfolg auch über die Kosten, BGH NJW **04**, 1048 (sonst darf die Kostenentscheidung des Berufungsurteils nicht geändert werden, BGH NJW **04**, 2598). Ob ein Zulassungsgrund gegeben ist, beurteilt sich nach dem Zeitpunkt der Entscheidung; ein Zulassungsgrund kann infolge einer Veränderung der tatsächlichen Verhältnisse, die in der Revisionsinstanz zu berücksichtigen ist, nach Einlegung der Beschwerde entfallen; dann ist die angestrebte Revision gleichwohl zuzulassen, wenn sie Aussicht auf Erfolg hat, BGH MDR **04**, 1369 mwN (krit Baumert MDR **04**, 71, Seiler NJW **03**, 2290). Der Beschluß soll begründet werden; davon kann unter bestimmten Voraussetzungen abgesehen werden, **IV 2**. Der Beschluß ist den Parteien zuzustellen, **IV 3**. Gegen ihn gibt es kein Rechtsmittel; wegen der Zulässigkeit der Anhörungsrüge vgl § 321 a Rn 4. Zulässig ist eine Wiederaufnahmeklage, BAG NJW **95**, 2125 mwN.

7) Rechtskraft des Urteils, V. Die Einlegung der Beschwerde hemmt die Rechtskraft, **V 1**. § 719 II u **11** III (einstweilige Einstellung der Zwangsvollstreckung) gilt entspr, **V 2**. Mit der Ablehnung der Beschwerde, dh mit ihrer Verwerfung oder Zurückweisung, wird das Urteil rechtskräftig, **V 3**.

8) Erfolgreiche Beschwerde, VI. Wird der Beschwerde stattgegeben, dh die Revision zugelassen, so **12** wird das Beschwerdeverfahren als Revisionsverfahren fortgesetzt, **VI 1**. Es bedarf also nicht einer förmlichen Einlegung der Revision. Vielmehr gilt die form- und fristgerechte Einlegung der Beschwerde als Einlegung der Revision, **VI 2**; dies gilt auch dann, wenn die Form oder die Frist nicht gewahrt sind, weil diese Fragen wegen der Bindung des Revisionsgerichts an den Zulassungsbeschluß, § 318 iVm § 555 I nicht zu prüfen sind. Die Revisionsbegründungsfrist, § 551, beginnt mit der Zustellung des stattgebenden Beschlusses, **VI 3**. Die auf Grund einer Nichtzulassungsbeschwerde zugelassene Revision muß nicht erst innerhalb der mit Zustellung des Zulassungsbeschlusses in Lauf gesetzten Revisionsbegründungsfrist (durch Bezugnahme auf die Begründung der Nichtzulassungsbeschwerde oder durch davon unabhängige, auch zusätzliche Ausführungen) begründet werden. Vielmehr kann eine den Anforderungen des § 551 III 1 ZPO genügende Revisionsbegründung auch schon vor Beginn der Revisionsbegründungsfrist, zum Beispiel in dem Schriftsatz gegeben werden, mit dem die Nichtzulassungsbeschwerde begründet wird. In diesem Fall beginnt die Frist für eine Anschlußrevision mit Zustellung des Zulassungsbeschlusses, BGH NJW **04**, 2981, (krit Büttner NJW **04**, 3524).

9) Anhörungsrüge, VIII. In diesem Fall bedarf es keiner vorherigen Zulassung der Revision, BGH **13** MDR **05**, 1068. Iü wird auf die Kommentierung zu § 321 a verweisen.

10) VwGO: Eigene Regelung in § 133 VwGO. Eine Verlängerung der Begründungsfrist sieht die VwGO nicht **14** vor, BVerwG BayVBl **01**, 696.

545

Revisionsgründe. I Die Revision kann nur darauf gestützt werden, dass die Entscheidung auf der Verletzung des Bundesrechts oder einer Vorschrift beruht, deren Geltungsbereich sich über den Bezirk eines Oberlandesgerichts hinaus erstreckt.

II Die Revision kann nicht darauf gestützt werden, dass das Gericht des ersten Rechtszuges seine Zuständigkeit zu Unrecht angenommen oder verneint hat.

Vorbem. Im **Verfahren der Arbeitsgerichte** gilt § 73 ArbGG.

Gliederung

1) **Allgemeines**	1	A. Anwendungsbereich	10, 11
2) **Gesetzesverletzung, I**	2–5	B. Voraussetzungen	12–15
A. Grundsatz	2	5) **Folgen der Nichtrevisibilität**	14
B. Ausländisches Recht	3–5	6) **Beschränkung der Prüfung, II**	17–20
3) **Bundesrecht, I**	6–9	A. Zuständigkeit	17, 18
A. Abgrenzung zum Landesrecht	6	B. Familiensachen	19
B. Bundesrecht	7, 8	C. Geltungsbereich	20
C. Europarecht	9	7) *VwGO*	21
4) **Sonstige Vorschriften, I**	10–15		

1) Allgemeines. § 545 enthält keine Prozeßvoraussetzung der Revision, sondern ein Erfordernis ihrer **1** sachlichen Berechtigung, stRspr, der Text sollte daher statt „die Revision kann nur darauf gestützt werden" besser „die Revision ist nur dann begründet" sagen. Unzulässig ist die Revision, wenn die Revisionsbegründung gar keine Gesetzesverletzung ordnungsmäßig rügt, § 551. Dann ist die Revision als unzulässig zu verwerfen; bei Verkennung der Schranken des § 545 ist sie als unbegründet zurückzuweisen.

Für den Erfolg der Revision ist die Verletzung eines Gesetzes nötig. Eine Verletzung rechtsphilosophischer Grundsätze, allgemeiner Auslegungsregeln u dgl begründet die Revision nur, wenn diese Regeln dem revisiblen Recht entfließen. Die Revision läßt sich auf die Verletzung revisibler Normen durch Anwendung nicht revisibler Gesetze, zB bei Annahme einer Bindung durch Bundesrecht bei der Auslegung einer nicht revisiblen Norm, BVerwG VerwRspr **27**, 787, nicht aber auf die Verletzung nicht revisibler Normen, auf die eine revisible verweist. Revisibel ist die Entscheidung aber, wenn das nicht revisible Landesrecht von der Anwendung von solchem absieht und Bundesrecht gelten läßt. Regelmäßig wird aber durch die Verweisung auf Bundesrecht (zu ihren Grenzen vgl BVerfG NJW **78**, 1475 und dazu Baden NJW **79**, 623 mwN) dieses nur als Landesrecht übernommen, BGH **10**, 371, BVerwG NVwZ **85**, 652, aM Wiecz B III b 2 (vgl auch Rn 15).

Entsprechend anwendbar ist § 545 im Verfahren nach § 17 a IV GVG, BGH NJW **96**, 3012.

2) Rechtsverletzung, I **2**

A. Grundsatz. Die Revision ist nur dann sachlich begründet, Rn 4, wenn ein Gesetz iSv I verletzt und diese Verletzung für die Entscheidung ursächlich ist **(„auf der Verletzung … beruht")**. Dazu genügt bei Verfahrensfehlern, daß ohne die Verletzung möglicherweise anders erkannt wäre, BGH NJW **90**, 122, StJGr

§ 545

48; jedoch kann die Revision auf einen in 1. Instanz begangenen Verstoß nur gestützt werden, wenn auch das Berufungsurteil mit dem Verfahrensmangel behaftet ist, BGH NJW **58**, 1398, **LM** Nr 45; auf die Ursächlichkeit kommt es nicht an bei den sog unbedingten Revisionsgründen, § 547.

In Betracht kommen alle Gesetze iSv I, die auf die Entscheidung anzuwenden sind. Das sind die bei Verkündung des Revisionsurteils geltenden, BGH NJW **95**, 2171, § 300 Rn 7, sofern sie das Berufungsgericht berücksichtigen müßte, wenn in diesem Zeitpunkt zu entscheiden hätte, BVerwG MDR **73**, 785; darauf, ob das Berufungsgericht sie bei seinem Urteil berücksichtigen konnte, kommt es nicht an, BGH WertpMitt **82**, 299. Anzuwenden sind daher alle Gesetze, die unmittelbar in das streitige Rechtsverhältnis eingreifen, so daß auch zu beachten ist, wenn sich das Gesetz Rückwirkung beilegt, BGH **36**, 351; denn das Revisionsgericht hat die Aufgabe, richtig nach dem in der Revisionsinstanz geltenden Recht zu entscheiden, BGH in stRspr, BGH DtZ **96**, 376 mwN. Dies gilt auch für nicht angewendetes ausländisches Recht, BGH **36**, 351.

Hat das Berufungsgericht nichtrevisibles Landesrecht, das auf den Fall anzuwenden wäre, außer Betracht gelassen, so ist es vom Revisionsgericht seiner Entscheidung zugrundezulegen, BGH NJW **96**, 3151 mwN.

3   **B. Ausländisches Recht** (Schack 645–649; Gruber ZRP **92**, 6; Gottwald IPrax **88**, 210; Kerameus ZZP **99**, 166). Es ist nicht revisibel, stRspr, sofern nicht zumindest auch deutsches Recht verletzt ist, BGH WertpMitt **81**, 190 mwN (das gleiche gilt für die Auslegung ausländischer Allgemeiner Geschäftsbedingungen, stRspr, BGH NJW **94**, 1409 mwN), vgl Kerameus ZZP **99**, 171. Irrevisibel ist ausländisches Recht auch dann, wenn es tatsächlich übereinstimmt mit revisiblem deutschem Recht oder mit allgemeinen Rechtsanschauungen, BGH NJW **63**, 252; denn auch dann bildet dieses Recht mit der gesamten ausländischen Rechtsordnung eine Einheit, kann also nicht vom deutschen Gesichtspunkt aus ausgelegt werden, BGH NJW **59**, 1873 (österr HGB). Das gilt auch dann, wenn zB aufgrund des Abkommens zur Vereinheitlichung des Wechselrechts das ausländische Wechselgesetz den gleichen Inhalt wie das deutsche hat, BGH **LM** Art **92** WG Nr 1. Nicht revisibel ist auch das nach dem 3. 10. 90 nicht mehr geltende Recht der DDR, vgl BGH **LM** Nr 23. Wohl aber ist in der Revisionsinstanz stets zu prüfen, ob das fremde Recht dem ordre public widerspricht, OGHZ NJW **51**, 73.

4   Mit Rücksicht auf die Nichtrevisibilität des ausländischen Rechts darf der Tatrichter **nicht unentschieden** lassen, ob ausländisches oder deutsches Recht anwendbar ist, BGH WM **91**, 838 mwN, NJW **88**, 3097 (dazu Roth IPrax **89**, 213); der Unterlegene ist aber nicht beschwert, wenn das Berufungsgericht die Sache nach allen in Betracht kommenden Rechten geprüft und deshalb offen gelassen hat, welches Recht anzuwenden sei, BGH NJW **63**, 253 (dazu Steindorff JZ **63**, 201). Die Verletzung deutschen zwischenstaatlichen Privatrechts durch Anwendung oder Nichtanwendung einer Norm begründet die Revision, BGH **82**, 2733. Die Verbürgung der Gegenseitigkeit betrifft auch das deutsche Recht, § 328 Z 5, RG **115**, 105; insofern ist also auch nicht revisibles ausländisches Recht nachzuprüfen, BGH **42**, 198, **49**, 52, da es um eine Vorfrage für die Anwendbarkeit deutschen Rechts geht, ebenso hinsichtlich der Verbürgung der Gegenseitigkeit iSv § 110, BGH **37**, 264, WertpMitt **82**, 194. Das gleiche gilt für Prüfung der internationalen Zuständigkeit in EheS für die Frage der Anerkennung nach § 606 a I 1 Z 4, dort Rn 12, str. Die Anwendung ausländischen Rechts ist auch nachprüfbar, soweit das nach deutschem IPR anwendbare ausländische Recht auf deutsches Recht zurückverweist, BGH IPRspr **81** Nr 2, **45**, 354, NJW **58**, 750, nicht aber, wenn das ausländische Recht weiterverweist, BGH **45**, 351. BGH **3**, 342 entnimmt der Beweislastverteilung dem sachlichen ausländischen Recht und hält sie deshalb für irrevisibel, Anh § 286 Rn 4; nachprüfbar ist aber, ob das Berufungsgericht ein Vorbringen, das entsprechend der ausländischen Regelung für wesentlich gehalten hat, unbeachtet gelassen hat.

5   Die Verletzung ausländischen Rechts kann auch dann nicht mit der Revision gerügt werden, wenn die Ausführungen des Berufungsgerichts nicht erschöpfend wie deutsches, BGH RIW **90**, 581, NJW **88**, 648 mwN. Nachprüfbar ist aber, ob der Richter das ausländische Recht **verfahrensfehlerfrei ermittelt** hat, also kein Verstoß gegen § 293 vorliegt, Sommerlad/Schrey NJW **91**, 1378, Gottwald IPrax **88**, 210, Fastrich ZZP **97**, 423 mwN, BGH NJW **95**, 1032, **92**, 3106 u 2029 (eingehend), NJW **91**, 1419 mwN). Grundsätzlich hat der BGH nicht die im pflichtgemäßen Ermessen des Tatrichters liegende Art und Weise nachzuprüfen, wie dieser sich die Kenntnis des fremden Rechts verschafft hat, BGH NJW **63**, 252. Der Tatrichter hat jedoch von allen ihm zugänglichen Erkenntnisquellen Gebrauch zu machen (er wird idR einen Sachverständigen heranziehen, muß aber ggf von weiteren Möglichkeiten Gebrauch machen, BGH RR **91**, 1212 u NJW **91**, 1419) und dies darzulegen, BGH RR **95**, 767 mwN. Nachprüfbar ist dabei, ob bei einer von ihm für erforderlich gehaltenen Beweisaufnahme das Verfahrensrecht verletzt worden ist, BGH NJW **75**, 2143. Einzelheiten: § 293 Rn 1.

Zum Verfahren des Revisionsgerichts bei Nichtanwendung später erlassener oder vom Berufungsgericht übersehener ausländischen Rechts siehe oben Rn 5.

6   **3) Bundesrecht, I**

A. Die Abgrenzung von Bundes- und Landesrecht enthalten Art 70 ff GG, die Gebiete der ausschließlichen Bundesgesetzgebung zählt Art 73 auf. Das bürgerliche Recht, die Gerichtsverfassung, das gerichtliche Verfahren, die Gesetzgebung über die Rechtsanwaltschaft gehören zur konkurrierenden Gesetzgebung, Art 74, nicht aber die Materien, für die der Bund Rahmenvorschriften erlassen kann, Art 75. Für Gesetze aus der Zeit vor dem 23. 5. 49 sind Art 124, 125 GG zu beachten.

Durch G v 27. 10. 94, BGBl 3146, sind Art 72, 74 und 75 GG mWv 15. 11. 94 geändert worden; die zuvor aGrd dieser Artikel als Bundesrecht ergangenen Vorschriften gelten einstweilen als solches fort, **Art 125 a GG** idF des Ges, dazu Sannwald NJW **94**, 3319, Rybak/Hofmann NVwZ **95**, 230.

7   **B. Bundesrecht.** Es ist auch dann revisibel, wenn es nicht über einen OLG-Bezirk hinaus gilt. Dazu gehören alle Normen, die im BGBl veröffentlicht sind (einschließlich völkerrechtlicher Abk). Immer ist nötig, daß die Norm kraft eines Gesetzesbefehls des Bundesgesetzgebers gilt. Deshalb reicht es nicht aus, daß in anderen Normen ergänzend auf Bundesrecht verwiesen wird, vgl BVerwG DVBl **86**, 1200, NVwZ **84**, 101 mwN; doch wird sich die Revisibilität oft aus der Geltung der Norm über einen OLG-Bezirk hinaus ergeben.

8   Bundesrecht sind auch folgende Rechtsvorschriften: **a)** das **frühere Reichsrecht**, sofern es sich um Gegenstände der ausschließlichen Gesetzgebung des Bundes (Art 73 GG) handelt, **Art 124 GG**, oder bei

Abschnitt 2. Revision **§ 545**

Gegenständen der konkurrierenden Gesetzgebung, wenn es wenigstens in einer Besatzungszone einheitlich galt, **Art 125 Z 1.** Zum früheren Reichsrecht gehören alle durch die Reichsgesetzgebung für das ganze Reich erlassenen Rechtsnormen, auch die zu Reichsgesetzen gemachten Gesetze des Norddeutschen Bundes (§ 2 G v 16. 4. 1871). Zwischenstaatliche Verträge wurden durch die Veröffentlichung ihrer Ratifikation im RGBl Reichsrecht, RG MuW **30**, 411. Dem Reichsrecht gleichzuachten sind im Sinne des § 545 nicht Ländergesetze, die aufgrund des Gesetzes über den Neuaufbau des Reichs seit 1934 durch die Landesregierungen erlassen wurden, BGH **18**, 134. **b) Sonstiges Recht, das einheitlich in einer oder mehreren Besatzungszonen gilt oder galt, Art 125 Z 1,** sofern es von deutschen Gesetzgebungsorganen gesetzt worden ist. **c) Nach dem 8. 5.** 1945 erfolgte Abänderungen des früheren Reichsrechts, Art 125 Z 2, also insbesondere die jedes Landes, eine zonale oder mehrzonale Änderungen auch in § 1 fallen; Reichsrecht, das zwischen dem 8. 5. 45 und dem Inkrafttreten des GG nicht geändert worden ist und nur in einem einzigen Bundesland galt, ist nicht Bundesrecht geworden, BVerwG NVwZ **92**, 977. Abänderung ist auch die Ersetzung, aber nicht eine Neuregelung mit völliger Umgestaltung. – Bei Streit über das Fortgelten von Recht als Bundesrecht ist auszusetzen und das BVerfG anzurufen, Art 126 GG.

Revisibel ist auch **Besatzungsrecht**, das nach Art 124, 125 GG Bundesrecht geworden wäre, wenn es von einer deutschen Stelle erlassen worden wäre, StJGr 6, MüKoWa 3, BVerwG NJW **89**, 3168, **41**, 3.

Wegen des Rechts der **ehem DDR** s Rn 13.

C. Europarecht. Hinsichtlich der Revisibilität steht das Recht der EG dem Bundesrecht gleich, BVerwG **9** **34**, 277, EuZW **93**, 263, dazu Huber BayVBl **01**, 577 u Petzold NVwZ **99**, 151 mwN. Wegen der Vorlagepflicht nach Art 234 u 68 EGV s Anh § 1 GVG.

4) Sonstige Vorschriften, I **10**

A. Anwendungsbereich. Revisibel sind unter bestimmten Voraussetzungen, unten Rn 15–17, außer dem Bundesrecht auch alle nach den Grundsätzen des öffentlichen Rechts des Bundes, des Reiches und der Länder über die Rechtsetzung gültig geschaffenen Normen des objektiven Rechts. Hierhin gehören: Sachlich-rechtliche und prozessuale Rechtsnormen eines früheren oder jetzigen inländischen Normgebers (auch Rechtsverordnungen) oder einer zur Normsetzung befugten supranationalen Einrichtung (wegen des Rechts der EG s Rn 12); das von den früheren Inhabern der obersten Regierungsgewalt ausgehende Besatzungsrecht, soweit es nicht wie Bundesrecht zu behandeln ist, Rn 11 (zum Berliner Besatzungsrecht vgl BVerwG NJW **89**, 3168); das vor dem 3. 10. 90 geltende Recht der ehem DDR, BGH NJW **93**, 260, Oetker JZ **84**, 613, einschließlich der von der DDR abgeschlossenen zwischenstaatliche Verträge, BGH DtZ **97**, 56 (zu § 1 VIII b VermG); ebenso das fortgeltende Recht der DDR, soweit es Landesrecht geworden ist, Art 9 I EV, BVerwG DtZ **96**, 284, Dresden DtZ **94**, 113; Gewohnheitsrecht (revisibel ist die Verkennung des Begriffs des Gewohnheitsrechts, auch wo es irrevisibles Landesrecht betrifft, RG DR **40**, 587; Beweiserhebung über das Bestehen von Bundesgewohnheitsrecht durch den BGH: NJW **65**, 1862); allgemeine Grundsätze des Völkerrechts und des bundesgesetzlichen Völkervertragsrechts, ThP 3, zB Art 234 EGV, Anh § 1 GVG, Mutke DVBl **87**, 403; Ortssatzungen mit dem Charakter objektiven Rechts; VerwVorschriften, die nicht nur interne Anweisungen an die Behörden sind, sondern objektives Recht enthalten (zB Zuständigkeitsvorschriften), nicht aber sonstige Verwaltungsvorschriften, die idR nur unter dem Gesichtspunkt der Gleichbehandlung Außenwirkung erlangen, BVerfG WertpMitt **89**, 464 mwN, BVerwG NJW **88**, 2907 (zu den sog normkonkretisierenden Verwaltungsvorschriften, BVerwG NVwZ **86**, 213, vgl Gerhardt NJW **89**, 2233, Hill NVwZ **89**, 401, Erbguth DVBl **89**, 473, Wallerath NWVBl **89**, 153); Richtlinien über die **11** Gewährung von Ministerialzulagen, BGH LM Nr 46 (ggf sind sie aber irrevisibles Landesrecht); die Bestimmungen über die Ausgestaltung der zwischen öffentlich-rechtlichen Versicherungsanstalten und ihren Versicherungsnehmern bestehenden Versicherungsverhältnissen, gleichgültig, ob in Form von allgemeinen Versicherungsbedingungen oder in der eines Gesetzes, BGH **6**, 376, ferner zwischen Versicherungsträgern abgeschlossene Schadensteilungsabkommen typischer Art, BGH **20**, 389, Pfennig VersR **52**, 417; Satzungen öffentlich-rechtlicher Körperschaften, die auf Gesetz beruhen, BGH LM § 242 (Cd) Nr 2 BGB, wie der der Sozialversicherungsträger, BGH RR **88**, 1021 u NJW **85**, 2194, Knappschaftsvereine, RG **76**, 207, oder der Landschaften, RG **64**, 214; die normativen Teile eines Tarifvertrages, GMP § 73 Rn 11. Revisibel ist das Deutsche Arzneibuch, weil es zwar landesgesetzlich eingeführt ist, aber eine bewußte Vereinheitlichung bedeutet, RG **154**, 137, aus den gleichen Erwägungen allgemeine Versicherungsbedingungen, die durch Landesgesetz eingeführt sind, BGH **4**, 220, **6**, 375. – **Nicht** hierher gehören Handels- und Börsengebräuche, Verwaltungsvorschriften für den inneren Dienst (zB die VOB/A, BGH NJW **92**, 827), Genossenschaftssatzungen.

B. Voraussetzungen. Revisibel ist die sonstige Vorschrift grundsätzlich nur, wenn sich ihr **Geltungsbe-** **12** **reich über den Bezirk eines OLG hinaus** erstreckt (in den neuen Bundesländern trat zunächst an die Stelle des OLG das Bezirksgericht, EV Anl I Kap III Sachgeb A Abschnitt III Z 1 b und 1 h). Anders als nach der bis Ende 15. 9. 75 geltenden Fassung braucht die Norm nicht (auch) im Bezirk des Berufungsgerichts zu gelten. Die Vorschrift muß somit **a)** durch das Berufungsurteil verletzt sein; nicht notwendig ist, daß sie noch heute wirksam ist, vielmehr entscheidet, ob die Norm im konkreten Fall angewendet wurde oder anzuwenden war, BGH **24**, 255, **b)** über den Bezirk eines OLG hinaus (gleich für welches Gebiet, zB Anwendung einer für Teile von SchlH und Nds geltenden Norm durch ein hbg Gericht) aufgrund desselben Gesetzgebungsaktes als Rechtsnorm iSv Rn 4 gelten, mag die Vorschrift auch Bestandteil des jeweiligen Landesrechts geworden sein, BGH NJW **89**, 108. Das gilt zB für den französischen Code Civil in den Gebieten seines früheren Geltungsbereichs, BGH NJW **85**, 1289, für das in mehreren Ländern als Landesrecht fortgeltende frühere preußische Recht, BGH NJW **89**, 108, für die Hausgesetze des hohen Adels, RG JW **37**, 2788, wie für das über einen OLG-Bezirk hinausgehende Besatzungsrecht, OGH NJW **49**, 147 (soweit es nicht sogar dem Bundesrecht gleichsteht, oben Rn 11).

Erforderlich ist, daß die Vorschrift in OLG-Bezirken gilt, von denen der Rechtszug zum BGH führt, so daß die Geltung in der DDR seit 1990 die Revisibilität begründet, BGH NJW **96**, 3013 u **93**, 260. Die Voraussetzung ist auch nicht gegeben, wenn Senate des OLG an andere Orte detachiert sind (Darmstadt und

§ 545   Buch 3. Rechtsmittel

Kassel von Ffm), BGH **LM** Nr 44. Als Bezirk kommt nur die Einteilung zZt der Revisionsverhandlung in Frage, nicht etwa eine frühere andere, BGH **10**, 367. Die Revisionsfähigkeit kann also durch Aufteilung oder Zusammenlegung der Bezirke wechseln, da entscheidend ist, daß die Rspr einheitlich ist, RG HRR **37**, 1034, gleichgültig, ob das Landesgesetz noch gilt, BGH **LM** Nr 39; daß ein anderes Gericht die Vorschrift als interlokales Recht anwenden muß, genügt nicht, BGH **24**, 256, ebensowenig die tatsächliche Übereinstimmung der Vorschriften in mehreren Bezirken, BGH **7**, 299.

13 **Inhaltsgleiche Regelungen** im Bereich des Landesrechts genügen an sich nicht für die Revisibilität, BGH NJW **92**, 2769 mwN. Sie sind aber revisibel, wenn sie auf derselben Rechtsquelle beruhen, BGH NJW **89**, 108, etwa auf einem Rahmengesetz des Bundes, zB dem BRRG, BGH DVBl **83**, 1241 mwN (§ 103 Hess BeamtG), BGH **34**, 378 (§ 122 II Hess BeamtG), oder, falls dies nicht der Fall ist, wenn die Übereinstimmung nicht nur zufällig, BGH **7**, 299, sondern gewollt aufrechterhalten oder herbeigeführt wird, BGH NJW **92**, 2769 mwN, zB zum Zweck der Vereinheitlichung, BGH WM **97**, 1657 (Anm Goetze DStR **97**, 1587). Revisibilität ist auch dann gegeben, wenn eine an sich nicht revisible PolizeiVO aus dem ihr zugrunde liegenden revisiblen Landesrecht einen Rechtsbegriff übernimmt (hinsichtlich der Anwendung dieses Begriffs), BGH **46**, 17. In AGBG-Sachen ist Revisionsgrund die Anwendung dieses Gesetzes, so daß es auf den Geltungsbereich der AGB nicht ankommt, Sieg VersR **77**, 493.

14 Daß die Auslegung einer Vorschrift, auch einer rein örtlichen, von der Auslegung eines Bundesrecht gewordenen Reichsgesetzes oder eines Bundesgesetzes abhängt, macht sie nicht revisibel. **Allgemeine Rechtsgrundsätze** sind Teil der Vorschrift, die sie ergänzen, auch solche des BGB, RG **136**, 222, können also auch insofern der Revision entzogen sein. Nicht das Gesetz als Ganzes kommt in Betracht, sondern die fragliche Bestimmung. Eine Vorschrift wird nicht dadurch revisibel, daß bei ihrer Auslegung Begriffe und Grundsätze anzuwenden sind, die das RG (BGH) entwickelt hat, RG HRR **29**, 1780.

15 **Immer revisibel** ist die Entscheidung über die **Vereinbarkeit einer Vorschrift** mit übergeordnetem revisiblem Recht, zB des Landesrechts mit Bundesrecht. Das gleiche gilt für die Entscheidung über einen auf Landesrecht gestützten Anspruch, wenn die Auslegung und Anwendung des Landesrechts durch eine **Verletzung von Bundesrecht** beeinflußt wird, BGH MDR **92**, 1082, BVerwG DVBl **95**, 430 (Verstoß gegen Art 20 III GG).

16 5) **Folgen der Nichtrevisibilität.** Die allein auf eine irrevisible Norm gestützte Revision ist unbegründet, oben Rn 4, nicht unzulässig. Für die Nachprüfung unbeachtlich sind Rügen aus §§ 139, 286, RG **159**, 51, außer wenn das Berufungsgericht Beweise für Tatsachen, die nach seiner Auslegung des irrevisiblen Rechts erheblich sind, übergangen hat, BGH NJW **52**, 142. Zur Bindung des Revisionsgerichts an die Entscheidung des Berufungsgerichts über das Bestehen und den Inhalt irrevisiblen Rechts s Erl zu § 560.

17 6) **Beschränkung der Prüfung, II**
A. **Zuständigkeit.** Jede Prüfung der **örtlichen und sachlichen Zuständigkeit** des ersten Rechtszuges ist in der Revisionsinstanz ausgeschlossen, BGH NJW **05**, 1662 u **03**, 2917, und zwar ohne Rücksicht darauf, ob das erstinstanzliche Gericht seine Zuständigkeit bejaht oder verneint hat und wie das Berufungsgericht darüber entschieden hat, und auch dann, wenn es die Revision wegen der Frage der Verneinung der örtlichen Zuständigkeit zugelassen hat, BGH NJW **88**, 3267, BAG NJW **83**, 839 mwN, ZöGu 16. Das gilt auch für die Überprüfung der örtlichen Zuständigkeit kraft Sachzusammenhangs, BGH ZZP **99**, 99 (krit Anm Vollkommer). Da die Parteien in den Vorinstanzen Gelegenheit haben, diese Fragen zu klären, ist die Beschränkung im Interesse der Beschleunigung und der Prozeßwirtschaftlichkeit gerechtfertigt; sie ist verfassungsrechtlich unbedenklich, BGH aaO. Jedoch ist II in Bezug auf die örtliche Zuständigkeit nicht anzuwenden, soweit daneben die internationale Zuständigkeit im Streit ist und beide Zuständigkeiten von denselben Voraussetzungen abhängen, BGH NJW **97**, 397 (Anm Geimer **LM** § 38 Nr 32), s unten Rn 20.

II gilt auch in **FamS und Kindschaftssachen** sowie für Urteile, die ausschließlich über die Zuständigkeit entscheiden.

18 Eine statthafte Revision, der es aber nur um eine der in II genannten irrevisiblen Fragen geht, ist unbegründet, nicht unzulässig, BGH MDR **80**, 203, im Erg zustm Waldner ZZP **93**, 332 (der die Revision aber dann für unzulässig hält, wenn das Berufungsgericht zurückverwiesen hat, weil es die örtliche Zuständigkeit im Gegensatz zur ersten Instanz bejaht hat). Geht es nur um die örtliche Zuständigkeit und ist die Revision deswegen (fehlerhaft) zugelassen, so sind die Kosten nach § 8 GKG niederzuschlagen, BGH aaO.

19 B. **Familiensachen, § 621.** Die bisherige Vorschrift des § 549 II erstreckte den Ausschluß der Prüfung auf die Frage, ob eine FamS vorliegt, vgl 59. Aufl. Diese Bestimmung ist in das ZPO-RG nicht übernommen worden. Die Begründung hierfür ergibt sich aus der Begründung des RegEntw zu § 532, BT-Drs 14/4722 S 102: danach ist die Parallelbestimmung für das Berufungsverfahren, § 529 III aF, als Folgeänderung zu § 513 II entfallen. Danach ist davon auszugehen, daß der Gesetzgeber die Frage der Qualifizierung als FamS als Frage der Zuständigkeit angesehen hat, vgl § 513 Rn 2. Das gleiche muß für II gelten, so daß das Revisionsgericht ausnahmslos daran gebunden ist, wie die erste Instanz die Sache qualifiziert hat. Dies gilt auch für die Frage, ob die Vorinstanzen das richtige Verfahren gewahrt hatten. Auch insoweit gilt II für alle zivilprozessualen FamS § 621 a Rn 2; eine entspr Vorschrift für FGG-FamS, § 621 a Rn 3, enthält § 621 e IV 1.

20 C. **Geltungsbereich.** Unberührt von II bleibt die Prüfung der staatlichen Gerichtsbarkeit, BGH NJW **00**, 1555 (innerkirchl Streitigkeit), und der funktionellen Zuständigkeit, Grdz § 1 Rn 4, zB des OLG in Landwirtschaftssachen, BGH RR **92**, 1152 mwN, oder des Kartellsenats in Sachen nach dem GWB, BGH RR **96**, 765, oder der gesetzlichen Geschäftsverteilung in anderen als FamS (zB wenn es um das Verhältnis ZivK/KfH geht, Gaul JZ **84**, 565), einer Prüfung unterliegt auch die Frage der internationalen Zuständigkeit, § 12 Rn 5 ff, BGH in stRspr, NJW **03**, 426 u 2916, NJW **04**, 1456, Oberhammer ZZP **04**, 87. Auf Rechtsfehler bei der Beantwortung dieser Fragen kann eine Revision also gestützt werden. Das Revisionsgericht ist insofern, als es dabei auf ausländisches Recht ankommt, nicht an das Berufungsurteil gebunden; das ausländische Recht ist in diesem Rahmen revisibel, oben Rn 7. Die **Prüfung des Rechtsweges**, § 13 GVG, ist dem Rechts-

mittelgericht der Hauptsache nur nach Maßgabe des § 17 a V GVG gestattet, s dort Rn 15 u 16, BGH NJW **95**, 2852.

7) VwGO: Statt **I** gilt § 137 I VwGO, BVerwG Buchholz 310 § 40 VwGO Nr 202, der eine abweichende **21** Regelung der Revisibilität enthält, BVerwG BayVBl **01**, 600, Bertrams DÖV **92**, 97 (voll revisibel ist ferner Landesbeamtenrecht, § 127 BRRG). **II** ist für die Verwaltungsgerichtsbarkeit gegenstandslos, § 17 a GVG iVm §§ 83 u 173 VwGO.

546 Begriff der Rechtsverletzung. Das Recht ist verletzt, wenn eine Rechtsnorm nicht oder nicht richtig angewendet worden ist.

Vorbem. Im Verfahren der Arbeitsgerichte entspr anwendbar, § 72 V ArbGG. **1**

1) Regel (Rimmelspacher NJW **02**, 1899). Das Recht, § 545, ist verletzt, wenn es entweder gar nicht **2** oder unrichtig angewandt ist. Seine unrichtige Anwendung kann beruhen **a)** auf einer Verkennung der Merkmale der richtigen Norm; **b)** auf einer Einordnung der richtig erkannten Merkmale unter eine falsche Norm (unrichtige Subsumtion); dahin gehört auch ein Verstoß gegen die Denkgesetze; **c)** auf einem Widerspruch zwischen den tatsächlichen Annahmen und dem im Tatbestand festgehaltenen Verhandlungsergebnis; dagegen kennt die ZPO nicht den Revisionsgrund der Aktenwidrigkeit, BGH MDR **81**, 654. Die Abgrenzung von Rechts- und Tatfragen ist oft schwierig, ihre Handhabung ist bisweilen unberechenbar.

2) Einzelfälle: **3**
Auslegung (Bürck, F Krasney, 1997). **A. Gerichtliche und behördliche Entscheidungen und Willensakte.** Ihre Auslegung ist stets voll nachprüfbar, BGH NJW **83**, 2774 mwN (Pfändungsbeschluß), BGH LM § 549 Nr 59 (Eintragung im Grundbuch), BGH **86**, 110 mwN (Verwaltungsakte), also auch, ob ein VerwAkt oder ein bürgerlich-rechtlicher Vertrag vorliegt, BGH **28**, 34, und welche Anforderungen an einen VerwAkt zu stellen sind, BVerwG MDR **73**, 526, ferner die Art einer zwischen der BRep und einem fremden Staat getroffenen Vereinbarung, BGH **32**, 84.

B. Willenserklärungen. Ihre Auslegung ist nur eingeschränkt nachprüfbar, dazu Messer F Odersky, **4** 1996, E. Schneider MDR **81**, 885, krit May NJW **83**, 980 unter Hinweis auf die Rspr des BSG. Tatfrage ist, welche Erklärung abgegeben, Rechtsfrage, ob die Auslegung mit den Denkgesetzen oder dem Wortlaut vereinbar ist und ob anerkannte Auslegungsgrundsätze, etwa §§ 133, 157 BGB, verletzt sind, BGH in stRspr, NJW **01**, 3776, 99, 3704, **95**, 46 u RR **93**, 562 mwN, oder wesentlicher Auslegungsstoff außer acht gelassen ist, BGH NJW **95**, 46, BAG NJW **56**, 1732. Nur insoweit ist dem Revisionsgericht eine Überprüfung gestattet, BGH MDR **96**, 70, NJW **92**, 1968 u RIW **90**, 581 mwN, BVerwG NVwZ **82**, 196 mwN, Köln MDR **82**, 1030. Bei AGB und immer wiederkehrenden, gleichlautenden Klauseln, zB in Schiedsverträgen, obliegt es dem Revisionsgericht, eine Auslegungsregel zu finden, die der Richter angibt, was „im Zweifel" gewollt ist, BGH **53**, 320, s unten Rn 10; nicht nachprüfbar ist die Auslegung ausländischer AGB, BGH MDR **91**, 144 mwN, aM Teske EuZW **91**, 149 mwN. Ist im Wege der ergänzenden Vertragsauslegung als Schwerpunkt eines Vertrages über nach Deutschland einzuführende Ware ein einheitliches Recht festgestellt, so ist diese Würdigung, wenn die Feststellung des Berufungsgerichts alle hierfür maßgebenden Umstände herangezogen haben, für das Revisionsgericht maßgebend, BGH NJW **61**, 25 (von BGH **44**, 186 dahingestellt gelassen). Nicht notwendig ist es, daß gesetzliche Auslegungsregeln verletzt sind. Willensmängel betreffen das Bestehen, nicht die Auslegung.
Das Revisionsgericht kann eine notwendige, vom Berufungsgericht unterlassene Auslegung selbständig vornehmen, wenn das Berufungsgericht alle erforderlichen Feststellungen getroffen hat und weitere Feststellungen nicht zu erwarten sind, BGH NJW **98**, 1219 mwN (zur ergänzenden Vertragsauslegung), und zwar auch dann, wenn mehrere Auslegungsmöglichkeiten bestehen, BGH NJW **91**, 1181 mwN, u a **65**, 107 (WertpMitt **75**, 470 ist aufgegeben); das gleiche gilt bei ihr widersprüchlicher oder sonst fehlerhafter Auslegung durch das Berufungsgericht, BGH RR **93**, 563 mwN, E. Schneider MDR **81**, 886.

C. Prozeßhandlungen. Sie darf das Revisionsgericht in freier Würdigung selbst auslegen, BGH in **5** stRspr, RR **96**, 1211 mwN; im Zweifel ist dasjenige gewollt, was nach den Maßstäben der Rechtsordnung vernünftig ist und der recht verstandenen Interessenlage entspricht, stRspr, BGH RR **96**, 1211 mwN, ua NJW **93**, 1925 u **92**, 566. Das gilt überhaupt für das Verhalten der Parteien im Prozeß, zB ihre verfahrensrechtlichen Erklärungen, BGH RR **96**, 834, auch in einem anderen Verfahren, solange dort nicht eine rechtskräftige Entscheidung über die Erklärung getroffen ist, BGH NJW **59**, 2119. Frei auslegbar und überprüfbar sind die Anträge, BGH RR **89**, 254, ein Prozeßvergleich, BAG MDR **83**, 1053 mwN (str), der Verzicht auf Rechtsmittel nach § 515 auch dann, wenn er gegenüber dem Gegner erklärt worden ist, BGH NJW **85**, 2335 mwN.

D. Urkunden. Nachzuprüfen ist ihre Einordnung als behördlicher Akt oder bürgerlich-rechtliche Erklärung, BGH **28**, 39. Ihre inhaltliche Auslegung ist nur nachprüfbar, soweit sie gegen Auslegungsregeln verstößt, wobei auch Umstände außerhalb der Urkunde von Bedeutung sein können, BGH LM § 133 BGB Nr B 1 (Testament). Das zu B Gesagte gilt auch hier. Nachprüfbar ist es auch, wenn ein eindeutiger Inhalt angenommen und damit die Auslegungsfähigkeit verneint wird, BGH **32**, 63.

E. Satzungen der Kapitalgesellschaften. Ihre Auslegung ist nachprüfbar, BGH **9**, 281, soweit es sich um die satzungsmäßige Regelung körperschaftlicher Fragen handelt, BGH **14**, 25, also um eine solche, die von vornherein für einen unbestimmten Personenkreis bestimmt ist, BGH NJW **92**, 893 mwN; deshalb gilt das Entsprechende für Stiftungsurkunden, BGH NJW **57**, 708. Maßgebend sind objektive Auslegungsgrundsätze. Eine Satzung (Gesellschaftsvertrag) ist grundsätzlich nur aus sich heraus auslegbar, so daß eine einheitliche Auslegung der Satzung gewährleistet ist, RG JW **39**, 354; für die Allgemeinheit unerkennbare Erwägungen und Absichten der Gesellschafter sind also unverwertbar, RG **159**, 326. Die Auslegung von individualrechtlichen Bestimmungen eines solchen Gesellschaftsvertrages ist hingegen Tat-

§ 546

frage; also ist die Nachprüfung beschränkt auf gesetzliche Auslegungsregeln oder die Verletzung von Denk- und Erfahrungssätzen, BGH **LM** § 549 Nr 25, vgl auch Nr 24 a. Vgl auch unten Rn 10.

F. Satzungen von Vereinen. Ihre Auslegung ist nachprüfbar, falls Mitglieder über einen OLG-Bezirk hinaus Wohnsitz haben, Warn **37**, 127, desgleichen solche des nicht rechtsfähigen Vereins, BGH **21**, 374, GMP § 73 Rn 13.

G. Stiftungssatzungen. Ihre Auslegung ist stets nachprüfbar, BGH **LM** § 85 BGB Nr 1.

6 **Beweiswürdigung.** Sie liegt auf tatsächlichem Gebiet, ist aber nachprüfbar, wenn sie das Gesetz, insbesondere § 286 ZPO verletzt, § 559 Rn 12. Das ist der Fall, wenn das Urteil nicht den gesamten Inhalt der Verhandlung und des Beweisergebnisses berücksichtigt, oder wenn die tatsächlichen Feststellungen in sich widersprüchlich sind, oder wenn durch die Beweiswürdigung Verfahrensvorschriften verletzt sind, BGH NJW **74**, 56, oder wenn die Beweiswürdigung auf rechtlich unzutreffenden Voraussetzungen beruht, Köln MDR **82**, 678. Dazu gehört auch die Mitteilung an die Parteien, wenn ein Zeuge erklärt hat, er könne nur nach Einsicht seiner Unterlagen eine vollständige Aussage machen, das Gericht aber die Einsicht nicht für erforderlich gehalten hat, BGH NJW **61**, 363. Nur beschränkt nachprüfbar sind auch Feststellungen über den Beweiswert von Erfahrungssätzen auf naturwissenschaftlichem Gebiet, BGH NJW **73**, 1411.

7 **Einordnung unter die Norm** (Subsumtion). In der Revisionsinstanz ist eine Nachprüfung zulässig zB daraufhin: ob das Verhalten einer Partei gegen Treu und Glauben verstößt, RG **100**, 135; ob ein Verstoß gegen die guten Sitten vorliegt, BGH **LM** § 138 BGB (C d) Nr 2, stRspr; ob Arglist, Irrtum, Fahrlässigkeit, Vorsatz, mitwirkendes Verschulden gegeben ist, stRspr (hingegen ist die Verteilung der Verantwortlichkeit Sache des Tatrichters, BGH **LM** § 561 Nr 8–10); nachprüfbar ist auch, ob der Unterschied von einfacher und grober Fahrlässigkeit erkannt ist, hingegen ist die Entscheidung, ob im Einzelfall grobe Fahrlässigkeit vorliegt, Tatfrage, BGH **10**, 17 (aM BAG **AP** § 23 BetrVG Nr 1, das in der Frage, ob ein Verhalten im gegebenen Fall als grobe Pflichtverletzung anzusehen ist, ebenfalls eine Rechtsfrage sieht, wenn auch besonderer Art, da der Tatbestand unter einen sog unbestimmten Rechtsbegriff einzureihen ist); stets ist nachzuprüfen, ob gegen Rechtsvorschriften, anerkannte Bewertungsmaßstäbe, Denkgesetze, allgemeine Erfahrungssätze verstoßen, insbesondere eine etwaige Notwendigkeit beiderseitiger Interessenabwägung nicht erkannt oder sonstige Gesichtspunkte unzureichend berücksichtigt sind. Revisibel ist ferner: ob eine Nachfrist aus § 326 BGB angemessen war; ob ein Vertrag zustandegekommen ist; ob ein Mangel erheblich ist, BGH **10**, 242; ob ein Rat schuldhaft erteilt ist; ob Verschulden in der Auswahl vorliegt, § 831 BGB; ob ein Verzicht wirksam erklärt ist; ob rechnerische Erwägungen zutreffen. Ein Irrtum ist dabei Gesetzesverletzung. Das Revisionsgericht kann seine eigene Lebenserfahrung verwerten. Die Verletzung allgemeiner Auslegungsgrundsätze bei der Auslegung irrevisiblen Rechts ist nicht nachprüfbar, BVerwG JZ **73**, 26.

8 **Erfahrungssätze, allgemeine** (Begriff: Einf § 284 Rn 22). Sie sind nicht etwa beweisbedürftige Tatsachen, sondern haben die Natur von Normen, die als Maßstab zur Beurteilung von Tatsachen dienen, und sind daher nachprüfbar, stRspr, BGH RR **93**, 653 mwN; dies gilt auch für Erfahrungssätze in Unterhaltstabellen, Christl NJW **84**, 267. Darum muß der angewandte Erfahrungssatz besonders den Urteilsgründen klar zu entnehmen sein. Abweichungen von Erfahrungssätzen bedürfen besonderer Begründung. Gleich bleibt, wie das Gericht den Satz ermittelt hat. Etwas anderes sind wissenschaftliche Grundsätze, BayObLG **20**, 195.

8 a **Ermessensvorschriften.** Über sie s Einl III Rn 33, Hamm MDR **03**, 1249. Die unsachgemäße Handhabung des Ermessens kann auch eine Versagung des rechtlichen Gehörs enthalten.

9 **Kündigung.** Ob Tatsachen im Einzelfall ein wichtiger Grund sind, ist Tatfrage, BAG **2**, 208. Ob aber der Rechtsbegriff des wichtigen Grundes richtig erkannt worden ist und ob bei der Subsumtion der Tatsachen Denkgesetze und allgemeine gültige Erfahrungssätze beachtet worden sind, ist ebenso revisibel wie die Frage, ob alle wesentlichen Umstände berücksichtigt sind und das Ergebnis in sich widerspruchsfrei ist, BAG in stRspr, GMP § 73 Rn 7.

10 **Mustermäßige (typische) Vertragsbedingungen** (vgl GMP § 73 Rn 15). Sie liegen vor, wo sich beide Vertragsteile gewissen Vertragsbedingungen unterwerfen, die als allgemeine Norm gleicherweise für eine Vielheit von Vertragsverhältnissen in weiteren Gebieten bestimmt sind. So liegt es namentlich im Speditions-, Versicherungs-, Bankgewerbe, bei Lieferung elektrischer Energie und ähnlichen vordruckartigen Abschlüssen. Gleich bleibt, ob die Bestimmungen äußerlich solche des Einzelfalls scheinen, wenn nur derselbe Wortlaut überregional gebraucht wird, BGH NJW **84**, 669, BGH **6**, 376. Solche AGB sind revisibel, wenn sie über den Bezirk des Berufungsgerichts hinaus Anwendung finden und ihre Auslegung verschiedenen OLGen obliegen kann, weil die Rechtseinheit eine verschiedene Auslegung verbietet, vgl BGH MDR **74**, 293 mwN; infolgedessen sind sie nicht revisibel, wenn ein einziger örtlicher Gerichtsstand vereinbart ist, so daß für den Normalfall nur ein OLG zuständig ist, BGH **LM** § 549 Nr 66, und auch nicht, wenn es sich um ausländische AGB handelt, BGH MDR **91**, 144 mwN. Nicht dahin gehören zB allgemeine Verfügungen, durch die der Vorstand einer privaten Versicherungsgesellschaft die Ansprüche der Angestellten regelt; sie sind Bestandteil des Dienstvertrags und enthalten reines Privatrecht. Das gleiche gilt für die Wertbewerbsklausel im Einzelarbeitsvertrag, BAG **AP** Nr 7.

11 **Sollvorschriften.** Ihre Verletzung begründet nie die Revision.

12 **Tatbestand.** Ein Revisionsgrund liegt vor, wenn das Urteil gegen § 540 verstößt dort Rn 2, zB auf Schriftsätze Bezug nimmt, die wechselnde Angaben enthalten, oder auf Unterlagen, die nach Abschluß der Instanz der Partei zurückgegeben worden sind, BGH NJW **81**, 1621. Ist das Urteil trotz § 310 II nicht innerhalb von 3 Monaten nach Verkündung zu den Akten gebracht, so daß eine Tatbestandsberichtigung nicht mehr beantragt werden konnte, § 320 II 3, so ist die Fehlerhaftigkeit des Tatbestands nur dann Revisionsgrund, wenn sie entscheidungserheblich ist, BGH **32**, 23.

13 **Vaterschaftsfeststellung.** Bei der Anwendung des § 1600 o II BGB erstreckt sich die Prüfung nur darauf, ob das Berufungsgericht bei der Bewertung der an der Vaterschaft bestehenden Zweifel ein extrem hohes

Abschnitt 2. Revision **§§ 546, 547**

oder extrem niedriges Irrtumsrisiko in Kauf genommen hat, BGH in Rspr, FamRZ **75**, 645 (gegen die Zubilligung eines solchen Beurteilungsspielraums Büdenbender FamRZ **75**, 194).
Verkehrsauffassung. Soweit sie nicht entsprechend den Erfahrungssätzen zu behandeln ist, gehört sie dem **14** Gebiet der tatrichterlichen Feststellung an, BGH **LM** § 561 Nr 15.
Vertragsverletzung. Positive Vertragsverletzung, ernstliche und endgültige Erfüllungsweigerung sind **15** Rechtsbegriffe. Ihre Verkennung begründet die Revision. Sie sind aber vom Revisionsgericht regelmäßig nicht abschließend zu beurteilen, da die tatsächlichen Unterlagen wesentlich sind; solche Beurteilung bände auch gegenüber zulässigem neuem Vorbringen nicht.

3) *VwGO:* § 546 ist entspr anzuwenden, § 173 *VwGO*, in Ergänzung zu § 137 I *VwGO*, BVerwG NVwZ **16** **82**, 196 mwN.

547 *Absolute Revisionsgründe.* Eine Entscheidung ist stets als auf einer Verletzung des Rechts beruhend anzusehen:
1. wenn das erkennende Gericht nicht vorschriftsmäßig besetzt war;
2. wenn bei der Entscheidung ein Richter mitgewirkt hat, der von der Ausübung des Richteramts kraft Gesetzes ausgeschlossen war, sofern nicht dieses Hindernis mittels eines Ablehnungsgesuchs ohne Erfolg geltend gemacht ist;
3. wenn bei der Entscheidung ein Richter mitgewirkt hat, obgleich er wegen Besorgnis der Befangenheit abgelehnt und das Ablehnungsgesuch für begründet erklärt war;
4. wenn eine Partei in dem Verfahren nicht nach Vorschrift der Gesetze vertreten war, sofern sie nicht die Prozeßführung ausdrücklich oder stillschweigend genehmigt hat;
5. wenn die Entscheidung auf Grund einer mündlichen Verhandlung ergangen ist, bei der die Vorschriften über die Öffentlichkeit des Verfahrens verletzt sind;
6. wenn die Entscheidung entgegen den Bestimmungen dieses Gesetzes nicht mit Gründen versehen ist.

Vorbem. Im **Verfahren der Arbeitsgerichte** entsprechend anwendbar, GMP § 73 Rn 27–37; hier **1** gelten dieselben unbedingten Revisionsgründe, § 72 V ArbGG, falls die Revision zugelassen worden ist, § 72 I ArbGG, BAG NJW **03**, 1621. Zur fehlerhaften Mitwirkung ehrenamtlicher Richter, Z 1, s § 65 ArbGG, näheres bei GMP § 73 Rn 25.

Gliederung

1) **Allgemeines** 2	6) **Verstoß gegen die Vorschriften über die Öffentlichkeit, Z 5** 12
2) **Unvorschriftsmäßige Besetzung des Gerichts, Z 1** 3–8	7) **Fehlende Begründung, Z 6** 13–16
	A. Fehlende Begründung 13–15
3) **Ausschließung vom Richteramt, Z 2** .. 9	B. Verspätete Begründung 16
4) **Erfolgreiche Ablehnung, Z 3** 10	8) **Abschließende Regelung** 17
5) **Mangelnde Vertretung im Prozeß, Z 4** 11	9) *VwGO* 18

1) Allgemeines. § 547 enthält – ebenso wie § 551 aF – die Revisionsgründe, deren Vorliegen eine **2** unwiderlegliche Vermutung für die Ursächlichkeit der Rechtsverletzung begründet, sog absolute Revisionsgründe. Auch bei fehlender Ursächlichkeit ist die Entscheidung aufzuheben, mag sie auch materiell richtig sein, aM BSG MDR **95**, 1046, BFH ZIP **94**, 229 (abl Sangmeister). Die unbedingten Revisionsgründe sind nicht zu verwechseln mit den vAw zu beachtenden Punkten, s hierzu § 557 Rn 10 u 12. Unheilbar nichtig machen die unbedingten Revisionsgründe das Urteil nicht, wie § 586 beweist. Ihre Nachprüfung ist auch nur möglich, wenn die Revision zulässig ist, BAG NJW **03**, 1621. Auch die unbedingten Revisionsgründe müssen nach § 551 III Z 2 b gerügt werden. Die Revision kann auf sie nur gestützt werden, wenn sie in der letzten Tatsacheninstanz vorgelegen haben, so daß ihr Vorliegen beim LG im allgemeinen die Revision nicht begründet, vgl BGH **LM** § 549 Nr 45; es fehlt dann die Ursächlichkeit. Anders liegt es, wenn der Verfahrensverstoß auch für die Berufungsentscheidung dadurch ursächlich geworden ist, daß das landgerichtliche Ergebnis, das auf dem Fehler beruhte, vom Berufungsgericht als solches übernommen wurde. Bei Z 4 muß die Genehmigung auch des erstinstanzlichen Verfahrens vorliegen.

2) Unvorschriftsmäßige Besetzung des Gerichts, Z 1. Hierher gehören §§ 10, 21 e ff, 59 ff, 75, **3** 105–110, 115–120, 122, 192 GVG, 16 ff, 35 ff, 41 ff ArbGG und die ergänzenden oder ändernden Vorschriften, 309 ZPO. Zu beachten sind auch die Vorschriften des DRiG (Schlußanh I A), vgl §§ 8 Rn 1, 18 Rn 4, 21 Rn 5, 28 Rn 4, bei der Beantwortung der Frage, ob die entscheidende Person die Eigenschaft als Richter hatte, § 18 DRiG, und ob Richter der richtigen Art die Richterbank bildeten, § 28 DRiG (zur Mitwirkung der ehrenamtlichen Richter, § 45 DRiG, in der Arbeitsgerichtsbarkeit s § 65 ArbGG u allgemein Berger-Delhey RdA **88**, 22).

Die vorschriftsmäßige Besetzung bezieht sich allein auf das erkennende Gericht, dh auf die letzte mdl Verh, so daß vorbereitende Maßnahmen, zB die Tätigkeit des Berichterstatters, nicht darunter fallen, ThP 3, BGH NJW **86**, 2115, BSG MDR **92**, 593. Sie ist nur aufgrund einer ordnungsgemäßen Rüge zu prüfen (s u Rn 8), nicht vAw, BGH RR **93**, 1339, BAG **AP** Nr 3, BSG NZA **86**, 38, MüKoWa 3, ganz hM. Sie ist nach der Geschäftsverteilung zu beurteilen, die im maßgeblichen Zeitpunkt galt, BVerwG DVBl **85**, 574. Abzustellen ist auf den Zeitpunkt der Mitwirkung, BGH NJW **86**, 2115, also idR auf die letzte mdl Verh, im schriftlichen Verf auf die dem Urteil zugrunde liegende letzte Beratung, BGH MDR **68**, 314. Es gibt keine Regel des Inhalts, die einmal an der mündlichen Verhandlung und Beweisaufnahme beteiligten Richter müßten bis zur Entscheidung mit der Sache befaßt bleiben, BGH NJW **79**, 2518, BVerwG NJW **86**, 3154;

§ 547

jedoch begründet ein Richterwechsel während der letzten Verh, etwa nach ihrer Unterbrechung, die Rüge der unvorschriftsmäßigen Besetzung, vgl VGH Mannh JZ **85**, 852.

4 Unter Z 1 fällt die Mitwirkung eines Nichtrichters, Jauernig DtZ **93**, 173, zB eines nicht vereidigten ehrenamtlichen Richters, BVerwG **73**, 79 mwN, ebenso wie die unzulässige Mitwirkung eines abgeordneten Richters, BGH NJW **85**, 2336 mwN, die nicht nur vorübergehende Vertretung des Vorsitzenden, BFH BStBl **89** II 424, oder die langfristige Nichtbesetzung einer Vorsitzendenstelle, BGH NJW **85**, 2337 (vgl dazu BayVerfGH DÖV **86**, 106). Zu den Anforderungen an diese Rüge vgl BGH NJW **86**, 2115. Hierhin gehört auch die Rüge, daß die Geschäftsverteilung, § 21 e GVG, gesetzwidrig zustande gekommen sei, BVerwG NJW **88**, 1339 u LS NJW **85**, 822, ferner, daß nicht die nach der Geschäftsverteilung berufenen Richter mitgewirkt hätten (aber eine unvorschriftsmäßige Besetzung liegt nur dann vor, wenn der Verstoß gegen den Geschäftsverteilungsplan auf objektiver Willkür beruht und deshalb Art 101 I 2 GG verletzt, BVerwG LS NVwZ **88**, 725 u NJW **88**, 1339 mwN, BFH DRiZ **89**, 380, also nicht in dem Fall, daß die Mitwirkung der „falschen" Richter auf bloßem Irrtum über die Geschäftsverteilung beruht, BGH NJW **76**, 1688 mwN, und natürlich auch dann nicht, wenn an einen bestimmten, nach der Geschäftsverteilung unzuständigen Senat zurückverwiesen worden ist, BGH NJW **76**, 2886). Auf Mängel des Verfahrens bei der Berufung ehrenamtlicher Richter kann die Revision nur dann gestützt werden, wenn der Fehler so gewichtig ist, daß er zur Nichtigkeit der Bestellung führt, BVerwG NJW **88**, 219 u NVwZ **88**, 724 mwN, OVG Hbg NJW **85**, 2354; nach den §§ 65 u 73 ArbGG ist diese Rüge überhaupt ausgeschlossen.

5 Gesetzwidrig ist es, wenn eine Justizverwaltungsstelle irgendeinen bestimmenden Einfluß auf die Zuteilung einer Sache im einzelnen Fall nimmt (Beispiel: Bestimmung des zeitlichen Eingangs oder der Reihenfolge durch einen Geschäftsstellenbeamten, der dementsprechend dann die Sachen den Kammern zuteilt), BGH **40**, 91, vgl auch BGHSt **15**, 116.

6 Die Rüge ist ferner begründet, wenn der Einzelrichter zu Unrecht an Stelle des Kollegiums entscheidet, BGH NJW **01**, 1357 u **93**, 600 mwN (keine Heilung nach § 295, s u Rn 8), nicht aber im umgekehrten Fall. Eine Überlastung des Vorsitzenden dadurch, daß er den Vorsitz in 2 Senaten führe, was an sich zulässig ist, kann nicht eingewendet werden, wenn der Vorsitzende den Vorsitz gehabt hat, BGH NJW **67**, 1567. Geisteskrankheit eines Richters steht dem Fehlen der staatsrechtlichen Voraussetzungen des Richteramts gleich. Die Mitwirkung eines blinden Richters als Vorsitzender in der Verhandlung schadet im Strafverfahren immer, BGH NJW **88**, 1333 (dazu Fezer NStZ **88**, 968, Schulze MDR **88**, 738, Wolf ZRP **92**, 15), aM Zweibr NJW **92**, 2437 (dazu BVerfG NJW **92**, 2075), sonst nur dann, wenn es in der Sache auf das Gewinnen optischer Eindrücke ankommt, BGH **38**, 348, BGH (St) NJW **87**, 1210, BVerwG **65**, 240, BSG NJW **71**, 1382, BFH BStBl **84** II 532, Ffm OLGZ-FG **95**, 36 mwN (Notwendigkeit, sich einen auf persönlicher Wahrnehmung beruhenden Eindruck zu verschaffen), dazu Schulze MDR **95**, 670 u **88**, 736; Taubheit schadet hingegen immer, da die Mitwirkung eines tauben Richters mit dem Grundsatz der Unmittelbarkeit und Mündlichkeit unvereinbar ist, BGHSt **4**, 193. Die auch nur kurzfristige körperliche Abwesenheit eines Richters während der letzten mündlichen Verhandlung macht das Gericht zu einem nicht vorschriftsmäßig besetzten, BAG NJW **58**, 924, ebenso die nicht nur ganz kurze Beeinträchtigung der Wahrnehmungsfähigkeit eines Richters zB durch Gebrechen, Schwäche, Schlaf oder geistige Abwesenheit, BVerwG NJW **01**, 2898 mwN, BFH BStBl **86** II 908, dazu Günther MDR **90**, 875 mwN. Das gleiche gilt bei einem Verstoß gegen § 193 GVG (Teilnahme einer gerichtsfremden Person an der Beratung und Abstimmung), VGH Kassel NJW **81**, 599. Dagegen greift die Rüge nicht durch, wenn der Vorsitzende die Verhandlung nicht sicher und sachgemäß geführt hat, BVerwG VerwRspr **32**, 504.

7 Ein Schreibfehler im Urteilskopf beweist noch keine falsche Besetzung. Hat ein Richter, der nicht mitgewirkt hat, unterschrieben, so kann das auch nach Einlegung der Revision berichtigt werden, BGH **18**, 353.

Der Urkundsbeamte gehört nicht dem „erkennenden" Gericht an; seinetwegen kann nur § 546 in Frage kommen.

8 Die Rüge aus Z 1 ist unverzichtbar, § 295 II, BGH NJW **93**, 601 (zustm Deubner JuS **93**, 496), so daß selbst das Einverständnis aller Beteiligten mit der Besetzung der Richterbank nichts am Erfolg der Rüge ändert, § 295 Rn 24 mwN; das kann aber nur insoweit gelten, als die Vereinbarung der Zuständigkeit eines unzuständigen Gerichts iSv §§ 38–39 ausgeschlossen ist, § 40. Die Rüge ist nur dann ordnungsgemäß erhoben, wenn in der Revisionsbegründung die erforderlichen Tatsachen angegeben werden, BGH NJW **57**, 1244, **LM** § 554 Nr 16 zur Rüge, ein Richter habe geschlafen, oben Rn 6, s BVerwG NJW **01**, 2898 mwN). Der Rügende muß über ihm nicht bekannte geschäftsinterne Vorgänge, die für die Besetzungsfrage maßgeblich gewesen sein können, zweckentsprechende Aufklärung verlangen, BGH NJW **92**, 512, **86**, 2115 mwN, BVerwG LS NJW **82**, 2394 (keine Rüge „auf Verdacht"). Stützt bei beiderseitiger Revision sich nur eine Partei auf unrichtige Besetzung, so wird bei Bejahung dieser Rüge der Rechtsstreit in vollem Umfang an das Vordergericht zurückverwiesen, BGH NJW **89**, 229. Eine ersetzende Entscheidung, § 561, scheidet auch sonst aus, BGH DtZ **93**, 248.

9 **3) Ausschließung vom Richteramt, außer wenn ein dieserhalb gestelltes Ablehnungsgesuch endgültig zurückgewiesen ist, Z 2.** Die Ausschließungsgründe ergeben sich aus § 41, s die dortigen Erläuterungen. Im Wiederaufnahmeverfahren ist ein Richter nicht deshalb ausgeschlossen, weil er an dem ersten Urteil beteiligt war, ganz hM, BGH NJW **81**, 1273 mwN. Eine Mitwirkung bei der Beweisaufnahme oder Verkündung schadet nicht. Für den Urkundsbeamten gilt Z 2 nicht.

10 **4) Erfolgreiche Ablehnung eines Richters, Z 3.** S §§ 42 bis 48. Auch die Selbstablehnung gehört hierhin. In jedem Fall muß die Ablehnung rechtskräftig für begründet erklärt worden sein, § 47 Rn 2, str, offen gelassen BGH NJW **93**, 400 mwN. Die erfolgreiche Ablehnung oder das Fehlen einer Entscheidung über die Ablehnung genügt nicht, erst recht nicht eine erst aus den Urteilsgründen ersichtliche Befangenheit, BGH NJW **93**, 400, oder das Entstehen des Ablehnungsgrundes zwischen Absetzung und Verkündung des Berufungsurteils, BGH NJW **01**, 1503. Auf den Urkundsbeamten ist Z 3 nicht anwendbar.

Abschnitt 2. Revision **§ 547**

5) Mangelnde Vertretung im Prozeß, sofern nicht die Partei die Prozeßführung ausdrücklich 11
oder stillschweigend genehmigt hat, Z 4. Dabei handelt es sich um einen Extremfall der Versagung des rechtlichen Gehörs. Hierher gehören sowohl die Fälle, in denen eine Partei zum Verfahren überhaupt nicht hinzugezogen worden ist, BGH NJW **92**, 2637 u **84**, 494 mwN, BayObLG NJWE-FER **97**, 19, als auch alle Fälle fehlender ordnungsmäßiger Vertretung einer Partei im Verfahren, mag sie auf sachlichem Recht oder Prozeßrecht beruhen, BGH RR **91**, 926. Wichtig ist neben der fehlenden Vertretungsmacht vor allem der Fall der unerkannten Prozeßunfähigkeit. Unter Z 4 fällt auch das Ergehen eines Urteils während der Unterbrechung des Verf durch Eröffnung des Insolvenzverfahrens, BGH NJW **97**, 1145 u BAG NZA **02**, 352, oder aus anderen Gründen, BVerwG Buchholz 310 § 133 VwGO Nr 79, ferner die fehlende (ordnungsgemäße) Ladung, wenn der Beteiligte deshalb weder selbst noch durch einen Bevollmächtigten an der mündlichen Verhandlung teilnehmen konnte, BVerwG **66**, 311, BFH **125**, 28, stRspr, ebenso das Fernbleiben in einem Termin, den der Vorsitzende aufgehoben hatte, BVerwG NJW **91**, 583. Revision kann im Interesse der Partei auch derjenige einlegen, den das Urteil zu Unrecht als gesetzlichen Vertreter behandelt. Beschwert ist nur die betroffene Partei, nicht auch der Gegner, BGH **63**, 78.

Der Vertretungsmangel kann in jeder Lage des Verfahrens geheilt werden, BGH NJW **99**, 3263 u **98**, 384; wegen der Genehmigung der Prozeßführung s § 56 Rn 9 u § 89 Rn 11 ff. Liegt der Fall der Z 4 vor, ist das Urteil ohne Rücksicht darauf aufzuheben, ob es im Ergebnis richtig ist, Henckel ZZP **77**, 350. Nicht hierher gehört der Erlaß eines Urteils ohne mündliche Verhandlung trotz fehlenden Einverständnisses, BSG MDR **82**, 700 mwN, gegen BAG NJW **96**, 2749.

6) Verletzung der Vorschriften über die Öffentlichkeit, Z 5. Siehe §§ 169 ff GVG, außer § 169 S 2, 12
BGH (St) NJW **89**, 1743, § 171 I Halbsatz 2, der ins Ermessen stellt, und § 171 b, dessen Verletzung nicht revisibel ist, dort Rn 5. Bei einem Verstoß wird die Kausalität des Verfahrenfehlers zuwidergegeben vermutet, BGH NJW **00**, 2509 mwN. Z 5 greift ein bei einer Entscheidung aufgrund der nichtöff Verh einer Sache, die öff Verh gewesen wäre, BayObLG MDR **89**, 456, und einer Entscheidung aufgrund der öff Verh einer Sache, für die nichtöff Verh vorgeschrieben ist, zB in Ehe- u KindschS, Köln JMBlNRW **86**, 21, § 170 GVG Rn 4. Maßgeblich ist das Protokoll, § 165, das bei der Ausschließung, §§ 174 u 172 GVG, einen entspr Beschluß enthalten muß, BGH **26**, 340. Ist die Ausschließung zu Unrecht unterblieben, so steht das überall da gleich, wo die Unterlassung das Ergebnis beeinflussen konnte (nicht aber im Fall des § 171 b, s o). Ein Protokollvermerk, es sei kein Unbeteiligter zugegen gewesen, ersetzt den Ausschluß nicht. Maßgebend ist die Schlußverhandlung; eine frühere kommt nur dann in Frage, wenn der damalige Verstoß für die Entscheidung ursächlich gewesen sein kann. Ein Verstoß lediglich bei der Urteilsverkündung ist (jedenfalls im isolierten VerkTermin, § 310 II) unschädlich, BVerwG BayVBl **90**, 351 u DÖV **81**, 969, aM BGH(St) **4**, 281. Wegen der **Unverzichtbarkeit** s Üb § 169 GVG Rn 2.

7) Fehlende Begründung der Entscheidung, Z 6. Die hier geltenden Auslegungsgrundsätze werden 13
auch bei § 73 IV Nr 6 GWB und § 100 III Z 5 PatG, BGH **39**, 333 mwN, die gleichlautend sind, verwendet.

A. Fehlende Begründung. Die Vorschrift greift nur ein, soweit in der ZPO eine **volle Begründung vorgeschrieben** ist, vgl § 540 iVm §§ 313 a u 313 b. In diesem Fall fehlt sie, wenn (zB wegen fehlender und nicht ersetzbarer Unterschrift eines Richters, BGH NJW **77**, 765 m Anm E. Schneider MDR **77**, 748, nicht aber bei Unterzeichnung durch einen an der Entscheidung nicht beteiligten Richter, aM BFH FamRZ **89**, 735) kein ordnungsmäßiges Urteil vorliegt oder ein grober Verstoß gegen die Begründungspflicht, § 313 I Z 6 u II, begangen ist: das Urteil muß entweder zu Unrecht gar nicht begründet sein oder die Gründe müssen für alle oder einzelne geltend gemachten Ansprüche oder Angriffs- oder Verteidigungsmittel fehlen, BGH FamRZ **83**, 354, BAG NZA **98**, 1079, BSG NJW **89**, 1758, vorausgesetzt, daß diese Mittel geeignet waren, den mit der Revision erstrebten Erfolg herbeizuführen, BGH WertpMitt **90**, 1129 mwN, u a NJW **83**, 2320. Hierin gehören zB das Fehlen der Begründung für die Zurückweisung des Einwands der Sittenwidrigkeit, BGH NJW **81** Z 4 BGB, BGH NJW **83**, 2320, ebenso nicht nachprüfbare Darlegungen zur Höhe des Schmerzensgeldes, BGH NJW **89**, 773, und bei Auslandsfällen das Fehlen einer eindeutigen Erklärung, welche Rechtsordnung angewendet worden ist, BGH NJW **88**, 3097, dazu Roth IPrax **89**, 213 (offen gelassen, ob dies auch dann gilt, wenn das Berufungsgericht eine Frage sowohl nach deutschem als auch nach fremdem Recht beurteilt hat, so BGH NJW **63**, 253).

Gründe fehlen auch, wenn sie objektiv unverständlich sind (auf subjektives Verständnis kommt es nicht an) 14
oder wenn sie verworren sind, wenn zB unklar bleibt, ob das Gericht sachlich oder prozessual abweist, oder wenn jede Beweiswürdigung fehlt, BGH **39**, 333. Dagegen kommt es auf die Richtigkeit der Gründe nicht an, BGH NJW **81**, 1046, BVerwG NVwZ-RR **89**, 344 u Buchholz 310 § 133 VwGO Nr 83: den Anforderungen iSv Z 6 genügen die oberflächlichsten, falschesten und unzulänglichsten Gründe, auch in Versform abgefaßte Gründe (Karlsr NJW **90**, 2010, vgl Sendler NJW **95**, 849, Beaumont NJW **90**, 1969 mwN). Es genügt auch, falls ein selbständiger Rechtsbehelf nicht ausdrücklich erledigt ist, wenn sich die Gründe für seine Ablehnung aus der gesamten Würdigung ergeben. Die Gesetzesauslegung bedarf keiner bis ins einzelne gehenden Begründung, auch nicht ein vAw zu beachtender unstreitiger Punkt; zur Begründung einer Rechtsansicht reicht die (nachprüfbare) Verweisung auf Rspr und Schrifttum aus, BGH NJW **91**, 2762.

Die Bezugnahme auf das Urteil in einer anderen Sache reicht nur dann aus, wenn es zwischen denselben 15
Parteien ergangen oder im Prozeß vorgetragen bzw sonst den Parteien vor Beginn der Rechtsmittelfrist bekannt geworden ist, BGH RR **91**, 830 mwN, BFH BStBl **90** II 1071, Köln OLGZ **80**, 1, VGH Kassel AS **30**, 165; zulässig ist auch die Bezugnahme auf eine gleichzeitig verkündete Entscheidung zwischen denselben Parteien, BGH NJW **71**, 39, BFH BStBl **84** II 666.

Abweichend von der Regel, Rn 2, ist die Ursächlichkeit des Mangels nötig, weil es andernfalls doch wieder zur gleichen Entscheidung käme, so namentlich bei Übergehung eines Beweismittels. Deshalb bleibt ein Verstoß gegen Z 6 außer Betracht, wenn das im Urteil nicht erörterte Verteidigungsmittel zur Abwehr der Klage ungeeignet ist, BGH **39**, 339, FamRZ **91**, 323. Das gleiche gilt, wenn auf der Hand liegt, daß die

Albers 1723

§§ 547–549   Buch 3. Rechtsmittel

auf eine andere Prozeßpartei bezogene Begründung auch für den Revisionskläger gilt, BSG NJW **96**, 1620. Fehlt ein vorgeschriebener Tatbestand, vgl § 540 iVm §§ 313 a u 313 b, und läßt das Urteil auch sonst nicht erkennen, welchen Streitstoff das Berufungsgericht seiner Entscheidung zugrunde gelegt hat, so ist dieser Mangel vAw zu berücksichtigen; er führt zur Aufhebung und Zurückverweisung, BGH RR **94**, 1341 mwN, BAG NJW **81**, 2078 mwN.

16 **B. Verspätete Begründung.** Z 6 ist anwendbar, wenn das mit Gründen versehene, vollständige und von den Richtern unterzeichnete Berufungsurteil, dazu BAG NZA **00**, 54 mwN, erst nach Ablauf von fünf Monaten seit der Verkündung zur Geschäftsstelle gelangt ist, GmS NJW **93**, 2603 (dazu BVerfG NZA **05**, 781, **03**, 59 u **02**, 1170, RR **02**, 424 u NJW **01**, 2161), ohne Rücksicht darauf, ob die Revision vor oder nach Zustellung des Berufungsurteils eingelegt worden ist, BGH NJW **87**, 2446 u **86**, 2958, und unabhängig davon, ob die Entscheidungsformel vorher verkündet oder bekannt gemacht worden ist, BGH RR **05**, 1151, FamRZ **04**, 1277, MDR **01**, 1184. Dies gilt auch in Sachen nach WEG, KG RR **94**, 599. Eine Überschreitung der Fünfmonatsfrist liegt auch dann vor, wenn der letzte Tag dieser Frist auf einen Samstag, Sonntag oder Feiertag fällt und das Urteil am darauf folgenden Werktag der Geschäftsstelle übergeben wird, BAG NZA **00**, 611 mwN.

Eine Überschreitung der Fünfmonatsfrist (ab Verkündung bzw Übergabe an die Geschäftsstelle zur Zustellung an Verkündungsstatt) muß auch in allen anderen Gerichtsbarkeiten als Fall der fehlenden Begründung angesehen werden, GmS NJW **93**, 2603 (ergangen auf Vorlagebeschluß des BVerwG – GrSen – NVwZ **92**, 1008 mwN), BGH (AnwSenat) RR **98**, 267, BAG NJW **96**, 1431 und 870 mwN (vgl Keil NZA **94**, 817, Grunsky NZA **94**, 305, Willemsen/Hohenstadt DB **94**, 374), BVerwG NVwZ **01**, 1150 mwN, BSG NJW **95**, 1983, BFH NJW **96**, 1920, BStBl **94** II 859 u 187. Unzulässig ist in diesem Fall die Wiedereröffnung der Verh, BFH NJW **97**, 416 mwN.

Die verspätete Absetzung muß gerügt werden, § 551 III Z 2 b. Erforderlich ist die Angabe des konkreten Datums der Niederlegung des Urteils auf der Geschäftsstelle, ggf sind die Tatsachen, aus denen sich dieses Datum ergibt, anzugeben, BSG NJW **95**, 1983. Auf begründete Rüge nur einer Partei ist idR das gesamte Urteil aufzuheben, BAG NJW **96**, 870. Eine Zurückverweisung kommt nicht in Betracht, wenn die Klage unter keinem denkbaren Gesichtspunkt begründet ist, BGH NVwZ-RR **96**, 61, BFH LS NJW **95**, 1048, ZIP **94**, 229 (überhaupt keine Zurückverweisung nach § 68 ArbGG, BAG NZA **97**, 176).

In der verspäteten Absetzung des Urteils liegt kein Verstoß gegen Art 103 I GG, BVerfG NJW **96**, 3203.

17 **8) Abschließende Regelung.** § 547 ist keiner Ergänzung oder sinngemäßen Anwendung zugänglich, so daß abgesehen von Z 4 die Verletzung des Anspruchs auf rechtliches Gehör kein absoluter Revisionsgrund ist (anders §§ 138 Z 3 VwGO, 119 Z 3 FGO), Wolff ZZP **116**, 403. Jedoch ist im Hinblick auf Z 4 insoweit eine **Erweiterung** geboten, als fehlende Parteifähigkeit stets ursächlich und darum ein unbedingter Revisionsgrund ist.

18 **9)** *VwGO:* Es gilt § 138 *VwGO, der* § 547 *nachgebildet ist, aber die Versagung des rechtlichen Gehörs ausdrücklich aufführt (dazu KoppSch* § 138 *Rn 10). Zu Z 1 vgl die Hinweise in Rn 3 ff, ferner BVerwG NVwZ **05**, 231, NJW **88**, 219 u NVwZ **88**, 724, OVG Hbg NordÖR **00**, 238 mwN, sowie BFH DRiZ **89**, 380 mwN (betr ehrenamtliche Richter); zu Z 4 vgl oben Rn 11. Für die fehlende Begründung, Z 6, gelten die in Rn 13 ff dargestellten Regeln, vgl BVerwG DVBl **03**, 867, Buchh 310* § 138 *Z 6 VwGO Nr 35, DVBl **98**, 1085 u MDR **96**, 633; OVG Lüneb NVwZ-RR **05**, 579; wegen der verspäteten Begründung s oben Rn 16 aE.*

548

Revisionsfrist. Die Frist für die Einlegung der Revision (Revisionsfrist) beträgt einen Monat; sie ist eine Notfrist und beginnt mit der Zustellung des in vollständiger Form abgefassten Berufungsurteils, spätestens aber mit dem Ablauf von fünf Monaten nach der Verkündung.

1 **Vorbem.** Im **Verfahren der Arbeitsgerichte** beträgt die Frist ebenfalls einen Monat, § 74 I ArbGG; Halbs 2 ist entsprechend anwendbar, § 72 V ArbGG, nach Maßgabe des § 9 V ArbGG (vgl Vorbem § 516), BAG NZA **96**, 1175, GMP § 74 Rn 3.

2 **1) Erläuterung.** § 548 entspricht dem § 517; s die dortigen Erläuterungen. § 518 (Frist bei Ergänzungsurteil) ist sinngemäß anwendbar, BGH LM § 517 Nr 1.

3 **2)** *VwGO: Es gilt* § 139 I 1 *VwGO.*

549

Revisionseinlegung. I 1 Die Revision wird durch Einreichung der Revisionsschrift bei dem Revisionsgericht eingelegt. 2 Die Revisionsschrift muss enthalten:
1. die Bezeichnung des Urteils, gegen das die Revision gerichtet wird;
2. die Erklärung, dass gegen dieses Urteil Revision eingelegt werde.

3 § 544 Abs. 6 Satz 2 bleibt unberührt.

II Die allgemeinen Vorschriften über die vorbereitenden Schriftsätze sind auch auf die Revisionsschrift anzuwenden.

1 **Vorbem.** Im **Verfahren der Arbeitsgerichte** entsprechend anwendbar, § 72 V ArbGG.

2 **1) Erläuterung.** § 549 entspricht § 519 I, II, IV; s deshalb die dortigen Erläuterungen, auch zu den Erfordernissen der Einreichung. Unberührt bleibt die Regelung in § 544 VI 2 für den Fall einer erfolgreichen Nichtzulassungsbeschwerde: hier bedarf es keiner Revisionseinlegung, I 3. Wegen der bay Revisionen vgl § 7 EGZPO, dazu BGH WRP **94**, 310 mwN.

3 **2)** *VwGO: Es gilt* § 139 I 1 und II *VwGO.*

Abschnitt 2. Revision §§ 550, 551

550 *Zustellung der Revisionsschrift.* ¹ Mit der Revisionsschrift soll eine Ausfertigung oder beglaubigte Abschrift des angefochtenen Urteils vorgelegt werden, soweit dies nicht bereits nach § 544 Abs. 1 Satz 4 geschehen ist.
II Die Revisionsschrift ist der Gegenpartei zuzustellen.

Vorbem. Im **Verfahren der Arbeitsgerichte** entsprechend anwendbar, § 72 V ArbGG.   1

1) **Allgemeines.** Die Vorschrift entspricht § 519 III und § 521 I für das Berufungsverfahren, s die 2 dortigen Erl. Die Beifügung des angefochtenen Urteils erübrigt sich, wenn sie schon bei Einlegung der Nichtzulassungsbeschwerde geschehen ist, § 544 I 4.

2) *VwGO:* Es gilt die abschließende Regelung in § 139 VwGO.   3

551 *Revisionsbegründung.* ¹ Der Revisionskläger muss die Revision begründen.
II ¹ Die Revisionsbegründung ist, sofern sie nicht bereits in der Revisionsschrift enthalten ist, in einem Schriftsatz bei dem Revisionsgericht einzureichen. ² Die Frist für die Revisionsbegründung beträgt zwei Monate. ³ Sie beginnt mit der Zustellung des in vollständiger Form abgefassten Urteils, spätestens aber mit Ablauf von fünf Monaten nach der Verkündung. ⁴ § 544 Abs. 6 Satz 3 bleibt unberührt. ⁵ Die Frist kann auf Antrag von dem Vorsitzenden verlängert werden, wenn der Gegner einwilligt. ⁶ Ohne Einwilligung kann die Frist um bis zu zwei Monate verlängert werden, wenn nach freier Überzeugung des Vorsitzenden der Rechtsstreit durch die Verlängerung nicht verzögert wird oder wenn der Revisionskläger erhebliche Gründe darlegt; kann dem Revisionskläger innerhalb dieser Frist Einsicht in die Prozessakten nicht für einen angemessenen Zeitraum gewährt werden, kann der Vorsitzende auf Antrag die Frist um bis zu zwei Monate nach Übersendung der Prozessakten verlängern.
III ¹ Die Revisionsbegründung muss enthalten:
1. die Erklärung, inwieweit das Urteil angefochten und dessen Aufhebung beantragt werde (Revisionsanträge);
2. die Angabe der Revisionsgründe, und zwar:
    a) die bestimmte Bezeichnung der Umstände, aus denen sich die Rechtsverletzung ergibt;
    b) soweit die Revision darauf gestützt wird, dass das Gesetz in Bezug auf das Verfahren verletzt sei, die Bezeichnung der Tatsachen, die den Mangel ergeben.
² Ist die Revision auf Grund einer Nichtzulassungsbeschwerde zugelassen worden, kann zur Begründung der Revision auf die Begründung der Nichtzulassungsbeschwerde Bezug genommen werden.
IV § 549 Abs. 2 und § 550 Abs. 2 sind auf die Revisionsbegründung entsprechend anzuwenden.

Vorbem. 1) II 6 2. Halbsatz mWv 1. 9. 04 angefügt durch Art 1 Z 19 des 1. JuMoG v 24. 8. 04,   1
BGBl 2198. 2) Im **Verfahren der Arbeitsgerichte** entspr anwendbar, § 72 V ArbGG, BAG NJW 00, 686 u 98, 2470 mwN; die zweimonatige Begründungsfrist, § 74 I 1 u 2 ArbGG, kann nur einmal bis zu einem weiteren Monat verlängert werden, § 74 I 3 ArbGG.

Gliederung

1) Regelungsinhalt	2	5) Ausnahme vom Begründungszwang, III 2	15
2) Begründungszwang, I	3	6) Zustellung der Revisionsbegründung, IV	16
3) Begründungsschrift, II	4–7	7) *VwGO*	17
A. Form, II 1	4		
B. Begründungsfrist, II 2–5	5–7		
4) Inhalt der Begründungsschrift, III 1	8–14		
A. Revisionsanträge, III 1 Z 1	8		
B. Revisionsgründe, III Z 2	9–14		

1) **Regelungsinhalt.** § 551 entspricht größtenteils den Bestimmungen für die Berufungsbegründung; auf 2 die Erläuterungen zu § 520 wird verwiesen. Ergänzend gelten §§ 549 II (Verweisung auf die allgemeinen Vorschriften über vorbereitende Schriftsätze) und 550 II (Zustellung der Begründungsschrift), IV.

2) **Begründungszwang, I.** Der Revisionskläger muß seine Revision zu jedem einzelnen Beschwerde- 3 punkt mit selbständigem Streitstoff begründen. Daher ist die Revision mangels Begründung unzulässig, wenn nur der Angriff gegen einen nicht revisiblen Teil mit Gründen versehen ist (hingegen ist sie unbegründet, wenn sie nur auf irrevisible Normen gestützt wird, BGH MDR **80**, 203). Die Bezugnahme auf lange Schriftsätze ist keine Begründung, ebenso nicht eine solche auf die Revisionsbegründung in anderen Akten, gleichviel, ob sie dem Revisionsgericht vorliegen, RG **145**, 267. Zulässig ist die Verweisung auf eine andere Revisionsbegründung in derselben Sache, etwa für einen Streitgenossen.

3) **Begründungsschrift, II**   4
A. Form, II 1. Die Begründung kann schon in der Revisionsschrift, § 549, enthalten sein. Andernfalls bedarf es eines besonderen Schriftsatzes, der innerhalb der Begründungsfrist beim Revisionsgericht einzureichen ist. Sie muß den Vorschriften für bestimmende Schriftsätze genügen, IV iVm § 549 II. Nötig ist deshalb die Unterschrift eines beim Revisionsgericht zugelassenen RA oder eines diesem Gleichstehenden, vgl § 519 Rn 15 u 16.

§ 551

5   **B. Begründungsfrist, II 2–5.** Sie beträgt 2 Monate, II 2, und beginnt mit der Zustellung des in vollständiger Form abgefaßten Berufungsurteils, spätestens aber mit Ablauf von 5 Monaten nach der Verkündung, II 3, vgl § 520 Rn 4 ff; im Fall einer erfolgreichen Nichtzulassungsbeschwerde beginnt die Frist mit der Zustellung der Beschwerdeentscheidung, II 3 iVm § 544 VI 3.

6   Die Begründungsfrist kann **verlängert** werden; die Regelung, II 5 u 6, entspricht den Bestimmungen für die Berufungsbegründung, § 520 II 2 u 3, mit der Maßgabe, daß ohne Einwilligung des Gegners die Frist um 2 Monate verlängert werden darf; vgl § 520 Rn 8 ff.

7   Zur **Wiedereinsetzung** in eine versäumte Frist zur Nachholung von Verfahrensrügen s BGH NJW 00, 364 mwN.

8   **4) Inhalt der Begründungsschrift, III**
    A. Revisionsanträge, III 1 Z 1. Es gilt dasselbe wie für die Berufungsanträge, § 526 Rn 17, also sind förmliche Anträge nicht unbedingt nötig, BGH **LM** § 546 Nr 14. Es muß aber klar ersichtlich sein, ob das ganze Urteil oder welcher abtrennbare Teil aufgehoben werden soll. Ein allein auf Aufhebung und Zurückverweisung gerichteter Antrag genügt immer dann, wenn ein anderes Ergebnis nicht in Frage kommt, und stets für die Revision des Beklagten, BGH FamRZ **56**, 37, VersR **76**, 727, sowie wohl auch für diejenige des Klägers, StJGr 5, MüKoWa 16, str, vgl BGH RR **95**, 1154, Hbg NJW **87**, 783. Eine Erweiterung noch nach Ablauf der Begründungsfrist bis zum Ende der mündlichen Verhandlung ist zulässig, sofern sich die Partei im Rahmen der geltend gemachten Revisionsgründe hält, nicht darüber hinaus, BGH **91**, 159 mwN, zB auf die Widerklage, BGH MDR **85**, 667 mwN; dies gilt auch dann, wenn bei Beginn der mündlichen Verhandlung ein engerer Antrag gestellt worden ist, BGH RR **88**, 66. Umgekehrt ist eine Beschränkung des Klagebegehrens zulässig, soweit damit nicht eine Änderung der tatsächlichen Grundlage des Klagebegehrens verbunden ist, BGH RR **91**, 1136 mwN. Unzulässig ist eine Revision, wenn sie vom Erblasser eingelegt (aber nicht begründet) worden ist und der Erbe nur den Antrag auf Vorbehalt der beschränkten Erbenhaftung stellt, BGH **54**, 204. Wegen der Hemmungswirkung, Grdz § 511 Rn 2, wird der nicht angefochtene Teil des Berufungsurteils vor der Revisionsentscheidung nicht ohne weiteres rechtskräftig, BGH **7**, 143. Wird der zuerkannte Teil des Anspruchs zwangsläufig durch den in der Revisionsinstanz geltend gemachten Antrag ausgeschlossen, so ist Gegenstand des Revisionsantrags auch der zuerkannte Teil, BGH MDR **59**, 482.

9   **B. Angabe der Revisionsgründe, III 1 Z 2.** Die Begründung muß enthalten: **a)** die bestimmte Bezeichnung der Umstände, aus denen sich die **Rechtsverletzung** ergibt, II 1 Z a. Auf welche Rechtsverletzungen die Revision gestützt werden kann, richtet sich nach den §§ 545–547, s die dortigen Erl. Bestimmt zu bezeichnen sind die Umstände, aus denen der Revisionskläger die Rechtsverletzung herleitet, BAG MDR **04**, 708. Anders als nach § 554 III Z 3 a aF braucht die verletzte Rechtsnorm nicht angegeben zu werden. Trotzdem ist diese Angabe idR unerläßlich, um die Angriffe auf das angefochtene Urteil verständlich zu machen. Die Begründung darf vor Zustellung des Berufungsurteils erstellt werden, dazu BAG NJW **04**, 114.

10 **Einzelheiten:** Der Revisionskläger muß sich mit allen tragenden Gründen des Berufungsurteils auseinandersetzen, also zu jedem einzelnen Streitpunkt mit selbständigem Streitstoff eine sorgfältige, über Umfang und Zweck keinen Zweifel lassende Begründung geben, und zwar nicht nur für verfahrens-, sondern auch für sachlich-rechtliche Revisionsangriffe, BGH **LM** Nr 22, BAG NJW **00**, 686 mwN (die Wiedergabe der Gründe des die Revision nach BEG zulassenden Beschlusses reicht idR nicht aus); vgl BFH BStBl **77** II 217 (ungenügend ist die pauschale Bezeichnung der Rechtsansicht der Vorinstanz als „unhaltbar" unter Angabe einer Literaturstelle), dazu krit Hermstädt BB **77**, 885 unter Hinweis auf RG **123**, 38, BSG MDR **85**, 700 (bei Verwerfung der Berufung reichen materiell-rechtliche Rügen nicht aus). Sind mehrere Ansprüche Gegenstand des Urteils, müssen die Revisionsgründe für jeden von ihnen dargelegt werden, es sei denn, das Bestehen eines Anspruchs hängt unmittelbar vom Bestehen des anderen Anspruchs ab, BAG NJW **90**, 599 mwN. Ist das Berufungsurteil auf mehrere, voneinander unabhängige, selbständig tragende Erwägungen gestützt, muß der Revisionskläger für jede dieser Erwägungen darlegen, warum sie die Entscheidung nicht tragen; andernfalls ist die Revision insgesamt unzulässig, BVerwG NJW **80**, 2268 mwN. Praktisch genügt freilich die sorgfältige Rüge eines Verfahrensverstoßes, denn das Revisionsgericht muß, sofern es überhaupt sachlich nachprüft, sachlich-rechtliche Mängel vAw beachten. Darum kann der Revisionskläger sachlich-rechtliche Rügen bis zuletzt, sogar mündlich, nachschieben, wie durch die Aufhebung des früheren VI klargestellt ist. Zur Begründung der Revision, wenn sie ausschließlich auf neue Tatsachen gestützt wird, s BGH NJW **02**, 1131 mwN, BAG NJW **90**, 2641. Darauf, ob die Begründung den Revisionsangriff trägt, kommt es im Rahmen der Prüfung der Zulässigkeit der Revision nicht an, BGH NJW **81**, 1453.

11 **b) Verfahrensverstoß, III 1 Z 2 b.** Soweit die Revision darauf gestützt wird, daß das Gesetz in bezug auf das Verfahren verletzt worden sei, ist die Bezeichnung der **Tatsachen nötig, die den Mangel ergeben.**

12 **Verfahrensmängel** können auf falschen Maßnahmen des Gerichts beruhen oder auf unrichtiger Beurteilung von Tatsachen. Beispiele (vgl auch § 538 Rn 4 ff): gesetzwidrige Besetzung des Gerichts; Verstoß gegen § 48, BGH NJW **95**, 1679; Verletzung des Grundsatzes der Mündlichkeit; Verstoß gegen die Pflicht, rechtliches Gehör zu gewähren; Verletzung der Aufklärungspflicht: wird der Verstoß in einer unterbliebenen Beweiserhebung gesehen, so muß dargelegt werden, daß sie zu einem anderen ProzErgebnis hätte führen können, zB daß die sich weigernde Partei an der Beweisaufnahme mitgewirkt hätte, BGH FamRZ **86**, 665 mwN; war ein Beweismittel trotz Beweisbeschluß nicht beschafft, so muß überdies die Partei auf Beweiserhebung bestanden haben. Hierhin gehören ferner: die Rüge, daß sich das Gericht zu Unrecht an die tatsächlichen Feststellungen des Schiedsgerichts gebunden gehalten habe, BGH **27**, 252; Überschreitung der Ermessensgrenzen bei Entscheidungen über das Verfahren; Nichtzulassung neuen Vorbringens; Verkündungsmängel; mangelhafter Tatbestand (gänzlich fehlender Tatbestand ist vAw zu beachten, BGH NJW **79**, 927); fehlende Begründung; unrichtige Beweiswürdigung; Unzulässigkeit eines Teilurteils, BGH **16**, 74, oder einer Vorabentscheidung nach § 304, RG **75**, 19 (sachlich-rechtlich sind die Frage nach der Tragweite

Abschnitt 2. Revision §§ 551–552a

der Streithilfewirkung, BGH **16**, 228, und das Hinausgehen über die Anträge, BSG NJW 73, 2079 mwN); Erlaß eines Prozeßurteils statt Sachprüfung, RG **145**, 46; Unzulässigkeit der Zurückverweisung, BGH NJW **97**, 1710 mwN.

Alle Verfahrensverstöße, auch die unbedingten Revisionsgründe, § 547, sind zu **rügen**. Die Tatsachen, die den Mangel ergeben sollen, sind bestimmt zu bezeichnen, BAG **AP** Nr 3; allgemeine Rügen, Verweisungen auf Schriftsätze oder auf die vom Vorderrichter getroffenen einschlägigen Feststellungen genügen nicht, BGH **14**, 209, also zB nicht, daß ein Gutachten nicht dem neuesten Stand der medizinischen Wissenschaft entspreche; vielmehr ist anzugeben, welche in der Fachliteratur oder sonst erörterten Erkenntnisse die Sachverständigen hätten verwerten müssen und inwiefern dann ein anderes Ergebnis zu erwarten gewesen wäre, BGH **44**, 81; ebenso genügt für die Rüge der nicht ordnungsmäßigen Besetzung nicht die Angabe, daß ein Beisitzer in mehreren Sitzungen den Vorsitz geführt habe, BGH **LM** § 551 Z 1 Nr 10. BGH **LM** Nr 16 läßt die Angabe, daß der Hilfsrichter nicht zur Beseitigung eines nur vorübergehenden, auf andere Weise nicht zu behebenden Mangels herangezogen worden sei, nicht genügen, sondern verlangt Einzelheiten (Anlaß der Abordnung der einzelnen Hilfsrichter und deren Zeitpunkte), womit die Anforderungen überspannt werden, vgl § 547 Rn 3 ff. Unzureichend ist die allgemeine Bezugnahme auf umfangreiche Strafakten statt der Angabe der Aktenstellen, wegen deren Nichtberücksichtigung das Urteil mangelhaft sein soll, BGH **LM** § 280 Nr 6. Beim nicht vernommenen Zeugen ist die Entscheidungserheblichkeit der in sein Wissen gestellten Tatsachen anzugeben. Wird die Nichterhebung von Beweisen wegen Beweisvereitelung gerügt, muß dargelegt werden, daß die Partei an der Beweisaufnahme mitgewirkt haben würde, BGH NJW **86**, 2372 (dazu Stürner JZ **87**, 44 u 607, Schröder JZ **87**, 605). 13

Ausnahmen: Keiner Rüge bedürfen die vAw zu beachtenden Punkte, zB die Prozeßvoraussetzungen 14 und Prozeßfortsetzungsvoraussetzungen wie Zulässigkeit des Rechtswegs, ordnungsmäßige Klagerhebung, Prozeßfähigkeit, Rechtsschutzbedürfnis, Zulässigkeit des Rechtsmittels usw (vorschriftsmäßige Besetzung des Gerichts, § 547 Z 1, gehört nicht hierher, dort Rn 2), Fehlen des Tatbestands im Urteil, BGH NJW **79**, 927, bei Revision gegen ein Grundurteil dessen Voraussetzungen, BGH NJW **75**, 1968; einer Rüge bedarf es ferner nicht, wenn über einen Antrag nicht entschieden ist, da § 308 das sachliche Prozeßrecht, § 308 Rn 13, betrifft, BGH **LM** § 308 Nr 7. Wenn in Ehesachen die Revision ohne Beschwer zulässig ist, Üb § 606 Rn 5 ff, genügt die Angabe des Grundes der Revision, zB die beabsichtigte Klagrücknahme, vgl Ffm MDR **57**, 46 (betrifft Berufung).

5) Ausnahme vom Begründungszwang, III 2. Ist die Revision aufgrund einer Nichtzulassungsbe- 15 schwerde zugelassen worden, § 544, kann zur Begründung der Revision auf die Begründung der Nichtzulassungsbeschwerde Bezug genommen werden.

6) Zustellung der Revisionsbegründung, IV. Die Begründung ist dem Gegner zuzustellen, IV iVm 16 § 550 II.

7) VwGO: Es gilt § 139 III VwGO, dazu BVerwG Buchholz 310 § 139 Nr 5. 17

552 *Zulässigkeitsprüfung.* ¹¹ Das Revisionsgericht hat von Amts wegen zu prüfen, ob die Revision an sich statthaft und ob sie in der gesetzlichen Form und Frist eingelegt und begründet ist. ² Mangelt es an einem dieser Erfordernisse, so ist die Revision als unzulässig zu verwerfen.
II Die Entscheidung kann durch Beschluss ergehen.

Vorbem. Im **Verfahren der Arbeitsgerichte** entsprechend anwendbar, §§ 72 V u 74 II ArbGG, Oetker 1 NZA **89**, 201 mwN.

1) Erläuterung. § 552 entspricht dem § 522 I 1–3; s die dortigen Erläuterungen. Voraussetzung der 2 sachlichen Revisionsprüfung ist, daß die Berufung zulässig war; daher hat das Revisionsgericht auch deren Zulässigkeit vAw zu prüfen, BGH NJW **82**, 1873 mwN. Hat das OLG die Notwendigkeit der WiedEins übersehen, so ist zurückzuverweisen, BGH NJW **82**, 887, wenn nicht ohne weiteres WiedEins zu gewähren ist, BGH NJW **82**, 1873. Über die WiedEins wegen Versäumung der Frist für die Revision kann durch Beschluß entschieden werden, der dann das Revisionsgericht bindet, also unabänderlich ist, da er einem Urteil gleichsteht, BGH NJW **54**, 880; die Bindung gilt aber nicht für andere Zulässigkeitsvoraussetzungen, zB Erreichen der Revisionssumme, BGH **LM** § 21 VAG Nr 2. Die Mitteilung des Berichterstatters, daß der Senat der Ansicht sei, die Frist sei gewahrt, ist kein Beschluß, der Senat ist bei der endgültigen Prüfung an diese Meinungsäußerung nicht gebunden, BGH **9**, 22. Der verwerfende Beschluß ist in jedem Fall unabänderlich, BGH NJW **81**, 1962 mwN, BFH BStBl **79** II 574, wenn er nicht auf einer Verletzung von Grundrechten beruht, § 321 a iVm § 555; jedoch ist Wiederaufnahme zulässig, BGH NJW **83**, 883 mwN. Ein die Zulässigkeit der Revision bejahender Beschluß bindet das Revisionsgericht, BAG **AP** Nr 2.

2) VwGO: Es gelten §§ 143, 144 I VwGO. 3

552a *Zurückweisungsbeschluss.* ¹ Das Revisionsgericht weist die von dem Berufungsgericht zugelassene Revision durch einstimmigen Beschluss zurück, wenn es davon überzeugt ist, dass die Voraussetzungen für die Zulassung der Revision nicht vorliegen und die Revision keine Aussicht auf Erfolg hat. ² § 522 Abs. 2 Satz 2 und 3 gilt entsprechend.

Vorbem. Eingefügt mWv 1. 9. 04 durch Art 1 Z 19 a des 1. JuMoG v 24. 8. 04, BGBl 2198 (Materia- 1 lien: Bericht des Rechtsausschusses BT-Drs 15/3482 S 51).

1) Regelungszweck. Die Vorschrift dient der Entlastung des BGH, indem sie es ermöglicht, ein vom 2 Berufungsgericht zugelassene Revision ohne mündliche Verhandlung durch Beschluss zurückzuweisen. Die Vorschrift ist verfassungsgemäß, BVerfG NJW **05**, 1485.

§§ 552a–554   Buch 3. Rechtsmittel

3   **2) Voraussetzungen S 1. a)** Die Gründe der Zulassung der Revision gemäß § 543 II dürfen im Zeitpunkt der Beschlussfassung nicht vorliegen; es genügt, dass der Zulassungsgrund nachträglich (zB wegen der höchstrichterlichen Klärung der Rechtsfrage in einem Parallelverfahren) weggefallen ist. **b)** Außerdem darf die Revision nach der Überzeugung des Revisionsgerichts keine Aussicht auf Erfolg haben. **c)** Das Vorliegen beider Voraussetzungen muss das Revisionsgericht einstimmig feststellen. Für die Beurteilung, ob die Voraussetzungen für die Zulassung der Revision vorliegen, ist der Zeitpunkt der Entscheidung des Revisionsgerichts maßgeblich, BGH RR 05, 650.

4   **3) Verfahren S 2. a)** Das Revisionsgericht oder der Vorsitzende hat die Parteien zuvor auf die beabsichtigte Zurückweisung der Revision und die Gründe hierfür hinzuweisen und dem Revisionsführer binnen einer zu bestimmenden Frist Gelegenheit zur Stellungnahme zu geben, **S 2 iVm § 522 II 2. b)** Der Zurückweisungsbeschluss ist zu begründen, soweit die Gründe nicht bereits in dem Hinweis enthalten sind, **S 2 iVm § 522 II 3. c)** Der Beschluss ist unanfechtbar.

5   **4) VwGO:** Nicht entsprechend anzuwenden, weil die Vorschrift nur der Entlastung des BGH dienen soll, BT-Drs 15/3482 S 51.

553 *Terminsbestimmung; Einlassungsfrist.* ¹ Wird die Revision nicht durch Beschluss als unzulässig verworfen oder gemäß § 552 a zurückgewiesen, so ist Termin zur mündlichen Verhandlung zu bestimmen und den Parteien bekannt zu machen.

ᴵᴵ Auf die Frist, die zwischen dem Zeitpunkt der Bekanntmachung des Termins und der mündlichen Verhandlung liegen muss, ist § 274 Abs. 3 entsprechend anzuwenden.

1   **Vorbem. 1)** I mWv 1. 9. 04 geändert durch Art 1 Z 19 b des 1. JuMoG v 24. 8. 04, BGBl 2198. **2)** Im **Verfahren der Arbeitsgerichte** entspr anzuwenden nach Maßgabe des § 74 II ArbGG.

2   **1) Erläuterung.** Zur mündlichen Verhandlung kommt es, wenn die Revision nicht gemäß § 552 verworfen wird. Ihre Verwerfung ist auch dann noch zulässig. Vgl iü die Erl zu § 523.

3   **2) VwGO:** *I ist entspr anwendbar bei Nichtverwerfung der Revision, § 173 VwGO. II wird durch § 102 I VwGO (Ladungsfrist) ersetzt.*

554 *Anschlussrevision.* ᴵ¹ Der Revisionsbeklagte kann sich der Revision anschließen. ² Die Anschließung erfolgt durch Einreichung der Revisionsanschlussschrift bei dem Revisionsgericht.

ᴵᴵ¹ Die Anschließung ist auch statthaft, wenn der Revisionsbeklagte auf die Revision verzichtet hat, die Revisionsfrist verstrichen oder die Revision nicht zugelassen worden ist. ² Die Anschließung ist bis zum Ablauf eines Monats nach der Zustellung der Revisionsbegründung zu erklären.

ᴵᴵᴵ¹ Die Anschlussrevision muss in der Anschlussschrift begründet werden. ² § 549 Abs. 1 Satz 2 und Abs. 2 und die §§ 550 und 551 Abs. 3 gelten entsprechend.

ᴵⱽ Die Anschließung verliert ihre Wirkung, wenn die Revision zurückgenommen, verworfen oder durch Beschluss zurückgewiesen wird.

1   **Vorbem. 1)** IV mWv 1. 9. 04 geändert durch Art 1 Z 19 c des 1. JuMoG v 24. 8. 04, BGBl 2198. **2)** Im **Verfahren der Arbeitsgerichte** ist § 554 entspr anwendbar, § 72 V ArbGG.

2   **1) Regelungszweck.** Die Vorschrift bestimmt Näheres über die Anschließung in Anlehnung an die Regelung der Anschlußberufung in § 524, s die dortigen Erl.

3   **2) Grundsatz, I.** Der Revisionsbeklagte kann sich der Revision anschließen, ebenso wie dies im Berufungsverfahren statthaft ist, s § 524. Auch im Revisionsverfahren erfolgt die Anschließung durch Einreichung einer entsprechenden Schrift bei dem Revisionsgericht, also dem BGH oder dem BayObLG, § 7 EGZPO, I 2; wegen der Einzelheiten s § 524 Rn 15 u 16. Die Anschließung bedarf keiner Zulassung nach § 543. Die Anschlußschrift muß von einem beim Revisionsgericht zugelassenen RA oder ihm Gleichgestellten unterzeichnet sein, § 519 Rn 11 ff.

4   **3) Zulässigkeit, II**
A. Statthaftigkeit, II 1. Die Anschließung ist auch statthaft, wenn der Revisionsbeklagte auf die Revision verzichtet hat, die Revisionsfrist für ihn verstrichen oder die Revision für den Revisionsbeklagten weder vom Berufungsgericht noch vom BGH nach § 544 zugelassen worden ist. Dem Revisionsbeklagten soll damit die Möglichkeit eröffnet werden, eine Abänderung des Berufungsurteils zu seinen Gunsten zu erreichen, wenn das Revisionsverfahren aufgrund der Revision der Gegenpartei ohnehin durchgeführt werden muß. Voraussetzung ist stets, daß die Revision der Gegenpartei noch anhängig ist. Zulässig ist eine Hilfsanschlußrevision für den Fall des Erfolges der Revision, BGH NJW **92**, 1898 mwN.

5   Auch wenn die Anschließung kein Rechtsmittel ist, § 524 Rn 2, BGH – GS – NJW **81**, 1790 mwN, setzt sie in der Revisionsinstanz **Beschwer** durch das Berufungsurteil voraus, BGH in stRspr, NJW **95**, 2564 mwN (vgl BVerwG MDR **77**, 867), weil sie nach § 559 I nicht dienen kann, Widerklage zu erheben, BGH **24**, 284, oder neue Ansprüche einzuführen, RoSgo § 144 II 4; zur Beschwer s Grdz § 511 Rn 13 ff. Erst recht kann ein in 1. Instanz beschiedener, aber nicht in die 2. Instanz gelangter Anspruch nicht zum Gegenstand einer Anschließung in 3. Instanz gemacht werden, BGH NJW **83**, 1858. Eine Gegenanschließung des in 2. teilweise unterlegenen Revisionsklägers an die Anschließung ist nach hM unzulässig, BGH NJW **84**, 437, MüKoWa 16, Wiecz II B C, aM ZöGu 8.

Nach der bisherigen **stRspr des BGH** ist eine Anschlußrevision **unzulässig**, die einen anderen Lebenssachverhalt betrifft als denjenigen der Revision und die mit dem von dieser erfaßten **Streitgegenstand** auch nicht in einem unmittelbaren rechtlichen oder wirtschaftlichen Zusammenhang steht, BGH NJW **01**, 3543

Abschnitt 2. Revision §§ 554–557

mwN. Ob diese Rspr nach § 554 aufrecht erhalten werden kann, ist offen, BGH NJW 03, 2525 (dafür ZöGu 7a u ThP 2). Dagegen hat der BGH klargestellt, daß bei beschränkt zugelassener Revision die Anschließung zulässig ist, als sie sich auf einen von der Zulassung nicht erfassten Teil bezieht, BGH NJW 03, 2525 u 04, 3174.
Vgl iü § 524 Rn 7 u 8. **6**

B. Anschließungsfrist, II 2. Sie beträgt einen Monat ab Zustellung der Revisionsbegründungsschrift, **7** § 524 Rn 13. Eine Verlängerung der Frist ist nicht vorgesehen, BT-Drs 14/4722 S 108. Gegen eine Versäumung der Frist ist WiedEins, § 233, möglich, BGH LM § 233 Nr 15.

C. Begründung, III 1. Die Anschließung muß in der Anschlußschrift, II 2, begründet werden, vgl **8** § 524 Rn 17. Wiedereinsetzung, § 233, ist zulässig. Für den Inhalt der Begründungsschrift gilt **§ 551 III, III 2**, s § 551 Rn 8ff.

4) Weitere Verfahrensvorschriften, III 2. Entsprechend gelten: § 549 I 2 (die Anwendung von § 544 **9** VI 2 auf die Anschließung ist schwer zu verstehen, weil die Anschließung erst ab Zustellung der Revisionsbegründung befristet ist); § 549 II (Anwendung der allgemeinen Vorschriften für vorbereitende Schriftsätze); § 550 (Beifügung des angefochtenen Urteils, was wenig einleuchtet, da das Urteil schon vom Revisionskläger einzureichen war) und § 550 II (Zustellung der Anschlußrevision an den Gegner) sowie § 551 III (Inhalt der Anschließungsbegründung).

5) Wirkungslosigkeit der Anschließung, IV. Die Regelung entspricht im wesentlichen der für die **10** Anschlußberufung geltenden Vorschrift des § 524 IV, s dort Rn 20ff.

6) VwGO: Für die Anschlußrevision gelten die §§ 127 u § 141 VwGO, BVerwG **36**, 224. Sie bedarf keiner **11** eigenen Revisionszulassung, BVerwG NVwZ **82**, 372. Wegen der Form s Ey § 141 Rn 1 u § 127 Rn 9, BVerwG **72**, 94.

555 *Allgemeine Verfahrensgrundsätze.* ¹ ¹ Auf das weitere Verfahren sind, soweit sich nicht Abweichungen aus den Vorschriften dieses Abschnitts ergeben, die im ersten Rechtszuge für das Verfahren vor den Landgerichten geltenden Vorschriften entsprechend anzuwenden. ² Einer Güteverhandlung bedarf es nicht.
II Die Vorschriften der §§ 348 bis 350 sind nicht anzuwenden.

Vorbem. Im **Verfahren der Arbeitsgerichte** entspr anzuwenden, § 72 V ArbGG. **1**

1) Anwendung der Vorschriften für das Landgericht, I. Soweit sich keine Abweichungen aus den **2** Vorschriften des 2. Abschnitts ergeben, sind die im ersten Rechtszug für das LG geltenden Vorschriften, §§ 253 ff, anzuwenden, I 1. Einer Güteverhandlung, § 278 II, bedarf es nicht, I 2.
Aus dem Berufungsverfahren sind nur die in § 565 genannten Vorschriften anzuwenden. Die Vorschriften **3** des 1. Buches gelten unmittelbar im Revisionsverfahren, BAG NJW **90**, 2642.
Die Regelung entspricht dem § 525 für das Berufungsverfahren, s die dortigen Erläuterungen. **4**

2) Einzelrichter, II. Ihn gibt es im Revisionsverfahren nicht; §§ 348–350 sind nicht anzuwenden. **5**
3) VwGO: Es gilt § 141 VwGO. **6**

556 *Verlust des Rügerechts.* Die Verletzung einer das Verfahren der Berufungsinstanz betreffenden Vorschrift kann in der Revisionsinstanz nicht mehr gerügt werden, wenn die Partei das Rügerecht bereits in der Berufungsinstanz nach der Vorschrift des § 295 verloren hat.

Vorbem. Im **Verfahren der Arbeitsgerichte** entspr anzuwenden, § 72 V ArbGG. **1**

1) Erläuterung. § 556 entspricht dem im Berufungsverfahren geltenden § 534 und schreibt ihn fort, s **2** die dortigen Erläuterungen. Verfahrensverstöße in der Revisionsinstanz fallen unter § 295. Wurde die Verletzung einer Verfahrensvorschrift in der Vorinstanz erfolglos gerügt, so kann die Partei die Rüge wiederholen, soweit das Berufungsurteil auf dem Verstoß beruht.

2) VwGO: *Entspr anzuwenden, § 173 VwGO, BVerwG Buchholz 310 § 113 Nr 29, NJW 98, 3396 mwN.* **3**

557 *Umfang der Revisionsprüfung.* ¹ Der Prüfung des Revisionsgerichts unterliegen nur die von den Parteien gestellten Anträge.
II Der Beurteilung des Revisionsgerichts unterliegen auch diejenigen Entscheidungen, die dem Endurteil vorausgegangen sind, sofern sie nicht nach den Vorschriften dieses Gesetzes unanfechtbar sind.
III ¹ Das Revisionsgericht ist an die geltend gemachten Revisionsgründe nicht gebunden. ² Auf Verfahrensmängel, die nicht von Amts wegen zu berücksichtigen sind, darf das angefochtene Urteil nur geprüft werden, wenn die Mängel nach den §§ 551 und 554 Abs. 3 gerügt worden sind.

Vorbem. Im **Verfahren der Arbeitsgerichte** entspr anzuwenden, § 72 V ArbGG. **1**

1) Parteianträge, I **2**
A. Allgemeines. Nicht anders als in der Berufungsinstanz ziehen in der Revisionsinstanz die Parteianträge die Grenzen der Anfallwirkung, Grundzüge § 511 Rn 3, BGH RR **90**, 519. Siehe darum die Erläuterungen zu § 528, auch wegen Mitabweisung noch in den Vorinstanzen anhängiger Ansprüche und

§ 557　　　　　　　　　　　　　　　　　　　　　　　　　　　　　　　　　　　　Buch 3. Rechtsmittel

des maßgebenden Streitwertes. Maßgebend sind nicht die Anträge der Revisionsschrift od Revisionsbegründung, sondern die nach § 297 in mündlicher Verhandlung verlesenen.

3　　Keine nachteilige Abänderung ist die Verwerfung der Berufung mangels Beschwer statt der ausgesprochenen Zurückweisung, RG **151**, 46, oder wenn das OLG die Klage als unzulässig abgewiesen hat und dieses Urteil auf Revision des Beklagten, der eine Sachabweisung erzielen möchte, aufgehoben, damit aber die Möglichkeit eröffnet wird, daß nunmehr dem sachlich-rechtlichen Antrag stattgegeben wird, BGH MDR **62**, 976; denn mit der Aufhebung des OLGUrteils und Zurückverweisung sind die Anträge der Berufungsinstanz wieder maßgebend. Hatte das Berufungsgericht den Hauptanspruch abgewiesen und den Hilfsanspruch zuerkannt und erkennt das Revisionsgericht auf Revision des Klägers den Hauptanspruch zu, so muß es zur Klarstellung den Ausspruch des Berufungsgerichts über den Hilfsanspruch aufheben. Erfolgt, da weitere Feststellungen erforderlich sind, Zurückverweisung, so ist auch über eine Revision wegen des Hilfsanspruchs zu entscheiden, BGH NJW **93**, 1005 (Anm Hohloch **LM** § 2306 BGB Nr 11). Ist die Entscheidung über den Hilfsanspruch nicht angefochten worden, bleibt sie zunächst bestehen, BGH NJW **89**, 1486 (zustm Orfanides JR **89**, 329). Dabei bleibt es, wenn das Berufungsgericht den Hauptanspruch wiederum abweist; spricht es ihn aber der Kläger zu, so muß es zugleich seine frühere Entscheidung über den Hilfsanspruch aufheben, da § 318 nicht entgegensteht, BGH NJW **93**, 1005 u **91**, 169.

4　　**B. Gegenrügen** (Rudisile DVBl **88**, 1136). Der Revisionsbeklagte kann sich, auch ohne ein Rechtsmittel einzulegen, darauf berufen, daß, wenn die Klage nur auf Grund seiner eventuellen Aufrechnung abgewiesen ist, seine übrigen Einwendungen rechtsirrtümlich zurückgewiesen worden seien, BGH **16**, 395. Er kann bis zum Schluß der mündlichen Verhandlung bestimmte, seinem Vortrag in der Vorinstanz zuwiderlaufende Feststellungen des Berufungsgerichts ebenso wie das Unterbleiben von Feststellungen für den Fall bemängeln, daß das Revisionsgericht die Entscheidung des Berufungsgerichts mit der von ihm gegebenen Begründung für unrichtig hält, BGH MDR **76**, 138, BAG NJW **65**, 2268, BVerwG LS NJW **84**, 2235, BFH NJW **71**, 168, BayObLG NJW **67**, 57. Diese Gegenrügen darf es nicht ohne weiteres der Entscheidung zum Nachteil des Revisionsklägers zugrundelegen, BGH **LM** § 561 Nr 12. Sie sind bis zum Schluß der mündlichen Verhandlung zulässig, BAG aaO. Bemängelt der Revisionsbeklagte die Feststellungen des Berufungsgerichts nicht, muß das Revisionsgericht sie hinnehmen.

5　　**2) Überprüfbarkeit von Vorentscheidungen, II**
　　A. Grundsatz. II entspricht dem § 512; s die dortigen Erläuterungen. Enthält eine Vorentscheidung, auf der das Urteil beruht, einen Revisionsgrund, so ist das Urteil selbst revisibel. Vorausgegangen und nachprüfbar sind auch Zwischenurteile und Beschlüsse, durch die WiedEins gewährt wurde, nicht aber ein Zwischenurteil des OLG nach § 387, BGH MDR **66**, 920.

6　　**B. Ausnahmen.** Nicht alle Vorentscheidungen sind vom Revisionsgericht zusammen mit dem Endurteil zu überprüfen. Ausgenommen sind: **a)** alle nach § 567 unanfechtbaren Entscheidungen (zB der Beschluß über die Zulassung der Nebenintervention, BAG NZA **88**, 801, oder die Abtrennung einer Widerklage, § 145 Rn 5, oder der eine Protokollberichtigung ablehnende Beschluß, § 164 Rn 13, BVerwG DÖV **81**, 180), mag die Entscheidung auch mit dem Endurteil verbunden sein, BGH NJW **82**, 2070, oder fälschlich in den Gründen des Urteils stecken, weil das die Partei nicht beschwert, insbesondere die nach § 567 unanfechtbaren Entscheidungen des OLG, zB die Verlängerung der Frist des § 521 II 1, BGH NJW **88**, 268 (krit Teubner JR **88**, 281), der Beschluß über die Ablehnung eines Richters, BayVerfGH BayVBl **83**, 367 mwN, oder Berichtigungsbeschlüsse, § 319, es sei denn, sie haben in Wahrheit keine Berichtigung zum Gegenstand, BGH NJW **85**, 742 mwN; **b)** die nach ausdrücklicher gesetzlicher Vorschrift unanfechtbaren Entscheidungen; **c)** alle besonders anzufechtenden Entscheidungen, zB selbständig angreifbare Zwischenurteile, etwa nach § 387, BGH NJW **93**, 1392 mwN, oder derartige Beschlüsse, zB diejenigen über die Versagung des WiederEins iRv § 519.

7　　Die vom Berufungsgericht aus der Entscheidung gezogenen Folgerungen binden das Revisionsgericht nicht, BGH **LM** Nr 2 u 6. So ist die Ablehnung eines Vertagungsantrags stets unanfechtbar und ebenso die Zurückweisung eines darauf gestützten Ablehnungsgesuchs; liegt aber in der Versagung rechtlichen Gehörs, so kann dies die Revision begründen, Günther NJW **86**, 290. Auch in der Zurückweisung des Vertreters eines Prozeßbevollmächtigten kann eine Versagung des rechtlichen Gehörs liegen, RG **83**, 2. Wegen der einer WiedEins stattgebenden Entscheidung vgl § 238 Rn 11.

8　　**3) Verfahrensmängel, III 2**
　　A. Grundsatz. Soweit sich die Revision auf Verfahrensmängel stützt, sind nur die nach §§ 551 u 554 vorgebrachten Revisionsgründe zu prüfen, wenn sie nicht in der Revisionsinstanz vAw zu berücksichtigen sind, unten Rn 10. Ob ein Verfahrensmangel vorliegt, ist nach rechtlichen Gesichtspunkten zu beurteilen, nicht nach Äußerlichkeiten, wie Aufnahme der verletzten Vorschrift in die ZPO oder ins BGB. Verstöße gegen die Verteilung der Beweislast gehören nicht zu den der Rüge bedürfenden Verfahrensmängeln, Anh § 286 Rn 2 ff.

9　　**B. Rügepflicht.** Ein Verfahrensmangel muß in der Revisionsbegründung oder in rechtzeitigen Nachträgen gerügt sein. Dahin gehört auch, daß eine tatsächliche Feststellung ohne zureichende Unterlage getroffen ist. Die mündliche Nachholung einer in der Begründung nicht enthaltenen Verfahrensrüge ist unstatthaft. Die Unzuständigkeit eines nicht zum Gericht für Patentsachen bestellten LG kann nur gerügt werden, wenn sie schon in den Tatsacheninstanzen erhoben oder in der schriftlichen Revisionsbegründung vorgebracht ist, BGH **49**, 99. Jede Rüge eines Verfahrensmangels ist rücknehmbar.

10　　**C. Ausnahmen.** Keiner Rüge bedarf es, wenn der Verfahrensmangel in der Revisionsinstanz vAw zu beachten ist. Dahin gehören die Verfahrensverstöße der Revisionsinstanz selbst, ferner die früherer Instanzen, soweit sie das Revisionsverfahren berühren, wie Verstöße bei der unverzichtbaren Voraussetzungen und sonstigen unverrückbaren Grundlagen des Verfahrens, etwa § 563 II. Beispiele: fehlende Jurisdiktion (Immunität), BGH NJW **61**, 1116, mangelnde internationale Zuständigkeit, BGH NJW **93**, 3135 mwN, vgl Geimer WertpMitt **86**, 117, fehlende Klagbarkeit agrd völkerrechtlichen Vertrages, BGH NJW **71**, 983 u **70**, 1507, Umfang der inneren Rechtskraft eines Vorprozeßurteils, entgegenstehende anderweitige Rechtshängigkeit, BGH RR **90**, 47 mwN, Rechtsschutzbedürfnis, BGH WertpMitt **89**, 928, Fehlen der bestimmten Angabe des Gegenstandes und Grundes des erhobenen Anspruchs, BGH **11**, 184, 195 (Nachholungsmöglichkeit in der Revisionsinstanz), bei Verurteilung Zug um Zug die nicht hinreichende Bestimmtheit der Gegenleistung, so daß die Vollstreckung gehindert wird, BGH **45**, 287, Zulässigkeit des Einspruchs gegen ein Versäumnisurteil, BGH NJW **76**, 1940, Zulässigkeit der Berufung, BGH **7**, 284, also auch Rechtzeitigkeit und begründete Wiedereinsetzung, Unterbrechung des Verfahrens, fehlerhafte Behandlung eines Nichtbeteiligten als Partei, BGH NJW **93**, 3067, Prozeßfähigkeit einer Partei, BGH RR **86**, 157 mwN (dazu K. Schmidt JuS **86**, 568), unzulässige sachliche Prüfung durch das Berufungsgericht, RG **161**, 219, in sich selbst unauflösbar widersprüchlicher Tenor, BGH RR **01**, 1351. Hierher gehört weiter das Fehlen des rechtlichen Interesses bei der Feststellungsklage, weil es das in die Gesetzesmerkmale aufgenommene Rechtsschutzbedürfnis ist.

D. Gemeinsames. Der Verfahrensmangel kann auch mit beachtlichen sachlich-rechtlichen Verstößen unlöslich zusammenhängen. So sind auch die sachlich-rechtlichen Ausführungen nachzuprüfen, die Grundlage für eine Zurückverweisung sind, BGH **31**, 364. **11**

4) Sonstige Gesetzesverletzungen, III 1. Sie sind vom Revisionsgericht zu berücksichtigen, gleichviel, ob die Partei gerügt hat oder nicht, vgl BGH NJW **91**, 1822. Rügt also der Revision auch nur einen Verfahrensverstoß, so muß das Revisionsgericht das ganze Urteil auf die Gesetzmäßigkeit seiner Begründetheit nachprüfen, stRspr. Fehlt irgendeine ausreichende Rüge, so darf das Revisionsgericht keinerlei sachlich-rechtlichen Verstoß beachten, weil die Unzulässigkeit der Revision jegliche Sachprüfung abschneidet. III 1 gilt aber nur für die Revision und Anschlußrevision, nicht für die Partei, die das Rechtsmittel nicht eingelegt hat. Eine ungünstigere Beurteilung auf Grund von deren Vorbringen wäre reformatio in peius zum Nachteil des Gegners, BayObLG **50/51**, 57. Maßgebendes Recht ist das im Zeitpunkt der Revisionsverhandlung geltende. **12**

5) VwGO: Die Bindung an die Anträge, **I**, ergibt sich aus §§ 141, 129 *VwGO*, im übrigen gilt § 137 III *VwGO*. **II** ist entspr anzuwenden, § 173 *VwGO*, in Ergänzung von § 137 *VwGO*, May NVwZ **97**, 251 (betr Beiladung), BVerwG BayVBl **02**, 375 (Übertragung auf den ER), BVerwG NJW **98**, 2301 mwN (Ablehnung der Aussetzung), NJW **97**, 2898 (Zwischenurteil nach § 109 *VwGO*), NJW **90**, 2080 (betr Ablehnung der Vertagung), NVwZ **88**, 531 (betr Gewährung der WiedEins), Ey § 141 Rn 9. Nachprüfbar ist der Beschluß des OVG über die Ablehnung der WiedEins, BVerwG **13**, 141, vgl § 238 Rn 16, aber auch der nicht anfechtbare Beschluß des VG über eine Richterablehnung in LAG-Sachen, BVerwG NJW **64**, 1870 (dazu Bach NJW **65**, 1263) und WehrpflS, BVerwG RiA **76**, 153 mwN, weil ein solcher Beschluß nach ZPO anfechtbar wäre, BVerwG **50**, 36 mwN (nicht nachprüfbar ist aber der entsprechende Beschluß eines OVG, BVerwG NVwZ **99**, 184 u **91**, 261, Buchholz 303 § 548 Nr 1 u 310 § 54 Nr 35, Günther NJW **86**, 290). Auch bei unanfechtbarer Entscheidung hat das Revisionsgericht die daraus vom Berufungsgericht gezogenen Folgerungen nachzuprüfen, oben Rn 4, BVerwG NVwZ **99**, 185 mwN. Entsprechend anzuwenden, § 173 *VwGO*, ist **III** insoweit, als Verfahrensrügen grundsätzlich bis zum Ablauf der Revisionsbegründungsfrist geltend gemacht werden müssen, BVerwG DÖD **67**, 230. Zur Zulässigkeit von Gegenrügen, Rn 4, BVerwG LS NJW **84**, 2235, Rudisile DVBl **88**, 1136 mwN. **13**

558 *Vorläufige Vollstreckbarkeit.* [1] Ein nicht oder nicht unbedingt für vorläufig vollstreckbar erklärtes Urteil des Berufungsgerichts ist, soweit es durch die Revisionsanträge nicht angefochten wird, auf Antrag von dem Revisionsgericht durch Beschluss für vorläufig vollstreckbar zu erklären. [2] Die Entscheidung ist erst nach Ablauf der Revisionsbegründungsfrist zulässig.

Vorbem. Im Verfahren der Arbeitsgerichte entspr anwendbar, § 72 V ArbGG. 1

1) Erläuterung. § 558 entspricht § 537, s die dortigen Erläuterungen. 2

2) VwGO: Entspr anzuwenden, § 173 *VwGO*, vgl § 537 Rn 6. 3

559 *Beschränkte Nachprüfung tatsächlicher Feststellungen.* [1 1] Der Beurteilung des Revisionsgerichts unterliegt nur dasjenige Parteivorbringen, das aus dem Berufungsurteil oder dem Sitzungsprotokoll ersichtlich ist. [2] Außerdem können nur die in § 551 Abs. 3 Nr. 2 Buchstabe b erwähnten Tatsachen berücksichtigt werden.

[II] Hat das Berufungsgericht festgestellt, dass eine tatsächliche Behauptung wahr oder nicht wahr sei, so ist diese Feststellung für das Revisionsgericht bindend, es sei denn, dass in Bezug auf die Feststellung ein zulässiger und begründeter Revisionsangriff erhoben ist.

Vorbem. I 1 idF Art 5 I a Z 2 a G v 26. 11. 01, BGBl 3138 (ÜbergangsR Einl III 78). Im **Verfahren der Arbeitsgerichte** ist § 559 entsprechend anwendbar, § 72 V ArbGG, GMP § 75 Rn 15–27. **1**

Gliederung

1) Allgemeines	2	C. Zum Verfahren nach Erlaß des Berufungsurteils	8, 9
2) Berücksichtigung von Parteivorbringen, I	3–5	D. Zu Wiederaufnahmegründen	10
A. Grundsatz	3	E. Sonstige Tatsachen	11
B. Endzeitpunkt	4	4) Tatsächliche Feststellungen, II	12, 13
C. Einzelfälle	5	A. Bindungswirkung	12
3) Beachtung neuer Tatsachen	6–11	B. Ausnahmen	13
A. Zu Verfahrensrügen	6	5) VwGO	14
B. Zu von Amts wegen zu prüfenden Punkten	7		

Albers 1731

§ 559

2   1) **Allgemeines** (Gottwald, Das Revisionsgericht als Tatsacheninstanz, 1975). § 559, der den § 545 ergänzt, bezieht sich nicht auf Rechtsausführungen, sondern nur auf tatsächliches Vorbringen. Eine Abweichung von I 1 enthält Art 6 Z 2 UÄndG, BGH MDR **87**, 479.

3   2) **Berücksichtigung von Parteivorbringen, I 1.**
   A. Grundsatz. Grundsätzlich prüft das Revisionsgericht nur auf Gesetzesverletzung; irgendwelche tatsächlichen Feststellungen liegen ihm im allgemeinen nicht ob. Es hat das Parteivorbringen zugrunde zu legen, wie es das Berufungsurteil, § 540, und die Sitzungsprotokolle ergeben, BGH NJW **88**, 3094. Dazu gehören die in ihnen in Bezug genommenen Schriftstücke, BGH in stRspr, RR **02**, 381 u NJW **92**, 2148 mwN, die das Revisionsgericht auch selbständig auslegen kann, BGH **LM** § 133 BGB (A) 2. Das Protokoll geht dem Tatbestand vor, § 314. Zu dem aus dem Sitzungsprotokoll ersichtlichen Parteivorbringen, das ebenfalls der Beurteilung des Revisionsgerichts unterliegt, gehören nicht die von den Parteien im Berufungsverfahren gestellten Anträge. Sie müssen sich aus dem Berufungsurteil ergeben, BGH NJW **05**, 716. Wenn Urteil oder Protokoll nichts anderes ergeben, kann das Revisionsgericht davon ausgehen, daß durch die Stellung der Anträge und anschließendes Verhandeln der gesamte, bis zum Termin angefallene Akteninhalt zum Gegenstand der mündlichen Verhandlung gemacht worden ist und demgemäß seiner Beurteilung unterliegen, BGH NJW **92**, 2148, zustm Oehlers NJW **94**, 712, krit Schumann NJW **93**, 2786, Fischer DRiZ **94**, 461. Daneben sind Erfahrungstatsachen zu berücksichtigen, soweit sie das Revisionsgericht kennt, nicht solche, die erst aus einem neu eingereichten Gutachten erhellen, RG **145**, 396. Ist der Tatbestand widersprüchlich oder lückenhaft (oder fehlt er), muß das Urteil schon deshalb aufgehoben werden, stRspr, BGH MDR **91**, 36 mwN. Schweigt das Urteil, so kann ein Parteivorbringen nicht auf andere Weise dargetan werden, BGH NJW **83**, 885.

4   **B. Endzeitpunkt.** Letzter denkbarer Zeitpunkt für tatsächliches Vorbringen ist der Schluß der letzten mündlichen Verhandlung der letzten Tatsacheninstanz, NJW **88**, 3094. Weder offenkundige noch zugestandene neue Tatsachen sind zu beachten. Die nach dem Berufungsurteil eingetretene Fälligkeit des Klaganspruchs ist keine neue Tatsache, wenn sie das Berufungsurteil in ihrer Bedeutung für den Anspruch bereits gewürdigt hat, also zu berücksichtigen, BGH **LM** § 240 BGB Nr 1. Nicht zu beachten ist die Veräußerung des Streitgegenstandes, überhaupt grundsätzlich alles, was nach dem oben genannten Zeitpunkt liegt, so auch die Fortdauer des Getrenntlebens der Ehegatten, BGH NJW **79**, 105 (anders uU, wenn das Berufungsgericht Feststellungen zum Scheitern der Ehe getroffen hat, siehe oben); wegen der Ausnahmen siehe Rn 6 ff. Der Kläger darf auch noch in der Revisionsinstanz Feststellung zur Konkurstabelle statt Zahlung begehren, ebenso BGH **LM** Nr 14; abgesonderte Befriedigung kann er nicht fordern, vgl aber auch BGH **LM** § 146 KO Nr 4. War auf Rechnungslegung geklagt und nur zur Auskunftserteilung verurteilt, kann der Kläger mit Anschlußrevision Vorlage der Abrechnungen, § 259 I BGB, fordern und damit den ursprünglichen Antrag teilweise wieder aufgreifen. Unzulässig sind auch die Berichtigung von Tatsachen, hM, ein Zurückgreifen auf abgewiesene erstinstanzliche Anträge, über die vor dem Berufungsgericht nicht mehr verhandelt wurde, BGH MDR **87**, 479, neue Hilfsanträge, mögen auch alle zu ihrer Beurteilung dienlichen Tatsachen vorgetragen, ihre rechtliche Würdigung durch das Berufungsgericht aber nicht erforderlich gewesen sein, BGH NJW **61**, 1468.

5   **C. Einzelfälle. Unbeachtet bleiben:** Klageänderung, BGH **28**, 131 (falls es sich nicht nur um Beschränkung handelt, s unten), vgl Altmeppen ZIP **92**, 458, also namentlich Erhebung neuer Ansprüche, BGH NJW **89**, 171; Klagerweiterung, OGHZ MDR **49**, 679, BGH **LM** § 146 KO Nr 5, demgemäß auch die Erhebung einer Widerklage, BGH **24**, 285; gewillkürter Parteiwechsel, BGH WertpMitt **82**, 1170; erstmalige Erhebung einer Zwischenfeststellungsklage, § 256 II, jedenfalls wenn sie schon in der Berufungsinstanz möglich gewesen wäre und dort der zugrunde liegende Sachverhalt ungeklärt geblieben ist, BAG LS NJW **82**, 790; Umwandlung des Hilfsantrags zum Hauptantrag, BGH **28**, 131, siehe auch Fischer zu **LM** Nr 20 (zu beachten aber Umwandlung des Haupt- zum Hilfsantrag, BGH WertpMitt **89**, 1875); Übergang von einer auf Forderung gestützten Zahlungsklage auf eine Wertersatzklage nach AnfG, BGH KTS **77**, 105; eine neu betätigte Zurückbehaltung, RG Warn **17**, 201; Abtretungen, RG Warn **30**, 145, wohl aber, wenn die Abtretung schon vom Berufungsurteil festgestellt und es sich nur um eine Richtigstellung, § 265 Rn 17, handelt, BGH **26**, 37 (Antrag auf Zahlung an Abtretungsempfänger); Beweissicherungsergebnisse, soweit sie nach dem Berufungsurteil eingetreten sind. **Zu beachten sind dagegen:** ein neuer Antrag, den das Berufungsgericht entgegen § 308 I abgewiesen hat, ohne daß er dort schon gestellt war, BGH WertpMitt **91**, 600; Einrede der beschränkten Erbenhaftung, wenn ihre frühere Erhebung nicht möglich oder nicht geboten war, BGH **17**, 73; Klagrücknahme in der Revisionsinstanz; Verzicht auf den Anspruch; bloße Beschränkung des Klagantrags ohne Änderung der tatsächlichen Klaggrundlage, BGH **26**, 37, RR **91**, 1136; einseitige Erledigungserklärung jedenfalls dann, wenn das erledigende Ereignis außer Streit ist, BGH WertpMitt **82**, 620 mwN.

6   3) **Beachtung neuer Tatsachen.** Ausnahmsweise zu beachten sind neue Tatsachen in folgenden Fällen:
   A. Soweit sie zur Begründung einer Verfahrensrüge rechtzeitig in der Revisionsbegründung vorgebracht sind, § 551 III Z 2 b, I 2. Nachholung ist nicht erlaubt.

7   **B. Soweit sie in der Revisionsinstanz von Amts wegen zu prüfende Punkte betreffen** (dagegen Rimmelspacher, Prüfung von Amts wegen im Zivilprozeß 1966, S 41, 194: Bindung auch insoweit an die im Berufungsurteil enthaltene Tatsachenfeststellung). Also ist ein neuer Vortrag auch ohne ausdrückliche Verfahrensrüge namentlich dann zu berücksichtigen, wenn er die Fragen betrifft, ob die Prozeßvoraussetzungen und die Prozeßfortsetzungsbedingungen erfüllt sind, BGH **85**, 290 mwN; MDR **83**, 574, BAG NJW **82**, 788 mwN.
   Beispiele: Prozeßfähigkeit, BGH RR **86**, 157 (dazu K. Schmidt JuS **86**, 568) mwN, ua BGH **86**, 188 u NJW **85**, 2479; ordnungsmäßige Klagerhebung, BGH NJW **92**, 2099; Prozeßführungsbefugnis, BGH **31**, 282, namentlich auch bei Konkurseröffnung oder -einstellung, BGH **28**, 13, NJW **75**, 442 mwN, oder bei Rechtsnachfolge, vgl BGH MDR **87**, 130 (grundsätzlich anders bei gesetzlicher oder gewillkürter Prozeß-

Abschnitt 2. Revision   § **559**

standschaft, BGH NJW **88**, 1587); Prozeßvollmacht, GmS NJW **84**, 2149, BGH NJW **02**, 1957 u **92**, 627 mwN; Rechtsschutzbedürfnis, BGH **LM** § 546 Nr 21; Wegfall des Feststellungsinteresses (Folge ist Prozeßabweisung durch das Revisionsgericht), BGH **18**, 106, und umgekehrt Eintritt der Prozeßvoraussetzungen für die Feststellungsklage, BGH MDR **83**, 836; die Erledigung durch gerichtlichen Vergleich, BAG NJW **82**, 788 (nicht durch außergerichtlichen Vergleich, offen gelassen von BGH **22**, 370, einschränkend BAG NJW **82**, 788: nur dann, wenn die Vereinbarung unstreitig ist oder die Parteien ihren Abschluß übereinstimmend angezeigt haben); die Beendigung der Rechtshängigkeit durch übereinstimmende Erledigungserklärungen im Berufungsverfahren, BVerwG NVwZ-RR **92**, 276; Unterbrechung des Verfahrens; Zulässigkeit des Einspruchs gegen ein Versäumnisurteil, BGH NJW **76**, 1940; im Aufhebungsprozeß Zustellung und Niederlegung des Schiedsspruchs, BGH **85**, 290 u MDR **80**, 210; im Anfechtungsprozeß außerhalb des Konkurses Abweisung der Klage gegen den Schuldner, BGH MDR **83**, 574; die Zulässigkeit der Berufung, BGH NJW **82**, 1873, BVerwG NJW **86**, 862, zB die Wahrung der Berufungs- und Berufungsbegründungsfrist, da es sich um Voraussetzungen für das Berufungsverfahren handelt, BGH **7**, 284; die Zulässigkeit der Restitutionsklage, zB nach § 641 i, BGH RR **89**, 1029.

Neue Tatsachen sind auch beachtlich bei der Prüfung, ob Wiedereinsetzung gerechtfertigt ist, als Vorfrage für die Zulässigkeit der Berufung, BGH **LM** § 234 Nr 1 b.

C. Soweit sie das Verfahren nach Erlaß des Berufungsurteils betreffen, RG JW **35**, 2132, wie 8 Aufnahme eines unterbrochenen Verfahrens oder erklärter, nicht nur versprochener Revisionsverzicht, RG **161**, 352.

Unter A–C fallende Tatsachen bedürfen der Feststellung. Bestreitet sie der Revisionsbeklagte nicht, 9 dürfen sie als unstreitig berücksichtigt werden, BGH DRiZ **73**, 131. Handelt es sich um Prozeß- oder Rechtsmittelvoraussetzungen, zB richtige Besetzung des Berufungsgerichts, kann auch eine Beweisaufnahme stattfinden, BGH NJW **76**, 1940 mwN (möglich ist aber auch Zurückverweisung). Kein sog Freibeweis, Einf § 284 Rn 9, dazu Werp DRiZ **75**, 278, abw BGH NJW **92**, 628.

D. Vorbringen, das im Wiederaufnahmeverfahren berücksichtigt werden müßte (in den Fällen 10 § 580 Z 1–5 aber nur nach ergangenem Strafurteil, BGH **5**, 299), also auch bei Auffinden einer neuen Urkunde, § 580 Z 7 b, kann ausnahmsweise zugelassen werden, BGH NJW **88**, 3094 mwN. Maßgebend ist die Verfahrenslage, so wenn ohne deren Berücksichtigung die Entscheidung des Revisionsgerichts zu einem früher ergangenen rechtskräftigen Urteil in Widerspruch stehen würde oder im anhängigen Verfahren noch weitere unrichtige Urteile ergehen würden; nicht zu berücksichtigen sind sie, also auf Restitutionsklage zu verweisen, wenn das Verfahren dann beendet wird, BGH **18**, 59.

E. Sonstige Tatsachen, die nach der letzten mündlichen Verhandlung vor dem Berufungsgericht 11 entstanden sind, sind zu berücksichtigen, wenn es sich um eine auch das RevGericht bindende Entscheidung handelt, und können zumindest dann berücksichtigt werden, wenn sie unstreitig oder aus anderen Gründen nicht beweisbedürftig sind und schützenswerten Interessen der anderen Partei entgegenstehen, stRspr, BGH NJW RR **98**, 1284 mwN NJW **98**, 2974 u **90**, 2754 (Eintritt der Verjährung) u **88**, 3094 mwN, BGH NJW **90**, 2641 mwN (weitergehend RoSGo § 145 II 3 h, Mattern JZ **63**, 652), BVerwG NVwZ **93**, 275 (offenkundiger Wegfall entscheidungserheblicher Umstände).

Beispiele: Patenterteilung oder -beseitigung, BGH NJW **88**, 210, stRspr, also Vernichtung des Patents, BGH NJW **87**, 830 (stRspr), ebenso Teilvernichtung oder Klarstellung, BGH **LM** § 6 PatG Nr 9, Erlöschen des Patents, aber nicht eine in der Revisionsinstanz erstmalig entgegengehaltene Vorveröffentlichung, BGH **40**, 332, in der Regel auch nicht Ansprüche aus einer erst nach der letzten Tatsachenverhandlung bekanntgemachten Patentanmeldung, BGH NJW **64**, 590; materielle Folgen der Insolvenzeröffnung und der Insolvenzaufhebung, BGH NJW **75**, 442 (Kläger) u MDR **81**, 1013 (Beklagter), mit der Rechtsnachfolge, BGH MDR **87**, 130 mwN; nach § 638 RVO bindende Entscheidungen über die Anerkennung eines Arbeitsunfalls, BGH MDR **80**, 925 (zustm Gitter SGb **81**, 452); bindende Entscheidungen eines anderen Gerichts, zB des EuGH, BGH WertpMitt **85**, 241; Klärung einer Vorfrage durch rechtskräftiges Urteil, BGH RR **89**, 175 mwN, ua WM **85**, 264; Erteilung einer behördlichen Genehmigung, BGH RR **98**, 1284 mwN; Nichtigerklärung eines Bebauungsplanes nach § 47 VwGO, BGH WertpMitt **82**, 299; Enteignungs- u/od Besitzeinweisungsbeschluß BGH RR **92**, 1149 mwN; Erwerb der deutschen Staatsangehörigkeit in Ehe- und Kindschaftssachen, BGH **53**, 131 m Anm v Johannsen **LM** Nr 14, FamRZ **82**, 795; Übergang zur einverständlichen Scheidung, § 630; überlagende Dauer eines ausländischen Scheidungsverfahrens, § 606 a Rn 13, BGH NJW **83**, 1270; Eintritt der Volljährigkeit, vgl BGH **53**, 131; Änderungen im Personenstand, BGH **54**, 135 (Anerkennung der Vaterschaft) u NJW **83**, 451 mwN (Eintragung als eheliches Kind).

Sofern es sich um Entscheidungen von Gerichten und Behörden handelt, kann das Revisionsverfahren bis zum Eintritt der Unanfechtbarkeit nach § 148 ausgesetzt werden, BGH RR **92**, 1149. Wegen der vom Berufungsgericht festgestellten Fälligkeitstermins s Rn 4.

4) Tatsächliche Feststellungen, II   12

A. Bindungswirkung. Feststellungen des Berufungsgerichts über eine tatsächliche Behauptung einer Partei binden das Revisionsgericht grundsätzlich, mögen sie im Tatbestand oder in den Urteilsgründen stehen. Die Grundlage der Feststellung bleibt gleich; sie mag Beweiswürdigung, gerichtliches Geständnis, Offenkundigkeit, gesetzliche Vermutung oder Auslegung, auch eines Schiedsvertrages, BGH **24**, 15, sein; handelt es sich um die Auslegung einer Rechtsnorm (Tarifvertrag), so sind dazu vom Berufungsgericht getroffene Feststellungen unbeachtlich, BAG NJW **63**, 76. Revisionsrechtlich zu prüfen sind aber Verfahrensfehler, zB Verkennung des Begriffs der Offenkundigkeit, § 291, oder der Anforderungen an den Beweis einer Tatsache, § 286, sowie allgemein die Frage, ob der Tatrichter sich mit dem Prozeßstoff und den Beweisergebnissen umfassend und widerspruchsfrei auseinandergesetzt hat, seine Würdigung also vollständig und rechtlich möglich ist und nicht gegen Denkgesetze oder Erfahrungssätze verstößt, BGH NJW **93**, 937 mwN. Tatrichterliche Würdigung ist, inwieweit sich das Berufungsgericht einem Gut-

§§ 559–561

achten anschließt, vgl Schneider MDR **85**, 199; daß der Sachverständige Verhandlungsstoff übersehen hat, ist erheblich nur, falls das Gutachten nicht mehr schlüssig ist. Ob ein Vertrag öff-rechtlich oder privatrechtlich ist, ist keine tatbestandliche Feststellung, sondern rechtliche Würdigung, also besteht keine Bindung an die Beurteilung des Berufungsgerichts, BGH **35**, 70. Auf entbehrliches Hilfsvorbringen braucht das Berufungsgericht nicht einzugehen, diesbezügliche tatsächliche Feststellungen sind aber prozessual nicht fehlerhaft.

13 **B. Ausnahmen.** Beachtlich ist immer, daß eine tatsächliche Feststellung unter Verletzung einer Verfahrensvorschrift getroffen, daß etwa die Aufklärungspflicht, § 139, verletzt ist, Rn 12. Bei Auslegung von Willenserklärungen ist nur zu prüfen, ob die Auslegung möglich ist und keine Auslegungsgrundsätze verletzt sind. Richtige Anwendung der Denkgesetze und allgemeine Erfahrungssätze sind nachprüfbar. Dazu und wegen mustermäßiger Vertragsbedingungen (AGB) s § 546 Rn 10.

Keine Bindung besteht, wenn eine Feststellung mit dem im Tatbestand wiedergegebenen unstreitigen Parteivorbringen nicht zu vereinbaren ist, BGH NJW **96**, 2236 mwN. Das gleiche gilt, wenn der Revisionsbeklagte die ihm zustehende Möglichkeit nutzt, bis zum Schluß der Revisionsverhandlung Rügen gegen solche tatsächlichen Feststellungen zu erheben, die ihm ungünstig sind, aber in der Vorinstanz nicht entscheidungserheblich waren, BGH MDR **76**, 138, BAG NJW **65**, 2268, BVerwG LS NJW **84**, 2235.

14 **5) VwGO:** Es gilt § 137 II VwGO, der II entspricht. Da neue Tatsachen grds nicht vorgebracht werden dürfen, Rn 3 ff, ist **I 1** entsprechend anzuwenden, § 173 VwGO, BVerwG DÖD **66**, 177. Ergänzend ist auch **I 2** entsprechend anzuwenden. Vgl im übrigen Rn 7 u 8 sowie Rn 10 u 11. Vorbringen, das zu einer Wiederaufnahme führen müßte, und sonstige Tatsachen iSv Rn 11 dürfen auch im Verwaltungsprozeß noch im Revisionsverfahren berücksichtigt werden, BVerwG NVwZ **93**, 275 mwN. Zur Möglichkeit tatsächlicher Feststellungen durch das Revisionsgericht vgl BVerwG NJW **68**, 2308.

560 Nicht revisible Gesetze.

Die Entscheidung des Berufungsgerichts über das Bestehen und den Inhalt von Gesetzen, auf deren Verletzung die Revision nach § 545 nicht gestützt werden kann, ist für die auf die Revision ergehende Entscheidung maßgebend.

1 **Vorbem.** Im **Verfahren der Arbeitsgerichte** gegenstandslos, weil die Revision auf die Verletzung jeder Rechtsnorm gestützt werden kann, § 73 I ArbGG.

2 **1) Erläuterung.** Die Entscheidung des Berufungsgerichts über Bestehen und Inhalt nichtrevisiblen Rechts bindet das Revisionsgericht wie eine tatsächliche Feststellung, § 559. Deshalb darf das Berufungsgericht nicht dahingestellt sein lassen, ob es auf Grund revisiblen oder nichtrevisiblen Rechtes geurteilt hat, auch bei Gleichheit beider Rechte; wohl aber darf das das Revisionsgericht, weil dadurch keine Partei beschwert wird, BGH NJW **91**, 2214 mwN. Eine andere Auslegung des nichtrevisiblen Rechts als die des Berufungsgerichts ist dem Revisionsgericht verwehrt, stRspr. Voraussetzung ist freilich, daß nicht laut revisibler Recht die nichtrevisible Norm unanwendbar ist; das ist nachzuprüfen. Ebenso bleibt zu prüfen, ob das Gericht nicht bei Anwendung des nichtrevisiblen Rechts revisibles verletzt hat, zB ob nicht älteres nichtrevisibles Recht durch jüngeres revisibles ersetzt ist, oder ob bei Anwendung irrevisiblen Rechts irrig Bindung durch revisibles Recht angenommen wurde, BVerwG VerwRspr **27**, 787. Das Revisionsgericht kann auch irrevisibles Landesrecht auf einen Tatbestand anwenden, den das Berufungsgericht übersehen und nicht gewürdigt hat, falls dessen Entscheidung nicht etwa die Unanwendbarkeit ergibt, BGH **24**, 159; das gleiche gilt auch für vom Berufungsgericht nicht angewendetes irrevisibles Recht, das erst nach dessen Urteil ergangen (oder geändert) ist und deshalb nicht angewendet werden konnte, BGH **36**, 353, BVerwG JZ **91**, 472 mwN (krit, soweit es sich um die Feststellung des für das neue Recht erforderlichen Sachverhalts und die authentische Auslegung des neuen Rechts handelt, Paeffgen JZ **91**, 437), oder das vom Berufungsgericht nicht berücksichtigt worden ist, da es sich nicht um die Nachprüfung der Auslegung eines irrevisiblen Gesetzes durch das Berufungsgericht, sondern um dessen Anwendung überhaupt handelt, BGH NJW **97**, 2115 u **96**, 3151 mwN. Prozessuale Mängel sind Revisionsgrund nur, wo das Verfahren vom Standpunkt der Auslegung des nichtrevisiblen Rechts durch das Berufungsgericht zu beanstanden ist.

Eine beiläufige Bemerkung, nach ausländischem Recht gelte dasselbe wie nach BGB, ist keine maßgebliche Feststellung nichtrevisiblen Rechts. Keine Nachprüfung, wenn sie nicht erschöpfende Anwendung ausländischen Rechts gerügt wird, wobei dann unerheblich ist, ob die Vorschrift zu Unrecht angewendet oder nicht angewendet wurde, BGH NJW **63**, 252; dagegen begründet Nichtermittlung des ausländischen Rechts die Revision, BGH MDR **57**, 33, vgl dazu Fastrich ZZP **97**, 423 (eingehend). Vgl iü § 545 Rn 6–8.

3 **2) VwGO:** Entsprechend anzuwenden, § 173 VwGO, BVerwG in stRspr, NJW **97**, 1171, JZ **91**, 472 mwN, Buchholz 130 § 3 Nr 2, NJW **88**, 1746, ZMR **79**, 71. Keine Beschränkung gilt für das Revisionsgericht, wenn die Vorinstanz kein Landesrecht zugrunde gelegt hat, BVerwG Buchholz 415.1 AllgKommR Nr 32 mwN, ua BVerwG **12**, 296.

561 Revisionszurückweisung.

Ergibt die Begründung des Berufungsurteils zwar eine Rechtsverletzung, stellt die Entscheidung selbst aber aus anderen Gründen sich als richtig dar, so ist die Revision zurückzuweisen.

1 **Vorbem.** Fassg Art 5 I a Z 2 b G v 26. 11. 01, BGBl 3138 (Übergangsrecht Einl III 78). Im **Verfahren der Arbeitsgerichte** entsprechend anwendbar, § 72 V ArbGG, GMP § 75 Rn 28 u 29.

Schrifttum: Bettermann ZZP **88**, 372 ff.

Abschnitt 2. Revision §§ 561, 562

1) Revisionszurückweisung 2
A. Die Revision ist zurückzuweisen, wenn sie unbegründet ist. Äußerliche Änderungen am Berufungsurteil sind zulässig, zB klarere Fassung der Urteilsformel oder Berichtigung des Urteilskopfes. Eine Zurückverweisung ist in solchen Fällen immer unnötig.

B. Die Revision ist ferner zurückzuweisen, wenn die Begründung des Berufungsurteils, § 540, zwar 3 eine Rechtsverletzung ergibt, jedoch **das Revisionsgericht aus anderen Gründen zu demselben Ergebnis kommt.** Hier zeigt sich die Natur der Revision als eines wahren Rechtsmittels, weil hier nicht nur aufzuheben, sondern auch in der Sache zu erkennen ist: eine Zurückverweisung ist überflüssig, wenn das Revisionsgericht durchentscheiden kann, wozu es nach § 563 III ausdrücklich ermächtigt ist, Bettermann ZZP **88**, 377. Darum muß das Revisionsgericht prüfen, ob das Urteil nicht aus anderen als den angegebenen sachlich-rechtlichen oder prozessualen Gründen zutrifft; dabei muß es auch nichtrevisible Vorschriften beachten, BGH **10**, 350, und ggf von seinem Befugnis zur Selbstauslegung, § 546 Rn 3 ff, Gebrauch machen, E. Schneider MDR **81**, 885. Deshalb kommt es nicht zur Aufhebung, wenn eine Feststellung unter Versagung rechtlichen Gehörs getroffen worden ist, es auf sie aber nach Auffassung des Revisionsgerichts nicht ankommt, BVerwG DVBl **94**, 1191. Die Revision ist auch zurückzuweisen, wenn das Berufungsurteil auf Grund des nach seinem Erlaß ergangenen neuen Rechts aufrechtzuerhalten ist, BGH NJW **51**, 922. Die eigene Entscheidung des Revisionsgerichts setzt volle Entscheidungsreife voraus.

C. Die Revision ist schließlich dann zurückzuweisen, wenn sie zwar begründet, **der Verfahrensmangel** 4 **aber in der Revisionsinstanz zu beseitigen ist, oder wenn das Urteil den Revisionskläger als noch zu günstig nicht beschwert**, Beispiel: es stellt sich die „Abweisung als unzulässig" durch das Berufungsgericht als unrichtig heraus; dann kann das Revisionsgericht, wenn der Klagevortrag völlig unschlüssig und nicht damit zu rechnen ist, daß er schlüssig gemacht werden könnte, aufgrund eigener Sachprüfung die Klage als unbegründet abweisen, ohne daß hierin eine Abänderung zum Nachteil liegt, da die Revision Aufhebung und Zurückverweisung erstrebt und damit die Möglichkeit einer sachlichen Abweisung eröffnet, BGH **33**, 398, **46**, 281, BVerwG ZBR **81**, 339, Bettermann ZZP **88**, 405, Bötticher ZZP **65**, 464, Blomeyer ZPR § 99 II, Fischer bei LM § 563 Nr 5 (aM RoSGo § 147 II 2 b, GMP § 75 Rn 29, vgl auch Johannsen bei LM § 563 Nr 4). Hat das Berufungsgericht die Zulässigkeit der Klage aus Rechtsirrtum verneint, so muß allerdings grundsätzlich zurückverwiesen werden, auch wenn das Berufungsgericht Feststellungen getroffen und Ausführungen gemacht hat, daß die Rechtsmittel auch sachlich unbegründet wäre. Diese gelten für das Revisionsgericht als ungeschrieben, da die Rechtskraftwirkungen der Prozeß- und Sachabweisung ganz verschieden sind, BGH stRspr, MDR **76**, 138 mit weiteren Nachweisen (gilt auch in Verfahren nach BEG, BGH RzW **77**, 79). Es liegt aber dann anders, wenn die sachlichen Feststellungen für einen Teil des Verfahrens zulässig waren und sich zwangsläufig die sachliche Entscheidung auch für den Prozeßteil ergeben hätte, der vom Berufungsgericht für unzulässig gehalten wurde, BGH **46**, 281 (das Berufungsgericht hielt den Hauptantrag entgegen der Ansicht des Revisionsgerichts für unzulässig, entschied aber sachlich über den Hilfsantrag; die dortigen sachlich-rechtlich erschöpfenden Feststellungen ergaben zwangsläufig die Entscheidung für den bisher nur prozeßrechtlich entschiedenen Hauptantrag). Vgl auch BGH **4**, 58, ferner § 563 Rn 11 ff. Möglich ist auch die sachliche Abweisung der Feststellungsklage, die das Berufungsgericht wegen Fehlens rechtlichen Interesses als unzulässig abgewiesen hat, BGH WertpMitt **78**, 471. Über den Wegfall der Beschwer s Grdz § 511 Rn 23 u 24.

Unanwendbar ist § 561 in den Fällen des § 547 (differenzierend Bettermann ZZP **88**, 378 ff), offen gelassen BGH NJW **81**, 1046, vgl Erl zu § 547.

2) VwGO: Es gilt § 144 IV VwGO (gleichlautend). 5

562 *Aufhebung des angefochtenen Urteils.* [I] Insoweit die Revision für begründet erachtet wird, ist das angefochtene Urteil aufzuheben.
[II] Wird das Urteil wegen eines Mangels des Verfahrens aufgehoben, so ist zugleich das Verfahren insoweit aufzuheben, als es durch den Mangel betroffen wird.

Vorbem. Die Vorschrift ist im **Verfahren der Arbeitsgerichte** entsprechend anwendbar, § 72 V 1 ArbGG, GMP § 75 Rn 30 u 31.

1) Erläuterung 2
A. Aufhebung, I u II. Regelmäßig ist die anderweite Entscheidung des Revisionsgerichts nur aufhebend (iudicium rescindens). Das Revisionsgericht hebt auf, wenn die Revision begründet ist. Gibt es dem Hauptantrag statt, so ist die in 1. Instanz ergangene Verurteilung nach dem Hilfsantrag vAw aufzuheben, BGH NJW **01**, 1130 mwN. Das Revisionsgericht kann aber auch nur teilweise aufheben, als das Urteil einen Mangel enthält, zB nicht genügend klare ziffernmäßige Angaben der Gegenleistung bei Zug-um-Zug-Urteil, BGH **45**, 287, aM Reinicke NJW **67**, 515; möglich ist dann aber auch die volle Aufhebung, BGH NJW **66**, 2356. II entspricht dem § 538 II 1 Z 1; siehe die dortigen Erläuterungen.

B. Ersetzende Entscheidung (iudicium rescissorium). Sie steht dem Revisionsgericht nur offen **a)** in 3 den Fällen des § 563 III ZPO, **b)** in den Fällen des § 561 Rn 3 u 4, in denen der Ersetzung freilich äußerlich unsichtbar bleibt. Hat das Berufungsgericht eine Feststellungsklage mangels rechtlichen Interesses abgewiesen ohne sachliche Hilfsbegründung, läßt das Urteil aber eine solche zu, so kann das Revisionsgericht sachlich abweisen, BGH NJW **54**, 150. Wird das Berufungsurteil, das als unbegründet abgewiesen hat, nur wegen eines Hilfsantrags aufgehoben und die Sache zurückverwiesen, so ist die Revision hinsichtlich des Hauptanspruchs zurückzuweisen, BGH NJW **56**, 1154; zur Entsch bei Revision des Beklagten gegen Stattgabe der Klage und Abweisung der (Hilfs-)Widerklage s BGH NJW **96**, 2167. § 538 gilt nicht im Verhältnis von Revisionsgericht zu Berufungsgericht; das Revisionsgericht kann abschließend sachlich entscheiden, wo das

§§ 562, 563

Berufungsgericht wegen Unzuständigkeit abgewiesen, das LG aber sachlich erkannt hat, § 561 Rn 4. Aufzuheben ist regelmäßig nur das Berufungsurteil, bei ersetzender Entscheidung auch das Urteil 1. Instanz.

4   2) *VwGO: I* liegt auch § 144 III *VwGO* zugrunde. **II** ist entsprechend anwendbar, § 173 *VwGO*, Koehler § 144 Anm IV 1.

563 *Zurückverweisung; eigene Sachentschedung.* **I** ¹Im Falle der Aufhebung des Urteils ist die Sache zur neuen Verhandlung und Entscheidung an das Berufungsgericht zurückzuverweisen. ²Die Zurückverweisung kann an einen anderen Spruchkörper des Berufungsgerichts erfolgen.

II Das Berufungsgericht hat die rechtliche Beurteilung, die der Aufhebung zugrunde gelegt ist, auch seiner Entscheidung zugrunde zu legen.

III Das Revisionsgericht hat jedoch in der Sache selbst zu entscheiden, wenn die Aufhebung des Urteils nur wegen Rechtsverletzung bei Anwendung des Gesetzes auf das festgestellte Sachverhältnis erfolgt und nach letzterem die Sache zur Endentscheidung reif ist.

IV Kommt im Fall des Absatzes 3 für die in der Sache selbst zu erlassende Entscheidung die Anwendbarkeit von Gesetzen, auf deren Verletzung die Revision nach § 545 nicht gestützt werden kann, in Frage, so kann die Sache zur Verhandlung und Entscheidung an das Berufungsgericht zurückverwiesen werden.

1   **Vorbem.** Im **Verfahren der Arbeitsgerichte** sind I–III entsprechend anwendbar, § 72 V ArbGG, GMP § 75 Rn 32–44, Grunsky ArbGG § 72 Rn 42 u 43.

Gliederung

1) Zurückverweisung, I	2, 3	D. Entscheidung	9
A. Allgemeines, I 1	2	E. Verstoß	10
B. Sondervorschrift, I 2	3	3) Ersetzende Entscheidung, III u IV	11–14
2) Anderweite Verhandlung und Ent-		A. Allgemeines	11, 12
scheidung, II	4–10	B. Ausnahme	13
A. Bindung	4, 5	4) *VwGO*	14
B. Einzelheiten	6		
C. Verfahrensfragen	7, 8		

2   **1) Zurückverweisung, I**

A. Allgemeines, I 1. Hebt das Revisionsgericht das Urteil auf, so muß es zurückverweisen, weil es eigene Tatsachenfeststellungen regelmäßig nicht treffen kann, darum aber auch nur, wo solche Feststellungen nötig sind, III. Ist das nicht der Fall, so ist in der Sache, BGH NJW **96**, 2167, und dabei ggf auch über Ansprüche zu entscheiden, die wegen § 545 nicht revisibel sind, BGH **10**, 357. Zurückzuverweisen ist regelmäßig ans Berufungsgericht. Dessen Geschäftsverteilung entscheidet darüber, welchem Senat die weitere Bearbeitung obliegt. Hat das Berufungsgericht nur über Rügen der Unzulässigkeit der Klage entschieden, so ist, wenn das Revisionsgericht sie verwirft, zurückzuverweisen, BGH **11**, 222; dabei ist eine Zurückverweisung an das LG möglich, BGH **LM** § 50 Nr 2; ebenso, wenn das LG ein unzulässiges Teil- oder Grundurteil erlassen hat und nach Sachlage das Berufungsgericht hätte zurückverweisen müssen, BGH in stRspr, NJW **96**, 850, RR **94**, 379 u RR **92**, 1054, NJW **92**, 1770 u RR **91**, 1468. Andererseits kann auch das Revisionsgericht von einer Zurückverweisung an das LG absehen, wenn es die Entscheidung durch das Berufungsgericht für sachdienlich hält, BGH **LM** § 1 UWG Nr 24, **LM** § 540 Nr 5, oder das Berufungsgericht selbst entscheiden kann (Aufrechnung), BGH **25**, 368.

Wegen der Zurückverweisung nach Sprungrevision s § 566 VIII, wegen der Zurückverweisung in Scheidungs- und Folgesachen §§ 629 b u c. Zur Nichterhebung der Gerichtskosten, § 8 GKG, s Hartmann § 8 Rn 3 ff.

Die Unterlassung einer gebotenen Zurückverweisung zwecks weiterer Aufklärung kann Art 101 I GG verletzen, BVerfG NJW **91**, 2893, **54**, 115 mwN.

3   **B. Das Revisionsgericht darf auch an einen anderen, bestimmt zu bezeichnenden Senat zurückverweisen, I 2.** Geschieht dies nicht, entscheidet der Geschäftsverteilungsplan, § 21 e GVG, Zeihe DVBl **99**, 1322. Dies gilt auch bei Teilurteil; der neue Senat hat dann auch den Rest zu erledigen, weil eine Trennung untunlich ist, BGH **LM** § 765 BGB Nr 1. Der neue Senat muß die Sache bearbeiten, außer wenn er nicht mehr besteht, mag er auch nach der Geschäftsverteilung unzuständig sein, BGH NJW **86**, 2886; Bearbeitung durch einen anderen Senat ist unverzichtbarer Revisionsgrund, stRspr. Die früheren Richter sind als solche nicht ausgeschlossen, BVerwG BayVBl **73**, 26, NJW **75**, 1241; ob sie wegen ihrer Mitwirkung abgelehnt werden können, hängt von den Umständen des Einzelfalls ab, Schmid NJW **74**, 729, ebenso zur Wiederaufnahme Zweibrücken MDR **74**, 406 (abzulehnen Stemmler NJW **74**, 1545: abstraktes Recht zur Ablehnung).

4   **2) Anderweite Verhandlung und Entscheidung, II**

A. Bindung. In der neuen Verhandlung vor dem Berufungsgericht ist das Revisionsurteil zum Gegenstand der Verhandlung zu machen. Maßgebend ist die unter Heranziehung der Gründe auszulegende Urteilsformel. Das Gericht der Zurückverweisung ist an die Punkte des Revisionsurteils gebunden, die für die Aufhebung ursächlich (tragend) gewesen sind, nicht nur an die dem Revisionsurteil „unmittelbar" zugrunde liegende rechtliche Würdigung, BGH **22**, 373, BAG **10**, 359, BVerwG **42**, 243, abweichend BGH NJW **88**, 498 mwN, Naumb RR **04**, 144, MüKoWa 9, Tiedtke ZIP **93**, 255 mwN. Die Bindung bezieht sich deshalb auf alle Rechtsgründe, die eine Bestätigung des Berufungsurteils ausschlossen, BVerwG **42**, 243 (für Prozeßvoraussetzungen). Handelte es sich dabei um einen Rechtsbegriff, der Teil eines allgemeinen Rechtsgrund-

Abschnitt 2. Revision **§ 563**

satzes ist, so ergreift die Bindung auch letzteren, BGH **6**, 76. Ebenso ist das Berufungsgericht an die rechtliche Beurteilung der Revisionsvoraussetzungen gebunden, wenn sich an ihren tatsächlichen Grundlagen nichts geändert hat, BGH **22**, 370, ferner an (ausnahmsweise vom Revisionsgericht selbst getroffene) tatsächliche Feststellungen, BGH NJW **95**, 3116. Es darf bei der Auslegung eines entscheidungserheblichen Tatbestandsmerkmals auch nicht von dessen Auslegung durch das Revisionsgericht abweichen, BVerfG NJW **96**, 1336. Im übrigen entscheidet die Lage bei Schluß der neuen letzten Tatsachenverhandlung. Die Bindung ergreift die Würdigung eines Einwands, auch eines das Verfahren betreffenden. Fingerzeige, die das Revisionsgericht für die weitere Behandlung gibt, binden nicht; das Berufungsgericht muß allseitig prüfen, vgl Bosch FamRZ **89**, 1276 mwN. Hat das Revisionsgericht wegen verfahrensrechtlicher Mängel aufgehoben, ist das Berufungsgericht also hinsichtlich der sachlich-rechtlichen Beurteilung ganz frei, auch nicht an seine eigene frühere Beurteilung gebunden, BGH **3**, 321. Ob das Revisionsurteil falsch ist aufgebaut, etwa ein Gewohnheitsrecht übersehen hat, bleibt gleich. Technische Regeln oder Erfahrungssätze, die das Revisionsgericht seiner Entscheidung zugrunde gelegt hat, binden weder den Tatrichter noch die Parteien, BGH NJW **82**, 1049. Außerdem ist das Berufungsgericht nach § 318 an seine eigenen Vorentscheidungen in derselben Sache gebunden, sofern sie nicht aufgehoben worden sind, BGH NJW **92**, 2831.

Die Bindung des Berufungsgerichts entfällt, wenn es nach neuer Verhandlung einen anderen Sach- **5** verhalt zugrunde legen muß, BGH NJW **85**, 2030 mwN, unten Rn 6, wenn eine nachträgliche Rechtsänderung die Auffassung des Revisionsgerichts gegenstandslos macht oder wenn die Rechtsansicht, auf der die Aufhebung beruht, vom Revisionsgericht inzwischen in anderer Sache selbst aufgegeben worden ist oder ihr eine Entscheidung des BVerfG, des EuGH oder des GmS entgegensteht, vgl Rn 9.

Nur in derselben Sache besteht die Bindung. In einem neuen Rechtsstreit ist die Bindungswirkung auch dann nicht zu beachten, wenn er dieselben Rechtsfragen betrifft und von denselben Parteien geführt wird, BVerwG NVwZ **82**, 120. Die Bindung erstreckt sich nicht auf neue Anträge, BAG NZA **04**, 344.

B. Einzelheiten. Hier bestehen viele Zweifel. Bindend sind zB die Auslegung von Prozeßhandlungen, **6** etwa von Erklärungen in vorbereitenden Schriftsätzen, und die Auslegung des Klageantrags, BGH NJW **63**, 956. Hat das Revisionsgericht einen Einwand übergangen, hindert das die Bindung nicht, RG HRR **25**, 1168; denn es lag der ganze Prozeßstoff dem Revisionsgericht vor. Parteifähigkeit ist auch ohne Änderung des Sachverhalts erneut zu prüfen, wenn sie nicht ausdrücklich und abschließend erörtert worden ist, BGH **LM** Abs 2 Nr 9. Die Meinung, Bindung bestehe, wo das Revisionsgericht eine bestimmte Frage im Gegensatz zum Berufungsgericht abschließend beantwortet habe, ist zu mißbilligen. Jedes Urteil gründet sich auf Tatsachen, die dem Gericht vorlagen; nur Rechtskraft kann Geltendmachung neuer Tatsachen ausschließen: Bindung nur für solche rechtsirrtümlich befundene Rechtssätze und Subsumtionen, die zur Aufhebung geführt haben; ebenso BGH **3**, 321, so daß auch eine andere Auslegung als im ersten (aufgehobenen) Urteil möglich bleibt, BGH NJW **69**, 661. Weitergehend BAG MDR **61**, 885 mit Anm v Bötticher, das auch eine Bindung an die Gründe annimmt, die die notwendige Voraussetzung für die unmittelbaren Aufhebungsgründe sind, so auch KG NJW **62**, 1114; noch weiter Wieczorek Anm C III b 5: auch solche Billigung des Berufungsurteils, die nicht anläßlich eines Revisionsangriffs erfolgte. Hat das Revisionsgericht ein Schiedsgutachten als offenbar unbillig beurteilt und dem Berufungsgericht die Bestimmung der Leistung durch Urteil aufgegeben, so darf es jedenfalls ohne Änderung der maßgeblichen Tatsachengrundlage das Schiedsgutachten im neuen Urteil nicht anerkennen, BGH WertpMitt **82**, 102. Erklärt das Revisionsgericht eine Annahme des Berufungsgerichts für rechtlich bedenkenfrei, so bindet das nur, wo sie Aufhebungsgrund zugrunde liegt, Schönke § 88 IV 3 a, vgl BGH **6**, 76; weitergehend Bötticher MDR **61**, 807, der unter Zurückweisung der Ansicht von Wieczorek für das Revisionsurteil Zwischenurteilscharakter annimmt, so daß gemäß § 318 auch die Zurückweisung von Revisionsangriffen an der Bindung teilnehme. Nichtrevisibles Recht kann das Berufungsgericht anders als zuvor würdigen oder aufgrund solchen Rechts von der Rechtsauffassung des Revisionsgerichts unabhängige Entscheidung treffen, etwa Prozeßabweisung aussprechen, wo das Revisionsgericht sachlich geprüft hat. Nach EuGH nimmt die Bindung dem nachgeordneten Gericht nicht das Recht zur Vorlage nach Art 234 EG (Anh § 1 GVG Rn 19 ff), NJW **74**, 440.

C. Verfahrensfragen. Abgesehen von der Bindung, Rn 6, befindet sich die zurückverwiesene Sache in **7** derselben prozessualen Lage wie bei Erlaß des Berufungsurteils (zur Frage der vorläufigen Vollstreckbarkeit des erstinstanzlichen Urteils s § 704 Rn 5). Es findet eine ganz neue Verhandlung statt, in der neue Anträge, Ansprüche, Einreden, Beweise, Anschließung zulässig sind, soweit sie überhaupt das Verfahren erlaubt, BGH NJW **85**, 2030 mwN. Ist also mit der Berufung das ungünstige Urteil nur zT angefochten worden, ohne daß im übrigen ein Rechtsmittelverzicht vorlag, so kann nach Zurückverweisung auch der übrige Teil nun in die Berufung hereingezogen werden, BGH NJW **63**, 444, Mü FamRZ **84**, 492, vgl auch Grdz § 511 Rn 2; eine Berufungserweiterung ist aber nur im Rahmen der fristgerecht eingereichten Berufungsbegründung zulässig, § 520 Rn 19. Ebenso darf der Berufungsbeklagte, auf dessen Revision die Sache zurückverwiesen worden ist, sich mit seinem in erster Instanz abgewiesenen Hauptantrag der Berufung des Gegners gegen die Stattgabe eines Hilfsantrages anschließen, BGH NJW **94**, 588, RR **89**, 1404. Zulässig ist auch die erstmalige Erhebung einer Widerklage, § 533, zB im Rahmen des § 323, BGH FamRZ **85**, 491 zu Mü FamRZ **84**, 492.

Früher für das Gericht maßgebende Vorgänge wie Geständnisse behalten ihre Wirksamkeit, ebenso frühere **8** Beweisaufnahmen und tatsächliche Feststellungen, soweit nicht der Parteivortrag etwas anderes ergibt. Das Berufungsgericht darf aber nicht auf neues Urteil auf ganz neuen tatsächlichen und rechtlichen Grundlagen aufbauen, BGH FamRZ **85**, 691 mwN. Beispiel: Das Revisionsgericht hat die Kündigung eines Dienstvertrages von der Zustimmung einer anderen Stelle abhängig gemacht; das Berufungsgericht darf aussprechen, es bedürfe gar keiner Kündigung, weil der Vertrag auf bestimmte Zeit geschlossen sei. Vom Revisionsgericht für erheblich erklärte Tatsachen muß das Berufungsgericht feststellen und nach der Rechtsauffassung des Revisionsgerichts würdigen.

Zu der Frage, aus welchen Gründen die Bindung entfällt, vgl Rn 5.

D. Entscheidung. Das neue Urteil darf dem Revisionskläger über das Maß der aufgehobenen Entschei- **9** dung hinaus nicht ungünstiger sein als das alte, weil das untere Gericht keine größere Entscheidungsfreiheit

§§ 563, 564

hat als das zurückverweisende Gericht, überwM, BGH RR **89**, 1404 mwN. Nur an seine nicht aufgehobenen früheren Urteile ist das Berufungsgericht nach § 318 gebunden. Das neue Urteil des Berufungsgerichts unterliegt der Revision nach allgemeinen Grundsätzen, nur tritt als revisible Gesetzesverletzung die des § 563 I, II hinzu. **Bei erneuter Revision** ist das Revisionsgericht nach § 318 an sein früheres Urteil gebunden, GmS NJW **73**, 1273, soweit es sich um die unmittelbaren Grundlagen der Aufhebung handelt, BGH NJW **92**, 2832 mwN, RoSGo § 140 IV 4, § 318 Rn 6, aM Tiedtke JZ **75**, 275, krit Sommerlad NJW **74**, 123 (mit GG vereinbar, BVerfG **4**, 1). Keine Bindung besteht bei Änderung der tatsächlichen Verhältnisse oder bei einer den Prozeß ergreifenden Rechtsänderung, BGH **9**, 101, BVerwG NVwZ **84**, 432 mwN, oder bei Ergehen einer entgegenstehenden Entscheidung des BVerfG, BFH BStBl **63** III 541, oder des EuGH, BVerwG MDR **91**, 685 mwN, oder bei Aufgabe der dem ersten Revisionsurteil zugrundeliegenden Rechtsmeinung durch das Revisionsgericht, GmS NJW **73**, 1273, BAG LS NZA **04**, 344, BFH BStBl **95** II 130, Hamm RR **97**, 999 mwN. Das Revisionsgericht ist auch an die Ansicht des Berufungsgerichts über die Zulässigkeit des Rechtswegs gebunden, wenn dieses darüber entschieden und dann unangefochten zurückverwiesen hatte, dann aber gegen das 2. Berufungsurteil Revision eingelegt ist, BGH **25**, 203. Soweit das Berufungsgericht neu würdigen darf, entfällt auch die Bindung des Revisionsgerichts.

10   E. **Verstoß.** Ein Verstoß gegen II ist von Amts wegen zu beachten, Wiecz C III d mwN.

11   **3) Ersetzende Entscheidung III, IV**
    A. **Allgemeines.** Das Revisionsgericht entscheidet ausnahmsweise abschließend, ersetzt also die Entscheidung des Berufungsgerichts durch eine andere, wenn es ausschließlich wegen falscher Einordnung (Subsumtion) aufhebt und die Sache spruchreif ist, **III**. Es dürfen keinerlei sachlich-rechtliche oder prozessuale Voraussetzungen mehr der Klärung bedürfen; ein Verfahrensverstoß darf den maßgeblichen Streitstoff nicht in Frage stellen, BGH NJW **90**, 2814. Das Revisionsgericht muß bei Klageabweisung demnach der Überzeugung sein, daß weitere klagebegründende Tatsachen nicht vorgetragen werden können, Johannsen zu **LM** Nr 5. Bejaht das Revisionsgericht die Zulässigkeit einer vom OLG als unzulässig verworfenen Berufung, ist grundsätzlich zurückzuverweisen, BGH **4**, 59. Durcherkennen ist jedoch hier, ebenso wie bei erstmaliger Bejahung der Zulässigkeit der Klage, möglich, wenn ausnahmsweise Entscheidungsreife besteht; das ist der Fall, wenn das Berufungsurteil einen Sachverhalt ergibt, der für die rechtliche Beurteilung eine verwertbare tatsächliche Grundlage bietet, und weitere tatsächliche Feststellungen weder erforderlich noch zu erwarten sind, BGH DtZ **97**, 288, RR **96**, 754 u NJW **93**, 2685 mwN, etwa weil die Klage in jeder Hinsicht unschlüssig ist und auch nicht schlüssig gemacht werden kann, BGH NJW **92**, 438 mwN, ua BGH **33**, 401, **46**, 284, BSG MDR **95**, 1046 (zum Durcherkennen im Fall der Stufenklage, § 254, s BGH NJW **99**, 1709). Um die erforderliche Entscheidungsreife herbeizuführen, darf das Revisionsgericht auch private Erklärungen selbst auslegen, wenn hierzu weitere tatsächliche Feststellungen nicht zu erwarten sind, § 546 Rn 4, BGH NJW **91**, 1181 mwN. Vgl auch § 561 Rn 4. Ein Durcherkennen scheidet aus, wenn das Berufungsgericht zu Unrecht die Berufung als unzulässig verworfen hat, anstatt das Rechtsmittel durch VersUrt, zurückzuweisen, BGH NJW **95**, 2564 mwN.

12   Endentscheidungen des Revisionsgerichts sind hier auch die Vorabentscheidung nach § 304, die Zurückverweisung an die 1. Instanz (zB wenn diese ein unzulässiges Teilurteil erlassen hat), BGH RR **94**, 381 mwN, u a NJW **92**, 2100, und die Verwerfung als unzulässig. Überhaupt spricht das Revisionsgericht eine Prozeßabweisung bei Entscheidungsreife selbst aus, auch dann, wenn der zur Prozeßabweisung führende Umstand (Fortfall des Feststellungsinteresses) erst in der Revisionsinstanz eingetreten ist, BGH **18**, 98. Es kann auch Wiedereinsetzung gegen Versäumung der Berufungsfrist erteilen, wenn sie nach dem Aktenstand zu gewähren ist, die Entscheidung aufheben und dann zurückverweisen, BGH NJW **85**, 2650 u **82**, 1874. Leidet das Verf 1. Instanz an einem Mangel, so darf das Revisionsgericht auch die Aufhebung des erstinstanzlichen Urteils und eine nach Sachlage gebotene **Zurückverweisung an die 1. Instanz** nachholen, BGH NJW **96**, 850, RR **94**, 381 u NJW **92**, 2100, jeweils mwN.

13   B. **Ausnahme.** Eine Zurückverweisung steht im Ermessen des Revisionsgerichts, wenn bei der nach III vom Revisionsgericht zu erlassenden Entscheidung nichtrevisibles Recht in Frage kommt, **IV**, BGH NJW **92**, 2030 mwN. Entscheidet es auch da selbst, so beurteilt es das nichtrevisible Recht frei, soweit es nicht nach § 560 gebunden ist. Wird das Urteil wegen Nichtanwendung irrevisiblen Rechts aufgehoben, entscheidet die Prozeßwirtschaftlichkeit, ob Revisions- oder Berufungsgericht entscheidet, BGH **36**, 356, **49**, 387.

14   **4) VwGO:** Statt **I** 1 u **III** gilt § 144 III, statt **II** § 144 VI *VwGO*, der ebenso wie § 563 II ausgelegt wird, vgl BVerwG NJW **97**, 3456 (Zurückverweisung an das VG ist zulässig, vgl BVerwG **28**, 317, dazu Bettermann NJW **69**, 170). Entsprechend anzuwenden, § 173 *VwGO*, ist **I** 2, BVerwG NJW **64**, 1736. Zur Ergänzung von § 144 III Nr 2 *VwGO* ist auch **IV** entsprechend anzuwenden, BVerwG NJW **85**, 1093 mwN, stRspr.

564 *Keine Begründung der Entscheidung bei Rügen von Verfahrensmängeln.* [1] **Die Entscheidung braucht nicht begründet zu werden, soweit das Revisionsgericht Rügen von Verfahrensmängeln nicht für durchgreifend erachtet.** [2] **Dies gilt nicht für Rügen nach § 547.**

1   **Vorbem.** Im **Verfahren der Arbeitsgerichte** entsprechend anwendbar, Grunsky ArbGG § 75 Rn 1, GMP § 75 Rn 48.

2   **1) Erläuterung.** Es handelt sich um eine Vereinfachung der Entscheidung über Verfahrensrügen, auch wenn sie neben Sachrügen geltend gemacht werden. Sieht der BGH sie als nicht gerechtfertigt an, so bedarf es dafür keiner Begründung; eine Ausnahme gilt für die Verfahrensrügen des § 547.

3   **2) VwGO:** Für die Entscheidung über die Revision gilt entsprechendes nach § 144 VII *VwGO*. Diese Vorschrift dürfte auch im Verf über eine Nichtzulassungsbeschwerde anzuwenden sein, vgl BVerwG NVwZ-RR **89**, 109, BGH NJW **86**, 2706 (für das dienstgerichtl Verf).

Abschnitt 2. Revision **§§ 565, 566**

565 *Anzuwendende Vorschriften des Berufungsverfahrens.* Die für die Berufung geltenden Vorschriften über die Anfechtbarkeit der Versäumnisurteile, über die Verzichtsleistung auf das Rechtsmittel und seine Zurücknahme, über die Rügen der Unzulässigkeit der Klage und über die Einforderung, Übersendung und Zurücksendung der Prozessakten sind auf die Revision entsprechend anzuwenden.

Vorbem. 1) Das Wort „Übersendung" mWv 1. 9. 04 eingefügt durch Art 1 Z 20 des 1. JuMoG v **1** 24. 8. 04, BGBl 2198. 2) Im **Verfahren der Arbeitsgerichte** entsprechend anwendbar, § 72 V ArbGG, vgl Grunsky ArbGG § 72 Rn 41.

1) **Erläuterung.** Im Revisionsverfahren gelten unmittelbar die Vorschriften des 1. Buches, BAG NJW **2** 90, 2642, und nach Maßgabe des § 555 diejenigen des 2. Buches. **Entsprechend anwendbar** von den Vorschriften für das Berufungsverfahren sind auf das Revisionsverfahren **die Vorschriften über a) die Anfechtbarkeit eines Versäumnisurteils**, und zwar sowohl über die Anfechtung eigener VersUrteile des RevGerichts, § 555 iVm §§ 525 u 339 ff, als auch über die Anfechtung der VersUrteile des Berufungsgerichts, §§ 513, 521 II, wobei die Revision ohne Zulassung statthaft ist, BGH NJW 79, 166 (stRspr), aM BAG NZA 04, 871 (stRspr). Die Revision kann aber nur dann Erfolg haben, wenn das Berufungsgericht durch irrige Annahme einer Versäumung das Gesetz verletzt hat. Weder Einspruch noch Revision ist gegeben, wo das Versäumnisurteil die Berufung unter Versagung der Wiedereinsetzung wegen Fristversäumung als unzulässig verwirft, § 238 II S 2, Üb § 330 Rn 11, BGH NJW **69**, 845; **b) Verzicht auf die Revision, § 515.** Ein außergerichtlicher Vergleich, daß Revision ausgeschlossen sein soll, ist zwar eine rein sachlich-rechtliche Verpflichtung zum Verzicht, aber gleichwohl in der Revisionsinstanz beachtlich (ebenso wie Verpflichtung zur Rücknahme); **c) Rücknahme der Revision,** § 516 (krit Rinkler NJW 02, 2449). **3** Die Rücknahmeerklärung unterliegt dem Anwaltszwang, ebenso der Antrag auf Ausspruch der Folgen nach Maßgabe des § 516 III 2 (BGH NJW **87**, 1333 ist überholt); zur Rücknahme einer beim BayObLG eingelegten Revision beim BGH durch den bay RA, § 7 EGZPO, vgl BGH (GS) NJW **85**, 1157 mwN. Die Stellung eines eingeschränkten Antrags in der Revisionsbegründung nach uneingeschränkter Einlegung ist keine teilweise Rücknahme, BVerwG NJW **92**, 703. Die Berufung auf eine wirksame Verpflichtung zur Rücknahme führt zur Verwerfung der Revision, BGH NJW **84**, 805. § 516 III gilt auch für die **Rücknahme der Nichtzulassungsbeschwerde**, BGH NJW **03**, 756. **d) Rügen der Unzulässigkeit der Klage, § 532.** Die Revisionsinstanz läßt nur unverzichtbare oder rechtzeitig vorgebrachte Rügen zu, weil eine in den Vorinstanzen eingetretene Ausschließung fortdauert. Die Rüge mangelnder Kostensicherheit ist nur zulässig, wenn ihre Voraussetzungen in der Revisionsinstanz entstanden sind, BGH NJW **81**, 2646, oder wenn sie ohne Verschulden in der Berufungsinstanz nicht vorgebracht wurde, BGH RR **90**, 378, 37, 266; **e) Einforderung, Übersendung und Rücksendung der Akten, § 541.**

2) *VwGO: Es gilt die allgemeine Verweisung auf die Vorschriften über die Berufung, § 141 VwGO.* **4**

566 *Sprungrevision.* I ¹ Gegen die im ersten Rechtszug erlassenen Endurteile, die ohne Zulassung der Berufung unterliegen, findet auf Antrag unter Übergehung der Berufungsinstanz unmittelbar die Revision (Sprungrevision) statt, wenn
1. der Gegner in die Übergehung der Berufungsinstanz einwilligt und
2. das Revisionsgericht die Sprungrevision zulässt.
² Der Antrag auf Zulassung der Sprungrevision sowie die Erklärung der Einwilligung gelten als Verzicht auf das Rechtsmittel der Berufung.
II ¹ Die Zulassung ist durch Einreichung eines Schriftsatzes (Zulassungsschrift) bei dem Revisionsgericht zu beantragen. ² Die §§ 548 bis 550 gelten entsprechend. ³ In dem Antrag müssen die Voraussetzungen für die Zulassung der Sprungrevision (Absatz 4) dargelegt werden. ⁴ Die schriftliche Erklärung der Einwilligung des Antragsgegners ist dem Zulassungsantrag beizufügen; sie kann auch von dem Prozessbevollmächtigten des ersten Rechtszuges oder, wenn der Rechtsstreit im ersten Rechtszug nicht als Anwaltsprozess zu führen gewesen ist, zu Protokoll der Geschäftsstelle abgegeben werden.
III ¹ Der Antrag auf Zulassung der Sprungrevision hemmt die Rechtskraft des Urteils. ² § 719 Abs. 2 und 3 ist entsprechend anzuwenden.³ Die Geschäftsstelle des Revisionsgerichts hat, nachdem der Antrag eingereicht ist, unverzüglich von der Geschäftsstelle des Gerichts des ersten Rechtszuges die Prozessakten einzufordern.
IV Die Sprungrevision ist nur zuzulassen, wenn
1. die Rechtssache grundsätzliche Bedeutung hat oder
2. die Fortbildung des Rechts oder die Sicherung einer einheitlichen Rechtsprechung eine Entscheidung des Revisionsgerichts erfordert.
² Die Sprungrevision kann nicht auf einen Mangel des Verfahrens gestützt werden.
V ¹ Das Revisionsgericht entscheidet über den Antrag auf Zulassung der Sprungrevision durch Beschluss. ² Der Beschluss ist den Parteien zuzustellen.
VI Wird der Antrag auf Zulassung der Revision abgelehnt, so wird das Urteil rechtskräftig.
VII ¹ Wird die Revision zugelassen, so wird das Verfahren als Revisionsverfahren fortgesetzt. ² In diesem Fall gilt der form- und fristgerechte Antrag auf Zulassung als Einlegung der Revision.
³ Mit der Zustellung der Entscheidung beginnt die Revisionsbegründungsfrist.
VIII ¹ Das weitere Verfahren bestimmt sich nach den für die Revision geltenden Bestimmungen.
² § 563 ist mit der Maßgabe anzuwenden, dass die Zurückverweisung an das erstinstanzliche

§ 566

Gericht erfolgt. ³Wird gegen die nachfolgende Entscheidung des erstinstanzlichen Gerichts Berufung eingelegt, so hat das Berufungsgericht die rechtliche Beurteilung, die der Aufhebung durch das Revisionsgericht zugrunde gelegt ist, auch seiner Entscheidung zugrunde zu legen.

1 **Vorbem.** Im **Verfahren der Arbeitsgerichte** gilt § 76 ArbGG.

Gliederung

1) Regelungszweck	2	A. Zulassungsgründe, IV	9
2) Statthaftigkeit, I–III	3–8	B. Verfahren, V	10
A. Allgemeines	3	4) **Weiteres Verfahren, VI–VIII**	11–13
B. Voraussetzungen	4–7	A. Ablehnung	11
C. Wirkung des Antrags	8	B. Zulassung der Sprungrevision	12, 13
3) Entscheidung über die Zulassung	9, 10	5) **VwGO**	14

2 **1) Regelungszweck.** Die Sprungrevision soll es ermöglichen, daß die Parteien Rechtsfragen grundsätzlicher Art unter Ausschaltung des Berufungsverfahrens unmittelbar dem Revisionsgericht unterbreiten. Abweichend vom bisherigen Recht gilt diese Möglichkeit auch für Entscheidungen des AG.

3 **2) Statthaftigkeit, I u II**

A. Allgemeines. Die Sprungrevision findet statt gegen im ersten Rechtszug erlassene Endurteile, die ohne Zulassung der Berufung unterliegen, also gegen Urteile des Amts- oder Landgerichts, wenn der Wert des Beschwerdegegenstandes 600 Euro übersteigt, § 511 I, s dort Rn 10 ff. Die Sprungrevision ist ausgeschlossen, wenn eine Revision entfällt, also zB in Arrest- und Verfügungssachen, § 542 II.

4 **B. Voraussetzungen.** Die Sprungrevision ist nur statthaft, wenn der Gegner **einwilligt** und das Revisionsgericht sie **zuläßt, I 1.** Der Antrag auf Zulassung sowie die Erklärung der Einwilligung gelten als **Verzicht auf das Rechtsmittel der Berufung, I 2.** Nach Ablehnung besteht also keine Möglichkeit mehr, das Rechtsmittel als Berufung weiter zu verfolgen.

5 **a) Antrag, II 1.** Die Zulassung der Sprungrevision ist durch Einreichung der Zulassungsschrift bei dem Revisionsgericht zu beantragen, **II 1;** wegen der Einreichung s die Erl zu § 519. Die Vorschriften über die Revisionsfrist, **§ 548,** die Revisionsschrift, **§ 549,** und deren Zustellung, **§ 540,** sind entspr anzuwenden, **II 2,** s die dortigen Erl. In dem Antrag müssen die Voraussetzungen für die Zulassung, IV, dargelegt werden, **II 3.**

6 **b) Einwilligung, II 4.** Dem Zulassungsantrag ist die schriftliche Einwilligung des Antragsgegners beizufügen; Nachreichung während der Revisionsfrist genügt, BGH NJW **92,** 77 mwN. Für die besteht Anwaltszwang; sie kann jedoch auch von dem für den ersten Rechtszug bevollmächtigten RA oder, wenn der Rechtsstreit im ersten Rechtszug nicht als Anwaltsprozeß zu führen war, § 78, zu **Protokoll** der Geschäftsstelle abgeben werden.

7 Die bloße Abgabe der Einwilligungserklärung seitens einer Partei enthält eine **Bindung** nur für den Fall des Antrags auf Zulassung der Sprungrevision, BGH MDR **97,** 776. Nach Einreichung der Zulassungsschrift ist die Einwilligung unwiderruflich.

8 **C. Wirkung des Zulassungsantrages, III.** Der form- und fristgerechte Antrag hemmt die Rechtskraft des Urteils, **III 1,** vgl § 544 Rn 11. § 719 II u III ist entspr anzuwenden, **III 2,** vgl § 544 Rn 11. Die Geschäftsstelle des Revisionsgerichts hat, nachdem der Antrag eingereicht worden ist, unverzüglich von der Geschäftsstelle des Erstgerichts die Prozeßakten einzufordern, **III 3;** auf diese Weise wird die Geschäftsstelle im Hinblick auf die Erteilung des Rechtskraftzeugnisses, § 706 II 2, schnell von dem Antrag unterrichtet.

9 **3) Entscheidung über die Zulassung, IV u V**

A. Zulassungsgründe, IV 1. Es gelten dieselbe wie für die Zulassung der Revision, § 543 II; auf die dortigen Erl wird verwiesen. Auf einen Mangel des Verfahrens kann die Sprungrevision nicht gestützt werden, **IV 2;** vgl § 557 III 2. Will die Partei Verfahrensmängel geltend machen, muß sie das Rechtsmittel der Berufung wählen, BT-Drs 14/4722 S 109. Auf einen vAw zu berücksichtigenden Verfahrensmangel bezieht sich IV 2 nicht, BGH **96,** 1150 mwN.

10 **B. Verfahren, V.** Über den Zulassungsantrag entscheidet das Revisionsgericht durch Beschluß, **V 1;** wegen der mündlichen Verhandlung vgl § 128 IV. Der Beschluß ist wegen seiner Auswirkungen, VI–VIII, den Parteien zuzustellen, **V 2.** Er ist unabänderlich, § 318, und unanfechtbar. Wegen der RA-Gebühren s § 31 a BRAGO, dazu N. Schneider MDR **03,** 250.

11 **4) Weiteres Verfahren, VI–VIII**

A. Ablehnung, VI. Wird der Zulassungsantrag abgelehnt, so wird das Urteil rechtskräftig, vgl § 544 Rn 11.

12 **B. Zulassung der Sprungrevision, VII u VIII. a)** Wird die Revision zugelassen, so wird das Verfahren **als Revisionsverfahren fortgesetzt, VII 1.** In diesem Fall gilt der Zulassungsantrag als Einlegung der Revision, **VII 2** (daß der Antrag form- und fristgerecht eingereicht worden ist, ist im Hinblick auf die Bindung an den Zulassungsbeschluß nicht zu prüfen). Mit der Zustellung der Entscheidung beginnt die Revisionsbegründungsfrist, **VII 3.** Vgl dazu § 544 Rn 12.

13 **b)** Das **weitere Verfahren** bestimmt sich nach den für die Revision geltenden Bestimmungen, **VIII 1.** § 563 ist mit der Maßgabe anzuwenden, daß die Zurückverweisung an das erstinstanzliche Gericht erfolgt, **VIII 2.** Die Bindung an die zurückverweisende Entscheidung, § 563 II, wird auf das **Berufungsgericht** erstreckt, wenn gegen die erneute Entscheidung der ersten Instanz Berufung eingelegt wird, **VIII 3.**

14 **5) VwGO:** Es gilt § 134 VwGO (jetzt idF des RmBereinVpG v 20. 12. 01, BGBl 3987), BVerwG NVwZ **96,** 174, ferner § 144 V u VI VwGO, dazu Pagenkopf DVBl **91,** 293.

Abschnitt 3. Beschwerde

Grundzüge

1) Allgemeines

A. Beschwerde. Sie ist ein Rechtsmittel zur Anfechtung weniger wichtiger Entscheidungen. Nicht der Beschwerde unterliegende Entscheidungen sind nur zusammen mit dem Endurteil oder nicht anfechtbar.

Seit der ZPO-Reform 2001 gibt es folgende Beschwerdearten: Als Erstbeschwerde die befristete, als Tatsacheninstanz gestaltete **sofortige Beschwerde**, §§ 567–573, und als Zweitbeschwerde nur die ebenfalls befristete, der Zulassung bedürftige und als Rechtskontrollinstanz ausgestaltete **Rechtsbeschwerde**, §§ 574–577. Besonderheiten weisen die **Nichtzulassungsbeschwerde**, § 544, und die Rechtsbeschwerde gegen eine Erstentscheidung, zB § 522 I, auf.

In **FGG-FamS**, § 621 a, gelten die Bestimmungen des FGG, namentlich also die §§ 19 ff für die Beschwerde und die §§ 27 ff für die als Rechtsbeschwerde ausgestaltete weitere Beschwerde sowie die Sondervorschriften der §§ 64 ff.

Die **Nichtzulassungsbeschwerde** ist auch in Entschädigungssachen vorgesehen, § 220 BEG. Wegen der Nichtzulassungsbeschwerde in Arbeitsgerichtsverfahren, § 72 a ArbGG, s bei § 544.

B. Dienstaufsichtsbeschwerde. Sie gehört dem Justizverwaltungsrecht an, ist kein ordentlicher Rechtsbehelf und gibt der Gerichtsverwaltung nur eine Anregung zum Einschreiten im Rahmen ihrer Möglichkeiten (s § 26 DRiG), unterliegt der ZPO also nicht.

C. Gegenvorstellung (Kummer, Die Gegenvorstellung, F Krasney, 1997; Schumann F Baumgärtel, 1990, S 491; Bauer, Die Gegenvorstellung im Zivilprozeß, 1990; Ratte, Wiederholung der Beschwerde und Gegenvorstellung, 1975, Bespr Fenn ZZP **90**, 111; H. Schmidt, Bonner Diss, 1971; MüKoBr vor § 567 Rn 5 ff; StJGr § 567 Rn 26–30; RoSGo § 147 IV 2; ZöGu § 567 Rn 22–28; KoppSch Vorbem 9–13 § 124 VwGO). Bei ihr handelt es sich um einen im Prozeß nicht vorgesehenen Antrag, der das Gericht veranlassen soll, seine Entscheidung zu ändern. Sie ist von der prozessualen Beschwerde zu unterscheiden, weil sie auf Änderung einer Entscheidung ohne Anrufung der übergeordneten Instanz gerichtet ist. Da eine gesetzliche Regelung dieses Rechtsbehelfs fehlt, ist vieles streitig. Er ist nur beschränkt zuzulassen, um zu vermeiden, daß die Vorschriften über die prozessuale Beschwerde unterlaufen werden.

a) Unstatthaft ist die Gegenvorstellung gegen **Urteile** (Ausnahme: § 321 a), und auch sonst, wenn die Entscheidung kraft Gesetzes unabänderlich ist, VGH Kassel NJW **87**, 1854 mwN, zB der Beschluß über die Verwerfung der Revision, BFH BStBl **79** II 574 (abw ZöGu § 567 Rn 27), oder wenn die Entscheidung mit einem förmlichen Rechtsmittel angefochten werden kann oder konnte, ferner dann, wenn sie die Hauptsache oder ein selbständiges Nebenverfahren beendet hat, Stgt JB **83**, 1890, KG FamRZ **75**, 103 (weitergehend Düss MDR **77**, 235), oder wenn sie unabhängig davon in materielle Rechtskraft erwachsen ist oder diese herbeigeführt hat. In diesen Fällen ist die Gegenvorstellung auch dann nicht zulässig, wenn die Entscheidung in offensichtlichem Widerspruch zum Gesetz steht, aM Ffm AnwBl **80**, 70 (bei offenbar unrichtiger Würdigung der Zulässigkeitsvoraussetzungen), Schlesw NJW **78**, 1016 mwN (bei Annahme unrichtiger tatsächlicher Voraussetzungen), zweifelnd BVerfG NJW **80**, 2698, Kblz NJW **86**, 1706 mwN.

Ausnahmen: Eine Ausnahme für alle Verfahrensordnungen sieht das **Anhörungsrügengesetz** v 9. 12. 04, BGBl 3220, vor, s § 321 a. Die Frage, ob dieses Gesetz für andere Fälle einer Verletzung von Verfahrensgrundrechten entsprechend gilt, ist offen, vgl Bloching/Kettinger NJW **05**, 860. Schon bisher ist die Gegenvorstellung zugelassen worden, wenn ein Verstoß gegen das Verfahrensgrundrecht auf Entscheidung durch den **gesetzlichen Richter** (Art 101 GG) geltend gemacht wird, BVerfG NJW **83**, 1900 mwN, Düss DRiZ **80**, 110, weil sonst der Umweg über die Verfassungsbeschwerde eingeschlagen werden müßte, BSG NJW **98**, 3518 (stRspr), Kummer F Krasney, 1997, S 277, Schumann NJW **85**, 1139 u ZZP **96**, 209, alle mwN. Die Gegenvorstellung ist bisher auch bei **sonstigen Verstößen gegen Verfahrensgrundrechte**, zB gegen das Willkürverbot gegeben, BGH NJW **01**, 2262, **00**, 590, BAG NZA **00**, 503, beide mwN. Abgesehen davon ist eine Gegenvorstellung auch dann zuzulassen, wenn WiedAufnGründe vorgebracht werden, Köln FamRZ **96**, 809 (weitergehend: bei WiedEinsGründen).

Abgesehen davon bleiben im wesentlichen als **Gegenstand** der Gegenvorstellung übrig: Zwischenentscheidungen über Verfahrensfragen, zB prozeßleitende Anordnungen des Vorsitzenden, etwa eine Terminsverfügung, BAG NZA **93**, 382, und die Festsetzung des Beschwerdewertes, § 2, ferner Entscheidungen in unselbständigen Nebenverfahren, etwa über die Erteilung der Vollstreckungsklausel, vgl BGH NJW **84**, 806, oder über die Ablehnung der Prozeßkostenhilfe für das Berufungsverfahren, schließlich diejenigen Fälle, in denen das Gericht oder der Vorsitzende gesetzlich ermächtigt ist, seine Entscheidung auch ohne Antrag eines Beteiligten zu ändern, zB nach § 227, BAG MDR **93**, 547, nach § 360, KG RR **00**, 469, nach § 25 GKG (aF), BGH RR **86**, 737, OVG Münst NVwZ-RR **99**, 479 mwN, VGH Mü GewArch **93**, 496) oder früher nach § 10 BRAGO, Hartmann Rn 33, BPatG GRUR **80**, 331 (nur innerhalb der Frist des § 10 III 3 BRAGO).

b) Erforderlich ist auch für die Gegenvorstellung ein **Rechtsschutzbedürfnis** im Einzelfall, E. Schneider MDR **72**, 567. Daran fehlt es, wenn die Partei durch die Entscheidung nicht beschwert ist oder die Möglichkeit hat, den Antrag oder die Beschwerde zu erneuern, Bbg NJW **65**, 2408 mwN. Nicht schutzwürdig wäre auch das Bestreben, eine vollständig abgeschlossene Angelegenheit, zB die Kostenabrechnung, durch eine nachträglich gegen den Streitwertbeschluß gerichtete Gegenvorstellung wieder aufzurollen. **Nicht nötig** ist die Berufung auf neue Tatsachen, aM Düss FamRZ **78**, 125; mit der Gegenvorstellung dürfen auch Rechtsfehler gerügt werden, ZöGu § 567 Rn 23.

c) Die **Einlegung** der Gegenvorstellung ist befristet nach Sondervorschriften, oben Rn 6 aE, aber auch sonst, BGH NJW **02**, 1577 (zustm Lipp NJW **02**, 1700, Pickenbrock JZ **02**, 540), NJW **01**, 2262, BVerwG NJW **01**, 1294 mwN, wobei entsp § 321 a einheitlich eine Frist von zwei Wochen gelten sollte. Sie unterliegt nicht dem Anwaltszwang, Bergerfurth AnwZwang Rdz 271 a, muß aber schriftlich oder zu Protokoll erklärt werden. Zuständig ist das Gericht, das den angegriffenen Beschluß erlassen hat. Bei zulässiger Gegenvorstellung richtet sich das weitere **Verfahren** nach den für das zugrunde liegende Verfahren geltenden Grundsätzen (zB wegen des Vertretungszwangs, vgl VGH Mannh NVwZ-RR **03**, 692), wobei die nur für das förmliche Verfahren geltenden Vorschriften unanwendbar sind, zB die über die Richterablehnung, Hamm MDR **93**, 789, Düss NStZ **89**, 86 (rechtliches Gehör ist der Gegenseite bei möglicher nachteiliger Änderung zu gewähren, BVerfG **55**, 5). Entsprechend § 571 II darf die Gegenvorstellung auf neue Tatsachen gestützt werden. Ein förmlicher Beschluß ist nur bei Erfolg nötig, sonst genügt die formlose Mitteilung, daß es bei der Entscheidung bleibt. Soweit überhaupt eine Kostenentscheidung ergehen darf, ist entsprechend §§ 91 ff zu entscheiden. Es entstehen keine Gerichtsgebühren, idR auch keine RAGebühren, § 37 BRAGO.

9   d) In keinem Fall ist gegen die Entscheidung über eine Gegenvorstellung ein Rechtsmittel gegeben, BGH VersR **82**, 598. Auch der Gegner hat **kein Rechtsmittel**, es sei denn, daß er es gegen eine ihm ungünstige Erstentscheidung gehabt hätte, OVG Hbg NVwZ-RR **01**, 612. Wegen der Bedeutung für die Einlegung der Verfassungsbeschwerde vgl BVerfG NJW **95**, 3248.

10   2) **Beschwerdegericht.** Über die Beschwerde gegen eine Entscheidung des AG entscheidet das LG (anders in den in § 119 I Z 1 genannten Fällen sowie in den Fällen der §§ 159, 181 GVG: OLG), über die Beschwerde gegen Entscheidungen des LG das OLG, des ArbG das LArbG. Entscheidungen des OLG sind grundsätzlich nicht mit Beschwerde anfechtbar, mit Ausnahme anderweitiger Regelungen, zB §§ 522 I u 544. Bei ihnen geht die Beschwerde an den BGH. Im Verfahren der Arbeitsgerichte heißt das Rechtsmittel Revisionsbeschwerde, § 77 ArbGG, bzw ebenfalls Nichtzulassungsbeschwerde, § 72 a ArbGG, und geht an das Bundesarbeitsgericht, § 77 ArbGG. Wegen der Beschwerde nach dem RPflG vgl Anh § 153 GVG, wegen der Beschwerde in FolgeS vgl § 629 a II.

11   3) **Zulässigkeit und Begründetheit.** Auch bei der Beschwerde ist zu unterscheiden zwischen Zulässigkeit und Begründetheit, s Grdz § 511 Rn 5 ff. Demgemäß darf das Gericht in eine Sachprüfung idR erst nach Bejahung der Zulässigkeit eintreten, § 572 II. Eine schwierige Prüfung der Zulässigkeit (etwa durch eine Beweisaufnahme) darf aber unterbleiben, wenn die Beschwerde ohnedies als unbegründet zurückgewiesen werden muß und dem Beschwerdeführer keine weiteren Nachteile (zB wegen der Rechtskraft) entstehen, BFH BStBl **77** II 313, Hamm MDR **79**, 943, KG NJW **76**, 2353, Köln NJW **74**, 1515 (zustm Gottwald NJW **74**, 2241), vgl BVerfG **6**, 7 (anders die hM, RoSGo § 137 I). Im Beschwerdeverfahren ist, eine Beschwerde wegen fehlender Zuständigkeit ausgeschlossen, § 571 II 2. Jede Beschwerde setzt ein Rechtsschutzbedürfnis voraus; fehlt es, zB im Fall ihrer prozessualen Überholung, RoSGo § 147 III 8 b, oder eines sonstigen Zuspätkommens, VGH Mü NJW **89**, 733, so ist sie als unzulässig zu verwerfen, Ffm AnwBl **85**, 642 mwN, KG FamRZ **77**, 562.

12   4) **Beschwerdeentscheidung.** Sie ergeht regelmäßig ohne mündliche Verhandlung; eine solche ist aber freigestellt.

13   5) **VwGO:** Das Beschwerdeverfahren ist in den §§ 146 ff VwGO (idF des G v 20. 12. 01, BGBl 3987) besonders geregelt, vgl Kienemund NJW **02**, 1232, Bader VBlBW **02**, 473, Geiger BayVB **03**, 75 u Knopp DÖV **03**, 26. Die Beschwerde ist danach immer fristgebunden, § 147 VwGO; das Gericht kann (und muß ihr ggf) abhelfen, § 148 I VwGO (anders im Verfahren des vorläufigen Rechtsschutzes, § 146 IV 5 VwGO). Neben den Vorschriften der VwGO sind nur einige Bestimmungen des 3. Abschnitts entsprechend anzuwenden, § 173 VwGO. In Einzelgesetzen ist die Beschwerde ausgeschlossen, zB nach § 80 AsylVfG, § 37 II VermG, vgl § 567 Rn 26. Zur entspr Anwendung von § 321 a, oben Rn 5, s BVerwG NJW **02**, 2657, OVG Münst NVwZ-RR **03**, 696.

Titel 1. Sofortige Beschwerde

Übersicht

1   1) **Allgemeines** (Schnauder JuS **02**, 162). Die Neuregelung des Beschwerderechts durch das ZPO-RG gilt nur für die Beschwerden, die dem Recht der ZPO unterliegen, Rummel MDR **02**, 623. Sie soll die Vorschriften der §§ 567 ff der veränderten Konzeption des Berufungs- und Revisionsrechts anpassen und sie vereinfachen und im Sinn der Verfahrensbeschleunigung straffen (**Gesetzesmaterialien:** RegEntw BT-Drs 14/4722; Bericht des Rechtsausschusses BT-Drs 14/6036). Wegen des **Übergangsrechts** s 26 Z 10 EGZPO.

2   2) **Einzelheiten.** Die Beschwerden gegen erstinstanzliche Entscheidungen werden bei den zuständigen **Beschwerdegerichten (LG bzw OLG)** konzentriert. Das Rechtsmittel der weiteren Beschwerde wird durch die Rechtsbeschwerde ersetzt, die zum BGH führt und die höchstrichterliche Klärung grundsätzlicher Rechtsfragen auch für Verfahren vor dem AG ermöglicht.

3   Zur Beschleunigung des Verfahrens ist nach dem Vorbild von VwGO, SGG und FGO eine generelle **Befristung** aller Beschwerden und der Erinnerung eingeführt worden. Ebenfalls nach dem Vorbild der öffentlich-rechtlichen Verfahrensordnungen besteht in allen Fällen der Beschwerde für das Ausgangsgericht die Möglichkeit, der Beschwerde **abzuhelfen.**

4   Das ZPO-RG sieht für das **Verfahren in FamS**, § 621 a, Folgeänderungen des FGG vor, Art 13, die die §§ 27, 30, 53 g und 64 FGG betreffen. Im übrigen bleibt das FGG-Verfahren unberührt.

5   3) **Rechtsbeschwerde.** Auf die Üb § 574 wird verwiesen.

6   4) **VwGO:** s Grdz § 567 Rn 13.

Abschnitt 3. Titel 1. Sofortige Beschwerde **§ 567**

567 *Sofortige Beschwerde; Anschlussbeschwerde.* ¹Die sofortige Beschwerde findet statt gegen die im ersten Rechtszug ergangenen Entscheidungen der Amtsgerichte und Landgerichte, wenn
1. dies im Gesetz ausdrücklich bestimmt ist oder
2. es sich um solche eine mündliche Verhandlung nicht erfordernde Entscheidungen handelt, durch die ein das Verfahren betreffendes Gesuch zurückgewiesen worden ist.

II ¹Gegen Entscheidungen über Kosten ist die Beschwerde nur zulässig, wenn der Wert des Beschwerdegegenstands 200 Euro übersteigt.

III ¹Der Beschwerdegegner kann sich der Beschwerde anschließen, selbst wenn er auf die Beschwerde verzichtet hat oder die Beschwerdefrist verstrichen ist. ²Die Anschließung verliert ihre Wirkung, wenn die Beschwerde zurückgenommen oder als unzulässig verworfen wird.

Vorbem. 1) II seit dem 1. 7. 04 idF des Art 4 XX Z 5 KostRMoG. 2) Im **Verfahren der Arbeitsgerichte** gelten die Vorschriften der ZPO für die Beschwerde gegen Entscheidungen der AG entspr, § 78 S 1 ArbGG. Für die Nichtzulassungsbeschwerde gilt § 72 a ArbGG.

Gliederung

1) Statthaftigkeit der sofortigen Beschwerde	1–11	3) Beschwerdesumme, II	17–19
A. Ausdrückliche Zulassung, I Z 1	2	A. Allgemeines	18
B. Zurückweisung eines Gesuchs, I Z 2	3–5	B. Einzelheiten	19
C. „Greifbare Gesetzwidrigkeit"	6–11	4) Anschlußbeschwerde, III	20–24
2) Weitere Voraussetzungen der Zulässigkeit	12–16	A. Grundsatz	20
		B. Voraussetzungen	21
		C. Einlegung	22
A. Beschwer	13, 14	D. Wirkung	23
B. Beschwerdeberechtigte	15	E. Wirkungslosigkeit der Anschließung	24
C. Kein Verzicht	16	5) *VwGO*	25

1) Statthaftigkeit der sofortigen Beschwerde, I. Die sofortige Beschwerde findet statt gegen die **im** **1** **ersten Rechtszug ergangenen Entscheidungen der Amtsgerichte und Landgerichte** (nicht der Oberlandesgerichte), wenn eine der in I genannten Voraussetzungen erfüllt ist. Entscheidungen iSv § 567 sind **Beschlüsse** des Gerichts (beim LG sowohl des Kollegiums als auch des Einzelrichters) und **Verfügungen** des Vorsitzenden oder Einzelrichters, während Entscheidungen des beauftragten oder ersuchten Richters sowie des Urkundsbeamten der Erinnerung unterliegen, § 573. Wegen der Anfechtung der Entscheidungen des **Rechtspflegers** s § 11 RpflG, abgedr Anh § 153 GVG.

A. Ausdrückliche Zulassung, I Z 1. Die Beschwerde ist statthaft, wo sie das Gesetz ausdrücklich zuläßt. **2** Das trifft für die ZPO zu für die zahlreiche Bestimmungen, zB in den §§ 46 II, 71 II, 78 c III, 91 a II, 99 II, 104 III, 107 III, 109 IV, 127 II u III, 135 III, 252, 319 III, 336 I 1, 380 II, 387 II, 390 III, 406 V, 409 II, 620 c, 621 e, 641 d II, 644, 721 VI, 793, 794 a II, 934 IV, 952 IV u 1022 III.

B. Zurückweisung eines Gesuchs, I Z 2. Die Beschwerde ist weiter statthaft, wo das Gericht ein das **3** Verfahren betreffendes Gesuch durch eine keine mündliche Verhandlung erfordernde Entscheidung zurückgewiesen hat. Dies gilt auch, wo mündliche Verhandlung freigestellt ist, § 128 Rn 10 ff. Es kann sich um einen Beschluß handeln, eine Verfügung des Vorsitzenden oder des verordneten Richters oder auch um ein zwischen Parteien und Dritten ergehendes Zwischenurteil. Über die Behandlung formfehlerhafter Entscheidungen s Grdz § 511 Rn 27 ff.

Verfahren ist im Sinn des § 567 der Prozeß schlechthin. **Zurückgewiesen** ist ein „Gesuch" nur **4** dann, wenn ein in den einschlägigen Vorschriften vorgesehener Antrag abgelehnt wird, Hbg FamRZ **90**, 423 mwN (Teilablehnung genügt, Hbg FamRZ **90**, 1379), weitergehend Hartmann § 216 Rn 27. Deshalb ist Beschwerde ausgeschlossen, auch für den Gegner, wenn das Gesuch stattgegeben ist, und ebenso dort, wo die Partei nur die Amtstätigkeit des Gerichts angeregt hat, Hbg FamRZ **90**, 423 mwN, oder das Gericht nur eine Vorentscheidung getroffen hat, Oldb RR **92**, 829. Bloßer Widerspruch gegen einen Antrag des Gegners ist kein das Verfahren betreffendes Gesuch iSv § 567, StJGr 15, ZöGu 34, Karlsr MDR **83**, 943 (aM Hamm RR **90**, 1278 für das Klauselerteilungsverfahren, abl Münzberg Rpfleger **91**, 210), und zwar auch dann nicht, wenn es die Form eines Antrags auf Aufhebung einer Entscheidung u dgl hat, Bbg FamRZ **83**, 519 mwN. Dagegen ist Beschwerde auch dort statthaft, wo die Handlung im freien Ermessen des Gerichts steht, StJGR 16, sofern nur über ein Gesuch entschieden worden ist, vgl Merle NJW **69**, 1859. Ein Gesuch iSv § 567 ist dann zurückgewiesen und deshalb Beschwerde zulässig, wenn ein Gericht ausdrücklich ablehnt, eine Entscheidung zu treffen, ZöGu 35. Dagegen ist keine Beschwerde gegeben, wenn ein Gericht durch Abgabe der Sache die Entscheidung in einem bestimmten Rechtsweg oder in einem bestimmten Verfahren ablehnt, BGH FamRZ **04**, 870, MDR **56**, 622, Hamm FamRZ **89**, 526, aM ua Köln OLGZ **79**, 19 mwN, Celle NdsRpfl **78**, 33 (wegen Abgabe nach § 46 WEG vgl i ü Anh II § 281 Rn 9). Ebenso gibt es keine Beschwerde gegen die AnO der mündlichen Verhandlung bei einstw Vfg, RG **54**, 348, oder gegen Prozeßtrennung, § 145. Wo mündliche Verhandlung geboten war, scheidet Beschwerde aus, mag die Verhandlung auch zu Unrecht unterblieben sein. Hat sie überflüssigerweise stattgefunden, so wird die Beschwerde nicht unstatthaft.

Immer ist eine **Entscheidung des Gerichts** Voraussetzung für die Beschwerde. Deshalb ist sie unstatthaft **5** gegen künftige Entscheidungen, unten Rn 9, oder Unterlassungen des Gerichts, etwa wenn es die Entscheidung über ein das Verfahren betreffendes Gesuch unangemessen verzögert, Karlsr FamRZ **89**, 769 mwN, str,

§ 567

oder sonst untätig bleibt (Beschwerde aber bei Rechtsverweigerung, s u). Hier ist auch die außerordentliche Beschwerde, unten Rn 6, nicht gegeben, aM Karlsr NJW **84**, 985: aber das Beschwerdegericht ist keine Dienstaufsichtsinstanz; vielmehr steht in diesem Fall (nur) der Weg nach § 26 II DRiG offen. Etwas anderes gilt, wenn durch eine Maßnahme des Gerichts die Entscheidung in einer Weise verzögert wird, daß dies der Ablehnung des das Verfahren betreffenden Gesuchs gleichkommt (Rechtsschutzverweigerung); hier ist die sog **Untätigkeitsbeschwerde** gegeben, Schneider MDR **05**, 430 u **04**, 1097, KG RR **05**, 374, Düss RR **05**, 1723, Naumb FamRZ **05**, 732, Jena FamRZ **03**, 1673, Dresden FamRZ **01**, 1422, Köln RR **99**, 290, Ffm MDR **98**, 1368 (Anm Schneider), Hamm FamRZ **98**, 1606, Saarbr RR **99**, 1290 u **98**, 1532 mwN, Hbg RR **89**, 1022, Karlsr FamRZ **89**, 769, beide mwN, Celle MDR **85**, 592, ZöGu 35, vgl auch unten Rn 25, LSG Bay NVwZ-RR **01**, 615 mwN, VGH Mü NVwZ **00**, 693, OVG Münst NVwZ Beil I 1/99 S 105.

6 C. **„Greifbare Gesetzwidrigkeit"** (Kley, Die außerordentl Beschwerde, 1999; Tappeiner, Die außerordentl Beschwerde im Zivilprozeß, 1998; Pawlowski F Schneider, 1997, S 39; Wax F Lüke, 1997, S 941; E. Schneider MDR **02**, 1047). Die Beschwerde gegen eine nach den gesetzlichen Vorschriften unanfechtbare Entscheidung war nach zu Gewohnheitsrecht erstarktem Gerichtsgebrauch ausnahmsweise statthaft wegen sog greifbarer Gesetzwidrigkeit, nämlich dann, wenn eine Entscheidung dieser Art, dieses Inhalts oder von diesem Gericht jeder gesetzlichen Grundlage entbehrt und inhaltlich dem Gesetz fremd ist, also mit der Rechtsordnung schlechthin unvereinbar ist, hM, RoSGo § 147 III 3, BGH in stRspr, RR **00**, 209, **99**, 1585, NJW **99**, 1404, **98**, 1715 u **97**, 3318, NJW **94**, 2363 (Anm Deubner JuS **94**, 1052 u Wax **LM** § 91 a Nr 64), RR **94**, 1213, NJW **93**, 1865 (krit Schlosser ZZP **106**, 536, Kempter NJW **93**, 2158, Pape **LM** § 51 Nr 26) u **93**, 136 (Wax **LM** Nr 28, s u), BAG RR **98**, 1528 (Anm Schneider MDR **98**, 984), BayOblG RR **98**, 1048 mwN (Anm Schneider MDR **98**, 1246), BFH NJW **98**, 335, BayOblGZ **95**, 93, Stgt NJW **97**, 64 mwN (sog **außerordentliche Beschwerde**), vgl dazu § 127 Rn 25, **krit** MüKoBr 9 u 10, ZöGu 19, StJGr 9 u 10, Lotz NJW **96**, 2130 mwN, Hoeren JR **96**, 199, Chlosta NJW **93**, 2160, Braun ZZP **106**, 236, Büttner FamRZ **89**, 129; in diesen engen Grenzen war die außerordentliche Beschwerde statthaft, weil dem Gesetzgeber nicht unterstellt werden kann, daß er auch solche Entscheidungen für unanfechtbar erklären wollte, die nach seinem Willen nicht ergehen dürfen, VGH Mannh NVwZ **00**, 335 mwN, OVG Münst NVwZ-Beilage 12/96 S 92, VGH Mü DVBl **94**, 62.

7 Die von der Rspr entwickelten Voraussetzungen für die Zulassung einer außerordentlichen Beschwerde decken sich insoweit mit der Rspr des BVerfG zur **richterlichen Willkür**, vgl Sangmeister NJW **96**, 829 mwN, als das BVerfG einen solchen Fall annimmt, wenn die Rechtsanwendung oder das Verfahren unter keinem denkbaren Aspekt mehr rechtlich vertretbar ist, BVerfG NJW **89**, 1917, **96**, 1531. Die außerordentliche Beschwerde war dagegen nach der bisherigen Rspr nicht gegeben, wenn eine offensichtlich einschlägige Norm nicht berücksichtigt oder der Inhalt einer Norm in krasser Weise mißdeutet wird, oder wenn die Rechtsanwendung bei verständiger Würdigung der das GG beherrschenden Gedanken nicht mehr verständlich ist, was nach der Rspr des BVerfG, NJW **93**, 996 u **95**, 124, in Einzelfällen ebenfalls als richterliche Willkür angesehen worden ist, BVerfG NJW **96**, 1531. Da diese Einstufung die richterliche Unabhängigkeit berührt, § 26 DRiG Rn 8, und außerdem vom Gesetzgeber angeordnete Unanfechtbarkeit allenfalls bei unerträglich erscheinenden Entscheidungen von den Instanzgerichten durchbrochen werden darf, muß eine außerordentliche Beschwerde auf Fälle krassen Unrechts beschränkt bleiben und demgemäß hier ausscheiden, LAG Thür NZA **98**, 1358 mwN, abw Schlesw RR **96**, 125 mwN, im Prinzip auch BGH NJW **00**, 590 u BAG NJW **00**, 503.

8 Danach war die außerordentliche Beschwerde z. B. **statthaft**, wenn ein AG nach § 281 ans OLG verweist, § 281 Rn 46, wenn eine Terminierung den Rechtsschutz einer Partei schmälert und für sie jede verständige Rechtsgrundlage fehlt, Köln NJW **81**, 2263, oder wenn sonst handgreifliche Fehler des genannten Schweregrades vorliegen, zB eine Gesetzesauslegung, die offensichtlich dem Wortlaut und dem Zweck des Gesetzes widerspricht und eine Gesetzesanwendung zur Folge hat, die durch das Gesetz ersichtlich ausgeschlossen werden sollte, BGH NJW **93**, 136 (zum Einzelfall krit Chlosta NJW **93**, 2160, Gottwald/Semmelmayer JZ

9 **93**, 413, Wax **LM** Nr 28), KG RR **96**, 58 (für den Einzelfall zweifelhaft). Dagegen **versagte** die außerordentliche Beschwerde bei allen anderen, auch schweren Verfahrensfehlern, zB bei Fehlen der notwendigen Begründung, Karlsr FamRZ **88**, 634 (aM BFH NJW **88**, 335 mwN, Bbg RR **98**, 364, Köln MDR **89**, 920), bei bloßer (auch eindeutig) fehlerhafter Rechtsanwendung, BGH RR **98**, 63, Köln RR **98**, 365, Bra FamRZ **97**, 1162, Stgt NJW **97**, 64 mwN, zB Zugrundelegung einer unhaltbaren Rechtsansicht, BGH NJW **90**, 1795 (abw Köln MDR **90**, 920), etwa einer aus dem Blickwinkel einer herrschend gewordenen Meinung als unvertretbar erscheinenden Auffassung, BGH NJW **98**, 1715 u **94**, 2363, RR **97**, 1155; mindestens schied die außerordentliche Beschwerde aus, wenn der Fehler vom Gericht auf Gegenvorstellung behoben werden kann, BGH NJW **00**, 590 mwN, Üb § 567 Rn 5. Sie war auch bei unterhalb des Ermessensmißbrauchs liegenden Ermessensfehlern nicht gegeben (zB Verkennung der Befugnis, Ermessen auszuüben, oder der Grenzen des Ermessens), Ffm RR **89**, 62, vgl E. Schneider MDR **85**, 548, abzulehnen Kblz FamRZ **98**, 967, Köln MDR **96**, 716.

10 Die ältere Rspr ist – zumindest teilweise – überholt durch § 321 a (iVm dem Anhörungsrügengesetz v 9. 12. 04, BGBl 3220). Eine **außerordentliche Beschwerde** gegen unanfechtbare Entscheidungen wegen Verstoßes gegen ein Verfahrensgrundrecht oder sonstiger greifbarer Gesetzwidrigkeit soll nunmehr **unzulässig** sein, weil der Gesetzgeber in den genannten Vorschriften eine eigenständige gerichtliche Abhilfemöglichkeit vorsieht, Grdz § 567 Rn 5, vgl BVerfG NJW **03**, 1924, BGH NJW **05**, 143 u **02**, 1577 (zustm Lipp NJW **02**, 1700 u Schneider MDR **02**, 1047), BVerwG NVwZ **05**, 920, VGH Mannh NJW **05**, 920, OVG Münst RR **04**, 706, Karlsr MDR **04**, 593, Ffm RR **03**, 140, Celle NJW **02**, 3715. In diesen Fällen kann die angefochtene Entscheidung danach nur durch das Gericht, das sie erlassen hat, auf (fristgebundene) Gegenvorstellung korrigiert werden, sonst bleibt allein die Verfassungsbeschwerde. Ob dem bei jeder Form von Grundrechtsverletzungen zu folgen ist, erscheint allerdings zweifelhaft, vgl Bloching/Kettinger NJW **05**, 860, Grdz § 567 Rn 5.

Abschnitt 3. Titel 1. Sofortige Beschwerde **§ 567**

Gegen **Urteile** gab es auch früher keine außerordentliche Beschwerde, BGH in stRspr, RR **02**, 501 u **11** NJW **99**, 290 mwN (Anm Schütt u Schneider MDR **99**, 248 bzw 697), Mü RR **95**, 1024, abw BGH NJW **94**, 2363, LG Stgt RR **98**, 934, Proske NJW **97**, 352.

2) Weitere Voraussetzungen der Zulässigkeit. Es sind dieselben wie bei anderen Rechtsmitteln, s **12** Grdz § 511 Rn 6 ff. Die Beschwerde ist erst nach der Entstehung, § 329 Rn 23 ff, des anzufechtenden Beschlusses statthaft, Kblz AnwBl **86**, 401 mwN; jedoch tritt bei vorheriger Beschwerde mit der späteren Bekanntgabe die Heilung des Mangels ein (auch ohne Erneuerung der Beschwerde), aM Kblz VersR **82**, 1058, enger KG OLGZ **77**, 129 (zum FGG). Überhaupt ist wegen Art 19 IV GG die Beschwerde in Sachen größter Eilbedürftigkeit schon vorher zuzulassen, sobald das Gericht den Inhalt der schriftlich niedergelegten Entscheidung formlos (auch telefonisch) mitteilt, Schoch S 1711, Grunsky DVBl **75**, 382 mwN, VGH Mannh NVwZ **86**, 488 u **84**, 528, VGH Mü NJW **78**, 2469 mwN, Ffm NJW **74**, 1389, aM VGH Mannh DVBl **75**, 381 (abl Grunsky), zweifelnd Korber NVwZ **83**, 85; vgl auch § 329 Rn 28 ff.

A. Beschwer, Grdz § 511 Rn 13 ff. Sie muß grundsätzlich noch bei Einlegung der Beschwerde vor- **13** liegen, und zwar für jeden von mehreren Beschwerdeführern, E. Schneider MDR **73**, 979. Sie fehlt zB, wo die Aufhebung der angefochtenen Entscheidung für den Beschwerdeführer bedeutungslos ist: für eine rein theoretische Beschwerde nicht gegeben, auch nicht zur bloßen Erlangung einer obergerichtlichen Entscheidung für gleichliegende Fälle. Trotz Erledigung der Hauptsache ist eine Beschwer aber zu bejahen, wenn die aufgehobene Entscheidung noch Auswirkungen hat, vgl § 28 I 4 EGGVG, dazu BVerfG NJW **97**, 2163, Köln NJW **98**, 462 u Hamm NJW **98**, 463 (diff). Eine Teilabhilfe, § 571, berührt die Beschwer nicht, KG NJW **58**, 2023.

Nötig ist ferner ein Rechtsschutzbedürfnis, das bei einer nur im Kostenpunkt bestehenden, unter 50 Euro **14** liegenden Beschwer zu verneinen ist, § 567 II 2, vgl Köln RR **86**, 1509. Eine zulässige Beschwerde wird wegen Wegfalls des Rechtsschutzbedürfnisses unzulässig, wenn die Entscheidung für die Partei keine rechtliche Bedeutung mehr haben kann, Üb § 567 Rn 11, KG FamRZ **77**, 562. Dies kann zB für die Beschwerde nach § 46 II gelten, wenn die Instanz endgültig beendet ist, KG MDR **05**, 890, Ffm AnwBl **85**, 642 mwN, § 46 Rn 14, str.

B. Beschwerdeberechtigte sind **a)** die in § 511 Rn 4 ff Genannten, **b)** Dritte, über deren Rechte oder **15** Pflichten entschieden ist.

C. Verzicht auf die Beschwerde macht sie unzulässig; das zu § 515 Gesagte gilt auch hier, Hamm RR **00**, **16** 212 u. Köln MDR **00**, 472 mwN. Wegen **Anschlußbeschwerde**, III, s unten Rn 20 ff.

3) Beschwerdesumme, II. Die Zulässigkeit der Beschwerde hängt nur in den im Gesetz genannten **17** Fällen vom Erreichen einer Beschwerdesumme ab. Sonst kommt es auf den Wert des Beschwerdegegenstandes nicht an; das gilt auch für die Beschwerde gegen einen ablehnenden Beschluß nach § 922, dort Rn 13, aM LG Konstanz RR **95**, 1102 mwN.

A. Allgemeines. Wertabhängig ist die Beschwerde gegen Entscheidungen über Kosten, Gebühren und **18** Auslagen. Sowohl bei Entscheidungen über die Verpflichtung, die Prozeßkosten zu tragen, zB nach den §§ 91 a, 99 II, 269 II, 516 III, als auch bei anderen Entscheidungen über Kosten, Gebühren und Auslagen des Staates, der Parteien und der Anwälte im gerichtlichen Verfahren (zB nach §§ 104 III, 107 III) muß der Beschwerdewert **200 Euro** übersteigen; II ist damit der Regelung in § 66 II GKG angepaßt worden, BT-Drs 15/1971 S 233). **Nicht** unter II fallen Beschlüsse über Ordnungsmittel nach den §§ 177, 178, 180 u § 181 GVG, oder nach den §§ 380, 409, weil Ordnungsgelder keine Kosten sind, § 380 Rn 13.

B. Einzelheiten. Der **Wert des Beschwerdegegenstandes** (Begriff: § 511 Rn 13–17) ist der Unter- **19** schiedsbetrag zwischen dem sich aus der angefochtenen Entscheidung ergebenden und dem in der Beschwerdeinstanz begehrten Betrag, dh die Differenz, um die sich der Beschwerdeführer verbessern will, bei Kostenteilung also höchstens die auf den Beschwerdeführer entfallende Quote, LAG Hamm **KR** Nr 11 m zustm Anm E. Schneider. Maßgeblich ist der Wert bei Einlegung der Beschwerde, Hamm MDR **71**, 1019 mwN, so daß spätere Verminderungen außer Betracht bleiben, soweit sie nicht auf willkürlicher Beschränkung des Beschwerdeantrags beruhen, Düss **KR** Nr 26, KG Rpfleger **91**, 409 (Anm Meyer-Stolte). Bei Teilabhilfe, § 572, kommt es darauf an, welche Beschwerdesumme verblieben ist, BayObLGZ **94**, 374 mwN, Nürnb FamRZ **88**, 1080 mwN, Koblenz JB **86**, 893, Hamm JB **82**, 582 m Anm Mümmler, ZöGu 52, aM StJGr 31, KG NJW **58**, 2023. Umsatzsteuer ist zu berücksichtigen, Kblz MDR **92**, 196 mwN, E. Schneider JB **74**, 966. Der Wert ist glaubhaft zu machen.

4) Anschlußbeschwerde, III **20**

A. Grundsatz, S 1. Der **Beschwerdegegner kann sich der Beschwerde anschließen**, selbst wenn er auf die Beschwerde verzichtet hat oder die Beschwerdefrist verstrichen ist, vgl § 521 I. Die Anschließung ist nicht auf bestimmte Arten eines Rechtsmittels beschränkt, so daß sich der Beschwerdegegner (wenn die Voraussetzungen im Einzelfall erfüllt sind) der Beschwerde sowie einer Rechtsbeschwerde anschließen darf, § 574 IV. Auch die **Anschließung an eine Anschlußbeschwerde** (Gegenanschließung) ist zulässig, STr 12, Maurer 800, Bergerfurth FamRZ **86**, 940 mwN, Diederichsen NJW **86**, 1468, Karlsr FamRZ **88**, 412, str, aM BGH NJW **86**, 1494 mwN, offen gelassen Saarbr FamRZ **88**, 414; jedenfalls ist die Gegenanschließung zuzulassen, wenn die Anschließung sich gegen einen anderen Teil der Entscheidung als die Hauptbeschwerde richtet und der Hauptrechtsmittelführer nunmehr eine Änderung des durch die Anschließung angegriffenen Teils zu seinen Gunsten erreichen will, § 629 Rn 8. Zur Anschlußbeschwerde in FamS s § 621 e Rn 23, in Patentsachen BGH **88**, 194, in Landwirtschaftssachen BGH NJW **65**, 1532. Zur Zulässigkeit der **Hilfsanschließung** s § 524 Rn 3.

B. Voraussetzungen. Sie sind grundsätzlich die gleichen wie diejenigen der Anschlußberufung, § 524, s **21** dortige Erl. Zur Anschließung befugt ist nur der Beschwerdegegner, dh der von der Hauptbeschwerde potentiell betroffene Beteiligte, § 629 a Rn 6 u 7. Handelt es sich bei der Hauptbeschwerde um eine Rechtsbeschwerde, zB nach § 621 e II, kann auch die Anschließung nur auf eine Gesetzesverletzung gestützt werden.

§§ 567–569

22 **C. Einlegung.** Einzulegen ist die Anschlußbeschwerde beim Erstgericht oder beim Beschwerdegericht, § 569, nach Vorlage der Beschwerde nur beim Beschwerdegericht, Köln FamRZ **00**, 1027 mwN. Möglich ist die Einlegung bis zum Schluß der mündlichen Verhandlung, die zur Entscheidung über die Beschwerde angeordnet ist, oder ohne eine solche bis zur Hinausgabe der Beschwerdeentscheidung. Nach Rücknahme oder Zurückweisung der Hauptbeschwerde ist eine Anschließung unzulässig, S 2, Köln aaO, Bre FamRZ **89**, 649; dies gilt auch dann, wenn der sich Anschließende davon keine Kenntnis hatte, VGH Kassel MDR **83**, 872.

23 **D. Verfahren.** Die Vorschriften über das Beschwerdeverfahren gelten auch für die Anschließung.

24 **E. Wirkungslosigkeit der Anschließung, S 2.** Die Anschließung verliert ihre Wirkung, **wenn die Beschwerde zurückgenommen oder als unzulässig verworfen wird.** Hier gilt das gleiche wie nach § 524 I, s dort Rn 20–23. Wegen der Kosten vgl § 516 Rn 20 u 21.

25 5) *VwGO:* Eigene Regelung in § 146 *VwGO* sowie § 152 I *VwGO* (Beschwerde gegen Entscheidungen des OVG); der Rspr zur sog außerordentlichen Beschwerde ist im Hinblick auf § 152 a *VwGO* idF des Anhörungsrügengesetzes v 9. 12. 2004, BGBl 3220, 3224, der Boden entzogen, VGH Mannh NJW **05**, 920, ebenso schon für § 321a ZPO aF iVm § 173 *VwGO* BVerwG NVwZ **05**, 232 mwN. Ausschluß der Beschwerde in Einzelgesetzen, zB WehrpflG, ZDG, WehrdienstverwG, LAG, SeeUG, sowie in Sonderbestimmungen, zB § 80 AsylVfG, dazu VGH Mannh VBlBW **99**, 106 u 109, OVG Münst NVwBl **93**, 113, § 37 II VermG, OVG Greifsw MDR **95**, 425, vgl § 252 Rn 7. Zur Untätigkeitsbeschwerde, oben Rn 5 aE, vgl Redeker NJW **03**, 488, BVerfG NVwZ **03**, 858, BVerwG NVwZ **03**, 869, VGH Mü NVwZ **00**, 693 mwN, str; zur formlosen Vorwegmitteilung eiliger Entscheidungen, Rn 9, vgl Korber NVwZ **83**, 85. Für die Anschließung, III, gilt entsprechendes.

568 *Originärer Einzelrichter.* [1] Das Beschwerdegericht entscheidet durch eines seiner Mitglieder als Einzelrichter, wenn die angefochtene Entscheidung von einem Einzelrichter oder einem Rechtspfleger erlassen wurde. [2] Der Einzelrichter überträgt das Verfahren dem Beschwerdegericht zur Entscheidung in der im Gerichtsverfassungsgesetz vorgeschriebenen Besetzung, wenn
1. die Sache besondere Schwieirigkeiten tatsächlicher oder rechtlicher Art aufweist oder
2. die Rechtssache grundsätzliche Bedeutung hat.
[3] Auf eine erfolgte oder unterlassene Übertragung kann ein Rechtsmittel nicht gestützt werden.

Vorbem. Im **Verfahren der Arbeitsgerichte** unanwendbar, s Vorbem §§ 526 u 527.

Schrifttum: *Feskorn* NJW **03**, 856.

1 1) **Grundsatz, S 1.** Zur Beschleunigung der Entscheidung über die Beschwerde schreibt § 568 vor, daß in bestimmten Fällen der **Einzelrichter** entscheidet, ohne daß es einer Übertragung bedarf; vgl dazu § 348 für das erstinstanzliche Verfahren. Einzelrichter ist dasjenige Mitglied des Beschwerdegerichts, das durch den Geschäftsplan, § 21g GVG, dazu bestimmt ist, in Beschwerdesachen der Kammer für Handelssachen der Vorsitzende, vgl § 526 IV. § 348 I 2 Z 1 findet keine entspr Anwendung, BGH NJW **03**, 1876.

2 Der originäre Einzelrichter ist **zuständig,** wenn die angefochtene Entscheidung von einem **Einzelrichter,** also vom Alleinrichter des AG oder vom Einzelrichter des LG (nicht aber vom an Stelle des KfHs nach § 349 II und III entscheidenden Vorsitzenden, BGH NJW **04**, 856 mwN, str, Feskorn NJW **03**, 856 u Fölsch MDR **03**, 308, beide mwN), erlassen wurde. Das gleiche gilt für die Beschwerde gegen eine Entscheidung des **Rechtspflegers,** s § 11 RPflG, Anh § 153 GVG.

3 Der **originäre Einzelrichter** verhandelt und entscheidet über die Beschwerde wie das Kollegium, s § 348. Richtet sich die Beschwerde gegen eine Kollegialentscheidung, so verhandelt und entscheidet über sie stets das Kollegium des Beschwerdegerichts (LG bzw OLG), eine Übertragung auf den Einzelrichter ist ausgeschlossen, BT-Drs 14/4722 S 111.

4 2) **Übertragung auf das Kollegium, S 2 u 3.** Der Einzelrichter muß das Verfahren dem Beschwerdegericht, also der Kammer bzw dem Senat, übertragen, wenn eine der in S 1 Z 1 oder Z 2 genannten Voraussetzungen vorliegt, **S 2;** vgl hierzu § 348 Rn 39–41. Die Beschwerde gegen PKH-Entscheidungen fallen regelmäßig unter I 2 Z 1, wenn es um die Erfolgsansichten der Hauptsache geht und die Gericht in voller Besetzung entscheiden müßte, Köln NJW **02**, 1436, aM Celle NJW **02**, 2329. Die Übertragung erfolgt durch Beschluß, vgl §§ 348 III u 526 II. Auf eine erfolgte oder unterlassene Übertragung kann ein Rechtsmittel, § 574, nicht gestützt werden, **S 3,** vgl § 348 IV und § 526 III. Entscheidet der Einzelrichter in einer Sache, der er grundsätzliche Bedeutung beimisst, über die Beschwerde unter Zulassung der Rechtsbeschwerde, § 574, so ist die Zulassung wirksam, die Entscheidung unterliegt jedoch wegen fehlerhafter Besetzung des Beschwerdegerichts vAw der Aufhebung, BGH NJW **04**, 448 u 223, **03**, 1255 u RR **03**, 1217 u 936, BayObLG FamRZ **04**, 1136, Haentjens NJW **03**, 2884. Zu den Fällen grundsätzlicher Bedeutung gehören die Zulassungsgründe der Fortbildung des Rechts und der Sicherung einer einheitlichen Rspr, BGH FamRZ **04**, 363 u 1922, NJW **03**, 3712.

5 3) *VwGO:* Unanwendbar, s Üb § 348 Rn 5 und § 526 Rn 10.

569 *Frist und Form.* [1] [1] Die sofortige Beschwerde ist, soweit keine andere Frist bestimmt ist, binnen einer Notfrist von zwei Wochen bei dem Gericht, dessen Entscheidung angefochten wird, oder bei dem Beschwerdegericht einzulegen. [2] Die Notfrist beginnt, soweit nichts anderes bestimmt ist, mit der Zustellung der Entscheidung, spätestens mit dem Ablauf von fünf Monaten nach der Verkündung des Beschlusses. [3] Liegen die Erfordernisse der Nichtigkeits- oder der Restitutionsklage vor, so kann die Beschwerde auch nach Ablauf der Notfrist innerhalb der für diese Klagen geltenden Notfristen erhoben werden.

Abschnitt 3. Titel 1. Sofortige Beschwerde **§ 569**

II ¹ Die Beschwerde wird durch Einreichung einer Beschwerdeschrift eingelegt. ² Die Beschwerdeschrift muss die Bezeichnung der angefochtenen Entscheidung sowie die Erklärung enthalten, dass Beschwerde gegen diese Entscheidung eingelegt werde.

III Die Beschwerde kann auch durch Erklärung zu Protokoll der Geschäftsstelle eingelegt werden, wenn
1. der Rechtsstreit im ersten Rechtszug nicht als Anwaltsprozess zu führen ist oder war,
2. die Beschwerde die Prozesskostenhilfe betrifft oder
3. sie von einem Zeugen, Sachverständigen oder Dritten im Sinne der §§ 142, 144 erhoben wird.

Vorbem. Im Verfahren der Arbeitsgerichte entspr anzuwenden, § 78 ArbGG.

1) Regelungszweck. Im Gegensatz zum bisherigen Recht ist die Beschwerde (daher „sofortige Beschwerde") stets befristet. Der Gesetzgeber folgt damit den bewährten Regelungen in anderen Verfahrensordnungen, zB §§ 147 VwGO, 173 SGG und 129 FGO. Die allgemeine Befristung dient dem berechtigten Interesse der Beteiligten an Beschleunigung des Verfahrens und möglichst rascher Klärung der Rechtsverhältnisse. 1

2) Beschwerdefrist, I 2
A. Grundsatz, I 1
a) Allgemeines. Die sofortige Beschwerde ist binnen einer Notfrist von 2 Wochen einzulegen, und zwar nach Wahl des Beschwerdeführers bei dem Gericht, dessen Entscheidung angefochten wurde, oder beim Beschwerdegericht binnen einer Notfrist von 2 Wochen.

b) Fristbeginn, I 2. Die Frist beginnt regelmäßig **mit Zustellung des Beschlusses**, die in der Regel 3 vAw zu geschehen hat, §§ 270 I, 329 III. Die Frist beginnt aber erst, wenn der mit Gründen versehene Beschluß zugestellt wird, da hier das gleiche gilt wie für Berufung und Revision, BAG NZA 92, 1047 mwN. Ist die Zustellung unterblieben oder unwirksam, so beginnt die Frist mit dem Ablauf von **5 Monaten** nach der Verkündung des Beschlusses, wie es in Anlehnung an die §§ 517 u 548 in I 2 heißt, also nur dort, wo die Verkündung stattgefunden hat; in anderen Fällen tritt an die Stelle der Verkündung die **Bekanntgabe** der Entscheidung, Kblz RR 03, 1079 mwN (ua BAG NJW 94, 605, BayObLG RR 92, 597), aM ZöGu 4, ThPRei 4–6. Fehlt es an jeder Bekanntgabe an die Partei, so beginnt die Frist nicht zu laufen, Hamm JB 92, 394.

Sondervorschriften, zB § 127 II u III, gehen von, Hamm MDR 93, 684.

c) Einzelheiten: Eine Abkürzung oder Verlängerung der Frist ist nicht zulässig; auf eine Rechtsmittelbelehrung kommt es nicht an, LG Heilbronn DGVZ 92, 12. WiedEins ist statthaft, §§ 233 ff, Schlesw SchlHA 93, 172 (betr PKH-Gesuch). Die Einlegung der Berufung wahrt die Notfrist nicht; es ist aber zu prüfen, ob nicht nur ein falscher Ausdruck gewählt hat. Mit Fristablauf wird der Beschluß formell rechtskräftig, Zweibr MDR 04, 236. Daher ist von da ab keine Abänderung mehr zulässig, KG MDR 00, 169 mwN (über den Kostenfestsetzungsbeschluß s § 107). 4

Die Beweislast für die Einhaltung der Frist trägt grundsätzlich der Beschwerdeführer, BVerwG Rpfleger 82, 385. Jedoch gilt dies nicht für Vorgänge im Bereich des Gerichts, s § 517 Rn 15.

B. Sonderfall, Z 3. Liegen die Voraussetzungen einer Wiederaufnahmeklage vor, so ist die sofortige 5 Beschwerde noch in der Frist des § 586 zulässig. Die sofortige Beschwerde verdrängt insoweit die Wiederaufnahme, s Grdz § 578 Rn 13. Die Vorschrift schafft aber kein selbständiges Rechtsmittel, sondern verlängert nur die Notfrist für eine an sich statthafte sofortige Beschwerde, so daß sie versagt, wenn der Beschluß unanfechtbar oder kein WiedAufnGrund gegeben ist, Düss NJW 84, 1763. Die Voraussetzungen der §§ 579–582 müssen erfüllt (und nicht nur behauptet) sein, KG OLGZ 76, 365.

C. Verwirkung. Das Beschwerderecht kann während des Fristlaufs verwirkt werden, zB bei unwirksamer 6 oder unterbliebener Zustellung, wenn die Einlegung des Rechtsmittels hinausgezögert wird und die Beteiligten den durch die angefochtene Entscheidung geschaffenen Zustand als endgültig angesehen haben und ansehen durften, BGH RR 89, 768, NJW 65, 1532 mwN.

3) Beschwerdeschrift, II 7
A. Allgemeines, II 1. Soweit nicht III eingreift, legt man Beschwerde ein durch Einreichung (Begriff § 519 Rn 3 ff), die auch telegrafisch, fernschriftlich oder durch Telebrief erfolgen kann, vgl Köln RR 90, 895, einer Beschwerdeschrift (Begriff § 519 Rn 9 ff); eine ausreichende Beschwerdeschrift kann auch eine auf das Zustellungsbekenntnis gesetzte Erklärung sein, aM Hbg NJW 86, 3090, dagegen Schneider MDR 87, 372. Außer beim AG besteht in den in III genannten Fällen nicht Anwaltszwang, § 78, nach Maßgabe von § 571 IV, dh ein RA muß unterzeichnen, BGH NJW 97, 1448 mwN. Bei der Beschwerde gegen Entscheidungen des Rechtspflegers, §§ 11 und 21 RPflG, besteht für die Einlegung des Rechtsmittels (und bis zur Vorlage beim Beschwerdegericht) kein Anwaltszwang, § 78 III u § 13 RPflG. Die erforderliche Schriftform ist dort, wo kein Anwaltszwang besteht, auch gewahrt, wenn der Schriftsatz einer Körperschaft oder Anstalt des öff Rechts oder einer Behörde neben dem maschinenschriftlich wiedergegebenen Namen des Verfassers einen Beglaubigungsvermerk (auch ohne Dienstsiegel) trägt, GmS NJW 80, 172. Überhaupt genügt bei Eingaben der Partei selbst die Gewißheit, daß ihr der Schriftsatz zuzurechnen ist, Schneider MDR 87, 372, BGH NJW 85, 329.

B. Inhalt, II 2. Die Beschwerdeschrift muß enthalten: **a)** die **Bezeichnung der angefochtenen Ent-** 8 **scheidung, b)** die **Erklärung, daß man Beschwerde einlege.** Der Gebrauch des Wortes Beschwerde ist unnötig; eine ausdrücklich als solche bezeichnete Gegenvorstellung ist aber jedenfalls dann keine Beschwerde, wenn der Schriftsatz von einem RA stammt, BGH VersR 82, 598, vgl zur Umdeutung BGH RR 01, 279. Ob mit der Bitte um Überprüfung eine Beschwerde gemeint ist, muß durch Rückfrage geklärt werden, Neustadt MDR 59, 309. Es muß aber, wo auch ein anderer Rechtsbehelf denkbar ist, etwa Berufung, die Absicht, Beschwerde einzulegen, eindeutig erhellen.

Weiterer Inhalt: Die Beschwerdeschrift muß weiter enthalten die klare Bezeichnung dessen, für den ein Vertreter Beschwerde einlegt. Die Beschwerdeschrift ist ein bestimmender Schriftsatz, § 129, er muß darum

§§ 569, 570

die eigenhändige handschriftliche Unterschrift des Beschwerdeführers oder seines Bevollmächtigten tragen, BFH NJW 73, 1016 (Ausnahmen: § 129 Rn 8 ff). Die Beschwerde muß ferner unbedingt sein (zur Nichtzulassungsbeschwerde nach BEG BVerfG **40**, 272, vgl auch BFH NVwZ **83**, 439). Sie ist darum erst nach Erlaß der Entscheidung zulässig, vgl aber § 567 Rn 5. Eine Hilfsbeschwerde (Eventualbeschwerde) gegen eine erst bevorstehende Entscheidung gibt es nicht. Unschädlich ist die Bedingung, daß das Gericht nicht abhilft, weil das Gesetz das Abhilferecht gibt.

9   **C. Beschwerdeantrag.** Er ist nicht vorgeschrieben, BGH **91**, 160, aber dringend anzuraten, vgl Schneider MDR **87**, 372. Ergibt die Beschwerdeschrift in Verbindung mit dem Akteninhalt nicht eindeutig, welche Abänderung der Beschwerdeführer erstrebt, so hat das Gericht das durch Rückfrage zu klären, § 139. Der Beschwerdeführer darf seinen Antrag bis zur Entscheidung ändern, erweitern und beschränken, sofern er nicht darauf verzichtet hat, BGH **91**, 160 mwN; dies darf aber nicht zu einer Änderung des Verfahrensgegenstandes führen.

10 **D. Begründung.** Sie ist nur nach den §§ 620 d und 621 e III 2 erforderlich. Sonst gilt die Sollvorschrift in § 571 I, s dort.

11 **E. Verstoß.** Bei einem Verstoß gegen die zwingenden Formvorschriften ist die Beschwerde unzulässig. Sie ist zu verwerfen, § 572 II.

12 **4) Erklärung zu Protokoll, III**
    A. Grundsatz. Der Beschwerdeführer darf seine Beschwerde zu Protokoll der GeschStelle erklären: **a) wenn der Prozeß im 1. Rechtszug nicht als Anwaltsprozeß zu führen ist, III Z 1,** gleichviel, wer Beschwerde einlegt und wie die Zuständigkeit des AG begründet ist (diese Erleichterung gilt also für FamS nur nach Maßgabe des § 78 II); wegen der Beschwerde gegen die Zurückweisung eines Arrest- oder Verfügungsgesuchs vgl § 922 Rn 24; **b) wenn der Prozeß im 1. Rechtszug nicht als Anwaltsprozeß zu führen war, III Z 1,** wo er also beendet ist oder in höherer Instanz schwebt; auch die Beschwerde gegen eine Entscheidung der höheren Instanz fällt dann also unter III, hM, zB bei Ablehnung eines Richters des LG als Berufungsgericht, KG MDR **83**, 60, soweit sich aus § 78 II nichts anderes ergibt, nicht aber bei Anfechtung eines vom LG als 1. Instanz erlassenen Beschlusses nach § 890, Stgt WRP **82**, 604, Nürnb MDR **84**, 58 mwN; oder nach § 922, Hamm RR **97**, 763, str, aM Hartmann § 922 Rn 28, beide mwN. Bei einer Verweisung oder Abgabe ans LG besteht von da ab Anwaltszwang, BGH VersR **83**, 785 (§§ 281, 506), BGH JZ **79**, 535 (§§ 696, 700), beide mwN; **c) wenn die Beschwerde die Prozeßkostenhilfe betrifft, III Z 2, § 127,** zB wenn es um die Ablehnung eines Richters beim LG geht, Schlesw SchlHA **96**, 222; **d) wenn sich ein Zeuge, Sachverständiger oder Dritter im Sinne der §§ 142, 144 beschwert, III Z 3,** vgl §§ 380, 390, 409, 411. Dasselbe gilt für die Beschwerde der aus §§ 141 III, 273 IV, 613 II beschwerten Partei, ebenso für den zur Blutentnahme bestellten Dritten, der wegen Nichterscheinens, vgl aber § 372a Rn 24, gemaßregelt ist (Augenscheinsobjekt), Düss JMBlNRW **64**, 30; **e) im Verfahren vor dem Rechtspfleger,** §§ 11 u 13 RpflG, Oldenb RR **00**, 211, KG RR **00**, 213, Mü RR **00**, 213, str, vgl § 104 Rn 56.

13 **B. Einzelheiten.** Gleich bleibt, ob die Partei das Gesuch zu Protokoll erklären durfte, auf das die angefochtene Entscheidung ergangen ist. „Rechtsstreit" bedeutet in III Z 1 jedes Verfahren nach ZPO, Hbg MDR **81**, 939, nicht aber ein Nebenverfahren des Prozesses, zB über eine Richterablehnung, Hamm u Köln MDR **91**, 1182, aM Mü NJW **94**, 60 (dazu Vollkommer MDR **96**, 1299). In den genannten Fällen genügt auch eine Einlegung zum Sitzungsprotokoll; es kann unmöglich schaden, daß der Richter mitbeurkundet, Einf §§ 159 ff Rn 3, oder auch allein beurkundet, BGH Rpfleger **82**, 411 mwN (für das Strafverfahren), RoSGo § 148 I 2, ThP 9, ZöGu 11, str, aM LG Oldb NdsRpfl **82**, 85, LG Bln Rpfleger **74**, 407 mwN. In anderen Fällen bleibt nur die Einlegung nach II 1, Nürnb MDR **63**, 508: schriftliche Einlegung durch die Partei selbst oder einen Bevollmächtigten.

14 Zuständig für die Protokollierung ist nicht nur die GeschStelle des Gerichts, bei dem die Beschwerde einzulegen ist, I, sondern die GeschStelle eines jeden AG, § 129a. Eine fernmündliche Einlegung ist auch dann zulässig, wenn der UrkBeamte darüber einen Vermerk aufnimmt, hM, BGH NJW **81**, 1627 mwN, OVG Bln AS **17**, 240, vgl Friedrichs NJW **81**, 1422 mwN.

Der Anwaltszwang entfällt in diesem Umfang für die Einlegung der Beschwerde, § 78 II. Für das weitere Verfahren bleibt er nach Maßgabe des § 571 IV bestehen, also namentlich für eine etwaige mündliche Verhandlung, vgl Bergerfurth AnwZwang 262 f.

15 **5) VwGO:** Es gilt § 147. Zum Vertretungszwang s § 67 I 2 VwGO; III Z 2 ist anzuwenden, § 166 VwGO idF des RmBereinVpG v 20. 12. 01, BGBl 3987, s § 127 Rn 105.

570 Aufschiebende Wirkung; einstweilige Anordnungen. I Die Beschwerde hat nur dann aufschiebende Wirkung, wenn sie die Festsetzung eines Ordnungs- oder Zwangsmittels zum Gegenstand hat.

II Das Gericht oder der Vorsitzende, dessen Entscheidung angefochten wird, kann die Vollziehung der Entscheidung aussetzen.

III Das Beschwerdegericht kann vor der Entscheidung eine einstweilige Anordnung erlassen; es kann insbesondere die Vollziehung der angefochtenen Entscheidung aussetzen.

1   **Vorbem.** Im **Verfahren der Arbeitsgerichte** entsprechend anwendbar, § 78 S 1 ArbGG.

2   **1) Aufschiebende Wirkung, I**
    A. Grundsatz. Regelmäßig hindert die Beschwerde weder den Fortgang des Verfahrens noch die Vollstreckung der angefochtenen Entscheidung. Alleinige Ausnahmen: **a)** §§ 380, 390, 409, 411: Ordnungsmittel gegen Zeugen und Sachverständige; **b)** Ordnungsmittel gegen Beteiligte in EheS (und KindschaftsS, § 640), § 613; **c)** §§ 141 III, 273 III: Ordnungsmittel gegen eine Partei, deren persönliches Erscheinen

Abschnitt 3. Titel 1. Sofortige Beschwerde   §§ 570, 571

angeordnet war; **d)** § 411 II: Versäumung der Frist zur Erstattung eines Gutachtens; **e)** § 387 III: Zwischenurteil wegen Zeugnisverweigerung; **f)** § 900 V: Beschluß über die Pflicht zur Abgabe der eidesstattlichen Versicherung; **g)** §§ 80 II, 112 III GenG; **h)** § 63 I GWB; **i)** §§ 75 I, 103 PatG. **Sonderbestimmungen** in anderen Gesetzen, zB §§ 178, 181 II GVG, bleiben unberührt.

B. Beginn. Die aufschiebende Wirkung beginnt in den Ausnahmefällen mit der Einlegung der Beschwerde. Bis dahin ist die Zwangsvollstreckung statthaft. Deren Einstellung erfolgt nach § 732 II; eine Ausfertigung ist dem Gerichtsvollzieher nach § 775 Z 2 vorzulegen. 3

2) Vorläufige Maßnahmen, II, III 4

A. Gericht der angefochtenen Entscheidung, II. Das Gericht oder der Vorsitzende (wenn er die Entscheidung erlassen hat) kann anordnen, daß die Vollziehung auszusetzen sei. Die Anordnung wirkt wie eine Einstellung der Zwangsvollstreckung ohne Sicherheit. Sie kann bis zur Vorlegung, § 572, getroffen werden. Gegen die Entscheidung nach II gibt es keine Beschwerde, unten Rn 7.

B. Beschwerdegericht, III. Die gleiche Befugnis steht dem Beschwerdegericht zu, sobald die Beschwerde ihm vorgelegt ist, § 572; die Aussetzung der Vollziehung setzt voraus, daß der angefochtene Beschluß voraussichtlich keinen Bestand haben wird, Ffm OLGZ **89**, 106. Das Beschwerdegericht ist aber nicht auf diese Möglichkeit beschränkt. Vielmehr kann es im Wege der einstw AnO auch andere Maßnahmen treffen, die es zur Sicherung eines wirksamen Rechtsschutzes für geboten hält, vgl Guckeberger NVwZ **01**, 275 mwN, VGH Kassel NVwZ **00**, 1318; es kann zB die Rechtswirkungen eines Aufhebungsbeschlusses hinausschieben, Schlesw SchlHA **93**, 91. Das alles gilt auch für das Rechtsbeschwerdegericht, § 575 V, BGH NJW **02**, 1658, vgl § 575 Rn 8. 5

C. Gemeinsames. Alle Anordnungen, die oben vAw ergehen dürfen, trifft das Gericht bzw der Vorsitzende hinsichtlich des Ob und des Wie nach pflichtgemäßem Ermessen. Sie sind den Beteiligten bekanntzugeben, § 329 III, und dürfen jederzeit vAw geändert oder aufgehoben werden. Von selbst treten sie außer Kraft, wenn über die Beschwerde entschieden worden ist, BGH FamRZ **87**, 155 (ein klarstellender Hinweis in der Entscheidung empfiehlt sich). 6

Gegen die AnO oder ihre Ablehnung gibt es keinen Rechtsbehelf, Köln ZMR **90**, 419, Hbg FamRZ **90**, 423 mwN, auch wenn die Beschwerde in der Zwangsvollstreckung erhoben worden ist; denn § 793 liegt nicht vor, da es sich um keine Entscheidung in der Zwangsvollstreckung handelt. Das Gericht darf aber seine einstw AnO (das Beschwerdegericht auch eine AnO des Erstrichters, Wiecz B IV) ändern oder wieder aufheben; auch dagegen gibt es keinen Rechtsbehelf, KG JW **38**, 1841, ebenso nicht gegen die Ablehnung eines auf Aufhebung gerichteten Antrages. Ausnahmsweise ist Beschwerde gegeben, wenn die AnO wegen funktioneller Unzuständigkeit überhaupt nicht erlassen werden durfte, Stgt MDR **76**, 852. 7

3) VwGO. Statt I und II gilt § 149 I VwGO (gegen die Aussetzung der Vollziehung, ebenso wie im Fall des II, oben Rn 7, keine Beschwerde, VGH Mannh NVwZ **86**, 934, aM KoppSch § 149 Rn 5, VGH Kassel NVwZ **90**, 976 mwN). Entsprechend anzuwenden, § 173 VwGO, ist III in allen Beschwerdefällen, KoppSch § 149 Rn 2, RedOe § 149 Anm 4, hM, OVG Greifsw NordÖR **03**, 17, OVG Bln NVwZ **01**, 1424, VGH Kassel NVwZ **00**, 1318, VGH Mannh NVwZ **00**, 691, VGH Mü NVwZ **00**, 210 u BayVBl **99**, 733, OVG Weimar NVwZ **99**, 892, OVG Lüneb NVwZ **99**, 209, VGH Mü NJW **93**, 3090 mwN, aM für den Geltungsbereich der FGO BFH BStBl **82** II 264 mwN: aber der iudex ad quem darf nicht stärker eingreifen als im Zivilprozeß, zumal im Berufungsverfahren § 719 entsprechend gilt, § 167 I VwGO. Durch einstwAnO des Beschwerdegerichts, oben Rn 5, kann auch die Vollziehung des VerwAktes einstweilen ausgesetzt werden, wenn das Erstgericht eine Maßnahme nach § 80 V VwGO getroffen hat, VGH Kassel NVwz-RR **04**, 388, OVG Weimar aaO mwN, OVG Bln zu VG Bln NVwZ **99**, 920, aM OVG Bln DÖV **86**, 615 mwN, VGH Mü NVwZ **82**, 685 (u BFH aaO); eine solche Maßnahme ist zulässig und bei zweifelhaftem Ausgang des Beschwerdeverfahrens geboten, wenn sonst vollendete Tatsachen geschaffen werden würden, ebenso Trzaskalik JZ **83**, 422. 8

571 *Begründung, Präklusion, Ausnahmen vom Anwaltszwang.* ¹ Die Beschwerde soll begründet werden.

II ¹ Die Beschwerde kann auf neue Angriffs- und Verteidigungsmittel gestützt werden. ² Sie kann nicht darauf gestützt werden, dass das Gericht des ersten Rechtszuges seine Zuständigkeit zu Unrecht angenommen hat.

III ¹ Der Vorsitzende oder das Beschwerdegericht kann für das Vorbringen von Angriffs- und Verteidigungsmitteln eine Frist setzen. ² Werden Angriffs- und Verteidigungsmittel nicht innerhalb der Frist vorgebracht, so sind sie nur zuzulassen, wenn nach der freien Überzeugung des Gerichts ihre Zulassung die Erledigung des Verfahrens nicht verzögern würde oder wenn die Partei die Verspätung genügend entschuldigt. ³ Der Entschuldigungsgrund ist auf Verlangen des Gerichts glaubhaft zu machen.

IV ¹ Die Beteiligten können sich im Beschwerdeverfahren auch durch einen bei einem Amts- oder Landgericht zugelassenen Rechtsanwalt vertreten lassen. ² Ordnet das Gericht eine schriftliche Erklärung an, so kann diese zu Protokoll der Geschäftsstelle abgegeben werden, wenn die Beschwerde zu Protokoll der Geschäftsstelle eingelegt werden darf (§ 569 Abs. 3).

Vorbem. Im **Verfahren der Arbeitsgerichte** entspr anzuwenden, § 78 S 1 ArbGG.

1) Begründung der Beschwerde, I. Die Beschwerde soll begründet werden; fehlt eine Begründung, ist die Beschwerde zurückzuweisen, BT-Drs 14/4722 S 113. Nähere Bestimmungen über die Frist für die Begründung und ihren Inhalt fehlen. Demgemäß ist das Fehlen eines bestimmten Antrags unschädlich. Es genügt, daß der Beschwerdeführer in wenigen Sätzen darlegt, welches Ziel er verfolgt und warum die angefochtene Entscheidung seiner Ansicht nach falsch ist und geändert werden sollte. 1

§§ 571, 572

2 Der Vorsitzende oder das Beschwerdegericht (also auch der Einzelrichter, § 568) kann dem Beschwerdeführer eine **Frist zur Begründung** seines Rechtsmittels setzen, III 1. Wird diese Frist nicht eingehalten, kann dies zur Präklusion jeglichen Vorbringens führen, III 2. Näheres unten Rn 6.

3 Wegen des **Anwaltszwanges**, § 78, s unten Rn 7–9.

4 **2) Beschwerdegründe, II**
A. Neue Angriffs- und Verteidigungsmittel, II 1. Angriffs- und Verteidigungsmittel ist jedes sachliche oder prozessuale Vorbringen, das der Durchsetzung des Beschwerdezieles dient, zB Tatsachenbehauptungen, Bestreiten, Einwendungen und Einreden sowie Beweismittel und -einreden, § 282 I. Wegen der Präklusion von Vorbringen s III. Sonst ist **jedes Vorbringen** zu berücksichtigen, das vor der Hinausgabe der Beschwerdeentscheidung durch die Geschäftsstelle eingeht, BVerfG 62, 353, dazu Schneider MDR **90**, 597. Neue Ansprüche sind dagegen ausgeschlossen, weil der Gegenstand der Beschwerde derjenige der Vorinstanz ist. Eine Antragsänderung ist zulässig, BGH **91**, 160; sie darf jedoch nicht zu einer Änderung des Verfahrensgegenstandes führen.

5 **B. Zuständigkeitsrügen, II 2.** Sie sind ebenso ausgeschlossen wie im Berufungs- und Revisionsverfahren, §§ 513 II u 545 II, vgl die dortigen Erl. Wegen des Begriffs der Zuständigkeit iSv II 2 vgl § 513 Rn 2. Hierzu gehört auch die Frage, ob es sich um eine **FamS**, § 621, handelt, § 513 Rn 2.

6 **3) Präklusion, III.** Der Vorsitzende oder das Beschwerdegericht (also auch der Einzelrichter, § 568) kann für das Vorbringen von Angriffs- und Verteidigungsmitteln, oben Rn 4, eine nach den Umständen des Falles zu bemessende **Frist** setzen, **III 1,** und zwar beiden Parteien für jegliches Vorbringen. Wird die Frist nicht eingehalten, so gilt für die Zulassung von Angriffs- und Verteidigungsmitteln das gleiche wie nach § 296 I, **III 2,** s die Erl zu § 296. Der Entschuldigungsgrund ist ebenso wie nach § 296 IV glaubhaft zu machen, **III 3,** und zwar nach § 294.

7 **4) Anwaltszwang, IV.** Für den Anwaltszwang im Beschwerdeverfahren gilt § 78. Eine Ausnahme gilt nach § 569 III, s dort Rn 12–14. Weitere Lockerungen des Anwaltszwanges sieht IV vor.

8 **A. Allgemeines, IV 1.** Im gesamten Beschwerdeverfahren können sich die Parteien auch durch einen bei einem Amts- oder Landgericht zugelassenen RA vertreten lassen. Ist das OLG Beschwerdegericht, ist also eine Vertretung durch einen dort postulationsfähigen RA nicht erforderlich.

9 **B. Sonderfall, IV 2.** Ordnet das Gericht eine **schriftliche Erklärung** an, zB nach III 1, so kann diese Erklärung zu Protokoll der Geschäftsstelle abgegeben werden, wenn die Beschwerde zu Protokoll der Geschäftsstelle eingelegt werden darf, § 569 III; dazu dort Rn 12–14. Damit reicht eine gewöhnliche schriftliche Erklärung aus; in einer etwaigen mündlichen Verhandlung ist dagegen die Vertretung durch einen RA nötig.

10 **5) VwGO: I** gilt entspr, § 173 *VwGO*, jedoch besteht in Verfahren des vorläufigen Rechtsschutzes Begründungszwang, § 146 IV 1 *VwGO* (dazu VGH Mannh NVwZ **02**, 883 u VBlBW **02**, 311); zur Beschränkung auf die dargelegten Gründe, § 146 IV *VwGO*, vgl VGH Mü BayVBl **03**, 304 u VGH Kassel NVwZ-RR **03**, 458; für Beschlüsse nach §§ 80, 123 *VwGO* ist keine Antragserweiterung im Beschwerdeverfahren möglich, VGH Mannh Just **05**, 257. Auch **II** gilt entspr, § 173 *VwGO*, weil die Regelung dem Untersuchungsgrundsatz entspricht, Ey § 146 Rn 2. Statt **III** gilt § 87 b *VwGO*, statt **IV** ist § 67 *VwGO* maßgebend.

---

572 *Gang des Beschwerdeverfahrens.* [I 1] Erachtet das Gericht oder der Vorsitzende, dessen Entscheidung angefochten wird, die Beschwerde für begründet, so haben sie ihr abzuhelfen; andernfalls ist die Beschwerde unverzüglich dem Beschwerdegericht vorzulegen. [2] § 318 bleibt unberührt.

[II 1] Das Beschwerdegericht hat von Amts wegen zu prüfen, ob die Beschwerde an sich statthaft und ob sie in der gesetzlichen Form und Frist eingelegt ist. [2] Mangelt es an einem dieser Erfordernisse, so ist die Beschwerde als unzulässig zu verwerfen.

[III] Erachtet das Beschwerdegericht die Beschwerde für begründet, so kann es dem Gericht oder Vorsitzenden, von dem die beschwerende Entscheidung erlassen war, die erforderliche Anordnung übertragen.

[IV] Die Entscheidung über die Beschwerde ergeht durch Beschluss.

Schrifttum: *E. Schneider* MDR **03**, 253.

Gliederung

1) Abhilfe, I	2–6	B. Zurückverweisung	14, 15
A. Verfahren des Gerichts	2–4	C. Übertragung der ersetzenden Entscheidung, III	16
B. Wirkung	5	6) Entscheidung des Beschwerdegerichts, IV	17–19
C. Entbehrlichkeit	6	7) Anderweitige Beendigung des Verfahrens	20–22
2) Vorlegung	7–9	A. Vergleich	20
3) Nachprüfung	10	B. Rücknahme der Beschwerde	21
4) Zulässigkeitsprüfung der Beschwerde, II	11, 12	C. Erledigung der Hauptsache	22
A. Prüfungsgegenstand, II 1	11	8) *VwGO*	23
B. Entscheidung, II 2	12		
5) Begründete Beschwerde, III	13–16		
A. Allgemeines	13		

Abschnitt 3. Titel 1. Sofortige Beschwerde § 572

Vorbem. Im **Verfahren der Arbeitsgerichte** entsprechend anwendbar, § 78 S 1 ArbGG, GMP § 78 **1**
Rn 10.

1) Abhilfe, I. Nach dem Vorbild anderer Verfahrensordnungen, zB §§ 148 I VwGO, 174 SGG und 130 I **2**
FGO, schreibt § 572 vor, daß das Erstgericht im Fall jeder Beschwerde verpflichtet ist, eine **Abhilfeentscheidung** zu treffen, I 1. Eine **Ausnahme** gilt für Beschwerden gegen ein Zwischenurteil, zB nach
§ 387 III, und für Beschwerden gegen Nebenentscheidungen von Endurteilen, § 99 II: hier ist eine Abhilfe
nicht möglich, weil § 318 entgegensteht, I 2.

A. Verfahren des Gerichts. Das untere Gericht (ggf der Vorsitzende oder der Einzelrichter, § 348, bzw
der Rechtspfleger, § 11 RPflG, Schütt MDR **01**, 1279) hat die Amtspflicht, zunächst zu prüfen, ob die
Beschwerde begründet ist. Dabei muß es vorgebrachte neue Tatsachen beachten und in seine Prüfung
einbeziehen, Bra FamRZ **04**, 653, Hamm MDR **88**, 871 u Rpfleger **86**, 484, Köln FamRZ **86**, 487. Auf
diesem Wege lassen sich (wie im Fall des § 321 a) Verstöße gegen Verfahrensgrundrechte schnell und wirksam
ungeschehen machen, BT-Drs 14/4722 S 69.

Hält es die Beschwerde für begründet, so muß es ihr abhelfen, also seine Entscheidung abändern, und
zwar durch eine Entscheidung derselben Art. Diese ist zu verkünden oder in derselben Weise bekanntzugeben, § 329 III, wie die angefochtene Entscheidung. Geeignetenfalls ist teilweise abzuhelfen. Zuständig für
die Abhilfeentscheidung ist der Einzelrichter, soweit die Beschwerde sich gegen seine Entscheidung richtet,
§ 350.

Abgeholfen werden kann auch einer unzulässigen Beschwerde, hM, Bettermann ZZP **88**, 410, Nürnb **3**
MDR **61**, 509; die Beschwerde muß aber statthaft sein, § 567. Vorheriges Gehör des Gegners ist vor jeder,
auch der teilweisen, Abhilfe erforderlich. Das untere Gericht darf dazu eine mündliche Verhandlung
anordnen, Dresden NJW **02**, 2722; zweckmäßig wird sie wegen des Zeitverlusts selten sein. Das untere
Gericht muß, wo es voll abhilft, über die Kosten der Beschwerde befinden, soweit eine Kostenentscheidung
zu treffen ist, vgl Gubelt MDR **70**, 895 mwN insbesondere auch zur Rechtslage bei teilweiser Abhilfe (hier
entscheidet das untere Gericht, soweit nötig, über die erstinstanzlichen Kosten, während über die Beschwerdekosten nach Vorlegung, auch bei Rücknahme der restlichen Beschwerde, einheitlich das obere Gericht
befindet, KG DR **40**, 2190).

Hält das untere Gericht die Beschwerde für gerechtfertigt, aber seine Entscheidung aus einem anderen **4**
Rechtsgrund für richtig, legt es die Beschwerde mit neuer Begründung im Nichtabhilfebeschluß dem
Beschwerdegericht vor, MüKoBr 6, StJGr 8, Köln FamRZ **86**, 487 mwN, str, ZöGu 10 (enger), abw
RoSgo § 148 IV 1, ThP 3, BFH BayVBl **86**, 507, BStBl **76** II 595 mwN: Abhilfe durch Erlaß eines neuen
Beschlusses mit Gründen. Da dann erneut Beschwerde eingelegt werden muß, ist dies ein unnötiger Umweg,
zumal auch nach dieser Meinung eine unwesentliche Ergänzung der Gründe zulässig ist, BFH BStBl **77** II
164, und im Falle der Nichtabhilfe eine Zurückverweisung nur bei schwerwiegenden Mängeln des angefochtenen Beschlusses, zB Versagung des rechtlichen Gehörs, in Frage kommt, BFH BStBl **77** II 331;
überzeugen die neuen Gründe des Nichtabhilfebeschlusses den Beschwerdeführer, so kann und wird er die
Beschwerde zurücknehmen oder für erledigt erklären, um Kosten zu sparen. In solchen Fällen ist der
Nichtabhilfebeschluß den Beteiligten stets bekanntzugeben.

Um das Nichtabhilfeverfahren durchführen zu lassen, hat das übergeordnete Gericht eine bei ihm eingelegte Beschwerde dem Erstgericht zuzuleiten (Ausnahme: unten Rn 6).

B. Wirkung. Volle Abhilfe erledigt die Beschwerde. Die Beschwerde des nunmehr beschwerten Gegners **5**
gegen die Abhilfeentscheidung ist eine erste Beschwerde und demgemäß unter den gewöhnlichen Voraussetzungen statthaft. Wird nicht voll abgeholfen, muß wegen der insofern nicht verbrauchten Beschwerde
vorgelegt werden.

C. Entbehrlich ist das Nichtabhilfeverfahren, wenn es dazu führen würde, daß wegen der Eilbedürftig- **6**
keit die Entscheidung des Beschwerdegerichts zu spät kommen würde. In solchen Fällen ist die Beschwerde sofort vorzulegen oder, wenn sie unmittelbar beim Beschwerdegericht eingelegt worden ist, von
diesem ohne Rückgabe an das Erstgericht zu bearbeiten, Karlsr RR **87**, 1206, VGH Mannh DVBl **90**,
1358.

2) Vorlegung. Hilft das untere Gericht nicht ab, so legt es die Sache unverzüglich mit seinem Beschluß **7**
dem Beschwerdegericht vor. Unterläßt es die Vorlegung, so darf der Beschwerdeführer seine Beschwerde
nochmals unmittelbar beim Beschwerdegericht einreichen.

Über die Nichtabhilfe und Vorlage wird stets durch Beschluß entschieden. Fehlt der Beschluß, so muß **8**
ihn das Beschwerdegericht anfordern, falls nicht ein dringender Fall vorliegt, oben Rn 6, oder die Beschwerde unstatthaft ist, BFH BStBl **84** II 562. Eine Begründung des Beschlusses ist nur dann nötig, wenn
in der Beschwerde neue Tatsachen und Gesichtspunkte vorgetragen werden, die das Erstgericht für widerlegt oder unerheblich hält, Celle NdsRpfl **88**, 9, Köln FamRZ **86**, 487, Hbg OLGZ **82**, 391 (zum Fehlen
der Begründung s Rn 10). Wenn aber im angefochtenen Beschluß eine erforderliche Begründung fehlt,
§ 329 Rn 2, muß sie im Nichtabhilfebeschluß nachgeholt werden, Ffm Rpfleger **84**, 477 mwN, Schlesw
SchlHA **82**, 43, Schlesw SchlHA **77**, 14, KG NJW **74**, 2049 mwN, E. Schneider NJW **66**, 1367. In solchen
Fällen ist den Beteiligten mitzuteilen, damit sie sich darauf einstellen, zB die Beschwerde zurücknehmen
können; ist dies nicht geschehen, hat das Beschwerdegericht beiden Parteien Gelegenheit zur Äußerung zu
geben, vgl. Köln FamRZ **00**, 311. In allen anderen Fällen ist die Bekanntgabe der Nichtabhilfe und der
Vorlegung an die Beteiligten nicht erforderlich (Ausnahme: Rn 4), aber schon aus praktischen Gründen
ratsam (andere Verfahrensordnungen enthalten eine entspr Vorschrift, §§ 148 II VwGO, 174 SGG, 130 II
FGO).

Die Vorlegung läßt die Entscheidung dem oberen Gericht anfallen, Grdz § 511 Rn 3; wird die Be- **9**
schwerde vorher zurückgenommen, ist die Kostenentscheidung Sache der unteren Instanz, Celle MDR **60**,
507. Nach der Vorlegung ist keine Abhilfe durch das untere Gericht mehr möglich. Schriftsätze, die nach der

§ 572

Vorlegung beim Ausgangsgericht eingehen, sind unverzüglich an das Beschwerdegericht weiterzuleiten, BVerfG NJW **83**, 2187, ZöGu 6.

10 **3) Nachprüfung.** Gegenstand der Prüfung durch das Beschwerdegericht ist die angefochtene Entscheidung (ggf in der Gestalt, die sie im AbhilfeVerf erhalten hat), nicht dagegen der Nichtabhilfebeschluß. Fehlt die Entscheidung über die Nichtabhilfe ganz oder ist sie nicht begründet worden, darf (nicht: muß) das Beschwerdegericht entspr § 538 die Sache zurückverweisen, Hamm MDR **04**, 412, Nürnb MDR **04**, 169, Mü MDR **04**, 291. Sonst aber kommt es auf Verfahrensfehler bei der Nichtabhilfe nicht an, BayObLG FamRZ **96**, 1023; zB ist nicht zu prüfen, ob das Gericht dabei vorschriftsmäßig besetzt war oder ob der Beschluß hätte begründet werden müssen, Rn 8, insofern aM Hamm MDR **88**, 871, Celle NdsRpfl **88**, 9, vermittelnd Karlsr FamRZ **91**, 350. Eine erneute Abhilfeentscheidung käme nach der Vorlegung nicht in Betracht, Rn 9, und wäre überdies ein unnötiger Umweg, da das Beschwerdegericht selbst in der Sache entscheiden kann.

11 **4) Zulässigkeitsprüfung des Beschwerdegerichts, II**
A. Prüfungsgegenstand, II 1. Das Beschwerdegericht hat von Amts wegen zu prüfen, ob die Beschwerde statthaft und ob sie in der gesetzlichen Form und Frist eingelegt ist, vgl §§ 567 u 569; Beschwerdegericht iSv II ist auch der Einzelrichter, § 568. Diese Bestimmung entspricht den Vorschriften für die Berufung, § 522 I, und die Revision, § 552 I. Auf die dortigen Erl wird verwiesen.

12 **B. Entscheidung, II 2.** Mangelt es an einem der vorgenannten Erfordernisse, so ist die Beschwerde als unzulässig zu verwerfen. Auch insofern wird auf die Erl zu den §§ 522 I u 552 I verwiesen. Die Verwerfung ergeht durch Beschluß, IV, den das Kollegium bzw der Einzelrichter erläßt, s unten Rn 17.

13 **5) Begründete Beschwerde, III. A. Allgemeines.** Das Beschwerdegericht hat die angefochtene Entscheidung in tatsächlicher und rechtlicher Hinsicht voll zu überprüfen. Bei **Ermessensentscheidungen** darf es sich nicht auf eine bloße Ermessenskontrolle iSv § 114 VwGO beschränken, sondern muß eigenes Ermessen ausüben, LAG Rhld-Pf LS NZA **92**, 427, ZöGu § 568 Rn 26, E. Schneider MDR **87**, 64, abw Karlsr MDR **86**, 1033, Hamm RR **87**, 896. Grundsätzlich muß das Beschwerdegericht, wenn es der Beschwerde ganz oder teilweise stattgibt, sowohl die angefochtene Entscheidung aufheben bzw ändern als auch eine ersetzende Entscheidung treffen. Eine Zurückverweisung an das Erstgericht sieht das Gesetz nicht vor; sie ist aber im Falle eines wesentlichen Verfahrensmangels entspr § 538 II Z 1 nicht ausgeschlossen, s unten Rn 14. Eine weitere, dem Beschwerderecht eigentümliche Ausnahme schafft III mit der Möglichkeit, auch ohne Zurückverweisungsgrund dem Erstgericht oder dessen Vorsitzenden die ersetzende Entscheidung zu übertragen, BGH NJW **69**, 1253, KG FamRZ **86**, 284, unten Rn 16.

14 **B. Zurückverweisung.** Sie kommt nur in Betracht, wenn es sich um einen schweren Verfahrensmangel handelt, § 538 II Z 1, der in der Beschwerdeinstanz nicht behoben werden kann, BGH NJW-FER **99**, 99, BayObLG RR **02**, 1086. Da die Beschwerdeinstanz eine vollwertige zweite Tatsacheninstanz ist, § 571 II, sollte eine Zurückverweisung die Ausnahme bilden und nur dann ausgesprochen werden, wenn umfangreiche Ermittlungen nötig sind oder ähnliche Hemmnisse für eine abschließende Entscheidung des Beschwerdegerichts bestehen.

15 Die Zurückverweisung **bindet das Erstgericht** an die Rechtsauffassung des Beschwerdegerichts, § 538 Rn 24, Schneider MDR **91**, 936, BGH NJW **94**, 2956, Hamm RR **87**, 188 mwN.

16 **C. Übertragung der ersetzenden Entscheidung, III.** Auch wenn eine Zurückverweisung ausscheidet, darf das Beschwerdegericht die angefochtene Entscheidung aufheben und die zur Ausführung erforderliche Anordnung dem unteren Gericht oder, wenn der Vorsitzende entschieden hat, diesem übertragen, KG FamRZ **86**, 284. Das Beschwerdegericht befindet darüber nach Ermessen, BGH RR **97**, 770 (Beweisaufnahme durch das ortsnähere Erstgericht). Es kann Weisungen von mehr oder weniger allgemeiner Bedeutung erteilen oder anordnen, eine bestimmte Maßnahme zu treffen, BGH **51**, 134. Dabei stehen Zweckmäßigkeitsgründe im Vordergrund (Beispiele: Übertragung der gesamten Berechnung im Kostenfestsetzungsverfahren, wenn einzelne Faktoren anders beurteilt werden; Anordnung, den Pfändungsbeschluß zu erlassen, wenn die Ablehnung aufgehoben wird; Festsetzung der Raten im PKH-Verfahren). In allen diesen Fällen ergibt sich der Umfang der Bindung aus dem Beschwerdegericht gewollten Bedeutung der Maßnahme, dazu BGH **51**, 136. Eine neue Beschwerde gegen die dann ergehende Entscheidung ist nach allgemeinen Grundsätzen statthaft; das Beschwerdegericht ist an seine frühere Entscheidung gebunden, Hamm OLGZ **67**, 56.

17 **6) Entscheidung des Beschwerdegerichts, IV.** Die Entscheidung über die Beschwerde, also sowohl die Verwerfung als unzulässig als auch die Sachentscheidung (Zurückverweisung oder Stattgabe), ergeht durch **Beschluß**, des Einzelrichters nach § 568 oder des Kollegiums. Für die Anordnung der mündlichen Verhandlung gilt § 128 IV.

18 Wegen der **formalen Anforderungen** an die Beschwerdeentscheidung s § 313 I. Eine getrennte Darstellung von Tatbestand und Entscheidungsgründen ist nicht erforderlich. Darüber hinaus braucht der Sachverhalt idR nicht dargestellt zu werden. Ist jedoch der Beschluß mit der **Rechtsbeschwerde** angreifbar, § 574, muß er mit einer Sachverhaltsdarstellung und einer Begründung versehen werden.

Läßt das Erstgericht die **Rechtsbeschwerde** zu, § 574 I Z 2 u III, so ist dies förmlich auszusprechen und kurz zu begründen, vgl § 511 Rn 25 u § 543 Rn 13ff.

19 Die Entscheidung ist **zuzustellen**, wenn sie der Rechtsbeschwerde unterliegt, § 329 III, sonst zu verkünden oder mitzuteilen, § 329 I u II.

20 **7) Anderweitige Beendigung der Beschwerdeinstanz.**
A. Vergleich. Hier gilt das Gleiche wie im Urteilsverfahren, vgl Anh § 307.

21 **B. Rücknahme der Beschwerde** (Abramenko MDR **04**, 860). Sie ist zulässig (nur) bis zur Hinausgabe der Beschwerdeentscheidung, Ffm FamRZ **96**, 420 mwN, und danach noch im Verfahren einer etwaigen Rechtsbeschwerde bis zu dessen Beendigung, vgl BGH MDR **82**, 989. Einer Einwilligung des Gegners bedarf es nicht. Wird die Beschwerde trotz bindender Vereinbarung nicht zurückgenommen, ist sie als

Abschnitt 3. Titel 2. Rechtsbeschwerde **§§ 572, 573, Übers § 574**

unzulässig zu verwerfen, Ffm aaO. Über die Folgen der Rücknahme ist entspr § 516 III zu entscheiden, allgM, Zweibr FamRZ **97**, 506 (zu § 336).

C. Erledigung der Hauptsache. Sie ist auch hier möglich. Ob allein die Beschwerde für erledigt erklärt werden kann, ist str, § 91 a Rn 195 ff, vgl Ffm RR **89**, 63 u KG RR **87**, 766 mwN, Schulz JZ **83**, 331. Durch eine Entscheidung zur Hauptsache erledigt sich die Beschwerde nicht immer, Kahlke ZZP **95**, 288, vgl § 46 Rn 15. **22**

8) *VwGO: Entsprechend anzuwenden, § 173 VwGO (auch im Verf des vorläufigen Rechtsschutzes, OVG Bln NVwZ **01**, 1425 mwN, OVG Münst, OVG Greifsw u OVG Weimar NVwZ-RR **99**, 541/542, VGH Kassel NVwZ **99**, 891) ist III, weil für die Berufung, § 130 VwGO, und die Revision, § 144 III VwGO, entsprechendes gilt, hM, VGH Mannh NVwZ-RR **04**, 230, VGH Mü NVwZ-RR **04**, 310, OVG Greifsw NVwZ-RR **03**, 534 mwN, OVG Saarl NVwZ-RR **97**, 391, vgl auch BFH BStBl **75** II 465 mwN u **80** II 657 (zur FGO), LSG Essen FamRZ **89**, 1316 u Behn DRiZ **88** 331 (zum SGG). Das untere Gericht ist entsprechend § 130 III VwGO gebunden, kann also seine Zuständigkeit nicht mehr in Zweifel ziehen, BVerwG LS DÖV **89**, 40.* **23**

573 *Erinnerung.* ¹¹ Gegen die Entscheidungen des beauftragten oder ersuchten Richters oder des Urkundsbeamten der Geschäftsstelle kann binnen einer Notfrist von zwei Wochen die Entscheidung des Gerichts beantragt werden (Erinnerung). ² Die Erinnerung ist schriftlich oder zu Protokoll der Geschäftsstelle einzulegen. ³ § 569 Abs. 1 Satz 1 und 2, Abs. 2 und die §§ 570 und 572 gelten entsprechend.

II Gegen die im ersten Rechtszug ergangene Entscheidung des Gerichts über die Erinnerung findet die sofortige Beschwerde statt.

III Die Vorschrift des Absatzes 1 gilt auch für die Oberlandesgerichte und den Bundesgerichtshof.

Vorbem. Im Verfahren der Arbeitsgerichte ist § 573 entspr anzuwenden, § 78 S 1 ArbGG.

1) Allgemeines. Die Bestimmung regelt die Erinnerung als **Rechtsbehelf** gegen Entscheidungen des beauftragten oder ersuchten Richters oder des Urkundsbeamten der Geschäftsstelle. Eine entspr Regelung für den **Rechtspfleger** trifft § 11 RPflG, abgedr Anh § 153 GVG. Für die Verhängung von **Ordnungsmitteln** durch den verordneten Richter gilt § 181 GVG. **1**

Zuständig für die Erinnerung ist beim beauftragten oder ersuchten Richter das Gericht, von dem der Auftrag bzw das Ersuchen ausgegangen ist, und beim UrkB das Gericht, dem er angehört. Danach kann auch ein OLG oder der BGH für die Entscheidung zuständig sein, III. **2**

2) Erinnerung, I **3**

A. Einlegung. Die Erinnerung ist bei dem zuständigen Gericht, oben Rn 2, binnen einer Notfrist von 2 Wochen einzulegen, **I 1**, und zwar schriftlich oder zu Protokoll der Geschäftsstelle, **I 2**; danach besteht für das gesamte Verfahren **kein Anwaltszwang**, § 78 III.

Einzelheiten, I 3: Die Erinnerung kann sowohl bei dem kommissarischen Richter als auch bei dem beauftragten bzw ersuchenden Gericht eingelegt werden, § 569 I 1. Wegen der Notfrist gilt § 569 I 2. **4**

Nötig ist die Einreichung einer Erinnerungsschrift, die die Bezeichnung der angefochtenen Entscheidung sowie die Erklärung enthalten muß, daß die Entscheidung des Gerichts beantragt werde, § 569 II. Für die Abhilfe gilt § 572. Der Erinnerung kann unter den gleichen Voraussetzungen wie bei der Beschwerde eine aufschiebende Wirkung zukommen oder zugesprochen werden, § 570. **5**

B. Entscheidung, I 3: Das Gericht prüft und entscheidet wie es in § 572 II u III vorgesehen ist. Die Entscheidung ergeht durch Beschluß, § 572 IV. Er ist nach Maßgabe des § 329 III zuzustellen. **6**

3) Sofortige Beschwerde, II. Gegen die im ersten Rechtszug ergangene Entscheidung des Gerichts findet die sofortige Beschwerde, §§ 567–572, statt. Die Möglichkeit, gegen eine im zweiten Rechtszug ergehende Entscheidung **Rechtsbeschwerde** einzulegen, § 574, bleibt unberührt. **7**

4) Erstreckung auf OLG und BGH, IV. Die in I getroffene Regelung gilt auch für diese Gerichte. Gegen eine Entscheidung des OLG kann unter den Voraussetzungen des § 574 mit der Rechtsbeschwerde vorgegangen werden. **8**

5) VwGO: *Es gelten §§ 151 u 152 II VwGO (eigenständige, aber ähnliche Regelung).* **9**

Titel 2. Rechtsbeschwerde

Übersicht

1) Allgemeines. In den §§ 574–577 hat das ZPO-RG erstmals in der ZPO die Rechtsbeschwerde eingeführt, die zuvor nur in einzelnen Bestimmungen, zB in § 1065, vorgesehen war. Der Gesetzgeber ist damit dem Beispiel der freiwilligen Gerichtsbarkeit gefolgt, in der die Rechtsbeschwerde als Hauptrechtsmittel häufig vorkommt, zB in § 27 FGG, § 78 GBO, § 24 LwVG, § 83 GWB u §§ 100 ff PatG. Die Regelung des ZPO-RG ist am **1. 1. 02** in Kraft getreten; **Übergangsrecht:** § 26 Z 10 EGZPO (Gesetzesmaterialien: RegEntw BT-Drs 14/4722 S 69 u 116 ff). **1**

2) Regelungszweck. Die Rechtsbeschwerde tritt an die Stelle der bisherigen weiteren Beschwerde, hat aber einen erweiterten Geltungsbereich, § 574. Sie bewirkt, daß auch in Beschwerdesachen und anderen Nebenverfahren Fragen mit grundsätzlicher Bedeutung durch den BGH geklärt werden können. Dadurch wird die bisher häufige Vielfalt der Meinungen in der Rechtsprechung – etwa in Kostensachen – beendet. **2**

3   **3) Verfahren.** Die Vorschriften über die Rechtsbeschwerde sind weitgehend den Bestimmungen für die Revision nachgebildet. Gericht der Rechtsbeschwerde ist der BGH, § 133 GVG, und nach Maßgabe des § 8 EGGVG iVm § 7 II EGZPO das bayObLG.
4   **4) Arbeitsgerichtsbarkeit.** Die Rechtsbeschwerde ist in den §§ 77 u 78 iVm § 72 II ArbGG geregelt.
5   **5) VwGO:** *Der Titel 2 ist unanwendbar, weil die darin getroffene Regelung auf das Zivilverfahren zugeschnitten ist.*

574 *Rechtsbeschwerde; Anschlussrechtsbeschwerde.* [I] [1] Gegen einen Beschluss ist die Rechtsbeschwerde statthaft, wenn
1. dies im Gesetz ausdrücklich bestimmt ist oder
2. das Beschwerdegericht, das Berufungsgericht oder das Oberlandesgericht im ersten Rechtszug sie in dem Beschluss zugelassen hat.
[2] § 542 Abs. 2 gilt entsprechend.
[II] In den Fällen des Absatzes 1 Nr. 1 ist die Rechtsbeschwerde nur zulässig, wenn
1. die Rechtssache grundsätzliche Bedeutung hat oder
2. die Fortbildung des Rechts oder die Sicherung einer einheitlichen Rechtsprechung eine Entscheidung des Rechtsbeschwerdegerichts erfordert.
[III] [1] In den Fällen des Absatzes 1 Nr. 2 ist die Rechtsbeschwerde zuzulassen, wenn die Voraussetzungen des Absatzes 2 vorliegen. [2] Das Rechtsbeschwerdegericht ist an die Zulassung gebunden.
[IV] [1] Der Rechtsbeschwerdegegner kann sich bis zum Ablauf einer Notfrist von einem Monat nach der Zustellung der Begründungsschrift der Rechtsbeschwerde durch Einreichen der Rechtsbeschwerdeanschlussschrift beim Rechtsbeschwerdegericht anschließen, auch wenn er auf die Rechtsbeschwerde verzichtet hat, die Rechtsbeschwerdefrist verstrichen oder die Rechtsbeschwerde nicht zugelassen worden ist. [2] Die Anschlussbeschwerde ist in der Anschlussschrift zu begründen. [3] Die Anschließung verliert ihre Wirkung, wenn die Rechtsbeschwerde zurückgenommen oder als unzulässig verworfen wird.

Vorbem. 1) I 2 mWv 1. 9. 04 angefügt durch Art 1 Z 21 des 1. JuMoG v 24. 8. 04, BGBl 2198, um klar zu stellen, dass in Verfahren des Arrestes und der einstweiligen Verfügung die Rechtsbeschwerde ausgeschlossen, ist vgl BGH NJW 03, 1531 u BAG NJW 03, 1612, dazu Huber ZRP 03, 269. 2) Im **Verfahren der Arbeitsgerichte** entspr anzuwenden, § 78 S 1 ArbGG (auch im Beschlussverfahren, BAG NZA 03, 516); für die Zulassung der Rechtsbeschwerde, § 574 I Z 2 u III, gilt § 72 II ArbGG entspr, § 78 S 2 ArbGG, Schwab NZA 02, 1378. Die Nichtzulassung ist unanfechtbar, BAG NJW 03, 1069. Rechtsbeschwerdegericht ist das BAG, § 78 S 3 ArbGG. Die Verletzung des rechtl Gehörs nach § 78 a ArbGG (in Kraft s 1. 1. 05) kann nur in der jeweiligen Instanz gerügt werden. Eine Beschwerde daraus an das BAG ist nicht mehr statthaft, BAG NJW 05, 323, sa § 321 a.

1   **1) Statthaftigkeit der Rechtsbeschwerde, I** (krit Kreft ZRP 03, 77). Gegen einen Beschluß ist die Rechtsbeschwerde statthaft, wenn 1. dies im Gesetz **ausdrücklich bestimmt** ist, I Z 1, also zB in den §§ 238 II, § 522 I, 621 e II u IV, 629 a III, 629 b II u 1065, ferner in §§ 6 u 34 InsO (Pape NZI 01, 516, BGH NJW 02, 1658) und in § 15 AVAG, Schlußanh V E, oder wenn 2. das Beschwerdegericht, das Berufungsgericht oder das OLG im ersten Rechtszug (zB im Verfahren nach § 1062) sie in dem Beschluß **zugelassen** hat, I Z 2. Ausnahme: Eine Zulassung kommt in Verfahren nach § 36 nicht in Betracht, BayObLG NJW 02, 2888, ebensowenig in Verfahren des vorläufigen Rechtsschutzes, I 2 iVm § 542 II, und in Verfahren über die Kosten nach § 91 a, BGH RR 04, 1219, oder den Kostenansatz, BGH NJW 03, 70, BAG NZA 03, 682, und weiteren Fällen des spezialgesetzlichen Ausschlusses, wohl aber im PKH-Verfahren, dazu BGH NJW 03, 1126.
Nach I ist die Rechtsbeschwerde ohne Rücksicht darauf statthaft, ob es sich um eine Endentscheidung oder um eine Nebenentscheidung handelt. Eine außerordentliche Rechtsbeschwerde wegen greifbarer Gesetzwidrigkeit, § 567 Rn 6 u 9, scheidet aus, BGH MDR 04, 466 (Anm Timme), FamRZ 03, 1551 u NJW 02, 1577 (zustm Lipp NJW 02, 1700); an ihrer Stelle tritt bei Verletzung des Anspruchs auf rechtl Gehör das Verfahren nach § 321 a, Grdz § 567 Rn 5 ff.

2) Zulässigkeit der Rechtsbeschwerde, II u III (*Seiler/Wunsch* NJW 03, 1840). Hier ist zu unterscheiden:
A. In **Fällen nach I Z 1** ist die Rechtsbeschwerde nur zulässig, wenn 1. die Rechtssache grundsätzliche Bedeutung hat oder 2. die Fortbildung des Rechts oder die Sicherung einer einheitlichen Rechtsprechung eine Entscheidung des Rechtsbeschwerdegerichts erfordert, **II**, dazu BGH NJW 02, 2473. Da dieselben Kriterien für die Zulässigkeit der Revision gelten, wird auf die Erl zu § 543 verwiesen. Die Zulässigkeit nach II kann nicht damit begründet werden, daß die Statthaftigkeit nach I von grundsätzlicher Bedeutung sei, BGH aaO.
Ob eine der Voraussetzungen nach II erfüllt sind, entscheidet das **Rechtsbeschwerdegericht** auf Grund der dann gegebenen Verhältnisse, BGH MDR 04, 107. Bei einer Rechtsbeschwerde gegen einen Musterentscheid nach dem G zur Einf v Kapitalanleger-Musterverf v 16. 8. 05 hat die Sache immer grundsätzl Bedeutung, § 15 I 2 des Ges. Verneint sie, so verwirft sie die Rechtsbeschwerde als unzulässig, § 577 I. Hätte eine Nichtzulassungsbeschwerde im Zeitpunkt ihrer Einlegung wegen grundsätzlicher Bedeutung zugelassen werden müssen und erledigt sich dieser Zulassungsgrund vor der Entscheidung über die Nichtzulassungsbeschwerde durch eine Entscheidung des Revisionsgerichts in anderer Sache, ist die Revision gleichwohl zuzulassen, wenn sie Aussicht auf Erfolg hat; andernfalls ist die Beschwerde unter Hinweis auf die fehlende Erfolgsaussicht zurückzuweisen, BGH RR 05, 438 mwN.

3   B. In **Fällen nach I Z 2** ist die Rechtsbeschwerde zuzulassen, wenn eine der genannten Voraussetzungen vorliegt, III. Darüber entscheidet die **Vorinstanz:** Bejaht es die Voraussetzungen, läßt es die Rechtsbeschwerde zu, und zwar mit Bindungswirkung für das Rechtsbeschwerdegericht, **III 1 u 2**; verneint es sie,

Abschnitt 3. Titel 2. Rechtsbeschwerde §§ 574, 575

sieht es von einer Zulassung ab, und zwar in beiden Fällen unanfechtbar und unabänderlich, BGH NJW **04**, 779, BAG NJW **03**, 1169; möglich im Fall eines Versehens ist eine Berichtigung, § 319, BGH MDR **05**, 103 mwN, ebenso entspr § 321 eine Ergänzung, § 543 Rn 15 (sehr str, aM BGH NJW **04**, 2529, die nur bei willkürlicher Nichtzulassung eine Anhörungsrüge entspr § 321 a für möglich hält). Die Zulassung einer kraft Gesetzes nicht statthaften Rechtsbeschwerde durch das Berufungsgericht bindet das Rechtsbeschwerdegericht nicht, BGH FamRZ **05**, 1481, RR **03**, 784. Eine Entscheidung, die vom Gesetz der Anfechtung entzogen ist, bleibt auch bei ihrer (irrigen) Zulassung unanfechtbar, BGH NJW **03**, 211.

3) Anschlußrechtsbeschwerde, IV. Der Rechtsbeschwerdegegner kann sich der Rechtsbeschwerde 4 anschließen. Das Nähere bestimmt IV inhaltlich übereinstimmend mit den Vorschriften über die Anschlußrevision, § 554. Auf die Erl zu dieser Regelung wird verwiesen.

4) VwGO: s Üb 4 vor § 574. 5

575 *Frist, Form und Begründung der Rechtsbeschwerde.* ¹ ¹ Die Rechtsbeschwerde ist binnen einer Notfrist von einem Monat nach Zustellung des Beschlusses durch Einreichen einer Beschwerdeschrift bei dem Rechtsbeschwerdegericht einzulegen. ² Die Rechtsbeschwerdeschrift muss enthalten:
1. die Bezeichnung der Entscheidung, gegen die die Rechtsbeschwerde gerichtet wird und
2. die Erklärung, dass gegen diese Entscheidung Rechtsbeschwerde eingelegt werde.

³ Mit der Rechtsbeschwerdeschrift soll eine Ausfertigung oder beglaubigte Abschrift der angefochtenen Entscheidung vorgelegt werden.

II ¹ Die Rechtsbeschwerde ist, sofern die Beschwerdeschrift keine Begründung enthält, binnen einer Frist von einem Monat zu begründen. ² Die Frist beginnt mit der Zustellung der angefochtenen Entscheidung. ³ § 551 Abs. 2 Satz 5 und 6 gilt entsprechend.

III Die Begründung der Rechtsbeschwerde muss enthalten:
1. die Erklärung, inwieweit die Entscheidung des Beschwerdegerichts oder des Berufungsgerichts angefochten und deren Aufhebung beantragt werde (Rechtsbeschwerdeanträge),
2. in den Fällen des § 574 Abs. 1 Nr. 1 eine Darlegung zu den Zulässigkeitsvoraussetzungen des § 574 Abs. 2,
3. die Angabe der Rechtsbeschwerdegründe, und zwar
   a) die bestimmte Bezeichnung der Umstände, aus denen sich die Rechtsverletzung ergibt;
   b) soweit die Rechtsbeschwerde darauf gestützt wird, dass das Gesetz in Bezug auf das Verfahren verletzt sei, die Bezeichnung der Tatsachen, die den Mangel ergeben.

IV ¹ Die allgemeinen Vorschriften über die vorbereitenden Schriftsätze sind auch auf die Beschwerde- und die Begründungsschrift anzuwenden. ² Die Beschwerde- und die Begründungsschrift sind der Gegenpartei zuzustellen.

V Die §§ 541 und 570 Abs. 1, 3 gelten entsprechend.

Vorbem. Im Verfahren der Arbeitsgerichte entspr anzuwenden, s Vorbem § 574.

1) Einlegung der Rechtsbeschwerde, I 1

A. Beschwerdeschrift, I 1. Die Rechtsbeschwerde ist binnen einer Notfrist von 1 Monat nach der Zustellung des anzufechtenden Beschlusses einzulegen, I 1. Eine Bestimmung über die Hilfsfrist von 5 Monaten wie in § 569 I 2 fehlt, so daß bei fehlender oder unwirksamer Zustellung keine Frist läuft. Wiedereinsetzung ist möglich, § 233.

B. Einlegung der Rechtsbeschwerde, I 1 u 3. Sie geschieht durch Einreichung einer **Beschwerde-** 2 **schrift** bei dem Rechtsbeschwerdegericht, I 1, dh auch in bay Sachen nach § 574 I Z 1 beim BGH, § 7 II EGZPO, durch einen dort zugelassenen RA, BGH NJW **02**, 2181. Durch diese Regelung wird sowohl eine Abhilfe durch die Vorinstanz als auch eine Nichtzulassungsbeschwerde ausgeschlossen, BT-Drs 14/4722 S 117. Wegen der Einzelheiten wird auf die Erl zu § 549 I 1 verwiesen. Mit der Beschwerdeschrift soll eine Ausfertigung oder beglaubigte Abschrift der angefochtenen Entscheidung vorgelegt werden, I 3.

C. Inhalt der Rechtsbeschwerdeschrift, I 2. Für den Inhalt gilt das Gleiche wie für die Revision, 3 § 549 I 2, s dortigen Erl.

D. Ergänzende Bestimmungen, IV. Auf die Beschwerdeschrift sind die allgemeinen Vorschriften über 4 die vorbereitenden Schriftsätze, §§ 130 ff, anzuwenden, IV 1; vgl § 549 II. Die Beschwerdeschrift ist der Gegenpartei zuzustellen, IV 2.

3) Begründung der Rechtsbeschwerde, II u III. 5

A. Begründungsfrist, II. Sie beträgt 1 Monat, II 1, und beginnt mit der Zustellung der angefochtenen Entscheidung, II 2; der Beschwerdeführer hat also nur 1 Monat Zeit für Einlegung und Begründung der Beschwerde, BT-Drs 14/4722 S 117. Für die **Verlängerung** der Frist gilt § 551 II 5 u 6 entsprechend, s dort Rn 6. Zur WiedEins, § 236, s BGH MDR **04**, 106.

B. Inhalt der Rechtsbeschwerdebegründung, III. Sie muß enthalten: **1.** die Rechtsbeschwerdeanträge, 6 **III Z 1**, vgl § 551 III Z 1; **2.** in den Fällen der gesetzlich vorgesehenen Rechtsbeschwerde, § 574 I Z 1, eine Darlegung zu den Zulässigkeitsvoraussetzungen des § 574 II, **III 2**; **3.** die Angabe der Rechtsbeschwerdegründe, für das Gleiche wie für die Revisionsgründe, § 551 III 2, gilt, **III Z 3**, vgl § 551 Rn 8 ff.

C. Ergänzende Bestimmungen, IV. Für die Begründungsschrift gilt insofern das Gleiche wie für die 7 Beschwerdeschrift, s oben Rn 4.

§§ 575–577

8   **4) Weiteres Verfahren, V**

A. Einforderung und Rückgabe der Verfahrensakten: für sie gilt § 541 entsprechend, s die dortigen Erl.

B. Aufschiebende Wirkung: für sie gilt § 570 I u III, so daß die aufschiebende Wirkung nur ausnahmsweise eintritt, § 570 I, das Rechtsbeschwerdegericht jedoch einstweilige Anordnungen erlassen darf, § 570 III, s dort Rn 5–7. Im Wege der einstweiligen Anordnung kann auch die Vollziehung der erstinstanzlichen Entscheidung ausgesetzt werden, BGH NJW 02, 1658 (auch zu den Voraussetzungen der Aussetzung).

C. Prozesskostenhilfe: kann vom BGH bewilligt werden, FamRZ 04, 1633, NJW 03, 1192 u RR 03, 1648, MDR 04, 867.

9   **5) VwGO:** s Üb 4 vor § 574.

576 *Gründe der Rechtsbeschwerde* I Die Rechtsbeschwerde kann nur darauf gestützt werden, dass die Entscheidung auf der Verletzung des Bundesrechts oder einer Vorschrift beruht, deren Geltungsbereich sich über den Bezirk eines Oberlandesgerichts hinaus erstreckt.

II Die Rechtsbeschwerde kann nicht darauf gestützt werden, dass das Gericht des ersten Rechtszuges seine Zuständigkeit zu Unrecht angenommen oder verneint hat.

III Die §§ 546, 547, 556 und 560 geltend entsprechend.

Vorbem. Im **Verfahren der Arbeitsgerichte** entspr anzuwenden, s Vorbem § 574.

1   **1) Allgemeines.** Die Rechtsbeschwerde kann – ebenso wie die Revision – nur auf bestimmte Gründe gestützt werden. Insbesondere ist die Nachprüfung von tatsächlichen Feststellungen ausgeschlossen, soweit dabei keine Rechtsverletzung vorgekommen ist. Neue Angriffs- oder Verteidigungsmittel können im Rechtsbeschwerdeverfahren nicht geltend gemacht werden. Ausgenommen sind Tatsachen, die die prozessuale Rechtslage erst während des Rechtsbeschwerdeverfahrens verändern oder vom Gericht der Rechtsbeschwerde vAw zu berücksichtigen sind, BGH NJW 01, 1730; darüber hinaus können Entscheidungen berücksichtigt werden, die eine vorgreifliche Frage rechtskräftig klären, BGH aaO mwN.

2   **2) Rechtsverletzung, I.** Die Rechtsbeschwerde kann nur darauf gestützt werden, daß die Entscheidung auf der Verletzung von Bundesrecht oder einer Vorschrift beruht, deren Geltungsbereich sich über den Bezirk eines OLG hinaus erstreckt. Diese Regelung entspricht der für die Revision geltenden Vorschrift des § 545 I, BGH MDR 04, 587. Auf die dortigen Erl wird verwiesen.

3   **3) Weitere Einschränkung, II.** Auf eine Rechtsverletzung bei der Bejahung oder Verneinung der Zuständigkeit des Gerichts des ersten Rechtszuges kann die Rechtsbeschwerde nicht gestützt werden, so daß insoweit jede Prüfung ausgeschlossen ist. Diese Regelung entspricht der für die Revision geltenden Regelung des § 545 II, s die dortigen Erl. Der Ausschluß der Prüfung der Zuständigkeit erfaßt auch den Ausschluß der Prüfung, ob es sich um eine **FamS**, § 621, handelt, s § 545 Rn 22.

4   **4) Ergänzende Bestimmungen, III.** Für die Rechtsbeschwerde gelten einzelne Vorschriften des Revisionsrechts entsprechend.

A. Die Verweisung auf § 546 stellt klar, daß der revisionsrechtliche Begriff der Rechtsverletzung, § 546 Rn 3 ff, auch für die Rechtsbeschwerde gilt.

B. Nach dem entspr anzuwendenden § 547 gelten die dort aufgezählten absoluten Revisionsgründe auch für das Verfahren der Rechtsbeschwerde; vgl die Erl zu § 547. Zur Begründungspflicht, § 547 Z 6, vgl BGH RR 05, 78.

C. Der in § 556 geregelte Verlust des Rügerechts bei Verfahrensfehlern gilt auch für das Recht der Rechtsbeschwerde, vgl die dortigen Erl.

D. Nach dem entspr anzuwendenden § 560 ist das Rechtsbeschwerdegericht an die Feststellungen der Vorinstanz über das Bestehen oder den Inhalt des ausländischen oder lokalen Rechts gebunden, s die dortigen Erl.

5   **5) VwGO:** s Üb 4 vor § 574.

577 *Prüfung und Entscheidung der Rechtsbeschwerde.* I 1 Das Rechtsbeschwerdegericht hat von Amts wegen zu prüfen, ob die Rechtsbeschwerde an sich statthaft und ob sie in der gesetzlichen Form und Frist eingelegt und begründet ist. 2 Mangelt es an einem dieser Erfordernisse, so ist die Rechtsbeschwerde als unzulässig zu verwerfen.

II 1 Der Prüfung des Rechtsbeschwerdegerichts unterliegen nur die von den Parteien gestellten Anträge. 2 Das Rechtsbeschwerdegericht ist an die geltend gemachten Rechtsbeschwerdegründe nicht gebunden. 3 Auf Verfahrensmängel, die nicht von Amts wegen zu berücksichtigen sind, darf die angefochtene Entscheidung nur geprüft werden, wenn die Mängel nach § 575 Abs. 3 und § 574 Abs. 4 Satz 2 gerügt worden sind. 4 § 559 gilt entsprechend.

III Ergibt die Begründung der angefochtenen Entscheidung zwar eine Rechtsverletzung, stellt die Entscheidung selbst aber aus anderen Gründen sich als richtig dar, so ist die Rechtsbeschwerde zurückzuweisen.

IV 1 Wird die Rechtsbeschwerde für begründet erachtet, ist die angefochtene Entscheidung aufzuheben und die Sache zur erneuten Entscheidung zurückzuverweisen. 2 § 562 Abs. 2 gilt

Abschnitt 3. Titel 2. Rechtsbeschwerde § 577

entsprechend. ³ Die Zurückverweisung kann an einen anderen Spruchkörper des Gerichts erfolgen, das die angefochtene Entscheidung erlassen hat. ⁴ Das Gericht, an das die Sache zurückverwiesen ist, hat die rechtliche Beurteilung, die der Aufhebung zugrunde liegt, auch seiner Entscheidung zugrunde zu legen.

V ¹ Das Rechtsbeschwerdegericht hat in der Sache selbst zu entscheiden, wenn die Aufhebung der Entscheidung nur wegen Rechtsverletzung bei Anwendung des Rechts auf das festgestellte Sachverhältnis erfolgt und nach letzterem die Sache zur Endentscheidung reif ist. ² § 563 Abs. 4 gilt entsprechend.

VI ¹ Die Entscheidung über die Rechtsbeschwerde ergeht durch Beschluss. ² § 564 gilt entsprechend. ³ Im Übrigen kann von einer Begründung abgesehen werden, wenn sie nicht geeignet wäre, zur Klärung von Rechtsfragen grundsätzlicher Bedeutung, zur Fortbildung des Rechts oder zur Sicherung einer einheitlichen Rechtsprechung beizutragen.

Vorbem. 1) VI 3 mWv 1. 9. 04 angefügt durch Art 1 Z 21 a des 1. JuMoG v 24. 8. 04, BGBl 2198.
2) Im **Verfahren der Arbeitsgerichte** entspr anzuwenden, s Vorbem § 574.

1) **Prüfung der Zulässigkeit, I.** Das Rechtsbeschwerdegericht hat zunächst zu prüfen, ob die Rechtsbeschwerde statthaft (und in diesem Rahmen zulässig) ist, § 574 I–III, und ob sie in der gesetzlichen Form und Frist eingelegt und begründet ist, § 575 I–III, **I 2**. Mangelt es an einem dieser Erfordernisse, so ist die Rechtsbeschwerde als unzulässig zu verwerfen, **I 2**. Vgl dazu die Erl zu § 552 I. 1

2) **Umfang der Begründetheitsprüfung, II.** Die Vorschrift entspricht § 557 I u III, s die dortigen Erl. Die Prüfung wird durch die Anträge der Parteien begrenzt, **II 1**. Im Beschwerdeverfahren gilt das Verbot der Verschlechterung, auch nach Aufhebung und Zurückverweisung, BGH MDR 04, 1202. Da das Gericht nicht an die geltend gemachten Rechtsbeschwerdegründe gebunden ist, **II 2**, darf und muß es die Anwendung des für den Sachverhalt maßgeblichen materiellen Rechts umfassend nachprüfen. Nicht vAw zu berücksichtigende Verfahrensmängel dürfen nur dann geprüft werden, wenn sie in der Rechtsbeschwerdebegründungs- oder der Anschließungsschrift (§§ 575 III, 574 IV 2) vorgebracht worden sind, **II 3**; die Zulässigkeit der sofortigen Beschwerde ist stets vAw zu prüfen, BGH NJW 04, 1112. Entspr anzuwenden ist § 559, **II 4**; da die angefochtene Entscheidung danach nur in rechtlicher Hinsicht überprüft werden darf, ist das Gericht an die tatsächlichen Feststellungen der Vorinstanz gebunden. Deshalb müssen Beschlüsse, die der Rechtsbeschwerde unterliegen, den maßgeblichen Sachverhalt wiedergeben, BGH NJW 02, 2648 mwN, auch zur Beurteilung der Statthaftigkeit der Rechtsbeschwerde, BGH RR 05, 916. 2

3) **Zurückweisung der Rechtsbeschwerde, III.** Die Vorschrift entspricht § 561, s die dortigen Erl. 3

4) **Aufhebung und Zurückverweisung, IV.** Die Vorschrift faßt die §§ 562 I u 563 I zusammen und überträgt sie auf das Verfahren der Rechtsbeschwerde. Soweit die Beschwerde begründet ist, dh eine Rechtsverletzung vorliegt und die angefochtene Entscheidung sich auch nicht aus anderen Gründen als richtig darstellt, **III**, ist sie stets aufzuheben, um den Weg zu einer neuen Entscheidung frei zu machen, die entweder die Vorinstanz nach Zurückverweisung oder das Rechtsbeschwerdegericht selbst, **V**, zu erlassen hat, **IV 1**. 4

In entspr Anwendung von § 562 II ist bei einer Aufhebung wegen eines Verfahrensmangels auch das durch den Mangel betroffene Verfahren aufzuheben, **IV 2**. Die Zurückverweisung kann an einen anderen Spruchkörper erfolgen, **IV 3**, BGH MDR 05, 174, vgl die Erl zu § 563 I 2. Die Vorinstanz ist nach der Zurückverweisung an die rechtliche Beurteilung des Beschwerdegerichts gebunden, **IV 4**, vgl die Erl zu § 563 II. 5

5) **Abschließende Entscheidung, V.** Das Rechtsbeschwerdegericht muß in der Sache selbst entscheiden, wenn die Aufhebung der Entscheidung nur wegen unrichtiger Anwendung des Rechts auf den festgestellten Sachverhalt erfolgt und die Sache zur Endentscheidung reif ist, **V 1**; vgl die Erl zu § 565 III Z 1. Entspr § 563 IV darf in diesem Fall das Rechtsbeschwerdegericht die Sache zurückverweisen, wenn bei der neuen Entscheidung die Anwendbarkeit von nicht unter § 576 I fallendem Recht, dh ausländischem oder lokalem Recht in Betracht kommt, **IV 2**. 6

6) **Verfahren, VI.** Allgemein richtet sich das Verfahren nach den Bestimmungen für die Beschwerde. Wegen des Anwaltszwanges s § 78. Die Anordnung einer mündlichen Verhandlung ist möglich, § 128 IV. 7

Die Entscheidung ergeht durch **Beschluß, VI 1**, der zu begründen und den Parteien bekannt zu geben ist, § 329; wegen der Begründung s § 572 Rn 18. Entspr § 564 braucht die **Zurückweisung von Verfahrensrügen** – mit Ausnahme ordnungsgemäßer Rügen iS von § 576 III – nicht begründet zu werden, **VI 2**. Nach **VI 3** kann der BGH darüber hinaus von einer Begründung absehen, wenn aus ihr kein Ertrag für die Rechtssicherheit erwächst, BT-Drs 15/3482 S 54, vgl dazu § 544 IV 2. 8

7) **VwGO:** s Üb 4 vor § 574. 9

Buch 4
Wiederaufnahme des Verfahrens

Grundzüge

Schrifttum: *Brandt-Janczyk,* Richterliche Befangenheit durch Vorbefassung im Wiederaufnahmeverfahren, 1978; *Braun,* Rechtskraft und Restitution, 1. Teil 1979, 2. Teil 1985; *Gaul,* Möglichkeiten und Grenzen der Rechtskraftdurchbrechung, Thrazische juristische Abhandlungen (Athen 1986) Bd 12; *Gaul,* Rechtswegerschöpfung im Sinne des § 90 Abs. 2 Satz 1 BVerfGG und Wiederaufnahme des Verfahrens in der Zivilgerichtsbarkeit, Festschrift für Schumann (2001) 89; *Heil,* Die Bindung der Gerichte an Entscheidungen anderer Gerichte, Diss Bochum 1983; *Hüttemann,* Rechtsmittel und Wiederaufnahme im österreichischen Verfahren, 1996; *Kummer,* Wiedereinsetzung in den vorigen Stand, 2003; *Lenenbach,* Die Behandlung von Unvereinbarkeiten zwischen rechtskräftigen Zivilurteilen nach deutschem und europäischem Zivilprozeßrecht, 1997; *Prütting/Weth,* Rechtskraftdurchbrechung bei unrichtigen Titeln, 2. Aufl 1994; *Schlosser,* Schiedsgerichtsbarkeit und Wiederaufnahme, Festschrift für Gaul (1997) 679.

Gliederung

1) **Systematik**	1	C. Insolvenztabelle	11
2) **Regelungszweck**	2, 3	D. Beschluß	12–14
3) **Geltungsbereich**	4–7	5) **Verfahren**	15, 16
A. Im Zivilprozeß	4, 5	A. Zulässigkeitsprüfung	15
B. Außerhalb des Zivilprozesses	6, 7	B. Aufhebendes Verfahren	15
4) **Statthaftigkeit**	8–14	C. Ersetzendes Verfahren	15
A. Endurteil	8, 9	D. Gemeinsame Einzelheiten	16
B. Vollstreckungsbescheid	10	6) **Verzicht auf die Wiederaufnahme**	17
		7) *VwGO*	18

1   **1) Systematik,** dazu *Gilles* ZZP **80,** 391: Über die Wirksamkeit eines fehlerhaften Urteils Üb 10 ff vor § 300. Regelmäßig muß man ein solches Urteil durch Einspruch oder durch Rechtsmittel bekämpfen. Die äußere Rechtskraft nach Einf 1 vor §§ 322–327 macht ein Urteil unanfechtbar, wenn man von dem seltenen Fall eines Scheinurteils absieht, Üb 11 vor § 300. In der Unanfechtbarkeit kann für den Benachteiligten eine schwere Ungerechtigkeit liegen. Der Mangel mag ihm erst nach dem Ablauf der Anfechtungsfrist bekannt geworden sein. In solchem Fall mag die Wiederaufnahme in Betracht kommen. Sie wirkt zwar wie ein Rechtsmittel. Sie ist aber ein außerordentlicher Rechtsbehelf zur Beseitigung der Rechtskraftwirkung, BVerfG NJW **00,** 1357, BGH **84,** 27.

Die ZPO gestaltet sie als ein *besonderes* durch eine Klage einzuleitendes Verfahren. Wegen der Möglichkeit einer Verfassungsbeschwerde Grdz 34 vor § 511 und BayVerfGH NJW **98,** 1136. Ihre Zulässigkeit hängt nicht von der vorherigen erfolglosen Durchführung eines Wiederaufnahmeverfahrens ab, Gaul (vor Rn 1) 131. Denn das wäre unzumutbar. Eine Einzelbeschwerde nach der MRK kann nicht zur Aufhebung der Entscheidung führen. Es findet kein obligatorisches Güteverfahren statt, § 15 a II 1 Z 3 EGZPO, Hartmann NJW **99,** 3748.

2   **2) Regelungszweck.** Im Widerstreit zwischen zwei Komponenten der Rechtsidee nach § 296 Rn 1, nämlich der Rechtssicherheit nach Einl III 43 und der sachlichen Gerechtigkeit nach Einl III 9, sollen §§ 578 ff der letzteren in bestimmten Grenzen und daher keineswegs stets zum Sieg verhelfen. Beide Arten von Wiederaufnahmeklagen bezwecken die rückwirkende Aufhebung des Urteils, § 590 Rn 1, BVerfG NJW **00,** 1357. Sie leiten einen neuen Prozeß ein. Das Gesetz behandelt ihn aber in bestimmten Beziehungen als die Fortsetzung des alten Verfahrens. Der Grundsatz der Prozeßwirtschaftlichkeit nach Grdz 14 vor § 128 verlangt nach einer Hilfsnatur der Wiederaufnahme.

Die Erledigung von Wiederaufnahmegründen soll zunächst nach Möglichkeit noch im *anhängigen* Prozeß erfolgen, LG Konst MDR **89,** 827. Darum läßt sich das Wiederauffinden einer Urkunde § 580 Z 7 b noch in der Revisionsinstanz vorbringen, § 561 Rn 8, 9. Darum kann die Partei beim Vorliegen eines Wiederaufnahmegrunds ihre Prozeßhandlungen widerrufen, zB ein Anerkenntnis nach § 307, einen Rechtsmittelverzicht nach §§ (jetzt) 515, 565, BGH FamRZ **88,** 1159, oder eine Rechtsmittelrücknahme nach §§ 516, 565.

3   *Eigenartig widersprüchlich* sind die richterlichen Aufgaben im Wiederaufnahmeverfahren. Das gilt unabhängig davon, welchem der eingangs der Rn 2 genannten Bestandteile der Rechtsidee man im konkreten Fall zunächst die größere Sympathie entgegenbringt. Das Spannungsfeld zwischen Bestehenlassen und Neuaufrollen ist erheblich. Es läßt sich weder mit zu großem Engagement für den einen oder den anderen Standpunkt noch mit einer Selbstbeschränkung auf die Beachtung der mehr oder minder strengen Verfahrensregeln bewältigen. Brauchbar ist nur eine behutsame Beachtung beider Pole während des ganzen Vorgangs und bei allen Einzelentscheidugnen zur Auslegung der auch in diesem Verfahren wieder zahlreichen unbestimmten Rechtsbegriffe.

4   **3) Geltungsbereich.** Er geht weit über die ZPO hinaus.

A. Im Zivilprozeß. Wiederaufnahmeklagen sind: Zum einen die Nichtigkeitsklage, § 579. Sie wird durch einige schwere prozessuale Mängel unabhängig von deren Ursächlichkeit für das Urteil begründet; zum anderen die Restitutionsklage, § 580. Sie beruht auf einer Unrichtigkeit der Urteilsunterlage.

Buch 4. Wiederaufnahme des Verfahrens **Grundz § 578**

Das Anwendungsgebiet der Wiederaufnahme beschränkt sich auf die im Gesetz bezeichneten Fälle. Die außerordentliche Natur des eng begrenzten Rechtsbehelfs *verbietet* grundsätzlich eine *ausdehnende Auslegung*. Es darf auch nicht schon wegen des fehlenden rechtlichen Gehörs eine Rechtsfortbildung im Sinn einer ausdehnenden Auslegung stattfinden, BVerfG DtZ **93**, 85, BGH DB **89**, 420, VGH Mannh VBlBW **90**, 135, aM VGH Kassel NJW **86**, 210, Hasselbach GRUR **97**, 43 (aber man darf die Wiederaufnahmegründe nun wirklich nicht noch irgendwie ausdehnen, ohne die zentrale Bedeutung der Rechtskraft immer weiter zu schwächen). Vgl aber auch § 579 Rn 1, 8.

Es ist eine *Verkennung* der Einrichtung der Wiederaufnahme, wenn Gerichte gelegentlich versuchen, mit Hilfe der Wiederaufnahme jedes ihnen *unrichtig* scheinende Urteil zu *beseitigen*, BFH DB **91**, 2224. Unzulässig ist auch der Versuch, das Anwendungsgebiet der Wiederaufnahme unter einer Umgehung der Prozeßvorschriften mit Hilfe des sachlichen Rechts zu erweitern. Solche Versuche beeinträchtigen nur die Rechtssicherheit nach Einl III 43. Sie bringen auf diese Weise mehr Schaden als ein vereinzelts unrichtiges Urteil. Eine Ausnahme bildet nur der Urteilserschleichung, Einl III 56, Einf 25 ff vor §§ 322–327. Zum Schiedsspruch § 1059. Die Wiederaufnahme hat keine Hemmungswirkung, Grdz 2 vor § 511. 5

B. Außerhalb des Zivilprozesses. Über die Wiederaufnahme gegen eine Entscheidung auf Zahlung einer Entschädigung (Buße) im Strafverfahren § 406 c StPO. §§ 578 ff sind im patentamtlichen Erteilungsverfahren entsprechend anwendbar, BPatG GRUR **86**, 310, aM Schickedanz GRUR **00**, 579. Dasselbe gilt bei einer sog echten Streitsache der freiwilligen Gerichtsbarkeit, BGH FamRZ **125**, 290 (BRAO), Celle RR **00**, 1100, Düss FamRZ **01**, 1538. 6

Der Grundsatz der entsprechenden Anwendbarkeit gilt *ferner* zB: Beim Verfahren nach §§ 30 ff AKG. Düss RR **93**, 447; beim Versorgungsausgleichsverfahren, BGH RR **89**, 130 (weist auf die zusätzliche Abänderungsmöglichkeit mit Hilfe von § 10 a VAHRG hin), Mü FamRZ **82**, 314; in einer WEG-Sache, BayObLG WoM **95**, 453, KG ZMR **03**, 378, nicht aber in einer FGG-Sorgerechtssache, Ffm FamRZ **87**, 394. Über die Wiederaufnahme gegen einen die Nichtzulassungsbeschwerde verwerfenden Beschluß BAG DB **95**, 1920. 7

4) Statthaftigkeit. Die Wiederaufnahme ist in einem jeden der folgenden Fällen statthaft. 8

A. Endurteil. Es geht um ein formell rechtskräftiges Endurteil, § 578 Rn 3, sei es ein Prozeßurteil, Grdz 14 vor § 253, Üb 6 vor § 300, ein Sachurteil, § 300, ein Versäumnisurteil, §§ 330 ff, oder ein Anerkenntnisurteil, § 307. Es kann sich auch um ein Urteil in einem Verfahren auf einen Arrest oder um eine einstweilige Verfügung handeln, §§ 916 ff, 935 ff, ferner um ein Urteil in einer Ehesache, §§ 606 ff, aM Ffm FamRZ **78**, 923 (aber §§ 578 ff schließen das Eheverfahren an keiner Stelle aus). Das gilt auch nach der Wiederverheiratung eines Ehegatten. Allerdings ist auch hier Rechtsmißbrauch verboten, Einl III 54, Ffm FamRZ **78**, 922.

Die Wiederaufnahme *ergreift Folgesachen* nach § 624, sofern sie nicht beschränkt wird. In einer Ehesache ist die Wiederaufnahme nach dem Tod der Partei unzulässig, auch wenn es nur um die Kosten geht. Der Grundsatz der Einheit der Entscheidung in einer Ehesache nach § 623 besteht insofern hier nicht. Es ist also möglich, daß eine Wiederaufnahme nur wegen eines von mehreren Anträgen nach § 610 oder wegen eines Gegenantrages (Widerklage) oder nur wegen des damaligen Schuldausspruchs erfolgt, Hbg FamRZ **81**, 962. Wegen einer Kindschaftssache § 641 i, BGH **61**, 186. Die Wiederaufnahme ist auch gegen ein in einem Wiederaufnahmeverfahren ergangenes rechtskräftiges Urteil zulässig, BFH BB **79**, 1705. Die Wiederaufnahme nur wegen der Kosten ist entsprechend § 99 I unzulässig. Ein nach Grdz 11–18 vor § 300 nichtiges Urteil bedarf keiner Wiederaufnahme. 9

B. Vollstreckungsbescheid. Es geht um einen unanfechtbaren Vollstreckungsbescheid, § 584 II. 10

C. Insolvenztabelle. Es geht um eine Eintragung in die Tabelle. Denn sie steht einem rechtskräftigen Urteil gleich, § 178 InsO. Vgl auch Rn 12–14. 11

D. Beschluß. Es geht um einen rechtskräftigen oder unanfechtbaren Beschluß, soweit er auf einer Sachprüfung beruht, etwa bei §§ 91 a, 522 II, III, (je zum alten Recht) BVerfG NJW **93**, 3257, BGH **89**, 116, Hamm OLGR **84**, 455, aM Schneider MDR **87**, 288 (aber auch ein Beschluß kann rechtskräftig und doch unhaltbar sein). Soweit die Rechtskraft in Wahrheit noch nicht eingetreten ist, kommt eine Umdeutung in den noch statthaften Rechtsbehelf infrage, KG ZMR **03**, 378. Rechtsmißbrauch ist aber auch hier verboten, Einl III 54. Das gilt auch außerhalb des Erkenntnisverfahrens, namentlich in der Zwangsvollstreckung, Hamm OLGZ **84**, 455, und in der Zwangsversteigerung, Köln Rpfleger **97**, 35: Grundsätzlich ist die Wiederaufnahme statthaft, jedoch unstatthaft gegen einen Zuschlagsbeschluß, Stgt NJW **76**, 1324, aM BGH FamRZ **05**, 200, BayVGH RPfleger **76**, 350, Oldb Rpfleger **90**, 179 (aber der Zuschlag hat die Eigentumsverhältnisse geändert). Manche meinen, die Wiederaufnahme sei zumindest dann statthaft, wenn das Gericht das rechtliche Gehör verletzt habe. 12

Es mag sich auch um einen Beschluß im *Insolvenzverfahren* handeln. Er zählt nicht zu Rn 11. Freilich kann das Wiederaufnahmeverfahren keine zusätzliche Instanz eröffnen, BGH ZIP **81**, 209. Der Beschluß hat denselben Wirkungsbereich wie das Urteil. In manchen Fällen regelt das Gesetz willkürlich, was zu wählen ist. Manche meinen, die Zulassung der Wiederaufnahme sei darum ein Bedürfnis, ArbG Marbg BB **76**, 1132. Kein Bedürfnis besteht für die Wiederaufnahme und deshalb ist sie unstatthaft, wenn die sofortige Beschwerde nach § 567 I ausreicht. 13

Bei der Wiederaufnahme gegenüber einem Beschluß leitet der *Antrag* das Verfahren ein, und es findet ein Beschlußverfahren mit einer freigestellten mündlichen Verhandlung statt, § 128 IV, BGH NJW **83**, 883, BFH BB **79**, 1705 rechte Spalte. Wenn der Urkundsbeamte der Geschäftsstelle den Beschluß erlassen hat, findet auch das Wiederaufnahmeverfahren vor ihm statt. 14

5) Verfahrenseinteilung. Das Wiederaufnahmeverfahren zerfällt in die folgenden drei Teile, BGH NJW **93**, 3140, Hamm FamRZ **97**, 502, Zweibr MDR **05**, 96. 15

A. Zulässigkeitsprüfung. Zunächst erfolgt die Prüfung der Zulässigkeit der Klage, § 589 I. Die Unzulässigkeit der Klage führt zu ihrer Verwerfung durch ein Prozeßurteil, Üb 5 vor § 300.

B. Aufhebendes Verfahren. Sodann erfolgt die Prüfung des Wiederaufnahmegrundes im sog aufhebenden Verfahren (iudicium rescindens), §§ 579, 580, 582. Sie führt zur Sachabweisung oder zur Aufhebung des Urteils. Diese Aufhebung ist rechtsgestaltend und rückwirkend. Das Gericht kann sie entweder in einem besonderen Zwischenurteil aussprechen, Hbg FamRZ **81**, 961, oder im Endurteil.

C. Ersetzendes Verfahren. Schließlich erfolgt die neue Verhandlung und die ersetzende Entscheidung (iudicium rescissorium), § 590. Bei einem ungünstigen Ergebnis weist das Gericht nicht die Klage ab, sondern es bestätigt die frühere Entscheidung.

16   **D. Gemeinsame Einzelheiten.** In die Prüfung des jeweils späteren Verfahrensabschnitts darf das Gericht immer erst dann eintreten, wenn es die Prüfung des vorhergehenden Verfahrensabschnitts abgeschlossen hat. Das ergibt sich schon aus den verschiedenartigen Entscheidungen mit den ihnen eigenen Wirkungen sowie daraus, daß das Gericht nicht sachlich entscheiden kann, ehe die Zulässigkeit feststeht. Die Prüfungsergebnisse lassen sich aber in einer einheitlichen Entscheidung zusammenfassen. Die allgemeinen Prozeßvoraussetzungen nach Grdz 1 ff vor § 253 müssen in jedem Verfahrensabschnitt vorliegen. Zur Zuständigkeit enthält § 584 eine Sonderregelung.

Es muß eine *Beschwer* durch das angefochtene Urteil vorliegen, § 578 Rn 2. Man muß eine Klagefrist beachten, § 586. Eine Parteiherrschaft nach Grdz 18 vor § 128 besteht bei der Prüfung des Wiederaufnahmegrundes nicht. Die Frage der Wirksamkeit eines Staatsakts der Willkür der Parteien zu überantworten, wäre mit dem Ansehen der Behörden unvereinbar. Daher muß das Gericht die Wiederaufnahmetatsachen von Amts wegen prüfen, Grdz 39 vor § 128. Es findet aber keine Amtsermittlung nach Grdz 38 vor § 128 statt. Daher trägt derjenige, der eine Wiederaufnahmetatsache behauptet, im weiteren Sinn dafür eine Beweislast, noch strenger BGH MDR **04**, 644.

17   **6) Verzicht auf die Wiederaufnahme.** Ein Verzicht auf das Recht, ein Wiederaufnahmeverfahren zu fordern, ist zulässig. Das Gericht muß entsprechend der Rechtsmittelverzicht beurteilen, §§ 515, 565. Die Partei kann den Verzicht erst nach dem Erlaß des fehlerhaften Urteils und in Kenntnis des Mangels wirksam erklären. Ein vorheriger Verzicht wäre wirkungslos. Denn er würde zwingende Vorschriften verletzen. Die Folge eines wirksamen Verzichts ist die Verwerfung der Klage als unzulässig.

18   **7) VwGO:** Die Vorschriften der ZPO über die Wiederaufnahme gelten kraft Verweisung, § 153 I VwGO (nicht aber, auch nicht entsprechend, im Verfahren der Verwaltungsbehörden, OVG Münst NJW **63**, 732, RedOe § 153 Anm 1; hier gelten §§ 51 VwVfG, 44 ff SGB X). Daher sind die vorstehend dargelegten Grundsätze auch in der Verwaltungsgerichtsbarkeit anwendbar, auch diejenigen des Verfahrens, oben Rn 15 ff, BVerwG NVwZ **87**, 218; zur Wiederaufnahme bei Beschlüssen und wegen des Ausschlusses im NormenkontrollVerf vgl § 578 Rn 10.

---

578 **Arten der Wiedeaufnahme.** I Die Wiederaufnahme eines durch rechtskräftiges Endurteil geschlossenen Verfahrens kann durch Nichtigkeitsklage und durch Restitutionsklage erfolgen.

II Werden beide Klagen von derselben Partei oder von verschiedenen Parteien erhoben, so ist die Verhandlung und Entscheidung über die Restitutionsklage bis zur rechtskräftigen Entscheidung über die Nichtigkeitsklage auszusetzen.

Gliederung

1) Systematik, I, II 1	6) Klagewiederholung, I, II 8, 9
2) Regelungszweck, I, II 2	A. Nach Verwerfung 8
3) Sachlicher Geltungsbereich, I, II 3, 4	B. Zurückweisung 9
4) Persönlicher Geltungsbereich, I, II 5, 6	7) *VwGO* 10
5) Aussetzung, II 7	

1   **1) Systematik, I, II.** Die Vorschrift gibt die beiden Wege an, durch die man ein Wiederaufnahmeverfahren einleiten kann. §§ 579–582 erläutern die jeweiligen Voraussetzungen, §§ 583 ff das weitere Verfahren. Es findet kein obligatorisches Güteverfahren statt, Grdz 1 vor § 578.

Eine Beschwer ist Voraussetzung jeder Wiederaufnahmeklage. In einer Ehesache ist eine Beschwer auch dann möglich, wenn das Gericht den Anträgen voll entsprochen hat, § 641 i II 1. Zur Beschwer Grdz 13 vor § 511. Die Wiederaufnahme ist zwar kein Rechtsmittel. Aber sie steht an Stelle eines Rechtsmittels, Grdz 1 vor § 578. Sie kann darum nicht in einem weiteren Umfang als ein Rechtsmittel statthaft sein. Eine Beschwerdesumme nach § 511 II Z 1 ist hier nicht erforderlich. Sie betrifft wie auch die Berufungsbegründung usw nicht die Statthaftigkeit, sondern die Zulässigkeit im engeren Sinne. Wenn im Kostenpunkt kein Rechtsmittel statthaft ist, dann ist auch keine Wiederaufnahme statthaft.

2   **2) Regelungszweck, I, II.** Die Vorschrift dient der Rechtssicherheit, Einl III 43. Das geschieht in der aufwendigsten von mehreren theoretisch möglichen Verfahrensarten, nämlich in Urteilsverfahren. Die Parteiherrschaft nach Grdz 18 vor § 128 ist gerade bei der Entscheidung wichtig, ob das rechtskräftig beendete Verfahren dennoch erneut aufgerollt werden soll. Deshalb überläßt das Gesetz den Anstoß dazu dem Beschwerten und sieht keine Wiederaufnahme von Amts wegen vor. Freilich überträgt das Gesetz auch das Kostenrisiko den Parteien. Das ist umso problematischer, als ja bei § 579 wie bei § 580 auch eine gerichtliche Handlung oder Unterlassung zum Wiederaufnahmegrund werden kann. Gleichwohl muß man die Klageform nach I als Bedingung hinnehmen und darf sie auch nicht durch nachlässige Auslegung des § 588 verwässern. Die Aussetzungspflicht nach II (kein Ermessen!) mag zwar den zeitlichen Ablauf fast bis zur Unerträglichkeit strapazieren. Sie läßt aber wenigstens durch eine klare Rangfolge der Arten von Wiederaufnahmemöglichkeiten wiederum die Rechtssicherheit weitgehend als Prinzip bestehen.

Buch 4. Wiederaufnahme des Verfahrens   §§ 578, 579

3) Sachlicher Geltungsbereich, I, II. Jede Wiederaufnahmeklage setzt den Abschluß des vorangegangenen Verfahrens durch ein rechtskräftiges Endurteil beliebiger Art und beliebigen Inhalts voraus, Grdz 8 vor § 578, Köln VersR *97*, 341. Es ist unerheblich, in welcher Instanz es ergangen ist. Es kann sich also auch grundsätzlich um ein Revisionsurteil handeln. Erforderlich ist seine äußere Rechtskraft, § 705. Es genügen auch: Ein Vollstreckungsbescheid, § 584 II, Grdz 10 vor § 578; ein Anerkenntnisurteil, § 307; ein Versäumnisurteil, §§ 330 ff, ein Prozeßurteil, Grdz 14 vor § 253, weil das Bedürfnis zur Entscheidung auch dann besteht; eine Eintragung in der Insolvenztabelle, Grdz 11 vor § 78. 3

Es genügen nicht: Ein Vorbehaltsurteil, §§ 302, 599; ein Zwischenurteil, §§ 280, 303, auch nicht ein 4 selbständig anfechtbares, wie die Vorabentscheidung aus § 304. Denn ein Bedürfnis besteht dann wegen § 583 nicht, Gilles ZZP *78*, 483. Wenn ein Betragsverfahren nach § 304 Rn 28 anhängig ist, muß man die Wiederaufnahmegründe dort geltend machen. Ein Prozeßvergleich nach Anh § 307 steht der Wiederaufnahme nicht entgegen, wenn er ein voraufgegangenes Urteil bestehen läßt, wie zB bei der Rücknahme einer Berufung, § 515. Über die rechtskräftigen Titel Grdz 10–14 vor § 578.

4) Persönlicher Geltungsbereich, I, II. Parteien sind gundsätzlich nur diejenigen des Vorprozesses, 5 Grdz 4 vor § 50, Köln VersR *97*, 341, nicht ein Sonderrechtsnachfolger. Das gilt jedenfalls dann, wenn der Schuldner eine Wiederaufnahme gegen den Gläubiger betreibt, falls dieser die Forderung abgetreten hat und falls der Titel nach § 727 auf den Rechtsnachfolger umgeschrieben worden ist. Das muß aber auch dann gelten, wenn der frühere Gläubiger die Forderung abgetreten hat und nun der neue Gläubiger eine Wiederaufnahmeklage erhebt, falls der Schuldner nicht einer Klagerhebung durch den Rechtsnachfolger zustimmt, § 265 II 2. Denn der Schuldner ist nach § 265 geschützt, und der bisherige Gläubiger soll nicht als Zeuge auftreten dürfen, aM RoSGo § 161 II 2 (aber Arglist läge auch in solcher Umfunktion, Einl III 54).

Ein *Streithelfer* kann klagen, wenn er beitreten konnte oder beigetreten ist, § 66 Rn 13. Er hat aber nur die 6 Stellung des Streithelfers. Der nach § 89 betroffene Vertreter ohne Vertretungsmacht kann klagen, BGH MDR *83*, 292. Wenn der Kläger seinen Klaganspruch während der Rechtshängigkeit nach § 261 abgetreten hatte, dann muß man den ursprünglichen Kläger verklagen, nicht den neuen Gläubiger. Denn die Abtretung ist dem Schuldner oft nicht genau bekannt. Im Eheverfahren kann der Rechtsnachfolger wegen § 619 nur wegen der Kosten Partei sein. Die Natur der Wiederaufnahmeklage verbietet eine Verbindung mit anderen Klagen nach § 147. § 260 ist unanwendbar. Das Gericht muß notwendige Streitgenossen des Prozesses nach § 60 in jedem Wiederaufnahmeverfahren hinzuziehen. Eine Prozeßvollmacht des Vorprozesses gilt grundsätzlich auch im Wiederaufnahmeverfahren, § 81 Rn 8.

5) Aussetzung, II. Die Verbindung der Nichtigkeitsklage nach § 579 und der Restitutionsklage ist 7 unstatthaft. Wenn beide Klagen vorliegen, muß das Gericht von Amts wegen beide Klagen nach § 145 und die Verhandlung über die Restitutionsklage bis zur Entscheidung über die Nichtigkeitsklage aussetzen. Denn die Nichtigkeitsklage wirkt stärker als die Restitutionsklage. Eine Entscheidung über die Trennung und Aussetzung erfolgt durch einen Beschluß, § 329. Er ist als prozeßleitende Anordnung auch ohne mündliche Verhandlung zulässig. Das Gericht muß ihn begründen, § 329 Rn 4. Jede Partei kann nach der rechtskräftigen Erledigung der Nichtigkeitsklage die Fortsetzung des Restitutionsverfahrens beantragen. Beim Erfolg der Nichtigkeitsklage wird die ausgesetzte Restitutionsklage freilich in der Hauptsache gegenstandslos. Wenn die Partei gegen das rechtskräftige Urteil eine Wiederaufnahmeklage erheben dann, darf sie schon im rechtshängigen Prozeß bindende Erklärungen widerrufen, zB die Berufungsrücknahme. Sie muß das sogar wegen § 582 tun. Eine vorherige Bestrafung nach § 581 ist in diesem Fall nicht Voraussetzung.

6) Klagewiederholung. Eine Wiederholung der Wiederaufnahmeklage ist in den folgenden Fällen 8 zulässig.

A. Nach Verwerfung. Nach einer Verwerfung der früheren Wiederaufnahmeklage als unzulässig kommt die Wiederholung in Betracht, sofern die Monatsfrist des § 586 I noch nicht abgelaufen ist oder soweit der Kläger einen neuen Wiederaufnahmegrund behauptet.

B. Zurückweisung. Nach einer Zurückweisung der früheren Wiederaufnahmeklage als unbegründet 9 kommt die Wiederholung nur in Betracht, soweit der Kläger die wiederholte Klage auf neue Gründe stützt. Denn die Rechtskraftwirkung ergreift nur einen vorgebrachten Grund.

7) VwGO: Nach § 153 I anzuwenden, dazu BVerwG NVwZ *89*, 68, 87, 218. Die Klage kann auch von einem 10 Beigeladenen, § 65 VwGO, erhoben werden, dessen rechtliche Interessen durch ein rechtskräftiges Urteil berührt werden, OVG Lüneb DÖV *60*, 239. Klagebefugt sind ferner die in § 153 II VwGO genannten Beteiligten. Dem Endurteil stehen gleich: rechtskräftiger Vorbescheid, § 84 VwGO aF, GerBescheid, Art 2 § 1 EntlG bzw § 84 VwGO nF, und ein das Verfahren rechtskräftig beendender Beschluß, zB Zurückweisung der Nichtzulassungsbeschwerde, BVerwG DVBl *60*, 641, oder Ablehnung der Zulassung der Berufung, OVG Münst NVwZ-RR *03*, 535 (gegen einen Beschluß ist statt der Klage ein Antrag gegeben, über den durch Beschluß zu entscheiden ist, § 590 Rn 13). Keine Wiederaufnahmeklage gibt es gegen Beschlüsse nach § 80 V (wegen § 80 VII) oder § 123 VwGO, BVerwG NJW *76*, 127, VGH Mü NJW *85*, NJW *89*, Ey § 153 Rn 6, RedOe § 153 Anm 1, str (aM Finkelnburg/Jank Rn 543, Drettmann DVBl *85*, 884 mwN, VGH Kassel NJW *84*, 378), und gegen Prozeßvergleiche, BVerwG *28*, 332, wohl aber in Verf nach der WehrbeschwO, sofern in vergleichbaren Fällen für Beamte der VerwRechtsweg gegeben wäre, BVerwG NJW *77*, 642. Im NormenkontrollVerf, § 47 VwGO, ist eine Wiederaufnahme ausgeschlossen, RedOe § 47 Anm 48 mwN, aM für den Fall der Abweisung VGH Mannh NJW *95*, 210, KoppSch § 153 Rn 5.

579
Nichtigkeitsklage. ¹Die Nichtigkeitsklage findet statt:
1. wenn das erkennende Gericht nicht vorschriftsmäßig besetzt war;
2. wenn ein Richter bei der Entscheidung mitgewirkt hat, der von der Ausübung des Richteramts kraft Gesetzes ausgeschlossen war, sofern nicht dieses Hindernis mittels eines Ablehnungsgesuchs oder eines Rechtsmittels ohne Erfolg geltend gemacht ist;

§ 579

3. wenn bei der Entscheidung ein Richter mitgewirkt hat, obgleich er wegen Besorgnis der Befangenheit abgelehnt und das Ablehnungsgesuch für begründet erklärt war;
4. wenn eine Partei in dem Verfahren nicht nach Vorschrift der Gesetze vertreten war, sofern sie nicht die Prozessführung ausdrücklich oder stillschweigend genehmigt hat.

II In den Fällen der Nummern 1, 3 findet die Klage nicht statt, wenn die Nichtigkeit mittels eines Rechtsmittels geltend gemacht werden konnte.

Vorbem. Wegen der *neuen Bundesländer* § 323 Vorbem.

Schrifttum: *Abel,* Zur Nichtigkeitsklage wegen Mängeln der Vertretung im Zivilprozeß, 1995; *Gaul,* Zur Struktur und Funktion der Nichtigkeitsklage gemäß § 579 (deutscher) ZPO, Festschrift für *Kralik* (Wien 1986) 157.

Gliederung

1) Systematik, I, II	1	A. Beispiele zur Frage der Zulässigkeit nach I Z 4	6–19
2) Regelungszweck, I, II	2	B. Weitere Einzelfragen	20
3) Ungesetzlichkeit der Richterbank, I Z 1	3	7) Mangel der Parteifähigkeit; Nichtexistenz der Partei, I Z 4	21
4) Ausschließung, I Z 2	4	8) Hilfsnatur, II	22
5) Ablehnung, I Z 3	5	9) *VwGO*	23
6) Mangel der Vertretung, I Z 4	6–20		

1   **1) Systematik, I, II.** Die Vorschrift erfaßt wegen § 578 II mit Vorrang vor § 580 solche Fälle, in denen Fehler in der Person des Richters oder einer Partei vorliegen. Dasselbe tut allerdings auch § 580 teilweise. Der Schwerpunkt der letzteren Vorschrift liegt bei Vorgängen im Verlauf des Vorprozesses. Aber auch insofern ist die Abgrenzung zu § 579 nicht ganz folgerichtig. Die vier Fälle der Nichtigkeitsklage sind diejenigen des § 547 Z 1–3, 5, BGH NJW **93**, 1597 (Vorlage bei den Vereinigten Großen Senaten). Vgl daher auch die Erläuterungen zu § 547. Es handelt sich um unbedingte Revisionsgründe. Bei Z 2 findet sich in § 579 der Zusatz: „oder eines Rechtsmittels", BGH NJW **93**, 1597. Es muß eine überhaupt wirksame Entscheidung vorliegen. Sie fehlt mangels Gerichtsbarkeit, Üb 14 vor § 300, aM BayObLG FGPrax **05**, 197. Eine *ausdehnende Auslegung* ist grundsätzlich *unstatthaft*, Grdz 2 vor § 578. Vgl aber Rn 6 ff, 11 sowie § 79 II 2 BVerfGG für den Fall, daß das BVerfG eine entscheidungserhebliche Vorschrift in einem anderen Verfahren für nichtig erklärt hat. Das Gericht muß die Nichtigkeitsgründe wegen des öffentlichen Interesses am grundsätzlichen Fortbestand der Rechtskraft von Amts wegen prüfen, Grdz 39 vor § 128. Eine nachträglich vorgetragene und glaubhaft gemachte Tatsache nach § 579 zwingt im Rahmen von § 156 II Z 2 zur Wiedereröffnung der Verhandlung.

Der Kläger muß als *Zulässigkeitsvoraussetzung* Tatsachen behaupten, die einen der in § 579 genannten Verstöße bedeuten *können*, BGH NJW **93**, 1596, BFH BB **92**, 343, aM BFH BB **92**, 342 (aber diese Behauptungslast besteht bei jeder Art von Klage). Das Gericht muß auch II von Amts wegen beachten, Grdz 39 vor § 128. Das Gericht prüft ferner von Amts wegen, ob der behauptete Grund *wirklich* besteht (Begründetheitsprüfung). Der Kläger trägt aber die Beweislast, Anh § 286. Denn Amtsprüfung nach Grdz 39 vor § 128 bedeutet keine Amtsermittlung nach Grdz 38 vor § 128. Das Gericht darf und muß ein Geständnis § 288 und ein Anerkenntnis nach § 307 Rn 4, Grdz 15 vor § 578. Der Parteiherrschaft nach Grdz 18 vor § 128 unterliegt ganz allgemein die Genehmigung einer unzureichenden Prozeßvertretung. Denn die Partei könnte die Genehmigung auch im Prozeß erteilen.

2   **2) Regelungszweck, I, II.** Vgl Grdz 2, 3 vor § 578. In der Praxis ist es sehr schwer, mit einer Nichtigkeitsklage Erfolg zu haben. Es ist freilich wegen ihrer mehr formellen Voraussetzungen immer noch leichter als bei § 580. Wegen den zwar nicht alleinigen, aber doch besonderen Rangs der Gerechtigkeit liegt eine großzügige Auslegung nahe. In der Praxis bleibt aber die Rechtskraft mächtig.

Problematisch bleibt solche Handhabung wahrhaftig. Schließlich handelt es sich ja durchweg um ganz erhebliche Verfahrensverstöße als Nichtigkeitsgrund. Wenn schon der Prozeßausgang ihretwegen so belastend war, sollte die Justiz wenigstens nach der Entdeckung des Verstoßes das Ihrige tun, ihn zu beseitigen. Indessen wird es wohl immer eine schwierige Aufgabe bleiben, den Staat auch im konkreten Einzelfall von der Unhaltbarkeit einer eigenen Entscheidung derart zu überzeugen, daß er sich zur Wiederholung in Selbstkritik bereit findet. Umso nachdrücklicher sollte sich das Gericht darum bemühen, bei der Klärung eines etwaigen so schweren Verfahrensfehlers eben auch solche Selbstkritik in nicht persönlichem, sondern institutionellem Sinn anzuwenden und an die damalige Möglichkeit eines Rechtsmittels im Fall II nicht zu strenge Anforderungen zu stellen.

3   **3) Ungesetzlichkeit der Richterbank, I Z 1.** Wegen der Hilfsnatur vgl Rn 8. Z 1 betrifft die unvorschriftsmäßige Besetzung eines gerichtsverfassungsmäßig bestehenden Gerichts, § 547, zB einen Verstoß gegen § 309. Gegen ein Scheinurteil nach Üb 11 vor § 300 ist notfalls die Feststellungsklage nach § 256 I zulässig, nicht aber die Nichtigkeitsklage. Gegenüber einem arbeitsgerichtlichen Urteil kann man eine Nichtigkeitsklage nicht auf einen Mangel des Verfahrens bei der Berufung der ehrenamtlichen Richter stützen, § 6 I ArbGG, oder auf solche Umstände, die die Berufung eines ehrenamtlichen Richters zu seinem Amt ausschließen, § 79 ArbGG. Bei Mangel des Geschäftsverteilungsplans nach § 21 e GVG kann bereits zu einem Verstoß gegen Art 101 I 2 GG und damit zu einem Verstoß gegen I Z 1 führen, BVerfG NJW **93**, 3257, BGH NJW **93**, 1597 (Vorlage bei den Vereinigten Großen Senaten), aM BFH BB **92**, 343 (aber man muß eine klare Grenze ziehen).

Eine Anordnung nach § 21 f GVG (Nichtmitwirkung bei allen bestimmten Endziffern) ist kein Verstoß im Sinn von I Z 1, BGH MDR **95**, 197. Ein schwerwiegender Fehler bei *Mitwirkungsgrundsätzen* nach § 21 g II GVG stellt einen Verstoß im Sinn von I Z 1 dar, BGH NJW **95**, 333.

Buch 4. Wiederaufnahme des Verfahrens §579

4) Ausschließung, I Z 2. Z 2 betrifft den Fall der Ausschließung eines Richters, der bei der Entscheidung mitgewirkt hat, § 41. Es ist unerheblich, ob der Kläger den Ausschließungsgrund geltend machen konnte. Wenn er aber die Ausschließung mittels eines Ablehnungsgesuchs oder Rechtsmittels erfolglos geltend gemacht hatte, dann ist die Wiederaufnahme nach Hs 2 unzulässig. Als Richter gelten auch der Rpfl bzw der ihm etwa landesrechtlich gleichgestellte Urkundsbeamte, soweit sie rechtmäßig eine richterliche Entscheidung erlassen haben, etwa einen Vollstreckungsbescheid nach § 699, und der bundesrechtlich tätig gewordene Urkundsbeamte, § 49.

5) Ablehnung, I Z 3. Wegen der Hilfsnatur Rn 8. Z 3 betrifft den Fall der erfolgreichen Ablehnung eines Richters, der bei der Entscheidung mitgewirkt hat, § 42. Der Erfolg kann auch hier nach der Urteilsverkündung nach § 311, aber vor einer Entscheidung nach §§ 320, 321 eingetreten sein. Die bloße damalige Ablehnbarkeit reicht nicht aus, BGH NJW 81, 1274, aM Fischer AnwBl 05, 572 (aber man darf nicht zu großzügig sein, Rn 2). Wenn die Partei den Richter erfolglos abgelehnt hatte, sei es auch nur in einer Instanz oder durch ein Rechtsmittel, dann ist die Nichtigkeitsklage nach II unstatthaft, aM Bre OLGZ 92, 487 (aber Z 3 nennt diesen Fall gerade nicht mit und ist keineswegs ausdehnend auch in sein Gegenteil auslegbar). Als Richter gelten auch der Rpfl, soweit er rechtmäßig eine richterliche Entscheidung erlassen hat, etwa einen Vollstreckungsbescheid nach § 699, und der Urkundsbeamte, § 49.

6) Mangel der Vertretung, I Z 4. Der Zweck der Vorschrift besteht darin, die Partei zu schützen, die ihre Angelegenheiten nur mit Hilfe eines Dritten regeln kann, BAG NJW 91, 1253.

A. Beispiele zur Frage der Zulässigkeit nach I Z 4

Abstammungsverfahren: Eine Nichtigkeitsklage ist *nicht* schon deshalb statthaft, weil das Gericht gegen § 640 e verstoßen hatte. Jedenfalls ist insoweit Z 4 unanwendbar, BGH NJW 84, 353.

Abwesenheitspfleger: Zu seinen Aufgaben gehört *nicht* die Vertretung im Unterhaltsprozeß, AG Groß Gerau FamRZ 97, 305.

Arglist: Rn 10 „Öffentliche Zustellung".

Geisteskrankheit: Wenn der Kläger behauptet, eine Partei sei geisteskrank gewesen, muß er beweisen, daß sie bei der Erteilung der Vollmacht bereits krank war und daß die Krankheit bis zum Ende des Vorprozesses fortbestand, Hbg FamRZ 81, 962, Stgt FamRZ 80, 379.
S auch „Geschäftsunfähigkeit", Rn 12 „Prozeßunfähigkeit", Rn 17 „Verfassungsbeschwerde".

Geschäftsunfähigkeit: Eine Nichtigkeitsklage kommt in Betracht, wenn das Gericht sein Urteil einem Geschäftsunfähigen zugestellt hatte, § 56 Rn 9. § 86 gilt auch hier, dort Rn 9, BAG DB 00, 780.
S auch Rn 12 „Prozeßunfähigkeit".

Gesetzlicher Vertreter: Eine Nichtigkeitsklage ist *nicht* schon deshalb statthaft, weil ein gesetzlicher Vertreter fehlerhaft bestellt war.
S auch Rn 12 „Prozeßvertretung".

Hausverwalter: Eine Vertretung nach I Z 4 kann vorliegen, wenn der Vermieter dem Verwalter alles überläßt, AG Flensb WoM 00, 615.

Ladung: Eine Nichtigkeitsklage kommt in Betraht, wenn das Gericht ein Versäumnisurteil gegen einen fälschlich Geladenen erlassen hat, Nürnb OLGZ 87, 485. Das gilt zumindest, solange das Gericht keine Wiedereinsetzung gewährt hat, Oldb MDR 89, 168.
S auch Rn 11 „Prozeßkenntnis".

Nichtbestehen der Partei: Eine Nichtigkeitsklage kommt in Betracht, wenn das Gericht ein Urteil für oder gegen eine in Wahrheit gar nicht bestehende Partei erlassen hat, BAG NJW 91, 1253, Lindacher JZ 89, 378.

Öffentliche Zustellung: Eine Nichtigkeitsklage kommt bei einer Erschleichung in Betracht, Grdz 5 vor § 578, aM BGH 153, 191 (krit Braun JZ 03, 906), AG Detm FamRZ 00, 241 (aber Erschleichung ist als prozessuale Arglist nie hinnehmbar, Einl III 54).
Sie kommt *nicht schon grds* wegen einer objektiv unrichtigen öffentlichen Zustellung in Betracht, auch nicht bei schuldloser Unkenntnis von einer korrekten öffentlichen Zustellung, BGH 153, 191 (krit Braun JZ 03, 906), aM Hamm MDR 79, 766, KG RR 87, 1215, ThP 2 (aber erst Arglist erlaubt eine Beseitigung der Rechtskraft, Einf 35 vor §§ 322–327).
S auch Rn 19 „Zustellung".

Postulationsfähigkeit: Eine Nichtigkeitsklage ist *nicht* schon deshalb statthaft, weil der ProzBev nicht postulationsfähig war, BAG NJW 91, 1253.

Prozeßkenntnis: Eine Nichtigkeitsklage kommt in Betracht, wenn der wahre Bekl vom Prozeß nichts erfahren hatte.
S auch Rn 8 „Ladung".

Prozeßunfähigkeit: Eine Nichtigkeitsklage kommt in Betracht, wenn die Partei im Vorprozeß prozeßunfähig war, Hbg MDR 98, 985 (keine Überspannung), AG Hbg-Harbg RR 98, 791, selbst wenn das Gericht sie für prozeßfähig gehalten hatte, BGH 84, 27, aM Gaul Festschrift für Kralik (Wien 1986) 159 und Thrazische juristische Abhandlungen Bd 12 (Athen 1986) 26, Lindacher JZ 89, 378 (aber das ist meist ein Fall prozessualer Arglist, Einl III 54). Ferner kommt die Nichtigkeitsklage in Betracht, wenn eine in Wahrheit prozeßunfähige Partei ohne gesetzlichen Vertreter ein Rechtsmittel zurückgenommen hat. Freilich kommt binnen der Notfrist des § 586 ein Widerruf der Rücknahme in Betracht, BSG NJW 79, 1224.
S auch Rn 8 „Geschäftsunfähigkeit".

Prozeßvertretung: Eine Nichtigkeitsklage ist statthaft, falls der Prozeßvertreter von vornherein keine Vollmacht hatte, BVerfG NJW 98, 745.
Sie ist *nicht* schon deshalb statthaft, weil der Gegner im Prozeß nicht ordnungsgemäß vertreten war, BGH FamRZ 88, 1159.
S auch Rn 8 „Gesetzlicher Vertreter".

13 **Rechtliches Gehör,** dazu *Barnest* ZZP 116, 447, *Deppert* in: Festschrift für *Geiß* (2000), *Gaul* JZ 03, 1088 (Üb): Eine Nichtigkeitsklage nach Z 4 kommt in Betracht, wenn das Gericht das rechtliche Gehör verletzt hat, BVerfG NJW **98**, 745, KG RR **87**, 1216, VGH Kassel NJW **86**, 210, aM BAG MDR **94**, 1044, AG Detm FamRZ **00**, 241, ZöGre 7 (aber ein Verstoß gegen Art 103 I GG ist stets ein fundamentaler Fehler). Das gilt ungeachtet der Tendenz des BVerfG, auf Gehörverletzung gestützte Verfassungsbeschwerden bei niedrigem Beschwerdewert abzulehnen. Zumindest bis zu einer Grundsatzentscheidung des jeweils in Betracht kommenden Obergerichts muß man vorsorglich den Weg über Z 4 versuchen, BVerfG NJW **98**, 745, aM BayVerfGH NJW **94**, 2280 (aber hier hat nun wirklich das BVerfG Vorrang). Dieses Problem läßt sich nur durch den Gesetzgeber lösen, Schneider NJW **81**, 1196.

14 **Rechtshängigkeit:** Eine Nichtigkeitsklage kommt in Beracht, wenn trotz des Fehlens einer Rechtshängigkeit ein Versäumnisurteil ergangen ist.
Rechtsvorgänger: Eine Nichtigkeitsklage kommt in einer Ehesache *nicht* mehr nach dem Tod eines Ehegatten in Betracht, Zweibr MDR **05**, 96. Sie kommt in anderer Sache nicht schon deshalb in Betracht, weil der Rechtsvorgänger der Partei im Todeszeitpunkt anwaltlich vertreten war, falls zB der Gegner später ein Rechtsmittel einlegt.

15 **Sittenwidrigkeit:** Eine Nichtigkeitsklage ist *nicht* schon deshalb statthaft, weil der Prozeßauftrag sittenwidrig war.
Testamentsvollstreckung: Rn 17 „Versteigerung".

16 **Unterbrechung:** Eine Nichtigkeitsklage kommt in Betracht, wenn das Gericht trotz einer Unterbrechung vor dem Schluß der mündlichen Verhandlung nach §§ 136 IV, 296a ein Urteil auf Grund dieser Verhandlung erlassen hat. Freilich kann eine Mängelheilung durch eine wirksame Genehmigung eingetreten sein. Diese liegt allerdings nicht schon in einer bloßen Untätigkeit des gesetzlichen Vertreters.

17 **Verfassungsbeschwerde:** Zum Problem ihrer Subsidiarität BVerfG NJW **98**, 745.
S auch Rn 7 „Geisteskrankheit", Rn 13 „Rechtliches Gehör".
Versteigerung: Eine Nichtigkeitsklage kommt *nicht* schon deshalb in Betracht, weil ein Miterbe die Teilungsversteigerung beantragt hat, obwohl eine Testamentsvollstreckung besteht, und weil dann ein rechtskräftiger Zuschlagsbeschluß ergangen ist, Schneider Rpfleger **76**, 386.
Vollmachtloser Vertreter: Eine Nichtigkeitsklage ist zulässig, wenn das Gericht ein Versäumnisurteil einem vollmachtlosen Vertreter zugestellt hat.
S auch Rn 7 „Geisteskrankheit", Rn 13 „Rechtliches Gehör".

18 **Wohnungseigentum:** Eine Nichtigkeitsklage kommt *nicht* schon deshalb in Betracht, weil es sich nur um einen Beschluß der Wohnungseigentümer handelt, Stgt OLGZ **85**, 262.

19 **Zustellung:** Eine Nichtigkeitsklage kommt *grds nicht* schon bei irgendeinem Zustellungsmangel in Betracht. S aber auch Rn 10 „Öffentliche Zustellung", Rn 17 „Vollmachtloser Vertreter".

20 **B. Weitere Einzelfragen.** Eine Prozeßführung setzt die Kenntnis der Sachlage voraus, mindestens einen Zweifel an der Vertretungsbefugnis. Der Bekl kann die Vertretungsbefugnis noch im Wiederaufnahmeverfahren erteilen. Dann trägt der Kläger unter Umständen die Kosten. Die Klage steht dem Gegner des nicht ordnungsgemäß Vertretenen nicht zu, BGH **63**, 79, BFH **96**, 387, OVG Münst NJW **95**, 613. Neben der Nichtigkeitsklage kann eine Regreßklage gegen den angeblich ohne eine Vollmacht aufgetretenen Anwalt in Betracht kommen, Kblz VersR **85**, 672.

21 **7) Mangel der Parteifähigkeit; Nichtexistenz der Partei, I Z 4.** Ausnahmsweise kann man Z 4 auf diesen Fall ausdehnen. Denn auch § 551 betrifft diesen Fall, BAG NJW **91**, 1253, Kblz NJW **77**, 57. Etwas anderes gilt nur dann, wenn das Gericht oder der Nichtigkeitskläger die Parteifähigkeit von § 50 ausdrücklich bejaht haben. Z 4 ist ferner anwendbar, wenn die Partei gar nicht existiert, Rn 9. Die Vorschrift ist unanwendbar, soweit sich die Klage nur gegen *eine* der Parteien des Hauptprozesses richtet, Hamm FamRZ **96**, 558.

22 **8) Hilfsnatur, II.** Das Gericht muß die Vorschrift als eine Zulässigkeitsvoraussetzung von Amts wegen beachten, Grdz 39 vor § 128. Bei Z 1 und 3 ist die Klage unmittelbar unstatthaft, wenn der Partei ein Rechtsbehelf zustand und wenn sie bei der ihr zuzumutenden prozessualen Sorgfalt von dem Rechtsmittel hätte Gebrauch machen können. Denn der Text ist zu eng, Sangmeister DStZ **88**, 41, § 582. Ebensowenig fällt unter II eine Erinnerung nach § 104 III, §§ 11 I 2, 21 Z II 1 RPflG, Anh § 153 GVG. Die Möglichkeit des Einspruchs nach §§ 338, 700 bleibt allerdings außer Betracht. Denn er würde an denselben Richter gehen, dessen Mitwirkung gerügt wird, LG Konst MDR **89**, 827, aM RoSGo § 160 I 2, StJGr 9, ZöGr 11 (aber es soll ja gerade nicht nochmals derselbe Richter mitwirken). Bei Z 2 und 4 darf die Partei zwischen der Möglichkeit der Rechtsmittels und nach Rechtskraft der Klage wählen. Sie darf aber nicht beide Wege nacheinander beschreiten, BGH **84**, 27, BAG MDR **94**, 1044, BFH NJW **99**, 2391.

23 **9) VwGO:** Nach § 153 I anzuwenden. Keine Anwendung von I Z 4, wenn damit mangelnde Vertretung des Gegners gerügt wird, OVG Münst NVwZ **95**, 95; zur entspr Anwendung von I Z 4 bei Verletzung des rechtlichen Gehörs, Rn 13, vgl BVerfG NJW **92**, 496 (Ub über den Streitstand). Wegen der Klagebefugnis, Rn 20, s BVerwG Buchholz 303 § 579 Nr 1, wegen der Wiederholung einer zurückgenommenen Nichtigkeitsklage s BVerwG NVwZ **94**, 1206, wegen des fehlenden Rechtsschutzbedürfnisses bei Sachentscheidung über den Nichtigkeitsgrund des I Z 4 im vorangegangenen Rechtsmittelverfahren s VGH Mannh NVwZ-RR **96**, 539.

580 *Restitutionsklage.* Die Restitutionsklage findet statt:

1. wenn der Gegner durch Beeidigung einer Aussage, auf die das Urteil gegründet ist, sich einer vorsätzlichen oder fahrlässigen *Verletzung der Eidespflicht* schuldig gemacht hat;
2. wenn eine Urkunde, auf die das Urteil gegründet ist, fälschlich angefertigt oder verfälscht war;
3. wenn bei einem Zeugnis oder Gutachten, auf welches das Urteil gegründet ist, der Zeuge oder Sachverständige sich einer strafbaren Verletzung der Wahrheitspflicht schuldig gemacht hat;

4. wenn das Urteil von dem Vertreter der Partei oder von dem Gegner oder dessen Vertreter durch eine in Beziehung auf den Rechtsstreit verübte Straftat erwirkt ist;
5. wenn ein Richter bei dem Urteil mitgewirkt hat, der sich in Beziehung auf den Rechtsstreit einer strafbaren Verletzung seiner Amtspflichten gegen die Partei schuldig gemacht hat;
6. wenn das Urteil eines ordentlichen Gerichts, eines früheren Sondergerichts oder eines Verwaltungsgerichts, auf welches das Urteil gegründet ist, durch ein anderes rechtskräftiges Urteil aufgehoben ist;
7. wenn die Partei
   a) ein in derselben Sache erlassenes, früher rechtskräftig gewordenes Urteil oder
   b) eine andere Urkunde auffindet oder zu benutzen in den Stand gesetzt wird, die eine ihr günstigere Entscheidung herbeigeführt haben würde.

Vorbem. Wegen der *neuen Bundesländer* § 323 Vorbem.

Schrifttum: *Braun,* Rechtskraft und Restitution ..., Zweiter Teil: Die Grundlagen des geltenden Restitutionsrechts, 1985; *Lenenbach,* Die Behandlung von Unvereinbarkeiten zwischen rechtskräftigen Zivilurteilen nach deutschem und europäischem Zivilprozeßrecht, 1997; *Prütting/Weth,* Rechtskraftdurchbrechung bei unrichtigen Titeln, 2. Aufl 1994.

Gliederung

1) **Systematik, Z 1–7**	1	C. Andere Urkunde, Z 7 b	13, 14
2) **Regelungszweck, Z 1–7**	2	D. Errichtungszeitpunkt bei einer allgemeinen Urkunde, Z 7 b	15
3) **Geltungsbereich, Z 1–5**	3–8	E. Errichtungszeitpunkt bei einer Geburtsurkunde, Z 7 b	16
A. Falsche eidliche Parteiaussage, Z 1	3	F. Errichtungszeitpunkt bei weiteren Sonderfällen, Z 7 b	17
B. Urkundenfälschung, Z 2	4	G. Beweiseignung: Gegenstand, Z 7 a, b	18
C. Falsches Zeugnis oder Gutachten, Z 3	5	H. Grenzen neuer Beweismittel, Z 7 a, b	19–21
D. Erschleichung des Urteils, Z 4	6	I. Zulässigkeit und Begründetheit, Z 7 a, b	22
E. Amtspflichtverletzung des Richters, Z 5	7	J. Beweismittel, Z 7 a, b	23
F. Ursächlichkeit, Z 1–5	8	K. Auffinden usw, Z 7 a, b	24–26
4) **Aufhebung eines Urteils, Z 6**	9, 10	6) *VwGO*	27
5) **Auffinden einer Urkunde, Z 7 a**	11–26		
A. Praktische Bedeutung, Z 7 a, b	11		
B. Früheres Urteil, Z 7 a	12		

1) Systematik, Z 1–7. Die Restitutionsklage ist ein außerordentlicher Rechtsbehelf. Die Rechtssicherheit nach Einl III 43 verbietet grundsätzlich seine Anwendung in anderen als den besonders angeordneten Fällen, Grdz 2 vor § 578, BVerfG DtZ **93**, 85, BGH NJW **89**, 1286, Foerste NJW **96**, 352 (Rechtsfortbildung bei neuer naturwissenschaftlicher Erkenntnis. – „Und sie bewegt sich *doch*!"), aM StJGr 2 (vgl aber Einf 27 ff, 35 vor §§ 322–327). Deshalb ist auch eine bloße Änderung der Rechtsansicht kein Restitutionsgrund. Auch ein noch nicht endgültiges Urteil des EGMR ist noch kein Restitutionsgrund, BVerfG RR **05**, 140. Die Restitutionsklage ist gegen Urteile aller Instanzen statthaft, auch gegen ein Prozeßurteil, Üb 5 vor § 300. In den Fällen Z 1–5 gilt einschränkend § 581. In allen Fällen gilt einschränkend § 582. Eine nachträglich vorgetragene und glaubhaft gemachte Tatsache nach § 580 zwingt im Rahmen von § 156 II Z 2 zur Wiedereröffnung der Verhandlung.

Die Klage ist *nicht* statthaft: Gegen ein Vorbehaltsurteil nach §§ 302, 599, soweit man dort eine Wiederaufnahme zuläßt, soweit man die Restitutionsgründe im Nachverfahren vorbringen konnte; gegen einen Arrest oder eine einstweilige Verfügung nach §§ 916 ff, 935 ff, wegen deren vorläufiger Natur und der anderen gegen sie gegebenen Rechtsbehelfe; gegen ein die Vaterschaftsfeststellungsklage abweisendes Urteil nach dem Tod des Mannes, Celle RR **00**, 1100.

Über den Titel Grdz 11–14 vor § 578. Grundsätzlich besteht keine Ausnahme, soweit das *Revisionsgericht* selbst tatsächliche Feststellungen treffen muß, § 561 Rn 9. Insoweit ist aber das Revisionsgericht und nicht das Berufungsgericht als Wiederaufnahmegericht tätig. Zur Restitutionsklage im Wettbewerbsrecht von Falck GRUR **77**, 308. Wegen der Vaterschaft § 641 i, BGH **156**, 155 (zustm Berger JZ **04**, 1078), Niklas JR **88**, 441. In einem neuartigen Beweisverfahren kann Z 7 b ausnahmsweise evtl vorsichtig entsprechend anwendbar sein.

Der Restitutionsgrund muß immer ein *wirklicher* sein, nicht nur ein vorgestellter. Wenn einmal die Frist des § 586 gewahrt ist, dann darf der Kläger neue Restitutionsgründe nachschieben, § 588 Rn 2. Man kann keine Restitutionsklage erheben, gestützt auf das Ergebnis eines neuen Klagegrund nachzuschieben. Denn auf neue Klagegründe erstreckt sich die Rechtskraftwirkung nicht. Etwas anderes gilt wegen der Einheitlichkeit der Entscheidung in einer Ehesache. Durch den Restitutionsgrund muß das Urteil eine seiner Grundlagen verlieren.

2) Regelungszweck, Z 1–7. Vgl zunächst Grdz 2, 3 vor § 578 sowie § 579 Rn 2. Auch die wegen § 578 II im Rang gegenüber § 579 nachrangige Restitutionsklage soll verhindern, daß ein solches Urteil das Ansehen der Gerichte und das Vertrauen in die Rechtsprechung beeinträchtigen, dessen Grundlagen für jedermann erkennbar unerträglich erschüttert sind, BGH NJW **03**, 2089.

Verfänglich wäre aber eine zu großzügige Bejahung der Voraussetzungen einer Restitutionsklage. Das gilt besonders dann, wenn der Restitutionsgrund nicht seinerseits in einem anderen Verfahren rechtskräftig festgestellt worden ist, § 581 I Hs 2. Natürlich würde man dabei zB im Fall der Z 7 b die Chancen des Klägers fast völlig verneinen können. Immerhin ist deutliche Behutsamkeit bei der Prüfung erlaubt, solange nicht das Hauptziel einer trotz aller auch zeitlichen Begrenzung nach § 586 evtl doch noch erreichbaren Gerechtigkeit aus dem Blick rückt.

§ 580

3 3) Geltungsbereich, Z 1–5. Jede der folgenden Fallgruppen reicht aus.

A. Falsche eidliche Parteiaussage, Z 1. Gemeint ist eine von der Partei nach § 426 S 3 oder nach § 452 beschworene Aussage. Es genügt jede vorsätzliche oder fahrlässige Verletzung der Eidespflicht, §§ 154, 163 StGB. Es reicht auch eine eidesgleiche Bekräftigung nach § 484 I 2, § 155 Z 1 StGB oder eine Berufung auf einen früheren Eid aus, § 155 Z 2 StGB. Eine eidesstattliche Versicherung nach §§ 294, 807 fällt unter Z 4. Das Urteil beruht auch dann auf der Aussage, wenn sie nur teilweise falsch war. Denn bereits dieser Umstand nimmt ihr jede Glaubwürdigkeit. Es reicht auch aus, daß die Aussage nur in einem Nebenpunkt falsch war. Es genügt auch, daß der Eid in einem Vorprozeß geleistet worden ist, auf dessen Urteil das jetzige Urteil beruht. Es ist nicht erforderlich, daß das frühere Urteil beim Fehlen der Falschaussage für den jetzigen Kläger günstiger ausgefallen wäre.

4 B. Urkundenfälschung, Z 2. Das Gericht muß ihr Vorliegen nach den §§ 267 ff StGB beurteilen, Zweibr FER **00**, 4. Eine versehentlich falsche Beurkundung reicht nicht aus. Unerheblich ist, wer Täter war und ob die Partei von der Tat eine Kenntnis hatte. Das Urteil beruht auch dann auf der Urkunde, wenn das Gericht die Urkunde als bloßes Anzeichen beurteilt hat.

5 C. Falsches Zeugnis oder Gutachten, Z 3. Eine Erklärung nach § 377 III zählt hierher. Maßgeblich sind §§ 153–156, 163 StGB. Sachverständiger ist auch der Dolmetscher, §§ 189, 191 GVG, Fleischer MDR **99**, 75. Das Urteil muß sich auf die Aussage mindestens in Verbindung mit einem anderen Beweismittel stützen, Saarbr RR **97**, 252. Das ist auch dann beim OLG der Fall, wenn nur das LG die Aussage würdigen mußte, Hamm RR **99**, 1298. Es ist nicht erforderlich, daß die Aussage oder das Gutachten in demselben Prozeß erfolgten. Es genügt, daß die Aussage in irgendeinem Punkt falsch war. Denn damit wird die ganze Aussage unglaubhaft, Rn 3. Die falsche Aussage eines anderen als eines in Z 3 Genannten reicht nicht.

6 D. Erschleichung des Urteils, Z 4. Die Partei muß ein Urteil durch eine beliebige Straftat erschlichen haben, Einf 35 vor §§ 322–327, etwa durch einen Betrug nach § 263 StGB, BGH NJW **01**, 373 (zum ausländischen Schiedsspruch, §§ 1059 ff), oder durch eine Untreue nach § 266 StGB. Das gilt auch bei einem Anerkenntnisurteil nach § 307, KG OLGZ **78**, 116. Ausschlaggebend ist die Erschleichung der Rechtskraft. Deshalb kann die Straftat auch nach der Verkündung des Urteils nach § 311 begangen worden sein. Wenn die Partei ihr Rechtsmittel auf Grund einer Straftat zurückgenommen hatte, dann kann sie die Rücknahme widerrufen. Sie darf diesen Widerruf aber erst nach der Durchführung des Strafverfahrens geltend machen.

Hierher gehört auch eine *Erschleichung* durch eine falsche eidesstattliche Versicherung. Täter kann jede Partei nach Grdz 4 vor § 50 sein, auch ihr Vertreter, KG OLGZ **78**, 116, aM AG Detm FamRZ **00**, 241, auch ein ProzBev. Unter Z 4 fällt die wissentlich unwahre Parteibeurkundung, erst recht aber die wissentlich unwahre Parteibehauptung. Auch sie stellt einen zumindest versuchten Prozeßbetrug dar, § 138 Rn 66. Regelmäßig fällt auch eine Erschleichung der öffentlichen Zustellung nach §§ 185 ff unter § 263 StGB und ist dann ein Restitutionsgrund. Über die Unzulässigkeit der Ausdehnung der Z 4 mittels sachlichrechtlicher Vorschriften Einf 25 ff vor §§ 322–327.

7 E. Amtspflichtverletzung des Richters, Z 5. S §§ 331 ff StGB. Ein bloßes Disziplinarvergehen reicht nicht aus. Der Richter muß bei dem Urteil mitgewirkt haben, § 309. Eine Mitwirkung bloß bei den vorangegangenen Verhandlungen oder bei einem Beweisbeschluß reicht nicht aus. Dem Richter stehen beim Vollstreckungsbescheid nach § 699 der Rpfl und der etwa landesrechtlich nach Grdz 4 vor § 688 dazu eingesetzte Urkundsbeamte gleich. Denn es kommt auf die Funktion an, nicht auf den Dienstgrad usw.

8 F. Ursächlichkeit, Z 1–5. Ein ursächlicher Zusammenhang zwischen einer Straftat und dem Urteil muß in allen Fällen Rn 3–7 bestehen, Riezler AcP **139**, 187. Die Ursächlichkeit für einen des Teilurteils nach § 301 fähigen Teil der angefochtenen Entscheidung reicht aus, KG NJW **76**, 1356. Dieser Zusammenhang fehlt dann, wenn das Gericht das Beweismittel im Urteil gar nicht gewürdigt hat. Die bloße Erwähnung reicht nicht. Das Beweismittel muß vielmehr für die Entscheidung (mit)tragend gewesen sein. Vgl freilich Rn 3. Das ist in den Fällen Rn 3–5 möglich.

Ein *Vollstreckungsbescheid* nach § 699 stützt sich lediglich auf das unwidersprochene Vorbringen des Antragstellers. Deshalb kann bei ihm Z 2 nicht eingreifen. Dasselbe gilt bei einem rechtskräftigen Versäumnisurteil, aM StJGr 1 (aber hier gilt dasselbe wie beim Vollstreckungsbescheid). Es gilt aber nicht in einer Ehesache, in der der Antragsgegner bzw der Bekl nicht vertreten war. Im zweiten Verfahrensabschnitt nach Grdz 15 vor § 578 darf das Gericht noch nicht prüfen, ob die Entscheidung etwa auch ohne dieses Beweismittel und die in Rn 6, 7 genannten Tatsachen ebenso gelautet hätte.

9 4) Aufhebung eines Urteils, Z 6. Die Restitutionsklage kann sich stützen auf die Aufhebung durch ein rechtskräftiges anderes Urteil. Die bloße Aufhebung durch das BVerfG reicht nicht, BAG NJW **03**, 2849. Es reicht aber die rechtskräftige Aufhebung in einem neuen vollen Erkenntnisverfahren. Das gilt für die Aufhebung: Eines beliebigen ordentlichen Gerichts, früheren Sondergerichts oder Verwaltungsgerichts. Zu ihnen zählt hier auch ein Arbeits-, Finanz- oder Sozialgericht, BGH **89**, 116, nicht aber ein früheres Sowjet-Militärtribunal, BVerwG NJW **00**, 1884; einer sonstigen abschließenden Entscheidung, die einem Urteil ungefähr gleichkommt, BGH **103**, 125, Hamm OLGZ **84**, 456, LG Düss GRUR **87**, 629, zB eines feststellenden Verwaltungsakts etwa über den Vertriebenenstatus, BPatG GRUR **87**, 435, oder über die Unwirksamkeit eines Gebrauchsmusters, BPatG GRUR **80**, 852, oder über die Nichtigkeit eines Patents, LG Düss GRUR **87**, 629, aM Schickedanz GRUR **00**, 579, oder über die Zustimmung der Hauptfürsorgestelle zur Kündigung eines Schwerbehinderten, BAG NJW **81**, 2024, oder über eine Baugenehmigung, BGH **103**, 125; einer Entscheidung des EuGH; eines Schiedsspruchs, § 1040; einer Entscheidung in streitiger FGG-Verfahren, Grdz 6 vor § 578, (die Auskunft eines gesetzlichen Rentenversicherers über eine Anwartschaft ist kein derartiger Verwaltungsakt, Düss NJW **86**, 1763).

10 Das angegriffene Urteil usw muß *irgendwie auf dem aufgehobenen Urteil beruhen*, BGH **103**, 125, BPatG GRUR **80**, 853, Karlsr OLGZ **94**, 356. Es muß also mindestens eine tatsächliche Feststellung auf ihm beruhen, BFH NJW **78**, 511 (das angegriffene Urteil müsse unmittelbar auf dem aufgehobenen beruhen). Die Miteinbeziehung des aufgehobenen Urteils in die Beweiswürdigung der angefochtenen Entscheidung genügt, BGH VersR **84**, 455. Die bloße Erwähnung der aufgehobenen Entscheidung im Tatbestand der angefochtenen genügt nicht, BGH VersR **84**, 455. Eine Bindungswirkung ist aber unnötig. Eine Aufhebung im Wiederaufnahmeverfahren genügt. Im übrigen gilt Rn 8 entsprechend.

5) Auffinden einer Urkunde, Z 7, dazu *Lenenbach* (vor Rn 1): Man muß zahlreiche Aspekte beachten. **11**

A. Praktische Bedeutung, Z 7 a, b. Dieser Fall ist praktisch bei weitem der wichtigste. Restitutionsgrund ist, daß die Partei eine Urkunde der in Z 7 a und b bezeichneten Art auffindet.

B. Früheres Urteil, Z 7 a. Hierher zählt ein solches Urteil, dessen Rechtskraft den Streitfall erfaßte, das **12** also „in derselben Sache" erging. Es braucht nicht zwischen denselben Parteien ergangen zu sein. Es genügt vielmehr, daß sich die Rechtskraftwirkung nach § 325 auf die Parteien erstreckt. Das frühere Urteil muß vor dem angefochtenen nach § 322 rechtskräftig geworden sein. Man darf es aber erst nach dem Schluß des Vorprozesses aufgefunden haben. Auch ein nach § 328 anzuerkennendes ausländisches Urteil oder ein inländischer oder ausländischer Schiedsspruch nach § 1061 reichen aus. Zum Problem der insolvenzmäßigen Zweittitulierung Gaul Festschrift für Weber (1975) 155.

C. Andere Urkunde, Z 7 b. Hierher zählt eine solche Urkunde im Sinn der ZPO nicht notwendig mit **13** formeller Beweiskraft nach §§ 415 ff, BGH RR **91**, 381, die geeignet wäre, das Ergebnis des früheren Verfahrens für den Kläger günstig zu beeinflussen. In Betracht kommt nur eine schriftliche Urkunde, Üb 3 vor § 415, BGH **65**, 301. Ausreichend ist auch ein Zettel in einer Zahlenschrift und dergleichen, evtl auch eine Fotokopie, FG Bln NJW **77**, 2232, ZöGre 16, aM KG RR **97**, 124 (vgl aber § 420 Rn 3 bei Unstreitigkeit der Nämlichkeit). Keine Urkunden sind Gegenstände der Augenscheinseinnahme, Üb 1 vor § 371, BGH MDR **76**, 304, wie Fotos, BGH **65**, 302. Wegen neuer Gutachten generell OVG Bre NJW **90**, 2337; sie sind kaum geeignet), wegen solcher über die Vaterschaft § 641 i, Niklas JR **88**, 441. Die Urkunde braucht keine Unterschrift zu tragen.

Z 7 b ist *nicht* anwendbar, wenn zB eine amtliche Auskunft erstmals, BGH NJW **84**, 1544, 573, oder nunmehr anders begründet neu auf Grund desselben Sachverhalts ergangen ist, Üb 32 vor § 373, BGH **89**, 120, oder wenn erst nach der Rechtskraft des den Vorprozeß abschließenden Urteils eine Urkunde in Gestalt eines Behördenbescheids oder Urteils entsteht, Köln BB **04**, 1134, aM BAG NJW **85**, 1485 (aber es geht gerade um einen Vorgang *vor* dem Eintritt der Rechtskraft). Die Vorschrift ist ferner unanwendbar, wenn erst nach der Rechtskraft eine Wertfestsetzung erfolgt, Bay ObLG WoM **95**, 453. Die Vorschrift ist schließlich dann nicht anwendbar, wenn Niederschriften vom Zeugen oder Sachverständigen auftauchen, BGH **80**, 305, Kblz RR **95**, 1278. Denn diesen Niederschriften kommt nicht eine Urkundenbedeutung im vorstehenden Sinne zu. Man kann ja die Vernehmung jener Personen jederzeit beantragen, BGH NJW **84**, 1544. Dadurch würden die Niederschriften ihren Wert verlieren. Das Gericht würde einen Zeugen- oder Sachverständigenbeweis benutzen. Das wäre ein in § 580 nicht genanntes Beweismittel. Die Vorschrift ist endlich unanwendbar, soweit es nur um eine neue wissenschaftliche Erkenntnis geht, Würthwein ZZP **112**, 47.

Urkunde im Sinn von Z 7 ist daher nur eine solche, die durch ihren eigenen Beweiswert einen Mangel **14** des früheren Verfahrens offenbaren kann, BGH RR **91**, 381, Ffm FamRZ **80**, 706, OVG Bre NJW **90**, 2337. Die Urkunde muß einen solchen Beweiswert auch im damaligen Verfahren gehabt haben können, BFH NJW **78**, 511. Es reicht nicht aus, daß die Urkunde offenbaren kann, daß der im Vorprozeß nicht gehörte Aussteller eine solche Äußerung getan hat, der der Kläger nun also mit Hilfe der Urkunde in das Verfahren einführen möchte. Ebensowenig reicht es aus, daß sich der zu erweisende Vorgang nach dem Inhalt der Urkunde so zugetragen hat, daß die Urkunde also höchstens einen Zeugenwert hat. Denn ein neuer Zeuge ist kein Wiederaufnahmegrund, Saarbr DAVorm **75**, 32. Noch weniger reicht es aus, daß die Urkunde ein Urteil ist, das von der angefochtenen Entscheidung rechtlich in anderer Sache abweicht, BFH DB **91**, 2224.

D. Errichtungszeitpunkt bei einer allgemeinen Urkunde, Z 7 b. Die Urkunde muß grundsätzlich **15** entstanden sein, solange ihre Benutzung im Vorprozeß noch möglich war, Kblz RR **95**, 1278, Köln BB **04**, 1134, wenn auch erst im Wege eines zulässigen Rechtsmittels, BGH VersR **75**, 260. Die Urkunde muß also beim nicht berufungsfähigen Urteil vor den durch §§ 282, 296 gesetzten Endpunkten entstanden sein, spätestens aber vor dem Ende der letzten mündlichen Verhandlung nach §§ 136 IV, 296 a, BAG NJW **99**, 82, BVerwG NJW **00**, 1884, Köln BB **04**, 1134. Beim berufungsfähigen Urteil muß die Urkunde vor dem Ablauf der Berufungsfrist nach § 516 entstanden sein, beim Versäumnisurteil vor dem Ablauf der Einspruchsfrist nach §§ 338, 700.

Eine *nach* diesen Zeitpunkten, aber vor der Verkündung des unanfechtbaren Urteils nach § 311 errichtete Urkunde genügt grundsätzlich nicht, Köln BB **04**, 1134. Noch weniger genügt eine erst nach der Rechtskraft des den Vorprozeß abschließenden Urteils errichtete Urkunde BGH RR **89**, 130 (Widerruf einer Auskunft des Versorgungsträgers), Kblz RR **95**, 1278 (Gutachten), Köln BB **04**, 1134 (Urteil), aM BAG NJW **85**, 1485 (aber es geht eben gerade um einen Vorgang *vor* dem Eintritt der Rechtskraft). Denn eine Wiedereröffnung der Verhandlung liegt im allgemeinen im Ermessen des Gerichts, § 156, BGH NJW **80**, 1000. Ungeeignet sind also ein späteres Vaterschaftsanerkenntnis oder ein später erlassener Strafbefehl, BGH NJW **80**, 1000.

E. Errichtungszeitpunkt bei einer Geburtsurkunde, Z 7 b. Ausnahmsweise darf die Geburtsur- **16** kunde, die die Empfängniszeit beweisen soll, später entstanden sein, wenn der Beginn der Empfängniszeit vor der letzten mündlichen Verhandlung im Vorprozeß oder vor dem Ablauf der Berufungsfrist lag, Nürnb NJW **75**, 2024. Sie darf ferner ausnahmsweise erst nach dem in dem Urteil festgestellten Zeitpunkt des letzten ehelichen Verkehrs entstanden sein, wenn das Ende der Empfängniszeit aber noch vor dem Ende der Ehe lag. Die Möglichkeit des ehelichen Verkehrs nach der letzten mündlichen Verhandlung ist dann für § 580 unerheblich. Denn die Geburtsurkunde kann wegen der Empfängniszeit nur zurückliegende Tatsachen beweisen, KG NJW **76**, 245.

§ 580

17 F. Errichtungszeitpunkt bei weiteren Sonderfällen, Z 7 b. Ausreichend ist ferner ein Beschreibungsvermerk des Standesbeamten, KG NJW **76**, 245. Das gilt auch für einen solchen Beschreibungsvermerk über die Legitimation durch eine nachfolgende Eheschließung. Ferner gehört hierher eine Einbürgerungsurkunde, BGH MDR **77**, 212, Hamm DAVorm **76**, 139. Zum Tragezeitgutachten § 641 i und BGH RR **89**, 258.

18 G. Beweiseignung: Gegenstand, Z 7 a, b. Die Urkunde muß diejenigen Tatsachen beweisen, die bei ihrer Errichtung vorlagen. Dafür kann auch eine Urkunde genügen, die keine formelle Beweiskraft nach §§ 415 ff hat, sondern die das Gericht nach § 286 frei würdigen darf und muß, zB ein Strafbefehl, BGH RR **91**, 381. Indessen ist ein Erbschein untauglich. Denn er ist nur ein Ausweis über erbrechtliche Verhältnisse. Ferner ist es ausnahmsweise ausreichend, wenn ein Patentmuster oder ein Gebrauchsmuster erst nach der letzten Tatsachenverhandlung des Verletzungsprozesses im Nichtigkeitsverfahren rückwirkend vernichtet wurde, von Falck GRUR **77**, 312. Eine „günstigere Entscheidung" wäre auch dann „herbeigeführt", wenn das Gericht den Anträgen fast voll entsprochen hatte, wenn aber eine noch günstigere Entscheidung wegen der Unkenntnis der Urkunde nicht möglich gewesen war. Das setzt voraus, daß der Restitutionskläger mit dem damals erzielten Ergebnis nicht in jedem Fall zufrieden war, BSG NJW **75**, 752. Das Vorbringen ist aus Gründen der Prozeßwirtschaftlichkeit nach Grdz 14, 15 vor § 128 noch in der Revisionsinstanz möglich, § 561 Rn 8. Das in Rn 8 Gesagte gilt auch hier.

19 H. Grenzen neuer Beweismittel, Z 7 a, b. Es genügt, daß die Urkunde selbst und die neuen Tatsachen, die durch die Urkunde bewiesen werden sollen, in Verbindung mit dem Prozeßstoff des Vorprozesses ein günstigeres Ergebnis bewirkt hätten, BGH NJW **80**, 1000, Kblz OLGZ **89**, 94, OVG Bre NJW **90**, 2337. Freilich kommt es eben auch auf den Prozeßstoff gerade dieses Vorprozesses an, BGH RR **91**, 381. Es muß gewiß sein, daß das günstigere Ergebnis eingetreten *wäre* und nicht nur evtl hätte eintreten *können* (bloße Möglichkeit).

20 Als ein solches günstigeres Ergebnis kommen zB infrage: Ein vor der letzten mündlichen Verhandlung erklärtes Geständnis, § 306; ein *Vaterschaftsanerkenntnis* für das seinerzeit behauptete Eheband. Freilich genügt es nicht, daß die Urkunde ein günstigeres Ergebnis etwa nur zusammen mit dem jetzt Vorgetragenen bewirkt hätte, oder zusammen mit den auf Grund der Urkunde zu vernehmenden Zeugen, Oldb RR **98**, 1444, oder einem nachträglichen Geständnis, Rn 16, BGH NJW **80**, 1001. Also sind auch neu vorgetragene andere Beweismittel für die Zulässigkeitsprüfung bedeutungslos, aM ZöGre 25 ff (aber die Urkunde muß eben aus sich heraus ausreichen, Rn 19). Ebenso bedeutungslos ist, ob das Gericht dahingehende Beweise im Vorprozeß erhoben hat. Vielleicht sind sie gerade nur in Verbindung mit der Urkunde bedeutungsvoll. Die Urkunde hätte eine „günstigere Entscheidung herbeigeführt", wenn das Urteil des Vorprozesses sie ausdrücklich als unerheblich würdigte, Ffm MDR **82**, 61. Die fragliche Tatsache kann, braucht aber im Vorprozeß nicht vorgetragen worden zu sein. Man kann sie sogar absichtlich verschwiegen haben.

21 Das Gericht muß also den gesamten *Prozeßstoff neu würdigen,* so wie er in der letzten Tatsachenverhandlung des Vorprozesses vorlag, also vom Standpunkt des damals entscheidenden Gerichts aus. Berücksichtigen muß es also den gesamten Vortrag, die damals erhobenen Beweise, auch die nur angetretenen Beweise, in Verbindung mit der Urkunde auf Grund der Rechtsansicht des Restitutionsgerichts, BVerwG **34**, 113. Das geschieht durch eine tatrichterliche Feststellung und Würdigung. Auf die Einlassung des Restitutionsbekl kommt es nicht an, also auch nicht auf sein Zugeben, BGH VersR **75**, 260.

22 I. Zulässigkeit und Begründetheit, Z 7 a, b. Für die Zulässigkeit der Restitutionsklage ist es ausreichend, daß mit der Urkunde etwas bewiesen werden *soll.* Ob auch bewiesen werden *kann* und ob es auch bewiesen worden *wäre,* das ist eine Frage der Begründetheit, BGH NJW **80**, 1000, Kblz OLGZ **89**, 94. Unzureichend ist es allerdings im Ergebnis, daß die Urkunde nur möglicherweise eine günstigere Entscheidung herbeigeführt hätte, Kblz OLGZ **89**, 94. Einen neuen Klagegrund kann man mithilfe von Z 7 b nur nachschieben, soweit einer neuen Klage die Rechtskraft entgegenstünde, § 322.

23 J. Beweismittel, Z 7 a, b. Die Ausstellungszeit und die Echtheit der Urkunde nach §§ 437 ff lassen sich mit allen Beweismitteln beweisen, außer dem Antrag auf eine Parteivernehmung, § 581 II, § 581 Rn 5. Die Urkunde muß nach §§ 415 ff urkundenbeweislich verwendbar sein, außer wenn Einigkeit über ihren Inhalt besteht. Ein mittelbarer Beweis nach Einf 16 vor § 284 genügt nicht. Es genügt also zB eine Urkunde nicht, wenn zu ihrer Bestätigung ein Zeuge notwendig ist oder wenn sie aus einem nach der letzten Verhandlung errichteten Gutachten besteht. Es steht der Wiederaufnahme nicht unbedingt entgegen, daß die Urkunde im Sinn von § 419 mangelhaft ist. Die Urkunde braucht der Klage noch nicht beizuliegen. Der Restitutionskläger kann noch in der mündlichen Verhandlung ihr Vorhandensein und ihren Inhalt urkundenbeweislich dartun.

24 K. Auffinden usw, Z 7 a, b. Für beide Fälle der Z 7 gilt: Aufgefunden ist die Urkunde nur dann, wenn ihre Existenz oder ihr Verbleib der Partei trotz aller zumutbaren Sorgfalt bisher unbekannt waren, wenn sie also schuldlos war, BGH **161**, 4, BSG NJW **75**, 752, Ffm MDR **82**, 61. Das ist der Fall, wenn die Urkunde also für jede Art des Urkundenbeweises unzugänglich war oder wenn die Erheblichkeit der Urkunde für den Prozeß ganz fern lag. Es genügt nicht, daß die Partei bzw ihr gesetzlicher Vertreter oder ProzBev schuldhaft keine Kenntnis vom Inhalt hatte, §§ 51 II, 85 II, 582, LG Hamm NJW **79**, 222, VGH Mannh NJW **95**, 210 (vorher veröffentlichter Flächennutzungsplan).

25 Deshalb findet *keine* Wiederaufnahme zB in *folgenden Fällen* statt: Man findet nachträglich eine Patentschrift oder eine Gebrauchsmusteranmeldung auf. Denn diese waren ebenso wie die Patenterteilungsakten zugänglich; es ergibt später ein abweichendes Urteil in einer anderen Sache, BFH NJW **78**, 511; eine gleichwertige andere Urkunde wird benutzbar; der Kläger wußte, daß eine Urkunde über das streitige Rechtsverhältnis bei einer bestimmten Behörde lag, Ffm MDR **82**, 61; es war überhaupt eine Urkunde bereits veröffentlicht, bekannt und unstreitig; das Gericht hat die Urkunde im Vorprozeß (mit)verwertet, selbst wenn die Partei von ihr erst im Urteil erfuhr. Vgl aber Art 103 I GG, Grdz 1 vor § 578.

Buch 4. Wiederaufnahme des Verfahrens **§§ 580, 581**

Die Möglichkeit der Benutzung der Urkunde darf erst *nach* dem Abschluß der letzten Tatsachenver- 26
handlung des Vorprozesses nach §§ 136 IV, 296 a entstanden sein, so daß die Partei den Urkundenbeweis im Vorprozeß nicht mehr hätte antreten können, auch nicht auf dem Weg über einen begründeten Antrag nach § 156. Die Zulässigkeit eines Urkundenbeweisantritts führte zur Möglichkeit der Benutzung der Urkunde. Es schadet aber nicht, daß die Partei denselben Beweis mit anderen Mitteln führen konnte. Gegenüber einem früheren gerichtlichen Geständnis nach § 288 hat eine aufgefundene Urkunde nur dann eine Bedeutung, wenn die Partei das Geständnis gleichzeitig widerruft, § 290. Eine neue Auskunft eines Versicherungsträgers reicht nicht zur Wiederaufnahme aus, wenn er eine im früheren Prozeß erteilte Auskunft ausdrücklich unter einen Vorbehalt gestellt hatte, Kblz FamRZ **80**, 813. Ebensowenig reicht es zur Wiederaufnahme aus, daß die Partei es unterlassen hatte, eine versicherungsrechtlich erhebliche Tatsache vorzubringen, die der Versicherer in einer der Entscheidung zugrunde gelegten Auskunft noch nicht berücksichtigt hatte, Bre FamRZ **80**, 1136.

6) *VwGO:* Anzuwenden nach § 153 I; die Aufzählung der Wiederaufnahmegründe ist abschließend (keine Er- 27
weiterung im Wege der Analogie), BVerwG Buchholz 303 § 580 Nr 4. Wiederaufnahme wegen falschen Zeugnisses oder Gutachtens, **Z 3**, setzt auch einen subjektiven Verstoß gegen die Wahrheitspflicht voraus, BVerwG **11**, 124; zum Verfahren in diesem Falle BVerwG NVwZ **87**, 218, VGH Mannh NJW **97**, 145. **Z 6** ist auch dann erfüllt, wenn eine die Anfechtungsklage abweisendes Urteil auf Bescheiden beruht, die später durch dem Kläger günstigere Bescheide ersetzt worden sind, BVerwG LS NVwZ-RR **94**, 60. Zum Begriff der Urkunde iSv **Z 7b**, oben Rn 13, VGH Mannh NVwZ **95**, 1006; ein nachträglich erstattetes Gutachten ist keine neue Urkunde, BVerwG aaO, VGH Mannh NJW **97**, 146, OVG Bre NJW **90**, 2337; auch nicht ein nachträglich erteilter Erbschein, BVerwG **20**, 344, und ebensowenig ein neuer Bebauungsplan, BVerwG DÖV **74**, 211, ein öff bekanntgemachter Flächennutzungsplan, VGH Mannh NJW **95**, 210, oder die ausgelegte Begründung zum Entwurf eines Bauleitplanes, BVerwG DVBl **73**, 370, auch nicht eine Nichtigkeitserklärung nach § 47 VwGO, RedOe § 153 Anm 8, auch nicht ein späteres Urteil des BVerfG zu derselben Rechtsfrage, VGH Mü NVwZ **93**, 92 (keine entspr Anwendung von Z 7) oder die später ergangene Kassationsentscheidung eines sowjetischen Militärgerichts, BVerwG NVwZ **99**, 1335; vgl auch BVerwG Buchholz 310 § 580 Nr 3 u § 153 VwGO Nr 14 u Nr 18, NVwZ **89**, 68. Keine WiedAufn, wenn die Urkunde Bestandteil der dem Gericht vorliegenden Behördenakten war, VGH Mannh NJW **91**, 1845, oder vom Gericht benutzt worden ist, OVG Münst NVwZ-RR **03**, 535. Siehe iü RedOe § 153 Anm 7.

581 *Besondere Voraussetzungen der Restitutionsklage.* ¹In den Fällen des vorhergehenden Paragraphen Nummern 1 bis 5 findet die Restitutionsklage nur statt, wenn wegen der Straftat eine rechtskräftige Verurteilung ergangen ist oder wenn die Einleitung oder Durchführung eines Strafverfahrens aus anderen Gründen als wegen Mangels an Beweis nicht erfolgen kann.

ᴵᴵ Der Beweis der Tatsachen, welche die Restitutionsklage begründen, kann durch den Antrag auf Parteivernehmung nicht geführt werden.

1) Systematik, I, II. I setzt für die Restitutionsklage aus § 580 Z 1–5 als zusätzliche Einschränkung 1
voraus, daß wegen der Straftat die eine oder die andere der beiden Voraussetzungen Rn 3, 4 eingetreten ist. II schränkt den Grundsatz freier Wahl der Beweismittel ein. § 582 bleibt beachtlich.

2) Regelungszweck, I, II. Zwecks Rechtssicherheit nach Einl III 43 soll der Kreis der Wiederaufnah- 2
memöglichkeiten eng bleiben. Diesem Ziel dient § 581, ohne die Wiederaufnahme praktisch unmöglich machen zu dürfen. Das muß man bei der Auslegung mitbeachten. Daher ist II problematisch, wenn der Restitutionskläger Beweisnot hat. Wie auch sonst beim Ausfall der Möglichkeiten nach §§ 445 ff bleibt aber der Grundsatz der Freiheit der „Beweis"-Würdigung auch im Wiederaufnahmeverfahren bestehen. Folglich darf das Gericht dem Kläger evtl auch ohne förmliche Beweismittel glauben, § 286 Rn 5. Natürlich ist insofern gerade im Wiederaufnahmeverfahren Zurückhaltung geboten.

3) Verurteilung, I. Es muß entweder eine rechtskräftige Verurteilung vorliegen, Karlsr FamRZ **89**, 646. 3
Ob sie vorliegt, das ergeben die Formel und die Begründung des Strafurteils. Sie liegt nicht vor, wenn das Gericht den Täter freigesprochen hatte. Denn ein Freispruch steht der Unmöglichkeit der Durchführung des Strafverfahrens nicht gleich. Ein ausländisches Strafurteil reicht aus. Es reicht nicht aus, daß ein Strafverfahren noch möglich wäre.

4) Unmöglichkeit der Strafverfolgung, I. Oder es muß eine Strafverfolgung aus anderen Gründen als 4
dem Mangel an Beweisen unmöglich sein. Diese Unmöglichkeit mag sich aus den verschiedensten Gründen ergeben, etwa: Wegen einer Amnestie; wegen Verjährung; wegen der Geringfügigkeit der Tat; wegen des Todes des Beschuldigten. Mit ihm endet das Strafverfahren von Amts wegen, es erfolgt also keine Einstellung; wegen Abwesenheit des Beschuldigten, zB wegen eines Auslandsaufenthalts; infolge einer Niederschlagung des Verfahrens.

Nicht ausreichend ist ein Mangel an Beweisen für die Merkmale der Straftat oder die Merkmale der 5
strafrechtlichen Schuld. Es findet insofern keine selbständige strafrechtliche Prüfung durch den Zivilrichter statt.

Unter Umständen genügt sogar eine *einstweilige Einstellung* des Verfahrens. Das gilt zB bei einer nachträglichen Geisteskrankheit des Täters (anders liegt es bei einer Geisteskrankheit während der Tat, aM ZöGre 9). Es kommt also § 154 StPO in Betracht, Hbg MDR **78**, 851, Hamm (6. ZS) RR **99**, 1298, aM Hamm MDR **86**, 679 (aber es kommt nur auf das Ergebnis an). Eine bloß unterstellte Aussage reicht auch bei § 153 StPO nicht aus, Kblz MDR **79**, 410. Eine vorläufige Einstellung gegen Auflagen nach § 153 a StPO reicht nicht aus, Köln MDR **91**, 452.

5) Einzelfragen, I. Die Entscheidungen im Strafverfahren usw binden das Gericht bei der Entscheidung 6
über die Zulässigkeit der Wiederaufnahme. Eine Aussetzung nach § 149 kommt nicht in Betracht, Köln

§§ 581, 582

MDR **91**, 452. Im übrigen ist das Gericht frei, § 286. Das gilt also schon im Aufhebungsverfahren, BGH **85**, 32, Gaul Festschrift für Fasching (Wien 1988) 169, Schubert JR **83**, 115. Das Gericht ist auch zu der Frage nicht mehr gebunden, ob die Tat begangen worden ist. Demgegenüber ist die Verurteilung Voraussetzung für die Zulässigkeit der Restitutionsklage, Grdz 15, 16 vor § 578, § 14 Z 1 EG ZPO. Für die Geltendmachung im rechtshängigen Prozeß durch den Widerruf einer bindenden Erklärung gilt I nicht. Bei der Aufhebung eines Schiedsspruchs gilt § 1059.

7   **6) Beweis durch Restitutionstatsachen, II.** Bei sämtlichen Restitutionsgründen ist wegen der Notwendigkeit der Amtsprüfung nach Grdz 15 vor § 578 ein Beweis der klagebegründenden Tatsachen durch den auf §§ 445, 447 gestützten Antrag auf Parteivernehmung grds unzulässig. Das gilt nicht nur bei § 580 Z 1–5. Der Grund der Vorschrift nötigt zu ihrer Ausdehnung auf die bindende Wirkung eines Geständnisses und eines Anerkenntnisses. Das Gericht darf und muß ein Anerkenntnis und ein Geständnis nach § 286 frei würdigen. Eine Vernehmung der Partei von Amts wegen ist beim Vorliegen der Voraussetzungen des § 448 zulässig. Diese Voraussetzungen liegen aber nicht vor, wenn nichts für die Behauptung der beweispflichtigen Partei spricht, sondern wenn die Richtigkeit der Behauptung des Gegners wahrscheinlich ist. Wenn der Kläger den die Restitution bildenden Grund bewiesen hat, zB das Auffinden der Urkunde, dann ist der Beweis für den Errichtungszeitpunkt nach § 580 Rn 15 ausnahmsweise mit allen Mitteln möglich, § 580 Rn 23.

8   **7) VwGO:** *Anzuwenden nach § 153 I, BVerwG NVwZ* **87**, *218. Doch ist II gegenstandslos, da §§ 445–449 im VerwProzeß nicht gelten, § 98 VwGO, also Amtsvernehmung stets zulässig ist.*

582 *Hilfsnatur der Restitutionsklage.* Die Restitutionsklage ist nur zulässig, wenn die Partei ohne ihr Verschulden außerstande war, den Restitutionsgrund in dem früheren Verfahren, insbesondere durch Einspruch oder Berufung oder mittels Anschließung an eine Berufung, geltend zu machen.

1   **1) Systematik.** Die Vorschrift legt die Hilfsnatur der Restitutionsklage fest, Kblz OLGZ **89**, 93. Damit erfolgt eine auf Grund des Hauptziels der Gerechtigkeit nach Einl III 9, Grdz 2, 3 vor § 578 nur notgedrungene Einschränkung der Wiederaufnahmemöglichkeiten.

2   **2) Regelungszweck.** Das Ziel der Vorschrift, die Wahrung der Rechtssicherheit nach Einl III 43, rechtfertigt angesichts der Rangordnung nach Grdz 2, 3 vor § 578 keine allzu strenge Auslegung. Die Vorschrift meint allerdings über den Wortlaut hinaus, daß jedes Angriffs- oder Verteidigungsmittel im Sinn von Einl III 70 ausgeschlossen ist, das man bei gehöriger Sorgfalt im Vorprozeß hätte geltend machen und zB hätte herbeiführen können, Bre FamRZ **80**, 1135, Mü FamRZ **82**, 314. Sie nennt nur den Fall, daß die Partei den Restitutionsgrund nicht im Vorprozeß mit Aussicht auf Erfolg geltend machen konnte, auch nicht nach § 528.

Naturgemäß steht aber der Fall gleich, daß die Partei den Grund dort nur *ohne Verschulden* erfolglos geltend gemacht hat, Schlosser ZZP **79**, 191, ZöGre 1, aM StJGr 1 (aber eine vernünftige Sinnermittlung ist keine zweifelhaft ausdehnende Anwendung). Dasselbe gilt für den Fall, daß der Partei kein anderes Mittel zur Geltendmachung des Restitutionsgrundes offen steht, § 580 Rn 1. Freilich gilt das alles nur in den Grenzen der Rechtskraft, Einf 2 vor §§ 322–327, BGH NJW **89**, 1286, insbesondere der persönlichen, BGH DB **89**, 420. Das Gericht muß die Voraussetzung des § 582 von Amts wegen prüfen, Grdz 39 vor § 128. Der Restitutionskläger muß ihr Vorliegen beweisen. Die Prüfung gehört trotz des Wortlauts „ist nur zulässig" zum zweiten Verfahrensabschnitt, Grdz 15 vor § 578, ZöGre 2, aM BGH NJW **80**, 1000, RoSgo § 161 IV 1, ThP 1 (aber im ersten Verfahrensabschnitt geht es nur um die bloße Möglichkeit).

3   **3) Verschulden.** Ob ein prozessuales Verschulden der Partei, ihres Vertreters oder ihres ProzBev nach Einl III 68, §§ 51 II, 85 II vorlag, muß das Gericht nach einem strengen Maßstab prüfen. Denn es handelt sich um den Bestand eines rechtskräftigen Urteils. Der Kläger muß zB bei § 580 Z 7 beweisen, daß er die Urkunde sorgfältig aufbewahrt und nach ihrem Verlust eifrig geforscht hat.

Ein Verschulden liegt *zB in folgenden Fällen* vor: Der Kläger konnte ein außergerichtliches Gutachten als Beweismittel in den Prozeß einführen, OVG Bre NJW **90**, 2337; er konnte im früheren Verfahren in die Urkunde Einsicht nehmen, Fleischer MDR **99**, 76, etwa in eine Patenterteilungsakte oder in ein Register; er hat die Möglichkeit unterlassen, eine erfolgversprechende Auskunft einzuholen; er hat es versäumt, sich im Vorprozeß zur Beschaffung der Urkunde eine Frist nach § 428 setzen zu lassen, Oldb RR **99**, 1443; die Partei hat nicht versucht, ihre durch einen Prozeßbetrug veranlaßte Rechtsmittelrücknahme oder ihren Rechtsmittelverzicht zu widerrufen. Überhaupt genügt jedes leichte Verschulden.

Wenn die Partei von dem Restitutionsgrund keine Kenntnis hatte, *fehlt* es an Verschulden. Es kann auch bei einem Rechtsirrtum fehlen. Freilich muß ein Anwalt Rechtsprechung und Schrifttum sorgfältig prüfen, § 233 Rn 114 ff. Insbesondere hat man keine Kenntnis von dem, was man vergessen hat, und Vergessen ist nicht immer schuldhaft, AG Bln-Tempelhof/Kreuzberg FamRZ **97**, 568. Das kann auch bei einem Irrtum über die Erheblichkeit sein.

4   **4) Restitutionsgrund.** Er ist bei § 580 Z 1–5 die Straftat, nicht die Bestrafung. Die letztere ist nur eine Voraussetzung der Zulässigkeit der Wiederaufnahme des Verfahrens. Bei § 580 Z 7 b sind das Vorhandensein der Urkunde und die Möglichkeit ihrer Benutzung der Restitutionsgrund.

5   **5) Maßgebender Zeitpunkt für die Geltendmachung im Vorprozeß.** Das ist: Bei einem Urteil erster Instanz der Ablauf der Berufungsfrist, § 517; bei einem Berufungsurteil der Schluß der zweitinstanzlichen mündlichen Verhandlung, §§ 136 IV, 296 a. Denn man darf Restitutionstatsachen später meist nicht mehr vorbringen, §§ 156, 559; bei einem Revisionsurteil der Schluß der mündlichen Verhandlung der Berufungsinstanz wie oben; bei einem Versäumnisurteil 1. und 2. Instanz der Ablauf der Einspruchsfrist, § 339; im Fall der Zulässigkeit eines Nachverfahrens oder Betragsverfahrens der Schluß der dortigen münd-

Buch 4. Wiederaufnahme des Verfahrens **§§ 582–584**

lichen Verhandlung. Eine Restitutionsklage ist unzulässig, wenn gegen den Ablauf einer Notfrist eine Wiedereinsetzung in den vorigen Stand nach § 233 möglich war. Die Zeit zwischen dem Schluß der mündlichen Verhandlung und der Verkündung der Entscheidung bleibt außer Betracht, § 296 a. Denn das Gericht braucht dann keinen Schriftsatz mehr entgegenzunehmen, § 133 Rn 3, und es braucht die Verhandlung keineswegs stets wieder zu eröffnen, § 156 Rn 3.

6) *VwGO:* *Anzuwenden nach § 153 I, BVerwG DVBl 03, 868, VGH Mannh NJW 91, 1845; zur Frage des Verschuldens bei unterlassener Akteneinsicht BVerwG Buchholz 310 § 153 Nr 14, vgl auch BVerwG aaO Nr 25 (leichte Fahrlässigkeit genügt).* 6

583 *Vorentscheidungen.* Mit den Klagen können Anfechtungsgründe, durch die eine dem angefochtenen Urteil vorausgegangene Entscheidung derselben oder einer unteren Instanz betroffen wird, geltend gemacht werden, sofern das angefochtene Urteil auf dieser Entscheidung beruht.

1) Systematik. § 583 entspricht den §§ 512, 557 II. Es gelten folgende Abweichungen. § 583 erfaßt auch eine unanfechtbare Vorentscheidung oder eine solche, die mit sofortiger Beschwerde nach § 567 anfechtbar ist, und zwar auch eine Vorentscheidung der unteren Instanz, auch einen Beschluß oder eine Verfügung. Wenn eine höhere Instanz die Vorentscheidung zB nach §§ 538, 563 III erlassen hat, dann geht die Restitutionsklage immer an die höhere Instanz. Denn keine untere Instanz darf die Entscheidung einer höheren nachprüfen. Mit der Aufhebung des Urteils der höheren Instanz entfällt die Entscheidung der unteren. Die Vorentscheidung wird mit dem Endurteil aufgehoben. Zu den Vorentscheidungen gehören das Vorbehaltsurteil nach §§ 302, 599 und das selbständig anfechtbare Zwischenurteil, wie die Vorabentscheidung nach § 304. Gegen beide ist keine selbständige Restitutionsklage möglich, § 578 Rn 3. 1

Das Urteil muß auf der Vorentscheidung *beruhen*, wenn auch der Mangel für das Urteil selbst keine Bedeutung haben mag, zB bei § 579 I Z 1. Wegen §§ 579 I 2, II, 582 kann zunächst ein Rechtsmittel gegen die Vorentscheidung oder die Geltendmachung des Anfechtungsgrundes im etwaigen Nachverfahren nötig sein. Jedes Teilurteil nach § 301 ist schon wegen der Kostenfolgen selbständig anfechtbar, BGH NJW *80*, 1000.

2) Regelungszweck. Prozeßwirtschaftlichkeit nach Grdz 14 vor § 128 ist nur einer der Zwecke der Vorschrift. Natürlich dient sie auch der Vermeidung etwaiger Widersprüche und der Verringerung sonst manchmal kaum überwindbarer weiterer Hürden für den Kläger bei dem ohnehin riskanten Versuch, den Prozeß nochmals aufzurollen. 2

3) *VwGO:* *Anzuwenden nach § 153 I, bei Beschlüssen des OVG unter der Voraussetzung, daß auch ein Urteil des OVG in der Sache ergangen ist, RedOe § 153 Anm 5.* 3

584 *Ausschließliche Zuständigkeit für Nichtigkeits- und Restitutionsklagen.* **I** Für die Klagen ist ausschließlich zuständig: das Gericht, das im ersten Rechtszug erkannt hat; wenn das angefochtene Urteil oder auch nur eines von mehreren angefochtenen Urteilen von dem Berufungsgericht erlassen wurde oder wenn ein in der Revisionsinstanz erlassenes Urteil auf Grund des § 580 Nr. 1 bis 3, 6, 7 angefochten wird, das Berufungsgericht; wenn ein in der Revisionsinstanz erlassenes Urteil auf Grund der §§ 579, 580 Nr. 4, 5 angefochten wird, das Revisionsgericht.

II Sind die Klagen gegen einen Vollstreckungsbescheid gerichtet, so gehören sie ausschließlich vor das Gericht, das für eine Entscheidung im Streitverfahren zuständig gewesen wäre.

1) Systematik, I, II. § 584 begründet für alle Wiederaufnahmeklagen eine im Interesse der Prozeßwirtschaftlichkeit nach Grdz 14 vor § 128 örtliche und sachliche ausschließliche Zuständigkeit, BayObLG WoM *91*, 41, auch eine internationale. § 281 (Verweisung) ist also anwendbar, BayObLG WoM *91*, 134. Man wahrt die Frist bei einer Verweisung bereits durch die Anrufung des unzuständigen Gerichts, § 586 Rn 4. Dem in § 584 genannten Urteil steht ein Beschluß gleich, Grdz 12 vor § 578, zB auch ein Beschluß nach §§ 522 I, 552 I. Wegen einer Kindschaftssache § 641i III und Hamm FamRZ *86*, 1026. Es findet kein obligatorisches Güteverfahren statt, Grdz 1 vor § 578. 1

2) Regelungszweck, I, II. Die nochmalige sogar ausschließliche Zuständigkeit des früheren Gerichts ist alles andere als unproblematisch. Sie mutet allen Beteiligten ein hohes Maß an Disziplin und Selbstkritik zu, den Parteien ein hohes Maß an Vertrauen insbesondere nach schweren Verfahrensfehlern just seitens der jetzt wieder amtierenden Richter. Sachkunde aus dem früheren Verfahren ist nicht immer überzeugendes Gegenargument. Es ist zweifelhaft, ob man mit dem ohnehin riskanten Mittel einer Ablehnung wenigstens einzelner Richter nach § 42 nun ausgerechnet dann vorgehen sollte, wenn es ganz besonders letztlich auch um richterliches Wohlwollen geht. An der Eindeutigkeit der Regelung ändert das alles wenig. Umso mehr sollte sich das Gericht der Problematik auch erkennbar bewußt sein. Ein verständnisvolles Wort kann zur Entspannung ganz wesentlich beitragen. 2

3) Erstinstanzliches Gericht, I. Grundsätzlich ist das Gericht der 1. Instanz des Vorprozesses ausschließlich zuständig, auch der Einzelrichter nach §§ 348, 348 a, evtl auch das Familiengericht, § 261 Rn 28 ff, BGH *84*, 25, Stgt FamRZ *80*, 379, Parche NJW *79*, 142, aM KG FamRZ *79*, 526 (es läßt das Prozeßgericht an das Familiengericht verweisen), Karlsr FamRZ *96*, 301 (keine Ehesache bei Scheidung). Wenn ein Wiederaufnahmeverfahren vorangegangen ist, dann ist für die Wiederaufnahmeklage das Gericht jenes Verfahrens zuständig, BGH BB *79*, 1705. Wegen der Ausschließung eines Richters § 41 Rn 14, wegen der Ablehnung eines Richters § 42 Rn 24, 25. 3

§§ 584, 585

4 **4) Berufungsgericht, I.** Das Berufungsgericht ist in den folgenden beiden Fällen zuständig:

A. Frühere eigene Entscheidung. Das Berufungsgericht ist dann zuständig, wenn es das Urteil oder eines von mehreren angegriffenen Urteilen erlassen hat, selbst wenn es die Berufung zurückgewiesen hat. Das gilt aber nur insoweit, als das Berufungsgericht sachlich entschieden hat. Das Berufungsgericht ist auch dann zuständig, wenn es in einem Nachverfahren nach §§ 302, 599 oder in einem Betragsverfahren nach § 304 entschieden hatte. Soweit das erstinstanzliche Urteil nicht mit Berufung angefochten worden war, bleibt das erstinstanzliche Gericht zuständig. Hat das Berufungsgericht die Klage insgesamt abgewiesen, dann bleibt es zuständig, selbst wenn die erste Instanz nur einen von mehreren Klagegründen bejaht hatte. Hat es die Berufung nach § 522 I als unzulässig verworfen, so geht die Klage gegen das Urteil der 1. Instanz an diese, Mü FamRZ 82, 314 (wegen der Verwerfung einer Beschwerde im FGG-Verfahren als unzulässig), es sei denn, der Wiederaufnahmegrund läge in der Verwerfung. Hat das Berufungsgericht nach § 538 zurückverwiesen, so ist dasjenige Gericht zuständig, das das mit der Wiederaufnahmeklage angegriffene Urteil erlassen hat. Das Berufungsgericht ist auch dann zuständig, wenn beide Urteile angegriffen sind. Die Kostenfestsetzung für das Wiederaufnahmeverfahren erfolgt stets beim Rpfl des erstinstanzlichen Gerichts, § 104 Rn 1.

5 **B. Restitutionsklage gegen Revisionsurteil.** Das Berufungsgericht ist ferner dann zuständig, wenn das Revisionsgericht erkannt hat und wenn es sich um eine Restitutionsklage nach § 580 Z 1–3, 6, 7 handelt. Denn hier stehen Tatsachenergänzungen in Frage. Das gilt aber nur bei einem Sachurteil. Wenn das Revisionsgericht nicht nach § 580 Rn 1 auf Grund eigener tatsächlicher Feststellungen erkannt hat, dann ist das Revisionsgericht selbst zuständig. Wegen Z 4 vgl Rn 5.

6 **5) Revisionsgericht, I.** Das Revisionsgericht ist dann zuständig, wenn es sachlich erkannt hat und wenn keiner der Fälle des § 580 Z 1–3, 6, 7 vorliegt, BGH WertpMitt 80, 1350. Daher ist es bei der Nichtigkeitsklage zuständig, auch wenn zB die Besetzung des Berufungsgerichts gerügt wird, und bei der Restitutionsklage aus § 580 Z 4, 5. Es ist ferner zuständig, sofern es selbst tatsächliche Feststellungen getroffen hatte, BGH 62, 18. Das Berufungsgericht ist aber dann zuständig, wenn das Revisionsgericht die Sache an die Vorinstanz zurückverwiesen oder die Revision als unzulässig verworfen hatte, BVerwG BayVBl 76, 213, Hamm Rpfleger 78, 424. Denn in diesen Fällen hat das Revisionsgericht keine Sachentscheidung getroffen. Wenn es eine Revision als unbegründet zurückgewiesen hatte, auch durch einen Beschluß nach dem BGHEntlG, BGH 61, 96, dann hat das Revisionsgericht aber in der Sache erkannt. Daher ist es auch zuständig, soweit sein Verfahren unmittelbar von dem Nichtigkeitsgrund betroffen ist, etwa wegen einer dauernden Prozeßunfähigkeit, § 51 Rn 1, BGH 61, 100. Wenn dagegen mit einer Klage aus § 580 Z 4 auch und in erster Linie das Berufungsurteil angegriffen wird, dann ist das Berufungsgericht zuständig, BGH 61, 98. Das LG ist dann zuständig, wenn die Sache an dieses Gericht zurückverwiesen worden ist oder wenn sein Urteil bestätigt worden ist, § 566.

7 **6) Streitgericht nach Vollstreckungsbescheid, II.** Eine Wiederaufnahmeklage gegen einen Vollstreckungsbescheid nach § 699 ist statthaft, Geißler DGVZ 89, 129. Für diese Klage ist dasjenige Gericht zuständig, das für das Streitverfahren örtlich sachlich objektiv zuständig gewesen wäre, II, also dasjenige Gericht, an das die Sache etwa nach § 696 V hätte verwiesen werden müssen. In der Regel ist das Wohnsitzgericht zuständig, und zwar je nach der Höhe des Streitwerts das AG oder das LG. Wegen der Ausschließlichkeit des Gerichtsstands II nach Rn 1 ist eine Gerichtsstandsvereinbarung auch insoweit unbeachtlich.

8 **7) VwGO: I** ist anzuwenden nach § 153 I VwGO, VGH Mannh NVwZ-RR 96, 539, VGH Mü NVwZ 93, 92; die Vorschrift gilt entsprechend, wenn das OVG erstinstanzlich entschieden hat, BVerwG DÖD 64, 130. Zur Abgrenzung der Zuständigkeit von BVerwG und OVG (VGH) s VGH Mannh aaO u NVwZ 95, 1006. II ist unanwendbar, weil der VerwProzeß kein Mahnverfahren kennt, Grdz § 688 Rn 7.

585 *Allgemeine Verfahrensgrundsätze.* **Für die Erhebung der Klagen und das weitere Verfahren gelten die allgemeinen Vorschriften entsprechend, sofern nicht aus den Vorschriften dieses Gesetzes sich eine Abweichung ergibt.**

1 **1) Systematik.** Die Vorschrift stellt einerseits den Vorrang der Sonderregeln der §§ 578–591 klar. Sie verdeutlicht andererseits für den verbleibenden Verfahrensbereich die Anwendbarkeit jedenfalls der Bücher 1 und 2 der ZPO.

2 **2) Regelungszweck.** Die Verweisung auf das Buch 1 ist überflüssig, diejenige auf das Buch 2 im Grunde ebenfalls. Denn andernfalls würde man ja ohnehin die Hauptregeln des Buches 2 zumindest entsprechend anwenden müssen. Immerhin dient § 585 mit solchen Klarstellungen der Rechtssicherheit, Einl III 43.

3 **3) Verfahren.** Das Verfahren richtet sich grundsätzlich nach den für die Instanz geltenden allgemeinen Vorschriften. Man muß die Klage nach § 253 erheben. Freilich geben §§ 587, 588 für den Klaginhalt vorrangige Sonderregeln. Man kann den Wiederaufnahmeantrag beschränken, soweit eine Teilaufhebung in Betracht kommt, § 590 Rn 4. Anwaltszwang herrscht wie sonst, § 78 Rn 2. Das Gericht muß die Klage dem ProzBev des Vorprozesses zustellen, § 172. Das gilt auch in einer Ehesache, § 606 ff. Hat die Partei bei einer Wiederaufnahmeklage in der Rechtsmittelinstanz noch keinen ProzBev bestellt gehabt oder war er gelöscht worden, so muß man an den erstinstanzlichen ProzBev zustellen.

4 Die *Prozeßvollmacht* gilt auch für das Wiederaufnahmeverfahren, § 81. Etwas anderes gilt nur in einer Ehesache, § 609. Die Verbindung mit einer anderen Klage nach § 147 ist wegen der verschiedenen rechtlichen Natur der Klagen unstatthaft, aM RoSGo § 161 III 2 b, StJSchu § 260 Rn 33 (aber das Wiederaufnahmeverfahren folgt doch teilweise ganz anderen Regeln als das Erkenntnisverfahren). Eine Ablehnung des Richters ist möglich, § 42 Rn 24, 25. In einer Ehesache besteht auch nach der Scheidung eine Pflicht des Klägers zur Zahlung eines Prozeßkostenvorschusses entsprechend §§ 1360a IV und 1361a IV BGB. Der Kläger kann die Erstattung des auf das Vorprozeßurteil Geleisteten mit einem Zwischenantrag nach § 256 II verlangen.

Die *Klagerücknahme* erfolgt nach § 269. Hauptsache nach § 39 Rn 6 ist schon diejenige der Aufhebungs- 5 verhandlung. Die Klage hat keine Hemmungswirkung, Grdz 2 vor § 511. Das Gericht kann die Verhandlung über die drei Abschnitte des Verfahrens nach Grdz 15 vor § 578 trennen. Es braucht das aber nicht zu tun. Über die Möglichkeit einer Klagänderung § 588 Rn 2. Das Versäumnisverfahren nach §§ 330ff verläuft wie sonst, § 590. Wenn das OLG die Wiederaufnahmeklage in einer nichtvermögensrechtlichen Sache nach Grdz 10 vor § 1 durch ein Urteil als unzulässig verworfen hat, ist die Revision nur auf Grund einer besonderen Zulassung möglich.

4) Neuer Anspruch. Er ist im ersetzenden Verfahren nach § 590 zulässig, soweit ihn der Stand des 6 Verfahrens im Vorprozeß zuließ. Das gilt namentlich für eine Widerklage, Anh § 253. Im aufhebenden Verfahren ist ein neuer Anspruch unzulässig.

5) *VwGO:* *Anzuwenden nach § 153 I, Ey § 153 Rn 14 ff.* 7

586 Klagefrist.
¹ Die Klagen sind vor Ablauf der Notfrist eines Monats zu erheben.

II ¹ Die Frist beginnt mit dem Tag, an dem die Partei von dem Anfechtungsgrund Kenntnis erhalten hat, jedoch nicht vor eingetretener Rechtskraft des Urteils. ² Nach Ablauf von fünf Jahren, von dem Tag der Rechtskraft des Urteils an gerechnet, sind die Klagen unstatthaft.

III Die Vorschriften des vorstehenden Absatzes sind auf die Nichtigkeitsklage wegen mangelnder Vertretung nicht anzuwenden; die Frist für die Erhebung der Klage läuft von dem Tag, an dem der Partei und bei mangelnder Prozessfähigkeit ihrem gesetzlichen Vertreter das Urteil zugestellt ist.

Gliederung

1) Systematik, I–III	1	7) Glaubhaftmachung, I, II	7
2) Regelungszweck, I–III	2	8) Fünfjahresfrist, II 2	8
3) Notfrist, I, II	3	9) Mangel der Vertretung, III	9
4) Einzelfragen, I	4	10) Einzelfragen, III	10
5) Fristbeginn: Ab Rechtskraft, II 1	5	11) *VwGO*	11
6) Einzelfragen, II 1	6		

1) Systematik, I–III. Die Figur einer Klagefrist findet sich verschiedentlich, Grdz 26ff vor § 253. Es 1 handelt sich um eine Zulässigkeitsvoraussetzung nach Rn 3 und um eine vorrangige „Abweichung" im Sinn von § 585. Bei § 641c IV findet sich ein Ausschluß von § 586.

2) Regelungszweck, I–III. Die Vorschrift dient vor allem in ihrer Ausschlußfrist nach II 2 der Begren- 2 zung der Klagemöglichkeiten und damit der mit der Rechtskraft einsetzenden Rechtssicherheit, Einl III 43, BAG DB 03, 836. Diese erhält hier scheinbar den ausnahmsweisen Vorrang vor dem Grundgedanken der §§ 578ff, der Herstellung sachlicher Gerechtigkeit. In Wahrheit ist der ganze Gedanke einer Wiederaufnahme eben von vornherein weder in der Sache noch formell und vor allem nicht zeitlich von solchen notwendigen Eingrenzungen unabhängig durchführbar. Deshalb darf und muß man § 586 durchaus streng auslegen.

Die Rechtsidee hat eben mehrere Bestandteile. Von ihnen ist Gerechtigkeit zwar der wichtigste, aber nicht der einzige ist, § 296 Rn 2. Im übrigen ist es zumindest in einem weiteren Sinn auch gerecht, wenn nun irgendwann einmal jeder Streit vor Gericht ein Ende haben soll. Die aus dem Notfristcharakter in I folgende Möglichkeit einer Wiedereinsetzung zwecks Wiederaufnahme mit Ausnahme von II 2 zeigt schon zusätzliches gesetzliches Entgegenkommen.

3) Notfrist, I, II. Für die Klage läuft eine Notfrist, § 224 I 2, BVerfG NJW **93**, 3257, BAG DB **03**, 836. 3 Sie beträgt grundsätzlich 1 Monat. Ausnahmsweise ist die Frist länger, falls nämlich die Rechtsmittelfrist länger als 1 Monat war. Die Einhaltung der Frist ist eine Zulässigkeitsvoraussetzung, Grdz 16 vor § 578. Das Gericht muß sie von Amts wegen prüfen, Grdz 39 vor § 128. Die Frist wird nach §§ 222, 223 berechnet. Wegen Abkürzung oder Verlängerung § 224 II. Ein Prozeßkostenhilfegesuch nach § 114ff reicht nicht. § 167 ist anwendbar.

Unanwendbar ist § 586 in einer Kindschaftssache, § 641i IV, MüKoPr § 641i Rn 19, aM BGH NJW **94**, 591, Düss FamRZ **02**, 1268 (aber § 641 IV ist schon nach seinem Wortlaut eindeutig allgemein gültig. Das wird dadurch verstärkt, daß der besondere Restitutionsgrund des § 641 I nach dessen klarem Wortlaut „außer in den Fällen des § 580" eingreift. Am klaren Wortlaut enden Auslegungsbefugnisse, Einl III 39). Unanwendbar ist § 586 ferner einem Verfahren nach § 181 SGG.

4) Einzelfragen, I. Eine Wiedereinsetzung nach § 233ff ist zulässig, BVerfG NJW **93**, 3257. Eine 4 Klageerhebung vor dem unzuständigen Gericht wahrt die Frist mangels einer den §§ 519, 549 entsprechenden Bestimmung stets, BGH **97**, 161, BayObLG WoM **91**, 134. Die Fristwahrung erfolgt nicht etwa nur dann, wenn das Gericht nach § 506 verweist, aM ThP 1 (aber dann wäre wegen § 281 II die oft notwendige Rückwirkung nicht möglich). Eine Klage ist schon vor dem Beginn der Frist statthaft, selbst vor der Zustellung des Urteils nach § 317. Wenn man die Klage vor dem Eintritt der Rechtskraft des Urteils erhebt, dann heilt deren Eintritt. S auch § 588 Rn 2. Der Kläger kann neben dem einen Klagegrund einen solchen anderen nicht mehr geltend machen, für den die Frist verstrichen ist. Grundsätzlich kann man einen von

§ 586

vornherein vorhandenen Restitutionsgrund nur innerhalb der Monatsfrist nachschieben, unklar BAG DB **99**, 644. Wenn freilich nacheinander mehrere Urkunden aufgefunden oder benutzbar werden, dann entsteht jeweils eine neue Frist, solange man noch keine Restitutionsklage erhoben hat. Das gilt selbst dann, wenn der Kläger die erste Frist ungenutzt ließ und wenn eine weitere Urkunde dasselbe beweisen soll, ThP 2, unklar BAG DB **99**, 644.

5 **5) Fristbeginn: Ab Rechtskraft, II 1.** Zum Fristbeginn notwendig ist zunächst die Rechtskraft des Urteils, §§ 322, 705, BGH NJW **93**, 1596, Hamm FamRZ **97**, 759, KG WoM **96**, 179 (WEG). Notwendig ist ferner eine Kenntnis der Partei, BAG DB **03**, 836, oder ihres gesetzlichen Vertreters oder ProzBev, §§ 51 II, 85 II, BGH NJW **93**, 1596, oder des Generalbevollmächtigten der Beschwerde gegen § 80 Rn 13 oder des sachbearbeitenden Terminsvertreters der Behörde. Diese Kenntnis muß grundsätzlich alle den Wiederaufnahmegrund bildenden Tatsachen umfassen, BGH NJW **93**, 1596. Eine Ausnahme besteht nach III. Diese Kenntnis muß alle Voraussetzungen der Statthaftigkeit der Klage umfassen. Daher ist zB im Fall des § 581 ein rechtskräftiges Strafurteil notwendig. Eine zutreffende rechtliche Einordnung ist zum Fristbeginn natürlich nicht erforderlich, BGH NJW **93**, 1596.

6 **6) Einzelfragen, II 1.** Bei *§ 580 Z 1–5* ist die Kenntnis einer rechtskräftigen Bestrafung oder der Unmöglichkeit eines Strafverfahrens notwendig, Hamm FamRZ **97**, 759 (Kenntnis einer vorläufigen Einstellung reicht nicht). Bei einer Amnestie ist die Zurückweisung der Beschwerde gegen eine Einstellung notwendig. Beim Tod eines Zeugen nach *§ 580 Z 3* ist die Kenntnis davon ausreichend. Bei *§ 580 Z 7 b* muß der Kläger die Urkunde aufgefunden haben und imstande sein, sie zu benutzen. Nicht erforderlich ist, daß er auch ihre Benutzbarkeit erkannt hat, BPatG GRUR **86**, 310, sofern man objektiv mit der Benutzbarkeit rechnen konnte. Bei einer nachträglich errichteten Geburtsurkunde ist grundsätzlich der Zeitpunkt der Geburt maßgeblich. Wenn eine Geburtsurkunde erst nach der Rechtskraft des früheren Urteils bekannt geworden ist, dann entscheidet wegen § 1593 BGB die Rechtskraft desjenigen Urteils, das die Nichtehelichkeit feststellt, Nürnb NJW **75**, 2024.

Wenn die Urkunde *im Besitz eines Dritten* ist, muß er zur Vorlegung verpflichtet sein, §§ 429 ff. Über die Auffindung von Urkunden § 580 Rn 24 ff. Es kommt nicht darauf an, ob der Kläger Kenntnis von der rechtlichen Bedeutung des Grundes auch der Urkunde erlangt hat. Eine Kenntnis des ProzBev läßt sich nur dann der Partei nach § 85 II zurechnen, wenn der Auftrag des Bevollmächtigten zur Vertretung noch in demjenigen Zeitpunkt bestand, in dem er die Kenntnis erhielt, oder wenn die Partei den ProzBev mit einer Strafanzeige beauftragt hatte und wenn diese Anzeige gerade der Vorbereitung des Restitutionsverfahrens diente, BGH MDR **78**, 1016. Eine Kenntnis erhält man nur durch ein sicheres Wissen, aber auch durch ein bewußtes Sichverschließen, BAG DB **03**, 836, jedoch nicht schon durch ein bloßes Gerücht.

7 **7) Glaubhaftmachung, I, II.** Die Glaubhaftmachung erfolgt nach § 589 II.

8 **8) Fünfjahresfrist, II 2.** Die Vorschrift gilt entsprechend im Verfahren nach §§ 30 ff AKG, Düss RR **93**, 447. Der Ablauf von 5 Jahren seit dem Eintritt der Rechtskraft nach Rn 3 macht jede Anfechtung unstatthaft, auch eine auf § 826 BGB gestützte. Es handelt sich um eine uneigentliche Frist, Üb 11 vor § 214, KG Rpfleger **76**, 368. Die Frist ist keine Notfrist, § 224 I 2. Die Fristhemmungsgründe des § 203 BGB sind nicht anwendbar. Eine Abkürzung oder Verlängerung der Frist nach § 224 ist unzulässig. Die Frist hemmt die Verjährung nach § 203 BGB nicht, BGH DtZ **94**, 215 (zu § 958 II). Eine Wiedereinsetzung nach § 233 ist nicht möglich, VGH Mü NVwZ **93**, 92.

Die Frist *beginnt* grundsätzlich mit dem Eintritt der Rechtskraft, KG Rpfleger **76**, 368 (betr Beschlüsse), Schmahl NJW **77**, 27, aM Braun NJW **77**, 28 (aber man muß von einem ganz klaren Zeitpunkt an rechnen können). Die Frist beginnt auch ohne eine Kenntnis des Anfechtungsgrundes und unabhängig von I, abgesehen von den Fällen III. Man wahrt die Frist durch die Klagerhebung nach §§ 253, 261, evtl auch durch die Klageinreichung nach § 167, nicht aber schon durch die Einreichung eines Prozeßkostenhilfegesuchs nach § 117 I. Der Fristablauf heilt alle Fehler des Urteils. Das beweist, daß der Mangel keine unheilbare Nichtigkeit bewirkt. Die Regelung ist im Zusammenhang mit § 339 unanwendbar, dort Rn 3.

9 **9) Mangel der Vertretung, III.** Der Zweck von III ist, dem durch den Mangel der Vertretung Benachteiligten durch die Nichtigkeitsklage eine Möglichkeit der Wiederaufnahme zu geben, weil das Urteil trotz des Mangels rechtskräftig werden konnte, § 56 Rn 11.

10 **10) Einzelfragen, III.** Im Fall des § 579 I Z 4 beginnt die Frist abweichend von der Fünfjahresfrist des II 2 frühestens mit der wirksamen Zustellung des vollständigen Urteils nach § 317 an die Partei selbst. Beim Mangel der Prozeßfähigkeit der Partei beginnt die Frist also mit der Zustellung an ihren gesetzlichen Vertreter nach § 171, Ffm FamRZ **85**, 613, KG FamRZ **89**, 647. Daher ist mangels einer wirksamen Urteilszustellung eine Nichtigkeitsklage ohne Rücksicht auf die Länge der Zeit möglich, KG FamRZ **89**, 648. Eine Zustellung an die Partei persönlich kommt freilich dann nicht in Betracht, wenn sie prozeßunfähig ist, § 171 Rn 1, Hbg FamRZ **81**, 961, KG FamRZ **89**, 647.

Eine Zustellung an den *ProzBev* ist unerheblich. Denn es kommt auf ihn für den Fristablauf nicht an. Wenn man aus dem Urteil die mangelnde Vertretung nicht ersehen kann, gilt II. Dasselbe gilt, wenn der Gegner klagt, BGH **63**, 80. Andererseits beginnt die Frist auch dann erst mit der Zustellung an den gesetzlichen Vertreter, wenn der Vertretungsmangel der Partei schon vorher bekannt war, KG FamRZ **79**, 526. Aus § 578 folgt, daß das Urteil rechtskräftig sein muß. III besagt nichts dagegen. Eine Ersatzzustellung nach §§ 178 ff oder eine öffentliche Zustellung nach §§ 185 ff genügt. Sie kann ebenso wie eine sonst unverschuldete Unkenntnis eine Wiedereinsetzung rechtfertigen. Eine wirksame Zustellung ist für den Fristbeginn unerläßlich.

Rechtsmißbrauch ist auch hier verboten, Einl III 54. Eine Zustellung vor dem Eintritt der Rechtskraft des Urteils nach Rn 3 setzt die Notfrist nach I, III nicht in Lauf. Denn zu jenem Zeitpunkt ist noch gar keine Klage statthaft. Deshalb ist dann eine erneute Zustellung nach dem Eintritt der Rechtskraft notwendig, StJGr

Buch 4. Wiederaufnahme des Verfahrens §§ 586–588

14, aM Köln OLGZ 77, 120, ThP 6 (die Frist beginne dann mit dem Zeitpunkt der nachfolgenden Rechtskraft. Aber eine Frist kann nicht vor dem Eintritt eines Rechtsschutzbedürfnis anlaufen. Dieses beginnt erst mit der Statthaftigkeit eines Rechtsschutzgesuchs).

11) VwGO: Anzuwenden nach § 153 I, BVerwG Buchholz 310 § 153 Nr 23. Für die Frist gilt § 58 VwGO nicht, Ey § 58 Rn 3. Zur Feststellung des Fristbeginns nach II 2 s BVerwG NVwZ 94, 1206. Keine Verlängerung und auch keine WiedEins, Rn 8, VGH Mü NVwZ 93, 92 mwN. Die Erhebung einer erneuten, mit der ersten identischen Nichtigkeitsklage ist mangels Rechtsschutzinteresses unzulässig, BVerwG NVwZ 94, 1206, krit Jauernig NVwZ 96, 31.

587 Klageschrift.
In der Klage muss die Bezeichnung des Urteils, gegen das die Nichtigkeits- oder Restitutionsklage gerichtet wird, und die Erklärung, welche dieser Klagen erhoben wird, enthalten sein.

1) Systematik, Regelungszweck. Die Vorschrift enthält eine zusätzliche, im Sinn von § 585 gegenüber § 253 vorrangige Zulässigkeitsvoraussetzung, § 589 I. Diese entspricht den §§ 519 II, 549 I 1. Sinn ist im Interesse der Rechtssicherheit nach Einl III 43 die Klarstellung, inwiefern der Kläger das rechtskräftige Urteil überhaupt angreift.

2) Urteilsbezeichnung. Notwendig ist die Bezeichnung des angegriffenen Urteils. Dazu reicht es aus, die Nämlichkeit des Urteils zu klären, zB durch das Aktenzeichen und das Verkündungsdatum. Die irrige Angabe des erstinstanzlichen statt des ersetzenden Berufungsurteils reicht aus, wenn das Klageziel erkennbar ist.

3) Klagebezeichnung. Notwendig ist ferner die Erklärung, daß der Kläger eine Nichtigkeitsklage oder Restitutionsklage erhebt. Der Gebrauch dieser Worte ist aber nicht wesentlich. Der Klaginhalt muß nur die Natur der Klage klar ergeben.

4) Anwaltsbezeichnung. Notwendig ist ferner die Einlegung durch einen beim Gericht zur Klageerhebung zugelassenen bzw dort postulationsfähigen Anwalt, falls Anwaltszwang besteht, § 78 Rn 2.

5) Parteien- und Gerichtsbezeichnung. Notwendig ist schließlich eine eindeutige Bezeichnung des Klägers und des Bekl sowie des Gerichts, § 253 II Z 1. Bei einer Zustellung an den früheren prozeßbevollmächtigten Anwalt nach § 172 ist bei der Ladung eine Aufforderung zur Bestellung eines Anwalts nicht erforderlich.

6) Weitere Einzelfragen. Ein bestimmter Antrag wie bei § 253 II Z 2 sowie eine Bezeichnung des Wiederaufnahmegrundes sind nicht zwingend vorgeschrieben, § 588 I Z 1. Die ganze Regelung ist recht willkürlich. Ein Begründungszwang wäre folgerichtig und notwendig. Vgl im übrigen die Erläuterungen zu § 519 II Z 1. Der Wechsel von der Restitutions- zur Nichtigkeitsklage und umgekehrt ist eine Klagänderung, § 263.

7) Verstoß. Ein Verstoß führt zur Verwerfung der Klage als unzulässig, § 589 I.

8) VwGO: Anzuwenden nach § 153 I, Ey § 153 Rn 14, ggf nach Maßgabe der §§ 81 II, 82, 86 III u 88 VwGO.

588 Inhalt der Klageschrift.
¹ Als vorbereitender Schriftsatz soll die Klage enthalten:
1. die Bezeichnung des Anfechtungsgrundes;
2. die Angabe der Beweismittel für die Tatsachen, die den Grund und die Einhaltung der Notfrist ergeben;
3. die Erklärung, inwieweit die Beseitigung des angefochtenen Urteils und welche andere Entscheidung in der Hauptsache beantragt werde.

II ¹ Dem Schriftsatz, durch den eine Restitutionsklage erhoben wird, sind die Urkunden, auf die sie gestützt wird, in Urschrift oder in Abschrift beizufügen. ² Befinden sich die Urkunden nicht in den Händen des Klägers, so hat er zu erklären, welchen Antrag er wegen ihrer Herbeischaffung zu stellen beabsichtigt.

1) Systematik, Regelungszweck, I, II. § 588 ist eine den §§ 130, 253 II, 273 teilweise ähnliche, im Sinn von § 585 vorrangige bloße Sollvorschrift zwecks einer gegenüber § 587 weiteren Klarstellung, was, weshalb und wie der Kläger angreift. Das Gericht muß ihre Befolgung ist aber geeignetenfalls nach § 273 anmahnen. Die Angaben der Klageschrift sind rein vorbereitend. Das Nähere bleibt einem weiteren Schriftsatz oder der mündlichen Verhandlung vorbehalten.

2) Sollinhalt, I. Die Klageschrift soll alle folgenden Angaben enthalten:

A. Grundbezeichnung, I Z 1. Man soll eine Bezeichnung des Anfechtungsgrundes beifügen. Die Klagefrist des § 586 ist aber auch dann gewahrt, wenn der Kläger in ihr noch keinen Anfechtungsgrund nennt. Daher darf der Kläger neue Gründe beliebig nachschieben, sofern sie nicht bei der Klagerhebung durch Fristablauf vernichtet waren. Er darf auch solche Gründe nachschieben, die nach der Klagerhebung entstehen. Auch für solche Gründe läuft keine Frist, auch nicht die Fünfjahresfrist, § 586 II. Das Nachschieben eines Nichtigkeitsgrundes bei der Nichtigkeitsklage oder eines Restitutionsgrundes bei der Restitutionsklage ist keine Klagänderung. Wohl aber ist das Nachschieben eines Nichtigkeitsgrundes bei der Restitutionsklage und umgekehrt eine Klagänderung.

§§ 588–590   Buch 4. Wiederaufnahme des Verfahrens

3   B. *Beweismittelbezeichnung*, I Z 2. Man soll ferner die Beweismittel für den Grund und die Einhaltung der Notfrist angeben. In Frage kommen nur gesetzliche Beweismittel und ein gesetzlicher Beweisantritt. Ein Antrag auf Parteivernehmung nach §§ 445 ff ist unzulässig, § 581 II. Eine Glaubhaftmachung erfolgt nach § 294.

4   C. *Antrag*, I Z 3. Man soll schließlich einen Antrag zur Wiederaufnahme (Urteilsaufhebung) und zur Hauptsache beifügen. Der zweite Antrag ist in der mündlichen Verhandlung unentbehrlich, § 308 I, der erste kann sich aus dem zweiten ergeben. Wegen der Einheit der mündlichen Verhandlung des ersetzenden Verfahrens nach Üb 3 vor § 253, Grdz 15 vor § 578 kann sich der Antrag zur Hauptsache aus dem im Vorprozeß gestellten ergeben, Gilles ZZP **78**, 472. Eine Klagerweiterung ist möglich.

5   3) *Urkundenbeifügung*, II. Der Kläger soll die erforderlichen Urkunden beifügen. Auch das ist aber eben bloß eine Sollvorschrift. Denn wenn die Angabe des Anfechtungsgrundes nach I Z 1 nicht wesentlich ist, dann kann es auch nicht die Urkundenbeifügung zum Nachweis des Grundes sein.

6   4) *Verstoß*, I, II. Ein Verstoß nur gegen § 588 bleibt grundsätzlich ohne prozessuale Folgen. Jedoch muß man §§ 282, 296 beachten.

7   5) *VwGO: Anzuwenden nach § 153 I.*

589 *Zulässigkeitsprüfung.* ¹ ¹ Das Gericht hat von Amts wegen zu prüfen, ob die Klage an sich statthaft und ob sie in der gesetzlichen Form und Frist erhoben sei. ² Mangelt es an einem dieser Erfordernisse, so ist die Klage als unzulässig zu verwerfen.

II Die Tatsachen, die ergeben, dass die Klage vor Ablauf der Notfrist erhoben ist, sind glaubhaft zu machen.

1   1) *Systematik*, I, II. § 589 entspricht den §§ 522, 552. Eine wesentliche Abweichung ist, daß das Gericht die Zulässigkeitsprüfung bei § 589 grundsätzlich nur in der mündlichen Verhandlung vornehmen darf, Seetzen NJW **84**, 347. Von dieser Regel gelten Ausnahmen bei § 128 II, Braun NJW **84**, 349, und im WEG-Verfahren, BayObLG WoM **92**, 285, abgesehen von § 128 II.

2   2) *Regelungszweck*, I, II. Sinn der Vorschrift ist eine weitere Eingrenzung, diesmal auch im Interesse der Prozeßwirtschaftlichkeit nach Grdz 14 vor § 128, vor einer nochmaligen Erörterung des bisher ja noch rechtskräftig ausgeurteilten Streitstoffs.

3   3) *Geltungsbereich*, I 1. Die Prüfung erstreckt sich auf die allgemeinen Prozeßvoraussetzungen wie bei jeder Klage nach Grdz 12 vor § 253 und auf die besonderen Voraussetzungen der betreffenden Wiederaufnahmeklage. Das Gericht muß die folgenden Punkte prüfen: Die Statthaftigkeit, §§ 578, 583; die Wahrung der Form, §§ 253, 587; die Wahrung der Frist nach § 586 in diesem Verfahrensabschnitt, Grdz 15 vor § 578. Die Prüfung erstreckt sich dagegen nicht auf die Voraussetzungen des § 582.
Es findet eine *Amtsprüfung* nach Grdz 39 vor § 128 statt. Das geschieht noch in der Revisionsinstanz. Es gibt aber keine Amtsermittlung im Sinn von Grdz 38 vor § 128. Der Kläger muß nach § 294 diejenigen Tatsachen glaubhaft machen, die eine Fristwahrung ergeben. Er muß also die für die Glaubhaftmachung in Rn 3 erforderliche bereithalten. Der Restitutionsbekl muß dasselbe für seine Entgegnungen tun. Er darf sich auf eine bloße Glaubhaftmachung beschränken. Das Gericht darf und muß ein Geständnis nach § 288 und ein Anerkenntnis nach § 307 frei würdigen, § 286.

4   4) *Entscheidung*, I 2. Wenn ein wesentliches Erfordernis der Zulässigkeit fehlt, etwa die Behauptung eines Nichtigkeitsgrundes, dann muß das Gericht die Klage durch ein sog Prozeßurteil nach Üb 5 vor § 300 als unzulässig verwerfen. Das geschieht auf Grund einer mündlichen Verhandlung nach § 128 Rn 4, auch einer nach § 590 II abgesonderten, ohne Aussetzung, § 590 Rn 10, Köln MDR **91**, 452. Das Gericht kann die Zulässigkeit in einem Zwischenurteil nach § 303 oder im Endurteil bejahen. Es kam im Verwaltungsgerichtsverfahren auch eine Verwerfung durch Beschluß in Betracht, Art 2 § 5 EntlG, OVG Bre NJW **90**, 2337. Die als unzulässig verworfene Klage läßt sich innerhalb der Frist des § 586 mit besserer Begründung wiederholen.

5   5) *Glaubhaftmachung*, II. Die Glaubhaftmachung der Fristeinhaltung erfolgt nach § 294. Sie genügt für das ganze Verfahren. Eine Würdigung der in der Hauptsache angetretenen Beweise muß hier unterbleiben. Im echten streitigen Verfahren nach dem FGG nach Grdz 3 ff vor § 578 gilt bei II der Beibringungsgrundsatz, Grdz 20 vor § 128, Düss FamRZ **01**, 1538.

6   6) *VwGO: Anzuwenden nach § 153 I, BVerwG NVwZ 87, 219; zur Verwerfung, Rn 4, durch Beschluß, §§ 125 II VwGO, s VGH Mannh NJW 97, 145, OVG Münst NVwZ 95, 95, OVG Bre NJW 90, 2337.*

590 *Neue Verhandlung.* ¹ Die Hauptsache wird, insoweit sie von dem Anfechtungsgrunde betroffen ist, von neuem verhandelt.

II ¹ Das Gericht kann anordnen, dass die Verhandlung und Entscheidung über Grund und Zulässigkeit der Wiederaufnahme des Verfahrens vor der Verhandlung über die Hauptsache erfolge. ² In diesem Fall ist die Verhandlung über die Hauptsache als Fortsetzung der Verhandlung über Grund und Zulässigkeit der Wiederaufnahme des Verfahrens anzusehen.

III Das für die Klagen zuständige Revisionsgericht hat die Verhandlung über Grund und Zulässigkeit der Wiederaufnahme des Verfahrens zu erledigen, auch wenn diese Erledigung von der Feststellung und Würdigung bestrittener Tatsachen abhängig ist.

Buch 4. Wiederaufnahme des Verfahrens **§ 590**

Gliederung

1) **Systematik, Regelungszweck, I–III**	1, 2	3) **Ersetzende Entscheidung, I–III**		5–9
A. Dreiteilung des Verfahrens	1	A. Urteilsarten		5–8
B. Abgesonderte Verhandlung	2	B. Erstattungsanspruch		9
2) **Verhandlungsumfang, I–III**	3, 4	4) **Versäumnisverfahren, I–III**		10–12
A. Grundsatz: Begrenzung auf Anfechtungsgrund	3	A. Säumnis des Klägers		10
B. Einzelfragen	4	B. Säumnis des Beklagten		11
		C. Weitere Einzelfragen		12
		5) *VwGO*		13

1) Systematik, Regelungszweck, I–III. Die Vorschrift enthält einen auch in § 238 anzutreffenden **1** Gedanken. Sie dient mit seinen Möglichkeiten einer stufenweisen Abschichtung der Prozeßwirtschaftlichkeit nach Grdz 14 vor § 128. Sie bezweckt natürlich auch wiederum eine Eingrenzung der Notwendigkeit des erneuten Eindringens in einen bisher rechtskräftig ausgeurteilten Streitstoff. Sie dient damit der Rechtssicherheit, Einl III 43.

A. Dreiteilung des Verfahrens. Vgl zunächst Grdz 15 vor § 578. Das Gericht kann alle drei Verfahrensabschnitte in einem einheitlichen Verfahren zusammenfassen, BGH NJW **93**, 3140, aM Hamm FamRZ **96**, 558 (Zwang zur einheitlichen Entscheidung. Aber es kann sich als ratsam oder notwendig erweisen, wie bei einer Stufenklage nach § 254 Rn 12 stufenweise zu entscheiden). Nachdem das Gericht nach § 589 über die Zulässigkeit der Klage befunden hat, muß es über den Grund der Wiederaufnahme verhandeln lassen, §§ 579, 580. Es muß dazu eine Prüfung von Amts wegen vornehmen, Grdz 39 vor § 128. Das gilt auch für das Revisionsgericht.
Dieses muß die notwendigen tatsächlichen *Feststellungen* ausnahmsweise selbst treffen. Wenn das Gericht die Klage als unbegründet beurteilt, dann weist es die Klage durch ein Sachurteil eben als unbegründet ab. Wenn das Gericht den Grund bejaht, dann kann es das in einem Zwischenurteil nach § 303 oder im Endurteil tun, BGH NJW **82**, 2449. Das Gericht hebt dann die angefochtene Entscheidung auf (aufhebende Entscheidung, iudicium rescindens). Diese Aufhebung gilt rückwirkend, BVerfG NJW **00**, 1357. Darauf müssen die Parteien neu zur Hauptsache verhandeln, und das Gericht muß die neue Entscheidung an die Stelle der alten setzen (ersetzende Entscheidung, iudicium rescissorium). Sie kann sachlich die alte bestätigen, Rn 6. Die drei Entscheidungen lassen sich in einem Endurteil verbinden.

B. Abgesonderte Verhandlung. Das Gericht kann auch statt eines einheitlichen Verfahrens nach Rn 1 **2** eine abgesonderte Verhandlung über die Zulässigkeit und/oder den Grund anordnen, § 280, BGH **161**, 3. Es muß das tun, wenn verschiedene Verfahrensarten in Frage kommen, also im Urkundenprozeß nach §§ 592 ff, soweit das Gericht die Wiederaufnahmeklage gegen das Vorbehaltsurteil für zulässig erachtet, § 578 Rn 6, § 580 Rn 1. Dagegen muß dann das Gericht die Zulässigkeit und den Grund der Wiederaufnahme im Eheverfahren, Familienverfahren und Kindschaftsverfahren nach §§ 606 ff, 640 behandeln. Das Revisionsgericht darf ersetzend nur dann entscheiden, wenn nur sein Verfahren betroffen ist. Davon abgesehen muß das Revisionsgericht durch ein Zwischenurteil über die Zulässigkeit und den Grund erkennen und die Sache zurückverweisen, soweit Feststellungen des Berufungsgerichts betroffen sind, §§ 538, 563, BGH NJW **79**, 428.

2) Verhandlungsumfang, I–III. Das Gericht sollte ihn strikt einhalten. **3**

A. Grundsatz: Begrenzung auf Anfechtungsgrund. Die neue Verhandlung zur Hauptsache erstreckt sich nur auf den vom Anfechtungsgrund betroffenen Teil des Verfahrens. In diesen Grenzen ist sie eine neue unabhängige Verhandlung. Wegen des nicht betroffenen Rests wird das alte Verfahren fortgesetzt. Inwieweit das Verfahren betroffen ist, das muß man nach der Lage des Falles entscheiden. Bei § 580 Z 5 erfolgt stets eine neue Verhandlung über die gesamte Sache, KG NJW **76**, 1356.

B. Einzelfragen. Eine Abtrennung nach § 145 ist für einen abtrennbaren Teil möglich, sei es sachlich **4** oder zeitlich, also bis zu einem bestimmten Zwischenurteil oder Teilurteil, wegen der Einheitlichkeit der Verhandlung aber nicht bis zu einem Termin, StJGr 4, aM Gilles ZZP **80**, 398 (es sei eine tatsächliche Abtrennung erforderlich. Aber das ist nicht prozeßwirtschaftlich). Die andere Partei kann etwaige früher nicht vorgebrachte Scheidungsgründe vortragen. Denn der Prozeß ist insoweit in die Lage vor dem Erlaß des Urteils zurückversetzt. Alle Tatsachen, Beweismittel, Ansprüche, Prozeßhandlungen, die damals zulässig waren, sind es auch jetzt, soweit die Entscheidung das zuläßt. Frühere Bindungen etwa durch ein Anerkenntnis oder Geständnis oder infolge einer Mängelheilung nach § 295 wirken weiter, soweit sie nicht von der Anfechtung betroffen sind. Soweit das alte Verfahren bleibt, sind neue Angriffs- und Verteidigungsmittel ausgeschlossen. Denn insofern wirkt der Schluß der alten mündlichen Verhandlung weiter, §§ 136 IV, 296 a. Davon abgesehen entscheidet der Schluß der jetzigen Verhandlung.

3) Ersetzende Entscheidung, I–III. Sie erfolgt beim Stattgeben in zweierlei Richtungen. **5**

A. Urteilsarten. Die Entscheidung ergeht auf Grund einer neuen Würdigung des Streitstoffs nach § 286, soweit das Gericht nicht gebunden ist, Rn 3. Soweit die Bindung reicht, bleibt auch die alte Urteilsbegründung wirksam. Die Entscheidung lautet wie folgt.
Ablehnung. Soweit das Gericht die Wiederaufnahmeklage als unbegründet abweist, lautet das Urteil auf **6** eine Bestätigung des alten Urteils, nicht auf eine Klagabweisung, aM Gilles ZZP **80**, 419 (aber das ganze Verfahren sollte sich gerade im Urteil erkennbar auf die frühere Entscheidung beziehen, ähnlich einem Spruch des Rechtsmittelgerichts, ja sogar nach Einspruch gegen ein Versäumnisurteil usw). In Wahrheit ist das eine Aufhebung und eine Ersetzung. Es wäre aber nutzlos, beides auszusprechen.
Stattgeben. Soweit das Gericht der Wiederaufnahmeklage stattgibt, lautet das Urteil auf eine Aufhebung **7** des alten Urteils und eine neue Entscheidung. Das gilt auch dann, wenn das neue Urteil zu demselben Ergebnis kommt, RoSGo § 161 IV 3, aM StJGr Rn 10, ThP 5 (man könne auch nach § 343 vorgehen.

§§ 590, 591

Aber es gibt deutliche Abweichungen). Die neue Entscheidung kann auch ein Prozeßurteil sein, Üb 5 vor § 300. Das neue Urteil ist rechtsgestaltend und rückwirkend. Das alte Urteil gilt bei einer Aufhebung als von Anfang an nicht vorhanden. Die Aufhebung darf nicht über den Antrag hinausgehen, § 308 I, BAG DB **00**, 1084.

8 *Kosten.* Für die Prozeßkosten nach §§ 91 ff gilt das neue Verfahren als die Fortsetzung des früheren. Deshalb erfolgt eine einheitliche Kostenentscheidung über den gesamten Prozeß, Hbg FamRZ **81**, 963, LAG Ffm BB **01**, 2653, StJGr 18. Streitwert: § 3 Anh Rn 85 „Nichtigkeitsklage". Man darf die Zinsen und Kosten nicht hinzurechnen, § 4.

9 **B. Erstattungsanspruch.** Das abgeänderte Urteil gibt dem Sieger einen Anspruch auf Erstattung des auf das alte Urteil Geleisteten, aber ohne Zinsen. § 717 ist unanwendbar, aM ThP 5, ZöGre 15 (aber dort geht es um Folgen einer nur vorläufigen Vollstreckbarkeit). Eine Schadensersatzklage läßt sich mit der Wiederaufnahmeklage verbinden. Ein Zinsanspruch läßt sich allenfalls als ein sachlichrechtlicher Ersatzanspruch begründen. Durch eine Aufhebung des Scheidungsurteils wird aber eine stattgefundene Auseinandersetzung nicht hinfällig, wenn die Ehe wieder geschieden wird, Grdz 8 vor § 578.

10 **4) Versäumnisverfahren, I–III.** Das Gericht muß stets §§ 330 ff mitbeachten.
A. Säumnis des Klägers. In diesem Fall muß das Gericht die Zulässigkeit und der Anfechtungsgrund von Amts wegen prüfen, Grdz 39 vor § 128. Fehlt eines dieser Erfordernisse, so muß das Gericht die Klage durch ein echtes Versäumnisurteil verwerfen, §§ 330, 542 Rn 4, aM ThP 6 (unechtes Versäumnisurteil), ZöGre § 589 Rn 4 (aber es gibt keinen Anlaß zur Abweichung vom Regelfall). Wenn das Gericht die Voraussetzungen bejaht, erfolgt eine Sachabweisung durch ein echtes Versäumnisurteil entsprechend § 330.

11 **B. Säumnis des Beklagten.** In diesem Fall erfolgt eine Prüfung wie bei Rn 10. Beim Fehlen der Voraussetzungen verwirft das Gericht die Klage durch ein unechtes Versäumnisurteil, § 331 Rn 10. Wenn das Gericht die Zulässigkeit und einen Anfechtungsgrund bejaht, so verläuft das Verfahren wie sonst in der betreffenden Instanz. Wenn der Anfechtungsgrund das Verfahren nur teilweise betrifft, dann muß das Gericht zur Sache mit dieser Einschränkung erkennen. § 539 II ist anwendbar.

12 **C. Weitere Einzelfragen.** Eine Entscheidung nach Aktenlage erfolgt nach allgemeinen Grundsätzen, § 251a. Ein Urteil zur Hauptsache setzt eine Verhandlung über die Hauptsache im Wiederaufnahmeverfahren voraus.

13 **5)** *VwGO:* Anzuwenden nach § 153 I, BVerwG NVwZ **89**, 68. Über die Wiederaufnahme des Verfahrens gegen Beschlüsse, durch die die Beschwerde gegen die Nichtzulassung eines Rechtsmittels zurückgewiesen worden ist, ist durch Beschluß zu entscheiden, BVerwG DVBl **60**, 641; allgemein entspr anzuwenden sind §§ 125 III, 130a VwGO, VGH Mannh NJW **89**, 145 u NVwZ-RR **96**, 539 mwN. Die Kostenentscheidung ergeht nach allgemeinen Regeln mit Sondervorschrift für die erfolgreiche Wiederaufnahme in § 154 IV VwGO, Ey § 153 Rn 19, RedOe § 153 Anm 13.

591

Rechtsmittel. Rechtsmittel sind insoweit zulässig, als sie gegen die Entscheidungen der mit den Klagen befaßten Gerichte überhaupt stattfinden.

1 **1) Systematik.** Es handelt sich um keine bloße Klarstellung nach Rn 2, sondern um eine rechtsbegründende Vorschrift mit einer indirekten wohl im Zusammenhang mit § 585 stehenden Verweisung auf das Buch 3 des ZPO. Das nach § 590 Rn 5 ersetzende Urteil ist immer ein Spruch derjenigen Instanz, die es erlassen hat. Deshalb ist der gegen ein derartiges Urteil gegebene Rechtsbehelf statthaft.

2 **2) Regelungszweck.** Es ist nicht selbstverständlich, ein im Wiederaufnahmeverfahren ergehendes Urteil gleich welcher Art und Stufe nun seinerseits nochmals anfechtbar zu machen. Schließlich ist es vom Gesetz schon großzügig genug, die Wiederaufnahme überhaupt trotz Rechtskraft zu gewähren. Indessen soll die sachliche Gerechtigkeit nach Einl III 9 den Vorrang behalten. Das gilt insbesondere dann, wenn es überhaupt zu einer Entscheidung im Wiederaufnahmeverfahren gekommen ist. Das ist kein Luxus, sondern eine Folge der Rechtsstaatlichkeit, Einl III 15. Das Gesetz soll die Rechtsstaatlichkeit möglichst lückenlos gewähren.

3 **3) Geltungsbereich.** Vgl zunächst Grdz 4 ff vor § 578. § 591 gilt auch im echten streitigen Verfahren der freiwilligen Gerichtsbarkeit, Düss FamRZ **01**, 1538.

4 **4) Rechtsmittelmöglichkeiten.** Es entscheidet der gegenwärtige Rechtszustand. Daher ist es unerheblich, ob das Rechtsmittel der Revision auch gegen das frühere Urteil zur Zeit seines Erlasses möglich gewesen wäre. Gegen ein landgerichtliches Berufungsurteil ist kein Rechtsmittel zulässig. Demgemäß ist auch keine sofortige Beschwerde gegen einen die Prozeßkostenhilfe versagenden Beschluß zulässig, wenn das OLG als Berufungsinstanz entscheidet.

5 *Revision* ist nur unter den Voraussetzungen der §§ 542 ff gegeben. Das Gericht muß die Revision, soweit erforderlich, im Urteil in der Wiederaufnahmesache selbst zugelassen haben. Das Urteil beseitigt auch die rechtlichen Wirkungen eines Scheidungsurteils. Gegen ein die Wiederaufnahme bewilligendes Zwischenurteil ist nach § 280 II 1 das gegen ein Endurteil statthafte Rechtsmittel gegeben, BGH **161**, 2. Gegen die Versagung einer Prozeßkostenhilfe durch das LG wegen der Nichtigkeitsklage gegen ein Berufungsurteil ist keine sofortige Beschwerde zulässig.

6 Die *Rechtskraftwirkung* des neuen Urteils nach § 322 erstreckt sich immer nur auf den jeweiligen Anfechtungsgrund. Sie hindert daher eine neue Klage aus einem anderen Grund nicht. Dabei muß man natürlich auch § 586 beachten. Die neue Klage muß sich evtl gegen die beiden Urteile richten. Eine Wiederaufnahmeklage gegen das neue Urteil ist nach allgemeinen Grundsätzen zulässig. BFH BB **79**, 1705, Gaul ZZP **73**, 421.

7 **5)** *VwGO: Anzuwenden nach § 153 I.*

Buch 5
Urkunden- und Wechselprozess

Grundzüge

Schrifttum: *Hertel*, Der Urkundenprozeß unter besonderer Berücksichtigung von Verfassung (rechtliches Gehör) und Vollstreckungsschutz, 1992; *Peters*, Rechtsnatur und Beschleunigungsfunktion des Urkundenprozesses usw, 1996; *Schlosser*, Die Durchsetzung von Schiedssprüchen und ausländischen Urteilen im Urkundenprozeß usw, Festschrift für *Schwab* (1990) 435.

1) Systematik. Der Urkundenprozeß, von dem der Wechselprozeß nach §§ 602 ff und der Scheck- 1 prozeß nach § 605 a nur eine Abart sind, hat seine Eigentümlichkeit weniger in der Beschleunigung des Verfahrens als vielmehr in der Gewährung eines vorläufigen gerichtlichen Beistands aufgrund einer unvollständigen, aber zur Erreichung des Zwecks regelmäßig ausreichenden Sachprüfung, Hamm NJW **76**, 247. Er kann eine direkte Zwangsvollstreckung nach §§ 704 ff zur Folge haben, Wolf DB **99**, 1103. Insofern ähnelt er dem Arrestverfahren, Grdz 1, 5 vor § 916. Wegen des Eilcharakters ist auch eine Aussetzung des Urkundenprozesses grundsätzlich unzulässig, Einf 4 vor §§ 148–155, § 148 Rn 27 „Urkundenprozeß", Hamm NJW **76**, 246, Karlsr GRUR **95**, 263. Es sind freilich Ausnahmen denkbar, Mü JB **03**, 154. Das gilt wegen der Einheit zwischen Urkunden- und Nachverfahren nach § 600 Rn 1 auch im letzteren, § 600 Rn 4. Es findet kein obligatorisches Güteverfahren statt, § 15 a II 1 Z 4 EGZPO, Hartmann NJW **99**, 3748.

Der Urkundenprozeß hat *keine* sehr *große* praktische *Bedeutung*. Anders ist es beim Wechselprozeß. Im 2 Urkundenprozeß findet nur eine beschränkte Sachprüfung statt. Beachtlich sind nur der Anspruchsgrund sowie die durch Urkunden sofort beweisbaren Einwendungen des Beklagten, §§ 595 II, 598. Eine Widerklage ist unstatthaft, § 595 I. Zu einem endgültigen Ergebnis durch ein Urteil mit innerer Rechtskraft nach Einf 2 vor §§ 322–327 führt der Urkundenprozeß nur, wenn die Sache selbst nicht streitig wird. Andernfalls endet er mit einem Vorbehaltsurteil, §§ 597 II, 599. Erst das Nachverfahren nach § 600 bringt die endgültige Entscheidung. Da der im Nachverfahren unterliegende Kläger dem Beklagten für eine vorgenommene Zwangsvollstreckung nach §§ 600 II, 302 IV Ersatz leisten muß, bietet der Urkundenprozeß unter Umständen mehr Gefahren als Vorteile, abgesehen vom Wechsel- und Scheckprozeß, bei dem die Verhältnisse meist klar liegen.

2) Regelungszweck. Beschleunigung als Folge der Urkundeneigenschaft ist ein Hauptziel des Ur- 3 kundenprozesses. Dieses Ziel dient wirtschaftlichen Bedürfnissen. Man darf sie freilich nicht allzu leicht auf auch nur eventuelle Kosten der sachlichen Richtigkeit der Entscheidung befriedigen. Deshalb haftet dem Urkundenprozeß ein Element von Form- und Begründungsstrenge an. Erst dieses Miteinander ergibt ein vertretbares Maß von Erleichterung gegenüber dem Haupt- bzw Nachverfahren und die Notwendigkeit, das letztere in einigen Besonderheiten in diesem Buch der ZPO auch besonders zu regeln, § 600. Daher darf man auch den Urkundenprozeß nicht allzu großzügig zugunsten der einen wie der anderen Partei handhaben. Allerdings darf man auch nicht nur soziale Aspekte betonen, aM AG Brdb NZM **02**, 382 (aber es gibt gerade in dieser Verfahrensart durchaus auch andere rechtsschutzwürdige Zwecke).

3) Geltungsbereich. Beim AG gibt es ein Urkunden-, Wechsel- oder Scheckmahnverfahren in beson- 4 derer Ausgestaltung, § 703 a II. Im arbeitsgerichtlichen Verfahren sind die Vorschriften des Buches 5 unanwendbar, § 46 II 2 ArbGG, Fischer NJW **03**, 333 (anders beim Geschäftsführer-Dienstvertrag), aM Hamm NJW **80**, 1399 (zur Zuständigkeitsfrage).

4) VwGO. §§ 592 ff sind unanwendbar, weil der Verwaltungsprozeß ein Urteil auf Grund unvollständiger Sach- 5 prüfung, Rn 1, nicht kennt, der Anwendung also die grundsätzlichen Unterschiede der beiden Verfahrensarten entgegenstehen, § 173 VwGO.

592 Zulässigkeit.
[1] Ein Anspruch, welcher die Zahlung einer bestimmten Geldsumme oder die Leistung einer bestimmten Menge anderer vertretbarer Sachen oder Wertpapiere zum Gegenstand hat, kann im Urkundenprozess geltend gemacht werden, wenn die sämtlichen zur Begründung des Anspruchs erforderlichen Tatsachen durch Urkunden bewiesen werden können. [2] Als ein Anspruch, welcher die Zahlung einer Geldsumme zum Gegenstand hat, gilt auch der Anspruch aus einer Hypothek, einer Grundschuld, einer Rentenschuld oder einer Schiffshypothek.

Gliederung

1) Systematik, S 1, 2	1, 2	4) Urkundenbeweis, S 1, 2	7–13
A. Prozeßvoraussetzungen	1	A. Grundsatz: Urkundenbeweisbarkeit der	
B. Verfahrenswahl	2	klagebegründenden Tatsachen	7, 8
2) Regelungszweck, S 1, 2	3	B. Ausnahmen	9, 10
3) Geltungsbereich, S 1, 2	4–6	C. Urkundenbegriff	11–13
A. Nur Leistungsklage	4	5) Verstoß, S 1, 2	14
B. Anspruchsarten	5		
C. Anspruchsgrund	6		

§ 592

1) Systematik, S 1, 2. Vgl Grdz 1 vor § 592.

A. Prozeßvoraussetzungen. § 592 enthält die besonderen Prozeßvoraussetzungen des Urkundenprozesses. Das Gericht muß sie von Amts wegen zu prüfen, Grdz 39 vor § 128. Sie unterliegen nicht der Parteiherrschaft im Sinn von Grdz 18 vor § 128. Es muß eine Leistungsklage auf eine bestimmte Geldsumme oder eine Menge anderer vertretbarer Sachen vorliegen, § 253 Rn 49. Weitere Prozeßvoraussetzung ist die Beweisbarkeit sämtlicher klagebegründenden Tatsachen durch Urkunden.

Daneben müssen die *allgemeinen* Prozeßvoraussetzungen vorliegen, Grdz 12 vor § 253. Das gilt zB für das Rechtsschutzbedürfnis, Grdz 33 vor § 253, Hamm NJW **76**, 247. Die Verbindung des Urkundenprozesses mit einem ordentlichen Prozeß oder mit einem Scheck- oder Wechselprozeß ist unstatthaft, § 147 Rn 5. Die Rechtshängigkeit nach § 261 greift im Verhältnis vom ordentlichen Prozeß zum Urkundenprozeß und umgekehrt durch, Hamm NJW **78**, 58. Das Gericht muß eine Vereinbarung über einen Erfüllungsort bzw Gerichtsstand von Amts wegen prüfen, Grdz 39 vor § 128. Eine Ausländersicherheitsleistung des ursprünglichen Klägers, auch im Rechtsmittelzug bezogen, wegen der Kosten ist nach § 110 II Z 2 nicht erforderlich. Das gilt unabhängig von der Staatsangehörigkeit des Bekl.

B. Verfahrenswahl. Die Wahl des Urkundenprozesses statt des ordentlichen Prozesses steht immer im Ermessen des Klägers. Er muß die Wahl des Urkundenprozesses eindeutig erklären, § 593 Rn 3. Er braucht nicht etwa schon wegen dieser Verfahrensart diejenigen etwaigen Mehrkosten zu tragen, die sich im ordentlichen Prozeß ergeben. Er kann diese Wahl noch während des Urkundenprozesses ändern, § 596. Ein vertragsmäßiger Ausschluß des Urkundenprozesses ist als ein privatrechtlicher Vertrag über prozessuale Beziehungen wirksam, Grdz 48 vor § 128, BGH **148**, 288. Das gilt freilich nur auf Grund einer Rüge des Bekl, § 597 Rn 6, BGH **148**, 288. Ein Urkunden-, Wechsel- oder Scheckmahnbescheid nach § 688 leitet ohne weiteres in den entsprechenden Prozeß über. Ein Übergang aus dem Mahnverfahren oder Prozeß in einen Urkunden-, Wechsel- oder Scheckprozeß ist nur unter den Voraussetzungen des § 263 möglich, § 593 Rn 1.

2) Regelungszweck, S 1, 2. Vgl zunächst Grdz 3 vor § 592. Dem Beschleunigungszweck entsprechen die zusätzlichen Anforderungen an der Anspruchsart und ihre Beweisbarkeit. Man sollte auch den Gesichtspunkt einer Prozeßwirtschaftlichkeit nicht vergessen, Grdz 14 vor § 128. Daher darf man keine zu strengen Bedingungen stellen. „Bestimmte Geldsumme" zielt ja nur auf das Ergebnis einer Forderung, nicht so sehr auf ihren Entstehungsgrund. „Bewiesen werden können" meint in diesem Anfangsstadium des Urkundenprozesses noch nicht „bewiesen ist". Die Praxis tut sich manchmal mit beiden Begriffen etwas schwer.

3) Geltungsbereich, S 1, 2. Es gibt drei Aspekte zu beachten.

A. Nur Leistungsklage. Der Urkundenprozeß läßt nur eine Leistungsklage zu, Grdz 8 vor § 253.

Zulässig sind: Eine Klage vor dem Eintritt der Fälligkeit nach §§ 257 ff, also auch eine Klage auf künftige Leistung, Bussmann MDR **04**, 674, oder eine Klage auf eine Leistung Zug um Zug. Etwas anderes gilt im Mahnverfahren, § 688 II Z 2. Eine Klagerhebung gilt als Kündigung. Die beschränkte Erbenhaftung hindert eine Klagerhebung nicht, weil sie nur die Zwangsvollstreckung betrifft; eine Klage auf Zahlung an einen Dritten; eine Haftungsklage; eine Klage auf die Hinterlegung einer Geldsumme, aM ZöGre 1 (aber auch eine Hinterlegung ist eine Leistungsvorstufe); ein Honoraranspruch des Anwalts; wegen des Wechselprozesses § 602 Rn 2.

Unstatthaft sind: Die Klage auf eine nicht vertretbare Leistung; eine Feststellungsklage, § 256, BGH Wertp-Mitt **79**, 614, Mü BB **85**, 698, auch nach § 256 II; eine Klage auf Vornahme einer Handlung, zB einer Willenserklärung, aber auch Unterlassung, s aber Rn 5; eine Gestaltungsklage, Grdz 10 vor § 253; eine Klage auf die Befreiung von einer Geldschuld; eine Klage auf Feststellung zur Insolvenztabelle, § 179 I InsO, Mü BB **85**, 698, aM ZöGre 3 (aber eine bloße Feststellung ist gerade noch keine Leistung). Wenn daher die Eröffnung des Insolvenzverfahrens einen Urkundenprozeß unterbricht, § 240, dann geht er kraft Gesetzes in das ordentliche Verfahren über, Mü NJW **85**, 983, ThP 4, aM MüKoBr 6, StJSchl Rn 2 a, ZöGre 3 (aber es bleibt dabei, daß Feststellung nicht schon Leistung bedeutet).

B. Anspruchsarten. Der Anspruch mag sich auf eine bestimmte Geldsumme richten. Sie genügt unabhängig von der Klagebegründung, BGH NZM **99**, 401. Es genügt, daß sie sich aus einer einfachen und klaren Berechnung ergibt, § 253 Rn 49, BayObLG DNotZ **76**, 367. Der Anspruch kann aus den vorgenannten Gründen auch auf eine Mietforderung lauten, BGH NJW **05**, 2701 (krit Fischer WoM **05**, 554), Rostock NZM **03**, 317, LG Mü NZM **05**, 63 (auch bei Wohnraum, aM Düss WoM **04**, 417 (nur bedingt), KG ZMR **99**, 394, LG Gött NZM **00**, 1054, AG Brdb NZM **02**, 382 (je: nicht bei Wohnraum, Üb zum Problem Sturhahn NZM **04**, 441. Aber es geht ja zunächst nur um die grundsätzliche Zulässigkeit). Natürlich muß man im Einzelfall die Besonderheiten der Klagebegründung auch beachten, Blank NZM **00**, 1087. Das bedeutet aber auch nicht, daß man den sozialen Aspekt allein betonen darf, Rn 2, aM AG Brdb NZM **02**, 382. Solche Auslegung mißachtet den klaren Wortlaut des Gesetzes. Es genügt auch ein fälliger Anspruch aus einem Geschäftsführer-Dienstvertrag, Fischer NJW **03**, 334.

Der Anspruch kann auch auf eine bestimmte Menge anderer *vertretbarer Sachen* nach § 91 BGB oder von Wertpapieren nach § 821 Rn 2 gehen, auch solchen, die nicht auf den Inhaber lauten. Nicht ausreichend ist ein Anspruch auf Wertpapiere aus dem Nummernverzeichnis einer Bank. Denn sie sind abgesondert. Ansprüche anderer Art auf ein Tun oder Unterlassen sind im Urkundenprozeß nicht statthaft.

Davon sind folgende Fälle *ausgenommen*: Ein Anspruch aus einer Hypothek, Grundschuld, Rentenschuld, Schiffshypothek und, da § 592 nach § 99 I LuftfzRG sinngemäß anwendbar ist, ein Anspruch aus einem Registerpfandrecht an einem Luftfahrzeug; ein Anspruch aus einer Reallast, § 1107 BGB. Der Grund dieser Ausnahmen besteht darin, daß es sich dabei der Sache nach nur um Ansprüche auf Duldung der Zwangsvollstreckung handelt. Darum gelten diese Ausnahmen auch für andere derartige Duldungsansprüche, zB gegen den Testamentsvollstrecker. Auf einen Rückforderungsanspruch nach einer Bürgschaft auf erstes Anfordern ist der Urkundenprozeß meist unanwendbar, BGH **148**, 288.

Buch 5. Urkunden- und Wechselprozeß **§ 592**

C. Anspruchsgrund. Er ist unter den Voraussetzungen Rn 1–5 für die Statthaftigkeit unerheblich. 6

4) Urkundenbeweis, S 1, 2. Einem Grundsatz stehen Ausnahmen gegenüber. 7

A. Grundsatz: Urkundenbeweisbarkeit der klagebegründenden Tatsachen. Der Kläger muß sämtliche klagebegründenden, also zur Schlüssigkeit notwendigen Tatsachen im Umfang der Beweisbedürftigkeit durch Urkunden beweisen können, §§ 420 ff, BGH **62**, 286, ThP 6, ZöGre 10. Er muß diese Tatsachen durch nach §§ 593 II, 595 III vorlegbare Urkunden beweisen können, aM BGH NJW **85**, 2953 (Indiztatsachen reichten aus. Aber §§ 592 ff fordern aus guten Gründen die Urkundenbeweisbarkeit gerade durch einen Hauptbeweis, Einf 11 vor § 284). Zu diesen Tatsachen gehören die Sachbefugnis nach Grdz 23 vor § 50 und die Vertretungsmacht. Urkundlich zu beweisen ist also zB die Abtretung oder die Vollmacht desjenigen, der eine Urkunde als Vertreter unterschrieben hat. Hat der Unterzeichner den Kläger vertreten und genehmigt dieser dessen Vertretung durch Klagerhebung nach §§ 253, 261, so ist ein Urkundenbeweis für die Vertretungsmacht entbehrlich. Zum Klagegrund gehört ferner die Fälligkeit des Anspruchs. Die Klage ist aber als Kündigung auslegbar. Sie macht deshalb eine Urkunde über die Kündigung entbehrlich. Urkundlich zu beweisen ist ferner eine Genehmigung des Vormundschaftsgerichts oder eine Vorleistungspflicht des Bekl.

Hat der Kläger bei einem gegenseitigen Vertrag nach § 320 BGB *vorgeleistet* und macht er das durch seine 8 Erwiderung auf die Einrede des Bekl geltend, so gehört das nicht zum Klagegrund. Etwas anderes gilt dann, wenn der Kläger nach einer ausdrücklichen Abmachung oder kraft Gesetzes vorleisten mußte und vorgeleistet hat. Beim Bürgschaftsanspruch muß der Kläger die Begründung der Hauptschuld urkundlich darlegen. Bei der Bürgschaft auf erstes Anfordern kann sich der Bürger im Urkundenprozeß nicht darauf berufen, sie sei nicht notwendig gewesen, Hamm MDR **00**, 517. Bei einer Klage auf Dienstlohn muß der Kläger die Leistung der Dienste urkundlich darlegen. Zur Werkabnahme genügt die Darlegung des Ablaufs der etwaigen Frist des § 12 Z 5 I VOB/B, Stgt RR **86**, 898. Des Urkundenbeweises bedürfen ferner: Nachgeschobene Klagegründe; eine Klagergänzung auf eine Einwendung; ein Nebenanspruch, außer im Wechselprozeß, § 605 II, und außer den Kosten.

B. Ausnahmen. Keines Urkundenbeweises bedürfen: Das Prozeßführungsrecht, Grdz 22 vor § 50, 9 StJSchl 8 (etwas anderes ist die Sachbefugnis, Rn 7); Prozeßvoraussetzungen, Grdz 12 vor § 253; Zulässigkeitsrügen, § 282 III, BGH NJW **86**, 2763 (Schiedsvereinbarung, § 51); die Prozeßfähigkeit; die Rechtshängigkeit in einem anderen Verfahren, § 261; eine Gerichtsstandsvereinbarung, § 38; eine nach § 288 zugestandene oder nach § 291 offenkundige Tatsache; dasjenige, was sonst keines Beweises bedarf, wie: unstreitige oder als zugestanden geltende Tatsachen, § 138 III, IV, § 597 Rn 5, BGH **62**, 286, Jena MDR **97**, 975, AG Kerpen FamRZ **02**, 832, aM MüKoBr 14, ZöGre 11 (aber der Prozeß ist kein Selbstzweck, Einl III 10).

Weitere Beispiele: Erfahrungssätze, Einf 22 vor § 284; das ausländische Recht, § 293; die Nämlichkeit 10 der Partei, Grdz 4 vor § 50, zB des Inhaberrechts des Einzelkaufmanns; im Fall eines Inhaberwechsels nach der Begründung des Anspruchs die Berechtigung des derzeitigen Inhabers. Das Gericht kann auch aus dem Parteiverhalten Schlüsse ziehen. Es kann die umstrittene Tatsache also auch ohne jede Beweisaufnahme für wahr halten, § 286 Rn 4, Köln DB **83**, 105. Es kann bei Nebenforderungen usw von der Möglichkeit einer freien Beweiswürdigung einen weitgehenden Gebrauch machen. Denn das Verfahren hat ja nur einen vorläufigen Charakter. Jedenfalls genügt aber eine bloße Glaubhaftmachung nach § 294 nicht.

C. Urkundenbegriff. Der Urkundenbeweis ist durch Urkunden im Sinne der §§ 415 ff notwendig, 11 also durch schriftliche Urkunden, Üb 3 vor § 415. Ausreichend ist auch eine gedruckte Urkunde oder ein Telefax. Denn die Unterschrift ist weder begrifflich noch für die Beweiskraft ein wesentlicher Teil der Urkunde. Es genügt also eine Urkunde jeder Art, Hbg DB **83**, 105, Köln NJW **92**, 1774 (Telefax), Rostock NZM **03**, 317 (Protokoll), auch ein in- oder ausländischer Schiedsspruchtenor, Schlosser Festschrift für Schwab (1990) 448, oder ein schriftliches Sachverständigengutachten, § 411. Die Urkunde braucht nicht Trägerin des Rechts selbst zu sein. Ausreichend ist auch eine fremdsprachige Urkunde ohne Übersetzung. Vgl freilich § 142 III. Ausreichend ist auch ein Beweisprotokoll, § 160 III Z 4, 5. Doch darf man die Grenzen zwischen dem Zeugenbeweis und dem Urkundenbeweis nicht verwischen.

Ein *Protokoll* im selbständigen Beweisverfahren nach § 492 II ist unzulässig, aM Schlosser (vor Grdz 1 vor 12 § 592) 438 (aber es handelt sich um einen mittelbaren Zeugenbeweis). Ebenso unzulässig ist eine privatschriftliche Zeugenbekundung, auch eine eidesstattliche, wenn sie die persönliche Vernehmung ersetzen soll, Ffm WertpMitt **75**, 87, RoSGo § 163 II 2 d, aM StJSchl 17, ZöGre 15 (aber damit öffnet man der Umgehung Tor und Tür).

Eine Erklärung in einer *amtlich beglaubigten* Urkunde nach § 418 Rn 5 „Beglaubigung" ist verwendbar. 13 Ausreichend ist auch eine eigene Urkunde der Partei, etwa ein Handelsbuch oder ein Schlußschein. Das kann mindestens dem Anscheinsbeweis dienen. Der Schuldner braucht aber an der Urkundenerrichtung nicht mitgewirkt zu haben. Ob die Vorlegung der Urkunde notwendig ist, das richtet sich nach dem sachlichen Recht und nach dem Prozeßrecht, § 595 III. Ein Antrag auf Aktenbeiziehung reicht nicht aus, § 420. Bei einem Orderpapier oder einem Inhaberpapier weist der Besitz aus. Der Beweis der Echtheit richtet sich nach § 595. Ein Prozeßvergleich nach Anh § 307 kann reichen, wenn zB wegen irgendeiner Unklarheit über ihn ein Rechtsschutzbedürfnis trotz dieses in vollstreckungsrechtlicher Hinsicht vorliegenden Vollstreckungstitels besteht, Grdz 33 vor § 253, Hamm NJW **76**, 246. Ist das Beweismittel im Urkundenprozeß zulässig, so darf und muß das Gericht es wie sonst auslegen, § 286 Rn 63, BGH NJW **95**, 1683. Er darf seinen Beweiswert frei prüfen, § 286. Das Gericht darf dann, wenn die eigene Sachkunde ausreicht, auf eine Urkunde verzichten, aM Karlsr GRUR **95**, 263 (aber dann gibt es nicht mehr zu beweisen). Das Gericht muß die Echtheit einer Urkunde nach §§ 437 ff prüfen. Nur insoweit ist auch ein Antrag auf Parteivernehmung nach §§ 445 ff zulässig, § 595 II.

§§ 592–594

14 **5) Verstoß, S 1, 2.** Soweit auch nur eine der besonderen Voraussetzungen nach Rn 1 fehlt, muß das Gericht die Klage als in der gewählten Prozeßart unstatthaft abweisen, § 597 II. Soweit eine allgemeine Prozeßvoraussetzung nach Rn 1 fehlt, muß es die Klage als überhaupt unzulässig abweisen, Grdz 14 vor § 253. Das gilt selbst dann, wenn außerdem eine der besonderen Voraussetzungen fehlt. Soweit das Gericht einen im Urkundenprozeß unzulässigen Beweis im Urteil verwertet, liegt ein Verfahrensfehler vor. Er kann auf Antrag zur Zurückverweisung nach § 538 führen. Das höhere Gericht darf ein solches Beweismittel und daher auch eine unzulässig geschaffene Urkunde nicht verwerten.

593 Klageinhalt; Urkunden [1]
I Die Klage muss die Erklärung enthalten, dass im Urkundenprozess geklagt werde.

II [1] Die Urkunden müssen in Urschrift oder in Abschrift der Klage oder einem vorbereitenden Schriftsatz beigefügt werden. [2] Im letzteren Falle muss zwischen der Zustellung des Schriftsatzes und dem Termin zur mündlichen Verhandlung ein der Einlassungsfrist gleicher Zeitraum liegen.

1 **1) Systematik, I, II.** Die Vorschrift nennt über den im übrigen anwendbaren § 253 hinaus besondere Prozeßvoraussetzungen, Grdz 12 vor § 253. Es findet kein obligatorisches Güteverfahren statt, Grdz 1 vor § 592.

2 **2) Regelungszweck, I, II.** Die Vorschrift dient in I der Klarstellung der Verfahrensart in ihrer Abweichung vom Normalprozeß. Sie dient also der Rechtssicherheit, Einl III 43. II 1 macht zwecks Prozeßwirtschaftlichkeit nach Grdz 14 vor § 128 in Anlehnung an den oft verkannten § 420 die Einreichung der Urkunden schon mit der Klageschrift zur Obliegenheit des Klägers, Rn 8. II 2 soll sicherstellen, daß der Bekl in jedem Fall mindestens die zwei Wochen der Einlassungsfrist im Inland bzw der etwas längeren Frist bei einer Auslandszustellung nach § 274 III Zeit zur Prüfung erhält, wie er sich auf die Urkunde äußern will. Das Ausreichen einer bloßen Urkundenkopie nach I 1 steht nicht im Gegensatz zu § 420 Rn 4. Denn § 593 gilt schon im Stadium der Klageinreichung usw. Demgegenüber gilt § 420 erst im Stadium des Beweisantritts.

3 **3) Geltungsbereich: Erklärung, I.** Man muß eine Klage zunächst wie im Normalprozeß erheben, § 253. Sie muß aber außerdem die Erklärung enthalten, daß der Kläger im Urkundenprozeß klagt. Das bedeutet die Unterwerfung des Klägers unter dieses besondere Verfahren und den Hinweis an den Bekl darauf. Darum genügt es, daß der Wille des Klägers eindeutig ersichtlich ist, BGH BB **77**, 1176. Wenn die Erklärung fehlt, wird die Klage im ordentlichen Verfahren anhängig ist, dann ist eine Überleitung in den Urkundenprozeß nur entsprechend § 263 möglich, BGH **69**, 68 (er bejaht die Sachdienlichkeit nur ganz ausnahmsweise). Es erfolgt also keine Heilung nach § 295. Der Kläger kann sich im Urkundenprozeß auf den mit zulässigen Urkunden beweisbaren Teil eines Anspruchs beschränken. Wegen des Mahnverfahrens vgl § 703 a.

4 **4) Urkundenbeifügung, II.** Man muß Notwendigkeit und Frist beachten.

A. Grundsatz: Ausreichen einfacher Abschrift, II 1. Es handelt sich um eine Vorschrift zum Schutz des Bekl. Der Kläger muß sämtliche Urkunden, die die klagebegründenden Tatsachen nach § 592 Rn 7 beweisen sollen, der Klage oder einem vorbereitenden Schriftsatz nach § 129 Rn 5 urschriftlich oder abschriftlich beifügen. II verlangt nicht eine Beglaubigung der Abschrift, aM Düss JZ **88**, 572 (aber das Gesetz sagt klar, wenn es gerade eine beglaubigte Abschrift fordert, zB in § 317 IV 1). Erklärungen in der Klage wie die Kündigung bedürfen keines weiteren Belegs. Ein Auszug genügt, wenn er dem Bekl das Nötige mitteilt. Die Beifügung einer Übersetzung aus einer fremden Sprache ist zunächst nicht vorgeschrieben. Der Kläger muß aber auf Anordnung des Gerichts eine Übersetzung beifügen, § 142 III. Eine formlose Mitteilung des Schriftsatzes genügt, § 270. Die bloße Urkundenniederlegung auf der Geschäftsstelle nach § 133 I reicht nicht aus. Die Beiziehung von Akten, die dem Prozeßgericht nicht vorliegen, ist unzulässig, BGH VersR **94**, 1233.

5 **B. Frist, II 2.** Liegen die Urkunden der Klage nicht bei, so muß zwischen der Zustellung der Klage und dem Termin zur maßgebenden mündlichen letzten Tatsachenverhandlung die Einlassungsfrist der fraglichen Instanz und der fraglichen Prozeßart liegen, § 274 Rn 6 ff. Eine Verletzung dieser Vorschrift begründet regelmäßig die Revision nicht. Denn das Urteil kann im allgemeinen nicht auf solcher Verletzung beruhen. Das Gericht muß die Frist auch bei einer Vorlegung der Urkunden in der mündlichen Verhandlung wahren, es sei denn, daß die Fristwahrung sinnlos wäre, etwa weil sich der Bekl schon auf die Urkunden erklärt hat. Andernfalls muß das Gericht dem Kläger vernünftigerweise eine Frist zur Behebung des Mangels bewilligen und deshalb vertagen, § 227 I. Bei einer Vertagung muß das Gericht die Einlassungsfrist wahren. Sie wird von der Urkundenvorlegung an berechnet.

6 **C. Berufungsverfahren, II 1, 2.** Für die Berufungsinstanz gilt dasselbe. Die Urkundenvorlegung ist noch dort statthaft, sofern die Einlassungsfrist bis zur Berufungsverhandlung gewahrt ist.

7 **D. Versäumnisverfahren, II 1, 2.** Über das Versäumnisverfahren § 597 Rn 8.

8 **E. Verzichtbarkeit, II, 1, 2.** II ist eine zwingende Vorschrift. Der Bekl kann aber auch auf ihre Einhaltung verzichten, § 295, StJSchl 5, ThP 4, ZöGre 12, aM RoSGo § 163 III 1 (aber es handelt sich nicht um einen elementaren Verstoß).

594 (weggefallen)

Buch 5. Urkunden- und Wechselprozess **§§ 595, 596**

595 *Keine Widerklage; Beweismittel.* ¹ **Widerklagen sind nicht statthaft.**

II Als Beweismittel sind bezüglich der Echtheit oder Unechtheit einer Urkunde sowie bezüglich anderer als der im § 592 erwähnten Tatsachen nur Urkunden und Antrag auf Parteivernehmung zulässig.

III Der Urkundenbeweis kann nur durch Vorlegung der Urkunden angetreten werden.

1) Systematik, Regelungszweck, I–III. Die Vorschrift enthält mehrere unterschiedlich geartete Einschränkungen gegenüber dem ordentlichen Prozeß. Sinn ist auch hier eine Beschleunigung und Vereinfachung, Grdz 12, 14 vor § 128.

2) Geltungsbereich, I–III. Eine Widerklage nach Anh § 253 ist im Urkundenprozeß unstatthaft, BGH 149, 226 (zustm Remmerbach MDR **02**, 407). Das gilt auch dann, wenn sie nach § 592 zum Urkundenprozeß geeignet wäre, MüKoBr 1, ThP 1, ZöGre 2, aM StJSchl 1 (aber I ist nach Wortlaut und Sinn eindeutig, Einl III 39). Das Gericht muß die trotzdem erhobene Widerklage durch ein Prozeßurteil als im Urkundenprozeß unstatthaft abweisen, Grdz 14 vor § 253, Üb 5 vor § 300. Freilich ist eine Trennung entsprechend § 145 denkbar. Im Nachverfahren nach § 600 ist die Widerklage zulässig. Ein Gegenantrag aus §§ 600 II, 304 II oder § 717 II 2 ist keine Widerklage. Er ist deshalb zulässig, sofern er sich zum Urkundenprozeß eignet, § 592. Eine Streitverkündung ist zulässig, § 72, ebenso Streithilfe, § 66.

3) Beweismittel, II. Ein Grundsatz hat einige Ausnahmen. 3

A. Grundsatz: Nur Urkundenbeweis bei klagebegründenden Tatsachen. Klagebegründende Tatsachen lassen nur den Beweis durch Urkunden zu, § 592, BGH **148**, 288, nicht den Beweis durch eine Parteivernehmung nach §§ 445 ff. Alle anderen Tatsachen erlauben nur den Beweis durch Urkunden oder durch den Antrag auf Parteivernehmung. Die Zulässigkeit ist von der Notwendigkeit einer Vertagung unabhängig. Vgl freilich §§ 282, 296, 530, 531. Eine Privaturkunde scheidet als Zeugenersatz grundsätzlich aus, Mü MDR **98**, 1180. Vgl freilich § 377 III.

Das gilt namentlich für: Eine Aufrechnung, BGH NJW **00**, 144; Einreden; Erwiderungen auf Einreden; die Echtheit oder die Unechtheit einer Urkunde, §§ 437 ff. Die Beschränkung der Beweismöglichkeit gilt auch für die Beseitigung der Geständniswirkung, aM StJSchl 5 (aber II gilt uneingeschränkt). Eine Schriftvergleichung nach § 441 ist ein Augenscheinsbeweis, § 441 Rn 3, aM Becht NJW **91**, 1996 (aber zu ihr braucht der Richter seine Augen). Sie deshalb unzulässig. § 446 ist anwendbar. Die Vernehmung einer Partei von Amts wegen nach § 448 ist unzulässig. Das gilt selbst dann, wenn diese Partei sofort aussagen kann.

B. Ausnahmen. Für alle Prozeßvoraussetzungen nach Grdz 12 vor § 253 kann keine von beiden Einschränkungen gelten. Das gilt auch für andere von Amts wegen klärungsbedürftige Fragen, § 592 Rn 1. Das gilt auch zB für die Kosten, Karlsr OLGZ **86**, 125. Es gilt ferner für Prozeßhindernisse, über die der Bekl verfügen darf. Für sie und überhaupt für alle prozeßrechtlich erheblichen Tatsachen wie die Unterbrechung oder eine Aussetzung sind sämtliche Beweismittel zulässig.

4) Beweisantritt, III. Er erfolgt nur durch die Vorlegung der Urkunde nach § 420 Rn 4. Er erfolgt also 5 nicht schon durch einen Antrag nach §§ 421, 428, 431. Zulässig ist eine Bezugnahme auf Akten des Gerichts, nicht nur der Abteilung oder der Kammer, BGH NJW **98**, 2280, auch auf eine Akte eines anderen Gerichts, die dem Prozeßgericht vorliegt. Unzulässig ist aber eine Bezugnahme auf solche Akten, die erst herbeigeschafft werden müssen. Von Amts wegen findet keine Beiziehung statt, Grdz 39 vor § 128, auch nicht nach § 273 II Z 2. Der Kläger braucht die Urkunde nicht zu übergeben. Es ist unerheblich, ob er die Urkunde schon vorher nach § 593 mitgeteilt hatte. In einem späteren Termin ist die Vorlegung der Urkunde nur dann notwendig, wenn sie einer neuen Beweisaufnahme dient.

596 *Abstehen vom Urkundenprozess.* **Der Kläger kann, ohne dass es der Einwilligung des Beklagten bedarf, bis zum Schluss der mündlichen Verhandlung von dem Urkundenprozess in der Weise abstehen, dass der Rechtsstreit im ordentlichen Verfahren anhängig bleibt.**

1) Systematik. Der Kläger kann den Urkundenprozeß nach § 592 Rn 2 anwählen und nach § 596 1 abwählen, solange noch keine Entscheidungsreife nach § 300 Rn 5 durch den Verhandlungsschluß eingetreten ist, §§ 136 IV, 296 a. Hs 2 stellt den Unterschied zu einer Klagerücknahme nach § 269 klar.

2) Regelungszweck. Die Vorschrift dient einerseits der Parteiherrschaft, Grdz 18 vor § 128. Sie dient 2 andererseits der Prozeßwirtschaftlichkeit, Grdz 14 vor § 128. Soweit keine natürlich außerdem mögliche Klagerücknahme vorliegt, bedarf es auch nicht der Zustimmung des Bekl. Das darf aber nicht zur Entbehrlichkeit derjenigen Obliegenheiten führen, die die eine oder andere Partei im ordentlichen Verfahren beachten muß. Andernfalls könnte zB der Kläger solche Lasten durch eine anfängliche Wahl des Urkundenprozesses trotz dessen Aussichtslosigkeit nebst anschließendem Wechsel ins ordentliche Verfahren in einem ihm geeignet erscheinenden Zeitpunkt umgehen. Das wäre als prozessuale Arglist verboten, Einl III 54.

3) Geltungsbereich: Zulässigkeit einer Abstandnahme. Jede Instanz hat Eigenregeln. 3

A. Erste Instanz. Der Kläger darf bis zum Schluß der mündlichen Verhandlung erster Instanz nach §§ 136 IV, 296 a einseitig von dem Urkundenprozeß Abstand nehmen. Damit nimmt er seinen Antrag auf eine Verhandlung im Urkundenprozeß nach § 593 I zurück. In dieser Erklärung liegt aber keine Klagerücknahme nach § 269, Vollkommer NJW **00**, 1685, sondern eine Klagänderung, § 263 Rn 28 „Urkundenprozeß", zumindest ein ihr ähnlicher Vorgang, Vollkommer NJW **00**, 1684. Der Kläger kann auch dann Abstand nehmen, wenn der Urkundenprozeß zulässig ist. Er vermeidet dann eine Prozeßabweisung, Grdz 14 vor § 253, BGH **80**, 100 (abl Zeiss JR **81**, 333). Das Gericht muß auf einen sachdienlichen Antrag hinwirken, § 139. Der Bekl kann natürlich nicht Abstand nehmen. Ein Abstand für einen zum Teilurteil

1783

§§ 596, 597

nach § 301 geeigneten Teil des Anspruchs ist zulässig. Er kann eine Trennung nach § 145 herbeiführen, BGH NJW **03**, 2386. Statthaft ist auch ein Übergang vom Wechsel- oder Scheck- zum Urkundenprozeß und umgekehrt. Das ist keine Abstandnahme im Sinn von § 596. Unstatthaft ist ein wechselrechtlich begründeter Antrag im Wechselprozeß, hilfsweise im Urkundenprozeß, BGH NJW **82**, 524. Möglich ist auch ein Übergang vom Wechsel-, Wechsel- oder Scheckanspruch zum Grundgeschäft in das ordentliche Verfahren, § 263, § 264 Rn 14, 15.

4   **B. Berufung.** In zweiter Instanz ist § 263 entsprechend anwendbar, BGH BB **04**, 461, krit Vollkommer NJW **00**, 1685 (weist auf Systemwidrigkeit hin und empfiehlt Aufhebung des Vorbehaltsurteils und Zurückverweisung nach § 538 I Z 4. Man sollte aber prozeßwirtschaftlich vorgehen, Grdz 14 vor § 128). Das gilt auch dann, wenn die erste Instanz abgewiesen hat, Ffm MDR **88**, 326, aM RoSgo § 163 II 4, StJSchl 5 (aber auch dann ist die Prozeßwirtschaftlichkeit beachtlich). Es steht nicht entgegen, daß damit das in der ersten Instanz schwebende Nachverfahren gegenstandslos wird. Die zulassende Entscheidung ist unanfechtbar. Wenn das Berufungsgericht die Sachdienlichkeit im Sinn von § 540 verneint, bleibt der Prozeß in derselben Berufungsinstanz im Urkundenprozeß anhängig, Ffm MDR **88**, 327.

5   **C. Revision.** In der Revisionsinstanz ist ein Abstand nicht mehr möglich.

6   **D. Abstandserklärung.** Die Abstandserklärung des Klägers ist eine unwiderrufliche Parteiprozeßhandlung, Grdz 47 vor § 128, Naumb NZM **99**, 1008. Sie erfolgt entweder in der mündlichen Verhandlung bis zu deren Schluß, §§ 136 IV, 296 a, VerfGH Sachsen MDR **98**, 1365, Köln VersR **93**, 902, und noch nach einer Erledigung der Hauptsache, § 91 a, Naumb NZM **99**, 1008, oder schriftlich im schriftlichen Verfahren nach § 128 II oder im Aktenlageverfahren, § 251 a (das übersieht Köln VersR **93**, 902). Das gilt auch dann, wenn die Partei zugleich die Hauptsache für erledigt erklärt. Denn nur die letzte Erklärung kann nach § 91 a I 1 schriftlich erfolgen. Der Kläger kann seine Erklärung auch bei einem Säumnis des Bekl abgeben, § 331. Die Erklärung muß eindeutig sein, BGH VersR **88**, 942. Sie muß unbedingt und vorbehaltlos sein. Sie muß dahin gehen, daß der Kläger nur das Grundgeschäft als zusätzliche oder alleinige Anspruchsgrundlage einführt, BGH VersR **88**, 942. Die Erklärung kann auch durch eine schlüssige Handlung erfolgen, zB durch eine ausdrückliche Zustimmung zur Erhebung eines von Bekl angetretenen und im Urkundenprozeß eigentlich unzulässigen Beweises. Die bloße Bezugnahme auf ein im Urkundenprozeß unzulässiges Beweismittel bedeutet aber keine Abstandserklärung, BGH WertpMitt **79**, 803.

7   Ein Abstand unter der *Bedingung*, daß das Gericht den Urkundenprozeß für unstatthaft halte, hindert eine Prozeßabweisung nach Grdz 14 vor § 253 nicht, ebensowenig ein bloßer Antritt des Zeugenbeweises oder eine bloße Erwiderung auf die im Urkundenprozeß aus dem Grundgeschäft erhobenen Einwendungen, BGH VersR **88**, 942. Das Gericht muß aber § 139 beachten. Eine Teilabstandnahme außerhalb des Falls Rn 3 ist unbeachtlich. Freilich mag das Gericht nach § 145 vorgehen. Die Erklärung des Abstands ist in erster Instanz nicht von einer Einwilligung des Bekl abhängig, wohl aber in der Berufungsinstanz (Klageänderung, auch bei Sachdienlichkeit), LG Bln NZM **98**, 909. Sie kann vor oder nach der Beweisaufnahme und auch nach dem Erlaß eines Versäumnisurteils erfolgen. Die Erklärung des Abstands ist unanfechtbar, Grdz 56, 58 vor § 128. Eine zulässige Erklärung bewirkt einen tatsächlichen Stillstand des Verfahrens nach Üb 1 vor § 239 bis zu einer neuen Ladung. Wenn der Bekl bei der Erklärung anwesend ist, kann der Kläger eine sofortige Verhandlung im ordentlichen Verfahren verlangen. Der Bekl hat grundsätzlich keinen Vertagungsanspruch nach § 227 I. Er muß nämlich verständigerweise nach § 282 stets mit einer Abstandserklärung des Klägers rechnen.

8   Die *Beweisbeschränkungen entfallen*. Neue Beweisangebote sind grundsätzlich zulässig, VerfGH Sachsen MDR **98**, 1365. Wenn der Kläger aber neue Tatsachen oder Beweismittel geltend macht oder wenn der Bekl Zeit braucht, um seine erst jetzt erheblichen Einwendungen oder Beweismittel vorzutragen, dann muß das Gericht §§ 227 oder 283 beachten. Mit einer Aufrechnung nach § 145 Rn 8 darf das Gericht den Bekl nur dann ausnahmsweise ausschließen, wenn die Abstandnahme erst in zweiter Instanz erfolgt. Entsprechendes gilt für eine Widerklage, Anh § 253.

9   Bei einer *Säumnis* des Bekl ergeht keine Versäumnisentscheidung nach § 331 ohne eine rechtzeitige schriftsätzliche Ankündigung des Abstands, weil sie auf einer anderen Tatsachenwürdigung beruht, § 335 I Z 3. Auch das AG muß die Abstandnahme als Sachantrag vorher durch Zustellung dem Gegner mitteilen, §§ 495, 270. Zum neuen Termin lädt das Gericht die Parteien nach § 214 unter Einhaltung der Ladungsfrist, § 217. Das Gericht muß die Einlassungsfrist des § 274 III dann beachten, wenn es diejenige des Urkundenprozesses nicht eingehalten hatte, aM ZöGre 9 (aber wenigstens jetzt muß es einmal korrekt zugehen).

10   **4) Rechtshängigkeit.** Die Abstandnahme läßt die Rechtshängigkeit nach § 261 mit ihren prozessualen und sachlichrechtlichen Wirkungen fortdauern. Alle bisherigen Prozeßhandlungen nach Grdz 46 vor § 128 bleiben voll wirksam. Das gilt zB für ein Geständnis nach § 288 und für Beweisverhandlungen. Ebenso bleiben wirksam: Bisherige Entscheidungen; die Zuständigkeit; die Befreiung von einer Sicherheitsleistung; ein eingetretener Ausschluß. Ist der Ausschluß aber durch den Schluß der mündlichen Verhandlung nach §§ 136 IV, 296 a eingetreten, so ist eine Nachholung zulässig. Denn die Verhandlung gilt als Einheit. Das Gericht muß die Kosten einheitlich behandeln. Die Mehrkosten des ordentlichen Verfahrens treffen den Unterliegenden, § 91.

597

Klageabweisung. [I] Insoweit der in der Klage geltend gemachte Anspruch an sich oder infolge einer Einrede des Beklagten als unbegründet sich darstellt, ist der Kläger mit dem Anspruch abzuweisen.

[II] Ist der Urkundenprozess unstatthaft, ist insbesondere ein dem Kläger obliegender Beweis nicht mit den im Urkundenprozess zulässigen Beweismitteln angetreten oder mit solchen Beweismitteln nicht vollständig geführt, so wird die Klage als in der gewählten Prozessart unstatthaft abgewiesen, selbst wenn in dem Termin zur mündlichen Verhandlung der Beklagte nicht er-

Buch 5. Urkunden- und Wechselprozess **§ 597**

schienen ist oder der Klage nur auf Grund von Einwendungen widersprochen hat, die rechtlich unbegründet oder im Urkundenprozess unstatthaft sind.

Gliederung

1) Systematik, I, II 1	A. Grundsatz: Prozeßabweisung 6
2) Regelungszweck, I, II 2	B. Ausnahmen 7, 8
3) Gewöhnliche Prozeßabweisung, I 3	6) Rechtskraft, II 9
4) Sachabweisung, I 4, 5	7) Versäumnisverfahren, I, II 10, 11
5) Unstatthaftigkeit der Prozeßart, II 6–8	

1) Systematik, I, II. §§ 597–599 enthalten die Regelung der im Urkundenprozeß möglichen Entschei- **1** dungen. Dazu treten die §§ 330 ff für die Fälle der Säumnis. § 597 behandelt die Erfolglosigkeit. §§ 598, 599 behandeln den Erfolg der Klage in dieser Prozeßart.

2) Regelungszweck, I, II. Es bedarf einer Klarstellung der Tragweite der Klagabweisung in einer **2** Prozeßart, die der Kläger zwar nach dem Verhandlungsschluß nach § 596 nicht mehr verlassen darf, die aber wegen ihrer eigentümlichen Beschränkung von Angriffsmitteln nach § 592 auch keine stets endgültige Abweisung erlaubt. Damit dient § 597 der Rechtssicherheit, Einl III 43. Man muß die Vorschrift entsprechend strikt auslegen.

3) Gewöhnliche Prozeßabweisung, I. Die Abweisung kann eine gewöhnliche Prozeßabweisung der **3** Klage als „unzulässig" sein, Grdz 14 vor § 253, Üb 5 vor § 300. Sie muß zB dann erfolgen, wenn allgemeine Prozeßvoraussetzungen fehlen, § 592 Rn 1. Denn das Gericht muß sie auch im Urkundenprozeß von Amts wegen prüfen, Grdz 39 vor § 128. Die Rechtskraftwirkung ergreift nur den betreffenden Mangel wie stets.

4) Sachabweisung, I. Der Urkundenprozeß führt zu einer Schlüssigkeitsprüfung des Klaganspruchs, **4** BGH MDR **91**, 423. Sie führt entweder zu einer Verurteilung des Bekl unter einem Vorbehalt nach § 599 oder zur Klagabweisung. Diese ist eine Sachabweisung, wenn die Klage nach dem eigenen sachlichen Vorbringen des Klägers unbegründet ist, BGH MDR **91**, 423 (der Kläger beruft sich auf eine in Wahrheit verbotene AGB-Klausel), oder wenn sie auf Grund von Einwendungen des Bekl sachlich unbegründet ist, BGH **70**, 267, Rostock NZM **03**, 317, oder wenn der Kläger auf den Anspruch verzichtet, § 306. Das gilt auch bei einer mangelhaften Einzelbegründung. Es ist also eine Teilabweisung zulässig, § 301 I.

Bei einer *Säumnis des Klägers* muß das Gericht zunächst die Statthaftigkeit des Urkundenprozesses prüfen. **5** Wenn das Gericht sie bejaht, dann ist eine sachabweisende Versäumnisentscheidung zulässig, § 330. Andernfalls erfolgt nur eine Prozeßabweisung, Grdz 14 vor § 253. Denn der Bekl kann im Säumnisverfahren nicht mehr erreichen als im ordentlichen Verfahren, § 330 Rn 5, ThP 5, ZöGre 6, aM MüKoBr 11, StJSchl 2 (aber das Gericht muß die Statthaftigkeit auch im ordentlichen Prozeß prüfen, und nur darauf kommt es entsprechend an). Die Rechtskraftwirkung der Sachabweisung nach § 322 ergreift den Anspruch selbst, BGH MDR **91**, 423. Man kann ihn daher insoweit auch nicht mehr im Nachverfahren nach § 600 geltend machen, BGH MDR **91**, 423, oder im ordentlichen Prozeß.

5) Unstatthaftigkeit der Prozeßart, II. Dem Grundsatz stehen wichtige Ausnahmen gegenüber. **6**

A. Grundsatz: Prozeßabweisung. Ist die Klage in der gewählten Prozeßart unstatthaft oder liegt eine nach § 596 Rn 7 unzulässige Teilabstandnahme vor, so erfolgt grundsätzlich ebenfalls eine Prozeßabweisung eben als zB „im (gegenwärtigen) Urkundenprozeß unstatthaft", BGH BB **01**, 2133, sofern nicht Rn 5, 6 vorliegt, Grdz 14 vor § 253. Das gilt zB beim Fehlen der besonderen Prozeßvoraussetzungen des Urkunden- oder Wechselprozesses, § 592 Rn 1, 2, dh wenn der Urkundenprozeß nicht statthaft ist oder wenn der Kläger einen Beweis nicht mit den im Urkundenprozeß statthaften Beweismitteln geführt hat, LG Augsb WoM **93**, 417. Das erstere kann bei entgegenstehender Schiedsvereinbarung gelten, Wolf DB **99**, 1107, aM Düss WertpMitt **95**, 1488, vgl aber auch § 602 Rn 2. Das letztere trifft zu, wenn für die klagebegründenden Tatsachen der Urkundenbeweis und im übrigen der Beweis durch Urkunden oder durch Parteivernehmung versagen, § 595 Rn 2.

Das Gericht muß die Voraussetzungen des Urkundenprozesses auch bei einer *Säumnis des Bekl* von Amts wegen prüfen, Grdz 39 vor § 128, BGH **62**, 290, Ffm MDR **75**, 232. Unerheblich sind dabei etwaige Einwendungen des Bekl wie stets bei der Prüfung der Prozeßvoraussetzungen. Denn ohne eine vorherige Prüfung der Prozeßvoraussetzungen darf keine Sachprüfung stattfinden, Grdz 14 vor § 253, Ffm MDR **82**, 153. Diese Voraussetzungen sind der Parteivereinbarung nach Grdz 18 vor § 128 verschlossen. Die Beifügung der Urkunden nach § 593 II gehört nicht zu ihnen. Eine Prozeßvoraussetzung ist nur die Beweisbarkeit durch Urkunden. Ein wirksamer Prozeßvertrag nach Einl III 11 dahin, den Anspruch nach § 592 Rn 2 nicht im Urkundenprozeß geltend zu machen, führt zur Unstatthaftigkeit dieser Verfahrensart. Der Bekl muß die Einrede einer Schiedsvereinbarung nach § 1025 Rn 15 schon im Vorbehaltsverfahren erheben, Düss NJW **83**, 2149.

B. Ausnahmen. Darum genügt es zur Statthaftigkeit des Urkundenprozesses, daß der Bekl die klagebe- **7** gründenden Tatsachen nicht ernstlich bestreitet oder zugesteht, § 288 Rn 4, 5, oder daß sie nach § 291 offenkundig sind, BGH **70**, 267, Mü MDR **04**, 532, StJSchl 4, aM Ffm MDR **82**, 153, Köln VersR **93**, 902 (aber auch der Urkundenprozeß ist kein Selbstzweck, Einl III 10). Auch § 138 III gilt hier, BGH MDR **76**, 561.

Bei einem *Anerkenntnis* ergeht ein Anerkenntnisurteil nach § 307 ohne eine Prüfung der Statthaftigkeit **8** des Urkundenprozesses und ohne einen Vorbehalt, § 599 I. Die Prüfung der allgemeinen Prozeßvoraussetzungen nach Grdz 12 vor § 253, zB diejenige der Zuständigkeit, geht der Prüfung der besonderen Voraussetzungen vor. Manche weisen auch dann nach II ab, wenn der Bekl zwar nicht seine in erster Linie erhobenen Einwendungen bewiesen hat, wohl aber eine Hilfsaufrechnung nach § 145 Rn 13 mit den im Urkundenprozeß nach § 592 zulässigen Beweismitteln beweisen konnte, BGH **80**, 99 (abl Zeiss JR **81**, 333).

§§ 597–599

Andere verlangen gegenüber einer unstreitigen, anderweitig hilfsweise erhobenen, noch anhängigen Aufrechnungsforderung den Beweis ihres Verbrauchs mit den Mitteln des Urkundenprozesses durch den Kläger, BGH NJW **86**, 2767.

9 **6) Rechtskraft, II.** Die Rechtskraftwirkung einer Abweisung nach Rn 6, § 322, berührt nur das Urkundenverfahren. Sie steht einem neuen Urkundenprozeß entgegen, nicht einem solchen im ordentlichen Verfahren, BGH NJW **89**, 429. Ein Nachverfahren findet bei einer Abweisung nach II nicht statt. Denn es erfolgt ja keine Verurteilung des Bekl, § 599 I, BGH NJW **89**, 429. Ein Schriftsatz „im Nachverfahren" ist aber evtl in eine Klage für ein ordentliches Verfahren umdeutbar, Grdz 52 vor § 128, BGH MDR **89**, 429. Wenn das Gericht die Klage wegen eines Beweismangels abgewiesen hatte, dann hindert die Rechtskraft nur einen Urkundenprozeß mit denselben Beweismitteln.

10 **7) Versäumnisverfahren, I, II.** Bei einer Säumnis des Bekl gelten nur die Echtheit einer ordnungsmäßig mitgeteilten Urkunde und die Übereinstimmung der Abschrift mit der Urschrift als zugestanden, § 331 I 1. Deshalb ist eine Vorlegung der Urkunde nicht notwendig. Nur Wechsel und sonstige Orderpapiere und Inhaberpapiere muß man zum Nachweis der Inhaberschaft vorlegen. Für den Sachvortrag gilt die Unterstellung des Geständnisses nicht, II. Sie gilt insbesondere auch nicht für die Behauptung einer Gerichtsstandsvereinbarung, §§ 38 II, 331 I 2. Das folgt aus der Beschränkung des Beweises auf Urkunden. Darum muß das Gericht die Klage entweder durch ein Prozeßurteil nach Rn 6 abweisen oder ein vorbehaltloses Versäumnisurteil erlassen, wenn die vorgelegten Urkunden den Klagantrag rechtfertigen.

11 Die *Vertretungsmacht* desjenigen, der eine Urkunde für einen anderen unterzeichnet hat, wird sich meist ausreichend aus den Umständen ergeben. Notfalls muß man die Vertretungsmacht durch einen Auszug aus dem Handelsregister usw nachweisen. Wenn dieser Nachweis wahrscheinlich ist, dann muß das Gericht nach § 335 I Z 3 vertagen.

598 *Zurückweisung von Einwendungen.* Einwendungen des Beklagten sind, wenn der dem Beklagten obliegende Beweis nicht mit den im Urkundenprozeß zulässigen Beweismitteln angetreten oder mit solchen Beweismitteln nicht vollständig geführt ist, als im Urkundenprozess unstatthaft zurückzuweisen.

1 **1) Systematik, Regelungszweck.** Vgl zunächst § 597 Rn 1, 2. Was dort für Angriffsmittel erläutert ist, muß entsprechend für die ja nur begrenzt möglichen Verteidigungsmittel in dieser Prozeßart gelten, natürlich erst recht bei § 599.

2 **2) Geltungsbereich.** § 598 betrifft nur sachlichrechtlich begründete, also schlüssige, aber nicht mit zulässigen Beweismitteln bewiesene Einwendungen des Bekl, Üb 62 vor § 253. Das Gericht muß sachlichrechtlich unbegründete, also unschlüssige Einwendungen schon in den Gründen des Vorbehaltsurteils endgültig als unbegründet abweisen, also mit Wirkung für das Nachverfahren, BGH WertpMitt **79**, 272, aM ThP 3 (im Nachverfahren sei der Vortrag neuer Tatsachen für die Schlüssigkeit der Einwendung sowie neuer Tatsachen und Beweismittel für deren Begründetheit zulässig. Aber § 598 dient auch der Prozeßförderung und dem Ausschluß der von Anfang an unbegründeten Einwendungen).

Sachlichrechtlich begründete *Einwendungen* bleiben dem Nachverfahren aufgespart. Das gilt auch für die Hauptaufrechnung, selbst wenn die Tatsache ihrer Erklärung aus einer Urkunde des Klägers ersichtlich ist. §§ 145 III, 302 sind gegenüber der Sondervorschrift § 598 unanwendbar, MüKoBr 3, RoSGo § 163 III 4 c, aM StJSchl 3, ThP 2 (aber eine Spezialvorschrift hat nun einmal Vorrang).

3 Bei einer *Hilfsaufrechnung* nach § 145 Rn 13 kommt es darauf an, ob der Bekl seine in erster Linie erhobenen Einwendungen mit zulässigen Beweismitteln bewiesen hat. Ist das nicht der Fall, so muß das Gericht die Einwendungen nach § 598 selbst dann als unstatthaft zurückweisen, wenn die Hilfsaufrechnungstatsachen zulässig beweisbar oder bewiesen sind, BGH **80**, 97, aM ZöGre 10 (er wendet § 597 II an. Aber § 598 ist eben vorrangige Spezialvorschrift). Auch wenn der Bekl erklärt, er trete gar keinen Beweis an, gilt § 598. Denn vorbehaltlich einer Zurückweisung wegen Verspätung ist ein Beweis bis zum Schluß der letzten Tatsachenverhandlung nach §§ 136 IV, 296 a zulässig. Man kann mit einer Forderung aufrechnen, die nach § 1025 unter eine Schiedsvereinbarung fällt, Düss NJW **83**, 2149. Der Kläger kann mit einer im Urkundenprozeß rechtshängigen Forderung in einem anderen Prozeß aufrechnen, § 145 Rn 15 ff. Dasselbe gilt mit einer im Wechselprozeß rechtshängigen Forderung, BGH MDR **77**, 1013.

4 **3) Zurückweisung.** Das Gericht muß alle nicht zulässig bewiesenen, entscheidungserheblichen, also schlüssigen Einwände in den Entscheidungsgründen des Vorbehaltsurteils als im Urkundenprozeß unstatthaft zurückweisen. Das gilt, falls den Bekl die Beweislast nach Anh § 286 trifft. Das letztere muß das Gericht also prüfen. Diese Einwendungen darf die Partei im dann nach § 599 I zulässigen Nachverfahren mit allen Beweismitteln der ZPO weiterverfechten, BGH **70**, 267.

599 *Vorbehaltsurteil.* [I] Dem Beklagten, welcher dem geltend gemachten Anspruch widersprochen hat, ist in allen Fällen, in denen er verurteilt wird, die Ausführung seiner Rechte vorzubehalten.

[II] Enthält das Urteil keinen Vorbehalt, so kann die Ergänzung des Urteils nach der Vorschrift des § 321 beantragt werden.

[III] Das Urteil, das unter Vorbehalt der Rechte ergeht, ist für die Rechtsmittel und die Zwangsvollstreckung als Endurteil anzusehen.

Schrifttum: *Hall,* Vorbehaltserkenntnis und Anerkenntnisvorbehaltsurteil im Urkundenprozeß, 1992.

Buch 5. Urkunden- und Wechselprozess § 599

Gliederung

1) **Systematik, I–III** 1	5) **Vorbehaltsurteil, I, II** 7, 8
2) **Regelungszweck, I–III** 2	A. Vorbehaltsausspruch 7
3) **Geltungsbereich: Vorbehaltlose Verurteilung, I–III** 3	B. Verstoß 8
A. Allgemeine Prozeßvoraussetzungen 3	6) **Wirkung des Vorbehaltsurteils, III** 9–11
B. Besondere Prozeßvoraussetzungen 3	A. Grundsatz: Auflösend bedingte Bindung 9
4) **Widerspruch, I, II** 4–6	B. Einstellung der Zwangsvollstreckung ... 10
A. Erklärung 4	C. Weitere Einzelfragen 11
B. Säumnis 5	7) **Rechtsmittel, I–III** 12
C. Unanwendbarkeit 6	

1) Systematik, I–III. Vgl zunächst § 597 Rn 1. § 599 stellt einen der Fälle eines Vorbehaltsurteils dar, **1** §§ 302, 602, 605 a.

2) Regelungszweck, I–III. Die Vorschrift dient wegen der Eigenart des Urkundenprozesses folgerichtig **2** der Rechtswahrung des ja nur mit beschränkten Verteidigungsmöglichkeiten behandelten Bekl und damit der sachlichen Gerechtigkeit, Einl III 9. Das Bedürfnis nach Prozeßwirtschaftlichkeit ist mit dem stattgebenden Vorbehaltsurteil zugunsten des Klägers befriedigt. Jetzt soll der Bekl mit allen sonst zulässigen Mitteln zum „Gegenangriff" berechtigt sein, wie ihn § 600 im einzelnen ermöglicht.

3) Geltungsbereich: Vorbehaltlose Verurteilung, I–III. Es steht dem Bekl frei, ob er im Urkunden- **3** prozeß der Klageforderung ohne eine Begründung widerspricht, ob er nur einzelne Einwendungen erhebt oder ob er sich umfassend verteidigt, BGH NJW **93**, 668. Das Gericht muß den Bekl vorbehaltlos verurteilen, wenn die folgenden Voraussetzungen vorliegen.

A. Allgemeine Prozeßvoraussetzungen. Zunächst müssen die allgemeinen Prozeßvoraussetzungen vorliegen, Grdz 12 vor § 253. Außerdem müssen folgende Bedingungen erfüllt sein: Entweder muß der Bekl den Klaganspruch vorbehaltlos anerkannt haben, § 307, LG Hann RR **87**, 384, aM ZöGre 8 (aber was soll dann noch weiter fehlen?). Im Fall eines insofern widersprüchlichen oder unklaren Vortrags kann das Gericht den Erlaß eines Anerkenntnisurteils ablehnen. Das Anerkenntnisurteil wird in der Praxis im Kostenpunkt oft als Vorbehaltsurteil behandelt. Das ist irreführend, Schriever MDR **79**, 24, LG Aachen RR **86**, 360, aM Häsemeyer ZZP **85**, 226, RoSGo § 163 III 5 d (aber mit einem Anerkenntnis nebst zugehörigem Urteil erlischt das Schutzbedürfnis des Bekl schon im „normalen" Prozeß). Oder der Bekl muß säumig sein oder nicht verhandeln, §§ 331, 333.

B. Besondere Prozeßvoraussetzungen. Es müssen außerdem stets die besonderen Prozeßvoraussetzungen vorliegen, § 592 Rn 1, 2, § 597 Rn 8. Das gilt auch dann, wenn er in einer früheren Verhandlung dem Anspruch widersprochen hatte.

4) Widerspruch, I–III. Man muß drei Aspekte beachten. **4**

A. Erklärung. Widerspricht der Bekl dem Anspruch in der mündlichen Verhandlung, so kann das nur dazu führen, daß das Gericht entweder die Klage abweist oder dem Bekl bei einer Verurteilung die Ausführung seiner Rechte vorbehalten muß. Das gilt selbst dann, wenn der Widerspruch zulässigerweise keine Begründung enthält, BGH NJW **88**, 1468 (zustm Bilda JR **88**, 332), oder wenn sich die gegebene Begründung als sogar von vornherein offensichtlich objektiv nicht ausreichend herausstellt. Ein schriftlicher Widerspruch ist nur im schriftlichen Verfahren zulässig, § 128 II, oder im Aktenlageverfahren nach § 251 a, Naumb MDR **94**, 1246.
Der Widerspruch *muß deutlich sein*. Er kann aber in einer schlüssigen Handlung liegen, Grdz 52 vor § 128. Er liegt in jeder Verteidigung gegen eine unbedingte Verurteilung, zB im Klagabweisungsantrag, Hamm MDR **82**, 415. Er liegt auch in der Behauptung, der Bekl hafte nur Zug um Zug oder nur beschränkt als Erbe, aM ThP 4 (aber auch das ist eine echte Verteidigung gegen eine volle Verurteilung). Der Bekl kann den Widerspruch zurücknehmen. Eine Aussetzung des Verfahrens widerspricht meist der Natur des Urkundenprozesses, § 148 Rn 35, BGH ZZP **87**, 86, Hamm NJW **76**, 247. Eine bloße Kostenverwahrung ist wegen § 308 II kein Widerspruch, Schwarz/ZZP **110**, 187.

B. Säumnis. Im Fall der anfänglichen oder späteren Säumnis des Bekl liegt kein Widerspruch vor. Daher **5** darf das Gericht in das Versäumnisurteil keinen Vorbehalt aufnehmen, § 331 Rn 8, ThP 2, ZöGre 6, aM Naumb MDR **94**, 1246, MüKoBr 3 (aber ein Vorbehalt ohne Widerspruch ist systemwidrig. Das gilt schon deshalb, weil der klare Wortlaut von I. Säumnis läßt sich nun wirklich nicht in ihr Gegenteil umdeuten. Das Gericht darf auch nicht auf Grund eines Klägerantrags einen Vorbehalt aufnehmen.

C. Unanwendbarkeit. Die Vorschrift findet bei einer Vorlage nach Art 100 I GG oder beim Aner- **6** kenntnis „unter Vorbehalt" nach § 307 Rn 4 keine Anwendung, § 302 Rn 1. Dasselbe gilt natürlich bei Versäumnisurteil gegen den Bekl nach § 331 Rn 8 oder bei einem mit einem Anerkenntnis auf die Kostenfrage beschränkten Widerspruch, § 308 II, BGH RR **92**, 254, Karlsr OLGZ **86**, 124, RoSGo § 163 III 5 d, aM MüKoBr 4, StJSchl 2, ZöGre 7 (aber das ist gerade kein Widerspruch in der Hauptsache, den I voraussetzt!).

5) Vorbehaltsurteil, I, II. Es ergeht keineswegs stets fehlerfrei. **7**

A. Vorbehaltsausspruch. Das Gericht muß einen notwendigen Vorbehalt von Amts wegen in die Urteilsformel aufnehmen, BGH NJW **81**, 394. Ein Vorbehalt bloß in den Gründen wäre unbeachtlich. Freilich darf und muß man die Urteilsformel unter Heranziehung von Tatbestand und Entscheidungsgründen auslegen, § 322 Rn 6. Das Gericht bezeichnet den Vorbehalt nur als denjenigen der „Ausführung der Rechte (im Nachverfahren)". Der Vorbehalt ist im Fall einer Abweisung der Klage unzulässig, BGH WertpMitt **81**, 386, ZöGre 4, aM Grunsky ZZP **77**, 468 (aber ein Urteil ist nicht für Widersprüchliches da). Das Gericht muß eine unschlüssige Einwendung vorbehaltlos zurückweisen, Düss WoM **99**, 708.

§§ 599, 600

Die *Kostenentscheidung* ist nach §§ 91 ff notwendig. Natürlich ist auch die zur Sachentscheidung getroffene Kostenentscheidung vom Vorbehalt mitbetroffen, anders als die unzulässige isolierte Kostenentscheidung „unter Vorbehalt", Rn 6. Eine Kostenübernahme meint im Zweifel auch die Kosten des Nachverfahrens, Hamm Rpfleger **75**, 322. Im Fall beiderseitiger wirksamer Erledigterklärungen entscheidet das Gericht durch einen Vorbehaltsbeschluß nach § 91 a unter Berücksichtigung des wahrscheinlichen Ausgangs eines sonst erfolgten Nachverfahrens, aM ZöGre § 596 Rn 12 (er will durch einen erst im Nachverfahren anfechtbaren Vorbehaltsbeschluß entscheiden. Aber die Entscheidungsreife ist zur Kostenfrage bereits jetzt eingetreten). Wegen der vorläufigen Vollstreckbarkeit Rn 9. Auch die höhere Instanz muß von Amts wegen den Vorbehalt machen, wenn sie eine Klagabweisung in eine Verurteilung ändert, Mü RR **87**, 1024. Dasselbe gilt dann, wenn sie eine vorbehaltlose Verurteilung in eine solche nach I ändert. Der zweitinstanzliche Vorbehalt führt in diesem Umfang auf Antrag (jetzt) nach § 538 zur Zurückverweisung, Mü RR **87**, 1024. Eine Wiederholung des erstinstanzlichen Vorbehalts ist bei einer Zurückweisung des Rechtsmittels nicht erforderlich.

8 **B. Verstoß.** Hat das Gericht einen notwendigen Vorbehalt unterlassen, dann darf der Bekl eine Ergänzung nach II in Verbindung mit § 321 beantragen, Hamm BB **92**, 236. Da das Urteil falsch ist, darf er auch ein Rechtsmittel einlegen. Er braucht die Berufung nicht weiter zu begründen, wenn er nur das Fehlen des Vorbehalts rügt, Hamm BB **92**, 236. Nur das Rechtsmittel bleibt ihm offen, wenn die Frist des § 321 II bereits abgelaufen ist, Hamm BB **92**, 236. Wenn der Kläger den Vorbehalt für falsch hält, dann muß er im Urkundenprozeß Rechtsmittel einlegen. Im Nachverfahren läßt sich der Vorbehalt nicht mehr beseitigen. Wird ein vorbehaltloses Urteil nach § 322 rechtskräftig, so gibt es keine Abhilfe mehr. Es bindet dann die rechtliche Beurteilung des Schlüssigkeit und der Einwendungen im Nachverfahren, § 600 Rn 6, Karlsr RR **91**, 1151. Das Urteil braucht nicht bestimmte Einwendungen aufzuführen. Denn im Nachverfahren sind nicht nur die nach § 598 vorbehaltenen Einwendungen zulässig.

9 **6) Wirkung des Vorbehaltsurteils, III.** Sie entsteht in zwei Hauptrichtungen.
 A. Grundsatz: Auflösend bedingte Bindung. Das Vorbehaltsurteil ist insoweit bindend, als es um einen Punkt des Streitverhältnisses geht, dessen Klärung erforderlich ist, damit das Vorbehaltsurteil überhaupt ergehen kann, BGH NJW **04**, 1159. Im übrigen ist es in allen Teilen des Tenors ein durch seine Aufhebung im Nachverfahren auflösend bedingtes Urteil, Üb 9 vor § 300. Das gilt auch wegen der Kosten, Kblz VersR **85**, 1149. Das Vorbehaltsurteil gilt für die Rechtsmittel- und die Zwangsvollstreckung als Endurteil. Es ist daher der äußeren Rechtskraft fähig, Einf 1 vor §§ 322–327, § 767 Rn 17 ff, BGH NJW **04**, 1159, Michalski ZMR **96**, 639. Sie tritt mit dem Ablauf der Rechtsmittelfrist ein, § 705. Der Eintritt der Rechtskraft macht das Vorbehaltsurteil für das Nachverfahren in den obigen Grenzen bindend, BGH NJW **04**, 1159. Er macht es im übrigen endgültig vollstreckbar, aM LG Lüb Rpfleger **86**, 315 (aber nun darf man wirklich nicht mehr im Erkenntnisverfahren tun). Schon vorher muß das Gericht sein Vorbehaltsurteil nach § 708 Z 4 für vorläufig vollstreckbar erklären, BGH **69**, 272.

10 **B. Einstellung der Zwangsvollstreckung.** Eine Einstellung der Zwangsvollstreckung erfolgt nach § 707. Mit Rücksicht auf die Strenge des Wechselverfahrens ist aber eine scharfe Prüfung erforderlich. Die Einstellung der Zwangsvollstreckung ergeht also nicht ohne weiteres bis zum rechtskräftigen Abschluß des Nachverfahrens. Denn sonst würde der Wechselprozeß seinen Sinn verlieren. Vielmehr muß das Vorbringen des Schuldners voraussichtlich im Nachverfahren zu einer Aufhebung des Urteils führen. Eine einstweilige Verfügung auf Einstellung der Zwangsvollstreckung ist unstatthaft. Denn die Einstellung nach § 707 ist prozessual einfacher.

11 **C. Weitere Einzelfragen.** Bei einer Aufhebung des Vorbehaltsurteils im Nachverfahren endet die Vollstreckbarkeit des Vorbehaltsurteils, vgl auch § 775 Z 1, und wird der Kläger nach § 600 II ersatzpflichtig. Eine Vollstreckungsabwehrklage nach § 767 wegen versäumter Einwendungen ist nicht zulässig. Der Bekl kann natürlich die im Urkundenverfahren unzulässig gewesene Einwendung im Nachverfahren nachholen, KG MDR **05**, 1010, muß alle nach § 767 Rn 17 ff dorthin gehörenden Einwendungen vielmehr im Nachverfahren vorbringen. Der inneren Rechtskraft nach Einf 2 vor §§ 322–327 ist das Vorbehaltsurteil nicht fähig, Ffm Rpfleger **85**, 510, LG Lüb Rpfleger **86**, 315. Es bindet aber in den entschiedenen Teilen dieses und jedes andere Gericht in der letzten Instanz, § 318. Das gilt besonders für die Prozeßvoraussetzungen nach Grdz 12 vor § 253 und für die sachlichen Voraussetzungen, ohne deren Beurteilung die Entscheidung nicht möglich war, § 600 Rn 4 ff. Für den Verzicht auf den Vorbehalt gilt, was über den Verzicht auf den Einspruch bei § 346 Rn 1 gesagt ist.

12 **7) Rechtsmittel, I–III.** Vgl zunächst Rn 8. Es sind die normalen Rechtsmittel gegen ein Endurteil statthaft, §§ 511 ff.

---

600 *Nachverfahren.* ¹Wird dem Beklagten die Ausführung seiner Rechte vorbehalten, so bleibt der Rechtsstreit im ordentlichen Verfahren anhängig.

II Soweit sich in diesem Verfahren ergibt, dass der Anspruch des Klägers unbegründet war, gelten die Vorschriften des § 302 Abs. 4 Satz 2 bis 4.

III Erscheint in diesem Verfahren eine Partei nicht, so sind die Vorschriften über das Versäumnisurteil entsprechend anzuwenden.

Schrifttum: *Beckmann,* Die Bindungswirkung des Vorbehaltsurteils im Urkunden-, Wechsel- und Scheckprozeß, Diss Hbg 1989; *Rabback,* Die entsprechende Anwendbarkeit des den §§ ... 600 Abs. 2 usw zugrunde liegenden Rechtsgedankens auf die einstweiligen Anordnungen des ZPO, 1999.

Buch 5. Urkunden- und Wechselprozess **§ 600**

Gliederung

1) **Systematik, I–III** 1	D. Zurückgewiesene Einwendungen 11
2) **Regelungszweck, I–III** 2	E. Sonstiges 12
3) **Zuständigkeit, I** 3	6) **Urteil im Nachverfahren, II** 13, 14
4) **Wirkung des Vorverfahrens, I** 4–7	A. Bestätigung 13
5) **Neue Prüfung, I** 8–12	B. Abweisung 14
A. Neue Tatsachen 8	7) **Rechtsmittel, II** 15
B. Verzögerte Verteidigungs- oder Beweismittel 9	8) **Versäumnisverfahren im Nachverfahren, III** 16–18
C. Neue Angriffe oder Verteidigungsmittel 10	A. Säumnis des Klägers 16
	B. Säumnis des Beklagten 17
	C. Aktenlageentscheidung 18

1) Systematik, I–III. Das Vorbehaltsurteil läßt die Sache im ordentlichen Verfahren rechtshängig, BGH **1** 86, 270, Hbg NJW 83, 526. Das Nachverfahren setzt das Vorverfahren fort. Das Nachverfahren bildet mit dem Vorverfahren einen einheitlichen Prozeß, Düss MDR 83, 496, Nürnb NJW 82, 392, Saarbr MDR 02, 109. Das gilt auch nach einem Urkundenmahnverfahren, § 703a II Z 4 S 2. Es findet auch für das Nachverfahren wegen seiner soeben genannten Einheitlichkeit mit dem Urkundenprozeß natürlich nicht ein gar noch notgedrungen zwischenzuschaltendes obligatorisches Güteverfahren statt. So ist § 15 a II 1 Z 4 EGZPO vernünftigerweise auslegbar.
Es bleiben namentlich der *Streitgegenstand* nach § 2 Rn 3, die Parteirollen nach Grdz 15 vor § 50, die Zuständigkeit und alle sachlichrechtlichen und prozessualen *Folgen der Rechtshängigkeit* bestehen, § 261 Rn 24, Hamm NJW 78, 58. Das gilt auch für ein Geständnis im Vorbehaltsverfahren nach § 288, Saarbr MDR 02, 109. Das Nachverfahren ist grundsätzlich Sommersache, § 227 N 43 (dort auch zu Ausnahmen). Ein Anerkenntnis nach § 307 im Nachverfahren kann ein sofortiges im Sinne des § 93 sein. Da es sich nicht um eine Nachprüfung des Vorverfahrens handelt, ist der Richter des Vorverfahrens im Nachverfahren nicht ausgeschlossen, § 41 Rn 18 „Urkundenprozeß", auch nicht in der höheren Instanz. Das Nachverfahren beginnt mit der Verkündung des Vorbehaltsurteils nach § 311 und nicht erst mit dessen Rechtskraft. Das Nachverfahren ist nicht von einem entsprechenden Antrag abhängig, Celle RR 93, 559, MüKoBr 4, ZöGre 8, aM Ffm MDR 90, 256 (evtl Verwirkung eines Antragsrechts), RoSgo § 59 V 5 a, StJSchl 9 (aber § 600 enthält mit keinem Wort ein Antragserfordernis, das der Gesetzgeber natürlich hätte ausdrücklich erwähnen können, Einl III 39. Vgl auch Rn 2).
Das Gericht kann einen *besonderen Verhandlungstermin* bestimmen und lädt dann die Parteien, § 214. Das Gericht kann aber auch sofort nach einer Abstandserklärung nach § 596 Rn 4 (dort auch zur Wahrung etwaiger Zwischenfristen) oder nach der Verkündung des Vorbehaltsurteils im Nachverfahren verhandeln lassen, VerfGH Sachsen NJW 98, 3266. Es kann auch die Akten oder deren Doppel anschließend an das etwaige Rechtsmittelgericht leiten. Der Kläger beantragt, das Urteil für vorbehaltlos zu erklären. Der Bekl beantragt, das Vorbehaltsurteil aufzuheben und die Klage abzuweisen. Das Nachverfahren kann rechtsmißbräuchlich sein, Einl III 54, Ffm MDR 90, 256 (Zeitablauf von über 5 Jahren). Das muß das Gericht von Amts wegen beachten, Grdz 39 vor § 128.

2) Regelungszweck, I–III. Das Nachverfahren dient dazu, die im Vorverfahren unvollständige Klärung **2** zu vervollständigen und an die Stelle der vorläufigen Vorbehaltsentscheidung eine endgültige Entscheidung zu setzen, BGH 69, 273. Damit dient die Vorschrift dem Hauptziel des Zivilprozesses, der Gerechtigkeit, Einl III 9. Wenigstens ein Nachverfahren soll eine Chance zur Korrektur im Urkundenverfahren unvermeidbaren Härten bieten. Das hat wie bei den vergleichbaren Vorschriften etwa der §§ 925 ff, 936 Risikofolgen schon für den Kläger, soweit er den Urkundenprozeß wählt. Deshalb darf man § 600 gegenüber dem Kläger nicht zu großzügig anwenden, gegenüber dem Bekl nicht zu streng.

3) Zuständigkeit, I. Zuständig ist stets das Gericht der ersten Instanz, Ffm MDR 77, 236. Wenn das **3** Berufungsgericht oder das Revisionsgericht den Vorbehalt macht, dann muß es entsprechend §§ 304, 538 I Z 4 in die erste Instanz zurückverweisen. Denn der Bekl würde sonst diejenige Instanz verlieren, die ihm allein die volle Bewegungsfreiheit gibt, BGH RR 88, 63 (krit Schneider JR 88, 466). Das Revisionsgericht kann dabei die Entscheidung selbst treffen, die sonst das Berufungsgericht muß fällen müßte, BGH RR 88, 63 (krit Schneider JR 88, 466). Nach einer Abstandnahme erst in der Berufungsinstanz ist freilich eine Zurückverweisung nicht mehr zulässig, Schneider JR 88, 466. Eine Parteivereinbarung über die Zuständigkeit ist unzulässig. Denn hier geht es nur um die geschäftliche (funktionelle) Zuständigkeit. Eine Aussetzung des Nachverfahrens nach § 148 ff bis zur Rechtskraft einer Entscheidung im Vorverfahren verstößt gegen den Sinn und Zweck der Verfahrensart. Sie ist daher unzulässig.

4) Wirkung des Vorverfahrens, I. Im Nachverfahren darf das Gericht die im Vorverfahren nicht rein **4** förmlich erledigten Punkte nicht mehr prüfen. Das Vorverfahren behält grundsätzlich seine volle Geltung, soweit nicht eine eigentümliche Bindung an die Beweismittel im Urkundenprozeß etwas anderes bewirkt, § 318, BGH NJW 04, 1159, Karlsr RR 91, 1151, LG Bln NJW 05, 994, aM Bilda NJW 83, 143, Stürner ZZP 87, 87 (eine Bindung erfolge nur, soweit die vorläufige Vollstreckbarkeit reiche. Aber das ist gerade nicht der abschließende Sinn eines Vorbehaltsurteils).
Namentlich bleiben die *früheren Prozeßhandlungen wirksam*, soweit sie die Parteien binden, wie ein Geständ- **5** nis nach § 288, ein Schuldanerkenntnis, LG Bln NJW 05, 994, und die Anerkennung der Echtheit von Urkunden, § 439. Ebenso wirksam bleiben die Prozeßvoraussetzungen, Grdz 12 vor § 253, zB: Die Zulässigkeit des Urkundenprozesses, § 592 Rn 1, BGH ZZP 87, 86; der ordentliche Rechtsweg, § 13 GVG, BGH MDR 76, 206; die Statthaftigkeit des Vorverfahrens, Stürner ZZP 85, 436; die Rechtsfähigkeit und die Parteifähigkeit; die Prozeßführungsbefugnis; eine Prozeßkostenhilfe, § 114. Eine Aussetzung bleibt unzulässig, Grdz 1 vor § 592. Es ist unerheblich, ob das Gericht ein Vorliegen der Prozeßvoraussetzungen

§ 600

ausdrücklich festgestellt hatte oder ob das frühere Verfahren stillschweigend von ihrem Vorliegen ausging. Eine Ausschließung durch eine Versäumung im Urkundenprozeß wirkt, soweit sie vor dem Schluß der mündlichen Verhandlung im Vorverfahren nach §§ 136 IV, 296 a eingetreten ist. Sie wirkt nicht, soweit sie durch diesen Schluß eintrat. Denn die Einheit der Verhandlung gestattet dann eine Nachholung des Versäumten.

6   Die *rechtliche* Behandlung im Vorverfahren bindet für das Nachverfahren, auch soweit das Gericht sie nur mittelbar ausgesprochen hatte, soweit eben ohne diese Feststellung ein Urteil im Urkundenverfahren nicht hätte ergehen können, BGH NJW 04, 1159. So binden zB: Die Beurteilung der Fälligkeit; der Formgültigkeit des Wechsels; die Wirksamkeit des Begebungsvertrags, BGH WertpMitt 79, 272; ein stattgebendes Wechselurteil steht hinsichtlich der Rechtswirksamkeit des Wechselprotests.

7   Eine im Vorverfahren sachlich abgeurteilte *Einwendung* läßt sich im Nachverfahren nicht wiederholen. Dann ist nur das Rechtsmittel gegen das Urteil im Urkundenverfahren zulässig, BGH MDR 91, 423, aM Stürner ZZP 87, 87 (vgl aber Rn 4). Etwas anderes gilt für eine nach § 598 zurückgewiesene Einwendung. Nur wenn der Bekl eine Einwendung im Wechselverfahren einschließlich seines Rechtsmittelverfahrens mit den dort zur Verfügung stehenden Mitteln nicht hinreichend begründen konnte, darf er sie im Nachverfahren wiederum erheben, BGH MDR 91, 423. Eine Verjährung nebst etwaiger Verwirkung dieser Einrede kann beachtlich sein, Celle RR 93, 116. Eine im Vorverfahren nach § 295 verlorene Verfahrensrüge ist im Nachverfahren unstatthaft. Der Einwand des Rechtsmißbrauchs ist auch im Nachverfahren statthaft, Einl III 54, LG Hamm RR 93, 558. Wegen der gleichzeitigen Verhandlung über die Berufung gegen das Vorbehaltsurteil und gegen das Urteil des Nachverfahrens BGH 69, 271. Bei einer „Bürgschaft auf erstes Anfordern" (ein schillernder Begriff) gestattet BGH NJW 94, 382 (zustm Schütze JZ 94, 371) dem Bekl nicht einmal im Nachverfahren eine Einwendung, sondern verweist ihn nach dem ausdrücklichen Motto „erst zahlen, dann prozessieren" auf einen künftigen Rückforderungsprozeß. Das ist eine wenig hilfreiche Lösung.

8   **5) Neue Prüfung, I.** Im Nachverfahren darf und muß das Gericht die folgenden Umstände prüfen.
   A. Neue Tatsachen. Das Gericht muß neue Tatsachen prüfen, Einf 17 vor § 284.

9   **B. Verzögerte Verteidigungs- oder Beweismittel.** Das Gericht muß solche Verteidigungs- und Beweismittel prüfen, die es im bisherigen Verfahren wegen Verzögerung zurückweisen mußte, § 296. Denn was den Urkundenprozeß verzögerte, das braucht das ordentliche Verfahren nicht zu verzögern, LG Bln MDR 83, 235.

10 **C. Neue Angriffs- oder Verteidigungsmittel.** Das Gericht muß neue Angriffs- und Verteidigungsmittel prüfen, Einl III 70, BGH NJW 93, 668. Das gilt unabhängig davon, wann sie entstanden sind und ob sie auch durch einen Urkundenbeweis erweisbar sind oder waren, BGH RR 92, 256. Nach sofortigem Übergang in das Nachverfahren darf das Gericht einen sofortigen Beweisantritt nicht als verspätet behandeln, VerfGH Sachsen NJW 98, 3266.

11 **D. Zurückgewiesene Einwendungen.** Das Gericht muß solche Einwendungen prüfen, die es nach § 598 zurückgewiesen hat, sowie solche Einwendungen, die es als ungenügend begründet oder nicht voll bewiesen, nicht aber als widerlegt zurückgewiesen hat. Der Bekl kann die Ausstellung zB des Schecks bestreiten, Drsd MDR 82, 780. Er kann ferner zB die Echtheit einer Parteiurkunde auch noch dann nach § 439 bestreiten, wenn er sich dazu im Urkundenprozeß nicht erklärt hatte, BGH NJW 04, 1159. Ein Gegenbeweis nach Einf 12 vor § 284 gegen den im Urkundenprozeß geführten Beweis ist nach den allgemeinen Grundsätzen zulässig, also auch ein Zeugenbeweis, obwohl das Gericht die Partei im Urkundenverfahren nicht vernommen hatte.

12 **E. Sonstiges.** Die unterlassene Erklärung auf einen Antrag auf Parteivernehmung nach § 446 ist nachholbar. Eine Klagänderung ist wie sonst zulässig. Es gelten also prozeßwirtschaftliche Gründe. Eine Widerklage ist grundsätzlich zulässig, Anh § 253. Freilich kann man im ordentlichen Nachverfahren keine Urkunden- oder Wechselwiderklage erheben, Anh § 253 Rn 8, aM StJSchl 19 (aber die beiden Verfahrensabschnitte passen nicht gleichzeitig zueinander). Wegen der Geltendmachung der Verjährung BGH RR 92, 256.

13 **6) Urteil im Nachverfahren, II.** Es kommt auf seine Richtung an.
   A. Bestätigung. Das Urteil kann auf einen Wegfall des Vorbehalts lauten, insbesondere auch beim Rechtsmißbrauch des Bekl, Rn 1. Die Formel lautet etwa: „Das Urteil ... wird bestätigt; der Vorbehalt fällt weg." Mit der Rechtskraft dieses Urteils nach § 322 entfällt die dem Vorbehaltsurteil eigene auflösende Bedingung, § 599 Rn 9. Das Gericht muß dem Bekl die weiteren Kosten aufelegen. Wegen der Kosten des Vorverfahrens trägt er wegen des Wegfalls des Vorbehalts schon nach dem früheren Urteil, Ffm OLGZ 94, 471 (StJSchl 31 erstreckt fälschlich die frühere Kostenentscheidung auf spätere Kosten). Das Gericht muß sein Urteil im Nachverfahren ohne eine Sicherheitsleistung für vorläufig vollstreckbar erklären, § 708 Z 5.

14 **B. Abweisung.** Das Urteil kann auf eine Aufhebung des Vorbehaltsurteils und eine Abweisung der Klage lauten. Das gilt zB dann, wenn sich ergibt, daß der im Vorprozeß geltend gemachte Scheckanspruch des Bekl besteht, BGH BB 05, 1359 (keine Erledigung). Mit der Rechtskraft dieses Urteils ist die auflösende Bedingung eingetreten und der Vorbehalt gegenstandslos geworden. Der Kläger muß dann entsprechend § 302 IV 2–4 dem Bekl denjenigen Schaden voll ersetzen, der dem Bekl durch eine Vollstreckung des Vorbehaltsurteils oder zur Abwendung seiner Vollstreckung entstanden ist, § 302 Rn 17. Über die gesamten Kosten muß das Gericht neu nach §§ 91 ff erkennen. Zu den Prozeßkosten gehören die Kosten des Urkundenprozesses. Das Gericht muß den siegenden Bekl evtl an den Kosten beteiligen, § 97 II. Das Gericht muß sein Urteil ohne eine Sicherheitsleistung für vorläufig vollstreckbar erklären, § 708 Z 11.

15 **7) Rechtsmittel, II.** Ein Rechtsmittel gegen das Urteil im Nachverfahren ist wie sonst gegeben, §§ 511 ff. Ein Rechtsmittel des Bekl gegen das Vorbehaltsurteil verliert die Beschwer nach Grdz 13 vor § 511, sobald das Gericht die Klage im Nachverfahren abweist. Die Bindungswirkung nach Rn 4 gilt auch im Rechtsmittelverfahren.

Buch 5. Urkunden- und Wechselprozess §§ 600–602

8) Versäumnisverfahren im Nachverfahren, III. Man muß die folgenden Fälle unterscheiden. 16
A. Säumnis des Klägers. Bei einer Säumnis des Klägers hebt das Gericht das Vorbehaltsurteil auf und weist die Klage durch ein echtes Versäumnisurteil ab, § 330.
B. Säumnis des Beklagten. Bei einer Säumnis des Bekl läßt das Gericht den Vorbehalt wegfallen. Alles 17 Bestreiten bleibt außer Betracht, § 331. Ein unechtes Versäumnisurteil gegen den Kläger nach Üb 13 vor § 330 ist grundsätzlich nicht möglich. Denn die Prozeßvoraussetzungen und die Schlüssigkeit der Klage stehen durch das Vorbehaltsurteil bindend fest. Eine Ausnahme kann gelten, wenn die Klage nachträglich unzulässig wird.
C. Aktenlageentscheidung. Eine Entscheidung nach Aktenlage ist wie sonst zulässig, §§ 331 a, 251 a. 18

601 (weggefallen)

602 *Wechselprozess. Zulässigkeit.* Werden im Urkundenprozess Ansprüche aus Wechseln im Sinne des Wechselgesetzes geltend gemacht (Wechselprozess), so sind die nachfolgenden besonderen Vorschriften anzuwenden.

1) Systematik, Regelungszweck. Wie der Wortlaut der Vorschrift besagt, ist der Wechselprozeß eine 1 Unterart des Urkundenprozesses. Darum gelten für den Wechselprozeß dieselben Erwägungen und Vorschriften wie im Urkundenprozeß mit einigen vorrangigen Abweichungen, die sich aus §§ 603–605, aus dem WG und aus § 13 EG ZPO ergeben. § 605 a enthält eine für den Scheckprozeß formell nochmals vorrangige Sonderregelung. Sie bringt freilich inhaltlich gegenüber dem Wechselprozeß keine Besonderheiten. Es findet kein obligatorisches Güteverfahren statt, § 15 a II 1 Z 4 EGZPO, Hartmann NJW 99, 3748. Wegen des zugehörigen Nachverfahrens § 600 Rn 1.

2) Geltungsbereich. Welche Ansprüche dem Wechselprozeß unterliegen, ist umstritten. Manche mei- 2 nen, es seien nur die unter § 592 fallenden Ansprüche. Es besteht aber auch kein äußerer und innerer Grund, zB den Bereicherungsanspruch nach Art 89 WG dem Wechselprozeß zu entziehen. In Wahrheit gehören hierher sämtliche Ansprüche aus einem Wechsel im Sinne des WG, auch der Anspruch auf die Herausgabe eines abhanden gekommenen Wechsels, Art 16 II WG, aM StJSchl 4, ThP 4, ZöGre 5 (aber das Gesetz verlangt nicht eine enge Auslegung). Der Ersatzanspruch wegen einer unterlassenen Benachrichtigung nach Art 45 VI WG ist kein Anspruch auf einen Wechsel.

3) Verfahrenswahl. Ob der Kläger den Wechselprozeß wählt, steht ihm frei. Der Kläger kann im 3 Wechselprozeß aus dem Wechsel und daneben nur aus dem Grundgeschäft im ordentlichen Prozeß klagen. Er kann auch vom Wechsel- zum Urkundenprozeß übergehen, BGH NJW 93, 3135 (auch im Berufungsverfahren). Er kann aber nicht hilfsweise im Wechselprozeß und auch nicht im ordentlichen und zusätzlich im Wechselprozeß klagen, schließlich nicht im Wechselprozeß, hilfsweise im Urkundenprozeß. Vielmehr ist dann eine unbedingte Abstandnahme vom Wechselprozeß notwendig, BGH NJW 82, 523.

Der Wechselprozeß steht auch bei einem Anspruch aus einem *ausländischen* Wechsel oder aus einem 4 gemischtsprachigen Wechsel offen, BGH NJW 82, 523, oder aus einem ungültigen Wechsel. Er ist aber nicht für die Feststellung im Insolvenzverfahren zulässig, § 592 Rn 4. Unerheblich ist, ob der Kläger wechselmäßig berechtigt ist. Es reicht aus, daß er aus dem Wechsel berechtigt ist. Hierher gehört zB der Anspruch des Pfändungspfandgläubigers und des Abtretungsnehmers. Unerheblich ist auch, ob der Bekl kraft seiner Unterschrift oder kraft Gesetzes haftet. Eine Wechselklage ist zB zulässig: Gegen den Erben; gegen den Gesellschafter der OHG oder einer KG; gegen den Erwerber des Handelsgeschäfts nach § 25 HGB. Unzulässig ist eine Wechselklage gegen den Bürgen nach dem BGB. Denn dieser haftet nicht aus dem Wechsel, anders als der Wechselbürge, Art 30 ff WG. Die Einrede der Schiedsvereinbarung greift grundsätzlich nicht durch, selbst wenn sie auch wechselrechtlichen Anspruch erfassen sollte, BGH NJW 94, 136, Wolf DB 99, 1104. Der Kläger darf einen Anspruch aus einem anderen Rechtsgrund auch nicht hilfsweise stellen, BGH NJW 82, 2258, auch nicht hilfsweise im gerichtlichen Urkundenprozeß, BGH NJW 82, 2258.

4) Verfahren. Das Verfahren verläuft wie im Urkundenprozeß. Daher muß der Kläger sämtliche klage- 5 gründenden Tatsachen durch Urkunden nach § 592 beweisen, zB die Protesterhebung bei einem Rückgriff und die Berechtigung desjenigen, der hat protestieren lassen, soweit sie sich nicht aus dem Wechsel oder nach einer freien Würdigung der Umstände ergibt. Über die Vorlegung des Wechsels beim Gericht §§ 593 Rn 2, 597 Rn 8. Über die Vorlegung an den Verpflichteten und über Nebenforderungen § 605. Sachlich zuständig ist auf Grund eines Antrags nach § 96 GVG die Kammer für Handelssachen, auch bei einer Klage im ordentlichen Verfahren, § 95 II Z 2 GVG. Ihr Vorsitzender kann im Wechselprozeß allein entscheiden, § 349 II Z 8, freilich nicht im Nachverfahren. Wegen des ausländischen Rechts § 592 Rn 11. Für einen Wechsel- oder Scheckanspruch auf Grund eines Arbeitsverhältnisses ist das ordentliche Gericht zuständig, nicht das ArbG, § 603 Rn 2, Hamm NJW 80, 1399. Das Wechselverfahren, auch das Nachverfahren, ist wie beim Scheckprozeß Sommersache, § 227 III 2 Z 4, dort Rn 43.

5) Urteil. Das Urteil braucht trotz Art 39 I WG nicht auf eine Zahlung Zug um Zug gegen eine 6 Aushändigung des Wechsels zu lauten. Denn die Hingabe des Wechsels ist eine Art Quittung. Man muß den Wechsel aber bei einer Zwangsvollstreckung oder bei einer freiwilligen Zahlung übergeben, § 726 Rn 10.

6) Nachverfahren. Im Nachverfahren sind nur solche Einreden zulässig, die dem Schuldner nach dem 7 sachlichen Wechselrecht gemäß Art 17 WG gegen den jeweiligen Kläger zustehen. Dazu kann bei einer Nämlichkeit des Wechselgläubigers und des Partners des Grundgeschäfts der Einwand einer unzulässigen Rechtsausübung zählen. Zur Sommersache Rn 5.

§§ 603, 604

603 *Gerichtsstand.* [I] Wechselklagen können sowohl bei dem Gericht des Zahlungsortes als bei dem Gericht angestellt werden, bei dem der Beklagte seinen allgemeinen Gerichtsstand hat.

[II] Wenn mehrere Wechselverpflichtete gemeinschaftlich verklagt werden, so ist außer dem Gericht des Zahlungsortes jedes Gericht zuständig, bei dem einer der Beklagten seinen allgemeinen Gerichtsstand hat.

1 **1) Systematik, Regelungszweck, I, II.** § 603 enthält eine gegenüber §§ 12, 35 vorrangige Sondervorschrift. Sie soll das Vorgehen des Wechselgläubigers dadurch erleichtern, daß sie den bestehenden allgemeinen und besonderen Gerichtsständen einen nicht ausschließlichen neuen hinzufügt, den des Zahlungsorts.

2 **2) Geltungsbereich, I, II.** Eine Vereinbarung des Gerichtsstands ist nur nach §§ 38 ff zulässig. Man kann auch einen ausschließlichen Gerichtsstand vereinbaren. Der Gerichtsstand gilt auch internationalrechtlich nach Üb 6 vor § 12, selbst wenn zB der Schweizer Staatsbürger nach schweizerischem Recht wegen eines persönlichen Anspruchs ausschließlich vor dem Gericht seines Wohnorts verklagt werden soll. Für eine Klage im Urkundenprozeß oder für das gewöhnliche Mahnverfahren gilt § 603 nicht, wohl aber für ein Wechselmahnverfahren des § 703 a II.

§ 603 betrifft *nicht die sachliche Zuständigkeit.* Auf Antrag ist am LG die Kammer für Handelssachen unter den Voraussetzungen des § 95 I Z 2, 3 GVG zuständig. Zuständig ist das ordentliche Gericht, nicht das Arbeitsgericht, BGH NJW **76**, 330, Großelanghorst/Kahler WertpMitt **85**, 1025, ZöGre 8, aM MüKoBr 3 (aber § 603 gilt auch für die Zuständigkeit bzw den Rechtsweg vorrangig als Spezialvorschrift). Die durch ein Vorbehaltsurteil festgestellte Zuständigkeit des ordentlichen Gerichts bleibt im Nachverfahren bestehen. Die Vorschrift gilt nicht, soweit der Kläger einen Anspruch aus einem Wechsel im ordentlichen Prozeß geltend macht. Beim Übergang ins ordentliche Verfahren gilt aber § 261 III Z 2.

3 **3) Zahlungsort, I.** Den Zahlungsort ergibt der Wechseltext, Art 1 Z 5, Art 2 II, Art 75 Z 4 WG. Es kann nur ein einziger Zahlungsort gelten. Über die im Sinne des Art 88 WG nichtnachbarten Orte s VOen v 26. 2. 34, RGBl 161, und v 7. 12. 35, RGBl 1432. Zerfällt eine politische Gemeinde in mehrere Gerichtsbezirke, so ist bei einer Bezeichnung nach der Straße und der Hausnummer dasjenige Gericht zuständig, zu dem das Haus gehört. Andernfalls ist jedes der Gerichte zuständig. Ein inländischer Zahlungsort begründet auch die internationale Zuständigkeit. Vgl Art 2 ff EuGVVO, SchlAnh V C 4.

4 **4) Mehrere Beklagte, II.** Wenn der Kläger mehrere Wechselverpflichtete als Streitgenossen nach § 59 verklagt, dann ist außer den in Rn 2 bezeichneten Gerichten auch noch jedes Gericht zuständig, bei dem ein Streitgenosse seinen allgemeinen Gerichtsstand hat. Hier bestimmt also der Kläger den Gerichtsstand abweichend von § 36 I Z 3. Das Urteil gegen diejenigen Bekl, denen die Klage zugestellt worden ist, ist auch dann zulässig, wenn die Klage den anderen Bekl nicht zugestellt ist. Wenn man jedoch die Zuständigkeit nur damit begründen kann, daß ein Bekl seinen allgemeinen Gerichtsstand im Gerichtsbezirk hat, dann muß das Gericht die Klage bis zum Schluß der mündlichen Verhandlung diesem Bekl zugestellt haben. Die Reihenfolge ist unerheblich. Belanglos ist auch, ob die Klage stattfand und begründet ist. Eine Erschleichung des Gerichtsstands gibt auch hier die Rüge der prozessualen Arglist, Üb 4 vor § 12. Spätere Vorgänge beeinflussen die Zuständigkeit so wenig wie sonst, § 261 III Z 2. Das gilt zB für eine Klagerücknahme nach § 269. II ist unanwendbar, soweit der Kläger eine Gerichtsstandsvereinbarung nach § 38 geltend macht, die er nicht mit allen Wechselschuldnern getroffen hat.

604 *Klageinhalt; Ladungsfrist.* [I] Die Klage muss die Erklärung enthalten, daß im Wechselprozess geklagt werde.

[II] [1] Die Ladungsfrist beträgt mindestens vierundzwanzig Stunden, wenn die Ladung an dem Ort, der Sitz des Prozessgerichts ist, zugestellt wird. [2] In Anwaltsprozessen beträgt sie mindestens drei Tage, wenn die Ladung an einem anderen Ort zugestellt wird, der im Bezirk des Prozessgerichts liegt oder von dem ein Teil zu dessen Bezirk gehört.

[III] In den höheren Instanzen beträgt die Ladungsfrist mindestens vierundzwanzig Stunden, wenn die Zustellung der Berufungs- oder Revisionsschrift oder der Ladung an dem Ort erfolgt, der Sitz des höheren Gerichts ist; mindestens drei Tage, wenn die Zustellung an einem anderen Ort erfolgt, der ganz oder zum Teil in dem Landgerichtsbezirk liegt, in dem das höhere Gericht seinen Sitz hat; mindestens eine Woche, wenn die Zustellung sonst im Inland erfolgt.

1 **1) Systematik, Regelungszweck, I–III.** Die Vorschrift enthält zwei unterschiedlich geartete vorrangige Sonderregelungen. Dabei ist der Begriff der Ladungsfrist derselbe wie in § 217. § 604 regelt nur ihre Dauer abweichend. Der Sinn ist eine Beschleunigungsmöglichkeit nach Grdz 12 vor § 128 bei dieser ihrer Natur nach oft eilbedürftigen Prozeßart unter Anspannung des Grundsatzes des rechtlichen Gehörs nach Art 103 I GG bis aufs äußerste. Freilich ist eine minimale Anhörungsfrist immer noch besser als gar keine, wie es zB bei §§ 935 ff geschehen kann.

2 **2) Klage, I.** I entspricht dem nachrangigen § 593 I, dort Rn 3. Der Wille, im Wechselprozeß zu klagen, muß schon in der Klageschrift oder im Antrag auf den Wechselmahnbescheid eindeutig zum Ausdruck kommen. Eine Bezeichnung als „Klage im Urkundenprozeß" leitet einen gewöhnlichen Urkundenprozeß ein. Eine Bezeichnung als „Wechselklage" genügt. Denn niemand nennt eine Klage aus einem Wechsel im ordentlichen Verfahren eine Wechselklage. Die Erklärung ist nicht nachholbar.

3 **3) Ladungsfrist, II, III.** Jede Instanz hat eigene Regeln.

A. Erste Instanz, I, II. Die Ladungsfrist beträgt abweichend von § 217 in der ersten Instanz stets 24 Stunden, wenn das Gericht die Klage am Ort des Prozeßgerichts zustellen muß. Der Gerichtsbezirk

Buch 5. Urkunden- und Wechselprozess §§ 604–605a

entscheidet nicht. Im Anwaltsprozeß nach § 78 Rn 1 beträgt die Ladungsfrist 3 Tage, wenn man die Klage an einem anderen Ort im Bezirk des Prozeßgerichts zustellen muß. Dabei ist der wirkliche Sitz des Gerichts unerheblich. Es genügt, daß ein Teil des Zustellungsorts zum Bezirk des Prozeßgerichts gehört. Im Fall des § 239 III muß man die vom Vorsitzenden bestimmte Frist einhalten. Ort ist die politische Gemeinde. Nach Art 88 WG kann der Justizminister bestimmen, daß Nachbarorte als ein Ort gelten, § 603 Rn 3. Die Einlassungsfrist richtet sich nach § 274 III.

B. Höhere Instanz, III. In der höheren Instanz beträgt die Frist 24 Stunden, wenn die Zustellung am 4 Gerichtssitz stattfinden muß, und 3 Tage, wenn die Zustellung in dem Landgerichtsbezirk des Gerichtssitzes stattfinden muß, sowie 1 Woche, wenn die Zustellung in einem anderen deutschen Landgerichtsbezirk stattfinden muß oder wenn eine öffentliche Zustellung nach §§ 185 ff erforderlich ist. Schließlich gilt die vom Vorsitzenden bestimmte Frist im Fall des § 239 III.

C. Fristkürzung, II, III. Eine Abkürzung aller dieser Fristen kann nach § 226 erfolgen. 5

D. Öffentliche Zustellung, I–III. Sie ist auch zulässig, wenn eine Auslandszustellung nach §§ 183 ff 6 unverhältnismäßig viel Zeit benötigen würde, § 185 Z 2.

605 *Beweisvorschriften.* I Soweit es zur Erhaltung des wechselmäßigen Anspruchs der rechtzeitigen Protesterhebung nicht bedarf, ist als Beweismittel bezüglich der Vorlegung des Wechsels der Antrag auf Parteivernehmung zulässig.

II Zur Berücksichtigung einer Nebenforderung genügt, dass sie glaubhaft gemacht ist.

1) Systematik, Regelungszweck, I, II. Die Vorschrift enthält eine aus der Eigenart des Wechselrechts 1 folgende Besonderheit bei der im Urkundenprozeß ja ohnehin vorhandenen Beschränkung der Beweismittel. Sie ist gegenüber § 592 vorrangig.

2) Vorlegung, I. Die Vorlegung des Wechsels ist nur dann ein Teil des Klagegrundes, wenn zur Erhaltung 2 des Wechselanspruchs ein Protest notwendig ist, wenn also der Kläger einen Rückgriff nimmt, Art 43 ff WG. Dann muß der Kläger die Vorlegung urkundlich beweisen, § 592. Wenn die Vorlegung des Wechsels nur für die Bedeutung hat, den Klaganlaß festzulegen, dann kann der Kläger sie in Abweichung von § 592 durch einen Antrag auf Parteivernehmung nach §§ 445 ff unter Beweis stellen, zB im Fall eines Rückgriffs nach Art 46 WG oder eines Anspruchs gegen den Annehmer nach Art 53 I letzter Hs WG. Die praktische Tragweite der Erleichterung besteht also darin, daß sich mit ihrer Hilfe der Anspruch auf Verzugszinsen ab Vorlegung oder Verfalltag bis zur Klagerhebung begründen läßt. Bei einer Säumnis des Bekl gilt die behauptete Vorlegung als zugestanden, § 331.

3) Nebenforderungen, II. Man muß sie dann berücksichtigen, wenn der Kläger sie nach § 294 glaub- 3 haft gemacht hat. Dahin gehören Provision, Protestkosten, Porto usw, Art 48, 49, 52 WG. Bei solchen Nebenforderungen sind die Sätze üblich und feststehend. Eine Glaubhaftmachung genügt auch für Einwendungen gegenüber solchen Nebenforderungen. Wenn der Kläger bei einem Anspruch auf Verzugszinsen die Vorlegung des Wechsels nach II glaubhaft machen müßte, dann kann er den Anspruch auch durch einen Antrag auf eine Parteivernehmung glaubhaft machen. Denn er kann statt der Glaubhaftmachung auch den vollen Beweis mit den im Urkundenprozeß zulässigen Beweismitteln antreten. Das empfiehlt sich bei einer Versäumnis des Bekl zu tun. Denn dann darf der Kläger nicht glaubhaft machen.

605a *Scheckprozess.* Werden im Urkundenprozeß Ansprüche aus Schecks im Sinne des Scheckgesetzes geltend gemacht (Scheckprozeß), so sind die §§ 602 bis 605 entsprechend anzuwenden.

1) Systematik, Regelungszweck. Der Scheckprozeß ist eine neben dem Wechselprozeß weitere Abart 1 des Urkundenprozesses. Er entspricht ohne jede Abweichung dem Wechselprozeß. Die Vorschrift hat daher nur eine klarstellende formelle Bedeutung. BGH **136**, 254 hielt eine BGB-Gesellschaft für scheckfähig. Das war schon eine Vorwegnahme der inzwischen eingetretenen Erkenntnis der Rechts- und Partei- wie Prozeßfähigkeit der BGB-Gesellschaft, BGH **146**, 341. Es findet wegen der Ähnlichkeit zum Wechselprozeß kein obligatorisches Güteverfahren statt. So sollte man § 15 a II 1 Z 4 EGZPO vernünftigerweise auslegen, zumal § 605 a auf den Wechselprozeß verweist. Wegen des zugehörigen Nachverfahrens § 600 Rn 1.

2) Geltungsbereich. Die Vorschrift übernimmt das Wechselprozeßrecht weitgehend. Es ist zB eine 2 Widerklage wie bei § 595 I unzulässig, BGH NJW 00, 144.

§ 602: die §§ 603 bis 605 sind anwendbar.

§ 603: Das ordentliche Gericht, das seine sachliche Zuständigkeit im Scheckprozeß bejaht hat, bleibt zuständig, wenn sich im Nachverfahren ergibt, daß der Scheck im Rahmen eines Arbeitsverhältnisses begeben worden war, AG Essen MDR **88**, 327. Vgl § 603 Rn 2. Der Zahlungsort ergibt sich aus Art 1 Z 4 ScheckG.

§ 604: Die Klagschrift muß der Sache nach eindeutig ergeben, daß der Kläger im Scheckprozeß klagt. Bei der völligen Gleichheit des Verfahrens mit dem Wechselprozeß genügt aber auch die Angabe, die Klage werde „im Wechselprozeß" erhoben. Eine „Klage im Urkundenprozeß" leitet lediglich einen Urkundenprozeß ein, weder einen Wechselprozeß noch einen Scheckprozeß. Die Ladungsfrist ist verkürzt. Über Nachbarorte im Sinne von Art 55 III ScheckG, Art 4 EGScheckG, § 603 Rn 3. Auch der Scheckprozeß ist wie ein Wechselprozeß keine Sommersache, § 227 III 2 Z 4, auch im Nachverfahren, § 227 Rn 43.

§ 605: Der Beweis erfolgt durch die Vorlegung, Art 29 ScheckG. Für die Nebenforderungen genügt die Glaubhaftmachung nach § 294.

3) Mahnverfahren. Wegen des Mahnverfahrens § 703 a. 3

Buch 6
Verfahren in Familiensachen

Bearbeiter: Dr. Albers

Einführung

1 **1) Das 6. Buch** enthält Sondervorschriften für FamS, in denen die gewöhnlichen Bestimmungen über den Prozeß (vor allem wegen des hier oft eingreifenden öffentlichen Interesses) nicht passen. Es gilt seit dem 3. 10. 90 auch in den **neuen Bundesländern** und Ost-Berlin, Art 8 EV, mit den überwiegend gegenstandslos gewordenen Maßgaben der Anl I Kap III Sachgeb A Abschn III Z 1 u 5.

2 **A. Der erste Abschnitt** bringt allgemeine Vorschriften für das Verfahren in **EheS**, § 606 I. Für sie ist in erster Instanz das FamGer zuständig. Der Rechtszug geht an OLG und BGH, §§ 119, 133 GVG. Wegen der Rechtslage in den neuen Bundesländern s Grdz § 606 Rn 7.

3 **B. Im zweiten Abschnitt** sind die allgemeinen Vorschriften für **andere FamilienS** zusammengefaßt. Zuständig ist in erster Instanz das FamGer. Der Rechtszug geht an OLG und BGH, §§ 119, 133 GVG. Wegen der Rechtslage in den neuen Bundesländern s Grdz § 640 Rn 2.

4 **C. Der dritte Abschnitt** regelt das Verfahren **in Scheidungs- u FolgeS** im einzelnen, §§ 622–630.

5 **D. Der vierte Abschnitt** enthält Sondervorschriften für die Verfahren auf **Aufhebung** einer Ehe und auf **Feststellung** des Bestehens oder Nichtbestehens einer Ehe, §§ 631 u 632.

6 **E. Der fünfte Abschnitt** regelt das Verfahren in **Kindschaftssachen**, §§ 640–641 h. Auch hier geht der Rechtszug vom FamGer zum OLG u BGH.

7 **F.** Das gleiche gilt für den **sechsten Abschnitt**, der das Verfahren über den **Unterhalt** regelt, §§ 642–660, wobei (abgesehen von den §§ 643 u 644) die Vorschriften den Unterhalt Minderjähriger betreffen.

7a **G.** Der **siebte Abschnitt**, § 661, regelt das Verfahren in **Lebenspartnerschaftssachen.** Er gilt idF des Gesetzes v 15. 12. 04, BGBl 3396, vgl Erl zu § 661.

8 **2) Gesetzesgeschichte. A. 1. EheRG.** Durch dieses Gesetz ist der 1. Abschnitt zT tiefgreifend umgestaltet worden (Material: RegEntw BTDr 7/650, 2. Ber des RAussch BTDr 7/4361). Die Änderungen sind seit dem 1. 7. 77 in Kraft, ebenso die darauf bezüglichen Bestimmungen der VereinfNov.

B. UÄndG. Nachdem das BVerfG einzelne Bestimmungen des materiellen EheR als verfassungswidrig beanstandet hatte, sind durch das Ges zur Änderung unterhaltsrechtlicher, verfahrensrechtlicher und anderer Vorschriften (UÄndG) v 20. 2. 86, BGBl 301, nicht nur die beanstandeten Vorschriften, sondern auch eine Reihe von VerfBestimmungen im 1. Abschnitt des 6. Buches sowie die Rechtsmittelregelung, §§ 72 und 119 GVG, mWv 1. 4. 86 geändert worden (Materialien: RegEntw BT-Drs 10/2888; Beschlußempfehlung und Bericht des Rechtsausschusses BT-Drs 10/4514; Verabschiedung StenBer 10/14043 ff).

9 **C. IPRG.** Die Neuregelung des IPR durch das G v 25. 7. 86, BGBl 1142, erfaßt auch das Verf, nämlich die Anerkennung ausländischer Entsch und die internationale Zuständigkeit in FamS und KindschS, vgl §§ 606 a, 621, 640 a (Materialien: RegEntw BT-Drs 10/504; Beschlußempfehlung und Bericht des Rechtsausschusses BT-Drs 10/5632).

10 **D. Einigungsvertrag** (Schrifttum zum VerfR: *Gottwald* FamRZ **90**, 1177; *Brackmann* DtZ **90**, 298). In den neuen Bundesländern und in Ost-Berlin gelten **GVG, ZPO und FGG**, Art 8 EV, in den ersteren mit den aus Anl I Kap III Sachgeb A Abschn III Z 1 und 5 folgenden Maßgaben, sowie das **RpflAnpG** v 26. 6. 92, BGBl 1147, das verschiedene Änderungen des Gerichtsverfassungsrechts enthält. Die früher geltenden Abweichungen sind zuletzt in der 56. Auflage wiedergegeben. Wegen des **AnwZwanges**, namentlich nach §§ 22 u 26 RpflAnpG, s Vorbem § 78. **Einzelheiten** sind, soweit dies erforderlich ist, bei den jeweiligen Vorschriften erläutert.

11 **3) Reformgesetze 1997/2001**
(**Schrifttum:** *Bäumel* u a, Familienrechtsreformkommentar, 1998; *Johannsen/Henrich*, Eherecht, 3. Aufl 1998; *Rahm/Künkel* I 111 ff; *Scholz/Stein*, Praxishandbuch Familienrecht, 1998; *Schwab/Wagenitz*, Familienrechtliche Gesetze, 3. Aufl 1999; *Schumann*, FamRZ **00**, 389; *Dörr/Hansen* NJW **01**, 3230, **00**, 3174 u **99**, 3229; *Weber*, NJW **99**, 3160 u **98**, 3087 mwN; s ferner Rn 11–13).

A. Kindschaftsrechtsreformgesetz (KindRG) v 16. 12. 97, BGBl 2942 u 98, 946 (Materialien: RegEntw BT-Drs 13/4899, Bericht des RAusschusses BT-Drs 13/8511). Das Ges ist am 1. 7. 98 in Kraft getreten, Art 17 § 1. **Übergangsrecht** (*Motzer* FamRZ **99**, 1105; *Künkel* FamRZ **98**, 878):

KindRG Art 15. § 1. [I] [1]In einem Verfahren nach § 621 Abs. 1 Nr. 1 bis 4, 10 und 11 der Zivilprozeßordnung, das am 1. Juli 1998 in erster Instanz anhängig ist, bleibt das bisher befaßte Gericht zuständig.[2] § 23 b Abs. 3 Satz 2 des Gerichtsverfassungsgesetzes ist nicht anzuwenden.

[II] [1]Ist die erstinstanzliche Entscheidung in einem Verfahren nach § 621 Abs. 1 Nr. 1 bis 4, 10 und 11 der Zivilprozeßordnung vor dem 1. Juli 1998 verkündet oder statt einer Verkündung zugestellt worden, sind für die Zulässigkeit von Rechtsmitteln und die Zuständigkeit für die Verhandlung und Entscheidung über die Rechtsmittel die bis zum 1. Juli 1998 maßgeblichen Vorschriften weiterhin anzuwenden. [2]In einem Verfahren nach § 621 Abs. 1 Nr. 1 bis 3 der Zivilprozeßordnung sowie § 621 Abs. 1 Nr. 10 der Zivilprozeßordnung tritt in den Fällen des § 1600 e Abs. 2 des Bürgerlichen Gesetzbuchs an die Stelle der Verkündung oder der Zustellung die Bekanntmachung. Im übrigen richtet sich die Zuständigkeit für die Verhandlung und Entschei-

Buch 6. Verfahren in Familiensachen **Einf § 606**

dung über die Rechtsmittel nach den Vorschriften, die für die von den Familiengerichten entschiedenen Sachen gelten.

III In den Fällen der Absätze 1 und 2 Satz 1 ist, wenn es sich um Verfahren nach § 621 Abs. 1 Nr. 1 bis 3 der Zivilprozeßordnung sowie § 621 Abs. 1 Nr. 10 der Zivilprozeßordnung in den Fällen des § 1600 e Abs. 2 des Bürgerlichen Gesetzbuchs handelt, § 621a der Zivilprozeßordnung nicht anzuwenden; § 49a des Gesetzes über die Angelegenheiten der freiwilligen Gerichtsbarkeit ist entsprechend anzuwenden.

Bem. Zu I 1 s BayObLG FamRZ **00**, 245, zu II 1 s BayObLG NJWE-FER **99**, 233, Hamm NJW **99**, 432, Schlesw SchlHA **98**, 215 u **99**, 125, LG Hbg FamRZ **99**, 1151, zu II 2 s Köln FamRZ **99**, 316, Bbg NJWE-FER **99**, 99, zu II 3 s Dresden RR **99**, 84.

§ 2. I Ein am 1. Juli 1998 anhängiges Verfahren, welches die Anfechtung der Ehelichkeit oder die Anfechtung der Anerkennung der Vaterschaft zum Gegenstand hat, wird als Verfahren auf Anfechtung der Vaterschaft fortgeführt.

II Ein am 1. Juli 1998 anhängiges Verfahren, welches die Anfechtung der Ehelichkeit oder die Anfechtung der Anerkennung der Vaterschaft durch die Eltern des Mannes nach den §§ 1595 a, 1600 g Abs. 2, § 1600 l Abs. 2 des Bürgerlichen Gesetzbuchs in der bis zum 1. Juli 1998 geltenden Fassung zum Gegenstand hat, ist als in der Hauptsache erledigt anzusehen.

III Ein am 1. Juli 1998 anhängiges Verfahren, dessen Gegenstand eine Genehmigung des Vormundschaftsgerichts nach § 1597 Abs. 1, 3, § 1600 k Abs. 1 Satz 2, Abs. 2 Satz 1 des Bürgerlichen Gesetzbuchs in der bis zum 1. Juli 1998 geltenden Fassung ist, ist als in der Hauptsache erledigt anzusehen.

IV Eine am 1. Juli 1998 anhängige Folgesache, die die Regelung der elterlichen Sorge nach § 1671 des Bürgerlichen Gesetzbuchs in der vor dem 1. Juli 1998 geltenden Fassung zum Gegenstand hat, ist als in der Hauptsache erledigt anzusehen, wenn nicht bis zum Ablauf von drei Monaten nach dem 1. Juli 1998 ein Elternteil beantragt hat, daß ihm das Familiengericht die elterliche Sorge oder einen Teil der elterlichen Sorge allein überträgt.

V Ein am 1. Juli 1998 anhängiges Verfahren, welches die Ehelicherklärung eines Kindes betrifft, ist als in der Hauptsache erledigt anzusehen.

VI In einem Verfahren, das nach den vorstehenden Vorschriften als in der Hauptsache erledigt anzusehen ist, werden keine Gerichtsgebühren erhoben.

Bem. Zu I s BGH NJW **99**, 1632 u 1862, zu IV s Bbg NJW **99**, 3495, Zweibr MDR **99**, 940 (Anm Ewers), Brschw FamRZ **99**, 1006, Hamm FamRZ **99**, 803 u NJW **99**, 68 (dazu red Anm FamRZ **98**, 1313 u krit Affeldt FamRZ **98**, 1609), Nürnb RR **99**, 658, Ffm FamRZ **99**, 612, Köln FamRZ **99**, 613, Düss FamRZ **99**, 615, AG Solingen FamRZ **99**, 183. Weitere Übergangsvorschriften zum Kindschaftsrecht enthält **Art 224 EGBGB** idF des Art 12 Z 4 KindRG.

Das **KindRG** verfolgt im wesentlichen folgende **Ziele**: Verbesserung der Rechte des Kindes und Stärkung der Autonomie der Eltern zur Vermeidung unnötiger staatlicher Eingriffe; Abbau der rechtlichen Unterschiede zwischen ehelichen und nichtehelichen Kindern; Neuregelung des Abstammungsrechts; Konzentration familienrechtlicher Verfahren beim Familiengericht. Diese Ziele werden durch zT tiefgreifende Änderungen im 6. Buch erreicht.

Schrifttum: *Lipp/Wagenitz*, Das neue Kindschaftsrecht, 1999; *Greßmann*, Neues Kindschaftsrecht, 1998; *von Luxburg*, Das neue Kindschaftsrecht, 1998; *Mühlens/Kirchmeier/Greßmann*, Das neue Kindschaftsrecht, 1998; *Haibach/Haibach*, Das neue Kindschaftsrecht, 1998; *Schwab/Wagenitz*, Familienrechtliche Gesetze, 2. Aufl 1998; *Henrich* FamRZ **98**, 1401; *Diederichsen* NJW **98**, 1977; *Wieser* NJW **98**, 2023 u FamRZ **98**, 1004; *Klüsener* Rpfleger **98**, 221; *Mühlens* FF **98**, 42; *Arnold-Schuster/Hansen-Tilker* AnwBl **98**, 71; *Niepmann* MDR **98**, 565; *Schwab/Wagenitz* FamRZ **97**, 1377; *Deinert* DAVorm **98**, 197; *Knittel* DAVorm **97**, 649; BRAK Mitt **97**, 150; *FamGerTag* FamRZ **97**, 337; DAV FamRZ **97**, 1401; *Büttner* FamRZ **98**, 585 (Verfahrensrecht); *Schwab* FamRZ **98**, 457 (elterliche Sorge); *Bergmann/Gutdeutsch* FamRZ **96**, 1187 (Verfahrensrecht); *Rauscher* FamRZ **98**, 329 (Umgangsrecht); *Büdenbender* FamRZ **98**, 129 u ZZP **98**, 33 (Unterhaltsrecht); *Lipp* FamRZ **98**, 66 (Sorgerecht); *Gaul* FamRZ **97**, 1441 (Abstammungsrecht); *Helms* FamRZ **97**, 913 (Vaterschaftsanfechtung); *Bentert* FamRZ **96**, 1386 u *Mutschler* FamRZ **96**, 1381 (Abstammungsrecht). Vgl iü 56. Aufl Rn 10.

B. Kindesunterhaltsgesetz (KindUG) v 6. 4. 98, BGBl 666 (Materialien: RegEntw BT-Drs 13/7338, **12** Bericht des Rechtsausschusses BT-Drs 13/9596). Das Ges ist am 1. 7. 98 in Kraft getreten, die (neuen) §§ 659 u 660 jedoch schon am 15. 4. 98, Art 6 I. Soweit eine Vorschrift auch durch das KindRG und/oder das EheschlRG geändert worden ist, gilt trotz des gleichzeitigen Inkrafttretens das später verkündete Gesetz als jüngeres Gesetz, vgl BT-Drs 13/9416 S 30. **Übergangsrecht** (Schumacher/Grün FamRZ **98**, 796, Künkel FamRZ **98**, 878):

KindUG Art 5. **§ 1.** ¹ Bei Anwendung von § 1612a Abs. 4 Satz 2 des Bürgerlichen Gesetzbuchs ist bis zur Herstellung einheitlicher Einkommensverhältnisse im Gebiet der Bundesrepublik Deutschland (§ 1 Abs. 4 des Versorgungsausgleichs-Überleitungsgesetzes) von den für dieses Gebiet nach dem Stand bis zum 3. Oktober 1990 ermittelten Werten des Volkswirtschaftlichen Gesamtrechnung auszugehen. ² In dem in Artikel 3 des Einigungsvertrags genannten Gebiet gelten § 1612a Abs. 4 und 5 des Bürgerlichen Gesetzbuchs bis zu dem Zeitpunkt, in dem die neuen Regelbeträge für das Gebiet der Bundesrepublik Deutschland nach dem Stand bis zum 3. Oktober 1990 festgestellten Regelbeträge übersteigen würden, mit der Maßgabe, dass von den für dieses Gebiet ermittelten Werten ausgegangen wird. ³ Ab diesem Zeit-

Einf § 606

Buch 6. Verfahren in Familiensachen

punkt gelten die Regelbeträge nach § 1 der Regelbetrag-Verordnung auch in dem in Artikel 3 des Einigungsvertrages genannten Gebiet.

Bem. § 1 ist mWv 1. 1. 01 neu gefaßt durch Art 2 G v 2. 11. 00, BGBl 1479. Zu § 1612a BGB vgl Anh § 645.

§ 2. [I] Für anhängige Verfahren, die die gesetzliche Unterhaltspflicht eines Elternteils oder beider Elternteile gegenüber einem minderjährigen Kind betreffen, gilt folgendes:
1. Das vor dem 1. Juli 1998 geltende Verfahrensrecht bleibt maßgebend, soweit die Nummern 2 und 3 nichts Abweichendes bestimmen.
2. Eine vor dem 1. Juli 1998 geschlossene mündliche Verhandlung ist auf Antrag wieder zu eröffnen.
3. In einem Vereinfachten Verfahren zur Abänderung von Unterhaltstiteln und in einem Verfahren zur Festsetzung oder Neufestsetzung von Regelunterhalt (§§ 6411 bis 641 t, 642 a, 642 b der Zivilprozeßordnung in der vor dem 1. Juli 1998 geltenden Fassung) kann ein Antrag nach § 3 gestellt werden, über den gleichzeitig oder im Anschluß an die Entscheidung über den das Verfahren einleitenden Antrag entschieden wird.

[II] Verfahren im Sinne des Absatzes 1 stehen die folgenden ab dem 1. Juli 1998 anhängig werdenden Verfahren gleich:
1. Abänderungsklagen nach den §§ 641 q und 643 a der Zivilprozeßordnung in der vor dem 1. Juli 1998 geltenden Fassung, die nach diesem Zeitpunkt, aber vor Ablauf der nach diesen Vorschriften maßgebenden Fristen anhängig werden;
2. Vereinfachte Verfahren zur Abänderung von Unterhaltstiteln und Verfahren zur Festsetzung oder Neufestsetzung von Regelunterhalt (§§ 6411 bis 641 t, 642 a, 642 b der Zivilprozeßordnung in der vor dem 1. Juli 1998 geltenden Fassung), in denen eine Anpassung, Festsetzung oder Neufestsetzung auf Grund einer Rechtsverordnung nach den §§ 1612 a und 1615 f des Bürgerlichen Gesetzbuchs oder Artikel 234 §§ 8 und 9 des Einführungsgesetzes zum Bürgerlichen Gesetzbuche in der vor dem 1. Juli 1998 geltenden Fassung begehrt wird.

Bem. Zu I s BayObLG FamRZ 99, 659, zu I Z 1 Kblz FamRZ 00, 543.

§ 3. [I] [1] Urteile, Beschlüsse und andere Schuldtitel im Sinne des § 794 der Zivilprozeßordnung, in denen Unterhaltsleistungen für ein minderjähriges Kind nach dem vor dem 1. Juli 1998 geltenden Recht zuerkannt, festgesetzt oder übernommen sind, können auf Antrag für die Zeit nach der Antragstellung in einem vereinfachten Verfahren durch Beschluß dahin abgeändert werden, daß die Unterhaltsrente in Vomhundertsätzen der nach den §§ 1 und 2 der Regelbetrag-Verordnung in der Fassung des Artikels 2 dieses Gesetzes am 1. Juli 1998 geltenden Regelbeträge der einzelnen Altersstufen festgesetzt wird. [2] § 1612 a des Bürgerlichen Gesetzbuchs gilt entsprechend. [3] Für die Festsetzung ist die bisherige Unterhaltsrente um angerechnete Leistungen im Sinne der §§ 1612 b, 1612 c des Bürgerlichen Gesetzbuchs in der Fassung des Artikels 1 Nr. 11 dieses Gesetzes zu erhöhen. [4] Der Betrag der anzurechnenden Leistungen ist in dem Beschluß festzulegen. [5] Seine Hinzurechnung und Festlegung unterbleiben, wenn sich aus dem abzuändernden Titel nicht ergibt, in welcher Höhe die Leistungen bei der Bemessung des Unterhalts angerechnet worden sind.

[II] Auf das Verfahren sind die §§ 642, 646 bis 648 Abs. 1 und 3, die §§ 649, 652, 654, 657 bis 660 und 794 Abs. 1 Nr. 2a und die §§ 798 und 798a der Zivilprozeßordnung in der Fassung des Artikels 3 dieses Gesetzes entsprechend anzuwenden mit der Maßgabe, daß
1. in dem Antrag zu erklären ist, ob ein Verfahren der in § 2 dieses Artikels bezeichneten Art anhängig ist;
2. das Gericht, wenn ein solches Verfahren gleichzeitig anhängig ist, bis zu dessen Erledigung das Verfahren über den Antrag nach Absatz 1 aussetzen kann.

Bem. Durch Art 28 des Gesetzes zur Einführung des Euro in Rechtspflegegesetzen usw v 13. 12. 01, BGBl 3574, ist mWv 1. 1. 02 die Verweisung auf § 645 I gestrichen worden, um auf diese Weise klarzustellen, dass die Zulässigkeitsgrenze hinsichtlich des Eineinhalbfachen des Regelbetrags nicht für die Änderung von Alttiteln gilt, und dadurch dem Beschluss des BVerfG v 2. 4. 01, NJW 01, 2160, Rechnung zu tragen, BT-Drs 14/6371 S 46, Friederici FF 03, 43. Vgl. i ü zu II BGH FPR 03, 216, Stgt FamRZ 02, 550 u 552 sowie 01, 768, Nürnb NJW 01, 3346, RR 01, 5, Köln LS FamRZ 01, 110, Stgt FamRZ 99, 659, Karlsr ZBlJugR 99, 231; krit zu II Ewers FamRZ 00, 403.

§ 4 (betrifft Gebühren)

Ziele: Das Gesetz verwirklicht die verfassungsrechtlich gebotene, BVerfG NJW 92, 1747, Vereinheitlichung des Unterhaltsrechts für eheliche und nichteheliche Kinder, schafft die Möglichkeit der Dynamisierung von Unterhaltsansprüchen minderjähriger Kinder aufgrund von Regelbeträgen und vereinfacht und verbessert das Verfahren. Es enthält demgemäß ua Änderungen der §§ 620 b, 640, 640 c und 641 e sowie eine Neufassung der §§ 642–660 (vereinf Verf).

Schrifttum: *Rühl/Greßmann*, Kindesunterhaltsgesetz, 1998; *Becker* FamRZ 99, 65; *Gerhardt* FuR 98, 145; *Reeckmann-Fiedler* BRAK-Mitt 98, 190; *Schumacher/Grün* FamRZ 98, 778; *Weber* NJW 98, 1992; *Kleinle* ZBlJR 98, 225; *Klüsener* Rpfleger 98, 227; *Strauß* FamRZ 98, 993; *Knittel* DAVorm 98, 183 u FF 98, 35; *BRAK* FamRZ 98, 144; *Wagner* FamRZ 97, 1513; vgl iü 56. Aufl Rn 11.

13 **C. Eheschließungsrechtsgesetz (EheschlRG)** v 4. 5. 98, BGBl 98, 833 (Materialien: RegEntw BT-Drs 13/4898; Bericht des RAusschusses BT-Drs 13/9416). Das Ges ist (mit Ausnahme der früher in Kraft

Buch 6. Verfahren in Familiensachen **Einf § 606**

tretenden Ermächtigungsnormen am 1. 7. 98 in Kraft getreten, Art 18 III. Sofern eine Vorschrift auch durch das KindRG und/oder das KindUG geändert worden ist, gilt das EheschlRG trotz gleichzeitigen Inkrafttretens als das jüngere Gesetz, was durch die einleitenden Worte des Art 3 klargestellt wird, BT-Drs 13/9416 S 30. **Übergangsvorschriften** enthält der durch Art 15 KindUG in das EGBGB eingefügte Art 226:

EGBGB Artikel 226. Überleitungsvorschrift zum Gesetz vom 4. Mai 1998 zur Neuordnung des Eheschließungsrechts. I Die Aufhebung einer vor dem 1. Juli 1998 geschlossenen Ehe ist ausgeschlossen, wenn die Ehe nach dem bis dahin geltenden Recht nicht hätte aufgehoben oder für nichtig erklärt werden können.

II Ist vor dem 1. Juli 1998 die Nichtigkeits- oder Aufhebungsklage erhoben worden, so bleibt für die Voraussetzungen und Folgen der Nichtigkeit oder Aufhebung sowie für das Verfahren das bis dahin geltende Recht maßgebend.

III Im übrigen finden auf die vor dem 1. Juli 1998 geschlossenen Ehen die Vorschriften in ihrer ab dem 1. Juli 1998 geltenden Fassung Anwendung.

Inhalt: Das Gesetz sieht ua den Ersatz der grundsätzlich zurückwirkenden Nichtigkeitserklärung durch die nur für die Zukunft wirkende Aufhebung der Ehe vor. Es enthält demgemäß Änderungen der §§ 606, 607, 620 ff und 631 ff.

Schrifttum: *Bosch* NJW **98**, 2004; *Hepting* FamRZ **98**, 713; *Mutschler* JZ **97**, 1140; *Bosch* FamRZ **97**, 66 u 138; *Barth/Wagenitz* FamRZ **96**, 833.

D. Gesetz zur Beendigung der Diskriminierung gleichgeschlechtlicher Gemeinschaften: Lebenspartnerschaften v 16. 2. 01, BGBl 266 (Materialien: Entwurf der Fraktionen der SPD und des Bündnis 90/Die Grünen BT-Drs 14/3751; Bericht des Rechtsausschusses BT-Drs 14/4550 und Beschlußempfehlung BT-Drs 14/4545). 14

Das Gesetz ist am 1. 8. 01 in Kraft getreten, Art 5. Es enthält in seinem Art 1 das **Gesetz über die eingetragene Lebensgemeinschaft – LPartG,** in seinem Art 2 Änderungen des BGB und in seinem Art 3 Änderungen zahlreicher anderer Gesetze, ua in diesem § 16 Änderungen der ZPO, namentlich die Einfügung eines aus dem § 661 bestehenden 7. Abschnitts, s dort. Das Gesetz gilt jetzt idF des Gesetzes zur Überarbeitung des Lebenspartnerschaftsrechts v 16. 12. 04, BGBl 3396; vgl die Erl zu § 661.

Gegen die **Verfassungsmäßigkeit** des Gesetzes, vor allem seine Vereinbarkeit mit Art 6 I GG, sind im Schrifttum Bedenken erhoben worden. Das BVerfG hat die Verfassungsmäßigkeit bestätigt, NJW **02**, 2543 (Bespr *Stüber* NJW **03**, 2721).

Schrifttum (Auswahl): *Grziwotz,* Beratungshandbuch Lebenspartnerschaft, 2003; *Wellenhofer/Klein*, Die eingetragene Lebenspartnerschaft, 2003; *Palandt/Brudermüller*, 61. Aufl, 2002; *Jakob*, Die eingetragene Lebenspartnerschaft im Internationalen Privatrecht 2002; *Schwab* ua (Hrsg), Die eingetragene Lebenspartnerschaft, 2002; *Bruns/Kemper* (Hrsg), LPartG, 2001; *Muscheler* Das Recht den Eingetragenen Lebenspartnerschaft, 2001; *Jakob* FamRZ **02**, 501; *Henrich* FamRZ **02**, 137; *Beck* NJW **01**, 1894; *Braun* ZRP **01**, 14; *Büttner* FamRZ **01**, 1105; *Dethloff* NJW **01**, 2598; *Diederichsen* NJW **00**, 1841; *Finger* MDR **01**, 199; *Grziwotz* DNotZ **01**, 280; *Krings* ZRP **00**, 409; *Rieger* FamRZ **01**, 1497; *Sachs* JR **01**, 45; *Scholz/Uhle* NJW **01**, 393; *Schwab* FamRZ **01**, 385.

E. Gesetz zur Verbesserung des zivilgerichtlichen Schutzes bei Gewalttaten und Nachstellungen sowie zur Erleichterung der Überlassung der Ehewohnung bei Trennung v 11. 12. 01, BGBl 3513 (Materialien: RegEntw BT-Drs 14/5429; Bericht des Rechtsausschusses mit Beschlußempfehlung BT-Drs 14/7279). 15

Das Gesetz ist am 1. 1. 02 in Kraft getreten. Mit diesem Gesetz und dem in seinem Art 1 enthaltenen **Gewaltschutzgesetz** (GewSchG) und der Neufassung des § 1361 b BGB wird der Rechtsschutz bei häuslicher Gewalt sowie die verfahrensrechtliche Durchsetzung der entsprechenden Ansprüche entscheidend verbessert. Zuständig für Verfahren nach §§ 1 u 2 GewSchG sind die FamGer, soweit die Beteiligten einen auf Dauer angelegten gemeinsamen Haushalt führen oder innerhalb von 6 Monaten vor Antragstellung geführt haben, § 23 b I Z 8 a GVG. Das Verfahren richtet sich nach FGG, § 621 a I 1; besondere Vorschriften enthält § 64 b FGG; vgl §§ 620 ff u 621 f sowie § 892 a.

Da § 3 I GewSchG die Anwendung der §§ 1 u 2 GewSchG ausschließt, wenn Opfer der Gewalt allein ein Kind ist, hat das **Kinderrechtsverbesserungsgesetz** v 9. 4. 02, BGBl 1239, durch die entspr Neufassung der §§ 1666 u 1666 a BGB die Möglichkeit geschaffen, zur Abwendung einer Kindeswohlgefährdung Anordnungen zu treffen, die inhaltlich den §§ 1 und 2 GewSchG entsprechen, *Knittel* FF **03**, 14, *Janzen* FamRZ **02**, 787. Das Verfahren des FamGer nach § 621 I Z 1 (einschließlich der Vollstreckung) richtet sich nach FGG, §§ 621 a ff.

Schrifttum (Auswahl): *Schumacher/Janzen*, Gewaltschutz in der Familie, 2003; *Schwenkert/Baer*, Das neue Gewaltschutzrecht, 2002; *Janzen* FamRZ **02**, 787; *Schumacher* FamRZ **02**, 645 u **01**, 953; *van Els* Zfj **01**, 83; *Finger* WuM **01**, 313; *Peschel-Gutzeit* FPR **01**, 243.

F. Gesetz zum internationalen Familienrecht v 26. 1. 05, BGBl 162 (Materialien: BT-Drs 15/3981 u 15/4168). 15

Das Gesetz dient der Durchführung der VO (EG) Nr 2201/2003, Anh I § 606 a, des Haager Übk über die zivilrechtlichen Aspekte internationaler Kindesentführung, SchlußAnh V A 3, u des SorgerechtsÜbk, SchlußAnh V A 3. **Vgl Anh I § 606 a.**

Albers 1797

Abschnitt 1. Allgemeine Vorschriften für Verfahren in Ehesachen

Grundzüge

Schrifttum (Auswahl): *Schwab,* Familienrecht, 13. Aufl 2005; *Günther/Hein,* Familiensachen in der Anwaltspraxis, 2. Aufl 2002; *Bergerfurth,* Ehescheidungsprozeß, 14. Aufl 2004; *Johannsen/Henrich,* Eherecht, 4. Aufl 2003; *Henrich,* Internationales Scheidungsrecht, 1998; *Hohloch* ua, Internationales Scheidungs- und Scheidungsfolgenrecht, 1998; *Firsching/Graba,* Familienrecht, 6. Aufl 1998; s iü Einf § 606 Rn 11–13. **Rspr-Üb:** *Brudermüller* NJW **03**, 3166; *Dörr/Hansen* NJW **02**, 3140; *Weber* NJW **01**, 1320.

1 **1) Begriff der Ehesache. EheS sind nach § 606:** Verfahren auf **a)** Scheidung, § 622, **b)** Aufhebung oder Nichtigerklärung, **c)** Feststellung des Bestehens oder Nichtbestehens einer Ehe, § 632, **d)** Herstellung des ehelichen Lebens. Näheres dazu s § 606 Rn 2 ff.

Verbietet das nach IPR anzuwendende **ausländische Recht** eine Scheidung iS des BGB, so darf darauf nicht erkannt werden, wohl aber bei Ausländern auf **Trennung von Tisch und Bett** entsprechend ihrem Heimatrecht, falls nach deutschem Recht auf Scheidung erkannt werden könnte, BGH **47**, 324, und die Zuständigkeit im Inland nach § 606a gegeben ist, Dopffel FamRZ **87**, 1210, BGH NJW **88**, 637, Saarbr LS FamRZ **97**, 1353, Stgt Just **88**, 131; entsprechendes gilt für die Bestätigung einverständlicher Ehetrennungen nach italienischem Recht, Stgt FamRZ **97**, 879, Karlsr FamRZ **91**, 1308, und den Ausspruch der bürgerlichen Wirkungen einer religiös geschlossenen italienischen Ehe, Ffm FamRZ **78**, 510. Auch insofern handelt es sich um EheS, so daß das FamGer zuständig ist und für das Verfahren die Scheidungsvorschriften, §§ 622 ff, gelten, Karlsr FamRZ **91**, 1309 mwN, Hamm RR **89**, 1346, Zweibr NJW **86**, 3033, Ffm FamRZ **83**, 618. Dabei sind in Verf die Erfordernisse des fremden Rechts ggf zu beachten, Hbg FamRZ/AnwBl **01**, 1008, Köln FamRZ **83**, 922 mwN; zum Ausspruch der Verantwortlichkeit im Ehetrennungsverfahren nach italienischem Recht BGH NJW **88**, 636, Stgt Just **88**, 131 (auch zur Sorgerechtsregelung), zur gebotenen Beteiligung der Staatsanwaltschaft nach demselben Recht Maurer 1121. Nicht hierher gehört die Regelung des Namensrechts während der Trennung, Ffm FamRZ **88**, 421. Wegen der **Privatscheidung** nach ausländischem Recht s § 629 Rn 3.

Keine EheS sind: andere FamS, § 621, auch wenn sie FolgeS, § 623, sind; Klagen Dritter oder gegen Dritte, die den Bestand der Ehe betreffen; Klagen der Ehefrau aus § 12 BGB; näheres dazu s § 606 Rn 2 ff.

2 **2) Verfahren in Ehesachen.** Im 1. Rechtszug gelten die Vorschriften für das Verfahren vor den LG entsprechend, § 608, soweit in den § 606 ff und 622 ff nichts anderes bestimmt ist (für FolgeS gilt je nach ihrem Gegenstand ZPO oder FGG mit Sonderbestimmungen, §§ 621 a ff).

3 **3) Wesentliche Bestimmungen für Ehesachen** (wegen des Verbundes mit FolgeS s Üb § 622):
a) Der Gerichtsstand ist besonders geregelt und ausschließlich, § 606; wegen der internationalen Zuständigkeit s § 606a, **b)** die Prozeßfähigkeit ist erweitert, § 607, **c)** Klagenhäufung und Widerklage sind beschränkt, § 610, **d)** Klagänderung und neues Vorbringen werden erleichtert, §§ 611, 615, Parteiherrschaft und Beibringungsgrundsatz sind weitgehend ausgeschaltet, §§ 612, 616 und 617, **e)** Aussetzung, § 614, Parteivernehmung, § 613, und Versäumnisurteil, § 612, sind zT abweichend geregelt, **f)** es gilt der Grundsatz der Einheitlichkeit der Entscheidung, Einf § 610, **g)** Nichtigkeits- und Feststellungsurteile wirken auch bei Abweisung für und gegen alle, §§ 636 a, 638, andere Urteile in Ehesachen, zB Scheidungsurteile, dagegen nur bei Ausspruch der Eheauflösung (Gestaltungswirkung).

4 **4) Wesentliche Besonderheiten für die höheren Instanzen**

A. Überblick. a) Der Grundsatz der Einheitlichkeit der Entscheidung, Einf 3 §§ 610–617 Rn 3, läßt eine Beschränkung der Revision auf einen Anspruch oder ein selbständiges Verteidigungsmittel zu, BGH FamRZ **73**, 86, befreit aber die Rechtsmittelinstanz in gewissem Umfang von der Bindung an die Anträge dieser Instanz. So ist trotz fehlender Berufung die auf Klage ergangene Verurteilung aufzuheben, wenn bei der Verhandlung auf der Berufung des Widerklägers sich die Fehlen einer früheren Prozeßvoraussetzung, zB der Zuständigkeit nach § 606, erweist, RG **143**, 134. Die Einschränkung der Parteiherrschaft und des Beibringungsgrundsatzes führt dazu, daß sachlich-rechtliche und verfahrensrechtliche Verstöße vAw zu beachten sind. **b)** Wo keine Beschwer nötig ist, s B, genügt zur Begründung, daß die Aufrechterhaltung der Ehe erstrebt wird. **c)** In der Berufungsinstanz ist verspätetes Vorbringen nur beschränkt zurückweisbar, § 615 II. Über den Verzicht auf Rechtsmittel s § 617 Rn 5. Eine Beschwerdesumme kommt nicht in Betracht.

5 **B. Beschwer** (Grdz § 511 Rn 13 ff, auch wegen des Schrifttums).

Sie ist grundsätzlich erforderlich, fehlt aber zB, wenn mit der Anfechtung des Scheidungsausspruchs lediglich der Verbund, § 623, in zweiter Instanz erhalten bleiben soll, Hbg FamRZ **99**, 99. Ein Beschwer ist da entbehrlich, wo der Sieger die Urteilsfolgen durch Antragsrücknahme oder Verzicht beseitigen will, stRspr, zB wenn der Antragsteller, der die Scheidung erreicht hatte, den Scheidungsanspruch fallen lassen will, hM, BGH RR **87**, 387 mwN (abw für Antragsrücknahme Jauernig § 91 II 17, weil der Antrag ohnehin zwischen den Instanzen zurückgenommen werden kann). Das gleiche gilt dort, wo die in 1. Instanz erklärte Zustimmung zur Scheidung aus eheerhaltenden Gründen widerrufen werden soll, BGH NJW **84**, 1302 mwN. Auch kann eine Partei, die mit dem Scheidungsantrag durchgedrungen ist, mit der Berufung nunmehr Herstellung der Ehe verlangen, Kiel HRR **39**, 1422, oder unter Verzicht auf ihr Scheidungsrecht auf Feststellung klagen, daß sie nicht verpflichtet sei, die eheliche Gemeinschaft wiederherzustellen, BGH NJW **64**, 298. Auch ist in diesen Fällen für die Zulässigkeit des Rechtsmittels kein besonderes Rechtsschutzbedürfnis nötig, Habscheid NJW **57**, 1365, Düss FamRZ **77**, 130. Voraussetzung ist aber immer, daß der Berufungsführer in der Begründung die zur Aufrechterhaltung der Ehe erforderlichen Erklärungen (Verzicht auf die Scheidung, § 306, oder Rücknahme des Antrags, § 269) abgibt, BGH RR **87**, 387. Auch dann ist das Rechtsmittel mangels Rechtsschutzbedürfnisses unzulässig, wenn die Rücknahme nur der Vorbereitung eines neuen Scheidungsantrags dienen soll, BGH MDR **60**, 386.

Abschnitt 1. Allg. Vorschr. für Verfahren in Ehesachen **Grundz § 606, § 606**

Wenn dem Antrag voll entsprochen worden ist, ist das Rechtsmittel trotz fehlender Beschwer ferner **6** zulässig, wenn der siegreiche Ehegatte geltend macht, der inzwischen verstorbene andere Ehegatte sei während des Rechtsstreits prozeßunfähig gewesen, vgl BGH FamRZ **88**, 1159 mwN. Zulässig ist das Rechtsmittel auch dann, wenn der Rechtsmittelkläger sich auf ihm günstige, in der Vergangenheit liegende Tatsachen beruft, die er ohne Verschulden vorher nicht habe geltend machen können, BGH **39**, 182, NJW **72**, 1710; so kann ein nachträglich bekannt gewordener Aufhebungsgrund statt zugesprochener Scheidung geltend gemacht werden, Hamm FamRZ **63**, 255. Eine Beschwer liegt auch darin, daß einem ausländischen Ehegatten die Anwendung seines ihm günstigeren Heimatrechts vorenthalten worden ist, BGH NJW **82**, 1940, Düss FamRZ **95**, 932.

Handelt es sich um den Beklagten, so richtet sich die Beschwer nicht nach dessen Antrag, sondern nach **7** dem sachlichen Inhalt des Urteils, BGH NJW **55**, 545. Eine Beschwer liegt auch dann vor, wenn auf einen Gegenantrag, der nur für den Fall der Scheidung gestellt worden war, geschieden worden ist, der Scheidungsantrag des Gegners aber abgewiesen wurde, Bre NJW **63**, 1157. Ferner ist der Beklagte dann beschwert, wenn dem Scheidungsantrag vor der Entscheidung über eine FolgeS stattgegeben worden ist, § 628, BGH NJW **79**, 1603; er kann dann Berufung mit dem Ziel der Wiederherstellung des Verbundes einlegen, § 628 Rn 10. Trotz formeller Beschwer kann aber das Rechtsschutzbedürfnis fehlen, zB dann, wenn der Urteilsausspruch und der mit dem Rechtsmittel verfolgte Antrag gleichwertig sind, BGH NJW **79**, 428 mwN. Auch genügt nicht das Anstreben einer anderen Begründung, Karlsr FamRZ **80**, 682.

Für Rechtsmittel der Verwaltungsbehörde in Aufhebungssachen, § 631, kommt es auf Beschwer nicht an. Er braucht nur eine anderslautende Entscheidung anzustreben, vgl BVerwG **67**, 64 und MDR **77**, 868 (hinsichtlich des Bundesbeauftragten für Asylangelegenheiten bzw der Vertreters des öffentlichen Interesses im Verwaltungsprozeß, die eine dem Staatsanwalt entsprechende Stellung haben).

5) **Prozeßkostenvorschuß:** § 1360 a IV BGB; s auch § 620 S 1 Z 9. **8**

606 *Zuständigkeit.* ¹ ¹ Für Verfahren auf Scheidung oder Aufhebung einer Ehe, auf Feststellung des Bestehens oder Nichtbestehens einer Ehe zwischen den Parteien oder auf Herstellung des ehelichen Lebens (Ehesachen) ist das Familiengericht ausschließlich zuständig, in dessen Bezirk die Ehegatten ihren gemeinsamen gewöhnlichen Aufenthalt haben. ² Fehlt es bei Eintritt der Rechtshängigkeit an einem solchen Aufenthalt im Inland, so ist das Familiengericht ausschließlich zuständig, in dessen Bezirk einer der Ehegatten mit den gemeinsamen minderjährigen Kindern den gewöhnlichen Aufenthalt hat.

II ¹ Ist eine Zuständigkeit nach Absatz 1 nicht gegeben, so ist das Familiengericht ausschließlich zuständig, in dessen Bezirk die Ehegatten ihren gemeinsamen gewöhnlichen Aufenthalt zuletzt gehabt haben, wenn einer der Ehegatten bei Eintritt der Rechtshängigkeit im Bezirk dieses Gerichts seinen gewöhnlichen Aufenthalt hat. ² Fehlt ein solcher Gerichtsstand, so ist das Familiengericht ausschließlich zuständig, in dessen Bezirk der gewöhnliche Aufenthaltsort des Beklagten oder, falls ein solcher im Inland fehlt, der gewöhnliche Aufenthaltsort des Klägers gelegen ist. ³ Haben beide Ehegatten das Verfahren rechtshängig gemacht, so ist von den Gerichten, die nach Satz 2 zuständig wären, das Gericht ausschließlich zuständig, bei dem das Verfahren zuerst rechtshängig geworden ist; dies gilt auch, wenn die Verfahren nicht miteinander verbunden werden können. ⁴ Sind die Verfahren am selben Tage rechtshängig geworden, so ist § 36 entsprechend anzuwenden.

III Ist die Zuständigkeit eines Gerichts nach diesen Vorschriften nicht begründet, so ist das Familiengericht beim Amtsgericht Schöneberg in Berlin ausschließlich zuständig.

Vorbem. Art 4 VO (EG) Nr 2201/2003 – EuEheVO – regelt auch die örtliche Zuständigkeit, indem er einen eherechtlichen Gerichtsstand der Widerklage schafft, s Anh I § 606 a. Diese Regelung ist unmittelbar geltendes Recht und ergänzt § 606 sowie § 610 II, vgl die Erläuterungen zu Art 4 EuEheVO, Anh I § 606 a.

Gliederung

1) **Allgemeines**	1	3) **Örtliche Zuständigkeit**	10–16
2) **Begriff der Ehesache**	2–9	A. Regelgerichtsstand	10–14
A. Verfahren auf Scheidung	3	B. Ersatzgerichtsstand	15, 16
B. Verfahren auf Aufhebung	4, 5	4) **Hilfszuständigkeiten**	17, 18
C. Verfahren auf Feststellung	6	5) **Ausschließliche Zuständigkeit**	19
D. Verfahren auf Herstellung	7–9	6) **Rechtshängigkeit und Zuständigkeit**	20

1) **Allgemeines.** § 606 regelt die örtliche Zuständigkeit in Ehesachen. Er geht auch § 15 vor, Düss **1** FamRZ **68**, 467 m zustm Anm Beitzke. Ausgangspunkt ist der gewöhnliche Aufenthalt. Wegen dieses Begriffs s Rn 10 ff, wegen der ausschließlichen Zuständigkeit s Rn 19 und wegen der internationalen Zuständigkeit s § 606 a.

Sachlich zuständig ist ausschließlich das AG als FamGer, §§ 23 a Z 4, 23 b I Z 1 GVG, s die Erläuterungen dort.

In allen Ehesachen ist die Zuständigkeit des Gerichts in allen Instanzen vAw zu prüfen, BGH **53**, 130, Ffm FamRZ **91**, 1073, jedoch in der Revisionsinstanz mit den sich aus § 549 II ergebenden Einschränkungen.

Die Zuständigkeit gilt auch für die Widerklage bzw den Gegenantrag. Der besondere Gerichtsstand des § 33 versagt, § 33 II. Wegen der Zuständigkeit des Gerichts der EheS für sonstige FamS s § 621 II, III, wegen des sog Entscheidungsverbundes bei Scheidungs- und FolgeS s § 623.

§ 606

Ein bei Rechtshängigkeit bestehender Mangel der Zuständigkeit wird durch Eintritt der sie begründenden Tatsachen geheilt; ihr Wegfall ändert nichts an der einmal gegebenen Zuständigkeit, § 261 III Z 2, STr 15.

2 **2) Begriff der Ehesache, I.** Gegenstand eines Verfahrens in EheS kann nur eine Ehe sein, dh eine auch dem maßgeblichen Recht anerkannte und mit besonderen Wirkungen ausgestattete Lebensgemeinschaft von Mann und Frau, BVerfG **53**, 245. EheS sind nur (einschließlich der Wiederaufnahmeverfahren, BGH FamRZ **82**, 789, STr 14):

3 **A. Verfahren auf Scheidung,** §§ 1564–1568 BGB, §§ 622 ff (nicht aber die FolgeS iSv § 623 I); wegen der Trennung von Tisch und Bett nach ausländischem Recht s Üb § 606 Rn 1.

4 **B. Verfahren auf Aufhebung einer Ehe,** §§ 1313–1318 BGB, § 631. Das der Klage stattgebende Urteil löst die Ehe für die Zukunft auf, § 1313 BGB. Bei Anwendung ausländischen Rechts ist auch eine rückwirkende Auflösung möglich, RG **151**, 227. Nach rechtskräftiger Scheidung ist eine Aufhebungsklage unzulässig, BGH FamRZ **96**, 1210 mwN, str.

5 Wegen des Verfahrens auf Nichtigerklärung einer Ehe, das mWv 1. 7. 98 weggefallen ist (Einf § 606 Rn 13), s 56. Aufl.

6 **C. Verfahren auf Feststellung des Bestehens oder Nichtbestehens einer Ehe zwischen den Parteien,** § 632. Die Feststellung fällt unter § 256 I, verlangt also dessen besondere Voraussetzungen und kann nur eingreifen, wo nicht die Ehe durch Aufhebungsurteil, B, zu lösen ist. Möglich ist die Klage auf Feststellung, daß die Ehe auf Grund eines nach ausländischem Recht wirksamen Akts aufgelöst, AG Hbg StAZ **80**, 311 (Privatscheidung), oder getrennt ist, AG Hbg StAZ **81**, 83. Eine Klage auf Feststellung der Wirksamkeit eines ausländischen Eheurteils entbehrt wegen Art 7 § 1 FamÄndG, § 328 Rn 51 ff, des Rechtsschutzbedürfnisses, es sei denn, daß ein Antrag auf Anerkennung nach dieser Vorschrift nicht gestellt werden kann oder soll (zB bei vorrangiger Rechtshängigkeit eines inländischen Scheidungsverfahrens). Wohl aber ist eine Klage auf Feststellung des Bestehens der Ehe trotz eines in der früheren DDR ergangenen Scheidungsurteils möglich, § 328 Rn 2–5 (aM STr 7), desgleichen die Klage auf Feststellung des Verschuldens, wenn in jenem Urteil ohne Schuldfeststellung geschieden worden ist, BGH MDR **77**, 126 mwN, sofern dies weiterhin Bedeutung haben kann, vgl Engelhardt JZ **76**, 576. Bei einem ausländischen Urteil ist eine solche Klage jedenfalls dann unzulässig, wenn die Parteien auf die Feststellung der Schuld verzichtet haben, BGH MDR **77**, 126. Ausnahmsweise können auch andere Feststellungsklagen zulässig sein, zB darauf, daß ein Gatte getrennt leben darf, vgl D. Die Klage ist aber nicht als allgemeine Feststellungsklage zulässig, so daß ein Dritter eine solche Klage nicht erheben darf, Hamm FamRZ **80**, 706.

7 **D. Verfahren auf Herstellung des ehelichen Lebens** (MüKoBe 6–11, STr 8–11). Die Klage verneint nicht nur das Scheidungsbegehren, RG **160**, 251, sondern umfaßt alles, was § 1353 BGB „eheliche Lebensgemeinschaft" nennt, wobei die personenrechtliche Seite stark im Vordergrund steht. Zulässig ist danach eine Klage auf Erfüllung einzelner Pflichten, wenn hierdurch die Gemeinschaft wieder hergestellt wird, BGH FamRZ **71**, 633, vgl die Übersichten bei Bergerfurth Rn 502 u Rahm VII 14. Nicht hierher gehören eine Klage auf Gewährung von Unterhalt schlechthin, Mü NJW **63**, 49, und die Geltendmachung anderer vermögensrechtlicher Ansprüche, STr 10, so daß eine Klage auf Mitwirkung bei der Zusammenveranlagung zur Steuer, Stgt FamRZ **92**, 1447 mwN, oder auf Schadensersatz aus diesem Bereich, Hamm FamRZ **91**, 1070, oder auf Zahlung eines Anteils am Lohnsteuerjahresausgleich, Hbg FamRZ **82**, 507, keine EheS sind. Der Kläger muß selbst zur Herstellung bereit sein, RG **151**, 163. Eine Klage auf Herstellung der ehelichen Gemeinschaft meint meist zugleich die häusliche Gemeinschaft, RG **137**, 104. Für einen eingeschränkten Anwendungsbereich dieser Klagemöglichkeit spricht sich Wacke FamRZ **77**, 507 aus.

8 **Klagen auf Feststellung des Rechts zum Getrenntleben.** Dieses Gegenstück der Herstellungsklage ist ebenfalls EheS, Bergerfurth Rn 504 ff, Karlsr FamRZ **91**, 1456 u **89**, 79, Zweibr FamRZ **81**, 186, Schlesw FamRZ **76**, 276, wenn die Klage nicht in Wirklichkeit auf ein Belästigungsverbot gerichtet ist, Karlsr FamRZ **89**, 77. Das Feststellungsinteresse, § 256 I, kann auch nach jetzigem Eherecht gegeben sein, Bbg FamRZ **79**, 804, AG Merzig FamRZ **80**, 244, aM AG Groß-Gerau FamRZ **79**, 504. Es bedarf aber besonders eingehender Prüfung im Hinblick auf die Bedeutung eines Rechts zum Getrenntleben für die Rechtsstellung des Klägers, KG FamRZ **88**, 81 mwN, und besteht namentlich dann nicht, wenn beide Eheleute mit dem Getrenntleben eindeutig einverstanden sind, Karlsr RR **89**, 1415, KG FamRZ **82**, 272, Düss FamRZ **72**, 208. Die bloße Eröffnung der Möglichkeit, eine einstwAnO über das Getrenntleben oder über die Zuweisung der Ehewohnung zu erreichen, § 620 I Z 5 u 7 (vgl auch § 620 Rn 19 ff), begründet noch kein Rechtsschutzbedürfnis für diese Klage, Brudermüller NJW **84**, 2561, Karlsr RR **89**, 1415, Bbg FamRZ **79**, 804, aM Bre NJW **78**, 2102. Soweit das Vormundschaftsgericht zuständig ist, § 1357 II BGB, ist die Klage durch Prozeßurteil unzulässig. Eine Zwangsvollstreckung aus dem stattgebenden Urteil in der Sache selbst ist ausgeschlossen, § 888 II, vgl § 888 Rn 21.

9 **Ehestörungsklagen** (MüKoWalter 15, STr 12). Sie sind keine Ehesachen iSv § 606, ohne daß es darauf ankommt, ob sich eine solche Klage gegen den Ehegatten oder den Dritten richtet, Riegel NJW **89**, 2799 mwN, STr 12, Zweibr NJW **89**, 1614, KG FamZR **83**, 616 mwN, aM Walter S 9 u JZ **83**, 476, Celle NJW **80**, 711. Solche Begehren sind deshalb auch dann, wenn ein Scheidungsverfahren eingeleitet ist oder die Eheleute getrennt leben, im Wege des allgemeinen Zivilprozesses zu verfolgen. Unzulässig sind Klagen auf Unterlassung des Ehebruchs, oder auch auf unerlaubter Handlung, weil jeder unmittelbare mittelbare Zwang mit dem Wesen der Ehe unvereinbar ist, BGH **37**, 41.

10 **3) Örtliche Zuständigkeit nach dem Familienmittelpunkt**

A. Regelgerichtsstand ist für In- und Ausländer **das FamGer des gemeinsamen gewöhnlichen Aufenthalts der Gatten, I 1.**

a) „Gewöhnlicher Aufenthalt" (Spickhoff IPrax **95**, 185). Er ist stets nach deutschem Recht zu bestimmen, BGH NJW **76**, 1590, BayObLG NJW **90**, 3099 mwN. Gemeint ist der tatsächliche Mittelpunkt des Lebens, der Ort, an dem sich die Person hauptsächlich (nicht unbedingt ständig) aufzuhalten pflegt, insbesondere der Ort, an dem nicht nur vorübergehend gewohnt und geschlafen wird, BGH NJW **75**, 1068

Abschnitt 1. Allg. Vorschr. für Verfahren in Ehesachen **§ 606**

mwN, BayObLG FamRZ **97**, 424, Köln FamRZ **95**, 172, Hbg IPrax **92**, 38 mwN, KG NJW **88**, 650 (zustm Geimer), Spellenberg IPrax **88**, 4, Pal-Die § 7 BGB Rn 3, Pal-Heldr Art 5 EGBGB Rn 10, STr 18. Dieser Gesichtspunkt ist auch bei einem ausländischen Diplomaten maßgeblich, LG Köln MDR **62**, 903, ohne Rücksicht auf seine jederzeitige Verwendbarkeit an einem anderen Ort; ebenso behält ein Mitglied ausländischer Streitkräfte den in der BRep begründeten gewöhnlichen Aufenthalt auch dann, wenn der Termin seiner Versetzung bereits bekannt ist, AG Heidelberg (zustm Jayme) IPrax **88**, 113. Zur Begründung eines gewöhnlichen Aufenthalts nicht erforderlich (und umgekehrt auch nicht ausreichend) ist die Absicht, für einige Zeit den Ort zum Daseinsmittelpunkt zu machen, BayObLG FamRZ **97**, 424, auch nicht die polizeiliche Meldung für sich allein, BGH RR **95**, 507 mwN. Vielmehr handelt es sich um einen rein tatsächlichen Vorgang, ohne daß wie bei der Wohnsitzbegründung ein rechtsgeschäftlicher Wille hinzukommen müßte, MüKoWalter 23, BVerfG NJW **99**, 633 (zum gewöhnlichen Aufenthalt des Kindes), KG NJW **88**, 650 mwN; ein gewöhnlicher Aufenthalt kann in besonderen Fällen auch an mehreren Orten gleichzeitig bestehen, KG aaO, Spickhoff IPrax **95**, 189 mwN, str, aM Pal-Heldr Art 5 EGBGB Rn 10 mwN. Er erfordert eine gewisse Eingliederung in die soziale Umwelt, die durch die Dauer indiziert wird (Faustregel: 6 Monate), Pal-Heldr aaO, Hamm NJW **90**, 651. Das längere Verweilen an einem Ort darf nicht von vornherein nur als vorübergehend geplant sein, BayObLG FamRZ **93**, 89 (Klinikaufenthalt), aM KG NJW **88**, 650 (Studium im Ausland); es darf auch nicht von Entscheidungen anderer abhängen, so daß ein zwangsweiser Aufenthalt (zB in Strafhaft) idR ausscheidet, Kblz NJW-FER **98**, 207, Köln FamRZ **96**, 146, OVG Hbg HJVBl **96**, 83. Jedoch wird bei eindeutiger und endgültiger Aufgabe des früheren gemeinsamen Aufenthalts etwas anderes gelten, Schlesw SchlHA **80**, 73, ZöPh 5, str, vgl Pal-Die aaO. Zum gewöhnlichen Aufenthalt von Grenzpendlern, pendelnden Gastarbeitern und Saisonarbeitern s Spickhoff IPrax **95**, 187.

Ausländer haben im Inland ihren gewöhnlichen Aufenthalt, wenn sie längere Zeit hier leben, ihr Aufenthalt auf Dauer angelegt ist und ihr Verbleib gesichert ist, Karlsr FamRZ **90**, 1352, Pal-Heldr Art 5 EGBGB Rdz 10, krit Rauscher IPrax **92**, 15; auch ein ausländischer Armeeangehöriger kann einen gewöhnlichen Aufenthalt im Inland begründen, Zweibr RR **99**, 948 mwN. Asylbewerber haben idR keinen gewöhnlichen Aufenthalt in der BRep, Staud-Spellenberg 168, Bre FamRZ **92**, 962, es sei denn, es steht fest, daß sie asylberechtigt sind, BSG InfAuslR **93**, 99, oder daß sie unabhängig vom Ausgang des Asylverf nicht abgeschoben werden, Kblz NJW-FER **98**, 207, Köln FamRZ **96**, 316, BSG MDR **90**, 780 u **88**, 700 (zu § 30 III 2 SGB I), oder daß ihr Aufenthalt mehrere Jahre lang behördlich geduldet wird, Dörr NJW **90**, 78, Hamm NJW **90**, 651, Kblz FamRZ **90**, 536, weitherziger Gottwald F Nakamura, 1996, S 190; ein längerer Aufenthalt allein reicht nicht aus, aM Nürnb FamRZ **02**, 324 mwN, auch dann nicht, wenn er vom Ausländer auf längere Zeit angelegt ist, krit Kilian IPrax **95**, 11 (anders, wenn das AsylVerf kurz vor dem Abschluß steht); Schnappka ZBlJugR **94**, 27 (betr Jugendliche); vgl dazu Pal-Heldr aaO, Spickhoff IPrax **90**, 225, Wollenschläger/Kreßel SGb **89**, 440. Abgelehnte Asylbewerber haben im Inland keinen gewöhnlichen Aufenthalt, Bre FamRZ **92**, 962, es sei denn, ihr Aufenthalt wird von der Behörde längere Zeit geduldet, s o. Wegen der als asylberechtigt Anerkannten s § 606 a Anh I D. 11

„Gemeinsam" ist der Aufenthalt nur, wenn die Ehegatten zusammen leben, nicht dagegen bei Getrenntleben. Führt jedoch der Zwang der Verhältnisse zum Getrenntleben, so haben die Ehegatten bei Rückkehrwillen trotzdem einen gemeinsamen Aufenthalt, Hamm MDR **57**, 171, also auch dann, wenn ein Ehegatte wegen seiner Arbeit an einem anderen Ort ein Zimmer bewohnt, aber an den Wochenenden oder im Urlaub mit seiner Ehefrau regelmäßig zusammenlebt, Schlesw SchlHA **63**, 125. Auch eine vorübergehende Abwesenheit wie Wehrdienst oder Tätigkeit für eine deutsche Firma im Ausland ändert nichts am bisherigen Aufenthalt. Anders liegt es dagegen bei zwangsweiser Verbringung eines Ehegatten an einen anderen Ort, Soergel-Kegel Art 29 EGBGB Rdz 22, jedenfalls dann, wenn der Zwangsaufenthalt (Strafhaft) länger dauert. 12

b) Der gemeinsame gewöhnliche Aufenthalt muß im Inland liegen, vgl I 2, also in der Bundesrepublik. Haben die Ehegatten ausnahmsweise einen weiteren gemeinsamen gewöhnlichen Aufenthaltsort dort oder im Ausland, BayObLG FamRZ **80**, 883, so bleibt dieser für die inländische Zuständigkeit außer Betracht, str, vgl BayObLG aaO. 13

c) Der gemeinsame gewöhnliche Aufenthalt im Inland muß **bei Eintritt der Rechtshängigkeit** bestehen, sonst greift I 2 ein. Rechtshängig wird eine EheS mit Zustellung der Klage bzw des Scheidungsantrags, § 622, s §§ 261 I, 253, sofern die Zustellung zu dem Zweck erfolgt, die Rechtshängigkeit herbeizuführen. Eine Zustellung allein im Verfahren der Prozeßkostenhilfe ist deshalb für die Zuständigkeit ohne Bedeutung, BGH FamRZ **80**, 131, Karlsr FamRZ **88**, 92. Wird das angerufene Gericht im Lauf des Rechtsstreits zuständig, so genügt das, Rn 2. 14

B. Ersatzgerichtsstand: Fehlt es bei Eintritt der Rechtshängigkeit an einem gemeinsamen gewöhnlichen Aufenthalt der Ehegatten im Inland, so ist das **FamGer zuständig, in dessen Bezirk einer der Ehegatten** (nicht notwendig der Kläger bzw Antragsteller) **mit den gemeinsamen minderjährigen Kindern** (dh allen Kindern, siehe unten) **den gewöhnlichen Aufenthalt hat,** I 2. Die Zuständigkeit knüpft hier an den räumlichen Mittelpunkt der Restfamilie an und trägt der Regelung des § 621 II 1 Rechnung, nach der das Gericht der EheS auch für die die Kinder betreffenden Verfahren des § 621 I Z 1–4 zuständig ist. Der gemeinsame gewöhnliche Aufenthalt, Rn 10, setzt grundsätzlich eine einheitliche Wohngemeinschaft voraus; er kann auch in einem sog Frauenhaus sein, Saarbr FamRZ **90**, 1119 mwN, Hbg FamRZ **83**, 612 u **82**, 85, und zwar auch dann, wenn das Frauenhaus fernab vom ehelichen Wohnsitz liegt, aM Burgard FamRZ **90**, 1119. Unter dörflichen Verhältnissen reicht auch eine dauernde Bindung auf Grund des engen räumlichen Bereichs aus, Ffm FamRZ **84**, 806 (Kind lebt bei einem Bruder der Ehefrau), zweifelnd MüKoWalter 26. Wegen mehrerer gewöhnlicher Aufenthalte s Rn 13. 15

Einzelheiten: Darauf, ob der Aufenthaltsort dem Antragsteller bekannt ist, kommt es nicht an, Karlsr FamRZ **99**, 1086 (Kenntnis des Gerichts und Mitteilung des zuständigen FamGer genügen). Erforderlich ist, daß alle minderjährigen Kinder mit einem der getrenntlebenden Gatten einen gemeinsamen gewöhnlichen Aufenthalt haben, BGH RR **92**, 903 u **87**, 1349 mwN, zweifelnd Hamm RR **89**, 1486; eine vorübergehende Abwesenheit, zB in einem Internat oder wegen Wehrdienstes, bleibt außer Betracht, Diederichsen 16

Albers 1801

§§ 606, 606a

NJW **77**, 650, AG Rottweil FamRZ **97**, 1408, ebenso idR die Aufnahme in eine Zeugenschutzmaßnahme, Köln FamRZ **03**, 1124. Auch hier kommt es nur auf den tatsächlichen Vorgang des Zusammenlebens an, dh auf den faktischen Daseinsmittelpunkt der Kinder, vgl Düss FamRZ **99**, 112, Bre FamRZ **92**, 963. Der Eintritt der Volljährigkeit während des Verfahrens berührt die Zuständigkeit nicht, § 261 III Z 2, StJSchl 13. Sind dagegen die Kinder bei Klagerhebung volljährig oder leben sie verteilt bei beiden Gatten oder Dritten, zB den Großeltern, so gilt II, BGH NJWE-FER **97**, 65 u RR **87**, 1348 mwN. Jedoch ist I 2 jedenfalls entsprechend anzuwenden, wenn ein Teil der Kinder bei einem Ehegatten und ein Teil bei einem Dritten lebt, BGH FamRZ **84**, 370 (anders BGH RR **92**, 903), Hamm FamRZ **80**, 1137, Ffm FamRZ **80**, 376 und Mü FamRZ **79**, 152 (abzulehnen AG Hersbruck FamRZ **79**, 717, das § 36 I 2 FGG entsprechend anwendet); die entsprechende Anwendung von I 2 auch auf den Fall, daß das einzige Kind bei einem Dritten lebt (bzw alle Kinder einen gemeinsamen Aufenthaltsort haben), Hamm RR **89**, 1486, wird durch § 606 schwerlich gedeckt, Schlesw SchlHA **97**, 41.

17 4) **Hilfszuständigkeiten, II, III**

A. Versagt I, hat also bei Eintritt der Rechtshängigkeit weder das Ehepaar noch der mit allen minderjährigen Kindern zusammenlebende Ehegatte seinen gewöhnlichen Aufenthalt im Inland, so gilt folgendes (wegen der neuen Bundesländer s Grdz § 606 Rn 7):

a) Zuständig ist das **FamGer, in dessen Bezirk die Gatten ihren gemeinsamen gewöhnlichen Aufenthalt zuletzt gehabt haben**, wenn dieser Ort im Inland liegt und **wenn einer der Gatten** (nicht notwendig der Kläger) bei **Eintritt der Rechtshängigkeit**, Rn 14, dort noch **seinen gewöhnlichen Aufenthalt hat, II 1**;

b) fehlt es an einem solchen letzten gemeinsamen gewöhnlichen Aufenthalt, ist das **FamGer des gewöhnlichen Aufenthaltsorts des Beklagten im Inland zuständig, II 2**;

c) hilfsweise, also wenn der Beklagte seinen gewöhnlichen Aufenthalt nicht im Inland hat, ist das **FamGer des gewöhnlichen Aufenthaltsorts des Klägers im Inland zuständig, II 2**; das gilt auch dann, wenn der Aufenthalt des Beklagten unbekannt ist, hM, BGH NJW **83**, 285 mwN, BayObLG LS FamRZ **97**, 297; Zweibr FamRZ **85**, 81.

d) wenn alle diese Gerichtsstände versagen, ist **ganz hilfsweise das FamGer beim AG Schöneberg in Berlin zuständig, III**.

Zu a) bis c): Der Aufenthaltsort darf nicht tatsächlich und allgemein unbekannt sein, BGH FamRZ **82**, 1199, Karlsr FamRZ **99**, 1086 mwN. Wegen des gewöhnlichen Aufenthalts s oben Rn 10 u 11. Die Verbüßung einer mehrjährigen Freiheitsstrafe begründet seinen gewöhnlichen Aufenthalt in der Strafanstalt, BGH NJWE-FER **97**, 89.

18 **B. Wenn beide Ehegatten das Verfahren rechtshängig machen**, ist von den nach II 2 zuständigen Gerichten dasjenige zuständig, bei dem das Verfahren **zuerst rechtshängig geworden ist, II 3 Halbs 1** (zum Begriff s Rn 14). Dies gilt auch dann, wenn die beiden Verfahren nicht miteinander verbunden werden können, II 3 Halbs 2, vgl §§ 610, 633. Der Zeitpunkt der Rechtshängigkeit des einen Verfahrens legt für alle inländischen Ehesachen zwischen denselben Gatten den Gerichtsstand fest, so daß, wenn zuerst ein Antrag auf Scheidung rechtshängig geworden ist, die von dem anderen Gatten beabsichtigte Nichtigkeitsklage bei demselben FamGer anhängig gemacht werden muß, obwohl sie nicht durch Widerklage geschehen kann, § 610; diese Notwendigkeit besteht nur dann nicht, wenn der Scheidungsantrag vorher zurückgenommen oder rechtskräftig abgewiesen worden ist. **Sind die Verfahren am selben Tag rechtshängig geworden, so gilt § 36 entsprechend, II 4**, so daß das zuständige Gericht durch das im Rechtszuge zunächst höhere Gericht bestimmt wird, § 36 Rn 10 ff. Das beim unzuständigen Gericht anhängige Verfahren ist auf Antrag des Klägers (Antragstellers im Fall der Scheidung) zu verweisen, § 281; geschieht dies nicht, ist die Klage (Scheidungsantrag) als unzulässig abzuweisen.

Ist das eine Verf im Ausland rechtshängig, so gelten die allgemeinen Regeln, Schlosser IPrax **85**, 16, BGH NJW **87**, 3083, zustm Hauser JR **88**, 22; vgl dazu im einzelnen § 606a Rn 13.

19 5) **Ausschließliche Zuständigkeit.** Die Gerichtsstände des § 606 sind als ausschließliche bezeichnet. Das sind sie aber nicht in dem Sinne, daß Deutsche in Ehesachen nur vor einem deutschen Gericht Recht nehmen könnten, vgl § 606a. Deutsche Ehegatten, die sich im Ausland aufhalten, können sich vielmehr auch dort scheiden lassen; ebenso kann der Deutsche, dessen Ehegatte sich im Ausland aufhält, statt im eigenen Gerichtsstand, Rn 17, auch im Ausland Klage erheben, dies sogar dann, wenn beide Ehegatten nach Deutschland zurückgekehrt sind.

20 6) **Rechtshängigkeit und Zuständigkeit.** War das angerufene Gericht zZt der Klageerhebung zuständig, so bleibt dieses Gericht auch weiter zuständig, § 261 III (s auch Rn 18 wegen der Klage des anderen Ehegatten). Das gilt sowohl für eine Änderung der tatsächlichen Verhältnisse, also iRv § 606a (dort Rn 11), zB bei Auswanderung der Parteien während des Verfahrens, Hbg NJW **50**, 509, als auch für eine gesetzliche Änderung der Zuständigkeitsregelung, zB nach dem EV, Anh § 577a, dazu Gottwald FamRZ **91**, 1072. Ist die Sache bei einem unzuständigen Gericht rechtshängig geworden und ändern sich danach die Zuständigkeitsvoraussetzungen, muß die Sache auf Antrag an das nunmehr zuständige FamGer verwiesen werden, nicht etwa an das bei Eintritt der Rechtshängigkeit zuständige Gericht, Hbg FamRZ **83**, 612.

606a *Internationale Zuständigkeit.* [1] Für Ehesachen sind die deutschen Gerichte zuständig,

1. wenn ein Ehegatte Deutscher ist oder bei der Eheschließung war,
2. wenn beide Ehegatten ihren gewöhnlichen Aufenthalt im Inland haben,
3. wenn ein Ehegatte Staatenloser mit gewöhnlichem Aufenthalt im Inland ist oder

Abschnitt 1. Allg. Vorschr. für Verfahren in Ehesachen § 606a

4. wenn ein Ehegatte seinen gewöhnlichen Aufenthalt im Inland hat, es sei denn, dass die zu fällende Entscheidung offensichtlich nach dem Recht keines der Staaten anerkannt würde, denen einer der Ehegatten angehört.

² Diese Zuständigkeit ist nicht ausschließlich.

II ¹ **Der Anerkennung einer ausländischen Entscheidung steht Absatz 1 Satz 1 Nr. 4 nicht entgegen, wenn ein Ehegatte seinen gewöhnlichen Aufenthalt in dem Staat hatte, dessen Gerichte entschieden haben.** ² Wird eine ausländische Entscheidung von den Staaten anerkannt, denen die Ehegatten angehören, so steht Absatz 1 der Anerkennung der Entscheidung nicht entgegen.

Gliederung

1) Allgemeines		2	3) Anerkennung ausländischer Entscheidungen, II	14–17
2) Internationale Zuständigkeit, I		3–13	A. Allgemeines	14
A. Fälle		4–9	B. Anerkennungserleichterungen	15–17
B. Gemeinsames		10–13		

Vorbem. II idF des Art 3 G v 21. 5. 99, BGBl 1026, in Kraft 1. 6. 99, Art 6 des Ges (Materialien: BTDrs 14/343 idF BTDrs 14/654), vgl Wagner IPrax **98**, 513 u **99**, 210). Zur Rechtslage ab 1. 3. 01 s Rn 2 a.

Schrifttum zu I: S Anh II zu § 606 a. 1

1) Anwendungsbereich. Die internationale Zuständigkeit deutscher Gerichte in EheS, unten Rn 3, war 2 bis 28. 2. 01 in § 606a geregelt. Seit dem 1. 3. 01 hat vor dieser Vorschrift die VO (EG) Nr 1347/2000 des Rates der EU (ABlEG L 160/19) bzw die an ihre Stelle getretene **VO (EG) 2201/2003,** EuEheVO, verdrängenden Vorrang, Anh I Einf 1. Daher gilt § 606 a demgemäß seitdem nur noch für **folgende Fälle:**
a) Im Verhältnis zu **Dänemark,** weil insoweit die EuEheVO nicht anwendbar ist, Art 2 Zif 3 EuEheVO;
b) sofern sich aus den Art 3–5 EuEheVO **keine Zuständigkeit eines Gerichts eines Mitgliedstaates** ergibt, Art. 7 I (zB für ein deutsch-französisches Ehepaar in den USA, Kohler NJW **01**, 11), oder der **Antragsteller** seinen gewöhnlichen Aufenthalt in Deutschland hat **und die deutschen Zuständigkeitsvorschriften nach Maßgabe des Art 7 II EuEheVO geltend macht;**
c) für die **Anerkennung von Entscheidungen nach § 328 I Z 1,** wenn die Entscheidung außerhalb der EG oder in Dänemark ergangen ist, ThP 1;
d) in **Lebenspartnerschaftssachen** mit den in § 661 III genannten Maßgaben, vgl dort Rn 14 ff.

2) Internationale Zuständigkeit, I (Üb § 12 Rn 6 ff). Für EheS, § 606 Rn 2 ff, sind die deutschen 3 Gerichte in den in I 1 genannten Fällen zuständig; das gilt sowohl für Klagen (Scheidungsanträge) wie für Widerklagen (Gegenanträge), bei denen die gleichen Voraussetzungen vorliegen müssen, aM ZöGei **88**, vgl Henrich IPrax **86**, 247. Für die Trennung von Tisch und Bett nach ausländischem Recht, Üb § 606 Rn 1, gelten die gleichen Erfordernisse, Ffm FamRZ **85**, 619, str, aM AG Hbg FamRZ **80**, 578 m krit Anm Neuhaus. Die internationale Zuständigkeit für die EheS begründet regelmäßig auch diejenige für die FolgeS iSv § 623, BGH **75**, 243; auf zwischenstaatliche Abk beruhende Regelungen, zB das Haager Abk über den Schutz Minderjähriger v 5. 10. 61, haben jedoch im Zweifel Vorrang, BGH NJW **84**, 1304.

Sind die deutschen Gerichte zuständig, richtet sich das Verfahren nach deutschem Recht als der lex fori, BGH in stRspr, RR **94**, 386 mwN.

A. Fälle, I 1 (Spellenberg IPrax **88**, 2). Deutsche Gerichte sind international zuständig, Üb § 12 Rn 6 ff, 4
a) wenn ein Ehegatte Deutscher ist oder bei der Eheschließung war, I 1 Z 1 (ohne daß es auf den Wohnsitz oder Aufenthalt der Ehegatten ankommt, Dörr NJW **89**, 494, KG IPrax **88**, 235). Das gilt auch dann, wenn der Staatsanwalt oder der Gatte der früheren Ehe die Nichtigkeitsklage, § 632 II, erhebt, BGH NJW **76**, 1590. Die deutsche Staatsangehörigkeit muß vAw ermittelt werden; wenn keine Zweifel bestehen, wird sich das Gericht mit der Vorlage des deutschen Reisepasses oder einer Staatsangehörigkeitsbescheinigung begnügen dürfen. Der Erwerb der Staatsangehörigkeit während des EheVerf genügt, BGH NJW **82**, 1940. Eine andere Staatsangehörigkeit neben der deutschen bleibt außer Betracht, Stgt FamRZ **89**, 760 mwN, Otto FamRZ **74**, 655 mwN, ohne daß es auf die Effektivität der deutschen Staatsangehörigkeit ankommt, Dörr NJW **89**, 494, ZöGei 37: hier sollte nichts anderes gelten als im materiellen Recht, Art 5 I 2 EGBGB, krit Spellenberg IPrax **88**, 4 mwN, vgl auch Fuchs NJW **00**, 491. Wer unter Art 116 I GG fällt, ohne die deutsche Staatsangehörigkeit zu besitzen, steht auch verfahrensrechtlich den deutschen Staatsangehörigen gleich, Art 9 II Z 5 FamRÄndG. Die Bewohner der DDR waren stets im Bereich des GG wie Bürger der BRep zu behandeln, BVerfG NJW **73**, 1544, KG NJW **83**, 2325; für die Zuständigkeit der Gerichte der BRep genügte es, wenn der klagende Ehegatte seinen gewöhnlichen Aufenthalt im Geltungsbereich der ZPO hatte, § 606, BGH NJW **56**, 1031. Wegen der den Deutschen durch besondere Gesetze **gleichgestellten Personen** s Anh II; da die Zuständigkeitsregelung gleich ist, kann dahingestellt bleiben, welche der in Frage kommenden Regelungen in anderer Hinsicht vorgeht, Spellenberg IPrax **88**, 4, BGH FamRZ **85**, 280;

b) wenn beide Ehegatten ihren gewöhnlichen Aufenthalt im Inland haben, I 1 Z 2, und zwar im 5 Zeitpunkt der Klagerhebung (Antragstellung), Rn 11. Der Begriff des gewöhnlichen Aufenthalts ist nach deutschem Recht zu beurteilen, KG NJW **88**, 650, Spellenberg IPrax **88**, 4 mwN; hierzu und zu dem Begriff Inland vgl § 606 Rn 10 ff. Der gewöhnliche Aufenthalt braucht kein gemeinsamer zu sein; steht die Beendigung eines kurzfristigen Aufenthalts durch staatliche Maßnahmen bevor, ist I 1 Z 2 nicht gegeben, Kblz FamRZ **98**, 756 (Anm Gottwald). Auf die Staatsangehörigkeit kommt es in diesem Fall nicht an, so daß sich ihre Prüfung nach I 1 Z 1 im Fall des I 1 Z 2 erübrigt; auch die Anerkennung im Heimatstaat ist hier für die Zuständigkeit ohne Bedeutung, BGH RR **05**, 81 = FamRZ **04**, 1994 (anders im Fall der Z 4),

§ 606a

jedoch darf eine Scheidung nicht ausgesprochen werden, wenn das nach EGBGB anwendbare Recht eine Scheidung durch deutsches Urteil nicht zuläßt, KG FamRZ **94**, 839 mwN;

6   c) wenn **ein Ehegatte Staatenloser mit gewöhnlichem Aufenthalt im Inland** ist, **I 1 Z 3** (hierin liegt eine Einschränkung gegenüber dem früheren § 606 b, Böhmer RabelsZ **86**, 656); zu diesen Begriffen vgl § 606 Rn 10 ff;

7   d) wenn (nur) **ein Ehegatte seinen gewöhnlichen Aufenthalt im Inland hat, es sei denn, daß die zu fällende Entscheidung offensichtlich nach dem Recht keines der Staaten anerkannt würde, denen einer der Ehegatten angehört, I 1 Z 4.** Die Vorschrift (gegen deren Vereinbarkeit mit Art 3 I GG Bedenken erhoben worden sind, Geimer IZPR Rn 1954 u ZöGei 53, 57 ff) greift ein, wenn **beide Ehegatten Ausländer** sind und nur einer von ihnen seinen gewöhnlichen Aufenthalt im Inland hat (dazu § 606 Rn 10 ff), Zweibr RR **99**, 948, ohne daß es auf den letzten gemeinsamen Aufenthalt ankommt, BGH NJW **90**, 636. In diesem Fall wird auf das Erfordernis der Anerkennung der deutschen Entsch nicht vollständig verzichtet, bleibt doch ohne eine solche Scheidung und damit auch einer so hinkenden Ehe vorzubeugen (krit Spellenberg IPrax **88**, 3). Die Zuständigkeit der deutschen Gerichte ist ausgeschlossen, wenn die Entsch nach dem Heimatrecht keines der Ehegatten anerkannt würde, wobei es bei Mehrstaatern entgegen dem Wortlaut nicht auf alle Rechtsordnungen ankommt, sondern auf diejenige der sog effektiveren Staatsangehörigkeit iSv Art 5 I 1 EGBGB, Kilian IPrax **95**, 11 mwN, Henrich FamRZ **86**, 849, str, aM MüKoWa 30, ZöGei 64, Rahm VIII 147.

8   Der Ausschluß gilt aber nur dann, wenn überdies das **Fehlen der Anerkennung offensichtlich** ist, dh wenn schon ohne intensive Nachforschungen von ihr auszugehen ist, BT-Drs 10/5632 S 47 (zum Begriff „offensichtlich" vgl Art 6 EGBGB und das AsylVfG, BVerfG **67**, 56 u **65**, 95, BVerwG NJW **82**, 1244). Was hier darunter zu verstehen ist, ist schwierig zu entscheiden, vgl Schack 373, Staud-Spellenberg 233–248, Henrich 29–35, Maurer 1071, ZöGei 60. Nach einer Meinung müssen für den Einzelfall alle objektiven Quellen ausgeschöpft werden, MüKoWalter 36; bleiben Zweifel, ist die Anerkennung zu bejahen, Spellenberg IPrax **88**, 7, Basedow NJW **86**, 2979, Mansel StAZ **86**, 317, Maurer aaO (m Unterschieden im Einzelnen). Nach der anderen Meinung ist die Anerkennung immer dann zu bejahen, wenn nicht jedem Sachkundigen klar ist, daß der Heimatstaat bei der gegebenen Fallgestaltung generell die Anerkennung verweigert, zB weil er die Unauflöslichkeit der Ehe zum ordre public rechnet (ein innerstaatliches Scheidungsverbot besagt dazu für sich allein nichts, Basedow aaO) oder die Auflösung stets oder doch in einer bestimmten Situation (Wohnsitz des Bekl im Heimatstaat) seinen eigenen Gerichten vorbehält, Jayme IPrax **86**, 267, Lüderitz IPrax **87**, 81, Dopffel FamRZ **87**, 1210. Da der Gesetzgeber davon ausgegangen ist, daß die Nichtanerkennung nur in verhältnismäßig wenigen Fällen festzustellen sein wird (BT-Drs aaO), wird der zweiten Meinung zu folgen sein, vgl (mit Unterschieden im einzelnen) Schack 373, Henrich 31–35, Kilian IPrax **95**, 12, Dörr NJW **89**, 494, Jayme IPrax **87**, 187. Jedenfalls ist immer nach dem Satz zu verfahren „im Zweifel für die Zuständigkeit der deutschen Gerichts", so daß es genügt, wenn die Prognose der Anerkennung vertretbar ist, Spellenberg IPrax **88**, 7, oder als möglich erscheint, AG Heidelberg (zustm Jayme) IPrax **88**, 113. Wegen der typischen Fälle der offensichtlichen Nichtanerkennung vgl im einzelnen **Anh II**. Ausnahmsweise kann in krassen Fällen gegenüber der Nichtanerkennung Art 6 EGBGB eingreifen, dazu Spellenberg IPrax **88**, 5. Die Nichtanerkennung nur der Entscheidung in einer FolgeS, § 623, schadet nicht, Jayme IPrax **84**, 122.

9   **Auf die Anerkennung kommt es nicht an**, wenn nach den beiden Heimatrechten eine Ehe überhaupt nicht besteht, Stgt FamRZ **80**, 783, oder bereits (zB durch Verstoßung nach islamischem Recht) als aufgelöst gilt, BGH NJW **82**, 517, BayObLG FamRZ **85**, 75, oder wenn die Kl auf die Feststellung gerichtet ist, daß eine nach beiden Heimatrechten gültige Privatscheidung, AG Hbg FamRZ **80**, 453, oder eine Ehetrennung durch ein kirchliches Gericht des gemeinsamen Heimatstaates im Inland wirksam ist (bzw in diesem Fall die Trennung durch Urt begehrt wird), AG Hbg StAZ **81**, 83 (alle Entsch zu § 606 b aF); ob nach der Zwecksetzung der Z 4 in diesen Fällen das Erfordernis der Anerkennung (auch) dann entfällt, wenn nur einer der Heimatstaaten die Ehe als nicht (mehr) bestehend ansieht, ZöGei 69, ist zweifelhaft, bejahend Hamm StAZ **94**, 222. Dagegen ist die Anerkennung in mindestens einem Heimatstaat auch dann erforderlich, wenn der Sache nach deutsches Recht anzuwenden ist, ZöGei 29 u 90, oder wenn das nach deutschem Recht für die Sache maßgebliche ausländische Recht, zB das Scheidungsstatut, die deutsche Entscheidung anerkennt, Jayme IPrax **87**, 187, aM ZöGei 30 u 71, der ein Redaktionsversehen annimmt.

10   **B. Gemeinsames**
a) **Keine Ausschließlichkeit, I 2.** Keine der durch I 1 begründeten Zuständigkeiten ist ausschließlich. Deutsche mit Aufenthalt im Ausland können sich auch dort scheiden lassen; ebenso kann der deutsche Partner, dessen Ehegatte sich im Ausland aufhält, dort Klage erheben. Wegen der Anerkennung der ausländischen Entsch s § 328 Rn 49 ff.

11   b) **Maßgeblicher Zeitpunkt.** Über die Zuständigkeit entscheiden die Verhältnisse im Zeitpunkt der Entscheidung. Ist sie jedoch einmal gegeben, so dauert sie nach § 261 III Z 2 auch bei einer Änderung der tatsächlichen Umstände fort, BGH NJW **84**, 1305 mwN, Mü IPrax **88**, 355 (zustm Winkler-v. Mohrenfels IPrax **88**, 341 mwN), aM Damrau, F Bosch S 103 ff; das gleiche sollte bei einer Änderung des deutschen Rechts gelten, RG **150**, 293, Spellenberg IPrax **88**, 2. Hinsichtlich des Anerkennungserfordernisses, I 1 Z 4, scheidet eine solche Fortdauer jedoch aus, so daß es insoweit auf die Verhältnisse im Zeitpunkt der tatrichterlichen Entscheidung ankommt, BGH NJW **84**, 1306 mwN, aM für einen Sonderfall (Flüchtling) Celle FamRZ **74**, 314 mwN (beide zu § 606 b aF). Entfällt das Anerkennungserfordernis durch Veränderung der tatsächlichen Verhältnisse, zB durch Erwerb der deutschen Staatsangehörigkeit, so ist dies in der Rev-Instanz zu berücksichtigen, BGH **53**, 128, StAZ **75**, 328 (zu § 606 b aF).

12   c) **Prüfung der Zuständigkeit.** Die internationale Zuständigkeit nach I 1 ist in jeder Instanz vAw zu prüfen, weil weder § 529 noch § 549 II hierfür gilt, BGH NJW **84**, 1305 mwN. Bei Verkennung der Voraussetzungen schafft das deutsche Urteil gleichwohl Rechtskraft und entfaltet Gestaltungswirkung, vgl Art 13 II Z 3 EGBGB. Im Fall von I 1 Z 4 ist auch die Frage der Anerkennung nach fremdem Recht

revisibel, um eine einheitliche Beurteilung sicherzustellen, StJSchl § 606 Rn 4, ZöGei 67, Hanisch NJW 67, 1210, aM BGH 27, 47 u IPrax 84, 208, dazu Dessauer IPrax 85, 332.

d) Rechtshängigkeit im Ausland (Gruber FamRZ **00**, 1129 u **99**, 1565). Wegen der Rechtslage vor **13** dem Inkrafttreten der VO (EG) Nr 1347/2000 bzw der EuEheVO vor dem 1. 3. 05 s 63. Auflage. Seitdem gelten auch dann, wenn sich die internationale Zuständigkeit ausnahmsweise nach § 606 a richtet, oben Rn 1, für die Rechtshängigkeit die Vorschriften des Art 19 EuEheVO (mindestens entspr, wenn das andere Verfahren nicht in einem Mitgliedstaat oder in Dänemark anhängig ist). Vgl im einzelnen die Erläuterungen zu Art 19 im Anh I.

3) Anerkennung ausländischer Entscheidungen, II (*Wagner* IPrax **98**, 429 u **99**, 210). **14**

A. Allgemeines. Die Anerkennung ausländischer Entscheidungen in Ehesachen ist, sofern nicht die **VO (EG) Nr 2201/2003**, Anh I zu § 606 a, eingreift, oben Rn 2, zu versagen, wenn die Gerichte des betreffenden Staates bei Anwendung deutschen Rechts unzuständig sind, § 328 Rn 16 ff. Für EheS besteht keine ausschließliche Zuständigkeit deutscher Gerichte, I 2, vgl § 606 Rn 19. Die Folgerungen für die Anerkennung ausländischer Entscheidungen in EheS zieht II, MüKoWalter 130, Henrich 39; auf die Zuständigkeit nach § 606 kommt es nicht an, Lüderitz IPrax **87**, 81, Richter JR **87**, 101.

B. Anerkennungserleichterungen (Wagner IPrax **98**, 429, Basedow StAZ **83**, 238, Gottwald IPrax **84**, **15** 60, Mansel StAZ **86**, 317, Richter JR **87**, 101, Geimer NJW **88**, 2180). **a) Voraussetzungen.** Sie müssen im Zeitpunkt der ausländischen Entscheidung vorliegen, § 328 Rn 52, so daß die internationale Zuständigkeit des ausländischen Gerichts nach den in jenem Zeitpunkt maßgeblichen Normen zu beurteilen ist, hM, ua BayObLG NJW **88**, 2178 mwN; dies gilt auch dann, wenn neue Bestimmungen die Anerkennung erleichtern, PalHeldr Art 17 EGBGB Anm 7 b, KG NJW **87**, 569, 1184 mwN (zustm Geimer), aM BayObLG aaO mwN (abl Geimer), offen gelassen BGH NJW **90**, 2196. Wegen des Begriffs der von einer ausländischen Behörde in Ehesachen getroffenen Entscheidung vgl § 328 Rn 7 ff.

b) Fälle. aa) II 1: Im Rahmen der Anerkennung, oben Rn 14, ist **I 1 Z 4** nicht spiegelbildlich her- **16** anzuziehen, weil nach Scheidung der Ehe ihr sog Hinken im Sinne einer unterschiedlichen Beurteilung ihrer Wirksamkeit in verschiedenen Rechtsordnungen nicht mehr verhindert werden kann, BT-Drs 10/504 S 90. Es entfällt also das Anerkennungserfordernis, nicht aber – was die Neufassung lediglich klarstellt – das Erfordernis des gewöhnlichen Aufenthalts eines Ehegatten im Urteilsstaat, es sei denn, es handelt sich um Ausländerehen, bei denen der Fall bb gegeben ist, ThP 14, Henrich 41, Mansel StAZ **86**, 317, vgl BTDrs 14/343 u dazu Wagner IPrax **98**, 429; dieser Begriff ist nach deutschem Recht zu beurteilen, BayObLG RR **92**, 514, NJW **90**, 3099 mwN.

bb) II 2: Darüber hinaus ist bei der inländischen Anerkennung der Entscheidung eines Drittstaates die **17** internationale Zuständigkeit dieses Staates nicht spiegelbildlich nach **I 1 Z 1–3** zu prüfen, wenn die für eine solche Prüfung in erster Linie zuständigen Heimatstaaten der Ehegatten die Zuständigkeit hinnehmen, indem sie die Entsch anerkennen, BT-Drs 10/504 S 90. Bei Doppelstaatern und bei Staaten mit mehreren Rechtsordnungen, zB den USA, sollte die Anerkennung durch einen der jetzt oder auch früher beteiligten Staaten bzw Wohnsitz-Einzelstaaten genügen, Basedow StAZ **83**, 238.

Anhang I nach § 606 a

Verordnung (EG) Nr. 2201/2003 des Rates vom 27. November 2003 über die Zuständigkeit und die Anerkennung und Vollstreckung von Entscheidungen in Ehesachen und in Verfahren betreffend die elterliche Verantwortung und zur Aufhebung der Verordnung (EG) Nr. 1347/2000
vom 23. Dezember 2003 (ABl EG L 338 S. 1–29)

Schrifttum: *Geimer/Schütze*, Intern Rechtsverkehr in Zivil- u HandelsS Bd II 545, 8/05; *Busch/Rolke* FamRZ **04**, 1338; *Solomon* FamRZ **04**, 1409; *Wagner* FPR **04**, 986; *Schulz* Beilage NJW 18/04; *Coester-Waltjen* FamRZ **05**, 241; *Gruber* IPRax **05**, 293.

Einführung

Die VO, abgekürzt EuEheVO, genannt „Brüssel II a", gilt ab dem 1. 3. 05 (Art 72 Unterabs 2). Sie ersetzt **1** die Brüssel II-VO, fasst diese neu und erweitert sie namentlich hinsichtlich des sachlichen Anwendungsbereichs. Wichtigste Neuerung ist die Erstreckung auf **sämtliche** Sorgerechtsstreitigkeiten. Die unter Art 1 I lit b Brüssel II-VO bestehende Beschränkung auf Streitigkeiten um die Sorge für gemeinsame Kinder von Ehegatten entfällt.

Die Erweiterung hat eine komplette Neuregelung der internationalen Zuständigkeit für Sorgerechtsstrei- **2** tigkeiten bedingt. An die Stelle des Art 3 Brüssel II-VO treten Artt 8–14 als eigenständiger Abschnitt, gleichgewichtig zu den Eheauflösungssachen. Primärer Anknüpfungspunkt ist nicht mehr das Forum der Eheauflösungssache, sondern der gewöhnliche Aufenthalt des Kindes zum Zeitpunkt der Antragstellung (Art 8 I). Eine Ausnahme gilt nach Art 9 I, wenn das Kind binnen drei Monaten vor Antragstellung den Aufenthalt gewechselt hat.

Besondere Aufmerksamkeit gilt den Kindesentführungsfällen. Der entführende Elternteil soll nicht da- **3** durch automatisch einen zuständigkeitsrechtlichen Vorteil erlangen, dass die Entführung den Aufenthalt des Kindes verändert und die Streitigkeit deshalb am neuen Aufenthalt des Kindes und damit in der Regel auch am Aufenthaltsort des Entführers zu führen wäre. Auf der anderen Hand ist der faktischen Einbindung auch eines entführten Kindes in seine neue Umwelt mit fortschreitender Zeit Rechnung zu tragen. Art 10 trifft insoweit eine konditionierte Regelung. Wichtig ist die Jahresgrenze in Art 10 lit b: Nach einem Jahr ändert sich der gewöhnliche Aufenthalt des Kindes, allerdings nur wenn der Sorgeberechtigte zuvor einen Antrag entweder nicht gestellt oder wieder zurückgezogen hat oder wenn Gerichte gegen die Rückgabe des Kindes entscheiden.

4 Ehegatten haben nach Art 12 die Möglichkeit, mit einer Zuständigkeitsvereinbarung eine Sorgerechtsstreitigkeit über ein gemeinsames Kind vor das Gericht der Eheauflösungssache zu ziehen.
5 Die VO ist vollständig abgedruckt in der Beilage NJW 18/04. Zur Entstehung *Geimer-Schütze-Dilger* 545 S 70.

Kapitel I. Anwendungsbereich und Begriffsbestimmungen

Art. 1. Anwendungsbereich. I Diese Verordnung gilt, ungeachtet der Art der Gerichtsbarkeit, für Zivilsachen mit folgendem Gegenstand:
  a) die Ehescheidung, die Trennung ohne Auflösung des Ehebandes und die Ungültigerklärung einer Ehe,
  b) die Zuweisung, die Ausübung, die Übertragung sowie die vollständige oder teilweise Entziehung der elterlichen Verantwortung.

II Die in Absatz 1 Buchstabe b) genannten Zivilsachen betreffen insbesondere:
  a) das Sorgerecht und das Umgangsrecht,
  b) die Vormundschaft, die Pflegschaft und entsprechende Rechtsinstitute,
  c) die Bestimmung und den Aufgabenbereich jeder Person oder Stelle, die für die Person oder das Vermögen des Kindes verantwortlich ist, es vertritt oder ihm beisteht,
  d) die Unterbringung des Kindes in einer Pflegefamilie oder einem Heim,
  e) die Maßnahmen zum Schutz des Kindes im Zusammenhang mit der Verwaltung und Erhaltung seines Vermögens oder der Verfügung darüber.

III Diese Verordnung gilt nicht für
  a) die Feststellung und die Anfechtung des Eltern-Kind-Verhältnisses,
  b) Adoptionsentscheidungen und Maßnahmen zur Vorbereitung einer Adoption sowie die Ungültigerklärung und den Widerruf der Adoption,
  c) Namen und Vornamen des Kindes,
  d) die Volljährigkeitserklärung,
  e) Unterhaltpflichten,
  f) Trusts und Erbschaften,
  g) Maßnahmen infolge von Straftaten, die von Kindern begangen wurden.

1 **1) Ehestatussachen, I lit a.** Zentraler sachlicher Anwendungsbereich der EuEheVO sind die in I aufgezählten Ehestatusverfahren. Ehe ist nur die klassische Ehe zwischen Frau und Mann. Verfahren auf Auflösung gleichgeschlechtlicher registrierter oder eingetragener (Lebens-)Partnerschaften sind nicht erfaßt, *Kohler* NJW **01**, 15. Das gleiche gilt für die Auflösung heterosexueller registrierter Partnerschaften nach ausländischen Rechtsordnungen.

2 **A. Ehescheidung** meint die rechtliche Auflösung des zuvor bestehenden Ehebandes unter gerichtlicher Mitwirkung.

3 **B.** Verfahren auf **gerichtliche Trennung**, dh Trennung **von Tisch und Bett** ist entweder Ersatz für eine Scheidung oder aber Vorstufe und Voraussetzung für eine Scheidung. Auch deutsche Gerichte können mit entsprechenden Verfahren befaßt sein, wenn das über Art 17 I 1 iVm Art 14 EGBGB ermittelte Recht die Trennung von Tisch und Bett als Institut kennt. Vgl Üb 1 § 606.

4 **C.** Die **Ungültigerklärung einer Ehe** betrifft ebenso wie eine Ehescheidung Bestand und Status der Ehe. Ungültigerklärung ist nicht wörtlich zu verstehen. Gemeint sind auch Nichtigkeitsklagen und sonstigen Eheaufhebungsverfahren. Eine konstitutive Wirkung der Ungültigerklärung ist nicht zu verlangen, aM *Helms* FamRZ **01**, 260, sodaß unter diesen Begriff auch **Feststellungsklagen** zumindest auf Nichtbestehen einer Ehe gehören, *Hau* FamRZ **99**, 485, *Pirrung* ZEuP **99**, 843 f, *Gruber* FamRZ **00**, 1130. Zieht man den Anwendungsbereich weit und sieht alle den ehelichen Status betreffenden Verfahren miteinbezogen, *Gruber* FamRZ **00**, 1130, sind auch positive Feststellungsklagen miterfaßt.

5 **2) Elterliche Verantwortung I lit b.** Förderung der Kindesinteressen, s II lit a–e. Ganz im Vordergrund stehen praktisch Sorge- und Umgangsrecht.

6 **3)** Die VO gilt nicht für die in Abs III lit a–g genannten Verfahren, insbesondere für Unterhaltsstreitigkeiten; für diese gelten die Art 2, 5 Nr 2 EuGVVO.

Art. 2. Begriffsbestimmungen. Für die Zwecke dieser Verordnung bezeichnet der Ausdruck
  1. „Gericht" alle Behörden der Mitgliedstaaten, die für Rechtssachen zuständig sind, die gemäß Artikel 1 in den Anwendungsbereich dieser Verordnung fallen;
  2. „Richter" einen Richter oder Amtsträger, dessen Zuständigkeiten denen eines Richters in Rechtssachen entsprechen, die in den Anwendungsbereich dieser Verordnung fallen;
  3. „Mitgliedstaat" jeden Mitgliedstaat mit Ausnahme Dänemarks;
  4. „Entscheidung" jede von einem Gericht eines Mitgliedstaats erlassene Entscheidung über die Ehescheidung, die Trennung ohne Auflösung des Ehebandes oder die Ungültigerklärung einer Ehe sowie jede Entscheidung über die elterliche Verantwortung, ohne Rücksicht auf die Bezeichnung der jeweiligen Entscheidung, wie Urteil oder Beschluss;
  5. „Ursprungsmitgliedstaat" den Mitgliedstaat, in dem die zu vollstreckende Entscheidung ergangen ist;
  6. „Vollstreckungsmitgliedstaat" den Mitgliedstaat, in dem die Entscheidung vollstreckt werden soll;
  7. „elterliche Verantwortung" die gesamten Rechte und Pflichten, die einer natürlichen oder juristischen Person durch Entscheidung oder kraft Gesetzes oder durch eine rechtlich

verbindliche Vereinbarung betreffend die Person oder das Vermögen eines Kindes übertragen wurden. Elterliche Verantwortung umfasst insbesondere das Sorge- und das Umgangsrecht;
8. „Träger der elterlichen Verantwortung" jede Person, die die elterliche Verantwortung für ein Kind ausübt;
9. „Sorgerecht" die Rechte und Pflichten, die mit der Sorge für die Person eines Kindes verbunden sind, insbesondere das Recht auf die Bestimmung des Aufenthaltsortes des Kindes;
10. „Umgangsrecht" insbesondere auch das Recht, das Kind für eine begrenzte Zeit an einen anderen Ort als seinen gewöhnlichen Aufenthaltsort zu bringen;
11. „widerrechtliches Verbringen oder Zurückhalten eines Kindes" das Verbringen oder Zurückhalten eines Kindes, wenn
   a) dadurch das Sorgerecht verletzt wird, das aufgrund einer Entscheidung oder kraft Gesetzes oder aufgrund einer rechtlich verbindlichen Vereinbarung nach dem Recht des Mitgliedstaats besteht, in dem das Kind unmittelbar vor dem Verbringen oder Zurückhalten seinen gewöhnlichen Aufenthalt hatte,
   und
   b) das Sorgerecht zum Zeitpunkt des Verbringens oder Zurückhaltens allein oder gemeinsam tatsächlich ausgeübt wurde oder ausgeübt worden wäre, wenn das Verbringen oder Zurückhalten nicht stattgefunden hätte. Von einer gemeinsamen Ausübung des Sorgerechts ist auszugehen, wenn einer der Träger der elterlichen Verantwortung aufgrund einer Entscheidung oder kraft Gesetzes nicht ohne die Zustimmung des anderen Trägers der elterlichen Verantwortung über den Aufenthaltsort des Kindes bestimmen kann.

Kapitel II. Zuständigkeit

Abschnitt 1. Ehescheidung, Trennung ohne Auflösung des Ehebandes und Ungültigerklärung einer Ehe

Art. 3. Allgemeine Zuständigkeit. ᴵ Für Entscheidungen über die Ehescheidung, die Trennung ohne Auflösung des Ehebandes oder die Ungültigerklärung einer Ehe, sind die Gerichte des Mitgliedstaats zuständig,
 a) in dessen Hoheitsgebiet
   – beide Ehegatten ihren gewöhnlichen Aufenthalt haben oder
   – die Ehegatten zuletzt beide ihren gewöhnlichen Aufenthalt hatten, sofern einer von ihnen dort noch seinen gewöhnlichen Aufenthalt hat oder
   – der Antragsgegner seinen gewöhnlichen Aufenthalt hat oder
   – im Fall eines gemeinsamen Antrags einer der Ehegatten seinen gewöhnlichen Aufenthalt hat oder
   – der Antragsteller seinen gewöhnlichen Aufenthalt hat, wenn er sich dort seit mindestens einem Jahr unmittelbar vor der Antragstellung aufgehalten hat, oder
   – der Antragsteller seinen gewöhnlichen Aufenthalt hat, wenn er sich dort seit mindestens sechs Monaten unmittelbar vor der Antragstellung aufgehalten hat und entweder Staatsangehöriger des betreffenden Mitgliedstaats ist oder, im Fall des Vereinigten Königreichs und Irlands, dort sein „domicile" hat;
 b) dessen Staatsangehörigkeit beide Ehegatten besitzen, oder, im Fall des Vereinigten Königreichs und Irlands, in dem sie ihr gemeinsames „domicile" haben.
ᴵᴵ Der Begriff „domicile" im Sinne dieser Verordnung bestimmt sich nach dem Recht des Vereinigten Königreichs und Irlands.

1) Allgemeines, I. Die Regelung enthält einen weiten **Katalog von Zuständigkeiten:** Die internationale Zuständigkeit eines EU-Mitgliedstaates ist bereits dann begründet, wenn auch nur einer der Katalogtatbestände auf diesen Mitgliedstaat weist. Es gibt **kein Stufenverhältnis** zwischen ihnen dergestalt, daß man zu bestimmten Gerichtsständen nur gelangen könnte, wenn andere zuerst geprüft und verneint worden wären, Rausch FuR **01,** 152. Art 3 regelt nur die Zuständigkeit in Ehestatussachen, nicht dagegen jene für Sachen betreffend die elterliche Verantwortung für Kinder, für diese gilt Art 8. 1

Art 3 regelt nur die internationale Zuständigkeit, also nicht auch die **örtliche Zuständigkeit.** Über sie entscheidet das nationale Recht des Forumstaates ebenso wie über die **funktionelle Zuständigkeit,** die Art 3 ebenfalls **nicht** regelt. 2

2) Aufenthaltszuständigkeiten, I lit a. Zentraler Anknüpfungspunkt für die internationale Zuständigkeit ist in I lit a der **gewöhnliche Aufenthalt** einer Partei, Hau FamRZ **03,** 1301. Er ist nach der Rechtsprechung des EuGH zum primären Gemeinschaftsrecht, zB EuGH Slg **94,** I-4295, der Ort, welchen der Betroffene als ständigen oder gewöhnlichen Mittelpunkt seiner Lebensinteressen in der Absicht gewählt hat, ihm Dauerhaftigkeit zu verleihen, wobei für diese Feststellung alle hierfür wesentlichen tatsächlichen Gesichtspunkte zu berücksichtigen sind. Gewöhnlicher Aufenthalt ist also der auf Dauer angelegte Schwerpunkt aller sozialen, kulturellen und wirtschaftlichen Beziehungen, dh der tatsächliche Lebensmittelpunkt einer Person, zB Karlsr FamRZ **90,** 1352, Hamm FamRZ **91,** 1466 u **92,** 675. Ein subjektiver Wille, den Aufenthaltsort zum Daseinsmittelpunkt zu machen, ist dabei nicht zwingend erforderlich, BGH NJW **81,** 520, aM Hau FamRZ **00,** 1334, ist aber, wenn er gegeben ist, ein wichtiges Indiz für eine Aufenthaltsnahme. 3

a) Der **gemeinsame gewöhnliche Aufenthalt** beider Ehegatten wirkt nach I lit a zuständigkeitsbegründend, auch für Trennungsklagen, AG Leverkusen FamRZ **02,** 1636. 4

5 b) Zuständigkeitsbegründend wirkt nach I lit a auch der **letzte früher gemeinsame, einseitig beibehaltene gewöhnliche Aufenthalt** beider Ehegatten. Dies trifft eine sinnvolle Regelung für die Fälle, daß eine grenzüberschreitende Ehe gescheitert und der Antragsgegner aus der Ehewohnung in seinen Heimatstaat zurückverzogen ist, Hausmann Eur L Forum **01**, 276. Zu verlangen ist, daß der Antragsteller seinen gewöhnlichen Aufenthalt ununterbrochen beibehalten hat und nicht zwischenzeitig verzogen und wieder zurückgezogen ist. Eine besondere Mindestdauer ist weder beim aktuellen noch beim ehemaligen gemeinsamen gewöhnlichen Aufenthalt vorgeschrieben, Hausmann Eur L Forum **01**, 276.

6 c) Eine Zuständigkeit besteht nach I lit a immer am **gewöhnlichen Aufenthalt des Antragsgegners.**

7 d) Gemäß I lit a ist der **gewöhnliche Aufenthalt eines Ehegatten** bei einem **gemeinsamen Antrag beider Ehegatten** ausreichend, unabhängig davon, wie lange dieser schon besteht und ob noch weitere Beziehungen zu dem betreffenden Staat existieren. Ein gemeinsamer Antrag liegt auch dann vor, wenn formell nur einer der Ehegatten den Antrag stellt, der andere Ehegatte aber gegenüber dem Gericht seine Zustimmung zum Antrag mitteilt, wie es zB § 1566 I BGB oder Art 233 Code Civil vorsehen, Hau FamRZ **00**, 1335, Rausch FuR **01**, 153.

8 e) Ein forum actoris gewährt I lit a am **gewöhnlichen Aufenthalt des Antragstellers,** wenn dieser **seit mindestens einem Jahr** unmittelbar vor der Antragstellung besteht. Dies hat erhebliche Bedeutung. Wer immer in einem Staat gelebt hat, kann die Scheidung dort einbringen. Ob der Antragsgegner seinerseits jemals Beziehungen zu diesem Staat hatte, ist unerheblich. Auf die Staatsangehörigkeit des Antragstellers kommt es nicht an. Der Gerichtsstand des I lit a steht auch Angehörigen von Drittstaaten und Dänen offen. Daß der gewöhnliche Aufenthalt seit mindestens einem Jahr vor Antragstellung bestehen muß, heißt nicht, daß der Antragsteller sich ein Jahr ununterbrochen im Aufenthaltsstaat befunden haben müßte. Urlaubs- oder sonstige Reisen sind unschädlich, weil sie den gewöhnlichen Aufenthalt nicht beeinträchtigen.

9 f) Ein Klägergerichtsstand besteht nach I lit a **am gewöhnlichen Aufenthalt des Antragstellers,** wenn dieser gewöhnliche Aufenthalt mit der **Staatsangehörigkeit** bzw im Vereinigten Königreich und Irland mit dem domicile des Antragstellers, zum Begriff Rn 17, parallel läuft und der Antragsteller sich dort **mindestens sechs Monate** unmittelbar vor Antragstellung aufgehalten hat. Dieser Zuständigkeitstatbestand gewährt einen echten Heimatgerichtsstand des Antragstellers. Praktisch erfaßt er die überwiegende Mehrzahl der Fälle, in denen Antragsteller in ihrem Heimatstaat leben; seine Gültigkeit im Hinblick auf Art 12 EGV wird nahezu einhellig bezweifelt, Mü FamRZ **03**, 546 mwN (Vorlagebeschluß inzwischen aufgehoben, Gruber IPRax **05**, 295).

10 Bei **Mehrstaatern** ist nicht nur die effektive Staatsangehörigkeit maßgeblich. Insbes besteht bei deutschausländischen Mehrstaatern, anders als unter Art 5 I 2 EGBGB, kein absoluter Vorrang der deutschen Staatsangehörigkeit. Daraus, daß die EheGVVO die Frage der Mehrstaater nicht ausdrücklich anschneidet, ist zwar nicht zwingend darauf zu schließen, daß jede, auch die ineffektive Staatsangehörigkeit ausreichen würde, Hau FamRZ **99**, 486 u **00**, 1337, ThPHüßtege 3. Jedoch sprechen dafür, auch die ineffektiven Staatsangehörigkeiten zu berücksichtigen, der gemeinschaftsrechtlich gebotene Respekt vor der Verleihung der Staatsangehörigkeit durch einen EU-Partnerstaat und die Überlegung, die Zuständigkeitsprüfung nicht mit einer ggf aufwendigen Prüfung der Effektivität zu belasten, Hau FamRZ **00**, 1337.

11 Maßgeblicher **Zeitpunkt** für die Beurteilung der Staatsangehörigkeit ist jener der Antragstellung. Frühere Staatsangehörigkeiten bleiben außer Betracht. Es gibt insbes **keine Antrittszuständigkeit,** die wie § 606a I Nr 1 Var 2 ZPO auf die Staatsangehörigkeit bei Eingehung der Ehe abstellte, Hau FamRZ **00**, 1335.

12 3) **Staatsangehörigkeitszuständigkeit nach I lit b 1. Alt.** Die Vorschrift läßt ausnahmsweise die gemeinsame Staatsangehörigkeit beider Ehegatten zuständigkeitsbegründend wirken. Sie eröffnet eine **Heimatzuständigkeit** zB für im Ausland miteinander lebende Deutsche, Vogel MDR **00**, 1047. Wo die Ehegatten ihren gewöhnlichen Aufenthalt haben, ist ohne Belang. Er erfaßt zB auch Deutsche, die in Drittstaaten, etwa miteinander in New York oder schon getrennt in New York einerseits und Zürich andererseits leben.

13 4) **Domicile-Zuständigkeit nach I lit b 2. Alt.** An die Staatsangehörigkeit anzuknüpfen ist dem britischen und dem irischen Recht fremd. Diese kennen vielmehr in ihrem IPR und IZVR nur eine Anknüpfung an das domicile. Darauf nimmt I lit b Var 2 Rücksich. und ersetzt auch für die Zwecke des I lit b die Staatsangehörigkeits- durch eine domicile-Anknüpfung. Maßgeblich ist also insoweit nicht die gemeinsame Staatsangehörigkeit der Ehegatten, sondern deren gemeinsames domicile beider Ehegatten. Diese Sicht ist nur für Gerichte im Vereinigten Königreich und Irland maßgeblich. Gerichte in den anderen EU-Staaten haben sie nicht zu teilen, sondern folgen einheitlich der Staatsangehörigkeitsanknüpfung. Dies ergibt sich mittelbar aus Art 2 II des Übereinkommens vom 28. 5. 98, ABl EG **98** C 221/1, demzufolge die Staaten erklären mußten, welcher Anknüpfung sie folgen wollten.

14 5) **Begriff des domicile, II.** Für den Begriff des **domicile** spricht II eine Qualifikationsverweisung auf das britische bzw irische Recht aus. Diese unterscheiden das durch Geburt erworbene domicile of origin, das in der Regel mit dem domicile of choice, näheres zum englischen Recht Staudinger/Mankowski, BGB, Artt 13–17 b EGBGB, 14. Bearb 2003, vor Art 13 EGBGB Rn 20–23.

> **Art. 4. Gegenantrag.** Das Gericht, bei dem ein Antrag gemäß Artikel 3 anhängig ist, ist auch für einen Gegenantrag zuständig, sofern dieser in den Anwendungsbereich dieser Verordnung fällt.

1 1) **Regelungszweck.** Art 4 schafft **gleichsam** einen **eherechtlichen Gerichtsstand der Widerklage** ähnlich EuGVÜ, indem er für Gegenanträge das Gericht des Hauptantrags für international und örtlich zuständig erklärt. Für den Antragsteller besteht keine Unfairneß darin, daß er vor dem von ihm selber gewählten Forum mit einem Gegenantrag überzogen werden kann. Zugleich wird die Gefahr doppelter

Rechtshängigkeit und einander widersprechender Entscheidungen vermindert. Art 4 regelt auch die **örtliche Zuständigkeit** mit.

2) Einzelheiten. Vorausgesetzt ist allerdings, daß auch der Gegenantrag in den **sachlichen Anwendungsbereich der EuEheVO** fällt. Die Einschränkung zielt darauf ab, Verbund- oder Nebensachen aus der EuEheVO ausgegrenzt zu halten, gleich ob sie durch Antrag oder Gegenantrag rechtshängig gemacht werden. Für Gegenanträge, die Materien außerhalb des sachlichen Anwendungsbereichs der EheGVVO betreffen, richtet sich die internationale Zuständigkeit nach dem Recht des Forums einschließlich der für das Forum geltenden Staatsverträge, ThPHüßtege 2. 2

Art 4 garantiert nicht, daß ein Gegenantrag gestellt werden kann. Die Statthaftigkeit eines Gegenantrags, dh ob es das Institut des Gegenantrags überhaupt gibt, unterliegt dem nationalen Prozeßrecht des Forums, in Deutschland regeln dies §§ 610 II, 623 ZPO, ThPHüßtege 2. Ebenso bleibt die Bestimmung der funktionellen Zuständigkeit Sache des nationalen Prozeßrechts. 3

Art. 5. Umwandlung einer Trennung ohne Auflösung des Ehebandes in eine Ehescheidung. **Unbeschadet des Artikels 3 ist das Gericht eines Mitgliedstaats, das eine Entscheidung über die Trennung ohne Auflösung des Ehebandes erlassen hat, auch für die Umwandlung dieser Entscheidung in eine Ehescheidung zuständig, sofern dies im Recht dieses Mitgliedstaats vorgesehen ist.**

1) Regelungszweck. Art 5 eröffnet eine **Folgekompetenz,** wenn eine Scheidung, dh eine Auflösung des Ehebandes, einer gerichtlichen Trennung von Tisch und Bett nachfolgt. Die Scheidung ist dann eine Umwandlung der gerichtlichen Trennung. Art 5 erkennt dies an und ordnet eine Art erweiterte perpetuatio fori an. 1

2) Einzelheiten. Die Zuständigkeit nach Art 5 ist, anders als der mißverständlich formulierte letzte Teilsatz zunächst denken läßt, nicht davon abhängig, daß das eigene Sachrecht des Forumstaates die Umwandlung einer gerichtlichen Trennung in eine Scheidung kennt. Vielmehr zählt zum Recht des Forumstaates auch dessen Internationales Privatrecht, das seinerseits wieder auf eine Rechtsordnung als Trennungs- und Scheidungsstatut verweisen kann, die eine solche Umwandlung kennt. Soweit die Gerichte eines Mitgliedstaates aus prozeßrechtlichen Gründen keine gerichtliche Trennung aussprechen, fehlt es schon an der grundlegenden Voraussetzung des Art 5, daß in dem betreffenden Staat eine gerichtliche Trennung erfolgt ist. 2

Art. 6. Ausschließliche Zuständigkeit nach den Artikeln 3, 4 und 5. **Gegen einen Ehegatten, der**
   a) **seinen gewöhnlichen Aufenthalt im Hoheitsgebiet eines Mitgliedstaats hat oder**
   b) **Staatsangehöriger eines Mitgliedstaats ist oder im Fall des Vereinigten Königreichs und Irlands sein „domicile" im Hoheitsgebiet eines dieser Mitgliedstaaten hat,**

darf ein Verfahren vor den Gerichten eines anderen Mitgliedstaats nur nach Maßgabe der Artikel 3, 4 und 5 geführt werden.

1) Regelungszweck. Art 6 garantiert sowohl den Angehörigen von EU-Mitgliedstaaten als auch allen in EU-Staaten Ansässigen, seien diese auch Angehörige von Drittstaaten oder Dänen, daß sie mit einem Verfahren nur in den Gerichtsständen der Art 3–5 überzogen werden können. Gegen diesen Personenkreis **schließt** er **eine Anwendung antragstellerfreundlicheren nationalen Zuständigkeitsrechts aus.** 1

2) Einzelheiten. *A.* Die Voraussetzungen sind disjunktiv, nicht kumulativ, es reicht aus, wenn nur eine von ihnen gegeben ist. Im Extremfall kann dies dazu führen, daß mangels Zuständigkeit nach Art 3–5 überhaupt kein Verfahren möglich ist, kritisch deswegen Hau FamRZ, **00,** 1340. In der Schweiz lebende Gatten einer deutsch-italienischen Ehe zB hätten keinen Gerichtsstand in der EU, anders dagegen wegen Art 7 I iVm § 606a I Z 1 ZPO der deutsche Partner einer in der Schweiz gelebten deutsch-schweizerischen Ehe gegen den Schweizer, Puszkajler IPRax **01,** 83. 2

Insbesondere ist ausgeschlossen, daß eine internationale Zuständigkeit allein auf die Staatsangehörigkeit des Antragstellers gestützt werden kann, wenn der Antragsgegner seinen gewöhnlichen Aufenthalt im EU-Gebiet hat oder einem EU-Staat angehört bzw sein domicile in Großbritannien oder Irland hat. 3

B. Maßgeblicher **Zeitpunkt** für die Beurteilung der Voraussetzungen ist jener der **Antragstellung,** arg e Art 16, Hau FamRZ **00,** 1340. Der Vorrang der EuEheVO vor dem nationalen Recht und die Verdrängung des nationalen Rechts bestehen also auch dann fort, wenn die Voraussetzungen des Art 6 im Lauf des Verfahrens entfallen, Hausmann Eur L Forum **01,** 279. Bei **Mehrstaatern** ist auch jede ineffektive Staatsangehörigkeit zu berücksichtigen, Art 3 Rn 10, Hau FamRZ **00,** 1337. 4

C. Art 6 enthält zudem einen **Ausschluß von Parteivereinbarungen,** indem er die Gerichtsstände der Art 3–5 für ausschließlich erklärt. Die angeordnete Ausschließlichkeit bedingt zugleich, daß eine Gerichtsstandsbegründung durch **rügelose Einlassung nicht** möglich ist; dies sichert zentral Art 17 ab. 5

Art. 7. Restzuständigkeit. **I Soweit sich aus den Artikeln 3, 4 und 5 keine Zuständigkeit eines Gerichts eines Mitgliedstaats ergibt, bestimmt sich die Zuständigkeit in jedem Mitgliedstaat nach dem Recht dieses Staates.**

II Jeder Staatsangehörige eines Mitgliedstaats, der seinen gewöhnlichen Aufenthalt im Hoheitsgebiet eines anderen Mitgliedstaats hat, kann die in diesem Staat geltenden Zuständigkeitsvorschriften wie ein Inländer gegenüber einem Antragsgegner geltend machen, der seinen gewöhnlichen Aufenthalt nicht im Hoheitsgebiet eines Mitgliedstaats hat oder der die Staatsangehörigkeit eines Mitgliedstaats besitzt oder im Fall des Vereinigten Königreichs und Irlands sein „domicile" nicht im Hoheitsgebiet eines dieser Mitgliedstaaten hat.

1) Restzuständigkeit gegen Drittstaater mit gewöhnlichem Aufenthalt außerhalb der EU, I. 1
Gegen Antragsgegner, die weder einem EU-Mitgliedstaat angehören noch ihren gewöhnlichen Aufenthalt in

einem EU-Mitgliedstaat haben, erlaubt I neben den Zuständigkeiten der Art 3–5 einen Rückgriff auf die Gerichtsstände des nationalen Rechts, einschließlich eventueller exorbitanter Gerichtsstände. Dies entspricht einem ähnlichen Ansatz wie Art 4 EuGVVO bzw EuGVÜ. I ist eine **Auffangnorm** für den Fall, daß keine Zuständigkeit aus Art 3–5 besteht, und ergänzt Art 6. In Deutschland zielt die Verweisung auf §§ 606 a, 621 I Z 1–3 ZPO, 64, 43, 35 b FGG u das Haager MdjSchutzAbk (MSA). Gegen Angehörige von EU-Mitgliedstaaten besteht wegen Art 6 b kein Gerichtsstand nach nationalem Recht, auch wenn diese ihren gewöhnlichen Aufenthalt in einem Drittstaat, zB in den USA, haben.

2 **2) Inländergleichbehandlung von EU-Ausländern, II.** II sieht **Inländergleichbehandlung** von EU-Ausländern mit gewöhnlichem Aufenthalt in einem EU-Mitgliedstaat, also nicht nur im jeweiligen Forumin-land, vor, insoweit weiter als Art 7 II des Übk vom 28. 5. 98, ABl EG **98** C 221/1. Diese können sich als Antragsteller *gegen* drittstaatsansässige Drittstaater ebenso auf die Gerichtsstände des Forumrechts berufen wie Angehörige des Forumstaates. Die Aussage des II folgt sachlich schon aus dem Diskriminierungsverbot des Art 12 EG. Voraussetzung für die Anwendbarkeit ist Anwendbarkeit von I.

3 Soweit das Zuständigkeitsrecht des Forums, wie etwa § 606 a I Z 1 ZPO, an die Staatsangehörigkeit des Antragstellers anknüpft, reicht dann jede Staatsangehörigkeit eines EU-Staates aus. Ein EU-Ausländer mit gewöhnlichem Aufenthalt in Deutschland, aber auch zB in Frankreich, kann sich also etwa gegen einen US-amerikanischem Antragsgegner mit gewöhnlichem Aufenthalt in New York auf § 606 a I Z 1 ZPO berufen, Puszkajler IPRax **01**, 83.

Abschnitt 2. Elterliche Verantwortung

Art. 8. Allgemeine Zuständigkeit. I **Für Entscheidungen, die die elterliche Verantwortung betreffen, sind die Gerichte des Mitgliedstaats zuständig, in dem das Kind zum Zeitpunkt der Antragstellung seinen gewöhnlichen Aufenthalt hat.**
II **Absatz 1 findet vorbehaltlich der Artikel 9, 10 und 12 Anwendung.**

1 **1)** Primär zuständigkeitsbegründend ist nicht mehr das Forum der Eheauflösungssache, sondern der gewöhnliche Aufenthalt des Kindes zum Zeitpunkt der Antragstellung. I. Als maßgeblichen Zeitpunkt für das Bestehen des gewöhnlichen Aufenthalts bestimmt I den der Antragstellung. Hat das Kind zu dem Zeitpunkt seinen Aufenthalt im Gerichtsstaat, bleibt das Gericht zuständig, auch wenn der gewöhnliche Aufenthalt während des weiteren Verfahrens wechselt, Solomon FamRZ **04**, 1411, s aber Art 9 I.

2 **2)** Die Vorschriften für besondere Fälle, Art 9, 10 u 12 haben Vorrang, II. Wegen der Rechtshängigkeit wird auf Art 19 verwiesen.

Art. 9. Aufrechterhaltung der Zuständigkeit des früheren gewöhnlichen Aufenthaltsortes des Kindes.
I **Beim rechtmäßigen Umzug eines Kindes von einem Mitgliedstaat in einen anderen, durch den es dort einen neuen gewöhnlichen Aufenthalt erlangt, verbleibt abweichend von Artikel 8 die Zuständigkeit für eine Änderung einer vor dem Umzug des Kindes in diesem Mitgliedstaat ergangenen Entscheidung über das Umgangsrecht während einer Dauer von drei Monaten nach dem Umzug bei den Gerichten des früheren gewöhnlichen Aufenthalts des Kindes, wenn sich der laut der Entscheidung über das Umgangsrecht umgangsberechtigte Elternteil weiterhin gewöhnlich in dem Mitgliedstaat des früheren gewöhnlichen Aufenthalts des Kindes aufhält.**

II **Absatz 1 findet keine Anwendung, wenn der umgangsberechtigte Elternteil im Sinne des Absatzes 1 die Zuständigkeit der Gerichte des Mitgliedstaats des neuen gewöhnlichen Aufenthalts des Kindes dadurch anerkannt hat, dass er sich an Verfahren vor diesen Gerichten beteiligt, ohne ihre Zuständigkeit anzufechten.**

1 Eine Ausnahme von 8 I stellt 9 I für das Umgangsrecht dar, wenn das Kind binnen 3 Monaten vor Antragstellung den Aufenthaltsort rechtmäßig gewechselt hat und der sorgeberechtigte Elternteil sich im alten Ort weiterhin gewöhnlich aufhält und sich in dieser Zeit nicht auf ein Umgangsverfahren in dem neuen Aufenthaltsort des Kindes rügelos eingelassen hat. Das ist sinnvoll, denn es macht einen Umzug des Alleinsorgeberechtigten mit dem Kind zum Zwecke eines kurzfristigen Zuständigkeitswechsels unattraktiv. Allerdings gilt diese Regelung nur bei einem Umzug von einem Mitgliedstaat in einen anderen, nicht aber in einen Drittstaat, Coester-Waltjen FamRZ **05**, 244.

Die Regelung des Art 9 bereitet dann Probleme, wenn das Kind in dem neuen Staat seinen gewöhnlichen Aufenthalt noch nicht begründet hat. Dann greift weder Art 8 noch Art 9, vielmehr wohl Art 13 I, Coester-Waltjen aaO.

Art. 10. Zuständigkeit in Fällen von Kindesentführung. **Bei widerrechtlichem Verbringen oder Zurückhalten eines Kindes bleiben die Gerichte des Mitgliedstaats, in dem das Kind unmittelbar vor dem widerrechtlichen Verbringen oder Zurückhalten seinen gewöhnlichen Aufenthalt hatte, so lange zuständig, bis das Kind einen gewöhnlichen Aufenthalt in einem anderen Mitgliedstaat erlangt hat und**
    a) jede sorgeberechtigte Person, Behörde oder sonstige Stelle dem Verbringen oder Zurückhalten zugestimmt hat
oder
    b) das Kind sich in diesem anderen Mitgliedstaat mindestens ein Jahr aufgehalten hat, nachdem die sorgeberechtigte Person, Behörde oder sonstige Stelle seinen Aufenthaltsort kannte oder hätte kennen müssen und sich das Kind in seiner neuen Umgebung eingelebt hat, sofern eine der folgenden Bedingungen erfüllt ist:

i) Innerhalb eines Jahres, nachdem der Sorgeberechtigte den Aufenthaltsort des Kindes kannte oder hätte kennen müssen, wurde kein Antrag auf Rückgabe des Kindes bei den zuständigen Behörden des Mitgliedstaats gestellt, in den das Kind verbracht wurde oder in dem es zurückgehalten wird;
ii) ein von dem Sorgeberechtigten gestellter Antrag auf Rückgabe wurde zurückgezogen, und innerhalb der in Ziffer i) genannten Frist wurde kein neuer Antrag gestellt;
iii) ein Verfahren vor dem Gericht des Mitgliedstaats, in dem das Kind unmittelbar vor dem widerrechtlichen Verbringen oder Zurückhalten seinen gewöhnlichen Aufenthalt hatte, wurde gemäß Artikel 11 Absatz 7 abgeschlossen;
iv) von den Gerichten des Mitgliedstaats, in dem das Kind unmittelbar vor dem widerrechtlichen Verbringen oder Zurückhalten seinen gewöhnlichen Aufenthalt hatte, wurde eine Sorgerechtsentscheidung erlassen, in der die Rückgabe des Kindes nicht angeordnet wird.

War das Verbringen des Kindes in einen anderen EU-Staat widerrechtlich, so erschwert Art 10 das Entstehen einer internationalen Zuständigkeit des Zufluchtstaates. **1**
Der entführende Elternteil soll nicht dadurch automatisch einen zuständigkeitsrechtlichen Vorteil erlangen, daß die Entführung den Aufenthalt des Kindes verändert und die Streitigkeit deshalb am neuen Aufenthalt des Kindes und damit in der Regel auch am Aufenthaltsort des Entführers zu führen wäre. Auf der anderen Seite ist dem faktischen Einbindung des Kindes seitens eines entführten Kindes in seine neue Umwelt mit fortschreitender Zeit Rechnung zu tragen. Art 10 trifft insoweit eine differenzierte Regelung. Wichtig ist die konditionierte Jahresgrenze des Art 10 lit b: Nach einem Jahr ändert sich der gewöhnliche Aufenthalt des Kindes, allerdings nur, wenn der Sorgeberechtigte zuvor einen Antrag entweder gestellt oder wieder zurückgezogen hat oder wenn Gerichte gegen die Rückgabe des Kindes entscheiden. Durch diese an Art 12 I HkindEntfÜ angelehnte Regelung soll die Harmonisierung der Zuständigkeitsvorschr mit Art 16 HkindEntfÜ hergestellt werden, BGH FamRZ **04**, 1409, 1417.

Art. 11. Rückgabe des Kindes. ¹ Beantragt eine sorgeberechtigte Person, Behörde oder sonstige Stelle bei den zuständigen Behörden eines Mitgliedstaats eine Entscheidung auf der Grundlage des Haager Übereinkommens vom 25. Oktober 1980 über die zivilrechtlichen Aspekte internationaler Kindesentführung (nachstehend „Haager Übereinkommen von 1980" genannt), um die Rückgabe eines Kindes zu erwirken, das widerrechtlich in einen anderen als den Mitgliedstaat verbracht wurde oder dort zurückgehalten wird, in dem das Kind unmittelbar vor dem widerrechtlichen Verbringen oder Zurückhalten seinen gewöhnlichen Aufenthalt hatte, so gelten die Absätze 2 bis 8.

II Bei Anwendung der Artikel 12 und 13 des Haager Übereinkommens von 1980 ist sicherzustellen, dass das Kind die Möglichkeit hat, während des Verfahrens gehört zu werden, sofern dies nicht aufgrund seines Alters oder seines Reifegrads unangebracht erscheint.

III Das Gericht, bei dem die Rückgabe eines Kindes nach Absatz 1 beantragt wird, befasst sich mit gebotener Eile mit dem Antrag und bedient sich dabei der zügigsten Verfahren des nationalen Rechts.

Unbeschadet des Unterabsatzes 1 erlässt das Gericht seine Anordnung spätestens sechs Wochen nach seiner Befassung mit dem Antrag, es sei denn, dass dies aufgrund außergewöhnlicher Umstände nicht möglich ist.

IV Ein Gericht kann die Rückgabe eines Kindes aufgrund des Artikels 13 Buchstabe b) des Haager Übereinkommens von 1980 nicht verweigern, wenn nachgewiesen ist, dass angemessene Vorkehrungen getroffen wurden, um den Schutz des Kindes nach seiner Rückkehr zu gewährleisten.

V Ein Gericht kann die Rückgabe eines Kindes nicht verweigern, wenn der Person, die Rückgabe des Kindes beantragt hat, nicht die Gelegenheit gegeben wurde, gehört zu werden.

VI Hat ein Gericht entschieden, die Rückgabe des Kindes gemäß Artikel 13 des Haager Übereinkommens von 1980 abzulehnen, so muss es nach dem nationalen Recht dem zuständigen Gericht oder der Zentralen Behörde des Mitgliedstaats, in dem das Kind unmittelbar vor dem widerrechtlichen Verbringen oder Zurückhalten seinen gewöhnlichen Aufenthalt hatte, unverzüglich entweder direkt oder über seine Zentrale Behörde eine Abschrift der gerichtlichen Entscheidung, die Rückgabe abzulehnen, und die entsprechenden Unterlagen, insbesondere eine Niederschrift der Anhörung, übermitteln. Alle genannten Unterlagen müssen dem Gericht binnen einem Monat ab dem Datum der Entscheidung, die Rückgabe abzulehnen, vorgelegt werden.

VII Sofern die Gerichte des Mitgliedstaats, in dem das Kind unmittelbar vor dem widerrechtlichen Verbringen oder Zurückhalten seinen gewöhnlichen Aufenthalt hatte, nicht bereits von einer der Parteien befasst wurden, muss das Gericht oder die Zentrale Behörde, das/die die Mitteilung gemäß Absatz 6 erhält, die Parteien hiervon unterrichten und sie einladen, binnen drei Monaten ab Zustellung der Mitteilung Anträge gemäß dem nationalen Recht beim Gericht einzureichen, damit das Gericht die Frage des Sorgerechts prüfen kann.

Unbeschadet der in dieser Verordnung festgelegten Zuständigkeitsregeln schließt das Gericht den Fall ab, wenn innerhalb dieser Frist keine Anträge bei dem Gericht eingegangen sind.

VIII Ungeachtet einer nach Artikel 13 des Haager Übereinkommens von 1980 ergangenen Entscheidung, mit der die Rückgabe des Kindes verweigert wird, ist eine spätere Entscheidung, mit der die Rückgabe des Kindes angeordnet wird und die von einem nach dieser Verordnung zuständigen Gericht erlassen wird, im Einklang mit Kapitel III Abschnitt 4 vollstreckbar, um die Rückgabe des Kindes sicherzustellen.

Anh I § 606a (EuEheVO)

1   Art. 11 regelt die Besonderheiten bei Kindesentführungen.
2   Grundsätzlich läßt die VO das HKindEntfÜbk v 25. 10. 1980, Schlußanh V A 3, unberührt. Sie konkretisiert aber die Anforderungen an das Verfahren, in dem über die Rückführung entschieden wird. Der Schutz des Kindes hat Vorrang, dafür dienen drei wesentliche Punkte: Die Anhörungspflicht, Art 11 II, die Verfahrensbeschleunigung, Art 11 III, und die Vorkehrungen für die Rückgabe, Art 11 V. Neu ist dabei die Zusammenarbeit mit den Behörden, Coester-Waltjen FamRZ **05**, 247.
3   Die Verpflichtung zur Anhörung hängt von den Umständen des Falles ab; die Bestellung eines Verfahrenspflegers genügt, Coester-Waltjen aaO. Das Gericht hat auch den Antragsteller zu hören, V. Der dadurch eintretende Zeitverlust wird dadurch ausgeglichen, daß das zügigste Verfahren vom Gericht anzuwenden ist, III. Bei VI–VII kommt es auf die enge Zusammenarbeit mit den Behörden an.

Einführung

1   Besondere Zuständigkeiten regeln die Art 12–15. Grundsätzlich ist der gewöhnliche Aufenthalt des Kindes nach Art 8 zuständigkeitsbegründend. Art 12 sieht eine Zuständigkeit für das Gericht vor, das für Ehefragen der Eltern zuständig ist, wenn diese einverstanden sind und dies im Einklang mit dem Kindeswohl steht.
2   Art 13 stellt für die Zuständigkeit auf den tatsächlichen Aufenthaltsort des Kindes ab, wenn kein gewöhnlicher Aufenthaltsort nach Art 8–13 vorliegt.
3   Die Restzustellung nach Art 14 kommt nur dann zum Zuge, wenn das Kind keinen gewöhnlichen Aufenthalt innerhalb der EU oder innerhalb eines Staates des KSÜ hat und weder Art 12 u 13 eingreifen. Solche Fälle dürften kaum vorkommen.
4   Die besondere Ausnahme des Art 14 sieht vor, dass ein Gericht eines Mitgliedstaates, welches nach Art 8–14 zuständig ist, die Sache trotzdem an ein Gericht eines anderen Staates verweisen kann, wenn dies dem Wohl des Kindes, auch mental, entspricht. Es handelt sich aber nicht um eine echte Verweisung mit Bindungswirkung, sondern um einen Transfer, im Fall des lit a sogar mit einem neuen Antrag.
5   Sachlich gewährt Art 15 dem Ausgangsgericht ausnahmsweise Ermessen. Wann ein anderes Gericht den Fall besser beurteilen kann, ist eine Tatfrage, die anhand der Umstände des Einzelfalls zu beantworten ist. Mindestvoraussetzung ist eine besondere Bindung des Kindes, näher konkretisiert durch III.

Art. 12. Vereinbarung über die Zuständigkeit. ¹Die Gerichte des Mitgliedstaats, in dem nach Artikel 3 über einen Antrag auf Ehescheidung, Trennung ohne Auflösung des Ehebandes oder Ungültigerklärung einer Ehe zu entscheiden ist, sind für alle Entscheidungen zuständig, die die mit diesem Antrag verbundene elterliche Verantwortung betreffen, wenn

   a) zumindest einer der Ehegatten die elterliche Verantwortung für das Kind hat und
   b) die Zuständigkeit der betreffenden Gerichte von den Ehegatten oder von den Trägern der elterlichen Verantwortung zum Zeitpunkt der Anrufung des Gerichts ausdrücklich oder auf andere eindeutige Weise anerkannt wurde und im Einklang mit dem Wohl des Kindes steht.

II Die Zuständigkeit gemäß Absatz 1 endet,

   a) sobald die stattgebende oder abweisende Entscheidung über den Antrag auf Ehescheidung, Trennung ohne Auflösung des Ehebandes oder Ungültigerklärung einer Ehe rechtskräftig geworden ist,
   b) oder in den Fällen, in denen zu dem unter Buchstabe a) genannten Zeitpunkt noch ein Verfahren betreffend die elterliche Verantwortung anhängig ist, sobald die Entscheidung in diesem Verfahren rechtskräftig geworden ist,
   c) oder sobald die unter den Buchstaben a) und b) genannten Verfahren aus einem anderen Grund beendet worden sind.

III Die Gerichte eines Mitgliedstaats sind ebenfalls zuständig in Bezug auf die elterliche Verantwortung in anderen als den in Absatz 1 genannten Verfahren, wenn

   a) eine wesentliche Bindung des Kindes zu diesem Mitgliedstaat besteht, insbesondere weil einer der Träger der elterlichen Verantwortung in diesem Mitgliedstaat seinen gewöhnlichen Aufenthalt hat oder das Kind die Staatsangehörigkeit dieses Mitgliedstaats besitzt, und
   b) alle Parteien des Verfahrens zum Zeitpunkt der Anrufung des Gerichts die Zuständigkeit ausdrücklich oder auf andere eindeutige Weise anerkannt haben und die Zuständigkeit in Einklang mit dem Wohl des Kindes steht.

IV Hat das Kind seinen gewöhnlichen Aufenthalt in einem Drittstaat, der nicht Vertragspartei des Haager Übereinkommens vom 19. Oktober 1996 über die Zuständigkeit, das anzuwendende Recht, die Anerkennung, Vollstreckung und Zusammenarbeit auf dem Gebiet der elterlichen Verantwortung und der Maßnahmen zum Schutz von Kindern ist, so ist davon auszugehen, dass die auf diesen Artikel gestützte Zuständigkeit insbesondere dann in Einklang mit dem Wohl des Kindes steht, wenn sich ein Verfahren in dem betreffenden Drittstaat als unmöglich erweist.

Art. 13. Zuständigkeit aufgrund der Anwesenheit des Kindes. ¹Kann der gewöhnliche Aufenthalt des Kindes nicht festgestellt werden und kann die Zuständigkeit nicht gemäß Artikel 12 bestimmt werden, so sind die Gerichte des Mitgliedstaats zuständig, in dem sich das Kind befindet.

II Absatz 1 gilt auch für Kinder, die Flüchtlinge oder, aufgrund von Unruhen in ihrem Land, ihres Landes Vertriebene sind.

Art. 14. *Restzuständigkeit.* Soweit sich aus den Artikeln 8 bis 13 keine Zuständigkeit eines Gerichts eines Mitgliedstaats ergibt, bestimmt sich die Zuständigkeit in jedem Mitgliedstaat nach dem Recht dieses Staates.

Art. 15. *Verweisung an ein Gericht, das den Fall besser beurteilen kann.* ᴵ In Ausnahmefällen und sofern dies dem Wohl des Kindes entspricht, kann das Gericht eines Mitgliedstaats, das für die Entscheidung in der Hauptsache zuständig ist, in dem Fall, dass seines Erachtens ein Gericht eines anderen Mitgliedstaats, zu dem das Kind eine besondere Bindung hat, den Fall oder einen bestimmten Teil des Falls besser beurteilen kann,
- a) die Prüfung des Falls oder des betreffenden Teils des Falls aussetzen und die Parteien einladen, beim Gericht dieses anderen Mitgliedstaats einen Antrag gemäß Absatz 4 zu stellen, oder
- b) ein Gericht eines anderen Mitgliedstaats ersuchen, sich gemäß Absatz 5 für zuständig zu erklären.

ᴵᴵ Absatz 1 findet Anwendung
- a) auf Antrag einer der Parteien oder
- b) von Amts wegen oder
- c) auf Antrag des Gerichts eines anderen Mitgliedstaats, zu dem das Kind eine besondere Bindung gemäß Absatz 3 hat. Die Verweisung von Amts wegen oder auf Antrag des Gerichts eines anderen Mitgliedstaats erfolgt jedoch nur, wenn mindestens eine der Parteien ihr zustimmt.

ᴵᴵᴵ Es wird davon ausgegangen, dass das Kind eine besondere Bindung im Sinne des Absatzes 1 zu dem Mitgliedstaat hat, wenn
- a) nach Anrufung des Gerichts im Sinne des Absatzes 1 das Kind seinen gewöhnlichen Aufenthalt in diesem Mitgliedstaat erworben hat oder
- b) das Kind seinen gewöhnlichen Aufenthalt in diesem Mitgliedstaat hatte oder
- c) das Kind die Staatsangehörigkeit dieses Mitgliedstaats besitzt oder
- d) ein Träger der elterlichen Verantwortung seinen gewöhnlichen Aufenthalt in diesem Mitgliedstaat hat oder
- e) die Streitsache Maßnahmen zum Schutz des Kindes im Zusammenhang mit der Verwaltung oder der Erhaltung des Vermögens des Kindes oder der Verfügung über dieses Vermögen betrifft und sich dieses Vermögen im Hoheitsgebiet dieses Mitgliedstaats befindet.

ᴵⱽ Das Gericht des Mitgliedstaats, das für die Entscheidung in der Hauptsache zuständig ist, setzt eine Frist, innerhalb deren die Gerichte des anderen Mitgliedstaats gemäß Absatz 1 angerufen werden müssen.

Werden die Gerichte innerhalb dieser Frist nicht angerufen, so ist das befasste Gericht weiterhin nach den Artikeln 8 bis 14 zuständig.

ⱽ Diese Gerichte dieses anderen Mitgliedstaats können sich, wenn dies aufgrund der besonderen Umstände des Falls dem Wohl des Kindes entspricht, innerhalb von sechs Wochen nach ihrer Anrufung gemäß Absatz 1 Buchstabe a) oder b) für zuständig erklären. In diesem Fall erklärt sich das zuerst angerufene Gericht für unzuständig. Anderenfalls ist das zuerst angerufene Gericht weiterhin nach den Artikeln 8 bis 14 zuständig.

ⱽᴵ Die Gerichte arbeiten für die Zwecke dieses Artikels entweder direkt oder über die nach Artikel 53 bestimmten Zentralen Behörden zusammen.

Abschnitt 3. Gemeinsame Bestimmungen

Art. 16. *Anrufung eines Gerichts.* ᴵ Ein Gericht gilt als angerufen
- a) zu dem Zeitpunkt, zu dem das verfahrenseinleitende Schriftstück oder ein gleichwertiges Schriftstück bei Gericht eingereicht wurde, vorausgesetzt, dass der Antragsteller es in der Folge nicht versäumt hat, die ihm obliegenden Maßnahmen zu treffen, um die Zustellung des Schriftstücks an den Antragsgegner zu bewirken,

oder
- b) falls die Zustellung an den Antragsgegner vor Einreichung des Schriftstücks bei Gericht zu bewirken ist, zu dem Zeitpunkt, zu dem die für die Zustellung verantwortliche Stelle das Schriftstück erhalten hat, vorausgesetzt, dass der Antragsteller es in der Folge nicht versäumt hat, die ihm obliegenden Maßnahmen zu treffen, um das Schriftstück bei Gericht einzureichen.

a) Art 16 enthält eine **verordnungsautonome Definition,** wann ein Gericht angerufen ist. Darin **1** unterscheidet er sich wesentlich von Art 21 EuGVÜ, unter dem für diese Frage ein Rückgriff auf die jeweiligen nationalen Prozeßrechte erfolgen muß.

Abgestellt wird nicht auf die Rechtshängigkeit, sondern auf die **Anhängigkeit.** Anhängigkeit wird dabei **2** in I a Hs 1 grds definiert durch die Einreichung des verfahrenseinleitenden Schriftstücks, Art 18 Rn 2, beim Gericht. Dies steht unter dem Vorbehalt des I a Hs 2, daß der Antragsteller nachfolgend alles ihm Obliegende tut, um die nötigen Zustellungen zu bewirken. Über die Obliegenheiten des Antragstellers befindet das nationale Prozeßrecht des Gerichts, Gruber FamRZ 00, 1133, ThPHüßtege 5. Ist die Zustellung nach dem nationalen Prozeßrecht des Gerichts Sache des Gerichts, so entfaltet dieser Vorbehalt keine Wirkung.

3   **b)** Welche Maßnahmen in Deutschland erforderlich sind, richtet sich nach der Rechtsprechung zu § 270 III, Gruber FamRZ **00**, 1133, ThPHüßtege Rn 5. Gefordert sind danach die richtige Adresse, das Beifügen der erforderlichen Abschriften der Antragsschrift, das Einzahlen des Kostenvorschusses nach § 12 GKG bzw ein mit allen nötigen Angaben versehener Antrag auf Prozeßkostenhilfe, Gruber u ThPHüßtege jeweils aaO.

4   **c)** Wenn der Antragsteller die ihm nach dem nationalen Prozeßrecht des betreffenden Gerichts obliegenden Maßnahmen überhaupt nicht trifft, so entfällt die zunächst begründete Anhängigkeit wieder. Holt der Antragsteller dagegen das zunächst Versäumte nach, kommt es zunächst darauf an, ob dem nach dem maßgeblichen nationalen Prozeßrecht Wirkung zukommt oder ob eine Präklusion eingetreten ist. War insoweit eine **Nachholung** möglich, so tritt die Anhängigkeit mit dem Zeitpunkt ein, zu welchem die Nachholung erfolgte, Gruber FamRZ **00**, 1133, ThPHüßtege 5 aE.

5   **d)** Probleme werfen obligatorische vorgeschaltete **Versöhnungsverfahren** auf, die im nationalen Prozeßrecht des betreffenden Gerichts zur Verfahrensvoraussetzung erhoben sind. Mit ihnen wird im eigentlichen Sinn zwar kein formeller Antrag in einer Ehestatussache anhängig gemacht. Sind sie jedoch integraler vorlaufender Bestandteil einer Ehestatussache, so wird mit ihnen die Ehestatussache anhängig gemacht, Gruber FamRZ **00**, 1134.

Art. 17. Prüfung der Zuständigkeit. Das Gericht eines Mitgliedstaats hat sich von Amts wegen für unzuständig zu erklären, wenn es in einer Sache angerufen wird, für die es nach dieser Verordnung keine Zuständigkeit hat und für die das Gericht eines anderen Mitgliedstaats aufgrund dieser Verordnung zuständig ist.

1   **1) Regelungszweck.** Art 17 ist das Gegenstück zu Art 19 EuGVÜ. Art 17 muß allerdings mit Rücksicht darauf, daß der Katalog gleichwertiger ausschließlicher Zuständigkeiten unter der EuEheVO weiter ist, die Aussage des Art 19 EuGVÜ wesentlich verengen: Von Amts wegen muß sich ein Gericht nur dann für unzuständig erklären, wenn es selber nicht zuständig ist, wohl aber ein Gericht in einem anderen EU-Mitgliedstaat. Bei konkurrierenden Zuständigkeiten darf es das Verfahren dagegen annehmen und fortführen. Art 17 greift nur, soweit das Gericht in der Hauptsache, nicht aber, wenn es nur in einer Nebensache angerufen wird.

2   **2) Prüfung von Amts wegen.** Den Inhalt einer Prüfung von Amts wegen legt das nationale Prozeßrecht fest. In Deutschland heißt Prüfung von Amts wegen daher keine Amtsermittlung, sondern es gilt weiterhin grds der Beibringungsgrundsatz, ThPHüßtege 1. Das Gericht muß eigenen Zuständigkeitsbedenken indes nachgehen, auch ohne daß eine Rüge seitens eines Beteiligten erfolgt. Ggf erforderliche Beweise hat es von Amts wegen zu erheben, uU im Weg des Freibeweises, s BGH NJW **96**, 1059 u **00**, 289.

3   Aus Art 6 läßt sich zugleich – wie schon aus Art 7 – entnehmen, daß eine Zuständigkeitsbegründung durch rügelose Einlassung des Antragsgegners unter der EuEheVO grds nicht möglich ist.

Art. 18. Prüfung der Zulässigkeit. ^I Lässt sich ein Antragsgegner, der seinen gewöhnlichen Aufenthalt nicht in dem Mitgliedstaat hat, in dem das Verfahren eingeleitet wurde, auf das Verfahren nicht ein, so hat das zuständige Gericht das Verfahren so lange auszusetzen, bis festgestellt ist, dass es dem Antragsgegner möglich war, das verfahrenseinleitende Schriftstück oder ein gleichwertiges Schriftstück so rechtzeitig zu empfangen, dass er sich verteidigen konnte, oder dass alle hierzu erforderlichen Maßnahmen getroffen wurden.

^{II} Artikel 19 der Verordnung (EG) Nr. 1348/2000 findet statt Absatz 1 Anwendung, wenn das verfahrenseinleitende Schriftstück oder ein gleichwertiges Schriftstück nach Maßgabe jener Verordnung von einem Mitgliedstaat in einen anderen zu übermitteln war.

^{III} Sind die Bestimmungen der Verordnung (EG) Nr. 1348/2000 nicht anwendbar, so gilt Artikel 15 des Haager Übereinkommens vom 15. November 1965 über die Zustellung gerichtlicher und außergerichtlicher Schriftstücke im Ausland in Zivil- und Handelssachen, wenn das verfahrenseinleitende Schriftstück oder ein gleichwertiges Schriftstück nach Maßgabe des genannten Übereinkommens ins Ausland zu übermitteln war.

1   **1) Gewährleistung effektiver Verteidigungsmöglichkeit für Antragsgegner, I.** Art 18 nimmt Art 20 I Hs 1, II, III EuGVÜ auf. Dagegen fehlt es an einem Gegenstück zu Art 20 I Hs 2 EuGVÜ, weil unter der EuEheVO eine Gerichtsstandsbegründung durch rügelose Einlassung des Antragsgegners nahezu ausgeschlossen ist. Zweck des Art 18 ist es, das Recht des Antragsgegners auf rechtliches Gehör und eine **effektive Verteidigungsmöglichkeit** zu gewährleisten. Die Aussetzung soll dies auch für den negativen Fall sicherstellen, Finger JR **01**, 179. Außerdem soll die Anerkennungsfähigkeit der zukünftigen Entscheidung in anderen Mitgliedstaaten mit Blick auf den Versagungsgrund nach Art 22 I b gefördert werden, Vogel MDR **00**, 1048.

2   Die Begriffe des verfahrenseinleitenden Schriftstücks und der rechtzeitigen Zustellung sind ebenso zu verstehen wie in Art 27 Z 2 EuGVÜ, s dort Rn 2. **Verfahrenseinleitendes Schriftstück** ist also die vom Recht des Forums vorgesehene Urkunde, durch deren Zustellung der Antragsgegner erstmalig von dem Verfahren Kenntnis erlangt, Kropholler, Art 27 EuGVÜ Rn 24 mwN, eingehend Frank, Das verfahrenseinleitende Schriftstück in Art 27 Nr 2 EuGVÜ, Lugano-Übereinkommen und in Art 6 Haager Unterhaltsübereinkommen 1973, 1998. Darin müssen die wesentlichen Elemente des Rechtsstreits, also die wesentlichen Gründe für den Antrag, bezeichnet sein, EuGH Slg **93**, I-1963 = NJW **93**, 2091, Kropholler Rn 125.

3   **Rechtzeitig** ist ein verfahrenseinleitendes Schriftstück dann zugegangen, wenn der Antragsgegner nach den Umständen des Einzelfalls tatsächlich genügend Zeit zur Vorbereitung einer sachgerechten Verteidigung zur Verfügung hatte, Kropholler Art 27 EuGVÜ Rn 34, Köln RR **95**, 446, Hamm RIW **87**, 871.

4   **2) Zustellung des verfahrenseinleitenden Schriftstücks, II u III.** Im Zuge der zunehmenden Vergemeinschaftung des IZPR tritt Art 18 hinter Art 19 EG (VO) Nr 1348/2000 (EuZustVO), Anh zu § 202

ZPO, zurück, soweit es um Einlassung des Antragsgegners und die Zustellung eines Schriftstücks in einen anderen EU-Mitgliedstaat geht, II.

Im übrigen richtet sich die Zustellung nach Art 15 Haager ZustÜbk, III. Dies hat Bedeutung für Zustellungen in EU-Mitgliedstaaten vor dem Inkrafttreten der EuZustVO am 31. 5. 01 und für alle Zustellungen in Nicht-EU-Mitgliedstaaten und nach Dänemark, weil insoweit die EuZustVO nach ihrem internationalen Anwendungsbereich nicht gilt, ThPHüßtege 4.

Art. 19. Rechtshängigkeit und abhängige Verfahren. ¹ Werden bei Gerichten verschiedener Mitgliedstaaten Anträge auf Ehescheidung, Trennung ohne Auflösung des Ehebandes oder Ungültigerklärung einer Ehe zwischen denselben Parteien gestellt, so setzt das später angerufene Gericht das Verfahren von Amts wegen aus, bis die Zuständigkeit des zuerst angerufenen Gerichts geklärt ist.

II Werden bei Gerichten verschiedener Mitgliedstaaten Verfahren bezüglich der elterlichen Verantwortung für ein Kind wegen desselben Anspruchs anhängig gemacht, so setzt das später angerufene Gericht das Verfahren von Amts wegen aus, bis die Zuständigkeit des zuerst angerufenen Gerichts geklärt ist.

III Sobald die Zuständigkeit des zuerst angerufenen Gerichts feststeht, erklärt sich das später angerufene Gericht zugunsten dieses Gerichts für unzuständig.

In diesem Fall kann der Antragsteller, der den Antrag bei dem später angerufenen Gericht gestellt hat, diesen Antrag dem zuerst angerufenen Gericht vorlegen.

1) Allgemeines. Art 19 befaßt sich in Anlehnung an Art 21, 22 EuGVÜ mit der Auflösung von 1 internationalen Verfahrenskonkurrenzen. Als Lösung statuiert er grds ein **Prioritätsprinzip**. Das frühere Verfahren blockiert bei hinreichender Überschneidung das spätere.

Reichweite und Blockadewirkung des Prioritätsprinzips können sachlich weiter reichen als die spätere 2 Rechtskraft der Entscheidung in dem bevorzugten früheren Verfahren; denn Art 11 verwendet einen weiten Sachbegriff, während sich die Rechtskraft in ihrem Umfang nach dem nationalen Prozeßrecht des jeweiligen Forums richtet, Gruber FamRZ **00**, 1134.

Ebenso wie unter Art 21 EuGVÜ, BGH NJW **95**, 1758, Köln NJW **91**, 1427, findet keine Prognose statt, 3 ob die Entscheidung aus dem jeweils anderen Verfahren denn der Anerkennung fähig wäre, Hau FamRZ **99**, 487, Gruber FamRZ **00**, 1132.

2) Aussetzung bei personen- und streitgegenstandsidentischen Anträgen in Ehesachen, I. Bei 4 gleichem Verfahrensgegenstand muß das als zweites, dh später angerufene Gericht das vor ihm anhängige Verfahren von Amts wegen aussetzen, bis das zuerst angerufene Gericht seine Zuständigkeit geklärt hat. Durch die Aussetzung soll ein negativer Kompetenzkonflikt vermieden werden, daß also am Schluß keines der Gerichte mehr das Verfahren betreiben würde.

a) Voraussetzungen sind Personen- und Anspruchsidentität zwischen den beiden Verfahren. **Personen-** 5 **identität** liegt wie bei Art 21 EuGVÜ vor, wenn an beiden Verfahren dieselben Personen beteiligt sind, sei es auch in je unterschiedlichen Parteirollen. Bei Mehrparteienverfahren ist, soweit dies möglich, ohne die jeweilige Verfahrensstruktur aufzulösen oder zu zerstören, in Zweierverhältnisse aufzuspalten. I greift nur dann, soweit zwischen den Verfahren Personenidentität besteht, im übrigen aber nicht.

b) Bei der **Anspruchsidentität** ist „Anspruch" als Verfahrensgegenstand zu verstehen. Der Begriff des 6 Verfahrensgegenstands ist verordnungsautonom auszufüllen. Er richtet sich nicht nach dem Streitgegenstandsbegriff des deutschen Prozeßrechts, Gruber FamRZ **00**, 1131. Identität nach Klagantrag und Klagegrund ist also nicht erforderlich, ausreichend ist vielmehr, daß der Kernpunkt der Streitigkeit identisch ist, Gruber aaO, ThPHüßtege 6.

Scheidungsantrag und Antrag auf Ungültigerklärung der Ehe ex nunc betreffen im Kern denselben 7 Verfahrensgegenstand, Hau FamRZ **00**, 1339, Kohler NJW **01**, 13. Dagegen betreffen gerichtliche Trennung und Scheidung nicht denselben Verfahrensgegenstand, denn nur die Scheidung zielt auf die Auflösung des Ehebandes. Eine Ehestatus- und eine Sorgerechtssache betreffen nie denselben Verfahrensgegenstand. Bei konkurrierenden Sorgerechtssachen kommt es nicht darauf an, ob sie von Amts wegen oder auf Antrag angestrengt wurden, Gruber FamRZ **00**, 1132.

Eilverfahren und Hauptsacheverfahren haben wie unter dem EuGVÜ nie denselben Verfahrensgegenstand, 8 Gruber FamRZ **00**, 1134.

3) Aussetzung bei sog abhängigen Anträgen, II. Eine ähnliche Aussetzungsanordnung trifft II in 9 Sorgesachen. Diese müssen denselben Anspruch, also denselben Streitgegenstand betreffen. Anträge betreffend verschiedene Kinder genügen dem nicht. Stellt jedes Elternteil den Antrag, ihm das Sorgerecht zu übertragen, so liegt Streitgegenstandsidentität vor.

Personenidentität ist nicht verlangt. Dies nimmt auf die objektive Natur von Sorgerechtsverfahren Rück- 10 sicht. Es müssen für II also nicht zwingend beide Elternteile beteiligt sein. Ausreichend ist die Gefahr einander widersprechender Entscheidungen.

4) Unzuständigerklärung des zweiten Gerichts, III. a) Erst nach Klärung der erstgerichtlichen 11 Zuständigkeit mit einem positiven Ergebnis hat sich das Zweitgericht nach III 1 für unzuständig zu erklären. Dies entspricht Art 21 II EuGVÜ. Das zuerst angerufene Gericht muß über seine eigene Zuständigkeit entscheiden. Bejaht es diese rechtskräftig und unanfechtbar, Gruber FamRZ **00**, 1133, ThPHüßtege 12, so drohte bei Fortführung beider Verfahren ein positiver Konflikt. Dagegen steht dann sicher fest, daß es nicht zu einem negativen Konflikt kommen wird. Daher hat das als zweites angerufene Gericht das vor ihm anhängige Verfahren abzubrechen, indem es sich für unzuständig erklärt und den Antrag nach den Vorgaben seines nationalen Prozeßrechts als unzulässig abweist.

Erklärt sich das erste Gericht für unzuständig, kann das zweite Gericht das Verfahren aufnehmen. Wenn 12 das erste Gericht keine Zwischenentscheidung über seine Zuständigkeit trifft, sondern über den bei ihm gestellten Antrag gleich in der Sache entscheidet und diesen für unzulässig oder unbegründet erklärt, kann das zweite Gericht das Verfahren ebenfalls aufnehmen. Die negative Entscheidung im Erststaat ist nicht über Art 13 anzuerkennen und entfaltet keine blockierende Wirkung, ThPHüßtege 14.

13   b) Die Unzuständigerklärung nach **III 1** hindert nicht, daß nach Abschluß des ersten Verfahrens im zweiten Staat ein Verfahren angestrengt wird, mit dem weitergehende Wirkungen als mit der Entscheidung des ersten Verfahrens erreicht werden sollen: Ist im ersten Verfahren die Scheidung mit Wirkung ex nunc ausgesprochen, so kann man danach im zweiten Staat trotzdem die Ungültigerklärung der Ehe mit Wirkung ex tunc verlangen. Nach einer gerichtlichen Trennung im ersten Staat ist eine Scheidung im zweiten Staat möglich.

14   c) III 2 erlaubt eine Art **Antragstransfer zum Erstgericht.** Es handelt sich aber nicht um eine Verweisung des zweitgerichtlichen Verfahrens an das Erstgericht. Vielmehr gibt III 2 verordnungsautonom dem Antragsteller des Zweitverfahrens ein entsprechendes Antragsrecht auch im Erstverfahren und bricht insoweit entgegenstehendes erststaatliches Prozeßrecht, Gruber FamRZ 00, 1134. Das erste Gericht ist nicht befugt, ihn wegen Verfristung abzulehnen oder weil er nach dem erststaatlichen Prozeßrecht einer sachlichen Entscheidung nicht zugänglich ist, aM Vogel MDR 00, 1049.

15   III 2 kommt nur dann zum Tragen, wenn die Situation des III 1 vorliegt, sich das zuerst angerufene Gericht also für zuständig erklärt hat zur Entscheidung über den vor ihm anhängigen Antrag. Insbesondere ist der Transfer erst dann möglich, wenn sich das zweite Gericht nach III 1 für unzuständig erklärt hat.

16   III 2 garantiert dem Antragsteller des zweiten Verfahrens aber nicht, daß das erste Gericht auch zur Entscheidung über seinen Antrag zuständig ist. Vielmehr ist die Zuständigkeit des ersten Gerichts zur Entscheidung über diesen Antrag voll nach Art 3–7 zu prüfen; im Zweifel wird bei zuvor gegenläufigen Verfahren aber Art 4 helfen.

Art. 20. Einstweilige Maßnahmen einschließlich Schutzmaßnahmen. **I Die Gerichte eines Mitgliedstaats können in dringenden Fällen ungeachtet der Bestimmungen dieser Verordnung die nach dem Recht dieses Mitgliedstaats vorgesehenen einstweiligen Maßnahmen einschließlich Schutzmaßnahmen in Bezug auf in diesem Staat befindliche Personen oder Vermögensgegenstände auch dann anordnen, wenn für die Entscheidung in der Hauptsache gemäß dieser Verordnung ein Gericht eines anderen Mitgliedstaats zuständig ist.**

II Die zur Durchführung des Absatzes 1 ergriffenen Maßnahmen treten außer Kraft, wenn das Gericht des Mitgliedstaats, das gemäß dieser Verordnung für die Entscheidung in der Hauptsache zuständig ist, die Maßnahmen getroffen hat, die es für angemessen hält.

1   1) **Allgemeines.** Als sachliches und weitgehend auch inhaltliches Gegenstück zu Art 24 EuGVÜ enthält Art 20 eine Regelung zu Eilverfahren. Art 20 eröffnet keine echte Eilzuständigkeit in Dringlichkeitsfällen kraft Entscheidung der EuEheVO. Vielmehr verweist er auf die Zuständigkeitsbestimmungen des nationalen Rechts. Art 20 weicht nur insoweit von Art 24 EuGVÜ ab, als er einige wenige Voraussetzungen für den Eilgerichtsstand selbst statuiert. Welche Eilmaßnahmen statthaft sind, bestimmt das nationale Verfahrensrecht des Eil-Forums. Art 20 garantiert also nicht, daß Eilmaßnahmen getroffen werden können.

2   2) **Einzelheiten. Einstweilige Maßnahmen** sind solche, die einem Antragsteller nur einen vorläufigen Rechtsschutz gewähren sollen, der indes nicht notwendig vom Ausgang des Hauptverfahrens abhängen muß. Sie sollen Sach- oder Rechtslagen sichern, die anderenfalls gefährdet wären, vgl EuGH Slg **92,** I-2149 = EuZW **92,** 447. Dies ist um jene Maßnahmen zu erweitern, die aus Gründen des Lebensunterhalts notwendig sind, auch wenn später das Hauptverfahren sachlich anders ausfallen sollte.

3   Welche Art einstweiliger Maßnahmen konkret einschlägig sind, welche Voraussetzungen im einzelnen bestehen und welcher Art die möglichen Wirkungen sind, regelt das **nationale Recht** des Eil-Forums. Zu den einstweiligen Maßnahmen zählen jedenfalls die einstweiligen Anordnungen in Ehe-, Kindschafts- und Unterhaltssachen nach §§ 620, 641 d, 644 ZPO sowie der gegebenenfalls zur Sicherung von Leistungsansprüche erforderliche Arrest nach § 916 ZPO.

4   Kein echter Anknüpfungspunkt ist, daß die von der Eilmaßnahme betroffenen Personen oder Güter sich im Forumstaat befinden. Denn den Erlaß von Eilmaßnahmen erklärt Art 20 nur insoweit für zulässig, als sich diese Maßnahmen **auf das Territorium des Erlaßstaates beschränken.** Ein Staat, in dem sich weder betroffene Personen noch betroffene Güter befinden, kann keine effektive internationale Zuständigkeit für sich reklamieren.

Kapitel III. Anerkennung und Vollstreckung

Abschnitt 1. Anerkennung

Art. 21. Anerkennung einer Entscheidung. **I Die in einem Mitgliedstaat ergangenen Entscheidungen werden in den anderen Mitgliedstaaten anerkannt, ohne dass es hierfür eines besonderen Verfahrens bedarf.**

II Unbeschadet des Absatzes 3 bedarf es insbesondere keines besonderen Verfahrens für die Beschreibung in den Personenstandsbüchern eines Mitgliedstaats auf der Grundlage einer in einem anderen Mitgliedstaat ergangenen Entscheidung über Ehescheidung, Trennung ohne Auflösung des Ehebandes oder Ungültigerklärung einer Ehe, gegen die nach dem Recht dieses Mitgliedstaats keine weiteren Rechtsbehelfe eingelegt werden können.

III Unbeschadet des Abschnitts 4 kann jede Partei, die ein Interesse hat, gemäß den Verfahren des Abschnitts 2 eine Entscheidung über die Anerkennung oder Nichtanerkennung der Entscheidung beantragen.

Abschnitt 1. Allg. Vorschr. für Verfahren in Ehesachen **Anh I § 606a (EuEheVO)**

Das örtlich zuständige Gericht, das in der Liste aufgeführt ist, die jeder Mitgliedstaat der Kommission gemäß Artikel 68 mitteilt, wird durch das nationale Recht des Mitgliedstaats bestimmt, in dem der Antrag auf Anerkennung oder Nichtanerkennung gestellt wird.

IV Ist in einem Rechtsstreit vor einem Gericht eines Mitgliedstaats die Frage der Anerkennung einer Entscheidung als Vorfrage zu klären, so kann dieses Gericht hierüber befinden.

1) **Begriff der Anerkennung.** I, III, IV entsprechen Art 26 I–III EuGVÜ. II ist eine Ergänzung. Der Begriff der **Anerkennung** ist derselbe wie unter Art 26 EuGVÜ: Die Anerkennung einer ausländischen Entscheidung, bewirkt, daß deren Wirkungen auf den Forumstaat erstreckt werden. Im Wege der Anerkennung erstreckt werden die **materielle Rechtskraft**, die **Gestaltungswirkung** und die **Tatbestandswirkung** der ausländischen Entscheidung. Voraussetzung für eine Wirkungserstreckung ist immer, daß die Entscheidung die betreffende Wirkung nach dem Recht des Erststaates überhaupt haben kann und schon hat, Helms FamRZ **01**, 260. Die Gestaltungswirkung von Scheidungsurteilen tritt in manchen Staaten erst nach einer insoweit konstitutiv wirkenden **Registrierung** ein, Scheidungsurteile aus solchen Staaten können daher vor der Registrierung auch in Deutschland keine Gestaltungswirkung haben, Helms FamRZ **01**, 260. 1

Die **Anerkennung** erfolgt nur **in den Grenzen des sachlichen Anwendungsbereichs** der EuEheVO. Eine formell einheitliche Entscheidung aus dem Erststaat, die sowohl die Scheidung ausspricht als auch die vermögensrechtlichen Folgen der Scheidung regelt, wird unter der EuEheVO nur hinsichtlich des Scheidungsausspruchs anerkannt. Die Anerkennung der Entscheidung hinsichtlich der vermögensrechtlichen Folgen richtet sich dagegen nach dem nationalen Anerkennungsrecht des Zweitstaates. 2

2) **Prinzip der Inzidentanerkennung.** I statuiert das Prinzip der automatischen Anerkennung. Er **verbietet obligatorische** besondere Delibations- oder **Anerkennungsverfahren** für Entscheidungen aus anderen Mitgliedstaaten. Deshalb entfallen für Scheidungen aus EU-Mitgliedstaaten (außer Dänemark) das besondere Anerkennungsverfahren nach Art 7 § 1 FamRÄndG u das Anerkennungsmonopol der Landesjustizverwaltungen, § 328 ZPO Rn 49 ff, AG Leverkusen FamRZ **02**, 1635, Kohler NJW **01**, 13, Wagner IPRax **01**, 79, Helms FamRZ **01**, 261, ThPHüßtege 2. 3

IV gewährt die Kompetenz zur **Inzidentanerkennung** als Vorfrage in einem anderweitigen Rechtsstreit. Eine Vorfrage in diesem Sinne liegt dann vor, wenn es für die eigene Entscheidung des Gerichts im Zweitstaat darauf ankommt, ob die erststaatliche Entscheidung anzuerkennen ist oder nicht. Eine solche Vorfrage setzt also die Erheblichkeit der Vorfrage für das zweitstaatliche Verfahren voraus. Welches Ziel das zweitstaatliche Verfahren hat, ist unerheblich. Insoweit besteht keine Beschränkung. Die Inzidententscheidung über die Anerkennung ist integraler Teil des zweitstaatlichen Rechtsstreits. In dessen Schlußentscheidung taucht sie nur in den Gründen, aber nicht im Tenor auf. An der materiellen **Rechtskraft** der zweitstaatlichen Entscheidung nimmt die Inzidentanerkennung grds nicht, vielmehr nur dann teil, wenn nach dem nationalen Prozeßrecht des Zweitstaates Urteilsgründe in Rechtskraft erwachsen, vgl ThPHüßtege 12 einerseits u Vogel MDR **00**, 1049 andererseits. Die Inzidentanerkennung als solche entfaltet in Deutschland also keine materielle Rechtskraft. Anders verhält es sich, wenn – wie es III erlaubt – eine eigene **Zwischenfeststellungsklage** auf Feststellung der Anerkennung oder Nichtanerkennung erhoben wird, ThPHüßtege 12. Insoweit ist die Anerkennung eigenständiges Verfahrensziel eines eigenen Antrags, dessen Entscheidung in materielle Rechtskraft erwächst. 4

3) **Anerkennungsfeststellungsverfahren.** III gewährt den Parteien verordnungsautonom das Recht, die Feststellung über Anerkennung oder Nichtanerkennung einer Entscheidung zu beantragen. Diese Vorschrift erleichtert das Feststellungsverfahren, indem sie das nationale Prozeßrecht verdrängend die entsprechende Anwendung der Vorschriften über das Vollstreckbarerklärungsverfahren anordnet. Die im Feststellungsverfahren ergehende Entscheidung hat nur deklaratorische Wirkung, Wagner IPRax **01**, 79. 5

Das Anerkennungsfeststellungsverfahren ist in Art 26 II EuGVÜ insbes für Entscheidungen entwickelt worden, die einer Vollstreckbarerklärung nicht zugänglich sind, wie zB Gestaltungsurteile, Kropholler, Art 26 EuGVÜ Rn 2. Daher kann es für **Ehestatusentscheidungen** besondere Bedeutung gewinnen. Es ist ein nicht zu unterschätzendes, wenn auch aufwendiges Instrument, um Rechtsklarheit in Zweitstaaten zu gewinnen und hinkende Ehen sowie hinkende Wiederheiraten zu verhindern. III geht insoweit über Art 26 II EuGVÜ hinaus, als III sowohl negative als auch positive Feststellungsanträge erlaubt, Art 26 II EuGVÜ dagegen nur positive. 6

III setzt ein besonderes **Interesse der betreffenden Partei** an der Feststellung voraus. An ein solches Interesse sind keine zu strengen Anforderungen zustellen. Es liegt insbes dann vor, wenn die Gefahr besteht, daß Gerichte oder Behörden unter dem Aspekt der Anerkennung unterschiedlich entscheiden könnten, oder wenn der andere (ehemalige) Ehegatte die Wirkung der ausländischen Entscheidung anders beurteilt, ThPHüßtege 7. Aus dem oben Gesagten folgt ein rechtliches Interesse auch daraus, daß einer der Ehegatten in einem anderen Staat wieder heiraten will. Denn durch die positive Feststellung, daß anzuerkennen ist, belegt er, daß er nicht verheiratet ist und auch unter einem monogamen Eheschließungsstatut wieder heiraten kann. 7

Die Feststellung kann bei Vorliegen der sonstigen Voraussetzungen auch beantragen, wer **nicht Partei** des Ausgangsverfahrens war, aber durch die Anerkennung oder Nichtanerkennung in eigenen Rechtspositionen betroffen ist, Helms FamRZ **01**, 261. Antragsberechtigt ist daher namentlich der Verlobte und zukünftige Ehepartner eines der Geschiedenen, ebenso Kinder und Erben, bei denen je nach Anerkennung oder Nichtanerkennung der Scheidung höhere Erbquoten in Rede stehen, Helms FamRZ **01**, 261. Grundsätzlich ist die Antragsberechtigung unter Berücksichtigung des zweitstaatlichen Prozeßrechts weit zu verstehen, Bericht Borrás ABl EG **98** C 221/27 Nr 65. 8

Ein eigenes **Antragsrecht von Behörden** ist auch in den Fällen des II zu verneinen, insoweit aM Helms FamRZ **01**, 261, da Behörden in amtswegig angestrengten Verfahren (zB Besteuerungsverfahren) nicht nur die Befugnis, sondern die Pflicht zur inzidenten Prüfung der Anerkennung haben. Anders verhält es sich, 9 soweit eine Behörde nicht selber entscheiden kann, sondern nach dem Recht des Zweitstaates nur als Sachwalter des öffentlichen Interesses ein Verfahren vor einer anderen Behörde oder einem anderen Gericht anstrengen kann; in solchen Fällen kann die nur antragsberechtigte Behörde ein hinreichendes Interesse haben, vgl Bericht Borrás ABl EG **98** C 221/27 Nr 65.

10   **Zuständig** für das Verfahren ist das **FamGer** nach Maßgabe des Art 16 IntFamRVG, s Anh II zu § 606 a.

Art. 22. Gründe für die Nichtanerkennung einer Entscheidung über eine Ehescheidung, Trennung ohne Auflösung des Ehebandes oder Ungültigerklärung einer Ehe. Eine Entscheidung, die die Ehescheidung, die Trennung ohne Auflösung des Ehebandes oder die Ungültigerklärung einer Ehe betrifft, wird nicht anerkannt,
  a) wenn die Anerkennung der öffentlichen Ordnung des Mitgliedstaats, in dem sie beantragt wird, offensichtlich widerspricht;
  b) wenn dem Antragsgegner, der sich auf das Verfahren nicht eingelassen hat, das verfahrenseinleitende Schriftstück oder ein gleichwertiges Schriftstück nicht so rechtzeitig und in einer Weise zugestellt wurde, dass er sich verteidigen konnte, es sei denn, es wird festgestellt, dass er mit der Entscheidung eindeutig einverstanden ist;
  c) wenn die Entscheidung mit einer Entscheidung unvereinbar ist, die in einem Verfahren zwischen denselben Parteien in dem Mitgliedstaat, in dem die Anerkennung beantragt wird, ergangen ist; oder
  d) wenn die Entscheidung mit einer früheren Entscheidung unvereinbar ist, die in einem anderen Mitgliedstaat oder in einem Drittstaat zwischen denselben Parteien ergangen ist, sofern die frühere Entscheidung die notwendigen Voraussetzungen für ihre Anerkennung in dem Mitgliedstaat erfüllt, in dem die Anerkennung beantragt wird.

1   Art 22 übernimmt für die **Anerkennung von Ehestatusentscheidungen** nahezu wörtlich Art 27 Z 1, 2, 3 u 5 EuGVÜ. Dagegen wird der Anerkennungsversagungsgrund des Art 27 Z 4 EuGVÜ durch Art 25 ausdrücklich ausgeschlossen. In besonderem Maße erscheint hier ein Rückgriff auf die Auslegung des EuGVÜ durch die umfangreiche Rechtsprechung des EuGH zu Art 27 EuGVÜ denkbar.

2   **a)** Insbesondere sollte man den Begriff des **ordre public, lit a,** als Obersatz verordnungsautonom auslegen, s EuGH ZIP **00**, 859 m Anm Geimer, EuGH EWS **00**, 317. Der ordre public bezeichnet den Kernbestand der zweitstaatlichen Rechtsordnung. Er sollte in der Regel nur bei absoluter Rechtsstaatswidrigkeit der erststaatlichen Entscheidung in Betracht kommen. Aus dem Bereich des ordre public treffen Art 24 S 2, 25 jedenfalls Ausgrenzungen. Insbes Art 25 schränkt den Anwendungsbereich des ordre public stark ein. Weder sind kürzere Trennungsfristen, als sie für eine Scheidung im Zweitstaat bestünden, Teil des ordre public noch ein Verzicht auf das Zerrüttungsmerkmal durch das Zulassen einer einverständlichen Scheidung, Helms FamRZ **01**, 363.

3   **b)** Anerkennungsversagungsgrund ist nach **lit b** das **Versagen effektiven rechtlichen Gehörs** für den Antragsgegner im Erststaat. Mit wenigen Modifikationen entspricht dies Art 27 Z 2 EuGVÜ. Der Anspruch auf rechtliches Gehör, wie er bei Verfahrenseinleitung im Erststaat besteht, wird dadurch auf der anerkennungsrechtlichen Ebene abgesichert, vgl EuGH Slg **95**, I-2113 = EuZW **95**, 803.

4   Das rechtliche Gehör wird in relevanter Weise verletzt, wenn dem Antragsgegner das verfahrenseinleitende Schriftstück nicht rechtzeitig oder nicht in einer die Verteidigung erlaubenden Weise zugestellt wurde. **Verfahrenseinleitendes Schriftstück** ist die vom Prozeßrecht des Erststaates vorgesehene Urkunde, durch deren Zustellung der Antragsgegner erstmalig von dem Verfahren, welches der späteren Entscheidung zugrundeliegt, Kenntnis erlangen soll, Kropholler Art 27 EuGVÜ Rn 24 mwN, eingehend Frank, Das verfahrenseinleitende Schriftstück in Art 27 Nr 2 EuGVÜ, Lugano Übereinkommen und in Art 6 Haager Unterhaltsübereinkommen 1973, 1998. Darin müssen die wesentlichen Elemente des Rechtsstreits, also die wesentlichen Gründe für den Antrag, bezeichnet sein, EuGH Slg **93**, I-1963 = NJW **93**, 2091, Kropholler aaO Rn 25.

5   Die Zustellung des verfahrenseinleitenden Schriftstücks muß zu spät oder in einer Weise erfolgt sein, daß mit einer erfolgreichen Verteidigung des Antragsgegners nicht mehr zu rechnen ist. **Nichtrechtzeitigkeit** oder sonstige Fehlerhaftigkeit stehen disjunktiv zueinander; es reicht aus, wenn eine der beiden gegeben ist, es ist nicht notwendig, daß beide gleichzeitig vorliegen. **Rechtzeitig** ist ein verfahrenseinleitendes Schriftstück dann zugegangen, wenn der Antragsgegner nach den Umständen des Einzelfalls tatsächlich genügend Zeit zur Vorbereitung einer sachgerechten Verteidigung zur Verfügung hatte, Hamm RIW **87**, 871, Köln RR **95**, 446, Kropholler Art 27 EuGVÜ Rn 34.

6   Der Sache nach ist daneben **tatsächliche Ordnungsmäßigkeit** der Zustellung erforderlich, nicht mehr die formelle des Art 27 Z 2 EuGVÜ. Die Fehlerhaftigkeit der Zustellung ist nicht nach dem Recht des Erststaates zu beurteilen, Helms FamRZ **01**, 264 mwN. In aller Regel genügt eine Zustellung dann nicht den nach I b zu stellenden Anforderungen, wenn sie die Regularien der VO Nr 1348/2000 (EuZustVO), Anh zu § 202 ZPO, nicht einhält, insbesondere wenn sie entgegen Art 8 EuZustVO den Antragsgegner sprachlich benachteiligt, vgl ThPHüßtege 3.

7   Voraussetzung für ein Durchgreifen von I b ist, daß der Antragsgegner sich im Erststaat **nicht** auf das Verfahren **eingelassen** hat. Hat der Antragsgegner sich eingelassen, so ist dies unwiderleglicher Beweis dafür, daß ihm eine Verteidigung möglich war. Der Begriff der **Einlassung** ist gleich wie in Art 18, 20 I, 27 Z 2 EuGVÜ zu verstehen. Er umfaßt jedes Verhandeln, aus dem sich ergibt, daß der Antragsgegner von dem Verfahren Kenntnis erlangt hat und eine Möglichkeit der Verteidigung gegen den Angriff hat, es sei denn, das Vorbringen des Antragsgegners beschränkt sich darauf, dem Fortgang des Verfahrens zu rügen, weil die Zustellung nicht rechtzeitig oder in nicht genügender Weise erfolgt sei, vgl. Stgt IPRspr **83** Nr 173, Köln IPRax **91**, 114 (m Aufs Linke ebd S 92), Fahl, Die Stellung des Gläubigers und des Schuldners bei der Vollstreckung ausländischer Entscheidungen nach dem EuGVÜ, 1993, S 66 ff, Kropholler Art 27 EuGVÜ Rn 22 mwN, aM Hamm RIW **94**, 243.

Die zweite wichtige Veränderung von I lit b gegenüber Art 27 Z 2 EuGVÜ ist der neu hinzugefügte **8** letzte Teilsatz: Eine an sich tatbestandlich gegebene Verletzung des rechtlichen Gehörs ist dann kein Anerkennungshindernis, wenn festgestellt wird, daß der Antragsgegner mit der anzuerkennenden Entscheidung eindeutig einverstanden ist, Vogel MDR **00**, 1049. Beispiel dafür sind Schritte des Antragsgegners hin zu einer Wiederheirat, die voraussetzt, daß er geschieden ist, Bericht Borrás ABl EG **98** C 221/27 Nr 70. Desweiteren kann sich das Einverständnis des Antragsgegners etwa in einer ausdrücklichen Zustimmung kundtun oder im Verlangen nachehelichen Unterhalts, in der einvernehmlichen Verteilung der ehelichen Güter oder im Beantragen eines Versorgungsausgleichs, ThPHüßtege 3 aE. Bloßes Nichteinlegen eines Rechtsbehelfs signalisiert noch keine positive Zustimmung zum Ergebnis, sondern kann vielfältige Ursachen haben, Helms FamRZ **01**, 264.

c) **lit c** versagt die Anerkennung, wenn die Anerkennung **unvereinbar ist mit einer zweitstaatlichen** **9** **Entscheidung,** wobei gleichgültig ist, ob die zweitstaatliche Entscheidung früher oder später ergangen ist als die erststaatliche, Bericht Borrás ABl EG **98** C 221/27 Nr 71. Tatbestandliche Voraussetzung ist die Personen-, dagegen nicht die volle Streitgegenstandsidentität beider Entscheidungen. Unvereinbarkeit beurteilt sich nach den ausgesprochenen Rechtsfolgen. Eine zweitstaatliche gerichtliche Trennung blockiert die Anerkennung einer erststaatlichen Scheidung nicht, wohl aber eine zweitstaatliche Scheidung die Anerkennung einer erststaatlichen gerichtlichen Trennung, Bericht Borrás aaO.

Für die zweitstaatliche Entscheidung gilt ebenfalls der Begriff der Entscheidung des Art 2 Nr 4. Daher ist **10** in Ehestatussachen nur eine positiv die Eheauflösung aussprechende Entscheidung im Zweitstaat eine relevante Entscheidung. Ein Ausspruch, mit welchem die Scheidung im Zweitstaat abgelehnt wurde, entfaltet dagegen keine Sperrwirkung, ThPHüßtege 4, aM Helms FamRZ **01**, 265. Immerhin wird so ein europaweit einheitlicher Status der früheren Eheleute als geschieden gewährleistet und werden hinkende Ehen vermieden.

d) lit d nimmt sich des **Konflikts zwischen der Anerkennung der erststaatlichen Entscheidung** **11** **und der Anerkennung einer Entscheidung aus einem anderen EU-Mitgliedstaat,** insoweit anders als Art 27 Z 5 EuGVÜ, oder aus einem Drittstaat an. Dieser Konflikt wird nach dem Prioritätsprinzip gelöst: Die jeweils frühere im übrigen anerkennungsfähige Entscheidung geht vor und blockiert die Anerkennung der jeweils anderen. Sperrwirkung entfalten im Zweitstaat über deren Anerkennung also nur drittstaatliche Entscheidungen, die früher ergangen sind als die zweitstaatliche Entscheidung.

Auch für I d gilt der Entscheidungsbegriff des Art 2 Nr 4. Dieser ist auch mit Blick auf die anzuerken- **12** nenden Entscheidungen aus anderen EU-Mitgliedstaaten oder aus Drittstaaten anzulegen, sodaß die Scheidung ablehnende Entscheidungen nicht erfaßt sind und keinen für die EuEheVO relevanten Konflikt auslösen können. Welches Anerkennungsregime mit Blick auf die konfligierende Entscheidung aus einem anderen EU-Mitgliedstaat oder aus einem Drittstaat anzulegen ist, ist für I d unerheblich, sei es die EuEheVO selber, sei es ein Staatsvertrag, sei es aus deutscher Sicht Art 7 § 1 FamRÄndG oder § 328 ZPO, ThPHüßtege 5.

Art. 23. Gründe für die Nichtanerkennung einer Entscheidung über die elterliche Verantwortung. Eine Entscheidung über die elterliche Verantwortung wird nicht anerkannt,
   a) wenn die Anerkennung der öffentlichen Ordnung des Mitgliedstaats, in dem sie beantragt wird, offensichtlich widerspricht, wobei das Wohl des Kindes zu berücksichtigen ist;
   b) wenn die Entscheidung – ausgenommen in dringenden Fällen – ergangen ist, ohne dass das Kind die Möglichkeit hatte, gehört zu werden, und damit wesentliche verfahrensrechtliche Grundsätze des Mitgliedstaats, in dem die Anerkennung beantragt wird, verletzt werden;
   c) wenn der betreffenden Person, die sich auf das Verfahren nicht eingelassen hat, das verfahrenseinleitende Schriftstück oder ein gleichwertiges Schriftstück nicht so rechtzeitig und in einer Weise zugestellt wurde, dass sie sich verteidigen konnte, es sei denn, es wird festgestellt, dass sie mit der Entscheidung eindeutig einverstanden ist;
   d) wenn eine Person dies mit der Begründung beantragt, dass die Entscheidung in ihre elterliche Verantwortung eingreift, falls die Entscheidung ergangen ist, ohne dass diese Person die Möglichkeit hatte, gehört zu werden;
   e) wenn die Entscheidung mit einer späteren Entscheidung über die elterliche Verantwortung unvereinbar ist, die in dem Mitgliedstaat, in dem die Anerkennung beantragt wird, ergangen ist;
   f) wenn die Entscheidung mit einer späteren Entscheidung über die elterliche Verantwortung unvereinbar ist, die in einem anderen Mitgliedstaat oder in dem Drittstaat, in dem das Kind seinen gewöhnlichen Aufenthalt hat, ergangen ist, sofern die spätere Entscheidung die notwendigen Voraussetzungen für ihre Anerkennung in dem Mitgliedstaat erfüllt, in dem die Anerkennung beantragt wird; oder
   g) wenn das Verfahren des Artikels 56 nicht eingehalten wurde.

e) Die in Art 22 genannten Anerkennungsversagungsgründe wiederholt Art 23 für die Anerkennung von **1** Entscheidungen über die elterliche Sorge grds in seinen lit a, c, e, f, allerdings mit gewissen, teilweise erheblichen Modifikationen. Art 23 fügt dem Katalog in lit b und d Ergänzungen hinzu. Beide lassen sich als Unterfälle der Versagung rechtlichen Gehörs begreifen. Leitschnur der Abweichungen gegenüber Art 22 ist die **Miteinbeziehung des Kindeswohls**. Bei Sorgerechtsentscheidungen tritt neben die Ehegatten und Eltern zwar nicht unbedingt als formeller Beteiligter, aber als materieller Hauptbetroffener das Kind. Seine Interessen dürfen nicht dadurch gefährdet werden, daß ein mit ihnen konfligierender Titel Freizügigkeit in der EU erlangt.

f) **Art 23 lit a** gebietet dementsprechend bei der **ordre public**-Prüfung eine Berücksichtigung des **2** Kindeswohls. Dabei greift er Art 23 II a Haager KindesschutzÜbk (KSÜ) auf, Bericht Borrás ABl EG **98** C 221/27 Nr 73. Das Kindeswohl, hier verstanden nach den Vorstellungen des Zweitstaates, muß bereits in die ordre public-Prüfung miteinfließen, es steht nicht als zweite, einschränkende Voraussetzung neben dem ordre public. Wenn eine Sorgerechtsentscheidung dem Kindeswohl entspricht, kann sie kaum dem kindschaftsrechtlichen ordre public widersprechen, in dessen Rahmen dem Kindeswohl vorrangige Bedeutung beizumessen ist. Umgekehrt wird eine dem allgemeinen ordre public widersprechende Entscheidung kaum dem Kindeswohl entsprechen, Vogel MDR 00, 1050.

3   Die Berücksichtigung des Kindeswohls darf aber nicht zu einer verkappten Nachprüfung in der Sache instrumentalisiert werden, Helms FamRZ 01, 263. Richtiges Instrument, um einer Veränderung der auf das Kindeswohl bezogenen Umstände nach Erlaß der erststaatlichen Entscheidung Rechnung zu tragen, ist vielmehr (internationale Zuständigkeit vorausgesetzt) eine eigene Sorgerechtsentscheidung im Zweitstaat, die nach dem Gedanken von Art 23 lit e nicht durch die frühere erststaatliche Entscheidung versperrt ist. In der Praxis wird dies häufig der vorzugswürdige Weg sein, Coester IPRax 96, 24, Helms FamRZ 01, 263.

4   g) Bei Art 23 lit b geht es darum, daß das **Kind gehört werden mußte.** Das Kind ist materielle Zentralperson des Sorgerechtsverfahrens und muß deshalb, wenn es schon nicht die formelle Stellung eines Verfahrensbeteiligten hat, wenigstens gehört werden, um seine eigene Sicht seiner Interessen artikulieren zu können. Damit wird auch Art 12 des Übk der Vereinten Nationen über die Rechte des Kindes v 20. 10. 89 entsprochen, Bericht Borrás ABl EG **98** C 221/27 Nr 73.

5   Allerdings steht dieser Anerkennungsversagungsgrund unter dem **Vorbehalt,** daß dadurch wesentliche Grundsätze des zweitstaatlichen Verfahrensrechts verletzt wurden. Insoweit überlagern sich verfahrensrechtlicher ordre public und Gedanken der Gehörsversagung, Helms FamRZ **01**, 263. Ab einem gewissen Mindestalter gehört in Deutschland die Anhörung des Kindes schon wegen Art 6 II GG, s BVerfGE **55**, 172 = FamRZ **81**, 124 u BVerfGE **99**, 163 f = FamRZ **99**, 85, zu den wesentlichen Verfahrensgrundsätzen, Helms FamRZ **01**, 263 f. Daher sind hier aus deutscher Sicht die Maßstäbe des § 50 b FGG anzulegen.

6   Eine **Ausnahme** besteht in dringenden Fällen. Allerdings können damit keine echten Eilmaßnahmen gemeint sein. Deren Anerkennung scheitert in aller Regel schon daran, daß Eilmaßnahmen nicht den Entscheidungsbegriff des Art 2 Nr 4 erfüllen.

7   h) Art 23 lit c nennt als Anerkennungsversagungsgrund das **Versagen rechtlichen Gehörs** für einen Beteiligten in der Verfahrenseinleitungsphase. Gemeint sind damit alle formell verfahrensbeteiligten Personen, Wagner IPRax **01**, 78. Dies entspricht inhaltlich Art 22 lit b, dazu Rn 3 ff.

8   i) Den **Schutz des rechtlichen Gehörs** weitet **Art 23 lit d** auf jene **Personen** aus, **in deren elterliche Sorge die Entscheidung eingreift,** sofern die betreffende Person keine Möglichkeit hatte, gehört zu werden. Dies ist kein reiner Schutz in der Verfahrenseinleitungsphase. Vielmehr ist darauf zu achten, daß der Betroffene nachweisbar zu mündlichen Verhandlungen oder weiteren Verfahrensabschnitten geladen wurde, Vogel MDR **00**, 1050. Eine Einlassung des Betroffenen widerlegt in jedem Fall die Behauptung, er habe keine Möglichkeit gehabt, gehört zu werden. In dringenden Fällen ist das rechtliche Gehör hinreichend gewahrt, wenn der Betroffene die Möglichkeit hat, einen Rechtsbehelf einzulegen, Helms FamRZ **01**, 264.

9   Anders als Art 23 lit b und c ist für Art 23 lit d ein **Antrag** der in ihren Rechten verletzten Person notwendig. Eine amtswegige Prüfung ist damit versagt. Der betroffene Elternteil hat insoweit die Möglichkeit, für die Zwecke der Anerkennung auf seine Rechte faktisch zu verzichten, Vogel MDR **00**, 1050. Durch das Antragserfordernis wird die Wahrung des rechtlichen Gehörs für den betroffenen Elternteil zugleich aus dem ordre public herausgezogen.

10 j) Art 23 lit e versagt die Anerkennung bei einer **Kollision mit einer späteren im Zweitstaat ergangenen Entscheidung über die elterliche Sorge.** Die für die Beurteilung des Kindeswohls maßgeblichen Umstände können sich stets ändern. Dem Kindeswohl entspricht am besten die jeweils jüngste Entscheidung, welche die bis zu ihrem Erlaß erfolgten Veränderungen nachvollziehen kann, Wagner IPRax **01**, 78. Daher läßt Art 23 lit e die Anerkennung anders als Art 22 lit c nur an späteren, nicht an früheren zweitstaatlichen Entscheidungen scheitern.

11 Die maßgeblichen **Zeitpunkte** für den Vergleich sind jene des Erlasses der beiden Entscheidungen, nicht des Rechtskrafteintritts. Wann eine Entscheidung erlassen ist, beurteilt sich nach dem nationalen Prozeßrecht des jeweiligen Erlaßstaates.

12 k) Nach **Art 23 lit f** genießen spätere, nicht frühere Entscheidungen aus dem **Aufenthaltsstaat des Kindes,** sei dieser EU-Mitgliedstaat oder Drittstaat, Vorrang, soweit sie im Zweitstaat anerkennungsfähig sind. Aus demselben Grund, der Art 23 lit e zugrundeliegt, kehrt Art 23 lit f das Prioritätsprinzip des Art 22 lit d in ein **Posterioritätsprinzip,** in einen Vorrang der späteren Entscheidung um. Andererseits gewährt er nur Entscheidungen aus dem Aufenthaltsstaat des Kindes Vorrang, nicht Entscheidungen aus anderen Staaten.

13 Die Anerkennungsfähigkeit der Entscheidung aus dem Aufenthaltsstaat des Kindes im Zweitstaat richtet sich nach den zwischen diesen Staaten in Kraft befindlichen Instrumenten bzw, wenn es keine gibt, nach dem nationalen Anerkennungsrecht des Zweitstaates. Ist der Aufenthaltsstaat des Kindes EU-Mitgliedstaat (außer Dänemark), so ist für die Anerkennung seiner Entscheidungen wieder die EuEheVO maßgeblich.

Art. 24. Verbot der Nachprüfung der Zuständigkeit des Gerichts des Ursprungsmitgliedstaats. Die Zuständigkeit des Gerichts des Ursprungsmitgliedstaats darf nicht überprüft werden. Die Überprüfung der Vereinbarkeit mit der öffentlichen Ordnung gemäß Artikel 22 Buchstabe a) und Artikel 23 Buchstabe a) darf sich nicht auf die Zuständigkeitsvorschriften der Artikel 3 bis 14 erstrecken.

1   1) **Erläuterung.** Art 24 u 25 enthalten einen Negativkatalog von Gründen, aus denen die Anerkennung nicht versagt werden darf. **Art 24 S 1** verbietet eine Nachprüfung, ob das erststaatliche Gericht wirklich international zuständig war oder sich eine Zuständigkeit nur angemaßt hat. Dies entspricht dem Grundsatz des Art 28 III Hs 1 EuGVÜ. Die EuEheVO regelt sowohl die internationale Zuständigkeit als auch die

Anerkennung und Vollstreckbarerklärung. Eine Prüfung der indirekten internationalen Zuständigkeit oder Anerkennungszuständigkeit muß daher entfallen, weil vermutet wird, daß die Gerichte den abschließenden Kompetenzkatalog der Art 3–7 richtig handhaben.

2) Wie Art 28 III Hs 2 EuGVÜ betont **Art 24 S 2** ausdrücklich, daß die Grundsätze über die internationale Zuständigkeit nicht zum verfahrensrechtlichen ordre public des Zweitstaates zu zählen sind. Was zur Vordertür ausgeschlossen wurde, darf nicht über die Hintertür des ordre public doch wieder gelingen. 2

Art. 25. Unterschiede beim anzuwendenden Recht. **Die Anerkennung einer Entscheidung darf nicht deshalb abgelehnt werden, weil eine Ehescheidung, Trennung ohne Auflösung des Ehebandes oder Ungültigerklärung einer Ehe nach dem Recht des Mitgliedstaats, in dem die Anerkennung beantragt wird, unter Zugrundelegung desselben Sachverhalts nicht zulässig wäre.**

1) **Erläuterung.** Art 25 schließt eine Nichtanerkennung aus, wenn das erststaatliche Gericht auf der 1 Grundlage eines anderen materiellen Rechts geschieden hat als es das zweitstaatliche Gericht als Gericht eines hypothetischen Erkenntnisverfahrens anwenden würde. Damit stellt er klar, daß die EuEheVO einen Versagungsgrund wie Art 27 Z 4 EuGVÜ nicht kennt. Art 25 nimmt bewußt nicht auf das innerstaatliche Recht des Zweitstaates Bezug, sondern auf dessen Recht insgesamt, also unter Einschluß des Internationalen Privatrechts, Bericht Borrás ABl EG **98** C 221/27 Nr 16.

Art. 26. Ausschluß einer Nachprüfung in der Sache. **Die Entscheidung darf keinesfalls in der Sache selbst nachgeprüft werden.**

1) **Erläuterung.** Art 26 verbietet wie Art 29 EuGVÜ die vollständige oder teilweise **Überprüfung** der 1 anzuerkennenden **Entscheidung in der Sache.** Er sichert den abschließenden Katalog von Anerkennungsversagungsgründen in Art 22, 23 ab und entspricht dem Zweck der zweitstaatlichen Verfahren, nicht über etwas erneut zu entscheiden, worüber im Erststaat schon anerkennungsfähig entschieden ist, Bericht Borrás ABl EG **98** C 221/27 Nr 77.

Art 26 schließt eine **Abänderung von Sorgerechtsentscheidungen** nicht aus, diese ist weiterhin 2 **möglich,** Bericht Borrás ABl EG **98** C 221/27 Nr 78. Insoweit ist vielmehr eine Anpassung an die aus dem Kindeswohl erwachsenden Anforderungen offenzuhalten, die sich infolge veränderter Umstände gegenüber dem Zeitpunkt der erststaatlichen Entscheidung verschoben haben. Art 26 ist insoweit, obwohl dies im Wortlaut keinen Niederschlag gefunden hat, ebenso zu verstehen wie Art 27 Haager KindesSchutzÜbk v 19. 10. 96 (KSÜ), Bericht Borrás aaO.

Art. 27. Aussetzung des Verfahrens. **I Das Gericht eines Mitgliedstaats, vor dem die Anerkennung einer in einem anderen Mitgliedstaat ergangenen Entscheidung beantragt wird, kann das Verfahren aussetzen, wenn gegen die Entscheidung ein ordentlicher Rechtsbehelf eingelegt wurde.**

II Das Gericht eines Mitgliedstaats, bei dem die Anerkennung einer in Irland oder im Vereinigten Königreich ergangenen Entscheidung beantragt wird, kann das Verfahren aussetzen, wenn die Vollstreckung der Entscheidung im Ursprungsmitgliedstaat wegen der Einlegung eines Rechtsbehelfs einstweilen eingestellt ist.

1) **Erläuterung.** Art 27 entspricht Art 30 EuGVÜ. Er hilft, die Gefahr widersprechender Entschei- 1 dungen und Ergebnisse zu vermeiden, vgl Kropholler Art 30 EuGVÜ Rn 1: Es wäre mißlich, eine Scheidung anzuerkennen und dieser Wirkung beizulegen, die später im Erststaat aufgehoben wird.

Art 27 ist systematisch eine ergänzende Komplementärnorm zu Art 21 II, der ausnahmsweise Rechtskraft 2 der Entscheidung im Erststaat verlangt, Bericht Borrás ABl EG **98** C 221/27 Nr 79. I gilt **in allen Verfahren,** nicht nur in besonderen Verfahren auf Feststellung der Anerkennung. Bei Inzidentanerkennung ist betroffenes Verfahren jenes in der Hauptsache.

2) Vorausgesetzt ist, daß im Erststaat ein **ordentlicher Rechtsbehelf** anhängig ist, also ein fristgebunde- 3 ner Rechtsbehelf ab Erlaß der Entscheidung, vgl EuGH Slg **77,** 2175 = RIW **78,** 186. Sind außerordentliche Rechtsbehelfe, zB Wiederaufnahmeantrag oder Verfassungsbeschwerde, bereits eingelegt, sollte man diese unter Aussetzungsgesichtspunkten ordentlichen Rechtsbehelfen gleichstellen. Gefordert ist Anhängigkeit des Rechtsbehelfs, nicht die bloße Möglichkeit, diesen einzulegen. Wann ein Rechtsbehelf anhängig wird und wann diese Anhängigkeit endet, entscheidet das Recht des Erststaates. Ist über den Rechtsbehelf abschließend entschieden, so ist grds die Entscheidung über den Rechtsbehelf maßgebend. Mit dem Ende des Rechtsbehelfsverfahrens im Erststaat endet auch die Aussetzungsmöglichkeit nach I.

3) Rechtsfolge ist die **Aussetzung des Verfahrens.** Ob es das Verfahren aussetzt, steht im Ermessen des 4 Gerichts. Dabei muß das Gericht den einleuchtenden Zweck von I gegen die drohende, angesichts der Verfahrensdauer in einigen Mitgliedstaaten oft erhebliche Verfahrensverzögerung abwägen. Wie die Aussetzung im einzelnen ausgestaltet ist, richtet sich nach dem nationalen Prozeßrecht des Zweitstaates, in Deutschland entsprechend § 148 ZPO.

4) II nimmt **wie Art 30 II EuGVÜ** Rücksicht auf Besonderheiten im nationalen britischen und irischen 5 Prozeßrecht, Bericht Borrás ABl EG **98** C 221/27 Nr 79.

Abschnitt 2. Antrag auf Vollstreckbarerklärung

Übersicht

1) **Art 28–36** übernehmen das Grundkonzept und sogar häufig den Text der Art 31–38, 40–42, 44 I 1 EuGVÜ. Deshalb kann generell ergänzend auf die Kommentierung der parallelen Vorschriften des EuGVÜ verwiesen werden. Das Vollstreckbarerklärungsverfahren der EuEheVO richtet sich streng nach diesem Vorbild. Dadurch weicht es allerdings vom Vollstreckbarerklärungsverfahren unter der EuGVVO ab. Dieses

hat die Prüfung der Vollstreckbarerklärungsversagungsgründe aus dem einseitigen Antragsverfahren erster Instanz verbannt und in das zweiseitige Rechtsbehelfsverfahren verlagert. Diesen Schritt geht die EuEheVO ausweislich Art 31 II nicht.

2 2) **Art 33** faßt Art 36, 37 I u 40 EuGVÜ, **Art 34** dagegen Art 37 II u Art 41 EuGVÜ zusammen, ohne grds danach zu differenzieren, ob der Antragsteller oder der Antragsgegner, jeweils beurteilt nach der Rolle im Vollstreckbarerklärungsverfahren, den Rechtsbehelf eingelegt hat (vgl aber die Detaildifferenzierungen in Art 33 IV, V S 2 entsprechend Art 40 II, 36 II EuGVÜ). Den eigentlichen Normtext hat man bei Art 29 I, 33 II, 34 verschlankt, indem man für die Liste der zuständigen Gerichte auf Anhänge zur EuEheVO verweist.

3 3) Eine Entsprechung zu **Art 39 EuGVÜ** fehlt, weil es dort um Vollstreckung in Vermögenswerte geht, was hier bei der Vollstreckbarerklärung von Sorgerechtsentscheidungen nicht in Rede stehen kann. Anders verhält es sich aber bei der Vollstreckbarerklärung von Kostenentscheidungen aus Ehestatusverfahren. Dort ist an eine Analogie zu Art 39 EuGVÜ zu denken.

4 Ein besonderer Grund dafür, daß es keine Parallelnorm zu **Art 43 EuGVÜ** gibt, ist nicht ersichtlich. Daraus könnte man schließen, daß eine Übernahme nicht gewollt war und Zwangsgeldanordnungen auch dann für vollstreckbar erklärt werden können, wenn die Höhe des Zwangsgelds im Erststaat nicht endgültig festgelegt ist.

5 4) Die **Vollstreckbarerklärung** ist zu unterscheiden von der eigentlichen Zwangsvollstreckung. Sie ist titelschaffend. Vollstreckungstitel ist im Zweitstaat nur die zweitstaatliche Vollstreckbarerklärung, näher Mankowski ZZP Int **4**, 276–279. Die eigentliche Zwangsvollstreckung erfolgt auf der Grundlage dieses Titels und richtet sich nach dem nationalen Vollstreckungsrecht des Zweitstaates, Bericht Borrás ABl EG **98** C 221/27 Nr 81.

> *Art. 28. Vollstreckbare Entscheidungen.* ¹ Die in einem Mitgliedstaat ergangenen Entscheidungen über die elterliche Verantwortung für ein Kind, die in diesem Mitgliedstaat vollstreckbar sind und die zugestellt worden sind, werden in einem anderen Mitgliedstaat vollstreckt, wenn sie dort auf Antrag einer berechtigten Partei für vollstreckbar erklärt wurden.
>
> ² Im Vereinigten Königreich wird eine derartige Entscheidung jedoch in England und Wales, in Schottland oder in Nordirland erst vollstreckt, wenn sie auf Antrag einer berechtigten Partei zur Vollstreckung in dem betreffenden Teil des Vereinigten Königreichs registriert worden ist.

1 1) **Sachlicher Anwendungsbereich.** Der Abschnitt über die Vollstreckbarerklärung von Entscheidungen aus anderen Mitgliedstaaten befaßt sich grds nur mit der Vollstreckbarerklärung von **Entscheidungen über die elterliche Sorge**. Ehestatusurteile dagegen haben keine Wirkungen, welche der Vollstreckbarerklärung bedürften. Ihre Gestaltungs- und Tatbestandswirkung entfalten sie im Zweitstaat bereits durch Anerkennung. Eine Herausgabevollstreckung oder die Vollstreckung einer sonstigen unvertretbaren Handlung kommt bei ihnen der Sache nach nicht in Betracht. Auch Entscheidungen über die schlichte Zuweisung der elterl Sorge haben – anders als Umgangsregelungen mit Herausgabeanordnungen – keinen vollstreckungsfähigen Inhalt, BGH FamRZ **05**, 1542 mwN.

2 Mit einer Sorgerechtsentscheidung verbundene weitere Entscheidungen, zB über Kindesunterhalt, fallen aus dem sachlichen Anwendungsbereich der EuEheVO heraus. Ihre Vollstreckbarerklärung richtet sich für Unterhaltsurteile nach dem EuGVÜ bzw der EuEheVO oder dem Haager UnterhaltsVollstrÜbk, ansonsten nach Staatsverträgen und dem nationalen IZPR des Zweitstaates.

3 Vollstreckbarerklärungsfähig und -bedürftig sind nach Art 28 sind die **Kostenentscheidungen in Ehestatussachen.** Sie werden zwar in I nicht erwähnt. Jedoch verweist Art 20 II auf alle Bestimmungen „dieses Kapitels", dh des Kapitels III, dazu zählen auch die Vorschriften über die Vollstreckbarklärung, Wagner IPRax **01**, 79.

4 Den gerichtlichen oder behördlichen Entscheidungen sind durch Art 46 sachlich einschlägige **öffentliche Urkunden und Prozeßvergleiche** gleichgestellt.

5 2) **Voraussetzungen der Vollstreckbarerklärung. a)** Erste Voraussetzung der Vollstreckbarerklärung ist ein **Antrag** einer berechtigten Partei. **Berechtigte Partei** sind nicht nur die Ehegatten und die Kinder zu verstehen, sondern auch, sofern das zweitstaatliche Recht dies entsprechend vorsieht, die staatliche Gewalt des Zweitstaates in Gestalt der zuständigen Behörde, Bericht Borrás ABl EG **98** C 221/27 Nr 80. Die **Form** des Antrags regeln Art 15, 25, 26.

6 b) Desweiteren ist die **Vollstreckbarkeit der Entscheidung im Erststaat** verlangt. Dies meint wie in Art 31 I, 47 Z 1 EuGVÜ **abstrakte**, nicht konkrete Vollstreckbarkeit, näher Mankowski ZZP Int **4**, 279–285 sowie EuGH IPRax **00**, 18 (m Aufs Linke ebd S 8). Ob der Zwangsvollstreckung aus der Entscheidung im Erststaat konkrete Zwangsvollstreckungshindernisse entgegenstehen, ist unbeachtlich. Aus der Entscheidung muß im Erststaat die **Zwangsvollstreckung** möglich sein. Dagegen darf man über das Erfordernis der Vollstreckbarkeit im Erststaat nicht im Ergebnis zu einer Kumulation von Zwangsvollstreckungshindernissen aus dem erst- und dem zweitstaatlichen Recht kommen.

7 **Vorläufige Vollstreckbarkeit** ist ausreichend, endgültige nicht gefordert. Ebensowenig folgt aus dem Erfordernis der Vollstreckbarkeit im Erststaat eine Anforderung, daß die Entscheidung formell rechtskräftig sein müßte. Ob die Vollstreckbarkeit im Erststaat auf den Antrag eines Berechtigten zurückgeht oder von Amts wegen ausgesprochen wurde, ist ohne Belang.

8 c) Gefordert ist schließlich die **vorherige Zustellung** der Entscheidung. An wen und in welcher Form zuzustellen war, sowie über Möglichkeit und Voraussetzungen einer Heilung von Zustellungsmängeln bestimmt das Recht des Erststaates. Für eine Zustellung in einen anderen EU-Mitgliedstaat als den Erststaat gilt seit dem 31. 5. 01 die VO Nr. 1348/2000 (EuZustVO), Anh zu § 202 ZPO. Das erststaatliche Gericht hat die Zustellung auf Antrag gemäß Art 26 mit Formblatt nach Anh V entsprechend Art 10 EuZustVO zu bestätigen.

Abschnitt 1. Allg. Vorschr. für Verfahren in Ehesachen **Anh I § 606a (EuEheVO)**

Entsprechend der Rechtslage unter Art 47 Z 1 EuGVÜ kann und muß die **fehlende Zustellung** 9
nachgeholt werden. Dies kann bis zum Abschluß des Vollstreckbarerklärungsverfahrens einschließlich eines eventuellen Rechtsbehelfsverfahrens geschehen, sofern eine angemessene Chance für die Entscheidungsbelasteten besteht, der Entscheidung freiwillig Folge zu leisten, und sofern die Partei, welche die Vollstreckbarerklärung beantragt hat, die Kosten eines letztlich unnötigen Verfahrensabschnitts trägt, vgl EuGH Slg **96**, I-1393 = IPRax **97**, 186 (m Aufs Stadler ebd S 171). Eine Analogie zu § 750 I ZPO ist abzulehnen: Die Voraussetzungen der Vollstreckbarerklärung müssen spätestens mit Abschluß des Vollstreckbarerklärungsverfahrens vorliegen.

Art. 29. Örtlich zuständiges Gericht. ^I **Ein Antrag auf Vollstreckbarerklärung ist bei dem Gericht zu stellen, das in der Liste aufgeführt ist, die jeder Mitgliedstaat der Kommission gemäß Artikel 68 mitteilt.**

^{II} **Das örtlich zuständige Gericht wird durch den gewöhnlichen Aufenthalt der Person, gegen die die Vollstreckung erwirkt werden soll, oder durch den gewöhnlichen Aufenthalt eines Kindes, auf das sich der Antrag bezieht, bestimmt.**

Befindet sich keiner der in Unterabsatz 1 angegebenen Orte im Vollstreckungsmitgliedstaat, so wird das örtlich zuständige Gericht durch den Ort der Vollstreckung bestimmt.

1) Erläuterung. Zuständig ist das FamGer, § 23 b GVG. In Deutschland ist der Antrag zu stellen **a)** im 1
Bezirk des KG beim FamGer Pankow/Weißensee, **b)** in den Bezirken der übrigen OLGe beim FamGer am Sitz des betreffenden OLG, Anh I zur VO. Damit ist auch die funktionelle Zuständigkeit geregelt; Rechtsmittelgericht ist das OLG § 119 DVG.

Für die **örtliche Zuständigkeit** eröffnet dem Antragsteller II 1 die Wahl zwischen dem gewöhnlichen 2
Aufenthalt des Vollstreckungsgegners und dem gewöhnlichen Aufenthalt des von der für vollstreckbar zu erklärenden Sorgerechtsentscheidung betroffenen Kindes. Der Vollstreckungsgegner wird durch die formelle Benennung und Gegenposition im Vollstreckbarerklärungsverfahren bestimmt. Im Zweifel handelt es sich um den anderen Ehegatten. Nicht ausgeschlossen sind aber auch andere Sorgeberechtigte. Welches Kind betroffen ist, ergibt sich aus der Sorgerechtsentscheidung.

II 2 schafft eine **Auffangregel** für den seltenen Fall, daß keiner der in II 1 genannten Orte im Zweitstaat 3
liegt. Dann richtet sich die örtliche Zuständigkeit nach dem Ort, an welchem die eigentliche Zwangsvollstreckung beabsichtigt ist. Dies könnte für die Vollstreckbarerklärung von Kostenentscheidungen, also Leistungstiteln, eine gewisse Bedeutung erlangen.

2) Findet ein eigenes Verfahren auf Feststellung der Anerkennung oder Nichtanerkennung einer Entschei- 4
dung gemäß Art 21 III statt, so überläßt **III** die Regelung der örtlichen Zuständigkeit für dieses Verfahren dem nationalen Recht des Zweitstaates, Bericht Borrás ABl EG **98** C 221/27 Nr 84.

Art. 30. Verfahren. ^I **Für die Stellung des Antrags ist das Recht des Vollstreckungsmitgliedstaats maßgebend.**

^{II} **Der Antragsteller hat für die Zustellung im Bezirk des angerufenen Gerichts ein Wahldomizil zu begründen. Ist das Wahldomizil im Recht des Vollstreckungsmitgliedstaats nicht vorgesehen, so hat der Antragsteller einen Zustellungsbevollmächtigten zu benennen.**

^{III} **Dem Antrag sind die in den Artikeln 37 und 39 aufgeführten Urkunden beizufügen.**

Erläuterung. Art 30 entspricht Art 33 EuGVÜ. Nach **I** unterliegen **Form, Inhalt und Sprache des** 1
Antrags dem Recht des Zweitstaates.

II verpflichtet den Antragsteller, Sorge für eine **Zustelladresse im Zweitstaat** zu tragen, entweder in 2
eigener Person durch Begründung eines Wahldomizils oder durch Benennung eines für den Zweitstaat inländischen Zustellungsbevollmächtigten. Damit soll einerseits im Interesse der schnellen Durchführung des Vollstreckbarerklärungsverfahrens eine Zustellung ins Ausland vermieden werden, und andererseits soll dem Antragsgegner das effektive Einlegen eines Rechtsbehelfs erleichtert werden, vgl Bericht Borrás ABl EG **98** C 221/27 Nr 86, EuGH Slg **86**, 2437 = IPRax **87**, 229 (m Aufs Jayme/Abend ebd S 209), Kropholler Art 33 EuGVÜ Rn 5.

III schreibt die Beifügung der in Art 25, 26 bezeichneten **Urkunden** vor und erhebt diese zum integralen 3
Bestandteil des Antrags. Allerdings bestehen Nachholungsmöglichkeiten nach Art 27. Führen auch diese nicht zum Erfolg, so kann (und soll) das zweitstaatliche Gericht den Antrag als unzulässig abweisen, Bericht Borrás ABl EG **98** C 221/27 Nr 107.

Art. 31. Entscheidung des Gerichts. ^I **Das mit dem Antrag befasste Gericht erlässt seine Entscheidung ohne Verzug und ohne dass die Person, gegen die die Vollstreckung erwirkt werden soll, noch das Kind in diesem Abschnitt des Verfahrens Gelegenheit erhalten, eine Erklärung abzugeben.**

^{II} **Der Antrag darf nur aus einem der in den Artikeln 22, 23 und 24 aufgeführten Gründe abgelehnt werden.**

^{III} **Die Entscheidung darf keinesfalls in der Sache selbst nachgeprüft werden.**

1) Erläuterung. Art 31 entspricht Art 34 EuGVÜ. **I** erklärt das **Vollstreckbarerklärungsverfahren** 1
erster Instanz für strikt **einseitig**. Der Vollstreckungsgegner wird in ihm nicht gehört. Dementsprechend findet auch keine mündliche Verhandlung statt. Die Möglichkeit, nach Art 33 einen Rechtsbehelf einzulegen und so eine kontradiktorische zweiseitige Verhandlung zu erzwingen, wahrt das rechtliche Gehör für den Vollstreckungsgegner hinreichend, vgl Arnold AWD **72**, 389 sowie Bre IPRspr **77** Nr 152. Bei der Vollstreckbarerklärung von Sorgerechtsentscheidungen ist auch nicht vorgesehen, das betroffene Kind zu hören.

I enthält zudem ein an das zweitstaatliche Gericht gerichtetes **Beschleunigungsgebot**. Das Gericht hat 2
seine Entscheidung unverzüglich zu erlassen. Allerdings stellt I dafür keine Frist auf. Davon wurde abgesehen,

weil keine Sanktion für eine Fristversäumung zur Verfügung gestanden hätte, Bericht Borrás ABl EG **98** C 221/27 Nr 88, Wagner IPRax **01**, 79.

3   2) **II** bezeichnet nur den zulässigen materiellen **Prüfungsumfang**. Neben den eigentlichen Anerkennungs- hier Vollstreckbarerklärungsversagungsgründen muß das zweitstaatliche Gericht zudem die Verfahrensvoraussetzungen des Vollstreckbarerklärungsverfahrens prüfen, vgl ThPHüßtege 2, nämlich: Sachliche Anwendbarkeit der EuEheVO; Vorliegen einer abstrakt vollstreckbarerklärungsfähigen Entscheidung iSv Art 24, 28; abstrakte Vollstreckbarkeit der Entscheidung im Erststaat und Zustellung der Entscheidung, Art 28 I; Vorliegen der erforderlichen Urkunden, Art 30 III iVm Art 37, 39.

4   **II** beschränkt den materiellen Prüfungsumfang auf den ausschließlichen Katalog der Anerkennungsversagungsgründe aus Art 22 f. Diese werden damit ohne sachliche Modifikation auch zu den einzigen materiellen Gründen, die Vollstreckbarerklärung zu versagen. Die Erwähnung des Art 24 dürfte auf einem Redaktionsversehen beruhen. Art 24 enthält – anders als Art 28 I EuGVÜ, auf welchen das Vorbild des Art 34 II EuGVÜ Bezug nimmt – keinen Versagungsgrund, sondern trifft Klarstellungen, ua wann kein relevanter Versagungsgrund vorliegt.

5   3) **III** entspricht Art 26, s dortige Einl.

Art. 32. Mitteilung der Entscheidung. **Die über den Antrag ergangene Entscheidung wird dem Antragsteller vom Urkundsbeamten der Geschäftsstelle unverzüglich in der Form mitgeteilt, die das Recht des Vollstreckungsmitgliedstaats vorsieht.**

1   **1) Erläuterung.** Art 32 entspricht Art 35 EuGVÜ. Er entspringt dem selbsterklärenden Grundsatz, daß der interessierte **Antragsteller** über den Ausgang des von ihm angestrengten Verfahrens **zu informieren** ist. Angesichts des von Art 30 II verlangten Wahldomizils oder Zustellungsbevollmächtigten des Antragstellers im Gerichtsbezirk des angerufenen zweitstaatlichen Gerichts handelt es sich in aller Regel um eine Inlandsmitteilung.

2   **2) Die Form** der Mitteilung richtet sich nach dem Recht des Zweitstaates. Es steht diesem frei, förmliche Zustellung zu verlangen oder weniger strenge Formen genügen zu lassen. In Deutschland gelten insoweit § 21 IntFamRVG. Art 32 selber bezeichnet mit dem Urkundsbeamten der Geschäftsstelle das verantwortliche **Organ**. Zugleich stellt er ein allerdings nicht sanktionsbewehrtes Unverzüglichkeitsgebot auf.

Art. 33. Rechtsbehelf. ^I **Gegen die Entscheidung über den Antrag auf Vollstreckbarerklärung kann jede Partei einen Rechtsbehelf einlegen.**
^{II} **Der Rechtsbehelf wird bei dem Gericht eingelegt, das in der Liste aufgeführt ist, die jeder Mitgliedstaat der Kommission gemäß Artikel 68 mitteilt.**
^{III} **Über den Rechtsbehelf wird nach den Vorschriften entschieden, die für Verfahren mit beiderseitigem rechtlichen Gehör maßgebend sind.**
^{IV} **Wird der Rechtsbehelf von der Person eingelegt, die den Antrag auf Vollstreckbarerklärung gestellt hat, so wird die Partei, gegen die die Vollstreckung erwirkt werden soll, aufgefordert, sich auf das Verfahren einzulassen, das bei dem mit dem Rechtsbehelf befassten Gericht anhängig ist. Lässt sich die betreffende Person auf das Verfahren nicht ein, so gelten die Bestimmungen des Artikels 18.**
^V **Der Rechtsbehelf gegen die Vollstreckbarerklärung ist innerhalb eines Monats nach ihrer Zustellung einzulegen. Hat die Partei, gegen die die Vollstreckung erwirkt werden soll, ihren gewöhnlichen Aufenthalt in einem anderen Mitgliedstaat als dem, in dem die Vollstreckbarerklärung erteilt worden ist, so beträgt die Frist für den Rechtsbehelf zwei Monate und beginnt mit dem Tag, an dem die Vollstreckbarerklärung ihr entweder persönlich oder in ihrer Wohnung zugestellt worden ist. Eine Verlängerung dieser Frist wegen weiter Entfernung ist ausgeschlossen.**

1   **1) Allgemeines.** Art 33 faßt den wesentlichen sachlichen Gehalt der Art 36, 37 I u 40 EuGVÜ zusammen. Jede Partei hat einen **Rechtsbehelf** gegen die Entscheidung im Vollstreckbarerklärungsverfahren erster Instanz. Implizite Voraussetzung ist eine **Beschwer** dieser Partei. Der Antragsteller im Vollstreckbarerklärungsverfahren ist beschwert, wenn sein Antrag abgelehnt wurde, der Antragsgegner und Vollstreckungsschuldner dann, wenn dem Antrag stattgegeben wurde.

2   **Antragsberechtigt** ist jede formelle Partei. Darüber hinaus sollte man bei der Vollstreckbarerklärung von Sorgerechtsentscheidung dem betroffenen Kind ebenso ein Antragsrecht im Rechtsbehelfsverfahren einräumen wie Behörden, die nach dem nationalen Prozeßrecht des Gerichts befugt gewesen wären, ein Vollstreckbarerklärungsverfahren einzuleiten. Antragsberechtigung in der ersten Instanz und Beschwerderecht im Rechtsbehelfsverfahren sollten parallel laufen, ähnl Wagner IPRax **01**, 80, ThPHüßtege 1.

3   **Beschwerdegegenstand** ist die Entscheidung nach Art 31, mit welcher das Gericht erster Instanz diese erste Instanz des Vollstreckbarerklärungsverfahrens abschließt. Zwischenentscheidungen sind kein Beschwerdegegenstand, können aber mit den Rechtsbehelfen des nationalen Prozeßrechts im Zweitstaat angegriffen werden.

4   **2) Verfahren.** Das sachlich und örtlich zuständige **Beschwerdegericht** bestimmt II iVm Anh II. In Deutschland ist Einlegungsstelle das OLG § 24 IntFamRVG s Anh II zu § 606 a.

5   **III** stellt verordnungsautonom den zweiseitigen und damit **kontradiktorischen Charakter des Rechtsbehelfsverfahrens** sicher. Zugleich verweist er mit den Modifikationen der IV, V auf das zweitstaatliche Prozeßrecht für zweiseitige kontradiktorische Verfahren. Ob und inwieweit diese Verfahren auch streitig durchgeführt werden, obliegt ebenfalls dem zweitstaatlichen Prozeßrecht, Bericht Borràs ABl EG **98** C 221/27 Nr 92.

6   **IV und V 2** entsprechen Art 40 II, 36 II EuGVÜ. War der Antragsgegner in erster Instanz noch nicht gehört worden, ist ihm nach IV 1 zwingend Gelegenheit zur Stellungnahme selbst in dem Fall zu geben, daß

der Antrag in erster Instanz abgelehnt wurde. Damit soll sichergestellt werden, daß der Antragsgegner wenigstens eine Tatsacheninstanz zur Verfügung hat, ThPHüßtege 4.

Läßt sich der im Fall des **IV 1** aufgeforderte Antragsgegner nicht ein, so hat das Rechtsbehelfsgericht nach 7 **IV 2** iVm Art 18 das Verfahren auszusetzen, bis dafür eine effektive Verteidigung rechtzeitige Zustellung des Antrags und der notwendigen Urkunden festgestellt ist.

Die weitere Ausgestaltung des Verfahrens regeln in Deutschland **§ 24 IntFamRVG**. Die Beschwerde kann 8 der **Form** nach in Deutschland bei der Geschäftsstelle des zuständigen OLG nach § 24 I 2 IntFamRVG eingelegt werden. Daher besteht nach § 78 III ZPO **kein Anwaltszwang**.

3) **Frist.** Regelfrist für die Beschwerdeeinlegung gegen die ausgesprochene Vollstreckbarerklärung ist ein 9 Monat nach Zustellung der erstinstanzlichen Entscheidung an die betreffende Partei, **V 1**. Diese Regelfrist läuft gegen den **Vollstreckungsschuldner** grds aber nur, wenn er seinen **gewöhnlichen Aufenthalt im Zweitstaat** hat.

Hat der **Vollstreckungsschuldner** seinen **gewöhnlichen Aufenthalt** nicht im Zweitstaat, sondern **in** 10 **einem anderen EU-Mitgliedstaat** (außer Dänemark), so verlängert sich die Frist nach **V 2** auf zwei Monate. Den Fristbeginn markiert die Zustellung an den Vollstreckungsschuldner persönlich oder in dessen Wohnung. Jede andere Zustellung löst die Frist nicht aus. Eine begrenzende absolute Frist ab Entscheidungs-erlaß ist für diesen Fall nicht genügender Zustellung nicht vorgesehen. Die Zustellung erfolgt nach der VO Nr 1348/2000 (EuZustVO), Anh § 202 ZPO.

Hat der **Vollstreckungsschuldner** seinen **gewöhnlichen Aufenthalt** nicht im Zweitstaat, sondern **in** 11 **einem Nicht-EU-Mitgliedstaat** oder in Dänemark, so gilt § 24 III Nr 2 IntFamRVG, der ebenfalls eine Frist von 2 Monaten vorsieht.

V 3 schließt eine Verlängerung der Frist aus. 12

V stellt eine Frist nur für Beschwerden gegen eine ausgesprochene Vollstreckbarerklärung auf. Dagegen 13 besteht wie nach Art 40 EuGVÜ **keine Frist für die Beschwerde des Antragstellers** gegen die Ableh-nung der von ihm beantragten Vollstreckbarerklärung, Wagner IPRax 01, 80.

Die **Frist** wird in Deutschland nach § 222 ZPO iVm §§ 187ff BGB **berechnet**. 14

4) **Begründetheit.** Die zulässige **Beschwerde des Antragstellers** hat dann Erfolg, wenn die Voraus- 15 setzung für die Vollstreckbarerklärung vorliegen. Dies hat das Beschwerdegericht in eigener Kompetenz voll zu prüfen, ThPHüßtege 11.

Die zulässige **Beschwerde des Antragsgegners** hat dann Erfolg, wenn die Voraussetzung für die Voll- 16 streckbarerklärung nicht vorliegen, sei es, daß es an den formellen Voraussetzungen fehlt, sei es, daß ein Vollstreckbarerklärungsversagungsgrund gegeben ist, ThPHüßtege 13f. Hinzu kommen in Deutschland als möglicher Erfolgsgrund nach **§ 25 IntFamRVG** zulässige Einwendungen, welche den Anspruch vernichten oder zumindest in der Durchsetzung hemmen, welcher der für vollstreckbar zu erklärenden Entscheidung zugrunde liegt, ThPHüßtege 15.

Art. 34. Für den Rechtsbehelf zuständiges Gericht und Anfechtung der Entscheidung über den Rechts-behelf. **Die Entscheidung, die über den Rechtsbehelf ergangen ist, kann nur im Wege der Verfahren angefochten werden, die in der Liste genannt sind, die jeder Mitgliedstaat der Kommission gemäß Artikel 68 mitteilt.**

Erläuterung. Art 34 entspricht im wesentlichen Art 37 II EuGVÜ. „Entscheidung über den Rechts- 1 behelf" ist daher nur eine End-, keine Zwischenentscheidung, ZöGei Art 37 EuGVÜ Rn 1. Nicht be-schwerdefähig ist auch eine Entscheidung über die Aussetzung oder Nichtaussetzung des Vollstreckbarerklä-rungsverfahrens nach Art 35, vgl EuGH Slg **95**, I-2269 = IPRax **96**, 336 (m Aufs Hau ebd S 322), BGH NJW **94**, 2156. Dagegen ist zu überlegen, ob bei Sorgerechtsentscheidungen der strikte Ausschluß eines Rechtsbehelfs seitens Dritter, vgl EuGH Slg **93**, I-1963 = NJW **93**, 2091, zu übernehmen ist. Zumindest sollte man Behörden, die nach dem Recht des Zweitstaates zum Schutz des Kindeswohls berufen sind, ein Recht geben, Rechtsbehelfsentscheidungen anzugreifen, die mit dem Kindeswohl nicht in Einklang stehen.

In Deutschland findet ist der **Rechtsbeschwerde** zum BGH statt, Art 68, die in §§ 28ff IntFamRVG 2 und in den §§ 574–577 ZPO ausgestaltet ist.

Art. 35. Aussetzung des Verfahrens. **I Das nach Artikel 33 oder Artikel 34 mit dem Rechtsbehelf befasste Gericht kann auf Antrag der Partei, gegen die die Vollstreckung erwirkt werden soll, das Verfahren aussetzen, wenn im Ursprungsmitgliedstaat ein ordentlicher Rechtsbehelf gegen die Entscheidung eingelegt wurde oder die Frist für einen solchen Rechtsbehelf noch nicht verstrichen ist. In letzterem Fall kann das Gericht eine Frist bestimmen, innerhalb derer der Rechtsbehelf einzulegen ist.**

II Ist die Entscheidung in Irland oder im Vereinigten Königreich ergangen, so gilt jeder im Ursprungsmitgliedstaat statthafte Rechtsbehelf als ordentlicher Rechtsbehelf im Sinne des Absatzes 1.

1) Art 35 entspricht Art 38 EuGVÜ. Er gestattet eine **Aussetzung des Rechtsbehelfsverfahrens** im 1 Zweitstaat. Dagegen betrifft er nicht das Vollstreckbarerklärungsverfahren erster Instanz.

2) **I 1** gibt dem Vollstreckungsschuldner ein Recht, die Aussetzung zu **beantragen.** Das Antragsrecht 2 richtet sich nicht nach der Parteirolle im Rechtsbehelfsverfahren. Dem Antragsteller steht es selbst dann nicht zu, wenn er Beschwerdeführer ist.

Die sachlichen **Voraussetzungen** für die Aussetzung entsprechen Art 27 Rn 3, soweit ein ordentlicher 3 Rechtsbehelf im Erststaat eingelegt ist. Indes erweitert I 1 dies darum, daß die Frist für die Einlegung eines ordentlichen Rechtsbehelfs, Begriff Art 27 Rn 3, im Erststaat noch nicht abgelaufen ist. Dabei ist nicht besagt, daß der Vollstreckungsschuldner im Erststaat Rechtsbehelfsberechtigter sein muß. Vielmehr reicht jede noch laufende Rechtsbehelfsfrist nach dem erststaatlichen Prozeßrecht.

Albers

4 I 2 erlaubt für den Fall der im Erststaat noch laufenden Rechtsbehelfsfrist dem zweitstaatlichen Beschwerdegericht, den Beteiligten eine Frist zu setzen, binnen derer der Rechtsbehelf im Erststaat einzulegen ist. Damit soll ein unzumutbar langer Schwebezustand vermieden werden. Allerdings kann diese Fristsetzung im Zweitstaat nicht die effektiven Rechtsbehelfsmöglichkeiten im Erststaat beschneiden. Vielmehr ist auch nach ihrem fruchtlosen Ablauf noch die Rechtsbehelfseinlegung im Erststaat möglich. Der Fristablauf im Zweitstaat schließt nur dort die Aussetzung aus.

5 Die Rechtsfolge der Aussetzung steht im Ermessen des zweitstaatlichen Beschwerdegerichts. Dabei sind die mutmaßlichen Erfolgsaussichten des Rechtsbehelfs im Erststaat zu berücksichtigen, ThPHüßtege 4.

6 3) II nimmt wie Art 27 II Rücksicht auf Besonderheiten im britischen und irischen Prozeßrecht.

Art. 36. Teilvollstreckung. ¹ Ist mit der Entscheidung über mehrere geltend gemachte Ansprüche entschieden worden und kann die Entscheidung nicht in vollem Umfang zur Vollstreckung zugelassen werden, so lässt das Gericht sie für einen oder mehrere Ansprüche zu.

II Der Antragsteller kann eine teilweise Vollstreckung beantragen.

1 1) **Erläuterung.** Art 36 entspricht Art 42 EuGVÜ. I enthält ein **Gebot zur Teilvollstreckbarerklärung**, wenn bei Entscheidungen über mehrere Ansprüche nur hinsichtlich einiger Ansprüche oder eines Anspruchs die Voraussetzung für die Vollstreckbarerklärung vorliegen. In Deutschland erteilt das Zweitgericht dann eine Teil-Vollstreckungsklausel nach § 23 II IntFamRVG. Der Begriff des Anspruchs ist nicht wörtlich, sondern vielmehr als Streitgegenstand zu verstehen.

2 Die nur teilweise Vollstreckbarerklärung ist für den Antragsteller günstiger als die vollständige Abweisung des Anspruchs. Ein entsprechender Antrag ist als minus in dem Antrag auf Vollstreckbarerklärung der gesamten Entscheidung mitenthalten.

3 2) II erlaubt dem Antragsteller seinerseits, bereits auf der Antragsebene eine objektiv mögliche Teilung vorzunehmen. Niemand soll gezwungen, bei Teilbarkeit einen Antrag für die gesamte Entscheidung stellen zu müssen.

Abschnitt 3. Gemeinsame Bestimmungen für die Abschnitte 1 und 2

Art. 37. Urkunden. ¹ Die Partei, die die Anerkennung oder Nichtanerkennung einer Entscheidung oder deren Vollstreckbarerklärung erwirken will, hat Folgendes vorzulegen:

a) eine Ausfertigung der Entscheidung, die die für ihre Beweiskraft erforderlichen Voraussetzungen erfüllt,

und

b) die Bescheinigung nach Artikel 39.

II Bei einer im Versäumnisverfahren ergangenen Entscheidung hat die Partei, die die Anerkennung einer Entscheidung oder deren Vollstreckbarerklärung erwirken will, ferner Folgendes vorzulegen:

a) die Urschrift oder eine beglaubigte Abschrift der Urkunde, aus der sich ergibt, dass das verfahrenseinleitende Schriftstück oder ein gleichwertiges Schriftstück der Partei, die sich nicht auf das Verfahren eingelassen hat, zugestellt wurde,

oder

b) eine Urkunde, aus der hervorgeht, dass der Antragsgegner mit der Entscheidung eindeutig einverstanden ist.

1 Erläuterung. Art 37 lehnt sich eng an Art 46 EuGVÜ an. Weggefallen ist allerdings auch für das Vollstreckbarerklärungsverfahren das Erfordernis einer Bescheinigung, daß die Entscheidung im Ursprungsstaat vollstreckbar ist. II lit b eröffnet die Möglichkeit, bei Versäumnisentscheidungen den Nachweis der Zustellung des verfahrenseinleitenden Schriftstücks durch eine Urkunde zu ersetzen, die belegt, daß der Antragsgegner mit der Entscheidung eindeutig einverstanden ist. Dies korrespondiert mit Art 22 I lit b Hs 2.

Art. 38. Fehlen von Urkunden. ¹ Werden die in Artikel 37 Absatz 1 Buchstabe b) oder Absatz 2 aufgeführten Urkunden nicht vorgelegt, so kann das Gericht eine Frist setzen, innerhalb derer die Urkunden vorzulegen sind, oder sich mit gleichwertigen Urkunden begnügen oder von der Vorlage der Urkunden befreien, wenn es eine weitere Klärung nicht für erforderlich hält.

II Auf Verlangen des Gerichts ist eine Übersetzung der Urkunden vorzulegen. Die Übersetzung ist von einer hierzu in einem der Mitgliedstaaten befugten Person zu beglaubigen.

1 1) **Möglichkeiten des Gerichts.** Art 38 entspricht Art 48 EuGVÜ. Fehlen nach Art 37 erforderliche Urkunden, so kann das Gericht nach I eine **Nachfrist zur Urkundenvorlage** setzen. Ob es dies tut, steht in seinem Ermessen. Regelmäßig wird der Zweck des EuEheVO, Freizügigkeit von Titeln zu gewährleisten und keine übergroßen formalen Hürden aufzubauen, die Ermessensausübung hin zur Fristsetzung beeinflussen.

2 I 2 erlaubt dem Gericht, nach seinem Ermessen **gleichwertige Urkunden** genügen zu lassen; zB kann sich das Gericht mit Kopien der Originaldokumente begnügen, insbes wenn unstreitig ist, daß diese die Originaldokumente abbilden. Substituierend kann uU sogar eine Privaturkunde mit hinreichender Beweiskraft nach zweitstaatlichem Recht wirken, insbes ein Schreiben des Vollstreckungsschuldners, in dem dieser für ihn nachteilige Tatsachen zugesteht, vgl Ffm MDR **78**, 942.

3 I 3 erlaubt dem Gericht sogar uU ganz **von einer Urkundenvorlage abzusehen.** Dafür besteht allerdings die materielle Voraussetzung, daß das Gericht eine weitere Klärung nicht für erforderlich hält. Letzteres ist der Fall, wenn das Gericht andere Beweismittel für ausreichend hält. Die Interessen des Vollstrek-

Abschnitt 1. Allg. Vorschr. für Verfahren in Ehesachen **Anh I § 606a (EuEheVO)**

kungsschuldners sind bei der Ermessensentscheidung mit angemessenem Gewicht in Anschlag zu bringen; eine übermäßige Begünstigung des Vollstreckungsgläubigers durch vorschnelle Entformalisierung darf nicht stattfinden. Die Regelung kann dann von Bedeutung sein, wenn die Originalurkunden vernichtet sind, vgl Kropholler, Art 48 EuGVÜ Rn 2.

Fehlen erforderliche Urkunden, werden diese innerhalb einer gesetzten Nachfrist nicht beigebracht **4** und kann auch keine Ersetzung stattfinden, so ist der Antrag auf Vollstreckbarerklärung als unzulässig abzuweisen, Bericht Borràs ABl EG **98** C 221/27 Nr 107.

2) Übersetzung von Urkunden. Das **Gericht kann anordnen,** daß die Urkunden in einer Über- **5** setzung in die Gerichtssprache des Zweitstaates vorzulegen sind. Ob es dies tut, steht in seinem Ermessen. Spricht oder versteht zumindest ein Richter des entscheidenden Spruchkörpers die Sprache, in welcher die Originalurkunden vorliegen, so wäre es regelmäßig ermessensfehlerhaft, die Vorlage der Übersetzung anzuordnen und die damit verbundenen Kosten zu produzieren.

Wenn eine **Übersetzung** angeordnet wird, hat diese durch eine in einem der Mitgliedstaaten, nicht **6** notwendig dem Zweitstaat, hierzu **befugte Person** zu erfolgen. Maßgeblich für die Befugnis ist das Recht des Mitgliedstaates, in welchem sich die betreffende Person niedergelassen hat. Eine Übersetzung aus dem Erststaat beizubringen ist zulässig.

Art. 39. Bescheinigung bei Entscheidungen in Ehesachen und bei Entscheidungen über die elterliche Verantwortung. Das zuständige Gericht oder die zuständige Behörde des Ursprungsmitgliedstaats stellt auf Antrag einer berechtigten Partei eine Bescheinigung unter Verwendung des Formblatts in Anhang I (Entscheidungen in Ehesachen) oder Anhang II (Entscheidungen über die elterliche Verantwortung) aus.

1) Erläuterung. Ein wesentlicher Fortschritt ist die Einführung gemeinschaftsweiter **Formblätter** für **1** die einschlägigen gerichtlichen Erklärungen zu den Entscheidungen in Art 39 mit den Anhängen IV und V. Dies enthebt das zweitstaatliche Gericht der Mühe, nachprüfen zu müssen, ob es sich denn um eine nach dem Recht des Erststaates vollstreckbare Entscheidung handelt und ob die Entscheidung zugestellt worden ist. So wird dem Zweitgericht die Nachprüfung der Formalien erleichtert, ThPHüßtege 1.

2) Im übrigen hat bei der gewählten **Technik** (Antworten durch Ausfüllen von Leerzeilen oder Ankreu- **2** zen vorgegebener Antwortmöglichkeiten) der Richter im Zweitstaat die Möglichkeit, ein Formblatt in seiner eigenen Sprache zum Vergleich danebenzulegen und so Sprachprobleme nicht aufkommen zu lassen, weil Fragen und Antwortmöglichkeiten eben standardisiert sind.

3) In Deutschland ergibt sich die **Zuständigkeit für das Erteilen der Bescheinigung** aus § 48 I **3** IntFamRVG.

Abschnitt 4. Vollstreckbarkeit bestimmter Entscheidungen über das Umgangsrecht und bestimmter Entscheidungen, mit denen die Rückgabe des Kindes angeordnet wird

Einführung

Dieser Abschnitt enthält entscheidende Neuerungen. In den Art 40–45 ist die vereinfachte Vollstreckbarkeit von Entscheidungen zu Umgangsrecht und Kindesherausgabe nach Entführung geregelt, Art 40. Sinn und Zweck: es soll möglichst schnell das Beste für das Kind erreicht werden. Eine bescheinigte vollstreckbare Entscheidung in den Fällen des Art 40 kann grundsätzlich ohne Vollstreckbarerklärung und Anfechtungsmöglichkeit in einem anderen Mitgliedstaat vollstreckt werden, Art 41. Voraussetzung ist, daß allen Parteien und dem Kind im Ursprungsstaat rechtliches Gehör gewährt wurde, daß der Antragsgegner sich hätte angemessen verteidigen können oder anderenfalls mit der Entscheidung einverstanden ist. Wenn das Ursprungsgericht all dies geprüft hat, haben die Gerichte im Vollstreckungsland keine Prüfungsbefugnis. Einzige Grenze bildet eine jüngere Entscheidung, Art 47, A. Schulz NJW Heft 18/04.

Art. 40. Anwendungsbereich. I Dieser Abschnitt gilt für
a) das Umgangsrecht
und
b) die Rückgabe eines Kindes infolge einer die Rückgabe des Kindes anordnenden Entscheidung gemäß Artikel 11 Absatz 8.

II Der Träger der elterlichen Verantwortung kann ungeachtet der Bestimmungen dieses Abschnitts die Anerkennung und Vollstreckung nach Maßgabe der Abschnitte 1 und 2 dieses Kapitels beantragen.

Art. 41. Umgangsrecht. I Eine in einem Mitgliedstaat ergangene vollstreckbare Entscheidung über das Umgangsrecht im Sinne des Artikels 40 Absatz 1 Buchstabe a), für die eine Bescheinigung nach Absatz 2 im Ursprungsmitgliedstaat ausgestellt wurde, wird in einem anderen Mitgliedstaat anerkannt und kann dort vollstreckt werden, ohne dass es einer Vollstreckbarerklärung bedarf und ohne dass die Anerkennung angefochten werden kann.

Auch wenn das nationale Recht nicht vorsieht, dass eine Entscheidung über das Umgangsrecht ungeachtet der Einlegung eines Rechtsbehelfs von Rechts wegen vollstreckbar ist, kann das Gericht des Ursprungsmitgliedstaats die Entscheidung für vollstreckbar erklären.

II Der Richter des Ursprungsmitgliedstaats stellt die Bescheinigung nach Absatz 1 unter Verwendung des Formblatts in Anhang III (Bescheinigung über das Umgangsrecht) nur aus, wenn

a) im Fall eines Versäumnisverfahrens das verfahrenseinleitende Schriftstück oder ein gleichwertiges Schriftstück der Partei, die sich nicht auf das Verfahren eingelassen hat, so recht-

zeitig und in einer Weise zugestellt wurde, dass sie sich verteidigen konnte, oder wenn in Fällen, in denen bei der Zustellung des betreffenden Schriftstücks diese Bedingungen nicht eingehalten wurden, dennoch festgestellt wird, dass sie mit der Entscheidung eindeutig einverstanden ist;
b) alle betroffenen Parteien Gelegenheit hatten, gehört zu werden, und
c) das Kind die Möglichkeit hatte, gehört zu werden, sofern eine Anhörung nicht aufgrund seines Alters oder seines Reifegrads unangebracht erschien.

Das Formblatt wird in der Sprache ausgefüllt, in der die Entscheidung abgefasst ist.

III Betrifft das Umgangsrecht einen Fall, der bei der Verkündung der Entscheidung einen grenzüberschreitenden Bezug aufweist, so wird die Bescheinigung von Amts wegen ausgestellt, sobald die Entscheidung vollstreckbar oder vorläufig vollstreckbar wird. Wird der Fall erst später zu einem Fall mit grenzüberschreitendem Bezug, so wird die Bescheinigung auf Antrag einer der Parteien ausgestellt.

Art. 42. Rückgabe des Kindes. I Eine in einem Mitgliedstaat ergangene vollstreckbare Entscheidung über die Rückgabe des Kindes im Sinne des Artikels 40 Absatz 1 Buchstabe b), für die eine Bescheinigung nach Absatz 2 im Ursprungsmitgliedstaat ausgestellt wurde, wird in einem anderen Mitgliedstaat anerkannt und kann dort vollstreckt werden, ohne dass es einer Vollstreckbarerklärung bedarf und ohne dass die Anerkennung angefochten werden kann.

Auch wenn das nationale Recht nicht vorsieht, dass eine in Artikel 11 Absatz 8 genannte Entscheidung über die Rückgabe des Kindes ungeachtet der Einlegung eines Rechtsbehelfs von Rechts wegen vollstreckbar ist, kann das Gericht des Ursprungsmitgliedstaats die Entscheidung für vollstreckbar erklären.

II Der Richter des Ursprungsmitgliedstaats, der die Entscheidung nach Artikel 40 Absatz 1 Buchstabe b) erlassen hat, stellt die Bescheinigung nach Absatz 1 nur aus, wenn
a) das Kind die Möglichkeit hatte, gehört zu werden, sofern eine Anhörung nicht aufgrund seines Alters oder seines Reifegrads unangebracht erschien,
b) die Parteien die Gelegenheit hatten, gehört zu werden, und
c) das Gericht beim Erlass seiner Entscheidung die Gründe und Beweismittel berücksichtigt hat, die der nach Artikel 13 des Haager Übereinkommens von 1980 ergangenen Entscheidung zugrunde liegen.

Ergreift das Gericht oder eine andere Behörde Maßnahmen, um den Schutz des Kindes nach seiner Rückkehr in den Staat des gewöhnlichen Aufenthalts sicherzustellen, so sind diese Maßnahmen in der Bescheinigung anzugeben.

Der Richter des Ursprungsmitgliedstaats stellt die Bescheinigung von Amts wegen unter Verwendung des Formblatts in Anhang IV (Bescheinigung über die Rückgabe des Kindes) aus.

Das Formblatt wird in der Sprache ausgefüllt, in der die Entscheidung abgefasst ist.

Art. 43. Klage auf Berichtigung. I Für Berichtigungen der Bescheinigung ist das Recht des Ursprungsmitgliedstaats maßgebend.

II Gegen die Ausstellung einer Bescheinigung gemäß Artikel 41 Absatz 1 oder Artikel 42 Absatz 1 sind keine Rechtsbehelfe möglich.

Art. 44. Wirksamkeit der Bescheinigung. Die Bescheinigung ist nur im Rahmen der Vollstreckbarkeit des Urteils wirksam.

Art. 45. Urkunden. I Die Partei, die die Vollstreckung einer Entscheidung erwirken will, hat Folgendes vorzulegen:
a) eine Ausfertigung der Entscheidung, die die für ihre Beweiskraft erforderlichen Voraussetzungen erfüllt, und
b) die Bescheinigung nach Artikel 41 Absatz 1 oder Artikel 42 Absatz 1.

II Für die Zwecke dieses Artikels
– wird der Bescheinigung gemäß Artikel 41 Absatz 1 eine Übersetzung der Nummer 12 betreffend die Modalitäten der Ausübung des Umgangsrechts beigefügt;
– wird der Bescheinigung gemäß Artikel 42 Absatz 1 eine Übersetzung der Nummer 14 betreffend die Einzelheiten der Maßnahmen, die ergriffen wurden, um die Rückgabe des Kindes sicherzustellen, beigefügt.

Die Übersetzung erfolgt in die oder in eine der Amtssprachen des Vollstreckungsmitgliedstaats oder in eine andere von ihm ausdrücklich zugelassene Sprache. Die Übersetzung ist von einer hierzu in einem der Mitgliedstaaten befugten Person zu beglaubigen.

Abschnitt 5. Öffentliche Urkunden und Vereinbarungen

Art. 46. Öffentliche Urkunden, die in einem Mitgliedstaat aufgenommen und vollstreckbar sind, sowie Vereinbarungen zwischen den Parteien, die in dem Ursprungsmitgliedstaat vollstreckbar sind, werden unter denselben Bedingungen wie Entscheidungen anerkannt und für vollstreckbar erklärt.

Abschnitt 6. Sonstige Bestimmungen

Art. 47. Vollstreckungsverfahren. ¹ Für das Vollstreckungsverfahren ist das Recht des Vollstreckungsmitgliedstaats maßgebend.

² Die Vollstreckung einer von einem Gericht eines anderen Mitgliedstaats erlassenen Entscheidung, die gemäß Abschnitt 2 für vollstreckbar erklärt wurde oder für die eine Bescheinigung nach Artikel 41 Absatz 1 oder Artikel 42 Absatz 1 ausgestellt wurde, erfolgt im Vollstreckungsmitgliedstaat unter denselben Bedingungen, die für in diesem Mitgliedstaat ergangene Entscheidungen gelten.

Insbesondere darf eine Entscheidung, für die eine Bescheinigung nach Artikel 41 Absatz 1 oder Artikel 42 Absatz 1 ausgestellt wurde, nicht vollstreckt werden, wenn sie mit einer später ergangenen vollstreckbaren Entscheidung unvereinbar ist.

Art. 48. Praktische Modalitäten der Ausübung des Umgangsrechts. ¹ Die Gerichte des Vollstreckungsmitgliedstaats können die praktischen Modalitäten der Ausübung des Umgangsrechts regeln, wenn die notwendigen Vorkehrungen nicht oder nicht in ausreichendem Maße bereits in der Entscheidung der für die Entscheidung der in der Hauptsache zuständigen Gerichte des Mitgliedstaats getroffen wurden und sofern der Wesensgehalt der Entscheidung unberührt bleibt.

² Die nach Absatz 1 festgelegten praktischen Modalitäten treten außer Kraft, nachdem die für die Entscheidung in der Hauptsache zuständigen Gerichte des Mitgliedstaats eine Entscheidung erlassen haben.

Art. 49. Kosten. Die Bestimmungen dieses Kapitels mit Ausnahme der Bestimmungen des Abschnitts 4 gelten auch für die Festsetzung der Kosten für die nach dieser Verordnung eingeleiteten Verfahren und die Vollstreckung eines Kostenfestsetzungsbeschlusses.

Art. 50. Prozesskostenhilfe. Wurde dem Antragsteller im Ursprungsmitgliedstaat ganz oder teilweise Prozesskostenhilfe oder Kostenbefreiung gewährt, so genießt er in dem Verfahren nach den Artikeln 21, 28, 41, 42 und 48 hinsichtlich der Prozesskostenhilfe oder der Kostenbefreiung die günstigste Behandlung, die das Recht des Vollstreckungsmitgliedstaats vorsieht.

1) Erläuterung. Art 50 entspricht Art 44 I EuGVÜ. Er verlangt Meistbegünstigung, also die überhaupt günstigste mögliche Behandlung, des Antragstellers im Vollstreckbarerklärungsverfahren nach dem zweitstaatlichen Recht hinsichtlich Prozeßkostenhilfe oder Kostenbefreiung, sofern dem Antragsteller für den Ausgangsprozeß im Erststaat ganz oder teilweise Prozeßkostenhilfe oder Kostenbefreiung gewährt wurde. Kennt das zweitstaatliche Recht überhaupt keine Prozeßkostenhilfe, so ist diese auch im Vollstreckbarerklärungsverfahren nicht zu gewähren.

2) Wegen der **Verweisung in Art 21 III** gilt Art 50 auch im selbständigen Verfahren auf Feststellung der Anerkennung oder Nichtanerkennung der Entscheidung, ThPHüßtege 1.

Art. 51. Sicherheitsleistung, Hinterlegung. Der Partei, die in einem Mitgliedstaat die Vollstreckung einer in einem anderen Mitgliedstaat ergangenen Entscheidung beantragt, darf eine Sicherheitsleistung oder Hinterlegung, unter welcher Bezeichnung es auch sei, nicht aus einem der folgenden Gründe auferlegt werden:

a) weil sie in dem Mitgliedstaat, in dem die Vollstreckung erwirkt werden soll, nicht ihren gewöhnlichen Aufenthalt hat, oder
b) weil sie nicht die Staatsangehörigkeit dieses Staates besitzt oder, wenn die Vollstreckung im Vereinigten Königreich oder in Irland erwirkt werden soll, ihr „domicile" nicht in einem dieser Mitgliedstaaten hat.

1) Erläuterung. Art 51 verbietet den Mitgliedstaaten, dem Antragsteller des Vollstreckbarerklärungsverfahrens (nicht des ursprünglichen Erkenntnisverfahrens) eine Ausländersicherheit oder -hinterlegung aufzuerlegen. Mit Blick auf die Rechtsprechung des EuGH, die entsprechende Vorschriften des nationalen Rechts sowieso als Verstoß gegen primäres Gemeinschaftsrecht einstuft, EuGH Slg **93**, I-3777 = EuZW **93**, 514; Slg **96**, I-4661, Slg **97**, I-1711, Slg **97**, I-5325, erscheint Art 51 weitgehend **deklaratorisch**. Für Deutschland gilt dies erst recht, weil § 110 I ZPO seit seiner Neufassung EU-Ausländer sowieso von der Ausländersicherheit befreit. Von anderen obligatorischen Sicherheitsleistungen ist aber der Ausländer sowieso nicht befreit Art 51 nicht.

Eigenständige Bedeutung hat Art 51 wie sein Vorbild Art 45, EuGVÜ nur noch **im Verhältnis zu Drittstaaten**, P Schlosser EuGVÜ, 1996, Art 45 EuGVÜ Rn 1. Denn Art 51 greift unabhängig von der Staatsangehörigkeit des Antragstellers ein, soweit nur die Vollstreckbarerklärung einer Entscheidung aus einem EU-Mitgliedstaat begehrt wird.

Art. 52. Legalisation oder ähnliche Förmlichkeit. Die in den Artikeln 37, 38 und 45 aufgeführten Urkunden sowie die Urkunde über die Prozessvollmacht, falls eine solche erteilt wird, bedürfen weder der Legalisation noch einer ähnlichen Förmlichkeit.

Kapitel IV (Art 53–58) u **Kapitel V** (Art 59–63) werden vom Abdruck abgesehen, Text s 63. Aufl Anh II § 606 a

Kapitel VI. Übergangsvorschriften

Art. 64. ¹ Diese Verordnung gilt nur für gerichtliche Verfahren, öffentliche Urkunden und Vereinbarungen zwischen den Parteien, die nach Beginn der Anwendung dieser Verordnung gemäß Artikel 72 eingeleitet, aufgenommen oder getroffen wurden.

Anh I, II § 606a (IntFamRVG)   Buch 6. Verfahren in Familiensachen

II Entscheidungen, die nach Beginn der Anwendung dieser Verordnung in Verfahren ergangen sind, die vor Beginn der Anwendung dieser Verordnung, aber nach Inkrafttreten der Verordnung (EG) Nr. 1347/2000 eingeleitet wurden, werden nach Maßgabe des Kapitels III der vorliegenden Verordnung anerkannt und vollstreckt, sofern das Gericht aufgrund von Vorschriften zuständig war, die mit den Zuständigkeitsvorschriften des Kapitels II der vorliegenden Verordnung oder der Verordnung (EG) Nr. 1347/2000 oder eines Abkommens übereinstimmen, das zum Zeitpunkt der Einleitung des Verfahrens zwischen dem Ursprungsmitgliedstaat und dem ersuchten Mitgliedstaat in Kraft war.

III Entscheidungen, die vor Beginn der Anwendung dieser Verordnung in Verfahren ergangen sind, die nach Inkrafttreten der Verordnung (EG) Nr. 1347/2000 eingeleitet wurden, werden nach Maßgabe des Kapitels III der vorliegenden Verordnung anerkannt und vollstreckt, sofern sie eine Ehescheidung, Trennung ohne Auflösung des Ehebandes oder Ungültigerklärung einer Ehe oder eine aus Anlass eines solchen Verfahrens in Ehesachen ergangene Entscheidung über die elterliche Verantwortung für die gemeinsamen Kinder zum Gegenstand haben.

IV Entscheidungen, die vor Beginn der Anwendung dieser Verordnung, aber nach Inkrafttreten der Verordnung (EG) Nr. 1347/2000 in Verfahren ergangen sind, die vor Inkrafttreten der Verordnung (EG) Nr. 1347/2000 eingeleitet wurden, werden nach Maßgabe des Kapitels III der vorliegenden Verordnung anerkannt und vollstreckt, sofern sie eine Ehescheidung, Trennung ohne Auflösung des Ehebandes oder Ungültigerklärung einer Ehe oder eine aus Anlass eines solchen Verfahrens in Ehesachen ergangene Entscheidung über die elterliche Verantwortung für die gemeinsamen Kinder zum Gegenstand haben und Zuständigkeitsvorschriften angewandt wurden, die mit denen des Kapitels II der vorliegenden Verordnung oder der Verordnung (EG) Nr. 1347/2000 oder eines Abkommens übereinstimmen, das zum Zeitpunkt der Einleitung des Verfahrens zwischen dem Ursprungsmitgliedstaat und dem ersuchten Mitgliedstaat in Kraft war.

Kapitel VII. Schlussbestimmungen

Art. 65–70 werden hier ebenfalls nicht abgedruckt, Text s 63. Aufl Anh II § 606 a.

Art. 71. Aufhebung der Verordnung (EG) Nr. 1347/2000. I Die Verordnung (EG) Nr. 1347/2000 wird mit Beginn der Geltung dieser Verordnung aufgehoben.

II Jede Bezugnahme auf die Verordnung (EG) Nr. 1347/2000 gilt als Bezugnahme auf diese Verordnung nach Maßgabe der Entsprechungstabelle in Anhang VI.

Art. 72. In-Kraft-Treten. I Diese Verordnung tritt am 1. August 2004 in Kraft.

II Sie gilt ab 1. März 2005 mit Ausnahme der Artikel 67, 68, 69 und 70, die ab dem 1. August 2004 gelten.

Anhänge I–VI (nicht abgedruckt)

Anhang II nach § 606 a

Gesetz zur Aus- und Durchführung bestimmter Rechtsinstrumente auf dem Gebiet des internationalen Familienrechts (Internationales Familienverfahrensrechtsgesetz)

vom 26. 1. 2005, BGBl. 2005 I 162

Schrifttum: *Gruber* FamRZ **05**, 1603, IPRax **05**, 293; *Schlauß* FPR 2004, 279; *Solomon* FamRZ **04**, 1409.

Einführung

1 Nachdem die EuEheVO (gen Brüssel II a), s oben Anh I § 606 a, fertiggestellt war, beschloß die Bundesregierung, ein internationales Familienrechtsverfahrensgesetz zu schaffen. Der RegEntwurf vom 20. 10. 04 wurde mit wenigen Änderungen zu diesem Gesetz, abg IntFamRVG, und trat zusammen mit der EuEheVO am 1. 3. 05 in Kraft, Art 3.

Das IntFamRVG soll die durch die neue EuEheVO herbeiführten Neuerungen berücksichtigen, darüber hinaus aber auch die verschiedenen Ausführungsregelungen zu internationalen Rechtsakten in einem einheitlichen Gesetz konsolidieren.

2 Deshalb ist das IntFamRVG in erster Linie AusführungsG zur EuEheVO in ihrer modifizierten Neufassung, oben Anh I zu § 606 a. Es dient deren Ergänzung und Ausfüllung, wo die VO auf nationales Recht verweist oder auf das Zusammenspiel mit dem nationalen Recht angewiesen ist. Die VO gilt kraft Art 249 II EG unmittelbar, bedarf jedoch teilweise der näheren Bestimmung.

3 Darüber hinaus enthält das IntFamRVG auch Ausführungsvorschriften zu internationalfamilienrechtlichen Staatsverträgen, nämlich des Haager KindesentführungsÜbk vom 25. 10. 80 und des Europäischen SorgeRÜbk v 20. 5. 80, s Schlußanh V A 3. Aufgenommen und integriert wurden wegen des engen Sachzusammenhangs insbesondere die Vorschriften des bisherigen SorgeRÜbkAG v 5. 4. 90, s Schlußanh V A 3, sowie die betreffenden Regelungen des AVAG, s Schlußanh V E.

4 Im übrigen ist das Gesetz keine umfassende Kodifikation des deutschen internationalen Familienverfahrensrechts. Weder konsolidiert es mit Art 7 § 1 FamRÄndG (s § 328 Rn 51) noch mit § 606 a.

Abschnitt 1. Allg. Vorschr. für Verfahren in Ehesachen **Anh II § 606a (IntFamRVG)**

Abschnitt 1. Anwendungsbereich; Begriffsbestimmungen

§ 1. Anwendungsbereich. ¹ Dieses Gesetz dient
1. der Durchführung der Verordnung (EG) Nr. 2201/2003 des Rates vom 27. November 2003 über die Zuständigkeit und die Anerkennung und Vollstreckung von Entscheidungen in Ehesachen und in Verfahren betreffend die elterliche Verantwortung und zur Aufhebung der Verordnung (EG) Nr. 1347/2000 (ABl. EU Nr. L 338 S. 1);
2. der Ausführung des Haager Übereinkommens vom 25. Oktober 1980 über die zivilrechtlichen Aspekte Internationaler Kindesentführung (BGBl. 1990 II S. 207) – im Folgenden: Haager Kindesentführungsübereinkommen;
3. der Ausführung des Luxemburger Europäischen Übereinkommens vom 20. Mai 1980 über die Anerkennung und Vollstreckung von Entscheidungen über das Sorgerecht für Kinder und die Wiederherstellung des Sorgeverhältnisses (BGBl. 1990 II S. 220) – im Folgenden: Europäisches Sorgerechtsübereinkommen.

§ 2. Begriffsbestimmungen. Im Sinne dieses Gesetzes sind „Titel" Entscheidungen, Vereinbarungen und öffentliche Urkunden, auf welche die durchzuführende EG-Verordnung oder das jeweils auszuführende Übereinkommen Anwendung findet.

Abschnitt 2. Zentrale Behörde; Jugendamt

§ 3. Bestimmung der Zentralen Behörde. ¹ Zentrale Behörde nach
1. Artikel 53 der Verordnung (EG) Nr. 2201/2003,
2. Artikel 6 des Haager Kindesentführungsübereinkommens,
3. Artikel 2 des Europäischen Sorgerechtsübereinkommens

ist der Generalbundesanwalt beim Bundesgerichtshof.

II Das Verfahren der Zentralen Behörde gilt als Justizverwaltungsverfahren.

Zentrale Behörde für Umgangs- und Sorgesachen. Materiell gilt das IntFamRVG primär dem Umgangs- und Sorgerecht. Seine wichtigste Regelung richtet die von Art 53 EuEheVO verlangte Zentrale Behörde ein und weist diese in der Tradition der Vorgängerregelung § 1 SorgeRÜbk dem GBA zu, BT-Drs 15/3981, 21. Der GBA ist zugleich Zentrale Behörde für die Zwecke des HKindEntfÜbk u des EuSorgeRÜbk. **1**

Inhaltlich lehnen sich die §§ 3 ff eng an das bisherige SorgeRÜbkAG an und wollen die unter diesem geltende Praxis fortschreiben. **2**

§ 4. Übersetzungen bei eingehenden Ersuchen. ¹ Die Zentrale Behörde, bei der ein Antrag aus einem anderen Staat nach der Verordnung (EG) Nr. 2201/2003 oder nach dem Europäischen Sorgerechtsübereinkommen eingeht, kann es ablehnen, tätig zu werden, solange Mitteilungen oder beizufügende Schriftstücke nicht in deutscher Sprache abgefasst oder von einer Übersetzung in diese Sprache begleitet sind.

II Ist ein Schriftstück nach Artikel 24 Abs. 1 des Haager Kindesentführungsübereinkommens ausnahmsweise nicht von einer deutschen Übersetzung begleitet, so veranlasst die Zentrale Behörde die Übersetzung.

§ 5. Übersetzungen bei ausgehenden Ersuchen. ¹ Beschafft die antragstellende Person erforderliche Übersetzungen für Anträge, die in einem anderen Staat zu erledigen sind, nicht selbst, veranlasst die Zentrale Behörde die Übersetzungen auf Kosten der antragstellenden Person.

II Das Amtsgericht, in dessen Bezirk die antragstellende Person ihren gewöhnlichen Aufenthalt oder bei Fehlen eines gewöhnlichen Aufenthalts im Inland ihren tatsächlichen Aufenthalt hat, befreit die antragstellende Person auf Antrag von einer Erstattungspflicht, wenn diese die persönlichen und wirtschaftlichen Voraussetzungen für die Gewährung von Prozesskostenhilfe ohne einen eigenen Beitrag zu den Kosten nach den Vorschriften der Zivilprozessordnung erfüllt.

Bem. Nach § 5 veranlaßt der GBA erforderliche Übersetzungen für Anträge, die in einem anderen Staat zu stellen sind, auf Kosten der antragstellenden Person, wie in der bisherigen Praxis zu § 11 I SorgeRÜbk-AG. Nach § 5 II kann das AG von einer Erstattungspflicht unter den Voraussetzungen der PKH befreien. **1**

§ 6. Aufgabenerfüllung durch die Zentrale Behörde. ¹ ¹ Zur Erfüllung der ihr obliegenden Aufgaben veranlasst die Zentrale Behörde mit Hilfe der zuständigen Stellen alle erforderlichen Maßnahmen. ² Sie verkehrt unmittelbar mit allen zuständigen Stellen im In- und Ausland. ³ Mitteilungen leitet sie unverzüglich an die zuständigen Stellen weiter.

II ¹ Zum Zweck der Ausführung des Haager Kindesentführungsübereinkommens und des Europäischen Sorgerechtsübereinkommens leitet die Zentrale Behörde erforderlichenfalls gerichtliche Verfahren ein. ² Im Rahmen dieser Übereinkommen gilt sie zum Zweck der Rückgabe des Kindes als bevollmächtigt, im Namen der antragstellenden Person selbst oder im Weg der Untervollmacht durch Vertreter gerichtlich oder außergerichtlich tätig zu werden. ³ Ihre Befugnis, zur Sicherung der Einhaltung der Übereinkommen im eigenen Namen entsprechend zu handeln, bleibt unberührt.

Bem. § 6 I erlaubt dem GBA in Ausführung seiner Aufgaben unter der EuEheVO mit allen zuständigen Stellen im In- und Ausland zu verkehren, während § 6 II der weitergehenden Befugnis zur Einleitung gerichtlicher Verfahren nach den Übk gedenkt. **1**

§ 7. *Aufenthaltsermittlung.* ¹ Die Zentrale Behörde trifft alle erforderlichen Maßnahmen einschließlich der Einschaltung von Polizeivollzugsbehörden, um den Aufenthaltsort des Kindes zu ermitteln, wenn dieser unbekannt ist und Anhaltspunkte dafür vorliegen, dass sich das Kind im Inland befindet.

II Soweit zur Ermittlung des Aufenthalts des Kindes erforderlich, darf die Zentrale Behörde bei dem Kraftfahrt-Bundesamt erforderliche Halterdaten nach § 33 Abs. 1 Satz 1 Nr. 2 des Straßenverkehrsgesetzes erheben und die Leistungsträger im Sinne der §§ 18 bis 29 des Ersten Buches Sozialgesetzbuch um Mitteilung des derzeitigen Aufenthalts einer Person ersuchen.

III ¹ Unter den Voraussetzungen des Absatzes 1 kann die Zentrale Behörde die Ausschreibung zur Aufenthaltsermittlung durch das Bundeskriminalamt veranlassen. ² Sie kann auch die Speicherung eines Suchvermerks im Zentralregister veranlassen.

IV Soweit andere Stellen eingeschaltet werden, übermittelt sie ihnen die zur Durchführung der Maßnahmen erforderlichen personenbezogenen Daten; diese dürfen nur für den Zweck verwendet werden, für den sie übermittelt worden sind.

1 **Bem.** § 7 hebt die besonders wichtige Aufgabe des GBA hervor, im Einzelfall den Aufenthalt des Kindes zu ermitteln. § 7 II soll Defizite bei den bisherigen Möglichkeiten zur Aufenthaltsermittlung beheben, indem dem GBA Halterabfragen für Kfz beim Kraftfahrbundesamt und Anfragen bei Sozialbehörden erlaubt werden.

§ 8. *Anrufung des Oberlandesgerichts.* ¹ Nimmt die Zentrale Behörde einen Antrag nicht an oder lehnt sie es ab, tätig zu werden, so kann die Entscheidung des Oberlandesgerichts beantragt werden.

II Zuständig ist das Oberlandesgericht, in dessen Bezirk die Zentrale Behörde ihren Sitz hat.

III ¹ Das Oberlandesgericht entscheidet im Verfahren der freiwilligen Gerichtsbarkeit. ² § 21 Abs. 2 und 3, die §§ 23 und 24 Abs. 3, die §§ 25 und 28 Abs. 2 und 3, § 30 Abs. 1 Satz 1 sowie § 199 Abs. 1 des Gesetzes über die Angelegenheiten der freiwilligen Gerichtsbarkeit gelten sinngemäß. ³ Die Entscheidung des Oberlandesgerichts ist unanfechtbar.

1 **Bem.** Rechtsmittelinstanz gegen die Ablehnung des GBA, tätig zu werden, ist nach § 8 das OLG Karlsruhe, das nicht nach § 23 EGGVG, sondern im Verfahren der freiwilligen Gerichtsbarkeit entscheidet.

§ 9. *Mitwirkung des Jugendamts an Verfahren.* I ¹ Unbeschadet der Aufgaben des Jugendamts bei der grenzüberschreitenden Zusammenarbeit unterstützt das Jugendamt die Gerichte und die Zentrale Behörde bei allen Maßnahmen nach diesem Gesetz. ² Insbesondere

1. gibt es auf Anfrage Auskunft über die soziale Lage des Kindes und seines Umfelds,
2. unterstützt es in jeder Lage eine gütliche Einigung,
3. leistet es in geeigneten Fällen Unterstützung bei der Durchführung des Verfahrens, auch bei der Sicherung des Aufenthalts des Kindes,
4. leistet es in geeigneten Fällen Unterstützung bei der Ausübung das Rechts zum persönlichen Umgang, der Heraus- oder Rückgabe des Kindes sowie der Vollstreckung gerichtlicher Entscheidungen.

II ¹ Zuständig ist das Jugendamt, in dessen Bereich sich das Kind gewöhnlich aufhält. ² Solange die Zentrale Behörde mit einer Herausgabe oder Rückgabeantrag oder dessen Vollstreckung befasst ist, oder wenn das Kind keinen gewöhnlichen Aufenthalt im Inland hat, oder das zuständige Jugendamt nicht tätig wird, ist das Jugendamt zuständig, in dessen Bereich sich das Kind tatsächlich aufhält.

III Das Gericht unterrichtet das zuständige Jugendamt über Entscheidungen nach diesem Gesetz auch dann, wenn das Jugendamt am Verfahren nicht beteiligt war.

1 **Bem.** § 9 regelt die Unterstützungspflicht des Jugendamts. Es hat Auskunft über die soziale Lage des Kindes zu geben, gütliche Einigungen zu unterstützen und die Durchführung von Verfahren zu fördern, letzteres insb durch Gespräche mit dem betreuenden Elternteil über die weiteren Perspektiven für Eltern und Kind; außerdem soll es unbedachte Reaktionen, zB Flucht des betreuenden Elternteils, möglichst verhindern, RegBegr BT-Drs 15/3981.

2 Bezüglich des Umgangsrechts soll es vorbereitende Gespräche führen, um Fehlinformationen, Vorbehalte und Ängste abzubauen, BT-Drs aaO. Gerichte trifft nach § 9 III eine Mitteilungspflicht gegenüber den Jugendämtern. Ergänzend gelten auch ohne ausdrückliche Verweisung die Bestimmungen des SGB VIII.

Abschnitt 3. Gerichtliche Zuständigkeit und Zuständigkeitskonzentration

§ 10. *Örtliche Zuständigkeit für die Anerkennung und Vollstreckung.* ¹ Örtlich ausschließlich zuständig für Verfahren nach

– Artikel 21 Abs. 3 und Artikel 48 Abs. 1 der Verordnung (EG) Nr. 2201/2003 sowie für die Zwangsvollstreckung nach den Artikeln 41 und 42 der Verordnung (EG) Nr. 2201/2003,
– dem Europäischen Sorgerechtsübereinkommen

ist das Familiengericht, in dessen Zuständigkeitsbereich zum Zeitpunkt der Antragstellung

1. die Person, gegen die sich der Antrag richtet, oder das Kind, auf das sich die Entscheidung bezieht, sich gewöhnlich aufhält oder

2. bei Fehlen einer Zuständigkeit nach Nummer 1 das Interesse an der Feststellung hervortritt, oder das Bedürfnis der Fürsorge besteht,
3. sonst das im Bezirk des Kammergerichts zur Entscheidung berufene Gericht.

Übersicht

Bem. Art 21 EuEheVO läßt die örtliche Zuständigkeit für isolierte Klagen auf Feststellung der Anerkennung oder Nichtanerkennung von Entscheidungen ungeregelt, ebenso Art 41, 42 EuEheVO die örtliche Zuständigkeit für die Vollstreckung von Entscheidungen, die keiner Vollstreckbarerklärung mehr bedürfen. 1

Diese örtl Zuständigkeit weist § 10 dem FamG am gewöhnlichen Aufenthaltsort des Antragsgegners oder des Kindes (haben beide einen gewöhnlichen Aufenthalt im Inland, so hat der Antragsteller die Wahl), subsidiär am Ort eines Fürsorgebedürfnisses oder Feststellungsinteresses, letzthilfsweise dem im Bezirk des KG zur Entscheidung berufenen Gericht, dem AG Pankow/Weißensee, zu. 2

§ 11. Örtliche Zuständigkeit nach dem Haager Kindesentführungsübereinkommen. ¹ Örtlich zuständig für Verfahren nach dem Haager Kindesentführungsübereinkommen ist das Familiengericht, in dessen Zuständigkeitsbereich
1. sich das Kind beim Eingang des Antrags bei der Zentralen Behörde aufgehalten hat oder
2. bei Fehlen einer Zuständigkeit nach Nummer 1 das Bedürfnis der Fürsorge besteht.

§ 12. Zuständigkeitskonzentration. ¹ In Verfahren über eine in den §§ 10 und 11 bezeichnete Sache sowie in Verfahren über die Vollstreckbarerklärung nach Artikel 28 der Verordnung (EG) Nr. 2201/2003 entscheidet das Familiengericht, in dessen Bezirk ein Oberlandesgericht seinen Sitz hat, für den Bezirk dieses Oberlandesgerichts.
ᴵᴵ Im Bezirk des Kammergerichts entscheidet das Familiengericht Pankow/Weißensee.
ᴵᴵᴵ ¹ Die Landesregierungen werden ermächtigt, diese Zuständigkeit durch Rechtsverordnung einem anderen Familiengericht des Oberlandesgerichtsbezirks oder, wenn in einem Land mehrere Oberlandesgerichte errichtet sind, einem Familiengericht für die Bezirke aller oder mehrerer Oberlandesgerichte zuzuweisen. ² Sie können die Ermächtigung auf die Landesjustizverwaltungen übertragen.

Bem. § 12 bewirkt eine Zuständigkeitskonzentration für die einzelnen OLG-Bezirke auf die FamGe am Sitz des jeweiligen OLG, für den Bezirk des KG auf das AG Pankow/Weißensee. Die Konzentration soll besondere Sachkunde und praktische Erfahrung bei Richtern wie Anwälten fördern. Die Länder können durch VO abweichende Regelungen treffen. 1

§ 13. Zuständigkeitskonzentration für andere Familiensachen. ᴵ ¹ Das Familiengericht, bei dem eine in den §§ 10 bis 12 bezeichnete Sache anhängig wird, ist von diesem Zeitpunkt an ungeachtet des § 621 Abs. 2 der Zivilprozessordnung für alle dasselbe Kind betreffenden Familiensachen nach § 621 Abs. 1 Nr. 1 bis 3 der Zivilprozessordnung einschließlich der Verfügungen nach § 44 dieses Gesetzes und nach § 33 des Gesetzes über die Angelegenheiten der freiwilligen Gerichtsbarkeit zuständig. ² Die Zuständigkeit nach Absatz 1 Satz 1 tritt nicht ein, wenn der Antrag offensichtlich unzulässig ist. ³ Sie entfällt, sobald das angegangene Gericht, auf Grund unanfechtbarer Entscheidung unzuständig ist; Verfahren, für die dieses Gericht hiernach seine Zuständigkeit verliert, sind nach näherer Maßgabe des § 281 Abs. 2 und 3 Satz 1 der Zivilprozessordnung von Amts wegen an das zuständige Gericht abzugeben.
ᴵᴵ Bei dem Familiengericht, das in dem Oberlandesgerichtsbezirk, in dem sich das Kind gewöhnlich aufhält, für Anträge der in Absatz 1 Satz 1 genannten Art zuständig ist, kann auch eine andere Familiensache nach § 621 Abs. 1 Nr. 1 bis 3 der Zivilprozessordnung anhängig gemacht werden, wenn ein Elternteil seinen gewöhnlichen Aufenthalt in einem anderen Mitgliedstaat der Europäischen Union oder in einem anderen Vertragsstaat des Europäischen Sorgerechtsübereinkommens oder des Haager Kindesentführungsübereinkommens hat.
ᴵᴵᴵ ¹ Im Falle des Absatzes 1 Satz 1 hat ein anderes Familiengericht, bei dem eine dasselbe Kind betreffende Familiensache nach § 621 Abs. 1 Nr. 1 bis 3 der Zivilprozessordnung im ersten Rechtszug anhängig ist oder anhängig wird, dieses Verfahren von Amts wegen an das nach Absatz 1 Satz 1 zuständige Gericht abzugeben. ² Auf übereinstimmenden Antrag beider Elternteile sind andere Familiensachen, an denen diese beteiligt sind, an das nach Absatz 1 oder Absatz 2 zuständige Gericht abzugeben. ³ § 281 Abs. 2 Satz 1 bis 3 und Abs. 3 Satz 1 der Zivilprozessordnung gilt entsprechend.
ᴵⱽ ¹ Das Familiengericht, das gemäß Absatz 1 oder Absatz 2 zuständig oder an das die Sache gemäß Absatz 3 abgegeben worden ist, kann diese aus wichtigen Gründen an das nach den allgemeinen Vorschriften zuständige Familiengericht abgeben oder zurückgeben, soweit dies nicht zu einer erheblichen Verzögerung des Verfahrens führt. ² Als wichtiger Grund ist es in der Regel anzusehen, wenn die besondere Sachkunde des erstgenannten Gerichts für das Verfahren nicht oder nicht mehr benötigt wird. ³ § 281 Abs. 2 und 3 Satz 1 der Zivilprozessordnung gilt entsprechend. ⁴ Die Ablehnung einer Abgabe nach Satz 1 ist unanfechtbar.
ⱽ § 46 des Gesetzes über die Angelegenheiten der freiwilligen Gerichtsbarkeit bleibt unberührt.

Bem. Die Zuständigkeitskonzentration wird durch § 13 auf alle weiteren das Kind betreffenden Sorge- u Umgangssachen ausgedehnt. § 13 übernimmt den bisherigen § 64 a FGG, der wegen des Sachzusammenhangs seine systematische Stellung ändert. So soll zB eine im Zusammenhang stehende Herausgabeanordnung möglich werden, BT-Drs 15/3981, 23. 1

2   Fakultativ geht II sogar noch darüber hinaus und erlaubt bei Aufenthalt des Kindes auch eine Einbeziehung anderer Familiensachen nach § 621 I Nrn 1–3. Diese fakultative Zuständigkeit ist nicht davon abhängig, daß bereits eine europäische oder internationale Kindschaftssache anhängig ist, und kann von jedem Betroffenen genutzt werden. Die Konzentration wird geschützt, indem andere Gerichte amtswegige Abgabepflichten nach III treffen.

Abschnitt 4. Allgemeine gerichtliche Verfahrensvorschriften

§ 14. Familiengerichtliches Verfahren. Soweit nicht anders bestimmt, entscheidet das Gericht
1. über eine in den §§ 10 und 12 bezeichnete Ehesache nach den hierfür geltenden Vorschriften der Zivilprozessordnung,
2. über die übrigen in den §§ 10, 11, 12 und 47 bezeichneten Angelegenheiten als Familiensachen im Verfahren der freiwilligen Gerichtsbarkeit; § 621a Abs. 1, §§ 621c und 621f der Zivilprozessordnung gelten entsprechend.

§ 15. Einstweilige Anordnungen. Das Gericht kann auf Antrag oder von Amts wegen einstweilige Anordnungen treffen, um Gefahren von dem Kind abzuwenden oder eine Beeinträchtigung der Interessen der Beteiligten zu vermeiden, insbesondere um den Aufenthaltsort des Kindes während des Verfahrens zu sichern oder eine Vereitelung oder Erschwerung der Rückgabe zu verhindern; § 621g der Zivilprozessordnung gilt entsprechend.

Abschnitt 5. Zulassung der Zwangsvollstreckung, Anerkennungsfeststellung und Wiederherstellung des Sorgeverhältnisses

Übersicht

1   Das Haager KindEntfÜbk (Schlußanh V A 3) ist vom gesamten fünften Abschnitt (§§ 16–36) nicht erfaßt, da es kein Anerkennungs- u Vollstreckungsabkommen ist.

Unterabschnitt 1. Zulassung der Zwangsvollstreckung im ersten Rechtszug

§ 16. Antragstellung. I Mit Ausnahme der in den Artikeln 41 und 42 der Verordnung (EG) Nr. 2201/2003 aufgeführten Titel wird der in einem anderen Staat vollstreckbare Titel dadurch zur Zwangsvollstreckung zugelassen, dass er auf Antrag mit der Vollstreckungsklausel versehen wird.

II Der Antrag auf Erteilung der Vollstreckungsklausel kann bei dem zuständigen Familiengericht schriftlich eingereicht oder mündlich zu Protokoll der Geschäftsstelle erklärt werden.

III Ist der Antrag entgegen § 184 des Gerichtsverfassungsgesetzes nicht in deutscher Sprache abgefasst, so kann das Gericht der antragstellenden Person aufgeben, eine Übersetzung des Antrags beizubringen, deren Richtigkeit von einer
1. in einem Mitgliedstaat der Europäischen Union oder
2. in einem anderen Vertragsstaat eines auszuführenden Übereinkommens

hierzu befugten Person bestätigt worden ist.

1   **Bem.** § 16 erklärt den Antrag auf Vollstreckbarerklärung als Erteilung der Vollstreckungsklausel. Diese ist nicht zu verwechseln mit der eigentlichen Vollstreckungsklausel des deutschen Zwangsvollstreckungsrechts. Vielmehr handelt es sich um das Schaffen des inländischen Titels, eben um die Zulassung zur Zwangsvollstreckung.
2   Die Zwangsvollstreckungsklausel erteilt der Urkundsbeamte der Geschäftsstelle mit dem in § 23 vorgeschriebenen Wortlaut. Das zuständige FamG entscheidet im Vollstreckbarerklärungsverfahren.
3   Der Antrag muß nach § 16 III nicht in deutscher Sprache erfolgen, dann aber ggf auf Verlangen des Gerichts übersetzt werden. § 16 gilt nicht für Entscheidungen nach Art 41, 42, EuEheVO, weil diese eben keiner Vollstreckbarerklärung mehr bedürfen, BT-Drs 15/3981, 24.

§ 17. Zustellungsbevollmächtigter. I Hat die antragstellende Person in dem Antrag keinen Zustellungsbevollmächtigten im Sinne des § 184 Abs. 1 Satz 1 der Zivilprozessordnung benannt, so können bis zur nachträglichen Benennung alle Zustellungen an sie durch Aufgabe zur Post (§ 184 Abs. 1 Satz 2, Abs. 2 der Zivilprozessordnung) bewirkt werden.

II Absatz 1 gilt nicht, wenn die antragstellende Person einen bei einem deutschen Gericht zugelassenen Rechtsanwalt oder eine andere Person, die im Inland wohnt oder dort einen Geschäftsraum hat, zu ihrem Bevollmächtigten für das Verfahren bestellt hat.

1   **Bem.** § 17 betrifft den Fall, daß der Antragsteller entgegen Art 30 II 2 EuEheVO keinen inländischen Zustellungsbevollmächtigten benannt hat. Bis zur Benennung können Zustellungen an den Antragsteller durch Aufgabe zur Post bewirkt werden. Der Zustellungsbevollmächtigte muß nur im Inland wohnen oder einen Geschäftsraum haben, aber nicht im Gerichtsbezirk.

§ 18. Einseitiges Verfahren. I 1 Im Anwendungsbereich der Verordnung (EG) Nr. 2201/2003 erhält im erstinstanzlichen Verfahren zur Zulassung der Zwangsvollstreckung nur die antragstellende Person Gelegenheit, sich zu äußern. 2 Die Entscheidung ergeht ohne mündliche Verhandlung. 3 Jedoch kann eine mündliche Erörterung mit der antragstellenden oder einer von ihr bevollmächtigten Person stattfinden, wenn diese hiermit einverstanden ist und die Erörterung der Beschleunigung dient.

Abschnitt 1. Allg. Vorschr. für Verfahren in Ehesachen **Anh II § 606a (IntFamRVG)**

II Abweichend von § 78 Abs. 2 der Zivilprozessordnung ist in Ehesachen im ersten Rechtszug eine anwaltliche Vertretung nicht erforderlich.

Bem. In Umsetzung von Art 31 EuEheVO ist das erstinstanzliche Verfahren nach § 18 strikt einseitig. **1** Weder die Person, gegen welche die Vollstreckung erwirkt werden soll, noch das Kind werden gehört. Für Verfahren nach dem EuSorgeRÜbk gilt dies nicht, BT-Drs 15/3981, 24.

§ 19. Besondere Regelungen zum Europäischen Sorgerechtsübereinkommen. Die Vollstreckbarerklärung eines Titels aus einem anderen Vertragsstaat des Europäischen Sorgerechtsübereinkommens ist auch in den Fällen der Artikel 8 und 9 des Übereinkommens ausgeschlossen, wenn die Voraussetzungen des Artikels 10 Abs. 1 Buchstabe a oder b des Übereinkommens vorliegen, insbesondere wenn die Wirkungen des Titels mit den Grundrechten des Kindes oder eines Sorgeberechtigten unvereinbar wären.

§ 20. Entscheidung. I ¹ Ist die Zwangsvollstreckung aus dem Titel zuzulassen, so beschließt das Gericht, dass der Titel mit der Vollstreckungsklausel zu versehen ist. ² In dem Beschluss ist die zu vollstreckende Verpflichtung in deutscher Sprache wiederzugeben. ³ Zur Begründung des Beschlusses genügt in der Regel die Bezugnahme auf die Verordnung (EG) Nr. 2201/2003 oder den auszuführenden Anerkennungs- und Vollstreckungsvertrag sowie auf die von der antragstellenden Person vorgelegten Urkunden.

II Auf die Kosten des Verfahrens ist § 13 a Abs. 1 und 3 des Gesetzes über die Angelegenheiten der freiwilligen Gerichtsbarkeit entsprechend anzuwenden; in Ehesachen gilt § 788 der Zivilprozessordnung entsprechend.

III ¹ Ist der Antrag nicht zulässig oder nicht begründet, so lehnt ihn das Gericht durch mit Gründen versehenen Beschluss ab. ² Für die Kosten gilt Absatz 2; in Ehesachen sind die Kosten dem Antragsteller aufzuerlegen.

Bem. § 20 beschreibt den Inhalt der Entscheidung im Vollstreckbarerklärungsverfahren: Die zu voll- **1** streckende Verpflichtung ist in deutscher Sprache wiederzugeben; zur Begründung genügt idR eine Bezugnahme auf die EuEheVO oder das einschlägige Übereinkommen sowie die vorgelegten Urkunden. § 20 II erklärt hinsichtlich der Kosten § 788 ZPO für Ehesachen als entsprechend anwendbar, ansonsten § 13 a I, III FGG.

§ 21. Bekanntmachung der Entscheidung. I ¹ Im Falle des § 20 Abs. 1 sind der verpflichteten Person eine beglaubigte Abschrift des Beschlusses, eine beglaubigte Abschrift des noch nicht mit der Vollstreckungsklausel versehenen Titels und gegebenenfalls seiner Übersetzung sowie der gemäß § 20 Abs. 1 Satz 3 in Bezug genommenen Urkunden von Amts wegen zuzustellen. ² Ein Beschluss nach § 20 Abs. 3 ist der verpflichteten Person formlos mitzuteilen.

II ¹ Der antragstellenden Person sind eine beglaubigte Abschrift des Beschlusses nach § 20, im Falle des § 20 Abs. 1 ferner eine Bescheinigung über die bewirkte Zustellung zu übersenden. ² Die mit der Vollstreckungsklausel versehene Ausfertigung des Titels ist der antragstellenden Person erst dann zu übersenden, wenn der Beschluss nach § 20 Abs. 1 wirksam geworden und die Vollstreckungsklausel erteilt ist.

III In einem Verfahren, das die Vollstreckbarerklärung einer die elterliche Verantwortung betreffenden Entscheidung zum Gegenstand hat, sind Zustellungen auch an den gesetzlichen Vertreter des Kindes, an den Vertreter des Kindes im Verfahren, an das Kind selbst, soweit es das 14. Lebensjahr vollendet hat, an einen Elternteil, der nicht am Verfahren beteiligt war, sowie an das Jugendamt zu bewirken.

IV Handelt es sich bei der für vollstreckbar erklärten Maßnahme um eine Unterbringung, so ist der Beschluss auch dem Leiter der Einrichtung oder der Pflegefamilie bekannt zu machen, in der das Kind untergebracht werden soll.

Bem. Die Bekanntmachung, also die Zustellung oder Mitteilung der Entscheidung, regelt § 21 näher. Bei **1** Vollstreckbarerklärung ist dem Verpflichteten eine beglaubigte Abschrift zuzustellen, ebenso dem Antragsteller, letzterem nebst einer Bescheinigung über die bewirkte Zustellung an den Verpflichteten.

Bei Vollstreckbarerklärung einer die elterliche Verantwortung betreffenden Entscheidung ist nach III **2** außerdem zuzustellen an den gesetzlichen Verfahrensvertreter des Kindes, das Kind selber (wenn älter als 14 Jahre), einen nicht am Verfahren beteiligten Elternteil und an das Jugendamt. Alle materiell Beteiligten sollen Kenntnis erhalten. RegBegr BT-Drs 15/3981, 25. Bei grenzüberschreitender Zustellung in der EU (außer Dänemark) gilt die EuZustVO, abg Schönf ErgBd, 103 c.

§ 22. Wirksamwerden der Entscheidung. ¹ Der Beschluss nach § 20 wird erst mit seiner Rechtskraft wirksam. ² Hierauf ist in dem Beschluss hinzuweisen.

§ 23. Vollstreckungsklausel. I ¹ Auf Grund eines wirksamen Beschlusses nach § 20 Abs. 1 erteilt der Urkundsbeamte der Geschäftsstelle die Vollstreckungsklausel in folgender Form:

„Vollstreckungsklausel nach § 23 des Internationalen Familienrechtsverfahrensgesetzes vom 26. Januar 2005 (BGBl. I S. 162). Gemäß dem Beschluss des … (Bezeichnung des Gerichts und des Beschlusses) ist die Zwangsvollstreckung aus … (Bezeichnung des Titels) zugunsten … (Bezeichnung der berechtigten Person) gegen … (Bezeichnung der verpflichteten Person) zulässig.

² Die zu vollstreckende Verpflichtung lautet:

… (Angabe der aus dem ausländischen Titel der verpflichteten Person obliegenden Verpflichtung in deutscher Sprache; aus dem Beschluss nach § 20 Abs. 1 zu übernehmen)."

^{II} Wird die Zwangsvollstreckung nur für einen oder mehrere der durch den ausländischen Titel zuerkannten oder in einem anderen ausländischen Titel niedergelegten Ansprüche oder nur für einen Teil des Gegenstands der Verpflichtung zugelassen, so ist die Vollstreckungsklausel als „Teil-Vollstreckungsklausel nach § 23 des Internationalen Familienrechtsverfahrensgesetzes vom 26. Januar 2005 (BGBl. I S. 162)" zu bezeichnen.

^{III 1} Die Vollstreckungsklausel ist von dem Urkundsbeamten der Geschäftsstelle zu unterschreiben und mit dem Gerichtssiegel zu versehen. ²Sie ist entweder auf die Ausfertigung des Titels oder auf ein damit zu verbindendes Blatt zu setzen. ³Falls eine Übersetzung des Titels vorliegt, ist sie mit der Ausfertigung zu verbinden.

Unterabschnitt 2. Beschwerde

§ 24. Einlegung der Beschwerde; Beschwerdefrist. ^{I 1} Gegen die im ersten Rechtszug ergangene Entscheidung findet die Beschwerde zum Oberlandesgericht statt. ²Die Beschwerde wird bei dem Oberlandesgericht durch Einreichen einer Beschwerdeschrift oder durch Erklärung zu Protokoll der Geschäftsstelle eingelegt.

^{II} Die Zulässigkeit der Beschwerde wird nicht dadurch berührt, dass sie statt bei dem Oberlandesgericht bei dem Gericht des ersten Rechtszugs eingelegt wird; die Beschwerde ist unverzüglich von Amts wegen an das Oberlandesgericht abzugeben.

^{III} Die Beschwerde gegen die Zulassung der Zwangsvollstreckung ist einzulegen
1. innerhalb eines Monats nach Zustellung, wenn die beschwerdeberechtigte Person ihren gewöhnlichen Aufenthalt Im Inland hat;
2. innerhalb von zwei Monaten nach Zustellung, wenn die beschwerdeberechtigte Person ihren gewöhnlichen Aufenthalt im Ausland hat. Die Frist beginnt mit dem Tag, an dem die Vollstreckbarerklärung der beschwerdeberechtigten Person entweder persönlich oder in ihrer Wohnung zugestellt worden ist. Eine Verlängerung dieser Frist wegen weiter Entfernung ist ausgeschlossen.

^{IV} Die Beschwerdefrist ist eine Notfrist.

^V Die Beschwerde ist dem Beschwerdegegner von Amts wegen zuzustellen.

1 **Bem.** Beschwerdeinstanz ist wie im Vollstreckbarerklärungsverfahren üblich nach § 24 I das OLG. Die Beschwerdefrist richtet sich für den Verpflichteten nach Art 33 V EuEheVO und ist nach § 24 IV eine Notfrist. Dessen Regelung übernimmt III für das EuSorgeRÜbk, BT-Drs 15/3981.

§ 25. Einwendungen gegen den zu vollstreckenden Anspruch. Die verpflichtete Person kann mit der Beschwerde gegen die Zulassung der Zwangsvollstreckung aus einem Titel über die Erstattung von Verfahrenskosten auch Einwendungen gegen den Anspruch selbst insoweit geltend machen, als die Gründe, auf denen sie beruhen, erst nach Erlass des Titels entstanden sind.

1 **Bem.** § 25 läßt auch materielle Einwendungen gegen den titulierten Anspruch als Beschwerdegründe zu, wenn diese erst nach Erlaß des Titels entstanden sind. Wie § 12 AVAVG (Schlußanh V E), ist die Vorschrift gemeinschaftskonform zu reduzieren, näher dazu Mankowski ZZP Int 4 (1999) 276, 286 f. § 25 gilt aber nicht für Anträge auf Abänderung von Entscheidungen der elterlichen Verantwortung.

§ 26. Verfahren und Entscheidung über die Beschwerde. ¹Der Senat des Oberlandesgerichts entscheidet durch Beschluss, der mit Gründen zu versehen ist und ohne mündliche Verhandlung ergehen kann.

^{II 1} Solange eine mündliche Verhandlung nicht angeordnet ist, können zu Protokoll der Geschäftsstelle Anträge gestellt und Erklärungen abgegeben werden. ²Wird in einer Ehesache die mündliche Verhandlung angeordnet, so gilt für die Ladung § 215 der Zivilprozessordnung.

^{III} Eine vollständige Ausfertigung des Beschlusses ist den Beteiligten auch dann von Amts wegen zuzustellen, wenn der Beschluss verkündet worden ist.

^{IV} § 20 Abs. 1 Satz 2, Abs. 2 und 3, § 21 Abs. 1, 2 und 4 sowie § 23 gelten entsprechend.

§ 27. Anordnung der sofortigen Wirksamkeit. ^{I 1} Der Beschluss des Oberlandesgerichts nach § 26 wird erst mit seiner Rechtskraft wirksam. ²Hierauf ist in dem Beschluss hinzuweisen.

^{II} Das Oberlandesgericht kann in Verbindung mit der Entscheidung über die Beschwerde die sofortige Wirksamkeit eines Beschlusses anordnen.

1 **Bem.** Das Verfahren regelt § 26. Der Senat des FamG entscheidet als Kollegialgericht. Auch die Entscheidung des OLG wird ausweislich § 27 I erst mit ihrer Rechtskraft wirksam, es sei denn, das OLG hätte die sofortige Wirksamkeit nach § 27 II angeordnet, allerdings nur in Verbindung mit der Entscheidung über die Beschwerde. Dies soll – über die einstweilige Anordnung hinausgehen – gleichsam in Vorwegnahme der Hauptsache, nämlich der Zulassung der Zwangsvollstreckung, der Gefahr der Verfahrensverschleppung entgegenwirken, BT-Drs 15/3981, 26.

Unterabschnitt 3. Rechtsbeschwerde

§ 28. Statthaftigkeit der Rechtsbeschwerde. Gegen den Beschluss des Oberlandesgerichts findet die Rechtsbeschwerde zum Bundesgerichtshof nach Maßgabe des § 574 Abs. 1 Nr. 1, Abs. 2 der Zivilprozessordnung statt.

§ 29. Einlegung und Begründung der Rechtsbeschwerde. ¹§ 575 Abs. 1 bis 4 der Zivilprozessordnung ist entsprechend anzuwenden. ²Soweit die Rechtsbeschwerde darauf gestützt wird, dass das Oberlandesgericht von einer Entscheidung des Gerichtshofs der Europäischen Gemeinschaften abgewichen sei, muss die Entscheidung, von der der angefochtene Beschluss abweicht, bezeichnet werden.

§ 30. *Verfahren und Entscheidung über die Rechtsbeschwerde.* ^I ¹ Der Bundesgerichtshof kann nur überprüfen, ob der Beschluss auf einer Verletzung des Rechts der Europäischen Gemeinschaft, eines Anerkennungs- und Vollstreckungsvertrags, sonstigen Bundesrechts oder einer anderen Vorschrift beruht, deren Geltungsbereich sich über den Bezirk eines Oberlandesgerichts hinaus erstreckt. ² Er darf nicht prüfen, ob das Gericht seine örtliche Zuständigkeit zu Unrecht angenommen hat.

^{II} ¹ Der Bundesgerichtshof kann über die Rechtsbeschwerde ohne mündliche Verhandlung entscheiden. ² § 574 Abs. 4, § 576 Abs. 3 und § 577 der Zivilprozessordnung sind entsprechend anzuwenden; in Angelegenheiten der freiwilligen Gerichtsbarkeit bleiben § 574 Abs. 4 und § 577 Abs. 2 Satz 1 bis 3 der Zivilprozessordnung sowie die Verweisung auf § 556 in § 576 Abs. 3 der Zivilprozessordnung außer Betracht.

^{III} § 20 Abs. 1 Satz 2, Abs. 2 und 3, § 21 Abs. 1, 2 und 4 sowie § 23 gelten entsprechend.

§ 31. *Anordnung der sofortigen Wirksamkeit.* Der Bundesgerichtshof kann auf Antrag der verpflichteten Person eine Anordnung nach § 27 Abs. 2 aufheben oder auf Antrag der berechtigten Person erstmals eine Anordnung nach § 27 Abs. 2 treffen.

Unterabschnitt 4. Feststellung der Anerkennung

§ 32. *Anerkennungsfeststellung.* Auf das Verfahren über einen gesonderten Feststellungsantrag nach Artikel 21 Abs. 3 der Verordnung (EG) Nr. 2201/2003 oder nach dem Europäischen Sorgerechtsübereinkommen, eine Entscheidung, eine Vereinbarung oder eine öffentliche Urkunde aus einem anderen Staat anzuerkennen oder nicht anzuerkennen, sind die Unterabschnitte 1 bis 3 entsprechend anzuwenden.

Bem. Auf die gesonderte Anerkennungsfeststellungsklage sind nach § 32 die vorangegangenen Unterabschnitte mit §§ 16–31 entsprechend anzuwenden, soweit diese nicht spezifisch für die Vollstreckbarerklärung sind. Der Gleichklang ist durch Art 21 III EuEheVO vorgegeben und wird zur Rechtsvereinheitlichung auch auf das EuSorgeRÜbk erstreckt, BT-Drs 15, 3981, 26. 1

Unterabschnitt 5. Wiederherstellung des Sorgeverhältnisses

§ 33. *Anordnung auf Herausgabe des Kindes.* Liegt im Anwendungsbereich des Europäischen Sorgerechtsübereinkommens ein vollstreckungsfähiger Titel auf Herausgabe des Kindes nicht vor, so stellt das Gericht nach § 32 fest, dass die Sorgerechtsentscheidung oder die von der zuständigen Behörde genehmigte Sorgerechtsvereinbarung aus dem anderen Vertragsstaat anzuerkennen ist, und ordnet zur Wiederherstellung des Sorgeverhältnisses auf Antrag an, dass die verpflichtete Person das Kind herauszugeben hat.

§ 33 ist eine Ergänzung des § 32 für die Wiederherstellung des Sorgeverhältnisses unter dem EuSorgeR- 1 Übk, denn diese Wiederherstellung geschieht durch eine besonders hervorgehobene Form der Anerkennung, wenn eine vollstreckungsfähige Entscheidung nicht vorliegt.

Unterabschnitt 6. Aufhebung oder Änderung von Beschlüssen

§ 34. *Verfahren auf Aufhebung oder Änderung.* ^I ¹ Wird der Titel in dem Staat, in dem er errichtet worden ist, aufgehoben oder abgeändert und kann die verpflichtete Person diese Tatsache in dem Verfahren der Zulassung der Zwangsvollstreckung nicht mehr geltend machen, so kann sie die Aufhebung oder Änderung der Zulassung in einem besonderen Verfahren beantragen. ² Das Gleiche gilt für den Fall der Aufhebung oder Änderung von Entscheidungen, Vereinbarungen oder öffentlichen Urkunden, deren Anerkennung festgestellt ist.

^{II} Für die Entscheidung über den Antrag ist das Familiengericht ausschließlich zuständig, das im ersten Rechtszug über den Antrag auf Erteilung der Vollstreckungsklausel oder auf Feststellung der Anerkennung entschieden hat.

^{III} ¹ Der Antrag kann bei dem Gericht schriftlich oder durch Erklärung zu Protokoll der Geschäftsstelle gestellt werden. ² Die Entscheidung ergeht durch Beschluss.

^{IV} Auf die Beschwerde finden die Unterabschnitte 2 und 3 entsprechende Anwendung.

^V ¹ Im Falle eines Titels über die Erstattung von Verfahrenskosten sind für die Einstellung der Zwangsvollstreckung und die Aufhebung bereits getroffener Vollstreckungsmaßregeln die §§ 769 und 770 der Zivilprozessordnung entsprechend anzuwenden. ² Die Aufhebung einer Vollstreckungsmaßregel ist auch ohne Sicherheitsleistung zulässig.

§ 35. *Schadensersatz wegen ungerechtfertigter Vollstreckung.* ^I ¹ Wird die Zulassung der Zwangsvollstreckung aus einem Titel über die Erstattung von Verfahrenskosten auf die Rechtsbeschwerde aufgehoben oder abgeändert, so ist die berechtigte Person zum Ersatz des Schadens verpflichtet, welcher der verpflichteten Person durch die Vollstreckung des Titels oder durch eine Leistung zur Abwendung der Vollstreckung entstanden ist. ² Das Gleiche gilt, wenn die Zulassung der Zwangsvollstreckung nach § 34 aufgehoben oder abgeändert wird, sofern der zur Zwangsvollstreckung zugelassene Titel zum Zeitpunkt der Zulassung nach dem Recht des

Staates, in dem er ergangen ist, noch mit einem ordentlichen Rechtsbehelf angefochten werden konnte.

^{II} Für die Geltendmachung des Anspruchs ist das Gericht ausschließlich zuständig, das im ersten Rechtszug über den Antrag, den Titel mit der Vollstreckungsklausel zu versehen, entschieden hat.

1 **Bem.** Im Erststaat können die dortigen Entscheidungen abgeändert oder aufgehoben werden. Darauf muß man in Deutschland als Zweitstaat reagieren können, denn dies berührt massiv die Grundlage der Anerkennung und Vollstreckbarerklärung. Dieses Anliegen verwirklichen die §§ 34, 35. Aus Gründen der Rechtsvereinheitlichung unterfallen die Rechtsmittel allerdings §§ 24–31, BT-Drs 15/3981, 27.

2 Ansonsten ist der deutsche Beschluss aufzuheben, und der Gläubiger muß Schadensersatz für die ungerechtfertigte Zwangsvollstreckung leisten.

Unterabschnitt 7. Vollstreckungsgegenklage

§ 36. Vollstreckungsgegenklage bei Titeln über Verfahrenskosten. ^I Ist die Zwangsvollstreckung aus einem Titel über die Erstattung von Verfahrenskosten zugelassen, so kann die verpflichtete Person Einwendungen gegen den Anspruch selbst in einem Verfahren nach § 767 der Zivilprozessordnung nur geltend machen, wenn die Gründe, auf denen ihre Einwendungen beruhen, erst
1. nach Ablauf der Frist, innerhalb deren sie die Beschwerde hätte einlegen können, oder
2. falls die Beschwerde eingelegt worden ist, nach Beendigung dieses Verfahrens

entstanden sind.

^{II} Die Klage nach § 767 der Zivilprozessordnung ist bei dem Gericht zu erheben, das über den Antrag auf Erteilung der Vollstreckungsklausel entschieden hat.

1 **Bem.** Die Vollstreckungsgegenklage wird in § 36 geregelt. Der Tatbestand befaßt sich mit der Präklusion, die sich nach dem Abschluß des Vollstreckbarerklärungsverfahrens richtet. Was bereits im Vollstreckbarerklärungsverfahren hätte vorgebracht werden können, sei es auch mit einem fristgerecht eingelegten Rechtsmittel, ist für die Zwecke des § 767 ZPO präkludiert.

Abschnitt 6. Verfahren nach dem Haager Kindesentführungsübereinkommen

§ 37. Anwendbarkeit. Kommt im Einzelfall die Rückgabe des Kindes nach dem Haager Kindesentführungsübereinkommen und dem Europäischen Sorgerechtsübereinkommen in Betracht, so sind zunächst die Bestimmungen des Haager Kindesentführungsübereinkommens anzuwenden, sofern die antragstellende Person nicht ausdrücklich die Anwendung des Europäischen Sorgerechtsübereinkommens begehrt.

1 **Bem.** Verfahren nach dem **HKindEntfÜbk.** Dieses ist kein Anerkennungs- und Vollstreckungsabkommen. Deshalb bedarf es besonderer Ausführungsvorschriften. Diese gelten entgegen der zu eng gefaßten Überschrift auch für Art. 11 EuEheVO.

§ 38. Beschleunigtes Verfahren. ^{I 1} Das Gericht hat das Verfahren auf Rückgabe eines Kindes in allen Rechtszügen vorrangig zu behandeln. ² Mit Ausnahme von Artikel 12 Abs. 3 des Haager Kindesentführungsübereinkommens findet eine Aussetzung des Verfahrens nicht statt. ³ Das Gericht hat alle erforderlichen Maßnahmen zur Beschleunigung des Verfahrens zu treffen, insbesondere auch damit die Entscheidung in der Hauptsache binnen der in Artikel 11 Abs. 3 der Verordnung (EG) Nr. 2201/2003 genannten Frist ergehen kann.

^{II} Das Gericht prüft in jeder Lage des Verfahrens, ob das Recht zum persönlichen Umgang mit dem Kind gewährleistet werden kann.

^{III} Die Beteiligten haben an der Aufklärung des Sachverhalts mitzuwirken, wie es einem auf Förderung und Beschleunigung des Verfahrens bedachten Vorgehen entspricht.

1 **Bem.** § 38 mahnt das zügigste Verfahren des nationalen Rechts an, denn die Rückgabe eines Kindes muß mit der gebotenen Eile erfolgen. Das Verfahren ist vorrangig und damit als Eilsache zu behandeln. Der Vorrang beinhaltet indes keinen absoluten Vorrang vor allen anderen Sachen, Gegenäußerung der BReg BT-Drs 15/3981, 36. Eine Aussetzung kann wegen der Sechswochenfrist des Art 11 III EuEheVO nicht stattfinden, mit Ausnahme für Art 12 III HKindEntfÜbk.

2 § 38 III hebt die auch im Rückführungsverfahren vAw zu beachtende Pflicht zur Gewährleistung des Rechts zum persönlichen Umgang hervor, ohne dass eine Änderung gegenüber dem vorherigen Recht bezweckt wäre, BT-Drs 15/3981, 36.

§ 39. Übermittlung von Entscheidungen. Wird eine inländische Entscheidung nach Artikel 11 Abs. 6 der Verordnung (EG) Nr. 2201/2003 unmittelbar dem zuständigen Gericht oder der Zentralen Behörde im Ausland übermittelt, ist der Zentralen Behörde zur Erfüllung ihrer Aufgaben nach Artikel 7 des Haager Kindesentführungsübereinkommens eine Abschrift zu übersenden.

1 **Bem.** Dem GBA ist bei unmittelbarer Übermittlung einer Entscheidung ins Ausland nach § 39 eine Abschrift zu übersenden. Dies gilt auch, wenn der GBA zuvor gar nicht beteiligt war. Der GBA soll so in den Stand versetzt werden und die nötigen Informationen haben, um seinen Aufgaben unter dem HKindEntfÜbk gerecht zu werden.

Abschnitt 1. Allg. Vorschr. für Verfahren in Ehesachen **Anh II § 606a (IntFamRVG)**

§ 40. Wirksamkeit der Entscheidung; Rechtsmittel. ¹ Eine Entscheidung, die zur Rückgabe des Kindes in einen anderen Vertragsstaat verpflichtet, wird erst mit deren Rechtskraft wirksam.

II ¹ Gegen eine im ersten Rechtszug ergangene Entscheidung findet nur das Rechtsmittel der sofortigen Beschwerde zum Oberlandesgericht nach § 22 des Gesetzes über die Angelegenheiten der freiwilligen Gerichtsbarkeit statt; § 28 Abs. 2 und 3 jenes Gesetzes gilt sinngemäß. ² Ein Rechtsmittel gegen eine Entscheidung, die zur Rückgabe des Kindes verpflichtet, steht nur dem Antragsgegner, dem Kind, soweit es das 14. Lebensjahr vollendet hat, und dem beteiligten Jugendamt zu. ³ Eine weitere Beschwerde findet nicht statt.

III ¹ Das Beschwerdegericht hat nach Eingang der Beschwerdeschrift unverzüglich zu prüfen, ob die sofortige Vollziehung der angefochtenen Entscheidung über die Rückgabe des Kindes anzuordnen ist. ² Die sofortige Vollziehung soll angeordnet werden, wenn die Beschwerde offensichtlich unbegründet ist oder die Rückgabe des Kindes vor der Entscheidung über die Beschwerde unter Berücksichtigung der berechtigten Interessen der Beteiligten mit dem Wohl des Kindes zu vereinbaren ist. ³ Die Entscheidung über die sofortige Vollziehung kann während des Beschwerdeverfahrens abgeändert werden.

Bem. In Fortführung von § 8 I 1, II SorgeRÜbkAG regelt § 40 I, II die Rechtskraft und unter Verweisung auf § 22 FGG die (sofortige) Beschwerde zum OLG. 1

Eine weitere Beschwerde ist nach § 40 II 3 ausgeschlossen; allerdings ist nach § 40 II 1 iVm 28 II FGG 2 die Divergenzvorlage zum BGH gegeben. Beschwerdeberechtigt sind bei einer Rückgabeentscheidung nach § 40 II 2 nur der Antragsgegner, das Kind (nach Vollendung des 14. Lebensjahres) und das beteiligte Jugendamt.

§ 40 III verlagert bei Einlegung der Beschwerde die Zuständigkeit für eine Entscheidung über die 3 sofortige Vollziehung einer Rückgabeanordnung auf das OLG. Das OLG hat unverzüglich zu prüfen, ob die sofortige Vollziehung anzuordnen ist, und die Akten sind vom FamG unverzüglich vorzulegen. So soll Versuchen begegnet werden, daß die Beschwerde nur eingelegt wird, um Zeit zu gewinnen. Andererseits soll der Rechtsschutz für den Beschwerdeführer effektiv bleiben und nicht durch eine Verbringung des Kindes außer Landes aufgrund einer Anordnung der sofortigen Vollziehung seitens des FamG verkürzt werden, Gegenäußerung d BReg BT-Drs 15/3981, 36 f. Bei offensichtlich unbegründeten Beschwerden soll das OLG die sofortige Vollziehung anordnen. Angesichts sich möglicherweise schnell ändernder Verhältnisse erhält das OLG durch § 40 III 3 die Befugnis, während des laufenden Beschwerdeverfahrens die Entscheidung über die sofortige Vollziehung jederzeit abzuändern. Anordnung wie Abänderung geschehen vAw.

§ 41. Bescheinigung über Widerrechtlichkeit. ¹ Über einen Antrag, die Widerrechtlichkeit des Verbringens oder des Zurückhaltens eines Kindes nach Artikel 15 Satz 1 des Haager Kindesentführungsübereinkommens festzustellen, entscheidet das Familiengericht,
1. bei dem die Sorgerechtsangelegenheit oder Ehesache im ersten Rechtszug anhängig ist oder war, sonst
2. in dessen Bezirk das Kind seinen letzten gewöhnlichen Aufenthalt im Geltungsbereich dieses Gesetzes hatte, hilfsweise
3. in dessen Bezirk das Bedürfnis der Fürsorge auftritt.

² Die Entscheidung ist zu begründen.

Bem. In Fortführung von § 10 SorgeRÜbkAG regelt § 41 die Zuständigkeit für die Erteilung einer 1 Bescheinigung, daß das Verbringen oder Zurückhalten eines Kindes widerrechtlich ist, und versucht, das sachnächste Gericht zu finden.

Anträge, die in einem anderen Vertragsstaat zu erledigen sind, können unter § 42 wie bisher nach § 11 I, 2 III SorgeRÜbkAG beim AG als Justizverwaltungsbehörde eingereicht werden.

§ 42. Einreichung von Anträgen bei dem Amtsgericht. I ¹ Ein Antrag, der in einem anderen Vertragsstaat zu erledigen ist, kann auch bei dem Amtsgericht als Justizverwaltungsbehörde eingereicht werden, in dessen Bezirk die antragstellende Person ihren gewöhnlichen Aufenthalt oder, mangels eines solchen, im Geltungsbereich dieses Gesetzes, ihren tatsächlichen Aufenthalt hat. ² Das Gericht übermittelt den Antrag nach Prüfung der förmlichen Voraussetzungen unverzüglich der Zentralen Behörde, die ihn an den anderen Vertragsstaat weiterleitet.

II Für die Tätigkeit des Amtsgerichts und der Zentralen Behörde bei der Entgegennahme und Weiterleitung von Anträgen werden mit Ausnahme der Fälle nach § 5 Abs. 1 Kosten nicht erhoben.

§ 43. Prozesskosten- und Beratungshilfe. Abweichend von Artikel 26 Abs. 2 des Haager Kindesentführungsübereinkommens findet eine Befreiung von gerichtlichen und außergerichtlichen Kosten bei Verfahren nach diesem Übereinkommen nur nach Maßgabe der Vorschriften über die Beratungshilfe und Prozesskostenhilfe statt.

Abschnitt 7. Vollstreckung

§ 44. Ordnungsmittel; unmittelbarer Zwang. I ¹ Ein im Inland zu vollstreckender Titel nach Kapitel III der Verordnung (EG) Nr. 2201/2003, dem Haager Kindesentführungsübereinkommen oder dem Europäischen Sorgerechtsübereinkommen wird, sofern er nicht auf die Erstattung von Verfahrenskosten lautet, durch Festsetzung eines Ordnungsmittels nach Maßgabe dieses Abschnittes vollstreckt. ² Bei Zuwiderhandlung gegen die Anordnung soll das Gericht

Albers

ein Ordnungsgeld festsetzen. ³Verspricht die Festsetzung eines Ordnungsgelds keinen Erfolg, soll das Gericht Ordnungshaft anordnen. ⁴Das Ordnungsmittel kann ohne vorherige Durchführung eines Verfahrens nach § 52a des Gesetzes über die Angelegenheiten der freiwilligen Gerichtsbarkeit festgesetzt werden. ⁵Bei Festsetzung des Ordnungsmittels sind der verpflichteten Person zugleich die Kosten des Verfahrens aufzuerlegen.

II ¹Das Ordnungsgeld muss, bevor es festgesetzt wird, angedroht werden. ²Es soll zugleich mit der inländischen Entscheidung angedroht werden. ³Das einzelne Ordnungsgeld darf den Betrag von fünfundzwanzigtausend Euro nicht übersteigen. ⁴Die Festsetzung der Ordnungshaft soll angedroht werden, wenn nicht die Durchsetzung der Entscheidung besonders eilbedürftig ist oder die Befürchtung besteht, dass die Vollziehung der Haft vereitelt wird. ⁵Für den Vollzug der Haft gelten die §§ 901, 904 bis 906, 909, 910, 913 der Zivilprozessordnung entsprechend.

III ¹Auf Grund einer besonderen Verfügung des Gerichts kann unabhängig von dem festgesetzten Ordnungsmittel auch Gewalt gebraucht werden. ²Eine Gewaltanwendung gegen ein Kind darf nicht zugelassen werden, wenn das Kind herausgegeben werden soll, um das Umgangsrecht auszuüben. ³Der Vollstreckungsbeamte ist befugt, erforderlichenfalls die Unterstützung der polizeilichen Vollzugsorgane nachzusuchen. ⁴Kosten fallen der verpflichteten besonderen Person zur Last. ⁵Wird das Kind nicht vorgefunden, so kann das Gericht die verpflichtete Person anhalten, eine eidesstattliche Versicherung über dessen Verbleib abzugeben. ⁶§ 883 Abs. 2 bis 4, § 900 Abs. 1 und §§ 901, 902, 904 bis 910 sowie 913 der Zivilprozessordnung sind entsprechend anzuwenden.

IV ¹Die Androhung eines Ordnungsmittels ist nicht isoliert anfechtbar. ²Die Beschwerde gegen die Festsetzung von Ordnungshaft hat keine aufschiebende Wirkung.

V Für Verfügungen nach den Absätzen 1 bis 4 ist das Oberlandesgericht zuständig, sofern es die Anordnung für vollstreckbar erklärt, erlassen oder bestätigt hat.

VI ¹Ist ein Kind heraus- oder zurückzugeben, so hat das Gericht die Vollstreckung von Amts wegen durchzuführen, es sei denn, die Anordnung ist auf Herausgabe des Kindes zum Zweck des Umgangs gerichtet. ²Auf Antrag der berechtigten Person kann das Gericht hiervon absehen.

1 **Vollstreckung.** § 44 befaßt sich mit der Zwangsvollstreckung aus anderen als Kostenentscheidungen. I instrumentalisiert dafür Ordnungsmittel, nicht Zwangsmittel. Dies soll die Durchsetzung erhöhen, BT-Drs 15/3981, 29. Der Sanktionscharakter von Ordnungsmitteln wird bewußt eingesetzt. Ordnungsmittel setzen andererseits eine schuldhafte Zuwiderhandlung und eine Androhung, aber kein vorheriges Verfahren nach § 52a FGG voraus, für letzteres gilt § 44 I 4. Im FGG-Verfahren besteht Amtsprüfungspflicht, BT-Drs aaO.

2 Entsprechend § 33 FGG erlaubt § 44 III zusätzlich den Gebrauch unmittelbaren Zwangs auf Grund besonderer Verfügung. § 44 IV möchte das Verfahren weiter beschleunigen, indem er Rechtsbehelfe gegen die Androhung von Ordnungsmitteln ausschließt, BT-Drs, aaO, 29. § 44 IV 2 erstreckt § 24 I 2 FGG auf die Ordnungshaft.

3 § 44 V verlagert die funktionelle Zuständigkeit auf das OLG, sofern dieses die Anordnung für vollstreckbar erklärt, erlassen oder bestätigt hat. Der Gesetzgeber bewertet den damit einhergehenden Verlust von Rechtsmittelmöglichkeiten als vertretbar.

4 § 44 VI ordnet an, daß bei Verfügung der Heraus- oder Rückgabe eines Kindes das Gericht die Vollstreckung vAw durchzuführen hat, es sei denn, die Herausgabe sei auf den Zweck des Umgangs beschränkt. So soll das Gericht die tatsächliche Verantwortung behalten, BT-Drs aaO, 30. Nach VI 2 kann es auf Antrag des Berechtigten (aber nicht des Verpflichteten oder des Kindes) davon absehen.

Abschnitt 8. Grenzüberschreitende Unterbringung

§ 45. Zuständigkeit für die Zustimmung zu einer Unterbringung. ¹Zuständig für die Erteilung der Zustimmung zu einer Unterbringung eines Kindes nach Artikel 56 der Verordnung (EG) Nr. 2201/2003 im Inland ist der überörtliche Träger der öffentlichen Jugendhilfe, in dessen Bereich das Kind nach dem Vorschlag der ersuchenden Stelle untergebracht werden soll, andernfalls der überörtliche Träger, zu dessen Bereich die Zentrale Behörde den engsten Bezug festgestellt hat. ²Hilfsweise ist das Land Berlin zuständig.

1 **Grenzüberschreitende Unterbringungen.** §§ 45–47 dienen der Ausfüllung von Art 56 EuEheVO. Es geht um die grenzüberschreitende Unterbringung von Kindern, wenn Deutschland nicht der anordnende Staat ist. § 45 gibt die Zuständigkeit dem Träger der öffentlichen Jugendhilfe (zumeist dem Jugendamt), in dessen Bereich das Kind nach dem Vorschlag der ersuchenden Stelle untergebracht werden soll, anderenfalls dem überörtlichen Träger, zu dessen Bereich das GBA den engsten Bezug festgestellt hat, bzw in S 2 ersatzweise, dh insbes wenn die ersuchende Stelle keinen Vorschlag macht und keine gewichtigen Beziehungen zum Inland bestehen, dem Land Berlin. S 2 dürfte praktisch durchaus ein gewichtiger Fall sein, BT-Drs aaO, 35. Unterbringung ist eine klassische Aufgabe der Kinder- und Jugendhilfe auf der Grundlage von SGB VIII; deshalb wird die Kompetenz nicht den Gerichten zugewiesen. Der GBA ist verpflichtet, den engsten Bezug festzustellen, insbes auch wenn Bezüge zu zwei Landesjugendamtsbezirken bestehen, Gegenäußerung d BReg BT-Drs aaO, 37.

§ 46. Konsultationsverfahren. ¹Dem Ersuchen soll in der Regel zugestimmt werden, wenn

1. die Durchführung der beabsichtigten Unterbringung im Inland dem Wohl des Kindes entspricht, insbesondere weil es eine besondere Bindung zum Inland hat,

Abschnitt 1. Allg. Vorschr. für Verfahren in Ehesachen **Anh II § 606a (IntFamRVG)**

2. die ausländische Stelle einen Bericht und, soweit erforderlich, ärztliche Zeugnisse oder Gutachten vorgelegt hat, aus denen sich die Gründe der beabsichtigten Unterbringung ergeben,
3. das Kind im ausländischen Verfahren angehört wurde, sofern eine Anhörung nicht auf Grund des Alters oder des Reifegrades des Kindes unangebracht erschien,
4. die Zustimmung der geeigneten Einrichtung oder Pflegefamilie vorliegt und der Vermittlung des Kindes dorthin keine Gründe entgegenstehen,
5. eine erforderliche ausländerrechtliche Genehmigung erteilt oder zugesagt wurde,
6. die Übernahme der Kosten geregelt ist.

II Im Falle einer Unterbringung, die mit Freiheitsentziehung verbunden ist, ist das Ersuchen ungeachtet der Voraussetzungen des Absatzes 1 abzulehnen, wenn
1. im ersuchenden Staat über die Unterbringung kein Gericht entscheidet oder
2. bei Zugrundelegung des mitgeteilten Sachverhalts nach innerstaatlichem Recht eine Unterbringung, die mit Freiheitsentziehung verbunden ist, nicht zulässig wäre.

III Die ausländische Stelle kann um ergänzende Informationen ersucht werden.

IV Wird um die Unterbringung eines ausländischen Kindes ersucht, ist die Stellungnahme der Ausländerbehörde einzuholen.

V ¹ Die zu begründende Entscheidung ist auch der Zentralen Behörde und der Einrichtung oder der Pflegefamilie, in der das Kind untergebracht werden soll, mitzuteilen. ² Sie ist unanfechtbar.

Bem. § 46 regelt, wann dem ausländischen Unterbringungsersuchen stattzugeben ist. I erklärt die **1** Zustimmung unter bestimmten Voraussetzungen, insbes einem Bezug des Kindes zum Inland, einem Bericht der ausländischen Stelle, der Anhörung des Kindes, der Zustimmung der aufnehmenden Einrichtung oder Pflegefamilie, einer erteilten Aufenthaltsgenehmigung und Regelung der Kostenübernahme, zur Regel. Der Prüfungsumfang ist nicht umfassend, sondern darauf eingeschränkt. Eine doppelte Prüfung der Unterbringungsvoraussetzungen soll unterbleiben, weil sie mit der EuEheVO nicht vereinbar wäre. Das Landesjugendamt wird sich insoweit mit dem örtlichen Jugendamt ins Benehmen setzen, BT-Drs aaO, 30.

Soweit eine grenzüberschreitende Unterbringung mit Freiheitsentziehung verbunden ist, stellt § 46 II **2** weitere Prüfungsgründe auf. Das Ersuchen ist demnach abzulehnen, wenn im ersuchenden Land kein Gericht die Unterbringung angeordnet hat (sondern zB eine Behörde) und wenn nach deutschem Recht eine Unterbringung mit freiheitsentziehendem Charakter nicht zulässig wäre. Letzteres ist eine Art ordre-public-Prüfung, die sich Art 104 II 1 GG niederschlägt, BT-Drs aaO, 30.

Bei Unterbringung eines ausländischen Kindes ist nach § 46 IV eine Stellungnahme der Ausländerbehörde **3** einzuholen. Nach § 46 III kann das Landesjugendamt die ersuchende ausländische Stelle immer um ergänzende Informationen bitten. Einer ausländischen Stelle kann allerdings keine diesem Recht korrespondierende Auskunfts- oder Informationspflicht auferlegt werden.

Die Entscheidung ist auch dem GBA und der aufnehmenden Einrichtung oder Pflegefamilie mitzuteilen. **4** Sie ist nach § 46 III unanfechtbar. Die eigentliche Unterbringungsentscheidung hat die ausländische Stelle getroffen; dies soll die Verkürzung des Rechtsschutzes rechtfertigen, BT-Drs aaO, 31.

§ 47. Genehmigung des Familiengerichts. I ¹ Die Zustimmung des überörtlichen Trägers der öffentlichen Jugendhilfe nach den §§ 45 und 46 ist nur mit Genehmigung des Familiengerichts zulässig. ² Das Gericht soll die Genehmigung in der Regel erteilen, wenn
1. die in § 46 Abs. 1 Nr. 1 bis 3 bezeichneten Voraussetzungen vorliegen und
2. kein Hindernis für die Anerkennung der beabsichtigten Unterbringung erkennbar ist.

³ § 46 Abs. 2 und 3 gilt entsprechend.

II ¹ Örtlich zuständig ist das Familiengericht am Sitz des Oberlandesgerichts, in dessen Zuständigkeitsbereich das Kind untergebracht werden soll, für den Bezirk dieses Oberlandesgerichts. ² § 12 Abs. 2 und 3 gilt entsprechend.

III Der zu begründende Beschluss ist unanfechtbar.

Bem. Die Zustimmung des Landesjugendamtes bedarf nach § 47 der Genehmigung durch das FamG. **1** Dessen Prüfungsumfang ist noch weiter eingeschränkt, denn § 46 I Nrn 4–6 sind nicht zu beachten. Die Genehmigung ist sinnvoll, da bei der Konsultation Umstände zu berücksichtigen sind, die in die Zuständigkeit des Richters fallen.

Bei freiheitsentziehender Unterbringung bedarf es nach Art 104 II 1 GG ohnehin der richterlichen **2** Genehmigung. Zuständig ist das FamG am Sitz des OLG für den ins Auge gefaßten Unterbringungsbezirk. Der richterliche Beschluß ist zu begründen, aber nach § 47 III unanfechtbar.

Abschnitt 9. Bescheinigungen zu inländischen Entscheidungen nach der Verordnung (EG) Nr. 2201/2003

§ 48. Ausstellung von Bescheinigungen. ¹ Die Bescheinigung nach Artikel 39 der Verordnung (EG) Nr. 2201/2003 wird von dem Urkundsbeamten der Geschäftsstelle des Gerichts des ersten Rechtszugs und, wenn das Verfahren bei einem höheren Gericht anhängig ist, von dem Urkundsbeamten der Geschäftsstelle dieses Gerichts ausgestellt.

II Die Bescheinigung nach den Artikeln 41 und 42 der Verordnung (EG) Nr. 2201/2003 wird beim Gericht des ersten Rechtszugs von dem Familienrichter, in Verfahren vor dem Oberlandesgericht oder dem Bundesgerichtshof von dem Vorsitzenden des Senats für Familiensachen ausgestellt.

1 **Bescheinigungen zu inländischen Entscheidungen nach EuEheVO.** Nach Art 39 EuEheVO sind auf Antrag im Ursprungsstaat Bescheinigungen über Entscheidungen in Ehesachen oder Sachen betreffend die elterliche Verantwortung gemäß den Formblättern im Anh I bzw II der EuEheVO zu erteilen. § 48 regelt die innerstaatliche Zuständigkeit in Deutschland und weist sie funktionell dem Urkundsbeamten der Geschäftsstelle des entscheidenden Gerichts zu.

2 Diese Zuweisung gilt nicht für Bescheinigungen nach Art 41, 42 EuEheVO; denn diese zu erteilen obliegt nach Art 41 II, 42 II EuEheVO dem Richter 1. Instanz, BT-Drs aaO, 31.

§ 49. Berichtigung von Bescheinigungen. Für die Berichtigung der Bescheinigung nach Artikel 43 Abs. 1 der Verordnung (EG) Nr. 2201/2003 gilt § 319 der Zivilprozessordnung entsprechend.

1 **Bem.** Auf die Berichtigung der Bescheinigungen erklärt § 49 § 319 ZPO für entsprechend anwendbar. Gegenstand der Berichtigung kann nur sein, ob der Inhalt der Entscheidung korrekt wiedergegeben ist. Alles andere kann nur mit Rechtsbehelfen gegen die Entscheidung selbst geltend gemacht werden.

Abschnitt 10. Kosten

§ 50. Anzuwendende Vorschriften. ¹ Für die Gerichtskosten sind die Vorschriften der Kostenordnung anzuwenden, soweit in diesem Abschnitt nichts anderes bestimmt ist. ² Bei der Anordnung von Ordnungshaft gilt § 119 Abs. 6 der Kostenordnung entsprechend.

1 **Kosten.** Der letzte materielle Abschnitt befaßt sich mit Kostenregelungen. Bisher wurden Kosten für Verfahren nach dem EuSorgeRÜbk einerseits und nach dem EuEheVO unterschiedlich behandelt. Dies wird nun konsolidiert und vereinheitlicht. § 50 verweist im Grundsatz auf die KostO, da es sich in der Regel um FGG-Verfahren handelt.

2 § 51 I ordnet in erster Instanz eine Festgebühr von 200 Euro, II für die zweite und weitere Instanz eine Festgebühr von 300 Euro und III für das Ausstellen einer Bescheinigung unter § 48 eine Festgebühr von 10 Euro an. Die Höhe orientiert sich an den Gebühren unter dem AVAG und berücksichtigt auch für das HKindEntfÜbk, daß das Gericht Aufwand hat, BT-Drs aaO, 32.

§ 51. Gerichtsgebühren. ¹ Für ein erstinstanzliches Verfahren nach diesem Gesetz über Anträge auf
1. Erlass einer gerichtlichen Anordnung auf Rückgabe des Kindes oder über das Recht zum persönlichen Umgang,
2. Erteilung der Vollstreckungsklausel zu ausländischen Titeln,
3. Feststellung, ob Entscheidungen aus einem anderen Staat anzuerkennen sind, einschließlich der Anordnungen nach § 33 zur Wiederherstellung des Sorgeverhältnisses,
4. Aufhebung oder Änderung einer Entscheidung in den in den Nummern 2 und 3 genannten Verfahren

wird eine Gebühr von 200 Euro erhoben.

II Für ein Verfahren über ein Rechtsmittel in der Hauptsache wird eine Gebühr von 300 Euro erhoben.

III Für das Verfahren über den Antrag auf Ausstellung einer Bescheinigung nach § 48 wird eine Gebühr von 10 Euro erhoben.

§ 52. Kostenschuldner. ¹ Im Falle des § 44 Abs. 6 Satz 1 ist eine Haftung des Kindes für die Kosten der Vollstreckung ausgeschlossen. ² In Verfahren nach § 51 Abs. 1 Nr. 1 ist abweichend von § 2 der Kostenordnung nur der Beteiligte zur Zahlung der Gerichtskosten verpflichtet, den das Gericht nach billigem Ermessen bestimmt; das Kind darf nicht zur Zahlung der Kosten verpflichtet werden.

1 **Bem.** Kostenschuldner ist bei amtswegigen Geschäften nach § 2 KostO derjenige, dessen Interessen wahrgenommen werden. Dies durchbricht § 52 S 1 für die amtswegige Vollstreckung von Herausgabeanordnungen gemäß § 44 VI 1 zugunsten des Kindes. Über Anträge auf Erlaß einer Herausgabe- oder Umgangsanordnung ist nach § 52 S 2 billigem Ermessen zu entscheiden, jedoch nicht zu Lasten des Kindes. Eine etwaige Kostenerstattung für andere Verfahren folgt aus § 13 a FGG oder § 788 ZPO.

§ 53. Ausschluss der Kostenerhebung; Vorschuss. ¹ Gerichtskosten werden nicht erhoben, soweit deren Erhebung nach dem Europäischen Sorgerechtsübereinkommen oder dem Haager Kindesentführungsübereinkommen ausgeschlossen ist.

II § 8 der Kostenordnung ist nicht anzuwenden.

1 **Bem.** Kostenregelungen in den Übereinkommen gehen vor. Daher schließt § 53 I die Erhebung von Gerichtskosten aus, soweit diese nach dem EuSorgeRÜbk oder dem HKindEntfÜbk ausgeschlossen ist. Ein Gerichtskostenvorschuß ist nach § 53 II nicht zu nehmen, um Verfahrensverzögerungen zu vermeiden.

§ 54. Übersetzungen. Die Höhe der Vergütung für die von der Zentralen Behörde veranlassten Übersetzungen richtet sich nach dem Justizvergütungs- und -entschädigungsgesetz.

1 **Bem.** Für die Kosten von Übersetzungen, welche der GBA veranlaßt, verweist § 54 auf das JVEG, indes nur für die Vergütungshöhe. Rechtsbehelfe richten sich wegen der Zuordnung zum GBA nach §§ 23 ff EGGVG.

Abschnitt 11. Übergangsvorschriften

Übersicht

Übergangsvorschriften. Diese orientieren sich, soweit möglich, an den Übergangsvorschriften der auszufüllenden Rechtsakte. So folgt § 55 S 1 Art 64 EuEheVO und erklärt auch für Verfahren, die sich noch nach der alten VO EG Nr. 1347/2000 richten, die neuen Vorschriften für anwendbar. Insbesondere sind die neuen Vorschriften zur Zwangsvollstreckung sofort anzuwenden. Diese gelten auch für Verfahren unter den Übereinkommen, BT-Drs aaO, 33. Dagegen richten sich die Verfahren unter den Übereinkommen im übrigen nach altem Recht, soweit diese Verfahren vor Inkrafttreten des Gesetzes eingeleitet wurden. 1

§ 55. Übergangsvorschriften zu der Verordnung (EG) Nr. 2201/2003. ¹ Dieses Gesetz findet sinngemäß auch auf Verfahren nach der Verordnung (EG) Nr. 1347/2000 des Rates vom 29. Mai 2000 über die Zuständigkeit und die Anerkennung und Vollstreckung von Entscheidungen in Ehesachen und in Verfahren betreffend die elterliche Verantwortung für die gemeinsamen Kinder der Ehegatten (ABl. EG Nr. L 160 S. 19) mit folgender Maßgabe Anwendung:
Ist ein Beschluss nach § 21 an die verpflichtete Person in einem weder der Europäischen Union noch dem Übereinkommen vom 16. September 1988 über die gerichtliche Zuständigkeit und die Vollstreckung gerichtlicher Entscheidungen in Zivil- und Handelssachen (BGBl. 1994 II S. 2658) angehörenden Staat zuzustellen und hat das Familiengericht eine Beschwerdefrist nach § 10 Abs. 2 und § 50 Abs. 2 Satz 4 und 5 des Anerkennungs- und Vollstreckungsausführungsgesetzes bestimmt, so ist die Beschwerde der verpflichteten Person gegen die Zulassung der Zwangsvollstreckung innerhalb der vom Gericht bestimmten Frist einzulegen.

§ 56. Übergangsvorschriften zum Sorgerechts-Übereinkommens-Ausführungsgesetz. ¹ Für Verfahren nach dem Haager Kindesentführungsübereinkommen und dem Europäischen Sorgerechtsübereinkommen, die vor Inkrafttreten dieses Gesetzes eingeleitet wurden, finden die Vorschriften des Sorgerechtsübereinkommens-Ausführungsgesetzes vom 5. April 1990 (BGBl. I S. 701), zuletzt geändert durch Artikel 2 Abs. 6 des Gesetzes vom 19. Februar 2001 (BGBl. I S. 288, 436), weiter Anwendung. ² Für die Zwangsvollstreckung sind jedoch die Vorschriften dieses Gesetzes anzuwenden. ³ Hat ein Gericht die Zwangsvollstreckung bereits eingeleitet, so bleibt seine funktionelle Zuständigkeit unberührt.

Artikel 2. Änderung anderer Rechtsvorschriften

(nicht abgedruckt; die Änderungen sind bei den einzelnen Gesetzen berücksichtigt, vgl zB GVG, RPflG u AVAG). 1

Artikel 3. Inkrafttreten, Außerkrafttreten

¹ In Artikel 1 treten § 12 Abs. 3 und § 47 Abs. 2 am Tag nach der Verkündung dieses Gesetzes in Kraft. ² Im Übrigen tritt dieses Gesetz am 1. März 2005 in Kraft; gleichzeitig tritt das Sorgerechtsübereinkommens-Ausführungsgesetz vom 5. April 1990 (BGBl. I S. 701), zuletzt geändert durch Artikel 2 Abs. 6 des Gesetzes vom 19. Februar 2001 (BGBl. I S. 288, 436), außer Kraft.

Anhang III nach § 606 a. Gleichstellung mit Deutschen (§ 606 a I 1 Z 1)

A. AHKG 23 über die Rechtsverhältnisse verschleppter Personen und Flüchtlinge

v 17. 3. 1950, ABlAHK 140

Schrifttum: *Pal-Heldr* Anh II 2 Art 5 EGBGB mwN; *Staud-Spellenberg* 150–156.

1) Allgemeines. Um verschleppten Personen und Flüchtlingen (wegen des Begriffs s Art 10) die Möglichkeit zu geben, vor ihrer Auswanderung ihre Familienverhältnisse zu ordnen, werden sie nach Art 1 AHKG, auch wenn sie eine fremde Staatsangehörigkeit haben, entsprechend der Regelung im deutschen IPR wie Staatenlose behandelt. Wegen der Rechtsstellung der heimatlosen Ausländer iS des Gesetzes v 25. 4. 51, s unten B. 1

2) Prozeßrecht. Art 3 AHKG 23 bestimmt, daß diese Personen bei allen bürgerlichen Rechtsstreitigkeiten, die im 6. Buch der ZPO geregelt sind, also in Ehe-, Kindschafts- und Entmündigungssachen wie deutsche Staatsangehörige zu behandeln sind. Danach sind deutsche Gerichte international zuständig, BGH NJW 85, 1283. Für die Streitigkeiten des 6. Buches besteht auch keine Verpflichtung zur Sicherheitsleistung, § 110. 2

3) Einzelheiten. Vgl 44. Aufl. Das AHKG 23 hat seine praktische Bedeutung fast ganz verloren, s unten C. 3

B. Rechtsstellung heimatloser Ausländer im Bundesgebiet

G v 25. 4. 51, BGBl I 269, zuletzt geändert durch Art 7 des Zuwanderungsgesetzes
v 30. 7. 04, BGBl 1950

Schrifttum: *Pal-Heldr* Anh II 3 Art 5 EGBGB; *Staud-Spellenberg* 150–156.

Der Begriff des heimatlosen Ausländers deckt sich etwa mit dem des AHKG, §§ 1 und 2 des Gesetzes. Voraussetzung ist also, daß er **a)** nicht Deutscher iSv Art 116 GG ist, vgl dazu § 606 a Rn 5, **b)** am 30. 6. 50 1 seinen Aufenthalt im Geltungsbereich des GG oder in Berlin hatte oder die Rechtsstellung eines heimatlosen Ausländers erwirbt. Nicht geregelt (wohl aber durch die Flüchtlingskonvention, unten C) sind also die Rechtsbeziehungen der Flüchtlinge im dritten Lande. Nach § 11 sind die heimatlosen Ausländer iS des Gesetzes im Verfahren vor allen deutschen Gerichten (auch hinsichtlich der Sicherheitsleistung) den deutschen Staatsangehörigen gleichgestellt, so daß § 606a I 1 Z 1 auch für sie gilt, BGH NJW **85**, 1283. Die heutige Bedeutung des Gesetzes ist gering.

C. Genfer Flüchtlingskonvention
v 28. 7. 51, BGBl 53 II 559

Schrifttum: *Pal-Heldr* Anh II 4 Art 5 EGBGB mwN; *Lass,* Der Flüchtling im deutschen IPR, 1995; *Staud-Spellenberg* 150–156; *Hailbronner* ZAR **93**, 3; *Hirschberg* IPrax **84**, 19 u NJW **72**, 361; *Marx* ZRP **80**, 192.

1   Das Abk über die Rechtsstellung der Flüchtlinge (teilweise abgedruckt und erläutert bei Pal-Heldrich Anh II 4 Art 5 EGBGB, dort auch Näheres über den Geltungsbereich) ist in der Bundesrepublik seit dem 24. 12. 1953 in Kraft, G v 1. 9. 53, BGBl II 559. Es wird ergänzt durch das Protokoll v 31. 1. 69, BGBl 69 II 1294, in Kraft seit dem 5. 11. 69, BGBl 70 II 194. Das Abk enthält im wesentlichen fremdenrechtliche Bestimmungen. Der Begriff des Flüchtlings wird in Art 1 definiert; eine wichtige Erweiterung enthält Art 1 des Protokolls v 31. 1. 67, BGBl 69 II 1293. Dem AHKG 23 geht das Abkommen als spätere Regelung seit seinem Inkrafttreten vor, str, vgl BGH NJW **85**, 1283 mwN.

2   Nach Art 12 I bestimmt sich das Personalstatut jedes Flüchtlings iSv Art 1 u Art I des Protokolls, dh seine Rechtsstellung, nach dem Recht des Landes seines Wohnsitzes oder, in Ermangelung eines Wohnsitzes, nach dem Recht seines Aufenthaltslandes, BayObLG **99**, 30, Karlsr RR **91**, 966, Bbg FamRZ **82**, 506; die aus dem Flüchtlingsstatus abgeleiteten Rechtsfolgen gelten auch für die minderjährigen Kinder, BayObLG aaO, aM Düss StAZ **89**, 281. Die unter Art 12 I fallenden Flüchtlinge, die ihren Wohnsitz bzw Aufenthalt in der BRep haben, genießen hinsichtlich des Zugangs zu den Gerichten nach Art 16 II dieselbe Behandlung wie Deutsche, so daß sie auch hinsichtlich der internationalen Zuständigkeit wie Deutsche zu behandeln sind, BGH NJW **85**, 1283 u **82**, 2732 mwN, Celle FamRZ **91**, 440 (Anm Henrich) u **89**, 623 (Anm Henrich), Spellenberg IPrax **88**, 3, Rahm VIII 142, in der Begründung abw (im Ergebnis einem Staatenlosen gleichgestellt) Mü IPrax **89**, 239 mwN, Kilian IPrax **95**, 10 mwN, Henrich in Johannsen/Henrich, EheR, § 606a Rn 26 mwN, offen gelassen BGH NJW **90**, 636 u KG RR **94**, 199 mwN. Flüchtling im Sinne des Abk (und damit des Protokolls) ist derjenige Ausländer, dessen Gefährdung iSv § 51 I AuslG vom Bundesamt oder einem Gericht unanfechtbar festgestellt worden ist, § 3 AsylVfG idF v 26. 6. 92, BGBl 1126 (ersetzt § 51 III AuslG aF); maßgeblich hierfür ist der Flüchtlingsbegriff des Art 1 a Z 2 des Abk, BVerwG NVwZ **92**, 676 (zum Zeitpunkt des Erwerbs des Flüchtlingsstatus bei nachträglicher Anerkennung als Asylberechtigter, unten D, s Hamm RR **93**, 266, Anm Henrich IPrax **92**, 390). Der Status als Flüchtling schließt die Anerkennung einer von dem Gericht des Heimatstaats erlassenen Entscheidung nicht aus, BGH FamRZ **79**, 577.

D. Asylberechtigte

Schrifttum: *Pal-Heldr* Anh II 5 Art 5 EGBGB; *Staud-Spellenberg* 150–156; *Jayme* IPrax **84**, 114; *Marx* ZRP **80**, 192 (zu § 44 AuslG aF); Materialien: JZ-Gesetzgebungsdienst **82**, 118.

1   Für Asylberechtigte gilt § 2 AsylVfG idF v 27. 7. 93, BGBl 1361 (m Änderungen, u a durch das Zuwanderungsgesetz v 30. 7. 04, BGBl 1950), der bestimmt, daß Asylberechtigte die Rechtsstellung nach der Flüchtlingskonvention, oben C, genießen, wobei eine günstigere Rechtsstellung nach anderen Vorschriften unberührt bleibt.

2   Die Vorschrift gilt für Ausländer, die als Asylberechtigte iSv Art 16 II 2 GG vom Bundesamt für die Anerkennung ausländischer Flüchtlinge anerkannt sind, erfolgt die Anerkennung später, so kann uU die Genfer Flüchtlingskonvention unmittelbar gelten, oben C, Hamm RR **93**, 266 (Anm Henrich IPrax **92**, 390). Wegen der internationalen Zuständigkeit in EheS ist auf das zur Genfer Flüchtlingskonvention Gesagte, oben C, zu verweisen, vgl BGH NJW **90**, 636 mwN, Stgt FamRZ **98**, 1322, Celle FamRZ **91**, 440 u **89**, 623, KG RR **94**, 199, Mü IPrax **89**, 239. Erlischt die Asylberechtigung nach Klagerhebung, § 72 AsylVfG, so berührt das die internationale Zuständigkeit deutscher Gerichte nicht, § 261 III 1, MüKoWalter § 606a Rn 15, Celle FamRZ **74**, 314; das gleiche gilt für den Widerruf und die Rücknahme der Anerkennung, § 73 AsylVfG.

E. Gesetz über Maßnahmen für im Rahmen humanitärer Hilfsaktionen aufgenommene Flüchtlinge
v. 22. 7. 1980, BGBl I 1057, aufgehoben mWv 1. 1. 05 durch Art 15 III des Zuwanderungsgesetzes v 30. 7. 04, BGBl 1950

Schrifttum: *Pal-Heldr* Anh II 6 Art 5 EGBGB; *Lass,* Der Flüchtling im deutschen IPR, 1995; *Staud-Spellenberg* 150–156; *Jayme* IPRax **81**, 73.

1   Der Anwendungsbereich der Genfer Flüchtlingskonvention, oben C, wird durch § 1 des Gesetzes auf Ausländer ausgedehnt, die im Rahmen humanitärer Hilfsaktionen der Bundesrepublik Deutschland auf Grund der Erteilung einer Aufenthaltserlaubnis vor der Einreise in der Form des Sichtvermerks oder auf Grund einer Übernahmeerklärung nach § 22 AuslG im Geltungsbereich dieses Gesetzes aufgenommen worden sind. Diese Flüchtlinge genießen danach die Rechtsstellung nach den Art 2–34 der Genfer Flüchtlingskonvention, ohne daß sie als Asylberechtigte anerkannt zu werden brauchen. Wegen der internationalen

Abschnitt 1. Allg. Vorschr. für Verfahren in Ehesachen **Anh III, IV § 606a**

Zuständigkeit in EheS ist demgemäß auf das oben unter C Gesagte zu verweisen, vgl Jayme IPRax **81**, 75. Wegen des Erlöschens der Rechtsstellung s § 2a des Gesetzes.

Anhang IV nach § 606a

Anerkennung deutscher Urteile (§ 606a I 1 Z 4)

Eine deutsche Entscheidung in EheS dürfte offensichtlich nicht oder nur unter bestimmten Voraus- 1 setzungen anerkannt werden, wenn es sich um Staatsangehörige folgender Staaten handelt („nein"), vgl *Bergmann/Ferid*, Internationales Ehe- und Kindschaftsrecht, 1983 ff; *Henrich*, Internationales Scheidungsrecht 1998, und in *Johannsen/Henrich* § 606a Rn 36 (zT abw); *Hohloch* (Hrsg.), Internationales Scheidungs- und Scheidungsfolgenrecht, 1998; *Bergerfurth* Rn 241; *Maurer* 1065–1077; *MüKoWalter* § 606a Rn 36–166; *StJSchl* § 606a Rn 20; *Staud-Spellenberg* § 606a Rn 321; *Rahm/Künkel* VIII 154 (Bearbeiter: *Breuer*):

Ab 1. 3. 05 gilt im Verhältnis zu den **EG-Staaten** (außer Dänemark) ausschließlich Kapitel III der EuEheVO, vgl Anh I und § 606a Rn 2a u 14a.

Ägypten: nein, wenn der Antragsgegner Ägypter ist, weil Ägypten dann die ausschließliche Zuständigkeit in Anspruch nimmt, Bergerfurth Rn 241, Brschw FamRZ **85**, 1145 mwN, Celle NdsRpfl **85**, 42 u **74**, 314. **Afghanistan:** nein bei Nichtanwendung des afghanischen Rechts, MüKoWalter § 606a Rn 41, Krüger IPrax **85**, 151, AG Bonn IPrax **85**, 165, Rahm VIII 154. **Albanien:** nein, Henrich § 606a Rn 36, Rahm VIII 154. **Algerien:** nein bei Scheidung außerhalb des ehelichen Wohnsitzes oder Nichtanwendung des Heimatrechts, Henrich § 606a Rn 36, Rahm VIII 154. **Andorra:** nein, Dopffel FamRZ **87**, 1205, Brühl FamRZ **84**, 541. **Argentinien:** nein, wenn der Wohnsitz des Klägers oder der letzte gemeinsame Wohnsitz in Argentinien liegt bzw lag, vgl Jayme IPrax **96**, 279 (red Anm zu Kblz IPrax **96**, 278), AG Freiburg u AG Bonn IPrax **89**, 108, KG NJW **80**, 535, Rahm VIII 154; zum EheG v 3. 6. 87 Jayme IPrax **96**, 279, Piltz IPrax **88**, 320, Dopffel FamRZ **87**, 1205. **Bolivien:** nein, wenn nur der 2 Antragsteller seinen gewöhnlichen Aufenthalt in der BRep hat (es sei denn, der letzte Ehewohnsitz lag hier), MüKoWalter § 606a Rn 47, Henrich § 606a Rn 36 aE, Bergerfurth Rn 241, Rahm VIII 154 (stets Anerkennung). **Bosnien-Herzegowina:** unklar, vgl Henrich § 606a Rn 36 (nein, s Jugoslawien), Stgt FamRZ **97**, 1161 (nein wie Jugoslawien, wenn der Beklagte widerspricht), vgl auch Köln RR **99**, 81. **Bulgarien:** nein, wenn der Antragsteller seinen Wohnsitz in der BRep hat, Henrich § 606a Rn 36, Rahm VIII 154, Henrich § 606a Rn 36. **Chile:** zweifelhaft (nein Jayme IPrax **86**, 267, ja Rahm 3 VIII 154). **Dänemark:** zweifelhaft (nein, wenn nur der Antragsteller in der BRep seinen Wohnsitz hat 4 und der Antragsgegner sich deshalb der Scheidung widersetzt, es sei denn, er lebte während der beiden letzten Jahre hier oder hatte früher hier seinen Wohnsitz, MüKoWalter § 606a Rn 52, dagegen für Anerkennung Rahm VIII 154, Henrich § 606a Rn 36). **Ecuador:** nein, wenn die Ehe dort geschlossen worden ist und einer der Eheschließenden Ecuadorianer war, Rahm VIII 154. **GUS:** s UdSSR. **Indien:** nein, wenn der Ehemann sein Domizil (nicht nur Wohnsitz oder gewöhnlichen Aufenthalt) in Indien hat, MüKoWalter § 606a Rn 65, Henrich § 606a Rn 36. **Irak:** wohl nein, MüKoWalter § 606a Rn 67, 5 Hamm FamRZ **74**, 65, zweifelnd Rahm VIII 154. **Iran:** nein, wenn ein Ehegatte dort seinen Wohnsitz hat, MüKoWalter § 606a Rn 68, Henrich § 606a Rn 36, Hamm FamRZ **92**, 823 mwN (dazu Elwan IPrax **94**, 282 mwN), offen Hamm StAZ **94**, 222 mwN, abw AG Heidelberg IPrax **88**, 367 (zustm Jayme), zweifelnd Rahm VIII 154 (wohl stets nein); keine Scheidung in Deutschland nach islamischem Recht, KG IPrax **00**, 126 (Anm Herfarth S 101). **Israel:** nein, wenn beide Eheleute einer religiösen Gerichtsbarkeit unterliegen, KG FamRZ **94**, 839, es sei denn, die Ehe ist als Zivilehe im Ausland geschlossen, MüKoWalter § 606a Rn 71, Rahm VIII 154. **Jordanien:** nein bei nach islamischem Ritus geschlossener Ehe oder bei gewöhnlichem Aufenthalt beider Parteien außerhalb der BRep, IPG **78**, 226, Hbg IPrax **81**, 181, Rahm VIII 154, sonst oft zweifelhaft, Elwan/Ost FamRZ **96**, 389. **Jugoslawien:** 6 nach dem in Restjugoslawien (Serbien und Montenegro) fortgeltenden gesamtjugoslawischen Recht nein, wenn der Antragsgegner Jugoslawe ist und dort seinen Wohnsitz hat, Varady IPrax **84**, 249 (was bei Gastarbeitern grds der Fall ist), Hbg ZBlJugR **85**, 303, Stgt FamRZ **82**, 817); vorrangig ist aber das Recht der Teilrepublik maßgebend, in der der jugoslawische Staatsangehörige seinen Wohnsitz hat, vgl Povh FamRZ **91**, 132, so daß die Anerkennung uUmst erleichtert ist, Rauscher IPrax **92**, 15 zu Hbg IPrax **92**, 39, Jayme IPrax **85**, 48; ob ein Anerkennungshindernis entfällt, wenn der Antragsgegner der Scheidung nicht widerspricht, Karlsr IPrax **84**, 270, ist str, vgl Dörr NJW **89**, 494, Rahm VIII 154, beide mwN. Entsprechendes dürfte für die Nachfolgestaaten Bosnien-Herzegowina, Kroatien, Mazedonien und Slowenien gelten, solange sie keine abweichende Regelung treffen; vgl zur Problematik der Staatenachfolge Kondring IPrax **96**, 161 mwN, Schweisfurth/Blöcker IPrax **96**, 9 zu Kblz IPrax **96**, 28. **Kanada:** nein, wenn die Ehegatten nicht einen mindestens einjährigen Aufenthalt in der BRep gehabt haben, MüKoWalter § 606a Rn 79, Reinhard IPrax **87**, 260. **Kolumbien:** wohl nein, wenn es sich um eine kanonische Ehe handelt, Samtleben IPrax **93**, 59, ebenso, wenn nur der Antragsteller in der BRep wohnt, Henrich § 606a Rn 36, abw Rahm VIII 154: Anerkennung, wenn die Scheidung einer in Kolumbien geschlossenen Ehe der Scheidungsgrund dem kolumbianischen Recht entspricht. **Kroatien:** unklar, vgl Jugoslawien, Rahm VIII 154 u Nürnb FamRZ **01**, 837. **Libanon:** zweifelhaft (nein, wenn 7 beide Ehegatten derselben Religionsgemeinschaft angehören, die Ehe in religiöser Form geschlossen haben und das Gericht nicht das Recht dieser Glaubensgemeinschaft anwendet, Brschw FamRZ **85**, 1145, MüKoWalter § 606a Rn 84; für Anerkennung bei Wahrung der Verfahrensrechte des Antragsgegners Staud-Spellenberg Rn 249, Rahm VIII 154); auf die Anerkennung kommt es im Fall der wirksamen Verstoßung nach islamischem Recht nicht an, Beitzke IPrax **93**, 232. **Libyen:** wohl nein, wenn die Scheidung nicht mit islamischen Rechtsgrundsätzen vereinbart ist, Rahm VIII 154. **Marokko:** wohl nein, wenn die Ehe nach marokkanischem Recht geschlossen worden ist (auf die Anerkennung kommt es nicht an, wenn der Ehemann eine wirksame Verstoßung ausgesprochen hat, MüKoWalter

§ 606a Rn 87). **Mazedonien:** unklar, vgl Jugoslawien, Rahm VIII 154 u Nürnb FamRZ 01, 837.
8 **Pakistan:** nein, wenn der Ehemann sein Domizil nicht in der BRep hat und auch der Domizilstaat das deutsche Urteil nicht anerkennt, vgl Rahm VIII 154, Hamm FamRZ 85, 1145 (bei wirksamer Verstoßung der Ehefrau kommt es auf die Anerkennung nicht an, BayObLG FamRZ 85, 76). **Paraguay:** nein, wenn der eheliche Wohnsitz nicht im Urteilsstaat lag, Rahm VIII 154. **Peru:** nein, wenn der Antragsteller seinen gewöhnlichen Aufenthalt dort hat, es sei denn, der letzte gemeinsame Aufenthalt lag in der BRep, AG Hbg RR 86, 374, zustm Samtleben IPrax 87, 96, vgl auch Rahm VIII 154. **Philippinen:** wohl nein, wenn der Kläger philippinischer Staatsangehöriger ist, Burmester-Behr StAZ 89, 256, Rahm
9 VIII 154, AG Landstuhl NJW 86, 669 (dazu Jayme IPrax 86, 179). **Saudi-Arabien:** nein, Bergerfurth Rn 241 (bei wirksamer Verstoßung der Ehefrau kommt es auf die Anerkennung nicht an, MüKoWalter § 606 a Rn 104). **Schweiz:** nach Art 3 des dt-schweiz Abk, Schlußanh V B 1, nein, wenn der Antragsgegner Schweizer ist und dort wohnt, MüKoWalter § 606 a Rn 106, Ffm FamRZ 83, 316. **Slowenien:** unklar, vgl Jugoslawien, Rahm VIII 154. **Syrien:** nein wegen ausschließlicher Zuständigkeit der religiösen Gerichte für Angehörige von Religionsgemeinschaften, MüKoWalter § 606 a Rn 110 (bei islamischen
10 Eheleuten kommt es im Fall wirksamer Verstoßung auf die Anerkennung nicht an).**Taiwan:** nein, Bergerfurth Rn 241, MüKoWalter § 606 a Rn 111 (bei Vorlage einer Urkunde über die Privatscheidung kommt es auf die Anerkennung nicht an). **Türkei:** zweifelhaft, Rumpf FamRZ 96, 1492. **Tunesien:** nein bei fehlender Zuständigkeit iSv Art 32 des dt-tunes Vertrages v 19. 7. 66, Schlußanh V B 8, vgl
11 Henrich § 606 a Rn 36, Rahm VIII 154.**UdSSR:** früher nein, wenn beide Ehegatten Sowjetbürger waren und einer von ihnen in der UdSSR lebte, Henrich § 606 a Rn 36, Rahm VIII 154 (die heutige Rechtslage ist unübersichtlich). **Ukraine:** nein, wenn beide Ehegatten Ukrainer sind und einer von ihnen in der Ukraine lebt, Rahm VIII 154. **Ungarn:** nein, wenn keiner der Ehegatten seinen Wohnsitz in der BRep hat, MüKoWalter § 606 a Rn 118, abw Henrich § 606 a Rn 36 (nein, wenn ein Ehegatte Ungar ist und seinen Wohnsitz dort hat), offen gelassen Bergerfurth Rn 241. **Weißrußland:** vgl Ukraine, Rahm
12 VIII 154. **Zypern:** nein bei religiös geschlossener Ehe von Angehörigen bestimmter Kirchen, MüKoWalter § 606 a Rn 123, Henrich § 606 a Rn 36.

607 *Prozeßfähigkeit; gesetzliche Vertretung.* ^I In Ehesachen ist ein in der Geschäftsfähigkeit beschränkter Ehegatte prozessfähig.

II ¹ Für einen geschäftsunfähigen Ehegatten wird das Verfahren durch den gesetzlichen Vertreter geführt. ² Der gesetzliche Vertreter ist jedoch zur Erhebung der Klage auf Herstellung des ehelichen Lebens nicht befugt; für den Antrag auf Scheidung oder Aufhebung der Ehe bedarf er der Genehmigung des Vormundschaftsgerichts.

Vorbem. I u II 2 mWv 1. 7. 98 idF des Art 3 Z 6 EheschlRG, Einf § 606 Rn 13.

1 1) **Beschränkt Geschäftsfähige, I** (Zeuner F Beys, 2003, S 1787)
 A. Prozeßfähigkeit. I macht eine Ausnahme von § 52 wegen des höchstpersönlichen Charakters der Ehe. In Ehesachen ist ein **in der Geschäftsfähigkeit beschränkter Ehegatte**, § 106 BGB, für jede Parteirolle voll prozeßfähig, und zwar auch für die Parteivernehmung, weil § 607 dem § 455 I vorgeht. Die Prozeßfähigkeit besteht nicht, wenn der Betreffende wegen Bestellung eines Betreuers oder Pflegers nach § 53 von der Prozeßführung ausgeschlossen ist, hM, BGH 41, 307, StR 2, aM Hbg MDR 63, 762. Geisteskranke fallen unter II; ein Ehegatte kann wegen der besonderen Natur seiner geistigen Störungen für einen bestimmten Kreis seiner Angelegenheiten, die mit seinem Eheprozeß zusammenhängen, geschäfts- und damit prozeßunfähig sein, BGH MDR 71, 465.

2 **B. Aufhebungsantrag.** Der minderjährige Ehegatte kann (und muß) den Antrag selbst stellen; er bedarf dazu nicht der Zustimmung seines gesetzlichen Vertreters, § 1316 II 2 BGB. Für den Gegner gilt die Regel, er ist also unter den in I 1 genannten Voraussetzungen prozeßfähig.

3 **C. Geltungsbereich.** Diese Sonderregelung der Prozeßfähigkeit gilt nur für Ehesachen, § 606 Rn 2 ff, also nicht auch für die mit einer Scheidungssache verbundenen FolgeS, RegEntwBegr. In EheS umfaßt sie alle Abschnitte des Streitverfahrens, zB die Erteilung der Prozeßvollmacht und den Abschluß des Anwaltsvertrages, die Richterablehnung, das AnO-Verf nach §§ 620 ff und die Kostenfestsetzung, StR 3. Die Prozeßfähigkeit gilt nicht für die Zwangsvollstreckung, StJSchl Rn 4, und auch nicht für das Verfahren wegen des Gebührenanspruchs des Prozeßbevollmächtigten aus der Ehesache, Hamm FamRZ 60, 161. Auch materiell-rechtliche Vereinbarungen fallen nicht unter I, StR 4.

4 2) **Geschäftsunfähige, II**
 A. Prozeßunfähigkeit. Geisteskranke sind auch in Ehesachen prozeßunfähig. Für sie führt den Prozeß **ihr gesetzlicher Vertreter, II 1**, der notfalls nach § 1896 BGB oder § 57 ZPO zu bestellen ist, dies gilt auch für den Aufhebungsantrag, § 1316 II 1 BGB. Über den Eintritt der Geschäftsunfähigkeit im Prozeß s §§ 241, 246; der gesetzliche Vertreter (Betreuer oder Pfleger) kann ohne vormundschaftsgerichtliche Genehmigung das Verfahren aufnehmen, Hamm FamRZ 90, 167 mwN. Der prozeßfähig gewordene Gatte tritt ohne weiteres selbst in den Prozeß ein.
 Die **Herstellungsklage**, § 606 Rn 7, **darf der gesetzliche Vertreter nicht erheben, II 2,** der Geschäftsunfähige kann sie nicht erheben. Sie ist dem Geschäftsunfähigen also ganz verschlossen.

5 **B. Genehmigungserfordernis.** Den **Scheidungs- oder Aufhebungsantrag**, § 606 Rn 3 u 4, darf der gesetzliche Vertreter **nur mit Genehmigung des Vormundschaftsgerichts** erheben, II 2, weil der Wille der Partei selbst zu prüfen ist. Die Genehmigung läßt sich nachholen und heilt dann noch in der Revisionsinstanz den Mangel der Vertretungsbefugnis, Hamm FamRZ 90, 167 mwN. Der Rechtspfleger ist für diese Genehmigung nicht zuständig, § 14 Z 14 RPflG.

Abschnitt 1. Allg. Vorschr. für Verfahren in Ehesachen §§ 607–609, Einf §§ 610–617

C. Wirkung. Bleibt die Prozeßunfähigkeit unerkannt oder fehlt die erforderliche Genehmigung, wird **6** dadurch die Rechtskraft einer Entscheidung nicht berührt; Verfahrenshandlungen des Prozeßunfähigen bleiben unwirksam, Zweibr FamRZ **99**, 28. In solchen Fällen hilft § 579 I Z 4.

608 Anzuwendende Vorschriften. Für Ehesachen gelten im ersten Rechtszug die Vorschriften über das Verfahren vor den Landgerichten entsprechend.

1) Allgemeines. Da das für alle EheS ausschließlich zuständige FamGer bei dem AG gebildet wird, **1** § 23 b GVG, bedarf es für den 1. Rechtszug einer Bestimmung, daß in **EheS**, § 606 Rn 2, nicht die dafür nicht geeigneten §§ 495 ff, sondern die Vorschriften über das Verfahren vor dem LG entsprechend gelten; unberührt bleiben Abweichungen, die sich aus der Verfassung des AG (Entscheidung durch den Alleinrichter) ergeben, STr 1, StJ § 495 III 3. Für das Verfahren in den höheren Instanzen (OLG, BGH) gelten die Vorschriften über die Berufung und die Revision unmittelbar, soweit nicht das 6. Buch etwas anderes bestimmt, zB für Scheidungs- und FolgeS.

§ 608 gilt nur für EheS, dagegen für andere FamS, § 621, grundsätzlich nicht. Dies gilt auch dann, wenn sie als FolgeS eines Scheidungsverfahrens anhängig sind, § 623. Hier greift § 624 III ein, Rn 5.

Die Vorschriften des 1. Buches gelten unmittelbar. Wegen des **Anwaltszwanges** s **§ 78 II** u die dortigen Erl, wegen der Rechtslage in den neuen Bundesländern s. Vorbem § 78. Zu § 128 s Zweibr FamRZ **99**, 456.

2) Entsprechende Geltung der landgerichtlichen Verfahrensvorschriften **2**

A. Grundsatz. Den Bestimmungen des 1. Abschnitts des 2. Buches (und den unmittelbar geltenden Vorschriften des 1. Buches) gehen die besonderen Vorschriften des 6. Buches vor. Wegen der Einzelheiten ist auf die Erläuterungen zu den §§ 609 ff, 631 ff und für Scheidungs- und FolgeS auf die Erläuterungen zu den §§ 622 ff zu verweisen.

B. Einzelheiten. In EheS, Rn 1, gelten die Vorschriften über das Verfahren vor den LG entsprechend, **3** soweit sie nicht ausdrücklich von der Anwendung ausgeschlossen oder wegen der Besonderheiten des Eheverfahrens nicht anwendbar sind.

a) Entsprechend anzuwenden aus dem 1. Abschnitt des 2. Buches sind ua: § 216 (dazu § 612 Rn 1 u § 624 Rn 5, § 251 (Karlsr NJW **78**, 1388), § 253 (im Scheidungsverfahren mit Änderung durch § 622), § 256 I, § 261, § 269 (BGH RR **04**, 1297, vgl § 626), § 270 (mit Ergänzung durch § 612 II, III), §§ 271–277 (ohne § 272 III, § 612 I, und eingeschränkt durch § 611), §§ 278, 279, mit Erweiterung durch § 614 (Bergerfurth FamRZ **01**, 12 mwN), 280, 281 (BayObLG FamRZ **93**, 346), 282 u 283, §§ 284–286 (mit Änderung durch § 616), §§ 291–295, 299, 299 a, §§ 300, 301, 303, 308–322, 328 (mit Einschränkung durch § 606 a), § 329, § 330, §§ 331 a ff (auf Versäumnisurteile gegen den Kläger, § 612 IV), §§ 355–444, §§ 445 ff (Ergänzung durch § 613), §§ 485 ff.

b) Nicht entsprechend gelten ua: § 260 (ersetzt durch § 610), §§ 263, 264, 267–268, § 272 III **4** (§ 612 I), §§ 275 I 1, III u IV, 276 (§ 611 II), §§ 288–290 (§ 617), § 296 (§ 615 I), § 301 (§ 610), §§ 306, 307 (§ 617), §§ 330 ff (für Versäumnisurteile gegen den Beklagten, § 612 IV), §§ 348–350.

609 Besondere Prozessvollmacht. Der Bevollmächtigte bedarf einer besonderen, auf das Verfahren gerichteten Vollmacht.

1) Vollmacht. Wegen ihrer höchstpersönlichen Natur muß in allen **EheS**, § 606 Rn 2, der Prozeßbe- **1** vollmächtigte einer jeden Partei, nicht nur des Klägers, eine besondere, von der Partei selbst erteilte Vollmacht nachweisen, § 80. Sie muß auf das jeweilige Verfahren gerichtet sein, dh zur Vertretung in einem Verfahren der betreffenden Art, zB in Scheidungsverfahren, ermächtigen. Stellt eine Partei einen Antrag in einer anderen Verfahrensart, geht etwa der Kläger von der Scheidungs- zur Aufhebungsklage über, so erfordert dieser Antrag eine neue Vollmacht. Auf einzelne Klaggründe ist innerhalb derselben Sache nicht abzustellen.

Die Vollmacht für die Scheidungssache umfaßt nach § 82 jedes Verfahren über eine einstwAnO, § 620, Bergerfurth AnwZwang Rn 340, und erstreckt sich auf FolgeS, § 624 I; sie darf nur von einem beteiligten Dritten, § 623 Rn 10, auf eine im Verbund stehende FolgeS beschränkt werden, § 83 I, StJSchl 34, aM STr 1, ThP § 624 Rn 1, Bergerfurth AnwZwang Rn 340. Umgekehrt reicht die Vollmacht für eine selbständig geltend zu machende Ehewirkungssache, § 621, für das Scheidungsverfahren nicht aus, Diederichsen NJW **77**, 606.

Für die Vollmacht gelten iü die Vorschriften der §§ 78 ff. Auch § 81 (Umfang und Bestellung durch den Prozeßbevollmächtigten 1. Instanz), § 83 (Beschränkung) und § 85 II (Vertreterverschulden) sind anwendbar, vgl dazu § 85 Rn 6 ff.

2) Mangel der Vollmacht. Auch insoweit sind die allgemeinen Vorschriften anzuwenden. Der Mangel **2** ist demnach vAw zu berücksichtigen, wenn nicht als Bevollmächtigter ein RA auftritt, § 88 II, also idR nur auf Rüge, § 88 I, Ffm FamRZ **79**, 323 mwN, STr 4, ZöPf 4, aM StJSchl Rn 5, Bergerfurth Rn 42 mwN. Wegen der Heilung des Mangels durch nachträgliche Genehmigung vgl § 89.

Einführung zu §§ 610–617. Klaggruppen des Eheprozesses

1) Allgemeines. Die §§ 610–617 enthalten die besondere Gestaltung der Parteiherrschaft, Grdz § 128 **1** Rn 18 ff, und des Zusammenfassungsgrundsatzes, Üb § 253 Rn 61, in EheS. Sie führen zu erheblichen Abweichungen vom ordentlichen Verfahren.

2   2) Klaggruppen. Es sind zwei Gruppen von Eheverfahren zu unterscheiden: a) Scheidungs-, Aufhebungs- und Herstellungsverfahren, b) Nichtigkeits- und Feststellungsverfahren. In Gruppe a) erfaßt die Klage bzw der Antrag das gesamte eheliche Verhältnis und macht es zum Gegenstand des Streits (mit Ausnahme der Herstellungsklage). Darum gilt dort: Klagänderung ist innerhalb der Gruppe unbeschränkt zulässig, § 611; Anspruchshäufung ist erleichtert, § 615; in Scheidungs- und Aufhebungssachen ist nur eine einheitliche Entscheidung möglich. S auch Üb § 606 Rn 3.

3   3) Einheitlichkeit der Entscheidung (dazu krit StJSchl § 610 Rn 5 ff und zum Streitgegenstand in EheS insbes, z T abw STr § 610 Rn 9 u § 611 Rn 8–14).
A. Allgemeines. Scheidungs- und Aufhebungsantrag unterwerfen den Bestand der Ehe der richterlichen Entscheidung, Hamm FamRZ **81**, 61, nicht die Herstellungsklage nicht. Darum muß die Erhebung eines Scheidungs- oder Aufhebungsbegehrens den Bestand der Ehe in vollem Umfang rechtshängig, BGH FamRZ **89**, 155 mwN, aM StJSchl § 610 Rn 9, Karlsr IPrax **85**, 36. Es können also nicht mehrere derartige Verfahren nebeneinander herlaufen, vgl BGH FamRZ **67**, 460 (zu diesem Ergebnis kommen auch die Vertreter der Auffassung, daß wegen fehlender Identität des Streitgegenstandes keine Rechtshängigkeit bestehe: sie verneinen idR das Rechtsschutzbedürfnis für eine weitere Klage, vgl ZöPh § 610 Rn 9). Auch der Gegner muß seine Begehren in diesem Prozeß durch Gegenanträge geltend machen und kann nicht selbständig vorgehen; stellt er einen Scheidungsantrag, so wird dieser idR als Gegenantrag aufzufassen und darauf hinzuwirken sein, daß er seinen Antrag als Gegenantrag stellt, BGH FamRZ **83**, 39 mwN. Die Rechtshängigkeit ist darum stets vAw zu beachten. Der spätere Antrag ist mit dem früheren zu verbinden; notfalls ist er durch Prozeßurteil abzuweisen, BGH aaO. Vgl auch § 606 Rn 18.

4   B. Einzelheiten. Die Einheitlichkeit der Beurteilung verbietet auch Teilurteile, § 301, über Antrag oder Gegenantrag, weil damit eine endgültige Entscheidung getroffen wäre oder der Bestand der Ehe vielleicht gleichzeitig der Beurteilung verschiedener Instanzen unterläge, so namentlich bei streitmäßigem Urteil über den Antrag und Versäumnisurteil über den Gegenantrag, Jauernig § 91 II 13, aM StJSchl § 610 Rn 11. Unzulässig ist deshalb die Aufhebung der Ehe auf Antrag ohne gleichzeitige Entscheidung über einen Scheidungsgegenantrag, dazu Bosch FamRZ **87**, 817 mwN. Wird ein angekündigter Gegenantrag nicht gestellt und ist der Antrag entscheidungsreif, so ist durch Befragung zu klären, ob der Gegenantrag aufrechterhalten wird. Ist genügende Auskunft nicht zu erlangen, sind die möglichen Beweise aber erschöpft, auch die für eine Scheidung sprechenden, § 616 I, so ist ggf der Gegenantrag in dem Urteil über den Antrag abzuweisen; jedenfalls muß eine einheitliche Entscheidung ergehen. Im Verhältnis der Herstellungsklage zum Scheidungs- oder Aufhebungsantrag ist ein Teilurteil zwar denkbar, weil es der Auflösung der Ehe nicht entgegensteht, BGH FamRZ **65**, 498, aber durchaus zu widerraten, vgl STr § 610 Rn 11. Abtrennung und Aussetzung sind ebenso zu behandeln, weil sie widersprechende Entscheidungen ermöglichen, STr § 610 Rn 10.

5   C. Für Hilfsanträge gelten die allgemeinen Grundsätze. Sofern nicht die Anträge ausdrücklich gleichgeordnet sind, was das Gericht notfalls nach § 139 zu klären hat, darf die Entscheidung über den Hilfsantrag, wenn die rechtlichen Wirkungen verschieden sind, nicht vorweggenommen werden, vgl § 610 Rn 3. Auch Anträge auf Aufhebung und Scheidung darf eine Partei nicht in beliebiger Reihenfolge stellen, aM STr § 610 Rn 8 a, Maurer 283, weil die Folgen bei einem stattgebenden Urteil nicht stets die gleichen sind. Begehrt der Antragsteller die Scheidung, der Gegner die Aufhebung, so ist bei begründetem Antrag einheitlich nur auf Aufhebung zu erkennen, § 631 II 3. Ein Verstoß hiergegen ist prozessual belanglos.

6   D. In der Rechtsmittelinstanz geht der Grundsatz der Einheitlichkeit der Entscheidung dem Verbot nachteiliger Abänderung (§§ 528, 557) vor, weil es sich beim Bestand der Ehe um eine öffentlich-rechtliche Frage größter Tragweite handelt. Die Bindung des Berufungsgerichts an die Anträge bleibt grundsätzlich bestehen, aber nur insoweit, als es die Einheitlichkeit der Entscheidung erlaubt.
Ist der Scheidungsantrag abgewiesen und der Herstellungswiderklage stattgegeben worden, so erledigt sich dieser Ausspruch, wenn der Antragsteller in der nächsten Instanz die Scheidung erreicht, BGH JZ **65**, 580. Ist unter Verletzung des Grundsatzes der Einheitlichkeit der Entscheidung teils durch Versäumnisurteil entschieden worden, teils durch streitmäßiges Urteil, so ist dagegen Berufung oder Revision bzw Einspruch mit der Folge gegeben, daß in der Rechtsmittelinstanz einheitlich zu entscheiden ist, RoSGo § 166 III 6 (idR ist Zurückverweisung geboten), aM StJSchl § 610 Rn 11. Da ein unzulässiges Teilurteil eine unmögliche prozeßrechtliche Lage schafft, oben Rn 4, hat es die höhere Instanz vAw zu beseitigen, RG **107**, 351. Die Partei darf ein teilweise zurückgenommenes oder durch Teilverzicht beschränktes Rechtsmittel durch Klagerweiterung, neuen Anspruch oder Widerklage ausdehnen, auch bei Teilrücknahme (nicht dagegen bei Teilverzicht) erneut auf den abgeschlossenen Teil erstrecken, vgl § 516 Rn 13 ff.

7   E. Für das Wiederaufnahmeverfahren gelten diese Grundsätze nicht, weil die Rechtsgestaltung schon mit Rechtskraft des Urteils eingetreten war. Daher ist die Wiederaufnahme mit dem Antrag, auch auf Gegenantrag (Widerklage) zu scheiden, zulässig, OGH NJW **50**, 65, str, vgl auch Celle MDR **53**, 304.

---

610   *Verbindung von Verfahren; Widerklage.* [I] Die Verfahren auf Herstellung des ehelichen Lebens, auf Scheidung und auf Aufhebung können miteinander verbunden werden.

[II] [1] Die Verbindung eines anderen Verfahrens mit den erwähnten Verfahren, insbesondere durch die Erhebung einer Widerklage anderer Art, ist unstatthaft. [2] § 623 bleibt unberührt.

Vorbem. Art 4 VO (EG) Nr 2201/2003, Anh I § 606 a, regelt auch die örtliche Zuständigkeit, indem er einen eherechtlichen **Gerichtsstand der Widerklage** schafft. Diese Regelung ist unmittelbar geltendes Recht u ergänzt § 606 sowie § 610 II, vgl die Erläuterungen zu Art 4.

Abschnitt 1. Allg. Vorschr. für Verfahren in Ehesachen **§§ 610, 611**

1) Klagenhäufung, I, II 1
A. Allgemeines. Die Vorschrift, die durch § 631 ergänzt wird, regelt die Anspruchshäufung abweichend von § 260: Innerhalb der in Einf 2 § 610 genannten zwei Klaggruppen ist eine Klagverbindung statthaft, **I**; die Verbindung der Klage aus einer Gruppe mit der Klage aus einer anderen Gruppe ist verboten, **II 1**, also zB die (auch hilfsweise) Verbindung des Scheidungsantrags mit dem Antrag auf Feststellung des Nichtbestehens der Ehe, Düss FamRZ **89**, 649.

Verbunden werden die Verfahren entweder durch den Kläger (Antragsteller), § 260, oder nachträglich durch das Gericht, § 147. Scheidungsantrag und Aufhebungsantrag einerseits, Herstellungsklage andererseits laufen einander zuwider, so daß ihre Verbindung immer nur eine hilfsweise ist. Die Aufhebungsklage geht dem Scheidungsantrag vor; sind beide Ansprüche in demselben Verfahren erhoben, so ist ggf die Ehe aufzuheben, § 631 II 3, es sei denn, der Kläger (Antragsteller) räumt dem Scheidungsbegehren ausdrücklich den Vorrang ein, BGH NJW **96**, 2728 mwN. Verboten ist die Verbindung einer beliebigen Eheklage mit einer Klage, die nicht Eheklage ist, etwa mit einer solchen wegen vermögensrechtlicher, durch die Ehe begründeter Fragen oder wegen Fragen der Kindererziehung.

Unberührt bleibt § 623, II 2, dh zwischen einer Scheidungssache und einer FamS, § 621 I, als FolgeS besteht grundsätzlich Verhandlungs- und Entscheidungsverbund, s Erläuterungen zu § 623. Das Verfahren über eine einstwAnO nach den §§ 620 ff ist stets Teil des Eheverfahrens, ohne daß es einer Verbindung bedarf. Eine Verbindung von FamS und NichtFamS ist unzulässig, BGH NJW **81**, 2418 mwN.

B. Widerklage (Gegenantrag), II. Sie ist nur im Rahmen der zulässigen Klagenverbindungen, Rn 1, 2 statthaft, und zwar auch als bedingte Widerklage, etwa auf Herstellung des ehelichen Lebens für den Fall der Abweisung des Scheidungsantrags. Wer mit der Herstellungsklage abgewiesen ist, kann nachträglich gegenüber dem Scheidungsantrag seinerseits Scheidung beantragen, RG **122**, 211, ebenso die Scheidungsgründe seiner Klage, die er zurückgenommen hat, im Wege des Gegenantrages gegen den noch schwebenden Gegenantrag der anderen Partei wieder geltend machen, BGH LM § 166 Nr 9. Gegen eine Feststellungsklage iSv § 632 ist nur eine ebensolche Klage als Widerklage zulässig, § 632 II.

Die in diesem Rahmen zulässige Widerklage richtet sich nach den allgemeinen Vorschriften, vgl STr § 610 Rn 4 u 5. Für die Widerklage in der Berufungsinstanz gilt § 533 nicht, § 611 Rn 1. In der Revisionsinstanz ist keine Widerklage zulässig.

2) Wirkungen. Das Verbot des § 610 II ist zwingenden Rechts, so daß die Einwilligung des Gegners 3 belanglos ist. Es ist vAw zu beachten; unzulässig zusammengehäufte Ansprüche sind nach § 145 abzutrennen, BGH FamRZ **97**, 812 mwN, u a Hamm FamRZ **94**, 773. Ist eine Abtrennung nicht möglich, zB wenn in erster Linie Klage auf Feststellung des Nichtbestehens der Ehe und hilfsweise Scheidungsantrag erhoben ist, so ist die Prozeßabweisung, Üb § 300 Rn 5, des Hilfsanspruchs geboten. Das kann in einem einheitlichen Urteil geschehen; möglich ist aber auch die Abweisung des Hauptanspruchs durch Teilurteil, Düss FamRZ **89**, 649, vgl BGH NJW **81**, 2418. Zulässig ist der Übergang vom Scheidungsantrag zur Aufhebungsklage, Bre NJW **56**, 515.

3) Einheitlichkeit der Entscheidung. Siehe darüber Einf § 610 Rn 3 ff. 4

611 *Neues Vorbringen; Ausschluss des schriftlichen Vorverfahrens.* ¹ Bis zum Schluss der mündlichen Verhandlung, auf die das Urteil ergeht, können andere Gründe, als in dem das Verfahren einleitenden Schriftsatz vorgebracht worden sind, geltend gemacht werden.

II Die Vorschriften des § 275 Abs. 1 Satz 1, Abs. 3, 4 und des § 276 sind nicht anzuwenden.

1) Neue Klaggründe, I 1
A. Allgemeines. In Abweichung von den §§ 263, 264 u 269 läßt I innerhalb der beiden Klaggruppen, Einf § 610 Rn 2, bis zum Schluß der mündlichen Verhandlung neue Klaggründe und Klagtatsachen für den alten Anspruch zu, aber auch ganz neue Ansprüche und sogar die (auch bedingte) Widerklage, § 610 Rn 2 ff. Demgemäß liegt im Übergang von der Härtescheidung, § 1565 II BGB, zur Scheidung wegen Zerrüttung, § 1565 I BGB, oder zur Fristenscheidung, § 1566 II BGB, oder zur einverständlichen Scheidung, § 1566 I BGB, keine Verfahrensänderung, weil Scheidungstatbestand in allen diesen Fällen das Scheitern der Ehe ist, Hbg FamRZ **79**, 702, Jauernig § 91 II 12. Auch der Übergang vom Aufhebungsantrag zum Scheidungsantrag (oder umgekehrt) ist ebenso wie ein Austausch der Rangfolge beider Begehren bis zum Schluß der letzten Tatsachenverhandlung ohne Einschränkung zulässig, BGH FamRZ **89**, 155. Dagegen ist der Übergang von einer Gruppe zur anderen, also von der Feststellungsklage zum Scheidungsantrag oder zur Herstellungs- oder Aufhebungsklage (bzw umgekehrt), nur nach den für die Klagänderung geltenden Grundsätzen zulässig, also nur bei Einwilligung des Gegners oder Sachdienlichkeit, StJSchl 7, KG ZZP **56**, 194, str, aM Jauernig aaO, STr 3, ZöPh 4 (stets zulässig). In der Revisionsinstanz freilich ist die Natur dieses Rechtsmittelverfahrens keine Klagänderung und auch keine neuen Tatsachen und Ansprüche zu.

Die Abweisung einer früheren Scheidungs- oder Aufhebungsklage hat keine Ausschlußwirkung; es gilt vielmehr insoweit nur die allgemeine Rechtskraftwirkung, § 322. Der Kläger (Antragsteller) darf also auch Umstände vorbringen, die ihm vor der Entscheidung des Vorprozesses bekanntgeworden waren, die er aber nicht vorgebracht hat, abw Bergerfurth Rn 270.

B. Berufungsverfahren. Die Einlegung der Berufung nur zu dem Zweck, Neues geltend zu machen, ist 2 in EheS in gewissem Rahmen statthaft, Üb § 606 Rn 5 ff. Sie ist aber nicht zulässig, wenn die Partei alles erhalten hat, was sie beantragt hat, StJSchl 9, mag auch die Begründung sie beschweren, Karlsr FamRZ **80**, 682. Für die Erhebung der Widerklage gilt § 533 I nicht, so daß es auf Einwilligung des Gegners oder Sachdienlichkeit nicht ankommt, hM Karlsr FamRZ **99**, 454 mwN; die Widerklage (Gegenantrag) verlangt

Albers 1849

§§ 611, 612

die Einlegung der Anschlußberufung, Ffm FamRZ **80**, 710. Der Übergang vom Scheidungsgegenantrag zum Aufhebungsgegenantrag ist möglich, Mü HRR **39**, 414, nicht dagegen der zweitinstanzliche Übergang vom Trennungsantrag (nach ausl Recht) zum Scheidungsantrag; Rn 1, Karlsr aaO.

3   **2) Zurückweisung verspäteten Vorbringens, II.** Wegen des Grundsatzes, I, daß neues Vorbringen nicht eingeschränkt wird, darf das Gericht den Parteien keine Fristen mit Ausschlußwirkung setzen, § 275 I 1, III u IV, und kein schriftliches Vorverfahren veranlassen, § 276. Unanwendbar sind auch alle Vorschriften, die ihrerseits diese Bestimmungen voraussetzen, ThP 3, zB § 277. Dagegen gelten § 273 II Z 1, StJSchl 13, die allgemeine Prozeßförderungspflicht, § 282 I u II, sowie die Sondervorschrift für Rügen der Unzulässigkeit der Klage, § 282 III, auch in EheS. Nicht rechtzeitiges Vorbringen darf nur nach § 615 I zurückgewiesen werden, s die dortigen Erläuterungen. Dies alles gilt auch für die Berufungsinstanz.

612   Termine; Ladungen; Versäumnisurteil.

^I Die Vorschrift des § 272 Abs. 3 ist nicht anzuwenden.

^{II} Der Beklagte ist zu jedem Termin, der nicht in seiner Gegenwart anberaumt wurde, zu laden.

^{III} Die Vorschrift des Absatzes 2 ist nicht anzuwenden, wenn der Beklagte durch öffentliche Zustellung geladen, aber nicht erschienen ist.

^{IV} Ein Versäumnisurteil gegen den Beklagten ist unzulässig.

^V Die Vorschriften der Absätze 2 bis 4 sind auf den Widerbeklagten entsprechend anzuwenden.

1   **1) Terminbestimmung, I.** § 272 III ist unanwendbar, da das Gesetz Ehesachen nicht als eilbedürftig anerkennt: Die Bestimmung, daß die mündliche Verhandlung so früh wie möglich stattfinden soll, paßt vor allem nicht ins Verbundverfahren, § 623, weil die Verhandlung über FolgeS vielfach Vorbereitungen durch Einschaltung Beteiligter voraussetzt, Ffm FamRZ **86**, 79, KG FamRZ **83**, 821 (abl Braeuer, vgl Burgard FamRZ **83**, 1044 u Jakobs FamRZ **83**, 1045). Nach § 216 II iVm § 624 III ist immer dann, wenn der Scheidungsantrag abweisungsreif ist (also FolgeS keine Bedeutung erlangen) oder eine Aussetzung zwecks Erhaltung der Ehe, § 614, in Betracht kommt, kurzfristig zu terminieren, Ditzen FamRZ **88**, 1010 (zum verfrühten Scheidungsantrag), Ffm aaO, KG FamRZ **85**, 1066. In keinem Fall darf darauf gewartet werden, daß FolgeS anhängig gemacht werden, Ffm aaO, Düss FamRZ **86**, 80. Die Pflicht zur Vorwegleistung der Prozeßgebühr, § 65 I GKG, gilt auch hier; s Anh § 271.

2   **2) Ladung des Beklagten, II u III**

     A. Ladung, II. Abweichend von § 218 ist **der Beklagte (Antragsgegner) zu jedem Verhandlungstermin**, auch einem verkündeten, zu laden; dies gilt nicht für bloße Verkündungstermine, in denen der Beklagte nichts ausführen kann. Die Ladung entfällt, wenn der Termin in Gegenwart des Beklagten (Antragsgegners) anberaumt worden ist. Nach allgemeinen Regeln genügt die Gegenwart des Prozeßbevollmächtigten, STr 3, str, aM wohl ZöPh 2. Unnötig ist die Ladung überall dort, wo die Bekanntmachung des Termins genügt, zB bei § 370.

3   **B. Nichterscheinen, III.** War die Ladung zum Termin öffentlich zugestellt, §§ 203 ff, und ist der **Beklagte (Antragsgegner) nicht erschienen**, so ist II unanwendbar. Er braucht in diesem Fall also nicht erneut (durch öffentliche Zustellung) geladen zu werden. Wird aber seine Anschrift nachträglich bekannt, so ist er neu zu laden, BayObLG HEZ **2**, 141.

     C. Widerbeklagter, V. Das für die Ladung des Beklagten (Antragsgegners) Bestimmte, II u III, gilt entsprechend für den Widerbeklagten.

4   **D. Unterbleibt die Ladung des Beklagten** zur mündlichen Verhandlung, wo sie nötig ist, und ist der Beklagte im Termin nicht vertreten, so beginnt bei fehlender Zustellung des Urteils die Berufungsfrist nicht mit dem Ablauf von 5 Monaten nach der Verkündung, § 516 aE, vgl die dortigen Rn 10 ff, dazu Rimmelspacher F Schwab 1990 S 428 (der die Zustellung der Klagschrift oder die Einlassung auf das Verfahren genügen läßt).

5   **3) Versäumnisverfahren, IV u V** (Prütting ZZP **91**, 201).

     A. Allgemeines. § 612 ordnet das Versäumnisverfahren in Ehesachen nicht abschließend, so daß auf die allgemeinen Vorschriften ergänzend zurückzugreifen ist, § 608 Rn 3. Nichtverhandeln steht auch hier dem Ausbleiben gleich. Über die Behandlung formfehlerhafter Urteile s Grdz § 511 Rn 26 ff.

     B. Säumnis des Klägers (Antragstellers): Bei Feststellungsklagen iSv § 632 lautet das Versäumnisurteil auf Klagrücknahme, § 632 IV, sonst, also auch in Scheidungs- und Aufhebungssachen, nach §§ 330 ff wie gewöhnlich auf Zurückweisung, Hamm NJW **86**, 2061. Auch eine Aktenlageentscheidung ist möglich.

6   **C. Säumnis des Beklagten** (Antragsgegners): Ein Versäumnisurteil gegen den Beklagten in der EheS ist unzulässig, **IV**; die Vorschrift geht § 539 vor (in ZPO-FolgeS, § 621 a Rn 1, ist dagegen eine Versäumnisentscheidung nicht ausgeschlossen, § 624 III, Schlesw FamRZ **92**, 839). Wohl aber kann das Gericht alle in seiner Macht stehenden Aufklärungsmaßnahmen treffen, also mit dem Kläger einseitig streitmäßig verhandeln, vorausgesetzt, daß die ordnungsmäßige Ladung des Beklagten, II u III, und die rechtzeitige Zustellung der Sachanträge, § 335 Z 3, feststehen. Der Beklagte (Antragsgegner) ist zu späteren Terminen zu laden. Zulässig ist auch eine Aktenlageentscheidung auf Grund des schriftlichen Vorbringens, aber kein Urteil, vgl § 331 a iVm IV, Levis ZZP **56**, 199.

7   **D. Säumnis beider Parteien:** Möglich, aber kaum zu empfehlen, ist eine Aktenlageentscheidung; sonst kommt das Ruhen des Verfahrens oder eine Vertagung in Betracht, § 251 a. Gegen ein streitmäßiges Urteil gibt es auch bei Säumnis einer oder beider Parteien nur die Berufung.

Abschnitt 1. Allg. Vorschr. für Verfahren in Ehesachen　　　　　　　　　　**§§ 612, 613**

E. Versäumnisverfahren in höherer Instanz (wegen der Zuständigkeit des Einzelrichters s §§ 526 u **8**
527 III Z 2). Beklagter iSv II u IV ist stets der Beklagte 1. Instanz in der EheS, niemals der Rechtsmittelbeklagte als solcher.

Berufungsinstanz (Furtner JuS **62**, 255): **a) Säumnis des Berufungsklägers:** Das Versäumnisurteil lautet auf Zurückweisung der Berufung, auch dort, wo er in 1. Instanz Beklagter war, § 539 I, BGH **46**, 304, Mü FamRZ **95**, 379, Prütting ZZP **91**, 201, beide mwN, und auch insoweit, als sich die Berufung auch gegen ein Verbundurteil über FGG-FolgeS, § 621 a, richtet, Mü FamRZ **95**, 379, Hamm RR **87**, 521, aM Stgt RR **97**, 1228 (TeilVersUrt); der Berufungsbeklagte kann nicht statt eines VersUrt ein Sachurteil zu seinen Gunsten erwirken, sofern schon einmal verhandelt worden ist, §§ 539 III, 331 a 251 a II, weil IV diesen Fall nicht erfaßt, Hamm RR **87**, 521 mwN, RoSgo § 166 V 10 b, ZöPh 8 a, str, aM Kblz FamRZ **83**, 759, Hamm FamRZ **82**, 295; gegen den Berufungskläger (Beklagten) darf kein Versäumnisurteil ergehen, wenn der Kläger in der Berufungsinstanz die Klage geändert hat, da der Beklagte hier nicht durch seine neuen Klaggrund zugestehen kann, Saarbr OLGZ **66**, 554. **b)** Säumnis des **Berufungsbeklagten aa)** als Kläger (Antragsteller): Gegen ihn ist ein Versäumnisurteil nur zulässig, wenn es auf Grund des in 1. Instanz festgestellten Sachverhalts, bei dem § 617 beachtet wurde, ergeht, StJSchl 13, str, aM ZöPh 9, STr 8, Prütting ZZP **91**, 207, Schlesw SchlHA **91**, 81 mwN (kein Versäumnisurteil), Stgt NJW **76**, 2305 (§ 635 anzuwenden); bei einer Feststellungsklage gilt das in Rn 5 Gesagte. Sonst kann ein Versäumnisurteil gemäß § 539 II ergehen, und zwar wegen § 617; vielmehr ist einseitig streitig zu verhandeln; **bb)** als Beklagter: Hier kann wegen § 617 kein Versäumnisurteil ergehen, sondern nur eine einseitige Streitverhandlung stattfinden, vgl Hamm FamRZ **89**, 1102. – **In allen Fällen** ist eine Aktenlageentscheidung wie sonst zulässig, § 331 a, die aber nicht als Urteil gegen den Beklagten ergehen darf, Prütting ZZP **91**, 201.

Revisionsinstanz: a) Säumnis des Revisionsklägers: Das Versäumnisurteil lautet auf Zurückweisung der **9** Revision; **b)** Säumnis des Revisionsbeklagten (Klägers 1. Instanz): § 331 ist anzuwenden, falls, vgl § 617, der Tatbestand des Berufungsurteils den Antrag rechtfertigt, StJSchl 15, aM Prütting ZZP **91**, 208 (kein Versäumnisurteil, sondern streitmäßiges Urteil auf Grund der § 561).

4) Widerklage, V. Das Versäumnisverfahren bei der Widerklage ist dasselbe wie bei der Klage: **a) In** **10** **1. Instanz** ist nach dem in Rn 5–7 Gesagten zu verfahren; ist die Klage oder die Widerklage entscheidungsreif, die andere Partei aber säumig, so kann, obwohl nur ein Teil entscheidungsreif ist, erst entschieden werden, wenn es auch der andere Teil ist, Einf § 610 Rn 4. **b) In 2. Instanz: aa)** Ist nur wegen der Klage oder nur wegen der Widerklage Berufung eingelegt, so ist ein Versäumnisurteil gegen den Kläger zulässig. Über die Notwendigkeit der einheitlichen Entscheidung s Einf § 610 Rn 3 ff; die erstinstanzliche Entscheidung ist notfalls in die Formel aufzunehmen. **bb)** Ist wegen Klage und Widerklage Berufung eingelegt, so kann ein Versäumnisurteil nur gegen den Berufungskläger ergehen, wenn er als Kläger und Widerbeklagter oder als Beklagter und Wiederkläger unterlegen ist, nicht aber gegen den Berufungsbeklagten, Jena HRR **29**, 441. Bei Berufung beider Parteien ist kein Versäumnisurteil möglich, weil es niemals gegen den Berufungsbeklagten als Beklagten ergehen darf, Bre NJW **56**, 108, und auch ein Teilversäumnisurteil wegen des Grundsatzes der einheitlichen Entscheidung unzulässig ist.

613 *Persönliches Erscheinen der Ehegatten; Parteivernehmung.* ¹¹ Das Gericht soll das persönliche Erscheinen der Ehegatten anordnen und sie anhören; es kann sie als Parteien vernehmen. ² Sind gemeinschaftliche minderjährige Kinder vorhanden, hört das Gericht die Ehegatten auch zur elterlichen Sorge an und weist auf bestehende Möglichkeiten der Beratung durch die Beratungsstellen und Dienste der Träger der Jugendhilfe hin. ³ Ist ein Ehegatte am Erscheinen vor dem Prozessgericht verhindert oder hält er sich in so großer Entfernung von dessen Sitz auf, dass ihm das Erscheinen nicht zugemutet werden kann, so kann er durch einen ersuchten Richter angehört oder vernommen werden.

II Gegen einen zur Anhörung oder zur Vernehmung nicht erschienenen Ehegatten ist wie gegen einen im Vernehmungstermin nicht erschienenen Zeugen zu verfahren; auf Ordnungshaft darf nicht erkannt werden.

Vorbem. I 2 mWv 1. 7. 98 eingefügt durch Art 6 Z 11 KindRG, vgl Einf § 606 Rn 11 (Schrifttum: Büttner FamRZ **98**, 591).

1) Allgemeines, I u II (Göppinger JB **76**, 1429). Die Vorschrift ergänzt § 141 für das Verfahren in EheS **1** in beiden Tatsacheninstanzen (FamGer u OLG). Hier soll das Gericht **das persönliche Erscheinen der Ehegatten anordnen und sie anhören, I**, um den Sachverhalt aufzuklären, § 141 I, oder auch aus anderen Gründen, namentlich sie über die Tragweite der Scheidung und ihre Folgen zu unterrichten, vgl § 625 I 2, und ggf auch auf eine gütliche Erledigung hinzuwirken, § 279, vor allem aber auch zu dem Zweck, über die besonders wichtigen Ehe- und FolgeS nicht zu entscheiden, ohne aus der persönlichen Äußerungen der Parteien einen unmittelbaren Eindruck gewonnen zu haben, KG AnwBl **89**, 680. Deshalb kommt es auf die anwaltliche Vertretung und die Einlassung der Partei für ihre Anhörung nicht an, MüKo-Walter 5, StJSchl 5, Ambrock 1 b, Rolland 4. Die Vernehmung stellt keine mdl Verh iSv § 269 I dar, Zweibr RR **97**, 833 mwN.

Das Gericht kann einen oder beide Gatten auch förmlich **als Partei vernehmen**, §§ 450 ff, **I 1.** Die **2** Vernehmung gibt ihm Gelegenheit, vAw Ermittlungen anzustellen, § 616. Eine Beweisaufnahme ist die Vernehmung; für sie gelten §§ 616 II u III, vgl AG Landstuhl FamRZ **95**, 931. Welche Art der Aufklärung bezweckt wird, ist durch das Protokoll klarzustellen, vgl BGH FamRZ **69**, 82. Angehört und vernommen werden kann auch ein Prozeßunfähiger, BGH LM § 619 Nr 4.

Die Vernehmung berührt die prozessuale Stellung der Beteiligten nicht; insbesondere führt sie nicht dazu, daß die Rücknahme der Klage (des Scheidungsantrags) danach der Einwilligung der Gegenpartei bedürfte, BGH FamRZ **04**, 1364 mwN, § 626 Rn 1.

§ 613

Buch 6. Verfahren in Familiensachen

Für FolgeS, § 623, gilt § 613 nicht. Insbesondere scheidet eine zwangsweise Vorführung von Beteiligten hier aus, Hbg FamRZ **83**, 409.

3   **2) Anhörung und Vernehmung, I**

A. Allgemeines. Das Gericht hat **persönliches Erscheinen der Parteien idR anzuordnen und sie anzuhören**, Hamm FamRZ **00**, 898 u **96**, 1156, ist aber dazu nicht in jedem Fall verpflichtet, vgl BGH RR **94**, 644 (Sollvorschrift), LG Lüdenscheid FamRZ **04**, 1976, I **1**; wird ohne triftigen Grund davon abgesehen, hat das keine prozessualen Folgen (Art 103 GG wird in diesem Fall nicht verletzt, weil die Ehegatten andere Möglichkeiten haben, sich Gehör zu verschaffen), aM Hamm aaO. Das Gericht kann auch die gemeinschaftliche Anhörung der Parteien anordnen, Bra NJW-FER **00**, 159, Ffm FamRZ **94**, 1401. Eine Anordnung nach § 613 muß unterbleiben, wenn die Partei ernsthaft und endgültig erklärt hat, daß sie zur Aussage nicht bereit ist, Hbg MDR **97**, 596, str (zustm Schneider MDR **97**, 781), wenn dies als sicher vorauszusehen ist, Hamm RR **98**, 1459; etwas anderes gilt, wann das Gericht Grund zu der Annahme hat, sie umstimmen zu können. Ist die Trennungszeit, § 1566 II BGB, zweifelsfrei verstrichen, ist die Anordnung entbehrlich, wenn nicht streitige FolgeS anhängig sind, Köln FF **98**, 59 (Anm Rausch), vgl ZöPh 4 mwN. Entsprechendes gilt im Fall der einverständlichen Scheidung, § 630. Die Anhörung darf jedenfalls dann unterbleiben, wenn der Ehegatte sie durch mehrfaches unentschuldigtes Fernbleiben verhindert hat, Kblz FamRZ **01**, 1159 mwN, Hamm FamRZ **99**, 1091, AG Konstanz FamRZ **01**, 425 (aM Bergerfurth 78), nicht aber schon dann, wenn die Partei sich im Ausland aufhält, Hamm FamRZ **00**, 898.

Wenn **gemeinschaftliche minderjährige Kinder** vorhanden sind, hört das Gericht die Ehegatten auch zur elterlichen Sorge an und weist sie auf die nach § 17 II SGB VIII bestehenden Beratungsmöglichkeiten hin, I **2**. Diese Neuerung gegenüber dem bis zum 30. 6. 98 geltenden Recht beruht darauf, daß seit dem 1. 7. 98 das Gericht über die elterliche Sorge (abgesehen von dem Fall des § 1666 BGB) nur auf Antrag einer Partei zu entscheiden hat, § 623, vgl BT-Drs 13/8511 S 78; es ist gehalten, die Parteien über die rechtlichen Folgen ihrer Entscheidung aufzuklären, einen solchen Antrag nach §§ 1671, 1672 BGB zu stellen oder zu unterlassen (Fortbestand der gemeinsamen Sorge). Daraus folgt, daß die Anhörung zur elterlichen Sorge auch und gerade dann geboten ist, wenn ein diese Frage betreffender Antrag nicht gestellt ist, es sei denn, beide Parteien sind anwaltlich vertreten und lehnen eine Äußerung strikt ab, s o. Die Hinweise auf § 17 SGB VIII sind dann schriftlich zu geben, vgl Büttner FamRZ **98**, 591. Nur wenn eine FolgeS nach § 621 I Z 1 anhängig ist, muß ggf das **Kind** angehört werden, § 621a I iVm § 50b FGG, dazu Bergmann/Gutdeutsch FamRZ **99**, 422.

Dagegen richtet sich die Anordnung der **Parteivernehmung** nach den dafür geltenden Vorschriften. „Kann" stellt nicht in das Ermessen des Gerichts; vielmehr muß es die Parteivernehmung beschließen, § 450, wenn es sich Gewißheit über einen erheblichen, entweder bestrittenen oder nach § 616 vAw zu ermittelnden Umstand verschaffen will. Auf die Voraussetzungen der §§ 445-448 kommt es dabei nicht an, vgl § 617. Vielmehr darf das Gericht eine oder beide Parteien nach seinem Ermessen vernehmen.

4   **B. Verfahren. a)** Die Anordnung wird, soweit nicht § 273 II Z 3 eingreift, durch **Beschluß** des Gerichts getroffen (§ 450 II gilt nicht). Die **Ladung** zum Erscheinen ist vAw stets der Partei mitzuteilen, § 141 II sinngem; in ihr muß auf die Folgen des Ausbleibens, II, hingewiesen werden, § 141 III 3 sinngem. Auch sollte der Partei mitgeteilt werden, warum sie geladen wird, Rn 3, Schneider MDR **97**, 781. Eine Vertretung, § 141 III 2, ist hier ausgeschlossen. Die Ladung zur Parteivernehmung ist vAw zuzustellen, § 450 I 2.

5   **b)** Die Anhörung erfolgt ebenso wie die Vernehmung **in der mündlichen Verhandlung** auch ohne anwaltliche Vertretung der Partei, oben Rn 1. Sie darf beim OLG idR nicht durch den Einzelrichter erfolgen, § 527 II. Die andere Partei hat das Recht, bei der Anhörung anwesend zu sein, wenn nicht besondere Gründe ihre Ausschließung fordern, vgl Ffm FamRZ **94**, 1401. Für die Vernehmung gelten die §§ 451-453 (ohne § 452 III, § 617). Wegen des Protokolls s §§ 160 III Z 4 u 161: bei einem Verstoß gegen diese Vorschriften ist das Urteil auch ohne Revisionsrüge aufzuheben, BGH **40**, 84. Eine fehlerhafte Anhörung durch das FamGer kann in der Berufungsinstanz geheilt werden, Schlesw FamRZ **91**, 97.

6   **c)** Eine **Übertragung auf den ersuchten Richter**, I 2, ist nur zulässig, wenn die Partei am Erscheinen vor dem Prozeßgericht überhaupt verhindert ist, zB wegen Krankheit, oder wenn ihr das Erscheinen wegen großer Entfernung nicht zugemutet werden kann (abweichend von § 141 I entbindet ein sonstiger wichtiger Grund nicht von der Pflicht zum Erscheinen). Mittellosigkeit gehört nicht hierher, BGH NJW **75**, 1125; Reisekosten sind ggf von der Staatskasse zu tragen, Hartmann Anh I § 18 ZSEG. „Kann" ist auch hier nicht als Ermessen zu verstehen, sondern als Ermächtigung; von ihr ist idR Gebrauch zu machen, es sei denn, es auf den unmittelbaren persönlichen Eindruck für die Entscheidung nicht ankommt, vgl Maurer 193. Im Ersuchen des Prozeßgerichts muß der Gegenstand der Anhörung hinreichend deutlich formuliert werden, ohne daß es der genauen Bezeichnung von aufzuklärenden Tatsachen bedarf, KG RR **90**, 586 mwN; bei Ersuchen um Parteivernehmung ist dagegen ein Beweisbeschluß erforderlich, vgl KG aaO. Zu der Frage, ob im Hinblick auf § 23b III GVG ein Richter auf Probe das Ersuchen erledigen darf, vgl Bergerfurth FamRZ **82**, 564, verneinend STr 5. Die Beiordnung eines RA durch das Gericht entspr § 121 III kommt in Betracht, wenn besondere Umstände sie erfordern, Köln FamRZ **91**, 349.

Dies alles gilt für das Inland. Bei einer im Ausland wohnenden Partei kann die Anhörung im Wege der Rechtshilfe nach I 1 geboten sein, Köln FF **98**, 58 (Anm Rausch), Hamm NJW **89**, 2204, zustm Gottwald.

7   **d) Gebühren.** Bei Gericht entstehen keine Gebühren; RA-Gebühren für die Anhörung sind im RVG nicht vorgesehen (zur Entstehung einer Beweisgebühr nach bisherigem Recht vgl Motzer FamRZ **01**, 1037, Köln FamRZ **04**, 1739; Jena RR **03**, 1591, Köln MDR **03**, 1421, Köln FamRZ **04**, 130 u **02**, 476, Zweibr FamRZ **01**, 1391, Ffm FamRZ **01**, 506, Hamm FamRZ **01**, 509 u 694, Stgt FamRZ **01**, 695, Nürnb FamRZ **02**, 1206 u RR **01**, 508, Kblz NJW-FER **01**, 244 u RR **01**, 509, Celle FamRZ **00**, 1383, Köln FamRZ **00**, 1383, Bra u Saarbr FamRZ **00**, 1385, AG Rendsb FamRZ **01**, 508 m Anm Maurer).

Abschnitt 1. Allg. Vorschr. für Verfahren in Ehesachen §§ 613, 614

3) Ordnungsmittel, II. Gegen einen zur Anhörung oder Vernehmung nicht erschienenen Ehegatten ist 8 wie gegen einen ausgebliebenen Zeugen zu verfahren, jedoch darf auf Ordnungshaft nicht erkannt werden, auch nicht ersatzweise; Ordnungsmittel zur Erzwingung einer Erklärung oder Aussage sind ausgeschlossen, Hbg MDR **97**, 596. Bei unentschuldigtem Ausbleiben sind der Partei die Kosten aufzuerlegen und ist gegen sie ein Ordnungsgeld zu verhängen, Bra MDR **00**, 585, was auch wiederholt geschehen kann, § 380. Die Verhängung kann dann zulässig, wenn die Partei sich nicht eingelassen hat, Düss FamRZ **81**, 1096, KG NJW **70**, 287, aM Celle NJW **70**, 1698, setzt aber stets die ordnungsgemäße Ladung und damit die Einhaltung der Ladungsfrist voraus, Zweibr FamRZ **82**, 1097. Bei wiederholtem Ausbleiben ist auch die zwangsweise Vorführung zulässig, § 380 II.

Die Entscheidung ergeht durch Beschluß, § 380. Gegen ihn ist die sofortige Beschwerde zulässig, die aufschiebende Wirkung hat, § 570 I. Wegen des Unterbleibens und der Aufhebung von Ordnungsmitteln s § 381 (dazu Karlsr LS FamRZ **93**, 1470, Bbg MDR **82**, 585), wegen der Befugnisse des ersuchten Richters s § 400.

614 *Aussetzung des Verfahrens.* I Das Gericht soll das Verfahren auf Herstellung des ehelichen Lebens von Amts wegen aussetzen, wenn es zur gütlichen Beilegung des Verfahrens zweckmäßig ist.

II ¹ Das Verfahren auf Scheidung soll das Gericht von Amts wegen aussetzen, wenn nach seiner freien Überzeugung Aussicht auf Fortsetzung der Ehe besteht. ² Leben die Ehegatten länger als ein Jahr getrennt, so darf das Verfahren nicht gegen den Widerspruch beider Ehegatten ausgesetzt werden.

III Hat der Kläger die Aussetzung des Verfahrens beantragt, so darf das Gericht über die Herstellungsklage nicht entscheiden oder auf Scheidung nicht erkennen, bevor das Verfahren ausgesetzt war.

IV ¹ Die Aussetzung darf nur einmal wiederholt werden. ² Sie darf insgesamt die Dauer von einem Jahr, bei einer mehr als dreijährigen Trennung die Dauer von sechs Monaten nicht überschreiten.

V Mit der Aussetzung soll das Gericht in der Regel den Ehegatten nahelegen, eine Eheberatungsstelle in Anspruch zu nehmen.

1) Allgemeines (Heintzmann FamRZ **75**, 377, Theile DRiZ **78**, 81). Die allgemeinen Vorschriften über 1 die Aussetzung, §§ 148 ff, 246 ff, gelten auch in EheS, ebenso diejenigen über das Ruhen des Verf, § 251, Karlsr NJW **78**, 1388, Schlosser IPrax **83**, 286. Ihnen fügt § 614 weitere Aussetzungsgründe für Herstellungs- und Scheidungsverfahren, § 606 Rn 2 ff, hinzu, dh für die Fälle, in denen eine Aufrechterhaltung der Ehe im öffentlichen Interesse liegt. Daher gilt § 614 nicht für Feststellungsverfahren (mit Ausnahme der Klage, nicht zur Herstellung verpflichtet zu sein, Hamm FamRZ **57**, 53), auch nicht für das Aufhebungsverfahren und demgemäß nicht für ein dort hilfsweise erhobenes Scheidungsbegehren.

Eine Aussetzung nach § 614 ist in allen Instanzen zulässig, nicht nur beim FamGer, solange die Höchstdauer, IV, nicht ausgeschöpft ist. Die AnO des Ruhens des Verfahrens, § 251, wird durch § 614 nicht ausgeschlossen, Karlsr NJW **78**, 1388, darf aber im Hinblick auf § 623 nicht auf den verfrüht erhobenen Scheidungsantrag beschränkt werden, KG FamRZ **78**, 34 (gegen das Ruhen des Verfahrens bei voreiligem Scheidungsantrag Bergerfurth Rn 71).

2) Aussetzung von Amts wegen, I, II. Ohne Antrag des Klägers (Antragstellers) soll das Gericht ein 2 Herstellungsverfahren aussetzen, wenn es zur gütlichen Beilegung des Verfahrens zweckmäßig ist, **I**, ein Scheidungsverfahren, wenn nach seiner freien Überzeugung Aussicht auf Fortsetzung der Ehe besteht, **II**. Die Entscheidung ist nicht in das Ermessen des Gerichts gestellt: Die Sollvorschrift bedeutet, daß es aussetzen muß, wenn es die Voraussetzungen als gegeben hält (Beurteilungsermächtigung), wozu es keiner Feststellung nach allgemeinen Beweisgrundsätzen bedarf; dafür, daß die Ehe noch zu retten ist, müssen aber konkrete Anhaltspunkte vorliegen, Düss FamRZ **78**, 609.

Nicht ausgesetzt werden darf ein Scheidungsverfahren, wenn die Gatten länger als ein Jahr getrennt leben, § 1567 BGB, und beide der Aussetzung widersprechen, **II 2**, weil dann vom Scheitern der Ehe auszugehen ist, § 1566 I BGB. Eine Aussetzung vAw ist trotz der Vermutung des § 1565 II BGB auch bei mehr als dreijähriger Trennung zulässig, aber dann, wenn der Antragsteller ihr widerspricht, nur ausnahmsweise zulässig, Brüggemann FamRZ **77**, 11.

3) Aussetzung auf Antrag des Klägers (Antragstellers), III. Ein Herstellungs- oder Scheidungsver- 3 fahren muß das Gericht auf Antrag des Klägers aussetzen, mag es das für zweckmäßig halten oder nicht; es darf auch nicht statt dessen das Ruhen des Verfahrens nach § 251 a anordnen, KG FamRZ **81**, 582. Kläger ist auch der Antragsteller im Scheidungsverfahren, § 622. Auf einen Widerspruch des Gegners kommt es nicht an, und zwar auch dann nicht, wenn die Gatten länger als 3 Jahre getrennt leben, krit Heintzmann FamRZ **75**, 378. Der Antrag unterliegt dem Anwaltszwang, § 78 II Z 1.

Nicht auszusetzen ist aber, wenn das Ansuchen mißbräuchlich ist, zB die Erlangung wirtschaftlicher Vorteile bezweckt, oder wenn der Antragsteller selbst unter keinen Umständen zur Fortsetzung der Ehe bereit ist, Bre FamRZ **77**, 399, Düss FamRZ **74**, 311, oder wenn der einseitige Scheidungsantrag abweisungsreif ist, weil etwa das Begehren verfrüht erhoben worden ist, Schlesw SchlHA **91**, 82, Bbg FamRZ **84**, 897, StJSchl 12. Das gleiche gilt, wenn auch der Gegner die Scheidung begehrt (bei bloßer Zustimmung, § 630 I Z 1, genügt der Antrag des Antragstellers, StJSchl 10), es sei denn, hinsichtlich des Scheidungsbegehrens des Antragsgegners liegen die Voraussetzungen von II 1 vor, LG Bonn NJW **72**, 1056 mwN.

4) Dauer und Wiederholung der Aussetzung, IV. Die Aussetzung darf insgesamt die Dauer von 4 1 Jahr nicht überschreiten, gleichgültig, wie lange die Ehe besteht und ob die Gatten getrennt leben;

§§ 614, 615

lediglich bei einer mehr als dreijährigen Trennung beträgt die Höchstdauer der Aussetzung 6 Monate, **IV 2**. Innerhalb der Höchstdauer bestimmt das Gericht den Zeitraum der Aussetzung nach pflichtgemäßem Ermessen. Eine Abkürzung ist nicht zulässig, wohl aber die Aufhebung der Antragsaussetzung, III, auf Antrag des Klägers, und der Amtsaussetzung, I u II, vAw (ggf auf Anregung einer Partei), jedoch beides nur wegen veränderter Umstände.

Die einmalige Wiederholung der Aussetzung ist zulässig, **IV 1**, aber nur bis zur Gesamthöchstdauer. Ihre AnO erfolgt vAw, I u II, oder auf Antrag des Klägers, III.

5   **5) Verfahren, I–IV, V**

A. Aussetzung. Durch konkret zu begründenden Beschluß, Düss FamRZ **78**, 609, auf Grund mündlicher Verhandlung oder ohne sie nach § 128 IV darf wegen der notwendigen Einheitlichkeit der Entscheidung, Einf § 610 Rn 3 ff, nur das ganze Verfahren ausgesetzt werden, und zwar für einen festzusetzenden Zeitraum, oben Rn 4; bei einer Häufung von Scheidungs- und Aufhebungsbegehren ist sie also ausgeschlossen, nicht dagegen bei wechselseitigen Scheidungsbegehren, STr 8, und auch nicht bei einer Häufung von Scheidungs- und Herstellungsverfahren, oben Rn 1. Zuständig ist das Gericht der Instanz, also das FamGer, solange keine Berufung eingelegt ist. Mit der Aussetzung soll das Gericht den Parteien nahelegen, eine **Eheberatungsstelle** in Anspruch zu nehmen, **V**, dazu Theil DRiZ **78**, 81; trotz der Bedeutung einer solchen Beratung für die Aufrechterhaltung der Ehe hat der Gesetzgeber es bei einer bloßen Empfehlung ohne Sanktionen bewenden lassen.

6   **B. Rechtsbehelfe.** Sie richten sich nach § 252: gegen die Aussetzung des Verfahrens ist die sofortige Beschwerde gegeben ebenso gegen die Ablehnung des Antrags des Klägers, III; bei einer Aussetzung nach II ist ein Ehegatte, der selbst keinen Scheidungsantrag stellt, mangels Beschwer nicht beschwerdeberechtigt, Karlsr FamRZ **98**, 1606. Hat das FamG durch Endurteil über die Aussetzung entschieden, kann dagegen Berufung eingelegt werden, Köln RR **96**, 582 mwN. Die Ablehnung einer Anregung des Beklagten, das Verfahren vAw auszusetzen, I u II, ist unanfechtbar, Düss NJW **73**, 232.

7   **6) Wirkungen der Aussetzung.** Sie ergeben sich aus § 249, BGH NJW **77**, 717 zu § 620 aF (eine während der Aussetzung eingelegte Berufung ist wirksam, § 249 II). Dies gilt auch in den Fällen von III. Daß hier lediglich kein Urteil ergehen dürfe, Oldb NJW **69**, 102, ist mit dem Zweck der Aussetzung schwerlich vereinbar, da gerade die Vertiefung der Gegensätze durch weitere Schriftsätze und/oder eine Beweisaufnahme verhindert werden soll, vgl Bergerfurth Rn 71, Rolland Rn 15. Deshalb darf auch in FolgeS keine Verhandlung stattfinden, § 623, solange der Verbund besteht; auch eine Vorwegentscheidung über die elterliche Sorge nach § 627 ist ausgeschlossen. In dringenden Fällen hilft eine einstwAnO, § 620, die auch während der Aussetzung zulässig ist, Celle NdsRpfl **75**, 71.

Eine förmliche Aufnahme des Verfahrens, § 250, nach Ablauf der Aussetzung ist nicht nötig, etwaige Fristen beginnen ohne weiteres wieder zu laufen, BGH **LM** § 249 Nr 2. Aber das Betreiben des Verfahrens nach Aussetzung ist Sache der Parteien, weil ein Tätigwerden des Gerichts vAw dem Sinn des § 614 widersprechen würde, Düss FamRZ **78**, 920, STr 13, Bergerfurth Rn 77. Eine neue Klage ist unzulässig, mag auch das Verfahren jahrelang nicht betrieben worden sein, BGH FamRZ **67**, 460.

615

Zurückweisung von Angriffs- und Verteidigungsmitteln. [1] Angriffs- und Verteidigungsmittel, die nicht rechtzeitig vorgebracht werden, können zurückgewiesen werden, wenn ihre Zulassung nach der freien Überzeugung des Gerichts die Erledigung des Rechtsstreits verzögern würde und die Verspätung auf grober Nachlässigkeit beruht.

[II] Im Übrigen sind die Angriffs- und Verteidigungsmittel abweichend von den allgemeinen Vorschriften zuzulassen.

Vorbem. II mWv 1. 1. 02 idF des Art 2 I Z 73 ZPO-RG.

Schrifttum: *Völker* MDR **01**, 1325.

1   **1) Allgemeines.** In Ergänzung von § 611 regelt § 615 die Zurückweisung verspäteten Vorbringens. Er tritt in allen EheS, § 606 Rn 2 ff, an die Stelle von § 296, Prütting ZZP **98**, 155. Diese Abweichung rechtfertigt sich aus der Erwägung heraus, daß Beschränkungen des Vorbringens ohnehin nicht eingreifen können, soweit nach § 616 der Ermittlungsgrundsatz gilt und nach § 617 hinsichtlich anderer Tatsachen eine Geständniswirkung ausgeschlossen ist. Hinzu kommt, daß ein Eheverfahren grundsätzlich keiner Beschleunigung unterliegt, § 612 Rn 1, und daß in diesem Verfahren, vor allem in Scheidungssachen, die Parteien mit Rücksicht auf ihre enge Bindung Prozeßmaterial aus guten Gründen zurückhalten können. Daher wird ein Vorbringen nur insoweit ausgeschlossen, als es nötig ist, um grob nachlässige Verzögerungen des Verfahrens zu verhindern.

2   **2) Zurückweisung: Grundsatz. I.** im Eheverfahren können neue Klaggründe bis zum Schluß der mündlichen Verhandlung vorgebracht werden, ebenso neue Begehren und Widerklagen (Gegenanträge), § 611. Demgemäß erstreckt sich I nur auf solche Angriffs- und Verteidigungsmittel, § 282 Rn 5 ff, die sich nicht auf neue Klaggründe oder Begehren beziehen, es sei denn, in diesem wären nach deren Einführung trotz zurückgehalten, StJSchl 4. Sie sind nicht rechtzeitig vorgebracht, wenn die Partei ihrer Prozeßförderungspflicht nach § 282 I u II nicht nachkommt. Ihre Zurückweisung regelt I übereinstimmend mit § 296 II, vgl die dortigen Erläuterungen Rn 61 ff. Ausgeschlossen ist eine Zurückweisung von Angriffs- und Verteidigungsmitteln, hinsichtlich derer das Gericht an den Beibringungsgrundsatz gebunden ist, oben Rn 1. Überhaupt ist in EheS die Möglichkeit der Zurückweisung zurückhaltend zu nutzen.

3   **3) Zulassung, II.** I regelt die Zurückweisung abschließend. Sonstige Präklusionsvorschriften gelten in EheS nicht, insbesondere sind die §§ 530 und 531 nicht anzuwenden.

Abschnitt 1. Allg. Vorschr. für Verfahren in Ehesachen **§§ 615, 616**

4) Folgesachen. Ist eine Scheidungssache mit FolgeS verbunden, § 623, gilt § 615 nur für die Scheidungssache. Soweit auf FolgeS die Vorschriften der ZPO anzuwenden sind, § 621 a Rn 1, also in den Fällen des § 621 I Z 4, 5, 8 und 11, gilt die § 615 entsprechende Regelung in § 621 d, s dort. **4**

616 *Untersuchungsgrundsatz.* ¹ Das Gericht kann auch von Amts wegen die Aufnahme von Beweisen anordnen und nach Anhörung der Ehegatten auch solche Tatsachen berücksichtigen, die von ihnen nicht vorgebracht sind.
II Im Verfahren auf Scheidung oder Aufhebung der Ehe oder auf Herstellung des ehelichen Lebens kann das Gericht gegen den Widerspruch des die Auflösung der Ehe begehrenden oder ihre Herstellung verweigernden Ehegatten Tatsachen, die nicht vorgebracht sind, nur insoweit berücksichtigen, als sie geeignet sind, der Aufrechterhaltung der Ehe zu dienen.
III Im Verfahren auf Scheidung kann das Gericht außergewöhnliche Umstände nach § 1568 des Bürgerlichen Gesetzbuchs nur berücksichtigen, wenn sie von dem Ehegatten, der die Scheidung ablehnt, vorgebracht sind.

1) Allgemeines **1**
A. Regelungszweck. § 616 ergänzt den § 617. In demselben Umfang, in dem § 617 die Parteiherrschaft und den Beibringungsgrundsatz einschränkt, greift der Ermittlungsgrundsatz ein. Dabei sind die in Einf § 610 Rn 2 genannten Gruppen von Ehesachen zu unterscheiden, unten Rn 3 u 4. Das in I verwendete Wort „kann" bezeichnet die Befugnis des Gerichts und zugleich seine Verpflichtung: es hat im Rahmen des Verfahrensgegenstandes (und in Scheidungssachen unter Bindung an den vorgetragenen Tatbestand, STr 12, str) alle Ermittlungen anzustellen, die Erfolg versprechen, und eine Unterlassung ist revisibel, soweit durch die Ermittlung ein anderes Ergebnis erzielt werden könnte (Eheerhaltung). In der Berufungsinstanz zieht die Anfallwirkung, § 525, Grdz § 511 Rn 1 ff, dem § 616 Grenzen; war zB auf Antrag und Gegenantrag geschieden und legt nur der Gegner Berufung ein, so sind neue Tatsachen zum Gegenantrag nicht zu prüfen, RG **126**, 302, Einf § 610 Rn 6. Das Revisionsgericht darf überhaupt nicht ermitteln, soweit es um die Sache selbst geht, weil es insofern keine neuen Tatsachen berücksichtigen darf.

B. Gehör der Parteien. Zu allen Punkten, bei denen das Gericht ermittelt, sind vor oder nach der **2** Beweisaufnahme die Parteien zu hören, soweit sie durch einen RA vertreten sind, denen das rechtliches Gehör unmöglich wäre. Dabei genügt die Gelegenheit zur Äußerung. Ein Verstoß ist Revisionsgrund. Die Aufklärungs- und Hinweispflichten, §§ 139 u 278 III ZPO, gelten auch und gerade in EheS, Ffm FamRZ **85**, 823.

2) Grundsatz, I Soweit nicht die Einschränkung durch II u III eingreift, erstreckt sich in allen EheS das **3** Ermittlungsrecht auf alle Umstände, namentlich auf das Bestehen der Ehe, Zweibr RR **97**, 1227 mwN, s § 622 Rn 5. Das Gericht darf also grundsätzlich auch nichtvorgebrachte Tatsachen berücksichtigen und eine Beweiserhebung vAw anordnen, aber in der Berufungsinstanz auch hier nur, soweit es mit der Sache befaßt ist, oben Rn 1, 2, RG **151**, 182. Die Quelle der gerichtlichen Erkenntnis bleibt gleich, auch ein privates Wissen des Gerichts (nicht nur eines einzelnen Richters) genügt. Über die Parteivernehmung vgl § 613 Rn 3 ff, wegen der Ausübung der Fragepflicht vgl § 139. Dies gilt uneingeschränkt für Ehefeststellungsklagen, § 632; ihnen sind Aufhebungsklagen, § 631, wegen Doppelehe gleichzustellen, unten Rn 4 aE.

3) Scheidungs-, Aufhebungs- und Herstellungsklagen, II und III **4**
A. Allgemeines, II. Bei diesen Klagen tritt die Unterscheidung zwischen ehefeindlichen und ehefreundlichen Tatsachen zutage. Freilich erstreckt grundsätzlich auch auf ehefeindliche Tatsachen, dies aber nur dort, wo die eine Eheauflösung erstrebende oder die Herstellung verweigernde Partei nicht widerspricht, vgl auch § 617 Rn 1. Ein Widerspruch der Partei liegt schon dann vor, wenn sie ihrerseits Tatsachen behauptet, die mit den ehefeindlichen Tatsachen unvereinbar sind, vgl BGH NJW **80**, 1335, § 640 d Rn 1. Widerspricht sie, so darf das Gericht ausschließlich ehefreundliche Tatsachen berücksichtigen. Dahin gehören zB das Bestehen der häuslichen Gemeinschaft, § 1567 BGB, die Erwartung einer Wiederherstellung der Lebensgemeinschaft, § 1565 BGB, und das Interesse der Kinder, § 1568 BGB. Insbesondere sind alle tatsächlichen Voraussetzungen für die Einhaltung der Trennungsfristen, § 1566 BGB, unter Ausschöpfung des Ermittlungsgrundsatzes festzustellen, so daß das Gericht sich auch insoweit nicht mit übereinstimmenden Angaben der Parteien begnügen darf, Theile DRiZ **77**, 275, STr 5. Eine Erleichterung der sog verdeckten Konventionalscheidung würde dem mit § 630 verfolgten Schutzzweck zuwiderlaufen, StJSchl 8. Stets, auch bei Widerspruch nach II, darf das Gericht aus allen Tatsachen ehefreundliche rechtliche Entscheidungsfolgerungen ziehen. Parteivereinbarungen über das Verfahren, etwa die Ausschaltung eines Beweismittels, binden das Gericht nur, soweit sie sich auf ehefeindliche Tatsachen beziehen, StJSchl 13. Dies alles gilt grundsätzlich auch für Entscheidungen, die im Verbund, § 623, ergehen; jedoch lassen sich die Grenzen der Verwertbarkeit nur schwer ziehen, vgl § 624 Rn 1.
Besonderes gilt für die Aufhebungsklage wegen **Doppelehe**, § 631 iVm §§ 1314 I BGB und § 1303 BGB, vgl Jauernig § 91 II 9. Wenn die erste Ehe noch besteht, muß § 616 verfassungskonform dahin ausgelegt werden, daß II nicht gilt: Art 6 gebietet nicht die Aufrechterhaltung der Doppelehe, sondern den Schutz der früher geschlossenen Ehe, BGH FamRZ **86**, 880. Deshalb muß es hier bei der Regel, I, bleiben (die bis zum 30. 6. 98 für die Nichtigkeitsklage wegen Bigamie galt).

B. Härteklausel in Scheidungssachen, III. Abweichend von II darf das Gericht außergewöhnliche **5** Umstände, auf Grund derer die Scheidung für den sie ablehnenden Gatten eine schwere Härte darstellen würde, nach § 1568 BGB nur berücksichtigen, wenn dieser Gatte sie vorgebracht hat. Also gibt es insofern keine Ermittlung vAw, weil es Sache des Gatten ist, die Scheidung seiner an sich gescheiterten Ehe zu verhindern. Über die Möglichkeit der Berufung auf die Härteklausel ist er aber vom Gericht zu belehren,

§§ 616, 617   Buch 6. Verfahren in Familiensachen

wenn er keinen Prozeßbevollmächtigten oder Beistand, § 625, hat. Die Einschränkung nach III gilt nicht für die Aufrechterhaltung der Ehe im Interesse gemeinsamer Kinder, § 1568 BGB, so daß hier vollen Umfangs vAw zu ermitteln ist, StJSchl 7, oben Rn 4 u 7.

6   C. Anwaltszwang. Alle ehefreundlichen Tatsachen kann die Partei selbst vorbringen, ebenso kann sie Beweisanträge, soweit sie der Aufrechterhaltung der Ehe dienen, ohne anwaltliche Vertretung stellen, STr 5. Auch die Berufung auf die Härteklausel untersteht als eine der Aufrechterhaltung der Ehe dienende Prozeßhandlung nicht dem Anwaltszwang, STr 6, Maurer 132 ff, ZöPh 6, str, vgl Bergerfurth AnwZwang Rn 331 mwN.

617 *Einschränkung der Parteiherrschaft.* **Die Vorschriften über die Wirkung eines Anerkenntnisses, über die Folgen der unterbliebenen oder verweigerten Erklärung über Tatsachen oder über die Echtheit von Urkunden, die Vorschriften über den Verzicht der Partei auf die Beeidigung der Gegenpartei oder von Zeugen und Sachverständigen und die Vorschriften über die Wirkung eines gerichtlichen Geständnisses sind nicht anzuwenden.**

1   1) Allgemeines. § 617 regelt die Beschränkung der Parteiherrschaft. Den Beibringungsgrundsatz, Grdz § 128 Rn 20 u 21, läßt er im allgemeinen unberührt; insofern können die Parteien über den Streitstoff verfügen, mithin auch auf Klaggründe verzichten. Sonst aber besteht eine Einschränkung mit Rücksicht auf den auch öffentlich-rechtlichen Charakter der Ehe. Über Vergleiche s unten Rn 4, über Rechtsmittelverzichte s unten Rn 5.

2   2) Anerkenntnis, Verzicht. Ein in Ehesachen abgegebenes Anerkenntnis wirkt niemals nach § 307, sondern ist immer frei zu würdigen, § 286. Ein Anerkenntnisurteil ist undenkbar, BGH NJW **94**, 2697; auch § 93 ist unanwendbar.

Der Verzicht auf den Klaganspruch, § 306, ist zulässig, eine Zustimmung des Gegners dafür nicht erforderlich; in der Rücknahme des Scheidungsantrags, § 626 Rn 1, liegt kein Verzicht, aM AG Holzminden FamRZ **97**, 1214 (abl Henrich). Bei der Feststellungsklage kann der Verzicht nur die Wirkung äußern, daß die Klage als zurückgenommen gilt, vgl § 632 IV, RoSGo § 165 VI 8 b. Der Verzicht auf den Scheidungsanspruch schließt die erneute Geltendmachung des Scheidungsbegehrens auf Grund neuer Tatsachen nicht aus, BGH NJW **86**, 2046, zustm Richter JR **87**, 17. Der Verzicht, nachdem gegen die Abweisung des Antrags ein Rechtsmittel eingelegt worden ist, bedeutet regelmäßig die Rücknahme dieses Rechtsmittels; er ist auch dann möglich, wenn nur die andere Partei Berufung eingelegt hat, Oldb JZ **52**, 566. Ein Verzichtsurteil setzt den Antrag des Beklagten voraus. In diesem Fall erfolgt auch keine Erledigungserklärung durch Urteil auf Antrag des Klägers.

3   3) Andere Fälle. Weiter ist die Parteiherrschaft ausgeschlossen für **a)** die Folgen des Unterbleibens oder der Verweigerung einer Erklärung über Tatsachen oder die Echtheit einer Urkunde, §§ 138, 439; das Unterlassen und die Weigerung sind frei zu würdigen; **b)** den Verzicht auf die Beeidigung der Gegenpartei, § 452 III, weil damit die Parteiaussage den Wert einer eidlichen Aussage erhielte; **c)** den Verzicht auf die Beeidigung von Zeugen und Sachverständigen, §§ 391 und 410, aus demselben Grunde wie zu b). Ein Verstoß gegen die Belehrungspflicht des § 383 II ist auch hier heilbar. Wegen schriftlicher Zeugenbekundungen s § 377 Rn 8. Ein schriftliches Gutachten, wie nach § 411, ist zulässig, RG HRR **33**, 1255. Schließlich ist die Parteiherrschaft auch ausgeschlossen für **d)** das gerichtliche Geständnis, § 288; es ist frei zu würdigen. Aus § 617 ergibt sich, daß eine urkundenbeweisliche Verwertung von Erklärungen aus dem Verfahren der Prozeßkostenhilfe, § 118 II, nur beschränkt statthaft ist, vgl Ffm JW **36**, 2163.

4   4) Vergleich und Rechtsmittelverzicht

A. Vergleich (Göppinger/Börger, Vereinbarungen anläßlich der Ehescheidung, 8. Aufl 2005). Er ist bei Scheidungs- und Aufhebungsklagen zulässig: **a)** zur Beendigung des Verfahrens, also zB über die Rücknahme der Klage bzw des Antrags oder eines Rechtsmittels oder eine Erledigungserklärung bei Aussöhnung, StJSchl 6; **b)** über das weitere Verfahren, zB über die Rücknahme des Widerklage oder des Gegenantrags oder die Beschränkung des Vortrags auf bestimmte Gründe, oben Rn 1, § 616 II, vgl BGH **41**, 166; **c)** im übrigen, namentlich hinsichtlich der Folgen der Scheidung, in einem (schon durch den Antrag auf Protokollierung des Vergleichs eingeleiteten) Verfahren nach § 620, StJSchl 8–10.

Hinsichtlich der Kosten des Eheverfahrens ist ein Vergleich Vollstreckungstitel, § 794 I Z 1, in den zu a) genannten Fällen, nicht dagegen bei einem Teilvergleich über einzelne FolgeS, StJSchl 16, und auch nicht bei Beschränkung auf den Kostenpunkt, BGH **5**, 251, LG Hannover NdsRPfl **70**, 174, ebensowenig bei einer Protokollierung nach Rechtskraft, BGH **15**, 190; dagegen ist der Vergleich Vollstreckungstitel hinsichtlich der Kosten bei seiner Protokollierung nach einem Urteil, sofern er einen Rechtsmittelverzicht enthält, Bbg JB **75**, 630, oder auch bei Rechtsmittelverzicht unmittelbar nach seiner Protokollierung, Mü MDR **76**, 406. In allen anderen Fällen ergeht eine Kostenentscheidung nach § 93 a, StJSchl 16. Wegen der Gebühren des RA vgl § 36 I BRAGO.

5   B. Rechtsmittelverzicht, §§ 515 u 560. Er fällt nicht unter § 617, sondern ist auch in Ehesachen grundsätzlich unbeschränkt zulässig, BGH NJW **74**, 1248, Zweibr FamRZ **94**, 1045, vgl § 629 a Rn 9 u 25. Aus Erwägungen, die mit dem Wesen der Ehe zusammenhängen, bestehen aber mehrfache Einschränkungen: **a)** Ein vorheriger Verzicht muß mit Rücksicht auf die Einheitlichkeit der Entscheidung und die Möglichkeit, daß in Ehesachen auch der nichtbeschwerte Ehegatte ein Rechtsmittel zum Zwecke der Aufrechterhaltung der Ehe einlegen kann, beiderseitig sein, vgl BGH **4**, 314, Zweibr FamRZ **94**, 1045. **b)** Der Verzicht nach Ergehen eines Urteils macht das trotzdem eingelegte Rechtsmittel unzulässig, s unten, STr § 618 Rn 6. Ist der Verzicht gegenüber dem Gericht erklärt, so ist er vAw zu berücksichtigen, BGH **27**, 61; es handelt sich um eine unwiderrufliche Prozeßhandlung, Hamm FamRZ **95**, 944 mwN. Der Verzicht ist nicht schon dann unwirksam, wenn er, wie auch eine Rechtsmittelrücknahme, zu einer dem Gesetz

Abschnitt 1. Allg. Vorschr. für Verfahren in Ehesachen §§ 617–619

widersprechenden Lösung der Ehe führt, BGH NJW **68**, 794. Der nachherige Verzicht kann auch dem Gegner gegenüber erklärt werden, gibt aber lediglich eine Einrede, macht also das Urteil nicht schon vor Ablauf der Rechtsmittelfrist rechtskräftig, BGH ZZP **66**, 148, Hbg MDR **67**, 766, aM Düss NJW **65**, 403, das auch solche Urteile (schwerlich zu Recht, Wüstenberg NJW **65**, 699) den vermögensrechtlichen Gestaltungsurteilen gleichstellt, vgl auch Habscheid NJW **65**, 2339.

Die Prozeßvollmacht ermächtigt auch hier zum Verzicht. Wegen der Form und weiterer Einzelheiten s die Einl zu § 515. Die Gegeneinrede, daß eine außergerichtliche Erklärung ohne Zuziehung eines RA auf einer schwerwiegenden Beeinträchtigung der freien Entschließung beruhe, ist zulässig, BGH NJW **68**, 794.

618 *Zustellung von Urteilen.* § 317 Abs. 1 Satz 3 gilt nicht für Urteile in Ehesachen.

1) Grundsatz. Für die Zustellung aller Urteile in EheS, gleich welcher Art, gelten die allgemeinen 1 Vorschriften: sie sind beiden Parteien vAw zuzustellen, § 270 I, jedoch verkündete Versäumnisurteile gegen den Kläger, § 612 IV, nur ihm, § 317 I 1. Für Urteile in EheS gilt § 317 I 3 nicht. Der Vorsitzende darf die Zustellung eines verkündeten Urteiles nicht auf Antrag der Parteien hinausschieben, da die Vorschrift zugrundeliegende Erwägung, den Parteien vor Einlegung eines Rechtsmittels Gelegenheit zu Vergleichsverhandlungen zugeben, für EheS nicht zutrifft. Wegen anderer FamS s § 621 c, wegen der Entscheidungen im Verbund s § 629 Rn 2–4.

2) Zustellung. Zuzustellen, oben Rn 1, ist ggf den Prozeßbevollmächtigten, § 176, der Verwaltungsbe- 2 hörde in den Fällen der §§ 631 u 632, nicht aber dem gewöhnlichen Streithelfer, soweit er in EheS vorhanden ist. Wegen der Zustellung von Verbundurteilen an weitere Beteiligte s § 629 Rn 2. Die Zustellung setzt für jeden Beteiligten die Rechtsmittelfrist besonders in Lauf. Eine Parteizustellung ist hier, wie auch sonst, wirkungslos. Zu benachrichtigen ist das Standesamt, MiZi VII Z 4, ggf auch das Vormundschaftsgericht bzw andere FamGer.

619 *Tod eines Ehegatten.* Stirbt einer der Ehegatten, bevor das Urteil rechtskräftig ist, so ist das Verfahren in der Hauptsache als erledigt anzusehen.

1) Erledigung durch Tod. Der Tod eines Gatten vor Rechtskraft des Scheidungsurteils erledigt jeden 1 Eheprozeß in der Hauptsache, wobei die Rechtskraft nach § 629a zu beurteilen ist, so daß § 629a III beachtet werden muß, Zweibr RR **79**, 147. Die mit einem statthaften, aber unzulässigen Rechtsmittel angefochtene Entscheidung wird erst mit der Rücknahme des Rechtsmittels oder der Rechtskraft der das Rechtsmittel verwerfenden Entscheidung rechtskräftig, GmS NJW **84**, 1027; stirbt der Antragsgegner während der Anhängigkeit einer (von der Bewilligung von PKH abhängig gemachten) bedingten Berufung, so tritt die Erledigung erst mit der Entscheidung über die WiedEins ein, Stgt FamRZ **00**, 1029. Sofern das Scheidungsurteil eines OLG mit Verkündung rechtskräftig wird, § 705 Rn 8, kann nach seinem Erlaß keine Erledigung eintreten, Hamm NJW **78**, 382; das gleiche gilt, wenn der Tod eintritt, nachdem der Scheidungsausspruch durch Rechtsmittelverzicht, § 629a Rn 9, rechtskräftig geworden ist, BGH NJW **84**, 2829.

Die Erledigung **hat zur Folge**, daß das verkündete, aber noch nicht rechtskräftige Urteil ohne weiteres in der Hauptsache wirkungslos wird, BGH NJW **81**, 686 mwN. Die Erledigung erstreckt sich auch auf die Entscheidung über die FolgeS Versorgungsausgleich, BGH NJW **81**, 686 (offengelassen, ob dies auch für andere FolgeS gilt oder eine solche FolgeS entsprechend § 626 II als selbständige FolgeS fortgeführt werden kann, dafür STr 5 mwN, vgl § 626 Rn 6); tritt der Tod nach Rechtskraft des Scheidungsausspruchs ein, kann (und muß) das Versorgungsausgleichsverfahren gegen den Erben fortgesetzt werden, BGH FamRZ **85**, 1241, NJW **84**, 2830. Eine einstwAnO aus § 620 tritt mit dem Tod eines Gatten außer Kraft, § 620f.

Eines besonderen **Beschlusses über die Wirkungslosigkeit** bedarf es nicht, Saarbr FamRZ **85**, 89, Ffm 2 FamRZ **81**, 192. Jedoch kann bei Zweifeln über die Voraussetzung das Rechtsschutzbedürfnis für einen solchen Beschluß gegeben sein, zB wenn das Scheidungsurteil verkündet und zugestellt ist, Hamm FamRZ **95**, 101, und idR hinsichtlich der FolgeS Versorgungsausgleich (auf Antrag ist hier die Erledigung des Versorgungsausgleichsverfahrens durch Beschluß festzustellen, Karlsr RR **96**, 773, Zweibr FamRZ **95**, 619 mwN, aM Saarbr FamRZ **85**, 89); zuständig dafür ist das Gericht, das das Urteil erlassen hat, aM Ffm FamRZ **90**, 296 (für eine isolierte FamS): das Gericht, bei dem die Sache anhängig ist. Bei Abweisung des Scheidungsantrags ist ein Rechtsschutzbedürfnis für einen solchen Beschluß nicht gegeben, Bbg FamRZ **84**, 302. Nach einhelliger Meinung ist gegen ein wirkungslos gewordenes Urteil ein Rechtsmittel nicht zulässig, und zwar auch dann nicht, wenn damit nur die Wirkungslosigkeit festgestellt werden soll, BGH NJW **81**, 686, Zweibr FamRZ **80**, 716.

Die Wirkungslosigkeit erstreckt sich nicht auf die Entscheidung über die **Kosten**, so daß insofern eine Fortsetzung des Verfahrens zulässig ist, BGH FamRZ **82**, 156 mwN. Über die Kosten ist nicht nach § 91 a, sondern auch bei FolgeS nach § 93 a zu entscheiden, und zwar auch dann, wenn die Erledigung in der Rechtsmittelinstanz eintritt, BGH FamRZ **83**, 683 u **86**, 253, hM, aM Nürnb NJWE-FER **97**, 117, Karlsr RR **96**, 773, Bbg FamRZ **95**, 1074, ZöPh 6 u 7, ferner abw Bbg FamRZ **84**, 302 für den Fall, daß der Scheidungsantrag durch Prozeßurteil abgewiesen worden ist.

Zulässig nach dem Tod eines Gatten ist eine Prozeßabweisung, vgl BGH FamRZ **88**, 1159 mwN, ebenso 3 die Verwerfung eines Rechtsmittels als unzulässig nach dem Tod des Gegners, BGH NJW **74**, 368, desgleichen die Rücknahme der Klage nach dem Tode des Beklagten vor der 1. mündlichen Verhandlung, Mü

Albers

NJW **70**, 1799, weil es in allen diesen Fällen beim Fortbestehen der Ehe bleibt, STr 3. Demgemäß kann umgekehrt die Berufung gegen ein die Scheidung aussprechendes Urteil nach dem Tod eines Ehegatten nicht mehr wirksam zurückgenommen werden, Kblz FamRZ **80**, 717. Soweit die Ehe vermögensrechtliche, namentlich erbrechtliche oder familienrechtliche Wirkungen hat und ihr Bestehen streitig ist, kann es auch nach dem Tod eines Gatten in einem neuen Prozeß festgestellt werden, ggf auf Zwischenantrag. Eine Fortsetzung des Eheverfahrens ist auch insofern unzulässig.

4 **§ 619 ist vAw zu beachten**, so daß der Tod eines Gatten vom Gericht ohne Bindung an das Parteivorbringen zu prüfen ist, RG HRR **32**, 1611. Das Verfahren wird nach § 239 unterbrochen, wenn nicht der Fall des § 246 I vorliegt, BGH NJW **81**, 686; eine Aussetzung nach dieser Vorschrift kommt nicht in Betracht, Schlesw SchlHA **74**, 103.

In **KindschS** gilt § 619 nach Maßgabe der §§ 640 I, 640 g, s dortige Erl. Auf **andere FamS** ist § 619 nicht anzuwenden, auch nicht auf eine nach Rechtskraft des Scheidungsausspruchs fortgeführte FolgeS. Hier kommt ein Ausspruch über die Erledigung des Verf durch Erlöschen des materiellen Anspruchs in Betracht, Ffm FamRZ **90**, 296 (betr VersAusgl).

5 **2) Wiederaufnahme.** Für eine Wiederaufnahme, §§ 578 ff, gegen ein Scheidungs- oder Aufhebungsurteil ist nach dem Tod eines Ehegatten kein Raum, weil eine neue Sachentscheidung nicht ergehen kann, BGH **43**, 239, MüKoWalter 10, STr 6, RoSGo § 165 V 14 b, str, aM Blomeyer § 120 VII 3 unter Hinweis darauf, daß bei einem im Wiederaufnahmeverfahren ergangenen abweichenden Scheidungsurteil die Ehe erst durch den Tod aufgelöst wäre, was Bedeutung für die die Wiederaufnahme betreibenden Erben hätte; dagegen Jauernig FamRZ **61**, 101, der die Erben nicht für die richtige Partei in einem solchen Wiederaufnahmestreit hält. Auch eine Wiederaufnahme wegen der Kosten ist nicht zulässig, da § 99 I entsprechend anzuwenden ist, BGH **43**, 244. Das gleiche gilt für die Wiederaufnahme einer Feststellungsklage auf Bestehen oder Nichtbestehen der Ehe, MüKoWalter 10, str.

Einführung zu §§ 620–620 g
Einstweilige Anordnungen

1 **1) Allgemeines** (*Gießler/Soyka*, Vorläufiger Rechtsschutz in Ehe-, Familien- und Kindschaftssachen, 4. Aufl 2005; *Wendl/Staudigl*, Das Unterhaltsrecht in der familienrichterlichen Praxis, 6. Aufl 2004; *Bergerfurth/Rogner*, Der Ehescheidungsprozeß und die anderen Eheverfahren, 14. Aufl 2003; *Rahm* VI; *Bernreuther* FamRZ **99**, 69).

§§ 620–620 g geben die Möglichkeit zum Erlaß einstweiliger Anordnungen in jedem Eheprozeß, soweit die deutschen Gerichte zur Entscheidung zuständig sind. Sie schützen insoweit auch Ausländer (s auch Art 14 EGBGB). Zweck der einstwAnO ist es, für die Dauer des Verf in einer EheS eine beide Seiten befriedigende, jederzeit abänderbare Regelung zu treffen, um zusätzliche gerichtliche Auseinandersetzungen und damit verbundene weitere Belastungen der Verfahrensbeteiligten nach Möglichkeit zu vermeiden, BVerfG FamRZ **80**, 872.

Entspr anwendbar sind die §§ 620 a–620 g in Verfahren nach § 621 I Z 1–5, 7 oder 11, §§ 621 g u 644; s dortige Erl.

2 **A. Verhältnis zu anderen Verfahren** (Bernreuther FamRZ **99**, 69; Gießler FPR **98**, 111; Hampel FPR **98**, 114; vgl auch § 940 Rn 3 ff, Stichwort „Ehe, Familie"). Grundsätzlich kommt es darauf an, ob sich das Verf nach den §§ 620 ff und das andere Verf nach Einfachheit, Schnelligkeit und Kostenaufwand eindeutig unterscheiden, zugleich aber die Verfahrensergebnisse im wesentlichen gleichwertig sind, BGH NJW **82**, 2562, Bre FamRZ **82**, 1034 mwN. Daraus ergibt sich:

3 Eine **einstwVfg** aus den §§ 935, 940 ist in FGG-FamS überhaupt nicht und in ZPO-FamS nicht zulässig, sobald eine Ehesache anhängig ist, in der nach § 620 eine inhaltlich gleiche einstwAnO ergehen darf, allgM, Gaul FamRZ **03**, 1137 mwN, Hassold FamRZ **81**, 1036, BGH NJW **84**, 767 u 79, 473, Kblz FamRZ **97**, 1412, Karlsr FamRZ **89**, 523, vgl § 620 a Rn 5, § 621 f Rn 1 sowie § 940 Rn 3, 4 u 20 ff (einschränkend Kblz RR **89**, 904 u Düss FamRZ **86**, 75 bei nachträglichem Anhängigwerden einer EheS, ferner AG Witten FamRZ **85**, 820). Ein Antrag auf einstwVfg ist ggf umzudeuten, Bra FamRZ **96**, 1223. Eine zuvor ergangene einstwVfg ist auf Widerspruch jedenfalls bei entsprechendem Willen der Parteien in ein Verfahren nach § 620 überzuleiten und der Widerspruch als Antrag nach § 620 b zu behandeln, solange das FamGer nicht eine die Instanz beendende Entscheidung erlassen hat, Karlsr FamRZ **95**, 1424 a mwN, Karlsr FamRZ **89**, 523, Düss FamRZ **85**, 298 u **82**, 439, aM (ua aus kostenrechtlichen Gründen) Hbg FamRZ **82**, 409 mwN, Hamm FamRZ **80**, 160; ein etwaiges Berufungsverfahren ist fortzusetzen (keine Überleitung), Karlsr NJW **95**, 1908 mwN, hM. Fehlt es in 1. Instanz an der Zustimmung der Parteien zur Überleitung, ist das Verfahren der einstwVfg fortzusetzen und der Antrag ggf als unzulässig zu verwerfen, Düss FamRZ **87**, 497. Zur Ablehnung einer einstwVfg wegen Versäumung der Möglichkeiten aus § 620 vgl Hamm FamRZ **85**, 411. Für **Unterhaltsansprüche** gilt das gleiche, Hampel FPR **98**, 114; vgl Erl zu §§ 641 d u 644. Unberührt bleibt die Zulässigkeit einer einstwVfg nach **§ 1615 o BGB**, Büdenbender ZZP **110**, 36.

4 Hinsichtlich des Unterhalts und des Kostenvorschusses hat eine Partei grundsätzlich die **Wahl zwischen Klage und einstwAnO** und darf beide Verfahren nebeneinander betreiben, hM, BGH NJW **79**, 1508, KG FamRZ **87**, 841, beide mwN, Hbg FamRZ **89**, 198, MüKoKl 12 (weitergehend). Jedoch fehlt der Klage idR das Rechtsschutzbedürfnis nicht dann, wenn im Verfahren über eine einstwAnO ein abschließender Vergleich geschlossen, Schlesw SchlHA **81**, 112, sondern auch dann, wenn die AnO erlassen worden ist, bis zur Höhe des darin festgesetzten Betrages, KG FamRZ **83**, 620, aM Ffm FamRZ **81**, 65, Zweibr FamRZ **80**, 1041, offengelassen von Saarbr FamRZ **79**, 537; zumindest darf in einem solchen Fall für die Klage Prozeßkostenhilfe idR nicht bewilligt werden, § 114 Rn 113 („EinstwAnO, Vfg"). Wegen der Vollstreckungsabwehrklage und der leugnenden Feststellungsklage bzw Leistungsklage vgl § 620 b Rn 4. Die Sicherung künftiger Unterhaltsansprüche durch Arrest steht dem FamGer zu, wenn es Gericht der Hauptsache ist,

Abschnitt 1. Allg. Vorschr. für Verfahren in Ehesachen **Einf §§ 620–620g, § 620**

§ 621 Rn 5 aE, aber in jedem Fall dem Erlaß einer einstwAnO aus § 620 nicht entgegen. Wegen des Verhältnisses zur einstwVfg s oben Rn 2, 3.

Soweit die einstwAnO reicht, ist dem sonst zuständigen **FamGer** die nach materiellem Recht von ihm **5** zu treffende Entscheidung entzogen, Brüggemann FamRZ **77**, 12. Der Einleitung oder Fortführung eines isolierten FGG-Verfahrens steht nicht entgegen, daß ein Scheidungsverfahren anhängig ist (oder wird) und in ihm die Möglichkeit besteht, die elterliche Sorge oder den Umgang mit dem Kind nach § 620 zu regeln, BGH NJW **82**, 2561 mwN, Zweibr RR **96**, 1158, Saarbr FamRZ **89**, 530, Hbg FamRZ **90**, 642, **88**, 523 u **82**, 722 mwN, Karlsr FamRZ **88**, 1187 mwN, Hamm FamRZ **88**, 1186, str, aM Karlsr FamRZ **79**, 1044, Düss FamRZ **78**, 806, vgl Schlüter/König FamRZ **82**, 1164. Auch die Anhängigkeit eines Verfahrens nach § 620 steht einem entsprechenden vorläufigen FGG-Verfahren nicht entgegen, BGH FamRZ **82**, 788, KG FamRZ **95**, 629, Ffm FamRZ **94**, 178 mwN, str. Ebenso bleibt die Einleitung eines selbständigen Verf nach der HausratsVO möglich, Finger NJW **87**, 1003, Düss FamRZ **95**, 561, Zweibr FamRZ **88**, 86, Köln FamRZ **86**, 703. Eine in isoliertem FGG-Verf getroffene endgültige Regelung kann nicht nach § 620 geändert werden, Hbg FamRZ **88**, 635, Hamm LS FamRZ **88**, 411 mwN, KG FamRZ **85**, 722; eine dort erlassene erstinstanzliche Eilregelung bleibt unberührt: das Verf wird nicht etwa in das Verf nach § 620 übergeleitet, so daß über ein Rechtsmittel im bisherigen Verf zu entscheiden ist, Bre FamRZ **82**, 1033, Bbg FamRZ **90**, 645 (das aber § 620 c entspr anwenden will).

In **isolierten Verfahren nach FGG** sind Eilmaßnahmen nach den jeweils maßgeblichen Vorschriften **6** zulässig, vgl Göppinger AcP **169**, 513 mwN, BGH FamRZ **78**, 886. Dies gilt auch dann, wenn daneben wahlweise das Verf nach § 620 zur Verfügung steht, Gießen 317, StR Rn 9 vor § 620, also zB in Sorgerechtssachen, Zweibr RR **96**, 1158, Ffm FamRZ **94**, 178 u **83**, 91 (zustm Luthin). Anordnungen nach FGG scheiden aber aus, wenn ein Verfahren nach § 620 anhängig ist, Zweibr LS FamRZ **00**, 963 (red Anm).

B. Prozeßkostenhilfe (Schrifttum: Wax FamRZ **85**, 10). Die Bewilligung für den Eheprozeß umfaßt **7** den Antrag nach § 620 nicht, Karlsr FamRZ **87**, 1166 u **85**, 1274, Düss FamRZ **86**, 701 mwN, MüKoKl § 620 a Rn 6, Bergerfurth AnwZwang Rn 343, ZöPh § 624 Rn 9, str, aM StJSchl § 620 g Rn 4, Maurer 163 (Erstreckung entspr § 624 II auf einstwAnO wegen elterlicher Sorge). Die gesonderte Bewilligung unter Beiordnung eines RA ist aber grundsätzlich geboten, v. Stosch-Diebitsch NJW **75**, 152, Bbg FamRZ **79**, 527, Düss NJW **75**, 936, da für die EheS Anwaltszwang besteht, § 78 II 1 Z 1, oder in Scheidungssachen das Gericht notfalls einen Beistand beiordnen muß, also ohnehin idR ein RA tätig wird; vgl auch § 624 Rn 3–4. Die gesonderte Bewilligung darf ggf auch nicht an § 115 III scheitern, so daß nach Gewährung von PKH für die Scheidungssache idR nur die Erfolgsaussichten des Antrags auf einstwAnO zu prüfen sind, Wax FamRZ **85**, 11, Düss FamRZ **82**, 1096, es sei denn, die Partei ist im Zeitpunkt der Entscheidung über den Antrag nicht mehr mittellos, Karlsr FamRZ **85**, 1274, abw Schneider MDR **81**, 799. Die Bewilligung für das Verf nach § 620 umfaßt ohne weiteres auch ein etwaiges späteres Änderungsverf nach § 620 b, Hamm MDR **83**, 847.

2) **Anspruch auf Anordnung.** Wenn § 620 sagt: „das Gericht kann regeln", so stellt er damit die **8** Entscheidung in das freie Ermessen: falls eine einstwAnO zulässig und notwendig ist, muß das Gericht sie erlassen, Karlsr NJW-FER **00**, 20 mwN, Stgt LS FamRZ **00**, 965 m. red Anm; es hat aber hinsichtlich ihrer Notwendigkeit, § 620 Rn 6, einen Beurteilungsspielraum, MüKoKl § 620 Rn 8, Maurer 892, StJSchl § 620 Rn 14 (unter der Bezeichnung „pflichtmäßiges Ermessen") und hinsichtlich der Ausgestaltung im einzelnen einen Handlungsspielraum, zB bei der Bestimmung eines Anfangs- und Endzeitpunktes, vgl van Els FamRZ **90**, 581 mwN. Im Verfahren richtet sich die Prozeßfähigkeit nach § 607; der beschränkt Geschäftsfähige darf aber Zahlung nur an seinen gesetzlichen Vertreter verlangen.

620 *Einstweilige Anordnungen.* Das Gericht kann im Wege der einstweiligen Anordnung auf Antrag regeln:

1. die elterliche Sorge für ein gemeinschaftliches Kind;
2. den Umgang eines Elternteils mit dem Kind;
3. die Herausgabe des Kindes an den anderen Elternteil;
4. die Unterhaltspflicht gegenüber einem minderjährigen Kind;
5. das Getrenntleben der Ehegatten;
6. den Unterhalt eines Ehegatten;
7. die Benutzung der Ehewohnung und des Hausrats;
8. die Herausgabe oder Benutzung der zum persönlichen Gebrauch eines Ehegatten oder eines Kindes bestimmten Sachen;
9. die Maßnahmen nach den §§ 1 und 2 des Gewaltschutzgesetzes, wenn die Beteiligten einen auf Dauer angelegten gemeinsamen Haushalt führen oder innerhalb von sechs Monaten vor Antragstellung geführt haben;
10. die Verpflichtung zur Leistung eines Kostenvorschusses für die Ehesache und Folgesachen.

Vorbem. Z 9 idF; bisherige Z 9 zu Z 10 dch Art 4 Z 2a, b G v 11. 12. 01, BGBl 3513, in Kraft seit 1. 1. 02, Art 13 II G, Übergangsrecht Einl III 78. Vgl Schumacher FamRZ **01**, 953, van Els ZfJ **01**, 83.

Schrifttum (Auswahl): *Gießler/Soyka,* Vorläufiger Rechtsschutz in Ehe-, Familien- und Kindschaftssachen, 4. Aufl 2005; *ders* FPR **98**, 103; *Eckebrecht* MDR **95**, 9 u 114; *van Els,* Die Schutzschrift in Verfahren vor dem FamGer, FamRZ **96**, 651.

§ 620
Buch 6. Verfahren in Familiensachen

Gliederung

1) Allgemeines 1–5	B. Einzelheiten 17
2) Voraussetzungen 6	C. Unterhaltsklage 18
3) Elterliche Sorge 7–9	9) Benutzung der Ehewohnung und des Hausrats 19–24
A. Allgemeines 7	A. Allgemeines 19
B. Einzelheiten 8, 9	B. Einzelheiten 20–23
4) Regelung des Umgangs 10	C. Verhältnis zu anderen Rechtsbehelfen 24
5) Herausgabe des Kindes 11	10) Herausgabe persönlicher Sachen 25
6) Unterhaltspflicht gegenüber einem Kinde 12, 13	11) Maßnahmen nach §§ 1 u 2 GewSchG 25 a
A. Allgemeines 12	12) Leistung eines Prozeßkostenvorschusses 26–30
B. Einzelheiten 13	A. Allgemeines 26
7) Getrenntleben 14	B. Einzelheiten 27–29
8) Unterhalt eines Ehegatten 15–18	C. Vorschußklage 30
A. Allgemeines 15, 16	

1 1) Allgemeines

A. Regelungsgegenstand. § 620 regelt den Gegenstand einer einstwAnO abschließend, jedoch ohne Einengung auf den Wortlaut: eine einstwAnO darf auch in solchen Angelegenheiten erlassen werden, die in untrennbarem Zusammenhang mit einem der Tatbestände des § 620 stehen. Dazu gehören wegen des Zusammenhangs mit Z 5 und 7 etwa Anträge auf Untersagung von Belästigungen, Bedrohungen und Mißhandlungen, str, wie hier MüKoKl 68 u 74, StJSchl 7, Brudermüller FamRZ **87**, 114 mwN, Karlsr FamRZ **84**, 184 mwN, aM Düss FamRZ **95**, 184 (aber nach Schaffung des FamGer gehören auch diese Verfahren in seine Hand), ferner wegen des Zusammenhangs mit Z 5 und 7 auch Anträge auf ein Verbot des Wegschaffens von Hausrat oder ein Gebot auf dessen Rückschaffung, MüKoFi 76, Brudermüller aaO, mit Bülow/Stössel MDR **78**, 465, sowie Anträge auf ein Veräußerungsverbot, Gießler 848, abw AG Bensheim FamRZ **97**, 185.

2 § **620 enthält eine prozessuale Regelung**, begründet dagegen keine materiellrechtlichen Ansprüche, MüKoKl 10, str, differenzierend STr 2. Demgemäß entscheidet immer dann, wenn durch einstwAnO Ansprüche geregelt werden sollen, das jeweils anzuwendende materielle Recht, ob und ggf mit welchem Inhalt eine AnO erlassen werden darf, so daß insofern nach IPR ausländisches Recht anzuwenden sein kann, Hamm NJW **77**, 1597, vgl Goerke FamRZ **74**, 75; näheres bei der einzelnen Bestimmung, vgl (zu der abweichenden Lage bei Z 8 vgl unten Rn 25). Deutsches Recht ist in diesen Fällen nur dann anwendbar, wenn Art 6 EGBGB eingreift oder die Ermittlung des ausländischen Rechts so zeitraubend ist, daß die einstw AnO nicht in angemessener Zeit erlassen werden könnte, MüKoKl 11, Mankowski/Kerfack IPrax **90**, 374 mwN (abw StJSchl 2, Hamm aaO: in diesem Fall freie Interessenabwägung), differenzierend Kreuzer NJW **83**, 1943; vgl § 293 Rn 9. **Neben die einstwAnO nach § 620** treten die einstwAnOen nach § 621 f, s dort, und nach § 3 a IX 3 VAHRG über die Zahlung der Ausgleichsrente im Verfahren über den sog verlängerten schuldrechtlichen Versorgungsausgleich, für die nach § 3 a IX 1 VAHRG das FamGer zuständig ist. Nach § 3 a IX 4 VAHRG ist die Entscheidung unanfechtbar; i ü gelten §§ 620 a bis 620 g entspr, dazu Hahne Rn 38 (in Johannsen/Henrich, EheR).

3 **B. Einstweilige Maßnahmen über § 620 hinaus** dürfen nur durch einstwVfg bzw einstwAnO nach FGG oder HausratsVO von dem für die Hauptsache zuständigen Gericht getroffen werden, vgl Einf Rn 2 ff. Beispiele: Wenn die EheS noch nicht anhängig iSv § 620 a II 1 ist, Zweibr FamRZ **83**, 1254 (vgl auch unten Rn 24), oder wenn eine Regelung nicht zwischen Ehegatten getroffen werden soll, aber auch dann, wenn es sich um andere als die in Z 7 u 8 genannten Gegenstände handelt, Düss NJW **67**, 453, oder um die Sicherung des Eigentums im Hinblick auf eine künftige Auseinandersetzung, Schlesw SchlHA **49**, 132, um die Wiedereinräumung des Mitbesitzes, Hamm MDR **77**, 58, um das Verbot der Veräußerung eines Grundstücks, Mü FamRZ **69**, 151, um die Zuteilung eines Sparkassenguthabens, Kiel SchlHA **84**, 79, um die Betätigung im Betrieb des anderen Gatten, Brschw NdsRpfl **57**, 152 u ä. Umgekehrt ist im Bereich des § 620 kein Raum für eine einstwVfg, Einf Rn 3, jedoch können in FGG-Hauptverfahren Eilmaßnahmen auch dort getroffen werden, Einf Rn 5, zB kann bei Anhängigkeit der EheS eine einstwAnO nach § 13 IV HausratsVO ergehen, unten Rn 24. **Vgl i ü § 644 Rn 1, § 940 Rn 3 u 4 sowie Rn 20 ff.**

4 **C. Anwendbar ist § 620 in jeder Ehesache**, § 606 Rn 2. Notwendig ist die Anhängigkeit einer EheS bzw eines PKH-Verfahrens im Inland, Karlsr IPrax **85**, 106, zustm Henrich IPrax **85**, 89. Die EheS kann eine solche zwischen Ausländern sein, also auch eine Trennungsklage, Üb § 606 Rn 1, Karlsr FamRZ **84**, 184; die Zuständigkeit nach § 606 a braucht dabei noch nicht festzustehen, Hbg DAVorm **83**, 151. Voraussetzung ist aber auch hier das Bestehen der deutschen Gerichtsbarkeit, so daß gegen Exterritoriale, § 18 GVG, keine einstwAnO ergehen darf, Mü FamRZ **72**, 210. Nötig ist ferner die Zuständigkeit des Gerichts nach § 606, s Erl § 620 a. Vor dem in § 620 a II 1 bezeichneten Zeitpunkt ist keine einstwAnO nach § 620 zulässig, oben Rn 3, wohl aber während der Aussetzung des Verfahrens nach § 614, Celle NdsRpfl **75**, 71, § 614 Rn 7.

5 **D. Die Entscheidung** ergeht stets durch Beschluß, § 620 a; Verfahren nach §§ 620 ff sind keine FolgeS iSv §§ 623 ff, Köln FamRZ **99**, 853. Rechtsmittel: § 620 c. Wegen Aufhebung und Änderung der einstwAnO s § 620 b, wegen ihres Außerkrafttretens s § 620 f. Eine einstwAnO ist Vollstreckungstitel; sie wird nach den Vorschriften der ZPO vollstreckt, wenn es sich um Verfahren nach Z 4–9 handelt, § 794 I Z 3 a, dagegen nach den Bestimmungen des FGG, wenn es sich um Verfahren nach Z 1, 2 oder 3 handelt, § 794 a I Z 3 u 3 a, vgl Rn 7–11.

Abschnitt 1. Allg. Vorschr. für Verfahren in Ehesachen § 620

2) Voraussetzungen. Das Gericht wird grundsätzlich nur **auf Antrag** tätig, § 620 a Rn 5, seit dem 1. 7. 6
98 auch hinsichtlich der Regelung der elterlichen Sorge für ein gemeinschaftliches Kind, Z 1, es sei denn, es
handelt sich um eine Maßnahme nach § 1666 BGB. Die einstwAnO darf nur ergehen, wenn **a)** das
materielle Recht eine solche Regelung zuläßt, oben Rn 2, **b)** ein Regelungsbedürfnis besteht, dazu Einf
§ 620 Rn 8 (auf Eilbedürftigkeit kommt es nicht an, Karlsr NJW-FER 00, 20 mwN), so daß der Antrag
abzulehnen ist, wenn die Klage bzw der Scheidungsantrag offensichtlich unzulässig oder unbegründet ist,
Karlsr RR 90, 840 u 89, 1414, Bbg FamRZ 83, 83, ZöPh 2, oder wenn die Parteien sich geeinigt haben
oder wenn keine VollstrMöglichkeit erkennbar ist, Hamm FamRZ 86, 919. Hat ein anderes Gericht eine
Regelung getroffen, so bleibt es dabei, bis sie geändert worden ist, und es kein Raum für die einstwAnO
(vgl Einf § 620 Rn 2 ff), Köln FamRZ 83, 517, abw Schlüter/König FamRZ 82, 1164 mwN. Wenn das
FamGer der EheS zuständig geworden ist, § 621 I u III, kann es diese Regelung selbst ändern, aber nur im
Hauptverf, KG FamRZ 85, 722. Liegen die Voraussetzungen vor, so muß das Gericht die Anordnung treffen;
denn es ist dazu da, den Parteien zweckvoll zu helfen. „Kann" stellt nicht in sein Ermessen, sondern bedeutet
Ermächtigung, Einf § 620 Rn 9.
Im einzelnen gilt für die in § 620 genannten Fälle das Folgende:

3) Elterliche Sorge für ein gemeinschaftliches Kind, Z 1 (*Gießler* 982 ff, *Oelkers* FamRZ 95, 1105) 7

A. Allgemeines. Wenn deutsches Recht anzuwenden ist, gelten die §§ 1666, 1671 ff BGB entspr als
Grundlage für die einstwAnO, AG Hbg FamRZ 83, 1043, und bestimmen sich Inhalt und Grenzen der AnO
nach den §§ 1626 ff BGB. Maßgeblich ist das **Haager Abkommen über den Schutz Minderjähriger**
vom 5. 10. 61 (Pal-Heldr Anh 1 Art 24 EGBGB; Schulz FamRZ 03, 338), das dem innerstaatlichen Recht
vorgeht, vgl BGH IPrax 87, 317 (dazu Mansel IPrax 87, 298) u NJW 87, 1304, Bbg FamRZ 86, 1224, Ffm
NJW 98, 3206, Hbg IPrax 87, 324 (dazu Siehr IPrax 87, 302) u 86, 386 (Henrich IPrax 86, 364), AG
Marburg IPrax 96, 123 (Anm Hüßtege ebd 104); Schrifttum: Keidel/Kuntze/Engelhardt § 35 b FGG
Rn 19–49, Staud-Kropholler Vorbem A Art 19 EGBGB, Dörr/Hansen NJW 96, 2703; Siehr FamRZ 96,
1047; Rausch NJW 94, 2124; Dörr/Hansen NJW 89, 694; Oberloskamp, Haager MinderjSchutzAbk, 1983, u
FamRZ 96, 918.
Ggf ist das nach Art 19 II iVm Art 14 I EGBGB maßgebliche ausländische Recht anzuwenden, MüKoKl
11 u 14; jedoch können nach Art 19 III EGBGB zum Wohl des Kindes Schutzmaßnahmen auch nach dem
Recht des Staates ergriffen werden, in dem das Kind seinen gewöhnlichen Aufenthalt hat, dazu PalHeldr
Art 19 Rn 10. – Dagegen findet das Übk über die Rechte des Kindes, v 20. 11. 89, BGBl 92 II 121,
innerstaatlich keine Anwendung, Teil I der Bek v 10. 7. 92, BGBl II 990; zum Übk vgl Wolf ZRP 91, 374,
Ullmann FamRZ 91, 898 u 92, 892, Stöcker FamRZ 92, 245 u 895, Schwenzer 59. DJT 1992 Gutachten A
16 f, Baer NJW 93, 2209 mwN, Strempel ZRP 96, 81, Jayme IPrax 96, 238, Zimmermann IPrax 96, 167
mwN.

B. Einzelheiten. Zulässig sind in diesem Rahmen Maßnahmen aller Art, die die elterliche Sorge für 8
Personen und Vermögen des Kindes (einschließlich seiner Vertretung) ganz oder teilweise regeln, zB den
Aufenthalt des Kindes, STr 10, Walter S 136, Köln FamRZ 05, 1584, aM Hamm DAVorm 84, 509, seine
Erziehung und Pflege oder der Verwaltung seines Vermögens. Zulässig ist die AnO auch nur zu
beschränken, wenn ein Bedürfnis dafür besteht, daß die Eltern andere Teile weiter gemeinsam ausüben, Hbg
RR 86, 1329. Unzulässig ist die Übertragung der elterlichen Sorge auf einen in der Geschäftsfähigkeit
beschränkten Gatten, § 1673 II BGB, Mü OLGZ 66, 308, zulässig dagegen die Übertragung auf einen
Vormund oder Pfleger (der vom FamGer auszuwählen und zu bestellen ist, § 1697 BGB). Wegen der
Beachtung von bereits getroffenen Entscheidungen des Vormundschaftsgerichts oder Familiengerichts s oben
Rn 6; für Änderungen gilt § 1696 BGB (eine im isolierten Sorgerechtsverfahren nach § 1696 BGB er-
gangene Entscheidung darf nicht nach § 620 geändert werden, Karlsr MDR 04, 453, Bbg RR 99, 657, Hbg
FamRZ 88, 635).
Die Notwendigkeit der einstwAnO ist hier besonders sorgfältig zu prüfen, Düss FamRZ 78, 535 u 604, 9
und zwar namentlich dann, wenn ein selbständiges Verf beim Vormundschaftsgericht anhängig ist, Zweibr
FamRZ 84, 405 (nur wegen besonderer Umstände des Einzelfalles war dort eine Regelung durch einstwAnO
geboten); eine im selbständigen Verf ergangene Endentscheidung schließt eine einstwAnO aus, Hbg FamRZ
88, 635. Jede Entscheidung hat sich ausschließlich am Wohl des Kindes zu orientieren, § 1697 a BGB, Jena
FamRZ 97, 573; wird das Wohl des Kindes gar nicht oder nur unwesentlich berührt, hat eine AnO zu
unterbleiben, Karlsr FamRZ 87, 78. Eine einstw AnO ist auch dann zulässig, wenn die Eltern noch nicht
getrennt leben, aber bereits getroffene Maßnahmen zur Trennung lediglich im Hinblick auf das Kind noch
nicht vollzogen haben, KG DAVorm 80, 415.
Wegen der Anhörung des Kindes s § 620 a Rn 9. Die Vollstreckung richtet sich nach FGG, so daß dessen
§ 33 anzuwenden ist, § 794 I Z 3 u 3 a, dazu Rahm/Künkel III 519 ff. Wegen der Vollstreckung im Ausland
s das EuÜbk v 20. 5. 80, Schlußanh V A 3, wegen den VO (EG) Nr 1347/2000, abgedr am Schluß des
Buches, § 606 a Rn 2 a.

4) Regelung des Umgangs mit dem Kinde, Z 2 (*Motzer* FamRZ 00, 930, *Oelkers* FamRZ 95, 449 u 10
1339). Gemeint sind die Fälle des § 1684 BGB. Bei Anwendung deutschen Rechts ist Richtschnur
§ 1684 IV BGB, Lipp FamRZ 98, 74. Zulässig ist auch hier jede Maßnahme, die zum Wohl des Kindes
geboten ist, einschließlich einer Ablehnung jeder Regelung, Stgt FamRZ 98, 1321; wegen des Haager Abkommens
über den Schutz Minderjähriger vom 5. 10. 61 und das ggf anzuwendende Recht s oben Rn 7. Zur
Anhörung des Kindes s § 620 a Rn 9. Die Vollstreckung richtet sich nach FGG (auch für einen gerichtlichen
Vergleich, soweit er wirksam ist), so daß § 33 FGG anzuwenden ist (keine Gewaltanwendung gegen das Kind
im Fall des § 33 II 2 FGG), § 794 I Z 3 u 3 a, dazu Rahm III 519 ff, Dörr/Hansen NJW 94, 2463, Dickmeis
NJW 92, 537, Stgt FamRZ 99, 1095, Köln FamRZ 98, 961 u 99, 172. Wegen der Vollstreckung im Ausland
s das EuÜbk v 20. 5. 80, Schlußanh V A 3.

§ 620   Buch 6. Verfahren in Familiensachen

11   **5) Herausgabe des Kindes an den anderen Elternteil, Z 3** (*Christian* DAVorm **83**, 417). Maßgeblich ist auch insofern allein das Kindeswohl, vgl § 1632 BGB. Wegen des Haager Abkommens über den Schutz Minderjähriger vom 5. 10. 61 und des ggf anzuwendenden Rechts s oben Rn 7, wegen der einstwAnO nach § 6 II SorgeRÜbkAG s Schlußanh V A 3. Zur Anhörung des Kindes s § 620 a Rn 9. Die Vollstreckung aus einer einstwAnO nach Z 3 erfolgt nach FGG, so daß dessen § 33 anzuwenden ist (keine Gewaltanwendung gegen das Kind im Fall des § 33 II 2 FGG), § 794 I Z 3 u 3 a, dazu Rahm III 519 ff, Diercks FamRZ **94**, 1226, Nies MDR **94**, 877, Dickmeis NJW **92**, 537. Wegen der Vollstreckung im Ausland s das EuÜbk v 20. 5. 80, Schlußanh V A 3.

Wegen der Herausgabe der persönlichen Sachen nach Z 8 s unten Rn 25. Außerhalb einer EheS gilt dafür § 50 d FGG.

12   **6) Unterhaltspflicht gegenüber einem minderjährigen Kinde, Z 4**
   A. Allgemeines. Die Vorschrift gilt für den Unterhalt aller minderjährigen Kinder; der Gesetzgeber überläßt es volljährigen Kindern, vorläufigen Rechtsschutz selbst nach § 644 zu suchen. Z 4 ermöglicht es dem Elternteil, der nach § 1629 III 1 BGB Unterhaltsansprüche des Kindes gegen den anderen Elternteil im eigenen Namen geltend machen darf, nach Anhängigwerden einer EheS eine entsprechende einstwAnO zu erwirken. Diese Entscheidung wirkt nach § 1629 III 2 BGB auch für und gegen das Kind, BGH FamRZ **86**, 879, Zweibr FamRZ **00**, 964 mwN, so daß es dadurch selbst einen Titel erhält, Walter JZ **86**, 366. Bei Eintritt der Volljährigkeit tritt das Kind hinsichtlich des vorher geschuldeten Unterhalts in das Verf ein, vgl Rogner NJW **94**, 3325, während sich das Verfahren hinsichtlich des künftigen Unterhalts erledigt; zu der Vollstreckung s Rn 13 aE. Die Prozeßführungsbefugnis nach § 1629 III besteht nicht, wenn ein Unterhaltsbeistand bestellt ist, § 53 a, Bra FamRZ **98**, 1121.

Liegt ein rechtskräftiger Titel zugunsten des Kindes vor, fehlt idR das Rechtsschutzbedürfnis für eine einstwAnO nach Z 4, Oldb MDR **64**, 764, es sei denn, der Vollstreckung stehen Hindernisse entgegen. Zur Herabsetzung des in einem anderen Verfahren festgesetzten Unterhalts bietet § 620 keine Grundlage, AG Mönchen-Gladbach FamRZ **81**, 187, AG Dachau FamRZ **79**, 841; vgl auch unten Rn 16. Ein Auskunftsanspruch aus § 1605 BGB kann nicht durch einstwAnO geregelt werden, Düss FamRZ **83**, 514, Stgt FamRZ **80**, 1138, offen gelassen von Hamm FamRZ **83**, 515 (das mit Recht bei Erlaß einer solchen einstwAnO ein Beschwerderecht wegen greifbarer Gesetzwidrigkeit verneint, aM Düss aaO).

Wegen der Bedeutung der Gewährung von Unterhaltsvorschüssen, § 7 UVG, Sozialhilfe, § 91 BSHG, oder Jugendhilfe, § 94 III KJHG, s unten Rn 15 aE; zur Umschreibung des Titels, § 727, in diesen Fällen s Zweibr FamRZ **00**, 964.

Im isolierten Unterhaltsverfahren gilt § 644, s dortige Erl.

13   **B. Einzelheiten.** Die Unterhaltspflicht gegenüber dem Kind bestimmt sich nach materiellem Recht (§§ 1360, 1360 a bzw §§ 1601 ff BGB), zwischen Elternteilen mit ihrem gewöhnlichen Aufenthalt in Deutschland idR nach deutschem Recht, Art 18 EGBGB, sonst uU nach ausländischem Recht, soweit nicht internationales Vertragsrecht vorgeht (nach dem vorrangig anzuwendenden Haager Unterhaltsübereinkommen v. 2. 10. 73, BGBl 86 II 837, bzw seinem Vorgänger v. 24. 10. 56, BGBl 61 II 1013, vgl Pal-Heldrich Anh Art 18 EGBGB, und ohne Rücksicht darauf, ob der Heimatstaat des Kindes zu den Vertragsstaaten gehört, stets deutsches Recht maßgeblich, wenn das Kind seinen gewöhnlichen Aufenthalt in der Bundesrepublik hat, falls nicht ein bilaterales Abk vorgeht, vgl BGH RR **86**, 1005 mwN). Für die Bemessung der Zahlung sind die im OLG-Bezirk angewandten Tabellen maßgeblich, vgl unten Rn 17. Die einstwAnO kann den Unterhalt grds erst für die Zeit ab Eingang des Antrags regeln, ZöPh 57. Der Antrag darf nicht willkürlich unter einer aufschiebenden Bedingung gestellt werden, etwa der Übertragung der elterlichen Sorge und ihrer Wirksamkeit, Zweibr FamRZ **82**, 1094.

Vollstreckt wird die AnO nach ZPO, § 794 I Z 3 a u § 850 d, dazu Büttner FamRZ **94**, 1434. Anwendbar sind auch das Haager Übk über Unterhaltsentscheidungen, Schlußanh V A 2, und das EuGVÜ, Schlußanh V C 1, vgl dessen Art 5 Z 2 (dazu Jayme FamRZ **88**, 793, Sonnenberger IPrax **85**, 238).

Vollstreckungsgläubiger ist der in der einstwAnO genannte Elternteil, wenn er sie als Prozeßstandschafter erwirkt hat, ganz hM, Brehm FamRZ **91**, 357 mwN (zu AG Maulbronn FamRZ **91**, 356). Dies gilt auch nach dem Erlöschen der Prozeßstandschaft, § 1629 III BGB, durch Abschluß des Scheidungsverfahrens oder durch Eintritt der Volljährigkeit des Kindes (insoweit str), Maurer 937, Nürnb FamRZ **87**, 1172, Köln FamRZ **85**, 626, Hbg FamRZ **84**, 927, § 727 Rn 13, aM Ffm FamRZ **91**, 1210, Hbg FamRZ **85**, 625, AG Viersen FamRZ **88**, 1306 mwN. Das Kind kann bei Volljährigkeit die Umschreibung des Titels beantragen, Maurer 937, Ffm aaO, Köln aaO.

14   **7) Getrenntleben der Ehegatten, Z 5.** Nach heutigem Scheidungsrecht spielt ein Recht zum Getrenntleben kaum eine Rolle. Leben die Gatten ohnehin endgültig getrennt, so fehlt idR das Rechtsschutzbedürfnis für eine einstwAnO, Ffm FamRZ **72**, 208. Es ist aber für alle Regelungen zu bejahen, die die Art und Weise des Getrenntlebens betreffen, zB wenn einem Gatten der Bezug einer neuen Wohnung ermöglicht werden soll, die aus rechtlichen oder tatsächlichen Gründen nur ihm allein zur Verfügung gestellt werden kann, RegEntwBegr. Wegen der Einzelmaßnahmen hinsichtlich der Ehewohnung, des Hausrats und der Gebrauchsgegenstände s Z 7 u 8. Zulässig sind also auch Belästigungsverbote, s oben Rn 1 u unten Rn 21, MüKoKl 68, StJSchl 7, STr 18, Karlsr FamRZ **84**, 184 mwN, str, aM u a Düss FamRZ **95**, 184, offen Schwab FamRZ **99**, 1320, ZöPh 55 u STr 18 mwN. Unzulässig sind über das Getrenntleben hinausgehende einstwAnOen wie Verbote des Zusammenlebens mit einem Dritten, Köln FamRZ **95**, 1424 mwN. Rechtsgrundlage ist § 1353 II BGB, aM STr 19. Vollstreckt wird die AnO nach ZPO, § 794 I Z 3 a.

15   **8) Unterhalt eines Ehegatten, Z 6**
   A. Allgemeines. Maßgeblich ist das materielle Recht, also §§ 1360 bis 1361 BGB bzw das ggf nach dem Haager UnterhaltsÜbk v. 2. 10. 73, BGBl 86 II 837, PalHeldr Anh Art 18 EGBGB, bzw nach Art 18 EGBGB anzuwendende ausländische Recht, StJSchl 8, Stgt FamRZ **72**, 372, Düss FamRZ **74**, 132 (nur notfalls Rückgriff auf das BGB, wenn Eile geboten ist, mit evtl späterer Änderung nach § 620 b), aM Karlsr

Abschnitt 1. Allg. Vorschr. für Verfahren in Ehesachen **§ 620**

StAZ **76**, 19 (zum früheren Recht). Da es sowohl nach dem Haager Übk als auch nach Art 18 EGBGB im wesentlichen auf den gewöhnlichen Aufenthalt des Berechtigten ankommt, wird häufig deutsches Recht anzuwenden sein (so schon nach bisherigem Recht für bestimmte Fälle BGH IPrax **81**, 59, zustm Henrich IPrax **81**, 48).

Bei freiwilliger Zahlung eines Teils ist das Rechtsschutzbedürfnis für eine einstwAnO über den ganzen Betrag anzuerkennen, Köln MDR **72**, 421, vgl Düss FamRZ **91**, 1207; dagegen ist eine AnO – anders als eine Verurteilung, BGH NJW **98**, 3116 mwN – bei bislang pünktlicher und ordnungsmäßiger Zahlung abzulehnen, wenn nicht ausnahmsweise ein Regelungsbedürfnis, oben Rn 6, besteht, vgl dazu Bittmann FamRZ **86**, 420 mwN, ebenso umgekehrt, wenn feststeht, daß der Ehegatte nicht zahlen wird und eine Vollstreckung aussichtslos erscheint, KG FamRZ **87**, 840. Der Bezug von Sozialhilfe durch den Berechtigten steht einer AnO nicht entgegen, Künkel FamRZ **91**, 18, weil der Anspruch auf Hilfe zum Lebensunterhalt kein Daueranspruch ist, sondern von Monat zu Monat neu entsteht, BGH FamRZ **89**, 584, also entfallen oder geringer werden kann, Thran FamRZ **93**, 1401 mwN, MüKoKl 37 (zur einstw Vfg str, § 940 Rn 25); abzulehnen ist der Erlaß der AnO schon wegen § 91 BSHG, s u, jedoch dann, wenn der Berechtigte ständig seit längerer Zeit Sozialhilfe erhält und der Unterhaltsanspruch nicht höher ist, vgl Köln FamRZ **96**, 1430, Ffm FamRZ **96**, 1090, Nürnb FamRZ **95**, 264 u Bbg FamRZ **95**, 623 mwN (zur einstwVfg).

Bei Bezug öff Leistungen, die den Lebensunterhalt zumindest teilweise abdecken sollen, ist jedoch ein gesetzlich angeordneter Übergang von entspr Unterhaltsansprüchen auf den Träger der Hilfe, zB nach § 91 BSHG, § 37 BAföG u § 7 UVG, zu beachten; vgl zu § 91 BSHG Künkel FamRZ **96**, 1509, Waltermann NJW **96**, 1649, Derleder/Bartels FamRZ **95**, 1111, Becker FamRZ **95**, 1256, Brudermüller FamRZ **95**, 1033, Ott FamRZ **95**, 456, Wohlgemuth FamRZ **95**, 333, Seetzen NJW **94**, 2505, Künkel FamRZ **94**, 540, Rahm VII 296 ff, alle mwN. Da Leistungen für die Vergangenheit nach § 620 nicht verlangt werden dürfen und die Ansprüche erst mit der Hilfeleistung übergehen, hindern solche Bestimmungen nicht die Geltendmachung von Unterhaltsansprüchen, § 265 II, BGH RR **95**, 1217, Schlesw FamRZ **96**, 40, abzulehnen AG Bergheim FamRZ **95**, 1499; der Antrag muß jedoch dahin gestellt werden, daß für die Zeit von der Antragstellung bis zur Entscheidung in Höhe der übergegangenen Ansprüche (dazu Hampel FamRZ **96**, 517, Fröhlich FamRZ **95**, 773, Treptow DAVorm **94**, 451, Karlsr RR **95**, 1285) die Leistung an den Träger der Hilfe beantragt wird, vgl Köln RR **96**, 258, Karlsr RR **95**, 1286 mwN, Nürnb RR **95**, 263, Karlsr NJW **94**, 2903, AG Eschwede FamRZ **98**, 1194. Ob eine Rückabtretung der übergegangenen Ansprüche oder eine Einziehungsermächtigung wirksam ist, war seit der Einführung des gesetzlichen Übergangs der Unterhaltsansprüche nach § 91 BSHG sehr str, vgl Kalthoener/Büttner NJW **96**, 1861, BGH MDR **96**, 1150 mwN. Der Gesetzgeber hat durch Art 1 G v 23. 7. 96, BGBl 1090, mWv 1. 8. 96 klargestellt, daß im Einvernehmen mit dem Hilfeempfänger erfolgende Rückübertragungen und Abtretungen wirksam sind, § 91 IV 1 u 2 BSHG nF; die Regelung dürfte auch für Einziehungsermächtigungen gelten, Künkel FamRZ **96**, 1513, offen Düss NJW **97**, 138. Da die Gesetzesergänzung die bisherige abw Rspr korrigieren soll, AusschußBer BT-Drs 13/3904 S 16, erfaßt sie auch vor dem 1. 8. 96 erfolgte Maßnahmen, sehr str, aM BGH RR **97**, 641 mwN: die nur für Altfälle wichtige Frage hat § 620 keine praktische Bedeutung mehr. Eine § 91 IV 1 u 2 BSHG entspr Klarstellung für das UVG hat mWv 1. 7. 98 die Neufassung des § 7 IV UVG durch Art 4 I Z 4c KindUG, Einf § 606 Rn 11, gebracht (für die Zeit davor ist § 91 IV 1 BSHG entspr anzuwenden, BGH NJW **00**, 812 mwN), ebenso die Neufassung von § 94 IV SGB VIII, vgl Weber NJW **98**, 2004. Das Klagerecht des Sozialhilfeträgers im Fall des § 91 III 2 BSHG berührt die Befugnisse des Unterhaltsberechtigten nicht.

Liegt ein rechtskräftiger Unterhaltstitel vor, kann durch einstwAnO nur eine weitere Leistung zugesprochen werden, Klauser MDR **81**, 714 mwN, und zwar auch ohne Anhängigkeit einer Klage aus § 323, str, aM STr 24, ZöPh **29**, 341, AG Mönchengladbach FamRZ **81**, 187; das gleiche gilt für einen Vergleich, sofern dadurch der Unterhalt nicht endgültig geregelt ist, Hbg FamRZ **81**, 904, Rolland 37. In allen anderen Fällen, also bei abschließenden Regelungen in einem Vergleich und für die Ermäßigung titulierter Forderungen, bleibt nur der Weg über § 323, Hamm FamRZ **80**, 608, AG Besigheim FamRZ **81**, 555, STr 19.

Auch der Auskunftsanspruch aus § 1361 IV 4 BGB kann durch einstwAnO geregelt werden, van Els FamRZ **95**, 651 mwN, MüKoKl 39, Maurer 885, sehr str, aM Gießler 591, Düss FamRZ **83**, 514, ebenso 53. Aufl, offen gelassen von Hamm FamRZ **83**, 515 das mit Recht bei Erlaß einer solchen AnO ein Beschwerderecht wegen greifbarer Gesetzwidrigkeit (§ 567 Rn 6) verneint, aM Düss aaO. Dagegen kann die Feststellung, daß kein Unterhalt geschuldet werde, nicht Gegenstand einer einstwAnO sein, Zweibr FamRZ **83**, 940.

B. Einzelheiten. Unterhalt ist nur in Geld zuzusprechen, nie in Natur, und idR auch nur vom Eingang **17** des Antrags ab, nicht für die Vergangenheit, van Els FamRZ **90**, 581 mwN. Eine Regelung kann ausnahmsweise auch bei Zusammenleben der Gatten, KG FamRZ **73**, 262, getroffen werden. IdR ist die Verpflichtung zur Leistung einer monatlichen vorauszuzahlenden Rente auszusprechen, bei außerordentlichen Bedürfnissen auch die Verpflichtung zu einer einmaligen Zahlung, Ffm FamRZ **61**, 531 (Verteidigung im Strafprozeß). Die Bemessung erfolgt nach den üblichen Maßstäben, also idR nach den im OLG-Bezirk angewendeten Tabellen; wegen der Einzelheiten Gießler 583 u 587 mwN, hM, aM Hamm LS FamRZ **00**, 964 (Notunterhalt), abl Luthin FamRZ **01**, 357, AG Tempelhof-Kreuzberg FamRZ **02**, 616, abl Anm van Els mwN. Unzulässig ist die Festsetzung eines an den Sozialversicherungsträger zu zahlenden Beitrages, Saarbr FamRZ **78**, 501. Zulässig ist eine Befristung der Geltungsdauer, § 620f Rn 1, van Els FamRZ **90**, 582 mwN; regelmäßig empfiehlt sich eine Begrenzung bis zur Rechtskraft des Scheidungsausspruchs, ZöPh 62.

Vollstreckt wird die AnO nach ZPO, § 794 I Z 3 a u § 850 d, dazu Büttner FamRZ **94**, 1434. Anwendbar ist auch das EuGVÜ, Schlußanh V C 1, BGH FamRZ **80**, 672, ebenso das LuganoÜbk, Schlußanh V D.

C. Unterhaltsklage. Wegen des Verhältnisses zwischen einstwAnO und Unterhaltsklage vgl Einf § 620 **18** Rn 4. Im isolierten Unterhaltsverfahren gilt § 644, s dortige Erl.

§ 620   Buch 6. Verfahren in Familiensachen

19   **9) Benutzung der Ehewohnung und des Hausrats, Z 7** (*Brudermüller* FamRZ **03**, 1705; Schumacher FamRZ **02**, 649; Gießler 825 ff; Brudermüller FamRZ **99**, 129 u 193 [200]; Kobusch FamRZ **94**, 935; Maurer FamRZ **91**, 886).

   A. Allgemeines. Die Regelung ist unabhängig vom materiellen Recht an der Wohnung bzw dem Hausrat, also ohne Rücksicht auf dingliche oder obligatorische Rechte zu treffen, Schlesw SchlHA **74**, 111. Niemals darf eine endgültige Entscheidung ergehen, weil nur die Benutzung geregelt werden darf, Hamm FamRZ **85**, 706 (betr Mietrechtsregelung), Hbg FamRZ **83**, 621 (betr Auflösung des Mietverhältnisses). Darüber ist aufgrund einer Interessenabwägung nach Billigkeit und Zweckmäßigkeit in Anlehnung an § 1361 a BGB (Hausrat) und § 1361 b BGB (Ehewohnung) sowie an §§ 2–6 HausratsVO, vgl Schwab FamRZ **99**, 1320, Brudermüller FamRZ **87**, 109, Pal-Die Anh II EheG, zu entscheiden; dies gilt auch dann, wenn die Ehegatten nicht Deutsche sind, weil auf Verfahren über inländische Wohnungen bzw Hausrat deutsches Recht anzuwenden ist, Art 17 a EGBGB, Schumacher FamRZ **02**, 657. Maßgeblich sind allein die schutzwürdigen Interessen der Eheleute und ihrer Kinder, Köln FamRZ **85**, 498. Dritte wie zB der Vermieter sind am Verf nicht beteiligt, STr 26, aM Thalmann FamRZ **84**, 15, s § 620 a Rn 10. Wegen des Geltungsbereichs von Z 7 vgl auch § 621 Rn 20.

20   **B. Einzelheiten. a) Ehewohnung.** Richtschnur für die Entscheidung ist § 1361 b BGB (idF des Art 2 G v 11. 12. 01, BGBl 3513), STr 30, Köln RR **03**, 1660, Karlsr RR **99**, 731, Bra FamRZ **96**, 744, oben Rn 19. Der Erlaß einer einstwAnO setzt voraus, daß die Wohnung noch Ehewohnung ist, dh daß die Beteiligten sich über die Wohnung nicht eindeutig und endgültig geeinigt haben, Köln u Karlsr aaO, und daß der Antragsteller die Wohnung (auch) für sich selbst weiter benötigt, Hbg FamRZ **83**, 621 mwN. Zulässig ist sie für Erst- und Zweitwohnungen, in EheS deutscher Staatsangehöriger auch für eine ausländische Ferienwohnung, KG FamRZ **74**, 198, dagegen nur nach Lage des Falles auch für Wochenendhäuser, Lauben u dgl, BGH RR **90**, 1026, Ffm FamRZ **82**, 398, str, vgl KG FamRZ **86**, 1010 mwN. Möglich ist auch die Zuweisung der ganzen Wohnung an einen Gatten, und zwar idR dann, wenn auf andere Weise eine Gefahr für Leib, Leben oder Gesundheit des Gatten und/oder der Kinder nicht beseitigt werden kann, § 1361 b II; eine solche Zuweisung ist auch dann geboten, wenn sie nötig ist, um eine **unbillige Härte** zu vermeiden, § 1361 b I 1 BGB, die sich auch aus dem Verhalten des anderen Ehegatten gegenüber in der Wohnung lebenden Kindern ergeben kann, § 1361 b I 2 BGB, Schumacher FamRZ **02**, 656. Die Zuweisung der ganzen Wohnung ist zur Vermeidung einer unbilligen Härte notwendig, wenn ein Zusammenleben dem anderen Ehegatten nicht zumutbar und ein Getrenntleben innerhalb der Wohnung unmöglich, Schlesw SchlHA **78**, 20, oder nicht zumutbar ist, Hamm FamRZ **93**, 1442, Karlsr FamRZ **82**, 1220, sowie dem anderen Ehegatten die Aufgabe der Wohnung zuzumuten ist, Hbg FamRZ **81**, 64, wobei das Wohl der gemeinsamen Kinder den Ausschlag geben kann, Bbg RR **95**, 514. Nur aus ganz besonderen Gründen kann eine Zuweisung der ganzen Wohnung auch sonst geboten sein, zB dann, wenn sie nötig ist, um dem Antragsteller aus einer schweren, vom anderen Ehepartner mitverschuldeten wirtschaftlichen Notlage zu helfen, AG Weilburg FamRZ **00**, 361, oder wenn die Ehegatten seit einem Jahr getrennt leben und das Zusammenleben nicht mehr tragbar oder unzumutbar erscheint, Bra FamRZ **01**, 636, oder wenn der andere Gatte nach langem Getrenntleben unter Berufung auf sein Recht in die Wohnung eingedrungen ist, Ffm MDR **77**, 145. Wenn Räume sowohl Wohnzwecken als auch gewerblichen Zwecken dienen, ist auf die Fortführung des Gewerbes Rücksicht zu nehmen, Bra FamRZ **96**, 744 mwN. Darauf, ob die Wohnung später dem anderen Ehegatten mit Wahrscheinlichkeit zugewiesen werden wird, ist idR nicht abzustellen, aM Hbg FamRZ **81**, 64.

21   Der überlassungspflichtige Ehegatte hat alles zu unterlassen, was die Nutzung durch den anderen Ehegatten beeinträchtigen könnte, § 1361 b III 1 BGB. Dieser Anspruch kann durch einstwAnO gesichert werden, zB durch das Verbot, die Wohnung zu betreten, Hamm NJW **82**, 1108. Ebenso können die Einzelheiten der Nutzung auf diesem Wege geregelt werden, zB die Telefonbenutzung, KG OLGZ **72**, 60 (idR Alleinbenutzung durch den darauf angewiesenen Gatten, Karlsr FamRZ **67**, 45), uU auch durch ein Rauchverbot für bestimmte Räume, Celle FamRZ **77**, 203, ebenso durch Verbot von Belästigungen u dgl, oben Rn 1 u 14 mwN. Zulässig ist ferner ein Kündigungsverbot gegen den Ehegatten, der alleiniger Mieter der Wohnung ist, nach Auszug des anderen Ehegatten, Drsd FamRZ **97**, 183 (Anm Drescher). Durch einstwAnO kann auch die Zahlung einer Benutzungsvergütung entspr § 1361 b III 2 BGB geregelt werden, Bra RR **04**, 4 (nicht aber dann, wenn eine Regelung nach der HausratsVO nicht erfolgt, vgl BGH NJW **86**, 1339), § 621 Rn 21, Brudermüller FamRZ **99**, 134 u 89, 10 (kein Anspruch für die Vergangenheit).

   Ggf hat das AG entspr § 15 HausrVO **Anordnungen** zu treffen, die zur Durchführung der einstwAnO nötig sind, MüKoKl 74, zB eine Frist zur Räumung zu setzen, Karlsr FamRZ **94**, 1185. Hierhin gehört auch die Präzisierung der Räumungsverpflichtung im Hinblick auf ihre Vollstr, unten Rn 23, Karlsr aaO. Wegen der **Maßnahmen nach den §§ 1 und 2 GewSchG** s unten Rn 25 a.

22   **b) Hausrat.** Auch ohne gleichzeitige Regelung der Wohnungsbenutzung, zB bei einverständlichem Getrenntleben, ist die Zuweisung des nötigen Hausrats zulässig, ggf verbunden mit einer einstwAnO auf Herausgabe (daß Z 7 abweichend von Z 8 die Herausgabe nicht erwähnt, besagt nichts, vgl unten Rn 25). Die getrennte Lebensführung muß aber die Herausgabe gerade der geforderten Gegenstände nötig machen, Düss NJW **67**, 453. Zu entscheiden ist in Anlehnung an § 1361 a BGB nach Zweckmäßigkeit und Billigkeit, oben Rn 19, Mü FamRZ **98**, 1230.

   Zum Hausrat gehören alle beweglichen Sachen, die nach den Vermögens- und Einkommensverhältnissen der Ehegatten für die Wohnung, die Hauswirtschaft und das Zusammenleben der Familie bestimmt sind, BGH FamRZ **84**, 146 mwN. Auch Gegenstände von hohem Wert einschließlich kostbarer Kunstgegenstände können zum Hausrat gehören, BGH NJW **84**, 1758, zustm Schubert JR **84**, 380, ebenso Haustiere, Bamberg FamRZ **04**, 559, Zweibr FamRZ **98**, 1432, Schlesw NJW **91**, 3127 (keine Regelung des Umgangs mit dem Tier, abw AG Bad Mergenth NJW **97**, 3033, dazu Büttner FamRZ **99**, 761). Nicht zum Hausrat gehören Gegenstände, die den individuellen Bedürfnissen oder Interessen eines Ehegatten

Abschnitt 1. Allg. Vorschr. für Verfahren in Ehesachen § 620

dienen, zB Sammlungen, Düss RR **86**, 1136 mwN, oder ausschließlich zur Kapitalanlage angeschafft worden sind, Bbg RR **96**, 1413 mwN. Zum Hausrat ist der gemeinsame Pkw nur dann zu rechnen, wenn er von den Ehegatten dazu bestimmt ist, ganz oder überwiegend für das eheliche und familiäre Zusammenleben benutzt zu werden, BGH NJW **91**, 1552, BayObLG FamRZ **85**, 1058 u 82, 399 mwN, Ffm NJWE-FER **98**, 234, Mü FamRZ **98**, 1230, Stgt FamRZ **95**, 1275 („geleaster" Pkw), Düss RR **93**, 453, Hbg FamRZ **90**, 1118, Hamm RR **90**, 1031, Zweibr FamRZ **83**, 616 (dazu BGH FamRZ **83**, 794), AG Weilburg RR **99**, 1675 mwN, str, entsprechendes gilt für einen Wohnwagen, Kblz RR **94**, 517, Köln FamRZ **92**, 696. Auf Vorräte (zB Weinkeller) dürfte Z 7 entspr anzuwenden sein, vgl Quambusch FamRZ **89**, 691.

Zulässig ist auch ein Verbot des Wegschaffens von Hausrat, oder ein Verbot, Hausrat zu veräußern, oben Rn 1. Bei der Zuweisung von Hausrat kann auch entsprechend § 1361a III 2 BGB eine Vergütung festgesetzt werden, Mü FamRZ **98**, 1230, str.

c) Vollstreckung. Sie richtet sich nach ZPO, § 794 I Z 3a. Bei Zuweisung der ganzen Wohnung gilt 23 § 885 I (nicht aber II–IV), hM, Karlsr FamRZ **94**, 1185 mwN, aM Köln FamRZ **83**, 1231, AG Gladbeck FamRZ **92**, 589 (§§ 887, 888). Dem Verpflichteten kann (auch wiederholt) eine Räumungsfrist bewilligt werden, Hbg FamRZ **83**, 1151. Die Herausgabe von beweglichen Sachen wird nach §§ 883–886 vollstreckt, Nies MDR **94**, 877.

C. Verhältnis zu anderen Rechtsbehelfen. Während des Eheprozesses ist eine auf § 985 BGB gestützte 24 Herausgabeklage in beiden Fällen der Z 7 unzulässig, BGH **67**, 217. Das gleiche gilt für eine entsprechende einstwVfg, BGH FamRZ **82**, 1200, Brudermüller FamRZ **87**, 119 mwN.

Vor Anhängigkeit, § 620a II 1, einer EheS kann eine Regelung nach § 1361b BGB, § 18a HausratsVO in einem isolierten FGG-Verfahren getroffen werden, wenn die Ehegatten getrennt leben oder einer von ihnen dies beabsichtigt; damit ist die frühere Streitfrage, 44. Aufl, vom Gesetzgeber entschieden worden, vgl dazu Finger NJW **87**, 1003, Brudermüller FamRZ **87**, 109 (eingehend), Hamm FamRZ **85**, 707. Zuständig ist das FamGer. Das Verf kann weitergeführt werden, wenn nach Anhängigwerden eines EheS ein Antrag nach § 620 Z 7 gestellt wird, KG RR **90**, 1032 mwN; es kann danach aber nicht mehr eingeleitet werden, AG Montabaur FamRZ **90**, 893, aM MüKoKl 78, Maurer FamRZ **91**, 888, Gießler 316, 317, Köln RR **94**, 1160. Wegen der Anfechtung vgl § 621e Rn 28. Denkbar ist i ü auch, wenn die EheS nicht anhängig ist und die Voraussetzungen des § 1361b BGB nicht erfüllt sind, der Erlaß einer einstw Vfg nach § 940, Zweibr FamRZ **83**, 1254.

10) Herausgabe oder Benutzung persönlicher Sachen, Z 8 (Gießler 855ff). Die Regelung ist 25 zulässig, wenn es sich um Sachen handelt, die zum persönlichen Gebrauch eines Ehegatten oder eines Kindes bestimmt sind, zB Schmuck, Kleidung, Musikinstrumente (AG Weilburg FamRZ **00**, 1017), Akten, Urkunden (insbesondere Ausweise), Fahrzeuge (zB Zweitwagen) sowie Haustiere; zur Herausgabe der für ein Kind bestimmten Sachen, Peschel-Gutzeit MDR **84**, 890 (eingehend). Die verfahrensrechtliche Regelung bildet in diesem Fall zugleich die (sonst fehlende) materielle Grundlage, ZöPh 8 (anders MüKoKl 79, StR 33: Rechtsgrundlage entweder § 985 oder § 1361a BGB in entspr Anwendung, ggf ausländisches Recht). Zum Regelungsbedürfnis vgl Nürnb FF **05**, 114. Die Abgrenzung zum Hausrat ist fließend; nur einer bestimmten Person dienende Sachen, zB ein Kinderbett, fallen unter Z 8, nicht dagegen Sparbücher und Geld, Hamm FamRZ **80**, 708. Wegen der Regelung im Einzelnen s oben Rn 22. Vollstreckt wird die AnO nach ZPO, § 794 I Z 3a.

11) Maßnahmen nach den §§ 1 und 2 des Gewaltschutzgesetzes, Z 9 (Schumacher FamRZ **02**, 25a 645). Das GewSchG, Einf § 606 Rn 15, sieht in § 1 gerichtliche Maßnahmen zum Schutz vor Gewalt und Nachstellungen sowie in § 2 die Überlassung einer gemeinsam genutzten Wohnung an das Opfer einer Tat iSv § 1 I 1 vor. Z 9 greift ein, wenn die Beteiligten einen auf Dauer angelegten gemeinsamen Haushalt führen oder innerhalb von sechs Monaten vor Antragstellung geführt haben, weil es sich nur dann um eine FamS handelt, § 621 I Z 13, s dort Rn 28a, Hamm FamRZ **04**, 38 (abw AG Biedenkopf FamRZ **03**, 546). Voraussetzung ist in allen Fällen, dass der Täter vorsätzlich den Körper, die Gesundheit oder die Freiheit des Opfers widerrechtlich verletzt hat, § 1 I 1 GewSchG; das Gericht kann Maßnahmen auch dann anordnen, wenn der Täter die Tat in einem die freie Willensbestimmung ausschließenden Zustand krankhafter Störung der Geistestätigkeit begangen hat, in den er sich durch geistige Getränke oder ähnliche Mittel vorübergehend versetzt hat, § 1 III GewSchG. Das Gericht hat die erforderliche Maßnahme nach Ermessen zu treffen. Insbesondere kann es die in § 1 I 3 genannten Unterlassungen anordnen, soweit dem nicht die Wahrnehmung berechtigter Interessen entgegensteht.

12) Leistung eines Kostenvorschusses, Z 10 (Knops NJW **93**, 1237) 26

A. Allgemeines. Voraussetzung ist eine Verpflichtung nach materiellem Recht, ggf also nach ausländischem Recht, Mü FamRZ **80**, 448, hM, MüKoKl 91, Rahm VIII 36, aM Karlsr MDR **86**, 242 mwN: stets deutsches Recht anzuwenden (aber Henrich IPrax **87**, 38). Anzuwenden ist also § 1360a IV BGB bzw bei Ausländerbeteiligung Art 18 EGBGB bzw das ihm vorgehende Vertragsrecht, zB das Haager Übk v. 2.10.73 (BGBl **86** II 825), KG FamRZ **88**, 168 (Italien), zustm Jayme FamRZ **88**, 793, v. Bar IPrax **88**, 220; dazu allgemein Kallenborn, Prozeßkostenvorschußpflicht unter Ehegatten usw, 1968 (vgl für Großbritannien Hamm NJW **71**, 2137, Italien KG FamRZ **88**, 168 u Düss OLGZ **69**, 457, Jugoslawien Wuppermann NJW **70**, 2144, Niederlande Düss FamRZ **75**, 44, USA Düss FamRZ **75**, 43). Ist die Ermittlung des ausländischen Rechts mit großen Schwierigkeiten verbunden, muß deutsches Recht aushelfen, Düss FamRZ **74**, 456 mwN. Für Sonderfallgestaltungen, die den Gerichten des Ursprungslandes nicht vorliegen, darf der deutsche Richter das ausländische Recht auch weiterentwickeln, AG Charlottenb IPrax **83**, 128.

B. Einzelheiten. Die AnO ist zulässig für jede Instanz und jede EheS, auch für das Verfahren nach § 620, 27 und ebenso für jede FamS, § 621, die FolgeS einer Scheidungssache ist, wie durch die Neufassung der Z 9 durch das UÄndG klargestellt worden ist (dies gilt auch dann, wenn der Scheidungsausspruch vorher rechtskräftig wird, MüKoKl 92, Nürnb FamRZ **90**, 421). Z 9 gilt aber nicht für andere Verfahren, Düss NJW **76**, 1851 (hier greifen §§ 127 a, 621 f ein). Nach Beendigung der Instanz besteht kein Rechtsschutzbedürfnis mehr für diese Instanz, Zweibr FamRZ **00**, 757, KG FamRZ **87**, 956 mwN; jedoch ist über einen vorher gestellten Antrag noch zu entscheiden, KG aaO.

28 **a)** Nach § 1360 a IV BGB, dazu Pal-Diederichsen Rn 9 ff u Knops NJW **93**, 1238, entscheidet die Billigkeit. Deshalb darf keine AnO für ein offensichtlich aussichtsloses oder mutwilliges Begehren ergehen. Abzulehnen ist sie auch bei völliger Mittellosigkeit des verpflichteten Gatten, weil dann kein schutzwürdiges Interesse an einer AnO besteht. Dem mittellosen Beklagten wird der Vorschuß in aller Regel zu bewilligen sein. Nach Beendigung der Instanz besteht keine Vorschußpflicht, wenn nicht der Schuldner vorher wirksam in Verzug gesetzt worden ist, Köln FamRZ **91**, 842, Bbg FamRZ **86**, 484, str, aM Knops FamRZ **91**, 843 u NJW **93**, 1242 mwN, ua Hamm RR **90**, 1286, offen gelassen BGH NJW **85**, 2265, Köln FamRZ **90**, 768.

29 **b)** Die AnO kann auf den Vorschuß für einen bestimmten Kostenteil beschränkt werden, STr 34. Die Höhe richtet sich einerseits nach dem wirklichen Bedarf zZt der Bewilligung, andererseits nach der eigenen Leistungsfähigkeit des Antragstellers. Zweckmäßig ist hinsichtlich der Gerichtskosten und der Kosten des RA für die jeweilige Instanz eine AnO auf unmittelbare Zahlung an das Gericht bzw den RA. Für die Zwangsvollstreckung aus der AnO, § 794 I Z 3 a, gilt § 850 d, die Vollstreckung kann auch nach Beendigung des Verfahrens und ungeachtet der dort ergangenen Kostenentscheidung betrieben werden, BGH NJW **85**, 2263. Der Vorschuß ist ggf nach der Scheidung zurückzuzahlen, vgl Kuch DAVorm **81**, 7.

30 **C. Andere Rechtsbehelfe.** Wegen des Verhältnisses zwischen einstwAnO und Klage auf Vorschuß bzw negativer Feststellungsklage vgl Einf § 620 Rn 4, wegen der Zulässigkeit der einstw Vfg, wenn die Voraussetzungen einer einstw AnO nicht vorliegen, Einf § 620 Rn 3, vgl Knops NJW **93**, 1242.

620a *Verfahren bei einstweiliger Anordnung.* I Das Gericht entscheidet durch Beschluss.

II ¹ Der Antrag ist zulässig, sobald die Ehesache anhängig oder ein Antrag auf Bewilligung der Prozesskostenhilfe eingereicht ist. ² Der Antrag kann zu Protokoll der Geschäftsstelle erklärt werden. ³ Der Antragsteller soll die Voraussetzungen für die Anordnung glaubhaft machen.

III ¹ Vor einer Anordnung nach § 620 Satz 1 Nr. 1, 2 oder 3 sollen das Kind und das Jugendamt angehört werden. ² Ist dies wegen der besonderen Eilbedürftigkeit nicht möglich, so soll die Anhörung unverzüglich nachgeholt werden.

IV ¹ Zuständig ist das Gericht des ersten Rechtszuges, wenn die Ehesache in der Berufungsinstanz anhängig ist, das Berufungsgericht. ² Ist die Folgesache im zweiten oder dritten Rechtszug anhängig, deren Gegenstand dem des Anordnungsverfahrens entspricht, so ist das Berufungs- oder Beschwerdegericht der Folgesache zuständig. ³ Satz 2 gilt entsprechend, wenn ein Kostenvorschuss für eine Ehesache oder Folgesache begehrt wird, die im zweiten oder dritten Rechtszug anhängig ist oder dort anhängig gemacht werden soll.

Vorbem. I mWv 1. 1. 02 idF des Art 1 I Z 74 ZPO-RG.

Gliederung

1) Zuständigkeit, IV 1–4	3) Verfahren, I, III 9–12
A. Allgemeines 1, 2	A. Anhörung, III 9
B. Prüfung von Amts wegen 3	B. Allgemeine Vorschriften, I 10–12
C. Internationale Zuständigkeit 4	4) Sinngemäße Anwendung 13
2) Zulässigkeit, II 5–8	
A. Antragsverfahren 5–7	
B. Amtsverfahren 8	

1 **1) Zuständigkeit, IV**

A. Allgemeines. a) Grundsatz, S 1. Die ausschließliche Zuständigkeit für den Erlaß einstwAnOen bestimmt sich in erster Linie nach der Anhängigkeit der EheS. Danach ist grundsätzlich das Gericht des 1. Rechtszuges der EheS, § 620 Rn 4, zuständig, also das nach §§ 606, 606 a zuständige FamGer; seine Zuständigkeit endet mit dem Rechtskraft des Urteils oder mit der Einlegung der Berufung in der EheS. Das OLG, § 119 GVG, ist zuständig nach Einlegung der Berufung in der EheS. Seine Zuständigkeit dauert bis zur Rechtskraft des Berufungsurteils bzw bis zur Einlegung der Revision in der EheS fort; nach ihrer Einlegung ist wieder das erstinstanzliche Gericht zuständig, nicht etwa der BGH, BGH NJW **80**, 1392 mwN, hM. **b) Ausnahmen, S 2 u 3.** Diese Regelung wird in zwei Fällen zugunsten der Zuständigkeit des sachnäheren OLG durchbrochen: **aa) Zusammenhang mit einer FolgeS.** Das OLG ist anstelle des FamGer zuständig für den Erlaß einer einstwAnO, wenn aufgrund eines Rechtsmittels (Berufung oder Beschwerde, § 620 e) eine FolgeS, § 623 Rn 1, im 2. oder 3. Rechtszug anhängig ist, deren Gegenstand demjenigen des AnOVerf entspricht, **S 2.** Notwendig ist ein unmittelbarer Bezug beider Verfahrensgegenstände, STr 7; er ist gegeben, wenn sich das AnOVerf als Regelung im zeitlichen Vorfeld darstellt, die bei isolierter Durchführung der FolgeS als Maßnahme des vorläufigen Rechtsschutzes in diesem Verf ergehen würde, BT-Drs 10/2888 S 26, also zB dann, wenn es in beiden Verf um die Regelung der elterlichen Sorge oder des Kindesunterhalts geht, nicht aber dann, wenn die einstwAnO den Umgang mit dem Kinde betrifft, während die FolgeS die elterliche Sorge zum Gegenstand hat, Köln FamRZ **92**, 580, Rostock FamRZ **04**, 476 (zT abw). In entspr Anwendung des Grundsatzes der Sachnähe ist das FamGer zuständig, wenn nur die

Abschnitt 1. Allg. Vorschr. für Verfahren in Ehesachen § 620a

EheS in eine höhere Instanz gelangt, aber die entspr FolgeS beim FamGer anhängig bleibt, § 628, MüKoKl 17, Karlsr FamRZ **98**, 1380 mwN. **bb) Kostenvorschuß.** Das OLG ist auch zuständig, wenn im Wege der 2 einstwAnO nach den §§ 620 S 1 Z 9, 127 a oder 621 f ein Kostenvorschuß für eine EheS oder FolgeS begehrt wird, die im 2. oder 3. Rechtszug anhängig ist oder anhängig gemacht werden soll, **S 3**, Köln FamRZ **90**, 768. **cc) Gemeinsames.** Die Zuständigkeit des OLG dauert in diesen Ausnahmefällen so lange fort, bis die Anhängigkeit der EheS, S 1, bzw der FolgeS, S 2 u 3, beim OLG oder BGH endet. In diesem Zeitpunkt wird das FamGer zuständig, S 1. Im Fall der Zurückverweisung an das erstinstanzliche Gericht lebt dessen Zuständigkeit, S 1, wieder auf.

B. Prüfung von Amts wegen. Die Zuständigkeit ist vAw zu prüfen. Maßgeblich ist die Zuständigkeit 3 bei Einreichung des Antrags, AG Charlottenb DAVorm **82**, 383 mwN; sie wird durch spätere Ereignisse nicht berührt, § 261 III Z 2, BGH FamRZ **80**, 670, BayObLG FamRZ **79**, 941, so daß das erstinstanzliche Gericht zuständig bleibt, wenn die Hauptsache iSv S 1 oder S 2 bzw S 3 vor der Entscheidung über die einstwAnO an das Berufungsgericht gelangt, BT-Drs 10/2888 S 27. Das Berufungsgericht darf an das zuständige erstinstanzliche Gericht verweisen, Köln FamRZ **92**, 580 u **79**, 529 (um umgekehrt). Bei Verweisung der Scheidungssache an das (jetzt) zuständige FamGer, § 606 Rn 20, ist auch ein noch unbeschiedener Antrag an dieses Gericht zu verweisen, Hbg FamRZ **83**, 614. Die Zuständigkeit entfällt im Hinblick auf § 620 f mit dem rechtskräftigen Abschluß der EheS, so daß danach keine einstwAnO ergehen darf, Ffm FamRZ **90**, 539 mwN, s auch unten Rn 5; das gleiche gilt, wenn nur ein Verfahren nach §§ 114 ff anhängig ist und die Prozeßkostenhilfe unanfechtbar abgelehnt wird, Hamm FamRZ **82**, 721. Wegen der Abänderung s § 620 b Rn 1. Das Berufungsgericht wird durch eine unanfechtbare einstwAnO des FamGer nicht gehindert, im Rahmen seiner Zuständigkeit seinerseits eine abweichende einstwAnO zu erlassen, § 620 b, KG FamRZ **82**, 1031.

C. Internationale Zuständigkeit. Sie ist mit derjenigen für die EheS, § 606 a, gegeben, vgl Karlsr 4 FamRZ **84**, 184 (zu § 606 b aF); eine einstwAnO darf ergehen, auch wenn noch ungeklärt ist, ob das Eheurteil iSv § 606 a II 1 Z 4 anerkannt wird, vgl Hamm NJW **77**, 1597 (zu § 606 b aF). Für die Zuständigkeit geltende Sondervorschriften, zB das Haager Abkommen über den Schutz Minderjähriger v 5. 10. 61, § 620 Rn 7, 10 u 11, gehen in den Fällen des § 620 Z 1–3 vor, STr 10, dazu Dörr NJW **91**, 81, Siehr IPrax **82**, 85, BGH NJW **84**, 1304, Hbg IPrax **86**, 386 u Henrich IPrax **86**, 364 (zur Frage der Fortdauer der Zuständigkeit bei Verlegung des gewöhnlichen Aufenthalts); das gleiche gilt hinsichtlich des Unterhalts von Art 5 Z 2 EuGVÜ, Schlußanh V C, Jayme FamRZ **88**, 793 zu KG FamRZ **88**, 167. Vgl dazu § 621 Rn 31.

2) Zulässigkeit, II 5
A. Antragsverfahren. a) Grundsätzlich ist der Antrag einer Partei der EheS erforderlich (Ausnahme: unten Rn 8). Antragsberechtigt ist jeder Ehegatte, soweit er prozeßfähig ist, § 607; ein beschränkt Geschäftsfähiger darf aber Zahlung nur an seinen gesetzlichen Vertreter verlangen. Dritte, zB das Jugendamt, sind nicht antragsberechtigt (anders im isolierten Sorgerechtsverfahren, Ffm FamRZ **94**, 178.
Der Antrag ist zulässig, sobald die EheS anhängig ist, dh die Klage bzw der Antrag nach § 622 beim Gericht eingegangen ist, AG Pinneberg FamRZ **82**, 407, oder ein Antrag auf Bewilligung der Prozeßkostenhilfe (für die EheS) eingereicht ist, **II 1** (auf die Erfolgsaussichten des Scheidungsantrags kommt es offenbar nicht an, es sei denn, er ist offensichtlich unzulässig oder unbegründet, ZöPh § 620 Rn 2, aM MüKoKl 3). Vor diesem Zeitpunkt ist eine Regelung nur durch einstwVfg zulässig, Einf § 620 Rn 3, so namentlich für den Prozeßkostenvorschuß, Knops NJW **93**, 1242 mwN, oder durch eine AnO im FGG-Verf, so insbesondere hinsichtlich der Ehewohnung, § 620 Rn 24. Ist der Antrag auf Bewilligung der Prozeßkostenhilfe vor Anhängigkeit der EheS unanfechtbar abgelehnt worden, so kann eine einstwAnO nicht mehr begehrt werden, Hamm FamRZ **82**, 721. Wird nach Anhängigkeit der EheS eine einstwVfg beantragt, ist eine Umdeutung zulässig und häufig geboten, Bra FamRZ **96**, 1223. Endet die Anhängigkeit der EheS vor der Entscheidung über den Antrag, so wird dieser in den Fällen des § 620 f S 1 gegenstandslos, Hamm FamRZ **82**, 721; in allen anderen Fällen, also namentlich bis zum Eintritt der Rechtskraft eines in der EheS ergehenden stattgebenden Urteils, § 629 a Rn 24, ist über einen vorher gestellten Antrag noch zu entscheiden, ZöPh 3 u 4, Gießler FamRZ **86**, 959, Kemnade FamRZ **86**, 626, beide mwN, Ffm FamRZ **87**, 496, weitergehend STr 16 u 17: Entscheidung auch nach Rechtskraft der EheS, solange eine zuständigkeitsbegründende FolgeS nicht rechtskräftig abgeschlossen ist. Nach Rechtskraft des Scheidungsausspruchs darf ein Antrag nicht mehr gestellt werden, Karlsr FamRZ **92**, 1454 u Ffm FamRZ **90**, 539, beide mwN; dies gilt auch dann, wenn der Scheidungsausspruch vor der Entsch in einer FolgeS, zB über den Unterhalt, rechtskräftig wird, Gießler FamRZ **86**, 958, Luthin FamRZ **86**, 1060, Maurer **902**, Karlsr u Ffm aaO, aM Kalthoener/Büttner NJW **93**, 1834 mwN, STr aaO, Rahm VII 22 mwN, Hamm FamRZ **87**, 1278, zweifelnd Mörsch FamRZ **86**, 629, Jank AnwBl **86**, 499.
b) Der Antrag kann schriftlich oder zu Protokoll der Geschäftsstelle erklärt werden, II 2. Also 6 besteht kein Anwaltszwang für den Antrag, § 78 III, auch wenn er beim Berufungsgericht gestellt wird, oben Rn 1. Das gleiche gilt für das sich anschließende schriftliche Verfahren sowie für Änderungsanträge nach § 620b, STr 11, MüKoKl 9, hM, abw StJSchl 7, Bergerfurth AnwZwang Rn 341 mwN. Da das Verfahren Teil der EheS ist, ZöPh 11, StJSchl § 78 Rn 3, besteht dagegen nach hM Anwaltszwang für die mündliche Verhandlung, Ffm FamRZ **77**, 799, insbesondere auch für einen gerichtlichen Vergleich über die Scheidungsfolgen, ZöPh 9 a, Bergerfurth AnwZwang 353, Hamm NJW **75**, 1709 mwN, aM MüKoKl 11, Hamm FamRZ **85**, 1146, Ffm aaO. AnwZwang besteht auch im Gütetermin, § 279 I 1 iVm § 608, Jost NJW **80**, 329, Jedoch gilt § 279 I 2 iVm § 608, so daß der Anwaltszwang im Gütetermin vor dem ersuchten oder beauftragten Richter (des Berufungsgerichts) entfällt, vgl Anh § 307 Rn 29. Wegen der Rechtslage in den **neuen Bundesländern** s Grdz § 606 Rn 7.
Die **Vollmacht** für die Ehesache umfaßt jedes AnO-Verfahren, StJSchl § 609 Rn 1, vgl § 609 Rn 1.
Prozeßkostenhilfe für die AnO-Verf muß gesondert beantragt und bewilligt werden, Einf § 620 ff Rn 7, STr 12, Düss FamRZ **82**, 1096. Die Beiordnung eines RA im Wege der Prozeßkostenhilfe wird idR jedenfalls dann geboten sein, wenn er gemäß § 624 II die entsprechende FolgeS betreibt, Bbg FamRZ **79**,

§ 620a   Buch 6. Verfahren in Familiensachen

527. Die Bewilligung der Prozeßkostenhilfe für das Verf nach § 620 umfaßt auch ein späteres Änderungsverfahren nach § 620 b, Hamm MDR **83**, 847.

7   **c)** Im Antrag ist eine bestimmte Maßnahme zu begehren, ohne daß bei Zahlungsanträgen eine Bezifferung nötig ist, STr 3 (über sie darf das Gericht aber nicht hinausgehen). Ferner sollen die **Voraussetzungen für die beantragte einstwAnO glaubhaft gemacht werden**, II 3, vgl § 294; das gilt auch in Verfahren, die der Sache nach FGG-Verfahren sind, jedenfalls für das Regelungsbedürfnis, MüKoFi 27, van Els FPR **98**, 123 mwN, str. Zu den Voraussetzungen gehören die Aussichten der Rechtsverfolgung oder -verteidigung in der Hauptsache nicht; bei offenbarer Aussichtslosigkeit ist der Antrag aber zurückzuweisen, sofern nicht sofort eingegriffen werden muß, etwa im Interesse eines Kindes. Ein zurückgewiesener Antrag kann mit besserer Begründung wiederholt werden, § 620 b I.

8   **B. Amtsverfahren.** Nachdem § 620 S 2 weggefallen ist, kommt ein Amtsverfahren nur aufgrund eines besonderen Gesetzes in Betracht, zB nach § 6 II 1 SorgeRÜbk-AG, Schlußanh V A 3, dazu Dresden FamRZ **03**, 468.

9   **3) Verfahren, I, III**
     A. Anhörung, III. Die Parteien der EheS sind, da sie Beteiligte sind, stets zu hören, unten Rn 10. In Fällen nach § 620 S 1 Z 1 (Sorgerecht) empfiehlt sich ihre persönliche Anhörung entspr § 50 a I 2 FGG (Zweibr FamRZ **82**, 945 hält sie für notwendig). Darüber hinaus ordnet III das **rechtliche Gehör Nichtbeteiligter** an: In den Fällen des § 620 S 1 Z 1, 2 u 3 sollen das **Kind** und das nach § 85 SGB VIII zuständige **Jugendamt** vor dem Erlaß einer AnO (nicht auch vor ihrer Ablehnung) oder, wenn dies wegen der besonderen Eilbedürftigkeit nicht möglich ist, unverzüglich nach dem Erlaß der AnO gehört werden.
     Nach § 49 a iVm § 49 IV FGG ist die Anhörung des **Jugendamtes** in diesem Rahmen vorgeschrieben, um dessen Mitwirkung, § 50 SGB VIII, sicherzustellen, dazu Pal-Die vor § 1626 Rn 12, s § 621 a Rn 8. Ein Verstoß hat keine prozessualen Folgen. Auf Grund einer nachträglichen Anhörung, III 2, kann das Gericht die AnO vAw aufheben oder ändern, § 620 b I 2.
     Das Verfahren zur **Anhörung des Kindes** richtet sich nach § 50 b FGG, vgl Mü AnwBl **85**, 208, KG FamRZ **83**, 1159, Luthin FamRZ **79**, 989 u **81**, 112, Fehmel DAVorm **81**, 170 (die Vorschrift steht mit dem GG im Einklang, BVerfG **55**, 171). Danach ist das mindestens 14jährige, nicht geschäftsunfähige Kind hinsichtlich der Personensorge stets zu hören, § 50 b II 1 FGG, das jüngere Kind unter den Voraussetzungen des § 50 b I FGG, und zwar idR persönlich und mündlich; das Gericht darf in diesen Fällen von der Anhörung nur aus schwerwiegenden Gründen absehen, § 50 b III FGG. Vgl hierzu Pal-Die vor § 1626 Rn 9 ff.

10   **B. Allgemeine Vorschriften, I.** Abgesehen von diesen Bestimmungen gelten die allgemeinen Vorschriften der ZPO für das Beschlußverfahren auch in Verfahren, die der Sache nach FGG-Verfahren sind, § 608, str, aM ZöPh 29, STr 14, Maurer 919–921. Die Bewilligung von Prozeßkostenhilfe setzt in allen Verfahren nach § 620 einen gesonderten Antrag, § 114, voraus, oben Rn 6.
     a) Verfahren: Förmlich **beteiligt am Verfahren** sind nur die Parteien der EheS, also anders als in einer entspr isolierten FamS, § 621 a Rn 1, nicht Dritte (Karlsr FamRZ **91**, 969 mwN betr Jugendamt), weil es sonst der besonderen Anhörungsregelung in III nicht bedurft hätte; dies gilt auch für die Fälle des § 620 I Z 7 (Wohnung und Hausrat), so daß die in § 7 HausrVO Genannten am Verfahren über die einstwAnO nicht förmlich beteiligt sind, Finger NJW **87**, 1003, Brudermüller FamRZ **87**, 120, Bergerfurth FamRZ **85**, 549, Lempp FamRZ **84**, 14, Hamm FamRZ **87**, 1277 mwN, str, aM Maurer S 911 u 86 ff, Diederichsen NJW **86**, 1284, Thalmann FamRZ **84**, 15 u **83**, 548, Kblz NJW **87**, 1559.
     Das **Gehör des Gegners** ist vor Erlaß einer einstwAnO immer erforderlich, Art 103 I GG; in Eilfällen ist es unverzüglich nachzuholen, vgl III 1. Außerhalb der in oben Rn 9 genannten Fälle kann sich die Anhörung der Kinder empfehlen, zB im Verfahren nach § 620 S 1 Z 8, ebenso der in § 7 HausratsVO genannten Personen im Fall des § 620 S 1 Z 7.
     Die **mündliche Verhandlung** ist freigestellt, I, aber oft zweckmäßig, um ohne erneute Verhandlung, § 620 b II, den Sachverhalt aufzuklären und ggf ein Rechtsmittel, § 620 c, zu eröffnen, Düss MDR **93**, 1132. Das Gericht kann Beweise jeder Art erheben, bestimmt aber den Umfang der Beweisaufnahme nach pflichtgemäßem Ermessen, Düss FamRZ **95**, 183, und kann sich auch mit der Glaubhaftmachung, § 294, begnügen, Mü AnwBl **85**, 208. An das Vorbringen der Parteien ist es nicht gebunden; vielmehr gilt überall der Untersuchungsgrundsatz, § 616 I, also nicht nur in den Verfahren, die der Sache nach FGG-Verfahren, StJSchl 7, zu eng Mü AnwBl **85**, 208 mwN, abw ZöPh 27, differenzierend MüKoKl 27 ff, STr 14.
     Ein **Vergleich** ist grundsätzlich zulässig, aber nicht über die Regelung der elterlichen Sorge, über die Umgangsregelung und über die Herausgabe des Kindes, weil hier das Kindeswohl entscheidet, STr 14 mwN.

11   **b) Entscheidung:** Sie ergeht durch Beschluß, I, für den § 128 IV gilt. Er ist den Beteiligten zuzustellen, § 329 (in FamS des § 621 I Z 1, 2 u 3 ist außerdem die Entscheidung dem Jugendamt und dem Landesjugendamt bekannt zu machen, § 49 a iVm § 49 III FGG); in der Berufungsinstanz ist der Einzelrichter nach Maßgabe des § 526 zuständig. Eine Kostenentscheidung ergeht nur ausnahmsweise, § 620 g. Eine Begründung ist bei Entscheidungen auf Grund mündlicher Verhandlung in den Fällen des § 620 c S 1 nötig, s § 329 Rn 2, ebenso in den Fällen des § 620 d sowie entspr § 922 I 2, wenn sie im Ausland vollstreckt werden soll; in allen anderen Fällen ist sie zweckmäßig, aber nicht geboten, Gießer FamRZ **99**, 695 mwN. Rechtsbehelfe: §§ 620 b u c. Zur Anfechtung, wenn durch Urteil statt durch Beschluß entschieden worden ist, vgl § 620 c Rn 5.
     Eine einstwAnO erwächst hinsichtlich der geltend gemachten Ansprüche nicht in materielle Rechtskraft, KG FamRZ **91**, 1328, Grunsky JuS **76**, 278 mwN; die Ablehnung der einstwAnO steht einem gleichlautenden Antrag jedenfalls dann entgegen, wenn sie nach mündl Verh erfolgt ist, Braeuer FamRZ **87**, 300 gg Zweibr FamRZ **86**, 1229. Die AnO ist Vollstreckungstitel; wegen der Einzelheiten des Vollstr s § 620 Rn 7 ff.

12   **3) Sinngemäße Anwendung.** Vgl § 6 II SorgeRÜbkAG, Schlußanhang V A 3.

Abschnitt 1. Allg. Vorschr. für Verfahren in Ehesachen **§ 620b**

620b *Aufhebung und Änderung des Beschlusses.* I ¹ Das Gericht kann auf Antrag den Beschluss aufheben oder ändern. ² Das Gericht kann von Amts wegen entscheiden, wenn die Anordnung die elterliche Sorge für ein gemeinschaftliches Kind betrifft oder wenn eine Anordnung nach § 620 Nr. 2 oder 3 ohne vorherige Anhörung des Jugendamts erlassen worden ist.

II Ist der Beschluss oder die Entscheidung nach Absatz 1 ohne mündliche Verhandlung ergangen, so ist auf Antrag auf Grund mündlicher Verhandlung erneut zu beschließen.

III ¹ Für die Zuständigkeit gilt § 620a Abs. 4 entsprechend. ² Das Rechtsmittelgericht ist auch zuständig, wenn das Gericht des ersten Rechtszuges die Anordnung oder die Entscheidung nach Absatz 1 erlassen hat.

Vorbem. I 2 mWv 1. 7. 98 geänd durch Art 3 Z 4 KindUG, vgl Einf § 606 Rn 12.

1) Aufhebung und Änderung, I, III 1

A. Allgemeines. Da es sich bei § 620 nur um eine einstweilige Regelung handelt, ist die Entscheidung nicht unabänderlich. Das Gericht kann vielmehr den Beschluß aufheben oder ändern, I, und zwar sowohl den eine einstwAnO erlassenden als auch den sie ablehnenden Beschluß, Zweibr MDR **97**, 649 u FamRZ **86**, 1229, aM Braeuer FamRZ **87**, 301. Auch eine nach § 620c anfechtbare, aber nicht angefochtene und daher formell rechtskräftig gewordene einstwAnO kann geändert werden, aber nur aufgrund neuer oder neu bekanntgewordener Tatsachen bzw aufgrund neuer Mittel der Glaubhaftmachung, dh nach Vorliegen von Wiederaufnahmegründen, Gießler 163, ZöPh 2, Kblz FamRZ **85**, 957, str, aM STr 8, Klauser MDR **81**, 717. Bei einer nicht anfechtbaren einstwAnO ist eine Änderung der Rechts- oder Tatsachenlage nicht erforderlich, aM Braeuer FamRZ **87**, 301: die abweichende Beurteilung desselben Sachverhalts reicht aus, Köln FamRZ **87**, 957, weil die Änderungsmöglichkeit das fehlende Rechtsmittel, § 620c, ersetzt, Klauser MDR **81**, 717, aM Rolland 2. § 620b I 1 gilt auch dann, wenn das Gericht Parteivorbringen übersehen hat, Ffm NJW **86**, 1052 (vgl § 620c Rn 5 zur Beschwerdemöglichkeit). Eine Änderung ist ebenfalls statthaft, wenn die einstwAnO nach Beantragung der Prozeßkostenhilfe erlassen worden ist und diese dann abgelehnt wird, Schlesw SchlHA **81**, 81.

Ein im Verfahren nach § 620 geschlossener **Vergleich** oder andere Vollstreckungstitel dürfen nicht nach § 620b geändert werden, aM AG Cottbus FamRZ **02**, 182; wohl aber hat das Gericht in Verfahren nach § 620 Z 4 u 6 die Möglichkeit, bei wesentlicher Änderung der für den Vergleich maßgeblichen Verhältnisse durch einstwAnO eine abweichende Regelung zu treffen, ZöPh 5, STr 8, Flieger MDR **80**, 803, Köln FamRZ **83**, 622, Hamm FamRZ **82**, 409 mwN, Hbg FamRZ **82**, 412. Auch insoweit darf die Vollziehung entspr § 620e ausgesetzt werden; die Entscheidung darüber ist unanfechtbar, § 620e Rn 2, Köln FamRZ **83**, 622.

Wegen des Verhältnisses des § 620b zu anderen Verfahren unten Rn 4.

a) Zuständigkeit (wegen der Rechtslage in den neuen Bundesländern s Grdz § 606 Rn 7). Für die 2 Zuständigkeit des Gerichts, I, **gilt § 620a IV entsprechend, III 1**, s dort Rn 1. Danach ist das FamGer zuständig, wenn die OLG die einstwAnO als Beschwerdegericht nach § 620c erlassen hat, sofern die EheS bzw die der AnO entsprechende FolgeS beim FamGer anhängig ist. Das gleiche gilt, wenn das OLG als Berufungs- oder Beschwerdegericht nach § 621e die einstwAnO erlassen hat, aber die EheS bzw die der AnO entsprechende FolgeS wieder, zB nach Zurückverweisung, § 629b I, Köln FamRZ **79**, 529, beim FamGer anhängig ist. Das OLG ist zuständig, solange die der einstwAnO entsprechende FolgeS bei ihm oder beim BGH anhängig ist; ist nur die EheS beim BGH anhängig, steht die Änderung dem FamGer auch dann zu, wenn das OLG die einstwAnO erlassen hat, ZöPh 10, aM MüKoKl 18, STr 2, StJSchl 4, Hamm FamRZ **78**, 909: Zuständigkeit des OLG wegen seiner Sachnähe. **Das OLG darf**, sobald es nach § 620a IV zuständig geworden ist, auch eine **vom FamGer erlassene einstwAnO oder Entscheidung nach I aufheben oder ändern, III 2.**

b) Zeitliche Grenzen. aa) Grundsatz. Eine Änderung oder Aufhebung ist möglich bis zum Außer- 3 krafttreten der einstwAnO, § 620f, StJSchl 14 u ThP 1 d, so daß § 620b anwendbar ist, wenn die einstwAnO den Rechtsstreit überdauert, was namentlich bei Scheidung, Aufhebung oder Nichtigerklärung der Ehe der Fall ist, § 620f Rn 1. Nach bisher überwM ist allerdings eine Änderung nach Rechtskraft eines Urteils auf Scheidung usw ausgeschlossen, BGH NJW **83**, 1331, wenn nicht der Änderungsantrag vorher gestellt worden ist, Ffm FamRZ **87**, 1279, Mü FamRZ **87**, 610, Stgt RR **86**, 558, § 620a Rn 2, van Els FamRZ **85**, 618 mwN, oder ausnahmsweise Billigkeitsgründe eine Änderung gebieten, Rolland 6a. Eine Änderung dürfte im Hinblick auf § 644 zulässig sein, solange ein Unterhaltsrechtsstreit anhängig ist, Düss FamRZ **01**, 1230 (red Anm). **bb) Verhältnis zu anderen Verfahren.** Solange danach 4 die Möglichkeit einer Änderung oder Aufhebung nach § 620b besteht, ist der Umweg über ein neues selbständiges Verfahren nicht nötig, Mü MDR **80**, 148, Hamm FamRZ **80**, 277, vgl STr 18. Anders aber die hM, die bei den dort genannten Einwendungen eine Klage aus § 767 zuläßt, MüKoKl 13, Flieger MDR **80**, 803, BGH NJW **83**, 1330, Mü FamRZ **81**, 912 mwN, Heinze MDR **80**, 895 mwN (§ 767 jedenfalls bei Erfüllung, enger STr 20; dagegen scheidet § 323 hier wie auch sonst bei einstwAnOen aus, § 323 IV, BGH NJW **83**, 1331, u FamRZ **83**, 892, Zweibr FamRZ **00**, 1288, es sei denn, es kommt ihm eine weitergehende Wirkung als der erstrebten einstwAnO zu, BGH NJW **83**, 2201. Jedenfalls kann im Hinblick auf § 620f der beschwerten Partei auch bei Anhängigkeit des Scheidungsverfahrens die Erhebung einer leugnenden Feststellungsklage bzw einer Leistungsklage hinsichtlich des Unterhalts oder des Prozeßkostenvorschusses nicht verwehrt werden, und zwar auch dann nicht, wenn noch die Möglichkeit einer Änderung nach § 620b gegeben ist, hM, Gießler FamRZ **82**, 129, Hassold FamRZ **81**, 1036, Grieschke FamRZ **82**, 129, alle mwN, BGH FamRZ **87**, 682 u NJW **83**, 1330 (krit Braeuer FamRZ **84**, 10), KG IPrax **88**, 234 u FamRZ **87**, 956, Kblz FamRZ **83**, 1148 mwN, enger im Hinblick auf das nötige Rechtsschutzinteresse STr 18, vgl zum Feststellungsinteresse KG FamRZ **85**, 951. Auf Grund dieser Klage darf aber angesichts der §§ 620b und 620e vor Rechtskraft des Scheidungsurteils, s dazu

§§ 620b, 620c

§ 620 f Rn 2 ff, die Zwangsvollstreckung aus der einstwAnO nicht entspr § 769 oder § 707 eingestellt werden, Köln RR **03**, 1228, Hamm RR **98**, 1381 mwN; Bre FamRZ **81**, 981, da dafür zumindest das Rechtsschutzbedürfnis fehlt, Köln FamRZ **81**, 379, sehr str, aM Luthin FamRZ **86**, 1060, Gießler FamRZ **82**, 129 u FamRZ **83**, 518, ZöPh 15 b, Stgt FamRZ **92**, 203 mwN, Schlesw FamRZ **86**, 184, Kblz FamRZ **85**, 1272 mwN, ua Ffm NJW **84**, 1630 mwN, KG FamRZ **85**, 951, Hbg FamRZ **85**, 1273 (bei Erfolgsaussicht der Klage), § 707 Rn 22. Aus dem gleichen Grunde kommt die Bewilligung von Prozeßkostenhilfe für ein Klageverfahren nicht in Betracht, Hamm FamRZ **87**, 961, Schlesw SchlHA **84**, 164.

5 **B. Verfahren.** a) Die Aufhebung oder Änderung einer einstwAnO setzt mit einer Ausnahme, I 2, den **Antrag einer Partei der EheS voraus, I 1**. Eine Beschwer durch den ersten Beschluß ist nicht nötig, aM Gießler 165, ZöPh 7. Der Antrag ist an keine Frist gebunden, muß aber begründet werden, § 620 d. Für ihn besteht kein Anwaltszwang, § 620 a II 2, s § 620 a Rn 5.

Eine **Aufhebung oder Änderung vAw** ist möglich, wenn die einstwAnO die elterliche Sorge, § 620 S 1 Z 1, betrifft oder wenn eine AnO nach § 620 S 1 Z 2 oder 3 ohne vorherige Anhörung des Jugendamtes ergangen ist, s § 620 a III, **I 2**. Hier rechtfertigt das öffentliche Interesse eine Richtigstellung auch gegen den Willen der Partei; ist dagegen die AnO in diesen Fällen abgelehnt worden, so ist für eine neue Entscheidung ein Antrag erforderlich.

6 b) Das **weitere Verfahren** richtet sich nach § 620 a, s dortige Erläuterungen, die Aussetzung der Vollziehung nach § 620 e. Die Entscheidung ergeht durch begründeten Beschluß, § 620 d. Eine Aufhebung oder Änderung kann auch mit Rückwirkung erfolgen, wenn es im Interesse eines Gatten oder eines Kindes geboten ist, zB idR bei Änderung des Unterhalts mit Rückwirkung auf den Zeitpunkt des Antrags jedenfalls dann, wenn der Änderungsantrag alsbald nach Erlaß der einstwAnO gestellt wird, Stgt LS NJW **81**, 2476, enger STr 9 (nur dann, wenn das Begehren bereits Gegenstand des bisherigen Verfahrens war), abw AG Solingen FamRZ **89**, 522 mwN (idR kein Rechtsschutzbedürfnis). Der neue Beschluß kann ebenfalls nach I aufgehoben oder geändert werden. Wegen des Rechtsmittel vgl § 620 c. Gebühren: Für das Gericht entstehen keine Gebühren; der RA erhält zusätzlich zu den bereits entstandenen Gebühren die gewöhnlichen Gebühren, § 31 BRAGO, aber in jedem Rechtszug nur einmal, § 41 BRAGO (volle Prozeßgebühr nur bei Stellung eines Antrags).

7 **C. Folgen.** Bei der Vollstreckung aus dem geänderten oder aufgehobenen Beschluß gelten §§ 775, 776 entsprechend, LG Darmstadt MDR **58**, 694. Für einen Schadensersatzanspruch entsprechend § 945 ist kein Raum, BGH FamRZ **84**, 768 mwN, Kblz FamRZ **81**, 1094, wohl aber ggf für einen Ausgleich nach Bereicherungsrecht, § 620 f Rn 7. Kostenvorschüsse sind nur zu erstatten, wenn sich die wirtschaftliche Lage des Empfängers wesentlich gebessert hat oder die Rückforderung aus anderen Gründen der Billigkeit entspricht, BGH NJW **71**, 1261. Alle Ausgleichsansprüche sind durch Klage im allgemeinen Verfahren geltend zu machen.

8 2) **Antrag auf mündliche Verhandlung, II, III.** Ist der Beschluß über Erlaß oder Ablehnung einer einstwAnO, § 620 a I, oder die Entscheidung über eine Aufhebung oder Änderung dieses Beschlusses, § 620 b I, ohne mündliche Verhandlung ergangen, so ist **auf Antrag auf Grund mündlicher Verhandlung erneut zu beschließen, II**. Das gilt auch dann, wenn eine einstwAnO (auf Unterhaltszahlung) aufgrund mündlicher Verhandlung ergangen, das Gericht einen entspr Antrag nach I ohne mündliche Verhandlung abgelehnt hat, aM Karlsr FamRZ **89**, 642. Der Antrag nach II ist der einzige Rechtsbehelf, solange das Gericht ohne mündliche Verhandlung entschieden hat, abw STr 11: wahlweise auch Antrag nach I. Ist der Beschluß nach § 620 a I oder die Entscheidung nach § 620 b I dagegen aufgrund mündlicher Verhandlung ergangen (wozu eine einseitige Verhandlung genügt, Düss FamRZ **92**, 1199), so ist immer ein Antrag auf Aufhebung oder Änderung nach I möglich, jedoch nur in den Fällen des § 620 c statt dessen gleich die sofortige Beschwerde.

Der Antrag auf mündliche Verhandlung setzt keine Änderung der Rechts- oder Tatsachenlage voraus, KG FamRZ **91**, 1328, s oben Rn 1, wohl aber ein Rechtsschutzbedürfnis, Oldenb FamRZ **00**, 759. Er ist an keine Frist gebunden; vgl iü oben Rn 5. Für ihn besteht kein Anwaltszwang, § 620 a Rn 5, abw STr 11, Brüggemann FamRZ **77**, 289, Düss FamRZ **78**, 710, wie hier wohl Bergerfurth AnwZwang 342. Für seine Begründung gilt § 620 d. Für die Zuständigkeit gilt § 620 a IV entspr, **III 1**, s oben Rn 2; die mündliche Verhandlung wegen einer vom FamGer erlassenen Entscheidung hat vor dem OLG stattzufinden, sobald es zuständig geworden ist, **III 2**. Wegen des Verfahrens s Rn 5–7. Die Vollziehung kann auf Grund des Antrages nach § 620 e ausgesetzt werden.

9 3) **Entscheidung.** Das Gericht entscheidet durch begründeten Beschluß, § 620 d. Gegen ihn ist die sofortige Beschwerde nur nach Maßgabe des § 620 c statthaft; dies gilt auch dann, wenn der Antrag nach II stillschweigend abgelehnt worden ist, aM Kblz FamRZ **93**, 1100. Gebühren: Für das Gericht keine, KV 1701; für den RA die in § 620 a Rn 12 genannten, § 41 BRAGO.

10 4) **Sinngemäße Anwendung.** Vgl § 6 II SorgeRÜbkAG, Schlußanhang V A 3.

620c *Sofortige Beschwerde; Unanfechtbarkeit.* [1] Hat das Gericht des ersten Rechtszuges auf Grund mündlicher Verhandlung die elterliche Sorge für ein gemeinschaftliches Kind geregelt, die Herausgabe des Kindes an den anderen Elternteil angeordnet, über einen Antrag nach den §§ 1 und 2 des Gewaltschutzgesetzes oder über einen Antrag auf Zuweisung der Ehewohnung entschieden, so findet die sofortige Beschwerde statt. [2] Im Übrigen sind die Entscheidungen nach den §§ 620, 620 b unanfechtbar.

Vorbem. S 1 idF Art 4 Z 3 a, b G v 11. 12. 01, BGBl 3513, in Kraft seit 1. 1. 02, Art 13 II G, ÜbergangsR Einl III 78; vgl Vorbem § 620.

Abschnitt 1. Allg. Vorschr. für Verfahren in Ehesachen **§ 620c**

1) Sofortige Beschwerde, S 1 1

A. Allgemeines. Entscheidungen in Eilverfahren sollen im Interesse zügiger Erledigung und baldiger Klarheit nur ausnahmsweise anfechtbar sein, was nicht gegen die Verfassung verstößt (BVerfG NJW **80**, 386). Deshalb ist die Beschwerde nur ausnahmsweise statthaft, nämlich dann, wenn das Gericht **a)** des 1. Rechtszuges (FamGer) **auf Grund mündlicher Verhandlung** (dazu Dresden NJW **02**, 2722) durch Beschluß nach § 620a I oder durch Entscheidung nach § 620b I a die **elterliche Sorge** für ein gemeinschaftliches Kind geregelt hat, was auch dann der Fall ist, wenn durch die Aufhebung einer einstwAnO zugunsten eines Elternteils der Sache nach eine Regelung zugunsten des anderen getroffen worden ist, Karlsr FamRZ **79**, 840, nicht aber sonst, Köln FamRZ **83**, 732 (die Ablehnung einer Änderung einer einstwAnO ist dagegen nicht beschwerdefähig, Hbg FamRZ **93**, 1337 mwN, s unten); eine Teilregelung, zB hinsichtlich des Rechts zur Aufenthaltsbestimmung oder der Vermögenssorge genügt, Bbg FamRZ **83**, 82 u Karlsr FamRZ **98**, 501, nicht dagegen eine solche hinsichtlich des Umgangsrechts, § 620 Z 2, Dresden RR **03**, 1014 mwN, Hbg FamRZ **87**, 497, Saarbr FamRZ **86**, 182, zur Abgrenzung s Köln NJW-FER **01**, 285, KG RR **96**, 455. Ferner ist die sofortige Beschwerde statthaft, wenn das FamGer **auf Grund mündlicher Verhandlung b)** die **Herausgabe des Kindes** an den anderen Elternteil angeordnet hat, mag dies auch im Zusammenhang mit der Ablehnung einer Änderung geschehen sein, Hbg FamRZ **93**, 1337, oder wenn es **auf Grund mündlicher Verhandlung c)** über einen **Antrag nach den §§ 1 und 2 GewSchG**, § 620 Rn 25 a, oder **d)** über einen **Antrag auf Zuweisung der Ehewohnung**, § 620 Rn 20, entschieden hat, also nicht bei Entscheidung über die Zahlung einer Nutzungsentschädigung, Bra FamRZ **03**, 1305. Hat das FamGer nach einer mündlichen Verhandlung **weitere Ermittlungen** veranlaßt, so ist die alsdann im schriftlichen Verfahren erlassene Entscheidung gleichwohl „auf Grund" der mündlichen Verhandlung ergangen, so daß die sofortige Beschwerde gegeben ist, MüKoKl 7, ZöPh 8, Hbg FamRZ **86**, 182, aM Gießler 176, Karlsr FamRZ **94**, 1186, Zweibr FamRZ **84**, 916, Bbg FamRZ **81**, 294 u Karlsr FamRZ **89**, 522 für den Fall, daß die mündliche Verhandlung mehrere Monate zurückliegt und seitdem eingetretene neue Umstände zu würdigen sind.

In den genannten Fällen ist eine Überprüfung der Entscheidung wegen ihrer Bedeutung für die Betroffenen gerechtfertigt. Bei **Ablehnung einer einstwAnO** über die elterliche Sorge oder die Herausgabe eines Kindes gilt dies nicht, so daß die Beschwerde in diesem Fall auch dann, wenn die Entscheidung auf Grund mündlicher Verhandlung ergangen ist, nicht statthaft ist, unten Rn 4. Ebenso ist die in dieser Weise erfolgte **Ablehnung der Änderung** einer bestehenden einstwAnO in beiden Fällen nicht beschwerdefähig, Hbg FamRZ **93**, 1337 mwN, es sei denn, mit der Ablehnung ist eine Anordnung iSv Satz 1 verbunden worden, Hbg aaO, ZöPh 8. Dagegen ist gegen die **Ablehnung eines Antrages** nach den §§ 1 und 2 GewSchG oder eines Antrags auf Zuweisung der Ehewohnung die **Beschwerde gegeben** (abw das bisherige Recht).

Über die sofortige Beschwerde entscheidet das **OLG**, § 119 GVG. Zuständig ist der Einzelrichter, § 568, Schlesw RR **04**, 156.

B. Verfahren. Die sofortige Beschwerde steht den **Parteien der EheS** zu, sofern sie durch die Entscheidung beschwert sind. Für die Anfechtung einer einstwAnO auf Herausgabe des Kindes fehlt die Beschwer, wenn das Kind entsprechend einer AnO nach § 1632 II BGB aF herausgegeben worden ist, Oldb FamRZ **78**, 437, aM BayObLG Rpfleger **77**, 125, offengelassen Düss FamRZ **81**, 85. Der Vollzug der AnO berührt iü nicht die Zulässigkeit der Beschwerde, Karlsr RR **99**, 731. Dritte sind nicht beschwerdeberechtigt, auch nicht das Kind und das Jugendamt, Karlsr FamRZ **91**, 969 mwN, MüKoKl 18, Gießler 185, str, aM Maurer 963. 2

Für die sofortige Beschwerde gelten die §§ 567–572; die Rechtskraft des Eheurteils steht nicht entgegen, Zweibr FamRZ **77**, 261. Anwaltszwang, § 78 II 1 Nr 1, besteht sowohl für die sofortige Beschwerde, hM, Kblz RR **99**, 575 mwN, aM MüKoKl 20, Hamm FamRZ **85**, 1146 mwN, als auch für die Gegenäußerung, Brüggemann FamRZ **77**, 289. Die Beschwerde muß mit der Einlegung, spätestens jedoch innerhalb der Einlegungsfrist begründet werden, § 620d S 1. Mehrere Beschwerdeschriftsätze einer Partei in derselben Sache sind (wie auch sonst) idR nur ein Rechtsmittel, Kblz FamRZ **80**, 905.

Nur das OLG kann die Vollziehung aussetzen, § 620 e. Für das Verfahren gelten die §§ 567–572, ZöPh 22, BayObLG MDR **94**, 1153, Bra FamRZ **04**, 653, Dresden NJW **02**, 2722. Über die Beschwerde ist durch begründeten Beschluß zu entscheiden, § 620d; für die Kosten gelten §§ 91 ff (auch in FGG-Sachen). Eine weitere Beschwerde ist ausgeschlossen.

Wegen der **Rechtsbeschwerde** s §§ 574–577.

2) Unanfechtbare Entscheidungen, S 2. Abgesehen von den in oben Rn 1 genannten drei Fällen sind alle übrigen Entscheidungen nach den §§ 620, 620b unanfechtbar, dh nicht mit der sofortigen Beschwerde angreifbar, was verfassungsrechtlich nicht zu beanstanden ist, BVerfG NJW **80**, 386, vgl auch Mü NJW **78**, 1635. Der Ausschluß gilt in anderen als in Rn 1 genannten Fällen auch für **Zwischen- und Nebenentscheidungen**, zB Berichtigungsbeschlüsse und Beschlüsse über Vollzugsmaßnahmen, Karlsr OLG-Report **98**, 414 mwN, str, aM Stgt FamRZ **99**, 1095 mwN, ua MüKoKl 15, ZöPh 14, diff MusBo 10, alle mwN, vgl auch unten Rn 4 aE. 3

Unanfechtbar sind danach alle Entscheidungen des Berufungsgerichts (OLG) sowie diejenigen Entscheidungen des FamGer, die **a) ohne mündliche Verhandlung** ergangen sind (deshalb muß auch in den Fällen der Rn 1 ggf zunächst ein Antrag nach § 620b II gestellt werden, wenn es sich um die Hauptsache handelt), oder **b)** zwar auf Grund einer solchen Verhandlung ergangen sind, aber **aa) andere Fälle** als die der Rn 1 betreffen, zB eine von § 620 g abweichende Kostenentscheidung, Düss FamRZ **94**, 1187 mwN, aM Bre FamRZ **91**, 1080, oder keine Endentscheidungen sind, vgl Ffm FamRZ **89**, 766 mwN, zB eine solche über die Gewährung einer Räumungsfrist, Bbg FamRZ **93**, 1338 mwN, oder über die Aussetzung der Vollziehung, § 620 e Rn 2, oder über die Aussetzung von Maßregeln nach § 148 ZPO, aM Ffm FamRZ **85**, 409, oder eine Zwangsgeldandrohung, Karlsr FamRZ **96**, 1226 u RR **99**, 7 mwN (aM ua MüKoKl 15, ZöPh 14), oder die Entscheidung über Kosten, Karlsr FamRZ **02**, 965, oder die Kostenfestsetzung, Hbg FamRZ **80**, 906, aM STr 7, oder die Wertfestsetzung nach § 25 GKG bzw § 10 BRAGO betreffen, Köln FamRZ **86**, 4

§§ 620c–620e   Buch 6. Verfahren in Familiensachen

695 mwN, str, aM STr 7, Schneider MDR **87**, 107 mwN, Lappe NJW **87**, 1867, oder **bb)** zwar aufgrund einer mündl Verh ergangen sind, jedoch eine **einstwAnO über die elterliche Sorge oder die Herausgabe eines Kindes abgelehnt** haben, KG FamRZ **93**, 720 mwN, Ffm MDR **03**, 1251, oder solche Beschlüsse, welche die **Änderung** einer einstwAnO abgelehnt haben, STr 2, Hbg FamRZ **93**, 1337 mwN, Hamm FamRZ **88**, 1194 mwN, oben Rn 1 aE. Deshalb ist in diesen Fällen keine Beschwerde gegen die Versagung der **Prozeßkostenhilfe** wegen Aussichtslosigkeit gegeben, hM, Ffm FamRZ **96**, 747 mwN, Düss FamRZ **91**, 1326, MüKoKl 14, ZöPh § 127 Rn 22, Zimmermann, PKH in FamS Rn 738, alle mwN, weitergehend Kblz FamRZ **89**, 200, Zweibr FamRZ **85**, 301 (niemals Beschwerde), aM Ffm FamRZ **86**, 926 mwN, Schlesw SchlHA **82**, 71.

5   **Ausnahmen** von der Unanfechtbarkeit sind bei **greifbarer, grober Gesetzwidrigkeit** zuzulassen, Gießler 180, ZöPh 12, MüKoKl 10–13, Hamm FamRZ **05**, 533, Bra NJW-FER **00**, 241 mwN, Karlsr NJW-FER **00**, 20 u FamRZ **91**, 969, Zweibr MDR **97**, 649 u FamRZ **86**, 1229, Hamm FamRZ **93**, 719, Düss FamRZ **92**, 1198, Düss FamRZ **83**, 514 mwN, vgl dazu § 567 Rn 6 mwN (weitergehend STr 8 u 9). Die sofortige Beschwerde entsprechend S 1 ist danach nur statthaft, wenn eine Entscheidung dieser Art oder dieses Inhalts überhaupt nicht oder nicht von diesem Gericht ergehen durfte, sie also mit der Rechtsordnung schlechthin unvereinbar ist, vgl Weychardt/Gießler DAVorm **84**, 383 mwN, BGH RR **86**, 738, Bra OLG-NL **94**, 159, Karlsr FamRZ **90**, 766, Ffm NJW **86**, 1052, Hamm FamRZ **85**, 85 (krit van Els FamRZ **85**, 617), zB die einstwAnO die Übereignung von Hausrat oder den Kostenvorschuß für eine NichtFamS regelt oder entgegen § 620a durch Urteil ergeht, Bra NJW-FER **00**, 241. **Unzulässig** ist die Beschwerde, wenn eine Sachentscheidung abgelehnt wurde, obwohl die gesetzlichen Voraussetzungen vorlagen, ZöPh 13, Ffm AnwBl **89**, 102, aM Ffm FamRZ **85**, 193 mwN; vgl iü §§ 567 Rn 6, 707 Rn 16. Ebenso dürfte bei **Verletzung von Grundrechten**, etwa des Rechts auf Gehör (Art 103 GG) oder des Rechts auf den gesetzlichen Richter (Art 101 GG), die Beschwerde unstatthaft sein, ZöPh 13, BGH FamRZ **89**, 265 u **86**, 850, BayObLG FamRZ **89**, 528, Ffm NJW **86**, 1052 unter Hinweis auf § 620b I 1; bei Verletzung von Grundrechten wird aber eine Gegenvorstellung zuzulassen sein, Üb § 567 Rn 5, wobei § 321a entspr anzuwenden ist. Dieser Ausweg gilt aber **nicht** für sonstige, auch schwere, Rechtsanwendungsfehler, zB die irrige Bejahung der internationalen Zuständigkeit, Bbg RR **97**, 1090, oder die Verkennung der Bedeutung des § 620b, aM Zweibr FamRZ **97**, 1167, oder die Entscheidung ohne den erforderlichen Antrag nach § 620b II 1, Zweibr FamRZ **80**, 386, oder fehlende bzw mangelhafte Begründung, Zweibr NJW-FER **98**, 185 = FamRZ **98**, 1370 (dazu Gießler FamRZ **99**, 695), aM Düss FamRZ **98**, 764, Hamm FamRZ **93**, 719, und auch nicht für die (unzulässige) Regelung eines Auskunftsanspruchs durch einstwAnO, ZöPh 13, Hamm FamRZ **83**, 515, aM Düss FamRZ **83**, 514, oder für die (irrige) Anwendung des § 769, aM Zweibr FamRZ **97**, 1227.

Die Unanfechtbarkeit der Entscheidung steht einer abweichenden einstwAnO in der Berufungsinstanz nicht entgegen, § 620b, KG FamRZ **82**, 1031. Überhaupt ist eine unzulässige Beschwerde in einen Antrag nach § 620b umzudeuten, soweit ein solcher zulässig ist, Hamm FamRZ **80**, 67, Stgt NJW **78**, 279. Soweit es sich um eine einstwAnO auf Unterhaltsgewährung handelt, steht den Parteien der Weg der negativen Feststellungsklage, § 620b Rn 4, bzw der Leistungsklage offen.

6   **3) VAHRG.** Die Entscheidung über eine einstwAnO nach § 3a IX des Ges ist unanfechtbar, § 620 Rn 4.

620d Begründung der Anträge und Entscheidungen. ¹In den Fällen der §§ 620b, 620c sind die Anträge und die Beschwerde zu begründen; die Beschwerde muss innerhalb der Beschwerdefrist begründet werden. ²Das Gericht entscheidet durch begründeten Beschluss.

1   **1) Begründung, S 1.** In den Fällen der §§ 620b u 620c sind die Anträge, dh auf Aufhebung oder Änderung, § 620b I, und auf mündliche Verhandlung, § 620b II, und ebenso die sofortige Beschwerde, § 620c, zu begründen. Im letzten Fall muß die Beschwerde innerhalb der Beschwerdefrist begründet werden, **S 1 Halbs 2;** das ist im Einklang mit der hM, vgl 44. Aufl, durch das UÄndG klargestellt worden. Wegen der Einzelheiten s Erläuterungen zu den §§ 620b u 620c.

2   **2) Entscheidung, S 2.** Über die vorgenannten Anträge und die sofortige Beschwerde entscheidet das Gericht (FamGer bzw OLG) durch begründeten Beschluß. Das Gesetz sieht eine Ausnahme von der Begründungspflicht, § 329 Rn 1, nicht vor. Selbstverständlich kann die Begründung kurz sein. Das Beschwerdegericht darf auch entsprechend § 543 I auf die Gründe der angefochtenen Entscheidung verweisen, § 573 Rn 11.

Eine Begründung der einstwAnO bei (erstmaliger) Entscheidung ist nicht ausdrücklich vorgeschrieben. Abgesehen von Ausnahmefällen besteht aber schon deshalb die Rechtspflicht zur Begründung, § 329 Rn 1, weil die Parteien nur dann die Anträge nach § 620b bzw die sofortige Beschwerde nach § 620c begründen können, ebenso MüKoKl 5, STr 3, Maurer 927, ZöPh 4, str, aM ua KG FamRZ **82**, 1031, diff Gießler FamRZ **97**, 695 mwN, s auch § 620c Rn 5 aE. Auch hier darf die Begründung kurz sein; ggf kann sie aus einem Hinweis auf das Vorbringen des Antragstellers bestehen. Das Fehlen der Begründung kann zur Zurückverweisung führen, muß aber nicht diese Folge haben, vgl §§ 575, 540.

Gegen die Entscheidung des OLG gibt es kein Rechtsmittel, §§ 567 IV u 568 II.

3   **3) Sinngemäße Anwendung.** Vgl § 6 II SorgeRÜbkAG, Schlußanhang V A 3.

620e Aussetzung der Vollziehung. Das Gericht kann in den Fällen der §§ 620b, 620c vor seiner Entscheidung die Vollziehung einer einstweiligen Anordnung aussetzen.

1   **1) Allgemeines.** Gegen eine einstwAnO stehen den Parteien folgende Rechtsbehelfe offen: immer der Antrag auf Aufhebung oder Änderung nach § 620b I, bei einer Entscheidung ohne mündliche Verhandlung

Abschnitt 1. Allg. Vorschr. für Verfahren in Ehesachen **§§ 620e, 620f**

der Antrag auf erneute Entscheidung nach § 620 b II, in bestimmten Fällen die sofortige Beschwerde nach § 620 c. § 620 e gibt dem Gericht die Möglichkeit, vor seiner Entscheidung über einen dieser Rechtsbehelfe die Vollziehung der einstwAnO auszusetzen. Für das allgemeine Beschwerdeverfahren enthält § 572 II eine entsprechende Regelung; die Befugnisse nach § 572 III stehen dem Gericht nach § 620 e nicht zu, StR 3.

2) Aussetzung der Vollziehung. Voraussetzung ist die Einlegung eines der in oben Rn 1 genannten Rechtsbehelfe. Aussetzen darf das Gericht, das über diesen Rechtsbehelf zu entscheiden hat, also das FamGer bzw KrGer in den Fällen des § 620 b und allein das OLG (nicht auch das FamGer) im Falle der sofortigen Beschwerde, § 620 c. Die Entscheidung ergeht durch Beschluß auf Antrag oder vAw, sobald der Rechtsbehelf eingelegt ist, im Fall des § 620 b I 2 auch schon vorher vAw. Die Aussetzung steht im pflichtgemäßen Ermessen des Gerichts. Sie hat die Wirkungen des § 775 Z 2.

Der Beschluß des FamGer über die Aussetzung oder ihre Ablehnung ist unanfechtbar, hM, MüKoKl 4, Hbg FamRZ 90, 423 mwN, § 620 c Rn 3 ff; dies gilt unabhängig davon, ob gegen die einstwAnO selbst ein Rechtsmittel gegeben ist, insoweit einschränkend Zweibr FamRZ 81, 189. Gegen einen Beschluß des OLG gibt es ohnehin kein Rechtsmittel, § 567 IV. Der Aussetzungsbeschluß tritt mit der Entscheidung über den Rechtsbehelf außer Kraft.

Im Verfahren über die Aussetzung der Vollziehung entstehen weder für das Gericht noch für den RA Gebühren.

3) Sinngemäße Anwendung. Vgl § 6 II SorgeRÜbkAG, Schlußanhang V A 3. 3

620f *Außerkrafttreten der einstweiligen Anordnung.* I 1 Die einstweilige Anordnung tritt beim Wirksamwerden einer anderweitigen Regelung sowie dann außer Kraft, wenn der Antrag auf Scheidung oder Aufhebung der Ehe oder die Klage zurückgenommen wird oder rechtskräftig abgewiesen ist oder wenn das Eheverfahren nach § 619 in der Hauptsache als erledigt anzusehen ist. ² Auf Antrag ist dies durch Beschluss auszusprechen. ³ Gegen die Entscheidung findet die sofortige Beschwerde statt.

II Zuständig für die Entscheidung nach Absatz 1 Satz 2 ist das Gericht, das die einstweilige Anordnung erlassen hat.

Vorbem. I 1 mWv 1. 7. 98 geänd durch Art 3 Z 7 EheschlRG, Einf § 606 Rn 13.

1) Allgemeines. Um nach Möglichkeit einen Zustand ohne Regelung zu verhüten, bleibt eine nach 1 § 620 getroffene einstwAnO grundsätzlich bis zum Wirksamwerden einer anderen Regelung in Kraft, wenn nicht das Gericht eine Geltung befristet hat, etwa bis zur Rechtskraft des Scheidungsurteils, was zulässig ist und sich oft empfiehlt, str, vgl Köln FamRZ 97, 1094, van Els FamRZ 90, 582, beide mwN (in diesem Fall greift § 620 f nicht ein). Sie erlischt nicht stets mit dem rechtskräftigen Abschluß der EheS, sondern nur in bestimmten Fällen, überdauert also namentlich bei Scheidung oder Aufhebung der Ehe den Rechtsstreit, und zwar auch dann, wenn sie vor dem 1. 7. 77 ergangen ist, Ffm FamRZ 87, 1279. Dies gilt auch für eine einstwAnO über den Unterhalt, weil ihr Gegenstand insoweit auch der nacheheliche Unterhalt ist, BGH NJW 81, 978 u 83, 1330, Köln RR 98, 365 mwN; auch eine solche einstwAnO tritt (wenn sie nicht entspr befristet worden ist) nicht mit der Rechtskraft des Scheidungsausspruchs außer Kraft, so daß weiterhin aus ihr vollstreckt werden darf, BGH NJW 83, 1330, Köln aaO.

Entsprechend anwendbar ist § 620 f auf Vergleiche, die eine einstwAnO ersetzen und keine abw Regelung ihrer Geltungsdauer enthalten, Ffm FamRZ 83, 202, ZöPh 10.

2) Außerkrafttreten bei anderweitiger Regelung, I 1 (Maurer FamRZ 91, 888; Dörr FamRZ 88, 557). 2 Die einstwAnO tritt beim Wirksamwerden einer anderweitigen Regelung außer Kraft, soweit sich die Regelungsbereiche decken, Karlsr FamRZ 88, 855 mwN. Bei dieser Regelung kann es sich um einen Vergleich, Köln FamRZ 78, 912, insbesondere auch um einen Scheidungsfolgenvergleich, Hbg FamRZ 85, 624, Maurer aaO mwN, oder eine gerichtliche Entscheidung handeln, zB um ein Urteil in einer FolgeS, § 629 I, oder um einen Beschluß in einer FamS, § 621, oder um einen anderen Beschluß nach § 620 b, Mü FamRZ 87, 610. Immer muß es sich um eine Entscheidung oder Vereinbarung inter partes handeln, Köln FamRZ 87, 957 (insoweit zustm Gießler FamRZ 87, 1276), die entweder die einstwAnO unmittelbar erfaßt oder eine Aussage über den jeweiligen materiellen Anspruch enthält, so daß zB die Prozeßabweisung der Unterhaltsklage nicht genügt, Mü aaO. Auch die Kostenentscheidung des Scheidungsurteils ist keine anderweitige Regelung in Bezug auf die Pflicht zur Zahlung des Prozeßkostenvorschusses, BGH NJW 85, 2263 mwN; ebenso berührt die Abweisung der Unterhaltsklage nicht den Bestand einer den Vorschuß für diese Klage betreffenden einstwAnO, Nürnb MDR 80, 236, aM Köln FamRZ 78, 912. Auch die Versagung von Prozeßkostenhilfe führt nicht zum Außerkrafttreten der einstwAnO, Schlesw SchlHA 81, 81.

Fälle einer anderweitigen Regelung: Nach rechtskräftigem Abschluß des Scheidungsverfahrens kann 3 eine einstwAnO über den Unterhalt nicht im Wege der Änderungsklage gemäß § 323 geändert werden, § 323 IV, BGH NJW 83, 1331. Dagegen dürfen nachträglich entstandene rechtshemmende und rechtsvernichtende Einwendungen mit der **Vollstreckungsabwehrklage**, § 767, geltend gemacht werden, BGH NJW 83, 1330, also namentlich die Erfüllung des Anspruchs, Klauser MDR 81, 718 mwN, Bbg FamRZ 83, 84; die Klage kann jedoch nicht allein auf die Rechtskraft der Scheidung gestützt werden, BGH aaO, Köln FamRZ 97, 1094 mwN, und für sie besteht im Hinblick auf § 620 f idR kein Rechtsschutzbedürfnis, wenn sie auf das Ergehen einer anderweitigen Regelung gestützt wird, Köln FamRZ 99, 1000 mwN. Die Entscheidung über diese Klage berührt den Bestand der einstwAnO aber nicht, Ffm FamRZ 82, 719. Sie tritt vielmehr nur bei Wirksamwerden eines **Urteils** außer Kraft, das auf eine **Zahlungsklage bzw eine negative Feststellungsklage** ergeht, hM, Hassold FamRZ 81, 1036, Klauser MDR 81, 717 mwN, BGH FamRZ 87, 682, NJW 83, 1330 (krit Luthin FamRZ 86, 1060 im Anschluß an Braeuer FamRZ 84, 10, der statt dessen eine entsprechende Anwendung des § 926 vorschlägt), Köln FamRZ 98, 1427, Zweibr FamRZ 97, 1227, KG IPrax 88, 234 u FamRZ 85, 952, vgl dazu § 620 b Rn 4. Die negative Feststellungsklage

§ 620f   Buch 6. Verfahren in Familiensachen

unterliegt keiner Einschränkung dahin, daß die Feststellung erst ab Rechtshängigkeit der Klage oder Verzug des Gläubigers mit einem Verzicht auf die Rechte aus der einstwAnO verlangt werden kann, BGH RR **89**, 709 mwN; sie ist aber unzulässig, soweit auf Rückzahlung überzahlten Unterhalts geklagt werden kann, Hbg FamRZ **98**, 294. Zum Feststellungsinteresse s Kblz FamRZ **02**, 562, Düss RR **94**, 519, diff Bra NJWE-FER **99**, 251. Für die negative Feststellungsklage genügt es nicht, daß das Urteil das Erlöschen des Anspruchs auf ehelichen Unterhalt bei Rechtskraft der Scheidung feststellt; vielmehr muß es auch darüber befinden, inwieweit ein Anspruch auf nachehelichen Unterhalt besteht, Hbg FamRZ **81**, 982. Bei Verneinung dieses Anspruchs tritt die einstwAnO außer Kraft, Hbg FamRZ **83**, 356, KG FamRZ **87**, 609 (auch vor der Scheidung, KG FamRZ **85**, 752), aM Ffm RR **91**, 265. Zur Frage der Rückwirkung der negativen Feststellung s AG Hbg FamRZ **91**, 208, Bbg FamRZ **88**, 525 mwN. Bei Erhebung der negativen Feststellungsklage kann die Zwangsvollstreckung aus der einstwAnO nach Rechtskraft des Scheidungsurteils einstweilen eingestellt werden, BGH NJW **83**, 1331 mwN, gegen hM, Düss RR **94**, 519 = FamRZ **93**, 816 mwN, Klauser MDR **81**, 717 (s § 620 b Rn 4 für die Zeit davor). Der Unterhaltsberechtigte darf jederzeit Leistungs(wider)klage erheben, Karlsr FamRZ **04**, 470.

Dies alles gilt auch für Vergleiche, die im AnOVerf, Bbg FamRZ **84**, 1119, oder im HauptsacheVerf geschlossen worden sind, Zweibr FamRZ **85**, 1150, ebenso wie für außergerichtliche Vereinbarungen, Dörr FamRZ **88**, 557. Eine „anderweitige Regelung" iSv I 1 ist auch das auf eine Bereicherungsklage, unten Rn 6, ergehende Urteil, BGH FamRZ **84**, 767, Hbg FamRZ **85**, 951.

4   **Ob eine gerichtliche Entscheidung** rechtskräftig sein muß oder ob ihre Wirksamkeit, § 16 I FGG, bzw ihre vorläufige Vollstreckbarkeit, §§ 708 ff, genügt, war früher streitig, vgl 58. Aufl. Rechtskraft wurde nur für Entscheidungen gefordert, die keinen vollstreckungsfähigen Inhalt haben, zB Feststellungsurteile oder einen Leistungsantrag abweisende Urteile BGH NJW **91**, 705, MüKoKl 16, STr 7 mwN. In Interesse der einheitlichen Handhabung und der Rechtssicherheit muß aber der **Eintritt der Rechtskraft** bei allen Urteilen, also auch bei Leistungsurteilen vorausgesetzt werden, BGH NJW **00**, 740 mwN, dazu Berger ZZP **00**, 487, Rostock FamRZ **04**, 127, Karlsr MDR **04**, 397 (Änd der Rspr), Köln FamRZ **03**, 320 mwN, Stgt FamRZ **01**, 359 (abw Zweibr FamRZ **01**, 359 m Anm van Els FamRZ **01**, 500), was dazu führt, daß Überzahlungen eintreten können, dazu Niepmann MDR **00**, 618. Bei ausländischen Entsch bedarf es einer inländischen Vollstreckbarerklärung, KG FamRZ **86**, 822.

5   **3) Außerkrafttreten in anderen Fällen, I 1.** Kommt es nicht zu einer anderweitigen Entscheidung oder sonstigen Regelung, so tritt die einstwAnO außer Kraft, wenn **a)** der Scheidungs- oder Aufhebungsantrag bzw die Klage in einer anderen EheS zurückgenommen wird (auch dann, wenn § 626 II eingreift, Karlsr FamRZ **86**, 1120), oder **b)** der Antrag bzw die Klage in der Hauptsache rechtskräftig abgewiesen ist, oder **c)** das Eheverfahren nach § 619 infolge des Todes eines Ehegatten in der Hauptsache als erledigt anzusehen ist (entspr auch bei beiderseitiger Erledigungserklärung, Hamm FamRZ **03**, 1307). Ist nur ein Verfahren auf Bewilligung der Prozeßkostenhilfe anhängig, so tritt dementsprechend die einstwAnO nur bei Rücknahme des Gesuchs (Fall a) bzw im Fall des § 619 (Fall c) außer Kraft; bei Zurückweisung des Gesuches (Fall b) bleibt die einstwAnO in Kraft, aM Stgt FamRZ **84**, 720, ist aber nach § 620 b aufzuheben, wenn die Zurückweisung endgültig ist, vgl Düss FamRZ **85**, 1271 (das ein Außerkrafttreten auch im Fall der Rücknahme des Gesuchs verneint).

6   **4) Entscheidung, I 2 u 3, II.** Das Außerkrafttreten ist in allen Fällen des I 1 auf Antrag, nicht vAw, **durch Beschluß auszusprechen**, I 2, vgl § 269 III; der Beschluß muß auch aussprechen, inwieweit und wann die einstwAnO außer Kraft getreten ist, weil dies namentlich bei Unterhaltsregelungen wichtig ist, Hbg FamRZ **85**, 624, während über das Fortbestehen von VollstrMaßnahmen das VollstrGericht zu befinden hat, Ffm FamRZ **89**, 766. Das Verf nach § 620 f greift auch dann ein, wenn die Parteien streiten, ob eine anderweitige Regelung iSv I 1 vorliegt, Zweibr FamRZ **85**, 1150; es genügt in diesem Fall die Hauptsache Verf, Rn 2, vor, Zweibr aaO, ZöPh 29. **Zuständig ist das Gericht, das die einstwAnO erlassen hat**, II (zur Zuständigkeit bei einer vor dem 1. 7. 77 ergangenen einstwAnO Ffm FamRZ **87**, 1279). Gegen die Entscheidung des FamGer ist stets, also nicht nur in den Fällen des § 620 c S 1, die **sofortige Beschwerde statthaft, I 3**, auch dann, wenn der Antrag abgelehnt worden ist, ZöPh 32, str, vgl Karlsruhe FamRZ **86**, 1120 (unanfechtbar sind jedoch vorbereitende Entscheidungen, auf § 620c, Zweibr FamRZ **98**, 1378). Über sie entscheidet das OLG, § 119 GVG, vgl Erläuterungen zu § 620 c; ist das OLG nach II zuständig, gibt es gegen seine Entscheidung die Rechtsbeschwerde nach Maßgabe des § 574 I Z 2. Die Regelung des § 620 b gilt im Verf nach § 620 f nicht.

7   **5) Wirkungen des Außerkrafttretens.** Die Zwangsvollstreckung aus der einstwAnO ist einzustellen, § 775 Z 1. Einwendungen sind nach § 766 bei dem nach § 802 zuständigen Vollstreckungsgericht geltend zu machen, Düss FamRZ **78**, 913; dies gilt auch bei Erlöschen der einstwAnO infolge einer Befristung, oben Rn 1, Bbg FamRZ **82**, 86. Ein Antragsverfahren, § 620 b, und ein Beschwerdeverfahren, § 620c, erledigen sich, das Antragsverfahren jedoch insoweit nicht, als es sich um eine Änderung des Unterhalts für die Zeit vor dem Erlöschen der einstwAnO handelt, vgl Karlsr OLGZ **75**, 55, str, enger Düss FamRZ **72**, 369.

Das Außerkrafttreten der einstwAnO führt nicht zur Anwendung der §§ 641 g, 717 II, 945, STr 11, BGH NJW **00**, 740 mwN (eingehend). Jedoch sind Bereicherungs- und Schadensersatzansprüche nach allgemeinen Vorschriften nicht ausgeschlossen, allgM, BGH NJW **84**, 2095 mwN, Hamm FamRZ **97**, 431, Köln FamRZ **87**, 964, Kblz FamRZ **87**, 481, Luthin FamRZ **86**, 1060, Klauser MDR **81**, 718 mwN, wobei allerdings eine verschärfte Bereicherungshaftung (§§ 818 IV, 820 BGB) erst ab Kenntnis vom Außerkrafttreten oder Erhebung der darauf gerichteten oder Änderung gerichteten Leistungsklage in Betracht kommt, BGH NJW **85**, 1075, **84**, 2095, Köln FamRZ **87**, 964, aber Schwab FamRZ **94**, 1567 mwN (eingehend): verschärfte Haftung nach § 818 IV BGB auch ab Erhebung der negativen Feststellungsklage, nach § 820 I 2 BGB ohne zeitliche Beschränkung. Diese Ansprüche sind im Klageverfahren geltend zu machen, ohne daß es einer Aufhebung der einstw AnO bedarf, BGH aaO.

8   **6) Sinngemäße Anwendung.** Vgl § 6 II SorgeRÜbkAG, Schlußanhang V A 3.

Abschnitt 2. Allg. Vorschriften für Verfahren usw. **§ 620g, Grundz § 621, § 621**

620g *Kosten einstweiliger Anordnungen.* **Die im Verfahren der einstweiligen Anordnung entstehenden Kosten gelten für die Kostenentscheidung als Teil der Kosten der Hauptsache; § 96 gilt entsprechend.**

1) Grundsatz. Die in der Hauptsache ergehende Kostenentscheidung, § 93 a, ergreift ohne weiteres **1** sämtliche (auch die in 2. Instanz anhängig gewordenen) Anordnungsverfahren dieser EheS; maßgeblich ist die rechtskräftige Kostenentscheidung in der Hauptsache, so daß eine Entscheidung über die Kosten der Berufung nach § 97 II außer Betracht bleibt, Mü MDR **89**, 462. Diese Regelung gilt auch für unzulässige Anträge nach § 620, aM Schellberg NJW **71**, 1345 (Anwendung von § 91 I). Nach § 96 darf das Gericht auch dem Sieger die Kosten eines erfolglosen AnO-Verfahrens auferlegen; das wird idR geschehen, wenn der Antrag unzulässig oder unbegründet war, Karlsr FamRZ **90**, 766, nicht aber im Fall der Erledigung des Verf, Ffm FamRZ **84**, 720.

Als Teil der Kosten der Hauptsache gelten die Kosten nicht nur bei einer Entscheidung durch Urteil oder Beschluß, sondern auch im Falle eines das AnO-Verfahren beendenden Vergleichs, der über die Kosten dieses Verfahrens eine Bestimmung enthält, Stgt RR **87**, 253 mwN, KG MDR **75**, 763; denn § 620 g ist gegenüber § 98 die spezielle Norm, Bergerfurth NJW **72**, 1840, str, aM Karlsr MDR **82**, 1025 mwN, differenzierend nach dem Inhalt der Vereinbarung Mü AnwBl **89**, 233. Bei einem Vergleich in FolgeS, § 623, gilt § 93 a, Bergerfurth FamRZ **76**, 583.

2) Ausnahmen. In einigen Fällen gilt § 620 g nicht, so daß eine besondere Kostenentscheidung zu **2** erlassen ist:

a) ob bei Rücknahme des Antrags § 620 g gilt oder ob § 269 III entspr anzuwenden ist, ist str; für die erstere Lösung tritt die ganz überw Meinung ein, Karlsr NJWE-FER **96**, 21 mwN (ua MüKoKl 8, ZöPh 6, Düss FamRZ **94**, 1187), offen gelassen von KG MDR **82**, 328. Die hM verdient den Vorzug; Zweibr JB **85**, 1888, str, aM MüKoKl 7, STr 5, Düss FamRZ **94**, 1187 (Aufgabe von FamRZ **78**, 910), Saarbr JB **85**, 1888, Ffm FamRZ **84**, 720 u **80**, 387 mwN, Köln **KR** Nr 7, offen gelassen von KG MDR **82**, 328;

b) wenn das AnO-Verfahren in der Hauptsache für erledigt erklärt wird (dann §§ 93 a, 91 a), MüKoKl 10, Ffm FamRZ **84**, 720, Köln JMBlNRW **73**, 185, E. Schneider JB **74**, 843, str, aM ZöPh 9, STr 5, Schellberg NJW **71**, 1345, Jena RR **97**, 1412, Ffm FamRZ **84**, 720, differenzierend Karlsr Just **81**, 480, Düss FamRZ **80**, 1047, Bre FamRZ **78**, 133;

c) wenn die einstwAnO nach Erlaß des Urteils ergeht (dann § 93 a), Gießler 234, Hbg MDR **76**, 586 mwN;

d) im Beschwerdeverfahren, wenn die Beschwerde (auch teilweise) zurückgewiesen (dann § 97) oder zurückgenommen wird (dann § 516 III entspr), BayObLG FamRZ **95**, 184, Bbg FamRZ **97**, 1228, Karlsr FamRZ **89**, 522, Ffm FamRZ **84**, 720; erledigt sich die Hauptsache in der Beschwerdeinstanz, so gilt § 620 g nur für die Kosten der ersten Instanz, für diejenigen der Beschwerdeinstanz hingegen § 91 a, Bbg RR **96**, 771 m RsprÜb, sehr str, aM u a ZöPh 8 u 9, Gießler 236, Jena FamRZ **96**, 880, Ffm FamRZ **84**, 720 u 1243 (§ 620 g für beide Instanzen), diff MüKoKl 10, Bergerfurth 248, Düss FamRZ **80**, 1047.

e) wenn die einstwAnO nach Stellen eines Antrags im Prozeßkostenhilfeverfahren ergangen ist, aber das Scheidungsverfahren nicht anhängig wird (dann § 93 a), Gießler 235, Hamm FamRZ **81**, 189, AG Schwandorf FamRZ **92**, 336.

3) Kostenentscheidung. Sie ist für sich allein in jedem Fall unanfechtbar, Bra FamRZ **02**, 964 mwN. **3** Das gilt auch dann, wenn über die Kosten eine selbständige Entscheidung nach den in Rn 2 genannten Vorschriften ergeht, Kblz **KR** Nr 6, und auch dann, wenn das FamGer irrtümlich eine erforderliche Kostenentscheidung unterlassen hat, § 620 c Rn 4, aM STr 6, Hamm FamRZ **81**, 189. Im letztgenannten Fall kommt eine Beschlußergänzung entspr § 321 I in Betracht, Gießler 237 (§ 321 II ist nicht anzuwenden).

4) Sinngemäße Anwendung. Vgl § 6 II SorgeRÜbkAG, Schlußanhang V A 3. **4**

Abschnitt 2. Allgemeine Vorschriften für Verfahren in anderen Familiensachen

Grundzüge

1) Der 2. Abschnitt enthält die Verfahrensvorschriften für die in § 621 I genannten FamS, die keine EheS **1** sind. Auch für sie ist das FamGer ausschließlich zuständig, § 23 b GVG, bei Anhängigkeit einer EheS grundsätzlich das dafür zuständige Gericht (Entscheidungskonzentration). Der Rechtszug geht einheitlich an das OLG, § 119 GVG, und den BGH, § 133 GVG.

2) Das Verfahren in FamS richtet sich danach, ob es sich um zivilprozessuale Streitigkeiten handelt **2** (§ 621 I Z 4, 5 u 8) oder um Verfahren der Freiwilligen Gerichtsbarkeit (§ 621 I Z 1–3, 7 u 9). Für erstere gilt die ZPO mit den Sonderbestimmungen des 2. Abschnitts, für letztere das durch diese Sonderbestimmungen modifizierte FGG. Einzelheiten s § 621 a Rn 2 ff.

3) Für FolgeS, dh mit einer Scheidungssache verbundene FamS, gelten die Bestimmungen des 3. Abschnitts. **3** Sie bleiben aber gleichwohl FamS, unterliegen also auch dann nicht den Verfahrensvorschriften für EheS.

621 *Zuständigkeit des Familiengerichts; Verweisung oder Abgabe an Gericht der Ehesache.*
¹ Für Familiensachen, die
1. die elterliche Sorge für ein Kind, soweit nach den Vorschriften des Bürgerlichen Gesetzbuchs hierfür das Familiengericht zuständig ist,
2. die Regelung des Umgangs mit einem Kind, soweit nach den Vorschriften des Bürgerlichen Gesetzbuchs hierfür das Familiengericht zuständig ist,

§ 621

3. die Herausgabe eines Kindes, für das die elterliche Sorge besteht,
4. die durch Verwandtschaft begründete gesetzliche Unterhaltspflicht,
5. die durch Ehe begründete gesetzliche Unterhaltspflicht,
6. den Versorgungsausgleich,
7. Regelungen nach der Verordnung über die Behandlung der Ehewohnung und des Hausrats,
8. Ansprüche aus dem ehelichen Güterrecht, auch wenn Dritte am Verfahren beteiligt sind,
9. Verfahren nach den §§ 1382 und 1383 des Bürgerlichen Gesetzbuchs,
10. Kindschaftssachen,
11. Ansprüche nach den §§ 1615 l, 1615 m des Bürgerlichen Gesetzbuchs,
12. Verfahren nach § 1303 Abs. 2 bis 4, § 1308 Abs. 2 und § 1315 Abs. 1 Satz 1 Nr. 1, Satz 3 des Bürgerlichen Gesetzbuchs,
13. Maßnahmen nach den §§ 1 und 2 des Gewaltschutzgesetzes, wenn die Beteiligten einen auf Dauer angelegten gemeinsamen Haushalt führen oder innerhalb von sechs Monaten vor Antragstellung geführt haben,

betreffen, ist das Familiengericht ausschließlich zuständig.

II [1] Während der Anhängigkeit einer Ehesache ist unter den deutschen Gerichten das Gericht, bei dem die Ehesache im ersten Rechtszug anhängig ist oder war, ausschließlich zuständig für Familiensachen nach Absatz 1 Nr. 5 bis 9; für Familiensachen nach Absatz 1 Nr. 1 bis 4 und 13 gilt dies nur, soweit sie betreffen

1. in den Fällen der Nummer 1 die elterliche Sorge für ein gemeinschaftliches Kind einschließlich der Übertragung der elterlichen Sorge oder eines Teils der elterlichen Sorge wegen Gefährdung des Kindeswohls auf einen Elternteil, Vormund oder Pfleger,
2. in den Fällen der Nummer 2 die Regelung des Umgangs mit einem gemeinschaftlichen Kind der Ehegatten nach den §§ 1684 und 1685 des Bürgerlichen Gesetzbuchs oder des Umgangs eines Ehegatten mit einem Kind des anderen Ehegatten nach § 1685 Abs. 2 des Bürgerlichen Gesetzbuchs,
3. in den Fällen der Nummer 3 die Herausgabe eines Kindes an den anderen Elternteil,
4. in den Fällen der Nummer 4 die Unterhaltspflicht gegenüber einem gemeinschaftlichen Kind mit Ausnahme von Vereinfachten Verfahren zur Abänderung von Unterhaltstiteln,
5. in den Fällen der Nummer 13 Anordnungen gegenüber dem anderen Ehegatten.

[2] Ist eine Ehesache nicht anhängig, so richtet sich die örtliche Zuständigkeit nach den allgemeinen Vorschriften.

III [1] Wird eine Ehesache rechtshängig, während eine Familiensache der in Absatz 2 Satz 1 genannten Art bei einem anderen Gericht im ersten Rechtszug anhängig ist, so ist diese von Amts wegen an das Gericht der Ehesache zu verweisen oder abzugeben. [2] § 281 Abs. 2, 3 Satz 1 gilt entsprechend.

FGG § 64. II [1] Wird eine Ehesache rechtshängig, so gibt das Familiengericht im ersten Rechtszug bei ihm anhängige Verfahren der in § 621 Abs. 1 Nr. 9, Abs. 2 Nr. 1 bis 3 der Zivilprozeßordnung bezeichneten Art von Amts wegen an das Gericht der Ehesache ab. [2] § 281 Abs. 2, 3 Satz 1 der Zivilprozeßordnung gilt entsprechend.

Vorbem. I Z 7 idF, Z 13 angefügt, II 1 idF, II 1 Z 5 angefügt dch Art 4 Z 4 a, b G v 11. 12. 01, BGBl 3513, in Kraft seit 1. 1. 02, Art 13 II G, ÜbergangsR Einl III 78, vgl Schumacher FamRZ **01**, 957.

Gliederung

1) **Familiensachen, I, Begriff**	1–8	K. Kindschaftssachen	28
A. Elterliche Sorge	9, 10	L. Ansprüche nach §§ 1615 l, 1615 m BGB	28 a
B. Regelung des Umgangs mit dem Kind	11	M. Verfahren nach §§ 1303 ff BGB	28 a
C. Herausgabe des Kindes	12	N. Maßnahmen nach GewSchG	28 a
D. Gesetzliche Unterhaltspflicht zwischen Verwandten	13–15	O. Verfahren nach §§ 5–8 SorgeRÜbkAG	28 b
E. Gesetzliche Unterhaltspflicht zwischen den Ehegatten	16–18	2) **Sachliche Zuständigkeit, I**	29
F. Versorgungsausgleich	19	3) **Allgemeine örtliche Zuständigkeit, II**	30
G. Rechtsverhältnisse an der Ehewohnung und am Hausrat	20–22	4) **Besondere örtliche Zuständigkeit, III**	31–36
H. Eheliches Güterrecht	23–26	A. Allgemeines	31–34
I. Verfahren nach §§ 1382, 1383 BGB	27	B. Verweisung und Abgabe	35, 36

1 1) **Familiensachen.** Den Begriff der FamS definiert § 23 b GVG, und zwar abschließend, Köln FamRZ **92**, 833, Bbg FamRZ **84**, 1117. Für die dort genannten Angelegenheiten (mit Ausnahme der EheS und der Sachen nach dem SorgeRÜbkAG) gilt der 2. Titel, §§ 621–621 f. Bei diesen „anderen FamS" handelt es sich um Angelegenheiten, die Eltern und/oder Kinder und nur solche betreffen, wobei Streitigkeiten zwischen den Partnern einer nichtehelichen Lebensgemeinschaft, Schlesw SchlHA **83**, 141 (aM Hamm FamRZ **83**, 273), und über Angelegenheiten zwischen anderen Verwandten ausscheiden, vgl auch § 606 Rn 2 ff. Im Rahmen der Ehewirkungssachen gilt § 621 in weitestem Umfang, also ua für Unterhaltsklagen erwachsener Kinder gegen ihre Eltern, ZöPh **85**, Ffm FamRZ **88**, 184, aM AG Holzminden FamRZ **96**, 180.

Ob ein Rechtsstreit eine FamS ist, bestimmt sich grundsätzlich **nach deutschem** Recht, BGH NJW **81**, 127 u **78**, 1531, Karlsr FamRZ **97**, 33 mwN (m red Anm), Düss FamRZ **95**, 1280, Hamm RR **93**, 1349 mwN, abw Köln FamRZ **94**, 1476; soweit der Verfahrensgegenstand dem deutschen Recht nicht geläufig ist, bedarf es einer Anpassung, Hamm aaO, § 623 Rn 3. Die Entscheidung darüber, ob eine FamS vorliegt,

Abschnitt 2. Allg. Vorschriften für Verfahren in anderen Familiensachen § 621

richtet sich **nach der tatsächlichen Begründung des geltend gemachten Anspruchs**, BGH in stRspr seit NJW **80**, 2476, Bbg FamRZ **89**, 409, BayObLG FamRZ **85**, 1058, beide mwN. Die rechtliche Einordnung durch den Antragsteller ist dagegen ohne Bedeutung, Walter JZ **83**, 54, BayObLG FamRZ **83**, 1249. Danach ändert der Übergang des Anspruchs, zB durch Pfändung oder agrd eines Gesetzes (zB § 91 BSHG), nichts an dem Charakter als FamS, Hamm FamRZ **85**, 407. Daß für die Entscheidung aufgrund des **Verteidigungsvorbringens** familienrechtliche Fragen eine Rolle spielen, macht das Verfahren nicht zur FamS, stRspr, BGH NJW **80**, 2476, Bbg FamRZ **89**, 409 mwN, auch nicht die Aufrechnung mit einer vor das FamGer gehörenden Gegenforderung, BGH FamRZ **89**, 174 mwN, BayObLG FamRZ **86**, 6 mwN. Umgekehrt darf das FamGer auch über die Aufrechnung mit einer Gegenforderung entscheiden, die vor dem allgemeinen Zivilgericht einzuklagen wäre, Köln FamRZ **92**, 450, § 145 Rn 19.

Bei mehrfacher Klagbegründung für denselben Anspruch genügt es, daß ein Klaggrund unter § 621 2 fällt, BGH NJW **83**, 1913, zustm Walter FamRZ **83**, 363, krit (aber im Erg zustm) Waldner MDR **84**, 190. Der Vorrang der Zuständigkeit des FamGer kann aber ausnahmsweise zurücktreten, wenn der familienrechtliche Anspruch offensichtlich unbegründet oder nicht im Streit ist, BGH aaO, STr § 23 b GVG Rn 89, Bbg FamRZ **89**, 409 (weitergehend), str, aM ua Rahm IV 504. Wegen Haupt- und Hilfsansprüchen und wegen der Aufrechnung vgl unten Rn 29.

Die Vorschrift erfaßt auch jedes Umkehr- oder Spiegelbildverfahren, zB die Rückabwicklung bei 3 Unterhaltsleistungen, BGH NJW **78**, 1531, Düss FamRZ **88**, 299, sowie bei Kostenvorschüssen nach § 1360 a IV BGB, Zweibr FamRZ **81**, 1090, und den Erstattungsanspruch nach dem sog begrenzten Realsplitting, vgl BGH NJW **86**, 254. FamS sind auch Befreiungs-, Schadensersatz- und Bereicherungsansprüche, die ihre Wurzel in einem familienrechtlichen Verhältnis haben, BGH NJW **94**, 1417, Zweibr FamRZ **00**, 497. Unter § 621 fällt auch ein **Änderungsverfahren**, zB Klagen aus § 323 in einer FamS, BGH NJW **78**, 1811, oder Klagen aus § 826 BGB gegen das Urteil in einer FamS, Karlsr FamRZ **82**, 400, und Wiederaufnahmeklagen in FamS, BGH FamRZ **82**, 789; auch hier entscheidet die Sache, BGH NJW **80**, 2476, so daß es nicht darauf ankommt, ob der zugrunde liegende Titel von einem FamGericht errichtet worden ist, Hamm MDR **87**, 855. Hierhin gehören auch **selbständige Beweisverfahren** für eine FamS, aM LG Lüneb FamRZ **84**, 69.

§ 621 gilt auch für **Zwangsvollstreckungsverfahren** in FamS, die dem Prozeßgericht übertragen sind, 4 Köln RR **95**, 644, jedenfalls dann, wenn der Titel eine FamS zum Gegenstand hat, BGH NJW **81**, 346 u **80**, 1393, BayObLG RR **92**, 264 (Klage aus § 767), Düss FamRZ **88**, 298 (zu § 839) u **87**, 166 (Klage aus § 767), Hbg FamRZ **84**, 68 (Klage aus § 797a III, 797 V); auf den Rechtscharakter der Einwendungen gegen die Vollstr kommt es nicht an, aM Hamm NJW **89**, 1415 mwN. Die Geltendmachung der dadurch verursachten Kosten gehört ebenfalls hierher, Hamm FamRZ **88**, 1291. Auch eine Klage aus § 771 ist FamS, wenn das der Vollstreckung entgegengehaltene Recht materiell im Familienrecht, zB im ehelichen Güterrecht, wurzelt, BGH NJW **85**, 3066 mwN (betr Teilungsversteigerung), Hamm FamRZ **95**, 1072 mwN, str, nicht aber eine Klage aus § 774, wenn die Einwendungen aus vollstreckungsrechtlichen Gesichtspunkten hergeleitet werden, BGH NJW **79**, 929. Dagegen genügt nicht, daß in einem solchen Fall Schadensersatz, zB nach § 893 ZPO, verlangt wird, Düss FamRZ **85**, 406, Kblz FamRZ **82**, 507. Darauf, ob das FamGer seine Zuständigkeit für das Erkenntnisverfahren zu Recht bejaht hat, kommt es nicht an, vgl Hamm MDR **87**, 855, aM Düss FamRZ **81**, 577. Außer Betracht bleibt, ob der Titel vor dem 1. 7. 77 geschaffen worden ist, BGH FamRZ **79**, 573, Köln FamRZ **84**, 1089, Hbg FamRZ **82**, 524.

FamS sind auch Verfahren wegen der **Vollstreckung aus ausländischen Titeln**, wenn dem Titel ein 5 nach deutschem Recht als FamS einzuordnender Anspruch zugrunde liegt, vgl § 10 III AUG (Anh III § 168 GVG), BGH IPrax **87**, 318 (Sorgerecht), NJW **86**, 1440 (zum dt-schweiz Abk, Schlußanh V B 1), MDR **86**, 302, NJW **83**, 2775 mwN, Hamm FamRZ **89**, 1199, **87**, 506 u IPrax **86**, 234 m Anm Böhmer IPrax **86**, 216, Ffm IPrax **81**, 213 m Anm Rauch IPrax **81**, 199; dies gilt auch dann, wenn der Titel nach § 33 FGG zu vollstrecken ist, BGH NJW **83**, 2775 (Herausgabe eines Kindes). Keine FamS liegt vor, wenn nach der maßgeblichen Vorschrift die Zuständigkeit des LG gegeben ist, Düss IPrax **84**, 217 (zu Art 32 EuGVÜ), zB nach § 2 AVAG, Schlußanh V D.

FamS sind auch **Arrestverfahren** zur Sicherung eines in I genannten Anspruchs, BGH NJW **80**, 191 mwN, Hamm NJW **82**, 1711, differenzierend Ffm RR **88**, 1350 (jedenfalls dann, wenn der Antragsteller die Zuständigkeit des Gerichts der Hauptsache für sich in Anspruch nimmt).

Ebenso sind FamS das **Prozeßkostenhilfeverfahren**, § 117 I, sowie die **Kostenverfahren**, die zu einer 6 FamS gehören, zB nach § 104, BGH NJW-FER **98**, 63 u FamRZ **81**, 21, oder § 19 BRAGO, BGH NJW **86**, 1178, KG FamRZ **78**, 428, oder iVm § 767, Hamm FamRZ **88**, 1291. Hierher gehören aber Honorarklagen des RA aus einer FamS nicht, BGH NJW **86**, 1178 (m Üb des Streitstandes), zustm Bosch FamRZ **86**, 349, Walter JZ **86**, 588, Sojka ZZP **99**, 471. Ebenfalls keine FamS ist die Klage gegen einen RA aus der Führung einer FamS, Ffm FamRZ **81**, 978, oder der Streit über einen Anspruch aus der Kostenregelung eines Vertrages über eine FamS, Schlesw SchlHA **82**, 75; ebenso ist der Streit über die Vergütung des RA, wenn ein AG Beratungshilfe für eine FamS gewährt hat, keine FamS, BGH NJW **85**, 2537, aM Schlesw LS SchlHA **83**, 55, Brschw AnwBl **84**, 514. Hat die Hauptsache sowohl eine FamS als auch eine Nicht-FamS zum Gegenstand, ist das Verfahren über die Kosten insgesamt FamS, wenn die Kosten einheitlich die gesamte Hauptsache betreffen und eine Zuordnung bestimmter Teile der im Streit befindlichen Kosten zu dem Teil der Hauptsache, der nicht FamS ist, nicht möglich ist, BGH NJW **81**, 346.

Andererseits ist nicht jeder Streit zwischen Ehegatten oder innerhalb der Familie eine FamS, zB nicht 7 erbrechtliche oder gesellschaftsrechtliche Auseinandersetzungen, Hamm FamRZ **78**, 346, oder der Streit über den Ausgleichsanspruch nach § 426 BGB aus gemeinschaftlich eingegangenen Verpflichtungen (wenn dieser Streit nicht für die Hausratsregelung von Bedeutung ist oder die güterrechtlichen Verhältnisse berührt), Kleinle FamRZ **97**, 14, BayObLG RR **86**, 6 mwN, oder die Schadensersatzklage wegen Verletzung der Pflicht zur ehelichen Lebensgemeinschaft oder Ehestörungsklagen, § 606 Rn 9, auch nicht die Klage der Ehefrau auf Ablegung des vom Ehemann bei der Heirat erschlichenen Namens der Frau, Brschw FamRZ **79**, 913, oder die Klage auf Mitwirkung bei der gemeinschaftlichen Steuererklärung (wohl aber die Klage auf Zustimmung zum sog begrenzten Realsplitting), s unten Rn 16. Keine FamS sind Verfahren, die durch eine

Albers

§ 621 Buch 6. Verfahren in Familiensachen

FamS nur veranlaßt werden, Ffm MDR **78**, 315, und auch nicht die Zwangsvollstreckung als solche, Celle FamRZ **79**, 57, sowie Verfahren, die im 8. Buch dem Vollstreckungsgericht zugewiesen sind (einschließlich der dazugehörigen Prozeßkostenhilfe), BGH NJW **79**, 1048.

8 **Bei Streitigkeiten aus Vereinbarungen**, die etwa für den Fall der Scheidung getroffen worden sind, kommt es auf den Gegenstand an: Werden in einer Vereinbarung sowohl FamS als auch Nicht-FamS geregelt und ist eine Zuordnung bestimmter Ansprüche nur zu einem der beiden Regelungsbereiche nicht möglich, so ist der Rechtsstreit über die Vereinbarung hinsichtlich sämtlicher Ansprüche FamS, BGH NJW **80**, 2529, KG FamRZ **81**, 193. Betrifft dagegen die vertragliche Regelung keine FamS, so wird der Streit darüber nicht allein dadurch zur FamS, daß in ihr auch Angelegenheiten iSv § 621 I geregelt sind, BGH NJW **80**, 1636. Im Zweifel ist die Zuständigkeit des FamGer anzunehmen, BGH FamRZ **83**, 155, BayObLG MDR **83**, 583.

Die **Abgrenzung**, wann eine FamS die in I aufgeführten Angelegenheiten „betrifft", ist im Einzelfall oft schwierig. Angesichts der weiten Fassung des § 621 und des § 23 b GVG sind FamS alle Ansprüche, deren Zuweisung an das FamGer nach Sinn und Zweck dieser Normen als geboten erscheint, BGH NJW **94**, 1417 mwN: es genügt, daß sie ihre Wurzel in einem familienrechtlichen Verhältnis haben. **Einzelheiten:**

9 **A. Die Regelung der elterlichen Sorge für ein Kind, soweit nach den Vorschriften des BGB hierfür das FamGer zuständig ist, I Z 1** (Motzer FamRZ **01**, 1094; Büttner FamRZ **98**, 588). Seit dem 1. 7. 98 gilt I Z 1 für Kinder ohne Rücksicht darauf, ob die Eltern miteinander verheiratet sind, §§ 1626 ff BGB, BGH NJW **01**, 2472 zu Stgt RR **00**, 812 (zu § 1626 a BGB). Das FamGer ist in folgenden Fällen zuständig: § 1628 S 1, § 1666 u § 1666 a (mißbräuchliche Ausübung), § 1671 BGB u § 1672 BGB (elterliche Sorge bei Trennung), §§ 1673, 1674 u § 1678 BGB (Ruhen der elterlichen Sorge), § 1680 BGB u § 1681 BGB (elterliche Sorge nach Tod oder Todeserklärung eines Elternteils), sowie nach §§ 1687, 1687 a, 1688, 1696, 1697 u 1697 a (besondere Maßnahmen). Richtschnur für die Entscheidung ist das Kindeswohl, § 1697 a BGB; ferner gehören Einzelmaßnahmen auf dem Gebiet der elterlichen Sorge hinzu, zB nach § 1822, Hamm FamRZ **01**, 636.

10 FamS ist auch der Streit um die Namenserteilung nach § 1618 BGB, BGH RR **00**, 665 = FamRZ **99**, 1648, Oldb RR **00**, 1169, Naumb FamRZ **01**, 570, Bbg RR **00**, 600, Celle RR **00**, 668, Kblz LS NJW-FER **00**, 241, Oelkers/Kreutzfeld FamRZ **00**, 645 mwN, ebenso eine sog Herstellungsklage aus § 1618 a BGB, zweifelnd Zettel DRiZ **81**, 212, ebenso der Streit der Eltern um die Bestattung eines Kindes, LG Paderborn FamRZ **81**, 700. Bei Übertragung des Sorgerechts auf einen Vormund oder Pfleger, § 1671 V BGB, fällt nur die Anordnung dieser Übertragung in die Zuständigkeit des FamGer; die Auswahl und Bestellung des Vormunds oder Pflegers sowie alle weiteren Maßnahmen (außer der Aufhebung) sind dagegen Sache des Vormundschaftsgerichts, BGH NJW **81**, 2460 mwN, hM, StR § 23 b GVG Rdz 36, Schlüter/König FamRZ **82**, 1163 mwN. Das FamGer darf Maßnahmen auch hinsichtlich ausländischer Kinder treffen, sofern es international zuständig ist, unten Rn 33; in unaufschiebbaren Fällen darf dies auch dann geschehen, wenn im Aufenthaltsstaat keine Regelung getroffen worden ist, Karlsr NJW **79**, 500. Zu einer (Teil)Änderung der vom FamGer getroffenen Regelung ist nur das FamGer befugt, LG Bln FamRZ **85**, 965.

Das Verfahren richtet sich nach FGG, § 621 a. Anhörung des Jugendamtes: § 49 a FGG; Bestellung eines Verfahrenspflegers: § 50 FGG. Zur überlangen, die Rechtsgewährung verhindernden Verfahrensdauer s BVerfG NJW **01**, 961.

Wegen der Verf nach dem SorgeRÜbkAG s Schlußanh V A 3, wegen der ab 1. 3. 05 geltenden **VO (EG) Nr 2201/2003**, s Anh I § 606 a.

11 **B. Die Regelung des Umgangs mit dem Kinde, I Z 2** (Motzer FamRZ **01**, 1034 u **00**, 925, Büttner FamRZ **98**, 588; Rauscher FamRZ **98**, 329). § 1684 BGB (Eltern), § 1685 I BGB (Großeltern und Geschwister), § 1685 II (Dritte) und § 1686 (Auskunftsrecht); ob die Eltern miteinander verheiratet sind, ist seit dem 1. 7. 98 ohne Bedeutung. Richtschnur für die Entscheidung sind die §§ 1684 IV u 1697 a BGB. Unter I Z 2 fallen auch Verfahren, die lediglich Maßnahmen nach § 33 FGG zur Durchsetzung der von einem anderen Gericht getroffenen Entscheidung betreffen, BGH NJW **78**, 1112. Auch den Streit über eine im Rahmen einer Umgangsvereinbarung getroffenen Kostenregelung ist FamS, Zweibr NJWE-FER **97**, 17 = FamRZ **97**, 32, ebenso der Streit über Schadensersatzansprüche wegen der Vereitelung von Umgangskontakten, Karlsr FamRZ **02**, 1056.

Das Verfahren richtet sich nach FGG, § 621 a (anders bei Schadensersatzansprüchen uä). Anhörung des Jugendamtes: § 49 a FGG; Bestellung eines Verfahrenspflegers: § 50 FGG; Mediation: § 52 a FGG, Vollstreckung: § 33 FGG. Zur überlangen, die Rechtsgewährung verhindernden Verfahrensdauer s BVerfG NJW **01**, 961.

Isolierte Verf können durch eine Vereinbarung der Eltern nicht unmittelbar beendet werden, BGH RR **89**, 195 mwN (Beendigung durch vereinbarte Rechtsmittelrücknahme). Über widersprechende Anträge der Beteiligten darf nicht getrennt entschieden werden, Hbg FamRZ **96**, 676; das FamGer ist an die Anträge nicht gebunden, Hbg aaO.

12 **C. Die Herausgabe des Kindes an den anderen Elternteil, I Z 3**, nach § 1632 BGB (Schüler ZBlJugR **82**, 173; Christian DAVorm **83**, 417). Keine FamS ist das Verfahren über die Herausgabe an einen Vormund oder Pfleger, so daß dafür allein das Vormundschaftsgericht zuständig ist, ThP 2 c, Schlüter/König FamRZ **82**, 1161 mwN, str, aM bei voraufgegangener Maßnahme des FamGer nach Z 1 StR § 23 b GVG Rn 48 mwN. Dies gilt auch dann, wenn die Bestellung eine Scheidungsfolgemaßnahme nach § 1671 V BGB ist, vgl BGH NJW **81**, 2460, aM KG NJW **78**, 894.

Das Verfahren richtet sich nach FGG, § 621 a, BayObLG NJWE-FER **99**, 233. Wegen der Verf nach dem SorgeRÜbkAG s Schlußanh V A 3, wegen der **VO (EG) Nr 2201/2003**, s § 606 a Anh I.

13 **D. Die durch Verwandtschaft begründete gesetzliche Unterhaltspflicht, I Z 4.** Während bis zum 30. 6. 98 nur die gesetzliche Unterhaltspflicht der Eltern gegenüber einem ehelichen Kinde FamS war, Z 4 aF, hat das KindRG die Zuständigkeit des FamGer für alle Streitigkeiten über die durch Verwandtschaft begründete gesetzliche Unterhaltspflicht begründet (wegen des Übergangsrechts s Einf § 606 Rn 11). Hierzu gehören die Unterhaltssachen zwischen Eltern und Abkömmlingen ohne Rücksicht darauf, ob das Kind ehelich oder nichtehelich ist und ob der Abkömmling gegen die Eltern oder diese gegen ihn klagen, ferner die Unterhaltssachen zwischen Großeltern und Enkeln. In diesem Rahmen fallen unter Z 4 auch Verfahren wegen der Bestimmung nach § 1612 II BGB, BayObLG NJW-FER **99**, 318, Karls FamRZ **04**, 655, der Auskunft nach § 1605 BGB, BGH NJW **82**, 1651, und des Prozeßkostenvorschusses nach § 1610 II BGB, Kblz FamRZ **82**, 402. Hierhin gehören auch Änderungsklagen, § 323, BGH FamRZ **79**, 789, und Klagen aus § 641 g im VereinfVerf, Hamm FamRZ **80**, 190 mwN, sowie Vollstreckungsabwehrklagen, § 767. FamS iSv Z 4 sind ferner Klagen aus kraft Gesetzes übergegangenen oder durch VerwAkt übergeleiteten Ansprüchen, §§ 90 ff BSHG, 94 KJHG bzw 82 JWG, §§ 7 UVG u 37 BAföG, BGH VersR **79**, 375 u FamRZ **81**, 657. Unter Z 4 fällt ferner die Klage des Kindes gegen den Vermögensübernehmer, § 419 BGB, Mü RR **89**, 1355 mwN, str, oder gegen den Erben des Verpflichteten, STr § 23 b GVG Rn 54, wenn nicht die Unterhaltspflicht als solche schon tituliert ist, Hamm FamRZ **89**, 526, AG Westerstede FamRZ **95**, 1280 mwN. FamS ist auch die Klage des Unterhaltsgläubigers gegen den Unterhaltsschuldner auf Auskunft, Zweibr FamRZ **96**, 1288 mwN, aM Nürnb FamRZ **79**, 524, ebenso die Klage auf Rückgewähr des Unterhalts, BGH NJW **78**, 1531. Das gleiche gilt für den Streit aus einer Vereinbarung der Eltern zur Regelung ihrer Unterhaltspflicht, BGH NJW **78**, 1811, und zwar für Klagen sowohl auf Befreiung von der Unterhaltspflicht, BGH NJW **79**, 552, als auch auf Erstattung bereits erbrachter Leistungen, BGH NJW **79**, 659, ebenso wie für Klagen aus einer Vereinbarung, die die Sicherung gesetzlicher oder vertraglich ausgestalteter gesetzlicher Unterhaltsansprüche des Kindes zum Gegenstand hat, BayObLG MDR **83**, 583; FamS ist auch der Streit über Schadensersatz wegen Verletzung der Freihaltungsverpflichtung, Zweibr RR **79**, 150, aM Schlesw SchlHA **82**, 76. FamS ist auch der Streit um den Ausgleich des Kindergeldes, BGH **71**, 264, BGH FamRZ **80**, 345 mwN, nicht aber die Bestimmung des Bezugsberechtigten, Schlesw SchlHA **83**, 55 mwN, BayObLG Rpfleger **81**, 357. Unter Z 4 fällt auch die Klage auf Vollstreckbarerklärung eines ausländischen Titels, BGH LS NJW **80**, 2025, Bbg FamRZ **80**, 66, ebenso Entscheidungen nach dem Haager VollstrÜbk, Schlußanh V A 2, Hamm FamRZ **89**, 1199 (dazu Gottwald FamRZ **90**, 179), aM Celle DAVorm **79**, 533.

Andere Unterhaltsstreitigkeiten sind keine FamS und gehören in das Verfahren vor dem AG, § 23 a Z 2 GVG. Keine FamS ist demgemäß die Klage eines Dritten auf Erstattung von Unterhaltsleistungen, BGH NJW **79**, 660 (krit STr § 23 b GVG Rn 54), zB des Scheinvaters nach erfolgreicher Anfechtung der Ehelichkeit, ZöPh 41, BayObLG NJW **79**, 1050, Jena FamRZ **03**, 1125 mwN, Ffm FPR **03**, 377, LG Kempten FamRZ **99**, 1297 = NJW-FER **00**, 32, aM Kblz FamRZ **99**, 658 (für die Zeit nach dem 1. 7. 98). Nicht unter Z 4 fällt auch die Klage, die aus der Gewährung von Kost und Wohnung für ein volljähriges, nicht unterhaltsberechtigtes Kind herrührt, Oldb FamRZ **81**, 185. Ebensowenig gehört der Streit der Eltern über die Kosten der Beisetzung eines Kindes hierhin, Schlesw SchlHA **81**, 67, AG Neustadt FamRZ **95**, 731. 14

Die **Prozeßstandschaft** eines Elternteils für das minderjährige Kind während des Getrenntlebens oder der Anhängigkeit eines EheS, § 1629 III BGB, gilt sowohl im Verbundverfahren, § 623, als auch im isolierten Unterhaltsprozeß, BGH NJW **83**, 2084 mwN; sie besteht über die Scheidung hinaus bis zum Abschluß des Unterhaltsprozesses, BGH RR **90**, 32 und entfällt durch Übertragung auf einen Beistand, § 1690 I BGB, KG NJW **98**, 2062. Wegen der Einzelheiten vgl Pal-Die § 1629 Rn 22 ff, Maurer 872, Hochgräber FamRZ **96**, 272, Gießler FamRZ **94**, 800 (zum Erlöschen der Prozeßstandschaft). Die Prozeßstandschaft im Verbundverfahren wird entspr § 265 II 1 durch die Rechtskraft des Scheidungsanspruchs nicht berührt, BGH RR **90**, 324 mwN, 706. Bei ihrer Beendigung durch Eintritt der Volljährigkeit des Kindes tritt dieses selbst als Partei in den Rechtsstreit ein, BGH FamRZ **85**, 471, NJW **83**, 2085; der Elternteil ist dann nicht mehr zur Vollstr im eigenen Namen befugt, Ffm FamRZ **94**, 453, Oldb FamRZ **92**, 844 mwN, dazu Hochgräber aaO. 15

E. Die durch Ehe begründete gesetzliche Unterhaltspflicht, I Z 5, nach den §§ 1360–1361, 1569– 1586 b BGB (Wendl/Staudigl, Das Unterhaltsrecht in der familienrichterlichen Praxis, 6. Aufl 2004), einschließlich der Änderungsklage, § 323, BGH FamRZ **79**, 907 mwN, und der Vollstreckungsabwehrklage, § 767, BGH NJW **79**, 2046, sowie der Klage aus § 826 BGB wegen eines Unterhaltsurteils, Düss FamRZ **85**, 599, und der Klage auf Schadensersatz wegen Schlechterfüllung der Unterhaltspflicht, AG Charlottenb FamRZ **93**, 714 mwN, ua Schlesw FamRZ **83**, 394 (Aufgabe von SchlHA **80**, 45). Was zum Unterhaltsbedarf gehört, richtet sich nach materiellem Recht; laufende Kosten einer Hundehaltung können dazugehören, Düss NJW **98**, 616. 16

Hierhin gehören auch Prozesse wegen der Auskunftspflicht des Unterhaltsschuldners, BGH NJW **82**, 1651, und solche aus einer gepfändeten, Hamm FamRZ **78**, 602, oder einer kraft Gesetzes übergegangenen bzw übergeleiteten Unterhaltsforderung, § 620 Rn 15, sowie Prozesse gegen den Erben oder den Vermögensübernehmer, Mü RR **89**, 1355, oben Rn 13, ebenso die Klage auf Freigabe eines hinterlegten Betrages, Düss FamRZ **88**, 298, und Klagen auf Schadensersatz wegen Verschweigens von Einkünften im Unterhaltsprozeß, Hamm RR **91**, 1349. FamS ist auch die Klage auf Zustimmung zum sog begrenzten Realsplitting, weil sie eine Nebenpflicht aus dem Unterhaltsrecht betrifft, Liebelt FamRZ **93**, 641 mwN, BayObLG FamRZ **85**, 947, Düss RR **90**, 1027, Hamm FamRZ **87**, 489, und ebenso für die Erstattung der sich daraus ergebenden Steuern sowie die damit zusammenhängenden Ersatzansprüche, Zweibr FamRZ **93**, 518 u FamRZ **87**, 1275 mwN; das gleiche gilt für daraus erwachsene Schadensersatzansprüche, Zweibr FamRZ **92**, 830, und für den Anspruch des Zustimmenden gegen den anderen Ehegatten auf Erstattung der ihm dadurch erwachsenen Steuern, vgl BGH NJW **86**, 254. Unter Z 5 fällt auch der Streit über die Gewährung von Versicherungsschutz aus einer Rechtsschutzversicherung, LG Aachen FamRZ **94**, 310. Ebenso ist der Anspruch eines Ehegatten auf Beteiligung an den Leistungen der Beihilfestelle und der Krankenversicherung FamS, BGH NJW **94**, 1416 (Befreiung von Krankheitskosten), Rassow FamRZ **86**, 74 (gg Mü ebd). Auch ein Anspruch auf Erstattung von Umzugskosten kann unter Z 5 fallen, BGH FamRZ **80**, 45. Das gleiche gilt für die Klage auf Vorlage von Bescheinigungen, um damit einen Antrag auf Arbeitslosenhilfe zu belegen, BayObLG FamRZ **85**, 945. Die Streitigkeit aus einer Unterhaltsvereinbarung ist nur dann FamS, wenn sie eine gesetzliche Unterhaltspflicht dem Grunde nach festlegt u/od der Höhe nach modifiziert, BGH NJW **79**, 2517 u 789, Düss FamRZ **86**, 1009, Hbg FamRZ **85**, 407 (Kinderbetreuungskosten).

§ 621 Buch 6. Verfahren in Familiensachen

FamS ist auch der Streit um die Zahlung einer Morgengabe nach ausländischem Recht, vgl Gottwald, F Nakamura 1996, S 196, BGH FamRZ **87**, 463 mwN, KG FamRZ **88**, 296 (betr Iran) u **80**, 470 (betr Jordanien), Hamm FamRZ **91**, 1320, Köln IPrax **83**, 73, Hbg IPrax **83**, 76 u AG Hbg IPrax **83**, 74 betr Iran (dazu Heldrich IPrax **83**, 64; Bre FamRZ **80**, 606 wendet I Z 8 an), Düss FamRZ **98**, 623 (Anm Öztan) betr Türkei, Celle FamRZ **98**, 374 betr Deutsche. Das gleiche gilt für den Streit um die Entschädigungspflicht des Ehemannes nach einseitiger Scheidung gemäß tunesischem Recht, Mü IPrax **81**, 22, zustm Jayme IPrax **81**, 9.

17 **Nicht** unter Z 5 fällt eine Klage auf Mitwirkung bei der Zusammenveranlagung zur Einkommensteuer, BayObLG FamRZ **85**, 945 mwN, Düss RR **90**, 1027, Hamm MDR **87**, 855 (zur Befreiung von der Mitwirkungspflicht), Düss FamRZ **84**, 805, Hamm FamRZ **83**, 937, Mü FamRZ **83**, 614, Kblz FamRZ **82**, 942, Tiedtke FamRZ **78**, 387 zu LG Mü FamRZ **78**, 126 (aM auch LG Hannover FamRZ **85**, 405), oder wegen Schadensersatzes in diesem Bereich, Hamm FamRZ **91**, 1070, oder wegen der Geltendmachung von Sonderausgaben, aM Kblz FamRZ **80**, 685 u 791: anders als bei Streitigkeiten wegen der Zustimmung zum sog Realsplitting, s o, handelt es sich hier nicht um eine Nebenpflicht aus dem Unterhaltsrecht, hM, Liebelt NJW **93**, 1744 u FamRZ **93**, 641 mwN, krit Walter JZ **83**, 476. Keine FamS ist auch der Streit um die Bestimmung des Anspruchsberechtigten nach § 3 IV BKKG, Hamm MDR **80**, 765 gegen Ffm FamRZ **79**, 1038, oder um den Kindergeldausgleich zwischen Eltern, Schlesw SchlHA **84**, 117. Ebensowenig gehören der Streit über die Aufteilung einer Steuerrückerstattung, Düss FamRZ **85**, 82, oder der Streit aus einer Vereinbarung über die Verteilung des Lohnsteuerjahresausgleichs hierhin, Schlesw SchlHA **81**, 68, AG Lehrte FamRZ **84**, 915. Das gleiche gilt für die Klage auf Zustimmung zu einer Änderung der Steuerklasse, LG Bonn NJWE-FER **99**, 220, oder zum Antrag auf Lohnsteuerermäßigung oder Stellung eines solchen Antrages, BayObLG FamRZ **85**, 947. Keine FamS ist auch der Streit um Auskehrung von Versicherungsleistungen, die ein Ehegatte im Zusammenhang mit einem Krankheitsfall des anderen Ehegatten erhalten hat, Hamm FamRZ **91**, 206. Zur Frage, ob eine Klage auf Zahlung einer für den Fall der Scheidung vereinbarten Abfindung eine FamS ist, vgl Hamm FamRZ **91**, 443.

18 Ansprüche aus einer nichtehelichen Lebensgemeinschaft sind keine FamS, weil es sich nach dem tatsächlichen Vorbringen nicht um eine Ehewirkungssache handelt, aM Hamm FamRZ **83**, 273 für den Fall, daß der Kläger sich auf eine entsprechende Anwendung von § 1361 BGB beruft: darauf kommt es aber für die Qualifikation als FamS nicht an, Walter JZ **83**, 54.

19 **F. Der Versorgungsausgleich, I Z 6**, nach §§ 1587–1587 o BGB (Dörr/Hansen NJW **98**, 3248) einschließlich des Auskunftsanspruchs, §§ 1587 a I, 1587 e, 1580, 1587 k I BGB, BGH NJW **81**, 1508, Ffm FamRZ **89**, 514 mwN; dazu gehört aber nicht ein nach rechtskräftiger Entscheidung über den Versorgungsausgleich erhobener Auskunftsanspruch, BGH FamRZ **84**, 465 zu Karlsr FamRZ **82**, 1028 (Übersicht bei v. Maydell FamRZ **81**, 509 u 623). FamS kann auch der Streit über den Versorgungsausgleich aGrd eines vor dem 1. EheRG geschlossenen Vergleichs sein, BGH MDR **85**, 478. Die Vorschrift ist mit dem GG vereinbar, BVerfG **64**, 175. In Fällen mit Auslandsberührung, dazu eingehend Rahm VIII 512 ff, entscheidet das Scheidungsfolgenstatut, wobei Art 17 III EGBGB anzuwenden ist, BGH **75**, 247, FamRZ **82**, 152 u 797. Unter I Z 6 fällt auch das Änderungsverfahren nach §§ 10 u 11 VAHRG, dazu Ruland NJW **87**, 349, Hahne FamRZ **87**, 228.

Das Verfahren richtet sich nach FGG, § 621 a.

20 **G. Die Regelung der Rechtsverhältnisse an der Ehewohnung und am Hausrat, I Z 7**, nach der HausratsVO v 21. 10. 44 (abgedruckt und erläutert bei Pal-Die Anh II EheG u von Brudermüller in Johannsen/Henrich, EheR; vgl auch Brudermüller FamRZ **03**, 1705, **99**, 129 u 193). Das gilt auch für alle Verfahren nach § 18 a HausratsVO, wie durch die Änderung jener Vorschrift durch Art 5 Z 4 UÄndG klargestellt worden ist. Also ist auch der Streit über die Verteilung des Hausrats bei getrennt lebenden Ehegatten, § 1361 a BGB, eine FamS, BGH NJW **83**, 47 mwN, und ebenso der Streit um die Benutzung der Ehewohnung im Falle des § 1361 b BGB, Finger NJW **87**, 1003, Brudermüller FamRZ **87**, 109, Kblz NJW **87**, 1559, Köln FamRZ **87**, 77. Zu den **Begriffen der Ehewohnung und des Hausrats** vgl § 620 Rn 20–22.

21 Es muß auch eine Streitigkeit im Verhältnis der Ehegatten untereinander handeln. Unter Z 7 fällt auch der Streit getrennt lebender Ehegatten über die Herausgabe eigenmächtig einbehaltenen bzw die Rückschaffung eigenmächtig entfernten Hausrats, mag der Anspruch auch auf Alleineigentum gestützt werden, BGH NJW **84**, 1759, zustm Kobusch FamRZ **94**, 935 mwN, Ffm FamRZ **03**, 47, Bbg RR **96**, 1413, Oldenb RR **94**, 581 mwN, Ffm RR **89**, 7, aM Hambitzer FamRZ **89**, 238 mwN, Bbg FamRZ **93**, 336, Düss FamRZ **83**, 164, Ffm FamRZ **81**, 184; dies gilt auch bei Beteiligung Dritter, Ffm FamRZ **84**, 1118, aM ZöPh 53 (wegen des Besitzstreits wegen der Wohnung s u). Hierhin gehört ferner der Streit darüber, ob ein Ehegatte den anderen in die Wohnung aufnehmen muß, aM Düss FamRZ **80**, 1138, oder ihm den Zutritt zu gestatten hat, Düss FamRZ **85**, 497, oder dem anderen eine Nutzungsentschädigung zu zahlen hat, Brudermüller FamRZ **99**, 134 u **89**, 9 mwN, Brschw FamRZ **96**, 1153, Düss FamRZ **85**, 949, LG Waldshut-Tiengen RR **99**, 1675 mwN, dazu Erbarth NJW **00**, 1385, Huber FamRZ **00**, 129, beide mwN. Das gleiche gilt für die Entscheidung über einen Feststellungsantrag, wenn zwischen geschiedenen Ehegatten streitig ist, ob eine Vereinbarung über die Verteilung des Hausrats wirksam getroffen ist, Knütel FamRZ **87**, 548, Hamm FamRZ **80**, 609. FamS ist auch das Arrestverfahren bei dem Gericht der Hauptsache, wenn ein Ausgleichsanspruch nach § 8 III S 2 HausratsVO gesichert werden soll, Karlsr LS FamRZ **81**, 63.

22 **Nicht** unter Z 7 fallen Streitigkeiten agrd anderer Vorschriften, zB nach ausländischem Recht, das eine der HausratsVO entspr Regelung nicht kennt, Stgt FamRZ **97**, 1085 (gg Düss FamRZ **95**, 1280), Karlsr NJW **97**, 202 mwN = FamRZ **97**, 33 (m red Anm), aM Ffm FamRZ **01**, 367 mwN, oder über zivilrechtliche Ansprüche aus einem Auseinandersetzungsvertrag, BGH FamRZ **79**, 789, Dresden FamRZ **01**, 173, Karlsr RR **03**, 796 u **95**, 1474 mwN, oder über Schadensersatzansprüche bzw Auszahlung des Erlöses wegen der Veräußerung oder des sonstigen Verlusts von Hausratgegenständen, BGH RR **89**, 195 mwN, vgl Hamm RR **91**, 1349 mwN. Keine FamS ist auch der Streit über Besitzansprüche hinsichtlich der Ehewohnung, AG Darmstadt FamRZ **94**, 109 (dazu Kobusch FamRZ **94**, 935), sehr str, aM Menter FamRZ **97**, 79 (m Üb über den Streitstand), zB das Verlangen auf Wiedereinräumung früheren Mitbesitzes, Hamm

Abschnitt 2. Allg. Vorschriften für Verfahren in anderen Familiensachen § 621

FamRZ **86**, 584. Nicht hierher gehört ferner der Streit über die anteilige Erstattung einer Mietkaution, Hamm FamRZ **80**, 469, oder über die Zahlung einer Nutzungsentschädigung für die Vergangenheit, Brudermüller FamRZ **87**, 117, BGH NJW **86**, 1339, Ffm RR **88**, 133 (betr Pkw), oder nach endgültiger Aufgabe der Wohnung, BGH FamRZ **82**, 355, KG FamRZ **00**, 304, Zweibr FamRZ **98**, 171, Bbg FamRZ **90**, 180 (wohl aber für die Zeit einer gerichtlichen Regelung nach der HausratsVO, Düss FamRZ **85**, 949). Das gleiche gilt für die Herausgabe nicht zum Hausrat gehörenden persönlichen Eigentums, abw § 620 S 1 Z 8, so daß insofern Klage vor dem dafür zuständigen Gericht erhoben werden muß, Bbg FamRZ **93**, 336, Hamm RR **92**, 1221 mwN, Ffm RR **89**, 7, krit Wacke FamRZ **77**, 528.

Das Verfahren richtet sich nach FGG, § 621 a, die Vollstreckung nach ZPO, § 16 III HausrVO.

H. Ansprüche aus dem ehelichen Güterrecht, auch wenn Dritte am Verfahren beteiligt sind, I **23** **Z 8**, nach den §§ 1363–1563 BGB (Dörr/Hansen NJW **98**, 3243; Ensslen FamRZ **98**, 1077). Vorauszusetzen ist, daß sie im Zivilprozeß zu verfolgen sind, BGH NJW **82**, 2556 (deshalb gehört das FGG-Verf über die Ersetzung der Zustimmung, § 1365 II BGB, nicht hierher). Darunter fällt der Anspruch auf Zustimmung zu einer bestimmten Art der Auseinandersetzung, BGH **84**, 337, wie jeder Streit über die Auseinandersetzung des Gesamtgutes, §§ 1471 ff BGB, Köln RR **93**, 904, Karlsr FamRZ **82**, 286, zustm Bölling, oder über das Rückgriffsrecht aus § 1481 BGB, Schlesw SchlHA **79**, 143, ebenso wie Ansprüche aus § 1365 BGB, BGH FamRZ **81**, 1045, Köln FamRZ **90**, 644, sowie Ansprüche auf Zugewinnausgleich, § 1378 BGB, Kleinle FamRZ **97**, 14 (betr Ehegattengesamtschuld) Köln MDR **94**, 1124, oder auf Ausgleich für Zahlungen vor Zustellung des Scheidungsantrages, Mü FamRZ **87**, 1161, nicht dagegen der Streit über die Zulässigkeit der Teilungsversteigerung eines gemeinschaftlichen Grundstücks, Südhof FamRZ **94**, 1153, Stgt FamRZ **82**, 401, Zweibr FamRZ **79**, 839, aM BGH FamRZ **85**, 904, Hamm FamRZ **95**, 1072, Mü FamRZ **00**, 365, Bbg LS FamRZ **00**, 1167 FamS ist auch die Inanspruchnahme eines Ehegatten auf Haftung nach den Vorschriften über die Gütergemeinschaft, BGH FamRZ **80**, 551 u NJW **80**, 1626; das gleiche gilt für die Klage des anderen Ehegatten aus § 1368 BGB gegen den Dritten, BGH FamRZ **81**, 1045, abl Spall und zustm Bosch. Hierhin gehören auch die Klage auf Auskunft nach § 1379 BGB, BGH FamRZ **82**, 27, Köln RR **95**, 644 mwN, und andere Auskunftsbegehren, Düss FamRZ **85**, 721. FamS ist auch eine Klage aus § 767 gegen einen titulierten Güterrechtsanspruch, Schlesw SchlHA **91**, 80.

Unter Z 8 fällt ferner der Streit darüber, ob die Geschäftsgrundlage einer während der Ehe getroffenen **24** güterrechtlichen Auseinandersetzungsvereinbarung infolge der Scheidung weggefallen ist, BGH NJW **80**, 2477. Auch Ansprüche, die in einer Vereinbarung zumindest auch zur Regelung sämtlicher oder auch einzelner güterrechtlicher Beziehungen begründet werden, sind dem ehelichen Güterrecht iSv Z 8 zuzurechnen, BGH in stRspr, FamRZ **84**, 35, **83**, 365 u 156, NJW **82**, 941, BayObLG FamRZ **83**, 1248 (Regelung der Ausgleichsansprüche im Innenverhältnis); eine Beschränkung auf gesetzliche Ansprüche enthält Z 8 nicht, BGH FamRZ **83**, 365 mwN, jedoch muß der geltend gemachte Anspruch selbst güterrechtlicher Art sein, Hamm FamRZ **01**, 1003, Zweibr FamRZ **01**, 1011. Wenn in einer solchen Vereinbarung auch Ansprüche zur Auseinandersetzung der allgemeinen vermögensrechtlichen Beziehungen der Ehegatten begründet werden, so ist der Rechtsstreit hinsichtlich sämtlicher Ansprüche FamS, wenn eine trennbare Zuordnung bestimmter Ansprüche nur zu einem der beiden Regelungsbereiche nicht möglich ist, BGH NJW **80**, 2529. Regeln die Ehegatten in einem Vertrag güterrechtliche Ansprüche zugunsten eines Dritten, so ist auch dieser Anspruch familienrechtlicher Natur, BGH FamRZ **83**, 928, insoweit zustm Walter JZ **83**, 348.

FamS iSv Z 8 sind auch Streitigkeiten über Ansprüche aus den nach Art 234 § 4 V EGBGB (idF des EV) aufrechterhaltenen **§§ 39–41 DDR-FGB** (dazu Pal-Die Art 234 Rn 4), BGH DtZ **93**, 180 u **92**, 120, FamRZ **91**, 794 u 1174, KG FamRZ **92**, 566, Dörr NJW **92**, 952.

Bei einem Rechtsstreit zwischen **Ausländern** kommt es darauf an, ob der Klageanspruch nach dem nach IPR anzuwendenden Recht güterrechtlich ist, Ffm IPrax **86**, 240, zB der Anspruch auf Herausgabe einer Aussteuer, Köln FamRZ **94**, 1476 (verneinend), oder einer Mitgift, Hamm FamRZ **92**, 965 (bejahend), oder der Anspruch auf Herausgabe von Schmuck, Hamm RR **95**, 133 u **92**, 1220 (bejahend), Köln RR **95**, 135 mwN (verneinend). Wegen des Streits um die Morgengabe nach ausländischem Recht s oben Rn 16.

Keine FamS iSv Z 8 ist der Streit aus Vereinbarungen, die nicht als Regelung der güterrechtlichen **25** Verhältnisse iSv § 1408 BGB angesehen werden können, BGH NJW **78**, 1923, BayObLG FamRZ **83**, 198 mwN, Köln FamRZ **04**, 1585, Ffm FamRZ **96**, 949 (Vereinbarung über Vermögensausgleich trotz Gütertrennung), auch nicht die Klage auf Schadensersatz oder Herausgabe aus der ungerechtfertigten Bereicherung wegen Verfügungen des einen Ehegatten über Vermögenswerte des anderen, Düss FamRZ **99**, 1504 mwN (auch dann nicht, wenn die Forderung möglicherweise zum Endvermögen gehört und sich dadurch auf die Höhe des Zugewinns auswirkt, Bbg FamRZ **86**, 477, wohl aber dann, wenn die Regelung in die Berechnung des Unterhalts eingegangen ist, Köln RR **96**, 1348). Keine FamS iSv Z 8 ist auch der Streit über Ansprüche, die sich auf ein während der Ehe erworbenes, inzwischen versteigertes Grundstück beziehen, Mü FamRZ **82**, 942, BayObLG NJW **80**, 194. Keine FamS ist ferner der Streit über die Herausgabe von Hochzeitsgeschenken, LG Tübingen RR **92**, 1095, oder von persönlichem Schmuck, Hamm FamRZ **93**, 211, Ffm FamRZ **89**, 76 (aM Hamm RR **92**, 1220), oder der Streit über die Rückgabe von Schenkungen wegen Schenkungswiderruf gestützt werden, LG Bonn FamRZ **80**, 359, ebensowenig der Streit geschiedener Ehegatten, die in Zugewinngemeinschaft gelebt haben, aus einer Miteigentumsgemeinschaft, BayObLG FamRZ **81**, 376, Düss FamRZ **99**, 856, oder aus einer ärztlichen Praxisgemeinschaft, Stgt FamRZ **85**, 83; ebensowenig die selbständige Klage auf Innenausgleich während der Ehe eingegangener Schulden eine FamS, Kleinle FamRZ **97**, 14, BayObLG RR **86**, 6, Oldb FamRZ **91**, 1070, Hbg FamRZ **88**, 299 mwN. Nicht hierher gehören ferner Klagen auf Herausgabe von gewerblichen Räumen nach § 985 BGB, Düss RR **88**, 1415. Auch das Verfahren über die Ersetzung der Zustimmung nach § 1365 II BGB ist keine FamS, BGH NJW **82**, 2556 mwN.

Dritte sind am Verfahren beteiligt nicht nur dann, wenn sie Hauptintervenient oder Streithelfer sind, **26** sondern auch dann, wenn sie in einem Rechtsstreit zwischen den Ehegatten Streitgenossen sind oder auch allein in einen Streit mit einem Ehegatten verwickelt sind, BGH FamRZ **80**, 551 mwN. Deshalb gehört hierher die Inanspruchnahme eines Ehegatten auf Grund güterrechtlicher Vorschriften durch einen Gläubi-

§ 621

ger des anderen Ehegatten, BGH NJW **80**, 1626, ebenso wie die Klage des anderen Ehegatten aus § 1368 BGB gegen einen Dritten, BGH FamRZ **81**, 1045, Hamm RR **01**, 865 mwN.

Wegen des **Anwaltszwangs** s § 78 II.

27 I. **Verfahren nach den §§ 1382 und 1383 BGB**, I Z 9, dh wegen Stundung der Ausgleichsforderung (§ 1378 BGB) und der Übertragung bestimmter Vermögensgegenstände auf den Gläubiger dieser Forderung, §§ 1382 V bzw 1383 III BGB. Das Verfahren richtet sich nach FGG, § 621 a.

28 K. **Kindschaftssachen**, I Z 10, iSv § 640 II (Wieser FamRZ **98**, 1004). Sie sind seit dem 1. 7. 98 FamS (Übergangsrecht s Einf § 606 Rn 11). Wegen der Einzelheiten vgl Erl zu § 640. Hierhin gehören auch Verfahren nach § 1615 o I BGB (einstwVfg). Das Verfahren nach § 1600 e II BGB richtet sich nach FGG, § 621 a, BayObLG FamRZ **99**, 1363.

28 a L. **Ansprüche nach den §§ 1615 l und 1615 m BGB**, I Z 11 (Graf v. Luxburg/Mühling BRAK-Mitt **98**, 162; Puls FamRZ **98**, 866). FamS sind seit dem 1. 7. 98 auch die im Fall der Geburt eines Kindes zwischen den nicht miteinander verheirateten Eltern bestehenden Ansprüche der Mutter auf Erstattung der Entbindungskosten, und auf Unterhalt, § 1615 l, sowie die Verpflichtung des Vaters zur Tragung der Beerdigungskosten für die Mutter, § 1615 m BGB, ferner die Unterhaltsansprüche des Vaters § 1615 l V, einschließlich der Ansprüche nach § 1615 n; hierhin gehören auch Verfahren nach § 1615 o II BGB. Wegen des Übergangsrechts s Einf § 606 Rn 11.

M. **Verfahren nach §§ 1303 ff BGB**, I Z 12. Es handelt sich um Befreiungen von Ehevorschriften durch das FamGer, nämlich vom Erfordernis des Alters, § 1303 II–IV BGB, vom Eheverbot der Verwandtschaft durch Adoption, § 1308 II BGB, und den Ersatz der Zustimmung des gesetzlichen Vertreters, § 1315 I 3. Die Entscheidungen des FamGer ergehen im FGG-Verfahren.

N. **Maßnahmen nach den §§ 1 und 2 GewSchG**, I Z 13 (Schumacher FamRZ **02**, 645). Das GewSchG, Einf § 606 Rn 15, sieht in § 1 gerichtliche Maßnahmen zum Schutz vor Gewalt und Nachstellungen sowie in § 2 die Überlassung einer gemeinsam benutzten Wohnung an das Opfer einer Tat iSv § 1 I 1 vor. FamS sind Streitigkeiten nach diesen Vorschriften nur dann, wenn die Beteiligten einen **auf Dauer angelegten gemeinsamen Haushalt führen** oder innerhalb von sechs Monaten vor Antragstellung geführt haben, § 23 b I 2 Z 8 a GVG; fehlt es daran, sind die allgemeinen Zivilgerichte zuständig, Nürnb MDR **03**, 336. Unter einem auf Dauer angelegten gemeinsamen Haushalt ist (vgl § 563 BGB) eine Lebensgemeinschaft zu verstehen, die keine weiteren Bindungen gleicher Art zuläßt und sich durch innere Bindungen auszeichnet, die ein gegenseitiges Füreinandereinstehen begründen, also Wohn- und Wirtschaftsgemeinschaften zB von Eheleuten und Lebenspartnern sowie von Senioren als Alternative zum Heimaufenthalt; erforderlich ist eine gemeinsame Haushaltsführung, die nach dem Willen der Beteiligten nicht nur vorübergehend sein soll, vgl Schumacher FamRZ **02**, 650. Das FamGer ist auch für Gewaltschutzsachen zwischen volljährigen Kindern und ihren Eltern zuständig, AG Hamb-Barmbek FamRZ **04**, 473.

Das **Verfahren** bestimmt sich nach FGG, § 621 a I 1; einschlägig ist vor allem § 64 b FGG. Danach richtet sich die Vollstreckung nach den Vorschriften der ZPO, s § 892 a.

28 b O. **Verfahren nach den §§ 5–8 SorgeRÜbkAG**. Sie sind ebenfalls FamS, wie sich aus § 23 b I 2 Z 11 GVG ergibt (auch dann, wenn es um ein nichteheliches Kind geht, § 6 I 1 AusfG, BayObLG FamRZ **97**, 1354, RR **95**, 522); für sie gelten II u III nicht, vgl Rahm/Schneider III 589 ff. Näheres s Schlußanh V A 3.

29 2) **Sachliche Zuständigkeit, I.** In allen FamS ist das AG sachlich zuständig, § 23 a Z 2, 4 u 5 GVG, § 64 I FGG, § 11 I u II HausratsVO; daß diese Angelegenheiten vor das beim AG gebildete FamGer gehören, ergibt sich aus § 23 b GVG. Aus I folgt, daß die sachliche Zuständigkeit ausschließlich und die Entscheidungsbefugnis dem FamGer zwingend, dh der Verfügung des Präsidiums nach § 21 e GVG entzogen ist, BGH NJW **78**, 1531. Zur Verweisung oder Abgabe, wenn eine Sache nicht vor das FamGer gehört, s § 23 b GVG Rn 7; verweist ein Gericht an das AG (FamGer) wegen sachlicher Unzuständigkeit, darf dieses an das örtlich zuständige AG (FamGer) weiterverweisen, BGH FamRZ **88**, 491. Der Streit zwischen dem FamGer und einer anderen Spruchabteilung desselben AG ist entsprechend § 36 Nr 6 zu erledigen, § 281 ist unanwendbar, BGH **71**, 16; das gleiche gilt für einen Zuständigkeitsstreit zwischen dem FamGer und dem Vormundschaftsgericht, BGH **78**, 108 mwN; vgl § 36 Rn 32. Der Rpfl ist für FamS nicht zuständig, § 14 Z 2, 2 a 7, 8, 9, 15 u 16 RpflG, Bbg Rpfleger **82**, 25 (zu § 1587 d BGB).

Eine **Verbindung von FamS mit anderen Sachen** in einer Klage ist unzulässig, BGH NJW **81**, 2418 u BayObLG FamRZ **03**, 1569 mwN, so daß die Ansprüche ggf zu trennen und dann teilweise zu verweisen bzw abzugeben sind, soweit dies zulässig ist, KG FamRZ **83**, 616; wegen der **Ausnahmen** s §§ 621 a II u 623. Werden eine Nichtfamiliensache und eine FamS als Haupt- und Hilfsanspruch geltend gemacht, so ist zunächst das Gericht zuständig, das über den Hauptanspruch zu entscheiden hat; eine Verweisung (Abgabe) wegen des Hilfsanspruchs kann erst nach der Entscheidung über den Hauptanspruch erfolgen, BGH NJW **80**, 1283. Gegenüber dem Antrag in einer FamS ist ein Gegenantrag (Widerklage), der keine FamS ist, unzulässig, Düss FamRZ **82**, 511. Dagegen kann mit Ansprüchen, die als FamS geltend zu machen wären, im Zivilprozeß über eine Klagforderung, die keine FamS ist, aufgerechnet werden, Mü FamRZ **85**, 84; eine solche Aufrechnung macht nicht das FamGer zuständig, BayObLG FamRZ **85**, 1057 mwN.

Über Rechtsmittel, § 621 e, entscheiden das OLG und der BGH, §§ 119, 133 GVG.

30 3) **Allgemeine örtliche Zuständigkeit, II 2.** Wenn in der Bundesrepublik keine EheS anhängig ist, unten Rn 31, richtet sich die örtliche Zuständigkeit nach den allgemeinen Vorschriften. In FamS nach I Z 4, 5, 8 u 9 ergibt sich das zuständige Gericht aus den §§ 12 ff, bzw aus Sondervorschriften (zB § 642 für Verfahren über die Unterhaltspflicht der Eltern gegenüber einem minderjährigen Kind), und aus § 919 für den Arrest, Ffm RR **88**, 1350. In den übrigen FamS entscheiden über die örtliche Zuständigkeit bei I Z 1–3 die §§ 35b u 43 iVm § 64 III FGG, BGH RR **94**, 322, FamRZ **94**, 299 u **92**, 795, BayObLG FamRZ **00**, 166, Düss FamRZ **99**, 669, bei I Z 6 § 45 FGG, BGH RR **94**, 323, und bei I Z 7 § 11 HausratsVO, abgedruckt Anh I § 281, sowie bei I Z 13 die Sonderbestimmung in § 64 b I FGG, abgedr bei § 621 a. Demgemäß laufen vor Anhängigkeit der EheS andere FamS aus derselben Familie uU vor verschiedenen

Gerichten, Hagena FamRZ **75**, 381, Brüggemann FamRZ **77**, 16, ebenso nach Abschluß der EheS etwaige selbständige FamS, zB ein Änderungsverfahren nach § 1696 BGB, BGH FamRZ **90**, 1102 mwN.

Die **internationale Zuständigkeit**, Üb § 12 Rn 5 ff, wird **in isolierten FamS** idR durch die örtliche Zuständigkeit des deutschen Gerichts begründet, sofern nicht internationale Verträge eingreifen, BGH NJW **89**, 1356 mwN (dazu Coester-Waltjen IPrax **90**, 26), Ffm FamRZ **98**, 1314, Hamm FamRZ **94**, 774, unten Rn 33. Für den isolierten Versorgungsausgleich wird aber an § 606 a anzuknüpfen sein, BGH NJW **92**, 3294, **91**, 3088 u **90**, 638 mwN (krit Henrich IPrax **93**, 189), StR 23, ZöGei § 606 a Rn 22. Die sich daraus ergebende Zuständigkeit ist nicht ausschließlich, Mü FamRZ **92**, 74.

Für die **Verweisung** wegen örtlicher Unzuständigkeit gilt § 281; wegen der Bindungswirkung, BGH RR **94**, 322 u **90**, 1282, s § 281 Rn 30 ff. Bei der Verweisung von FamGer zu FamGer wegen örtlicher Unzuständigkeit ist die (bindende) Weiterverweisung einer Nicht-FamS an ein anderes AG bzw an das LG ebenso zulässig wie ihre (nicht bindende) Abgabe an die Prozeßabteilung desselben AG, BGH FamRZ **88**, 155; vgl dazu Jauernig FamRZ **89**, 5.

Der **Zuständigkeitsstreit** zwischen verschiedenen Gerichten ist nach § 36 Z 5 u 6 zu lösen, § 36 Rn 30 ff. Dies gilt auch in FGG-Verfahren, § 621 a Rn 4, BayObLG FamRZ **00**, 166.

4) Örtliche Zuständigkeit bei Anhängigkeit einer EheS, II 1 u III 31

A. Allgemeines. Während der Anhängigkeit einer EheS, § 606 Rn 2 ff, ist für FamS unter den deutschen Gerichten das FamGer ausschließlich zuständig, bei dem die EheS im 1. Rechtszug anhängig ist, **II 1**. Dies gilt uneingeschränkt für **FamS nach I Z 5–9**, für **FamS nach I Z 1–4 und 13** dagegen nur dann, wenn sie die in II 1 2. **Halbs** genannten Fälle betreffen, in denen ein Sachzusammenhang mit der EheS besteht, es also um eheliche Kinder geht, **Z 1–4**, Weber NJW **98**, 1999, bzw bei Anordnungen nach dem GewSchG um solche gegenüber einem der anderen Ehegatten, **Z 5**. Die Vereinbarung eines anderen Gerichtsstandes ist auch für eine ZPO-FamS unzulässig, wenn I 1 eingreift, BGH NJWE-FER **97**, 88. Damit wird die Entscheidung bei dem Gericht der EheS konzentriert und zugleich die Grundlage für den Verbund im Scheidungsverfahren, § 623, geschaffen, wenn auch die ScheidungsS noch im 1. Rechtszug schwebt. II 1 gilt ausnahmsweise dann nicht, wenn der Gerichtsstand der EheS erschlichen worden ist, KG FamRZ **89**, 1105.

Anhängig wird die EheS mit der Einreichung der Klagschrift bzw des Scheidungs- oder Aufhebungsan- 32 trags, §§ 253, 622 I, 631 II. Wird eine FamS anhängig, wenn die EheS bereits in eine höhere Instanz gelangt ist, so ist für diese FamS das FamGer nach II 1 zuständig, aM Düss FamRZ **78**, 258. Kommt es zur Zurückverweisung einer (isolierten) FamS an die 1. Instanz, greift II 1 mit der Folge ein, daß die FamS sogleich dem FamGer der EheS zuzuleiten ist, BGH NJW **80**, 1392, StJSchl 17. Die Zuständigkeit endet mit dem (rechtskräftigen) Abschluß der EheS, BGH MDR **88**, 1042. Sie dauert nach Beendigung der EheS für die vorher anhängig gewesenen FamS fort, § 261 III Z 2, BGH NJW **81**, 126, aM Schlesw SchlHA **80**, 43. Für FamS iSv I Z 4, 5 und 8 erlischt die Zuständigkeit nach II 1, wenn die Anhängigkeit der EheS endet, bevor die Klage in der anderen Sache dem Beklagten zugestellt worden ist, BGH NJW **81**, 126, Köln NJWE-FER **99**, 44 mwN; in FamS iSv I Z 1–3, 6, 7 u 9 wird die bei Eingang des Antrags gegebene Zuständigkeit nicht dadurch berührt, daß die Anhängigkeit der EheS endet, BGH NJW **86**, 3141. Wenn nach rechtskräftigem Abschluß der EheS eine FolgeS anhängig bleibt, wird dadurch keine Zuständigkeit für weitere FamS begründet, BGH FamRZ **90**, 1102, NJW **82**, 1000.

Internationale Zuständigkeit, Üb § 12 Rn 6 ff (Rausch NJW **94**, 2124; Jayme, FS Keller, 1989, S 451– 33 457; Graf, Die internationale Verbundzuständigkeit, 1984). Sie ergibt sich für das nach II 1 zuständige Gericht aus § 606 a, so daß sich die Zuständigkeit für die Scheidungssache auch insofern auf die damit im Verbund stehenden FolgeS erstreckt, vgl Schack 376–378, Jayme IPrax **85**, 46 u **84**, 121 (eingehend), BGH NJW **90**, 636 mwN, Hamm FamRZ **94**, 773 mwN, und zwar auch dann, wenn das Verf über die FolgeS isoliert durchgeführt wird, BGH NJW **93**, 2047 mwN. **Vorrang** hat die **VO (EG) Nr 2201/2003**, Anh I § 606 a, vor zwischenstaatlichen Abkommen, dort Art 59–63. Demgemäß gilt in den Fällen von I 1–3 zB des **Haager Abk zum Schutz Minderjähriger (MSA)**, § 620 Rn 7, erst in zweiter Linie, vgl Jaspersen FamRZ **96**, 393, Rausch NJW **94**, 2124, Dörr NJW **91**, 81 u **89**, 694 mwN, MüKoKl 144–146, StR 19–21, ZöPh 78–81, Henrich IPrax **86**, 364, BGH NJW **97**, 3025 u FamRZ **97**, 1070, Köln MDR **99**, 1199 (Anm Vogel), KG NJW **98**, 1565, Düss FamRZ **93**, 1109, Hamm RR **97**, 5 u FamRZ **92**, 208, Celle FamRZ **90**, 1131, Ffm IPrax **83**, 294 (zur Verweisung der Beteiligten an die Behörden ihres Heimatstaates bei fehlender Förderung des inländischen Verf, dazu krit Schlosser IPrax **83**, 285), AG St.Wendel FamRZ **89**, 1317 (zur Zuständigkeit in dringenden Fällen Karlsr NJW **79**, 500), ebenso in den Fällen von I Z 4 u 5 das **Haager UnterhVollstrÜbk**, Schlußanh V A 2, und das **EuGVÜ**, Art 5 Z 2, Schlußanh V C, MüKoKl 147, StR 22, Jayme FamRZ **88**, 793, BGH RR **93**, 899, KG RR **98**, 580; sowie das **LuganoÜbk**, Schlußanh V D. Greift kein Vertrag ein und hält sich das Kind im Ausland auf, kann es sinnvoll sein, die Entscheidung über die elterliche Sorge oder den Umgang mit dem Kinde nach der Lehre vom forum non conveniens dem Gericht des Aufenthaltsortes zu überlassen, Passauer FamRZ **90**, 15 mwN, ZöPh 82, Rahm VIII 18. Ist die **EheS im Ausland anhängig**, wird die internationale Zuständigkeit deutscher Gerichte, soweit sie nach II 2 örtlich zuständig sind, durch II 1 nicht ausgeschlossen: die internationale Zuständigkeit deutscher Gerichte, wie durch den Einschub „unter den deutschen Gerichten" klargestellt wird, nicht ausschließlich; eine ausländische Rechtshängigkeit ist zu berücksichtigen und eine ausländische Entscheidung ggf anzuerkennen, § 328 I Z 1, dazu Gottwald IPrax **84**, 58, Mü FamRZ **92**, 74, Ffm RR **90**, 647, Karlsr FamRZ **86**, 1227, ZöPh 76.

Die **Zuständigkeit des Gerichts der EheS** nach II 1 tritt an die Stelle der örtlichen Zuständigkeit, die nach II 2 gegeben wäre. Die ausschließliche Zuständigkeit des Prozeßgerichts für die Vollstreckungsabwehrklage, §§ 767 I u 802, wird dagegen nicht durch die Zuständigkeit des Gerichts der EheS ersetzt, es sei denn, daß mit dieser Klage eine Regelung für den Fall der Scheidung begehrt wird, BGH NJW **80**, 1393. Dementsprechend wird die Zuständigkeit des Gerichts der Belegenheit für einen Arrest, § 919, durch II 1 nicht berührt, Ffm RR **88**, 1350. Die Zuständigkeit des Gerichts der EheS greift auch nicht ein, wenn für die FolgeS deutsche Gerichte nicht international zuständig sind, oben Rn 31, zB nach dem EuGVÜ, KG FamRZ **98**, 564, oder nach dem MSA, vgl KG FamRZ **98**, 1565.

§§ 621, 621a Buch 6. Verfahren in Familiensachen

34   B. **Verweisung und Abgabe, III**
a) Ist die EheS anhängig, oben Rn 32, und wird später eine FamS bei einem anderen Gericht anhängig, so gelten für die Verweisung in den ZPO-Verfahren § 281, in FGG-Verfahren die Bestimmungen über die Abgabe wegen Unzuständigkeit (wegen der jeweils maßgeblichen Verfahrensvorschriften s § 621 a Rn 1). Ist umgekehrt eine FamS im 1. Rechtszug anderweitig anhängig und wird nun die EheS rechtshängig, § 261, so ist die FamS vAw **an das Gericht der EheS zu verweisen oder abzugeben, III 1.** Dies gilt auch dann, wenn die FamS zuvor mit bindender Wirkung, § 281 II 5, an das damals zuständige Gericht verwiesen worden war, Hamm FamRZ **00**, 841. Die Verweisung ist zulässig in zivilprozessualen FamS bis zum Ergehen einer die Instanz abschließenden Entscheidung im ersten Rechtszug, BGH NJW **86**, 2058 mwN, die Abgabe in FamS nach FGG bis zur Einlegung eines Rechtsmittels, Hagena FamRZ **75**, 382, str (aM KG FamRZ **79**, 1062 mwN: auch hier nur bis zum Erlaß einer Entscheidung; offen gelassen BGH aaO mwN); daß eine Zwischenentscheidung, zB über PKH, bei einem Rechtsmittelgericht ausnahmsweise bindend ist, hindert die Verweisung an das Gericht der EheS nicht, BGH NJW **01**, 1499 mwN. Im Fall der Zurückverweisung ist die FamS sogleich dem Gericht der EheS zuzuleiten, und zwar auch dann, wenn die EheS dort in 1. Instanz abgeschlossen ist, BGH NJW **80**, 1392, Hbg RR **93**, 1287 mwN.

35   **b)** Für die Überleitung gilt **§ 281 II u III 1 entsprechend, III 2.** Nach diesen Vorschriften ist sie unanfechtbar und für das Gericht der EheS hinsichtlich der FamS bindend, es sei denn, daß das abgebende Gericht irrig meinte, die EheS sei rechtshängig, BGH RR **96**, 897; eine Weiterverweisung ist zulässig, wenn die EheS verwiesen werden muß. Die Verweisung (Abgabe) einer FamS an das AG – FamGer – ist für das AG als Ganzes bindend, nicht dagegen auch für das FamGer dieses AG, so daß es nicht gehindert ist, die Sache ggf an die allgemeine Prozeßabteilung zu verweisen oder abzugeben, oben Rn 30; einen etwa entstehenden Streit zwischen beiden Abteilungen hat entsprechend § 36 das zunächst höhere Gericht zu entscheiden, BGH FamRZ **88**, 156, BayObLG FamRZ **81**, 62. Die Kosten des übergeleiteten Verfahrens gelten als Kosten des Verfahrens bei dem Gericht der EheS; da § 281 III 2 nicht entsprechend anwendbar ist, dürfen dem obsiegenden Kläger bzw Antragsteller etwaige Mehrkosten nicht auferlegt werden.
Entsprechendes gilt nach **§ 64 II FGG** für Verfahren nach I Z 1–3 u 9 (und entsprechend für Verfahren nach I Z 6) sowie § 11 III HausratsVO (abgedruckt Anh § 281) für Verfahren nach I Z 7, so daß die Überleitung auf das Gericht der EheS in allen Fällen gesichert ist.

36   **c)** Wegen der **Abgabe** von einer Abteilung an die andere innerhalb desselben FamGer s **§ 23 b II 2 GVG**, Ffm FamRZ **96**, 949.

621a *Anzuwendende Verfahrensvorschriften.* [I] [1]Für die Familiensachen des § 621 Abs. 1, Nr. 1 bis 3, 6, 7, 9, 10 in Verfahren nach § 1600 e Abs. 2 des Bürgerlichen Gesetzbuchs, Nr. 12 sowie 13 bestimmt sich, soweit sich aus diesem Gesetz oder dem Gerichtsverfassungsgesetz nichts Besonderes ergibt, das Verfahren nach den Vorschriften des Gesetzes über die Angelegenheiten der freiwilligen Gerichtsbarkeit und nach den Vorschriften der Verordnung über die Behandlung der Ehewohnung und des Hausrats. [2]An die Stelle der §§ 2 bis 6, 8 bis 11, 13, 16 Abs. 2, 3 und des § 17 des Gesetzes über die Angelegenheiten der freiwilligen Gerichtsbarkeit treten die für das zivilprozessuale Verfahren maßgeblichen Vorschriften.

[II] [1]Wird in einem Rechtsstreit über eine güterrechtliche Ausgleichsforderung ein Antrag nach § 1382 Abs. 5 oder nach § 1383 Abs. 3 des Bürgerlichen Gesetzbuchs gestellt, so ergeht die Entscheidung einheitlich durch Urteil. [2]§ 629 a Abs. 2 gilt entsprechend.

FGG § 64. [III] [1]In Angelegenheiten, die vor das Familiengericht gehören, gelten die Vorschriften im Buch 6 Abschnitt 2 und 3 der Zivilprozessordnung; über die Beschwerde entscheidet das Oberlandesgericht, über die Rechtsbeschwerde der Bundesgerichtshof. [2]Soweit § 621 a der Zivilprozeßordnung vorsieht, daß Vorschriften des Gesetzes über die Angelegenheiten der freiwilligen Gerichtsbarkeit anzuwenden sind, tritt an die Stelle des Vormundschaftsgerichts das Familiengericht. ...

§ 64 b FGG behandelt dann Verfahren nach den §§ 1 u 2 d Gewaltschutzgesetzes.
Vorbem. I 1 idF Art 4 Z 5a, b G v 11. 12. 01, BGBl 3513, in Kraft seit 1. 1. 02, Art 13 II G, ÜbergangsR Einl III 78; vgl Vorbem § 620.
Schrifttum: *Künkel* FamRZ **98**, 877 (Übersicht).

1   **1) Allgemeines.** Die den FamGer zugewiesenen FamS, § 621 I, sind teils Zivilprozesse, § 621 I Z 4, 5, 8, 10 (überwiegend) u 11, teils Angelegenheiten der Freiwilligen Gerichtsbarkeit, § 621 I Z 1–3, 6, 7, 9 u 10 (im Fall des § 1600 e II BGB). Daher kann über sie nicht nach einheitlichem Verfahrensrecht entschieden werden. Vielmehr gelten, soweit nicht Sondervorschriften eingreifen, für sie entweder ZPO oder FGG (letzteres trotz § 64 III 1 wegen der in § 621a I enthaltenen Rückverweisung, J. Blomeyer FamRZ **72**, 434), aber mit der Anpassung durch I 2. Diese Aufspaltung der Verfahrensvorschriften in anderen FamS gilt auch insoweit, als über sie als FolgeS, § 623, im Verbund mit der Scheidungssache entschieden wird, § 624 Rn 5. Ohne Scheidungsantrag führt die gleichzeitige Anhängigkeit mehrerer anderer FamS nicht zu einem Verbund; möglich ist nur ihre Verbindung, soweit dafür die gesetzlichen Voraussetzungen gegeben sind. Wird eine FamS in der falschen Verfahrensart anhängig gemacht, kommt eine Verweisung oder Abgabe nur in Betracht, wenn eine andere Abteilung des Gerichts zuständig ist, § 23 b GVG Rn 7; innerhalb derselben Abteilung ist nach Gewährung rechtlichen Gehörs in die richtige Verfahrensart überzuleiten, Kissel/Mayer § 23 b Rn 27. Gerichtskosten für isolierte FamS dieser Gruppe werden nach der KostO erhoben (auch für das PKH-Verfahren), Mü MDR **87**, 856.

2   **2) FamS nach § 621 I Z 4, 5, 8, 10 u 11.** Bei ihnen handelt es sich der Sache nach um Zivilprozesse, bei Z 10 jedoch mit Ausnahme der Verfahren nach § 1600 e II BGB, unten Rn 3. Abgesehen von dieser

Abschnitt 2. Allg. Vorschriften für Verfahren in anderen Familiensachen § 621a

Ausnahme gelten für sie daher die Vorschriften der ZPO über das streitige Verfahren, und zwar grundsätzlich die das Verfahren vor den AG betreffenden, § 621 I Z 4 u 5 iVm § 23 a GVG, in Verfahren nach § 621 I Z 8 nach Maßgabe des § 621 b III. Danach ist zB eine Stufenklage, § 254, zulässig, BGH NJW **82**, 1645 u **79**, 1603; unzulässig ist dagegen die Verbindung von FamS mit anderen Sachen, BGH NJW **79**, 429 u 659, ebenso wie eine Widerklage, die keine FamS ist, Düss FamRZ **82**, 511, vgl § 621 Rn 29. Wegen des Anwaltszwanges s § 78 II; danach kann der Anwaltszwang, abgesehen von Verfahren nach § 621 I Z 8, für selbständige Prozesse nicht eingreifen, Diederichsen NJW **77**, 605. **Sondervorschriften** enthalten die §§ 621 b–d, ferner die §§ 623 ff für die Verfahren in diesen Angelegenheiten, soweit sie als FolgeS betrieben werden, vgl § 624 Rn 5. Gerichtskosten werden nach GKG erhoben.

3) FamS nach § 621 I Z 1–3, 6, 7, 9 u 10 (in Verfahren nach § 1600 e II BGB), 12 und 13, I   3

A. Allgemeines. Grundsätzlich bestimmt sich das Verfahren in diesen Angelegenheiten nach FGG bzw HausratsVO, soweit sich aus ZPO oder GVG nichts Besonderes ergibt, **I** 1. Deshalb unterliegt zB auch der Auskunftsanspruch nach § 1587 e I BGB, § 621 I Z 6, den Verfahrensregeln des FGG, BGH NJW **81**, 1508 mwN, Zweibr FamRZ **85**, 1270, kann aber auch hier entsprechend § 254 in Gestalt eines Stufenverfahrens geltend gemacht werden, Hamm FamRZ **80**, 64. Aus dem GVG ergibt sich, daß der Instanzenzug vom FamGer zum OLG und BGH geht, §§ 119 u 133, und daß für die Öffentlichkeit der Verhandlung eine Sondervorschrift besteht, § 170. Aus der ZPO ergeben sich **Abweichungen** vom gewöhnlichen FGG-Verfahren nach § 621 a I 2 u II sowie aus § 621 e und den §§ 623 ff (FolgeS). Eine entsprechende Modifikation enthalten die §§ 64 III 1 u II sowie 64 b I FGG, so daß die Verfahrensvorschriften für alle FamS ineinander verzahnt sind.

B. Anwendung des FGG. a) Anstelle der in I 2 genannten Bestimmungen treten die für den Zivilprozeß maßgeblichen Vorschriften. **Es werden demgemäß für das Verfahren in isolierten FamS nach I 1 Z 1–3, 6, 7, 9, 10, 12 u 13 ersetzt, I 2:**   4

§ 2 FGG durch die §§ 156 ff GVG, Maurer I 410 (einschränkend für Sorgerechtsverfahren);
§§ 3 u 5 FGG durch die §§ 15, 36 u 37 ZPO (s dortige Erl, namentlich § 36 Rn 30 ff), BGH in stRspr, FamRZ **98**, 610, RR **94**, 323, **93**, 130 u **91**, 1346, FamRZ **88**, 1260 (im Erg zustm Roth IPrax **89**, 279), BayObLG FPR **03**, 148 mwN, aber auch durch § 281, so daß eine bindende Verweisung von FamGer zu FamGer wegen örtlicher Unzuständigkeit in einer isolierten FamS zulässig ist, BGH RR **94**, 322 u **90**, 1282 mwN (vgl Ewers FamRZ **99**, 74), Bra FamRZ **03**, 1559;
§ 4 FGG wird nicht durch § 35 ersetzt, Kblz FamRZ **83**, 201, sondern wegen der vAw einzuleitenden Verfahren durch § 261, STr 3, StJSchl 3, ZöPh 10 (aM Bumiller/Winkler § 4 Anm 1 aE);
§ 6 FGG durch die §§ 41 ff ZPO, Bra MDR **01**, 1413;
§§ 8 u 9 FGG durch die §§ 176–197 GVG (§ 10 FGG ist durch Art 3 IX G v 28. 10. 96, BGBl 1546, aufgehoben worden).
§ 11 FGG durch die Bestimmungen der ZPO über die Erklärung zur Protokoll, namentlich auch § 129 a;
§ 13 FGG durch die §§ 78 ff ZPO;
§ 16 II u III FGG durch die Vorschriften der ZPO über die Bekanntgabe und Zustellung gerichtlicher Verfügungen, §§ 310 ff und 329, BGH NJW **02**, 2252 (Grundsatz), FamRZ **00**, 814 mwN (fernmündliche Mitteilung), Bbg RR **99**, 659, Stgt FamRZ **82**, 429, sowie §§ 166 ff (für die Bekanntmachung auch an das Kind gilt aber § 59 II FGG);
§ 17 FGG durch die §§ 222 ff ZPO;
§ 22 II FGG (Wiedereinsetzung), obwohl die Vorschrift in I nicht genannt wird, durch die §§ 233 ff ZPO, BGH NJW **79**, 109 u **82**, 225, FamRZ **81**, 657 m Anm Borgmann;

Ergänzend gelten im FGG-Verfahren: 5

§§ 66 ff ZPO (Streitverkündung) in echten Streitverfahren, Hamm RR **91**, 1092 (betr Versorgungsausgleich);
§§ 239 ff ZPO (Unterbrechung und Aussetzung), BGH NJW **84**, 2830 (betr Versorgungsausgleich);
§ 254 ZPO (Stufenverfahren), § 623 Rn 13, Hbg FamRZ **81**, 1095, Hamm FamRZ **80**, 64 (betr Versorgungsausgleich);
§ 256 ZPO (Feststellung), BGH NJW **82**, 387 (für das Versorgungsausgleichsverfahren, § 621 I Z 6), dazu Liermann NJW **82**, 2229 (auch für Verf nach der HausratsVO u nach §§ 1382, 1383 BGB, § 621 a I Z 7 u 9), zum Feststellungsinteresse BGH NJW **84**, 612;
§ 301 ZPO (Teilentscheidung), BGH NJW **84**, 120 u 1543, FamRZ **83**, 38 (betr Versorgungsausgleich); auf ein Rechtsmittel gegen eine unzulässige Teilentscheidung darf das Obergericht über den noch in der unteren Instanz anhängigen Teil mitentscheiden, nicht aber sonst, BGH NJW **83**, 1311 u **84**, 120 (betr Versorgungsausgleich). Eine Teilanfechtung ist nur für Regelungen zulässig, die als Teilentscheidung hätten ergehen können, andernfalls fällt die gesamte Entscheidung dem Rechtsmittelgericht an, BGH RR **88**, 131, NJW **84**, 2879.

b) Anzuwenden bleiben von den allgemeinen Vorschriften des FGG: 6

§ 7 FGG (Handlungen eines unzuständigen oder ausgeschlossenen Richters);
§ 12 FGG (Amtsermittlung), BGH FamRZ **86**, 896 u **83**, 263, Bra MDR **01**, 1413; zur Auskunftspflicht der Ehegatten im Verf über den Versorgungsausgleich vgl Friederici NJW **83**, 790;
§ 13 a FGG (Kosten in isolierten FamS), Mü FamRZ **04**, 700, Hamm NJW-FER **00**, 66 mwN, Karlsr LS FamRZ **99**, 1207, Oldb FamRZ **80**, 1135, Hbg FamRZ **79**, 326, aM Mü FamRZ **79**, 734, Düss JB **80**, 1735, Ffm LS FamRZ **82**, 1093, vgl § 621 e Rn 25;
§ 14 FGG (Prozeßkostenhilfe entsprechend den §§ 114 ff ZPO), Decker NJW **03**, 2293, BGH RR **04**, 1077, vgl § 624 Rn 4 (zu § 121 II 1), aber trotzdem Geltung der KostO für die Gerichtskosten des PKH-Verfahrens, Mü MDR **87**, 856;
§ 15 FGG (Beweiserhebung und Glaubhaftmachung);
§ 16 I FGG (Wirksamwerden gerichtlicher Verfügungen), BGH FamRZ **00**, 814 mwN, Hamm NJW **02**, 2478 (anders aber in FolgeS, § 629 d Rn 3);

§§ 621a, 621b Buch 6. Verfahren in Familiensachen

§ 16 a FGG (Anerkennung und Vollstreckbarkeit ausländischer Entscheidungen), Hamm FamRZ **87**, 506;
§ 18 FGG (Änderung gerichtlicher Verfügungen), jedoch wegen § 621 e III iVm § 18 II FGG nicht bei Endentscheidungen, BGH NJW **84**, 1543, **82**, 1646 mwN, Köln FamRZ **97**, 569, so daß bei einer dem Gericht nicht bewußten Teilentscheidung eine Ergänzung ausscheidet, BGH RR **88**, 71; eine rechtskräftige Entscheidung über den Versorgungsausgleich kann grundsätzlich nur im WiedAufnVerf korrigiert werden, BGH **89**, 116 mwN, AG Tempelhof-Kreuzberg FamRZ **97**, 568. Jedoch ermöglicht § 10 a VAHRG unter den dort genannten Voraussetzungen eine Änderung, dazu Ruland NJW **87**, 349, Hahne FamRZ **87**, 228;
§ 31 FGG (Rechtskraftzeugnis);
§ 32 FGG (wirksam bleibende Rechtsgeschäfte);
§ 33 FGG (Ordnungsmittel), namentlich bei Herausgabe eines Kindes, Schüler ZBlJugR **81**, 173, auch auf Grund einer vorläufigen AnO oder einer einstwAnO nach § 50 d FGG, Zettel DRiZ **81**, 216, Bre FamRZ **82**, 92, oder nach § 620, BGH NJW **83**, 2776, ferner zur Erzwingung von Auskünften zum Versorgungsausgleich, § 11 G v 21. 2. 83, BGBl 105, Friederici NJW **83**, 791, nicht aber zur Erzwingung des persönlichen Erscheinens, Hbg FamRZ **83**, 409 mwN, vgl Zweibr FamRZ **87**, 392;
§ 34 FGG (Akteneinsicht);
§ 46 FGG (Abgabe aus wichtigem Grund), BGH NJW **87**, 261 gg Düss FamRZ **84**, 914, BayObLG FPR **03**, 338.

7   **Die Bestimmungen über Rechtsmittel, §§ 19 ff FGG**, gelten nur mit den sich aus § 621 e ergebenden Beschränkungen. Danach gilt folgendes: **§ 19** ist anwendbar, Köln NJW **99**, 224, Bra RR **98**, 148, aber nicht auf Endentscheidungen, § 621 e Rn 10; anzuwenden ist **§ 20**, § 621 e Rn 8 ff; **§ 20 a II** ist anwendbar, BGH RR **90**, 1218; **§ 21** wird durch § 621 e III ersetzt, dort Rn 18 ff; **§ 22** wird durch § 621 e III 2 modifiziert, dort Rn 18 ff; anwendbar sind dagegen **§ 23**, BGH FamRZ **90**, 606 u **83**, 263, und **§ 24 I u III**, Bre RR **79**, 1051, sowie **§ 26** auf Beschwerden nach § 621 e in den FamS des § 621 I Z 1–3, StR 3; **§§ 27 bis 30** sind (abgesehen von § 27 II) gegenstandslos, BGH FamRZ **89**, 1066 (zu § 27), wenn die Entscheidung von dem nach § 621 e zuständigen Gericht getroffen worden ist, BayObLG MDR **00**, 1257, Bbg RR **03**, 1163.
Ergänzend gilt ferner **§ 621 f** (einstwAnO über Kostenvorschuß).

8   **c) Grundsätzlich unberührt** bleiben die besonderen Vorschriften des FGG und etwaiger Sondergesetze über einzelne Angelegenheiten, wobei an die Stelle des Vormundschaftsgerichts das FamGer tritt, § 64 III 2 FGG. In den FamS des § 621 I Z 1–9 sind deshalb anzuwenden:
§§ 35 ff FGG (Anhörungsrecht des Jugendamtes: § 49 a iVm § 49 II u IV, Mitwirkung des Jugendamtes: § 50 SGB VIII, dazu Pal-Die vor § 1626 Rn 12, Rahm III 349–350, Coester FamRZ **92**, 617 u **91**, 263; Rauscher NJW **91**, 1088);
§ 50 FGG (Verfahrenspfleger für das minderjährige Kind), vgl Hannemann/Kunkel FamRZ **04**, 1833, Bienwald, Verfahrenspflegschaft, 2002, Motzer FamRZ **01**, 1043, Engelhardt FamRZ **01**, 525, ferner BayObLG FamRZ **03**, 189, Dresden FamRZ **03**, 878, KG FamRZ **03**, 393, Naumb FamRZ **03**, 9, Stgt MDR **01**, 1242, Bra u Köln RR **01**, 76 u 77, Naumb MDR **00**, 1322 (Anm Marquardt), KG NJW **00**, 2596 mwN (betr Anfechtbarkeit);
§§ 50 a ff FGG (Anhörung der Eltern und Kinder), Pal-Die vor § 1626 Rn 9 ff, Carl/Eschweiler NJW **05**, 1681, Motzer FamRZ **01**, 1037, Kaufmann FamRZ **01**, 7, BVerfG FamRZ **02**, 229, BGH NJW **85**, 1705, Köln FamRZ **04**, 1301, Bra FPR **03**, 336, Düss FamRZ **93**, 1108, Stgt RR **89**, 1355 u Zweibr RR **86**, 1330 (Beschwerdeinstanz), Mü AnwBl **85**, 208, KG FamRZ **83**, 1159, ferner Dörr NJW **91**, 81 u **89**, 693 mwN, Luthin FamRZ **84**, 114, Rotax DRiZ **83**, 466, Freund DRiZ **82**, 268, auch § 50 d (einstwAnO in isolierten FamS);
§ 52 FGG (Hinwirken auf das Einvernehmen der Beteiligten) und **§ 52 a FGG** (Vermittlung zwischen den Eltern) in FamS nach § 621 I Z 1–3 bzw § 621 I Z 2, Motzer FamRZ **00**, 930, Zweibr RR **00**, 957 u 1107.
§§ 53 b–g FGG in den Fällen des § 621 I Z 6 (Versorgungsausgleich), dazu Diederichsen NJW **77**, 656, v. Maydell FamRZ **81**, 509 u 623; § 53 b I gilt dabei nicht nur im ersten Rechtszug, sondern auch in der Beschwerdeinstanz, BGH NJW **83**, 824; zu § 53 b II (Beteiligte) im Hinblick auf das G v 21. 2. 83, BGBl 105, vgl Friederici NJW **83**, 791 u Hahne/Glockner FamRZ **83**, 226; zu § 53 d (Vereinbarung) Ffm FamRZ **85**, 613; die Änderung von Entscheidungen über den Versorgungsausgleich regelt § 10 a VAHRG, oben Rn 6.
§§ 57 ff FGG nach Maßgabe des § 64 FGG, s § 621 e Rn 5 u 6.
Unberührt bleiben ferner in Verfahren nach § 621 I Z 7 die Vorschriften der **HausratsVO** sowie in Verfahren nach dem **GewSchG**, § 621 I Z 13, die Sonderbestimmungen in **§ 64 b FGG**.
d) In den in **§ 5 SorgeRÜbkAG** genannten Angelegenheiten gilt I entsprechend, § 6 I des Gesetzes, Schlußanh V A 2.

9   **C. Gerichtskosten** werden nach KostO bzw § 21 HausratsVO erhoben, Hartmann § 1 GKG Rn 19. Bei einer Entscheidung über eine FGG-FamS als FolgeS gilt dagegen GKG, § 1 II GKG, Hartmann Rn 12–18.

10 **4) Sondervorschriften für FamS nach § 621 I Z 9, II.** Grundsätzlich gilt auch hier FGG, oben Rn 3 ff. Ist jedoch in den Fällen der §§ 1382 V, 1383 III BGB ein Rechtsstreit über die Ausgleichsforderung, § 1378 BGB, anhängig, so ergeht die Entscheidung einheitlich durch Urteil in diesem Rechtsstreit. Über einen solchen Entscheidungsverbund s § 629 I. Die Anfechtung regelt sich entsprechend § 629 a II, s dort. In diesen Fällen ist die Anrufung des FamGer unzulässig, auch nach rechtskräftiger Beendigung des Rechtsstreits. Unberührt bleibt jedoch § 1382 VI BGB, Pal-Die § 1382 Anm 4 u 5.

621b Güterrechtliche Streitigkeiten.
In Familiensachen des § 621 Abs. 1 Nr. 8 gelten die Vorschriften über das Verfahren vor den Landgerichten entsprechend.

1   **1) Allgemeines.** In FamS, die Ansprüche aus dem ehelichen Güterrecht betreffen, § 621 I Z 8, gelten die Vorschriften der ZPO, § 621 a Rn 2. Wenn sie nicht als FolgeS, § 623, anhängig sind, besteht nach

§ 78 II für die Parteien und die am Verf etwa beteiligten Dritten auch in selbständig (isoliert) geführten FamS iSv § 621 I Z 8 in allen Rechtszügen Anwaltszwang.

2) Verfahren im Anwaltsprozeß. Obwohl das Verf in FamS iSv § 621 I Z 8 vor dem AG (FamGer) **2** stattfindet, gelten hier die Vorschriften über das Verf vor den LG entsprechend, also nicht die §§ 495–510 b. Sonderbestimmungen enthalten §§ 621 c u 621 d. Da es sich um ein Verf handelt, für das die ZPO gilt, § 621 a Rn 2, ergibt sich grundsätzlich das gleiche für das Berufungs- und das Revisionsverf, §§ 525 u 555. § 621 b entspricht also § 608 für EheS.

621c *Zustellung von Endentscheidungen.* § 317 Abs. 1 Satz 3 ist auf Endentscheidungen in Familiensachen nicht anzuwenden.

1) Erläuterung. Für alle FamS gelten die §§ 310 ff, 329, vgl § 621 a Rn 4. Jedoch darf das Gericht die **1** Zustellung des Urteils nicht hinausschieben, weil § 317 I 3 unanwendbar ist. Hier gilt das gleiche wie in EheS. Wegen der Einzelheiten s also Erläuterungen zu § 618. Auf Beschlüsse in isolierten FamS ist § 621 c nicht anzuwenden, STr 1. Entsprechendes gilt in den in § 5 SorgeRÜbkAG genannten Angelegenheiten, § 6 I des Gesetzes, Schlußanh V A 3.

621d *Zurückweisung von Angriffs- und Verteidigungsmitteln.* ¹In Familiensachen des § 621 Abs. 1 Nr. 4, 5, 8 und 11 können Angriffs- und Verteidigungsmittel, die nicht rechtzeitig vorgebracht werden, zurückgewiesen werden, wenn ihre Zulassung nach der freien Überzeugung des Gerichts die Erledigung des Rechtsstreits verzögern würde und die Verspätung auf grober Nachlässigkeit beruht. ²Im Übrigen sind die Angriffs- und Verteidigungsmittel abweichend von den allgemeinen Vorschriften zuzulassen.

Vorbem. Neu gefaßt mWv 1. 1. 02 durch Art 2 I Z 75 ZPO-RG. Übergangsrecht: § 29 EGZPO, s dort.

1) Erläuterung. Die Vorschrift soll sicherstellen, daß in den zivilprozessualen FamS, § 621 I Z 4, 5, 8 und **1** 11, der Sachverhalt so weit wie möglich auch noch in zweiter Instanz aufgeklärt werden kann, BT-Drs 14/4722 S 119. Sie entspricht wörtlich der für EheF geltenden Bestimmung des § 615, s die dortigen Erläuterungen. Verspätetes Vorbringen kann die Entscheidung iSv § 621 über eine im Verbund, § 623, stehende FolgeS nur dann verzögern, wenn dadurch die Entscheidung über alle anhängigen FolgeS hinausgeschoben wird, weil über die Scheidungssache und die FolgeS einheitlich entschieden werden muß, § 629 I.

621e *Befristete Beschwerde; Rechtsbeschwerde.* ¹Gegen die im ersten Rechtszug ergangenen Endentscheidungen über Familiensachen des § 621 Abs. 1 Nr. 1 bis 3, 6, 7, 9, 10 in Verfahren nach § 1600 e Abs. 2 des Bürgerlichen Gesetzbuchs, Nr. 12 sowie 13 findet die Beschwerde statt.

II ¹In den Familiensachen des § 621 Abs. 1 Nr. 1 bis 3, 6 und 10 in Verfahren nach § 1600 e Abs. 2 des Bürgerlichen Gesetzbuchs sowie Nr. 12 findet die Rechtsbeschwerde statt, wenn sie
1. das Beschwerdegericht in dem Beschluss oder
2. auf Beschwerde gegen die Nichtzulassung durch das Beschwerdegericht das Rechtsbeschwerdegericht

zugelassen hat; § 543 Abs. 2 und § 544 gelten entsprechend. ²Die Rechtsbeschwerde kann nur darauf gestützt werden, dass die Entscheidung auf einer Verletzung des Rechts beruht.

III ¹Die Beschwerde wird durch Einreichung der Beschwerdeschrift bei dem Beschwerdegericht eingelegt. ²Die §§ 318, 517, 518, 520 Abs. 1, 2 und 3 Satz 1, Abs. 4, §§ 521, 522 Abs. 1, §§ 526, 527, 548 und 551 Abs. 1, 2 und 4 gelten entsprechend.

IV ¹Die Beschwerde kann nicht darauf gestützt werden, dass das Gericht des ersten Rechtszuges seine Zuständigkeit zu Unrecht angenommen hat. ²Die Rechtsbeschwerde kann nicht darauf gestützt werden, dass das Gericht des ersten Rechtszuges seine Zuständigkeit zu Unrecht angenommen oder verneint hat.

FGG § 64 III ... ³§ 57 Abs. 2 dieses Gesetzes gilt entsprechend für die Beschwerde nach den §§ 621 e, 629 a Abs. 2 der Zivilprozeßordnung, steht jedoch der Beschwerdeberechtigung des Jugendamts nicht entgegen. ⁴In den Fällen des § 57 Abs. 1 Nr. 1 und 3 steht die Beschwerde nur dem Ehegatten des Mündels oder Pflegebefohlenen zu.

Gliederung

1) **Allgemeines**	1–7	A. Grundsatz	12–14
A. Rechtsmittel in FamS	1	B. Ausschluß	15
B. Beschwerdeberechtigung	2–7	C. Rechtsnatur	16
2) **Befristete Beschwerde, I**	8–11	D. Verfahren	17
A. Endentscheidung	8, 9	4) **Besonderheiten des Verfahrens, III u IV**	18–27
B. Beschränkungen nach FGG bzw HausratsVO	10	A. Einlegung und Begründung	18–21
C. Verfahren	11	B. Weiteres Verfahren	22–26
3) **Rechtsbeschwerde gegen Endentscheidungen, II**	12–17	5) **Anfechtung von vorläufigen Maßnahmen nach FGG bzw HausratsVO**	27

Albers

§ 621e
Buch 6. Verfahren in Familiensachen

Vorbem. I idF Art 4 Z 5 a, b G v 11. 12. 01, BGBl 3513, in Kraft seit 1. 1. 02, Art 13 II G, ÜbergangsR Einl III 78. II, III 2 u IV mWv 1. 1. 02 geändert durch Art 2 I Z 71 ZPO-RG. Nach § 26 Z 9 EGZPO finden **in FamS** die Bestimmungen über die **Nichtzulassungsbeschwerde** (§§ 543 I Z 2, 544, 621 e II 2) **keine Anwendung**, soweit die anzufechtende Entscheidung vor dem **1. 1. 07** verkündet oder einem Beteiligten zugestellt oder sonst bekannt gemacht worden sind. Der noch nicht verabschiedete Entwurf eines **Gewaltschutzgesetzes**, s Vorbem § 620, sieht in I Folgeänderungen der Ergänzung von § 621 I um eine neue Z 13 vor.

1 **1) Allgemeines**

A. Welche Rechtsmittel in den in I genannten isolierten FamS statthaft sind, bestimmt sich nach FGG bzw HausratsVO, § 621 a Rn 3, iVm der jeweils maßgeblichen Einzelvorschrift. Daran ändert § 621 e nichts; er gestaltet lediglich die Beschwerde gegen Endentscheidungen in der Weise aus, daß sie der in zivilprozessualen FamS statthaften Berufung bzw Revision angeglichen wird, II–IV (Rechtsbeschwerde). Hinsichtlich der Anfechtung aller anderen Entscheidungen (Verfügungen) bleibt es also bei FGG bzw HausratsVO, ganz hM, BGH NJW **79**, 39 mwN, zustm Baumgärtel JZ **79**, 274, Walter FamRZ **79**, 667 mwN. Danach gibt es eine Wiederaufnahme, §§ 578 ff, nur für sog echte Streitsachen, zu denen die Regelung der Personensorge oder des Umgangsrechts nicht gehört, Ffm FamRZ **87**, 394.

Für die Anfechtung von Entscheidungen in FolgeS, § 623, gilt nicht § 621 e, sondern § 629 a. Wegen der Anfechtung von vorläufigen Maßnahmen (einstwAnOen) s unten Rn 28.

2 **B. Die Beschwerde bzw Rechtsbeschwerde** gegen Endentscheidungen in den FamS des I richtet sich demgemäß nach den §§ 19 ff FGG bzw den §§ 13 u 14 HausratsVO iVm FGG, soweit § 621 e nichts Abweichendes bestimmt. Für die **Beschwerdeberechtigung** gilt § 20 FGG:

I **Die Beschwerde steht jedem zu, dessen Recht durch die Verfügung beeinträchtigt ist.**

II **Soweit eine Verfügung nur auf Antrag erlassen werden kann und der Antrag zurückgewiesen worden ist, steht die Beschwerde nur dem Antragsteller zu.**

Aus I ergibt sich das Beschwerderecht nicht nur der Ehegatten, sondern auch **sonstiger Beteiligter**, zB in den Fällen des § 621 I Z 7 des Vermieters usw nach § 7 HausratsVO oder bei Entscheidungen nach § 621 I Z 6 aller Versorgungsträger, Hahne/Glockner FamRZ **83**, 226. Im Verfahren über den Versorgungsausgleich kann auch die Witwe des ausgleichspflichtigen Ehegatten in ihren Rechten beeinträchtigt worden sein, Köln FamRZ **98**, 169.

3 Die Beschwerdeberechtigung der **Versorgungsträger** bestimmt sich danach, inwieweit sie durch die Entscheidung in ihrer Rechtsstellung oder ihren Rechten beeinträchtigt sind, dh schon dann, wenn die Entscheidung über den Versorgungsausgleich mit einem im Gesetz nicht vorgesehenen unmittelbaren Eingriff in ihre Rechtsstellung verbunden ist, ohne daß es auf eine finanzielle Mehrbelastung ankommt, Borth FamRZ **97**, 1050, BGH in stRspr, RR **96**, 451 mwN, RR **95**, 321 u **90**, 1156, Karlsr FamRZ **96**, 560, Bbg FamRZ **98**, 305 u **93**, 1099, Bre FamRZ **89**, 650 u **84**, 497, Düss FamRZ **93**, 813, enger Mü FamRZ **88**, 72, weiter Karlsr FamRZ **89**, 984 mwN (rechtliches Interesse an einer dem Gesetz entspr Regelung genügt, offen insofern BGH RR **90**, 1157); vgl dazu auch Dörr NJW **92**, 955. Beschwert ist zB ein Versorgungsträger, wenn er eine andere Ausgleichsform erstrebt, BGH RR **91**, 258. Nicht beschwert wird dagegen der Träger durch eine falsche Entscheidung zum Rentensplitting, die nur einen anderen Träger finanziell berührt, Zweibr FamRZ **85**, 614, oder durch den Ausschluß des Versorgungsausgleichs nach § 1587 c BGB, Dresden DtZ **96**, 187 mwN, ebensowenig durch die Genehmigung einer Vereinbarung der Parteien über den Versorgungsausgleich, nach § 1587 o BGB, Köln FamRZ **88**, 182 mwN (zur Beschwer durch die Entscheidung, daß ein Versorgungsausgleich ganz oder teilweise nicht stattfinde, vgl KG FamRZ **89**, 994 mwN), oder ein privatrechtlicher Träger der betrieblichen Altersversorgung durch eine Entscheidung über den öffentlich-rechtlichen Versorgungsausgleich iRv § 3 b VAHRG oder Art 4 § 1 VAWMG, BGH RR **91**, 962 u 771 mwN, RR **91**, 259 = FamRZ **91**, 176, NJW **89**, 1858 u 1859 mwN. Ist ein Versorgungsträger in einem Verfahren entgegen § 53 b II 1 FGG **nicht beteiligt** worden, so läuft für ihn keine Rechtsmittelfrist, Naumb FamRZ **01**, 550, Mü FamRZ **96**, 740. Ist ihm die Entscheidung zugestellt worden, so kann er den Verfahrensmangel nur mit dem gesetzlich vorgesehenen Rechtsbehelf, in erster Linie also mit der fristgebundenen Beschwerde nach § 621 e geltend machen, nicht dagegen durch einen Antrag auf Feststellung der Nichtigkeit, BGH NJW **80**, 2418, Nürnb NJW **80**, 290.

4 Die genannten Personen und Stellen haben ebenso wie die sonstigen Beteiligten ein **eigenes Beschwerderecht**, soweit sie in dem dargelegten Sinne beschwert sind. Immer muß mit dem Rechtsmittel die Beschwer geltend gemacht und bekämpft werden, BGH FamRZ **99**, 576, RR **90**, 1156, NJW **83**, 179. Die Einlegung der Beschwerde durch einen Ehegatten gegen die Entscheidung über den Versorgungsausgleich hat keine Wirkung zugunsten des Versorgungsträgers usw (keine notwendige Streitgenossenschaft), BGH FamRZ **81**, 657, krit Borgmann. Dieser kann, falls er nicht selbst Beschwerde eingelegt hat, auch keine weitere Beschwerde einlegen, wenn die Beschwerdeentscheidung keine Änderung zu seinen Ungunsten enthält, BGH NJW **90**, 328 mwN. Hat der Beteiligte die Anfechtung unterlassen, kann er gegen die die Beschwerde eines anderen Beteiligten zurückweisende Entscheidung auch dann keine weitere Beschwerde einlegen, wenn die Entscheidung einem im Lauf des Beschwerdeverfahrens eingetretenen Gesetzesänderung nicht entspricht, BGH LS NJW **84**, 2414.

5 Nach Maßgabe des § 59 FGG ist auch das **minderjährige Kind** zur Beschwerde berechtigt, vgl § 624 IV 2 für FolgeS; die Entscheidung ist ihm deshalb auch selbst bekanntzumachen, § 59 II FGG, und es darf dann auch selbst einen RA bestellen, ohne § 621 f einen Vorschuß verlangen, Brüggemann FamRZ **77**, 20, vgl Lappe Rpfleger **82**, 10. Die Beschwerdeberechtigung nach § 57 I Z 8 u 9 FGG ist dagegen durch § 57 II FGG iVm § 64 III 3 FGG ausgeschlossen, BGH RR **88**, 194, was aber nach dieser Vorschrift der Beschwerdeberechtigung des Jugendamtes nicht entgegensteht, Düss FamRZ **83**, 421, vgl Rüffer FamRZ **81**, 420. Pflegeeltern können zB gegen Entscheidungen über das Umgangsrecht ein Beschwerderecht nach

Abschnitt 2. Allg. Vorschriften für Verfahren in anderen Familiensachen § **621e**

§ 20 FGG haben, Ffm FamRZ **80**, 826, es sei denn, die elterliche Sorge ist einem Vormund übertragen, Bbg FamRZ **85**, 524.

Das **besondere Beschwerderecht** des § 57 I Z 1 u 3 FGG steht in FamS der freiwilligen Gerichtsbarkeit **6** nur dem Ehegatten des Mündels oder Betreuten zu, § 64 III 4 FGG. Durch diese Bestimmung hat das UÄndG die insoweit bestehenden Zweifel (Weber FamRZ **81**, 940; Rüffer FamRZ **81**, 420) ausgeräumt. Ein erweitertes Beschwerderecht nach § 57 I Z 8 u 9 FGG steht nur dem nach § 85 KJHG zuständigen **Jugendamt** zu, § 64 III 3 FGG iVm § 57 II FGG, nicht sonstigen Personen, Stellen oder Vereinigungen, BGH RR **88**, 194; die Entscheidung ist diesem Jugendamt (und dem Landesjugendamt) stets bekannt zu machen, §§ 49 a, 49 III FGG. Es darf mit der Beschwerde geltendmachen, daß die Entscheidung dem Kindeswohl nicht gerecht wird, KG FamRZ **82**, 954, StR § 612 Rn 42.

Für die **Rechtsbeschwerde** ist derjenige, dessen Erstbeschwerde wegen fehlender Beschwerdebefugnis **7** verworfen worden ist, in jedem Fall beschwerdeberechtigt, sofern die Rechtsbeschwerde statthaft ist, BGH RR **88**, 194.

2) Befristete Beschwerde gegen Endentscheidungen in FGG-Sachen, I **8**
A. Endentscheidung. Gegen Endentscheidungen des FamGer in den FGG-Verfahren, § 621 a I, über **FamS nach § 621 I Z 1–3, 6, 7, 9 und 10 in Verfahren nach § 1600 e II BGB** (Vaterschaftsstreit nach dem Tod der Person, gegen die die Klage nach § 1600 e I BGB zu richten wäre) **sowie nach § 621 I Z 12 u Z 13** findet die **Beschwerde nach den besonderen Bestimmungen des III**, unten Rn 18 ff, statt. Die Beschwerde unterliegt iü den Beschränkungen nach FGG bzw HausratsVO, unten Rn 10. Sie kann auf abtrennbare Teile der Entscheidung beschränkt werden, Oldb JB **81**, 589; Voraussetzung ist, daß der Teil von der Entscheidung über den Rest unabhängig ist, BGH NJW **84**, 2879 u RR **88**, 131, Ffm FamRZ **83**, 405 (zum Versorgungsausgleich).

Endentscheidung ist jede Entscheidung des Richters (und des Rpfl nach §§ 1382 u 1587 d BGB, MüKoKl 7), die das Verfahren abschließt; dazu gehören auch eine Zwischenentscheidung über die Zuständigkeit, vgl § 280 II, Stgt FamRZ **78**, 442, und jede Teilentscheidung, Stgt FamRZ **78**, 443, ebenso wie die Entscheidung über eine Beschränkung der Vermögenssorge der Eltern, Köln NJW-FER **01**, 299, und die Entscheidung über einen Auskunftsanspruch zum Versorgungsausgleich, BGH NJW **81**, 1508, die Anordnung nach § 1587 d BGB, Düss FamRZ **82**, 81, die Genehmigung einer Vereinbarung nach § 1587 o BGB, Stgt FamRZ **82**, 1079 mwN, hM, offen gelassen von Ffm FamRZ **83**, 610 (abw Philippi FamRZ **82**, 1057), sowie die Entscheidung über einen nach Abschluß des Verfahrens erneut gestellten Antrag auf Durchführung des Versorgungsausgleichs, Nürnb NJW **80**, 790. Endentscheidung ist auch der nach einseitiger Erledigungserklärung ergehende Beschluß, Köln FamRZ **83**, 1262, ebenso die Entscheidung über eine nachträgliche Räumungsfrist nach HausratsVO, Brudermüller FamRZ **87**, 123 mwN, Bbg FamRZ **01**, 692, aM ZöPh 9, zweifelnd Stgt FamRZ **80**, 467.

Nicht hierin gehört die Verweisung nach § 281, BayObLG RR **88**, 703, die Aussetzung des Verfahrens, **9** Dresden FamRZ **05**, 1572, **02**, 1053 u Bra FamRZ **96**, 497, die Entscheidung über die Ablehnung eines Sachverständigen, BayObLG FamRZ **93**, 1478, die isolierte Kostenentscheidung, § 20 a II FGG, BGH RR **90**, 1218 mwN, str, und auch nicht die Entscheidung über Vollstreckungsmaßnahmen nach § 33 FGG, BGH RR **88**, 194, NJW **84**, 2727 u **81**, 177, ebensowenig die förmliche Zwischenentscheidung über die Ehezeit nach § 1587 II BGB, Düss FamRZ **94**, 176, aM Hamm FamRZ **80**, 897. Auch einstwAnOen in FGG-FamS sind keine Endentscheidungen, BGH FamRZ **89**, 1066, Hamm RR **94**, 389 mwN. Soweit eine Beeinträchtigung iSv § 20 I FGG vorliegt, bleibt es in solchen Fällen also ggf bei der **unbefristeten Beschwerde nach § 19 I FGG**, BGH RR **88**, 194 mwN, Hamm aaO; vgl dazu unten Rn 28.

Keine Endentscheidung iSv § 621 e sind die Entscheidungen nach dem SorgeRÜbkAusfG, Schlußanh V A 3 aE, vgl dessen § 8, MüKoKl 6.

Die Beschwerde nach § 621 e setzt nicht nur eine Beschwer, oben Rn 4, voraus. Erforderlich ist zusätzlich, ebenso wie bei der Berufung und Revision, daß mit dem Rechtsmittel die Beseitigung dieser Beschwer erstrebt wird, BGH NJW **83**, 179, vgl Grdz § 511 Rn 24.

B. Beschränkungen nach FGG bzw HausratsVO. Die dort vorgesehenen Beschränkungen der Be- **10** schwerde gelten auch für die Beschwerde gegen Endentscheidungen. **a) Ausgeschlossen** ist die Beschwerde, soweit dies gesetzlich bestimmt ist, zB die Beschwerde über Kosten, wenn gegen die Entscheidung in der Hauptsache ein Rechtsmittel eingelegt wird, § 20 a I FGG. **b) Beschränkt** ist die Beschwerde gegen eine isolierte Kostenentscheidung durch § 20 a II FGG (Beschwerdewert muß 100 Euro übersteigen). Ferner gilt in einer FamS nach § 621 I Z 7 **§ 14 HausratsVO** (Brudermüller FamRZ **99**, 202), idF des Art 7 IX G v 27. 6. 00, BGBl 817:

> Eine Beschwerde nach § 621 e der Zivilprozeßordnung, die sich lediglich gegen die Entscheidung über den Hausrat richtet, ist nur zulässig, wenn der Wert des Beschwerdegegenstandes 600 Euro übersteigt.

Der Beschwerdewert bemißt sich nach den allgemeinen Regeln. Er ist bei Benutzungsregelungen iSv § 1360 a IV BGB geringer als der Sachwert, Köln FamRZ **89**, 417. Ist über eine nicht vor das FamGer gehörende Sache entschieden worden, läßt Ffm NJW **63**, 554 die Beschwerde unbeschränkt zu, zustm Pal-Died aaO.

C. Verfahren. Über die Beschwerde entscheidet das OLG, § 119 GVG. Wegen der Beschwerdeberechti- **11** gung s oben Rn 2, 3. Grundsätzlich sind die Vorschriften des FGG anwendbar, § 621 a I, zB auch § 53 b I, BGH NJW **83**, 824; dies gilt nicht, soweit diese Vorschriften durch § 621 e modifiziert werden, so hinsichtlich der Einlegung und des weiteren Verfahrens, **unten Rn 18 ff**.

3) Rechtsbeschwerde gegen Endentscheidungen, II **12**
A. Grundsatz. In FamS des § 621 I Z 1–3, 6 u 10 in Verfahren nach § 1600 e II BGB sowie **12** (nicht auch in anderen FamS, zB nach § 621 I Z 7, BGH FamRZ **92**, 538) findet in den Fällen der

§ 621e

Beschwerde, oben Rn 8, gegen Endentscheidungen die Rechtsbeschwerde statt, **a)** wenn das **OLG sie in dem Beschluß zugelassen hat, wobei § 543 II entsprechend gilt, II 1 Z 1**, vgl § 621d Rn 2ff; die Zulassung kann danach (auch in den Gründen) auf Teile der Entscheidung beschränkt werden, BGH NJW **90**, 328. Eine Berichtigung ist zulässig, wenn die Zulassung gewollt war, Schlesw SchlHA **78**, 102, während eine Ergänzung der unterbliebenen Zulassung nach § 321 nach der Rspr des BGH unzulässig und wirkungslos ist, BGH NJW **81**, 2755. Die Regelung gilt für die Entscheidungen des FamSenats beim OLG; an die Qualifikation als FamS ist der BGH gebunden, vgl § 621d Rn 3. **b)** Die Rechtsbeschwerde findet außerdem statt, **wenn sie das Rechtsbeschwerdegericht (BGH) auf Beschwerde gegen die Nichtzulassung zugelassen hat, II 1 Z 2**. Für die Nichtzulassungsbeschwerde gilt § 544 entsprechend, II 2, s dort. Diese Bestimmungen finden nach Maßgabe des § 26 Z 9 EGZPO erst **ab 1. 1. 07 Anwendung**, s Vorbem.

13 Gegen andere als **Beschwerdeendentscheidungen** des OLG gibt es keine Beschwerde an den BGH, zB nicht gegen Entscheidungen über eine Beschwerde gegen Zwischenentscheidungen, BGH LS FamRZ **03**, 748, oder gegen Zwangsvollstreckungsmaßnahmen, BGH NJW **83**, 2776, und erst recht nicht bei Versagung der Prozeßkostenhilfe für die Beschwerde, BGH NJW **79**, 766. Die irrige Zulassung der weiteren Beschwerde durch das OLG ändert hieran nichts, BGH FamRZ **79**, 696 mwN.

14 Die Rechtsbeschwerde setzt eine **Benachteiligung durch die Beschwerdeentscheidung** voraus, BGH RR **94**, 194. Demgemäß hat der Verlust des Beschwerderechts für den Betroffenen auch den Verlust der Rechtsbeschwerde gegen die auf Betreiben eines anderen Beteiligten ergangene Beschwerdeentscheidung zur Folge, soweit diese die erstinstanzliche Entscheidung nicht zu seinen Ungunsten ändert, stRspr, BGH RR **94**, 194, NJW **90**, 328 mwN. Zu der Frage, wann eine solche Benachteiligung durch eine Entscheidung über den Versorgungsausgleich für Träger der gesetzlichen Versicherung vorliegt, vgl oben Rn 3 ff.

15 **B. Ausschluß**. In FGG-FamS ist die Rechtsbeschwerde bzw weitere Beschwerde ausgeschlossen: **a) in FamS des § 621 I Z 7 u 9** schlechthin, Zweibr FamRZ **84**, 1031, also auch dann, wenn die Erstbeschwerde als unzulässig verworfen worden ist, weil II 2 sich nicht auf diese FamS bezieht, BGH NJW **80**, 402 mwN, und auch bei Verstoß gegen Art 103 GG, BVerfG NJW **87**, 1319 (Anm Reich); **b) in FamS des § 621 I Z 6**, wenn es sich um die in § 53g II FGG genannten Entscheidungen nach den §§ 1587d, 1587g III, 1587i III, 1587l III 3 BGB oder nach § 53e II u III FGG handelt, wobei es nicht darauf ankommt, ob es sich um eine stattgebende oder eine zurückweisende Beschwerdeentscheidung handelt, BGH MDR **84**, 922; **c)** wenn die weitere Beschwerde durch die maßgebliche **Einzelvorschrift**, zB § 19 II 3 BRAGO, ausgeschlossen ist, bleibt es dabei, BayObLG LS **KR** § 19 BRAGO Nr 39. **d)** Die **irrige Zulassung** der weiteren Beschwerde durch das OLG ändert hieran nichts, BGH FamRZ **79**, 696 mwN.

16 **C. Rechtsnatur. Die Rechtsbeschwerde kann nur darauf gestützt werden, daß die Entscheidung auf einer Verletzung des Gesetzes beruht, II 2**, vgl § 576 u § 27 FGG iVm §§ 546, 547, 556 und 560, s die dortigen Erläuterungen, BGH NJW **95**, 3251 (zur Auslegung rechtsgeschäftlicher Willenserklärungen), BayObLG NJW **77**, 1733. Demgemäß können Tatsachen, die nach dem für die Entscheidung des OLG maßgeblichen Zeitpunkt eingetreten sind, nur dann berücksichtigt werden, wenn sie ohne weitere tatrichterliche Beurteilung als feststehend angesehen werden können und wenn schützenswerte Belange einer Partei nicht entgegenstehen, BGH NJW **02**, 220.

17 **D. Verfahren.** Über die Rechtsbeschwerde entscheidet der BGH, § 133 GVG, bzw das BayObLG, § 7 EGZPO. Wegen der Beschwerdeberechtigung s oben Rn 2ff, wegen der Einlegung und des weiteren Verfahrens s unten Rn 18ff. Die grundsätzlich anwendbaren Vorschriften des FGG, § 621a Rn 4–8, werden durch § 621e modifiziert.

18 **4) Besonderheiten des Verfahrens, III u IV**

A. Einlegung und Begründung

a) Beschwerdeschrift. Eine Rechtsmittelbelehrung ist nicht nötig, BGH FamRZ **80**, 555. Die Beschwerde und die Rechtsbeschwerde werden durch **Einreichung einer Beschwerdeschrift bei dem Beschwerdegericht** (iudex ad quem) **eingelegt**, III 1, nach § 7 II u VI EGZPO ggf beim BayObLG, BGH Rpfleger **79**, 257 m zustm Anm Keidel, BayObLG FamRZ **80**, 908 mwN (IV begründet nicht die alleinige Zuständigkeit des BGH); wegen des Anwaltszwangs s unten Rn 21. Die Bestimmung des Schriftsatzes als Beschwerde muß sich aus ihm oder doch aus dem Zusammenhang des Schreibens und der Begleitumständen mit hinreichender Deutlichkeit ergeben, BGH FamRZ **89**, 729. III schließt § 21 II FGG aus, so daß die Beschwerdeschrift **unterzeichnet** sein muß, obwohl auf § 519 nicht verwiesen wird, MüKoKl 24, StR 14, Karlsr RR **96**, 1411 mwN, str, aM u a StjSchl 3, ZöPh 18a, Maurer I 954, und auch eine Einlegung zu Protokoll ausscheidet, str, v. Hornhardt FamRZ **78**, 170 mwN, ebenso die Einlegung beim Vorderrichter, BGH RR **98**, 1218, Köln FamRZ **98**, 1239 (zur WiedEins). Aber es genügt, daß ein Protokoll (auch) vom Beschwerdeführer unterzeichnet wird, Rolfs FamRZ **78**, 477, und daß die Schrift innerhalb der Frist beim Beschwerdegericht eingeht, BGH NJW **78**, 1165, Rolfs FamRZ **78**, 477 (auch zu Fragen der Wiedereinsetzung). Für die Beschwerdeschrift gilt § 184 GVG gemäß § 621a I 3, Kblz FamRZ **78**, 714.

19 **b) Nötig ist eine Begründung der Rechtsmittel, III 2** iVm §§ 520 I, II u 3 sowie 551 I, II u IV. Da auf § 520 III nicht verwiesen wird, braucht die Begründung **keinen bestimmten Antrag** zu enthalten, BGH NJW **94**, 313, und auch nicht den an eine Berufungsbegründung zu stellenden Anforderungen zu genügen, BGH NJW-FER **01**, 26 mwN. Nötig ist aber, daß das Ziel des Rechtsmittels erkennbar ist, daß eine mit der Beschwerde bekämpfte Beschwer geltend gemacht wird, BGH RR **90**, 1156, NJW **83**, 179, Köln FamRZ **98**, 763. Dafür ist eine kurze Darstellung ausreichend (aber auch erforderlich), warum der Beschwerdeführer sich durch die Entscheidung beschwert fühlt, dh was er an ihr mißbilligt, BGH NJW **94**, 313 mwN. Bei Angriffen gegen über den Versorgungsausgleich brauchen Berechnungen der Anwartschaften nicht dargelegt zu werden, BGH VersR **81**, 277. Wenn darauf nicht eindeutig verzichtet ist, kann das Begehren auch nach Ablauf der Frist erweitert werden, Oldb JB **81**, 589.

Im Verbund, § 623, kann die Beschwerde in der Begründungsschrift – ggf als Berufung – auf andere Teile des Verbundurteils, § 629a, erstreckt werden, BGH NJW **81**, 2360, und nur im Rahmen der Begründung später erweitert werden, Zweibr FamRZ **82**, 621, im Erg zustm Liermann FamRZ **82**, 987. Hier (nicht auch in isolierten FamS) ist wegen § 629a III die Zustellung der Begründungsschrift nötig, deren Zeitpunkt nach § 213a iVm § 624 III zu bescheinigen ist.

c) Hinsichtlich der Fristen für die Beschwerde und ihre Begründung gelten die **Vorschriften für die Berufung bzw Revision entsprechend, III 2**. Die Beschwerde ist also innerhalb eines Monats nach der von Amts wegen veranlaßten (wirksamen) förmlichen Zustellung an den Rechtsmittelführer, BGH NJW **02**, 2252, oder spätestens innerhalb von 6 Monaten seit Verkündung oder sonstiger (wirksamer) Bekanntmachung einzulegen, §§ 517, 518 und 548, und innerhalb eines weiteren Monats, §§ 520 I, II u III 1 sowie 551 I, II u IV (mit Verlängerungsmöglichkeit), zu begründen, vgl die dortigen Erläuterungen. Demgemäß beträgt die Frist, innerhalb deren eine Entscheidung des Rpfl nach § 1382 oder § 1587d BGB gem § 11 I RpflG mit der Erinnerung anfechtbar ist, ebenfalls einen Monat und nicht zwei Wochen gemäß § 22 I FGG, KG FamRZ **81**, 374. Die Fünf-Monats-Frist, § 517 Halbs 2, läuft gegen einen Versorgungsträger dann nicht, wenn er am Verfahren nicht beteiligt war, so daß die Frist für ihn erst mit der Zustellung beginnt, Bra FamRZ **04**, 1300, Celle FamRZ **97**, 761 mwN, Mü FamRZ **91**, 1460, aM Ffm FamRZ **85**, 613 (in diesem Fall greife ggf die Nichtigkeitsklage an, § 579 I 2–4); hatte der Träger von dem Verf Kenntnis, so läuft gegen ihn die Fünf-Monats-Frist auch bei fehlender Ladung zur letzten mündlichen Verhandlung, Celle aaO.

Die Fristen gelten auch dann, wenn das Nichtvorliegen einer FamS gerügt werden soll, BGH RR **90**, 67. Dagegen ist die Beschwerde (ebenso die Rechtsbeschwerde) zulässig, wenn umgekehrt das VormGer (und das LG) materiell in einer FamS entschieden haben, BGH FamRZ **83**, 1104.

Die Versäumung der Frist hat die Unzulässigkeit des Rechtsmittels zur Folge, BGH NJW **79**, 1989; wird kein Rechtsmittel eingelegt, tritt formelle und materielle Rechtskraft ein, Köln FamRZ **97**, 892 (HausratsVO). Da im FGG eine § 62 entsprechende Bestimmung fehlt, kommt die Wahrung der Frist durch einen Beteiligten einem anderen nicht zugute, BGH FamRZ **81**, 657, krit Borgmann. Wiedereinsetzung ist nach § 621a iVm § 233 zulässig, BGH NJW **79**, 876 u 109. Über einen erstmalig im Verfahren der weiteren Beschwerde vor dem BGH gestellten Antrag auf Wiedereinsetzung wegen Versäumung der Frist zur Einlegung der Beschwerde hat das OLG entschieden der BGH, BGH FamRZ **80**, 347 mwN.

d) Anwaltszwang in FGG-FamS: Während sich die Ehegatten in FolgeS immer durch einen RA vertreten lassen müssen, § 78 II, besteht in selbständigen FamS nach § 621 I Z 1–3, 6, 7, 9, 10 (im Verfahren nach § 1600c II BGB) sowie 12 u 13 für alle Beteiligten kein Anwaltszwang für die Einlegung und Begründung der Beschwerde, I, wie § 78 III klarstellt. Dagegen müssen sich in isolierten Verf nach § 621 I Z 1–3, 6 u 10 die Beteiligten für die hier zulässige Rechtsbeschwerde, II, durch einen beim BGH zugelassenen RA vertreten lassen, § 78 I; dies gilt jedoch **nicht** für das Jugendamt, die Träger der gesetzlichen Rentenversicherungen sowie sonstige Körperschaften, Anstalten oder Stiftungen des öff Rechts und deren Verbände, § 78 IV, dazu BGH NJW **93**, 1208 u **89**, 2135. Vgl dazu die Erl zu § 78.

B. Weiteres Verfahren. Die Begründung der Beschwerde und der Rechtsbeschwerde ist den anderen Beteiligten **förmlich zuzustellen**, III 2 iVm §§ 521 u 551 IV iVm § 550 II, weil dies im Hinblick auf § 629a III erforderlich ist, BT-Drs 10/2888 S 28. Allerdings geht die Verweisung auf § 554 V darüber hinaus, weil die darin in Bezug genommene § 553 II nichts mit diesem Zweck zu tun hat und sich iü von selbst versteht; umgekehrt hätte in III 2 die Verweisung auf § 519a auf die Zustellung der Begründungsschrift beschränkt werden sollen.

Das FamGer bzw das OLG darf dem Rechtsmittel **nicht abhelfen**, III 2 iVm § 318. Auch eine Änderung nach § 18 FGG ausgeschlossen, Saarbr NJW-FER **98**, 113 mwN, Köln FamRZ **97**, 569, § 621a Rn 6.

Eine **Anschlußbeschwerde**, § 567 III, ist in isolierten FamS statthaft (obwohl § 524 in III nicht erwähnt wird), soweit es sich um echte Streitsachen handelt, in denen das Verbot der reformatio in peius gilt, BGH NJW **83**, 176, also in Verf über den Versorgungsausgleich, nach der HausratsVO und in den güterrechtlichen NebenVerf nach §§ 1382, 1383 BGB, § 621 I Z 6, 7 u 9, STr 29, BGH NJW **83**, 176 u **82**, 224 mwN, also nicht in Verfahren über das Umgangsrecht, § 62 I Z 2, Köln FamRZ **02**, 1053, vgl Erl zu § 629a Rn 7 für FolgeS; statthaft ist insoweit auch die Gegenanschließung, MüKoKl 47. Bei Teilanfechtung einer isolierten FamS, die bei teilbarem Gegenstand zulässig ist, erwachsen die nicht angefochtenen Teile also erst in Rechtskraft, wenn sie nicht mehr anfechtbar sind, zB wegen Rechtsmittelverzichts, K.H. Schwab FamRZ **76**, 661, Oldb JB **81**, 589; vgl auch § 629a Rn 5.

Das **weitere Verfahren** richtet sich nach FGG, § 621a I, nicht nach den §§ 567 ff ZPO; die praktischen Unterschiede sind allerdings gering. Auch in der Beschwerdeinstanz gilt demgemäß § 53b I FGG (nicht § 128 ZPO), BGH NJW **83**, 824.

Die **Übertragung auf den Einzelrichter** richtet sich nach den §§ 526 u 527, III 2. Eine Übertragung von Sorgerechts- und Umgangentscheidungen wird idR nicht in Betracht kommen, BT-Drs 14/4722 S 120.

a) Beschwerde. Der **Prüfungsumfang** ist dadurch beschränkt, daß das Beschwerdegericht nicht zu prüfen hat, ob das Gericht des ersten Rechtszuges seine **Zuständigkeit zu Unrecht angenommen** hat, **IV 1**. Damit ist ihm auch die Prüfung verwehrt, ob eine FamS vorliegt, wie dies in IV 2 aF für die dritte Instanz bestimmt war, vgl Erl zu § 513 II u § 545 II.

Neue Tatsachen und Beweismittel dürfen vorgebracht werden, § 23 FGG, so daß die Begründung auch nach Ablauf der Frist, oben Rn 18, 19, ausgewechselt werden darf, Köln FamRZ **79**, 935; ebenso ist die Erweiterung, Änderung oder Ersetzung der Anträge zulässig, oben Rn 18 ff. Die Beschwerde hat keine aufschiebende Wirkung, § 24 I FGG, jedoch ist die Aussetzung der Vollziehung, § 24 III FGG, möglich, Bre NJW **79**, 1051.

Gegenstand der Entscheidung ist im Rahmen der Anträge idR der Gegenstand des erstinstanzlichen Verf, in dem die angefochtene Entscheidung ergangen ist. Deshalb darf in ein Sorgerechtsverfahren nicht die Regelung des Umgangsrechts eingeführt werden, ZöPh 22, str, aM für einen Sonderfall Karlsr RR **94**, 1355 mwN.

Ein im Fall des § 621 I Z 6 eingelegtes **Rechtsmittel** führt zur Nachprüfung der Entscheidung über den öff-rechtlichen Versorgungsausgleich ohne Bindung an die gestellten Anträge, so daß auch Berechnungen

§§ 621e, 621f
Buch 6. Verfahren in Familiensachen

nicht nur in deren Rahmen geändert werden dürfen, hM, BGH NJW **84**, 2879 mwN, Ffm FamRZ **83**, 1041 (für Abweichungen von den Anträgen zugunsten des Beschwerdeführers); jedoch ist eine in den Anträgen liegende Beschränkung der Beschwerde zu beachten, die zulässig ist, soweit der Verfahrensgegenstand teilbar ist, BGH aaO u RR **88**, 131. Demgemäß dürfen die Ehegatten in dem Verf über das Rechtsmittel des Versorgungsträgers geltend machen, daß der Versorgungsausgleich nach § 1587 c BGB auszuschließen oder zu kürzen sei, BGH FamRZ **85**, 267. Die Frage, inwieweit in diesen Fällen das Verbot der Schlechterstellung (reformatio in peius) gilt, war in der Rspr str, vgl BGH NJW **83**, 174 mwN. Der BGH hat die Geltung des Verbots zunächst für den Streit der Ehegatten um die Herabsetzung des Ausgleichsanspruchs unter Billigkeitsgesichtspunkten, BGH NJW **83**, 176, und dann allgemein bejaht, BGH NJW **83**, 173 (eingehend). Das Verbot besagt insbesondere, daß die Entscheidung weder in der Höhe des Ausgleichsbetrages noch in der Form des Versorgungsausgleichs zum Nachteil des Rechtsmittelführers geändert werden darf, BGH NJW **83**, 1378; es wirkt sich aber idR nicht aus, wenn das Rechtsmittel vom Versorgungsträger eingelegt worden ist, BGH NJW **84**, 2880, es sei denn, die Änderung bringt für ihn nur Nachteile, BGH FamRZ **85**, 1240 (zu Kblz FamRZ **84**, 803).

Eine Teilanfechtung ist bei teilbarem Beschwerdegegenstand zulässig, oben Rn 23.

Das Beschwerdegericht darf die Sache zurückverweisen, Schall FamRZ **05**, 502 mwN, zB dann, wenn sie im 1. Rechtszug völlig unzureichend aufgeklärt worden ist, BGH NJW **82**, 520, Hamm NJW **92**, 638, beide mwN. § 538 gilt hierfür nicht, Bra FamRZ **03**, 624 u 625 mwN, Dresden RR **03**, 1162.

25 Die Kostenentscheidung ergeht (anders als im Verbundverfahren, § 629 a Rn 14) stets nach § 13 a FGG, ZöPh § 629 a Rn 13; Hamm NJW-FER **00**, 66 mwN, Köln FamRZ **97**, 221 mwN (für den Fall der Rücknahme), sehr str, aM ua BGH FamRZ **83**, 154, Ffm FamRZ **91**, 586, STr § 93 a Rn 14 (§ 515 III), Ffm FamRZ **82**, 1093 (§ 93 a bei Rücknahme der Beschwerde eines Versorgungsträgers, offen Köln aaO). Das Kostenfestsetzungsverfahren richtet sich nach §§ 103–107, dazu Köln MDR **88**, 154 (über § 104 auch Geltung der §§ 567 ff anstelle der §§ 21 ff FGG). Wegen der Begründung der Beschwerdeentscheidung s § 25 FGG, wegen ihres Wirksamwerdens s § 26 FGG.

26 **b) Rechtsbeschwerde.** Die Beschwerdevorschriften (ohne § 23 FGG) gelten entsprechend, § 29 IV FGG. Es handelt sich um eine Rechtsbeschwerde, oben Rn 16, jedoch kann sie im Fall des II 2 (Verwerfung der Beschwerde als unzulässig) auf neue Tatsachen gestützt werden, BGH NJW **79**, 876. Eine Anschlußbeschwerde, § 629 a Rn 5 ff, ist hier entspr § 554 II 2 nur bis zum Ablauf eines Monats nach der Zustellung der Begründung des Hauptrechtsmittels zulässig, BGH NJW **83**, 578. Wegen der FolgeS § 629 a Rn 13 ff.

Ob das Erstgericht seine **Zuständigkeit** zu Unrecht angenommen oder verneint hat (also auch das Vorliegen einer FamS, oben Rn 24), wird nicht geprüft, **IV 2** (zum Geltungsbereich Zweibr RR **99**, 1682). Dies entspricht der Regelung für zivilprozessuale FamS, § 545 II. Die internationale Zuständigkeit ist dagegen auch im Verfahren der Rechtsbeschwerde zu prüfen, BGH RR **90**, 322, NJW **82**, 2732.

27 **5) Anfechtung von vorläufigen Maßnahmen nach FGG bzw HausratsVO**

A. EinstwAnO in Hausratssachen. Ob im selbständigen Verfahren nach § 621 I Z 7 eine einstwAnO nach § 13 IV HausratsVO anfechtbar war, ist sehr str gewesen, vgl 60. Aufl. Nach dem jetzt geltenden § 621 g gelten die §§ 620 a bis 620 g entspr.

B. EinstwAnO über Kostenvorschuß. Unanfechtbar ist eine einstwAnO über den Kostenvorschuß in den FamS § 621 I Z 1–3, 6–9, § 621 f II.

C. EinstwAnO in Verfahren nach § 621 I Z 9. In Verfahren nach § 621 I Z 9 darf eine einstwAnO nur zusammen mit der Endentscheidung angefochten werden, § 53 a III 2 FGG.

D. Sonstige Fälle. Sonst sind vorläufige Maßnahmen nach Maßgabe des FGG unbeschränkt mit der Beschwerde anfechtbar, insbesondere ist die Beschwerde gemäß § 19 FGG nicht entsprechend § 620 c eingeschränkt, BGH NJW **79**, 39 mwN.

621f
Kostenvorschuss. [1] In einer Familiensache des § 621 Abs. 1 Nr. 1 bis 3, 6 bis 9 sowie 13 kann das Gericht auf Antrag durch einstweilige Anordnung die Verpflichtung zur Leistung eines Kostenvorschusses für dieses Verfahren regeln.

II [1] **Die Entscheidung nach Absatz 1 ist unanfechtbar.** [2] Im Übrigen gelten die §§ 620 a bis 620 g entsprechend.

Vorbem. I idF Art 4 Z 6 G v 11. 12. 01, BGBl 3513, in Kraft seit 1. 1. 02, Art 13 II G, ÜbergangsR Einl III 78.

1 **1) Allgemeines** (Bißmaier FamRZ **02**, 863). Aus der Vorschußpflicht der Ehegatten, § 1360 a IV, folgt die Notwendigkeit, für die Durchsetzung dieses Anspruchs ein schnell zum Ziel führendes Verfahren zu schaffen. Das ist in § 620 S 1 Z 9 für EheS und FolgeS sowie in § 127 a für Unterhaltssachen, § 621 f Z 4 u 5, geschehen. Die entsprechende Regelung für die übrigen FamS des § 621 enthält § 621 f. Zwischen geschiedenen Ehegatten besteht keine Vorschußpflicht, BGH NJW **84**, 291 mwN, vgl Walter NJW **84**, 265, krit Herpers FamRZ **84**, 465. Die Regelung beschränkt sich nicht auf den Vorschuß für einen Ehegatten, sondern gilt auch im Verhältnis zu einem Kind, sofern darauf ein Anspruch besteht, dazu Duderstadt FamRZ **95**, 1305. Der Erlaß einer einstwVfg ist in diesem Umfang unzulässig, Einf § 620 Rn 3; ob dies auch dann gilt, wenn noch kein entspr Hauptsache- oder PKH-Verfahren anhängig ist, ist str, für Zulässigkeit Knops NJW **93**, 1242 mwN, dagegen ua Schlesw SchlHA **91**, 65 mwN.

2 **2) Einstweilige Anordnung.** In Verfahren nach § 621 I Z 1–3, 6–9 sowie 13 kann das Gericht die Verpflichtung zur Leistung eines Kostenvorschusses durch einstwAnO regeln; erforderlich ist der Antrag eines Beteiligten, I. §§ 620 a–620 g gelten entsprechend, **II 2**, s die dortigen Erläuterungen. Demgemäß besteht kein Anwaltszwang, § 620 a II 2. Zuständig ist das FamGer; die entsprechende Anwendung des § 620 IV, II 2, führt dazu, daß das OLG (nur und stets dann) zuständig ist, wenn die FamS, für die der Vorschuß begehrt wird,

in der Beschwerde- oder Berufungsinstanz bei ihm anhängig ist oder gemacht werden soll, Bißmaier FamRZ 02, 865, zB als (allein angefochtene) FolgeS iSv § 623 I, BGH FamRZ 81, 759, BayObLG MDR 80, 584.

Die **Entscheidung** ergeht durch Beschluß aufgrund des maßgeblichen materiellen Rechts, STr 2, str, vgl § 620 Rn 24 ff, also idR nach § 1360 IV BGB, Knops NJW **93**, 1237. Sie **ist unanfechtbar, II 1**, vgl §§ 127 a II, 620 c S 2. Die einstwAnO ist Vollstreckungstitel, § 794 I Z 3 a; aus ihr kann auch nach Beendigung des Verfahrens und ungeachtet der dort ergangenen Kostenentscheidung vollstreckt werden, vgl BGH NJW **85**, 2263. Gebühren: Für das Gericht 1/2 Gebühr für die Entscheidung (in einem Verfahren nur einmal auch für mehrere) nach Maßgabe des § II GKG, KV 1702; für den RA die gewöhnlichen Gebühren, § 31, in jedem Rechtszug nur einmal, § 41 BRAGO (Ermäßigung der Prozeßgebühr bei Einigung). Der Wert entspricht dem begehrten Vorschuß, § 8 BRAGO. 3

621g *Einstweilige Anordnungen.*

¹Ist ein Verfahren nach § 621 Abs. 1 Nr. 1, 2, 3 oder 7 anhängig oder ist ein Antrag auf Bewilligung von Prozesskostenhilfe für ein solches Verfahren eingereicht, kann das Gericht auf Antrag Regelungen im Wege der einstweiligen Anordnung treffen. ²Die §§ 620 a bis 620 g gelten entsprechend.

Vorbem. Eingefügt dch Art 4 Z 7 G v 11. 12. 01, BGBl 3513, in Kraft seit 1. 1. 02, Art 13 II G, ÜbergangsR Einl III 78.

1) Regelungszweck. Die Vorschrift schafft nunmehr für die Verfahren nach § 621 I 1, 2, 3 u 7 eine gesetzl Regelung für die Einstw AnO, die bisher bereits in der Rspr zugelassen wurde. § 621 g ersetzt die aufgehobene Bestimmung in § 13 IV HausrVO, Köln FF **03**, 141 (Anm. Müller). Eine gleich lautende Bestimmung für eine FamS nach § 621 I Z 13 enthält § 64 b III 1 u 2 FGG, Köln FamRZ **03**, 319, s bei § 621 a. Ob daneben vAw vorläufige einstweilige Regelungen getroffen werden dürfen, ist zweifelhaft, ThP 1, bejahend Gießler FamRZ **04**, 419. 1

2) Voraussetzungen. Entweder muß ein isoliertes Verfahren in einer der genannten FamS anhängig oder ein Antrag auf Bewilligung von PKH für ein solches eingereicht sein. Weitere Voraussetzung ist ein **Antrag**, Köln FF **03**, 141 (Anm. Müller), für den § 620 a II entspr gilt, s dort Rn 6 u 7 (in vAw eingeleiteten Verfahren ist weiterhin die durch die Rspr geschaffene vorläufige AnO anzuwenden, van Els FamRZ **03**, 965). Kein Anwaltszwang außer in FolgeS, ZöPh 4. 2

3) Verfahren. Zuständig ist das Gericht, bei dem die FamS anhängig ist oder dafür PKH beantragt worden ist, § 621 f Rn 2. Wegen der **Einzelheiten** des Verfahrens, insbesondere der Anhörung der Beteiligten entspr § 620 a III, s dort Rn 10. 3

4) Entscheidung. Das Gericht entscheidet durch **Beschluß**, s § 620 a Rn 11. Eine einstwAnO darf nur ergehen, wenn das materielle Recht die Regelung zuläßt und für sie ein Bedürfnis besteht, dh ohne die Eilentscheidung eine nachhaltige Beeinträchtigung des Kindeswohls zu befürchten ist, Bra RR **03**, 1516 mwN, vgl Einf § 620 Rn 8 und § 620 Rn 6. Wegen der **Aufhebung oder Änderung** des Beschlusses s die Erl zu den §§ 620 b, 620 d und 620 e. Die Kosten gelten entspr § 620 g als Kosten der Hauptsache. 4

5) Rechtsmittel. Für sie gelten die §§ 620 c, 620 d und 620 e entspr, s die dortigen Erl, Motzer FamRZ **03**, 802. Vgl zu § 620 c, der im Interesse zügiger Erledigung u baldiger Klarheit die Beschwerde weitgehend einschränkt, Köln FamRZ **03**, 548, Dresden RR **03**, 1014. 5

6) Außerkrafttreten der einstwAnO. Die Regelung des § 620 f gilt entspr, s die dortigen Erl. 6

Abschnitt 3. Verfahren in Scheidungs- und Folgesachen

Grundzüge

Für Scheidungssachen gelten die allgemeinen Vorschriften über EheS, §§ 606–620 g; Sondervorschriften enthält die 3. Abschnitt. Das FamGer, § 23 b GVG, ist jedoch auch für andere FamS, § 621, zuständig. Wird in ihnen eine Entscheidung für den Fall der Scheidung begehrt und sind sie bei demselben Gericht anhängig, hat es über sie als FolgeS im sog Verbund zu verhandeln und zu entscheiden, §§ 623 ff. Dadurch wird erreicht, daß den Ehegatten schon bei der Scheidung vor Augen geführt wird, welche Folgen die Auflösung der Ehe für sie und die Kinder hat, und daß derjenige Gatte, der sich der Scheidung nicht mit Erfolg widersetzen kann, seine Rechte gegenüber dem anderen Gatten schon im Zeitpunkt der Scheidung durchsetzen kann. Besonderes gilt für die einverständliche Scheidung nach § 1565 iVm § 1566 I BGB, § 630.

622 *Scheidungsantrag.*

I ¹Das Verfahren auf Scheidung wird durch Einreichung einer Antragsschrift anhängig.

II ¹Die Antragsschrift muss vorbehaltlich des § 630 Angaben darüber enthalten, ob
1. gemeinschaftliche minderjährige Kinder vorhanden sind,
2. Familiensachen der in § 621 Abs. 2 Satz 1 bezeichneten Art anderweitig anhängig sind.

² Im Übrigen gelten die Vorschriften über die Klageschrift entsprechend.

III Bei der Anwendung der allgemeinen Vorschriften treten an die Stelle der Bezeichnungen Kläger und Beklagter die Bezeichnungen Antragsteller und Antragsgegner.

Vorbem. II mWv 1. 7. 98 geänd durch Art 6 Z 19 KindRG, vgl Einf § 606 Rn 11.

Schrifttum: *Garbe,* Antrags- und Klageerwiderungen in Ehe- und FamS, 3. Aufl 2003; *Kersten/Löw,* Praxis der Familiengerichtsbarkeit, 3. Aufl 2003; *Stollenwerk,* Antragsschrift in Scheidungs- und Folgesachen,

§§ 622, 623   Buch 6. Verfahren in Familiensachen

3. Aufl 1979; *Vespermann,* FamS, Bd 1 (Scheidungs- und Scheidungsverbundverfahren), 5. Aufl 1993; *Vogel,* Die Scheidungsantragsschrift, AnwBl **82**, 457 (eingehend).

1 **1) Allgemeines.** Nach § 1564 BGB wird das Scheidungsbegehren durch Antrag geltend gemacht, nicht durch Klage. Darin kommt zum Ausdruck, daß das Scheidungsverfahren sich sowohl sachlich-rechtlich, §§ 1565 ff BGB, als auch prozessual, vgl §§ 612 u 617, vom gewöhnlichen Streitverfahren unterscheidet. Die Folgerungen daraus zieht § 622. I ü gelten die §§ 606 ff. Die Vorwegleistungspflicht nach § 65 GKG, Anh § 271, besteht auch hier; wegen der FolgeS vgl unten Rn 6.

2 **2) Antragsverfahren, I, III**
A. **Allgemeines.** Das Verfahren auf Scheidung wird **durch Einreichung einer Antragsschrift anhängig, I** (nicht schon mit dem PKH-Gesuch, wohl aber bei gleichzeitiger Einreichung eines Scheidungsantrags, es sei denn, daß dieser eindeutig unter den Vorbehalt der Bewilligung von PKH gestellt wird, BGH FamRZ **96**, 1142); sie muß von einem im Zeitpunkt der Zustellung bei dem FamGer zugelassenen RA unterzeichnet sein, § 78 II 1 Z 1, Celle RR **95**, 518, gemeinsam FamRZ **89**, 191, Schlesw FamRZ **88**, 736 (wegen der neuen Bundesländer s Grdz § 606 Rn 7 u Vorbem § 78). Diese Antragsschrift tritt bei Anwendung der Vorschriften des 1., 2. u 6. Buches (§§ 606–620 g) an die Stelle der Klage; sie ist demgemäß dem anderen Ehegatten zuzustellen, s unten. Ebenso wird eine Widerklage durch Einreichung einer Antragsschrift (Gegenantrag) anhängig (nicht auch durch Erklärung zu Protokoll, aM Ffm FamRZ **82**, 809); sie kann kein eigenes Scheidungsbegehren zum Gegenstand haben, hM, Bergerfurth FamRZ **82**, 564 mwN, und ist bei Rücknahme des gegnerischen Scheidungsantrags als Scheidungserstantrag zu behandeln, Zweibr FamRZ **99**, 942, vgl § 610 Rn 2 u 3. Die Frist des § 1408 II 2 BGH wird nicht schon durch Einreichung, sondern erst durch Zustellung der Antragsschrift gewahrt, BGH NJW **85**, 315.

Die Antragsschrift ist der Gegenseite zuzustellen, § 271, Schlesw FamRZ **88**, 736; dadurch tritt Rechtshängigkeit ein, § 261, BGH RR **90**, 708, KG RR **90**, 8. Das Ende der Ehezeit iSv § 1587 II BGB bestimmt nur eine wirksame Antragsschrift, Celle RR **15**, 519 mwN.

Entspricht die Antragsschrift nicht den formalen Anforderungen, ist der Antrag als unzulässig abzuweisen, Zweibr FamRZ **89**, 192 mwN; eine Heilung des Mangels ist nach § 295 II ausgeschlossen, Schlesw FamRZ **88**, 736, jedoch genügt die Genehmigung der Prozeßführung durch einen zugelassenen RA, Zweibr aaO, § 78 Rn 33.

3 B. **Parteibezeichnung.** Bei Anwendung der allgemeinen Vorschriften treten an die Stelle der Bezeichnungen Kläger und Beklagte die **Bezeichnungen Antragsteller und Antragsgegner, III.** Sachlich ändert sich dadurch nichts. Im Falle des Gegenantrags sind beide Gatten sowohl Antragsteller als auch Antragsgegner, bei beiderseitigem Antrag, § 630, sind sie nur Antragsteller. In einer Rechtsmittelinstanz werden die Parteien als Berufungsführer und Berufungsgegner usw zu bezeichnen sein, um die Verwendung der Bezeichnung Kläger bzw Beklagter auch hier zu vermeiden, aM Brüggemann FamRZ **87**, 7. Das gilt auch in **Aufhebungssachen,** § 631 II 2.

4 **3) Inhalt der Antragsschrift, II**
A. **Notwendige Angaben.** Wegen der Besonderheiten des Scheidungsverfahrens muß die Antragsschrift bestimmte Angaben enthalten, nämlich darüber, **a)** ob gemeinschaftliche minderjährige Kinder (ggf welche) vorhanden sind, **II 1 Z 1**, damit das FamGer seiner Hinweis- und Beratungspflicht, zB nach § 613 I 2, nachkommen kann (einen sog Sorgeplan brauchen die Parteien nicht vorzulegen), ferner **b)** darüber, ob FamS der in § 621 I 1 bezeichneten Art anderweitig anhängig sind, **II 1 Z 2,** damit das Scheidungsgericht darauf hinwirken kann, daß diese Verfahren auf das Scheidungsgericht übergeleitet werden, §§ 621 III, 64 II FGG. Wegen zusätzlicher Angaben im Verfahren auf Scheidung nach § 1565 iVm § 1566 I BGB s § 630 I. Die Verwendung von Formularen ist nicht schlechthin unzulässig, Friederici MDR **78**, 726 gg Celle FamRZ **78**, 257, und für das Prozeßkostenhilfe-Verf ausreichend, Karlsr FamRZ **84**, 1232 mwN.

Ein Verstoß gegen II 1 kann durch Einreichung eines ergänzenden Schriftsatzes geheilt werden. Notfalls ist der Antrag durch Prozeßurteil zurückzuweisen, oben Rn 2 aE.

5 B. **Sonstiger Inhalt.** Im übrigen gelten die **Vorschriften über die Klagschrift entsprechend, II 2.** Anzuwenden ist § 253 I, II, IV u V iVm §§ 130–133, § 608, nicht dagegen § 253 III; vgl dazu die Erläuterungen zu § 253 u Vogel AnwBl **82**, 461. Nötig sind danach Angaben über Ort und Zeit der Eheschließung (zweckmäßigerweise unter Vorlage der Heiratsurkunde, die aber kein zwingendes Antragserfordernis ist, Zweibr RR **97**, 1227, Düss FamRZ **92**, 1078, Karlsr RR **91**, 966), außerdem Angaben über den zu die Zuständigkeit nach § 606 ergebenden Umstand sowie ggf auch über die Staatsangehörigkeit wegen § 606 a. Ferner sind die Umstände mitzuteilen, aus denen sich nach §§ 1565 I, 1566–1567 BGB das Scheitern der Ehe (ggf die unzumutbare Härte iSv § 1565 II BGB) ergibt, Maurer I 202. Die Angabe des Zeitpunkts des letzten Verkehrs ist nicht notwendig, aber ratsam, Bergerfurth FamRZ **77**, 529, wenn es darauf ankommt, § 1565 II BGB.

6 C. **Entspr Anwendung.** II gilt entspr in **Aufhebungssachen,** § 631 II 2.

7 **4) Anträge in FolgeS, § 623.** Sie können in der Antragsschrift, I, aufgenommen werden. Jedoch empfiehlt sich eine schriftsatzmäßige Trennung ebenso wie die Anlegung besonderer Unterakten bei Gericht schon wegen der §§ 624 IV, 627–629, Bergerfurth FamRZ **76**, 582. Für FolgeS besteht keine Vorwegleistungspflicht, § 65 II GKG, Anh § 271.

623 *Verbund von Scheidungs- und Folgesachen.* [1] Soweit in Familiensachen des § 621 Abs. 1 Nr. 5 bis 9 und Abs. 2 Satz 1 Nr. 4 eine Entscheidung für den Fall der Scheidung zu treffen ist und von einem Ehegatten rechtzeitig begehrt wird, ist hierüber gleichzeitig und zusammen mit der Scheidungssache zu verhandeln und, sofern dem Scheidungsantrag stattgegeben wird, zu entscheiden (Folgesachen). [2] Wird bei einer Familiensache des § 621 Abs. 1 Nr. 5

Abschnitt 3. Verfahren in Scheidungs- und Folgesachen § 623

und 8 und Abs. 2 Satz 1 Nr. 4 ein Dritter Verfahrensbeteiligter, so wird diese Familiensache abgetrennt. ³ Für die Durchführung des Versorgungsausgleichs in den Fällen des § 1587 b des Bürgerlichen Gesetzbuchs bedarf es keines Antrags.

II ¹ Folgesachen sind auch rechtzeitig von einem Ehegatten anhängig gemachte Familiensachen nach
1. § 621 Abs. 2 Satz 1 Nr. 1 im Fall eines Antrags nach § 1671 Abs. 1 des Bürgerlichen Gesetzbuchs,
2. § 621 Abs. 2 Satz 1 Nr. 2, soweit deren Gegenstand der Umgang eines Ehegatten mit einem gemeinschaftlichen Kind oder einem Kind des anderen Ehegatten ist, und
3. § 621 Abs. 2 Satz 1 Nr. 3.

² Auf Antrag eines Ehegatten trennt das Gericht eine Folgesache nach den Nummern 1 bis 3 von der Scheidungssache ab. ³ Ein Antrag auf Abtrennung einer Folgesache nach Nummer 1 kann mit einem Antrag auf Abtrennung einer Folgesache nach § 621 Abs. 1 Nr. 5 und Abs. 2 Satz 1 Nr. 4 verbunden werden. ⁴ Im Fall der Abtrennung wird die Folgesache als selbständige Familiensache fortgeführt; § 626 Abs. 2 Satz 2 gilt entsprechend.

III ¹ Folgesachen sind auch rechtzeitig eingeleitete Verfahren betreffend die Übertragung der elterlichen Sorge oder eines Teils der elterlichen Sorge wegen Gefährdung des Kindeswohls auf einen Elternteil, einen Vormund oder einen Pfleger. ² Das Gericht kann anordnen, dass ein Verfahren nach Satz 1 von der Scheidungssache abgetrennt wird. ³ Absatz 2 Satz 3 gilt entsprechend.

IV ¹ Das Verfahren muss bis zum Schluss der mündlichen Verhandlung erster Instanz in der Scheidungssache anhängig gemacht oder eingeleitet sein. ² Satz 1 gilt entsprechend, wenn die Scheidungssache nach § 629 b an das Gericht des ersten Rechtszuges zurückverwiesen ist.

V ¹ Die vorstehenden Vorschriften gelten auch für Verfahren der in den Absätzen 1 bis 3 genannten Art, die nach § 621 Abs. 3 an das Gericht der Ehesache übergeleitet worden sind. ² In den Fällen des Absatzes 1 gilt dies nur, soweit eine Entscheidung für den Fall der Scheidung zu treffen ist.

Vorbem. Die Korrektur der Verweisung in II 4 ergibt sich aus Art 1 Z 22 des 1. JuMoG v 24. 8. 04, BGBl 2198, in Kraft seit 1. 9. 04.

Schrifttum: *Hagelstein* FamRZ **01**, 533; *Büttner* FamRZ **98**, 591.

Gliederung

1) **Regelungszweck**	1, 2	6) **Verhandlung und Entscheidung im Verbund, I**		11–17
A. Allgemeines	1	A. Allgemeines		11, 12
B. Anwendbares Recht	2	B. Verhandlung		13
2) **Antragsabhängige Folgesachen, I u II**	3, 4	C. Entscheidung		14–16
A. Grundsatz	3	D. Anfechtung		17
B. Sonderfälle	4	7) **Auflösung des Verbundes**		18–21
C. Antragserfordernis	4	A. Abtrennung		18
3) **Antragsunabhängige FolgeS, I 3 u III**	5	B. Rücknahme des Antrags oder sonstige Erledigung		19
A. Verfahren nach § 1587 d BGB	5	C. Rücknahme des Scheidungsantrags		20
B. Verfahren über die elterliche Sorge	5	D. Entscheidung über den Scheidungsanspruch		21
4) **Verhandlungs- und Entscheidungsverbund, I–V**	6, 7	8) **Übergeleitete Verfahren, V**		22
A. Allgemeines	6			
B. Voraussetzungen	7			
5) **Eintritt des Verbundes, I–IV**	8–10			
A. Amtsverfahren	8			
B. Antragsverfahren	9, 10			

1) Regelungszweck

A. Allgemeines. § 623 schafft einen Verhandlungs- und **Entscheidungsverbund** zwischen Scheidungssachen und bestimmten FamS des § 621, soweit in ihnen eine Entscheidung für den Fall der Scheidung zu treffen ist, und von einem Ehegatten rechtzeitig begehrt wird, I 1, dh eine **Regelung der Scheidungsfolgen (FolgeS)**; für die einverständliche Scheidung gilt die Sonderbestimmung des § 630, s dort. **Der Verbund gilt nicht** in Aufhebungssachen, Zweibr FamRZ **82**, 375, Bosch FamRZ **87**, 816 mwN (zT krit), aM LG Darmstadt FamRZ **78**, 44, sowie in Feststellungssachen, BGH NJW **82**, 2386 mwN, so daß hier kein Versorgungsausgleich vAw durchzuführen ist, Mü FamRZ **80**, 565. Trifft ein Aufhebungsbegehren mit einem Scheidungsantrag zusammen, § 610 Rn 1–2, so gilt für FolgeS ein vorläufiger Verhandlungsverbund, Bergerfurth FamRZ **76**, 582, aM Stgt FamRZ **81**, 579.

B. Anwendbares Recht. a) Verfahrensrecht. Die FolgeS sind **FamS** und bleiben es auch nach ihrer Abtrennung, II 4. Das Verfahren richtet sich nach § 621 a, dh für die FolgeS gilt entweder ZPO oder FGG, s § 621 a Rn 1–3.

b) Materielles Recht. Darauf, ob auf die Scheidungssache **materiell deutsches Recht anzuwenden** ist, kommt es nicht an, Jayme IPrax **85**, 46 mwN. Ein Verbund zwischen der Scheidungssache und FolgeS besteht auch insofern, als über Ansprüche aus dem maßgeblichen ausländischen Recht zu entscheiden ist, die den FamS des § 621 I entsprechen, hM, Roth ZZP **103**, 18, Maurer I 1106, STr 25, Ffm FamRZ **83**, 728, vgl § 621 Rn 1. Im Verbund zu entscheiden ist deshalb über die dem Versorgungsausgleich entsprechenden Ansprüche nach ausländischem Recht, Ffm aaO, Piltz IPrax **84**, 193, ferner auch über den Streit um die Morgengabe nach jordanischem Recht, KG FamRZ **80**, 471, oder nach iranischem Recht, AG Hbg IPrax **83**, 74, oder bei Streit über eine Entschädigung für die einseitige Scheidung nach tunesischem

§ 623

Recht, Mü IPrax **81**, 33, zustm Jayme IPrax **81**, 9, ebenso der Streit um die Entschädigung wegen Ehebruches nach türkischem Recht, Karlsr FamRZ **03**, 725. Folgerichtig ist auch der Verbund zwischen einer **Ehetrennungsklage** nach ausländischem Recht, Üb 1 § 606, und den nach diesem Recht damit zusammenhängenden, § 621 I entsprechenden FolgeS zu bejahen, MüKoKl 6, Maurer I 1104, Gottwald F Nakamura, 1996, S 191 mwN, Henrich IPrax **86**, 366, Jayme IPrax **86**, 115 mwN (zu AG Rüsselsheim), Saarbr LS FamRZ **97**, 1353, Ffm RR **95**, 139 mwN (unter Aufgabe von FamRZ **85**, 619), Stgt IPrax **85**, 46, zustm Jayme, aM Ffm RR **95**, 140, Mü FamRZ **93**, 459, Bre IPrax **85**, 46. Ob in diesem Fall eine FolgeS vAw oder auf Antrag im Verbund zu treffen ist, bestimmt sich nach dem maßgeblichen ausländischen Recht, Maurer I 1106 mwN (Bsp nach italienischem, spanischem und türkischem Recht); eine zwingende Sorgerechtsentscheidung im Verbund ist nicht erforderlich, Rahm VIII 156, wenn nicht das maßgebende ausländische Recht sie vorsieht. Für die Verwertung von Tatsachenfeststellungen gilt das in unten Rn 12 Gesagte, es sei denn, das maßgebliche ausländische Recht läßt die Berücksichtigung im Verbund nicht zu, Roth ZZP **103**, 20.

3   2) **Antragsabhängige Folgesachen, I u II**

A. Grundsatz, I 1–3. Folgende FamS sind, sofern in ihnen eine Entscheidung für den Fall der Scheidung zu treffen ist, also zB nicht Verfahren über den Trennungsunterhalt, Kblz NJW-FER **00**, 2 mwN (betr Prozeßkostenvorschuß), sowie über den vorzeitigen Gewinnausgleich iSv § 1386 BGB, KG FamRZ **01**, 166 (Anm Gottwald), und sofern sie von einem Ehegatten rechtzeitig begehrt wird, FolgeS iSv § 623, I 1:

§ 621 I Z 5–9 (s § 621 Rn 16–18),
§ 621 II 1 Z 4 (s § 621 Rn 13–15).

Wird bei einer FamS nach § 621 I Z 5 u 8 und § 621 II 1 Z 4 ein **Dritter** Verfahrensbeteiligter, § 621 Rn 23–26, so wird diese FolgeS **abgetrennt**, I 2, und zwar vAw, weil die Beteiligung am Unterhaltsprozeß, Walter JZ **83**, 477, oder am Güterrechtsstreit nicht seine Einbeziehung in das höchstpersönliche Scheidungsverfahren rechtfertigt und überdies die Grundlage der einheitlichen Kostenentscheidung, § 93 a, sonst entfallen würde; I 2 greift namentlich für Unterhaltssachen ein, wenn das Kind volljährig wird und damit die Prozeßstandschaft des sorgeberechtigten Elternteiles nach § 1629 III BGB endet. § 621 Rn 15, oder wenn die elterliche Sorge dem prozeßführenden Elternteil entzogen wird. Die abgetrennte Sache bleibt FamS. Zur Zulassung einer Nebenintervention, § 66, vgl Brschw RR **05**, 589.

Keines Antrags bedarf es für die Durchführung des Versorgungsausgleichs, § 621 I Z 6, in den Fällen des § 1587 b BGB, unten Rn 5.

4   **B. Sonderfälle, II. FolgeS** sind auch folgende, **II 1**, rechtzeitig von einem Ehegatten anhängig gemachte FamS nach

§ 621 II 1 Z 1 im Fall eines Antrags nach § 1671 I BGB (der wirksam nur von einem RA gestellt werden dürfte, § 78 II 1 Z 1, dazu Schüller FamRZ **98**, 1287),
§ 621 II 1 Z 2, soweit deren Gegenstand der Umgang eines Ehegatten mit einem gemeinschaftlichen Kind oder einem Kind des anderen Ehegatten ist, und
§ 621 II 1 Z 3.

Diese Sachen werden auch dann Gegenstand des Verbundes, wenn sie nicht für den Fall der Scheidung anhängig gemacht werden, Bra FamRZ **03**, 387. Ob sie es bleiben, hängt von den Ehegatten ab: jeder von ihnen kann ihre **Abtrennung** von der Scheidungssache beantragen, **II 2**. Im Fall eines Antrags nach § 1671 BGB, § 621 Z 1, kann der Antrag mit einem Antrag auf Abtrennung einer FolgeS nach § 621 I Z 5 und II 1 Z 4 verbunden werden, **II 3** (dazu krit Klinkhammer FamRZ **03**, 583). Die Ablehnung der beantragten Abtretung unterliegt der sofortigen Beschwerde, § 567 I Z 2, Karlsr FamRZ **04**, 652. Das Gericht ist verpflichtet, dem Antrag stattzugeben, hM, Stgt RR **03**, 796, Hamm FamRZ **01**, 1229 u 554, Düss FamRZ **00**, 841 mwN, MüFamRZ **00**, 166, AG Rastatt FamRZ **99**, 519 (Anm Miesen FamRZ **00**, 167); das Rechtsschutzbedürfnis für die Abtrennung ist nicht zu prüfen, abw Bbg NJW **99**, 958. Der andere Ehegatte hat kein Widerspruchsrecht; das Gericht wird jedoch einen rechtsmißbräuchlichen Antrag zurückweisen dürfen, Karlsruhe FamRZ **05**, 1495 mwN, Bergerfurth 23 a–c, Büttner FamRZ **98**, 592, Niepmann MDR **00**, 619, Schlesw SchlHA **00**, 114, Düss aaO, offen Ffm FamRZ **01**, 1228, weitergehend Köln FamRZ **02**, 1570 mwN.

Eine abgetrennte FolgeS wird als **selbständige FamS** fortgeführt, **II 4**, Köln NJW FER **01**, 130, Zweibr RR **00**, 1, Mü FamRZ **00**, 168. Entspr § 626 II 2 wird in ihr über die **Kosten** besonders entschieden, **II 4**, s § 626 Rn 6.

C. Antragserfordernis. Näheres unten Rn 9.

5   3) **Antragsunabhängige FolgeS, I 3 u III.** Auch ohne Antrag eines Ehegatten werden folgende FamS zu FolgeS iSv I:

A. Verfahren über die Durchführung des Versorgungsausgleichs in den Fällen des § 1587 b BGB, § 621 I Z 6, **I 3**, einschließlich des Verfahrens nach § 1587 o BGB, BGH NJW **87**, 1770 (nicht aber sonst, ZöPh 20 a, aM AG Bln-Charlottenb FamRZ **89**, 514 mwN).

B. Verfahren betreffend die Übertragung der elterlichen Sorge oder eines Teils von ihr wegen Gefährdung des Kindeswohls auf einen Elternteil, einen Vormund oder einen Pfleger, § 621 Z 1, **III** (Büttner FamRZ **98**, 592). Zum Schutz des Kindes kann das FamGer für die Zeit nach der Scheidung vAw Regelungen nach § 1671 III u V BGB iVm §§ 1666 u 1666 a BGB treffen. Leitet es ein solches Verfahren ein, wird es **bei rechtzeitiger Einleitung**, IV, zur FolgeS iSv I, **III 1**. Das Gericht kann vAw die **Abtrennung** eines solchen Verfahrens von der Scheidungssache anordnen, **III 2**, um eine Entscheidung über das Sorgerecht vor der Entscheidung zu ermöglichen, AG Rastatt FamRZ **99**, 519 (dazu Büttner NJW **99**, 2326). Die Sache bleibt auch dann FamS, für die Kosten gilt § 626 II 3 entspr, **III 3** iVm II 4 (die Verweisung auf II 3 dürfte ein Redaktionsversehen sein, weil nach der Begründung II 4 gemeint ist, BT-Drs 13/4899 S 122).

Abschnitt 3. Verfahren in Scheidungs- und Folgesachen § 623

4) Verhandlungs- und Entscheidungsverbund, I–V 6

A. Allgemeines. Über alle FolgeS ist gleichzeitig und zusammen mit der Scheidungssache zu verhandeln und, sofern dem Scheidungsantrag stattgegeben wird, zu entscheiden. Das gilt in erster Linie für streitige Scheidungssachen (auch für eine Härtefallscheidung nach § 1560 II BGB, Karlsr FamRZ **94**, 1399), für einverständliche Scheidungssachen insofern, als ein Gatte in anderen als den von § 630 III erfaßten FolgeS eine gerichtliche Regelung begehrt. FolgeS stehen nicht nur im Verhältnis zur Scheidungssache, sondern auch untereinander im Verbund. Soweit die Scheidungssache und (alle oder einzelne) FolgeS in die Rechtsmittelinstanz gelangen, besteht auch dort der Verbund, § 629 a, Oldb FamRZ **80**, 71, ebenso dann, wenn nur mehrere FolgeS in die Rechtsmittelinstanz gelangen, § 629 II 3.

Die Vorschrift ist zwingend, vgl auch § 628 Rn 7, so daß ein Rügeverlust, § 295, nicht in Betracht kommt, Düss FamRZ **88**, 965, aM Kersten FamRZ **86**, 754 mwN, Hamm FamRZ **86**, 823, vgl auch Schmitz FamRZ **89**, 1262. Der bestehende Verbund kann nur unter den in unten Rn 16 ff genannten Voraussetzungen aufgelöst werden.

B. Voraussetzungen. a) Scheidungs- und FolgeS müssen bei demselben FamGer anhängig sein; die 7 Abgabe von einer Abteilung an die andere sichert § 23 b II 2 GVG. Anderweitig anhängige FamS sind nach Maßgabe des § 621 III vAw an das Scheidungsgericht zu verweisen oder abzugeben, also nicht, wenn sie in höherer Instanz schweben, Hagena FamRZ **75**, 388. Auf die Überleitung hat das Scheidungsgericht durch Unterrichtung des anderen Gerichts hinzuwirken. Solange eine FamS nicht an das Scheidungsgericht gelangt, kann der Verbund nicht wirksam werden.

b) Der Verbund kann auch eintreten, unten Rn 6, wenn zunächst ein Rechtsmittel in einer Scheidungssache und dann ein Rechtsmittel in einer nicht verbundenen FamS an das dasselbe Rechtsmittelgericht gelangt, Hagena FamRZ **75**, 394 (§ 629 a II ist entsprechend anzuwenden).

c) Bei Zurückverweisung, § 629 b, kann der Verbund nachträglich eintreten, nämlich durch Verweisung oder Abgabe, § 621 III, oder durch entsprechenden Antrag der Parteien, unten Rn 7 ff, Diederichsen NJW **77**, 653.

5) Eintritt des Verbundes, I–IV 8

A. Amtsverfahren. In den Fällen von I 3 u III, oben Rn 5, wird die FolgeS nicht kraft Gesetzes mit Eingang des Scheidungsantrags anhängig, sondern erst nach der Einleitung des Verfahrens, dh jeder nach außen erkennbaren Initiative des Gerichts, die auf Aufnahme des Verfahrens gerichtet ist, BGB NJW **92**, 3294 (dafür reichen gerichtsinterne Vorbereitungsmaßnahmen nicht aus). Für die Rechtzeitigkeit der Einleitung gilt IV, unten Rn 9.

B. Antragsverfahren. In allen anderen Fällen tritt der Verbund nur dann ein, wenn die Entscheidung in 9 einer FamS des § 621 I für den Fall der Scheidung **rechtzeitig von einem der Ehegatten begehrt wird, I 1.** Dies gilt namentlich für die Verfahren über den schuldrechtlichen Versorgungsausgleich, § 1587 f BGB, Schlesw SchlHA **79**, 163 (das mit Recht darauf hinweist, daß an den erforderlichen Antrag uU keine hohen Anforderungen zu stellen sind), und für Verfahren nach § 17 III 2 EGBGB, Hamm RR **91**, 266, Mü FamRZ **90**, 186, ferner für die FamS des **§ 621 I Z 7–9** (auch hier bedarf es zur Einleitung des Verfahrens im Verbund nicht der Stellung eines bestimmten Sachantrags, str, offen gelassen BGH NJW **87**, 3266 mwN). Wegen der Geltendmachung von Ansprüchen im Stufenverfahren entsprechend § 254 vgl unten Rn 13.

Die FamS darf und muß in allen diesen Fällen **bis zum Schluß der mündlichen Verhandlung 1. Instanz in der Scheidungssache anhängig gemacht werden, IV 1**, Hamm FamRZ **03**, 1192, Hbg FamRZ **00**, 842, dh ein entsprechender Antrag auf Entscheidung muß spätestens bis zu diesem Zeitpunkt beim Scheidungsgericht gestellt werden, Schlesw SchlHA **97**, 72 u 73, und zwar entweder durch einen Antragsschriftsatz oder in der mündlichen Verhandlung in der Form des § 297, BGH NJW **87**, 3265, Kblz FamRZ **04**, 552; in beiden Fällen besteht Anwaltszwang, § 78 II Z 1 (zur Obliegenheit des RA, ohne PKH einen solchen Antrag zu stellen, vgl Ffm RR **90**, 5, Düss RR **89**, 1485). Ein PKH-Gesuch reicht als Antrag aus, Schlesw SchlHA **95**, 158, Karlsr FamRZ **94**, 972 mwN, str, vgl BVerfG RR **02**, 793 mwN, vgl § 261 Rn 1. Der Zeitpunkt verschiebt sich durch die Gewährung eines Schriftsatznachlasses nach § 283, Köln FamRZ **83**, 289. In der Berufungsinstanz können neue FolgeS nur hilfsweise erstmals anhängig gemacht werden, Hamm FamRZ **89**, 1191, wohl aber vorher anhängige FolgeS unter Antragserweiterung weiterverfolgt werden, Hamm NJW-FER **00**, 64. Anhängig wird die FolgeS mit der Einreichung des Schriftsatzes, § 518 Rn 3 ff, bzw mit der Geltendmachung in der mündlichen Verhandlung entspr § 261 II, BGH NJW **87**, 3265, Schlesw aaO. Eine bloße Erörterung mit dem Ziel der Einbeziehung einer FamS genügt nicht, Hbg FamRZ **88**, 638 mwN. Eine Begründung des Antrags ist nötig, § 253 II Z 2; das Gericht muß der Partei dazu Gelegenheit geben, BGH aaO. Entsprechendes gilt, wenn die Scheidungssache nach Aufhebung eines die Scheidung ablehnenden Urteils **gemäß § 629 b an das FamGer zurückverwiesen ist, IV 2**, so daß der Antrag dann bis zum Schluß der erneuten mündlichen Verhandlung erster Instanz gestellt werden darf und muß. Das FamGer muß eine danach rechtzeitig anhängig gemachte FolgeS in den Verbund einbeziehen, Düss FamRZ **87**, 958, und zwar auch dann, wenn mit dem spät gestellten Antrag eine Verzögerung der Verf bezweckt wird: nur unter den besonderen Voraussetzungen des § 628 I Z 4 dürfen getrennte Entscheidungen ergehen, Bbg FamRZ **88**, 741. Bei einem Verstoß gegen II kommt ein Rügeverlust nach § 295 nicht in Betracht, str, oben Rn 4.

Ist der **Antrag** verspätet, so ist das Begehren als selbständige FamS zu behandeln, für die ausschließlich die 10 §§ 621 ff gelten. Wird in während des Berufungsverfahrens gestellt, ist die Zurückverweisung der Scheidungssache an das FamGer nur dann zulässig, wenn dem Erstgericht Verfahrensfehler unterlaufen sind, Hamm NJW **89**, 2204 (Anm Geimer), nicht aber sonst, Hamm RR **91**, 266. Eine Rücknahme des Sachantrags ist jederzeit zulässig; für zivilprozessuale FolgeS gilt dann § 269, Diederichsen NJW **77**, 653, für FGG-FolgeS gilt § 13 a FGG, § 621 a Rn 6–7. Eine Rücknahme kann auch im Verzicht auf eine Verbundentscheidung liegen.

Gegen die **Ablehnung des Antrags**, über eine FolgeS im Verbund zu entscheiden, gibt es keine Beschwerde, vgl StJSchl 14, offengelassen Schlesw SchlHA **78**, 41.

§ 623   Buch 6. Verfahren in Familiensachen

11 6) **Verhandlung und Entscheidung im Verbund, I**
A. Allgemeines. Die örtliche Zuständigkeit, § 621 II, begründet die internationale Zuständigkeit auch für die im Verbund stehenden FolgeS, wenn nicht Staatsverträge vorgehen, § 621 Rn 33, zB das Haager MinderjSchutzAbk, AG St. Wendel FamRZ **89**, 1317. Über alle FolgeS, oben Rn 1, ist gleichzeitig und zusammen mit der Scheidungssache zu verhandeln, also auch dann, wenn für sie das FGG gilt, § 621 a. Beteiligt sind immer die Ehegatten, niemals ein gemeinschaftliches minderjähriges Kind. Daher kann im Fall des § 621 I Z 4 ein Elternteil, solange die Scheidungssache anhängig ist, Unterhaltsansprüche eines Kindes gegen den anderen Elternteil im eigenen Namen geltend machen, § 1629 III BGB, vgl dazu im einzelnen Bergerfurth FamRZ **82**, 563 mwN; die Prozeßstandschaft endet aber mit der Volljährigkeit des Kindes, das damit selbst als Partei in das Verfahren eintritt, BGH FamRZ **85**, 471. Allgemein sind beteiligt ein volljähriges Kind wegen des Unterhalts, StJSchl § 624 Rn 36, und Dritte in FGG-Verfahren, § 621 a Rn 3ff, zB nach § 7 HausratsVO (Vermieter), § 53 b FGG (Träger der Rentenversicherung oder der Versorgungslast) oder § 49 a FGG bzw § 48 a JWG (Jugendamt). Für alle Beteiligten gilt Anwaltszwang, § 78 II, KG NJW **79**, 2251 mwN, Ffm FamRZ **79**, 1049, str, vgl § 629 a Rn 14. Wegen der oft wechselnden Parteistellung in den einzelnen Sachen empfiehlt es sich, in den Entscheidungen die Gatten als „Ehemann" und „Ehefrau", andere Beteiligte mit ihren Namen zu bezeichnen, Diederichsen NJW **77**, 652.

12 Für die Anberaumung des Termins gilt § 608 iVm § 216. Die Terminierung hat unverzüglich zu erfolgen, § 216 II; das bedeutet, daß sofort zu terminieren ist, wenn der Scheidungsantrag abweisungsreif ist, sonst erst dann, wenn auch über die FolgeS sinnvoll verhandelt werden kann, § 612 Rn 1.
Einstweilige Regelungen ergehen durch einstwAnO im Scheidungsverfahren, §§ 620 ff. I ü richtet sich das Verfahren nach den für die FolgeS jeweils maßgeblichen Vorschriften, § 621 a Rn 2ff, so daß auch im Verbund ZPO oder FGG mit den sich aus § 621 a ergebenden Modifikationen anzuwenden ist, § 624 Rn 1. Die Aussetzung des Verfahrens wegen einer FolgeS, zB nach § 153, erfaßt das ganze Verfahren, so daß über andere im Verbund stehende FamS nicht verhandelt und entschieden werden darf, es sei denn, die auszusetzenden FolgeS werden abgetrennt, MüKoKl 47, MüFamRZ **96**, 951 mwN, Kemnade FamRZ **80**, 73.
Zur Streitwertfestsetzung in den Amtsverfahren, oben Rn 5 u 8, vgl Schneider MDR **83**, 355 mwN.

13 **B. Verhandlung.** Die vorgeschriebene gemeinsame Verhandlung dient der Erörterung aller verbundenen Angelegenheiten und der Aufklärung des Sachverhalts nach den dafür maßgeblichen Bestimmungen, § 624 Rn 1; daneben kann der Richter alle anderen, durch ZPO bzw FGG eröffneten Möglichkeiten nutzen, freilich unter Beschränkung auf die danach zu behandelnde Angelegenheit, StJSch 16. Die Beteiligung Dritter legt schon vor der Abtrennung, I 2 eine getrennte Vorbereitung nahe, vgl § 624 III. Notwendig ist nur eine gemeinsame Schlußverhandlung, in der alle Ergebnisse des bisherigen Verfahrens verwertet werden dürfen, StJSchl 2, soweit § 616 II nicht entgegensteht; immer darf und muß das Vorbringen in der EheS oder einer FGG-FolgeS auch in zivilprozessualen FolgeS berücksichtigt werden (und umgekehrt), Roth ZZP **103**, 5 mwN, Bergerfurth 165, Diederichsen ZZP **91**, 420, ThP 5, KG FamRZ **78**, 609 (str, aM ZöPh 37, StR 20, Maurer I 326), was für ein in zivilprozessualen FolgeS zulässiges Versäumnisurteil, § 629 II, Bedeutung erlangen kann.

14 **C. Entscheidung.** Soweit eine Entscheidung für den Fall der Scheidung zu treffen ist, dh die Gatten eine Regelung von Scheidungsfolgen begehren oder darüber vAw zu entscheiden ist, oben Rn 5, und keine verbindliche Einigung der Gatten vorliegt, ist über den Scheidungsantrag gleichzeitig und zusammen mit der FolgeS zu entscheiden, wenn dem Scheidungsantrag stattgegeben wird (bei seiner Abweisung erübrigt sich eine Regelung der Scheidungsfolgen, § 629 III) und Raum für eine Entsch in der FolgeS ist, Hamm FamRZ **86**, 922 (betr Sorgerecht). Die Entscheidung ergeht dann einheitlich durch Urteil, auch wenn in der FolgeS sonst durch Beschluß zu entscheiden wäre, § 629; wegen der Ausnahmen s § 627 u 628. Das sog Verbundurteil muß hinsichtlich der FolgeS, auch wenn für sie sonst das FGG gilt, § 624 Rn 5, Tatbestand und Entscheidungsgründe enthalten, § 313 a II 1, vgl § 313 a Rn 13, Hamm FamRZ **79**, 168, offen gelassen BGH NJW **81**, 2816, Stgt FamRZ **83**, 81 (das aber einen Verzicht aller Beteiligten für zulässig hält), aM hinsichtlich der zivilprozessualen FolgeS StR § 629 Rn 2, Maurer I 287 u 328, 733, diff ZöPh § 629 Rn 2. Wegen des Eintritts der Rechtskraft s § 629 a Rn 9.

15 Betrifft die FolgeS den nachehelichen Unterhalt, § 621 I Z 5, oder den Ausgleich des Zugewinns, § 621 I Z 8, so kann der Auskunftsanspruch nur mit einer Stufenklage iSv § 254 im Verbundverfahren geltend gemacht werden, MüKoKl 28, BGH NJW **97**, 2176 mwN, hM KG FamRZ **00**, 1293, Hamm FamRZ **93**, 984, KG RR **92**, 450, aM Zweibr RR **97**, 2 (für die Widerklage), Ffm FamRZ **87**, 300, ZöPh 21 b, StR 59, Vogel FamRZ **94**, 49 mwN; über diesen Anspruch darf vor der Entscheidung über den Scheidungsantrag erkannt werden, BGH aaO, und zwar durch Teilurteil, so daß in das Verbundurteil erst die Entscheidung über die letzte Stufe eingeht, BGH aaO, Schlesw SchlHA **97**, 73. Entsprechendes gilt für den im Rahmen einer FolgeS über den Versorgungsausgleich, § 621 I Z 6, geltend gemachten Auskunftsanspruch nach § 1587 e I BGB, Bergerfurth FamRZ **82**, 565, Hbg FamRZ **81**, 1095, aM Bre FamRZ **79**, 834, wobei es ohne Bedeutung ist, daß dieser Anspruch im FGG-Verfahren geltend zu machen ist, Hamm FamRZ **80**, 64.

16 Im übrigen ist (auch über den Versorgungsausgleich) eine Teilentscheidung, § 301, zulässig, wenn sie von dem weiteren Verfahrensgang nicht mehr berührt werden kann, BGH NJW **84**, 120, FamRZ **83**, 38, Köln FamRZ **81**, 903, zustm Schmeiduch, offen gelassen KG NJW **82**, 1543 mwN, aM (Teilentscheidung über den Versorgungsausgleich unzulässig) Kblz FamRZ **81**, 901, KG FamRZ **81**, 289, Mü FamRZ **79**, 1025.
Über die Kosten ist einheitlich zu entscheiden, § 93 a; die (Gesamt-)Entscheidung darf vom Rechtsmittelgericht iRv § 93 a auch dann geändert werden, § 308, wenn nur eine FolgeS angefochten ist, KG FamRZ **88**, 1075, aM Mü FamRZ **80**, 473. Erledigt sich im Rechtsmittelzug eine FolgeS, gilt für die Entscheidung über die Rechtsmittelkosten nicht § 91 a, sondern § 93 a (ggf iVm § 97 III), BGH AnwBl **84**, 502 u FamRZ **83**, 683.
Die im Verbund stehenden Sachen bilden gebührenrechtlich eine Angelegenheit, § 7 III BRAGO, dazu Düss AnwBl **83**, 556, zustm H. Schmidt AnwBl **83**, 552.

17 **D. Anfechtung.** Trotz des einheitlichen Urteils können der Scheidungsausspruch und jede FolgeS getrennt angefochten werden, s § 629 a. Ein Verstoß gegen § 623 schafft eine selbständige Beschwer, BGH

Abschnitt 3. Verfahren in Scheidungs- und Folgesachen §§ 623, 624

RR **96**, 834, FamRZ **84**, 255 mwN, und führt zur Zurückverweisung an die 1. Instanz, BGH RR **96**, 835 mwN, Bra FamRZ **04**, 386.

7) Auflösung des Verbundes. Er tritt ein durch **18**
A. Abtrennung: FolgeS können grundsätzlich nicht abgetrennt werden, § 145 gilt für sie nicht. Abgetrennt wird eine FolgeS nur **a)** wenn bei einer FamS des § 621 I Z 5 u 8 sowie II 1 Z 4 **ein Dritter Verfahrensbeteiligter wird,** I 2, oben Rn 3; **b)** durch **Abtrennung nach II 2 oder III 2,** oben Rn 4 u 5, **c)** durch **Vorwegentscheidung nach § 627,** s dort; **d)** durch **Abtrennung nach § 628.**
In allen diesen Fällen endet der Verbund, die abgetrennte Sache **bleibt jedoch FolgeS,** vgl § 93 a II, MüKoKl § 627 Rn 3, Maurer I 374 ff, aM Bergerfurth AnwZwang 350, STr 24, Rahm VII 47, diff ZöPh 9.

B. Rücknahme des Antrags oder sonstige Erledigung der FolgeS: Diese Umstände führen zur **19** Auflösung des Verbundes; dies gilt auch für einen Streit über die Erledigung, Zweibr FamRZ **97**, 505 (auch zur Kostenentscheidung). Dies gilt nicht, soweit die Gatten nicht verfügungsberechtigt sind, also zB bei einer Regelung der elterlichen Sorge, §§ 623 III, 627; hier endet das vAw eingeleitete Verfahren mit der Volljährigkeit des Kindes, Stgt NJW **80**, 129. Daß in einem Termin in der FolgeS kein Antrag gestellt worden ist, führt nicht zur Auflösung des Verbundes, Hamm FamRZ **99**, 520.

C. Rücknahme des Scheidungsantrags, § 626, **oder seine sonstige Erledigung,** zB durch Tod, **20** § 619. Wird eine FolgeS als selbständige FamS fortgeführt, § 626 II, so bleibt das Gericht der Scheidungssache zuständig, § 261 III Z 2, Brüggemann FamRZ **77**, 22; das Verfahren richtet sich nach den §§ 621 a ff. Eine Beistandschaft, § 625, erlischt, die Prozeßvollmacht, § 624 I, gilt jedoch fort, ebenso die Bewilligung der Prozeßkostenhilfe, § 624 II;

D. Entscheidung über den Scheidungsanspruch: Der Verbund wird aufgelöst **a)** für alle FolgeS mit **21** **Abweisung des Scheidungsantrags,** § 629 III, **b)** für bestimmte FolgeS mit **Stattgabe des Scheidungsantrags,** § 628. Wegen der Fortführung als selbständige FamS, § 629 III 2 u 3, s oben Rn 18.

8) Übergeleitete Verfahren, V. Das oben Gesagte gilt auch für Verfahren, die nach § 621 III auf das **22** Scheidungsgericht übergeleitet (verwiesen oder abgegeben) worden sind, § 621 Rn 34 u 35. Soweit ein Antrag erforderlich ist, oben Rn 3 u 4, muß ein Ehegatte bis zum Schluß der mündlichen Verhandlung 1. Instanz, II, erklären, daß er das vor der Scheidung eingeleitete Verfahren auf eine Regelung der Scheidungsfolgen umstellt. Sonst wird das Verfahren vom jetzt zuständigen Scheidungsgericht als selbständige FamS weitergeführt, §§ 621 a ff, ohne daß eine Verbindung mit der Scheidungssache zulässig ist, § 610 II.

624 *Besondere Verfahrensvorschriften.* ¹ Die Vollmacht für die Scheidungssache erstreckt sich auf die Folgesachen.
II Die Bewilligung der Prozesskostenhilfe für die Scheidungssache erstreckt sich auf Folgesachen nach § 621 Abs. 1 Nr. 6, soweit sie nicht ausdrücklich ausgenommen werden.
III Die Vorschriften über das Verfahren vor den Landgerichten gelten entsprechend, soweit in diesem Titel nichts Besonderes bestimmt ist.
IV ¹ Vorbereitende Schriftsätze, Ausfertigungen oder Abschriften werden am Verfahren beteiligten Dritten nur insoweit mitgeteilt oder zugestellt, als das mitzuteilende oder zuzustellende Schriftstück sie betrifft. ² Dasselbe gilt für die Zustellung von Entscheidungen an Dritte, die zur Einlegung von Rechtsmitteln berechtigt sind.

Vorbem. II mWv 1. 7. 98 geänd durch Art 6 Z 21 KindRG, vgl Einf § 606 Rn 11.

Schrifttum: *Zimmermann,* PKH in FamS, 1997; *Thalmann,* PKH in FamS 1992 (Nachtrag 1995).

1) Allgemeines. Grundsätzlich bleiben für FolgeS die Verfahrensvorschriften maßgeblich, die für diese **1** FamS gelten. Trotz des Verbundes ist also ZPO oder FGG mit den sich aus § 621 a ergebenden Modifikationen anzuwenden, MüKoKl 1, vgl § 621 a Rn 2 u 3. Soweit sie FolgeS sind, bringen sie Sondervorschriften. Von ihnen abgesehen, ist ggf unterschiedlich zu verfahren, sofern dies nach ZPO bzw FGG geboten ist; so gilt auch dann, wenn es sich um eine FolgeS handelt, im Versorgungsausgleichsverf nicht § 128, sondern § 53 b FGG, und zwar auch im Beschwerdeverf, BGH NJW **83**, 824. Freilich läßt sich eine solche Trennung nicht immer durchführen; außerdem würde eine kleinliche Aufspaltung dem Sinn des Verhandlungs- und Entscheidungsverbundes widersprechen. Ist zB in einer Kindessache der Untersuchungsgrundsatz nach FGG voll angewendet worden, so dürfen die Ergebnisse auch für die EheS (mit der sich aus § 616 II ergebenden Beschränkung) und für alle FolgeS (in zivilprozessualen FolgeS trotz des Verhandlungsgrundsatzes) verwertet werden, weitergehend StJSchl 2, aM Maurer I 332.

2) Vollmacht, I. Für das Verfahren in einer FolgeS gilt ebenso wie für die Scheidungssache Anwaltszwang, **2** § 78 II 1 Z 1. Die Vorschriften über die Vollmacht sind einheitlich in allen FolgeS anzuwenden, s § 621 Rn 30. Die Vollmacht für die Scheidungssache, § 609, erstreckt sich auch auf die FolgeS, I, nicht aber umgekehrt. Damit wird sichergestellt, daß die Parteien von vornherein auch in den FolgeS einheitlich vertreten sind; vgl ü § 625. Bei Abtrennung dauert die Vollmacht fort, § 623 Rn 16. Sie darf nur von einem beteiligten Dritten, § 623 Rn 10, auf eine im Verbund stehende FolgeS beschränkt werden, § 83 I, str, vgl § 609 Rn 1.

3) Prozeßkostenhilfe, II. Für die Prozeßkostenhilfe gelten einheitlich die §§ 114 ff ZPO, auf die auch **3** § 14 FGG verweist, s § 621 a Rn 6 (Schrifttum: Zimmermann, Prozeßkostenhilfe in FamS, 1997, s dazu FamRZ **97**, 1393, Thalmann, Prozeßkostenhilfe in FamS, 1992).

A. Erstreckung. Vor dem Inkrafttreten des UÄndG war streitig, ob sich die für die Scheidungssache bewilligte Prozeßkostenhilfe nur auf bereits anhängige oder doch angekündigte FolgeS erstreckte oder auch später anhängig werdende FolgeS umfaßte, vgl 44. Aufl, Diederichsen NJW **86**, 1467. Nach der Neufassung von II erstreckt sich die Bewilligung nur auf **FolgeS nach § 621 I Z 6,** soweit sie nicht ausdrücklich

§ 624   Buch 6. Verfahren in Familiensachen

ausgenommen werden. Danach umfaßt die Bewilligung ohne weiteres die Verf über den Versorgungsausgleich in jeder Form, nicht nur in den Fällen des § 1587 b BGB, MüKoKl 5, ZöPh 8, Ffm FamRZ **00**, 99 (Anm Weil), abw Maurer I 163 (keine Erstreckung auf den schuldrechtlichen Versorgungsausgleich): aber schon die Verweisung geht über den Zweck der Änderung hinaus, soweit die „Automatik" nach II nur für diejenigen FolgeS eintreten zu lassen, die das FamGer vAw einzuleiten hat, § 623 III 1, BT-Drs 10/2888 S 28. Für alle anderen FolgeS ist die Prozeßkostenhilfe gesondert zu beantragen und zu bewilligen; wird einem auch auf eine FolgeS bezogenen Antrag ohne Einschränkung stattgegeben, ist damit PHK für diese FolgeS bewilligt (keine stillschweigende Einschränkung), Mü FamRZ **95**, 822. Auch die in II genannten FolgeS kann das Gericht von der Prozeßkostenhilfe ausnehmen. Dies wird idR bei der Bewilligung für die Scheidungssache geschehen können und müssen; eine nachträgliche Beschränkung ist aber zB bei erkennbar werdender Mutwilligkeit nicht ausgeschlossen, aM Bergerfurth FamRZ **85**, 547, und immer möglich, wenn erst später erkennbar wird, daß eine Regelung über den Versorgungsausgleich nach § 1587 b BGB zu treffen ist (der durch § 124 festgelegte Bestandsschutz steht dem nicht entgegen, weil angesichts der „Automatik" kein Vertrauenstatbestand geschaffen wird, abw Schneider MDR **81**, 795 zu § 624 aF).

Aus II läßt sich für die entsprechenden AnO-Verf, § 620 ff, nichts herleiten: auf sie erstreckt sich die für die Scheidungssache bewilligte Prozeßkostenhilfe nicht, vgl Einf § 620 Rn 7.

Die Erstreckung nach II ändert nichts daran, daß es auch in diesen FolgeS für Vergleiche einer ausdrücklichen Bewilligung der Prozeßkostenhilfe bedarf, soweit hier Vergleiche zulässig sind, vgl KG MDR **98**, 1484. Ein abweichender Vorschlag im RegEntw, dazu Bergerfurth FamRZ **85**, 547, ist nicht Gesetz geworden, vgl Diederichsen NJW **86**, 1467. Für die Anwaltsgebühren gilt § 122 III BRAGO, Sedemund-Treiber FamRZ **86**, 209.

4   **B. Bewilligung.** Eines Antrages bedarf es für die Scheidungssache und die nicht von II erfaßten FolgeS. Die Voraussetzungen ergeben sich aus §§ 114 ff, auf die auch § 14 FGG verweist, § 621 a Rn 3, § 114 Rn 101 und Rn 124.

Grundsätze: Für einen aussichtslosen Scheidungsantrag oder Gegenantrag (ohne FolgeS) ist Prozeßkostenhilfe nicht zu bewilligen, Düss FamRZ **86**, 697. Iü kommt es allein auf das zweckentsprechende Verhalten im gesamten Verbundverfahren an, Nolting FamRZ **86**, 697, anders Saarbr FamRZ **85**, 723, alle mwN, so daß Prozeßkostenhilfe dem Antragsgegner auch dann für das ganze Verfahren bewilligt werden darf, wenn eine Verteidigung gegen den Scheidungsantrag als solchen überhaupt nicht beabsichtigt ist, Bbg RR **95**, 6 mwN, Ffm DAVorm **84**, 707, Celle MDR **83**, 323, oder keinen Erfolg verspricht, Jena FamRZ **98**, 1179, Stgt NJW **85**, 207 mwN, KG FamRZ **85**, 621, Bre und Hamm FamRZ **85**, 622, Naumbg FamRZ **82**, 1224 mwN, str, aM KG FamRZ **80**, 714 mwN, Düss FamRZ **79**, 158 u 159, Zweibr FamRZ **79**, 847 (Bewilligung ggf nur für einzelne FolgeS), Karlsr FamRZ **79**, 847 (jedenfalls ist ein RA nur bei Erfolgsaussicht beizuordnen). Die Bewilligung für den Antragsgegner setzt aber voraus, daß er ein bestimmtes Verfahrensziel verfolgt, sich also nicht völlig passiv verhält, Maurer I 158, Bre FamRZ **85**, 622, Karlsr FamRZ **85**, 724. Prozeßkostenhilfe für eine FolgeS ist abzulehnen oder nach II zu beschränken, wenn die Rechtsverfolgung aussichtslos, Bbg FamRZ **87**, 500, Hbg FamRZ **81**, 581, oder mutwillig ist, was bei isolierter Erhebung der Klage statt Geltendmachung im Verbundverfahren, nicht der Fall ist, BGH FamRZ **05**, 786 mwN (Anm Viefhues ebenda S 881) u Karlsr FF **05**, 113, wohl aber bei Verweigerung der Mitwirkung beim Versorgungsausgleich, Hamm FamRZ **80**, 180; soweit es um das Sorgerecht geht, wird eine Ablehnung nur ausnahmsweise in Betracht kommen, vgl Hbg aaO.

Für die **Beiordnung eines RA** gilt auch in isolierten FGG-FolgeS § 121 II 1 (2. Alternative), § 121 Rn 56, Zweibr FamRZ **85**, 963, Köln FamRZ **97**, 377 mwN, Hamm FamRZ **96**, 488 u **85**, 623 mwN, Kblz FamRZ **85**, 624, sehr str, aM Beyer JB **89**, 444, Nürnb RR **95**, 389 u FamRZ **87**, 731 mwN, ua Hamm FamRZ **86**, 82 u **84**, 1245. Die Vergütung des RA ergibt sich aus §§ 120 ff BRAGO. Wegen des Umfangs der Beiordnung s § 122 III BRAGO, wegen der Obliegenheit des RA, keine vermeidbaren Kosten zu verursachen, vgl Karlsr FamRZ **94**, 973, Ffm RR **90**, 5, Düss RR **89**, 1485.

5   **4) Anwendung der landgerichtlichen Verfahrensvorschriften, III.** Nach § 608 gelten für die Scheidungssache die Vorschriften über das landgerichtliche Verfahren entsprechend, s dortige Erläuterungen. Diese Regelung wird durch III auf FolgeS erstreckt, für die ZPO maßgeblich ist, § 621 a Rn 2. In FolgeS nach § 621 I Z 4 u 5 sind daher ohne Rücksicht darauf, ob für sie als selbständige FamS die §§ 495 ff gelten, die landgerichtlichen Verfahrensvorschriften anzuwenden, soweit der 3. Titel nichts besonderes bestimmt (für FolgeS nach § 621 I Z 8 gilt § 621 b). Solche Bestimmungen enthalten § 624 IV und die §§ 625–630; zu terminieren ist auch hier unverzüglich, § 216, dh bei Entscheidungsreife aller nach § 623 zu verhandelnden Sachen, also auch der bereits anhängigen FolgeS, Ffm NJW **86**, 389 mwN, wenn nicht die Scheidungssache abweisungsreif ist, § 612 Rn 1.

Hinsichtlich der FolgeS nach § 621 I Z 1–3, 6, 7 u 9 bleibt es dagegen bei der Anwendung des FGG (nach Maßgabe des § 621 a I), KG FamRZ **84**, 495, wie die §§ 624 IV 2 und 629 a II zeigen, ZöPh 13. Deshalb gelten insoweit auch nicht § 128 I und § 313 a, sondern FGG, für den Versorgungsausgleich also § 53 b I FGG, KG FamRZ **84**, 495, bzw § 53 b III FGG, Stgt FamRZ **83**, 82 mwN.

6   **5) Beteiligung Dritter, IV.** Infolge des Verbundes, § 623, können am Verfahren auch Dritte beteiligt sein, § 623 Rn 11. Wegen der höchstpersönlichen Natur des Scheidungsverfahrens dürfen vorbereitende Schriftsätze, Ausfertigungen und Abschriften (aller Art) solchen Dritten **nur insoweit mitgeteilt oder zugestellt werden, als das Schriftstück sie betrifft, IV 1**; dasselbe gilt für die Zustellung von Entscheidungen an Dritte, die zwar nicht am Verfahren der 1. Instanz beteiligt sind, aber zur Einlegung von Rechtsmitteln berechtigt sind, **IV 2**, zB ein gemeinschaftliches Kind nach § 59 FGG in einer seine Rechtsstellung berührenden FolgeS. Der Urheber des Schriftstücks, dh das Gericht oder der RA, hat dafür zu sorgen, daß die Vorschrift eingehalten wird, hat etwa Auszüge aus der Entscheidung oder getrennte Schriftsätze einzureichen. Wegen der Beteiligung Dritter an einer mündlichen Verhandlung s § 623 Rn 13.

7   **Zustellung** (Philippi FamRZ **89**, 1260, ZöPh 17–21, Rahm VII 171–174): Jede Entscheidung, die (auch) über eine FolgeS des § 621 I Z 1–3 ergeht, muß nicht nur dem gesetzlichen Vertreter zugestellt werden, § 171, Saarbr NJW **79**, 2620, sondern auch dem mindestens 14 Jahre alten minderjährigen Kind, das nicht

Abschnitt 3. Verfahren in Scheidungs- und Folgesachen §§ 624, 625

geschäftsunfähig ist, bekanntgemacht werden, jedoch ohne Begründung, wenn deswegen Nachteile für das Kind zu befürchten sind, § 59 II FGG; ebenso ist sie dem nach § 85 KJHG zuständigen Jugendamt wegen § 57 I Z 9 FGG, § 64 k III 3 FGG zuzustellen, bei Änderung der nach § 85 KJHG maßgeblichen Umstände bis auf weiteres dem angehörten Jugendamt, § 86 III KJHG (nach §§ 49 a II, 49 III FGG sind alle Entscheidungen in FolgeS des § 621 I Z 1 u 2 sowohl dem Jugendamt als auch dem Landesjugendamt bekannt zu machen). Entsprechendes gilt für die Zustellung von Entscheidungen, die in FolgeS des § 621 I Z 4–8 ergehen, zB an den am Versorgungsausgleich Beteiligten, § 53 b FGG, sowie an andere Beteiligte, zB den Vermieter nach § 7 HausratsVO. Zustellungen an nicht betroffene Drittbeteiligte sind nicht erforderlich, auch nicht im Hinblick auf § 629 a III, Rn 19 ff.

625 *Beiordnung eines Rechtsanwalts.* [I] [1] Hat in einer Scheidungssache der Antragsgegner keinen Rechtsanwalt als Bevollmächtigten bestellt, so ordnet das Prozeßgericht ihm von Amts wegen zur Wahrnehmung seiner Rechte im ersten Rechtszug hinsichtlich des Scheidungsantrags und eines Antrags nach § 1671 Abs. 1 des Bürgerlichen Gesetzbuchs einen Rechtsanwalt bei, **wenn diese Maßnahme nach der freien Überzeugung des Gerichts zum Schutz des Antragsgegners unabweisbar erscheint**; § 78 c Abs. 1, 3 gilt sinngemäß. [2] Vor einer Beiordnung soll der Antragsgegner persönlich gehört und dabei besonders darauf hingewiesen werden, daß die Familiensachen des § 621 Abs. 1 gleichzeitig mit der Scheidungssache verhandelt und entschieden werden können.

[II] **Der beigeordnete Rechtsanwalt hat die Stellung eines Beistandes.**

Vorbem. I mWv 1. 7. 98 geänd durch Art 6 Z 22 KindRG, vgl Einf § 606 Rn 11.

1) **Allgemeines.** In Scheidungs- und FolgeS besteht für beide Parteien Anwaltszwang, § 78 II 1 Z 1. **1** Trotzdem braucht der Antragsgegner keinen RA zum Prozeßbevollmächtigten zu bestellen, wenn er keinen Sachantrag stellen will, zB bei einverständlicher Scheidung, § 1565 iVm § 1566 BGB. In der Regel benötigt aber eine Partei im Scheidungsverfahren anwaltliche Beratung, vor allem auch wegen der Scheidungsfolgen. Diese Beratung über die Scheidung und die Regelung der elterlichen Sorge stellt § 625 sicher. Unberührt bleiben die Vorschriften über die Prozeßkostenhilfe, dazu Kblz MDR 77, 233, AG Syke RR 93, 1479; den dafür erforderlichen Antrag darf der nach § 625 beigeordnete RA als Beistand für die Partei stellen, Brüggemann FamRZ 77, 8.

2) **Beiordnung eines RA, I.** Hat in einer Scheidungssache der Antragsgegner keinen RA als Bevoll- **2** mächtigten bestellt, so hat das FamGer wie folgt zu verfahren:

A. Vorbereitung. Zunächst soll es, dh muß es abgesehen von besonderen Ausnahmefällen, den Antragsgegner **persönlich hören**, § 613, und zwar mündlich, Hamm RR 87, 952; dabei hat es ihn über die Tragweite der Scheidung und seine Rechte aufzuklären **sowie besonders darauf hinzuweisen**, daß etwaige FolgeS im Verbund mit der Scheidungssache verhandelt und entschieden werden können, I 2. Das Gericht wird, soweit es erforderlich ist, dem Antragsgegner auch nahelegen, einen RA zum Prozeßbevollmächtigten zu bestellen.

B. Beiordnung. Geschieht dies nicht, so ordnet das Prozeßgericht (FamGer) dem Antragsgegner (auch **3** wenn er nicht bedürftig iSv § 114 I ist) vAw einen RA bei, **wenn diese Maßnahme nach seiner freien Überzeugung zum Schutz des Antragsgegners unabweisbar erscheint**, I 1. Das ist der Fall, wenn das Gericht nach Sachlage zu dem Ergebnis kommt, daß der Schutz des Antragsgegners auf andere Weise nicht sichergestellt werden kann, weil er aus Unkenntnis, mangelnder Übersicht über seine Lage und die Folgen der Scheidung, Uneinsichtigkeit oder auch unter dem Einfluß des anderen Ehegatten seine Rechte in unvertretbarer Weise nicht hinreichend wahrnimmt, Hamm RR 98, 1459. Danach kommt eine Beiordnung nicht in Betracht, wenn der Antragsgegner in voller Kenntnis aller Umstände keinen Prozeßbevollmächtigten bestellt, Hamm aaO, und auch dann nicht, wenn der Scheidungsantrag eindeutig unschlüssig ist, Hamm FamRZ 82, 86. Fordert der Schutz eines Kindes die sachgemäße Beratung des Antragsgegners, wird diesem immer ein RA beizuordnen sein, vgl Jost NJW 80, 332.

a) **Die Beiordnung erstreckt sich** auf die Scheidungssache und, wenn gemeinschaftliche Kinder **4** vorhanden sind, auf einen Antrag nach § 1671 I BGB (Regelung der elterlichen Sorge), I 1 1. Halbs. Für andere FolgeS ist sie nicht zulässig, StJSchl 3, Kblz FamRZ 85, 619 mwN, auch nicht für die Regelung des Umgangs mit einem Kinde, MüKoKl 6, aM ZöPh 6, Diederichsen NJW 77, 606, Mü AnwBl 79, 440. Auf eine einstwAnO, auch eine solche über die elterliche Sorge, erstreckt sich die Beiordnung nicht, MüKoKl 6, Kblz FamRZ 85, 619, ebf § 620 Rn 7.

Der **RA ist zur Annahme verpflichtet**, § 48 I Z 3 BRAO, kann aber die Aufhebung der AnO aus wichtigem Grunde verlangen, § 48 II BRAO, Anh § 155 GVG. Hierhin gehören namentlich die Fälle des § 45 BRAO, aber auch eine Störung des notwendigen Vertrauensverhältnisses. Nach der Aufhebung hat das Gericht einen anderen RA beizuordnen.

b) Für die **Auswahl** des RA durch das Gericht gilt **§ 78 c I**, für die **Beschwerde** gegen die Verfügung **5** des Gerichts **§ 78 c III**, I 1 2. **Halbs**; über die Beschwerde entscheidet das OLG, § 119 GVG. Abgesehen davon ist keine Beschwerde gegen die Ablehnung eines Antrags auf Beiordnung, Maurer I 142, aM Ambrock 2, sowie gegen die Beiordnung als solche zulässig, StJSchl 3, sehr str, aM MüKoKl 7, STr 5, Maurer I 143, ZöPh 4, ThP 6, Bergerfurth Rn 47 u AnwZwang Rn 337, Walter S 180, Hamm RR 87, 952, FamRZ 82, 86 mwN, Düss FamRZ 78, 918, KG FamRZ 78, 607, ebensowenig dann, wenn das Gericht den Antrag der Partei auf Aufhebung ablehnt (aM Brüggemann, FamRZ 77, 8) oder wenn sich die Partei schon vorher gegen die Beiordnung ausgesprochen hatte (aM Oldb FamRZ 80, 179): die Voraussetzungen des § 567 I sind in keinem dieser Fälle erfüllt, vgl dort Rn 4.

c) Durch die Beiordnung entstehen bei dem Gericht **keine Gebühren**. **6**

3) **Stellung des beigeordneten RA, II.** Solange der Antragsgegner dem RA keine Prozeßvollmacht **7** erteilt, hat dieser **die Stellung eines Beistands**, § 90. Er ist daher darauf beschränkt, den Antragsgegner

über die Tragweite der Scheidung und ihre Folgen aufzuklären, ihn zu beraten und (nur neben ihm) schriftlich und mündlich vorzutragen, § 90 II. Ihm sind deshalb alle Entscheidungen und Schriftsätze in Abschrift zuzuleiten, während Zustellungen an die Partei zu erfolgen haben, BGH NJW **95**, 1225 mwN. Der beigeordnete RA hat gegen den Antragsgegner Anspruch auf die Vergütung eines zum Prozeßbevollmächtigten bestellten RA, § 36 a I BRAGO, auch auf Gebühren nach § 31 BRAGO (Wert: § 12 GKG iVm § 9 BRAGO); er kann jedoch keinen Vorschuß fordern. Ist der Antragsgegner mit der Zahlung im Verzug, kann der RA in entsprechender Anwendung der §§ 121 ff BRAGO eine Vergütung aus der Landeskasse verlangen, § 36 a II BRAGO. Vgl dazu Hartmann Erl zu § 36 a BRAGO.

626 *Zurücknahme des Scheidungsantrags.* [1] [1] Wird ein Scheidungsantrag zurückgenommen, so gilt § 269 Abs. 3–5 auch für die Folgesachen, soweit sie nicht die Übertragung der elterlichen Sorge oder eines Teils der elterlichen Sorge wegen Gefährdung des Kindeswohls auf einen Elternteil, einen Vormund oder einen Pfleger betreffen; in diesem Fall wird die Folgesache als selbständige Familiensache fortgeführt. [2] Erscheint die Anwendung des § 269 Abs. 3 Satz 2 im Hinblick auf den bisherigen Sach- und Streitstand in den Folgesachen der in § 621 Abs. 1 Nr. 4, 5, 8 bezeichneten Art als unbillig, so kann das Gericht die Kosten anderweitig verteilen. [3] Das Gericht spricht die Wirkungen der Zurücknahme auf Antrag eines Ehegatten aus.

[II] [1] Auf Antrag einer Partei ist ihr durch Beschluss vorzubehalten, eine Folgesache als selbständige Familiensache fortzuführen. [2] In der selbständigen Familiensache wird über die Kosten besonders entschieden.

Vorbem. I u II mWv 1. 1. 02 idF des Art 2 I Z 77 ZPO-RG. Übergangsrecht: § 26 EGZPO, s dort.

1   **1) Allgemeines.** Für die **Rücknahme des Scheidungsantrags**, § 622, gilt § 269, § 608, s die Erl zu § 269 (zur konkludenten Rücknahme BGH FamRZ **96**, 1143, zur Auswirkung auf materielle Rechtsfolgen BGH NJW **86**, 2318). Die Rücknahme ist in jeder Verfahrenslage möglich, wenn der Antragsgegner anwaltlich nicht vertreten war, also nicht zur Hauptsache verhandeln konnte, mag er auch geladen und erschienen sein, § 269 Rn 14; dies gilt auch dann, wenn er nach § 613 zur Sache gehört worden ist, BGH FamRZ **04**, 1364 mwN. Hat er sich auf den in mündlicher Verhandlung gestellten Scheidungsantrag zur Sache eingelassen (auch dadurch, daß er ihm zugestimmt hat, Stgt FamRZ **02**, 831, m Anm Bergerfurt FamRZ **02**, 1261, Mü RR **94**, 201 mwN), bedarf die Rücknahme seiner Zustimmung, § 269 III. Entspr § 630 II 1 bedarf es für die Rücknahme nicht der Zustimmung des anderen Ehegatten, wenn beide eigene Scheidungsanträge gestellt haben, AG Bln-Charlottenb FamRZ **86**, 704 mwN. Ein Widerruf der Rücknahme ist auch mit Zustimmung des Gegners nicht zulässig, Mü FamRZ **82**, 510. Die Auswirkungen der Rücknahme auf die im Verbund stehenden FolgeS regelt § 626.

2   **2) Wirkung der Rücknahme für FolgeS, I.** Da in ihnen nur eine Regelung für den Fall der Scheidung erstrebt wird, § 623 I, werden alle FolgeS mit der Rücknahme des Scheidungsantrags **gegenstandslos, soweit es sich nicht um die Übertragung des Sorgerechts nach §§ 1666, 1666 a BGB handelt, I 1** iVm § 269 III 1, bzw keine Partei einen Antrag nach II stellt. In diesem Fall ist die FolgeS als nicht anhängig gewesen anzusehen; eine in ihr ergangene Entscheidung (Urteil, § 629, oder Beschluß bei Vorwegentscheidung, § 627) wird wirkungslos, ohne daß es ihrer ausdrücklichen Aufhebung bedarf.

3   **Die Kosten trägt der Antragsteller** der Scheidungssache, soweit über sie noch nicht rechtskräftig erkannt ist, **I 1** iVm § 269 III 2, ohne Rücksicht darauf, welcher Ehegatte Antragsteller der FolgeS war; die abweichende Regelung in einem Vergleich geht vor, aM Hamm FamRZ **91**, 839. Eine **andere Verteilung** der Kosten kann das Gericht in den ZPO-Sachen des § 621 I Z 4, 5 u 8 vornehmen, wenn die Kostenbelastung des Antragstellers der Scheidungssache im Hinblick auf den bisherigen Sach- und Streitstand in der FolgeS als unbillig erscheint, **I 2**, etwa weil der FolgeS betreibende Antragsgegner der Scheidungssache in der FolgeS übersteigerte Ansprüche erhoben hat; vgl § 93 a II.

Auf Antrag eines Ehegatten spricht **das Gericht diese Wirkungen aus, I 3** (und I 2 iVm § 269 IV), also nicht vAw, aber auch auf Antrag des Rücknehmenden. Dies gilt auch für die abweichende Kostenregelung nach I 2. Die Entscheidung ergeht durch Beschluß, für den § 128 IV gilt; Gebühren für das Gericht entstehen dadurch nicht. Gegen die Entscheidung des FamGer ist die **sofortige Beschwerde**, I 1 iVm § 269 V, an das OLG, § 119 GVG, gegeben, Hamm FamRZ **91**, 839. Wegen der Einzelheiten s § 269 V iVm §§ 567–572.

4   **3) Fortführung von FolgeS, II**

A. Fortführung von Amts wegen, I 1. Eine FolgeS, die wegen Gefährdung des Kindeswohls die Übertragung des Sorgerechts betrifft, §§ 1666 u 1666 a BGB, ist vAw als selbständige FolgeS fortzuführen.

5   **B. Fortführung auf Antrag, II.** Sind andere FolgeS anhängig, so hat im Fall der Rücknahme des Scheidungsantrags das Gericht einer Partei auf ihren Antrag **vorzubehalten, eine FolgeS als selbständige FamS fortzuführen, II 1**; einziger Beteiligter, § 623 Rn 10, hat kein Antragsrecht. Antragsberechtigt ist der Ehegatte, der die FolgeS fortführen will, in den vAw eingeleiteten Verf beide Ehegatten; der noch im Verbund zu stellende Antrag unterliegt dem Anwaltszwang, § 78 II 1 Z 1, STr 6, Bergerfurth AnwZwang Rn 352. Die Wirkungen der Rücknahme, oben Rn 2, treten dann hinsichtlich dieser FolgeS nicht ein. Der Antrag kann nur solange gestellt werden, wie das Verfahren noch nicht abgeschlossen ist, ist also bis zur Rechtskraft des Beschlusses nach § 269 III zulässig, Celle FamRZ **84**, 301 mwN.

Die Entscheidung über die Fortführung ergeht durch **Beschluß**, der keiner mündlichen Verhandlung bedarf, § 128 IV, und unanfechtbar ist, soweit er dem Antrag stattgibt, KG LS FamRZ **00**, 1030. Die Fortführung kommt nur in Frage, wenn die bisherige FolgeS unabhängig von einem Scheidungsverfahren anhängig gemacht werden kann, zB Unterhaltssachen und Hausratssachen, § 18 a HausratsVO, Diederichsen NJW **77**, 657 (eine Wohnungssache kann als Verf nach § 1361 b BGB fortgeführt werden, Finger NJW **87**, 1003); ein Verfahren wegen des Versorgungsausgleichs kann deshalb nicht fortgeführt werden, es sei denn, die

Abschnitt 3. Verfahren in Scheidungs- und Folgesachen §§ 626–628

Rücknahme des Scheidungsantrags wird nach der Anerkennung einer ausländischen Scheidung erklärt, KG NJW **79**, 1107, AG Charlottenburg RR **90**, 4 (das auch ohne Antrag nach II die Einleitung eines nachträglichen VersAusgl-Verfahrens für zulässig hält). Der Antrag kann aber nur bis zum Ergehen einer Entscheidung gestellt werden, die das Ende der Rechtshängigkeit bestätigt. Ob für eine Fortführung ein Bedürfnis besteht, ist dagegen nicht zu prüfen, aM Oldb FamRZ **83**, 95; diese Frage ist im weiteren Verf über die FolgeS zu entscheiden. Soweit der Antrag abgelehnt wird, ist dagegen **Beschwerde** nach den §§ 567 ff zulässig, §§ 624 III, StR 7; sie geht an das OLG, § 119 GVG. Im Verfahren des FamGer entstehen für das Gericht keine Gebühren.

C. Gemeinsames, II 2. Die selbständige FamS bleibt beim FamGer der Scheidungssache anhängig, **6** Brüggemann FamRZ **77**, 22. Das weitere Verfahren richtet sich nach den §§ 621 a ff, nicht nach den §§ 623 ff, Maurer I 361; wegen § 624 I u II s aber § 623 Rn 16. Soweit der Antrag auf Regelung einer Scheidungsfolge gerichtet war, muß er umgestellt werden, zB auf Unterhalt bei bestehender Ehe, StJSchl 3. Die Prozeßstandschaft nach § 1629 III BGB endet, so daß das Kind in den Unterhaltsprozeß eintritt, Bergerfurth FamRZ **82**, 564, § 621 Rn 17. **Über die Kosten wird in der selbständigen FamS besonders entschieden, II 2,** und zwar nach den allgemeinen Vorschriften, nicht nach § 93 a; wird die vorbehaltene FamS nicht betrieben, gilt § 91 bzw § 13 a FGG, Maurer I 362. Zur Kostenerstattung s Jena FamRZ **99**, 175.

D. Entsprechende Anwendung. II ist entsprechend anzuwenden auf andere Fälle, in denen der Schei- **7** dungsantrag gegenstandslos wird, namentlich nach Tod eines Ehegatten, StR § 619 Rn 5 mwN, aM Rolland § 619 Rn 10 ff: Fortführung des Verfahrens ohne Vorbehalt, noch anders KG NJW **78**, 1812: Erledigung der FolgeS nach § 619. Eine Fortführung kommt in diesen Fällen nur dann in Betracht, wenn der Streit gegen den überlebenden Gatten oder die Erben des verstorbenen Gatten fortgesetzt werden kann, zB wegen des Unterhalts eines volljährigen Kindes. Das ist bei dem Streit um den Versorgungsausgleich nicht der Fall, so daß sich diese FolgeS im Falle des § 619 erledigt, ohne daß eine Fortführung nach II möglich ist, BGH FamRZ **81**, 245 (für andere FolgeS offen gelassen). Bei Gegenstandslosigkeit des Scheidungsantrags wegen Anerkennung einer ausländischen Scheidung gilt das oben Rn 4 ff gesagte, MüKoKl 14, StR 9, BGH NJW **84**, 2042, offen Oldb FamRZ **83**, 95.

627 *Vorwegentscheidung über elterliche Sorge.* I Beabsichtigt das Gericht, von dem Antrag eines Ehegatten nach § 1671 Abs. 1 des Bürgerlichen Gesetzbuchs, dem der andere Ehegatte zustimmt, abzuweichen, so ist die Entscheidung vorweg zu treffen.

II Über andere Folgesachen und die Scheidungssache wird erst nach Rechtskraft des Beschlusses entschieden.

Vorbem. I mWv 1. 7. 98 geänd durch Art 6 Z 24 KindRG, vgl Einf § 606 Rn 11.

1) Vorwegentscheidung über die elterliche Sorge, I. Über eine FamS des § 621 I Z 1, die FolgeS **1** geworden ist, § 623 II Z 1, ist im Verbund mit der Scheidungssache zu entscheiden, § 623 I, dh einheitlich durch Urteil, § 629. Eine Ausnahme macht § 627: Beabsichtigt das Gericht, von einem übereinstimmenden Vorschlag der Ehegatten abzuweichen, weil dies zum Wohle des Kindes erforderlich ist, § 1671 III BGB, so ist die Entscheidung über die Regelung der elterlichen Sorge für den Fall der Scheidung nicht im Verbund, sondern vorweg zu treffen, und zwar ausnahmslos (Mußvorschrift); das gilt auch für die Berufungsinstanz, Mü FamRZ **84**, 407. Dadurch wird den Ehegatten ermöglicht, sich darauf einzustellen, daß ihre gemeinsamen Vorstellungen über den besonders bedeutsamen Punkt der elterlichen Sorge sich nicht verwirklichen lassen.

Die Entscheidung ergeht durch Beschluß nach Anhörung der Parteien, § 613. Gegen ihn ist Beschwerde und, wenn das FamGer entschieden hat, ggf weitere Beschwerde gegeben, § 621 e. Jedoch ist der Beschluß des OLG, das erstmals vom Vorschlag der Eltern abweichen will, unanfechtbar, § 133 GVG. Wirksam wird der Beschluß in jedem Fall erst mit der Rechtskraft des Scheidungsausspruchs, § 629 d. Wegen der Kosten s § 93 a I.

2) Entscheidung über die Scheidungssache und andere FolgeS, II. Über wird erst nach Rechts- **2** kraft des Beschlusses nach I entschieden. Damit erhalten die Parteien Gelegenheit, ihre Anträge hinsichtlich der Scheidung und ihrer Folgen danach einzurichten, daß über die elterliche Sorge in einem bestimmten Sinne endgültig entschieden worden ist. Daher muß das Rechtsmittelgericht, oben Rn 1, wenn es die Vorwegentscheidung aufhebt, weil es dem gemeinsamen Vorschlag der Eltern folgen will, in der Sache selbst entscheiden und eine entsprechende Regelung treffen; eine Zurückverweisung entsprechend § 629 b kommt nicht in Betracht, aM Maurer I 347.

628 *Scheidungsurteil vor Folgesachenentscheidung.* ¹ Das Gericht kann dem Scheidungsantrag vor der Entscheidung über eine Folgesache stattgeben, soweit

1. in einer Folgesache nach § 621 Abs. 1 Nr. 6 oder 8 vor der Auflösung der Ehe eine Entscheidung nicht möglich ist,
2. in einer Folgesache nach § 621 Abs. 1 Nr. 6 das Verfahren ausgesetzt ist, weil ein Rechtsstreit über den Bestand oder die Höhe einer auszugleichenden Versorgung vor einem anderen Gericht anhängig ist,
3. in einer Folgesache nach § 623 Abs. 2 Satz 1 Nr. 1 und 2 das Verfahren ausgesetzt ist, oder
4. die gleichzeitige Entscheidung über die Folgesache den Scheidungsausspruch so außergewöhnlich verzögern würde, daß der Aufschub auch unter Berücksichtigung der Bedeutung der Folgesache eine unzumutbare Härte darstellen würde.

² Hinsichtlich der übrigen Folgesachen bleibt § 623 anzuwenden.

Vorbem. I geänd und bisheriger II aufgehoben mWv 1. 7. 98 durch Art 6 Z 25 KindRG, vgl Einf § 606 Rn 11 (Schrifttum: *Finger* MDR **00**, 247; *Bergerfurth* FF **98**, 3).

§ 628

Buch 6. Verfahren in Familiensachen

Gliederung

1) Regelungszweck	1	A. Voraussetzungen	2–7
2) Abkoppelung von FolgeS	2–13	B. Verfahren	8–13

1 **1) Regelungszweck.** Neben § 627, der eine Vorwegentscheidung über die elterliche Sorge ermöglicht, sieht § 628 eine weitere Ausnahme vom Entscheidungsverbund, indem unter bestimmten Voraussetzungen eine anhängige FolgeS „abgekoppelt" werden darf, um eine Vorwegentscheidung über den Scheidungsantrag (und etwaige weitere FolgeS) zu ermöglichen. Die Wirkung unterscheidet sich von derjenigen der Trennung, § 145, unten Rn 11.

2 **2) Abkoppelung von FolgeS.** Die FolgeS brauchen nicht rechtshängig zu sein; Anhängigkeit genügt, § 623 II 1, Zweibr FamRZ **98**, 1525.

A. Voraussetzungen der Vorwegentscheidung. a) Das Gericht kann ausnahmsweise dem Scheidungsantrag vor der Entscheidung über die FolgeS stattgeben und über etwaige andere FolgeS entscheiden, wenn in einer FolgeS nach § 621 I Z 6 oder 8 **vor der Auflösung der Ehe eine Entscheidung nicht möglich ist,** Z 1, etwa weil die Regelung des Versorgungsausgleichs oder einer güterrechtlichen Frage eine weitere Entwicklung der rechtlichen oder tatsächlichen Verhältnisse voraussetzt, die erst mit oder nach Eheauflösung eintreten kann, zB die durch Scheidung bewirkte Auflösung einer Gesellschaft, Hagena FamRZ **75**, 395 (aM Maurer I 378), oder Vermögensbewegungen bis zur Scheidung in der Gütergemeinschaft, Dörr NJW **89**, 1963, BGH FamRZ **84**, 254 (anders aber bei bevorstehenden Änderungen in der Zugewinngemeinschaft, abw Oldb FamRZ **88**, 89 m abl Anm Schwackenberg). Dabei sind immer die Umstände des Einzelfalles maßgeblich, BGH aaO. Die bloße Unzweckmäßigkeit einer Entscheidung im Verbund genügt nicht, also nicht der Umstand, daß sich die künftigen Verhältnisse noch nicht übersehen lassen, vgl J. Blomeyer ZRP **74**, 121.

3 **b)** Eine Vorwegentscheidung in der Scheidungssache und etwaigen anderen FolgeS ist ferner zulässig, wenn **in einer FolgeS nach § 621 I Z 6 das Verfahren ausgesetzt ist,** § 53 c FGG, weil ein Rechtsstreit über den Bestand oder die Höhe einer auszugleichenden Versorgung vor einem anderen Gericht anhängig ist, **Z 2**; die gleichzeitige Entscheidung über die FolgeS würde in diesem Fall die Erledigung der Scheidung unzumutbar verzögern, weil das Verfahren vor dem anderen Gericht (Verwaltungsgericht, Sozialgericht) idR langwierig sein wird.

Die **Aussetzung** in Fällen, in denen beim VersAusgl **in der früheren DDR** erworbene Rentenversicherungsanrechte zu berücksichtigen sind, regelt EV Anl I Kap III Sachgeb B Abschn II Z 2 § 1 I dahin, daß das VersAusglVerf entspr I Z 2 auszusetzen ist, ohne daß es auf die in I 1 genannten Voraussetzungen ankommt, vgl Pal-Die Anh III Art 234 § 6 EGBGB, dazu Celle FamRZ **92**, 714, AG Bln-Charl DtZ **91**, 61; das gleiche gilt bei einer Aussetzung nach § 2 VAÜG (Art 31 G v 25. 7. 91, BGBl 1702), MüKoKl 29. Vgl dazu allgemein Ruland NJW **92**, 85.

4 **c)** Desgleichen ist eine Vorwegentscheidung zulässig, **wenn in einer FolgeS nach § 623 II 1 Z 1 u 2** das Verfahren nach § 52 II FGG ausgesetzt ist, **Z 3.** Vgl dazu § 623 Rn 4.

4 a **d)** Eine Vorwegentscheidung über die Scheidung und etwaige andere FolgeS ist schließlich auch dann zulässig, wenn die gleichzeitige Entscheidung über eine FolgeS den Scheidungsausspruch so **außergewöhnlich verzögern würde, daß der Aufschub auch unter Berücksichtigung der Bedeutung der FolgeS eine unzumutbare Härte darstellen würde, Z 4** (dazu eingehend Walter JZ **82**, 835). Danach müssen (was für jede einzelne FolgeS gesondert zu prüfen ist, Ffm RR **88**, 774) beide Merkmale, Verzögerung und Härte, vorliegen. Ob das der Fall ist, hängt einerseits von der Dauer der Verzögerung, andererseits von der Bedeutung der FolgeS namentlich für die Kinder ab, Übersicht bei v. Maydell FamRZ **81**, 628, zur Berücksichtigung des Kindeswohls van Els FamRZ **83**, 438. Deshalb ist eine Abkoppelung von FolgeS iSv § 621 I Z 1 (dazu II) und § 621 I Z 4 u 5, wenn es um den notwendigen Bedarf geht, nicht oder ganz ausnahmsweise gerechtfertigt, vgl Düss FamRZ **85**, 412. Eine Abtrennung kommt auch dann in Betracht, wenn agrd einer Entscheidung des BVerfG die gesetzliche Neuregelung einer entscheidungserheblichen Frage erfolgen muß, AG Kelheim FamRZ **97**, 565.

5 **„Außergewöhnlich"** ist eine Verzögerung nur, „wenn die normale Dauer eines Verbundverfahrens gleicher Art bei dem zuständigen FamGer, Maurer I 384 ff, überschritten wird, Celle FamRZ **96**, 1485, Bbg FamRZ **86**, 1012, Düss FamRZ **85**, 413, Ffm FamRZ **81**, 579, Schlesw SchlHA **81**, 67 (dazu Walter JZ **82**, 835), wobei die Zeit ab Rechtshängigkeit des Scheidungsantrags zu berücksichtigen ist, BGH FamRZ **91**, 689, Celle aaO, Hamm FamRZ **92**, 1086; bei derseitigem Scheidungswillen kommt es auf die Verfahrensdauer des Scheidungsantrags desjenigen Gatten an, der sich auf § 628 beruft, Stgt MDR **98**, 290. Einzelheiten: der Grund der Verzögerung ist ohne Bedeutung, BGH NJW **87**, 1773, Düss FamRZ **85**, 413 mwN. Ebensowenig sind übereinstimmende Interessen der Parteien, Ffm FamRZ **80**, 177, Hbg FamRZ **78**, 42, oder ihr Einverständnis von Bedeutung, Schlesw SchlHA **80**, 18. Deshalb rechtfertigt die gewöhnliche Dauer der Entscheidung über eine FolgeS, etwa den Versorgungsausgleich, für sich allein nicht die Abkoppelung dieser FolgeS, Schlesw FamRZ **89**, 1106, Zweibr FamRZ **83**, 623; als Richtpunkt für die gewöhnliche Dauer sind 2 Jahre anzunehmen, BGH RR **91**, 737, Zweibr FamRZ **02**, 334 mwN, Köln LS FamRZ **00**, 1294 m (red Anm), Drsd FamRZ **98**, 1527, Stgt MDR **98**, 290, Bbg FamRZ **88**, 531, Düss FamRZ **88**, 312 (krit AG Pankow FamRZ **00**, 168, Kleinwegener FamRZ **93**, 985), wobei es sich aber nicht um einen Mindestzeitraum handelt, Celle FamRZ **96**, 1485. In Fällen mit Auslandsberührung kommt es auf den Einzelfall an, Hamm NJWE-FER **97**, 234. In aller Regel ist eine Abtrennung nicht gerechtfertigt, wenn der Prozeßstoff einfach und übersichtlich ist und die Entscheidung in kurzer Zeit fallen kann, Stgt FamRZ **92**, 321. Immer kommt es auf die Verzögerung in der Instanz an, so daß eine Abtrennung nicht auf die Dauer eines etwaigen Rechtsmittelverfahrens über den Versorgungsausgleich gestützt werden darf, aM BGH NJW **87**, 1773 (beiläufig), AG Augsb LS FamRZ **81**, 1192.

6 Die „außergewöhnliche Verzögerung" für sich allein genügt nicht, sie muß vielmehr eine **„unzumutbare Härte"** darstellen, Stgt FamRZ **05**, 121, KG FamRZ **01**, 929 u **00**, 1292 mwN, Drsd FamRZ **98**, 1527, Zweibr FamRZ **98**, 1526. Unter diesem Gesichtspunkt kommt es auf eine Abwägung der Interessen beider

Ehegatten an, BGH RR **96**, 1025, Schlesw MDR **04**, 514 u FamRZ **92**, 1200: je gewichtiger die FolgeS für die aktuelle Lebenssituation ist, um so strenger müssen die Anforderungen sein, Hbg FamRZ **01**, 1228, Köln RR **97**, 1366, Hamm FamRZ **92**, 1086, Bbg FamRZ **88**, 532. Deshalb sollte die Entscheidung über den nachehelichen Unterhalt nur ausnahmsweise abgetrennt werden, vgl BGH FamRZ **86**, 899, nämlich dann, wenn der Unterhalt keine existentielle Bedeutung für den Berechtigten hat, oder wenn ein anderes, bereits anhängiges Verfahren für die Entscheidung vorgreiflich ist, Schlesw SchlHA **97**, 135. Dagegen kann eine Abkoppelung in Betracht kommen, wenn eine Partei die Klärung des Versorgungsausgleichs behindert, indem sie Auskünfte verweigert und dadurch die Entscheidung außergewöhnlich verzögert, Köln RR **97**, 1366, Oldb RR **92**, 712, Hamm FamRZ **80**, 1049, Celle FamRZ **79**, 523, enger Köln FamRZ **83**, 290 mwN. Überhaupt wird eine Verzögerung, die auf einer Verletzung der Prozeßförderungspflicht beruht, idR die Unzumutbarkeit eines weiteren Zuwartens der Gegenpartei begründen, vgl BGH RR **96**, 1025 mwN, Bra FamRZ **96**, 751; Hamm FamRZ **01**, 1087, Ffm FamRZ **86**, 922, es sei denn, auch sie ist für die Verzögerung verantwortlich, Hamm FamRZ **97**, 826, Schlesw SchlHA **97**, 73. Die Abkoppelung kann auch gerechtfertigt sein, wenn während des Getrenntlebens erheblicher Unterhalt zu zahlen ist, während die Entscheidung über den Scheidungsantrag die Unterhaltspflicht verringern, BGH NJW **91**, 2492 mwN, oder wegfallen lassen würde, Ffm FamRZ **81**, 579 (zum umgekehrten Fall vgl Kblz FamRZ **90**, 771), oder wenn die FolgeS erst kurz vor der Entscheidungsreife der anderen Verbundsachen anhängig gemacht wird, Karlsr FamRZ **79**, 947 (dazu Walter JZ **82**, 837), oder wenn aus einer neuen Verbindung ein Kind hervorgeht, BGH NJW **87**, 1773 mwN, wobei aber die Dauer der Ehe besonderes Gewicht hat, Köln RR **97**, 1366. Eine unzumutbare Härte durch die Aufrechterhaltung des Verbundes wird durch eine mehrjährige Trennung nicht schon allein begründet, jedoch kann es bei jahrzehntelanger Trennung anders liegen, Oldb FamRZ **79**, 619. Minder hohe Anforderungen sind zu stellen, wenn die Parteien mit einer Abkoppelung einverstanden sind, Walter JZ **82**, 837, Ffm FamRZ **79**, 62, AG Landstuhl RR **93**, 519, falls nicht die Belange anderer entgegenstehen; das Einverständnis steht dabei unter dem Vorbehalt, daß die gesetzlichen Voraussetzungen vorliegen, Schlesw FamRZ **89**, 1106.

e) Die Regelung des § 628 ist abschließend, Düss FamRZ **88**, 965. **Eine Erweiterung der Voraus-** **7** **setzungen** durch Berücksichtigung anderer Umstände, zB die Ungeklärtheit einer Rechtsfrage, **ist unzulässig**, Zweibr FamRZ **82**, 946. Vielmehr sind Z 1–3 eng auszulegen, um den Zweck des Verbundes, Üb § 622, nicht zu vereiteln, Bbg FamRZ **88**, 531, Düss FamRZ **88**, 312. Dieser Zweck besteht bei kinderloser Ehe allerdings nicht darin, zusätzlich zu den Scheidungssperren des materiellen Rechts den Bestand der Ehe zu schützen, Ffm FamRZ **79**, 1013, vgl Bbg aaO.

Die Abtrennung und ihre Voraussetzungen sind auch außerhalb des Zwangsverbundes **jeder Parteidisposition entzogen**, BGH NJW **91**, 1616 m Anm Philippi FamRZ **91**, 1426, Düss FamRZ **88**, 965, so daß ihr Einverständnis das Gericht nicht von der selbständigen Prüfung und Entscheidung entbindet, BGH NJW **91**, 1617 mwN, abw für Antrags-FolgeS Schlesw FamRZ **91**, 96 (dazu Schulze FamRZ **91**, 98 mwN), Hamm FamRZ **86**, 823 mwN, Kersten FamRZ **86**, 754, ZöPh § 623 Rn 34, offen gelassen von Stgt FamRZ **89**, 995. Deshalb kann bei einem Verstoß des Gerichts gegen § 628 auch keine Heilung nach § 295 eintreten, BGH NJW **91**, 1617, Düss FamRZ **88**, 965. Jedoch schließt dies nicht aus, daß bei Einverständnis der Ehegatten mit der Abtrennung eine unzumutbare Härte eher anzunehmen ist, oben Rn 6 aE.

Hinsichtlich der Prüfung der Voraussetzungen hat das Gericht einen **Beurteilungsspielraum**, BGH NJW **87**, 1773, aM STr 11 mwN. Zur Überprüfung s unten Rn 10.

B. Verfahren. a) Zuständigkeit: Eine Vorwegentscheidung über den Scheidungsantrag und etwaige **8** andere FolgeS ist auch in 2. Instanz möglich, wenn die oben Rn 2 ff genannten Voraussetzungen erst dann vorliegen, Düss FamRZ **78**, 527; maßgeblich ist die Tatsachenlage im Zeitpunkt der Berufungsverhandlung, Schlesw SchlHA **80**, 18. Dagegen kann I in der Rechtsmittelinstanz nicht angewendet werden, wenn das FamGer im Verbund über die Scheidung und die FolgeS entschieden hat, aber das Urteil nur hinsichtlich der letzteren angefochten worden ist: eine Herausnahme der FolgeS, durch die der Scheidungsausspruch wirksam werden würde, ist in diesem Fall auch im Hinblick auf § 629 a II 3 nicht statthaft, ZöPh § 629 a Rn 6, BGH NJW **81**, 55 mwN (krit Anm Oehlers FamRZ **81**, 248), Stgt FamRZ **84**, 806, str, aM ua Walter FamRZ **79**, 676, Saarbr FamRZ **82**, 947.

Ob das Gericht bei Vorliegen der Voraussetzungen von der Möglichkeit der Auflösung des Verbundes **9** Gebrauch macht, hat es **nach pflichtgemäßem Ermessen zu entscheiden** („kann"), Rahm VII 141, Rolland 14, BGH NJW **91**, 2492, Hamm FamRZ **02**, 335, Oldb FamRZ **01**, 167 mwN, Karls FamRZ **99**, 99 mwN (auch zur greifbaren Gesetzwidrigkeit, § 567 Rn. 6), Düss FamRZ **94**, 1121 (aM für I Z 3 MüKoKl 3, STr 11, Maurer I 393, Stgt FamRZ **78**, 810: gebundene Entscheidung); dabei hat es die mit der Abkoppelung eintretenden Folgen zu bedenken, die sich auch auf das materielle Recht auswirken können, vgl Hamm FamRZ **84**, 53 (zu § 1365 BGB), zum Bosch, jedoch wird im Fall von I Z 3 stets eine Abkoppelung geboten sein. Den Parteien ist rechtliches Gehör zu gewähren, BGH NJW **87**, 1773. Abgetrennt werden darf nur eine FolgeS als solche; danach dürfen nicht einzelne Unterhaltsansprüche voneinander getrennt werden, Karlsr FamRZ **82**, 318, ebenso ist eine Vorabentscheidung über den Ausschluß oder einzelne Elemente des Versorgungsausgleichs unzulässig, Oldb RR **92**, 712. Ein besonderer **Beschluß** über die Auflösung ist nicht nötig, aber zulässig, Bbg FamRZ **86**, 1012 mwN. Gegen ihn ist keine Beschwerde zulässig, vgl § 145 Rn 5, BGH NJW **79**, 1603 u 821, Oldb NJW-FER **01**, 58, Bbg aaO (das eine Ausnahme bei greifbarer Gesetzwidrigkeit macht, FamRZ § 567 Rn 6), STr 14; das gleiche gilt für die durch Beschluß ausgesprochene **Ablehnung** einer Vorwegentscheidung BGH NJW **05**, 143, Rost FamRZ **05**, 1499, Köln u Zweibr FamRZ **03**, 1197, Düss FamRZ **02**, 1574, Hamm FamRZ **05**, 731 mwN, Oldb FamRZ **01**, 167 u Karlsr FamRZ **99**, 98 mwN, Dresden FamRZ **97**, 1230 mwN, str, aM MüKoKl 19, ZöPh 11, Naumb FamRZ **02**, 331, Hamm RR **87**, 896, diff Ffm FamRZ **97**, 1167, Maurer I 395: aber die Voraussetzungen des § 567 I liegen auch hier nicht vor, Kblz FamRZ **91**, 209 (anders nur dann, wenn die Nichtabtrennung einer Aussetzung des Verfahrens gleichkommt, Ffm FamRZ **97**, 1167 mwN). Iü ergeht die Entscheidung durch das **Urteil**, in dem die Scheidung ausgesprochen und ggf über andere FolgeS entschieden wird, § 629.

§§ 628, 629   Buch 6. Verfahren in Familiensachen

In der Entscheidung sind die Voraussetzungen, auch die mangelnde Entscheidungsreife, darzulegen, BGH RR **96**, 1025 (ein Verstoß ist ein wesentlicher Verfahrensmangel iSv § 539, Kblz RR **91**, 5).

10 Der Nachprüfung unterliegt die Abtrennung nur agrd der **Berufung** gegen das Scheidungsurteil, BGH RR **96**, 833 u 1025, Schlesw NJW-FER **00**, 240, Hamm FamRZ **97**, 1228 (hat jedoch das FamGer vorweg durch Beschluß in einer FolgeS entschieden, ist dagegen die befristete Beschwerde, § 621 c, gegeben, Saarbr NJW-FER **98**, 113). Ob die Voraussetzungen der Vorwegentscheidung vorlagen und das Ermessen richtig ausgeübt wurde, ist **vom OLG voll nachzuprüfen**, BGH RR **96**, 1025, bei einem vorangegangenen Beschluß auch dieser, BGH NJW **79**, 1603, und zwar vAw, BGH NJW **91**, 1617, vgl Rn 7. Berufung kann auch mit dem Ziel eingelegt werden, lediglich die Vorwegentscheidung zu beseitigen und dadurch den Verbund wiederherzustellen, BGH RR **96**, 834, FamRZ **84**, 255 mwN, Düss FamRZ **85**, 412, Ffm FamRZ **88**, 966 u 83, 1258, Karlsr FamRZ **82**, 318 mwN, Schlesw FamRZ **89**, 1106 u SchlHA **80**, 18; die Rüge, die Auflösung des Verbundes sei zu Unrecht erfolgt, ist im Wege der Anfechtung des Scheidungsausspruchs zu erheben, BGH FamRZ **96**, 1333 mwN. Bei einem Verstoß gegen § 628 I ist dann aGrd eines zulässigen Rechtsmittels das Scheidungsurteil aufzuheben und (ggf durch **Zurückverweisung**, § 539) der Verbund wiederherzustellen, BGH RR **96**, 835, 94, 379, Düss FamRZ **97**, 1230; dies gilt nicht, wenn die Entscheidung über die abgetrennte FolgeS inzwischen rechtskräftig geworden ist, Schlesw FamRZ **92**, 198, oder wenn feststeht, daß der mit der abgetrennten FolgeS geltend gemachte Anspruch nicht besteht, Köln FamRZ **98**, 301. Sind die FolgeS im ersten Rechtszug anhängig, zwingt der Verstoß idR zur Zurückverweisung, damit im Verbund entschieden werden kann, BGH RR **96**, 835 mwN, Ffm RR **88**, 774, FamRZ **86**, 922 u 83, 1258, Schlesw FamRZ **89**, 1106. In der Revisionsinstanz ist die **Prüfung durch den BGH** eingeschränkt, und zwar hinsichtlich sowohl der Beurteilung der Voraussetzungen, oben Rn 2–7, BGH NJW **91**, 2492 u 87, 1773, als auch der Ausübung des Ermessens, oben Rn 9 (der BGH spricht in beiden Fällen von Ermessen): er hat nur zu prüfen, ob das OLG von richtigen Tatsachen ausgegangen ist, alle wesentlichen Gesichtspunkte berücksichtigt und ohne sachfremde Erwägungen entschieden hat, vgl BGH RR **96**, 1025.

Wegen der Rechtsmittel s iü die Erläuterungen zu § 629 a.

11 **b) Wirkungen der Abkoppelung.** Hinsichtlich der nicht abgetrennten FolgeS **bleibt § 623 anzuwenden, I 2**. Über sie ist also im Verbund mit der Scheidungssache zu entscheiden, und zwar idR durch Urteil, § 629; für die Abtrennung einer oder mehrerer FolgeS aus dem Restverbund gilt § 628, Zweibr FamRZ **97**, 1231 mwN. Das gleiche gilt in der Rechtsmittelinstanz, § 629 a II 3.

Das **Verfahren über abgetrennte FolgeS** ist auch dann fortzusetzen, wenn der Scheidungsantrag in einer höheren Instanz anhängig ist, BGH NJW **79**, 1605, KG FamRZ **82**, 320. Für dieses Verfahren gelten weiterhin die Vorschriften über FolgeS, BGH NJW **81**, 55 u 79, 821, und zwar auch dann, wenn das vorab ergangene Scheidungsurteil rechtskräftig wird, BGH NJW **81**, 233, KG FamRZ **84**, 495; demgemäß besteht weiterhin Anwaltszwang, § 78 II 1 Z 1, hM, BGH FamRZ **98**, 1505 = NJWE-FER **98**, 91 mwN, Drsd FamRZ **97**, 825. Ist das Verfahren über den Versorgungsausgleich von dem Verbund abgetrennt worden, so ist nach Rechtskraft des Scheidungsurteils auch dann noch über diese FolgeS zu entscheiden, wenn die geschiedenen Ehegatten inzwischen wieder geheiratet haben, Kblz FamRZ **81**, 60. Mehrere abgetrennte FolgeS stehen untereinander weiter im Verbund, § 623, allgM, MüKoKl 23, Maurer I 398, STr 13, Zweibr FamRZ **97**, 505 mwN; das folgt aus § 629 a II 3, weil danach der Verbund für mehrere FolgeS, die in die Rechtsmittelinstanz gelangen, bestehen bleibt. Die Aufhebung dieses Teilverbundes richtet sich wiederum nach § 628, Zweibr aaO mwN.

12 Für **das weitere Verfahren** gilt das für die jeweilige FolgeS maßgebliche Recht, also ZPO bzw FGG mit den sich aus den §§ 621 a und 624 ff ergebenden Modifikationen, § 624 Rn 1. Demgemäß ergeht die Entscheidung in diesem Restverfahren entsprechend § 629 I einheitlich durch Urteil, § 629 Rn 2, wenn auch über die FolgeS nach § 621 I Z 4, 5 oder 8 zu entscheiden ist, sonst durch Beschluß auf Grund des FGG, Hamm FamRZ **80**, 702 mwN, str. In beiden Fällen ist ggf eine Gesamtkostenentscheidung, § 93 a I u II, zu treffen, Karlsr RR **96**, 1477 mwN; auch gebührenrechtlich bleiben die abgekoppelten Verfahren FolgeS, Mü MDR **84**, 320 mwN, Düss AnwBl **83**, 556. Im erstinstanzlichen Verf über eine abgetrennte FGG-FolgeS richtet sich das Verf allein nach FGG, so daß zB Verf nicht § 128, sondern § 53 b FGG gilt, Kblz RR **86**, 306 mwN, KG FamRZ **84**, 495, str, offen gelassen von BGH NJW **83**, 824 mwN.

Wegen der **Rechtsmittel** s die Erläuterungen zu § 629 a.

13 **c) Gebühren.** Auch bei Vorabentscheidung bilden alle zum Verbund gehörenden Sachen eine Angelegenheit, § 7 III BRAGO, Düss AnwBl **83**, 556, zustm v. Eicken NJW **89**, 1138, H. Schmidt AnwBl **83**, 552.

629 *Einheitliche Endentscheidung; Vorbehalt bei abgewiesenem Scheidungsantrag.* [1] Ist dem Scheidungsantrag stattzugeben und gleichzeitig über Folgesachen zu entscheiden, so ergeht die Entscheidung einheitlich durch Urteil.

[II] [1] Absatz 1 gilt auch, soweit es sich um ein Versäumnisurteil handelt. [2] Wird hiergegen Einspruch und auch gegen die Urteil im Übrigen ein Rechtsmittel eingelegt, so ist zunächst über den Einspruch und das Versäumnisurteil zu verhandeln und zu entscheiden.

[III] [1] Wird ein Scheidungsantrag abgewiesen, so werden die Folgesachen gegenstandslos, soweit sie nicht die Übertragung der elterlichen Sorge oder eines Teils der elterlichen Sorge wegen Gefährdung des Kindeswohls auf einen Elternteil, einen Pfleger oder einen Vormund betreffen; in diesem Fall wird die Folgesache als selbständige Familiensache fortgeführt. [2] Im Übrigen ist einer Partei auf ihren Antrag in dem Urteil vorzubehalten, eine Folgesache als selbständige Familiensache fortzusetzen. [3] § 626 Abs. 2 Satz 2 gilt entsprechend.

Vorbem. Die Korrektur der Verweisung in III 3 ergibt sich aus Art. 1 Z 23 des 1. JuMoG v 24. 8. 04, BGBl 2198, in Kraft seit 1. 9. 04.

Abschnitt 3. Verfahren in Scheidungs- und Folgesachen § 629

1) Allgemeines. Nach § 623 I ist, soweit nicht die Ausnahmen (§§ 627 u 628) eingreifen, über FolgeS 1 grundsätzlich gleichzeitig und zusammen mit der Scheidungssache zu entscheiden, sofern dem Scheidungsantrag stattgegeben wird (Entscheidungsverbund). § 629 enthält die Ausgestaltung dieses Grundsatzes.

2) Stattgebendes Scheidungsurteil, I u II 2

A. Streitiges Urteil, I. Ist dem Scheidungsantrag stattzugeben und gleichzeitig über im Verbund stehende, also nicht nach § 627 oder § 628 abgetrennte FolgeS zu entscheiden, § 623 Rn 12, so ergeht die Entscheidung **einheitlich durch Urteil** (wegen der Entscheidung über den Auskunftsanspruch im Rahmen einer Stufenklage und wegen der sonstigen Zulässigkeit einer Teilentscheidung s § 623 Rn 14). Ob für die FolgeS die Vorschriften des FGG maßgeblich sind, § 621 a Rn 3, ist ohne Bedeutung. Für das Urteil gelten die §§ 308 ff; es ist gemäß § 310 allen Beteiligten zuzustellen, also ggf auch nach Maßgabe des § 624 IV 2 dem Kind und dem Jugendamt, § 624 Rn 7, und den am Versorgungsausgleich Beteiligten, dazu Heintzmann FamRZ **80**, 115 (eingehend). Wegen der Rechtskraft der vor dem 22. 6. 80 erlassenen, nicht allen Beteiligten zugestellten Urteile vgl Art 5 Z 3 u 4 G v 13. 6. 80, BGBl 677. Zu den Folgen einer unterbliebenen gemeinsamen Entscheidung Nürnb FamRZ **05**, 1497.

Einzelheiten: Ist der Versorgungsausgleich nach § 1408 II oder § 1587 o BGB ausgeschlossen, so ist dies 3 in der Formel des Scheidungsurteils anzusprechen, Philippi FamRZ **82**, 1057, abw Ffm FamRZ **83**, 610. Eine einverständliche Scheidung, § 630, dürfte nicht als solche im Tenor zu kennzeichnen sein, aM Diederichsen NJW **77**, 658, ThP § 630 Rn 9. – Bei Anwendung ausländischen Rechts, Art 17 EGBGB, gilt folgendes: Bei Scheidung oder Trennung von Ausländern ist die Verantwortlichkeit eines Ehegatten festzustellen, wenn das maßgebliche Recht dies vorsieht, BGH NJW **88**, 638, NJW **82**, 1940 mwN, zustm Henrich IPrax **83**, 163, Hamm FamRZ **89**, 625, Ffm FamRZ **81**, 783 u **79**, 814, ggf auch die Mitschuld des anderen Ehegatten, mag es sich auch um die deutsche Ehefrau handeln, Ffm FamRZ **79**, 587. Der Ausspruch der Verantwortlichkeit gehört in den Tenor, wenn er nach materiellem Recht Bedeutung hat, BGH NJW **90**, 778 u **88**, 638 unter Aufgabe von NJW **82**, 1940, Henrich IPrax **83**, 163, Zweibr FamRZ **97**, 431, Celle u Hamm FamRZ **89**, 625. Kennt das maßgebliche ausländische Recht nur eine Privatscheidung, so hat das nach § 606 a zuständige deutsche Gericht gleichwohl auf Scheidung zu erkennen, um die Ehe mit Wirkung für das Inland aufzulösen; es sollte aber, der Umdeutung zur Anerkennung im Ausland sicherzustellen, dafür sorgen, daß außerdem die Voraussetzungen des ausländischen Rechts erfüllt werden, Gottwald F Nakamura, 1996, S 192 mwN; das kann in der mdlVerh, Mü IPrax **89**, 241 (zustm Jayme ebd 223), oder außerhalb der mdlVerh geschehen, AG Eßlingen IPrax **93**, 250, Beitzke IPrax **93**, 234, Boltz NJW **90**, 620, aM KG FamRZ **94**, 839, AG Ffm IPrax **89**, 237, dazu Gottwald aaO.

Zur **vorläufigen Vollstreckbarkeit** nach Rechtskraft des Scheidungsausspruchs s Kemnade FamRZ **86**, 627, § 704 Rn 6.

Über die **Kosten** ist nach § 93 a zu entscheiden, Naumb FamRZ **99**, 1435 mwN. Wegen der Rechtsmittel s § 629 a. Gebühren: Für die Gerichtskosten gelten Scheidungssache und FolgeS als ein Verfahren, dessen Gebühren, KV 1510 ff, nach dem zusammengerechneten Wert erhoben werden, § 19 a GKG iVm § 12 II u ggf § 17 a GKG. Für den RA sind die Verfahren eine Angelegenheit, § 7 III BRAGO, für die die gewöhnlichen Gebühren, § 31 BRAGO, anfallen.

B. Versäumnisurteil, II (Konzen JR **78**, 366). a) Eine **Entscheidung durch einheitliches Urteil, I,** 4 **ergeht auch insoweit, als es sich um ein Versäumnisurteil handelt, II 1**. Das kann nur in FolgeS eintreten, für die ZPO gilt, also in Sachen nach § 621 I Z 4, 5 u 8, § 621 a Rn 2, Zweibr NJW **86**, 3033; wegen der Berücksichtigung des Vorbringens in anderen FolgeS s § 623 Rn 10. Auch wenn die Säumnis vor der Schlußverhandlung eintritt, ist ein beantragtes Versäumnisurteil nach den §§ 330, 331 I u II also erst zusammen mit dem Scheidungsausspruch und etwaigen Entscheidungen über weitere FolgeS als Teilversäumnisurteil zu erlassen, vgl Schlesw FamRZ **92**, 839. Das setzt voraus, daß die Partei auch in der Schlußverhandlung säumig ist, Diederichsen NJW **77**, 658, Bender-Belz-Wax Rn 312, und gilt auch in der Rechtsmittelinstanz, Zweibr NJW **86**, 3033. Ein Versäumnisurteil nach § 331 III ist im Verbund nicht möglich. Auch das Versäumnisurteil darf nicht für vorläufig vollstreckbar erklärt werden, § 629 d, StJSchl 2.

b) Lagen die Voraussetzungen, Rn 4, vor, darf über die FolgeS innerhalb des einheitlichen Verbundurteils 5 nur durch Versäumnisurteil entschieden werden, Zweibr RR **97**, 2. Soweit dies eindeutig geschehen ist, kann hiergegen nur Einspruch, §§ 338 f, eingelegt werden (die Umdeutung einer Berufung ist möglich), BGH FamRZ **94**, 1521; für die Qualifizierung kommt es nicht auf die Bezeichnung, sondern auf den Inhalt an, BGH FamRZ **88**, 1484. Gegen andere Teile des Verbundurteils muß das insoweit zulässige Rechtsmittel, § 629 a, eingelegt werden. Geschieht beides, so ist **zunächst über den Einspruch und das Versäumnisurteil zu verhandeln und zu entscheiden, II 2**, um den Verurteilten die volle Tatsacheninstanz zu erhalten. Hinsichtlich dieses Teils fällt die Sache dem Rechtsmittelgericht also erst dann an, wenn gegen die Entscheidung über den Einspruch und das Versäumnisurteil nach allgemeinen Vorschriften ein Rechtsmittel eingelegt ist, §§ 343, 345, 511, 513, 566. In diesem Fall ist darüber vom Rechtsmittelgericht im Verbund mit den anderen Teilen des angefochtenen Urteils unter Aufhebung des Versäumnisurteils zu erkennen, § 623 I, 629 I. Andernfalls beschränkt sich der Verbund auf die dem Rechtsmittelgericht sogleich angefallenen Entscheidungen. Der Einspruch gegen den als Versäumnisurteil entschiedenen Teil hat keinen Einfluß auf den Lauf der Rechtsmittelfrist wegen der anderen Teile, BGH RR **86**, 1326.

3) Abweisung des Scheidungsantrags, III 6

A. Urteil. Da in FolgeS nur für den Fall der Scheidung zu entscheiden ist, § 623 I, hat sich das Urteil im Fall der Abweisung auf den Scheidungsantrag zu beschränken; **die FolgeS wird damit gegenstandslos, III 1**, soweit sie nicht fortzuführen sind, unten Rn 7. Nötig ist die Rechtskraft der Abweisung, vgl § 629 b. Wegen der Kostenfolge s § 93 a II, wegen der Rechtsmittel s § 629 a. Gebühren entstehen wie im Fall der Stattgabe des Scheidungsantrags, oben Rn 2. Über den Fall, daß das abweisende Urteil vom Rechtsmittelgericht aufgehoben wird, s § 629 b.

Albers

§§ 629, 629a

7 B. **Fortführung einer FolgeS. a) Fortführung von Amts wegen, III 1.** Eine FolgeS, die die **Übertragung des Sorgerechts wegen Gefährdung des Kindeswohls** betrifft, § 1666 BGB, ist vAw als selbständige FolgeS fortzuführen, vgl § 626 Rn 4.
 b) **Fortführung auf Antrag, III 2.** Sind andere FolgeS anhängig, so ist einer Partei **im Urteil vorzubehalten, eine FolgeS als selbständige FamS fortzusetzen;** dies gilt auch dann, wenn der Scheidungsantrag abgewiesen wird, weil die Ehe bereits in einem anderen Verf (idR im Ausland) rechtskräftig geschieden worden ist, BGH NJW 84, 2041; vgl dazu § 626 Rn 7. Wegen der Rechtsmittel s § 629 a.
 c) **Gemeinsames.** Fortgesetzte Sachen, die nicht mehr auf Regelung der Scheidungsfolgen gerichtet sein können, werden nach den Vorschriften für FamS, §§ 621 a ff, verhandelt und entschieden, also nicht im Verbund; sie bleiben beim Gericht der Scheidung anhängig. Die Prozeßstandschaft nach § 1629 III BGB endet, so daß das Kind automatisch in den Unterhaltsprozeß eintritt, Bergerfurth FamRZ 82, 564. In der selbständigen FamS wird **über die Kosten besonders entschieden, III 3** iVm § 626 II 2 (s Vorbem), und zwar nach den allgemeinen Vorschriften, nicht nach § 93 a.

629a *Rechtsmittel.* [1] Gegen Urteile des Berufungsgerichts ist die Revision nicht zulässig, soweit darin über Folgesachen der in § 621 Abs. 1 Nr. 7 oder 9 bezeichneten Art erkannt ist.

II [1] Soll ein Urteil nur angefochten werden, soweit darin über Folgesachen der in § 621 Abs. 1 Nr. 1 bis 3, 6, 7, 9 bezeichneten Art erkannt ist, so ist § 621 e entsprechend anzuwenden. [2] Wird nach Einlegung der Beschwerde auch Berufung oder Revision eingelegt, so ist über das Rechtsmittel einheitlich als Berufung oder Revision zu entscheiden. [3] Im Verfahren vor dem Rechtsmittelgericht gelten für Folgesachen § 623 Abs. 1 und die §§ 627 bis 629 entsprechend.

III [1] Ist eine nach § 629 Abs. 1 einheitlich ergangene Entscheidung teilweise durch Berufung, Beschwerde, Revision oder Rechtsbeschwerde angefochten worden, so kann eine Änderung von Teilen der einheitlichen Entscheidung, die eine andere Familiensache betreffen, nur noch bis zum Ablauf eines Monats nach Zustellung der Rechtsmittelbegründung, bei mehreren Zustellungen bis zum Ablauf eines Monats nach der letzten Zustellung beantragt werden. [2] Wird in dieser Frist eine Abänderung beantragt, so verlängert sich die Frist um einen weiteren Monat. [3] Satz 2 gilt entsprechend, wenn in der verlängerten Frist erneut eine Abänderung beantragt wird. [4] Die §§ 517, 548 und 621 e Abs. 3 Satz 2 in Verbindung mit den §§ 517 und 548 bleiben unberührt.

IV Haben die Ehegatten auf Rechtsmittel gegen den Scheidungsausspruch verzichtet, so können sie auf dessen Anfechtung im Wege der Anschließung an ein Rechtsmittel in einer Folgesache verzichten, bevor ein solches Rechtsmittel eingelegt ist.

Schrifttum: *Schweizer,* Der Eintritt der Rechtskraft des Scheidungsausspruchs bei Teilanfechtung im Verbundverfahren, 1991; *Jaeger* FamRZ **85**, 865; *Bergerfurth* FamRZ **86**, 910; *Sedemund-Treiber* FamRZ **86**, 209; *Walter* JZ **86**, 364; *Diederichsen* NJW **86**, 1467; *Schmitz* FamRZ **87**, 1101; *Wosgien* FamRZ **87**, 1102; *Philippi* FamRZ **89**, 1257.

Vorbem. III 1 und 4 mWv 1. 1. 02 neu gefaßt durch Art 2 I Z 78 ZPO-RG. Übergangsrecht: § 26 EGZPO, s dort.

Gliederung

1) **Allgemeines**	1–11	B. Mehrere Rechtsmittel	15
A. Grundsatz	1, 2	C. Anfechtung mehrerer Folgesachen	16
B. Teilanfechtung	3–10	4) **Nachträgliche Anfechtung, III**	17–24
a) Allgemeines	3, 4	A. Allgemeines	17
b) Anschlußrechtsmittel	5–8	B. Beschränkung des nachträglichen Angriffs, III	18–24
c) Rechtskraft	9, 10	a) Voraussetzungen, III 1	18
C. Entscheidung	11	b) Befristung des Angriffs auf andere Teile, III 1–4	19–24
2) **Beschränkung der Revision in Folgesachen, I**	12		
3) **Selbständige Anfechtung der Entscheidung in Folgesachen, II**	13–16	5) **Anschließung, IV**	25
A. Beschwerde	13, 14	6) **Wiederaufnahme**	26

1) **Allgemeines**

A. Grundsatz. Hat das Gericht nur über den Scheidungsantrag entschieden, nämlich im Fall seiner Abweisung, § 629 III, oder beim Fehlen von im Verbund stehenden FolgeS, so **gelten für die Rechtsmittel die allgemeinen Vorschriften,** §§ 511 ff u 542 ff (die Revision ist unter den Voraussetzungen des § 543 statthaft). Ergeht ein Urteil im Entscheidungsverbund, § 629, über den Scheidungsantrag und eine FolgeS, so gilt grundsätzlich das gleiche: es kann mit Berufung bzw Revision angefochten werden (wegen der Versäumnisurteile s § 629 Rn 5), und zwar sowohl vollen Umfangs als auch teilweise, BGH RR **94**, 835 mwN; jedoch ist in der Revisionsinstanz die Entscheidung über FolgeS iSv § 621 I Z 7 u 9 der Nachprüfung entzogen, unten Rn 12. Für das Rechtsmittel in einer FolgeS ist **Beschwer** erforderlich, Hamm FamRZ **94**, 48, s § 621 e Rn 3 u 4.

Werden gegen ein Verbundurteil zunächst Beschwerde und dann vollen Umfangs Berufung eingelegt, so handelt es sich um ein einheitliches Rechtsmittel, Ffm FamRZ **84**, 406, unten Rn 15. Die Beschwerde wegen eines FolgeS, II, kann in der Begründungsschrift auf andere Teile des Urteils erstreckt werden, BGH NJW **81**, 2360, FamRZ **84**, 351, vgl unten Rn 13. Umgekehrt kann eine zunächst uneingeschränkt eingelegte Berufung in der Begründung auf FGG-FolgeS beschränkt werden; sie wird damit zur Beschwerde,

Abschnitt 3. Verfahren in Scheidungs- und Folgesachen § 629a

II, BGH NJW **81**, 2360. Bei späterer Beschränkung dieser Art bleibt das Rechtsmittel eine Berufung, Bbg FamRZ **82**, 506. Wegen der Teilanfechtung s iü unten 3 ff.

Der Verbund setzt sich in der Rechtsmittelinstanz fort, § 623 Rn 6; dies gilt auch dann, wenn nur **2** FolgeS in diese Instanz gelangen, I 3. Das Verfahren richtet sich nach den §§ 511 ff bzw §§ 542 ff auch in allen FolgeS, soweit nicht II eingreift. Wegen III ist immer die Zustellung der Begründungsschrift an die von der angefochtenen Entscheidung unmittelbar betroffenen Beteiligten nötig; ihr Zeitpunkt ist gemäß § 213 a jedem Beteiligten zu bescheinigen.

Die **Rechtsmittelfrist** läuft für jeden Beteiligten getrennt, vgl Stgt Just **88**, 159. Sie beginnt für alle mit der Zustellung der Entscheidung, § 517, dazu § 624 Rn 6, spätestens mit dem Ablauf von 5 Monaten nach der Verkündung, §§ 517 u 548. Ist die Beteiligung zu Unrecht unterblieben, wird für den Betroffenen keine Frist in Gang gesetzt. Für die isolierte Anfechtung von FGG-FolgeS enthält II Sonderbestimmungen. Es empfiehlt sich, zunächst schlechthin Berufung einzulegen und das Rechtsmittel ggf in der Begründung auf einen bestimmten Teil zu beschränken, zB auf die Sorgerechtsentscheidung (damit wird das Rechtsmittel zur Beschwerde, II, siehe oben). Wegen der Bezeichnung der Parteien im Rechtsmittelverfahren s § 622 Rn 3.

Eine Rechtsmittelbelehrung ist nicht vorgeschrieben (Ausnahme: § 119 IV GVG).

B. Teilanfechtung. a) Allgemeines. Für die Teilanfechtung gelten grds die **allgemeinen Regeln;** **3** Voraussetzung ist die Teilbarkeit des Gegenstandes, über den entschieden worden ist. Das ist im Verbund im Verhältnis der EheS zu FolgeS und im Verhältnis des FolgeS untereinander der Fall. Teilbar kann auch der Gegenstand der Entscheidung in der FolgeS Versorgungsausgleich sein, Ffm FamRZ **87**, 954 mwN.

Wenn ein Urteil zT angefochten wird, also etwa nur hinsichtlich des Scheidungsantrags oder (von einem Ehegatten oder einem Drittbeteiligten, zB dem Jugendamt) nur wegen einer FolgeS, so richtet sich die Statthaftigkeit des Rechtsmittels für FolgeS nach den dafür geltenden besonderen Vorschriften. Danach ist die Revision in FolgeS iSv § 621 I Z 4, 5 u 8 von ihrer Zulassung abhängig, soweit die Berufung nicht als unzulässig verworfen worden ist, § 621 d; ferner ist die **Revision für FolgeS iSv § 621 I Z 7 u 9 ausgeschlossen, I,** unten Rn 12. Die Prozeßstandschaft nach § 1629 III BGB wirkt auch in der Berufungsinstanz fort, wenn lediglich in den Unterhalt des Kindes betreffende FolgeS dorthin gelangt, Celle FamRZ **79**, 629.

Wird gegen ein Verbundurteil wegen der Entscheidung in nur einer FolgeS ein Rechtsmittel eingelegt, so **4** wird dadurch die Möglichkeit eröffnet, andere in demselben Urteil enthaltene FolgeS-Entscheidungen, auch wenn sie antragsgemäß ergangen sind, mit dem dafür gegebener Rechtsmittel im Wege der **Erweiterung des Antrages** zur Prüfung des höheren Gerichts zu stellen, BGH FamRZ **86**, 895 mwN, Celle FamRZ **81**, 379. Jedoch ist nach Ablauf der Begründungsfrist eine Erweiterung des Rechtsmittels abgesehen vom Fall der Anschließung (unten Rn 5 ff) nur zulässig, wenn sie nach III fristgemäß erfolgt und sich im Rahmen der ursprünglichen Begründung bewegt und von dieser mitgedeckt wird, Schweizer S 89–95, BGH FamRZ **86**, 895 u NJW **85**, 2267, Kblz FamRZ **90**, 744, Saarbr FamRZ **88**, 414, Ffm FamRZ **87**, 959, Düss FamRZ **87**, 295, Hamm FamRZ **84**, 498 mwN, str; aufgrund neuer Tatsachen kann die Berufung auch nach Ablauf der Begründungsfrist erweitert und dabei auf andere FolgeS erstreckt werden, wenn dadurch Abänderungsgründe (zB nach § 323 oder § 1696 BGB) entstehen, Philippi FamRZ **89**, 1258, Schweizer aaO, BGH NJW **87**, 1024 u **85**, 2030, Kblz RR **89**, 1024 u FamRZ **88**, 302, Hbg FamRZ **84**, 706, zweifelnd BGH NJW **85**, 2267. Innerhalb derselben FolgeS ist eine Teilanfechtung statthaft, soweit der Verfahrensgegenstand teilbar ist, BGH MDR **85**, 306, NJW **84**, 2879 (beide zum Versorgungsausgleich).

b) Anschlußrechtsmittel. Im Fall einer Teilanfechtung erwachsen die anderen Teile nicht in Rechtskraft, **5** solange von einem Beteiligten ein Anschlußrechtsmittel eingelegt werden kann, BGH NJW **89**, 2821. Für die Anschließung gelten die **allgemeinen Vorschriften**, vgl §§ 524 u 554, Zweibr RR **98**, 148, **mit den sich aus III u IV ergebenden Sonderbestimmungen**, Ffm FamRZ **87**, 496. Eine Anschließung ist deshalb unzulässig, wenn das Hauptrechtsmittel im Zeitpunkt der Anschließung zurückgenommen oder als unzulässig verworfen war, Bre FamRZ **89**, 649. Sie wird in den Fällen des § 524 IV unzulässig, Hamm FamRZ **89**, 415.

Immer muß sich die **Anschließung** gegen dieselbe Entscheidung wie das Hauptrechtsmittel richten, so daß **6** die Anschließung wegen einer zusammen mit dem Scheidungsausspruch entschiedenen FolgeS unzulässig ist, wenn sich das Hauptrechtsmittel auf die spätere Entscheidung einer nach § 628 abgetrennte FolgeS bezieht, BGH NJW **83**, 1318, Mü FamRZ **83**, 1258 mwN. Ist über Ehegatten- und Kindesunterhalt entschieden, darf sich bei Anfechtung nur hinsichtlich des ersteren der andere Ehegatte wegen des Kindesunterhalts anschließen, wenn dieser nach § 1629 III BGB geltend gemacht wird, Wosgien FamRZ **87**, 1102, Hamm FamRZ **88**, 187, aM Mü FamRZ **87**, 169 (abl Philippi FamRZ **87**, 607), nicht aber bei Volljährigkeit der Kinder, Ffm FamRZ **88**, 520. Immer müssen der Hauptrechtsmittelführer und der sich Anschließende gegenläufige Ziele verfolgen: Unzulässig und deshalb zu verwerfen ist eine Anschließung, mit der das gleiche Ziel wie mit dem Hauptrechtsmittel verfolgt wird, Hbg FamRZ **88**, 639 mwN. Eine Anschließung ist nur statthaft, wenn der sich Anschließende zugleich Gegner, dh potentiell Betroffener des Angriffs des Hauptrechtsmittels ist, Philippi FamRZ **89**, 1258 (m Beisp), Jaeger FamRZ **85**, 870, BGH FamRZ **85**, 59 u **84**, 680, NJW **84**, 1240; hieran hat III nichts geändert, weil die Vorschrift nicht die Zulässigkeit einer Anschließung regelt, sondern lediglich eine (zulässige) Anschließung befristet, Schmitz FamRZ **87**, 1101, Köln FamRZ **88**, 411.

Daraus folgt: Ist nur die Entscheidung in einer FolgeS angefochten, so kann ein **Drittbeteiligter** in einer **7** anderen FolgeS nur dann Anschlußrechtsmittel einlegen, wenn er in der angefochtenen Sache potentiell betroffen ist, BGH NJW **82**, 226 u **83**, 177, Zweibr RR **98**, 147. Unzulässig ist auch die Anschließung eines Versorgungsträgers an die Beschwerde eines anderen Versorgungsträgers, Kblz FamRZ **87**, 955, Ffm FamRZ **86**, 178 (es sei denn, die Anschließung richtet sich gegen einen anderen Teil der Entscheidung über den Versorgungsausgleich, Ffm FamRZ **87**, 954, das eine materielle Gegnerstellung genügen läßt). Wohl aber steht das Recht zur Anschließung dem **Ehegatten** zu, der von dem Rechtsmittel betroffen ist, zB wenn das Rechtsmittel eines Drittbeteiligten zu der Besserstellung des anderen Ehegatten hinausläuft, Hamm FamRZ **83**, 1241 (kein Rechtsschutzinteresse besteht für eine Anschließung, wenn damit dasselbe Ziel wie mit dem Rechtsmittel des Drittbeteiligten verfolgt wird, BGH NJW **82**, 224). Dabei ist die Anschlußberufung zB wegen des Scheidungsausspruchs auch dann zulässig, wenn für die Entscheidung über die angefochtene

§ 629a   Buch 6. Verfahren in Familiensachen

FolgeS das FGG maßgeblich ist, also wenn das erste Rechtsmittel eine Beschwerde nach II ist, BGH NJW 80, 702 mwN, Heintzmann FamRZ 81, 330 (unter Hinweis auf Art 5 Z 4 G v 13. 6. 80). Ebenso ist die Anschlußbeschwerde eines Ehegatten wegen einer FGG-FolgeS zulässig, wenn das Hauptrechtsmittel dieselbe (oder eine andere) FGG-FolgeS betrifft, BGH NJW 82, 225, und zwar auch im Verf über den Versorgungsausgleich, wenn die Ehegatten über dessen Höhe streiten, BGH NJW 83, 578 mwN, Hamm FamRZ 83, 1241, weil dort das Verbot der Schlechterstellung des Rechtsmittelführers ebenfalls gilt, BGH NJW 83, 173; unzulässig ist dagegen die unselbständige Anschlußbeschwerde eines Ehegatten, wenn das Hauptrechtsmittel vom Träger der Versorgungslast oder der gesetzlichen Rentenversicherung eingelegt worden ist, BGH NJW 85, 968, Kblz FamRZ 87, 955, Ffm FamRZ 86, 178, es sei denn, es handelt sich um eine für einen Ehegatten nachteilige Teilanfechtung, Celle FamRZ 85, 939.

8   Zulässig ist unter diesen Voraussetzungen auch eine **Hilfsanschließung**, BGH NJW 84, 1240, ebenso wie die **Anschließung an ein Anschlußrechtsmittel** (sog Gegenanschließung), Schweizer S 96 ff, Mü-KoKl 16, STr 12, Maurer I 829, Bergerfurth FamRZ 86, 940 mwN, Diederichsen NJW 86, 1468, Karlsr FamRZ 88, 412, Ffm FamRZ 87, 959, str, aM für das vor dem 1. 4. 86 geltende Recht BGH NJW 86, 1494 mwN, ua BGH NJW 84, 437, offen gelassen Saarbr FamRZ 88, 414. Jedenfalls ist die Anschließung des Hauptrechtsmittelführers an eine Anschließung zuzulassen, wenn diese sich gegen einen anderen Teil der Verbundentscheidung wendet und der Hauptrechtsmittelführer nunmehr seinerseits eine Änderung des durch die Anschließung angegriffenen Teiles zu seinen Gunsten erreichen möchte, Philippi FamRZ 89, 1258, Sedemund-Treiber FamRZ 86, 212 mwN, Jaeger FamRZ 85, 869, Rahm VII 158, offen gelassen von BGH NJW 86, 1494.

9   c) **Rechtskraft.** Rechtskräftig werden deshalb die nicht angefochtenen Teile einer Verbundentscheidung ohne Rücksicht auf ihre isolierte Anfechtbarkeit nicht schon mit der Verkündung des Urteils, Hamm NJW 80, 713 u KG FamRZ 80, 472 mwN, dazu eingehend STr § 618 Rn 9 mwN. (Teil-)Rechtskraft namentlich des Scheidungsausspruchs tritt vielmehr erst dann ein, wenn die **Rechtsmittelfrist und** überdies die **Fristen des III abgelaufen** sind, Hbg FamRZ 90, 185, Schlesw RR 88, 1479 (der Einspruch gegen ein über einen Teil ergangenes VersUrt ändert nichts am Ablauf der Fristen, BGH FamRZ 86, 897, aM KG FamRZ 89, 1206, abl Freekmann FamRZ 90, 185 u Rahm VII 162) oder wenn alle Beteiligten wirksam nach Rechtsmittel, Anschlußrechtsmittel und hinsichtlich einer OLG-Entscheidung auch auf einen Antrag nach § 629 c (dazu Deneke FamRZ 87, 1218 u Hamm FamRZ 95, 944 nwN) **verzichtet** haben, Zweibr FamRZ 88, 856, Düss FamRZ 85, 300, Mü FamRZ 85, 502; dazu eingehend Walter FamRZ 83, 1153, Henrich StAZ 81, 69, alle mwN. Für den Verzicht gelten die Vorschriften der ZPO, § 515, § 577 Rn 5, STr § 618 Rn 5 u 6; ein ohne Einschränkung von einem RA nach Verkündung eines Verbundurteils erklärter Verzicht umfaßt idR alle eigenständigen Rechtsmittel, BGH FamRZ 86, 1089, ein Verzicht auf die Anschließung kann in der Erklärung des allgemeinen Rechtsmittelverzichts und des Verzichts auf Tatbestand und Gründe liegen, Köln FamRZ 86, 482. Auch vor Einlegung eines Rechtsmittels kann im Fall des IV auf die Anschließung verzichtet werden, unten Rn 25, vgl BGH NJW 84, 2829 mwN, aber auch sonst, unten Rn 25, Deneke FamRZ 87, 1221, Kblz FamRZ 85, 822, Stgt FamRZ 83, 1152 (krit Walter), Hamm FamRZ 83, 823, str, aM STr 19 u § 618 Rn 7 mwN, Köln FamRZ 83, 824. Die Rechtskraft tritt mit dem allseitigen Verzicht ein; eine deklaratorische Entscheidung des Gerichts über die Wirksamkeit des Verzichts ist im Gesetz nicht vorgesehen (für die entspr Anwendung des §§ 269 III 3, 516 III 2 Rimmelspacher JuS 88, 954).

10   Auch **Berufungsurteile**, in denen nur über den Scheidungsantrag (in der Sache) entschieden worden ist, ohne daß die Revision zugelassen wäre, werden nicht mit ihrer Verkündung rechtskräftig, sondern erst dann, wenn die Parteien auf die Revision wirksam verzichten, s o, oder wenn die Revisionsfrist verstreicht oder der BGH über eine fristgemäß eingelegte Revision entscheidet, BGH RR 90, 326 = FamRZ 90, 283 (eingehend m Übersicht üb den bisherigen Streitstand).

11   **C. Entscheidung.** Die Entscheidung über Berufung oder Revision ergeht im allgemeinen Verfahren nach der ZPO. Jedoch ist, wenn nur FolgeS in die Rechtsmittelinstanz gelangt sind, eine (dann zulässige) Teilentscheidung über eine der in II genannten FolgeS durch Beschluß zu treffen, Hbg FamRZ 84, 398. Wegen der Einbeziehung nicht angefochtener Teile der Verbundentscheidung s § 629 c.

Für die Kosten gilt § 93 a auch dann, wenn nur einzelne FolgeS angefochten werden; in diesem Fall ist bei erfolgreicher Anfechtung nur über die Kosten der 2. Instanz zu entscheiden, Mü FamRZ 80, 473. Die Kostenentscheidung richtet sich auch bei Rücknahme des Rechtsmittels stets nach der ZPO, unten Rn 14.

Für das Gericht entstehen Gebühren nach KV 1120 ff, 1130 ff, für den RA die gewöhnlichen Gebühren für die Rechtsmittelinstanz.

Im Fall der Zurückverweisung gelten die allgemeinen Regeln, §§ 538 u 563, und die Sonderbestimmungen der §§ 629 c und 629 d. Im fortgesetzten Berufungsverf ist eine neue Anschließung, zB wegen des Scheidungsausspruchs, zulässig, BGH FamRZ 80, 233, Mü FamRZ 83, 1259, soweit ihre Voraussetzungen vorliegen, unten Rn 15, und ebenso die Erweiterung des Berufungsantrages im Rahmen der Berufungsbegründung. Im fortgesetzten Verf erster Instanz ist über die noch nicht rechtskräftig erledigten Teile des Verbunds neu zu verhandeln und zu entscheiden, Mü aaO.

12   2) **Beschränkung der Revision in FolgeS, I.** Für die Revision in FamS des § 621 I Z 4, 5 u 8 gilt § 621 d. Im Hinblick darauf, daß wegen der geringeren Bedeutung der **FamS des § 621 I Z 7 u 9** durch § 621 e die weitere Beschwerde im Verfahren außerhalb einer Scheidungssache ausgeschlossen wird, ist die Revision nicht zulässig, soweit über diese FolgeS im Verbund durch Urteil erkannt ist. Das gilt ohne Rücksicht darauf, welchen Inhalt das Urteil hat, also auch dann, wenn die Berufung als unzulässig verworfen worden ist, BGH FamRZ 80, 670. Die trotzdem eingelegte Revision ist in diesem Umfang zu verwerfen, § 552.

13   3) **Selbständige Anfechtung der Entscheidung in FolgeS, II**
A. **Beschwerde.** Ein nach § 629 ergangenes einheitliches Urteil kann auch wegen eines Teils angefochten werden, und zwar mit der Berufung bzw der Revision, soweit das Rechtsmittel nach allgemeinen Vorschriften statthaft ist, oben Rn 1 ff. Davon macht II für **FolgeS nach § 621 I Z 1–3, 6, 7 u 9** eine Ausnahme: Da es sich um Sachen handelt, für die das FGG maßgeblich ist, § 621 a Rn 3 ff, ist für die isolierte Anfechtung

Abschnitt 3. Verfahren in Scheidungs- und Folgesachen **§ 629a**

der im Urteil getroffenen Entscheidung insoweit nicht Berufung oder Revision gegeben, sondern die **Beschwerde entsprechend § 621 e, II 1**. Über die Einzelheiten vgl die Erläuterungen zu § 621 e, zur Beschwerdeberechtigung dort Rn 3–7; eine Anschlußbeschwerde ist zulässig, § 621 e Rn 26. Die angefochtene FolgeS bleibt FolgeS, BGH FamRZ **79**, 908. Ist Beschwerde eingelegt, so kann das Rechtsmittel in der Begründungsschrift – nunmehr als Berufung – auf andere Teile des Urteils erstreckt werden, gegen die der Berufung gegeben ist, wenn hierauf nicht verzichtet worden ist, BGH NJW **81**, 2360.

Für die **Einlegung** der Beschwerde besteht Anwaltszwang, soweit sie von einem Ehegatten eingelegt **14** wird, § 78 II 1 Z 1, nicht aber für die an der FolgeS beteiligten Dritten. Wegen des AnwZwanges in den neuen Bundesländern s Vorbem § 78 u Grdz § 606 Rn 7.

Über die Beschwerde **entscheidet** das OLG durch Beschluß; die Regeln über den Verbund gelten auch hier, § 629 a II 3. Für die Rechtsbeschwerde besteht allgemein Anwaltszwang, also auch für Drittbeteiligte, § 78 II 1 Z 1, mit Ausnahme der in § 78 II 3 genannten. Dagegen ist die Rechtsbeschwerde nur in den Fällen des § 621 I Z 1–3 u 6 unter den Voraussetzungen des § 621 e II zulässig: sie ist also in FolgeS nach § 621 I Z 7 u 9 ausgeschlossen, und zwar auch dann, wenn die Erstbeschwerde als unzulässig verworfen worden ist, BGH NJW **80**, 402.

Wegen der **Kosten** vgl oben Rn 11. § 97 I u II gelten auch hier, § 97 III, dazu Tietze FamRZ **83**, 291. Bei Rücknahme der Beschwerde gilt in allen Fällen § 516 III entsprechend, nicht etwa (ganz oder teilweise) § 13 a FGG, MüKoKl § 621 c Rn 74, StJSchl 7, Karlsr RR **98**, 72 (abw im Einzelfall), Drsd FamRZ **97**, 1019 (eingehend mwN), Ffm FamRZ **91**, 586, Karlsr MDR **83**, 454 u **84**, 59 mwN, Bre **KR** § 515 Nr 31, Hamm **KR** § 515 Nr 33 m abl Anm v. Eicken und zustm Anm Lappe, sehr str, aM ZöPh 13, Karlsr RR **98**, 72 (für den Einzelfall), Hamm FamRZ **92**, 1457, Ffm FamRZ **86**, 368 mwN, ua Stgt FamRZ **83**, 936. Für das Gericht entstehen Gebühren in allen Fällen, § 1 II GKG, nach KV 1520 ff, 1530 ff, für den RA die vollen Gebühren des § 31 nach § 11 I 2 u 3 BRAGO, s § 61 a BRAGO.

B. Mehrere Rechtsmittel. Wird in diesen Fällen nach Einlegung der Beschwerde auch Berufung (oder **15** nach Einlegung der weiteren Beschwerde Revision) eingelegt, gleichgültig, ob vom Beschwerdeführer oder vom Beschwerdegegner, so ist über das Rechtsmittel **einheitlich als Berufung oder Revision zu entscheiden**, II 2. Wird die Entsch in einer FolgeS angefochten und ist beim Rechtsmittelgericht auch die Scheidungssache anhängig, so gelten die Vorschriften über den Verbund, § 623 ff. Grundsätzlich ist also einheitlich durch Urt zu entsch. Gegen das Urt des OLG ist die Revision nach allgem Vorschriften zulässig, §§ 542 ff, soweit es sich nicht um FolgeS des § 621 I Z 7 u 9 handelt, oben Rn 12. Gebühren für das Gericht: KV 1220 ff u 1230 ff.

C. Anfechtung mehrerer FolgeS. Gelangen nur mehrere FolgeS in die Rechtsmittelinstanz, so stehen **16** sie **entspr § 623 untereinander im Verbund**, gleichgültig, ob auch der Scheidungsausspruch angefochten wird, **II 3**. Diese Bestimmung ermöglicht es, aufeinander abgestimmte Regelungen in den FolgeS zu treffen, und zwar auch nach Eintritt der Rechtskraft des Scheidungsausspruchs, Diederichsen NJW **86**, 1467. Deshalb ist über ein oder mehrere Rechtsmittel, soweit nur FolgeS angefochten sind, einheitlich zu verhandeln und zu entscheiden, § 629 I, und zwar durch Beschluß bzw durch Urt, wenn eines der Rechtsmittel eine FolgeS nach § 621 I Z 4 oder 5 betrifft, oben Rn 15. Teilentscheidungen sind ausgeschlossen; wenn in einer der FolgeS eine vorgezogene Regelung erforderlich wird, kann **entspr §§ 627, 628 I 1 verfahren werden, II 3**.

4) Nachträgliche Anfechtung, III (Bergerfurth FamRZ **86**, 940; Sedemund-Treiber FamRZ **86**, 210). **17**

A. Allgemeines. Der Zwang, im Verbund über EheS u FolgeS einheitlich zu entscheiden, § 629 I, hat vor dem 1. 4. 86 dazu geführt, daß bei einer nur FolgeS beschränkte Anfechtung eine umfassenden Rechtsmittelverzicht der Beteiligten die Rechtskraft des Scheidungsausspruchs in der Schwebe blieb, solange dieser durch Erweiterung des Rechtsmittels oder Anschließung in das RechtsmittelVerf einbezogen werden konnte, oben Rn 5 ff. Da hier nicht durch entspr Anwendung des § 628 I 1 geholfen werden konnte, BGH FamRZ **80**, 1108, hat das UÄndG den Mißstand, daß in diesen Fällen die Rechtskraft des Scheidungsausspruchs uU erst nach Jahren eintrat, dadurch behoben, daß die nachträgliche Anfechtung durch Rechtsmittelerweiterung oder Anschließung befristet worden ist, vgl BGH NJW **98**, 2679. Die Befristung der Rechtsmittel gilt für die 2. und die 3. Instanz (hier ist die Regelung des § 629 c zu beachten).

B. Beschränkung des nachträglichen Angriffs, III. a) **Voraussetzungen, III 1**. Die Regelung gilt **18** nur für eine **VerbundEntsch über die EheS und eine oder mehrere FolgeS, § 629 I**. Dagegen ist III nicht auf sonstige Entscheidungen anzuwenden, zB in isolierten FamS, oder im Verbund ergehende gesonderte Entscheidungen wie die Zurückweisung des Scheidungsantrags oder die Entsch über FolgeS, die abgetrennt worden sind oder allein den Gegenstand des RechtsmittelVerf bilden, Sedemund-Treiber FamRZ **86**, 210. Die VerbundEntsch, § 629 I, muß teilweise durch Berufung, Beschwerde, Revision oder Rechtsbeschwerde angefochten worden sein, oben Rn 3 ff. Richtet sich das Rechtsmittel gegen die gesamte Entsch, so bleibt es bei den allgem Vorschriften über die Erweiterung des Rechtsmittels und die Anschließung, oben Rn 4 ff; wird die Berufung gegen den Scheidungsausspruch nachträglich unzulässig, bleibt die Zulässigkeit des Rechtsmittels gegen die FolgeS hiervon unberührt (keine Anwendung von III), BGH RR **94**, 834.

b) **Befristung des Angriffs auf andere Teile, III 1–4** (Schweizer S 21 ff). – **aa) Grundsatz**. Im Fall **19** der teilweisen Anfechtung einer VerbundEntsch durch ein Hauptrechtsmittel kann die **Änderung von Teilen der Entsch, die eine andere FamS betreffen, nur innerhalb bestimmter Fristen** beantragt werden; dies gilt sowohl für die Erweiterung des Antrags, BGH RR **93**, 260 mwN, als auch für die Anschließung, oben Rn 4 (ein etwaiger Wille des Gesetzgebers, durch die Befristung die nach allgemeinen Grundsätzen mögliche Erweiterung der Teilanfechtung auf andere Teile für den Hauptrechtsmittelführer auszuschließen, hat im Gesetz keinen Ausdruck gefunden). Keine weitere Beschränkung besteht in dem Gegenstand des Hauptrechtsmittels: Haben ein Ehegatte wegen des Unterhalts, der andere wegen des Sorgerechts und ein Drittbeteiligter wegen des Versorgungsausgleichs Rechtsmittel eingelegt, so bleibt es hinsichtlich dieser drei FamS bei den allgemeinen Vorschriften. Dagegen greift die Beschränkung für alle anderen Teile der

§ 629a

VerbundEntsch ein, also auch und gerade für die Anfechtung des Scheidungsausspruchs, die nur den Ehegatten zusteht, BGH NJW **98**, 2976 mwN.

20 **bb) Befristung, III 1 u 2.** Diejenigen Teile der VerbundEntsch, die nicht Gegenstand eines Hauptrechtsmittels sind, können nach Ablauf der für ein Hauptrechtsmittel geltenden Frist grundsätzlich nur innerhalb Monatsfrist angegriffen werden. Dadurch wird nicht etwa die Möglichkeit eröffnet, ein Hauptrechtsmittel einzulegen; insoweit bleibt es bei den dafür geltenden **Fristen der §§ 517, 548 und 621e III iVm diesen Vorschriften, III 4**, Ffm FamRZ **86**, 1123. Die Befristung greift bei Antragserweiterung und Anschließung ein, deren sonstige Zulässigkeit, oben Rn 3–5 u 9, sich nach den allgemeinen Vorschriften beurteilt; für den Antrag auf Einbeziehung von Entscheidungsteilen in das Verfahren vor dem BGH gilt § 629 c, s dort.

21 Die **Monatsfrist für diese Angriffe beginnt grundsätzlich mit der Zustellung der Begründung des Hauptrechtsmittels, bei mehreren Zustellungen mit der letzten Zustellung, III 1**; dies gilt auch und gerade bei Zustellungen agrd mehrerer Hauptrechtsmittel, Schweizer S 31–33, Ffm FamRZ **87**, 960, und für alle nachträglichen Angriffe, abw für die Anschließung Schweizer S 27 f. Dabei kommt es auf die zeitlich letzte Zustellung an, so daß zB eine solche Zustellung an den vom Hauptrechtsmittel betroffenen Drittbeteiligten die Monatsfrist einheitlich für alle Beteiligten in Lauf setzt, BT-Drs 10/2888 S 44 u 10/4514 S 24. Nötig ist eine ordnungsgemäße Zustellung der Begründung (ohne Heilungsmöglichkeit nach § 187 S 1 oder § 295, Schweizer S 54–58), an alle vom Hauptrechtsmittel betroffenen Beteiligten, Kemnade FamRZ **86**, 626, BGH NJW **98**, 2679 (also eine VersAusglBeschwerde idR allen VersTrägern); anderen Drittbeteiligten wird die Begründung nicht zugestellt, § 624 IV, Schmitz FamRZ **87**, 1101. Das Unterbleiben auch nur einer notwendigen Zustellung hindert den Fristbeginn, BGH aaO; das gleiche gilt für den Fall, daß ein zu beteiligender Dritter nicht in das Verfahren einbezogen worden ist, Rahm VII 116. Das Ende der Monatsfrist errechnet sich nach § 222, vgl § 519 Rn 6.

22 Da die Frist Rechtsmittel und andere Angriffe gegen ein Urteil begrenzt und dadurch dessen Rechtskraft hinsichtlich der nicht angefochtenen Teile bewirkt, fordert es die notwendige leichte Berechenbarkeit durch den UrkB, sie trotz fehlender Bezeichnung als Notfrist doch wie eine **Notfrist iSv § 223** zu behandeln, Bergerfurth Rn 269 u FamRZ **87**, 177, Maurer I 833, StR 15, ThP 22, Karlsr FamRZ **88**, 412, Köln FamRZ **87**, 1060, Nürnb FamRZ **86**, 924, aM im Anschluß an § 556 II MüKoKl 31, Philippi FamRZ **89**, 1259, ZöPh 34, Rahm VII 75, Hbg FamRZ **90**, 771, Celle FamRZ **90**, 647, Ffm FamRZ **86**, 1123. Deshalb ist die Frist unabänderlich, § 224, Schweizer S 59–61; sie wurde auch durch die Gerichtsferien nicht gehemmt, § 223 aF, insofern aM Maurer u ThP aaO, Karlsr u Ffm aaO sowie die Vertreter der grundsätzlichen Gegenmeinung, vgl Schweizer S 51–54. Gegen ihre Versäumung kommt WiedEins in Betracht, Schweizer S 61–64, Maurer aaO, StR 15 mwN, Bergerfurth FamRZ **87**, 177, Köln aaO, ebenso von den Vertretern der Gegenmeinung MüKoKl 31, Philippi FamRZ **89**, 1259, ZöPh 34.

23 **Wird in der Frist eine Änderung der Teile, die eine andere FamS betreffen, beantragt, so verlängert sich die ursprüngliche Frist um einen weiteren Monat, III 2.** Auch ein vor Ablauf der Begründungsfrist gestellter Änderungsantrag, zB eine Anschließung, löst die Fristverlängerung aus, weil die Begrenzung auf die nach Ablauf der Begründungsfrist gestellten Änderungsanträge nicht Gesetz geworden ist, BT-Drs 10/2888 S 45 u 10/4514 S 24; ebenso wird die Nachfrist in Lauf gesetzt, wenn die Änderung vor Zustellung der Begründungsschrift beantragt wird, Bergerfurth FamRZ **86**, 941, aM Kemnade FamRZ **86**, 625. Die Erstreckung der Frist tritt ein, wenn innerhalb der ursprünglichen Frist ein Änderungsantrag bei Gericht eingeht (Hilfsanschließung genügt), Schweizer S 36; auf die Zustellung des Antrags kommt es nicht an, Philippi FamRZ **89**, 1260. Für die Berechnung der verlängerten Frist gilt § 224 III iVm § 222 II entspr, Schweizer S 37 ff, Bergerfurth FamRZ **87**, 177. Sie endet nach denselben Regeln wie die erste Frist; WiedEins ist auch insoweit möglich, s o.

Innerhalb der Nachfrist können **alle Beteiligten** (auch derjenige, der die erste nachträgliche Anfechtung erklärt hat) die Änderung der Teile der VerbundEntsch, die nicht Gegenstand eines Hauptrechtsmittels sind, beantragen, wie die Entstehungsgeschichte (aaO) ergibt. Erfolg kann ein solcher Antrag nur haben, wenn die prozessualen Voraussetzungen, oben Rn 4 ff, dafür gegeben sind. Jedoch kommt es für die Auslösung der Fristverlängerung hierauf nicht an, Sedemund-Treiber FamRZ **86**, 212.

Derselbe Mechanismus läuft ab, wenn **innerhalb der verlängerten Frist erneut eine Änderung iSv III 1 beantragt wird, III 3.** Das wird selten der Fall sein, weil diese Möglichkeit abstrakt durch die Zahl der FolgeS und konkret durch die Zulässigkeitsvoraussetzungen, oben Rn 4 ff, begrenzt wird.

24 **cc) Wirkungen.** Wird bis zum Ablauf der (ersten oder verlängerten) Frist von keinem Beteiligten ein Änderungsantrag iSv III 1 gestellt, so werden **die bis dahin nicht angegriffenen Teile der VerbundEntsch rechtskräftig** (bei Rücknahme des Hauptrechtsmittels schon zu diesem Zeitpunkt, BGH NJW **98**, 2679). Das wirkt sich in der Praxis vor allem für den Scheidungsausspruch aus, der selten angefochten wird; wird er rechtskräftig, so ist die im Verbundurteil enthaltene Verurteilung zur Zahlung nachehelichen Unterhalts nach § 718 für vorläufig vollstreckbar zu erklären, falls dies nicht schon im Urteil geschehen war, Karlsr FamRZ **87**, 496 mwN. Freilich kann der Schwebezustand bis zum Eintritt der (Teil-)Rechtskraft bei mehrfacher Fristverlängerung länger dauern. Der Beginn der Frist setzt die ordnungsmäßige Zustellung an die Beteiligten voraus, oben Rn 20 ff. Das endgültige Ende der Frist wird sich nicht immer einwandfrei feststellen lassen, da die Möglichkeit der WiedEins besteht, oben bb. Daher ist bei der Erteilung eines (Teil-)Rechtskraftzeugnisses, § 706, in den Fällen des III große Vorsicht geboten, Kemnade FamRZ **86**, 626.

Da die nicht rechtzeitig angegriffenen Teile der VerbundEntsch mit Fristablauf rechtskräftig werden, ist danach eine Erweiterung der Berufung nicht mehr möglich, Ffm FamRZ **86**, 924. Die Anfechtungsmöglichkeit lebt nicht wieder auf, wenn die Entscheidung iü aufgehoben und die Sache zurückverwiesen wird, BT-Drs 10/2888 S 31 (BGH NJW **80**, 785 ist durch § 629a III überholt).

Ist der Änderungsantrag iSv III 1 verspätet gestellt u kommt keine WiedEins, oben Rn 22, in Frage, ist er als unzulässig zu verwerfen, Ffm FamRZ **86**, 924. Ist der Antrag rechtzeitig gestellt, kann er gleichwohl aus anderen Gründen als unzulässig zu verwerfen sein, oben Rn 6 ff u 20, zB eine Anschließung wegen Fehlens eines zulässigen Hauptrechtsmittels, BGH FamRZ **98**, 1026, Bre FamRZ **89**, 649, Hamm FamRZ **89**, 415.

Abschnitt 3. Verfahren in Scheidungs- und Folgesachen   §§ 629a, 629b

5) Anschließung, IV (Sedemund-Treiber FamRZ **86**, 212). Die Beteiligten haben das Recht der **25** Anschließung, dazu oben Rn 5–8. Auf dieses Recht kann verzichtet werden. **Ehegatten, die auf Rechtsmittel gegen den Scheidungsausspruch verzichtet haben, können auf dessen Anfechtung im Wege der Anschließung an ein Rechtsmittel in einer FolgeS**, oben Rn 5–7, **verzichten, bevor dieses Rechtsmittel eingelegt ist, IV.** Diese Sonderregelung soll den Ehegatten ermöglichen, durch einen solchen Verzicht die Rechtskraft des im Verbund ergangenen Scheidungsausspruchs vor Abschluß des ganzen Verf herbeizuführen; für den isolierten Scheidungsausspruch bedarf es keiner besonderen Bestimmung, weil er ohnehin mit dem Verzicht auf das Hauptrechtsmittel rechtskräftig wird. Die Möglichkeit, im Verbund Anschlußrechtsmittel in FolgeS einzulegen, bleibt unberührt; insofern gilt für alle Beteiligten das allgemeine Rechtsmittelrecht mit den sich aus III ergebenden Besonderheiten, oben Rn 3 ff u 17. Für den Verzicht auf einen Antrag nach § 629 c gilt Entsprechendes, dort Rn 4.

6) Wiederaufnahme. §§ 578 ff. Sie ist auch hinsichtlich einzelner FolgeS zulässig, soweit die Entschei- **26** dung nicht ohnehin später geändert werden darf wie im Fall der Regelung des Sorgerechts oder des Umgangs mit Kindern, Ffm FamRZ **87**, 394, und berührt dann die Rechtskraft des Scheidungsausspruchs nicht; dementsprechend läßt auch die Fortsetzung des Verfahrens nach einem für unwirksam gehaltenen Prozeßvergleich in einer FolgeS den Scheidungsausspruch unberührt, Bergerfurth FamRZ **82**, 565. Die Wiederaufnahme der Scheidungssache ergreift auch die im Verbund entschiedene FolgeS, Bergerfurth FamRZ **76**, 583.

629b *Zurückverweisung.* [I] ¹Wird ein Urteil aufgehoben, durch das der Scheidungsantrag abgewiesen ist, so ist die Sache an das Gericht zurückzuverweisen, das die Abweisung ausgesprochen hat, wenn bei diesem Gericht eine Folgesache zur Entscheidung ansteht. ²Dieses Gericht hat die rechtliche Beurteilung, die der Aufhebung zugrunde gelegt ist, auch seiner Entscheidung zugrunde zu legen.

II Das Gericht, an das die Sache zurückverwiesen ist, kann, wenn gegen das Aufhebungsurteil Revision oder Beschwerde gegen die Nichtzulassung der Revision eingelegt wird, auf Antrag anordnen, daß über die Folgesachen verhandelt werden.

1) Zurückverweisung nach Abweisung des Scheidungsantrags, I. Mit der Abweisung des Schei- **1** dungsantrags werden alle FolgeS gegenstandslos, § 629 III. Sie fallen bei Anfechtung des Urteils dem Rechtsmittelgericht nicht an, weil über sie nicht entschieden worden ist. **Wird das abweisende Urteil aufgehoben, muß die Sache an das Gericht zurückverwiesen werden, das die Abweisung ausgesprochen hat, wenn bei diesem Gericht eine FolgeS zur Entscheidung ansteht**, I 1, BGH NJW **97**, 1007, Hamm FamRZ **96**, 1078. Das ist stets dann der Fall, wenn dort eine FolgeS im Zeitpunkt des abweisenden Urteils anhängig war und diese FolgeS sich nicht inzwischen erledigt hat, also nicht nur dann, wenn das Urteil einen Vorbehalt nach § 629 III 2 enthält. Eine FolgeS braucht aber nicht unbedingt anhängig zu sein. Es genügt, daß die Sorgerechtsregelung oder der Versorgungsausgleich gemäß § 623 III vAw durchgeführt werden muß, Karlsr FamRZ **81**, 191 mwN, Celle FamRZ **79**, 234, aM Ffm FamRZ **80**, 283: keine Zurückverweisung, wenn beim FamGer bislang keine FolgeS anhängig geworden ist.

Die Zurückverweisung ist zwingend vorgeschrieben, so daß Zweckmäßigkeitserwägungen ausscheiden **2** müssen, BGH NJW **97**, 1007; zurückzuverweisen ist also auch dann, wenn die Voraussetzungen der Scheidung gegeben sind und sich die Beteiligten über alle notwendigen und anhängigen FolgeS geeinigt bzw der vorgesehenen Lösung zugestimmt haben, Dresden FPR **03**, 263 mwN, und ebenfalls in dem Fall, daß bei einverständlicher Scheidung nur über eine einzige, im Grunde entscheidungsreife FolgeS zu befinden ist, str, aM MüKoKl 9, Ffm RR **02**, 578, Oldb FamRZ **98**, 1528 mwN. Zurückzuverweisen ist an das Gericht, bei dem die FolgeS ansteht; das ist das OLG, wenn es erstmals den Scheidungsantrag abgewiesen hat und die FolgeS in die Berufungsinstanz gelangt war, vgl §§ 627 u 628, sonst das FamGer, aM Diederichsen NJW **77**, 660 (stets das FamGer), ThP Rn 3 u 4 (differenzierend). Dieses Gericht hat die rechtliche Beurteilung, die der Aufhebung zugrundeliegt, auch **seiner Entscheidung zugrundezulegen**, I 2, vgl § 563 II; das gleiche gilt für die Selbstbindung des zurückverweisenden Gerichts, Düss FamRZ **81**, 808.

Mit der Zurückverweisung wird der Verbund, § 623 I, wiederhergestellt, so daß etwa selbständig fortgeführte FamS, § 629 III 2, wieder FolgeS werden (abw ZöPh 6) und neue FolgeS vAw, § 623 III, oder durch Überleitung, § 621 III, oder auf Antrag einer Partei entstehen können, Diederichsen NJW **77**, 653. Die erneute Entscheidung ergeht einheitlich durch Urteil. Über die Kosten der Berufung kann vorweg im zurückverweisenden Urteil entschieden werden, Bra FamRZ **03**, 1193, wobei im Fall einer verfrüht erhobenen Klage, § 1565 BGB, § 97 I ZPO entspr anzuwenden ist, BGH NJW **97**, 1008 mwN, Nürnb RR **97**, 388, es sei denn, die Parteien haben beide die Scheidung verfrüht angestrebt oder die Gegenpartei hat sich trotz Ablaufs der Wartezeit einer Scheidung widersetzt, oder wenn offen bleiben kann, ob das AG die Anwendung des § 1565 II BGB zu Recht abgelehnt hat, BGH aaO.

§ 629 b ist entspr anzuwenden, wenn das FamGer den Antrag auf Aufhebung der Ehe abgewiesen hat und in **3** 2. Instanz (hilfsweise) Antrag auf Scheidung gestellt wird, Hbg FamRZ **82**, 1211, ferner dann, wenn ein die Erledigung des Scheidungsverfahrens aussprechendes Urteil aufgehoben wird, Karlsr IPrax **90**, 53. Für andere Fälle gilt § 629 b nicht, zB bei Aufhebung eines Scheidungsurteils im Wiederaufnahmeverfahren, KG RR **90**, 8.

War das Gericht, das die Abweisung ausgesprochen hat, örtlich unzuständig und ist die Scheidungssache deshalb vom Berufungsgericht an das (jetzt) zuständige Gericht verwiesen, § 606 Rn 20, so entfällt eine Zurückverweisung, Zweibr FamRZ **85**, 81, Hbg FamRZ **83**, 612; die beim unzuständigen Gericht wieder aufgelebten FolgeS sind entspr § 621 II an das (jetzt) zuständige FamGer zu verweisen bzw abzugeben, Zweibr aaO.

2) Verfahren bei Anfechtung der Zurückverweisung, II. Mit Einlegung der Revision oder der Nicht- **4** zulassungsbeschwerde gegen das Urteil des OLG tritt die Hemmungswirkung ein, Grdz § 511 Rn 2. In diesem Fall kann **das Gericht, an das zurückverwiesen ist, auf Antrag anordnen, daß über die bei ihm zur**

§§ 629b, 629c

Entscheidung anstehende FolgeS, oben Rn 1, **verhandelt wird.** Den dazu erforderlichen Antrag darf jede Partei stellen. Die Entscheidung darüber ergeht nach Ermessen unter Abwägung der Eilbedürftigkeit der FolgeS und der voraussichtlichen Dauer des Verfahrens beim BGH. Die Ablehnung des Antrags unterliegt der sofortigen Beschwerde, § 567 I Z 2. Gegen den die Verhandlung anordnenden Beschluß gibt es kein Rechtsmittel. Erst nach Rechtskraft des zurückverweisenden Urteils darf über die FolgeS (im Verbund) entschieden werden, § 629 I. Eine Vorwegentscheidung nach § 627 ist auch hier zulässig.

629c *Erweiterte Aufhebung.* [1] Wird eine Entscheidung auf Revision oder Rechtsbeschwerde teilweise aufgehoben, so kann das Gericht auf Antrag einer Partei die Entscheidung auch insoweit aufheben und die Sache zur anderweitigen Verhandlung und Entscheidung an das Berufungs- oder Beschwerdegericht zurückverweisen, als dies wegen des Zusammenhangs mit der aufgehobenen Entscheidung geboten erscheint. [2] Eine Aufhebung des Scheidungsausspruchs kann nur innerhalb eines Monats nach Zustellung der Rechtsmittelbegründung oder des Beschlusses über die Zulassung der Revision oder der Rechtsbeschwerde, bei mehreren Zustellungen bis zum Ablauf eines Monats nach der letzten Zustellung beantragt werden.

Schrifttum: *Deneke* FamRZ 87, 1214.

1   **1) Allgemeines.** Durch Revision oder Rechtsbeschwerde, § 629a II, fällt trotz des Verbundes die Sache dem BGH nur insoweit an, als die Entscheidung angefochten ist.

A. Revision nur in der Scheidungssache. Beschränkt sich die (nur kraft Zulassung statthafte) Revision auf die Scheidungssache, so entscheidet der BGH nur hierüber: Weist er den Scheidungsantrag ab, wird die Entscheidung in FolgeS gegenständlich, § 629 III; bleibt es bei ein abweisendem Urteil auf, muß die Sache zurückverwiesen werden, § 629 b I. § 629 c gilt für diese Fälle nicht, Deneke FamRZ 87, 1216.

2   **B. Rechtsmittel (auch) in einer FolgeS.** Wird auch oder nur gegen die Entscheidung in einer FolgeS Revision eingelegt oder Rechtsbeschwerde erhoben, so hängt die Statthaftigkeit des Rechtsmittels zwar grundsätzlich von seiner Zulassung ab, §§ 543, 621 d, 629 a II iVm § 621 e II. Bei Zulassung des Rechtsmittels nur wegen eines Teiles der Entscheidung ist aber hinsichtlich der übrigen Teile Revision oder weitere Beschwerde statthaft, soweit diese Teile rechtlich von der anfechtbaren Teilentscheidung abhängen, BGH **35**, 302. Unter den Angelegenheiten, die in die 3. Instanz gelangen können, besteht jedoch nicht oder doch nicht immer eine rechtliche, sondern oft nur eine tatsächliche Abhängigkeit. Wegen der gebotenen Einheitlichkeit der Entscheidung eröffnet § 629 c den Parteien die Möglichkeit, eine Nachprüfung auch solcher Teile der Entscheidung herbeizuführen, die der 3. Instanz nicht angefallen sind, Sedemund-Treiber DRiZ **76**, 337. Diese Möglichkeit schiebt die Rechtskraft der gesamten Berufungsentscheidung hinaus, vgl § 629 a Rn 9, Deneke FamRZ **87**, 1218 mwN, hM. Dadurch soll auch in 3. Instanz eine ausgewogene Gesamtlösung gewährleistet werden, Deneke FamRZ **87**, 1215.

3   **2) Erweiterte Nachprüfung**

A. Voraussetzungen, Satz 1. Wird eine Entscheidung auf Revision oder weitere Beschwerde (auch auf eine Anschließung, Maurer I 841) vom BGH teilweise aufgehoben, so kann er auf Antrag einer Partei diese Entscheidung auch hinsichtlich anderer Teile nachprüfen, die nicht mit Revision oder weiterer Beschwerde angefochten worden sind, **soweit dies wegen des tatsächlichen Zusammenhangs mit der aufgehobenen Entscheidung geboten erscheint**, BGH FamRZ **86**, 895, zB im Falle der Anfechtung der Regelung der elterlichen Sorge hinsichtlich der nicht angemessenen Regelung des nachehelichen Unterhalts, BGH NJW **87**, 1026, vgl dazu Deneke FamRZ **87**, 1216. Das gilt grundsätzlich auch hinsichtlich der Ehesache, wenn dem BGH nur eine FolgeS angefallen ist; jedoch wird der Fortbestand der Ehe von der FolgeS nur ausnahmsweise abhängen, zB die einverständliche Scheidung, § 630, von der Befolgung des gemeinsamen Vorschlags für die Regelung des Sorgerechts, StJSchl 2, oder die streitige Scheidung von der Sorgerechtsregelung, dazu Deneke FamRZ **87**, 1217. Die erweiterte Nachprüfung (und Aufhebung) in der dritten Instanz bezieht sich aber nur auf solche Entscheidungsteile, die Gegenstand des Berufungsurteils waren, also nicht auf nicht angegriffene Entscheidungen des FamGer, Deneke FamRZ **87**, 1215 mwN, Ffm FamRZ **85**, 821 mwN, hM. Die Befugnis nach § 629c besteht nicht, wenn das Rechtsmittel ohne Erfolg bleibt.

4   **B. Antrag, Satz 1 u 2.** Die Einbeziehung nicht angefochtener Teile erfolgt nur auf **Antrag einer Partei, Satz 1**, nicht notwendigerweise des Rechtsmittelführers, im Anwaltszwang, § 78 II 1 Z 1 (andere Beteiligte sind nicht antragsberechtigt, MüKoKl 6, aM Deneke FamRZ **87**, 1220). Richtet sich der Antrag auf die **Aufhebung des (nicht angefochtenen) Scheidungsausspruchs**, muß er entsprechend der in § 629 a III 1 getroffenen Regelung **innerhalb eines Monats** nach bestimmten Frist gestellt werden (ohne Fristverlängerung entspr § 629 a III 2 u 3, Deneke FamRZ **87**, 1220); die Frist beginnt mit der Zustellung der Rechtsmittelbegründung bzw des Beschlusses über die Zulassung der Revision oder der Rechtsbeschwerde, §§ 544 IV 4 u 621 e, II 1, bei mehreren Zustellungen mit der letzten, **Satz 2.** Begehrt der Ehegatte die Aufhebung der Entscheidung in einer anderen FolgeS, muß er dies bis zum Schluß der mündlichen Verhandlung tun, Deneke FamRZ **87**, 1220; ggf hat das Gericht darauf hinzuweisen, StJSchl 4. Der Antrag ist auch insoweit zulässig, als eine Rechtsmittelerweiterung oder Anschließung, § 629 a Rn 5 ff, möglich ist: die Partei hat ein Wahlrecht, Deneke FamRZ **87**, 1217. Immer handelt es sich um einen Hilfsantrag, der mit der Bestätigung der angefochtenen Entscheidung gegenstandslos wird. Bei verspäteter Stellung wird der Antrag als unzulässig verworfen, bei Fehlen des Zusammenhangs, oben Rn 3, als unbegründet zurückgewiesen.

Ein Verzicht auf das Antragsrecht ist jedenfalls bei beiderseitigem Verzicht auf Rechtsmittel gegen den Scheidungsausspruch, BGH FamRZ **84**, 468, aber auch sonst schon vor Einlegung des Rechtsmittels zum BGH zulässig, Deneke FamRZ **87**, 1221 mwN, hM, MüKoKl 13, aM STr 5, vgl § 629 a Rn 9. Keines Verzichts bedarf es hinsichtlich der Entscheidungsteile, die nicht Gegenstand des Berufungsurteils waren, oben Rn 3. Die Einbeziehung vAw ist nicht vorgesehen, auch nicht hinsichtlich der Fälle des § 623 III.

Abschnitt 3. Verfahren in Scheidungs- und Folgesachen §§ 629c–630

3) Entscheidung. Unter den Voraussetzungen der Rn 3 ff kann der BGH die Entscheidung auch hin- 5
sichtlich nicht angefochtener Teile aufheben und die Sache zur anderweitigen Verhandlung und Entscheidung an das OLG zurückverweisen, soweit dies wegen des Zusammenhangs, geboten erscheint. Die Fassung der Vorschrift ergibt, daß der BGH nach seinem pflichtgemäßen Ermessen zu entscheiden hat, Deneke FamRZ **87**, 1215. Wegen des Verbundes, §§ 623 I u 629 I, darf er dann über diese Teile nicht in der Sache selbst entscheiden, sondern muß dies dem OLG überlassen, BGH NJW **87**, 1026.

4) Beschränkung auf Verfahren in 3. Instanz. Da der Umfang der Anfechtung in 2. Instanz allein von 6
der Entschließung der Parteien abhängt, besteht hier kein Bedürfnis, in die Entscheidung nicht angefochtene Teile einzubeziehen, Deneke FamRZ **87**, 1215. Den Parteien steht es frei, solche Teile ggf im Wege der Anschließung, § 629 a Rn 5 ff, zur Entscheidung des OLG zu stellen. Abw läßt Stgt FamRZ **84**, 806 bei Erfolg des auf eine FolgeS beschränkten Rechtsmittels im Hinblick auf den Verbund auch die Aufhebung und Zurückverweisung der nicht angefochtenen Urteilsteile zu.

629d *Wirksamwerden der Entscheidungen in Folgesachen.* **Vor der Rechtskraft des Scheidungsausspruchs werden die Entscheidungen in Folgesachen nicht wirksam.**

Vorbem. Neugefaßt mWv 1. 1. 02 durch Art 2 I Z 80 ZPO-RG. Übergangsrecht: § 26 EGZPO, s dort.

1) Allgemeines. In FolgeS wird eine Entscheidung nur für den Fall der Scheidung getroffen, § 623 I, 1
und zwar grundsätzlich im Verbund mit der Entscheidung über den Scheidungsantrag, § 629 I. Mit der Abweisung dieses Antrags werden die FolgeS gegenstandslos, § 629 III. Wegen dieser Abhängigkeit von der Scheidungssache bestimmt § 629 d, daß **Entscheidungen in FolgeS vor der Rechtskraft des Scheidungsausspruchs nicht wirksam** werden. Wegen des Eintritts der Rechtskraft s § 629 a Rn 9, wegen der Wiederaufnahme s § 629 a Rn 26.

2) Zivilprozessuale FolgeS, § 621 I Z 4, 5 u 8. Urteile in EheS dürfen nicht für vorläufig vollstreckbar 2
erklärt werden, § 704 II; dies gilt nicht für FolgeS, § 704 Rn 4. Auch wenn die Entscheidung in einer zivilprozessualen FolgeS, § 621 Rn 2, nicht angefochten wird, darf aus ihr vor Rechtskraft des Scheidungsausspruchs aber nicht vollstreckt werden; deshalb ist die vorläufige Vollstreckbarkeit einer solchen Entscheidung unter der Bedingung der Rechtskraft des Scheidungsausspruchs, dazu § 629 a Rn 9 ff u 24, anzuordnen, MüKoKl 8, Maurer I 848 f mwN, Kemnade FamRZ **86**, 627 (m Beisp), Gießler FamRZ **86**, 958 mwN, str, aM Bergerfurth Rn 369 (uneingeschränkte vorläufige Vollstreckbarkeit), Ffm FamRZ **87**, 174 (§ 718). § 537 ist in allen diesen Fällen unanwendbar. Fehlt es an einer solchen Anordnung und wird die Entscheidung in der FolgeS angefochten, ist nach § 718 zu verfahren, MüKoKl 9, Bbg FamRZ **90**, 184, § 718 Rn 4. Soweit erforderlich, kann das Gericht in der Schwebezeit eine einstwAnO, § 620, erlassen, die bis zum Wirksamwerden der Entscheidung über die FolgeS gilt, § 620 f, K. H. Schwab FamRZ **76**, 659; nach Rechtskraft des Scheidungsausspruchs steht der Weg der einstwVfg durch das Berufungsgericht offen, Kemnade FamRZ **86**, 627, Mörsch FamRZ **86**, 629.

3) FGG-FolgeS, § 621 I Z 1–3, 6, 7, 9, 10 u 12. Für diese Sachen, § 621 a Rn 3, schließt § 629 d die 3
Anwendung von § 16 FGG aus. Es gilt entsprechendes wie bei Rn 2. Die Wirksamkeit (und damit die Vollstreckbarkeit) tritt erst mit Rechtskraft ein. Dies gilt auch im Fall des § 627.

630 *Einverständliche Scheidung.* [I] Für das Verfahren auf Scheidung nach § 1565 in Verbindung mit § 1566 Abs. 1 des Bürgerlichen Gesetzbuchs muss die Antragsschrift eines Ehegatten auch enthalten:
1. die Mitteilung, dass der andere Ehegatte der Scheidung zustimmen oder in gleicher Weise die Scheidung beantragen wird;
2. entweder übereinstimmende Erklärungen der Ehegatten, dass Anträge zur Übertragung der elterlichen Sorge oder eines Teils der elterlichen Sorge für die Kinder auf einen Elternteil und zur Regelung des Umgangs der Eltern mit den Kindern nicht gestellt werden, weil sich die Ehegatten über das Fortbestehen der Sorge und über den Umgang einig sind, oder, soweit eine gerichtliche Regelung erfolgen soll, die entsprechenden Anträge und jeweils die Zustimmung des anderen Ehegatten hierzu;
3. die Einigung der Ehegatten über die Regelung der Unterhaltspflicht gegenüber einem Kinde, die durch die Ehe begründete gesetzliche Unterhaltspflicht sowie die Rechtsverhältnisse an der Ehewohnung und am Hausrat.

[II] [1] Die Zustimmung zur Scheidung kann bis zum Schluss der mündlichen Verhandlung, auf die das Urteil ergeht, widerrufen werden. [2] Die Zustimmung und der Widerruf können zu Protokoll der Geschäftsstelle oder in der mündlichen Verhandlung zur Niederschrift des Gerichts erklärt werden.

[III] Das Gericht soll dem Scheidungsantrag erst stattgeben, wenn die Ehegatten über die in Absatz 1 Nr. 3 bezeichneten Gegenstände einen vollstreckbaren Schuldtitel herbeigeführt haben.

Vorbem. I Z 2 mWv 1. 7. 98 neu gefaßt durch Art 6 Z 27 KindRG, vgl Einf § 606 Rn 11.

Schrifttum: *Bergschneider* FamRZ **04**, 1757; *Henssler/Deckenbrock* MDR **03**, 1085; *Zimmermann/Dorsel*, Eheverträge, Scheidungs- und Unterhaltsvereinbarungen, 4. Aufl 2005; *Müller*, Vertragsgestaltung im Familienrecht, 2. Aufl 2002; *Bergschneider*, Verträge in Familiensachen, 4. Aufl 2001; *Göppinger/Börger/Merkle/Miesen/Wenz*, Vereinbarungen anläßlich der Ehescheidung, 8. Aufl 2005; *Langenfeld*, Handbuch der Eheverträge und Scheidungsvereinbarungen, 5. Aufl 2005. – *Hartung*, FF **03**, 156 (aus berufsrechtlicher Sicht).

§ 630

Gliederung

1) Allgemeines	1	4) Vollstreckbarer Titel, III	6, 7
2) Antragsschrift, I	2–4	5) Sonstiges Verfahren bei einverständlicher Scheidung	8, 9
A. Erfordernisse	2, 3	A. Einzelheiten	8
B. Mängel der Antragsschrift	4	B. Rechtsmittel	9
3) Zustimmung zur Scheidung, II	5		

1   **1) Allgemeines.** Nach § 1565 I 1 iVm § 1566 I BGB ist eine Ehe zu scheiden, wenn die Gatten seit 1 Jahr getrennt leben und beide die Scheidung beantragen oder der Antragsgegner ihr zustimmt, sog **offene Konventionalscheidung.** Nur für sie, nicht auch für andere Fälle der einverständlichen Scheidung vor Ablauf eines Jahres (verdeckte Konventionalscheidung), gilt § 630, hM, MüKoKl 3; ein Ausweichen der Partei in die Form einer nur scheinbar streitigen Scheidung läßt sich nicht durch Ausdehnung des § 630, sondern nur durch Ausschöpfung des Untersuchungsgrundsatzes, § 616 Rn 4–5, verhindern, vgl Maurer I 281, Bergerfurth Rn 121. Nach § 630 ist die offene Konventionalscheidung von der Regelung der wichtigsten Scheidungsfolgen abhängig. Das soll den Parteien Anlaß geben, ihren Schritt gründlich zu bedenken, und damit übereilten und später bereuten Scheidungen vorbeugen, RegEntwBegr. Aus demselben Grund ist es gerade hier Aufgabe des Gerichts, die Parteien über die Bedeutung der Scheidung zu belehren und dem Antragsgegner ggf einen Beistand beizuordnen, § 625, sowie die Voraussetzungen der Scheidung, vor allem das Getrenntleben, sorgfältig zu prüfen, § 616, vgl Bergerfurth Rn 118. Den Gatten bleibt es unbenommen, beiderseitige Scheidungsanträge auch dann, wenn sie mindestens 1 Jahr getrennt leben, auf den Generaltatbestand des § 1565 I BGB zu stützen, Köln FamRZ **79**, 236.

Wenn nach Art 17 EGBGB ausländisches Recht anzuwenden ist, greift § 630 nicht ein, StJSchl 21, STr 21, Gottwald F Nakamura, 1996, S 191 mwN, AG Hbg IPrax **83**, 74, aM Bergerfurth Rn 225. Etwas anderes gilt nur dann, wenn dieses Recht mit den §§ 1565 I 1 u 1566 I BGB übereinstimmende Voraussetzungen kennt, Jayme NJW **77**, 1381.

Für ein Gesuch um Bewilligung von Prozeßkostenhilfe braucht der Antragsteller nicht eine dem § 630 genügende Antragsschrift einzureichen. Er muß jedoch darlegen und ggf glaubhaft machen, daß die Voraussetzungen des § 630 erfüllt sein werden, Zweibr FamRZ **83**, 1132.

Zur Frage des Parteiverrats, § 356 StGB, durch den RA, der iRv § 630 auch dem anderen Ehegatten dient, vgl BGH FamRZ **85**, 593.

2   **2) Antragsschrift, I**
A. Erfordernisse. Das Verfahren zur einverständlichen Scheidung wird durch Einreichung einer Antragsschrift anhängig, § 622 I; beantragen beide Gatten die Scheidung, was nicht gleichzeitig zu geschehen braucht, muß jeder von ihnen eine solche Schrift einreichen, die den Anforderungen des § 622 II genügt. **Zusätzlich muß die Antragsschrift enthalten:**
a) die Mitteilung, daß der andere Gatte der Scheidung zustimmen oder in gleicher Weise die Scheidung beantragen wird, I Z 1; die Beifügung einer entsprechenden Erklärung ist nicht erforderlich, Diederichsen NJW **77**, 654, aber ratsam; für die Erklärung genügt Schriftform, unten Rn 5. Die Mitteilung entfällt, wenn dem Gericht die Zustimmung oder der Scheidungsantrag des anderen Gatten schon vorliegt, StJSchl 2; wegen des Widerrufs s unten Rn 5;
b) einvernehmliche Erklärungen der Ehegatten, daß Anträge zur (völligen oder teilweisen) **Übertragung der elterlichen Sorge auf einen Elternteil, § 621 I Z 1, und zur Regelung des Umgangs mit den Kindern, § 621 I Z 2, nicht gestellt werden**, weil sich die Ehegatten über das Fortbestehen der gemeinschaftlichen Sorge und über den Umgang einig sind, **oder, soweit eine gerichtliche Regelung erfolgen soll, die entsprechenden Anträge und jeweils die Zustimmung des anderen Ehegatten hierzu, I Z 2** (Büttner FamRZ **98**, 591). Die Vorlage eines entspr Sorgeplans ist nicht erforderlich. Durch die Erklärung soll für das Gericht Klarheit geschaffen werden, inwieweit es Regelungen der elterlichen Sorge und des Umgangs in seine Entscheidung aufnehmen muß, § 623. Hinsichtlich des Umgangs genügt die Erklärung des Einigseins; wollen die Ehegatten eine vollziehbare Umgangsregelung erreichen, müssen sie einen entsprechenden Antrag stellen, dem das Gericht idR folgen wird, BT-Drs 13/4899 S 124;
c) die Einigung der Ehegatten über die Regelung der Unterhaltspflicht gegenüber einem Kinde, § 621 I Z 4, über die durch die Ehe begründete gesetzliche Unterhaltspflicht, § 621 I Z 5, sowie über die Rechtsverhältnisse an der Ehewohnung und am Hausrat, § 621 I Z 7, I Z 3; diese Einigung muß idR tituliert sein, III. Sie ist auch dann erforderlich, wenn die Parteien beabsichtigen, das Sorgerecht gemeinsam auszuüben, KG FamRZ **94**, 514, vgl dazu Maurer FamRZ **93**, 263.

3   **Einzelheiten:** Zu c) genügt die Mitteilung über einen Vorschlag oder eine Einigung nicht und noch viel weniger die bloße Behauptung einer Einigung. Vielmehr ist die Vorlage eines Einigungspapiers nötig, Schlesw LS FamRZ **03**, 46, für das kein Anwaltszwang besteht, Brüggemann FamRZ **77**, 587. Nur so kann das Einverständnis von vornherein klargestellt werden, Maurer I 266, Rolland 5, Brüggemann FamRZ **77**, 9, Diederichsen NJW **77**, 654, Damrau NJW **77**, 1171, aM MüKoKl 13 mwN, StR 8 u DRiZ **76**, 337, Bergerfurth FamRZ **76**, 583. Enthalten die Anträge beider Gatten sich widersprechende Angaben, so genügt keiner von ihnen dem § 630. Auf die Erklärungen zu b) und c) ist § 607 entsprechend anwendbar, Brüggemann FamRZ **77**, 9, so daß sie auch ein beschränkt prozeßfähiger Gatte wirksam abgeben kann. Wegen des zu c) erforderlichen Titels s unten Rn 7.

Die Einigungen nach I Z 2 u 3 sind frei widerruflich, wenn sie (wie meist) nur für den Fall der einverständlichen Scheidung gelten sollen, ZöPh 11, diff Maurer 343–349. Im Fall des Widerrufs der Zustimmung, II 2, werden solche Erklärungen gegenstandslos, AG Bln-Charlottenbg FamRZ **81**, 787.

4   **B. Mängel der Antragsschrift.** Alle danach nötigen Erklärungen, Z 1–3, sind ebenso wie die Angaben nach § 622 II notwendiger Inhalt der Antragsschrift. Eine inhaltliche Nachprüfung findet nicht statt, weil das Gericht an den übereinstimmenden Vorschlag für seine Entscheidung, Z 2 (2. Alt), nicht gebunden ist,

Abschnitt 3. Verfahren in Scheidungs- und Folgesachen § 630

und die Einigung, Z 3, bis zur Entscheidung tituliert sein muß, III. Auf eine fehlende Erklärung oder sonstige Mängel hat das Gericht hinzuweisen. Sie können nachträglich behoben werden, und zwar durch Nachreichung im Anwaltszwang oder durch Erklärung zu Protokoll ohne Anwaltszwang. Kommt es zu keiner Nachbesserung, kann der Antragsteller seinen Antrag auf eine streitige Scheidung nach § 1565 I BGB umstellen, vgl KG FamRZ **94**, 514, worauf er hinzuweisen ist. Andernfalls muß der Scheidungsantrag bei Fehlen auch nur einer notwendigen Erklärung durch Prozeßurteil als unzulässig abgewiesen werden, MüKoKl 5, Bergerfurth Rn 87, Brüggemann FamRZ **77**, 10, Damrau NJW **77**, 1169, Diederichsen NJW **77**, 654, aM STr 3 u 12 mwN, StJSchl 1, Maurer I 279, ZöPh 3, Rolland 2, Schlosser FamRZ **78**, 319, Brehm JZ **77**, 596, D. Schwab FamRZ **76**, 503, Ffm FamRZ **82**, 811. Entspricht die Antragsschrift den Anforderungen, fehlt es aber in der Sache an einer der Voraussetzungen, ist dagegen der Antrag als unbegründet abzuweisen, MüKoKl 5.

3) Zustimmung zur Scheidung, II. Die nach § 1566 I BGB nötige Zustimmung muß bei Erlaß des Urteils vorliegen. **Widerrufen werden kann sie bis zum Schluß der mündlichen Verhandlung, auf die das Urteil ergeht, II 1**, später nicht; der Widerruf ist auch in einer Rechtsmittelinstanz zulässig, hM, BGH NJW **84**, 1303 mwN. Der wirksame Widerruf oder das Fehlen der Zustimmung führt zur Abweisung des Scheidungsantrags als unbegründet, Damrau NJW **77**, 1170, falls der Antragsteller nicht zur streitigen Scheidung übergeht, § 611, Diederichsen NJW **77**, 654. Die erneute Erklärung der Zustimmung ist zulässig.

Zustimmung und Widerruf können **zu Protokoll der Geschäftsstelle oder in der mündlichen Verhandlung zur Niederschrift des Gerichts erklärt werden, II 2**, ohne daß ein Verstoß gegen § 162 I 3 schadet, Saarbr FamRZ **92**, 110. Jedoch können beide Erklärungen auch in anderer Form abgegeben werden, nämlich nicht nur in notarieller Urkunde, sondern auch durch Schriftsatz des bevollmächtigten RA, BayObLG FamRZ **83**, 97, Zweibr NJW **95**, 602 mwN, oder der Partei selbst, Saarbr FamRZ **92**, 111, weil II die Befreiung vom Anwaltszwang bedeutet, § 78 V, Stgt Just **92**, 193 mwN. Zustimmung und Widerruf sind materielle Willenserklärungen und zugleich Prozeßhandlungen, BGH NJW **90**, 2382, BayObLG RR **96**, 651 mwN; ihre Auslegung, die auch das Revisions- bzw Rechtsbeschwerdegericht vornehmen darf, § 546 Rn 5, richtet sich nach den für privatrechtliche Erklärungen entwickelten Rechtsgrundsätzen, BayObLG aaO. Zustimmung und Widerruf kann entsprechend § 607 auch ein beschränkt prozeßfähiger Gatte wirksam erklären, StJSchl 2.

Zu den Folgen des Widerrufs für die Erklärungen nach I Z 2 u 3 s oben Rn 2 ff.

4) Vollstreckbarer Titel, III. Für den Scheidungsausspruch genügt die Einigung über die in I Z 3 genannten Folgen noch nicht (wohl aber für die Bewilligung der Prozeßkostenhilfe, KG FamRZ **80**, 580 mwN). Vielmehr **soll das Gericht dem Antrag erst stattgeben, wenn die Parteien über die in I Z 3 bezeichneten Gegenstände einen vollstreckbaren Schuldtitel herbeigeführt haben**, also ein (auch nur vorläufig vollstreckbares) Urteil oder einen sonstigen Titel, § 794, zB einen vor dem Gericht oder einer Gütestelle geschlossenen Vergleich, s u, aber auch eine notarielle Urkunde, Zweibr FamRZ **94**, 1400, vgl dazu Jost NJW **80**, 329, oder einen Anwaltsvergleich, §§ 796 a ff, Schnitzler FamRZ **93**, 1150 m Beisp. Sind im Scheidungsverfahren nicht beide Parteien anwaltlich vertreten, so genügt eine nach § 127 a BGB zu Protokoll genommene Privatvereinbarung den Anforderungen von III nicht, Bergerfurth AnwZwang Rn 355, aM Tiarks NJW **77**, 2303. Stets ist erforderlich, daß in dem Titel eine Regelung für den Fall der Scheidung getroffen worden ist, vgl §§ 623 u 621 I, so daß zB ein Unterhaltsurteil nach § 1361 BGB nicht genügt, Damrau NJW **77**, 1173. Nachgeprüft werden darf der Titel im Scheidungsverfahren nur auf seine Wirksamkeit, StJSchl 4 u 9, also auf ordnungsmäßige Vertretung der Parteien bei der Vereinbarung, auf Geltung gegenüber den in § 7 HausratsVO genannten Personen oder auf Nichtigkeit zB nach § 1614 I BGB, nicht aber darüber hinaus auf Richtigkeit oder Angemessenheit.

Die Titulierung ist Sachurteilsvoraussetzung, so daß sie im Scheidungsverfahren durch **gerichtlichen Vergleich** geschaffen werden kann. Soweit AnwZwang besteht, ist der Vergleich aber nur dann ein wirksamer Vollstreckungstitel, wenn er entweder im PKH-Verfahren iRv § 118 I 3 Halbs 2, Zweibr FamRZ **94**, 1400 mwN, oder vor dem verordneten Richter geschlossen wird oder wenn beide Parteien durch RAe vertreten sind, Anh § 307 Rn 26 ff, str, wie hier MüKoKl 22, Bergerfurth 51, Zweibr FamRZ **85**, 1071 mwN, Ffm FamRZ **84**, 302, AG Hofgeismar FamRZ **84**, 1027 (zustm Bosch), wohl auch ZöPh 15 unter Hinweis auf das frühere Recht, vgl BGH NJW **85**, 1963, aM im Hinblick auf I Z 3 u II 2 sowie darauf, daß im isolierten Verfahren kein Anwaltszwang besteht, Maurer I 110–114, Philippi FamRZ **82**, 1083, AG Groß-Gerau FamRZ **95**, 1004 u **88**, 187 mwN.

Die **Einhaltung der Form** eines Titels ist nicht nötig, wenn die Vereinbarung keinen vollstreckbaren Inhalt hat, etwa weil keine Ansprüche bestehen, oder wenn die Parteien übereinstimmende Erklärungen vorlegen, daß die Auseinandersetzung über Wohnung und Hausrat stattgefunden hat, ZöPh 12, StJSchl 9, Tiarks NJW **77**, 2303. Fehlt der Titel, ist der Scheidungsantrag durch Prozeßurteil abzuweisen: „Soll" stellt hier nicht in das Ermessen, sondern bedeutet „darf" mit der Maßgabe, daß bei einem Verstoß gegen III die Verfahrensrüge nicht durchgreift, BegrRAusschBT, Ambrock III, Diederichsen NJW **77**, 655, aM K. H. Schwab FamRZ **76**, 662, Rolland 10: eine Abweichung von II sei in besonderen Fällen gestattet. Abzuweisen ist der Scheidungsantrag auch dann, wenn der Titel zwar geschaffen, aber dann wieder beseitigt worden ist, zB ein Vergleich durch eine neue Vereinbarung. Diese Folge kann der Antragsteller durch Umstellung seines Begehrens auf eine streitige Scheidung, § 611, vermeiden.

5) Sonstiges Verfahren bei einverständlicher Scheidung

A. Einzelheiten. Das Verfahren des FamGer weicht nicht von sonstigen Scheidungsverfahren ab. Über nicht in I Z 3 genannte und deshalb nicht von III erfaßte Gegenstände hat das Gericht als FolgeS zu entscheiden, und zwar grundsätzlich im Verbund mit der Scheidungssache, §§ 623 ff, über die elterliche Sorge im Fall des § 627 vorweg, umgekehrt nach § 628 uU nachträglich, Rolland 13. Über die FolgeS des § 623 III wird vAw entschieden, also auch über den in § 630 nicht genannten Versorgungsausgleich nach § 1587 b BGB, Diederichsen NJW **77**, 6555, wenn nicht eine Einigung nach § 1587 o BGB zu genehmigen ist, Brüggemann FamRZ **77**, 10.

Ein Versäumnisurteil auf Abweisung des Antrags, § 612, kommt nur in Frage, wenn der nichtsäumige Gatte seine Zustimmung widerrufen bzw seinen Antrag zurückgenommen hat und der andere Gatte in Kenntnis davon säumig ist, StJSchl § 612 Rn 7. Im Tenor des Urteils dürfte die Scheidung nicht als einverständliche zu kennzeichnen sein, § 629 Rn 3. Die Begründung braucht nur die Voraussetzungen der §§ 1565 I 1 u 1566 BGB sowie diejenigen des § 630 zu ergeben, ThP 14.

9 **B. Rechtsmittel.** Gegen das Urteil, § 629 I, sind die gewöhnlichen Rechtsmittel statthaft, vgl Erläuterungen zu § 629 a. Eine Anfechtung des Scheidungsausspruchs zwecks Aufrechterhaltung der Ehe (durch Rücknahme des eigenen Antrags oder Widerruf der Zustimmung) ist zulässig, BGH NJW **84**, 1302; sie führt zur Fortführung des Verfahrens als Verfahren auf streitige Scheidung, wenn der Gegner nunmehr Scheidung aus anderen Gründen begehrt, § 611.

Abschnitt 4. Verfahren auf Aufhebung und auf Feststellung des Bestehens oder Nichtbestehens einer Ehe

Grundzüge

Schrifttum: *Bergerfurth* Rn 487 ff; *Schwab* II 168 ff; *Bosch* NJW **98**, 2004; *Wolff* FamRZ **98**, 1486.

1) Regelungszweck. Für alle EheS gelten die allgemeinen Vorschriften der §§ 606–620 g. Besondere Bestimmungen für das Scheidungsverfahren enthalten die §§ 622–630. Für das Verfahren auf Aufhebung einer Ehe, § 606 Rn 4, und für das Verfahren auf Feststellung des Bestehens oder Nichtbestehens einer Ehe, § 606 Rn 6, sind Sondervorschriften in § 631 bzw § 632 enthalten.

2) Sondervorschriften. Außer einzelnen Sonderbestimmungen sieht der 4. Abschnitt, §§ 631 II u 632 II u IV, für beide Verfahren die Mitwirkung der zuständigen Verwaltungsbehörde vor, §§ 631 III–V, 632 III. Zuständig ist das FamGer § 23 b GVG u § 606; der Rechtszug geht an das OLG und an den BGH, §§ 119 u 133 GVG.

3) Nichtigkeitsklage. Das EheschlRG, Einf § 606 Rn 13, hat mWv 1. 7. 98 die Nichtigkeitsklage durch den Aufhebungsantrag ersetzt. Wegen des bisherigen Rechts s die Erl zu den §§ 631–637 aF in der 56. Aufl. Übergangsrecht: § 606 Rn 13. Eine Ehe ist gleichwohl für nichtig zu erklären, wenn das nach Art 13 EGBGB maßgebliche ausländische Recht dies vorsieht, BGH FamRZ **01**, 992.

631 *Aufhebung einer Ehe.* [I] Für das Verfahren auf Aufhebung einer Ehe gelten die nachfolgenden besonderen Vorschriften.

[II] [1] Das Verfahren wird durch Einreichung einer Antragsschrift anhängig. [2] § 622 Abs. 2 Satz 2, Abs. 3 gilt entsprechend. [3] Wird in demselben Verfahren Aufhebung und Scheidung beantragt, und sind beide Anträge begründet, so ist nur auf Aufhebung der Ehe zu erkennen.

[III] Beantragt die zuständige Verwaltungsbehörde oder bei Verstoß gegen § 1306 des Bürgerlichen Gesetzbuchs der Dritte die Aufhebung der Ehe, so ist der Antrag gegen beide Ehegatten zu richten.

[IV] [1] Hat in den Fällen des § 1316 Abs. 1 Nr. 1 des Bürgerlichen Gesetzbuchs ein Ehegatte oder die dritte Person den Antrag gestellt, ist die zuständige Verwaltungsbehörde über den Antrag zu unterrichten. [2] Die zuständige Verwaltungsbehörde kann in diesen Fällen, auch wenn sie den Antrag nicht gestellt hat, das Verfahren betreiben, insbesondere selbständig Anträge stellen oder Rechtsmittel einlegen.

[V] In den Fällen, in denen die als Partei auftretende zuständige Verwaltungsbehörde unterliegt, ist die Staatskasse zur Erstattung der dem obsiegenden Gegner erwachsenen Kosten nach den Vorschriften der §§ 91 bis 107 zu verurteilen.

Vorbem. Neu gefaßt mWv 1. 7. 98 durch Art 3 Z 8 EheschlRG, Einf § 606 Rn 13.

Schrifttum: *Wagner* FPR **00**, 92; *Reinecke* FPR **00**, 96; *Brudermüller* FPR **00**, 73.

Gliederung

1) Aufhebung der Ehe 1, 2	4) Beteiligung der Verwaltungsbehörde,
A. Begriff 1	III–V 9–11
B. Allgemeine Verfahrensvorschriften 2	A. Antragsbefugnis, II u III 10
2) Antragserfordernis, II u III 3–7	B. Sonstige Beteiligung, IV 11
A. Antragsschrift, I 3	5) Entscheidung in Aufhebungssachen,
B. Antragsberechtigung 4	II 3 12–15
C. Antragsbeschränkung 5, 6	A. Prozeßurteil 12
D. Antragsgegner, III 7	B. Sachurteil 13
3) Weiteres Verfahren 8	C. Versäumnisverfahren 14
	D. Kosten 15

1 **1) Aufhebung der Ehe, I**

A. Begriff. Die Aufhebung ist mWv 1. 7. 98 durch die §§ 1313–1318 BGB idF des Art 1 Z 2 EheschlRG geregelt, Einf § 606 Rn 13. Sie umfaßt auch die früheren Nichtigkeitsgründe, § 1314 I BGB, vgl dazu die Erl zu den §§ 631–637 aF in der 56. Aufl.

Abschnitt 4. Verfahren auf Aufhebung usw. **§ 631**

B. Allgemeine Verfahrensvorschriften. Das Verfahren auf Aufhebung der Ehe ist **EheS**, § 606 I. Es **2** gelten für dieses Verfahren die allgemeinen Vorschriften der §§ 606, 606 a, 607–609, 611–613, 615–618, 619, 620–620 g und § 621 II u III sowie die besonderen Vorschriften in II–V. Unanwendbar (mit Ausnahme des § 622, unten Rn 3) sind danach die Bestimmungen über das Scheidungsverfahren, namentlich diejenigen über FolgeS. Diese Entscheidung des Gesetzgebers leuchtet (auch angesichts der Zuständigkeitskonzentration, §§ 621 II u III, 642 II Z 1) wenig ein, weil die Aufhebung weitgehend der Scheidung entspricht, § 1318 BGB.

2) Antragserfordernis, II u III **3**

A. Antragsschrift, II. Das Verfahren wird durch Einreichung einer Antragsschrift anhängig, **II 1**, die an das nach § 606 zuständige FamGer zu richten ist. Für sie gilt § 622 II 2 u III entsprechend, **II 2**, dh sie muß den für die Klagschrift geltenden Vorschriften genügen. In ihr sowie im ganzen Verfahren treten an die Stelle der Bezeichnungen Kläger und Beklagter die Bezeichnungen Antragsteller und Antragsgegner: Vgl die Erl zu § 622, insbesondere wegen der Folgen eines formell fehlerhaften Antrags. Für die Ehegatten gilt Anwaltszwang, § 78 II Z 1, nicht aber für die Verwaltungsbehörde, unten Rn 4 u 10, ZöPh 12, STr 11.

B. Antragsberechtigung. Sie ist für die in § 1314 BGB aufgeführten Fälle in § 1316 BGB geregelt. **4** Danach steht das Antragsrecht einem Ehegatten zu, ferner in den Fällen des § 1314 I u II Z 1 u 5 BGB beiden Ehegatten und der zuständigen Verwaltungsbehörde (unten Rn 9) sowie im Fall des § 1306 BGB (Bigamie) auch dem Ehepartner der früher geschlossenen Ehe, § 1316 I BGB, und im Fall der irrig erfolgten Todeserklärung, § 1319 BGB, auch der früheren Ehegatte des für tot Erklärten, ebenso § 1320 BGB. Sind mehrere klagberechtigt, so ist jeder selbständig; das Gericht kann mehrere Klagen verbinden, § 147. Der Ehegatte der früheren Ehe kann im Fall der Doppelehe als streitgenössischer Streithelfer, § 69, der Verwaltungsbehörde oder dem klagenden Ehegatten beitreten.

C. Antragsbeschränkung **5**
a) Geschäftsunfähigkeit. Für einen geschäftsunfähigen Ehegatten kann der Antrag nur von seinem gesetzlichen Vertreter gestellt werden, § 1316 II 1 BGB. Er bedarf dazu der Genehmigung des Vormundschaftsgerichts, § 607 II. Der minderjährige Ehegatte kann ihn nur selbst stellen; er bedarf dazu nicht der Zustimmung seines gesetzlichen Vertreters, § 1316 II 2 BGB, s § 607 II.

b) Zeitablauf, § 1317 BGB. Fristen gelten in den Fällen der §§ 1314 II Z 2–4, 1317 I BGB, und im **6** Fall der §§ 1316 II, 1317 II BGB; ferner für den Sonderfall des § 1320 BGB, § 1320 I 2–4 BGB. Wegen des Fristbeginns s § 1317 I u II, § 1320 I 2–4 BGB; auf den Lauf der Frist sind in allen Fällen die §§ 203, 206 I 1 BGB entspr anzuwenden, § 1317 I 2 u § 132 I 4 BGB, ebenso § 222 I u II, § 608. Ist die Ehe bereits aufgelöst, so kann der Antrag nicht mehr gestellt werden, § 1317 III BGB.

D. Antragsgegner, III. Der Antrag eines Ehegatten richtet sich gegen den anderen Ehegatten. Gegen **7** beide Ehegatten zu richten sind a) der Antrag der zuständigen **Verwaltungsbehörde**, unten Rn 9, u b) im Fall des § 1306 BGB (Bigamie) der **Antrag des Dritten**, dh des Ehepartners der früher geschlossenen Ehe. Die Antragsgegner sind in diesem Fall notwendige Streitgenossen, § 62, ohne daß sie denselben Standpunkt einnehmen müßten.

3) Weiteres Verfahren. Abgesehen von der Beteiligung der zuständigen Verwaltungsbehörde, unten **8** Rn 9, richtet sich das Verfahren nach den allgemeinen Vorschriften für EheS, §§ 606–619 u 620–620 g sowie § 621 II u III, oben Rn 2; s die dortigen Erläuterungen. Entsprechendes gilt für die anwendbaren Vorschriften des landgerichtlichen Verfahrens, § 608. Wegen der Anwendbarkeit von § 616 s dort Rn 4 aE.

4) Beteiligung der zuständigen Verwaltungsbehörde am Verfahren, III–V. Ebenso wie in den **9** §§ 632–637 aF sieht das Gesetz die Beteiligung der Verwaltung an den Verfahren vor, an denen ein öff Interesse besteht, § 1316 BGB. Welche Behörde dafür zuständig ist, bestimmt das Landesrecht, § 1316 I Z 1 S 2 u 3.

A. Antragsbefugnis der Verwaltungsbehörde, II u III. Sie ergibt sich aus § 1316 I Z 1 BGB. Näheres **10** regelt § 1316 III BGB (Anhang).

Danach soll die zuständige Verwaltungsbehörde bei Verstoß gegen die §§ 1304, 1306 u 1307 BGB sowie in den Fällen des § 1314 II Z 1 u 5 BGB, also in den Fällen der früheren Nichtigkeit der Ehe, den Antrag stellen, wenn kein Ausschlußgrund iSv § 1315 BGB besteht, es sei denn, daß die Aufhebung der Ehe für einen Ehegatten oder für die aus der Ehe hervorgegangenen Kinder eine so schwere Härte darstellen würde, daß die Aufrechterhaltung der Ehe ausnahmsweise geboten erscheint, § 1316 III BGB. Das Vorliegen der Voraussetzungen beurteilt die Verwaltungsbehörde (krit Bosch NJW **98**, 2007, Jauernig § 91 II 3); ihr Beurteilungsspielraum ist bei gewichtigen Aufhebungsgründen enger als in anderen Fällen und schrumpft bei einer Doppelehe, § 1306 BGB, jedenfalls bei Bestehen beider Ehen im Hinblick auf Art 6 GG auf Null, so daß hier der Antrag in aller Regel gestellt werden muß (weitergehend Jauernig aaO: insoweit Verfassungswidrigkeit von § 1316 III BGB), vgl zum früheren Recht BGH NJW **01**, 2394 u Nürnb FamRZ **98**, 1109 mwN. In den in § 1316 III nicht genannten Fällen der §§ 1303 u 1311 BGB entscheidet die Verwaltungsbehörde nach pflichtgemäßem Ermessen, ob sie den Antrag stellt, dazu PalDied § 1316 Rn 12.

Die Verwaltungsbehörde kann nicht nach § 23 EGGVG veranlaßt werden, den Antrag zu stellen, Düss FamRZ **96**, 109 mwN. Ihre Maßnahmen iRv § 631 sind auch sonst der Anfechtung entzogen, ZöGu § 23 EGGVG Rn 28. Wegen der Anforderungen an den Antrag s oben Rn 3, 6 u 7.

B. Sonstige Beteiligung der Verwaltungsbehörde, IV. Die Verwaltungsbehörde ist in den Fällen des **11** § 1316 I Z 1 BGB über den Antrag eines Ehegatten zu unterrichten, damit sie sich über ihre Beteiligung am Verfahren schlüssig werden kann, **IV 1**, vgl Teil II 1. Abschnitt Nr VII 1 MiZi idF v 1. 6. 98. Sie kann in diesen Fällen das Verfahren betreiben, insbesondere selbständig Anträge (zur Sache und zum Verfahren) stellen oder Rechtsmittel einlegen, auch wenn sie den Antrag nicht gestellt hat, **IV 2**

Zeigt die Verwaltungsbehörde an, daß sie sich am Verfahren beteiligt, ist sie (wie ein Dritter zB im Versorgungsausgleichsverf) zu beteiligen; ihre Stellung ist mit derjenigen des Vertreters des öff Interesses zu vergleichen, §§ 35–37 VwGO. Tritt die Behörde als Partei auf, so gilt folgendes: Sie kann für und gegen die

Ehe tätig werden, Karlsr FamRZ **91**, 93. Schließt sie sich einer Partei an, so wird sie deren notwendiger Streitgenosse, § 62, nie Streithelfer. Aus ihrer öff-rechtlichen Stellung folgt, daß sie Rechtsmittel ohne Beschwer einlegen kann, also auch dort, wo nach ihren Anträgen erkannt ist, Ub § 606 Rn 5.

11 a **C. Kein Anwaltszwang.** Für die Verwaltungsbehörde gilt der Anwaltszwang nicht, § 78 II 1 Z 1, ZöPh 12, STr 11.

12 **5) Entscheidung in Aufhebungssachen, II 3.** Für sie gelten die allgemeinen Bestimmungen in EheS, namentlich §§ 608 u 618.

A. Prozeßurteil. Für den Aufhebungsantrag gelten die allgemeinen Prozeßvoraussetzungen. Er setzt ein Rechtsschutzbedürfnis voraus, das ausnahmsweise fehlen kann, zB für das Aufhebungsbegehren eines Ehegatten im Fall des § 1306 BGB, wenn die erste Ehe nach Schließung der zweiten Ehe aufgelöst worden ist und er sich von dieser Ehe aus sittlich zu mißbilligenden Beweggründen lösen will, BGH **30**, 142 (einschränkend BGH **37**, 56), NJW **64**, 1853. Dagegen kann mit Rücksicht auf § 1316 III BGB kein Rechtsmißbrauch angenommen werden, wenn die Verwaltungsbehörde eine besonders schwere Härte verkannt hat, oben Rn 10 (abw für die frühere Nichtigkeitsklage BGH FamRZ **94**, 499 u **86**, 881, Hamm FamRZ **86**, 1205, Karls IPrax **86**, 167).

13 **B. Sachurteil.** Hat der Antrag Erfolg, spricht das Gericht die Aufhebung der Ehe aus; wird in demselben Verfahren hilfsweise Scheidung beantragt (was nach §§ 610, 611 noch in zweiter Instanz geschehen kann, Köln RR **99**, 1595), und sind beide Anträge begründet, so ist nur auf Aufhebung zu erkennen, **II 3**. Mit der Rechtskraft des Urteils ist die Ehe aufgelöst, § 1313 S 2 BGB; es handelt sich um ein Gestaltungsurteil, § 322 Rn 43, das für und gegen alle wirkt. Iü gelten keine Besonderheiten (§ 636 a aF ist ersatzlos weggefallen). Die materiellrechtlichen Folgen der Aufhebung regelt § 1318 BGB mit einzelnen Veweisungen auf die Vorschriften über die Scheidung. Eine Ehe ist für nichtig zu erklären, wenn das nach Art 13 EGBGB maßgebliche ausländische Recht dies vorsieht, BGH FamRZ **01**, 992.

14 **C. Versäumnisverfahren.** Es gilt § 612, s dortige Erl.

15 **D. Kosten, V.** Im Verhältnis der Parteien gilt § 93 a III, s dort Rn 28–30 (Ausnahme: § 93 a IV, dort Rn 31). Tritt die Verwaltungsbehörde als Partei auf, dh stellt sie Sachanträge, so ist zu unterscheiden: Unterliegt sie, ist die Staatskasse zur Erstattung der dem obsiegenden Gegner erwachsenen Kosten nach den §§ 91–107 zu verurteilen, V (vgl § 93 a IV); obsiegt die Behörde, hat sie keinen Anspruch auf Erstattung ihrer Kosten.

Anhang zu § 631

Zuständige Verwaltungsbehörden nach § 1316 I 1 S 2 u 3 sind:
Baden-Württemberg: Regierungspräsidium Tübingen, VO v 16. 1. 01, GBl 2
Bayern: Regierung von Mittelfranken, VO v 2. 5. 00, GVBl 293
Berlin: Bezirksverwaltungen, § 3 II 1 u § 4 I 2 AZG idF v 22. 7. 96, GVBl 302, 472
Brandenburg: Ministerium der Justiz, § 18 BbgAGBGB v 28. 7. 00, GVBl 114
Bremen: - - - -
Hamburg: Bezirksämter, AnO v 1. 8. 98, AA 2450
Hessen: Regierungspräsidium, VO v 22. 12. 99, GVBl 00, 26
Mecklenburg-Vorpommern: Landkreise u kreisfreie Städte, G v 10. 12. 99, GVBl 632
Niedersachsen: Bezirksregierungen, NdsMBl **98**, 1334
Nordrhein-Westfalen: BezReg Köln bzw Arnsberg, VO v 26. 5. 98, GVBl 391
Rheinland-Pfalz: Bezirksregierung Trier, VO v 3. 7. 98, GVBl 197
Saarland: Landkreise, Stadtverband u Stadt Saarbr, G v 24. 6. 98, ABl 518
Sachsen: RegPräsidien, VO v 26. 6. 98, GVBl 265
Sachsen-Anhalt: Landkreise u kreisfreie Städte, § 1 Z 14 VO v 7.5. 94 (GVBl 568) idF v 9.12. 98, GVBl 476
Schleswig-Holstein: Landräte u Bürgermeister kreisfreier Städte, VO v 26. 5. 98, GVBl 199
Thüringen: Landesverwaltungsamt, VO v 1. 1. 99, GVBl 52

§ 632

632 *Feststellung des Bestehens oder Nichtbestehens einer Ehe.* [I] Für eine Klage, welche die Feststellung des Bestehens oder Nichtbestehens einer Ehe zwischen den Parteien zum Gegenstand hat, gelten die nachfolgenden besonderen Vorschriften.

[II] Eine Widerklage ist nur statthaft, wenn sie eine Feststellungsklage der in Absatz 1 bezeichneten Art ist.

[III] § 631 Abs. 4 gilt entsprechend.

[IV] Das Versäumnisurteil gegen den im Termin zur mündlichen Verhandlung nicht erschienenen Kläger ist dahin zu erlassen, dass die Klage als zurückgenommen gilt.

Vorbem. Neu gefaßt mWv 1. 7. 98 durch Art 3 Z 8 EheschlRG, Einf § 606 Rn 13.

Schrifttum: *Bergerfurth* Rn 500 ff; *Habscheid/Habscheid* FamRZ **99**, 480.

1 **1) Feststellungsklage, I.** Die Klage, welche die Feststellung des Bestehens oder Nichtbestehens einer Ehe zum Gegenstand hat, ist EheS, § 606 I, dort Rn 61 (auch zu den Voraussetzungen der Klage). Für sie gelten die allgemeinen Vorschriften der §§ 606, 606a, 607–609, 611–613, 615–618, 619, 620–620 g. Besondere Vorschriften enthalten II–IV. Da die Klage eine Feststellungsklage iSv § 256 ist, setzt sie ein schutzwürdiges Interesse voraus, das sich für Anträge des Ehegatten aus der Sache selbst ergibt, für Anträge der Verwaltungsbehörde, Rn 3, aber fehlen kann.

Abschnitt 5. Verfahren in Kindschaftssachen §§ 632–639, Grundz § 640, § 640

2) Besondere Verfahrensvorschriften, II–IV 2
A. Formelles. Wegen des Anwaltszwanges s § 78 II Z 1. Wird das Bestehen der Ehe geltend gemacht, muß idR eine Urkunde über die Eheschließung vorgelegt werden, Bre FamRZ **92**, 1084 (andere Beweismittel sind nicht ausgeschlossen).
B. Beteiligte, III. Beteiligt sind stets die Ehegatten (nicht aber Dritte, § 606 Rn 6 aE), ggf auch die 3 zuständige **Verwaltungsbehörde:** wegen des öff Interesses an einer richtigen Entscheidung gilt **§ 631 IV entspr, III,** s § 631 Rn 11. Der Behörde ist nicht nur eine Drittbeteiligung gestattet, sie kann (und wird idR) Antragstellerin sein, aM ThP 4.
C. Widerklage, II. Sie ist nur zulässig, wenn sie eine Feststellungsklage iSv I ist, also nicht eine andere 4 EheS betrifft. Vgl dazu § 610 Rn 2 und Habscheid/Habscheid FamRZ **99**, 482.
D. Versäumnisverfahren, IV. Das Urteil gegen den nicht erschienenen Kläger ist dahin zu erlassen, daß 5 die Klage als zurückgenommen gilt. I ü gilt § 612, s dort Rn 5–9.
3) Entscheidung. Das Sachurteil lautet auf Feststellung des Bestehens oder Nichtbestehens der Ehe, § 256, 6 und entfaltet Rechtskraftwirkung zwischen den Beteiligten, also auch gegenüber der Verwaltungsbehörde, oben Rn 3, wenn sie sich beteiligt. Da § 638 S 2 aF ersatzlos weggefallen ist, kann für die Außenwirkung des Feststellungsurteils nichts anderes gelten, STr 6, dh Dritte, zB die am Verfahren nicht beteiligten, aber unmittelbar betroffenen Kinder, können das Gegenteil des Festgestellten geltend machen, Habscheid/Habscheid FamRZ **99**, 482. Diese Konsequenz ließe sich vermeiden, wenn die Kinder die Stellung von Beteiligten hätten, dh zum Verfahren beizuladen wären, vgl § 640 e. Aber das ist ohne Gesetzesänderung nicht möglich, so daß den Betroffenen – außer der Verfassungsbeschwerde – nur die Möglichkeit der Nebenintervention bleibt.
Das Familienbuch darf nur agrd eines rechtskräftigen Feststellungsurteils berichtigt werden, also nicht 7 mehr, wenn ein Ehegatte vorher stirbt, LG Bochum StAZ **83**, 31.
4) Kosten. Hier gilt das gleiche wie im Fall des Aufhebungsantrags, § 631 Rn 14. Obwohl § 631 V in II 8 nicht genannt wird, ist diese Sonderregelung entspr anzuwenden, STr Rn 6 aE.

633–639 (weggefallen)

Abschnitt 5. Verfahren in Kindschaftssachen

Schrifttum: Otto Rpfleger **99**, 309; *Muscheler/Beisenherz* JR **99**, 356 u 407; *Wieser* FamRZ **98**, 1004; *Büttner* FamRZ **98**, 593; *Quantius* FamRZ **98**, 1145; *Gaul* FamRZ **97**, 1441; s Einf § 606 Rn 11 u 12.

Grundzüge

1) Allgemeines. Den Verfahrensvorschriften des Abschnitts für Familienstands-, Kindschafts- und Status- 1 sachen fügte das **NEhelG** die für das Verf auf Vaterschaftsfeststellung und auf Anfechtung der Anerkennung der Vaterschaft ein, und zwar alle zusammenfassend als Kindschaftssachen. Demgemäß enthalten §§ 640 bis 640 h die allgemeinen Vorschriften, §§ 641–641 k Sondervorschriften für das Verf zur Feststellung der nichtehelichen Vaterschaft. Das staatliche Interesse fordert ebenso wie in Ehesachen die Inquisitionsmaxime. Die Parteiherrschaft wird dementsprechend zurückgedrängt. Hängt die Entscheidung in einer anderen Sache von einer Vorfrage aus dem Kindschaftsrecht ab, so hat das Gericht auszusetzen, damit zunächst diese in dem für sie vorgesehenen Verf entschieden werden kann.
Wesentliche Änderungen mWv 1. 7. 98 enthalten das **KindRG** u das **KindUG**, vgl Einf § 606 Rn 11 u 2 12. Neben Vereinfachungen brachten beide Gesetze vor allem die Beseitigung der rechtlichen Unterschiede zwischen ehelichen und unehelichen Kindern. Ferner wurden die Kindschaftssachen dem FamGer als FamS zugewiesen, § 23 b I Z 2 12 GVG. Der Rechtszug geht, wie bisher, an das OLG u den BGH, §§ 119 u 133 GVG. Wegen des Übergangsrechts s § 606 Rn 11 u 12, dazu Diederichsen NJW **98**, 1989, Büttner FamRZ **98**, 594, Weber NJW **98**, 2004. Zum „Anwalt des Kindes" als Verfahrenspfleger nach § 50 FGG Menne FamRZ **05**, 1035.
Die Anfechtung der Vaterschaft durch den leiblichen Vater ist aufgrund der Entscheidung des BVerfG vom 9. 4. 2003 (NJW **03**, 2151) durch **G v 28. 4. 04, BGBl I 598,** neu geregelt worden, vgl § 640 Rn 4.
Die Verhandlung in Kindschaftssachen ist ebenso wie die in Ehesachen nicht öffentlich, § 170 GVG.
2) Einigungsvertrag. Für die Zeit ab Errichtung von AG u OLG gelten §§ 14 ff RpflAnpG. **Statusur-** 3 **teile** der DDR-Gerichte in Kindschaftssachen gelten nach EV und nach Art 234/7 EGBGB grundsätzlich weiter, Bra FamRZ **98**, 1135 mwN; zur Unwirksamkeit dieser Urteile entspr § 328 I Z 2 und 4 s BGH NJW **97**, 2051 mwN.

640

Kindschaftssachen. ¹Die Vorschriften dieses Abschnitts sind in Kindschaftssachen mit Ausnahme der Verfahren nach § 1600 e Abs. 2 des Bürgerlichen Gesetzbuchs anzuwenden; die §§ 609, 611 Abs. 2, die §§ 612, 613, 615, 616 Abs. 1 und die §§ 617, 618, 619 und 632 Abs. 4 sind entsprechend anzuwenden.
II Kindschaftssachen sind Verfahren, welche zum Gegenstand haben
1. die Feststellung des Bestehens oder Nichtbestehens eines Eltern-Kindes-Verhältnisses; hierunter fällt auch die Feststellung der Wirksamkeit oder Unwirksamkeit einer Anerkennung der Vaterschaft,

§ 640
Buch 6. Verfahren in Familiensachen

2. die Anfechtung der Vaterschaft oder
3. die Feststellung des Bestehens oder Nichtbestehens der elterlichen Sorge der einen Partei für die andere.

Vorbem. I neu gefaßt und II geänd mWv 1. 7. 98 durch Art 6 Z 30 KindRG und Art 3 Z 6 KindUG, vgl Einf § 606 Rn 11 u 12 (auch zum Übergangsrecht).

Schrifttum: *Eckebrecht* MDR **99**, 71; *Habscheid/Habscheid* FamRZ **99**, 480; *Guantius* FamRZ **98**, 1145; *Wieser* NJW **98**, 2023.

1 **1) Allgemeines, I.** Kindschaftssachen, II, sind FamS, § 621 I Z 10, s dort Rn 28. Für sie gelten die §§ 640–641 d und in entspr Anwendung die dort genannten Vorschriften des 6. Buches, unten Rn 11. Ausgenommen sind die Abstammungsverfahren nach § 1600 e II BGB, I 1. Halbs; für sie bleibt es bei der Anwendung des FGG, § 621 a I 1.

2 **2) Kindschaftssachen, II.** KindschaftsS iSv I sind folgende Verfahren:

A. Die Feststellung des Bestehens oder Nichtbestehens eines Eltern-Kindes-Verhältnisses, II Z 1 (Wieser NJW **98**, 2023). Hierunter fällt die Feststellung der Vaterschaft nach § 1600 d BGB, ferner die (nicht gesetzlich geregelte) Feststellung der Mutterschaft, § 1591 BGB, falls hierüber ausnahmsweise Streit entsteht (Kindesvertauschung). Unter II Z 1 fällt auch die Feststellung der Wirksamkeit oder Unwirksamkeit einer Anerkennung der Vaterschaft nach § 1598 BGB, wenn es darum geht, ob sie den Erfordernissen der §§ 1594–1597 BGB genügt. Nicht hierher gehört das Verfahrenn nach § 1600 e II BGB, oben Rn 1. Zur Vaterschaftsklage von Kindern, die vor dem 3. 10. 90 in der ehem. DDR geboren sind, s BGH FamRZ **97**, 876, zur Elternschaftsanfechtung durch das künstlich gezeugte Kind Guantius FamRZ **98**, 1145.

3 Unter II 1 Z 1 fallen kraft Sachzusammenhangs auch Klagen, die auf Anerkennung eines entspr ausländischen Urteils gerichtet sind, BGH NJW-FER **99**, 282 mwN. Das gleiche gilt für Klagen, die in anderer Weise der Feststellung der genetischen Abstammung dienen, zB die Klage des Kindes gegen die Mutter auf Auskunft über Namen und Adresse des leiblichen Vaters, Hilger FamRZ **88**, 764 gg AG Passau FamRZ **87**, 1309 (m red Anm FamRZ **88**, 210), offen BVerfG NJW **97**, 1769 = FamRZ **97**, 869 (Anm Starck JZ **97**, 779 u Niemeyer FuR **98**, 41), **abw die hM**, MüKoCoeW 2, StJSchl 1, MusBo 2, Büttner FamRZ **98**, 593, Bre FamRZ **00**, 618, Hamm NJW **01**, 1871 u FamRZ **00**, 38, Köln RR **94**, 1418, OldbFamRZ **92**, 351, Saarbr RR **91**, 643 mwN, ua LG Passau NJW **88**, 144, LG Bre NJW **99**, 729 = FamRZ **98**, 1039 mwN, LG Münst FamRZ **99**, 1441, LG Saarbr DAVorm **96**, 719, LG Kiel FamRZ **93**, 980, LG Paderborn RR **92**, 966, LG Saarbr RR **91**, 1479; vgl dazu Naumann ZRP **99**, 142, Frank/Helms FamRZ **97**, 1258, Weber FamRZ **96**, 1254. Eine isolierte Abstammungsfeststellungsklage sieht das Gesetz nicht vor, Diederichsen NJW **98**, 1979, Gaul FamRZ **97**, 1464, Hamm FamRZ **99**, 1365.

4 **B. Die Anfechtung der Vaterschaft,** II Z 2 (Wieser FamRZ **98**, 1004). Hierunter fallen sowohl die Anfechtung der Vaterschaft des Ehemannes, § 1599 I iVm §§ 1592 Z 1 u 1593 BGB, als auch die Anfechtung der Vaterschaft des Anerkennenden, § 1599 I iVm § 1592 Z 2 BGB. Zur Anfechtung berechtigt sind im ersten Fall der Ehemann, die Mutter oder das Kind, §§ 1600 I u 1600 e I, im zweiten Fall der Anerkennende, die Mutter und das Kind, § 1600 I iVm § 1592 Z 2, § 1600 e I; im Fall der künstlichen Befruchtung mittels Samenspende eines Dritten gilt die Beschränkung des § 1600 II BGB, dazu Wanitzek FamRZ **03**, 730.

Soweit das **Anfechtungsrecht das leiblichen Vaters** ausnahmslos ausgeschlossen wurde, war § 1600 BGB verfassungswidrig und bis zu einer gesetzlichen Regelung das Verfahren auszusetzen, BVerfG NJW **03**, 2151, (dazu Wellenhofer-Klein FamRZ **03**, 1899, Roth NJW **03**, 3153, Huber NJW **03**, 818). Die insoweit bestehende Lücke ist durch G v 23. 4. 04, BGBl I 598, geschlossen worden, das die §§ 1600 ff BGB geändert hat, Höfelmann FamRZ **04**, 745. Danach ist auch der Mann, der an Eides statt versichert, der Mutter des Kindes während der Empfängniszeit beigewohnt zu haben, zur Anfechtung der Vaterschaft berechtigt, vorausgesetzt, daß zwischen dem Kind und seinem Vater iSv § 1600 I Z 1 keine sozial-familiäre Beziehung besteht oder im Zeitpunkt seines Todes bestanden hat und daß der Anfechtende leiblicher Vater des Kindes ist, § 1600 I Z 2, II u III BGB. Im Fall des § 1600 I Z 2 BGB beginnt die **Frist für die Anfechtung**, 1600 b I BGB, nicht vor dem 30. 4. 04, Art 2 Z 1 G v 23. 4. 04.

Für das **Verfahren** gelten die §§ 1600 a–1600 e BGB in der Fassung des genannten Gesetzes. Zu den Wirkungen des Urteils s § 640 h II.

5 **C. Die Feststellung des Bestehens oder Nichtbestehens der elterlichen Sorge der einen Partei für die andere,** II Z 3.

6 **D. Weitere Kindschaftssachen.** Unter die §§ 640 ff fallen auch Wiederaufnahmeklagen gegen das Urteil in einer Kindschaftssache, BGH FamRZ **94**, 238, Hamm RR **97**, 635 mwN, und Klagen auf Anerkennung ausländischer Urteile in solchen Sachen, Hamm FamRZ **93**, 438. Vgl auch § 621 Rn 5 u 6.

3) Verfahren

7 **A. Beteiligte.** Für Verfahren über die Feststellung oder Anfechtung der Vaterschaft, **II Z 1 u 2**, gilt § 1600 e I BGB: danach entscheidet das FamGer auf Klage des Mannes gegen das Kind oder auf Klage der Mutter oder des Kindes gegen den Mann (auch das noch nicht geborene Kind ist parteifähig, Schlesw MDR **00**, 397, zustm Born); der Mutter steht die Klagebefugnis aus eigenem Recht zu, Gaul FamRZ **97**, 1451 u 1457. Im Fall des Streits um das Bestehen der elterlichen Sorge, **II Z 3**, besteht der Feststellungsstreit zwischen dem Kind und dem sorgeberechtigten Elternteil bzw beiden Eltern oder umgekehrt. Wegen des Beitritts eines nicht als Partei beteiligten Betroffenen s § 640 e I, wegen der Klagsperre für weitere Klagen s § 640 c II, wegen der Streitverkündung s § 640 e II.

8 **B. Verfahrensgrundsätze.** Anders als bei den Feststellungsklagen, § 256 I, bedarf es bei **II Z 1 keines besonderen Feststellungsinteresses oder Rechtsschutzbedürfnisses**, da die Berufung auf die Klagevoraussetzungen das Feststellungsinteresse in sich trägt, BGH NJW **73**, 51, ZöPh 7, Habscheid/Habscheid FamRZ **99**, 482, krit StJSchl 3, Wieser ZZP **86**, 321. Zulässig ist die Klage auch gegen den anerkennungs-

Abschnitt 5. Verfahren in Kindschaftssachen **§ 640**

willigen Erzeuger MüKoCoeW 29, KG FamRZ **94**, 910 mwN, aM StJSchl 52. **Unzulässig ist eine Beschränkung der Feststellung** auf bestimmte Rechtswirkungen der Vaterschaft, zB bei ausländischen Vätern auf die Unterhaltspflicht, BGH FamRZ **79**, 793 u NJW **73**, 948 mwN mit Anm Göppinger JR **73**, 332, Oldb NJW **73**, 422, aM u a Düss OLGZ **72**, 216, Henrich StAZ **71**, 157 für den Fall, daß das maßgebliche materielle Recht eine Feststellung der Vaterschaft verbietet. Bei **II Z 2** handelt es sich um eine einheitliche **Gestaltungsklage**, BGH NJW **99**, 1632, Eckebrecht MDR **99**, 71.

C. Einzelheiten. Für das Verfahren gelten **einzelne** Vorschriften des 6. Buches, I, unten Rn 11, **Sonder-** 9
vorschriften der §§ 640a–641i, s die dortigen Erl. I ü sind die **Vorschriften des 1. bis 3. Buches** anzuwenden. Zur Schlüssigkeit der Anfechtungsklage gehört mehr als die Behauptung, das Kind sei nicht vom Scheinvater gezeugt, so aber Hamm ZBlJugR **98**, 475 u FamRZ **96**, 894. Vielmehr muß der Kläger Umstände vortragen, die bei objektiver Betrachtung geeignet sind, Zweifel an der Vaterschaft zu wecken und die Möglichkeit der anderweitigen Abstammung als nicht ganz fernliegend erscheinen lassen, BGH FamRZ **05**, 340 u 342 mwN (krit Wellenhofer FamRZ **05**, 665), NJW **98**, 2976 mwN (Anm Schlosser JZ **99**, 43), Nürnb MDR **04**, 96 mwN, Köln NJW **98**, 2985, aM MüKoCoeW **85**, StJSchl 32, dazu Eckebrecht MDR **99**, 71. Eine heimlich veranlaßte DNA-Vaterschaftsanalyse ist rechtswidrig und im Vaterschaftsanfechtungsverfahren gegen den Willen des Kindes oder seines gesetzlichen Vertreters nicht verwertbar, auch nicht zur schlüssigen Darlegung von Zweifeln an der Vaterschaft iS von § 1600 b BGB, BGH NJW **05**, 497 (Anm Rittner/Rittner NJW **05**, 945). Zur Zulässigkeit der Vaterschaftsfeststellungsklage gegen einen Ausländer trotz vorangegangenem Verfahren im Ausland vgl BGH MDR **85**, 215, zur Zulässigkeit einer Widerklage s § 640 c II.

Prozeßkostenhilfe kann auch einem Beteiligten bewilligt werden, der dem Antrag eines anderen 10
Beteiligten nicht entgegengetreten ist, § 114 Rn 104, Künkel DAVorm **83**, 348 mwN, Kblz MDR **02**, 35, Celle RR **95**, 6, Karlsr RR **99**, 1456 u FamRZ **92**, 221, Köln DAVorm **87**, 365, Zweibr ZfJ **95**, 282 mwN, oder die Unterstützung dieses Antrags beabsichtigt, Nürnb FamRZ **85**, 1275, Celle FamRZ **83**, 735 (Aufgabe von MDR **71**, 489), Ffm DAVorm **83**, 306 (aM Düss RR **96**, 1157), oder selbst ein entspr Rechtsschutzziel verfolgt, AG Hbg DAVorm **82**, 1087, sehr str, **aM** ZöPh § 114 Rn 52 u 53 (differenzierend), Hamm FamRZ **92**, 454, Düss FamRZ **96**, 616, KG FamRZ **87**, 502 mwN, Kblz FamRZ **87**, 503, **86**, 371 u **83**, 734, Schlesw SchlHA **85**, 14, differenzierend Düss FamRZ **95**, 1506 mwN, Köln JMBlNRW **87**, 177 (PKH, wenn nicht eine Rechtsverteidigung gesucht wird, die nur eine Aussicht auf Erfolg bietet oder mutwillig ist, vgl § 114 Rn 129). Maßgeblicher **Zeitpunkt** für die Erfolgsaussicht ist die Entscheidungsreife, ZöPh § 119 Rn 46, Naumb FamRZ **00**, 431, Karlsr RR **98**, 1228, str, aM Köln RR **00**, 1606 mwN; jedoch schließt ein späteres Anerkenntnis der Vaterschaft die Bewilligung aus, Köln aaO. Wegen der **Beiordnung eines RA** vgl Schlesw MDR **03**, 393 u **02**, 969, Oldb MDR **02**, 35, Karlsr NJWE-FER **99**, 128, Bra FamRZ **97**, 1285 mwN (eingehend), KG NJW-FER **97**, 209, Bbg NJWE-FER **96**, 66 mwN, Düss RR **96**, 66 u MDR **94**, 1224, Köln RR **95**, 387, Hamm FamRZ **95**, 747, KG FamRZ **94**, 1397 mwN, § 121 Rn 35, i ü vgl § 624 Rn 3 u § 114 Rn 104. Wegen der vereinfachten Erklärung nach § 117 II s § 2 I PKHVV, abgedr § 117 Rn 30. Zur **Prozeßkostenvorschußpflicht** des Scheinvaters vgl § 641 d Rn 1 aE.

Verhandlungen in Kindschaftssachen sind ausnahmslos nichtöffentlich, § 170 GVG, dazu Köln RR **86**, 560.

Wegen der **Urteilswirkungen** s § 640 h. Für die **Kosten** gilt § 93 c.

4) Entsprechend anzuwenden sind, I § 609: Die Bevollmächtigten jeder Partei brauchen eine beson- 11
dere, auf das Verf gerichtete Vollmacht.

§ 611 II: Keine Anwendung des § 275 I 1, III, IV und des § 276.

§ 612: Kein VersUrt gegen den Beklagten, Saarbr DAVorm **90**, 82 (ein Verstoß beschwert den Kläger nicht, Bbg RR **94**, 459), gegen den Kläger nur mit der Wirkung, daß die Klage als zurückgenommen gilt, **§ 632 IV**. Wegen des VersUrt in höherer Instanz s § 612 Rn 8 u 9. Danach ist es gegen den Beklagten als Berufungskläger grundsätzlich zulässig, vgl Karlsr DAVorm **76**, 627.

§ 613: Anhörung und Vernehmung der Parteien wie im Eheprozeß; die Anhörung des als Vater in Anspruch genommenen ist idR geboten, Köln FamRZ **90**, 761.

§ 615: Zurückweisung verspäteten Vorbringens nur in engen Grenzen, insbesondere keine Anwendung von § 296, Prütting ZZP **98**, 155.

§ 616 I: Amtsermittlung wie im Eheprozeß, dazu ausführlich Johannsen, Festschrift Bosch S 469–492, Roth-Stielow Rn 144 ff. Die Beweismittel sind mit der sich aus **§ 640 d** ergebenden Einschränkung zu erschöpfen, BGH NJW **98**, 2962, FamRZ **87**, 583 mwN, BayObLG FamRZ **99**, 1365, so daß das Gericht bis zu seiner vollen Überzeugung alle angetretenen und/oder erreichbaren Beweise erheben muß, es sei denn, daß das Vorbringen des Klägers keine hinreichenden Indizien ergibt, BGH NJW **98**, 2976 mwN (krit Schlosser JZ **99**, 43), Bra MDR **00**, 888 mwN, Köln FamRZ **98**, 696 (abw Karlsr NJWE-FER **99**, 7 mwN), oder der Antrag sonst entspr § 244 StPO abgelehnt werden kann, BGH NJW **98**, 2501, FamRZ **96**, 1001 mwN, NJW **94**, 1349 u **91**, 2963 (krit Hummel/Mutschler NJW **91**, 2931, abw Köln RR **93**, 453) u RR **89**, 708 mwN, Hamm FamRZ **93**, 473, oder die Beweismittel keine weitere Aufklärung versprechen (strenger Maßstab anzulegen), Köln FamRZ **90**, 2312 mwN, AG Westerstede FamRZ **94**, 650 (m red Anm). Ein Verbot der „Ausforschung" gibt es nicht, BGH RR **87**, 899. Wegen der **Einzelheiten** s § 286 Rn 27 ff u § 372 a Rn 5 ff. Wenn der als Vater in Anspruch Genommene die Begutachtung verhindert, wird er behandelt, als hätte sie keine schwerwiegenden Zweifel an seiner Vaterschaft ergeben, BGH FamRZ **93**, 693 u NJW **86**, 2371 mwN (im Grundsatz zustm Stürner JZ **87**, 44), vgl § 444 Rn 3 ff. Wegen der Aussetzung des Verf s § 640 f, zur Beweislast für das Verstreichen der Frist des § 1594 BGB vgl BGH NJW **78**, 1629.

§ 617: Einschränkung der Parteiherrschaft. Kein bindendes Geständnis oder Anerkenntnis, außer im Fall 12
des § 641 c, Wieser NJW **98**, 2025. Deshalb ist ein Anerkenntnisurteil (auch hinsichtlich des Regelunterhalts) ausgeschlossen, BGH FamRZ **05**, 554, NJW **94**, 2697, KG FamRZ **94**, 911. Durch ein prozeßordnungswidrig ergangenes Anerkennungsurteil ist der Kläger nicht beschwert, BGH aaO mwN (dazu Frank ZZP **108**, 377, Anm Hohloch **LM** § 519 Nr 122). Kein Verzicht auf Parteibeeidigung. Klagrücknahme: § 617 Rn 4 ff.

§§ 640–640c

§ 618: Kein Hinausschieben der Urteilsverkündung auf Antrag der Partei.

§ 619: Tod einer Partei vor Rechtskraft des Urteils erledigt den Prozeß, er kann nicht gegen Verwandte oder Erben fortgesetzt werden, RG **163**, 101; jedoch ist bei einer Klage des Kindes und der Mutter nach § 1600 e I BGB im Falle des Todes eines Klagenden die Aufnahme durch den anderen möglich, **§ 640 g**.

§ 632 IV: Vgl oben bei § 612 (VersUrt).

640a *Zuständigkeit.*

I [1] Ausschließlich zuständig ist das Gericht, in dessen Bezirk das Kind seinen Wohnsitz oder bei Fehlen eines inländischen Wohnsitzes seinen gewöhnlichen Aufenthalt hat. [2] Erhebt die Mutter die Klage, so ist auch das Gericht zuständig, in dessen Bezirk die Mutter ihren Wohnsitz oder bei Fehlen eines inländischen Wohnsitzes ihren gewöhnlichen Aufenthalt hat. [3] Haben das Kind und die Mutter im Inland keinen Wohnsitz oder gewöhnlichen Aufenthalt, so ist der Wohnsitz oder bei Fehlen eines inländischen Wohnsitzes der gewöhnliche Aufenthalt des Mannes maßgebend. [4] Ist eine Zuständigkeit eines Gerichts nach diesen Vorschriften nicht begründet, so ist das Familiengericht beim Amtsgericht Schöneberg in Berlin ausschließlich zuständig. [5] Die Vorschriften sind auf Verfahren nach § 1615 o des Bürgerlichen Gesetzbuchs entsprechend anzuwenden.

II [1] Die deutschen Gerichte sind zuständig, wenn eine der Parteien
1. Deutscher ist oder
2. ihren gewöhnlichen Aufenthalt im Inland hat.

[2] Diese Zuständigkeit ist nicht ausschließlich.

Vorbem. I mWv 1. 7. 98 neu gefaßt durch Art 6 Z 31 KindRG, vgl Einf § 606 Rn 11.

1 **1) Regelungszweck.** Die Vorschrift sieht für alle Kindschaftssachen, § 640 II, einheitlich die ausschließliche örtliche Zuständigkeit eines bestimmten FamGer; § 23 a u § 23 b GVG, vor, I. Sie knüpft dabei an den Wohnsitz bzw den gewöhnlichen Aufenthaltsort an, nicht an den allgemeinen Gerichtsstand, §§ 12 ff. Die internationale Zuständigkeit regelt II.

2 **2) Örtliche Zuständigkeit in Kindschaftssachen, I**
 A. Grundsatz. Grundsätzlich ist das Familiengericht zuständig, in dessen Bezirk das **Kind** seinen Wohnsitz oder bei Fehlen eines inländischen Wohnsitzes seinen gewöhnlichen Aufenthalt hat, I 1.
 B. Klage der Mutter, II 2. Die Klage der Mutter, § 1600 BGB, kann sowohl bei dem nach I 1 zuständigen FamGer als auch bei dem FamGer erhoben werden, in dessen Bezirk sie ihren Wohnsitz oder beim Fehlen eines inländischen Wohnsitzes ihren gewöhnlichen Aufenthalt hat.
 C. Ersatzgerichtsstand, I 3 u 4. Wenn das Kind und die Mutter im Inland keinen Wohnsitz oder gewöhnlichen Aufenthalt haben, so ist der Wohnsitz oder bei Fehlen eines inländischen Wohnsitzes der gewöhnliche Aufenthalt des Mannes maßgeblich I 3. Fehlt es an einer Zuständigkeit nach I 1–3, so ist das FamGer beim AG Schöneberg in Berlin ausschließlich zuständig, I 4.
 D. Gemeinsames. Alle in I 1–4 genannten Zuständigkeiten sind **ausschließlich**, Üb § 12 Rn 14. Sie gelten auch für das Verfahren über **einstweilige Verfügungen** nach § 1615 BGB, I 5. Die Begriffe „Wohnsitz" bzw „gewöhnlicher Aufenthalt" sind nach **deutschem Recht** bzw den nach deutschem Recht maßgeblichen Gesichtspunkten zu beurteilen, vgl § 606 Rn 10–14. Die örtliche Zuständigkeit ist in den Rechtsmittelinstanzen nicht zu prüfen, §§ 513 II u 545 II.

3 **3) Internationale Zuständigkeit, II.** Ihre Regelung der internationalen Zuständigkeit, Üb § 12 Rn 4 ff, entspricht im wesentlichen derjenigen für EheS, § 606 a. Sie gilt für alle KindschS, § 640 II. Danach steht den deutschen Gerichten die internationale Zuständigkeit zu, wenn auch nur eine der Parteien entweder Deutsche ist, II 1 Z 1, oder ihren gewöhnlichen Aufenthalt im Inland hat, II 1 Z 2; wegen dieser Begriffe s § 606 a Rn 5 u § 606 Rn 10 ff. Die Zuständigkeit ist in keinem dieser Fälle ausschließlich, II 2, so daß trotz inländischer Zuständigkeit eine ausländische Entscheidung anerkannt werden darf, § 328 I Z 1.

Die internationale Zuständigkeit nach II ist in jeder Lage des Verf vAw zu prüfen, weil insofern weder § 513 II noch § 545 II eingreift, BGH NJW **03**, 426.

640b *Prozeßfähigkeit bei Anfechtungsklagen.*

[1] In einem Rechtsstreit, der die Anfechtung der Vaterschaft zum Gegenstand hat, sind die Parteien prozeßfähig, auch wenn sie in der Geschäftsfähigkeit beschränkt sind; dies gilt nicht für das minderjährige Kind. [2] Ist eine Partei geschäftsunfähig oder ist das Kind noch nicht volljährig, so wird der Rechtsstreit durch den gesetzlichen Vertreter geführt.

Vorbem. S 1 u 2 mWv 1. 7. 98 geänd durch Art 6 Z 32 KindRG, vgl Einf § 606 Rn 11.

1 **1) Allgemeines.** Diese Abweichung von §§ 51 ff bezieht sich auf die Anfechtung der Vaterschaft iSv § 640 II 2, § 640 Rn 4, nicht dagegen auf die gerichtliche Feststellung der Vaterschaft iSv § 640 II Z 1.

2 **2) Einzelheiten.** Die Vorschrift ergänzt die materiellrechtliche Regelung der §§ 1600 ff BGB in prozessualer Hinsicht. Da der Ehemann der Mutter nicht zur Vertretung des beklagten Kindes befugt ist, ist auch die Mutter von der Vertretung ausgeschlossen, solange ihnen die Vertretung gemeinsam zusteht, Zweibr FamRZ **80**, 911 mwN. Die Mutter bedarf auch nach rechtskräftiger Scheidung zur Alleinvertretung des Kindes der Übertragung der elterlichen Sorge durch das FamGer, BGH NJW **72**, 1708.

640c *Klagenverbindung; Widerklage.*

I [1] Mit einer der im § 640 bezeichneten Klagen kann eine Klage anderer Art nicht verbunden werden. [2] Eine Widerklage anderer Art kann nicht erhoben werden. [3] § 653 Abs. 1 bleibt unberührt.

Abschnitt 5. Verfahren in Kindschaftssachen §§ 640c–640e

II Während der Dauer der Rechtshängigkeit einer der in § 640 bezeichneten Klagen kann eine entsprechende Klage nicht anderweitig anhängig gemacht werden.

Vorbem. II mWv 1. 7. 98 eingefügt durch Art 6 Z 33 KindRG, vgl Einf § 606 Rn 11 (auch zum Übergangsrecht).

1) Klagenverbindung, I 1 u 3. Mit einer Kindschaftssache kann keine Klage anderer Art verbunden werden; eine Ausnahme bildet die Verbindung einer Klage auf Feststellung des Bestehens der nichtehelichen Vaterschaft mit der Klage auf Leistung des Regelunterhalts, § 643 I 1 (auch in Altfällen aus der früheren DDR ist die Verbindung mit einer Klage auf rückständigen Unterhalt unzulässig, BGH FamRZ **95**, 994 mwN, abw Bra OLG-NL **96**, 136). Unzulässig ist demgemäß die Verbindung mit einer Stufenklage wegen des Unterhalts, Bra FamRZ **96**, 370. Wohl kann aber eine KindschSache mit jeder Art KindschSache, § 640, verbunden werden, zB die Feststellung der Unwirksamkeit der Anerkennung der nichtehelichen Vaterschaft mit der Anfechtung dieser Vaterschaft. Gegebenenfalls hilft Trennung und Aussetzung, § 148, Bra aaO mwN; hat das FamGer zugleich über beziffertem Unterhalt entschieden, so hat das OLG als Berufungsgericht zu trennen und den Streit über den Unterhalt an die erste Instanz zurückzuverweisen, BGH NJW **74**, 751, Hamm RR **88**, 1355, ebenso bei Verbindung mit einer Stufenklage, Bra aaO mwN.

2) Widerklage, I 2 (Wieser NJW **98**, 2024). Hier gilt bezüglich der in § 640 bezeichneten Klagen dasselbe, Bra FamRZ **04**, 471. Bei der vom gesetzlichen Vertreter erhobenen Anfechtungswiderklage des Kindes ist das Kind der Widerkläger, Köln NJW **72**, 1721. Zulässig ist auch eine im Wege der Widerklage erhobene Anfechtungsklage mit demselben Antrag, weil der Kläger die Klage zurücknehmen oder die Entscheidung sonst durch Säumnis oder Verzicht vereiteln könnte und dem Kind für die Anfechtung der Ehelichkeit auch andere Gründe als dem Mann zur Verfügung stehen können, hM, StJSchl 4, Köln NJW **72**, 1721. Klagt die Mutter, so ist die Klage des Mannes als Widerklage gegen das Kind zu richten, Wieser FamRZ **98**, 1005. Unzulässig ist über den Wortlaut hinaus auch die Geltendmachung einer Kindschaftssache im Wege der Widerklage gegen eine Unterhaltsklage, Hamm RR **88**, 1355.

3) Klagsperre, II (Wieser NJW **98**, 2024). Während der Dauer der Rechtshängigkeit einer bei der in § 640 bezeichneten Klagen kann eine entsprechende Klage nicht anderweitig anhängig gemacht werden. Dadurch soll verhindert werden, daß Klageberechtigte nach § 1600 a I BGB Klagen anhängig machen, ggf bei unterschiedlichen Gerichten, § 640 a I. Sie haben aber die Möglichkeit, gemeinsam zu klagen, Widerklage zu erheben, oben Rn 2, oder in dem anhängigen Rechtsstreit einer Partei beizutreten, § 640.

Wegen des Begriffs der Rechtshängigkeit s § 261 Rn 1, wegen ihrer Dauer § 261 Rn 5–17. Eine entgegen II erhobene Klage ist als unzulässig abzuweisen, BGH FamRZ **02**, 881.

640d *Einschränkung des Untersuchungsgrundsatz.* Ist die Vaterschaft angefochten, so kann das Gericht gegen den Widerspruch des Anfechtenden Tatsachen, die von den Parteien nicht vorgebracht sind, nur insoweit berücksichtigen, als sie geeignet sind, der Anfechtung entgegengesetzt zu werden.

Vorbem. Geänd mWv 1. 7. 98 durch Art 6 Z 34 KindRG, vgl Einf § 606 Rn 11 (dazu krit Gaul FamRZ **00**, 1467).

Bem. In Kindschaftssachen herrscht der Untersuchungsgrundsatz, so daß es grds auf den Umfang des Vorbringens des Klägers nicht ankommt, Jena FamRZ **96**, 367, AG Bln-Mitte FamRZ **95**, 1228, beide mwN, § 640 Rn 11. Klagen auf Anfechtung der Vaterschaft, § 640 II Z 2, richten sich gegen den bisher feststehenden Status des Kindes, s dort Rn 4. Dementsprechend dürfen entsprechend § 622 Tatsachen, die von den Parteien nicht vorgebracht sind, gegen den Widerspruch des Anfechtenden nicht berücksichtigt werden, wenn sie dem Anfechtungsbegehren günstig sind, mögen sie durch das Gericht (im Wege der Amtsermittlung) oder von einer Partei in den Rechtsstreit eingeführt werden; ein Widerspruch ist dabei schon dann gegeben, wenn der Anfechtungskläger seinerseits Tatsachen behauptet, die mit jenen Tatsachen unvereinbar sind, BGH NJW **90**, 2813 mwN.

640e *Beiladung; Streitverkündung.* **I** [1] Ist an dem Rechtsstreit ein Elternteil oder das Kind nicht als Partei beteiligt, so ist der Elternteil oder das Kind unter Mitteilung der Klage zum Termin zur mündlichen Verhandlung zu laden. [2] Der Elternteil oder das Kind kann der einen oder anderen Partei zu ihrer Unterstützung beitreten.

II [1] Ein Kind, das für den Fall des Unterliegens in einem von ihm geführten Rechtsstreit auf Feststellung der Vaterschaft einen Dritten als Vater in Anspruch nehmen zu können glaubt, kann ihm bis zur rechtskräftigen Entscheidung des Rechtsstreits gerichtlich den Streit verkünden. [2] Die Vorschrift gilt entsprechend für eine Klage der Mutter.

Vorbem. Neu gefaßt mWv 1. 7. 98 durch Art 6 Z 35 KindRG, vgl Einf § 606 Rn 11 (auch zum Übergangsrecht).

Schrifttum: *Schultes*, Beteiligung Dritter am Zivilprozeß, 1994.

1) Ladung anderer Beteiligter, I 1

A. Elternteil und Kind. Da durch die Entscheidung seine rechtlichen Interessen berührt werden, sind der am Rechtsstreit nicht beteiligte Elternteil oder das nicht beteiligte Kind in allen KindschS, § 640 II, unter Mitteilung der Klage zum Termin zur mündlichen Verhandlung **zu laden**, S 1 u 2; für das noch nicht volljährige Kind, das von dem klagenden Elternteil allein vertreten wird, muß schon für die Zustellung der Klage und der Ladung ein Ergänzungspfleger bestellt werden, BGH NJW **02**, 2109 (zustm Veit FamRZ **02**, 953). Ein Hinweis auf die Rechtslage und die Möglichkeit des Beitritts ist ratsam, aber nicht zwingend

§§ 640e–640g   Buch 6. Verfahren in Familiensachen

geboten, aM Roth-Stielow Rn 40. Die Ladung zum ersten Termin genügt, Brüggemann FamRZ **69**, 123; ist sie unterblieben, muß die Ladung nachgeholt und damit rechtliches Gehör gewährt werden, StJSchl 9. Das Unterbleiben stellt einen wesentl Verfahrensmangel dar, Stuttg FamRZ **04**, 1986. Der mutmaßliche Erzeuger des Kindes ist nicht Elternteil iSv I, Gaul FamRZ **97**, 1461, Wieser NJW **98**, 2024, Oldenb RR **04**, 871.

2   **B. Wirkungen, I 2.** Die Ladung gibt, anders als die Beiladung nach § 65 VwGO, nicht die Stellung eines Beteiligten (ungenau wird häufig auch hier von „Beiladung" gesprochen, zB in der amtlichen Überschrift von § 640 c). Vielmehr ist dem Geladenen freigestellt, der einen oder der anderen Partei zu ihrer Unterstützung **beizutreten, S 2**, und zwar als streitgenössischer Streithelfer, § 69, BGH NJW **84**, 353. Dies gilt für die Mutter auch dann, wenn das Kind durch einen von ihr als gesetzlicher Vertretern bestellten RA vertreten wird, Düss FamRZ **80**, 1147. Beitritt auch ohne Ladung ist zulässig. Jeder Beigetretene ist iSv §§ 114 ff als „Partei" zu behandeln, Karlsr FamRZ **92**, 701 mwN, Hamm FamRZ **91**, 347, Ffm FamRZ **84**, 1041; zur PKH-Bewilligung s § 114 Rn 11, Düss FamRZ **95**, 1506 mwN (betr Kindesmutter). Die unterbliebene Ladung kann, ebenso wie die Beiladung nach § 65 VwGO, im Berufungsrechtszug nachgeholt werden, Düss FamRZ **71**, 377; dann ist nicht nur die Klage, sondern auch das Urteil beizufügen, Roth-Stielow Rn 41.

3   Da die Unterlassung der Ladung (oder die Ladung ohne Mitteilung der Klage) ein schwerer Verfahrensmangel ist, kommt auch eine Zurückverweisung, § 538, in Betracht, sie ist im Revisionsverfahren zwingend geboten, § 547 Z 4, BGH NJW **03**, 585 u **02**, 2109 mwN. Ist die Ladung unterblieben und nicht nachgeholt worden, muß dem nicht beigetretenen Elternteil das Urteil zugestellt werden, um ihm Gelegenheit zu geben, durch Einlegung eines Rechtsmittels seine Rechte wahrzunehmen, BGH NJW **84**, 353, im Erg zustm Waldner JR **84**, 157, vgl Häsemeyer ZZP **101**, 400. Wegen der Urteilswirkung s § 640 h.

4   **2) Streitverkündung, II**
A. Klage des Kindes auf Feststellung der Vaterschaft, II 1. Kommen mehrere Männer in Betracht, so würde eine nacheinander erhobene VaterschKlage die Feststellung uU erheblich hinziehen, eine Klage gegen alle in Betracht Kommenden das klagende Kind stark mit Kosten für die Abweisungen belasten. Eine Möglichkeit der Feststellung ergäbe sich noch, wenn die mehreren Männer sich freiwillig einer Blutprobe unterzögen und damit die Nichtväter ausgeschlossen werden. Doch ist dies schwer zu erreichen.
Als Möglichkeit, einen anderen Mann als Vater in Anspruch zu nehmen, ergäbe sich dann noch der Eintritt des Dritten in das schwebende Verf im Wege der Klageänderung, § 263 Rn 8, der aber an der Ablehnung des Dritten scheitern kann, BGH NJW **62**, 635. Hier hilft II 1 dem Kind dadurch, daß es dem potentiellen Erzeuger den Streit verkünden kann, § 72, was auch bei Nichtbeteiligung des Dritten die Wirkung der §§ 68, 74 Rn 6, hat, dazu ausführlich Wieser NJW **98**, 2024. Tritt der Dritte bei, so wird er streitgenössischer Streithelfer, § 69, diff Wieser NJW **98**, 2024. Diese Möglichkeit hat der Dritte auch ohne Streitverkündung, § 66, BGH FamRZ **80**, 559, hM, oben Rn 2.

5   **B. Klage der Mutter auf Feststellung der Vaterschaft, II 2.** Klagt die Mutter gemäß § 1600 e I BGB, so gilt II 1 entspr; auch sie kann dem als Vater in Betracht kommenden Dritten den Streit verkünden.

640f *Aussetzung des Verfahrens.* ¹Kann ein Gutachten, dessen Einholung beschlossen ist, wegen des Alters des Kindes noch nicht erstattet werden, so hat das Gericht, wenn die Beweisaufnahme im Übrigen abgeschlossen ist, das Verfahren von Amts wegen auszusetzen. ²Die Aufnahme des ausgesetzten Verfahrens findet statt, sobald das Gutachten erstattet werden kann.

1   **1) Allgemeines.** Während zur Ausschließung der Vaterschaft insbes mit Blutgruppengutachten, die durch Tragzeitgutachten und andere Beweismittel unterstützt werden, gearbeitet wird, die im allg sofort eingeholt werden können, ist der positive Vaterschaftsbeweis weit schwieriger; vgl zu diesen Fragen § 372 a Rn 5 ff. Ein anthropologisch-erbbiologisches Gutachten kann oft erst nach Vollendung des 3. Lebensjahres zum Erfolg führen, ein serologisches Gutachten frühestens bei einem Alter von 8 Monaten. Der Einholung steht auch das eidliche Abstreiten der Mutter nicht entgegen, BGH NJW **64**, 1179; kein Ausforschungsbeweis, Teplitzky NJW **65**, 335. Auch die Amtsermittlung kann die Einholung eines solchen Gutachtens nötig machen.

2   **2) Aussetzung.** Das Gericht hat, falls ein derartiges Gutachten notwendig ist, aber wegen des Alters des Kindes noch nicht erstattet werden kann, die BewAufn abzuschließen und vAw das Verf auszusetzen, **S 1**; der Einzelrichter ist dafür in 2. Instanz nur mit Einverständnis der Parteien zuständig, § 524 Rn 12. Gegen die Entscheidung des FamGer ist Beschwerde gegeben, § 252, Nürnb FamRZ **71**, 590. Sobald die Erstattung des Gutachtens möglich ist, muß das Verf vAw aufgenommen werden, **S 2**. Auf andere Hindernisse für eine Begutachtung ist § 640 f nicht entspr anzuwenden, Bbg RR **95**, 1030 mwN.

640g *Tod der klagenden Partei im Anfechtungsprozess.* ¹Hat das Kind oder die Mutter die Klage auf Anfechtung oder Feststellung der Vaterschaft erhoben und stirbt die klagende Partei vor Rechtskraft des Urteils, so ist § 619 nicht anzuwenden, wenn der andere Klageberechtigte das Verfahren aufnimmt. ²Wird das Verfahren nicht binnen eines Jahres aufgenommen, so ist der Rechtsstreit in der Hauptsache als erledigt anzusehen.

Schrifttum: Wieser NJW **98**, 2025.
Vorbem. Neu gefaßt mWv 1. 7. 98 durch Art 6 Z 36 KindRG, Einf § 606 Rn 11.

1) Beschränkte Anwendbarkeit des § 619, S 1. Nach § 640 I ist in KindschS u a § 619 entspr anzuwenden. Dies gilt nur eingeschränkt in den Fällen, in denen das Kind oder die Mutter die Klage auf Anfechtung oder Feststellung der Vaterschaft erhoben hat, § 1600 e I BGB: stirbt die klagende Partei vor Rechtskraft des Urteils, so ist § 619 nicht anzuwenden, wenn der andere Klageberechtigte das Verfahren aufnimmt, S 1. Haben sowohl die Mutter als auch das Kind Klage erhoben, so hat der Tod einer Klagepartei keinen Einfluß auf den Fortgang des Prozesses.

2) **Aufnahme des Verfahrens, S 2.** Für die Aufnahme gilt § 250. Sie ist zeitlich begrenzt: wird das Verfahren nicht binnen eines Jahres seit dem Tod aufgenommen, so ist der Rechtsstreit in der Hauptsache als erledigt anzusehen, S 2. In diesem Fall gilt also uneingeschränkt § 619 entspr, s dortige Erl.

640h *Wirkungen des Urteils.*

¹Das Urteil wirkt, sofern es bei Lebzeiten der Parteien rechtskräftig wird, für und gegen alle. ²Ein Urteil, welches das Bestehen des Eltern-Kind-Verhältnisses oder der elterlichen Sorge feststellt, wirkt jedoch gegenüber einem Dritten, der das elterliche Verhältnis oder die elterliche Sorge für sich in Anspruch nimmt, nur dann, wenn er an dem Rechtsstreit teilgenommen hat. ³Satz 2 ist auf solche rechtskräftigen Urteile nicht anzuwenden, die das Bestehen der Vaterschaft nach § 1600 d des Bürgerlichen Gesetzbuchs feststellen.

II ¹Ein rechtskräftiges Urteil, welches das Nichtbestehen einer Vaterschaft nach § 1592 des Bürgerlichen Gesetzbuchs infolge der Anfechtung nach § 1600 Abs. 1 Nr. 2 des Bürgerlichen Gesetzbuchs feststellt, beinhaltet die Feststellung der Vaterschaft des Anfechtenden. ²Diese Wirkung ist im Tenor des Urteils von Amts wegen auszusprechen.

Schrifttum: *Höfelmann* FamRZ **04**, 745; *Habscheid/Habscheid* FamRZ **99**, 483.

Vorbem. II angefügt durch Art 2 des G v 23. 4. 04, BGBl I 598, mWv 30. 4. 04.

1) Grundsatz: Wirkung für und gegen alle, I 1. Das eine Kindschaftssache, § 640, positiv oder negativ **1** entscheidende Urteil wirkt über § 325 hinaus (mit der sich aus S 2 ergebenden Einschränkung) für und gegen alle, so daß der sich daraus ergebende Status des Kindes für jedermann feststeht, und zwar rückwirkend ab seiner Geburt, BGH NJW **94**, 2698, BayObLG RR **95**, 387, und zwar auch dann, wenn das Urteil verfahrensfehlerhaft zustande gekommen ist, BGH aaO. Zugleich macht es den Weg frei zur Feststellung der Abstammung vom wahren Erzeuger und zu seiner unterhaltsrechtlichen Inanspruchnahme, BGH NJW **82**, 1652. Da die Rechtskraft sich nicht auf die Abstammung des Kindes erstreckt, darf der später als wahrer Erzeuger in Anspruch Genommene im Vaterschaftsfeststellungsverfahren behaupten, daß das Kind doch vom Ehemann der Mutter abstamme, BGH NJW **94**, 2698 u **82**, 1652. Erweist sich dann etwa agrd eines neuen Gutachtens, daß diese Behauptung zutrifft, kann das Kind gegen das frühere Urteil nach § 641 i vorgehen, BGH NJW **94**, 2698 u **73**, 1927.

Eine Folge hiervon ist die Notwendigkeit der Gewährung des rechtlichen Gehörs für diejenigen, in deren Status durch das Urteil eingegriffen wird, Art 103 I GG. Deshalb ist der andere Elternteil oder das Kind zu laden, § 640 e. Sie können als Streithelfer beitreten; vgl auch Schlosser, Gestaltungsklagen § 22 II 2, III 1. Dies kann auch derjenige, der bei erfolgreicher Anfechtung auch als Erzeuger in Anspruch genommen werden kann, BGH NJW **85**, 386, Hamm FamRZ **84**, 810, § 640 e Rn 4; er hat das Recht, Berufung einzulegen mit dem Ziel, die Klage abweisen zu lassen, BGH u Hamm aaO. Dabei unterliegt er aber der Schranke des § 67 Halbs 2, weil er nicht streitgenössischer Nebenintervenient iSv § 69 ist, BGH NJW **85**, 386 mwN (im Erg zustm Braun JZ **85**, 339, Deneke ZZP **99**, 101 u Häsemeyer ZZP **101**, 398), Hamm FamRZ **02**, 30 u **84**, 810, str.

Das Urteil bindet alle Behörden, zB den Richter der freiwilligen Gerichtsbarkeit, selbst gegenüber abweichenden standesamtlichen Urkunden. Eine Abweisung mit der Begründung, daß dem Kläger kein Anfechtungsrecht zustehe oder daß er die Frist versäumt habe, steht der Klage eines anderen Berechtigten ebenfalls nicht entgegen. Ebenso ist die Rechtskraft eines Urteils, durch das die Klage des Mannes auf Anfechtung seines Vaterschaftsanerkenntnisses abgewiesen worden ist, dann nicht die Anfechtungsklage des Kindes, wenn das Urteil damit begründet worden ist, die Nichtvaterschaft sei nicht feststellbar, Düss NJW **80**, 2160.

2) Beschränkte Wirkung gegen Dritte, I 2 u 3. Ein das Bestehen des Eltern- und Kindesverhältnisses **2** oder der elterlichen Sorge feststellendes Urteil wirkt nicht gegenüber dem Dritten, der am Rechtsstreit nicht teilgenommen hat, aber das elterliche Verhältnis oder die elterliche Sorge für sich in Anspruch nimmt **S 2**; denn es kann nicht ohne weiteres in seinen Status eingegriffen werden, dazu Jauernig ZZP **101**, 379, Häsemeyer ZZP **101**, 407. Dies gilt nur bei Ladung, § 640 e, auch ihm wird ihm der Beitritt freisteht, Roth-Stielow Rn 50, aM Odersky Anm 3. Der nichtbeteiligte Dritte kann seinerseits klagen, und zwar notwendig gegen beide Parteien, da sonst das frühere Urteil seine Wirkung für den Nichtverklagten wegen S 2 behalten würde. Das vom Dritten erstrittene Urteil hebt das frühere durch seine Wirkung nach § 640 h voll auf. Zur Frage der Zulässigkeit einer neuen Klage eines anderen Dritten bei unerkannt gebliebener Rechtshängigkeit der ersten Vaterschaftsklage vgl Hamm DAVorm **85**, 143.

Eine **Ausnahme** von dem Gesagten gilt für Urteile, die das Bestehen der Vaterschaft nach § 1600 d BGB feststellen, **S 3**: hier gilt nicht S 2, sondern uneingeschränkt S 1 (ebenso bisher § 641 k, s 56. Aufl). Die Vorschrift steht im Einklang damit, daß dem Dritten auch keine Anfechtung der Anerkennung der Vaterschaft zugebilligt wird, §§ 1600 u 1600 e BGB, vgl Jauernig ZZP **101**, 381 u Häsemeyer ZZP **101**, 407. Sie stellt sicher, daß nicht durch Anfechtungen die Abstammungsverhältnisse und das familienrechtliche Band zwischen dem Kind und dem Mann erneut in Frage gestellt werden, BT-Drs 13/4899 S 126.

3) Sondervorschrift für Anfechtungsklagen nach § 1600 I Z 2 BGB, II, Höfelmann FamRZ **04, 3** 750. Ein rechtskräftiges Urteil, welches das Nichtbestehen einer Vaterschaft nach § 1592 BGB infolge der Anfechtung nach § 1600 I 2 BGB aufgrund der Klage des leiblichen Vaters feststellt, § 640 Rn 4, hat die Wirkungen nach I. Überdies beinhaltet es die Feststellung der Vaterschaft des Anfechtenden, **II 1**. Diese Wirkung ist im Tenor des Urteils auszusprechen, **II 2**.

641-641b (weggefallen)

§§ 641c, 641d

641c *Beurkundung.* ¹Die Anerkennung der Vaterschaft, die Zustimmung der Mutter sowie der Widerruf der Anerkennung können auch in der mündlichen Verhandlung zur Niederschrift des Gerichts erklärt werden. ²Das gleiche gilt für die etwa erforderliche Zustimmung des Mannes, der im Zeitpunkt der Geburt mit der Mutter des Kindes verheiratet ist, des Kindes oder eines gesetzlichen Vertreters.

Vorbem. Neu gefaßt mWv 1. 7. 98 durch Art 6 Z 39 KindRG u Art 3 Z 9 EheschlRG, vgl Einf § 606 Rn 11 u 13.

1 **1) Allgemeines.** Grundsätzlich ist in KindschSachen, § 640 II, ein Anerkenntnisurteil ausgeschlossen, §§ 640 I, 617; ein solches Urteil kann für unwirksam erklärt werden, wenn die Unwirksamkeit der zugrunde liegenden Anerkennung nach § 640 II Z 2 festgestellt wird, Hamm FamRZ **88**, 101 u 854 mwN. § 641 c bringt im Interesse des Kindes eine Sonderregelung, die in allen Instanzen gilt und die Form des § 1597 BGB ersetzt. Ein Prozeßvergleich, § 794 I Z 1, würde nicht der Bedeutung der Anerkennung mit Rücksicht auf die Wirkung für und gegen alle gerecht.

2 **2) Erklärung zur Niederschrift des Gerichts** (Kemper ZBlJugR **71**, 194). Der Rechtsstreit kann durch Anerkennung der Vaterschaft in der mdl Verh zur Niederschrift des Gerichts, §§ 1595 ff BGB, beendet werden. Ebenso können die Zustimmung der Mutter, des Kindes und eines gesetzlichen Vertreters erklärt werden, ebenso der Widerruf der Anerkennung, § 1597 III BGB. Alle diese Erklärungen sind in das Protokoll aufzunehmen, vorzulesen und vom Erklärenden zu genehmigen, § 162 I iVm § 160 III Z 1 u 3 entspr, Hamm FamRZ **88**, 854 mwN, zustm Kemper DAVorm **87**, 841. Jedoch muß auch das Nachbringen der Zustimmung und Erklärungen dieser Personen in der Form und Frist des 1597 BGB als zulässig angesehen werden. Mit der Abgabe dieser Erklärungen ist die Sache in der Hauptsache erledigt; über die Kosten ist nach § 91 a zu entscheiden, KG FamRZ **94**, 911. Anhängig bleibt ein etwaiger Antrag nach § 643 I 1; für ihn gelten weiterhin die Vorschriften für KindschSachen, § 640 I, BGH NJW **74**, 751 u **72**, 111, Hamm NJW **72**, 1094, Demharter FamRZ **85**, 980, aM Wiecz B II. Die Anerkennung kann mit der Klage nach § 640 II Z 2 angefochten werden, Hamm aaO.

641d *Einstweilige Anordnung.* ¹ ¹Sobald ein Rechtsstreit auf Feststellung des Bestehens der Vaterschaft nach § 1600 d des Bürgerlichen Gesetzbuchs anhängig oder ein Antrag auf Bewilligung der Prozeßkostenhilfe eingereicht ist, kann das Gericht auf Antrag des Kindes seinen Unterhalt und auf Antrag der Mutter ihren Unterhalt durch eine einstweilige Anordnung regeln. ²Das Gericht kann bestimmen, dass der Mann Unterhalt zu zahlen oder für den Unterhalt Sicherheit zu leisten hat, und die Höhe des Unterhalts regeln.

II ¹Der Antrag ist zulässig, sobald die Klage eingereicht ist. ²Er kann vor der Geschäftsstelle zu Protokoll erklärt werden. ³Der Anspruch und die Notwendigkeit einer einstweiligen Anordnung sind glaubhaft zu machen. ⁴Die Entscheidung ergeht auf Grund mündlicher Verhandlung durch Beschluss. ⁵Zuständig ist das Gericht des ersten Rechtszuges und, wenn der Rechtsstreit in der Berufungsinstanz schwebt, das Berufungsgericht.

III ¹Gegen einen Beschluss, den das Gericht des ersten Rechtszuges erlassen hat, findet die sofortige Beschwerde statt. ²Schwebt der Rechtsstreit in der Berufungsinstanz, so ist die Beschwerde bei dem Berufungsgericht einzulegen.

IV Die entstehenden Kosten eines von einer Partei beantragten Verfahrens der einstweiligen Anordnung gelten für die Kostenentscheidung als Teil der Kosten der Hauptsache, diejenigen eines vom Nebenintervenienten beantragten Verfahrens der einstweiligen Anordnung als Teil der Kosten der Nebenintervention; § 96 gilt insoweit sinngemäß.

Schrifttum: *Gießler* 258 ff u 690 ff, *Büttner* FamRZ **00**, 785; *Bernreuther* FamRZ **99**, 73; *Büdenbender* ZZP **110**, 48, FamRZ **98**, 138; *Hampel* FPR **98**, 117.

Vorbem. III 1 mWv 1. 1. 02 geändert durch Art 2 I Z 81 ZPO-RG.

1 **1) Allgemeines.** Ähnlich wie im Ehestreit, §§ 620 ff., kann in einem **Rechtsstreit auf Feststellung des Bestehens der Vaterschaft**, § 1600 d BGB, also bei nichtehelicher Kindschaft, § 1592 Z 1 BGB (nicht bei Anfechtung der Vaterschaft oder der Anerkennung der Vaterschaft, Kblz FamRZ **74**, 383, auch wenn das Kind FeststWiderkl erhebt, Köln NJW **73**, 195, Düss NJW **73**, 1331, auch nicht bei negativer FeststKl des Mannes, hM, Oderksy II 1 a, Bergerfurth FamRZ **70**, 362, Hahscheid FamRZ **74**, 343, Düss FamRZ **73**, 212, wohl aber bei positiver FeststWiderkl des Kindes, Büdenbender S 79) **der laufende Unterhalt des Kindes und der Unterhalt der Mutter auf entspr Antrag durch einstwAnO vorläufig gesichert** werden, bis über den Unterhalt im Urteil entschieden werden kann, § 653; dabei ist zu beachten, daß ein vollstreckbarer Unterhaltstitel bei Verurteilung nach § 653 I erst mit Rechtskraft des Abstammungsurteils wirksam wird, § 653 II. Diese vorläufige Sicherung des **Unterhalts** steht neben der **einstwVfg nach § 1615 o BGB**, durch die der Unterhalt der Mutter und des Kindes gesichert wird, dazu Büttner FamRZ **00**, 785, Bernreuther FamRZ **99**, 73 u Büdenbender FamRZ **98**, 137. Letztere kann bereits vor der Geburt beantragt werden, während die einstwAnO nur den laufenden Unterhalt ab Anhängigkeit im Rechtsstreit betreffen kann. Sie kann aber für das ganze Verfahren ergehen, sofern die AnO nicht vorher aufgehoben oder geändert wird. Möglich ist sie auch während der Aussetzung des Verfahrens, § 640 f. Keinesfalls schafft die Ablehnung der einstwVfg Rechtskraft für die AnO. Eine **einstwVfg nach § 940** ist nur ausnahmsweise zulässig, nämlich dann, wenn der Erzeuger die Vaterschaft vor Klagerhebung anerkennt, Büdenbender S 138, Bernreuther aaO. Ansprüche des **Vaters** auf Betreuungsunterhalt, § 1615l V BGB, können nur auf diesem Wege einstweilig durchgesetzt werden, Büdenbender FamRZ **98**, 138. Wenn ein Unterhaltsanspruch nach Feststellung der Vaterschaft isoliert geltend gemacht wird, greift **§ 644** ein, s dortige Erl, Bernreuther aaO.

Abschnitt 5. Verfahren in Kindschaftssachen § 641 d

Gegen den vermuteten Vater darf keine einstwAnO auf Zahlung eines **Prozeßkostenvorschusses** ergehen, ZöPh 13, Kblz NJWE-FER **99**, 45, aM Düss RR **95**, 1411, vgl § 114 Rn 61 u § 127 a Rn 6 u 9.

2) Voraussetzungen und Inhalt der einstwAnO, I 2

A. Allgemeines. Berechtigte sind die **Mutter** bzw **das Kind** ohne Rücksicht darauf, ob sie am Verfahren beteiligt sind, BT-Drs 13/4899 S 127; wegen des erforderlichen **Antrags, I 1**, s unten Rn 3; weitere Voraussetzung für der Erlaß der einstwAnO ist deren **Notwendigkeit**. Sie besteht nicht, wenn der Vater freiwillig zahlt oder das Kind eigenes Vermögen oder Einkommen hat. Dagegen ist die Notwendigkeit zu bejahen, wenn die Mutter oder ein Verwandter Unterhalt leistet, hM, ZöPh 18, Büdenbender S 105, aM Lüderitz S 621 mwN, ebenso grds dann, wenn das Kind Sozialhilfe bezieht, Düss RR **94**, 709 mwN, oder wenn es Leistungen nach dem Unterhaltsvorschußgesetz erhält, Düss RR **93**, 1289, weil diese Hilfen durch die einstwAnO vermieden werden sollen, ZöPh 17, str (vgl dazu § 620 Rn 12 u 15). Entfällt eine AnO auf Zahlung, weil der Unterhalt des Kindes anderweit gewährleistet ist, so kann die **AnO auf Sicherheitsleistung** lauten, **I 2** (auch durch Zahlung auf Sperrkonto, Stgt FamRZ **82**, 292, KG FamRZ **76**, 98 mwN); dafür genügt es nicht, daß das Kind selbst nicht über Mittel verfügt, aM Zweibr FamRZ **81**, 391, vielmehr müssen konkrete Anhaltspunkte dafür bestehen, daß die Beitreibung nach Feststellung der Vaterschaft auf Schwierigkeiten stoßen wird, Büdenbender FamRZ **81**, 320, Lüderitz S 623 ff. Für die Sicherheit gelten §§ 108 f. Die Leistung ist in beiden Fällen beziffert festzusetzen, Stgt Just **77**, 201 mwN (keine Verpflichtung zur Leistung von Regelunterhalt und keine Festsetzung nach § 642 a, nur ausnahmsweise Unterschreitung des Regelbedarfs iSv § 1615 f I 2 BGB), und zwar ab Eingang des Antrags, Düss RR **94**, 709 mwN. Ihre Höhe kann je nach veränderten Umständen, zB Sonderbedarf, mit Rückwirkung geändert werden, auch die Sicherheit, Kblz FamRZ **75**, 229. Zulässig ist auch die Verpflichtung zur Zahlung an das Jugendamt, Stgt FamRZ **73**, 383, auch auf dessen Sperrkonto (statt Sicherheit), Kblz MDR **73**, 316; in diesem Fall ist dem Beklagten auf Antrag zu gestatten, statt dessen Sicherheit durch Bürgschaft einer Großbank zu leisten, Stgt Justiz **75**, 436.

Im Rahmen des § 641 d, oben Rn 1, kann auch eine einstwAnO auf Zahlung eines **Prozeßkostenvorschusses** ergehen, § 127 a Rn 10, Düss RR **95**, 1411 mwN.

Wegen der Einzelheiten s Erl zu § 294. Zur Begründung des Anspruchs genügt die Glaubhaftmachung der Beiwohnung in der Empfängniszeit, weil dann die Vermutung des § 1600 d II BGB eingreift. Sie wird durch Glaubhaftmachung **schwerwiegender Zweifel** entkräftet, vgl BGH DAVorm **81**, 51 u 274, Lüderitz FamRZ **66**, 620; auch insofern ist Glaubhaftmachung iSv § 294 ausreichend und erforderlich, Düss RR **95**, 1219. Macht der Gegner Mehrverkehr glaubhaft, reicht das zur Entkräftung aus (abgesehen von wahllosem Verkehr), solange nicht durch medizinisches Gutachten der andere Mann ausgeschlossen wird od für die Vaterschaft des in Anspruch genommenen Mannes die größere Wahrscheinlichkeit dargetan wird, vgl Büdenbender S 97 ff u FamRZ **75**, 189, Ankermann NJW **74**, 584, dazu Brühl FamRZ **75**, 242. Ob bei geringerer Wahrscheinlichkeit statt Zahlung Sicherheit angeordnet werden darf, ist str, dafür die hM, Lüderitz S 619, Leipold FamRZ **73**, 70, Kblz FamRZ **75**, 230, dagg Büdenbender S 117 ff mwN. Glaubhaft zu machen ist auch die Notwendigkeit einer einstwAnO, oben Rn 2; handelt es sich um eine AnO auf Sicherheitsleistung, so sind auch die Umstände glaubhaft zu machen, aus denen sich eine Gefährdung der Betreibung ergibt, oben Rn 2.

3) Verfahren, II 3

A. Antrag, I 1 u II 1–3. Ihn kann die Mutter bzw das Kind für den jeweiligen Unterhalt stellen. Der Antrag ist zulässig, sobald ein Rechtsstreit nach § 1600 d BGB anhängig ist oder ein Antrag auf Bewilligung von PKH eingereicht ist, **I 1** (II 1 ist versehentlich der Neufassung von I nicht angepaßt worden); darauf, daß die Mutter bzw das Kind Prozeßpartei ist, kommt es nicht an, BT-Drs 13/4899 S 127. Der Antrag ist an das Gericht zu richten, bei dem die Klage anhängig bzw das PKH-Gesuch eingereicht ist, weil die Konzentration bei dem Gericht des Verfahrens nach § 1600 d BGB Ziel der Vorschrift ist, BT-Drs 13/4899 S 127. Der Antrag kann vor der Geschäftsstelle zu Protokoll erklärt werden, II 2, unterliegt also auch in höherer Instanz nicht dem Anwaltszwang. Beweise sind zu benennen, eidesstattliche Versicherungen oder sonstige Urkunden beizufügen; jedenfalls zur Frage des Abstammungsverhältnisses iSv § 1600 o BGB, so daß präsente Beweise in der mündlichen Verhandlung gefordert werden können, II 4, auch vAw zu erheben sind, Düss RR **95**, 1219 mwN. Der **Anspruch** und die **Notwendigkeit** einer einstwAnO sind **glaubhaft zu machen, II 3**, dazu Büdenbender FamRZ **81**, 320.

B. Entscheidung. Sie ergeht durch Beschluß in dem Rechtszug, in dem die Sache schwebt (aber nicht in 4 der Revisionsinstanz, unten Rn 5), II 5, stets auf Grund mündlicher Verhandlung, II 4, in der Berufungsinstanz demnach nicht durch den Einzelrichter. Für die Verhandlung besteht Anwaltszwang, § 78 (wegen der neuen Bundesländer s Grdz § 606 Rn 7). Das Gericht soll die Parteien, besonders den Beklagten hören, auf eine notwendige Glaubhaftmachung, oben Rn 3, hinwirken, inbesondere präsente Beweise erheben, und auf Grund einer Prognose über den Ausgang des Hauptprozesses sowie in Würdigung der glaubhaft gemachten wirtschaftlichen Umstände über die Art der AnO und über die Höhe entschließen (zeitraubende Ermittlungen verfehlen den Zweck der Vorschrift, Kemper FamRZ **73**, 524), oben Rn 2.

4) Rechtsmittel, III. Gegen den Beschluß des FamGer ist die sofortige Beschwerde, § 567 I, an das OLG 5 gegeben, § 119 Z 2 GVG. Einzulegen ist sie beim FamGer oder beim OLG, § 569 I. Ist die Hauptsache inzwischen ans OLG gelangt, § 119 Z 1 GVG, so ist die Beschwerde dort einzulegen, III 2. Befindet sich die Sache in der Revision, so ist mangels einer gegenteiligen Bestimmung und da der Grundsatz des I weiter besteht, wiederum das FamGer zuständig, Hamm FamRZ **71**, 596, Büdenbender S 81, so daß eine Beschwerde beim diesem einzulegen ist und an das OLG geht. Gegen Beschlüsse des OLG die Rechtsbeschwerde § 574.

5) Kosten des Anordnungsverfahrens. Die Vorschrift entspricht § 620 g, s dortige Erl. Danach wird 6 über die Kosten des AnO-Verfahrens zusammen mit den Kosten der Hauptsache entschieden, wobei § 96 insoweit sinngemäß gilt. Für einen erfolglosen Antrag können dem sonst obsiegenden Kläger oder Nebenintervenienten also Kosten auferlegt werden. Eine besondere Kostenentscheidung ergeht aber bei Zurückweisung des Antrags und Zurückweisung der Beschwerde, ebenso in den Fällen, in denen der Antragsteller nicht am Prozeß beteiligt ist, oben Rn 1 u 2.

§§ 641e–641i

641e *Außerkrafttreten und Aufhebung der einstweiligen Anordnung.* Die einstweilige Anordnung tritt, wenn sie nicht vorher aufgehoben wird, außer Kraft, sobald derjenige, der die Anordnung erwirkt hat, gegen den Mann einen anderen Schuldtitel über den Unterhalt erlangt, der nicht nur vorläufig vollstreckbar ist.

Vorbem. Bisherige I u II neu gefaßt durch Art 6 Z 41 KindRG, II u III sodann mWv 1. 7. 98 aufgehoben durch Art 3 Z 8 KindUG, vgl Einf § 606 Rn 11 u 12.

1   **1) Erläuterung.** Die einstwAnO nach § 641d kann entspr § 927 jederzeit auf entsprechenden Antr **wegen veränderter Umstände geändert** oder aufgehoben werden ohne den Umweg üb § 323, zB wenn die Vatersch weniger wahrscheinlich geworden ist, Grunsky JuS **76**, 286, nicht aber, wenn der Rechtsstreit zugunsten des Kindes bzw der Mutter beendet ist. Die AnO soll den Unterhalt sicherstellen, bis der/die Berechtigte aGrd eines anderen Titels, der nicht nur vorläufig vollstreckbar ist, den Unterhalt erhält; denn der vorläufige Vollstreckbarkeit kann von einer Sicherheitsleistg abhängig sein, die Vollstreckung kann durch eine solche auch abgewendet werden, § 711. Ist ein nicht nur vorl vollstreckbarer Titel, der auf einen bestimmten Betrag geht, vorhanden, **tritt die einstwAnO außer Kraft**, da ihr Zweck erfüllt ist. Eine entspr Feststellung durch das Gericht ist nicht erforderlich. Wegen der Wirkungen des Außerkrafttretens s § 620f Rn 7.

641f *Außerkrafttreten bei Klagerücknahme oder Klageabweisung.* Die einstweilige Anordnung tritt ferner außer Kraft, wenn die Klage zurückgenommen wird oder wenn ein Urteil ergeht, das die Klage abweist.

1   **1) Erläuterung.** Es handelt sich um einen weiteren Fall des Außerkrafttretens von Gesetzes wegen ohne Feststellung durch das Gericht, vgl § 641e. Voraussetzung: Rücknahme der Klage oder abweisendes Urteil, bei diesem bereits im Verkündung, da damit das Gericht erklärt, daß es die Vaterschaft des Beklagten nicht feststellen kann. Bei Einlegung der Berufung muß das Kind bzw die Mutter also den Erlaß einer neuen AnO beantragen. Wegen der Wirkungen des Außerkrafttretens vgl § 620f Rn 7.

641g *Schadensersatzpflicht des Klägers.* Ist die Klage auf Feststellung des Bestehens der Vaterschaft zurückgenommen oder rechtskräftig abgewiesen, so hat derjenige, der die einstweilige Anordnung erwirkt hat, dem Manne den Schaden zu ersetzen, der ihm aus der Vollziehung der einstweiligen Anordnung entstanden ist.

Vorbem. Geänd mWv 1. 7. 98 durch Art 6 Z 42 KindRG, vgl Einf § 606 Rn 11.

1   **1) Erläuterung.** Entspr §§ 717 II, 945 trifft denjenigen, der die einstwAnO nach § 641d erwirkt hat (also das Kind bzw die Mutter) bei Zurücknahme der Feststellungsklage oder ihrer rechtskräftigen Abweisung des Schaden, §§ 249ff BGB, den der Bekl aus der Vollziehung der AnO entstanden ist, auch durch eine Sicherheitsleistung, § 641d Rn 2. Die Möglichkeit, gemäß § 1615b BGB gegen den wirklichen Erzeuger vorgehen zu können, mindert den Schaden nicht; das Kind kann aber Rückabtretung dieses Anspruchs verlangen und dann gegen den Erzeuger gemäß § 1615a BGB vorgehen, Büdenbender S 134.

641h *Inhalt der Urteilsformel.* Weist das Gericht eine Klage auf Feststellung des Nichtbestehens der Vaterschaft ab, weil es den Kläger oder den Beklagten als Vater festgestellt hat, so spricht es dies in der Urteilsformel aus.

Vorbem. Geänd mWv 1. 7. 98 durch Art 6 Z 43 KindRG, vgl Einf § 606 Rn 11.

1   **1) Erläuterung. Mit der negativen Feststellungsklage bezweckt der Kläger,** daß er aus der Reihe der möglichen Väter ausscheidet, er also nicht mehr als Vater in Anspruch genommen werden kann, da das Urteil für und gegen alle wirkt, § 640h. Würde Klageabweisung erfolgen, weil er als Vater festgestellt wurde, so wäre ein Urteilsausspruch: „Die Klage wird abgewiesen" wenig deutlich. Der Zusatz „Der Kläger ist der Vater" hilft dem ab, was wegen der Rechtskraftwirkung für und gegen alle, die sonst nur aus den Gründen abgelesen werden könnte, BGH **7**, 183, wünschenswert ist, BGH IPrax **87**, 249. Bei Unklärbarkeit bestehen schwerwiegende Zweifel iSv § 1600d II 2 BGB, BGH NJW **73**, 1924 u 2249; dann ist festzustellen, daß der Kläger nicht als Vater angesehen werden kann, Nürnb FamRZ **72**, 219, ebenso Gerhardt Festschr Bosch S 291ff, abw (Entscheidung immer nur auf Feststellung oder Verneinung der Vaterschaft) Roth-Stielow Rn 328, Gaul Festschr Bosch S 247ff. Einer Feststellung nach § 641h bedarf es nicht, wenn eine Klage auf Anfechtung der Vaterschaftsanerkennung abgewiesen wird, Hamm FamRZ **94**, 649.

641i *Restitutionsklage.* I Die Restitutionsklage gegen ein rechtskräftiges Urteil, in dem über die Vaterschaft entschieden ist, findet außer in den Fällen des § 580 statt, wenn die Partei ein neues Gutachten über die Vaterschaft vorlegt, das allein oder in Verbindung mit den in dem früheren Verfahren erhobenen Beweisen eine andere Entscheidung herbeigeführt haben würde.

II Die Klage kann auch von der Partei erhoben werden, die in dem früheren Verfahren obgesiegt hat.

Abschnitt 5. Verfahren in Kindschaftssachen **§ 641i**

III ¹ Für die Klage ist das Gericht ausschließlich zuständig, das im ersten Rechtszug erkannt hat; ist das angefochtene Urteil von dem Berufungs- oder Revisionsgericht erlassen, so ist das Berufungsgericht zuständig. ² Wird die Klage mit einer Nichtigkeitsklage oder mit einer Restitutionsklage nach § 580 verbunden, so bewendet es bei § 584.

IV § 586 ist nicht anzuwenden.

Schrifttum: *Braun* FamRZ **89**, 1129; *Niklas* JR **88**, 441; *Göppinger/Wax* Rdz 3281; *Gaul* Festschrift Bosch (1976) S 241 ff.

1) **Allgemeines.** Das Ziel des Vaterschaftsprozesses ist, den wirklichen Vater zu ermitteln. Die weitere **1** Entwicklung der Wissenschaft auf diesem Gebiet soll genutzt werden können, um gegebenenfalls zu einem richtigeren Ergebnis als zZt des Urteils zu kommen. Deshalb erweitert § 641i die Wiederaufnahmegründe. Er ermöglicht es nicht, von der Einhaltung der Anfechtungsfrist des § 1600 h I BGB abzusehen, BGH **81**, 357.

Die Vorschrift enthält den allgemeinen Rechtsgedanken, daß es im Hinblick auf das Ziel des Vaterschaftsprozesses auf das richtige Ergebnis des Verf ankommt. Deshalb können ähnlich wie im Eheprozeß, Üb § 606 Rn 5 ff, Rechtsmittel gegen Vaterschaftsurteile ohne formelle Beschwer eingelegt werden, KG DAVorm **85**, 412, str, StJSchl 6, aM Mü RR **87**, 259 mwN, ZöPh 12, offen gelassen BGH NJW **94**, 2698 mwN (Anm Hohloch **LM** § 519 Nr 122).

§ 641i ist nicht verfassungswidrig, BGH NJW **03**, 3708.

2) **Besonderer Restitutionsgrund.** Er ist gegen ein rechtskräftiges Urteil, in dem iSv § 641 über die **2** Vaterschaft entschieden ist, gegeben, auch gegen ein prozeßordnungswidrig ergangenes Anerkenntnisurteil, BGH NJW **94**, 2697 (dazu Frank ZZP **108**, 377, Anm Hohloch **LM** § 519 Nr 122). Die Vorschrift greift also ein, wenn über die Abstammung eines nichtehelich geborenen Kindes entschieden, BGH NJW **75**, 1463, dh die Vaterschaft festgestellt oder die Feststellungsklage abgewiesen worden ist, BGH NJW **03**, 3708, oder wenn über die Wirksamkeit eines Vaterschaftsanerkenntnisses entschieden worden ist, Braun FamRZ **89**, 1132, oder wenn die Ehelichkeit eines Kindes erfolgreich angefochten worden ist, Hamm RR **86**, 1452 (Anm Johannsen **LM** Nr 1), dazu BGH NJW **94**, 2698 mwN. Die Voraussetzung liegt nicht vor, wenn die Anfechtung erfolglos geblieben ist, BGH NJW **75**, 1465, Ffm RR **89**, 393 (m red Anm FamRZ **89**, 79), aM Köln FamRZ **02**, 673 u **81**, 195 mwN, StJSchl 1, RoSGo § 169 III 8, Niklas JR **88**, 443, Braun FamRZ **89**, 1132 u NJW **75**, 2196, Gaul S 268 ff, offen gelassen BGH RR **89**, 1028, oder wenn Abstammungsklage erhoben wird, nachdem die Unterhaltsklage nach altem Recht abgewiesen ist, BGH FamRZ **74**, 87, oder wenn die Abstammung bloß Vorfrage war, ZöPh 2, aM Braun FamRZ **89**, 1133 für die gleichzeitige Klage gegen ein Unterhaltsurteil. Darauf, ob das Urteil vor dem 1. 7. 70 rechtskräftig geworden ist, kommt es nicht an, Celle FamRZ **74**, 381.

Zusätzlich zu den Wiederaufnahmegründen des § 580 ist der besondere Restitutionsgrund gegeben, **3** jene reichen nicht aus. Aber er ist kein Wiederaufnahmegrund, daß seit Rechtskraft des Urteils neue Erkenntnisse und Methoden gewonnen sind; es genügt auch nicht, daß die Partei mit der Klage die Einholung eines neuen Gutachtens beantragt, Hbg DAVorm **80**, 486: Das neue Gutachten muß jedenfalls bis zum Schluß der mdl Verh in der Tatsacheninstanz vorliegen. Ist zur Erstattung des Gutachtens die Untersuchung einer anderen Person erforderlich, besteht, wenn sich diese der Untersuchung nicht freiwillig unterzieht, wenig Aussicht, da die Mitwirkungspflicht, § 372 a, nur im gerichtlichen Verfahren nach Anordnung des Gerichts besteht, Hausmann FamRZ **77**, 307 mwN, Stgt FamRZ **82**, 193 u StAZ **76**, 168, aM Odersky II 4, dagegen zutreffend Roth-Stielow Rn 137, 138.

Das neue Gutachten, dh ein solches, das dem Gericht im Vorprozeß nicht vorgelegen hat, kann bis zum **4** Schluß der mdl Verh in der Tatsacheninstanz vorgelegt werden und dadurch die bis dahin unzulässige Klage zulässig machen, BGH NJW **82**, 2128. Es braucht kein Blutgruppen- oder erbbiologisches Gutachten zu sein, BGH RR **89**, 258 (dazu Braun FamRZ **89**, 1135), NJW **84**, 2631. Das Gutachten muß sich aber konkret auf den im Vorprozeß zur Entscheidung gestellten Sachverhalt beziehen, dh auf die Frage, von wem das Kind abstammt (nicht notwendig darauf, ob gerade der Beklagte als Vater ausscheidet), BGH RR **89**, 1029 u 258, NJW **82**, 2128, FamRZ **80**, 880, zustm Braun FamRZ **89**, 1136. Es genügt für die Wiederaufnahme, wenn es im Vorprozeß allein oder mit den früheren Beweisergebnissen zusammen möglicherweise **eine andere Entscheidung herbeigeführt haben würde**, BGH RR **89**, 258, NJW **82**, 2125 u 2128 mwN; dazu ist ausreichend, daß das neue Gutachten das frühere Beweisergebnis grundlegend erschüttert, Hamm DAVorm **81**, 472, zB ein früheres Gutachten agrd schon damals bekannter wissenschaftlicher Erkenntnisse als fehlerhaft darstellt, BGH FamRZ **84**, 682, NJW **93**, 1929, oder sonst ergibt, daß seinerzeit nicht ohne (weitere) Beweiserhebung hätte entschieden werden dürfen, BGH NJW **93**, 1929 mwN (darauf, ob das Gericht des Vorprozesses dies hätte erkennen müssen, kommt es nicht an). Ein Privatgutachten kann genügen, StJSchl 2, Gaul S 263, aM Hamm DAVorm **81**, 472. Darauf, ob im Vorprozeß ein Gutachten eingeholt worden ist, kommt es nicht an, BGH NJW **94**, 2698 mwN, ebensowenig darauf, ob das neue Gutachten auf neue Befunde gestützt oder anhand der Akten erstattet worden ist, BGH RR **89**, 259, wie es auch gleichgültig ist, ob das Gutachten auf Erkenntnissen, die damals noch nicht vorlagen, oder auf neuen Methoden beruht, BGH **61**, 186, Hamm FamRZ **80**, 392. Unerheblich ist auch, ob das im Vorprozeß nicht verwertete Gutachten vor oder nach diesem Abschluß erstattet wurde, Johannsen **LM** Nr 1; lag es zur Zeit des Vorprozesses vor, muß die Partei nach dem insoweit anwendbaren § 582 (der i ü unanwendbar ist, BGH RR **89**, 259) schuldlos außerstande gewesen sein, sich schon dort auf das Gutachten zu berufen, BGH NJW **93**, 1929, RR **89**, 1029 mwN. Dagegen muß das Gutachten Mindestanforderungen genügen, ua anerkannten Grundsätzen der Wissenschaft entsprechen, Gaul S 257 (vgl Leitlinien bei der Erstattung von Abstammungsgutachten, FamRZ **03**, 81); ein abstraktes Gutachten darüber, daß eine im Vorprozeß verwendete, aber nicht für tauglich gehaltene Methode inzwischen anerkannt sei, reicht nicht aus, zweifelnd Gaul S 260.

Das Vorliegen eines neuen Gutachtens in dem hier dargelegten Sinn ist **Voraussetzung für die Zulässigkeit** der Klage, die in jeder Instanz vAw zu prüfen ist, BGH RR **89**, 1029 mwN; es genügt nicht, eine

§§ 641i, 641k, Grundz § 642, § 642

Beweisaufnahme anzustreben, die das Gutachten erst beschafft, BGH NJW **94**, 589, Celle RR **00**, 1100 mwN. Die Mitwirkung des Kindes und der Kindesmutter an der Erstellung des Gutachtens kann nicht nach §§ 485 ff erzwungen werden, Zweibr RR **05**, 307 mwN, Köln FamRZ **95**, 369, Celle aaO.

5   3) **Klageberechtigte, II.** Dies sind derjenige, dessen Vaterschaft festgestellt wurde, ferner das Kind, auch wenn es obgesiegt hat. Es hat Anspruch darauf, daß der richtige Vater festgestellt wird; der bisher Festgestellte wird aber wegen § 1600 a BGB so lange als sein Vater angesehen, bis das Urteil, in dem die Feststellung erfolgte, beseitigt ist. Die Erben des als Vater festgestellten Mannes sind nicht klageberechtigt, Celle RR **00**, 1100, Stgt FamRZ **82**, 193.

6   4) **Verfahrensrechtliches, III, IV.** Zuständig ist das Gericht des 1. Rechtszuges, III 1 (ist der Mann verstorben, so gilt das gleiche (aM im Hinblick auf § 1600 e II BGB KG RR **98**, 1229 mwN, ua ThP 7, ZöPh 13, Hamm RR **86**, 1452: das dann zuständige FamGer); ist das angefochtene Urteil vom Berufungs- oder Revisionsgericht erlassen, so ist das Berufungsgericht zuständig, III 1, Celle RR **00**, 1100 (aM KG aaO). Ist aber die Klage gemäß § 641 i mit einer Nichtigkeitsklage oder einer Restitutionsklage gemäß § 580 verbunden, so entscheidet über die Zuständigkeit § 584, III 2; gegebenenfalls kann dann also auch das Revisionsgericht zuständig sein. Verfahrensmäßig gilt iü nichts Besonderes.

7   Eine **Frist**, innerhalb derer die in § 641 i geregelte besondere Restitutionsklage erhoben werden muß, besteht nicht, weil § 586 nicht anzuwenden ist, **IV**; dies gilt nicht für Nichtigkeitsklagen, § 579, BGH NJW **94**, 589 (offen, ob IV auf andere Restitutionsklagen, § 580, entspr anzuwenden ist, dafür MüKoBr 19, dagegen BGH FamRZ **82**, 690, Düss FamRZ **02**, 1268 mwN).

Zum **selbständigen Beweisverfahren**, §§ 485 ff, iRv § 641 i vgl Celle RR **00**, 1100, Köln FamRZ **95**, 369.

641k (weggefallen)

Abschnitt 6. Verfahren über den Unterhalt

Grundzüge

1   1) **Allgemeines.** Der 6. Abschnitt (§§ 642–660) hat seine ab 1. 7. 98 geltende Fassung durch das KindUG v 6. 4. 98, BGBl 666, erhalten, vgl Einf § 606 Rn 12 (dort auch das Übergangsrecht und das Schrifttum). Einige „Nachbesserungen", van Els Rechtspfleger **02**, 247, brachte das G v 13. 12. 01, BGBl 3572 (Übergangsrecht: § 27 EGZPO). Der Abschnitt enthält besondere Vorschriften für Verfahren über den durch Verwandtschaft bzw Ehe begründeten (gesetzlichen) Unterhalt, die FamS sind, § 621 I Z 4 u 5, s dort Rn 13 u 16.

2   2) **Gliederung.** Der 1. Titel bringt in den §§ 642–644 besondere Vorschriften für das Verfahren über den Unterhalt, die sonstigen Bestimmungen der ZPO vorgehen. Der 2. Titel, §§ 645–660, regelt das Vereinfachte Verfahren über den Unterhalt Minderjähriger abschließend.

3   3) **Reformziele.** Ebenso wie das KindRG, Einf § 606 Rn 11, beseitigt das KindUG die Unterschiede zwischen ehelichen und nichtehelichen Kindern im materiellen Recht und im Verfahrensrecht. Das Gesetz vereinfacht außerdem das Unterhaltsverfahren insbesondere durch die Dynamisierung von Unterhaltstiteln, die Neuregelung der Anerkennung kindbezogener Leistungen und die Schaffung einer klaren Auskunftsregelung sowie durch eine Umgestaltung des Vereinfachten Verfahrens, §§ 645–660.

Titel 1. Allgemeine Vorschriften

Übersicht

Schrifttum (Auswahl): *Luthin*, Handbuch des Unterhaltsrechts, 10. Aufl 2004; *Göppinger/Wax*, Unterhaltsrecht, 8. Aufl 2003; *Heiß/Born*, Unterhaltsrecht, 2004; *Rahm/Künkel*, IV Rn 670 ff; *Stollenwerk*, Praxishandbuch Unterhaltsrecht, 1998; *Wendl/Staudigl*, Das Unterhaltsrecht in der familienrichterlichen Praxis, 6. Aufl 2004; *Weber* NJW **98**, 1999; *Blaese* MDR **98**, 1002; *Schumacher/Grün* FamRZ **98**, 795; *Knittel* DAVorm **98**, 190; *Gerhardt* FuR **98**, 145. **Rspr.-Üb:** *Büttner/Niepmann* NJW **00**, 2557.

1) **Allgemeines.** Alle gesetzlichen Unterhaltsansprüche sind als FamS durch Klage oder im vereinfVerf vor dem FamGer geltend zu machen, § 621 I Z 4 u 5. Der Rechtszug im Klageverfahren führt zum OLG und nach Maßgabe des § 621 d zum BGH, § 133 GVG.

Das Klageverfahren regelt sich nach den Vorschriften der ZPO, § 621 a Rn 2. Sondervorschriften enthalten: § 621 c (Zustellung des Urteils), § 621 d (Beschränkung der Revision), § 642 (Zuständigkeit), § 643 (Auskünfte) und § 644 (einstwAnO).

2) **Entstehungsgeschichte.** Vgl Grdz Rn 1 u 3.

642 *Zuständigkeit.* [I 1] Für Verfahren, die die gesetzliche Unterhaltspflicht eines Elternteils oder beider Elternteile gegenüber einem minderjährigen Kind betreffen, ist das Gericht ausschließlich zuständig, bei dem das Kind oder der Elternteil, der es gesetzlich vertritt, seinen allgemeinen Gerichtsstand hat. [2] Dies gilt nicht, wenn das Kind oder ein Elternteil seinen allgemeinen Gerichtsstand im Ausland hat.

[II 1] § 621 Abs. 2, 3 ist anzuwenden. [2] Für das vereinfachte Verfahren über den Unterhalt (§§ 645 bis 660) gilt dies nur im Falle einer Überleitung in das streitige Verfahren.

Abschnitt 6. Titel 1. Allgemeine Vorschriften §§ 642, 643

III Die Klage eines Elternteils gegen den anderen Elternteil wegen eines Anspruchs, der die durch Ehe begründete gesetzliche Unterhaltspflicht betrifft, oder wegen eines Anspruchs nach § 1615 l des Bürgerlichen Gesetzbuchs kann auch bei dem Gericht erhoben werden, bei dem ein Verfahren über den Unterhalt des Kindes im ersten Rechtszug anhängig ist.

1) Anwendungsbereich. Die Vorschrift regelt in I u II die örtliche Zuständigkeit des FamGer für Verfahren, die die gesetzliche Unterhaltspflicht eines Elternteiles oder beider Elternteile gegenüber einem minderjährigen Kind betreffen, § 621 I Z 4, und bringt in III eine Wahlzuständigkeit für Klagen eines Elternteiles gegen den anderen Elternteil wegen eines Anspruchs, der die durch Ehe begründete gesetzliche Unterhaltspflicht betrifft, § 621 I Z 5, oder wegen eines Anspruchs nach § 1615l BGB, § 621 I Z 11. Minderjährige Kinder iSv I sind nicht die ihnen gleichgestellten Kinder, § 1603 II 2 BGB, Stgt FamRZ **02**, 1044, Naumb FamRZ **99**, 380, Dresden FamRZ **99**, 449 (zustm van Els FamRZ **99**, 1212), Hamm FamRZ **99**, 1022, Büttner NJW **99**, 2325 mwN, aM Bäumel FamRefK 5. Für alle übrigen Unterhaltsstreitigkeiten, namentlich für Klagen älterer Kinder gegen ihre Eltern, gelten die allgemeinen Zuständigkeitsvorschriften, § 621 II iVm §§ 12 ff, Köln FamRZ **05**, 58 u RR **04**, 869 (für entspr Anwendung von III bei gleichzeitiger Geltendmachung von Unterhaltsansprüchen minderjähriger und privilegierter volljähriger Kinder Hamm FamRZ **03**, 1126 u Stgt FamRZ **03**, 1044). Im Fall einer Vollstreckungsgegenklage, § 767, hat die ausschließliche Zuständigkeit des Gerichts des Vorprozesses, § 802, Vorrang, BGH NJW **02**, 444 mwN.

2) Örtliche Zuständigkeit für Verfahren nach § 621 I Z 4

A. Regel, I 1. Ausschließlich örtlich zuständig ist das Gericht, bei dem das Kind oder der Elternteil, der es gesetzlich vertritt, seinen allgemeinen Gerichtsstand hat (wobei es auf die Zuständigkeit des FamGer ankommt, vgl § 23 c GVG); die Vertretungsbefugnis des Elternteiles nach § 1629 II 2 BGB genügt (BT-Drs 13/7338 S 34). Dieser Gerichtsstand besteht sowohl für alle Klageverfahren (§§ 253, 233, 654, 656, 767), Naumb FamRZ **00**, 1166, als auch für das vereinfVerf (§§ 645 ff, 655). Wo das Kind bzw der sorgeberechtigte Elternteil seinen allgemeinen Gerichtsstand hat, ergibt sich aus den §§ 12–16 u 23 s dortige Erl; ein vorübergehender (Auslands-)Aufenthalt bleibt außer Betracht, BT-Drs 13/9596 S 49. Bestehen mehrere Wohnsitze, hat der klagende Teil die Wahl zwischen den danach zuständigen Gerichten, Weber NJW **98**, 1999. Die Entscheidung, in welchem der beiden Gerichtsstände das Verfahren eingeleitet werden soll, trifft der sorgeberechtigte Elternteil; hat kein Elternteil, sondern ein Pfleger das Sorgerecht, § 1630 BGB, so muß im allgemeinen Gerichtsstand des Kindes geklagt werden. Zur Bestimmung des zuständigen Gerichts nach § 36 I Z 3 s BayObLG FamRZ **01**, 295.

Die Zuständigkeit nach I 1 ist (vorbehaltlich der Ausnahmen in I 2 und II 1 iVm § 621 II u III) ausschließlich, begründet aber nicht zugleich die internationale Zuständigkeit, vgl § 621 Rn 33. Eine abweichende Vereinbarung ist unwirksam, § 40.

B. Ausnahme, I 2. Die örtliche Zuständigkeit bestimmt sich nicht nach I 1, wenn das Kind oder der Elternteil seinen **allgemeinen Gerichtsstand im Ausland** hat. In diesem Fall gelten für die Zuständigkeit vielmehr die Regeln der §§ 12 ff, also in erster Linie die einschlägigen internationalen Verträge, dh das GVÜ, Schlußanhang V C, das LugÜbk, Schlußanh V D, sowie etwaige bilaterale Anerkennungs- u Vollstreckungsverträge, Schlußanh V B. Greifen solche vorrangigen Übereinkommen nicht ein, ist das Verfahren im Gerichtsstand des oder der Beklagten anhängig zu machen.

3) Örtliche Zuständigkeit in Verfahren nach § 621 I Z 5 u 11, III. Diese Klagen, § 621 Rn 16 u 28, sind bei dem nach §§ 12 ff zuständigen Gericht zu erheben. Ist jedoch ein Verfahren über den Unterhalt des Kindes anhängig, so kann die Klage auch bei dem Gericht jenes Verfahrens erhoben werden, solange es im ersten Rechtszug anhängig ist, Knittel FF **98**, 41; die Anhängigkeit eines vereinfVerf, § 645, genügt, Weber NJW **98**, 2000. Die Entscheidung, ob dieser temporäre Gerichtsstand gewählt werden soll, liegt bei der klagenden Partei. Soweit es sich um einen Streit über die durch die Ehe begründete Unterhaltspflicht handelt, schließt die Anhängigkeit der EheS die Wahl aus, II, unten Rn 4.

4) Zuständigkeit des Gerichts der EheS, II. Ist nach I oder III ein Gerichtsstand im Inland begründet und ist oder wird eine **EheS anhängig**, so ist § 621 II u III anzuwenden, **II 1**. Das bedeutet, daß das Gericht der Ehesache auch für Unterhaltssachen nach § 621 I Z 4 u 5 zuständig ist bzw wird, im Fall der Unterhaltssache eines Kindes also nur dann, wenn es sich um ein eheliches Kind handelt, § 621 II Z 4, vgl § 621 Rn 31. Damit soll die Entscheidung bei dem Gericht konzentriert werden, das mit dem Gesamtkomplex der Ehe befaßt ist und darüber ggf im Verbundverfahren, § 623, entscheiden kann.

Diese Erwägung gilt nicht für das vereinfVerf; §§ 645–660, so daß die Zuständigkeit des Gerichts der EheS nur im Fall der Überleitung in das streitige Verfahren, § 651, eingreift, **II 2**. In diesem Fall ist also auch hier § 621 II u III anwendbar.

5) Zuständigkeitskonzentration im vereinfVerf, § 660. Hat eine Landesregierung von der Ermächtigung des § 660 I Gebrauch gemacht, so ist das in der VO bestimmte Gericht zuständig. Alle Erklärungen im vereinfVerf kann das Kind aber mit gleicher Wirkung bei dem nach § 642 zuständigen Gericht abgeben, § 660 II.

643 *Auskunftsrecht des Gerichts.* I Das Gericht kann den Parteien in Unterhaltsstreitigkeiten des § 621 Abs. 1 Nr. 4, 5 und 11 aufgeben, unter Vorlage entsprechender Belege Auskunft zu erteilen über ihre Einkünfte und, soweit es für die Bemessung des Unterhalts von Bedeutung ist, über ihr Vermögen und ihre persönlichen und wirtschaftlichen Verhältnisse.

II 1 Kommt eine Partei der Aufforderung des Gerichts nach Absatz 1 nicht oder nicht vollständig nach, so kann das Gericht, soweit es zur Aufklärung erforderlich ist, Auskunft einholen
1. über die Höhe der Einkünfte bei
   a) Arbeitgebern,

§ 643

b) **Sozialleistungsträgern** sowie der Künstlersozialkasse,
c) **sonstigen Personen oder Stellen**, die Leistungen zur Versorgung im Alter und bei verminderter Erwerbsfähigkeit sowie Leistungen zur Entschädigung oder zum Nachteilsausgleich zahlen, und
d) **Versicherungsunternehmen**,
2. über den zuständigen **Rentenversicherungsträger** und die Versicherungsnummer bei der **Datenstelle der Rentenversicherungsträger**,
3. in **Rechtsstreitigkeiten**, die den Unterhaltsanspruch eines minderjährigen Kindes betreffen, über die Höhe der Einkünfte und das Vermögen bei **Finanzämtern**.

² Das Gericht hat die Partei hierauf spätestens bei der Aufforderung hinzuweisen.

III ¹ Die in Absatz 2 bezeichneten Personen und Stellen sind verpflichtet, den gerichtlichen Ersuchen Folge zu leisten. ² § 390 gilt in den Fällen des § 643 Abs. 2 Nr. 1 und 2 entsprechend.

IV Die allgemeinen Vorschriften des Ersten und Zweiten Buches bleiben unberührt.

Vorbem. In Kraft seit 1. 7. 98, Grdz § 642 Rn 1.

Schrifttum: *Kleffmann* FuR **99**, 403; *Miesen* FamRZ **99**, 1398.

1   **1) Regelungszweck.** Um die für die Bemessung des Unterhalts maßgebenden Umstände schnell und unkompliziert aufzuklären, begründet § 643 eine Auskunftspflicht sowohl der Parteien, I, als auch Dritter, II; danach besteht in bestimmten UnterhaltsS, unten Rn 2, eine klare prozessuale Grundlage, so daß es auf das materielle Recht insoweit nicht ankommt. Unberührt bleiben die allgemeinen Vorschriften des 1. u 2. Buches, IV: die Aufklärungsmaßnahmen nach § 643 treten neben die allgemein bestehenden Möglichkeiten, zB nach den §§ 139, 142, 143 u 273 sowie nach den Bestimmungen über die Beweisaufnahme, zB den §§ 377 u 358 a; soweit das Gericht keine Auskünfte verlangt, kann (und muß) die Partei ihren Anspruch nach allgemeinen Vorschriften, § 1605 BGB, verfolgen, Blaese MDR **98**, 1004, Miesen FamRZ **99**, 1399.

2   **2) Geltungsbereich.** Die Vorschrift gilt für Unterhaltsstreitigkeiten nach § 621 I Z 4, 5 u 11, s § 621 Rn 13–18 u 28, jedoch nicht für das vereinfVerf, §§ 645–660. Für andere Streitigkeiten bleibt es bei den allgemeinen Vorschriften, Rn 1 aE.

3   **3) Auskunftspflicht der Parteien, I**
A. Auskunftsverlangen. Das Gericht kann in den genannten UnterhaltsS, Rn 2, vAw den Parteien (über § 1605 BGB hinaus auch dem Unterhaltsgläubiger) aufgeben, unter Vorlage entspr Belege Auskunft zu erteilen über ihre Einkünfte und, soweit es für die Bemessung des Unterhalts von Bedeutung ist, auch über ihr Vermögen und ihre persönlichen und wirtschaftlichen Verhältnisse, **I**. Das Auskunftsverlangen kann entspr § 273 II der Vorsitzende, der Einzelrichter oder der Berichterstatter stellen; ob dieser Weg eingeschlagen wird, ist nach Ermessen zu entscheiden, wobei es darauf ankommt, welche konkreten Maßnahmen zur Förderung des Verfahrens unter Abwägung aller Umstände (auch des Verhaltens der Parteien) geboten sind. In der Verfügung ist darauf hinzuweisen, daß die Nichtbefolgung zur Einholung von Auskünften nach II führen kann, **II 2**. Sie bedarf der Schriftform und ist den Parteien entspr § 273 IV 1 bekanntzugeben, s § 273 Rn 29. Gegen die Anordnung gibt es kein Rechtsmittel, § 273 Rn 16, Celle NJW-FER **00**, 218.

4   **B. Ungehorsam der Partei, II.** Kommt eine Partei dem Auskunftsverlangen ganz oder teilweise nicht nach, so kann das Gericht, soweit es zur Aufklärung erforderlich ist, eine Auskunft nach II einholen (worauf die Partei hinzuweisen ist) oder anderweit Beweis erheben, Rn 1. Die Entscheidung steht im pflichtgemäßen Ermessen des Gerichts. Es kann den Ungehorsam der Partei i ü **frei würdigen**, also zB von der Richtigkeit des Vorbringens der anderen Partei ausgehen; vgl § 446 Rn 5. Zwangsmittel stehen dem Gericht dagegen nicht zur Verfügung.

5   Wegen der **Kostenfolge** einer Verletzung der materiellen Auskunftspflicht s § 93 d, dazu Weber NJW **98**, 2003.

6   **4) Auskunftspflicht Dritter, II u III**
A. Allgemeines. Kommt eine Partei dem Auskunftsverlangen nach I nicht oder nicht vollständig nach, so kann das Gericht bestimmte Auskünfte von Dritten einholen, II, die verpflichtet sind, dem gerichtlichen Ersuchen Folge zu leisten, III 1. Unberührt bleibt die Befugnis des Gerichts, von anderen Stellen nach § 358 a S 2 Z 2 amtliche Auskünfte einzuholen, IV, vgl Üb § 373 Rn 32. Die Vorlage von Belegen kann das Gericht nicht erzwingen.

7   **B. Auskunftspflichtige, II.** Auskunftspflichtig sind, II 1:
(1) Über die Höhe der Einkünfte:
a) **Arbeitgeber**, II 1 Z 1 a, iSv § 2 ArbGG, Anh § 14 GVG, zu denen auch ein **öff-rechtl Dienstherr** gehört, BT-Drs 13/7338 S 35;
b) **Sozialleistungsträger**, II 1 Z 1 b, iSv § 12 SGB I einschließlich der Künstlersozialkasse, §§ 37 ff KSVG, jedoch nicht der Postrentendienst der Bundespost, BT-Drs 13/7338 S 35; für die Übermittlung der Sozialdaten gilt § 74 Z 1 a SGB X;
c) **sonstige Personen oder Stellen**, die Leistungen zur Versorgung im Alter und bei verminderter Erwerbsfähigkeit sowie Leistungen zur Entschädigung oder zum Nachteilsausgleich zahlen, **II 1 Z 1 c**, iSv § 69 II Z 1 u 2 SGB X, aber auch entspr Stellen privater, betrieblicher oder berufsständischer Versorgungsträger, BT-Drs 13/7338 S 35;
d) **Versicherungsunternehmen** II 1 Z 1 d, die unterhaltsrechtlich bedeutsame Leistungen erbringen.

8   **(2) Auskunftspflichtig** über den zuständigen **Rentenversicherungsträger** und die Versicherungsnummer ist die **Datenstelle** der Rentenversicherungsträger, **II 2**;

9   **(3)** Schließlich sind in Rechtsstreitigkeiten, die den Unterhaltsanspruch eines minderjährigen **Kindes** betreffen, über die Höhe der Einkünfte und das Vermögen der Parteien die **Finanzämter** auskunfts-

pflichtig, **II 1 Z 3**, wie sie dies in Verf nach § 116 BSHG u § 6 UVG iVm § 21 IV SGB X gegenüber Verwaltungsbehörden sind, vgl BT-Drs 13/7338 S 36; das Steuergeheimnis, § 30 AO, wird insoweit eingeschränkt, Celle NJW-FER **00**, 218. Ein Verfahren „betrifft" den Unterhaltsanspruch des minderjährigen Kindes schon dann, wenn es außerdem auch um Ansprüche des Ehegatten geht, Strauß FamRZ **98**, 1002. Die Auskunftspflicht bezieht sich nicht nur auf die Steuererklärungen und -bescheide. Bei Klagenverbindung werden die Auskünfte auch für die Klage eines Elternteiles verwertet werden dürfen, Blaese MDR **98**, 1004.

C. Verletzung der Auskunftspflicht, III. Die in II genannten Stellen und Personen sind verpflichtet, **10** dem gerichtlichen Ersuchen Folge zu leisten, **III 1**. Eine Berufung auf gegenteilige Vorschriften, zB auf eine Verschwiegenheitspflicht, den Datenschutz oder das Steuergeheimnis, ist ihnen verwehrt. Kommen die in II genannten Stellen und Personen dem Ersuchen nicht nach, so gilt folgendes: In den Fällen des **II 1 Z 3**, oben Rn 9, hat das Gericht keine Zwangsmittel; es kann sich lediglich mit einer Dienstaufsichtsbeschwerde an die übergeordnete Stelle wenden. Dagegen gilt in den Fällen des **II 1 Z 1 u 2**, oben Rn 7 u 8, **§ 390 entsprechend, III 2**. Die dort genannten Zwangsmittel für Zeugen sind danach nicht nur gegenüber Einzelpersonen anzuwenden, sondern auch gegenüber Behörden und Körperschaften; sie sollten aber nur dann verhängt werden, wenn andere Schritte, zB die Einschaltung der vorgesetzten Behörde, nicht zum Ziel führen, Weber NJW **98**, 2000. Ordnungshaft ist ggf gegen den gesetzlichen Vertreter zu vollstrecken, § 888 Rn 18 aE. Vgl iü die Erl zu § 390.

D. Verfahren. Das oben in Rn 3 Gesagte gilt entsprechend für das Ersuchen nach II. Weder die Parteien **11** noch die Dritten haben gegen das Ersuchen ein Rechtsmittel, Celle NJW-FER **00**, 218.

644 *Einstweilige Anordnung.* ¹Ist eine Klage nach § 621 Abs. 1 Nr. 4, 5 oder 11 anhängig oder ist ein Antrag auf Bewilligung von Prozesskostenhilfe für eine solche Klage eingereicht, kann das Gericht den Unterhalt auf Antrag durch einstweilige Anordnung regeln. ²Die §§ 620 a bis 620 g gelten entsprechend.

Schrifttum: *Gießler* 547 ff; *Göppinger/Wax (van Els)* 2279 ff; *Büttner* NJW **99**, 2326; *Krause* FamRZ **01**, 464; *Bernreuther* FamRZ **99**, 73; *Büttner* FamRZ **98**, 593; *Hampel* FPR **98**, 116; *Miesen* FamRZ **99**, 1399; *Reischauer-Kirchner* ZRP **98**, 355.

1) Regelungszweck. Neben den §§ 1615 o BGB u 641 d (Büdenbender ZZP **110**, 33) schafft § 644 für **1** Klageverfahren in isolierten FamS nach § 621 I Z 4, 5 u 11, Grdz § 642 Rn 1, die Möglichkeit, den Unterhalt auf Antrag durch einstwAnO zu regeln, **S 1** (während der Anhängigkeit einer EheS ist nur eine einstw AnO nach den §§ 620 ff statthaft, Gießler iVm § 620 a Rn 5, str); in einem isolierten Auskunftsprozeß gilt § 644 nicht, Hamm RR **00**, 139. Da damit ein einfacherer und billigerer Weg offen steht, Strauß FamRZ **98**, 1002, STr 1, ist eine einstwVfg, § 940, in diesem Umfang ausgeschlossen, BT-Drs 13/7338 S 36, Göppinger/Wax (van Els) 2280 mwN, Blaese MDR **98**, 1005, Naumb FamRZ **04**, 478 mwN. Sie ist demgemäß nur ausnahmsweise zulässig, nämlich dann, wenn ein gleichzeitiges Anhängigmachen der Hauptsache (bzw eines entspr PKH-Verfahrens) unmöglich oder unzumutbar ist, Hamm FamRZ **01**, 358, Mü MDR **00**, 1324 u LS FamRZ **00**, 965, Düss FamRZ **99**, 1215, Köln NJW-FER **99**, 304, Kblz FamRZ **00**, 363, Nürnb NJW **98**, 3787, Zweibr FamRZ **99**, 662, AG Holzminden FamRZ **99**, 1214, AG Bergisch-Gladb FamRZ **00**, 659; dazu Gaul FamRZ **03**, 1152, Büttner NJW **99**, 2326, Schneider MDR **99**, 196 u Niepmann MDR **99**, 657.

2) Verfahren. Die einstwAnO bedarf eines Antrags, **S 1**. Sie darf nur erlassen werden, wenn die Unter- **2** haltsklage anhängig oder ein entspr PKH-Antrag eingereicht ist; dies stellt § 644 S 1 klar, obwohl es sich schon aus der Verweisung auf § 620 a ergibt (Ausnahmen s Rn 1 aE). Zum Regelungsbedürfnis s Einf § 620 Rn 8, Naumb FamRZ **04**, 478. Im EheS geltenden §§ 620 a bis 620 g gelten entsprechend, **S 2**; auf die dortigen Erl wird verwiesen. Die Entscheidung des FamGer ergeht durch Beschluß, gegen den es ggf nur den Antrag auf mündliche Verhandlung gibt, §§ 620 b u 620 e, Miesen FamFZ **99**, 1400, nicht aber ein Rechtsmittel, § 620 c (wegen der Ausnahmen s dort Rn 5 u Büttner/Niepmann NJW **00**, 2559, Stgt LS FamRZ **00**, 965 m red Anm). Die einstwAnO ist Vollstreckungstitel, § 794 a I Z 3 a. Wegen des Außerkraftretens s § 620 f (keine Anwendung der §§ 717 u 945, dort Rn 7).

3) Inhalt der einstwAnO. Sie regelt für die Dauer des Verfahrens in der Hauptsache den gesetzlichen **3** Unterhalt; wegen des Erlöschens s § 620 f (keine negative Feststellungsklage, Köln FamRZ **01**, 106). Grundsätzlich ist der volle Unterhalt zuzusprechen, van Els FamRZ **02**, 617 mwN (zu AG Tempelhof-Kreuzberg FamRZ **02**, 616) u Luthin FamRZ **01**, 357 mwN (zu Hamm FamRZ **00**, 964), Zweibr FamRZ **99**, 662, AG Bergisch-Gladbach FamRZ **99**, 659, Büttner NJW **99**, 2326 mwN, vgl § 620 Rn 12 ff u 15 ff sowie Einf § 620 Rn 8. Bei streitigem Sachverhalt ist ein Abschlag gerechtfertigt, AG Marburg u AG Groß-Gerau FamRZ **99**, 660 u 661, krit Niepmann MDR **00**, 618 mwN, Gießler 560.

4) Prozeßkostenvorschuß. Wegen der einstwAnO auf Leistung eines Prozeßkostenvorschusses s § 127 a **4** und die dortigen Erl.

Titel 2. Vereinfachte Verfahren über den Unterhalt Minderjähriger

Übersicht

Schrifttum: *Luthin,* Handbuch des Unterhaltsrechts, 9. Aufl 2002; *Göppinger/Wax (van Els)* Rn 2161 ff; *Oelkens,* Aktuelles Unterhaltsrecht, 2. Aufl, 1999; *Rahm/Künkel* IV Rn 792 ff; *van Els* Rpfleger **02**, 247; *Miesen* FamRZ **99**, 1398; *van Els* Rpfleger **99**, 297; *Groß* Rpfleger **99**, 303; *Rokitta-Liedmann* Rpfleger **99**, 306; *Strauß* FamRZ **98**, 1002; *Weber* NJW **98**, 2001; *Schumacher/Grün* FamRZ **98**, 789; *Klüsener* Rpfleger **98**, 227; *Knittel* DAVorm **98**, 183 u FF **98**, 38; *Gerhardt* FuR **98**, 145 (weitere Nachweise bei *van Els* FamRZ **99**, 1356).

Übers § 645, § 645

1 **1) Allgemeines.** Das vereinfVerf ist mWv 1. 7. 98 durch das KindUG neu gestaltet worden, Einf § 606 Rn 12, s Grdz § 642 Rn 1. Es gilt für die Festsetzung des Unterhalts aller minderjährigen Kinder, wenn das Kind mit dem in Anspruch genommenen Elternteil nicht in einem Haushalt lebt und die Forderung das Eineinhalbfache des Regelsatzes nach der Regelbetrag-VO nicht übersteigt, §§ 645–660. Die vereinfachte Änderung von Unterhaltstiteln ist in § 655 vorgesehen. Das Verfahren ist weitgehend formalisiert und unterliegt nicht dem Anwaltszwang, §§ 657 ff.

2 **2) Verfahren.** Das vereinfVerf ist FamS, § 621 I Z 4. Sachlich zuständig ist das FamGer, § 23 b GVG; Rechtsmittelgericht ist das OLG, § 119 GVG. Das erstinstanzliche Verfahren ist dem Rpfl übertragen, § 20 Z 10 a und b RPflG. In Streitwert und Kosten vgl Groß Rpfleger **99**, 303.

3 **3) Übergangsrecht.** Die §§ 645–658 gelten seit dem 1. 7. 98, die §§ 659 u 660 seit dem 15. 4. 98, Einf § 606 Rn 12. Wegen des Übergangsrechts wird auf Art 5 § 2 I Z 3 u II u § 3 KindUG (abgedruckt Einf § 606 Rn 12) verwiesen, vgl Göppinger/Wax (van Els) Rn 2228 ff, Rokitta-Liedmann Rpfleger **99**, 306, Schumacher/Grün FamRZ **98**, 796; Knittel FF **98**, 42, Köln NJW-FER **00**, 162, zuständig ist auch insoweit der Rpfl, § 20 Z 10 c RpflG.

645 *Statthaftigkeit des vereinfachten Verfahrens.* I Auf Antrag wird der Unterhalt eines minderjährigen Kindes, das mit dem in Anspruch genommenen Elternteil nicht in einem Haushalt lebt, im vereinfachten Verfahren festgesetzt, soweit der Unterhalt vor Anrechnung der nach §§ 1612 b, 1612 c des Bürgerlichen Gesetzbuchs zu berücksichtigenden Leistungen das Eineinhalbfache des Regelbetrages nach der Regelbetrag-Verordnung nicht übersteigt.

II Das vereinfachte Verfahren findet nicht statt, wenn zum Zeitpunkt der Zustellung des Antrags oder einer Mitteilung über seinen Inhalt an den Antragsgegner ein Gericht über den Unterhaltsanspruch des Kindes entschieden hat, ein gerichtliches Verfahren anhängig ist oder ein zur Zwangsvollstreckung geeigneter Schuldtitel errichtet worden ist.

Vorbem. II idF Art 30 Z 1 G v 13. 12. 01, BGBl 3574, in Kraft seit 1. 1. 02, Art 36 I G, ÜbergangsR § 27 EGZPO.

1 **1) Regelungszweck.** Der Gesetzgeber stellt für die erstmalige Festsetzung des gesetzlich geschuldeten Unterhaltes aller minderjährigen Kinder, § 621 I Z 4, ein **besonderes Verfahren** zur Verfügung, das eine schnelle und einfache Regelung ermöglicht. Ausgangspunkt für das vereinfVerf ist **§ 1612 a BGB**, der die Bedeutung des Regelsatzes nach der Regelbetrag-VO für die Geltendmachung des Unterhalts festlegt und die **Dynamisierung der Regelbeträge** ermöglicht **(Anhang)**, Rokitta-Liedmann Rpfleger **99**, 306; wegen der Dynamisierung von Alttiteln s Art 5 § 3 KindUG, abgedr Einf § 606 Rn 12 (für sie gilt die Beschränkung in I nicht, BVerfG NJW **01**, 2160, Düss FamRZ **00**, 1180, Köln FamRZ **00**, 1163). Zu den Vor- und Nachteilen des vereinfVerf vgl van Els Rpfleger **99**, 298, Strauß FamRZ **98**, 1002 f.

2 **2) Anwendungsbereich.** Das vereinfVerf für einen Anspruch iSv I steht dem Unterhaltsgläubiger wahlweise statt des Klageverfahrens offen; trotz Zulässigkeit des vereinf Verf kommt PKH für eine Unterhaltsklage in Betracht, Zweibr NJW-FER **00**, 95, Kblz NJW-FER **00**, 131, Naumb FamRZ **99**, 1670, Hamm FamRZ **99**, 21 s Rpfleger **99**, 298 mwN. Ein Mahnverfahren, § 688, scheidet in diesem Bereich aus, weil §§ 645 ff als Sonderregelung vorgehen; etwas anderes gilt für die einstwVfg, § 945, die zulässig ist, Gießler FamRZ **01**, 1269, enger Mü FamRZ **00**, 1580. Für die Darlegungs- und Beweislast im streitigen Unterhaltsverfahren ist I ohne Bedeutung, Mü FamRZ **99**, 884.

3 **3) Zulässigkeit**

A. Voraussetzungen des vereinfVerf, I. Der Unterhalt eines minderjährigen Kindes, das mit dem in Anspruch genommenen Elternteil nicht in einem Haushalt lebt, Celle FamRZ **03**, 1475, kann im vereinfVerf festgesetzt werden, soweit der Unterhalt vor Anrechnung der nach den §§ 1612 b u 1612 c BGB zu berücksichtigenden Leistungen das **Eineinhalbfache des Regelbetrages nach der Regelbetrag-VO**, § 1612 a BGB, nicht übersteigt, oben Rn 1. Bei dieser Begrenzung geht der Gesetzgeber davon aus, daß nur weniger als 10 vH der Kinder einen höheren Unterhaltsanspruch haben dürften und daß im vereinfVerf jedenfalls Unterhaltsforderungen geltend gemacht werden können, die das Existenzminimum des Kindes abdecken, BT-Drs 13/9596 S 31. Für die Zulässigkeit des vereinfVerf ist es ohne Bedeutung, ob der Unterhaltsanspruch statisch mit einem bestimmten Geldbetrag oder dynamisch mit einem Vomhundertsatz des Regelbetrages, § 1612 a I BGB, geltend gemacht wird, Rühl/Greßmann Rn 219. Der Eintritt der Volljährigkeit während des Verfahrens hindert die Festsetzung für die Zeit davor nicht, ZöPh § 646 Rn 11, Köln FamRZ **00**, 678, aM Schlesw MDR **02**, 279.

4 **B. Antrag, I.** Für die Geltendmachung im vereinfVerf bedarf es eines Antrags, § 646, den sowohl **das Kind** als auch **Dritte** stellen, die den Anspruch in Prozeßstandschaft geltend machen können, § 1629 III BGB, Köln FamRZ **00**, 678, oder auf die der Anspruch (zB nach § 91 BSHG oder § 7 UVG) übergegangen ist, Bra FamRZ **02**, 545, s § 646 I Z 10, § 646 Rn 4. **Antragsgegner** kann nur ein Elternteil sein, Schumacher/Grün FamRZ **98**, 789. Bei PKH-Bewilligung ist die Beiordnung eines **RA** idR geboten, Kuhnigk FamRZ **00**, 762, van Els FamRZ **99**, 1356, Bra FamRZ **02**, 1199 mwN, Hamm FamRZ **02**, 403 u **01**, 1155, Nürnb NJW-FER **01**, 242, Schlesw MDR **00**, 706, Mü MDR **02**, 702 u FamRZ **99**, 792, str, aM Dresden FamRZ **01**, 634 mwN, KG FamRZ **00**, 762 (Anm Kuhnigk), Mü FamRZ **99**, 1355 mwN (abl van Els).

5 **C. Zuständigkeit.** Sachlich zuständig ist der Rpfl beim FamGer, § 621 I Z 4 iVm § 20 Z 10 RpflG. Die örtliche Zuständigkeit ergibt sich aus § 642.

6 **4) Unzulässigkeit des vereinfVerf, II.** Das vereinfVerf kommt nur für die **Erstfestsetzung** des Unterhalts in Betracht: es findet nicht statt, wenn über den Unterhaltsanspruch des Kindes ein Gericht in der Sache entschieden hat, van Els Rpfleger **99**, 297, ein gerichtliches Verfahren anhängig ist oder auf andere Weise ein zur Zwangsvollstreckung geeigneter Schuldtitel, §§ 704 u 794 ff, errichtet worden ist, zB eine Unterhaltsur-

Abschnitt 6. Titel 2. Vereinfachte Verfahren usw. **§ 645, Anh § 645**

kunde des JA, Naumb FamRZ **03**, 160 u **00**, 431. Karlsr FamRZ **00**, 1159, Dresden FamRZ **00**, 679 (dazu Maurer FamRZ **00**, 1578), Zweibr FamRZ **00**, 1160 (Teilbetrag). Der für die Zulässigkeit der VereinfVerf **maßgebliche Zeitpunkt** ist die Zustellung des Festsetzungsantrags bzw der nach § 647 I 1 alternativ möglichen Mitteilung über seinen Inhalt festgelegt. Dadurch soll verhindert werden, daß der Unterhaltspflichtige nachträglich einen Jugendamtstitel über einen geringeren als den beantragten Unterhalt beurkunden läßt und auf diese Weise die Fortsetzung des VereinfVerf verhindert. Das VereinfVerf ist aber statthaft, wenn der Tenor der gerichtlichen Entscheidung nicht vollstreckungsfähig ist, Naumb FamRZ **02**, 329. Eine einstwAnO genügt, § 794 I Z 3 a, ebenso ein Teilanerkenntnisurteil, auch dann, wenn die Parteien auf die Rechte aus dem Urteil verzichtet haben, Mü FamRZ **99**, 450, aM Bäumel 11. Damit wird sichergestellt, daß das vereinfVerf nur für die Erstfestsetzung des Unterhalts in Betracht kommt, Weber NJW **98**, 2001. In Altfällen ist Art 5 § 3 KindUG, Einf § 606 Rn 12, zu beachten, Köln NJW-FER **00**, 162, AG Tempelhof-Kreuzberg FamRZ **00**, 679. Wegen der **Abänderung** von Unterhaltstiteln s § 655.

Anhang nach § 645
Unterhalt unter Zugrundelegung des Regelbetrages

(**Schrifttum:** *Wohlgemuth* FPR **03**, 60; *van Els* Rpfleger **99**, 297; *Schumacher/Grün* FamRZ **98**, 779; *Strauß* FamRZ **98**, 993; *Weber* NJW **98**, 1992; *Klüsener* Rpfleger **98**, 227; *Knittel* FF **98**, 36).

I. BGB (Auszug)

§ 1612 a BGB. Art der Unterhaltsgewährung bei minderjährigen Kindern. [I] Ein minderjähriges Kind kann von einem Elternteil, mit dem es nicht in einem Haushalt lebt, den Unterhalt als Vomhundertsatz des jeweiligen Regelbetrages nach der Regelbetrag-Verordnung verlangen.

[II] [1] Der Vomhundertsatz ist auf eine Dezimalstelle zu begrenzen; jede weitere sich ergebende Dezimalstelle wird nicht berücksichtigt. [2] Der sich bei der Berechnung des Unterhalts ergebende Betrag ist auf volle Euro aufzurunden.

[III] [1] Die Regelbeträge werden in der Regelbetrag-Verordnung nach dem Alter des Kindes für die Zeit bis zur Vollendung des sechsten Lebensjahres (erste Altersstufe), die Zeit vom siebten bis zur Vollendung des zwölften Lebensjahres (zweite Altersstufe) und für die Zeit vom dreizehnten Lebensjahr an (dritte Altersstufe) festgesetzt. [2] Der Regelbetrag einer höheren Altersstufe ist ab dem Beginn des Monats maßgebend, in dem das Kind das betreffende Lebensjahr vollendet.

[IV] [1] Die Regelbeträge ändern sich entsprechend der Entwicklung des durchschnittlich verfügbaren Arbeitsentgelts erstmals zum 1. Juli 1999 und danach zum 1. Juli jeden zweiten Jahres. [2] Die neuen Regelbeträge ergeben sich, indem die zuletzt geltenden Regelbeträge mit den Faktoren aus den jeweils zwei der Veränderung vorausgegangenen Kalenderjahren für die Entwicklung
1. der Bruttolohn- und -gehaltsumme je durchschnittlich beschäftigten Arbeitnehmer und
2. der Belastung bei Arbeitsentgelten

vervielfältigt werden; das Ergebnis ist auf volle Deutsche Mark aufzurunden. [3] Das Bundesministerium der Justiz hat die Regelbetrag-Verordnung durch Rechtsverordnung, die nicht der Zustimmung des Bundesrates bedarf, rechtzeitig anzupassen.

[V] [1] Die Faktoren im Sinne von Absatz 4 Satz 2 werden ermittelt, indem jeweils der für das Kalenderjahr, für das die Entwicklung festzustellen ist, maßgebende Wert durch den entsprechenden Wert für das diesem vorausgegangene Kalenderjahr geteilt wird. [2] Der Berechnung sind
1. für das der Veränderung vorausgegangene Kalenderjahr die dem Statistischen Bundesamt zu Beginn des folgenden Kalenderjahres vorliegenden Daten der Volkswirtschaftlichen Gesamtrechnung,
2. für das Kalenderjahr, in dem die jeweils letzte Veränderung vorgenommen wurde, die vom Statistischen Bundesamt endgültig festgestellten Daten der Volkswirtschaftlichen Gesamtrechnung, sowie
3. im Übrigen die der Bestimmung der bisherigen Regelbeträge zugrunde gelegten Daten der Volkswirtschaftlichen Gesamtrechnungzugrunde zu legen; sie ist auf zwei Dezimalstellen durchzuführen.

Bem. I idF des Art 27 Z 1 G v 13. 12. 01, BGBl 3574, s Erl zu § 645 ZPO. Zweck der Änderung ist es, durch die Streichung der ersten Alternative eines dynamischen Unterhalts die Akzeptanz des Vereinfachten Verfahrens, §§ 645 ff ZPO, auch durch eine vereinfachte Handhabung der dafür vorgesehenen Formulare zu steigern, BT-Drs 14/7349 S 45. Vgl Wohlgemuth FPR **03**, 60.

§ 1612 b BGB. Anrechnung von Kindergeld. [I] Das auf das Kind entfallende Kindergeld ist zur Hälfte anzurechnen, wenn an den barunterhaltspflichtigen Elternteil Kindergeld nicht ausgezahlt wird, weil ein anderer vorrangig berechtigt ist.

[II] Sind beide Elternteile zum Barunterhalt verpflichtet, so erhöht sich der Unterhaltsanspruch gegen den das Kindergeld beziehenden Elternteil um die Hälfte des auf das Kind entfallenden Kindergeldes.

[III] Hat nur der barunterhaltspflichtige Elternteil Anspruch auf Kindergeld, wird es aber nicht an ihn ausgezahlt, ist es in voller Höhe anzurechnen.

IV Ist das Kindergeld wegen Berücksichtigung eines nicht gemeinschaftlichen Kindes erhöht, ist es im Umfang der Erhöhung nicht anzurechnen.

V Eine Anrechnung des Kindergeldes unterbleibt, soweit der Unterhaltspflichtige außerstande ist, Unterhalt in Höhe von 135 Prozent des Regelbetrages nach der Regelbetrag-Verordnung zu leisten.

Bem. V mWv 1. 1. 01 geänd durch Art 1 Z 2 G v 2. 11. 00, BGBl 1479; dazu Schürmann FamRZ **05**, 407, Heger FamRZ **01**, 1409, Graba NJW **01**, 249, Weisensee FamRZ **01**, 463, Duderstadt FamRZ **01**, 593, Wohlgemuth FamRZ **01**, 742, Scholz u Vossenkämper FamRZ **00**, 1541 u 1547, Gerhardt FamRZ **01**, 73 (dazu Soyka FamRZ **01**, 740), wegen des damit zusammenhängenden Unterhaltsanpassungsgesetzes, Art 4 G v 2. 11. 00, BGBl 1479, s Anh § 655. Die Neuregelung ist mit dem GG vereinbar, BVerfG NJW **03**, 2733 (Anm Luthin FamRZ **03**, 1277), BGH NJW **03**, 1177 (Anm Schürmann FamRZ **03**, 489). Zur Tenorierung vgl Jena FamRZ **05**, 916, Kblz FamRZ **02**, 1215, Mü RR **02**, 1442, Düss MDR **02**, 701 mwN.

§ 1612 c BGB. Anrechnung anderer kinderbezogener Leistungen. § 1612 b gilt entsprechend für regelmäßig wiederkehrende kindbezogene Leistungen, soweit sie den Anspruch auf Kindergeld ausschließen.

II.

Regelbetrag-Verordnung

(in der Fassung des Art 1 der 4. ÄndVO v 8. 4. 05, BGBl 1055)

§ 1. Festsetzung der Regelbeträge. Die Regelbeträge für den Unterhalt eines minderjährigen Kindes gegenüber dem Elternteil, mit dem es nicht in einem Haushalt lebt, betragen monatlich
1. in der ersten Altersstufe vom 1. Juli 2005 an 204 Euro,
2. in der zweiten Altersstufe vom 1. Juli 2005 an 247 Euro,
3. in der dritten Altersstufe vom 1. Juli 2005 an 291 Euro.

§ 2. Festsetzung der Regelbeträge für das in Artikel 3 des Einigungsvertrages genannte Gebiet. Die Regelbeträge für den Unterhalt eines minderjährigen Kindes gegenüber dem Elternteil, mit dem es nicht in einem Haushalt lebt, betragen in dem in Artikel 3 des Einigungsvertrages genannten Gebiet monatlich
1. in der ersten Altersstufe vom 1. Juli 2005 an 188 Euro,
2. in der zweiten Altersstufe vom 1. Juli 2005 an 228 Euro,
3. in der dritten Altersstufe vom 1. Juli 2005 an 269 Euro.

Bem. Die 4. ÄndVO ist am 1. 7. 05 in Kraft getreten, Art 2 der VO.

646 Antrag. I Der Antrag muss enthalten:
1. die Bezeichnung der Parteien, ihrer gesetzlichen Vertreter und der Prozessbevollmächtigten;
2. die Bezeichnung des Gerichts, bei dem der Antrag gestellt wird;
3. die Angabe des Geburtsdatums des Kindes;
4. die Angabe, ab welchem Zeitpunkt Unterhalt verlangt wird;
5. für den Fall, dass Unterhalt für die Vergangenheit verlangt wird, die Angabe, wann die Voraussetzungen des § 1613 Abs. 1 oder 2 Nr. 2 des Bürgerlichen Gesetzbuchs eingetreten sind;
6. die Angabe der Höhe des verlangten Unterhalts;
7. die Angaben über Kindergeld und andere anzurechnende Leistungen (§§ 1612 b, 1612 c des Bürgerlichen Gesetzbuchs);
8. die Erklärung, dass zwischen dem Kind und dem Antragsgegner ein Eltern-Kind-Verhältnis nach den §§ 1591 bis 1593 des Bürgerlichen Gesetzbuchs besteht;
9. die Erklärung, dass das Kind nicht mit dem Antragsgegner in einem Haushalt lebt;
10. die Angabe der Höhe des Kindeseinkommens;
11. die Erklärung, dass der Anspruch aus eigenem, aus übergegangenem oder rückabgetretenem Recht geltend gemacht wird;
12. die Erklärung, dass Unterhalt nicht für Zeiträume verlangt wird, für die das Kind Hilfe nach dem Zwölften Buch Sozialgesetzbuch, Sozialgeld nach dem Zweiten Buch Sozialgesetzbuch, Hilfe zur Erziehung oder Eingliederungshilfe nach dem Achten Buch Sozialgesetzbuch, Leistungen nach dem Unterhaltsvorschussgesetz oder Unterhalt nach § 1607 Abs. 2 oder 3 des Bürgerlichen Gesetzbuchs erhalten hat, oder, soweit Unterhalt aus übergegangenem Recht oder nach § 94 Abs. 4 Satz 2 des Zwölften Buches Sozialgesetzbuch, § 33 Abs. 2 Satz 4 des Zweiten Buches Sozialgesetzbuch oder § 7 Abs. 4 Satz 1 des Unterhaltsvorschussgesetzes verlangt wird, die Erklärung, dass der beantragte Unterhalt die Leistung an oder für das Kind nicht übersteigt;
13. die Erklärung, dass die Festsetzung im vereinfachten Verfahren nicht nach § 645 Abs. 2 ausgeschlossen ist.

II 1 Entspricht der Antrag nicht diesen und den in § 645 bezeichneten Voraussetzungen, ist er zurückzuweisen. 2 Vor der Zurückweisung ist der Antragsteller zu hören. 3 Die Zurückweisung ist nicht anfechtbar.

III Sind vereinfachte Verfahren anderer Kinder des Antragsgegners bei dem Gericht anhängig, so ordnet es die Verbindung zum Zweck gleichzeitiger Entscheidung an.

Vorbem. I 3 Z 12 in der Fassung ab 1. 1. 05 nach Art 21 Z 1 G v 24. 12. 03, BGBl I 2954, u nach Art 34 Z 2 G v 27. 12. 03, BGBl I 3022.

1) Regelungszweck. Ähnlich wie beim Mahnverf, § 690, muß der nach § 645 I erforderliche Antrag **1** alle Angaben enthalten, die für die Entscheidung des Rpfl, § 20 Z 10 a u Z 10 b RpflG, nötig sind, I. Wegen der Antragsberechtigung s § 645 Rn 4. Entspricht der Antrag nicht den Anforderungen, §§ 645, 646 u 657, ist er vom Rpfl durch unanfechtbaren Beschluß zurückzuweisen, II. Einer schnellen Entscheidung dient auch das Gebot der Verbindung mehrerer Verfahren, III.

2) Form des Antrags. Der Antrag ist schriftlich zu stellen, bedarf also der Unterzeichnung. Er kann **2** auch vor dem Urkundsbeamten der Geschäftsstelle abgegeben werden, § 657. Anwaltszwang besteht für ihn nicht, § 78 V. Da für den Antrag ein **Vordruck** eingeführt ist, §§ 1 Z 1 VO v 19. 6. 98, BGBl 1364, muß dieser Vordruck (BGBl 98, 1366) nach Maßgabe der §§ 1 II, 2 u 3 der VO benutzt werden, § 659 II, s dort Rn 2.

Der Antrag ist an das nach § 642 zuständige AG (FamGer) zu richten. Das Kind kann ihn dort auch im Fall einer Zuständigkeitskonzentration, § 660 I, stellen, § 660 II; daneben ist die Antragstellung zu Protokoll nach § 129 iVm § 657 zulässig.

3) Inhalt des Antrags, I. Der Antragsteller braucht keine Angaben über seine Bedürftigkeit und die **3** Leistungsfähigkeit des Antragsgegners zu machen. Vielmehr muß der Antrag nur enthalten:

A. die **Bezeichnung der Parteien**, ihrer gesetzlichen Vertreter und etwaigen Prozeßbevollmächtigten, **I Z 1.** Hier gilt das gleiche wie bei einer Klage, § 253 II Z 1, dort Rn 22 ff, und beim Mahnantrag, § 690 I Z. 1, dort Rn 3 u 4, so daß der Antragsteller seine Anschrift angeben muß, Hamm FamRZ 01, 107.

B. Die **Bezeichnung des Gerichts**, bei dem der Antrag gestellt wird, **I Z 2**, vgl § 690 Rn 5; der Rpfl ist an die Bezeichnung gebunden.

C. Die **Angabe des Geburtsdatums** des Kindes, **I Z 3**, weil es im Hinblick auf die Altersstufen der Regelbetrag-VO, Anh § 645, darauf ankommt.

D. Die Angabe, **ab welchem Zeitpunkt Unterhalt** verlangt wird, **I Z 4**, weil auch rückständiger Unterhalt nach § 1613 BGB im vereinfVerf geltend gemacht werden kann.

E. Für den Fall, daß rückständiger Unterhalt geltend gemacht wird, die Angabe, **wann die Voraussetzungen** des § 1613 I oder II 2 BGB eingetreten sind, **I Z 5**.

F. Die Angabe der **Höhe des verlangten Unterhalts, I Z 6**, auch darüber, ob nach § 1612 a BGB eine **4** Festsetzung als Vomhundertsatz eines oder des jeweiligen Regelbetrags, Anh § 645, verlangt wird, BT-Drs 13/9596 S 36.

G. Die Angaben über **Kindergeld** und andere anzurechnenden Leistungen (§§ 1612 u 1612 c BGB), **I Z 7**, s Anh § 645.

H. Die **Erklärung**, daß zwischen dem Kind und dem Antragsgegner ein Eltern-Kind-Verhältnis nach den §§ 1591–1593 BGB besteht, **I Z 8**, wobei im Fall eines nicht in einer Ehe geborenen Kindes bei Inanspruchnahme des Vaters dessen Vaterschaftsanerkenntnis bzw die gerichtliche Vaterschaftsfeststellung dargelegt werden muß, Rühl/Greßmann Rn 226.

I. Die **Erklärung**, daß das Kind nicht mit dem Antragsgegner in einem Haushalt lebt, **I Z 9,** weil dies eine Voraussetzung für die Inanspruchnahme im vereinfVerf ist, § 645 I.

K. Im Hinblick auf § 1602 BGB soll eine **Erklärung** auch darüber erfolgen, ob von dem Kind oder für das Kind unterhaltsrechtlich relevantes Einkommen bezogen wird, **Z 10;** dabei bedarf es keiner Berechnung des konkreten Unterhaltsanspruchs, BT-Drs 14/7349 S 49.

L. Die **Erklärungen** nach **Z 11 u 12** tragen dem Umstand Rechnung, daß nach den §§ 7 I 1 UVG, 91 I 1 BSHG und 94 III 2 ein gesetzlicher Übergang auf den jeweiligen Leistungsträger stattfindet, der jedoch befugt ist, den Anspruch zur gerichtlichen Geltendmachung auf den Unterhaltsberechtigten zurückzuübertragen. Um in diesen Punkten Klarheit zu schaffen, sind entsprechende Erklärungen des Antragstellers vorgeschrieben.

M. die **Erklärung**, daß die Festsetzung im vereinfVerf nicht nach § 645 II ausgeschlossen ist, **I Z 13.**

4) Zurückweisung des Antrags, II **5**

A. Grundsatz. Der Rpfl hat den Antrag **zurückzuweisen**, wenn er nicht den Voraussetzungen in I u den in § 645 bezeichneten entspricht, **II 1**. Hierin gehören die Geltendmachung von Ansprüchen, die nicht von § 645 I erfaßt werden oder nach § 645 II ausgeschlossen sind, ferner Verstöße gegen die Formvorschriften, oben Rn 2, oder die Anrufung eines unzuständigen Gerichts, § 642.

B. Verfahren. Der Rpfl hat den **Antragsteller** vor der Zurückweisung zu **hören, II 2**; dem Antrags- **6** gegner ist ein Antrag, den der Rpfl für unzulässig hält, nicht zuzustellen, § 646 I. Die Anhörung gibt dem Antragsteller Gelegenheit, Fehler nachzubessern, zB um Abgabe des Gesuchs an das zuständige Gericht zu bitten. Wird der Mangel nicht behoben, muß der Rpfl den Antrag **als unzulässig zurückweisen, II 1**. Die Entscheidung ergeht durch Beschluß, in dem nach § 91 über die Kosten entschieden wird (Gebühren: Gericht KV 1800; RA § 44 BRAGO; Streitwert: § 17 I u IV GKG).

Der Beschluß ist **nicht anfechtbar, II 3**. Gegen ihn findet deshalb die fristgebundene **Erinnerung** statt, **7** § 573, über die der FamRichter endgültig entscheidet, § 11 II RpflG, Anh § 153 GVG, und der der Rpfl abhelfen darf, Zweibr FamRZ 04, 1796. Das Verfahren ist gerichtsgebührenfrei, § 11 IV RpflG. Der Antragsteller ist aber nicht gehindert, einen verbesserten Antrag zu stellen; § 645 II steht nicht entgegen,

§§ 646, 647

weil der Beschluß nach II nicht über den Unterhaltsanspruch entschieden hat, Rühl/Greßmann Rn 230. Der Beschluß ist VollstrTitel, § 794 I 1 Z 2 a.

8 **5) Verbindung von Verfahren, III.** Sind bei dem Gericht **vereinfVerf anderer Kinder** des Antragsgegners anhängig, so sind die Verf zum Zweck gleichzeitiger Entscheidung zu verbinden, III. Die Vorschrift ist zwingend, aM Schumacher/Grün FamRZ **98**, 792. Die Verbindung wird durch Beschluß des Rpfl angeordnet, § 147; der Beschluß ist unanfechtbar.

647 *Maßnahmen des Gerichts.* I 1 Erscheint nach dem Vorbringen des Antragstellers das vereinfachte Verfahren zulässig, so verfügt das Gericht die Zustellung des Antrags oder einer Mitteilung über seinen Inhalt an den Antragsgegner. 2 Zugleich weist es ihn darauf hin,
1. von wann an und in welcher Höhe der Unterhalt festgesetzt werden kann; hierbei sind zu bezeichnen
    a) die Zeiträume nach dem Alter des Kindes, für die die Festsetzung des Unterhalts nach den Regelbeträgen der ersten, zweiten und dritten Altersstufe in Betracht kommt;
    b) im Fall des § 1612 a des Bürgerlichen Gesetzbuchs auch der Vomhundertsatz des jeweiligen Regelbetrages;
    c) die nach den §§ 1612 b, 1612 c des Bürgerlichen Gesetzbuchs anzurechnenden Leistungen;
2. dass das Gericht nicht geprüft hat, ob der verlangte Unterhalt das im Antrag angegebene Kindeseinkommen berücksichtigt;
3. dass über den Unterhalt ein Festsetzungsbeschluss ergehen kann, aus dem der Antragsteller die Zwangsvollstreckung betreiben kann, wenn er nicht innerhalb eines Monats Einwendungen in der vorgeschriebenen Form erhebt;
4. welche Einwendungen nach § 648 Abs. 1 und 2 erhoben werden können, insbesondere, dass der Einwand eingeschränkter oder fehlender Leistungsfähigkeit nur erhoben werden kann, wenn die Auskunft nach § 648 Abs. 2 Satz 3 in Form eines vollständig ausgefüllten Formulars erteilt wird und Belege über die Einkünfte beigefügt werden;
5. dass die Einwendungen, wenn Formulare eingeführt sind, mit einem Formular der beigefügten Art erhoben werden müssen, der auch bei jedem Amtsgericht erhältlich ist.

3 Ist der Antrag im Ausland zuzustellen, so bestimmt das Gericht die Frist nach Satz 2 Nr. 3.
II § 167 gilt entsprechend.

Vorbem. I 2, 3 zunächst geändert dch Art 30 Z 3 a, b G v 13. 12. 01, BGBl 3574, in Kraft seit 1. 1. 02, Art 36 I G. Sodann I 3, II geändert durch Art. 1 Z 8 a, b ZustRG v 25. 6. 01, BGBl 1206, in Kraft seit 1. 7. 02, Art. 4 ZustRG. ÜbergangsR jeweils Einl III 78.

1 **1) Regelungszweck.** Wenn der Antrag auf Durchführung des vereinfVerf nicht als unzulässig zurückzuweisen ist, § 646 II, muß dem Antragsgegner rechtliches Gehör gewährt werden, Art. 103 GG. Das Nähere ist streng formalisiert in § 647 geregelt.

2 **2) Zustellung, I**
A. Allgemeines, I 1. Erscheint das vereinfVerf nach dem Vorbringen des Antragstellers zulässig, so verfügt der Rpfl die **Zustellung** des Antrags oder einer Mitteilung über seinen Inhalt **an den Antragsgegner, I 1**. Ist der Antrag im Ausland zuzustellen, gilt § 184 mit der Maßgabe von I 3.

3 **B. Hinweise, I 2.** Zuzustellen sind dem Antragsgegner zugleich Hinweise auf folgende Punkte:
(1) **von wann an und in welcher Höhe der Unterhalt festgesetzt werden kann, I 2 Z 1**; hierbei sind zu bezeichnen, vgl Anh § 645,
    a) die Zeiträume nach dem Alter des Kindes, für die die Festsetzung des Unterhalts nach den Regelbeträgen der ersten, zweiten und dritten Altersstufe in Betracht kommt;
    b) im Fall des § 1612 a des Bürgerlichen Gesetzbuchs auch der Vomhundertsatz des jeweiligen Regelbetrages;
    c) die nach den §§ 1612 b, 1612 c des Bürgerlichen Gesetzbuchs anzurechnenden Leistungen; durch die Streichung der Worte „mit dem anzurechnenden Betrag" wird klargestellt, daß im Festsetzungsbeschluß die Anrechnung kindbezogener Leistungen, insbesondere des Kindergeldes, auch dynamisch tenoriert werden kann, also als Prozentsatz oder Bruchteil des jeweiligen Betrags der kindbezogenen Leistungen, Düss MDR **02**, 701, van Els FamRZ **04**, 1978 mwN; AA Naumbg FamRZ **04**, 1977. Es empfiehlt sich jedoch, in der Mitteilung des Rechtspflegers trotz abstrakter Formulierung zumindest für die derzeitige Situation ein Hinweis in Höhe eines bestimmten anrechenbaren Betrags aufzunehmen, BT-Drs 14/7349 S 51, van Els FamRZ **04**, 1978.

(2) daß das **Gericht nicht geprüft hat, ob der verlangte Unterhalt das im Antrag angegebene Kindeseinkommen berücksichtigt, I 2 Z 2**: Der Hinweis soll Mißverständnissen vorbeugen und den Unterhaltsschuldner veranlassen, entsprechende Einwendungen zu erheben, ohne die der Unterhalt in beantragter Höhe festgesetzt wird.

4 (3) daß über den Unterhalt ein Festsetzungsbeschluß ergehen kann, aus dem der Antragsteller die Zwangsvollstreckung betreiben kann, wenn er nicht innerhalb eines Monats Einwendungen in der vorgeschriebenen Form erhebt, I 2 Z 3, wobei im Fall der Auslandszustellung, oben Rn 2, der Rpfl die Frist im Einzelfall bestimmt, I 3; es handelt sich nicht um eine Ausschlußfrist, so daß Einwendungen, § 648, bis zur Festsetzung, § 649, erhoben werden können, van Els Rpfleger **99**, 300;

(4) welche Einwendungen nach § 648 Abs. 1 und 2 erhoben werden können, insbesondere, daß der Einwand eingeschränkter oder fehlender Leistungsfähigkeit nur erhoben werden kann, wenn die Auskunft nach § 648 Abs. 2 Satz 3 in Form eines vollständig ausgefüllten Vordrucks erteilt wird und Belege über die Einkünfte beigefügt werden, I 2 Z 4;

(5) daß die Einwendungen mit einem Vordruck der beigefügten Art erhoben werden müssen, der auch bei jedem Amtsgericht erhältlich ist, I 2 Z 5, also mit dem in der Anl 2 zu § 1 VO v 19. 6. 98, BGBl 1364, bestimmten Vordruck (BGBl **98**, 1371), s § 646 Rn 2.

3) Wirkungen des Antrags, II. Mit der Einreichung des Antrags wird die Sache **anhängig**, § 645 I. **5** Entspr § 167 beginnt durch die Einreichung die **Verjährung** des Unterhaltsanspruchs neu, **II**, vgl § 167 Rn 4 ff; abw von § 691 II tritt diese Wirkung auch bei Zurückweisung des Antrags ein.

648 Einwendungen des Antragsgegners.

¹ ¹ Der Antragsgegner kann Einwendungen geltend machen gegen
1. die Zulässigkeit des vereinfachten Verfahrens,
2. den Zeitpunkt, von dem an Unterhalt gezahlt werden soll,
3. die Höhe des Unterhalts, soweit er geltend macht, dass
   a) die nach dem Alter des Kindes zu bestimmenden Zeiträume, für die der Unterhalt nach den Regelbeträgen der ersten, zweiten und dritten Altersstufe festgesetzt werden soll, nicht richtig berechnet sind oder die angegebenen Regelbeträge von denen der Regelbetrag-Verordnung abweichen;
   b) der Unterhalt nicht höher als beantragt festgesetzt werden darf;
   c) Leistungen der in den §§ 1612 b, 1612 c des Bürgerlichen Gesetzbuchs bezeichneten Art nicht oder nicht richtig angerechnet sind.

² Ferner kann er, wenn er sich sofort zur Erfüllung des Unterhaltsanspruchs verpflichtet, hinsichtlich der Verfahrenskosten geltend machen, dass er keinen Anlass zur Stellung des Antrags gegeben hat (§ 93). ³ Nicht begründete Einwendungen nach Satz 1 Nr. 1 und 3 weist das Gericht mit dem Festsetzungsbeschluß zurück, desgleichen eine Einwendung nach Satz 1 Nr. 2, wenn ihm diese nicht begründet erscheint.

II ¹ Andere Einwendungen kann der Antragsgegner nur erheben, wenn er zugleich erklärt, inwieweit er zur Unterhaltsleistung bereit ist und dass er sich insoweit zur Erfüllung des Unterhaltsanspruchs verpflichtet. ² Den Einwand der Erfüllung kann der Antragsgegner nur erheben, wenn er zugleich erklärt, inwieweit er geleistet hat und dass er sich verpflichtet, einen darüber hinausgehenden Unterhaltsrückstand zu begleichen. ³ Den Einwand eingeschränkter oder fehlender Leistungsfähigkeit kann der Antragsgegner nur erheben, wenn er zugleich unter Verwendung des eingeführten Formulars Auskunft über
1. seine Einkünfte,
2. sein Vermögen und
3. seine persönlichen und wirtschaftlichen Verhältnisse im Übrigen

erteilt und über seine Einkünfte Belege vorlegt.

III Die Einwendungen sind zu berücksichtigen, solange der Festsetzungsbeschluss nicht verfügt ist.

Schrifttum: *Schumacher/Grün* FamRZ 98, 790; *van Els* Rpfleger 99, 300.

1) Regelungszweck. Der Vereinfachung und Beschleunigung des Verf dient es, daß der Antragsgegner **1** im vereinfVerf auf bestimmte Einwendungen beschränkt ist, I u II, was verfassungsrechtlich unbedenklich ist, BVerfG FamRZ **90**, 487 (zu § 641 o aF). Über diese Einwendungen entscheidet der Rpfl des FamGer im Festsetzungsbeschluß, §§ 649 u 650. Gegen diesen ist die sofortige Beschwerde gegeben, § 652. Außerdem kann jede Partei die Durchführung des streitigen Verf beantragen, § 651.

2) Uneingeschränkt beachtliche Einwendungen, I. Der Antragsgegner darf im vereinfVerf nur fol- **2** gende Einwendungen uneingeschränkt geltend machen:

A. gegen die Zulässigkeit des vereinfVerf, I 1 Z 1. Hierhin gehören die Unzulässigkeit wegen Fehlens einer Prozeßvoraussetzung, Grdz § 253 Rn 12 ff, oder der besonderen Voraussetzungen des vereinfVerf zB nach den §§ 645, 646, 657 u 659 II, s dortige Erl (nicht hierhin gehört das Erreichen der Volljährigkeit, KG MDR **03**, 1235).

B. gegen den (ihm nach § 647 I 2 Z 1 mitgeteilten) **Zeitpunkt, von dem ein Unterhalt gezahlt 3 werden soll, I 1 Z 2**, zB bei Geltendmachung von Unterhalt für die Vergangenheit, § 1613 BGB.

C. gegen die (ihm nach § 647 I 2 Z 2 mitgeteilte näher bezeichnete) **Höhe des Unterhalts, soweit der Antragsgegner geltend macht, I 1 Z 3**, daß
   aa) die nach dem Alter des Kindes zu bestimmenden Zeiträume, für die der Unterhalt nach den Regelbeträgen der ersten, zweiten und dritten Altersstufe festgesetzt werden soll, nicht richtig berechnet sind oder die angegebenen Regelbeträge von denen der Regelbetrag-Verordnung abweichen;
   bb) der Unterhalt nicht höher als beantragt festgesetzt werden darf;
   cc) Leistungen der in den §§ 1612 b, 1612 c des Bürgerlichen Gesetzbuchs bezeichneten Art nicht oder nicht richtig angerechnet sind.

D. Hinsichtlich der Verfahrenskosten darf der Antragsteller, wenn er sich sofort zur Erfüllung des Unterhaltsanspruchs verpflichtet, geltend machen, daß er keinen Anlaß zur Stellung des Antrags gegeben habe (§ 93), vgl § 641 o I 2 aF.

3) Eingeschränkt beachtliche Einwendungen, II **4**

A. Grundsatz, II 1. Andere als die in I genannten Einwendungen kann der Antragsgegner nur erheben, wenn er zugleich erklärt, inwieweit er zur Unterhaltsleistung bereit ist und dass er sich insoweit zur Erfüllung

§§ 648, 649

des Unterhaltsanspruchs verpflichtet, II 1. Damit soll ein streitiges Verf, § 651, vermieden oder doch der Streitstoff vorgeklärt werden, BT-Drs 13/7338 S 40. Eine vollstreckbare Erfüllungsverpflichtung ist nicht erforderlich. Die zusätzliche Erkärung nach II 1 entfällt, wenn der Antragsgegner erklärt, zur Unterhaltszahlung überhaupt nicht imstande zu sein, Bra FamRZ **04**, 1587, Ffm FamRZ **02**, 835, Rostock FamRZ **02**, 836, Hamm FamRZ **00**, 360 mwN, Dresden LS FamRZ **00**, 1031, str, aM ZöPh 7; in diesem Fall gilt (nur) II 3, unten Rn 6, Hamm NJW-FER **00**, 97.

5 **B. Sonderfälle, II 2 u 3. a) Erfüllung.** Den Einwand der Erfüllung kann der Antragsgegner nur erheben, wenn er zugleich erklärt, inwieweit er geleistet hat u daß er sich verpflichtet, einen darüber hinausgehenden Rückstand zu begleichen, **II 2**. Eines entspr Vollstreckungstitels bedarf es nicht.

6 **b)** Den Einwand **eingeschränkter oder fehlender Leistungsfähigkeit** kann der Antragsgegner nur erheben, wenn er zugleich mit der Erklärung nach II 1, oben Rn 4, unter Verwendung des Vordrucks (Anl 2 zur VO v 19. 6. 98, BGBl 1364) Auskunft über 1. sein Vermögen und 3. seine persönlichen und wirtschaftlichen Verhältnisse erteilt und über seine Einkünfte Belege vorlegt, **II 3**, dazu Mü FamRZ **05**, 381, Bra FamRZ **04**, 273 (Anm Gottwald), (daß der Einwand im amtlichen Vordruck fehlt, ist unschädlich, Hamm LS FamRZ **00**, 901). Die Obliegenheit, diese Auskünfte zu geben, geht über § 1605 I 1 BGB hinaus, Strauß FamRZ **98**, 1002. Damit soll dem Antragsteller eine Grundlage für eine außergerichtliche Einigung und die Möglichkeit erhalten, seine Aussichten im Verf einzuschätzen. Die Verwendung des Vordrucks ist vorgeschrieben, jedoch genügt die Abgabe einer sinngemäßen Erkärung, Bra FamRZ **04**, 475, Düss FamRZ **01**, 766, Bbg FamRZ **01**, 109, Hamm FamRZ **00**, 901, aM Nürnb MDR **04**, 154, Karlsr FamRZ **01**, 107 (Anm Gottwald), Karlsr FamRZ **01**, 767.

7 **4) Gemeinsames, I u II**
A. Form der Einwendungen. Sie sind schriftlich unter Verwendung des nach § 1 I Z 2 VO v 19. 6. 98, BGBl 1364, als Anl 2 vorgesehenen Vordrucks (BGBl 98, 1371) nach Maßgabe des § 3 der VO zu erheben. Zur Aufnahme der in II vorgesehenen Erklärung sind neben dem UrkBeamten des AG (FamGer), § 657 iVm § 24 II Z 3 RpflG, auch ein Notar, § 62 I Z 2 BeurkG, und die UrkPerson des Jugendamtes, § 657 iVm § 59 I 1 SGB VIII, befugt; diese haben die Erklärung entspr § 129 a II unverzüglich dem zuständigen Gericht zu übermitteln.

B. Zeitliche Begrenzung der Einwendungen, III. Die Einwendungen sind innerhalb eines Monats nach Zustellung des Antrags, § 647 I Z 2, bzw bei Zustellung im Ausland innerhalb der vom Gericht bestimmten Frist, § 647 I 3, zu erheben; für die Rechtzeitigkeit ist der Eingang bei Gericht maßgeblich, Köln FamRZ **01**, 1464. Spätere Einwendungen sind jedoch zu berücksichtigen, solange der Festsetzungsbeschluß nicht verfügt ist, III. „Verfügt" ist er (erst) mit seinem Existentwerden nach § 329, dh mit seiner Hinausgabe aus dem Geschäftsbetrieb des Gerichts, Ffm RR **01**, 800 mwN, Mü ZöPh 12, Hamm FamRZ **00**, 901.

8 **5) Entscheidung des Gerichts** (Schumacher/Grün FamRZ **98**, 790; van Els Rpfleger **99**, 301).
A. Uneingeschränkt beachtliche Einwendungen, I 3. a) Einwendungen gegen die **Zulässigkeit des vereinfVerf, I 1 Z 1**, und die **Höhe des Unterhalts**, I 1 Z 3, weist der Rpfl mit dem Festsetzungsbeschluß, § 649, zurück, wenn sie nicht begründet sind, **I 3 1. Halbs.** Die Entscheidung ergeht in den genannten Fällen agrd voller Sach- und Rechtsprüfung, BT-Drs 13/7338 S 55. Der Beschluß des Rpfl ist Vollstreckungstitel, § 794 a I Z 2 a.

b) Die Einwendung gegen den **Zahlungsbeginn, I 1 Z 2**, ist ebenfalls im Festsetzungsbescheid zu bescheiden, **I 3 2. Halbs.** Mit der Einschränkung, „wenn ihm diese nicht begründet erscheint", wird dem Rpfl ein Beurteilungsermessen eingeräumt, dh er entscheidet nach dem Sach- und Streitstand, wie er sich aus dem Parteivorbringen sowie etwaigen präsenten Beweismitteln ergibt, BT-Drs 13/7338 S 58.

c) Ist der **Vorbehalt wegen der Kosten, I 2**, berechtigt, entscheidet das Gericht dementspr über die Kosten, § 93.

d) Sonstiges: Weist das Gericht eine Einwendung nicht nach I 3 zurück, so verfährt es nach § 650, s dortige Erl. Greift der Einwand der Unzulässigkeit des vereinfVerf, I 1 Z 1, durch, weist der Rpfl den Antrag zurück, § 645 II.

9 **B. Eingeschränkt beachtliche Einwendungen, II.** Für andere als die in I genannten Einwendungen gilt folgendes:
a) Einwendungen, die nach II **unzulässig** sind, werden im Festsetzungsbeschluß, § 649, entspr I 3 zurückgewiesen, s oben Rn 8.
b) Für **zulässige Einwendungen** gilt § 650.

649

Festsetzungsbeschluss. [1] Werden keine oder lediglich nach § 648 Abs. 1 Satz 3 zurückzuweisende oder nach § 648 Abs. 2 unzulässige Einwendungen erhoben, wird der Unterhalt nach Ablauf der in § 647 Abs. 1 Satz 2 Nr. 3 bezeichneten Frist durch Beschluss festgesetzt. [2] In dem Beschluss ist auszusprechen, dass der Antragsgegner den festgesetzten Unterhalt an den Unterhaltsberechtigten zu zahlen hat. [3] In dem Beschluss sind auch die bis dahin entstandenen erstattungsfähigen Kosten des Verfahrens festzusetzen, soweit sie ohne weiteres ermittelt werden können; es genügt, wenn der Antragsteller die zu ihrer Berechnung notwendigen Angaben dem Gericht mitteilt.

II In dem Beschluss ist darauf hinzuweisen, welche Einwendungen mit der sofortigen Beschwerde geltend gemacht werden können und unter welchen Voraussetzungen eine Abänderung im Wege der Klage nach § 654 verlangt werden kann.

Vorbem. I 1 redaktionell geändert dch Art 30 Z 4 G v 13. 12. 01, BGBl 3574, in Kraft seit 1. 1. 02, Art 36 I G, ÜbergangsR § 27 EGZPO. Art 1 Z 24 des 1. JuMoG v 24. 8. 04, BGBl 2198, in Kraft seit 1. 9. 04 hat die Überschrift geändert.

Abschnitt 6. Titel 2. Vereinfachte Verfahren usw. **§§ 649, 650**

1) Regelungszweck. Im vereinfVerf wird der Unterhalt unter bestimmten Voraussetzungen durch Beschluß festgesetzt. Das Nähere regelt § 649. Zuständig ist der Rpfl, § 20 Z 10 RpflG. Wegen der Rechtsbehelfe s §§ 651 u 652.

2) Voraussetzungen der Unterhaltsfestsetzung, I 1
A. Ablauf der Einwendungsfrist, I 1. Die Festsetzung ist erst zulässig, wenn die Monatsfrist, § 647 I S 2 Z 3, bzw die bei Auslandszustellung festgesetzte besondere Frist, § 647 I S 3, abgelaufen ist. Bis zur Verfügung des Festsetzungsbeschlusses eingehende Einwendungen sind zu berücksichtigen, § 648 III.
B. Fehlende oder nicht zu berücksichtigende Einwendungen, I 1. Die Festsetzung darf nur erfolgen, wenn keine Einwendungen iSv § 648 bzw nur solche Einwendungen erhoben worden sind, die nach § 648 I 3 zurückzuweisen oder nach § 648 II unzulässig sind, vgl § 648 Rn 8 u 9.

3) Verfahren. Die Entscheidung des Rpfl, oben Rn 1, kann ohne mündliche Verhandlung ergehen, § 128 IV. Eine Verhandlung wird zB dann geboten sein, wenn Einwendungen nach § 648 I nachgeprüft werden müssen, § 648 Rn 8. Wird mündlich verhandelt, ist gleichwohl durch Beschluß zu entscheiden. Eine Vertretung durch RAe ist in keinem Fall erforderlich, § 78 II Z 2.

4) Entscheidung, I u II
A. Form, I 1. Die Entscheidung ergeht durch Beschluß des Rpfl. Der Beschluß ist vAw zuzustellen, § 329 III iVm § 652. Wegen der Form bei maschineller Bearbeitung s § 658. Der Beschluß ist Vollstreckungstitel, § 794 I Z 2 a.
B. Inhalt, I 2 u 3 II. Außer den für jeden Beschluß nötigen Angaben, § 329 Rn 14 ff, muß der Festsetzungsbeschluß folgendes enthalten:
a) Entscheidungsbestandteile, I 2 u 3
aa) Zahlungsverpflichtung, I 2. In dem Beschluß ist auszusprechen, daß der Antragsgegner den (in Zahlen oder in Prozentsätzen des Regelunterhalts, § 1612 a BGB) festgesetzten Unterhalt an den Unterhaltsberechtigten zu zahlen hat, Mü MDR **01**, 939 mwN, Jena RR **00**, 1027, wobei die abzuziehenden Kindergeldbeträge, § 1612 b BGB, in Prozentsätzen des jeweils gültigen Satzes bezeichnet werden dürfen, Köln FamRZ **02**, 33.
bb) Kosten, I 3 (Groß Rpfleger **99**, 303). In dem Festsetzungsbeschluß ist nicht nur über die Kostenpflicht zu entscheiden, §§ 91 ff, 93 d iVm § 648 I 2. Die bis zur Verfügung des Beschlusses entstandenen erstattungsfähigen Kosten des Verfahrens sind auch betragsmäßig festzusetzen, soweit sie ohne weiteres ermittelt werden können, **I 3 1. Halbs.** Dafür genügt es, wenn der Antragsteller die zu ihrer Berechnung notwendigen Angaben dem Gericht mitteilt, **I 3 2. Halbs**; bei einer Kostenteilung gilt dies entspr auch hinsichtlich der Kosten des Antraggegners. Dadurch wird idR ein zusätzliches Kostenfestsetzungsverf, §§ 103 ff, vermieden, vgl § 641 p I 4 aF. **Gebühren:** Gericht KV 1800, RA § 44 BRAGO (Streitwert: § 17 I 2 GKG).
b) Hinweise. Im Festsetzungsbeschluß ist darauf hinzuweisen, welche Einwendungen mit der sofortigen Beschwerde geltend gemacht werden können, § 652 II, und unter welchen Voraussetzungen eine Abänderung im Wege der Klage verlangt werden kann, § 654; s dortige Erl. Über diese Angaben hinaus, die sonst den Parteien wenig nützen, wird der Rpfl die Parteien auch über Form und Frist der sofortigen Beschwerde belehren. Ein **Verstoß** gegen III ist prozessual ohne Folgen, aM Naumb FamRZ **01**, 1465, wird aber Anlaß zur WiedEins bei Fristversäumnis, § 233, oder zur Nichterhebung von Rechtsmittelkosten, § 8 GKG, geben können.
C. Wirksamkeit. Der Beschluß bleibt über den Eintritt der Volljährigkeit hinaus wirksam, § 798 a.

5) Rechtsbehelfe. Vgl §§ 651 u 652 u die dortigen Erl.

6) Abänderung. Vgl § 654–656 u die dortigen Erl.

650

Mitteilung über Einwendungen. ¹Sind Einwendungen erhoben, die nach § 648 Abs. 1 Satz 3 nicht zurückzuweisen oder die nach § 648 Abs. 2 zulässig sind, teilt das Gericht dem Antragsteller dies mit. ²Es setzt auf seinen Antrag den Unterhalt durch Beschluss fest, soweit sich der Antragsgegner nach § 648 Abs. 2 Satz 1 und 2 zur Zahlung von Unterhalt verpflichtet hat. ³In der Mitteilung nach Satz 1 ist darauf hinzuweisen.

1) Regelungszweck. Während § 649 das Verf regelt, wenn keine beachtlichen Einwendungen erhoben worden sind, dort Rn 3, bestimmt § 650 das Nähere über das Verfahren bei Erhebung beachtlicher Einwendungen, vgl § 648 Rn 8 u 9.

2) Mitteilung an den Antragsteller, S 1 u 3. Sind Einwendungen erhoben, die nach § 648 I 3 nicht zurückzuweisen oder nach § 648 II zulässig sind, s § 648 Rn 2 ff u 4 ff, so teilt der Rpfl, § 20 Z 10 RpflG, dies dem Antragsteller mit, **S 1**. Dadurch wird ihm Gelegenheit gegeben, zu den Einwendungen Stellung zu nehmen. Insbesondere kann der Antragsteller beantragen, in den Fällen des § 648 II 1 u 2 einen **Teilfestsetzungsbeschluß, S 2**, zu erlassen. Darauf ist in der Mitteilung, S 1, hinzuweisen, **S 3**.
Unabhängig vom Erlaß eines Teil-Festsetzungsbeschlusses, S 2, können beide Parteien beantragen, das **streitige Verf** durchzuführen, § 651 I 1. Darauf ist in der Mitteilung nach § 650 ebenfalls hinzuweisen, § 651 I 2. Der Zugang dieses Hinweises ist für die Rechtshängigkeit im streitigen Verf von Bedeutung, § 651 III, dort Rn 4.

3) Weiteres Verfahren. S 2. Der Gang des weiteren Verfahrens hängt vom Verhalten des Antragstellers ab:
A. Streitiges Verfahren. Beantragt eine Partei die Durchführung des streitigen Verfahrens, so ist nach § 651 zu verfahren, s dortige Erl. Der Antragsteller kann den über den Teilfestsetzungsbeschluß, S 2, hinausgehenden Anspruch nur auf diesem Wege weiterverfolgen.

§§ 650, 651   Buch 6. Verfahren in Familiensachen

5   **B. Teilfestsetzungsbeschluß.** Unabhängig vom weiteren Verfahren kann der Antragsteller beantragen, den Unterhalt durch Beschluß festzusetzen, soweit sich der Antragsgegner nach § 648 II 1 u 2 zur Zahlung verpflichtet hat, S 2. Dem Antrag ist stattzugeben; wegen Form u Inhalt des Beschlusses s § 649 Rn 5–8. Gegen ihn ist die sofortige Beschwerde zulässig, § 652. Wegen seiner Behandlung im streitigen Verf s § 651 IV, dort Rn 6.

651 *Streitiges Verfahren.* ¹ ¹ Im Falle des § 650 wird auf Antrag einer Partei das streitige Verfahren durchgeführt. ² Darauf ist in der Mitteilung nach § 650 hinzuweisen.

II ¹ Beantragt eine Partei die Durchführung des streitigen Verfahrens, so ist wie nach Eingang einer Klage weiter zu verfahren. ² Einwendungen nach § 648 gelten als Klageerwiderung.

III Der Rechtsstreit gilt als mit der Zustellung des Festsetzungsantrags (§ 647 Abs. 1 Satz 1) rechtshängig geworden.

IV Ist ein Festsetzungsbeschluss nach § 650 Satz 2 vorausgegangen, soll für zukünftige wiederkehrende Leistungen der Unterhalt in einem Gesamtbetrag bestimmt und der Festsetzungsbeschluss insoweit aufgehoben werden.

V Die Kosten des vereinfachten Verfahrens werden als Teil der Kosten des streitigen Verfahrens behandelt.

VI Wird der Antrag auf Durchführung des streitigen Verfahrens nicht vor Ablauf von sechs Monaten nach Zugang der Mitteilung nach § 650 Satz 1 gestellt, gilt der über den Festsetzungsbeschluss gemäß § 650 Satz 2 oder die Verpflichtungserklärung des Antragsgegners gemäß § 648 Abs. 2 Satz 1 und 2 hinausgehende Festsetzungsantrag als zurückgenommen.

Vorbem. I 1, III idF, VI angefügt dch Art 30 Z 5 a–c G v 13. 12. 01, BGBl 3574, in Kraft seit 1. 1. 02, Art 36 I G, ÜbergangsR Einl III 78.

1   **1) Regelungszweck.** Über materielle Einwendungen ist im vereinfVerf nicht zu entscheiden, § 648 Rn 8 u 9. Vielmehr kann dies nur im streitigen Verfahren geschehen. Den Übergang zu diesem Verf regelt § 651.

2   **2) Übergang in das streitige Verfahren, I.** Betreibt der Antragsteller statt der Unterhaltsklage den vereinfVerf und bleiben in ihm Einwendungen, die nach § 648 I 3 nicht zurückzuweisen oder nach § 648 II zulässig sind, ganz oder teilweise unbeschieden, so wird im Fall des § 650 auf Antrag einer Partei das streitige Verfahren durchgeführt, **I 1**. Auf diese Möglichkeit ist in der Mitteilung nach § 650 hinzuweisen, **I 2**. Mit der Verweisung auf § 650 ZPO wird klargestellt, daß das streitige Verfahren nur eröffnet werden soll, wenn und soweit zulässige Einwendungen zunächst vorgebracht wurden und diesbezüglich eine Festsetzung unterblieben ist, BT-Drs 14/7349 S 52.

Der erforderliche Antrag ist schriftlich zu stellen; für ihn gilt § 657, s dortige Erl (kein Anwaltszwang, § 78 II 1 Z 2). Er kann gestellt werden, sobald eine Entscheidung des Rpfl über die Einwendungen des Antragsgegners ergangen ist.

3   **3) Wirkungen des Übergangsantrags, II u III**

A. Allgemeines, II. Nach dem Eingang des Antrags ist wie nach Eingang einer Klage zu verfahren, **II 1**, dh der Festsetzungsantrag, §§ 645 u 646, ist als Klage zu behandeln. Einwendungen nach § 648 gelten als Klagerwiderung, **II 2**. Das weitere Verfahren richtet sich nach den allgemeinen Vorschriften, also zB die Vorbereitung der mündlichen Verhandlung nach § 643 neben den §§ 139, 142, 143 u 273, s § 643 Rn 1, der einstweilige Rechtsschutz nach § 644, s dortige Erl. Auch im streitigen Verfahren besteht **kein Anwaltszwang**, § 78 II 1 Z 2.

4   **B. Rechtshängigkeit, III.** An sich tritt Rechtshängigkeit iSv § 261 erst mit dem Eingang des Antrags nach I ein. Der Rechtsstreit gilt jedoch als mit der Zustellung der Antragsschrift, § 647 I 1, rechtshängig geworden. Wenn der Antrag, I, nicht vor Ablauf von 6 Monaten nach Zugang der Mitteilung nach § 650 gestellt wird, dort Rn 3, greift VI ein, unten Rn 5. Falls in der Mitteilung der Hinweis auf das streitige Verfahren, I 2, unterblieben oder die Mitteilung nicht zugegangen ist, wird diese Frist nicht in Lauf gesetzt, so daß dann auch ein späterer Antrag zu rückwirkender Rechtshängigkeit führt.

5   **4) Entscheidung im streitigen Verfahren, IV–VI.** Sie richtet sich nach den allgemeinen Vorschriften der ZPO und den Sondervorschriften der §§ 621 c u 621 d sowie 642–644, vgl § 621 a Rn 2. Weitere Sonderbestimmungen für die Entscheidung im streitigen Verfahren enthalten IV u V. Für das streitige Verfahren gilt die Begrenzung nach § 645 I nicht; im Wege der Klagerweiterung kann also ein höherer Unterhalt verlangt werden, Schumacher/Grün FamRZ **98**, 793. Wenn der Antrag, I, nicht vor Ablauf von 6 Monaten nach Zugang der Mitteilung nach § 650 S 1 gestellt worden ist, gilt die **Rücknahmefiktion**, VI. Die Änderung der Sechsmonatsfrist, III, in eine Ausschlußfrist, VI, entspricht dem Bedürfnis der Praxis, alsbald Rechtsklarheit zu schaffen. Die Fiktion der Rücknahme führt zur Beendigung des Rechtsstreits und ermöglicht eine einheitliche Kostenentscheidung nach den §§ 91 ff ZPO.

6   **A. Festsetzungsbeschluß nach § 650 S 2, IV.** Ist ein solcher Beschluß vorausgegangen, § 650 Rn 5, soll für zukünftig wiederkehrende Leistungen der Unterhalt in einem Gesamtbetrag bestimmt und der Festsetzungsbeschluß insoweit aufgehoben werden. Die Vorschrift ist nicht zwingend. Sie ist zB nicht anzuwenden, wenn der vorausgegangene Beschluß nur rückständigen Unterhalt betrifft, Rühl/Greßmann Rn 261.

7   **B. Kostenentscheidung, V.** Die Kosten des vereinfVerf werden als Teil der Kosten des streitigen Verf behandelt, vgl § 281 III 1 u § 696 I 5. Für die Kostenentscheidung gelten die §§ 91 ff, namentlich auch § 93 d sowie § 269; s die dortigen Erl.

Abschnitt 6. Titel 2. Vereinfachte Verfahren usw. §§ 651–653

C. Rechtsmittel. Gegen Urteile ist die Berufung an das OLG, § 119 GVG, nach Maßgabe der §§ 511 ff 8 gegeben. Wegen der Revision an den BGH, § 133 GVG, s § 621 d. In beiden Rechtsmittelinstanzen besteht Anwaltszwang, § 78 I u II Z 2.

652 Sofortige Beschwerde.
I Gegen den Festsetzungsbeschluss findet die sofortige Beschwerde statt.

II 1 Mit der sofortigen Beschwerde können nur die in § 648 Abs. 1 bezeichneten Einwendungen, die Zulässigkeit von Einwendungen nach § 648 Abs. 2 sowie die Unrichtigkeit der Kostenentscheidung oder Kostenfestsetzung, sofern sie nach allgemeinen Grundsätzen anfechtbar sind, geltend gemacht werden. 2 Auf Einwendungen nach § 648 Abs. 2, die nicht erhoben waren, bevor der Festsetzungsbeschluss verfügt war, kann die sofortige Beschwerde nicht gestützt werden.

Vorbem. II idF Art 30 Z 6 G v 13. 12. 01, BGBl 3574, in Kraft seit 1. 1. 02, Art 36 I G; Übergangsrecht § 27 EGZPO.

1) Regelungszweck. Als einziges Rechtsmittel gegen einen Festsetzungsbeschluß sieht § 652 die sofor- 1 tige Beschwerde vor, die aber nur beschränkt zulässig ist. Die Regelung gilt für alle Festsetzungsbeschlüsse iSv § 649, also auch für einen Teilfestsetzungsbeschluß nach § 650 S 2. Ist die Beschwerde nach allgemeinen Vorschriften, zB im Kostenpunkt nach § 567 II, ausgeschlossen, so ist gegen Entscheidungen des Rpfl die **Erinnerung** gegeben, § 11 II u IV RPflG, Anh § 153 GVG.

2) Sofortige Beschwerde, I u II 2
A. Allgemeines, I. Da der Festsetzungsbeschluß vom Rpfl erlassen wird, § 20 Z 10 RpflG, ist dagegen die sofortige Beschwerde nach Maßgabe des § 11 I RpflG, Anh § 153 GVG, gegeben, und zwar bei entspr Beschwer für beide Parteien, Mü FamRZ 02, 547, Zweibr FamRZ 00, 1160, str, aM Naumb FamRZ 03, 690 mwN (für ablehnende Beschlüsse s § 646 Rn 7). Hat ausnahmsweise der Richter entschieden, § 5 RPflG, gelten die Vorschriften über die sofortige Beschwerde unmittelbar, §§ 567–573.

B. Form der Einlegung. Für die sofortige Beschwerde gilt kein Anwaltszwang, § 78 V iVm § 657. Sie 3 kann schriftlich oder zu Protokoll des UrkBeamten, § 657, eingelegt werden. Die Einlegungsfrist beträgt 2 Wochen, § 569 I.

C. Zulässigkeit, II. Die sofortige Beschwerde setzt eine Beschwer durch den Festsetzungsbeschluß 4 voraus, Bra FamRZ 02, 1263, und ist nur zulässig, wenn mit dem Rechtsmittel die in § 648 I bezeichneten Einwendungen oder die Zulässigkeit von Einwendungen nach § 648 II oder die Unrichtigkeit der Kostenentscheidung oder -festsetzung geltend gemacht werden, **S 1**. Die Kostenentscheidung unterliegt der sofortigen Beschwerde nur dann, wenn sie isoliert anfechtbar ist, §§ 91 a, 93, 99 u 269. Wird nur die Unrichtigkeit der Kostenfestsetzung geltend gemacht, gilt die Wertgrenze des § 567 II, s oben Rn 1. Zu den nach II zulässigen Einwendungen gehört nicht der Einwand, es sei eine abweichende Vereinbarung getroffen worden, Naumb NJW-FER 00, 96, wohl aber der Einwand, ein zur Grundlage des Feststellungsbeschlusses gemachtes Anerkenntnis sei nicht abgegeben worden, Stgt FamRZ 02, 329. Die Beschränkung gilt sowohl für den Antragsteller, Zweibr FamRZ 00, 1160, AG Tempelhof FamRZ 02, 834, als auch für das Kind oder seinen Rechtsnachfolger, Stgt RR 00, 1103.
Die Einwendungen nach § 648 II müssen schon in erster Instanz erhoben worden sein, **S 2**, was früher str war, vgl 60. Aufl. Für die nach II nicht zulässigen Einwendungen steht allein die Abänderungsklage, § 654, zur Verfügung, Rühl/Greßmann Rn 263, Köln aaO, abw Stgt RR 00, 1103 (Erinnerung nach § 11 II RPflG).

D. Verfahren des Beschwerdegerichts. Zuständig ist das OLG, § 119 GVG. Für sein Verfahren gelten 5 keine Besonderheiten; anwendbar sind die Bestimmungen der §§ 567 ff. Die Vollziehung des Festsetzungsbeschlusses kann ausgesetzt werden, § 572 II u III. Das OLG entscheidet durch unanfechtbaren Beschluß. Für die Kosten gelten §§ 91 ff, insbesondere § 93 d; s dortigen Erl. Gebühren: Gericht KV 1905, RA § 61 BRAGO, vgl Groß Rpfleger **99**, 305.

653 Unterhalt bei Vaterschaftsfeststellung.
I 1 Wird auf Klage des Kindes die Vaterschaft festgestellt, so hat das Gericht auf Antrag den Beklagten zugleich zu verurteilen, dem Kind Unterhalt in Höhe der Regelbeträge und gemäß den Altersstufen der Regelbetrag-Verordnung, vermindert oder erhöht um die nach den §§ 1612 b, 1612 c des Bürgerlichen Gesetzbuchs anzurechnenden Leistungen, zu zahlen. 2 Das Kind kann einen geringeren Unterhalt verlangen. 3 Im Übrigen kann in diesem Verfahren eine Herabsetzung oder Erhöhung des Unterhalts nicht verlangt werden.

II Vor Rechtskraft des Urteils, das die Vaterschaft feststellt, wird die Verurteilung zur Leistung des Unterhalts nicht wirksam.

1) Regelungszweck. Um dem Kind nach der Vaterschaftsfeststellung, § 640 Rn 2, einen weiteren 1 Rechtsstreit wegen des Unterhalts zu ersparen, gibt § 653 (ebenso wie § 643 aF) dem Kind die Möglichkeit, die Vaterschaftsklage mit dem Antrag auf Festsetzung des Regelunterhalts zu verbinden. Die Klage bleibt auch dann KindschaftsS, § 640. Einheitliches Rechtsmittel gegen die Entscheidung des FamGer ist die Berufung an das OLG, § 119 GVG.

2) Verurteilung zur Zahlung des Regelunterhalts, I 1 2
A. Allgemeines. Wird auf Klage des Kindes die Vaterschaft festgestellt, so hat das Gericht auf Antrag des Kindes den Beklagten zugleich zu verurteilen, dem Kind Unterhalt in Höhe der Regelbeträge, § 1612 a BGB, und gemäß den Altersstufen der Regelbetrag-VO, vermindert oder erhöht um die nach den §§ 1612 b,

§§ 653, 654 Buch 6. Verfahren in Familiensachen

1612 c BGB anzurechnenden Leistungen, zu zahlen, I 1; wegen der Beträge im einzelnen s Anh nach § 645. An die Stelle der Feststellung der Vaterschaft, I, tritt die im Prozeß erklärte **Anerkennung der Vaterschaft.** Sie erledigt die Hauptsache, läßt aber das Antragsrecht nach I bestehen, Stgt FamRZ 95, 621, so daß ggf über die Zahlung des Regelunterhalts zu entscheiden ist.

Das Kind, das den Anspruch auf Regelunterhalt nach Forderungsübergang auf einen Dritten von diesem zurückerworben hat, darf den Antrag jedenfalls dann stellen, wenn es den ganzen Regelunterhalt verlangt, BGH NJW 82, 516, Stgt RR 95, 844. Richtet sich der Unterhalt nach ausländischem Recht, so kommt es darauf an, ob dieses Recht ein dem deutschen Regelunterhalt entspr System kennt, Düss FamRZ 93, 983 mwN.

3 **B. Einzelheiten, I 2 u 3.** Das Kind kann einen geringeren Unterhalt verlangen, **I 2.** Im übrigen kann in diesem Verfahren eine Herabsetzung oder Erhöhung des Unterhalts nicht verlangt werden, **I 3**; ein dahin zielender Antrag müßte als unzulässig abgewiesen werden, Düss FamRZ 94, 655 (zu § 643 aF). Der Ausschluß dieser Einwendungen soll sicherstellen, daß das Kind schnell einen vollstreckbaren Titel erwirken kann. Die Frage, inwieweit zu prüfen sei, ob Einwendungen gegen den Grund des Anspruchs durchgreifen, war bislang sehr streitig, vgl 61. Aufl. Der BGH hat diese Frage jetzt entschieden, FamRZ 03, 1095: Danach darf der Schuldner nicht bereits im Annexverfahren des § 653, sondern erst im Rahmen einer anschließenden Korrekturklage nach § 654 geltend machen, daß der Unterhaltsanspruch erfüllt worden sei, daß er verwirkt oder verjährt sei und daß ständige Leistungsunfähigkeit vorliegt; offen geblieben ist die Frage, ob der Ausschluß dieser Einwendungen auch dann gilt, wenn Erfüllung oder Leistungsunfähigkeit feststeht oder unstreitig ist (allerdings wird zu prüfen sein, ob in einem solchen Fall dem nach § 653 gestellten Antrag des Kindes wegen missbräuchlicher Ausnutzung des Einwendungsausschlusses das Rechtsschutzbedürfnis fehlt). Die Verurteilung zum Regelunterhalt ist abhängig von der Vaterschaftsfeststellung, so daß bei deren Wegfall auf Rechtsmittel hin auch die Verurteilung zum Regelunterhalt entfällt.

4 **3) Verfahren, II**

A. Allgemeines. Für das Verfahren nach § 653 gelten die Vorschriften für KindschaftsS, § 640 I, hM, Bra FamRZ 03, 517 mwN, abw 61. Aufl, zweifelnd Gottwald FamRZ 03, 618.

5 **B. Entscheidung.** Die Entscheidung ergeht durch **Urteil** auch dann, wenn die Vaterschaftsklage sich durch Anerkennung erledigt, oben Rn 2. Das Urteil ist **Vollstreckungstitel**; vor Rechtskraft des Urteils, das die Vaterschaft feststellt, wird die Verurteilung zur Leistung des Unterhalts **nicht wirksam, II**, so daß die vorläufige Vollstreckbarkeit, § 704, entfällt, AG Hann FamRZ 00, 1434.

6 **C. Rechtsmittel.** Gegen das Urteil ist die Berufung an das OLG gegeben, § 119 GVG. Sie kann sich allein gegen die Unterhaltsentscheidung richten, ZöPh 4, aM Hamm LS FamRZ 00, 902. Die Revision, § 542, bedarf auch insoweit, als sie sich nur gegen die Verurteilung zur Unterhaltszahlung richtet, der Zulassung, § 543, so schon die hM zu § 643 aF, BGH NJW 98, 2224 mwN; vgl auch § 621 d.

7 **4) Abänderung der Entscheidung.** Sie ist in den §§ 654–656 geregelt.

654

Abänderungsklage. [I] Ist die Unterhaltsfestsetzung nach § 649 Abs. 1 oder § 653 Abs. 1 rechtskräftig, können die Parteien im Wege einer Klage auf Abänderung der Entscheidung verlangen, dass auf höheren Unterhalt oder auf Herabsetzung des Unterhalts erkannt wird.

[II] [1] Wird eine Klage auf Herabsetzung des Unterhalts nicht innerhalb eines Monats nach Rechtskraft der Unterhaltsfestsetzung erhoben, darf die Abänderung nur für die Zeit nach Erhebung der Klage erfolgen. [2] Ist innerhalb dieser Frist ein Verfahren nach Absatz 1 anhängig geworden, so läuft die Frist für den Gegner nicht vor Beendigung dieses Verfahrens ab.

[III] Sind Klagen beider Parteien anhängig, so ordnet das Gericht die Verbindung zum Zweck gleichzeitiger Verhandlung und Entscheidung an.

1 **1) Regelungszweck.** Anders als § 323, der bei einer Änderung der maßgeblichen Verhältnisse die Abänderungsklage vorsieht, s dortige Erl, schafft § 654 für die im vereinfVerf ergangenen Unterhaltstitel eine davon unabhängige Möglichkeit der Korrektur durch Abänderungsklage. Mit ihr können die Parteien eine Erhöhung oder eine Herabsetzung verlangen, insbesondere auch, daß ein nach § 653 ausgeschlossenes Vorbringen nachträglich berücksichtigt wird, BGH FamRZ 03, 1095. Zur Abgrenzung der Abänderungsklage nach § 323 zu der Korrekturklage nach § 654, Karlsr FamRZ 03, 1672, in Fällen der übergangsrechtlichen Dynamisierung von Unterhaltstiteln nach Art 5 § 3 II KindUG vgl BGH RR 03, 433, Ffm FamRZ 01, 767.

2 **2) Geltungsbereich.** Die Vorschrift gilt für Unterhaltsfestsetzungen durch Beschluß, § 649 I (dahin gehören auch Teilfestsetzungen iSv § 650 S 2), oder durch Verbundurteil, § 653 I. Soweit § 655 eingreift, fehlt für die Klage das Rechtsschutzbedürfnis, BT-Drs 13/7338 S 43; wegen der entspr Anwendung von § 323 s dort Rn 65. Auf Unterhaltsvereinbarungen ist § 654 nicht anwendbar.

3 **3) Abänderungsklage, I**

A. Voraussetzungen. Der Unterhaltstitel, oben Rn 2, muß rechtskräftig sein, also die sofortige Beschwerde, § 652, bzw die Berufung, § 653, darf nicht eingelegt oder erfolglos geblieben sein. Außerdem muß das Kind noch minderjährig sein, vgl § 655 Rn 3.

4 **B. Klage, I u II. a) Ziel, I.** Die Parteien können mit der Klage auf **Abänderung der Entscheidung** verlangen, daß auf Erhöhung oder auf Herabsetzung des Unterhalts erkannt wird. Als Begründung dürfen sie alle Umstände vorbringen, die für die Bemessung des Unterhalts maßgeblich sind, namentlich (aber nicht nur) die Umstände, die nach §§ 648 bzw 653 nicht vorgebracht werden dürfen, Hamm FamRZ 05, 1586.

Abschnitt 6. Titel 2. Vereinfachte Verfahren usw. **§§ 654, 655**

b) Beschränkungen, II. Mit der **Klage auf Herabsetzung** kann eine Korrektur der Entscheidung auch **5** für die Vergangenheit verlangt werden, wenn die Klage **innerhalb eines Monats** nach Rechtskraft der Unterhaltsfestsetzung erhoben wird, **II** 1; zur Wahrung der Frist bei demnächstiger Zustellung, § 270, ZöPh 4, AG Landshut FamRZ 00, 41. Ist innerhalb dieser Frist ein Verfahren nach I anhängig geworden, läuft die Frist für den Gegner nicht vor (rechtskräftiger) Beendigung des Klageverf ab, **II** 2, so daß er bis dahin dem Verlangen nach Erhöhung seinerseits das Verlangen nach Herabsetzung entgegensetzen kann. Hat der Erstkläger die **Frist überschritten**, so darf eine Abänderung des Titels nur für Zeit nach Erhebung der Klage erfolgen, **II** 1.

C. Verfahren, III. Für das Verfahren erster Instanz besteht kein Anwaltszwang, § 78 II 1 Z 2. Sachlich **6** zuständig ist das FamGer, § 621; das Verfahren richtet sich nach den für FamS iSv § 621 I Z 4 geltenden Vorschriften, § 621 a Rn 2, also nach den §§ 621 c, 621 d, 643 u 644 sowie den allgemeinen Vorschriften der ZPO für das Klageverfahren. Das Gericht kann die Vollstreckung des Festsetzungsbeschlusses entspr § 769 einstellen, Ffm FamRZ 82, 736 (zu § 641 d aF). Sind Klagen beider Parteien anhängig, ordnet das FamGer die Verbindung zum Zweck der gleichzeitigen Verhandlung und Entscheidung an, **III**, s § 147. Vgl i ü § 323 I–III, der nach § 323 IV entspr anwendbar ist, dort Rn 65.

4) Entscheidung. Die Entscheidung des FamGer ergeht durch Urteil; wegen der Zustellung s § 621 c. **7** Wegen der Kosten s §§ 91 ff; vgl dazu § 656 Rn 5. Rechtsmittel ist die Berufung an das OLG, § 119 GVG. Für die Revision, § 545, gilt § 621 d.

655 *Abänderung des Titels bei wiederkehrenden Unterhaltsleistungen.* ¹ Auf wiederkehrende Unterhaltsleistungen gerichtete Vollstreckungstitel, in denen ein Betrag der nach den §§ 1612 b, 1612 c des Bürgerlichen Gesetzbuchs anzurechnenden Leistungen festgelegt ist, können auf Antrag im vereinfachten Verfahren durch Beschluss abgeändert werden, wenn sich ein für die Berechnung dieses Betrags maßgebender Umstand ändert.

II ¹ Dem Antrag ist eine Ausfertigung des abzuändernden Titels, bei Urteilen des in vollständiger Form abgefassten Urteils, beizufügen. ² Ist ein Urteil in abgekürzter Form abgefasst, so genügt es, wenn außer der Ausfertigung eine von dem Urkundsbeamten der Geschäftsstelle des Prozessgerichts beglaubigte Abschrift der Klageschrift beigefügt wird. ³ Der Vorlage des abzuändernden Titels bedarf es nicht, wenn dieser von dem angerufenen Gericht auf maschinellem Weg erstellt worden ist; das Gericht kann dem Antragsteller die Vorlage des Titels aufgeben.

III ¹ Der Antragsgegner kann nur Einwendungen gegen die Zulässigkeit des vereinfachten Verfahrens, gegen den Zeitpunkt der Abänderung oder gegen die Berechnung des Betrags der nach den §§ 1612 b, 1612 c des Bürgerlichen Gesetzbuchs anzurechnenden Leistungen geltend machen.
² Ferner kann er, wenn er sich sofort zur Erfüllung des Anspruchs verpflichtet, hinsichtlich der Verfahrenskosten geltend machen, dass er keinen Anlass zur Stellung des Antrags gegeben hat (§ 93).

IV Ist eine Abänderungsklage anhängig, so kann das Gericht das Verfahren bis zur Erledigung der Abänderungsklage aussetzen.

V ¹ Gegen den Beschluss findet die sofortige Beschwerde statt. ² Mit der sofortigen Beschwerde können nur die in Absatz 3 bezeichneten Einwendungen sowie die Unrichtigkeit der Kostenfestsetzung geltend gemacht werden.

VI Im Übrigen sind auf das Verfahren § 323 Abs. 2, § 646 Abs. 1 Nr. 1 bis 5 und 7, Abs. 2 und 3, die §§ 647 und 648 Abs. 3 und § 649 entsprechend anzuwenden.

Schrifttum: Göppinger/Wax (van Els) Rn 2220 ff; Wohlgemuth FPR **03**, 60; van Els Rpfleger **99**, 303; Strauß FamRZ **98**, 1003; Schumacher/Grün FamRZ **98**, 794.

Gliederung

1) Regelungszweck	1	B. Geltendmachung der Einwendungen, VI	8
2) Geltungsbereich, I	2	6) Verfahren des Rpfl, IV–VI	9
3) Vereinfachtes Abänderungsverfahren: Allgemeines, I u II	3, 4	A. Anhörung des Antragsgegners	9
A. Voraussetzungen	3	B. Verbindung mehrerer Verfahren	9
B. Antrag und Zuständigkeit	4	C. Aussetzung des Verfahrens	9
4) Antrag, I u II	5, 6	7) Entscheidung, VI	10, 11
A. Form, I	5	A. Zurückweisung des Antrags	10
B. Vorlage des Titels, II	5	B. Neufestsetzung des Unterhalts	10
C. Inhalt des Antrags, VI	6	C. Kosten und sonstiges	11
D. Mängel des Antrags, VI	6	8) Rechtsmittel, V	12
5) Einwendungen des Antragsgegners	7, 8	9) Abänderung	13
A. Beschränkung der Einwendungen, II	7		

1) Regelungszweck. Die Vorschrift sieht ein vereinfachtes Abänderungsverfahren für Unterhaltstitel vor, **1** wenn sich die Grundlage für die Berechnung anzurechnender Leistungen, §§ 1612 b u 1612 c BGB, ändert. Für andere Fälle steht den Beteiligten die Abänderungsklage nach § 654, dort Rn 1 u 3, bzw § 323 zur Verfügung.

2) Geltungsbereich, I. Das vereinfAbändVerf gilt für alle auf wiederkehrende Unterhaltsleistungen **2** zugunsten Minderjähriger gerichteten Vollstreckungstitel (§§ 704, 794, 796 a–797), in denen ein Betrag der

§ 655 Buch 6. Verfahren in Familiensachen

nach den §§ 1612b u 1612c BGB anzurechnenden Leistungen festgelegt ist, vgl Anh § 645, Naumb FamRZ **02**, 837 u 1264. Hierher gehören namentlich Urteile, Festsetzungsbeschlüsse iSv § 649 sowie vollstreckbare Erklärungen, Vergleiche und Urkunden nach bisherigem oder jetzt geltendem Recht. Gerichtliche Titel müssen rechtskräftig sein. Für seinen Geltungsbereich schränkt § 655 die Klage nach § 323 ein, § 323 V, dort Rn 80–83, Hamm FamRZ **02**, 1051 mwN.

3 **3) Vereinfachtes Abänderungsverfahren: Allgemeines, I u II**

A. Voraussetzungen. Der Vollstreckungstitel kann auf Antrag im vereinfAbändVerf durch Beschluß nur dann abgeändert werden, wenn sich ein für die Berechnung des **Anrechnungsbetrages**, Rn 2, maßgebender Umstand ändert, **I**. Hierin gehören Änderungen des Kindergeldes und seiner Anrechnung, § 1612b BGB. Die Änderung darf **nicht** auf Gründen beruhen, die in einem früheren Unterhaltsverf hätten geltend gemacht werden können, **VI iVm § 323 II**, s dort Rn 17 ff. Mit dem Eintritt der Volljährigkeit entfällt die Anwendung des § 654, Graba NJW **01**, 257; im Fall des § 798a gilt § 767 bzw § 323, Strauß FamRZ **98**, 1004.

4 **B. Verfahren.** Das vereinfAbändVerf wird durch den Antrag der Partei eingeleitet, die durch die Änderung des anzurechnenden Betrages beschwert ist; wegen der Einzelheiten s unten Rn 5 ff. Sachlich **zuständig** ist das FamGer, § 621 I Z 4; die örtliche Zuständigkeit ergibt sich aus § 642. Das Verf ist dem Rpfl übertragen, § 20 Z 10 RpflG. Rechtsmittelgericht ist das OLG, § 119 GVG.

5 **4) Antrag, I u II**

A. Form, I. Der Antrag, oben Rn 4, ist an das FamGer zu richten und schriftlich (dazu Düss RR **02**, 437) oder zu Protokoll der UrkBeamten zu stellen, § 657. Für den Antrag besteht kein Anwaltszwang, § 78 V; bei Gewährung von PKH ist idR ein RA beizuordnen, Mü FamRZ **02**, 837, Nürnb NJW-FER **01**, 242.

B. Vorlage des Titels, II. Dem Antrag ist eine Ausfertigung des abzuändernden Titels, bei Urteilen des in vollständiger Form abgefaßten Urteils, beizufügen, **II 1**. Ist ein Urteil in abgekürzter Form abgefaßt, § 313b, so genügt es, außer der Ausfertigung eine vom UrkBeamten des Prozeßgerichts beglaubigte Abschrift der Klagschrift beizufügen, **II 2**, Köln NJW-FER **01**, 108. Der Vorlage des abzuändernden Titels **bedarf es nicht**, wenn dieser von dem angerufenen Gericht auf maschinellem Weg erstellt worden ist, **II 3 1. Halbs**, zB nach § 658; das Gericht kann dem Antragsteller die **Vorlage des Titels** aufgeben, **II 3 2. Halbs**.

6 **C. Inhalt des Antrags, VI.** Für ihn gilt § 646 I Z 1–5 u 7, s § 646 Rn 3 u 4.

D. Mängel des Antrags, VI. Entspricht der Antrag nicht den Anforderungen, so ist er durch unanfechtbaren Beschluß des Rpfl zurückzuweisen, **VI iVm § 646 II**.

7 **5) Einwendungen des Antragsgegners, III**

A. Beschränkung der Einwendungen, II: Im vereinfAbändVerf sind Einwendungen nur beschränkt zulässig. Der Antragsgegner kann nur geltend machen: a) Einwendungen gegen die **Zulässigkeit des vereinfAbändVerf, III 1**, also das Fehlen der Voraussetzungen, oben Rn 2 u 3; b) Einwendungen gegen den **Zeitpunkt der Abänderung**, II 1; c) Einwendungen gegen die **Berechnung** der nach den §§ 1612b u 1612c BGB anzurechnenden Leistungen, **III 1**, vgl Anh § 645; d) ferner kann der Antragsgegner, wenn er sich sofort zur Erfüllung des Anspruchs verpflichtet, hinsichtlich der **Verfahrenskosten** geltend machen, daß er keinen Anlaß zur Stellung des Antrags gegeben hat (§ 93), vgl § 648 Rn 8.

8 **B. Geltendmachung der Einwendungen, VI.** Die Einwendungen sind innerhalb eines Monats nach Empfang der Mitteilung des Gerichts (bzw innerhalb der bei Auslandszustellung besonders bestimmten Frist) geltend zu machen, VI iVm § 647, vgl dort Rn 4. Spätere Einwendungen sind zu berücksichtigen, solange die Entscheidung über den Abänderungsantrag nicht verfügt ist, VI iVm § 648 III.

9 **6) Verfahren des Rpfl, IV, V u VI**

A. Anhörung des Antragsgegners. Hierfür gilt § 647 entspr, VI, s die dortigen Erl.

B. Verbindung mehrerer vereinfAbändVerf. Insofern gilt § 646 III entspr, VI, s § 646 Rn 8.

C. Aussetzung des Verfahrens, IV. Ist eine Abänderungsklage, §§ 323 oder 654, anhängig, so kann der Rpfl das vereinfAbändVerf bis zur Erledigung der Abänderungsklage aussetzen, § 148; davon wird abzusehen sein, wenn die Klage keine hinreichenden Erfolgsaussichten bietet, BT-Drs 13/7338 S 44.

10 **7) Entscheidung**

A. Zurückweisung des Antrags, VI. Entspricht der Antrag nicht den erforderlichen Voraussetzungen, I u VI iVm § 646 I Z 1–5 u 7, so weist ihn der Rpfl nach Anhörung des Antragstellers durch unanfechtbaren Beschluß zurück, VI iVm § 646 II; s § 646 Rn 5 ff.

B. Neufestsetzung des Unterhalts, VI. Insoweit gilt § 649 entspr, s dort Rn 6. Eine Abänderung ist für die Zeit seit Eingang des Antrags zulässig. Der Beschluß ist VollstrTitel, § 794 I Z 2a.

11 **C. Kosten und sonstiges, VI.** Insoweit gilt § 649 entspr, s dort Rn 7 u 8. Gebühren: Gericht KV 1801, RA § 44 BRAGO; Streitwert: § 17 I u IV GKG.

12 **8) Rechtsmittel, V.** Gegen den Beschluß des Rpfl findet nach Maßgabe des § 11 die sofortige Beschwerde statt, mit der nur die in III bezeichneten Einwendungen sowie die Unrichtigkeit der Kostenfestsetzung geltend gemacht werden können. Diese Regelung entspricht § 652, s die dortigen Erl. Gebühren: Gericht KV 1905, RA § 61 BRAGO, Groß Rpfleger **99**, 305.

13 **9) Abänderung.** Eine Abänderung des nach § 655 ergehenden Beschlusses im Wege der Klage sieht § 656 vor.

Abschnitt 6. Titel 2. Vereinfachte Verfahren usw. **Anh § 655, § 656**

Anhang nach § 655. Unterhaltsanpassungsgesetz

vom 2. 11. 2000, BGBl 1480

§ 1. In anhängigen Verfahren, die die gesetzliche Unterhaltspflicht eines Elternteils oder beider Elternteile gegenüber einem minderjährigen Kind betreffen, ist eine vor dem 1. Januar 2001 geschlossene mündliche Verhandlung auf Antrag wieder zu eröffnen.

§ 2. Urteile, Beschlüsse und andere Schuldtitel im Sinne des § 794 der Zivilprozessordnung, in denen Unterhaltsleistungen für ein minderjähriges Kind nach dem vor dem 1. Januar 2001 geltenden Recht zuerkannt, festgesetzt oder übernommen sind, können auf Antrag im vereinfachten Verfahren nach § 655 der Zivilprozessordnung für die Zeit nach der Antragstellung dahin abgeändert werden, dass die Anrechnung von kindbezogenen Leistungen im Sinne der §§ 1612 b und 1612 c des Bürgerlichen Gesetzbuchs unterbleibt, soweit der Unterhalt 135 Prozent des Regelbetrages nach der Regelbetrag-Verordnung nicht übersteigt.

Vorbem. Das Gesetz bildet Art 4 des G v 2. 11. 00, BGBl 1479; es ist am 1. 1. 01 in Kraft getreten, **1** Art 5 I 2 des Ges, und tritt am 1. 1. 06 außer Kraft, Art 5 II des Ges (Materialien: Bericht des Rechtsausschusses BT-Drs 14/3781).

Erläuterung (Graba NJW **01**, 255). Anlaß für den Erlaß des Gesetzes waren die in seinen Art 1 und 2 **2** enthaltenen Änderungen der §§ 1612 a und 1612 b BGB, Anh § 645, und des Art 5 KindUG; Einf § 606 Rn 12. Es eröffnet die Möglichkeit, in anhängigen Unterhaltsverfahren jeder Art gleich welcher Instanz eine vor dem 1. 1. 01 geschlossene mündliche Verhandlung wieder zu eröffnen, § 1, und nach bisherigem Recht ergangene Unterhaltstitel auf Antrag im Verfahren nach § 655 zu ändern, § 2. Voraussetzungen: Es muß sich um einen Titel handeln, in dem Unterhaltsleistungen für ein minderjähriges Kind nach dem vor dem 1. 1. 01 geltenden Recht zuerkannt, festgesetzt oder übernommen sind; auf den Zeitpunkt der Entscheidung kommt es nicht an. Auf Antrag, den idR das Kind bzw sein Vertreter stellen wird, darf (nicht muß) das nach § 642 zuständige Gericht den Titel für die Zeit nach der Antragstellung im vereinfVerf dahin abändern, daß die Anrechnung von kindbezogenen Leistungen iSv § 1612 b und § 1612 c BGB unterbleibt, soweit der Unterhalt 135 vH des Regelbetrages nicht übersteigt. Zweck der Regelung ist die Umstellung auf die seit dem 1. 1. 01 geltende Anrechnungsvorschrift. Das Verfahren richtet sich nach den §§ 655–659, dazu Graba NJW **01**, 256. **Rspr:** Bra FamRZ **02**, 330 u 548; Naumb FamRZ **02**, 548; Stgt FamRZ **02**, 549; KG FamRZ **02**, 330; Bbg NJW-FER **01**, 122. Zur Verfassungsmäßigkeit des § 2 s Stgt FamRZ **02**, 173 (verneinend) u FamRZ **02**, 177 (bejahend).

656 *Klage gegen Abänderungsbeschluss.* [I] Führt die Abänderung des Schuldtitels nach § 655 zu einem Unterhaltsbetrag, der wesentlich von dem Betrag abweicht, der der Entwicklung der besonderen Verhältnisse der Parteien Rechnung trägt, so kann jede Partei im Wege der Klage eine entsprechende Abänderung des ergangenen Beschlusses verlangen.

[II] [1] Die Klage ist nur zulässig, wenn sie innerhalb eines Monats nach Zustellung des Beschlusses erhoben wird. [2] § 654 Abs. 2 Satz 2 und Abs. 3 gilt entsprechend.

[III] Die Kosten des vereinfachten Verfahrens werden als Teil der Kosten des Rechtsstreits über die Abänderungsklage behandelt.

1) Regelungszweck. Da die Abänderung eines Titels im vereinfAbändVerf, § 655, an enge Voraus- **1** setzungen geknüpft ist, gibt § 656 den Parteien die Möglichkeit, im Wege der Klage eine Überprüfung der Unterhaltshöhe und damit eine Änderung des im vereinfAbändVerf ergangenen Beschlusses zu erreichen.

2) Wesen der Anpassungsklage, I. Die Klage setzt voraus, daß die **Entscheidung nach § 655** zu einem **2** Unterhaltsbetrag führt, der wesentlich von dem Betrag abweicht, der der Entwicklung der besonderen Verhältnisse der Parteien Rechnung trägt; Änderungsanlaß muß also die Neufestlegung des Anrechnungsbetrages nach §§ 1612 b, 1612 c BGB sein, Graba NJW **01**, 257, Schumacher/Grün FamRZ **98**, 795. Werden andere Gründe für eine Abänderung geltend gemacht, so greift § 323 ein, s § 323 V, dort Rn 80 ff.

3) Abänderungsverfahren, I u II. Die Klage steht **jeder Partei** offen, I. Sie ist auf **Aufhebung oder** **3** **Abänderung des Beschlusses nach § 655** gerichtet.

A. Befristung, II. Die Klage ist nur zulässig, wenn sie innerhalb eines Monats nach Zustellung des Beschlusses erhoben wird, **II 1.** Ist innerhalb dieser Frist ein Verfahren nach I anhängig geworden, so läuft die Frist für den Gegner nicht vor Beendigung dieses Verf ab, **II 2** iVm § 654 II 2, s § 654 Rn 5.

B. Verfahren. Hier gilt das gleiche wie im Fall der Klage nach § 654, dort Rn 6; Anwaltszwang besteht **4** in der ersten Instanz nicht, § 78 II 1 Z 2. Das Verfahren entspricht dem des § 323. Sind Klagen beider Parteien anhängig, so sind die Verf zu verbinden, **II 2** iVm § 654 III, s dort Rn 6. Das Gericht kann die Zwangsvollstreckung aus dem Beschluß entspr § 769 einstellen, Ffm FamRZ **82**, 736, vgl § 323 Rn 54.

C. Entscheidung. Vgl § 654 Rn 7. Das **Urteil** auf Abänderung des Beschlusses nach § 655 wirkt auf **5** den Zeitpunkt zurück, in dem der Beschluß nach § 655 bezeichnet worden ist. Die **Kosten** des vereinf-AbändVerf werden als Kosten des Rechtsstreits über die AbändKlage behandelt, III; an die Stelle der Kostenentscheidung im Beschluß nach § 655 tritt also die Kostenentscheidung im Urteil. Die Regelung wird durch die Anrechnung des im vereinfAbändVerf entstandenen Kosten auf die des Prozesses ergänzt, s KV 1201 u § 44 II 2 BRAGO, Groß Rpfleger **99**, 305.

D. Rechtsmittel. Vgl § 654 Rn 7. **6**

§§ 657–659, Anh § 659   Buch 6. Verfahren in Familiensachen

657 *Besondere Verfahrensvorschriften.* ¹ In vereinfachten Verfahren können die Anträge und Erklärungen vor dem Urkundsbeamten der Geschäftsstelle abgegeben werden. ² Soweit Formulare eingeführt sind, werden diese ausgefüllt; der Urkundsbeamte vermerkt unter Angabe des Gerichts und des Datums, dass er den Antrag oder die Erklärung aufgenommen hat.

1   **1) Anträge und Erklärungen.** Im vereinfVerf können Anträge und Erklärungen vor dem Urkundsbeamten der Geschäftsstelle abgegeben werden, **S 1**. Das gilt auch für das Beschwerdeverfahren, so daß dort ebenfalls kein AnwZwang besteht, § 78 V. Die Abgabe auch vor dem UrkB eines anderen AG als des für das vereinfVerf zuständigen AG ist zulässig. § 129a I; wegen des Wirksamwerdens in diesem Fall s § 129a II. Anträge und Erklärungen können auch Notare und Urkundspersonen des Jugendamtes, § 59 I Z 9 KJHG, aufnehmen, van Els Rpfleger **99**, 302.

2   **2) Vordrucke.** Soweit Vordrucke für Anträge und Erklärungen der Parteien eingeführt werden, müssen sich die Parteien ihrer bedienen, § 659 II. Diese Vordrucke werden durch den Urkundsbeamten ausgefüllt; er vermerkt unter Angabe des Gerichts und des Datums, daß er den Antrag oder die Erklärung aufgenommen hat, **S 2**. Für den Vermerk, der an Stelle der Beglaubigung eines Protokolls tritt, kann ein Stempel verwendet werden.

658 *Sonderregelungen für maschinelle Bearbeitung.* ¹ ¹ In vereinfachten Verfahren ist eine maschinelle Bearbeitung zulässig. ² § 690 Abs. 3 gilt entsprechend.

II Bei maschineller Bearbeitung werden Beschlüsse, Verfügungen und Ausfertigungen mit dem Gerichtssiegel versehen; einer Unterschrift bedarf es nicht.

1   **1) Maschinelle Bearbeitung, I.** Im vereinfVerf, §§ 645–660, ist eine maschinelle Bearbeitung zulässig, **I 1**, weil dies einer schnelleren und kostensparenden Bewältigung dient, vgl § 703b Rn 1. § 690 III (Antrag in nur maschinell lesbarer Form) gilt entspr, **I 2**; vgl § 690 Rn 16.

2   **2) Einzelheiten, II.** Bei maschineller Bearbeitung werden Beschlüsse, Verfügungen und Ausfertigungen mit dem Gerichtssiegel versehen, und zwar als Druck, nicht etwa als Original, § 703b Rn 2. Einer Unterschrift bedarf es in diesem Fall nicht.

659 *Formulare.* ¹ ¹ Das Bundesministerium der Justiz wird ermächtigt, zur Vereinfachung und Vereinheitlichung der Verfahren durch Rechtsverordnung mit Zustimmung des Bundesrates Formulare für die vereinfachten Verfahren einzuführen. ² Für Gerichte, die die Verfahren maschinell bearbeiten, und für Gerichte, die die Verfahren nicht maschinell bearbeiten, können unterschiedliche Formulare eingeführt werden.

II Soweit nach Absatz 1 Formulare für Anträge und Erklärungen der Parteien eingeführt sind, müssen sich die Parteien ihrer bedienen.

1   **1) Allgemeines, I.** Der BJM hat von der Ermächtigung, I, durch den Erlaß der KindUVV (Art 1 VO v 19. 6. 98, BGBl 1364) mWv 24. 6. 98 Gebrauch gemacht. Vordrucke sind danach für Anträge nach §§ 645, 646 und für Einwendungen nach § 648 eingeführt worden.

2   **2) Benutzungszwang, II.** Die durch § 1 I KindUVV eingeführten Vordrucke müssen von den Parteien benutzt werden, soweit sich nicht aus § 1 II KindUVV etwas anderes ergibt. Die zulässigen Abweichungen ergeben sich aus § 3 KindUVV. „Sich bedienen" bedeutet, daß es Sache der Partei ist, sich die Vordrucke zu beschaffen und sie auszufüllen, vgl § 117 Rn 31. Wegen Verwendung des Vordrucks bei Abgabe der Erklärung vor dem UrkBeamten s § 657 Rn 2.

3   Entspricht der Antrag oder die Erklärung nicht den Anforderungen, so gilt § 646 II für den Antrag. Bei fehlender oder mangelhafter Benutzung des Vordrucks für die Erhebung von Einwendungen, § 647 I 2 Z 4, kann der Rpfl nach § 649 verfahren; er wird aber idR dem Antragsteller die Nachbesserung ermöglichen, vgl § 117 Rn 35 u 36, §§ 703c Rn 4 u 691 Rn 3.

Anhang nach § 659

Verordnung
zur Einführung und Änderung von Vordrucken für gerichtliche Verfahren
vom 19. Juni 1998, BGBl 1364, zuletzt geändert durch VO v 23. 11. 04, BGBl 3071

Artikel 1. Verordnung zur Einführung von Vordrucken für das vereinfachte Verfahren
über den Unterhalt minderjähriger Kinder (Kindesunterhalt-Vordruckverordnung – KindUVV)

§ 1. Vordrucke. ¹ Für das vereinfachte Verfahren zur Festsetzung des Unterhalts für ein minderjähriges Kind werden eingeführt

1. der in Anlage 1 bestimmte Vordruck für den Antrag auf Festsetzung des Unterhalts nach den §§ 645, 646 der Zivilprozeßordnung und das in dieser Anlage bestimmte Merkblatt,
2. der in Anlage 2 bestimmte Vordruck für die Erhebung von Einwendungen gegen die Festsetzung des Unterhalts nach § 648 der Zivilprozeßordnung.

II Absatz 1 Nr. 1 gilt nicht, soweit Unterhalt

Abschnitt 7. Verfahren in Lebenspartnerschaftssachen **Anh § 659, § 660, Einf § 661**

1. für Zeiträume, für die das Kind Hilfe nach dem Bundessozialhilfegesetz, Sozialgeld nach dem Zweiten Buch Sozialgesetzbuch, Hilfe zur Erziehung oder Eingliederungshilfe nach dem Achten Buch Sozialgesetzbuch, Leistungen nach dem Unterhaltsvorschußgesetz oder Unterhalt nach § 1607 Abs. 2 oder 3 des Bürgerlichen Gesetzbuchs erhalten hat, von dem Träger der Sozialhilfe, des Sozialgeldes, der öffentlichen Jugendhilfe, dem Land oder dem Dritten aus übergegangenem Recht oder
2. nach § 91 Abs. 3 Satz 2 des Bundessozialhilfegesetzes, § 33 Abs. 2 Satz 4 des Zweiten Buches Sozialgesetzbuch oder nach § 7 Abs. 4 Satz 1 des Unterhaltsvorschußgesetzes verlangt wird.

§ 2. Ausführung der Vordrucke. (nicht abgedruckt)

§ 3. Zulässige Abweichungen. Folgende Abweichungen von den in den Anlagen 1 und 2 bestimmten Vordrucken sind zulässig:
1. Berichtigungen, die auf einer Änderung von Rechtsvorschriften beruhen;
2. Anpassungen, Änderungen oder Ergänzungen, die es, ohne den Inhalt der Vordrucke zu verändern oder das Verständnis der Vordrucke zu erschweren, den Gerichten ermöglichen, die Verfahren maschinell zu bearbeiten, für die Bearbeitung technische Entwicklungen nutzbar zu machen oder vorhandene technische Einrichtungen weiter zu nutzen;
3. Verringerung oder Erweiterung der notwendigen Ausfüllfelder für Fälle, in denen Unterhalt für weniger oder mehr Kinder geltend gemacht wird oder aus anderen Gründen Ausfüllfelder für weitere Angaben notwendig sind.

§ 4. Übergangsvorschrift. Soweit nach den in Anlage 1 und 2 bestimmten Vordrucken zur Bezeichnung der Höhe des Unterhalts für einen Zeitraum vor dem 1. Juli 1998 auf die Regelbeträge Bezug genommen wird, bezeichnet die Bezugnahme den Regelbedarf nach § 1 der zuletzt durch Artikel 21 des Gesetzes vom 16. Dezember 1997 (BGBl I S. 2998) geänderten Regelunterhalt-Verordnung vom 27. Juni 1970 (BGBl I S. 1010), der Verordnung zur Festzung des Regelbedarfs in dem in Artikel 3 des Einigungsvertrages genannten Gebiet vom 25. September 1995 (BGBl I S. 1190) und den auf Grund des Artikels 234 § 9 des Einführungsgesetzes zum Bürgerlichen Gesetzbuche erlassenen Rechtsverordnungen.

Artikel 2 und 3
(nicht abgedruckt)

660 *Bestimmung des Amtsgerichts.* ¹ ¹ Die Landesregierungen werden ermächtigt, die vereinfachten Verfahren über den Unterhalt Minderjähriger durch Rechtsverordnung einem Amtsgericht für die Bezirke mehrerer Amtsgerichte zuzuweisen, wenn dies ihrer schnelleren und rationelleren Erledigung dient. ² Die Landesregierungen können die Ermächtigung durch Rechtsverordnung auf die Landesjustizverwaltungen übertragen.

II Bei dem Amtsgericht, das zuständig wäre, wenn die Landesregierung oder die Landesjustizverwaltung das Verfahren nach Absatz 1 nicht einem anderen Amtsgericht zugewiesen hätte, kann das Kind Anträge und Erklärungen mit der gleichen Wirkung einreichen oder anbringen wie bei dem anderen Amtsgericht.

1) Regelungszweck. Besonders im Hinblick auf die maschinelle Bearbeitung, § 658, aber auch aus sonstigen Gründen einer schnelleren und rationelleren Erledigung kann es zweckmäßig sein, das vereinfVerf über den Unterhalt minderjähriger Kinder, §§ 645 ff, einem Amtsgericht für die Bezirke mehrerer AGe zuzuweisen. Die im Hinblick auf Art 101 GG nötige gesetzliche Grundlage für eine solche Zuständigkeitskonzentration schafft § 660, weil § 23 c GVG die Zuweisung bestimmter FamS nicht erlaubt, s dortige Erl. 1

2) Ermächtigung zur Konzentration, I. Ob sie von der Ermächtigung zur Konzentration der Zuständigkeit in vereinfVerf, Rn 1, Gebrauch machen, entscheiden die Länder. Es bedarf dazu einer Rechtsverordnung. 2

3) Wirksamkeit von Erklärungen, II. Bei dem ohne die Konzentration zuständigen AG, also idR bei dem nach § 642 für seinen Wohnsitz zuständigen AG, kann das **Kind** (nicht aber ein anderer Beteiligter) Anträge und Erklärungen mit der gleichen Wirkung einreichen oder anbringen wie bei dem infolge der Konzentration zuständigen AG. Soweit es auf den Zeitpunkt ankommt, zB nach § 209 I Z 1 b BGB oder nach § 647 II oder § 656, ist danach der Zeitpunkt des Eingangs bei dem ohne die Konzentration zutändigen Gericht maßgeblich; diese Regelung geht § 129 a II 2 vor. 3

Abschnitt 7. Verfahren in Lebenspartnerschaftssachen

Einführung

1) Regelungszweck. Der 7. Abschnitt ist mWv 1. 8. 01 durch das LPartG eingefügt und mWv 1. 1. 05 durch das G v 15. 12. 04, BGBl 3396, geändert worden; es handelt sich um Folgeregelungen zur Änderung des Güterrechts, zur Einführung des Versorgungsausgleichs und zur Ermöglichung der Stiefkindadoption, BT-Drs 15/3445 S. 18. 1

Einf § 661, § 661 Buch 6. Verfahren in Familiensachen

2 **2) Schrifttum.** *Schwab* (Hrsg), Die eingetragene Lebenspartnerschaft, 2002; *Muschler*, Das Recht der eingetragenen Lebenspartnerschaft, 2. Aufl 2004; *Finger* MDR **05**, 121; *Stüber* FamRZ **05**, 574; *Wellenhofer* NJW **05**, 705; vgl iü Einf § 606, Rn 14.

661 *Lebenspartnerschaftssachen.* ¹Lebenspartnerschaftssachen sind Verfahren, welche zum Gegenstand haben

1. die Aufhebung der Lebenspartnerschaft aufgrund des Lebenspartnerschaftsgesetzes,
2. die Feststellung des Bestehens oder Nichtbestehens einer Lebenspartnerschaft,
3. die Verpflichtung zur Fürsorge und Unterstützung in der partnerschaftlichen Lebensgemeinschaft,
3 a. die elterliche Sorge für ein gemeinschaftliches Kind, soweit nach den Vorschriften des Bürgerlichen Gesetzbuchs hierfür das Familiengericht zuständig ist,
3 b. die Regelungen des Umgangs mit einem gemeinschaftlichen Kind, soweit nach den Vorschriften des Bürgerlichen Gesetzbuchs hierfür das Familiengericht zuständig ist,
3 c. die Herausgabe eines gemeinschaftlichen Kindes, für das die elterliche Sorge besteht,
3 d. die gesetzliche Unterhaltspflicht für ein gemeinschaftliches minderjähriges Kind,
4. die durch die Lebenspartnerschaft begründete gesetzliche Unterhaltspflicht,
4 a. den Versorgungsausgleich der Lebenspartner,
5. die Regelung der Rechtsverhältnisse an der gemeinsamen Wohnung und am Hausrat der Lebenspartner,
6. Ansprüche aus dem lebenspartnerschaftlichen Güterrecht, auch wenn Dritte an dem Verfahren beteiligt sind,
7. Entscheidungen nach § 6 des Lebenspartnerschaftsgesetzes in Verbindung mit §§ 1382 und 1383 des Bürgerlichen Gesetzbuchs.

II In Lebenspartnerschaftssachen finden die für Verfahren auf Scheidung, auf Feststellung des Bestehens oder Nichtbestehens einer Ehe zwischen den Parteien oder auf Herstellung des ehelichen Lebens und für Verfahren, in anderen Familiensachen nach § 621 Abs. 1 Nr. 1 bis 9 geltenden Vorschriften jeweils entsprechende Anwendung.

III § 606 a gilt mit den folgenden Maßgaben entsprechend:
1. Die deutschen Gerichte sind auch dann zuständig, wenn
   a) einer der Lebenspartner seinen gewöhnlichen Aufenthalt im Inland hat, die Voraussetzungen des Absatzes 1 Satz 1 Nr. 4 jedoch nicht erfüllt sind, oder
   b) die Lebenspartnerschaft vor einem deutschen Standesbeamten begründet worden ist.
2. Absatz 2 Satz 1 findet keine Anwendung.
3. In Absatz 2 Satz 2 tritt an die Stelle der Staaten, denen die Ehegatten angehören, der Register führende Staat.

1 **1) Lebenspartnerschaftssachen, I.** Wie bei EheS, § 606, und FamS § 621, bestimmt das Gesetz, was unter LPartS zu verstehen ist. Danach sind dies Verfahren, welche folgende Streitigkeiten zum Gegenstand haben:

2 **A. die Aufhebung der Lebenspartnerschaft agrd des LPartG, I Z 1.** Die Aufhebung erfolgt nach den §§ 15 ff LPartG in analoger Verbindung mit den Scheidungsvoraussetzungen der §§ 1564 ff BGB und **nicht** nach den Aufhebungsvorschriften der §§ 1313 BGB. Das gleiche gilt für die in den §§ 16 ff LPartG (§§ 1569 ff BGB) geregelten Verfahren über Unterhalt, gemeinsame Wohnung, Hausrat und Versorgungsausgleich; s auch v Koppenfeld-Spies FPR **03**, 5, Kaiser FamRZ **02**, 866 mwN, Schwab FamRZ **01**, 397, Finger MDR **01**, 201;

3 **B die Feststellung des Bestehens oder Nichtbestehens einer Lebenspartnerschaft, I Z 2**, vgl § 632 für EheS, der hier entspr anzuwenden ist; bei Streit, ob LPartSch durch ausländisches Urteil aufgelöst ist, gilt nach Art 7 § 1 I 3 FamRÄG (s Rn 51 zu § 328), daß anders als bei der Ehe die Sonderzuständigkeit der Landesjustizverwaltung entfällt.

4 **C. die Verpflichtung zur Fürsorge u Unterstützung in der partnerschaftl LebensG, I Z 3**, iSv § 2 LPartG;

5 **D. die elterliche Sorge für ein gemeinschaftl Kind, soweit nach den Vorschriften des BGB hierfür das Familiengericht zuständig ist, I Z 3 a,** Folge der nach § 9 VII LPartG nF möglichen Stiefkinderadoption durch den anderen Lebenspartner; das Kind erlangt dadurch die rechtliche Stellung eines gemeinschaftlichen Kindes der Lebenspartner, s § 1754 I BGB, auf den § 9 VII 2 LPartG verweist. Die gemeinschaftliche Adoption von Kindern ist für Lebenspartner dagegen, anders als für Ehegatten, nach wie vor nicht zugelassen, Stüber FamRZ **05**, 577.

6 **E. die Regelungen des Umgangs mit einem gemeinschaftl Kind, soweit nach den Vorschriften des BGB das FamG zuständig ist, I Z 3 b**, s Rn 5;

7 **F. die Herausgabe eines gemeinschaftlichen Kindes, für das elterliche Sorge besteht, I Z 3 c**, s § 9 Abs 1–4 u LPartG;

8 **G. die gesetzliche Unterhaltspflicht für ein gemeinschaftliches minderjähriges Kind, I Z 3 d**, s Rn 5.

9 **H. die durch die Lebenspartnerschaft begründete gesetzl Unterhaltspflicht, I Z 4**, iSv § 5 und § 16 LPartG, vgl § 621 I 4 für FamS, Roller FamRZ 03, 1424; s Büttner FamRZ 01, 1105 ff (eingehend). Für die Trennungszeit gilt § 12 LPartG. Nachpartnerschaftlicher U ist in § 16 geregelt.

Abschnitt 7. Verfahren in Lebenspartnerschaftssachen §§ 661–687

I. den Versorgungsausgleich der Lebenspartner, I Z 4 a, vgl § 20 I 1 LPartG, der den Versorgungsausgleich jetzt auch für Lebenspartner, die ihre Partnerschaft nach dem 1. 1. 05 begründet haben, vorsieht. Nach § 21 IV LPartG können die Lebenspartner, deren Partnerschaft vor dem 1. 1. 05 begründet worden ist, bis zum 31. 12. 05 gegenüber dem Amtsgericht erklären, daß bei einer Aufhebung ihrer Partnerschaft ein Versorgungsausgleich nach § 20 durchgeführt werden soll. 10

J. die Regelung der Rechtsverhältnisse an der gemeinsamen Wohnung und am Hausrat der Lebenspartner, I Z 5, §§ 18, 19 LPartG, vgl § 621 I Z 7 für FamS; 11

K. Ansprüche aus dem lebenspartnerschaftlichen Güterrecht, auch wenn Dritte am Verfahren beteiligt sind, I Z 6, iSv §§ 6–8 LPartG, vgl § 621 I Z 8 für FamS. Bis zum 1. 1. 05 lebten die Lebenspartner im Vermögenstand der Ausgleichsgemeinschaft, § 21 II LPartG. Sie können aber bis zum 31. 12. 05 gegenüber dem Amtsgericht erklären, daß sie Gütertrennung begehren. Lebenspartnerschaften, die nach dem 1. 1. 05 begründet worden sind, leben in Zugewinngemeinschaft, wenn sie nicht durch Vertrag (§ 7) etwas anderes vereinbaren, § 6 LPartG. Lebenspartner haben auch einen Anspruch auf Rentensplitting u Hinterbliebenenversorgung, s 6. Buch SGB §§ 120 f. 12

L. Entscheidungen nach § 6 LPartG iVm §§ 1382 f BGB, I Z 7, vgl § 621 I Z 9 für FamS. 13

2) Verfahren in LebenspartnerschS, II. Entspr anzuwenden sind die Vorschriften der §§ 606 ff für Verfahren auf Scheidung, auf Feststellung des Bestehens oder Nichtbestehens einer Ehe zwischen den Parteien, oder auf Herstellung des ehelichen Lebens sowie für Verfahren in den anderen FamS nach § 621 I Z 1–9 (frühere Einschränkung aufgehoben durch G v 15. 12. 04). Einzelheiten: 14

A. Entscheidungen trifft das Familiengericht, §§ 23 a u 23 b GVG; Rechtsmittelgericht ist das OLG, § 119 GVG. Wegen der Übertragung auf den Rpfl s §§ 3 u 14 RPflG, Anh § 153 GVG. 15

B. Das Verfahren richtet sich nach den entspr Vorschriften der §§ 606–632, s dort; entspr gelten also auch die §§ 620 u 621 f, sowie die §§ 623 ff (FolgeS). Dementspr ist im selben Umfang wie nach § 621 a das FGG anzuwenden, s dort; vgl dazu Art 3 § 19 G v 16. 2. 01, BGBl 266. Gemäß § 78 II besteht in allen Instanzen Anwaltszwang. 16

3) Internationale Zuständigkeit, III. § 606 a ist mit folgenden Maßgaben entspr anzuwenden: 17

A. die deutschen Gerichte sind gemäß III Z 1 auch dann zuständig, wenn ein Fall von Z 1 a oder b vorliegt. Vgl dazu § 606 a Rn 7. Die EuEheVOen kommen als Gemeinschaftsrecht grundsätzlich nur für Ehegatten, nicht aber für Lebenspartnerschaften in Betracht. Allerdings ist für Anhängeverf die EuGVVO vorrangig, ZöGei § 661, Rn 22. Streitig bleibt, ob das lebenspartnerschaftl Güterrecht unter den Ausschluß des Art 1 II Nr 1 EuGVVO fällt, was zu bejahen, da dort nur vom „ehelichen Güterstand" die Rede ist. 18

B. § 606 a II 1 findet nach III Z 2 keine Anwendung, weil die Vorschrift infolge der Regelung in III Z 1 gegenstandslos ist. 19

C. in § 606 a II 2 tritt an die Stelle der Staaten, denen die Ehegatten (Lebenspartner) **angehören, der Register führende Staat,** vgl § 606 a Rn 17. 20

662–687 (weggefallen)

Buch 7
Mahnverfahren

Bearbeiter: Dr. Dr. Hartmann

Grundzüge

Schrifttum: *Abel,* Text- und Diktathandbuch Außergerichtliches und gerichtliches Mahnverfahren einschließlich der Zwangsvollstreckung, 1988; *Brandl,* Aktuelle Probleme des Mahnverfahrens usw, Diss Regensb 1989; *Coester-Waltjen,* Mahnbescheid und Zahlungsbefehl – ein Blick über die Grenzen, Festschrift für *Henckel* (1995) 53; *Diamantopoulos,* Moderne Tendenzen im Recht des Mahnverfahrens usw (europarechtlich), Festschrift für *Beys* (Athen 2004) 267; *Geishecker/Kruse,* Das EDV-gestützte gerichtliche Mahnverfahren, 1996; *Gundlach,* Europäische Prozessrechtsangleichung usw, dargestellt am Beispiel des Mahnverfahrens, 2005; *Haufe,* Prozessuell mahnen und vollstrecken, 2003; *Helmreich,* Erscheinungsformen des Mahnverfahrens im deutschsprachigen Rechtskreis usw, 1995; *Heß,* Strukturfragen der europäischen Prozessrechtsangleichung, dargestellt am Beispiel des Europäischen Mahn- und Inkassoverfahrens, Festschrift für *Geimer* (2002) 339; *Huber,* Das erfolgreiche Mahnverfahren usw, 7. Aufl 1998; *Kronenbitter,* Das gerichtliche Mahnverfahren, 1992; *Lechner,* Das gerichtliche Mahnverfahren usw, Diss Augsb 1991 (auch rechtsvergleichend); *Maniak,* Die Verjährungsunterbrechung durch Zustellung eines Mahnbescheids im Mahnverfahren, 2000; *Mewing/Nickel,* Mahnen – Klagen – Vollstrecken, 6. Aufl 2003; *Salten/Gräve,* Gerichtliches Mahnverfahren und Zwangsvollstreckung, 2. Aufl 2004; *Salten/Riesenberg/Jurksch,* Das automatisierte gerichtliche Mahnverfahren usw, 1996; *Schneider,* Der Mahnbescheid und seine Vollstreckung, 5. Aufl 2002; *Selbmann,* Das Mahnverfahren usw, 3. Aufl 2004; vgl zu § 34 AVAG SchlAnh V E sowie *Hök* MDR **88**, 186.

Gliederung

1) Systematik	1	A. Mahnbescheid	4
2) Regelungszweck	2	B. Vollstreckungsbescheid	5
3) Geltungsbereich	3	5) Einzelfragen	6
4) Verfahren	4, 5	6) *VwGO*	7

1 **1) Systematik.** Das Mahnverfahren hat mit einer Mahnung nur bedingt zu tun. Es ist eine mit dem Urteilsverfahren der §§ 253 ff kaum vergleichbare besondere Prozeßart, BGH Rpfleger **88**, 195. Die frühere Bezeichnung Zahlungsbefehl ist dem Ausdruck Mahnbescheid gewichen, die frühere Bezeichnung Vollstreckungsbefehl dem Ausdruck Vollstreckungsbescheid. Der Schuldner heißt jetzt Antragsgegner. Das Mahnverfahren erfordert kein obligatorisches Güteverfahren nach § 15 a EGZPO. Es eignet sich deshalb zu dessen Vermeidung (es findet nur vor einer Klage statt), Hartmann NJW **99**, 3748. Das gilt erst recht bei einer anschließenden Klagerweiterung, AG Halle/W NJW **01**, 2099, freilich nur, soweit überhaupt ein Antrag auf einen Mahnbescheid zulässig ist, AG Rosenheim NJW **01**, 2030, also zB hier mangels eines Zahlungsangebots, AG Rosenheim MDR **01**, 1132. Denn sonst wäre dem Rechtsmißbrauch Tür und Tor geöffnet, Einl III 54.

2 **2) Regelungszweck.** Das Mahnverfahren kann dem Gläubiger, hier Antragsteller genannt, vor allem für einen wahrscheinlich unstreitigen Anspruch auf verhältnismäßig raschem Wege ohne gerichtliche Schlüssigkeitsprüfung entweder den Vollstreckungstitel verschaffen, den Vollstreckungsbescheid, §§ 699, 700, 794 I Z 4, BGH NJW **05**, 1664, LG Stgt Rpfleger **88**, 535, Liebheit NJW **04**, 2241. Es dient damit sowohl der Prozeßwirtschaftlichkeit nach Grdz 14 vor § 128 als auch schon deshalb auch einer rascheren Gerechtigkeit, Einl III 9. Die gesetzliche Regelung ist vielfach verunglückt, Jäckle JZ **78**, 675. Mißglückt sind insbesondere Zuständigkeitsregeln des § 689 II und der Übergang in das streitige Verfahren nach § 696. Zum EDV-Einsatz §§ 690 III, 703 b, c, Beinghaus/Thilke Rpfleger **91**, 294.

Klagerhebung statt Mahnverfahren kann allerdings gerade beim höheren Streitwert empfehlenswert sein, wenn man damit rechnen muß, daß der Antragsgegner nur versuchen würde Zeit zu gewinnen. Außerdem kann in solcher Lage die Erstattungsfähigkeit der Kosten eines besonderen Mahnanwalts in Gefahr kommen, § 91 Rn 119. Auch kann der Kläger durch eine sorgfältige Klagebegründung den Bekl verhältnismäßig rasch zur ebenso sorgfältigen Klagerwiderung und das Gericht zum alsbaldigen ersten „Kopfgutachten" zwingen. Das ist im Ergebnis für alle zeitsparend.

3 **3) Geltungsbereich.** Das Mahnverfahren gilt grundsätzlich in allen Verfahrensarten der in §§ 688 ff zugelassenen Anspruchsarten nach der ZPO bei einem Anspruch auf eine bestimmte Geldsumme, § 688 I, der wenigstens in der Widerspruchsfrist fällig wird, § 692 I Z 3, und zwar grundsätzlich nur in EUR, nur ausnahmsweise in ausländischer Währung, § 688 III. Ausgeschlossen sind die in § 688 II Z 1 sowie in § 28 I EGZPO genannten Ansprüche eines Unternehmers aus einem Vertrag nach §§ 491–504 BGB, wenn der Zins die dort genannte Höhe übersteigt. Ausgeschlossen sind ferner Ansprüche, die von einer noch nicht erfolgten Gegenleistung abhängen, sowie bei einer öffentlichen Zustellung des Mahnbescheids, § 688 II (nicht des Vollstreckungsbescheids, § 699 IV 4). Ein Urkunden-, Wechsel- und Scheckmahnverfahren ist nach § 703 a möglich. Ob der Gläubiger das Mahnverfahren oder den ordentlichen Prozeß wählt, steht ihm frei. Zum deutschen internationalen Mahnverfahren Einhaus AnwBl **00**, 557, Hintzen Rpfleger **97**, 293 (je: Üb).

Im *arbeitsgerichtlichen* Mahnverfahren gilt zunächst § 46 a ArbGG, abgedruckt unten. Diese Vorschrift verweist im übrigen auf §§ 688 ff; dazu VO v 15. 12. 77, BGBl 2625, zuletzt geändert am 7. 3. 01, BGBl 363, betr Vordrucke. Im *SGG*-Verfahren gilt § 182 a SGG, abgedruckt unten; dazu VO v. 6. 6. 78, BGBl 2625, zuletzt geändert am 30. 3. 98, BGBl 638. Im *WEG*-Verfahren gilt § 46 a WEG, abgedruckt unten.

ArbGG § 46 a. Mahnverfahren. [1] Für das Mahnverfahren vor den Gerichten für Arbeitssachen gelten die Vorschriften der Zivilprozeßordnung über das Mahnverfahren einschließlich der maschinellen Bearbeitung entsprechend, soweit dieses Gesetz nichts anderes bestimmt.
[II] Zuständig für die Durchführung des Mahnverfahrens ist das Arbeitsgericht, das für die im Urteilsverfahren erhobene Klage zuständig sein würde.
[III] Die in den Mahnbescheid nach § 692 Abs. 1 Nr. 3 der Zivilprozeßordnung aufzunehmende Frist beträgt eine Woche.
[IV] [1] Wird rechtzeitig Widerspruch erhoben und beantragt eine Partei die Durchführung der mündlichen Verhandlung, so hat die Geschäftsstelle dem Antragsteller unverzüglich aufzugeben, seinen Anspruch binnen zwei Wochen schriftlich zu begründen. [2] Bei Eingang der Anspruchsbegründung bestimmt der Vorsitzende den Termin zur mündlichen Verhandlung. [3] Geht die Anspruchsbegründung nicht rechtzeitig ein, so wird bis zu ihrem Eingang der Termin nur auf Antrag des Antragsgegners bestimmt.
[V] Die Streitsache gilt als mit Zustellung des Mahnbescheids rechtshängig geworden, wenn alsbald nach Erhebung des Widerspruchs Termin zur mündlichen Verhandlung bestimmt wird.
[VI] Im Falle des Einspruchs wird Termin bestimmt, ohne daß es eines Antrags einer Partei bedarf.
[VII] Das Bundesministerium für Arbeit und Sozialordnung wird ermächtigt, durch Rechtsverordnung mit Zustimmung des Bundesrates den Verfahrensablauf zu regeln, soweit dies für eine einheitliche maschinelle Bearbeitung der Mahnverfahren erforderlich ist (Verfahrensablaufplan).
[VIII] [1] Das Bundesministerium für Arbeit und Sozialordnung wird ermächtigt, durch Rechtsverordnung mit Zustimmung des Bundesrates zur Vereinfachung des Mahnverfahrens und zum Schutze der in Anspruch genommenen Partei Formulare einzuführen. [2] Dabei können für Mahnverfahren bei Gerichten, die die Verfahren maschinell bearbeiten, und für Mahnverfahren bei Gerichten, die die Verfahren nicht maschinell bearbeiten, unterschiedliche Formulare eingeführt werden.

SGG § 182 a. Mahnverfahren. [I] [1] Beitragsansprüche von Unternehmen der privaten Pflegeversicherung nach dem Elften Buch Sozialgesetzbuch können nach den Vorschriften der Zivilprozeßordnung im Mahnverfahren vor dem Amtsgericht geltend gemacht werden. [2] In dem Antrag auf Erlaß des Mahnbescheids können mit dem Beitragsanspruch Ansprüche anderer Art nicht verbunden werden. [3] Der Widerspruch gegen den Mahnbescheid kann zurückgenommen werden, solange die Abgabe an das Sozialgericht nicht verfügt ist.
[II] [1] Mit Eingang der Akten beim Sozialgericht ist nach den Vorschriften dieses Gesetzes zu verfahren. [2] Für die Entscheidung des Sozialgerichts über den Einspruch gegen den Vollstreckungsbescheid gelten § 700 Abs. 1 und § 343 der Zivilprozeßordnung entsprechend.

WEG § 46 a. Mahnverfahren. [I] [1] Zahlungsansprüche, über die nach § 43 Abs. 1 zu entscheiden ist, können nach den Vorschriften der Zivilprozeßordnung im Mahnverfahren geltend gemacht werden. [2] Ausschließlich zuständig im Sinne des § 689 Abs. 2 der Zivilprozeßordnung ist das Amtsgericht, in dessen Bezirk das Grundstück liegt. [3] § 690 Abs. 1 Nr. 5 der Zivilprozeßordnung gilt mit der Maßgabe, daß das nach § 43 Abs. 1 zuständige Gericht der freiwilligen Gerichtsbarkeit zu bezeichnen ist. [4] Mit Eingang der Akten bei diesem Gericht nach § 696 Abs. 1 Satz 4 oder § 700 Abs. 3 Satz 2 der Zivilprozeßordnung gilt der Antrag auf Erlaß des Mahnbescheids als Antrag nach § 43 Abs. 1.
[II] [1] Im Falle des Widerspruchs setzt das Gericht der freiwilligen Gerichtsbarkeit dem Antragsteller eine Frist für die Begründung des Antrags. [2] Vor Eingang der Begründung wird das Verfahren nicht fortgeführt. [3] Der Widerspruch kann bis zum Ablauf einer Frist von zwei Wochen seit Zustellung der Begründung zurückgenommen werden; § 699 Abs. 1 Satz 3 der Zivilprozeßordnung ist anzuwenden.
[III] [1] Im Falle des Einspruchs setzt das Gericht der freiwilligen Gerichtsbarkeit dem Antragsteller eine Frist für die Begründung des Antrags, wenn der Einspruch nicht als unzulässig verworfen wird. [2] Die §§ 339, 340 Abs. 1, 2 und § 341 Abs. 1 der Zivilprozessordnung sind anzuwenden. [3] Vor Eingang der Begründung wird das Verfahren vorbehaltlich einer Maßnahme nach § 44 Abs. 3 nicht fortgeführt. [4] Geht die Begründung bis zum Ablauf der Frist nicht ein, wird die Zwangsvollstreckung auf Antrag des Antragsgegners eingestellt. [5] Bereits getroffene Vollstreckungsmaßregeln sind aufzuheben. [6] Für die Zurücknahme des Einspruchs gelten Absatz 2 Satz 3 erster Halbsatz und § 346 der Zivilprozeßordnung entsprechend. [7] Entscheidet das Gericht in der Sache, ist § 343 der Zivilprozeßordnung anzuwenden. [8] Das Gericht der freiwilligen Gerichtsbarkeit entscheidet über die Zulässigkeit des Einspruchs und in der Sache durch Beschluss, gegen den die sofortige Beschwerde nach § 45 Abs. 1 stattfindet.

4) Verfahren. Man muß zwei Hauptabschnitte unterscheiden. 4

A. Mahnbescheid. Sachlich zuständig ist nach § 689 grundsätzlich das AG für den Mahnbescheid. Er ist durch einen Widerspruch des Antragsgegners auflösend bedingt. Die örtliche Zuständigkeit folgt aus §§ 689 II, III, 703 d.
Der *Rechtspfleger* ist grundsätzlich funktionell zuständig, § 20 Z 1 RPflG, § 153 GVG Anh. Allerdings können die Bundesländer nach § 36 b I Z 2 RPflG idF Art 1 G v 16. 6. 02, BGBl 1810, in Kraft seit 20. 6.

02, Art 2 G, die Geschäfte des Rpfl ganz oder teilweise dem *Urkundsbeamten der Geschäftsstelle* übertragen, Wiedemann NJW **02**, 3448 (krit). Der Urkundsbeamte trifft dann nach § 36 b II 1 RPflG alle Maßnahmen, die zur Erledigung der ihm übertragenen Geschäfte notwendig sind. Er muß allerdings in bestimmten Fällen vorlegen, und zwar nicht dem Rpfl, sondern direkt dem Richter, §§ 5, 28, 36 b II 2 RPflG.

Der *Urkundsbeamte* ist nach den folgenden Ländervorschriften zuständig.
Baden-Württemberg:
Bayern:
Berlin:
Brandenburg:
Bremen:
Hamburg: VO v 18. 5. 05, GVBl 200;
Hessen:
Mecklenburg-Vorpommern:
Niedersachsen: VO v 4. 7. 05, GVBl 223;
Nordrhein-Westfalen:
Rheinland-Pfalz:
Saarland:
Sachsen:
Sachsen-Anhalt: VO v 22. 9. 04, GVBl 724 (gilt seit 1. 10. 05);
Schleswig-Holstein:
Thüringen: VO v 27. 5. 03, GVBl 319.

Soweit nicht §§ 688 ff Sonderregeln enthalten, gelten §§ 1 ff. Einzelheiten des Verfahrens vgl bei den einzelnen Vorschriften.

5 **B. Vollstreckungsbescheid.** Erhebt der Antragsgegner keinen Widerspruch oder nimmt er ihn zurück, so erläßt der Rpfl bzw nach Rn 4 der Urkundsbeamte der Geschäftsstelle desjenigen Gerichts, bei dem die Akten nach § 699 Rn 13 inzwischen liegen, einen Vollstreckungsbescheid. Gegen ihn ist binnen zwei Wochen nach §§ 700 II, 338 ff Einspruch zulässig. Der Vollstreckungsbescheid steht einem Versäumnisurteil gleich. Er hat auch dessen Rechtskraftwirkung, § 322 Rn 71, Stgt *JZ* **86**, 1117. Geht binnen sechs Monaten seit der Zustellung des Mahnbescheids kein Widerspruch ein und beantragt der Gläubiger keinen Vollstreckungsbescheid, fällt die Wirkung des Mahnbescheids weg, § 701. Die Rechtshängigkeit nach § 261 tritt nach §§ 696 III, 700 II ein. Im übrigen sind die Vorschriften des Buchs 1 auf das Mahnverfahren anwendbar, abgesehen von denjenigen über die hier grundsätzlich nicht stattfindende mündliche Verhandlung.

6 **5) Einzelfragen.** Über die Akten- und Geschäftsbehandlung § 1 Z 3, § 12 Z 1–4 AktO. Ein Verfahrensablaufplan ist zulässig, § 703 b II. Vordrucke und den Zwang zu deren Benutzung sind zum Teil eingeführt, zum Teil vorgesehen, § 703 c. Ebenso ist eine maschinelle Bearbeitung zulässig, § 689 I usw. Ein Protokoll ist zulässig, §§ 159 ff. Es ist aber grundsätzlich nicht notwendig, § 702 I (eine Ausnahme gilt bei einem auswärtigen Gericht, § 129 a).

Gebühren: Des Gerichts KV 1110, 1210 amtliche Anmerkung (evtl Anrechnung); des Anwalts VV 3305–3308.

7 **6) *VwGO*.** Das Buch 7 ist unanwendbar, § 173 *VwGO*, weil § 86 I *VwGO* der Schaffung eines Titels aufgrund einseitiger Erklärung eines Beteiligten entgegensteht, VG Wiesbaden NJW **64**, 686. Außerdem ergibt sich die Unanwendbarkeit aus § 168 *VwGO*, da in dieser abschließenden Aufzählung der Vollstreckungsbescheid, § 794 I Z 4, fehlt.

688 Zulässigkeit.
¹ Wegen eines Anspruchs, der die Zahlung einer bestimmten Geldsumme in Euro zum Gegenstand hat, ist auf Antrag des Antragstellers ein Mahnbescheid zu erlassen.

II Das Mahnverfahren findet nicht statt:
1. für Ansprüche eines Unternehmers aus einem Vertrag gemäß den §§ 491 bis 504 des Bürgerlichen Gesetzbuchs, wenn der nach den §§ 492, 502 des Bürgerlichen Gesetzbuchs anzugebende effektive oder anfängliche effektive Jahreszins den bei Vertragsschluss geltenden Basiszinssatz nach § 247 des Bürgerlichen Gesetzbuchs um mehr als zwölf Prozentpunkte übersteigt;
2. wenn die Geltendmachung des Anspruchs von einer noch nicht erbrachten Gegenleistung abhängig ist;
3. wenn die Zustellung des Mahnbescheids durch öffentliche Bekanntmachung erfolgen müsste.

III Müsste der Mahnbescheid im Ausland zugestellt werden, findet das Mahnverfahren nur statt, soweit das Anerkennungs- und Vollstreckungsausführungsgesetz vom 19. Februar 2001 (BGBl. I S. 288) dies vorsieht.

Schrifttum: *von Borries/Glomb,* Beck-Ratgeber Euro-Währung, 1997.

Gliederung

1) Systematik, I–III 1	4) Unzulässigkeit, II 7–9
2) Regelungszweck, I–III 2	A. Hoher Jahreszins, II Z 1 7
3) Zulässigkeit, I 3–6	B. Gegenleistung, II Z 2 8
A. Allgemeine Voraussetzungen 3	C. Öffentliche Zustellung, II Z 3 9
B. Besondere Voraussetzungen 4	5) Auslandszustellung, III 10
C. Antrag; weitere Einzelfragen 5	6) Mängelfolgen, I–III 11
D. Verstoß 6	

Buch 7. Mahnverfahren § 688

1) Systematik, I–III. Die Vorschrift nennt Zulässigkeitsvoraussetzungen. § 689 enthält unter diesen die Zuständigkeitsbedingungen. § 690 nennt die Form des Mahnantrags. II nennt Einschränkungen. Ihre Prüfung stellt fast zu hohe Anforderungen an den im Mahngericht zuständigen Rpfl bzw an den nach Grdz 4 vor § 688 etwa landesrechtlich bestellten Urkundsbeamten der Geschäftsstelle. Diese Einschränkungen sollen das Mahnverfahren als das Massenverfahren durchführbar halten. Es findet kein obligatorisches Güteverfahren statt, Grdz 1 vor § 688.

2) Regelungszweck, I–III. Der Antragsteller kann in diesem Verfahren vorgehen, obwohl er hochgradig mit einem Widerspruch oder Einspruch rechnen muß, Grdz 2 vor § 288. Das Gesetz bekämpft dieses Problem nicht einmal im Ansatz. Man sollte daher auch die gesetzlich geregelten Zulässigkeitsvoraussetzungen nicht überspannen. Andererseits darf man etwa bei II Z 2 nun auch nicht zu großzügig eine Unabhängigkeit von einer Gegenleistung annehmen oder bei II Z 3 die öffentliche Zustellung für entbehrlich erachten.

3) Zulässigkeit, I. Es müssen drei Gruppen von Voraussetzungen zusammentreffen.

A. Allgemeine Voraussetzungen. Es müssen zum Erlaß eines Mahnbescheids die allgemeinen Prozeßvoraussetzungen vorliegen, Grdz 12 vor § 253, Crevecœur NJW **77**, 1321, also namentlich: Die Parteifähigkeit, § 50; die Prozeßfähigkeit, § 51; die Zulässigkeit des ordentlichen Rechtswegs, § 13 GVG; die Zuständigkeit, § 689; die gesetzliche Vertretung, § 51; das Rechtsschutzbedürfnis, Grdz 33 vor § 253, BGH NJW **81**, 876, AG Hann RR **88**, 1343. Es darf kein besonderer Teil notwendig sein, etwa nach § 155 KostO, anders bei (jetzt) § 11 RVG, § 19 BRAGO, BGH NJW **81**, 875. Ein arbeitsrechtlicher Anspruch gehört in das arbeitsgerichtliche Mahnverfahren, § 46 a ArbGG, abgedruckt Grdz 3 vor § 688. Wegen des Mahnverfahrens in einer SGG-Sache gilt § 182 a SGG, abgedruckt Grdz 3 vor § 688. In einer WEG-Sache vgl § 281 Anh II und ferner § 46 a WEG, abgedruckt Grdz 3 vor § 688. Soweit besondere Festsetzungsverfahren bestehen, gehen sie vor, zB § 155 KostO, § 11 RVG.

B. Besondere Voraussetzungen. Es müssen außerdem die besonderen Voraussetzungen des Mahnverfahrens gegeben sein, Grdz 23 vor § 253. Der Anspruch des Antragstellers muß also auf die Zahlung einer bestimmten Geldsumme in beliebiger Höhe gehen, AG Rosenheim MDR **01**, 1132. Diese Summe muß er grundsätzlich in EUR fordern, I, Rellermeyer Rpfleger **99**, 45, Ritten NJW **99**, 1214. Nur ausnahmsweise darf sie in ausländischer Währung lauten, Rn 10. Diese Regelung war schon vor dem 1. 1. 99 mit dem EWG-Vertrag vereinbar, EuGH AWD **81**, 486. Freilich darf der Antragsteller die Summe in EUR umrechnen, etwa von DM, Wax NJW **00**, 488, oder von einer Auslandswährung, BGH NJW **104**, 268, Hanisch IPRax **89**, 276, Schmidt NJW **89**, 65, dann wegen des Wegfalls der Schlüssigkeitsprüfung im Mahnverfahren geltend machen und durchsetzen, Schmidt NJW **89**, 69, Siebelt/Häde NJW **92**, 16. Im streitigen Verfahren muß er evtl die Klage ändern und zur ausländischen Währung zurückkehren, Schmidt NJW **89**, 69. Wegen des Urkunden-, Wechsel-, Scheckmahnverfahrens § 703 a.

Fällig sein muß der Anspruch spätestens innerhalb der Widerspruchsfrist. Er darf nicht erst später fällig und auch nicht aufschiebend bedingt sein, § 158 I BGB. Zulässig ist ein Zahlungsanspruch nach § 43 I Z 1 WEG. Das ergibt sich aus § 46 a WEG, abgedruckt Grdz 3 vor § 688. Ein Anspruch auf die Leistung einer vertretbaren Sache oder von Wertpapieren oder aus einer Hypothek usw ist nicht mehr für das Mahnverfahren zugelassen, BGH NJW **99**, 360 oben links, ebensowenig ein Anspruch auf Duldung wegen solcher ebengenannten Ansprüche, Bublitz WertpMitt **77**, 575, Crevecœur NJW **77**, 1321, oder ein Freistellungsanspruch, Düss RR **98**, 503. Unzulässig ist ein Anspruch auf Feststellung zur Insolvenztabelle. Wegen der Gegenleistung Rn 7.

C. Antrag; weitere Einzelfragen. Es muß ein ordnungsgemäßer Antrag vorliegen, § 690. Eine Klägerhäufung ist zulässig, § 59. Jeder Antragsteller muß einen eigenen Vordrucksatz ausfüllen. Eine Anspruchshäufung ist zulässig, § 260, LG Bre RR **91**, 58. Das gilt allerdings nur, soweit dasselbe Gericht zuständig ist und soweit das Mahnverfahren durchweg zulässig ist. Eine Prozeßverbindung nach § 147 ist wegen des Fehlens einer mündlichen Verhandlung nicht möglich.

D. Verstoß. Erläßt das Gericht einen Mahnbescheid entgegen den gesetzlichen Beschränkungen, so kann man den Mahnbescheid nur auf Widerspruch nach § 694 beseitigen, nicht auf eine sofortige Erinnerung nach § 11 RPflG, Anh § 153 GVG, und erst recht nicht auf eine sofortige Beschwerde. Im anschließenden streitigen Verfahren sind die besonderen Voraussetzungen des Mahnverfahrens unerheblich. Dagegen muß das Gericht diese besonderen Voraussetzungen in jeder Lage des Mahnverfahrens von Amts wegen beachten, Grdz 39 vor § 128. Es muß den Erlaß des Mahnbescheids also ablehnen, auch wenn I verletzt worden ist. Wer einen Widerspruch unterläßt, verzichtet nicht auf die Rügemöglichkeit.

4) Unzulässigkeit, II. Sie liegt beim Eintritt auch nur einer der folgenden Voraussetzungen vor.

A. Hoher Jahreszins, II Z 1. Unzulässigkeit liegt zunächst dann vor, wenn beim Anspruch eines Darlehensgebers beim Verbraucherdarlehensvertrag usw nach §§ 491–504 BGB der nach §§ 492, 502 BGB anzugebende effektive oder (wenn eine Änderung des Zinssatzes einem preisbestimmenden Faktoren vorbehalten ist) anfängliche effektive Jahreszins den auch in § 104 I 2 genannten, bei Vertragsschluß geltenden Basiszinssatz des § 247 BGB zuzüglich 12% übersteigt. Das bestimmt auch übergangsrechtlich § 28 I EGZPO. Damit bürdet II Z 2 dem Gericht die Pflicht auf, von Amts wegen den im Einzelfall maßgeblich anzuwendenden Basiszinssatz zu beachten, soweit der Antrag nach § 690 I Z 3 Hs 2 miterforderliche Angabe noch nicht enthält und noch als nachbesserbar erscheint.

Dabei kommt es nur auf den „anzugebenden" Zinssatz an, nicht auf den etwa geringeren, den der Antragsteller fordern möchte. Nach dem klaren Gesetzeswortlaut muß das Gericht auch denjenigen Basiszinssatz beachten, der bei Vertragsschluß galt, nicht etwa den jetzigen und auch nicht denjenigen beim Eingang des Mahnantrags. Damit ergibt sich eine theoretische Amtspflicht zur Beachtung des Zeitpunkt des Vertragsschlusses. Das ist eine Form der Amtsprüfung, Grdz 39 vor § 128, aM Rudolph MDR **96**, 3 (aber der Wortlaut ist zwingend, Einl III 39).

§§ 688, 689

Die *allgemeine Entwicklung* der letzten Monate bzw Jahre, die der Rpfl bzw der etwa nach Grdz 4 vor § 688 landesrechtlich bestellte Urkundsbeamte der Geschäftsstelle beim Zinssatz allerdings jetzt kennen muß, mag ihm einen ausreichenden Anhalt dafür geben, ob er überhaupt beim Zinssatz Bedenken haben sollte. Notfalls setzt er unter Hinweis auf sie eine Frist zur Mitteilung des Vertragsdatums nach § 690 I Z 3 und weist den Mahnbescheidsantrag beim Fortbestehen begründeter Zweifel nach § 691 I Z 1 zurück, Holch NJW **91**, 3180, ohne sich wegen des Anknüpfungszeitpunkts unzumutbar zu quälen, Rn 11. Er braucht insbesondere nicht die Rechtsfrage zu prüfen, ob jetzt §§ 492, 502 BGB überhaupt anwendbar sind, so schon (je zum alten Recht) Holch NJW **91**, 3180, Markwardt NJW **91**, 1220, aM Bülow NJW **91**, 133 (aber das ist in diesem Massenverfahren eine Überspannung).

8 **B. Gegenleistung, II Z 2.** Unzulässigkeit liegt ferner vor, wenn der Anspruch des Antragstellers von einer noch nicht erfolgten Gegenleistung abhängig ist. Freilich erfolgt hier keine sachlichrechtliche Prüfung von Amts wegen nach Grdz 39 vor § 128. Der Rpfl bzw der nach Grdz 4 vor § 688 etwa landesrechtlich bestellte Urkundsbeamte der Geschäftsstelle prüft vielmehr nur, ob der Antrag in sich formell ordnungsgemäß ist. Der Antragsteller muß nach § 690 I Z 4 entweder erklären, daß der Antrag nicht von einer Gegenleistung abhängig sei, oder er muß erklären, er habe die Gegenleistung bereits erbracht, zB bei einer Zug-um-Zug-Verpflichtung, Crevecœur NJW **77**, 1321.

Der Antragsteller darf also *weder schweigen* noch widersprüchliche oder unklare Ausführungen machen, Herbst Rpfleger **78**, 200, noch darf er die Gegenleistung erst anbieten, noch darf er gar behaupten, sie vergeblich angeboten zu haben. Er darf vielmehr höchstens angeben, er brauche die Gegenleistung deshalb nicht mehr anzubieten, weil er sie schon vergeblich angeboten habe, folglich ist der Anspruch nicht mehr von einer Gegenleistung abhängig. Die Verpflichtung zur Erteilung einer Quittung oder zur Aushändigung der Schuldurkunde nach § 368 BGB, Art 39 WG, Art 34 ScheckG ist keine Gegenleistung. Dasselbe gilt bei bloßer Vorwegleistungspflicht des Antragsgegners, Herbst Rpfleger **78**, 200, oder beim Vorschußanspruch, ZöV 3, aM AG Rosenheim NJW **01**, 2030. Er braucht aber die Gegenleistung weder näher zu bezeichnen noch anzugeben, wann er sie erbracht.

9 **C. Öffentliche Zustellung, II Z 3.** Unzulässigkeit liegt schließlich vor, wenn die Zustellung des Mahnbescheids durch eine öffentliche Bekanntmachung erfolgen müßte, §§ 185 ff, § 696 Rn 5, BGH NJW **04**, 2454, Köln MDR **04**, 1377, aM AG Haßfurt RR **00**, 1232 (Abgabe an das Streitgericht. Aber das wäre eine glatte Umgehung. Mag der Antragsteller Klage erheben). Das muß das Gericht von Amts wegen prüfen, Grdz 39 vor § 128. Denn es muß den Mahnbescheid von Amts wegen zustellen, § 693 I, BGH NJW **04**, 2454. Stellt sich erst im weiteren Verfahren diese Notwendigkeit heraus, so darf das Gericht nicht abgeben oder verweisen, § 696 Rn 5. Wegen der Zustellung an ein Mitglied der Streitkräfte Art 32 ZAbkNTrSt, SchlAnh III, Schwenk NJW **76**, 1562.

10 **5) Auslandszustellung, III**, dazu *Einhaus* AnwBl **00**, 557, *Hintzen* Rpfleger **97**, 293 (Üb): Ob sie notwendig ist, muß das Gericht von Amts wegen nach §§ 183 ff prüfen, Grdz 39 vor § 128. Denn die Zustellung des Mahnbescheids erfolgt von Amts wegen, § 693 I. In diesen Fällen ist zunächst § 703 d anwendbar. Falls dennoch eine Auslandszustellung notwendig wird, ist der Erlaß des Mahnbescheids nur für den Fall zulässig, daß § 32 AVAG, SchlAnh V E, die Auslandszustellung vorsieht bzw zuläßt, Hök JB **91**, 1145 und 1605 (ausf). Maßgebend ist der Wohnsitz des Zustellungsbevollmächtigten, AG Mü Rpfleger **91**, 425. § 34 AVAG ist gültig auch für das LugÜbk, § 1 I Z 1 b AVAG. Nur nach Maßgabe dieser Übereinkünfte ist auch ein Mahnantrag auf eine Zahlung in beliebiger ausländischer Währung zulässig, § 32 I 2 AVAG. Wegen einer Umrechnung auf EUR Rn 4. Einzelheiten Ritten NJW **99**, 1214, Schneider, Die Durchsetzung von Fremdwährungsforderungen, 2000 (je zum alten Recht). Wegen der erst nach dem Erlaß des Mahnbescheids bekannt werdenden Notwendigkeit einer Auslandszustellung oder öffentlichen Zustellung § 696 Rn 5.

11 **6) Mängelfolgen, I–III.** Das Gericht muß den Antrag nach § 691 zurückweisen, soweit er den Vorschriften des § 688 nicht entspricht und soweit der Mangel unbehebbar ist oder der Antragsteller ihn trotz Fristsetzung nicht behoben hat, § 691 Rn 3. Eine Klage bleibt natürlich auch bei Unzulässigkeit des Mahnantrags grundsätzlich möglich. Ein zu Unrecht erlassener Mahnbescheid bleibt wirksam. § 691 Rn 14.

689 *Zuständigkeit; maschinelle Bearbeitung.* [I][1] Das Mahnverfahren wird von den Amtsgerichten durchgeführt. [2] Eine maschinelle Bearbeitung ist zulässig. [3] Bei dieser Bearbeitung sollen Eingänge spätestens an dem Arbeitstag erledigt sein, der dem Tag des Eingangs folgt.

II [1] Ausschließlich zuständig ist das Amtsgericht, bei dem der Antragsteller seinen allgemeinen Gerichtsstand hat. [2] Hat der Antragsteller im Inland keinen allgemeinen Gerichtsstand, so ist das Amtsgericht Schöneberg in Berlin ausschließlich zuständig. [3] Sätze 1 und 2 gelten auch, soweit in anderen Vorschriften eine andere ausschließliche Zuständigkeit bestimmt ist.

III [1] Die Landesregierungen werden ermächtigt, durch Rechtsverordnung Mahnverfahren einem Amtsgericht für die Bezirke mehrerer Amtsgerichte zuzuweisen, wenn dies ihrer schnelleren und rationelleren Erledigung dient. [2] Die Zuweisung kann auf Mahnverfahren beschränkt werden, die maschinell bearbeitet werden. [3] Die Landesregierungen können die Ermächtigung durch Rechtsverordnung auf die Landesjustizverwaltungen übertragen. [4] Mehrere Länder können die Zuständigkeit eines Amtsgerichts über die Landesgrenzen hinaus vereinbaren.

Schrifttum: *Kruse/Geishecker*, Das EDV-gestützte gerichtliche Mahnverfahren, 1996; *Riesenberg/Jurksch* MDR **95**, 448 (Üb, auch zu III); *Schmid*, Elektronische Datenverarbeitung im Mahnverfahren, 1991; *Seidel/Brändle*, Das automatisierte Mahnverfahren usw, 1989.

Buch 7. Mahnverfahren § 689

Gliederung

1) Systematik, I–III 1	C. Kein inländischer Gerichtsstand des Antragsgegners, II 3 6
2) Regelungszweck, I–III 2	D. Vereinbarter Gerichtsstand beim Auslandsbezug, II 3 7
3) Sachliche Zuständigkeit, I 1 3	E. Ausschließlichkeit, II 1–3 8
4) Örtliche Zuständigkeit, II, III 4–10	F. Einzelfragen, II 1–3 9
A. Inländischer Gerichtsstand des Antragstellers, II 1 4	G. Zuweisung, III 10
B. Kein inländischer Gerichtsstand des Antragstellers, II 2, 3 5	5) Maschinelle Bearbeitung, I 2, 3 11
	6) Verstoß, I–III 12

1) Systematik, I–III. Während § 688 die allgemeinen weiteren Zulässigkeitsvoraussetzungen des Mahn- 1
verfahrens und § 690 die Form des Antrags regeln, bestimmt § 689 als eine gegenüber §§ 23 ff GVG wegen
der sachlichen und gegenüber §§ 12 ff wegen der örtlichen Zuständigkeit vorrangige Spezialvorschrift die
Zuständigkeit. Sie liegt funktionell beim Rpfl, § 20 Z 1 RPflG, Anh § 153 GVG, bzw beim etwa landesrechtlich bestellten Urkundsbeamten der Geschäftsstelle, Grdz 4 vor § 688.

2) Regelungszweck, I–III. Die Unabdingbarkeit des Gerichtsstands nach II 1 in Verbindung mit § 40 2
II 1 Hs 2 hat ihre Tücken, soweit der Antragsgegner Widerspruch oder Einspruch einlegt. Das zeigt § 696.
Das ändert nichts an der Notwendigkeit, die strenge Regelung des eigentlichen Mahnverfahrens durch strikte
Auslegung zu stützen. Die Sollvorschrift I 3 findet natürlich ihre Grenze in der Belastung des Mahngerichts.
Die Verwaltung kann aber wegen Verzögerung haften, wenn sie ständig zu wenig Personal bereitstellt und
wenn dadurch wochenlange Wartefristen entstehen. Sie muß dann eben umorganisieren und notfalls nachweisen, daß und warum eine frühere Bearbeitung das wirklich nicht möglich war, § 839 BGB, Art 34 GG.
Daran ändert auch keine richterliche Weisungsfreiheit etwas. Der Richter hat zunächst ja gar nichts mit dem
Verfahren zu tun.

3) Sachliche Zuständigkeit, I 1. Sie liegt als ausschließliche Zuständigkeit nach Rn 8 beim AG. Das 3
gilt für sämtliche im ordentlichen Rechtsweg zu verfolgenden Anträge ohne Rücksicht auf den Streitwert.
Das AG ist auch dann für den Erlaß des Mahnbescheids zuständig, wenn das LG für ein streitiges Verfahren
sachlich ausschließlich zuständig ist. In einer Arbeitssache ist das für eine Klage im Urteilsverfahren
maßgebliche ArbG zuständig, § 46 a II ArbGG, abgedruckt Grdz 3 vor § 688. Der Rpfl bzw der etwa nach
Grdz 4 vor § 688 landesrechtlich bestellte Urkundsbeamte der Geschäftsstelle bearbeitet das gesamte Mahnverfahren einschließlich der Abgabe nach § 696. Das gilt auch bei einer maschinellen Bearbeitung, Crevecœur NJW 77, 1320. Der Richter bearbeitet erst das folgende streitige Verfahren, § 20 Z 1 RPflG, § 153
GVG Anh. Daher darf und muß der Rpfl bzw der Urkundsbeamte auch dann wieder tätig werden, wenn
sich im streitigen Verfahren zB ergeben hat, daß etwa mangels ordnungsmäßiger Unterschrift des Rpfl bzw
des Urkundsbeamten nach § 129 Rn 9 ff rechtlich gewertet überhaupt kein Mahn- und/oder Vollstreckungsbescheid vorliegt, Üb 14 vor § 300, § 311 Rn 4, und wenn der Richter das streitige Verfahrens daher
das Verfahren an das Mahngericht zurückverwiesen hat, § 7 RPflG, abgedruckt Anh § 153 GVG Rn 1.

4) Örtliche Zuständigkeit, II, III. Man muß zahlreiche Aspekte beachten. 4

A. Inländischer Gerichtsstand des Antragstellers, II 1. Es ist dasjenige AG ausschließlich zuständig,
bei dem der Antragsteller seinen allgemeinen Gerichtsstand hat, §§ 12 ff, BGH NJW **98**, 1322, BayObLG
DB **02**, 1545, Gildemeister NJW **93**, 1569. Das ist auch der Sitz bzw Gesellschaftssitz, BGH NJW **98**, 1322.
Das gilt, falls auch der Antragsgegner im Inland seinen allgemeinen Gerichtsstand hat, II 1, 3. Die Niederlassung ist kein allgemeiner, sondern ein besonderer Gerichtsstand, § 21, BGH NJW **98**, 1322, BayObLG
DB **02**, 1545, Gildemeister NJW **93**, 1569. Eine ausländische Versicherungsgesellschaft mit einer inländischen Niederlassung hat aber ausnahmsweise auch einen allgemeinen Gerichtsstand im Inland, BGH NJW **79**,
1785, AG Ffm NJW **80**, 2028, aM BGH (10. ZS) NJW **98**, 1322 (teilweise unkorrekt zitierend und in sich
widersprüchlich). Dasselbe gilt für eine ausländische Bank mit einer inländischen Niederlassung, AG Ffm
Rpfleger **80**, 72. Ein Anwalt darf nur dann lediglich die Kanzleianschrift angeben, wenn er zusätzlich
versichert, an demselben Ort zu wohnen, AG Hbg Rpfleger **93**, 252, Gildemeister AnwBl **94**, 132.

B. Kein inländischer Gerichtsstand des Antragstellers, II 2, 3. Das AG Berlin-Schöneberg ist 5
zuständig, wenn der Antragsteller im Inland keinen allgemeinen Gerichtsstand hat. Das gilt an sich unabhängig von dem Gerichtsstand des Antragsgegners, II 2, 3, Büchel NJW **79**, 946. Es gilt aber nur, solange der
Antragsgegner überhaupt irgendeinen inländischen Gerichtsstand hat, BGH NJW **81**, 2647. Eine inländische
unselbständige Zweigniederlassung des ausländischen Antragstellers ohne eigene Rechtspersönlichkeit ändert
nichts an II 2, BGH NJW **91**, 110 (zustm Busl IPRax **92**, 20).

C. Kein inländischer Gerichtsstand des Antragsgegners, II 3. Das AG des § 703 d ist nach der 6
dortigen vorrangigen Sonderregelung zuständig, wenn der Antragsgegner im Inland keinen allgemeinen
Gerichtsstand hat, BGH NJW **95**, 3317 (krit Hintzen Rpfleger **96**, 117). In diesem Fall kommt es nicht
darauf an, ob der Antragsteller in Inland einen Gerichtsstand hat, BGH NJW **81**, 2647, Druwe Rpfleger **91**,
425.

D. Vereinbarter Gerichtsstand beim Auslandsbezug, II 3. Dazu § 34 II AVAG, SchlAnh V E. 7

E. Ausschließlichkeit, II 1–3. Bei Rn 3–5 besteht eine ausschließliche Zuständigkeit, Begriff Üb 14 vor 8
§ 12. Sie ist allerdings nur national, nicht international, Düss JB **96**, 496. Sie ist im innerdeutschen Bereich
unabdingbar, § 40 II, BGH NJW **85**, 322. Sie geht jeder anderen nationalen, auch einer ausschließlichen, im
Mahnverfahren vor, abgesehen von einer etwaigen Zuweisung nach III, Rn 10. Das gilt auch dann, wenn
andere Vorschriften zur Zuständigkeit erst später erlassen worden sind. Unberührt bleibt in Bln § 1 VO v
14. 12. 72, GVBl 2303, betr Verkehrssachen (nach ihr ist das AG Charlottenburg zuständig), Lappe NJW **78**,
2379. Eine Abweichung ist auch wegen (jetzt) § 307 II Z 1 BGB unwirksam, BGH BB **85**, 691. Bei

Hartmann 1959

§§ 689, 690

mehreren Antragstellern mit verschiedenen allgemeinen Gerichtsständen hat der Antragsteller ein Wahlrecht, BGH NJW 78, 321 (zustm Haack NJW 80, 673, krit Büchel NJW 79, 946). Bei einem Anspruch im Sinn von § 29a gilt während des Mahnverfahrens II. Erst im anschließenden etwaigen streitigen Verfahren ist der Gerichtsstand der Belegenheit maßgeblich.

In einer *Arbeitssache* ist das für das Urteilsverfahren zuständige Arbeitsgericht zuständig, § 46a II ArbGG, abgedruckt Grdz 3 vor § 688. Daraus folgt eine Abgabebefugnis an ein anderes ArbG, falls der Schuldner nicht im Bezirk des ersteren wohnt, BAG DB 82, 500 (spricht dort irrig von Verweisung). Wegen des WEG-Verfahrens § 46a WEG, abgedruckt Grdz 3 vor § 688.

9 **F. Einzelfragen, II 1–3.** Das Gericht muß seine Zuständigkeit von Amts wegen prüfen, Grdz 39 vor § 128. Sie muß für alle Ansprüche bestehen. Eine Amtsermittlung nach Grdz 38 vor § 128 findet aber nicht statt, BGH NJW 81, 876. Zur Mangelprüfung § 691 Rn 3–6. Notfalls wird das zuständige Gericht nach § 36 bestimmt, dort Rn 5 „Mahnverfahren", BayObLG Rpfleger 80, 436, aM BGH NJW 78, 321 (aber § 36 ist als Bestimmung des Allgemeinen Teils im Buch 1 auch für das Mahnverfahren anwendbar). Maßgeblicher Zeitpunkt ist derjenige der Zustellung des Mahnbescheids nach § 693, nicht derjenige seines Erlasses nach § 692, schon gar nicht derjenige des Antragseingangs, so Riesenberg/Jurksch MDR 95, 450, ZöV 5. Denn erst die Zustellung macht den Mahnbescheid nach außen wirksam, § 329 Rn 26. Die Bezeichnung des Gerichts nach § 690 I Z 2 läßt sich mit Zustimmung des Antragstellers ändern.

Auf die *Zustellung* bezieht das Gesetz die Rechtshängigkeit zurück, § 696 III. Auch § 693 II setzt eine demnach folgende Zustellung voraus. Ein späterer Wegfall der Zuständigkeit ist unbeachtlich. Die Bezeichnung des Gerichts nach § 690 I Z 2 läßt sich mit Zustimmung des Antragstellers ändern. Der Erlaß des Mahnbescheids durch ein örtlich unzuständiges Gericht läßt den Mahnbescheid wirksam, BGH MDR 90, 222. Gegen ihn ist dann nur Widerspruch nach § 694 zulässig, keine sofortige Beschwerde, § 688 Rn 6.

10 **G. Zuweisung, III.** Eine Zuständigkeit kraft Zuweisung nach III 1, 2 geht derjenigen nach II vor. Sie geht auch dann vor, wenn nur der Antrags*gegner* im Inland keinen Wohnsitz hat, BGH NJW 93, 2752 (zustm Falk Rpfleger 93, 355), Wagner RIW 95, 93, aM Pfeiffer IPRax 94, 421 (aber III gilt uneingeschränkt, Einl III 39). Zulässig ist die Übertragung nur, soweit sie für die Bezirke mehrerer Amtsgerichte innerhalb oder außerhalb desselben OLG-Bezirks erfolgt. Sie kann sogar über die Landesgrenzen hinweg erfolgen, III 4. Bereits vorher war von der Ermächtigung nach III 1 aF Gebrauch gemacht worden, Riesenberg/Jurksch MDR 95, 449 (Üb):

Baden-Württemberg: VO zuletzt vom 20. 11. 98, GBl 680 (zuständig ist das AG Stgt);
Bayern: VO zuletzt vom 20. 12. 94, GVBl 1080 (zuständig ist das AG Coburg);
Berlin: VO zuletzt vom 5. 10. 98, GVBl 306 (zuständig ist das AG Wedding);
Brandenburg:
Bremen VO vom 20. 9. 01, GBl 52;
Hamburg: VO zuletzt vom 24. 9. 91, GVBl 327 (zuständig ist das AG Hbg-Altona);
Hessen: VO zuletzt vom 20. 8. 97, GVBl 292 (zuständig ist das AG Hünfeld);
Mecklenburg-Vorpommern:
Niedersachsen: VO zuletzt vom 14. 12. 98, GVBl 715 (zuständig ist für die maschinell lesbare Form das AG Hannover);
Nordrhein-Westfalen: VO zuletzt vom 21. 8. 95, GVBl 968 (zuständig ist das AG Hagen für die OLG-Bezirke Hamm, Köln, Düsseldorf für maschinell lesbare Form);
Rheinland-Pfalz: VO zuletzt vom 6. 3. 92, GVBl 67 (zuständig ist das AG Mayen für die OLG-Bezirke Kblz, Zweibr);
Saarland:
Sachsen:
Sachsen-Anhalt: VO vom 11. 3. 02, GVBl 103, und vom 18. 3. 02, GVBl 106 (zuständig ist das AG Aschersleben in Staßfurt für elektronische Bearbeitung);
Schleswig-Holstein: VO vom 13. 8. 02 GVBl 185 (zuständig ist das AG Schleswig);
Thüringen:
Diese Regelungen gelten nur fort, soweit sie mit III 1 vereinbar sind, Art 31 GG.

11 5) **Maschinelle Bearbeitung, I 2, 3.** Vgl §§ 703b, c.

12 6) **Verstoß, I–III.** Das Mahngericht muß den Antrag nach § 691 zurückzuweisen, soweit er nicht den Vorschriften des § 689 entspricht, Holch NJW 91, 3180 (zu I Z 3).

---

690 *Mahnantrag.* ¹ Der Antrag muss auf den Erlaß eines Mahnbescheids gerichtet sein und enthalten:
1. die Bezeichnung der Parteien, ihrer gesetzlichen Vertreter und der Prozessbevollmächtigten;
2. die Bezeichnung des Gerichts, bei dem der Antrag gestellt wird;
3. die Bezeichnung des Anspruchs unter bestimmter Angabe der verlangten Leistung; Haupt- und Nebenforderungen sind gesondert und einzeln zu bezeichnen, Ansprüche aus Verträgen gemäß den §§ 491 bis 504 des Bürgerlichen Gesetzbuchs, auch unter Angabe des Datums des Vertragsschlusses und des nach den §§ 492, 502 des Bürgerlichen Gesetzbuchs anzugebenden effektiven oder anfänglichen effektiven Jahreszinses;
4. die Erklärung, dass der Anspruch nicht von einer Gegenleistung abhängt oder dass die Gegenleistung erbracht ist;
5. die Bezeichnung des Gerichts, das für ein streitiges Verfahren zuständig ist.

II Der Antrag bedarf der handschriftlichen Unterzeichnung.

III Der Antrag kann in einer nur maschinell lesbaren Form übermittelt werden, wenn diese dem Gericht für seine maschinelle Bearbeitung geeignet erscheint; der handschriftlichen Unterzeichnung bedarf es nicht, wenn in anderer Weise gewährleistet ist, dass der Antrag nicht ohne den Willen des Antragstellers übermittelt wird.

Schrifttum: *Braun,* Metaphysik der Unterschrift, Feschrift für *Schneider* (1997) 447; *Salten,* Das automatisierte gerichtliche Mahnverfahren usw, 1996; *Vollkommer,* Verjährungsunterbrechung und „Bezeichnung" des Anspruchs im Mahnbescheid, Festschrift für *Lüke* (1997) 865.

Gliederung

1) **Systematik, I–III** 1	5) **Freigestellte Angaben, I** 12–14
2) **Regelungszweck, I–III** 2	A. Kostenberechnung des Antragstellers 12
3) **Antragsform und -frist, I** 3	B. Antrag auf streitiges Verfahren 13
4) **Antragsinhalt, I** 4–11	C. Antrag auf Prozeßkostenhilfe 14
A. Bezeichnung der Parteien usw, I Z 1 .. 4	6) **Verbotene Angaben, I** 15
B. Bezeichnung desjenigen AG, an das sich der Antrag richtet, I Z 2 5	7) **Antragsrücknahme, I** 16
C. Bezeichnung des Anspruchs usw, I Z 3 6–9	8) **Unterzeichnung, II** 17
D. Erklärung zur etwaigen Gegenleistung, I Z 4 10	9) **Maschinell lesbare Form, III** 18
E. Bezeichnung des für das streitige Verfahren zuständigen Gerichts, I Z 5 11	10) **Keine Mitteilung des Antrags, I–III** ... 19
	11) **Verstoß, I–III** 20

1) Systematik, I–III. Die Vorschrift ergänzt §§ 688, 689 wegen des ja schon in § 688 I als notwendig **1** bezeichneten Antrags. Dieser Antrag entspricht einer Klageschrift nicht im Inhalt, wohl aber in der Funktion. Er ist nur insoweit mit § 253 usw vergleichbar. Er muß wenigstens alle diejenigen Angaben enthalten, die man in einem ja nach §§ 700, 794 I Z 4 zum Vollstreckungstitel werdenden etwaigen Vollstreckungsbescheid benötigt. Vgl wegen der Antragstellung § 702.

Der Antrag ist eine *Parteiprozeßhandlung,* Grdz 47 vor § 128. Daher müssen die Prozeßhandlungsvoraussetzungen vorliegen, Grdz 18 vor § 253. Aus ihm muß erkennbar sein, daß der Antragsteller gerade einen Mahnbescheid bezweckt und nicht etwa eine Klage. Die Bezeichnung als Gesuch, Bitte, Forderung usw ist umdeutbar. Grdz 52 vor § 128. Der Antrag muß grundsätzlich nach § 129 Rn 9 ff handschriftlich unterzeichnet sein, II, Rn 17. Eine Unterschrift kann fehlen, wenn in anderer Weise gewährleistet ist, daß der Antrag nicht ohne den Willen des Antragstellers vorliegt, III Hs 2, etwa durch ein Anschreiben zu einer Sammlung zu Anträgen. Wegen Textform § 126 b BGB, wegen elektronischer Einreichung § 126 a BGB, § 130 a ZPO. Den notwendigen Inhalt des Antrags ergibt I abschließend, BGH NJW **81**, 876. Der weitere Inhalt ist freigestellt, Rn 12–14.

2) Regelungszweck, I–III. Die Anforderungen in I zielen darauf ab, einen Vollstreckungstitel vorbe- **2** reiten zu können, der den Mindestbedingungen an Klarheit, Abgrenzung des Streitgegenstands, Umfang der Rechtskraft und praktischer Vollstreckbarkeit entspricht. Das gilt besonders für die Anspruchsbezeichnung. In der Praxis herrscht bisweilen auch als Folge des Massenbetriebs eine fast atemberaubende Großzügigkeit. Erstaunlicherweise scheint es aber dann anschließend nicht allzu oft Probleme zu geben. Mithin ist eine begrenzte Großzügigkeit jedenfalls im Ergebnis durchaus hinnehmbar.

3) Antragsform und -frist, I. Man kann den Antrag vor dem Urkundsbeamten der Geschäftsstelle eines **3** jeden AG als solchem stellen, also nicht nur in den Fällen Grdz 4 vor § 688, §§ 702 I 1, 129a I. Daher besteht kein Anwaltszwang, § 78 V Hs 2. Das gilt auch dann, wenn das etwaige streitige Verfahren im Anwaltszwang stattfinden würde. Zur Wahrung einer etwaigen Frist zB nach § 12 III VVG, Düss RR **86**, 1413, Hamm VersR **87**, 194, ist aber grundsätzlich erst der Eingang des Antrags bei dem nach den §§ 689, 703 d II örtlich zuständigen AG maßgeblich, §§ 693 II, 129 a II 2. Freilich kann man die Verjährung auch durch die Einreichung eines Antrags sogar beim unzuständigen Gericht neu beginnen lassen, BGH **86**, 313, Bode MDR **82**, 632, aM KG NJW **83**, 2709, Loritz JR **85**, 98 (aber dann muß eine jede Gerichtshängigkeit ausreichen). Einreichen kann man auch etwa durch einen Berechtigten, BGH NJW **99**, 3707, den Prozeßstandschafter, Grdz 22 ff vor § 50, BGH NJW **99**, 3707, der den Anspruch in einer für eine Vollstreckung ausreichenden Weise bezeichnet, BGH NJW **94**, 324, LG Mannh WoM **99**, 460. Zur Problematik Vollkommer (vor Rn 1) 895.

Zur Auswirkung des *Stillstands* des Verfahrens, Üb 1 vor § 239, auf die Verjährung auch BGH **134**, 389, BayVGH NJW **88**, 1373, Hamm MDR **94**, 106. Zur Verjährung bei Anspruchsmehrheit LG Bre RR **91**, 58.

Soweit *Vordrucke* eingeführt worden sind, § 1 a der in § 703 c Rn 1 genannten VO, muß der Antragsteller diese benutzen, § 703 c Rn 3. In solchem Fall muß das Gericht also einen ohne Benutzung des Vordrucks eingereichten Antrag als unzulässig zurückweisen. Eine Vollmacht braucht nicht nachgewiesen zu werden, § 703 S 1. Der Einreicher muß seine Vollmacht aber versichern. Es ist aber keine eidesstattliche Versicherung nach § 294 notwendig. Andernfalls sind §§ 88–89 anwendbar. Zur Vorwegleistungspflicht § 12 III 1 GKG, Anh § 271. Die Einreichung einer Abschrift des Antrags ist nur im Rahmen des § 703 c II Voraussetzung der Zulässigkeit des Antrags. Im übrigen muß der Antragsteller etwa von Amts wegen anzufertigende zusätzliche Ablichtungen bezahlen, KV 9000 Z 1.

4) Antragsinhalt, I. Die Vorschrift schreibt mit „muß" einen Mindestinhalt des Antrags vor. Die **4** Anforderungen sind teilweise denjenigen an eine Klageschrift nach § 253 II ähnlich. Die gemachten Angaben sind wie bei jeder Parteiprozeßhandlung auslegbar, Grdz 52 vor § 128, BGH NJW **99**, 1871. Die Nachholung des Fehlenden ist nach § 691 I 2 zulässig.

A. Bezeichnung der Parteien usw, I Z 1. Diese Bezeichnung muß so genau erfolgen, daß die Nämlichkeit der Parteien feststeht, § 253 Rn 24, Kblz MDR **80**, 149, daß ferner der Mahnbescheid ohne

§ 690 Buch 7. Mahnverfahren

Schwierigkeiten zugestellt werden kann und daß auch die Zwangsvollstreckung aus ihm ohne Schwierigkeiten möglich ist, § 313 Rn 4–7, Kblz MDR **80**, 149. Im allgemeinen muß der Antragsteller folgendes angeben: Die ausgeschriebenen Vornamen, LG Paderb NJW **77**, 2077; den Nachnamen; den Wohnort; die Straße mit Hausnummer. Ein Postfach reicht nicht aus. Bei einer Firma muß man deren Bezeichnung angeben, unter der sie im Geschäftsverkehr auftritt, §§ 17 II, 19 I Z 2, 3, 124 I, 161 II HGB. Nicht notwendig ist die exakte Bezeichnung von Stand, Beruf oder Gewerbe, noch gar nach dem Handelsregister, Werhahn AnwBl **78**, 22. Dergleichen kann aber ratsam sein. Neben der Firmenbezeichnung kann diejenige des Inhabers ratsam sein. Eine Werbe- oder Produktangabe usw reicht natürlich nicht. Ein unrichtiger Name kann unschädlich sein, BGH NJW **99**, 1871, Köln Rpfleger **75**, 102. Bei mehreren Antragstellern oder Antragsgegnern müssen für jeden genügende Einzelangaben und außerdem insgesamt so viele Angaben vorliegen, daß keine Verwechslung mit anderen Rechtspersonen möglich ist, BGH RR **95**, 764, Kblz MDR **80**, 149, LG Bln MDR **77**, 146.

Ferner angeben muß man evtl: eine Berufsbezeichnung; den Geburtstag, etwa bei gleichnamigen Brüdern; Angaben wie „senior" oder „junior", Nürnb OLGZ **87**, 485; Stockwerksangaben, falls sonst Verwechslungen möglich sind, Kblz MDR **80**, 149. Stets ist die Bezeichnung des etwaigen gesetzlichen Vertreters erforderlich, § 51. Das gilt insbesondere bei einer BGB-Gesellschaft, § 51 Rn 5, BGH RR **05**, 119 („vertreten durch den Geschäftsführer" reicht), und bei einer juristischen Person, BGH NJW **93**, 2813 (Organstellung), aM AG Kenzingen MDR **97**, 232 (aber die Nämlichkeit muß feststehen). Bei Eltern muß man grundsätzlich beide nach ihren Vor- und Nachnamen bezeichnen. Beim Anwalt in eigener Sache kann die Kanzleianschrift nebst Versicherung reichen, er oder sein Sozius wohne am Ort des Mahngerichts, AG Hbg Rpfleger **93**, 252, Gildemeister NJW **93**, 1569. Bei einer Behörde ist der Name des sie vertretenden Menschen nicht mit erforderlich, BGH **134**, 352.

Ebenfalls stets erforderlich ist die Angabe des oder der *ProzBev*, soweit sich diese bereits vor der Antragstellung beim Antragsteller gemeldet haben, § 172. Ob das Gericht sie zB bei der Zustellung berücksichtigen darf, das ergibt sich freilich nicht schon auf Grund der Angaben im Antrag, sondern erst auf Grund der §§ 80 ff, 172. Der Abtretungsnehmer oder Prozeßstandschafter muß sich als solcher kennzeichnen, BGH NJW **99**, 3707. Eine Berichtigung von Schreibfehlern ist vor oder nach der Zustellung des Mahnbescheids zulässig, § 692 Rn 2, Bank JB **81**, 175.

5 B. Bezeichnung desjenigen AG, an das sich der Antrag richtet, I Z 2. Der Antragsteller muß sich an das nach §§ 689 II, III, 703 d II zuständige AG wenden. Die Bezeichnung Mahngericht ist nicht amtlich, aber in der Praxis vielfach üblich. Wegen einer Änderung der Bezeichnung § 689 Rn 9. Bei § 129 a I muß der Antragsteller dasjenige AG nennen, das der Antrag von Amts wegen oder nach § 129 a II 3 durch den Antragsteller weitergeleitet werden soll (dieses AG meint Z 2 trotz seines mißverständlichen Wortlauts). Der Rpfl bzw der nach Grdz 4 vor § 688 etwa landesrechtlich bestimmte Urkundsbeamte der Geschäftsstelle ist an das so benannte Gericht gebunden, § 692 Rn 3.

6 C. Bezeichnung des Anspruchs usw, I Z 3, dazu *Vollkommer,* Zum „Streitgegenstand" im Mahnverfahren, Festschrift für *Schneider* (1997) 231: Man muß den Anspruch unter einer bestimmten, dh bezifferten Angabe der verlangten Leistung bezeichnen, § 253 Rn 38 ff. Dabei muß man die Haupt- und Hilfsforderung gesondert und einzeln bezeichnen, also auch die Zinsen gesondert, Rn 9. Bei einem Anspruch, für den nach § 688 II Z 1 §§ 491–504 BGB gelten, muß man wegen der letzteren Vorschrift auch die Nebenforderungen gesondert und einzeln bezeichnen und das Datum des Vertragsabschlusses, den nach §§ 492, 502 BGB anzugebenden effektiven oder dann, wenn eine Änderung des Zinssatzes oder anderer preisbestimmender Faktoren vorbehalten ist, den anfänglichen effektiven Jahreszins mitteilen. Übergangsrechtlich gilt dazu § 28 II EGZPO.

Es ist eine *individuelle* Anspruchsbezeichnung notwendig, BGH NJW **02**, 521. Dabei kommt es auf die Erkennbarkeit vor allem für den Antragsgegner an, BGH NJW **96**, 2153. Dafür entscheiden die Gesamtumstände, BGH NJW **00**, 1420. Dazu ist allerdings insgesamt bei jedem Haupt- und bei jedem Hilfsanspruchs nach § 260 Rn 8 nur noch so viel notwendig, daß der Anspruch gegenüber anderen Ansprüchen abgrenzbar ist, BGH NJW **01**, 306, KG MDR **05**, 859, Schneider MDR **98**, 1334 (keine Überspannung). Das ist schon deshalb unumgänglich, damit der Schuldner erkennen kann, ob und wie er sich verteidigen soll, BGH NJW **01**, 306. Bei mehreren Antragstellern oder -gegnern muß man ihre Beteiligungsformen angeben, LG Bln MDR **77**, 146. Ferner soll der Umfang der eintretenden Rechtskraft eines entsprechenden Vollstreckungsbescheids feststehen, KG MDR **05**, 859. Es soll auch Art und Umfang der Möglichkeiten der Zwangsvollstreckung erkennbar sein, § 253 Rn 39, BGH NJW **01**, 306, Düss VersR **97**, 721, LG Wuppert WoM **97**, 111. Das sollten diejenigen bedenken, die sogar noch der bloßen Individualisierungsforderung eher kritisch gegenüberstehen.

7 Dagegen sind *keine* Angaben zur *Schlüssigkeit* des Anspruchs mehr erforderlich, AG Breisach RR **86**, 936, Schwab NJW **79**, 697. Denn der Rpfl bzw der nach Grdz 4 vor § 688 etwa landesrechtlich bestellte Urkundsbeamte der Geschäftsstelle nimmt nur noch eine reine Formalkontrolle vor. Er prüft allenfalls zusätzlich, ob es sich um einen im Antrag klagbares Recht handelt oder ob ein Rechtsmißbrauch vorliegt, §§ 691 Rn 7, 692 I Z 2. Diese bloße Formalkontrolle ist keine unerträgliche Begünstigung unredlicher Gläubiger, aM Eickmann DGVZ **77**, 103 (aber das Massenverfahren verträgt keine Überspannung). Will der Rpfl bzw Urkundsbeamte freilich nicht zum Mittäter eines Prozeßbetrugs(versuchs) werden, muß er evtl den Erlaß des Mahn- oder Vollstreckungsbescheids bei Kenntnis der Nichtexistenz der Forderung ablehnen, § 691 Rn 7. Grundsätzlich ist aber keinerlei Begründung des Anspruchs über seine Individualisierung hinaus erforderlich, BGH NJW **00**, 1420.

8 *Ratsam* ist eine *Anspruchsbegründung* freilich zumindest in einer überschaubaren Sache schon im Mahnantrag, Schneider MDR **98**, 70, etwa als Anlage zum Formular, Hirtz NJW **81**, 2234. Das Gericht muß einen unvollständigen und fehlerhaften Antrag evtl nach ergebnisloser Fristsetzung gemäß § 691 Rn 3 von Amts wegen zurückweisen, § 691, BGH NJW **84**, 242, Holch NJW **91**, 3181, StJSchl 3. Ausreichend ist zB die Fassung „300 EUR aus Vertrag vom ...", evtl auch mangels anderer Rechtsbeziehungen die Fassung

"Anspruch aus Werk-/Werklieferungsvertrag", BGH NJW **02**, 521 (großzügig). Nicht notwendig ist eine Fassung „... aus einem Kaufvertrag vom ... wegen Nichteinhaltung der Lieferfrist". Ausreichend ist die Fassung „300 EUR aus dem Vorfall vom ...". Nicht notwendig ist die Formulierung „... aus dem am ... begangenen Diebstahl einer Uhr". Eine Bezugnahme auf ein vorprozessuales Schreiben an den Antragsgegner kann ausreichen, BGH NJW **96**, 2153. Dasselbe gilt für die Bezugnahme auf eine angelegte Anlage, BGH NJW **95**, 2230, aM Düss VersR **97**, 721 (zu streng). Ausreichend ist „Schadensersatz aus Architektenvertrag vom ...", Köln VersR **02**, 730.

Nicht ausreichend sind meist wohl die bloße Angabe „Schadensersatz aus Mietvertrag" LG Mannh WoM **99**, 460, „Schadensersatz aus Unfall" (ohne Datum oder Ort), ZöV 14, aM BGH NJW **00**, 1420, oder „Anspruch auf Schadensersatz, Beschädigung einer Mietwohnung", LG Wuppert WoM **97**, 111, oder bloß „Miete für Geschäftsraum gemäß Vertrag vom ..." (für welchen Zeitraum?), KG MDR **05**, 859, oder „Mietnebenkosten – auch Renovierungskosten", LG Bielef WoM **97**, 112, es sei denn, es läge keine andere Rechtsbeziehung vor, BGH NJW **02**, 521 (großzügig). Nicht ausreichend ist die Fassung „... aus (Kauf)-Vertrag" oder die bloße Angabe „Forderung", Ffm NJW **91**, 2091, Herbst Rpfleger **78**, 200, oder „Forderung von ... gemäß Schreiben vom ..." ohne dessen Beifügung, LG Traunst Rpfleger **04**, 366.

Fehlen von Verjährung oder das Bestehenbleiben des Anspruchs trotz einer geltend gemachten Aufrechnung **9** usw freilich muß man schon aus dem Antrag erkennen können. Eine vollständige Aufgliederung des Anspruchs ist grundsätzlich notwendig, BGH NJW **01**, 306, LG Bln ZMR **01**, 970. Ihr Fehlen kann aber im Einzelfall unschädlich sein, BGH RR **96**, 886, AG Leer JB **04**, 144 (Inkassokosten). Der Antragsteller muß genau angeben, welche Teilforderung er geltend macht, LG Mannh WoM **99**, 460, AG Wuppert MDR **90**, 438, großzügiger BGH NJW **96**, 2153. Fehlende Angaben lassen sich grundsätzlich nachholen, BGH MDR **85**, 132. Eine unrichtige rechtliche Beurteilung kann unschädlich sein, ZöV 14, 919 aM BGH NJW **92**, 111 (aber die Beurteilung ist Gerichtssache). Ein allzu mangelhaft bezeichneter Anspruch läßt aber auch die Verjährung neu beginnen, BGH NJW **00**, 1420, Ffm NJW **91**, 2091, AG Wuppert MDR **90**, 438. Zum Problem Vollkommer (vor Rn 1) 865.

Wegen der *Zinsen* ist auch die Angabe der Laufzeit oder des Anfangszeitpunkts sowie die Angabe notwendig, ob der Antragsteller sie nur auf die volle oder teilweise Hauptforderung oder auch auf die ebenfalls genau zu bezeichnenden Zinsen fordert. Andernfalls muß der Rpfl bzw der nach Grdz 4 vor § 688 etwa landesrechtlich bestellte Urkundsbeamte der Geschäftsstelle evtl rückfragen. Man darf und muß den Mahnbescheid bzw Vollstreckungsbescheid notfalls auslegen. Das kann auf Probleme stoßen, Schneider Rpfleger **91**, 260. Da es Sache der Partei ist, ihren Anspruch nach § 253 Rn 49 zu bezeichnen, umfaßt der Zinsanspruch im Zweifel nur die Hauptforderung, AG Bln-Tempelhof Rpfleger **91**, 260, aM AG Waiblingen Rpfleger **91**, 260 (zustm Schneider. Aber § 308 I zwingt zu solcher Vorsicht). Wegen der Mehrwertsteuer auf die Zinsen Rn 13. Die Entscheidung ist grundsätzlich unanfechtbar. Vgl freilich § 691 Rn 14 ff.

D. Erklärung zur etwaigen Gegenleistung, I Z 4. Vgl § 688 Rn 8. **10**

E. Bezeichnung des für das streitige Verfahren zuständigen Gerichts, I Z 5. Die Vorschrift gilt für **11** jeden Antragsgegner, BayObLG Rpfleger **80**, 436, Vollkommer Rpfleger **78**, 184. Das gilt trotz Einheitlichkeit des Verfahrens, Düss JB **98**, 82, Mü RR **98**, 1080, LG Bln Rpfleger **98**, 40. Gemeint ist das endgültig nach §§ 12 ff örtlich und sachlich zuständige Gericht. Damit trägt der Antragsteller jetzt jedenfalls zunächst die volle Verantwortung für die richtige Bezeichnung. Er hat keine anschließende andere Wahlmöglichkeit mehr, § 696 Rn 28, BGH NJW **93**, 1273, BayObLG Rpfleger **03**, 139, Brdb NJW **04**, 781. Das macht das Mahnverfahren noch komplizierter, aber vielleicht weniger aufwendig und zeitraubend. Bei einem Verstoß gilt Rn 20. Eine falsche irrige oder bewußt irreführende Angabe kann nicht mehr zu einer Berichtigung von Amts wegen führen. Denn der Rpfl bzw der etwa nach Grdz 4 vor § 688 landesrechtlich bestellte Urkundsbeamte der Geschäftsstelle kann nicht übersehen, ob das vom Antragsteller bezeichnete Gericht auch wirklich zuständig ist, aM Holch NJW **91**, 3178 (aber es findet keine Amtsermittlung nach Grdz 38 vor § 128 statt).

Notfalls muß der Antragsteller beim nächsten Gericht *erfragen*, welches Gericht nach Z 5 zuständig sei. Evtl muß er also ein LG angeben und zusätzlich mitteilen, ob die Zivilkammer oder die Kammer für Handelssachen zuständig sei, Schriewer NJW **78**, 1039, aM Ffm NJW **80**, 2202, Nürnb Rpfleger **95**, 369, LG Essen JZ **79**, 145 (aber die Zuständigkeit muß klar sein). Dasselbe gilt für ein dann etwa zuständig werdendes WEG-Gericht usw, zB § 46a I 2 WEG, abgedruckt Grdz 3 vor § 688. Der Antragsteller braucht grundsätzlich das im streitigen Verfahren zuständige FamG nicht anzugeben, ZöV 19, aM Jauernig FamRZ **78**, 230 (aber das ist nur eine funktionelle Unterfrage).

5) Freigestellte Angaben, I. Freigestellt sind über den „Muß"-Inhalt nach Rn 4 hinaus weitere Angaben. **12**

A. Kostenberechnung des Antragstellers, § 692 I Z 3. Inkassokosten muß man grundsätzlich glaubhaft machen. AG Stgt Rpfleger **03**, 377 (Ausnahme beim Handelsgeschäft). Wenn eine Kostenberechnung fehlt, kann der Rpfl bzw der etwa nach Grdz 4 vor § 688 landesrechtlich bestellte Urkundsbeamte der Geschäftsstelle den Antrag allerdings mit einem entsprechenden Vermerk und der Auflage zur Ergänzung zurückgeben, ebenso bei anderen Beanstandungen, § 12 AktO.

B. Antrag auf streitiges Verfahren. Ferner ist für den Fall des Widerspruchs ein Antrag auf die Durch- **13** führung des streitigen Verfahrens freigestellt, § 696 I 2. BVerfG NJW **04**, 1098 links und rechts hält wegen Art 2 I GG schon im Antragsformular einen Hinweis auf die Gebührenpflichtigkeit eines Antrags auf ein streitiges Verfahren für notwendig. Dieser Antrag wird mit dem Eingang des Widerspruchs wirksam, LG Fulda RR **99**, 221. Ein Antrag auf eine Abgabe von Amts wegen an das dann zuständige Gericht ist nicht erforderlich. Die Abgabe erfolgt vielmehr evtl von Amts wegen. Wohl aber ist ein Antrag erforderlich, das streitige Verfahren überhaupt durchzuführen, falls der Antragsteller zunächst abwarten will, ob ein streitiges Verfahren notwendig wird. Ein Verweisungsantrag ist auch im Fall des § 696 V nicht notwendig. Man soll auch das Gericht eines besonderen oder eines vereinbarten Gerichtsstands angeben. Freilich obliegt die Prüfung, welches Gericht für das streitige Verfahren endgültig zuständig ist, demjenigen Gericht, an das

§§ 690, 691

die Sache nach § 696 I abzugeben ist, (zum alten Recht) KG Rpfleger **80**, 115, aM Lappe NJW **78**, 2380 (aber der Gesetzestext ist eindeutig, Einl III 39).

Wegen des *Zeitpunkts* gilt: Man darf einen Antrag auf den Erlaß des Vollstreckungsbescheids nicht mehr schon mit dem Antrag auf den Erlaß des Mahnbescheids verbinden, § 699 Rn 6. Wenn der Antrag etwa trotzdem vorliegt, ist er unbeachtlich, wenn ihn der Urkundsbeamte der Geschäftsstelle als solcher entgegengenommen hat, also nicht nur in den Fällen Grdz 4 vor § 688. Ein solcher Antrag lebt auch nicht etwa nach dem Ablauf der Widerspruchsfrist auf. Der Antragsteller muß ihn dann vielmehr erneut stellen. Das Gericht muß einen Antrag nach § 699 IV 2 auf eine Übergabe des Vollstreckungsbescheids an den Antragsteller zur Zustellung im Parteibetrieb ebenso behandeln.

14 **C. Antrag auf Prozeßkostenhilfe.** Solcher Antrag schon für das Mahnverfahren ist statthaft, § 114 Rn 32.

15 **6) Verbotene Angaben, I.** Der Antrag darf keine Forderung auf die Zahlung von Mehrwertsteuer auf die Zinsforderung enthalten, soweit ein Vordruckzwang besteht.

16 **7) Antragsrücknahme, I.** Man darf die Rücknahme des Antrags auf den Erlaß des Mahnbescheids nicht mit der Rücknahme des Antrags auf ein streitiges Verfahren oder mit der Rücknahme des Widerspruchs verwechseln, § 696 Rn 22. Man kann die Rücknahme des Mahnantrags entsprechend § 269 ohne eine Einwilligung des Antragsgegners bis zur Abgabe nach § 696 I 1 bzw § 700 III oder bis zur Rechtskraft des Vollstreckungsbescheids erklären, Köln RR **99**, 1737, Mü AnwBl **84**, 371, und zwar nach § 702. Ein Vordruck ist dafür bisher nicht eingeführt. § 703 ist bei einer Zurücknahme durch einen Bevollmächtigten anwendbar. Der Rpfl bzw der etwa nach Grdz 4 vor § 688 landesrechtlich bestellte Urkundsbeamte der Geschäftsstelle läßt die Antragsrücknahme dem Antragsgegner nach § 270 S 1 formlos zugehen, sofern dieser überhaupt schon von dem Mahnverfahren benachrichtigt worden war. Der Antragsgegner kann entsprechend § 269 III 2, IV eine Feststellung der Kostenfolge beantragen, BGH NJW **05**, 512, Mü OLGZ **88**, 493. Er kann auch entsprechend § 269 III 3, IV eine echte Kostengrundentscheidung beantragen, BGH NJW **05**, 512. Darüber entscheidet das Gericht des streitigen Verfahrens, BGH NJW **05**, 512 und 514, Wolff NJW **03**, 557. Er müßte einem ausdrücklichen Widerruf der Antragsrücknahme zustimmen, um diesen wirksam zu machen, ZöV 24 (Folge: Fortsetzung des Mahnverfahrens). Ab Abgabe ist § 269 direkt anwendbar, § 696 Rn 10. Der Antragsteller kann die Rücknahme wirksam widerrufen, Grdz 58, 59 vor § 128. Dann lebt das bisherige Verfahren wieder auf.

17 **8) Unterzeichnung, II.** Sie muß grundsätzlich handschriftlich und vollständig erfolgen, § 129 Rn 9. Es ist also unzulässig, einen Faksimilestempel zu benutzen. Auch eine gedruckte Unterschrift ist unzulässig. Ausnahmen gelten nur bei einer maschinell lesbaren Form, III Hs 2. Zur grundsätzlichen Handschriftlichkeit § 129 Rn 9 ff. Eine Einreichung per Telefax usw darf aber bei einem Mahnantrag nicht weniger zulässig sein als bei einer Klage, § 129 Rn 44. Wegen elektronischer Form § 130 a. Ein bloßes Handzeichen (Paraphe) reicht nicht aus, § 129 Rn 31 „Namensabkürzung". Bei einem Verstoß gilt Rn 20, BGH **86**, 323 (dort auch zu einem Ausnahmefall). Freilich kann der Rpfl bzw der etwa nach Grdz 4 vor § 688 landesrechtlich bestellte Urkundsbeamte der Geschäftsstelle wie im Fall Rn 12 vorgehen. Er hat insofern ein freies Ermessen. Hat er den Mahnbescheid trotz des Fehlens der Unterschrift erlassen, so kann zB eine Hemmung der Verjährung eingetreten sein, BGH **86**, 324.

18 **9) Maschinell lesbare Form, III.** Gemeint ist jede lesbare Form, zB: Diskette, Magnetband, Mikrofilm, Lochkarte usw, auch im Weg des Datenträgeraustausches, oder der Datenfernübertragung, Holch NJW **91**, 3179. Ein Antrag in dieser Form ist nur dann zulässig, wenn die Aufzeichnung genau mit der EDV-Technik des Gerätes abgestimmt worden ist und wenn durch eine entsprechende Programmierung die Gefahr eines Mißbrauchs ausgeschlossen ist. Maßgeblich dafür, ob diese Voraussetzungen vorliegen, ist die Wertung durch das Gericht. Es entscheidet zunächst auch hier durch den Rpfl bzw den etwa nach Grdz 4 vor § 688 landesrechtlich bestellten Urkundsbeamten der Geschäftsstelle, nicht etwa durch den Gerichtsvorstand. Das Gericht entscheidet nach pflichtgemäßem Ermessen. Zur Anfechtbarkeit einer Entscheidung § 691 III. Eine handschriftliche Unterzeichnung ist nicht notwendig, soweit bei der maschinell lesbaren Form in anderer Weise gewährleistet ist, daß der Antrag nicht ohne den Willen des Antragstellers übermittelt wird, III Hs 2, Hansens Rpfleger **91**, 134, etwa durch ein Anschreiben zu einer Sammlung von Mahnanträgen. Ob die Absicherung ausreicht, entscheidet das Gericht nach pflichtgemäßem Ermessen, Holch NJW **91**, 3179. Es ist keine Vorauszahlung von Gerichtskosten erforderlich, § 12 III 2 GKG.

19 **10) Keine Mitteilung des Antrags, I–III.** Es erfolgt keine Mitteilung des Antrags an den Antragsgegner, § 702 II. Der Erlaß des Mahnbescheids ohne eine Anhörung des Antragsgegners ist also kein Verstoß gegen Artt 2 I, 20 III GG, BVerfG **101**, 404 (Rpfl oder [jetzt] Urkundsbeamter der Geschäftsstelle, Grdz 4 vor § 688) bzw gegen Art 103 I GG (Richter). Daher braucht das Gericht auch nicht etwa solche Schriftsätze des Antragsgegners zu berücksichtigen, die beim Gericht während des Mahnverfahrens vor der Entscheidung über den Antrag auf den Erlaß des Mahnbescheids eingehen.

20 **11) Verstoß, I–III.** Ein gegen Rn 11 verstoßender Antrag kann zur Verweisung nach § 281 führen, BGH NJW **93**, 2810. Ein Verstoß gegen Rn 11 soll zur Antragszurückweisung führen, Karlsr Rpfleger **05**, 270 (keine Umdeutung nach § 38). Ein gegen Rn 15 verstoßender Antrag ist unzulässig, Rn 1, Schneider DGVZ **83**, 115. Er muß nach Erlaß des Mahnbescheids und Widerspruch oder Einspruch evtl zur diesbezüglichen Klagerücknahme oder Klagabweisung führen, Schneider DGVZ **83**, 115.

691 Zurückweisung des Mahnantrags. [1] **1 Der Antrag wird zurückgewiesen:**
1. wenn er den Vorschriften der §§ 688, 689, 690, 703 c Abs. 2 nicht entspricht;
2. wenn der Mahnbescheid nur wegen eines Teiles des Anspruchs nicht erlassen werden kann.

[2] **Vor der Zurückweisung ist der Antragsteller zu hören.**

Buch 7. Mahnverfahren **§ 691**

II Sollte durch die Zustellung des Mahnbescheids eines Frist gewahrt werden oder die Verjährung neu beginnen oder nach § 204 des Bürgerlichen Gesetzbuchs gehemmt werden, so tritt die Wirkung mit der Einreichung oder Anbringung des Antrags auf Erlass des Mahnbescheids ein, wenn innerhalb eines Monats seit der Zustellung der Zurückweisung des Antrags Klage eingereicht und diese demnächst zugestellt wird.

III ¹ Gegen die Zurückweisung findet die sofortige Beschwerde statt, wenn der Antrag in einer nur maschinell lesbaren Form übermittelt und mit der Begründung zurückgewiesen worden ist, dass diese Form dem Gericht für seine maschinelle Bearbeitung nicht geeignet erscheine. ² Im Übrigen sind Entscheidungen nach Absatz 1 unanfechtbar.

Schrifttum: *Maniak*, Die Verjährungsunterbrechung durch Zustellung eines Mahnbescheids im Mahnverfahren, 2000 (Bespr *Piepenbrock* ZZP **116**, 256); *Martin*, Die Prüfungsbefugnis des Rechtspflegers im gerichtlichen Mahnverfahren usw, 1998; *Vollkommer*, Verjährungsunterbrechung und „Bezeichnung" des Anspruchs, Festschrift für *Lüke* (1997) 865; *Vollkommer*, Schlüssigkeitsprüfung und Rechtskraft usw, Festschrift für *Schwab* (1990) 229.

Gliederung

1) Systematik, I–III 1	C. Klageeinreichung binnen Monatsfrist seit Zurückweisung 11
2) Regelungszweck, I–III 2	D. Demnächstige Zustellung 12
3) Zulässigkeitsprüfung von Amts wegen, I 3–6	E. Rückbeziehungszeitpunkte: Antragseinreichung oder -anbringung 13
A. Grundsatz: Zurückweisung (erst) bei Unbehebbarkeit eines Mangels, I 1 Z 1, 2, I 2 3	7) Rechtsbehelf gegen Mahnbescheid: Widerspruch, § 694, § 11 III 2 RPflG .. 14
B. Rechtsschutzbedürfnis, I 1 Z 1, 2 4	8) Rechtsbehelf gegen Zurückweisung durch Rechtspfleger bzw Urkundsbeamten: Sofortige bzw befristete Erinnerung, III 15
C. Volle Unzulässigkeit, I 1 Z 1 5	
D. Teilweise Unzulässigkeit, I 1 Z 2 6	
4) Keine Schlüssigkeitsprüfung, I 7	9) Rechtsbehelf gegen Entscheidung des Amtsrichters, III 16, 17
5) Entscheidung, I 8	A. Grundsatz: Kein Rechtsbehelf, III 2 .. 16
6) Rückbeziehung der Zustellung, II 9–13	B. Ausnahme: Sofortige Beschwerde, III 1 ... 17
A. Anwendungsbereich 9	
B. Grundsatz: Schutz vor schuldloser Verzögerung 10	

1) Systematik, I–III. Die Vorschrift nimmt für das Verfahren auf Grund des Antrags indirekt auf **1** allgemeine Verfahrensregeln Bezug. Der nach § 689 Rn 1 funktionell zuständige Rpfl, bzw der etwa nach Grdz 4 vor § 688 landesrechtlich bestellte Urkundsbeamte der Geschäftsstelle legt dem Richter die Akten nur im Rahmen von § 5 RPflG vor, § 153 GVG Anh. Das Mahnverfahren läuft auch in der Zeit vom 1. 7. bis 31. 8. weiter. Denn § 227 III betrifft nur Termine.

2) Regelungszweck, I–III. Das Mahnverfahren kennt zur Vereinfachung und Beschleunigung im Inter- **2** esse der Prozeßwirtschaftlichkeit nach Grdz 14 vor § 128 keine mündliche Verhandlung, auch keine nach § 128 Rn 10 freigestellte. Es kennt nicht einmal eine Anhörung des Antragsgegners. Das ist nur scheinbar ein Verstoß gegen Artt 2 I, 20 III GG (Rpfl bzw [jetzt] Urkundsbeamter der Geschäftsstelle, Grdz 4 vor § 688), BVerfG **101**, 404, Art 103 I GG (Richter). Es ist auch nur scheinbar ein Verstoß gegen ein Prozeßgrundrecht des Antragsgegners nach Einl III 16. Denn es steht ihm frei, durch Widerspruch gegen den Mahnbescheid und einen eigenen Antrag nach § 696 I, der ja beiden Parteien möglich ist, den Übergang in das streitige Verfahren zu erzwingen. Anschließend muß das Gericht ja wie nach einem Klageeingang verfahren, § 697 II 1, und nun erhält der jetzt Bekl heißende Antragsgegner das rechtliche Gehör voll. Die ZPO kennt ja auch an anderer Stelle Entscheidungen ohne Gehör des Gegners, etwa bei §§ 829, 921, 936.

3) Zulässigkeitsprüfung von Amts wegen, I. Zwei Bedingungen haben evtl unterschiedliche Folgen. **3**

A. Grundsatz: Zurückweisung (erst) bei Unbehebbarkeit eines Mangels, I 1 Z 1, 2, I 2. Der Rpfl bzw der etwa nach Grdz 4 vor § 688 landesrechtlich bestellte Urkundsbeamte der Geschäftsstelle prüft von Amts wegen nach Grdz 39 vor § 128, ob alle Zulässigkeitsvoraussetzungen zum Erlaß des Mahnbescheids vorliegen, BGH Rpfleger **89**, 516. Er nimmt freilich keine Amtsermittlung vor, Grdz 38 vor § 128, BGH NJW **81**, 876. Wegen der Prüfung ausländischen Rechts Hök MDR **88**, 187. Eine Zurückweisung ist schon dann erforderlich, wenn nur eines der gesetzlichen Erfordernisse fehlt. Daneben muß er die allgemeinen Prozeßvoraussetzungen prüfen, Grdz 12 vor § 253, BGH NJW **84**, 242, LAG Düss Rpfleger **94**, 342, ZöV § 690 Rn 23, aM ThP 3 (nur bei konkretem Anlaß. Aber Zulässigkeitsfragen sind stets von Amts wegen voll beachtlich).

Vor einer *Zurückweisung* muß der Antragsteller *Gehör* erhalten, I 2. Eine glatte sofortige Zurückweisung des Antrags sollte ohnehin nur dann stattfinden, wenn vorhandene Mängel unbehebbar oder nur schwer behebbar sind, Salten MDR **95**, 689. In den übrigen Fällen verlangt das dem Rechtsuchenden geschuldete Entgegenkommen in einem faires Verfahren, Artt 2 I, 20 III GG, BVerfG **101**, 404.

Es verlangt daher in einer *Zwischenverfügung* beliebiger Form nach pflichtgemäßem Ermessen eine Auflage zur Behebung des Mangels in einer zu bestimmenden angemessenen Frist, Einl III 27, BGH NJW **99**, 3717 (unzulässiges Formular), AG Hbg NJW **97**, 874. Das gilt selbst bei einem verschuldeten Mangel. Gleichzeitig sollte das Gericht dem Antragsteller für den Fall eines fruchtlosen Fristablaufs eine Zurückweisung androhen, AG Wuppert Rpfleger **78**, 225, Vollkommer Rpfleger **77**, 143. Freilich ist wegen der Massenbetriebs gerade der Mahnverfahren meist nur eine kurze Frist und keineswegs stets dergleichen notwendig, Hbg RR **03**, 286. 1 Monat reicht meist voll aus Ffm MDR **01**, 892.

§ 691   Buch 7. Mahnverfahren

4   **B. Rechtsschutzbedürfnis, I 1 Z 1, 2.** Das Rechtsschutzbedürfnis nach Grdz 33 vor § 253 kann zB bei einem Rechtsmißbrauch fehlen. Das Gericht muß diesen Umstand von Amts wegen beachten, Einl III 54, BGH (7. ZS) Rpfleger **84**, 27, Hbg MDR **82**, 503, Karlsr Rpfleger **87**, 422, aM BGH (2. ZS) NJW **81**, 175, ThP 2, 3 (aber es handelt sich um einen in allen Verfahrensarten und -lagen verbotenen Verstoß gegen eine prozessuale Grundregel).

5   **C. Volle Unzulässigkeit, I 1 Z 1.** Wenn der Antrag nicht den Voraussetzungen der §§ 688, 689, 690, 703 c II entspricht, dann muß der Rpfl bzw der etwa nach Grdz 4 vor § 688 landesrechtlich bestellte Urkundsbeamte der Geschäftsstelle den Antrag unverzüglich zurückweisen, Salten MDR **95**, 669. Das geschieht freilich erst nach einer Anhörung des Antragstellers. Denn I 2 bezieht sich auch auf I Z 1, wie seine optische Stellung im BGBl **90**, 2845 zeigt (der Satz 2 beginnt *nicht* mit derselben Einrückung wie Satz 1 Z 2, sondern am Zeilenanfang). Die Anhörung kann mündlich, fernmündlich, elektronisch oder schriftlich erfolgen. Der Rpfl bzw der Urkundsbeamte muß dem Antragsteller aber ausreichend Zeit lassen, Artt 2 I, 20 III GG, BVerfG **101**, 404, Hbg RR **03**, 286.

6   **D. Teilweise Unzulässigkeit, I 1 Z 2.** Die Vorschrift schreibt eine volle Zurückweisung des Antrags vor, wenn das Gericht einen Mahnbescheid auch nur für einen Teil des Anspruchs versagen muß. Das bezieht sich jedoch nur auf einen rechnungsmäßigen Teil, nicht auf mehrere selbständige Ansprüche und nicht auf einen abtrennbaren Haupt- oder Nebenanspruch, LG Traunstein Rpfleger **87**, 206, Crevecœur NJW **77**, 1322. Beispiel: Der Antrag geht auf eine Zahlung von 100 EUR nebst Zinsen in unklarer Höhe. Das Gericht kann den Mahnbescheid wegen 100 EUR erlassen, den Zinsanspruch aber abweisen, Rudolph MDR **96**, 4 (Inkasso + Zinsen). Das Gericht darf nicht etwa einen Mahnbescheid über 50 EUR erlassen oder einen Mahnbescheid über 100 EUR nebst gesetzlichen Zinsen. Wenn der Rpfl zu einem Teil der Forderung Bedenken hat, muß er den Antragsteller anhören, bevor er den Antrag zurückweist, damit der Antragsteller die Angaben berichtigen oder ergänzen und den Antrag notfalls zurücknehmen kann, BGH NJW **99**, 3717, LG Stgt Rpfleger **88**, 535, LG Traunstein Rpfleger **87**, 206. Denn I 2 bezieht sich auch auf I Z 2, Rn 2.

Die *Anhörung* kann mündlich, fernmündlich, elektronisch oder schriftlich erfolgen wie bei I Z 1. Der Rpfl bzw der nach Grdz 4 vor § 688 etwa landesrechtlich bestellte Urkundsbeamte der Geschäftsstelle muß dem Antragsteller aber auch hier ausreichend Zeit lassen, Artt 2 I, 20 III GG, BVerfG **101**, 404. Das Gericht muß eine überhöhte Kostenberechnung von Amts wegen berichtigen, soweit möglich, Grdz 39 vor § 128, LG Stgt Rpfleger **88**, 537, AG Bonn Rpfleger **82**, 71, Hofmann Rpfleger **82**, 327, strenger AG Freyung MDR **86**, 680 (Zurückweisung. Aber bei einem klaren Rechenfehler ist immer eine Berichtigung zulässig und notwendig).

7   **4) Keine Schlüssigkeitsprüfung, I.** Der Rpfl bzw der etwa nach Grdz 4 vor § 688 landesrechtlich bestellte Urkundsbeamte der Geschäftsstelle nimmt grundsätzlich keine Schlüssigkeitsprüfung des Anspruchs vor, § 690 Rn 7, BGH **84**, 139, LG Karlsr AnwBl **83**, 178, auch nicht zu § 688 II Z 1, Markwardt NJW **91**, 1220, aM Bülow Rpfleger **96**, 133 (aber gerade dort darf man den Rpfl bzw den Urkundsbeamten nicht überfordern). Er prüft vielmehr nur die Schlüssigkeit der geltend gemachten Kosten des Mahnverfahrens, AG Bonn Rpfleger **82**, 71. Er beanstandet insofern nur einen offensichtlich, unklaren oder rechtsmißbräuchlichen Anspruch, Einl III 54, Rn 6, BGH **101**, 388, LG Gießen JB **04**, 610, AG Delmenhorst JB **03**, 485 (zustm Brunner), AG Hagen JB **05**, 472, strenger Stgt Rpfleger **88**, 536, AG Uelzen JB **01**, 32 (nicht schon bei korrekten Inkassokosten), weitergehend LG Stgt Rpfleger **05**, 32 (auch die Prüfung der Hauptforderung. Aber Rechtsmißbrauch duldet weder eine Übertreibung noch eine Vernachlässigung der Prüfung).

Individualisierbarkeit des Anspruches ist der Hauptteil der Antragsprüfung, § 690 Rn 6, LG Bre RR **91**, 58. Auch das geschieht nur anhand der Angaben des Antragstellers. Der Antragsteller ist zur Wahrhaftigkeit verpflichtet, § 138 I. Falsche Angaben können einen zumindest versuchten Prozeßbetrug darstellen, Düss MDR **92**, 606, AG Walsrode Rpfleger **83**, 359. Durch Erteilung trotz Kenntnis der Nichtexistenz der Forderung macht sich der Rpfl bzw der Urkundsbeamte zum Mittäter, Düss MDR **92**, 606. Eine Angabe, es würden „Zinsen ab Rechnungsdatum" verlangt, kann kaum noch ausreichen. Zinseszinsen sind auch hier grundsätzlich unzulässig, § 248 BGB, Herbst Rpfleger **78**, 200, ebenso Wucherzinsen, LG Kref MDR **86**, 418, AG Hagen RR **95**, 320, oder Partnervermittlungslohn, Stgt NJW **94**, 331, Börstinghaus MDR **95**, 553. Eine Anspruchserweiterung oder „Klageerweiterung" ist nur durch einen weiteren Mahnantrag wirksam möglich. Der Rpfl bzw der Urkundsbeamte nimmt sie andernfalls nicht zu den Akten, ohne sie in einem Mahnverfahren zu bearbeiten, Vollkommer Rpfleger **88**, 196. Ein dennoch auch über den erhöhten Betrag erlassener Mahnbescheid ist freilich als Staatsakt zunächst wirksam, Üb 19 vor § 300. Daher ist der Antragsgegner auf einen Widerspruch angewiesen. Er darf ihn ja auf den Betrag der Erhöhung beschränken, § 694 I.

8   **5) Entscheidung, I.** Eine Zurückweisung erfolgt durch einen Beschluß, LG Traunstein Rpfleger **87**, 206, AG Marl NJW **78**, 651. Eine Begründung des Beschlusses ist grundsätzlich eine Rechtspflicht des Gerichts, § 329 Rn 4. Eine Kostenentscheidung ergeht zu Lasten des Antragstellers, § 91, evtl nach § 92, LG Traunstein Rpfleger **87**, 206. Das Gericht muß seinen Beschluß schon wegen der Frist des II und auch aus den Gründen Rn 14 dem Antragsteller förmlich zustellen, § 329 Rn 32. Es teilt den Beschluß dem Antragsgegner nicht mit, zumal es ihn im Verfahren in solcher Lage grundsätzlich nicht anhört, § 702 II. Gebühr: KV 1110. Bei örtlicher Unzuständigkeit erfolgt evtl eine Abgabe ohne Neubeginn der Verjährung, KG NJW **83**, 2710.

9   **6) Rückbeziehung der Zustellung, II.** Ein klarer Grundsatz hat harte Folgen.

A. Anwendungsbereich. Man darf die Vorschrift des II nicht mit § 167 verwechseln. Alle diese Bestimmungen enthalten gleichartige Gedanken. Diese sind jedoch auf jeweils unterschiedliche Situationen bezogen. In § 167 geht es um ein von vornherein durch eine Klage eingeleitetes Verfahren. In § 691 III handelt es sich demgegenüber um ein durch einen Mahnantrag eingeleitetes Verfahren. Während § 691 II den Fall erfaßt, daß das Gericht den Mahnantrag zurückweist und daß der Antragsteller nur deshalb jetzt eine Klage einreicht, erfaßt § 167 auch den Fall, daß der Mahnantrag Erfolg hat. Trotz der Unterschiedlichkeit

Buch 7. Mahnverfahren **§§ 691, 692**

dieser Anwendungsbereiche muß man natürlich die allen drei Vorschriften gemeinsamen Begriffe und Regeln möglichst einheitlich auslegen.

B. Grundsatz: Schutz vor schuldloser Verzögerung. Wie bei § 167 soll der Gläubiger auch bei **10** § 691 II im Fall einer Verzögerung außerhalb seines Einflusses Schutz erhalten. Diesen letzteren Bereich muß man zu seinen Gunsten großzügig auslegen. Insofern sind Lehre und Rechtsprechung in dieser im wesentlichen unstreitigen Frage zu § 167 hier entsprechend anwendbar, dort Rn 4 ff. Ebenso soll der Schutz auch hier enden, soweit der Gläubiger eine mehr als geringfügige Verzögerung auch nur auf Grund leichter Fahrlässigkeit eintreten läßt, BGH NJW **99**, 3718 (unzulässiges Formuar, Antragsberichtigung), LG Gießen MDR **96**, 965, Fischer JB **96**, 513. Wer in gewillkürter Prozeßstandschaft nach Grdz 29 vor § 50 vorgeht, muß sie offenbart haben, Jena MDR **98**, 1468.

C. Klageinreichung binnen Monatsfrist seit Zurückweisung, dazu *Vollkommer* (vor Rn 1): Voraus- **11** setzung einer Rückbeziehung ist zunächst, daß der Gläubiger binnen einer Frist von 1 Monat Klage einreicht. Die Frist beginnt nur im Fall einer Zurückweisung des Mahnantrags. Eine teilweise Zurückweisung genügt, um nur insofern eine Rückbeziehung unter den weiteren Voraussetzungen herbeizuführen. Eine Zwischenverfügung ist keine Zurückweisung. Die Form der Zurückweisung mag fehlerhaft sein, soweit nur ihr Inhalt eindeutig ist. Erforderlich ist aber zum Fristbeginn eine förmliche Zustellung der Zurückweisung. Das ergibt sich nicht nur aus dem Wortlaut von II, sondern auch aus dem im Mahnverfahren zumindest im Kern beachtlichen § 329 II 2 Hs 2. Eine Belehrung über das Klagerecht erfolgt nicht. Eine etwa erfolgte fehlerhafte Belehrung ist unbeachtlich. Die Fristberechnung erfolgt im übrigen wie sonst, § 222 in Verbindung mit §§ 187 ff BGB, abgedruckt bei § 222. Es handelt sich um eine gesetzliche Frist und nicht um eine Notfrist, § 224 I 2. Unter Beachtung dieser Umstände sind §§ 224, 225 anwendbar. Die Monatsfrist ist im Klageverfahren nicht anwendbar, auch nicht über § 167, Karlsr MDR **04**, 582.

D. Demnächstige Zustellung. Zusätzlich zur Einhaltung der Monatsfrist nach Rn 11 ist als weitere **12** Voraussetzung einer Rückbeziehung die demnächstige Zustellung der Klage erforderlich. „Demnächst" ist dasselbe wie in § 167 Rn 4 ff.

E. Rückbeziehungszeitpunkte: Antragseinreichung oder -anbringung. Unter den Voraussetzun- **13** gen Rn 9–12 tritt eine Rückbeziehung auf den Zeitpunkt der Einreichung oder Anbringung des Antrags auf Erlaß des Mahnbescheids wie bei § 167 ein.

7) Rechtsbehelf gegen Mahnbescheid: Widerspruch, § 694, § 11 III 2 RPflG. Gegen den richtig **14** oder fehlerhaft erlassenen Mahnbescheid hat der Antragsgegner nur die Möglichkeit des Widerspruchs, § 694. Eine sofortige Beschwerde ist unzulässig, ebenso eine Erinnerung, § 11 III 2 RPflG, Anh § 153 GVG.

8) Rechtsbehelf gegen Zurückweisung durch Rechtspfleger bzw Urkundsbeamten: Sofortige 15 bzw befristete Erinnerung, III. Die sofortige Erinnerung ist evtl schon gegen eine Zwischenverfügung statthaft, AG Hbg NJW **97**, 874 (§ 18 GBO entsprechend). Sie ist jedenfalls gegen die Zurückweisung des Antrags auf Erlaß eines Mahnbescheids durch den Rpfl binnen einer Notfrist von 2 Wochen seit der Zustellung des Beschlusses zulässig, § 569 I, § 11 II 1 RPflG, § 104 Rn 69 ff, AG Hbg NJW **97**, 874, AG Stgt Rpfleger **03**, 377. Crevecœur NJW **77**, 1322. Der Rpfl darf dieser Erinnerung abhelfen, § 11 II 2 RPflG. Andernfalls legt er dem Amtsrichter vor, § 11 II 3 RPflG. Der Amtsrichter darf sie nicht an das LG weiterleiten, sondern muß selbst entscheiden, § 11 II 3 RPflG, AG Hbg NJW **97**, 874. AG Köln MDR **91**, 1198, LAG Düss Rpfleger **94**, 342. Das Rechtsschutzbedürfnis nach Grdz 33 vor § 253 erlischt nicht schon stets dadurch, daß nur eine Teilzurückweisung des Mahnantrags erfolgt war und der Schuldner gegen den im übrigen erlassenen Mahnbescheid nach § 694 Widerspruch eingelegt hat, aM AG Köln MDR **91**, 1198 (abl Schneider. In der Tat wäre das ein Verstoß gegen Art 19 IV GG). Sofortige Erinnerung kommt auch dann in Betracht, wenn der Rpfl einen in Wahrheit gar nicht gestellten Mahnantrag auf Kosten des „Antragstellers" zurückgewiesen hat, LG Hagen NJW **92**, 2036.

Beim etwa nach Grdz 4 vor § 688 landesrechtlich bestimmten *Urkundsbeamten* der Geschäftsstelle ist die befristete Erinnerung nach § 573 I 1 statthaft.

Das alles gilt auch bei einer Zurückweisung wegen Nichteignung zur *maschinellen Bearbeitung*.

8) Rechtsbehelf gegen Entscheidung des Amtsrichters, III. Hat der Amtsrichter entweder die **16** Erinnerung zurückgewiesen oder unter einer etwaigen Aufhebung des angefochtenen Beschlusses den Rpfl bzw den etwa nach Grdz 4 vor § 688 landesrechtlich bestimmten Urkundsbeamten der Geschäftsstelle zum Erlaß des Mahnbescheids angewiesen, so gilt folgendes.

A. Grundsatz: Kein Rechtsbehelf, III 2. Grundsätzlich ist kein Rechtsbehelf zulässig, § 567 I Z 1. Das bedeutet nicht, daß die Entscheidung in Rechtskraft erwächst. Daher kann der Antragsteller einen erneuten Antrag einreichen. Er kann auch Klage einreichen, evtl mit Rückwirkung, II.

B. Ausnahme: Sofortige Beschwerde, III 1. Die Beschwerde nach § 567 I Z 1 und 2, § 11 II 4 RPflG **17** bzw beim Urkundsbeamten nach § 573 II ist zulässig, soweit der Amtsrichter ein das Verfahren betreffendes Gesuch zurückgewiesen hat, wenn der Antrag nur deswegen zurückgewiesen wurde, weil er sich nicht zur maschinellen Bearbeitung eigne, LG Stgt RR **94**, 1280.

692 *Mahnbescheid.* [1] Der Mahnbescheid enthält:

1. die in § 690 Abs. 1 Nr. 1 bis 5 bezeichneten Erfordernisse des Antrags;
2. den Hinweis, dass das Gericht nicht geprüft hat, ob dem Antragsteller der geltend gemachte Anspruch zusteht;
3. die Aufforderung, innerhalb von zwei Wochen seit der Zustellung des Mahnbescheids, soweit der geltend gemachte Anspruch als begründet angesehen wird, die behauptete Schuld nebst

§ 692

den geforderten Zinsen und der dem Betrag nach bezeichneten Kosten zu begleichen oder dem Gericht mitzuteilen, ob und in welchem Umfang dem geltend gemachten Anspruch widersprochen wird;
4. den Hinweis, dass ein dem Mahnbescheid entsprechender Vollstreckungsbescheid ergehen kann, aus dem der Antragsteller die Zwangsvollstreckung betreiben kann, falls der Antragsgegner nicht bis zum Fristablauf Widerspruch erhoben hat;
5. für den Fall, dass Formulare eingeführt sind, den Hinweis, dass der Widerspruch mit einem Formular der beigefügten Art erhoben werden soll, der auch bei jedem Amtsgericht erhältlich ist und ausgefüllt werden kann;
6. für den Fall des Widerspruchs die Ankündigung, an welches Gericht die Sache abgegeben wird, mit dem Hinweis, dass diesem Gericht die Prüfung seiner Zuständigkeit vorbehalten bleibt.

II An Stelle einer handschriftlichen Unterzeichnung genügt ein entsprechender Stempelabdruck oder eine elektronische Signatur.

Vorbem. I Z 5, II geändert dch Art 1 Z 37 a, b JKomG v 22. 3. 05, BGBl 837, in kraft seit 1. 4. 05, Art 16 I JKomG, ÜbergangsR Einl III 78.

Schrifttum: S bei § 690.

Gliederung

1) Systematik, I, II 1	D. Widerspruchsbelehrung, I Z 4 6
2) Regelungszweck, I, II 2	E. Formularzwang, I Z 5 7
3) Notwendiger Inhalt des Mahnbescheids, I 3–8	F. Abgabe, I Z 6 8
A. Bezeichnungen usw, I Z 1 3	4) Änderung; Berichtigung, I 9
B. Keine Schlüssigkeitsprüfung, I Z 2 4	5) Weiteres Verfahren, I, II 10
C. Aufforderung, I Z 3 5	6) Unterzeichnung, II 11

1 **1) Systematik, I, II.** Die Vorschrift regelt im Gegensatz zu § 691 (Zurückweisung) den stattgebenden vorläufigen Abschluß des Mahnverfahrens. § 329 gilt wegen der Beschlußnatur des Mahnbescheids ergänzend. Die Zustellung ist in § 693 inhaltlich vorrangig geregelt. Wenn sämtliche Voraussetzungen zum Erlaß des Mahnbescheids vorliegen (Entscheidungsreife ähnlich wie § 300 Rn 5), muß das Gericht ihn wegen § 702 II ohne Anhörung des Antragsgegners unverzüglich erlassen. Zum Begriff der Unverzüglichkeit § 216 Rn 16 ff. Bei einer maschinellen Bearbeitung nach § 703 b ist deren Ausdruck erst in Verbindung mit dem vom Rpfl bzw vom etwa nach Grdz 4 vor § 688 landesrechtlich bestimmten Urkundsbeamten der Geschäftsstelle unterzeichneten Originalbeschluß ein Mahnbescheid im Sinn des § 692. Der Mahnbescheid ist eine durch den Widerspruch des Antragsgegners auflösend bedingte gerichtliche Entscheidung in der Form eines Beschlusses, § 329. Er braucht diese Bezeichnung nicht ausdrücklich zu tragen. Den Wegfall der Bedingung spricht der Vollstreckungsbescheid aus.

2 **2) Regelungszweck, I, II.** Bedenkt man, daß das Mahnverfahren als Massenverfahren immerhin auch den Sinn hat, den Bürger von einer Klage abzuhalten und daher den Richter zu entlasten, so müßte der Mahnbescheid möglichst einfach formuliert sein. Die Vorschrift zeigt aber, wie viel das Mahngericht denn doch in ihm unterbringen muß. Umso mehr muß es erhoffen wenigstens bei Entscheidungsreife unverzüglich ergeht, § 121 I 1 BGB. Das ist auch im Interesse der Gerechtigkeit nach Einl III 9, wie zwecks Prozeßförderung notwendig, Grdz 12 vor § 128. Zu ihr ist auch das Gericht verpflichtet. Man muß die Formalitäten des Mahnbescheids wegen der erforderlichen Rechtssicherheit nach Einl III 43 strikt einhalten und streng auslegen.

3 **3) Notwendiger Inhalt des Mahnbescheids, I.** Der Mahnbescheid muß mindestens die folgenden Angaben enthalten.

A. Bezeichnungen usw, I Z 1. Wesentlich sind die in § 690 I Z 1–5 genannten Bezeichnungen und Erklärungen, § 690 Rn 4–11. Der Rpfl bzw der etwa nach Grdz 4 vor § 688 landesrechtlich bestellte Urkundsbeamte der Geschäftsstelle ist jetzt an das durch vom Antragsteller benannte Gericht gebunden, § 690 Rn 5, Vollkommer Rpfleger **77**, 143, aM Büchel NJW **79**, 946, Vollkommer Rpfleger **78**, 85 (aber es muß so einmal Klarheit eintreten). Gegebenenfalls werden die mehreren in Betracht kommenden Gerichte derart behandelt. Insofern findet jedoch vor der Entscheidung keine Amtsermittlung im Sinn von Grdz 38 vor § 128 statt, sondern nur eine Amtsprüfung, Grdz 39 vor § 128.

4 **B. Keine Schlüssigkeitsprüfung, I Z 2.** Wesentlich ist ferner der Hinweis, daß das Gericht die Schlüssigkeit nicht geprüft hat, § 691 Rn 7. Jedoch sollte man den für den Nichtjuristen evtl unverständlichen Ausdruck „Schlüssigkeit" den Parteien gegenüber nicht verwenden. Am besten übernimmt das Gericht den Wortlaut der Z 2.

5 **C. Aufforderung, I Z 3.** Wesentlich ist ferner die Aufforderung nach I Z 3. Sie stellt keinen Befehl dar, keine Anordnung, keine Anweisung. Das Gesetz bringt vielmehr zum Ausdruck, daß das Gericht den Antragsgegner nur dazu auffordern kann, die Begründetheit des angeblichen Anspruchs des Antragstellers nachzuprüfen. Keinesfalls darf das Gericht den Eindruck erwecken, es habe den Anspruch geprüft und gar ähnlich wie bei § 829 Rn 15 (Pfändung der „angeblichen" Forderung) für begründet erachtet. Auch bleibt es dem Antragsgegner überlassen mitzuteilen, ob, wann und in welchem Umfang er die Forderung bezahlt hat. Die Aufforderung des Gerichts ist keine sachlichrechtliche Nachfrist, BGH RR **86**, 1346 (wegen VOB/B). Sie ist deshalb noch keine Kostenentscheidung, auch nicht nach § 29 Z 1 GKG. Bei der Aufforderung, dem Gericht einen etwaigen Widerspruch mitzuteilen, muß zum Ausdruck kommen, daß auch ein Widerspruch gegen einen Teil des Anspruchs zulässig ist, § 694 I. Am besten übernimmt man auch bei I Z 3 deren

Wortlaut. Die Widerspruchsfrist beträgt grundsätzlich zwei Wochen, bei Auslandszustellung einen Monat, § 32 III 1 AVAG, SchlAnh V E. Im arbeitsgerichtlichen Mahnverfahren besteht eine Frist von 1 Woche, § 46a III ArbGG. In einer WEG-Sache gilt § 46a WEG. In einer SGG-Sache gilt § 182a SGG, alle abgedruckt Grdz 3 vor § 688.

Die *Kosten* werden dem Betrag nach bezeichnet. Die Kostenberechnung ist von § 2 GKG unabhängig. Wenn der Antragsteller Kostenfreiheit hat, wird der Antragsgegner Kostenschuldner, Hartmann Teil I § 29 GKG Rn 3 ff, Schlemmer Rpfleger **78**, 201. Bei einer Zustellung in einem der vom AVAG, SchlAnh V D, erfaßten Staaten beträgt die Widerspruchsfrist einen Monat, § 34 III 1 AVAG, und muß das Mahngericht den Antragsgegner auf die Notwendigkeit der Benennung eines Zustellungsbevollmächtigten nach § 184 und nach § 4 II, III AVAG hinweisen, § 34 III 2 AVAG. § 184 II 2 gilt entsprechend, § 34 III 3 AVAG.

D. Widerspruchsbelehrung, I Z 4. Wesentlich ist ferner der Hinweis, daß ein Vollstreckungsbescheid **6** nach § 699 ergehen kann und daß daraus die Zwangsvollstreckung nach § 794 I Z 4 zulässig wird, falls der Antragsgegner nicht binnen der nach Rn 5 mitzuteilenden Frist Widerspruch erhebt, I Z 4. Das Gericht darf keine Zahlungsfrist bewilligen. Ein Hinweis darauf, daß ein verspäteter Widerspruch nach § 694 II in einen Einspruch gegen den evtl inzwischen ergangenen Vollstreckungsbescheid umdeutbar sein kann, ist an dieser Stelle noch nicht notwendig.

E. Formularzwang, I Z 5. Soweit §§ 702 I 2, 703 c Rn 2 Formulare eingeführt haben, ist ein Hinweis **7** notwendig, daß der Widerspruch mittels des Formulars ergehen *soll* und daß jedes AG das Formular vorrätig hat und bei der Ausfüllung hilft, § 129 a. Falsch wäre ein Hinweis, der Schuldner *müsse* den Widerspruch derart erheben, § 694 Rn 3. Es ist kein Hinweis darauf notwendig, daß es nach § 129a II 2 erst der Eingang des Widerspruchs bei demjenigen Gericht maßgeblich ist, bei dem das Mahnverfahren stattfindet. Ein solcher Hinweis ist zwar auch nicht verboten. Man sollte aber trotz der gerichtlichen Fürsorgepflicht mit Hinweisen zurückhaltend verfahren, die nicht vorgeschrieben sind und wegen Art 3 GG gar nicht oder stets erfolgen müßten, aber leicht vergessen werden.

F. Abgabe, I Z 6. Wesentlich ist die Ankündigung, an welches Gericht die Sache nach einem Wider- **8** spruch abgegeben werden wird usw. Das geschieht noch nicht dadurch, daß nach Z 1 in Verbindung mit § 690 I Z 5 das für ein streitiges Verfahren angeblich sachlich zuständige Gericht benannt worden ist. Es ist kein Hinweis darauf notwendig, daß die Abgabe nach § 696 I 1 auf Grund des Antrags des Antragstellers auf eine Durchführung des streitigen Verfahrens erfolgen werde. Es kann ratsam sein, ist aber nicht notwendig, den Antragsgegner auf die Möglichkeit hinzuweisen, daß das Gericht, an das abgegeben würde, nach § 696 V an ein anderes Gericht verweisen kann, oder daß ein anderes Gericht als das im Antrag benannte zuständig geworden sein dürfte, etwa wegen Umzugs des Antragsgegners, Schäfer NJW **85**, 296. Zur Problematik solcher Hinweise Rn 7.

4) Änderung; Berichtigung, I. Eine inhaltliche Änderung ist bis zum Erlaß des Vollstreckungsbescheids **9** oder bis zum Eingang des Widerspruchs beim Mahngericht zulässig, § 329 Rn 16, Vollkommer Rpfleger **75**, 165. Eine Berichtigung von Schreibfehlern oder sonstigen offenbaren Unrichtigkeiten ist entsprechend § 319 vor und nach der Zustellung des Mahnbescheids statthaft, BGH NJW **84**, 242, Düss RR **98**, 1077, Bank JB **81**, 175, aM Mü MDR **90**, 60 (nur auf Antrag der Partei), ZöV 1 (nur mit Zustimmung des Antragstellers. Aber das Gericht muß § 319 stets auch von Amts wegen beachten). Eine Berichtigung ist freilich nicht wegen eines Rechtsfehlers bei der Annahme der Zuständigkeit statthaft.

5) Weiteres Verfahren, I, II. Wegen der Unterschrift Rn 11. Der Mahnbescheid muß ein Datum **10** erhalten. Die Zustellung erfolgt nach § 693 I. Die Benachrichtigung des Antragstellers erfolgt nach § 693 II. Wegen der Vorwegleistungspflicht des Antragstellers § 690 Rn 2. Der Rpfl bzw der etwa nach Grdz 4 vor § 688 landesrechtlich bestellte Urkundsbeamte der Geschäftsstelle entscheidet auch über die allerdings nur selten erforderliche Bewilligung einer Prozeßkostenhilfe für das Mahnverfahren, §§ 114 ff, § 4 I RPflG, § 153 GVG Anh. Für die streitige Verfahren ist dann grundsätzlich eine neue Bewilligung notwendig, StJL § 119 Rn 10. Über sie entscheidet der Richter.

Gebühren: Des Gerichts KV 1110 und evtl Anrechnung auf die Verfahrensgebühr des streitigen Verfahrens, KV 1210; des Anwalts VV 3305.

6) Unterzeichnung, II. Nach allgemeinen Verfahrensregeln müßte der Rpfl bzw der etwa nach Grdz 4 **11** vor § 688 landesrechtlich bestellte Urkundsbeamte der Geschäftsstelle den Mahnbescheid mit seinem vollen Nachnamen unterzeichnen, § 329 Rn 8 (wegen eines Verstoßes § 689 Rn 2). Ein Faksimilestempel ist aber nach der ausdrücklichen Sondervorschrift II 1 zulässig. Bei einer maschinell lesbaren Bearbeitung ist auch er entbehrlich, § 703 b I. Die letzteren beiden Fälle ändern allerdings dann, *wenn* der Rpfl bzw der Urkundsbeamte handschriftlich unterschreiben wollte, nichts an den Verstoßfolgen, § 689 Rn 3. Bei einer elektronischen Aktenführung genügt nach II 2 eine einfache elektronische Signatur. Eine qualifizierte ist nach dem Wortlaut und Sinn der Vorschrift natürlich erlaubt, aber nicht notwendig. Denn sie tritt nach § 130 b gerade an die Stelle einer handschriftlichen Unterzeichnung, und diese ist nach II 1 eben gerade nicht erforderlich.

693 Zustellung des Mahnbescheids.

I Der Mahnbescheid wird dem Antragsgegner zugestellt.
II Die Geschäftsstelle setzt den Antragsteller von der Zustellung des Mahnbescheids in Kenntnis.

Schrifttum: *Maniak,* Die Verjährungsunterbrechung durch Zustellung eines Mahnbescheids im Mahnverfahren, 2000 (Bespr *Fischer* Rpfleger **01**, 52).

§ 693

Buch 7. Mahnverfahren

Gliederung

1) Systematik, I, II 1	5) Aussetzung, I, II 10–14
2) Regelungszweck, I, II 2	A. Unerheblichkeit der Rechtshängigkeit 10
3) Zustellung, I 3–8	B. Eintritt vor der Zustellung des Mahnbescheids 11
A. Förmlich von Amts wegen 3, 4	C. Eintritt nach der Zustellung des Mahnbescheids 12–14
B. Anhängigkeit 5–7	
C. Wegfall der Zustellungswirkung ... 8	
4) Mitteilung, II 9	

1   **1) Systematik, I, II.** Die Vorschrift ergänzt §§ 691, 692. Sie wird ihrerseits durch §§ 167 ff ergänzt, Rn 5.

2   **2) Regelungszweck, I, II.** Die Amtszustellung ist zwar nicht selbstverständlich. Das ergibt sich schon aus der Möglichkeit, sogar den etwa folgenden Vollstreckungsbescheid im Parteibetrieb nach §§ 191 ff zustellen zu lassen, § 699 IV 1 Hs 2. Indessen soll der Antragsteller den ja ohne Anhörung des Gegners ergangenen Mahnbescheid nach § 699 Rn 1 nun auch nicht beliebig lange als Druckmittel benutzen können. Er soll vielmehr um der Rechtssicherheit willen nach Einl III 43 dem Gegner alsbald zuverlässig zur Kenntnis kommen, damit dieser prüfen kann, ob er sich wehren will.

3   **3) Zustellung, I.** Sie erfolgt wegen erheblicher Wirkung formstreng.

     A. Förmlich von Amts wegen. Das Gericht muß den Mahnbescheid dem Antragsgegner nach dem klaren Sinn von I förmlich zustellen, AG Einbeck JB **92**, 263. Die Zustellung ist für die Wirksamkeit des Mahnbescheids unerläßlich, LG Oldb Rpfleger **83**, 118, Posetschkin DRiZ **88**, 378. Der Antragsteller erhält lediglich die Zustellung des Mahnbescheids formlos mitgeteilt, II. Es ist also eine Mitteilung durch Übersendung einer Kopie des Mahnbescheids nicht auch an den Antragsteller erforderlich und jedenfalls ebenso formlos erlaubt, § 329 II 1. Zustellen muß das Gericht dem Antragsgegner von Amts wegen nach § 166 ff eine Ausfertigung oder eine beglaubigte Abschrift, §§ 168 I 1, 169 II, bei einer maschinellen Bearbeitung eine Ausfertigung nach § 703 b I. Wegen der Zustellung an einen Soldaten der Bundeswehr vgl SchlAnh II, wegen diejenigen an ein Mitglied einer ausländischen NATO-Streitmacht vgl SchlAnh III Art 32. Das Gericht muß eine Anlage zum Mahnbescheid natürlich beifügen, BGH NJW **95**, 2230. Die Urschrift bleibt beim Gericht, Grdz 6 vor § 688. Auf ihr oder auf einem Vorblatt vermerkt der Urkundsbeamte, daß und wann er die Zustellung angeordnet hatte. Ein nicht zugestellter Mahnbescheid ist bedeutungslos, LG Oldb Rpfleger **83**, 118.

4   Nach einer *mangelhaften* Zustellung muß der Urkundsbeamte der Geschäftsstelle als Zustellungsorgan von Amts wegen nach § 168 I 1 eine erneute Zustellung veranlassen und ihre Ordnungsmäßigkeit überwachen, § 253 Rn 17. Freilich kann der Mangel nach § 189 geheilt sein. Eine mangelhafte Zustellung kann im übrigen Amtshaftung auslösen, BGH NJW **90**, 176, und grundsätzlich nur im streitigen Verfahren heilen. Denn § 295 gilt nicht im Mahnverfahren, § 295 Rn 1, LG Oldb Rpfleger **83**, 117, ZöV 1, aM ThP 1 (aber das Mahnverfahren folgt dem Urteilsverfahren nur sehr bedingt, Grdz 1 vor § 688). Einen unzulässigen, aber ordnungsgemäß zugestellten Mahnbescheid kann nur der Widerspruch beseitigen. Denn es ist eine staatliche Maßnahme ergangen. Sofortige Beschwerde ist auch hier unstatthaft. Davon muß man den in § 689 Rn 3 genannten Fall unterscheiden, daß mangels ausreichender Unterschrift rechtlich überhaupt kein wirksamer Mahnbescheid vorliegt. Über das Verbot einer öffentlichen Zustellung und einer Zustellung im Ausland § 688 II, III. Es ist nicht erforderlich, einen besonderen Zustellungsbevollmächtigten zu benennen. Denn es liegt kein Fall des § 184 vor. Wenn das Gericht freilich trotzdem einen Vollstreckungsbescheid erläßt und ordnungsgemäß zustellt, kann der Vollstreckungsbescheid nach § 322 rechtskräftig werden, AG Einbeck JB **92**, 263.

5   **B. Anhängigkeit.** Bereits der Eingang beim Mahngericht und nicht erst die Zustellung des Mahnbescheids macht die Sache stets anhängig, § 261 Rn 1, BGH NJW **90**, 3718, Mü MDR **95**, 1072, Nierwetberg NJW **93**, 3247 aM Ffm NJW **93**, 2449 (aber man muß auch im Mahnverfahren sehr wohl Anhängigkeit und Rechtshängigkeit unterscheiden, zu ihr §§ 696 III, 700 II. Denn das Mahnverfahren ist kein Eilverfahren). Es tritt nicht immer schon zugleich auch die Rechtshängigkeit ein. Sie erfolgt vielmehr erst nach § 696 III, § 261 Rn 1. Darum läßt das Mahnverfahren keine Streithilfe nach § 66 zu, keine Einmischungsklage nach § 64 und keine Widerklage, Anh § 253. Wohl aber treten mit der Zustellung des gesetzmäßigen Mahnbescheids manche sachlichrechtlichen Wirkungen der Rechtshängigkeit ein, § 261 Rn 3, soweit das Gesetz sie eben gerade an diese Zustellung knüpft. Das gilt für die Hemmung der Verjährung nach (jetzt) § 204 I Z 2 BGB bzw für den Neubeginn der Verjährung, BGB **03**, 982 (zum alten Recht). Es gilt ferner für den Eintritt des Verzugs, (jetzt) §§ 286 ff BGB, LG Gött RR **92**, 1529.

     Ein Antrag beim *örtlich unzuständigen* Mahngericht genügt, wenn dieses den Antrag nach § 129 a II 1 an das zuständige abgibt und wenn das letztere den Bescheid zwar noch dem Ablauf der Verjährungsfrist zustellt, aber doch demnächst. Freilich gilt das nur, soweit das Verschulden des Gläubigers an der Einreichung beim unzuständigen Gericht nur gering war, BGH NJW **90**, 1368, BAG DB **87**, 2313, ZöV 5, aM KG NJW **83**, 2710, Köln RR **89**, 572, Loritz JR **85**, 98 (aber die Regeln §§ 167, 691 II enthalten prozessuale Grundforderungen).

6   Alles das gilt auch dann, wenn der Anspruch an sich auf eine Schuld in *ausländischer Währung* lautet und nur für das Mahnverfahren in EUR umgerechnet wurde, § 688 Rn 4, BGH **104**, 272. Die sachlichrechtlichen Wirkungen treten ferner ein, soweit jede gerichtliche Geltendmachung genügt. Das gilt auch bei § 847 BGB, Hbg VerkMitt **75**, 6.

7   Dabei ist eine *folgende ordnungsgemäße* Zustellung Voraussetzung, Hamm MDR **76**, 222, Köln VersR **75**, 1156, LG Oldb Rpfleger **83**, 118, aM Köln NJW **76**, 1213 (die Einreichung des Antrags genüge. Aber ohne Zustellung tritt grundsätzlich überhaupt kein Prozeßrechtsverhältnis ein, Grdz 4 vor § 128). Doch tritt eine

Buch 7. Mahnverfahren §§ 693, 694

Mängelheilung nach § 295 im streitigen Verfahren wie bei einer Klage ein. Damit wird die Zustellung voll wirksam, § 253 Rn 16, 17, § 295 Rn 3.

C. Wegfall der Zustellungswirkung. Die Zustellungswirkung entfällt nur in einem der folgenden Fälle, **8** Hamm VersR **87**, 194: Mit dem Ablauf der Frist des § 701 S 1 oder mit einer endgültigen Verweigerung des Vollstreckungsbescheids, §§ 701 S 2 ZPO; ferner mit der Rücknahme des Antrags auf Erlaß des Mahnbescheids, § 690 Rn 14.

4) Mitteilung, II. Der Urkundsbeamte der Geschäftsstelle als solcher, also nicht nur in den Fällen **9** Grdz 4 vor § 688, teilt dem Antragsteller bzw seinem ProzBev nach § 172 Rn 7 unverzüglich nach dem Eingang der Zustellungsurkunde die Zustellung des Mahnbescheids von Amts wegen formlos mit, LG Köln AnwBl **86**, 538. Es genügt dabei die Angabe des Zustellungstages. Die Mitteilung ist notwendig. Denn der Antragsteller muß sich den Ablauf der Widerspruchsfrist ausrechnen, um den Antrag auf den Erlaß des Vollstreckungsbescheids nicht unzulässig verfrüht zu stellen, § 699 Rn 6. Er soll auch die Frist des § 701 S 1 berechnen können. Die Zustellungsurkunde bleibt im Original bei den Akten. Die Mitteilung ist auch dann notwendig, wenn eine Zustellung nicht möglich war oder nur nach § 688 II, III möglich wäre, damit er dann die richtige Anschrift ermitteln und einreichen kann, BGH NJW **90**, 177. Vgl aber auch § 701 Rn 1. Eine Mitteilung auch der Dauer oder des Ablaufs der Widerspruchsfrist des § 692 I Z 3 ist nicht notwendig, aM ThP 4 (aber mehr nötig ist oft verfänglich, § 692 Rn 7). Solche weitere Mitteilung ist schon zur Vermeidung einer Amtshaftung für den Fall einer falschen Berechnung keineswegs ratsam. Unnötig ist auch die Übersendung einer Kopie des Mahnbescheids an den Antragsteller, Rn 3.

5) Aussetzung, I, II. Man muß drei Fallgruppen trennen. **10**
A. Unerheblichkeit der Rechtshängigkeit. Eine Unterbrechung oder Aussetzung des Mahnverfahrens nach §§ 239, 248 setzt keine Rechtshängigkeit nach §§ 261, 696 III voraus. Die Anwendbarkeit der Vorschriften zur Unterbrechung und Aussetzung des Prozeßverfahrens ergibt sich aus der Notwendigkeit, die Parteirechte zu wahren, zumal die Rechtshängigkeit erst mit der Abgabe der Sache nach einem Widerspruch des Antragsgegners eintritt, § 696 III. Jedoch ist die Anwendbarkeit der §§ 239 ff durch die Zustellung des Mahnbescheids nach I bedingt. Das Verfahren nach dem Eingang des Widerspruchs des Antragsgegners ist ein streitiges Verfahren, § 696 Rn 12.

B. Eintritt vor der Zustellung des Mahnbescheids. Man muß die folgenden Fälle unterscheiden. **11** Nach dem Tod des Antragstellers darf das Gericht den Mahnbescheid nicht mehr erlassen. Die Zustellung ist unwirksam, sofern nicht der ProzBev den Antrag gestellt hat, § 86. Freilich ist eine Umschreibung auf die Erben ohne neuen Mahnantrag zulässig, und anschließend kann man diesen Bescheid wirksam zustellen. Nach dem Tod des Antragsgegners darf der Gläubiger den Mahnbescheid auf die Erben umschreiben lassen. Maßgeblich ist dann die Zustellung an die Erben, RoSGo § 164 III 6, ThP 6 vor § 688, ZöV 10 vor § 688, aM StJSchl § 692 Rn 11 (es sei ein neuer Mahnantrag nötig. Aber das ist zu förmlich). Bei Insolvenz des Antragstellers ist die Zustellung für die Insolvenzmasse bedeutungslos, aM ThP 9 vor § 688 (aber es kommt nur auf den Antragsteller selbst an). Bei Insolvenz des Antragsgegners ist die Zustellung unzulässig, auch diejenige an den Insolvenzverwalter. Sie ist dann für die Insolvenzmasse bedeutungslos. Der Gläubiger muß die Forderung zur Insolvenztabelle anmelden und evtl eine Feststellungsklage erheben. Eine Aussetzung ist in diesem Stadium noch nicht möglich.

C. Eintritt nach der Zustellung des Mahnbescheids, aber vor dem Erlaß des Vollstreckungsbescheids **12** oder einer sonstigen Beendigung des Mahnverfahrens. Man muß die folgenden Fälle unterscheiden. Mit dem Tod des Antragstellers tritt eine Unterbrechung des Verfahrens ein, § 239. Die Aufnahme des Verfahrens erfolgt durch den Erben. Eine mündliche Verhandlung findet nicht statt. Das Ziel ist eine Unterwerfung unter den Mahnbescheid. Darum darf das Mahngericht nur eine Aufforderung zustellen, den Erben zu befriedigen oder zu widersprechen, LG Aachen Rpfleger **82**, 72. Beim Tod des Antragsgegners gilt das Vorstehende entsprechende.

Mit dem *Insolvenzverfahren* über das Vermögen des Antragstellers tritt eine Unterbrechung ein, § 4 InsO, **13** § 240. Die Aufnahme erfolgt durch den Verwalter. Mit dem Tod des Antragsgegners tritt ebenfalls eine Unterbrechung ein. Eine Aufnahme nach § 240 ist nicht möglich. Das zeigen §§ 688 I ZPO, 4 InsO. Es ist eine Anmeldung zur Insolvenztabelle erforderlich. Bei einem Widerspruch im Prüfungstermin bleibt nur ein selbständiger Feststellungsprozeß zulässig. Die Anmeldung wirkt wegen der Fristwahrung zurück. Daher sind die Vorteile des II usw nicht endgültig verloren.

Gesamtrechtsnachfolge ist ein weiterer Anwendungsfall. Das gilt zB bei einer Umwandlung nach dem **14** UmwG. Diesen Fall muß man wie den Tod behandeln, LG Aachen Rpfleger **82**, 72.

694 *Widerspruch gegen den Mahnbescheid.* I Der Antragsgegner kann gegen den Anspruch oder einen Teil des Anspruchs bei dem Gericht, das den Mahnbescheid erlassen hat, schriftlich Widerspruch erheben, solange der Vollstreckungsbescheid nicht verfügt ist.

II ¹ Ein verspäteter Widerspruch wird als Einspruch behandelt. ² Dies ist dem Antragsgegner, der den Widerspruch erhoben hat, mitzuteilen.

Gliederung

1) Systematik, I, II	1	5) Widerspruchsbegründung, I	7, 8
2) Regelungszweck, I, II	2	6) Widerspruchswirkungen, I	9–11
3) Widerspruchsrecht und -form, I	3, 4	7) Verspäteter Widerspruch, II	12, 13
4) Widerspruchsfrist, I	5, 6		

§ 694

1 1) Systematik, I, II. Die Vorschrift regelt das Abwehrrecht des Antragsgegners, soweit und sobald es zum Mahnbescheid gekommen ist. Die Rechtsfolgen eines Widerspruchs sind in § 696 geregelt. Der Widerspruch ist eine Parteiprozeßhandlung, Grdz 47 vor § 128, BGH **88**, 176. Er ist darüber hinaus durchweg eine sachlichrechtliche Erklärung, Grdz 62 vor § 128, BGH **88**, 176. Er ist nämlich die Verweigerung der Zahlung auch zB wegen ihrer bereits erfolgten Vornahme und einer Unterwerfung unter die Zwangsvollstreckung, BGH **88**, 176. Der Widerspruch ist auch gegen einen abtrennbaren Teil des Mahnbescheids statthaft, auch gegen Nebenforderungen, etwa die Zinsen oder nur gegen die Kosten, Ffm MDR **84**, 149, Kblz JB **95**, 323, oder gar nur gegen die Auslagen nach § 93, Ffm MDR **84**, 149. Wegen des Widerspruchs im Urkunden- usw Mahnverfahren nur zwecks Vorbehalts der Rechte im Nachverfahren § 703 a Rn 4. Soweit unklar ist, gegen welchen Teil des Mahnbescheids sich der Widerspruch richtet, muß der Rpfl bzw der etwa nach Grdz 4 vor § 688 landesrechtlich bestellte Urkundsbeamte der Geschäftsstelle dem Antragsgegner eine Gelegenheit zur Klarstellung geben, Artt 2 I, 20 III GG, BVerfG **101**, 404, BGH **85**, 366. Bis zur Klarstellung muß das Gericht den Widerspruch als unbeschränkt eingelegt behandeln, BGH **85**, 366.

2 2) Regelungszweck, I, II. Der Widerspruch ist eine zur Wahrung der Gerechtigkeit unentbehrliche Möglichkeit, schon vor der Schaffung auch noch eines Vollstreckungstitels den Übergang in das streitige Verfahren zu erzwingen. Er ist der einzige, wegen des Fehlens des vorherigen rechtlichen Gehörs in großzügiger Auslegung des Gesetzes erlaubte Rechtsbehelf des Antragsgegners gegen den Mahnbescheid, § 691 Rn 13. Das hebt § 11 III 2 RPflG, Anh § 153 GVG, nochmals ausdrücklich hervor. Denn sonst wären gegen die Entscheidungen des Rpfl die Rechtsbehelfe nach § 11 I, II RPflG gegeben. Auch soweit der etwa landesrechtlich bestellte Urkundsbeamte der Geschäftsstelle entschieden hat, Grdz 4 vor § 688, § 36 b II 1, 2 RPflG, Anh § 135 GVG, ist der Widerspruch daher der einzig statthafte Rechtsbehelf und die an sich nach § 573 I 1 RPflG statthafte befristete Erinnerung ausgeschlossen. Das hebt § 36 b III 1 RPflG ausdrücklich hervor.

3 3) Widerspruchsrecht und -form, I. Widerspruchsberechtigt ist nur der Antragsgegner. Ob gerade er bzw sein ProzBev nach § 172 gehandelt hat, darf und muß das Gericht durch Auslegung klären, Grdz 52 vor § 128. Dazu kann auch eine Rückfrage geboten sein, BGH RR **89**, 1403. Der Bevollmächtigte muß seine Vollmacht versichern, § 703 S 2. Eine eidesstattliche Versicherung ist nicht erforderlich, aber natürlich zulässig. Der Widerspruch braucht nicht ausdrücklich so zu lauten, Mü Rpfleger **83**, 288. Es ist ausreichend, aber auch nötig, daß man den Widerspruchswillen eindeutig zum Ausdruck bringt, Grdz 52 vor § 128, BGH NJW **00**, 3216. Der Widerspruch muß schriftlich erfolgen. Eine Unterschrift nach § 129 Rn 9 ist allerdings dann entbehrlich, wenn an der Nämlichkeit des den Vordruck ausfüllenden Antragsgegners kein Zweifel besteht, Oldb MDR **79**, 588, MüKoHo 10, ZöV 2, aM LG Hbg NJW **86**, 1997, LG Mü NJW **87**, 1340, StJSchl 3 (aber nicht einmal der Rpfl bzw der etwa nach Grdz 4 vor § 688 landesrechtlich bestellte Urkundsbeamte der Geschäftsstelle muß handschriftlich unterschreiben, § 692 II). Der Widerspruch wird mit dem Eingang beim Mahngericht wirksam, BGH NJW **82**, 888.

4 Eine *Faksimileunterschrift* ist deshalb unter dieser Voraussetzung ausreichend. Die Benutzung eines Vordrucks nach § 703 c Rn 2 ist nach § 692 I Z 5 nur zu empfehlen. Sie ist also entgegen § 703 c II nicht notwendig, Crevecœur NJW **77**, 1321, § 692 Rn 7. Der Antragsgegner kann seinen Widerspruch auch durch Telefax usw einlegen, § 129 Rn 44, BGH **144**, 260, nicht aber telefonisch, Crevecœur NJW **77**, 1321. Er kann den Widerspruch zum Protokoll jeder Geschäftsstelle einlegen, §§ 129 a I, 702. Auch das führt ja zur Schriftlichkeit. Ein Anwaltszwang besteht nicht, § 78 V Hs 2. Das gilt auch, wenn das anschließende streitige Verfahren im Anwaltszwang ablaufen muß. Freilich ist der Widerspruch in solchem Fall erst mit dem Eingang bei demjenigen Gericht wirksam, das den Mahnbescheid erlassen hat, I, § 129 a II 2. Wegen elektronischer Einreichung § 130 a. Wegen etwa mitzuliefernder Abschriften § 695 Rn 4. Ein Vertreter braucht seine Vollmacht nach § 80 nur zu versichern, aber sie nicht nachzuweisen, § 703.

5 4) Widerspruchsfrist, I. Die Widerspruchsfrist beträgt grundsätzlich 2 Wochen seit der Zustellung des Mahnbescheids, § 692 I Z 3. Das gilt auch im WEG-Verfahren, § 46 a I 1 WEG. Eine Ausnahme gilt bei § 32 III AVAG, SchlAnh V E. Es gelten also keine Unterschiede nach dem Wohnsitz des Antragsgegners. Die Frist gilt auch im Urkunden-, Wechsel- und Scheckmahnverfahren, § 703 a. Die Frist errechnet sich nach § 222 in Verbindung mit § 187 BGB. Es handelt sich um eine gesetzliche Frist, aber nicht um eine Notfrist nach § 224 I 2. Deshalb ist weder eine Abkürzung noch eine Verlängerung nach § 224 noch eine Wiedereinsetzung nach § 233 zulässig. Die Frist reicht für § 16 Z 5 III VOB/B aus, BGH BB **86**, 1676. Mit der Zustellung eines Berichtigungs- oder Ergänzungsmahnbescheids beginnt eine neue Widerspruchsfrist zu laufen, bei einer Berichtigung nur im ganzen, bei einer Ergänzung nur für die letztere. Wegen der Verspätung vgl § 694 II. Im arbeitsgerichtlichen Verfahren beträgt die Frist 1 Woche, § 46 a III ArbGG, abgedruckt Grdz 3 vor § 688, LAG Hamm DB **78**, 896.

6 Eine *Nachholung* des Widerspruchs ist solange zulässig, bis der Urkundsbeamte der Geschäftsstelle als solcher und nicht nur in den Fällen Grdz 4 vor § 688 den Vollstreckungsbescheid in den weiteren Geschäftsgang gegeben hat. Denn die Widerspruchsfrist ist keine Anschlußfrist, Üb 11 vor § 214. Erst mit dieser Hinausgabe ist der Vollstreckungsbescheid ja verfügt worden, § 329 Rn 23, 24, BGH **85**, 364, Brdb OLGR **97**, 291, Ffm RR **01**, 800. Bei einer maschinellen Bearbeitung wohl die letzte Eingabe in die Maschine maßgeblich. § 694 denkt an die bindende Verfügung. Der Rpfl bzw der etwa nach Grdz 4 vor § 688 landesrechtlich bestellte Urkundsbeamte der Geschäftsstelle muß den Vollstreckungsbescheid auch bei einer maschinellen Bearbeitung im Original unterschreiben. Bis zur Weitergabe mit der Unterschrift liegt nur ein innerer Vorgang des Gerichts vor. Er ist frei abänderbar, § 329 Rn 24. Für die Rechtzeitigkeit des Widerspruchs reicht der Eingang bei der Posteinlaufstelle desjenigen Gerichts aus, das den Mahnbescheid erlassen hat. Ein Eingang in der Mahnabteilung dieses Gerichts ist dafür also nicht erforderlich, BGH NJW **82**, 889.

5) Widerspruchsbegründung, I. Der Antragsgegner ist zwar nicht schon nach dem Wortlaut des § 694 **7** zur Begründung des Widerspruchs verpflichtet. Es kann aber insofern eine Obliegenheit vorliegen. Wenn der Mahnantrag eine zwar kurze, aber doch völlig klare Anspruchsbegründung enthielt und der Antragsgegner im Widerspruch mit wenigen Sätzen ebenso klar erwidern könnte, kann im Unterlassen einer Begründung ein Verstoß gegen den auch vor einer mündlichen Verhandlung als allgemeinen Ausdruck der Prozeßförderungspflicht nach Grdz 12 vor § 128 geltenden § 282 liegen. Infolgedessen kann und muß dann das Gericht eine Begründung des Klagabweisungsantrags schon im ersten Verhandlungstermin unter den weiteren Voraussetzungen des § 296 II als verspätet zurückweisen.

Die *Fallumstände* ergeben, ob, in welchem Umfang und wann der Antragsgegner seinen Widerspruch **8** begründen sollte. Das richtet sich zB nach Art und Umfang sowie Genauigkeit der vorprozessual gewechselten Argumente, § 138 I, II. Außerdem kann man ja über die Widerspruchsbegründung den Kläger wegen §§ 282 II, 697 I 2 zwingen, in seiner Anspruchsbegründung zwecks Vermeidung einer Zurückweisung wegen Verspätung nach § 296 auf die Argumente des Bekl bereits unter etwaigem Gegenbeweisantritt einzugehen. Das alles übersieht Ffm AnwBl **81**, 161 mit dem nur bei isolierter Kostenbetrachtung richtigen Hinweis auf die Anwaltspflicht, kostensparend vorzugehen. Die Anwaltspflicht zur Beachtung der Prozeßförderungspflicht nach Grdz 12 vor § 128 hat den Vorrang.

6) Widerspruchswirkungen, I. Wenn der Antragsgegner die Zahlungspflicht nicht bestreitet, wohl **9** aber erklärt, zur Zeit nicht zahlen zu können, dann wird ihm der Rpfl bzw der etwa nach Grdz 4 vor § 688 landesrechtlich bestellte Urkundsbeamte der Geschäftsstelle nahelegen, den Widerspruch entweder nicht einzulegen oder ihn zurückzunehmen. Er wird dabei auf ein Zahlungsabkommen in Raten usw hinwirken. Gebühr des Anwalts VV 3007. Bei einer notwendigen Streitgenossenschaft nach § 62 wirkt ein Widerspruch für die anderen Antragsgegner. Sonst muß jeder für sich Widerspruch einlegen. Ob gerade die im Mahnbescheid bezeichnete Firma Widerspruch einlegt, wenn eine Einzelperson ihn einreicht, ist eine Auslegungsfrage, Grdz 52 vor § 128, BGH RR **89**, 1403 (notfalls darf und muß der Rpfl bzw der Urkundsbeamte rückfragen). Man kann mit dem Widerspruch den Antrag auf die Durchführung des streitigen Verfahrens nach § 696 I 1 verbinden. Den kann ja auch der Antragsgegner des Mahnverfahrens stellen, § 696 I 1. Aus dem Umfang des Widerspruchs folgt der Umfang der Rechtshängigkeit, KG MDR **83**, 323.

Ein *Verzicht* auf die Einlegung des Widerspruchs ist nach der Zustellung des Mahnbescheids entsprechend **10** §§ 346, 515 mit derselben Wirkung wie eine Wiederspruchsrücknahme zulässig, StJSchl 4, ThP 7, ZöV 15, aM MüKo 22 (aber das kann durchaus prozeßwirtschaftlich sein, Grdz 14 vor § 128). Ein Verzicht ist nach § 702 auch formlos möglich. Ein vorheriger Verzicht kann als ein Schuldanerkenntnis nach § 781 BGB Bedeutung haben. Die Zurücknahme des Widerspruchs ist nach § 697 IV zulässig, dort Rn 22. § 703 ist anwendbar, solange das Mahnverfahren noch nicht beendet ist, § 696 Rn 19. Sobald der Antragsgegner auf den Widerspruch wirksam verzichtet oder ihn zurückgenommen hat, muß das Gericht einem etwa bereits vorliegenden Antrag auf den Erlaß eines Vollstreckungsbescheids unverzüglich stattgeben, also auch schon vor dem Ablauf der Widerspruchsfrist. Der Antragsgegner kann die Zuständigkeit im Mahnverfahren nicht wirksam durch einen Widerspruch rügen, Ffm NJW **83**, 2709. Wegen der Benachrichtigung des Antragstellers § 695 Rn 1. Wegen der Beifügung von Abschriften § 695 Rn 6.

Ein *Vollstreckungsbescheid* ergeht nach einem wirksamen Widerspruch *nicht mehr*. Das Mahnverfahren **11** kommt vielmehr mangels Antrags nach § 696 I 1 zunächst zum Stehen, BGH RR **92**, 1021, Bank JB **82**, 187. Das Gericht wartet den etwa noch fehlenden Antrag auf ein streitiges Verfahren nach § 696 I 1 ab, gibt nach seinem Eingang die Akten nach § 696 ab, Ffm NJW **83**, 2709, oder legt sie nach 6 Monaten weg, § 7 Z 3 c AktO. Der Rpfl bzw der etwa landesrechtlich nach Grdz 4 vor § 688 bestellte Urkundsbeamte muß Unklarheiten über das Vorliegen bzw den Umfang eines bloßen Teilwiderspruchs zu klären versuchen, KG JB **84**, 136. Bis zur Klärung kann ein Vollwiderspruch vorliegen, BGH **85**, 366. Beim Teilwiderspruch kann wegen des Rests Vollstreckungsbescheid ergehen, § 699 Rn 10.

Eine *Rücknahme des Mahnantrags* löst die Wirkungen § 690 Rn 16 aus und macht den Widerspruch im übrigen gegenstandslos.

7) Verspäteter Widerspruch, II. Einen solchen muß das Gericht ist als einen Einspruch nach **12** § 700 III behandeln, II 1, soweit er dessen Anforderungen entspricht, BGH NJW **87**, 3263, LG Freibg Rpfleger **84**, 323. Das Gericht weist also einen verspäteten Widerspruch nicht besonders zurück. Der Einspruch führt automatisch in das streitige Verfahren, § 700 II, III, BayObLG Rpfleger **80**, 436. Der Widerspruch hat dagegen nur auf Antrag einer Partei eine solche Wirkung, § 696 I 1. Daher kann eine Umdeutung des verspäteten Widerspruchs in einen Einspruch dem Interesse des Antragsgegners entgegenlaufen. Das wird in der Praxis oft übersehen. Daher muß das Gericht die Umdeutung dem Antragsgegner von Amts wegen unverzüglich formlos mitteilen, II 2, damit jener den ja nur durch Umdeutung zum Einspruch gewordenen Widerspruch zurücknehmen kann, ehe weitere Kosten entstehen. Für diese Mitteilung ist zuständig der Urkundsbeamte der Geschäftsstelle als solcher, also nicht nur in den Fällen Grdz 4 vor § 688.

Die Mitteilung erfolgt nur gegenüber demjenigen Antragsgegner, der den *Widerspruch* erhoben hat, also nicht auch gegenüber einem anderen Antragsgegner. Ausnahmen bestehen bei notwendigen Streitgenossen nach § 60. Dagegen erteilt der Rpfl bzw der Urkundsbeamte nach Grdz 4 vor § 688 dem Antragsgegner keine Bescheinigung darüber, daß dieser rechtzeitig Widerspruch eingelegt habe. Wegen der Mitteilung an den Antragsteller vgl § 695.

II ist *entsprechend* anwendbar, soweit das Gericht unrichtigerweise einen Vollstreckungsbescheid erlassen **13** hat, obwohl vorher ein Widerspruch eingegangen und nicht rechtzeitig bis zum Rpfl bzw bis zum Urkundsbeamten nach Grdz 4 vor § 688 gelangt war oder obwohl dieser ihn übersehen oder gar übergangen oder rechtsirrig nicht als solchen beurteilt hatte, BGH **85**, 364, Ffm OLGR **97**, 60, KG Rpfleger **83**, 489. Denn so läßt sich die Unrichtigkeit des Verfahrens begrenzen. Der Antragsgegner muß die Rechtzeitigkeit seines Widerspruchs beweisen, BGH NJW **82**, 889.

§§ 695, 696   Buch 7. Mahnverfahren

695 *Mitteilung des Widerspruchs; Abschriften.* ¹Das Gericht hat den Antragsteller von dem Widerspruch und dem Zeitpunkt seiner Erhebung in Kenntnis zu setzen. ²Wird das Mahnverfahren nicht maschinell bearbeitet, so soll der Antragsgegner die erforderliche Zahl von Abschriften mit dem Widerspruch einreichen.

1   **1) Systematik, S 1, 2.** Die in § 695 vorgeschriebene Mitteilung eines im Sinn von § 694 I rechtzeitig eingegangenen Widerspruchs entspricht der Mitteilungspflicht wegen eines verspäteten Widerspruchs nach § 694 II 2 (dort an den Widersprechenden).

2   **2) Regelungszweck, S 1, 2.** Die Vorschrift hat den Zweck, dem Antragsteller eine alsbaldige Entscheidung zu ermöglichen, ob er das Verfahren weiterbetreiben und die Abgabe an das Gericht des streitigen Verfahrens beantragen will. Denn diese erfolgt ja nach § 696 I 1 nicht von Amts wegen. Außerdem soll der Antragsteller klären können, wie rasch er wegen § 696 III (Rechtshängigkeitsrückwirkung) einen etwa noch nicht von vornherein gestellten Abgabeantrag nach § 696 I 1 stellen muß. § 695 dient also der Parteiherrschaft, Grdz 18 vor § 128.

3   **3) Mitteilung an den Antragsteller, S 1.** Man muß drei Aspekte beachten.

A. Inhalt. Das Gericht teilt dem Antragsteller bzw seinem gesetzlichen Vertreter oder ProzBev nach §§ 51, 172 am besten unter Übersendung einer Widerspruchskopie oder -abschrift mit, daß der Antragsgegner Widerspruch erhoben hat. Es teilt auch mit, wann der Widerspruch bei demjenigen Gericht eingegangen ist, das den Mahnbescheid erlassen hat, ob der Widerspruch rechtzeitig eingegangen ist oder ob man ihn in einen Einspruch umdeuten kann und muß, § 694 II. Denn auch an dieser Klärung ist der Antragsteller natürlich interessiert, § 700 III 1.

4   **B. Verfahren.** Zuständig ist der Urkundsbeamte der Geschäftsstelle als solcher, also nicht nur in den Fällen Grdz 4 vor § 688. Er muß sich wegen Rn 4 evtl mit dem Rpfl oder dem Richter verständigen. Die Mitteilung muß unverzüglich erfolgen. Sie kann formlos, auch telefonisch geschehen, aM ThP 1 (sie sei schriftlich vorzunehmen). Aber S 1 spricht nur von „in Kenntnis setzen". Es darf also die Prozeßwirtschaftlichkeit maßgeblich sein). In diesen Fällen ist ein Aktenvermerk notwendig. Sie ist unabhängig vom weiteren Schicksal des Widerspruchs bzw des Einspruchs erforderlich. Es reicht aus, wenn sie zugleich mit der Mitteilung von der Abgabe nach § 696 I 3 erfolgt, sofern die Abgabe unverzüglich geschieht. Wenn die Mitteilung versagt wird, ist § 573 anwendbar.

5   **C. Sachlichrechtliche Wirkung.** Der Zugang der Mitteilung kann eine sachlichrechtliche Wirkung haben. Er kann zB die Hemmung einer Verjährung beenden, (jetzt) § 204 II 2 BGB, BGH RR 98, 954, Mü RR 88, 896 (den Widerspruch selbst braucht das Gericht dazu nicht mitzuschicken). Man kann für den Neubeginn der Verjährung auf den Zeitpunkt abstellen, zu dem das Gericht die Verfügung getroffen hat, die Nachricht vom Widerspruch zu übersenden. Es kommt also auf den Zeitpunkt an, in dem das Gericht seine Verfügung aus dem inneren Geschäftsbetrieb etwa durch die Übergabe an die Post, durch das Einlegen ins Anwaltsfach usw hinausgegeben hat, § 329 Rn 23, LG Gött RR 93, 1360.

6   **4) Abschriften, S 2.** Der Antragsgegner soll, nicht muß, bei einer maschinellen Bearbeitung des Mahnverfahrens (dazu § 703 b) die erforderliche Zahl von Abschriften bzw Ablichtungen einreichen, also je ein Exemplar für jeden Antragsteller und für jeden von dessen ProzBev, nicht aber für den oder die gesetzlichen Vertreter. Das soll zugleich mit dem Widerspruch geschehen. Wenn der Antragsgegner das unterläßt, bleibt der Widerspruch wirksam. Es entsteht jedoch dann die Kostenfolge des KV 9000 Z 1.

696 *Verfahren nach Widerspruch.* I ¹Wird rechtzeitig Widerspruch erhoben und beantragt eine Partei die Durchführung des streitigen Verfahrens, so gibt das Gericht, das den Mahnbescheid erlassen hat, den Rechtsstreit von Amts wegen an das Gericht ab, das in dem Mahnbescheid gemäß § 692 Abs. 1 Nr. 1 bezeichnet worden ist, wenn die Parteien übereinstimmend die Abgabe an ein anderes Gericht verlangen, an dieses. ²Der Antrag kann in den Antrag auf Erlass des Mahnbescheides aufgenommen werden. ³Die Abgabe ist den Parteien mitzuteilen; sie ist nicht anfechtbar. ⁴Mit Eingang der Akten bei dem Gericht, an das er abgegeben wird, gilt der Rechtsstreit als dort anhängig. ⁵§ 281 Abs. 3 Satz 1 gilt entsprechend.

II ¹Ist das Mahnverfahren maschinell bearbeitet worden, so tritt, sofern die Akte nicht elektronisch übermittelt wird, an die Stelle der Akten ein maschinell erstellter Aktenausdruck. ²Für diesen gelten die Vorschriften über die Beweiskraft öffentlicher Urkunden entsprechend. ³§ 298 findet keine Anwendung.

III Die Streitsache gilt als mit Zustellung des Mahnbescheids rechtshängig geworden, wenn sie alsbald nach der Erhebung des Widerspruchs abgegeben wird.

IV ¹Der Antrag auf Durchführung des streitigen Verfahrens kann bis zum Beginn der mündlichen Verhandlung des Antragsgegners zur Hauptsache zurückgenommen werden. ²Die Zurücknahme kann vor der Geschäftsstelle zu Protokoll erklärt werden. ³Mit der Zurücknahme ist die Streitsache als nicht rechtshängig geworden anzusehen.

V Das Gericht, an das der Rechtsstreit abgegeben ist, ist hierdurch in seiner Zuständigkeit nicht gebunden.

Vorbem. II 1 geändert, II 3 angefügt dch Art 1 Z 38 a, b JKomG v 22. 3. 05, BGBl 837, in Kraft seit 1. 4. 05, Art 16 I JKimG, ÜbergangsR Einl III 78.

Schrifttum: *Gaede,* Zuständigkeitsmängel und ihre Folgen nach der ZPO, 1989.

Buch 7. Mahnverfahren § 696

Gliederung

1) **Systematik, I–V**	1
2) **Regelungszweck, I–V**	2, 3
3) **Geltungsbereich, I–V**	4
4) **Abgabevoraussetzungen, I, II**	5–8
A. Widerspruch	5
B. Antrag auf streitiges Verfahren	6, 7
C. Zahlung der Gebühren	8
5) **Abgabeverfahren, I, II**	9–12
A. Entscheidung	9
B. Mitteilung	10
C. Unanfechtbarkeit	11
D. Ende des Mahnverfahrens	12
6) **Rechtshängigkeit, III**	13–16
A. Grundsatz: Möglichkeit der Rückwirkung	13
B. Alsbaldige Abgabe	14
C. Nicht alsbaldige Abgabe	15, 16
7) **Zurücknahme des Antrags auf streitiges Verfahren, IV**	17–24
A. Grundsatz: Möglichkeit der Rücknahme	17, 18
B. Zulässigkeitszeitraum	19
C. Form einer Rücknahmeerklärung	20–22
D. Unwiderruflichkeit einer Rücknahmeerklärung	23
E. Kostenfolgen einer Rücknahme	24
8) **Verweisung, V**	25–30
A. Grundsatz: Möglichkeit der Verweisung	25
B. Antrag; Verfahren	26
C. Bestimmung des zuständigen Gerichts	27
D. Unterbleiben einer Verweisung	28
E. Kostenfolgen einer Verweisung	29
F. Verstoß	30

1) Systematik, I–V. Ein nach §§ 692 I Z 3, 694 rechtzeitig eingelegter Widerspruch des Antragsgegners **1** gegen den Mahnbescheid führt dann, wenn eine der Parteien nunmehr nach Rn 6, 7 den Antrag auf Durchführung des streitigen Verfahrens stellt, grundsätzlich in das sog streitige Verfahren, BGH NJW **81**, 1551. Der Antrag eines Dritten hat nicht solche Wirkung, Mü MDR **88**, 871. Der Übergang erfolgt also nicht von Amts wegen. Den Übergang regeln die §§ 696, 698. § 697 bestimmt die anschließenden Maßnahmen des Streitgerichts. Die Überleitung in das streitige Verfahren vollzieht sich durch eine Abgabe an dasjenige Gericht, das der Antragsteller in seinem Antrag auf Erlaß des Mahnbescheids als für das streitige Verfahren sachlich und örtlich zuständig bezeichnet hat, BGH **103**, 27, Schlesw SchlHA **81**, 72, und das vom Gericht entsprechend im Mahnbescheid bezeichnet worden ist, § 690 I Z 5 (bei einer Auslandsführung in Verbindung mit § 703 d II, III), § 692 I Z 1, oder an das die Parteien übereinstimmend die Abgabe verlangt haben, 1 1 lt Hs, Rn 9. Es reicht, daß erst die eine, dann die andere Partei etwa nach Aufforderung zur Stellungnahme ein solches Verlangen stellt, sei es auch nur eindeutig stillschweigend. Es kommt nur auf den Inhalt des Verlangens an, nicht auf dessen Wortlaut. Die Erklärung ist als Parteiprozeßhandlung auslegbar, Grdz 52 vor § 128. Das gilt bis zur Abgabe, BayObLG **93**, 318.

Das so bezeichnete Gericht ist jedoch in seiner Zuständigkeit nicht gebunden. Es kann und muß evtl die Sache *an ein anderes Gericht verweisen*, V. Das Verfahren kann also von dem Gericht des Mahnverfahrens über das Gericht, an das die Akten abgegeben wurden, an dasjenige Gericht gelangen, an das nunmehr verwiesen wurde. Es kann unter Umständen bei einer Weiterverweisung sogar noch an ein weiteres Gericht kommen, bevor endlich im streitigen Verfahren ein Verhandlungstermin zustandekommen kann.

2) Regelungszweck, I–V. § 696 ist ebenso wie vor allem § 697 alles andere als einfach formuliert. **2** Indessen dient die Vorschrift für das notgedrungen technisch komplizierte Überleitungsverfahren doch insgesamt deutlich der Rechtssicherheit, Einl III 43. Das gilt etwa für die Rückwirkung der Rechtshängigkeit in III, auch wenn man diese Rückwirkung in der Praxis oft nur mühsam prüfen kann. § 696 dient aber auch der Prozeßförderung nach Grdz 12 vor § 128, wenn es nun schon einmal zum streitigen Verfahren kommen soll. Will man den Grundgedanken eines ja weitaus überwiegend vom Vollstreckungsbescheid ohne Einspruch führenden raschen Gesamtverfahrens ohne Richter halten, so muß man die lästige Überleitung nebst lästiger Verweisungstechnik bei Abwehr durch den Antragsgegner in Kauf nehmen. Das alles sollte bei der Auslegung mitbedacht werden.

Verweisung nach V bringt viele der bei § 281 dargestellten Probleme mit sich. Auch bei V darf nicht aus **3** dem notwendigen Bemühen um den nach Art 101 I 2 GG vorgeschriebenen gesetzlichen Richter ein des Gerichts unwürdiger Nebenschauplatz werden. Freilich liegen die Verhältnisse oft klarer als im Klageverfahren. Entsprechend knapp kann die auch in solcher Lage dem Grunde nach erforderliche Begründung eines Verweisungsbeschlusses ausfallen. Andererseits sollte man stets mitbedenken, daß nun immerhin nach dem Mahngericht und dem Gericht, an das abgegeben wurde, ein drittes Gericht durch Verweisung eingeschaltet wird, das alles in einem auf Einfachheit und Tempo konzipierten Verfahren. Um so überzeugender und daher notfalls ausführlicher muß die Verweisungsbegründung ausfallen, um nicht in Gefahr der Aufhebung wie bei § 281 Rn 38 ff zu geraten.

3) Geltungsbereich, I–V. Die Vorschrift gilt nicht außerhalb der ZPO. Wegen des arbeitsgerichtlichen **4** Mahnverfahrens § 46 a IV, V ArbGG, BAG NJW **82**, 2792, wegen einer WEG-Sache § 46 a WEG, wegen einer SGG-Sache § 182 a SGG, alle abgedruckt Grdz 3 vor § 688.

4) Abgabevoraussetzungen, I, II. Es findet kein obligatorisches Güteverfahren statt, § 15 a II 1 Z 5 **5** EGZPO, Hartmann NJW **99**, 3748. Es müssen drei Bedingungen zusammentreffen.

A. Widerspruch. Es muß ein wirksamer Mahnbescheid vorliegen, § 693 Rn 3. Der Antragsgegner muß gegen ihn grundsätzlich rechtzeitig Widerspruch eingelegt haben, §§ 692 I Z 3, 694. Andernfalls müßte er auf Antrag der Vollstreckungsbescheid ergehen, § 699. Wenn der Widerspruch freilich zwar verspätet eingeht, aber doch noch vor dem Erlaß eines Vollstreckungsbescheids vorliegt, darf der Rpfl bzw der etwa nach Grdz 4 vor § 688 landesrechtlich bestellte Urkundsbeamte der Geschäftsstelle den Vollstreckungsbescheid trotz eines inzwischen entscheidungsreifen Antrags nicht mehr erlassen. Wenn sich erst nach dem Erlaß des Mahnbescheids vor einem Widerspruch herausstellt, daß eine öffentliche Zustellung oder Auslandszustellung erfolgen muß, dann darf das Gericht die Sache im ersteren Fall nicht abgeben oder verweisen, soweit eine Auslandszustellung nach § 688 III unzulässig ist, § 688 Rn 9, BGH NJW **04**, 2454, Drsd

§ 696

Rpfleger **01**, 437, Köln MDR **04**, 1377. Das Mahnverfahren ist dann vielmehr erledigt, und der Antragteller mag klagen und die Klage nach §§ 185 ff wirksam zustellen lassen, BGH NJW **04**, 2454, Hamm (19. ZS) MDR **99**, 1524, Köln MDR **04**, 1377, aM Ffm MDR **87**, 64, Hamm Rpfleger **01**, 437, ZöV § 688 Rn 8 (aber man darf § 688 III nicht mithilfe von §§ 185 ff unterlaufen). Das Gericht darf das Vorliegen des Widerspruchs prüfen. Etwaige Formfragen nach § 694 Rn 3, 4 kommen erst bei dem Gericht zur Prüfung, an das die Sache durch eine Abgabe bzw anschließende Verweisung gelangt.

6   **B. Antrag auf streitiges Verfahren.** Anders als nach einem Einspruch gegen einen Vollstreckungsbescheid nach § 700 Rn 12 erfolgt auf Grund eines Widerspruchs gegen einen Mahnbescheid eine Abgabe nur nach einem entsprechenden Antrag einer der beiden Parteien auf die Durchführung des streitigen Verfahrens, I 1, IV, Ffm RR **92**, 1342, LG Fulda RR **99**, 221. Es ist unerheblich, ob dieses Ersuchen vom Antragsteller oder vom Antragsgegner stammt, Düss RR **97**, 704, Hbg MDR **94**, 520, Mü MDR **97**, 891. Der Antrag liegt nicht automatisch im Widerspruch. Denn der Antragsgegner will evtl noch abwarten, ob der Antragsteller nunmehr überhaupt noch das streitige Verfahren wünscht. Deshalb endet das Mahnverfahren noch nicht durch den Widerspruch allein, KG RR **92**, 1023. Vielmehr ordnet das Gericht beim Eingang eines bloßen Widerspruchs zunächst nur Maßnahmen nach § 695 S 1 an.

Das Gericht fragt auch *nicht etwa von Amts wegen* beim Antragsgegner an, ob er auch den Antrag auf die Durchführung des streitigen Verfahrens stelle oder ob sein Widerspruch in diesem Sinn gemeint sei. Eine solche Anfrage ist nur dann ratsam, wenn die Eingabe des Antragsgegners es immerhin als möglich erscheinen läßt, daß er auch die Durchführung des streitigen Verfahrens wünscht. Ein Antrag auf Durchführung des streitigen Verfahrens kann auch in einem Antrag „auf Anberaumung einer mündlichen Verhandlung" oder in einer ähnlichen Formulierung liegen, Grdz 52 vor § 128. Er ist schon in einem Antrag auf Erlaß des Mahnbescheids zulässig, I 2. Das geschieht auch meistens in der Praxis, Liebheit NJW **00**, 2237, sogar formularmäßig. Die Zahlung von (jetzt) KV 1210 reicht nur nach Anfrage, ob streitiges Verfahren erfolgen soll, sonst nicht, Mü MDR **97**, 890, Liebheit NJW **00**, 2240, aM LG Mü JB **05**, 540. Ein Antrag auf nur teilweise Abgabe ist möglich.

7   Es besteht *keine Hinweispflicht* des Gerichts von Amts wegen etwa nach Grdz 39 vor § 128, daß ein Antrag auf Durchführung des streitigen Verfahrens noch fehle. Eine solche Pflicht besteht auch nicht bei einer Mitteilung nach § 695. Ein besonderer Antrag auf eine Abgabe ist nicht stets erforderlich, sondern nur bei Abgabe an ein „anderes Gericht", I 1 lt Hs. Es genügt hier ein Antrag auf die Durchführung des streitigen Verfahrens. Er bedarf keiner Form, § 702. Man kann ihn zu Protokoll des Urkundsbeamten als solchem stellen. Eine Vollmacht ist nur in der Form einer Versicherung nach § 703 S 2 nötig. Man kann den Antrag bei jedem AG stellen, § 129 a I. Wirksam wird er aber erst beim Eingang in der Posteinlaufstelle desjenigen Gerichts, das den Mahnbescheid erlassen hat, § 129 a II 2. Er ist unter den Voraussetzungen IV zurücknehmbar, Rn 17 ff.

8   **C. Zahlung der Gebühren.** Die Zahlung der Gebühr für das Mahnverfahren nach KV 1110 muß erfolgt sein, ebenso die Zahlung der Verfahrensgebühr von 2½, KV 1210 mit dessen amtlicher Anmerkung S 1, 2. Das gilt aber nur, wenn der Antragsteller die Abgabe beantragt. Das verlangt der Text ausdrücklich. Es besteht also keine Vorwegleistungspflicht, wenn nicht der Antragsteller, sondern nur der Antragsgegner die Durchführung des streitigen Verfahrens begehrt. Freilich ist der Antragsgegner Gebührenschuldner, (jetzt) § 22 I GKG, Liebheit NJW **00**, 2236. Der Antragsteller bleibt vorwegleistungspflichtg, wenn beide Parteien den Abgabeantrag stellen, Hamm RR **03**, 357. Wenn das Gericht die Sache nach V verweist, besteht keine Vorwegleistungspflicht.

9   **5) Abgabeverfahren, I, II.** Es hat zwei wichtige Folgen.

A. Entscheidung. Die Abgabe erfolgt unverzüglich nach dem Vorliegen der Voraussetzungen Rn 5–8 durch eine Verfügung oder einen Beschluß des Rpfl, § 20 Z 1 RPflG, Anh § 153 GVG, bzw des etwa nach Grdz 4 vor § 688 landesrechtlich bestellten Urkundsbeamten der Geschäftsstelle. Diese Entscheidung bildet auch bei einer maschinellen Bearbeitung der Grundlage, II, § 703 b, Mayer NJW **83**, 93. II 2 stellt in Verbindung mit (jetzt) § 182 klar, daß auch die Zustellangaben im Aktenausdruck nach § 418 beweiskräftig, aber entkräftbar sind, Drsd JB **99**, 154. Die Abgabe erfolgt grundsätzlich an dasjenige Gericht, das in dem Mahnbescheid nach § 692 I Z 1 bezeichnet worden ist, evtl also an die Prozeßabteilung bzw Abteilung für Familiensachen desselben AG. Es kann auch eine Abgabe an das LG erforderlich sein. Ist freilich der Wert nach Zustellung des Mahnbescheids auf 5000 EUR oder darunter gesunken, kommt die Abgabe wegen § 23 Z 1 GVG an das AG in Betracht, Ffm OLGZ **93**, 91. Ein Antrag nur des Antragstellers auf eine Abgabe an ein anderes als an dasjenige Gericht, das im Mahnbescheid genannt war, ist nach dem eindeutigen Wortlaut von I 1 letzter Hs unbeachtlich, Niepmann NJW **85**, 1453, aM Schäfer NJW **85**, 297 (bis zum Eingang beim Gericht, an das abgegeben wird, sei eine diesbezügliche Änderung statthaft. Aber der Gesetzestext und -sinn ist eindeutig, Einl III 39).

Nur *vor* der Abgabe sind das abgebende Gericht bindende übereinstimmende Anträge *beider* Parteien auf Abgabe an ein anderes Gericht als das im Mahnantrag angegebene wirksam, I 1 letzter Hs, BayObLG RR **95**, 636. Schlesw Rpfleger **01**, 38, Hansens NJW **91**, 959. Das abgebende Gericht prüft weder weitere Zuständigkeitsfragen, Ffm AnwBl **80**, 198, noch gar die Schlüssigkeit des Anspruchs, BayObLG Rpfleger **80**, 436, Büchel NJW **79**, 947. Wenn mehrere Antragsgegner unterschiedliche Gerichtsstände haben, muß das Gericht die Sache trennen, § 145, Hamm Rpfleger **83**, 177, Vollkommer Rpfleger **77**, 143. Eine erneute Verbindung kann nach § 36 I Z 3 erfolgen.

10   **B. Mitteilung.** Das Gericht teilt die Abgabe formlos mit, ThP 5, ZöV 4, aM Mü MDR **80**, 501 (aber die Abgabe ist unanfechtbar, Rn 11, § 329 II 1). Die Mitteilung geht an beide Parteien unabhängig davon, wer die Durchführung des streitigen Verfahrens beantragt hatte. Das Gericht übermittelt die Akten, bei einer maschinellen Bearbeitung nach §§ 415, 417, 418 mangels elektronischer Übermittlung den beweiskräftigen Aktenausdruck nach II 1, 3 ohne Anwendung des § 298 an das nunmehr zunächst durch die Abgabe örtlich und sachlich zuständig werdende Gericht. Das kann ein AG oder ein LG sein.

Buch 7. Mahnverfahren **§ 696**

C. Unanfechtbarkeit. Die Abgabeentscheidung des Rpfl bzw des etwa nach Grdz 4 vor § 688 landes- **11** rechtlich bestellten Urkundsbeamten der Geschäftsstelle ist seitens der Parteien schlechthin unanfechtbar, I 3, Musielak FamRZ **81**, 928. Es ist also beim Rpfl weder die Beschwerde noch die Erinnerung nach § 11 I, II RPflG und beim Urkundsbeamten nicht die befristete Erinnerung nach § 573 I statthaft. Das scheint dem § 11 II 1 RPflG zu widersprechen. Indessen erfolgt ja bereits die in I 3 als „unanfechtbar" bezeichnete Abgabe stets richtigerweise durch den Rpfl bzw den Urkundsbeamten, Grdz 4 vor § 688. Es ist nicht der Sinn von I 3, nun das komplizierte Verfahren der sofortigen Erinnerung einzuschalten (zu ihr § 104 Rn 69 ff), sog teleologische Reduktion, Einl III 41. Beim etwa landesrechtlich bestellten Urkundsbeamten ist eine an sich denkbare befristete Erinnerung nach § 573 I 1 durch § 36 b III 1 RPflG, Anh § 153 GVG, ausdrücklich ausgeschlossen.

Deshalb ist eine *Begründung entbehrlich,* § 329 Rn 6. Es ist auch keineswegs eine Zurückgabe oder „Zurückverweisung" zulässig. Dasjenige Gericht, an das die Abgabe nun einmal erfolgt ist, muß im Fall seiner Unzuständigkeit nach V vorgehen, Rn 25. Jedoch kann jeder Beteiligte die Berichtigung offenbarer Schreibfehler anregen. § 319 gilt entsprechend.

D. Ende des Mahnverfahrens. Nicht schon mit dem Eingang des Antrags nach I, sondern erst mit dem **12** *Akteneingang* beim Gericht des streitigen Verfahrens endet das Mahnverfahren, § 703 Rn 1, BGH RR **95**, 1336, Ffm MDR **04**, 832, Schlesw Rpfleger **01**, 38, aM Mü RR **98**, 504, LG Stgt RR **98**, 648 („mit der Abgabe". Aber wann ist das genau?), Mü MDR **80**, 501 (mit der Mitteilung der Abgabe), Düss RR **98**, 1077, Mü MDR **92**, 909 (mit Antragseingang), Karlsr FamRZ **91**, 91, Köln MDR **85**, 680 (mit Tätigwerden des Empfangsgerichts), Celle RR **94**, 1276, Ffm RR **92**, 448, Kblz OLGZ **91**, 376 (mit Zustellung der Anspruchsbegründung nach § 697 I. Aber alle diese Varianten überzeugen nicht. Denn erst ab Akteneingang kann das Gericht des streitigen Verfahrens tätig werden. Es muß freilich auch von diesem Augenblick an tätig werden). Ab jetzt gilt der Rechtsstreit als nicht schon allgemein nach Rn 13, sondern gerade bei diesem Gericht anhängig, I 4, nicht schon rechtshängig, § 261 Rn 1.

Die *Rechtshängigkeit* tritt erst nach III ein. Das alles gilt unabhängig davon, wieviel Zeit zwischen dem Widerspruch und der Abgabe verstrichen ist. Die bisherigen Kosten werden ein Teil derjenigen Kosten, die vor dem Gericht entstehen, an das die Sache abgegeben wurde, I 5 in Verbindung mit § 281 III 1, dort Rn 54. Von jetzt an ist grundsätzlich nicht mehr der Rpfl bzw der etwa nach Grdz 4 vor § 688 landesrechtlich bestellte Urkundsbeamte der Geschäftsstelle zuständig, sondern der Richter des streitigen Verfahrens, Mü Rpfleger **83**, 288. Vgl freilich § 689 Rn 2. Eine weitere Abgabe ist als solche unzulässig, Büchel NJW **79**, 947. Die Parteien heißen nun Kläger und Bekl. Der im Mahnverfahren bestellte ProzBev kann bis zur Bestellung eines beim Streitgericht Zugelassenen bzw Postulationsfähiges der richtige Zustellungsadressat bleiben, § 172 Rn 17.

6) Rechtshängigkeit, III. Ihre Voraussetzungen werden immer wieder verkannt. **13**

A. Grundsatz: Möglichkeit der Rückwirkung. Eine bloße Anhängigkeit beim Mahngericht trat stets bereits mit dem dortigen Eingang des Mahnbescheids ein, § 261 Rn 1, § 693 Rn 5. Die Anhängigkeit beim Gericht des streitigen Verfahrens tritt mit dem dortigen Eingang der Akten bzw des Aktenausdrucks ein, I 4. Demgegenüber tritt die Rechtshängigkeit (zum Unterschied der Begriffe § 261 Rn 1) nur dann ebenfalls bereits mit der Zustellung des Mahnbescheids ein, wenn die Abgabe alsbald nach dem Eingang des Widerspruchs beim AG des Mahnverfahrens erfolgt, BGH **103**, 27. Das gilt übrigens vernünftigerweise auch bei einer Umstellung der Forderung im streitigen Verfahren von der einen Währung auf die andere, Schmidt NJW **89**, 67. Bei einem Widerspruch gegen einen anderen AG ist erst der Eingang beim AG des Mahnverfahrens maßgeblich, § 129 a II 2. Es ist unerheblich, ob die 2-Wochen-Frist des § 692 I Z 3 eingehalten worden ist.

Wenn das Mahngericht freilich inzwischen nach § 699 Rn 3 einen *Vollstreckungsbescheid* erlassen hatte, dann ist eine Umdeutung in einen Einspruch nach § 694 II notwendig und dann tritt die Rechtshängigkeit nach § 700 II ein. Bei nach §§ 340 II 2, 700 I zulässigen nur teilweisen Einspruch tritt die Rechtshängigkeit natürlich nur im angefochtenen Umfang rückwirkend ein. Folglich bedeutet der Teileinspruch *keine* Änderung *nach* Rechtshängigkeit im Sinn von § 261 III Z 2. Vom Zeitpunkt der Rechtshängigkeit an ist keine Zuständigkeitsvereinbarung mehr zulässig, Üb 3 vor § 38, und sind Prozeßzinsen entstanden, § 291 S 1 BGB, Löwisch NJW **01**, 128.

B. Alsbaldige Abgabe. Man muß das Wort „alsbald" ebenso verstehen wie das Wort *„demnächst"* in **14** §§ 167, 691 II, BGH **103**, 28, KG MDR **98**, 619, Köln VersR **91**, 198. Vgl daher zunächst zB § 167 Rn 12 ff. Eine alsbaldige Abgabe liegt also zB nicht mehr nach fast 4 Monaten vor, Köln VersR **91**, 198, LG Köln NJW **78**, 650, erst recht nicht nach sechs Monaten, Mü MDR **80**, 501, oder gar nach zehn Monaten, BayObLG MDR **83**, 322, es sei denn, der Antragsteller hätte an diesem Zeitablauf keine Schuld, BGH **103**, 28. Man braucht nach Erfüllung aller sonstigen Pflichten nicht von sich aus sogleich nach dem Grund der Verzögerung zu fragen, muß das wohl aber vorsorglich nach ohne erkennbaren Grund eingetretenem, längerem Zeitablauf tun, BGH NJW **78**, 216, aM BGH **103**, 28 (aber jeder längere Zeitablauf gibt verständigerweise Anlaß zu jeder zumutbaren und naheliegenden Vorsorglichkeit, Grdz 12 vor § 128). Die Rückwirkung erfolgt nur auf den Zeitpunkt der Zustellung des Mahnbescheids. Bei § 693 II erfolgt die Rückwirkung auf den Zeitpunkt der Einreichung oder der Anbringung des Antrags auf den Erlaß des Mahnbescheids. Über die sachlichrechtlichen Wirkungen § 693 Rn 5.

C. Nicht alsbaldige Abgabe. Wenn das Gericht die Sache nicht alsbald abgibt, dann tritt die Rechts- **15** hängigkeit noch nicht mit dem Akteneingang bei demjenigen Gericht ein, an das abgegeben wird, sondern erst mit demjenigen Zeitpunkt, in dem die Anspruchsbegründung im Sinne des § 697 I dem Antragsgegner *zugestellt* wird. Denn erst die Anspruchsbegründung in einer der Klageschrift entsprechenden Form steht einer Klageschrift gleich. Jetzt erst muß ja auch unter anderem eine Begründung nach § 253 II Z 2 erfolgen. Folglich liegt jetzt in der Zustellung der Anspruchsbegründung eine Klageerhebung im Sinn von § 261 I, III Z 2, 253 I, BGH NJW **93**, 1071, Ffm RR **95**, 831, KG MDR **02**, 1148, aM Karlsr FamRZ **91**, 91, Mü MDR **80**, 501 (die Rechtshängigkeit trete schon dann ein, wenn die Abgabeverfügung des Rpfl bzw [jetzt]

§ 696

des etwa nach Grdz 4 vor § 688 landesrechtlich bestellten Urkundsbeamten der Geschäftsstelle beiden Parteien zugestellt werde), Drsd RR **03**, 194, KG MDR **00**, 1336, ZöV 7 (maßgeblich sei der Akteneingang beim Streitgericht. Beiden Varianten gegenüber bleiben aber die obrigen Erwägungen für die hier vertretene Ansicht bestehen).

16 Wenn der Antragsteller freilich schon in seinem *Antrag* auf den Erlaß des *Mahnbescheids* eine dem § 253 genügende Anspruchsbegründung geliefert hatte, dann wäre eine Aufforderung nach § 697 I 1 sinnlos. In solchem Fall tritt die Rechtshängigkeit auch bei einer nicht alsbaldigen Abgabe wenigstens mit dem Zeitpunkt der Zustellung einer etwaigen Aufforderung an den Bekl zu einer Klagewiderung nach § 697 III 1 ein, oder mit der Zustellung der Ladung zum Termin oder mit einer sonstigen Mitteilung des Gerichts an die Parteien darüber, daß die Akten eingegangen und angenommen sind, Köln MDR **85**, 680.

17 7) **Zurücknahme des Antrags auf streitiges Verfahren, IV.** Man muß fünf Aspekte beachten.

A. Grundsatz: Möglichkeit der Rücknahme. Man darf eine Zurücknahme des Antrags auf ein streitiges Verfahren nicht mit anderen Rücknahmeerklärungen verwechseln, Rn 22, Mü MDR **92**, 187, Stgt MDR **90**, 557. Jede Partei kann nur ihren eigenen Antrag auf die Durchführung des streitigen Verfahrens zurücknehmen. Bei mehreren Anträgen dieser Art, sei es mehrerer Antragsgegner, sei es sowohl des Antragstellers wie des Antragsgegners, endet das Abgabeverfahren erst dann, wenn sämtliche Anträge wirksam zurückgenommen worden sind. Die Rechtshängigkeit kann jedoch bereits im Verhältnis zu dem jeweils zurücknehmenden Antragsgegner entfallen, wenn ein weiterer Antragsgegner keine Rücknahme erklärt, IV 3. Etwas anderes gilt nur bei einer notwendigen Streitgenossenschaft, § 60. Die Sache bleibt beim Streitgericht zwar nicht rechtshängig, wohl aber evtl anhängig, Düss MDR **81**, 766, aM ZöV 2 (aber die Rücknahme erfaßt nur den streitigen Teilabschnitt eines im Mahnverfahren begonnenen Gesamtverfahrens).

18 *Rücknahme* ist auch wegen eines *Teils* des Anspruchs zulässig. Sie kann in einer Beschränkung der Anspruchsbegründung liegen, Grdz 52 vor § 128, Mü MDR **92**, 187. Man darf die Zurücknahme auch nicht mit einer einseitigen Erledigterklärung nach § 91 a verwechseln, Bbg JB **92**, 762, Mü RR **96**, 957, Fischer MDR **94**, 125, aM BayObLG MDR **03**, 830, MüKoHo 26, ZöV 2 (sie werten eine einseitige „Erledigterklärung" vor dem Beginn der mündlichen Verhandlung grundsätzlich als eine Zurücknahme. Aber warum darf man eine Erledigterklärung hier nicht als solche sehen? §§ 91 ff gelten auch im Mahnverfahren und haben andere Kostenfolgen). Dasselbe gilt bei teilweiser einseitiger Erledigterklärung, aM Köln JB **88**, 617, Stgt MDR **84**, 673 (aber es sind dieselben Erwägungen wie bei der vollen Erledigterklärung naheliegend). Erst recht gilt das bei beiderseitigen wirksamen Erledigterklärungen.

19 **B. Zulässigkeitszeitraum.** Die Rücknahme ist nur bis zum Beginn der mündlichen Verhandlung des „Antragsgegners" zulässig, also nur bis zum Antrag des Bekl zur Hauptsache, IV 1, § 39 Rn 6. Sie ist also noch nach einer Erörterung im Haupttermin zulässig, solange dort noch keine Sachanträge zu Protokoll vorliegen, § 297 Rn 4, also vor dem Beginn der eigentlichen streitigen Verhandlung, § 137 I. Das gilt auch dann, wenn der Antragsteller den Antrag zurücknimmt. Also muß man auch dann auf das Verhalten des Antragsgegners abstellen. Im Verfahren nach § 182 a SGG, abgedruckt Grdz 3 vor § 658, ist die Rücknahme nur bis zur Abgabe an das SG zulässig, § 182 a I 3 SGG.

20 **C. Form einer Rücknahmeerklärung.** Die Rücknahme erfolgt schriftlich oder elektronisch oder zu Protokoll der Geschäftsstelle, IV 2. Man kann sie gegenüber jedem AG erklären, § 129 a I. Sie ist jedoch erst mit dem Eingang bei demjenigen Gericht wirksam, bei dem die Sache jetzt anhängig ist, Rn 5, § 129 a II 2. Die Rücknahme kann also auch nach der Abgabe der Sache an das LG ohne Anwaltszwang wirksam erfolgen, (jetzt) § 78 V Hs 2, Mü AnwBl **84**, 371. LG Ffm Rpfleger **79**, 429, Bergerfurth Rpfleger **78**, 205. Eine „Klagerücknahme" läßt sich nach einem vorangegangenen Mahnverfahren grundsätzlich wie eine Rücknahme des Antrags des Klägers auf ein streitiges Verfahren behandeln, Grdz 52 vor § 128. Auch sie ist daher ohne einen Anwaltszwang zulässig, LG Essen JZ **80**, 237, Fischer MDR **94**, 126, ZöV 2, aM Kblz MDR **84**, 322, MüKoHo 27 (Anwaltszwang wie sonst. Aber hier liegt die Rücknahme eines noch im Mahnverfahren gestellten Antrags vor). Dasselbe gilt daher im Ergebnis auch dann, wenn auch oder nur der Bekl den Antrag auf ein streitiges Verfahren gestellt hatte.

21 Freilich mag eine bloße Antragsrücknahme nach IV ausnahmsweise nach Rn 6 nur den Zweck eines *weiteren Abwartens* haben. Sie kann deshalb keine Klagerücknahme bedeuten, Mü MDR **87**, 415, Stgt MDR **90**, 557. Deshalb bedeutet der rückwirkende Wegfall der Rechtshängigkeit nach S 3 nicht auch den Wegfall der Anhängigkeit, § 261 Rn 1, Mü MDR **87**, 415, Stgt MDR **90**, 557. Im übrigen kommt nach einem Vollstreckungsbescheid keine Antragsrücknahme nach IV in Betracht, sondern nur noch eine Klagerücknahme, (jetzt) § 269, Kblz MDR **84**, 322. Dafür herrscht Anwaltszwang wie sonst, § 78 Rn 1, Kblz MDR **84**, 322, LG Bonn RR **86**, 223.

22 Man darf eine Rücknahme des Antrags des Antragstellers auf ein streitiges Verfahren ist nicht stets als eine Rücknahme des Antrags auf den etwa noch nicht erlassenen *Mahnbescheid* ansehen, § 690 Rn 16, Stgt MDR **90**, 557, Fischer MDR **94**, 125. Denn der Antragsteller mag nunmehr abwarten wollen, wie sich der Schuldner nach Erhalt des Mahnbescheids verhält, Rn 6. Die Rücknahme des Antrags des Antragsgegners auf ein streitiges Verfahren ist nicht stets auch eine Widerspruchsrücknahme nach § 697 IV, Schwab NJW **79**, 697. Der Antragsgegner mag nun hoffen, um ein streitiges Verfahren herumzukommen, zB durch jetzt erst mögliche Ratenzahlungen. §§ 702, 703 sind nicht mehr anwendbar, soweit das Mahnverfahren schon beendet ist, Rn 12. Eine Anspruchsbegründung nach § 697 Rn 3 läßt sich nur zu einem Teil des im Mahnantrag genannten Anspruchs als eine Teilrücknahme bewerten, Rn 18, KG JB **82**, 614. § 269 III 2 ist dann unanwendbar, BGH BB **05**, 1876.

23 **D. Unwiderruflichkeit einer Rücknahmeerklärung.** Die Rücknahme ist eine unwiderrufliche Parteiprozeßhandlung, Grdz 47 vor § 128.

24 **E. Kostenfolgen einer Rücknahme.** (Jetzt) § 269 III, IV ist grundsätzlich aus Zweckmäßigkeitsgründen entsprechend anwendbar, § 269 Rn 3, Ffm MDR **99**, 1223, LG Dortm RR **01**, 1438, LG Zweibr JB **98**, 100, aM Stgt MDR **00**, 791, LG Kaisersl MDR **94**, 417, Fischer MDR **97**, 707 (aber zumindest die

Rechtshängigkeit gilt als nicht eingetreten, Liebheit NJW **00**, 2235. Auch ein neuer Antrag eröffnet ein neues Verfahren). Daher ist auch § 91 a entsprechend anwendbar, Stgt MDR **00**, 791, 919 ZöV 2 (aber die Vorschrift gilt allgemein).

Das gilt aber trotz Eingangs des Widerspruchs nicht, wenn die *Rechtshängigkeit* wegen III erst *später* eintritt, Rn 15, 16, aM Mü OLGZ **88**, 494 (aber dann liegt eine ganz andere Situation vor). Wenn die Rücknahme unter den Voraussetzungen KV 1211 erfolgt, ermäßigt sich die Verfahrensgebühr KV 1210 auf 1,0, KV 1211 amtliche Anmerkung S 1. Auf sofortige Beschwerde muß das Gericht einen Beschluß nach § 269 III, IV aufheben, wenn der Beschwerdeführer das streitige Verfahren nun doch noch zulässig durchführen lassen will, Mü MDR **87**, 415.

8) *Verweisung, V*. Sie erfordert ein sorgfältiges Verfahren. 25

A. Grundsatz: Möglichkeit der Verweisung. Es entsteht keine Zuständigkeitsbindung desjenigen Gerichts, an das die Sache durch eine Abgabe kommt, V. Dieses Gericht ist weder örtlich noch sachlich noch im Verhältnis zwischen seiner etwaigen Zivilkammer und der Kammer für Handelssachen gebunden, BayObLG JB **97**, 153, Schäfer NJW **85**, 299. Vielmehr findet dort eine erneute Prüfung der allgemeinen Prozeßvoraussetzungen statt, Grdz 12 vor § 253. Zusätzlich prüft dieses Gericht natürlich von Amts wegen alle erstmalig hier anfallenden Zuständigkeitsfragen, Grdz 39 vor § 128. Maßgebend ist der Zeitpunkt der Rechtshängigkeit nach Rn 15 ff, Ffm RR **95**, 831, KG RR **99**, 1011. Dieses Gericht prüft ferner evtl auf Grund eines notwendigen Verweisungsantrags des Klägers nach Rn 18 die Notwendigkeit einer ersten echten Verweisung an dasjenige Gericht, das sich bei dieser Prüfung als das in Wahrheit zuständige Gericht ergibt, Ffm RR **92**, 1342. Die Angaben nach §§ 690 I Z 1 bzw 703 d III, 692 I Z 1 sind also für dasjenige Gericht, an das die Sache abgegeben wurde, nur eine Anregung bei seiner Prüfung. Auch im Fall einer fehlerhaften Abgabe darf das Gericht, an das abgegeben wurde, nur nach V vorgehen, Rn 7. Wenn sich ergibt, daß überhaupt keine Zuständigkeit vorhanden ist, muß dieses Gericht die Klage als unzulässig abweisen.

B. Antrag; Verfahren. Die Verweisung erfolgt nur auf Grund eines Antrags. Das gilt, obwohl V einen 26 solchen Antrag nicht ausdrücklich fordert und obwohl eine Abgabe nach I zwar einen Antrag auf die Durchführung des streitigen Verfahrens erfordert, nicht aber einen besonderen Antrag auf eine Abgabe der Sache. Denn bei der in V genannten Verweisung handelt es sich um diejenige nach § 281, Büchel NJW **79**, 947. Das setzt V als selbstverständlich voraus. Mangels eines Verweisungsantrags muß das Gericht die Klage als unzulässig abweisen, § 281 Rn 21. Eine mündliche Verhandlung ist wie bei § 281 I 1 wegen der Beschlußform einer Verweisung entbehrlich, § 128 IV Hs 1. Das Gericht hat eine Hinweispflicht auf seine Unzuständigkeit, beim AG aus § 504, sonst aus § 139 und auf Grund einer etwaigen mündlichen Verhandlung stets aus § 139 II, III, ohne solche aus den in Grdz 39 vor § 128 genannten Gründen. Eine Weiterverweisung erfolgt wie bei § 281 Rn 47.

Eine *Änderung* oder Berichtigung ist wie bei § 281 Rn 50 möglich. Anwaltszwang besteht für den Verweisungsantrag wegen des hier eben mitgeltenden § 281 II 1 in Verbindung mit § 78 V Hs 2 nicht. Für das weitere Verfahren oder wegen § 281 Rn 19 besteht der Anwaltszwang aber wie sonst, § 78 Rn 1, Düss OLGZ **89**, 203, KG AnwBl **84**, 508, Schäfer NJW **85**, 300, aM Mü AnwBl **84**, 371, LG Darmst NJW **81**, 2709, Zinke NJW **83**, 1082 (aber in diesem Stadium liegt schon voll das streitige Verfahren vor). In einer WEG-Sache tritt anstelle der Verweisung eine Abgabe nach § 46 WEG, § 281 Anh II. Vgl im übrigen § 46 a WEG, abgedruckt Grdz 3 vor § 688.

C. Bestimmung des zuständigen Gerichts. Bei unterschiedlichen Gerichtsständen mehrerer Antrags- 27 gegner kann evtl auch schon vor dem Erlaß des Mahnbescheids § 36 I Z 3 anwendbar sein, BGH NJW **78**, 1982, BayObLG Rpfleger **80**, 436, Düss Rpfleger **78**, 184, aM BGH NJW **78**, 321 (vgl aber § 36 Rn 5 „Mahnverfahren"). Dasselbe kann infrage kommen, wenn nach der Abgabe ein Insolvenzverfahren über das Vermögen des Bekl eröffnet wird und der Verwalter nicht aufnimmt, BayObLG **85**, 315.

D. Unterbleiben einer Verweisung. Keine Verweisung erfolgt, wenn das Gericht des V bereits sachlich 28 und örtlich zuständig ist. § 35 ist also unanwendbar. Denn der Antragsteller hätte ja im Wahlgerichtsstand klagen können, § 690 Rn 11, BGH NJW **93**, 1273, BayObLG MDR **02**, 661, Brdb NJW **04**, 781, aM in Wahrheit Ffm MDR **04**, 832. Zu den Folgen einer etwa wirksamen und dann auch für V maßgeblichen Gerichtsstandsvereinbarung BGH NJW **93**, 2810, Düss OLGZ **89**, 203, Stgt AnwBl **82**, 385. Auch §§ 38 ff sind ab Rechtshängigkeit unanwendbar, Rn 13.

E. Kostenfolgen einer Verweisung. Nach einer Verweisung muß dasjenige Gericht die Gesamtkosten 29 des Prozesses berechnen usw, an das der Prozeß nun gekommen ist. Das gilt also einschließlich der im Mahnverfahren entstandenen Kosten, Düss OLGZ **89**, 202, aM Hamm AnwBl **82**, 78 (aber § 281 III 1 gilt uneingeschränkt). Wenn eine Verweisung an ein objektiv ausschließlich zuständiges Gericht erfolgt, dann werden diejenigen Mehrkosten, die durch die Einschaltung des unzuständigen Gerichts entstanden, jetzt ebenso nach § 281 III 2 dem in der Hauptsache Siegenden auferlegt. Wegen der Erstattungsfähigkeit § 91 Rn 116–118.

F. Verstoß. Er kann bei Willkür im Sinn von § 281 Rn 31 eine Bindungswirkung entfallen lassen, BGH 30 NJW **93**, 1273, BayObLG **93**, 318, Schlesw RR **01**, 646.

697

Einleitung des Streitverfahrens. [I] [1] Die Geschäftsstelle des Gerichts, an das die Streitsache abgegeben wird, hat dem Antragsteller unverzüglich aufzugeben, seinen Anspruch binnen zwei Wochen in einer der Klageschrift entsprechenden Form zu begründen. [2] § 270 Satz 2 gilt entsprechend.

[II] [1] Bei Eingang der Anspruchsbegründung ist wie nach Eingang einer Klage weiter zu verfahren. [2] Zur schriftlichen Klageerwiderung im Vorverfahren nach § 276 kann auch eine mit der Zustellung der Anspruchsbegründung beginnende Frist gesetzt werden.

§ 697

III [1] Geht die Anspruchsbegründung nicht rechtzeitig ein, so wird bis zu ihrem Eingang Termin zur mündlichen Verhandlung nur auf Antrag des Antragsgegners bestimmt. [2] Mit der Terminsbestimmung setzt der Vorsitzende dem Antragsteller eine Frist zur Begründung des Anspruchs; § 296 Abs. 1, 4 gilt entsprechend.

IV [1] Der Antragsgegner kann den Widerspruch bis zum Beginn seiner mündlichen Verhandlung zur Hauptsache zurücknehmen, jedoch nicht nach Erlass eines Versäumnisurteils gegen ihn. [2] Die Zurücknahme kann zu Protokoll der Geschäftsstelle erklärt werden.

V [1] Zur Herstellung eines Urteils in abgekürzter Form nach § 313 b Abs. 2, § 317 Abs. 6 kann der Mahnbescheid an Stelle der Klageschrift benutzt werden. [2] Ist das Mahnverfahren maschinell bearbeitet worden, so tritt an die Stelle der Klageschrift der maschinell erstellte Aktenausdruck.

Vorbem. V 1 redaktionell geändert dch Art 1 Z 5 a G v 18. 8. 05, BGBl 2477, in Kraft seit 27. 8. 05, Art 3 S 2 G, ÜbergangsR Einl III 78.

Schrifttum: *Ritter-Schmidt,* Die Zulässigkeit eines Versäumnisurteils im schriftlichen Vorverfahren nach vorangegangenem Mahnverfahren usw, Diss Marbg 1989.

Gliederung

1) Systematik, I–V 1	8) Vorverfahren, III 14–17
2) Regelungszweck, I–V 2	A. Frist zur Klagerwiderung 14, 15
3) Geltungsbereich, I–V 3	B. Mitteilung an Kläger 16
4) Notwendigkeit einer Anspruchsbegründung, I 4	C. Stellungnahme zur Klagerwiderung .. 17
5) Verfahren der Aufforderung zur Begründung, I 5–8	9) Kein Eingang einer Anspruchsbegründung, III 18–21
A. Aufforderung 5–7	A. Termin nur auf Antrag des Beklagten, III 1 18
B. Unanwendbarkeit des § 296 I ... 8	B. Nach Antrag: Terminbestimmung nebst Begründungsfrist, III 2 19
6) Keine Aufforderung zur Anwaltsbestellung usw durch die Geschäftsstelle des Prozeßgerichts, I 9	C. Nach Fristablauf: Zurückweisung wegen Verspätung, III 2 20
7) Verfahren nach Eingang der Begründung, II 10–13	D. Kein Eingang bis Verhandlungsschluß: Abweisung als unzulässig 21
A. Verfahrensart: Ermessen des Vorsitzenden 10	10) Widerspruchsrücknahme, IV 22–24
	A. Zulässigkeitszeitraum 22
B. Weiterer Verfahrensablauf 11	B. Rücknahmeerklärung 23
C. Einlassungsfrist 12	C. Rücknahmewirkung 24
D. Aufforderung zur etwaigen Anwaltsbestellung; Anerkenntnis- oder Versäumnisurteil 13	11) Abgekürztes Urteil, V 25

1 **1) Systematik, I–V.** Während § 696 das Verfahren von dem Eingang des Widerspruchs bis zur Abgabe, die folgende Zuständigkeitsprüfung und evtl eine Verweisung regelt, dort Rn 1, enthält § 697 das übrige Verfahren vom Akteneingang bei demjenigen Gericht, an das die Sache abgegeben wurde, für das streitige Verfahren bis zum Erlaß seines Urteils. Die Vorschrift ergibt freilich nur die Regeln, in denen dieser Teil des Verfahrens von demjenigen der §§ 271 ff abweicht, beim AG in Verbindung mit §§ 495 ff. Außerdem regelt IV die Rücknahme des Widerspruchs, und zwar auch vor einem Akteneingang bei demjenigen Gericht, an das die Sache abgegeben wurde. I bis III gelten entsprechend, wenn das Gericht, an das abgegeben wurde, die Sache ohne eine mündliche Verhandlung verwiesen hat oder wenn eine Weiterverweisung ohne eine mündliche Verhandlung erfolgte, § 696 Rn 26.

2 **2) Regelungszweck, I–V.** Vgl zunächst § 696 Rn 1. Die Vorschrift soll den Übergang in das streitige Verfahren nicht nur formell regeln, sondern auch praktisch erleichtern, zumal sie der Geschäftsstelle erhebliche Aufgaben überträgt. Die Einfädelung des Mahnverfahrens nach einem Widerspruch gegen den Mahnbescheid in das streitige Verfahren erweist sich allerdings als recht kompliziert und zum Teil verunglückt, Rn 5, 10, 14, Büchel NJW **79,** 949. Das gilt insbesondere wegen der Möglichkeit im streitigen Verfahren, zwischen einem frühen ersten Termin und einem schriftlichen Vorverfahren zu wählen. Bei der Auslegung von I–III muß man diesen Zusammenhang stets mitberücksichtigen. Zum Zweck von III vgl Rn 18.

3 **3) Geltungsbereich, I–V.** Die Vorschrift gilt in allen Verfahren nach der ZPO. Im arbeitsgerichtlichen Verfahren gilt § 46 a IV–VI ArbGG, in einer SGG-Sache gilt § 182 a I 3, II 1 SGG, in einer WEG-Sache gilt § 46 a WEG, alles abgedruckt Grdz 3 vor § 688.

4 **4) Notwendigkeit einer Anspruchsbegründung, I.** Im Mahnverfahren findet eine Schlüssigkeitsprüfung nicht statt, § 690 Rn 7. Daher braucht der Antrag auf Erlaß des Mahnbescheids keine Anspruchsbegründung zu enthalten. Eine Individualisierung genügt, § 690 Rn 6. Freilich darf der Antragsteller schon im Mahnverfahren von sich aus eine Anspruchsbegründung einreichen, Düss MDR **83,** 942. Das gilt auch schon vor einer Fristsetzung nach I 1 oder durch den Richter und vor einer Abgabe an das Streitgericht, BGH **84,** 139. Die Anspruchsbegründung gegenüber dem AG als Streitgericht kann schriftlich, elektronisch oder zu Protokoll der Geschäftsstelle des AG erfolgen, § 496, also auch vor jedem anderen AG, § 129 a I (wegen der Fristwahrung § 129 a II). Insoweit braucht auch kein dort zugelassener bzw postulationsfähiger Anwalt zur Anspruchsbegründung tätig zu werden, BGH **84,** 139, aM Düss MDR **83,** 942, aM Zinke NJW **83,** 1087 (wegen der Einreichung nach der Abgabe Rn 11. Aber die Anspruchsbegründung unterliegt vor dem AG keinen anderen Regeln als eine Klagebegründung.

Buch 7. Mahnverfahren § 697

Soweit das LG als Gericht des streitigen Verfahrens zuständig wird, bleibt eine im Mahnverfahren eingereichte Anspruchsbegründung wirksam, BGH **84**, 139. Der ProzBev darf und muß mangels eigener Begründung auf eine Anspruchsbegründung der Partei Bezug nehmen, BGH **84**, 139 Karlsr NJW **88**, 2806, Schlesw MDR **88**, 151, aM Zinke NJW **83**, 1087 (aber das Mahnverfahren darf noch nachwirken).

Der Kläger muß die Anspruchsbegründung notfalls beim Übergang in das streitige Verfahren *nachholen*, Schmidt NJW **82**, 812. Das gilt mit Rücksicht auf das System der §§ 272 ff, beim AG in Verbindung mit §§ 495 ff, schon vor der mündlichen Verhandlung. Im übrigen muß das Gericht erkennen können, ob ein früher erster Termin oder ein schriftliches Vorverfahren ratsam ist, § 272 II. Dazu sind in der Regel mehr Angaben als diejenigen im Antrag auf Erlaß des Mahnbescheids notwendig.

Die Anspruchsbegründung muß die Anforderungen an eine Klageschrift erfüllen. Sie muß daher auch einen *Sachantrag* enthalten, § 253 II Z 2, Schuster MDR **79**, 724, StJSchl 2, ThP 4, aM Eibner NJW **80**, 2296, MüKoHo 6, ZöV 2 (es genüge eine Bezugnahme auf den Mahnantrag. Aber gerade in diesem Kernbereich der Bestimmung des Streitgegenstands ist zur völligen Verständlichkeit aus sich heraus unentbehrlich. Das gilt trotz vielfacher Laxheiten der Praxis. Notfalls sollte das Gericht nach § 139 klären und für eine einwandfreie Antragsform zu Protokoll sorgen).

Man kann und muß auch evtl jetzt den Antrag auf eine Verhandlung vor der Kammer für Handelssachen nachholen, § 96 GVG Rn 3, Düss RR **88**, 1472, Nürnb Rpfleger **95**, 369, Schäfer NJW **85**, 299. Man darf auch die Klage *erweitern oder ändern*.

5) Verfahren der Aufforderung zur Begründung, I. Es erfolgt oft zu nachlässig. 5

A. Aufforderung. Das Gericht muß evtl den Antragsteller auffordern, den Anspruch nach Rn 4 zu begründen, I 1. Das gilt auch dann, wenn der Antrags*gegner* die Abgabe nach § 696 I 1 beantragt hatte. Das gilt ferner auch dann, wenn der Antragsteller schon eine Anspruchsbegründung beim Mahngericht eingereicht hatte, Karlsr NJW **88**, 2806, Schlesw MDR **88**, 151, Schmidt NJW **82**, 812, aM Köln NJW **82**, 2265, ThP 2, 3 (aber I 1 ist nach Wortlaut und Sinn eindeutig, Einl III 39, und läßt sich überdies mit § 139 vereinbaren).

Die Aufforderung lautet *inhaltlich* dahin, den Anspruch binnen 2 Wochen seit der Zustellung in einer dem 6 § 253 und daher einer Klageschrift entsprechenden Form zu begründen. Die Wiedergabe des Gesetzestextes reicht aus. Mehr ist auch kaum ratsam. Der Antragsteller mag sich darüber informieren, was zu einer ordnungsgemäßen Klagebegründung gehört.

Für diese Aufforderung ist der *Urkundsbeamte* der Geschäftsstelle des Prozeßgerichts zuständig, § 153 7 GVG. Er wird ohne vorherige Vorlage der Akten beim Vorsitzenden tätig. Dieser Urkundsbeamte muß die Aufforderung unverzüglich nach dem Eingang der Akten absenden, also ohne eine vorwerfbare Verzögerung, § 216 Rn 16. Bei mehreren Antragstellern muß er jeden auffordern. Hat sich für einen Antragsteller ein ProzBev nach § 172 gemeldet, muß der Urkundsbeamte des Prozeßgerichts diesen nur dann auffordern, wenn es sich entweder nach § 88 II um einen Anwalt handelt oder wenn bereits eine Prozeßvollmacht vorliegt, § 88 I. Denn die Vollmachtserleichterung des § 703 endet mit dem Eingang der Akten, § 703 Rn 1. Nur wenn der Urkundsbeamte der Geschäftsstelle des Prozeßgerichts handgreifliche Bedenken gegen die Zuständigkeit seines Gerichts hat oder wenn der Vorsitzende ihn angewiesen hat, muß dieser Urkundsbeamte vor der Aufforderung die Akten dem Vorsitzenden vorlegen. Der Rpfl bzw der etwa nach Grdz 4 vor § 688 nur für das Mahnverfahren landesrechtlich bestellt gewesene Urkundsbeamte des Mahngerichts ist keineswegs mehr zuständig. Denn das Mahnverfahren ist bereits beendet.

Der Urkundsbeamte des Prozeßgerichts muß die Aufforderung zur Anspruchsbegründung mit vollen Namen *unterschreiben*, § 329 Rn 8, 11. Er kann sodann eine Ausfertigung oder beglaubigte Abschrift dem Antragsteller von Amts wegen formlos übersenden. Das gilt unabhängig davon, ob die Aufforderung als Verfügung oder Beschluß ergeht. Zwar gilt an sich § 329 II entsprechend. Der Fristablauf muß schon wegen II in Verbindung mit §§ 282, 296 II feststehen, Hbg NJW **86**, 1347, Köln FamRZ **86**, 928, aM BGH VersR **82**, 346, Nürnb RR **00**, 446, ZöV 4 (je: ein Verstoß gegen I sei nicht durch § 296 II zu ahnden. Aber § 296 II erfaßt mit seiner Auffangfunktion diesen Fall sehr wohl). I 2 macht aber auch bei formloser Übersendung die Fristberechnung schon anhand der Ab-Vermerks der Geschäftsstelle des Prozeßgerichts wegen Verweisung auf § 270 S 2 möglich. Eine Fristverlängerung ist auch bei erheblichem Grund unstatthaft. Denn sie ist gesetzlich nicht „besonders bestimmt", § 224 II Hs 2. Erst die formlose Übersendung macht die Prozeßhandlung wirksam und beendet die Hemmung der Verjährung, BGH RR **98**, 954.

B. Unanwendbarkeit des § 296 I. Dagegen ist § 296 I in *diesem* Stadium noch unanwendbar, also bei 8 einer Überschreitung der vom Urkundsbeamten des Prozeßgerichts nach I gesetzten Frist, § 296 Rn 32, BGH NJW **82**, 1533, Nürnb RR **00**, 445, Schlesw NJW **86**, 856, aM Kramer NJW **78**, 1414, Mischke NJW **81**, 565 (aber § 296 I ist mit seiner abschließenden Aufzählung eng auslegbar). Im arbeitsgerichtlichen Verfahren gilt § 46 a ArbGG, in einer WEG-Sache gilt § 46 a WEG, in einer SGG-Sache § 182 a SGG, alle abgedruckt Grdz 3 vor § 688.

6) Keine Aufforderung zur Anwaltsbestellung usw durch die Geschäftsstelle des Prozeßgerichts, 9 **I.** Eine Aufforderung beim LG, einen bei diesem Gericht zugelassenen Anwalt zu bestellen, erfolgt nicht mehr. Denn dort ist jeder Anwalt postulationsfähig.

7) Verfahren nach Eingang der Begründung, II. Es ist kompliziert genug. 10

A. Verfahrensart: Ermessen des Vorsitzenden. Nach dem Eingang der Anspruchsbegründung legt der Urkundsbeamte des Prozeßgerichts die Akten dem Vorsitzenden vor. Dieser verfährt nunmehr ebenso wie nach der Vorlage einer Klageschrift, II 1. Er prüft also nach § 272 II, ob er einen frühen ersten Termin oder das schriftliche Vorverfahren will, Düss RR **88**, 1472. Es liegt zwar grundsätzlich in seinem Ermessen, ob er nocht zuwartet, Karlsr MDR **88**, 682, Schlesw NJW **86**, 856. Dieses Ermessen ist aber durch die bei der Wahl des Verfahrens mit frühem ersten Termin entstehende Pflicht zur unverzüglichen Terminsanberaumung nach § 216 II begrenzt. Wegen der Verzögerungsgefahr des Vorverfahrens krit Geffert NJW **78**, 1418.

§ 697

11 B. Weiterer Verfahrensablauf. Nur bei der Wahl eines frühen ersten Termins muß der Vorsitzende unverzüglich einen Verhandlungstermin bestimmen, II 1, § 216 II. Das weitere Verfahren verläuft dann nach §§ 272 III–275 usw. Da grundsätzlich erst jetzt eine der Klageschrift entsprechende Schrift des Klägers vorliegt, muß das Gericht jetzt § 271 auch gegenüber dem Bekl beachten. Die Bezugnahme eines beim Prozeßgericht postulationsfähigen Anwalts auf eine von der Partei nach der Abgabe eingereichte Anspruchsbegründung reicht (jetzt) aus, BGH **84**, 139, Düss MDR **83**, 943. Das Prozeßgericht stellt Anspruchsbegründung also von Amts wegen dem Bekl zu, § 270 S 1, bzw seinem ProzBev, § 172. Das ist meist derjenige Anwalt, der den Antragsgegner des Mahnverfahrens vertreten hatte.

Bei einer *Auslandszustellung* gelten im Bereich des AVAG dessen eigene Regeln, SchlAnh V E. Denn § 688 III in Verbindung mit § 34 III AVAG erwähnen auch diese Vorschriften. Diese Verweisung erhält ihren Sinn gerade erst im streitigen Verfahren nach Widerspruch und Abgabe. Es bleibt also mangels Benennung eines Zustellungsbevollmächtigten die Zustellung durch Aufgabe zur Post zulässig. Außerdem können für das streitige Verfahren nach bloßem Mahnbescheid keine strengeren Regeln gelten als für dasjenige nach immerhin einem Vollstreckungsbescheid. Dann ist ohnehin nach § 4 I 2 AVAG das Zustellungsverfahren durch Aufgabe zur Post zulässig.

12 C. Einlassungsfrist. Die Einlassungsfrist nach § 274 III läuft schon seit der Zustellung des Mahnbescheids, nicht erst seit der Zustellung der Anspruchsbegründung, obwohl diese einer Klageschrift im übrigen gleichsteht. Denn sonst wäre beim Ausbleiben der ja auch nach I, II nicht erzwingbaren Anspruchsbegründung überhaupt kein Beginn einer Einlassungsfrist und daher überhaupt kein Termin und zB kein Versäumnisurteil gegen den Bekl zulässig, auch nicht auf Antrag des Bekl nach III 1.

13 D. Aufforderung zur etwaigen Anwaltsbestellung: Anerkenntnis- oder Versäumnisurteil. Das LG muß den Bekl dazu auffordern, einen Anwalt zu bestellen, II 1 in Verbindung mit § 271 II. Zwar hat der Antragsgegner Widerspruch eingelegt. Aber damit ist noch nicht eindeutig gesagt worden, ob er sich auch im etwaigen streitigen Verfahren endgültig gegen den Anspruch wehren wolle, solange er nicht von sich aus einen Antrag auf die Durchführung dieses streitigen Verfahrens nach § 696 I gestellt hatte, sondern einen solchen Wunsch des Antragstellers abgewartet hat. Das Gesetz geht davon aus, daß die Anzeige der Verteidigungsabsicht bereits durch die Einreichung eines Widerspruchs gegen den Mahnbescheid ausreichend erkennbar ist, Düss OLGR **00**, 360. Daher gibt es auch eine Frist wie bei § 276 I 1. Denn II 1, 2 verweisen anders als § 700 IV 2 auf den § 276 insgesamt.

Daher ist eine *Belehrung* über die Folgen der Versäumung der 2-Wochen-Frist zur Verteidigungsanzeige notwendig, II 1 in Verbindung mit § 276 II, und dazu, daß der Widerspruch noch keine Verteidigungsanzeige war, Hansens NJW **91**, 960, Holch NJW **91**, 3178, ZöV 9, aM Düss OLGR **00**, 360. Im Anwaltsprozeß muß der Verteidigungsanzeige anwaltlich erfolgen. Es gibt auch bei entsprechender Anerkenntnisurteil nach § 307 II sowie ein echtes oder unechtes Versäumnisurteil nach § 331 III und ferner beim LG auch eine Aufforderung nach § 271 II. Im arbeitsgerichtlichen Verfahren gilt § 46 a IV 1–3 ArbGG, in einer WEG-Sache gilt § 46 a WEG, beide abgedruckt Grdz 3 vor § 688.

14 8) Vorverfahren, III. Es ähnelt dem Vorverfahren nach Klage.

A. Frist zur Klagerwiderung. Der Vorsitzende muß dann, wenn er nicht sogleich einen frühen ersten Termin bestimmt, sondern das schriftliche Vorverfahren wählt, dem Bekl (das Gesetz spricht auch hier systemwidrig noch vom Antragsgegner) ferner nach II 1 in Verbindung mit § 276 I 2 eine Frist von mindestens 2 Wochen zur Abgabe einer schriftlichen Klagerwiderung setzen. Diese Frist ist also diejenige des § 276 I 2, nicht etwa diejenige des § 276 I 1, Rn 13, Geffert NJW **80**, 2820. Es besteht im übrigen insofern eine Abweichung von § 276 I 2, als dort die Frist stets erst mit dem Ablauf der ja auch bei § 697 notwendigen Frist zur Verteidigungsanzeige beginnt, während die Frist hier nach II 2 auch schon mit der Zustellung der Anspruchsbegründung beginnen „kann", wenn der Vorsitzende das so verfügt und dem Bekl mitteilt, also zugleich mit der Frist nach § 276 I 1. Der Grund liegt darin, daß man evtl im Widerspruch bereits eine ausreichende Klagerwiderung sehen kann.

15 Die *Bemessung* der Frist, die keine Notfrist nach § 224 I 2 ist, sowie ihre Anordnung usw erfolgen wie bei § 276 Rn 9–11. Nur gibt es eben keine „weitere" Frist wie dort. Zweibr VersR **79**, 143 hält 2 Wochen bei einem Antragsgegner, der sich mit seinem Versicherer abstimmen muß, für zu kurz. Köln NJW **80**, 2422 verlangt eine nachprüfbare Berücksichtigung der Fallumstände bei der Bemessung der Frist. Eine zu kurze Frist kann zur Unanwendbarkeit des § 296 I führen, Köln NJW **80**, 2422. Die Frist beginnt nur dann zu laufen, wenn eine formell ordnungsgemäße Anspruchsbegründung vorliegt, Düss MDR **83**, 942, Karlsr NJW **88**, 2806, Schlesw MDR **88**, 151. Zu ihr gehört eine Unterschrift des in einer beliebigen Amts- oder Landgericht zugelassenen Anwalts, Karlsr MDR **88**, 682. Die Frist beginnt ferner erst dann zu laufen, wenn der Urkundsbeamte eine beglaubigte Abschrift der mit dem vollen Namen des Vorsitzenden oder des sonst zuständigen Richters und nicht nur mit einer sog Paraphe unterzeichneten Fristverfügung förmlich dem Bekl zugestellt hat, § 329 Rn 9, 11, BGH JZ **81**, 351.

Eine *Belehrung* über die Folgen einer Versäumung der Klagerwiderungsfrist ist erforderlich, Rn 13. Eine etwaige unrichtige Belehrung kann zu einer Entschuldigung wegen einer Fristversäumung ausreichen, BGH **86**, 225.

16 B. Mitteilung an Kläger. Eine Mitteilung an den Kläger von der Anordnung zur Einreichung einer Klagerwiderung und einer Frist erfolgt von Amts wegen, II 1 in Verbindung mit § 276 I 1 Hs 2. Sie erfolgt zugleich mit der Hinausgabe der Anordnung nach Rn 14, 15. Der Kläger muß sich also nach dem Tag des Fristablaufs evtl erkundigen. Denn dieser Tag steht erst bei der Rückkehr der Zustellungsurkunde vom Bekl fest. Wenn der Vorsitzende einen frühen ersten Termin wählt, dann verläuft das weitere Verfahren wie sonst. Der Vorsitzende trifft also evtl Maßnahmen nach §§ 273, 275, 358 a. Im übrigen bestimmt er einen Termin nach II in Verbindung mit § 272 II Hs 1.

17 C. Stellungnahme zur Klagerwiderung. Nach dem Eingang einer Klagerwiderung fordert der Vorsitzende evtl den Kläger dazu auf, auf die Klagerwiderung eine Stellungnahme abzugeben, § 276 III in

Verbindung mit § 277 IV. Für den Inhalt der Klagerwiderung bzw für die Stellungnahme auf diese gilt § 277 I. Wegen Zulässigkeitsrügen vgl § 282 III 2. Wegen verspäteter Angriffs- und Verteidigungsmittel nach Einl III 70 ist § 296 I anwendbar. Denn II 1 sieht in Verbindung mit § 276 III eine förmliche Frist vor.

9) Kein Eingang einer Anspruchsbegründung, III. Es gelten abschließende harte Regeln. **18**

A. Termin nur auf Antrag des Beklagten, III 1. Solange der Kläger keine Anspruchsbegründung von sich aus oder nach Fristsetzung zunächst durch die Geschäftsstelle des Prozeßgerichts, sodann evtl freiwillig durch den Vorsitzenden einreicht, also den Prozeß nicht weiter betreibt, AG Bln-Tiergarten RR 93, 1402, beraumt dieser letztere einen frühen ersten Termin oder gar einen Haupttermin nicht von Amts wegen an. Er wartet vielmehr ab, ob der Bekl einen Terminsantrag stellt, BGH MDR **95**, 1059, Nürnb MDR **99**, 1151, Eith MDR **96**, 1099. Dieser Antrag ist kein Sach-, sondern ein Prozeßantrag, § 297 Rn 1, 5, Karlsr MDR **93**, 1246. Sinn der Bestimmung ist: Der Kläger wie der Bekl mögen ein Interesse daran haben, zB in außergerichtlichen Vergleichsverhandlungen nicht durch einen zu raschen Termin gestört zu werden. Außerdem soll der Bekl mit der Beauftragung eines ProzBev warten können, Hamm MDR **94**, 106, Karlsr MDR **93**, 1246. Wenn aber der Kläger trödelt, soll der in den Prozeß gezogene Bekl durch einen Termin eine Entscheidung erreichen können, Hamm MDR **94**, 106.

Deshalb braucht der Vorsitzende *nicht anzufragen*, ob ein Termin gewünscht wird, und keine der Parteien zu belehren. Er darf auch nicht einfach einen stillschweigenden Terminsantrag unterstellen, auch nicht aus einer vorsorglichen Klagerwiderung nebst Abweisungsantrag. Er läßt mangels Anspruchsbegründung nach dem Fristablauf die Akten zunächst wegliegen, BGH **134**, 390, Hamm MDR **94**, 106 (die kann auch zum Ende der Hemmung der Verjährung führen), Liermann MDR **98**, 257 (je zum alten Recht). Für den Terminsantrag des Bekl besteht keine Ausschlußfrist. Ein ohne jeden Grund erst nach Jahr und Tag gestellter Antrag mag als Verstoß gegen Treu und Glauben, Einl III 54.

B. Nach Antrag: Terminsbestimmung nebst Begründungsfrist, III 2. Sobald entweder doch noch **19** die Anspruchsbegründung verspätet oder ein Terminsantrag des Bekl und nicht nur ein solcher des Klägers ohne Anspruchsbegründung eingegangen ist, setzt der Vorsitzende je nach der Wahl des Verfahrens nach II einen Termin unverzüglich an, § 216 II. Zugleich muß er dem Antragsteller dann, wenn dieser noch keine Anspruchsbegründung eingereicht hat, nochmals eine Frist zur Begründung des Anspruchs setzen, Hs 1. Die Frist ist eine richterliche, Üb 10 vor § 214. Die Geschäftsstelle muß die Fristsetzung nach § 329 II 2 förmlich zustellen, Karlsr MDR **93**, 1246. Wegen einer Änderung §§ 224, 225.

C. Nach Fristablauf: Zurückweisung wegen Verspätung, III 2. Nach dem Ablauf einer ordnungsge- **20** mäß bestimmten und mitgeteilten Frist muß das Gericht eine erst nach Fristablauf eingegangene Anspruchsbegründung nach Hs 2 in Verbindung mit § 296 I, IV beurteilen, Nürnb RR **00**, 446. Es muß sie also nach den dortigen Regeln evtl von Amts wegen als verspätet zurückweisen, es sei denn, daß die Erledigung des Rechtsstreits trotz Berücksichtigung der verspäteten Anspruchsbegründung nicht verzögert würde oder daß der Kläger die Verspätung genügend entschuldigt und den Entschuldigungsgrund auf Verlangen des Gerichts nach § 294 glaubhaft machen kann. Eine Zurückweisung wegen Verspätung setzt eine ordnungsgemäß erfolgte Belehrung nach Hs 2 in Verbindung mit § 277 II, IV voraus, § 277 Rn 7.

D. Kein Eingang bis Verhandlungsschluß: Abweisung als unzulässig. Geht bis zum Verhandlungs- **21** schluß nach §§ 136 IV, 296a keine Anspruchsbegründung ein, kann und muß das Gericht die Klage als unzulässig abweisen. Denn es fehlt die Prozeßvoraussetzung, Grdz 12 vor § 253, § 697 II 1 (gilt entsprechend auch schon vor dem Eingang), Mü RR **89**, 1405, LG Gießen RR **95**, 62, StJSchl 2, aM MüKoHo 26, RoSGo § 164 III 5 f, ZöV 10 (Abweisung als unbegründet. Aber auch das völlige Fehlen einer Klagebegründung führt zur Abweisung als unzulässig, § 253 Rn 14, 15. Auch die Rechtshängigkeit ändert nichts. Andernfalls wäre keine rechtshängige Klage unzulässig).

10) Widerspruchsrücknahme, IV. Sie wird zu wenig angeregt. **22**

A. Zulässigkeitszeitraum. Man darf eine Rücknahme des Widerspruchs nicht mit der Rücknahme des Antrags auf die Durchführung des streitigen Verfahrens verwechseln, § 696 Rn 17. Die Rücknahme des Widerspruchs ist ab Widerspruchseinlegung nach § 694 Rn 1, auch nach einer Klagerweiterung, LG Gießen MDR **04**, 113, bis zum Beginn der mündlichen Verhandlung des Bekl zur Hauptsache zulässig, § 696 Rn 19. Die Rücknahme ist jedoch nicht mehr nach dem Erlaß eines Versäumnisurteils gegen den Bekl zulässig, IV 1 Hs 2. Denn sonst könnte der Bekl den Vollstreckungstitel unterlaufen. Erlassen ist das Versäumnisurteil mit seiner Verkündung nach § 310 I 1 oder mit der Zustellung im Fall der §§ 331 III, 310 III. Im Verfahren nach § 182 SGG, abgedruckt Grdz 3 vor § 688, ist die Rücknahme nur bis zur Abgabe in das streitige Verfahren zulässig, § 182 a I 3 SGG.

B. Rücknahmerklärung. Man kann die Widerspruchsrücknahme auch zu Protokoll der Geschäftsstelle **23** erklären, IV 2, und zwar jedes AG, § 129 a I. Es verfährt nach § 129 a II. Wegen der Einzelheiten gilt § 696 Rn 19 entsprechend. Die Rücknahme ist also auch schriftlich oder elektronisch oder im Verhandlungstermin gegenüber dem LG ohne Anwaltszwang möglich, (jetzt) § 78 V Hs 2, Büchel NJW **79**, 950, Hornung Rpfleger **78**, 430. Ein Vordruckzwang besteht bis zur etwaigen auch diesbezüglichen Vordruckeinführung nicht. Ein ProzBev muß seine Vollmacht wie sonst grundsätzlich nachweisen, soweit er nicht Anwalt ist (dann gilt § 88 II). Denn § 703 gilt nicht mehr im streitigen Verfahren. Das Gericht teilt die Rücknahme wegen Rn 24 dem Antragsteller mit.

C. Rücknahmewirkung. Wenn die Rücknahme des Widerspruchs unter den Voraussetzungen KV **24** 1202a erfolgt, ermäßigt sich die Verfahrensgebühr KV 1210 auf 1,0, KV 1211 amtliche Anmerkung S 1. Eine Folge der wirksamen Rücknahme des Widerspruchs ist unter anderem: Der Antragsteller kann, evtl erneut, in der Frist des § 701 S 1 den Vollstreckungsbescheid beantragen. Denn das streitige Verfahren ist beendet, seine Rechtshängigkeit entfallen und das Mahnverfahren wieder aufgelebt, Hamm AnwBl **89**, 247, Kblz AnwBl **89**, 296, Fischer MDR **94**, 124. Soweit im streitigen Verfahren eine Forderung bestehenbleibt, wegen einer Klagerweiterung, tritt eine Aufspaltung bzw Trennung ein, aM LG

§§ 697–699   Buch 7. Mahnverfahren

Hann JB **84**, 297, Fischer MDR **94**, 124, ZöV 11 (keine Rücknahme möglich. Aber Trennung ist auch sonst eine oft eintretende Folge). Die Trennung gilt dann auch gebührenrechtlich, Hamm AnwBl **89**, 247. Den Vollstreckungsbescheid erläßt der Rpfl bzw der etwa nach Grdz 4 vor § 688 landesrechtlich bestellte Urkundsbeamte der Geschäftsstelle desjenigen Gerichts, an das der Rechtsstreit abgegeben, verwiesen oder weiterverwiesen worden ist, § 699 Rn 13, Ffm Rpfleger **90**, 201, LG Gießen MDR **04**, 113, Hartmann NJW **78**, 612.

25 **11) Abgekürztes Urteil V.** Ein abgekürztes Urteil ist nach § 313 b II zulässig. Seine Ausfertigung erfolgt nach § 317 VI. Dabei ist der Mahnbescheid anstelle der Klagschrift benutzbar, V 1. Bei einer maschinellen Bearbeitung nach § 703 b I gibt es ein Urteil auf dem Aktenausdruck, V 2, und eine Ausfertigung unter Benutzung einer beglaubigten Abschrift von ihm.

698 *Abgabe des Verfahrens am selben Gericht.* **Die Vorschriften über die Abgabe des Verfahrens gelten sinngemäß, wenn Mahnverfahren und streitiges Verfahren bei demselben Gericht durchgeführt werden.**

1 **1) Systematik, Regelungszweck.** Wenn dasselbe Amtsgericht sowohl nach § 689 II als auch nach § 690 I Z 5 in Verbindung mit § 692 I Z 1 oder § 703 d II, III örtlich wie sachlich zuständig ist, dann erfolgt zwecks technisch einheitlicher Behandlung sämtlicher Arten von Überleitung in das streitige Verfahren nach § 696 und damit im Interesse der Rechtssicherheit nach Einl III 43 eine Abgabe von der Mahnabteilung an die Abteilung für streitige Verfahren bzw Familiensachen. Bei einer Nämlichkeit der Abteilungen etwa nach §§ 43 I, 46 I 2 WEG, letzterer abgedruckt Grdz 3 vor § 688, erfolgt eine Abgabe von ihrem Rpfl bzw dem etwa landesrechtlich nach Grdz 4 vor § 688 bestellten Urkundsbeamten nach Bearbeitung im Sinne von § 697 I an den Amtsrichter. Wenn der Richter feststellt, daß ein anderes Gericht zuständig ist, erfolgt eine Verweisung oder eine Weiterverweisung wie sonst. Wegen der verschiedenen Fristen usw ist es ratsam, das jeweilige Verfahrensstadium aktenkundig zu machen, auch soweit dies nicht notwendig wäre.

699 *Vollstreckungsbescheid.* **I** ¹ **Auf der Grundlage des Mahnbescheids erlässt das Gericht auf Antrag einen Vollstreckungsbescheid, wenn der Antragsgegner nicht rechtzeitig Widerspruch erhoben hat.** ² **Der Antrag kann nicht vor Ablauf der Widerspruchsfrist gestellt werden; er hat die Erklärung zu enthalten, ob und welche Zahlungen auf den Mahnbescheid geleistet worden sind; § 690 Abs. 3 gilt entsprechend.** ³ **Ist der Rechtsstreit bereits an ein anderes Gericht abgegeben, so erlässt dieses den Vollstreckungsbescheid.**
II Soweit das Mahnverfahren nicht maschinell bearbeitet wird, kann der Vollstreckungsbescheid auf den Mahnbescheid gesetzt werden.
III ¹ **In den Vollstreckungsbescheid sind die bisher entstandenen Kosten des Verfahrens aufzunehmen.** ² **Der Antragsteller braucht die Kosten nur zu berechnen, wenn das Mahnverfahren nicht maschinell bearbeitet wird; im Übrigen genügen die zur maschinellen Berechnung erforderlichen Angaben.**
IV ¹ **Der Vollstreckungsbescheid wird dem Antragsgegner von Amts wegen zugestellt, wenn nicht der Antragsteller die Übermittlung an sich zur Zustellung im Parteibetrieb beantragt hat.** ² **In diesen Fällen wird der Vollstreckungsbescheid dem Antragsteller zur Zustellung übermittelt; die Geschäftsstelle des Gerichts vermittelt diese Zustellung nicht.** ³ **Bewilligt das mit dem Mahnverfahren befasste Gericht die öffentliche Zustellung, so wird die Benachrichtigung nach § 186 Abs. 2 Satz 2 und 3 an die Gerichtstafel des Gerichts angeheftet oder in das Informationssystem des Gerichts eingestellt, das in dem Mahnbescheid gemäß § 692 Abs. 1 Nr. 1 bezeichnet worden ist.**

Vorbem. IV 1–3 geändert dch Art 1 Z 39 a–c JKomG v 22. 3. 05, BGBl 837, in Kraft seit 1. 4. 05, Art. 16 I JKomG, ÜbergangsR Einl III 78.

Gliederung

1) Systematik, I–IV 1	5) Inhalt des Vollstreckungsbescheids, II, III 14–17
2) Regelungszweck, I–IV 2	A. Nämlichkeit usw, II 14
3) Voraussetzungen, I 3–10	B. Kostenaufstellung, III 15
A. Mahnbescheid 3	C. Auslegung 16
B. Ablauf der Widerspruchsfrist 4	D. Unterschrift 17
C. Widerspruchsverzicht; Rücknahme des Widerspruchs 5	6) Zustellung, IV 18–25
D. Antrag 6	A. Amtsbetrieb 18, 19
E. Antragsfrist 7	B. Parteibetrieb: Voraussetzungen ... 20
F. Antragsinhalt 8	C. Parteibetrieb: Verfahren 21
G. Keine Mitteilung des Gegners 9	D. Öffentliche Zustellung 22
H. Teilwiderspruch 10	E. Auslandszustellung 23
4) Zuständigkeit, I 11–13	F. Keine Belehrungspflicht 24
A. Amtsgericht des Mahnverfahrens .. 11	G. Verstoß 25
B. Abgabe 12	7) Rechtsmittel, I–IV 26–28
C. Verweisung 13	A. Gegen Zurückweisung 26, 27
	B. Gegen Erlaß 28

Buch 7. Mahnverfahren **§ 699**

1) Systematik, I–IV. Der Vollstreckungsbescheid steht einem vorläufig vollstreckbaren Versäumnisurteil **1** gleich, § 700 I, BGH NJW **84**, 57. Gegen den Vollstreckungsbescheid ist nur der Einspruch zulässig, § 700 II in Verbindung mit §§ 338 ff. Da auch der Erlaß des Vollstreckungsbescheids noch zum Mahnverfahren zählt, ist der Rpfl funktionell zuständig, § 20 Z 1 RPflG, § 153 GVG Anh, Schäfer NJW **85**, 299, bzw der etwa nach Grdz 4 vor § 688 landesrechtlich bestellte Urkundsbeamte der Geschäftsstelle. Bei welchem Gericht, das hängt von dem bisherigen Verlauf des Mahnverfahrens ab, Rn 11–13. Die Zustellung des Vollstreckungsbescheids ist in IV geregelt.

2) Regelungszweck, I–IV. Erst der Vollstreckungsbescheid gibt dem Antragsteller einen zur Zwangsvoll- **2** streckung geeigneten Titel, § 794 I Z 4, und für alle Beteiligten vom Eintritt der Rechtskraft an eine klare Abgrenzung des ausgeurteilten Anspruchs. Der Vollstreckungsbescheid steht zwar unverändert auf der Grundlage des Mahnbescheids, I. Er existiert aber doch selbständig neben diesem. Der Vollstreckungsbescheid ist also mehr als die bloße Vollstreckbarerklärung des Mahnbescheids, Karlsr Rpfleger **87**, 422, LG Stgt Rpfleger **88**, 534. Deshalb ist der Rpfl bzw der etwa nach Grdz 4 vor § 688 landesrechtlich bestellte Urkundsbeamte der Geschäftsstelle nicht an den Mahnbescheid gebunden, Karlsr Rpfleger **87**, 422. III 1 dient der Vereinfachung und Beschleunigung, KG RR **01**, 58.

Eine *Begründung* ist dem Rpfl bzw dem etwa nach Grdz 4 vor § 688 landesrechtlich bestellten Urkundsbeamten der Geschäftsstelle beim Vollstreckungsbescheid ebensowenig vorgeschrieben wie grundsätzlich dem Richter beim im Inland geltend zu machenden Versäumisurteil. Sie ist aber auch nicht verboten. Sie kommt in der Praxis so gut wie nie vor. Nun stellt der Vollstreckungsbescheid immerhin einen Vollstreckungstitel dar. Den Richter ehrt es, in einem etwas komplizierten Fall der Urteilsformel des Versäumnisurteils „freiwillig" eine gewisse Begründung beizufügen, § 313 b Rn 5 (D). Auch der Rpfl bzw der Urkundsbeamte mag gut daran tun, die Überzeugungskraft seiner gegenüber dem Richter stark eingeschränkten, aber doch auch nicht ganz entbehrlichen Gedankenarbeit zur Zulässigkeit des Vollstreckungsbescheids mit ein paar Sätzen der Begründung zu erhöhen. Das gilt auch und nicht zuletzt zur Kostenscheidung.

3) Voraussetzungen, I. Es müssen die folgenden Voraussetzungen zusammentreffen. **3**

A. Mahnbescheid. Es muß ein wirksamer Mahnbescheid vorliegen, § 692, BGH Rpfleger **89**, 516. Ihn muß also das zuständige Gericht erlassen haben, BGH Rpfleger **89**, 516. Er muß ordnungsgemäß nach § 689 Rn 3 unterschrieben und ordnungsgemäß zugestellt worden sein, § 693.

B. Ablauf der Widerspruchsfrist. Außerdem muß entweder die Widerspruchsfrist fruchtlos abgelaufen **4** sein, § 692 I Z 3. Es darf auch bis zur Herausgabe des Vollstreckungsbescheids nach § 694 Rn 6 kein Widerspruch eingegangen sein, Mü Rpfleger **83**, 288. Dessen Bezeichnung als Einspruch ist unschädlich und umdeutbar, Mü Rpfleger **83**, 288. Daher muß die Hinausgabe des Vollstreckungsbescheids unterbleiben, wenn ein Widerspruch auf der Geschäftsstelle eingeht, bevor der Vollstreckungsbescheid sie verlassen hat. Das gilt unabhängig davon, ob das Mahngericht den Vollstreckungsbescheid von Amts wegen zur Zustellung geben oder dem Antragsteller zur Zustellung im Parteibetrieb übersenden sollte. Zur Streichung ist der Rpfl zuständig, der Urkundsbeamte der Geschäftsstelle nur in den Fällen Grdz 4 vor § 688.

C. Widerspruchsverzicht; Rücknahme des Widerspruchs. Oder der Antragsgegner muß auf den **5** Widerspruch wirksam verzichtet oder seinen Widerspruch wirksam zurückgenommen haben, § 697 IV, Hornung Rpfleger **78**, 430. Auch dann muß das Gericht freilich die Widerspruchsfrist abwarten, Rn 6. Für den Erlaß des Vollstreckungsbescheids ist dasjenige Gericht zuständig, an das der Rechtsstreit abgegeben, verwiesen oder weiterverwiesen worden ist, Rn 11–13, Hartmann NJW **78**, 612.

D. Antrag. Ferner muß stets ein Antrag auf den Erlaß des Vollstreckungsbescheids vorliegen, I 1. Er ist **6** eine Parteiprozeßhandlung, Grdz 47 vor § 128. Ihn kann nur der Mahnantragsteller oder sein Rechtsnachfolger wirksam stellen, § 690. Er kann ihn auch vor der Geschäftsstelle zu Protokoll erklären, § 702 I. Daher besteht kein Anwaltszwang, § 78 V Hs 2. Das gilt auch dann, wenn ein etwaiges streitiges Verfahren dem Anwaltszwang unterliegen würde. Soweit ein Verkehr nach § 703 c eingeführt worden ist, § 1 a der in § 703 c Rn 1 genannten VO, muß der Antragsteller ihn benutzen, § 703 c Rn 3. Die Geschäftsstelle füllt im übrigen einen Vordruck aus bzw ist dabei behilflich. Zuständig zur Entgegennahme ist jedes AG, § 129 a I. Wirksam wird der Antrag erst mit seinem Eingang bei demjenigen Gericht, das für den Erlaß des Vollstreckungsbescheids zuständig ist, § 129 a I 2, LG Brschw Rpfleger **78**, 263, LG Ffm NJW **78**, 767. Ein Bevollmächtigter muß seine Vollmacht versichern, § 703.

Bei einer Einreichung mit *Vordruck* ist ein Protokoll nicht erforderlich, § 702 I 3, wenn man den Antrag bei dem für den Erlaß des Vollstreckungsbescheids zuständigen Gericht stellt. Das Gesetz spricht unklarer von dem für das Mahnverfahren zuständigen Gericht, Rn 13. Eine eigenhändige Unterschrift ist anders als bei § 690 II nicht vom Gesetz ausdrücklich vorgeschrieben, vgl aber den Vordruck, der die Unterschrift fordert, § 703 c II Hs 2. Evtl ist eine maschinell lesbare Aufzeichnung ausreichend, I 2 letzter Hs in Verbindung mit § 690 III, dort Rn 16. Sie bedarf keiner Unterschrift. Eine Antragsrücknahme ist bis zum Erlaß des Vollstreckungsbescheids zulässig, § 329 Rn 26, Fischer MDR **94**, 126 und zwar in derselben Form wie der Antrag. Das Gericht teilt dem Antragsgegner den Antrag nicht gesondert mit, § 702 II.

E. Antragsfrist. Der Antrag ist abweichend vom Antrag auf ein streitiges Verfahren nicht schon zusam- **7** men mit dem Mahnantrag zulässig. Er ist nämlich erst nach dem Ablauf der Widerspruchsfrist zulässig, I 2, § 692 I Z 3, also *frühestens 2 Wochen* nach der Zustellung des Mahnbescheids, über die der Antragsteller nach § 693 III eine Mitteilung erhalten hat. Wenn die Mitteilung falsch war, zählt die aus der Zustellungsurkunde errechenbare wahre Widerspruchsfrist. Der Sinn dieser Regelung besteht darin, daß der Antragsteller abwarten soll, ob der Antragsgegner zahlt. Außerdem sollen alle Beteiligten einschließlich des Gerichts vor einem unnötigen, durch den Vollstreckungsbescheid bedingten Einspruch Schutz erhalten. Deshalb darf der Gläubiger den Antrag auch erst nach dem Ablauf der 2-Wochen-Frist absenden, LG Stade NJW **81**, 2366, MüKoHo 7, aM ThP 4 (Erklärungsdatum), LG Bonn JB **79**, 1719, LG Brschw Rpfleger **78**, 263, LG Ffm NJW **78**, 767 (ausreichend sei der Eingang nach dem Ablauf der Zweiwochenfrist. Aber gerade der Antrag-

§ 699

steller soll die Frist *vor* seinem Entschluß abwarten. Er kann die Frist ja auch wegen § 693 II selbst bequem errechnen).

Deshalb ist auch ein Antrag unbeachtlich, den der Gläubiger *verfrüht* gestellt hatte, zB schon zusammen mit dem Antrag auf den Erlaß des Mahnbescheids. Ihn muß das Gericht zurückweisen, wenn der Gläubiger ihn nicht nach dem Fristablauf wiederholt hat. Die Wiederholung kann allerdings auch durch Bezugnahme auf den früheren Antrag erfolgen, AG Duisb Rpfleger **82**, 230. Die Antragsfrist ist keine Notfrist, § 224 I 2. Sie endet mit der Einlegung eines rechtzeitigen oder verspäteten Widerspruchs nach § 694 Rn 1, 12 oder mit dem Ablauf der 6-Monats-Frist nach § 701 S 1. Sie kann aber neu beginnen, wenn der Antragsgegner den Widerspruch zB wirksam zurücknimmt, § 697 Rn 21–23.

Man kann einen derart verfrühten Antrag auch *keineswegs* in einen „vorsorglichen" aufschiebend bedingten Antrag auf den Erlaß des Vollstreckungsbescheids *umdeuten*. Denn dadurch könnte der Antragsteller den I 2 glatt umgehen. Vielmehr ist eben nach dem Ablauf der 2-Wochen-Frist ein neuer bzw erster vollständiger Antrag auf den Erlaß eines Vollstreckungsbescheids notwendig. Der Antragsteller muß ihn zumindest nach dem Fristablauf wiederholen. Er muß dann eine zusätzliche Erklärung über eine etwaige Zahlung des Antragsgegners abgeben, LG Bielef NJW **79**, 19, LG Darmst NJW **78**, 2205, AG Duisb Rpfleger **82**, 230, strenger LG Frankenth Rpfleger **79**, 72, LG Stade NJW **81**, 2366 (maßgeblich sei der Zeitpunkt der Unterschrift). Das Gericht soll diesen Antrag keineswegs von Amts wegen anfordern oder anregen. Mangels eines Antrags ist vielmehr § 701 anwendbar.

8 **F. Antragsinhalt.** Den Inhalt bestimmt der nach § 702 I 2 verbindliche Vordruck. Der Antrag muß zu dem in Rn 7 genannten Zeitpunkt die Erklärung enthalten, ob und welche Zahlungen der Antragsgegner auf den Mahnbescheid oder zur Erledigung oder zur Zustellung geleistet hat, I 2 Hs 2, LG Stade NJW **81**, 2366, LG Ffm Rpfleger **82**, 295 (zustm Vollkommer), Crevecœur NJW **77**, 1323. Er muß natürlich den Antrag um solche Leistungen ermäßigen, auch zwecks Vermeidung eines Betrugsvorwurfs, Dästner ZRP **74**, 36. Wenn diese Angabe fehlt, kann das Gericht in der Regel dem Antragsteller anheim geben, sie nachzuholen. Wenn das Fehlen der Erklärung endgültig feststeht, muß das Mahngericht den Antrag auf Erlaß des Vollstreckungsbescheids zurückweisen, LG Bielef BB **79**, 19, LG Darmst NJW **78**, 2205 (es weist freilich den Antrag offenbar sogleich zurück). Die Notwendigkeit einer Erledigterklärung entfällt, soweit kein erledigendes Ereignis vorliegt, § 91a Rn 51 „Mahnverfahren". Es kann berechtigt sein, den Antrag auch nach Erlaß der Haupt- und Nebenforderungen wegen der Kosten zu stellen, damit eine Kostenentscheidung zB nach §§ 92, 93 ergehen kann, KG Rpfleger **83**, 162, LG Hagen Rpfleger **90**, 518.

9 **G. Keine Mitteilung an Gegner.** Der Antrag auf den Erlaß des Vollstreckungsbescheids wird dem Antragsgegner nicht mitgeteilt, § 702 II.

10 **H. Teilwiderspruch.** Soweit der Antragsgegner den Widerspruch nach § 694 Rn 1, 695 Rn 11 auf einen abtrennbaren Anspruchsteil beschränkt hat, muß der Antragsteller den Antrag auf den Rest beschränken. Er kann nur im übrigen das streitige Verfahren beantragen, § 696 I 1. Er kann den Antrag auf den Vollstreckungsbescheid von sich aus beschränken. Er kann aber zur Hauptsache nicht mehr fordern, als im Mahnbescheid zugesprochen.

11 **4) Zuständigkeit, I.** Sie hängt vom bisherigen Verlauf des Mahnverfahrens ab, BGH Rpfleger **89**, 516, aber auch davon, in welchem Umfang nach Rn 10 ein streitiges Verfahren jedenfalls zunächst notwendig wird, Kblz Rpfleger **82**, 292.

A. Amtsgericht des Mahnverfahrens. Meist ist dasselbe AG zuständig, das schon den Mahnbescheid zuständigerweise erlassen hat. Ein objektiv unzuständiges AG, das den Mahnbescheid dennoch erlassen hatte, darf nicht schon wegen der irrigen vorhergegangenen Annahme seiner Zuständigkeit nunmehr verweisen, BGH NJW **90**, 1119, Hornung Rpfleger **78**, 430, aM ZöV 11 (aber das Gebot der Prozeßwirtschaftlichkeit nach Grdz 14 vor § 128 gilt auch hier, Hartmann NJW **78**, 611).

12 **B. Abgabe.** Evtl ist dasjenige Gericht zuständig, an das das Mahngericht die Sache nach § 696 I abgegeben hatte, I 3. Dieser Fall ist auch gegeben, wenn das Erscheinungsbild einen Widerspruch ergibt, BGH NJW **98**, 235, aber nicht, wenn eindeutig erkennbar gar kein Widerspruch des Antragsgegners vorliegt, sondern zB allenfalls ein solcher eines Dritten, Mü MDR **88**, 871, ZöV 11, aM ThP 13 (aber dann sollte man prozeßwirtschaftlich vorgehen, Grdz 14 vor § 128).

13 **C. Verweisung.** Evtl ist sogar dasjenige Gericht zuständig, an das die Sache nach § 696 V verwiesen oder weiterverwiesen worden war. Denn es kann zunächst ein Widerspruch eingelegt und ein Antrag auf Durchführung des streitigen Verfahrens gestellt worden sein. Der Antragsteller mag einen Vollstreckungsbescheid erst deshalb verlangt haben, weil inzwischen nach § 697 IV oder der Antrag auf Durchführung des streitigen Verfahrens nach § 696 IV zurückgenommen worden war. Dann bleiben die Akten dort, wo sie zuletzt waren. Der Rpfl jenes AG oder LG bzw der etwa nach Grdz 4 vor § 688 landesrechtlich bestellte Urkundsbeamte der Geschäftsstelle wird dann zum Erlaß des Vollstreckungsbescheids oder zur Abweisung des Antrags zuständig.

Das folgt indirekt aus *IV 4*. Denn diese Vorschrift spricht von dem „mit dem Mahnverfahren befaßten Gericht". Es folgt auch aus § 700 III 1. Jene Bestimmung spricht nämlich von demjenigen Gericht, „das den Vollstreckungsbescheid erlassen hat". Zwar hat der Gesetzgeber den zunächst wegen eines offenbaren Redaktionsversehens nicht eingefügten I 3 dann wiederum auf den Fall der Abgabe beschränkt. Daher müßte bei einer Erstverweisung oder Weiterverweisung das Drittgericht die Akten an dasjenige Gericht zurückleiten, das die Akten bei einer Abgabe empfangen hatte. Das Gesetz soll aber gerade ausdrücklich einen Zeitverlust und Kosten verhindern. Es liegt also offenbar ein erneutes Redaktionsversehen vor, Hartmann NJW **78**, 612. Damit kann also ein LG für den Erlaß eines Vollstreckungsbescheids sachlich *zuständig* werden, Büchel NJW **79**, 948.

14 **5) Inhalt des Vollstreckungsbescheids, II, III.** Der Vollstreckungsbescheid ist eine Entscheidung in der Form eines Beschlusses, § 329. Er braucht diese Bezeichnung nicht ausdrücklich zu tragen. Zur Problematik

Buch 7. Mahnverfahren **§ 699**

beim Partnerschaftsvermittlungsvertrag Börstinghaus MDR **95**, 551 (ausf). Erforderlich sind die folgenden Angaben.

A. Nämlichkeit usw, II. Erforderlich sind alle zur Feststellung der Nämlichkeit der Parteien, Düss MDR **77**, 144 (kein Parteiwechsel), zur Individualisierung des Anspruchs, § 690 Rn 6, zur Durchführung der Zwangsvollstreckung und zur Klärung des Umfangs der Rechtskraft notwendigen Angaben, § 313 Rn 11. Der Vollstreckungsbescheid muß also in der Regel alles das enthalten, was der Antragsteller nach § 690 bereits im Antrag auf Erlaß des Mahnbescheids mitteilen mußte. Der Vollstreckungsbescheid soll dem Mahnbescheid entsprechen, § 692 I 4. Er soll fast das Spiegelbild des Mahnbescheids sein. Bei einer maschinellen Bearbeitung erfolgt durchweg ein vollständiger Ausdruck. Im Fall der Forderungsabtretung ist § 265 entsprechend anwendbar, aM MüKoHo 42 vor § 688, RoSGo § 164 III 6, ZöV 8 vor § 688 (der neue Gläubiger müsse einen neuen Mahnbescheid erwirken. Aber die Prozeßwirtschaftlichkeit erlaubt den einfacheren Weg, Grdz 14 vor § 128).

Bei einer nicht maschinellen Bearbeitung darf der Rpfl bzw der etwa nach Grdz 4 vor § 688 landesrechtlich bestellte Urkundsbeamte der Geschäftsstelle den Vollstreckungsbescheid *auf den Mahnbescheid* setzen, II. Das sieht der amtliche Vordrucksatz aber nicht vor. Da der Vollstreckungsbescheid jetzt aber nach Rn 1 mehr als die bloße Vollstreckbarerklärung des Mahnbescheids ist, muß der Rpfl bzw der Urkundsbeamte auch hier zumindest von Amts wegen nach Grdz 39 vor § 128 prüfen, ob das Mahnbescheid auch wirklich alles Nötige enthält, bevor der Rpfl bzw der Urkundsbeamte lediglich verfügt, der Vollstreckungsbescheid werde nach dem Mahnbescheid erlassen. Mängel in diesem Punkt können zur Zurückweisung zwingen und jedenfalls die Wirksamkeit des trotzdem erlassenen Vollstreckungsbescheids beseitigen. Vgl freilich Rn. 25. Der Rpfl bzw der Urkundsbeamte darf und muß etwa nach dem Mahnbescheid zur Akte gelangte Vorgänge mitbeachten. Karlsr Rpfleger **87**, 422, LG Stgt Rpfleger **85**, 534. Ein fälschlich ergangener Mahnbescheid darf nicht einfach zum ebenso unrichtigen Vollstreckungsbescheid werden, BGH NJW **90**, 1119, Karlsr Rpflger **87**, 422, LG Münst MDR **88**, 682. Der Mahnbescheid darf also nicht nach § 701 wirkungslos geworden sein. Eine unkorrekte Zustellung muß nach § 189 geheilt sein. Eine Berichtigung nach § 319 ist zulässig, Mü Rpfleger **90**, 28.

B. Kostenaufstellung, III. Erforderlich ist ferner eine Kostenaufstellung. Der Antragsteller muß die **15** Kosten nach III 1 immer dann betragsmäßig berechnen, wenn das Mahnverfahren nicht nach III 2 maschinell bearbeitet wird. Der Zinsfuß beträgt 5 Prozentpunkte über dem Basiszinssatz nach §§ 247 BGB, § 104 I 2, dort Rn 24, und zwar ab Erteilung des Vollstreckungsbescheids. Der Antragsteller kann alle seit dem Mahnbescheid angefallenen Kosten einschließlich der etwaigen Anwaltskosten in den Antrag auf den Erlaß des Vollstreckungsbescheids aufnehmen, Ffm Rpfleger **81**, 239, KG RR **01**, 58, Mü MDR **97**, 300, ebenso alle infolge der Rücknahme des Widerspruchs beim Prozeßgericht entstandenen Kosten. Neben der Festsetzung nach III ist grundsätzlich ein besonderes Kostenfestsetzungsverfahren nach § 104 unzulässig. Denn es ist gerade der Zweck des III, ein weiteres Festsetzungsverfahren zu erübrigen, BGH NJW **91**, 2084 ([jetzt] § 11 RVG nicht anwendbar), Ffm Rpfleger **81**, 239, Kblz Rpfleger **85**, 369. Indessen kann eine Ergänzung in Betracht kommen, § 104 Rn 40, Kblz Rpfleger **85**, 369, Mü Rpfleger **97**, 172, LG Würzb JB **85**, 1253, aM BayObLG MDR **05**, 769, LG Bln Rpfleger **96**, 928, LG Fulda RR **99**, 222 (aber diese Vorschriften gelten in den obigen Grenzen uneingeschränkt bei jeder Kostenfestsetzung). Für spätere Vollstreckungskosten gilt § 788.

Kosten, die *vor dem Antrag* auf Erlaß des Mahnbescheids angefallen waren, in ihm aber nicht berechnet wurden, bleiben hier unbeachtet. Denn insofern ist kein Mahnbescheid ergangen. Dasselbe gilt beim Teilvollstreckungsbescheid nach Rn 10 für diejenigen Kosten, die zum angefochtenen Teil des Mahnbescheids zählen, LG Hagen Rpfleger **90**, 518 (sie werden Prozeßkosten), Fritzsche Rpfleger **01**, 583. Das gilt auch dann, wenn der Antragsgegner zwar nur teilweise Einspruch einlegte, aber irrig die gesamte Kostenentscheidung des Mahnbescheids angreift, LG Fulda JB **02**, 484, AG Euskirchen JB **02**, 198, AG Hagen JB **02**, 198, aM LG Coburg JB **02**, 198 (aber der Teilvollstreckungsbescheid nimmt mit seinen Kosten nicht mehr am streitigen Verfahren teil). § 788 I kann auf solche Kosten anwendbar sein, die nach dem Erlaß des Vollstreckungsbescheids anfallen, etwa Zustellungskosten.

Bei Bedenken gegen die Höhe der Kosten erfolgt eine *teilweise Zurückweisung,* Ffm Rpfleger **81**, 239, oder nur eine Kostengrundentscheidung. Die Festsetzung folgt dann gesondert. Wegen einer vorzeitigen Vollstreckung § 788 Rn 53. Wegen evtl weiterer im Antrag nicht berechneter Kosten gelten §§ 103 ff. Wenn der Antragsteller nach § 2 GKG Kostenfreiheit hat, wird der Antragsgegner Kostenschuldner.

C. Auslegung. Ein unvollständig ausgefüllter, aber „auf der Grundlage des Mahnbescheids" ergangener **16** Formular-Vollstreckungsbescheid ist auslegungsfähig, LG Hagen Rpfleger **81**, 199 (zustm Wenner).

D. Unterschrift. Der Rpfl bzw der etwa nach Grdz 4 vor § 688 landesrechtlich bestellte Urkundsbeamte **17** der Geschäftsstelle muß bei nicht maschineller Behandlung den Vollstreckungsbescheid mit seinem vollen Nachnamen unterschreiben, also mit einem kennzeichnenden individuellen Schriftzug und nicht nur mit einem Handzeichen (Paraphe), § 129 Rn 9 ff, Mü NJW **82**, 2783. Er darf seine Unterschrift nach der Abgabe an das für das streitige Verfahren zuständige Gericht nachholen, aM Mü Rpfleger **83**, 288 (vgl aber § 689 Rn 3). Bei maschineller Bearbeitung entfällt eine Unterschrift und genügt das gedruckte Siegel nach § 703 b I.

6) Zustellung, IV. Es sind zwei sehr unterschiedliche Lösungen möglich. **18**

A. Amtsbetrieb. Die Bekanntgabe des Vollstreckungsbescheides geschieht grundsätzlich dadurch, daß das Mahngericht den Vollstreckungsbescheid von Amts wegen zustellt, IV 1 Hs 1. Der Urkundsbeamte der Geschäftsstelle desjenigen Gerichts, das den Vollstreckungsbescheid erlassen hat, muß als solcher die Zustellung unverzüglich zu veranlassen, BAG NJW **87**, 472. Sie gilt also unabhängig von den Fällen Grdz 4 vor § 688. Der Antragsteller erhält eine mit der Zustellungsbescheinigung versehene Ausfertigung. Sie ermöglicht ihm die Zwangsvollstreckung nach §§ 750, 794 I Z 4. Eine Vollstreckungsklausel ist nur im Fall des § 796 oder nach § 31 AVAG nötig, SchlAnh V E. Eine Ersatzzustellung des gegenüber einem Drittschuldner

§ 699

Buch 7. Mahnverfahren

ergangenen Vollstreckungsbescheids an den Schuldner ist in entsprechender Anwendung von § 178 unzulässig. Sie löst die Einspruchsfrist nicht aus. Sie läßt eine Heilung nur nach § 189 zu.

19 Einen in der Hauptforderung *zurückweisenden* Beschluß läßt der Rpfl bzw der etwa nach Grdz 4 vor § 688 landesrechtlich bestellte Urkundsbeamte der Geschäftsstelle dem Antragsgegner grundsätzlich formlos zusenden. Der Antragsgegner kann, nicht braucht eine formlose Nachricht zu erhalten. Soweit wegen überhöhter Kostenforderung eine teilweise Zurückweisung erfolgt, ist ausnahmsweise eine förmliche Zustellung an den Antragsteller notwendig. Denn er hat dann die befristete Erinnerung, § 329 II 2, Rn 26.

20 B. Parteibetrieb: Voraussetzungen. Ausnahmsweise erfolgt die Zustellung über eine Beauftragung des Gerichtsvollziehers im Parteibetrieb, IV 1 Hs 2, IV 2, 3, Seip AnwBl 77, 235. Sie hat dieselbe Wirkung wie eine Amtszustellung, Kblz NJW **81**, 408, Bischof NJW **80**, 2235. Eine Verbindung der Vollstreckungsbescheide gegen Gesamtschuldner kommt nicht in Betracht, LG Marbg DGVZ **86**, 77, AG Arnsberg DGVZ **79**, 188, AG Montabaur DGVZ **86**, 91, aM AG Wilhelmsh DGVZ **79**, 189, ZöV 13. Diese Zustellung setzt voraus, daß der Antragsteller die Übermittlung des Vollstreckungsbescheids an sich selbst zur Zustellung beantragt, BAG NJW **83**, 472. Er mag abwarten wollen, ob der Antragsgegner eine angekündigte Zahlung doch noch leistet. Er mag auch die Zustellung des Vollstreckungsbescheids nach § 750 I und den Beginn der Zwangsvollstreckung gleichzeitig durchführen wollen, Seip AnwBl **77**, 235. Insofern kann das Verfahren zunächst zum Stillstand kommen, Mü OLGZ **76**, 189. Für die Antragsform gilt § 702. Der Übermittlungsantrag läßt sich schon mit dem Antrag auf den Erlaß des Vollstreckungsbescheids verbinden.

21 C. Parteibetrieb: Verfahren. In den Fällen Rn 20 muß der Urkundsbeamte der Geschäftsstelle als solcher, also unabhängig von den Fällen Grdz 4 vor § 688, dem Antragsteller formlos eine vollständige Ausfertigung des Vollstreckungsbescheids aushändigen oder elektronisch übermitteln, bei einer maschinellen Bearbeitung nach § 703b I. Damit kann der Antragsteller also nach §§ 750, 794 I Z 4 die Zwangsvollstreckung betreiben. Eine Vollstreckungsklausel ist auch dann nur im Fall des § 796 oder nach § 31 AVAG nötig, SchlAnh V E. Das Original bleibt bei der Akte. Über die Aushändigung oder elektronische Übermittlung sollte ein Aktenvermerk oder eine Quittung angelegt werden. Der Urkundsbeamte desjenigen Gerichts, das den Vollstreckungsbescheid erlassen hat, vermittelt als solcher die Zustellung im Parteibetrieb nicht, IV 2 Hs 2. Unzulässig ist auch eine Vermittlung desjenigen Gerichts, in dessen Bezirk die Zustellung erfolgen soll. Denn I 3 hat Vorrang vor § 166 II 1, aM ZöV 15.

22 D. Öffentliche Zustellung. Sie ist nach §§ 185 ff anders als beim Mahnbescheid (§ 688 II Z 3) möglich. Falls die öffentliche Zustellung beantragt und vom Rpfl bzw vom etwa nach Grdz 4 vor § 688 landesrechtlich bestellten Urkundsbeamten der Geschäftsstelle nach § 186 Rn 3 bewilligt worden ist, IV 3, Hansens NJW **91** 954, erfolgt sie durch Anheftung des Vollstreckungsbescheids an die Gerichtstafel oder durch Einstellung in das (gemeint natürlich:) elektronische Informationssystem desjenigen Gerichts, das in dem Mahnbescheid nach § 692 I Z 1 bezeichnet worden ist, IV 4. Unter Umständen muß die Benachrichtigung nach § 186 II 2, 3 angeheftet werden, also bei einem anderen Gericht als demjenigen, das den Vollstreckungsbescheid erlassen hat, Rn 13. In diesem Fall setzt der Richter die Dauer der Einspruchsfrist nach § 339 II fest, dort Rn 4.

23 E. Auslandszustellung. Sie ist anders als beim Mahnbescheid nach § 688 III zulässig, (jetzt) § 183, BGH **98**, 267. Das gilt auch in einem nicht zur EuGVVO gehörenden Staat, vgl auch § 32 III 3 AVAG, SchlAnh V E. Auch in diesem Fall setzt der Rpfl bzw der etwa nach Grdz 4 vor § 688 landesrechtlich bestellte Urkundsbeamte der Geschäftsstelle die Dauer der Einspruchsfrist nach § 339 II fest, § 20 Z 1 RPflG, Anh § 153 GVG.

24 F. Keine Belehrungspflicht. Anders als beim Versäumnisurteil nach § 340 Rn 16 besteht bei keiner der Zustellungsarten des Vollstreckungsbescheids eine Hinweispflicht auf die Folgen einer Fristversäumung. Dem § 340 III 4 ist nach § 700 II 3 unanwendbar. Daran ändert auch eine Belehrung im Vordruck ungeachtet seines Benutzungsgebots nichts. Denn die eben genannten Vorschriften haben als Spezialregeln Vorrang.

25 G. Verstoß. Er kann eine Amtshaftung auslösen, BGH NJW **90**, 176. Er kann heilen, §§ 189, 295.

26 7) **Rechtsmittel, I–IV.** Es kommt auf die Entscheidungsrichtung an.

A. Gegen Zurückweisung. Soweit der Rpfl bzw der etwa nach Grdz 4 vor § 688 landesrechtlich bestellte Urkundsbeamte der Geschäftsstelle den Antrag in der Sache selbst zurückgewiesen hat, ist abgesehen von der Situation Rn 26 unabhängig von einem Beschwerdewert die sofortige Beschwerde (Rpfl) bzw befristete Erinnerung zulässig, § 567 I Z 2 (Rpfl) bzw § 573 I (Urkundsbeamter), beim Rpfl in Verbindung mit § 11 I RPflG, Anh § 153 GVG. Der Rpfl bzw der Urkundsbeamte darf und muß daher evtl der sofortigen Beschwerde usw abhelfen, § 572 I 1 Hs 1 ZPO in Verbindung mit § 11 I RPflG. Andernfalls legt er die Akten ohne Einschaltung seines Richters unverzüglich direkt dem Beschwerdegericht vor, § 572 I 1 Hs 2 ZPO in Verbindung mit § 11 I RPflG.

Das *Beschwerdegericht* prüft und entscheidet über die sofortige Beschwerde nach § 572 II–IV ZPO. Es kann den Rpfl zum Erlaß des Vollstreckungsbescheids anweisen oder weist die sofortige Beschwerde als unzulässig oder unbegründet zurück. Das alles geschieht sowohl dann, wenn zunächst der Rpfl des AG zuständig war, als auch dann, wenn der Vollstreckungsbescheid vom dem Rpfl des LG zu erlassen wäre, Rn 13.

27 Soweit der Rpfl den Antrag wegen einer *Kostenfrage* nach III zurückgewiesen hat, ist gegen seine Entscheidung die sofortige Beschwerde nach § 104 III 1 in Verbindung mit §§ 11 I, 21 Z 1 RPflG statthaft, soweit der Beschwerdewert 200 EUR nach § 567 II übersteigt. Andernfalls bleibt es bei der sofortigen Beschwerde nach Rn 25.

28 B. Gegen Erlaß. Soweit der Vollstreckungsbescheid zu Recht oder zu Unrecht erlassen worden ist, etwa trotz des Fehlens eines nach Rn 5 ordnungsgemäßen Antrags oder trotz erfolgter Zahlung des Antragsgegners oder trotz mangelhafter Zustellung des Mahnbescheids, BGH NJW **84**, 57, ist wie nach einem Versäumnisurteil grundsätzlich nur der Einspruch zulässig, § 700 Rn 6, §§ 338 ff. Eine Ausnahme besteht allenfalls nach

§ 703 a I Z 4. Es ist also weder eine Erinnerung noch eine sofortige Beschwerde usw zulässig, § 567 I Z 1 ZPO in Verbindung mit § 11 I RPflG.

700 *Einspruch gegen den Vollstreckungsbescheid.* [1] Der Vollstreckungsbescheid steht einem für vorläufig vollstreckbar erklärten Versäumnisurteil gleich.
[II] Die Streitsache gilt als mit der Zustellung des Mahnbescheids rechtshängig geworden.
[III] [1] Wird Einspruch eingelegt, so gibt das Gericht, das den Vollstreckungsbescheid erlassen hat, den Rechtsstreit von Amts wegen an das Gericht ab, das in dem Mahnbescheid gemäß § 692 Abs. 1 Nr. 1 bezeichnet worden ist, wenn die Parteien übereinstimmend die Abgabe an ein anderes Gericht verlangen, an dieses. [2] § 696 Abs. 1 Satz 3 bis 5, Abs. 2, 5, § 697 Abs. 1, 4, § 698 gelten entsprechend. [3] § 340 Abs. 3 ist nicht anzuwenden.
[IV] [1] Bei Eingang der Anspruchsbegründung ist wie nach Eingang einer Klage weiter zu verfahren, wenn der Einspruch nicht als unzulässig verworfen wird. [2] § 276 Abs. 1 Satz 1, 3, Abs. 2 ist nicht anzuwenden.
[V] Geht die Anspruchsbegründung innerhalb der von der Geschäftsstelle gesetzten Frist nicht ein und wird der Einspruch auch nicht als unzulässig verworfen, bestimmt der Vorsitzende unverzüglich Termin; § 697 Abs. 3 Satz 2 gilt entsprechend.
[VI] Der Einspruch darf nach § 345 nur verworfen werden, soweit die Voraussetzungen des § 331 Abs. 1, 2 erster Halbsatz für ein Versäumnisurteil vorliegen; soweit die Voraussetzungen nicht vorliegen, wird der Vollstreckungsbescheid aufgehoben.

Schrifttum: *Bamberg,* Die mißbräuchliche Titulierung von Ratenkreditschulden mit Hilfe des Mahnverfahrens, 1987; *Brandl,* Aktuelle Probleme des Mahnverfahrens (u. Rechtskraft, Rechtskraftdurchbrechung), Diss Regensb 1989; *Braun,* Rechtskraft und Rechtskraftdurchbrechung von Titeln über sittenwidrige Ratenkreditverträge, 1986; *Grües,* Die Zwangsvollstreckung aus Vollstreckungsbescheiden über sittenwidrige Ratenkreditforderungen, 1990; *Prütting/Weth,* Rechtskraftdurchbrechung bei unrichtigen Titeln, 2. Aufl 1994; *Schrameck,* Umfang der materiellen Rechtskraft bei Vollstreckungsbescheiden, 1990; *Vollkommer,* Neuere Tendenzen im Streit um die „geminderte" Rechtskraft des Vollstreckungsbescheids, Festschrift für *Gaul* (1997) 759.

Gliederung

1) **Systematik, I–VI**	1, 2
A. Rechtsnatur, Entstehung, I	1
B. Rechtsfolgen, II–VI	2
2) **Regelungszweck, I–V**	3
3) **Geltungsbereich, I–V**	4
4) **Rechtshängigkeit, II**	5
5) **Einspruch, III**	6–11
A. Zulässigkeit	6
B. Frist	7
C. Inhalt der Einspruchserklärung	8, 9
D. Anwaltszwang; Form	10
E. Rücknahme; Verzicht	11
6) **Abgabe von Amts wegen, III**	12–14
A. Abgebendes Gericht	12
B. Empfangsgericht	13, 14
7) **Verfahren des Richters ab Anspruchsbegründung, IV**	15–25
A. Prüfung der Zulässigkeit des Einspruchs, IV 1 Hs 2	16, 17
B. Mangels Verwerfung: Vorverfahren oder Termin, IV 1 Hs 1	18, 19
C. Im Vorverfahren: Keine Frist zur Anzeige einer Verteidigungsabsicht, IV 2	20
D. Im Vorverfahren: Kein schriftliches Versäumnisurteil, IV 2	21
E. Im Vorverfahren: Zwang zur Frist zwecks Klagerwiderung, IV 2	22
F. Im Vorverfahren: Keine Sonderfrist bei Auslandsfall, IV 2	23
G. Im Vorverfahren: Keine Belehrung über Fristversäumung usw, IV 2	24
H. Bei frühem ersten Termin: Verfahren wie nach Klage, IV 1	25
8) **Verfahren des Richters mangels Anspruchsbegründung, V**	26–28
A. Prüfung der Zulässigkeit des Einspruchs, V Hs 1	26
B. Mangels Verwerfung: Terminsbestimmung, V Hs 1	27
C. Zugleich: Weitere Anspruchsbegründungsfrist, V Hs 2	28
9) **Verfahren des Richters bei verspäteter Anspruchsbegründung, IV, V**	29
10) **Säumnis des Beklagten, VI**	30

1) Systematik, I–VI. Vgl zunächst § 699 Rn 1, 2. § 700 regelt vor allem die Überleitung in das streitige **1** Verfahren nach einem Einspruch. Dieser ist bedingt mit demjenigen gegen ein Versäumnisurteil nach §§ 338 ff vergleichbar. § 700 entspricht insoweit dem § 696 mit seiner Überleitung nach einem Widerspruch gegen den Mahnbescheid.

A. Rechtsnatur, Entstehung, I. Der Vollstreckungsbescheid steht einem Versäumnisurteil gegen den Bekl gleich, I, § 311 I, BGH NJW **84**, 57. Das gilt insbesondere wegen der vorläufigen Vollstreckbarkeit, zB § 708 Z 2. Es gilt ferner wegen der Rechtshängigkeit, Rn 4. Es gilt weiterhin wegen der äußeren wie der inneren Rechtskraft, Einf 1, 13 vor §§ 322–327, § 322 Rn 71. Erst der Vollstreckungsbescheid bringt einen Vollstreckungstitel, § 699 Rn 2. Zur Vollstreckung aus einem Vollstreckungsbescheid auf Grund eines sittenwidrigen Ratenkredits Grdz 44 vor § 704. Der Urkundenvollstreckungsbescheid steht einem Vorbehaltsurteil gleich, § 599. Das Gericht muß diese Rechtskraft sowohl auf eine Rüge als auch von Amts wegen beachten, Einf 23 vor §§ 322–327. Wenn der Antragsgegner trotz des Eintritts der Rechtskraft des Vollstreckungsbescheids Einspruch eingelegt hat, muß das Gericht den Einspruch als unzulässig verwerfen, §§ 341, 700. Wenn trotzdem ein Anerkenntnisurteil nach § 307 ergeht, dann liegen zwei wirksame Vollstreckungstitel über denselben Anspruch vor. Nach der Rechtskraft des Vollstreckungsbescheids kommt als Anfechtungs-

§ 700

möglichkeit nur die Vollstreckungsabwehrklage nach §§ 767, 796 II in Betracht. Wegen der Beseitigung der Rechtskraft wegen Sittenwidrigkeit usw Einf 28 ff vor §§ 322–327.

Entstanden ist der Vollstreckungsbescheid, sobald er hinausgeht, nicht schon mit seiner Unterschrift, § 329 Rn 23, 24. Der Vollstreckungsbescheid wird aber erst mit seiner gesetzmäßigen Mitteilung an den Antragsgegner wirksam, § 329 Rn 26.

2   **B. Rechtsfolgen, II–VI.** Der Einspruch hindert die Durchführung der Zwangsvollstreckung nicht. Die Einstellung der Zwangsvollstreckung ist nach §§ 707, 719 I zulässig. Wenn ein Urteil den Vollstreckungsbescheid aufhebt, dann entfällt dessen Vollstreckbarkeit. Dann entsteht ein Schadensersatzanspruch nach § 717 II. Die Rechtskraft der vorläufige Vollstreckbarkeit leiden unter Mängeln der Zustellung des Mahnbescheides nicht, BGH NJW **84**, 57. Wohl aber ist der Eintritt der Rechtskraft davon abhängig, daß das Gericht den Vollstreckungsbescheid ordnungsgemäß zugestellt hatte, BGH NJW **84**, 57. Ohne solche korrekte Zustellung ist auch eine Zwangsvollstreckung unzulässig. Ein Mangel der Zustellung des Mahnbescheids kann heilen. Der tatsächliche Zugang entscheidet, § 189. Eine Vollstreckungsklausel ist nötig nur in den Fällen § 796 I, § 33 AVAG, SchlAnh V E. Eine Vollstreckungsabwehrklage ist nach §§ 767, 795 S 1, 796 II statthaft. Für eine Wiederaufnahme des Verfahrens gilt § 584 II. Wegen der Verjährung BGH **73**, 9.

3   **2) Regelungszweck, I–VI.** Auch § 700 ist ähnlich kompliziert wie §§ 696, 697. Auch das muß man aus den in § 696 Rn 2, 3 genannten Gründen hinnehmen. Man sollte die Überleitung durch eine weder zu formelle noch zu großzügige Auslegung rechtsstaatlich, aber auch praktikabel gestalten helfen.

4   **3) Geltungsbereich, I–VI.** Die Vorschrift gilt nicht außerhalb der ZPO. Im SGG-Verfahren gilt § 182 a II 2 SGG, abgedruckt Grdz 3 vor § 688.

5   **4) Rechtshängigkeit, II.** Die Rechtshängigkeit gilt rückwirkend als mit der Zustellung des Mahnbescheids nach § 693 I–II eingetreten, sobald der Vollstreckungsbescheid wirksam geworden ist, Rn 4, aM Fischer MDR **00**, 303, ThP 3, ZöV 1 (sie stellen auf den Erlaß ab. Aber auch § 261 weist auf die Zustellung ab). Wegen der Rückwirkung kommt auch keine Verweisung wegen einer nach der Zustellung des Mahnbescheids eingetretenen Änderung des Schuldnerwohnsitzes mehr in Betracht, § 261 III Z 2, BAG DB **82**, 2412. Die Rechtshängigkeitswirkung richtet sich nach § 261 III. Sie gilt aber nur für den angefochtenen Betrag. Denn nur er ist „Streitsache" im Sinn von II, Kblz Rpfleger **82**, 292, aM Menne NJW **79**, 200 (aber eine Rechtshängigkeit bezieht sich immer nur auf einen bestimmten Streitgegenstand).

6   **5) Einspruch, III.** Man muß fünf Hauptaspekte beachten.

A. Zulässigkeit. Der Einspruch ist der einzige zulässige Rechtsbehelf gegen den Vollstreckungsbescheid. Das gilt unabhängig davon, ob der Vollstreckungsbescheid rechtmäßig oder rechtswidrig ergangen ist, § 699 Rn 27. Eine Erinnerung gegen den vom Rpfl unterzeichneten Vollstreckungsbescheid ist unzulässig. § 11 III 2 RPflG, Anh § 153 GVG. Der Einspruch ist unter denselben Voraussetzungen wie ein Einspruch gegen ein erstes Versäumnisurteil zulässig, §§ 338 ff. Denn der Vollstreckungsbescheid steht einem Versäumnisurteil gleich, I. Der Einspruch ist zB auch gegen einen nach mangelhafter Zustellung des Mahnbescheids erlassenen Vollstreckungsbescheid statthaft, BGH NJW **84**, 57. Er ist auch nach einer Widerspruchsrücknahme zulässig. Der Einspruch ist eine Parteiprozeßhandlung, Grdz 47 vor § 128. Er ist daher auslegbar, Grdz 52 vor § 128. Das Gericht muß notfalls nachfragen.

7   **B. Frist.** Es gilt eine *Notfrist von 2 Wochen,* §§ 224 I 2, 339 I, BGH **104**, 109. Sie läuft seit der Zustellung des Vollstreckungsbescheids. Eine Rechtsbehelfsbelehrung ist nicht notwendig, BGH NJW **91**, 296, Karlsr RR **87**, 895. Eine unrichtige Belehrung kann die Wiedereinsetzung begründen, § 233 Rn 23. Im Fall des § 699 IV 2 reicht auch eine Zustellung im Parteibetrieb aus, Kblz NJW **81**, 408, AG Marl DGVZ **79**, 46, Bischof NJW **80**, 2235. Bei einer Auslandszustellung nach § 183 oder einer öffentlichen Zustellung nach §§ 699 IV 4, 339 II bestimmt der Rpfl bzw der etwa nach Grdz 4 vor § 688 landesrechtlich bestellte Urkundsbeamte der Geschäftsstelle die Fristdauer, §§ 20 Z 1, 36 b I Z 2 Hs 1 RPflG, Anh § 153 GVG. Sie beginnt auch dann mit der Zustellung. Im arbeitsgerichtlichen Verfahren beträgt die Frist 1 Woche, §§ 59 S 1, 46 a I ArbGG, abgedruckt Grdz 3 vor § 688, LAG Hamm DB **78**, 896, LAG Mainz DB **90**, 2076, aM Eich DB **77**, 912 (2 Wochen. Aber der Gesetzestext ist eindeutig, Einl III 39). Wegen einer SGG-Sache gilt § 182 a SGG. Wegen einer WEG-Sache § 46 a WEG, alle abgedruckt Grdz 3 vor § 688. Gegen die Versäumung der Einspruchsfrist kommt eine Wiedereinsetzung in Betracht, § 233 Rn 7 „Einspruch".

Der Einspruch ist grundsätzlich bedingt und deshalb unstatthaft, wenn er *vor der Entstehung* des Vollstreckungsbescheids nach § 329 Rn 23, 24 eingeht, § 339 Rn 4. Indessen gilt nach § 694 II 1 ein verspäteter Widerspruch als ordnungsgemäßer Einspruch, ebenso ein rechtzeitiger, aber übersehener. Ein Einspruch, der nach der Entstehung des Vollstreckungsbescheids eingeht, ist statthaft. Insofern ist trotz § 700 I die in § 339 Rn 1 zu § 310 III dargelegte Lösung nicht entsprechend anwendbar. Denn der Vollstreckungsbescheid wird vor einer Zustellung existent, Rn 4. Daher gilt beim Rpfl eher die zur sofortigen Beschwerde in §§ 567 ff genannte Lösung. Beim etwa landesrechtlich bestellten Urkundsbeamten ist wegen § 36 b III 1 RPflG *keine* befristete Erinnerung nach § 573 I zulässig, Rn 12. Die Wirksamkeit der Zustellung hängt unter anderem davon ab, ob der Rpfl bzw der etwa nach Grdz 4 vor § 688 landesrechtlich bestellte Urkundsbeamte der Geschäftsstelle den Vollstreckungsbescheid ordnungsgemäß unterschrieben hat, § 689 Rn 1, § 699 Rn 17. Davon hängt auch der Beginn der Einspruchsfrist ab, LG Darmst DGVZ **96**, 62, ZöV § 699 Rn 15, aM Karlsr RR **87**, 895 (aber Wirksamkeit ist selbstverständliche Bedingung eines Fristanlaufs). Eine Rechtsbehelfsbelehrung entfällt, § 699 Rn 24.

8   **C. Inhalt der Einspruchserklärung.** Zum Einspruchsinhalt muß man § 340 II beachten. Der Einspruchsführer muß also der Vollstreckungsbescheid bezeichnen. Ferner ist die Erklärung notwendig, daß Einspruch eingelegt werde. Sofern das AG den Vollstreckungsbescheid erlassen hat, kann man den Einspruch auch mündlich zum Protokoll des Urkundsbeamten der Geschäftsstelle eines jeden AG erklären, §§ 496 II, 129 a I. Er wird jedoch erst mit dem Eingang bei demjenigen AG wirksam, das den Vollstreckungsbescheid erlassen hatte, § 129 a II 2. Es besteht grundsätzlich die Notwendigkeit einer handschriftlichen Unterzeich-

Buch 7. Mahnverfahren **§ 700**

nung, § 129 Rn 9, BGH **101**, 139 (abl Teske JR **88**, 421), LG Mü MDR **87**, 504, LAG Bre BB **93**, 1952, aM LG Heidelb RR **87**, 1213, ZöV 5 (aber der Einspruch ist als Rechtsbehelf ein bestimmender Schriftsatz). Eine *telefonische* Einlegung beim entgegennahmebereiten Urkundsbeamten reicht aber ausnahmsweise formell aus, ZöV 5, aM BGH **101**, 139 (aber Prozeßwirtschaftlichkeit kann gerade im Massenbetrieb einmal Vorrang haben, Grdz 14 vor § 128). Auch ein *Telefax* reicht wie sonst aus, dazu allgemein § 129 Rn 44, BGH **144**, 160. Zur elektronischen Einreichung § 130 a. Bei einem zulässigen nur teilweisen Einspruch muß muß man den angefochtenen Teil des Vollstreckungsbescheids bezeichnen, der angefochten wird, zB die Kostenentscheidung, § 340 Rn 5, ZöV 7, aM ThP § 699 Rn 17 (aber es muß stets völlige Klarheit bestehen, zumal dann der Kostenfrage zur restlichen Hauptsache wird, § 308 I). Eine Erklärung gegenüber dem Gerichtsvollzieher reicht nicht. Er ist auch nicht zur Weiterleitung verpflichtet, LG BadBad DGVZ **98**, 156. Der Einspruchsinhalt ist auslegbar, Rn 6.

Eine *Einspruchsbegründung* ist jedoch nicht notwendig. Denn § 340 III ist nach § 700 III 3 ausdrücklich **9** unanwendbar, Büchel NJW **79**, 950 (zum alten Recht). Daher besteht auch weder bei der Zustellung des Vollstreckungsbescheids von Amts wegen noch bei derjenigen im Parteibetrieb eine Hinweispflicht nach § 340 III 4. Das Gericht darf und muß einen Widerspruch, der nach dem Ablauf der Widerspruchsfrist eingeht, nach § 694 II als Einspruch behandeln, soweit der Antragsgegner nicht schon bei der Widerspruchseinlegung oder später etwas Abweichendes bestimmt hat.

D. Anwaltszwang; Form. Nach einem vom AG erlassenen Vollstreckungsbescheid besteht für den **10** Einspruch kein Anwaltszwang, § 78 V Hs 2. Wenn jedoch ein LG den Vollstreckungsbescheid erlassen hatte, § 699 Rn 13, besteht Anwaltszwang, Crevecœur NJW **77**, 1324, aM Hornung Rpfleger **78**, 431, ZöV 6 (aber der Einspruch hat als bestimmender Schriftsatz mit seinem Eingang bei Gericht das streitige Verfahren eingeleitet, Mü MDR **92**, 617, ZöV 12). Ein Vordruckzwang besteht bisher nicht. Denn es gibt bisher bundesrechtlich keine Vordrucke im Sinne des § 703 c für den Einspruch. Landesrechtliche Vordrucke dürfen, müssen aber nicht benutzt werden, Crevecœur NJW **77**, 1323. Man kann eine dem § 340 I, II entsprechende Einspruchsschrift einreichen. Man soll die erforderlichen Abschriften beifügen, § 340 a S 3.

E. Rücknahme; Verzicht. Der Einspruch ist nach III 2 Hs 1 in Verbindung mit § 697 IV 1 ohne **11** Zustimmung des Klägers bis zum Beginn der mündlichen Verhandlung des Bekl zur Hauptsache nach §§ 137 I, 297 rücknehmbar, § 697 Rn 21. Außerdem ist aber die Rücknahme auch in weiteren Verfahren statthaft, freilich nur nach §§ 346, 516 I. Auch ein Verzicht ist entsprechend §§ 346, 515 zulässig. Die Rücknahme erfolgt schriftlich oder zu Protokoll, auch der Geschäftsstelle, III 2 in Verbindung mit § 697 IV 2. Wegen etwaigen Anwaltszwangs Rn 10, aM LG Bonn RR **86**, 223, Fischer MDR **94**, 126. Bei einer wirksamen Rücknahme bzw einem wirksamen Verzicht treten die Rechtsfolgen der §§ 346, 516 III ein. Über sie muß der Richter entscheiden, Ffm Rpfleger **90**, 201. Im übrigen wird wieder der Rpfl bzw der etwa nach Grdz 4 vor § 688 landesrechtlich bestellte Urkundsbeamte der Geschäftsstelle funktionell zuständig, Ffm Rpfleger **90**, 201, freilich desjenigen Gerichts, das infolge der Abgabe zuständig geworden und geblieben ist, § 697 Rn 23, Ffm Rpfleger **90**, 201. Wenn die Einspruchsrücknahme unter den Voraussetzungen KV 1211 erfolgt, ermäßigt sich KV 1210 auf 1,0, amtliche Anmerkung hinter KV 1211 S 1.

6) Abgabe von Amts wegen, III. Der Einspruch hat mit seinem Eingang beim Gericht ohne weiteres **12** kraft Gesetzes das streitige Verfahren eingeleitet, Rn 10. Nach einem Einspruch muß das Mahngericht daher anders als nach einem Widerspruch gegen den zugrunde liegenden Mahnbescheid, § 696 Rn 6, den Rechtsstreit von Amts wegen an dasjenige Gericht abgeben, das im Mahnbescheid nach § 692 I Z 1 bezeichnet worden ist, III 1 Hs 1. Nur dann, wenn die Parteien die Abgabe übereinstimmend an ein anderes Gericht verlangen, erfolgt sie dorthin, III 1 Hs 2. Aber die Abgabe als solche erfolgt auch dann von Amts wegen.

A. Abgebendes Gericht. Die Abgabe des Verfahrens erfolgt durch den Rpfl desjenigen Gerichts, das den Vollstreckungsbescheid erlassen hat, § 20 Z 1 RPflG, Anh § 153 GVG, bzw durch den etwa nach Grdz 4 vor § 688 landesrechtlich bestellten Urkundsbeamten der Geschäftsstelle, § 36 b I Z 2 Hs 2 RPflG, Anh § 153 GVG. Zuständig ist also evtl der Rpfl bzw Urkundsbeamte des LG. Der abgebende Rpfl bzw Urkundsbeamte braucht die Akten bei seinem Richter nicht vorzulegen. Er übersiehe sie an dasjenige AG oder LG, das nach § 692 I Z 1 bzw nach § 703 d II bezeichnet worden ist oder an das die Parteien übereinstimmend die Abgabe verlangt haben, III 1 lt Hs. Zu diesem Erfordernis gilt dasselbe wie zu § 696 I 1 lt Hs, § 696 Rn 1. Der Rpfl bzw der Urkundsbeamte des abgebenden Gerichts prüft die Zulässigkeit des Einspruchs nicht, Düss RR **97**, 1296. Er wartet auch nicht einen Abgabeantrag ab. Vielmehr verfügt er die Abgabe unverzüglich von Amts wegen. Bei einer Nämlichkeit der Gerichte gilt § 698 entsprechend, III 2. Die Abgabe erfolgt durch eine Verfügung oder durch einen Beschluß, § 329. Die Entscheidung des Urkundsbeamten ist unanfechtbar, Rn 7, § 36 b III 1 RPflG, Anh § 153 GVG. Deshalb braucht er die Abgabe nicht zu begründen, § 329 Rn 6. Er benachrichtigt beide Parteien formlos von der Abgabe, § 329 II 1.

B. Empfangsgericht. Mit dem Zeitpunkt, in dem die Akten bei demjenigen Gericht eingehen, an das **13** die Sache abgegeben wird, gilt der Rechtsstreit dort als anhängig, III 2 in Verbindung mit § 696 I 4, Ffm Rpfleger **90**, 201. Es ist schon mit dem Einspruchseingang zum streitigen Verfahren gekommen, Rn 12, AG Gummersbach Rpfleger **90**, 263. Die Kosten werden nach III 2 in Verbindung mit § 696 I 3–5 wie bei § 281 III 1 behandelt. Bei einer maschinellen Bearbeitung nach § 703 b wird anstelle der Akten ein Aktenausdruck mit der Beweiskraft öffentlicher Urkunden nach § 418 übersandt, III 2 in Verbindung mit § 696 II. Jedoch besteht keine Pflicht zur Begründung des Einspruchs, da III 2 Hs 2 den § 340 III für unanwendbar erklärt.

Das *weitere Verfahren* verläuft nach III 2 wie bei § 697 I, IV, (zum alten Recht) Büchel NJW **79**, 950. Die **14** Geschäftsstelle des angegangenen Prozeßgerichts muß also dem Kläger ohne Aktenvorlage beim Richter

§ 700

(etwaige Ausnahme Rn 15) zunächst unverzüglich von Amts wegen die Einspruchsschrift nebst ihrer etwaigen Begründung nach § 340 a S 1 in Abschrift übersenden, soweit das nicht schon durch das abgebende Gericht geschehen ist, und muß dem Kläger grundsätzlich aufgeben, seinen Anspruch binnen 2 Wochen in einer der Klageschrift entsprechenden Form zu begründen. Deshalb muß sie die Verfügung voll unterzeichnen, § 129 Rn 9, und förmlich zustellen, § 329 II 2. Wenn sich die Akten nach der Abgabe nunmehr bei einem LG befinden, bleibt es bei dessen Zuständigkeit, auch wenn das Mahnverfahren wiederauflebt, § 697 Rn 23, Ffm Rpfleger **90**, 201. Esd besteht für das weitere Verfahren vor diesem Gericht Anwaltszwang, BGH VersR **83**, 785. § 341 a ist anwendbar, BGH NJW **82**, 888. Eine Verweisung ist beim Widerspruch zulässig. Das stellt jetzt III 2 durch die ausdrückliche Verweisung auch auf § 696 V klar. Einzelheiten § 696 Rn 25 ff. Im arbeitsgerichtlichen Verfahren gilt § 46 a VI ArbGG. In einer WEG-Sache gilt § 46 a WEG. In einer sozialgerichtlichen Sache gilt § 182 a SGG, alle abgedruckt Grdz 3 vor § 688.

15   **7) Verfahren des Richters ab Anspruchsbegründung, IV.** Die Geschäftsstelle des Prozeßgerichts legt dem Richter die Akten von einem Einspruch nach Rn 14 an erstmals dann vor, wenn die nach III 2 in Verbindung mit § 697 I gesetzte Frist verstrichen ist (dann gilt V) oder wenn eine Anspruchsbegründung rechtzeitig oder verspätet eingegangen ist. In diesem Fall gilt IV. Sie kann freilich einen ihrer Ansicht nach unzulässigen Einspruch dem Richter ausnahmsweise auch sogleich vorlegen.

16   **A. Prüfung der Zulässigkeit des Einspruchs, IV 1 Hs 2.** Der Richter prüft zunächst, wie auf Grund eines Einspruchs gegen ein Versäumnisurteil, wegen I die Statthaftigkeit und Zulässigkeit des Einspruchs nach § 341 I 1. Das ergibt sich aus IV 1 Hs 2.

17   *Fehlt es* an einem dieser Erfordernisse, so muß das Prozeßgericht den Einspruch als unzulässig verwerfen, I in Verbindung mit § 341 I 2. Diese Entscheidung muß durch ein Urteil ergehen, I in Verbindung mit § 341 II. Diese letztere Vorschrift stellt ausdrücklich eine mündliche Verhandlung frei. Eine vorherige Anhörung des Klägers ist freilich unnötig. Denn er gewinnt ja. Das Gericht muß sein Urteil wie sonst nach mündlicher Verhandlung verkünden, mangels solcher zustellen, § 310 Rn 11. Es muß sein Urteil stets begründen und zwecks Rechtsmittelfristbeginn usw zustellen, §§ 313 ff. Es enthält eine Kostenentscheidung nach §§ 91 ff und einen Ausspruch zur vorläufigen Vollstreckbarkeit nach § 708 Z 3. Das Gericht kann freilich auch einen Verhandlungstermin zum Einspruch und zur Sache anberaumen. Das empfiehlt sich zB dann, wenn das Gericht die Statthaftigkeit oder Zulässigkeit mit den Parteien besprechen möchte. In diesem Fall muß das Gericht auch bei Zweifelhaftigkeit der Zulässigkeit des Einspruchs so wie nach dem Eingang einer Klage verfahren.

18   **B. Mangels Verwerfung: Vorverfahren oder Termin, IV 1 Hs 1.** Soweit das Gericht den Einspruch nicht nach Rn 16, 17 verworfen hat, darf und muß es „wie nach Eingang einer Klage weiter verfahren". Es trifft also nach pflichtgemäßem Ermessen die Wahl zwischen einem schriftlichen Vorverfahren oder einem früheren ersten Termin nach §§ 272 ff jeweils mit oder ohne Güteverhandlung nach § 278. Das schriftliche Vorverfahren dürfte in aller Regel noch weniger sinnvoll sein als nach einem Widerspruch gegen den Mahnbescheid. Zwar mag der Antragsgegner versucht haben, Zeit zu gewinnen. Gerade dann wird er es jetzt erst recht begrüßen, wenn das Gericht ihm durch das zeitraubende Vorverfahren zusätzlich Zeit gibt, zumal er ein technisch sog Zweites Versäumnisurteil in diesem Stadium nicht befürchten muß, Rn 21.

Es kommt daher das *schriftliche Vorverfahren* allenfalls zwecks Einreichung einer Klagebegründung in Betracht, Rn 22. Viel sinnvoller ist aber die Anberaumung eines frühen ersten Termins mit oder ohne Fristen nach § 275. Es ist bis zum Vollstreckungsbescheid und anschließend bis zum Eingang der Anspruchsbegründung schon genug Zeit verstrichen. Außerdem verweist III 2 nicht auch auf § 697 III 1. Daran ändert auch die Verweisung in III 2 auf § 697 I nichts. Das wird oft übersehen. Daher ist eine Terminierung ohne vorherige Frist zur Anspruchsbegründung wirksam. Auch § 295 ist anwendbar.

19   Ein *Haupttermin* ist allerdings auch nach dem Eingang einer Anspruchsbegründung nicht mehr ohne Vorverfahren statthaft. Um seine Wirkungen herbeizuführen, kann das Gericht freilich den formell frühen ersten Termin als einen vollgültigen Verhandlungstermin anberaumen, vorbereiten und ausgestalten, § 272 Rn 4. Das ist um so näherliegend, als der Einspruch etwa bereits eine Begründung erhalten hat. „Wie nach Eingang einer Klage" bedeutet unter anderem: Das Gericht muß nicht nur die dreitägige Ladungsfrist des § 217 einhalten, sondern auch die zweiwöchige Einlassungsfrist des § 274 III 1 (Ausnahmen § 274 III 2). Das letztere wird oft übersehen. Wegen ihres Beginns § 697 Rn 12.

20   **C. Im Vorverfahren: Keine Frist zur Anzeige einer Verteidigungsabsicht, IV 2.** Die ausdrücklich bestimmte Unanwendbarkeit von § 276 I 1 bedeutet: Der Richter darf dem Bekl überhaupt keine Frist zu einer etwaigen Verteidigungsanzeige setzen, genauer: zu einer nochmaligen Anzeige (die erste lag ja verständigerweise bereits im Einspruch). Eine dennoch gesetzte Frist wäre als solche gesetzwidrig und daher unwirksam. Sie wäre auch keine wirksame Notfrist im Sinn von § 276 I 1.

21   **D. Im Vorverfahren: Kein schriftliches Versäumnisurteil, IV 2.** Obwohl der Richter nach dem Eingang der Anspruchsbegründung nach Rn 18 das schriftliche Vorverfahren „wie nach Eingang einer Klage" wählen kann, darf er doch keineswegs auch im Vorverfahren nach einem Einspruch ein schriftliches Versäumnisurteil so erlassen, wie er es im Vorverfahren nach einem bloßen Widerspruch tun könnte. Denn IV 2 erklärt den § 276 I 1 ausdrücklich für unanwendbar, anders als der entsprechende § 697 II, der kein solches Verbot ausspricht. Grund dieser unterschiedlichen Regelung ist die Erwägung, daß ein derartiges schriftliches Versäumnisurteil nach § 331 III ein sog Zweites Versäumnisurteil im Sinn von § 345 wäre. Denn der Vollstreckungsbescheid steht ja nach I einem ersten Versäumnisurteil bereits gleich. Infolgedessen stünde dem Bekl gegen ein derartiges schriftliches Versäumnisurteil nach einem weiteren Einspruch nicht zu, § 345. Er könnte allenfalls unter den engen Voraussetzungen des § 514 II Berufung einlegen. Diese Konsequenz scheute der Gesetzgeber, Nürnb RR **96**, 58, Holch NJW **91**, 3179.

22   **E. Im Vorverfahren: Zwang zur Frist zwecks Klagerwiderung, IV 2.** Da IV 1 die Anweisung enthält, „wie nach Eingang einer Klage" zu verfahren, und da IV 2 den § 276 I 2 nicht ebenfalls für

F. Im Vorverfahren: Keine Sonderfrist bei Auslandsfall, IV 2. Die in IV 2 ausdrücklich bestimmte **23** Unanwendbarkeit von § 276 I 3 bedeutet: In einem Fall mit Auslandsbezug entfällt hier die Möglichkeit einer von § 276 I 2 abweichenden Frist.

G. Im Vorverfahren: Keine Belehrung über Fristversäumung usw, IV 2. Die in IV 2 ausdrücklich **24** bestimmte Unanwendbarkeit von § 276 II bedeutet: Eine Belehrung über die Folgen einer Versäumung einer Frist zur Verteidigungsbereitschaft im Sinn von § 276 I 1 usw entfällt natürlich. Denn es gibt ja gar keine wirksame derartige Frist, Rn 20. Eine dennoch erteilte Belehrung ist unwirksam.

H. Bei frühem ersten Termin: Verfahren wie nach Klage, IV 1. Wenn sich der Richter nach dem **25** Eingang der Anspruchsbegründung nach Rn 18, 19 für das Verfahren mit frühem ersten Termin entscheidet, dann hat er alle diesbezüglichen Möglichkeiten „wie nach Eingang einer Klage". Er ist also befugt, aber nicht verpflichtet, dem Bekl nach § 275 I eine Frist zur Klagerwiderung oder zB nach § 275 IV anschließend dem Kläger eine Frist zur Stellungnahme auf die Klagerwiderung zu setzen. Er kann den frühen ersten Termin sogleich unter Wahrung der Einlassungsfrist nach Rn 18 ansetzen. Er kann ihn nach § 272 Rn 4 als vollgültigen Termin vorbereiten und durchführen. Er kann ihn als bloßen Durchrufertermin planen. Er muß dann anschließend den Haupttermin nach § 275 II sorgfältig vorbereiten.

8) Verfahren des Richters mangels Anspruchsbegründung, V. Die Geschäftsstelle des Prozeßgerichts **26** legt dem Richter die Akten jedenfalls dann vor, sobald die von ihr nach § 697 I gesetzte Frist zur Anspruchsbegründung erfolglos verstrichen ist. Das ergibt sich aus V Hs 1.

A. Prüfung der Zulässigkeit des Einspruchs, V Hs 1. Der Richter prüft zunächst wie nach dem Eingang einer Anspruchsbegründung wegen I die Statthaftigkeit und Zulässigkeit des Einspruchs nach § 341 I 1. Das ergibt sich aus V Hs 1. Vgl für sein weiteres diesbezügliches Verfahren Rn 12.

B. Mangels Verwerfung: Terminsbestimmung, V Hs 1. Soweit das Gericht den Einspruch nicht **27** gerade nach § 341 I, II durch Urteil nach Rn 26 ohne mündliche Verhandlung verworfen hat, darf es in Abweichung von der Lage nach dem rechtzeitigen Eingang einer Anspruchsbegründung keine Verfahrenswahl treffen. Es muß vielmehr „unverzüglich Termin bestimmen". Das ergibt sich aus V Hs 1, Düss OLGZ **94**, 220. Das ist ein Haupttermin zum Einspruch und zur Sache, nicht etwa ein früher erster Termin. Trotzdem kommen keine Fristen nach § 276 in Betracht. Es ist auch keine Einlassungsfrist notwendig. Denn das Gericht hat ja hier gerade nicht „wie nach Eingang einer Klage" zu verfahren. Das Gericht muß den Termin von Amts wegen „unverzüglich" bestimmen, V Hs 1, Düss OLGZ **94**, 220. Das ergibt sich ohnehin aus § 216 II. Das bedeutet: Der Richter darf keineswegs zuwarten, ob doch noch eine Anspruchsbegründung eingeht. Das gilt um so mehr wegen Rn 28. Er darf also anders als bei § 697 III 1 keinen Terminantrag abwarten. In jedem Fall muß der Richter prüfen, ob er dem Termin zur mündlichen Verhandlung eine Güteverhandlung nach § 278 vorschalten muß.

C. Zugleich: Weitere Anspruchsbegründungsfrist, V Hs 2. Die Verweisung in V Hs 2 auf § 697 III **28** 2 bedeutet: Zugleich mit der Terminsbestimmung nach Rn 27 darf und muß der Richter dem Kläger eine Frist zur Begründung des Anspruchs setzen. Das ist eine weitere, nunmehr richterliche Frist, keine Notfrist. Ihre Mindestdauer ist nicht gesetzlich festgelegt. Sie muß aber unter Berücksichtigung aller Umstände angemessen sein. Der Richter darf zwar mitbedenken, daß der Kläger ja schon die von der Geschäftsstelle gesetzte erste Frist zur Anspruchsbegründung hat verstreichen lassen. Gleichwohl zeigt der gesetzliche Zwang zur weiteren nunmehr richterlichen Frist, daß das Gesetz dem Kläger sein Schweigen auf die erste Frist mit einer weiteren Frist „belohnt".

Das ist allerdings ein *kaum noch sinnvoller* Vorgang. Er findet seine halbwegs ausreichende Erklärung darin, daß diese weitere richterliche Frist einen Ausschluß wegen Verspätung des Vortrags nach sich zieht, falls der Kläger auch diese Frist verstreichen läßt. Das ergibt sich aus der Verweisung in V Hs 2 auf § 697 III 2 Hs 2 und damit auf § 296 I, IV. Das ist nun freilich eine kaum noch durchdringliche Schachtelverweisung überperfektionistischer Art. Sie ist um so bedauerlicher, als die Verspätungsfolgen des § 296 I, IV streng sein können. Eine Zurückweisung wegen Verspätung setzt eine ordnungsgemäß erfolgte Belehrung nach Hs 2 in Verbindung mit §§ 277 II, IV voraus, § 277 Rn 7. Die richterliche Begründungsfrist läßt sich obendrein nach § 224 II abkürzen oder verlängern. Zum Verfahren § 225.

9) Verfahren des Richters bei verspäteter Anspruchsbegründung, IV, V. Das Gesetz enthält keine **29** klare Regelung. Es hilft daher nur eine mühsame Auslegung. Hat der Vorsitzende beim Eingang der verspäteten Anspruchsbegründung noch keinen Termin nach V anberaumt, wird er am besten nach IV verfahren. Das gilt auch, wenn seine Terminsverfügung usw nach V noch nicht in den Geschäftsgang hinausgegangen ist, § 329 Rn 23. Andernfalls wartet das Gericht am besten innerhalb des Verfahrens nach V die richterliche Frist ab. Denn sonst droht das Argument, das Gericht dürfe den § 296 I, IV nicht vor dem Ablauf seiner eigenen Frist anwenden und der Kläger habe seine verspätete Anspruchsbegründung innerhalb der nun einmal vom Richter zusätzlich gesetzten Frist noch ergänzen wollen. Zu den Verspätungsfolgen § 296 I, IV.

10) Säumnis des Beklagten, VI. Beim Ausbleiben des Bekl nach einem zulässigen Einspruch im **30** folgenden Verhandlungstermin zum Einspruch und zur Hauptsache muß das Gericht anders als nach § 345 Rn 3 bei einer Klage, und entgegen vielfacher praktischer Übung die Schlüssigkeit des Klanspruchs bejahen, bevor es nach § 345 den Einspruch verwerfen darf und muß, VI Hs 1, § 331 II, II Hs 1, BGH **141**, 352, Hamm BB **91**, 164. Denn sonst würde die Gefahr des Erlasses eines nach § 514 II anfechtbaren Vollstreckungstitels ohne jede Schlüssigkeitsprüfung bestehen, Düss MDR **87**, 769, Orlich NJW **80**, 1782. Andernfalls muß das Gericht den Vollstreckungsbescheid aufheben und die Klage als unzulässig oder unbegründet abweisen, VI Hs 2, BGH **141**, 353. Vgl auch § 343.

Hartmann 1993

§§ 701, 702

701 *Wegfall der Wirkung des Mahnbescheids.* [1] Ist Widerspruch nicht erhoben und beantragt der Antragsteller den Erlass des Vollstreckungsbescheids nicht binnen einer sechsmonatigen Frist, die mit der Zustellung des Mahnbescheids beginnt, so fällt die Wirkung des Mahnbescheids weg. [2] Dasselbe gilt, wenn der Vollstreckungsbescheid rechtzeitig beantragt ist, der Antrag aber zurückgewiesen wird.

1   **1) Systematik, S 1, 2.** Die Vorschrift ergänzt § 699 durch Klärung der Rechtsfolgen der Unterlassung eines Antrags auf Erlaß des Vollstreckungsbescheids bzw der Antragszurückweisung.

2   **2) Regelungszweck, S 1, 2.** Da die Entscheidung über den Erlaß des Vollstreckungsbescheids nach § 699 I 1 von einem zum Mahnantrag zusätzlich erforderlichen Antrag abhängt, könnte der Gläubiger mithilfe des ihm ja zumindest nach § 693 II bekanntgegebenen Mahnbescheids unbegrenzte Zeit hindurch Druck auf den Schuldner ausüben, wenn auch keine Vollstreckung betreiben. Zwecks Rechtssicherheit nach Einl III 43 soll dergleichen zeitlich begrenzt werden. Das geschieht in S 1. S 2 enthält eine entsprechende Befristung. Der Gläubiger soll alsbald entscheiden, ob er gegen die Zurückweisung des Antrags auf einen Vollstreckungsbescheid vorgehen will.

3   **3) Voraussetzungen, S 1, 2.** Die Zustellung des Mahnbescheids kann auch noch nach mehr als sechs Monaten seit seinem Erlaß erfolgen. Ein zunächst erfolgloser Zustellungsversuch läßt sich wiederholen, BGH NJW 95, 3381. Der endgültig unzustellbare Mahnbescheid ist unwirksam. Die Wirkung des Mahnbescheids entfällt trotz des Fehlens eines Widerspruchs des Antragsgegners dann, wenn der Antragsteller den Mahnantrag nach § 690 Rn 16 wirksam zurücknimmt oder wenn eine der beiden folgenden Voraussetzungen vorliegt.

A. Kein Antrag. Der Antragsteller darf binnen 6 Monaten seit der Zustellung des Mahnbescheids trotz des Ausbleibens eines Widerspruchs des Antragsgegners oder trotz einer wirksamen Widerspruchsrücknahme nach § 697 Rn 23 keinen Vollstreckungsbescheid nach § 699 I beantragt haben. Es handelt sich um eine uneigentliche Frist, Üb 11 vor § 214, also um eine Ausschlußfrist, LG Köln AnwBl 86, 538, LAG Bln MDR 90, 187, und nicht um eine Notfrist, § 224 I 2. Man muß sie nach § 222 in Verbindung mit §§ 187 ff BGB berechnen. Das Gericht kann sie weder verkürzen noch verlängern, § 224, noch gegen ihre Versäumung Wiedereinsetzung bewilligen, § 233, LG Köln AnwBl 86, 538, LAG Bln MDR 90, 187. Die Frist beginnt bereits mit dem Zeitpunkt zu laufen, in dem der Mahnbescheid dem Antragsgegner zugestellt wurde, § 693 I, also nicht erst mit der Benachrichtigung des Antragstellers nach § 693 III, LG Köln AnwBl 86, 538, LAG Bln MDR 90, 187. Wenn der Antragsteller einen Vollstreckungsbescheid erwirkt hat, der aber weder von Amts wegen noch im Parteibetrieb nach § 700 IV zugestellt worden ist, dann läuft die Frist nicht, obwohl der Antragsgegner auch so Einspruch einlegen darf.

Die Einlegung eines *Widerspruchs* hemmt die Frist bis zu seiner wirksamen Rücknahme, § 697 Rn 23. Der Eingang des Antrags auf Erlaß des Vollstreckungsbescheids unterbricht die Frist, LG Brschw Rpfleger 78, 263. Rechtzeitige Antragstellung erlaubt den Erlaß des Vollstreckungsbescheids auch nach mehr als 6 Monaten seit Zustellung des Mahnbescheids. Innerhalb der Frist kann der Antragsteller einen zurückgenommenen Antrag erneuern. Nach der Rücknahme des Antrags läuft die Frist weiter.

4   **B. Zurückweisung.** Es mag auch so liegen: Der Antragsteller mag zwar den Vollstreckungsbescheid nach S 1 rechtzeitig beantragt haben, das Gericht mag diesen Antrag aber trotz des Ausbleibens eines Widerspruchs usw nach Rn 1 rechtskräftig zurückgewiesen haben, § 691 Rn 8. Das Erfordernis der Rechtskraft folgt aus § 691 Rn 15. Auch nach Rechtskraft mag der Antragsteller freilich innerhalb der 6-Monats-Frist den Antrag erneuern, Rn 3, LG Ffm Rpfleger 82, 295 (zustm Vollkommer). Etwas anderes gilt, wenn das Gericht einen rechtzeitig gestellten Antrag nicht binnen 6 Monaten beschieden hat.

5   **4) Weitere Folgen, S 1, 2.** Es kommt auf die Entscheidungsrichtung an.

A. Sachliche Zurückweisung. Wenn das Gericht den Antrag auf Erlaß des Vollstreckungsbescheids sachlich zurückgewiesen hat, verliert der Mahnbescheid seine Kraft.

6   **B. Verwerfung.** Wenn das Gericht den Antrag nur aus förmlichen Gründen oder als verfrüht verworfen hat, darf der Antragsteller ihn in der 6-Monats-Frist mit einer besseren Begründung erneuern. Er muß aber das Fehlende fristgerecht nachholen, LG Ffm Rpfleger 82, 295 (zustm Vollkommer).

7   **C. Fristablauf.** Im Fall Rn 1 verliert der Mahnbescheid jede prozessuale Wirkung. Es tritt nicht etwa eine Erledigungswirkung ein, KG MDR 83, 323. Die sachlichrechtliche Wirkung seines Erlöschens ergibt sich aus dem sachlichen Recht. Die Hemmung der Verjährung kann entfallen, BGH NJW 95, 3381. BayVerfGH NJW 88, 1373 (je zum alten Recht).

702 *Form von Anträgen und Erklärungen.* [I] [1] Im Mahnverfahren können die Anträge und Erklärungen vor dem Urkundsbeamten der Geschäftsstelle abgegeben werden. [2] Soweit Formulare eingeführt sind, werden diese ausgefüllt; der Urkundsbeamte vermerkt unter Angabe des Gerichts und des Datums, dass er den Antrag oder die Erklärung aufgenommen hat. [3] Auch soweit Formulare nicht eingeführt sind, ist für den Antrag auf Erlass eines Mahnbescheids oder eines Vollstreckungsbescheids bei dem für das Mahnverfahren zuständigen Gericht die Aufnahme eines Protokolls nicht erforderlich.

[II] Der Antrag auf Erlass eines Mahnbescheids oder eines Vollstreckungsbescheids wird dem Antragsgegner nicht mitgeteilt.

Vorbem. I 2, 3 geändert dch Art 1 Z 40 JKomG v 22. 3. 05, BGBl 837, in Kraft seit 1. 4. 05, Art 16 I JKomG, ÜbergangsR Einl III 78.

1   **1) Systematik, I, II.** Die Vorschrift ergänzt § 690. I 1, 2 gelten entsprechend bei § 829 IV.

Buch 7. Mahnverfahren **§§ 702, 703**

2) Regelungszweck, I, II. § 702 dient der Vereinfachung und Kostendämpfung und damit der Prozeß- 2
wirtschaftlichkeit, Grdz 14 vor § 128. Entsprechend großzügig sollte man die Vorschrift auslegen.

3) Zuständigkeit, I. Vor dem Urkundsbeamten der Geschäftsstelle als solchem unabhängig von den 3
Fällen Grdz 4 vor § 688 kann man sämtliche Anträge und Erklärungen im Mahnverfahren abgeben, S 1.
Deshalb besteht kein Anwaltszwang, § 78 V Hs 2. Das gilt auch dann, wenn ein etwaiges streitiges Verfahren
dem Anwaltszwang unterliegen würde. Wegen der Beendigung des Mahnverfahrens § 703 Rn 1. Zur
Entgegennahme ist der Urkundsbeamte der Geschäftsstelle eines jeden AG zuständig, § 129 a I, Crevecœur
NJW 77, 1321. Die Wirkung des Antrags tritt erst dann ein, wenn der Antrag bei dem für das Mahnverfahren
zuständigen AG eingeht, § 129 a II 2.

4) Form, I. Eine mündliche Erklärung vor dem Rpfl bzw in den Fällen Grdz 4 vor § 688 vor dem dafür 4
zuständigen Urkundsbeamten der Geschäftsstelle auch jeder anderen AG nach § 129 a reicht mangels
Formularzwangs (dazu unten) grundsätzlich aus. Daher besteht grundsätzlich kein Anwaltszwang, § 78 V
Hs 2. In Bevollmächtigter braucht seine Vollmacht nur zu versichern, nicht eidesstattlich zu versichern und
nicht nachzuweisen, § 703. Auch Telefax usw ist zulässig, § 129 Rn 44, ebenso eine telefonische Erklärung,
zu deren Entgegennahme der Urkundsbeamte nach Grdz 4 vor § 688 oder ein anderer Urkundsbeamter
bereit ist. Wegen elektronischer Einreichung § 130 a. Ein förmliches Protokoll braucht der Urkundsbeamte
weder für den Antrag noch für denjenigen auf Erlaß eines Mahnbescheids noch für denjenigen auf Erlaß eines Vollstreckungsbescheids aufzunehmen, S 3, es sei denn bei der Aufnahme einer Erklärung vor einem anderen als dem für das
Mahnverfahren zuständigen Gericht, Rn 1. Für einen Widerspruch gegen den Mahnbescheid ist aber ein
Protokoll dann notwendig, wenn der Antragsgegner seinen Widerspruch nicht schriftlich einlegt, § 694
Rn 2. Wegen der Form des Einspruchs § 340 Rn 4.

Soweit *Formulare* eingeführt sind, ist wegen des Benutzungszwangs nach § 703 c II grundsätzlich deren
Ausfüllung zur Vermeidung einer Zurückweisung als unzulässig notwendig, I 2 (vgl aber § 692 Rn 7, § 694
Rn 3). Dabei vermerkt der Urkundsbeamte der Geschäftsstelle nach Grdz 4 vor § 688 oder der sonstige
Urkundsbeamte die Aufnahme mit Ort und Datum. Als Unterschrift reicht ein Stempel und daher bei
elektronischer Aktenführung aus denselben Gründen wie bei § 692 Rn 11 eine einfache, nicht notwendig
qualifizierte elektronische Signatur aus. Bei einer maschinellen Bearbeitung muß man § 703 b beachten.

5) Keine Benachrichtigung, II. Es erfolgt keine Mitteilung von Amts wegen über den Eingang eines 5
Antrags auf Erlaß eines Mahnbescheids oder Vollstreckungsbescheids an den Gegner. Wenn sich der Gegner
erkundigt, darf und muß der Urkundsbeamte der Geschäftsstelle als solcher unabhängig von den Fällen
Grdz 4 vor § 688 die erbetene Auskunft geben. Der Antragsgegner erhält auch von der Zurückweisung des
Antrags grundsätzlich keine Benachrichtigung. Von einem Widerspruch benachrichtigt der Urkundsbeamte
den Antragsteller gemäß § 695. Nach einem Einspruch gegen den Vollstreckungsbescheid benachrichtigt das
Gericht beide Parteien von der Abgabe des Verfahrens, §§ 700 III 2 in Verbindung mit 696 I 3.

703 *Kein Nachweis der Vollmacht.* ¹Im Mahnverfahren bedarf es des Nachweises einer Vollmacht nicht. ²Wer als Bevollmächtigter einen Antrag einreicht oder einen Rechtsbehelf einlegt, hat seine ordnungsgemäße Bevollmächtigung zu versichern.

1) Systematik, S 1, 2. Die Vorschrift regelt in Ergänzung zu §§ 690, 699, 702 eine wichtige Einzelfrage. 1
Im Mahnverfahren ist zwar eine Vollmacht im Innenverhältnis wie sonst notwendig. Sie läßt sich auch
rückwirkend nachholen. Weder ein Anwalt noch abweichend von § 88 II ein sonstiger Bevollmächtigter
brauchen eine Vollmacht aber im Außenverhältnis für den eigenen Bevollmächtigten nachzuweisen, auch
nicht auf die Rüge des Gegners. Es ist stets erforderlich und grundsätzlich ausreichend, das Vorhandensein
einer Vollmacht zu behaupten und auch zu „versichern", Rn 3. Natürlich reicht das nicht aus für die
Tätigkeit des möglichen Bevollmächtigten des Angrags*gegners*. Dann gelten auch im Mahnverfahren
§§ 80 ff.

Das Mahnverfahren *endet*: Mit dem Wegfall der Wirkung des Mahnbescheids, § 700 S 1; mit einer
rechtskräftigen Zurückweisung des Antrags auf Erlaß des Vollstreckungsbescheids, § 701 S 2; nach einem
Widerspruch gegen den Mahnbescheid mit dem Eingang der Akten beim Gericht des streitigen Verfahrens,
§ 696 Rn 12; nach einem Einspruch gegen den Vollstreckungsbescheid mit der nächsten gerichtlichen
Maßnahme, § 700 III 2 in Verbindung mit § 696 I 4, Köln MDR 82, 945, aM Mü MDR 92, 617 (aber
spätestens dann liegt nun ein streitiges Verfahren vor).

2) Regelungszweck, S 1, 2. Die Vorschrift dient der Vereinfachung und Beschleunigung, Grdz 12 vor 2
§ 128. Das Gesetz nimmt in S 2 mit seinem Verzicht auf die Eidesstattlichkeit der dortigen Versicherung die
gewisse Erhöhung der Gefahr einer falschen Versicherung (keine Strafbarkeit nach § 156 StBG) um der
Praktikabilität im Massenverfahren willen in Kauf, Grdz 14 vor § 128.

3) Versicherung, S 2. Nur bei der Einreichung eines Antrags nach §§ 690, 696 I, 699 I oder bei der 3
Einlegung eines Rechtsbehelfs nach §§ 694, 700 III, ferner nach §§ 104 III, 567 I, § 11 RPflG muß der
Bevollmächtigte nur des Antragstellers bzw Rechtsbehelfsführers darüber hinaus eine ordnungsgemäße Bevollmächtigung versichern. S 2 gilt nicht für deren Gegner. Jeder Bevollmächtigte muß diese Versicherung abgeben, auch ein Anwalt. Im etwaigen Vordruck muß man das entsprechende Kästchen ankreuzen. Eine Prozeßvollmacht reicht als das stärkere Mittel aus. Eine eidesstattliche Versicherung ist nicht
erforderlich. §§ 88 ff sind nur anwendbar, soweit sie nicht durch die Spezialvorschrift des § 703 verdrängt
werden. Die Unterzeichnung durch einen Laien mit „i. A." läßt sich als Versicherung der Bevollmächtigung
bewerten, Köln VersR 92, 1279.

4) Streitiges Verfahren, S 1, 2. Im anschließenden streitigen Verfahren ist eine Vollmacht wie sonst 4
notwendig, §§ 80 ff, 88. Das gilt auch dann, wenn der Antrag auf die Durchführung des streitigen Verfahrens
oder die Erklärung der Rücknahme eines Widerspruchs bzw Einspruchs erst in diesem Verfahrensabschnitt

§§ 703, 703a

eingehen. Denn erst mit einer wirksamen Zurücknahme gilt die Streitsache als (wenn auch rückwirkend) nicht rechtshängig, § 696 IV 3, bzw ein streitiges Verfahren als nicht mehr vorhanden. Daher muß das Prozeßgericht die Wirksamkeit der Rücknahme noch im streitigen Verfahren prüfen, Hornung Rpfleger **78**, 430, aM RoSGo § 165 III 5 d (aber im streitigen Verfahren gelten mit Abwicklung evtl noch mit). Erst nach eindeutiger Rückkehr ins Mahnverfahren gilt wieder § 703. Soweit eine erforderliche Vollmacht fehlte, muß man die entsprechend fehlerhafte Parteiprozeßhandlung im Sinn von Grdz 47 vor § 128 nach § 89 beurteilen, aM ThP 3 (sie sei unwirksam. Aber es ist zumindest eine Heilung nach § 295 möglich).

5 **5) Zwangsvollstreckung, S 1, 2.** In diesem Stadium muß man seine Vollmacht wie sonst nachweisen, auch wenn es nur einen Vollstreckungsbescheid und kein anschließendes streitiges Verfahren gegeben hat, Bank JB **80**, 1620.

703a *Urkunden-, Wechsel- und Scheckmahnverfahren.* [I] Ist der Antrag des Antragstellers auf den Erlass eines Urkunden-, Wechsel- oder Scheckmahnbescheids gerichtet, so wird der Mahnbescheid als Urkunden-, Wechsel- oder Scheckmahnbescheid bezeichnet.

[II] Für das Urkunden-, Wechsel- und Scheckmahnverfahren gelten folgende besondere Vorschriften:

1. die Bezeichnung als Urkunden-, Wechsel- oder Scheckmahnbescheid hat die Wirkung, dass die Streitsache, wenn rechtzeitig Widerspruch erhoben wird, im Urkunden-, Wechsel- oder Scheckprozeß anhängig wird;
2. die Urkunden sollen in dem Antrag auf Erlass des Mahnbescheids und in dem Mahnbescheid bezeichnet werden; ist die Sache an das Streitgericht abzugeben, so müssen die Urkunden in Urschrift oder in Abschrift der Anspruchsbegründung beigefügt werden;
3. im Mahnverfahren ist nicht zu prüfen, ob die gewählte Prozessart statthaft ist;
4. beschränkt sich der Widerspruch auf den Antrag, dem Beklagten die Ausführung seiner Rechte vorzubehalten, so ist der Vollstreckungsbescheid unter diesem Vorbehalt zu erlassen. Auf das weitere Verfahren ist die Vorschrift des § 600 entsprechend anzuwenden.

1 **1) Systematik, I, II.** Die Vorschrift paßt das Mahnverfahren in einer Sache wegen einer Urkunden-, Wechsel- oder Scheckforderung den Besonderheiten des entsprechenden Klageverfahrens nach §§ 592–605 a an. Es gelten also §§ 688 ff, soweit § 703 a keine Sondervorschrift enthält.

2 **2) Regelungszweck, I, II.** Die Vorschrift dient einer Vereinheitlichung und der gerade bei solcher Forderung auch besonderen Eilbedürftigkeit an. Damit dient sie auch der Prozeßwirtschaftlichkeit, Grdz 14 vor § 128.

3 **3) Zulässigkeit, I, II.** Sie folgt einem klaren Grundsatz.

A. Grundsatz, I, II Z 1. Das Urkunden-, Wechsel- und Scheckmahnverfahren ist eine ziemlich lebensunfähige Einrichtung. Es soll die Vorteile des Mahnverfahrens mit denjenigen des Urkunden- usw -prozesses vereinen. Es ist nur dann statthaft, wenn der Antragsteller den Anspruch im Urkunden- usw Prozeß geltend machen könnte, §§ 592 ff. Doch muß das Gericht auf einen inhaltlich entsprechend deutlichen Antrag einen Urkunden- usw Mahnbescheid erlassen, ohne daß es die Statthaftigkeit gerade dieser Abart des Mahnverfahrens prüfen darf, II Z 3. Wenn das besondere Verfahren zulässig ist, dann gilt § 703 a vorrangig oder doch ergänzend. Es treten die daraus auch etwa folgenden Nachteile erst im streitigen Verfahren ein. Dann darf zB kein Versäumnisurteil ergehen. Die Widerspruchsfrist ist jetzt bei allen Arten des Mahnbescheids einheitlich, §§ 692 I Z 3, 694. Die Anhängigkeit tritt im Urkunden- usw -prozeß nach II Z 2 ein, die Rechtshängigkeit nach § 696 III. Wenn der Kläger vom Urkunden- usw -mahnverfahren Abstand nimmt, geht der Streit im normalen Mahn- bzw streitigen Verfahren weiter.

4 **B. Urkunde, II Z 2.** Die Bezeichnung der Urkunde im Antrag und im Mahnbescheid ist nach II Z 2 Hs 1 für das Mahnverfahren eine bloße Sollvorschrift, aM BGH NJW **01**, 306 (aber bei klarem Wortlaut gibt es keine umdeutende Auslegung, Einl III 39, und derselbe II Z 2 macht in Hs 1 mit „sollen", in Hs 2 mit „müssen" unmißverständlich verschiedene Anforderungsgrade klar). Die Unterlassung dieser Bezeichnung hat keine Folgen, sofern sich nach I der Antrag ausdrücklich oder doch eindeutig erkennbar gerade auf den Erlaß eines Urkunden- usw Mahnbescheid richtet, sofern dieser auch als solcher bezeichnet wird und soweit der Antragsteller schließlich seinen Anspruch identifiziert hat, § 690 Rn 6, BGH NJW **01**, 306. Eine Beifügung der Urkunde ist jetzt im Mahnverfahren keineswegs mehr notwendig. Sie ist sogar nicht ratsam, wenn eine maschinelle Bearbeitung stattfindet. Die Urkunde wird ja nicht mehr benötigt.

Denn es findet ohnehin *keine Schlüssigkeitsprüfung* mehr statt, also auch keine besondere Schlüssigkeitsprüfung der Urkundenforderungen, § 690 Rn 7. II Z 2 Hs 2 meint auch nur, daß man die Urkunden im anschließenden streitigen Verfahren beifügen muß, ebenso natürlich in der Zwangsvollstreckung, LG Saarbr DGVZ **90**, 44. Denn erst dann ist eine „Anspruchsbegründung" notwendig. Daher darf das Gericht den Antrag keineswegs schon wegen des Fehlens der Urkunden zurückweisen, aM ZöV 4 (aber „soll" ist eben nicht „muß", Einl III 39. „Muß" gilt nach II Z 2 Hs 2 nur im streitigen Verfahren). Es ist unschädlich, die Urkunden vorher einzureichen. Der Urkundsbeamte der Geschäftsstelle muß als solcher unabhängig von den Fällen Grdz 4 vor § 688 die Urkunden auch bei einer maschinellen Bearbeitung entweder in gehöriger Form verwahren oder sie sorgfältig zurückschicken und anheimgeben, sie später erneut einzureichen.

5 **4) Weiteres Verfahren, II Z 1–4.** Das Gericht muß zwar die allgemeinen Prozeßvoraussetzungen des Mahnverfahrens wie sonst prüfen, § 688 Rn 3 ff. Es darf aber die Statthaftigkeit gerade des Urkunden-, Wechsel- oder Scheckmahnverfahrens nach II Z 3 erst nach dem Eingang eines Widerspruchs bzw Einspruchs im streitigen Verfahren prüfen, Rn 1. Es ist nicht erforderlich, zur Zahlung nur gegen Aushändigung der gültigen Urkunde aufzufordern, StJM § 726 Rn 18, ZöV 3. Mangels Widerspruchs ergeht ein Vollstrekkungsbescheid nach § 699. Gegen ihn ist Einspruch statthaft, § 700. Wenn die Sache auf den Widerspruch eines Gesamtschuldners an das für ihn zuständige Gericht abgegeben bzw verwiesen wurde und wenn nunmehr ein anderer Gesamtschuldner gegen den Vollstreckungsbescheid Einspruch einlegt, dann wird die Sache auch insoweit an dasselbe Gericht abgegeben oder verwiesen, BGH Rpfleger **75**, 172 (zum alten Recht). Wenn der Widerspruch nur mit einem Antrag auf den Vorbehalt der Rechte eingelegt wurde, dann ergeht der Vollstreckungsbescheid unter diesem Vorbehalt, II Z 4.

Gegen den Vorbehalt ist ein *Einspruch unstatthaft,* Schriewer MDR **79**, 24. Denn es fehlt eine Versäumung. Das Mahngericht gibt die Akten dann vielmehr entsprechend § 700 III von Amts wegen an das im Mahnantrag und -bescheid bezeichnete Gericht des streitigen Verfahrens ab. Dort entsteht ein Nachverfahren nach § 600. Dagegen ist wegen des Fehlens des Vorbehalts ein Einspruch zulässig. Die Ladungsfrist für das Nachverfahren ist in § 703 a nicht besonders geregelt.

703b *Sonderregelungen für maschinelle Bearbeitung.* **I Bei maschineller Bearbeitung werden Beschlüsse, Verfügungen und Ausfertigungen mit dem Gerichtssiegel versehen; einer Unterschrift bedarf es nicht.**

II Der Bundesminister der Justiz wird ermächtigt, durch Rechtsverordnung mit Zustimmung des Bundesrates den Verfahrensablauf zu regeln, soweit dies für eine einheitliche maschinelle Bearbeitung der Mahnverfahren erforderlich ist (Verfahrensablaufplan).

Schrifttum: S bei § 689.

1) **Systematik, I, II.** Die Vorschrift entspricht weitgehend § 658. Vgl auch § 689 Rn 14, § 703 c III. **1**

2) **Regelungszweck, I, II.** Das maschinelle Verfahren dient einer rascheren und kostensparenden Bewältigung des Massenverfahrens. Das sollte man bei der Auslegung mitbeachten. **2**

3) **Maschinelle Bearbeitung, I.** Ausreichend ist statt einer Unterschrift oder eines entsprechenden **3** Stempelabdrucks nach § 692 II das Gerichtssiegel, und zwar als Druck. Das gilt auch für die Zustellungsbescheinigung nach (jetzt) § 169 I, Köln Rpfleger **97**, 31. Es ist also nicht etwa ein Siegel im Original erforderlich, BGH VersR **85**, 551, Schuster DGVZ **83**, 117. Der Aktenausdruck ist nach § 418 beweiskräftig, § 696 Rn 9.

4) **Verfahrensablaufplan, II.** Ein solcher ist bisher noch nicht gesetzlich eingeführt worden. **4**

703c *Formulare; Einführung der maschinellen Bearbeitung.* **I 1 Der Bundesminister der Justiz wird ermächtigt, durch Rechtsverordnung mit Zustimmung des Bundesrates zur Vereinfachung des Mahnverfahrens und zum Schutze der in Anspruch genommenen Partei Formulare einzuführen. 2 Für**

1. **Mahnverfahren bei Gerichten, die die Verfahren maschinell bearbeiten,**
2. **Mahnverfahren bei Gerichten, die die Verfahren nicht maschinell bearbeiten,**
3. **Mahnverfahren, in denen der Mahnbescheid im Ausland zuzustellen ist,**
4. **Mahnverfahren, in denen der Mahnbescheid nach Artikel 32 des Zusatzabkommens zum NATO-Truppenstatut vom 3. August 1959 (BGBl. 1961 II S. 1183, 1218) zuzustellen ist,**

können unterschiedliche Formulare eingeführt werden.

II Soweit nach Absatz 1 Formulare für Anträge und Erklärungen der Parteien eingeführt sind, müssen sich die Parteien ihrer bedienen.

III Die Landesregierungen bestimmen durch Rechtsverordnung den Zeitpunkt, in dem bei einem Amtsgericht die maschinelle Bearbeitung der Mahnverfahren eingeführt wird; sie können die Ermächtigung durch Rechtsverordnung auf die Landesjustizverwaltungen übertragen.

Vorbem. Überschrift nur scheinbar geändert (war in Wahrheit schon vorher erfolgt) dch Art 1 Z 5 b G v 18. 8. 05, BGBl 2477, in Kraft seit 27. 8. 05, Art 3 S 2 G. I 1, 2, II geändert duch Art 1 Z 40 JKomG v 22. 3. 05, BGBl 837, in Kraft seit 1. 4. 05, Art 16 I JKomG, ÜbergangsR Einl III 78.

Schrifttum: *Kruse/Geishecker,* Das EDV-gestützte gerichtliche Mahnverfahren, 1996; *Salten/Riesenberg/Jurksch,* Das automatisierte gerichtliche Mahnverfahren usw, 1996; *Schmid,* Elektronische Datenverarbeitung im Mahnverfahren, 1990; *Seidel/Brändle,* Automatisierte Mahnverfahren, 1991.

Gliederung

1) Systematik, Regelungszweck, I–III	1	A. Nur im Umfang von Verordnungen	3
2) Formularverordnungen, I	2	B. Verstoß	4
3) Benutzungszwang, II	3, 4	4) Maschinelle Bearbeitung, III	5

1) **Systematik, Regelungszweck, I–III.** Vgl § 703 b Rn 1. **1**

2) **Formularverordnungen, I.** Vgl auch § 641 t. Es sind im Bereich des § 703 c bisher folgende **2** Verordnungen ergangen: vom 6. 6. 78, BGBl 705, zuletzt geändert durch Art 7 ZPO-RG v 27. 7. 01, BGBl 1887, in Kraft seit 1. 10. 01, Art 53 Z 1 ZPO-RG, ÜbergangsR Einl III 78, betr Verfahren nach I 2 Z 1 (vgl aber Rn 4); VO vom 6. 5. 77, BGBl 693, geändert zunächst durch Art 6, 7 ZPO-RG v 27. 7. 01, BGBl 1887, in Kraft seit 1. 10. 01, Art 53 Z 1 ZPO-RG, sodann durch Art 2 VIII ZustRG vom 25. 6. 01, BGBl 1206, in Kraft seit 1. 7. 02, Art 4 ZustRG, ferner durch Art 31 G v 13. 12. 01,

§§ 703c, 703d Buch 7. Mahnverfahren

BGBl 3574, in Kraft seit 1. 1. 02, Art 36 I G, ÜbergangsR jeweils Einl III 78. Wegen Art 32 ZAbkNTrSt SchlAnh III.

Im *arbeitsgerichtlichen* Verfahren gilt § 46a VII ArbGG, abgedruckt Grdz 3 vor § 688, dazu betr Vordrucke VO vom 15. 12. 77, BGBl 2625, zunächst geändert durch Art 32 G v 13. 12. 01, BGBl 3574, in Kraft seit 1. 1. 02, Art 36 I G, und sodann durch Art 2 XVIa ZustRG v 25. 6. 01, BGBl 1206, in Kraft seit 1. 7. 02, Art 4 ZustRG, ÜbergangsR Einl III 78.

Das Formular muß bei schriftlicher Fassung als *Durchschreibesatz* gestaltet sein, AG Halle NJW **96**, 3423, AG Hbg NJW **97**, 874, AG Hünfeld RR **97**, 831, aM LG Düss Rpfleger **79**, 348. Zum Bedrucken Gureck MDR **98**, 1457. BVerfG NJW **04**, 1098 links und rechts hält wegen Art 2 I GG schon im Antragsformular einen Hinweis auf die Gebührenpflichtigkeit eines Antrags auf ein streitiges Verfahren für notwendig.

3 3) **Benutzungszwang, II.** Er bringt zunehmend auch Probleme.

A. Nur im Umfang von Verordnungen. Ein Benutzungszwang besteht nur noch im Umfang der Verordnungen, Rn 1, 4, Salten MDR **95**, 668. Ein Benutzungszwang besteht also nur für: den Antrag auf Erlaß des Mahnbescheids, LG Darmst NJW **85**, 1696, LG Hagen NJW **92**, 2036; den Mahnbescheid; den Antrag auf Erlaß des Vollstreckungsbescheids; den Vollstreckungsbescheid, LG Düss Rpfleger **79**, 348. Telefax ist hier unzulässig, LG Hagen NJW **92**, 2036, Daumke ZIP **95**, 722. Obwohl zugleich ein Formular für den Widerspruch eingeführt wurde, besteht für den Widerspruch in Wahrheit doch kein Formularzwang, II. Freilich ist die Benutzung des Formulars zu empfehlen, §§ 692 Rn 7, 694 Rn 3. Der Einspruch unterliegt keinem Formularzwang, ebensowenig eine Erinnerung oder sofortige Beschwerde.

Kein Benutzungszwang besteht ferner, soweit der Mahnbescheid im Ausland, § 688 III, oder nach Art 32 ZAbkNTrSt, SchlAnh III, zuzustellen ist, VO vom 6. 6. 78, BGBl 705 (betr I 2 Z §) § 1 II, VO vom 6. 5. 77, BGBl 693 (betr I 2 Z) § 1 I 2. Innerhalb der vorgeschriebenen Formularart ist eine Auswechslung möglich, LG Düss Rpfleger **79**, 348. Zum Formularzwang vgl auch §§ 117 IV, 641 t II.

4 B. **Verstoß.** Soweit ein Benutzungszwang besteht, muß der Benutzer zB die Durchschreibetechnik anwenden, um Fehler zu vermeiden, Rn 2. Eine Abweichung eines Formulars von gesetzlichen Bestimmungen kann für den Antragsteller nachteilig sein, LG/AG Hbg Rpfleger **00**, 171 (streng). Eine Mangelheilung zB durch Nachreichung eines korrekten Formulars ist möglich, BGH NJW **99**, 3717, LG Düss Rpfleger **79**, 348, Salten MDR **95**, 669. Ein Verstoß ist ein Zurückweisungsgrund, § 691 Rn 3, AG Halle NJW **96**, 3423, AG Hbg NJW **97**, 874, AG Hünfeld RR **97**, 829. Er macht eine Zwangsvollstreckung mangels wirksamer Zustellung unzulässig, LG Darmst DGVZ **96**, 62. Die Einspruchsfrist der §§ 700 I, 339 I beginnt nicht zu laufen, LG Darmst DGVZ **96**, 62, aM Karlsr RR **87**, 895. Es kann Verjährung eintreten, LG Darmst NJW **86**, 1695. Wegen der Form des Einspruchs § 700 Rn 8 ff. Soweit eine Fernkopie des Formulars vorliegt, ist es rechtlich benutzt worden, aM LG Hagen Rpfleger **92**, 167 (zum Telefax).

5 4) **Maschinelle Bearbeitung, III.** Vgl zunächst § 689 III. Die Landesregierungen haben die Landesjustizverwaltungen wie folgt nach III ermächtigt:
Baden-Württemberg: VO zuletzt vom 15. 1. 93, GBl 50 (zuständig ist für Anträge aus dem gesamten Bundesgebiet das AG Stuttgart);
Bayern: VO zuletzt vom 20. 12. 94, GVBl 1080 (zuständig sind das AG Coburg für die Bezirke der AGe Coburg und Lichtenfels, das AG Nürnberg für die Bezirke der AGe Fürth und Nürnberg; beschränkt auch AG München);
Berlin: VO zuletzt vom 12. 5. 95, GVBl 314 (zuständig ist das AG Wedding und für den Bereich des § 689 II 2 das dort bestimmte AG Schöneberg);
Brandenburg:
Bremen: VO vom 20. 9. 01, GBl 329;
Hamburg: VO zuletzt vom 20. 1. 98, GVBl 22 (zuständig ist das AG Hamburg – gemeint: Mitte – (?);
Hessen: VO vom 29. 10. 94, GVBl 634 (zuständig ist für den Bezirk Eltville das AG Hünfeld. Es bearbeitet auch die in § 689 Rn 9 „Hessen" genannten Fälle, soweit sie maschinell bearbeitet werden);
Mecklenburg:
Niedersachsen: VO vom 29. 8. 97, GVBl 400.
Nordrhein-Westfalen: VO zuletzt vom 28. 1. 99, GVBl 43: zuständig sind das AG Euskirchen für den OLG-Bezirk Köln, das AG Hagen für die OLG-Bezirke Düsseldorf und Hamm (je Ausnahme: kein inländischer allgemeiner Gerichtsstand, § 1 VO), in Kraft seit 1. 5. 99, ÜbergangsR § 2 VO;
Rheinland/Pfalz: VO vom 6. 3. 92, GVBl 67 (zuständig ist das AG Mayen für Anträge aus dem gesamten Bundesgebiet);
Saarland:
Sachsen:
Sachsen-Anhalt:
Schleswig-Holstein: VO vom 4. 12. 96, GVBl 720 zuletzt geändert am 19. 9. 01, GVBl 155 (Zuständigkeit des JustMin);
Thüringen:

703d *Antragsgegner ohne allgemeinen inländischen Gerichtsstand.* [1] Hat der Antragsgegner keinen allgemeinen Gerichtsstand im Inland, so gelten die nachfolgenden besonderen Vorschriften.

II [1] Zuständig für das Mahnverfahren ist das Amtsgericht, das für das streitige Verfahren zuständig sein würde, wenn die Amtsgerichte im ersten Rechtszug sachlich unbeschränkt zuständig wären. [2] § 689 Abs. 3 gilt entsprechend.

Buch 7. Mahnverfahren § 703d

1) Systematik, I, II. Grundsätzlich müßte das Gericht sowohl nach dem Eingang eines Widerspruchs 1
gegen den Mahnbescheid als auch nach einem Einspruch gegen den Vollstreckungsbescheid die Akten von
Amts wegen an dasjenige Gericht abgeben, das für ein streitiges Verfahren zuständig ist. Das ergibt sich aus
§§ 696 I, 700 III je in Verbindung mit §§ 692 I Z 1, 690 I Z 5. Soweit ein Antrags*gegner* bei Zustellung des
Mahnbescheids nach § 689 Rn 9 im Inland keinen allgemeinen Gerichtsstand hat, sondern allenfalls einen
besonderen Gerichtsstand, zB nach §§ 20–23 a, 26 ff, 38, müßte eine derartige Aufgabe erfolgen, § 690
Rn 13. Deshalb schafft § 703 d nur diesem Antragsgegner gegenüber und nicht auch anderen etwa gesamtschuldnerischen Antragsgegnern mit inländischem Gerichtsstand gegenüber eine vorrangige Sonderregelung,
BGH NJW **95**, 3317 (§ 36 I Z 3 kann entsprechend anwendbar sein).

Sie gilt unabhängig davon, ob der Antrags*steller* im Inland einen allgemeinen Gerichtsstand hat. § 703 d hat
also Vorrang gegenüber § 689 II 1 und 2, BGH NJW **81**, 2647, § 689 Rn 5. Die Vorschrift erfaßt sowohl
den Fall, daß eine Zustellung des Mahnbescheids nach den allgemeinen Vorschriften im Inland erfolgen kann
und daß nur eben ein allgemeiner Gerichtsstand des Antragsgegners im Inland fehlt, als auch denjenigen Fall,
daß nach § 688 III eine Zustellung des Mahnbescheids im Ausland notwendig wird. Die EuGVVO ist
gegenüber § 703 d vorrangig, BGH NJW **81**, 2647, Wagner RIW **95**, 91. Eine öffentliche Zustellung nach
§§ 185 ff darf wegen § 688 II Z 3 nicht erforderlich sein.

2) Regelungszweck, I, II. Die Vorschrift dient der Rechtssicherheit, Einl III 43. Die Zuständigkeitsfrage 2
soll dem Ziel eines raschen und einfachen Verfahrens zur Erlangung eines Vollstreckungstitels auch im Fall
eines Anstandsbezugs nach § 688 III möglichst wenig Probleme bieten. Insofern dient § 703 d auch der
Zweckmäßigkeit, Grdz 14 vor § 128.

3) Zuständigkeit, II. Es ist dasjenige AG zuständig, das für eine streitiges Verfahren zuständig wäre, 3
wenn die Amtsgerichte im ersten Rechtszug sachlich unbeschränkt zuständig wären, zB nach § 23, AG Mü
Rpfleger **91**, 425 (zustm Druwe), oder nach §§ 20, 32, 38, Druwe Rpfleger **91**, 425. Die Zuständigkeit
kann auch kraft Zuweisung begründet werden, II 2 in Verbindung mit § 689 III, BGH NJW **93**, 2752.
Bisher ist keine derartige Ermächtigung ergangen. Wenn auch danach eine inländische Zuständigkeit fehlt,
dann ist das Mahnverfahren nicht statthaft, Druwe Rpfleger **91**, 426. Das nach II 1 zuständige AG behandelt
die Sache als Streitgericht weiter oder gibt sie an das übergeordnete LG ab. Bei II 2 gibt es die Sache an das
zuständige AG oder LG ab. Das weitere Verfahren verläuft nach §§ 696, 698, 700 III.

Buch 8
Zwangsvollstreckung

Bearbeiter: Dr. Dr. Hartmann

Abschnitt 1. Allgemeine Vorschriften

Grundzüge

Schrifttum: *Alpmann/Schmidt,* Vollstreckungsrecht, 1: 7. Aufl 1997, 2: 7. Aufl 1997; *App,* Verwaltungsvollstreckungsrecht, 4. Aufl 2005; *Bauer,* Rechtsvergleichende Untersuchung der Systeme des deutschen und französischen Zwangsvollstreckungsrechts, Diss Tüb 1993; *Baur/Stürner,* Zwangsvollstreckungs- und Insolvenzrecht, Lehrbuch, Band I (Einzelvollstreckungsrecht), 13. Aufl 2005; *Baur/Stürner/Bruns,* Zwangsvollstreckungs-, Konkurs- und Vergleichsrecht, Fälle und Lösungen nach höchstrichterlichen Entscheidungen, 6. Aufl 1989; *Becker,* Vollstreckungsrecht 2: 46 Fälle, 2. Aufl 2004; *Behr,* Grundlagen des Zwangsvollstreckungsrechts usw, 4. Aufl 2004; *Behrendt,* Verfügungen im Wege der Zwangsvollstreckung usw, 2002; *Berg,* Zwangsvollstreckung: ein Ratgeber usw, 1998; *Both,* Praxis der Zwangsvollstreckung, 2004; *Brehm,* PC-Fallbeispiel Zwangsvollstreckung, 1992; *Brox/Walker,* Zwangsvollstreckungsrecht, 7. Aufl 2003 (Bespr *Hintzen* Rpfleger 03, 695); *Bruckmann,* Die Praxis der Zwangsvollstreckung, 4. Aufl 2002; *Dörndorfer,* Taktik in der Vollstreckung (I), Grundvermögen, 2002 (Bespr *Klawikowski* Rpfleger 03, 103); *Gerhardt,* Grundbegriffe des Vollstreckungs- und Insolvenzrechts, 1985; *Goebel,* Zwangsvollstreckungsrecht, 2. Aufl 2005; *Gottwald,* Zwangsvollstreckung (Kommentierung der §§ 704–915h ZPO), 5. Aufl 2005; *Grunsky,* Grundzüge des Zwangsvollstreckungs- und Insolvenzrechts, 5. Aufl 1996; *Heussen/Fraulob/Bachmann,* Zwangsvollstreckung für Anfänger, 7. Aufl 2002; *Hintzen,* Taktik in der Zwangsvollstreckung, I (Grundvermögen), 4. Aufl 1997; II (Forderungspfändung usw) 4. Aufl 1998; III (Sachpfändung, eidesstattliche Versicherung, ausgewählte Forderungsrechte) 4. Aufl 1999; *Hintzen/Höppner/David,* Erfolgreiche Zwangsvollstreckung, 3. Aufl 1999; *Hippler,* Die Voraussetzungen der Zwangsvollstreckung, 2. Aufl 2000; *Jauernig,* Zwangsvollstreckungs- und Insolvenzrecht (Kurzlehrbuch), 21. Aufl 1999; *Keller,* Taktik in der Vollstreckung (II): Zwangsvollstreckung in Geldforderungen, 2. Aufl 2003; *Kramer,* Die Zwangsvollstreckung usw, 2000; *Kussmann,* Vollstreckung, 5. Aufl 1993; *Lackmann,* Zwangsvollstreckungsrecht, 7. Aufl 2005; *Lackmann/Wittschier,* Die Klausur im Zwangsvollstreckungsrecht, 2. Aufl 2005; *Lippross,* Vollstreckungsrecht (anhand von Fällen), 9. Aufl 2003; *Lüke,* Zwangsvollstreckungsrecht (Prüfe dein Wissen), 2. Aufl 1993; *Lüke,* Die Entwicklung der öffentlich-rechtlichen Theorie der Zwangsvollstreckung in Deutschland, in: Festschrift für Nakamura (1996); *Lüke,* Zivilprozeßrecht, Erkenntnisverfahren, Zwangsvollstreckung, 8. Aufl 2003; *Marks/Schmidt/Meyer,* ZAP-Formularbuch Zwangsvollstreckung, 2003; *Möbius/Kroiß,* Zwangsvollstreckung (Examenskurs), 4. Aufl 2002; *Raddatz,* Vollstreckungsrecht (Lehrgang), 1993; *Philipp/Felser,* Zwangsvollstreckung, 2001; *Prévault,* Zwangsvollstreckung in den Staaten der Europäischen Union, in: Festschrift für Deutsch (1999); *Riedel,* Zwangsvollstreckungsrecht, 1990; *Rosenberg/Gaul/Schilken,* Zwangsvollstreckungsrecht, 11. Aufl 1997; *von Sachsen-Gessaphe/Neumaier,* Zwangsvollstreckungsrecht, 2005; *Salten/Gräve,* Gerichtliches Mahnverfahren und Zwangsvollstreckung, 2. Aufl 2004; *Schlosser,* Zivilprozeßrecht, Bd II: Zwangsvollstreckungs- und Insolvenzrecht, 1984; *Schlosser,* Materielles Recht und Prozeßrecht und die Auswirkung der Unterscheidung im Recht der Zwangsvollstreckung (rechtsvergleichend), 1992; *Schuschke/Walker,* Vollstreckung und Vorläufiger Rechtsschutz (Kommentar), Bd I: Zwangsvollstreckung (§§ 704–915h ZPO), 3. Aufl 2002 (Bespr *Knoche* ZZP 117, 521, *Wieser* NJW 03, 1106); Bd II: Arrest, Einstweilige Verfügung (§§ 916–945 ZPO), 3. Aufl 2005; *Tempel,* Mustertexte zum Zivilprozeß, Bd II: Arrest, einstweilige Verfügung, Zwangsvollstreckung, Rechtsmittel, 4. Aufl 1996; *Vach,* Grundzüge des Zivilprozeß- und Zwangsvollstreckungsrechts, 2000; *Vierteilhausen,* Einzelzwangsvollstreckung während des Insolvenzverfahrens, 1999; *Weber/Dospil/Hanhörster,* Mandatspraxis Zwangsvollstreckung, 2005; *Weißmann/Riedel* (Herausgeber), Handbuch der internationalen Zwangsvollstreckung, 1992, ErgLieferung 1992/1993; *Wenz,* Zwangsvollstreckung (Examenskurs), 3. Aufl 1999; *Wieser,* Begriff und Grenzfälle der Zwangsvollstreckung, 1995; *Wolff,* Zivilprozeß- und Zwangsvollstreckungsrecht, 3. Aufl 1986.

Gliederung

1) **Systematik**	1
2) **Regelungszweck**	2
3) **Zulässigkeit**	3–5
A. Rechtsweg	3
B. Deutscher Vollstreckungstitel	4
C. Europarecht-Vollstreckungstitel	5
4) **Zwangsvollstreckung und Parteiherrschaft**	6–9
5) **Entsprechende Anwendbarkeit**	10, 11
A. Grundsatz: Gesetzliche Regelungen	10
B. Verwaltungsverfahren	11
6) **Quellen**	12, 13
A. Andere Gesetze	12
B. Räumlicher und zeitlicher Maßstab	13
7) **Voraussetzungen der Zwangsvollstreckung**	14–31
A. Grundsatz: Unterscheidung sachlicher und persönlicher Voraussetzungen	14
B. Notwendigkeit eines Vollstreckungstitels	15
C. Unzulässigkeit des Vollstreckungstitels	16, 17
D. Arten von Vollstreckungstiteln	18–20
E. Auslegung	21
F. Persönlicher Umfang	22
G. Sachlicher Umfang	23
H. Vollstreckungsvertrag	24
I. Beispiele zur Frage eines Vollstreckungsvertrags	25–27
J. Endgültige Vollstreckbarkeit	28, 29
K. Vorläufige Vollstreckbarkeit	30
L. Vollstreckungsklausel	31

Abschnitt 1. Allgemeine Vorschriften **Grundz § 704**

8) **Hindernisse der Zwangsvollstreckung** 32, 33
   A. Einstellung, Räumungsfrist 32
   B. Ablauf der Vollziehungsfrist 32
   C. Insolvenzverfahren 32
   D. Beschlagnahme 33
   E. Kreditinstitut 33
   F. Exterritorialität 33
9) **Einschränkungen der Zwangsvollstreckung** 34
   A. Unpfändbarkeit 34
   B. Vollstreckungsschutz 34
   C. Ungeeignetheit 34
10) **Organe der Zwangsvollstreckung** 35, 36
    A. Vollstreckungsgericht 35
    B. Gerichtsvollzieher 35
    C. Prozeßgericht 35
    D. Andere Gerichte oder Behörden 35
    E. Einzelfragen 36
11) **Vollstreckungsverfahren** 37–50
    A. Überblick 37, 38
    B. Parteifähigkeit 39
    C. Prozeßfähigkeit 40
    D. Vollmacht usw 40
    E. Zuständigkeit 40

   F. Rechtsweg 40
   G. Einwendungen des Gläubigers 41
   H. Einwendungen des Schuldners 42
   I. Einwendungen eines Dritten 43
   J. Einwendungen jedes Betroffenen: Arglist 44–48
   K. Einstweilige Einstellung 49, 50
12) **Beginn der Zwangsvollstreckung** 51
    A. Gerichtsvollzieher 51
    B. Gericht 51
13) **Ende der Zwangsvollstreckung** 52, 53
    A. Befriedigung 52
    B. Durchführung der Vollstreckung 53
14) **Mängel der Zwangsvollstreckung** 54–58
    A. Geschichtliche Entwicklung 55
    B. Wirksamkeit des Hoheitsakts 56
    C. Unwirksamkeit 57
    D. Aufhebbarkeit 58
    E. Wirksamkeit 58
15) **Beispiele zur Frage der Pfändbarkeit (Vollstreckungsschlüssel)** 59–116
16) *VwGO* 117

1) Systematik. Zwangsvollstreckung ist die mit den Machtmitteln des Staats erzwungene Befriedigung **1** eines Anspruchs, LG Ffm MDR **88**, 504. Es geht hier also um das zweite Hauptziel des Prozesses, nämlich um den Zwang, wenn keine „freiwillige" Leistung auf Grund des Richterspruches erfolgt, Gaul ZZP **112**, 135, Schünemann JZ **85**, 49. Denn das Monopol auf den Zwang steht dem Staat zu, BVerfG **61**, 136, BGH **146**, 20, Ewers DGVZ **97**, 70. Der Justizgewährungsanspruch des Bürgers nach Grdz 1, 2 vor § 253 verpflichtet den Staat zur Möglichkeit einer Zwangsvollstreckung, BVerfG NJW **88**, 3141. Die Zwangsvollstreckung findet nicht immer im Prozeß statt. Sie setzt nicht einmal immer einen solchen oder auch nur eine Entscheidung voraus. Das gilt sowohl für die zivilprozeßrechtliche gerichtliche Zwangsvollstreckung als auch im Verwaltungs- oder im Verfahren der freiwilligen Gerichtsbarkeit. Auch im Zivilprozeß steht das Vollstreckungsverfahren der §§ 704 ff dem Erkenntnisverfahren nach §§ 253 ff als selbständiger Abschnitt mit eigenen Voraussetzungen und Rechtsmitteln gegenüber, BGH NJW **02**, 754.

Es ist nicht etwa die Fortsetzung von diesem. Es hat andere Voraussetzungen. Es hat einen *anderen Ablauf*, Rn 37. Beide können nebeneinander herlaufen, wenn ein Urteil nach §§ 708 ff vorläufig vollstreckbar ist und das Erkenntnisverfahren auf Rechtsmittel weiter läuft, § 511 f, Rn 49, 50. Man kann dabei unterscheiden zwischen Vollstreckung im engeren Sinn zB nach §§ 103 I, 707, 719, 769 und Vollstreckbarkeit im weiteren Sinn, nämlich der Wirkung infolge eines Titels zB nach §§ 775 Z 1, 776 S 1, 868 I, Wieser ZZP **102**, 271. Zur Entwicklung des Zwangsvollstreckungsrechts und seinen gegenwärtigen Grundlinien Hintzen Rpfleger **04**, 543, Stürner DGVZ **85**, 6. Vgl Münzberg, Bemerkungen zum Entwurf der zweiten Zwangsvollstreckungsnovelle, Festschrift für *Lüke* (1997) 525.

2) Regelungszweck. Die Zwangsvollstreckung dient der Gerechtigkeit, Einl III 9, BGH **148**, 397. **2** Denn erst sie schafft mit der Befriedigung des Gläubigers die leidliche Wiederherstellung des Rechtsfriedens, wenn sich der Schuldner auch dem Urteil nicht gebeugt und nicht von sich aus geleistet hat. Erst die Zwangsvollstreckung gibt die volle Berechtigung für das Gewaltmonopol des Staats im ganzen Prozeß. Erst sie ergibt auch eine leidliche Rechtssicherheit, Einl III 43. Denn nur wegen der Hilfe der Vollstreckungsorgane kann der Bürger dem Staat die Durchsetzung des Anspruchs überlassen. Daher ist das Befriedigungsrecht des Gläubigers verfassungsrechtlich geschützt, BGH NJW **04**, 3771. Die Zwangsvollstreckung dient auch der dritten Komponente der Rechtsidee, nämlich der Zweckmäßigkeit. Denn es liegt im wohlverstandenen Interesse von Sieger und Verlierer, die Durchsetzung des Richterspruchs den Vollstreckungsorganen überlassen zu müssen und zu dürfen, auch wenn das weiteres Geld kosten kann und Geduld erfordert. Selbstjustiz an dieser Stelle würde zu grauenhaften Zumutungen und Begleiterscheinungen führen können.

Behutsamkeit wie Entschlossenheit sind bei der Anwendung und Auslegung der Vorschriften zur Zwangsvollstreckung in oft noch höherem Maße erforderlich als im Erkenntnisverfahren. Denn jetzt geht es eben um notfalls wirklichen Zwang mit Gefahren bis hin zu Selbstmorddrohung, § 765 a Rn 19 „Lebensgefahr". Auch die Wegnahme eines Kindes oder eine Räumung stellen stets schwere bis schwerste Eingriffe dar. Ihre Voraussetzungen und Grenzen bedürfen zugleich klarer und zur Elastizität bereiter Handhabung. Das Gericht muß bei der Überwachung wie dann, wenn es selbst schon die Ausgangsentscheidung als Vollstreckungsorgan etwa bei §§ 887 ff trifft, bei der Abwägung der Interessenlage Feingefühl entwickeln. Es darf freilich auch nicht vor jeder Härte zurückschrecken. Das gilt auch gegenüber beteiligten Dritten, etwa Angehörigen.

3) Zulässigkeit. Es findet kein obligatorisches Güteverfahren statt, § 15 a II 1 Z 6 EGZPO, Hartmann **3** NJW **99**, 3748. Es müssen Rechtsweg und Vollstreckungstitel vorliegen.

A. Rechtsweg. Die Zwangsvollstreckung verlangt wie das Erkenntnisverfahren der §§ 253 ff die Zulässigkeit des Rechtswegs, § 13 GVG. Er gilt auch für und gegen die Deutsche Telekom AG, § 9 I FAG. Sie kann nach dem VerwVollstrG beitreiben, § 9 II FAG. Die Abgrenzung ist aber hier leicht.

B. Deutscher Vollstreckungstitel. Eine gerichtliche Zwangsvollstreckung erfolgt grundsätzlich aus **4** sämtlichen Schuldtiteln der ZPO nach § 704, mögen sie privat- oder öffentlichrechtlichen Inhalt haben. Sie müssen aber für die fragliche Vollstreckung eindeutig genug geeignet und bestimmt sein, LG Tüb DGVZ **04**,

Grundz § 704   Buch 8. Zwangsvollstreckung

142. Die Zwangsvollstreckung erfolgt ferner aus anderen Titeln, die das Bundes- oder Landesrecht der gerichtlichen Zwangsvollstreckung unterwirft, § 794 Rn 45 ff. Beim Pfandbrief gelten Einschränkungen nach § 29 PfandBG v 22. 5. 05, BGBl 1373.

Andererseits kann Bundes- oder Landesrecht die Zwangsvollstreckung aus privatrechtlichen Ansprüchen den Gerichten entziehen und *Verwaltungsstellen* übertragen. Das ist aber grundsätzlich nur möglich, soweit kein gerichtlicher Titel vorliegt und die Entziehung nicht nur wegen einer Beteiligung des Fiskus als Partei geschieht, §§ 13 GVG, 4 EG ZPO. Allerdings läßt § 9 II G über Fernmeldeanlagen die Beitreibung nach dem VwVG weitergehend zu.

Die Zwangsvollstreckung gegen den *Fiskus* aus einem gerichtlichen Titel unterliegt den Besonderheiten des § 882 a. Solche gegen einen ausländischen Staat ist ohne dessen Zustimmung im Inland wegen seines nichthoheitlichen Verhaltens grundsätzlich zulässig, BVerfG **64**, 22 (auch zur völkerrechtlichen Problematik). Sie ist freilich unzulässig, soweit der Gegenstand der Zwangsvollstreckung hoheitlichen Zwecken dient, zB ein Guthaben auf einer Bank zugunsten einer ausländischen Botschaft wegen ihrer Kosten, BVerfG **46**, 342. Seine etwaige Zahlungsunfähigkeit wird in der Zwangsvollstreckung erheblich, LG Ffm JZ **03**, 1010 (krit Reinisch 1013). Wegen der Nichtigkeit des Berliner Gesetzes über die Vollstreckung von Entscheidungen auswärtiger Gerichte Einl III 76. Zum EV Arnold DGVZ **91**, 161, **92**, 20 (je ausf).

5   **C. Europarecht-Vollstreckungstitel.** Die Zwangsvollstreckung erfolgt schließlich aus vollstreckbaren Entscheidungen des EuGH sowie der Kommission, Art 92 I EGKSV, 164 EAGV, 192 I EWGV betr Zahlung oder Herausgabe.

6   **3) Zwangsvollstreckung und Parteiherrschaft**

   Schrifttum: *Gaul*, „Prozessuale Betrachtungsweise" und Prozeßhandlungen in der Zwangsvollstreckung, Gedächtnisschrift für *Arens* (1993) 89; *Mrozynski*, Verschuldung und sozialer Schutz: das Verhältnis von Sozialrecht und Zwangsvollstreckungsrecht, 1989; *Rinck*, Parteivereinbarungen in der Zwangsvollstreckung aus dogmatischer Sicht usw, 1996; *Stürner*, Die Parteiherrschaft und die Parteiverantwortung im Vollstreckungsverfahren, in: Festschrift für *Hanisch* (1994); *Triller*, Aufklärungsmöglichkeiten in der Zwangsvollstreckung usw, 2001 (rechtsvergleichend);

Man muß den privatrechtlichen vollstreckbaren Anspruch des Gläubigers nach § 194 BGB, vom Schuldner ein Tun, Unterlassen oder Dulden zu fordern, vom *Vollstreckungsanspruch* unterscheiden. Das ist der Anspruch, daß der Staat die Vollstreckung vornimmt. Zum Problem Münzberg JZ **98**, 378.

7   Daraus ergibt sich, daß im Vollstreckungsverfahren die Parteien nach Grdz 4 vor § 50 zwar die Herrschaft über den sachlichrechtlichen Anspruch haben, Grdz 18 vor § 128, Rn 22, AG Kassel DGVZ **89**, 156. Der Gläubiger kann auf ihn verzichten, seine Forderung stunden usw, LG Augsb DGVZ **93**, 188, LG Münst Rpfleger **88**, 321, Wieser NJW **88**, 666. Das Verfahren, durch das der Vollstreckungsanspruch durch einen staatlichen Eingriff in die Rechtssphäre des Schuldners verwirklicht wird, ist aber grundsätzlich öffentlichrechtlich, OVG Münst NJW **84**, 2485, Schneider DGVZ **84**, 133.

Das Verfahren ist *der* grundsätzlichen *Parteiherrschaft* nach Rn 37 ausnahmsweise *entrückt*, soweit es um mehr als die wohlverstandenen Interessen der Beteiligten geht, nämlich um einen geordneten Rechtsgang und die Verhinderung sozialer Mißstände oder auch nur Gefahren. Das gilt selbst dann, wenn es zu erheblichen Verzögerungen kommt, LG Lpz DGVZ **96**, 40. Das berücksichtigen LG Augsb DGVZ **93**, 188, LG Lüneb DGVZ **93**, 76, AG Winsen DGVZ **93**, 76 bei ihrer Betonung der Dispositionsbefugnis des Gläubigers nicht genug. Deshalb dürfte zB ein formell eindeutiger Verzicht auf die Unpfändbarkeit der lebensnotwendigen Rente in der Regel unwirksam sein. Vgl aber Einf 4, 5 vor §§ 750–751, 834 Rn 1.

8   Der *Gläubiger verdient* gerade wegen des Sozialstaatsprinzips des Art 20 I GG ebenso *Schutz* wie der Schuldner, zumal der Gläubiger oft dringend auf die Vollstreckung angewiesen ist, Alisch Rpfleger **79**, 292, derselbe, Wege zu einer interessengerechten Auslegung vollstreckungsrechtlicher Normen usw, 1981. Der Gläubiger kann grundsätzlich den Umfang der Zwangsvollstreckung bestimmen, § 754 Rn 4, LG Augsb DGVZ **93**, 188, LG Bln MDR **98**, 495, AB Bln-Wedding NZM **04**, 720. Die *Art* der Durchführung kann der Gläubiger nur soweit bestimmen, wie ihm das Gesetz diese Befugnis einräumt, LG Münst Rpfleger **88**, 321 (zB nur im Rahmen von § 775 Z 4), AG Bln-Wedding NZM **04**, 720, aM Wieser NJW **88**, 667 (vgl aber Rn 7). Sogar die Sozialbehörde darf unter den Voraussetzungen § 68 a SGB X die Anschrift des Schuldners und seinen derzeitigen oder zukünftigen Aufenthalt mitteilen, also beim Vollstreckungsanspruch von mindestens 3000 EUR und dann, wenn die Vollstreckung sonst unmöglich oder nur mit unverhältnismäßigem Aufwand durchführbar wäre.

9   Zum Beispiel kann kein *Vergleich* einen staatlichen Einstellungsbeschluß beseitigen. Eine Selbsthilfe ist nur im Rahmen des sachlichen Rechts erlaubt, §§ 229 f BGB. Das kann etwa geschehen in Form der Vorpfändung nach § 845 und einiger sonstiger dem Gläubiger eingeräumter Befriedigungshandlungen. Zu Vollstreckungsverträgen Rn 24.

10   **5) Entsprechende Anwendbarkeit.** Es kommt auf die Verfahrensart an.

   A. Grundsatz: Gesetzliche Regelungen. §§ 704 ff sind entsprechend anwendbar zB nach §§ 46 a I, 62 II, 85 ArbGG, 151 I FGO, LAG Hamm BB **75**, 1069, §§ 71 V, 90 IV MarkenG, eingeschränkt nach § 198 I SGG, LSG Hbg NZS **04**, 224, ferner nach § 45 III WEG (BayObLG **83**, 17, Jahnke, Zwangsvollstreckung in der Betriebsverfassung usw, 1977). Zur JBeitrO App MDR **96**, 769 (ausf).

11   **B. Verwaltungsverfahren.** Für das Verwaltungszwangsverfahren ist in weitem Umfang das Recht der ZPO anwendbar, § 6 JBeitrO. Zum Teil ist es diesem sehr stark angenähert, § 5 VwVG in Verbindung mit §§ 249 ff AO. Die Vollstreckung auf Grund eines Verwaltungsakts oder öffentlichrechtlichen Vertrags im Sozialbereich kann sich ebenfalls nach der ZPO richten, §§ 60 II, 66 IV SGB X, LG Stade Rpfleger **87**, 253, Hornung Rpfleger **87**, 225 (ausf). Auch bei Anwendung der prozessualen Formen des Buchs 8 bleibt aber die Vollstreckung Verwaltungszwang. Wegen der Vollstreckung nach der VwGO Rn 117 (hinter dem Vollstreckungsschlüssel). Auf die Vollstreckung sozialgerichtlicher Titel ist das Buch 8 ebenfalls in weitem Maße

Abschnitt 1. Allgemeine Vorschriften **Grundz § 704**

anwendbar, § 198 I SGG, ebenso im finanzgerichtlichen Verfahren, § 151 I FGO. Vgl Purbs, Vollstreckung in den Verfahren der Freiwilligen Gerichtsbarkeit, Diss Bonn 1994.

6) Quellen 12

Schrifttum: *Alisch,* Wege zur interessengerechten Auslegung vollstreckungsrechtlicher Normen, 1981; *Bethge,* Zur Problematik von Grundrechtskollisionen, 1977.

A. Andere Gesetze. Die ZPO ordnet die Zwangsvollstreckung nicht erschöpfend. Wie stets, muß man auch auf diesem Gebiet das vorrangige GG beachten, Gerhardt ZZP **95**, 493, Münzberg DGVZ **88**, 81, Vollkommer Rpfleger **82**, 1, aM StJM 43 vor § 704 (aber das GG hat überall und immer Vorrang). Insbesondere gilt der auch aus dem GG ableitbare Grundsatz der Verhältnismäßigkeit, Rn 34. Die ZPO regelt die Zwangsvollstreckung in Liegenschaften nur in einigen Grundzügen und überläßt das Nähere dem ZVG. Außer der Liegenschaftsvollstreckung befinden sich außerhalb des Buches 8 im wesentlichen nur noch Ergänzungsbestimmungen nach § 362 LAG. Die Stellung des Rpfl als Vollstreckungsorgan ist sehr weitgehend, § 20 Z 17 RPflG, Anh 153 GVG. Zur Umsatzsteuer Forgách BB **85**, 988. Vorschriften anderer Gesetze sind jedenfalls insoweit unanwendbar, als sie ganz andere Verfahrensgrundsätze spiegeln, Ffm Rpfleger **83**, 166. Das Buch 8 der ZPO enthält vieles, was nicht zur Zwangsvollstreckung gehört, zB den Ausspruch der Vollstreckbarkeit im Urteil, das Rechtskraft- und Notfristzeugnis nach § 706 Rn 14, das Arrest- und Einstweilige-Verfügungs-Verfahren nach §§ 916 ff, 935 ff, soweit es nicht die Vollstreckung des Arrests oder der einstweiligen Verfügung betrifft.

B. Räumlicher und zeitlicher Maßstab. Auf die Zwangsvollstreckung muß man das bei ihrer Vornahme geltende Recht anwenden. In Deutschland ist die Zwangsvollstreckung nur nach deutschem Recht statthaft, Einl III 74. Sie ist räumlich an die Grenzen der deutschen Gerichtsbarkeit gebunden, BGH **88**, 153. Sie ist daher gegen einen Exterritorialen nur in demselben Umfang statthaft wie ein Urteil, § 18 GVG, oben Rn 2–5. Wegen der neuen Bundesländer gilt Art 18 I EV, abgedruckt vor § 322. Über die Zwangsvollstreckung im Ausland § 791 und BGH **88**, 153. Zeitlich ist die Zwangsvollstreckung unbegrenzt, soweit ihr nicht sachlichrechtlich die Verjährung, entgegensteht, § 197 I Z 3 BGB. Auch eine Verwirkung kann über den in § 909 II genannten Fall hinaus beachtlich, Rn 44, und zwar von Amts wegen, Grdz 39 vor § 128. Ihr Eintritt hängt von den zurückhaltend zu beurteilenden Gesamtumständen des Einzelfalls ab, LG Hbg WoM **89**, 32. 13

7) Voraussetzungen der Zwangsvollstreckung 14

Schrifttum: *Arens,* Die Prozeßvoraussetzungen in der Zwangsvollstreckung, Festschrift für *Schiedermair* (1976) 1.

A. Grundsatz: Unterscheidung sachlicher und persönlicher Voraussetzungen. Sachliche Voraussetzungen sind solche, die von einer gerichtlichen Handlung abhängen, nämlich ein Vollstreckungstitel nach §§ 704, 722, 723, 794 und eine Vollstreckungsklausel, §§ 724 ff. Persönliche Voraussetzungen sind solche, die in der Person des Gläubigers oder Schuldners liegen und nicht die Zulässigkeit der Zwangsvollstreckung betreffen, sondern ihren Beginn. So die Zustellung des Vollstreckungstitels, Rn 15, der Nachweis der Sicherheitsleistung, §§ 709 ff, die Parteifähigkeit, § 50, Hamm Rpfleger **90**, 131, die Prozeßfähigkeit, § 51, zum Problem BayObLG **90**, 323, AG Wuppert DGVZ **99**, 187. Jede Zwangsvollstreckung ist an bestimmte Formen gebunden.

B. Notwendigkeit eines Vollstreckungstitels 15

Schrifttum: *Gaul,* Vollstreckbare Urkunde und vollstreckbarer Anspruch, Festschrift für *Lüke* (1997) 81; *Habscheid,* Streitgegenstand, Rechtskraft und Vollstreckbarkeit von Urteilen des EuGH, in: Festschrift für *Beys* (Athen 2003).

Jede Zwangsvollstreckung verlangt in der Regel einen wirksamen und darüber hinaus auch vollstreckbaren Schuldtitel, den Vollstreckungstitel, §§ 704, 722, 723, 794, BGH **121**, 101, dh eine öffentliche Urkunde, die die Vollstreckbarkeit des zu erzwingenden Anspruchs ausweist. Das gilt auch für die Zwangsversteigerung, §§ 864 ff, Hamm Rpfleger **89**, 337. Zum Begriff des vollstreckbaren Anspruchs Münzberg JZ **98**, 378. Gelegentlich ergibt sich der Vollstreckungstitel erst aus dem Zusammenhang mehrerer Titel. Das gilt zum Beispiel dann, wenn die höhere Instanz ein Urteil bestätigt hat. Ein Verlust des Titels macht die Zwangsvollstreckung unmöglich. Es bedarf dann einer neuen Klage. Ihr steht die Rechtskraft nicht entgegen, Einf 16 vor §§ 322–327. Gegen mehrfache Zwangsvollstreckungen aus Titeln desselben Inhalts schützt § 766. Zum Problem Pape KTS **92**, 185 (Üb). Zur Vollstreckung gegen einen Gesamtschuldner ist nur der gegen diesen Schuldner ergangene Titel notwendig und ausreichend, LG Augsb DGVZ **93**, 188. Für die Vollstreckung bestimmter Forderungen zB nach § 66 SGB X ist kein vollstreckbarer Titel erforderlich, AG Obernburg DGVZ **83**, 94 (krit Schulz DGVZ **83**, 133), aM LG Verden Rpfleger **86**, 19 (aber das Sozialrecht hat teilweise vorrangige abweichende Voraussetzungen zwecks Erreichung des jeweiligen Sozialzwecks).

C. Unzulässigkeit des Vollstreckungstitels, dazu *Luh,* Die Haftung des aus einer vorläufigen, auf Grund verfassungswidrigen Gesetzes ergangenen Entscheidung vollstreckenden Gläubigers, Diss Ffm 1979: Ein unzulässiger Titel im Sinn von Üb 10 vor § 300 läßt keine Zwangsvollstreckung zu. Der Staat darf nicht erzwingen, was er verboten hat. Meist spricht man dann von einer unmöglichen und darum unvollstreckbaren Leistung. Auch ein solcher Titel ist unzulässig, der zu zwei sich gegenseitig ausschließenden Handlungen verpflichtet, KG MDR **03**, 955. Ob der durch den Titel festgestellte Anspruch wirklich besteht, ist für die Zulässigkeit der Zwangsvollstreckung grundsätzlich belanglos. Einwendungen wegen sachlicher Unrichtigkeit des Titels sind beim Urteil unbeachtlich. Das folgt für das Verhältnis der Parteien zueinander aus dem Wesen der Rechtskraft, Einf 9 vor §§ 322–327. Beim vorläufig vollstreckbaren Urteil folgt es aus dessen Anfechtbarkeit mit einem Einspruch oder einem Rechtsmittel. Ein Dritter würde ein fremdes Recht geltend machen, zB ein nachpfändender Gläubiger, der sich auf das Nichtbestehen des Urteilsanspruchs 16

Grundz § 704

beriefe. Dergleichen läßt die Rechtssicherheit nicht zu. Er kann nur die Rechte des Schuldners nach §§ 795, 796, 767 geltend machen.

17   Der Anspruch kann nachträglich durch eine Zahlung und dgl *weggefallen* sein, auch durch Verwirkung, AG Bad Neuenahr DGVZ **05**, 79. Dann gibt die ZPO dem Schuldner geeignete Rechtsbehelfe, Rn 41, aM Schneider DGVZ **85**, 204 (aber dann müssen erst recht solche Möglichkeiten offenbleiben). Auch eine Zwangsvollstreckung aus einem rechtmäßig erlangten, wenn auch vielleicht zumindest inzwischen als fragwürdig erachteten Titel kann aber einen sachlichrechtlichen Bereicherungs- oder Schadensersatzanspruch auslösen, Hamm DB **86**, 1223, §§ 823, 826, 839 BGB, ebenso nach § 945 ZPO, Rn 54 (Schrifttum), Einl III 58, Gaul AcP **173**, 323, Noack JB **77**, 307 (betr Amtshaftung). Um einen enteignungsähnlichen Eingriff handelt es sich bei einer fehlerhaften Vollstreckung nicht. Denn es liegt kein im Interesse der Allgemeinheit auferlegtes Sonderopfer vor. Zur Problematik des etwa verfassungswidrig zustandegekommenen Vollstreckungstitels LG Köln JB **85**, 500. Das Gericht muß hin bis zu einer auch nur einstweiligen Entscheidung des BVerfG grundsätzlich beachten, LG Bochum Rpfleger **85**, 448. Wegen eines erschlichenen Vollstreckungstitels Rn 44.

18   **D. Arten von Vollstreckungstiteln.** Vollstreckungstitel sind inländische Urteile, sofern sie rechtskräftig oder für vorläufig vollstreckbar erklärt sind, § 704 I. Vollstreckungstitel sind ferner ausländische Urteile nach §§ 722, 723 und die in § 794 und dort Rn 45 ff aufgezählten sehr zahlreichen weiteren Entscheidungen und Verfügungen, desgleichen landesrechtlichen Titel, § 801. Der Titel bestimmt den Inhalt der Zwangsvollstreckung. Er ist auslegbar, Rn 21, § 322 Rn 6, 8, Ffm RR **94**, 9. Die bloße Bezugnahme auf eine andere Urkunde genügt aber nicht. Vielmehr muß sich das erstrebte Ergebnis aus dem Titel selbst auch für jeden Dritten eindeutig ergeben, Zweibr MDR **02**, 541, LG Köln MDR **04**, 354, LAG Hamm Rpfleger **03**, 778. Ein sog flexibler Nullplan reicht nicht, Ffm RR **94**, 9, LG Bln DGVZ **94**, 8, aM Köln JB **00**, 99 (aber das wäre eher Gedankenspielerei). Wegen eines Titels nach der AO LG Wiesb RR **98**, 1289. Darum ist zB keine Zwangsvollstreckung aus einem Unterhaltsurteil auf laufende Zahlung eines bestimmten Lohnbruchteils zulässig, da dann erst eine Nachfrage nicht nur zur Beantwortung verpflichteten Arbeitgeber erfolgen muß, oder aus einem Vergleich, der die Beiziehung der „Düsseldorfer Tabelle", Mü FamRZ **79**, 1057, oder eines BAföG-Bescheids, Karlsr OLGZ **84**, 1463, oder eines Kontoauszugs notwendig macht, LG Köln JB **76**, 255 (abl Mümmler). Vgl auch § 794 Rn 6, oder auf Zahlung eines Unterhalts, den man nicht aus dem Tenor errechnen kann, Zweibr MDR **02**, 541, oder auf Mietzins, dessen Höhe unklar ist, Kblz MDR **02**, 968.

19   Ausreichend ist aber ein *Bruttolohnurteil*, Üb 2 vor § 803, StJM 28 vor § 704. Wegen Wertsicherungsklauseln § 794 Rn 34. Einwendungen gegen diese Auslegung muß man nach § 766 verfolgen. Ist eine einwandfreie Auslegung unmöglich, dann muß der Gläubiger aus § 256 I auf die Feststellung des Urteilsinhalts klagen, LG Hann DGVZ **78**, 62, oder er muß erneut auf Leistung klagen, Stürner/Münch JZ **87**, 184.

20   Auch *leugnende* Titel sind ausreichend, zB „Das zwischen den Parteien ergangene Urteil ... deckt nicht die Verwendung von Zaponlack". Geht der festzustellende Sachverhalt über die Grenzen des Urteils hinaus, ist eine Klage auf Ergänzung der Entscheidung oder auf eine ganz neue Entscheidung zulässig. Ist der Vollstreckungstitel selbst und nicht nur seine vollstreckbare Ausfertigung verlorengegangen (im letzteren Fall gilt § 733), dann ist eine neue Klage zulässig. Bei ihr ist das Gericht an die frühere Entscheidung gebunden. Ein Urteil auf Leistung Zug um Zug ermöglicht die Zwangsvollstreckung nur in die Leistung, nicht auch in die Gegenleistung. Haftet dem Titel eine Bedingung an, so erfaßt sie auch die Vollstreckbarkeit. Der Gläubiger muß bei einer Unklarheit den Eintritt der Bedingung vor Erteilung der Vollstreckungsklausel nachweisen, § 727.

21   **E. Auslegung.** Das Vollstreckungsorgan darf und muß den Vollstreckungstitel auslegen, soweit er überhaupt inhaltlich bestimmbar ist, KG RR **88**, 1406, Mü FamRZ **99**, 944. Das gilt zunächst nach seinem persönlichen Umfang, Rn 22, KG RR **88**, 1406, Mü RR **86**, 638, Saarbr Rpfleger **78**, 228. Die Zulässigkeit und Notwendigkeit einer Auslegung gilt ferner nach dem sachlichen Umfang des Vollstreckungstitels, Rn 23, BGH NJW **86**, 1440, KG RR **88**, 1406, LAG Düss NZA-RR **04**, 155. Eine Notwendigkeit der Auslegung besteht natürlich nicht bei einem eindeutigen Titel, Köln RR **86**, 159. Umstände außerhalb des Titels sind grundsätzlich unbeachtlich, Köln Rpfleger **92**, 528.

22   **F. Persönlicher Umfang.** Der Vollstreckungstitel bestimmt den persönlichen Umfang der Zwangsvollstreckung nach § 750 I 1, dh für den Gläubiger und den Schuldner. Das gilt auch zB bei der Zwangsverwaltung, BGH **96**, 66. Parteien sind schlechthin die im Titel Genannten, BayObLG ZMR **80**, 256. Wechseln Personen, so bedarf es der Umschreibung des Titels. Sie kann nur für und gegen den oder die Rechtsnachfolger stattfinden, §§ 727 ff. Sie folgt freilich der sachlichen Rechtsnachfolge erst nach. Läßt sich die richtige Partei auch nicht durch Auslegung ermitteln, so bleibt nur übrig, eine neue Klage zu erheben. Wer im Titel nicht genannt ist, ist Dritter. Dieser kann als Vollstreckungsgläubiger erst auf Grund einer Umschreibung auf ihn handeln. Zum Parteibegriff Grdz 4 vor § 50, Scherer JR **96**, 45.

23   **G. Sachlicher Umfang**

Schrifttum: *Werner*, Umgehung von Aufrechnungshindernissen durch Zwangsvollstreckung in eigene Schulden, 2000.

Der Vollstreckungstitel bestimmt den sachlichen Umfang nach dem Gegenstand der Zwangsvollstreckung. Grundsätzlich haftet der Schuldner mit seinem ganzen Vermögen. Die Haftung kann sich aber auf bestimmte Vermögensmassen beschränken. Das gilt ohne weiteres bei der Partei kraft Amts, Grdz 8 vor § 50. Es gilt ferner in den Vorbehaltsfällen nach §§ 780 ff, bei einem entsprechenden Verhalten des in Anspruch Genommenen oder nach dem BinnenschG, LG Bln Rpfleger **76**, 438. Im Zweifel können mehrere Schuldner als Gesamtschuldner haftbar sein, KG RR **88**, 1407.

24   **H. Vollstreckungsvertrag**

Schrifttum: *Gaul*, „Prozessuale Betrachtungsweise" und Prozeßhandlungen in der Zwangsvollstreckung, Gedächtnisschrift für *Arens* (1993) 89; *Rinck*, Parteivereinbarungen in der Zwangsvollstreckung aus dogmatischer Sicht usw, 1996.

Abschnitt 1. Allgemeine Vorschriften **Grundz § 704**

Ein Vollstreckungsvertrag ist *statthaft, soweit* er nur die Interessen der Beteiligten berührt, § 804 Rn 10, BAG DB **75**, 1130, Karlsr MDR **98**, 1433, LAG Düss MDR **99**, 441, und soweit er nicht über die Parteiherrschaft, Rn 7, hinausgeht.

I. Beispiele zur Frage eines Vollstreckungsvertrags 25
Arglist: Rn 26 „Schuldbefreiung".
Art: Zulässig ist eine vertragliche Beschränkung der Vollstreckung nach ihrer Art.
Erinnerung: Eine Vollstreckung entgegen einem Vollstreckungsvertrag ermöglicht zumindest stets die Erinnerung nach § 766, Hamm MDR **77**, 675, Christmann DGVZ **85**, 84, aM Emmerich ZZP **82**, 437 (nur diese. Aber es kann zB auch § 767 infrage kommen). Die Vollstreckbarkeit wird durch ein Rechtsmittel nicht automatisch berührt.
Erweiterung der Vollstreckung: Rn 27 „Verzicht des Schuldners".
Gegenstand: Zulässig ist eine vertragliche Beschränkung der Vollstreckung wegen bzw in gewisse Gegenstände oder Werte.
Ort: Zulässig ist eine vertragliche Beschränkung der Vollstreckung nach ihrem Ort.
Pfändung: S „Rang".
Rang: Rn 27 „Verzicht des Gläubigers".
Ratenzahlung: Rn 27 „Teilzahlung". 26
Rechtskraft: Zulässig ist ein Ausschluß der Vollstreckung bis zur Rechtskraft. Zulässig ist die Unterwerfung wegen der jetzigen Hauptsache nebst Kosten unter ein rechtskräftiges Urteil eines Vorprozesses, LAG Düss MDR **99**, 441.
Rechtsmittel: Rn 25 „Erinnerung", Rn 27 „Vollstreckungsabwehrklage".
Schuldbefreiung: Bei einer arglistigen Herbeiführung der Schuldbefreiung durch den bisherigen Schuldner kann die Vollstreckung gegen ihn zulässig bleiben, Rn 44, Düss DB **86**, 2326.
Sicherungsabrede: Man muß sie ist von einer vollstreckungsbeschränkenden Vereinbarung unterscheiden, Hamm Rpfleger **99**, 231.
Stundung: Rn 27 „Zeit".
Teilzahlung: Zulässig ist eine Vereinbarung über Teilzahlungen, Ffm OLGZ **81**, 113. Denn der Schuldner 27 kann einen anerkennenswerten Grund zum Verzicht auf die Beachtung einer nur ihn schützenden Vorschrift haben, Emmerich ZZP **82**, 437.
  Die bloße *Bereitschaft* des Schuldners zur Ratenzahlung bedeutet freilich jetzt kaum mehr ein Nachgeben im Sinn von § 779 BGB, Ffm OLGZ **82**, 239, LG Bln Rpfleger **76**, 438, LG Kblz DGVZ **84**, 42.
Unpfändbarkeit: S „Verzicht des Schuldners".
Unterhaltsvertrag: S „Verzicht des Gläubigers".
Urteil: Das Gericht muß einen vor dem Schluß der Verhandlung nach §§ 136 IV, 296 a, zustandegekommenen Vollstreckungsvertrag im Urteil ausdrücken.
Verzicht des Gläubigers: Zulässig ist ein Verzicht auf die Vollstreckung, Köln FamRZ **02**, 50. Das gilt auch wegen eines Teils der Forderung, BGH MDR **91**, 668, Köln OLGZ **92**, 449, AG Siegb DGVZ **99**, 30. Zulässig ist ein Verzicht auf den bisherigen Rang bei einer Pfändung, BAG NJW **90**, 2642, oder auf die Rechte aus einem Unterhaltsvertrag, BGH RR **90**, 391, Düss RR **87**, 640, Köln FamRZ **02**, 50. Ein Verzicht auf den Vollstreckungstitel ist zulässig, auch ein bedingter, Karlsr MDR **98**, 1433.
S auch „Vollstreckungsabwehrklage".
Verzicht des Schuldners: *Unzulässig* ist eine vertragliche Erweiterung der Vollstreckung etwa auf Grund eines von vornherein erklärten völligen Verzichts des Schuldners auf jede Berufung auf Unpfändbarkeitsregeln, § 811 Rn 5. Unzulässig und daher unbeachtlich ist ein Vorabverzicht des Schuldners auf die Wartefrist nach §§ 750 III, 798, Schilken DGVZ **97**, 81, aM ZöStö § 798 Rn 3.
Vorprozeß: Rn 26 „Rechtskraft".
Vollstreckungsabwehrklage: Soweit der Vollstreckungsvertrag offensichtlich auch sachlichrechtliche Vereinbarungen enthält, etwa einen Teilverzicht und nicht nur eine Pfändungsbeschränkung, ist neben § 766 auch 767 anwendbar, Köln FamRZ **02**, 50. Für die Klage darf das Gericht ein Rechtsschutzbedürfnis großzügig bejahen, Bürck ZZP **85**, 406, Christmann DGVZ **85**, 84. Die Vollstreckbarkeit wird durch ein Rechtsmittel nicht automatisch berührt.
Zeit: Zulässig ist ein Ausschluß der Vollstreckung für eine gewisse Zeit, Hamm MDR **77**, 675, Karlsr ZMR **77**, 96, Mü Rpfleger **79**, 466. Das gilt auch für eine Stundung, BAG NJW **75**, 1576 (krit Heiseke NJW **75**, 2312). Im Vollstreckungsantrag liegt meist die Aufkündigung einer Stundung, Köln JB **97**, 100.

J. Endgültige Vollstreckbarkeit.
Vollstreckbar im eigentlichen engeren Sinne ist nur ein solches Urteil, 28 das auf eine Leistung geht. Nur hier ist eine Vollstreckung durch den Eingriff von Vollstreckungsorganen denkbar, §§ 803–898.
  Vollstreckbarkeit im *weiteren* Sinne liegt aber auch beim Feststellungs-, Gestaltungs- und abweisenden 29 Urteil vor. Es wirkt durch seinen Inhalt, sofern ein für vorläufig vollstreckbar erklärt wird, obwohl es seinen vollstreckbaren Inhalt hat, nicht vollstreckungsfähig ist, zB auch § 708 Z 6. Ein solches Urteil bedarf also keiner Vollstreckungsklausel nach § 724 und keiner Zustellung, § 750. Es ist auch nicht der Aufhebung oder Einstellung der Zwangsvollstreckung fähig. Es ist aber nicht ohne Wirkung. Denn es kann die Voraussetzung von staatlichen Handlungen sein, zB § 16 HGB. Die vorläufige Vollstreckbarkeit einer prozessualer Gestaltungsklage zB aus §§ 767, 768, 771 hat Bedeutung wegen § 775 Z 1, 776. Es wäre deshalb unrichtig, die Vollstreckbarerklärung von einem vollstreckungsfähigen Inhalt abhängig zu machen.

K. Vorläufige Vollstreckbarkeit.
Die vorläufige Vollstreckbarkeit steht der endgültigen nicht ganz 30 gleich, Einf 3 vor § 708.

L. Vollstreckungsklausel.
Das ist die amtliche Bescheinigung der Vollstreckbarkeit des Titels. Sie muß 31 unter einer Ausfertigung des Titels stehen. Sie macht diese zur „vollstreckbaren Ausfertigung". Sie kann Bestimmungen über den sachlichen oder persönlichen Umfang der Zwangsvollstreckung enthalten, Rn 21.

8) Hindernisse der Zwangsvollstreckung

Schrifttum: *Götte,* Der Grundsatz der Verhältnismäßigkeit und die Rangordnung der Zwangsvollstreckungsmittel, Diss Mü 1985; *Lippross,* Grundlagen und System des Vollstreckungsschutzes, 1983; *Weyland,* Der Verhältnismäßigkeitsgrundsatz in der Zwangsvollstreckung, 1987; *Wieser,* Der Grundsatz der Verhältnismäßigkeit in der Zwangsvollstreckung, 1989.

A. Einstellung; Räumungsfrist. In Betracht kommt eine Einstellung der Zwangsvollstreckung aus den Gründen der §§ 765 a, 775 oder eine Räumungsfrist zB nach § 721, LG Bln ZMR **92**, 542.

B. Ablauf der Vollziehungsfrist. In Betracht kommt ferner bei einem Arrest und einer einstweiligen Verfügung der Ablauf der Vollziehungsfrist, §§ 929 II, 936.

C. Insolvenzverfahren, dazu *Behr* JB **99**, 66, *Harnacke* DGVZ **03**, 161, *Plog/Riecke* DGVZ **04**, 81 (je: Üb); *Viertelhausen,* Einzelzwangsvollstreckung während des Insolvenzverfahrens, 1999: In Betracht kommen ferner zB: Sicherungsmaßnahmen nach § 21 InsO, Hintzen Rpfleger **01**, 207; die sog Rückschlagssperre nach § 88 InsO, Hintzen Rpfleger **01**, 207; die Eröffnung des inländischen Insolvenzverfahrens; § 89 InsO, LG Stgt Rpfleger **99**, 286 (verweist auf § 767). Bei einem ausländischen gilt Art 102 EGInsO. Man muß im übrigen die folgenden Situationen unterscheiden: Bei einer Insolvenz des Gläubigers muß das Gericht die Vollstreckungsklausel nach § 727 auf den Verwalter umschreiben, wenn der Anspruch zur Masse gehört, § 35 InsO. Bei einer Insolvenz des Schuldners ist keine Zwangsvollstreckung für Insolvenzgläubiger mehr zulässig, eine begonnene Zwangsvollstreckung ist einzustellen, § 89 InsO. Das gilt zunächst auch beim Massegläubiger, aM BAG NJW **79**, 774, BSG ZIP **81**, 1108. Hat der Gläubiger bereits ein Pfandrecht erlangt, so ist er absonderungsberechtigt und darf die Zwangsvollstreckung fortsetzen. Ist er Massegläubiger, aussonderungs- oder absonderungsberechtigt, so kann er die Zwangsvollstreckung nach einer Umschreibung auf den Verwalter beginnen oder fortsetzen. Bei einer Insolvenz des Drittschuldners ist evtl der Anspruch auf ein Insolvenzausfallgeld pfändbar, Rn 86 „Insolvenzausfallgeld".

Nicht hindernd ist der bloße Insolvenzantrag, § 775 Rn 9.

D. Beschlagnahme. Eine Beschlagnahme des Vermögens nach § 290 StPO macht einen Titel gegen den Vermögenspfleger nötig.

E. Kreditinstitut. In Betracht kommen ferner gesetzliche Zwangsvollstreckungsverbote während der Abwicklung von Sondervermögen der Kreditinstitute usw, §§ 13, 27 G vom 21. 3. 72, BGBl 465.

F. Exterritorialität. In Betracht kommt schließlich eine Exterritorialität, §§ 18–20 GVG, zB Art 18 V g EU-Truppenstatut v 17. 11. 05, BGBl **05** II 19, nebst ZustimmungsG v 18. 1. 05, BGBl II 18. Das gilt auch zugunsten des technischen Personals einer diplomatischen Vertretung, sofern der vertretene Staat dem Wiener Übk v 18. 4. 61, BGBl 64 II 958, beigetreten ist, Rn 4, 5, Köln Rpfleger **04**, 478 (nicht bei einer Sicherungshypothek, AG Bre MDR **71**, 672.

9) Einschränkungen der Zwangsvollstreckung

Schrifttum: *Fischer* Rpfleger **04**, 599 (ausf zur Verhältnismäßigkeit); *Keip,* Umfang und Grenzen eines sozialen Schuldnerschutzes in der Zwangsvollstreckung, 2000; *Wieser,* Der Grundsatz der Verhältnismäßigkeit in der Zwangsvollstreckung, 1989.

Es gibt Vorschriften, die die Erhaltung der Leistungsfähigkeit des Schuldners bezwecken. Hierher gehören die folgenden Fälle.

A. Unpfändbarkeit. In Betracht kommen die Vorschriften über eine Unpfändbarkeit, §§ 811, 850 ff usw. Sie gelten allerdings nur in den Grenzen des verfassungsrechtlich geschützten Befriedigungsrechts des Gläubigers, BGH NJW **04**, 3771.

B. Vollstreckungsschutz. In Betracht kommen ferner die Vorschriften über einen Vollstreckungsschutz. Auch in der Zwangsvollstreckung gilt in gewissem Umfang der Grundsatz der *Verhältnismäßigkeit,* Einl III 23, § 758 Rn 24, BVerfG NJW **04**, 49, Mü VersR **92**, 875 (keine Überspitzung), LG Hbg GRUR-RR **04**, 318, großzügiger Stgt JZ **86**, 1117, krit Eylmann Rpfleger **98**, 46 („Allzweckwaffe"), Gaul, Treu und Glauben sowie gute Sitten in der Zwangsvollstreckung oder Abwägung nach „Verhältnismäßigkeit" als Maßstab der Härteklausel des § 765 a ZPO, Festschrift für Baumgärtel (1990) 75. Bei der Verwertung von der Preisbindung unterliegenden Büchern § 817 a Rn 1.

C. Ungeeignetheit. Man kann nur bei Abwägung der Interessen im Einzelfall klären, ob eine mögliche Ungeeignetheit des Vollstreckungstitels oder der Art der Zwangsvollstreckung ein Hindernis ihrer Durchführung darstellt. Das gilt zB bei §§ 758 I, 803 II, Wieser DGVZ **90**, 185.

10) Organe der Zwangsvollstreckung

Schrifttum: *Lippross,* Grundlagen und System des Vollstreckungsschutzes, 1983; *Ule,* Der Rechtspfleger und sein Richter, 1983. Vgl auch die Schrifttumsangaben bei § 753.

Die Zwangsvollstreckung ist *staatlichen Behörden* vorbehalten, selbst wenn es dabei zu erheblichen Verzögerungen kommt, LG Lpz DGVZ **96**, 40, AG Leverkusen DGVZ **96**, 44 (keine Ermächtigung an den Gläubiger über gesetzliche Fälle hinaus). Sie üben öffentliche Gewalt aus, BVerfG **49**, 256. Die Zuständigkeit ist ausschließlich, § 802.

A. Vollstreckungsgericht. Das Vollstreckungsgericht ist für alle Maßnahmen zuständig, die sich wegen ihrer Natur oder ihrer Schwierigkeit nicht für den Gerichtsvollzieher eignen. Als Vollstreckungsgericht amtiert grundsätzlich das AG, §§ 764 I, 802. Die Geschäfte im Zwangsvollstreckungsverfahren des Buches 8 sind grundsätzlich dem Rpfl übertragen, soweit sie dem Vollstreckungsgericht obliegen, nicht auch dem Arrestgericht nach § 930 I obliegen oder soweit in den Fällen der §§ 848, 854, 855, 902 ein anderes AG oder das Verteilungsgericht nach § 873 entscheiden muß, § 3 Z 3 a, § 20 Z 17 RPflG, Anh § 153 GVG. Der Rpfl muß infolgedessen nach § 20 Z 5 Hs 1 RPflG auch über eine Bewilligung und Entziehung einer Prozeßkostenhilfe für die Zwangsvollstreckung entscheiden, § 119 Rn 53. Das Landesrecht kann die Erteilung einer

Abschnitt 1. Allgemeine Vorschriften **Grundz § 704**

weiteren vollstreckbaren Ausfertigung nach §§ 733, 797 III auch dem Urkundsbeamten der Geschäftsstelle übertragen, § 36 b I Z 3, 4 RPflG, Anh § 153 GVG.
Von diesen Übertragungen macht § 20 Z 5 Hs 2 RPflG jedoch einige *Ausnahmen*. Es verbleiben dem Richter die Entscheidung, soweit das Prozeßgericht in der Zwangsvollstreckung zuständig ist, zB nach den §§ 887, 888, oder soweit eine sonstige *richterliche* Handlung notwendig ist, zB nach § 758 a. Zur Stellung des Rpfl grundsätzlich Wolf ZZP **99**, 361. Das Vollstreckungsgericht darf grundsätzlich nur innerhalb eines Zwangsvollstreckungsverfahrens tätig werden, LG Hbg MDR **84**, 1035.
B. Gerichtsvollzieher. Den Gerichtsvollzieher „beauftragen" die Parteien unmittelbar. Sie ersuchen ihn um eine Amtshandlung, § 753 I. Er handelt immer als Beamter in Verwaltung staatlicher Hoheitsrechte. Er ist also entgegen der Ausdrucksweise des Gesetzes nur bedingt Beauftragter der Partei, § 753 Rn 3 ff.
C. Prozeßgericht. Das Prozeßgericht erster Instanz wird nur wegen Handlungen oder Unterlassungen tätig, §§ 887, 888, 890. Bei §§ 606 ff kann das FamG zuständig sein, Düss FamRZ **81**, 577.
D. Andere Gerichte oder Behörden. Andere Gerichte oder Behörden werden in gesetzlich bestimmten Sonderfällen tätig, wie das Insolvenzgericht nach §§ 36 IV, 89 III, 148 II InsO, Althammer/Löhnig KTS **04**, 535 (auch zur Streitfrage, ob dessen Richter oder Rpfl zuständig sei), oder das Grundbuchamt nach §§ 866, 867, Registerbehörden bei Schiffen und Schiffsbauwerken nach § 870 a sowie eingetragenen Luftfahrzeugen, dort Rn 1.
E. Einzelfragen. Maßnahmen von Organen außerhalb des ihnen vom Gesetz zugewiesenen Wirkungs- **36** kreises sind unwirksam. Die örtliche Unzuständigkeit macht eine Zwangsvollstreckung nicht nichtig, Üb 19 vor § 300. Sie macht aber die Erinnerung zulässig. Soweit sie Erfolg hat, entfällt die Pfandverstrickung, Üb 6 vor § 803. Es ist aber auch auf Antrag eine Abgabe entsprechend § 281 möglich. Dadurch bleibt die Pfandverstrickung erhalten. Mangels einer Rüge schadet die örtliche Unzuständigkeit nicht.
11) Vollstreckungsverfahren **37**
Schrifttum: *Arens*, Die Prozeßvoraussetzungen in der Zwangsvollstreckung, Festschrift für *Schiedermair* (1976) 1; *Bennert*, Die Unterbrechung der Verjährung durch Maßnahmen der Zwangsvollstreckung, § 209 II Nr 5 BGB, 1996; *Deren-Yildirim*, Gedanken über die Verteilungsprinzipien im Zwangsvollstreckungsrecht, Festschrift für *Gaul* (1997) 93; *Gaul*, Treu und Glauben sowie gute Sitten in der Zwangsvollstreckung usw, Festschrift für *Baumgärtel* (1990) 75; *Gaul*, „Prozessuale Betrachtungsweise" und Prozeßhandlungen in der Zwangsvollstreckung, Gedächtnisschrift für *Arens* (1993) 89; *Gerhardt*, Von Strohfrauen und Strohmännern – Vorgeschobene Rechtsinhaberschaft in der Zwangsvollstreckung, Festschrift für *Lüke* (1997) 121; *Hillebrand*, Forum shopping des Gläubigers im Rahmen der Zwangsvollstreckung? usw, 2001; *König*, Rechtsstaatsprinzip und Gleichheitssatz in der Zwangsvollstreckung, Diss Tüb 1985; *Sawczuk*, Der Schutz des Gläubigers in der Zwangsvollstreckung, Festschrift für *Beys* (Athen 2004) 1411; *Suda*, Mitwirkungspflichten des Vollstreckungsschuldners nach dem 8. Buch der ZPO usw, Diss Bonn 2000.
A. Überblick. Das Vollstreckungsverfahren folgt nur eingeschränkt den für das Erkenntnisverfahren geltenden Vorschriften. Es kennt Prozeßhandlungen, Grdz 46 vor § 128, Gaul (vor A) 126. Es kennt insbesondere keine notwendige mündliche Verhandlung nach § 128 IV außer natürlich in Prozessen, die anläßlich der Zwangsvollstreckung entstehen, zB § 731. Wenn eine Partei Einwendungen erhebt, ist eine mündliche Verhandlung statthaft. Das Gericht kann ohne etwaigen Termin unverzüglich bestimmen, § 216 entsprechend, auch für die Zeit vom 1. 7. bis 31. 8. ohne spätere Verlegungsmöglichkeit, § 227 III 2 Hs 1 Z 7. Im allgemeinen muß das Gericht den Schuldner vor dem Vollstreckungsakt nicht anhören. Manchmal ist seine Anhörung dem Gericht freigestellt, §§ 730, 733. Im Fall des § 834 ist eine Anhörung dem BVerfG **101**, 404, Art 103 I GG (Richter). Denn das Gläubigerinteresse muß vorgehen, und dem Schuldner stehen auch Rechtsbehelfe zur Verfügung, BVerfG **8**, 89, 98, Stürner ZZP **99**, 291 (Üb). Eine Rechtsbehelfsbelehrung ist außerhalb der im Gesetz vereinzelt vorgeschriebenen Fälle ebensowenig wie im Erkenntnisverfahren nach § 139 Rn 79 geboten. Sie sollte ebenso unterbleiben, aM Limberger DGVZ **97**, 166 (er zieht aus richtig zitierter Rspr des BVerfG falsche Schlußfolgerungen).
Die *Parteiherrschaft* nach Grdz 18 vor § 128, oben Rn 6 ff, bleibt in dem Sinn bestehen, daß der Gläubiger das Verfahren durch seinen Antrag in Gang setzt, den Fortgang des Verfahrens und die Verfügung über seinen Anspruch in der Hand behält, Byok NJW **03**, 2644. Das gilt auch bei einem Zug-um-Zug-Titel, § 756, Scheffler NJW **89**, 1848. Auf sein Ersuchen ordnet das Gericht jederzeit das Ruhen der Zwangsvollstreckung an, auch das Ruhen des Offenbarungsverfahrens. Das Verfahren ist im übrigen ein Amtsverfahren, Grdz 39 vor § 128, Rn 7–9. Mögliche Klärung des Schuldnerstreits als Amtspflicht. Das gilt auch zur Klärung der Prozeßfähigkeit mangels deren Feststellung im Erkenntnisverfahren, AG Bayreuth DGVZ **04**, 46. Notfalls muß das Vollstreckungsorgan den Gläubiger mündlich oder schriftlich befragen, geeignetenfalls auch den Schuldner. Es besteht allerdings keine Ermittlungspflicht von Amts wegen nach Grdz 38 vor § 128, soweit Gläubiger oder Schuldner auf Anfragen des Gerichts nicht antworten, Düss NJW **77**, 1643. Vielfach ist ein Antrag notwendig, zB bei § 765 a, BVerfG **61**, 137. Zustellungen erfolgen meist im Parteibetrieb, §§ 191 ff. Ausnahmen gelten zB im Fall § 900 Rn 15. Die Verjährung beginnt erneut, wenn eine gerichtliche Vollstreckungshandlung vorgenommen oder beantragt wird, (jetzt) § 212 I Z 2 BGB, und wenn nicht eine der Ausnahmelagen des § 212 II, III BGB vorliegt.
Eine *Rechtshängigkeit* im prozessualen Sinn des § 261 tritt nicht ein. Anders ist es für sachlichrechtliche **38** Folgen, zB §§ 212 II, III, 941 S 2 BGB. Soweit im Verfahren Nachweise notwendig sind, bedarf es vollen Beweises nach den Regeln der ZPO, AG Wuppert DGVZ **99**, 187. Die normale Verjährungsfrist beginnt neu, AG Münst DGVZ **92**, 44. Der Tod des Schuldners im Fall des § 779 oder der Wegfall seiner Prozeßfähigkeit nach § 51 Rn 40 oder seiner gesetzlichen Vertretung nach § 51 Rn 12 unterbrechen das Verfahren nicht. Ebensowenig unterbrechen der Tod oder der Verlust der Parteifähigkeit des Gläubigers nach der Antragstellung das Verfahren.

Unterbrechung und Aussetzung vertragen sich nämlich nicht mit dem schleunigen Charakter des Verfahrens, Üb 5 vor § 239, KG MDR **00**, 795, LG Gött Rpfleger **00**, 121, LG Stgt Rpfleger **99**, 286, aM Sojka MDR **82**, 14 (aber nahezu jede Zwangsvollstreckung ist eilbedürftig. Der Gläubiger hat meist schon allzu lange warten müssen). Einer Rechtshilfe bedarf die Zwangsvollstreckung innerhalb Deutschlands nicht, § 160 GVG. Ausnahmen gelten bei § 789.

Die *Kosten* der Zwangsvollstreckung trägt der Schuldner nach §§ 91 ff, 788. Er trägt sie also insoweit, als sie erforderlich waren. Vgl aber auch § 891 S 3. Der Gläubiger muß sie ihm erstatten, wenn das Gericht den Vollstreckungstitel aufgehoben hat. Die Vorschriften über die Prozeßkostenhilfe nach §§ 114 ff sind anwendbar, § 119 II. Das Gericht prüft das Rechtsschutzbedürfnis nach Grdz 33 vor § 253 auch hier, BVerfG **61**, 135, Köln JB **01**, 213, LG Rostock JB **03**, 47. So kann eine Prozeßkostenhilfe bei einem zur Zeit zahlenden Schuldner für die Zustellung des Titels notwendig, aber sie wird im übrigen noch unzulässig sein.

39 **B. Parteifähigkeit.** Erforderlich ist die Parteifähigkeit von Gläubiger und Schuldner wie im Erkenntnisverfahren, § 50, Hamm MDR **90**, 347. Somit sind die OHG, KG, evtl sogar die gelöschte GmbH parteifähig, der nicht rechtsfähige Verein nur als Schuldner, § 735. Gesellschafter und Vereinsmitglieder sind Dritte, § 735 Rn 1, Anh § 736. Wegen der Stellung des Generalbundesanwalts im Verfahren nach dem AUG Grdz 28 vor § 50, Üb 6, 8 vor § 78.

40 **C. Prozeßfähigkeit.** Die Prozeßfähigkeit des § 51 ist beim Gläubiger stets nötig. Beim Schuldner, der regelmäßig rein leidend beteiligt ist, gilt das freilich nur, soweit er mitwirken kann und muß, Kblz FamRZ **03**, 1486, AG Wuppert DGVZ **99**, 187, StJM 77 vor § 704, aM Stgt Rpfleger **96**, 36, AG Ehingen DGVZ **95**, 190, AG Strausberg DGVZ **02**, 43 (je: sie sei stets nötig. Aber bei der Zwangsvollstreckung gibt es nun einmal meist nur noch Zwang). Der Schuldner muß allerdings nicht ganz selten nun doch mitwirken, zB als Anzuhörender, AG Saarbr DGVZ **94**, 142, oder zur eidesstattlichen Versicherung Verpflichteter, § 807, AG Wuppert DGVZ **99**, 187, Limberger DGVZ **84**, 129, evtl auch bei der Zustellung, § 171 I, AG Arnsberg DGVZ **86**, 140, Schneider DGVZ **87**, 52. Der Schuldner muß ferner mitwirken, soweit er Einwendungen erhebt, AG Saarbr DGVZ **94**, 142, Roth JZ **87**, 899 (ausf). Den Prozeßunfähigen vertritt sein gesetzlicher Vertreter, § 51 Rn 12, AG Strausberg DGVZ **02**, 43, evtl also sein Betreuer, Kblz FamRZ **03**, 1486. An diesen muß man auch zustellen, §§ 171, 191 ff, AG Ansbach DGVZ **94**, 94. Die Zwangsvollstreckung ergeht freilich ohne Rücksicht auf spätere Veränderungen weiter. Der Schuldner muß die von ihm behauptete Prozeßunfähigkeit beweisen, Ffm Rpfleger **75**, 441.

D. Vollmacht usw. Wenn der Schuldner mitwirken muß, dann muß sich sein gesetzlicher Vertreter ausweisen, § 51 Rn 12. Die Prozeßvollmacht gilt auch für die Zwangsvollstreckung, § 81. Sie läßt sich aber auch auf diese beschränken. Inhalt der Vollmacht: §§ 78 ff. Über ihren Nachweis in der Zwangsvollstreckung § 81 Rn 9. Es genügt die Nennung des Bevollmächtigten im Vollstreckungstitel.

E. Zuständigkeit. Erforderlich ist ferner die Zuständigkeit, Rn 35.

F. Rechtsweg. Notwendig ist schließlich die Zulässigkeit des Rechtswegs, Rn 2.

41 **G. Einwendungen des Gläubigers.** Gegen die Art und Weise der Zwangsvollstreckung ist die Erinnerung nach § 766 zulässig. Im Fall der Ablehnung eines Antrags außerhalb der eigentlichen Zwangsvollstreckung zB auf Erteilung der Vollstreckungsklausel nach §§ 724 ff ist die sofortige Beschwerde nach § 567 I Z 2 zulässig. Eine Rechtsbeschwerde kommt allenfalls unter den Voraussetzungen des § 574 in Betracht. Wegen einer Anschlußbeschwerde § 567 III. Gegen eine echte sonstige Entscheidung im Rahmen der begonnenen Zwangsvollstreckung ist die sofortige Beschwerde nach § 567 I Z 1 im Rahmen und in den Grenzen des § 793 zulässig. Einzelfragen § 793 Rn 1, 19.

42 **H. Einwendungen des Schuldners.** Gegen die Art und Weise der Zwangsvollstreckung ist zunächst die Erinnerung nach § 766 zulässig, BGH DGVZ **05**, 25 (auch zu den Grenzen). In Betracht kommen ferner Einwendungen gegen den Vollstreckungsanspruch selbst. Meist kann der Schuldner sie nur durch eine Vollstreckungsabwehrklage wirksam erheben, §§ 767, 796, 797, LG Traunst DGVZ **93**, 157, gelegentlich auch durch eine einfache Einwendung bei einer Vollstreckung aus § 775 Z 4 und 5, schließlich durch eine Einwendung gegenüber der Klage aus § 731. In Betracht kommen ferner Einwendungen gegen die Zulässigkeit der Vollstreckungsklausel durch eine Erinnerung nach § 732 oder als Einwendungen gegen eine Klage aus § 731, ferner Einwendungen gegen die Rechtswirksamkeit des Titels nur durch Rechtsmittel, §§ 511 ff, Einspruch, §§ 338, 700, Wiederaufnahmeklage, §§ 578 ff, leugnende Feststellungsklage, § 256, oder wie zu Rn 43, Üb 13 ff vor § 300. In Betracht kommt schließlich regelwidrig eine Widerspruchsklage nach §§ 771 ff im Fall des § 93 ZVG. Zur Problematik einer Schutzschrift nach Grdz 8 vor § 128, Vogel NJW **97**, 554. Man sollte sie keineswegs auch noch hier zulassen, zumal die Parteiherrschaft nur eingeschränkt gilt, Rn 43, 37.

43 **I. Einwendungen eines Dritten.** Gegen die Art und Weise der Zwangsvollstreckung ist die Erinnerung nach § 766 zulässig. Im Fall der Verletzung eines die Veräußerung hindernden Rechts ist die Widerspruchsklage nach den §§ 771 ff zulässig. Schließlich kommt eine Klage auf vorzugsweise Befriedigung aus dem Erlös bei einem Pfand- oder Vorzugsrecht ohne Besitz nach § 805 in Betracht.

44 **J. Einwendungen jedes Betroffenen: Arglist.** Allgemein ist der Einwand der Arglist denkbar. Auch in der Zwangsvollstreckung muß man Treu und Glauben wahren, Einl III 54, § 765 a, BGH DB **78**, 1494, Ffm RR **92**, 32, LG Köln DGVZ **99**, 23, aM LG Oldb DGVZ **93**, 56 (§ 767. Aber Rechtsmißbrauch bedarf immer der Beachtung von Amts wegen). Weitere Beispiele: § 771 Rn 10, § 775 Rn 21.

45 *Arglist* kann allerdings nach einer derzeit noch weitverbreiteter Ansicht insbesondere dann vorliegen, wenn der Gläubiger im Zeitpunkt der Erwirkung eines Vollstreckungsbescheids wußte, daß dieser nur wegen des dortigen Fehlens einer Schlüssigkeitsprüfung ergehen konnte, weil zB eine Umgehung versucht wurde, LG Kassel JB **03**, 610 (reichlich streng), LG Würzb RR **92**, 52, oder weil sittenwidrige Ratenkreditzinsen verlangt wurden, BGH **103**, 45, Hbg VersR **91**, 833, Nürnb JB **02**, 443, aM Oldb RR **92**, 446, LG Freibg RR **92**, 1149, LG Hanau RR **99**, 505 (vgl dazu Einf 30 ff vor §§ 322–327).

Abschnitt 1. Allgemeine Vorschriften **Grundz § 704**

Mit Recht betonen aber neuerdings BVerfG RR **93**, 232, BGH NJW **91**, 1885 Köln RR **93**, 571 die *Gefahr der Aushöhlung der Rechtskraft* auch hier. Im übrigen hat BAG NJW **89**, 1054 ausdrücklich die Auffassung abgelehnt, die Gültigkeit eines Vollstreckungstitels fehle, wenn ihm ein sittenwidriger Ratenkreditvertrag zugrunde liege. Zur Begründung stellt das BAG mit Recht auf die Bedeutung zur Rechtsklarheit, Rechtssicherheit und Praktikabilität ab. Das gilt auch gegenüber dem Versuch von Grün NJW **91**, 2864, mit einer „beschränkten" und in Wahrheit verneinten Rechtskraft zum Ziel zu kommen. Vgl dazu ferner Einf 13, 28 vor §§ 322–327, § 322 Rn 71 „Vollstreckungsbescheid", § 700 Rn 1, § 796 Rn 4. Die besonderen Voraussetzungen der etwaigen Unzulässigkeit der Zwangsvollstreckung liegen freilich zumindest auch nicht vor, soweit der Gläubiger wegen solcher Beträge vollstreckt, die ihm auch bei Nichtigkeit des Darlehensvertrages zustehen, BGH BB **89**, 380.

Kein Mißbrauch liegt vor bei einer Zwangsvollstreckung aus einem jedenfalls damals rechtmäßigen, wenn **46** auch inzwischen als fragwürdig erachteten Titel, Hamm DB **86**, 1223, aM Brdb JB **02**, 162 (aber wohin käme man, wenn man jede spätere Fragwürdigkeit zur Aushebelung der Rechtskraft mißbrauchen dürfte?). Kein Mißbrauch liegt auch in einer Pfändung aufgrund rechtswidriger Mitteilung Dritter über Vollstreckungsmöglichkeiten, oder dann, wenn der Gläubiger den Vollstreckungsauftrag wiederholt zurücknimmt, weil der Schuldner die vereinbarten Raten jeweils zunächst zahlt, Hamm DGVZ **85**, 58, Wieser DGVZ **90**, 185, oder dann, wenn das Gericht nur die Rechtslage falsch beurteilt hatte, Üb 29 vor § 300, BGH NJW **91**, 30, Kblz RR **99**, 508 (Übersehen zeitweiliger Unpfändbarkeit).

Zum Schuldnerschutz mit Rücksicht auf den *Verhältnismäßigkeitsgrundsatz* Rn 34. **47**

Bei einer *sehr kleinen Anfangs- oder auch Restforderung* ist der Grundsatz der Verhältnismäßigkeit ebenfalls **48** mitbeachtlich, BVerfG **48**, 400, Düss NJW **80**, 1171, Schwab, Zwangsvollstreckung wegen Bagatellforderungen, 1993, großzügiger AG Saarlouis JB **04**, 504 wegen 6, 93 EUR. Wegen Verwirkung Rn 13. Ob man allgemein die Erforderlichkeit der Vollstreckungshandlung prüfen darf und muß, ist fraglich. Zum Problem Wieser ZZP **100**, 146.

K. Einstweilige Einstellung. Bei sämtlichen Einwendungen nach Rn 41–48 kann das Gericht die **49** Zwangsvollstreckung einstweilen einstellen. Der Gerichtsvollzieher darf das bei § 775 Z 4 und 5 (dort Rn 15), § 815 III tun. Der Einstellungsbeschluß des Gerichts ist keine einstweilige Verfügung, sondern eine vorläufige Maßnahme eigener Art. Wenn eine Einstellung möglich ist, wird im allgemeinen für eine einstweilige Verfügung das Rechtsschutzbedürfnis fehlen, Grdz 33 vor § 253. Denn sie ist umständlicher und teurer. Da das Hauptverfahren und das Verfahren auf den Erlaß einer einstweiligen Verfügung aber getrennte Verfahren sind, ist es möglich, auch während des Hauptverfahrens und trotz dortiger Einstellung der Zwangsvollstreckung in der Revisionsinstanz nach § 719 II denselben Anspruch zum Gegenstand einer einstweiligen Verfügung zu machen, die der Einstellung in der Hauptsache zuwiderläuft.

Eine *einstweilige Anordnung* nach §§ 620 ff läßt sich aber nicht durch eine einstweilige Verfügung nach **50** §§ 935 ff aufheben. Abgesehen davon lassen sich Fälle denken, in denen die einstweilige Verfügung ein Zwangsvollstreckungsverbot aussprechen kann. Eine falsche Bezeichnung im Antrag als einstweilige Verfügung schadet nach allgemeinen Grundsätzen nicht. Über die Wirkung der Einstellung § 707 Rn 13. Nach vielen Gesetzen bewirkt ein bestimmtes Geschehnis eine Einstellung kraft Gesetzes. Das gilt zum Beispiel bei der Eröffnung des Insolvenzverfahrens, § 21 II Z 3 InsO.

12) Beginn der Zwangsvollstreckung. Die Zwangsvollstreckung beginnt, sobald eine der folgenden **51** Situationen eintritt.

A. Gerichtsvollzieher. Der Beginn liegt in der ersten Vollstreckungshandlung des Gerichtsvollziehers, LG Bln DGVZ **91**, 9, Bennert Rpfleger **96**, 310 (Verjährung), Ewers DGVZ **97**, 70 (Begriff). Dazu kann die Zustellung nach § 750 gehören. Eine Zahlungsaufforderung ist kein Beginn der Vollstreckung, sondern ein Versuch, gerade ohne sie auszukommen.

B. Gericht. Der Beginn liegt in der Verfügung der ersten Vollstreckungsmaßnahme durch das Gericht, etwa einer Verpfändung nach § 845 oder dem Pfändungsbeschluß nach § 829. Er liegt genauer in der Hinausgabe dieser Verfügung, § 329 Rn 23, 24, § 890 Rn 34, nicht erst in der Zustellung der Verfügung § 329 Rn 26, § 750.

Beispiele: Die Unterlassungspflicht nach § 890 beginnt mit dem androhenden Beschluß nach § 890 Rn 34, Zweibr FamRZ **84**, 716, soweit nicht schon das Urteil die Androhung enthält. Beim Offenbarungsverfahren nach § 807 beginnt die Zwangsvollstreckung spätestens mit der Terminsbestimmung, § 900 Rn 15, wenn nicht früher, § 900 Rn 12. Ein Verfahren nach § 721 II–VI kann vor oder nach dem Beginn der Zwangsvollstreckung stattfinden. Das erwähnt Mü ZMR **93**, 78 nicht mit. Eine Zwangsvollstreckung nach §§ 864 ff beginnt mit der Unterzeichnung der Eintragungsverfügung einer Sicherungshypothek nach § 867 oder des Anordnungs- bzw Beitrittsbeschlusses.

Alles, was *vor diesen Zeitpunkten* liegt, gehört *nicht* zur Zwangsvollstreckung, auch wenn es im Buch 8 steht. Das gilt etwa für die Erteilung des Notfristzeugnisses nach § 706 oder der Vollstreckungsklausel nach §§ 724 ff, Zweibr FamRZ **00**, 964, für die bloße Androhung einer Vollstreckungsmaßnahme in einem Anwaltsschreiben, Schlesw FamRZ **81**, 457, oder durch den Gerichtsvollzieher, AG Arolsen DGVZ **85**, 63 (abl Schriftleitung), oder für die Sicherheitsleistung nach §§ 709 ff, 109. Für die Kostenberechnung und Kostenerstattung nach § 788 muß man alle vorbereitenden Handlungen einbeziehen.

13) Ende der Zwangsvollstreckung **52**

Schrifttum: *Kerwer,* Die Erfüllung in der Zwangsvollstreckung, 1996.

Die Zwangsvollstreckung und damit das *Rechtsschutzbedürfnis* nach Grdz 33 vor § 253 für eine erste oder weitere Vollstreckungshandlung enden, Köln JB **01**, 213, sobald eine der folgenden Situationen eintritt.

A. Befriedigung. Das Ende tritt im ganzen ein mit völliger Befriedigung des Gläubigers einschließlich der Kosten, § 788, Ffm Rpfleger **80**, 200, LG Hbg WoM **93**, 417 (vollständige Räumung), VG Bln DGVZ **89**, 123, aM Mü MDR **85**, 1034 (aber ein sachlichrechtlicher Rückforderungsanspruch läßt die Zwangsvollstreckung nicht wieder aufleben).

Grundz § 704   Buch 8. Zwangsvollstreckung

Beispiele: Mit der Zahlung durch den Drittschuldner, LG Frankenth Rpfleger **85**, 245; mit der Befriedigung aus dem hinterlegten Betrag; mit der Erklärung des Gläubigers, er habe an der Leistung kein Interesse mehr, etwa am Erhalt einer Auskunft, Mü OLGZ **94**, 485; *nicht* schon mit der Hinterlegung, BGH NJW **86**, 2427, AG Köln DGVZ **78**, 30, und überhaupt nicht schon mit einer bloßen Teilleistung, § 754 Rn 3, auch nicht mit der Aufhebung einer Pfändung gegen Sicherheitsleistung, auch nicht mit der Einleitung des Verteilungsverfahrens nach §§ 872 ff. Zur Problematik Schünemann JZ **85**, 49 (ausf). § 366 I BGB ist jedenfalls insoweit unanwendbar, als der Schuldner wirklich erst zwangsweise „leistet", BGH BB **99**, 762.

53   **B. Durchführung der Vollstreckung.** Das Ende tritt bei einzelnen Vollstreckungsmaßnahmen mit ihrer vollen Durchführung ein, BGH DGVZ **05**, 25. Das gilt selbst bei ihrer Ergebnislosigkeit. Daher leitet jede spätere Zwangsvollstreckungshandlung ein neues Verfahren ein, BGH DGVZ **95**, 72.

Beispiele: Es beenden die Freigabe der Pfandsachen; eine dauernde Einstellung, § 775; die Aufhebung der Maßnahmen, § 776; es beenden *nicht* eine zeitweilige Einstellung oder die Herausgabe an den Gerichtsvollzieher mit der Wirkung der §§ 846, 847, 808, BGH NJW **93**, 935.

Ist die *Maßnahme beendet*, kann der Schuldner deswegen weder eine Erinnerung nach § 766 einlegen, dort Rn 37 (Fortwirken der Maßnahme), BGH DGVZ **05**, 25, noch eine Vollstreckungsabwehrklage nach § 767 oder eine Widerspruchsklage nach § 771 erheben, Einf 4 vor §§ 771–774. Ein bloßer Zeitablauf eines zeitlich begrenzten Vollstreckungstitels kann aber ein Rechtsschutzbedürfnis für ein Rechtsmittel bestehen lassen, § 758 Rn 26. Der Drittschuldner kann ein Rechtsschutzbedürfnis an der Aufhebung eines Pfändungsbeschlusses behalten, auch wenn keine Forderung mehr besteht, Saarbr IPRax **01**, 456. Die Beitreibung aus einem vorläufig vollstreckbaren Titel führt zu einer durch etwaige Einreden auflösend bedingten Erfüllung, Czub ZZP **102**, 287.

54   **14) Mängel der Zwangsvollstreckung**

Schrifttum: Braun, Rechtskraft und Rechtskraftdurchbrechung von Titeln über sittenwidrige Ratenkreditverträge, 1986; *Gerlach*, Ungerechtfertigte Zwangsvollstreckung und ungerechtfertigte Bereicherung, 1986; *Grün*, Die Zwangsvollstreckung aus Vollstreckungsbescheiden über sittenwidrige Ratenkreditforderungen usw, 1990; *Häsemeyer*, Schadenshaftung im Zivilrechtsstreit, 1979; *Strauß*, Nichtigkeit fehlerhafter Akte der Zwangsvollstreckung, Diss Tüb 1994.

55   **A. Geschichtliche Entwicklung.** Früher hielten manche jede Zwangsvollstreckung für unwirksam, die beim Mangel einer Voraussetzung der Zwangsvollstreckung oder unter Verletzung einer Formvorschrift erfolgt war. Freilich ließ man eine Mängelheilung zu, zwar nicht durch einen Verzicht, aber durch die Nachholung des Fehlenden vor der Aufhebung der Zwangsvollstreckungsmaßnahmen. Man sah eine Heilung aber nur als für die Zukunft wirksam an. Das bedeutete: Inzwischen erworbene Rechte Dritter wurden nicht berührt. Diese Lehre erschwerte die Befriedigung des Gläubigers in unangebrachter Förmelei und setzte sich über die überragende Bedeutung einer brauchbaren Zwangsvollstreckung hinweg.

56   **B. Wirksamkeit des Hoheitsakts.** Praktisch brauchbar ist demgegenüber folgendes: Ein gerichtliches Urteil ist nur in den seltensten Ausnahmefällen wirkungslos, Dümig Rpfleger **04**, 16. In allen anderen läßt es sich als ein Staatshoheitsakt nur durch den zugehörigen Rechtsbehelf bekämpfen und ist bis zur Aufhebung voll wirksam, Üb 19 vor § 300, BGH NJW **79**, 2045. Auch die vom sachlich zuständigen Vollstreckungsorgan in den Grenzen seiner Amtsbefugnisse vorgenommene Vollstreckungshandlung ist als Staatshoheitsakt grundsätzlich wirksam. Solange die dafür zuständige Stelle nicht die Fehlerhaftigkeit autoritativ festgestellt hat, müssen alle Beteiligten die in Vollmacht und im Namen des Staates getroffenen Entscheidungen beachten und befolgen, BGH DB **80**, 1937, Celle DGVZ **99**, 76, Hamm NJW **79**, 1664. Mag eine solche Maßnahme auch aller sachlichen und förmlichen Voraussetzungen entbehren, ist sie doch wirksam, bis sie auf einen Rechtsbehelf durch eine abändernde Entscheidung beseitigt ist und damit rückwirkend zusammenfällt, Üb 20 vor § 300. So kann man den Gläubiger gegen ein Versehen der Vollstreckungsorgane schützen. Auch die funktionelle Unzuständigkeit kann unschädlich sein, LG Kassel DGVZ **99**, 77 (Gerichtsvollzieher statt – noch – Rpfl bei §§ 899 ff). Beim nirgends geschützten Rechtsmißbrauch im Sinn von Einl III 54, oben Rn 44, kann eine Vollstreckungsmaßnahme unwirksam sein, Celle DGVZ **99**, 76. Vgl ferner Rn 57.

Dem *Dritten*, der inzwischen Rechte erworben hat, geschieht kein Unrecht. Denn er hatte keinen Anspruch darauf, daß die vorgenommene Zwangsvollstreckung unwirksam war.

Die *Verfassungsbeschwerde* gegen einen Vollstreckungsakt ist nur dann zulässig, wenn angeblich eine neue Grundrechtsverletzung erst durch die Vollstreckungsbehörde bei der Durchführung der Zwangsvollstreckung eingetreten ist. Es sind also Mängel des Erkenntnisverfahrens insoweit unbeachtlich, BVerfG **28**, 8.

57   **C. Unwirksamkeit.** Die Zwangsvollstreckung ist als eine bloße Scheinvollstreckung gänzlich wirkungslos, wenn ihr jede gesetzliche Grundlage schlechthin fehlt, Üb 11 vor § 300. Davon kann nur selten die Rede sein. Dahin gehört eine Zwangsvollstreckung von Organen außerhalb ihres gesetzlichen Wirkungskreises, Rn 36, Sommer Rpfleger **78**, 407. Auch die Verletzung einer wesentlichen Voraussetzung, bei keine ordnungsmäßige Zwangsvollstreckung. Hierher gehört zB das Fehlen eines wirksamen Vollstreckungstitels, BGH NJW **05**, 1577 (§ 767 entsprechend), und wesentlicher Formvorschriften. Das gilt etwa dann, wenn der Gerichtsvollzieher von den Pfandsachen keinen Besitz ergriffen hat, § 808 Rn 6. Hierher gehört auch die Zwangsvollstreckung bei Exterritorialen, Rn 33. Vgl ferner Rn 56.

58   **D. Aufhebbarkeit.** Lediglich mangelhaft und folglich bis zur Aufhebung voll wirksam sind alle anderen fehlerhaften Zwangsvollstreckungshandlungen, Üb 19 vor § 300, BGH **66**, 81, Hamm MDR **79**, 149, LG Bln Rpfleger **78**, 66. Eine Heilung etwa nach § 189 ist während der Zwangsvollstreckung rückwirkend wirksam, Einf 4 vor §§ 750, 751, BayObLG Rpfleger **03**, 157, Dörndorfer Rpfleger **89**, 317. Die Verletzung einer Dienstvorschrift, namentlich der Geschäftsanweisung für Gerichtsvollzieher, macht die Zwangsvollstreckung weder unwirksam noch anfechtbar. Über die heilende Kraft der Genehmigung des Schuldners Einf 5 vor §§ 750, 751, § 811 Rn 5.

E. Wirksamkeit. Voll wirksam ist trotz einer Zuständigkeitsverletzung auch die Anordnung oder Entscheidung, die in das Tätigkeitsgebiet des Rpfl nach § 20 Z 17 RPflG, Anh § 153 GVG, fällt, Rn 35, die aber der

Abschnitt 1. Allgemeine Vorschriften **Grundz § 704**

Richter ohne Berücksichtigung dieser Vorschrift vorgenommen hat, § 8 I RPflG. Überschreitet der Rpfl seine Zuständigkeit überhaupt, so ist das Geschäft unwirksam, § 8 IV RPflG. Anders ist die Lage, wenn der Richter ihm das Geschäft übertragen konnte, es ihm aber nicht übertragen hat, § 8 II RPflG. Wegen der etwaigen Amtshaftung Noack JB **77**, 307. Schmerzensgeld kommt kaum in Betracht, LG Köln DGVZ **98**, 189.

15) Beispiele zur Frage der Pfändbarkeit, dazu *Röder* (Hrsg), ABC der pfändbaren und unpfändbaren **59** beweglichen Sachen, 1992 (Loseblattausgabe); *Wolff/Hintzen,* Pfändbare Gegenstände von A–Z, 2. Aufl 2003.

Vollstreckungsschlüssel

Abgeordneter: Rn 69 „Diäten".
Abzahlungsgeschäft: Rn 60 „Anwartschaft". Wegen der Überweisung an den Verkäufer § 825 Rn 11.
Altersruhegeld: Es ist nach § 54 II, III SGB I wegen gesetzlicher Ansprüche unbeschränkt pfändbar, im übrigen nur im Rahmen der Billigkeit, § 850 b, Karlsr BB **80**, 265. LG Hbg NJW **88**, 2675 läßt die Pfändung zu, soweit die Forderung des Gläubigers auf einem Rechtsgeschäft beruht, das zur Deckung des allgemeinen Lebensbedarfs dient.

Eine Pfändung ist *unzulässig,* soweit der Gläubiger einen Darlehensrückzahlungsanspruch geltend macht, obwohl er wußte, daß der Darleiher nur eine Rente bezog, deren Höhe kaum über den Darlehensrückzahlungsraten lag, LG Wiesb Rpfleger **81**, 491. Künftige Altersrente ist nur im Rahmen von § 829 Rn 2 pfändbar.
S auch Rn 103 „Sozialleistung".
Anderkonto: Rn 87 „Kontokorrent", Rn 96 „Notar".
Anfechtungsrecht: Es ist im Insolvenzverfahren *unpfändbar,* außerhalb dieses Verfahrens nicht selbständig pfändbar.
Anteilsrecht an einer Gemeinschaft nach Bruchteilen, zB Miteigentum, dazu *Gramentz,* Die Aufhebung der Gemeinschaft nach Bruchteilen durch den Gläubiger eines Teilhabers, 1989: Pfändbar ist nur der Anteil, Hamm RR **92**, 666. Bei Liegenschaften erfolgt die Zwangsvollstreckung nach dem ZVG, Hamm RR **92**, 666.
Antrag: Der Anspruch aus dem Antrag auf den Abschluß eines Vertrags ist pfändbar, soweit er übertragbar ist, § 851 I.
Anwartschaft, dazu *Banke,* Das Anwartschaftsrecht aus Eigentumsvorbehalt in der Einzelzwangsvollstrek- **60** kung, 1991; *Schmalhofer,* Die Rechtfertigung der Theorie der Doppelpfändung bei der Pfändung des Anwartschaftsrechts, Diss Regensb 1994:

A. Bewegliche Sache. Man muß in dieser Streitfrage, Rn 61, wie folgt unterscheiden.

a) **Lösung.** Bei der Anwartschaft auf die Übertragung des Eigentums bei einer auflösend bedingten Sicherungsübereignung oder bei einem Vorbehaltsverkauf nach § 811 Rn 6, § 825 Rn 5 geht das volle Eigentum erst nach der Erfüllung der gesamten Verbindlichkeit auf den Erwerber über. Der Schuldner hat aber bis zu diesem Zeitpunkt eine Anwartschaft auf die Übertragung des Eigentums. Es wäre um so unberechtigter, ihm diese Anwartschaft zu entziehen, je mehr er bereits auf die Schuld bezahlt hat. Die Zwangsvollstreckung erfolgt folgendermaßen.
– (**Anwartschaftspfändung**)**:** Zulässig ist die Pfändung der Anwartschaft (des „bedingten Eigentums") nach §§ 828 ff, LG Lüb Rpfleger **94**, 176. Es gilt also auch § 829 III, Drittschuldner ist der Vorbehaltsverkäufer, vgl aber auch § 857 Rn 11. Sie gibt aber noch kein Widerspruchsrecht. Dazu, daß ein Anwartschaftsberechtigter seine Anwartschaft veräußert, § 771 Rn 16 „Eigentum".
– (**Sachpfändung**)**:** Schließlich ist die Sachpfändung durchführbar. Dieser Weg kann auch vorangehen. Dann ist aber das Pfändungsrecht mit einem Mangel behaftet, der erst durch die Nachholung der Zahlung nach Rn 61 rückwirkend heilt. Den bezahlten Schuldrest kann der Gläubiger als Kosten der Zwangsvollstreckung beitreiben. Auch in § 811 a II 4 werden mittelbare Kosten als Kosten der Zwangsvollstreckung angesehen.
– (**Zahlung durch Gläubiger**)**:** Der Gläubiger muß dann die Restschuld an den Verkäufer bezahlen. Der Verkäufer wird nach § 840 auskunftspflichtig. Ein Widerspruch des Schuldners nach § 267 II BGB wäre arglistig und darum dem Gläubiger gegenüber unwirksam. Der Verkäufer darf die Annahme der Zahlung nicht verweigern. Er würde sonst gegen Treu und Glauben verstoßen und nach § 162 BGB die Bedingung herbeiführen.

b) **Andere Meinungen.** Das ist alles **umstritten.** **61**

Wie hier zB *Kupisch* JZ **76**, 417 (ausf), *Marotzke,* Das Anwartschaftsrecht usw, 1978, 87 ff. Dieser hält eine Sachpfändung für ausreichend, da er das Anwartschaftsrecht als ein dingliches Recht auffaßt, weil der Verkäufer mit der Übergabe und Einigung seinerseits alles getan habe, so daß anstelle des schuldrechtlichen Übereignungsanspruchs des Käufers die durch die Erfüllungshandlung des Verkäufers begründete Rechtsstellung getreten sei.

Dagegen *Weber* NJW **76**, 1606, der eine Pfändung der Rechtsstellung des Käufers, § 857, fordert (krit *Henkel* ZZP **84**, 454), eine Sachpfändung § 808 aber ablehnt, weil der Gläubiger nicht gezwungen werden könne, in eine schuldnerfremde Sache zu vollstrecken, während Flume AcP **161**, 404 die hM zwar ablehnt, immerhin aber in § 857 auch die Anlegung von Siegeln nach § 808 II 2 verlangt und das als eine Pfändung ansieht. Vgl auch § 857 Rn 11.

B. Grundstück. Ein übertragbares und damit pfändbares Recht des Auflassungsempfängers liegt erst ab **62** Eingang eines Antrags des Erwerbers auf Eigentumsumschreibung beim Grundbuchamt oder ab Erlaß einer Auflassungsvormerkung vor, BGH NJW **89**, 1093. Wird die Eigentumsanwartschaft eines Auflassungsempfängers gepfändet, so entsteht mit der Eigentumsumschreibung auf den Auflassungsempfänger und Vollstreckungsschuldner für den Pfändungsgläubiger kraft Gesetzes eine Sicherungshypothek, §§ 848 II, 857 I, BGH DNotZ **76**, 97. Eine Hypothek nach § 866 ist dann unnötig. Die Pfändung entfällt, sobald das Gericht einen Umschreibungsantrag zurückgewiesen hat, BGH DNotZ **76**, 97.

Grundz § 704   Buch 8. Zwangsvollstreckung

63   **C. Forderung.** Sie kann pfändbar sein, zB bei einer Sozialversicherungsrente, LG Verden MDR **82**, 677, aM LG Bln NJW **89**, 1738 (betr eine Rentenanwartschaft und künftige Rente. Vgl aber § 829 Rn 4 ff).

64   **Arbeitnehmererfindung:** § 850 Rn 5, 6.
     Arbeitnehmerprämie: Sie ist wie Arbeitseinkommen pfändbar. Dabei muß man freilich auch § 850 a Z 2 beachten, Sibben DGVZ **88**, 8 (ausf).
     Arbeitnehmersparzulage: Sie ist kein Einkommen im Sinne von § 850 II, sondern ist selbständig pfändbar, BAG NJW **77**, 75, LAG Hamm DB **75**, 1944, Ottersbach Rpfleger **90**, 57. Das gilt auch für die künftig fällige. Man muß sie allerdings stets gesondert pfänden, BAG NJW **77**, 75, Ottersbach Rpfleger **90**, 57. Drittschuldner ist das Finanzamt, § 14 IV 1 des 5. VermögensbildungsG. Die Pfändung ist erst nach Ablauf des jeweiligen Kalenderjahres wirksam. Eine vorherige Pfändungen ist nichtig, Ottersbach Rpfleger **90**, 58. Man muß wie bei einem Steuererstattungsanspruch vorgehen, § 829 Rn 13 „Steuererstattung".
     Arbeitsentgelt des Gefangenen: § 850 Rn 5, 6.
     Arbeitseinkommen: Inwieweit es *unpfändbar* ist, ergibt sich aus den §§ 832, 850 ff.
     S auch Rn 101 „Rückkehrhilfe".
     Arbeitsförderung: Ein Anspruch nach dem AFG ist *unpfändbar*, dort § 149.
     Arbeitsleistung aus einem Werkvertrag: Der Anspruch auf die Arbeitsleistung ist pfändbar.
     Arbeitslosengeld, -hilfe: Rn 103 „Sozialleistung".
     Arzt: Der Anspruch des Kassenarztes gegen die Kasse ist pfändbar, § 850 Rn 3, BGH **96**, 329 (auch zu den Grenzen; krit Brehm JZ **86**, 500), von Glasow Rpfleger **87**, 289 (er weist auf § 850 f I a hin).
     Seine Zulassung ist *unpfändbar*, LSG Essen NJW **97**, 2477.
     Auftrag: Der Anspruch auf die Ausführung eines Auftrags ist im Zweifel *unpfändbar*, § 664 II BGB.

65   **Ausbildungsförderung:** Der Anspruch auf eine Ausbildungsförderung ist nach § 54 IV SGB I, abgedruckt, bei Rn 80, theoretisch wie Arbeitseinkommen pfändbar. Wegen § 850 c kommt bei einem Inlandsstudium eine erfolgreiche Pfändung aber derzeit *kaum* in Betracht. In seltenen Fällen mag beim Auslandsstudium nach der VO v 25. 6. 86, BGBl 935, geändert durch G v 19. 3. 01, BGBl 396, eine höhere Förderung auch praktisch pfändbar sein.
     Auskunft: Rn 96 „Nebenanspruch".
     Ausland, dazu *Bleckmann* NJW **78**, 1092 (gegen fremden Staat); *Gramlich* NJW **81**, 2618 (iranisches Konto in Deutschland); *Ost* Just **75**, 134 (Arrest usw); *Schack* Rpfleger **80**, 175 (in Geldforderung); SchlAnh III (NATO): Auch beim Drittschuldner im Ausland ist eine Pfändung statthaft, Ffm MDR **76**, 321. Wegen der Exterritorialen §§ 18 ff GVG.
     Automatenaufsteller: Pfändbar sind sowohl sein Anspruch gegen den Wirt wie auch umgekehrt.

66   **Bankkonto:** Rn 87 „Kontokorrent".
     Bausparvertrag: Weitgehend pfändbar, § 851 Rn 5. Die Pfändung erfaßt ein Kündigungsrecht. Vgl auch Rn 104 „Sparprämie".
     Bedingter Anspruch: Eine bedingte Forderung ist pfändbar, § 829. Ihre Verwertung richtet sich nach § 844. Ein bedingtes Eigentum am Grundstück (die Anwartschaft auf die Eintragung nach der Auflassung) ist pfändbar, § 857. Die Zustellung der Pfändung erfolgt an den Eingetragenen.
     S auch Rn 60 „Anwartschaft".

67   **Befreiung von einer Verbindlichkeit,** § 887 Rn 1–3: Der Anspruch auf eine derartige Befreiung kann nur von dem Gläubiger dieser Verbindlichkeit gepfändet werden, LG Wuppert AnwBl **84**, 276, Bergmann VersR **81**, 512. Nach der Überweisung hat der Gläubiger einen Zahlungsanspruch gegen den Drittschuldner, KG NJW **80**, 1341.
     Beihilfe: Der Anspruch auf Beihilfe ist grds *unpfändbar*, BGH FamRZ **05**, 269 (Ausnahme: evtl sog Anlaßgläubiger), LG Münst Rpfleger **94**, 473 (ebenfalls auch zu einer Ausnahme).
     Bergmannsprämie: Sie ist *unpfändbar*, § 851 Rn 5.
     Berichtigung des Grundbuchs: Der Anspruch auf die Berichtigung ist der Ausübung nach pfändbar, § 857. Das hat aber nur die Wirkung, daß man eine Berichtigung auf den Namen des gegenwärtigen wahren Berechtigten verlangen kann.
     Berufsunfähigkeitsrente: Rn 103 „Sozialleistung", § 829 Rn 1, § 850 b I Z 1.
     Bezugsrecht des Aktionärs, §§ 153, 159, 170 AktG: Es ist nach seiner Entstehung pfändbar, § 857.
     Binnenschiffer: Die Abwrackprämie ist pfändbar.
     Bruchteilsgemeinschaft: Rn 59 „Anteilsrecht".
     Bundesentschädigungsgesetz: Rn 71 „Entschädigung".
     Bundesseuchengesetz: Rn 79 „Impfschaden".

68   **Buße, strafprozessuale:** Der Anspruch auf die Zahlung der Buße ist *unpfändbar*, bevor das Gericht ihn dem Verletzten zugesprochen hat.
     Computer dazu *Roy/Palm* NJW **95**, 690 (Üb): Das Gerät kann pfändbar sein, abgesehen von einer Installation auf der Festplatte, Paulus DGVZ **90**, 156. Die Software kann auf gesonderter Diskette pfändbar sein, auf der Festplatte nur bei einer Herausgabe- oder Trennbereitschaft des Schuldners, vgl Paulus DGVZ **90**, 156.
     S auch Rn 102 „Software" und § 811 Rn 33, 41.

69   **Darlehensvertrag:** Der Anspruch auf Vertragsabschluß ist höchstpersönlich und daher *unpfändbar*, BGH MDR **78**, 839, LG Düss JB **82**, 1428. Der Anspruch auf die Auszahlung des Darlehensbetrags ist pfändbar, soweit er übertragbar ist, Gaul KTS **89**, 27, Luther BB **85**, 1888, Weimar JB **76**, 568, aM Schmidt JZ **76**, 758 (er sei unpfändbar. Aber § 851 gilt auch hier). Der Rückzahlungsanspruch nach § 488 I 2 BGB ist pfändbar. Das Schuldscheindarlehen ist pfändbar. Die Pfändung kann unter Umständen einen Anlaß zu einem Widerruf bilden, § 490 BGB.
     S auch Rn 87 „Kontokorrent".
     Diäten: Sie sind wie Arbeitseinkommen pfändbar, Düss MDR **85**, 242.

Abschnitt 1. Allgemeine Vorschriften **Grundz § 704**

Diensteinkommen: Die Wirkung einer Pfändung ergibt sich aus §§ 832, 833. Das Diensteinkommen ist teilweise *unpfändbar*, §§ 850 ff. Der Kontenschutz richtet sich nach §§ 835 III 2, 850 k.
Dienstleistung: Der Anspruch auf die Dienstleistung ist *im Zweifel unpfändbar*, § 613 S 2 BGB. Aus einem Urteil auf unvertretbare Dienste aus einem Dienstvertrag kann man die Zwangsvollstreckung *nicht* betreiben, § 888 II, dort Rn 22.
Dienstleistungsmarke: § 857 Rn 6 „Dienstleistungsmarke".
Dispositionskredit: Rn 87 „Kontokorrent".
Domain: § 857 Rn 3 „Internet-Domain".
Dreidimensionales Zeichen: § 857 Rn 6 „Dreidimensionales Zeichen".
Duldung: Die Zwangsvollstreckung richtet sich nach §§ 890–893. Wegen eines Duldungstitels Rn 70 **70** „Ehe".
EDV-Anlage: Rn 68 „Computer".
Ehe: Ein Urteil auf die Eingehung oder auf die Herstellung des ehelichen Lebens ist *nicht* vollstreckbar, § 888. Die Zwangsvollstreckung in bewegliche Sachen des Eheguts richtet sich nach § 739. Beim Gesamtgut gilt folgendes: Bei der Gütergemeinschaft muß man § 740 beachten. Bei der fortgesetzten Gütergemeinschaft muß man § 745 beachten. Der Anteil am Gesamtgut oder an einzelnen Teilen des Gesamtguts ist während des Bestehens der Gemeinschaft *unpfändbar*, § 860, ebenso der Anspruch auf die Auseinandersetzung, solange die Gütergemeinschaft besteht, § 860 Rn 1. Für die Zwangsvollstreckung beim Eintritt des Gütersstandes während des Prozesses gilt § 742. Bei einer Beendigung während des Prozesses gelten die §§ 743, 744, 744 a, 745 II. Der Anspruch auf die Mitwirkung bei der gemeinsamen Steuererklärung ist nach § 851 *unpfändbar*, AG Hechingen FamRZ **90**, 1127.
S auch Rn 75 „Gewerbefrau", Rn 93 „Lebensversicherung".
Eigentumsübertragung: Für den Anspruch auf die Übertragung gelten §§ 897, 898.
Eigentumsvorbehalt: Rn 60 „Anwartschaft".
Eingliederungsgeld: Man muß es wie Arbeitslosengeld behandeln, § 62 a VI AFG.
S daher (zum Arbeitslosengeld) Rn 103 „Sozialleistung".
Einstweilige Verfügung: Der Anspruch aus einer einstweiligen Verfügung ist *unpfändbar* (auch im Rahmen **71** der Zweckbestimmung, § 851 Rn 4), wenn die Leistung zu einem ganz bestimmten Zweck angeordnet worden ist. Denn sonst würde dieser Zweck vereitelt werden. Der Anspruch auf die Zahlung eines Prozeßkostenvorschusses aus einer einstweiligen Anordnung nach §§ 127 a, 620 ff ist *unpfändbar*.
Einziehungsrecht: Das Einziehungsrecht des Überweisungsgläubigers ist pfändbar, § 857, § 835 Rn 6.
Eisenbahn: Ansprüche nach Art 55 § 2 CIM und Art 55 § 2 CIV sind *unpfändbar*.
Entschädigung: Eine Entschädigung nach §§ 140, 158, 163 II BEG und dessen Nachfolgevorschriften ist grundsätzlich mit Genehmigung der Entschädigungsbehörde pfändbar, § 14 BEG, LG Bln Rpfleger **78**, 151.
Die Hinterbliebenenrente ist *unpfändbar*, § 28 BEG. Es gibt aber zahlreiche Ausnahmen.
Erbausgleichsanspruch: Der Anspruch nach § 1934 d BGB ist nach Abrede oder rechtskräftiger Entscheidung pfändbar, vorher *nicht*.
Erbbaurecht: Der Anspruch auf die Zustimmung des Grundeigentümers zu einer Veräußerung oder zu **72** einer Belastung des Erbbaurechts nach § 7 I, II ErbbVO ist nach §§ 851 II, 857 III grds pfändbar und überweisbar, LG Köln Rpfleger **00**, 11 (auch zu den Grenzen).
Erbersatzanspruch: Der Anspruch nach § 1934 a BGB ist pfändbar, weil übertragbar, §§ 1934 b II, 2317 II BGB.
Erbteil: Ein Erbteil ist nur im ganzen pfändbar, § 859 II. Vgl auch Rn 96 „Nachlaß".
Erfinderrecht, dazu *Sikinger*, Genießt der Anspruch auf Erfindervergütung den Lohnpfändungsschutz der §§ 850 ff ZPO?, Festschrift für *Ballhaus* (1985) 785: Es ist *unpfändbar*, soweit das Persönlichkeitsrecht reicht, BGH GRUR **78**, 585.
Erziehungsgeld: Ein solches und vergleichbare Leistungen sind *unpfändbar*, § 54 III Z 1 SGB I, abgedruckt in Rn 80 „Kindergeld", § 850 a Rn 14, LG Hagen Rpfleger **93**, 30, AG Betzdorf JB **92**, 636.
Fernsehgerät: Es ist *grds unpfändbar*. Es ist aber austauschbar, § 811 Rn 19–21. **73**
Firma: Man kann sie nur zusammen mit dem Unternehmen übertragen und daher auch nur zusammen mit dem Unternehmen pfänden. Da sich aber die Pfändung des Unternehmens praktisch nicht durchführen läßt, Rn 108 „Unternehmen", ist auch die Firma *praktisch unpfändbar*. Eine vollstreckbare Ausfertigung gegen den Übernehmer wird nach § 729 erteilt.
Forderung, dazu *Behr*, Taktik in der Mobiliarvollstreckung (III), Kontenpfändung, Pfändung besonderer Geldforderungen usw, 1989: Die Pfändbarkeit einer Geldforderung richtet sich nach § 829, ihre Verwertung nach §§ 835 ff.
Freistellung: Rn 67 „Befreiung von einer Verbindlichkeit".
Früchte auf dem Halm: Die Pfändbarkeit richtet sich nach §§ 810, 813, die Verwertung nach § 824.
Fürsorgedarlehen: Soweit es einem Schwerbeschädigten nach §§ 25 ff BVG gewährt wird, ist es pfändbar.
Gefährdungshaftung: Der Schadensersatzanspruch ist grds pfändbar. Wegen Rente § 850 b Z 1, 2. **74**
Gefangener: Wegen des Arbeitsentgelts usw § 850 Rn 7.
Vgl auch Rn 77 „Haft", „Hausgeld".
Gehalt: Rn 69 „Diensteinkommen", Rn 94 „Lohn".
Geistige Leistung: § 887 Rn 27 „Geistige Leistung".
Geld: Die Pfändbarkeit richtet sich nach § 808, die Verwertung nach § 815.
S auch Rn 73 „Forderung", Rn 87 „Kontokorrent".
Geldkarte: Zum Begriff und zur Funktion *Pfeiffer* NJW **97**, 1036. Sie ist zwar kein Wertpapier, folgt aber dessen Zweck. Soweit man mit ihrer Hilfe Bargeld erzielen kann, ist dieses wie sonst pfändbar. Im übrigen Rn 114 „Wertpapier".
Geldmarktanteil: Vgl Röder DGVZ **95**, 110 (ausf).
Gemeinschaft: Rn 59 „Anteilsrecht".
Genossenschaft: Anh § 859 Rn 6 (C).

Hartmann 2013

Grundz § 704 Buch 8. Zwangsvollstreckung

Genossenschaftsbank: *Unpfändbar* ist ein im Deckungsregister der Bank eingetragener Vermögenswert, soweit die Zwangsvollstreckung wegen eines anderen Anspruchs als desjenigen aus der Schuldverschreibung jener Bank stattfindet, § 16 G v 22. 12. 75, BGBl 3171.
Geschmacksmusterrecht: Es kann Gegenstand von Maßnahmen der Zwangsvollstreckung sein, § 30 I Z 2 GeschmMG nF (s Einl I A).

75 **Gesellschaft:** dazu *Fischer*, Der Anteil an einer Personengesellschaft als Gegenstand der Zwangsvollstreckung usw, 2001; *Wössner*, Die Pfändung des Gesellschaftsanteils bei den Personengesellschaften, 2000:

A. BGB-Gesellschaft. Bei ihr ist für den Vollstreckungstitel § 736 maßgeblich. Der Anteil des einzelnen Gesellschafters ist im ganzen pfändbar. Der Anteil an einzelnen Gegenständen ist *unpfändbar*, § 859.

B. Handelsgesellschaft. Bei ihr muß man für den Vollstreckungstitel das im Anh § 736 Ausgeführte beachten. Die Verwertung richtet sich nach den im Anh § 859 Rn 5, 6 genannten Regeln. Die Pfändung des Geschäftsanteils einer GmbH erfolgt nach § 857, auch wenn eine Genehmigung zur Übertragung notwendig ist. Drittschuldner ist die Gesellschaft. Wegen der Pfändung einer nichteingezahlten Stammeinlage BGH NJW 92, 2229 (Abwicklungsstadium), Hamm DB 92, 1082 (Pfändbarkeit nur bei Vollwertigkeit der Forderung gegen die Gesellschaft), Köln RR 89, 354 (Pfändbarkeit beim Wegfall der Zweckbindung) und Rpfleger 91, 466 (Pfändbarkeit nach Einstellung des Geschäftsbetriebs usw). Wegen der Einziehung eines GmbH-Anteils für den Fall der Pfändung BGH NJW 85, 1768, Heckelmann ZZP 92, 60. Der Kapitalentnahmeanspruch ist *unpfändbar*, Stöber Rn 1586, aM Muth DB 86, 1764. Ein Ersatzanspruch nach § 64 II GmbH ist pfändbar, BGH NJW 01, 304.

Gewerbefrau: Für den Vollstreckungstitel gilt § 741.

76 **Gewerbliches Schutzrecht:** Es gelten die folgenden Regeln.

A. Marke. S Rn 95 „Marke", § 857 Rn 8 „Marke".

B. Patent usw dazu *Jautz*, Probleme der Zwangsvollstreckung in Patentrechte und Patentlizenzrechte, Diss Tüb 1997: Beim Patent, Gebrauchsmuster, Geschmacksmuster ist folgendes pfändbar: Das Recht aus dem Patent oder dem Muster, §§ 15 PatG, 21 GebrMG, 3 GeschmMG, BGH 125, 336; das Recht auf das Patent, § 6 PatG, BGH 125, 336, Mes GRUR 78, 200; der Anspruch auf Erteilung des Patents aus der Anmeldung, § 7 PatG. Die Pfändung erfolgt nach § 857. Eine Zustellung der Pfändung an das Patentamt ist ratsam. Nach der Pfändung kann man die Anmeldung nicht mehr zurücknehmen. Die Verwertung erfolgt unter Zuhilfenahme der Auskunftspflicht, § 836 III. Die Verwertung muß sich auf die Erteilung einer Lizenz beschränken, notfalls einer ausschließlichen. Denn damit hat man das Nötige getan und den Schuldner möglichst vor Schaden bewahrt. Der Schuldner muß die Jahresgebühren weiter zahlen und hat andernfalls keinen Schadensersatzanspruch gegen den Gläubiger, Karlsr GRUR 05, 315.

Girokonto: Rn 87 „Kontokorrent".
Gold- und Silbersachen: Die Pfändung richtet sich nach § 808, die Verwertung nach § 817 a III.
Grundrente: Rn 103 „Sozialleistung".
Grundschuld: Die Pfändbarkeit richtet sich nach § 857 Rn 20, 23, 24. Wenn der Schuldner die Grundschuld sicherungshalber einem Dritten eingeräumt hatte, dann ist der Anspruch auf den Mehrerlös nach der Abdeckung der Forderung des Drittschuldners sowie gleichzeitig der Anspruch auf die Rückübertragung, die Abtretung oder den Verzicht bezüglich der Grundschulden pfändbar, § 857 Rn 20, 23, 24.
Grundstück: Die Zwangsvollstreckung in ein Grundstück richtet sich nach §§ 864 ff. Wegen herrenloser Titel § 787.

77 **Haft:** Man müßte den Versorgungsanspruch aus dem Häftlingshilfegesetz als Sozialleistung nach Rn 103 behandeln. Der Anspruch auf eine Entschädigung wegen einer unschuldig erlittenen Untersuchungshaft ist vor seiner rechtskräftigen Zusprechung *unpfändbar*, § 13 II StrEG. Dasselbe gilt für einen Vorschuß, Hamm NJW 75, 2075.

Vgl auch Rn 74 „Gefangener".

Haftpflichtversicherung: Rn 112 „Versicherungsanspruch".
Handlung: Die Zwangsvollstreckung wegen einer vertretbaren Handlung richtet sich nach §§ 887, 888 a, diejenige wegen einer unvertretbaren Handlung nach §§ 888, 888 a.
Hartz IV: Keine erheblichen Änderungen bei der Pfändbarkeit, Neugebauer MDR 05, 915.
Hausgeld: Es ist *unpfändbar*, Hamm MDR 01, 1260, LG Münst Rpfleger 00, 509, LG Trier JB 03, 550, aM Stange Rpfleger 02, 612 (aber es handelt sich nicht um Arbeitseinkommen, wenn jemand Zwangstätigkeit für einen lächerlich geringen „Lohn" ausüben muß, sei es auch verschuldet).
Haushaltsmittel: Eine Forderung „aus Haushaltsmitteln" ist *unpfändbar*.
Hausrat: Er ist *beschränkt* pfändbar, §§ 811 I Z 1, 812, vgl aber auch § 851 Rn 8.

78 **Herausgabe:** Die Zwangsvollstreckung in einen Anspruch auf Herausgabe beweglicher Sachen richtet sich nach §§ 846, 847, 849. Bei der Zwangsvollstreckung in einen Anspruch auf Herausgabe von Liegenschaften muß man die §§ 846, 848, 849 beachten. Die Zwangsvollstreckung zur Erwirkung der Herausgabe beweglicher Sachen richtet sich nach §§ 883–886. Die Zwangsvollstreckung zur Erwirkung der Herausgabe von Liegenschaften erfolgt nach §§ 885, 886.

Hinterlegung: Das Recht auf die Rücknahme einer hinterlegten Sache ist *unpfändbar*, § 377 BGB.
Höchstpersönlicher Anspruch: Er ist *grds unpfändbar*, §§ 399 BGB, 851 II, BGH GRUR 78, 585. S auch Rn 114 „Wahlrecht bei Wahlschuld".
Hypothek: Die Zwangsvollstreckung in die Hypothek richtet sich nach § 830. Die Verwertung richtet sich nach §§ 835 ff. Wegen der Eigentümerhypothek § 857 Rn 22. Wird eine Forderung, für die eine Buchhypothek besteht, gepfändet und zur Einziehung überwiesen, ist das solange *unwirksam*, als die Pfändung nicht in das Grundbuch eingetragen ist, BGH NJW 94, 3225.

79 **Immission:** § 887 Rn 43 „Zuführung".
Impfschaden: Der Entschädigungsanspruch ist nach Maßgabe der §§ 54, 55 SGB I pfändbar, derjenige für Verdienstausfall ist zum Teil wie das Arbeitseinkommen pfändbar, die Entschädigung für vernichtete oder beschädigte Sachen ist *grds unpfändbar*. Einzelheiten BSeuchenG.

Insolvenzausfallgeld: Soweit der Anspruch auf die Zahlung von Arbeitsentgelt vor dem Zeitpunkt des Eingangs eines Insolvenzantrags beim Insolvenzgericht gepfändet worden ist, erfaßt diese Pfändung auch den Anspruch auf die Zahlung von Ausfallgeld, § 141 k II AFG. Der Anspruch auf die Zahlung des Ausfallgeldes ist vor dem Eingang eines Antrags auf dieses Ausfallgeld nur mit der Maßgabe pfändbar, daß der Anspruch erst ab Antragstellung erfaßt wird, LG Würzb Rpfleger **78**, 388. Vom Zeitpunkt des Eingangs eines Antrags auf Ausfallgeld an ist der Anspruch auf die Zahlung dieses Geldes wie ein Arbeitseinkommen pfändbar, § 141 I AFG.

Ein Ausfallgeld, das auf ein Bankkonto überwiesen wurde, hat binnen 7 Tagen nach § 149 II AFG *Pfändungsschutz,* Hornung Rpfleger **75**, 239. Zur Problematik Denck KTS **89**, 263.

Internet: § 857 Rn 8 „Internet-Domain".

Investment: Das Recht des Anteilsinhabers ist nebst den Anteilscheinen pfändbar, §§ 821, 831. Es besteht jedoch kein Anspruch auf eine Aufhebung der Gemeinschaft an dem Sondervermögen, § 11 KAGG.

Kindererziehungsleistung: Rn 72 „Erziehungsgeld".

Kindergeld: Maßgebend sind §§ 48 I 2, 3, 54 III–V SGB I, abgedruckt bei Sartorius Nr. 401. 80

Aus der komplizierten Rechtslage können hier nur die wichtigsten Regeln skizziert werden. Ausführliche Übersicht bei *Hornung* Rpfleger **89**, 1.

A. Systematik. Die Vorschriften sind als neues Spezialrecht zusammen mit dem ebenfalls neuen 81
§ 850 e Z 2 a S 2–5 vor allen bisherigen Regelungen und Erkenntnissen insbesondere der Rechtsprechung vorrangig. Die letzteren bleiben nur mit dieser Einschränkung und außerhalb des Geltungsbereichs der neuen Vorschriften beachtlich. Andererseits muß man die neuen Vorschriften trotz ihres erkennbaren Bestrebens nach Verbesserung des Pfändungsschutzes doch als Ausnahmen von dem Grundgedanken der Pfändbarkeit des gesamten Vermögens und Einkommens eng auslegen, wie er ungeachtet zahlreicher Einschränkungen und abweichender Grundsätze in Wahrheit wohl immer noch gilt. Andererseits ist ein Anspruch nach § 54 IV 1 SGB I wie Arbeitseinkommen pfändbar, BGH MDR **04**, 471.

B. Geltungsbereich: „Geldleistungen für Kinder", § 48 I 2 SGB I. § 54 V 1 verweist wegen des 82
sachlichen Geltungsbereichs auf die Amtliche Begriffsbestimmung in § 48 I 2 SGB I. Nach ihr zählen hierher das Kindergeld, nach dem BKGG, Kinderzuschläge und vergleichbare Rentenbestandteile, zB § 33 b BVG.

Ein solcher Anspruch ändert seinen Charakter weder durch *Abtretung* noch durch Verpfändung. Dagegen ändert der gesetzliche Forderungsübergang zB nach §§ 116 SGB X, 37 BAföG, 7 UVG den Charakter der Forderung und läßt damit evtl das Pfändungsprivileg entfallen, § 850 d Rn 1, Hornung Rpfleger **88**, 217.

Erziehungsgeld und vergleichbare Leistungen der Länder sind gänzlich *unpfändbar,* § 54 III Z 1 SGB I, Rn 72 „Erziehungsgeld". Dasselbe besagt § 850 a Z 6, dort Rn 14.

C. Einschränkung der Pfändbarkeit: „Nur" wegen gesetzlicher Unterhaltsansprüche usw. 83
Wie der Wortlaut von § 54 V 1 SGB I bereits zeigt, ist nur ein gesetzlicher Unterhaltsanspruch eines Kindes, kein vertraglicher, privilegiert. Auch das gilt nur insoweit, als der gesetzliche Anspruch „bei der Festsetzung der Geldleistungen berücksichtigt wird", also nur ein Anspruch eines sog Zähl- wie eines sog Zahlkindes. Bei einer Überweisung auf ein Sparbuch des Schuldners wendet Hamm JB **90**, 1058 nicht § 54 V, sondern § 55 SGB I an.

Nicht privilegiert sind also gewöhnliche Forderungen solcher Gläubiger wie auch gesetzliche oder gar vertragliche Unterhaltsansprüche anderer Kinder oder Dritter. Noch weniger begünstigt sind Ansprüche anderer Art, die Dritte aus welchem Rechtsgrund auch immer betreiben, oder andere Ansprüche auf laufende Geldleistungen, § 54 IV SGB I, abgedruckt bei Rn 80.

D. Berechnung der Höhe des pfändbaren Betrages: Gleichmäßige Verteilung trotz unter- 84
schiedlicher Auszahlungssumme, § 54 V 2 Z 1, 2 SGB I. Das Kind, das etwa überhaupt Kindergeld usw pfänden kann, kann *nicht automatisch* den dem Schuldner für diesen Gläubiger ausgezahlten Betrag pfänden. Es findet vielmehr eine komplizierte Umrechnung statt. Grundlage ist das Bestreben gleichmäßiger Verteilung auf alle gleichrangigen Kinder. Rechenbeispiele bei Hornung Rpfleger **88**, 218. Der sog Zählkindergeldvorteil ist anteilig pfändbar, LG Mönchengladb Rpfleger **02**, 471.

E. Zusammenrechnung von Kindergeld usw mit anderen Einkommensarten (Arbeitsein- 85
kommen usw): Zulässigkeit. Insofern ist keine grundsätzliche Änderung der Pfändbarkeit eingetreten. Vgl dazu § 850 e Z 2 a. Rechenbeispiele bei Stgt JB **01**, 437, Hornung Rpfleger **88**, 220.

Kontenschutz: Er ergibt sich aus den §§ 835 III 2, 850 k. 86
Kontokorrent 87

Schrifttum: *Bach-Heuker,* Pfändung in die Ansprüche aus Bankverbindung und Drittschuldnererklärung der Kreditinstitute, 1993; *Baßlsperger* Rpfleger **85**, 177; *Bauer* DStR **82**, 280 (Globalpfändung der Finanzverwaltung); *Behr,* Taktik in der Mobiliarvollstreckung (III), Kontenpfändung usw, 1989; *Bruschke* BB **99**, 2167 (Geschäftskonto); *David* MDR **93**, 108; *Ehlenz/Diefenbach,* Pfändung in Bankkonten und andere Vermögenswerte, 5. Aufl 1999; *Grube,* Die Pfändung von Ansprüchen aus dem Giroverhältnis unter besonderer Berücksichtigung von Kontokorrentkrediten, 1995; *Grund,* Die Zwangsvollstreckung in den Geldkredit, Diss Bonn 1988; *Jungmann* ZInsO **99**, 64; *Kerres* DGVZ **92**, 106 (ausf); *Kiphuth* Sparkasse **81**, 64 (Sparkasse als Drittschuldner); *Stirnberg,* Pfändung von Girokonten, 1983; *Tedikou,* Der Vollstreckungszugriff auf Bankkonten usw, 2005; *Werner-Machunsky,* BB **82**, 1581. S auch Rn 96 „Notar", § 857 vor Rn 1.

Der Anspruch auf Erteilung von *Kontoauszügen* und andere Auskunft ist *pfändbar,* soweit er überhaupt besteht, AG Landsb RR **87**, 819, aM LG Itzehoe RR **88**, 1394, AG Meldorf SchlHA **87**, 152 (kein Anspruch). Die Pfändung des Hauptanspruchs ergreift den zugehörigen Auskunftsanspruch, LG Cottbus JB **02**, 659.

Grundz § 704   Buch 8. Zwangsvollstreckung

Einzelne Posten des Kontokorrents sind *grds unpfändbar,* §§ 355 ff HGB, BFH NJW **84**, 1920, LG Stgt Rpfleger **81**, 24, aM BGH (1. ZS) **84**, 373 und (8. ZS) **84**, 324, Stgt Rpfleger **81**, 445, LG Gött Rpfleger **80**, 237 (aber der Einzelposten stellt nur eine evtl ganz vorübergehende Art von Durchgangsposten dar. Man kann nicht ohne unvertretbaren Aufwand täglich neu pfänden lassen. Vgl freilich Rn 89).

88   Der festgestellte *Saldo,* also derjenige Betrag, der dem Schuldner bei einer Verrechnung als Überschuß zusteht, ist, grds *pfändbar,* BGH NJW **99**, 1545, BFH NJW **84**, 1920, Ffm RR **94**, 878. Das gilt allerdings nur in den Grenzen von § 55 SGB I, Rn 103, bzw § 765 a, Nürnb Rpfleger **01**, 361. Dann berühren die nach der Pfändung neu entstehenden Schuldposten den Gläubiger nicht, BGH **80**, 176 (stellt auf den „Zustellungssaldo" ab), Baumb/Hopt § 357 HGB Rn 4. Zur zweifachen Doppelpfändung (des gegenwärtigen und künftigen Saldos durch zwei Gläubiger) Gröger BB **84**, 25. Die Kontonummer kann fehlen, soweit das Konto trotzdem genügend bestimmt bezeichnet ist, § 829 Rn 29 „Konto", „Kontoführende Stelle". Die Pfändung auf ein *künftiges* Guthaben ist bei ausdrücklicher Erstreckung zulässig, BGH **80**, 176. Der Anspruch auf eine fortlaufende Auszahlung durch *Überweisungsauftrag* ist beim Bankkonto *pfändbar,* BGH **84**, 325, sofern die Pfändung ihn ausschließlich erfaßt, BGH **84**, 378. Vgl aber auch § 835 III 2.

89   Ein Anspruch auf eine gestattete Kontoüberziehung *(Kreditrahmen, Kreditlinie, Dispositionskredit)* ist im Gegensatz zur bloß geduldeten oder gar unerlaubten Überziehung *pfändbar,* soweit der Kredit übertragbar (nicht zweckgebunden) ist, BGH NJW **01**, 1937 (zustm App DGVZ **01**, 132), Hamm RR **02**, 1477, Weidner/Walter JB **05**, 180, aM Schlesw NJW **92**, 579, LG Münst Rpfleger **02**, 632, Olzen ZZP **97**, 31 (aber das gesamte Vermögen und daher grds auch jeder durchsetzbare Anspruch unterliegen der Zwangsvollstreckung).

Der Anspruch auf die Durchführung einer Überweisung *zugunsten eines Dritten* ist *pfändbar,* aM Häuser ZIP **83**, 891 (aber es kommt nicht auf den Dritten an, sondern auf den Schuldner). Die bankrechtliche Bezeichnung ist nicht stets rechtlich maßgeblich, § 829 Rn 8, LG Kblz MDR **76**, 232 betr ein Gehaltskonto. Man kann zwar unter Umständen die nach Rn 88 an sich nicht zulässige Pfändung einer kontokorrentgebundenen Einzelforderung in eine nach derselben Rn zulässige Saldopfändung umdeuten. Das gilt aber nur, wenn sich unter anderem die Nämlichkeit der gepfändeten Forderung aus dem Pfändungsbeschluß wenigstens in allgemeinen Umrissen ergibt, BGH NJW **82**, 1151, BFH NJW **84**, 1920.

90   Auch ein *Anderkonto* ist *pfändbar,* Märker Rpfleger **92**, 52, Noack DGVZ **76**, 112, aM Hintzen/Förster Rpfleger **01**, 401 (nur für „fortgeführte" oder „offene" Konten. Aber das führt zu Haarspalterei). Beim „Oder- bzw Und-Konto" liegt nicht stets eine Gesamthandsgemeinschaft der Inhaber und daher *nicht stets* eine *Unpfändbarkeit* nach § 859 vor, LG Oldb Rpfleger **83**, 79, aM Drsd FamRZ **03**, 1944, LG Deggendorf Rpfleger **05**, 372, App MDR **90**, 892. Es kann ein Titel gegen einen Konto-Mitinhaber genügen, BGH **83**, 320, AG Bielef JB **96**, 440, AG Deggendorf Rpfleger **05**, 372, aM Kblz RR **90**, 1386 (aber „migefangen/mitgehangen"). Das gilt zumindest beim in der Praxis vorherrschenden „Oder"-Konto, LG Nürnb-Fürth NJW **02**, 974 (anders evtl beim „Und"-Konto). § 357 HGB ist gegenüber Nr 19 II AGB der Banken vorrangig, Düss BB **84**, 2026. Die Pfändbarkeit des etwaigen Ausgleichsanspruchs nach § 430 BGB kann ratsam sein, App MDR **90**, 892. Die Bank kann dem Pfändungsgläubiger gegenüber den durch Scheckeinlösung entstandenen Anspruch auf Aufwendungsersatz nicht unter Bezug auf § 357 II HGB geltend machen, Düss BB **84**, 2026. Wegen der Pfändung überwiesener Sozialleistungen Rn 103 „Sozialleistung" sowie §§ 835 III, 850 k Rn 1. Die Pfändung des Kontos A ergreift nicht automatisch ein bei derselben Bank neu errichtetes Konto B.

Körper- und Gesundheitsschaden: Wegen der *Unpfändbarkeit* einer Ausgleichszahlung § 54 III Z 3 SGB I, abgedruckt bei Rn 80 „Kindergeld".

91 Kostbarkeit: Ihre Pfändbarkeit folgt aus §§ 808, 813 Rn 4, ihre Verwertbarkeit aus §§ 813 I, 817 a III.

Kostenerstattungsanspruch: Der Anspruch auf die Erstattung der Kosten des Erkenntnisverfahrens ist ab seiner Rechtshängigkeit nach § 261 Rn 4 pfändbar. Der Anspruch auf die Erstattung von Vollstreckungskosten ist ab Erteilung des einzelnen Vollstreckungsauftrages pfändbar.

Krankenkasse: Der Anspruch auf eine Erstattung von Arzt- und Heilungskosten ist *unpfändbar.* Der Anspruch auf die Zahlung von Krankengeld ist im wesentlichen unpfändbar, § 850 b Rn 13, § 850 i Rn 11. Wegen des Arbeitgeberzuschusses zum Krankengeld § 850 Rn 15. Eine einmalige Erstattungsleistung, die keine Sozialleistung nach Rn 103 darstellt, ist nicht vor der Pfändung und der Verrechnung mit einem Schuldsaldo geschützt, nachdem sie dem Girokonto des Berechtigten gutgeschrieben wurde, BGH **104**, 310.

92 Kredit: Rn 87 „Kontokorrent".

Kriegsfolgengesetz: Der Anspruch auf die Härtebeihilfe ist nach § 74 G *unpfändbar,* § 851 I.

Kühlschrank: § 811 Rn 18.

Kurzarbeitergeld: Rn 103 „Sozialleistung".

93 Landwirt: Rn 95 „Milchkontingent".

Leasing, dazu *Borggräfe,* Die Zwangsvollstreckung in bewegliches Leasinggut, 1976: Die Leasingsache ist nach §§ 808 ff pfändbar, *Teubner/Lelley* ZMR **99**, 151. Wegen der Pfändbarkeit des Gebrauchsüberlassungsanspruchs usw § 857 Rn 14.

Lebensversicherung, dazu *Hasse* VersR **04**, 958, **05**, 15 und 1176 (je: Üb): Mit den Einschränkungen der §§ 850 III, 850 b I Z 4 ist der Auszahlungsanspruch pfändbar. Eine Bezugsberechtigung eines Dritten macht seine Pfändung nicht stets unzulässig; zum Problem *Hasse* VersR **05**, 1176 (ausf). Die Herausgabe der Police erfolgt nach § 836 III. Ein Anspruch aus einem Lebensversicherungsvertrag zwecks Regelung des Versorgungsausgleichs ist wie eine Unterhaltsrente pfändbar, LG Freibg DGVZ **87**, 88. Auf einen Anspruch aus einer privaten Lebensversicherung, der zur Befreiung von der Rentenversicherungspflicht geführt hat, sind die Pfändungsschutzbestimmungen für Sozialleistungen nicht anwendbar, BFH NJW **92**, 527, FG Karlsr MDR **90**, 956.

S auch Rn 112 „Versicherungsanspruch".

Leistung an Dritte: Der Anspruch auf eine solche Leistung ist pfändbar.

Liegenschaft: Die Zwangsvollstreckung in eine Liegenschaft richtet sich nach §§ 864 ff. Die Zwangsvollstreckung in liegenschaftsähnliche Rechte ergibt sich aus § 870. Bei einem Urteil auf eine Bestellung einer Hypothek, Grundschuld oder Rentenschuld muß man §§ 897 II, 898 beachten.

Lizenz: Eine ausschließliche Lizenz an einem gewerblichen Schutzrecht, durch die der Lizenznehmer eine Art dingliches Ausbeutungsrecht erwirbt, ist nach § 857 pfändbar, es sei denn, daß sie einem Betrieb als Inhaber unübertragbar gewährt worden ist. Eine einfache Lizenz ist *unpfändbar*, weil sie an den Betrieb, der als solcher nicht pfändbar ist, oder an die Person des Berechtigten gebunden ist. Eine Filmvertriebslizenz ist örtlich und zeitlich begrenzt. Daher ist sie pfändbar, wenn sie ausschließlich erteilt ist. Das dem Filmtheater, also dem Inhaber oder dem Betrieb zustehende Nutzungsrecht ist aber *unpfändbar*.

Lohn (Gehalt): Der Umfang der Pfändbarkeit des Lohns oder Gehalts richtet sich nach den §§ 832, 850 ff. **94** Eine Anwartschaft auf den Lohn oder das Gehalt ist pfändbar, § 857. Der Kontenschutz ergibt sich aus den §§ 835 III 2, 850 k. Zum Vorschuß Denck BB **79**, 480.

Lohnfortzahlungsgesetz: Es besteht Pfändbarkeit wie beim Arbeitseinkommen, §§ 850 ff. Der Erstattungsanspruch des Arbeitgebers ist pfändbar.

Lohnsteuerjahresausgleich: § 829 Rn 13 „Steuererstattung".

Luftfahrzeug: Wenn in die Luftfahrzeugrolle eingetragen worden ist, dann ist es nach den Vorschriften zur Zwangsvollstreckung in Liegenschaften pfändbar, § 864 Rn 5. Wegen des Arrests muß man § 99 LuftfzG v 26. 2. 59, BGBl 57, beachten. Wegen des Herausgabeanspruchs § 847 a Rn 1.

Marke, dazu *Volkmer*, Das Markenrecht im Zwangsvollstreckungsverfahren, 1998: Das durch die Eintragung, **95** die Benutzung oder die notorische Bekanntheit einer Marke begründete Recht kann Gegenstand von Maßnahmen der Zwangsvollstreckung sein, § 29 I Z 2 MarkenG. Den Antrag auf Eintragung einer Maßnahme der Zwangsvollstreckung nach § 29 II MarkenG kann der Inhaber der eingetragenen Marke oder derjenige stellen, der die Zwangsvollstreckung betreibt, § 34 I MarkenV v 30. 11. 94, BGBl 3555.

Miete: Der Anspruch des Vermieters auf Miete ist *teilweise unpfändbar*, § 851 b, im übrigen aber pfändbar, BGH NJW **05**, 682 (zustm Brehm JZ **05**, 525, Schuschke LMK **05**, 64). Das gilt auch für künftige Miete, soweit der Pfändungsbeschluß sie ausdrücklich miterfaßt. Der Anspruch aus einer künftigen Vermietung einer zur Zeit noch unvermieteten Wohnung ist ansich übertragbar. Da aber noch ein Drittschuldner fehlt, ist er dennoch *unpfändbar*. Über die Zwangsvollstreckung auf die Vornahme einer Handlung des Vermieters § 887 Rn 38 „Vermieter". Der Anspruch auf die Zahlung von Umlegungsbeträgen, wie Heizungskostenanteilen, ist *unpfändbar*. Im Fall einer Zwangsversteigerung gilt Rn 116.

S auch Rn 108 „Untermiete".

Milchkontingent: Zur Pfändbarkeit LG Memmingen Rpfleger **98**, 120.

Mitgliedsrecht: Die Rechte aus der Mitgliedschaft in einem Verein sind *unpfändbar*, § 38 BGB.

Möbelleihvertrag: Rn 60 „Anwartschaft".

Mutterschaftsgeld: Es ist *grds unpfändbar*, soweit es nicht aus einer Teilzeitbeschäftigung usw herrührt, § 54 III Z 2 SGB I, abgedruckt bei Rn 80 „Kindergeld".

Nacherbe: Wegen des Titels vgl § 728. Das Recht des Nacherben, auch des alleinigen Nacherben, zwischen **96** dem Tod des Erblassers und dem Eintritt der Nacherbfolge ist *unpfändbar*, § 857. Pfändbar ist beim Alleinnacherben das Recht auf den Nachlaß, bei einem Mitnacherben das Recht auf den Anteil am Nachlaß. Der Vorerbe ist kein Drittschuldner. Bei der Pfändung des Nacherbenrechts entsteht mit dem Eintritt der Nacherbfolge ein Pfandrecht an den einzelnen Gegenständen.

Nachlaß: Die Zwangsvollstreckung in den Nachlaß richtet sich nach § 747. Vgl ferner §§ 778–784.

S auch Rn 106 „Testamentsvollstrecker".

Namensrecht: Es ist *unpfändbar*.

Nebenanspruch: Ein Auskunfts- und Rechnungslegungsanspruch, zB wegen eines Versicherungsverhältnisses, kann mitpfändbar sein, AG Calw JB **01**, 109.

Nießbrauch: Rn 97 „Nutzungsrecht".

Notar, dazu *Strehle,* Die Zwangsvollstreckung in das Guthaben des Notaranderkontos, 1995: Der Anspruch des Hinterlegers und Einzahlers auf eine Rückzahlung ist *unpfändbar,* Hamm DNotZ **83**, 62, aM BGH **76**, 13, Celle DNotZ **84**, 257, ZöStö § 829 Rn 33 „Notar". Der künftige Auszahlungsanspruch des Verkäufers ist pfändbar.

Nutzungsrecht: Es ist grds pfändbar, § 857. Das gilt zB für ein Schürfrecht. Ein Jagdrecht ist *unpfändbar,* § 3 **97** BJagdG. Das Jagdpachtrecht ist ebenfalls unpfändbar, § 11 BJagdG. Das Gebrauchsrecht des Mieters oder Pächters ist nur dann pfändbar, wenn der Vermieter oder Verpächter der Gebrauchsübertragung zustimmt oder wenn er ein solches Gebrauchsrecht eingeräumt hat. Die Zwangsvollstreckung in einen Nießbrauch erfolgt nach § 737, aM BayObLG Rpfleger **98**, 70, Düss Rpfleger **97**, 315 (nach § 857 IV 2. Aber § 737 paßt besten. Wegen der Vollstreckungsklausel § 738. Der Nießbrauch und eine beschränkte persönliche Dienstbarkeit sind zwar nur der Ausübung nach übertragbar (die letztere ist regelmäßig sogar unübertragbar), §§ 1059, 1092 BGB. Trotzdem ist ein solches Recht als Gesamtrecht pfändbar, BGH **95**, 100, Ffm MDR **90**, 922, LG Bonn Rpfleger **79**, 349. Eine Eintragung der Pfändung im Grundbuch ist nicht erforderlich, BGH **62**, 136.

Die *Löschung* des Nießbrauchs ohne Zustimmung des Pfandgläubigers ist wegen § 19 GBO unzulässig, obwohl § 857 IV wegen § 857 III, § 1059 S 1 BGB nur das Ausübungsrecht erfaßt. Deshalb ist eine Klage des Schuldners gegen den Pfandgläubiger auf die Erteilung seiner Zustimmung zu einer Löschung zulässig. Ob sie wegen Arglist usw unbegründet ist, läßt sich nur von Fall zu Fall entscheiden. Die Vollstreckung in ein Nutzungsrecht unter einer Beschränkung des Erben in guter Absicht richtet sich nach § 863.

S auch Rn 93 „Leasing", „Lizenz", Rn 105 „Stahlkammerfach".

Opfer: Rn 113 „Versorgungsbezüge". **98**

Patent: Rn 76 „Gewerbliches Schutzrecht. B. Patent usw".

Persönlichkeitsrecht: Es ist *unpfändbar,* BGH GRUR **78**, 585. Zum Problem Sosnitza JZ **04**, 992 (ausf).

Pflegegeldanspruch: Er ist *grds unpfändbar,* Sauer/Meiendresch NJW **96**, 766 (Ausnahme: § 850 Rn 5).

Pflichtteilsanspruch: Er ist *unpfändbar*, soweit er nicht durch einen Vertrag anerkannt oder rechtshängig geworden ist, § 852 I, aM BGH **123**, 185 (aber der Gesetzestext ist eindeutig, Einl III 39).
Postbankgirokonto, dazu *Stöber* Rpfleger **95**, 277 (ausf): Rn 87 „Kontokorrent".

99 **Postscheckkonto:** Der Anspruch des Schuldners auf die Auszahlung seines Guthabens einschließlich der Stammauslage ist pfändbar, § 23 III 2 PostG, § 7 S 2 PostscheckO (es steht nicht entgegen, daß die Verordnung des RPostM v 19. 3. 34 eine Abtretung und Verpfändung verbietet). Die Pfändung eines künftigen Guthabens ist ohne zeitliche Beschränkung zulässig, § 829 Rn 1–3.

Das Kündigungsrecht ist *unpfändbar*, § 23 III 3 PostG. Denn die Pfändung kann nur den Sinn haben, die Ausübung des Kündigungsrechts durch den Schuldner zu verhindern. Der Kontenschutz richtet sich nach §§ 835 III 2, 850 k. Drittschuldner ist die Deutsche Post AG, § 18 Rn 6 „Deutsche Post".

Postsendung: Sie ist *unpfändbar*, § 23 I, II PostG. Das gilt auch für den Anspruch auf ihre Zustellung und Aushändigung und für den Auszahlungsanspruch bei der Nachnahme, Postanweisung, Zahlkarte. Pfändbar ist der Anspruch auf Schadensersatz und auf Gebührenerstattung, § 23 V PostG.

100 **Prämie:** Rn 64 „Arbeitnehmerprämie", Rn 104 „Sparprämie".
Provision: Sie ist grds wie Arbeitseinkommen pfändbar, Treffer MDR **98**, 384 (auch zu Ausnahmen).
Rangvorbehalt: § 851 Rn 11.
Reallast: § 857 Rn 20.
Rechnungslegung: Der Anspruch auf eine Rechnungslegung ist pfändbar, jedoch nur zusammen mit dem Herausgabeanspruch. Die Zwangsvollstreckung richtet sich nach § 888, § 887 Rn 21 „Auskunft, Einsicht, Rechnungslegung".
Rechtsanwalt: Sein Honorar ist grds pfändbar, BGH **141**, 173, Lüke Festgabe *50 Jahre Bundesgerichtshof* (2000) III 443. Pfändbar sind sowohl die zugunsten des Schuldners eingezogenen oder beigetriebenen Beträge als auch Vergütungsansprüche gegen den Staat, §§ 121 ZPO, 97 ff, § 44 S 1 RVG. Vgl auch § 851 Rn 2. Ein Anspruch gegen sein Versorgungswerk ist in den Grenzen des § 850 c pfändbar, BGH NJW **04**, 3771.
Rechtsschutzversicherung: Rn 112 „Versicherungsanspruch".
Reederei: Wegen des Vollstreckungstitels Anh § 736.
Registerpfandrecht an einem Luftfahrzeug: Wegen der Pfändung und Überweisung dieses Rechts vgl § 830 a Rn 1, § 837 a Rn 1.
Reisevertragsanspruch: Er ist pfändbar. Das gilt auch für den Anspruch auf einen Ersatz entgangenen Urlaubs, Vollkommer Rpfleger **81**, 458.
Rente: Rn 103 „Sozialleistung", § 829 Rn 1, § 850 b I Z 1.
Rentenschuld: § 857 Rn 20.
Rückerstattungsanspruch: Ein Anspruch nach dem Bundesrückerstattungsgesetz gegen das ehemalige Deutsche Reich usw ist nach § 8 G pfändbar.
Rückkehrhilfe: Der Anspruch des Ausländers auf die Rückkehrhilfe ist pfändbar, Oldb NJW **84**, 1469.
Rücktritt: Das Recht zum Rücktritt ist *grds unpfändbar*.
Rückübertragung: Der obendrein grundbuchlich gesicherte Anspruch etwa des Schenkers auf eine Rückübertragung ist pfändbar, BGH NJW **03**, 1859 (zustm Schuschke).
Rundfunkgerät: Es ist *grds unpfändbar*, aber austauschbar, § 811 Rn 20, 21.

101 **Sache, bewegliche:** Die Pfändung richtet sich nach §§ 808 ff. Die Verwertung erfolgt nach §§ 814 ff. Bei einer Zwangsvollstreckung in Liegenschaften muß man § 865 beachten.
Sammelverwahrung: Vgl *Erk* MDR **91**, 236.
Sauna: Sie ist grds pfändbar, § 865 Rn 6.
Schadensersatzanspruch: Gegenüber dem Postdienst und der Postbank ist er pfändbar, § 23 V 1 PostG. Vgl ferner § 717 Rn 12.
Schadensversicherung: Rn 112 „Versicherungsanspruch".
Schenker: Der Anspruch des Schenkers auf die Herausgabe des Geschenks nach § 528 BGB ist *unpfändbar*, wenn er nicht durch einen Vertrag anerkannt oder rechtshängig geworden ist, § 852, BGH **147**, 291.
Schiff und Schiffsbauwerk: Die Zwangsvollstreckung wegen der Herausgabe des Schiffs usw richtet sich nach § 885. Die Zwangsvollstreckung in ein Schiff usw erfolgt nach § 870 a. Bei einer Mehrpfändung maß man § 855 a beachten. Die Pfändung des Anspruchs auf die Herausgabe erfolgt nach § 847 a. Bei einer Arrestanordnung muß man das in Grdz 2 vor § 916 Ausgeführte beachten. Die Arrestvollziehung richtet sich nach § 931. Ein Vollstreckungsverbot für Binnenschiffe besteht nicht mehr. Wegen des Verteilungsverfahrens wegen einer Haftungsbeschränkung des Reeders usw Üb 1 vor § 872.
Schiffshypothek: Die Pfändung einer Schiffshypothek erfolgt nach § 830 a, die Überweisung nach § 837 a.
Schiffspart: Die Zwangsvollstreckung erfolgt nach § 858, LG Würzb JB **77**, 1289.
Schlechtwettergeld: Rn 103 „Sozialleistung".
Schmerzensgeld: Der Anspruch auf die Zahlung eines Schmerzengelds ist seit dem Fortfall des früheren § 847 I 2 BGB jetzt wie andere Ansprüche pfändbar.
Schuldbefreiung: Rn 67 „Befreiung von einer Verbindlichkeit".

102 **Sicherungsübereignung:** Die Pfändung des Anspruchs auf die Rückübertragung durch denjenigen, dem übereignet wurde, richtet sich nach §§ 829, 847. Wenn der Drittschuldner sie nur teilweise in Anspruch nimmt, aber die ganze Forderung einzieht, dann erstreckt sich die Pfändung auch auf den nach der Verwertung durch den Drittschuldner verbleibenden Überschuß, falls die Auslegung des Pfändungsbeschlusses das zuläßt. Wenn Sachen im Gewahrsam des Sicherungsgebers geblieben sind, gilt nur § 829, aM BFH BB **76**, 1351 (er verweist beiläufig auf § 857). Außerdem muß man in beiden Fällen § 808 beachten. Bei einer auflösend bedingten Sicherungsübereignung erfolgt die Zwangsvollstreckung wie bei einer Anwartschaft, Rn 60.
Software, dazu: *Asche,* Zwangsvollstreckung in Software (rechtsvergleichend), 1998; *Franke,* Software als Gegenstand der Zwangsvollstreckung usw, 1998; *Weimann,* Software in der Einzelzwangsvollstreckung, Rpfleger **96**, 12 (ausf); *Weimann,* Softwarepaket als Vollstreckungsgut usw, DGVZ **96**, 1 (ausf):

Abschnitt 1. Allgemeine Vorschriften **Grundz § 704**

Man muß die Pfändbarkeit unter Beachtung der auch immateriellen „informationellen" Bestandteile von Fall zu Fall behutsam aus den insofern überalterten Vorschriften der ZPO bejahend oder verneinend ableiten, Franke MDR **96**, 236 (entsprechend der Sachpfändung), Koch KTS **88**, 81, Paulus DGVZ **90**, 156 (ausf).
S auch Rn 68 „Computer".

Sozialhilfe: Der Anspruch auf die Leistung von Sozialhilfe ist *unpfändbar*, § 4 I 2 BSHG, LG Bln MDR **78**, 323. Ein ausgezahlter Betrag aus der Sozialhilfe ist praktisch unpfändbar, §§ 850 b I Z 3, 850 f III, 765 a.

Sozialleistung, dazu *Danzer*, Die Pfändbarkeit künftiger Rentenleistungen usw, Diss Trier 1998; *Heilmann*, Die Zwangsvollstreckung in Sozialhilfeansprüche nach § 54 SGB AT usw, 1999; *Hornung* Rpfleger **94**, 442, *Kohte* NJW **92**, 393, wegen § 55 IV SGB I: *Landmann* Rpfleger **01**, 282 (je: Üb); *Mrozynski*, Verschuldung und sozialer Schutz: Das Verhältnis von Sozialrecht und Zwangsvollstreckungsrecht, 1989: **103**

Vgl zunächst §§ 28, 29 SGB I. Der *gegenwärtige* Anspruch auf eine Sozialleistung (nicht auch der künftige evtl höhere, Stgt MDR **91**, 547) ist bedingt pfändbar, §§ 51–55 SGB I (wegen der vorrangigen Regelung betr Kindergeld Rn 80 „Kindergeld"), Nürnb Rpfleger **01**, 361, LG Regensb JB **04**, 450 (je: Kontopfändung), aM ThP § 829 Rn 14 (vgl aber Rn 87 ff). Das gilt zumindest wegen des Betrags, der bei einem Arbeitseinkommen pfändbar wäre, BGH **92**, 345, auch wegen Altersruhegelds, LG Kblz RR **86**, 680, LG Köln Rpfleger **87**, 465, oder wegen Arbeitslosengelds, § 850 i Rn 9, Hamm MDR **85**, 64, von Gagel NJW **84**, 715, oder wegen Arbeitslosenhilfe, § 850 i Rn 9, BSG BB **82**, 1614, Hamm MDR **85**, 65, oder wegen Eingliederungsgelds, Rn 70 „Eingliederungsgeld", oder Grundrente nach dem BVG, LG Lübeck SchlHA **84**, 117, Bracht NJW **80**, 1505, oder wegen Kurzarbeitergelds, Schlechtwettergelds oder Wintergelds, LG Marbg Rpfleger **81**, 491, oder wegen Unterhaltsgelds, AG Gummersbach FamRZ **98**, 177 (BSHG).

Nur daneben sind *§§ 850 ff* anwendbar, Köln RR **86**, 1125 (wendet allerdings stets § 850 c an), Kohte Rpfleger **90**, 12 (man muß trotz § 850 c stets prüfen, ob Hilfsbedürftigkeit einträte), Schreiber NJW **77**, 279, § 829 Rn 10, 11, Einf 9 vor § 850–852, § 850 b Rn 19. Wegen der Grundrente des Schwerkriegsbeschädigten Hamm Rpfleger **83**, 410, wegen einer Lebensversicherung als Rentenersatz LG Lübeck MDR **84**, 61. Wegen einer Berufsunfähigkeitsrente AG Köln JB **02**, 326. Wegen des Wohngelds Rn 115. Das bloße Rentenantragsrecht ist *unpfändbar*, SG Ffm RR **02**, 1214.

Eine *bedingte* Pfändung der *künftigen* Rente ist jetzt zulässig, § 829 Rn 3 ff.

Wegen des *Rückerstattungsanspruchs* nach § 1303 RVO LG Lübeck Rpfleger **84**, 474. Geschützt ist aber jeweils nur der berechtigte Empfänger der Sozialleistung, nicht ein Dritter, auf dessen Konto sie eingeht, mag der Sozialleistungsberechtigte auch Bankvollmacht haben, BGH NJW **88**, 709.

Sozialplan: Die Abfindung nach dem Sozialplan ist pfändbar, AG Krefeld MDR **79**, 853. **104**

Sparguthaben, dazu *Behr* JB **99**, 235: Der Auszahlungsanspruch ist pfändbar. Der Schuldner muß sein Sparbuch herausgeben, § 836 Rn 11.

Sparprämie: Der Anspruch auf die Auszahlung der Sparprämie ist pfändbar, soweit ein Schuldnerrecht besteht. Dasselbe gilt für ein Guthaben auf einem prämienbegünstigten Konto, Bauer JB **75**, 288. Der Gläubiger kann vor dem Ablauf der Sperrfrist nur auf Grund entsprechender Vereinbarung des Schuldners mit dem Geldinstitut verfügen, LG Bbg MDR **87**, 243, ZöStö § 829 Rn 33 „Sparguthaben", aM Muth DB **79**, 1118 (aber der Gläubiger kann nur die Schuldnerrechte erreichen, nicht mehr).
Vgl ferner § 850 k.

Sport: § 857 Rn 3 „Sport".

Stahlkammerfach (Schließfach, Safe, Tresor): Der Gerichtsvollzieher muß den Schlüssel wegnehmen und das Fach öffnen. Weigert die Bank die Mitwirkung, so muß der Gläubiger den Anspruch des Schuldners auf den Zutritt und die Mitwirkung nach § 857 pfänden und sich überweisen lassen und muß das Gericht anordnen, daß der vom Gläubiger zu beauftragende Gerichtsvollzieher statt des Gläubigers den Zutritt erhält. Der Gläubiger sollte die Klage gegen die Bank zweckmäßigerweise auf eine Duldung der Öffnung des Fachs und auf die Wegnahme aller darin befindlichen Papiere richten. **105**

Steuerberater: Sein Honorar ist grds pfändbar, BGH **141**, 173, Lüke Festgabe *50 Jahre Bundesgerichtshof* (2000) III 443.

Steuererstattungsanspruch: § 829 Rn 13.
S auch Rn 70 „Ehe".

Strafgefangenen-Eigengeld: § 850 Rn 7.

Strafverfolgungsentschädigung: Rn 77 „Haft".

Streitwertfestsetzung: Der Anspruch auf eine höhere Wertfestsetzung ist *unpfändbar*.

Taschengeld: § 807 Rn 32, § 850 Rn 6, 17. **106**

Testamentsvollstrecker: Die Zwangsvollstreckung gegen den Testamentsvollstrecker richtet sich nach § 748. Bei der Erteilung der Vollstreckungsklausel gelten §§ 728, 749.

Tier: § 811 c.

Treugut: § 771 Rn 22–26 „Treuhand". Wegen einer auflösend bedingten Sicherungsübereignung Rn 60 „Anwartschaft".

Trinkgeld: § 832 Rn 9, § 850 Rn 6 „Bedienungsgeld", § 850 d Rn 14.

Überziehungskredit: Rn 87 „Kontokorrent". **107**

Umschulungsbeihilfe: Der Anspruch auf die Zahlung solcher Beihilfen ist *unpfändbar*.

Ungewolltes Kind: Sein Unterhaltsanspruch ist *unpfändbar*, Vollkommer Rpfleger **81**, 458.

Unpfändbarkeit: § 811 zählt die *unpfändbaren* Sachen auf. Wegen der Unpfändbarkeit von Forderungen und Ansprüchen Einf vor §§ 850–852, §§ 850–850 i, 851, 852.

Unselbständiger Anspruch: Ein Anspruch, der keinen selbständigen Vermögenswert, wie der Anspruch auf die Herausgabe eines Hypothekenbriefs, ist *nicht selbständig pfändbar*, § 857 Rn 3.

Untergebrachter: Wegen des Überbrückungsgelds und der Entlassungshilfe des im psychiatrischen Krankenhaus Untergebrachten rechtspolitisch Schulz ZRP **83**, 154.

Unterhaltsordnung: § 850 b.
Unterhaltsgeld: Rn 103 „Sozialleistung".

108 Unterhaltssicherung: Nur die Verdienstausfallentschädigung nach den §§ 2, 7 USG ist nach §§ 850 ff pfändbar. *Unpfändbar* sind also Sonderleistungen, allgemeine Leistungen und Einzelleistungen, § 851, allerdings erst ab ihrer Barauszahlung.
S auch Rn 93 „Lebensversicherung".
Unterlassung: Der Anspruch auf eine Unterlassung ist pfändbar, § 857. Das gilt vor allem für den Anspruch auf die Unterlassung eines unlauteren Wettbewerbs. Denn dieser Anspruch hat einen Vermögenswert. Die Erzwingung einer Unterlassung erfolgt nach den §§ 890–893.
Untermiete: Der Anspruch auf die Zahlung der Untermiete ist mangels Zweckbindung pfändbar. Evtl ist § 765 a anwendbar.
S auch Rn 95 „Miete".
Unternehmen: Das Recht am Unternehmen ist theoretisch pfändbar. Die Pfändung läßt sich aber praktisch nach der ZPO in keiner Weise durchführen. Daher ist das Unternehmen *praktisch unpfändbar*.

109 Urheberrecht: Beim Verwertungsrecht kann man dessen einzelne Ausstrahlungen (Aufführungsrecht, Veröffentlichungsrecht, Übersetzungsrecht, Dramatisierungsrecht, Verfilmungsrecht), nicht notwendig einheitlich behandeln. Die Zwangsvollstreckung in die nach dem UrhG geschützten Rechte erfolgt nach den allgemeinen Vorschriften, § 857, mit einigen Besonderheiten. Gegen den Urheber und seinen Rechtsnachfolger ist die Zwangsvollstreckung wegen Geldforderungen in das Urheberrecht nur mit seiner Einwilligung und nur insoweit zulässig, als er Nutzungsrechte einräumen kann, §§ 113, 115, 31 UrhRG; der Einwilligung des Rechtsnachfolgers bedarf es nach dem Erscheinen des Werkes nicht mehr. Der Anspruch nach § 32 UrhG unterliegt als höchstpersönliches Recht *nicht* der Zwangsvollstreckung, Berger NJW 03, 855. Der Anspruch nach § 32 a UrhG ist erst dann pfändbar, wenn der Urheber erklärt hat, ihn erheben zu wollen, Berger NJW 03, 855.
Ebenso bedarf es der Einwilligung des Urhebers bei der Zwangsvollstreckung wegen Geldforderungen in die ihm gehörenden *Originale* seiner Werke, außer wenn eine solche Zwangsvollstreckung zur Durchführung der Zwangsvollstreckung in ein Nutzungsrecht am Werk notwendig ist, bei der Zwangsvollstreckung in das Original eines Werkes der Baukunst oder eines anderen veröffentlichten Werkes der bildenden Künste, § 114 UrhG. Hinsichtlich des Rechtsnachfolgers gilt Ähnliches wie vorstehend, § 116 UrhG.
Sinngemäß sind diese Bestimmungen auch bei der Zwangsvollstreckung wegen Geldforderungen gegen die Verfasser *wissenschaftlicher Ausgaben* sowie gegen Lichtbildner und ihre Rechtsnachfolger anwendbar, § 118 UrhG. Vorrichtungen, die ausschließlich zur Vervielfältigung oder Funksendung eines Werkes bestimmt sind, unterliegen der Zwangsvollstreckung wegen Geldforderungen nur, soweit der Gläubiger zur Nutzung des Werkes mittels dieser Vorrichtungen berechtigt ist, ebenso Vorrichtungen zur Filmvorführung wie zB Filmstreifen, § 119 UrhG.
Urlaubsabgeltung: Der Anspruch auf sie ist ebenso wie der Anspruch auf das Arbeitsentgelt pfändbar, § 7 IV BUrlG, BAG NJW 01, 460, LG Düss JB 03, 328, LG Lpz JB 03, 215, aM Hohmeister BB 95, 2112 (aber auch dieser Anspruch ist Teil des Arbeitseinkommens).
Urlaubsentschädigung: Der Anspruch auf Entschädigung für verfallenen Urlaub ist ebenso wie der Urlaubsabgeltungsanspruch pfändbar, LG Düss JB 03, 328.
Urlaubsgeld: Der Anspruch auf das Urlaubsgeld ist als Teil des Arbeitsentgelts pfändbar, BAG BB 01, 2378, LAG Bln BB 91, 2087. Das gilt auch für eine Urlaubsabgeltung am Ende des Arbeitsverhältnisses, BAG BB 01, 2378. Eine Pflicht des Arbeitnehmers zur Rückzahlung befreit den Arbeitgeber nicht vor den zwingenden Vorschriften der §§ 850 ff, LAG Bln BB 89, 2254.

110 Verdienstausfall: Der Schadensersatzanspruch wegen Verdienstausfalls ist wie Arbeitseinkommen pfändbar, §§ 850 ff. Wegen einer Rente § 850 b Z 1, 2.
Verein: Wegen eines Vollstreckungstitels gegen ihn § 735.
Verlagsrecht: Es ist pfändbar, § 28 VerlG. Seine Veräußerung ist aber nur mit der dort angegebenen Einschränkung möglich. Sie ist also nicht möglich, wenn die Veräußerung durch einen Vertrag zwischen dem Urheber und dem Verleger ausgeschlossen worden ist oder wenn der Urheber die Zustimmung verweigert. Der Verlag als Ganzes unterliegt keiner Zwangsvollstreckung, Rn 108 „Unternehmen". Im übrigen bleibt nur die Bestellung eines Verwalters möglich.
Vermögensübernehmer: Für den Vollstreckungstitel gegen ihn muß man § 729 beachten.

111 Vermögenswirksame Leistung, dazu *Behr* JB 99, 235: Der Anspruch auf die Zahlung einer solchen Leistung ist *unpfändbar*. Denn er ist nicht übertragbar, § 2 VII des 5. VermBG in Verbindung mit § 851, BAG NJW 77, 76. Der Anspruch auf die Zahlung einer Arbeitnehmersparzulage ist pfändbar, § 13 III des 5. VermBG in Verbindung mit § 851, BAG NJW 77, 76. Ein ausgezahlter Betrag ist pfändbar. Die Festlegungsfrist ist auch für die Zwangsvollstreckung beachtlich, AG Augsb NJW 77, 1827, Muth DB 79, 1121.
S auch Rn 104 „Sparguthaben", „Sparprämie".

112 Versicherungsanspruch: Vgl zunächst § 851 Rn 4, 14. Ein Anspruch auf die Zahlung einer vertraglichen Feuerentschädigung ist bei einer Wiederherstellungspflicht des Versicherten *beschränkt unpfändbar*, § 98 VVG. Dasselbe gilt für eine Versicherungsforderung für unpfändbare Sachen, § 15 VVG. Der Anspruch auf die Zahlung einer sonstigen vertraglichen Versicherungssumme ist nach § 829 pfändbar. Wenn ein Dritter eine Zuwendung erhalten hat, ist der Anspruch auf die Versicherungssumme gegen den Dritten pfändbar, wenn der Dritte sofort nicht widerrufen hat. Bei einem widerruflichen Versicherungsanspruch kann der Pfandgläubiger den Widerruf erst nach der Überweisung des Anspruchs aussprechen, da der Widerruf zur Verwertung gehört, § 930 Rn 1. Ein Erstattungsanspruch wegen eines Beitrags ist pfändbar, die Ausübung des Erstattungsrechts ist aber höchstpersönlich, LG Bln Rpfleger 75, 444. Ein Anspruch aus einer Rechtsschutzversicherung ist als Schuldbefreiungsanspruch *grds unpfändbar*, Stöber 150 a, Vollkommer Rpfleger 81, 458. Die Leistung aus einer privaten Zusatzversicherung kann bedingt pfändbar sein, wie bei § 850 b I Z 4, LG Hann Rpfleger 95, 511.
S auch Rn 67 „Befreiung von einer Verbindlichkeit", Rn 93 „Lebensversicherung".

Versorgungsbezüge: Sie sind nur *sehr eingeschränkt* pfändbar, §§ 51 BVG, 48 SVG. Im übrigen gilt § 850 II. S auch Rn 100 „Rechtsanwalt".

Versteigerungserlös: Es gibt keinen pfändbaren Auszahlungsanspruch gegen den Gerichtsvollzieher. Der Überschußanspruch des Schuldners ist allerdings vom Zuschlag an pfändbar. Der Anspruch des Schuldners, der gegen einen Dritten vollstreckt hat, ist *nicht selbständig* ohne seine zugrundeliegende Forderung pfändbar, AG Essen Rpfleger **79**, 67.

Vollmacht: Das Recht aus der Vollmacht ist pfändbar, wenn die Vollmacht im Interesse des Bevollmächtigten unwiderruflich erteilt ist und wenn man außerdem ihre Ausübung einem Dritten überlassen kann, § 857, BayObLG Rpfleger **78**, 372, aM StJM § 857 Rn 3 (das Recht aus der Vollmacht sei unpfändbar), Vortmann NJW **91**, 1038 (praktisch Unpfändbarkeit der Vollmacht. Aber beide Varianten übersehen, daß man eine Vollmacht grds sehr wohl übertragbar gestalten kann). Das gilt zB für die stillschweigende Vollmacht des Erwerbers eines Blankowechsels zur Ausfüllung. Die Verwertung des Rechts erfolgt nach § 844. **113**

Vollstreckungskosten: Rn 91 „Kostenerstattungsanspruch".

Vorkaufsrecht: Es ist nicht übertragbar, daher auch *nicht* pfändbar, sofern nicht ein anderes bestimmt worden ist, § 473 S 1 BGB, § 851.

Vorlegung: Der Anspruch auf eine Vorlegung ist dann nach § 857 pfändbar, wenn die Vorlegung für den Gläubiger irgendeinen Wert hat. Die Zwangsvollstreckung richtet sich nach § 883, dort Rn 11–13.

Vormerkung: Das Recht aus einer Vormerkung ist *nicht selbständig* pfändbar. Dagegen kann man das Recht aus der Vormerkung zusammen mit dem durch die Vormerkung gesicherten Anspruch pfänden, § 401 BGB, Jung Rpfleger **97**, 96. Die Pfändung ist eintragungsfähig. Es ist kein Nachweis des Bestehens des gesicherten Anspruchs notwendig.

Wahlrecht bei Wahlschuld: Grdz 12 vor § 803. **114**

Waschmaschine: Sie ist *meist unpfändbar,* § 811 Rn 22.

Wehrsold: Grenzschutzsold, Sachbezüge, Dienstgeld, Entlassungsgeld sind pfändbar. Die Pfändung des Wehrsoldes umfaßt das Entlassungsgeld, Drsd Rpfleger **99**, 283. Ein Übergangsgeld ist pfändbar, AG Krefeld MDR **79**, 853.
S auch § 850 Rn 4, § 850 e Rn 11.

Wertpapier, dazu *Viertelhausen* DGVZ **00**, 129 (Üb): Wegen seiner Pfändung § 808 Rn 18. Die Verwertung richtet sich nach §§ 821–823. Wegen eines Ausweispapiers § 808 Rn 18. Ein indossables Papier, namentlich der Wechsel, wird nach § 831 gepfändet und nach §§ 835 ff ausgewertet. Bei einem Wertpapier in einem Sammeldepot erfolgt die Pfändung des Anteils, §§ 747, 751 BGB, nach den §§ 857, 829, 835, 836, 847. Zum Bundeswertpapier Röder DGVZ **92**, 103 (ausf).
S auch § 74 „Geldkarte".

Widerrufsrecht: Es ist *im allgemeinen unpfändbar;* s auch Rn 101 „Schenker". Bei der Pfändung des Anspruchs aus einem Lebensversicherungsvertrag Rn 112 „Versicherungsanspruch".

Wiederkaufsrecht: Es ist pfändbar.

Wintergeld: Rn 103 „Sozialleistung".

Witwenrente: § 850 Rn 10, § 850 b Rn 13.

Wohnbesitz: Die Zwangsvollstreckung richtet sich nach § 767 Rn 2, § 771 Rn 4, § 851 Rn 5, § 857 Rn 3, Schopp Rpfleger **76**, 384.

Wohngeld: Wegen des Umstands, daß § 54 SGB I bei seiner abschließenden Aufzählung der unpfändbaren Sozialleistungen das Wohngeld jetzt nicht mehr erwähnt, ist das Wohngeld pfändbar, LG Brschw JB **02**, 323, LG Kblz FamRZ **01**, 842, LG Münst WoM **02**, 96 (Zusammenrechnung mit Arbeitseinkommen), LG Mü JB **01**, 436 (Zusammenrechnung mit Rente), aM Hornung Rpfleger **94**, 445 (aber § 54 SGB I ist als Ausnahmeregel eng auslegbar. Grundsatz bleibt die Pfändbarkeit des gesamten Vermögens, Rn 23).
S auch § 103 „Sozialleistung". **115**

Wohnrecht: § 857 Rn 15.

Wohnungsbauprämie: Die ausgezahlte Prämie und auch der Anspruch auf die Auszahlung der Prämie sind pfändbar, soweit ein Schuldnerrecht besteht.

Willenserklärung: Die Zwangsvollstreckung richtet sich nach §§ 894–896, 898.
S auch § 887 Rn 41.

Zeichen: § 857 Rn 6 „Dienstleistungsmarke", „Dreidimensionales Zeichen". **116**

Zivildienstsold: Es gilt dasselbe wie bei Rn 114 „Wehrsold".

Zuführung (Immission): § 887 Rn 43 „Zuführung".

Zwangsversteigerung: Das Recht auf den Erlös ist bei einer Liegenschaftszwangsversteigerung vor der Erteilung des Zuschlags *unpfändbar*. Denn dieses Recht ist der Hauptteil des hypothekarischen Rechts und nicht ein künftiger Anspruch. Die Mieten sind pfändbar, § 21 II ZVG, vgl aber auch §§ 1123, 1124 BGB, Saarbr Rpfleger **93**, 80.
Vgl auch Rn 76 „Grundschuld".

Zwangsverwaltung: Die Miete ist bis zur Anordnung der Zwangsverwaltung pfändbar, § 865 II. Vgl auch §§ 1123, 1124 BGB. Der Anspruch des Eigentümers gegen den Verwalter auf die Aushändigung der Kasse nach Verfahrensaufhebung ist pfändbar.

Zwangsvollstreckung: Rn 91 „Kostenerstattungsanspruch".

16) VwGO: Der Rechtsweg für das Vollstreckungsverf richtet sich nach der Herkunft des zugrunde liegenden Titels, hM, OVG Münst NJW **86**, 1190 u NJW **84**, 2484 mwN, u a VGH Mü NJW **83**, 1992 u NVwZ **82**, 563 mwN, str, aM Renck NVwZ **82**, 547 (es komme auf den Rechtscharakter des Anspruchs an), offen OVG Münst NVwZ-RR **94**, 619. Danach ist die VwGO auf die Vollstreckung aus den Titeln des § 168 VwGO (und anderen Titeln im Bereich des § 40 VwGO) anzuwenden. Nach § 167 I 1 VwGO gilt für die Vollstreckung das 8. Buch entsprechend, soweit sich aus der VwGO nichts anderes ergibt. Dieser Grundsatz wird jedoch durch § 169 VwGO erheblich eingeschränkt, weil sich danach die Vollstreckung zugunsten der öffentlichen Hand nach dem VwVG v 27. 4. 53, **117**

BGBl I 157 (m späteren ÄndG), VGH Mannh LS DÖV **97**, 557, richtet (wenn nicht auch der Schuldner eine juristische Person des öffentlichen Rechts ist, VGH Kassel NJW **76**, 1766); gleichwohl bleiben auch insoweit zahlreiche Vorschriften der ZPO entsprechend anwendbar, namentlich die allgemeinen Vorschriften. Auf eine Einschränkung der Anwendbarkeit durch § 169 VwGO wird deshalb bei den einzelnen Bestimmungen besonders hingewiesen; wendet das Vollstreckungsgericht statt der dort genannten Vorschriften solche der ZPO an, so ist aber im Einzelfall zu prüfen, ob der Schuldner hierdurch in seinen Rechten verletzt wird, OVG Münst DVBl **80**, 602. Der Grundsatz des § 167 I 1 VwGO gilt uneingeschränkt bei der Vollstreckung gegen die öffentliche Hand, jedoch mit der Maßgabe der §§ 170–172 (dazu BVerfG NVwZ **99**, 1330), und bei der (praktisch bei öffentlichrechtlichen Streitigkeiten sehr seltenen) Vollstreckung für und gegen Private. Einzelne Abweichungen vom 8. Buch gelten in allen Fällen der Vollstreckung nach VwGO, nämlich die §§ 167 I 2 (Vollstreckungsgericht ist das Gericht des ersten Rechtszuges), 167 II (bei Urteilen auf Anfechtungs- und Verpflichtungsklagen vorläufige Vollstreckbarkeit nur wegen der Kosten) und 168 (abschließende Aufzählung der Vollstreckungstitel). Näheres siehe bei den dadurch betroffenen Bestimmungen der ZPO. Zur Vollstreckung nach VwGO allgemein: *Wettlaufer,* Die Vollstr aus verw-, sozial- u finanzgerichtl Titeln zugunsten der öff Hand, 1989 (Bespr *App* NVwZ **91**, 354; *Kopp* DÖV **91**, 37); *Bank,* ZwVollstr gegen Behörden, 1982 (Bespr *Renck* BayVBl **84**, 703); *Rupp* AöR **85**, 320 (kritisch); *Gaul* JZ **79**, 496 (insbesondere zur Mitwirkung der Zivilgerichte); *Zeiss* ZRP **82**, 74 (de lege ferenda) sowie die Kommentare zur VwGO und die Darstellungen des VerwVollstrRechts.

704 *Vollstreckbare Endurteile.* I Die Zwangsvollstreckung findet statt aus Endurteilen, die rechtskräftig oder für vorläufig vollstreckbar erklärt sind.

II Urteile in Ehe- und Kindschaftssachen dürfen nicht für vorläufig vollstreckbar erklärt werden.

1 **1) Systematik, I, II.** Die Vorschrift erfaßt den wohl wichtigsten Teil derjenigen Urkunden, aus denen eine Zwangsvollstreckung in Betracht kommt. Weitere Vollstreckungstitel sind in §§ 794 ff aufgeführt. Hinzu treten die in § 794 Rn 45 ff genannten zahlreichen weiteren bundes- und landesrechtlichen Vollstreckungstitel. Auch die in II aufgezählten Fälle eines Verbots der vorläufigen Vollstreckbarkeit sind nicht vollzählig, § 894 I 1 (Willenserklärung: Unterstellung der Abgabe erst mit Rechtskraft, daher vorläufige Vollstreckbarkeit nur „wegen der Kosten"), § 883 Rn 17 (Herausgabe eines Kindes: §§ 1632 III BGB, 33 FGG). Schließlich kommt auch bei Vorliegen eines etwaigen Rechtskraft zumindest überhaupt keine Zwangsvollstreckung in Betracht, soweit die Entscheidung gar nicht auf sie abzielt, wie beim bloßen Feststellungsurteil nach § 256, oder soweit sie jedenfalls nicht erzwingbar wäre, wie bei § 888 II (Ehe usw).

Gegen wen sich der Vollstreckungstitel richten muß, regeln für zahlreiche Fallgruppen in §§ 735–749 vorrangige Sondervorschriften.

2 **2) Regelungszweck, I, II.** Die endgültige Vollstreckbarkeit ist ein Gebot der Gerechtigkeit, Einl III 9. Ohne diese Sanktion läge eine lex imperfecta vor, ein unvollständiges, stumpfes Gesetz ohne wirkliche Durchsetzungskraft. Das Ziel des Prozesses ist ja nicht ein Stück Papier (Urteil), sondern die Befriedigung des Gläubigers durch eine freiwillige oder erzwungene Erfüllung. Die vorläufige Vollstreckbarkeit nach §§ 708 ff ist ein Gebot nicht nur der Gerechtigkeit, sondern auch der Rechtssicherheit, Einl III 43. Denn ohne die Möglichkeit alsbaldigen Zugriffs nach dem richterlichen Erkenntnis der Rechtslage würde der Gläubiger, der oft lange genug auf das Urteil warten mußte, ebenso oft tatsächlich leer ausgehen oder um den zB wirtschaftlich dringend benötigten Erfolg gebracht werden. Die Schadensersatzmöglichkeiten nach § 717 II, III stellen einen gewissen Ausgleich zugunsten des Schuldners dar, Einl III 9. Der Ausschluß wenigstens einer vorläufigen Vollstreckbarkeit nach II ist ein Gebot der dem Staat auferlegten Einhaltung der Verhältnismäßigkeit auch der staatlich nur eröffneten Machtmittel, Grdz 34 vor § 704. Denn ein Ausgleich nach vorschnell erfolgter Vollstreckung wäre gar nicht möglich oder doch unzureichend und daher auch ungerecht, Einl III 9.

3 **3) Begriff des Endurteils, I.** Es muß sich um ein Endurteil im Sinn von § 300 Rn 1, Üb 11 vor § 330 handeln. Hierher gehören auch ein Teilurteil nach § 301 und ein Vorbehaltsurteil nach §§ 302, 599, BGH **69**, 273. § 704 bezieht sich nur auf Urteile ordentlicher deutscher Gerichte, aber auch auf Urteile der früheren Konsulargerichte. Ein Urteil des ArbG oder ein Urteil des LAG sind ohne weiteres vorläufig vollstreckbar, soweit das Urteil nichts anderes bestimmt, §§ 62 I, 64 VII ArbGG, LAG Bln BB **86**, 672 und 1368. Das gilt auch bei §§ 9, 10 KSchG, BAG BB **88**, 843, aM *Fischer* BB **88**, 2039. Urteile anderer Sondergerichte sind nach den für sie geltenden Vorschriften zu behandeln. Über eine neue Klage trotz Vorliegens eines Vollstreckungstitels s Einf 16 vor §§ 322–327.

4 **4) Vollstreckbarkeit, I.** Das Urteil muß wenigstens wegen der Kosten überhaupt vollstreckbar sein. Es darf auch nicht auf eine unmögliche Leistung lauten, BGH RR **92**, 450. Vgl auch § 888 III. Man muß im einzelnen die folgenden Stadien unterscheiden.

A. Rechtskraft. Das Urteil muß entweder rechtskräftig sein, also eine äußere Rechtskraft erlangt haben, Einf 1 vor §§ 322–327. Trotz des Eintritts der Rechtskraft ist ein Urteil nicht endgültig, wohl aber nach §§ 280, 304 Rn 30 vorläufig vollstreckbar, wenn es in seinem Bestand von einer nicht rechtskräftigen Vorentscheidung abhängig ist, also durch ein Urteil über eine Zulässigkeitsrüge, eine Vorabentscheidung nach § 304 oder ein Vorbehaltsurteil nach §§ 302, 599. Wenn für denselben Anspruch mehrere Titel vorhanden sind, dann darf die Zwangsvollstreckung nur einmal stattfinden. Der Schuldner kann sich gegen eine mehrfache Zwangsvollstreckung nach § 767 wehren.

5 **B. Vorläufige Vollstreckbarkeit.** Oder das Gericht muß das Urteil im Tenor nach §§ 708, 709 oder durch einen Beschluß nach §§ 537, 538 für vorläufig vollstreckbar erklärt haben. Vgl dazu Einf 3 vor §§ 708–720.

6 **C. Wegfall der Vollstreckbarkeit.** Wird das vorläufig vollstreckbare Urteil aufgehoben, so entfällt dessen Vollstreckbarkeit. Wird das Urteil geändert, so bleibt seine Vollstreckbarkeit nur nach Maßgabe der Abänderung bestehen, § 717 Rn 1, § 775 Rn 11–13. Das Gericht braucht das aufhebende Urteil nicht für voll-

Abschnitt 1. Allgemeine Vorschriften **§§ 704, 705**

streckbar zu erklären, aM Mü Rpfleger **82**, 112 (zustm Meyer-Stolte). Jedoch ist eine Vollstreckbarerklärung dieses Urteils oft zweckmäßig. Dann darf das Gericht jedoch keine Sicherheitsleistung nach §§ 709 ff, 109 auferlegen. Wenn die Revisionsinstanz ein Urteil wiederherstellt, das das Berufungsgericht aufgehoben hatte, dann lebt auch die Vollstreckbarkeit des Urteils wieder auf, weil sie zu dem aufgehobenen Urteil gehört, Ffm NJW **90**, 721, aM KG NJW **89**, 3026, StJM § 717 Rn 3, ZöHe § 717 Rn 1 (aber Wiederherstellung ist durchweg vollinhaltlich gemeint).
Aufgehobene Vollstreckungsmaßnahmen leben aber *nicht* wieder auf.

5) Verbot der vorläufigen Vollstreckbarerklärung, II. Es besteht in drei Fallgruppen. Das Verbot gilt **7** dort jeweils auch wegen der bloßen Kostengrundentscheidung einer Klagabweisung.

A. Ehesache. Das Familiengericht darf sein Urteil in einer Ehesache nach § 606 Rn 2 nicht für vorläufig vollstreckbar erklären. Nicht zur Ehesache gehört eine Folgesache, soweit sie zivilprozessualer Natur ist, zB der Anspruch auf Unterhalt und auf den Zugewinnausgleich, Bbg FamRZ **90**, 184, Kemnade FamRZ **86**, 627, ZöPh § 629 Rn 11. Man kann im Verbundurteil einen Ausspruch der vorläufigen Vollstreckbarkeit der Folgesachen ab Rechtskraft des Scheidungsausspruchs vornehmen, Kemnade FamRZ **86**, 627.

B. Kindschaftssache. Das Familiengericht darf sein Urteil in einer Kindschaftssache nach § 640 ebenfalls **8** nicht für vorläufig vollstreckbar erklären. Das ist eine als Ausnahme eng auslegbare Sondervorschrift, AG Torgau FamRZ **01**, 1624 (vorläufige Vollstreckbarkeit bei bloßem Kostenvorteil). Bei § 653 darf und muß das Gericht deshalb eine vorläufige Vollstreckbarkeit ansprechen, Brdb FamRZ **03**, 618 (zustm Gottwald), aM Albers § 653 Rn 5, ThP § 653 Rn 7.

6) VwGO: Es gilt § 168 VwGO, der §§ 704 I und 794 ersetzt und die Vollstreckungstitel abschließend aufzählt; **9** s § 794 Rn 61.

705 *Formelle Rechtskraft.* ¹ Die Rechtskraft der Urteile tritt vor Ablauf der für die Einlegung des zulässigen Rechtsmittels oder des zulässigen Einspruchs bestimmten Frist nicht ein. ² Der Eintritt der Rechtskraft wird durch rechtzeitige Einlegung des Rechtsmittels oder des Einspruchs gehemmt.

Vorbem. S 1, 2 geändert dch Art 1 Z 3 G v 9. 12. 04, BGBl 3220, in Kraft seit 1. 1. 05, Art 22 S 2 G, ÜbergangsR Einl III 78.

Schrifttum: *Stoll*, Der Eintritt der Rechtskraft des Scheidungsausspruchs im Verbundverfahren, Diss Erl/ Nürnb 1988.

Gliederung

1) **Systematik**, S 1, 2 1	5) **Rechtsbehelfsverzicht**, S 1, 2 8
2) **Regelungszweck**, S 1, 2 2	6) **Hemmung der Rechtskraft**, S 1, 2 9–12
3) **Rechtskraftfähigkeit**, S 1, 2 3	A. Rechtsmittel 9, 10
4) **Rechtskraft und Verkündung**, S 1, 2 ... 4–7	B. Einspruch 11
A. Oberlandesgericht: Fälle sofortiger Rechtskraft 5	C. Rüge nach § 321 a 12
B. Oberlandesgericht: Fälle späterer Rechtskraft 6	7) *VwGO* 13
C. Endurteil des BGH oder des BayObLG 7	

1) Systematik, S 1, 2. § 705 regelt den Eintritt der äußeren, formellen Rechtskraft, Einf 1 vor §§ 322– **1** 327, für alle Urteile, die eine solche Rechtskraft erlangen können, selbst wenn sie keine Zwangsvollstreckung ermöglichen, Grdz 29 vor § 704. Die Vorschrift gilt auch für das erstinstanzliche Scheidungsurteil, BGH **100**, 205. Sie gilt entsprechend nur für einen Beschluß, der nur in einer bestimmten Frist anfechtbar ist, MüKoKr 3, ThP 1, ZöStö 1, aM RoSgo § 150 II 3b, StJM 1 (die Rechtskraft trete auch oder nur mit einem Verzicht auf eine sofortige Beschwerde oder mit der Erschöpfung des Beschwerdewegs oder der Beendigung des Verfahrens ein. Vgl aber § 324 Rn 21).

2) Regelungszweck, S 1, 2. Der Zeitpunkt des Eintritts der äußeren Rechtskraft ist prozessual wie **2** sachlichrechtlich sehr bedeutungsvoll. Deshalb liegt seine Klarstellung im Interesse der Rechtssicherheit, Einl III 43. Das führt zur Notwendigkeit einer strikten Auslegung der Vorschrift. Das gilt insbesondere auch bei § 321 a. Rechtsmißbrauch nach Einl III 54 ist zwar auch im Prozeß nirgends erlaubt. Etwa eine allzu fadenscheinige Rüge nach § 321 a mag nur zwecks Zeitgewinns bis zur Zwangsvollstreckung erfolgen. Gleichwohl gebietet schon die Rechtsstaatlichkeit nach Einl III 15 ein Zuwarten bis zur zugehörigen Entscheidung und zumindest das Abwarten der erforderlichen Einlegungsfrist.

3) Rechtskraftfähigkeit, S 1, 2. Der äußeren Rechtskraft fähig sind alle Urteile und Beschlüsse, die das **3** Gesetz für selbständig anfechtbar oder für unanfechtbar erklärt, auch Zwischenurteile aus §§ 280 II, 304 (nicht aus § 303) und Vorbehaltsurteile, BGH **69**, 272. Die Rechtskraft tritt erst dann ein, wenn jede Änderung durch ein Rechtsmittel ausgeschlossen ist, BGH NJW **92**, 2296. Sie tritt also nicht ein, solange gegen diese Art von Urteil generell noch ein Einspruch oder ein Rechtsmittel „zulässig", überhaupt grundsätzlich statthaft ist oder sein könnte, selbst wenn zB die Berufungssumme nicht erreicht ist, § 511 II Z 1. Denn das Rechtsmittelgericht könnte ja zB den Beschwerdewert anders als das untere Gericht beurteilen, § 522 I 1 erste Alternative. Daher ist auch ein Urteil nach § 495 a vorläufig vollstreckbar.

Die *Rechtsmittelfrist* nach §§ 517, 518, 544, 548 läuft *für jede Partei besonders* mit dem Zeitpunkt der zugehörigen Zustellung oder Bekanntgabe nach §§ 317, 321 a II 2, 3, 329 III, 339 I. Ob ein Nachverfahren nach §§ 302, 600 oder eine Wiedereinsetzung nach §§ 233 ff oder eine Wiederaufnahme nach §§ 578 ff statthaft ist, bleibt außer Betracht, BGH NJW **78**, 43, aM Tiedemann ZZP **93**, 23 (aber auch eine auflösende

§ 705

Bedingung hindert nicht). Auch ein Prozeßkostenhilfeantrag für ein erst geplantes Rechtsmittel ist unbeachtlich, Stgt Just **88**, 159, erst recht eine Verfassungsbeschwerde, BVerfG NJW **96**, 1736. Eine Zustellung an einen Prozeßunfähigen im Sinn von § 51 setzt die Frist in Lauf. Mit dem Ablauf der Frist tritt die Rechtskraft nach § 56 Rn 11 ein und wird das Urteil vollstreckbar. Eine Unterscheidung zwischen einer Zustellung zwecks Herbeiführung der Rechtskraft und einer Zustellung zur Ermöglichung der Zwangsvollstreckung ist unberechtigt.

4 **4) Rechtskraft und Verkündung, S 1, 2.** Bereits mit der Verkündung werden die folgenden Entscheidungen rechtskräftig, weil gegen sie weder ein Einspruch noch ein anderes Rechtsmittel zulässig ist.

5 **A. Oberlandesgericht: Fälle sofortiger Rechtskraft.** Sofort rechtskräftig wird ein Urteil des OLG in den folgenden weiteren Fällen: Es muß sich entweder um ein Urteil in einer Arrestsache nach §§ 916 ff handeln oder um ein solches in einem Verfahren auf Erlaß einer einstweiligen Verfügung nach §§ 935 ff, in einem Enteignungsverfahren oder in einem Umlegungsverfahren nach § 542 II (wegen der Ausnahmen § 543), Schneider DRiZ **77**, 115, oder es muß sich um ein reines Kostenurteil nach §§ 99 II, 567 II handeln.

6 **B. Oberlandesgericht: Fälle späterer Rechtskraft.** Andere Urteile des OLG als die in Rn 4, 5 genannten werden nicht schon mit ihrer Verkündung rechtskräftig. Das folgt auch aus § 713. Denn diese Vorschrift wäre sonst gegenstandslos, Münzberg NJW **77**, 2060, aM Leppin MDR **75**, 900 (zur überholten Beschwerdesumme). Ihre Rechtskraft tritt vielmehr erst mit dem Ablauf der Revisionsfrist des § 548 oder der Frist für eine Nichtzulassungsbeschwerde nach § 544 I bzw V 3 ein.

Nicht schon mit der Verkündung rechtskräftig wird auch ein Urteil, das nicht nach § 543 zur Revision zugelassen ist. Das gilt auch in einer Ehesache, §§ 606 ff, BGH **109**, 212, StJM 3, ZöStö 7, aM Düss FamRZ **85**, 620, Karlsr FamRZ **81**, 581, Stgt FamRZ **83**, 84 (aber das Berufungsgericht kann die Voraussetzungen der Nichtzulassung verkannt haben, sodaß die Revision *doch* zulässig ist, § 544). Ein Zweites Versäumnisurteil nach §§ 345, 511 ff wird erst mit dem Ablauf der Revisionsfrist rechtskräftig, BGH MDR **79**, 127. Ein Beschluß, der eine Rechtsbeschwerde nach § 574 zuläßt, wird mit Ablauf eines Monats nach § 575 I rechtskräftig.

7 **C. Endurteil des BGH oder des BayObLG.** Rn 4 gilt grundsätzlich auch hier. Hierher zählt aber ausnahmsweise nicht ein Erstes Versäumnisurteil nach §§ 330 ff, 565.

8 **5) Rechtsbehelfsverzicht, S 1, 2.** Ein Rechtsbehelf ist ferner unzulässig, soweit die Partei auf ihn vor seiner Einlegung wirksam verzichtet hat, §§ 516, 565, BGH FamRZ **94**, 301. Sie braucht ihren Verzicht braucht nicht gegenüber dem Gericht ausgesprochen zu haben. Er liegt aber keineswegs schon im Zweifel vor, auch nicht bei einem Teilrechtsmittel wegen des Rests, BGH GRUR **05**, 324. Ein wirksamer Verzicht ist unwiderruflich, Grdz 59 vor § 128. Wegen einer Ehesache § 617 Rn 5, Celle FamRZ **78**, 921, Düss (4. FamS) FamRZ **79**, 1048, aM Düss (1. FamS) FamRZ **78**, 920, Ffm FamRZ **79**, 1048. Ein einseitiger Verzicht gegenüber einem OLG-Urteil führt dessen äußerste Rechtskraft selbst dann erst mit dem Ablauf der nach § 548 eigentlich laufenden Rechtsmittelfrist herbei, wenn der Gegner nicht beschwert ist. Trotzdem hemmt ein zwar nach einer wirksamen Verzichtserklärung, aber noch innerhalb der Rechtsmittelfrist eingelegtes Rechtsmittel die Rechtskraft bis zu demjenigen Zeitpunkt, in dem das Rechtsmittelgericht es verwirft, unklar BGH FamRZ **94**, 301 (Rechtskraft ab Verzicht). Ein Teilverzicht ist statthaft. Er ist das einzige Mittel, um die Rechtskraft eines Teils des Urteils herbeizuführen, Rn 5. Vgl dazu im einzelnen Rn 9.

9 **6) Hemmung der Rechtskraft, S 1, 2.** Man muß Rechtsmittel und -behelf trennen.

A. Rechtsmittel. Die Einlegung eines Rechtsmittels hemmt grundsätzlich den Eintritt der Rechtskraft, Grdz 2 vor § 511. Das gilt auch, soweit das Rechtsmittel statthaft und rechtzeitig eingelegt, aber nicht rechtzeitig begründet worden ist, LG Kiel WoM **91**, 113. Es gibt auch keine „vorläufige" Rechtskraft, Karlsr MDR **83**, 676. Auch eine teilweise Rechtsmitteleinlegung hemmt grundsätzlich die Rechtskraft des Gesamturteils. Denn es könnten noch eine Rechtsmittelerweiterung oder eine Anschließung erfolgen, BGH NJW **94**, 659. Deshalb tritt die Teilrechtskraft erst dann ein, wenn solche Möglichkeiten entfallen sind, BGH NJW **94**, 659, Oldb MDR **04**, 1199. Eine Hemmung besteht auch, soweit die Partei das Urteil im Rest zB mangels Beschwer nicht anfechten kann, BGH NJW **94**, 659, oder soweit sie im übrigen nicht eindeutig auf das Rechtsmittel verzichtet hat, BGH NJW **92**, 2296, Hbg FamRZ **84**, 707. Ein nur beschränkter Rechtsmittelantrag bedeutet nicht stets einen restlichen Rechtsmittelverzicht, BGH NJW **92**, 2296. Ein sachlichrechtlicher Anspruchsverzicht bedeutet nicht auch einen teilweisen prozessualen Rechtsmittelverzicht, BGH MDR **88**, 1033. Das Rechtsmittel eines einfachen Streitgenossen wirkt wegen § 61 nur für ihn, Karlsr OLGZ **89**, 77.

Die *Rücknahme* des Rechtsmittels nach §§ 516, 565 vor dem Ablauf der Rechtsmittelfrist führt noch keine Rechtskraft herbei. Denn es ist ja noch eine erneute Einlegung des Rechtsmittels zulässig. Bei einer Rücknahme nach Fristablauf tritt die Rechtskraft erst jetzt ein. § 516 III ist unbeachtlich. Ein Prozeßkostenhilfegesuch nach § 117 hemmt den Eintritt der Rechtskraft nicht, BGH **100**, 205. Es hemmt ebensowenig ein Wiedereinsetzungsantrag nach § 234, BGH **100**, 205, wohl aber eine Entscheidung, die die Wiedereinsetzung gewährt, § 238. Die Hemmung tritt dann rückwirkend ein.

10 Die *Hemmung* dauert bis zum Ablauf der Rechtsmittelfrist an, solange kein Rechtsmittel vorliegt. Deshalb darf das Gericht bis zum Ablauf der Rechtsmittelfrist auch kein Rechtskraftzeugnis nach § 706 erteilen. Es darf trotz eines Verzichts auf eine Anschlußrevision bis zum Ablauf der Frist für sie auch kein Teilrechtskraftzeugnis erteilen, Karlsr MDR **83**, 676, aM Hamm FamRZ **83**, 823 (aber auch dann steht der Rechtskraft noch nicht einmal teilweise fest). Eine Verwerfung des Rechtsmittels oder des Einspruchs als unzulässig hat zur Folge, daß die Hemmungswirkung des eingelegten Rechtsmittels erst mit der Rechtskraft der Verwerfungsentscheidung nach §§ 522 I 2, 552 I 2 entfällt, OGB BGH **88**, 357, aM Hamm Rpfleger **77**, 445 (aber das wäre inkonsequent).

11 **B. Einspruch.** Ein Einspruch nach §§ 338, 700 hemmt den Eintritt der Rechtskraft immer nur, soweit er sich erstreckt, LAG Mü MDR **94**, 834. Wenn das Versäumnisurteil nach §§ 345, 700 keinen Einspruch erlaubt, muß man die für ein Rechtsmittel geltenden Grundsätze anwenden.

C. Rüge nach § 321 a. Eine Rüge der Verletzung des rechtlichen Gehörs im Verfahren nach § 321 a **12** hemmt die Rechtskraft ebenfalls. Das gilt solange, bis das erstinstanzliche Gericht in diesem Verfahren entschieden hat.

7) *VwGO: Entsprechend anwendbar, § 167 I VwGO, BVerwG DVBl* **61***, 450. Mit Verkündung bzw Zustellung,* **13** *§ 116 VwGO, werden rechtskräftig: Urteile über die Kosten, wenn keine Entscheidung in der Hauptsache ergangen ist, § 158 II VwGO, KoppSch Rn 5.*

706 Rechtskraft- und Notfristzeugnis.

I ¹Zeugnisse über die Rechtskraft der Urteile sind auf Grund der Prozessakten von der Geschäftsstelle des Gerichts des ersten Rechtszuges und, solange der Rechtsstreit in einem höheren Rechtszug anhängig ist, von der Geschäftsstelle des Gerichts dieses Rechtszuges zu erteilen. ²In Ehe- und Kindschaftssachen wird den Parteien von Amts wegen ein Rechtskraftzeugnis auf einer weiteren Ausfertigung in der Form des § 317 Abs. 2 Satz 2 Halbsatz 1 erteilt.

II ¹Insoweit die Erteilung des Zeugnisses davon abhängt, dass gegen das Urteil ein Rechtsmittel nicht eingelegt ist, genügt ein Zeugnis der Geschäftsstelle des für das Rechtsmittel zuständigen Gerichts, dass bis zum Ablauf der Notfrist eine Rechtsmittelschrift nicht eingereicht sei. ²Eines Zeugnisses der Geschäftsstelle des Revisionsgerichts, dass ein Antrag auf Zulassung der Revision nach § 566 nicht eingereicht sei, bedarf es nicht.

Gliederung

1) Systematik, I, II	1	6) Notfristzeugnis, II		11–13
2) Regelungszweck, I, II	2	A. Nachweisfunktion		11
3) Zuständigkeit, I, II	3–6	B. Verfahren		12, 13
A. Erste Instanz	3	7) Rechtsbehelfe, I, II		14–16
B. Rechtsmittelinstanz, allgemein	4	A. Ablehnung		14
C. Einspruch	5	B. Erteilung		15
D. Sofortige Beschwerde	6	C. Gemeinsames		16
4) Verfahren, I, II	7	8) *VwGO*		17
5) Prüfungsumfang, I, II	8–10			

1) Systematik, I, II. Die Vorschrift ergänzt §§ 704, 705. Das Rechtskraftzeugnis hat die Beweiskraft **1** einer öffentlichen Urkunde, § 418 Rn 4, App NJW **03**, 453. Es kann unrichtig sein, BGH **100**, 206. Eine unrichtige Zeugniserteilung muß derjenige beweisen, der sie behauptet, § 418 Rn 8 ff. Das Rechtskraftzeugnis ist bei allen denjenigen Urteilen und Beschlüssen möglich und notwendig, die einer äußeren Rechtskraft fähig sind, Einf 1 vor §§ 322–327, zB bei einem Vollstreckungsbescheid nach § 700 oder beim Kostenfestsetzungsbeschluß nach §§ 103 ff, Naumb JB **02**, 38, nicht aber bei einem Vergleich. Das Gericht erteilt das Zeugnis ganz ohne Rücksicht darauf, ob der Gläubiger eine Zwangsvollstreckung betreiben kann. Das Gericht darf das Zeugnis wegen der Hemmungswirkung nach § 705 Rn 9, 10 für einen nicht angegriffenen Teil eines noch nicht rechtskräftigen Urteils nicht erteilen, Bre NJW **79**, 1210, aM Ffm FamRZ **85**, 821, Karlsr NJW **79**, 1211 (aber das könnte zu bösen Mißverständnissen führen). Grundlage des Zeugnisses ist meist das Notfristzeugnis, II. Die Rechtskraft läßt sich aber auch anders beweisen, außer bei § 1561 II Z 1 BGB. Ein Gegenbeweis ist auch gegen die Richtigkeit des Rechtskraftzeugnisses statthaft, § 418 Rn 6. Zur Zwangsvollstreckung ist ein Rechtskraftzeugnis nicht notwendig, wohl aber eine Vollstreckungsklausel erforderlich, § 724 I.

2) Regelungszweck, I, II. Das Rechtskraftzeugnis nach *I* dient im Interesse der Rechtssicherheit nach **2** Einl III 43 nur dem Nachweis der äußeren Rechtskraft, Einf 1 vor §§ 322–327. Er ist zB bei der Rückforderung einer Sicherheit nach § 715 oder bei § 586 oder nach sachlichem Recht notwendig, zB nach § 1470 I BGB. Die Bedeutung des Rechtskraftzeugnisses liegt im Formellen, eben in der äußeren Rechtssicherheit. Darüber hinaus besagt es nichts über die Entscheidung, also auch nicht über ihren Bestand. *Unverzüglichkeit* im Sinn von § 121 I 1 BGB bei der Entscheidung über Erteilung oder Versagung des Rechtskraftzeugnisses ist ein ebenso selbstverständliches Gebot wie eine Gewissenhaftigkeit bei der Prüfung der Voraussetzungen. Das gilt auch für eine überlastete Geschäftsstelle. Der Sieger hat schon lange genug auf die Entscheidung und den Ablauf einer Rechtsmittelfrist warten müssen. Auch wenn er hätte vorläufig vollstrecken dürfen oder das auch getan hat, will und darf er jetzt alsbald wissen, ob der Richterspruch endgültig ist. Das muß man stets mitbeachten.

Das *Notfristzeugnis* nach *II* dient nur dem Nachweis, daß der Rechtsmittel- oder Einspruchsführer bis zum Ablauf der Notfrist doch jedenfalls bisher kein Rechtsmittel bzw keinen Einspruch eingelegt hat, BGH MDR **03**, 826. Bei nur teilweiser Rechtskraft ist ein entsprechend begrenztes Zeugnis statthaft und notwendig, BGH NJW **89**, 170, falls kein Anschlußrechtsmittel mehr in Betracht kommt, Karlsr MDR **83**, 676. Beim Verbundurteil kommt es auf die wie auch immer eingetretene formelle Rechtskraft des Scheidungsausspruches an, KG FamRZ **85**, 502, Karlsr NJW **79**, 1211, Mü FamRZ **85**, 502.

3) Zuständigkeit, I, II. Man muß vier Fallgruppen unterscheiden. **3**

A. Erste Instanz. Zuständig zur Erteilung ist der Urkundsbeamte der Geschäftsstelle. Der Rpfl ist nicht zuständig. Tätig werden muß der Urkundsbeamte des Gerichts der ersten Instanz, evtl der Urkundsbeamte des FamG, Schlesw FamRZ **78**, 611. Freilich muß trotz des Vorliegens einer Familiensache nach §§ 606 ff evtl der Urkundsbeamte des LG entscheiden, wenn das LG den Streit entschieden hatte, Stgt Rpfleger **79**, 145.

B. Rechtsmittelinstanz, allgemein. Die Vorschrift entspricht zur Zuständigkeit dem § 724 II. Aus- **4** nahmsweise ist die Geschäftsstelle einer höheren Instanz solange zuständig, wie der Prozeß bei jenem Gericht

§ 706

"anhängig" ist, das heißt hier vom Standpunkt der Geschäftsstelle aus, solange sich die Akten infolge des Eingangs einer Rechtsmittelschrift schon oder noch bei diesem Gericht befinden, KG FamRZ 89, 1206, Mü FamRZ 79, 445 und 943, Wilm Rpfleger 83, 429. Deshalb ist diese Geschäftsstelle evtl auch noch nach der Rücknahme des Rechtsmittels zuständig. Denn die Zuständigkeit des Gerichts spielt für die Erteilung des Rechtskraftzeugnisses keine Rolle. Wenn sich die Akten aber bei der Geschäftsstelle lediglich wegen der Einreichung eines Gesuchs auf die Bewilligung einer Prozeßkostenhilfe nach §§ 117, 118 befinden, ist diese Geschäftsstelle nicht schon deshalb zuständig. Das alles gilt auch für einen Streitgenossen nach § 59, wenn sich die Akten wegen des Rechtsmittels nur eines anderen Streitgenossen dort befinden.

5 **C. Einspruch.** Bei einem Einspruch nach §§ 338, 700 kann der Urkundsbeamte der Geschäftsstelle der Instanz dessen Fehlen aus den Akten feststellen. Ein Notfristzeugnis braucht nur der Urkundsbeamte der Geschäftsstelle einer höheren Instanz, wenn er für die Erteilung des Rechtskraftzeugnisses zuständig ist. Es gilt dann II entsprechend. Der Urkundsbeamte der Geschäftsstelle eines LG oder OLG darf das Rechtskraftzeugnis zu einem Versäumnisurteil des Revisionsgerichts in der Regel nur nach der Vorlage eines Notfristzeugnisses der Geschäftsstelle des Revisionsgerichts erteilen.

6 **D. Sofortige Beschwerde.** Wenn als Rechtsmittel eine sofortige Beschwerde nach § 567 in Betracht kommt, dann erteilt die Geschäftsstelle der ersten Instanz das Zeugnis auf Grund ihrer Kenntnis davon, daß eine sofortige Beschwerde nicht eingelegt wurde, und auf Grund eines Zeugnisses der Beschwerdeinstanz, daß ein Rechtsmittel nicht oder jedenfalls nicht bis zu einem bestimmten Tag eingelegt worden sei.

7 **4) Verfahren, I, II.** Es ist grundsätzlich ein Antrag notwendig. Er kann sich nach dem Ablauf der Anschlußrechtsmittelfrist auch auf ein Teilrechtskraftzeugnis beschränken, § 705 Rn 9. Antragsberechtigt ist derjenige, der das Urteil vorlegt. Das kann auch ein Streithelfer oder ein Dritter sein, StJM 11 (er meint, der Dritte brauche ein eigenes Interesse nicht nachzuweisen), aM MüKoKr 2, ZöStö 4 (aber auch ein Dritter kann ein schutzwürdiges Interesse haben, unabhängig davon, ob ein Prozeßrechtsverhältnis auch zu ihm bestand, Grdz 4 vor § 128). Nach I 2 erhalten die beiden Parteien in einer Ehe- oder Kindschaftssache nach §§ 606 ff, 640 ff ausnahmsweise wegen des öffentlichen Interesses von Amts wegen ein Rechtskraftzeugnis auf einer weiteren Ausfertigung in der Form des § 317 II 2 Hs 1, also ohne Tatbestand und Entscheidungsgründe, mithin eine sog abgekürzte Ausfertigung. I 2 bedeutet aber nicht, daß bei I 1 ein Antragszwang bestünde, App NJW 03, 453.

Es besteht *kein Anwaltszwang* nach § 78 Rn 1. Das gilt auch dann, wenn das Gesuch an eine Instanz geht, vor der im Streitverfahren Anwaltszwang herrscht, § 78 V Hs 2. Nach § 7 AktO muß der für das Rechtskraftzeugnis zuständige Urkundsbeamte die nachgewiesene Rechtskraft am Urteilskopf vermerken. Er muß sein Zeugnis mit dem Namen und mit dem Zusatz „als Urkundsbeamter der Geschäftsstelle" unterschreiben, wie bei § 129 Rn 9. Eine Unterzeichnung mit der Angabe „die Geschäftsstelle des AG" oder „der Justizobersekretär des AG" oder ähnlich ist unzulänglich. Denn sie bietet keine Gewähr dafür, daß der richtige Urkundsbeamte entschieden hat. Entsprechend dem Vermerk am Urteilskopf bringt der Urkundsbeamte einen weiteren Vermerk auf der Urteilsausfertigung an. Einen entsprechenden Vermerk setzt er auf die Ausfertigung des Kostenfestsetzungsbeschlusses, soweit erforderlich.

8 **5) Prüfungsumfang, I, II.** Der Urkundsbeamte der Geschäftsstelle prüft nur die äußere, formelle Rechtskraft nach Einf 1 vor §§ 322–327. Diese prüft er gegenüber sämtlichen Verfahrensbeteiligten, Düss FamRZ 78, 715. Er nimmt diese Prüfung zunächst auf Grund der Akten vor. Wenn diese Prüfung trotz § 317 I zB bei § 699 IV 2, 3 nicht ausreicht, fordert er die erforderlichen Nachweise an, etwa das Notfristzeugnis nach II vom Antragsteller, Celle NdsRpfl 79, 49. Der Urkundsbeamte darf weder den Zweck noch die Notwendigkeit des Rechtskraftzeugnisses prüfen, Mü FamRZ 85, 502. Das gilt auch dann, wenn ein Dritter das Zeugnis verlangt. Ein Rechtsschutzbedürfnis nach Grdz 33 vor § 253 ist nicht erforderlich.

9 Eine *Rücknahme* des Rechtsbehelfs muß nach § 516, 565 wirksam sein. Unter Umständen muß sich der Urkundsbeamte also das Einverständnis des Gegners mit der Rücknahme nachweisen lassen. Er muß die Zustellung des Urteils dann prüfen, wenn es auf den Ablauf einer Notfrist nach § 224 I 2 ankommt, BGH FamRZ 89, 730. Er muß eine Unterbrechung des Verfahrens von Amts wegen beachten, Grdz 39 vor § 128. Der Urkundsbeamte der Geschäftsstelle muß der Statthaftigkeit eines etwa eingelegten Rechtsbehelfs nach §§ 511, 512, 567 prüfen. Er muß das Zeugnis also zB dann erteilen, wenn gegen ein in zweiter Instanz ergangenes Urteil Berufung vorliegt. Er muß die Rechtskraft eines Vorbehaltsurteils auch dann bescheinigen, wenn das Nachverfahren noch schwebt. Er darf aber diesen Umstand im Zeugnis klarstellen.

Der Urkundsbeamte darf aber die Zulässigkeit des Rechtsbehelfs grundsätzlich *im übrigen* nicht prüfen. Er kontrolliert also zB nicht, ob die Berufungssumme nach § 511 II Z 1 erreicht oder die Berufung nach § 511 IV Z 1 oder 2 zugelassen wurde, Grdz 6 ff vor § 511. Er braucht in der Regel nicht den Tag anzugeben, an dem die Rechtskraft eingetreten ist, KG FamRZ 93, 1221. Eine Ausnahme gilt nur bei der nach § 38 V c AktO vorgesehenen Rechtskraftbescheinigung eines Urteils, in dem das FamG auf die Scheidung, Nichtigkeit oder die Aufhebung einer Ehe erkannt oder das Nichtbestehen der Ehe festgestellt hat. Man sollte das Datum betr Versorgungsausgleichssachen beifügen, KG FamRZ 93, 1221. Schlesw FamRZ 78, 611 fordert evtl einen Zusatz über die Anhängigkeit von Folgesachen, die der Urkundsbeamte einzeln bezeichnen müsse.

Die Nichteinlegung eines Antrags auf *Zulassung der Revision* nach § 566 braucht der Urkundsbeamte vor der Erteilung des Rechtskraftzeugnisses nicht dadurch festzustellen, daß er von der Geschäftsstelle des BGH bzw der BayObLG ein Notfristzeugnis anfordert. Grund ist die durch § 566 III 2 der Geschäftsstelle des Revisionsgerichts auferlegte Aktenanforderungspflicht. Wenn der Urkundsbeamte diese Nachricht erhalten hat, muß er die Erteilung eines Rechtskraftzeugnisses ablehnen.

10 Regelmäßig darf der Urkundsbeamte das Rechtskraftzeugnis erteilen, sobald *einige Tage seit dem Ablauf der Notfrist* verstrichen sind. Der Urkundsbeamte der Geschäftsstelle des Revisionsgerichts muß der Geschäftsstelle des Gerichts, die für die Erteilung des Rechtskraftzeugnisses zuständig ist, auf deren Verlangen die Nichteinlegung der Sprungrevision amtlich bestätigen.

Abschnitt 1. Allgemeine Vorschriften §§ 706, 707

6) Notfristzeugnis, II. Man muß Funktion und Verfahren unterscheiden. 11

A. Nachweisfunktion. Das Notfristzeugnis hat nur den in Rn 2 genannten Zweck. Es ist nur ein Beweismittel zur Erlangung eines Rechtskraftzeugnisses, und nicht das einzige. Das Notfristzeugnis ist nur dann erforderlich, wenn zu seiner Erteilung ein anderer Urkundsbeamter als derjenige zuständig ist, der das Rechtskraftzeugnis erteilt. Das Notfristzeugnis wird dann aber sowohl bei einem Rechtsmittel als auch bei einem Einspruch nach Rn 5 und auch bei einem Beschluß entsprechend Rn 1 notwendig.

B. Verfahren. Auch hier ist grundsätzlich ein Antrag notwendig (Ausnahme: Ehe- oder Kindschafts- 12 sache). Es besteht kein Anwaltszwang, § 78 V Hs 2. Denn zuständig zur Erteilung ist der Urkundsbeamte der Geschäftsstelle desjenigen Gerichts, bei dem man das Rechtsmittel nach §§ 519 I, 549 I oder den Einspruch eingelegt hat oder einlegen müßte, §§ 340 I, 700 I. Dabei ist unerheblich, ob es sich um die Geschäftsstelle einer Zivilkammer oder einer Kammer für Handelssachen handelt. Denn die Zuständigkeit für das Notfristzeugnis betrifft nur den inneren Dienst. In einer Familiensache ist der Urkundsbeamte des Rechtsmittelgerichts auch dann zuständig, wenn ihm die Akten nur wegen einer Folgesache vorliegen, KG FamRZ 89, 1206, Mü FamRZ 79, 942. Das Antragsrecht besteht wie bei Rn 7, 8. Notwendige Ermittlungen muß der Urkundsbeamte von Amts wegen vornehmen, Grdz 38 vor § 128. Er muß also notfalls bei anderen Geschäftsstellen feststellen, ob Rechtsmittel oder Einspruch vorliegen. Er darf nur prüfen, ob und wann das Urteil nach § 317 zugestellt wurde und ob und wann bisher eine Rechtsbehelfsschrift eingegangen ist, nicht auch, ob und wann die Rechtsbehelfsschrift zugestellt wurde. Wenn ein Rechtsmittel auch nur gegen einen Teil der Entscheidung eingelegt wurde, dann muß er das Zeugnis versagen, § 705 Rn 5. Davon muß man den Fall unterscheiden, daß nur ein einfacher Streitgenosse nach § 59 ein Rechtsmittel eingelegt hat. Der andere Streitgenosse kann dann ein Teil-Notfristzeugnis fordern, Karlsr OLGZ 89, 78. Ein Antrag auf eine Wiedereinsetzung nach § 234 hindert die Erteilung des Zeugnisses nicht. Wohl aber muß der Urkundsbeamte das Zeugnis versagen, wenn das Gericht eine Wiedereinsetzung bewilligt hat.

Wenn der Beginn einer Notfrist im Sinn von § 224 I 2 *zweifelhaft* ist, dann muß der Urkundsbeamte der 13 Geschäftsstelle der höheren Instanz das Zeugnis dahin erteilen, daß „bis heute keine Rechtsmittelschrift eingegangen" sei, BGH MDR 03, 826. Der Urkundsbeamte derjenigen Geschäftsstelle, die für die Erteilung eines Rechtskraftzeugnisses zuständig ist, muß diese Bescheinigung der höheren Instanz frei würdigen. Der Urkundsbeamte darf grundsätzlich weder die Notwendigkeit der Erteilung des Notfristzeugnisses noch gar die Wirksamkeit der Zustellung des Titels oder die Statthaftigkeit oder die Aussichten eines Rechtsbehelfs prüfen. Wenn freilich ein Rechtsmittel oder ein Einspruch nach §§ 522 I 2, 552 S 1, § 341 I 2 eindeutig unstatthaft ist, dann muß er die Erteilung des Notfristzeugnisses ablehnen.

7) Rechtsbehelfe, I, II. Sie kommen beim Rechtskraftzeugnis und beim Notfristzeugnis infrage. 14

A. Ablehnung. Soweit der Urkundsbeamte die Erteilung des Zeugnisses ablehnt oder das Zeugnis aufhebt, kann die Partei das Gericht seiner Geschäftsstelle ohne Anwaltszwang mit sofortiger Erinnerung anrufen, §§ 78 V Hs 2, 573 I 2, Bre NJW 79, 1210, Celle FamRZ 78, 921, Karlsr OLGZ 89, 77. Gegen die Entscheidung des Gerichts ist jetzt die sofortige Beschwerde nach §§ 567 ff, 573 II statthaft. Denn die angefochtene Entscheidung ist keine Maßnahme der Zwangsvollstreckung, Grdz 12, 51 vor § 704, so schon Hamm FamRZ 93, 82, KG FamRZ 93, 1221. Eine Rechtsbeschwerde kommt unter den Voraussetzungen des § 574 in Betracht. Eine spätere Erteilung erledigt den Abweisungsrechtsbehelf, Hbg FamRZ 79, 532. Die Ablehnung einer Abänderung oder Berichtigung ist eine Ablehnung der beantragten Erteilung, KG FamRZ 93, 1221.

B. Erteilung. Gegen die Erteilung des Zeugnisses hat der Gegner die Erinnerung nach § 573 I, Bbg 15 FamRZ 83, 519, Stgt FamRZ 83, 84. Für sie besteht kein Anwaltszwang (jetzt) § 78 V Hs 2, Stgt FamRZ 83, 84. Gegen die Entscheidung des Gerichts ist jetzt die sofortige Beschwerde nach §§ 567 ff, 573 II statthaft. Eine Rechtsbeschwerde kommt unter den Voraussetzungen des § 574 in Betracht. Wenn das Beschwerdegericht die Zeugniserteilung dahin ändert, daß das Zeugnis versagt wird, dann hat der Antragsteller dagegen die sofortige Beschwerde nach § 567 I Z 2.

C. Gemeinsames. Ohne eine vorherige Entscheidung des Urkundsbeamten im Sinn von Rn 14, 15 darf 16 der Richter nicht entscheiden.

8) *VwGO*: Entsprechend anwendbar, *§ 167 I VwGO*, sind I und II für das Notfristzeugnis, oben Rn 11, der 17 *Geschäftsstelle des OVG (VGH) über die Einlegung der Berufung. Wenn Revision zulässig ist, bedarf es keines solchen Zeugnisses, da die Revision beim iudex a quo eingelegt werden muß, § 139 VwGO. Rechtsbehelfe, oben Rn 14, sind die Anrufung des Gerichts, § 151 VwGO, und anschließend die Beschwerde, §§ 146 ff VwGO, soweit sie nicht ausgeschlossen ist, § 252 Rn 8.*

707 *Einstweilige Einstellung der Zwangsvollstreckung.* I ¹ Wird die Wiedereinsetzung in den vorigen Stand oder eine Wiederaufnahme des Verfahrens beantragt oder die Rüge nach § 321 a erhoben oder wird der Rechtsstreit nach der Verkündung eines Vorbehaltsurteils fortgesetzt, so kann das Gericht auf Antrag anordnen, dass die Zwangsvollstreckung gegen oder ohne Sicherheitsleistung einstweilen eingestellt werde oder nur gegen Sicherheitsleistung stattfinde und dass die Vollstreckungsmaßregeln gegen Sicherheitsleistung aufzuheben seien. ² Die Einstellung der Zwangsvollstreckung ohne Sicherheitsleistung ist nur zulässig, wenn glaubhaft gemacht wird, dass der Schuldner zur Sicherheitsleistung nicht in der Lage ist und die Vollstreckung einen nicht zu ersetzenden Nachteil bringen würde.

II ¹ Die Entscheidung ergeht durch Beschluss. ² Eine Anfechtung des Beschlusses findet nicht statt.

§ 707

Vorbem. I 1 erweitert dch Art 1 Z 4 G v 9. 12. 04, BGBl 3220, in Kraft seit 1. 1. 05, Art 22 S 2 G, ÜbergangsR Einl III 78.

Schrifttum: *Dunkl/Moeller/Baur/Feldmeier/Wetekamp,* Handbuch des vorläufigen Rechtsschutzes, 1988; *Hellhake,* Einstweilige Einstellung der Zwangsvollstreckung usw, 1998; *Lippross,* Grundlagen und System des Vollstreckungsschutzes, 1983; *Pawlowski.* Zu den „Außerordentlichen Beschwerden" wegen „Greifbarer Gesetzeswidrigkeit", Festschrift für *Schneider* (1997) 39.

Gliederung

1) Systematik, I, II 1	11) Einstweilige Einstellung, I 15
2) Regelungszweck, I, II 2	12) Grundsatz: Unanfechtbarkeit, II 2 16
3) Geltungsbereich, I, II 3	13) Kaum noch sofortige Beschwerde, II 17, 18
4) Voraussetzungen, I 4–6	A. Kaum noch Zulässigkeit bei greifbarer Gesetzeswidrigkeit 17
A. Rechtsbehelfseinlegung 4	B. Unzulässigkeit nur wegen Gehörsverletzung 18
B. Vollstreckungsfortdauer 4	C. Unzulässigkeit bei Vollstreckungsbescheid 18
C. Keine Urteilsaufhebung 4	D. Unzulässigkeit gegen Entscheidung des Oberlandesgerichts 18
D. Schuldnerantrag 5	E. Unzulässigkeit gegen Entscheidung des Landesarbeitsgerichts 18
E. Zulässigkeit des Rechtsbehelfs 5	F. Unzulässigkeit in Baulandsache 18
F. Erfolgsaussicht usw 6	G. Unzulässigkeit nur wegen mangelhafter Begründung 18
5) Verfahren, I 7	H. Unzulässigkeit bei Verbindung mit Rechtsmittel in Nebenverfahren 18
6) Einstellung gegen Sicherheitsleistung des Schuldners, I 8	14) Gehörsrüge, Gegenvorstellung, I, II .. 19
A. Zulässigkeit 8	15) Rechtsbeschwerde, I, II 20
B. Sicherheitsleistung 8	16) Verfassungsbeschwerde 21
7) Einstellung ohne Sicherheitsleistung, I 9–11	17) Abänderung, II 22
A. Zulässigkeit 9	18) Beispiele zur Frage einer entsprechenden Anwendbarkeit, I, II 23–35
B. Unersetzbarer Nachteil 10	19) *VwGO* 36
C. Fehlen eines unersetzbaren Nachteils 11	
8) Einstellung gegen Sicherheitsleistung des Gläubigers, I 12	
9) Einstellungswirkung, I 13	
10) Aufhebung einer Vollstreckungsmaßnahme, I 14	

1   **1) Systematik, I, II.** Man muß zunächst den viel häufiger anwendbaren § 719 nach dort Rn 1 beachten. § 707 betrifft nämlich unmittelbar nur den Antrag auf eine Wiedereinsetzung in den vorigen Stand nach § 234 oder auf eine Wiederaufnahme des Verfahrens nach §§ 578 ff, BGH NJW **92**, 1458, oder die Fortsetzung des Rechtsstreits nach der Verkündung eines Vorbehaltsurteils, § 302 Rn 12, § 600 Rn 4, BGH **69**, 70 und 272. §§ 769, 770 enthalten ähnliche Regelungen im Bereich der Vollstreckungsabwehrklage nach §§ 767, 768. § 765 a ist anwendbar. § 707 ist ohne I 2 im Arrestverfahren nach § 924 auf Widerspruch und im Verfahren auf eine einstweilige Verfügung nach §§ 924, 936 entsprechend anwendbar. Das gilt freilich nur unter besonders strengen Voraussetzungen, Brdb MDR **02**, 53 (Gegendarstellung). Der Schuldner muß zuvor die Möglichkeiten des § 712 ausgeschöpft haben, § 719 Rn 4. § 707 ist im Arbeitsgerichtsverfahren evtl entsprechend anwendbar, § 78 a VII, VIII ArbGG.

2   **2) Regelungszweck, I, II.** Die Vorschrift soll verhindern, daß eine Zwangsvollstreckung auf Grund eines Vollstreckungstitels stattfindet, dessen Bestand mittlerweile zweifelhaft sein kann, Hamm NJW **83**, 460, KG MDR **00**, 1455. Denn immerhin dient die Zwangsvollstreckung der Gerechtigkeit nach Einl III 9 und nicht ihrem im Einzelfall wahrscheinlich eventuell gegenteil.

Strenge bei der Handhabung charakterisiert die Praxis wie bei § 719. Nun sind aber schon die im Gesetz ausdrücklich formulierten Voraussetzungen streng. Man muß sie nicht unbedingt durch die Auslegung noch strenger ausformen. Natürlich muß auch die Entscheidung einschließlich ihrer Vollstreckbarkeit richtig behalten, auch wenn der Verlierer sie noch einmal zur Nachprüfung durch das Gericht ruft. Immerhin verlangt I 2 aber nur eine Glaubhaftmachung, keinen Vollbeweis. Glaubhaftmachung ist schon die Darlegung einer überwiegenden Wahrscheinlichkeit, § 294 Rn 1. Das Gesetz nennt eine streng-großzügige Mischung. Daran sollte sich seine Auslegung mitorientieren.

3   **3) Geltungsbereich, I, II.** Das Anwendungsgebiet der Vorschrift ist sehr groß, Rn 1, 22. Neben §§ 707, 719 kann auch § 765 a in Betracht kommen. Wegen des schiedsrichterlichen Verfahrens vor dem BGH (Rechtsbeschwerde) § 1065 II 2. Im Arbeitsgerichtsverfahren gilt § 62 I 2, 3 ArbGG, LAG Bln MDR **86**, 787, LAG Düss JB **92**, 499, LAG Hamm BB **88**, 1754, sowie § 62 II ArbGG, LAG Bre BB **99**, 374, und § 72 a IV 2 ArbGG, BAG DB **00**, 2176.

4   **4) Voraussetzungen, I.** Es müssen die folgenden Voraussetzungen zusammentreffen.

A. Rechtsbehelfseinlegung. Es muß der betreffende Rechtsbehelf vorliegen, also zB ein Einspruch nach §§ 340 I, 700 I oder eine Restitutionsklage, § 580, oder eine Anhörungsrüge, § 321 a.

B. Vollstreckungsfortdauer. Die Zwangsvollstreckung braucht noch nicht notwendig begonnen zu haben, Grdz 51 vor § 704. Sie darf aber jedenfalls noch nicht beendet sein, Grdz 51 vor § 704. Eine Unterbrechung naxh §§ 239 ff ist unschädlich, Bbg RR **89**, 576.

C. Keine Urteilsaufhebung. Das angefochtene Urteil oder seine Vollstreckbarkeit dürfen nicht ohnehin aufgehoben worden sein, §§ 717 I, 718, Düss RR **02**, 138.

5   **D. Schuldnerantrag.** Der Schuldner und nicht der Gläubiger muß die Einstellung beantragen. Eine Anordnung von Amts wegen wäre greifbar gesetzwidrig, Rn 17, Hamm FamRZ **90**, 1267. Für den

Gläubiger gilt § 718. Der Antrag erfolgt schriftlich, elektronisch oder in der Verhandlung. Anwaltszwang besteht wie sonst, § 78 Rn 1. Der Antrag begrenzt die Möglichkeiten des Gerichts.

E. Zulässigkeit des Rechtsbehelfs. Der Rechtsbehelf muß an sich statthaft sein, §§ 511 I, 542, 543, 567 I. Auch eine Anhörungsrüge muß statthaft sein, § 321a IV 1. Rechtsbehelf oder Rüge müssen aber auch zulässig sein, §§ 321a IV 2, 511 II, 545 ff, 567 I, 569. Das Gericht muß seine Zulässigkeit also schon hier ohne eine Bindung für die spätere Sachentscheidung prüfen. Denn das Bedürfnis nach einer geordneten Rechtspflege verlangt, daß das Gericht nicht eine gerade ausgesprochene vorläufige Vollstreckbarkeit nur wegen eines Antrags sogleich durch einen Federstrich wieder beseitigt, Saarbr MDR **97**, 1157. Das Gericht muß vielmehr die Aussichten des Rechtsbehelfs oder der Rüge sorgfältig prüfen, KG FamRZ **78**, 413. Dasselbe gilt für die Folgen einer Einstellung der Zwangsvollstreckung. Dafür ist aber die Prüfung der Zulässigkeit des Rechtsbehelfs oder der Rüge die erste Voraussetzung. Wenn diese Prüfung zuviel Zeit beansprucht, mag das Gericht zunächst vorläufig einstellen, Rn 15.

F. Erfolgsaussicht usw. Es muß ein Rechtsschutzinteresse vorliegen, Grdz 33 vor § 253, Bbg RR **89**, 576, LAG Hbg DB **83**, 724. Eine Entscheidung über die Einstellung und eine solche über ein Wiedereinsetzungsgesuch müssen nicht gleichzeitig erfolgen, BVerfG **61**, 17. Der Rechtsbehelf muß auch sachlich einige Erfolgsaussichten haben wie zB bei § 114 Rn 80, Bbg RR **89**, 576, Saarbr MDR **97**, 1157. Dabei erfolgt eine nur überschlägige Prüfung, OVG Bln JB **99**, 384.

Das Gericht darf die Erfolgsaussicht auch darauf prüfen, ob überhaupt die Gefahr einer *unrechtmäßigen* Zwangsvollstreckung besteht. Deshalb muß es im allgemeinen die Berufungsbegründung anfordern oder abwarten, Köln RR **87**, 189. Im Zweifel muß das Gericht zugunsten des Gläubigers entscheiden, Köln RR **87**, 190, Saarbr MDR **97**, 1157. Jedenfalls ist eine rein handwerksmäßige Einstellung gesetzwidrig, obwohl sie in der Praxis häufig vorkommt, Saarbr MDR **97**, 1157. Das gilt insbesondere im Eilverfahren nach §§ 620 ff, Rostock FamRZ **04**, 128, oder nach §§ 916 ff, 935 ff, Ffm GRUR **89**, 456. Im Eilverfahren muß die Erfolgsaussicht offenkundig sein, Brdb MDR **02**, 54. Sie dient nur der Unterstützung fauler Schuldner und Querulanten.

5) Verfahren, I. Zuständig ist ausschließlich bei einer Anhörungsrüge nach § 321a V 1 das bisherige Prozeßgericht und in den übrigen Fällen das für die Entscheidung in der Hauptsache bzw ab Rechtsmitteleinlegung über den Rechtsbehelf zuständige Gericht, Hamm FamRZ **85**, 307, Karlsr MDR **88**, 975, LAG Bre BB **99**, 374. Der Einzelrichter nach §§ 348, 348a ist dann zuständig, wenn er das zugrunde liegende Urteil erlassen hatte, Schlesw SchlHA **75**, 63. Trotz Revision gegen das Vorbehaltsurteil bleibt das LG des Nachverfahrens zuständig, Nürnb NJW **82**, 392. Bei einer Verfassungsbeschwerde ist nur das BVerfG zuständig, § 32 BVerfGG.

Die Entscheidung erfolgt nach pflichtgemäßem *Ermessen* des Gerichts unter sorgfältiger Abwägung der beiderseitigen Belange, Rn 4, 17 ff, Jena MDR **02**, 289, KG NJW **87**, 1339, Köln RR **87**, 189. Das Gericht kann eine mündliche Verhandlung anordnen, muß das aber nach II 1 nicht tun, § 128 IV. Bevor das Gericht einem Einstellungsantrag stattgibt, muß es grundsätzlich den Antragsgegner wegen Artt 2 I, 20 III GG (Rpfl), BVerfG **101**, 404, Art 103 I GG (Richter), BVerfG **34**, 346, Celle MDR **86**, 63. Erst ab Anhörung gelten die allgemeinen Regeln zur Darlegungslast, § 253 Rn 12, und zur Beweislast, Anh § 286, Ffm FamRZ **89**, 88, soweit es in der Zwangsvollstreckung überhaupt auf sie ankommt.

Die *Entscheidung* ergeht durch einen Beschluß, II 1, § 329. Das Gericht muß ihn kurz begründen, § 329 Rn 4 (Notwendigkeit der Überprüfbarkeit), Düss FamRZ **89**, 89 (zum vergleichbaren § 769). Es muß seinen Beschluß verkünden, § 329 I 1, oder beim Stattgeben beiden Parteien formlos mitteilen, bei einer Ablehnung nur dem Schuldner, § 329 II 1. Die Anordnung der Einstellung der Zwangsvollstreckung aus einem Urteil erstreckt sich ohne weiteres auf den zugehörigen Kostenfestsetzungsbeschluß nach § 104. Es ergeht ohne mündliche Verhandlung erstinstanzlich keine Kostenerstattung, Ffm AnwBl **78**, 425.

6) Einstellung gegen Sicherheitsleistung des Schuldners, I. Es müssen zwei Bedingungen zusammentreffen.

A. Zulässigkeit. Zulässig ist eine Einstellung gegen eine Sicherheitsleistung des Schuldners nach § 109. Das gilt auch dann, wenn das Urteil nur gegen eine Sicherheitsleistung vorläufig vollstreckbar ist, § 709 S 1, 2, Celle MDR **87**, 505, aM Bbg RR **89**, 576, Hbg MDR **90**, 931, LG Hann MDR **94**, 730 (aber auch dann kann der Schuldner ein dringendes Bedürfnis haben, weil der Gläubiger vielleicht sogleich Sicherheit leisten wird). Das gilt ferner, wenn der Schuldner die Zwangsvollstreckung durch die Leistung einer Sicherheit nach § 711 S 1 abwenden darf, praktisch also gegen eine geringere Sicherheitsleistung. Vorsicht! Der Beschluß bewirkt das Ruhen der Zwangsvollstreckung in demjenigen Zustand, in dem sie sich gerade befindet. Ob Einzelanordnungen notwendig sind, hängt von den Umständen ab. Wenn das Gericht praktisch eine bereits vorgenommene Zwangsvollstreckungsmaßnahme rückgängig macht, dann bedeutet das eine teilweise Aufhebung der Zwangsvollstreckung, Rn 14.

B. Sicherheitsleistung. Eine Sicherheitsleistung geschieht nach § 108. Der Schuldner kann aber nicht mit demjenigen Pfandstück Sicherheit leisten, das der Gläubiger bereits durch eine Vollstreckungsmaßnahme erlangt hat. Für die Haftung der Sicherheitsleistung des Schuldners ist nach Rn 14 unerheblich, ob der Gläubiger eine ihm auferlegte Sicherheit hätte leisten können. Eine Befriedigung erfolgt aus der Sicherheitsleistung nach § 1228 BGB. Es genügt, daß der Gläubiger der Hinterlegungsstelle seine Empfangsberechtigung durch die Vorlegung einer vollstreckbaren Ausfertigung des Urteils nachweist. Bei einer Einstellung der Zwangsvollstreckung in bestimmte Gegenstände haftet die Sicherheit nur für denjenigen Schaden, der dadurch entsteht, daß der Gläubiger diese Pfändung nicht durchführt.

7) Einstellung ohne Sicherheitsleistung, I. Es müssen zwei Voraussetzungen zusammentreffen, I 2.

A. Zulässigkeit. Zulässig ist auch eine Einstellung der Zwangsvollstreckung ohne Sicherheitsleistung. Diese Möglichkeit besteht nur dann, wenn der Schuldner nach § 294 glaubhaft macht, daß er zur Leistung

§ 707

der Sicherheit nicht imstande ist, Ffm NJW 03, 2690 (Argentinien), LAG Düss JB 92, 499. Dafür reicht die Bürgschaftsablehnung *einer* Bank oft nicht aus, Hamm OLGR 95, 167. Der Schuldner muß außerdem glaubhaft machen, daß ihm gerade die Zwangsvollstreckung einen unersetzbaren Nachteil bringen würde, Hamm FamRZ 97, 1489. Das gilt auch dann, wenn statt des Rechtsbehelfs oder Rechtsmittels eine Abänderungsklage nach § 323 zulässig wäre, solange sie eben nicht erhoben wird, aM Karlsr FamRZ 87, 1289 (aber bis zur Klagerhebung bestehen eben nicht die erst durch sie entstehenden Möglichkeiten). Unersetzbar ist nur ein solcher Nachteil, den man nicht nachträglich beseitigen oder ausgleichen kann, Ffm BB 85, 833, und der über eine bloße Einschränkung der Handlungsfreiheit hinausgeht, BAG DB 85, 2202. Das gilt auch bei § 62 I 3 in Verbindung mit § 2 ArbGG (nie gegen Sicherheitsleistung, Dütz DB 80, 1069). Das Gericht muß strenge Maßstäbe daran setzen, ob diese Voraussetzungen vorliegen, KG NJW 87, 1339. Es muß das Sicherungsbedürfnis des Gläubigers und die Belange des Schuldners sowie die Gefahr nicht zu ersetzender Nachteile abwägen, Dütz DB 80, 1069. Das Gläubigerinteresse kann dabei überwiegen, BGH ZIP 96, 1798.

10 **B. Unersetzbarer Nachteil.** Als unersetzbarer Nachteil kann gelten: Ein nicht zu ermittelnder Schaden, soweit auch § 287 nur unsichere Aussichten gibt; der Verlust der Wohnung, insbesondere vor und nach einer Geburt, LG Ffm NZM 99, 1136 (zu § 712. Freilich muß man die etwa schon eingelegte Berufung dahin beachten, daß das höhere Gericht im Rahmen von § 719 ebenfalls entscheiden könnte und dabei über § 707 auch die Erfolgsaussicht mitzuprüfen haben könnte); die Gefährdung von Betriebstätten, Arbeitsplätzen, Kundennetzen oder „good will", Ffm MDR 82, 239; die später eintretende Rechtskraft der Kündigung, Heinze DB 85, 123; nur in besonderen Fällen, keineswegs in der Regel, ein Kreditschaden durch die Abgabe der Offenbarungsversicherung; die Wahrscheinlichkeit der Nichtbeitreibbarkeit der Rückzahlungsforderung; die Endgültigkeit des Verbrauchs vom Unterhalt, Hamm FamRZ 96, 113, aM Hamm MDR 99, 1404. Vgl aber auch § 719 Rn 5.

11 **C. Fehlen eines unersetzbaren Nachteils.** Kein unersetzbarer Nachteil liegt vor: Beim Eintritt einer bloßen solchen Folge, die jede Zwangsvollstreckung durchweg nach sich zieht, Ffm MDR 84, 764 (Kreditgefährdung), Kblz FamRZ 05, 468 rechts, Köln OLGZ 79, 113, aM Hbg ZMR 90, 17 (aber man darf nicht einfach das Normalrisiko des Schuldners zum Nachteil des Gläubigers zum Sonderfall machen); bei sachlichrechtlichen Problemen, Düss MDR 80, 676 (auch zu einer Ausnahme); bei der Gefahr eines Nachteils, der schon durch die bloße Existenz des Urteils droht oder entstanden ist und daher auch in jeder Zwangsvollstreckung droht, BGH NJW 00, 3008; wenn die Vollstreckung das Prozeßergebnis vorwegnehmen kann, BGH NJW 96, 198; bei der Möglichkeit einer Verschleuderung, Köln OLGZ 79, 113; beim bloßen Zahlungsurteil, Saarbr MDR 97, 1157; wenn der Gläubiger die gefährdeten Vermögensgegenstände durch Geldleistungen ersetzen kann, Ffm MDR 82, 239; bei drohender Insolvenz, Ffm MDR 82, 239, Köln ZIP 94, 1053, zB einer doch schon in Liquidation stehenden Gesellschaft, BGH KTS 93, 414, Ffm MDR 85, 507; bei der Abtretung einer Briefgrundschuld, BGH WertpMitt 84, 321; bei der Endgültigkeit des Verlusts eines Beschäftigungsanspruchs, LAG Bln DB 80, 2448, Berkowski BB 80, 1038; bei der bloßen Tatsache der Arbeitslosigkeit eines Ausländers, LAG Bre MDR 83, 171; wenn das Gericht beim Erlaß der angefochtenen Entscheidung irgendwelche Fehler gemacht hatte, StJM FN 26, aM Düss MDR 80, 676 (aber daraus entsteht keineswegs stets ein geradezu unersetzbarer Schaden); bei Gefahr, daß ein Rückzahlungsanspruch nicht durchsetzbar wäre, Hamm MDR 99, 1404.

Wenn ein Urteil auf die *Vornahme einer Handlung* vorliegt, §§ 887, 888, dann liegt ein unersetzbarer Nachteil nur in dem Fall vor, daß gerade die Vornahme der Handlung dem Schuldner diesen Nachteil bringen würde. Das ist allerdings bei dem Widerruf oft so, Ritter ZZP 84, 177. Ob das auch hinsichtlich der Vorauszahlung der Kosten der Fall ist, bleibt erheblich. Die Pflicht einer Räumung von Berufsraum reicht nicht stets, BGH RR 98, 1603, auch nicht eine Auskunftspflicht, BGH WRP 79, 715, BVerwG NVwZ 98, 1177. Wenn überhaupt kein Nachteil eintreten kann, muß das Gericht den Einstellungsantrag zurückweisen. Möglich ist auch eine teilweise Einstellung ohne Sicherheitsleistung, § 719 Rn 6, zB in Höhe eines Teilbetrags der Verurteilungssumme.

12 **8) Einstellung gegen Sicherheitsleistung des Gläubigers, I.** Zulässig ist auch eine Einstellung der Zwangsvollstreckung gegen eine Sicherheitsleistung des Gläubigers nach § 108. In diesem Fall ordnet das Gericht an, daß die Zwangsvollstreckung nur gegen die Sicherheitsleistung stattfinden oder weitergehen darf oder daß der Gläubiger eine bereits im Urteil angeordnete Sicherheitsleistung erhöhen muß. Das Gericht kann auch bloß die Pfandverwertung von einer solchen Sicherheitsleistung abhängig machen. Das ist ein Weniger gegenüber dem Urteilsspruch. Es kann auch die Hinterlegung des Erlöses entsprechend § 720 anordnen. Ohne diese ist § 720 unanwendbar, sofern § 711 S 1 in Frage kommt. Wenn das Urteil nach § 709 nur gegen eine Sicherheitsleistung des Gläubigers vollstreckbar ist, dann ist ein Antrag des Schuldners auf eine Einstellung der Zwangsvollstreckung gegen Sicherheitsleistung zwar nach § 707 zulässig. Er ist dann aber meist unbegründet, Celle OLGZ 93, 476, Jena MDR 02, 290, Hamm FamRZ 01, 174 (je: nur bei besonderem Schutzbedürfnis), aM Ffm NJW 76, 2138, Hbg MDR 90, 931 (aber wirtschaftlich wie rechtlich ist dann die Sicherstellung des Schuldners meist voll vorhanden).

13 **9) Einstellungswirkung, I.** Die Einstellung beseitigt die Vollstreckbarkeit ganz, einschließlich der Kostenfestsetzung, Einf 8 vor §§ 103–107. Die Einstellung richtet sich also nicht nur an die Vollstreckungsorgane, sondern auch an den Drittschuldner, § 840. Er darf nicht mehr leisten. Der Vollzug erfolgt nach §§ 775 Z 1, 2, 776. Eine Fortsetzung der Zwangsvollstreckung ist erst dann statthaft, wenn die Entscheidung über die Einstellung wirkungslos geworden ist. Ein Wohnsitz des Drittschuldners im Ausland hindert ein Verbot der Zwangsvollstreckung nicht.

14 **10) Aufhebung einer Vollstreckungsmaßnahme, I.** Das Gericht kann schließlich die bisherigen Vollstreckungsmaßnahmen aufheben, § 775. Das darf aber nur gegen eine Sicherheitsleistung nach § 108 geschehen, Karlsr FamRZ 96, 1486. Diese soll dem Gläubiger einen vollen Ersatz für den Wegfall

Abschnitt 1. Allgemeine Vorschriften § 707

derjenigen Rechte gewährleisten, die er durch die bisherige Zwangsvollstreckung erworben hatte. Eine volle Deckung ist aber nur dann erforderlich, wenn auch die Zwangsvollstreckung eine volle Deckung versprach. Eine Aufhebung der bisherigen Vollstreckungsmaßregeln ohne jede Sicherheitsleistung ist gesetzwidrig. Die Sicherheit haftet dem Gläubiger wie ein Pfand, je nach der Sachlage für die Hauptforderung oder den Verzögerungsschaden. Für den letzteren haftet sie dann, wenn der Beschluß nur die bereits getroffenen Vollstreckungsmaßregeln aufhebt, dafür aber andere zuläßt. Für die Hauptforderung und für den Verzögerungsschaden haftet die Sicherheit dann, wenn der Beschluß die Zwangsvollstreckung schlechthin einstellt.

11) Einstweilige Einstellung, I. Aus alledem folgt: Das Gericht darf die Zwangsvollstreckung auch einstweilen bis zur besseren Prüfung einstellen. In Eilfällen darf das nach Rn 7 ausnahmsweise auch ohne Anhörung des Gegners bei deren nachträglicher Anhörung geschehen, BVerfG **18**, 404, Celle MDR **86**, 63, Köln RR **88**, 1467. Jede Anordnung tritt als bloß einstweilige Maßnahme dann außer Kraft, wenn ein neues Urteil das alte Urteil bestätigt oder wenn der Vollstreckungstitel oder seine Vollstreckbarkeit entfallen. Eine Wiederherstellung des Urteils läßt der Beschluß nicht wieder aufleben. **15**

12) Grundsatz: Unanfechtbarkeit, II 2. Der stattgebende wie der ablehnende Beschluß nach § 329 sind grundsätzlich unanfechtbar, II 2, Brdb AnwBl **02**, 65, Hbg FamRZ **89**, 888, Karlsr MDR **88**, 975. Das gilt aber nur, soweit das Gericht sein Ermessen in einem gesetzlichen Rahmen ausgeübt hat. Freilich läßt sich ein unzulässiges Rechtsmittel meist in einen nach Rn 21 zulässigen neuen Antrag oder einen Abänderungsantrag umdeuten. **16**

13) Kaum noch sofortige Beschwerde, II. Sie hat zahlreiche Grenzen. Die Regelung ist in § 321 a VI mit seiner Verweisung auf § 707 I 1, II erfolgt, dort Rn 61. **17**

A. Kaum (noch) Zulässigkeit bei greifbarer Gesetzwidrigkeit. Das Gericht mag zwar die Voraussetzungen seines Ermessens verkannt, also abgelehnt haben. Das kann zB der Fall sein, weil die Voraussetzungen der §§ 707 oder 719 nicht gegeben waren oder weil die Entscheidung umgekehrt mit der Rechtsordnung schlechthin unvereinbar war, wenn das Gericht also ohne jede gesetzliche Grundlage die Zwangsvollstreckung eingestellt hat, wenn also eine greifbare Gesetzwidrigkeit vorliegt, § 127 Rn 25, BGH RR **97**, 1155 (nicht bei Mindermeinung), Brdb AnwBl **02**, 65, Köln RR **02**, 428. Diese Situation kann zB vorliegen: Bei bloßer Feststellung einer „Flucht in die Säumnis", Köln RR **02**, 428 (streng); bei einem Verstoß gegen Art 101 I 2 GG; beim Fehlen des erforderlichen Antrags, Hamm FamRZ **90**, 1267; beim Fehlen irgendeiner Begründung, Köln MDR **00**, 414.

Dann müßte nach bisheriger Ansicht ausnahmsweise *sofortige Beschwerde* nach §§ 567 ff als außerordentlicher Rechtsbehelf zulässig sein, § 793, BGH **119**, 374, Celle FamRZ **03**, 1674, Drsd JB **73**, 108, aM Düss OLGZ **89**, 383, Künkel MDR **89**, 312 (aber das Gericht sollte in solcher Extremlage nicht hilflos bleiben müssen). Daran ändert auch die Möglichkeit einer Rechtsbeschwerde unter den Voraussetzungen des § 574 nur daran etwas, unter diese Voraussetzungen im bestimmten Einzelfall zumindest ernsthaft infrage kommen. Denn sonst wäre wiederum kein wirksamer Rechtsschutz vorhanden. Freilich ist die Zulässigkeit der Anfechtung außerhalb von § 574 höchst zweifelhaft geworden, BAG NZA **03**, 1422. Zum Problem Schneider schon MDR **85**, 547 (zum alten Recht). Wegen einer Anschlußbeschwerde § 567 III.

B. Unzulässigkeit nur wegen Gehörsverletzung. Die sofortige Beschwerde ist grundsätzlich nicht schon wegen einer Versagung des rechtlichen Gehörs zulässig, Artt 2 I, 20 III GG (Rpfl), BVerfG **101**, 404, Art 103 I GG (Richter), BGH NJW **90**, 838, Hbg ZMR **91**, 27, aM Brdb AnwBl **02**, 65, Schlesw NJW **88**, 67 (aber nicht jeder solche Verstoß macht die Entscheidung unerträglich). Eine sofortige Beschwerde kommt aber ausnahmsweise dann in Betracht, wenn wegen der Gehörsversagung keine abwägende Ermessensentscheidung mehr möglich gewesen wäre, LG Kiel SchlHA **84**, 164. **18**

C. Unzulässigkeit bei Vollstreckungsbescheid. Die sofortige Beschwerde ist unzulässig, soweit das Gericht wegen eines irrig erlassenen Vollstreckungsbescheids eine Einstellung ohne Glaubhaftmachung im Sinn von I 2 ohne die Anordnung einer Sicherheitsleistung verfügte, KG MDR **79**, 679. Etwas anderes gilt aber dann, wenn die Partei überhaupt nichts zur Glaubhaftmachung nach § 294 vorgetragen hat, Schlesw SchlHA **75**, 62.

D. Unzulässigkeit gegen Entscheidung des Oberlandesgerichts. Die sofortige Beschwerde gegen den Beschluß eines OLG ist unzulässig, § 567 1. Eine Rechtsbeschwerde kommt allenfalls nach § 574 in Betracht.

E. Unzulässigkeit gegen Entscheidung des Landesarbeitsgerichts. Die sofortige Beschwerde gegen den Beschluß des LAG ist unzulässig, § 70 ArbGG.

F. Unzulässigkeit in Baulandsache. Die sofortige Beschwerde ist in Baulandsachen unzulässig.

G. Unzulässigkeit nur wegen mangelhafter Begründung. Die sofortige Beschwerde ist unzulässig, soweit das Gericht seine Entscheidung lediglich mangelhaft begründet hat, vor allem zur Frage, ob ein unersetzlicher Nachteil nach Rn 9–11 drohe. Wegen einer Gegenvorstellung Üb 3 vor § 567 und Düss FamRZ **78**, 125.

H. Unzulässigkeit bei Verbindung mit Rechtsmittel in Nebenverfahren. Die sofortige Beschwerde ist unzulässig, soweit der Beschwerdeführer sie nur mit einem zulässigen Rechtsmittel in einem Nebenverfahren verbindet, zB mit der Anfechtung einer Wiedereinsetzung ablehnenden Entscheidung, § 238 Rn 12. Denn das dortige Rechtsmittelgericht darf nicht abschließend zur Hauptsache entscheiden, Karlsr MDR **88**, 975.

14) Gehörsrüge, Gegenvorstellung, I, II. Vgl § 321 a Rn 61, Grdz 3 vor § 567. **19**

15) Rechtsbeschwerde, I, II. Vgl § 574. **20**

16) Verfassungsbeschwerde. Sie kann zulässig sein, BGH NJW **02**, 1577, Lipp NJW **02**, 1700. **21**

§ 707

22   17) Abänderung, II. Das Gericht darf seine Entscheidung auf Antrag jederzeit abändern, Hamm FamRZ **85**, 307, OLG FamRZ **90**, 87. Eine Beschwerde läßt sich meist in einen solchen Antrag umdeuten, KG FamRZ **90**, 87, Köln RR **88**, 1468. Von Amts wegen darf keine Abänderung erfolgen. Das höhere Gericht kann für seine Instanz auf Antrag eine andere Anordnung treffen, Hamm FamRZ **85**, 307. Ein abgewiesenes Gesuch läßt sich mit einer besseren Begründung erneuern. Eine veränderte Sachlage ist zur Abänderung in keinem Fall notwendig.

23   18) Beispiele zur Frage einer entsprechenden Anwendbarkeit, I, II
Abänderungsklage: § 707 ist *nicht* entsprechend anwendbar, wenn es um eine Abänderungsklage nach § 323 geht. Dann gilt vielmehr § 769, § 323 Rn 54.
Anfechtungsklage: § 707 ist *nicht* entsprechend anwendbar, wenn es um eine Anfechtungsklage zB nach Art 12 § 3 NEhelG geht, Hbg MDR **75**, 234, Saarbr DAVorm **85**, 155.
Arglist: Rn 32 „Urteilserschleichung".
Arrest: § 707 ist entsprechend anwendbar, wenn es um einen Widerspruch gegen einen Arrest geht, § 924 Rn 16, sowie im Verfahren nach § 926, Ffm FamRZ **85**, 723. Wegen § 925 dort Rn 11.
S auch Rn 26 „Einstweilige Verfügung", Rn 27 „Kostenfestsetzung".
Aufrechnung: Zum Problem Olzen, Aufrechnung gegenüber dem Anspruch aus § 707 Abs 2 ZPO?, Festschrift für *Schütze* (1999) 603.
24   Baulandsache: § 707 ist entsprechend anwendbar, wenn es um eine Baulandsache geht. Dann sollte man aber besser § 732 anwenden, Karlsr MDR **83**, 943.
Berufung: § 707 ist entsprechend anwendbar, § 719 I 1.
Ehesache: Rn 25 „Einstweilige Anordnung".
Einspruch: § 707 ist entsprechend anwendbar, wenn es um die Einlegung eines Einspruchs geht, § 719 I 1. Vgl freilich § 719 I 2.
25   Einstweilige Anordnung: § 707 ist entsprechend anwendbar, wenn es zB bei einer Unterhaltsklage um eine einstweilige Anordnung nach §§ 620 ff geht, Ffm FamRZ **90**, 768, Karlsr FamRZ **81**, 295, aM Hamm FER **98**, 1381 (aber auch und gerade dann besteht ein entsprechendes Bedürfnis). Das gilt auch bei einer insoweit leugnenden Feststellungsklage, BGH NJW **83**, 1331, Ffm FamRZ **90**, 767, Hbg FamRZ **89**, 888, und zwar auch vor der Rechtskraft des Scheidungsurteils, Kblz FamRZ **85**, 1272, Schlesw FamRZ **86**, 184, aM Hbg FamRZ **85**, 1273, Hamm NJW **83**, 460 (aber ganz besonders dann besteht ein derartiges Bedürfnis).
26   Einstweilige Verfügung: § 707 ist entsprechend anwendbar, wenn es um einen Widerspruch gegen eine einstweilige Verfügung geht, § 936 Rn 4 „§ 924, Widerspruch", Ffm MDR **97**, 393 (zurückhaltend), KG MDR **94**, 727, Gießler FamRZ **82**, 130.
Wenn eine Einstellung möglich ist, dann ist eine einstweilige Verfügung mit lediglich demselben Ziel *unzulässig*, Grdz 49 vor § 704. Grds muß man auch sonst statt § 707 den Weg nach § 945 nehmen, Zweibr GRUR **97**, 486.
S auch Rn 22 „Arrest", Rn 27 „Kostenfestsetzung".
Erkenntnisverfahren: § 707 ist *nicht* entsprechend anwendbar, soweit es um ein Erkenntnisverfahren geht. Denn dort kommen §§ 926 ff, 935 ff infrage, LG Bochum MDR **99**, 361, aM Zweibr MDR **92**, 76.
Gehörsrüge: I 1, II sind nach § 321 a VI entsprechend anwendbar.
27   Insolvenz: § 707 ist entsprechend anwendbar, wenn es um eine Wiedereinsetzung nach § 186 InsO geht.
Kostenfestsetzung: § 707 ist *nicht* entsprechend anwendbar, wenn es um die Zwangsvollstreckung aus einem Kostenfestsetzungsbeschluß des Verfahrens auf den Erlaß eines Arrests oder einer einstweiligen Verfügung geht, wenn nur der Hauptprozeß anhängig ist.
28   Prozeßkostenhilfe: §§ 707, 719 sind entsprechend anwendbar, Brdb JB **05**, 430.
Nichteheliches Kind: Rn 22 „Anfechtungsklage".
29   Prozeßvergleich: § 707 ist entsprechend anwendbar, wenn es einen Prozeßvergleich geht, Anh § 307. Das gilt auch bei einem Streit um seine Wirksamkeit, Anh § 307 Rn 47, oder bei einem Zwischenvergleich, Hamm FamRZ **85**, 307.
30   Rechtsmittel: § 707 ist entsprechend anwendbar, wenn es um die Einlegung eines Rechtsmittels geht. Vgl freilich § 719 I 2.
31   Scheidung: Rn 25 „Einstweilige Anordnung".
Schiedsspruch: § 707 ist entsprechend anwendbar, wenn es um die Einlegung eines Widerspruchs gegen die Vollstreckbarerklärung eines Schiedsspruchs oder eines solchen mit vereinbartem Wortlaut geht, §§ 1053, 1060, 1065 II 2.
32   Unterhalt: Rn 25 „Einstweilige Anordnung".
Urteilsergänzung: § 707 ist entsprechend anwendbar, wenn es um eine Urteilsergänzung nach § 321 geht, LG Hann MDR **80**, 408.
Urteilserschleichung: § 707 ist *nicht* entsprechend anwendbar, wenn es um eine Zwangsvollstreckung aus einem erschlichenen Urteil geht, soweit man dessen Anfechtung zuläßt, Mü NJW **76**, 1748. Dann ist nur eine einstweilige Verfügung zulässig, § 769 Rn 3, Einf 35 vor §§ 322–327.
33   Verfassungsbeschwerde: § 707 ist *nicht* entsprechend anwendbar, wenn es um eine Verfassungsbeschwerde geht.
Verwaltungszwangsverfahren: § 707 ist *nicht* entsprechend anwendbar, wenn es um eine Zwangsvollstreckung in einem Verwaltungszwangsverfahren geht, etwa wegen der Gerichtskosten, auch nicht im Fall des § 116 SGB X.
34   Wiedereinsetzung: Rn 27 „Insolvenz".
35   Zwischenvergleich: Rn 29 „Prozeßvergleich".

36   19) VwGO: Entsprechend anwendbar, § 167 I VwGO; zu den für die Entscheidung maßgeblichen Gesichtspunkten OVG Lüneb LS DÖV **83**, 989. Rechtsbehelf ist die Beschwerde nach §§ 146 ff VwGO, die unter den in Rn 17 ff genannten Voraussetzungen statthaft ist, VGH Kassel DVBl **66**, 607, soweit sie nicht gesetzlich ausgeschlossen ist, zB nach § 80 AsylVfG oder § 37 VermG, § 252 Rn 8.

Abschnitt 1. Allgemeine Vorschriften   Einf §§ 708–720

Einführung vor §§ 708–720
Vorläufige Vollstreckbarkeit

Schrifttum: *Furtner,* Die vorläufige Vollstreckbarkeit, 1953; *Häsemeyer,* Schadenshaftung im Zivilrechtsstreit, 1979; *Sawczuk,* Der Schutz des Gläubigers in der Zwangsvollstreckung, Festschrift für *Beys* (Athen 2004) 1411; *Vogg,* Einstweiliger Rechtsschutz und vorläufige Vollstreckbarkeit: Gemeinsamkeiten und Wertungswidersprüche, 1991.

Gliederung

1) Systematik 1	5) Form 6–8
2) Regelungszweck 2	A. Urteilsbestandteil 6
3) Geltungsbereich 3	B. Erfolglosigkeit eines Rechtsmittels 7
4) Ausspruch der Vollstreckbarkeit 4, 5	C. Vollstreckbarerklärung und Vollstreckbarkeit 8
A. Grundsatz: Von Amts wegen 4	6) *VwGO* 9
B. Unzulässigkeit 5	
C. Vollstreckbarkeit wegen Kosten 5	
D. Vollstreckbarkeit gegen Fiskus 5	

1) Systematik, dazu *Schilken* JuS **90**, 641 (Üb). Die vorläufige Vollstreckbarkeit hat ihre Grundlage in **1** § 704 I Hs 2. Sie ist eine Folge des Umstands, daß erst die Rechtskraft nach § 322 endgültige Klarheit schafft, daß aber ein Zuwarten bis zur Rechtskraft den Gläubiger um den im Erkenntnisverfahren oft mühsam genug erkämpften Erfolg zumindest in wirtschaftlicher Hinsicht bringen kann, § 704 Rn 2. Die Praxis nutzt auch ganz überwiegend jede Möglichkeit vorgezogener rechtlicher und wirtschaftlicher Durchsetzung erstrittener Ansprüche. Für die Zwangsvollstreckung hat sie grundsätzlich dieselbe Bedeutung wie eine endgültige Vollstreckbarkeit. Sie ist freilich unter Umständen auf bloße Sicherungsmaßnahmen beschränkt, § 720 a. Anders ist es sachlichrechtlich.

2) Regelungszweck. Die vorläufige Vollstreckbarkeit oder der sog sekundäre einstweilige Rechtsschutz **2** ist eine von der ZPO in erster Linie im Interesse des Gläubigers vorgesehene Maßnahme. Der Gläubiger soll die Zwangsvollstreckung aus den in § 704 Rn 2 genannten Gründen möglichst rasch vornehmen können. Auf sie ist er oft dringend angewiesen, BPatG GRUR **86**, 49, Alisch Rpfleger **79**, 292. In einer Reihe von Fällen versucht das Gesetz durch ein kompliziert ausgewogenes System von Sicherheitsleistung bald der einen, bald der anderen Partei in §§ 709 ff die Risiken einer vorläufigen Vollstreckung von vornherein abzumildern.

Das *Damoklesschwert der Ersatzpflicht* schwebt stets über dem Gläubiger, wenn der Vollstreckungstitel aufgehoben wird, § 717. Denn wie der Titel ist eine vorläufige Vollstreckbarkeit durch die Aufhebung auflösend bedingt. Die Zwangsvollstreckung selbst ist aber unbedingt. Die Rechtmäßigkeit des Vollstreckungsaktes ist jedenfalls nicht unmittelbar vom rechtlichen Bestand des noch nicht rechtskräftig festgestellten vollstreckbaren Anspruchs abhängig, BGH **85**, 113. Die Zwangsvollstreckung ist insoweit endgültig. Sie führt nur bei § 720 a zu einer bloßen Sicherung, sonst aber grundsätzlich bereits zur Befriedigung des Gläubigers, aM BGH **86**, 270 (aber eine erfolgreiche Vollstreckung ändert meist die sachlichrechtliche Stellung am Vollstreckungsgut endgültig).

Vorrang der alsbaldigen Vollstreckbarkeit ist demnach ein Hauptmerkmal der Regelung. Ein bloßer etwaiger Schadensersatzanspruch könnte die erfolgte Zwangsvollstreckung nur bedingt ausgleichen, etwa wenn ein kostbares Erbstück oder das Familienheim verwertet wurden. Aber der Gläubiger hat meist schon lange gewartet. Ein ihm stattgebendes Urteil hat immerhin als Staatsakt ein erhebliches Gewicht wahrscheinlicher Richtigkeit. Die Zahl erfolgreicher Rechtsmittel ändert an solcher Vermutung nicht genug, um solche Vermutung bei der Auslegung der §§ 708 ff grundsätzlich wieder infragestellen zu dürfen.

3) Geltungsbereich. Die vorläufige Vollstreckbarkeit steht der endgültigen nicht ganz gleich. Sie erledigt **3** sich mit dem Eintritt der endgültigen Vollstreckbarkeit infolge Rechtskraft, § 322, Hbg RR **86**, 1501. Sie steht immer unter der auflösenden Bedingung der Aufhebung der Entscheidung. Darum bringt eine Zahlung, die der Schuldner oder ein Bürge zur Abwendung der Zwangsvollstreckung aus einem vorläufig vollstreckbaren Titel vornehmen, den Anspruch nicht zum Erlöschen, BGH MDR **76**, 1005, Krüger NJW **90**, 1209. Die Zahlung hemmt nur die Geltendmachung des Anspruchs. Sie läßt aber noch eine Aufrechnung mit einer Gegenforderung zu. Das muß auch für die Zurückbehaltung gelten, wenn sie wie eine Aufrechnung wirkt. Ein sachlichrechtliches Gestaltungsurteil wie ein Feststellungsurteil oder ein sonstiges auf solche Abgabe einer Willenserklärung wirkt in der Hauptsache erst mit dem Eintritt seiner Rechtskraft. Nur wegen der Kosten kann es vorläufig vollstreckbar sein, Rn 5 (C). In einer Ehe- oder Kindschaftssache gilt vorrangig § 704 II.

Ein Urteil des *ArbG* und des LAG ist ohne weiters vorläufig vollstreckbar, § 62 I 1 ArbGG. Ein Versäumnisurteil des BAG ist für vorläufig vollstreckbar zu erklären, § 62 ArbGG ist insoweit unanwendbar, BAG BB **82**, 439. Ein Urteil des ordentlichen Gerichts ist grundsätzlich nur dann vorläufig vollstreckbar, wenn die Urteilsformel es ausdrücklich zuläßt. Davon gilt im Fall der Anordnung eines Arrests oder einer einstweiligen Verfügung eine Ausnahme, §§ 922 Rn 1, § 936 Rn 3 „§ 720, Urteil oder Beschluß".

4) Ausspruch der Vollstreckbarkeit. Seine Grenzen werden manchmal übersehen. **4**

A. Grundsatz: Von Amts wegen. Der Ausspruch findet von Amts wegen statt, Nürnb NJW **89**, 842, und zwar teilweise ohne Sicherheitsleistung, § 708, teils nur gegen Sicherheitsleistung, § 709. Ein Parteiantrag kann den Ausspruch beeinflussen, wenn auch nicht etwa durch ein Anerkenntnis nach § 307, Nürnb NJW **89**, 842. Es können durch einen Antrag erreichen: Der Gläubiger eine Vollstreckbarerklärung ohne Sicherheitsleistung, wenn eine Sicherheitsleistung an sich eine Voraussetzung der Vollstreckbarkeit wäre, §§ 710, 711 S 2; der Schuldner die Möglichkeit einer Abwendung der Zwangsvollstreckung durch eine

Einf §§ 708–720, § 708

Sicherheitsleistung nach §§ 712 S 1, 720a III oder das Unterbleiben einer Vollstreckbarerklärung durch § 712 S 2.

5   **B. Unzulässigkeit.** Die Vollstreckbarerklärung ist unstatthaft, auch wegen der Kosten: In den Fällen des § 704 Rn 6–8; ferner bei einer Entscheidung, die mit ihrer Verkündung bereits rechtskräftig wird, § 705 Rn 4, 5; ferner grundsätzlich bei einer Entscheidung zur Hauptsache, die ihrer Natur nach nur endgültig oder gar nicht wirksam werden kann, § 894 (Unterstellung der Abgabe und des Zugangs einer sachlich-rechtlichen Willenserklärung mit Ausnahme evtl von C). Freilich schadet eine Vollstreckbarerklärung, abgesehen vom letzteren Fall, nicht. Sie ist sogar dann ratsam, wenn Zweifel bestehen. Sie ist wegen der Kosten sowie im Fall des § 895, zur Hauptsache evtl sogar notwendig.

C. Vollstreckbarkeit wegen Kosten. Eine Vollstreckbarerklärung nur wegen der Kosten richtet sich nach § 708 Z 1 (Verzichtsurteil), Z 6, Z 11 Hs 2.

D. Vollstreckbarkeit gegen Fiskus. Das Gericht muß ein Urteil gegen den Fiskus, eine Gemeinde usw genau so für vorläufig vollstreckbar erklären wie ein Urteil gegen eine andere Person. Über die Durchführung der Zwangsvollstreckung in solchen Fällen § 882a, § 15 EG ZPO Rn 2.

6   **5) Form.** Sie erfordert Sorgfalt.

A. Urteilsbestandteil. Das Gericht muß die Vollstreckbarkeit stets in der Urteilsformel klären. Wenn es sie übergangen hat, dann bleibt nur eine Urteilsergänzung nach §§ 321, 716 übrig, BGH FamRZ **93**, 50, BFH BB **81**, 898, LG Aachen RR **86**, 360. Darum müssen die Parteien diesbezügliche etwa notwendige Anträge immer vor dem Schluß der mündlichen Verhandlung nach §§ 136 IV, 296a stellen, § 714 I. Die Entscheidung über einen solchen Antrag ist ein Urteilsbestandteil. Der Unterlegene kann sie daher nur mit dem gegen das Urteil gegebenen Rechtsbehelf angreifen. Über die vorläufige Vollstreckbarkeit muß das Berufungsgericht vorweg entscheiden, § 718, soweit der Brufungsführer überhaupt auch die Hauptsache angreift. Eine Entscheidung des Urteils über die vorläufige Vollstreckbarkeit läßt sich nur durch ein Urteil beseitigen, auch im Fall des § 718. Daher kann man die Berufung auch auf die Frage der vorläufigen Vollstreckbarkeit beschränken, Mü FamRZ **90**, 84, Nürnb NJW **89**, 842. Wenn ein Rechtsbehelf vorliegt, kann das Gericht die Zwangsvollstreckung unter Umständen einstellen, §§ 719, 707. Diese Einstellung kann die Vollstreckbarkeit grundsätzlich weder geben noch nehmen, wohl aber an Bedingungen knüpfen oder einzelne Vollstreckungsmaßnahmen aufheben. Das gilt auch bei § 765a.

7   **B. Erfolglosigkeit eines Rechtsmittels.** Wenn das Gericht ein Rechtsmittel oder einen Einspruch verwirft oder zurückweist und sein Urteil für vorläufig vollstreckbar bezeichnet, so erklärt es damit ohne weiteres das vorangegangene erste Urteil für vorläufig vollstreckbar, selbst wenn dieses frühere Urteil einen solchen Ausspruch nicht enthielt, Engels AnwBl **78**, 164. Der Verzicht auf die vorläufige Vollstreckbarkeit ist vor oder nach dem Erlaß des Urteils zulässig.

8   **C. Vollstreckbarerklärung und Vollstreckbarkeit.** Die Vollstreckbarerklärung setzt eine Vollstreckbarkeit nicht voraus. Der Urteilsinhalt braucht sich also nicht zur Vollstreckung zu eignen, Grdz 29 vor § 704.

9   **6) VwGO:** §§ 708–720a sind entsprechend anwendbar, § 167 I VwGO, mit der Einschränkung, daß Urteile auf Anfechtungs- und Verpflichtungsklagen (auch auf allgemeine Leistungsklagen, zB Unterlassung von VerwAkten oder anderem hoheitlichen Handeln, VGH Mannh DVBl **99**, 992, OVG Lüneb NVwZ **90**, 275 mwN, aM VGH Kassel NVwZ **90**, 272, abl Wolfrum NVwZ **90**, 239, zustm Melullis MDR **90**, 398) nur wegen der Kosten für vorläufig vollstreckbar erklärt werden, § 167 II VwGO. Auch die öffentliche Hand als Gläubiger hat Sicherheit zu leisten, § 709 S 1; das ist ungeachtet der finanziellen Leistungskraft des Staates keine inhaltsleere Überflüssigkeit, Rupp AöR **85**, 329/330, da die Finanzlage des Gläubigers überhaupt nicht zu prüfen ist. Der Ausspruch erfolgt stets von Amts wegen, VGH Mannh NVwZ-RR **96**, 542 (Nachholung in der Berufungsinstanz), und ohne Ermessensspielraum, BVerwG **16**, 254. Wegen der Form siehe oben Rn 6.

708 Vorläufige Vollstreckbarkeit ohne Sicherheitsleistung. Für vorläufig vollstreckbar ohne Sicherheitsleistung sind zu erklären:

1. Urteile, die auf Grund eines Anerkenntnisses oder eines Verzichts ergehen;
2. Versäumnisurteile und Urteile nach Lage der Akten gegen die säumige Partei gemäß § 331a;
3. Urteile, durch die gemäß § 341 der Einspruch als unzulässig verworfen wird;
4. Urteile, die im Urkunden-, Wechsel- oder Scheckprozess erlassen werden;
5. Urteile, die ein Vorbehaltsurteil, das im Urkunden-, Wechsel- oder Scheckprozess erlassen wurde, für vorbehaltlos erklären;
6. Urteile, durch die Arreste oder einstweilige Verfügungen abgelehnt oder aufgehoben werden;
7. Urteile in Streitigkeiten zwischen dem Vermieter und dem Mieter oder Untermieter von Wohnräumen oder anderen Räumen oder zwischen dem Mieter und dem Untermieter solcher Räume wegen Überlassung, Benutzung oder Räumung, wegen Fortsetzung des Mietverhältnisses über Wohnraum auf Grund der §§ 574 bis 574b des Bürgerlichen Gesetzbuchs sowie wegen Zurückhaltung der von dem Mieter oder dem Untermieter in die Mieträume eingebrachten Sachen;
8. Urteile, die Verpflichtung aussprechen, Unterhalt, Renten wegen Entziehung einer Unterhaltsforderung oder Renten wegen einer Verletzung des Körpers oder der Gesundheit zu entrichten, soweit sich die Verpflichtung auf die Zeit nach der Klageerhebung und auf das ihr vorausgehende letzte Vierteljahr bezieht;
9. Urteile nach §§ 861, 862 des Bürgerlichen Gesetzbuchs auf Wiedereinräumung des Besitzes oder auf Beseitigung oder Unterlassung einer Besitzstörung;
10. Berufungsurteile in vermögensrechtlichen Streitigkeiten;

Abschnitt 1. Allgemeine Vorschriften **§ 708**

11. andere Urteile in vermögensrechtlichen Streitigkeiten, wenn der Gegenstand der Verurteilung in der Hauptsache 1250 Euro nicht übersteigt oder wenn nur die Entscheidung über die Kosten vollstreckbar ist und eine Vollstreckung im Wert von nicht mehr als 1500 Euro ermöglicht.

Vorbem. Z 10 idF Art 1 Z 25 des 1. JuMoG v. 24. 8. 04, BGBl 2198, in Kraft seit 1. 9. 04, Art 14 S 1 des 1. JuMoG, ÜbergangsR Einl III 78.

Schrifttum: *Olivet,* Die Kostenverteilung im Zivilurteil, 3. Aufl. 1996; *Vogg,* Einstweiliger Rechtsschutz und vorläufige Vollstreckbarkeit: Gemeinsamkeiten und Wertungswidersprüche, 1991.

Gliederung

1) **Systematik,** Z 1–11 1	H. Unterhalt, Rente, Z 8 10
2) **Regelungszweck,** Z 1–11 2	I. Besitzstörung usw, Z 9 11
3) **Geltungsbereich,** Z 1–11 3–14	J. Berufungsurteil, Z 10 12
A. Anerkenntnis- oder Verzichtsurteil, Z 1 3	K. Vermögensrechtlicher Streit: Verurteilungsgegenstand bis 1250 EUR, Z 11 Hs 1 13
B. Versäumnisurteil, Aktenlageurteil, Z 2 4	
C. Einspruchsverwerfung, Z 3 5	
D. Urkunden-, Wechsel-, Scheckprozeß, Z 4 6	L. Vermögensrechtlicher Streit: Nur Kostenentscheidung vollstreckbar; Wert bis 1500 EUR, Z 11 Hs 2 14
E. Vorbehaltloserklärung, Z 5 7	
F. Arrest, einstweilige Verfügung, Z 6 8	4) *VwGO* 15
G. Mietstreit, Z 7 9	

1) Systematik, Z 1–11. § 708 enthält eine fast abschließende Aufzählung derjenigen Urteile, die das **1** Gericht von Amts wegen als vorläufig vollstreckbar bezeichnen muß, weil sie nicht schon mit der Verkündung rechtskräftig werden. Vgl aber Rn 8. Die frühere Fassung „auch ohne Antrag" ist als entbehrlich gestrichen worden. Der Zusatz in der neuen Fassung „ohne Sicherheitsleistung" ist nur dann notwendig, wenn lediglich ein Urteilsteil unter § 708 fällt. Die in der Vorschrift genannten Entscheidungen haben allerdings sehr unterschiedliche Auswirkungen.

2) Regelungszweck, Z 1–11. Z 1–10 können einen sehr viel höheren Streitwert ausmachen als Z 11. **2** Indessen hält das Gesetz in Z 1–10 aus zwar diskutablen, aber doch nachvollziehbaren unterschiedlichen Gründen eine durch § 717 leidlich geschützte vorläufige Vollstreckbarkeit für vertretbar. Das ist angesichts vielfach gewandelter sozialer Verhältnisse zB bei Z 7 ungeachtet des § 721 nicht unproblematisch, § 721 Rn 2. Es läßt sich auch durch zurückhaltende Auslegung angesichts des durchweg klaren Wortlauts nur sehr bedingt ausgleichen, Einl III 39.

3) Geltungsbereich, Z 1–11. Er ist praktisch außerordentlich weit. Soweit mehrere Regelungen nach **3** Z 1–11 zusammentreffen, gilt wegen § 711 die dem Gläubiger günstigere, Kblz RR **91,** 512.

A. Anerkenntnis- oder Verzichtsurteil, Z 1. Die Vorschrift erfaßt ein Anerkenntnisurteil nach § 307, auch wenn es ohne mündliche Verhandlung ergangen ist. Sie erfaßt auch ein Anerkenntnisurteil im Urkundenprozeß nach Rn 6. Sie erfaßt ferner ein Verzichtsurteil nach § 306. Das ist praktisch wegen derjenigen Kosten bedeutsam, die nicht unter Z 11 fallen würden. Das alles gilt auch beim entsprechenden bloßen Teilurteil.

B. Versäumnisurteil, Aktenlageurteil, Z 2. Die Vorschrift gilt auch beim Verstoß gegen eine Beleh- **4** rungspflicht nach § 215 I 2. Z 2 erfaßt: Ein Versäumnisurteil, und zwar nur das echte, Üb 11, 13 vor § 330. Das gilt auch beim zweiten Versäumnisurteil nach § 345. Es gilt aber in jeder Instanz, auch in der Revisionsinstanz. Wegen § 341 vgl Üb 16 vor § 330. Die Vorschrift erfaßt ferner ein Aktenlageurteil, § 331 a, und zwar nur das echte gegen die säumige Partei. Sonst wäre die säumige Partei, zu deren Gunsten es ergeht, besser gestellt als ohne Säumnis. Wegen § 343 vgl § 709 Rn 1.

C. Einspruchsverwerfung, Z 3. Die Vorschrift erfaßt die Verwerfung des Einspruchs, § 341 I. Denn sie **5** muß auch dann Unterlassen einer mündlichen Verhandlung durch Urteil erfolgen, § 341 II. Daher ist auch § 794 I Z 3 nicht anwendbar. Die Regelung ist nur wegen derjenigen Kosten praktisch bedeutsam, die nicht unter Z 11 fallen würden. Wegen § 343 vgl § 709 Rn 1.

D. Urkunden-, Wechsel-, Scheckprozeß, Z 4. Die Vorschrift erfaßt ein Urteil im Urkundenprozeß, **6** § 592, im Wechselprozeß, § 602, und im Scheckprozeß, § 605 a. Sie erfaßt auch ein abweisendes Urteil. Mit der Rechtskraft als Vorbehaltsurteil entfällt § 711. Beim Anerkenntnis nach § 307 gilt Z 1, Kblz RR **91,** 512, MüKoKr 11, ThP 5, aM LG Aachen RR **86,** 306, ZöHe 1 (es gelte § 711). Vgl aber § 599 Rn 1). Wegen des Nachverfahrens nach § 600 gilt Z 5.

E. Vorbehaltloserklärung, Z 5. Die Vorschrift erfaßt ein Urteil nach § 600, soweit es das Vorbehalts- **7** urteil bestätigt. Soweit es das Vorbehaltsurteil aufhebt, gilt evtl Z 11. Die Regelung gilt im Urkunden-, Wechsel- und Scheckprozeß, §§ 602, 605 a.

F. Arrest, einstweilige Verfügung, Z 6, dazu *Vogg* (vor Rn 1): Die Vorschrift erfaßt ein Urteil, das **8** einen Arrest oder eine einstweilige Verfügung nach §§ 922, 927, 936 ablehnt oder nach § 925 aufhebt. Sie erfaßt auch: Ein abänderndes Urteil; ein Urteil auf Erledigung der Hauptsache; ein Urteil, das den Arrest oder die einstweilige Verfügung teilweise aufhebt, auch in Urteil, das die Sicherheitsleistung erhöht. Ein OLG-Urteil oder ein Beschluß sind ohne weiteres vollstreckbar, §§ 542 II 1, 794 I Z 3. Die Regelung ist praktisch nur wegen derjenigen Kosten bedeutsam, die nicht unter Z 11 fallen.

Eine den Arrest oder die einstweilige Verfügung *anordnende* Entscheidung als Beschluß oder Urteil ist ohnehin auch ohne Notwendigkeit eines entsprechenden ausdrücklichen Ausspruchs wegen der Natur der Sache vorläufig vollstreckbar, § 922 Rn 4, § 936 Rn 3, „§ 922, Urteil oder Beschluß".

G. Mietstreit, Z 7. Die Vorschrift erfaßt ein Urteil im Mietstreit, § 23 Z 2 a GVG (Wohnraum), § 29 a I **9** (anderer Raum), Schmidt ZMR **00,** 507. Sie erfaßt auch ein abweisendes Urteil, Schmidt ZMR **00,** 507,

§ 708

sowie eine Entscheidung im Streit um die Rückzahlung einer Mietsicherheit nebst Zinsen. Denn er behandelt auch Nebenpflichten des Mietvertrags, aM Schmidt ZMR **00**, 508 (aber auch eine Nebenpflicht hat den Charakter des Hauptgeschäfts).

Nicht erfaßt sind (jetzt) §§ 558ff BGB, Schmidt ZMR **00**, 508. Eine Zahlung fällt unter Z 11 oder unter § 709, Schmidt ZMR **00**, 508. Z 7 gilt in den neuen Bundesländern entsprechend, Art 232 § 2 VI 2 EGBGB. Man kann Z 7 auf Pacht entsprechend anwenden, Schmidt ZMR **00**, 508.

10   **H. Unterhalt, Rente, Z 8,** dazu *Höhne* MDR **87**, 626: Die Vorschrift erfaßt ein Urteil über einen Unterhalt jeglicher Art, Karlsr FamRZ **00**, 1166 (Sonderbedarf), mag er gesetzlich oder vertraglich begründet sein. Sie erfaßt ferner ein Urteil auf eine Rente wegen einer Unterhaltsentziehung oder wegen einer Körperverletzung zB nach §§ 843, 844 BGB auch in Verbindung mit § 618 BGB, ferner nach §§ 7 II RHaftpflG, 38 II LuftVG, 30 II AtomG, 13 II StVG. Sie erfaßt auch ein Urteil auf Abänderung eines Unterhaltstitels nach §§ 323, 641 q, §§ 9, 10 KSchG (Abfindung), LAG Bre MDR **83**, 1054, StJ § 323 Rn 76, ZöHe 10, aM Hbg NJW **83**, 1344, Scheffler FamRZ **86**, 533 (bei einer Herabsetzung Z 11. Aber Z 8 ist spezieller und daher vorrangig). Die Vorschrift erfaßt auch bei Erteilung einer vorbereitenden Auskunft, AG Hbg FamRZ **77**, 815, MüKoKr 15, ZöHe 10, aM Mü FamRZ **90**, 84 (abl Gottwald).

Die Vorschrift gilt *nicht* für eine andere fortlaufende Leistung, wie für das Gehalt oder die nach § 845 BGB einem Dritten zu zahlende Rente. Wegen des Zeitraums, der vor dem in Z 8 genannten Zeitraum liegt, ist evtl Z 11 anwendbar. Beim OLG-Urteil gilt Z 10. Bei einer Säumnis gilt Z 2.

11   **I. Besitzstörung usw, Z 9.** Die Vorschrift erfaßt ein Urteil betreffend Besitz usw nach §§ 861, 862 BGB auch in Verbindung mit §§ 865, 869 BGB.

12   **J. Berufungsurteil, Z 10.** Die Vorschrift erfaßt ein Berufungsurteil des LG oder OLG in einer vermögensrechtlichen Streitigkeit, Grdz 11 vor § 1. Sie erfaßt auch ein abweisendes Urteil, aM Köln NJW **78**, 1442 (für den Fall, daß eine Revision unzweifelhaft unzulässig ist. Aber es geht um das Geheimnis des Urteils). Sie erfaßt auch ein Urteil der 2. Stufe einer Stufenklage. Das gilt selbst im Verbundverfahren, Mü NJW **79**, 115. Die Vorschrift erfaßt bei einem Urteil, mit dem das Gericht den Rechtsstreit nach § 281 verweist oder nach § 538 zurückweist, allenfalls die etwaige Kostenentscheidung, StJM 12, ZöHe 12, aM Karlsr JZ **84**, 635, Mü MDR **82**, 239 (aber es liegt dann noch keine vollstreckbare Hauptsacheentscheidung vor).

Die Vorschrift erfaßt aber die *Kostenentscheidung* nach §§ 91 ff, soweit eine solche ergeht, Einf 5 vor § 708. Das Urteil nach Z 10 macht ein erstinstanzliches Urteil ausnahmslos ohne Sicherheitsleistung vorläufig vollstreckbar, soweit das Berufungsgericht das erstinstanzliche Urteil bestätigt und soweit eine vorläufige Vollstreckbarkeit überhaupt nach §§ 708 ff eintreten kann, Celle OLGR **96**, 274, Mü OLGZ **85**, 453. Die Zwangsvollstreckung aus dem in Z 10 genannten Urteil ist in § 717 III begünstigt. Über das Urteil gegen den Fiskus § 882 a, § 15 EG ZPO Rn 2. Das FG steht (jetzt) dem Berufungsgericht gleich, BFH **101**, 478. Bei einem Verwerfungsbeschluß nach § 522 I 2 gilt nicht Z 10, sondern § 794 IV 3.

13   **K. Vermögensrechtlicher Streit: Verurteilungsgegenstand bis 1250 EUR, Z 11 Hs 1.** Die Vorschrift erfaßt in einem vermögensrechtlichen Streit nach Grdz 11 vor § 1 ein zusprechendes Urteil, wenn sein Gegenstand in der Hauptsache und wegen § 4 I ohne Zinsen, Kosten usw 1250 EUR nicht übersteigt. Hier ist also die Höhe der Kosten unbeachtlich, anders als bei Rn 13. Man muß mehrere solche Ansprüche nach § 5 zusammenrechnen. Dadurch kann § 11 unanwendbar werden, § 2. Das gilt auch bei einzelnen Gehalts- oder Lohnraten. Dagegen muß man Ansprüche aus Z 11 mit Ansprüchen aus Z 1–5, 7–9 nicht zusammenrechnen. Wenn das Gericht zB zu 600 EUR Unterhalt und 300 EUR aus Darlehen sowie 1500 EUR aus Kaufpreis und schließlich 900 EUR als Schadensersatz verurteilt, dann muß es das Urteil wegen der 600 EUR Unterhalt für vorläufig vollstreckbar erklären, wegen der 2700 EUR Rest nur gegen Sicherheitsleistung. Das gilt auch für ein erstinstanzliche Patentnichtigkeitsurteil, BPatG GRUR **86**, 48.

Beim *nichtvermögensrechtlichen* Streit gilt § 709.

14   **L. Vermögensrechtlicher Streit: Nur Kostenentscheidung vollstreckbar; Wert bis 1500 EUR, Z 11 Hs 2.** Die Vorschrift ist im vermögensrechtlichen Streit nach Grdz 11 vor § 1 auch dann anwendbar, wenn nur die Kostenentscheidung vollstreckbar ist und wenn der Wert der Vollstreckung 1500 EUR nicht übersteigt. Deshalb ist ein abweisendes Urteil sehr oft vorläufig vollstreckbar. Das gilt auch für ein erstinstanzliches Patentnichtigkeitsurteil, BPatG GRUR **86**, 48, aM Benkard § 84 PatG Rn 7. Wert: §§ 3 ff.

Beim *Zusammentreffen* einer Kostenentscheidung über höchstens 1500 EUR und einer streitigen Hauptsacheentscheidung über mehr als 1250 EUR infolge Teilsiegs nach § 92 ist für jeden Teilsieger die jeweilige EUR-Grenze maßgeblich.

Beim *nichtvermögensrechtlichen* Streit gilt auch hier § 709.

15   **4) *VwGO:* Entsprechend anwendbar,** § 167 I VwGO, sind bei VG und OVG (VGH) *Z 1:* Anerkenntnis- und Verzichturteile, § 307 Rn 21 und § 306 Rn 9; **Z 10:** Urteile der OVG (VGH), auch klagabweisende oder die Berufung zurückweisende, VGH Mannh NVwZ-RR **96**, 542, sowie entsprechende Beschlüsse nach § 130 a VwGO in vermögensrechtlichen Streitigkeiten, § 1 Rn 11ff (nicht eng zu fassen, vgl Noll, Streitwertfestsetzung im VerwProzeß, Rn 147ff); Z 10 gilt für diese Entscheidungen über Leistungsklagen (zur Verbindung mit einer Anfechtungsklage VGH Kassel NVwZ **87**, 517), ferner für den Kostenausspruch in solchen Entscheidungen auf Anfechtungs- oder Verpflichtungsklagen sowie auf Unterlassungsklagen (OVG Lüneb NVwZ **00**, 578), § 167 II VwGO, RedOe § 168 Anm 7, ohne Rücksicht darauf, ob die Hauptsache vermögensrechtlich ist (OVG Münst AS **34**, 38 u OVG Bre NJW **64**, 170, vgl auch BFH BB **75**, 945, sowie darauf, wie hoch die Kosten sind; dagegen ist Z 10 nicht anzuwenden auf ein Urteil des VG, das nur der Revision unterliegt, zB in Wehrpflicht- und Zivildienstsachen, BVerwG **16**, 255, Noack NJW **61**, 448, aM BFH BStBl **81** II 402 für Urteile der Finanzgerichte (aber der Grund der Regelung liegt darin, daß die Sache in 2 Instanzen geprüft worden ist); **Z 11:** alle sonstigen Urteile in vermögensrechtlichen Streitigkeiten, Grdz § 1 Rn 11ff, wenn der Gegenstand der Verurteilung 1250 Euro nicht übersteigt, sowie solche, bei denen nur die Kostenentscheidung vollstreckbar ist, also insbesondere alle klagabweisenden Urteile und die einer Anfechtungs-

Abschnitt 1. Allgemeine Vorschriften §§ 708, 709

oder Verpflichtungsklage stattgebenden Urteile des VG, sofern der Gegenstand der Zwangsvollstreckung 1500 Euro nicht übersteigt (dazu gehören auch Gerichtsbescheide nach § 84 VwGO unter denselben Voraussetzungen); sonst gilt § 709. In den Fällen der Z 1, 10 und 11 ist stets die Abwendung der Zwangsvollstreckung durch Sicherheitsleistung von Amts wegen anzuordnen, § 711.

709 *Vorläufige Vollstreckbarkeit gegen Sicherheitsleistung.* ¹Andere Urteile sind gegen eine der Höhe nach zu bestimmende Sicherheit für vorläufig vollstreckbar zu erklären. ²Soweit wegen einer Geldforderung zu vollstrecken ist, genügt es, wenn die Höhe der Sicherheitsleistung in einem bestimmten Verhältnis zur Höhe des jeweils zu vollstreckenden Betrages angegeben wird. ³Handelt es sich um ein Urteil, das ein Versäumnisurteil aufrechterhält, so ist auszusprechen, dass die Vollstreckung aus dem Versäumnisurteil nur gegen Leistung der Sicherheit fortgesetzt werden darf.

Schrifttum: *Goedeke*, Grundlagen der Sicherheitsleistung im Zivilprozeß, Diss Hann 1988; *Kreutz*, Die Leistung zur Abwendung der Zwangsvollstreckung nach einem vorläufig vollstreckbaren Urteil, 1995; *Olivet*, Die Kostenverteilung im Zivilurteil, 3. Aufl 1996; *Rasch*, Sicherheitsleistung bei Zwangsvollstreckung im Inland usw, Diss Bonn 1999; *Thönnissen*, Die Sicherheitsleistung durch Bankbürgschaft im Bereich der vorläufigen Vollstreckbarkeit, Diss Bonn 2000.

Gliederung

1) Systematik, S 1–3	1, 2	5) Rückgabe der Sicherheitsleistung, S 1–3	8
2) Regelungszweck, S 1–3	3, 4	6) VwGO	9
3) Verfahren, S 1–3	5		
4) Höhe der Sicherheitsleistung, S 1–3 ...	6, 7		

1) Systematik, S 1–3. Vgl zunächst Einf 2 vor §§ 708–720. Man kann das fein ausgewogene fast überperfekte System von Möglichkeiten, die vorläufige Vollstreckbarkeit herbeizuführen, abzuwehren oder doch noch zu erzwingen, in §§ 709 ff nicht einfach verstehen. Es ist zwar nur in seinen Hauptregeln dem Grunde nach Bestandteil der Praxis. Der Höhe nach aber ist es gottlob nicht mehr zwingend Objekt von quälenden Referendaraufgaben. Kaum ein Richter, schon gar kein Anwalt, macht sich die Mühe, die Sicherheitsleistung nach Euro und Cent zu berechnen. Man rechnet vielmehr oft ziemlich grob im Bereich der Summe der Hauptforderung oder ihres Werts. Niemand beschwert sich erstaunlicherweise auf diesem Teil von Nebenschauplätzen. Sie würden ja auch die Kraft überlasteter Richter und ProzBev übermäßig beanspruchen. Das Ziel einer Milderung der Risiken einer Vollstreckung vor dem Eintritt der Rechtskraft scheint auch so einigermaßen erreichbar. Das darf man bei der Auslegung und Berechnung durchaus mitbeachten. Aus diesen Erwägungen schafft I 2 erhebliche Erleichterung. 1

Sicherheitsleistung erfordern nach der Auffangbestimmung des § 709 alle Urteile, die nicht unter § 708 fallen. Bei § 343 unterfällt auch das zweite Versäumnisurteil, welches das erste Versäumnisurteil aufrechterhält, unabhängig von der Höhe der Urteilssumme dem § 709 S 3, § 343 Rn 7. Es unterfällt also nicht § 708 Z 2. Das gilt auch dann, wenn eine Fortsetzung der Zwangsvollstreckung nur wegen der Kosten in Betracht kommt, weil das erste Versäumnisurteil eine Klagabweisung enthielt, § 343 Rn 7. Das gilt wegen der Selbständigkeit von S 2 auch bei einem im Versäumnisurteil aufrechterhaltenen streitigen Urteil. Das Gericht muß die Folge S 3 ausdrücklich aussprechen, LG Memmingen DGVZ 03, 26, AG Neu-Ulm DGVZ 03, 26. Da das Gesetz eine Sicherheitsleistung ohne Rücksicht auf den Fall und die Partei verlangt, ist auch der Fiskus nicht befreit. S 2 gilt auch im Verfahren mit einem Streitwert bis zu 1250 EUR, auch im Kleinverfahren nach § 495 a, ferner zu Lasten des mit Prozeßkostenhilfe Begünstigten, § 122 Rn 24. § 714 ergänzt §§ 709–773 für das Verfahren. 2

2) Regelungszweck, S 1–3. Die Sicherheitsleistung soll den Schuldner *vor Schaden schützen*, § 717. Sie soll ihm einen möglichst vollen Ersatz für diejenigen Nachteile gewähren, die er bei einer etwaigen Zwangsvollstreckung erleidet, KG NJW **77**, 2270, Karlsr OLGZ **75**, 486, Mü MDR **80**, 409. Wegen einer bloßen Teilsicherheitsleistung § 752. 3

Übersicherung ist umso weniger vertretbar, als ja ohnehin ein Schadensschutz des Schuldners nicht gerade selbstverständlich ist. Schließlich hat ja gerade ein Gericht zu seinem Nachteil entschieden. Es bedeutet also schon eine für staatliche Organisationen ungewöhnliche Selbstkritik, immerhin mit der Möglichkeit zu rechnen, daß die eigene Entscheidung falsch sein könnte. Man braucht bei der Bemessung der Sicherheitsleistung solche vorbeugende Selbstkritik nun auch noch zu übertreiben. Ein wenig vergröbernde Bezifferung unterhalb des denkbaren Höchstschadens ist auch noch ganz gut vertretbar. So läßt sich auch Arbeitskraft für andere Hauptaufgaben freihalten. 4

3) Verfahren, S 1–3. Das Gericht muß die Höhe der Sicherheitsleistung im Urteilstenor bestimmen und ist nach § 318 daran gebunden, Düss MDR **97**, 1163. Evtl ist eine Ergänzung nach §§ 321, 716 nötig. Für die Art der Sicherheitsleistung gilt § 108, ZZP **50**, 208. Jedenfalls braucht das Gericht die Art der Sicherheitsleistung nicht im Urteil zu bestimmen. Seine etwaige Bestimmung dazu ist rechtlich kein Urteilsbestandteil. Das Gericht kann die Art der Sicherheitsleistung jederzeit durch einen Beschluß regeln, § 329. Die Höhe der Sicherheitsleistung kann nur das Gericht der höheren Instanz und nur auf eine mündliche Verhandlung durch ein Urteil ändern. Es gibt keine Teilvollstreckbarkeit gegen eine Teilsicherheitsleistung. Denn nur das Prozeßgericht darf sie bestimmen, nicht das Vollstreckungsgericht, Düss MDR **97**, 1163. Das Vollstreckungsgericht nach §§ 764, 802 kann keine Aufteilung auf die einzelnen Ansprüche vornehmen. Diese Aufteilung ist Sache des Prozeßgerichts, sie kann nachträglich also nur nach § 319 erfolgen. 5

§§ 709, 710   Buch 8. Zwangsvollstreckung

6   **4) Höhe der Sicherheitsleistung, S 1–3.** Das Prozeßgericht muß die Sicherheitsleistung grundsätzlich ziffernmäßig bestimmen, Düss MDR **97**, 1163, Ffm MDR **96**, 961, LG Wiesb MDR **87**, 239 (das Gericht wendet irrig § 708 an). Das geschieht zweckmäßigerweise etwas höher als die Urteilssumme zuzüglich Zinsen und Kosten, Oetker ZZP **102**, 456. Hier gilt eine andere Regelung als bei § 708 Z 11 Hs 1. Dabei darf sich das Gericht aber nach I 2 damit begnügen, bei einer Geldforderung ein bestimmtes Verhältnis zum jeweils zu vollstreckenden Betrag anzugeben, etwa so: „Das Urteil ist gegen Sicherheitsleistung des Klägers in Höhe von x% des jeweils zu vollstreckenden Betrags vorläufig vollstreckbar."

7   *Zulässig* ist eine Sicherheitsleistung in Höhe des beizutreibenden Betrags nebst eines bestimmten Prozentsatzes zur Absicherung gegen einen Schaden, KG NJW **77**, 2270, LG Wiesb MDR **87**, 239. Bei einem Urteil in einer nichtvermögensrechtlichen Streitigkeit nach Grdz 10 vor § 1 kann die Höhe der Kosten nach dem jeweiligen Streitwert maßgeblich sein, Mü MDR **80**, 409.

     Zulässig ist wegen Rn 6 jetzt auch eine Sicherheitsleistung „in Höhe des jeweils beizutreibenden Betrags". Die frühere diesbezügliche Streitfrage ist überholt. Vgl freilich §§ 710–712.

8   **5) Rückgabe der Sicherheitsleistung, S 1–3.** Sie ist notwendig, wenn ihr Grund weggefallen ist. Das trifft dann zu, wenn das Urteil rechtskräftig oder bedingungslos vollstreckbar geworden ist. Die Rückgabe erfolgt beim Eintritt der Rechtskraft nach § 715, sonst nach § 109. Wenn das erstinstanzliche Urteil auf ein Rechtsmittel ohne Sicherheitsleistung bestätigt wird, erfolgt keine Rückgabe, § 109 Rn 9, KG NJW **76**, 1753.

9   **6)** *VwGO*: Entsprechend anwendbar, § 167 I VwGO, ist Satz 1, OVG Weimar NVwZ-RR **02**, 907, wenn nicht § 708 eingreift. Er gilt also vor allem bei Leistungsurteilen (außer Verpflichtungsurteilen) über mehr als 1250 Euro und bei Kostenentscheidungen über mehr als 1500 Euro der Verwaltungsgerichte (ebenso für entspr Gerichtsbescheide, § 84 I 3 VwGO), § 708 Rn 15. Sicherheit ist auch dann anzuordnen, wenn die öffentliche Hand Vollstreckungsgläubigerin ist, Einf § 708 Rn 9, aM VG Ansbach GewArch **77**, 306, und ebenso wenn auf beiden Seiten Gebietskörperschaften des öff Rechts beteiligt sind, vgl Rn 1, aM VGH Kassel NVwZ **90**, 274. Wegen Sicherungsmaßnahmen des Gläubigers s § 720 a.

710   *Ausnahmen von der Sicherheitsleistung des Gläubigers.* Kann der Gläubiger die Sicherheit nach § 709 nicht oder nur unter erheblichen Schwierigkeiten leisten, so ist das Urteil auf Antrag auch ohne Sicherheitsleistung für vorläufig vollstreckbar zu erklären, wenn die Aussetzung der Vollstreckung dem Gläubiger einen schwer zu ersetzenden oder schwer abzusehenden Nachteil bringen würde oder aus einem sonstigen Grund für den Gläubiger unbillig wäre, insbesondere weil er die Leistung für seine Lebenshaltung oder seine Erwerbstätigkeit dringend benötigt.

1   **1) Systematik.** Vgl zunächst § 709 Rn 1. Während § 710 dem Gläubiger dann Erleichterung verschafft, wenn er grundsätzlich nach § 709 eine Sicherheit leisten müßte, hilft § 711 S 2 in Verbindung mit § 710 dem Gläubiger, falls dieser bei § 708 Z 4–11 aus dem Urteil an sich ohne die Leistung einer Sicherheit vollstrecken könnte, jedoch durch eine Sicherheitsleistung des Schuldners die Vollstreckbarkeit gefährdet sieht und unter besonderen Umständen grundsätzlich doch wieder eine Sicherheit leisten müßte. Ein Antrag ist nach § 714 I noch vor dem Schluß der mündlichen Verhandlung notwendig, §§ 136 IV, 296 a. Der Gläubiger muß sämtliche tatsächlichen Voraussetzungen glaubhaft machen, §§ 714 II, 294. Die Sicherheitsleistung ist nur dann entbehrlich, wenn die Voraussetzungen zusammentreffen, die einerseits in Rn 3, 5 und andererseits in Rn 3, 6 aufgeführt sind.

2   **2) Regelungszweck.** Vgl zunächst § 709 Rn 2. Mit den in Rn 4–6 dargestellten Erleichterungen soll ein Grundgedanke des Gesetzes betont werden, die Stellung des Gläubigers zu stärken, sobald er ein vorläufig vollstreckbares Urteil erstritten hat. Wenn auch der Schuldner keineswegs schutzlos bleibt, wie § 711 und vor allem § 712 zeigen, so muß das Gericht doch das Interesse des Gläubigers in diesem Abschnitt des Verfahrens erheblich berücksichtigen. Daher darf man an die Voraussetzungen des § 710 keine allzu strengen Anforderungen stellen.

3   **3) Geltungsbereich.** Die Vorschrift gilt grundsätzlich in allen Verfahren nach der ZPO. Sie ist aber im Eilverfahren der §§ 620 ff, 916 ff, 935 ff unanwendbar, Köln MDR **89**, 920.

4   **4) Schwierigkeit der Sicherheitsleistung.** Nur wenn der Gläubiger eine Sicherheit nicht oder lediglich unter erheblichen Schwierigkeiten erbringen könnte, darf das Gericht sein Urteil auch ohne eine Sicherheitsleistung für vorläufig vollstreckbar erklären.

     Beispiele: Es ist nicht erforderlich, daß der Gläubiger zur Sicherheitsleistung gänzlich außerstande wäre. Es reicht vielmehr aus, daß die Sicherheitsleistung den Gläubiger zB in seiner Lebenshaltung oder in seiner Berufsausübung unzumutbar beeinträchtigen würde. Das ist evtl dann der Fall, wenn sich der Gläubiger entschließen müßte, einen bevorstehenden Urlaub abzusagen, eine wichtige Hilfskraft zu entlassen, auf die Benutzung seines Kraftwagens zu verzichten. Ob er einen Bankkredit bekäme, ist dann unerheblich, wenn die Zinsen und/oder die Spesen oder die psychologischen Auswirkungen des Kredits, eine etwaige Beeinträchtigung der Bonität usw, nahezu unerträglich oder doch für den Gläubiger äußerst lästig wären. Dabei muß man in der Regel von einer längeren Zeitspanne zwischen der Entscheidung über die Vollstreckbarkeit und der Rechtskraft des Urteils ausgehen. Denn kaum jemals kann man einigermaßen sicher vorhersagen, wann die Rechtskraft eintritt. Deshalb braucht der Gläubiger auch keineswegs glaubhaft zu machen, daß seine Beeinträchtigung eine längere Zeit als vorübergehend andauern würde.

5   **5) Nachteiligkeit der Aussetzung.** Nur wenn die Aussetzung der Vollstreckung außerdem für den Gläubiger nachteilig wäre, darf das Gericht sein Urteil ohne eine Sicherheitsleistung für vorläufig vollstreckbar erklären, § 707 Rn 9. Nicht nur ein vermögensrechtlicher Nachteil ist beachtlich, sondern zB auch beim Ausbleiben der Zahlung die Gefahr, daß der Gläubiger eine wissenschaftliche oder künstlerische oder schriftstellerische Arbeit nicht fristgemäß abliefern und daher auch einen Rufschaden erleiden würde. Der

Abschnitt 1. Allgemeine Vorschriften §§ 710, 711

Gläubiger braucht nicht glaubhaft zu machen, daß der Nachteil völlig unersetzbar wäre. Es reicht vielmehr aus, daß entweder ein Nachteil sicher und dessen Ersetzbarkeit recht fraglich ist oder daß es recht fraglich ist, ob sich ein nicht gänzlich unerheblicher Nachteil vermeiden lassen kann. Das Gericht muß den Begriff „schwer absehbar" also für den Gläubiger weit fassen, Rn 1. Falls kein solcher Nachteil droht, muß das Gericht die Voraussetzungen der Rn 6 prüfen.

6) Unbilligkeit der Aussetzung. Falls die Aussetzung der Vollstreckung für den Gläubiger unbillig wäre, **6** darf das Gericht sein Urteil ohne eine Sicherheitsleistung für vorläufig vollstreckbar erklären. Das gilt selbst dann, wenn kein Nachteil im Sinne der Rn 5 droht. Unbilligkeit liegt dann vor, wenn zwar der in Rn 5 erläuterte Nachteil entweder nicht droht oder doch ersetzbar wäre, wenn man dem Gläubiger aber trotzdem nicht zumuten kann, bis zur Rechtskraft des Urteils abzuwarten. Das Gesetz erfordert keine grobe Unbilligkeit. Es setzt vielmehr nur eine einfache voraus. Auch hier muß das Gericht zugunsten des Gläubigers weit auslegen, Rn 1.

Beispiele: Wenn der Gläubiger die Leistung für seine Lebenshaltung laufend benötigt, Bbg FamRZ **90**, 184; wenn er sie für seine Erwerbstätigkeit dringend benötigt, etwa wenn ein Handwerker die Forderung dringend eintreiben muß, um seinen Betrieb nicht zu gefährden. Das kann etwa bei einem Großauftrag an einen mittleren Betrieb der Fall sein, wenn der Gläubiger das Material und die Fertigungskosten vorleisten mußte; wenn der Sozius oder der Gesellschafter durch die Vorenthaltung der Leistung in eine Zwangslage gebracht und zu ungünstigen Zugeständnissen verleitet werden soll. Im Rahmen der Prüfung einer Unbilligkeit muß das Gericht mitberücksichtigen, ob der Gläubiger diese Entwicklung (mit)verschuldet hat. Freilich darf das Gericht auch hier keine zu strengen Anforderungen stellen, Rn 1. Ein dringender Bedarf für die Lebenshaltung oder für die Erwerbstätigkeit des Gläubigers ist nur ein gesetzliches Beispiel für den Fall der Unbilligkeit. Das ergibt sich aus dem Wort „insbesondere". Man kann einen solchen dringenden Bedarf evtl zugunsten des Unterhaltsgläubigers unbefristet annehmen, Ffm FamRZ **87**, 1172.

7) Lage des Schuldners. Das Gericht darf die Auswirkungen einer Aussetzung der Vollstreckung auf die **7** Lage des Schuldners nicht prüfen. Der Schuldner kann und muß sich gegebenenfalls nach §§ 711, 712 schützen.

8) VwGO: Entsprechend anwendbar, § 167 I VwGO. **8**

711 *Abwendungsbefugnis.* ¹In den Fällen des § 708 Nr. 4 bis 11 hat das Gericht auszusprechen, dass der Schuldner die Vollstreckung durch Sicherheitsleistung oder Hinterlegung abwenden darf, wenn nicht der Gläubiger vor der Vollstreckung Sicherheit leistet. ²§ 709 Satz 2 gilt entsprechend, für den Schuldner jedoch mit der Maßgabe, dass Sicherheit in einem bestimmten Verhältnis zur Höhe des auf Grund des Urteils vollstreckbaren Betrages zu leisten ist. ³Für den Gläubiger gilt § 710 entsprechend.

Gliederung

1) Systematik, S 1–3	1		6) Vollstreckungserzwingung gegen Sicherheitsleistung, S 1, 2	6
2) Regelungszweck, S 1–3	2		7) Vollstreckungserzwingung ohne Sicherheitsleistung, S 3	7
3) Vollstreckungsabwendung, S 1	3		8) VwGO	8
4) Sicherheitsleistung oder Hinterlegung, S 1	4			
5) Fortfall, S 1	5			

1) Systematik, S 1–3. Vgl zunächst § 709 Rn 1, 3, 5. Während §§ 711 S 1, 712 dem Schuldner die **1** Möglichkeit eröffnen, die Zwangsvollstreckung gegen oder ohne eine Sicherheitsleistung abzuwenden, enthält § 720 a III die Möglichkeit, eine auf bloße Sicherungsmaßnahmen beschränkte Zwangsvollstreckung in einer ähnlichen Weise wie § 711 S 1 abzuwenden. § 720 a III geht als spezielles Gesetz dem § 711 vor. In keinem dieser Fälle des Schuldnerschutzes ist der Gläubiger ganz machtlos. Das entspricht seiner starken Stellung, § 710 Rn 1. Über die Zwangsvollstreckung gegen den Fiskus oder gegen eine Gemeinde § 882a, § 15 EGZPO. § 713 schränkt die ganze Regelung ein. Über das Verhältnis von § 711 zu § 720 a vgl § 720 a Rn 1, 4.

Die Entscheidung nach *S 1, 2* erfolgt jetzt von Amts wegen, BGH NJW **84**, 1240, Franzki DRiZ **77**, 168. Die Entscheidung nach *S 3* erfolgt nur auf Antrag, § 714 I, und nur dann, wenn der Schuldner ihre Voraussetzungen glaubhaft macht, §§ 294, 714 II. Gegebenenfalls sind §§ 716, 321 anwendbar, BGH NJW **84**, 1240.

2) Regelungszweck, S 1–3. Die Vorschrift kehrt ein wenig zu der im Erkenntnisverfahren des „norma- **2** len" Zivilprozesses ja sehr starken Parteiherrschaft nach Grdz 18 vor § 128 zurück. Sie gilt in der sonstigen Zwangsvollstreckung nur eingeschränkt, Grdz 7 vor § 704. Freilich wird das System der vorläufigen Vollstreckbarkeit durch solche Abwendungsbefugnis keineswegs übersichtlicher. Immerhin stellt die Vorschrift eine Art Gleichgewicht der Parteikräfte im Stadium der Durchsetzung des papierenen Vollstreckungstitels dar. Sie dient insofern auf ihre eigentümliche Weise doch wohl auch der Gerechtigkeit als dem Hauptziel auch dieses Teils des Prozesses, Einl III 9. Das darf man bei der Auslegung mitberücksichtigen.

3) Vollstreckungsabwendung, S 1. Das Gericht darf bzw muß die Befugnis des Schuldners, die **3** Zwangsvollstreckung abwenden, in sämtlichen Fällen des § 708 Z 4–11 und nur in diesen aussprechen, Kblz RR **91**, 512 (auch nicht bei Z 3), Schlesw SchlHA **82**, 43. Das geschieht zugleich mit der Entscheidung über die an sich ja ohne eine Sicherheitsleistung des Gläubigers mögliche vorläufige Vollstreckbarkeit in derselben Form. Die Entscheidung erfolgt von Amts wegen, BFH BB **81**, 898. Das Gericht muß einen

§ 711

etwaigen Antrag darauf überprüfen, ob es ihn nach §§ 712, 720a behandeln muß. Falls er die Entscheidung vergessen hatte oder falls sie falsch ist, gilt das in Einf 6 vor § 708 Ausgeführte. Wenn der Schuldnervertreter den Antrag unterlassen hat, macht er sich nicht schon dadurch schadensersatzpflichtig. Denn das Gericht hätte von Amts wegen an eine Entscheidung denken müssen. Das Gericht muß einen überflüssigen oder unbegründeten „Antrag" als inhaltslos abweisen, etwa weil der Gläubiger ohnehin nach § 709 Sicherheit leisten muß. Bei § 708 Z 2 (Versäumnisurteil) hilft evtl § 719 I 2.

4 4) **Sicherheitsleistung oder Hinterlegung, S 1.** Beides ist zulässig. Das Urteil kann dem Schuldner die Wahl erlauben oder beides zur Wahl stellen, wenn der Schuldner nicht wählt. Das Gericht muß eine Anregung des Schuldners stets mitberücksichtigen. Der Gläubiger darf durch eine Bürgschaft nicht schlechter gestellt werden als durch eine Hinterlegung, BGH 69, 273. Eine unbeziffert Festsetzung ist nach S 2 begrenzt zulässig, Rn 5. Die notwendige Höhe der Sicherheitsleistung ergibt sich aus der Schutzfunktion. Sie kann auf den drohenden Vollstreckungsschaden begrenzt sein. Sie muß ihn aber dann auch voll decken. Bei einem Räumungstitel ist die Erfüllung keineswegs sicher, am Dochnahl MDR 89, 423 (vgl aber §§ 721, 765a). Daher muß das Gericht evtl zB den Mietverlust für einen nicht geringen Zeitraum bis zu demjenigen eines Jahres ansetzen, (jetzt) § 41 II GKG, Oetker ZZP 102, 461, 464 (Erfüllungs- und Verzögerungsschaden), aM Dochnahl MDR 89, 423 (nur der Verzögerungsschaden. Aber er besteht eben in der Vorenthaltung der Nutzungsmöglichkeit bzw Nutzungsentschädigung). Das Gericht muß die Höhe der Sicherheitsleistung stets von Amts wegen im Urteil beziffern, § 108 Rn 3.

5 5) **Fortfall, S 1.** Die Veranlassung zu einer Sicherheitsleistung fällt fort, wenn das Rechtsmittelgericht ein Urteil oder seine Vollstreckbarkeit aufhebt. Das Rückgabeverfahren verläuft für den Schuldner nach § 109, für den Gläubiger nach § 715. Die Hinterlegung setzt voraus, daß der Streitgegenstand nach § 2 Rn 3 hinterlegungsfähig ist, § 372 BGB, § 5 HO. Die Rechte des Gläubigers am Hinterlegten richten sich nach § 815 Rn 8 und § 233 BGB. Wenn der Schuldner eine Sicherheit leistet oder hinterlegt, dann steht das der Erteilung der Vollstreckungsklausel nicht im Weg. Denn die Vollstreckungsklausel nach §§ 724 ff ist keine Vollstreckungsmaßnahme. Auch die Zwangsvollstreckung kann zunächst ungehindert vor sich gehen, vgl freilich § 720a. Wenn aber der Schuldner eine Sicherheitsleistung oder eine Hinterlegung nachweist, dann muß das Vollstreckungsorgan die Zwangsvollstreckung einstellen und bereits angeordnete Vollstreckungsmaßnahmen aufheben, §§ 775 Z 3, 776. Bei einem Grundstück unterbleibt auch die Ausführung des Teilungsplans, § 115 IV ZVG.

Wenn der Schuldner *keine Sicherheit* leistet und auch nicht hinterlegt, dann kann der Gläubiger die Zwangsvollstreckung unbehindert fortführen. Sie führt dann aber nicht zu einer Befriedigung des Gläubigers. Fahrnis muß der Gerichtsvollzieher pfänden und versteigern. Den Erlös muß er hinterlegen, §§ 720, 817 IV, 819. Geld muß er pfänden und hinterlegen, §§ 720, 815 III. Forderungen und Rechte muß das Vollstreckungsgericht pfänden. Es darf sie aber nur zur Einziehung überweisen, nicht an Zahlungs Statt. Den Erlös muß der Drittschuldner hinterlegen, § 839.

6 6) **Vollstreckungserzwingung gegen Sicherheitsleistung, S 1, 2.** Der Gläubiger kann trotz einer Sicherheitsleistung des Schuldners die Zwangsvollstreckung durch eine eigene Sicherheitsleistung erzwingen, AG Bad Wildungen DGVZ 84, 92. Das kann vor oder nach der Sicherheitsleistung des Schuldners geschehen, Zweibr Rpfleger 89, 454. Auch insoweit erfolgt die Entscheidung von Amts wegen. Beide Aussprüche gehören in das Urteil. Sie können zB lauten: „Das Urteil ist vorläufig vollstreckbar. Der Beklagte darf die Vollstreckung durch Sicherheitsleistung oder Hinterlegung von X EUR" (oder: „X% des [jeweils] zu vollstreckenden Betrags", S 2 in Verbindung mit § 709 S 2, dort Rn 6, 7) „abwenden, falls nicht der Kläger zuvor eine Sicherheit in derselben Höhe leistet", Celle NJW 03, 73 (umgekehrte Parteirollen). Das Wort „zuvor" im Tenor meint nur: „vor der Vollstreckung", Zweibr JB 99, 494. Die Sicherheit muß für beide Parteien gleich hoch sein, aM Dochnahl MDR 89, 423 (aber bei teilweiser Abweisung ist natürlich für *jeden* Teil eine Entscheidung der vorgenannten Art nötig, nur eben bei *einem* dieser Teile nur wegen der Kosten). Denn die Sicherheitsleistung der einen Partei soll die andere Partei schützen.

Daher braucht der Schuldner auch vernünftigerweise nur denjenigen Betrag abzuziehen, in dessen Höhe der Gläubiger zulässigerweise jeweils *teilvollstrecken* will. Nur das ist dann derzeit der „nach dem Urteil" zu vollstreckende Betrag. Nur um dessen Absicherung geht es derzeit. Daran ändert das mißverständliche Wort „aber" nichts. Es wäre unvertretbar, dem Schuldner auch dann eine Sicherheitsleistung von zB 110% der Gesamt-Verurteilung abzufordern, wenn der Gläubiger etwa zwecks Druck zunächst nur 10% vollstrecken läßt, König NJW 03, 1374. Daran ändern auch die hier ja ziemlich kleinen Beträge nichts.

7 7) **Vollstreckungserzwingung ohne Sicherheitsleistung, S 3.** Unter Umständen kann der Gläubiger die Zwangsvollstreckung ohne eine eigene Sicherheitsleistung erzwingen. Diese Möglichkeit besteht freilich nur unter den entsprechend anwendbaren Voraussetzungen des § 710, dort Rn 3–7. Auch durch diese Möglichkeit macht das Gesetz die Stellung des Gläubigers verstärkt, § 710 Rn 1. Solche Lösung erfordert einen Antrag. Der Gläubiger muß ihn vor dem Schluß der mündlichen Verhandlung stellen, §§ 136 IV, 296a, 714 I. Er muß die tatsächlichen Voraussetzungen glaubhaft machen, §§ 294, 714 II. Das Gericht muß dem Schuldner vor der Entscheidung Gelegenheit geben, Sicherheit zur Abwendung der Vollstreckung zu erbringen, Kblz DGVZ 85, 141. Eine stattgebende Entscheidung kann auch für die Zeit ab Antragseingang ergehen, Ffm FamRZ 87, 174. Der Gläubiger braucht nur dann keine Sicherheit zu leisten, wenn die Voraussetzungen entweder des § 710 Rn 3, 5 oder des § 710 Rn 3, 6 zusammentreffen.

8 8) *VwGO:* Entsprechend anwendbar, § 167 I VwGO, in den Fällen § 708 Z 6, 10, 11; Ausspruch von Amts wegen, Fassung wie Rn 6. Sicherheit oder Hinterlegung muß stets beziffert werden, dabei sind die außergerichtlichen Kosten eines nicht durch einen RA vertretenen Beteiligten ggf mit einem Pauschbetrag anzusetzen. Unerheblich ist, ob es um geringe Beträge geht oder Vollstreckungsgläubiger die öffentliche Hand ist, Einf § 708 Rn 9; aM VG Ansbach GewArch 77, 306.

§ 712 Schutzantrag des Schuldners. I 1 Würde die Vollstreckung dem Schuldner einen nicht zu ersetzenden Nachteil bringen, so hat ihm das Gericht auf Antrag zu gestatten, die Vollstreckung durch Sicherheitsleistung oder Hinterlegung ohne Rücksicht auf eine Sicherheitsleistung des Gläubigers abzuwenden; § 709 Satz 2 gilt in den Fällen des § 709 Satz 1 entsprechend. ² Ist der Schuldner dazu nicht in der Lage, so ist das Urteil nicht für vorläufig vollstreckbar zu erklären oder die Vollstreckung auf die in § 720 a Abs. 1, 2 bezeichneten Maßregeln zu beschränken.

II ¹ Dem Antrag des Schuldners ist nicht zu entsprechen, wenn ein überwiegendes Interesse des Gläubigers entgegensteht. ² In den Fällen des § 708 kann das Gericht anordnen, dass das Urteil nur gegen Sicherheitsleistung vorläufig vollstreckbar ist.

Gliederung

1) Systematik, I, II	1	5) Vollstreckungsbeschränkung, I 2	6
2) Regelungszweck, I, II	2	6) Überwiegen des Gläubigerinteresses, II 1	7
3) Vollstreckungsabwendung, I 1	3, 4	7) Sicherheitsleistung des Gläubigers, II 2	8
A. Unersetzbarer Nachteil	3		
B. Sicherheitsleistung oder Hinterlegung	4	8) *VwGO*	9
4) Schuldnerantrag, I 1	5		

1) Systematik, I, II. Vgl zunächst § 709 Rn 1. Während § 711 zwar dem Schuldner von Amts wegen ohne weiteres eine Befugnis einräumt, die Zwangsvollstreckung durch eine Sicherheitsleistung abzuwenden, dem Gläubiger aber die Möglichkeit gibt, die Zwangsvollstreckung trotzdem durch eine Sicherheitsleistung oder sogar ohne eine eigene Sicherheitsleistung zu erzwingen, während § 711 den Schuldner also nur bedingt schützt, gibt I dem Schuldner die Chance, die Zwangsvollstreckung trotz einer Sicherheitsleistung des Gläubigers abzuwenden oder sie doch auf bloße Sicherungsmaßnahmen zu beschränken. **1**

2) Regelungszweck, I, II. Dieser Schuldnerschutz ist nur bedingt. Denn II zwingt das Gericht dazu, etwaige überwiegende Interessen des Gläubigers als vorrangig zu berücksichtigen und dann die Zwangsvollstreckung doch wieder zu erlauben, wenn auch evtl nur gegen eine Sicherheitsleistung des Gläubigers. Der Schuldnerschutz ist also auch bei § 712, den Eisenhardt NZM **98**, 64 vorzieht, nicht lückenlos. Das entspricht der starken Stellung des Gläubigers, § 710 Rn 1. Wegen einer bloßen Teilsicherheitsleistung bei I 1 vgl § 752. **2**

3) Vollstreckungsabwendung, I 1. Es gelten strenge Bedingungen. **3**

A. Unersetzbarer Nachteil. Der Schuldner kann die Zwangsvollstreckung dann abwenden, wenn sie ihm einen unersetzbaren Nachteil bringen würde, LG Ffm NZM **99**, 1136. Zum Begriff des unersetzbaren Nachteils § 707 Rn 10. § 710 stellt nicht so harte Anforderungen wie § 712. Ein unersetzbarer Nachteil liegt nicht schon vor: Wenn die Vermögenslage des Gläubigers schlecht ist, so daß ein Ersatzanspruch des Schuldners aus § 717 gefährdet wäre, falls der Schuldner durch eine Sicherheitsleistung geschützt werden kann; wenn sich der Gläubiger im Ausland befindet; wenn ein unersetzbarer Nachteil bloß möglich oder wahrscheinlich ist; wenn der Nachteil nur schwer zu ersetzen wäre. Es ist vielmehr notwendig, daß ein unersetzbarer Nachteil so gut wie sicher bevorsteht. Das mag zB bei einer Offenbarung des Kundenkreises der Fall sein, Bierbach GRUR **81**, 463, oder bei einer Räumung, LG Ffm WoM **89**, 304, oder beim Verlust einer besonders wertvollen Sache. Besonders in der 2. Instanz muß das Gericht strenge Anforderungen stellen, Düss GRUR **79**, 189.

B. Sicherheitsleistung oder Hinterlegung. Der Schuldner muß grundsätzlich eine Sicherheit leisten oder eine Hinterlegung erbringen, auch wenn für den Schuldner dadurch ein unersetzbarer Nachteil eintritt. Die Stellung des Gläubigers ist also auch insofern verstärkt. Die Höhe der Sicherheitsleistung kann das Gericht statt in einer bestimmten EUR-Summe auch wie bei §§ 709 S 2, 711 S 2 dadurch festsetzen, daß es „x% des (jeweils) zu vollstreckenden Betrags" bestimmt. **4**

4) Schuldnerantrag, I 1. Es ist ein Antrag des Schuldners erforderlich. Er ist ein Sachantrag, § 297 Rn 4, BGH FamRZ **03**, 598, Kblz OLGZ **90**, 230. Anwaltszwang herrscht wie sonst, § 78 I, II. Der Schuldner muß seinen Antrag bis zum Schluß der mündlichen Verhandlung stellen, §§ 136 IV, 296 a, 714 I. Wegen einer Nachholung § 714 Rn 3. Der Schuldner muß die tatsächlichen Voraussetzungen offenlegen, BGH WertpMitt **85**, 1435. Er muß sie auch glaubhaft machen, §§ 294, 714 II. Das gilt auch bei I 2. Das Gericht muß dagegen ein etwa überwiegendes Gläubigerinteresse auch von Amts wegen berücksichtigen. Das Gericht weist den Antrag in den Urteilsgründen zurück, soweit das überhaupt erforderlich ist, §§ 313 a, b. Dabei reicht ein knappster Hinweis auf seine Erwägungen aus, § 313 Rn 43. Wenn das Gericht den Antrag übergangen hat, gilt das in Einf 6 vor §§ 708–720 Ausgeführte. Im Fall der Antragsunterlassung gilt § 719 Rn 8. **5**

5) Vollstreckungsbeschränkung, I 2. Nur bei einer Unfähigkeit des Schuldners zur Sicherheitsleistung oder Hinterlegung darf das Gericht sein Urteil nicht für vorläufig vollstreckbar erklären oder nur gegen Sicherungsmaßnahmen nach § 720 a I, II für vollstreckbar erklären, I 2. Der Schuldner muß nach §§ 294, 714 II glaubhaft machen, daß er zur Sicherheitsleistung oder Hinterlegung schlechthin außerstande ist. Eine bloße Erschwerung seiner Finanzlage usw reicht nicht aus. Entsprechend der starken Stellung des Gläubigers nach § 710 Rn 1 muß das Gericht an die Glaubhaftmachung der völligen Unfähigkeit des Schuldners scharfe Anforderungen stellen. Selbst wenn das Gericht eine derartige Unfähigkeit des Schuldners annehmen darf, muß es doch zunächst prüfen, ob es nicht ausreicht, die Zwangsvollstreckung nach § 720 a I, II zu beschränken, um den Schuldner zu schützen. Nur wenn eine solche Beschränkung zum Schutz des Schuldners nicht ausreicht, darf das Gericht die vorläufige Vollstreckbarkeit des Urteils ganz ausschließen. **6**

§§ 712–714

7 6) Überwiegen des Gläubigerinteresses, II 1. Soweit das Interesse des Gläubigers überwiegt, darf das Gericht die Zwangsvollstreckung selbst dann nicht einschränken, wenn dem Schuldner durch die Zwangsvollstreckung ein unersetzbarer Nachteil entstünde und wenn er zur Sicherheitsleistung oder Hinterlegung außerstande ist, II 1. Auch in dieser Regelung liegt wiederum eine Verstärkung der Stellung des Gläubigers, § 710 Rn 1.

Daher darf das Gericht an die Voraussetzungen, unter denen ein Gläubigerinteresse überwiegt, *keine zu harten Anforderungen* stellen. Natürlich hat der Gläubiger ein Interesse an einer alsbaldigen Zwangsvollstreckung. Das gilt insbesondere nach einer Bestätigung des erstinstanzlichen Urteils, Düss GRUR **79**, 189. Dieses „normale" Interesse ist nicht stets vorrangig. Trotzdem wiegt ein ungewöhnliches Interesse des Gläubigers meist stärker als ein ungewöhnliches Interesse des Schuldners. Allerdings darf das Gericht nicht etwa schon im Zweifel zugunsten des Gläubigers entscheiden. Vielmehr muß das Überwiegen der Gläubigerinteressen glaubhaft sein, Rn 6. Das Gericht muß eine Gesamtabwägung vornehmen. Diese darf aber nicht zu einer Verzögerung der Entscheidung in der Hauptsache führen, Düss GRUR **79**, 189. § 139 II 1 ist unanwendbar. Denn die vorläufige Vollstreckbarkeit betrifft nur eine Nebenforderung.

8 7) Sicherheitsleistung des Gläubigers, II 2. Wenn das Interesse des Schuldners überwiegt, dann kann das Gericht nach seinem pflichtgemäßen Ermessen die Vollstreckbarkeit wenigstens auch in den Fällen des § 708 Z 1–11 von einer Sicherheitsleistung des Gläubigers abhängig machen, aM Engels AnwBl **78**, 163 (eine solche Lösung sei nur in den Fällen des § 708 Z 4–11 zulässig. Aber II 1 nennt und meint eindeutig alle Fälle des § 708, Einl III 39).

9 8) VwGO: *Entsprechend anwendbar,* § 167 I VwGO, BVerwG NVwZ **98**, 1177. Zur Bedeutung eines Antrags nach § 712 für die Gewährung von Vollstreckungsschutz nach § 719 s OVG Bln NVwZ-RR **99**, 811 mwN.

713 Unterbleiben von Schuldnerschutzanordnungen. Die in den §§ 711, 712 zugunsten des Schuldners zugelassenen Anordnungen sollen nicht ergehen, wenn die Voraussetzungen, unter denen ein Rechtsmittel gegen das Urteil stattfindet, unzweifelhaft nicht vorliegen.

1 1) Systematik. Vgl zunächst § 709 Rn 1. § 713 untersagt in Ergänzung und Einschränkung von §§ 711, 712 Anordnungen aus jenen Vorschriften zugunsten des Schuldners. Es handelt sich allerdings um eine bloße Sollvorschrift. Das Gericht muß sie aber immerhin von Amts wegen kennen und beachten.

2 2) Regelungszweck. Eine Abhängigkeit der vorläufigen Vollstreckbarkeit von einer Sicherheitsleistung bzw Abwendung ist eine Einschränkung der gerade mit dem Urteil erkämpften Möglichkeiten alsbaldiger endlicher Durchsetzung des Anspruches. Diese Einschränkung rechtfertigt sich nicht mehr, wenn sich das Urteil nicht mehr vor der Rechtskraft ändern kann. Dann würde also auch eine Maßnahme nach §§ 711, 712 nicht mehr sinnvoll sein. Sie wäre nicht mehr gerecht, Einl III 9. Freilich muß man das Wort „unzweifelhaft" seinem Wortlaut und Sinn entsprechend streng auslegen. Das Gericht hat also einen Ermessensspielraum. Es muß ihn pflichtgemäß anwenden. Sobald es die Unzweifelhaftigkeit feststellt, endet sein Ermessen.

3 3) Unanfechtbarkeit des Urteils. Ein Schuldnerschutz nach §§ 711, 712 darf nur dann unterbleiben, wenn ein Rechtsmittel gegen das Urteil nach einer pflichtgemäßen Prüfung des Gerichts unzweifelhaft nicht zulässig ist, § 313a I 1, Schneider DRiZ **77**, 116. Es darf also bei einer vernünftigen Würdigung kein Zweifel an der Unzulässigkeit eines Rechtsmittels bestehen. Die Lage ist nicht schon dann derart klar, wenn eine Rechtsmittelsumme fehlt, § 705 Rn 6. Das Gericht darf vielmehr auch zB am Fehlen eines unbedingten Revisionsgrundes im Zweifel haben. Es genügt nicht bei einem schätzbaren Wert nicht ohne weiteres, daß nach der Schätzung des Gerichts der Beschwerdewert fehlt. Denn das höhere Gericht könnte den Wert anders beziffern, Leppin MDR **75**, 900. Es ist unerheblich, ob das Gericht das Rechtsmittel für aussichtslos hält. Denn § 713 betrifft nur die Zulässigkeit des Rechtsmittels, nicht seine sachliche Berechtigung. Soweit eine Anschließung zulässig ist, fehlen die Voraussetzungen des § 713. Schneider DRiZ **77**, 116 regt einen Ausspruch „Das Urteil ist rechtskräftig", „Das Urteil ist unbedingt vollstreckbar" oä in dem Tenor oder in den Entscheidungsgründen an. Das könnte aber verwirren, Brocker DGVZ **95**, 7. § 713 ist auf ein solches Berufungsurteil des LG entsprechend anwendbar, gegen das eine Nichtzulassungsbeschwerde infragekommt, LG Landau NJW **02**, 973. Das ist freilich nicht bei ihrer eindeutigen Unstatthaftigkeit der Fall, LG Bad Kreuznach NJW **03**, 72.

4 4) VwGO: *Entsprechend anwendbar,* § 167 I VwGO, auf die der Anfechtung schlechthin entzogenen Urteile, § 158 II VwGO, sonst nicht wegen der Möglichkeit, ggf nach erfolgreicher Nichtzulassungsbeschwerde ein Rechtsmittel einzulegen.

714 Anträge zur vorläufigen Vollstreckbarkeit. [I] Anträge nach den §§ 710, 711 Satz 3, § 712 sind vor Schluss der mündlichen Verhandlung zu stellen, auf die das Urteil ergeht.
[II] Die tatsächlichen Voraussetzungen sind glaubhaft zu machen.

1 1) Systematik I, II. Vgl zunächst § 709 Rn 1. Anträge aus §§ 710, 711 S 3, 712 sind Sachanträge, § 297 Rn 4, Schneider MDR **83**, 905. Denn sie bestimmen den Inhalt des Urteils mit. Daher muß man sie im Anwaltsprozeß nach § 78 Rn 1 schriftlich ankündigen und verlesen, § 297.

2 2) Regelungszweck, I, II. Es entspricht den in § 709 Rn 1 genannten Grundgedanken, die Abmilderung der Risiken der Vollstreckung vor dem Eintritt der Rechtskraft von jeweiligen Anträgen desjenigen abhängen zu lassen, der einen Vorteil für sich herbeiführen möchte. Insoweit dient § 714 der Parteiherr-

Abschnitt 1. Allgemeine Vorschriften   §§ 714, 715

schaft, Grdz 18 vor § 128. Indessen könnte man durch nachträgliche Anträge den Prozeß zwischen Endentscheidung und Vollstreckungsbeginn oder Rechtsmitteleinlegung unnötig und daher ungebührlich auf diesem Nebenschauplatz fortführen. Daher entspricht eine zeitliche Begrenzung der Prozeßwirtschaftlichkeit, Grdz 14 vor § 128. Das gilt auch für II.

3) Zeit des Antrags, I. Der Antrag ist bis zum Schluß der mündlichen Verhandlung zulässig, §§ 136 IV, 296 a. In der Berufungsinstanz ist der Antrag für diese Instanz zulässig. Er ist selbst dann zumutbar, wenn das Berufungsgericht einen Antrag nach §§ 707, 719 zurückgewiesen hat, BGH RR 00, 746. Man kann einen Antrag für die erste Instanz zwar nicht nach dem Abschluß der ersten Instanz oder „zwischen den Rechtszügen" nachholen, wohl aber mithilfe des § 156, BGH WoM 04, 554, oder ab wirksamer Einlegung der Berufung, § 718 Rn 3, Bbg FamRZ 90, 184, Stgt MDR 98, 859, Eisenhardt NZM 99, 786, aM Ffm OLGZ 94, 106, KG MDR 00, 478, LG Hanau NZM 99, 801 (aber es besteht ein praktisches Bedürfnis). 3

Die zweite Instanz eröffnet also folgende Möglichkeiten: Das Berufungsgericht kann den nichtangefochtenen Teil des Urteils durch einen *Beschluß* nach § 537 für vorläufig vollstreckbar erklären, § 537; das Berufungsgericht kann auch bei dem angefochtenen Teil oder beim etwa im ganzen angefochtenen Urteil die erstinstanzliche Entscheidung über deren Vollstreckbarkeit durch ein *Teilurteil* nach § 718 abändern, Ffm FamRZ 83, 1261, Karlsr OLGZ 75, 485. Die Partei mag schließlich einen Antrag nur für das Urteil der Berufungsinstanz stellen, § 718 Rn 1. In der Revisionsinstanz kann man den Antrag wie mehrfach erwähnt wirksam nachholen. Das gilt auch dann, wenn das Berufungsgericht den Antrag übergangen hatte. Freilich ist eine Einstellung der Zwangsvollstreckung bei Versäumung der Frist nach § 712 nicht mehr zulässig, § 719 Rn 4. 4

4) Glaubhaftmachung, II. Sie ist in allen Fällen notwendig und ausreichend, § 294. Das gilt für beide Parteien. 5

5) Entscheidung, I, II. Sie erfolgt durch das Urteil. Zum Berufungsurteil Höhne MDR 87, 626. Als Rechtsmittel kommt nur die Berufung in Betracht. Eine Revision ist wegen der Vollstreckbarkeit unzulässig, § 718 II. Wenn das Urteil die Entscheidung übergangen hat, gilt § 716. Über die Art der Sicherheitsleistung kann das Gericht jederzeit durch einen Beschluß entscheiden. 6

6) VwGO: *Entsprechend anwendbar, § 167 I VwGO.* 7

715 *Rückgabe der Sicherheit.* I 1Das Gericht, das eine Sicherheitsleistung des Gläubigers angeordnet oder zugelassen hat, ordnet auf Antrag die Rückgabe der Sicherheit an, wenn ein Zeugnis über die Rechtskraft des für vorläufig vollstreckbar erklärten Urteils vorgelegt wird. ²Ist die Sicherheit durch eine Bürgschaft bewirkt worden, so ordnet das Gericht das Erlöschen der Bürgschaft an.
II § 109 Abs. 3 gilt entsprechend.

1) Systematik, I, II. § 715 betrifft nur diejenigen Fälle, in denen der Gläubiger nach §§ 709, 711, 712 II 2 eine Sicherheit geleistet hat, Groeger NJW 94, 432. Andernfalls kommt evtl § 718 zur Anwendung, dort Rn 1. Daneben ist § 109 anwendbar. Die Mehrkosten sind aber nicht erstattungsfähig. Haackshorst/Comes NJW 77, 2346 geben dem Gläubiger auch bei § 719 I seine Sicherheit zurück und nennen Einzelheiten zum Verfahrensablauf. 1

2) Regelungszweck, I, II. Wenn das vorläufig vollstreckbare Urteil nach § 322 rechtskräftig wird, kommt ein Ersatzanspruch oder ein Bereicherungsanspruch nicht mehr in Frage. Deshalb läßt § 715 eine vereinfachte Art der Rückgabe einer geleisteten Sicherheit zu. Die Vorschrift verhindert also eine nicht mehr gerechtfertigte weitere „Bereicherung" des Schuldners, Einl III 9. Dabei hat das Rechtskraftzeugnis als öffentliche Urkunde die Beweiskraft des § 418. Soweit diese widerlegt wird, kommt § 715 natürlich nicht mehr in Betracht. Denn das würde seinem Zweck widersprechen. 2

3) Geltungsbereich. Die Vorschrift gilt auch beim Vorbehaltsurteil nach §§ 302, 599 und beim auflösend bedingten Urteil nach §§ 280, 304, nicht aber bei §§ 707, 719 I (Einstellung durch das Berufungsgericht), ZöHe 1, aM Haackshorst/Comes NJW 77, 2344 (aber jene Fälle sind mangels Rechtskraft nicht vergleichbar), ferner nicht bei einer Klagerücknahme oder beim Vergleich. 3

4) Rückgabe der Sicherheit, I. Die Vorschrift hat keine große Bedeutung. Eine auflösende Bedingung der Sicherheitsleistung ist unabhängig von §§ 109, 715 zulässig, soweit sie die Sicherheit des Gläubigers nicht beeinträchtigt, LG Mainz MDR 00, 229. 4

A. Verfahren. Es ist nach I ein Antrag notwendig. Zuständig ist im Fall des § 715 dasjenige Gericht, das die Sicherheitsleistung angeordnet oder zugelassen hat. Wenn die Berufung zurückgewiesen wird, ist das Gericht der ersten Instanz für die Rückgabe der geleisteten Sicherheit zuständig. Das Gericht wird durch den Rpfl tätig, § 20 Z 3 RPflG, Anh § 153 GVG, Karlsr Rpfleger 96, 74. Er muß einen Beteiligten vor einer dadurch nachteiligen Entscheidung anhören. Der Gläubiger kann den Antrag auf die Rückgabe der Sicherheit auch zum Protokoll der Geschäftsstelle stellen, §§ 109 III, 129 a. Der Antrag unterliegt daher keinem Anwaltszwang, § 78 V Hs 2. Der Urkundsbeamte der Geschäftsstelle prüft die Voraussetzungen einer Erteilung des Rechtskraftzeugnisses nach § 706 und ist für dessen Erteilung zuständig. Wenn die Rechtskraft des Urteils aktenkundig ist, dann ist ein Rechtskraftzeugnis nicht nötig. Bei einer Gesamtschuld muß das Urteil gegenüber allen Gesamtschuldnern rechtskräftig sein, bevor das Gericht die Sicherheit zurückgeben darf. Wenn die Rechtsmittelinstanz das Urteil bestätigt hat, genügt der Nachweis der Rechtskraft dieses Urteils.

B. Entscheidung. Die Entscheidung erfolgt wegen der Verweisung in II auf § 109 III 2 auf eine freigestellte mündliche Verhandlung nach § 128 IV durch einen Beschluß, § 329. Sobald der Antrag begründet ist, muß der Rpfl ihm stattgeben, hat also kein Ermessen mehr. Der Beschluß lautet auf eine Rückgabe der Sicherheit bzw nach I 2 auf das Erlöschen der Bürgschaft, § 109 II, freilich nicht dessen S 2. 5

§§ 715–717

Denn die Rechtskraft liegt hier ja schon vor. Das Gericht darf den Antragsteller nicht unnötig auf den umständlicheren Weg des § 109 verweisen. Der Rpfl muß seinen Beschluß begründen, § 329 Rn 4. Er teilt seine Entscheidung formlos mit, § 329 II 1, und zwar eine Ablehnung nur dem Gläubiger, eine stattgebende Entscheidung beiden Parteien.

Gebühren: Des Gerichts keine; des Anwalts keine, da seine Tätigkeit zum Rechtszug gehört, § 19 I 2 Z 7 RVG.

6 4) **Rechtsbehelfe, I.** Es kommt auf den Entscheidungsträger an.

A. Entscheidung des Rechtspflegers. Gegen die Entscheidung des Rpfl gilt § 11 RPflG, § 104 Rn 41 ff.

7 **B. Entscheidung des Richters.** Gegen die ablehnende Entscheidung des Richters ist grundsätzlich sofortige Beschwerde zulässig, § 567 I Z 2. § 793 ist unanwendbar. Denn es liegt noch keine Zwangsvollstreckung, Grdz 51–53 vor § 704. Eine Rechtsbeschwerde kommt unter den Voraussetzungen des § 574 in Betracht. Wegen einer Anschlußbeschwerde § 567 III. Gegen eine stattgebende Entscheidung des Richters ist kein Rechtsbehelf zulässig, § 567 I Z 1. § 109 IV ist hier anwendbar.

8 5) **VwGO:** Entsprechend anwendbar, § 167 I VwGO. Rechtsbehelf, Rn 5, ist die Beschwerde, § 146 VwGO, soweit sie nicht gesetzlich ausgeschlossen ist, zB nach § 80 AsylVfG oder § 37 VermG, § 252 Rn 8.

716 *Ergänzung des Urteils.* Ist über die vorläufige Vollstreckbarkeit nicht entschieden, so sind wegen Ergänzung des Urteils die Vorschriften des § 321 anzuwenden.

1 1) **Systematik.** Die Vorschrift ergänzt die ganze Regelung der §§ 708 ff in einem Punkt, den § 321 I jedenfalls nicht ganz eindeutig mitregelt. Zumindest stellt § 716 klar, daß auch die vorläufige Vollstreckbarkeit zwar nur unter den Bedingungen des § 321 ergänzbar ist und nachholbar ist, BGH WoM 04, 554, daß das Gericht sie dann aber sehr wohl derart vervollständigen kann und muß. Das gilt unabhängig davon, ob das Gericht zuvor von Amts wegen oder nur auf einen Antrag hätte entscheiden sollen. Es handelt sich nicht um eine Notfrist nach § 224 I 2, Engels AnwBl **78**, 162. §§ 707, 719 können anwendbar sein, Schlesw SchlHA **78**, 174. Wenn die Partei die Frist des § 321 II versäumt hat, dann kommen Berufung und dort § 718 in Betracht, Ffm FamRZ **90**, 540. In der Revisionsinstanz kann man den Antrag nachholen, nicht aber bei einer Nichtzulassungsbeschwerde, BGH WoM **04**, 554.

2 2) **Regelungszweck.** Da das komplizierte System der Möglichkeiten zur Herbeiführung und Abwehr einer vorläufigen Vollstreckbarkeit nach § 709 Rn 1 von Anträgen nach § 714 abhängt, muß Vorsorge für den Fall getroffen sein, daß das Gericht einen solchen Antrag vergißt. Das Gericht darf und muß daher einen übergangenen Antrag zur Vollstreckbarkeit und damit einen Sachantrag nach § 297 Rn 4, § 714 Rn 1, zwecks Gerechtigkeit nach Einl III 9 auf Antrag ergänzen, § 321, BGH RR **00**, 746. BFH BB **81**, 898.

3 3) **Geltungsbereich.** Es reicht, daß das Gericht die Höhe der Sicherheitsleistung überhaupt nicht beziffert hatte. Eine offenbar irrige Bezifferung unterliegt demgegenüber dem § 319. Es läßt sich kaum bestreiten, daß § 716 sich auch auf einen Schutzantrag des Schuldners bezieht. Wenn der Gläubiger die Nachholung der Entscheidung nach §§ 708, 709 beantragt, dann kann der Schuldner einen Antrag nach §§ 711 ff stellen, Ffm FamRZ **90**, 540. Der Gläubiger kann daraufhin wiederum einen Antrag aus § 711 S 1 Hs 3 stellen, Ffm FamRZ **90**, 540. Ein Rechtsmittel statt einer noch möglichen Ergänzung ist unzulässig. Denn es fehlt eine anfechtbare Entscheidung. Wohl aber kann man eine Entscheidung der höheren Instanz mit dem Antrag verlangen, § 714 Rn 3, BGH RR **00**, 746. Bei einer Notwendigkeit zur Tatbestandsberichtigung nach § 320 beginnt die Frist des § 321 II erst mit Zustellung des Berichtigungsbeschlusses, BGH MDR **82**, 663.

4 4) **VwGO:** Entsprechend anwendbar, § 167 I VwGO, jedoch tritt § 120 VwGO an Stelle von § 321, VGH Mannh NVwZ-RR **94**, 472, VGH Kassel NVwZ **90**, 275 u **87**, 517, OVG Lüneb MDR **75**, 174. Über die Ergänzung ist durch Urteil zu entscheiden, KoppSch § 120 Rn 5, VGH Kassel NVwZ **90**, 275 mwN. Bei Versäumung der Frist des § 120 II VwGO gilt das in Rn 1 Gesagte, OVG Weimar NVwZ-RR **02**, 907. VGH Mannh aaO mwN.

717 *Wirkungen eines aufhebenden oder abändernden Urteils.* [I] Die vorläufige Vollstreckbarkeit tritt mit der Verkündung eines Urteils, das die Entscheidung in der Hauptsache oder die Vollstreckbarkeitserklärung aufhebt oder abändert, insoweit außer Kraft, als die Aufhebung oder Abänderung ergeht.

[II] [1] Wird ein für vorläufig vollstreckbar erklärtes Urteil aufgehoben oder abgeändert, so ist der Kläger zum Ersatz des Schadens verpflichtet, der dem Beklagten durch die Vollstreckung des Urteils oder durch eine zur Abwendung der Vollstreckung gemachte Leistung entstanden ist. [2] Der Beklagte kann den Anspruch auf Schadensersatz in dem anhängigen Rechtsstreit geltend machen; wird der Anspruch geltend gemacht, so ist er als zur Zeit der Zahlung oder Leistung rechtshängig geworden anzusehen.

[III] [1] Die Vorschriften des Absatzes 2 sind auf die im § 708 Nr. 10 bezeichneten Berufungsurteile, mit Ausnahme der Versäumnisurteile, nicht anzuwenden. [2] Soweit ein solches Urteil aufgehoben oder abgeändert wird, ist der Kläger auf Antrag des Beklagten zur Erstattung des von diesem auf Grund des Urteils Gezahlten oder Geleisteten zu verurteilen. [3] Die Erstattungspflicht des Klägers bestimmt sich nach den Vorschriften über die Herausgabe einer ungerechtfertigten Bereicherung. [4] Wird der Antrag gestellt, so ist der Anspruch auf Erstattung als zur Zeit der Zahlung oder

Abschnitt 1. Allgemeine Vorschriften **§ 717**

Leistung rechtshängig geworden anzusehen; die mit der Rechtshängigkeit nach den Vorschriften des bürgerlichen Rechts verbundenen Wirkungen treten mit der Zahlung oder Leistung auch dann ein, wenn der Antrag nicht gestellt wird.

Vorbem. III 1 geändert dch Art 1 Z 25 a des 1. JuMoG v 24. 8. 04, BGBl 2198, in Kraft seit 1. 9. 04, Art 14 S 1 des 1. JuMoG, ÜbergangsR Einl III 78.

Schrifttum: *Gerlach*, Ungerechtfertigte Zwangsvollstreckung und ungerechtfertigte Bereicherung, 1986; *Häsemeyer*, Schadenshaftung im Zivilrechtsstreit, 1979; *Luh*, Die Haftung des aus einer vorläufigen, auf Grund verfassungswidrigen Gesetzes ergangenen Entscheidung vollstreckenden Gläubigers, Diss Ffm 1979; *Münzberg*, Der Schutzbereich der Normen §§ 717 Abs. 2, 945 ZPO, Festschrift für *Lange* (1992) 599; *Rabback*, Die entsprechende Anwendbarkeit des den §§ ..., 717 Abs. 2 usw zugrunde liegenden Rechtsgedankens auf die einstweiligen Anordnungen der ZPO, 1999.

Gliederung

1) **Systematik, I–III**	1	G. Einwendungen	11
2) **Regelungszweck, I–III**	2	H. Pfändbarkeit des Ersatzanspruchs	12
3) **Wegfall der vorläufigen Vollstreckbarkeit, I**	3	5) **Durchführung des Ersatzanspruchs, II**	13–16
		A. Wahlrecht des Schuldners	13
4) **Ersatzpflicht aus der Zwangsvollstreckung, II**	4–12	B. Zwischenantrag	14
		C. Rechtshängigkeit	15
A. Grundsatz: Vollstreckung auf eigene Gefahr	4	D. Entscheidung	16
B. Sachbetroffenheit	5	6) **Bereicherungsanspruch, III**	17–19
C. Rechtsnatur des Ersatzanspruchs	6	7) **Entsprechende Anwendbarkeit des II**	20–37
D. Ersatzpflichtiger	7	A. Grundsatz: Allgemeiner Rechtsgedanke	20
E. Umfang der Ersatzpflicht	8, 9	B. Beispiele zur Frage einer entsprechenden Anwendbarkeit	21–37
F. Grenzen der Ersatzpflicht	10	8) *VwGO*	38

1) Systematik, I–III. Die vorläufige Vollstreckbarkeit bringt die Gefahr mit sich, daß sich die zugrunde **1** liegende Sachentscheidung als falsch erweist und dann die Vollstreckung schon durchgeführt ist. Das Gesetz nimmt dieses Risiko in Kauf und verweist im Geltungsbereich des § 717 nach Rn 20 ff den Schuldner auf einen Ersatzanspruch, BGH NJW **01**, 1068.

2) Regelungszweck, I–III. Die Regelung in II, III kann ein vollwertiger, aber auch je nach dem **2** Gegenstand der Vollstreckung und nach der jetzigen Finanzlage des Gläubigers ein kläglicher „Ausgleich" sein. Daher sollte man es dem Schuldner nicht durch engstirnige Auslegung der Vorschrift noch schwerer machen, selbst wenn er unter dem Druck des jetzt unhaltbar gewordenen Urteils „freiwillig" geleistet hatte. III stellt den Kläger besser als II, Hau NJW **05**, 712 (rechtspolitisch krit).

Vertrauensschutz ist ein Begleitumstand schon jedes begünstigenden Verwaltungsakts. Erst recht muß er dann einem Urteil zugutekommen. Wenn nun schon dessen nur vorläufige Vollstreckbarkeit zusammen mit einer Rechtsmittelfähigkeit bewirkt, daß sich der Staat grundsätzlich selbst bei groben Fehlern im Urteil von jeder Haftung freizeichnen kann, dann sollte man eigentlich den erstinstanzlichen Sieger ebenfalls von Haftung befreien, nur weil das nächsthöhere Gericht anders denkt. Indessen geht man bekanntlich einen anderen Weg und lassen im Prinzip allein die endgültige Niederlage für die volle Kostenlast entscheiden. § 717 dehnt diesen Gedanken auch noch auf weitergehende Haftung des Verlierers aus. Andererseits ist der Schadensersatzanspruch aus der Sicht des nach II, III Berechtigten nur gerecht. Die Auslegung sollte diesem scharfen Interessengegensatz auch hier, behutsame Auslegung zu entsprechen bemüht sein.

3) Wegfall der vorläufigen Vollstreckbarkeit, I. Die vorläufige Vollstreckbarkeit tritt kraft Gesetzes **3** außer Kraft, sobald und soweit das Rechtsmittelgericht ein aufhebendes oder abänderndes Urteil verkündet, § 311, Mü MDR **82**, 238. Bei den §§ 307 II, 331 III ist nach § 310 III die letzte nach § 317 notwendige Urteilszustellung maßgeblich. Mit der Aufhebung entfällt auch der zugehörige Kostenfestsetzungsbeschluß, Einf 8 vor §§ 103–107. Von der Verkündung an ist die Zwangsvollstreckung eine unerlaubte Handlung, §§ 823, 826 BGB. Doch entfallen die bisherigen Zwangsvollstreckungsmaßnahmen nicht ohne weiteres. Das Gericht muß sie vielmehr nach § 776 aufheben. Die Einstellung der Zwangsvollstreckung erfolgt nach § 775 Z 1, Mü MDR **82**, 238. Eine Entscheidung, die einen Teil des Urteils bestehen läßt, ändert das Urteil ab. Sie beläßt die Vollstreckbarkeit für den aufrechterhaltenen Teil des Urteils.

Der *Grund der Aufhebung* ist unerheblich. Es genügt, daß er rein förmlich ist. Es ist nicht erforderlich, daß das Rechtsmittelgericht seine aufhebende Entscheidung ihrerseits für vorläufig vollstreckbar erklärt, § 704 Rn 5, aM Mü MDR **82**, 239 (aber das wäre eine überflüssige Förmelei, Einl III 10). Wegen einer Zurückverweisung als aufhebende Vorinstanz § 704 Rn 5. Über die Bedeutung einer Leistung, die auf Grund eines vorläufig vollstreckbaren Urteils ergangen ist, Einf 3 vor §§ 708–720.

4) Ersatzpflicht aus der Zwangsvollstreckung, II. Es sind zahlreiche Aspekte beachtlich, Saenger JZ **4** **97**, 222 (ausf).

A. Grundsatz: Vollstreckung auf eigene Gefahr. Vollstreckt der Gläubiger aus einem auflösend bedingten Urteil, so tut er das auf eigene Gefahr, BGH NJW **82**, 2815, Hager KTS **89**, 524. Das Gesetz erlaubt dem Gläubiger häufig eine Zwangsvollstreckung bereits vor dem Eintritt der Rechtskraft des Urteils, um den Gläubiger gegen die Nachteile einer langen Prozeßdauer zu schützen. Es räumt dem Gläubiger damit aber keinerlei sachliches Recht gegenüber dem Schuldner ein. Aus dieser Erwägung macht II den Gläubiger bei bedingter Entscheidung ersatzpflichtig, BGH NJW **85**, 128. Im übrigen bleibt es bei den allgemeinen sachlichrechtlichen Haftungsregeln, Gaul ZZP **110**, 30.

Darum ist II der Ausfluß eines *allgemeinen Rechtsgedankens*, BGH **95**, 13, Köln NJW **96**, 1292 (auch zu den Grenzen), LG Ffm MDR **80**, 409, ein Fall der Gefährdungshaftung, BGH **85**, 113. Sie hängt nicht

§ 717

von einem Verschulden ab, Rn 6. II ist auch dann anwendbar, wenn diejenige Gesetzesvorschrift als verfassungswidrig aufgehoben wird, die der Entscheidung zugrunde lag, nicht aber, wenn während einer Drittwiderspruchsklage nach § 771 ein Pfandstück abhanden kommt, Mü MDR **89**, 552, ferner nicht dann, wenn der Drittwiderspruchskläger nach § 771 III 1 in Verbindung mit § 769 I 1 eine Sicherheit leistet, BGH MDR **04**, 763 (nur deliktische Haftung), und schließlich nicht bei einem noch nicht rechtskräftigen Feststellungsurteil nach § 256. Das gilt selbst dann, wenn eine Leistungsklage möglich gewesen wäre, BAG JZ **90**, 194.

5 **B. Sachbetroffenheit.** Die Aufhebung oder Abänderung muß bei II die Sache betreffen, nicht bloß die Vollstreckbarkeit. Insofern weicht II von I ab. Eine Aufhebung im Kostenpunkt genügt. Der Grund der Aufhebung ist unerheblich. Auch bei einer Aufhebung aus einem rein förmlichen Grund etwa wegen Unzuständigkeit steht fest, daß das Urteil und damit seine Vollstreckbarkeit unberechtigt waren. Das gilt auch im Fall einer Aufhebung und einer Verweisung an das zuständige Gericht zB nach § 281. Eine Zurückverweisung nach § 538 besagt zwar über die Richtigkeit des Urteils nichts endgültig. Die Aufhebung ist sachlich durch eine neue Prüfung bedingt und nur prozessual unbedingt. Dennoch ist auch hier zunächst II anwendbar. Denn man würde diese Vorschrift sonst aushöhlen.

Eine *teilweise Abänderung* des Urteils ermöglicht einen entsprechenden Teilanspruch, Hamm Rpfleger **77**, 216, Karlsr JB **93**, 25, § 788 Rn 19 „Androhung der Zwangsvollstreckung". Ein zunächst ergangener und später geänderter Prozeßvergleich nach Anh § 307 ermöglicht keinen Ersatzanspruch, Rn 23. Zur sog Rückfestsetzung § 104 Rn 14. Maßgebender Zeitpunkt ist der Schluß der letzten mündlichen Verhandlung über die Aufhebung, §§ 136 IV, 296 a. Wenn das aufhebende Urteil seinerseits aufgehoben wird, sei es auch durch beiderseitige Erledigterklärungen nach § 91 a Rn 106 oder durch einen Prozeßvergleich, dann steht fest, daß das erste Urteil rechtmäßig war. Deshalb erlischt der Ersatzanspruch, LG Köln JB **91**, 600. Auch ein weiteres zusprechendes Urteil bringt mit seiner Rechtskraft den Anspruch zu Fall, BGH **136**, 203 (zustm Probst JR **98**, 288). Wenn der Schuldner auf die erste Aufhebung hin vollstreckt hat, ist er dem Gläubiger ersatzpflichtig.

Beiderseitige Erledigterklärungen in der *Berufungsinstanz* genügen nicht. Denn sonst müßte evtl der Gläubiger trotz notwendiger Erledigterklärung wegen bisher bestehenden Anspruchs Schadensersatz leisten, BGH NJW **88**, 1269 (zustm Matthies ZZP **102**, 103), aM Landsberg ZMR **82**, 72 (aber das wäre inkonsequent).

6 **C. Rechtsnatur des Ersatzanspruchs.** Der Anspruch ist ein Ersatzanspruch aus einem übernommenen Risiko, LAG Hamm DB **89**, 1578. Er soll dem Schuldner einen Ausgleich für die unter Umständen unvermeidbaren Nachteile geben, die infolge der vorläufigen Durchsetzung eines letztlich nicht berechtigt erscheinenden Anspruchs entstehen, BGH **85**, 113, Hamm AnwBl **89**, 239, Köln NJW **96**, 1292. Es ist sehr zweifelhaft, ob es sich bei diesem Gefährdungsanspruch nicht um eine Übertreibung der Haftung handelt, Rn 2. Warum muß die Partei klüger sein als das Gericht? Mit der Begründung einer Ersatzpflicht gibt II 1 eine sachlichrechtliche Vorschrift. Darum sind §§ 249 ff BGB anwendbar. Zur Problematik bloßer Fahrlässigkeit BGH **118**, 208.

Der Ersatzanspruch *entsteht* mit der Aufhebung oder mit der Änderung des Urteils. Es ist unerheblich, ob das aufhebende oder abändernde Urteil bei einer rückschauenden Betrachtung wirklich richtig ist, LG Bochum VersR **80**, 659, oder ob den Gläubiger ein Verschulden trifft, BGH MDR **80**, 826, LAG Hamm DB **89**, 1578, Saenger JZ **97**, 224, aM Düss Rpfleger **94**, 225 (aber das steht nicht in II und ist nicht sein Sinn, eröffnet auch völlige Unsicherheit dazu, wie die nächste Instanz entscheiden könnte). Es ist ferner unerheblich, ob der Kläger durch die Zwangsvollstreckung etwas erlangt hat. Wenn die Zwangsvollstreckung aber sachlich rechtmäßig war, dann kann der Gläubiger nicht über das Erlangte hinaus haften, falls der Schuldner hinterher eine Einwendung erwirbt, etwa wenn das Gericht das Urteil wegen einer Änderung der Gesetzgebung aufheben muß oder wenn es infolgedessen ungültig wird, LG Hbg NJW **04**, 2456 (StPO-Beschlagnahme). Er ist nicht auflösend bedingt, BGH NJW **97**, 2601.

7 **D. Ersatzpflichtiger.** Der Anspruch richtet sich nicht nur gegen den Kläger. Der Gesetzestext ist insofern ungenau. Auch der Bekl kann ersatzpflichtig werden, soweit er eine Zwangsvollstreckung etwa wegen der Kosten oder als Widerkläger betreibt. Es ist unerheblich, ob die Partei selbst die Vollstreckung betreibt oder diese von einem Bevollmächtigten durchführen läßt. Wenn ein Rechtsnachfolger nach § 727 die Vollstreckung betrieben hat, haftet dieser. Der Gegner kann den Anspruch trotzdem durch einen Zwischenantrag geltend machen, Rn 14, § 265 II 1. Das Gericht muß das Urteil aber auf den Rechtsnachfolger abstellen, § 727, aM Nieder NJW **75**, 1004 (der Rechtsnachfolger sei der richtige Bekl, § 265 sei unanwendbar. Aber die Vorschrift gilt allgemein.). Der Rechtsnachfolger des Bekl muß einen besonderen Prozeß einleiten. Ein Dritter, der für den Bekl zur Abwendung der Zwangsvollstreckung geleistet hat, ist nur dann zur Klage berechtigt, wenn er Rechtsnachfolger ist, BGH NJW **85**, 128. Es ist also zB nicht die Versicherungsgesellschaft klageberechtigt, die eine Leistung erbracht hat, und ebensowenig ist der Versicherungsnehmer gegenüber dem Gläubiger berechtigt, wenn der Versicherer für den Versicherungsnehmer gezahlt hatte, BGH NJW **85**, 128.

8 **E. Umfang der Ersatzpflicht.** Ersetzen muß man jeden tatsächlich gerade aus dem Vollstreckungszugriff entstandenen Schaden, BGH NJW **00**, 741, Köln NJW **96**, 1292, Saenger JZ **97**, 224. Hierher gehört derjenige Schaden, den dem Gegner durch irgendeine auch ergebnislose Zwangsvollstreckungsmaßnahme nach Grdz 51–53 vor § 704 aus dem erstinstanzlichen Urteil bis zum Erlaß des Berufungsurteils ursächlich entstanden ist, mag der Schaden auch erst später bezifferbar entstanden sein, BGH **69**, 376 (bei einem späteren Schaden gilt III). Zur Abgrenzung vom Berufungsurteil BGH **69**, 376. Es reichen auch eine Aufwendung an Sicherheitsleistung, Köln JB **99**, 272, wie Bürgschaftskosten zur Vollstreckungsabwendung, Hbg MDR **99**, 188, Hamm AnwBl **88**, 300, Köln JB **99**, 272, oder eine Leistung unter Nötigung oder Hinterlegung, die der Gegner unter dem Druck der drohenden Zwangsvollstreckung gerade zu deren Abwendung gemacht hat, BGH NJW **00**, 741, Zweibr FamRZ **98**, 835, LG Kblz WoM **90**, 513; Versteigerungs- statt höheren Verkaufserlöses; Haftfolgeschaden. Die Geldübergabe an den Gerichtsvollzieher reicht dann aus, Köln RR

Abschnitt 1. Allgemeine Vorschriften § **717**

87, 1211. Eine teilweise Änderung des Urteils bewirkt einen entsprechend begrenzten Ersatzanspruch, Hamm Rpfleger **77**, 216, LG Landsberg ZMR **82**, 70 (Kostenschaden).

Der Schuldner muß seinen Anspruch in einer dem § 253 Rn 31 ff entsprechenden Weise darlegen, Köln JB **91**, 1264 (entgangener Gewinn, § 287). Es reicht grundsätzlich auch aus, daß der Gegner irgendetwas *unterlassen* hat (Ausnahme zB: Keine Androhung nach § 890 II, BGH NJW **76**, 2162). Zu den vorgenannten Leistungen gehört auch eine äußerlich freiwillige Leistung, wenn die Zwangsvollstreckung bereits greifbar nahe war, LG Bochum VersR **80**, 659, Adam JB **98**, 569. Das gilt zB dann, wenn der Gläubiger die Zwangsvollstreckung etwa ausdrücklich angedroht hat. Dagegen reicht es nicht aus, daß der Schuldner leistete, solange der Gläubiger eine von ihm zu erbringende Sicherheit noch nicht geleistet hat, BGH NJW **00**, 741, Grunsky NJW **75**, 936, aM BGH NJW **76**, 2163 (aber dann beruht der Schaden nicht gerade auf der Vollstreckung). Es reicht auch nicht aus, daß der Schuldner leistete, solange die Voraussetzungen des § 890 II noch nicht erfüllt waren, BGH NJW **76**, 2163. Wer lediglich das Urteil erwirkt, bekundet nicht schon darin einen Willen zur Durchführung einer Zwangsvollstreckung, BGH NJW **00**, 741, Zweibr FamRZ **98**, 834. Das gilt erst recht nach einem bloßen Feststellungsurteil, BAG JZ **90**, 194 (zustm Münzberg). Wenn der Schuldner daraufhin zahlt, so kann er nur das Geleistete zurückfordern. Nicht hierher gehört auch ein Kreditschaden infolge des Bekanntwerdens der bloßen Tatsache der Zwangsvollstreckung, BGH **85**, 115.

Auch die *Erwirkung einer Vollstreckungsklausel* nach §§ 724 ff gehört noch zum Erkenntnisverfahren und ist **9** noch keine Drohung mit der Durchführung einer Zwangsvollstreckung. Wohl aber liegt eine solche Drohung vor, wenn der Gläubiger die Vollstreckungsklausel dem Schuldner nach § 750 zustellt. Will der Gläubiger nicht vollstrecken, so muß er das in diesem Fall bindend erklären, oder der Schuldner muß es aus der Sachlage klar ersehen können.

Nicht unter II fallen andere Maßnahmen, die der Schuldner trifft, um eine Zwangsvollstreckung zu vermeiden, zB eine Zahlungseinstellung. Nicht hierher gehört ferner eine sog Schadensliquidation im Drittinteresse, Hamm ZIP **83**, 119, ZöHe 8, aM StJM 27. Der Anspruch bezweckt eine Wiederherstellung des früheren Zustands, hilfsweise eine Entschädigung in Geld, §§ 249 ff BGB. Zu ersetzen sind: Der unmittelbare Schaden; evtl auch der mittelbare Schaden; ein entgangener Gewinn, Köln JB **91**, 1264; Zinsen; Kosten; Zwangsgeld; sonstige Schäden; evtl auch die Kosten einer neuen Sicherheitsleistung, wenn man früher auf eine solche hatte verzichten müssen.

F. Grenzen der Ersatzpflicht. Es wäre aber eine Überspannung der Ersatzpflicht desjenigen, der auf ein **10** Urteil vertraut hat, auch einen Vermögensschaden infolge einer seelischen Beeinträchtigung zu vergüten. Mit größerem Recht würde sich eine solche Haftung daraus herleiten lassen, daß man mit einem unbegründeten großen Prozeß überzogen wurde. In einem solchen Fall kennt das Gesetz aber keine derartige Haftung. Muß der Schuldner eine Sachgesamtheit herausgeben, so ist der Schuldner zur Wegnahme von Neuanschaffungen berechtigt, soweit sie den vor der Zwangsvollstreckung bestehenden Zustand nicht antastet.

G. Einwendungen. Der Gegner hat alle sachlichrechtlichen Einwendungen, Hamm MDR **78**, 234. Er **11** kann zB nach §§ 387 ff eine Aufrechnung erklären, § 145 Rn 9, Hamm FER **98**, 99, aM Karlsr FamRZ **02**, 894 (aber das ist ein allgemeines Verteidigungsmittel). Dieses Recht steht ihm sowohl dann zu, wenn der Schuldner seinen Ersatzanspruch in einem Zwischenantrag nach II geltend macht, als auch, wenn der Schuldner den Anspruch im Weg einer Widerklage geltend macht, BGH NJW **80**, 2528 (zustm Pecher ZZP **94**, 458), oder wenn er ihn in einem selbständigen Prozeß erhebt. Mit der Klageforderung darf der Kläger freilich nur im letzteren Fall aufrechnen, BGH NJW **97**, 2601. Die Klageforderung kann nicht bei einem Zwischenantrag geltend gemacht werden. Denn das Gericht kann nicht gleichzeitig eine sachliche Prüfung vornehmen und ablehnen. Der Prozeßbürge kann sich auf die Aufrechnung des Hauptschuldners nicht berufen, BGH **136**, 203 (zustm Probst JR **98**, 288).

Der Gegner kann ferner ein *mitwirkendes Verschulden* geltend machen, § 254 BGB, Einl III 68, Hamm MDR **78**, 234. Dieses mag vorliegen: Wenn ein Verteidigungsmittel nicht vorgetragen wird; wenn eine schuldhafte Versäumnis vorliegt; wenn eine Erinnerung aus § 766 oder ein Hinweis auf die besondere Höhe des drohenden Schadens unterbleiben. Die Partei kann ein Zurückbehaltungsrecht wegen einer Verwendung nicht einwenden, Karlsr Rpfleger **96**, 73, LG Bln MDR **03**, 1201. Das gilt insbesondere dann, wenn sie den Besitz durch die Zwangsvollstreckung erlangt hat. Die Verjährung richtet sich nach §§ 194 ff, 852 BGB. Sie beginnt mit der Entstehung des Anspruchs, also bereits mit dem Erlaß der aufhebenden oder abändernden Entscheidung, nicht erst mit dem nach § 322 rechtskräftigen Abschluß des Rechtsstreits, Karlsr OLGZ **79**, 374.

H. Pfändbarkeit des Ersatzanspruchs. Der Ersatzanspruch ist pfändbar, und zwar schon vor der **12** Aufhebung des Urteils. Denn es handelt sich um einen bedingten Anspruch. Die Pfändung hindert aber die Parteien nicht daran, sich über die Hauptsache dahin zu vergleichen, daß der Ersatzanspruch hinfällig wird, § 779 BGB. Daher kann dem Pfandgläubiger höchstens ein Anspruch aus § 826 BGB verbleiben.

5) Durchführung des Ersatzanspruchs, II. Sie erfordert viel Sorgfalt. **13**

A. Wahlrecht des Schuldners. Der Schuldner hat die Wahl, ob er seinen Ersatzanspruch durch eine selbständige Klage oder Widerklage nach Anh § 253 geltend machen will, (Einschränkung Rn 7), Karlsr FamRZ **02**, 894 (nicht durch eine Vollstreckungsabwehrklage nach § 767), oder ob er ihn durch einen Zwischenantrag im schwebenden Prozeß geltend machen will, Stgt AnwBl **76**, 133, LG Lübeck Rpfleger **82**, 439. Er kann den Anspruch auch nach II 2 im Einspruchsverfahren nach §§ 340 ff erheben, BVerfG FamRZ **04**, 1015 links Mitte. Er kann ferner nach § 91 IV vorgehen, § 91 Rn 14, und so eine sog Rückfestsetzung im Sinn von § 104 Rn 14 erübrigen. Wenn er den Weg der Klage wählt, dann stehen ihm alle für eine Klage aus einer unerlaubten Handlung gegen den Gegner möglichen Gerichtsstände frei, § 32. Das gilt selbst dann, wenn der Kläger kein Verschulden des Bekl behauptet. Bei selbständiger Klage folgt die sachliche Zuständigkeit den allgemeinen Regeln. In einer Familiensache nach §§ 606 ff ist das FamG

§ 717

zuständig, Düss FamRZ **88**, 299. Der Kläger braucht nicht die Rechtskraft des aufhebenden Urteils nach § 322 abzuwarten.

Das Gericht darf den Ersatzprozeß *nicht* bis zum Eintritt der Rechtskraft des Vorprozesses *aussetzen*, LAG Köln MDR **93**, 684, MüKoKr 22, aM StJM 47, ZöHe 13 (aber § 717 setzt aus gutem Grund gerade nicht die Rechtskraft voraus). Der Bekl kann seinen Anspruch auch einredeweise geltend machen. Er kann also aufrechnen, Rn 11. Der Aufrechnung steht die Rechtshängigkeit im Vorprozeß nach § 261 nicht entgegn, Rn 11. Die Rechtshängigkeit wirkt anders als bei III nur bei einem Zwischenantrag zurück. Eine rechtskräftige Entscheidung im Vorprozeß schneidet die durch sie ausgeschlossenen Einreden auch für diesen Prozeß ab. Wegen der Zinsen und der Kosten Rn 14. Der Schuldner kann den ja sachlichrechtlichen Anspruch nach Rn 5 nicht im Verfahren nach §§ 103 ff geltendmachen, Hamm AnwBl **88**, 300.

14 **B. Zwischenantrag.** Der Zwischenantrag ist keine Widerklage, aM Nieder NJW **75**, 1002 (aber sie hat weitere Voraussetzungen, Anh § 253). Er ist unzulässig, wenn er mit einem in diesem Prozeß rechtskräftig erledigten Teilanspruch im rechtlichen Zusammenhang steht. Das Prozeßgericht ist beim Zwischenantrag ohne Rücksicht auf die Höhe des Ersatzanspruchs sachlich zuständig. Daher ist auch § 506 unanwendbar. Der Schuldner erhebt den Zwischenantrag nach § 261 II. Er ist ein Sachantrag, § 297 Rn 4. Deshalb muß man ihn schriftsätzlich ankündigen. Sonst darf kein Versäumnisurteil ergehen, § 335 I Z 3. Man muß ihn nach § 297 stellen. Der Zwischenantrag ist in jeder Instanz ohne Einwendungen des Gegners zulässig. Man kann ihn auch in der Revisionsinstanz stellen. Das gilt selbst dann, wenn der Zwischenantrag schon in der Berufungsinstanz zulässig gewesen war, Nieder NJW **75**, 1001. Allerdings muß das Revisionsgericht in der Regel zurückverweisen, soweit Tatsachenfeststellungen notwendig sind, § 565 I. Der Antrag ist bis zum Schluß der mündlichen Verhandlung zulässig, §§ 136 IV. 296 a, Düss JB **76**, 1260.

Für den *Streitwert* nach §§ 3 ff ZPO, 63 GKG stehen eine Widerklage und ein Zwischenantrag gleich, § 45 GKG. Denn sie bedeuten beide eine Klageerweiterung, § 3 Anh Rn 125 „Urteilsänderung", Stgt AnwBl **76**, 133, LAG Bln DB **88**, 612. Man darf die verauslagten Zinsen und Kosten beim Zwischenantrag und daher auch bei der Widerklage dem Streitwert nicht hinzurechnen, aM Nieder NJW **75**, 1002 (vgl aber § 4 I Hs 2). Die Hinzurechnung erfolgt aber bei einem weitergehenden Schaden für den Mehrbetrag. Wegen des Zwischenantrags erfolgt keine Verweisung aus § 506.

15 **C. Rechtshängigkeit.** Der Zwischenantrag macht den Anspruch mit allen prozessualen Wirkungen rechtshängig, § 261. II bezieht die sachlichrechtlichen Wirkungen auf die Zeit der Zahlung oder Leistung zurück. Daher beginnt dann auch eine Verzinsungspflicht nach § 291 BGB. II bezieht sich nicht auf die prozessualen Wirkungen. Denn man kann sie nur zum Nachteil des Bekl rückbeziehen, und das Gesetz beabsichtigt ersichtlich eine solche Rückbeziehung nicht. Die Verjährung richtet sich nach § 199 I, III BGB.

16 **D. Entscheidung.** Sie erfolgt durch ein Endurteil, § 300. Es ist ebenso anfechtbar wie die Entscheidung in der Hauptsache. Wenn das Gericht im Urteil ohne Entscheidung über den Zwischenantrag unterläßt, liegt ein Teilurteil vor, § 301. Falls das Urteil nicht als Teilurteil gedacht war, muß das Gericht es nach § 321 ergänzen. § 718 II betrifft diesen Fall nicht. Die vom Kläger nach § 709 zu leistende Sicherheit genügt auch zur Abwendung der Vollstreckung nach § 711 für diesen Zwischenantrag. Andernfalls würde der Kläger für denselben Anspruch doppelt Sicherheit leisten müssen. Das Gericht kann den Schaden nach § 287 ermitteln. § 322 ist anwendbar.

17 **6) Bereicherungsanspruch, III.** Um nutzlose Revisionen einzudämmen, macht III den II auf vermögensrechtliche Berufungsurteile des § 708 Z 10 unanwendbar, BGH **69**, 378. Das gilt auch für solche des LAG, BAG DB **87**, 1045, LAG Hamm DB **91**, 976. Nur für ein Versäumnisurteil des Berufungsgerichts gilt II. Diese Vorschrift versagt also zB auch bei einem Vorbehaltsurteil des OLG in einem Urkunden- oder Wechselprozeß. Bei einer Aufhebung des Urteils im Nachverfahren gelten unabhängig von III die §§ 600 II, 302 IV 2 und 3.

III 3 ermöglicht den *Rückgewähranspruch nach* den Grundsätzen der ungerechtfertigten Bereicherung, §§ *812 ff BGB*, Ramrath DB **87**, 96. Der Gläubiger muß dem Schuldner nur das Gezahlte oder Geleistete erstatten, nicht dasjenige, das infolge des Urteils kraft Gesetzes verloren ging, zB eine Zwangshypothek nach § 868. Jeder weitergehende Anspruch ist ausgeschlossen, zB derjenige aus §§ 823, 826 BGB. Der Anspruch aus III ist ebenso wie der Anspruch aus II nach Rn 6 sachlichrechtlich. Daran läßt die Fassung des Gesetzes kaum einen Zweifel. Daher läßt er die Aufrechnung und alle anderen sachlichrechtlichen Einwendungen zu. Überhaupt sind die sachlichrechtlichen Vorschriften über die ungerechtfertigte Bereicherung hier anwendbar. Rechtspolitisch krit Hau NJW **05**, 712.

18 Da es sich um einen Anspruch aus einer Bereicherung handelt, ist ein etwaiges *Verschulden* grundsätzlich unerheblich. Eine Ausnahme gilt bei mehr als gesetzlichen Zinsen, LAG Hamm NJW **76**, 1119. Ebenso unerheblich ist ein etwaiger guter Glaube daran, daß das zur vorläufigen Vollstreckung berechtigende Urteil richtig sei. Denn wenn dieser gute Glaube beachtlich wäre, dann wäre III ebenso wie II bedeutungslos. Auch ein Wegfall der Bereicherung läßt sich in der Regel nicht einwenden. Denn die Wirkungen der Rechtshängigkeit treten mit der Zahlung oder der Leistung ein, III 4. Der Gläubiger haftet also nach den allgemeinen Vorschriften. § 818 IV BGB, § 868 Rn 1.

19 Der Schuldner kann seinen Anspruch wie bei II durch eine selbständige Klage, durch eine Widerklage nach Anh § 253 oder durch einen Zwischenantrag *geltend machen*. Wenn der Kläger seinen Klaganspruch nach der Rechtshängigkeit abgetreten hatte und wenn das Gericht den Bekl zur Zahlung an den neuen Gläubiger verurteilt hat, dann muß der neue Gläubiger nach der Aufhebung des Urteils dem Bekl dasjenige erstatten, das er durch die Vollstreckung erlangt hat, aM Grunsky ZZP **81**, 291 (aber das wäre inkonsequent). Eine Zurückbeziehung der Rechtshängigkeit erfolgt wie bei Rn 13, selbst wenn die Partei den Antrag gar nicht stellt. Bei einem Antrag erst in der Revisionsinstanz und bei neuem oder unklarem Tatsachenvortrag kommt eine Zurückverweisung in Betracht, BGH NJW **94**, 2096. Wegen des ebenso zu bemessenden Streitwerts Rn 13, 16.

7) Entsprechende Anwendung des II. Sie hat erhebliche Bedeutung. 20

A. Grundsatz: Allgemeiner Rechtsgedanke. § 717 enthält einen allgemeinen Rechtsgedanken, Rn 2. Die Vorschrift ist daher grundsätzlich weitgehend entsprechend anwendbar, aM BGH FamRZ **85**, 368 (aber Grundregeln sind stets weit auslegbar). Die Vorschrift hat allerdings auch öffentlichrechtliche Grenzen, zB Rn 30 „Steuerbescheid".

B. Beispiele zur Frage einer entsprechenden Anwendbarkeit 21
Änderung: Rn 32 „Vergleich".
Arrest, einstweilige Verfügung: II ist entsprechend anwendbar, soweit es darum geht, daß das Gericht einen Arrest oder eine einstweilige Verfügung aufhebt, § 945, aM KG WoM **91**, 61 (aber gerade dann ist die Interessenlage vergleichbar). Das gilt auch bei einem Steuerberater.
S auch Rn 23 „Beschluß".
Aufrechnung: II ist entsprechend anwendbar, soweit es darum geht, daß das Gericht ein Vorbehaltsurteil wegen einer Aufrechnung aufhebt, § 302 IV.
Bardepotpflicht: II ist *nicht* entsprechend anwendbar, soweit es um die Vollziehung eines Heranziehungsbescheides geht, BGH NJW **82**, 2815. 22
Berichtigung: II ist entsprechend anwendbar, soweit es darum geht, daß die Vollstreckbarkeit des Urteils wegen seiner Berichtigung entfällt, falls die Partei die Unrichtigkeit erkennen mußte, § 319 Rn 10.
Beschluß: II ist entsprechend anwendbar, wenn es um einen der Rechtskraft fähigen Beschluß geht, zB um 23
einen Vollstreckungsbescheid oder um einen Kostenfestsetzungsbeschluß, § 104 Rn 14, Ffm NJW **78**, 2203, Karlsr Rpfleger **80**, 438, Köln JB **91**, 1264, aM Köln Rpfleger **76**, 220, VG Gelsenk Rpfleger **83**, 174 (aber bis auf die Entscheidungs*form* liegt dieselbe Situation vor).
II ist *nicht* entsprechend anwendbar, soweit es um einen nicht der Rechtskraft fähigen Beschluß geht.
S auch Rn 21 „Arrest, einstweilige Verfügung", Rn 28 „Pfändung und Überweisung", Rn 33 „Vollstreckbarkeitsbeschluß".
Drittwiderspruchsklage: II ist *nicht* entsprechend anwendbar, soweit es um eine Drittwiderspruchsklage 24
nach § 771 III geht, BGH **95**, 15 (zustm Gerhardt NJW **85**, 1959, abl Häsemeyer NJW **86**, 1028), Mü MDR **89**, 552.
S auch Rn 35 „Widerspruchsklage".
Einstweilige Anordnung: II ist entsprechend anwendbar, soweit es darum geht, daß das Gericht eine ohne 25
mündliche Verhandlung getroffene Maßnahme auf Grund einer späteren Verhandlung aufhebt, AG Viersen FamRZ **84**, 300, Ditzen FamRZ **88**, 351, aM BGH DAVorm **00**, 251, Nürnb JB **84**, 1097, Kohler ZZP **99**, 36 (aber auch der nur vorläufige Charakter der Prüfung ändert nichts am Schaden).
Einstweilige Verfügung: Rn 21 „Arrest, einstweilige Verfügung".
Erledigung der Hauptsache: II ist *nicht* entsprechend anwendbar, BGH MDR **88**, 575, BVerwG NJW **81**, 699, aM LG Landsberg ZMR **82**, 69.
Grundurteil: II ist entsprechend anwendbar, soweit es darum geht, daß das Urteil zur Hauptsache wegen 26
einer Aufhebung der Vorabentscheidung über den Grund entfällt, § 304 Rn 30.
Heranziehungsbescheid: Rn 22 „Bardepotpflicht". 27
Kindesherausgabe: II ist *nicht* entsprechend anwendbar, Schlesw SchlHA **78**, 216.
Klagerücknahme: II ist *nicht* entsprechend anwendbar. Denn § 269 III enthält eine vorrangige Sonderregelung, Düss OLGR **95**, 177.
Kostenfestsetzungsbeschluß: II ist auf ihn entsprechend anwendbar, Rn 23 „Beschluß".
Pfändung und Überweisung: II ist *nicht* entsprechend anwendbar, soweit es um die Aufhebung eines 28
Pfändungs- und Überweisungsbeschlusses geht, Köln MDR **84**, 60.
S auch Rn 23 „Beschluß".
Prozeßvergleich: Rn 32 „Vergleich".
Rechtskraft: II 1 ist *nicht* entsprechend anwendbar, wenn das formell rechtskräftige Urteil wegen inhaltlicher Unbestimmtheit materiell nicht rechtskräftig ist, BGH BB **99**, 1625 (zustm Münzberg JZ **00**, 162).
Scheckprozeß: Rn 31 „Urkundenprozeß". 29
Schiedsspruch usw: II ist entsprechend anwendbar, soweit es darum geht, daß die Vollstreckbarerklärung eines Schiedsspruchs usw aufgehoben wird, §§ 1059 ff, 1065 II 2.
Steuerberater: Rn 21 „Arrest, einstweilige Verfügung": 30
Steuerbescheid: II ist wegen des öffentlichen Interesses an alsbaldiger Vollstreckbarkeit *nicht* entsprechend anwendbar, soweit es um den Vollzug eines unrichtigen Steuerbescheides geht. Das gilt auch bei der sog Vollverzinsung für die in § 233 a AO genannten Steuerarten, BGH NJW **01**, 1068.
Urkunde: Rn 32 „Vergleich". 31
Urkundenprozeß: II ist entsprechend anwendbar, soweit es darum geht, daß im Urkunden-, Scheck- oder Wechselprozeß ein Vorbehaltsurteil aufgehoben wird, §§ 600 II, 602, 605 a.
Verfassungswidrigkeit: II ist entsprechend anwendbar, soweit das BVerfG die Urteilsgrundlage dadurch entfallen läßt, daß es eine Vorschrift für verfassungswidrig erklärt.
Vergleich: II ist entsprechend anwendbar, soweit die Parteien ein vorläufig vollstreckbares Urteil durch 32
einen Prozeßvergleich ändern, Hamm AnwBl **89**, 239, KG MDR **91**, 258.
II ist *nicht* entsprechend anwendbar, soweit es im übrigen um einen Prozeßvergleich oder eine vollstreckbare Urkunde nach § 794 I Z 1, 5 geht, die später abgeändert werden. Denn der Ausgangstitel ist endgültig vollstreckbar, BGH KTS **95**, 67, Düss JR **92**, 499, Karlsr OLGZ **79**, 370. II ist auch dann nicht entsprechend anwendbar, wenn das Gericht einen Prozeßvergleich usw auf Grund einer wirksamen Anfechtung später durch ein Urteil ändert, Hamm AnwBl **89**, 239. Eine Haftung tritt nur nach §§ 812 ff, 823 ff BGB ein.
Verwaltungsakt: Rn 30 „Steuerbescheid".
Vollstreckbarkeitsbeschluß: II ist entsprechend anwendbar, soweit es darum geht, daß ein Vollstreckbar- 33
keitsbeschluß nach einem internationalen Abkommen aufgehoben wird, SchlAnh V.

§§ 717, 718

Vollstreckungsabwehrklage: II ist *nicht* entsprechend anwendbar, soweit es um die Aufhebung auf Grund einer Vollstreckungsabwehrklage geht, falls eine Vollstreckung nach der Rechtskraft stattgefunden hat. Denn damit braucht niemand zu rechnen. Eine Haftung tritt nur nach §§ 812 ff, 823 ff BGB ein.
S auch Rn 35 „Widerspruchsklage", „Wiedereinsetzung".
Vollstreckungsklausel: II ist nicht entsprechend anwendbar, soweit es darum geht, daß das Gericht eine Vollstreckungsklausel nach §§ 732, 768 aufhebt.

34 Vorabentscheidung: Rn 26 „Grundurteil".
Vorbehaltsurteil: Rn 21 „Aufrechnung", Rn 31 „Urkundenprozeß".

35 Wechselprozeß: Rn 31 „Urkundenprozeß".
Widerspruchsklage: II ist *nicht* entsprechend anwendbar, soweit es um die Aufhebung auf Grund einer Widerspruchsklage geht, falls der Gläubiger erst nach der Rechtskraft vollstreckt hat. Denn damit braucht niemand zu rechnen. Eine Haftung tritt nur nach §§ 812 ff, 823 ff BGB ein.
S auch Rn 24 „Drittwiderspruchsklage", Rn 33 „Vollstreckungsabwehrklage", Rn 35 „Wiedereinsetzung".
Wiederaufnahme: II ist *nicht* entsprechend anwendbar, soweit es um die Aufhebung im Wiederaufnahmeverfahren geht, Hamm JB **98**, 266. Denn damit braucht niemand zu rechnen. Eine Haftung tritt nur nach §§ 812 ff, 823 ff BGB ein.
Wiedereinsetzung: II ist *nicht* entsprechend anwendbar, soweit es um eine Wiedereinsetzung geht, falls der Gläubiger erst nach der Rechtskraft vollstreckt hat. Denn damit braucht niemand zu rechnen. Eine Haftung tritt nur nach §§ 812 ff, 823 ff BGB ein.
S auch Rn 33 „Vollstreckungsabwehrklage", Rn 35 „Widerspruchsklage".

36 Wohnungseigentum: In einem Verfahren nach dem WEG ist II *weder* direkt *noch* entsprechend anwendbar, BGH **120**, 263, KG RR **89**, 1163.
Zug-um-Zug-Urteil: II ist *unanfechtbar*, soweit statt unbedingter Verurteilung jetzt eine Verurteilung nur Zug um Zug erfolgt, Karlsr Rpfleger **96**, 74.

37 Zulässigkeitsrüge: II ist entsprechend anwendbar, soweit es um ein Urteil der höheren Instanz geht, das ein Zulässigkeitsrüge verwerfendes Urteil aufhebt und der Klage abweist, § 280 Rn 7, 8.

38 8) *VwGO:* Entsprechend anwendbar, § 167 I VwGO, auf die in § 168 VwGO genannten Titel, soweit sie für *vorläufig vollstreckbar zu erklären sind,* § 167 II VwGO, Wettlaufer S 212 ff, BVerwG NJW **81**, 699. Anwendbar ist auch II, BVerwG NJW **60**, 1875, u III (für Urteile der OVG), so daß der Anspruch nach Wahl des Vollstreckungsschuldners auch im anhängigen Verwaltungsprozeß geltend gemacht werden kann (verfahrensrechtliche Folgenbeseitigung), RedOe § 168 Anm 9; jedoch gilt für die Widerklage die Beschränkung des § 89 II VwGO, OVG Saarl DVBl **81**, 836. II gilt nicht, wenn ein vorläufig vollstreckbares Urteil nach (streitiger) Erledigung der Hauptsache für unwirksam erklärt worden ist, BVerwG NJW **81**, 699. Unanwendbar sind II und III bei nicht rechtskräftigen Beschlüssen, RedOe § 168 Anm 9, zB solchen nach § 80 VwGO, Baur S 123. Keine entspr Anwendung von **II** auf VerwAkte, BGH NJW **82**, 2813, BVerwG NVwZ **91**, 270, vgl BSG MDR **96**, 848 mwN.

718 Vorabentscheidung über vorläufige Vollstreckbarkeit.
¹ In der Berufungsinstanz ist über die vorläufige Vollstreckbarkeit auf Antrag vorab zu verhandeln und zu entscheiden.

II Eine Anfechtung der in der Berufungsinstanz über die vorläufige Vollstreckbarkeit erlassenen Entscheidung findet nicht statt.

1 1) **Systematik, I, II.** Die Vorschrift bietet eine Möglichkeit zur bedingten Korrektur etwa von Anfang an fehlerhafter oder infolge nachträglicher Entwicklung fehlerhaft gewordener Aussprüche zur vorläufigen Vollstreckbarkeit nach §§ 708 ff bis zur erneuten Entscheidung zur Hauptsache, Rn 3, Ffm OLGR **94**, 106, Hamm OLGR **95**, 264, Groener NJW **94**, 432 (zu hohe Sicherheitsanordnung, da inzwischen Teilrechtskraft nebst Teilzahlung). I bezieht sich sowohl auf den Fall, daß eine Partei eine Entscheidung der ersten Instanz in der Hauptsache und wegen deren vorläufiger Vollstreckbarkeit anficht, als auch auf den Fall, daß das Berufungsgericht erstmalig über die vorläufige Vollstreckbarkeit entscheidet, § 714 Rn 3.
I bezieht sich aber *nicht* auf den Fall, daß man mit der Berufung überhaupt nur die Frage der vorläufigen Vollstreckbarkeit anficht, Ffm NJW **82**, 1890, Nürnb NJW **89**, 842, Schneider MDR **83**, 906, aM Ffm MDR **84**, 677 (aber dann gibt es keine Hauptsache außer dieser Frage). I bezieht sich auch nicht auf den Fall, daß in der Berufungsinstanz gegen ein Schlußurteil des Urkundenprozesses nach § 600 die Vollstreckbarkeitsentscheidung des Vorbehaltsurteils korrigiert werden soll, Ffm OLGZ **94**, 471. Der Stand der Zwangsvollstreckung ist unerheblich.

2 2) **Regelungszweck, I, II.** Die Vorschrift ist unbedingt erforderlich, um in der bei Rn 1 dargestellten mißlichen Lage nicht auch noch viel Zeit verstreichen zu lassen. Sie dient damit der Gerechtigkeit nach Einl III 9. Sie dient aber auch der Zweckmäßigkeit und damit der Prozeßwirtschaftlichkeit, Grdz 14 vor § 128. Freilich kann sich im Verlauf der Berufungsinstanz ergeben, daß das erstinstanzliche Gericht zumindest im Ergebnis doch sehr wohl vertretbar oder gar überzeugend geurteilt hat. Deshalb ist eine vorsichtige, zurückhaltende Handhabung von I geboten. Das gilt unabhängig von der Unanfechtbarkeit nach II.

3 3) **Vorabentscheidung, I.** Das Berufungsgericht muß über die vorläufige Vollstreckbarkeit auf einen Antrag vorab verhandeln und entscheiden, Ffm OLGZ **94**, 470, Köln RR **95**, 1280. Eine Entscheidung zur Hauptsache unterbleibt in diesem Verfahren, Karlsr FamRZ **87**, 496. Das Gericht muß das auch auf einen Antrag des Berufungsbekl tun, Düss FamRZ **85**, 307, auch auf einen Antrag des unselbständigen Anschlußberufungsklägers, § 521 Rn 3, Ffm MDR **87**, 1033, Karlsr OLGZ **75**, 486, VGH Kassel NVwZ **87**, 517. Es muß zunächst die Zulässigkeit des Rechtsmittels nach § 522 prüfen, § 714 ist anwendbar, Ffm OLGZ **86**, 254. Eine erstmalige Berufung auf § 710 ist statthaft, Zweibr RR **93**, 76.
Das Gericht muß also *vor* der *Entscheidung zur Hauptsache* entscheiden, aber nicht unbedingt schon vor einer Verhandlung zur Hauptsache, § 39 Rn 6, § 137 Rn 7, Zweibr RR **03**, 76. Der Antrag unterliegt

Abschnitt 1. Allgemeine Vorschriften §§ 718, 719

keiner Frist, Zweibr RR **03**, 76 Man kann ihn auf einen selbständigen Teil des angefochtenen Urteils beschränken, Zweibr RR **03**, 76. Wenn das erstinstanzliche Gericht das Urteil nach § 709 S 1 nur gegen eine Sicherheitsleistung des Klägers für vorläufig vollstreckbar erklärt hatte und wenn der Bekl Berufung eingelegt hat, dann kann das Gericht das Urteil noch in der Berufungsinstanz auf einen Antrag des Klägers ohne die Notwendigkeit seiner Anschlußberufung durch ein Teilurteil dahin ändern, daß die Zwangsvollstreckung ohne eine Sicherheitsleistung des Klägers erfolgen darf, § 714 Rn 3, Ffm MDR **87**, 1033, VGH Kassel NJW **87**, 1965.

Das gilt freilich nicht mehr nach einer vorbehaltlosen Sicherheitsleistung durch den Kläger, Hbg VersR **84**, 895. Das Berufungsgericht kann auch ein nur gegen eine Sicherheitsleistung vorläufig vollstreckbares Urteil auf eine unselbständige Anschlußberufung dahin ändern, daß eine Teilsicherheit genügt, Rn 1, Düss FamRZ **85**, 307, KG NJW **77**, 2270, aM Ffm MDR **87**, 1033 (aber hier sollte man prozeßwirtschaftlich vorgehen. Grdz 14 vor § 128).

Ist ein *Scheidungsausspruch vorweg* rechtskräftig, so kann das Berufungsgericht wegen der Verurteilung zu **4** nachehelichem Unterhalt auch erstmals nach §§ 708 ff entscheiden, Ffm FamRZ **90**, 540. Jede Vorabentscheidung erfolgt nur auf eine mündliche Verhandlung, § 128 Rn 4, Hamm RR **87**, 252, Kblz OLGZ **90**, 230. Sie erfolgt durch ein Teilurteil nach § 301, Ffm OLGZ **94**, 470, Kblz OLGZ **90**, 230, Köln RR **95**, 1280. Dieses ist auch über einen selbständigen Teil des angefochtenen Urteils möglich, Zweibr RR **03**, 76. Die Entscheidung ist kein Zwischenurteil nach §§ 280, 302. Ein Beschluß ist unstatthaft. Das Urteil ist durch die spätere Entscheidung in der Hauptsache auflösend bedingt. Die Entscheidung kann den Wegfall, die Herabsetzung oder nur die Erhöhung der Sicherheitsleistung betreffen, Ffm OLGZ **94**, 471, Köln GRUR **00**, 253. Sie kann auch eine Abwendungsbefugnis aus § 711 betreffen, Ffm FamRZ **90**, 540, Zweibr RR **03**, 76. Eine Erhöhung kommt nicht in Betracht, soweit die Zwangsvollstreckung auf Grund des angefochtenen Urteils bereits beendet ist, Köln MDR **80**, 764, Mü OLGR **95**, 71. Über die Art der Sicherheitsleistung bestimmt das Gericht der ersten Instanz, auch abändernd, § 108 Rn 6. Zuständig ist auch der Einzelrichter, §§ 526, 527, ZöGre § 524 aF Rn 76, aM Ffm MDR **90**, 931 (aber seine Befugnisse umfassen mühelos auch diese Entscheidung).

Die Aufhebung des Urteils in der Hauptsache fällt dann unter § 717. Das Teilurteil enthält grundsätzlich **5** *keine Kostenentscheidung* nach §§ 91 ff, Karlsr FamRZ **87**, 497, LG Ffm Rpfleger **85**, 208. Der Streitwert nach §§ 3 ff, § 63 GKG besteht im Interesse des Antragstellers an der Entscheidung, Anh § 3 Rn 135 „Vorläufige Vollstreckbarkeit".

4) Anfechtung, II. Die Entscheidung eines OLG über die vorläufige Vollstreckbarkeit ist schlechthin **6** unanfechtbar. Das gilt selbst dann, wenn sie unzulässig war, § 707 Rn 16.

5) *VwGO: Entsprechend anwendbar,* § 167 I VwGO, OVG Lüneb NVwZ **00**, 578 mwN, auf Urteile, soweit sie **7** *vorläufig vollstreckbar sind,* § 708 Rn 15; den Antrag darf jeder Beteiligte am Berufungsverfahren stellen, VGH Kassel NVwZ **87**, 517, und zwar auch dann, wenn die Frist für eine Urteilsergänzung nach § 716 abgelaufen ist, VGH Mannh NVwZ-RR **94**, 472, VGH Kassel NVwZ **90**, 276, OVG Weimar NVwZ-RR **02**, 907. Daß die Sicherheit, § 709, zu niedrig bemessen sei, darf nur nach § 718, nicht aber im VollstrVerf geltendgemacht werden, VGH Mannh NVwZ-RR **93**, 279. Mit Einverständnis der Beteiligten kann ohne mündliche Verhandlung entschieden werden, VGH Mannh u VGH Kassel aaO mwN gegen aM NVwZ **87**, 517. Teilurteile der OVG (VGH) über die vorläufige Vollstreckbarkeit sind entsprechend II und abweichend von § 132 VwGO unanfechtbar, BVerwG Buchholz 310 § 167 Nr 5, OVG Lüneb NVwZ **00**, 578. Im Verfahren der Berufungszulassung ergeht die Entscheidung durch Beschluß, OVG Weimar aaO.

719 *Einstweilige Einstellung bei Rechtsmittel und Einspruch.* **I** ¹ Wird gegen ein für vorläufig vollstreckbar erklärtes Urteil der Einspruch oder die Berufung eingelegt, so gelten die Vorschriften des § 707 entsprechend. ² Die Zwangsvollstreckung aus einem Versäumnisurteil darf nur gegen Sicherheitsleistung eingestellt werden, es sei denn, dass das Versäumnisurteil nicht in gesetzlicher Weise ergangen ist oder die säumige Partei glaubhaft macht, dass ihre Säumnis unverschuldet war.

II ¹ Wird Revision gegen ein für vorläufig vollstreckbar erklärtes Urteil eingelegt, so ordnet das Revisionsgericht auf Antrag an, dass die Zwangsvollstreckung einstweilen eingestellt wird, wenn die Vollstreckung dem Schuldner einen nicht zu ersetzenden Nachteil bringen würde und nicht ein überwiegendes Interesse des Gläubigers entgegensteht. ² Die Parteien haben die tatsächlichen Voraussetzungen glaubhaft zu machen.

III Die Entscheidung ergeht durch Beschluss.

Schrifttum: *Hellhake,* Einstweilige Einstellung der Zwangsvollstreckung usw, 1998; *Lippross,* Grundlagen und System des Vollstreckungsschutzes, 1983.

Gliederung

1) Systematik, I–III	1	A. Grundsatz: Einschränkung der Einstellung	7
2) Regelungszweck, I–III	2	B. Einstellungsmöglichkeiten	8
3) Streitiges Urteil, I	3, 4	C. Einstellungsverbote	9
A. Grundsatz: Einstellungsbefugnis	3	D. Kein Überwiegen des Gläubigerinteresses	10
B. Ausnahme: Einstellungsverbot	4	E. Glaubhaftmachung	11
4) Beschluß; Vollstreckungsbescheid, I	5	7) Verfahren, III	12
5) Versäumnisurteil, I	6	8) VwGO	13
6) Revision: Nicht zu ersetzender Nachteil, II	7–11		

§ 719

1 **1) Systematik, I–III.** Die Vorschrift ergänzt den § 707 nur formell. Sie hat in der Praxis eine viel größere Bedeutung als diejenige, auf die sie in I 1 verweist. § 712 hat einen mit §§ 707, 719 teilweise übereinstimmenden Schutzzweck und ist daher zunächst zu beachten, Rn 4. II, III gelten in den Fällen §§ 544 V 2, 566 III 2 entsprechend. Beim Abänderungsurteil nach § 323 gilt nur § 769, Karlsr FamRZ **80**, 909. §§ 935 ff bleiben anwendbar.

2 **2) Regelungszweck, I–III.** Der Grundgedanke ist hier ganz ähnlich auch in § 717 eine Eindämmung der Risiken einer vorläufigen Vollstreckung. Immerhin bedeutet ein Rechtsbehelf oder -mittel noch nicht auch nur eine bloßen Anscheinsbeweis für die Unrichtigkeit der bisherigen Entscheidung. Sie kann sich ja auch bei nochmaliger Überprüfung als völlig richtig erweisen. Deshalb bindet § 719 wie § 707 eine einstweilige Einstellung der vorläufigen Vollstreckung an strenge Voraussetzungen. Man sollte sie auch durchaus streng auslegen.

3 **3) Streitiges Urteil, I.** Ein strenger Grundsatz hat wenige Ausnahmen.
A. Grundsatz: Einstellungsbefugnis. Sobald die Partei Einspruch oder Berufung nach §§ 340 I 1, 519 I, 700 I eingelegt hat, kann das Gericht auf einen Antrag auch des sich dem Rechtsmittel anschließenden Rechtsmittelbekl eine der einstellenden oder aufhebenden Anordnungen des § 707 treffen. Das gilt auch dann, wenn das Urteil nach § 709 S 1 nur gegen eine Sicherheitsleistung vorläufig vollstreckbar ist oder wenn der Schuldner die Vollstreckbarkeit nach § 711 durch eine Sicherheitsleistung abwenden darf. § 537 steht solchen Anordnungen nicht entgegen, Schlesw SchlHA **77**, 190, ebensowenig die Eröffnung des Insolvenzverfahrens über das Vermögen des Klägers, BGH NJW **01**, 375. I gilt nicht bei einem Urteil, das einen Arrest oder eine einstweilige Verfügung aufhebt, §§ 925 II, 936 Rn 4 „§ 925, Entscheidung auf Widerspruch", Bre MDR **98**, 677, Düss RR **02**, 138, Ffm MDR **97**, 1060. Die Zwangsvollstreckung erfolgt dann ja nur wegen der Kosten. Daher ist ein Wiederaufleben des Arrests bzw der einstweiligen Verfügung nicht möglich. Wenn ein Urteil einen Arrest oder eine einstweilige Verfügung bestätigt hat, ist eine Einstellung der Zwangsvollstreckung zwar denkbar. Sie ist dann aber nur ganz ausnahmsweise angebracht, Celle NJW **90**, 3281, Ffm MDR **97**, 393, KG RR **98**, 1381.

4 **B. Ausnahme: Einstellungsverbot.** Soweit der Vollstreckungsschuldner einen rechtzeitigen Antrag nach § 712 versäumt hat, § 714 Rn 3, kommt eine Einstellung nach I selbst bei einer Erfolgsaussicht des Rechtsmittels nur ganz ausnahmsweise in Betracht, BGH WoM **05**, 262, Kblz FamRZ **00**, 1165, Köln JB **97**, 554, aM Düss MDR **02**, 289, KG MDR **05**, 117 (aber die Schutzzwecke überlappen sich, müssen sich nicht ganz übereinstimmen). Das gilt auch bei einer Nichtzulassungsbeschwerde, BGH WoM **03**, 710 rechts. Im übrigen kommt keine Einstellung in Betracht, soweit nicht Fehler des erstinstanzlichen Urteils vorliegen, Saarbr MDR **97**, 1157.

5 **4) Beschluß; Vollstreckungsbescheid, I.** Die Vorschrift gilt ferner für einen Beschluß, § 329. Freilich hat § 572 Vorrang. Über einen Arrestbeschluß und einen Beschluß auf den Erlaß einer einstweiligen Verfügung § 924 III. I gilt schließlich für den Vollstreckungsbescheid, § 700, Düss MDR **80**, 675.

6 **5) Versäumnisurteil, I.** Indessen ist bei einem Versäumnisurteil nach §§ 330 ff auf Grund eines Einspruchs nach §§ 338 ff, 539, 700 eine Einstellung der Zwangsvollstreckung grundsätzlich nur gegen eine Sicherheitsleistung des Schuldners zulässig, I 2 Hs 1, KG MDR **85**, 330, aM Hamm NJW **81**, 132 (aber Text und Sinn sind eindeutig, Einl III 39). Von diesem Grundsatz gelten Ausnahmen nach I 2 Hs 2, wenn das Urteil eindeutig gesetzwidrig ist, § 127 Rn 25 (ob das der Fall ist, muß das Gericht von Amts wegen klären, Grdz 39 vor § 128), Brdb RR **02**, 285, Drsd JB **03**, 107, Stgt RR **03**, 714 (zustm Karst MDR **03**, 1390), aM Hbg NJW **79**, 1464 (aber auch dies ist eine Form von Rechtsmißbrauch, diesmal durch das Gericht, Einl III 54). Eine weitere Ausnahme gilt, wenn der Säumige nach § 294 glaubhaft macht, daß er an der Säumnis schuldlos ist, Brdb RR **02**, 285, Ffm RR **98**, 1450, Stgt RR **03**, 713, aM Ffm RR **98**, 1450, KG MDR **85**, 330, Köln RR **02**, 428 (aber Text und Sinn sind eindeutig, Einl III 39). Hier gelten etwa dieselben Anforderungen wie bei § 233. Freilich will das Gesetz hier die Stellung des Säumigen bewußt schwächen. Daher ist eine allzu großzügige Auslegung des Begriffs „unverschuldet" verboten. Wegen der Rückgabe der Sicherheit § 715 Rn 1. Eine Glaubhaftmachung erfolgt nur nach I und zusätzlich § 707 I 2, BVerfG FamRZ **04**, 1015 links oben, Ffm MDR **82**, 588, KG MDR **85**, 330, aM Hamm MDR **78**, 412, Müssig ZZP **98**, 328.

7 **6) Revision: Nicht zu ersetzender Nachteil, II.** Die selbständige Regelung ist dem § 712 nachgebildet, von Stackelberg MDR **86**, 109. Die Gerichte sind hier streng. Im Nichtzulassungsverfahren gilt dasselbe wie im Revisionsverfahren, BGH WoM **04**, 679. Manche fordern dann auch eine Erfolgsaussicht, BAG DB **00**, 2176.
A. Grundsatz: Einschränkung der Einstellung. Die Vorschrift dient als letztes Hilfsmittel, BGH WettbR **99**, 139. Sie soll verzögernde Revisionen verhindern, BGH NJW **00**, 3008. Sie schränkt daher die Einstellungsmöglichkeiten sowohl nach ihren Voraussetzungen als auch inhaltlich ein, BGH WettbR **99**, 139, Nürnb NJW **82**, 392. Soweit eine Partei gegen ein vorläufig vollstreckbares Urteil Revision eingelegt hat, muß das Revisionsgericht grundsätzlich auf Grund eines Antrags des Schuldners die Zwangsvollstreckung einstweilen einstellen, wenn der Schuldner nach § 294 glaubhaft macht, daß gerade ihm und nicht etwa nur einem Dritten, BGH WertpMitt **83**, 1020, und daß ihm gerade und erst durch die Zwangsvollstreckung ein nicht zu ersetzender Nachteil im Sinn von § 707 Rn 10, 11 droht, wie er nicht schon aus dem Urteil selbst, BGH FamRZ **03**, 372. Im letzteren Fall kommt freilich § 765a in Betracht. Zum Begriff der Zwangsvollstreckung § 707 Rn 10, § 711 S 1. Revisionsgericht ist in Bayern auch das BayObLG bis zur eigenen Unzuständigkeitserklärung, § 7 II EGZPO. Der BGH ist aber an eine Entscheidung des BayObLG nicht gebunden. Im Revisionsverfahren bleibt trotz Revision gegen das Vorbehaltsurteil bis zu dessen Aufhebung das Prozeßgericht des Nachverfahrens für eine Entscheidung nach I zuständig, Nürnb NJW **82**, 392.

Das Gericht muß die Zwangsvollstreckung auch dann einstellen, wenn sich der Nachteil nach § 717 III *nicht ausgleichen* läßt. Das Gericht muß die Zulässigkeit der Revision prüfen. Es muß eine einstweilige Einstellung ablehnen, wenn bereits mit hinreichender Sicherheit feststeht, daß die Revision erfolglos sein

Abschnitt 1. Allgemeine Vorschriften **§ 719**

wird. § 707 ist in diesem Fall nicht anwendbar. Es gelten vielmehr nur die verschärften Bedingungen des II, auch wenn das Gericht die Berufung wegen einer Ablehnung des Antrags auf Wiedereinsetzung als unzulässig verworfen hatte. Ein Räumungstitel muß gegen alle Besitzer ergangen oder umschreibbar sein, BGH NZM **98**, 665.

II gilt nicht, soweit das erstinstanzliche Gericht die Zwangsvollstreckung aus dem mit der Revision angefochtenen Vorbehaltsurteil nach §§ 302, 599 einstellt, Nürnb NJW **82**, 392.

B. Einstellungsmöglichkeiten. Das Verfahren nach § 719 kann grundsätzlich nicht zur Vorwegnahme 8 des Erkenntnisverfahrens führen, LAG Ffm DB **83**, 2257. Auch deshalb ist nur eine Einstellung der Zwangsvollstreckung zulässig, nicht auch eine Aufhebung von Zwangsvollstreckungsmaßregeln nach § 775 und nicht eine Zulassung einer weiteren Zwangsvollstreckung gegen eine Sicherheitsleistung. Mit Anordnungen über die Art der Sicherheitsleistung hat § 719 nichts zu tun. Über solche Anordnungen muß vielmehr das Berufungsgericht befinden. Das gilt selbst dann, wenn der Betroffene schon die Revision eingelegt hat. Nur ganz ausnahmsweise könnte das Revisionsgericht solche Anordnungen selbst treffen. Ausnahmsweise kann man auch in der Rechtsmittelbegründungsfrist gestellten Einstellungsantrag auch als Rechtsmittelbegründung werten, BGH GRUR **95**, 1330.

Zulässig ist aber eine *teilweise* Einstellung der Zwangsvollstreckung, nämlich nur insoweit, als durch die Vollstreckung ein unersetzlicher Nachteil im Sinn von § 707 Rn 10, 11 eintreten kann, oben Rn 7. Bei einem Unterlassungsanspruch gilt § 719 jedenfalls dann nicht, wenn das Urteil des Berufungsgerichts durch eine Einstellung der Zwangsvollstreckung seine sachlichrechtliche Wirkung einbüßen würde, BGH NJW **00**, 3008. Allein der Umstand, daß die Vollstreckung aus dem Berufungsurteil ein Ergebnis des Prozesses vorwegnehmen würde, ist noch kein unersetzlicher Nachteil, BGH MDR **79**, 997.

Wenn der *Gläubiger* nach § 711 S 2 die Möglichkeit hat, seinerseits eine Sicherheit zu leisten, dann kann wegen § 717 III ein unersetzlicher Nachteil jedenfalls für den Fall entstehen, daß der Gläubiger durch eine unverhältnismäßig niedrige Gegensicherheit die Leistung des Schuldners außer Kraft setzen könnte. Eine einstweilige Einstellung aus einem Beschäftigungsrecht kommt nur dann in Betracht, wenn schon eine vorläufige Prüfung ergibt, daß das Arbeitsgericht einen Arbeitgeber zu Unrecht zur Beschäftigung des Arbeitnehmers verurteilt hat, LAG Bln BB **80**, 1750, LAG Ffm DB **83**, 2257.

C. Einstellungsverbote. Das Gericht darf die Zwangsvollstreckung grundsätzlich nicht nach II einstellen, wenn das Finanzamt die vorläufige Vollstreckbarkeit einer Entscheidung des FG weder durch eine Sicherheitsleistung noch durch die Glaubhaftmachung eines unersetzlichen Nachteils nach §§ 711 S 1, 712 abgewendet hat, BGH FamRZ **05**, 1662, BFH BB **77**, 991, oder wenn die Partei im Berufungsrechtszug trotz Zumutbarkeit keinen Antrag nach § 712 gestellt hat, BGH RR **05**, 148, BVerwG NJW **99**, 80, oder wenn sie ihn zwar gestellt hat, ihn aber vorwerfbar nicht begründet hat, BGH GRUR **97**, 545, von Stackelberg MDR **86**, 110. Das alles gilt auch beim Ergänzungsantrag nach §§ 321, 716, BGH WoM **04**, 554. Es gilt selbst dann, wenn das Berufungsgericht die Erfolgsaussichten günstig beurteilt hatte, BGH RR **05**, 148, oder wenn der Schuldner von der ihm eingeräumten Möglichkeit der Abwendung der Zwangsvollstreckung durch Sicherheitsleistung Gebrauch gemacht hat, LG Ffm NZM **99**, 1136.

Von diesem Grundsatz gilt freilich dann eine *Ausnahme*, wenn einem Antrag nach § 712 erhebliche Hindernisse entgegenstehen. Das gilt etwa dann, wenn der unersetzliche Nachteil erst nach dem Schluß der mündlichen Verhandlung in der Berufungsinstanz nach §§ 136 IV, 296 a hervortritt oder wenn die Partei ihn nicht früher glaubhaft machen kann, BGH NJW **01**, 375, oder wenn ein Antrag nach § 712 dem Vollstreckungsschuldner schweren Nachteil zufügen würde, BGH FamRZ **04**, 1638 rechts, etwa im Konkurrenzkampf, BGH RR **88**, 1531, von Stackelberg MDR **86**, 110. Das Gericht darf die Zwangsvollstreckung ferner nicht nach II einstellen, wenn die Partei keinen zulässigen Antrag nach § 321 auf die Nachholung einer Anordnung nach § 711 gestellt hat, BGH NJW **84**, 1240. Trotz der Einstellung nach § 719 ist eine einstweilige Verfügung zur Durchsetzung einer weiteren Unterlassung zulässig, Grdz 49 vor § 704.

D. Kein Überwiegen des Gläubigerinteresses. Soweit ein überwiegendes Interesse des Gläubigers 10 entgegensteht, darf das Gericht die Zwangsvollstreckung trotz des Vorliegens der übrigen Voraussetzungen des II nicht einstellen, II 1 aE, BGH ZIP **96**, 1798. Zum Begriff des überwiegenden Gläubigerinteresses § 712 Rn 7. II gilt ebensowenig, wenn der Schuldner andere Möglichkeiten zur Wahrnehmung seiner Interessen nicht genutzt hat, BGH MDR **79**, 138, oder wenn ein gekündigter Mieter einen Untermietvertrag ohne Absicherung schloß, BGH NZM **99**, 23.

E. Glaubhaftmachung. Die Glaubhaftmachung nach II 2, § 294 ist in allen Fällen des II 1 notwendig 11 und ausreichend, also auch bei Rn 9.

7) Verfahren, III. Für den Antrag und für das Verfahren gilt dasselbe wie bei § 707 Rn 5, 7. Das 12 Rechtsschutzbedürfnis entfällt nicht schon infolge einer Zahlung zur Abwendung der Zwangsvollstreckung unter dem Vorbehalt einer Rückforderung, Mü MDR **85**, 1034. Anwaltszwang herrscht wie sonst, BGH RR **04**, 936 (auch bei Nichtzulassungsbeschwerde). Es gelten dieselben Rechtsbehelfe wie bei § 707 II 2, § 707 Rn 17, KG MDR **84**, 590, Karlsr MDR **93**, 798, ZöHe 10, aM Düss MDR **80**, 675, Künkel MDR **89**, 312 (aber die Situationen gleichen sich weitgehend). Das Gericht entscheidet durch einen Beschluß. Es muß seinen Beschluß nach I oder II, § 329 begründen, § 329 Rn 4. Er ist frei abänderlich, BGH FamRZ **89**, 849. Er enthält keine Kostenentscheidung, Ffm AnwBl **78**, 425.

8) VwGO: Mit Ausnahme von I 2 entsprechend anwendbar, § 167 I VwGO, OVG Bre NJW **67**, 2223, auch im 13 Verfahren über die Rechtsmittelzulassungsbeschwerde, BVerwG NVwZ **98**, 1177, OVG Bln NVwZ-RR **99**, 811. Im Fall einer Leistungs-(Zahlungs-)Klage in der Revisionsinstanz keine Einstellung, wenn der Schuldner die vorläufige Vollstreckbarkeit nicht nach §§ 711 S 1, 712 abgewendet hat, Rn 9, BVerwG in stRspr, NVwZ **98**, 1177; anders dagegen in der Berufungsinstanz, OVG Bln NVwZ-RR **99**, 811. Zu den für eine Einstellung maßgeblichen Gesichtspunkten OVG Lüneb LS DÖV **83**, 989.

§§ 720, 720a

720 *Hinterlegung bei Abwendung der Vollstreckung.* Darf der Schuldner nach § 711 Satz 1, § 712 Abs. 1 Satz 1 die Vollstreckung durch Sicherheitsleistung oder Hinterlegung abwenden, so ist gepfändetes Geld oder der Erlös gepfändeter Gegenstände zu hinterlegen.

1 **1) Systematik.** Die Vorschrift ergänzt §§ 711, 712 für den in der Praxis verhältnismäßig seltenen Fall, daß der Schuldner eine Sicherheitsleistung durch gepfändetes Geld oder den Erlös gepfändeter Sachen nach §§ 775, Z 3, 776 abwenden möchte.

2 **2) Regelungszweck.** Die gerichtliche Erlaubnis zur Abwendung der Vollstreckung nach §§ 711 S 1, 712 I 1 verhindert bereits jede Befriedigung des Gläubigers. Gepfändetes Geld und ein Pfanderlös dürfen nicht dem Gläubiger ausgehändigt werden, sonden müssen hinterlegt werden, BayObLG MDR **76**, 852. Denn sonst würde die mit einer ja nur vorläufigen Vollstreckung eintretende Wirkung über das erlaubte Ziel der nur vorläufigen Befriedigung hinausschießen und das Risiko einer im Ergebnis ungerechten Werteverteilung unvertretbar erhöhen. Die Vorschrift dient also der Gerechtigkeit nach Einl III 9. Das sollte sie entsprechend strikt auslegen.

3 **3) Geltungsbereich.** Wenn der Gläubiger die zum Schuldnerschutz getroffene gerichtliche Anordnung seinerseits nach § 711 S 1 aE durch eine Sicherheitsleistung beseitigen darf und wenn der Gläubiger die Sicherheit auch geleistet hat, dann ist § 720 unanwendbar. Die Vorschrift gilt grundsätzlich auch dann nicht, wenn die Einstellung der Zwangsvollstreckung nach §§ 707, 719 nur gegen eine Sicherheitsleistung zulässig ist und wenn der Schuldner diese nicht erbracht hat. Eine Ausnahme gilt im Fall § 707 Rn 13. Eine Hinterlegung erfolgt aber auch dann, wenn dem Schuldner und das Gericht dem Gläubiger die Möglichkeit der Sicherheitsleistung eingeräumt hat, wenn jedoch keiner eine solche Sicherheit leistet. Wegen der Pfändung einer Forderung § 839.

4 **4) Einzelfragen.** Das Pfandrecht dauert am hinterlegten Geld fort. Wenn der Schuldner unter dem Druck einer drohenden Zwangsvollstreckung zahlt, muß der Schuldner bzw der Gerichtsvollzieher dieses Geld dem Gläubiger abliefern. Der Gläubiger ist dann befriedigt.

5 **5)** *VwGO:* Entsprechend anwendbar, § 167 I *VwGO.*

720a *Sicherungsvollstreckung.* I 1 Aus einem nur gegen Sicherheit vorläufig vollstreckbaren Urteil, durch das der Schuldner zur Leistung von Geld verurteilt worden ist, darf der Gläubiger ohne Sicherheitsleistung die Zwangsvollstreckung insoweit betreiben, als
a) bewegliches Vermögen gepfändet wird,
b) im Wege der Zwangsvollstreckung in das unbewegliche Vermögen eine Sicherungshypothek oder Schiffshypothek eingetragen wird.
² Der Gläubiger kann sich aus dem belasteten Gegenstand nur nach Leistung der Sicherheit befriedigen.

II Für die Zwangsvollstreckung in das bewegliche Vermögen gilt § 930 Abs. 2, 3 entsprechend.

III Der Schuldner ist befugt, die Zwangsvollstreckung nach Absatz 1 durch Leistung einer Sicherheit in Höhe des Hauptanspruchs abzuwenden, wegen dessen der Gläubiger vollstrecken kann, wenn nicht der Gläubiger vorher die ihm obliegende Sicherheit geleistet hat.

Gliederung

1) Systematik, I–III	1	5) Vollstreckungsabwendung, III	5
2) Regelungszweck, I–III	2	6) Wirkung kraft Gesetzes, I–III	6
3) Geltungsbereich, I–III	3	7) *VwGO*	7
4) Zulässige Maßnahmen, I, II	4		

1 **1) Systematik, I–III.** Die Vorschrift stellt eine Ausnahme von der Regel des § 751 II dar, BayObLG JB **95**, 162, Stgt NJW **80**, 1698, LG Mainz DGVZ **87**, 61. Alle übrigen Voraussetzungen der Zwangsvollstreckung bleiben wie sonst bestehen, zB §§ 707, 719, Ffm MDR **89**, 442, §§ 724 I, 750, 751 I, 756, 765. Das gilt insbesondere für die 2-Wochen-Wartefrist nach § 750 III, dort Rn 23.

2 **2) Regelungszweck, I–III.** § 720 a soll dem Gläubiger einer Geldforderung in beliebiger Währung nach Ablauf der Wartefrist nach Rn 1 die Möglichkeit geben, schon vor der Leistung einer ihm auferlegten Sicherheit Sicherungsmaßnahmen zu treffen, damit der Schuldner sein Vermögen nicht inzwischen beiseite bringen kann, BayObLG JB **95**, 162, oder damit der Schuldner nicht zwar schuldlos, jedoch im Ergebnis für den Gläubiger ebenso schmerzhaft in einen Vermögensverfall geraten kann. Insoweit besteht also eine Ähnlichkeit mit dem Arrest, §§ 916 ff, Mü RR **88**, 1466, Stgt NJW **80**, 1698, LG Darmst Rpfleger **81**, 362, aM Christmann DGVZ **93**, 110 (er betont zu sehr den Schutz des Schuldners).
Problematisch bleibt die Regelung trotz der nur vorläufigen Sicherung des Gläubigers. Immerhin können schon die in I 1 genannten Maßnahmen die rechtliche wie wirtschaftliche Bewegungsfreiheit des Schuldners empfindlich einschränken. Das ist umso weniger überzeugend, als ja eigentlich der Gläubiger eine volle Sicherheit erbringen muß, bevor er auch nur vorläufig vollstrecken darf. Daher darf man bei der Auslegung nicht nur die Interessen des Gläubigers sehen. Daran ändern auch die mehr theoretischen Möglichkeiten des Schuldners nach III Hs 1 nichts, zumal der Gläubiger sie nach III Hs 2 unterlaufen kann, den Schuldner dann freilich voll absichern muß. Graf Lambsdorff NJW **02**, 1308 fordert die Abschaffung der Vorschrift, die er für verfassungswidrig hält, aM Burchard NJW **02**, 2220.

Abschnitt 1. Allgemeine Vorschriften §§ 720a, 721

3) Geltungsbereich, I–III. Die Vorschrift ist grundsätzlich in allen Verfahren nach der ZPO anwendbar. Allerdings ist § 720 a nicht entsprechend auf den Fall anwendbar, daß das Gericht die Vollziehung des dinglichen Arrests nach § 923 von einer Sicherheitsleistung abhängig gemacht hat, Mü RR **88**, 1466, Christmann DGVZ **93**, 110. Ein Schadensersatzanspruch nach § 717 bleibt auch bei § 720 a möglich.

Die Vorschrift ist auf *sämtliche Urteile* anwendbar, die nur gegen eine Sicherheitsleistung vorläufig vollstreckbar sind, BayObLG JB **95**, 162 (Duldungsurteil). Das ist sowohl ein Urteil nach § 709 als auch ein Urteil, das zunächst ohne eine Sicherheitsleistung vorläufig vollstreckbar war, bei dem aber nach §§ 711 S 1 Hs 2, 712 II 2 die Vollstreckbarkeit doch wieder von einer Sicherheitsleistung des Gläubigers abhängt, aM LG Heidelb MDR **93**, 272 (aber nun ist eben die Notwendigkeit klägerischer Sicherheitsleistung als Bedingung vorläufiger Vollstreckbarkeit auch hier eingetreten). Natürlich gehört erst recht ein nach § 712 I 2 Hs 2 nur im Rahmen von § 720 a vorläufig vollstreckbares Urteil hierher. Wegen eines Kostenfestsetzungsbeschlusses § 795 Rn 2. Die Sicherungsmaßnahmen dürfen nicht zu einer Befriedigung des Gläubigers führen, bevor er eine Sicherheit geleistet hat. Freilich bleibt dem Gläubiger der durch eine Sicherungsmaßnahme erzielte Rang erhalten. Wegen des Beginns der Zwangsvollstreckung § 750 Rn 21. Bei Insolvenz des Schuldners hat die Sicherungsvollstreckung nur begrenzten Wert, BGH NJW **01**, 674.

Nicht hierher zählt ein Urteil nach §§ 710, 711 S 1 Hs 1, 712 I 2. Denn dort geht es um eine Sicherheitsleistung des Schuldners, nicht des Gläubigers, LG Heidelb MDR **93**, 272.

4) Zulässige Maßnahmen, I, II. Zulässig ist die Pfändung beweglichen Vermögens, I 1 a, §§ 803 ff, 808, 809, 829, auch eine Vorpfändung, § 845, BGH **93**, 74, KG Rpfleger **81**, 240, ZöStö § 845 Rn 2, aM Fahlbusch Rpfleger **79**, 94 (aber es gehört nun einmal zu den Waffen des Gläubigers. Das schafft ja noch keineswegs seine Befriedigung.). Unzulässig ist die Verwertung dieses Vermögens, §§ 814 ff. Zulässig ist ferner die Eintragung einer Sicherungshypothek oder Schiffshypothek, I 1 b, §§ 866–868, 870 a, und zwar auch einer rangbesseren, Hbg MDR **99**, 255. Zulässig ist also auch eine Höchstbetragshypothek nach § 932 I 1, aM ZöStö § 6 (aber die Vorschrift nennt die Hypothek in Hs 1 eindeutig ebenfalls „Sicherungshypothek"). Unzulässig ist eine Zwangsversteigerung oder Zwangsverwaltung auf Antrag dieses Gläubigers, § 869. Man muß den Grund der Eintragung bei einer Zwangshypothek erkennbar machen.

Bei der Zwangsvollstreckung in das *bewegliche Vermögen* nach §§ 803 ff ist § 930 II, III entsprechend anwendbar, II. Man muß also gepfändetes Geld hinterlegen. Die Versteigerung darf nur erfolgen, wenn die Gefahr einer beträchtlichen Wertverringerung besteht oder wenn die Aufbewahrungskosten unverhältnismäßig hoch werden. Dann wird der Erlös hinterlegt. Der Gläubiger kann auch ohne eine eigene Sicherheitsleistung vom Schuldner die Offenbarungsversicherung nach § 807 fordern, Hbg MDR **99**, 255, LG Darmst DGVZ **99**, 60, LG Stgt DGVZ **03**, 91, aM LG Bln Rpfleger **89**, 206, LG Mainz DGVZ **87**, 61, Fahlbusch Rpfleger **79**, 248 (aber § 807 fordert keine Sicherheitsleistung). Auch die zugehörigen Kosten sind in den Grenzen des § 720 a auch vor einer Sicherheitsleistung des Gläubigers mitvollstreckbar, KG JB **84**, 1572.

Verwertung wird nach Rechtskraft möglich, ferner kann, wenn der Gläubiger nach I 2 Sicherheit geleistet hat oder wenn das Urteil ohne Sicherheitsleistung vollstreckbar geworden ist. Der zugehörige Nachweis erfolgt nach § 751 II.

5) Vollstreckungsabwendung, III. Der Schuldner kann die Sicherungsmaßnahmen und nicht etwa die vorläufige Vollstreckbarkeit des Titels jederzeit zunächst durch eine eigene Sicherheitsleistung in Höhe desjenigen Hauptanspruchs abwenden, dessentwegen sie vollstrecken kann, III Hs 1, Karlsr Rpfleger **00**, 555 (festgesetzte Kosten), Mü DGVZ **90**, 186. Das Gericht braucht diese Befugnis nicht im Urteil auszusprechen, zumal die Situation meist erst später entsteht, Karlsr Rpfleger **00**, 555. Eine Bürgschaft ist zulässig, § 108 Rn 10. Denn sie soll nicht einen Verzögerungsschaden absichern, sondern den Anspruch selbst, Köln RR **87**, 251, Mü DGVZ **90**, 186. Sie deckt auch wegen Zinsen und Kosten, Jena RR **02**, 1506. Eine bedingte Bürgschaft, aus der sich der Bürge durch eine Hinterlegung befreien kann, reicht nicht aus, § 108 Rn 11, LG Bln DGVZ **91**, 9. Der Gläubiger kann und muß die Höhe der notwendigen Sicherheitsleistung aus dem vollstreckbaren Titel ablesen. Das Gericht darf die Sicherheitsleistung nicht nachträglich wegen inzwischen angewachsener Zinsforderungen usw erhöhen.

Jedoch besteht *keine* Befugnis zur Abwendung der Zwangsvollstreckung, soweit und sobald der Gläubiger seine Sicherheit geleistet hat, III Hs 2. Der zugehörige Nachweis erfolgt auch hier nach § 751 II. Auch hier besteht also wie bei § 711 kein lückenloser Schuldnerschutz. Er ist auch nicht notwendig. Denn hier liegen ja bloße Sicherungsmaßnahmen vor. Auch die öffentliche Hand muß als Schuldnerin Sicherheit leisten, Ffm RR **86**, 359. Im Fall Hs 2 erhält der Schuldner seine Sicherheitsleistung nach § 109 zurück, Mü DGVZ **90**, 196, StJM 14, ZöStö 10, aM Gilleßen, Jakobs DGVZ **77**, 113 (§ 766. Aber § 109 gilt uneingeschränkt).

6) Wirkung kraft Gesetzes, I–III. Die Rechte des § 720 a treten unmittelbar kraft Gesetzes ein, Mü DGVZ **90**, 186. Deshalb ist die Erörterung im Urteil weder in der Formel noch in den Entscheidungsgründen erforderlich. Das Vollstreckungsorgan muß die Rechte von Amts wegen beachten, Behr NJW **92**, 2740. Anders als bei § 711 gibt es also auch wegen einer Abwendungsbefugnis des Schuldners keinen Urteilsspruch. Vgl im übrigen die Anmerkungen zu § 711. Jedoch muß man beachten, daß eine dem § 711 S 2 entsprechende Vorschrift hier fehlt. Es gibt also keine Sicherungsmaßnahmen des Gläubigers, wenn der Schuldner eine Sicherheit geleistet hat und der Gläubiger vorher keine Sicherheit leisten konnte.

7) Verstoß, I–III. Er gibt die Erinnerung nach § 766. Auch sind §§ 775 Z 3, 776 anwendbar.

8) VwGO: Entsprechend anwendbar, § 167 I VwGO.

721 *Räumungsfrist.* [1] [1] Wird auf Räumung von Wohnraum erkannt, so kann das Gericht auf Antrag oder von Amts wegen dem Schuldner eine den Umständen nach angemessene Räumungsfrist gewähren. [2] Der Antrag ist vor dem Schluss der mündlichen Verhandlung zu stellen, auf die das Urteil ergeht. [3] Ist der Antrag bei der Entscheidung übergangen, so gilt § 321;

§ 721   Buch 8. Zwangsvollstreckung

bis zur Entscheidung kann das Gericht auf Antrag die Zwangsvollstreckung wegen des Räumungsanspruchs einstweilen einstellen.

II ¹ Ist auf künftige Räumung erkannt und über eine Räumungsfrist noch nicht entschieden, so kann dem Schuldner eine den Umständen nach angemessene Räumungsfrist gewährt werden, wenn er spätestens zwei Wochen vor dem Tage, an dem nach dem Urteil zu räumen ist, einen Antrag stellt. ² §§ 233 bis 238 gelten sinngemäß.

III ¹ Die Räumungsfrist kann auf Antrag verlängert oder verkürzt werden. ² Der Antrag auf Verlängerung ist spätestens zwei Wochen vor Ablauf der Räumungsfrist zu stellen. ³ §§ 233 bis 238 gelten sinngemäß.

IV ¹ Über Anträge nach den Absätzen 2 oder 3 entscheidet das Gericht erster Instanz, solange die Sache in der Berufungsinstanz anhängig ist, das Berufungsgericht. ² Die Entscheidung ergeht durch Beschluss. ³ Vor der Entscheidung ist der Gegner zu hören. ⁴ Das Gericht ist befugt, die im § 732 Abs. 2 bezeichneten Anordnungen zu erlassen.

V ¹ Die Räumungsfrist darf insgesamt nicht mehr als ein Jahr betragen. ² Die Jahresfrist rechnet vom Tag der Rechtskraft des Urteils oder, wenn nach einem Urteil auf künftige Räumung an einem späteren Tag zu räumen ist, von diesem Tage an.

VI Die sofortige Beschwerde findet statt
1. gegen Urteile, durch die auf Räumung von Wohnraum erkannt ist, wenn sich das Rechtsmittel lediglich gegen die Versagung, Gewährung oder Bemessung einer Räumungsfrist richtet;
2. gegen Beschlüsse über Anträge nach den Absätzen 2 oder 3.

VII ¹ Die Absätze 1 bis 6 gelten nicht für Mietverhältnisse über Wohnraum im Sinne des § 549 Abs. 2 Nr. 3 sowie in den Fällen des § 575 des Bürgerlichen Gesetzbuchs. ² Endet ein Mietverhältnis im Sinne des § 575 des Bürgerlichen Gesetzbuchs durch außerordentliche Kündigung, kann eine Räumungsfrist höchstens bis zum vertraglich bestimmten Zeitpunkt der Beendigung gewährt werden.

Schrifttum: *Hoffmann,* Die materielle und prozessuale Rechtslage bei Gewährung einer Räumungsschutzfrist gemäß § 721 ZPO, 2000; *Keip,* Umfang und Grenzen eines sozialen Schuldnerschutzes in der Zwangsvollstreckung, 2000; *Lippross,* Grundlagen und System des Vollstreckungsschutzes, 1983.

Gliederung

1) Systematik, I–VII	1	8) Interessenabwägung, I–V	12–30
2) Regelungszweck, I–VII	2	A. Grundsatz: Ermessen	12
3) Geltungsbereich, I–VII	3	B. Beispiele zur Frage der Beachtlichkeit bei der Abwägung	13–30
4) Voraussetzungen, I–VII	4, 5	9) Höchstfrist, V	31
5) Entscheidung im Räumungsurteil, I .	6	10) Weitere Einzelfragen, I–V	32
6) Urteil auf künftige Räumung, II, V ...	7	11) Rechtsmittel, VI	33
7) Verlängerung, Verkürzung, III, IV ...	8–11	12) Keine bzw eingeschränkte Räumungsfrist, VII	34
A. Grundsatz: Nur nach gerichtlicher Räumungsfrist, III	8, 9	13) *VwGO*	35
B. Verfahren IV 1, 3	10		
C. Entscheidung IV 2, 4	11		

1 **1) Systematik, I–VII.** Die Vorschrift enthält ein verzichtbares Vollstreckungshindernis, Grdz 32 vor § 704, LG Bln ZMR **92,** 542, einen Räumungsschutz. Ihr entspricht den vollstreckbaren Vergleich der formell vorrangige § 794 a, Mü OLGZ **69,** 43. II regelt ein im Gegensatz zu I selbständiges Nebenverfahren, AG Bln-Schöneb MietR **96,** 105. Eine Prüfung nach § 574 BGB darf nicht schon mit der Begründung unterbleiben, daß § 721 eine ausreichende Frist gewähre, Stgt WoM **91,** 347, LG Regensb WoM **83,** 141. § 765 a gilt unverändert zumindest hilfsweise, wie § 765 a Rn 4. §§ 707 ff können ergänzend anwendbar sein, BGH WoM **03,** 710. Die prozessuale Bewilligung einer Räumungsfrist ändert an den Möglichkeiten der Beendigung des sachlichrechtlichen Mietverhältnisses nichts, LG Freibg WoM **80,** 224, LG Hann WoM **89,** 77, AG Friedberg WoM **80,** 223. Jedoch bleibt die Pflicht des Vermieters bestehen, die Wohnung zumindest insoweit instandzuhalten, als das zu Wohnzwecken notwendig ist, LG Bln ZMR **92,** 542. Ferner bleibt das Recht des Mieters bestehen, die Mietsache im unbedingt notwendigen Umfang zu nutzen, AG St Blasien WoM **96,** 286. Ferner bleibt die bisherige Miethöhe auch für den Zeitraum der Fristverlängerung maßgebend, LG Wiesb WoM **68,** 164, aM LG Freibg WoM **80,** 224, AG Friedberg WoM **80,** 223 (aber § 721 ändert das Mietverhältnis allenfalls wegen der effektiven Dauer, nicht im übrigen).

Verfassungsbeschwerde bleibt natürlich neben § 721 möglich, BVerfG NZM **99,** 212, HessStGH NZM **99,** 495. Das gilt freilich nur unter Beachtung ihrer bloßen Hilfsfunktion wie stets nach Einl III 17, unten Rn 25 „Verfassungsbeschwerde".

2 **2) Regelungszweck, I–VII.** Die Vorschrift dient dem Schuldnerschutz. Er kann freilich nur in den Grenzen gelten, die sich aus dem verfassungsrechtlich geschützten Befriedigungsrecht des Bürgers ergeben, zu diesem BGH NJW **04,** 3771. Sie bezweckt ein Gegengewicht zu den Gefahren einer ja nach § 708 Z 7 von Amts wegen auszusprechenden vorläufigen Vollstreckbarkeit. Sie soll erst nach dem Ablauf der ebenfalls zugleich mit der Sachentscheidung möglichen und gegebenenfalls ebenfalls von Amts wegen zu verkündenden Räumungsfrist zulässig sein. § 721 dient nicht der Verlängerung eines schon beendeten Mietverhältnisses. Die Vorschrift dient und auch nicht der Verlängerung des Streits zum Ob des Räumungsanspruchs. Sie hindert lediglich den Gläubiger daran, den Räumungstitel sogleich „vorläufig" und in Wahrheit endgültig zwangsweise durchzusetzen, LG Bln MDR **92,** 479, LG Ffm ZMR **99,** 402. Damit dient die Vorschrift der

Abschnitt 1. Allgemeine Vorschriften **§ 721**

Gerechtigkeit, Einl III 9. Sie tut das aber auch im Interesse des Räumungsgläubigers. Er ist oft dringend auf die Durchsetzbarkeit des mühsam und langwierig genug erkämpften Räumungstitels angewiesen. § 721 ist auch zu seinem Schutz da. Beides sollte man bei der Auslegung bedenken.

Zumutbarkeit ist auch hier wieder ein brauchbares Mittel, eine den Rechtsfrieden einigermaßen bewahrende Lösung herauszuarbeiten. Weder der Gläubiger noch der Schuldner dürfen infolge des § 721 in eine unzumutbare Zwangs- oder Notlage geraten. Die Argumente wiegen weder auf der Seite des Gläubigers noch auf derjenigen des Räumungsschuldners von vornherein nur wegen solcher Parteistellung schwerer. Es fordert soziales Einfühlungsvermögen in die Positionen *beider* Parteien, wenn man der Vorschrift gerecht werden will. Deshalb sind weder Strenge noch Großzügigkeit allein angebracht, sondern erkennbare Bemühung um Abwägung auf der Basis deutlichen Verständnisses der Positionen beider Parteien.

3) Geltungsbereich, I–VII. Die Vorschrift gilt grundsätzlich in allen Verfahren nach der ZPO. Gegenüber einem Zuschlagsbeschluß nach dem ZVG ist ein Vollstreckungsschutz nach § 765 a möglich, dort Rn 27, nicht nach § 721, LG Kiel NJW **92**, 1174 (wenn auch krit). Dasselbe gilt beim Zeitmietvertrag, Vogel DRiZ **83**, 206. Wegen einer früheren Ehewohnung kommt nur ein Verfahren nach § 15 HausrVO vor dem FamG infrage, Hbg FamRZ **83**, 1151, Mü NJW **78**, 548, Stgt FamRZ **80**, 467. Macht der Gläubiger innerhalb der Jahresfrist nach V von dem Vollstreckungstitel keinen Gebrauch, so darf er die Zwangsvollstreckung nicht mehr betreiben, Grdz 48 vor § 704, LG Düss MDR **79**, 496, großzügiger Hamm NJW **82**, 342. Auf eine Verfügung auf Nutzungsuntersagung kann § 721 entsprechend anwendbar sein, OVG Schlesw SchlHA **84**, 77. Auf eine einstweilige Verfügung nach § 940 a ist § 721 grundsätzlich unanwendbar, LG Hbg WoM **94**, 707. Auf eine einstweilige Anordnung zwecks Räumung nach §§ 620 ff ist § 721 unanwendbar, Hbg DWW **93**, 238. Auch auf einen Beschluß nach § 93 ZVG oder bei § 148 II InsO ist § 721 unanwendbar. Eine einstweilige Maßnahme etwa nach §§ 719, 732 II kommt bei I nicht in Betracht, LG Düss ZMR **90**, 381. Nach Ansicht des AG Bonn WoM **89**, 361 ist § 721 wegen Art 140 GG usw auch auf einen Geistlichen unanwendbar.

4) Voraussetzungen, I–VII. § 721 erfaßt nur eine Räumung von Wohnraum nebst Nebenräumen, nicht auch eine Räumung eines anderen Grundstücks, zB eines gewerblich genutzten Raums, Mü ZMP **01**, 616. Bei einer Mischmiete erfaßt § 721 jedenfalls auch denjenigen Raum, der auch dem ständigen Wohnen dient, LG Hbg WoM **93**, 36 und 203, LG Mannh ZMR **94**, 21, aM BGH WoM **94**, 16, LG Ffm WoM **94**, 16, LG Mannh ZMR **94**, 21 (§ 721 sei in solchem Fall überhaupt nur dann anwendbar, wenn der Wohnzweck gegenüber dem sonstigen Nutzungszweck mindestens gleichwertig sei oder gar überwiege. Aber das kann man aus dem Wort Wohnraum nicht eindeutig ableiten.), LG Wiesb RR **93**, 1294 (vgl aber § 940 a Rn 1).

Es reicht aus: Daß sich die Wohnung auf einem zu räumenden Grundstück befindet, LG Hbg WoM **97**, 233; daß der Pächter, der sonst nicht unter § 721 fällt, eine Wohnung auf dem Pachtland hat, das er herausgeben muß; daß man die zusammen mit einer Gaststätte verpachtete Wohnung technisch von der Gaststätte trennen kann; daß es sich um eine untervermietete Wohnung handelt, auch wenn der Hauptmieter gewerblich handelte, LG Stgt RR **90**, 655; daß die Geschäftsraum als Wohnraum genutzt ist, LG Lüb ZMR **93**, 224; daß er als Wohnraum untervermietet worden ist oder genutzt wird, LG Lübeck ZMR **93**, 223 (Frauenhaus).

Der *Rechtsgrund* des Innehabens ist unerheblich, LG Hbg MDR **93**, 444, LG Stade WoM **87**, 62. Ebenso unerheblich ist, wer Besitzer im Sinn des BGB ist und wer gekündigt hat, AG BadBad WoM **87**, 62. Der Schuldner muß den Raum tatsächlich zum Wohnen benutzen, AG Ellwangen WoM **92**, 238. Diesem Zweck kann auch ein Schiff oder ein Wohnwagen usw dienen, § 885 Rn 4, LG Lübeck WoM **96**, 718. Celle NJW **80**, 713 versagt dem Ehebrecher, der die Ehewohnung verlassen soll, die Berufung auf § 721. Das Gericht muß von Amts wegen klären, ob es einem Räumungsschutz gewähren will, sonst ist es Säumnis des Schuldners, LG Köln RR **87**, 143, LG Rostock RR **01**, 443. Es hat insofern ein pflichtgemäßes Ermessen. Der Räumungsschuldner darf jedoch auch einen Antrag stellen, LG Rostock RR **01**, 443. Dieser ist nach einem Erkenntnisverfahren ohne mündliche Verhandlung bis zu dem in § 128 II 2 genannten Zeitpunkt nötig. Sonst ist er bis zum Schluß der letzten mündlichen Verhandlung zulässig, §§ 136 V, 296 a, aM LG Bln JB **95**, 530 (bis zum Urteil). Das gilt auch noch in der zweiten Instanz. Dort untersteht er dem Anwaltszwang, § 78. Der Schuldner kann dort keine Einstellung der Zwangsvollstreckung bis zur Entscheidung mehr fordern, Köln MDR **80**, 764. Der ProzBev nach § 81 darf sich nicht stets darauf verlassen, daß das Gericht die Frist von Amts wegen bewilligt, Hamm RR **95**, 526.

5) Entscheidung im Räumungsurteil, I. Das Prozeßgericht muß über die Gewährung einer Räumungsfrist außer in einem Fall nach VII, Rn 19, von Amts wegen oder auf Antrag nach Rn 5 zusammen mit der Entscheidung über die Räumung selbst im Räumungsurteil befinden, § 300, LG Bln WoM **94**, 385, LG Rostock RR **01**, 443. Das Gericht muß im Rahmen seines pflichtgemäßen Ermessens die beiderseitigen Interessen nach Rn 12 ff abwägen. Es muß auch die etwaige Ablehnung des Räumungsschutzes erörtern. Wenn ein Versäumnisurteil nach § 331 ergeht, muß das Gericht über die Räumungsfrist ebenfalls im Urteil entscheiden, LG Rostock RR **01**, 443. Dabei darf und muß das Gericht die Behauptungen des Klägers über das Verhalten des Bekl als wahr unterstellen. Das gilt auch bei einem Zweiten Versäumnisurteil nach § 345, LG Mü WoM **82**, 81. Das Gericht kann die Frist auf einen Wohnungsteil beschränken oder für verschiedene Teile unterschiedliche Fristdauern anordnen. Für die Kostenentscheidung ist § 93 b mitbeachtlich.

Nur dann, wenn das Gericht einen Antrag sowohl im Tenor als auch in den Entscheidungsgründen eindeutig übergangen hat, ist ein *Ergänzungsantrag* nach § 321 binnen 2 Wochen seit der Zustellung des Urteils zulässig, Köln MDR **80**, 764. Mangels eines solchen Antrags kann keine Ergänzung des Urteils stattfinden, auch nicht durch Beschluß, LG Rostock RR **01**, 443. Wenn das Urteil zur Räumungsfrist völlig schweigt oder wenn seine Auslegung zu Zweifeln Anlaß gibt, muß man meist nicht vom Übergehen des Antrags ausgehen, sondern von der Ablehnung einer Räumungsfrist, LG Bln WoM **94**, 385, LG Düss WoM **93**, 471, LG Köln RR **87**, 143. Da das Gericht das Räumungsurteil nach § 708 Z 7, für vorläufig vollstreckbar erklärt hat, kann es die Zwangsvollstreckung im Ergänzungsverfahren auf einen Antrag wegen des Räumungsanspruchs einstweilen einstellen, Köln MDR **80**, 764. Der Mieter braucht einen Ersatzraum im Zweifel erst ab Rechtskraft zu suchen, LG Wuppert WoM **96**, 430.

§ 721 Buch 8. Zwangsvollstreckung

7   **6) Urteil auf künftige Räumung, II, V.** Das Gericht mag auch auf eine erst künftige Räumung erkannt haben, § 259. Es mag in diesem Verfahren aber über eine Räumungsfrist noch nicht entschieden haben, II. Das mag insbesondere deshalb so sein, weil das Gericht die Probleme zur Räumungsfrist noch nicht übersehen konnte. Dann kann der Schuldner außer in einem Fall nach VII wegen Rn 17 auch nach dem Schluß der mündlichen Verhandlung nach §§ 136 IV, 296a bis spätestens 2 Wochen vor dem Ende des im Urteil genannten Räumungstags einen Antrag auf die Gewährung einer Räumungsfrist stellen. Wegen der Fristberechnung gilt dasselbe wie bei III, Rn 9. Es reicht also nicht, daß das Urteil und insbesondere ein Versäumnis- oder gar Anerkenntnisurteil nach §§ 331, 307 einfach nur auf eine „Räumung" lautet. Denn sie soll eine sofortige und nicht erst im Sinn von II „künftige" sein. Das gilt, auch wenn es nicht ausdrücklich im Tenor steht. Auch die Notwendigkeit einer mindestens vorläufigen Vollstreckbarkeit ändert daran nichts. Ein schuldloser Fristablauf läßt nach II 2 eine Wiedereinsetzung nach §§ 233 ff zu. Die Räumungsfrist darf nach V 1, 2 Hs 2 nicht mehr als ein Jahr seit dem zunächst angesetzten Räumungstag dauern.

8   **7) Verlängerung, Verkürzung, III, IV.** Ein Verlängerungsantrag hat strenge Voraussetzungen. Anwaltszwang herrscht wie sonst, § 78 I, II.

   A. Grundsatz: Nur nach gerichtlicher Räumungsfrist, III. Die Vorschrift gilt nur dann, wenn sich aus dem Räumungsurteil auch zusätzlich bereits eindeutig eine Räumungsfrist ergibt oder wenn das Gericht eine solche nach II festgesetzt hat, LG Düss ZMR **90**, 381. In diesen Fällen kann der Schuldner bis spätestens *2 Wochen vor* dem Ende des *Räumungstags* einen Antrag auf eine Verlängerung der Räumungsfrist stellen. Diese letztere Möglichkeit besteht aber bei einer außergerichtlich vereinbarten Räumungsfrist nicht. Der Gläubiger kann einen Antrag auf eine Verkürzung der Räumungsfrist stellen. Für einen Verkürzungsantrag des Schuldners fehlt des Rechtsschutzinteresse, Grdz 33 vor § 253. Der Schuldner kann natürlich auch schon vor dem Fristablauf ausziehen und damit seine Zahlungspflicht beenden, LG Hann WoM **89**, 77.

9   Der Antrag auf eine Verlängerung der Räumungsfrist kann auch die Versäumung der Antragsfrist für die Urteilsergänzung *heilen,* wenn der Räumungstag noch wenigstens 2 Wochen bevorsteht. Wegen der Feiertags- und Wochenendprobleme gilt § 222 WoM **89**, 443, LG Freibg WoM **89**, 443, LG Hbg RR **90**, 657, Münzberg WoM **93**, 9, aM LG Bln ZMR **92**, 395, LG Hbg WoM **93**, 470 (wegen des dortigen AGBGB), LG Mü WoM **80**, 247 (§ 222 II sei unanwendbar. Aber jede Frist hat Anfang und Ende).

   Der Räumungsschuldner kann die vorstehenden Anträge auch *wiederholt* stellen. Dazu muß er aber neue Tatsachen vortragen, die er seinerzeit nicht vorbringen konnte. Wenn das Berufungsgericht die Frist festgesetzt hat, darf das erstinstanzliche Gericht die Räumungsfrist nur auf Grund von Tatsachen ändern, die das Berufungsgericht noch nicht kannte, LG Kiel WoM **91**, 113. Bei den Antragsfristen handelt es sich nicht um Notfristen nach § 224 I 2. Dennoch ist eine Wiedereinsetzung gegen ihre Versäumung zulässig, II 2, III 3 je in Verbindung mit §§ 233–238. Wenn der Räumungsschuldner eine Frist versäumt hatte, ist der Antrag unzulässig, LG Darmst NZM **00**, 376. § 765a ist nur unter seinen engen besonderen Voraussetzungen anwendbar, noch strenger Drsd FamRZ **05**, 1581. Den § 765a darf nur das Vollstreckungsgericht anwenden.

10 **B. Verfahren, IV 1, 3.** Zuständig für einen Antrag nach II und III ist zunächst stets das AG, evtl als FamG, Drsd FamRZ **05**, 1581. Das LG ist erst von der Einlegung der Berufung an und nur bis zu deren Rücknahme oder bis zu einer Entscheidung über die Berufung zuständig, BGH NJW **90**, 2823. Während der Revisionsinstanz ist wiederum das AG zuständig, BGH NJW **90**, 2823, LG Darmst NZM **00**, 376. Die Entscheidung kann ohne eine mündliche Verhandlung ergehen, § 128 IV. Das Gericht muß zuvor den Gegner nach Art 103 I GG anhören, IV 3. Das Gericht kann die Zwangsvollstreckung bis zu seiner Entscheidung einstweilen einstellen, und zwar gegen eine Sicherheitsleistung oder ohne eine solche. Es kann auch anordnen, daß der Gläubiger die Zwangsvollstreckung nur gegen eine Sicherheitsleistung fortsetzen darf, § 732 II, HessStGH NZM **99**, 18. Solche Anordnung setzt voraus, daß die Berufung voraussichtlich Erfolg haben wird. Die Entscheidung ergeht durch einen Beschluß, IV 2, § 329. Das Gericht muß ihn grundsätzlich begründen, § 329 Rn 4. Es muß seinen Beschluß nach § 329 I 1 verkünden oder wegen der befristeten Anfechtbarkeit nach Rn 33 nach § 329 III förmlich zustellen.

11 **C. Entscheidung, IV 2,4.** Die Entscheidung lautet auf die Gewährung, bei III auf die Verlängerung oder die Verkürzung einer angemessenen Räumungsfrist, oder auf die Ablehnung der begehrten Entscheidung. Über die Kosten entscheidet das Gericht in einem Urteil nach §§ 91, 93b III, LG Karlsr ZMR **97**, 303, ThP 13, aM LG Mü WoM **82**, 81 (aber auch dazu sind diese Spezialregeln da). Das gilt auch dann, wenn der Kläger die Klage auf § 573 II BGB gestützt hat. In einem besonderen Beschlußverfahren entscheidet das Gericht ebenfalls nach §§ 91 ff, nicht nach § 788. Denn es handelt sich nicht um einen Vollstreckungsschutz. Deshalb entscheidet ja auch bei II, III das Prozeßgericht und nicht das Vollstreckungsgericht, aM Schmid ZMR **82**, 129.

12 **8) Interessenabwägung, I–V.** Sie erfolgt oft unbefriedigend.

   A. Grundsatz: Ermessen. Das Gericht übt ein pflichtgemäßes Ermessen aus, BayObLG ZMR **84**, 24, Stgt WoM **91**, 347. Es muß die näheren Umstände bei beiden Parteien prüfen. Eine Beweislast im engeren Sinn, etwa wegen der Mieterbemühungen um Ersatzraum, LG Bonn WoM **92**, 16, ist wegen des weitgehend geltenden Amtsverfahrens nach Grdz 37 vor § 704 nicht vorhanden. Freilich muß derjenige, dessen Argument in die Abwägung einbezogen werden soll, zumindest schlüssig darlegen und die ihm möglichen Beweise anbieten, Grdz 37 vor § 704. Das Gericht muß die Interessen beider Parteien gegeneinander abwägen, Hamm RR **95**, 526, HessStGH NZM **99**, 18, AG Starnb WoM **80**, 204, weniger Allgemeininteressen, aM LG Regensb WoM **91**, 360 (aber dazu ist die Obdachlosenbehörde da). Dabei kommen vor allem die folgenden Gesichtspunkte in Betracht.

13 **B. Beispiele zur Frage der Beachtlichkeit bei der Abwägung**
   Alter: Beachten muß das Gericht das Alter des Gläubigers, LG Düss WoM **89**, 387, wie des Räumungsschuldners, evtl auch seiner mitwohnenden Angehörigen, AG Münst WoM **89**, 380, AG Reutlingen WoM **89**, 430.

Abschnitt 1. Allgemeine Vorschriften **§ 721**

Ausländer: Beachten muß das Gericht, ob der Schuldner sozial schwacher Ausländer ist, LG Mannh WoM **90**, 307.
S auch Rn 17 „Ersatzraum".
Behinderter: Beachten muß das Gericht, ob der Räumungsschuldner ein Behinderter ist, LG Mü WoM **14** **89**, 412.
S auch Rn 19 „Gesundheit".
Belästigung: Beachten muß das Gericht, ob der Räumungsschuldner den Vermieter oder andere Bewohner belästigt hat, LG Münst WoM **91**, 114, AG Ffm WoM **00**, 547, AG Neustadt/Rbbge WoM **98**, 666.
Berufliche Auswirkung: Beachten muß das Gericht, welche Auswirkungen eine Räumung auf berufliche Tätigkeiten des Räumungsschuldners oder seiner mitwohnenden engsten Angehörigen hat, LG Bonn WoM **92**, 610 (Sport).
S auch Rn 23 „Politische Auswirkung".
Berufung: Beachten muß das Gericht, ob eine Berufung Erfolgsaussicht hat, LG Hbg WoM **87**, 63.
Besitz: Ein unberechtigter Besitz führt meist zum Überwiegen der gegnerischen Interessen.
Dauer des Mietvertrags: Rn 27 „Wohndauer". **15**
Einzugstermin: Beachten muß das Gericht, ob der Räumungsschuldner für eine Ersatzwohnung einen bestimmten Einzugstermin nennen kann, LG Düss WoM **89**, 387, LG Münst WoM **93**, 62 (in drei Monaten).
S auch Rn 17 „Ersatzraum", Rn 19 „Hausbau".
Eigenbedarf: Beachten muß das Gericht, ob das Gericht das Räumungsurteil auf einen Eigenbedarf gestützt **16** hat, sei es für den Vermieter persönlich, sei es für seine Angehörigen oder Mitarbeiter, LG Verden WoM **92**, 637, und wie dringlich dieser Eigenbedarf ist, LG Hbg WoM **91**, 38, das Gericht ihn zB durch einstweilige Verfügung geklärt hat, LG Hbg WoM **94**, 708. Wer nach Umwandlung in eine Eigentumswohnung mit dem Eigentümer abschließt, hat nach deren Verkauf nur ca 3 Monate Zeit, LG Ffm WoM **97**, 561. Die Vermieterpflicht zur Mitteilung des Endes des Eigenbedarfs endet erst mit dem Ablauf der Räumungsfrist, LG Hbg WoM **05**, 136.
Erbrechtsfragen: Beachten muß das Gericht, ob begründete Einwendungen gegen den Ehegatten oder gegen Familienangehörige der Erben des Räumungsschuldners bestehen, die nach seinem Tod das Mietverhältnis fortsetzen, § 563 BGB.
Ersatzraum: Beachten muß das Gericht, ob der Räumungsschuldner sich in jeder ihm zumutbaren Weise **17** um einen angemessenen Wohnraum bemüht hat, LG Mannh RR **93**, 713, LG Stgt WoM **97**, 492, AG Solingen WoM **94**, 707, aM LG Mannh WoM **93**, 62 (ein sozial Schwacher brauche sich nicht so intensiv zu bemühen). Diese Pflicht bestand freilich grds erst seit der Rechtskraft, LG Aachen WoM **90**, 216. Auch ein gutbemittelter Mieter braucht aber nicht stets sogleich einen überteuerten Ersatzraum zu suchen, LG Bln WoM **94**, 385. Eine Verlängerung der Räumungsfrist setzt verstärkte Bemühung voraus, BGH NJW **90**, 2823. Auch müssen weniger wichtige Gläubigerinteressen zurücktreten können, LG Waldshut-Tiengen WoM **96**, 53. Die Verlängerung kommt in Betracht, wenn ein Ersatzraum voraussichtlich nach 3 Monaten freisteht, LG Münst WoM **93**, 62. Eine Verlängerung entfällt, soweit Bemühungen des Mieters in absehbarer Zeit erfolglos sein werden, LG Waldshut-Tiengen WoM **96**, 53.
S auch Rn 19 „Hausbau", Rn 22 „Obdachlosigkeit", Rn 25 „Urlaub", Rn 26 „Vorstellung des Schuldners", Rn 28 „Wohnungsmarkt".
Examen: Beachten muß das Gericht, ob sich eine Examenszeit des Räumungsschuldners noch lange **18** hinziehen würde, AG Bonn WoM **91**, 101.
Familie: Rn 16 „Erbrechtsfragen", Rn 19 „Gesundheit", Rn 20 „Kinderzahl", Rn 24 „Schwangerschaft".
Fristdauer: Es gilt keine Mindestfrist, wohl aber eine Höchstfrist, Rn 31. Eine Frist von nur 1 Monat ist oft zu kurz, manchmal aber durchaus lang genug, etwa dann, wenn Ersatzraum dann höchstwahrscheinlich frei sein wird. Ratsam ist die Angabe eines festen Schlußdatums. Sonst läuft die Frist ab Bekanntgabe, Rn 31.
Fristverlängerung: Eine Verlängerung der Kündigungsfrist nach § 573 BGB ist *nicht* zu Lasten des Räumungsschuldners auswertbar, LG Hbg WoM **90**, 28.
Gesundheit: Beachten muß das Gericht den Gesundheitszustand des Räumungsschuldners und seiner **19** mitwohnenden Angehörigen, LG Lübeck WoM **96**, 706. Es kommt zB darauf an, ob sich der Schuldner ständig in stationärer Behandlung befindet, AG Köln WoM **91**, 550 (schon wegen Art 14 II GG ist aber große Behutsamkeit geboten).
Hausbau: Beachten muß das Gericht, ob der Räumungsschuldner in einen Neubau einziehen will, dessen Fertigstellung sich verzögert, LG Heidelb WoM **95**, 661, AG Miesbach WoM **80**, 204, AG Starnb WoM **80**, 204.
S auch Rn 17 „Ersatzraum".
Hausfrieden: Beachten muß das Gericht, ob der Räumungsschuldner den Hausfrieden jetzt erst recht stört, LG Münst WoM **91**, 563, AG Ffm WoM **00**, 547 (Fensterln in Frankfurt).
S auch Rn 14 „Belästigung".
Kinderzahl: Beachten muß das Gericht die Zahl der beim Räumungsschuldner wohnenden bzw von ihm **20** noch wohnungsmäßig auch nur zeitweilig etwa in den Semesterferien zu versorgenden auch erwachsenen Kinder.
Krankenhaus: Rn 19 „Gesundheit".
Kündigung: Rn 21 „Mieterkündigung", Rn 26 „Vermieterkündigung" und bei den weiteren einzelnen Stichwörtern.
Langjährigkeit des Mietvertrags: Rn 27 „Wohndauer". **21**
Mieterkündigung: Beachten muß das Gericht, ob der Räumungsschuldner selbst gekündigt hat.
Mindestfrist: Rn 18 „Fristdauer".
Mutwille: Beachten muß das Gericht, ob der Vermieter mutwillig geklagt hat, AG Hagen WoM **90**, 83.
Neubau: Rn 19 „Hausbau".

Hartmann 2059

§ 721

22 Nutzungsentschädigung: Beachten muß das Gericht, ob der Räumungsschuldner seit dem Vertragsende regelmäßig und pünktlich Nutzungsentschädigung in gesetzlicher Höhe gezahlt hat, AG Mü ZMR **86**, 295, aM LG Hbg WoM **92**, 492 (bei einer Säumigkeit des Sozialamts. Aber das berührt nur das Innenverhältnis).
Obdachlosigkeit: Beachten muß das Gericht, ob der Räumungsschuldner obdachlos würde, LG Hbg WoM **88**, 316.
S auch Rn 17 „Ersatzraum", Rn 29 „Zahlungsweise".

23 Politische Auswirkung: *Nicht* entscheidend beachten muß das Gericht die Gefahr des Verlustes eines politischen Mandats infolge eines Wohnungswechsels, LG Hbg WoM **90**, 119.
Renovierung: Beachten muß das Gericht, ob, wann, wie oft, wie umfangreich und durch wen Renovierungen stattgefunden haben.
S auch Rn 29 „Wohnungszustand".

24 Schwangerschaft: Beachten muß das Gericht, ob in der engsten Familie des Räumungsschuldners eine Schwangerschaft besteht. Sie kann nach dem Urteil begonnen haben, AG Bergheim WoM **99**, 530.
Soziale Schwäche: Rn 13 „Ausländer", Rn 17 „Ersatzraum", Rn 22 „Nutzungsentschädigung", Rn 26 „Verschlechterung".
Sportliche Auswirkung: Beachten muß das Gericht, welche Auswirkungen eine Räumung auf sportliche Tätigkeiten des Räumungsschuldners hat, LG Bonn WoM **92**, 610 (Olympiateilnehmer).
Strafanzeige: Eine schuldhaft unberechtigte Strafanzeige des Mieters gegen den Vermieter muß das Gericht bei der Abwägung natürlich für den letzteren beachten, LG Osnabr WoM **93**, 617.
Tierhaltung: Zu Lasten des Mieters muß das Gericht beachten, wenn er totz Verurteilung wegen unerlaubter Haltung von 3 Tieren jetzt ein „Tierparadies" mit rd 27 Tieren eröffnet hat, AG Neust/Rbbge NZM **99**, 108.

25 Urlaub: Beachten muß das Gericht, ob der Räumungsschuldner in einen Urlaub gefahren ist, ohne sich nachhaltig um einen Ersatzraum zu bemühen, AG Hbg WoM **91**, 114.
Verfassungsbeschwerde: Auch Art 19 IV GG gebietet einem AG nicht, wegen Verfassungsbeschwerde, dazu Rn 1, in einer Art vorauseilenden Gehorsams durch Gewährung einer Räumungsfrist demjenigen Gericht und dessen im Ergebnis mindestens gleichwertigen Möglichkeiten vorzugreifen, bei dem das Verfahren jetzt allein noch anhängig ist, LG Ffm NZM **99**, 168, aM BVerfG NZM **99**, 212, AG Ffm NZM **99**, 67 (aber man kann dem AG nur sehr selten zumuten, die Erfolgsaussicht einer Verfassungsbeschwerde auch nur einigermaßen zu erahnen. Man denke nur zB an die Linie des BVerfG RR **99**, 137, seinen Arbeitsanfall reichlich großzügig zu begrenzen, mag dergleichen auch noch so verständlich sein. Mit dergleichen konnte man hierzulande vorher kaum rechnen).

26 Vermieterkündigung: Beachten muß das Gericht, ob der Mieter dem Vermieter einen Grund zur Kündigung gegeben hat, LG Bln RR **89**, 1359 (Schuldlosigkeit), insbesondere etwa wegen einer Belästigung oder wegen Zahlungsverzugs, LG Bln ZMR **98**, 351. Hat der Mieter durch eine Tätlichkeit Anlaß zur Vermieterkündigung gegeben, kommt selbst eine angespannte Lage am Wohnungsmarkt kaum noch zu seinen Gunsten in Betracht, aM LG Hbg WoM **94**, 219 (aber wo sollen dann eigentlich die Grenzen liegen?).
S im übrigen bei den einzelnen Stichwörtern.
Verschlechterung: *Nicht* entscheidend beachten muß das Gericht eine gewisse, aber noch zumutbare Verschlechterung der Wohnverhältnisse ohne eine Beeinträchtigung des sozialen Status, LG Hbg WoM **90**, 119.
Verzug: Rn 29 „Zahlungsweise".
Vorstellung des Schuldners: *Nicht* entscheidend beachten muß das Gericht, die bloß subjektive Vorstellung des Räumungsschuldners von der Angemessenheit eines Ersatzraumes, BezG Halle WoM **92**, 308.
S auch Rn 17 „Ersatzraum".

27 Wohndauer: Beachten muß das Gericht, wie lange der Räumungsschuldner die Wohnung schon innehat, LG Bln RR **89**, 1359.

28 Wohnungsmarkt: Beachten muß das Gericht vornehmlich zugunsten des Räumungsschuldners die Lage am Wohnungsmarkt, LG Essen WoM **92**, 202, LG Mü WoM **95**, 104, LG Verden WoM **92**, 637.

29 Wohnungszustand: Beachten muß das Gericht, in welchem Zustand sich die Mietwohnung einerseits beim Einzug, andererseits jetzt befand bzw befindet.
S auch Rn 23 „Renovierung".
Zahlungsweise: Eine Bemühung um Zahlung der Rückstände und eine jetzt pünktliche Zahlung muß das Gericht beachten, LG Mainz WoM **97**, 233. Auch ein Rückstand hindert nicht an einer Räumungsfrist von 6 Wochen zwecks Vermeidung von Obdachlosigkeit, LG Bln ZMR **01**, 189, sogar von 3 Monaten, LG Hbg WoM **01**, 80 (großzügig). Ein ja vorwerfbarer Zahlungsverzug führt aber meist zum Überwiegen der Gläubigerinteressen.

30 Zeitablauf: Beachten muß das Gericht, wieviel Zeit seit der Kündigung vergangen ist, LG Hann WoM **89**, 416, AG Bad Homburg WoM **89**, 303, AG Ludwigsb WoM **89**, 418.
S auch Rn 18 „Fristverlängerung".
Zuwarten: Beachten muß das Gericht, ob der Vermieter über eine längere Zeit Fristverlängerungen gewährt hat und nun erstmals Kosten erstattet fordert, die *ihm* auferlegt worden waren, AG Pinneberg RR **95**, 76.
Zwangsversteigerung: Das Gericht darf den infolge Zuschlags zur Räumung verpflichteten Schuldner nicht schlechter stellen als einen aus anderem Grund zur Räumung Verpflichteten, LG Aschaffenb DGVZ **02**, 169.
Zwischenumzug: Rn 19 „Hausbau".

31 9) Höchstfrist, V. Im Höchstfall darf die Räumungsfrist insgesamt 1 Jahr betragen, AG Dortm NZM **04**, 500. Sie ist aber die Ausnahme. Andernfalls ist ein Zwischenumzug zumutbar. Ein solcher Zwischenumzug

Abschnitt 1. Allgemeine Vorschriften   §§ 721, 722

ist aber nicht schon nach 3 Monaten zumutbar, evtl noch nicht einmal nach 8 Monaten. Überhaupt darf man dem Räumungsschuldner ein Zwischenumzug nicht schon deshalb zumuten, weil der Vermieter ein Interesse daran hat, über den Raum möglichst bald verfügen zu können, AG Starnb WoM **80**, 204. Die jeweils festgesetzte Frist beginnt dann, wenn das Gericht im Beschluß nicht nach § 221 I zulässigerweise etwas anderes bestimmt hat, mit der Zustellung nach § 221 I oder mit der Verkündung nach § 312 zu laufen. Die Höchstfrist von 1 Jahr beginnt grundsätzlich nach V 2 Hs 1 mit dem Eintritt der Rechtskraft des Urteils nach § 322, Hamm NJW **82**, 342. Bei einem Urteil auf eine künftige Räumung beginnt die Höchstfrist ausnahmsweise nach V 2 Hs 2 mit dem dort festgesetzten Tag, V.

10) Weitere Einzelfragen, I–V. Der Vermieter muß eine etwa notwendige Räumungsfrist beim Mieter **32** einer Sozialwohnung auch dann hinnehmen, wenn der Vermieter wegen einer Fehlbelegung der Wohnung monatliche Geldzahlungen leisten muß, sofern er beim Vertragsabschluß hätte wissen müssen, daß der Mieter nicht sozialwohnungsberechtigt war, AG Bergheim WoM **81**, 283. Das Gericht kann auch eine Räumungsfrist für nur einen Teil der Wohnung zubilligen. Wenn das Gericht eine Räumungsfrist gewährt oder verlängert, darf der Vermieter einen weiteren Schaden geltend machen, der ihm dadurch entsteht, daß der Mieter die Mietsache bis zum tatsächlichen Auszug nicht zurückgegeben hat, § 546 a II BGB. Eine weitergehende Schadensersatzpflicht besteht nicht, § 571 II BGB, LG Stgt RR **90**, 654 (Untermieter). Wohl aber kann ein Anspruch auf Nutzungsherausgabe nach § 987 BGB hinzutreten. Während der Räumungsfrist wird das Nutzungsverhältnis nicht weiter ausgestaltet. Ein allzu langes Zuwarten des Vermieters läßt sich evtl als Abschluß eines neuen Mietvertrags auslegen, Hamm NJW **82**, 341, AG Ffm-Höchst RR **88**, 204.

11) Rechtsmittel, VI. Wenn eine Partei das Urteil auch in der Hauptsache mit Einspruch oder Berufung **33** anficht, dann ficht sie damit auch die Räumungsfrist an. Der Gegner hat dann die Möglichkeit, seinerseits bis zum Schluß der letzten mündlichen Verhandlung nach §§ 136 IV, 296 a Anträge zu stellen. Es ist aber auch eine selbständige Anfechtung der im Urteil oder Versäumnisurteil ausgesprochenen Räumungsfrist oder ihrer Bemessung sowie der Versagung einer solchen Frist möglich, VI Z 1, LG Düss WoM **93**, 471. Gegen die ergangene oder nach Rn 6 zu unterstellende Entscheidung zur Räumungsfrage ist sofortige Beschwerde zulässig, LG Düss WoM **93**, 471. Das gilt auch dann, wenn es sich um ein Versäumnisurteil nach § 331 handelt oder wenn das Gericht einen Beschluß auf Antrag nach II oder III erlassen hat, VI Z 2. Es gilt jedoch nicht, wenn man Berufung eingelegt hat, LG Gießen WoM **94**, 551, oder wenn das Berufungsgericht erkannt hat, § 567 I. Auch eine Anschlußberufung bleibt trotz VI Z 1 möglich, § 524, LG Nürnb-Fürth RR **92**, 1231.

Gegen die Entscheidung des OLG als Beschwerdegericht ist die *Rechtsbeschwerde* unter den Voraussetzungen des § 574 statthaft. Wegen einer Anschlußbeschwerde gilt § 567 III.

12) Keine bzw eingeschränkte Räumungsfrist, VII. Soweit der Mieter keine Fortsetzung des Miet- **34** verhältnisses nach § 549 II Z 3 BGB oder nach § 575 BGB fordern kann, besteht auch kein Anlaß zur Gewährung einer Räumungsfrist. Daher ist in einem solchen Fall nach VII 1 die gesamte Regelung I–VI unanwendbar. Vgl auch die entsprechenden § 794 a V. Der Mieter ist auf § 765 a angewiesen, aM Sternel MDR **83**, 273 (aber die sachlichrechtlichen Möglichkeiten sind die natürlichen Hauptverteidigungsmittel). Beim Ende des Mietverhältnisses durch außerordentliche Kündigung im Fall des § 575 BGB kommt eine Räumungsfrist nur bis zum vertraglich bestimmten Beendigungszeitpunkt infrage, VII 2.

13) VwGO: Unanwendbar, weil auf Räumung einer Wohnung lautende Urteile nicht vorkommen (bei Anfechtung **35** *eines auf Räumung lautenden VerwAktes ist Fristgewährung Sache der Behörde*).

722 *Vollstreckbarkeit ausländischer Urteile.* I Aus dem Urteil eines ausländischen Gerichts findet die Zwangsvollstreckung nur statt, wenn ihre Zulässigkeit durch ein Vollstreckungsurteil ausgesprochen ist.

II Für die Klage auf Erlass des Urteils ist das Amtsgericht oder Landgericht, bei dem der Schuldner seinen allgemeinen Gerichtsstand hat, und sonst das Amtsgericht oder Landgericht zuständig, bei dem nach § 23 gegen den Schuldner Klage erhoben werden kann.

AUG § 10. Vollstreckbarkeit. I 1 Gerichtliche Unterhaltsentscheidungen aus Staaten, mit denen die Gegenseitigkeit gemäß § 1 verbürgt ist, werden entsprechend § 722 Abs. 1 und § 723 Abs. 1 der Zivilprozeßordnung für vollstreckbar erklärt. 2 Das Vollstreckungsurteil ist nicht zu erlassen, wenn die Anerkennung der ausländischen Entscheidung nach § 328 Abs. 1 Nr. 1 bis 4 der Zivilprozeßordnung ausgeschlossen ist.

II 1 Ist die ausländische Entscheidung für vollstreckbar zu erklären, so kann das Gericht auf Antrag einer Partei in dem Vollstreckungsurteil den in der ausländischen Entscheidung festgesetzten Unterhaltsbetrag hinsichtlich der Höhe und der Dauer der zu leistenden Zahlungen abändern. 2 Ist die ausländische Entscheidung rechtskräftig, so ist eine Abänderung nur nach Maßgabe des § 323 der Zivilprozeßordnung zulässig.

III Für die Klage auf Erlaß des Vollstreckungsurteils ist ausschließlich das Amtsgericht zuständig, bei dem der Schuldner seinen allgemeinen Gerichtsstand hat und, beim Fehlen eines solchen im Inland, das Gericht, in dessen Bezirk sich Vermögen des Schuldners befindet.

Schrifttum: *Baumann,* Die Anerkennung und Vollstreckung ausländischer Entscheidungen in Unterhaltssachen, 1989; *Bülow/Böckstiegel/Geimer/Schütze,* Der Internationale Rechtsverkehr in Zivil- und Handelssachen (Loseblattsammlung), 3. Aufl seit 1990; *Busl,* Ausländische Staatsunternehmen im deutschen Vollstreckungsverfahren, 1992; *Cebecioğlu,* Stellung des Ausländers im Zivilprozeß (rechtsvergleichend), 2000; *Cypra,* Die Rechtsbehelfe im Verfahren der Vollstreckbarerklärung nach dem EuGVÜ, 1996; *Dolinar,* Voll-

§ 722

streckung aus einem ausländischen, einen Schiedsspruch bestätigenden Exequatururteil, Festschrift für *Schütze* (1999) 187; *Fadlalla,* Die Problematik der Anerkennung ausländischer Gerichtsurteile usw, 2004; *von Falck,* Implementierung offener ausländischer Vollstreckungstitel usw, 1998; *Feige,* Die Kosten der deutschen und französischen Vollstreckbarerklärungsverfahren nach dem GVÜ, 1988; *Geimer,* Internationales Zivilprozeßrecht, 5. Aufl 2005; *Geimer,* Anerkennung ausländischer Entscheidungen in Deutschland, 1995; *Geimer/ Schütze,* Internationale Urteilsanerkennung, Band I 1. Halbband (Das EWG-Übereinkommen über die gerichtliche Zuständigkeit usw) 1983, 2. Halbband (Allgemeine Grundsätze und autonomes deutsches Recht) 1984, Band II (Österreich, Belgien, Großbritannien, Nordirland) 1971; *Gerichtshof der Europäischen Gemeinschaften* (Herausgeber), Internationale Zuständigkeit und Urteilsanerkennung in Europa, 1993; *Grundmann,* Anerkennung und Vollstreckung ausländischer einstweiliger Maßnahmen nach IPRG und Lugano-Übereinkommen, Basel 1996; *Jayme/Hausmann,* Internationales Privat- und Verfahrensrecht, 12. Aufl 2004; *Kilgus,* Zur Anerkennung und Vollstreckbarerklärung englischer Schiedssprüche in Deutschland, 1995; *Krause,* Ausländisches Recht und deutscher Zivilprozeß, 1990; *Kropholler,* Europäisches Zivilprozeßrecht, 8. Aufl 2005; *Kropholler,* Internationales Privatrecht, 5. Aufl 2004, § 60; *Linke,* Internationales Zivilprozeßrecht, 3. Aufl 2001, § 9; *Linke,* Zum Wert oder Unwert der Vollstreckungsklage (§§ 722, 723 ZPO), Festschrift für *Schütze* (1999) 427; *Mansel,* Streitverkündung (vouching in) und Zeitklage (third party complaint) im US-Zivilprozeß und die Urteilsanerkennung in Deutschland, Herausforderungen des Internationalen Zivilverfahrensrechts (1995) 63; *Martiny* ua, Handbuch des internationalen Zivilverfahrensrechts, Bd III/1, 2, 1984; *Müller,* Die worldwide Mareva injunction. Entwicklung, internationale Zuständigkeit und Vollstreckung in Deutschland, 2002; *Nagel/Gottwald,* Internationales Zivilprozeßrecht, 5. Aufl 2002; *Nelle,* Anspruch, Titel und Vollstreckung im internationalen Rechtsverkehr, 2000 (Bespr *Geimer* NJW **02**, 351); *Paetzold,* Vollstreckung schweizerischer Entscheidungen nach dem Lugano-Übereinkommen in Deutschland 1995; *Rauscher,* Der Europäische Vollstreckungstitel für unbestrittene Forderungen, 2004; *Schack,* Internationales Zivilverfahrensrecht, 3. Aufl 2002 (Bespr *Roth* JZ **03**, 201); *Schlosser,* Die Durchsetzung von Schiedssprüchen und ausländischen Urteilen im Urkundenprozeß und mittels eines inländischen Arrests, Festschrift für *Schwab* (1990) 435; *Schütze,* Deutsches Internationales Zivilprozeßrecht, 1985; *Schütze,* Die Anerkennung und Vollstreckbarerklärung US-amerikanischer Zivilurteile, die nach einer pre-trial-discovery ergangen sind, in der BRep, Festschrift für *Stiefel,* 1987; *Spiecker gen Döhmann,* Die Anerkennung von Rechtskraftwirkungen von ausländischen Urteilen, 2002 (Bespr *Hager* ZZP **117**, 395); *Stürner,* Europäische Urteilsvollstreckung bei Zustellungsmängeln, Festschrift für *Nagel* (1987) 446; *Stürner,* Das grenzübergreifende Vollstreckungsverfahren in der Europäischen Union, Festschrift für *Henckel* (1995) 863; *Stürner,* Anerkennungsrechtlicher und Europäischer Ordre Public als Schranke der Vollstreckbarerklärung – der Bundesgerichtshof und die Staatlichkeit der Europäischen Union, Festgabe *50 Jahre Bundesgerichtshof* (2000) III 677; *Weißmann/Riedel* (Herausgeber), Handbuch der internationalen Zwangsvollstreckung, 1992, Erg-Lieferung 1992/1993.

Gliederung

1) Systematik, I, II	1	7) Vollstreckungsklage, II		7–10
2) Regelungszweck, I, II	2	A. Kläger		7
3) Geltungsbereich, I, II	3	B. Örtliche Zuständigkeit		8
		C. Sachliche Zuständigkeit		9
4) Vollstreckungsurteil, I	4	D. Weitere Einzelfragen		10
5) Leistungsklage, I	5	8) *VwGO*		11
6) Feststellungsklage, I	6			

1 **1) Systematik, I, II.** Über den Begriff des ausländischen Urteils § 328 Rn 7. Die Frage, wann ein solches Urteil nach Einf 1 vor §§ 322–327 in äußere Rechtskraft erwächst, richtet sich ganz nach dem jeweiligen ausländischen Recht, AG Singen FamRZ **02**, 114. Neben der Klage auf eine mit dem ausländischen Urteil sachlich übereinstimmende Entscheidung nach Rn 5, 6 ist auch die Vollstreckungsklage nach §§ 722, 723 zulässig. Sie ist zur Erzielung eines endgültigen Vollstreckungserfolgs im Inland auch notwendig. Diese Klage setzt ein nach § 322 rechtskräftiges Urteil voraus. Wenn ein ausländischer Kostenfestsetzungsbeschluß fehlt und wenn das Urteil keine Kostenentscheidung erkennen läßt, dann bleibt nur ein besonderer Nachweis der Kosten übrig. Wegen eines ausländischen Titels sieht § 16 IntFamRVG eine Zulassung für Vollstreckung im Inland durch eine auf Antrag zu erlassende Vollstreckungsklausel vor.

Ein *EU-Vollstreckungstitel* wird voraussichtlich bald bei einer unbestrittenen Forderung ein nationales Vollstreckungsurteil erübrigen. Redaktion EuZW **04**, 164.

2 **2) Regelungszweck, I, II.** Eine innere Rechtskraftwirkung nach Einf 2 vor §§ 322–327 kann das Urteil wegen der deutschen Justizhoheit als einer Folge der Rechtsstaatlichkeit nach Einl III 15 nur insoweit haben, als man es im Inland nach § 328 anerkennen darf und muß, BGH FamRZ **87**, 370, Karlsr FamRZ **91**, 600, AG Singen FamRZ **02**, 114. § 722 läßt als eine zwingende Vorschrift des öffentlichen Rechts keinerlei abweichende private Vereinbarung zu, Grdz 18 aE vor § 128.

Inhaltliche Kontrolle ist *nicht* der Zweck des § 722. Diese Kontrolle findet vielmehr nach § 328 usw statt. So sehr die formelle Kontrolle nach § 722 zu den wichtigen Bedingungen der Durchsetzbarkeit einer ausländischen Entscheidung im Inland zählen darf und muß, so sehr muß man sich darüber klar sein, daß § 722 nur den formellen Rahmen für die eigentliche Prüfung ergibt, ob und wie weit sich die ausländische Entscheidung mit dem inländischen Recht inhaltlich des hier geltenden staatsvertraglichen oder supranationalen Rechts wenigstens in Grundzügen und bei den sonstigen wesentlichen Anerkennungsbedingungen der genannten übrigen Vorschriften verträgt. Das zeigt sich in § 723.

3 **3) Geltungsbereich, I, II.** Die Vorschrift gilt grundsätzlich in allen Verfahren nach der ZPO. Wegen einer Ausnahme Rn 10. Wegen der Anerkennung von gerichtlichen Entscheidungen in der früheren DDR vgl § 328 Vorbem und § 723 Rn 4 (wegen des früheren Westberlin) sowie BGH **84**, 18, Biede DGVZ **79**,

Abschnitt 1. Allgemeine Vorschriften **§ 722**

53. Wegen der *EuGVVO* und des *LugÜbk* SchlAnh V C 4 D und zB EuGH NJW **02**, 2087 (Unvereinbarkeit von Entscheidungen des Vertrags- und des Vollstreckungsstaats). Wegen des AVAG SchlAnh V E und Hub NJW **01**, 3145 (krit Üb). Wegen der bevorstehenden weitgehenden Abschaffung des Vollstreckungsurteils im EU-Raum bei einer unbestrittenen Forderung Einl III 79, Stadler IPRax **04**, 2 (ausf). Ein Antrag, einen ausländischen Vollstreckungstitel nach der EuGVVO oder dem LugÜbk gemäß § 722 mit der Vollstreckungsklausel zu versehen, ist unzulässig, KG FamRZ **98**, 384. Man kann ihn auch nicht in eine Klage nach § 722 umdeuten, BGH NJW **79**, 2477. Auch ein insolvenzrechtlicher ausländischer Vollstreckungstitel unterliegt dem Anerkennungsverfahren, BGH NJW **93**, 2315. Ein ausländisches Feststellungsurteil reicht nicht aus, AG Würzb FamRZ **94**, 1596, ebensowenig eine vollstreckbare Urkunde, StJM 10, aM Geimer DNotZ **75**, 464 (aber „Urteil" in I ist nach Wortlaut und Sinn eindeutig, Einl III 39. Es heißt dort nicht „Vollstreckungstitel" oder „Entscheidung"). Ebensowenig reicht ein anderer öffentlichrechtlicher ausländischer Titel, Geimer DNotZ **75**, 478.

I ist bei der Zwangsvollstreckung auf die *Herausgabe eines Kindes* unanwendbar, BGH **67**, 258 (zum alten Recht, § 1632 I, III BGB), Düss FamRZ **83**, 422, § 16 a FGG, § 328 Rn 10, § 883 Rn 14. Streitgegenstand nach § 722 Rn 3 ist nicht derjenige Anspruch, über den das ausländische Gericht entschieden hat, sondern nur das Begehren, der ausländischen Entscheidung die inländische Vollstreckbarkeit zu geben, BGH **122**, 18, Bbg FamRZ **80**, 67. Dennoch entscheidet im allgemeinen dasjenige deutsche Gericht, das nach dem deutschen Recht zur Entscheidung in der Sache selbst zuständig wäre, BGH **67**, 258, evtl also das FamGer, Bbg FamRZ **80**, 67.

4) Vollstreckungsurteil, I. Nur wenn und soweit ein deutsches Vollstreckungsurteil vorliegt, ist eine **4** Zwangsvollstreckung aus dem ausländischen Urteil statthaft, BGH **122**, 18. Das deutsche Vollstreckungsurteil ist eine Urkunde. Sie gibt im Zusammenhang mit der ausländischen Entscheidung einen sachlichen Inhalt. Sie ist dem Vollstreckungsbescheid vergleichbar. Darum verbindet das Gericht die ausländische Entscheidung zweckmäßig dadurch mit dem deutschen Vollstreckungsurteil, daß es sie in der Urteilsformel aufnimmt, BGH FamRZ **88**, 491, etwa so: „Die Zwangsvollstreckung aus dem Urteil des ... Gerichts ist zulässig. Dessen Formel lautet wie folgt ...". Eine Umrechnung fremder Währungen findet im Verfahren nach § 722 noch nur bedingt statt, Zweibr FamRZ **04**, 717 (Bauer abl Grothe). Wegen der Umrechnung im Zwangsvollstreckungsverfahren Grdz 1 vor § 803. Dem Vollstreckungsurteil darf das Gericht keine Sachprüfung zugrunde legen, BGH NJW **90**, 1420, aM Nelle (vor Rn 1) 402 (wendet § 767 an. Aber das Verfahren hat in diesem Prüfungsteil noch einen rein formellen Charakter, Rn 2.). Die Bedeutung des Vollstreckungsurteils liegt nur darin, daß das inländische Gericht die ausländische Entscheidung im Inland für vollstreckbar erklärt und damit gleichzeitig anerkennt. Das Vollstreckungsurteil wirkt also rechtsgestaltend, Grdz 10 vor § 253. In erster Instanz ergeht keine Entscheidung zur Sicherheitsleistung, Düss BB **98**, 1867.

Ein Vollstreckungsurteil darf *nicht* ergehen, wenn es um eine ausländische Entscheidung in einer *Ehesache* geht, §§ 606 ff. Denn deren Anerkennbarkeit ist besonders geregelt, § 328 Rn 49. Unter Umständen kann aber ein Vollstreckungsurteil wegen der Kostenentscheidung des ausländischen Eheurteils zulässig sein, Luther FamRZ **75**, 260 (Österreich). Ein Vollstreckungsurteil ist nicht schon deshalb stets unzulässig, weil ein Staatsvertrag ein anderes Verfahren vorsieht, SchlAnh V, Luther FamRZ **75**, 259. Es ist zwar bei Unbestimmtheit des Titels unzulässig, Zweibr Rpfleger **04**, 300. Ein Vollstreckungsurteil kommt nicht in Betracht, wenn ein ausländisches Rheinschiffahrtsgericht entschieden hat. In diesem Fall erteilt das Rheinschiffahrtsobergericht Köln die Vollstreckungsklausel ohne weiteres, § 14 GVG Rn 2. Im übrigen darf der Rpfl die Vollstreckungsklausel nur zu dem Vollstreckungsurteil erteilen. Die Zwangsvollstreckung aus dem Vollstreckungsurteil erfolgt dann, wenn das deutsche Gericht es für vorläufig vollstreckbar erklärt hat oder wenn seine Rechtskraft eingetreten ist. Rechtsmittel sind nach allgemeinen Grundsätzen zulässig.

5) Leistungsklage, I. Eine selbständige Klage auf den durch das ausländische Urteil festgestellten Anspruch im Bereich des § 722 ist regelmäßig statthaft. Denn das Vollstreckungsurteil läßt sich weder einfacher noch billiger erlangen, BGH FamRZ **87**, 370, Hamm FamRZ **91**, 718, Karlsr RR **99**, 82, aM AG Hbg-Altona FamRZ **90**, 420 (aber man darf prozeßwirtschaftlich vorgehen, Grdz 14 vor § 128).

Daher ist auch eine zunächst erfolgte *Ablehnung* der Vollstreckbarerklärung des ausländischen Urteils für eine folgende inländische Leistungsklage bzw Anerkennung nicht schädlich, BGH FamRZ **87**, 370, KG FamRZ **93**, 977. Auch bei einer selbständigen Klage steht freilich jeder sachlichen Nachprüfung von Amts wegen zu beachtende Rechtskraft entgegen, Einf 25, 26 vor §§ 322–327, Karlsr RR **99**, 82. Der Fall liegt also ähnlich, als wenn sich die Partei für denselben Anspruch einen zweiten Vollstreckungstitel beschaffen würde, Hamm FamRZ **91**, 718, KG FamRZ **93**, 977, Luther FamRZ **75**, 260 (Österreich).

Das Urteil muß also eine mit dem ausländischen Urteil *inhaltlich übereinstimmende Sachentscheidung* treffen, BGH FamRZ **87**, 370, KG FamRZ **93**, 977, Karlsr FamRZ **91**, 601. Schütze DB **77**, 2130 bejaht das Rechtsschutzbedürfnis für eine selbständige Leistungsklage nur dann, wenn sie der einzige Weg dazu ist, den Anspruch durchzusetzen. Er will aber eine Verbindung der Vollstreckungsklage und der Leistungsklage zulassen. Es ist unerheblich, ob eine Entscheidung die Zwangsvollstreckung zuläßt, Grdz 28, 29 vor § 704. Auch ein Feststellungsurteil oder ein abweisendes Urteil ist einem Vollstreckungsurteil zugänglich, soweit Kosten oder eine Vollstreckbarkeit im weiteren Sinne in Betracht kommen. § 323 kann anwendbar sein, KG FamRZ **90**, 1377 (zustm Gottwald).

6) Feststellungsklage, I. Der Verurteilte kann auf die Feststellung des Nichtbestehens der ausgesprochen **6** Verpflichtung klagen, solange der Gläubiger noch keine Vollstreckungsklage erhoben hat, § 256 Rn 85 „Leistungsklage". Das deutsche Gericht prüft das ursprüngliche Schuldverhältnis nur dann, wenn es dem ausländischen Urteil eine Anerkennung nach § 328 versagen muß.

7) Vollstreckungsklage, II. Man muß zahlreiche Fragen klären. **7**

A. Kläger. Das Gericht muß die Parteifähigkeit nach dem Personalstatut beurteilen, § 50 Rn 4. Sie muß im Zeitpunkt des Erlasses des Vollstreckungsurteils vorliegen. Das Prozeßführungsrecht nach Grdz 22 vor § 50 richtet sich nach dem ausländischen Recht. Beim Unterhaltsurteil ist nicht der Vertreter klageberech-

§§ 722, 723

tigt, sondern der Unterhaltsberechtigte, AG Lahnstein FamRZ **86**, 290. Ein Dritter, etwa ein Rechtsnachfolger, ist nur dann zur Prozeßführung berechtigt, wenn das Urteil nach dem ausländischen Recht für oder gegen ihn wirkt. Über eine Rechtsnachfolge muß das Gericht im Prozeß entscheiden.

8   **B. Örtliche Zuständigkeit.** Ausschließlich zuständig das Gericht des allgemeinen Gerichtsstands des Schuldners, §§ 13–19, Zweibr Rpfleger **00**, 77. Hilfsweise ist das Gericht des Vermögens zuständig, § 23, BGH NJW **97**, 325 (zustm Mankowski JR **97**, 464, Schlosser JZ **97**, 364), Schütze NJW **83**, 155. Dabei ist *hier kein* besonderer Inlandsbezug im Sinn von § 23 Rn 16 notwendig, LG Heilbr IPRax **96**, 123 (zustm Munz 89). Vgl ferner § 10 III AUG, abgedruckt vor Rn 1.

9   **C. Sachliche Zuständigkeit.** Ausschließlich zuständig sind das AG oder LG, je nach dem Streitwert des Vollstreckungsurteils, §§ 3 ff. In Familiensachen nach §§ 606 ff ist das FamG zuständig, BGH FamRZ **88**, 491, Bbg FamRZ **80**, 66, aM Schütze NJW **83**, 155 (aber das Prinzip der Sachnähe gilt sinnvollerweise auch hier). Eine Familiensache liegt vor, wenn die entscheidende Sache nach dem inländischen Recht eine Familiensache war, BGH FamRZ **88**, 492, Stürner/Münch JZ **87**, 180, aM Schütze NJW **83**, 154 (aber man soll die ausländische Entscheidung in den Grenzen der deutschen ordre public auch an dieser Stelle unangetastet lassen). Vgl § 10 III AUG (vor Rn 1).

10   **D. Weitere Einzelfragen.** Die Vollstreckungsklage macht den sachlichrechtlichen Anspruch nicht im Sinn von § 261 rechtshängig, BGH **72**, 29. Deshalb greift die Rechtshängigkeit gegenüber einer neuen Leistungsklage nicht durch. Deshalb ist auch eine Widerklage nach Anh § 253 unzulässig, Riezler JZPR 565, aM StJM 16 (inkonsequent). Die Rechtshängigkeit in einem anderen Prozeß ist unerheblich. Denn die Ansprüche sind verschieden. Ein Urkundenprozeß ist unzulässig. Denn es liegt kein Zahlungsanspruch vor, § 592, aM StJSchl 7 vor § 592 (vgl aber zum anderen Streitgegenstand Rn 3). Da ein Vergleich über den Streitgegenstand nach Rn 3 unwirksam wäre, ist auch kein Anerkenntnis nach § 307 möglich. Das Gericht muß sämtliche Voraussetzungen von Amts wegen prüfen, Grdz 39 vor § 128. Über eine Hemmung der Verjährung durch die Vollstreckungsklage vgl § 204 I 1 BGB. Das deutsche Gericht darf eine Klausel des ausländischen Urteils, nach der „gesetzliche Zinsen" oder „Gerichtszinsen" zu zahlen sind, im Vollstreckungsurteil oder bei der Erteilung der Vollstreckungsklausel im Zinsfuß ergänzen und damit vollstreckbar machen, LG Landau Rpfleger **84**, 242. Wegen einer Abänderung eines Auslandsunterhaltstitels § 10 II AUG, abgedruckt vor Rn 1.

Gebühren: Des Gerichts: KV 1210; des Anwalts: VV 3100, amtliche Vorbemerkung 3.2.1 I Z 3 (Rechtsmittel).

11   **8)** *VwGO:* Unanwendbar, da ein Vollstreckungsurteil in der VwGO nicht vorgesehen ist.

723

Vollstreckungsurteil. ¹ Das Vollstreckungsurteil ist ohne Prüfung der Gesetzmäßigkeit der Entscheidung zu erlassen.

II ¹ Das Vollstreckungsurteil ist erst zu erlassen, wenn das Urteil des ausländischen Gerichts nach dem für dieses Gericht geltenden Recht die Rechtskraft erlangt hat. ² Es ist nicht zu erlassen, wenn die Anerkennung des Urteils nach § 328 ausgeschlossen ist.

Schrifttum: S bei § 722.

1   **1) Systematik, I, II.** Vgl § 722 Rn 1. § 723 regelt bis auf die in § 722 II behandelte Zuständigkeit das weitere Verfahren einschließlich des Vollstreckungsurteils, auf das es ja abzielt.

2   **2) Regelungszweck, I, II.** Vgl zunächst § 722 Rn 2. Die Verweisung auf § 328 in II 2 ist als Grenze der in I an sich genannten Großzügigkeit rechtsstaatlich geboten, Einl III 15. Man muß sie daher ebenso wie § 328 selbst grundsätzlich streng ziehen. Indessen muß das Gericht die weiteren in § 328 Rn 2 erläuterten Auslegungsgesichtspunkte natürlich ebenfalls beachten.

3   **3) Prüfung, I.** Das Gericht darf nicht nachprüfen, ob das ausländische Verfahren ordnungsmäßig war oder ob das ausländische oder das inländische Recht unrichtig angewandt worden sind. Es besteht also ein Verbot der sog révision au fond, BayObLG FamRZ **93**, 1469, Stürner/Münch JZ **87**, 180. Das Gericht darf also auch nicht prüfen, ob die ausländischen Prozeßvoraussetzungen vorlagen, Grdz 12 vor § 253, etwa die Zuständigkeit.

Wohl aber darf und muß das deutsche Gericht eine Prüfung aus § 328 vornehmen, also unter anderem darauf, ob die ausländische Entscheidung gegen tragende deutsche Rechtsgrundsätze verstößt, § 328 I Z 4, BGH **122**, 19 (zum Bestimmtheitsgebot), weitergehend Stgt NJW **87**, 444, LG Bln DB **89**, 2120. Ferner darf und muß es prüfen, ob der Bekl gegen ein im Ausland erlassenes Versäumnisurteil die internationale Zuständigkeit des deutschen Gerichts einwendet hat, aM BGH DB **86**, 1387 (Unbeachtlichkeit der Nichteinhaltung der Einlassungsfrist vor dem ausländischen Gericht in einem Fall [jetzt] nach der EuGVVO; aber dann bleibt zumindest eine Prüfung auf einen etwaigen Verstoß gegen den deutschen ordre public, Rn 4). Ferner muß das Gericht alle Einwendungen gegen den durch das ausländische Urteil festgestellten Anspruch im Rahmen der §§ 767 II, 768 prüfen, BGH NJW **93**, 1271.

Der Schuldner muß die *Einwendungen in diesem Verfahren* erheben, Düss FamRZ **81**, 79. Es würde seiner Förderungspflicht nach Grdz 12 vor § 128 widersprechen, die Einreden einem neuen Prozeß aufzusparen. Der Schuldner muß eine Vollstreckungsabwehrklage nach § 767 gegen das Vollstreckungsurteil richten. Sie bleibt allein übrig, falls das ausländische Urteil nach dem Erlaß des deutschen Vollstreckungsurteils im Wiederaufnahmeverfahren nach §§ 578 ff vernichtet worden ist. Das Gericht muß eine nach dem ausländischen Urteil eingetretene Rechtsnachfolge prüfen. Alle derartigen Einreden und Einwendungen treten nicht dem ausländischen Urteil entgegen, sondern seiner Vollstreckbarkeit im Inland.

4   **4) Voraussetzungen, II.** Das ausländische Urteil muß nach dem ausländischen Recht eine äußere Rechtskraft erlangt haben, Einf 1 vor §§ 322–327, Serick Festschrift für Weber (1975) 385 (zum südafrikani-

Abschnitt 1. Allgemeine Vorschriften   §§ 723, 724

schen „final"-Vermerk). Eine vorläufige Vollstreckbarkeit des ausländischen Urteils genügt also grundsätzlich nicht. Das gilt selbt dann, wenn die Rechtskraft für die Vollstreckbarkeit nach dem ausländischen Recht unerheblich ist. Nur eine „endgültige" Vollstreckbarkeit verlangen Artt 56 CIM, 52 CIV, G v 24. 4. 74, BGBl II 357. Eine Reihe von Abkommen und Staatsverträgen läßt freilich eine vorläufige Vollstreckbarkeit ausnahmsweise genügen. Eine Vernichtbarkeit nach dem Recht des Urteilsstaates ist unschädlich, soweit das dortige Gericht sein Urteil nicht aufgehoben hat, BGH RIW **99**, 699. Im übrigen darf § 328 der Anerkennung des ausländischen Urteils nicht entgegenstehen, BGH VersR **92**, 1282. Es muß also vor allem die Gegenseitigkeit verbürgt sein, § 328 Anh, AG Hbg-Altona FamRZ **90**, 420.

Im Vollstreckungsrechtsstreit kann der Bekl also auch geltend machen, daß das ausländische Gericht nach 5 dem deutschen Recht *nicht zuständig* war. Das gilt auch dann, wenn der Bekl vor dem ausländischen Gericht ein Versäumnisurteil gegen sich ergehen ließ. Das deutsche Gericht ist an Feststellungen des ausländischen Gerichts über Tatsachen, die dessen Zuständigkeit begründen, nicht gebunden, LG Bln DB **89**, 2120. Der Kläger muß die Voraussetzungen der Anerkennung beweisen. Dazu stehen ihm alle Beweismittel offen. Das gilt auch dann, wenn ein Staatsvertrag diejenigen Unterlagen nennt, die der Kläger beifügen muß, Mü Rpfleger **82**, 302. Diese Voraussetzungen müssen beim Schluß der mündlichen Verhandlung vorliegen, §§ 136 IV, 296 a. Vgl im übrigen bei § 722. Wegen der EuGVVO SchlAnh V C 4 (Art 38 ff). Vgl auch § 10 AUG, abgedruckt bei § 722, sowie AVAG, SchlAnh V D. § 323 kann anwendbar sein, StJM 4 a, aM Geimer DNotZ **96**, 1054.

5) Frühere Interlokale Zwangsvollstreckung 6
Schrifttum: Wittstadt, Interzonales Zivilprozeßrecht. Anerkennung und Vollstreckung von Entscheidungen der Zivilgerichte, Diss Erlangen 1959.
A. Bundesrepublik. Wegen eines Scheidungsurteils der früheren DDR vgl Vorbem B vor § 328.
B. Früheres Westberlin. Das dortige Gesetz über die Vollstreckung von Entscheidungen auswärtiger 7 Gerichte idF v 26. 2. 53, GVBl 152, abgedruckt bis zur 38. Aufl im Anh § 723, war wegen Verstoßes gegen Art 72 I GG nichtig, KG NJW **79**, 881, Adler/Alich ROW **80**, 143, Biede DGVZ **79**, 153. Der BGH hat, soweit ersichtlich, ebensowenig wie das BVerfG abweichend entschieden, zumal es sich um Landesrecht handelte. Die Praxis wendete zB § 766 an. Vgl Einl III 77, Vorbem A vor § 328.
Gebührenrechtlich gelten §§ 22, 29, 31 GKG, 25 RVG, VV 3309, 3310.
6) *VwGO:* Unanwendbar, § 722 Rn 11. 8

724 *Vollstreckbare Ausfertigung.* ¹Die Zwangsvollstreckung wird auf Grund einer mit der Vollstreckungsklausel versehenen Ausfertigung des Urteils (vollstreckbare Ausfertigung) durchgeführt.

ᴵᴵ Die vollstreckbare Ausfertigung wird von dem Urkundsbeamten der Geschäftsstelle des Gerichts des ersten Rechtszuges und, wenn der Rechtsstreit bei einem höheren Gericht anhängig ist, von dem Urkundsbeamten der Geschäftsstelle dieses Gerichts erteilt.

Gliederung

1) Systematik, I, II 1	7) Prüfungspflicht, II 8, 9
2) Regelungszweck, I, II 2	A. Äußere Wirksamkeit des Titels 8
3) Notwendigkeit einer vollstreckbaren Ausfertigung, I, II 3	B. Vollstreckbarkeit 8
	C. Vollstreckungseignung 8
	D. Nämlichkeit 9
4) Entbehrlichkeit einer vollstreckbaren Ausfertigung, I, II 4	8) Prüfungsverbot, II 10–12
A. Vollstreckungsbescheid 4	A. Genehmigungsvermerk 11
B. Arrest usw 4	B. Einstellung der Vollstreckung 11
C. Haftbefehl 4	C. Insolvenz 11
D. Pfändung, Überweisung 4	D. Vollstreckungsausschluß 12
E. Kostenfestsetzungsbeschluß 4	E. Sachlichrechtliche Zulässigkeit ... 12
F. Zwangsgeldbeschluß 4	F. Sicherheitsleistung 12
5) Vollstreckbare Ausfertigung, I 5	9) Rechtsbehelfe, I, II 13
6) Erteilung, II 6, 7	10) *VwGO* 14
A. Zuständigkeit 6	
B. Verfahrensübersicht 7	

1) Systematik, I, II. Die Vorschrift wird durch §§ 725 ff ergänzt. Sie stellt das aus den Gründen Einf 1 1 vor §§ 750, 751 und wegen § 755 notwendige Bindeglied zwischen dem Originalurteil und der aus ihm möglichen Zwangsvollstreckung dar. Wegen der EuGVVO SchlAnh V C 4; ferner das AVAG (auch wegen der bei ihm genannten weiteren Verträge), SchlAnh V E. Wegen des IntFamRVG vgl deren §§ 16 ff.

2) Regelungszweck, I, II. Es soll im Interesse der Rechtssicherheit nach Einl III 43 und zum Schuld- 2 nerschutz sicher sein, daß und mit welchen Beteiligten in welchem Umfang, für welche Zeitdauer usw aus der bei der Akte verbleibenden Original-Sachentscheidung mithilfe einer bloßen Ausfertigung zu Händen des Gläubigers die Zwangsvollstreckung erfolgen darf. Man muß daher das gewiß lästige Zwischenverfahren der Klauselerteilung mittels strenger Auslegung durchführen. Man darf freilich seine Anforderungen nun auch nicht durch Formalismus überspannen, Einl III 9, 10. Das gilt, zumal das Gericht den Schuldner jetzt nicht nochmals anhören und der Rpfl natürlich nicht eine weitere (heimliche) Sachprüfung vornehmen darf: Der Richter hatte sie schon abschließend durchgeführt.

Hartmann

§ 724

3) Notwendigkeit einer vollstreckbaren Ausfertigung, I, II. Die vollstreckbare Ausfertigung des in Urschrift bei den Gerichtsakten bleibenden Vollstreckungstitels ist zusammen mit der Vollstreckungsklausel nach §§ 725 ff für die Vollstreckungsorgane die praktische Grundlage jeder Zwangsvollstreckung. Der Gläubiger muß sie dem Vollstreckungsorgan vorlegen, Köln RR **00**, 1580. Das Erteilungsverfahren liegt vor dem Beginn der Zwangsvollstreckung nach Grdz 51 vor § 704 als dessen Voraussetzung, BGH MDR **76**, 838.
Die Vollstreckungsklausel ist grundsätzlich bei *allen Vollstreckungstiteln* notwendig, auch zB bei einem Zuschlagsbeschluß nach dem ZVG, AG Westerburg DGVZ **05**, 46, oder bei einem Titel aus § 43 WEG, und zwar wegen § 19 WEG, Seip DGVZ **03**, 8, aM AG Fürth DGVZ **03**, 13, ferner bei § 45 III WEG, BayObLG RR **86**, 564, KG WoM **90**, 409, ferner zB bei § 23 III 2 BetrVG, LAG Bre BB **93**, 795, oder bei § 2 SeeGVG (zuständig ist das OLG am Sitz des Internationalen Seegerichtshofs, also Hamburg). Zur Immobiliarvollstreckung Alff Rpfleger **01**, 385 (ausf). Bei der Zwangsvollstreckung eines Sozialen Leistungsträgers nach § 66 IV SGB X muß der Gläubiger dem Vollstreckungsorgan eine vollständige Ausfertigung des Beitragsbescheids vorlegen, versehen mit der handschriftlich unterzeichneten Vollstreckungsklausel und dem Originalabdruck eines Siegels. Eine inhaltliche Wiedergabe reicht nicht aus, LG Augsb DGVZ **04**, 77, LG Stade Rpfleger **87**, 253, AG Arnstadt DGVZ **00**, 141, aM LG Kassel DGVZ **84**, 175, Hornung Rpfleger **87**, 227 (aber an dieser Stelle ist eine strenge Form absolut unentbehrlich). Ebensowenig reicht ein formularmäßig vorgedrucktes „Siegel", § 725 Rn 4. Zum Problem Jakobs DGVZ **84**, 169.

4) Entbehrlichkeit einer vollstreckbaren Ausfertigung, I, II. Eine vollstreckbare Ausfertigung darf nur in den folgenden Fällen fehlen.
A. Vollstreckungsbescheid. Sie darf beim Vollstreckungsbescheid grundsätzlich fehlen, § 796 I. Soweit sie erfüllt ist, kommt auch ihre Umschreibung in Betracht, BGH NJW **93**, 3142.
B. Arrest usw. Sie darf bei einem Arrest und bei einer einstweiligen Verfügung grundsätzlich fehlen, §§ 929 I, 936, nicht aber bei einem in solchem Verfahren geschlossenen Prozeßvergleich, LAG Düss MDR **97**, 660.
Ein Titel nach A oder B bedarf nur dann einer Vollstreckungsklausel, wenn die Zwangsvollstreckung nicht für und gegen den im Titel Genannten stattfinden soll.
C. Haftbefehl. Sie ist bei einem Haftbefehl nach § 901 entbehrlich, LG Kiel DGVZ **83**, 156.
D. Pfändung, Überweisung. Sie kann bei einem Pfändungsbeschluß im Fall des § 830 I und beim Überweisungsbeschluß nach § 836 III fehlen.
E. Kostenfestsetzungsbeschluß. Sie kann bei dem auf das Urteil gesetzten Kostenfestsetzungsbeschluß fehlen, §§ 105, 795 a, Hamm JB **03**, 379. Der Gläubiger braucht die vollstreckbare Ausfertigung aber erst nach Erhalt auch der Kosten an den Schuldner herauszugeben, Hamm JB **03**, 379.
F. Zwangsgeldbeschluß. Ein Beschluß nach § 888 bedarf keiner Klausel, LG Kiel DGVZ **83**, 156.

5) Vollstreckbare Ausfertigung, I. Sie ist eine mit der Vollstreckungsklausel nach § 725 versehene Ausfertigung des Titels, Düss FGPrax **01**, 166. Bei einem gerichtlichen Vergleich nach Anh § 307 gehört dazu der Vermerk „v. u. g." oä aus dem Protokoll, LG Essen MDR **75**, 937. Die vollstreckbare Ausfertigung kann bei einem Urteil vollständig oder abgekürzt sein, § 317 II, IV. Es ist ratsam, die Vorschrift ganz förmlich zu beachten, obwohl die unter eine Abschrift des Titels gesetzte und mit dem Gerichtssiegel versehene und unterschriebene Vollstreckungsklausel bereits dieser Abschrift die Natur einer Ausfertigung gibt. Nach der Beendigung der Zwangsvollstreckung muß das Vollstreckungsorgan bzw der Gläubiger die vollstreckbare Ausfertigung des Titels dem Schuldner aushändigen, § 757. Das gilt auch dann, wenn der Schuldner unmittelbar an den Gläubiger leistet. Eine Fortsetzung der Zwangsvollstreckung nach einer einstweiligen Einstellung erfordert keine neue vollstreckbare Ausfertigung. Die letztere ist ebenfalls dann unnötig, wenn ein gegen Sicherheitsleistung vollstreckbares Urteil eine unbedingte Vollstreckung erfolgt.

6) Erteilung, II. Sie hat zunehmende Bedeutung.
A. Zuständigkeit. Die Zuständigkeit nach II ist inhaltlich genau dieselbe wie bei § 706 I, dort Rn 3–6. Zuständig ist also grds der Urkundsbeamte der Geschäftsstelle, AG Bergisch-Gladb Rpfleger **89**, 337, AG Westerburg DGVZ **05**, 46, VGH Mannh NVwZ-RR **04**, 459. Die Zuständigkeit kann zB für einen Scheidungsvergleich gelten, KG FER **00**, 298 (nicht bei echter Bedingung im Vergleich), Stgt Rpfleger **79**, 145. Das Familiengericht handelt als Prozeßgericht und nicht als Vollstreckungsgericht, Düss FamRZ **80**, 378, Hbg FamRZ **81**, 980. Beim Vollstreckungsbescheid kann das nach § 689 III bestimmte zentrale Mahngericht zuständig sein, BGH NJW **93**, 3142, Hamm Rpfleger **94**, 30 (je betr AG Hagen), aM Kblz Rpfleger **94**, 307 (das fiktive Streitgericht; abl Hintzen). Bei einem Festsetzungsbescheid nach dem WAG ist das AG am Ort der Festsetzungsbehörde zuständig, ab Klagerhebung aber grundsätzlich das Prozeßgericht, unter Umständen jedoch das AG, § 25 II WAG. Das Gericht handelt grundsätzlich durch den Urkundsbeamten, Hamm Rpfleger **89**, 467, LG Hbg Rpfleger **04**, 159.
In den Fällen der §§ 726 ff, 733, 738, 742, 744–745 II, 749 ist jedoch nicht der Urkundsbeamte zuständig, sondern der *Rechtspfleger*, § 20 Z 12, 13 RPflG, Anh § 153 GVG, KG FER **00**, 297, Zweibr MDR **97**, 593, LG Detm Rpfleger **96**, 19, aM Napierala Rpfleger **89**, 495 (vgl aber § 726 Rn 3). Bei dem Titel eines ArbG ist der Urkundsbeamte seiner Geschäftsstelle zuständig. Wegen eines Vergleichs vor dem Schiedsmann Drischler Rpfleger **84**, 310. Wegen Europäischer Zwangsvollstreckungstitel SchlAnh V C–E. Nur im übrigen ist (wohl nur noch theoretisch) das Bundesjustizministerium zur Erteilung der vollstreckbaren Ausfertigung zuständig, Bek v 25. 8. 54, BGBl II 1030 (EGKS), Bek v 3. 2. 61, BGBl II 50 (EAG, EG). Zur internationalen Zuständigkeit Mü Rpfleger **87**, 110. Wegen eines Gemeinschaftsgeschmacksmusters ist das BPatG zuständig, § 64 GeschmMG nF (s Einl I A). Wegen des SeeGVG § 724 Rn 1. Wegen § 38 II, III WaStrG § 794 Rn 46.

B. Verfahrensübersicht. Antragsberechtigt ist der Gläubiger, BGH **92**, 347, oder dessen Rechtsnachfolger nach §§ 727, 728. Man kann den Antrag formlos, schriftlich, elektronisch oder mündlich stellen. Er

Abschnitt 1. Allgemeine Vorschriften § 724

erfordert keinen Anwaltszwang, § 78 V. Die Entscheidung ergeht ohne eine Anhörung des Gegners. Der Gläubiger muß die notwendigen Nachweise vorlegen. Die Erteilung der vollstreckbaren Ausfertigung setzt keine Zustellung des Titels nach § 750 an den Schuldner voraus, auch nicht in den Fällen des § 798. Natürlich muß die zugrundeliegende Entscheidung nach außen wirksam geworden sein. Das Gericht muß sie also verkündet oder nach § 310 III zugestellt haben.

7) Prüfungspflicht, II. Das Gericht muß vier Hauptfragen prüfen. 8

A. Äußere Wirksamkeit des Titels. Das Gericht muß prüfen, ob ein schon und noch äußerlich wirksamer Titel vorliegt, BGH VersR **82**, 597, Düss RR **87**, 640, Namentlich also: Haben die im Kopf aufgeführten Richter das Urteil unterschrieben, BGH VersR **84**, 1192? Ist die Zustellung des Urteils nach § 317 ordnungsgemäß erfolgt, AG Bln-Neukölln DGVZ **95**, 11? Ist das Urteil etwa wegen Klagerücknahme oder Aufhebung wirkungslos geworden? Wegen der Lage bei Streit über die sachlichrechtliche Wirksamkeit zB eines Prozeßvergleichs gilt § 794 Rn 8. Unerheblich ist das Alter des Titels, Zweibr JB **89**, 869.

B. Vollstreckbarkeit. Das Gericht muß prüfen, ob der Titel zur Zeit der Erteilung der vollstreckbaren Ausfertigung äußerlich vollstreckbar, ob er also entweder nach §§ 708 ff vorläufig vollstreckbar ist oder die äußere Rechtskraft erlangt hat, Einf 1 vor §§ 322–327, BayObLG FGPrax **95**, 212. Es darf weder eine Aufhebung nach § 717 I noch eine Unzulässigkeit nach § 767 vorliegen, BayObLG DNotZ **97**, 77.

C. Vollstreckungseignung. Das Gericht muß prüfen, ob sich der Titel nach seinem Inhalt überhaupt zu einer Zwangsvollstreckung nach Grdz 16 vor § 704 eignet, BGH DB **90**, 1327 (zu „gesetzlichen" Zinsen in einem französischen Urteil: bejahend), Ffm JB **95**, 158, Saarbr NJW **88**, 3101. Es muß ferner klären, ob sich nicht schon aus dem Titel selbst eindeutig ergibt, daß die Zwangsvollstreckung aus ihm ausgeschlossen ist, Düss RR **87**, 640, Saarbr NJW **88**, 3101. Denn sonst fehlt das Bedürfnis, und dieses Fragt ist um so gewichtiger, als die vollstreckbare Ausfertigung gebührenfrei ist. Vgl aber § 795 a Rn 1. Zur Feststellung der Vollstreckungsfähigkeit darf und muß man den Titel auslegen, Grdz 15 vor § 704, Saarbr NJW **88**, 3101.

D. Nämlichkeit. Das Gericht muß schließlich prüfen, ob diejenigen Personen, für und gegen die eine 9 Zwangsvollstreckung stattfinden soll, dieselben wie die im Titel genannten Personen sind, § 750, vgl auch §§ 726 ff. Auch ein dem Prozeßvergleich beigetretener Dritter kann Schuldner sein, BGH **86**, 160 (kein vorheriger Anwaltszwang). Wenn der Titel zu einer Leistung an einen Dritten verurteilt, dann darf das Gericht diesem Dritten eine vollstreckbare Ausfertigung nur dann erteilen, wenn er Rechtsnachfolger ist, Ffm FamRZ **94**, 453, mag er nun Streitgehilfe gewesen sein oder nicht. Gegen Gesamtschuldner erteilt das Gericht durchweg nur die eine einzige vollstreckbare Ausfertigung. Wenn ein Teil des Urteils nicht angefochten worden ist oder nicht für vorläufig vollstreckbar erklärt worden ist, dann darf der Urkundsbeamte der Geschäftsstelle insoweit keine vollstreckbare Ausfertigung erteilen, § 705 Rn 5. Der Gläubiger hat auf die Vollstreckungsklausel nur dann einen Anspruch, wenn er gerade ein Anspruch auf die Erteilung einer einfachen Ausfertigung zusteht, LG Ffm DNotZ **85**, 481, aM LG Mü Mitt BayNot **79**, 192 (aber dann fehlt *diesem* Antragsteller das stets erforderliche Rechtsschutzbedürfnis). Beim allein klagenden Mitgläubiger, der auf Leistung an alle vorgeht, kann der Rpfl auch nur ihm die Klausel erteilen, KG RR **00**, 1410. Jeder mitklagende Gesamtgläubiger kann die Erteilung einer Klausel an sich selbst fordern, KG RR **00**, 1410. Gesamthandgläubiger erhalten nur eine gemeinsame Ausfertigung, es sei denn im Fall des § 2039 BGB. Bei einer nach § 432 BGB unteilbaren Leistung kommt ebenfalls nur *eine* vollstreckbare Ausfertigung in Betracht, BGH NJW **95**, 1163.

8) Prüfungsverbot, II. Das Gericht darf die folgenden sechs Punkte nicht prüfen. 10

A. Genehmigungsvermerk. Das Gericht darf nicht prüfen, ob der bei einem Prozeßvergleich im Sinn von Anh § 307 nach §§ 160 III Z 1, 162 I 1 erforderliche Protokollvermerk „v. u. g.", der auf der Ausfertigung fehlt, in der Urschrift vorhanden ist, LG Essen MDR **75**, 938. Vielmehr darf dann kein Vollstreckungstitel erteilt werden.

B. Einstellung der Vollstreckung. Das Gericht darf nicht prüfen, ob die Zwangsvollstreckung vielleicht 11 infolge einer Einstellung derzeit ausgeschlossen ist, aM StJM 10. Denn die Erteilung der vollstreckbaren Ausfertigung ist keine Vollstreckungsmaßnahme, und eine Versagung dieser Ausfertigung hindert eine schleunige Zwangsvollstreckung nach dem Wegfall der Einstellung; ob der sachlichrechtliche Anspruch auf einen Dritten übergegangen ist.

C. Insolvenz. Das Gericht darf nicht prüfen, ob über das Vermögen des Schuldners das Insolvenzverfahren eröffnet worden ist. Denn dieser Umstand hindert nach § 89 InsO nur die Durchführung der Zwangsvollstreckung, Saarbr RR **94**, Stürner ZZP **93**, 316, aM Brschw Rpfleger **78**, 220 (erst nach der Verfahrensbeendigung), Jespersen Rpfleger **95**, 6 StJM 10 (nur beim Antrag gegen den Insolvenzverwalter. Aber beide Varianten übersehen die Rechtsnatur des Insolvenzverfahrens mit seinen auch zeitlichen Grenzen.).

D. Vollstreckungsausschluß. Das Gericht darf nicht prüfen, ob die Zwangsvollstreckung infolge von 12 Einwendungen derzeit ausgeschlossen ist. Wenn bei einer Zwangsvollstreckung die Vollstreckungsklausel nach § 724 fehlt oder wenn sie mangelhaft ist, dann kann der Schuldner die Erinnerung einlegen, § 766, Grdz 58 vor § 704.

E. Sachlichrechtliche Zulässigkeit. Das Gericht darf die sachlichrechtliche Zulässigkeit einer erteilten Vollstreckungsklausel nicht prüfen, Ffm JB **76**, 1122, Köln FamRZ **85**, 626. Denn eine solche Einwendung gehört zu § 767.

F. Sicherheitsleistung. Das Gericht darf nicht prüfen, ob eine Abwendungserlaubnis nach §§ 711, 712 I 1 oder eine Anordnung nach § 709 bestehen. Denn das gehört erst zum Beginn der Vollstreckung.

§§ 724, 725   Buch 8. Zwangsvollstreckung

13   **9) Rechtsbehelfe, I, II.** Der Schuldner kann nur nach §§ 732, 768 vorgehen, Münzberg Rpfleger **91**, 211. Der Gläubiger kann gegen die Entscheidung des Urkundsbeamten der Geschäftsstelle dessen Richter anrufen, § 573 I. Der Urkundsbeamte kann und muß evtl nach §§ 572 I, 573 I 3 abhelfen. Wenn der Rpfl entschieden hat, gilt für den Gläubiger § 11 RPflG, Anh § 153 GVG, Ffm FamRZ **94**, 453, KG Rpfleger **98**, 65. Gegen die Entscheidung des Richters nach derjenigen des Rpfl derselben Instanz gilt wiederum § 11 RPflG. In sonstigen Fällen ist die sofortige Beschwerde zulässig, § 573 II, so schon Stgt FamRZ **81**, 696. Denn sie stellt keine Maßnahme der Zwangsvollstreckung dar, sondern regelt die Voraussetzungen für den Beginn einer Zwangsvollstreckung, Grdz 51 vor § 704. Wegen einer Anschlußbeschwerde §§ 567 III, 573 II.
     Gebühren: Des Gerichts KV 1241 usw, des Anwalts § 25 RVG, VV 3309, 3310.

14   **10)** *VwGO:* Entsprechend anwendbar, § 167 I VwGO, VGH Mannh NVwZ-RR **04**, 459, **95**, 619 u **93**, 520, jedoch mit zwei Ausnahmen (außer dem Fall des § 795 a): Für die Vollstreckung zugunsten der öffentlichen Hand, § 169 VwGO, und für die Vollstreckung von Geldforderungen gegen die öffentliche Hand, § 170 I bis III VwGO, ist keine Klausel erforderlich, § 171 VwGO (auch nicht bei der Vollstreckung aus einem Titel gegen eine Behörde, die nicht Kostenträger ist, Einf § 727 Rn 7, aM VGH Mannh NJW **82**, 902).

725 *Vollstreckungsklausel.* Die Vollstreckungsklausel:
        „Vorstehende Ausfertigung wird dem usw. (Bezeichnung der Partei) zum Zwecke der Zwangsvollstreckung erteilt"
ist der Ausfertigung des Urteils am Schluss beizufügen, von dem Urkundsbeamten der Geschäftsstelle zu unterschreiben und mit dem Gerichtssiegel zu versehen.

1   **1) Systematik.** Vgl zunächst § 724 Rn 1. Die Vollstreckungsklausel ist nur ein zum Beginn der Zwangsvollstreckung nach Grdz 51 vor § 704 nötiges besonderes Zeugnis des Gerichts über die Vollstreckbarkeit, abgesehen von den Fällen der §§ 795 a, 796, 929. Den Zeitpunkt und den Umfang der Zwangsvollstreckung bestimmt im gesetzlichen Rahmen der Gläubiger, § 754 Rn 3. § 725 regelt den „Normalfall", §§ 726, 727 ff regeln vorrangige Sonderfälle.

2   **2) Regelungszweck.** Man kann über die grundsätzliche Notwendigkeit einer besonderen Vollstreckungsklausel verschiedener Meinung sein. Eigentlich müßte ja eine Ausfertigung des Vollstreckungstitels auch ohne zusätzliche Zweckbestimmung eines nichtrichterlichen Beamten ausreichen, um dem rechtmäßigen Besitzer die Durchsetzung zu gestatten. Vor Mißbrauch schützt auch eine Vollstreckungsklausel nur bedingt. Indessen erleichtert eine Klausel allen Vollstreckungsorganen die Arbeit. Bei einer korrekten Handhabung grenzt sie auch dieses Exemplar von Ausfertigungen von etwaigen weiteren ab und schützt so den Schuldner vor doppeltem oder gar dreifachem Zugriff. Den Schuldnerschutz sollte man daher bei der Auslegung mitbeachten.

3   **3) Form der Klausel.** Der Wortlaut der Vollstreckungsklausel ist nicht unbedingt derjenige des § 725. Es empfiehlt sich aber, den gesetzlichen Wortlaut einzuhalten. Die Klausel muß unbedingt den vorgeschriebenen Mindestinhalt haben. Sie muß also vor allem den Gläubiger ausreichend bezeichnen, wie bei § 750. Sie muß die Zwangsvollstreckung als den Zweck hervorheben. Sie braucht aber nicht die allerdings übliche Überschrift „Vollstreckbare Ausfertigung" zu tragen, ebensowenig ihr Datum. Sie darf über das Zugesprochene nicht hinausgehen, auch nicht bei Zinsen und Kosten, wohl aber hinter ihm zurückbleiben, etwa bei einer antragsgemäß bloßen Teilklausel. Bei einer Streitgenossenschaft darf das Gericht gegen notwendige Streitgenossen nach § 62 nur eine Klausel erteilen, gegen gewöhnliche Streitgenossen nach § 59 je eine Klausel. Auch bei einer Verurteilung zu einer Leistung und Duldung erteilt das Gericht nur eine Klausel.

4   Wesentlich sind von der vorgeschriebenen Form nur die eigenhändige handschriftliche Unterschrift des Urkundsbeamten der Geschäftsstelle wie bei § 129 Rn 9, BGH RR **98**, 141, AG Bre DGVZ **81**, 61, und die Beifügung zum Vollstreckungstitel, LG Frankenth Rpfleger **85**, 244. Unwesentlich sind eine Beifügung am Schluß der Ausfertigung und das Beidrücken des Gerichtssiegels. Auch ohne die letzteren Teile kann eine vollstreckbare Ausfertigung wirksam sein, wenn über ihre Herkunft eine volle Gewißheit besteht. Ausreichend ist zB statt des förmlichen runden Siegels ein einfacher Schwarzstempel. Ein bloß formularmäßig vorgedrucktes „Siegel" reicht aber nicht, LG Aurich Rpfleger **88**, 199. § 319 ist auf die Klausel anwendbar.

5   **4) Beifügung.** Das Gericht muß die Vollstreckungsklausel im Original derjenigen Urteilsausfertigung beifügen, aus der zu vollstrecken ist, § 750 I, LG Frankenth Rpfleger **85**, 244, LG Stgt Rpfleger **00**, 539. Durch die Beifügung des Originals einer ordnungsgemäßen Vollstreckungsklausel wird die bloße Urteilsabschrift zu einer vollstreckbaren Urteilsausfertigung. Die bloße Ausfertigung der Vollstreckungsklausel reicht dazu nicht, LG Frankenth Rpfleger **85**, 244. Wenn das Gericht auf einen Einspruch nach §§ 338, 700 oder auf ein Rechtsmittel die vorangegangene Entscheidung bestätigt hat, muß es die Vollstreckungsklausel dieser vorangegangenen Entscheidung beifügen, Celle JB **75**, 1731. Wenn das höhere Gericht eine Entscheidung ohne jede Abweichung oder nur unter unwesentlicher Abweichung etwa nur bei den Zinsen bestätigt hat, genügen eine vollstreckbare Ausfertigung des ersten Urteils und eine einfache Ausfertigung des zweiten Urteils, BGH NJW **98**, 613, Celle JB **85**, 1731. Wenn das erste Urteil nach § 709 S 1 nur gegen Sicherheitsleistung vollstreckbar ist, das zweite Urteil jedoch nach § 708 ohne Sicherheitsleistung vollstreckbar ist, dann genügt zum Nachweis des Wegfalls die Beifügung einer einfachen Ausfertigung des zweiten Urteils. Der Urkundsbeamte der Geschäftsstelle kann auch den Wegfall in der Klausel auf der Ausfertigung des erstinstanzlichen Urteils vermerken. Nicht erforderlich ist die Rechtskraft des Urteils, LG Stgt Rpfleger **00**, 539.

6   Wenn die *zweite Instanz* das Vorderurteil abändert, dann ist ihre Entscheidung der Vollstreckungstitel. Wenn das zweite Urteil nur die Vollstreckungsbeschränkung entfallen läßt, genügt die einfache Ausfertigung. Wenn es aber zur Hauptsache die Formel ändert, ist es erforderlich, eine Ausfertigung auch des zweit-

instanzlichen Urteils beizufügen, BGH NJW **98**, 613. Der Urkundsbeamte kann die beiden Urteile gemeinsam mit der Vollstreckungsklausel versehen. Bei einem Vollstreckungsurteil nach § 723, der Vollstreckbarerklärung eines Schiedsspruchs usw nach § 1059 sind nur diese Entscheidungen Vollstreckungstitel. Eine Beifügung des ausländischen Urteils usw ist nur dann notwendig, wenn das Gericht deren Formel nicht in das Vollstreckungsurteil usw voll aufgenommen hat. Eine Rückgabe der vollstreckbaren Ausfertigung des ersten Urteils ist keine Bedingung der Erteilung. Wohl aber muß das Vollstreckungsorgan bzw der Gläubiger die Ausfertigung dem Schuldner aushändigen, §§ 754, 757.

5) *VwGO:* Entsprechend anwendbar, § 167 I *VwGO*, VGH Mannh NVwZ-RR **04**, 459, außer in den § 724 **7** Rn 14 genannten Fällen des § 171 *VwGO*.

726 *Vollstreckbare Ausfertigung bei bedingten Leistungen.* ^I Von Urteilen, deren Vollstreckung nach ihrem Inhalt von dem durch den Gläubiger zu beweisenden Eintritt einer anderen Tatsache als einer dem Gläubiger obliegenden Sicherheitsleistung abhängt, darf eine vollstreckbare Ausfertigung nur erteilt werden, wenn der Beweis durch öffentliche oder öffentlich beglaubigte Urkunden geführt wird.

^{II} Hängt die Vollstreckung von einer Zug um Zug zu bewirkenden Leistung des Gläubigers an den Schuldner ab, so ist der Beweis, dass der Schuldner befriedigt oder im Verzug der Annahme ist, nur dann erforderlich, wenn die dem Schuldner obliegende Leistung in der Abgabe einer Willenserklärung besteht.

Schrifttum: *Clemens,* Zu den Wirkungen von Geständnis, Nichtbestreiten und Anerkennung im Klauselerteilungsverfahren, 1996; *Dörndorfer* DGVZ **00**, 82 (Üb).

Gliederung

1) Systematik, I, II	1	5) Urteil Zug um Zug, II	9–11
2) Regelungszweck, I, II	2	A. Grundsatz: Verhütung der Vorleistung	9
3) Zuständigkeit, I, II	3	B. Aushändigung einer Urkunde	10
4) Nachweise, I	4–8	C. Willenserklärung	11
A. Nachweis des Bedingungseintritts	4	6) Rechtsbehelfe I, II	12
B. Offenkundigkeit	5	7) *VwGO*	13
C. Beispiele zur Frage der Abhängigkeit	6–8		

1) Systematik, I, II. Die Vorschrift enthält eine gegenüber §§ 724, 725 vorrangige, wegen I durch **1** §§ 730, 731, 756 ergänzte Sonderregelung.

2) Regelungszweck, I, II. Die Vorschrift dient der Rechtssicherheit nach Einl III 43 durch Vermeidung **2** einer vorschnell durchgeführten Vollstreckung. Denn sie würde evtl die zugunsten des Schuldners im Urteil festgesetzten oder gesetzlichen Bedingungen nicht einhalten. In den Fällen des § 726 zeigt sich auch eher als bei § 725 der Sinn einer besonderen Vollstreckungsklausel, nämlich des Schuldnerschutzes. Er besteht hier in einer Prüfungspflicht des Rpfl zu den im Titel verfügten besonderen Vollstreckungsvoraussetzungen. Daher muß man § 726 streng auslegen.

Grundsatz ist die Notwendigkeit eines Nachweises. Die Vollstreckbarkeit eines Urteils kann nach dessen Inhalt davon abhängen, daß eine andere Tatsache als eine vom Gläubiger geschuldete Sicherheitsleistung eingetreten ist. Die Vollstreckbarkeit kann also durch solche andere Tatsache bedingt oder befristet sein, KG FER **00**, 297, und zwar ganz oder teilweise, KG OLGZ **83**, 216. Die Tatsache kann sich auch auf einen Vorgang der Vergangenheit beziehen, Köln OLGR **00**, 161. Eine zur Entstehung des Titels erforderliche Vollmacht ist keine „andere Tatsache", LG Freib Rpfleger **05**, 100. Der Rpfl darf dann eine vollstreckbare Ausfertigung grundsätzlich nur dann erteilen, wenn der Gläubiger nach Rn 4 den Beweis des Eintritts jener anderen Tatsache überhaupt nach den üblichen Regeln der Beweislast führen muß und wenn der Gläubiger diesen Beweis in einem solchen Fall dann auch durch öffentliche oder öffentlich beglaubigte Urkunden geliefert hat, § 415 Rn 3, 4.

Ausnahmen von diesem Grundsatz liegen in den folgenden Fällen vor: Die Tatsache besteht darin, daß der Gläubiger eine Sicherheit geleistet hat, § 751 II, Hbg RR **86**, 1501; es geht nur darum, ob ein Kalendertag eingetreten ist, § 751 I; die Vollstreckung darf nur Zug um Zug gegen eine Leistung des Gläubigers erfolgen, § 756, LG Hbg Rpfleger **04**, 159; es ist eine Wartefrist abgelaufen, §§ 721 I, 798; die Parteien können eine von I abweichende Vereinbarung treffen, Rn 4; der Schuldner hat sich der sofortigen Vollstreckung unterworfen, Ffm JB **97**, 545.

3) Zuständigkeit, I, II. Zuständig ist der Rpfl, § 20 Z 12 und § 26 RPflG, Anh § 153 GVG, also nicht **3** der Urkundsbeamte, § 724 Rn 6, § 730 Rn 1, BAG NJW **04**, 702 (zustm Brinkmann JB **04**, 333), Saarbr NJW **04**, 2909, Giers DGVZ **04**, 178, aM Sauer/Meiendresch NJW **04**, 2872. Ein Verstoß führt zur Unwirksamkeit, BAG NJW **04**, 702 (zustm Brinkmann JB **04**, 333), KG FGPrax **99**, 189, Mü JB **01**, 438, aM Zweibr JB **03**, 493, LG Kassel JB **86**, 1255, AG Oldb DGVZ **89**, 142 (aber die Zuständigkeit gehört zu den Umständen, die man zwecks Rechtssicherheit nach Einl III 43 durchweg streng einhalten sollte).

4) Nachweise, I. Es gibt in der Praxis sehr unterschiedliche Anforderungen. Mangels Nachweises mag **4** der Gläubiger nach § 731 klagen.

A. Nachweis des Bedingungseintritts. Der Rpfl darf keine Prüfung von Amts wegen nach Grdz 39 vor § 128 vornehmen. Er klärt also weder von Amts wegen, ob der Gläubiger die Sicherheit geleistet hat, noch wartet er den Kalendertag oder die Wartefrist ab. Vielmehr muß grundsätzlich der Gläubiger den Eintritt jener Bedingungen durch öffentliche oder öffentlich beglaubigte Urkunden nach §§ 415 ff beweisen, BGH

§ 726

NJW **81**, 2757, KG FER **00**, 297 (auch wegen einer Ausnahme), Mü Rpfleger **84**, 106. Eine Bescheinigung nach § 641 a BGB ist keine öffentliche Urkunde, aM LG Schwerin NZM **05**, 382 (aber der Sachverständige ist nur öffentlich bestellt und vereidigt. Das macht ihn nicht selbst öffentlich, Einl III 39). Dabei gelten die allgemeinen Grundsätze zur Beweislast, Anh § 286. Denn § 726 hat einen rein vollstreckungsrechtlichen Inhalt und berührt das sachliche Verfahren nicht, AG Göpp DGVZ **93**, 115. Das Gericht führt keine auch nur ergänzende Beweisaufnahme durch, Köln OLGR **00**, 161. Die Bedingtheit des Urteils muß sich aus ihm selbst ergeben, BAG DB **88**, 660, KG DtZ **91**, 349 (frühere DDR-Titel). Nach seinem Wortlaut darf es nur auf den Eintritt der fraglichen Tatsachen ankommen. Zu solchen Bedingungen können zählen: Eine vormundschaftsgerichtliche Genehmigung; die Bestellung eines Pflegers; der Eintritt der vollen oder hier ausreichenden teilweisen Rechtskraft nach § 322, Kblz JB **04**, 622, zB des Scheidungsurteils, Mü Rpfleger **84**, 106; Verzug, AG Rastatt Rpfleger **97**, 76.

In vollstreckbaren Urkunden heißt es oft, die Vollstreckbarkeit solle *ohne den Nachweis* des Eintritts einer bestimmten Tatsache zulässig sein, BGH NJW **81**, 2757, Celle JB **01**, 876, Mü RR **95**, 763 (Notar; formelle Fälligkeit genügt). Eine solche Erklärung ist grundsätzlich wirksam. Denn diese Unterwerfung gehört nicht selbst schon zur Zwangsvollstreckung, Rn 5, BGH NJW **81**, 2757, LG Düss DGVZ **89**, 8. Man muß sie wie stets auslegen. Die Fassung „Der Gläubiger ist vom Nachweis des Verzugs durch öffentliche oder öffentlich beglaubigte Urkunden befreit" kann bedeuten, daß der Rpfl die Vollstreckungsklausel ohne jeden Verzugsnachweis erteilen darf und muß, LG Mannh Rpfleger **82**, 73. Eine Unterwerfung, die sogar vom Fälligkeitsnachweis absieht, kann aber nach (jetzt) §§ 308, 309 Z 12 BGB unwirksam sein, Anh § 286 Rn 7, Düss RR **96**, 148, Mü RR **01**, 131, Drasdo NZM **98**, 256 (schlägt beim Bauträgervertrag beglaubigte Bestätigung des Bautenstands vor).

5 **B. Offenkundigkeit.** Der Gläubiger braucht keine nach § 291 offenkundige Tatsache zu beweisen. Der Rpfl muß die Offenkundigkeit nach den allgemeinen Grundsätzen prüfen, § 291. Das Geständnis des Schuldners nach § 288 kann bei seiner Anhörung auch das Ausbleiben einer gewährten Stellungnahme ersetzen den Nachweis, § 730, Celle Rpfleger **89**, 467, Saarbr Rpfleger **91**, 161, Münzberg NJW **92**, 201. Denn die Erteilung der Vollstreckungsklausel gehört noch nicht zur Zwangsvollstreckung. Der Schuldner kann sich ja jederzeit der Zwangsvollstreckung unterwerfen, Ffm Rpfleger **75**, 326. Deshalb ist auch eine vereinbarte Erleichterung des Nachweises zulässig. Die Formvorschrift bezieht sich nicht auf eine Willenserklärung, sondern nur auf den Nachweis ihres Zugehens. Daher genügt eine Urkunde des Gerichtsvollziehers über die Zustellung einer schriftlichen Kündigung zu deren Nachweis. Freilich muß der Rpfl § 750 II beachten. Ein Postrückschein ersetzt diese Urkunde nicht.

Der Gläubiger tritt den *Beweis* durch die Vorlegung der Urkunde nach § 420 oder durch eine Bezugnahme auf die Akten an, nicht schon durch einen bloßen Vorlegungsantrag, § 420 Rn 4. Das übersehen leider viele, wie im Erkenntnisverfahren. Auch ein bloßes Vorlegungsersuchen aus § 432 paßt nicht in dieses Verfahren. Eine Erwähnung der Urkunden in der Klausel ist zwar nicht vorgeschrieben, aber zweckmäßig. Denn sonst kann der Gerichtsvollzieher nicht feststellen, welche Urkunden zugestellt sein müssen, § 750 II. Ein Verstoß gegen I macht Klausel und Vollstreckung nicht unwirksam. Der Schuldner ist auf §§ 732, 768 angewiesen.

6 **C. Beispiele zur Frage der Abhängigkeit**
Auflösende Bedingung: Der Vollstreckungstitel enthält eine auflösende Bedingung, zB bei einem Rentenanspruch den Tod des Gläubigers. Den Eintritt einer solchen Bedingung muß nämlich der Schuldner beweisen, Köln NJW **97**, 1451. Vorsicht vor einer Beschleunigungsklausel im Vergleich, von Wintersheim MDR **99**, 978.
Aufschiebende Bedingung des Titels: Nach dem Vollstreckungstitel mag der Gläubiger den Eintritt einer aufschiebenden Bedingung abwarten müssen, LG Kblz JB **03**, 444 (wegen eines Vergleichs § 724 Rn 5), BAG NJW **04**, 701, Saarbr NJW **04**, 2909, Giers DGVZ **04**, 178 (je: Widerrufsvergleich); aM Stgt NJW **05**, 910, Nierwetberg Rpfleger **05**, 296 (je: Widerrufsvergleich), oder denjenigen einer nicht kalendermäßigen Befristung, zB von Sanierungsarbeiten, Kblz NJW **92**, 379. Zur Beschleunigungsklausel „Auflösende Bedingung".
Aufschiebende Bedingung der Vollstreckung: Aufschiebend bedingt ist nicht das Urteil, sondern die Zwangsvollstreckung, etwa deren Aufschub bis nach der Beendigung des Insolvenzverfahrens gegen den Schuldner. Denn diese Bedingung ergibt sich nicht aus dem Urteil selbst.
Beweislast: Sie mag beim Gläubiger liegen.
Fristablauf: Er mag notwendig sein. Vgl auch § 751 I.
Genehmigung: Sie mag notwendig sein, BGH **78**, 1263, Ffm JB **97**, 496.
7 **Hilfsweise Verurteilung:** Das Urteil lautet auf eine Leistung, hilfsweise auf eine andere Leistung, zB auf die Vornahme einer Handlung, hilfsweise auf eine zahlung nach § 510b, auch auf Grund eines Vergleichs, Birmanns DGVZ **81**, 147. Weitere Fälle: Das Urteil lautet auf eine Herausgabe, hilfsweise auf einen Wertersatz oder auf eine Zahlung, AG Friedberg DGVZ **91**, 47, oder auf die Ableistung einer Arbeit, hilfsweise auf eine Zahlung. Die Notwendigkeit der Hilfsleistung ergibt sich nämlich erst während der Zwangsvollstreckung.
Hinterlegung: Zu ihrer Vornahme braucht man meist *keine* Klausel nach § 726, LG Arnsberg DGVZ **02**, 123.
Kündigung: Es mag eine Kündigung nebst Ablauf der Kündigungsfrist vorliegen, soweit sich ihre Notwendigkeit nicht schon aus dem Urkundeninhalt ergibt, KG ZPP **96**, 371 (zustm Münzberg). Der Rpfl darf allerdings nicht prüfen, ob der Kündigende auch dazu berechtigt war, soweit nicht das Urteil anders lautet. Der Kündigungsnachweis geschieht durch die Vorlage des Kündigungsschreibens zusammen mit einer Postübergabe- und Zustellungsurkunde, Stgt RR **86**, 549.
Künftige Tatsache: Sie mag eintreten müssen, KG DNotZ **83**, 681.
Mangelbeseitigung: Es mag eine solche Maßnahme notwendig sein, Kblz NJW **92**, 378 (Sanierung).
Notarnachricht: Sie mag erforderlich sein, etwa bei einer Grundbuchsache.
Räumung: Es mag eine solche Handlung notwendig sein, Köln RR **94**, 893, LG Kassel RR **94**, 466.

Rechtskraft; Vorbehaltswegfall: Der Gläubiger mag den Eintritt der Rechtskraft oder den Wegfall des Vorbehalts bei einem Schuldtitel nach § 10 AnfG abwarten müssen.
Rücktritt: Es mag ein Rücktritt erfolgen müssen, Münzberg Rpfleger **97**, 414.
Sozialhilfe: Es mag ihre Leistung vorliegen müssen, Künkel FamRZ **94**, 548.
Stundung: Ihr Wegfall mag nötig sein.
Verfallklausel: Der Vollstreckungstitel mag eine Verfallsklausel enthalten, nach der die gesamte Restschuld **8** fällig wird, wenn der Schuldner mit einer Rate in Verzug kommt. Diese Klausel zwingt nämlich den Schuldner zum Beweis, daß keine Fälligkeit eingetreten sei. Denn der Sinn der Klausel ist nicht eine vorläufige Stundung der Schuld, sondern die Möglichkeit für den Schuldner, die Zwangsvollstreckung durch eine terminsgemäße Zahlung abzuwenden, Münzberg Rpfleger **97**, 415, StJM 6, ThP 3, aM LG Lübeck DGVZ **78**, 188, Frankenberger/Holz Rpfleger **87**, 94 (aber die fristgerechte Ratenzahlung steht im Belieben des Schuldners und ist unterbietbar. Das ist etwas anderes als vereinbarte Stundung). Der Schuldner kann gegenüber der Erteilung einer Vollstreckungsklausel also nur nach § 767 vorgehen. Er muß die Zahlung nach dieser Vorschrift sowie nach §§ 769, 775 Z 4 oder 5 geltend machen. Das gilt namentlich beim Abzahlungsgeschäft.
Vertragsstrafe: In einem Vergleich mögen die Parteien gewisse Wettbewerbsverstöße unter eine Vertragsstrafe gestellt haben. Dann ist zunächst ein Vollstreckungstitel über die Frage erforderlich, ob ein solcher Verstoß überhaupt vorliegt. Denn diese Prüfung liegt außerhalb des Verfahrens auf die Erteilung der Vollstreckungsklausel. Etwas anderes gilt dann, wenn keine rechtliche Bewertung notwendig ist, Ffm Rpfleger **75**, 326.
Verzug: Es mag ein Schuldnerverzug abzuwarten sein, Rn 9, AG Rastatt Rpfleger **97**, 75 (Räumungsvergleich).
Vorleistungspflicht: Der Gläubiger mag eine Vorleistung erbringen müssen, Oldb Rpfleger **85**, 448. Es muß zB bei einer Klage aus einem Darlehnsvorvertrag das Angebot auf den Abschluß des Hauptvertrags ergangen sein, BGH NJW **75**, 444.
Wahlschuld: Es mag sich um eine Wahlschuld handeln. Der Rpfl darf und muß die Vollstreckungsklausel dann ohne weitere Nachweise für das gesamte Urteil erteilen, § 264 BGB.
Widerrufsvergleich: Rn 6 „Aufschiebende Bedingung des Titels".
Zinsforderung: Sie mag nachzuweisen sein. Sie besteht nach der Tilgung der Hauptschuld fort, BayObLG DNotZ **76**, 367.

5) **Urteil Zug um Zug, II.** Man muß drei Voraussetzungen beachten. **9**

A. Grundsatz: Verhütung der Vorleistung. II soll verhüten, daß der Gläubiger praktisch vorleisten muß, um vollstrecken zu können. Darum erhält der Gläubiger in diesem Fall grundsätzlich die vollstreckbare Ausfertigung ohne weiteres, Kblz Rpfleger **97**, 445. Das Vollstreckungsorgan prüft erst beim Beginn der Zwangsvollstreckung, ob der Schuldner befriedigt ist oder sich im Annahmeverzug befindet, §§ 756, 765, Oldb Rpfleger **85**, 449. Eine Verurteilung zur Leistung „nach dem Empfang der Gegenleistung" gehört ebenfalls nach §§ 756, 765, Köln DGVZ **89**, 152. Wenn schon das Urteil in seinem Tenor einen Annahmeverzug feststellt, ist überhaupt kein Nachweis mehr erforderlich, § 756 Rn 10, dort auch zu dem Fall, daß sich der Annahmeverzug nur dem Tatbestand oder den Entscheidungsgründen entnehmen läßt. Gläubiger im Sinn von II ist der Kläger, nicht auch der Bekl, der seine Leistung bis zur Gegenleistung verweigern darf. Der andere Teil kann also nicht aus dem Urteil vollstrecken.

Wenn der Gläubiger nach § 322 II BGB *vorleisten* muß, Rn 8, darf und muß der Rpfl die Vollstreckungsklausel auch dann erteilen, falls das Urteil einen Annahmeverzug des Schuldners bejaht, und zwar ohne daß der Gläubiger weitere Beweise nach II liefern müßte. Denn § 322 III BGB und damit § 274 II BGB gelten auch für § 322 II BGB, Karlsr MDR **75**, 938, Schilken AcP **181**, 382. Die weitere Zwangsvollstreckung erfolgt dann nach § 756 Rn 10. Ob der Schuldner Zug um Zug leisten muß, ergibt nur der Vollstreckungstitel, Stgt DGVZ **86**, 61, AG Bielef MDR **77**, 500. Er muß die Gegenleistung eindeutig bestimmen, sonst ist er nicht vollstreckbar, BGH **125**, 41. Wann er wie so leisten muß und wann ein Annahmeverzug vorliegt, das ergibt sich aus dem sachlichen Recht. Zur Herausgabe von Software Münzberg BB **90**, 1011, aM Freiherr von Gravenreuth BB **89**, 1926. Eine Verpflichtung Zug um Zug fehlt, wenn die Räumung vom Nachweis bestimmter Ersatzwohnmöglichkeiten abhängt, Ffm DGVZ **82**, 30.

B. Aushändigung einer Urkunde. Keine Leistung Zug um Zug liegt vor, wenn die Leistung nur gegen **10** die Aushändigung einer Urkunde notwendig ist, etwa eines Schecks, AG Villingen DGVZ **88**, 122, eines Wechsels, eines Hypothekenbriefs oder einer Quittung. Denn dann steht keine Gegenleistung in Frage, Ffm DGVZ **81**, 84 (abl Treysse DGVZ **83**, 36), AG Villingen DGVZ **88**, 122. In solchen Fällen gehört kein Vorbehalt in das Urteil. Denn es geht nicht um die Befriedigung eines selbständigen Gegenanspruchs, sondern um die besondere Ausgestaltung des Rechts auf die Erteilung einer Quittung, § 368 BGB, § 756 Rn 3 ff, Ffm Rpfleger **79**, 144 (betr einen echten Gegenanspruch des Schuldners auf die Aushändigung der Urkunde), aM LG Aachen DGVZ **83**, 75, ZöGre § 602 Rn 9 (sie halten es für erforderlich, im Urteil auszusprechen: „... gegen Aushändigung des quittierten Wechsels". Aber Zweckmäßigkeit macht nicht stets erforderlich).

Ein trotzdem im Urteil ausgesprochener Vorbehalt ist *bedeutungslos*. Der Gläubiger muß aber solche Urkunden dem Gerichtsvollzieher zur Aushändigung bei der Zwangsvollstreckung übergeben, AG Bergheim DGVZ **84**, 15, aM Ffm DGVZ **81**, 84 (die Vorlage genüge. Aber erst der Besitz bringt Sicherheit vor unbefugter weiterer Vollstreckung.). Ob der Gerichtsvollzieher freilich so vorgeht, ist für die Wirksamkeit seiner übrigen Maßnahmen bedeutungslos.

C. Willenserklärung. Muß der Schuldner eine Willenserklärung gerade nur Zug um Zug gegen eine **11** Leistung des Gläubigers abgeben, so gelten grundsätzlich §§ 726 I, 730, KG FGPrax **99**, 189. Denn die Erklärung ist grundsätzlich bereits mit der Erteilung der vollstreckbaren Ausfertigung abgegeben, § 894 I 1. Davon gilt zum Schuldnerschutz bei §§ 726, 730 nach § 894 I 2 eine Ausnahme, II. Darum muß der Gläubiger in einem solchen Fall die Befriedigung und den Annahmeverzug des Schuldners nachweisen.

Etwas anderes gilt aber dann, wenn sich die Pflicht zur Abgabe der Willenserklärung aus einem Prozeßvergleich nach Anh § 307 ergibt, Ffm Rpfleger **80**, 292, Kblz Rpfleger **97**, 445. Denn er ist nicht nach § 894 vollstreckbar, § 894 Rn 8. Deshalb ist dann doch wieder II anwendbar, Ffm Rpfleger **80**, 292, LG Kblz DGVZ **86**, 44. Auch hier ist der Rpfl zuständig, Hamm OLGZ **87**, 270. Hat nicht der Rpfl die Vollstreckungsklausel erteilt, sondern der Urkundsbeamte der Geschäftsstelle, so ist die Klausel unwirksam, KG FGPrax **99**, 189.

12   6) **Rechtsbehelfe, I, II.** Es gilt dasselbe wie bei § 724 Rn 13. Der Beschwerte kann zwischen zwei etwa vorhandenen Rechtsbehelfsarten wählen, Saarbr NJW **04**, 2909.

13   7) *VwGO:* Entsprechend anwendbar, § 167 I VwGO, außer in den § 724 Rn 14 genannten Fällen des § 171 VwGO. Die praktische Bedeutung für den VerwProzeß ist gering, weil die Voraussetzungen des § 726 nur in sog Parteistreitigkeiten erfüllt sein können und auch dort selten gegeben sind.

Einführung vor §§ 727–729
Zwangsvollstreckung bei Rechtsnachfolge

Schrifttum: *Brögelmann,* Titelumschreibung, Diss Bonn 1999; *Huber,* Die isolierte Vollstreckungsstandschaft, Festschrift für *Schumann* (2002) 227; *Schmidt,* Vollstreckung im eigenen Namen durch Rechtsfremde. Zur Zulässigkeit einer „Vollstreckungsstandschaft", 2000 (Bespr *Becker-Eberhard* ZZP **117**, 245); *Wienke,* Die Vollstreckungsstandschaft. Eine folgerichtige Parallele zur Prozeßstandschaft?, Diss Bonn 1989.

Gliederung

1) Systematik	1	4) Erteilungspflicht		5
2) Regelungszweck	2	5) Zuständigkeit		6
3) Für oder gegen Dritte	3, 4	6) Verstoß		7
A. Grundsatz: Notwendigkeit der Nennung in der Vollstreckungsklausel	3	7) *VwGO*		8
B. Kein Dritter	4			

1   1) **Systematik.** Vereinzelt wirkt die Rechtskraft eines Urteils über die Parteien hinaus, § 325 Rn 15, Bbg JB **92**, 195. Daraus folgt noch nicht, daß der Rpfl die Vollstreckungsklausel auch für und gegen Dritte erteilen dürfte oder müßte. Vollstreckbarkeit und Rechtskraftwirkung decken sich nämlich nicht immer, Baumgärtel DB **90**, 1905. Die ZPO regelt die Vollstreckbarkeit selbständig. Die Rechtskraft des Urteils ist nicht unbedingte Voraussetzung. Auch ein nach § 708 vorläufig vollstreckbares Urteil läßt grundsätzlich eine Zwangsvollstreckung gegen Dritte zu. Denn das Gesetz behandelt die vorläufige Vollstreckbarkeit grundsätzlich ebenso wie die endgültige, BGH MDR **01**, 1190. §§ 727 ff schaffen indessen eine ausdrückliche neben § 726 stehende und den §§ 724, 725 gegenüber zusätzliche und insoweit vorrangige Sonderregelung. Sie gilt freilich auch für ein nur vorläufig vollstreckbares Urteil, BGH MDR **01**, 1190. § 277 nennt innerhalb der Gruppe von Rechtsnachfolgearten die Grundregel. §§ 728, 729, 742, 744–745 II, 749 erfassen nochmals speziellere Sonderfälle dieser Gruppe vorrangig. Ergänzend muß man §§ 730, 731 beachten. Es findet kein obligatorisches Güteverfahren statt, § 15 a II 1 Z 6 EGZPO, Hartmann NJW **99**, 1748.

2   2) **Regelungszweck.** §§ 727 ff schaffen eine vereinfachte Möglichkeit, eine nach der Rechtshängigkeit im Sinn von § 261 eingetretene Änderung der sachlichen Rechtszuordnung zu berücksichtigen, Bbg JB **92**, 195. Sie dienen zwar insoweit der Prozeßwirtschaftlichkeit nach Grdz 14 vor § 128, aber auch wie § 726 der Rechtssicherheit, dort Rn 2. Sie dienen nicht dazu, die Folgen anfänglicher Mängel des Verfahrens zu beheben, Celle AnwBl **84**, 216, Stgt MDR **90**, 1021.

Eintritt eines Dritten in die Gläubigerposition ist zwar aus Gläubigersicht unvermeidbar, um die Verfügungsbefugnis wirtschaftlich wie rechtlich ausüben zu können, auch über den Tod oder das Erlöschen hinaus. Aus Schuldnersicht kann dergleichen aber zu einer tatsächlich wie rechtlich unangenehmeren Entwicklung führen. Das gilt etwa dann, wenn der gewillkürte Rechtsnachfolger wesentlich härter vorgeht. Ob das immer schon deshalb gerechtfertigt ist, weil man es eben zur Vollstreckbarkeit gegen sich hat kommen lassen, läßt sich manchmal durchaus bezweifeln. Umso sorgfältiger und strenger heißt es die Rechtsnachfolge zu prüfen. Dabei darf es freilich auch keine formalistische Engherzigkeit geben. Das alles sollte man bei der Auslegung mitbeachten.

3   3) **Für oder gegen Dritte.** Die Abgrenzung gelingt manchmal nur schwer.

A. Grundsatz: Notwendigkeit der Nennung in der Vollstreckungsklausel. Eine Zwangsvollstreckung für und gegen andere als die im Titel Genannten verlangt ihre Nennung in der Vollstreckungsklausel, Bre Rpfleger **87**, 381 (zustm Bischoff/Bobenhausen). Es gibt insofern anders als bei der Prozeßstandschaft nach Grdz 26 vor § 50 grundsätzlich keine sog Vollstreckungsstandschaft, BGH RR **92**, 61, Münzberg NJW **92**, 1867, Scherer Rpfleger **95**, 89, aM Drsd RR **96**, 444, Petersen ZZP **114**, 498 (aber das läuft auf eine noch stärkere Aufweichung grundlegender Regeln der Zwangsvollstreckung hinaus). Freilich muß man vor der vorgenannten Erscheinungsform diejenige unterscheiden, bei der im Vollstreckungstitel Genannte im eigenen Namen vollstreckt, in Wahrheit aber zB auf Grund „stiller Zession" nicht mehr Inhaber des sachlichen Rechts ist, für das der Titel ergangen ist. Soweit eine solche Einziehungsermächtigung vorliegt, kann eine Vollstreckungsstandschaft ausnahmsweise zulässig sein, BGH **92**, 349, Henckel Festschrift für Schumann (2001) 240 (Dritt- und Rückermächtigung), Münzberg NJW **92**, 1867. Auch bei der Urheberbenennung nach § 76 IV gilt keine Ausnahme. Nur muß der Rpfl dort die Klausel auf den Bekl ohne Nachweise erteilen. Wenn eine Umschreibung der Klausel nach §§ 727–729 statthaft ist, muß das Gericht die Klage mangels eines Rechtsschutzbedürfnisses durch ein Prozeßurteil abweisen, Grdz 14 vor § 253.

Abschnitt 1. Allgemeine Vorschriften   **Einf §§ 727–729, § 727**

B. Kein Dritter. Um keinen Dritten handelt es sich, wenn ein gesetzlicher Vertreter nach Grdz 7 vor **4**
§ 50 eintritt oder wegfällt. Dann muß der Rpfl die Klausel einfach auf den Namen des neuen Vertreters oder beim Wegfall der Vertretung auf den des Vertretenen stellen, AG Hbg DGVZ **92**, 44. Dasselbe gilt bei der Berichtigung einer bloßen Parteibezeichnung ohne einen Wechsel der erkennbaren Nämlichkeit der Partei, Grdz 4 vor § 50, BGH **91**, 151, zB: Bei einer bloßen Namensänderung, LG Kblz FamRZ **03**, 1483, AG Drsd DGVZ **05**, 130; bei der Vor-GmbH, BGH **80**, 129, BayObLG **87**, 446, Stgt RR **89**, 637; bei einer Vermögensverlagerung von der Filiale auf eine andere usw, LG Aurich RR **98**, 1255; bei der Angabe der Abwicklungs- statt der Erwerbsgesellschaft; bei einer Umschreibung auf den Inhaber bei einem Urteil gegen die Einzelfirma, Köln DB **77**, 1184; bei einer Umschreibung auf den bürgerlichen Namen bei einem Urteil auf Decknamen, wenn diese Tatsachen den Akten zu entnehmen oder offenkundig sind; bei der Umschreibung auf einen eintretenden Gesellschafter, aM Deckenbrok/Dötsch Rpfleger **03**, 644 (aber er haftet nun mit). Ein neuer Name gehört aber klarstellend als Zusatz auf die bisherige Klausel, BayObLG **87**, 448, Bre Rpfleger **89**, 172, Hamm JB **01**, 383.

Meist *trifft das nicht zu.* Der Firmeninhaber kann zB gewechselt haben. Dann trifft ihn das Urteil nicht. Dann bleibt nur eine entsprechende Anwendung des § 727, Hamm Rpfleger **90**, 215 (Umschreibung vom Bucheigentümer nach Eigentumsberichtigung auf den wahren Eigentümer), Hamm NJW **99**, 1039, ZöStö § 727 Rn 17 a, aM MüKoWo § 727 Rn 34, StJMü § 727 Rn 158 (aber man darf §§ 727 ff als Ausnahmevorschriften trotz § 727 Rn 3 nicht zu weit auslegen). Das Grundbuchamt soll eine Hypothek aber stets nicht auf eine Einzelfirma eintragen, sondern auf den bürgerlichen Namen ihres Inhabers, § 15 Grundbuchverfügung. Erst recht kein Dritter liegt vor, wenn das haftende Grundstück in Wohnungseigentum umgewandelt wird, LG Bln Rpfleger **85**, 159 (zustm Witthinrich).

4) Erteilungspflicht. Die Voraussetzungen der Erteilung der Klausel für und gegen Dritte geben **5** §§ 727–729. Liegen sie vor, so muß der Rpfl die Vollstreckungsklausel erteilen. „Kann" stellt in den Machtbereich, also in die Zuständigkeit, nicht ins Ermessen.

5) Zuständigkeit. Wegen der Zuständigkeit des Rpfl § 730 Rn 1.   **6**

6) Verstoß. Man muß einen Verstoß wie bei § 726 Rn 9 aE beurteilen.   **7**

7) VwGO: Die §§ 727–729 sind im *VerwProzeß* entsprechend anwendbar, § 167 I VwGO, außer in den in **8** § 724 Rn 14 genannten Fällen des § 171 VwGO (Vollstreckung zugunsten der öffentlichen Hand und Vollstreckung wegen Geldforderungen gegen die öffentliche Hand): Hier verfügt ohnehin das Gericht bzw dessen Vorsitzender die Vollstreckung, so daß bei Vorliegen der Voraussetzungen der §§ 727–729 die Vollstreckung für oder gegen einen Rechtsnachfolger angeordnet wird, Wettlaufer S 68; aM RedOe § 170 Anm 5, VGH Mannh NJW **82**, 902 (Umschreibung des Titels auf die kostentragende Körperschaft).

727 *Vollstreckbare Ausfertigung für und gegen Rechtsnachfolger.* ᴵ Eine vollstreckbare Ausfertigung kann für den Rechtsnachfolger des in dem Urteil bezeichneten Gläubigers sowie gegen denjenigen Rechtsnachfolger des in dem Urteil bezeichneten Schuldners und denjenigen Besitzer der in Streit befangenen Sache, gegen die das Urteil nach § 325 wirksam ist, erteilt werden, sofern die Rechtsnachfolge oder das Besitzverhältnis bei dem Gericht offenkundig ist oder durch öffentliche oder öffentlich beglaubigte Urkunden nachgewiesen wird.

ᴵᴵ Ist die Rechtsnachfolge oder das Besitzverhältnis bei dem Gericht offenkundig, so ist dies in der Vollstreckungsklausel zu erwähnen.

Schrifttum: *Barkam,* Erinnerung und Klage bei qualifizierten vollstreckbaren Ausfertigungen, 1989; *Baur,* Rechtsnachfolge in Verfahren und Maßnahmen des einstweiligen Rechtsschutzes?, Festschrift für *Schiedermair* (1976) 19; *Brögelmann,* Titelumschreibung, Diss Bonn 1999; *Henckel,* Der Schutz des Schuldners einer abgetretenen Forderung im Prozeß, in: Festschrift für *Beys* (Athen 2003); *Jurksch* MDR **96**, 984 (Üb); *Lackmann,* Probleme der Klauselumschreibung auf den neuen Gläubiger, Festschrift für *Musielak* (2004) 287.

Gliederung

1) Systematik, I, II 1	5) Voraussetzungen der Klausel, I 31–33
2) Regelungszweck, I, II 2	A. Offenkundigkeit; Urkundennachweis .. 31, 32
3) Rechtsnachfolge, I 3–29	B. Rechtsstellung des bisherigen Gläubigers 33
A. Begriff 3	6) Erwähnung der Offenkundigkeit, II ... 34
B. Beispiele zur Frage des Vorliegens einer Rechtsnachfolge 4–29	7) Rechtsbehelfe, I, II 35, 36
4) Besitzer einer streitbefangenen Sache, I 30	A. Ablehnung 35
	B. Erteilung 36
	8) VwGO 37

1) Systematik, I, II. Vgl zunächst Einf 1 vor §§ 727–729. Die Vorschrift gilt also auch beim nur **1** vorläufig vollstreckbaren Urteil, BGH MDR **01**, 1190. § 727 nennt die im Rahmen einer Rechtsnachfolge notwendige allgemeine Verfahrensweise. Ergänzend muß man §§ 325, 730, 731 beachten. Ein Leistungsbescheid der früheren Deutschen Bundespost reicht nicht, LG Köln Rpfleger **00**, 29. § 263 ist nicht entsprechend anwendbar. Drsd Rpfleger **03**, 674.

2) Regelungszweck, I, II. Vgl zunächst Einf 2 vor § 727–729. Man muß die Vorschrift wegen ihrer **2** Ausweitung der Vollstreckbarkeit auf andere als die im Vollstreckungstitel genannten Personen im Interesse der Rechtssicherheit nach Einl III 43 an sich streng auslegen, ohne daß man in Formalismus verfallen dürfte, Einl III 9, 10.

3) Rechtsnachfolge, I. Es hat sich ein umfangreiches Fallrecht entwickelt.   **3**

§ 727

A. Begriff. Man muß den Begriff des Rechtsnachfolgers trotz des formellen Ausnahmecharakters der §§ 727 ff im Interesse der Prozeßwirtschaftlichkeit nach Grdz 14 vor § 128 im Ergebnis doch recht weit verstehen, ebenso wie bei § 325, dort Rn 2, BGH **120**, 392, Ffm NJW **83**, 2266, Jena Rpfleger **96**, 518. Die Vorschrift soll ja einen neuen Prozeß verhindern helfen, Köln MDR **90**, 452, LG Münst MDR **80**, 1030. Die Art der Rechtsnachfolge ist nicht entscheidend. Die Rechtsnachfolge mag gesetzlich, sonstwie hoheitlich oder vertraglich begründet sein.

4 **B. Beispiele zur Frage des Vorliegens einer Rechtsnachfolge**
Abtretung: Eine Rechtsnachfolge kann vorliegen, soweit eine Abtretung oder Teilabtretung nach § 398 BGB erfolgt, BGH NJW **84**, 806, Brehm JZ **88**, 450, aM LG Oldb Rpfleger **82**, 435 (wegen einer öffentlichrechtlichen Forderung. Aber es kommt nicht auf die Forderungsart an, sondern auf die Vollstreckbarkeit). Die bloße Unstreitigkeit der Abtretung reicht aber nicht stets zur Offenkundigkeit aus, Celle MDR **95**, 1262. Bei einer Inkassozession mag der Nachweis des Angebots zur Abtretung genügen, Böttcher/Behr JB **00**, 64. Bei einem Grundpfandrecht müssen Eintragung oder Briefübergabe hinzutreten, Düss RR **02**, 711.
   Fehlen mag eine Rechtsnachfolge in die schuldrechtliche Verpflichtung bei der Abtretung einer dinglichen Forderung, BGH NJW **91**, 228.
Auflösung: Bei der Auflösung einer Gesellschaft sind die Gesellschafter *nicht automatisch* Rechtsnachfolger, Ffm BB **82**, 399, AG Essen Rpfleger **76**, 24, aM Ffm BB **90**, 1000, LG Oldb Rpfleger **80**, 27 (sie wenden § 727 evtl entsprechend an. Vgl aber § 129 IV HGB, Ffm BB **82**, 399. Das gilt auch seit BGH **146**, 341 im Kern weiter.).
Ausbildungsförderung: Rn 9 „Gesetzlicher Forderungsübergang".
Auskunft: Rn 13 „Insolvenz".
5 **Baulandsache:** In einer Baulandsache ist § 727 *unanwendbar*.
Befreiende Schuldübernahme: Eine Rechtsnachfolge kann vorliegen, soweit es sich um eine befreiende Schuldübernahme handelt, aM StJM 19 (vgl aber Rn 3).
   S aber auch Rn 16 „Kumulative Schuldübernahme".
BGB-Gesellschaft: Rn 8 „Gesellschaft bürgerlichen Rechts".
Betrieb: § 265 Rn 6 „Betrieb".
Deutsche Post AG: Rn 1.
Ehegatte: Rn 21 „Prozeßstandschaft".
Ehename: Seine Annahme ist wegen Nämlichkeit des Trägers keine Rechtsnachfolge, Einf §§ 727–729 Rn 4, LG Kblz FamRZ **03**, 1483.
Eigentumswechsel: Eine Rechtsnachfolge liegt grds beim Eigentumswechsel vor, BayObLG JB **75**, 643.
   Das gilt aber *nicht*, soweit zB Verkäufer und Käufer dingliche Unterwerfungserklärungen abgegeben hatten, KG DNotZ **88**, 238.
Eintragung: Rn 12 „Grundbuch".
Einziehungsrecht: Ein solches auf Grund einer Pfändung und Überweisung nach § 835 I ist eine Rechtsnachfolge.
6 **Erbschaft:** Eine Rechtsnachfolge kann vorliegen, soweit ein Erbfall nach § 1922 BGB eintritt, BGH MDR **05**, 95, Ffm DNotZ **05**, 384, LG Duisb Rpfleger **99**, 549. Das gilt auch beim Titel auf nachehelichen Unterhalt, BGH MDR **05**, 95, aM Oldb FamRZ **04**, 1220 und 63. Aufl (aber die Rechtsnatur des Anspruchs ändert sich nicht). Es gilt erst recht, wenn die Unterhaltsschuld auf den Erben übergegangen ist, Stgt FamRZ **04**, 1221. Das alles gilt freilich nur dann, wenn der Erbfall erst nach der Rechtshängigkeit erfolgt, KG Rpfleger **82**, 353. Der Eintritt der Vorerbschaft bedeutet für die Nacherben, auch für die Ersatznacherben eine Rechtsnachfolge, Celle AnwBl **84**, 216 (Nacherbe), großzügiger Kblz FamRZ **04**, 557 (zustm Diener. Aber es kommt auf die Gesamtumstände an). Das gilt auch bei §§ 259, 260 BGB, BGH **104**, 369, Mü RR **87**, 649.
   Im übrigen ist beim Erben die *Annahme* der Erbschaft oder der Ablauf der Ausschlagungsfrist nach §§ 1944, 1958 BGB Voraussetzung der Rechtsnachfolge, Mü RR **88**, 576, LG Lpz JB **03**, 657. Bis zur Auseinandersetzung darf der Rpfl die Vollstreckungsklausel nur allen Miterben gemeinschaftlich nach § 747 oder einzelnen Miterben nur nach Maßgabe der §§ 2032, 2039 BGB erteilen, aM LG Lpz JB **03**, 657. Auch nach der Annahme der Erbschaft kommt keine Klausel in Betracht, soweit der Anspruch untergegangen ist, zB nach § 1615 I BGB. Wenn ein Miterbe einen Nachlaßgläubiger befriedigt, dann wird die Vollstreckungsklausel nicht auf den Miterben umgeschrieben, solange der Umfang seiner Ausgleichsansprüche offen ist. Gegen eine mehrfache Beitreibung schützt die Vollstreckungsabwehrklage, § 767. Der Gläubiger darf eine gegen den Erblasser begonnene Zwangsvollstreckung in den Nachlaß fortsetzen, § 779. Rechte aus §§ 2059 ff BGB muß der Schuldner mit der Vollstreckungsabwehrklage verfolgen.
   Keine Rechtsnachfolge liegt beim Vertagungsanspruch eines Angehörigen des verstorbenen Beamten vor, Mü RR **88**, 576.
   S auch Rn 18 „Nachlaßinsolvenz", „Nachlaßpflegschaft", „Nachlaßverwaltung".
7 **Filiale:** Rn 29 „Zweigniederlassung".
Firmenname: Bei einer Änderung des Firmennamens einer KG infolge des Wechsels des persönlich haftenden Gesellschafters genügt die *Beischreibung* der neuen Bezeichnung in einem Zusatz, Zweibr MDR **88**, 418, LG Frankenth DGVZ **97**, 76, AG Kiel DGVZ **81**, 173.
   S auch Einf 4 vor §§ 727–729.
Forderungsbeansprucher: Der Streit fällt *nicht* unter § 727, Stgt Rpfleger **00**, 282.
Forderungsübergang: Rn 9 „Gesetzlicher Forderungsübergang".
8 **Genehmigung:** Eine Rechtsnachfolge kann bei Genehmigung fremder Prozeßführung vorliegen, § 89.
Gesamtschuldner: Eine Rechtsnachfolge im Sinn von § 727 *fehlt* meist, soweit ein verurteilter Gesamtschuldner den Ausgleichsanspruch nach § 426 BGB geltend macht. Denn das Innenverhältnis ist nicht Streitgegenstand gewesen, Düss Rpfleger **00**, 282.

Abschnitt 1. Allgemeine Vorschriften **§ 727**

Gesellschaft bürgerlichen Rechts: Eine Rechtsnachfolge *fehlt*, soweit ein neuer Gesellschafter eintritt. Denn sie bleibt im Außenverhältnis unverändert, BGH NJW **146**, 341.
Gesetzlich nicht geregelter Fall: Vgl *Loritz* ZPP **95**, 310. **9**
Gesetzlicher Aufgabenübergang: Eine Rechtsnachfolge kann vorliegen, soweit es sich um einen gesetzlichen Aufgabenübergang handelt, LG Bonn Rpfleger **92**, 441.
Gesetzlicher Forderungsübergang: Eine Rechtsnachfolge kann vorliegen, soweit es sich nach § 412 BGB **10** um einen gesetzlichen Forderungsübergang handelt, etwa: Nach § 268 III 1 BGB (Ablösung); nach § 774 S 1 BGB (Bürgschaft); nach § 37 I BAföG, Köln FamRZ **94**, 52, Stgt FamRZ **95**, 489; nach § 94 KJHG, § 67 VVG, Bbg JB **92**, 195, Karlsr MDR **89**, 363; nach §§ 187, 203, 204, 332 SGB III, 115, 116 SGB X, Karlsr FamRZ **04**, 556, Stgt Rpfleger **01**, 251, oder nach (jetzt) dem SGB XII, oder von Unterhaltsvorschuß, § 7 UVG, Düss FamRZ **97**, 827, Köln FamRZ **03**, 108, Zweibr FamRZ **00**, 964. Das gilt aber erst von demjenigen Zeitpunkt an bzw bis zu demjenigen Zeitpunkt, in dem Hilfeleistung tatsächlich erfolgt, Köln FamRZ **03**, 108, Saarbr JB **97**, 326, Stgt Rpfleger **01**, 251. Im übrigen muß die Zahlung nach dem Eintritt der Rechtshängigkeit erfolgt sein, § 261 Rn 4, Karlsr FamRZ **87**, 853, Schlesw SchlHA **85**, 106, und zwar mindestens in Höhe des geschuldeten Unterhalts, Düss Rpfleger **86**, 392. Auch eine Rückabtretung kann im Umfang ihrer Wirksamkeit eine Rechtsnachfolge sein, BGH FamRZ **97**, 608, Düss NJW **97**, 137.

Die *bloße Bescheinigung* über eine Vorschußbewilligung oder über eine von der Zahlstelle erbrachte Leistung usw kann ausreichen, wenn der Sozialhilfeträger die Zahlungen aufgeschlüsselt hat, zB nach Monaten, Karlsr FamRZ **04**, 556. Sie kann aber auch im Einzelfall ungenügend sein, Düss FamRZ **97**, 827, Schlesw SchlHA **85**, 106, Stgt RR **86**, 1504, aM Bbg Rpfleger **83**, 31 (aber es kommt auf den vollen endgültigen Rechtsübergang an). Freilich muß man § 418 beachten. Diese Vorschrift ist nicht nur auf einen Kassenbeamten anwendbar, Hamm FamRZ **99**, 1000. Beim UVG kann die Umschrift unabhängig von einer Überleitungsanzeige schon auf Grund einer sog Rechtswahrungsanzeige zulässig sein, Zweibr FamRZ **87**, 737, großzügiger Karlsr FamRZ **87**, 388, Stgt RR **93**, 580. Bei der Rechtsschutzversicherung kann ein Anspruch nach § 67 VVG, § 20 II 1 ARB unstreitig sein. Das reicht aus, Kblz JB **03**, 319. Das ist freilich nicht offenkundig, KG Rpfleger **98**, 480, Köln VersR **94**, 1371, 1372 und 1373, LG Mü Rpfleger **97**, 394, aM Brschw JB **98**, 88, Celle JB **94**, 82, Karlsr JB **95**, 94 (aber ein Außenstehender kann solche Verhältnisse nur vermuten).

Ungenügend ist aber eine bloße Zahlungsanweisung, Karlsr FamRZ **87**, 853. Der Anspruchsübergang **11** erfaßt nur die Hauptforderung, Hamm FamRZ **02**, 983. Ebensowenig genügt eine Quittung des gesetzlichen Vertreters über den Empfang von Unterhaltsleistungen nach dem UVG, Stgt Rpfleger **86**, 439.
Gesetzlicher Vertreter: Einf 4 vor §§ 727–729.
Grundbuch: Eine Rechtsnachfolge kann vorliegen, soweit ein Erwerb durch Eintragung im Grundbuch **12** erfolgt, selbst wenn dieser Erwerb nichtig ist. § 727 ist trotz Rn 1 entsprechend anwendbar bei einer Grundbuchberichtigung, Hamm NJW **99**, 1038, LG Rostock RR **01**, 1025, aM StJM 31 a (vgl aber § 148 S 1 BGB).
Insolvenz: Eine Rechtsnachfolge kann vorliegen. Das gilt für eine Umschreibung der Vollstreckungsklausel **13** für oder gegen den Verwalter, BGH JB **05**, 555, Jena Rpfleger **96**, 518, LAG Düss Rpfleger **97**, 119, oder für oder gegen den vorläufigen Verwalter, § 22 InsO, LG Cottbus Rpfleger **00**, 465, aM LG Halle Rpfleger **02**, 90 (abl Alff 91). Das gilt auch beim Verwalterwechsel wegen des neuen Verwalters, aM LG Essen RR **92**, 576. Dabei besteht keine Bindung an die frühere Umschreibung, KG RR **97**, 253.

Wenn der *Gläubiger* vor der Eröffnung des Insolvenzverfahrens über sein Vermögen einen Vollstreckungstitel erwirkt hatte und wenn der Verwalter eine Vollstreckungsklausel erhalten hatte, muß der Gläubiger die Klausel nach der Beendigung des Verfahrens auf sich umschreiben lassen, BGH NJW **92**, 2159, LG Lübeck DGVZ **80**, 140. Nach Verfahrensende kommt eine Umschreibung gegen den früheren Schuldner in Betracht, Celle RR **88**, 448.

Eine Rechtsnachfolge kann *fehlen*, soweit das Gericht den Verwalter bei Insolvenz des Schuldners zu **14** einer Auskunftserteilung oder Rechnungslegung verurteilt, Düss OLGZ **80**, 485, oder soweit nur in der Person des Verwalters ein Wechsel eintritt, LG Essen RR **92**, 576, oder soweit eine Umschreibung aus einer einfachen Insolvenzforderung eine vorrangige Masseforderung machen würde, Mü MDR **99**, 1524 (bloßer Kostentitel).

S auch Rn 16 „Insolvenzausfallgeld", Rn 18 „Nachlaßinsolvenz", Rn 23 „Sicherungsrecht".
Insolvenzausfallgeld: Im Fall eines Anspruchs auf ein Ausfallgeld muß der Gläubiger seine Voraussetzun- **15** gen einschließlich der Antragstellung durch öffentliche oder öffentlich beglaubigte Urkunden nachweisen, LAG Düss NZA-RR **05**, 387, LAG Mü KTS **89**, 452 (je: der Bewilligungsbescheid und der mit dem Eingangsstempel versehene Antrag genügen).
Kanzleiabwicklung: Eine Rechtsnachfolge kann vorliegen, soweit es zu einer Kanzleiabwicklung kommt, **16** Karlsr MDR **05**, 117, StJM **31**, ZöStö 18. Das gilt bei der Umschreibung der Vollstreckungsklausel für oder gegen den Kanzleiabwickler, Karlsr MDR **05**, 117.
Kommanditgesellschaft: Rn 4 „Auflösung", Rn 7 „Firmenname", Rn 19 „Offene Handelsgesellschaft".
Kumulative Schuldübernahme: Eine Rechtsnachfolge *fehlt* bei einer kumulativen Schuldübernahme, Baumgärtel DB **90**, 1905.

S aber auch Rn 5 „Befreiende Schuldübernahme".
Mahnverfahren: Eine Umschreibung des Vollstreckungsbescheids ist wegen Rn 22 „Rechtshängigkeit" *nicht* zulässig, wenn schon der Mahnbescheid falsch war, LG Gießen JB **82**, 1093, oder wenn der Schuldner schon vor dem Mahnbescheid verstorben war, LG Oldb JB **79**, 1718.
Minderes Recht: Eine Rechtsnachfolge kann vorliegen, soweit es um den Erwerb eines minderen Rechts **17** geht.
Nachbarrecht: Bei einer nachbarrechtlichen Störung kann man eine „Verdinglichung" der Beeinträchtigung bei einem fortschreitenden Entwicklungsprozeß verneinen, etwa bei hinübergewachsenen Wurzeln, Düss NJW **90**, 1000.
Nacherbschaft: Rn 6 „Erbschaft".

§ 727

18 Nachlaßinsolvenz: Eine Rechtsnachfolge kann vorliegen, soweit ein Nachlaßinsolvenzverfahren eröffnet wird, Stgt Rpfleger **90**, 312. Der Verwalter kann die Umschreibung der Vollstreckungsklausel fordern, soweit und sobald eine Vollstreckung für ihn infrage kommt. Dasselbe gilt bei einer Vollstreckung gegen ihn.
S auch Rn 13 „Insolvenz".
Nachlaßpflegschaft: Der Nachlaßpfleger ist gesetzlicher Vertreter, Grdz 9 vor § 50. Daher darf und muß der Rpfl die Vollstreckungsklausel einfach auf seinen Namen stellen, Einf 3 vor §§ 727–729, AG Hbg DGVZ **92**, 44.
Nachlaßverwaltung: Eine Rechtsnachfolge kann vorliegen, soweit das Gericht eine Nachlaßverwaltung angeordnet hat. Das gilt bei der Umschreibung der Vollstreckungsklausel für oder gegen den Nachlaßverwalter, Jaspersen Rpfleger **95**, 246, BGH **113**, 137 (für die Aufhebung). Nach der Aufhebung der Nachlaßverwaltung kommt eine Umschreibung gegen den Eigentümer in Betracht, BGH **113**, 137.
Namensänderung: Einf 4 vor §§ 727–729.
Nämlichkeit: Einf 4 vor §§ 727–729, Rn 19 „Offene Handelsgesellschaft", Rn 24 „Umwandlung der rechtlichen Gestalt".
19 Offene Handelsgesellschaft: Wird aus einer Offenen Handelsgesellschaft eine Kommanditgesellschaft, so ist § 727 entsprechend anwendbar, aM AG Hbg Rpfleger **82**, 191 (vgl aber Rn 3).
S auch Rn 4 „Auflösung".
20 Partei kraft Amtes: Eine solche Partei nach Grdz 8 vor § 50 prozessiert für eine fremde Rechnung. Sie ist weder ein Vertreter noch beim Eintritt in den Prozeß ein Rechtsnachfolger. Für die Zwangsvollstreckung steht sie aber dem Rechtsnachfolger gleich, § 728 II. Deshalb fällt sie unter § 727, LG Bre KTS **77**, 124, LAG Düss Rpfleger **97**, 119 (Insolvenzverwalter), Jaspersen Rpfleger **95**, 243 (Nachlaßverwalter), aM Schmidt JR **91**, 315 (vgl aber Rn 3). Wechselt die Partei kraft Amtes im Prozeß, so genügt eine Berichtigung der Vollstreckungsklausel.
Parteiwechsel: S „Partei kraft Amtes".
Pfändung und Überweisung: Eine Rechtsnachfolge kann vorliegen, soweit in der Zwangsvollstreckung eine Pfändung und Überweisung an Zahlungs Statt oder zur Einziehung nach § 835 I erfolgt, BGH **86**, 339, Jena Rpfleger **00**, 76, LAG Düss Rpfleger **97**, 119 (auch zu den Grenzen).
21 Prozeßstandschaft, dazu *Hochgräber* FamRZ **96**, 272 (Üb): Eine Rechtsnachfolge kann vorliegen, soweit das Kind den vom Elternteil in Prozeßstandschaft erwirkten Titel nach deren Ende jetzt selbst geltend machen will, Bbg FER **01**, 322, Hamm FamRZ **00**, 1590, oder soweit das Kind nach dem Ende einer auf § 7 IV UVG gestützten Prozeßstandschaft des Landes derart vorgeht, Karlsr FamRZ **04**, 1796.
Eine Rechtsnachfolge *fehlt* grds, soweit es um eine Prozeßstandschaft geht, Grdz 26 vor § 50, BGH JZ **83**, 150 (auch zu Ausnahmen), LG Darmst WoM **95**, 679, AG Menden FamRZ **01**, 1625. Das gilt von zB dann, wenn ein Ehegatte in Prozeßstandschaft für das minderjährige eheliche Kind einen Zahlungstitel erwirkt hatte und nach der Rechtskraft die Zwangsvollstreckung im eigenen Namen betreibt, Nürnb FamRZ **87**, 1173, LG Kblz FamRZ **95**, 490, aM Ffm FamRZ **83**, 1268, AG Bln-Tempelhof DGVZ **02**, 44 (vgl aber Rn 3). Dasselbe gilt, wenn das Kind aus dem von einem Elternteil in seiner Prozeßstandschaft erwirkten Titel vollstreckt, AG Menden FamRZ **01**, 1625, oder umgekehrt, AG Bln-Kreuzb FamRZ **02**, 893. Rechtsnachfolger kann auch der ursprüngliche Gläubiger nach einer Rückübertragung der Forderung auf ihn etwa durch den zwischenzeitlichen Prozeßstandschafter sein, LG Mannh Rpfleger **88**, 490. Ausnahmsweise kommt eine entsprechende Anwendung des § 727 in Betracht, wenn der in gewillkürter Prozeßstandschaft klagende Zedent die Zwangsvollstreckung ablehnt, verzögert oder aus sonstigen Gründen nicht durchführt, BGH MDR **83**, 308, Köln VersR **93**, 1382, aM Becker-Eberhard ZZP **104**, 439, oder wenn er keine vollstreckbare Ausfertigung beantragt, BGH JR **84**, 287, oder wenn der WEG-Verwalter wechselt, Düss WoM **97**, 298.
22 Rechtsanwalt: Eine Rechtsnachfolge liegt vor, soweit ein Anwalt erst nach dem Erlaß des Kostenfestsetzungsbeschlusses Nachfolger seines Sozius geworden ist, Saarbr Rpfleger **78**, 228.
Rechtshängigkeit: Die Rechtsnachfolge muß wegen der Verweisung in § 727 auf § 325 nach dem Eintritt der etwa möglichen Rechtshängigkeit eingetreten sein, Rn 1, BGH **146**, 341, LAG Düss JB **99**, 273.
Rechtsschutzversicherung: Rn 11 „Gesetzlicher Forderungsübergang".
Rückabtretung: Rn 4 „Abtretung".
23 Schuldübernahme: Rn 5 „Befreiende Schuldübernahme", Rn 16 „Kumulative Schuldübernahme".
Sicherungsrecht: Rechtsnachfolger ist der Sicherungsnehmer, nachdem der Sicherungsgeber in Insolvenz fiel und der Insolvenzverwalter einen Titel erstritt, Heintzmann ZZP **92**, 70.
S auch Rn 13 „Insolvenz", Rn 21 „Prozeßstandschaft".
Telekom: Vgl AG Solingen DGVR **95**, 59, Schmittmann DGVZ **95**, 49 (ausf).
Testamentsvollstrecker: Es gelten §§ 748, 749.
Treuhandanstalt: Bei der Bundesanstalt für vereinigungsbedingte Sonderaufgaben liegt Nämlichkeit und *keine* Rechtsnachfolge der Treuhandanstalt vor, AG Neuruppin DGVZ **96**, 78.
24 Überweisung: Rn 20 „Pfändung und Überweisung".
Umwandlung der rechtlichen Gestalt: Eine Rechtsnachfolge liegt vor, soweit es um eine Verschmelzung durch Aufnahme oder Neugründung und Vermögensübertragung oder um eine Spaltung jeweils nach dem UmwG geht, Haidenhain ZIP **95**, 801.
Eine Rechtsnachfolge *fehlt*, soweit es nur um die Umwandlung der rechtlichen Gestalt des Rechtsträgers ohne Wechsel seiner erkennbaren Nämlichkeit geht, BGH DGVZ **04**, 73 und 74, BayObLG **87**, 448, Stgt RR **89**, 638 (je wegen einer Vor-GmbH). Das ist aber zB bei der Deutschen Telekom AG nicht nur so der Fall, LG Wuppert DGVZ **95**, 118, AG Solingen DGVZ **95**, 59, Schmittmann DGVZ **95**, 49.
S auch Rn 19 „Offene Handelsgesellschaft".
Unterhaltsvorschuß: Rn 9 „Gesetzlicher Forderungsübergang".
Unterlassung: § 325 Rn 38 „Unterlassung".

§ 727

Versicherung: Eine Rechtsnachfolge liegt vor, soweit es um die Umschreibung eines Kostenfestsetzungsbeschlusses vom Versicherungsnehmer auf den Rechtsschutzversicherer geht, Karlsr Rpfleger **95**, 78, LG Mü Rpfleger **97**, 394. Es kann auch eine öffentlich beglaubigte Erklärung des Forderungsübergangs reichen, KG JB **99**, 439, auch ein Bewilligungsbescheid der BfA, Schlesw SchlHA **90**, 72, LAG Mü KTS **89**, 452, aM LAG Düss JB **89**, 1018.
Vertreter: Rn 8 „Genehmigung". 25
Vollmachtloser Vertreter: Rn 8 „Genehmigung".
Vorerbschaft: Rn 6 „Erbschaft".
Vorruhestandsgeld: Im Fall eines Anspruchs auf ein Vorruhestandsgeld muß der Gläubiger seine Voraus- 26 setzungen einschließlich der Antragstellung durch öffentliche oder öffentlich beglaubigte Urkunden nachweisen, ebenso auch beim tarifvertraglichen Übergang eines Anspruchs auf eine Arbeitsvergütung auf eine Zusatzversorgung bei Zahlung von Vorruhestandsgeld, LAG Kiel Rpfleger **89**, 163.
Wechsel: Der Wechselaussteller, der als Gesamtschuldner zusammen mit dem Akzeptanten verurteilt wird 27 und den Wechselgläubiger befriedigt, ist *kein* Rechtsnachfolger des Wechselgläubigers. Denn die Forderung des Wechselgläubigers ist durch die Zahlung des Ausstellers erloschen, aM LG Münst MDR **80**, 1030 (abl Greilich MDR **82**, 17). Dasselbe gilt im Ergebnis beim einlösenden Indossanten.
Weitere Umschreibung: Bei ihr bindet keine frühere unrichtige Umschreibung, KG RR **97**, 253.
Wohnungseigentum: §§ 727 ff sind anwendbar, BayObLG WoM **00**, 569. Gibt die vollstreckbare Urkunde als Haftungsgegenstand ein Grundstück an, dann läßt sie eine Vollstreckung in daraus entstandenes Wohnungseigentum erst nach einer Umschreibung gegen den Wohnungseigentümer zu, LG Weiden Rpfleger **84**, 280. Das Ausscheiden des Verwalters führt zur Rechtsnachfolge des nächsten, ZöStö 38, aM Düss RR **97**, 1035, LG Darmst Rpfleger **96**, 398.
Zwangsversteigerung: Eine Rechtsnachfolge kann vorliegen, soweit es um einen Erwerb in der Zwangs- 28 versteigerung geht, Bre Rpfleger **87**, 381 (Rechtsnachfolge des Erstehers).
Zwangsverwaltung: Rechtsnachfolger ist der Zwangsverwalter, BGH NJW **86**, 3206, und der Eigen- 29 besitzer eines zwangsverwalteten Grundstücks wegen eines dinglichen Anspruchs, § 147 ZVG, BGH **96**, 67. Der Eigentümer ist nach der Aufhebung der Zwangsverwaltung wegen einer Antragsrücknahme Rechtsnachfolger des Zwangsverwalters, Düss OLGZ **77**, 252.
Der Ersteher ist *nicht* Rechtsnachfolger des Zwangsverwalters wegen eines von diesem erwirkten Titels.
Zwangsvollstreckung: Rn 20 „Partei kraft Amtes", „Pfändung", Rn 28 „Zwangsversteigerung".
Zweigniederlassung: Der Wechsel der Zuordnung einer Forderung zum Geschäftsbetrieb einer Bankfiliale begründet *keine* Rechtsnachfolge, Hamm Rpfleger **01**, 190, AG Lpz JB **01**, 383.

4) Besitzer einer streitbefangenen Sache, I. Der Rpfl muß ihn wie einen solchen Rechtsnachfolger 30 behandeln, gegen den das Urteil nach § 325 wirkt. Das gilt auch für denjenigen, der den Besitz dadurch erlangt hat, daß er an die Stelle des verurteilten Besitzers gerückt ist, aM Düss NJW **90**, 1000 (vgl aber Rn 3). Der Besitzdiener gehört aber nicht hierher. Denn er besitzt nicht selbst. § 325 II–IV schränkt auch hier ein. Die Umschreibung ist darum regelmäßig nur statthaft, soweit nicht die sachlichrechtlichen Vorschriften über einen Erwerb vom Nichtberechtigten entgegenstehen. Etwas anderes gilt für Hypotheken usw, außer bei einem Erwerb in der Zwangsversteigerung. Jedoch darf und muß der Rpfl die Klausel ohne weiteres erteilen, insbesondere bei einem offenkundigen Umgehungsversuch. Ein solcher Versuch läßt sich freilich kaum schon hier nachweisen. Wenn sich der Rechtsnachfolger auf eine Ausnahme beruft, muß er nach §§ 732, 768 vorgehen. Dann muß der Gläubiger im Prozeß die Bösgläubigkeit des Erwerbers beweisen. Er kann sein Eigentum auch mit einer Klage geltend machen.

5) Voraussetzungen der Klausel, I 31
Schrifttum: *Pflugmacher,* Beweiserhebung und Anerkenntnis im Klauselerteilungsverfahren usw, 2001.
A. Offenkundigkeit; Urkundennachweis. Die Umschreibung der Klausel ist zulässig und notwendig, wenn die Rechtsnachfolge oder das Besitzverhältnis entweder offenkundig ist, BGH BB **05**, 1876, oder wenn der Rechtsnachfolger sie durch öffentliche oder öffentlich beglaubigte Urkunden nachweist. Man muß die Offenkundigkeit wie bei § 291 Rn 4, 5 beurteilen, Celle MDR **95**, 1262, KG JB **99**, 439, Saarbr VersR **89**, 955, großzügiger BGH BB **05**, 1876, Oldb Rpfleger **92**, 306, Stgt Rpfleger **05**, 208 (je: eine schlüssige Darlegung könne genügen, wenn der Schuldner die Rechtsnachfolge nicht bestreite), Schlesw JB **93**, 176 (beim Zugeständnis). Ein Geständnis ist wegen Grdz 7 vor § 704 auch außerhalb der Amtsprüfung nach Grdz 38 vor § 128 wirksam, Hbg MDR **97**, 1156, Saarbr Rpfleger **04**, 430, Münzberg NJW **92**, 201, aM Baumgärtel Festschrift für Lüke (1997) 3.
Ein Säumnisverfahren nach §§ 330 ff findet nicht statt, Karlsr JB **91**, 275 (anders evtl bei § 731). Zum Begriff der *öffentlichen oder öffentlich beglaubigten Urkunde* § 415 Rn 3, 4. Es reicht zB ein Erbschein, Ffm DNotZ **05**, 384, oder sogar eine Erbscheinsabschrift aus, die der Notar als Nachlaßgericht öffentlich beglaubigt hat, oder ein Pfändungs- und Überweisungsbeschluß, Jena Rpfleger **00**, 76, oder (jetzt) beim SGB XII eine Leistungsaufstellung des Sozialhilfeträgers, Karlsr FamRZ **04**, 125 (krit Sichel). Der bloße Entwurf einer Überleitungsanzeige reicht nicht aus, Stgt FamRZ **81**, 696, ebensowenig eine privatschriftliche Urkunde, zB eine Quittung, Saarbr VersR **89**, 955, oder deren beglaubigte Abschrift, LAG Mü RR **87**, 956, oder eine unbeglaubigte Fotokopie, LAG Kiel Rpfleger **89**, 163, oder eine Verurteilung zur Vornahme einer öffentlichen Beglaubigung, BayObLG RR **97**, 1015.
§ 138 III ist *unanwendbar.* Das gilt schon deshalb, weil I einen „Nachweis" nur durch die dort genannten Urkunden zuläßt, § 730 Rn 1, BGH BB **05**, 1876, Drsd Rpfleger **03**, 675, Saarbr Rpfleger **04**, 430, aM Bbg MDR **99**, 57, Hbg MDR **04**, 836, Kblz RR **03**, 1007 (vgl aber Grdz 7 vor § 704).
Zuständig ist der *Rechtspfleger,* § 20 Z 12 RPflG, § 153 GVG, LG Darmst WoM **95**, 679. Er prüft 32 lediglich, ob ein vollstreckbarer Titel vorliegt und ob die vorgelegten Urkunden die Rechtsnachfolge oder den Besitz dartun. Er muß die Offenkundigkeit nach § 291 auch dann prüfen, wenn der Gläubiger der Umarbeitung zustimmt und sich der Schuldner nicht geäußert hat, Karlsr VersR **96**, 392, Stgt MDR **90**, 1021, aM Brschw JB **93**, 240. Eine Überleitungs- oder Rechtswahrungsanzeige ist nicht erforderlich, Rn 9

§§ 727, 728

„Gesetzlicher Forderungsübergang". Bei einer Forderung genügt eine einfache Zahlungsaufstellung zum Nachweis. Wegen der Bescheinigung des Trägers einer Unterhaltsvorschußkasse Hbg FamRZ **82**, 425 und 427, Oldb FamRZ **82**, 953, Stgt FamRZ **93**, 227. § 116 SGB X steht der rückwirkenden Überleitung eines Unterhaltsanspruchs nicht entgegen, über den der Unterhaltsberechtigte schon einen Vollstreckungstitel erstritten hat, Düss FamRZ **93**, 583. Dieselben Grundsätze gelten beim Übergang wegen Leistungen nach dem BAföG, Stgt FamRZ **95**, 489. Bei einer Rechtsschutzversicherung ist der Anspruchsübergang nicht offenkundig, Karlsr MDR **89**, 363. Der Pfändungsgläubiger darf der Rpfl eine Klausel nicht beschränkt auf seine Forderung erteilen, LAG Drsd JB **96**, 105. Der Gläubiger ist für die Voraussetzungen von I bewpfl, der Schuldner für einen „Verfallsbetrag", Baumgärtel Festschrift für Lüke (1997) 2.

Einwendungen, die *außerhalb* der Urkunde liegen, sind unbeachtlich. Das gilt etwa für den Einwand, der Anspruch sei erloschen, Karlsr OLGZ **77**, 122, oder für die Behauptung des Schuldners, er habe die Summe schon vor dem Übergang des Anspruchs auf den Rechtsnachfolger einem Dritten überwiesen, oder für die Gut- oder Bösgläubigkeit beim Erwerb. Diese mag der Schuldner nach §§ 732, 768 klären, Rn 33. Wohl aber kann zB ein die Zwangsvollstreckung ausschließendes Urteil nach § 767 beachtlich sein, Ffm FamRZ **98**, 968. Wenn ein Bevollmächtigter des Gläubigers die Forderung abgetreten hat, dann muß man durch öffentliche oder öffentlich beglaubigte Urkunden nachweisen, daß er im Zeitpunkt der Abtretung wirklich eine Vollmacht hatte. Über den Ersatz des Urkundenbeweises durch eine Offenkundigkeit usw § 726 Rn 5. Wenn mehrere angeblich Berechtigte eine Umschreibung auf sich verlangen, muß das Gericht sie auf eine Klage verweisen, § 731. Am Erfordernis der Offenkundigkeit wird auch meistens der Nachweis des Forderungsübergangs bei einer Befriedigung des Gläubigers durch einen Gesamtschuldner scheitern. Denn die Forderung geht nur bis zur Höhe des Ausgleichsanspruchs über, und diesen muß das Gericht besonders festgestellen.

33   **B. Rechtsstellung des bisherigen Gläubigers.** Er behält sein Recht auf die Erteilung einer Vollstreckungsklausel solange, bis das Gericht dem Rechtsnachfolger eine Klausel erteilt hat. Das gilt auch zB bei einer Prozeßstandschaft, Grdz 26 vor § 50, BGH **113**, 93. Das gilt sogar dann, wenn die Rechtsnachfolge nach § 291 offenkundig ist, BGH MDR **84**, 385, Bre Rpfleger **87**, 385 (zustm Bischoff/Bobenhausen), Hamm FamRZ **84**, 928. Einen Streit zwischen dem alten und dem neuen Gläubiger über die Berechtigung muß man durch Klage oder nach §§ 732, 767, 768 austragen, KG FamRZ **05**, 1759, aM Stgt Rpfleger **00**, 282.

34   **6) Erwähnung der Offenkundigkeit, II.** In der Vollstreckungsklausel muß der Rpfl die Offenkundigkeit der Rechtsnachfolge oder des Besitzverhältnisses erwähnen. Ein Verstoß hindert den Beginn der Zwangsvollstreckung wegen § 750 II. Er macht aber die Klausel nicht unwirksam, § 726 Rn 5. Unentbehrlich ist die Bezugnahme auf den Titel, sofern nicht ohnehin klarsteht, welcher Titel gemeint ist.

35   **7) Rechtsbehelfe, I, II.** Es kommt auf die Entscheidungsrichtung an.
  A. Ablehnung. Gegen die Ablehnung der Umschreibung der Vollstreckungsklausel ist der nach § 11 RPflG, Anh § 153 GVG, mögliche Weg offen, § 104 Rn 41 ff, Zweibr FamRZ **00**, 964, LG Detm Rpfleger **01**, 310. § 731 ist anwendbar, LG Osnabr JB **91**, 1401.

36   **B. Erteilung.** Gegen die Erteilung der Klausel kann der Schuldner nach § 732 Rn 1, 6 vorgehen.

37   **8)** *VwGO:* Entsprechend anwendbar, § 167 I VwGO, in dem in Einf §§ 727–729 Rn 7 bezeichneten Umfang, vgl, VGH Mannh NJW **03**, 1203, VGH Mü NVwZ **00**, 1312 (Vollstr des Staates aus Vergleich gegen den Rechtsnachfolger).

728
Vollstreckbare Ausfertigung bei Nacherbe oder Testamentsvollstrecker. **¹ Ist gegenüber dem Vorerben ein nach § 326 dem Nacherben gegenüber wirksames Urteil ergangen, so sind auf die Erteilung einer vollstreckbaren Ausfertigung für und gegen den Nacherben die Vorschriften des § 727 entsprechend anzuwenden.**

II ¹ Das Gleiche gilt, wenn gegenüber einem Testamentsvollstrecker ein nach § 327 dem Erben gegenüber wirksames Urteil ergangen ist, für die Erteilung einer vollstreckbaren Ausfertigung für und gegen den Erben. ² Eine vollstreckbare Ausfertigung kann gegen den Erben erteilt werden, auch wenn die Verwaltung des Testamentsvollstreckers noch besteht.

1   **1) Systematik, Regelungszweck, I, II.** Vgl zunächst Einf 1, 2 vor §§ 727–729, § 277 Rn 1. § 728 nennt innerhalb der Gruppe von Rechtsnachfolgen zwei gegenüber § 727 vorrangige Sonderfälle. Ergänzend muß man §§ 730, 731 beachten. § 729 ist als Sondervorschrift eng auslegbar.

2   **2) Nacherbe, I.** Die Vorschrift betrifft den Fall, daß gegen einen Vorerben ein Urteil ergangen ist, das nach § 326 gegen den Nacherben wirkt. Das muß unstreitig sein oder sich aus öffentlichen oder öffentlich beglaubigten Urkunden ergeben. § 727 I. Erforderlich ist ein Erbschein für den Nacherben und nicht nur für den Vorerben, BGH **84**, 196. Die Rechtskraft muß vor dem Nacherbfall eingetreten sein. Das alles muß bei nacheinander eingesetzten Nacherben beim letzten zutreffen.
  A. Nachlaßverbindlichkeit. Das Urteil kann einen Anspruch betreffen, der sich gegen den Vorerben als Erben richtet, also eine Nachlaßverbindlichkeit, § 326 I. Dieses Urteil wirkt nur für den Nacherben und nur nach seiner Rechtskraft, § 322. Der Rpfl darf daher keine Klausel für einen Nachlaßgläubiger gegen den Nacherben erteilen.

3   **B. Gegenstand der Nacherbfolge.** Das Urteil kann auch einen Gegenstand betreffen, der der Nacherbfolge unterliegt, § 326 I, II. Dieses Urteil wirkt mit seiner Rechtskraft für den Nacherben. Gegen den Nacherben wirkt das Urteil zwar nur dann, wenn der Vorerbe ein Verfügungsrecht hat, dann aber auch vor seiner Rechtskraft. Der Rpfl muß dann ein solches Verfügungsrecht prüfen, wenn er auf Grund des Urteils eine Vollstreckungsklausel erteilen soll. Er darf aber keinen urkundlichen Nachweis verlangen. Die Zuständigkeit des Rpfl ergibt sich aus § 20 Z 12 RPflG, Anh § 153 GVG.

Abschnitt 1. Allgemeine Vorschriften **§§ 728–730**

3) Testamentsvollstrecker, II. Darüber, wann ein gegen den Erben erlassenes Urteil gegen den Testa- 4
mentsvollstrecker wirkt, § 327 Rn 7. Eine vollstreckbare Ausfertigung für den Erben ist nach II 1 erst nach
der Beendigung der Verwaltung des Testamentsvollstreckers zulässig, § 2212 BGB, KG RR **87**, 3 (auch zum
Verstoß). Gegen den Erben darf der Rpfl aber nach II 2 immer eine vollstreckbare Ausfertigung erteilen.
Denn der Erbe kann seine Haftungsbeschränkung nach §§ 767, 780 II auch dann geltend machen, wenn ein
Vorbehalt fehlt. Nachweisen muß der Antragsteller die Stellung als Erbe. Bei einer Erteilung der Klausel für
den Erben muß er auch die Beendigung der Testamentsvollstreckung nachweisen. Zuständig ist der Rpfl,
§ 20 Z 12 RPflG, Anh § 153 GVG.

4) Rechtsbehelfe, I, II. Es gilt dasselbe wie bei § 724 Rn 13. 5

5) VwGO: Entsprechend anwendbar, § 167 I VwGO, in dem in Einf §§ 727–729 Rn 7 bezeichneten 6
Umfang.

729 *Vollstreckbare Ausfertigung gegen Vermögens- und Firmenübernehmer.* I Hat jemand das
Vermögen eines anderen durch Vertrag mit diesem nach der rechtskräftigen Feststellung einer Schuld des anderen übernommen, so sind auf die Erteilung einer vollstreckbaren
Ausfertigung des Urteils gegen den Übernehmer die Vorschriften des § 727 entsprechend anzuwenden.

II Das Gleiche gilt für die Erteilung einer vollstreckbaren Ausfertigung gegen denjenigen, der
ein unter Lebenden erworbenes Handelsgeschäft unter der bisherigen Firma fortführt, in Ansehung der Verbindlichkeiten, für die er nach § 25 Abs. 1 Satz 1, Abs. 2 des Handelsgesetzbuchs
haftet, sofern sie vor dem Erwerb des Geschäfts gegen den früheren Inhaber rechtskräftig festgestellt worden sind.

1) Systematik, Regelungszweck, I, II. Vgl zunächst Einf 1, 2 vor §§ 727–729, § 727 Rn 1. § 729 1
nennt innerhalb der Gruppe von Rechtsnachfolgen zwei gegenüber § 727 weitere vorrangige Sonderfälle.
Ergänzend muß man §§ 730, 731 beachten. Auch § 729 ist als Sondervorschrift eng auslegbar.

2) Vermögensübernahme, I. Eine vertragliche Übernahme des gesamten Vermögens bewirkte eine 2
Gesamthaftung des Übernehmers neben dem alten Schuldner für dessen Schulden, § 419 BGB aF, sofern die
Übernahme vor dem 1. 1. 99 erfolgte (§ 419 BGB ist durch das EGInsO aufgehoben worden), Art 223 a
EGBGB. Darum läßt I eine Vollstreckungsklausel gegen solchen Übernehmer zu, sofern das Gericht die
Schuld vor der dinglichen Übernahme nach § 705 rechtskräftig festgestellt hatte, Hamm MDR **92**, 1002. Bei
einem Titel, der keiner Rechtskraft nach § 322 fähig ist, entscheidet der Zeitpunkt seiner Entstehung. Bei
einem einzigen Gegenstand muß der Gläubiger beweisen, daß der Erwerber wußte, daß der Gegenstand
zumindest das gesamte Vermögen darstellte, Düss RR **93**, 959. Bei der Erteilung der Vollstreckungsklausel ist sie unbeachtlich. Die Vollstreckungsabwehrklage ist ohne die Einschränkung des § 767 II
und vor der Rechtskraft des Urteils im Vorprozeß zulässig, BGH NJW **87**, 2863. Denn die Rechtskraft wirkt
nicht gegenüber dem Übernehmer, § 325 Rn 7.

Statt der Umschreibung ist eine *Leistungsklage* zulässig, Grdz 8 vor § 253, Hüffer ZZP **85**, 238. Der Rpfl
darf die Klausel auch gegen den alten Schuldner erteilen. Eine gegen den neuen Schuldner erteilte Klausel
muß die Gesamthaftung erwähnen. Auf den Erbschaftskauf nach § 2382 BGB ist I sinngemäß anwendbar. I
ist bei einem Verzicht auf den Anteil an einer fortgesetzten Gütergemeinschaft unanwendbar. Zuständig ist
also der Rpfl, § 20 Z 12 RPflG, Anh § 153 GVG.

3) Geschäftsfortführung, II. Man muß zwei Anwendungsbereiche beachten. 3
A. Direkte Anwendbarkeit. Wer ein unter Lebenden erworbenes Handelsgeschäft unter der bisherigen
Firma fortführt, haftet im Rahmen des § 25 I, II HGB neben dem alten Inhaber für die Geschäftsschulden.
Darum darf und muß der Rpfl die Vollstreckungsklausel gegen den alten, aber auch gegen den neuen Inhaber
erteilen, sofern das Gericht den Anspruch vor dem Erwerb des Handelsgeschäfts rechtskräftig festgestellt hat,
Köln RR **94**, 1118. Dabei ist unerheblich, ob das Urteil gegen die Firma oder gegen den Inhaber persönlich
lautet. Der Nachweis des Erwerbs und der Fortführung erfolgt durch einen Auszug aus dem Handelsregister.

Der Rpfl darf einen *Ausschluß der Haftung* aus §§ 25 II, 28 II HGB nicht berücksichtigen. Der Erwerber
muß ihn nach §§ 768, 732 HGB geltend machen. Bei einer Übernahme des Handelsgeschäfts vor der Rechtskraft
des Urteils oder im Fall des § 25 III HGB ist eine neue Klage gegen den Übernehmer nötig, Baumgärtel DB
90, 1908. Für die Vollstreckungsabwehrklage nach § 767 oder eine Leistungsklage nach Grdz 8 vor § 253 gilt
das in Rn 1 Ausgeführte. In der Vollstreckungsklausel muß der Rpfl die Gesamthaftung vermerken. Zuständig ist also der Rpfl, § 20 Z 12 RPflG, Anh § 153 GVG.

B. Entsprechende Anwendbarkeit. II ist evtl entsprechend anwendbar, aM Köln RR **94**, 1118 (vgl 4
aber § 727 Rn 3). Das gilt zB dann, wenn ein Dritter als persönlich haftender Gesellschafter oder als
Kommanditist in das Geschäft eines Einzelkaufmanns eintritt, falls der Eintritt nach der Rechtskraft erfolgt.
Denn die Fälle liegen gleich, § 28 HGB. Dabei muß der Rpfl beim Kommanditisten die Beschränkung
seiner Haftung summenmäßig angeben. II gilt ferner, wenn zu mehreren Gesellschaftern ein
weiterer Gesellschafter hinzutritt und wenn das Urteil auch gegen die Gesellschaft ergangen ist. Zuständig ist
also der Rpfl, § 20 Z 12 RPflG, Anh § 153 GVG.

4) VwGO: *Entsprechend anwendbar, § 167 I VwGO, in dem in Einf §§ 727–729 Rn 7 bezeichneten Umfang.* 5

730 *Anhörung des Schuldners.* In den Fällen des § 726 Abs. 1 und der §§ 727 bis 729 kann der
Schuldner vor der Erteilung der vollstreckbaren Ausfertigung gehört werden.

§§ 730, 731

Schrifttum: *Clemens,* Zu den Wirkungen von Geständnis, Nichtbestreiten und Anerkenntnis im Klauselerteilungsverfahren, 1996.

1 1) Systematik. In den Fällen §§ 726 I, 727–729 gibt die Vorschrift eine verfahrensmäßige Sonderregel. Dabei entscheidet der Rpfl selbständig, § 20 Z 12 RPflG, Anh § 153 GVG, § 724 Rn 6, Kblz NJW **92**, 379, Zweibr MDR **97**, 593. Eine mündliche oder schriftliche Anhörung des Schuldners ist zulässig. Sie ist aber nach § 128 IV nicht notwendig, es sei denn, das pflichtgemäße Ermessen („kann") gebietet die Anhörung vor einer Verweigerung der Ausfertigung, Hamm Rpfleger **91**, 161 (zustm Münzberg), LG Mü Rpfleger **97**, 394, Lackmann Festschrift für Musielak (2004) 315.

Die Anhörung des Schuldners hat *nicht* zur Folge, daß § 138 III anwendbar ist, soweit es um den „Nachweis" nach § 727 geht. Denn man kann diesen Nachweis nur durch die in § 727 I genannten Urkunden führen, dort Rn 11, 31, ferner § 732 Rn 7, Hamm Rpfleger **94**, 73, Köln MDR **93**, 380, Saarbr NVersZ **02**, 232, aM Kblz MDR **97**, 884, Köln (2. ZS) JB **95**, 94, LG Mainz MDR **95**, 1266.

Gebühren: Des Gerichts: keine; des Anwalts: VV 3309, 3310.

2 2) Regelungszweck. Die Vorschrift dient der Vereinfachung und Beschleunigung, Grdz 12, 14 vor § 128. Sie dient aber auch der Wahrung des Prozeßgrundrechts des rechtlichen Gehörs bzw eines fairen Verfahrens, Art 2 I, 20 III GG (Rpfl), BVerfG **101**, 404, Art 103 I GG (Richter), Einl III 16, 23.

§ 730 erwähnt den *Gläubiger* nicht. Die Vorschrift ist auch wegen ihres Sondercharakters an sich eng auslegbar. Indessen kann das oben erörterte Gebot eines fairen Verfahrens auch die Anhörung des Gläubigers gebieten, Einl III 23. Das gilt etwa dann, wenn Bedenken gegen die Offenkundigkeit der Rechtsnachfolge oder der Echtheit der Urkunden über sie auftreten.

Eilbedürftigkeit ist jedenfalls nur selten so ausgeprägt, daß schon deshalb eine Anhörung unterbleiben sollte. Auch die in Rn 1 genannte Problematik zu § 138 III sollte nicht ausschlaggebend sein, weder für noch gegen eine Anhörung. Sowohl die Rechtssicherheit nach Einl III 43 als auch das Gebot, an dieser Zusatzfront eine weitere Verzögerung durch ein Rechtsmittel zu verhindern, also die Prozeßwirtschaftlichkeit nach Grdz 14 vor § 128 machen eine wenigstens kurzfristige Gelegenheit zu Schuldneräußerung eher ratsam als entbehrlich.

3 3) Entscheidung. Die Entscheidung erfolgt durch einen Beschluß, § 329. Der Rpfl muß ihn begründen, § 329 Rn 4. Er muß ihn verkünden, § 329 I 1, oder formlos zustellen, § 329 II 1 (kein befristetes Rechtsmittel und für sich allein auch kein Vollstreckungstitel, § 329 VII). Die erforderliche Unterschrift braucht zwar nicht lesbar zu sein. Sie muß aber einen individuellen Schriftzug mit charakteristischen Merkmalen aufweisen, § 129 Rn 9, BGH DNotZ **70**, 595, AG Bre DGVZ **81**, 62.

4 4) Rechtsbehelfe. Man muß drei Situationen unterscheiden.

A. Entscheidung des Rechtspflegers. Gegen die Entscheidung des Rpfl haben der Gläubiger nach § 11 RPflG, Anh § 153 GVG, der Schuldner nach derselben Vorschrift in Verbindung mit § 732 die in § 104 Rn 41 ff für den dortigen Zusammenhang dargestellten hier ebenso in Betracht kommenden Möglichkeiten. Die Entscheidung erfolgt durch einen Beschluß, § 329. Das Gericht muß ihn grundsätzlich begründen, § 104 Rn 15, § 329 Rn 4, Ffm Rpfleger **78**, 105, falls der Rechtsbehelf einen neuen Sachvortrag enthält. Sonst muß der Amtsrichter die Sache an den Amtsrichter zurückverweisen.

5 B. Entscheidung des Richters. Gegen die Erteilung durch den Richter ist nach § 567 I Z 1, 2 keine sofortige Beschwerde statthaft. Gegen die eine Erteilung versagende Entscheidung des Richters und evtl des Familienrichters, Köln Rpfleger **79**, 28, ist sofortige Beschwerde zulässig, § 567 I Z 2. § 793 ist jeweils unanwendbar. Denn die jeweilige Entscheidung ist keine Maßnahme der Zwangsvollstreckung, Grdz 51 vor § 704, Bre FamRZ **80**, 725, Köln Rpfleger **79**, 28. Eine Rechtsbeschwerde ist unter den Voraussetzungen des § 574 denkbar. Wegen einer Anschlußbeschwerde § 567 III.

6 C. Klage bei Aufhebung der Vollstreckungsklausel. Wenn das Beschwerdegericht eine erteilte Vollstreckungsklausel aufhebt, ist § 731 anwendbar, sofern dessen Voraussetzungen im übrigen vorliegen.

7 5) *VwGO*. *Entsprechend anwendbar, § 167 I VwGO, in dem in Einf §§ 727–729 Rn 7 bezeichneten Umfang. Rechtsbehelfe, oben Rn 3 ff, sind der Antrag auf gerichtliche Entscheidung, § 151 VwGO, und weiter ggf Beschwerde, §§ 146 ff VwGO, soweit sie nicht ausgeschlossen ist, § 252 Rn 8.*

731

Klage auf Erteilung der Vollstreckungsklausel. **Kann der nach dem § 726 Abs. 1 und den §§ 727 bis 729 erforderliche Nachweis durch öffentliche oder öffentlich beglaubigte Urkunden nicht geführt werden, so hat der Gläubiger bei dem Prozeßgericht des ersten Rechtszuges aus dem Urteil auf Erteilung der Vollstreckungsklausel Klage zu erheben.**

Schrifttum: S bei § 730.

Gliederung

1) Systematik	1	A. Voraussetzungen	6
2) Regelungszweck	2	B. Vorbringen	7
3) Voraussetzungen	3	7) **Urteil**	8, 9
4) Zuständigkeit	4	A. Fassung	8
5) Verfahrensablauf	5	B. Wirkung	9
6) Einwendungen	6, 7	8) *VwGO*	10

1 1) Systematik. Bisweilen kann der Gläubiger einen nach §§ 726 I, 727–729 notwendigen Nachweis nicht durch die nötigen öffentlichen oder öffentlich beglaubigten Urkunden erbringen. Dann hilft § 731,

Abschnitt 1. Allgemeine Vorschriften   **§ 731**

Ffm JB **97**, 497. Ihm gegenüber gilt beim Vollstreckungsbescheid nach §§ 699, 700 die vorrangige Sonderregelung des § 796. § 731 ermöglicht dem Gläubiger eine Klage. Sie lautet entgegen dem mißverständlichen Wortlaut von § 204 I Z 1 BGB nicht „auf die Erteilung der Vollstreckungsklausel". Denn der Schuldner kann die Vollstreckungsklausel gar nicht erteilen, Wüllenkemper Rpfleger **89**, 88. Sie lautet vielmehr auf eine Feststellung, daß das Gericht die Vollstreckungsklausel erteilen muß. Die Klage ist also keine Leistungsklage. Sie ist aber auch keine Gestaltungsklage, sondern eine Feststellungsklage, Grdz 9 vor § 253, § 256, ThP 1, Wüllenkemper Rpfleger **89**, 89, ZöStö 4, aM StJM 7, 16 (aber der Rpfl wird auch dem Feststellungsurteil folgen, s unten). Das Gericht stellt rechtsbezeugend fest, daß die Voraussetzungen einer Erteilung der Vollstreckungsklausel vorliegen, BGH **72**, 28, LG Stgt Rpfleger **00**, 539. Der Rpfl ist an diese Feststellung gebunden. Er und nicht der Urkundsbeamte der Geschäftsstelle muß die Klausel erteilen, LG Stgt Rpfleger **00**, 538, StJM 16, Wüllenkemper Rpfleger **89**, 91, aM Napierala Rpfleger **89**, 493, ThP 9, ZöStö 6 (aber schon der Wortlaut von § 20 Z 12 RPflG ist eindeutig, ebenso der Sinn, Einl III 39).

2) Regelungszweck. Die Vorschrift dient der Gerechtigkeit, Einl III 9. Denn der Gläubiger ist ja nun **2** einmal auf eine ausreichende bzw ausreichend umgeschriebene Vollstreckungsklausel angewiesen. Er hat es schon schwer genug, den in einem abgekürzten Verfahren nicht erreichten Nachweis zu erbringen. Auch der Rechtssicherheit dient § 731, Einl III 43. Denn das Gericht soll mit der höchstmöglichen Sorgfalt prüfen, ob der Gläubiger noch aus dem bisherigen Titel vollstrecken kann. Ob freilich auch eine Glaubhaftmachung vor dem Rpfl genügen könnte, ist eine andere Frage. Indessen hat sich das Gesetz für den steinigeren Weg entschieden. Man sollte ihn nicht durch allzu harte Anforderungen nahezu unbegehbar machen.

3) Voraussetzungen. Da es sich nach Rn 1 um eine Feststellungsklage handelt, müssen die Voraus- **3** setzungen des § 256 I erfüllt sein. Es fehlen das rechtliche Interesse an einer alsbaldigen Feststellung nach § 256 Rn 21 und das Rechtsschutzbedürfnis nach Grdz 33 vor § 253, Brschw MDR **95**, 95, LG Bln JB **95**, 219 (Wahlrecht des Rechtsschutzversicherers), wenn §§ 726–729 zu demselben Ziel führen würden. Der Rpfl muß also die Erteilung der Klausel abgelehnt haben, zB wegen einer Bedingung, § 726 Rn 6, von Wintersheim MDR **99**, 978. Das Rechtsschutzbedürfnis ist auch meist nur dann gegeben, wenn das Gericht die Entscheidung des Rpfl auf eine Erinnerung bestätigt hat, § 730 Rn 3. Eine Beschwerdeentscheidung nach § 730 Rn 4 braucht nicht vorzuliegen. Der Gläubiger braucht nicht darzulegen, daß er die Urkunden nicht beschaffen könne. Er braucht nur darzutun, daß er sie nicht besitze und sie nur unter erheblichen Schwierigkeiten beschaffen könne, VGH Mannh NJW **03**, 1203 (§ 792 hindert nicht). Nach der Abweisung einer Zahlungsklage auf Grund vollstreckbarer Urkunde durch ein Prozeßurteil kann eine auf § 731 beschränkte Berufung unzulässig sein, BGH FamRZ **04**, 180 rechts Mitte. Jeder Gesamtgläubiger nach §§ 432, 2039 BGB kann auf Feststellung zugunsten aller klagen. Fehlt eine Voraussetzung der Klage, so muß das Gericht sie durch ein Prozeßurteil als unzulässig abweisen, Grdz 14 vor § 253. Die Klage ist als Widerklage nach Anh § 253 gegenüber einer Klage aus § 768 zulässig.

4) Zuständigkeit. Nach § 802 ist ausschließlich zuständig dasjenige Prozeßgericht, das in der Sache **4** erstinstanzlich erkannt hat, evtl also ein ArbG oder nach einer Klagänderung im Sinn § 263 auch das Berufungsgericht. Wenn es sich um einen Vollstreckungsbescheid nach § 700 handelt, ist nach § 796 III dasjenige AG zuständig, das für ein angeschlossenes streitiges Verfahren nach §§ 696 I 1, 692 I Z 1 oder nach § 696 V 2 zuständig war oder gewesen wäre, § 796 Rn 3, aM LG Stgt Rpfleger **00**, 539 (dasjenige AG, das den Vollstreckungsbescheid erlassen hat). Bei einer vollstreckbaren Urkunde nach § 794 I Z 5 ist das Gericht des allgemeinen Gerichtsstands des Schuldners nach § 12 ff zuständig, notfalls dasjenige des Gerichtsstands des Vermögens, § 797. Bei einem Schiedsspruch ist das Staatsgericht der ersten Instanz zuständig. Auch die Kammer für Handelssachen kann zuständig sein. Im übrigen muß nicht dieselbe Kammer oder Abteilung tätig werden, die nach dem damaligen Geschäftsverteilungsplan zur Sachentscheidung zuständig war. Zuständig ist ferner das AG der Festsetzungsbehörde, § 25 II WAG.

5) Verfahrensablauf. Die Klage leitet einen neuen ganz selbständigen Prozeß ein, BGH NJW **87**, 2863. **5** Sie erzeugt selbständige Wirkungen. Sie hemmt die Verjährung nach § 204 I Z 1 BGB. Die Prozeßvollmacht des Hauptprozesses dauert fort, § 81. Deshalb muß das Gericht die Klage dem damaligen ProzBev zustellen werden, §§ 81, 172 I 2. Das Verfahren verläuft wie bei einer gewöhnlichen Klage, §§ 272 ff. Ein Urkundenprozeß nach §§ 592 ff ist unstatthaft. Alle Beweismittel nach §§ 371 ff sind zugelassen. Eine Säumnis wird wie sonst beurteilt, §§ 330 ff, Karlsr JB **91**, 275 (nicht auf §§ 727–730 übertragbar!). Ein Anerkenntnis nach § 307 und ein Geständnis nach § 288 sind wirksam, § 726 Rn 5. Darum ist auch § 93 anwendbar. Denn der Bekl hatte ausreichende Gelegenheit, die Erteilung der Vollstreckungsklausel durch den Rpfl zu ermöglichen, falls der Rpfl ihm Gelegenheit gegeben hatte, sich dazu zu äußern, Hamm Rpfleger **91**, 161 (zustm Münzberg).

6) Einwendungen. Es gibt Regeln zum Ob und Wann. **6**
A. Voraussetzungen. Statthaft sind Einwendungen, die die Zulässigkeit der Vollstreckungsklausel nach §§ 724 ff, 732 betreffen, und solche, die eine Haftungsbeschränkung nach §§ 780, 785, 786 verursachen, VGH Mannh NJW **03**, 1203. Solche Einwendungen, die den Urteilsanspruch selbst betreffen, sind nur im Rahmen der §§ 732, 767 II statthaft, BGH NJW **87**, 2863. Derartige Einwendungen sind allerdings bei einer vollstreckbaren Urkunde unbeschränkt zulässig, § 797 IV.

B. Vorbringen. Der Schuldner muß seine Einwendungen nach Rn 6 im Prozeß vorbringen, wenn sie **7** nicht verloren gehen sollen. Er muß auch eine Beschränkung der Erbenhaftung hier geltend machen. Denn auch in diesem Fall verurteilt das Gericht den Bekl „als Erbe des Schuldners".

7) Urteil. Seine Fassung bedingt (mit) seine Wirkung. **8**
A. Fassung. Das Urteil lautet: „Die Vollstreckungsklausel zu dem Urteil des ... gegen ... ist zulässig". Wenn der Rpfl daraufhin die Vollstreckungsklausel erteilt (zur Zuständigkeit § 724 Rn 6), so sollte er das Urteil in ihr erwähnen. Notwendig ist diese Erwähnung aber nicht, § 726 Rn 5. Das Urteil ist unter denselben Voraussetzungen wie ein Leistungsurteil, nicht wie ein sonstiges Feststellungsurteil, vorläufig vollstreckbar.

§§ 731, 732   Buch 8. Zwangsvollstreckung

9   **B. Wirkung.** Die Rechtskraft oder vorläufige Vollstreckbarkeit des Urteils, sei es auch nur gegen Sicherheitsleistung, LG Stgt Rpfleger **00**, 537, wirkt wie folgt: Eine Verurteilung schließt den Bekl mit den Einwendungen aus § 732, der Möglichkeit aus § 768 und mit denjenigen sachlichrechtlichen Einwendungen aus, die er bis zum Schluß der mündlichen Verhandlung nach §§ 136 IV, 296 a geltend machen konnte, Rn 6. Eine Abweisung schließt den Kläger mit den vorgebrachten Gründen aus. Der Rpfl kann die Klausel aber auf neue Gründe hin erteilen, BGH NJW **87**, 2863, LG Bln JB **95**, 219, LG Osnabr JB **91**, 1401.

10   **8) VwGO:** Entsprechend anwendbar, § 167 I VwGO, in dem in Einf §§ 727–729 Rn 7 bezeichneten Umfang. Vgl dazu VGH Mannh NJW **03**, 1203 (kein Vorrang für Erteilung eines Erbscheins nach § 792).

732 *Erinnerung gegen Erteilung der Vollstreckungsklausel.* ¹¹Über Einwendungen des Schuldners, welche die Zulässigkeit der Vollstreckungsklausel betreffen, entscheidet das Gericht, von dessen Geschäftsstelle die Vollstreckungsklausel erteilt ist. ²Die Entscheidung ergeht durch Beschluss.

II Das Gericht kann vor der Entscheidung eine einstweilige Anordnung erlassen; es kann insbesondere anordnen, dass die Zwangsvollstreckung gegen oder ohne Sicherheitsleistung einstweilen einzustellen oder nur gegen Sicherheitsleistung fortzusetzen sei.

Schrifttum: *Borkam*, Erinnerung und Klage bei qualifizierten vollstreckbaren Ausfertigungen, 1989; *Jungbauer* JB **02**, 285 (Üb).

Gliederung

1) Systematik, I, II 1	5) Einstweilige Anordnung, II 9
2) Regelungszweck, I, II 2	6) Rechtsbehelfe, I, II 10–13
3) Geltungsbereich, I 3–5	A. Gegen Entscheidung des Rechtspflegers oder Urkundsbeamten nach I 10
A. Förmliche Einwendung 3	B. Gegen Entscheidung des Richters nach I 11
B. Sachliche Einwendung gegen den Anspruch 4	C. Gegen Entscheidung des Rechtspflegers oder Urkundsbeamten nach II 12
C. Sachliche Einwendung gegen die Klausel 5	D. Gegen Entscheidung des Richters nach II 13
4) Verfahren, I 6–8	7) VwGO 14
A. Voraussetzungen 6	
B. Antrag usw 7	
C. Entscheidung 8	

1   **1) Systematik, I, II.** Die Vorschrift stellt für alle Arten von bereits erteilten Vollstreckungsklauseln nach §§ 724–731 eine vom sonstigen System der Rechtsbehelfe gegen Entscheidungen des Rpfl nach § 11 RPfG, Anh § 153 GVG abweichende zwingende vorrangige Sonderregelung dar, Münzberg Rpfleger **91**, 210. II ist verschiedentlich entsprechend anwendbar, zB nach §§ 765 a I 2, 813 b I 2. Wegen der Ablehnung der Erteilung der Vollstreckungsklausel § 724 Rn 13.

2   **2) Regelungszweck, I, II.** Die Vorschrift dient zunächst der Rechtssicherheit nach Einl III 43 wie alle Formvorschriften über Zuständigkeiten. Sie soll aber auch eine prozeßwirtschaftliche Lösung nach Grdz 14 vor § 128 erleichtern, vor allem in II. Ihr formeller Charakter als zwingende Sondervorschrift legt eine enge Auslegung nahe, Münzberg Rpfleger **91**, 210. Ihr Anteil an Zweckmäßigkeitserwägungen verbietet aber eine allzu strenge Handhabung.

3   **3) Geltungsbereich, I.** Der Schuldner kann beim Fehlen der Klausel, Köln NJW **97**, 1451, und gegen eine erteilte Vollstreckungsklausel die folgenden Einwendungen haben. Die eine Einwendungsart schließt die andere jeweils nicht aus, Kblz NJW **92**, 378.

A. Förmliche Einwendung. Er bestreitet zB das Vorliegen eines schon und noch inhaltlich bestimmten Titels, Karlsr OLGZ **91**, 227, oder eines wirksamen Titels, BGH RR **90**, 247, Düss DNotZ **88**, 243 (zustm Reithmann RR **88**, 698), bzw die sonstwie richtige Form des Titels oder der Parteibezeichnung, BGH JB **05**, 554, BayObLG Rpfleger **04**, 692, Barnert MDR **04**, 607, oder den Nachweis der Rechtsnachfolge nach § 727. Dann kann er nur nach § 732 vorgehen. Hamm Rpfleger **89**, 467 eben dem Schuldner auch die Erinnerung nach § 766, soweit die funktionell unzuständige Urkundsbeamte der Geschäftsstelle bei § 726 die Klausel erteilt hat.

4   **B. Sachliche Einwendung gegen den Anspruch.** Die Einwendungen können gegen den vollstreckbaren Anspruch gehen. Dafür gibt es nicht den Weg nach § 732, sondern BGH JB **05**, 554, Oldb FamRZ **90**, 899, sondern nur die Vollstreckungsabwehrklage nach § 767, Düss Rpfleger **77**, 67, Köln FamRZ **85**, 626, Mü FamRZ **90**, 653. Diese Klage schließt ein Verfahren nach § 732 unter dessen Voraussetzungen nicht aus, Rn 3, BGH **92**, 349. Freilich muß man dann auch § 767 II beachten.

5   **C. Sachliche Einwendung gegen die Klausel.** Wenn der Vollstreckungstitel nur unter einer Bedingung oder nur für oder gegen einen anderen als den in ihm Bezeichneten vollstreckbar ist, kann zwar grundsätzlich der Schuldner mit der Vollstreckungsabwehrklage des § 768 vorgehen, LAG Hbg DB **83**, 724, aM BAG DB **88**, 660 (aber gerade diese Vorschrift liegt nahe). Er hat aber stattdessen auch die Möglichkeit, nach § 732 vorzugehen, Düss OLGZ **84**, 93, Hbg ZMR **03**, 863. Dasselbe gilt beim Fehlen der Klausel, Köln NJW **97**, 1451, oder bei ihrer Nichtigkeit, LG Essen RR **02**, 1077. Eine rechtskräftige Entscheidung nach § 732 räumt die Einwendungen aus § 732 aus, nicht aber umgekehrt. Wenn der Rpfl die Vollstreckungsklausel gegen den Erwerber umgeschrieben hatte und wenn der Gläubiger die Zwangsvollstreckung aus ihr durchgeführt hat, ist die Klage des Erwerbers nicht schon deshalb unzulässig, weil die Rechte aus §§ 732, 768

nicht wahrgenommen wurden. Der Schuldner kann eine Rückgabe der Vollstreckungsklausel nicht erzwingen.

4) Verfahren, I. Zu mehreren Voraussetzungen muß ein Antrag treten. 6

A. Voraussetzungen. § 732 bezieht sich nur auf Einwendungen des Schuldners. Wegen Einwendungen des Gläubigers § 724 Rn 13. Die Vollstreckungsklausel muß bereits vorliegen, wenn auch vielleicht erst auf eine Anordnung des Gerichts oder des Beschwerdegerichts. Die Zwangsvollstreckung braucht noch nicht im Sinn von Grdz 51 vor § 704 begonnen zu haben, Köln FamRZ **85**, 626. Sie darf aber noch nicht im Sinn von Grdz 52 vor § 704 beendet sein. Die Eintragung einer Zwangshypothek nach § 867 beendet die Zwangsvollstreckung noch nicht. Die Wirksamkeit der Vollstreckungsklausel ist keine Voraussetzung eines Antrags nach § 732. Denn auch aus einer unwirksamen, etwa nicht unterschriebenen Klausel können nachteilige Folgen entstehen. Noch weniger ist es notwendig, daß die Voraussetzungen der Erteilung der Klausel vorlagen. Denn sie sind nicht Voraussetzungen der Zwangsvollstreckung. Da die Vollstreckungsklausel bis zur Beendigung der Zwangsvollstreckung zulässig sein muß, genügt es, daß ihre Zulässigkeit im Laufe des Verfahrens entfällt, etwa wegen einer Klagerücknahme nach § 269.

B. Antrag usw. Der Schuldner muß einen Antrag stellen. Diesen kann er elektronisch oder schriftlich 7 oder zu Protokoll der Geschäftsstelle einreichen. Es besteht kein Anwaltszwang, § 78 V Hs 2. Nach § 802 ausschließlich zuständig ist dasjenige Gericht, dessen Urkundsbeamter bzw Rpfl die Vollstreckungsklausel erteilt hat usw, I, §§ 795, 797 III, 797 a IV 3. Dieses Gericht ist auch dann zuständig, wenn der Schuldner gegen seine damalige Zuständigkeit Einwendungen erhebt. Zuständig kann auch das FamG sein, Düss FamRZ **78**, 428. Das Gericht muß dem Betroffenen vor einer ihm nachteiligen Entscheidung rechtliches Gehör gewähren, Art 103 I GG. Eine mündliche Verhandlung ist zulässig. Sie ist aber nicht notwendig, § 128 IV. Der Rpfl bzw Urkundsbeamte dürfen und müssen evtl abhelfen, Kblz FamRZ **03**, 108, LAG Düss Rpfleger **97**, 119. Entscheiden muß das Gericht darüber, ob die Klausel nunmehr zulässig ist, nicht darüber, ob sie im Zeitpunkt ihrer Erteilung durch den Urkundsbeamten bzw Rpfl zulässig war, KG RR **87**, 4, Köln OLGR **03**, 111. Mängel lassen eine Behebung zu. § 138 III ist unanwendbar, § 727 Rn 11, 31, § 730 Rn 1. Zum Geständnis nach § 288 und zum Anerkenntnis nach § 307 Münzberg NJW **92**, 201 (ausf).

C. Entscheidung. Sie ergeht durch einen Beschluß, I 2, § 329. Er lautet auf eine Zurückweisung des 8 Antrags oder auf eine Aufhebung der Vollstreckungsklausel, Düss VHR **97**, 111 (läßt auch Erklärung der Zwangsvollstreckung als unzulässig zu). Wenn die Klausel nur teilweise unzulässig ist, darf das Gericht sie einschränken. Darin liegt keine neue Klauselerteilung. Das Gericht muß seine Entscheidung grundsätzlich begründen, § 329 Rn 4. Es muß sie dem Antragsteller formlos mitteilen, Rn 9.

Kosten: Beim Stattgeben § 91 I, nicht § 788, Hbg JB **95**, 547; bei Abweisung: § 97 I. *Gebühr:* Des Gerichts: keine; des Anwalts: § 25 RVG, VV 3309, 3310.

5) Einstweilige Anordnung, II. Sie ist ebensowenig wie eine zeitweilige Einstellung der Zwangsvoll- 9 streckung eine einstweilige Verfügung, Grdz 49 vor § 704. Eine einstweilige Anordnung ist evtl deshalb notwendig, weil die Einwendung nicht aufschiebend wirkt. Ihr Inhalt ist vor allem eine einstweilige Einstellung der Zwangsvollstreckung ohne oder gegen eine Sicherheitsleistung nach § 108 oder die Anordnung, daß der Gläubiger die Zwangsvollstreckung nur gegen eine Sicherheitsleistung fortsetzen darf. Im Weg einer einstweiligen Anordnung darf das Gericht die Zwangsvollstreckung aber keineswegs ganz aufheben. Denn die Folgen wären unberechenbar. Die einstweilige Anordnung ergeht auf einen Antrag oder von Amts wegen. Sie ergeht als Beschluß, § 329. Das Gericht muß ihn begründen, § 329 Rn 4. Es kann ihn formlos mitteilen, Rn 10. Die einstweilige Anordnung wird mit der nach Rn 8 ergehenden Entscheidung wirkungslos.

6) Rechtsbehelfe, I, II. Der Gläubiger kann gegen die Ablehnung der Erteilung einer Vollstrek- 10 kungsklausel nach § 724 Rn 13 vorgehen. Man muß im übrigen vier Arten von Entscheidungen trennen.

A. Gegen Entscheidung des Rechtspflegers oder Urkundsbeamten nach I. Es gilt beim Rpfl § 11 RPflG, Anh § 153 GVG, vgl § 104 Rn 41 ff, BayObLG MDR **00**, 1451, Hbg ZMR **03**, 863, Naumb FamRZ **03**, 695, und beim Urkundsbeamten § 573 I. Zuständig sind Rpfl bzw Richter des Prozeßgerichts, nicht des Vollstreckungsgerichts. Denn es handelt sich noch nicht um die Zwangsvollstreckung, sondern um eine ihrer Voraussetzungen, Naumb FamRZ **03**, 695 (zu § 797), aM ZöStö § 797 Rn 9. In einer Familiensache nach §§ 606 ff sind der Rpfl des Familiengerichts bzw sein Richter zuständig, Hbg FamRZ **81**, 980, Naumb FamRZ **03**, 695 (zu § 797). Soweit der Rpfl lediglich eine Kostenentscheidung gar nicht oder falsch getroffen hat, ist wegen § 99 I eine Vorlage an das Rechtsmittelgericht grundsätzlich unzulässig, Düss MDR **90**, 62.

B. Gegen Entscheidung des Richters nach I. Wenn der Richter den Antrag des Schuldners *zurück-* 11 *gewiesen* hat, hat dieser sofortige Beschwerde, § 567 I Z 2, nicht § 793. Denn die Entscheidung des Gerichts stellt keine Maßnahme der Zwangsvollstreckung dar, Grdz 51 vor § 704, BVerfG NJW **97**, 2168, BayObLG MDR **00**, 1451, Zweibr FamRZ **85**, 1071. Die Rechtsbeschwerde ist unter den Voraussetzungen des § 574 denkbar. Wegen einer Anschlußbeschwerde § 567 III.

Wenn der Richter dem Antrag *stattgegeben* hat, hat der Gläubiger sofortige Beschwerde, § 567 I Z 2. Ist das Gericht dazu verpflichtet, hat er ihm die Vollstreckungsklausel verweigert, Hamm Rpfleger **90**, 287 (krit Münzberg Rpfleger **91**, 210). Dasselbe gilt, wenn das Beschwerdegericht das Amtsgericht angewiesen hatte, die Klausel aufzuheben, Hamm Rpfleger **90**, 287 (krit Münzberg Rpfleger **91**, 210).

C. Gegen einstweilige Anordnung des Rechtspflegers oder Urkundsbeamten nach II. Da gegen 12 diejenige Entscheidung nach Rn 8 kein Rechtsbehelf statthaft wäre, ist beim Rpfl die sofortige Erinnerung gegeben, § 11 II 1 RPflG, Anh § 153 GVG, Köln RR **92**, 633, aM Köln Rpfleger **96**, 324, Stgt Rpfleger **94**, 220. Beim Urkundsbeamten ist § 573 I anwendbar. Zum Verfahren § 104 Rn 69 ff.

D. Gegen Entscheidung des Richters nach II. Gegen eine zurückweisende oder stattgebende Ent- 13 scheidung des Richters nach II gibt es kein Rechtsmittel, obwohl eine dem § 707 II vergleichbare Vorschrift

§§ 732, 733 — Buch 8. Zwangsvollstreckung

fehlt. Denn die Rechtslage ist mit der dortigen gleich, Hbg JB 77, 1462, Köln Rpfleger 96, 324, Künkel MDR 89, 312. Eine Entscheidung nach I macht eine einstweilige Anordnung nach II ohne weiteres unwirksam.

14   7) *VwGO: Entsprechend anwendbar*, § 167 I *VwGO*, in dem in § 724 Rn 14 bezeichneten Umfang. Rechtsbehelf gegen Beschlüsse nach I ist die Beschwerde, §§ 146ff *VwGO*, soweit sie nicht gesetzlich ausgeschlossen ist, zB nach § 80 *AsylVfG* oder § 37 *VermG*, § 252 Rn 8. Eine einstw AnO, II, ist unanfechtbar, oben Rn 13.

733 Weitere vollstreckbare Ausfertigung.

^{I} Vor der Erteilung einer weiteren vollstreckbaren Ausfertigung kann der Schuldner gehört werden, sofern nicht die zuerst erteilte Ausfertigung zurückgegeben wird.

^{II} Die Geschäftsstelle hat von der Erteilung der weiteren Ausfertigung den Gegner in Kenntnis zu setzen.

^{III} Die weitere Ausfertigung ist als solche ausdrücklich zu bezeichnen.

Gliederung

1) Systematik, I–III 1	5) Verfahren, I–III 7
2) Regelungszweck, I–III 2	6) Rechtsbehelfe des Schuldners, I–III ... 8
3) Geltungsbereich, I–III 3	7) Rechtsbehelfe des Gläubigers, I–III ... 9
4) Beispiele zur Frage einer weiteren Ausfertigung, I–III 4–6	8) *VwGO* 10

1   **1) Systematik, I–III.** Die Vorschrift ergänzt §§ 727–732. Sie wird ihrerseits durch § 734 ergänzt.

2   **2) Regelungszweck, I–III.** § 733 soll zunächst dem Gläubiger in den seltenen Fällen der Notwendigkeit mehrerer gleichzeitiger Vollstreckungsversuche an verschiedenen Orten dienen, Stgt RR 90, 126. Die Vorschrift soll aber in erster Linie den Schuldner gegen eine unberechtigte mehrfache Zwangsvollstreckung aus demselben Titel schützen, Ffm RR 88, 512, Köln Rpfleger 94, 173, Zweibr JB 89, 869, aM Stgt RR 90, 126 (aber das wäre Arglist, Einl III 54). Darum läßt die Vorschrift die freie Erteilung einer weiteren vollstreckbaren Ausfertigung an dieselbe Partei oder deren Rechtsnachfolger nur dann zu, wenn der Gläubiger die erste Ausfertigung zurückgibt oder nicht mehr zur Vollstreckung verwenden kann, Ffm RR 88, 512.

„Kann" in I bedeutet daher in erster Linie wie so oft nur eine Zuständigkeitsregel. Einen Ermessensraum hat der Rpfl nur begrenzt, Rn 3. Freilich muß er den Schuldner vor den Gefahren mehrerer vollstreckbarer Ausfertigungen nach Kräften schützen. Er darf es ihm nicht überlassen, gegen Doppelvollstreckung usw mit Rechtsbehelfen anzugehen. Auch das muß man bei der Auslegung mitbedenken.

3   **3) Geltungsbereich, I–III.** Voraussetzung ist natürlich außerdem, daß eine weitere vollstreckbare Ausfertigung überhaupt gerechtfertigt wäre. § 797 III steht dem nicht entgegen. Doch darf der Rpfl auch sonst evtl eine weitere vollstreckbare Ausfertigung erteilen, § 20 Z 12, 13 RPflG, Anh § 153 GVG.

Er muß aber stets prüfen, ob der Gläubiger überhaupt für eine weitere vollstreckbare Ausfertigung ein *Rechtsschutzbedürfnis* hat, Grdz 33 vor § 253, Köln MDR 89, 1111, LG Lpz JB 04, 559, LG Zweibr DGVZ 91, 13, aM Stgt Rpfleger 80, 304 (aber diese Prüfung ist stets erforderlich und eigentlich selbstverständlich, und zwar von Amts wegen, Grdz 38 vor § 128). Das muß der Gläubiger darlegen und nachweisen, Hamm Rpfleger 79, 431, LG Dortm Rpfleger 94, 308, LG Hechingen DGVZ 84, 116, oder zumindest anwaltlich versichern lassen, Düss FamRZ 94, 1271 (Verlust). Durch eine weitere vollstreckbare Ausfertigung darf dem Schuldner kein Nachteil drohen, Ffm RR 88, 512, Hamm Rpfleger 79, 431. Diesen braucht er nicht zu befürchten, soweit eine Doppelvollstreckung nicht droht, etwa bei unstreitiger Rechtsnachfolge, Jena Rpfleger 00, 76.

4   **4) Beispiele zur Frage einer weiteren Ausfertigung, I–III**
Abtretung: Eine weitere vollstreckbare Ausfertigung ist *unzulässig*, soweit die Wirksamkeit der jetzigen Abtretung streitig ist, Mü FamRZ 05, 1103.
   Rn 6 „Teilabtretung".
Aushändigung an Schuldner: Eine weitere Ausfertigung ist notwendig, wenn der Gläubiger oder der Gerichtsvollzieher die erste Ausfertigung dem Schuldner insbesondere versehentlich ausgehändigt haben, obwohl der Gläubiger noch nicht vollständig befriedigt worden war, Hamm Rpfleger 79, 431, LG Dortm Rpfleger 94, 308, LG Zweibr DGVZ 91, 13.
   Das gilt freilich *nicht*, wenn aus einem Herausgabetitel eine Geldforderung beigetrieben werden soll, LG Essen DGVZ 77, 126.
   S auch „Erfüllung".
Berichtigung: Keine weitere Ausfertigung ist eine berichtigte erste Ausfertigung, etwa weil das Gericht die beitreibbare Summe falsch berechnet hatte.
Erfüllung: Wenn der Schuldner behauptet, den Anspruch erfüllt zu haben, muß man ihn grds auf § 767 verweisen. Eine Ausnahme von dieser Regel gilt nur dann, wenn der Gläubiger die erste Ausfertigung freiwillig herausgegeben hatte, bevor der Schuldner voll erfüllt hatte, s „Aushändigung".
Gesamtgläubiger: S „Mehrheit von Gläubigern".

5   **Gesamtschuldner:** Eine oder mehrere weitere Ausfertigungen sind zulässig, wenn die Zwangsvollstreckung gegen mehrere Gesamtschuldner erforderlich ist, Karlsr OLGR 00, 169 (mehrere Vollstreckungsorgane), Kblz JB 87, 1229 (mehrere Orte), LG Augsb Rpfleger 99, 137 (wegen sog Mitgläubiger Rn 6 „Teilausfertigung").
Herausgabe: Rn 4 „Aushändigung".

Abschnitt 1. Allgemeine Vorschriften **§ 733**

Inhaltswechsel: Eine weitere Ausfertigung ist zulässig, wenn ihr Inhalt richtigerweise von demjenigen der ersten Ausfertigung abweichen muß, zB wegen des Eintritts der Rechtskraft, wegen einer Rechtsnachfolge, etwa bei einem Wechsel des Firmeninhabers usw, Köln Rpfleger **94**, 173, Stgt Rpfleger **80**, 304. Andernfalls kann § 727 anwendbar sein.
Mehrheit von Gläubigern: Eine oder mehrere weitere Ausfertigungen sind zulässig, wenn mehrere Gläubiger den Vollstreckungstitel erwirkt haben, Köln OLGZ **91**, 72, LG Lpz JB **04**, 559.
S aber auch Rn 6 „Teilausfertigung".
Mehrheit von Schuldnern: S „Gesamtschuldner".
Mehrheit von Vollstreckungsorten: Eine weitere Ausfertigung ist zulässig, wenn der Gläubiger mehrere Vollstreckungsmaßnahmen gleichzeitig an verschiedenen Orten vornehmen muß, Karlsr Rpfleger **77**, 453, Kblz JB **87**, 1229, Stgt RR **90**, 126.
Offenbarungsversicherung: *Keine* weitere Ausfertigung ergeht schon wegen Vorlage der ersten im Verfahren nach §§ 807, 900, Karlsr Rpfleger **77**, 453.
Rechtskraft: Rn 5 „Inhaltswechsel".
Rechtsnachfolge: Mangels Rückgabe der ersten kommt eine weitere Ausfertigung in den Grenzen Rn 3 in Betracht, Ffm RR **88**, 512. Es ist aber grundsätzlich Zurückhaltung geboten, Ffm RR **88**, 512, KG FamRZ **85**, 627, aM Stgt RR **90**, 126.
S auch Rn 5 „Inhaltswechsel".
Rechtsschutzbedürfnis: Rn 3.
Rückgabe: Die Rückgabe der ersten Ausfertigung macht I nach dessen Wortlaut Hs 2 unanwendbar. Dann kann § 724 erneut anwendbar sein, Hamm MDR **88**, 592.
Sozialhilfe: Eine weitere Ausfertigung ist zulässig, soweit ein Träger der Sozialhilfe anstelle des eigentlich Pflichtigen geleistet hat, Stgt RR **90**, 126.
Teilabtretung: Eine weitere Ausfertigung nebst Vermerk auf der ursprünglichen kommt grds bei einer **6** bloßen Teilabtretung in Betracht, Köln Rpfleger **94**, 173, aM KG FamRZ **76**, 545.
Teilausfertigung: *Keine* „weitere" Ausfertigung ist eine Ausfertigung, die für einen solchen Teil der Gesamtforderung ergeht, den eine erste Teilausfertigung noch nicht erfaßt hatte, oder wenn die bisher vorhandene Ausfertigung an die erteilende Stelle endgültig zurückgegeben und dadurch dauernd aus dem Rechtsverkehr gezogen worden ist, Hamm MDR **88**, 592.
Unstatthaft ist eine Teilausfertigung bei sog Mitgläubigern nach § 432 BGB, Hamm Rpfleger **92**, 258.
Unterhalt: Zulässig kann eine weitere Ausfertigung trotz Fortexistenz der ersten ausnahmsweise wegen des notwendigen Mindestunterhalts sein, Hamm FamRZ **98**, 640.
Verlust: Eine weitere Ausfertigung ist zulässig, soweit der Gläubiger oder der Gerichtsvollzieher die erste Ausfertigung aus irgendeinen Grund endgültig verloren haben, Düss FamRZ **94**, 1272 (kein voller Nachweis erforderlich), Rostock OLGR **01**, 485, LG Hann Rpfleger **81**, 444. Sie wird aber dann nach § 724 erteilt.
S auch „Zugangsmangel".
Vollstreckungsbescheid: § 733 gilt auch bei ihm.
Verzicht: *Unzulässig* ist eine weitere Ausfertigung nach einem Verzicht des Gläubigers auf einen Rückerhalt der ersten Ausfertigung, BGH NJW **94**, 1162.
Zugangsmangel: Eine weitere Ausfertigung ist zulässig, wenn die erste dem Gläubiger nicht zugegangen ist, Schlesw SchlHA **81**, 81, LG Hann Rpfleger **81**, 444.
S auch „Verlust".
Zurückbehaltungsrecht: Eine weitere Ausfertigung ist *unzulässig*, wenn der frühere ProzBev des Gläubigers an der in seinen Händen befindlichen ersten Ausfertigung wegen seiner Vergütungsforderung ein Zurückbehaltungsrecht geltend macht, Ffm RR **88**, 512, Saarbr AnwBl **81**, 161, LG Hann Rpfleger **81**, 444, aM Hamm FamRZ **98**, 640, Stgt Rpfleger **95**, 220, LG Tüb Rpfleger **95**, 220 (aber dann würde die Gefahr der Doppelvollstreckung entstehen).

5) Verfahren, I–III. Das Verfahren verläuft nach § 730. Das Gericht sollte den Schuldner immer **7** anhören, Artt 2 I, 20 III GG (Rpfl), BVerfG **101**, 404, Art 103 I GG (Richter), Ffm OLGZ **94**, 92, sofern nicht ein besonderes Eilbedürfnis vorliegt (dann kann seine Erinnerung als nachgeholte Anhörung zu bewerten sein, Kblz AnwBl **88**, 654). Zuständig ist der Rpfl, in den Fällen Grdz 4 vor § 688 auch der etwa landesrechtlich bestellte Urkundsbeamte der Geschäftsstelle, § 36 b I Z 3 RPflG, Anh § 153 GVG. Bei einer notariellen Urkunde gilt für die Zuständigkeit § 797 III. Im übrigen gilt § 724 II. Das Gericht prüft eine Einwendung des Schuldners, aber nicht gegen den sachlichrechtlichen Anspruch (dann gilt § 767), Karlsr FamRZ **05**, 50. Derselbe Gläubiger muß die erste Ausfertigung zurückgeben oder nach § 294 glaubhaft machen, warum er mit ihr nicht vollstrecken kann, Stgt RR **90**, 126. Ein Rechtsnachfolger nach § 727 Rn 1 braucht die dem Rechtsvorgänger erteilte Ausfertigung nicht zurückzugeben, Hamm FamRZ **91**, 966, ThP 4 ff, ZöStö 10, 12, aM Ffm RR **88**, 512, KG FamRZ **89**, 627, Bartels ZZP **116**, 80 (aber in diesem Sonderfall hat der betreibende Gläubiger nur *eine* gerade auf *ihn* lautende Klausel in Händen). Das Gericht muß nach III die weitere Ausfertigung als zweite, dritte usw bezeichnen.
Ein *Verstoß* ist unschädlich. Auf Grund eines Rechtsbehelfs muß das Gericht jedoch die Ausfertigung entsprechend ergänzen. Die durch II vorgeschriebene Benachrichtigung des Gegners kann formlos erfolgen. Sie ist nicht wesentlich.
Gebühren: Des Gerichts § 63 V GKG; des Anwalts § 25 RVG, VV 3309, 3310.

6) Rechtsbehelfe des Schuldners, I–III. Der Schuldner kann Einwendungen nach § 732 erheben, und **8** zwar wegen der ersten und jeder weiteren Erteilung, Karlsr Rpfleger **77**, 453, Oldb FamRZ **90**, 899, Stgt MDR **84**, 591. Er kann auch nach § 768 klagen. Gegen die Entscheidung des etwa landesrechtlich bestellten Urkundsbeamten ist keine befristete Erinnerung statthaft, § 573 I.

7) Rechtsbehelfe des Gläubigers, I–III. Es gilt gegen den Rpfl § 11 RPflG, Anh § 153 GVG, vgl **9** § 104 Rn 41 ff, und gegen den Urkundsbeamten § 573 I. Bei einer endgültigen Versagung der weiteren

§§ 733–735

Ausfertigung bleibt nur eine neue Klage aus dem ursprünglichen Schuldverhältnis möglich, Einf 16 vor §§ 322–327. Eine Klage auf Erteilung der Klausel nach § 731 ist hier unzulässig. Dasselbe gilt mangels Rechtsschutzbedürfnisses für eine neue Leistungsklage, soweit noch eine weitere Ausfertigung technisch möglich ist. Eine Herausgabeklage gegen den nicht herausgabebereiten Schuldner bleibt möglich, Stgt Rpfleger **76**, 144. Gegen die Entscheidung des etwa landesrechtlich bestellten Urkundsbeamten ist keine befristete Erinnerung statthaft, § 573 I.

10 **8) VwGO:** *Entsprechend anwendbar, § 167 I VwGO, in dem in § 724 Rn 14 bezeichneten Umfang. Rechtsbehelfe, Rn 8 u 9, sind Antrag auf gerichtliche Entscheidung, § 151 VwGO, und weiter ggf Beschwerde, §§ 146 ff VwGO (keine Zuständigkeit des Rpfl). Wegen des Ausschlusses der Beschwerde s § 732 Rn 14.*

734 *Vermerk über Ausfertigungserteilung auf der Urteilsurschrift.* [1] Vor der Aushändigung einer vollstreckbaren Ausfertigung ist auf der Urschrift des Urteils zu vermerken, für welche Partei und zu welcher Zeit die Ausfertigung erteilt ist. [2] Werden die Prozessakten elektronisch geführt, so ist der Vermerk in einem gesonderten elektronischen Dokument festzuhalten. [3] Das Dokument ist mit dem Urteil untrennbar zu verbinden.

Vorbem. S 2, 3 angefügt dch Art 1 Z 41 JKomG v 22. 3. 05, BGBl 837, in Kraft seit 1. 4. 05, Art 16 I JKomG, ÜbergangsR Einl III 78.

1 **1) Systematik, Regelungszweck, S 1–3.** Die Vorschrift läßt sich als Folge der Möglichkeit der Erteilung einer oder mehrerer weiterer Vollstreckungsklauseln verstehen. Zum Schutz des Schuldners und darüber hinaus auch im Interesse der Rechtssicherheit nach Einl III 43 muß das Gericht den Vermerk nach § 734 vor der Aushändigung der vollstreckbaren Ausfertigung auf der Urschrift des Urteils anbringen. Bei einem anderen Vollstreckungstitel gilt § 734 in Verbindung mit § 795 S 1. Zum Vermerk gehört auch die Erwähnung einer Rechtsfolge nach § 727 oder einer bloßen Teilklausel usw. Wenn eine höhere Instanz die Ausfertigung erteilt, muß nach §§ 541 II, 565 eine beglaubigte Abschrift des Vermerks auf die zu den Akten genommene Abschrift des Urteils kommen, damit die Geschäftsstelle der ersten Instanz Kenntnis erhält. Bei elektronischer Aktenführung erfolgt der Verweis nach S 2 in Form der Festhaltung in einem gesonderten elektronischen Dokument, das der Urkundsbeamte nach S 3 mit dem Urteil elektronisch untrennbar verbinden muß, ähnlich wie bei §§ 105 I 2, 3 usw.

2 **2) VwGO:** *Entsprechend anwendbar, § 167 I VwGO, in dem in § 724 Rn 14 bezeichneten Umfang.*

735 *Zwangsvollstreckung gegen nicht rechtsfähigen Verein.* Zur Zwangsvollstreckung in das Vermögen eines nicht rechtsfähigen Vereins genügt ein gegen den Verein ergangenes Urteil.

Schrifttum: *Jänsch,* Prozessuale Auswirkungen der Übertragung der Mitgliedschaft, 1996.

1 **1) Systematik.** Parteifähig ist auch der nach §§ 21, 54 BGB nicht rechtsfähige Verein als Bekl, § 50 II, dort Rn 9. Daraus zieht § 735 in Ergänzung von § 313 I Z 1 die Folgerungen für die Rolle des Bekl in der Zwangsvollstreckung. Soweit das Gericht den Verein verurteilt hat oder soweit nach § 795 in Verbindung mit § 735 ein anderer solcher Vollstreckungstitel vorliegt, genügt der Vollstreckungstitel für eine Zwangsvollstreckung in das Vermögen des Vereins. Haben die Mitglieder geklagt oder sind sie verklagt worden, so ist ein Titel für und gegen sie entsprechend § 736 erforderlich. Eine Zwangsvollstreckung in das Vereinsvermögen erfolgt nur, soweit sich das Vermögen in den Händen der Vereinsorgane befindet. Andere Vereinsmitglieder sind Dritte mit einem eigenen Gewahrsam. Das Vereinsvermögen umfaßt auch Forderungen des Vereins, etwa auf die Zahlung von Beiträgen oder Zubußen, und ein auf alle Mitglieder eingetragenes Grundstücksrecht, Jung NJW **86**, 157. Der Umstand, daß der Verein nicht selbst klagen kann, ist dabei unerheblich. Denn die Forderungen erwachsen den zur gesamten Hand verbundenen Mitgliedern.

2 **2) Regelungszweck.** Die Vorschrift dient einer Klarstellung im Interesse der Prozeßwirtschaftlichkeit, Grdz 14 vor § 128. Diese Zielrichtung darf aber nicht über die Notwendigkeit hinwegtäuschen, wie bei der BGB-Gesellschaft scharf zwischen dem Titel gegen den nicht rechtsfähigen Verein und einen solchen gegen einzelne Mitglieder zu unterscheiden. Aus dem letzteren darf man nicht einfach auch oder gar nur in das Vereinsvermögen vollstrecken. Das muß man bei der Auslegung genau beachten. Anders natürlich, wenn das Gericht den Verein und seine Mitglieder etwa als Gesamtschuldner verurteilt hat.

3 **3) Geltungsbereich.** Trotz des engen Textes gilt § 735 zwecks Prozeßwirtschaftlichkeit nach Grdz 14 vor § 128 auch bei einer Zwangsvollstreckung wegen Herausgabe nach § 883 oder wegen einer Handlung oder Unterlassung nach §§ 887 ff. Er gilt auch nach der Auflösung des Vereins, solange noch Vereinsvermögen da ist, und bei einer Zwangsvollstreckung wegen Handlungen oder Unterlassungen solange, wie noch Vereinsorgane bestehen. Später ist ein neuer Titel erforderlich, wenn man den Titel nicht nach § 727 auf die Mitglieder umschreiben (lassen) kann. Beim Erwerb der Rechtsfähigkeit nach §§ 21, 22 BGB bleibt die Nämlichkeit des Vereins bestehen. Daher ist keine Umschreibung nach § 727 erforderlich. Dasselbe gilt im umgekehrten Fall. Die Vorstandsmitglieder müssen eine eidesstattliche Versicherung zwecks Offenbarung abgeben, § 807 Rn 58 „Verein". Wegen der Vor-GmbH Anh § 736 Rn 3.

Unanwendbar ist § 735 gegen (nur) den Verein ergangener Vollstreckungstitel zur Zwangsvollstreckung in das Privatvermögen eines einzelnen Vereinsmitglieds. Dazu ist ein Titel gerade auch oder nur gegen ihn persönlich erforderlich.

4 **4) VwGO:** *Entsprechend anwendbar, § 167 I VwGO.*

Abschnitt 1. Allgemeine Vorschriften § 736, Anh § 736

736 *Zwangsvollstreckung gegen BGB-Gesellschaft.* Zur Zwangsvollstreckung in das Gesellschaftsvermögen einer nach § 705 des Bürgerlichen Gesetzbuchs eingegangenen Gesellschaft ist ein gegen alle Gesellschafter ergangenes Urteil erforderlich.

Schrifttum: *Habersack* BB **01**, 477; *Jungbauer* JB **01**, 284; *Schmidt* NJW **01**, 993 (je: Üb); *Kunz*, Die Vorgesellschaft im Prozeß und in der Zwangsvollstreckung usw, 1994; *Schwab*, Das Prozeßrecht gesellschaftsinterner Streitigkeiten, 2004; *Wertenbruch*, Die Haftung von Gesellschaften und Gesellschaftsanteilen in der Zwangsvollstreckung, 2000; *Zimmer*, Zwangsvollstreckung gegen den Gesellschafter einer Personengesellschaft, Diss Bochum 1978.

1) Systematik, Regelungszweck. Die Außen-Gesellschaft des BGB ist nach der überzeugenden Grundsatzentscheidung BGH NJW **146**, 341 rechts-, partei- und prozeßfähig, soweit sie durch Teilnahme am Rechtsverkehr eigene Rechte und Pflichten begründet. Eine Umdeutung ist daher grundsätzlich möglich. Freilich muß man streng zwischen dem Prozeß gegen die Gesellschaft und demjenigen gegen einzelne oder sämtliche Gesellschafter unterscheiden, Schmidt NJW **01**, 999. Aufgrund der eben genannten BGH-Entscheidung liest man § 736 am besten so: Ausreichend ist ein gegen die Gesellschaft oder/und gegen alle übrigen Gesellschafter gerichteter Titel, BGH NJW **04**, 3633, im letzteren Fall wegen der sog Akzessorietät ähnlich wie bei der OHG nur ein auf eine Gesellschaftsschuld gerichteter Titel, Schmidt NJW **01**, 1003. 1

Es ist also das *folgende Vorgehen* des Gläubigers ratsam.

A. Titel gegen die Gesellschaft. Erforderlich und ausreichend ist ein Vollstreckungstitel gegen die nach § 253 Rn 25 eindeutig als solche nach § 750 I bezeichnete Gesellschaft, BGH **146**, 341, Schmidt NJW **01**, 1000, Wertenbruch DGVZ **01**, 99. Er erlaubt eine Vollstreckung in ein Gesellschaftervermögen, LG Bonn DGVZ **04**, 75. Maßgebend ist der Urteilstenor, BayObLG RR **02**, 991.

B. Titel gegen alle Gesellschafter. Es ist wegen der persönlichen Haftung der Gesellschafter für Gesellschaftsschulden wie bei der OHG praktisch stets ratsam, neben der Gesellschaft auch alle Gesellschafter persönlich zu verklagen, BGH **146**, 341, Hamm RR **01**, 1087 (zum alten Recht), Wertenbruch DGVZ **01**, 99. Das gilt auch aus Kostenerwägungen, BGH **146**, 341. Es reicht auch eine Unterwerfungserklärung aller Gesellschafter, BGH NJW **04**, 3633. 2

C. Titel gegen einen Gesellschafter. Ein Titel nur gegen einen Gesellschafter ermöglicht dem Gläubiger zunächst nur dessen Anteil an der Gesellschaft zu pfänden, § 859 I. Er kann dann kündigen und die Auseinandersetzung betreiben, § 859 Rn 5.

2) Geltungsbereich. § 736 betrifft bei der BGB-Außengesellschaft nur Gesellschaftsschulden, für die der Gesellschafter wie bei der OHG akzessorisch haftet, Schmidt NJW **01**, 1000. Es genügt zB eine Schuld aus einer unerlaubten Handlung oder eine solche aus einer Rechtsscheinhaftung dann, wenn eine Gesellschaft nicht entstanden ist. 3

Trotz des engen Textes gilt § 736 auch für eine Zwangsvollstreckung auf die Vornahme einer *Handlung oder Unterlassung*, § 735 Rn 3. Es ist unerheblich, bei wem der Gläubiger vollstreckt, ob bei den Geschäftsführern oder bei anderen Gesellschaftern. Es braucht kein einheitliches Urteil gegen alle Gesellschafter vorzuliegen. Vielmehr genügen mehrere getrennte Entscheidungen beliebiger Art, Oehlerking KTS **80**, 15, aM Brehm KTS **83**, 24, Lindacher ZZP **96**, 493 (aber man darf und muß prozeßwirtschaftlich vorgehen, Grdz 14 vor § 128). Es entscheidet der Zeitpunkt der Zwangsvollstreckung. Wenn vorher ein neuer Gesellschafter eingetreten ist, dann ist er für Gesellschaftsschulden unter Umständen der Rechtsnachfolger der übrigen Gesellschafter, BGH NJW **03**, 1803, Hamm VersR **02**, 889, Müther MDR **98**, 629 (§ 727). 4

Ein *ausgeschiedener* Gesellschafter haftet nicht mehr mit, BGH **74**, 241. Nach der Auflösung und der Beendigung der Gesellschaft verläuft das Verfahren wie bei § 735 Rn 3, sofern der Titel die Haftung auf das Gesellschaftsvermögen beschränkt. Einzelfragen bei einer Insolvenz der Gesellschafter behandelt Oehlerking KTS **80**, 14. Zu Mischfällen mit der OHG Winterstein DGVZ **84**, 2.

3) Verstoß. Gegen eine Vollstreckung ohne ausreichenden Titel kann die Gesellschaft wegen ihrer Parteifähigkeit, Rn 1, bei der Erinnerung vorgehen. 5

4) VwGO: Entsprechend anwendbar, § 167 I VwGO. 6

Anhang nach § 736

Zwangsvollstreckungstitel gegen die Offene Handelsgesellschaft, Partnerschaftsgesellschaft, Europäische Gesellschaft, Europäische wirtschaftliche Interessenvereinigung, Kommanditgesellschaft, Gesellschaft mit beschränkter Haftung, Reederei

Schrifttum: *Behr* NJW **00**, 1137 (Üb); *Eckhardt*, Die Vor-GmbH im zivilprozessualen Erkenntnisverfahren und in der Einzelvollstreckung, 1990; *Eickhoff*, Die Gesellschafterklage im GmbH-Recht, 1988; *Kalbfleisch*, Die Zwangsvollstreckung in den Geschäftsanteil an einer GmbH, 1990; *Schwab*, Das Prozeßrecht gesellschaftsinterner Streitigkeiten, 2004; *Wertenbruch*, Die Haftung von Gesellschaften und Gesellschaftsanteilen in der Zwangsvollstreckung, 2000; *Wössner*, Die Pfändung von Gesellschaftsanteilen bei den Personengesellschaften, 2000.

1) Systematik, Regelungszweck. Für die in der Überschrift zu diesem Anhang genannten Gesellschaftsformen enthält die ZPO keine ausdrückliche Regelung. Eine solche findet sich nur für die OHG im HGB. Die nachfolgend erläuterten Regeln übernehmen die Grundgedanken der §§ 735, 736 soweit möglich aus den dort genannten Erwägungen. 1

2) Offene Handelsgesellschaft; Partnerschaftsgesellschaft, Europäische Gesellschaft, Europäische wirtschaftliche Interessenvereinigung. Sie sind nicht nur die Gesamtheit der Gesellschafter, sondern 2 eine eigene Prozeßpartei, § 50 Rn 7, 8. Das zeigt sich auch bei der Zwangsvollstreckung. Zu Mischfällen mit der Kommanditgesellschaft Winterstein DGVZ **84**, 3. Wegen der Zwangsvollstreckung in Gesellschafteranteile § 859 Rn 3. Eine Zwangsvollstreckung in das Vermögen der OHG setzt einen Vollstreckungstitel gegen die Gesellschaft voraus, § 124 II HGB. Auf ihn verweist auch § 7 II PartGG. Ein Titel gegen alle Gesellschafter genügt nicht, Winterstein DGVZ **84**, 2. Ein Wechsel der Gesellschafter oder ein Eintritt der Abwicklung der Gesellschaft sind unerheblich, solange noch Vermögen vorhanden ist, § 50 Rn 21. Aus einem Vollstreckungstitel gegen einen Gesellschafter darf der Gläubiger nur dasjenige Guthaben pfänden und sich überweisen lassen, das diesem Gesellschafter bei einer Auseinandersetzung zusteht. Die Europäische Gesellschaft (SE) steht der deutschen AG weitgehend gleich.

3 **3) Kommanditgesellschaft.** Für die Zwangsvollstreckung gegen sie gilt, was in Rn 1 über die Zwangsvollstreckung gegen die OHG steht, § 161 II HGB. Das gilt auch für die GmbH und Co KG, BayObLG NJW **86**, 2578. Für die Zwangsvollstreckung gegen die persönlich Haftenden gilt, was in Rn 1 über die Zwangsvollstreckung gegen die Gesellschaft gesagt ist, BGH **62**, 132. Der Kommanditist haftet nur mit der Einlage. Gegen ihn ist immer ein besonderer Titel notwendig. Nach dem Erlöschen der Gesellschaft kann man einen gegen sie ergangenen Vollstreckungstitel nicht auf oder gegen die einzelnen Gesellschafter umschreiben, aM LG Oldb Rpfleger **80**, 27 (aber dann besteht kein umschreibbares Rechtssubjekt mehr). Eine Insolvenz der KG hindert nicht die Vollstreckung eines Titels gegen den persönlich haftenden Gesellschafter, LG Hann DGVZ **92**, 11. Eine Umwandlung einer OHG in eine KG ist unerheblich.

4 **4) Gesellschaft mit beschränkter Haftung,** dazu *Behr* JB **94**, 65; *Happ*, Die GmbH im Prozeß, 1997; *Weßling*, Zwangsvollstreckung in GmbH-Anteile, 2000: Zur Zwangsvollstreckung in das Gesellschaftsvermögen einer Gründungs-GmbH ist entsprechend § 735 ein gegen die Vor-GmbH gerichteter Titel ausreichend, BayObLG **87**, 448. Wegen der Zwangsvollstreckung in Gesellschafteranteile § 859 Rn 1.

5 **5) Reederei.** Sie ist nach § 50 Rn 9, § 489 HGB parteifähig. Daher gilt für sie dasselbe wie bei der OHG. Wegen des Verteilungsverfahrens nach einer Haftungsbeschränkung Üb 1 vor § 872. Wegen des Arrestes in ein Seeschiff Grdz 2 vor § 916.

6 **6) VwGO:** Das oben in Rn 1–5 Gesagte gilt auch hier.

737 *Zwangsvollstreckung bei Vermögens- oder Erbschaftsnießbrauch.* ¹ Bei dem Nießbrauch an einem Vermögen ist wegen der vor der Bestellung des Nießbrauchs entstandenen Verbindlichkeiten des Bestellers die Zwangsvollstreckung in die dem Nießbrauch unterliegenden Gegenstände ohne Rücksicht auf den Nießbrauch zulässig, wenn der Besteller zu der Leistung und der Nießbraucher zur Duldung der Zwangsvollstreckung verurteilt ist.

II Das Gleiche gilt bei dem Nießbrauch an einer Erbschaft für die Nachlassverbindlichkeiten.

Schrifttum: *Schüller*, Die Zwangsvollstreckung in den Nießbrauch, Diss Bonn 1978.

1 **1) Systematik, Regelungszweck, §§ 737, 738.** Die Vorschriften ergänzen die §§ 1086, 1089 BGB für die Zwangsvollstreckung, BGH NZM **03**, 491. Das geschieht in einer möglichst praktikablen Weise zur Erzielung eines gerechten Ergebnisses, Einl III 9. Sie sind nur dann anwendbar, wenn der Nießbrauch an einem Vermögen oder an einer Erbschaft besteht. § 737 betrifft den Fall der Bestellung vor der Rechtskraft, § 738 denjenigen der späteren Bestellung. Die Vorschrift gilt entsprechend nach § 263 AO. § 737 bedeutet nicht, daß in anderen als den dort geregelten Fällen ein Vollstreckungstitel gegen den Nießbraucher entbehrlich wäre.

2 **2) Geltungsbereich.** § 737 setzt das Entstehen der Schuld vor der Bestellung voraus. Dann müssen zur Zwangsvollstreckung ein Leistungstitel gegen den Besteller und ein Duldungstitel gegen den Nießbraucher vorliegen. Wenn der Nießbrauch nach dem Eintritt der Rechtshängigkeit bestellt wurde und wenn ein dem Nießbrauch unterliegender Gegenstand nach § 265 Rn 4 streitbefangen ist, dann ist eine Umschreibung nach § 727 statthaft. Denn die Bestellung ist eine Veräußerung im Sinn von § 265. Etwas anderes gilt dann, wenn § 265 versagt. Wenn der Nießbrauch aber nach der Rechtskraft bestellt worden ist, gilt § 738.

Ist die Schuld erst nach *der Bestellung des Nießbrauchs* begründet worden, dann ist eine Zwangsvollstreckung in das bewegliche Vermögen unstatthaft, während eine Zwangsversteigerung unbeschadet des Nießbrauchs statthaft ist. Bei einer verbrauchbaren Sache kann der Gläubiger den Anspruch des Bestellers auf Wertersatz gemäß § 1086 S 2 BGB nach § 829 ohne einen Vollstreckungstitel gegen den Nießbraucher pfänden und sich überweisen lassen. Wenn der Nießbrauch ein Grundstück ergreift, dann kann der Gläubiger nicht die Miete ohne Rücksicht auf den Nießbrauch pfänden, so daß der Nießbraucher auf § 771 verwiesen wäre. Vielmehr gilt dann § 737. Näheres über das Verfahren § 748 Rn 4.

3 **3) VwGO:** Entsprechend anwendbar, § 167 I VwGO.

738 *Vollstreckbare Ausfertigung gegen Nießbraucher.* ¹ Ist die Bestellung des Nießbrauchs an einem Vermögen nach der rechtskräftigen Feststellung einer Schuld des Bestellers erfolgt, so sind auf die Erteilung einer in Ansehung der dem Nießbrauch unterliegenden Gegenstände vollstreckbaren Ausfertigung des Urteils gegen den Nießbraucher die Vorschriften der §§ 727, 730 bis 732 entsprechend anzuwenden.

II Das Gleiche gilt bei dem Nießbrauch an einer Erbschaft für die Erteilung einer vollstreckbaren Ausfertigung des gegen den Erblasser ergangenen Urteils.

1 **1) Systematik, Regelungszweck I, II.** Vgl zunächst § 737 Rn 1. Bei § 738 ist kein besonderer Titel gegen den Nießbraucher notwendig. Wer eine Vollstreckungsklausel beantragt, braucht die Zugehörigkeit

Abschnitt 1. Allgemeine Vorschriften § 738, Einf §§ 739–745, § 739

der einzelnen Gegenstände zur Nießbrauchsmasse nicht darzulegen. Er muß nur nach § 727 und in dessen Form die ordnungsgemäße Bestellung nachweisen, §§ 311, 1085, 1089 BGB, Zweibr JB **05**, 500. Er muß ferner nachweisen, daß der Vollstreckungstitel vor der Bestellung des Nießbrauchs rechtskräftig geworden ist. Zur Erteilung der Vollstreckungsklausel ist der Rpfl zuständig, § 20 Z 12 RPflG, Anh § 153 GVG.

2) *VwGO:* *Entsprechend anwendbar, 167 I VwGO, jedoch hinsichtlich der §§ 727, 730–732 mit der in § 724* **2**
Rn 14 bezeichneten Einschränkung.

Einführung vor §§ 739–745
Zwangsvollstreckung gegen Ehegatten und Lebenspartner

Schrifttum: *Erchinger,* Probleme bei der Zwangsvollstreckung gegen die Partner einer eheähnlichen Gemeinschaft usw, Diss Tüb 1987.

1) Systematik, §§ 739–745. §§ 739–745 regeln die Voraussetzungen der Zwangsvollstreckung gegen **1** Ehegatten oder Lebenspartner, §§ 1 ff LPartG. Das LPartG ist verfassungsgemäß, BVerfG BGBl **02**, 3197. Sie gelten zum Teil entsprechend nach § 263 AO.

2) Regelungszweck, §§ 739–745. Die Vorschriften dienen dem Ziel einer Abwägung der oft sehr **2** entgegengesetzten Interessen der jeweils Beteiligten zwecks Erzielung eines mit allen prozessualen Grundgedanken leidlich zu vereinbarenden gerechten Ergebnisses, Einl III 9.

3) Geltungsbereich, §§ 739–745. Man muß zwei Fallgruppen unterscheiden. **3**

A. Gesamtgut. Bei der Zwangsvollstreckung in ein gütergemeinschaftliches Gesamtgut nach §§ 740–745 gelten die §§ 739 ff für jede Art Zwangsvollstreckung, zB auch wegen eines dinglichen Anspruchs. Der Anteil jedes Ehegatten am Gesamtgut oder an einzelnen Gesamtgutssachen ist bis zur Auflösung der Gemeinschaft unpfändbar, § 860.

B. Weitere Fälle. Bei einer Zwangsvollstreckung im übrigen, also im Falle der Zugewinngemeinschaft, **4** Gütertrennung, sowie in Vorbehaltsgut bei der Gütergemeinschaft, ferner bei der Ausgleichsgemeinschaft oder beim Lebenspartnervertrag nach § 6 LPartG gilt, soweit es sich um bewegliche Sachen handelt, § 739, dort Rn 2. Wegen der Eigentums- und Vermögensgemeinschaft der früheren DDR gilt § 744 a.

739 *Gewahrsamsvermutung bei Zwangsvollstreckung gegen Eheleute und Lebenspartner.*
^I Wird zugunsten der Gläubiger eines Ehemannes oder der Gläubiger einer Ehefrau gemäß § 1362 des Bürgerlichen Gesetzbuchs vermutet, dass der Schuldner Eigentümer beweglicher Sachen ist, so gilt, unbeschadet der Rechte Dritter, für die Durchführung der Zwangsvollstreckung nur der Schuldner als Gewahrsamsinhaber und Besitzer.
^{II} Absatz 1 gilt entsprechend für die Vermutung des § 8 Abs. 1 des Lebenspartnerschaftsgesetzes zugunsten der Gläubiger eines der Lebenspartner.

Schrifttum: *Müller,* Zwangsvollstreckung gegen Ehegatten, 1970.

Gliederung

1) Systematik, I, II 1	5) Ausnahme: Entkräftung der Vermutung, I, II 7–10
2) Regelungszweck, I, II 2	A. Fallübersicht 7
3) Geltungsbereich, I, II 3	B. Getrenntleben 8, 9
4) Grundsatz: Eigentumsvermutung, I, II 4–6	C. Sachen zum persönlichen Gebrauch ... 10
	6) Zwangsvollstreckung, I, II 11, 12
	7) *VwGO* 13

1) Systematik, I, II. § 739 läßt den Titel gegen einen Ehegatten genügen, indem er im Rahmen der **1** Vermutung des § 1362 BGB nur den Schuldner als Gewahrsamsinhaber und Besitzer gelten läßt, so daß auch ein Duldungstitel gegen den anderen Ehegatten überflüssig ist, der früher im allgemeinen gefordert wurde. Zur verfassungsrechtlichen Problematik Brox FamRZ **81**, 1126, Gerhardt ZZP **95**, 491, Werner DGVZ **86**, 53.

Bei einer *Lebenspartnerschaft* nach §§ 1 ff LPartG gilt alles Vorstehende entsprechend, Viertelhausen DGVZ **01**, 130.

2) Regelungszweck, I, II. Leben Ehegatten in ehelicher Gemeinschaft, so bringt diese regelmäßig **2** Mitbesitz und Mitgewahrsam an den im Besitz der Ehegatten befindlichen Sachen mit sich. Liegt ein Vollstreckungstitel nur gegen einen Ehegatten vor, so könnte der andere Ehegatte dieser nach §§ 808, 809, 886 widersprechen, sofern er nicht in die Vollstreckung einwilligt. Dann wäre der Gläubiger auf die Pfändung des Herausgabeanspruchs mit allen seinen Weiterungen angewiesen, vgl § 809 Rn 8, LG Ffm NJW **86**, 729. § 739 macht ein solches umständliches, zeitraubendes und im späteren Erfolg ungewisses Vorgehen entbehrlich. Die Vorschrift dient damit sowohl der Durchsetzbarkeit des Vollstreckungstitels und damit der Gerechtigkeit nach Einl III 9 als auch der Vereinfachung und Beschleunigung des Verfahrens und damit der Prozeßwirtschaftlichkeit, Grdz 14 vor § 128. Demgemäß sollte man sie zugunsten des Gläubigers großzügig auslegen.

3) Geltungsbereich, I, II. I gilt für den gesetzlichen Güterstand der Zugewinngemeinschaft, LG Lim- **3** burg DGVZ **81**, 11, und der Gütertrennung, Düss DGVZ **81**, 114, LG Mü JB **89**, 1311, Christmann DGVZ **86**, 107. Sie gilt für den Güterstand der Gütergemeinschaft jedoch nur dann, wenn feststeht, daß die

§ 739 Buch 8. Zwangsvollstreckung

bewegliche Sache nicht nach § 1416 BGB zum Gesamtgut gehört, während für die Zugehörigkeit eine Vermutung spricht. Dabei ist unerheblich, ob nur einer oder beide Ehegatten das Gesamtgut verwalten, §§ 1422, 1450 BGB. § 739 hat Bedeutung sowohl bei der Pfändung von körperlichen als auch bei der Herausgabe bestimmter beweglicher Sachen, §§ 808, 883. Die Vorschrift gilt bei beweglichen Sachen. Sie gilt also auch zB bei einem Pkw, AG Ehresh DGVZ **94**, 12. Inhaber- und mit Blankoindossament versehene Orderpapiere, § 821 Rn 3, stehen den beweglichen Sachen gleich. Die Vorschrift gilt zugunsten der Mannes- und der Frauengläubiger. Sie gilt auch zugunsten des Insolvenzverwalters über das Vermögen eines Ehegatten. Sie gilt aber grundsätzlich (wegen einer Ausnahme BGH NJW **93**, 935) natürlich nicht, wenn ein Ehegatte zusammen mit einem Dritten Besitz hat, auch mit einem Angehörigen, etwa einem Kind, oder wenn der Dritte allein Besitz oder Gewahrsam an Sachen des Ehegattenschuldners hat. Dann kommt nur eine Abhilfe nach §§ 809, 886 oder eine Pfändung des Herausgabeanspruchs nach § 857 Rn 3 in Betracht, sofern nicht eine Einwilligung des Dritten nach § 809 vorliegt. Bei einer Lebenspartnerschaft gilt I nach II entsprechend.

Unanwendbar ist § 739 bei Forderungen und anderen Vermögensrechten sowie bei der Zwangsvollstreckung in unbewegliche Sachen, schon wegen Art 6 I GG derzeit noch bei einer von der eingetragenen Lebenspartnerschaft zu unterscheidenden nur eheähnlichen Gemeinschaft oder sonstigen Wohngemeinschaft, LG Ffm NJW **86**, 729, Köln NJW **89**, 1737, Schwarz DNotZ **95**, 118, aM Thran NJW **94**, 1464, Weimar JR **82**, 323 (aber die Rechtslagen sind eben noch nicht dieselben).

4 **4) Grundsatz: Eigentumsvermutung, I, II.** Gegenüber der Zwangsvollstreckung aus einem Titel gegen den einen Ehegatten bzw Lebenspartner kann sich der andere Ehegatte bzw Lebenspartner nicht auf seinen Gewahrsam oder Besitz der Sache berufen, in die vollstreckt wird. Er hat insbesondere nicht die Erinnerung aus § 766, LG Frankenth MDR **85**, 64, AG Bln-Wedding DGVZ **88**, 45, Brox FamRZ **81**, 1125. Es ist also unerheblich, ob der andere Ehegatte bzw Lebenspartner nur einen Mitbesitz an der Sache hat. Der Beteiligte, der das Bankfach allein gemietet hat und auch allein die Bankfachschlüssel besitzt, muß also den Inhalt des Bankfachs zugunsten der Gläubiger des anderen Beteiligten herausgeben, soweit das Fach nicht nach § 1362 II BGB, § 8 I LPartG vermutlich nur solche Sachen enthält, die dem ersteren Beteiligten allein gehören. Unerheblich ist mithin, wo sich die Sachen befinden, wenn nur der Besitz oder der Gewahrsam eines der Beteiligten vorliegen. Die Ehefrau des Schuldners kann sich nicht darauf berufen, nur sie habe die Ehewohnung gemietet, LG Kaiserl DGVZ **86**, 63. Dasselbe gilt bei einer Lebenspartnerschaft.

5 Im allgemeinen prüft der Gerichtsvollzieher nur, ob die Beteiligten nicht nach Rn 8, 9 getrennt leben und ob die zu pfändenden oder herauszugebenden Sachen sich im *Gewahrsam* oder Besitz eines der Beteiligten befinden, § 808 Rn 10. Denn das Gesetz unterstellt in diesem Fall bindend, daß der Schuldner Alleinbesitzer ist oder Alleingewahrsam hat, Düss Rpfleger **95**, 119, AG Siegen DGVZ **77**, 11. Wegen der in § 1362 II BGB genannten Sachen Rn 10. Der Gerichtsvollzieher darf zB die Vollstreckung nicht schon wegen der Vorlage eines Gütertrennungsvertrages abbrechen, LG Verden DGVZ **81**, 79. Die Zwangsvollstreckung muß auch bei dem anderen Beteiligten ihre Grenze in den Pfändungsverboten des § 811 finden, dort Rn 15. Dem Beteiligten, gegen den der Titel nicht ergangen ist, bleibt nur die Widerspruchsklage aus § 771 unter der Berufung auf sein Eigentum bzw Miteigentum, Schlesw FamRZ **89**, 88, LG Münst MDR **89**, 270, LG Verden DGVZ **81**, 79.

6 Mit dieser Klage kann er dann versuchen, die *Vermutung* des § 1362 I 1 BGB bzw des § 8 I LPartG zu *entkräften*, BGH NJW **92**, 1162, Schlesw FamRZ **89**, 88, AG Bln-Wedding DGVZ **88**, 45, aM KG Rpfleger **92**, 212 (aber es bleibt schon wegen § 808 kaum eine bessere Lösung möglich). Das gilt auch für den Insolvenzverwalter dieses Beteiligten, LG Frankenth MDR **85**, 64. Zur Entkräftung genügt der Beweis des Eigentumserwerbs, BGH NJW **76**, 238. Dazu muß der Widerspruchskläger nicht nur die Art und Weise des Erwerbs dartun. Er muß vielmehr auch zB angeben, aus welchen Mitteln und zu welchem Kaufpreis bezahlt hat und wie die Übereignung erfolgte, LG Limburg DGVZ **81**, 11. Wegen der Gefahr von Scheinübertragungen und Schiebungsgeschäften muß das Gericht strenge Beweisanforderungen stellen, Mü MDR **81**, 403. Zur Wirksamkeit von Vereinbarungen über Hausrat Valentin DGVZ **95**, 97 (ausf).

7 **5) Ausnahme: Entkräftung der Vermutung, I, II.** Es sind drei Fallgruppen vorhanden.
A. Fallübersicht. Freilich kann sich aus der Sachlage heraus ergeben, daß offensichtlich die Vermutung des § 1362 I 1 BGB bzw des § 8 I LPartG nicht zutrifft, LG Verden DGVZ **78**, 137. Das kann zB dann der Fall sein, wenn ein Gewerbebetrieb ersichtlich vollständig nur dem anderen Beteiligten gehört oder wenn die Zwangsvollstreckung zugunsten eines Gläubigers des einen Beteiligten stattfindet und wenn es nun um einen Kraftfahrzeugbrief geht, der auf den Namen der anderen Beteiligten lautet, Christmann DGVZ **86**, 108. Die Klage setzt beim gesetzlichen Güterstand auch dann offen, wenn ein Ehegatte über Haushaltsgegenstände ohne die Einwilligung des Klägers verfügt hat, § 1369 BGB, insbesondere II in Verbindung mit § 1368 BGB. Wegen § 1357 BGB beim minderjährigen Ehegatten Elsing JR **78**, 497.

§ 739 soll nur solche Einwendungen ausschalten, die sich auf einen Besitz oder Gewahrsam stützen, der auf Grund der ehelichen *Lebensgemeinschaft* oder der Lebenspartnerschaft erlangt ist. Deshalb kann man eine Widerspruchsklage nach § 771 auch mit dem Recht auf einen Besitz auf Grund eines Rechtsgeschäfts zwischen den Beteiligten begründen, wenn nicht etwa dem anderen Beteiligten schon ein Mitbenutzungsrecht und damit ein Besitzrecht auf Grund der Lebensgemeinschaft zusteht. Ein Beteiligter kann also zwar einem Zugriff der Gläubiger des anderen Beteiligten auf einen dem Betrieb dieses letzteren zugehörigen, ihrem selbständigen Betrieb vermieteten Lieferwagen wegen des Besitzrechts als Mieter widersprechen. Nicht aber kann der eine Beteiligte dem Zugriff auf ein Klavier widersprechen, das die der andere Beteiligte ihm geliehen hat.

8 **B. Getrenntleben.** Leben die Eheleute oder Lebenspartner getrennt, so ist § 739 unanwendbar, dort I 2, Düss Rpfleger **95**, 119, AG Homburg DGVZ **96**, 15 (Fallfrage). Wenn sich Sachen im Besitz desjenigen Beteiligten befinden, der nicht der Schuldner ist, gilt folgendes, Köln NJW **77**, 825: Soweit nicht etwa

Arglist nach Einl III 54, § 809 Rn 1 vorliegt, kann dieser Beteiligte nach § 766 einer Zwangsvollstreckung widersprechen. Das gilt auch dann, wenn der andere Beteiligte der Eigentümer der Sachen ist. Der Gläubiger hat dann nur noch die Möglichkeit in die Pfändung des Herausgabeanspruchs. Diese Möglichkeit versagt allerdings dann, wenn ein Beteiligter einen ihm gehörenden Gegenstand dem anderen zur Führung eines abgesonderten Haushalts aus Billigkeitsgründen zur Verfügung stellen muß, § 1361 a I 2 BGB. Wenn der Schuldner stark verschuldet ist, muß sich jedoch auch sein Ehegatte bzw Lebenspartner in der Lebensführung einschränken. Daher kann der Herausgabeanspruch doch noch berechtigt sein.

Unter Getrenntleben ist nicht nur das der Ehe oder Lebenspartnerschaft feindliche gemeint, sondern **9** auch das tatsächliche Getrenntleben *ohne* eine *Beeinträchtigung* der ehelichen Lebensgemeinschaft bzw Lebenspartnerschaft, wenn die Beteiligten nur vorübergehend getrennt leben. Auf die Meldeverhältnisse kommt es nicht an, AG Karlsr-Durlach DGVZ 97, 78, aM AG Bln-Wedding DGVZ 98, 129 (aber sie ergeben angesichts heutiger Mobilität kaum noch wenigstens einen ausreichenden Anhaltspunkt). Der andere Beteiligte muß aber für längere Zeit tatsächlich keinen Zugang zu den Sachen haben, LG Münst DGVZ 82, 12. Selbst eine längere Strafhaft gilt kaum als Trennung, Düss Rpfleger 95, 119, LG Bln DGVZ 91, 57. Eine Prüfung der Hintergründe des Getrenntlebens übersteigt die dem Gerichtsvollzieher zur Verfügung stehenden Möglichkeiten, AG Bln-Wedding DGVZ 79, 190. Ein Getrenntleben kann auch innerhalb derselben Ehewohnung vorliegen, Bre RR 01, 3. Ein derartiges Recht zB nach § 620 Z 5 oder nach § 1353 II BGB ist nicht erforderlich. Wenn sich Sachen desjenigen Beteiligten, gegen den kein Titel vorliegt, nicht in seinem Besitz oder Gewahrsam befinden, sondern in demjenigen des Beteiligtenschuldners, dann unterliegen sie nach dem Grundsatz des § 1362 I 1 LPartG bzw § 8 I 2 LPartG dem Zugriff von dessen Gläubigern. Denn es liegt dann kein Fall des § 1362 I 2 BGB bzw § 8 I 2 LPartG vor. Der Schuldner muß das Getrenntleben beweisen, AG Gießen DGVZ 86, 141, soweit im Vollstreckungsverfahren überhaupt ein Beweis nötig ist.

C. Sachen zum persönlichen Gebrauch. Sachen, die nach § 1362 II BGB, § 8 I 2 LPartG ausschließ- **10** lich zum persönlichen Gebrauch eines Beteiligten bestimmt sind, können nicht zugunsten des Gläubigers des anderen Beteiligten gepfändet oder herausverlangt werden. Denn das Gesetz vermutet, daß sie im Alleineigentum desjenigen stehen, der sie nach ihrer Zweckbestimmung allein benutzen soll. Die wirklichen Eigentumsverhältnisse sind unbeachtlich, solange sie nicht offenkundig sind. Eine Eintragung im Kfz-Brief beweist oft nicht genug. Besitz und Gewahrsam des einen Beteiligten sind unschädlich, wenn sie auch darauf hindeuten können, daß ein ausschließliches Gebrauchsrecht des anderen nicht vorliegt. So kann es zB unschädlich sein, daß sich der Schmuck der Ehefrau im Safe des Ehemannes befindet. Das Gesetz meint vor allem Arbeitsgeräte, Kleidungsstücke und Schmucksachen. Ob die Beteiligten getrennt leben oder nicht, ist für diese Sachen unerheblich.

6) Zwangsvollstreckung, I, II. § 739 umschreibt nur diejenige Vermögensmasse, in die der Gläubiger **11** die Zwangsvollstreckung betreiben kann, und nimmt demjenigen Beteiligten die Rechte des Mitgewahrsamsinhabers und Mitbesitzers aus § 809, gegen den kein Titel vorliegt. Dadurch wird dieser Beteiligte aber nicht zum Vollstreckungsschuldner. Er kann die Widerspruchsklage nach § 771 erheben, nicht aber die Erinnerung nach § 766 einlegen. Die letztere ist nur in den Fällen Rn 3 statthaft. Mit der Erinnerung kann man nur die Ordnungsmäßigkeit der Zwangsvollstreckung prüfen lassen und die Vermutung des § 739 nicht entkräften. Mit der Widerspruchsklage kann aber ein Beteiligter auch die Zwangsvollstreckung in das Vermögen im ganzen bekämpfen, wenn er der Verfügung des anderen Beteiligten nicht zugestimmt hat. Dasselbe gilt, wenn der andere Beteiligte über Haushaltsgegenstände verfügt hat, auf deren Herausgabe die Zwangsvollstreckung gerichtet ist, §§ 1369, 1368 BGB. Vgl Christmann DGVZ 86, 107.

Demgemäß braucht derjenige Beteiligte auch *nicht die eidesstattliche Versicherung* zwecks Offenbarung nach **12** § 807 zu leisten, der kein Vollstreckungsschuldner ist. Dazu wäre ein Vollstreckungstitel gegen ihn notwendig. Freilich würde ein Duldungstitel genügen. Dieser ist aber deshalb nicht notwendig, weil der Beteiligtenschuldner bei seiner Offenbarungsversicherung angeben muß, ob der andere noch Sachen besitzt, an denen er Alleineigentum oder Miteigentum hat. Wenn Gläubiger beider Beteiligter in dieselbe Sachen vollstrecken, kann der Gläubiger des einen nachweisen, daß der gepfändete Gegenstand nicht Eigentum des anderen ist. Andernfalls entscheidet der zeitliche Vorrang. Vgl § 851 Rn 3, 6.

7) *VwGO*: Entsprechend anwendbar, § 167 I VwGO. **13**

740 *Zwangsvollstreckung in das Gesamtgut.*
^I Leben die Ehegatten in Gütergemeinschaft und verwaltet einer von ihnen das Gesamtgut allein, so ist zur Zwangsvollstreckung in das Gesamtgut ein Urteil gegen diesen Ehegatten erforderlich und genügend.

^{II} Verwalten die Ehegatten das Gesamtgut gemeinschaftlich, so ist die Zwangsvollstreckung in das Gesamtgut nur zulässig, wenn beide Ehegatten zur Leistung verurteilt sind.

Schrifttum: *App* JB 00, 570 (Üb).

Gliederung

1) Systematik, I, II 1	5) Zwangsvollstreckung im Vorbehaltsgut, I, II 8
2) Regelungszweck, I, II 2	6) Zwangsvollstreckung in Gesamtgut, I, II 9, 10
3) Geltungsbereich, I, II 3	A. Verwaltung eines Ehegatten, I 9
4) Vollstreckungstitel, I, II 4–7	B. Verwaltung beider Ehegatten, II ... 10
A. Verwaltung des Gesamtguts durch einen Ehegatten, I 4, 5	7) Rechtsbehelfe, I, II 11
B. Gemeinsame Verwaltung des Gesamtguts, II 6, 7	8) *VwGO* 12

§ 740

1) Systematik, I, II. Die Gütergemeinschaft sieht sowohl eine Verwaltung des Gesamtgutes durch einen Ehegatten nach §§ 1422 ff BGB als auch eine Verwaltung durch beide Ehegatten gemeinsam vor, §§ 1450 ff BGB. Diesen Möglichkeiten entspricht § 740.

2) Regelungszweck, I, II. Ähnlich wie bei § 739 würden ohne die Erleichterungen in I erhebliche Zusatzprobleme für den Gläubiger entstehen. I sollte daher wie § 739 zugunsten des Gläubigers großzügige Handhabung finden.
II zieht demgegenüber die notwendigen Folgerungen aus der Entscheidung der Partner, ihr Vermögen gemeinsam zu verwalten. Könnte ein Gläubiger nur des einen Partners sich über die Verwaltungsgrenzen seines Schuldners durch Zwangsvollstreckung hinwegsetzen, so könnte der andere Ehegatte sein Vermögen an einen für ihn Dritten verlieren, ohne ihm irgendetwas zu schulden. Diese Sippenhaft darf man auch nicht durch weite Auslegung von II zugunsten des Gläubigers auf einem Umweg doch wieder einführen.

3) Geltungsbereich, I, II. Die Vorschrift gilt nur für eine Vollstreckung in das Gesamtgut, dann aber im Aktiv- wie Passivprozeß, Stgt Rpfleger **87**, 108. Bei einer Vollstreckung in das Vorbehaltsgut ist § 739 anwendbar, dort Rn 3. Wenn ein Ehegatte nicht auf eine Leistung aus dem Gesamtgut verklagt wird, sondern persönlich in Anspruch genommen wird, etwa auf Rückzahlung eines Darlehns, reicht dieser Prozeß aus, BGH FamRZ **75**, 406, Rn 10. Gegenüber § 740 enthält § 741 eine vorrangige Ausnahmeregelung, BayObLG Rpfleger **83**, 407. Wegen der Niederlande Düss FER **96**, 26.

4) Vollstreckungstitel, I, II. Man muß zwei Verwaltungsarten unterscheiden.
A. Verwaltung des Gesamtgutes durch einen Ehegatten, I. Ein Titel gegen den verwaltenden Ehegatten reicht aus, auch wenn dieser Ehegatte ohne eine Zustimmung des anderen nicht verfügen darf, §§ 1423 ff BGB. Ein solcher Titel reicht auch dann aus, wenn das Gericht den Bekl wegen persönlicher Schulden verurteilt hat. Denn dann liegt eine Gesamtgutschuld vor, § 1437 BGB. Wenn ein Grundstück für beide Ehegatten eingetragen ist, dann genügt zur Erzwingung der Auflassung ein Urteil gegen den verwaltenden Ehegatten. Eine vollstreckbare Urkunde nach § 794 I Z 5, die der verwaltende Ehegatte ausgestellt hat, steht einem Leistungsurteil gleich. Ein Vollstreckungstitel gegen den verwaltenden Ehegatten ist aber regelmäßig auch notwendig. Der andere Ehegatte braucht weder im Urteil noch in der Vollstreckungsklausel zu erscheinen. Auch ein Duldungstitel gegen ihn ist nicht erforderlich. Er kann aber wegen § 743 Bedeutung gewinnen, § 744. Er kann auch im übrigen sinnvoll sein, Düss FER **96**, 26. Ein Leistungsurteil gegen den anderen Ehegatten gibt kein Vollstreckungsrecht in das Gesamtgut, solange es nicht durch ein Leistungsurteil (nicht bloßes Duldungsurteil) gegen den verwaltenden Ehegatten ergänzt ist.

Entbehrlich ist ein Vollstreckungstitel gegen den verwaltenden Ehegatten zur Vollstreckung in das Gesamtgut nur bei gewerbetreibenden Ehegatten nach § 741 und in denjenigen Fällen, in denen der andere Ehegatte selbst ohne die Zustimmung des verwaltenden Ehegatten die Rechte wahrnehmen darf, §§ 1428, 1429 BGB. Denn dann wirkt die Rechtskraft gegen den verwaltenden Ehegatten. Wegen der Fortsetzung des Rechtsstreits des nicht Verwaltenden nach dem Eintritt der Gütergemeinschaft nach § 1433 BGB vgl § 742.

B. Gemeinsame Verwaltung des Gesamtgutes, II. Ein Vollstreckungstitel auf eine Leistung gegen beide Ehegatten ist grundsätzlich nur bei dieser Verwaltungsart erforderlich, BGH FamRZ **98**, 907 (auch zum internationalen Recht; zustm Stoll JZ **99**, 207), VGH Mü RR **88**, 455, LG Heilbr Rpfleger **91**, 108, aM Bbg JB **78**, 762 (aber man sollte prozeßwirtschaftlich vorgehen. Grdz 14 vor § 128.). Ein Duldungstitel genügt also nicht, LG Frankenth Rpfleger **75**, 371, LG Mü DGVZ **82**, 188, Rauscher Rpfleger **88**, 90, aM Tiedke FamRZ **75**, 539, StJM 6 (aber das wäre inkonsequent). Ein Duldungstitel genügt auch dann nicht, wenn die Gütergemeinschaft nicht im Güterrechtsregister eingetragen ist, LG Mü DGVZ **82**, 188. Es können auch getrennte Vollstreckungstitel vorliegen, BGH FamRZ **75**, 405.

Ausnahmsweise genügt ein Titel nur gegen *einen* Ehegatten bei dem gewerbetreibenden Ehegatten, § 741, BayObLG FGPrax **95**, 188 (es müssen die Voraussetzungen des § 741 vorliegen), Stgt Rpfleger **87**, 108, und dann, wenn ein Ehegatte allein im Interesse des Gesamtgutes einen Prozeß führen darf, §§ 1454, 1455 Z 7–9 BGB, sowie dann, wenn ein Ehegatte gegen den anderen vollstreckt, Kleinle FamRZ **97**, 1196, aM BGH FamRZ **90**, 853 (aber das wäre zu formstreng).

5) Zwangsvollstreckung in Vorbehaltsgut, I, II. Zur Vollstreckung in das Vorbehaltsgut ist ein Titel gegen denjenigen erforderlich, dem dieses gehört. Inwieweit der Gläubiger deshalb in das Gesamtgut vollstrecken kann, richtet sich nach der Haftung des Gesamtgutes für derartige Schulden. Vgl dazu §§ 1437–1440 BGB bei der Verwaltung eines Ehegatten, §§ 1459–1462 BGB bei gemeinsamer Verwaltung. Für die Vollstreckung in das Vorbehaltsgut der Ehegatten ist § 739 maßgebend, dort Rn 3.

6) Zwangsvollstreckung in Gesamtgut, I, II. Auch hier muß man zwei Fallgruppen beachten.
A. Verwaltung eines Ehegatten, I. Wenn nur ein Ehegatte verwaltet und demgemäß nur ein Titel gegen ihn vorliegt, dann ist er allein Vollstreckungsschuldner und gibt allein die Offenbarungsversicherung nach § 807 ab. Für die früher sehr umstrittene Frage, ob in einem solchen Falle (früherer Titel gegen den verwaltenden Mann) damit das Widerspruchsrecht des anderen Ehegatten (damals also der Frau) als Gewahrsamsinhaber nach § 809 beseitigt ist, kann es ein solches Widerspruchsrecht, das schon § 739 für nicht zum Gesamtgut gehörige Sachen verneint, hier erst recht nicht geben.
B. Verwaltung beider Ehegatten, II. Wenn beide Ehegatten das Gesamtgut verwalten und demgemäß gegen beide ein Leistungsurteil vorliegt, dann sind beide Vollstreckungsschuldner. Beide müssen die Offenbarungsversicherung leisten.

7) Rechtsbehelfe, I, II. Wenn der Gläubiger ohne einen ausreichenden Titel ins Gesamtgut vollstreckt, so haben im Fall I der verwaltende Ehegatte, bei II beide Ehegatten die Erinnerung, § 766. Entsprechendes gilt für die Widerspruchsklage nach § 771, wenn die Pfändung wegen einer Leistung erfolgt ist, die nicht Gesamtgutsverbindlichkeit ist, §§ 1439, 1440, 1461, 1462 BGB, s auch §§ 1438, 1460 BGB. Bei einer Vollstreckung in das Vorbehaltsgut ohne einen Titel nach § 771 gilt § 743 Rn 3. Liegt beim Gesamtgut

Abschnitt 1. Allgemeine Vorschriften §§ 740, 741

überhaupt kein Vollstreckungstitel gegen den anderen Ehegatten vor, so ist eine Amtslöschung nötig, andernfalls evtl ein Amtswiderspruch, LG Heilbr Rpfleger **91**, 108.

8) VwGO: Entsprechend anwendbar, § 167 I *VwGO*. Rechtsbehelfe: s Rn 11, da §§ 766, 771 entsprechend **12** gelten.

741 *Zwangsvollstreckung in das Gesamtgut bei Erwerbsgeschäft.* **Betreibt ein Ehegatte, der in Gütergemeinschaft lebt und das Gesamtgut nicht oder nicht allein verwaltet, selbständig ein Erwerbsgeschäft, so ist zur Zwangsvollstreckung in das Gesamtgut ein gegen ihn ergangenes Urteil genügend, es sei denn, dass zur Zeit des Eintritts der Rechtshängigkeit der Einspruch des anderen Ehegatten gegen den Betrieb des Erwerbsgeschäfts oder der Widerruf seiner Einwilligung zu dem Betrieb im Güterrechtsregister eingetragen war.**

Schrifttum: *Mansel,* Substitution im deutschen Zwangsvollstreckungsrecht, in: Festschrift für *Lorenz* (1992) 691 (709 ff).

1) Systematik. Die Vorschrift ist eine gegenüber § 740 vorrangige Ausnahmeregelung, BayObLG **1** Rpfleger **83**, 407. § 741 knüpft die Möglichkeit einer Zwangsvollstreckung gegen einen gewerbetreibenden in Gütergemeinschaft lebenden und das Gesamtgut nicht oder nicht allein verwaltenden Ehegatten an den tatsächlichen Bestand des Gewerbebetriebs und nicht an den Nachweis einer Einwilligung des allein oder mitverwaltenden Ehegatten, §§ 1431, 1456 BGB. Es bleibt diesem anderen Ehegatten vielmehr überlassen, das Fehlen seiner Einwilligung geltend zu machen. Ergänzend gilt § 774.

2) Regelungszweck. § 741 soll den Geschäftsverkehr sichern, BayObLG Rpfleger **83**, 407. Die Vor- **2** schrift dient also der Rechtssicherheit nach Einl III 43 (Gutglaubensschutz). Sie ist entsprechend zugunsten des Gutgläubigen auslegbar.

3) Begriffe. *Selbständigkeit* liegt vor, wenn man den Ehegatten als Unternehmer ansehen muß, **3** BayObLG Rpfleger **83**, 407, etwa als persönlich haftender Gesellschafter einer OHG oder KG. Ein Betrieb des einen Ehegatten gemeinsam mit dem anderen kann ausreichen, BayObLG Rpfleger **83**, 407. Selbständigkeit kann auch vorliegen, wenn der andere Ehegatte arbeitet, sogar dann, wenn das im Betrieb des einen Ehegatten als Angestellter geschieht. Keine Selbständigkeit liegt vor, wenn der Ehegatte nur ein stiller Gesellschafter oder Kommanditist ist oder wenn man den anderen Ehegatten als den wahren Unternehmer ansehen muß.

Als *Erwerbsgeschäft* gilt jede Tätigkeit, die auf einen regelmäßigen Erwerb gerichtet ist, BGH **83**, 78, BayObLG Rpfleger **83**, 407, zB ein landwirtschaftlicher Betrieb, BayObLG Rpfleger **83**, 407. Auch eine künstlerische oder wissenschaftliche oder freiberufliche Tätigkeit kann hierher zählen, wie eine Anwalts- oder Arztpraxis, BGH **83**, 76, Karlsr OLGZ **76**, 334. Ein Dienst- oder Arbeitsverhältnis nach § 113 BGB gehört nicht hierher.

Eine *Nämlichkeit* zwischen dem Erwerbsgeschäft und dem Gesamtgut ist unschädlich, BayObLG Rpfleger **83**, 407.

4) Zwangsvollstreckung. Man muß zwei Aspekte beachten. **4**

A. Urteil gegen den Gewerbetreibenden. Es genügt ein Urteil gegen den das Gewerbegeschäft betreibenden Ehegatten. Die Art des Anspruchs ist unerheblich. Das Urteil braucht sich nicht auf Geschäftsschulden zu beschränken, BayObLG Rpfleger **83**, 407. Das Vollstreckungsorgan wäre auch gar nicht in der Lage zu prüfen, ob der Rechtsstreit aus einem Anspruch herrührt, die ein Gewerbebetrieb mit sich bringt. Wenn der andere Ehegatte einwenden will, es handle sich nicht um ein selbständiges Erwerbsgeschäft, dann hat er die Möglichkeit einer Erinnerung nach § 766, aber auch einer Widerspruchsklage nach § 774, BayObLG Rpfleger **83**, 407. In den anderen in § 774 Rn 1 genannten Fällen hat er nur die Klage nach § 771. Dringt der Ehegatte durch, greifen also §§ 1431, 1456 BGB nicht ein und liegt auch sonst keine Gesamtgutschuld vor, §§ 1437–1440, 1459–1462 BGB, § 771 Rn 10, § 774 Rn 1, so bleibt es bei der Regel des § 740. Unerheblich ist, ob das Erwerbsgeschäft zum Vorbehaltsgut gehört. Das geht lediglich das Innenverhältnis der Ehegatten an, §§ 1441 Z 2, 1463 Z 2 BGB.

B. Eintragung des Einspruchs oder der Widerruf der Einwilligung. Ist beim Eintritt der Rechts- **5** hängigkeit nach § 261 entweder der Einspruch des allein oder mitverwaltenden Ehegatten gegen den Betrieb des Erwerbsgeschäfts oder der Widerruf seiner Einwilligung zu dem Betrieb im Güterrechtsregister eingetragen, so kann der andere Ehegatte den Mangel seiner Einwilligung oder deren Widerruf nach § 766 geltend machen oder der Widerspruchsklage aus § 774 erheben. Voraussetzung hierfür ist aber, daß die Eintragung bereits beim Eintritt der Rechtshängigkeit bestand. Liegt derartiges nicht vor, so kann man den Mangel der Einwilligung nur geltend machen, wenn der Gläubiger den Einspruch oder Widerruf kannte, §§ 1431 III, 1456 III BGB in Verbindung mit § 1412 BGB. Dafür steht dem anderen Ehegatten § 774 zur Verfügung. Dasselbe ist der Fall, wenn er von dem Erwerbsgeschäft nichts wußte. Wußte er hiervon und hat er keinen Einspruch eingelegt, so steht das seiner Einwilligung gleich, §§ 1431 II, 1456 II BGB. Er kann sich dann also auf eine mangelnde Einwilligung nicht berufen.

C. Verfahren. Der Gerichtsvollzieher prüft lediglich, ob ein im Zeitpunkt der Vollstreckung selbstän- **6** diger Gewerbebetrieb schon und noch tatsächlich vorliegt, LG Heilbr Rpfleger **96**, 521. Nur unter dieser Einschränkung genügt ein Firmenschild, § 15 a GewO, notfalls eine Einsicht in das Handelsregister. Die ihm zur Kenntnis gebrachte Eintragung des Einspruchs oder Widerrufs muß er außer acht lassen. Er darf also trotzdem nicht einstellen, da ein Grund nach § 775 nicht vorliegt. Das ist eine Folge der Regelung der ZPO. Sie geht nämlich aus praktischen Gründen von der Tatsache des Erwerbsgeschäfts aus, nicht aber vom dem Nachweis der Einwilligung oder ihres Weiterbestehens, Rn 1. Es bleiben die Rechtsbehelfe Rn 4, 5.

§§ 741–743

7 D. Gewahrsam des anderen Ehegatten. Die Zwangsvollstreckung kann sich auch auf Sachen erstrecken, die sich im Gewahrsam des allein oder mitverwaltenden Ehegatten befinden. Zwar fordern viele für das bisherige Recht die Herausgabebereitschaft des anderen Ehegatten nach § 809, andernfalls einen Duldungstitel. Das war aber mit Rücksicht auf den vereinfachenden Zweck des § 741 schon früher nicht unbestritten und wohl auch nicht zutreffend. Die jetzige Regelung läßt mit Rücksicht auf das § 740 Rn 9 Gesagte die Zwangsvollstreckung ohne weiteres auch in die nach § 808 Rn 10 im Gewahrsam des anderen Ehegatten befindlichen Sachen zu.

8 5) Rechtsbehelfe. Jeder Betroffene kann die Erinnerung nach § 766 einlegen. Anschließend ist die sofortige Beschwerde nach § 793 möglich. Vgl auch Rn 4 (Widerspruchsklage nach § 774).

9 6) *VwGO*: *Entsprechend anwendbar, § 167 I VwGO.*

---

742 Vollstreckbare Ausfertigung bei Gütergemeinschaft während des Rechtsstreits. Ist die Gütergemeinschaft erst eingetreten, nachdem ein von einem Ehegatten oder gegen einen Ehegatten geführter Rechtsstreit rechtshängig geworden ist, und verwaltet dieser Ehegatte das Gesamtgut nicht oder nicht allein, so sind auf die Erteilung einer in Ansehung des Gesamtgutes vollstreckbaren Ausfertigung des Urteils für oder gegen den anderen Ehegatten die Vorschriften der §§ 727, 730 bis 732 entsprechend anzuwenden.

1 1) Systematik, Regelungszweck. § 742 gibt die prozessuale Ergänzung zu §§ 1433, 1455 Z 7 BGB für die Zwangsvollstreckung. Insoweit der nicht oder nur mitverwaltende Ehegatte einen Rechtsstreit nach dem Eintritt der Gütergemeinschaft mit einer Rechtskraftwirkung gegen den anderen Ehegatten fortsetzen kann, behandelt die Vorschrift ihn wie einen Rechtsnachfolger des Erstgenannten. Die Eheleute müssen den Ehevertrag nach der Rechtshängigkeit abgeschlossen haben, § 261. Wenn § 742 eingreift, muß das Gericht die Klage gegen den anderen Ehegatten mangels Rechtsschutzbedürfnisses durch ein Prozeßurteil abweisen, Grdz 14 vor § 253.

2 2) Verfahren. Das Gericht erteilt die vollstreckbare Ausfertigung für oder gegen den allein verwaltenden Ehegatten wie für oder gegen einen Rechtsnachfolger, §§ 727, 730, 731. Es erteilt die vollstreckbare Ausfertigung für den verwaltenden Ehegatten als zweite, § 733. Sie ist wegen §§ 1422, 1450 BGB unbeschränkt. Das Gericht erteilt gegen ihn lautende, gegen ihn als Gesamtschuldner „in Ansehung des Gesamtgutes", §§ 1437, 1459 BGB, § 733 Rn 5. Das letztere ist auch der Fall, wenn beide Ehegatten verwalten, Nürnb JB 78, 762. Die Erteilung erfolgt durch den Rpfl, § 20 Z 12 RPflG, Anh § 153 GVG, § 730 Rn 1. Zum Nachweis des Eintritts der Gütergemeinschaft muß der Gläubiger ein Registerzeugnis vorlegen.

3 3) Rechtsbehelfe. Der allein oder mitverwaltende Ehegatte kann bei einer Klausel gegen ihn nach den §§ 732, 768 vorgehen. Wegen des anderen Ehegatten, wenn er den Anspruch für sein Vorbehaltsgut geltend macht, vgl § 727 Rn 13.

4 4) *VwGO*: *Entsprechend anwendbar, § 167 I VwGO, in dem in Einf §§ 727–729 Rn 7 bezeichneten Umfang.*

---

743 Beendete Gütergemeinschaft. Nach der Beendigung der Gütergemeinschaft ist vor der Auseinandersetzung die Zwangsvollstreckung in das Gesamtgut nur zulässig, wenn beide Ehegatten zu der Leistung oder der eine Ehegatte zu der Leistung und der andere zur Duldung der Zwangsvollstreckung verurteilt sind.

1 1) Systematik, Regelungszweck. Die Beendigung der Gütergemeinschaft kann durch den Tod und eine Wiederverheiratung nach einer Todeserklärung, Scheidung und Aufhebung der Ehe eintreten, ferner durch einen Ehevertrag und durch ein Urteil. In allen Fällen schließt sich ihnen eine Auseinandersetzung an, soweit nicht die Gütergemeinschaft nach dem Tod mit den gemeinschaftlichen Abkömmlingen fortbesteht. Bis zu deren Abwicklung verwalten die Ehegatten das Gesamtgut gemeinschaftlich, § 1472 BGB.

2 2) Verfahren. § 743 regelt den Fall der Beendigung der Gütergemeinschaft vor dem rechtskräftigen Abschluß eines Rechtsstreits. Ist die Auseinandersetzung noch nicht erfolgt und verwaltet ein Ehegatte das Gesamtgut allein, so genügt der gegen ihn ergehende Titel nicht. Mit Rücksicht auf die nunmehr gesamthänderische Verwaltung ist zur Vollstreckung in das Gesamtgut entweder ein Urteil gegen beide Ehegatten nötig. Das ist wegen des nicht verwaltenden Ehegatten möglich, wenn die Gesamtgutsverbindlichkeit seine Schuld ist. Oder es ist ein Leistungsurteil gegen den verwaltenden Ehegatten und ein Duldungsurteil gegen den anderen nötig. Dadurch wird auch dieser im Rahmen dieses Urteils zum Vollstreckungsschuldner. Folglich muß er insoweit auch die Offenbarungsversicherung nach § 807 abgeben.
Führen beide Ehegatten die Verwaltung *gemeinsam*, so werden sie ohnehin gemeinsam Klage erheben und verklagt werden, so daß auch ein Titel gegen beide vorliegen wird. Zum Duldungstitel § 748 Rn 4, 5. Ist die Auseinandersetzung erfolgt, so muß man den persönlich haftenden Ehegatten auf Leistung verklagen. Soweit der Gläubiger gegen den anderen Ehegatten aus § 1480 BGB vollstrecken will, genügt der frühere Vollstreckungstitel nicht. Es ist dann vielmehr ein neuer Leistungstitel notwendig.

3 3) Rechtsbehelfe. Der Ehegatte, gegen den ein Titel fehlt, kann Erinnerung nach § 766 einlegen oder Widerspruchsklage erheben, § 771. Das gilt auch dann, wenn keine Gesamtgutsverbindlichkeit vorliegt, § 771 Rn 10, § 774 Rn 1. Mit der Widerspruchsklage kann der betroffene Ehegatte auch geltend machen, daß der gepfändete Gegenstand zu seinem Vorbehaltsgut gehört.

4 4) *VwGO*: *Entsprechend anwendbar, § 167 I VwGO.*

Abschnitt 1. Allgemeine Vorschriften **§§ 744–746**

744 *Vollstreckbare Ausfertigung bei beendeter Gütergemeinschaft.* Ist die Beendigung der Gütergemeinschaft nach der Beendigung eines Rechtsstreits des Ehegatten eingetreten, der das Gesamtgut allein verwaltet, so sind auf die Erteilung einer in Ansehung des Gesamtgutes vollstreckbaren Ausfertigung des Urteils gegen den anderen Ehegatten die Vorschriften der §§ 727, 730 bis 732 entsprechend anzuwenden.

1) Systematik, Regelungszweck. Die Beendigung der Gütergemeinschaft berührt bei ihrem Eintritt 1 nach der Rechtskraft eines gegen den verwaltenden Ehegatten erlassenen Urteils dessen Vollstreckbarkeit nicht. Mit Rücksicht auf die bis zur Auseinandersetzung einsetzende gemeinsame Verwaltung der Ehegatten ist aber die Erteilung einer vollstreckbaren Ausfertigung gegen den nicht verwaltenden Ehegatten „ins Gesamtgut" notwendig, § 742 Rn 3. Verwalteten beide Ehegatten gemeinsam, so kommt eine solche wegen § 740 II nicht in Betracht. Ist die Auseinandersetzung beendet, so besteht das Gesamtgut nicht mehr. Die Umschreibung erfolgt dann ohne einen Zusatz, § 786. Bei Eheleuten der früheren DDR besteht eine widerlegbare Vermutung von je ½ Bruchteilseigentum, LG Lpz JB **94**, 675.

2) Geltungsbereich. Bei einer Beendigung der Gütergemeinschaft *vor* der Rechtskraft gilt § 743. Ist die 2 Gesamtgutssache ein streitbefangener Gegenstand nach 265 Rn 4, so ist die Beendigung eine „Veräußerung" und § 727 anwendbar. Andernfalls ist bei der Beendigung nach der Rechtskraft ein Titel gegen den anderen Ehegatten notwendig. Ist vor der Beendigung der Gütergemeinschaft ein Urteil für den verwaltenden Ehegatten ergangen, so sind die Ehegatten bis zur Auseinandersetzung Gesamthandsgläubiger. Sie erhalten also eine gemeinsame Klausel nach § 727. Nach der Auseinandersetzung erhält derjenige die Klausel, dem der Anspruch zugewiesen ist. Der verwaltende Ehegatte braucht keine neue Klausel. Die Erteilung erfolgt durch den Rpfl, § 20 Z 12 RPflG, Anh § 153 GVG.

3) Verfahren. An Nachweisen für die Umschreibung nach § 727 sind zur Zwangsvollstreckung ins 3 Gesamtgut nur ein Registerzeugnis über die Gütergemeinschaft erforderlich, sofern sich diese nicht aus den Akten ergibt. Ferner sind öffentliche oder öffentlich beglaubigte Urkunden über die Beendigung erforderlich, zB ein rechtskräftiges Urteil, die Sterbeurkunde. Gegen die Entscheidung ist die Widerspruchsklage nach § 771 zulässig, wenn der Gläubiger in das sonstige Vermögen des nicht verwaltenden Ehegatten vollstreckt.

4) VwGO: Entsprechend anwendbar, § 167 I VwGO, in dem in Einf §§ 727–729 Rn 7 bezeichneten 4 Umfang.

744a *Zwangsvollstreckung bei Eigentums- und Vermögensgemeinschaft.* Leben die Ehegatten gemäß Artikel 234 § 4 Abs. 2 des Einführungsgesetzes zum Bürgerlichen Gesetzbuch im Güterstand der Eigentums- und Vermögensgemeinschaft, sind für die Zwangsvollstreckung in Gegenstände des gemeinschaftlichen Eigentums und Vermögens die §§ 740 bis 744, 774 und 860 entsprechend anzuwenden.

Schrifttum: *Arnold* DtZ **91**, 80 (ausf).

1) Systematik, Regelungszweck. Infolge des Beitritts der DDR zur BRep mußte durch Art 234 § 4 II 1 EGBGB der in der früheren DDR nach § 13 seines Familiengesetzbuchs grundsätzliche Güterstand einer Eigentums- und Vermögensgemeinschaft, vergleichbar der Gütergemeinschaft der §§ 1415 ff BGB, übergeleitet werden. § 744 a zieht aus dem Charakter dieser Art von Güterrecht möglichst praktikable Folgerungen für die Zwangsvollstreckung durch Verweisung auf §§ 740–744, 774, 860. Einzelheiten *Wassermann* FamRZ **91**, 509.

2) VwGO: Entsprechend anwendbar, § 167 I VwGO. 2

745 *Zwangsvollstreckung bei fortgesetzter Gütergemeinschaft.* ¹Im Falle der fortgesetzten Gütergemeinschaft ist zur Zwangsvollstreckung in das Gesamtgut ein gegen den überlebenden Ehegatten ergangenes Urteil erforderlich und genügend.

II Nach der Beendigung der fortgesetzten Gütergemeinschaft gelten die Vorschriften der §§ 743, 744 mit der Maßgabe, dass an die Stelle des Ehegatten, der das Gesamtgut allein verwaltet, der überlebende Ehegatte, an die Stelle des anderen Ehegatten die anteilsberechtigten Abkömmlinge treten.

1) Systematik, Regelungszweck, I, II. § 745 zieht für die fortgesetzte Gütergemeinschaft nach 1 §§ 1483 ff BGB die Folgerungen für die Zwangsvollstreckung aus der Stellung des überlebenden Ehegatten und der Kinder, §§ 1487 ff. Der überlebende Ehegatte hat die Stellung des allein verwaltenden. Die Kinder haben die Stellung der anderen Ehegatten. Einer Regelung bedurfte es nur insofern, als ein Ehegatte das Gesamtgut verwaltete, da sonst ein Titel für oder gegen den mitverwaltenden vorhanden sein wird, § 740 II, der auf die Abkömmlinge umgeschrieben wird, § 727. Im übrigen s die Erläuterungen zu §§ 740, 743, 744, auch wegen der Zuständigkeit des Rpfl.

2) VwGO: Entsprechend anwendbar, § 167 I VwGO. 2

746 (weggefallen)

§§ 747, 748

747 *Zwangsvollstreckung in ungeteilten Nachlass.* Zur Zwangsvollstreckung in einen Nachlass ist, wenn mehrere Erben vorhanden sind, bis zur Teilung ein gegen alle Erben ergangenes Urteil erforderlich.

Schrifttum: *Garlichs* JB **98**, 243 (Üb).

1 **1) Systematik, Regelungszweck.** §§ 747–749, ergänzt durch §§ 778–785, behandeln die Zwangsvollstreckung in den noch ungeteilten Nachlaß. § 747 fußt auf der Ordnung des Miterbenrechts als einer Gemeinschaft zur gesamten Hand, §§ 2032 ff BGB. Die Vorschrift setzt daher dieses Erbrecht oder ein gleichgeordnetes voraus. Außerdem müssen natürlich die allgemeinen Vollstreckungsvoraussetzungen gegen alle Miterben beim Beginn der Vollstreckung nach Grdz 51 vor § 704 vorliegen. Sie steht aber auch anderen Nachlaßgläubigern offen, denen die Erben aus demselben Rechtsgrund haften, Winter KTS **83**, 354. Unter Nachlaß versteht § 747 alles, was zum Nachlaß gehört, also auch die einzelnen Nachlaßgegenstände. Die Vorschrift gilt entsprechend nach § 265 AO.

2 **2) Vor der Erbauseinandersetzung.** In diesem Stadium ist zur Zwangsvollstreckung ein Titel gegen sämtliche Miterben erforderlich. Es braucht kein einheitliches Urteil vorzuliegen. Die Erben mögen aus verschiedenen inhaltlich gleichen vollstreckbaren Titeln haften. Ein Leistungstitel nur gegen einzelne Miterben nebst Duldungstitel gegen die restlichen reicht nicht. Die Miterben sind nicht notwendige Streitgenossen im Sinn von § 62, auch nicht als Gesamtschuldner, § 62 Rn 16. Der Titel braucht die Miterben nicht als solche zu bezeichnen. Wenn ein Miterbe gleichzeitig ein Nachlaßgläubiger ist, dann genügt ein Urteil gegen die anderen Miterben, BGH MDR **88**, 654. § 780 I ist anwendbar, BGH MDR **88**, 654. Bei der Zwangsvollstreckung zwecks Abgabe einer Willenserklärung nach § 894 genügt ein Urteil gegen denjenigen Erben, der die Erklärung nicht abgegeben hat. § 747 gilt auch, wenn die Miterben aus einem anderen Rechtsgrund gesamtschuldnerisch haften, etwa aus einer unerlaubten Handlung oder wegen einer Verbindlichkeit, die die Erben während der Erbengemeinschaft eingingen. Nur so erfolgt ein ausreichender Schutz auch anderer als der Nachlaßgläubiger.

3 Die *Zwangsvollstreckung* braucht nicht gegen alle Erben gleichzeitig zu erfolgen. Es können zB gegen die einzelnen Miterben nacheinander mehrere Pfändungsbeschlüsse ergehen. Die Wirkung tritt dann mit der Erfassung des letzten Miterben ein. Ein Vollstreckungstitel gegen nur einen Miterben berechtigt nur zur Pfändung seines Anteils am ungeteilten Nachlaß. Wenn das Urteil gegen den Erblasser vorliegt, dann darf und muß der Rpfl die Klausel nach § 727 gegen alle Erben umschreiben. Besteht eine Nachlaßverwaltung, so ist der Titel gegen den Verwalter notwendig und ausreichend, § 1984 BGB.

4 **3) Nach der Erbauseinandersetzung.** In diesem Stadium verläuft die Zwangsvollstreckung gegen den einzelnen Miterben. Wendet der Miterbe ein, daß der Nachlaß noch nicht geteilt worden sei, macht er also ein Verweigerungsrecht aus § 2059 I 1 BGB geltend, so ist er beweispflichtig für seine Behauptung. Der Gläubiger muß dagegen beweisen, daß der Miterbe für die Nachlaßverbindlichkeit bereits unbeschränkt haftet, § 2059 I 2 BGB. Wenn das Urteil eine Haftungsbeschränkung nach § 780 vorbehält, dann kann man die Voraussetzungen des Verweigerungsrechts auch bei der Zwangsvollstreckung geltend machen. Die Teilung kann schon dann durchgeführt worden sein, wenn einzelne Stücke noch niemandem zugewiesen worden sind. Ob die Auseinandersetzung stattgefunden hat, läßt sich nur nach der Lage des Falls beantworten. Wegen der Zwangsvollstreckung bei einem Testamentsvollstrecker § 748.

5 **4) Rechtsbehelfe.** Jeder Erbe, auch der verurteilte, kann bei einer gegen § 747 verstoßenden Zwangsvollstreckung die Erinnerung nach § 766 und anschließend die sofortige Beschwerde nach § 793 einlegen. Ein Miterbe, gegen den eine Vollstreckung ohne Titel erfolgt, hat auch die Drittwiderspruchsklage nach § 771.

6 **5) *VwGO:*** Entsprechend anwendbar, § 167 I VwGO.

748 *Zwangsvollstreckung bei Testamentsvollstrecker.* I Unterliegt ein Nachlass der Verwaltung eines Testamentsvollstreckers, so ist zur Zwangsvollstreckung in den Nachlass ein gegen den Testamentsvollstrecker ergangenes Urteil erforderlich und genügend.

II Steht dem Testamentsvollstrecker nur die Verwaltung einzelner Nachlassgegenstände zu, so ist die Zwangsvollstreckung in diese Gegenstände nur zulässig, wenn der Erbe zu der Leistung, der Testamentsvollstrecker zur Duldung der Zwangsvollstreckung verurteilt ist.

III Zur Zwangsvollstreckung wegen eines Pflichtteilsanspruchs ist im Falle des Absatzes 1 wie im Falle des Absatzes 2 ein sowohl gegen den Erben als gegen den Testamentsvollstrecker ergangenes Urteil erforderlich.

Schrifttum: *Garlichs,* Passivprozesse des Testamentsvollstreckers, 1996.

Gliederung

1) Systematik, Regelungszweck, I–III 1	4) Rechtsbehelfe, I–III 7–9
2) Volle Verwaltung, I 2, 3	A. Testamentsvollstrecker 7
A. In Vermögen des Erben 2	B. Erbe 8
B. Nicht in Vermögen des Testamentsvollstreckers 3	C. Dritter 9
3) Teilverwaltung, II 4–6	5) Keine Verwaltung, I–III 10
A. Leistung und Duldung 4	6) Pflichtteilsanspruch, III 11
B. Antrag und Urteil 5	7) *VwGO* 12
C. Zwangsvollstreckung 6	

Abschnitt 1. Allgemeine Vorschriften § 748

1) Systematik, Regelungszweck, I–III. Vgl zunächst § 747 Rn 1. Die Vorschrift enthält die erforderlichen Klarstellungen bei den verschiedenen Formen einer Testamentsvollstreckung zwecks Wahrung der sehr unterschiedlichen Interessen der in solchen Situationen Beteiligten. Sie gilt schon ab dem Tod des Erblassers und nicht erst ab Annahme des Amts nach § 2202 I BGB. 1

2) Volle Verwaltung, I. Es gibt zwei unterschiedliche Fallgruppen. 2

A. In Vermögen des Erben. Über das Prozeßführungsrecht des Testamentsvollstreckers als Bekl § 327 Rn 3. § 748 ergänzt den § 2213 BGB für die Zwangsvollstreckung, Köln Rpfleger **05**, 365. Wenn der Testamentsvollstrecker die Verwaltung des ganzen Nachlasses durchführt, dann wirkt ein gegen den Erben ergangenes Urteil nicht gegen den Testamentsvollstrecker, sondern ermöglicht nur die Zwangsvollstreckung in das nicht der Verwaltung des Testamentsvollstreckers unterliegende Vermögen des Erben. Zur Zwangsvollstreckung in den Nachlaß ist ein Vollstreckungstitel gegen den Testamentsvollstrecker notwendig. Das Urteil muß auf eine Leistung lauten, nicht auf eine Duldung der Zwangsvollstreckung, außer wenn ein Leistungsurteil gegen den Erben vorliegt, II, BGH NJW **89**, 936. Denn sonst fehlt überhaupt ein Leistungsurteil, aM StJM 2 (das Urteil dürfe auf eine Leistung oder eine Duldung lauten. Aber das sind durchaus verschiedene Pflichten, auch und gerade in der Zwangsvollstreckung.).

Zweckmäßig ist eine Klage *gegen den Testamentsvollstrecker und den Erben zugleich*. Dann kann nämlich der Gläubiger aus diesem Urteil gegen den Testamentsvollstrecker in den Nachlaß vollstrecken, gegen den Erben in dessen persönliches Vermögen. Der Miterbe oder Nacherbe, dessen Erbrecht bestritten worden ist und der eine Herausgabe verlangt, muß wegen seines Erbrechts gegen die Miterben klagen, im übrigen aber gegen den Testamentsvollstrecker, der den Nachlaß in Besitz hat. Mehrere Testamentsvollstrecker sind gewöhnliche Streitgenossen, § 59. Eine Annahme der Erbschaft ist nach §§ 1958, 2213 I 1 BGB nicht notwendig. Die Vorschrift gilt entsprechend nach § 265 AO, BFH NJW **89**, 936.

B. Nicht in Vermögen des Testamentsvollstreckers. Die Zwangsvollstreckung ist nur in den Nachlaß zulässig, nicht in das eigene Vermögen des Testamentsvollstreckers. Denn er ist Partei kraft Amts, Grdz 8 vor § 50. Eine entsprechende Einschränkung im Urteil ist entbehrlich, Garlichs Rpfleger **99**, 63. Die Zwangsvollstreckung in den Nachlaß erfolgt wie bei der Gütergemeinschaft, in der nur ein Ehegatte verwaltungsberechtigt ist, § 740 I. Ein Gewahrsam des Erben hindert die Zwangsvollstreckung in den Nachlaß nicht. Denn der Testamentsvollstrecker verkörpert den Nachlaß, aM Garlichs Rpfleger **99**, 62 (aber das ist gerade die Funktion dieser Partei kraft Amts). Klagt der Testamentsvollstrecker aus eigenem Recht etwa als Vermächtnisnehmer, so muß er den Erben verklagen. 3

3) Teilverwaltung, II. Man muß drei Stadien beachten. 4

A. Leistung und Duldung. Verwaltet der Testamentsvollstrecker nur einzelne Nachlaßgegenstände, so ist ein Vollstreckungstitel gegen den Erben auf die Leistung und gegen den Testamentsvollstrecker auf eine Duldung erforderlich. Ein Urteil auf eine Leistung gegen den Testamentsvollstrecker genügt als ein Mehr, Garlichs MDR **98**, 515. Die Klage auf eine Leistung gegen den Testamentsvollstrecker erlaubt ein Urteil auf eine Duldung als das Mindere. Eine Einschränkung für einzelne Gegenstände braucht das Gericht nur dann vorzunehmen, wenn nur diese Sachen der Zwangsvollstreckung unterliegen. Im Grunde geht das Duldungsurteil auf die Abgabe einer Willenserklärung, nämlich auf die Erklärung der Einwilligung in die Zwangsvollstreckung („zur Herausgabe bereit"). Es handelt sich also um ein Leistungsurteil im Sinn von Üb 6 vor § 300, auch wenn nicht stets im Sinn von Grdz 8 vor § 253. Das Urteil unterliegt freilich nicht der Regelung des § 894, sondern läßt eine vorläufige Vollstreckbarkeit zu.

Den *Kosten* der Klage nach § 93 Rn 37 „Dingliche Klage" kann der Testamentsvollstrecker nur durch eine vollstreckbare Urkunde nach § 794 I Z 5 entgehen, nicht durch eine formlose Einwilligung. Man kann den Leistungs- und den Duldungsanspruch in getrennten Prozessen geltend machen. Wenn der Testamentsvollstrecker und der Erbe zusammen verklagt werden, dann sind sie nicht notwendige Streitgenossen im Sinn von § 62. Ist ein Duldungsurteil vor dem Leistungsurteil ergangen, so wird das Duldungsurteil mit der Abweisung der Leistungsklage unwirksam. Eine unzulässige Zwangsvollstreckung wird dadurch wirksam, daß der Gläubiger den Duldungstitel nach Grdz 58 vor § 704 nachreicht oder daß der Schuldner die Zwangsvollstreckung genehmigt.

B. Antrag und Urteil. Die Fassung lautet am besten: „Der Beklagte muß die Zwangsvollstreckung in die (näher bezeichneten) Nachlaßgegenstände dulden". Das Gericht kann sein Urteil für vorläufig vollstreckbar erklären. Aus der akzessorischen Natur der mit der Leistungsklage verbundenen Duldungsklage folgt, daß die letztere den Gerichtsstand der ersteren teilt, auch bei einem ausschließlichen Gerichtsstand. Das gilt aber nicht, wenn man die Leistungs- und die Duldungsklage getrennt erhoben hat. Die Verurteilten haften wegen der Kosten nach Kopfteilen. Denn das Urteil verurteilt nicht gesamtschuldnerisch, § 100 I. 5

C. Zwangsvollstreckung. Das Gericht muß beim Testamentsvollstrecker und dem Erben ein gegen diese ergangenes Urteil zustellen. Eine Zustellung des Urteils, das gegen den anderen ergangen ist, braucht nicht zu erfolgen, § 750. Der Testamentsvollstrecker und der Erbe sind Vollstreckungsschuldner. Beide müssen also auch die eidesstattliche Versicherung zwecks Offenbarung nach § 807 leisten, der Testamentsvollstrecker aber natürlich nur wegen der von ihm verwalteten Nachlaßgegenstände. 6

4) Rechtsbehelfe, I–III. Eine Zwangsvollstreckung ohne wirksamen Duldungstitel gibt je nach der Beteiligungsperson unterschiedliche Möglichkeiten. 7

A. Testamentsvollstrecker. Der Testamentsvollstrecker kann Erinnerung aus § 766 und anschließend sofortige Erinnerung nach § 793 einlegen. Er kann auch eine Widerspruchsklage nach § 771 erheben. Ihr kann der Gläubiger den Einwand einer sachlichrechtlichen Duldungspflicht nicht entgegensetzen.

B. Erbe. Der Erbe hat keinen Rechtsbehelf. Denn II schützt nicht den Erben, sondern soll die ungestörte Verwaltung des Testamentsvollstreckers ermöglichen. Mit einer Widerspruchsklage nach § 771 würde der Erbe ein fremdes Recht geltend machen, Garlichs Rpfleger **99**, 64. 8

C. Dritter. Der Dritte, insbesondere der Drittschuldner, hat die Erinnerung, § 766. 9

§§ 748, 749, Einf §§ 750–752

10 **5) Keine Verwaltung, I–III.** Hat der Testamentsvollstrecker überhaupt keine Verwaltung, so kommt er für die Zwangsvollstreckung nur als Dritter in Frage.

11 **6) Pflichtteilsanspruch, III.** Bei ihm ist es unerheblich, ob der Testamentsvollstrecker die Verwaltung voll oder teilweise durchführt. In beiden Fällen ist zwar der Erbe der richtige Bekl, § 2213 BGB. Zur Zwangsvollstreckung in den verwalteten Nachlaß ist aber nach § 2213 I 3 BGB ein Urteil gegen den Erben auf die Leistung notwendig, gegen den Testamentsvollstrecker auf eine Duldung. Im übrigen gelten Rn 4–6.

12 **7) VwGO:** *Entsprechend anwendbar,* § 167 I VwGO.

749 *Vollstreckbare Ausfertigung für und gegen Testamentsvollstrecker.* ¹Auf die Erteilung einer vollstreckbaren Ausfertigung eines für oder gegen den Erblasser ergangenen Urteils für oder gegen den Testamentsvollstrecker sind die Vorschriften der §§ 727, 730 bis 732 entsprechend anzuwenden. ²Auf Grund einer solchen Ausfertigung ist die Zwangsvollstreckung nur in die der Verwaltung des Testamentsvollstreckers unterliegenden Nachlassgegenstände zulässig.

1 **1) Systematik, Regelungszweck, S 1, 2.** Vgl zunächst § 747 Rn 1. Rechtsnachfolger des Erblassers ist der Erbe und nicht der Testamentsvollstrecker. Eine Umschreibung der Vollstreckungsklausel auf den Erben läßt keine Zwangsvollstreckung in den von einem Testamentsvollstrecker verwalteten Nachlaß zu, § 748. Darum regelt § 749 die Umschreibung für und gegen den Testamentsvollstrecker entsprechend den §§ 727, 730–732. Voraussetzung ist natürlich die Annahme seines Amts nach § 2202 I BGB. Dagegen ist eine Annahme der Erbschaft im Sinn von § 2213 BGB keine Voraussetzung. Zuständig ist der Rpfl, § 20 Z 12 RPflG, Anh § 153 GVG.

2 **2) Geltungsbereich, S 1, 2.** Es kommt auf die Urteilsrichtung an.
A. Urteil gegen den Erblasser. Bei einer *vollen Verwaltung* des Testamentsvollstreckers muß der Rpfl den Vollstreckungstitel gegen den Testamentsvollstrecker umschreiben, § 748 I. Bei einer *Teilverwaltung* des Testamentsvollstreckers muß er den Vollstreckungstitel gegen den Erben und gegen den Testamentsvollstrecker entsprechend § 748 II umschreiben. Denn § 749 erleichtert die Beschaffung eines Vollstreckungstitels, macht ihn aber nicht entbehrlich. Unerheblich ist, ob die Ausschlagungsfrist schon abgelaufen ist. Der Testamentsvollstrecker hat die Einrede aus § 2014 BGB.

3 **B. Urteil für den Erblasser.** In diesem Fall muß der Rpfl den Vollstreckungstitel für den Testamentsvollstrecker umschreiben, falls der Testamentsvollstrecker nachweist, daß er den ganzen Nachlaß oder wenigstens den betreffenden Anspruch zu verwalten hat. Wenn der Erbe vor dem Amtsantritt des Testamentsvollstreckers eine Umschreibung auf sich erwirkt hat, dann muß der Testamentsvollstrecker ihn verklagen, falls der Erbe den Titel nicht herausgibt, § 2205 BGB.

4 **3) Rechtsbehelfe, S 1, 2.** Für den Gläubiger und den Testamentsvollstrecker gilt dasselbe wie bei § 724 Rn 13. Der Schuldner kann nach §§ 732, 768 vorgehen.

5 **4) VwGO:** *Entsprechend anwendbar,* § 167 I VwGO, in dem in Einf §§ 727–729 Rn 7 bezeichneten Umfang.

Einführung vor §§ 750–752
Beginn der Zwangsvollstreckung
Gliederung

1) Systematik 1	4) Verstoß 4, 5
2) Regelungszweck 2	5) Rechtsbehelfe 6
3) Geltungsbereich 3	6) VwGO 7

1 **1) Systematik.** §§ 750–752 geben die Voraussetzungen für den Beginn der Zwangsvollstreckung, Grdz 51 vor § 704. Das Originalurteil usw bleibt ja bei den Gerichtsakten. Seine Eignung zur vorläufigen oder endgültigen Vollstreckung wird formell nach seinem Erlaß durch die grundsätzlich erforderliche Vollstreckungsklausel im Verfahren nach §§ 724 ff auf einer der Ausfertigungen festgestellt, die eben erst dadurch zur vollstreckbaren Ausfertigung und damit erst praktisch zum Vollstreckungstitel wird. §§ 750–752 sollen dem im Klauselerteilungsverfahren nicht notwendig beteiligten Schuldner durch eine Information über alle die Leistungspflicht begründenden Umstände letztmals eine Gelegenheit zur Leistung oder zu Einwänden geben. Jedes Vollstreckungsorgan muß ihr Vorliegen von Amts wegen bei jeder Zwangsvollstreckungshandlung prüfen, Grdz 39 vor § 128. Ffm Rpfleger **77**, 416, Eickmann DGVZ **84**, 66. Das muß auch das Prozeßgericht bei § 887 ff tun, Düss OLGZ **76**, 377. § 750 ff sind auch dann anwendbar, wenn der Gläubiger im laufenden Verfahren wechselt, sofern er tätig ins Verfahren eingreift, etwa ein eingestelltes Verfahren weiterbetreibt. Entsprechendes gilt beim Wechsel des Schuldners. Ausnahme § 779. Wegen der EuGVVO SchlAnh V C 4.

2 **2) Regelungszweck.** §§ 750, 751 schützen ausschließlich den Schuldner, AG Birkenfeld DGVZ **82**, 189. Es ist durch nichts begründet, ihm hier, wo keinerlei öffentliche Belange berührt sind, einen Schutz zu gewähren, den er verschmäht. § 295 ist hier anwendbar, § 750. Eine verfrühte Zwangsvollstreckung gibt dem Schuldner dann, wenn das Gericht sie schuldhaft zugelassen hatte, einen Ersatzanspruch gegen den Staat. Denn wenn der fehlerhafte Staatsakt auch mangels Aufhebung wirksam bleibt, Üb 20 vor § 300, BGH **66**, 81, so war er doch unerlaubt. Dagegen ist der Gläubiger aus der fehlerhaften Zwangsvollstreckung nicht bereichert wenn sein Anspruch bestand. § 752 schützt wie belastet evtl sowohl den Gläubiger als auch den Schuldner, § 752 Rn 1. Diesen Schutzzwecken entsprechend muß man die Vorschriften auslegen.

3) Geltungsbereich. Die Vorschriften gelten für jede Art von Zwangsvollstreckung auf Grund beliebiger 3 Gesetze, soweit diese eine Vollstreckung eben nach der ZPO vorsehen.

4) Verstoß. Die Vorschriften über die Voraussetzungen des Beginns der Zwangsvollstreckung sind 4 zwingend. Ein Verstoß macht die Vollstreckungshandlung gesetzwidrig. Nach einer früheren Meinung war die trotzdem vorgenommene Zwangsvollstreckung unwirksam. Sie ließ insbesondere kein Pfandrecht entstehen. Der Schuldner mußte eine Unwirksamkeit nach § 766 geltend machen. Eine Heilung mit rückwirkender Kraft gegen Dritte war unmöglich. Dagegen wurde die noch fortdauernde Zwangsmaßnahme bei einer Nachholung des Nötigen für die Zukunft wirksam.

Diese *ganze Lehre*, die nur eine Ausnahme zugunsten einer ex tunc-Wirkung bei einer Genehmigung des 5 Drittberechtigten nach §§ 185 II, 184 BGB machte, ist *unrichtig*, Grdz 55, 56 vor § 704. Von einer schädlichen Rückwirkung kann man nicht sprechen. Denn ein mangelhafter Staatsakt ist dann, wenn nicht schwere, grundlegende Mängel zur Nichtigkeit führen, nicht aufschiebend bedingt, sondern grundsätzlich nur anfechtbar, Üb 20 vor § 300, und insofern auflösend bedingt. Darum tritt nicht ein, was nicht bestand, sondern es bleibt erhalten, was bestand, aber gefährdet war. Darum heilt eine Zustimmung des Schuldners schlechthin und mit dem Wirkung des Wegfalls der auflösenden Bedingung, BGH **66**, 81, Saarbr Rpfleger **91**, 513, StJM § 750 Rn 11.

5) Rechtsbehelfe. Der Gläubiger und der Schuldner können die Erinnerung nach § 766 einlegen. 6 Anschließend ist die sofortige Beschwerde nach § 793 möglich. Der Drittschuldner hat auch die Einrede gegenüber der Klage, aM BGH **66**, 82 (läßt nur eine Nichtigkeit als Einwendung gelten. Aber die Möglichkeit einer Erinnerung muß gerade als Folge der bloßen Anfechtbarkeit nach Rn 5 unbedingt bestehen.).

6) VwGO: *Näheres bei den einzelnen Vorschriften.* 7

750 *Voraussetzungen der Zwangsvollstreckung.* I ¹Die Zwangsvollstreckung darf nur beginnen, wenn die Personen, für und gegen die sie stattfinden soll, in dem Urteil oder in der ihm beigefügten Vollstreckungsklausel namentlich bezeichnet sind und das Urteil bereits zugestellt ist oder gleichzeitig zugestellt wird. ²Eine Zustellung durch den Gläubiger genügt; in diesem Fall braucht die Ausfertigung des Urteils Tatbestand und Entscheidungsgründe nicht zu enthalten.

II Handelt es sich um die Vollstreckung eines Urteils, dessen vollstreckbare Ausfertigung nach § 726 Abs. 1 erteilt worden ist, oder soll ein Urteil, das nach den §§ 727 bis 729, 738, 742, 744, dem § 745 Abs. 2 und dem § 749 für oder gegen eine der dort bezeichneten Personen wirksam ist, für oder gegen eine dieser Personen vollstreckt werden, so muss außer dem zu vollstreckenden Urteil auch die ihm beigefügte Vollstreckungsklausel und, sofern die Vollstreckungsklausel auf Grund öffentlicher oder öffentlich beglaubigter Urkunden erteilt ist, auch eine Abschrift dieser Urkunden vor Beginn der Zwangsvollstreckung zugestellt sein oder gleichzeitig mit ihrem Beginn zugestellt werden.

III Eine Zwangsvollstreckung nach § 720 a darf nur beginnen, wenn das Urteil und die Vollstreckungsklausel mindestens zwei Wochen vorher zugestellt sind.

Schrifttum: *Kleffmann,* Unbekannt als Parteibezeichnung usw, 1983; *Reichert,* Die BGB-Gesellschaft im Zivilprozeß, 1988.

Gliederung

1) **Systematik, I–III** 1	A. Grundsatz: Spätestens bei Vollstreckungsbeginn 14
2) **Regelungszweck, I–III** 2	B. Beispiele zur Frage einer Zustellung des Vollstreckungstitels, I 15–18
3) **Geltungsbereich, I–III** 3	
4) **Bezeichnung der Personen, I** 4–11	7) **Zustellung der Vollstreckungsklausel, II** 19–22
A. Grundsatz: Erkennbarkeit; Auslegbarkeit 4	A. Andere Bedingung als diejenige einer Sicherheitsleistung 19
B. Name, Beruf, Wohnort 5, 6	B. Rechtsnachfolge 20
C. Gesetzlicher Vertreter 7	C. Ausführung 21, 22
D. Firma 8, 9	8) **Wartefrist, III** 23, 24
E. Personenmehrheit 10, 11	A. Berechnung usw 23
5) **Nennung im Vollstreckungstitel, I** .. 12, 13	9) **Rechtsbehelf: Erinnerung** 24
A. Grundsatz: Maßgeblichkeit von Titel und Klausel 12	10) **VwGO** 25
B. Verstoß 13	
6) **Zustellung des Vollstreckungstitels, I** 14–18	

1) Systematik, I–III. Vgl Einf 1 vor §§ 750–752. 1

2) Regelungszweck, I–III. Vgl zunächst Einf 2 vor §§ 750–752. Die Vorschrift dient der Rechtssicher- 2 heit, Einl III 43. Sie soll sicherstellen, daß ein Bürger niemanden zu Unrecht mit Zwangsmaßnahmen oder auch nur deren Ankündigung überziehen kann, den solche Maßnahmen gar nicht betreffen oder demgegenüber sie zumindest noch nicht zulässig sind. Außerdem soll der wahre Vollstreckungsschuldner wenigstens jetzt genau erkennen können, welcher seiner Gläubiger aus welchem Titel gegen ihn vorgeht bzw im Fall III vorgehen will. III soll dem Schuldner Gelegenheit geben, schon eine Sicherungsmaßnahme des Gläubigers nach § 720 a abzuwenden.

§ 750

Schikane gegenüber dem Gläubiger ist aber keineswegs als Folge noch so gutgemeinten Schuldnerschutzes auch nur als etwa bloß unerfreuliche Begleiterscheinung hinnehmbar. Deshalb darf man die Anforderungen an § 750 nicht überspannen. Solange sich vernünftigerweise ganz gut zu erkennen läßt, was Vollstreckungsorgan und Schuldner sowie etwa zu Unrecht hingezogene Dritte wissen müssen, darf die Vorschrift dem endlichen Beginn der Vollstreckung nicht mehr entgegenstehen.

3 3) **Geltungsbereich, I–III.** Die Vorschrift regelt eine Voraussetzung des Beginns der Zwangsvollstreckung nach Grdz 51 vor § 704. Sie gilt entgegen dem zu engen Wortlaut aber auch bei der Fortsetzung einer Vollstreckung.

4 4) **Bezeichnung der Personen, I.** Einem Grundsatz folgen zahlreiche Auswirkungen.

A. Grundsatz: Erkennbarkeit, Auslegbarkeit. Das Vollstreckungsorgan muß ohne weiteres erkennen können, wer Vollstreckungspartei ist, § 253 Rn 22 ff. Das Vollstreckungsorgan muß die Nämlichkeit der Personen auf Grund des Vollstreckungstitels prüfen können, LG Drsd JB **01**, 604, LG Kblz FamRZ **00**, 1166, AG Hann DGVZ **03**, 123, aM BGH **156**, 339 (krit Ruess NJW **04**, 488. Wo läge auch die Grenze für das Vollstreckungsorgan?). Es muß zu dieser Klärung imstande sein können, ohne daß es besondere Ermittlungen anstellen muß, Grdz 37 vor § 704, LG Frankenth JB **96**, 443, AG Göpp DGVZ **00**, 126. Zu diesen ist es auch nicht verpflichtet, AG Göpp DGVZ **00**, 126, Petermann DGVZ **76**, 84.

Eine *Auslegung* ist freilich erlaubt und evtl geboten, LG Bonn Rpfleger **84**, 28, AG Gelsenk DGVZ **88**, 45, VGH Mannh NJW **99**, 3291 (zieht die Klausel heran). Notfalls muß das Gericht den Urteilskopf nach § 319, die Vollstreckungsklausel in dessen entsprechender Anwendung berichtigen, AG Kiel DGVZ **81**, 173, AG Neust/Rbbge DGVZ **95**, 156. Wenn auch dieser Weg versagt, dann ist die Zwangsvollstreckung zunächst unmöglich, BayObLG NZM **05**, 439 (WEG), LG Bonn Rpfleger **84**, 28, LG Düss DGVZ **81**, 156. Der Gläubiger muß dann die Nämlichkeit der Beteiligten durch eine Klage aus § 731 klären lassen, LG Bln MDR **77**, 236. Keinesfalls darf der ProzBev einfach eine „Berichtigung" vornehmen.

5 **B. Name, Beruf, Wohnort.** Nach dem Namen, dem Beruf und dem Wohnort und daher auch der genauen Adresse muß das Gericht diejenigen Personen im Urteil oder in der Vollstreckungsklausel bezeichnen, für und gegen die die Zwangsvollstreckung stattfinden soll, Karlsr MDR **99**, 1403, AG Bln-Wedding DGVZ **92**, 123. Deshalb muß der Gläubiger den Vornamen jedenfalls dann angeben, wenn man nur mit seiner Hilfe die Nämlichkeit des Betroffenen feststellen kann, AG Bln-Wedding DGVZ **92**, 123, AG Bonn DGVZ **94**, 95 (zum Gegenfall), AG Neust/Rbbge DGVZ **95**, 156. Es kann auch der Zusatz „senior" oder „junior" oder stattdessen das Geburtsdatum oder der Beruf notwendig sein. Wegen der BGB-Außengesellschaft mit ihrer Rechts-, Partei- und Prozeßfähigkeit nach BGH **146**, 341 ergeben sich die Anforderungen wie bei § 253 Rn 25. Es ist aber auch nicht nötig. Daher braucht der Titel nicht die Gesellschafternamen zu nennen, soweit nur die Gesellschaft Partei ist, aM AG Hann DGVZ **03**, 123 (aber damit würde man die BGH-Grundsatzentscheidung unterlaufen können).

6 *Formalistische Engherzigkeit* muß unterbleiben, Einf 2 vor §§ 750–751, KG Rpfleger **82**, 191, aM Ffm Rpfleger **79**, 434 (aber der Prozeß ist in keinem Stadium Selbstzweck, Einl III 10). Eine unrichtige Schreibweise ist unschädlich, soweit die Nämlichkeit feststeht, LG Hann JB **80**, 774, LG Stgt Rpfleger **96**, 166, AG Bonn DGVZ **94**, 95. Dasselbe gilt bei nur theoretischer Unklarheit dazu, was Vor- und was Nachname ist, LG Hann JB **92**, 57, oder wenn nur im Kurzvorname dasteht, BayObLG JB **83**, 116, LG Bielef JB **87**, 930, oder beim Pseudonym, oder beim Stand oder Beruf, oder bei einer Namensänderung, LG Bielef JB **87**, 930, LG Brschw NJW **95**, 1971, AG Drsd DGVZ **05**, 130. Wenn ein Betroffener zB nachträglich infolge einer Heirat usw einen anderen Familiennamen erhalten hat, darf das Gericht den Vollstreckungstitel ohne weiteres ergänzen, AG Kref MDR **77**, 762 (§ 727 entsprechend). Eine neue Anschrift mag auf bloßem Umzug beruhen. Daher kann man ihre Richtigkeit beim Zustellungsversuch abwarten, LG Drsd JB **01**, 604. Der Gläubiger kann sich jedenfalls darauf beschränken, eine Auskunft aus dem Melderegister beizufügen, LG Brschw Rpfleger **95**, 306. Er braucht also nicht nach § 792 vorzugehen, dort Rn 1. Zweifel gehen freilich zu Lasten des Gläubigers, Ffm Rpfleger **79**, 434, AG Darmst DGVZ **78**, 46 (betr den Sitz einer GmbH). Mängel im Vollstreckungstitel lassen sich durch die Vollstreckungsklausel zumindest nicht stets heilen, Karlsr MDR **99**, 1403, wenn auch eventuell, Rn 2.

7 **C. Gesetzlicher Vertreter.** Man muß § 51 beachten. Bei einer BGB-Gesellschaft reicht „vertreten durch den Geschäftsführer", § 51 Rn 16, BGH RR **05**, 119. Wenn der Vollstreckungstitel entgegen § 313 I Z 1 den gesetzlichen Vertreter nicht erwähnt, dann ist er zwar nicht unwirksam, Ffm Rpfleger **76**, 27, LG Ffm DGVZ **02**, 92, AG Hann NdsRpfl **97**, 15. Es können aber bei der Zustellung Schwierigkeiten auftreten, Grdz 40 vor § 704, LG Ffm DGVZ **02**, 92, AG Ansbach DGVZ **94**, 94. Dasselbe gilt bei einer Zahlung usw. Die Angabe des gesetzlichen Vertreters bei einer juristischen Person, deren Nämlichkeit eindeutig ist, wie überhaupt die ausdehnende Auslegung von § 313 I Z 1 auf das Vollstreckungsverfahren mag allerdings nicht gerechtfertigt sein, Köln Rpfleger **75**, 102. Man kann bei einem Vollstreckungstitel gegen „X als gesetzlichen Vertreter des Minderjährigen Y" den ersteren als den Schuldner ansehen, LG Essen Rpfleger **75**, 372. Nämlichkeit des Vertreters ändert nichts an der Notwendigkeit der Nämlichkeit des Vertretenen, Ffm WettbR **97**, 187, LG Bln Rpfleger **78**, 106. Der Gerichtsvollzieher beachtet den Mangel, AG Wolfratshausen DGVZ **75**, 47. Er braucht aber zB nicht selbst den gesetzlichen Vertreter zu ermitteln. Er gibt vielmehr dem Gläubiger Gelegenheit zur Klärung oder weist den Auftrag erst anschließend notfalls zurück, LG Ffm DGVZ **02**, 92.

8 **D. Firma.** Bei einer eingetragenen Firma genügt diese im allgemeinen, BayObLG Rpfleger **82**, 466, KG JB **82**, 784, AG Mü DGVZ **82**, 172. Beim Einzelkaufmann genügt das auch zur Vollstreckung in sein Privatvermögen. Bei einer nicht eingetragenen Firma muß man den Inhaber angeben, KG JB **82**, 784, Köln RR **96**, 292. Bei mehreren „Inhabern" ist mangels einer Eintragung in der Regel § 736 anwendbar. Über einen Titel auf eine Einzelfirma Einf 3 vor §§ 727–729. Zweifel gehen jedenfalls auch zu Lasten des Gläubigers, wenn die Firma beim Eintritt der Rechtshängigkeit nach § 261 nicht mehr eingetragen war, KG Rpfleger **82**, 191, Köln RR **96**, 292, aM AG Mü DGVZ **82**, 172 (der im Vollstreckungstitel mit seinem

Abschnitt 1. Allgemeine Vorschriften **§ 750**

Privatnamen bezeichnete frühere Inhaber sei Schuldner, wenn im Titel auch die Firma angegeben sei. Aber gerade die Firma existierte ja in Wahrheit von Anfang an nicht.).

Umschreibung ist bei einem Decknamen entbehrlich, aber zulässig. Bei einer Handelsgesellschaft genügen **9** grundsätzlich Firma und Sitz, LG Saarbr DGVZ **97**, 183, AG Darmst DGVZ **78**, 48. Bei der Offenen Handelsgesellschaft genügt ein Titel gegen die Firma, ebenso bei der Kommanditgesellschaft. Wegen der BGB-Außengesellschaft Rn 5. Bei der GmbH und Co KG genügt der Titel gegen die GmbH nicht zur Zwangsvollstreckung gegen die KG, BayObLG NJW **86**, 2578. Ein Titel nur gegen den Geschäftsführer einer GmbH reicht nicht gegen sie aus, AG Bln-Tempelhof DGVZ **00**, 126. Wegen der Vor-GmbH und ihres Gründers BayObLG **87**, 448, LG Bln MDR **87**, 855. Eine Namens- oder Firmenänderung ist unschädlich, soweit die Nämlichkeit feststeht, LG Frankenth DGVZ **97**, 75, LG Hann JB **05**, 275, aM AG Kiel DGVZ **81**, 173. Nach der Löschung der GmbH ist eine Umschreibung auf einen neu zu bestellenden Liquidator notwendig, AG Limbg DGVZ **89**, 191. Der Gerichtsvollzieher prüft an Ort und Stelle, ob das Gericht ein Unternehmen im Titel in seiner Rechtsform richtig und vollstreckbar bezeichnet hat, AG Gelsenk DGVZ **88**, 45. Freilich braucht er keine komplizierten Ermittlungen usw vorzunehmen, Rn 3. Bei einer juristischen Person des öffentlichen Rechts kann die Bezeichnung einer nichtrechtsfähigen Anstalt reichen, LG Bonn Rpfleger **92**, 441.

E. Personenmehrheit. Man muß Gesamtgläubiger als solche bezeichnen, LG Frankenth JB **96**, 442. Die **10** Zwangsvollstreckung für und gegen einen Gesellschafter ist nur dann zulässig, wenn der Vollstreckungstitel ihn nicht bloß als gesetzlichen Vertreter nennt, § 51 Rn 12, sondern auch als Partei, Grdz 4 vor § 50, AG Bln-Wedding DGVZ **78**, 14. Die Umschreibung auf einen Gesellschafter ist unzulässig, Anh § 736 Rn 2, 3. Bei der Anwaltssozietät in Form einer BGB-Außengesellschaft mit ihren Rechts-, Partei- und Prozeßfähigkeit nach BGH **146**, 341 muß man wie bei Rn 5 vorgehen. Weichen Tenor und Rubrum auseinander, muß man im Zweifel zugunsten des Vollstreckungsschuldners vorgehen, BayObLG DB **02**, 679.

Bei *Schuldnermehrheit* ist grundsätzlich die Angabe notwendig, ob der Gläubiger sie als *Gesamtschuld-* **11** *ner* in Anspruch nimmt oder in welchem Beteiligungsverhältnis sie sonst stehen, LG Bln MDR **77**, 146, AG Bln DGVZ **77**, 25. Die Erbengemeinschaft ist als solche keine ausreichende Gläubigerbezeichnung, LG Bln DGVZ **78**, 59. Dasselbe gilt für „Rechtsanwalt X und Partner" usw, LG Bonn Rpfleger **84**, 28, LG Gießen DGVZ **95**, 88. Zum Problem einer unbestimmten Zahl nicht mit ihren Namen genannter Hausbesetzer § 253 Rn 25, § 319 Rn 13 ff. Die Angabe „WEG X" kann reichen, § 50 Rn 11, ebenso „die Eigentümer der Wohnungseigentumsanlage X" kann ausreichen, wenn die Vollstreckungsklausel den Verwalter angibt, BayObLG RR **86**, 564, LG Hann MDR **89**, 358, aM BayObLG RR **05**, 665, LG Ffm MDR **86**, 766, AG Ffm DGVZ **94**, 79 (die Angabe des Objekts reiche), StJM 18 a (Notwendigkeit der Angabe im Urteil oder Vollstreckungsbescheid. Aber beide Varianten beachten nicht genug die eigenständige Bedeutung der Vollstreckungsklausel, Rn 12. Im übrigen ist die WEG teilweise parteifähig, § 50 Rn 11).

5) **Nennung im Vollstreckungstitel, I.** Sie ist wesentliche Bedingung. **12**

A. Grundsatz: Maßgeblichkeit von Titel und Klausel. Die Zwangsvollstreckung ist ausschließlich für und gegen die im Urteil und in der Klausel Genannten zulässig, AG Bln-Tempelhof DGVZ **00**, 126, auch zB den Prozeßstandschafter, Grdz 26 vor § 50, LG Darmst Rpfleger **99**, 125, AG Schwetzingen DGVZ **89**, 27, aM Celle Rpfleger **86**, 484 (aber gerade bei ihm muß die Funktion ganz klar feststehen). Ob sie zu Recht aufgeführt worden sind, darf das Vollstreckungsorgan nicht prüfen, Hamm FamRZ **81**, 200. Bei einem Urteil auf Leistung an einen Dritten bleibt der Gläubiger der Vollstreckungsberechtigte. Daher darf das Gericht ihn nur im Rubrum aufführen, AG Schwetzingen DGVZ **89**, 26. Eine Einwilligung in die Zwangsvollstreckung durch einen nicht Genannten kann zwar einen bisherigen Mangel der Zwangsvollstreckung heilen. Das Vollstreckungsorgan handelt aber fehlerhaft, wenn es daraufhin die Zwangsvollstreckung vornimmt. Wegen eines Titels nach der AO Köln Rpfleger **93**, 29.

B. Verstoß. Das Fehlen der Benennung in der Vollstreckungsklausel läßt sich durch nichts ersetzen, auch **13** nicht bei einer sachlichrechtlichen Duldungspflicht, Bre Rpfleger **87**, 381 (zustm Bischoff/Bobenhausen). Die Vollstreckung ist insoweit unzulässig, wenn auch nicht nichtig, Einf 3 vor §§ 750-752.

6) **Zustellung des Vollstreckungstitels, I.** Auch er hat wesentliche Bedeutung. **14**

A. Grundsatz: Spätestens bei Vollstreckungsbeginn. Die Zwangsvollstreckung darf grundsätzlich erst dann beginnen, wenn das Urteil in einer beliebigen Ausfertigung, LG Gött JB **79**, 1388, vorher wirksam zugestellt worden ist oder gleichzeitig zugestellt wird (Ausnahmen: §§ 929 III, 936, ferner evtl bei § 156 III KostO, Hamm MDR **89**, 467), Karlsr FER **98**, 79, LG Bielef DGVZ **03**, 93, LG Mü DGVZ **96**, 77. Die Zustellung erfolgt von Amts wegen nach § 317 I oder durch den Gläubiger nach §§ 191–195. Das stellt I 2 klar, Mü OLGZ **82**, 103, LAG Ffm DB **87**, 2575. Der Gläubiger kann an einer solchen Parteizustellung trotz der Amtszustellung ein Interesse haben, etwa zwecks Beschleunigung, Ffm MDR **81**, 591, LG Ffm Rpfleger **81**, 204.

B. Beispiele zur Frage einer Zustellung des Vollstreckungstitels, I **15**
Anlage: S „Bezugnahme".
Anschrift: Die Zustellung erfolgt an die aus dem Erkenntnisverfahren bekannte Anschrift des Schuldners, solange er keine andere nennt und solange die bisherige Anschrift auch nicht als unrichtig geworden bekannt ist, Köln BB **75**, 628.
Anwaltsvergleich: Auch bei ihm ist die Zustellung erforderlich.
Aushändigung: Rn 16 „Notar".
Beschluß: Bei einem Beschluß gelten dieselben Regeln wie bei einem Urteil.
Bezugnahme: Die Zustellung einer in Bezug genommenen Anlage ist auch dann notwendig, wenn der Titel auch ohne sie verständlich ist, Mü RR **03**, 1722.
Einmaligkeit: Ungeachtet der Notwendigkeit einer Zustellung bei jeder Vollstreckungsart genügt jedenfalls eine einmalige Zustellung für die gesamte Zwangsvollstreckung, also für alle folgenden Vollstreckungshandlungen, Hbg RR **86**, 1501.

§ 750

Entbehrlichkeit: Eine Zustellung durch den Gläubiger ist entbehrlich, soweit der Schuldner den Vollstreckungstitel schon seinerseits dem Gläubiger hatte zustellen lassen, Ffm MDR **81**, 591.
Erinnerung: Rn 17 „Weigerung".
Gesamtschuldner: Bei der Zwangsvollstreckung gegen einen Gesamtschuldner ist keine Vorlage der mit Wirkung gegen einen anderen Gesamtschuldner erteilten Ausfertigung des Vollstreckungstitels notwendig, LG Bre DGVZ **82**, 76, aM AG Mönchengladb DGVZ **82**, 79 (aber es geht jetzt nur um *diesen* Gesamtschuldner).
Höhere Instanz: Aus dem Zweck der Vorschrift folgt, daß auch ein voll bestätigendes Urteil einer höheren Instanz zugestellt worden sein muß, wenn das erste Urteil nicht oder anders vorläufig vollstreckbar war. Denn dann macht erst das bestätigende Urteil das erste Urteil zu einem Vollstreckungstitel.
Jede Vollstreckungsart: Eine Zustellung ist bei jeder Zwangsvollstreckung notwendig, auch wenn das Prozeßgericht selbst vollstreckt.
S aber auch „Einmaligkeit".

16 **Kostenfestsetzungsbeschluß:** Auch bei ihm ist die Zustellung erforderlich.
Kurzfassung: S „Ohne Tatbestand und Entscheidungsgründe".
Mangel der Zustellung: Nur eine wirksame Zustellung genügt, LG Bielef DGVZ **03**, 93, LG Lübeck DGVZ **05**, 141, großzügiger BGH **76**, 79 (bloße Anfechtbarkeit. Aber der Mangel ist wesentlich). Ein Mangel läßt sich evtl durch erneute Zustellung nach § 189 heilen, BGH **66**, 82, Köln JB **00**, 49, Mü OLGZ **82**, 103.
Mehrfache Vollstreckung: Bei ihr ist die einmalige Zustellung vor der ersten Maßnahme erforderlich und ausreichend.
Notar: Eine auf Bitten des Schuldners vom Notar vorgenommene Aushändigung einer vollstreckbaren Ausfertigung der vor ihm errichteten Urkunde steht einer Zustellung wegen der neutralen Stellung des Notars nach § 1 BNotO nicht gleich, LG Ffm JB **93**, 750.
Ohne Tatbestand und Entscheidungsgründe: Die Zustellung einer Ausfertigung des Urteils ohne Tatbestand und Entscheidungsgründe genügt bei einer Parteizustellung stets, I 2 Hs 2, LAG Ffm DB **87**, 2575. Bei einer Zustellung von Amts wegen genügt sie dagegen nur in den Fällen der §§ 313 a, 313 b.
Parteizustellung: Bei der Parteizustellung stellt der Gläubiger dem Vollstreckungsschuldner zu. Es kann aber auch ein anderer Weg erfolgen, BGH **65**, 296, Ffm Rpfleger **78**, 134, LG Gött JB **79**, 1388. Wichtig ist nur, daß der Schuldner eine sichere Kenntnis von dem Titel erhält, Ffm MDR **81**, 591.

17 **Prozeßbevollmächtigter:** Die Zustellung muß an den ProzBev erfolgen, § 172, LG Gießen Rpfleger **81**, 26, AG Dorsten DGVZ **99**, 142, und zwar auch nach der Rechtskraft der Entscheidung, sogar noch nach Jahr und Tag, § 172 I 2, LG Detmold DGVZ **99**, 61, aM LG Bochum Rpfleger **85**, 33, Biede DGVZ **77**, 75 (diese Zustellungsart sei nur bei § 195 erforderlich. Aber § 172 gilt gerade auch bei der Amtszustellung). Die Zustellung erfolgt an den ProzBev der Instanz, LG Köln DGVZ **90**, 122. Es ist keine Zustellung an sich selbst statthaft, KG Rpfleger **78**, 105. Das Vollstreckungsorgan darf die Prozeßvollmacht nicht prüfen. Denn diese Zustellung gehört noch zur Instanz. Die Prozeßvollmacht erlischt erst nach § 87.
Prozeßgericht: Rn 15 „Jede Vollstreckungsart".
Rechtsnachfolger: Er muß den nach § 727 nebst Klausel auf ihn umgeschriebenen Titel zustellen lassen, Hamm Rpfleger **00**, 171.
Sicherungsvollstreckung: Auch bei ihr ist die Zustellung erforderlich, III.
Sozialversicherung: Der Leistungsbescheid muß das Datum der Zustellung aufweisen. Andernfalls stellt der Gerichtsvollzieher auf Gläubigerkosten zu, LG Potsd DGVZ **03**, 43.
Vereinfachtes Verfahren: Auch in ihm ist die Zustellung erforderlich.
Verzicht: Er ist statthaft, auch schon vor Beginn der Zwangsvollstreckung nach Grdz 51 vor § 704, AG Montabaur DGVZ **75**, 92.
Vollstreckbare Urkunde: Auch bei ihr ist die Zustellung nebst Wartezeit nach § 798 erforderlich.
Weigerung: Bei einer Weigerung des Gerichtsvollziehers, die Zustellung vorzunehmen, hat der Gläubiger die Erinnerung nach § 766 II direkt oder doch entsprechend, Midderhoff DGVZ **82**, 24.

18 **Zeitpunkt:** Es ist unerheblich, zu welchem Zeitpunkt die Zustellung erfolgt, soweit dieser nur vor dem Beginn der Zwangsvollstreckung liegt. Das letztere muß der Gläubiger dem Vollstreckungsorgan stets nachweisen. Der Gerichtsvollzieher darf gleichzeitig zustellen, wenn er vollstreckt, Seip AnwBl **77**, 235.
Zustellvermerk: Der Vermerk nach § 169 I reicht grds aus. Köln Rpfleger **97**, 31 (vgl aber § 418 Rn 8 ff). Auch beim Vollstreckungsbescheid ist eine Unterzeichnung nötig, LG Cottbus DGVZ **98**, 141.

19 **7) Zustellung der Vollstreckungsklausel, II.** Eine Zustellung der Vollstreckungsklausel von Amts wegen nach § 166 II ist nur in einem der folgenden Fälle Rn 19, 20 notwendig. Eine solche von (jetzt) § 184 reicht, LG Bln NJW **89**, 1434. Stattdessen genügt freilich auch I 2 eine Parteizustellung nach §§ 191–195, LG Ffm AnwBl **81**, 198.

A. Andere Bedingung als diejenige einer Sicherheitsleistung. Die Zustellung ist im Fall des § 726 I notwendig, also dann, wenn die Zwangsvollstreckung gerade durch eine andere Tatsache als eine Sicherheitsleistung bedingt ist, Hbg RR **86**, 1501.

20 **B. Rechtsnachfolge.** Die Zustellung ist ferner in den Fällen der §§ 727–729, 738, 742, 744, 745 II, 749 notwendig, LG Stgt DGVZ **01**, 119, AG Bochum DGVZ **03**, 63. Das gilt also dann, wenn eine Rechtsnachfolge wirklich stattfindet oder unterstellt wird.

21 **C. Ausführung.** Die Zustellung erfolgt einzeln oder zusammen mit dem Urteil oder Beschluß, Mü OLGZ **82**, 101, einzeln aber nur dann, wenn die Beziehung zum Vollstreckungstitel eindeutig klargestellt ist, wenn die Vollstreckungsklausel also aus sich heraus verständlich ist. Wenn die Klausel auf urkundliche Nachweise hin erteilt worden ist, dann muß man auch diese Urkunden mit ihrem vollständigen Wortlaut zustellen, AG Bln-Schöneberg DGVZ **95**, 190. Das muß in beglaubigter Abschrift oder Ablichtung usw geschehen, Hamm Rpfleger **94**, 173 (krit Hintzen/Wolfsteiner 511), LG Stgt DGVZ **01**, 119, AG Bochum DGVZ **03**, 63, strenger LG Saarbr DGVZ **04**, 93 (evtl sogar das Original. Aber II spricht klar nur von „Abschrift", Einl III 39). Ihre Nichterwähnung in der Klausel macht die Zustellung aber nicht ungültig,

Abschnitt 1. Allgemeine Vorschriften §§ 750, 751

§ 726 Rn 5. Wenn die Urkunden vollständig in der Klausel stehen, dann ist ihre besondere Zustellung entbehrlich, LG Bonn Rpfleger **98**, 34, Scheld DGVZ **82**, 162. Die zusätzliche Zustellung einer vollständigen Abschrift der Urkunden wäre eine unnötige Wiederholung. Das gilt selbst dann, wenn die Urkunden wirklich vollständig in der Klausel stehen, also mit Kopf, Unterschrift, Siegelvermerk usw. Eine nur sinngemäße Aufnahme genügt allerdings nicht.

Die Zustellung kann *im übrigen getrennt* erfolgen. Alle diese Zustellungen, also auch diejenigen der 22 Urkunden, die eine Rechtsnachfolge des Gläubigers ergeben, sind spätestens mit dem Beginn der Zwangsvollstreckung notwendig, Rn 15, 16, vgl aber auch Einf 4, 5 vor §§ 750–751. Bei einer Kündigung muß man deren Wirksamkeitszeitpunkt abwarten. Bei einem Scheidungsvergleich ohne eine Angabe des Zahlungsbeginns kann man die Zustellung einer Vollstreckungsklausel fordern, die durch einen Rechtskraftbescheid ergänzt wurde. Eine Zustellung nach § 172 oder nach § 195 genügt.
Gebühr des Anwalts: § 25 RVG, VV Nrn 3309, 3310.

8) Wartefrist, III. Die Vorschrift ist nicht abdingbar, Grdz 27 vor § 704 „Verzicht des Schuldners", 23 Schilken DGVZ **97**, 84 (Vorabverzicht).

A. Berechnung usw. Eine Wartefrist besteht nur bei einer Zwangsvollstreckung nach § 720 a, LG Bln MDR **87**, 65, LG Darmst DGVZ **89**, 120, LG Düss JB **98**, 436 (wegen eines Kostenfestsetzungsbeschlusses gilt § 798). Seit der Zustellung des Urteils und der Vollstreckungsklausel müssen 2 Wochen bis zum Beginn der Zwangsvollstreckung verstreichen, Düss DGVZ **97**, 42, Karlsr DGVZ **90**, 186, Stgt RR **80**, 1535, aM BGH Rpfleger **05**, 548 (aber Wortlaut *und* Sinn sind hier nun wirklich eindeutig, Einl III 39). Gemeint ist auch die einfache Klausel nach § 725, nicht bloß die Klausel der §§ 726 I, 727 ff, 750 II, Düss DGVZ **97**, 42, Hamm RR **98**, 88, LG Düss JB **98**, 436, aM LG Ffm Rpfleger **82**, 296, LG Münst JB **86**, 939, StJM 5, 38 (aber die bloße Urteilszustellung kündigt noch nicht klar genug auch eine Zwangsvollstreckung an). Eine bloße Nachricht von der Erteilung der Klausel reicht nicht, LG Düss JB **98**, 436.

Die *Frist* wird nach § 222 berechnet. Sie ist keine Notfrist, § 224 I 2. Vgl ferner § 798 Rn 11. Ein vorläufiges Zahlungsverbot nach § 845 ist allerdings schon *vor* dem *Ablauf der Wartefrist* des III zulässig, Köln DGVZ **89**, 40, AG Mü DGVZ **86**, 47.

9) Rechtsbehelf: Erinnerung. Bei einem Verstoß kann der Schuldner die Erinnerung nach § 766 24 einlegen, Einf 6 vor §§ 750–751, § 798 Rn 12. Anschließend ist die sofortige Beschwerde nach § 793 möglich. Eine zunächst fehlerhaft eingetragene Sicherungshypothek nach § 867 kann wirksam ihren Rang behalten, wenn die fehlende Zustellung folgt, Schlesw RR **88**, 700.

10) *VwGO*: Entsprechend anwendbar, § 167 I VwGO, VGH Mannh NVwZ-RR **04**, 459 u **95**, 619. Bezeich- 25 nung des Schuldners und Zustellung des Titels sind in allen Fällen erforderlich, VGH Mannh NJW **98**, 3291 m Anm Münch DNotZ **99**, 658 (ausdrückliche Bezeichnung nicht nötig) u NVwZ-RR **93**, 520 mwN, auch bei Vollstreckung zugunsten der öffentlichen Hand, § 169 VwGO, wenn das VwVfG ebenfalls die Bekanntgabe des Titels (Leistungsbescheid, § 3, bzw VerwAkt, § 6) fordert und § 168 II VwGO die Notwendigkeit der Zustellung voraussetzt. Eine Zustellung der VollstrKlausel, II, entfällt in den § 724 Rn 14 genannten Fällen des § 171 VwGO. Die Zustellung ist auch im Parteibetrieb zulässig, wie § 168 II VwGO zeigt; bei Vergleichen, §§ 794 u 715, ist dies der einzige Weg, VGH Mannh NVwZ-RR **90**, 448. Zugestellt wird nach den Vorschriften des VwZG, Üb § 166 Rn 19, ab 1. 7. 02 nach den Vorschriften der ZPO, § 56 II VwGO idF des Art 2 XVIII ZustRG v 25. 6. 01, BGBl 1206.

751 *Bedingungen für Vollstreckungsbeginn.* ¹Ist die Geltendmachung des Anspruchs von dem Eintritt eines Kalendertages abhängig, so darf die Zwangsvollstreckung nur beginnen, wenn der Kalendertag abgelaufen ist.

II Hängt die Vollstreckung von einer dem Gläubiger obliegenden Sicherheitsleistung ab, so darf mit der Zwangsvollstreckung nur begonnen oder sie nur fortgesetzt werden, wenn die Sicherheitsleistung durch eine öffentliche oder öffentlich beglaubigte Urkunde nachgewiesen und eine Abschrift dieser Urkunde bereits zugestellt ist oder gleichzeitig zugestellt wird.

1) Systematik, I, II. Vgl Einf 1 vor §§ 750–752. 1

2) Regelungszweck, I, II. Es soll vor der Fälligkeit des Anspruches auch keine Vollstreckung geben, LG 2 Flensb FamRZ **04**, 1224. Die Erwägungen § 750 Rn 2 gelten auch hier. Man darf also die Anforderungen auch an § 751 nicht überspannen.

3) Kalendertag, I. Ein Grundsatz hat mancherlei Auswirkungen. Er tritt zu den allgemeinen Vollstrek- 3 kungsvoraussetzungen zB der §§ 721, 750 III, 765 a, 798, 798 a hinzu.

A. Grundsatz: Zulässigkeit seit Ablauf. Wenn der im Urteil zugesprochene Anspruch von dem Eintritt eines Kalendertags abhängig ist, also nur von einem nach dem Kalender zu ermittelnden Tag (Beispiel: „10 Tage nach Ostern 2004"), LAG Nürnb MDR **97**, 752, dann ist der Eintritt dieses Kalendertags eigentlich eine urteilsmäßige Voraussetzung der Zwangsvollstreckung. Aus praktischen Gründen bringt das Gesetz diesen Eintritt jedoch nicht unter die Regelung des § 726, sondern behandelt ihn wie eine förmliche Voraussetzung. Das Gesetz läßt die Zwangsvollstreckung zu, sobald der Kalendertag abgelaufen ist, LG Flensb FamRZ **04**, 1224 (auch bei einer Dauerpfändung). Wenn der Gläubiger vorher vollstreckt, verlangt er einen Rang, der ihm noch nicht zukommt. Daher hat der Dritte in diesem Fall abweichend von den Grundsätzen Einf 6 vor §§ 750–751 die Möglichkeit einer Erinnerung, § 766.

Das Gericht darf der vollstreckbare Ausfertigung jedoch schon *vor dem Eintritt des Kalendertags* erteilen. Das gilt auch bei einer bedingten Verurteilung mit einer Fristsetzung aus § 510 b. In diesem Fall braucht der Gläubiger nicht nachzuweisen, daß der Schuldner die urteilsmäßige Handlung versäumt hat. § 726 ist auf diesen Fall unanwendbar. Es ist aber beim eindeutigen Fehlen einer Zeitbestimmung dem Vollstreckungsorgan verwehrt, dem Titel eine solche beizulegen, Köln RR **86**, 159.

§§ 751, 752 Buch 8. Zwangsvollstreckung

Unanwendbar ist I, wenn die Fälligkeit nicht von einem Kalendertag abhängt, zB bei einer Leistung drei Wochen nach der Zustellung oder dem Verzug oder der Rechtskraft (Ausnahme: § 510 b).

4   **B. Einzelfragen.** Der Grundsatz Rn 3 kommt auch bei der Klage auf eine künftige Leistung nach §§ 257 ff zur Anwendung, Hamm FamRZ **80**, 391, LG Kassel WoM **77**, 255, oder bei einer Räumungsfrist nach § 721 oder einer künftigen Anspruch nach § 795. Bei Renten usw ist eine Zwangsvollstreckung aus Zweckmäßigkeitsgründen auch wegen der künftig fällig werdenden Beiträge möglich, Grdz 103 vor § 704, § 829 Rn 12 „Rente". Das gilt aber nicht auch bei beweglichen Sachen, LG Bln Rpfleger **78**, 335. Der Pfändungsbeschluß muß die Bemerkung enthalten, daß die Pfändung wegen solcher Beträge erst mit demjenigen Tag wirksam wird, der auf den Fälligkeitstag folgt, Hamm FamRZ **94**, 454, AG Hbg-Harbg RR **03**, 149, aM Köln FamRZ **83**, 1260, LG Bln Rpfleger **82**, 434 (aber die Zeitfrage muß eine ganz eindeutige Klärung erhalten). Ist der Kalendertag ein Sonntag oder ein allgemeiner Feiertag nach § 188 Rn 4, so muß der nächste Werktag abgelaufen sein, § 193 BGB, MüKoHe 13, MusLa 4, StJM 2, aM ZöStö 2 (aber die Vorschrift gilt allgemein). Bei § 627 ist der Eintritt der Rechtskraft nach § 322 vor dem Monatsablauf unerheblich. Über die Wirkung eines Verstoßes Einf 3–5 vor §§ 750–751.

5   **4) Sicherheitsleistung, II.** Sie ist eine wesentliche Bedingung.

A. Grundsatz: Notwendigkeit des Urkundennachweises. Hängt die Zwangsvollstreckung davon ab, daß der Gläubiger Sicherheit nach §§ 709, 711, 712 II leistet, so darf das Gericht zwar die Vollstreckungsklausel vor der Leistung erteilen, LG Stgt Rpfleger **00**, 539. Die Zwangsvollstreckung darf aber erst dann beginnen bzw zB bei §§ 709 S 2, 720 nur dann fortgesetzt werden, wenn der Gläubiger die Sicherheitsleistung durch eine öffentliche oder öffentlich beglaubigte Urkunde nach § 415 Rn 1, 2 nachgewiesen hat und wenn eine Abschrift der Urkunde vorher oder gleichzeitig zugestellt worden ist, § 750 Rn 21. Bei einem Verstoß steht die Zwangsvollstreckung einer solchen gleich, die vor der Zustellung des Urteils erfolgt war, Einf 3–5 vor §§ 750–751.

6   Eine *nachträgliche* Sicherheitsleistung oder ein weiterer ohne eine Sicherheitsleistung vorläufig vollstreckbarer Titel können heilen. Die Aufrechnung mit einem Kostenerstattungsanspruch ist erst nach der Hinterlegung zulässig, LG Aachen RR **87**, 1406, und nach der Zustellung der sie nachweisenden Urkunde. Die Zustellung der Vollstreckungsklausel ist in diesem Fall allerdings entbehrlich. Bei einer Hinterlegung nach § 108 Rn 8 ist die Sicherheitsleistung nicht schon durch den Postschein ausgewiesen, der die Absendung an die Hinterlegungsstelle bescheinigt. Denn dieser Schein beweist weder die Ankunft noch die Annahme. Es ist vielmehr eine Bescheinigung der Hinterlegungsstelle über die Annahme des Betrages erforderlich, § 6 HinterlO.

7   **B. Bürgschaft.** Über eine Sicherheitsleistung durch eine Bürgschaft § 108 Rn 10, Hamm MDR **75**, 763, Kblz Rpfleger **93**, 355. Wenn ein freiwilliger Bürgschaftsvertrag zustande gekommen ist, wenn also nicht nur der Gläubiger das Seine getan hat, um die Bürgschaft zu leisten, dann ist die Einhaltung der Zustellungsvorschrift II eine sinnlose Förmelei, AG Freibg DGVZ **89**, 46. Der Schuldner besitzt ja die Bürgschaftsurkunde. Wenn nicht, genügt es, daß der Gerichtsvollzieher sie ihm bei dem Beginn der Zwangsvollstreckung aushändigt oder zustellt, Düss Rpfleger **77**, 459, LG Hann Rpfleger **82**, 348. Dann ist es auch für die Zwangsvollstreckung unerheblich, in welcher Form die Bürgschaft geleistet worden ist. Wäre selbst die vom Gericht etwa vorgeschriebene Form verletzt, so läge eine vereinbarte Sicherheit vor, § 108.

Wenn die Parteien aber keinen freiwilligen Vertrag vereinbart haben, sondern wenn ein *Zwangsvertrag* nach § 108 Rn 13 vorliegt, dann kann der Schuldner nicht wissen, ob ein Vertrag überhaupt zustande gekommen ist, solange ihm unbekannt bleibt, ob der Bürge seinerseits sämtliche Voraussetzungen erfüllt hat. Deshalb muß ihm der Gläubiger, der vollstrecken will, die Bürgschaftsurkunde in öffentlicher oder öffentlich beglaubigter Form zustellen.

8   Die Zustellung oder formlose Übersendung einer *einfachen Abschrift* oder Kopie reicht nicht. Denn sie erfüllt den Sinn der Sicherheitsleistung nicht, nämlich den Schutz vor unberechtigter Vollstreckung. Der Schuldner könnte ja nur als Besitzer der Urkunde im Original usw mit Erfolgsaussicht vorgehen, § 108 Rn 14.

9   Freilich braucht der Gläubiger die Bürgschaftsurkunde *nicht zu hinterlegen*. § 750 II soll aber dem Schuldner eine volle Sicherheit für die Erfüllung der Voraussetzungen der Zwangsvollstreckung geben. Würde man die Vorschrift anders als hier handhaben, so würde sie das nicht gewährleisten, § 108 Rn 18, Hbg MDR **82**, 588, LG Augsb Rpfleger **98**, 166, ThP § 108 Rn 11, aM Düss MDR **78**, 489, Ffm NJW **78**, 1442, Kblz MDR **93**, 470 (nötig sei nur ein Nachweis der Übergabe oder der Zustellung der Urkunde an den Schuldner durch eine öffentlich beglaubigte Urkunde oder die Übergabe oder die Zustellung der Bürgschaftserklärung beim Beginn der Zwangsvollstreckung. Aber der Sicherungszweck läßt sich auch ohne solche Förmlichkeiten erreichen.).

Vgl aber auch hierzu § 108 Rn 10 ff. Der Schuldner kann auf die Voraussetzungen dieser Vorschrift *verzichten*. Ein solcher Verzicht liegt nicht schon in seinem bloßen Schweigen.

10 **5) Verstoß, I, II.** Ein Verstoß macht die Vollstreckung nicht unwirksam, sondern anfechtbar, Grdz 56, 58 vor § 704, Düss DGVZ **90**, 156.

11 **6) Rechtsbehelf: Erinnerung.** Der Betroffene kann die Erinnerung nach § 766 einlegen. Anschließend ist die sofortige Beschwerde nach § 793 möglich.

12 **7) VwGO:** Entsprechend anwendbar, § 167 I VwGO, VGH Mannh NVwZ-RR **93**, 520 (zu II).

752 *Sicherheitsleistung bei Teilvollstreckung.* [1]Vollstreckt der Gläubiger im Fall des § 751 Abs. 2 nur wegen eines Teilbetrages, so bemisst sich die Höhe der Sicherheitsleistung nach dem Verhältnis des Teilbetrages zum Gesamtbetrag. [2]Darf der Schuldner in den Fällen des § 709 die Vollstreckung gemäß § 712 Abs. 1 Satz 1 abwenden, so gilt für ihn Satz 1 entsprechend.

1   **1) Systematik, S 1, 2.** Die Vorschrift stellt eine Ergänzung der in ihr genannten Bestimmungen zwecks Erleichterung einer nach § 751 II erfolgenden Vollstreckung dar. Sie ergänzt also auch die letztere Vorschrift.

Abschnitt 1. Allgemeine Vorschriften §§ 752, 753

2) Regelungszweck, S 1, 2. Die Möglichkeit einer Teilvollstreckung hat Vor- und Nachteile. Sie kann zu einer Entlastung führen, aber auch Belastung aller Beteiligten, falls der Gläubiger den Schuldner wie den Gerichtsvollzieher und die weiteren Vollstreckungsorgane durch Zerlegung des Vollstreckungsauftrags immer wieder beschäftigen und zermürben. Rechtsmißbrauch nach Einl III 54 ist auch in der Zwangsvollstreckung verboten, Grdz 44 vor § 704, § 754 Rn 4. Er setzt die Grenze des nach § 752 Zulässigen. Das sollte man bei der Auslegung mitbeachten. 2

3) Geltungsbereich, S 1, 2. Die Vorschrift erfaßt in S 1 alle Fälle des § 751 II, in S 2 nur die Situationen einer Teilvollstreckung auf Grund eines nach §§ 709, 712 I 1 zu beurteilenden Vollstreckungstitels. Sie gilt nicht bei § 720 a. 3

4) Voraussetzungen, S 1. Es müssen zunächst die in § 751 Rn 4–9 genannten Voraussetzungen vorliegen. Sodann muß die Vollstreckung wegen eines bloßen Teilbetrages technisch schon und noch möglich sein. Infrage kommt auch die bloße Hauptforderung, zum Problem Rehbein Rpfleger **00**, 55. Ferner muß sie auch nach den in Rn 1 genannten Regeln und in ihren Grenzen rechtlich zulässig sein. Schließlich muß der Gläubiger den Vollstreckungsauftrag nach § 754 Rn 3 eindeutig und wirksam auf eine bezifferten oder klar bezifferbaren Teilbetrag beschränkt haben. § 754 Rn 4, 5. 4

5) Voraussetzungen, S 2. Es muß sich um einen nach § 709 zu behandelnden Vollstreckungstitel handeln, dem der Schuldner gerade nach § 712 I 1 begegnen darf. Im übrigen gilt Rn 4. 5

6) Bemessung der Teilsicherheit, S 1, 2. Soweit eine Teilvollstreckung nach Rn 4, 5 zulässig ist, braucht nur eine bloße Teilsicherheit erbracht zu werden. Ihre Höhe richtet sich nach dem Verhältnis des jetzt zu vollstreckenden Teilbetrages zum Gesamtbetrag der noch vollstreckbaren Teilforderung. Hat also zB der Gläubiger auf Grund eines Titels von 10 000 EUR bereits in Höhe von 5000 EUR vollstreckt und gibt er jetzt einen Auftrag über weitere 3000 EUR, so muß er in Höhe von 60% der Restforderung Sicherheit leisten, in Höhe etwa in Höhe von nur 30% der Restforderung (weil nur noch 30% des ursprünglichen Titels jetzt zu vollstrecken wäre). Im übrigen gelten §§ 108 ff wie sonst. Zur Berechnung § 83 Z 2 GVGA, Nies MDR **00**, 132, Rehbein Rpfleger **00**, 57. 6

7) VwGO: Entspr anwendbar, § 751 Rn 10. 7

753 *Vollstreckung durch Gerichtsvollzieher.* ¹ Die Zwangsvollstreckung wird, soweit sie nicht den Gerichten zugewiesen ist, durch Gerichtsvollzieher durchgeführt, die sie im Auftrag des Gläubigers zu bewirken haben.

II ¹ Der Gläubiger kann wegen Erteilung des Auftrags zur Zwangsvollstreckung die Mitwirkung der Geschäftsstelle in Anspruch nehmen. ² Der von der Geschäftsstelle beauftragte Gerichtsvollzieher gilt als von dem Gläubiger beauftragt.

Schrifttum: *Hasenjäger*, Weisungsbefugnis des Gläubigers? usw, 1993; *Hintzen*, Vollstreckung durch den Gerichtsvollzieher, 2000 (Bespr *Sternal* Rpfleger **01**, 51); *Oerke*, Gerichtsvollzieher und Parteiherrschaft usw, 1991; *Schneider*, Die Ermessens- und Wertungsbefugnis des Gerichtsvollziehers, 1989; *Stolte*, Aufsicht über die Vollstreckungshandlungen des Gerichtsvollziehers, Diss Bochum 1987; *Strehlau-Weise*, Rechtsstellung und Aufgabenbereich des Gerichtsvollziehers usw, 1996.

Gliederung

1) Systematik, §§ 753–763	1	B. Örtliche Zuständigkeit	12
2) Regelungszweck, §§ 753–763	2	C. Verstoß gegen die sachliche Zuständigkeit	13
3) Stellung des Gerichtsvollziehers: Organ der Rechtspflege, I	3–9	D. Verstoß gegen die örtliche Zuständigkeit	14
4) Haftung des Gerichtsvollziehers, I	10	6) Mitwirkung der Geschäftsstelle, II	15
5) Zuständigkeit des Gerichtsvollziehers, I	11–14	7) VwGO	16
A. Sachliche Zuständigkeit	11		

1) Systematik, §§ 753–763. Die Vorschriften regeln einen wichtigen Teil, aber keineswegs alle Einzelheiten des wichtigsten Vollstreckungsorgans. Ergänzend gelten zahlreiche Bestimmungen, zB §§ 766, 807 ff, 825, 899 ff. Aus der starken Stellung des Gerichtsvollziehers nach Rn 3 ff folgt seine erhebliche Haftung, Rn 10. 1

2) Regelungszweck, §§ 753–763. Das Gesetz muß dem Gläubiger zur notfalls zwangsweisen Durchsetzung des Vollstreckungstitels vielfach ein Vollstreckungsorgan zur Verfügung stellen. Das folgt schon aus dem Rechtsstaatsprinzip, Art 20 GG, Einl III 15. Denn aus ihm folgt ja auch der Grundsatz des staatlichen Gewaltmonopols. Die Bereitstellung des Vollstreckungsorgans geschieht durch den Gerichtsvollzieher. Man könnte sich zwar auch eine andere am Gericht angesiedelte Lösung denken oder auch Privatfirmen zumindest mit Teilen der Vorbereitung und Durchführung kraft Beleihung betrauen. Das tut ja der Gerichtsvollzieher selbst schon etwa bei der Zwangsöffnung nach § 758 II oder beim Abtransport und Zwischenlagerung von Räumungsgut nach § 885 II, III. Indessen hat sich die Übertragung der Hauptaufgaben auf ihn bewährt. Dem sollte man auch durch eine seiner Institution nicht allzu kritisch begegnende Auslegung Rechnung tragen. Natürlich verdient auch der Schuldner Schutz durch eine seine Würde und seine wirklichen Bedürfnisse achtende Behandlung. Das gilt auch bei der Anwendung von §§ 753 ff. 2

3) Stellung des Gerichtsvollziehers: Organ der Rechtspflege, I. Seine Stellung ist keineswegs gesetzlich umfassend und befriedigend geregelt, Köhler DGVZ **02**, 85, Scholz DGVZ **03**, 110 (auch rechts- 3

§ 753

Buch 8. Zwangsvollstreckung

politisch zum staatlich beliehenen freien Beruf, der verfassungsgemäß sei). Es gibt zB die bundeseinheitlich geregelten landesrechtlichen Geschäftsanweisungen für Gerichtsvollzieher (GVGA) nebst Gerichtsvollzieherordnung (GVO), zuletzt geändert zum 1. 7. 03, zB in Schleswig-Holstein durch VO v 3. 6. 03, SchlHA 164. Der Gerichtsvollzieher handelt bei der Zwangsvollstreckung nicht als ein Vertreter des Gläubigers nach § 164 BGB, BVerwG NJW **83**, 897, oder als ein Dienst- bzw Werkverpflichteter, Üb 3 vor § 154 GVG, AG Düss DGVZ **81**, 90. Er amtiert vielmehr als ein öffentlicher Beamter, BGH **142**, 80, VG Freibg NVwZ-RR **05**, 598, Gilleßen/Polzius DGVZ **01**, 6 (Vertreter des Fiskus beim Verwahrvertrag). Er übt die Zwangsgewalt des Staats unter eigener Verantwortung aus, BGH **93**, 298, BVerwG NJW **83**, 897, AG Saarbr DGVZ **01**, 91, aM Brdb DGVZ **97**, 123 (Verwahrung. Aber das ist viel zu eng.). Er ist ein selbständiges Organ der Rechtspflege, BGH **93**, 298, BVerwG NJW **83**, 897, Uhlenbruck DGVZ **93**, 97 (ausf). Seine Tätigkeit ist manchmal ein gerichtliches Verfahren, zB bei der Abnahme der eidesstattlichen Versicherung nach § 899, dort Rn 4. Er beachtet die GVGA.

4 Er handelt zwar nicht in richterlicher Unabhängigkeit, BVerwG NJW **83**, 897, sondern als ein an sich weisungsgebundener Beamter, VGH Mü DGVZ **03**, 22, VG Freibg NVwZ-RR **05**, 598. Diese Gebundenheit mag sich evtl sogar teilweise auf die Art der Gebührenerhebung erstrecken. Eine diesbezügliche Dienstanweisung läßt sich verwaltungsgerichtlich überprüfen, VGH Mü DGVZ **03**, 123. Er amtiert andererseits oft innerhalb eines Spielraums von pflichtgemäßem *Ermessen*, den die Dienstaufsicht keineswegs einschränken kann, AG Kassel DGVZ **89**, 158. Er kann eine Einzelanweisung anfechten und gegen Allgemeinweisungen Feststellungsklage beim Verwaltungsgericht erheben, VG Freibg NVwZ-RR **05**, 598. Zu seinem Ermessen, seiner Wertungsbefugnis und deren Grenzen grundsätzlich Schneider (s oben), Schneider DGVZ **89**, 145 (Üb), Zeiss DGVZ **87**, 145. Zu den Ermessensgrenzen Rn 8, 9. Er kann zB einen dritten Vollstreckungsversuch machen, wenn er sich davon Erfolg verspricht, AG Hanau DGVZ **90**, 77.

Er muß das *Rechtsschutzbedürfnis* nach Grdz 33 vor § 253, Grdz 38 vor § 704 beachten. Es kann zB bei einer wegen Vermögenslosigkeit gelöschten Schuldner-GmbH fehlen, wenn der Gläubiger keinen bestimmten Hinweis auf doch noch vorhandene Werte gibt, AG HannMünden DGVZ **02**, 188. Er kann mangels Rechtsschutzbedürfnisses nach wiederholten vergeblichen Bemühungen evtl die Vollstreckung einstweilen einstellen und die Unterlagen dem Gläubiger zurückgeben, AG Köln DGVZ **95**, 156.

5 Wenn der Gerichtsvollzieher gepfändetes oder zur Abwendung der Zwangsvollstreckung gezahltes Geld *unterschlägt*, das zu hinterlegen war, dann ist der Schuldner dadurch nicht befreit. Etwas anderes gilt, wenn nicht zu hinterlegen ist, § 815 Rn 8. Zahlt der Gerichtsvollzieher an den Unrichtigen, so ist der letztere auf Kosten des Schuldners rechtlos bereichert, §§ 812 ff BGB, wenn zu hinterlegen war, andernfalls auf Kosten des Gläubigers. Vgl auch Üb vor § 154 GVG.

6 An diesen Ergebnissen ändert auch der Umstand nichts, daß der Gerichtsvollzieher auch noch andere Aufgaben hat, BVerwG NJW **83**, 900, und daß er im Bereich der Zwangsvollstreckung häufig nach den *Weisungen des Gläubigers* handeln muß, zB wegen des Beginns einer Vollstreckung, AG Straubing Rpfleger **79**, 72, oder des Zeitpunkts eines Versteigerungstermins, KG DGVZ **78**, 112, oder bei einer bloßen Teilvollstreckung, § 754 Rn 4, oder bei persönlich geringer Erfolgserwartung, AG Bln-Tempelhof DGVZ **84**, 153. Er ist freilich auch bei diesen Weisungen stets ganz weisungsgebunden, LG Bln MDR **77**, 146, LG Hann MDR **89**, 745 (die GVGA sei maßgeblich), Pawlowski ZZP **90**, 347. Er muß dem Gläubiger auf dessen Wunsch die Anwesenheit gestatten und schon deshalb den voraussichtlichen Volltreckungszeitplan baldmöglichst mitteilen, KG DGVZ **83**, 72, LG Hof DGVZ **91**, 123, LG Münst RR **91**, 1407, aM LG Kassel DGVZ **88**, 173.

7 An der Stellung des Gerichtsvollziehers als eines Organs der Rechtspflege ändert sich auch nichts dadurch, daß er zB einen privatrechtlichen Lagervertrag mit einem Dritten abschließen muß, § 885 Rn 29, BGH **142**, 80 (Vertreter des Fiskus). Auch das Gericht ist gelegentlich an solche Weisungen gebunden, zB an ein Geständnis nach § 288 oder an einen Verzicht, § 306. Der Gerichtsvollzieher handelt kraft seines Amts auch, soweit er Verpflichtungen des Gläubigers erfüllt, etwa soweit er eine Gegenleistung nach § 756 anbietet, aM StJM § 754 Rn 7 (hier liege eine rechtsgeschäftliche Haftung vor, da der Gerichtsvollzieher in solchen Fällen nicht pfänden wolle. Aber die Stellung des Gerichtsvollziehers bleibt im Prinzip stets diejenige eines Rechtspflegeorgans auch insoweit, als er keine Hoheitsmaßnahme durchführt).

8 Die *Aufgabe* des Gerichtsvollziehers ist es, den papiernen *Schuldtitel* auf einem gesetzlichen Weg *durchzusetzen*, AG Hann DGVZ **77**, 26. Das soll zügig und energisch geschehen. Dabei muß er aber auch die existentiellen Bedürfnisse des Schuldners beachten, wie das Gericht, § 765 a, Christmann DGVZ **85**, 34. Er muß sich zB in demjenigen Haus, in dem der Schuldner ordnungsamtlich gemeldet ist, danach erkundigen, wo sich dessen nach außen nicht kenntlich gemachte Wohnung befindet, AG Leverkusen DGVZ **82**, 175, AG Mü DGVZ **00**, 29. Auch eine einfache Anfrage beim Meldeamt kann zumutbar sein, LG Hann JB **05**, 274. Dabei fassen manche seinen Handlungsspielraum recht weit, AG Worms DGVZ **98**, 46, Pawlowski ZZP **90**, 347. Der Gerichtsvollzieher hat allerdings keineswegs stets einen Ermessensspielraum, Schilken AcP **181**, 364.

9 Aus diesen Gründen darf der Gerichtsvollzieher *keineswegs* mit der einen oder anderen oder beiden Parteien einen *sachlichrechtlichen Vertrag* abschließen, auch nicht über eine Treuhändertätigkeit, zumindest nicht ohne eine Genehmigung der Dienstvorgesetzten des Gerichts. Wegen eines solchen Vertrags mit einem Dritten Rn 1. Als einem Beamten sind ihm solche Geschäfte verboten, aM Schneider DGVZ **82**, 37 (aber seine derartigen Befugnisse sind auf die in Rn 3–8 genannten wenigen Ausnahmefälle beschränkt). Zur Problematik einer beratenden Tätigkeit des Gerichtsvollziehers Alisch DGVZ **83**, 1, zu derjenigen einer vermittelnden Tätigkeit Schilken DGVZ **89**, 161. Der Gerichtsvollzieher muß den Verhältnismäßigkeitsgrundsatz nach Grdz 34 vor § 704 mitbeachten, Fischer DGVZ **04**, 104. Er muß auch das BDSG und die entsprechenden Ländervorschriften beachten, Zeiss DGVZ **84**, 81. Eine Ausschließung richtet sich nach § 155 GVG. Er ist nicht ablehnbar, LG Coburg DGVZ **90**, 89. Zu seiner Stellung bei der Kostenberechnung Polzius DGVZ **02**, 33 (Üb).

10 **4) Haftung des Gerichtsvollziehers, I.** Seine Stellung gegenüber dem Gläubiger und dem Schuldner ist auch bei der Haftung diejenige eines Organs der Rechtspflege, Rn 1–9, diejenige eines Beamten, Üb 4

Abschnitt 1. Allgemeine Vorschriften **§§ 753, 754**

vor § 154 GVG, BGH **142**, 81, LG Mannh DGVZ **97**, 154, Kühn DGVZ **93**, 71. Folglich haftet für ihn das Land, BGH **146**, 23, Haertlein DGVZ **02**, 85. Das gilt freilich nur, soweit er gerade als Gerichtsvollzieher amtiert. Das ist auch beim Verwahrungsgeschäft so, AG Kirchheim/Teck DGVZ **05**, 111. Demgegenüber kann er als Sequester, zB nach § 938, vertraglich haften, BGH **146**, 23. Der Gläubiger haftet dem Schuldner überhaupt nicht oder höchstens als Anstifter. Die Amtspflichten des Gerichtsvollziehers ergeben sich aus der ZPO, ferner zB aus § 352 StGB, Köln DGVZ **88**, 137, und aus der GVGA, Köln DGVZ **88**, 139. Die letztere ist als eine Verwaltungsanordnung der Justizbehörde für das Gericht unbeachtlich, soweit sie mit dem Gesetz unvereinbar ist, Hamm DGVZ **77**, 41, AG Bln-Charlottenb DGVZ **81**,43, AG Bln-Wedding DGVZ **81**, 88.

Wenn der Gerichtsvollzieher diese Vorschriften *mißachtet,* handelt er meist schuldhaft. Rechte Dritter muß der Gerichtsvollzieher achten und wahren, KG RR **86**, 201, Haertlein DGVZ **02**, 85. Schmerzensgeld kommt kaum in Betracht, LG Köln DGVZ **98**, 189. Er muß sich stets kostenschonend verhalten, Hbg MDR **00**, 602.

5) Zuständigkeit des Gerichtsvollziehers, I. Man muß zwei Arten unterscheiden. **11**
A. Sachliche Zuständigkeit. Sachlich ist der Gerichtsvollzieher zuständig, soweit nicht das Vollstreckungsgericht oder das Prozeßgericht zuständig sind. Der Gerichtsvollzieher ist auch für die Zwangsvollstreckung gegen einen Soldaten zuständig, SchlAnh II Z 30 ff.

B. Örtliche Zuständigkeit. Die örtliche Zuständigkeit richtet sich nach den Vorschriften der Justiz- **12** verwaltung, § 154 GVG, in den Ländern nach dem Landesrecht. In manchen Ländern bestehen staatliche Gerichtsvollzieherämter oder Verteilungsstellen. Der Gläubiger reicht bei diesen Stellen seinen Auftrag ein, BVerwG NJW **83**, 898, Pawlowski ZZP **90**, 345. Die ZPO nennt nämlich diesen Vorgang „Auftrag". Man kann das Verhältnis zwischen dem Gläubiger und dem Gerichtsvollzieher als das Auftragsverhältnis bezeichnen, dasjenige zwischen dem Gerichtsvollzieher und dem Schuldner als das Eingriffsverhältnis und dasjenige zwischen dem Gläubiger und dem Schuldner als das Vollstreckungsverhältnis, Saum JZ **81**, 695.

C. Verstoß gegen die sachliche Zuständigkeit. Handelt der Gerichtsvollzieher außerhalb seiner sach- **13** lichen Zuständigkeit, so liegt ein Willkürakt vor. Er ist ganz unwirksam. Der Fall liegt nämlich anders, als wenn ein ordentliches Gericht seine Zuständigkeit überschreitet, Üb 19 vor § 300. Denn das Gericht hat grundsätzlich eine unumschränkte Gerichtsbarkeit. Demgegenüber ist der Gerichtsvollzieher nur für bestimmte Handlungen zuständig. Dasselbe gilt dann, wenn er kraft Gesetzes ausgeschlossen ist, § 155 GVG.

D. Verstoß gegen die örtliche Zuständigkeit. Verletzt er lediglich seine örtliche Zuständigkeit nach Üb 5 vor § 154 GVG oder den Geschäftsverteilungsplan entsprechend §§ 22 d GVG, so bleibt seine Handlung wirksam. Sie ist aber anfechtbar. Denn dann liegt ein wenn auch unrichtiger Hoheitsakt vor, Grdz 56, 58 vor § 704. Wenn der Gerichtsvollzieher ohne einen „Auftrag" handelt, dann ist seine Handlung nicht unwirksam, falls sie in seine sachliche Zuständigkeit fällt.

6) Mitwirkung der Geschäftsstelle, II. II entspricht dem § 166 II. Der Gläubiger darf sich also bei **15** seinem Zwangsvollstreckungsantrag der Hilfe der Geschäftsstelle bedienen. Es liegt dann so, als habe er den „Auftrag" dem Gerichtsvollzieher unmittelbar erteilt. Stets ist ein „Auftrag" (Antrag) notwendig, § 168 gilt nicht entsprechend. Auch der Urkundsbeamte der Geschäftsstelle handelt hier als Beamter, wenn auch kraft Gesetzes in Vertretung des Gläubigers. Zuständig ist der Urkundsbeamte der Geschäftsstelle des Vollstreckungsgerichts, nicht des Prozeßgerichts. Vgl freilich § 129 a.

7) VwGO: *Entsprechend anwendbar,* § *167 I VwGO, mit der Einschränkung, daß der Gerichtsvollzieher bei* **16** *Vollstreckung zugunsten der öffentlichen Hand,* § *169 VwGO, und bei der Vollstreckung wegen Geldforderungen gegen die öffentliche Hand,* § *170 VwGO, unmittelbar vom Gericht bzw dessen Vorsitzendem in Anspruch genommen wird, ein Antrag („Auftrag") also entfällt (aber keine pauschale Übermittlung der Zwangsvollstreckungsaufträge auf den Gerichtsvollzieher, OVG Münst NJW* **77**, *727, VGH Mü BayVBl* **87**, *149), vgl Gaul JZ* **79**, *507. Über Vollstreckungsschutz,* §§ *813 a und 765 a, oder Erinnerung,* § *766, entscheidet das Vollstreckungsgericht,* § *764 Rn 10, nicht das für den Gerichtsvollzieher zuständige AG, aM Gaul aaO.* § *753 ist also namentlich anwendbar bei Vollstreckung des Klägers aus einem Kostentitel gegen eine Privatperson, zB einen Beigeladenen, RedOe* § *167 Anm 4.*

754 *Vollstreckungsauftrag.* **In dem schriftlichen, elektronischen oder mündlichen Auftrag zur Zwangsvollstreckung in Verbindung mit der Übermittlung der vollstreckbaren Ausfertigung liegt die Beauftragung des Gerichtsvollziehers, die Zahlungen oder sonstigen Leistungen in Empfang zu nehmen, über das Empfangene wirksam zu quittieren und dem Schuldner, wenn dieser seiner Verbindlichkeit genügt hat, die vollstreckbare Ausfertigung auszuliefern.**

Vorbem. Ändergen dch Art 1 Z 42 JKomG v 22. 3. 05, BGBl 837, in Kraft seit 1. 4. 05, Art 16 I JKomG, ÜbergangsR Einl III 78.

Gliederung

1) **Systematik**	1	A. Empfangnahme	8
2) **Regelungszweck**	2	B. Quittungserteilung	9
3) **Vollstreckungsauftrag**	3–7	C. Ablieferung der vollstreckbaren Ausfertigung	10
A. Grundsatz: Vollstreckung nicht von Amts wegen	3	D. Verwertungsaufschub und Aussetzung der Verwertung, §§ 813 a, 813 b	11
B. Forderungsberechnung; Teilvollstreckung	4, 5	5) **Ermächtigungsgrenzen**	12
C. Geschäftsmäßiger Auftrag	6	6) **Auftragsrücknahme**	13
D. Übermittlung der vollstreckbaren Ausfertigung usw	7	7) **Rechtsbehelf: Erinnerung**	14
4) **Ermächtigungsumfang**	8–11	8) *VwGO*	15

§ 754

1) Systematik. Vgl zunächst § 753 Rn 1. Die Vorschrift regelt den schon nach § 753 notwendigen „Auftrag". Sein Umfang kann zeitlich oder sonstwie begrenzt werden. § 754 gilt aber für den jeweiligen Auftrag ohne Gläubigerbefugnis zur weiteren Einschränkung der Tätigkeit des Gerichtsvollziehers. Ergänzend gelten §§ 752, 755–757.

2) Regelungszweck. Vgl zunächst § 753 Rn 2. Auch bei der Zwangsvollstreckung gibt es eine begrenzte Parteiherrschaft, Grdz 6, 7 vor § 704. Der Gläubiger soll zumindest zum Ob der Herr des Verfahrens bleiben, aber auch vielfach zum Wo, Wie, Wie lange usw. Dem trägt § 754 mit dem Gedanken Rechnung, die Tätigkeit des Gerichtsvollziehers von einem „Auftrag" abhängen zu lassen, also auch von dessen Art und Umfang. Ferner gelten auch in der Zwangsvollstreckung die Prinzipien der Prozeßwirtschaftlichkeit nach Grdz 14 vor § 128 und auch der Rechtssicherheit nach Einl III 43. Sie liegt gerade im Bereich des Gerichtsvollziehers im allseitigen wohlverstandenem Interesse. Diese Prinzipien widersprechen sich alle drei teilweise. Das muß man auch bei der Anwendung der Vorschrift sehen. Daraus kann sich die Notwendigkeit behutsamer Abwägung bei der Bestimmung der Rechte und Pflichten des Vollstreckungsorgans ergeben. Das gilt umso mehr, als der Gerichtsvollzieher ja auch im Interesse einer die Rechtsgemeinschaft nicht allzu störenden würdevollen Ausübung seines der Natur nach notfalls auch zur wirklichen Gewalt zwingenden Amtes arbeiten soll.

3) Vollstreckungsauftrag, dazu *Nies* MDR **99**, 525 (Üb). Der Gläubiger muß den Umfang seines „Auftrags" (Antrags) klar darlegen. Der Gerichtsvollzieher muß auch die Rückseite beachten, auf die der Gläubiger auf der Vorderseite hingewiesen hat, AG Pirmasens DGVZ **03**, 63.

A. Grundsatz: Vollstreckung nicht von Amts wegen. Der Gläubiger muß zur Einleitung einer Zwangsvollstreckung einen Vollstreckungsauftrag erteilen, Nies MDR **99**, 525. Sie beginnt also nicht von Amts wegen. Der Gläubiger kann den Auftrag direkt dem Gerichtsvollzieher erteilen. Er kann aber auch nach § 753 II die Mitwirkung der Geschäftsstelle beantragen, auch diejenige einer etwaigen Gerichtsvollzieherverteilungsstelle beim größeren AG. Bei einem schriftlichen Auftrag ist an sich eine volle handschriftliche Unterzeichnung des Gläubigers oder seines ProzBev erforderlich. Die Unterschrift eines Mitarbeiters des ProzBev reicht evtl nicht, AG Seligenstadt DGVZ **95**, 12. Ein sog Faksimile-Stempel usw genügt also nicht, LG Coburg DGVZ **94**, 62, LG Ingolstadt DGVZ **94**, 92, LG Mü DGVZ **83**, 57, aM Dempewolf MDR **77**, 801 (vgl aber § 129 Rn 9). Der Auftrag ist freilich auch mündlich zulässig, auch telefonisch oder elektronisch nach § 130 a nebst Scanner (s § 129 Rn 41 „Scanner", BGH DGVZ **05**, 94 (erst recht bei nachfolgender Unterschrift), Riecke DGVZ **02**, 49, und auch durch eine schlüssige Handlung, LG Bln DGVZ **85**, 59, etwa durch die Übermittlung der Vollstreckungsunterlagen usw, AG Melsungen DGVZ **02**, 140. Im Verhaftungsauftrag kann zugleich ein Pfändungsauftrag nach §§ 828 ff stecken, LG Essen DGVZ **81**, 187, AG Mannheim DGVZ **89**, 75. Es kommt aber auf die Fallumstände an. Im Zweifel liegt nur der Verhaftungsauftrag vor, LG Bln DGVZ **88**, 165.

Auftragsberechtigt sind der Vollstreckungsgläubiger und sein gesetzlicher Vertreter, § 51 Rn 12, oder Bevollmächtigter, auch ein Inkassounternehmen, AG Wuppert DGVZ **97**, 77 (keine Prozeßvollmacht nötig), vgl freilich Rn 6. Der Anwalt muß seine Vollmacht auch zum Empfang eingezogener Beträge usw in jedem einzelnen Auftragsfall vorlegen, AG Leverkusen DGVZ **00**, 95. Der Vormund braucht keine Zustimmung des Vormundschaftsgerichts oder des Gegenvormunds. Denn er verfügt nicht über ein Recht des Mündels. Einen Betreuer muß man ebenso beurteilen. Ein Ehegatte darf den Auftrag für den anderen erteilen, soweit sein Verwaltungsrecht reicht. Mehrere müssen den Auftrag gemeinsam erteilen, sofern der Anspruch des einzelnen nicht abtrennbar ist. Der Auftrag muß bestimmt sein. Er darf aber Bedingungen enthalten, etwa einen Haupt- und einen Hilfsantrag, § 260 Rn 8, AG Gladbeck DGVZ **79**, 30. Soweit das Finanzamt einen Auftrag erteilt, muß man es wie einen Gläubiger behandeln, LG Lüneb DGVZ **87**, 188.

Der Gläubiger darf im Rahmen des gesetzlich Zulässigen den etwaigen *Zustellungsort* bindend festlegen, auch bei §§ 829 ff, 840 gegenüber dem Drittschuldner unabhängig davon, ob dieser solche Zustellung gern anderswo erwarten würde, Müller DGVZ **96**, 70 (evgl Haftung des Gerichtsvollziehers). Der Gläubiger muß dem Gerichtsvollzieher die Anschrift des Schuldners so genau angeben, daß der Gerichtsvollzieher keine besonderen Ermittlungen anstellen müßte. Der Gerichtsvollzieher muß zwar im Mehrfamilienhaus zB beim Hausmeister nach der Wohnung des Schuldners fragen, AG Hann DGVZ **77**, 26, AG Leverkusen DGVZ **82**, 175, AG Mü DGVZ **00**, 29. Er muß aber nicht etwa in einem großen Wohnheim ohne Klingel- oder Briefkastenaufschriften so lange vorfahren, bis er den Hausmeister antreffen würde, AG Darmst DGVZ **81**, 62, aM LG Lüb DGVZ **97**, 140, AG Westerburg DGVZ **98**, 79 (aber der Gerichtsvollzieher ist kein Detektiv des Gläubigers). Der Gläubiger braucht bei dem Auftrag gegen nur einen Gesamtschuldner die vollstreckbare Ausfertigung nur gegen diesen vorzulegen, LG Marbg DGVZ **86**, 77, LG Stgt Rpfleger **83**, 161, AG Pirmasens DGVZ **87**, 30, aM AG Günzburg DGVZ **83**, 168, AG Mönchengladb DGVZ **82**, 76, AG Wilhelmsh DGVZ **79**, 188 (aber es geht jetzt nur gegen *diesen* Gesamtschuldner). Der Gerichtsvollzieher darf die Wiederholung eines Auftrags nach kurzer Zeit mit hoher Summe grundsätzlich als ernsthaft erachten, LG Kblz DGVZ **96**, 12.

B. Forderungsberechnung; Teilvollstreckung. Der Gerichtsvollzieher muß die Zulässigkeit seiner Tätigkeit prüfen. Das gilt auch unabhängig von einem etwaigen Anerkenntnis des Schuldners, AG Pirmasens DGVZ **00**, 159. Er muß zB gegenüber einem unter Betreuung stehenden Schuldner viel prüfen, Harnacke DGVZ **00**, 161 (Üb). Der Vollstreckungstitel muß zweifelsfrei ergeben, daß der Schuldner den vom Gläubiger geforderten Betrag schuldet, LG Lüneb DGVZ **01**, 30. Die Prozeßfähigkeit des Schuldners muß bei § 807 feststehen, AG Varel DGVZ **01**, 31. Zulässig ist auch ein Vollstreckungsauftrag wegen eines Teils oder Rests des Vollstreckungsanspruchs, § 752, (teils zum alten Recht) LG Ffm DGVZ **00**, 171, LG Mü DGVZ **95**, 91, LG Stendal JB **00**, 491, aM LG Aachen DGVZ **82**, 61 (aber der Gläubiger ist Herr der Zwangsvollstreckung). Wegen Zahlung in Teilbeträgen ist § 813 a, 900 III. Der Gläubiger muß Teilbeträge selbst nach §§ 367, 497 BGB verrechnen, LG Bln Rpfleger **92**, 30. Wegen EUR Ritten NJW **99**, 1216.

Ein *Pfändungsauftrag* läßt sich isoliert stellen. Der Gläubiger kann mit ihm aber auch den Antrag auf Offenbarungsversicherung nach §§ 807, 900 verbinden, sei es auch nur hilfsweise, LG Kassel DGVZ **85**,

Abschnitt 1. Allgemeine Vorschriften § 754

123, LG Kblz DGVZ **98**, 61, Cirullies DGVZ **86**, 83. Es ist auch ein isolierter Haftauftrag nach § 909 S 1 möglich, LG Bln DGVZ **85**, 59, LG Essen DGVZ **81**, 187, LG Osnabr DGVZ **80**, 124.
   Die Vollstreckung ist auch wegen eines *kleinen Forderungsteils* statthaft, Düss NJW **80**, 1171, LG Mü DGVZ **84**, 28, AG Karlsr RR **86**, 1256. Freilich kann Rechtsmißbrauch vorliegen, Einl III 54, Grdz 44 vor § 704, Düss NJW **80**, 1171 (minimale Zinsen und Kosten), LG Köln DGVZ **00**, 23 (Vollstreckungsauftrag trotz Befriedigung). Freilich liegt Rechtsmißbrauch nicht schon wegen der Zinsen- und Kostenhöhe vor, LG Aachen DGVZ **87**, 139, LG Hann DGVZ **91**, 190, LG Wuppert NJW **80**, 297, aM AG Dortm DGVZ **79**, 121, AG Kamen DGVZ **83**, 190 (aber das sind nur Folgen der Nichtbefriedigung). Der Gläubiger muß eine genaue nachvollziehbare Aufstellung seiner Gesamtforderung beifügen, Köln DGVZ **83**, 9, LG Saarbr DGVZ **95**, 43, AG Itzehoe DGVZ **97**, 95, aM Schlesw Rpfleger **76**, 224, Braun/Raab-Gaudin DGVZ **92**, 5 (zu § 11 III 1 VerbrKrG. Aber gerade dieser Fall zeigt die Richtigkeit der hier vertretenen Auffassung). Das gilt auch wegen der Zinsen, LG Darmst DGVZ **95**, 45, und wegen der Kosten sowie bei einer bloßen Teilvollstreckung. Denn der Gerichtsvollzieher muß prüfen können, ob zB die behauptete Restforderung noch besteht, Stgt JB **87**, 1813, LG Hagen DGVZ **94**, 91, LG Lüneb DGVZ **87**, 45, aM LG Essen DGVZ **92**, 173, LG Kaisersl DGVZ **82**, 157, LG Rottweil DGVZ **95**, 169 (aber nur der Gläubiger hat die notwendige Übersicht). Der Gerichtsvollzieher muß auch prüfen können, ob wegen erfolgter Teilzahlungen überhaupt noch eine Restvollstreckung statthaft ist, LG Hbg DGVZ **75**, 91, LG Saarbr DGVZ **95**, 43. Die Forderungsaufstellung muß mühelos nachprüfbar sein, LG Kaisersl Rpfleger **93**, 29, LG Paderb DGVZ **89**, 63, AG Burg/F DGVZ **79**, 76.
   Bei einer *Restforderung* ist eine überprüfbare Aufstellung auch über die bisherigen Vollstreckungskosten nach § 788 notwendig, LG Hagen DGVZ **94**, 91, LG Saarbr DGVZ **95**, 43, AG Bln-Schöneb DGVZ **91**, 77. Zur Beurteilung der Notwendigkeit der Kosten bei Teilzahlungen Schilken DGVZ **91**, 1 (ausf), zu derjenigen des Verhältnisses zwischen § 11 III 1 VerbrKrG und § 367 BGB Braun/Raab-Gaudin DGVZ **92**, 1 (ausf).
   Grundsätzlich sind beliebig viele *Wiederholungen* zulässig. Dabei kann der Gläubiger jeweils zu einer der **5** nach § 754 zulässigen und in Rn 3 dargestellten anderen Arten der Auftragsübermittlung übergehen. Bei einer Unterhaltsvollstreckung reichen die restliche Gesamthöhe und der Berechnungszeitraum als Gläubigerangabe, LG Bochum DAVorm **85**, 809, LG Darmst DAVorm **90**, 480, LG Hann DAVorm **76**, 657. Eine Grenze gilt auch insofern erst beim Rechtsmißbrauch, Einl III 54, Grdz 44 vor § 704, AG Überlingen DGVZ **91**, 94. Der Gläubiger kann den Vollstreckungsauftrag auf die Pfändung bestimmter Gegenstände oder auf einen Teilbetrag seiner Forderung beschränken. Daran ist der Gerichtsvollzieher gebunden, Grdz 6, 7 vor § 704, AG Bln-Wedding NZM **04**, 720. Der Gläubiger muß eine solche Beschränkung freilich auch eindeutig zum Ausdruck bringen, LG Augsb DGVZ **95**, 154. Dabei kommt es nicht auf die Absicht des Auftraggebers an, sondern auf seine für den Empfänger erkennbaren Erklärungen, LG Augsb DGVZ **95**, 154. Im Zweifel erstreckt sich der Vollstreckungsauftrag auf die gesamte im Vollstreckungstitel genannte Forderung, LG Bln DGVZ **86**, 153, LG Kblz DGVZ **82**, 77, also bis zur völligen Befriedigung, Grdz 52 vor § 704, AG Kassel DGVZ **89**, 157, VG Bln DGVZ **89**, 123. Ein sog Dauerauftrag (Wiederholung der Vollstreckungsversuche) ist aber bei Sinnlosigkeit unbeachtlich, LG Karlsr DGVZ **88**, 43. Eine Vollstreckung über den Umfang des Vollstreckungstitels hinaus ist unzulässig, LG Dortm DGVZ **96**, 74 (zusätzlich vereinbarter Betrag).
   C. Geschäftsmäßiger Auftrag. Bei einem geschäftsmäßigen Auftrag muß eine Erlaubnis nach dem **6** RBerG vorliegen, § 157 Rn 5. Das gilt auch bei einem ausländischen Inkassounternehmen, LG Mü DGVZ **79**, 10. Der Auftrag ist bei einem Verstoß gegen das RBerG unzulässig, AG Mü DGVZ **78**, 172 (zustm Triendl).
   D. Übermittlung der vollstreckbaren Ausfertigung usw. Sie ist für das Verhältnis zwischen dem **7** Gläubiger und dem Gerichtsvollzieher unerheblich. Der Schuldner braucht aber eine Vollstreckungsmaßnahme grundsätzlich nur dann zu dulden, wenn sich der Gerichtsvollzieher durch den Besitz einer vollstreckbaren Ausfertigung ausweisen kann, Nürnb JB **76**, 1395. Deshalb reicht ein Telefax nicht aus und muß der Gerichtsvollzieher nicht nur prüfen, ob das Gericht dem Gläubiger einmal eine vollstreckbare Ausfertigung erteilt hat, sondern vor allem, ob sie noch bei ihm vorhanden ist und ob der Gerichtsvollzieher sie auch erhalten hat, Köln RR **00**, 1580. Es genügt der Vollstreckungstitel gerade gegen diesen Gesamtschuldner, Rn 3. Die vollstreckbare Ausfertigung darf keine irritierenden handschriftlichen oder elektronischen Zusätze des ProzBev des Gläubigers enthalten, LG Bre DGVZ **82**, 8. Wenn der Schuldner einen diesbezüglichen Mangel nicht rügt, dann ist die Zwangsvollstreckungsmaßnahme wirksam, falls eine vollstreckbare Ausfertigung erteilt worden war. Notfalls kann der Schuldner die Erinnerung nach § 766 einlegen. Die Zwangsvollstreckung ist aber nicht nichtig, Einf 5 vor §§ 750–751. §§ 754 ff schaffen eine unwiderlegliche Vermutung zugunsten des Schuldners, aber nicht zugunsten des Gerichtsvollziehers. Der Gläubigervertreter muß eine extra notwendige Geldempfangsvollmacht im Original vorlegen, AG Ffm DGVZ **95**, 46.
   Im *Scheck- oder Wechselverfahren* nach §§ 602 ff muß sich der Gerichtsvollzieher wegen Art 34, 47 ScheckG, Art 39 WG das Originalpapier vom Gläubiger geben lassen, um es dem Schuldner quittiert aushändigen zu können, Ffm DGVZ **91**, 84, LG Hann DGVZ **91**, 142, AG Aschaffenb DGVZ **93**, 175. Im Verfahren nach § 284 VII AO ist die Aushändigung einer vollstreckbaren Ausfertigung an den Gerichtsvollzieher nicht notwendig, LG Limbg DGVZ **87**, 188.
   Eine *weitere* vollstreckbare Ausfertigung wegen eines Rests berechtigt und verpflichtet den Gerichtsvollzieher auch nach vorheriger Aushändigung der ersten Ausfertigung an den Schuldner zur weiteren Vollstreckung im Gläubigerauftrag, LG Hechingen DGVZ **99**, 156.
   4) Ermächtigungsumfang. Ein nach Rn 3 ff ordnungsgemäßer Auftrag ermächtigt den Gerichtsvoll- **8** zieher kraft Gesetzes dem Gläubiger gegenüber zu vier Arten von Handlungen.
   A. Empfangnahme. Der Gerichtsvollzieher darf Zahlungen und sonstige Leistungen auf die Vollstreckungsschuld in Empfang nehmen, auch zB zwecks Sicherheitsleistung des Schuldners nach § 108, Köln RR **87**, 1211, oder bei einem Antrag des Finanzamts, LG Limbg DGVZ **87**, 188, AG Wetzlar DGVZ **87**, 47.

Hartmann

§§ 754, 755 Buch 8. Zwangsvollstreckung

Dabei ist es wegen § 267 BGB unerheblich, ob der Schuldner oder freiweillig ein Dritter leisten, Naumb DGVZ **00**, 36. Auch wenn der Schuldner widerspricht, muß der Gerichtsvollzieher die Leistung des Dritten mangels einer gegenteiligen Weisung des Gläubigers annehmen, jedoch vorbehaltlich des Ablehnungsrechts des Gläubigers, § 267 II BGB. Denn das entspricht dem Interesse des Gläubigers am ehesten. Der Gerichtsvollzieher muß dann von einer weiteren Zwangsvollstreckung vorläufig absehen.

Soweit das Gericht den Gläubiger zu einer Leistung an einen *Dritten* verurteilt hat, darf der Gerichtsvollzieher für ihn leisten. Er darf aber keine Leistung an Erfüllungs Statt annehmen. Eine bloße Hinterlegung ist zwar keine Erfüllung. Sie kann aber durch den Verzicht auf eine Rückgabe zur Erfüllung werden, BGH Rpfleger **84**, 74. Der Gerichtsvollzieher darf erhaltenes Geld nicht für den Schuldner vor der Ablieferung an den Gläubiger pfänden, AG Hombg/S DGVZ **93**, 117. Zur Entgegennahme von Ratenzahlungen und zu deren Überwachung ist der Gerichtsvollzieher im Rahmen von § 813a verpflichtet. Der Gerichtsvollzieher muß ungeachtet einer Verrechnungsanweisung des Schuldners nach § 317 BGB ungerechtfertigte Kosten absetzen, § 788 Rn 13.

9   **B. Quittungserteilung.** Der Gerichtsvollzieher darf und muß über Empfangenes quittieren, § 757. Er unterzeichnet mit seinem Namen, wie bei § 129 Rn 9.

10 **C. Ablieferung der vollstreckbaren Ausfertigung.** Der Gerichtsvollzieher muß die vollstreckbare Ausfertigung an den Schuldner abliefern, auch wenn ein Dritter geleistet hat. Das gilt aber nur dann, wenn der Gläubiger völlig befriedigt ist, auch wegen der Kosten, §§ 91ff, 788. Es gilt auch nicht im Verfahren nach § 284 VII AO, LG Limb DGVZ **87**, 188. Bei Rn 8–10 ist ein abweichender Wille des Gläubigers unerheblich, AG Limbg DGVZ **84**, 93, Saum JZ **81**, 696, außer im Fall des § 267 II BGB. Wegen einer weiteren Ausfertigung nach Abgabe der ersten Rn 7.

11 **D. Verwertungsaufschub und Aussetzung der Verwertung, §§ 813a, § 813b.** Der Gerichtsvollzieher darf nach § 813a einen Verwertungsaufschub und nach § 813b eine Aussetzung der Verwertung gewähren.

12 **5) Ermächtigungsgrenzen.** Zu anderen Maßnahmen ist der Gerichtsvollzieher nur im Rahmen von § 845 ermächtigt, sonst nicht.

Er darf zB nicht: Die Rechtmäßigkeit des Vollstreckungstitels prüfen, AG Würzb JB **79**, 1081; die Wohnung des Schuldners ermitteln, Rn 3, AG Darmst DGVZ **81**, 62; eine bedingte Leistung ohne Zustimmung des Gläubigers annehmen; eine Verjährung überprüfen, LG Kblz DGVZ **85**, 62, AG Lichtenfels DGVZ **81**, 28, AG Münst RR **92**, 1531; einen Vergleich außerhalb von §§ 813a, b abschließen; dem Schuldner eine Stundung, eine Ratenzahlung oder Ersatzleistung oder einen Nachlaß außerhalb von §§ 806b, 813a, b gewähren; Pfandstücke freigeben; eine Leistung an Zahlungs Statt annehmen, etwa in einer ausländischen Währung, Schmidt ZZP **98**, 48; abgesehen von § 900 sonstige Erklärungen abgeben oder entgegennehmen, wie etwa eine Aufrechnung, eine Minderung oder einen Rücktritt.

Die Kenntnis des Gerichtsvollziehers über *rechtserhebliche Tatsachen*, etwa über einen Antrag auf die Eröffnung eines Isolvenzverfahrens, schadet dem Gläubiger nicht.

13 **6) Auftragsrücknahme.** Mit der bis zur Beendigung der Zwangsvollstreckung nach Grdz 52 vor § 704 zulässigen Rücknahme des Antrags erlischt die Ermächtigung des Gerichtsvollziehers. Darin, daß der Gläubiger die vollstreckbare Ausfertigung vom Gerichtsvollzieher zurückverlangt, liegt die Rücknahme der Ermächtigung. Der Gerichtsvollzieher muß auch je nach Weisung des Gläubigers als des Herrn der Zwangsvollstreckung eine Maßnahme aufschieben, LG Augsb DGVZ **93**, 188, beschränken oder einstellen bzw aufheben.

14 **7) Rechtsbehelf: Erinnerung.** Der Betroffene kann die Erinnerung nach § 766 einlegen. Anschließend ist die sofortige Beschwerde nach § 793 möglich. Wegen der Grenzen einer Dienstaufsicht § 753 Rn 4.

15 **8) VwGO:** Entsprechend anwendbar, § 167 I VwGO, mit den in § 753 Rn 16 bezeichneten Einschränkungen. Die Ermächtigung, Rn 8ff, wird durch die Anordnung des Gerichts bzw dessen Vorsitzenden bewirkt, wenn der Gerichtsvollzieher in den Fällen der §§ 169, 170 VwGO in Anspruch genommen wird.

---

755 *Ermächtigung des Gerichtsvollziehers.* [1] Dem Schuldner und Dritten gegenüber wird der Gerichtsvollzieher zur Vornahme der Zwangsvollstreckung und der im § 754 bezeichneten Handlungen durch den Besitz der vollstreckbaren Ausfertigung ermächtigt. [2] Der Mangel oder die Beschränkung des Auftrags kann diesen Personen gegenüber von dem Gläubiger nicht geltend gemacht werden.

1 **1) Systematik, S 1, 2.** Vgl zunächst § 753 Rn 1. Es handelt sich um Ergänzungen zur Regelung der Stellung des Gerichtsvollziehers nach §§ 753, 754 wie auch um eine Klarstellung zu der für den Schuldner natürlich wesentlichen Frage, wie sich der Gerichtsvollzieher eigentlich als Berechtigter ausweisen muß, damit der Schuldner ihn und seine Leute dulden muß.

2 **2) Regelungszweck, S 1, 2.** Vgl zunächst § 753 Rn 2. § 755 gibt einen der mit §§ 724ff verfolgten Zwecke an. Die Vorschrift dient wesentlich der Praktikabilität der Vollstreckung. Der Gerichtsvollzieher muß oft schon genug Probleme vor Ort bewältigen. Er soll nicht noch zusätzlich übermäßige Belastungen mit Vollmachtsnachweisen haben. Die „Anscheinsvollmacht" des Klauselbesitzers muß erst einmal reichen. Damit dient § 755 auch der Rechtssicherheit nach Einl III 43 wie der Prozeßwirtschaftlichkeit, Grdz 14 vor § 128. Alles das muß man bei der Auslegung mitbeachten.

3 **3) Ausweis, S 1, 2.** Der Besitz der vollstreckbaren Ausfertigung weist den Gerichtsvollzieher nach außen als zur Zwangsvollstreckung ermächtigt aus, Hamm MDR **89**, 467. Das gilt ohne Rücksicht auf den Willen des Gläubigers und auf eine Kenntnis des Schuldners. Denn es liegt kein Vertrag vor, § 753 Rn 1ff. Ohne diesen Ausweis braucht der Schuldner keine Zwangsvollstreckungshandlung zu dulden. Der Gerichtsvoll-

Abschnitt 1. Allgemeine Vorschriften **§§ 755, 756**

zieher braucht seinen Besitz nicht bei sich zu tragen. Daher ist eine Zwangsvollstreckungsmaßnahme nicht deshalb unzulässig oder unwirksam, weil der Gerichtsvollzieher die vollstreckbare Ausfertigung nicht bei sich hat, § 754 Rn 7. Freilich muß der Gerichtsvollzieher die vollstreckbare Ausfertigung dem Schuldner auf dessen Verlangen vorzeigen. Die Ermächtigung dem Schuldner und dem Dritten gegenüber reicht in den in § 754 genannten Punkten so weit wie dem Gläubiger gegenüber.

4) Mangel usw des Auftrags, S 1, 2. Der Auftrag erlischt im Verhältnis zwischen dem Gläubiger und 4 dem Gerichtsvollzieher durch seine Rücknahme oder seinen Widerruf, § 754 Rn 13. Dem Schuldner gegenüber bleiben das Erlöschen oder eine Beschränkung des Auftrags bedeutungslos, sogar wenn er diese kennt. Denn § 755 stellt eine unwiderlegliche Vermutung auf. Der Schuldner wird also durch eine Leistung befreit, auch wenn der Gläubiger den Vollstreckungsauftrag längst zurückgenommen hatte, falls der Gerichtsvollzieher noch die vollstreckbare Ausfertigung in Händen hat und sie dem Schuldner vorgezeigt hat. Der Schuldner und ein Dritter können den Mangel einer solchen Vollstreckungsmaßnahme durch eine Erinnerung nach § 766 geltend machen. Denn sie brauchen eine eigenmächtige Zwangsvollstreckung des Gerichtsvollziehers nicht zu dulden.

5) VwGO: *Entsprechend anwendbar, § 167 I VwGO, mit der Maßgabe, daß in den Fällen der §§ 169, 170* 5 *VwGO (§ 753 Rn 16) der Besitz der gerichtlichen Anordnung den Gerichtsvollzieher ausweist, § 273 GVGA, vgl den nach § 5 VwVG anzuwendenden § 285 II AO 1977 (eine Vollstreckungsklausel ist in diesen Fällen nicht erforderlich, § 171 VwGO).*

756 *Zwangsvollstreckung bei Leistung Zug um Zug.* I Hängt die Vollstreckung von einer Zug um Zug zu bewirkenden Leistung des Gläubigers an den Schuldner ab, so darf der Gerichtsvollzieher die Zwangsvollstreckung nicht beginnen, bevor er dem Schuldner die diesem gebührende Leistung in einer den Verzug der Annahme begründenden Weise angeboten hat, sofern nicht der Beweis, dass der Schuldner befriedigt oder im Verzug der Annahme ist, durch öffentliche oder öffentlich beglaubigte Urkunden geführt wird und eine Abschrift dieser Urkunden bereits zugestellt ist oder gleichzeitig zugestellt wird.

II Der Gerichtsvollzieher darf mit der Zwangsvollstreckung beginnen, wenn der Schuldner auf das wörtliche Angebot des Gerichtsvollziehers erklärt, dass er die Leistung nicht annehmen werde.

Gliederung

1) Systematik, I–II	1	A. Voraussetzungen	10–12
2) Regelungszweck, I–II	2	B. Weiteres Verfahren	13
3) Zug-um-Zug-Leistung, I–II	3–9	5) Rechtsbehelfe, I–II	14, 15
A. Angebot an Schuldner	3–8	A. Gläubiger	14
B. Weiteres Verfahren	9	B. Schuldner	15
4) Zwangsvollstreckung ohne Angebot, I	10–13	6) VwGO	16

1) Systematik, I–II. Vgl zunächst § 753 Rn 1. § 756 ist eine in der Praxis recht wichtige, viele Fragen 1 aufweisende notwendige Ergänzung des § 726 II. Diese letztere Vorschrift läßt die Erteilung einer vollstreckbaren Ausfertigung bei einer Leistung Zug um Zug zu, ohne den Nachweis der Befriedigung oder des Annahmeverzugs des Schuldners zu verlangen. Über die dahin gehörenden Fälle § 726 Rn 9. Für das Vollstreckungsgericht und zunächst für den Rpfl enthält § 765 eine dem § 756 entsprechende Regelung. Wegen der EuGVVO SchlAnh V C 4 (§ 6).

2) Regelungszweck, I–II. Vgl zunächst § 753 Rn 2. Die Vorschrift verlagert dasjenige, was in einer 2 nach dem Urteil komplizierten Lage eigentlich der Gläubiger tun müßte, im Verhältnis zum Schuldner im Prinzip auf den Gerichtsvollzieher zum Zweck der Vereinfachung, Grdz 14 vor § 128. Dieser Zweck gebietet eine keineswegs engstirnige Auslegung. Allerdings zeigt die Praxis, daß man den Schuldner auch vor lascher Handhabung bewahren muß.

3) Zug-um-Zug-Leistung, I–II, dazu *Fichtner* DGVZ 04, 1, 17, *Gilleßen/Coenen* DGVZ 98, 167 (je: 3 ausf). Voraussetzungen und Verfahren sind gleichermaßen kompliziert.

A. Angebot an Schuldner. Die Notwendigkeit einer Gegenleistung Zug um Zug muß sich aus dem Vollstreckungstitel eindeutig ergeben, Düss JB **01**, 495, KG Rpfleger **00**, 557, LG Hildesh DGVZ **00**, 94, nicht erst aus weiteren Unterlagen, KG MDR **97**, 1058. Andernfalls muß man eine isolierte Vollstreckung wegen Leistung und Gegenleistung vornehmen, BGH NJW **92**, 1173, LG Hbg DGVZ **92**, 41, LG Kblz DGVZ **59**. Es muß auch gerade bei Zug-um-Zug-Leistung tituliert sein, LG Tüb DGVZ **86**, 60, AG Bielef MDR **77**, 500. Verurteilung zu Leistung nach Empfang der Gegenleistung reicht aus, Karlsr MDR **75**, 938, Köln DGVZ **89**, 151. Bei klarer Verurteilung Zug um Zug gilt: Der Beginn der Zwangsvollstreckung setzt hier regelmäßig voraus, daß der Gerichtsvollzieher den Schuldner durch das Angebot der dem Schuldner zustehenden Leistung in einen Annahmeverzug nach §§ 293 ff BGB setzt. Das Angebot muß grundsätzlich ein tatsächliches sein, LG Bln DGVZ **93**, 28, LG Ravensb DGVZ **86**, 89, AG Sinzig RR **87**, 704. Das Angebot muß auch hinreichend bestimmt sein, BVerfG NJW **97**, 2168, BGH BB **05**, 2100, Kblz OLGR **00**, 520. Es muß so erfolgen, wie der Gläubiger die Leistung bewirken muß, § 294 BGB, LG Arnsberg DGVZ **83**, 152, LG Düss DGVZ **80**, 187, LG Frankenth MDR **82**, 61. Der Gerichtsvollzieher muß nach eigenem Ermessen klären, ob der Gläubiger seine Gegenleistung erbracht hat, AG Sinzig DGVZ **03**, 76. Notfalls muß der Gerichtsvollzieher zur Klärung einen Sachverständigen hinzuziehen, Celle MDR **01**, 686, Hamm DGVZ **95**, 183, LG Kblz DGVZ **00**, 117.

§ 756

4 Der Schuldner muß *nur noch zuzugreifen* brauchen, BGH **90**, 359, LG Arnsberg DGVZ **02**, 170, LG Bln DGVZ **93**, 28. Der Gläubiger kann auch nicht verlangen, daß der Schuldner vor der Zug-um-Zug-Gegenleistung des Gläubigers hinterlege, LG Stgt DGVZ **90**, 92. Eine Aufrechnung genügt nicht. Maßgeblich ist die im Urteil notwendige individuelle Bezeichnung der Gegenleistung, BGH BB **05**, 2100, LG Kblz DGVZ **03**, 40, AG Pirmasens DGVZ **98**, 190. Wenn das Gericht im Urteil die Gegenleistung individuell bestimmt hat, dann ist jetzt demgemäß ihre Identifizierbarkeit erforderlich, § 253 Rn 100 „Zug-um-Zug-Gegenleistung", BGH NJW **93**, 325, LG Kblz DGVZ **05**, 76, AG Wuppert DGVZ **99**, 46. Diese Identifizierbarkeit reicht aber auch aus, BGH NJW **93**, 325, Nürnb NJW **89**, 987, LG Rottweil DGVZ **90**, 171, aM LG Bonn DGVZ **83**, 188 (aber man darf den Gläubiger nicht überfordern, ebensowenig sein Vollstreckungsorgan). Die Bezeichnung „VW Käfer 1200, 34 PS" kann zB dann genügen, wenn der Gläubiger nur einen einzigen derartigen Pkw besitzt, AG Groß Gerau MDR **81**, 1288. Zum Kfz gehört sein Brief. Eine Umschreibung im Urteil „Herstellung eines lotrechten Mauerwerks" mag ungenügend sein, Düss RR **99**, 794. Grundsätzlich unzureichend ist eine Verurteilung zur Zahlung gegen Aushändigung eines Schecks, Wechsels usw. Das gilt selbst dann, wenn der Gerichtsvollzieher nur gegen Erhalt der Urkunde vollstrecken darf, Ffm JB **81**, 938, Hamm DGVZ **79**, 122, LG Saarbr DGVZ **90**, 43.

5 Eine *Mängelfreiheit* ist dann, wenn es bei der Zug-um-Zug-Leistung nicht gerade um eine Nachbesserung geht, grundsätzlich *nicht notwendig*, BGH BB **05**, 2100, LG Kaisersl JB **99**, 554, LG Kblz DGVZ **03**, 40, aM LG Hann DGVZ **84**, 153 (aber damit würde man den Gerichtsvollzieher meist überfordern). Schon gar nicht braucht der Gläubiger einen vom Schuldner zusätzlich behaupteten Mangel beseitigt zu haben, LG Bonn DGVZ **89**, 12, aM Celle RR **00**, 828, LG Frankenth MDR **82**, 61 (aber auch das wäre eine Überforderung des Gerichtsvollziehers). Freilich mag nach dem Vollstreckungstitel gerade eine mangelfreie Gegenleistung notwendig sein, LG Darmst DGVZ **79**, 126. Auch mag ein Mangel offenkundig sein, LG Bonn DGVZ **83**, 187, LG Hann DGVZ **84**, 152. Es bestehen vielfache Beziehungen zum sachlichen Recht, Schilken AcP **181**, 335.

Der Gerichtsvollzieher muß auch feststellen, ob bei einer Gattungsschuld die anzubietende Sache eine mittlere Art und Güte hat, §§ 243 I BGB, 360 HGB, ob bei einer Stückschuld gerade der bestimmte Gegenstand vorliegt, ob der Gläubiger ordnungsgemäß *nacherfüllt* hat, I a, Celle RR **00**, 828 (notfalls mit Sachverständigenhilfe auf Schuldnerkosten nach § 788, AG Sinzig DGVZ **03**, 127). Das gilt auch einschließlich etwaiger Nebenarbeiten, AG Gütersloh DGVZ **83**, 78. Notfalls ist eine Feststellungsklage erforderlich, Hamm DGVZ **95**, 183, Stgt DGVZ **89**, 121, Schilken AcP **181**, 365.

6 Das gilt bei einem *Kauf nach Probe* entsprechend. Eine Feststellungsklage, daß eine weitere Zug-um-Zug-Leistung nicht mehr notwendig sei, ist zulässig, § 256, BGH MDR **77**, 133, Stojek MDR **77**, 458.

7 Solange der Gerichtsvollzieher trotz rechtzeitiger Ankündigung weder den Schuldner noch eine Ersatzperson *antrifft*, kann er die Gegenleistung grundsätzlich nicht wirksam anbieten, LG Hbg DGVZ **84**, 115, aM DGVZ **80**, 191 (Ausnahme Rn 8), Gilleßen/Jakobs DGVZ **81**, 53. Ein wörtliches Angebot nach § 295 S 1, 2 BGB kann genügen, Oldb DGVZ **91**, 172, LG Coburg DGVZ **05**, 108, Fichtner DGVZ **04**, 43 (ausf). Das stellt II jetzt für den Verweigerungsfall überflüssigerweise klar. Es war schon ohne II wegen der indirekten Verweisung auf §§ 293 ff BGB sachlich klar. Das gilt zB dann, wenn der Schuldner erklärt, die Leistung nicht annehmen zu wollen, oder wenn der Schuldner eine Handlung vornehmen muß, die Sache etwa abholen muß, wenn überhaupt aus dem Vollstreckungstitel eindeutig eine Holschuld erkennbar ist, LG Gießen DGVZ **86**, 77, LG Ravensb DGVZ **86**, 89. Dasselbe gilt, soweit der Schuldner die Gläubigerleistung annimmt, die Schuldnerleistung aber endgültig verweigern will, BGH Rpfleger **97**, 221.

8 Dieses wörtliche Angebot ist eine geschäftsähnliche Handlung. Auf sie sind die Vorschriften des BGB über *Willenserklärungen* entsprechend anwendbar, AG Lampertheim DGVZ **80**, 188. Daher muß der Gläubiger den Gerichtsvollzieher bevollmächtigen und anweisen, das wörtliche Angebot abzugeben, AG Hbg-Wandsbek DGVZ **80**, 190, AG Lampertheim DGVZ **80**, 188, Fichtner DGVZ **04**, 43, aM LG Augsb DGVZ **95**, 9 (aber das wäre inkonsequent). Bei einer Verurteilung zur Leistung gegen Abgabe einer Willenserklärung gilt letztere mit der wirksamen Abgabe oder mit der Rechtskraft der Verurteilung zu einer entsprechenden Willenserklärung nach § 322 als erbracht, § 894, LG Kblz DGVZ **89**, 43, AG Offenbach DGVZ **95**, 76. Bei einer Verurteilung Zug um Zug gegen Eigentumsübertragung an einer beweglichen Sache ist regelmäßig eine solche nach § 929 BGB und nicht nur nach § 931 BGB notwendig, Köln Rpfleger **92**, 528. Bei einer Verurteilung Zug um Zug gegen Auflassung eines Grundstücks prüft das Vollstreckungsorgan (Grundbuchamt) den Nachweis der Befriedigung oder des Annahmeverzugs bei der Eintragung einer Zwangssicherungshypothek, LG Hbg Rpfleger **04**, 159.

Die *Abwesenheit des Schuldners* in dem ihm bekannten Termin zum tatsächlichen Angebot der Gegenleistung oder die Nichterklärung usw im Termin begründet als Ausnahme vom Grundsatz der Rn 7 hier einen Annahmeverzug. BGH Rpfleger **92**, 207, LG Hbg DGVZ **84**, 115. Die Gegenleistung mag im LG-Bezirk und nicht im AG-Bezirk des Gerichtsvollziehers erforderlich sein, LG Bln DGVZ **98**, 27. Zu Einzelheiten Gilleßen/Jacobs DGVZ **81**, 49.

9 **B. Weiteres Verfahren.** Die eigentliche Leistung erfolgt nur Zug um Zug, dh gegen eine Befriedigung des Schuldners, auch wegen der Kosten der Zwangsvollstreckung, Bank JB **80**, 1137. Auch bei der Vollstreckung wegen eines Teilbetrags muß der Gläubiger die volle auch teilbare Gegenleistung erbringen oder den Schuldner insoweit in Annahmeverzug setzen, LG Wuppert DGVZ **86**, 90, AG Schönau DGVZ **90**, 46. Die Kosten des Rechtsstreits die nach dem Kostenfestsetzungsbeschluß nach § 104 gehören aber nicht zu dieser Leistung. Daher kann der Schuldner wegen dieser Kosten nur so vorgehen, daß er in den etwa vom Gläubiger aufgrund seines Angebots gezahlten Betrag vollstreckt. Wenn der Schuldner den Gläubiger nicht vollständig befriedigt, dann darf und muß der Gerichtsvollzieher ohne eine Gegenleistung vollstrecken, BGH **73**, 320. Die Aushändigung einer quittierten Urkunde gehört aber nicht hierher. Das gilt, obwohl man die quittierte Urkunde dem Gerichtsvollzieher übergeben muß, damit er sie dem freiwillig Zahlenden aushändigt, § 726 Rn 10. Der Gerichtsvollzieher muß den ganzen Vorgang nach § 763 protokollieren. Die Kosten des Angebots sind Kosten der Zwangsvollstreckung nach § 788. Nicht hierher gehören aber die

Kosten des Wegtransports einer herauszugebenden Sache. Wenn eine Leistung Zug um Zug dem Gläubiger schuldlos unmöglich geworden ist und wenn der Gläubiger den Anspruch auf die Leistung behält, dann muß er neu klagen.

4) Zwangsvollstreckung ohne Angebot, I. Sie erfordert besondere Aufmerksamkeit. 10

A. Voraussetzungen. Der Gerichtsvollzieher braucht dem Schuldner keine Gegenleistung anzubieten, wenn die Befriedigung unstreitig ist, LG Düss DGVZ **91**, 39 (zustm Münzberg DGVZ **91**, 88), LG Hann DGVZ **85**, 171, AG Fürstenfeldbr DGVZ **81**, 90, oder wenn der Gläubiger den Beweis der Befriedigung des Schuldners oder seines Annahmeverzugs durch eine öffentliche oder öffentlich beglaubigte Urkunde nach § 415 Rn 3, 4 geführt hat, Köln RR **86**, 863, und wenn eine Abschrift der Urkunde zugestellt ist oder gleichzeitig zugestellt wird, und zwar an den ProzBev der ersten Instanz. Es ist unerheblich, in welcher Weise der Gläubiger den Schuldner befriedigt hat. Der Annahmeverzug mag auf einem früheren Angebot beruhen, AG Neustadt/H DGVZ **76**, 74. Das gilt auch dann, wenn ein anderer Gerichtsvollzieher dieses Angebot bei einer anderen Pfändung gemacht hat. Der Annahmeverzug mag auch auf einem Zeitablauf nach § 296 BGB beruhen. Er braucht nicht nach dem Erlaß des Urteils eingetreten zu sein, Dieckmann Gedächtnisschrift für Arens (1993) 45, Schilken AcP **181**, 372.

Ein vorher eingetretener *Verzug* gilt als fortdauernd, Dieckmann Gedächtnisschrift für Arens (1993) 45. Zur Herausgabe von Software LG Kblz DGVZ **00**, 117, Münzberg BB **90**, 1011, aM Freiherr von Gravenreuth BB **89**, 1926. Der Gläubiger kann den Beweis auch durch das Protokoll des Gerichtsvollziehers führen, Köln MDR **91**, 260, Oldb DGVZ **91**, 172, oder durch das vorläufig vollstreckbare oder rechtskräftige Urteil, Köln MDR **91**, 260, LG Augsb JB **94**, 307, AG Mönchengladb DGVZ **92**, 124. Das gilt insbesondere bei einer Vorleistungspflicht, § 726 Rn 9, BGH NJW **82**, 1049. Der Beweis läßt sich überhaupt durch irgendeinen Urteilstenor erbringen, Köln DGVZ **89**, 152, Christmann DGVZ **90**, 2. Wenn nur dessen Tatbestand oder Entscheidungsgründe den Annahmeverzug eindeutig ergeben, ist zwar der Nachweis an sich ebenfalls durch das Urteil möglich, Köln DGVZ **89**, 152, LG Detm DGVZ **90**, 41. Indessen ist dann das Urteil insoweit nicht bindend, Köln DGVZ **89**, 152, LG Düss DGVZ **80**, 187, LG Wuppert Rpfleger **88**, 153.

Evtl ist sogar eine *ungenaue Bezeichnung* der Gegenleistung im Vollstreckungstitel unschädlich, LG Bonn 11 DGVZ **91**, 92, AG Bonn DGVZ **91**, 91. Zur Vermeidung von Auslegungsschwierigkeiten empfiehlt sich schon im Erkenntnisverfahren ein Antrag auf die Feststellung, „daß sich der Bekl im Annahmeverzug befindet", Doms NJW **84**, 1340, Schibel NJW **84**, 1945.

Nicht ausreichend sind: Der Abweisungsantrag des Schuldners im Prozeß, Ffm Rpfleger **79**, 432, LG Kleve 12 DGVZ **05**, 95, LG Wuppert Rpfleger **88**, 153; ein gleiches bloßes Anzeichen, etwa ein erfolgloser Vollstreckungsversuch aus einem anderen Titel, aM LG Oldb DGVZ **82**, 124 (aber man muß vollen Beweis verlangen). Wenn das Urteil auf eine „Leistung nach dem Empfang der Gegenleistung" entgegen § 322 II BGB ohne eine Bejahung des Annahmeverzugs des Schuldners ergangen ist, dann bleibt der Gläubiger für den Annahmeverzug zwar nicht zwecks Erhalts der Klausel beweispflichtig, wohl aber zwecks weiterer Zwangsvollstreckung. Hatte das Urteil den Annahmeverzug wegen Fehlens eines den Verzug begründenden Sachzustands verneint, kann der Gläubiger den Schuldner nicht in der Vollstreckung dadurch in Annahmeverzug setzen, daß er ihm denselben Zustand erneut anbietet, AG Kaisersl DGVZ **90**, 75.

B. Weiteres Verfahren. Grundsätzlich entscheidet der Gerichtsvollzieher darüber, ob der Annahmever- 13 zug und der Nachweise vorliegen. Wenn ihm die Urkunden nicht genügen, dann muß er den Gläubiger auf den Klageweg verweisen, LG Landau DGVZ **95**, 88, LG Mainz Rpfleger **93**, 253 (wegen des Vollstreckungsgerichts). Wenn das Prozeßgericht den Schuldner zur Zahlung Zug um Zug gegen eine Abrechnung des Gläubigers verurteilt hat, dann kann der Gerichtsvollzieher die Vollständigkeit der Abrechnungen nicht prüfen. Deshalb ist also keine Erinnerung nach § 766 zulässig. Wenn der Schuldner einen ProzBev im Sinn von § 81 hat, dann muß man die Urkunden diesem zustellen, § 172. Der Umstand, daß der Schuldner irgendwie in den Besitz der anzubietenden Gegenleistung gekommen ist, genügt ohne die geforderten Urkunden nicht zum Nachweis. Denn der Gerichtsvollzieher kann nicht beurteilen, ob dieser Vorgang in Erfüllung der Verbindlichkeit des Gläubigers geschehen ist. Ein Nachweis ist natürlich nicht notwendig, soweit der Gläubiger die Gegenleistung unstreitig erbracht hat, LG Hann DGVZ **85**, 171.

5) Rechtsbehelfe, I–II. Es kommt auf die Person des Beschwerten an. 14

A. Gläubiger. Der Gläubiger kann die Erinnerung nach § 766 einlegen. Anschließend ist die sofortige Beschwerde nach § 793 möglich.

B. Schuldner. Der Schuldner kann die Erinnerung nach § 766 einlegen, KG RR **89**, 638. Auch für ihn 15 ist anschließend die sofortige Beschwerde nach § 793 möglich. Er hat die Vollstreckungsabwehrklage nach § 767 nur dann, wenn er das Erlöschen des Anspruchs des Gläubigers wegen einer nachträglichen Unmöglichkeit der Gegenleistung behauptet, LG Bln RR **89**, 639, oder wenn er ein Gewährleistungs- oder Rücktrittsrecht in Anspruch nimmt, KG RR **89**, 638. Die Mangelhaftigkeit der angebotenen Gegenleistung begründet nur die Erinnerung, KG RR **89**, 638, AG Pirmasens MDR **75**, 62, ZöStö 13, aM LG Hbg DGVZ **84**, 11, AG Siegen DGVZ **97**, 78 (es sei § 767 anwendbar. Vgl aber § 767 Rn 38 „Zug um Zug").

6) VwGO: *Entsprechend anwendbar,* § 167 I VwGO, wenn der Gerichtsvollzieher tätig wird, sei es auf Antrag des 16 *Gläubigers oder gemäß §§ 169, 170 VwGO auf Grund gerichtlicher Anordnung.*

757 **Übergabe des Titels und Quittung.** [1]Der Gerichtsvollzieher hat nach Empfang der Leistungen dem Schuldner die vollstreckbare Ausfertigung nebst einer Quittung auszuliefern, bei teilweiser Leistung diese auf der vollstreckbaren Ausfertigung zu vermerken und dem Schuldner Quittung zu erteilen.

§ 757

II Das Recht des Schuldners, nachträglich eine Quittung des Gläubigers selbst zu fordern, wird durch diese Vorschriften nicht berührt.

1 **1) Systematik, I, II.** Vgl zunächst § 753 Rn 1. Erfüllung erfordert stets eine Quittung des Gläubigers. Die Vollstreckung steht der Erfüllung gleich. Die Vorschrift ist zwingend, AG Limbg DGVZ **84**, 93. Sie übernimmt den Gedanken des § 368 BGB.

2 **2) Regelungszweck, I, II.** Vgl zunächst § 753 Rn 2. Wegen der erheblichen Bedeutung der vollstreckbaren Ausfertigung nach § 755 muß die Leistung des Schuldners zum Besitzwechsel führen, die teilweise Leistung zu einer nach solcher Sachlage den beiderseitigen rechtlichen Interessen gerecht werdenden Lösung. Das gilt ungeachtet der für den Schuldner verbleibenden Möglichkeiten nach §§ 767 ff, 775. Die Vorschrift bezweckt mit dem Schuldnerschutz auch Rechtssicherheit, Einl III 43. Demgemäß ist eine strikte Handhabung ratsam.

3 **3) Quittung, I, II.** Ein klarer Grundsatz zeigt manches Anwendungsproblem.
A. Grundsatz: Erteilungspflicht. Über jede Leistung des Schuldners in der Zwangsvollstreckung gerade an den Gerichtsvollzieher muß der nach §§ 754, 815 III, 819 empfangsberechtigte Gerichtsvollzieher im eigenen Namen unaufgefordert unverzüglich eine Quittung im Original erteilen. Bei einer Teilleistung erteilt er die Quittung auf einem besonderen Blatt. Bei einer Volleistung einschließlich Zinsen und Kosten oder einer vollen Restleistung erteilt er sie auf einem besonderen Blatt oder auf der vollstreckbaren Ausfertigung des Vollstreckungstitels. Die Quittung ist eine öffentliche Urkunde, § 418. In allen Fällen kann der Schuldner außerdem eine Quittung des Gläubigers nach § 368 BGB verlangen. Die Vorschrift ist auf andere Vollstreckungsorgane als den Gerichtsvollzieher unanwendbar, Saum JZ **81**, 697. Sie gilt auch dann nicht, wenn der Schuldner direkt an den Gläubiger oder dessen ProzeßBev oder an einen vom Gläubiger bestimmten Dritten leistet. Dann gilt vielmehr § 775 Z 4, 5.

4 **B. Beispiele zur Frage einer Auslieferungspflicht**
Beitreibung: Es ist unerheblich, ob der Gläubiger bzw das Vollstreckungsorgan die Leistung beigetrieben hat.
Dritter: Soweit er für den Schuldner leistet, erhält er eine Quittung.
  S auch Rn 5 „Teilleistung".
Duldung und Leistung: Wenn ein Schuldner auf eine Duldung haftet, der andere auf eine Leistung, dann muß der Gerichtsvollzieher den Vollstreckungstitel dem Leistungsschuldner aushändigen.
Freiwillige Leistung: Es ist unerheblich, ob der Schuldner unter dem Druck der bevorstehenden Zwangsvollstreckung freiwillig geleistet hat.
Gesamtschuld: Bei ihr erhält derjenige den Vollstreckungstitel ausgehändigt, der die ganze Schuld oder ihren Rest tilgt. Wenn alle zahlen oder wenn mehrere je einen Teil zahlen, muß der Gerichtsvollzieher den Titel demjenigen aushändigen, auf den sich alle einigen. Wenn keine Einigung zustande kommt, dann muß der Titel bei den Akten bleiben.
  S auch Rn 5 „Teilleistung", Rn 6 „Verbindung von Ausfertigungen".
Herausgabe des Titels: Wenn der Schuldner in Anwesenheit oder Abwesenheit des Gerichtsvollziehers unmittelbar an den Gläubiger geleistet hat, darf und muß der Gläubiger den Vollstreckungstitel mit Zustimmung des Gläubigers an den Schuldner herausgeben. Dasselbe gilt, wenn der Schuldner einen Zwangsvergleich erfüllt hat. Der Schuldner kann nach voller Erfüllung vom Gläubiger die Herausgabe entsprechend § 371 BGB fordern.

5 **Kopfteilshaftung:** Haften mehrere nach Kopfteilen und leistet einer von ihnen seinen Teil, so ist das eine bloße Teilleistung. Man muß den Vollstreckungstitel an denjenigen aushändigen, der den letzten Rest leistet.
  S auch „Teilleistung".
Restforderung: Hat der Gläubiger die zu vollstreckende Summe in seinem Auftrag an den Gerichtsvollzieher als eine bloße Restforderung bezeichnet, dann muß der Gerichtsvollzieher nach deren Vollstreckung den Titel an den Schuldner herausgeben, LG Zweibr DGVZ **91**, 13, AG Pirmasens DGVZ **91**, 13.
Scheck: Der Gerichtsvollzieher darf erst nach der Einlösung die vollstreckbare Ausfertigung aushändigen.
Teilleistung: Eine Teilleistung muß der Gerichtsvollzieher auch auf der vollstreckbaren Ausfertigung vermerken. Das gilt auch bei einer Teilleistung wegen der Vollstreckungskosten, LG Lüneb DGVZ **81**, 116. Er behält diese Ausfertigung aber in seinem Besitz. Er behält eine weitere Verrechnung vor, LG Hann DGVZ **79**, 72, LG Bad Kreuzn DGVZ **91**, 117, LG Lüneb DGVZ **81**, 116. Er darf die vollstreckbare Ausfertigung dem Schuldner grundsätzlich erst nach der völligen Befriedigung des Gläubigers aushändigen, auch wenn ein Dritter den Gläubiger befriedigt hat, Münzberg KTS **84**, 200. Die Aushändigung soll die Gefahr einer weiteren Zwangsvollstreckung beseitigen. Wegen einer weiteren vollstreckbaren Ausfertigung § 754 Rn 5.
  S auch Rn 4 „Gesamtschuld", Rn 5 „Kopfteilshaftung".

6 **Verbindung von Ausfertigungen:** Zu dem Problem, ob Ausfertigungen zB bei Gesamtschuldnern zu verbinden sind, einerseits AG Wilhelmsh DGVZ **79**, 189 (ja), andererseits LG Stgt Rpfleger **83**, 161, AG Arnsberg DGVZ **79**, 189 (nein).
Vorbehaltsleistung: Es ist unerheblich, ob der Schuldner nur unter dem Vorbehalt einer Abänderung des Urteils geleistet hat, Köln KTS **84**, 318, strenger Münzberg KTS **84**, 200.
Zwangsvergleich: Rn 4 „Herausgabe des Titels".

7 **4) Rechtsbehelf, I, II.** Bei einem fehlerhaften Verfahren des Gerichtsvollziehers kann jeder Betroffene die Erinnerung nach § 766 einlegen. Anschließend ist die sofortige Beschwerde nach § 793 möglich.

8 **5) VwGO:** *Entsprechend anwendbar, § 167 I VwGO, wenn der Gerichtsvollzieher tätig wird, vgl § 756 Rn 16, LG/AG Mü DGVZ **90**, 76. Die Aushändigung der vollstreckbaren Ausfertigung entfällt in den Fällen des § 171 VwGO, § 724 Rn 14.*

Abschnitt 1. Allgemeine Vorschriften **§ 758**

758 *Durchsuchung; Gewaltanwendung.* ¹Der Gerichtsvollzieher ist befugt, die Wohnung und die Behältnisse des Schuldners zu durchsuchen, soweit der Zweck der Vollstreckung dies erfordert.

II Er ist befugt, die verschlossenen Haustüren, Zimmertüren und Behältnisse öffnen zu lassen.

III Er ist, wenn er Widerstand findet, zur Anwendung von Gewalt befugt und kann zu diesem Zweck die Unterstützung der polizeilichen Vollzugsorgane nachsuchen.

Schrifttum: *Erchinger,* Probleme bei der Zwangsvollstreckung gegen die Partner einer eheähnlichen Gemeinschaft und einzelne Mitglieder einer Wohngemeinschaft, Diss Tüb 1987; *Esmek,* Der Durchsuchungsbegriff nach Art 13 Abs. 2 GG in der Zwangsvollstreckung, 1989; *Kühne,* Grundrechtlicher Wohnungsschutz und Vollstreckungsdurchsuchungen, 1980; *Peters,* Die richterliche Anordnung usw, Festschrift für *Baur* (1981) 549; *Schilken,* Grundrechtlicher Wohnungsschutz und Vollstreckung, Festschrift für *Beys* (Athen 2004) 1447; *Walker,* Notwendigkeit und Umfang einer Durchsuchungserlaubnis für den Gerichtsvollzieher, Festschrift für *Kollhosser* (2004) 755.

Gliederung

1) Systematik, I–III	1	A. Jeder Gewahrsamsort, I	7, 8
2) Regelungszweck, I–III	2	B. Umfassende Öffnungsbefugnis, II	9
3) Geltungsbereich, I–III	3	C. Gewalt, III	10
4) Durchsuchungsvoraussetzungen, I–III	4–6	6) Beispiele zur Frage der Durchsuchung, §§ 758, 758 a	11–29
A. Richterliche Erlaubnis	4	7) Rechtsbehelfe, I–III	30
B. Vorheriger Vollstreckungsversuch	5, 6	8) *VwGO*	31
5) Weiteres Verfahren des Gerichtsvollziehers, I–III	7–10		

1) Systematik, I–III. Vgl zunächst § 753 Rn 1–9. § 758 regelt die Befugnisse des Gerichtsvollziehers **1** zur Durchführung von Zwangsmaßnahmen nur im allgemeinen. § 758 erhält Ergänzungen durch §§ 758 a, 759 und indirekt durch § 113 StGB (Widerstand gegen Vollstreckungsbeamte ist strafbar). Weitere Einzelheiten enthält die bundeseinheitliche Geschäftsanweisung für Gerichtsvollzieher (GVGA). Die Verletzung dieser Anweisung kann zwar schuldhaft sein, vgl § 753 Rn 9. Dieser Umstand beeinträchtigt aber die Wirksamkeit der Zwangsvollstreckung noch nicht stets, Grdz 56, 58 vor § 704. Der Gerichtsvollzieher bestimmt als selbständiges Organ der Rechtspflege nach § 753 Rn 1 in den Grenzen des § 758 a nach eigenem pflichtgemäßen Ermessen, in welcher Weise er die Wohnung und die Behältnisse des Schuldners durchsucht, VG Bln DGVZ **90,** 7. Zu seinen Sonderrechten im Straßenverkehr Grohmann DGVZ **97,** 177.

2) Regelungszweck, I–III. Vgl zunächst § 753 Rn 2. Durchsuchung und Gewalt sind zusammen mit **2** Räumung nach § 885 und Kindeswegnahme nach § 883 Rn 15 die dramatischsten Vorgänge einer Zwangsvollstreckung. Bei ihnen erfolgen Eingriffe in Grundrechte, ja bis zur Grenze der Menschenrechte. Das geschieht zur meistens ohnehin hauptsächlich „nur" vermögensrechtlichen Befriedigung des privaten Gläubigers. Mitbetroffen werden zumindest emotional Familienangehörige, Nachbarn, Freunde. Es kann zu gesundheitlich kritischen Situationen infolge Erregung kommen. Es können erhebliche Sachschäden entstehen. Die aufgebrochene Wohnungs- oder gar Haustür kann anschließend über ganze Feiertage hinweg ein leichteres Objekt strafbarer Begehrlichkeit werden. Andererseits hat letzthin der Schuldner durch *sein* Verhalten solche Zuspitzung verursacht und meist auch sehr wohl verschuldet. Das alles muß man bei der Handhabung als Gerichtsvollzieher und bei der späteren Überprüfung als Richter mitbeachten. Ohne § 758 wäre so manches Urteil nur halb so viel wert. Durch § 758 kann schreckliches Begleitunheil bei Schuldlosen entstehen. Vorsichtige Abwägung hilft die richtige Lösung zu finden.

3) Geltungsbereich, I–III. Die Vorschrift gilt im Gesamtbereich der ZPO. Sie ist auch auf die Vollstrek- **3** kung eines Zuschlagsbeschlusses nach dem ZVG anwendbar, Bre Rpfleger **94,** 77. Vgl ferner § 287 IV, V AO.

4) Durchsuchungsvoraussetzungen, I–III. Das Gesetz ist kompliziert genug. Zunächst müssen die **4** allgemeinen Voraussetzungen einer Zwangsvollstreckung vorliegen, Grdz 14 vor § 704, zB nach § 750 I 1, BVerfG **57,** 356, Köln Rpfleger **93,** 29, LG Bln DGVZ **88,** 75, oder nach §§ 720 a II, 750 III, LG Darmst DGVZ **89,** 120. Dabei darf ein Vollstreckungstitel gegen den Schuldner und ist erforderlich, Kblz MDR **85,** 856, LG Hbg Rpfleger **97,** 174, AG Luckenwalde Rpfleger **97,** 173 (je betr den Leistungsbescheid des Hauptzollamts). Ein solcher gegen einen Mitbewohner ist nicht erforderlich, LG Hbg NJW **85,** 73 (ausf), aM LG Mü DGVZ **82,** 126, AG Stgt NJW **82,** 389, Pawlowski NJW **81,** 670 (vgl aber Rn 19).

A. Richterliche Erlaubnis. Die Wohnung ist besonders geschützt, Art 8 I MRK, Einl III 23. Art 13 II **5** GG erlaubt gleichwohl die Durchsuchung einer Wohnung im Sinn von § 178 Rn 4 nach § 758. Durchsuchung ist im Gegensatz zum bloßen Aufsuchen oder Betreten das ziel- und zweckgerichtete Suchen nach Personen oder Sachen oder zur Ermittlung eines nicht bereits offenkundigen Sachverhalts, das Aufspüren dessen, was der Wohnungsinhaber von sich aus nicht herausgeben oder offenlegen will, BVerfG NJW **00,** 943, LG Bln DGVZ **88,** 118. § 758 a erlaubt diese Durchsuchung aber grundsätzlich nur nach einer vorherigen Erlaubnis (Anordnung) des Richters (Vorsitzenden, Karlsr FamRZ **84,** 498), BVerfG **76,** 89, LG Hbg NJW **85,** 74 (ausf), aM Bischof Rpfleger **85,** 464, Schneider DGVZ **77,** 73, ThP 1 (aber die obigen Schutzvorschriften erfordern wie kaum jemals sonst im Zwangsvollstreckungsverfahren die Einschaltung des Richters, wenn nicht Rn 6 vorliegt).

Zuständig für die Entscheidung über den Antrag ist nicht das Prozeßgericht, sondern nach § 758 a I 1 dasjenige AG, in dessen Bezirk die Durchsuchung stattfinden soll, dort Rn 11.

§ 758

6 B. Vorheriger Vollstreckungsversuch. Solange der Schuldner freilich dem Gerichtsvollzieher den Zutritt nicht verwehrt, ist keine richterliche Anordnung notwendig, § 758 a Rn 10. Daher darf und muß der Gerichtsvollzieher die Zwangsvollstreckung zunächst ohne richterliche Anordnung versuchen, und zwar nach Zustellung des Vollstreckungstitels, LG Düss DGVZ **98**, 157.

Ein Versuch dieser Art darf freilich unterbleiben, wenn dem Gerichtsvollzieher zB ein grundsätzliches Zutrittsverbot des Schuldners *bereits bekannt* ist, Köln RR **88**, 832, LG Aachen DGVZ **89**, 172.

7 5) Weiteres Verfahren des Gerichtsvollziehers, I–III. Er hat viele Befugnisse und muß viel beachten.

A. Jeder Gewahrsamsort, I. Zum grundsätzlichen Ermessen des Gerichtsvollziehers auch beim Wie der Durchsuchung Rn 1. Der Gerichtsvollzieher kann die Zwangsvollstreckung und sogar eine Verhaftung im Freien oder überall dort vornehmen, wo der Schuldner einen Gewahrsam hat, also in dessen Wohnung nach § 758 a Rn 10 oder in Geschäftsräumen, Gärten oder Ställen, Wagenschuppen, Scheuern, in jedem Zubehör, selbst in Zimmern, die der Reisende im Gasthof bewohnt. Auf wen der Mietvertrag lautet, das ist grundsätzlich unerheblich, § 758 a Rn 15, 16. Das gilt etwa bei einer Lebens- oder Wohngemeinschaft, Ehe, beim Zusammenleben von Freunden oder Freundinnen.

8 Der Gerichtsvollzieher darf in dem Raum nach Rn 5 *ziel- und zweckgerichtet suchen*, solange das zur Durchführung des von der Durchsuchungsanordnung gedeckten Auftrags erforderlich ist, BVerfG **76**, 89. Dabei muß er das Verhältnismäßigkeitsgebot nach Rn 27 beachten. Er darf nicht nur die Räume des Schuldners betreten, sondern auch die Räume Dritter, falls eben der Schuldner dort einen Gewahrsam hat, § 758 a Rn 15, 16. Als Vollstreckungsschuldner gilt auch derjenige, der die Zwangsvollstreckung dulden muß, § 885 Rn 9.

9 B. Umfassende Öffnungsbefugnis, II. Der Gerichtsvollzieher darf umfassend vorgehen. Er darf insbesondere Türen und Behältnisse öffnen, Köln NJW **80**, 1531, AG Bln-Schöneb DGVZ **90**, 13, AG Neuwied DGVZ **98**, 78. Das gilt auch für die zur Wohnung des Vermieters führende, vom Schuldner mitbenutzte Haustür, LG Hildesh DGVZ **87**, 122. Er darf, soweit er zur Öffnung persönlich technisch nicht sachgemäß imstande ist, diese Türen usw öffnen lassen. Dabei darf er sich in der Regel der Hilfe eines Schlossers bedienen, LG Bln DGVZ **85**, 183, LG Köln DGVZ **94**, 62, AG Bln-Schöneb DGVZ **90**, 14. Indessen müssen wegen des Verhältnismäßigkeitsgrundsatzes nach Grdz 34 vor § 704, Rn 27 Schäden möglichst unterbleiben. Sie müssen jedenfalls so gering wie möglich bleiben, § 758 a Rn 16, AG Bln-Schöneb DGVZ **90**, 14. Dann muß der Schuldner sie tragen. Andernfalls mag er einen Ersatzanspruch nach § 839 BGB haben. Ein Dritter mag auch nach §§ 904, 1004 BGB vorgehen können. Der Gläubiger, der selbst einen Schlüsseldienst betreibt, muß selbst helfen, LG Nürnb-Fürth DGVZ **00**, 28.

10 C. Gewalt, III. Der Gerichtsvollzieher darf bei einem Widerstand Gewalt anwenden, und zwar nach seinem pflichtgemäßen Ermessen entweder persönlich nach § 759 oder durch Inanspruchnahme des Schlossers, AG Neuwied DGVZ **98**, 78, oder der polizeilichen Hilfe. Diese letztere darf sich zB auf vorübergehende Fesselung erstrecken, LG Ulm DGVZ **94**, 73, AG Göpp DGVZ **94**, 73. Insoweit ist keine Durchsuchungserlaubnis nötig, AG Wiesb DGVZ **98**, 45. Die Gewalt darf sich auch gegen Dritte richten, soweit diese eine Zwangsvollstreckung gegen den Schuldner dulden müßten, sie aber zu verhindern versuchen. Die Polizei ist grundsätzlich weder berechtigt noch verpflichtet, die Rechtmäßigkeit der Zwangsvollstreckung zu prüfen. Daher ist ein Widerstand des Schuldners gegenüber der Polizei unter Umständen auch dann zB nach § 113 StGB strafbar, wenn die Zwangsvollstreckungsmaßnahme objektiv rechtswidrig ist, Köln NJW **75**, 890.

11 6) Beispiele zur Frage der Durchsuchung, §§ 758, 758 a
Abholung: Eine Durchsuchungsanordnung ist auch dann notwendig, wenn der Gerichtsvollzieher nur gepfändete Sachen abholen will, aM Bischof ZIP **83**, 522, Schneider NJW **80**, 2377. Das gilt jedenfalls dann, wenn es unklar ist, ob die Sachen noch in der Wohnung des Schuldners lagern, aM AG Wiesb DGVZ **80**, 28 (abl Schneider NJW **80**, 2381).
Abwesenheit des Schuldners: Eine einmalige bloße Abwesenheit des Schuldners rechtfertigt noch *keine* Anordnung nach § 758 a. Sie rechtfertigt evtl nicht einmal eine wiederholte, Celle Rpfleger **87**, 73, LG Regensb DGVZ **95**, 58 (Feierabend), aM Köln VersR **95**, 114, LG Köln DGVZ **93**, 190, Däumichen DGVZ **94**, 42 (sie sei zulässig, wenn wenigstens ein- oder zweimal ein Zutrittsversuch zu einer Zeit stattgefunden habe, zu der auch Berufstätige zu Hause seien. Aber auch so können zB verreist sein oder im Krankenhaus liegen. Eine Durchsuchung ist eine gerade bei Abwesenheit des Schuldners viel schwerere Maßnahme als eine Vollstreckung nach § 758 a IV, an der wenigstens eine Teilnahme des Schuldners stattfindet).

Wenn freilich bestimmte tatsächliche Anhaltspunkte dafür vorliegen, daß sich der Schuldner in Wahrheit *doch in* der von ihm nicht geöffneten Wohnung aufhält, muß zwar der Gläubiger solche Aufenthaltszeiten im Rahmen des ihm Zumutbaren ermitteln und dem Gerichtsvollzieher mitteilen, AG Schwelm DGVZ **96**, 63. Der Gerichtsvollzieher kann sich dann aber zumindest anschließend oder dann den Zutritt verschaffen, wenn der Gläubiger vorher derart vorgehen konnte, AG Bln-Charlottenb DGVZ **80**, 141.
S auch Rn 14 „Ankündigung".
Andersartiger Vollstreckungsversuch: Rn 22 „Nachtpfändung usw".
Angehöriger: Rn 21 „Mitbewohner".
12 Anhörung: Der Richter muß den Schuldner grds vor der Durchsuchungserlaubnis anhören, Art 103 I GG, BVerfG NJW **81**, 2112, Köln RR **88**, 832, Hager KTS **92**, 327, aM LG Bln DGVZ **93**, 173, LG Verden JB **96**, 272, Frank JB **83**, 811 (aber rechtliches Gehör ist ein Grundpfeiler nicht nur des Zivilprozesses).

Von diesem Grundsatz gilt bei einer im Einzelfall festzustellenden *Gefahr im Verzug* nach Rn 17 eine *Ausnahme*. Nach einer Verweigerung durch den Schuldner ist dessen erstmalige oder gar nochmalige Anhörung nicht mehr nötig, AG Gelsenk DGVZ **89**, 15. Eine notwendige Anhörung läßt sich notfalls im Beschwerdeverfahren nachholen, LG Bochum DGVZ **83**, 168, LG Hann DGVZ **86**, 62.
S auch Rn 15 „Belehrung".

Abschnitt 1. Allgemeine Vorschriften **§ 758**

Ankündigung: Der Gerichtsvollzieher darf eine zwangsweise Öffnung ankündigen, wenn keine besondere **13** Eile notwendig ist, AG Korbach DGVZ **77**, 77, aM LG Zweibr MDR **80**, 62 (aber der Gerichtsvollzieher muß auch die Menschenwürde des Schuldners und seiner Mitbewohner mitbeachten). Der Gerichtsvollzieher muß diese Ankündigung wohl auch grundsätzlich vornehmen, LG Ffm WoM **92**, 638 (keine zu späte Mitteilung), LG Köln DGVZ **93**, 190 (dreimal, davon einmal abends), Ewers DGVZ **99**, 66, aM LG Bln DGVZ **88**, 27 (nur bei besonderen Umständen, zB Bagatellforderung, zu erwartende Zahlung), Langheid MDR **80**, 22 (aber die Würde ist nicht berechenbar).

Wenn das Verfahren ordnungsgemäß verläuft, *haftet* der Gerichtsvollzieher gegenüber dem Schuldner nicht für Schäden. Etwas anderes kann für seine Haftung gegenüber Dritten gelten. Das Öffnungsrecht muß soweit gehen wie das Durchsuchungs- und das Zutrittsrecht. Denn die letzteren Rechte sollen das Öffnungsrecht ja ermöglichen.

Auch eine ordnungsgemäße Ankündigung reicht aber grds *nicht* aus, die Wohnung des evtl ja aus verständlichen Gründen *nicht folgsam* zu Hause *wartenden* Schuldners in seiner bloßen Abwesenheit aufzubrechen, um sie zu durchsuchen. Eine Wiederholung einer ordnungsgemäß erfolgten Ankündigung ist allerdings nicht erforderlich, AG Elmsh DGVZ **81**, 17, AG Königstein DGVZ **87**, 94, aM LG Kiel DGVZ **81**, 40 (aber *eine* Ankündigung muß grds genügen, Grdz 14 vor § 128).

S auch Rn 12 „Abwesenheit", Rn 25 „Terminsnachricht".

Antrag: Nicht der Gerichtsvollzieher, sondern der Gläubiger muß die richterliche Erlaubnis erwirken, § 758a Rn 12, Bre DGVZ **89**, 40, Köln RR **88**, 832, LG Aschaffenb DGVZ **95**, 185, aM AG Wiesb DGVZ **94**, 29, ThP 7, ZöStö 17 (der Gerichtsvollzieher sei zum Antrag zwar nicht verpflichtet, wohl aber berechtigt. Aber er ist nicht Vertreter des Gläubigers, § 753 Rn 1).

Anwesenheit des Gläubigers: Das Gesetz sieht zwar die Anwesenheit des Gläubigers oder seines durch **14** eine Vollmacht ausgewiesenen Vertreters bei der Zwangsvollstreckung nicht ausdrücklich vor, AG Bln-Neukölln DGVZ **75**, 190. Die Anwesenheit dieser Person ist nach dem Gesetz aber auch nicht verboten. Der Gläubiger kann seine Belange oft nur dann wirksam wahren, wenn er als Herr der Zwangsvollstreckung nach § 754 Rn 2 bei ihrer Durchführung auch selbst mit anwesend ist. Das ist der Grund für sein grundsätzliches Anwesenheitsrecht, KG DGVZ **83**, 74, LG Münst MDR **91**, 1092, ZöStö 28, aM LG Bln DGVZ **91**, 142, LG Bochum JB **92**, 57, LG Köln DGVZ **97**, 152 (aber es kann durchaus auch im sogar kostenrechtlichen Interesse des Schuldners liegen, dem Gläubiger die Wahrung seiner echten Rechte im Durchsuchungstermin zu ermöglichen). Dieses ist nicht von richterlicher Anordnung abhängig, aM AG Reinbek DGVZ **05**, 44.

Der Gerichtsvollzieher muß deshalb dem Gläubiger auf dessen Wunsch rechtzeitig den *Termin mitteilen*, LG Münst MDR **91**, 1092, aM LG Kassel DGVZ **88**, 174 (aber das wäre inkonsequent). Er darf und muß aber nach angemessener vergeblicher Wartezeit vollstrecken, AG Bln-Charlottenb DGVZ **86**, 142. Einen etwaigen Widerstand des Schuldners gegen die Anwesenheit des Gläubigers darf nur der Gerichtsvollzieher brechen, LG Hof DGVZ **91**, 123, nicht das Vollstreckungsgericht. Der Gläubiger darf sich an der Durchführung der Zwangsvollstreckungsmaßnahme nicht beteiligen. Er darf die Vollstreckung natürlich auch nicht stören. Die Kosten seiner Anwesenheit sind nach § 788 dann erstattungsfähig, wenn seine Anwesenheit objektiv notwendig war, zB zur Identifizierung einer wegzunehmenden Sache, LG Hof DGVZ **91**, 123, LG Stgt DGVZ **91**, 188, AG Düren RR **86**, 677.

Anwesenheit des Schuldners: Zur Wirksamkeit der Handlungen des Gerichtsvollziehers ist die Anwesenheit des Schuldners grds nicht notwendig, LG Kleve DGVZ **77**, 174. Sie ist aber erlaubt, soweit er die Durchsuchung nicht ungefährlich stört.

S auch Rn 12 „Abwesenheit des Schuldners".

Arbeitsraum: Rn 17 „Geschäftsraum".
Arrest, einstweilige Verfügung: Rn 17 „Gefahr im Verzug".
Ausreise: Sie kann eine Durchsuchung erfordern, LG Kaisersl DGVZ **86**, 62.
Automateninhalt: Rn 15 „Behältnis".
Bagatellforderung: Eine Durchsuchungsanordnung ist auch dann grds zulässig und notwendig, wenn es **15** nur noch oder überhaupt um eine Bagatellforderung geht. Denn auch dann ist eine Vollstreckung grds zulässig, Grdz 48 vor § 704, § 754 Rn 4, Düss NJW **80**, 1171, LG Bln DGVZ **79**, 169, LG Konst NJW **80**, 297, AG Mü DGVZ **80**, 142, aM AG Hann JB **87**, 932.

S aber auch Rn 23 „Rechtsmißbrauch", Rn 27 „Verhältnismäßigkeit".
Behältnis: Als Behältnis gilt alles, was dem Schuldner zur Aufbewahrung von Sachen dient. Dazu können auch seine Taschen gehören, Rn 25 „Taschenpfändung".
Belehrung: Der Gerichtsvollzieher muß den Schuldner über dessen Recht der Verweigerung des Zutritts belehren, Schubert MDR **80**, 366, aM Schneider NJW **80**, 2383 (aber es geht immerhin um die in Rn 5 genannten Fundamentalrechte des Schuldners und seiner Mitbewohner).

S auch Rn 13 „Anhörung".
Betriebsraum: Rn 17 „Geschäftsraum".
Dritter: Der Gerichtsvollzieher darf in den Grenzen des § 758a III, dort Rn 15, 16, in diejenigen Räume **16** eines Dritten eintreten, in denen ein Alleingewahrsam des Schuldners fehlt, LG Gießen DGVZ **93**, 142, etwa wenn dort ein Untermieter des Schuldners wohnt. Das gilt zB, wenn feststeht, daß der Dritte die Sache nur in Gewahrsam hat, um sie der Pfändung beim Schuldner zu entziehen, AG Flensb DGVZ **95**, 60 (Vorsicht!).

S auch Rn 21 „Mitbewohner", Rn 28 „Wohngemeinschaft".
Ehegatte: Rn 21 „Mitbewohner".
Einstweilige Verfügung: Rn 17 „Gefahr im Verzug".
Gefahr im Verzug: Wenn die vorherige Einholung der richterlichen Anordnung nach zu protokollierenden **17** konkreten Umständen nach dem pflichtgemäßen Ermessen des Gerichtsvollziehers den Erfolg der Durchsuchung gefährden würde, ist eine richterliche Anordnung entbehrlich, § 758a I 2, dort Rn 7. Diese Voraussetzung sehen AG Mönchengladb DGVZ **80**, 95 (zustm Schneider NJW **80**, 2378), Bischof ZIP

§ 758

83, 522 bei einer einstweiligen Verfügung als erfüllt an. Demgegenüber stellen Karlsr DGVZ **83**, 139, LG Detm DGVZ **83**, 189, LG Düss DGVZ **85**, 61 mit Recht auch dann darauf ab, ob eine mündliche Verhandlung stattgefunden hatte. Im übrigen stellt jede zusätzliche richterliche Maßnahme eine gewisse Erfolgsgefährdung dar. Also muß man „Gefahr im Verzug" strenger auslegen, Bittmann NJW **82**, 2423. Das übersieht Behr NJW **92**, 2126.

Das *Verfahren* verläuft wie bei § 758 a IV, BVerfG **53**, 113, Schneider NJW **80**, 2382. Der Gerichtsvollzieher entscheidet über die Gefahr im Verzug nach seinem pflichtgemäßen Ermessen auf Grund der Gesamtumstände des Einzelfalls, LG Bbg DGVZ **89**, 152. Vgl aber auch § 758 a Rn 7.

Geheimnisschutz: Rn 24 „Soldat".
Gemeinschaftsunterkunft: Rn 24 „Soldat", Rn 28 „Wohngemeinschaft".
Geschäftsführer: Rn 19 „Juristische Person".
Geschäftsraum: Ein bloßer Arbeits-, Betriebs- oder Geschäftsraum ist *keine* Wohnung, BFH BStBl **89**, 55, AG Mü DGVZ **95**, 11, aM Hbg NJW **89**, 2899, LG Mü NJW **83**, 2390, AG Mü DGVZ **85**, 45 (aber Wortlaut und Sinn sind eindeutig, Einl III 39).

18 **Haftbefehl, Vorführungsbefehl:** Bei einem Haftbefehl nach § 901 ist eine zusätzliche Anordnung entbehrlich, § 758 a II, dort Rn 9.

Trotz Nichterwähnung in § 758 a II reicht wohl auch ein *Vorführungsbefehl* aus, etwa nach § 372 a II oder nach § 380 II, LG Münst DGVZ **83**, 58.

Hausgenosse: Rn 21 „Mitbewohner", Rn 28 „Wohngemeinschaft".
Haustür: Rn 9.
Herausgabe: Wegen der Herausgabe einer bestimmten Sache LG Düss DGVZ **85**, 61, Ewers DGVZ **85**, 52.
Immobiliarvollstreckung: Sie braucht nicht vorauszugehen, KG NJW **82**, 2326.

19 **Juristische Person:** Eine juristische Person kann sich auch als Wohnungsinhaberin nicht auf Art 13 II GG berufen, AG Bln-Tempelhof MDR **80**, 62, aM BVerfG **42**, 219, Schubert MDR **80**, 367 (aber sie hat kein Grundrecht). Andererseits reicht die bloße Wohnung ihres Geschäftsführers nicht aus, AG Bln-Schöneb DGVZ **84**, 154.

Lebensgefährte: Rn 21 „Mitbewohner".
Marktstand: Rn 17 „Geschäftsraum".

20 **Mehrheit von Gläubigern:** Der Gerichtsvollzieher, der auf Grund einer richterlichen Durchsuchungsanordnung für den einen Gläubiger in die Wohnung des Schuldners gelangt ist, darf dort für weitere Gläubiger pfänden, auch ohne daß auch diese weiteren Gläubiger richterliche Durchsuchungsanordnungen erwirkt hätten, sofern er sich wegen der letzteren Gläubiger nicht länger in den Schuldnerräumen als für den ersteren aufhalten muß, BVerfG **76**, 91, AG Bln-Charlottenb DGVZ **90**, 174, großzügiger LG Hbg DGVZ **82**, 45, LG Mü DGVZ **85**, 46, strenger LG Mü DGVZ **87**, 123, Frank JB **83**, 812 (aber man darf begrenzt prozeßwirtschaftlich vorgehen, Grdz 14 vor § 128).

21 **Mitbewohner:** Der Gerichtsvollzieher darf die von einem Mitbewohner des Schuldners, zB Ehegatte, Lebensgefährte, Angehöriger, benutzten Räume betreten, soweit der Schuldner dort ebenfalls einen (Mit-)Gewahrsam hat, § 758 a III. Andernfalls ist das Betreten nur mit deren Zustimmung erlaubt, BFH DB **80**, 1428, Stgt Rpfleger **81**, 152, Schuschke DGVZ **97**, 53, aM LG Nürnb-Fürth DGVZ **89**, 14, Pawlowski DGVZ **97**, 20 (fordert eine gesetzliche Regelung). Es kann dem Schuldner zuzumuten sein, seine kranke Ehefrau während der Durchsuchung aus dem Raum zu entfernen, LG Hann DGVZ **85**, 171.

S auch Rn 16 „Dritter", Rn 28 „Wohngemeinschaft".

Mitwirkung des Schuldners: Sie stellt grds *nicht* seine Pflicht dar, Ewers DGVZ **99**, 67.

22 **Nachtpfändung usw:** Ein andersartiger Vollstreckungsversuch, zB nach § 758 a IV, braucht nicht vorauszugehen, LG Kblz MDR **83**, 238, LG Zweibr MDR **80**, 62, Schneider NJW **80**, 2382, aM LG Dortm DGVZ **85**, 170. Ein Antrag oder eine Erlaubnis nach § 758 a IV berechtigen als solche *nicht* zur Durchsuchung gegen oder ohne den Willen des Schuldners, Hamm KTS **84**, 726, LG Stgt DGVZ **81**, 12, AG/LG Bonn DGVZ **86**, 87.

Nebenraum usw: Zur Wohnung kann auch ein Nebenraum oder ein Zugang usw zählen, Kblz MDR **85**, 856, Schneider NJW **80**, 2380. Man darf den Wohnungsbegriff aber auch nicht zu weit auslegen, Rn 17 „Geschäftsraum".

Protokoll: Dem Antrag nach § 758 muß der Gläubiger das Protokoll des zuvor notwendigen vergeblichen Vollstreckungsversuchs nach Rn 4 beifügen, LG Aschaffenb DGVZ **85**, 115.

23 **Räumung:** Eine Räumung ist grds keine Durchsuchung, § 758 a II, dort Rn 8.

Aus Anlaß einer Räumung darf der Gerichtsvollzieher auch ohne eine besondere richterliche Erlaubnis Durchsuchungen wegen einer Geldforderung des Gläubigers vornehmen, Düss Rpfleger **80**, 28, Köln NJW **80**, 1532.

Rechtsmißbrauch: Er ist wie stets auch bei § 758 verboten und führt zur *Unzulässigkeit* einer an sich erlaubten Maßnahme, Einl III 54, Grdz 44 vor § 704.

S auch Rn 27 „Verhältnismäßigkeit".

24 **Schlosser:** Rn 9.

Sittenwidrigkeit: Das Verfahren nach § 758 darf nicht zu einem Schutzverfahren neben § 765 a ausarten, vgl auch § 758 a III 2, dort Rn 16.

S auch Rn 27 „Verhältnismäßigkeit".

Soldat: Der Gerichtsvollzieher darf bei der Zwangsvollstreckung gegen einen Soldaten die Gemeinschaftsunterkunft betreten, nicht ohne weiteres aber auch andere militärische Räume und in keinem Fall Räume, die unter einem Geheimnisschutz stehen, SchlAnh II Z 35 ff.

Steuersache: Wegen der Auswirkungen in einer Steuersache BVerfG **65**, 315, Köln Rpfleger **93**, 29.

25 **Taschenpfändung:** Ein Behältnis nach Rn 15, das jemand an sich trägt (auch sog Taschenpfändung), fällt *nicht* unter § 758, Hbg NJW **84**, 2899, LG Düss DGVZ **87**, 76, Behr NJW **92**, 2740.

Abschnitt 1. Allgemeine Vorschriften **§ 758**

Terminsnachricht: Wegen des Anspruchs des Gläubigers auf eine vorherige Nachricht über den geplanten Durchsuchungstermin Rn 14 „Anwesenheit des Gläubigers".
Wegen des Schuldners Rn 14 „Ankündigung".
Türöffnung: Rn 9.
Umzug: Ein Inlandsumzug rechtfertigt noch nicht als solcher eine Durchsuchung, wenn die neue Anschrift bekannt ist, aM Karlsr DGVZ **92**, 41.
Unterlassung: Wegen eines Widerstands des Schuldners nach der Verurteilung zu einer Unterlassung **26** §§ 890, 892, AG Heidelb DGVZ **86**, 189.
Untermieter: Rn 16 „Dritter".
Verhältnismäßigkeit: Jede Zwangsmaßnahme muß zur Vollstreckung notwendig sein. Auch der Richter **27** wie der Rpfl und der Gerichtsvollzieher müssen das stets erforderliche Rechtsschutzbedürfnis beachten, Köln RR **88**, 832. Sie müssen aber außerdem auch den Verhältnismäßigkeitsgrundsatz beachten, Grdz 34 vor § 704, BVerfG NJW **81**, 2111, Ewers DGVZ **99**, 66, 68. Das darf freilich nicht dazu führen, schon wegen einer geringen Forderungshöhe die Erlaubnis zu versagen, Rn 15 „Bagatellforderung". Man darf auch nicht den Vollstreckungstitel selbst in Frage stellen. Es müssen konkrete Anhaltspunkte dafür vorliegen, daß der Vollstreckungserfolg ohne die Anwendung des Zwangs gefährdet wäre, Düss DGVZ **79**, 40, § 758 a Rn 13.
Versteigerung: Ihre Vornahme in der Wohnung erfordert eine neue Erlaubnis, Hamm NJW **85**, 75.
Vertretbare Handlung: Wegen eines Widerstands des Schuldners nach der Verurteilung zur Vornahme einer vertretbaren Handlung §§ 887, 892, AG Heidelb DGVZ **86**, 189.
Verweigerung: Sie erfordert eine Durchsuchungsanordnung nach Rn 5, LG Bln DGVZ **93**, 27 (Angestellte), LG Düss JB **83**, 142, LG Nürnb-Fürth DGVZ **89**, 14 (Mitbewohner). Das gilt auch schon dann, wenn die Verweigerung erst ernsthaft droht, KG NJW **82**, 2326, LG Darmst JB **80**, 775.
Verzögerung: Sie rechtfertigt meist keine Durchsuchung, aM LG Bln DGVZ **80**, 186, Schneider NJW **80**, 2377.
Vollstreckungsvereitelung: Ihre Gefahr kann eine Durchsuchung rechtfertigen, LG Kaisersl DGVZ **86**, 62.
Vorführungsbefehl: Rn 18 „Haftbefehl, Vorführungsbefehl".
Widerstand: Rn 26 „Unterlassung", Rn 27 „Vertretbare Handlung". **28**
Wiederholung: Eine wiederholte Zwangsvollstreckung aus demselben Titel ist nur dann zulässig, wenn der Gerichtsvollzieher Anhaltspunkte dafür hat, daß ein erneuter Vollstreckungsversuch ein besseres Ergebnis erzielen kann, LG Bln DGVZ **83**, 11.
Unzulässig ist sie daher zB dann, wenn der Gerichtsvollzieher bei der ersten Durchsuchung keine mögliche Pfändung vorgenommen hatte, OVG Hbg NJW **95**, 610.
Wohngemeinschaft: § 758 a Rn 15, 16.
S auch Rn 16 „Dritter", Rn 21 „Mitbewohner".
Wohnungswechsel: Da der Gerichtsvollzieher nur die in der Durchsuchungserlaubnis genannten Räume betreten darf, benötigt er nach einem Wohnungswechsel des Schuldners grds eine auf die neue Wohnung erstreckte zusätzliche Erlaubnis, LG Köln DGVZ **85**, 91, Brendel DGVZ **82**, 179.
Zeitablauf: Der notwendige vorangegangene Vollstreckungsversuch nach Rn 5 darf nicht allzu lange Zeit **29** zurückliegen, LG Hann JB **95**, 161 (10 Monate sind evtl zu lang, aM LG Wiesb JB **97**, 215).
Zug um Zug: Ein Vollstreckungsversuch ist bei sehr hohen Begleitkosten evtl ausnahmsweise vor einer Maßnahme nach §§ 758, 758 a entbehrlich, LG Mannh MDR **79**, 943, Schneider NJW **80**, 2377.
Zutrittsverbot: Rn 4.

7) Rechtsbehelfe, I–III. Der Gläubiger, der Schuldner und ein mitbetroffener Dritter etwa im Fall einer **30** Wohngemeinschaft, KG MDR **86**, 680, können gegen Maßnahmen *ohne Anhörung* nach §§ 758, 758 a die *Erinnerung* nach § 766 einlegen, KG NJW **86**, 1181, LG Karlsr RR **86**, 550, AG Gelsenk DGVZ **89**, 15, aM Saarbr Rpfleger **93**, 147 (es sei sogleich die sofortige Beschwerde zulässig. Aber § 766 hat als Spezialvorschrift Vorrang, auch zwecks Vermeidung einer Verkürzung des Rechtszugs).
Gegen eine Entscheidung *nach Anhörung* gilt beim Rpfl § 11 RPflG, Anh § 153 GVG, und ist beim Richter die *sofortige Beschwerde* nach (jetzt) §§ 567 I Z 1, 793 zulässig, Kblz Rpfleger **85**, 496, Saarbr Rpfleger **93**, 147.
Das *Rechtsschutzbedürfnis* nach Grdz 33 vor § 253 für das Rechtsmittel kann auch noch dann vorliegen, wenn die Durchsuchung schon stattgefunden hat, BFH DB **80**, 2120, KG RR **87**, 126, LG Bad Kreuznach DGVZ **89**, 139, aM BFH NJW **77**, 975, LG BadBad DGVZ **88**, 42, VGH Mannh NVwZ-RR **91**, 591 (aber damit braucht noch keineswegs die ganze Zwangsvollstreckung beendet zu sein, Grdz 53 vor § 704.
Wegen einer Anschlußbeschwerde § 567 III. Eine Rechtsbeschwerde kommt unter den Voraussetzungen des § 574 in Betracht.

8) *VwGO*: Entsprechend anwendbar, § 167 I VwGO, wenn der Gerichtsvollzieher tätig wird, vgl § 756 Rn 16, **31** *und ebenso bei der Vollstreckung durch einen Vollstreckungsbeamten sowohl in der VerwVollstr als auch bei der Vollstr nach VwGO (aM für Vollstr gegen eine jur Person des öff Rechts VG Ffm 7 M 2082/97). Zuständig für die richterliche Durchsuchungserlaubnis, oben Rn 4, sind die Gerichte, die zur Kontrolle des Vollstreckungsaktes berufen sind, VGH Mü NJW **83**, 1077 (zustm Korber BayVBl **83**, 68), OVG Münst VerwRspr **32**, 526, VG Darmstadt ZfSH/SGB **86**, 618 (BSHG), also zB in Angelegenheiten des § 51 SGG die Sozialgerichte, OVG Hbg DÖV **82**, 601, VG Brschw NJW **81**, 2533, aM VGH Mannh NJW **84**, 2482 u Just **86**, 109 (differenzierend), und in Bußgeldsachen das AG, BGH MDR **86**, 123, VGH Mannh NJW **86**, 1190, OVG Brschw MDR **82**, 346 (mit unterschiedlicher Begr). In der Verwaltungsgerichtsbarkeit entscheidet das Gericht des ersten Rechtszuges, §§ 167 I 2 u 170 VwGO, bzw dessen Vorsitzender, wenn er selbst VollstrBehörde ist, § 169 VwGO, VGH Mü NJW **83**, 1077, OVG Münst NJW **81**, 1056, OVG Hbg HbgJVBl **80**, 82, Korber BayVBl **83**, 68 mwN (krit zu VGH Mü), so daß bei einer VerwVollstr das Gericht zu entscheiden hat, VGH Mü NJW **84**, 2482 (für Zuständigkeit des Gerichts in allen Fällen OVG Kblz NJW **86**, 1188); das Verfahren richtet sich nach VwGO, vgl dazu Kottmann DÖV **80**, 899 mwN (auch*

§§ 758, 758a   Buch 8. Zwangsvollstreckung

zur Vollstreckung nach Landesrecht, das eine andere Zuständigkeit anordnen kann). Bei Anwendung von §§ 169 I VwGO, 5 VwVG gilt § 287 AO, jedoch ohne § 287 IV, Kottmann DÖV 80, 905, der die Zuständigkeit des AG (an Stelle des FinGer) vorsieht, OVG Kblz NJW **86**, 1188, Rößler NJW **81**, 25 u **83**, 661, aM Wettlaufer S 108 ff, BGH MDR **86**, 123 *(zum Verf u zum Rechtsmittelzug* KG NJW **82**, 2326), VG Leipzig NVwZ-RR **98**, 158. *Das Verfahren des VG bzw des Vorsitzenden ist entspr § 761 zu gestalten, vgl* BVerfG **51**, 113 u NJW **81**, 2111, *dazu* Korber BayVBl **83**, 68; *zum Antragsrecht in der Vollstr nach VwGO* OVG Kblz NJW **86**, 1188, u in der VerwVollstr VGH Mannh Just **86**, 109 u OVG Lüneb AS 35, 482, *zur Durchsuchung einer von einer Wohngemeinschaft oder eheähnlichen Lebensgemeinschaft genutzten Wohnung* OVG Lüneb NJW **84**, 1369, *zur vorherigen Anhörung des Schuldners* VGH Mü NJW **84**, 2482. *Rechtsbehelfe s § 766 Rn 51; eine richterliche Durchsuchungs-AnO ist auch nach ihrer Vollziehung anfechtbar,* BVerfG NJW **97**, 2163 u 2165, VGH Mannh Just **98**, 133.

758a *Richterliche Durchsuchungsanordnung; Vollstreckung zur Unzeit.* ¹ ¹ Die Wohnung des Schuldners darf ohne dessen Einwilligung nur auf Grund einer Anordnung des Richters bei dem Amtsgericht durchsucht werden, in dessen Bezirk die Durchsuchung erfolgen soll. ² Dies gilt nicht, wenn die Einholung der Anordnung den Erfolg der Durchsuchung gefährden würde.

II Auf die Vollstreckung eines Titels auf Räumung oder Herausgabe von Räumen und auf die Vollstreckung eines Haftbefehls nach § 901 ist Absatz 1 nicht anzuwenden.

III ¹ Willigt der Schuldner in die Durchsuchung ein oder ist eine Anordnung gegen ihn nach Absatz 1 Satz 1 ergangen oder nach Absatz 1 Satz 2 entbehrlich, so haben Personen, die Mitgewahrsam an der Wohnung des Schuldners haben, die Durchsuchung zu dulden. ² Unbillige Härten gegenüber Mitgewahrsamsinhabern sind zu vermeiden.

IV ¹ Der Gerichtsvollzieher nimmt eine Vollstreckungshandlung zur Nachtzeit und an Sonn- und Feiertagen nicht vor, wenn dies für den Schuldner oder die Mitgewahrsamsinhaber eine unbillige Härte darstellt oder der zu erwartende Erfolg in einem Missverhältnis zu dem Eingriff steht, in Wohnungen nur auf Grund einer besonderen Anordnung des Richters bei dem Amtsgericht. ² Die Nachtzeit umfasst die Stunden von einundzwanzig bis sechs Uhr.

V Die Anordnung nach Absatz 1 ist bei der Zwangsvollstreckung vorzuzeigen.

VI ¹ Das Bundesministerium der Justiz wird ermächtigt, durch Rechtsverordnung mit Zustimmung des Bundesrates Formulare für den Antrag auf Erlass einer richterlichen Durchsuchungsanordnung nach Absatz 1 einzuführen. ² Soweit nach Satz 1 Formulare eingeführt sind, muss sich der Antragsteller ihrer bedienen. ³ Für Verfahren bei Gerichten, die die Verfahren elektronisch bearbeiten, und für Verfahren bei Gerichten, die die Verfahren nicht elektronisch bearbeiten, können unterschiedliche Formulare eingeführt werden.

Vorbem. VI angefügt dch Art 1 Z 43 JKomG v 22. 3. 05, BGBl 837, in Kraft seit 1. 4. 05, Art 16 I JKomG, ÜbergangsR Einl III 78.

Schrifttum: Fischer/Weinert DGVZ **05**, 33 (Üb); Goebel DGVZ **98**, 161; Keip, Umfang und Grenzen eines sozialen Schuldnerschutzes in der Zwangsvollstreckung, 2000; Münzberg, Durchsuchung und Vollstreckung in Ruhezeiten (§ 758 a ZPO), Festschrift für Schütze (1999) 569; Münzberg DGVZ **99**, 177; Schilken, Grundrechtliche Wohnungsschutz und Vollstreckung, Festschrift für Beys (Athen 2004) 1447; Walker, Notwendigkeit und Umfang einer Durchsuchungserlaubnis für den Gerichtsvollzieher, Festschrift für Kollhosser (2004) 755; Wesser NJW **02**, 2138 (je ausf und teilweise krit).

Gliederung

1) Systematik, I–VI 1	10) Duldungspflicht von Mitbewohnern, III 15, 16
2) Regelungszweck, I–VI 2	A. Grundsatz: Duldung, III 1 15
3) Geltungsbereich, I–VI 3	B. Vermeidung unbilliger Härten, III 2 .. 16
4) Wohnungsbegriff, I–VI 4	11) Vollstreckung zur Nacht usw, IV 17–21
5) Durchsuchungsbegriff, I, III, IV 5	A. Nachtzeit, Sonn- und Feiertag 17
6) Notwendigkeit richterlicher Anordnung, I 1 6	B. Keine Vollstreckung bei unbilliger Härte 18
7) Entbehrlichkeit richterlicher Anordnung, I 2, II, III 7–10	C. Keine Vollstreckung bei Mißverhältnis Eingriff – Erfolg 19
A. Gefährdung des Durchsuchungserfolgs, I 2 7	D. In Wohnung nur auf Grund besonderer richterlicher Anordnung 20, 21
B. Räumung, Herausgabe von Räumen, II 8	12) Vorzeigen der Anordnung, V 22
C. Haftbefehl, II 9	13) Formularzwang, VI 23
D. Einwilligung des Schuldners, weiterer Vollstreckungsauftrag, I, III 1 10	14) Einzelfragen, I–VI 24
8) Zuständigkeit, I 1 11	15) Rechtsbehelfe, I–VI 25
9) Verfahren der Anordnung, I 1, VI 12–14	16) VwGO 26

1 **1) Systematik, I–VI.** Vgl zunächst § 753 Rn 1. Die Vorschrift ergänzt den § 758 für den Fall, daß der Gerichtsvollzieher die Wohnung des Schuldners durchsuchen will und muß und daß er eine Vollstreckungshandlung zur Nachtzeit oder an einem Sonn- und Feiertag vornimmt. Sie wird ihrerseits durch § 759 ergänzt und indirekt durch § 113 StGB gestützt, wie bei § 758, dort Rn 1.

Abschnitt 1. Allgemeine Vorschriften § 758a

2) **Regelungszweck, I–VI.** Vgl zunächst § 753 Rn 2. Die in § 758 Rn 2 dargestellten Gesichtspunkte 2 gelten erst recht bei § 758 a. Er regelt ja unter anderem nochmals gegenüber § 758 zugespitzte Lagen. Auch bei der Vollstreckung zur Nachtzeit usw geht es um eine den Art 8 I MRK, Einl III 23, sowie den Art 13 II GG achtende, aber auch das Befriedigungsbedürfnis des Gläubigers angemessen berücksichtigende Art und Weise eines Vollstreckungsvorgangs. Man muß wie bei § 885 evtl auch erheblich schutzwürdige, aber eben auch nur begrenzt beachtliche Interessen von Mitbewohnern mitbedenken. § 758 a ist daher keine Ausnahme von § 758 und folglich auch nicht allzu eng auslegbar. Es ist vielmehr eine behutsame Abwägung der Gesamtinteressen geboten.

3) **Geltungsbereich, I–VI.** Es gelten dieselben Erwägungen wie bei § 758, dort Rn 3. 3

4) **Wohnungsbegriff, I–VI.** Es gelten dieselben Anforderungen wie bei § 758 und dort wie bei § 181 I, 4 dort Rn 4 ff. Das sind engere als bei § 885 I, der von jeder unbeweglichen Sache spricht.

5) **Durchsuchungsbegriff, I, III, IV.** Auch der Begriff der Durchsuchung ist derselbe wie bei § 758. Es 5 handelt sich hier um das zweckgerichtete Suchen nach Personen oder Sachen oder zur Ermittlung eines nicht bereits offenkundigen Sachverhalts, das Aufspüren dessen, was der Wohnungsinhaber von sich aus nicht herausgeben oder offenlegen will, § 758 Rn 4. Auch eine Taschenpfändung kann unter § 858 a fallen, Köln NJW 80, 1531, Schneider NJW 80, 2377. II zeigt das Gegenstück einer bloßen Durchsuchung auf, nämlich die Räumung bzw Herausgabe, Rn 8.

6) **Notwendigkeit richterlicher Anordnung, I 1.** Nach der äußeren Gesetzesanordnung ist eine rich- 6 terliche Anordnung nach I 1 bei einer Wohnungsdurchsuchung die Regel. Das gilt grundsätzlich auch nach einem Leistungsurteil mit Ausnahme eines Räumungstitels nach Rn 8, BVerfG 51, 97. Sie erfolgt in richterlicher Unabhängigkeit, BVerfG 57, 346. In Wahrheit kommt sie nur dann in Betracht, wenn die in Rn 7–10 genannten Situationen nicht vorliegen. In der Praxis ist eine richterliche Anordnung also keineswegs stets erforderlich. Wegen IV vgl Rn 20. Es empfiehlt sich bei I eine Prüfung in der nachfolgenden Reihenfolge.

7) **Entbehrlichkeit richterlicher Anordnung, I 2, II, III.** Sie tritt nur unter engen Ausnahmebedin- 7 gungen ein, BVerfG DGVZ 01, 84. Daher muß der Richter auch stets das Gebot der Verhältnismäßigkeit nach Grdz 34 vor § 704 mitbeachten, BVerfG 57, 346, Oldb OLGR 95, 309, Schneider NJW 80, 2377. Soweit eine richterliche Entscheidung entbehrlich ist, ist auch keine nachträgliche richterliche Bestätigung erforderlich, Schneider NJW 80, 2377, aM Kleemann DGVZ 80, 3 (aber BVerfG 23, 317 paßt nicht). Es reicht jede der folgenden Lagen.

A. **Gefährdung des Durchsuchungserfolgs, I 2.** Eine richterliche Anordnung ist entbehrlich, wenn auch zulässig, soweit ihre Einholung den Erfolg der Durchsuchung gefährden würde, BVerfG NJW 01, 1123. Das ist eine gesetzliche Umgrenzung des Begriffs einer Gefahr im Verzug. Diesen muß man grundsätzlich eng auslegen, BVerfG NJW 01, 1121. Freilich bieten der eine wie der andere Begriff doch wieder ihre unvermeidlichen Unschärfen. Denn wann liegt eine wirkliche Gefährdung vor? Es kommt auch hier wieder auf eine behutsame Abwägung der Gesamtumstände an, LG Kblz DGVZ 82, 91. Eine Gefährdung kann wegen der Art und Weise, des Zustands, des Zeitpunkts, des Ortes des möglichen Vollstreckungsguts vorliegen, aber auch wegen der bisherigen Verhaltensweise des Schuldners oder seines Beauftragten, wegen dessen Äußerungen, Absichten, Finanzlage usw. In gewissen Grenzen lassen sich die Regeln zum Vorliegen eines Arrestgrundes nach § 917 Rn 7 ff mitbeachten.

Ratsam kann die Herbeiführung einer richterlichen Anordnung zumindest dann sein, wenn zweifelhaft ist, ob die Voraussetzungen von I 2 vorliegen. Das Rechtsschutzbedürfnis nach Grdz 33 vor § 253 führt in solcher Lage zur Pflicht des Richters, die Lage durch eine Anordnung oder deren Ablehnung zu klären.

B. **Räumung, Herausgabe von Räumen, II.** Eine richterliche Anordnung ist unabhängig von Rn 7 8 ferner entbehrlich, soweit es um die Vollstreckung eines Titels (Urteil, Vergleich) auf Räumung oder Herausgabe von Räumen einer beliebigen Art geht, Hs 1, Düss NJW 80, 458, AG Heidelb DGVZ 99, 124 (übersieht freilich diese Vorschrift), Bischof ZIP 83, 55, aM Schultes DGVZ 98, 188 (aber Wortlaut und Sinn von II sind eindeutig, Einl III 39). Vgl zur Räumung § 885 und seine Anm. Freilich kann eine Räumung mit einer Vollstreckung zu anderen Zwecken zusammentreffen. Dann bleibt die richterliche Anordnung nur für den Räumungszweck entbehrlich. Im Zweifel darf und sollte man auch in solcher Lage eine Entscheidung des Richters zur Anordnung oder Ablehnung herbeiführen.

C. **Haftbefehl, II.** Eine zusätzliche richterliche Anordnung ist unabhängig von Rn 7, 8 natürlich auch 9 insoweit entbehrlich, als es um die Vollstreckung eines Haftbefehls nach § 901 geht, Hs 2. Denn der Haftbefehl umfaßt seiner Rechtsnatur nach ja auch das Aufsuchen des Schuldners in seiner oder einer anderen Wohnung und das Herausholen seiner Person. Das gilt auch nachts und an einem Sonn- oder Feiertag, AG Bad Doberan DGVZ 01, 92, AG Nürtingen JB 03, 380, AG Tostedt DGVZ 03, 62, aM LG Bln DGVZ 01, 135, LG Ffo DGVZ 01, 85, LG Kblz DGVZ 00, 170.

D. **Einwilligung des Schuldners, weiterer Vollstreckungsauftrag, I, III 1.** Eine richterliche Anord- 10 nung ist schließlich unabhängig von Rn 7–9 entbehrlich, soweit der Schuldner in die Durchsuchung eingewilligt hat oder sich ihr in einer vollstreckbaren Urkunde unterworfen hat, sie also duldet, BNotarkammer DNotZ 81, 348. Denn dann fehlt es am Rechtsschutzbedürfnis einer Durchsuchungserlaubnis. Daher ist auch ein vorsorglicher Richterbeschluß unzulässig, Köln Rpfleger 95, 167, LG Düss DGVZ 83, 13. Vielmehr muß der Schuldner grundsätzlich Gelegenheit zur Einwilligung erhalten, LG Düss JB 81, 1418 (Ausnahme: Rn 7). Das ergibt sich sowohl aus I als auch aus III 1. Einwilligung ist nach § 183 S 1 BGB die vorherige Zustimmung. Die Einwilligung ist eine einseitige empfangsbedürftige Willenserklärung, PalH Einf 3 vor § 182 BGB, Schubert MDR 80, 365, aM Langenfeld MDR 80, 21, Seip DGVZ 80, 60 (aber zur Willenserklärung gehört das Erklärungsbewußtsein). Der Schuldner muß sie eindeutig und wirksam erklärt haben. Sie richtet sich an den Gerichtsvollzieher als das zur Durchsuchung berufene Vollstreckungsorgan. Sie läßt sich aber auch gegenüber dem Gläubiger und natürlich im etwaigen Anordnungsverfahren auch vor dem

§ 758a

Richter erklären, auch elektronisch oder schriftlich oder zum Protokoll der Geschäftsstelle, daher ohne Anwaltszwang, § 78 III Hs 2.

Als gleichzeitige *Parteiprozeßhandlung* nach Grdz 47 vor § 128 folgt sie nur den dort erläuterten dazu gehörigen Regeln. Sie ist auf einzelne Räume beschränkbar. Auch ein Angehöriger oder Bevollmächtigter kann sie erklären, Schneider NJW **80**, 2377, Weimar DGVZ **80**, 163, aM Wesser NJW **03**, 2143 (aber es gelten die allgemeinen Regeln), freilich nicht im Zweifel. Sie ist grundsätzlich unwiderruflich, Grdz 58 vor § 128, LG Wiesb DGVZ **80**, 28, aM Bischof ZIP **83**, 522, Schneider NJW **80**, 2377. Sie muß spätestens vor der ersten Gewaltanwendung des Gerichtsvollziehers oder seiner Hilfspersonen vorliegen. Der Gerichtsvollzieher muß sich nach § 762 II Z 2 protokollieren. Sie liegt in der Öffnung ohne Bedingung. Ein Vorbehalt usw bedeutet meist eine Verweigerung, evtl sogar auch ein nachträglicher, Schneider NJW **80**, 2377 (dann aber Rn 7). Freilich darf auch muß der Gerichtsvollzieher zunächst nach § 758 Rn 6 vorgehen. Bei Unklarheiten liegt ein Fall nach I 1 vor. In der allgemeinen Eröffnung eines Geschäfts liegt keine Einwilligung, LG Wuppert DGVZ **80**, 11, Schneider NJW **80**, 2377, Seip NJW **94**, 354, aM BFH NJW **89**, 455, Hupe JB **79**, 1439 (aber das wäre eine zu gläubigerfreundliche Auslegung). Auch in solcher Lage sollte der Richter durch klärende Anordnung oder Ablehnung helfen.

Ein *weiterer Vollstreckungsauftrag* desselben oder eines anderen Gläubigers erlaubt die Durchsuchung ohne entsprechende richterliche Erlaubnis nur, soweit kein weiterer Grundrechtseingriff erfolgt, BVerfG **76**, 83, (der Gerichtsvollzieher darf also zB nicht deshalb länger in der Wohnung bleiben müssen), Bittmann DGVZ **89**, 136. Evtl ist § 826 anwendbar.

11 **8) Zuständigkeit, I 1.** Zur Anordnung oder Ablehnung ist nicht das Prozeßgericht und auch nicht stets das Vollstreckungsgericht berufen, sondern derjenige Richter beim Amtsgericht, in dessen Bezirk die jetzt geplante Durchsuchung erfolgen soll, KG RR **03**, 1529. Diese Zuständigkeit kann natürlich mit derjenigen nach §§ 764, 802 zusammenfallen. Sie ist aber nicht zwingend dieselbe. Aus ihrer Natur ergibt sich ihre Ausschließlichkeit. Wechselt der Wohnort des Schuldners, so muß nunmehr der Richter des neuen Wohnorts erstmals oder erneut nach demjenigen des früheren Wohnorts befinden.

12 **9) Verfahren der Anordnung, I 1, VI.** Es gelten die allgemeinen Regeln des Buchs 8, BVerfG **51**, 97, BGH RR **86**, 286. Der Richter entscheidet zwar theoretisch von Amts wegen, praktisch aber nur auf Antrag, § 758 Rn 13 „Antrag", oder Anregung. Ein Antrag muß im Fall der Einführung von Formularen nach VI 1, 2 auf dem für die elektronische oder sonstige Verfahrensbearbeitung jeweils bundeseinheitlich erstellten Formulare erfolgen. Mangels solcher Formularerstellung nach Rn 23 ist ein Antrag schriftlich, elektronisch oder zum Protokoll der Geschäftsstelle zulässig. Er ist stets ohne Anwaltszwang erlaubt, § 78 V Hs 2. Der Antragsteller muß alle notwendigen Unterlagen beifügen, LG Aschaffenb DGVZ **85**, 114. Der Vollstreckungstitel nebst Klausel muß nach § 750 zugestellt sein, LG Bln DGVZ **88**, 74, LG Düss MDR **83**, 238, LG Mü DGVZ **83**, 43, aM LG Marbg DGVZ **82**, 30 (aber es gelten die allgemeinen Regeln). Es muß auch die Wartefrist des § 720 a abgelaufen sein, LG Darmst DGVZ **89**, 120. Eine mündliche Verhandlung ist zulässig, aber nicht notwendig, Grdz 37 vor § 704. Der Richter prüft, ob die Voraussetzungen der Zwangsvollstreckung vorliegen, AG Neuruppin Rpfleger **00**, 119. Der Richter muß grundsätzlich das rechtliche Gehör nach Art 103 I GG vor einer dem Betroffenen nachteiligen Entscheidung gewähren, Hamm OLGR **00**, 317, LG Darmst DGVZ **87**, 86, LG Köln JB **88**, 537, Ausnahme: Rn 7, BVerfG **57**, 346, LG Verden JB **96**, 272, aM Hansens JB **87**, 179, Wesser NJW **02**, 2141. Eine Ausnahme besteht in einem Zweifelsfall nach I 2. Ein Anwaltszwang besteht nicht. Der Richter muß den Verhältnismäßigkeitsgrundsatz, beachten, Einl III 23, Grdz 34 vor § 704, BVerfG NJW **97**, 2165 (läßt daher auch die Anordnung nach sechs Monaten verfallen). Der Antragsteller muß evtl die Kosten nach §§ 294, 788 glaubhaft machen, LG Bln DGVZ **94**, 28. Parteiherrschaft und Beibringungsgrundsatz gelten allerdings nur eingeschränkt, Grdz 7 vor § 704.

13 Die *Entscheidung* erfolgt durch einen Beschluß nebst Begründung nach § 329 Rn 4, KG DGVZ **83**, 73, LG Hagen JB **85**, 783, LG Köln JB **88**, 536. Sie erfolgt auch durch eine entsprechende Verfügung. Sie wird nach Verhandlung verkündet, sonst wegen § 793 nach § 329 III förmlich zugestellt. Kosten: §§ 788, 891. Vorsicht vorm Gebrauch bloßer Textbausteine, BVerfG NJW **05**, 274 (StPO)!

14 Die Erlaubnis liegt *grundsätzlich nicht schon im Vollstreckungstitel*, auch nicht beim Arrest, §§ 916 ff, Karlsr DGVZ **83**, 139, AG Detm DGVZ **83**, 189, oder bei der einstweiligen Verfügung, §§ 935 ff, es sei denn, der Titel schließt seinem Inhalt nach zwangsläufig die richterliche Genehmigung zum Betreten von Wohnräumen ein, Köln RR **88**, 832 (auch dann mag aber der Titel ausdrücklich im Einzelfall die Genehmigung ausschließen), LG Bln DGVZ **88**, 118. Sie liegt auch nicht in der bloßen Anweisung durch das Erinnerungsgericht, eine Zwangsvollstreckung durchzuführen, KG DGVZ **83**, 72, aM Cirullies JB **84**, 661. Vielmehr muß der Richter in seinem Beschluß mindestens angeben, für und gegen wen der Gerichtsvollzieher auf Grund welchen Titels welche wo gelegenen Räume weshalb und wann durchsuchen darf, Köln JB **96**, 213, Wesser NJW **02**, 2141. Mindestens erforderlich sind die Angabe der Parteien, des Titels und des zu durchsuchenden Raumes sowie die Unterschrift des Richters, Köln ZMR **96**, 86.

15 **10) Duldungspflicht von Mitbewohnern, III.** Es müssen zwei Bedingungen zusammentreffen.

A. Grundsatz: Duldung, III 1. Personen, die an der Wohnung des Schuldners einen Mitgewahrsam nach § 808 Rn 10 ff entsprechend § 885 Rn 9 ff haben, müssen grundsätzlich eine rechtmäßige Durchsuchung gegen den Schuldner dulden, auch soweit ihre Rechte usw mitbetroffen sind, Münzberg DGVZ **99**, 178 (bei richtiger Auslegung kein Verfassungsverstoß), Wesser NJW **02**, 2144 (verfassungsrechtlich krit).

16 **B. Vermeidung unbilliger Härten, III 2.** Selbst beim Vorliegen der Voraussetzungen Rn 15 müssen alle Beteiligten unbillige Härten gegenüber einem jeden Mitgewahrsamsinhaber vermeiden. Die Beachtung dieser Vorschrift ist Amtspflicht des Gerichtsvollziehers ohne einen Ermessensspielraum. Der unbestimmte Rechtsbegriff „unbillige Härte" läßt freilich wiederum mancherlei Auslegung zu. Auch hier gibt der Schutzzweck den Maßstab. Der Gerichtsvollzieher muß den nur mittelbar und trotzdem evtl ganz erheblich Mitbetroffenen soweit vertretbar schonen. Das gilt beim Ob, Wann, Wie und Wo der Durchsuchung bis zu

Abschnitt 1. Allgemeine Vorschriften § 758a

ihrer Beendigung. Schonung braucht zB ein akut erheblich erkrankter Angehöriger oder ein unmittelbar bevorstehendes oder stattgefundenes aufregendes Ereignis von Geburt über Examen oder Hochzeit bis zum Tod. Die Durchsuchung darf kein wüstes Durcheinander hinterlassen, weder beim Schuldner, noch gar bei Mitbewohnern.

11) Vollstreckung zur Nachtzeit usw, IV. Man muß mehrere Aspekte prüfen. **17**

A. Nachtzeit, Sonn- und Feiertag. IV 2 enthält die amtliche Bestimmung der Nachtzeit.
In *ganz Deutschland* gelten folgende Tage als *Feiertage:* Neujahr; Karfreitag; Ostermontag; 1. Mai; Himmelfahrt; Pfingstmontag; 3. Oktober (Nationalfeiertag); 1. und 2. Weihnachtstag (nicht aber auch der 24. Dezember als solcher, OVG Hbg NJW **93**, 1941).

Je nach dem *Landesrecht* gelten ferner folgende Tage als Feiertage. Dabei kommt es auf den Ort an, an dem die Prozeßhandlung erfolgen soll, BAG NJW **89**, 1181, und sodann auf den Sitz der jeweils im Einzelfall zuständigen auswärtigen Abteilung usw: Heilige Drei Könige (6. 1.); Epiphanias (5. 2.); Fronleichnam; Friedensfest (8. 8.; Mariä Himmelfahrt (15. 8.), VGH Mü NJW **97**, 2130; Reformationsfest (31. 10.); Allerheiligen 1. 11.); Bußtag (der Mittwoch vor dem letzten Sonntag nach Trinitatis; ferner lokale Besonderheiten.

Der Sonnabend vor Ostern ist *kein Feiertag;* ebenso ist derjenige durch eine etwaige Verwaltungsanordnung bestimmte Sonnabend ein Feiertag, an dem nur ein Sonntagsdienst stattfindet. Durch G v 10. 8. 65, vgl § 222, ist daran nichts geändert worden. Der Sonnabend ist also den Feiertagen insofern gleichgestellt. Nicht gleichgestellt ist der bloß arbeitsfreie Sonnabend (5-Tage-Woche).

Die Länder haben folgende Feiertagsgesetze erlassen:
Baden-Württemberg: G idF v 28. 11. 70, GBl **71**, 1, zuletzt geändert durch G v 8. 5. 95, GVBl 450;
Bayern: G v 21. 5. 80, GVBl 215, zuletzt geändert durch G v 23. 7. 94, GVBl 1049;
Berlin: G v 28. 10. 54, GVBl 615, zuletzt geändert durch G v 2. 12. 94, GVBl 491;
Brandenburg: G v 21. 3. 91, GVBl 44, zuletzt geändert durch G v 7. 4. 97, GVBl 32;
Bremen: G v 12. 11. 54, GBl 115, zuletzt geändert durch G v 26. 3. 02, GBl 43;
Hamburg: G v 16. 10. 53, GVBl 289, zuletzt geändert durch G v 20. 12. 94, GVBl 441;
Hessen: G idF v 29. 12. 71, GVBl 343, zuletzt geändert durch G v 26. 11. 97, GVBl 396;
Mecklenburg-Vorpommern: G idF v 8. 3. 02, GVBl 145, geändert durch G v 20. 7. 04, GVBl 390;
Niedersachsen: G idF v 7. 3. 95, GVBl 51, geändert am 23. 6. 05, GVBl 207;
Nordrhein-Westfalen: G idF v 23. 4. 89, GVBl 222, zuletzt geändert durch G v 20. 12. 94, GVBl 1114;
Rheinland-Pfalz: G v 15. 7. 70, GVBl 225, zuletzt geändert durch G v 20. 12. 94, GVBl 474;
Saarland: G v 18. 2. 76, ABl 213, zuletzt geändert durch G v 14. 12. 94, ABl **95**, 18;
Sachsen: G v 10. 11. 92, GVBl 536;
Sachsen-Anhalt: G v 22. 5. 92, GVBl 356, zuletzt geändert durch G v 16. 12. 94, GVBl 1044;
Schleswig-Holstein: G idF v 28. 6. 04, GVBl 213;
Thüringen: G v 21. 12. 94, GVBl 1221.

B. Keine Vollstreckung bei unbilliger Härte. Der Gerichtsvollzieher darf keine Vollstreckungshandlung irgendwelcher Art vornehmen, soweit sie eine unbillige Härte im Sinn von § 765 a I 1 gegeben wäre. Ob eine unbillige Härte vorliegt, liegt im pflichtgemäßen Ermessen des Gerichtsvollziehers usw. *Wenn* er sie bejaht, darf er schon deshalb ohne weiteren Ermessensspielraum nicht zur Nachtzeit usw vollstrecken. Er muß eine unbillige Härte für die Mitgewahrsamsinhaber darstellen, bevor die Vollstreckung unterbleiben darf. Natürlich würde sie gegenüber dem Schuldner ausreichen. Aber auch eine solche nur der übrigen gegenüber könnte reichen. Einen Gewahrsam muß man wie bei § 808 Rn 10 ff beurteilen. **18**

C. Keine Vollstreckung bei Mißverhältnis Eingriff – Erfolg. Selbst wenn keine unbillige Härte nach Rn 15 vorliegt, darf der Gerichtsvollzieher doch keine Vollstreckungshandlung irgendwelcher Art vornehmen, soweit der zu erwartende Erfolg in einem Mißverhältnis zu dem Eingriff stehen würde. Damit übernimmt IV den auch sonst in der Zwangsvollstreckung geltenden Grundsatz der Verhältnismäßigkeit, Grdz 34 vor § 704. Der Gerichtsvollzieher muß nach pflichtgemäßem Ermessen abwägen. Er muß dabei alle erkennbaren Einzelumstände einbeziehen. Zulässig sein mag zB eine Kassenpfändung bei einer Abendveranstaltung oder einer Vollstreckung gegenüber dem tagsüber stets arbeitsbedingt abwesenden Schuldner. Natürlich stellt jede Vollstreckung eine gewisse Härte dar. Es muß also ein darüber hinausgehendes Problem vorhanden sein, eben ein wirkliches Mißverhältnis, etwa bei einer nur sehr kleinen Restforderung und vor einem besonders hohen Feiertag usw. Soweit der Gerichtsvollzieher ein Mißverhältnis bejaht, darf er ohne weiteres Ermessen nicht mehr tätig bleiben. **19**

D. In Wohnung nur auf Grund besonderer richterlicher Anordnung. Selbst wenn keines der Hindernisse nach Rn 18, 19 vorliegt, darf der Gerichtsvollzieher auch außerhalb der in §§ 758, 758 a I–III vorrangig geregelten Fälle eine Vollstreckungshandlung nur dann gerade während der Nachtzeit oder an einem Sonn- oder Feiertag in einer Wohnung nach Rn 4 vornehmen, wenn gerade dazu eine besondere Erlaubnis des Richters wirksam ergangen ist, BGH JB **04**, 416 (auch bei § 909), LG Ffm DGVZ **01**, 85, Fischer DGVZ **04**, 99, aM AG Bad Doberan DGVZ **01**, 92, AG Mannh DGVZ **99**, 142, ZöStö 35 (aber IV Hs 2 ist nun wirklich nach Wortlaut und Sinn eindeutig und dient dem Wohnungsschutz, Art 13 GG, Einl III 39). **20**

Zuständig ist auch nicht der Rpfl, sondern nur der „Richter bei dem Amtsgericht", also nach §§ 764, 802 zuständigen AG im dort geschilderten Verfahren (Beschluß über eine grundsätzlich nach Anhörung, mit Begründung, § 329 Rn 4, ohne Kostenentscheidung, § 788 I, usw). Eine Entscheidung nur des Rpfl ist unwirksam, eine solche mit nachfolgender „Genehmigung" des Richters oä kann als Anordnung nach IV umdeutbar sein. Der Gerichtsvollzieher wie der Gläubiger sind antragsberechtigt, aM LG Kblz DGVZ **00**, 170 (der Gerichtsvollzieher solle einen Gläubigerantrag erwirken). Von Amts **21**

§§ 758a, 759 Buch 8. Zwangsvollstreckung

wegen erfolgt die Anordnung, sobald und soweit sich aus den dem Richter vorgelegten Akten die Voraussetzungen ergeben.

22 **12) Vorzeigen der Anordnung, V.** § 750 ist auf die richterliche Anordnung anders als auf den Vollstreckungstitel nebst Klausel unanwendbar, AG Hbg Rpfleger **80**, 395, OVG Hbg NJW **95**, 610. Der Gerichtsvollzieher muß die richterliche Anordnung vorzeigen. V verweist aber nur auf I, nicht auch auf IV (kein eindeutiges, wenn auch durchaus mögliches Versehen des Gesetzgebers), aM LG Regensb DGVZ **99**, 173, ThP 33. Die Anordnung geht nicht so weit wie § 909 I 2. Denn im Gegensatz zu dort braucht der Gerichtsvollzieher dem Schuldner nichts zu übergeben, sondern nur etwas vorzuzeigen. Der Schutzzweck ist aber fast derselbe. Der Schuldner soll wenigstens Einblick in eine richterliche Anordnung nehmen dürfen, die das Eindringen in seine Wohnung bedeutet. Einblick nehmen heißt: Lesen, aber nicht Herumtrödeln, freilich auch nicht: bloß sekundenschnell anblicken dürfen. Der Gerichtsvollzieher muß dem Schuldner angemessene die Möglichkeit geben, sich zu fassen. Mag der Schuldner seinen Anwalt usw dann während der Durchsuchung anrufen. Der Schuldner kann eine Abschrift nach § 760 verlangen.

23 **13) Formularzwang, VI.** VI 1 gibt ähnlich wie §§ 117 III, 829 IV 1 eine Ermächtigung, keine Anweisung. Eine Rechtsverordnung bedarf der Zustimmung des Bundesrats. VI 2 schafft ähnlich wie §§ 117 IV, 829 IV 2 einen Benutzungszwang. Vgl daher im einzelnen bei § 117 Rn 30, 31. In Abweichung von § 117 III, IV, aber in Übereinstimmung mit § 829 IV 3 sind nach § 758 1 VI 3 unterschiedliche Formulare für elektronische und andere Gerichtsverfahren einführbar.

Rechtsverordnungen des Bundesjustizministerium sind noch nicht ergangen.

24 **14) Einzelfragen, I–VI.** Vgl das ausführliche ABC in § 758 Rn 11 ff.
25 **15) Rechtsbehelfe, I–VI.** Vgl wegen des Gerichtsvollziehers § 758 Rn 30, wegen des Richters bei IV §§ 766, 793, ZöStö 36, aM LG Kblz FamRZ **03**, 1483 (sogleich § 793. Aber das wäre systemfremd). Wegen des Rpfl § 11 RPflG, Anh § 153 GVG, vgl auch § 104 Rn 69 ff, aM Hintze Rpfleger **00**, 303 (§ 793).
26 **16) VwGO:** Entspr anwendbar, § 167 I VwGO, wenn der Gerichtsvollzieher tätig wird, vgl § 758 Rn 31.

759 *Zuziehung von Zeugen.* **Wird bei einer Vollstreckungshandlung Widerstand geleistet oder ist bei einer in der Wohnung des Schuldners vorzunehmenden Vollstreckungshandlung weder der Schuldner noch eine zu seiner Familie gehörige oder in dieser Familie dienende erwachsene Person anwesend, so hat der Gerichtsvollzieher zwei erwachsene Personen oder einen Gemeinde- oder Polizeibeamten als Zeugen zuzuziehen.**

1 **1) Systematik.** Vgl. zunächst § 753 Rn 1. Die Vorschrift ergänzt § 758 in zwei unterschiedlich gefährlichen, aber gleichermaßen besonders mißlichen Situationen.

2 **2) Regelungszweck.** Vgl zunächst § 753 Rn 2. Die Vorschrift liegt im wohlverstandenen Interesse aller Prozeßbeteiligten an der Eindämmung späterer Auseinandersetzungen darüber, ob und inwieweit das Vollstreckungsorgan beim notwendigen Zwang oder auch beim Ausbleiben der wachsamen Augen des Betroffenen die Grenzen des Ermessens eingehalten habe. Damit dient § 759 der Rechtssicherheit nach Einl III 43 und dem Gebot, den Grundsatz der Verhältnismäßigkeit staatlicher Machtmittel zu wahren, Grdz 34 vor § 704. Man muß die Vorschrift entsprechend streng zugunsten des Schuldners auslegen.

Übervorsicht ist weder bei der Handhabung noch bei seiner späteren Überprüfung durch den Richter angebracht. Immerhin wird der Gerichtsvollzieher als staatliches Organ der Rechtspflege tätig, § 753 Rn 3. Seine Handlungen sind Staatshoheitsakte mit deren grundsätzlich weitreichender Wirkung ähnlich wie beim Urteil, Üb 10 vor § 300. Sie sind auch mehr als ein bloßer Verwaltungsakt. Mangels tatsächlicher ausreichender Anhaltspunkte für Fehler darf und muß das Gericht daher von der Gesetzmäßigkeit ausgehen, auch bei der Auslegung, etwa der Frage, ob ein Zeuge „erwachsen" war.

3 **3) Voraussetzungen.** Der Gerichtsvollzieher muß in jedem der folgenden Fälle Zeugen zuziehen.

A. Widerstand. Die Zuziehung ist notwendig, wenn er nach § 758 III irgendeinen Widerstand gegen eine Vollstreckungshandlung vorfindet. Als Widerstand kann auch eine mündliche Ankündigung gelten, die eine Anwendung von Gewalt erwarten läßt. Der Gerichtsvollzieher muß also die Zwangsvollstreckung unterbrechen, falls er nicht in Erwartung des Widerstands bereits Zeugen mitgebracht hat.

4 **B. Abwesenheit.** Die Zuziehung ist auch dann notwendig, wenn die Zwangsvollstreckung in der Wohnung stattfinden soll, aM LG Konst DGVZ **84**, 120 (auch, falls im Geschäftsraum), und wenn das in Abwesenheit des Schuldners, seiner Familie und seiner erwachsenen Hausangestellten nach § 178 Rn 13 geschehen soll, AG Neuwied DGVZ **98**, 78. Die Vollstreckung ist ohne weiteres zulässig, wenn statt des abwesenden Schuldners ein erwachsenes Familienmitglied, oder eine dort dienende, nicht urkundig im Sinn von § 178 I 2 beschäftigte Person, LG Konst DGVZ **84**, 119 anwesend ist, AG Wiesb DGVZ **93**, 158. Zum Begriff des Erwachsenseins § 178 Rn 15.

5 **C. Ausführung.** Auch der Gläubiger kann Zeuge sein. Zwar kann der zur Öffnung etwa erforderliche Schlosser zeitweise Zeuge sein. Dennoch darf der Gerichtsvollzieher zwei weitere Zeugen hinzuziehen, AG Wiesb DGVZ **88**, 14. Soweit der Gerichtsvollzieher die Zeugen entschädigt, hat er Auslagen, KVGv 703. Der Gerichtsvollzieher kann auch sonst in geeigneten Fällen Hilfspersonen zu handwerklichen Arbeiten hinzuziehen, etwa zum Aufkleben der Pfandzeichen, falls er selbst anwesend bleibt.

6 **4) Verstoß.** § 759 ist zwingendes Recht. Ein Verstoß gegen die Vorschrift macht die Amtshandlung rechtswidrig, Niemeyer JZ **76**, 315. Die Zwangsvollstreckung wird dadurch aber noch nicht unwirksam, LG Konst DGVZ **84**, 120. Denn das Wort „hat" im Gesetzestext ist in Wahrheit eine bloße Sollvorschrift. Zur strafrechtlichen Bedeutung Alisch DGVZ **84**, 108.

Abschnitt 1. Allgemeine Vorschriften §§ 759, 760

5) Rechtsbehelf: Erinnerung. Jeder Betroffene kann Erinnerung nach § 766 einlegen, auch ein 7
Zeuge.

6) VwGO: *Entsprechend anwendbar, § 167 I VwGO, wenn der Gerichtsvollzieher tätig wird, vgl § 756 Rn 16.* 8
Bei Anwendung von §§ 169 I VwGO, 5 VwVG gilt § 288 AO.

760 *Akteneinsicht; Aktenabschrift.* ¹ **Jeder Person, die bei dem Vollstreckungsverfahren beteiligt ist, muss auf Begehren Einsicht der Akten des Gerichtsvollziehers gestattet und Abschrift einzelner Aktenstücke erteilt werden.** ² **Werden die Akten des Gerichtsvollziehers elektronisch geführt, erfolgt die Gewährung von Akteneinsicht durch Erteilung von Ausdrucken, durch Übermittlung von elektronischen Dokumenten oder durch Wiedergabe auf einem Bildschirm.**

Vorbem. S 2 angefügt dch Art 1 Z 44 JKomG v 22. 3. 05, BGBl 837, in Kraft seit 1. 4. 05, Art 16 I JKomG, ÜbergangsR Einl III 78.

Schrifttum: *Liebscher,* Datenschutz bei der Datenübermittlung im Zivilverfahren, 1994.

1) Systematik, S 1, 2. Vgl. zunächst § 753 Rn 1. Die Vorschrift bildet ein Gegenstück zu dem im 1
Erkenntnisverfahren entsprechend geltenden § 299. Eine etwaige gesetzliche Mitteilungspflicht des Gerichtsvollziehers bleibt bestehen, zB über eine Durchsuchungsverweigerung, LG Düss DGVZ **91**, 25, oder über eine Unpfändbarkeit nach § 807 Rn 5 ff, Hamm DGVZ **77**, 40, LG Köln DGVZ **95**, 170, AG Kerpen DGVZ **78**, 119.

2) Regelungszweck, S 1, 2. Vgl. zunächst § 753 Rn 2. § 760 dient wesentlich der Stärkung des 2
Vertrauens auf die Korrektheit des staatlichen Vollstreckungsorgans in einem Verfahrensabschnitt, der ja anders als das Erkenntnisverfahren nicht der Kontrolle der Öffentlichkeit in Gestalt von Zuschauen unterliegen kann. Das Akteneinsichtsrecht als Rechtmäßigkeitskontrolle ist weit auslegbar. Der gesetzmäßig vorgegangene Gerichtsvollzieher braucht nichts zu befürchten.

3) Notwendigkeit eines Antrags, S 1, 2. Von Amts wegen muß der Gerichtsvollzieher vom Ausgang 3
seines Verfahrens unterrichten, freilich nur durch eine kurze formlose Mitteilung, BGH DGVZ **04**, 61. Nur auf Verlangen, also nicht von Amts wegen, muß der Gerichtsvollzieher jedem Beteiligten oder dessen Bevollmächtigtem Einsicht in seiner Vollstreckungsakten in seiner Gegenwart gewähren, § 299, und Abschriften einzelner Schriftstücke erteilen, BGH DGVZ **04**, 62, AG Bln-Tempelhof DGVZ **84**, 44, AG Kerpen DGVZ **78**, 120, aM AG Itzehoe DGVZ **78**, 15 (vgl aber § 763 Rn 3). Im Zweifel liegt ein stillschweigender Antrag vor, AG Mü DGVZ **81**, 141. Der Vollstreckungsauftrag enthält nicht stets auch solchen Einsichts- bzw Abschriftsantrag, BVerwG NJW **83**, 896, Elias DGVZ **75**, 33, aM AG Itzehoe DGVZ **78**, 15 (aber das würde auch Geld kosten). Eine Beglaubigung ist stets zulässig, § 170 II 1. Diese Vorschrift ist nämlich wegen ihrer Stellung im Buch 1 zumindest entsprechend anwendbar, Grdz 37 vor § 704, aM Paschold/Paschold DGVZ **92**, 39 (aber die Systematik ist eindeutig, Einl III 39). Eine Beglaubigung erfolgt jedenfalls auf Antrag, zumal Gläubiger oder Schuldner sie evtl benötigen, § 900 Rn 4.

4) Beteiligte, S 1, 2. Als Beteiligten muß man jeden ansehen, der durch eine Vollstreckungsmaßnahme 4
irgendwie betroffen ist. Dazu gehören natürlich die Parteien, Grdz 4 vor § 50, AG Wiesb DGVZ **94**, 158, auch deren Rechtsnachfolger. Ferner gehören hierher zB: Der nicht verwaltungsberechtigte Ehegatte bei § 740 I; der Duldungspflichtige, §§ 737, 739, 748 II; der Drittschuldner, § 840; der Widerspruchskläger, § 771; solche Personen, die zu einer vorzugsweisen Befriedigung berechtigt sind, §§ 805, 809, 886.

Ein *Dritter* hat allenfalls nach § 299 II ein Einsichtsrecht.

5) Akten, S 1, 2. Zu den Akten gehört der ganze Urkundenstoff nebst Belegen einschließlich der 5
Protokolle, AG Ffm DGVZ **85**, 93, und der Dienstregister, soweit er die Zwangsvollstreckung betrifft. Aus den Registern dürfen die Beteiligten nur Auszüge fordern. Der Gläubiger kann statt Akteneinsicht oder einer Protokollabschrift eine Auskunft über das Ergebnis des Vollstreckungsvorgangs fordern, LG Köln 19 T 115/95 v 14. 6. 95, aM AG Rosenh DGVZ **03**, 124, ZöStö 3 (aber das ist weniger als Akteneinsicht). Das gilt natürlich nur in den Grenzen des § 762, dort Rn 3 ff. Eine weitergehende Mitteilungspflicht besteht schon wegen der Notwendigkeit des Datenschutzes nicht, BVerwG NJW **83**, 1428, AG Bln-Charlottenb DGVZ **78**, 159, aM LG Hann DGVZ **81**, 40 (vgl. aber § 299 Rn 4). Es gibt auch keinen Anspruch auf eine Aktenzusendung, AG Bln-Charlottenb DGVZ **78**, 159. Bei elektronischer Aktenführung entscheidet der Gerichtsvollzieher über die nach S 2 in Betracht kommenden Einsichtsmöglichkeiten nach pflichtgemäßem Ermessen unter Abwägung der Gesamtumstände und möglichst nach dem Wunsch des Antragstellers. § 299 III ist dabei mitbeachtlich.

6) Kosten, S 1, 2. Der Gläubiger haftet dem Gerichtsvollzieher als der Auftraggeber der Zwangsvollstreck- 6
ung, § 788, AG Bln-Wedding DGVZ **86**, 78, AG Neuwied DGVZ **92**, 174, AG Wiesb DGVZ **94**, 158. Eine Vorschußpflicht besteht für andere Beteiligte nicht, § 4 GvKostG ist unanwendbar, AG Bln-Wedding DGVZ **86**, 78, AG Eschwege DGVZ **84**, 191, AG Ffm DGVZ **85**, 93, aM AG Augsb DGVZ **87**, 126 (aber § 4 GvKostG verpflichtet nur den Auftraggeber).

7) Rechtsbehelf: Erinnerung, S 1, 2. Gegen die Ablehnung der Einsicht kann der Beteiligte Erinne- 7
rung nach § 766 einlegen. Dasselbe gilt gegen eine zu weitgehende Einsicht, etwa beim Verstoß gegen das BDSG nach Rn 4.

8) VwGO: *Entsprechend anwendbar, § 167 I VwGO, wenn der Gerichtsvollzieher tätig wird, vgl § 756* 8
Rn 16.

761 (weggefallen)

762 *Protokoll über Vollstreckungshandlungen.* ¹ Der Gerichtsvollzieher hat über jede Vollstreckungshandlung ein Protokoll aufzunehmen.
ᴵᴵ Das Protokoll muss enthalten:
1. Ort und Zeit der Aufnahme;
2. den Gegenstand der Vollstreckungshandlung unter kurzer Erwähnung der wesentlichen Vorgänge;
3. die Namen der Personen, mit denen verhandelt ist;
4. die Unterschrift dieser Personen und den Vermerk, dass die Unterzeichnung nach Vorlesung oder Vorlegung zur Durchsicht und nach Genehmigung erfolgt sei;
5. die Unterschrift des Gerichtsvollziehers.

ᴵᴵᴵ Hat einem der unter Nummer 4 bezeichneten Erfordernisse nicht genügt werden können, so ist der Grund anzugeben.

Gliederung

1) Systematik, I, –III 1	4) Verstoß, I–III 9
2) Regelungszweck, I–III 2	5) Rechtsbehelf, I–III 10
3) Protokoll, I–III 3–8	6) *VwGO* 11
A. Grundsatz: Notwendigkeit 3, 4	
B. Beispiele zur Frage einer Protokollierungspflicht 5–8	

1 **1) Systematik, I–III.** Vgl zunächst § 753 Rn 1. Über jede gerichtliche Verhandlung ist nach §§ 159 ff ein Protokoll erforderlich. Die in Einf 1 vor §§ 159–165 genannten Erwägungen gelten natürlich erst recht für eine vom Gerichtsvollzieher vorzunehmende Handlung. §§ 762, 763 gelten vorrangig, lassen sich aber durch eine entsprechende Anwendung von §§ 159 ff ergänzen. Ergänzend gelten zB § 900 II–V.

2 **2) Regelungszweck, I–III.** Vgl zunächst § 753 Rn 2. Die Vorschrift dient der Beweissicherung. Das Protokoll ist eine öffentliche Urkunde nach § 418, Rn 4. Es ist im wohlverstandenen Interesse aller Beteiligten unentbehrlich schon zwecks Rechtssicherheit nach Einl III 43 und zwecks Überprüfbarkeit der Handlungsweise des Gerichtsvollziehers. Wie im Verhandlungstermin vor Gericht ergeben sich auch bei der Amtshandlung des Gerichtsvollziehers vielfache einschneidende Rechtsfolgen, sei es infolge Pfändung, Siegelung, Wegnahme, Fortschaffung, Erklärungen, sei es auch wegen Absehens von weiteren Zwangsmaßnahmen. Die Wirksamkeit solcher Maßnahmen hängt wesentlich von der Einhaltung der gesetzlichen Formen ab, aber auch von einer Ermessensfehlerfreiheit des Gerichtsvollziehers. Alles das läßt sich meist nur oder doch wesentlich leichter anhand eines eher zu ausführlichen als zu knappen Protokolls festhalten und überprüfen. Daher sollten der Gerichtsvollzieher viel Sorgfalt aufwenden und die Gericht im Prinzip strenge Anforderungen stellen. Freilich erlaubt die Situation vor Ort oft alles andere als eine sofortige Notiz jeder Äußerung oder jedes Handgriffs, mögen diese noch so rechtserheblich sein können. Auch das muß man mitbeachten.

3 **3) Protokoll, I–III.** Es gilt maßvoll und praxisnah abzuwägen.
A. Grundsatz: Notwendigkeit. Die Vorschrift ist nur auf eine Handlung des Gerichtsvollziehers nach dem Beginn der Zwangsvollstreckung anwendbar, Grdz 51 vor § 704, AG Mü DGVZ **81**, 142. Der Gerichtsvollzieher muß über jede zum Zweck der Zwangsvollstreckung vorgenommene Handlung ein Protokoll aufnehmen, also auch über eine von ihm selbst vorgenommene Zahlungsaufforderung, AG Mü DGVZ **81**, 142. Er muß also zB protokollieren: Den Ort der Vollstreckungshandlung; eine Zahlungsaufforderung; das Wegschaffen gepfändeter Sachen; die Angabe aufgefundener, aber nicht gepfändeter Sachen, LG Düss DGVZ **82**, 117; die Zuziehung von Zeugen. Der Gerichtsvollzieher muß das Protokoll direkt nach seiner Handlung und möglichst noch an Ort und Stelle aufnehmen. Durchstreichungen sind unzulässig, Ergänzungen oder Berichtigungen müssen als solche erkennbar sein, sind dann aber zulässig und evtl geboten, § 164 I. Sie sind freilich dem Rechtsmittelgericht ebensowenig wie bei § 164 erlaubt, Brschw DGVZ **92**, 120. Über bloße Vorbereitungsmaßnahmen wie die Einholung einer Erlaubnis nach § 758a braucht er kein Protokoll zu führen. §§ 159 ff sind anwendbar, soweit das dem Zweck der Vollstreckung und der Stellung des Gerichtsvollziehers entspricht (Fallfrage).

4 Das Protokoll ist samt seinen etwaigen Anlagen eine öffentliche Urkunde, Ffm Rpfleger **77**, 144, KG RR **94**, 959. Es hat deren *Beweiskraft,* § 418, BayObLG NJW **92**, 1842, Zweibr DGVZ **98**, 9, LG Bln DGVZ **99**, 119. Sie erstreckt sich nicht auf Vorgänge, die nicht nach II aufzunehmen sind, zB nicht auf die Anwesenheit des Schuldners, BayObLG NJW **92**, 1842. Die Vorschriften des § 762 sind für die Beweiskraft des Protokolls als öffentliche Urkunde wesentlich. Wegen einer Protokollabschrift § 760. Einzelheiten Mager DGVZ **89**, 182 („Üb"). Man kann einen Antrag auf eine Abschrift dem Gläubiger zumindest dann unterstellen, wenn das in seinem Interesse liegt, Nies DGVZ **94**, 54.

5 **B. Beispiele zur Frage einer Protokollierungspflicht**
Ablehnung der Vollstreckung: Der Gerichtsvollzieher muß im Fall der Erfolglosigkeit, s dort, dem Gläubiger im Protokoll wenigstens einen nachprüfbaren Anhalt dafür geben, ob er die Pfändung zu Recht abgelehnt hat, Ffm MDR **82**, 503, LG Kassel JB **96**, 215 (Warenbestand), ZöStö 3, aM LG Bonn JB **94**, 311, Holch DGVZ **93**, 145, Midderhoff DGVZ **83**, 4 (aber der Sinn ist eindeutig, Einl III 39).
S auch Rn 8 „Vollständige Ausfüllung".

Abschnitt 1. Allgemeine Vorschriften **§ 762**

Aufenthaltsermittlung: Der Gerichtsvollzieher muß seinen vergeblichen Versuch einer Aufenthaltsermittlung als Teil der Vollstreckungshandlung protokollieren, aM AG Mü DGVZ **83**, 171, AG Reutlingen DGVZ **90**, 76 (es sieht aber die Mitteilung der neuen Anschrift als Vollstreckungshandlung an), VG Karlsr Just **91**, 404 (aber das ist eine typische Vollstreckungsbemühung).
S auch Rn 7 „Neue Anschrift".
Austauschpfändung: Soweit sie infrage kommt, muß der Gerichtsvollzieher die einzelnen Pfandstücke im Protokoll angeben, LG Mainz DGVZ **04**, 74.
Dritter: Ins Protokoll gehören seine Herausgabebereitschaft, sein Widerspruch oder seine Zustimmung.
Durchsuchung: Aufnehmen muß der Gerichtsvollzieher das Vorzeigen der Anordnung nach § 758 a V, eine Terminsankündigung wegen § 807 I Z 4 und eine Verweigerung des Zutritts wegen § 807 I Z 3.
Einwohnermeldeamt: S „Aufenthaltsermittlung", Rn 7 „Neue Anschrift".
Erfolglosigkeit: Wenn die Zwangsvollstreckung ganz oder teilweise erfolglos war, ist ein Protokoll erforderlich, AG Neuwied DGVG **98**, 94. Es muß ergeben, daß der Gerichtsvollzieher alle zulässigen Mittel vergeblich versucht hat, §§ 110, 135 Z 6 GVGA, AG Mü DGVZ **81**, 142. Der notwendige Umfang des Protokolls ergibt sich aus den Einzelfallumständen. Die etwaige Notwendigkeit mehrerer Protokolle ergibt sich wie bei Rn 6 „Mehrheit von Gläubigern", Ffm DGVZ **85**, 92.
Der Gerichtsvollzieher braucht *nicht* von sich aus jedes unpfändbare Messer zu nennen, LG Detm DGVZ **94**, 119, LG Lübeck DGVZ **02**, 185, AG Rosenh DGVZ **03**, 125.
S auch „Ablehnung der Vollstreckung", Rn 8 „Vollständige Ausfüllung".
Gefährdung des Vollstreckungserfolgs: Eine Gefahr nach § 758 a I 2 gehört ins Protokoll, LG Regensb DGVZ **95**, 186, AG Mü DGVZ **80**, 190.
Hinweg: Der Gang zum Haus des Schuldners kann im Einzelfall noch eine bloße Vorbereitungsmaßnahme **6** sein. Der Gerichtsvollzieher braucht ihn dann *nicht* zu protokollieren, es sei denn aus gebührenrechtlichen Erwägungen.
Inventar: Der Gerichtsvollzieher braucht *kein* lückenloses Inventar des Pfändbaren und Unpfändbaren zu erstellen, Rn 8 „Vollständige Ausführung", AG Reinbek DGVZ **97**, 62.
Klingeln: Das vergebliche Klingeln gehört als Teil der Vollstreckungshandlung in das Protokoll.
Mehrheit von Gläubigern: Bei einer Mehrheit von Gläubigern muß der Gerichtsvollzieher nach den Gesamtumständen im Rahmen eines pflichtgemäßen Ermessens entscheiden, ob er für jeden Gläubiger ein gesondertes Protokoll oder für alle ein gemeinsames über dieselbe Vollstreckungshandlung erstellt, AG Ffm DGVZ **85**, 93, AG Itzehoe DGVZ **85**, 124, AG Mü DGVZ **85**, 125, aM Holch DGVZ **88**, 177 (nur *ein* Protokoll. Aber er sieht nur den Wortlaut, nicht genug den Sinn und zB auch nicht genug das BDSG). Dabei muß er auch die Kosten beachten, die er ja gering halten soll, §§ 104 I 1, 140 Z 1 GVGA, Grdz 34 vor § 704 (Verhältnismäßigkeitsgrundsatz).
Mindestgebot: Seine Aufnahme ins Protokoll ist *nicht* bundesrechtlich vorgeschrieben, § 817 a.
Neue Anschrift: Erfährt der Gerichtsvollzieher eine neue Anschrift des Schuldners, so muß er sie in das **7** Protokoll aufnehmen und auf Antrag dem Gläubiger auch insoweit eine Abschrift erteilen, AG Neuwied DGVZ **98**, 94, AG Reutlingen DGVZ **89**, 47.
S auch Rn 5 „Aufenthaltsermittlung".
Schätzung: Ins Protokoll gehört diejenige nach § 813.
Uhrzeit: Zwar gehört sie nur dann prozeßrechtlich ins Protokoll, wenn es um § 758 IV geht. Das ändert aber nichts an der evtl kostenrechtlichen Erheblichkeit zB nach dem GvKostG. Daher kann jedenfalls eine diesbezügliche Unrichtigkeit zumindest dienst- und strafrechtlich erheblich sein, aM LG Bln DGVZ **99**, 119.
Unterschrift: Sie ist nach II Z 4, 5 nötig. § 129 Rn 9 ff nennen Einzelheiten. Ein Faksimilestempel reicht daher nicht. Die Verweigerung einer Unterschrift nach II Z 4 gehört ebenfalls ins Protokoll.
Vergeblichkeit: Rn 5 „Erfolglosigkeit", Rn 6 „Klingeln".
Vollständige Ausfüllung: Nur auf Grund eines ausdrücklichen Verlangens des Gläubigers kommt die **8** Aufführung der einzelnen an sich pfändbaren, aber nicht gepfändeten Sachen in Betracht, und selbst diese *nicht* bis zu jedem Messer, Rn 5 „Erfolglosigkeit", Rn 6 „Inventar". Mangels eines solchen Verlanges darf sich der Gerichtsvollzieher grds mit allgemeinen Angaben begnügen, LG Hann DGVZ **89**, 25. Er muß freilich ein Mindestmaß erfüllen, Rn 5 „Ablehnung der Vollstreckung".
Vollstreckungstitel: Unter II Z 2 fällt auch die Angabe des Vollstreckungstitels.
Zeitaufwand: Seine Protokollierung kann schon zwecks Überprüfbarkeit der Gebührenhöhe notwendig sein.
Zug um Zug: Notwendig ist die Aufnahme des Angebots der Gegenleistung nach § 756 und die Erklärung des Schuldners dazu.
Zustellung: Eine Zustellung fällt lediglich unter § 190.

4) Verstoß, I–III. Er beseitigt nicht schlechthin die Eigenschaft des Protokolls als öffentliche Urkunde, **9** Rn 1, 3. Er macht die Zwangsvollstreckung grundsätzlich nicht unwirksam, nicht einmal anfechtbar. Von dieser Regel gilt bei einer Anschlußpfändung nach § 826 eine Ausnahme. Natürlich beeinträchtigt ein wesentlicher Mangel die Beweiskraft.

5) Rechtsbehelf, I–III. Jeder Betroffene kann die Erinnerung nach § 766 einlegen, LG Ffm DGVZ **81**, **10** 140, AG Bln-Tempelhof DGVZ **84**, 44.

6) VwGO: Entsprechend anwendbar, § 167 I VwGO, wenn der Gerichtsvollzieher tätig wird, vgl § 756 Rn 16. **11** Bei Anwendung von §§ 169 I VwGO, 5 VwVG gilt § 291 AO.

Hartmann 2127

763 *Aufforderung und Mitteilungen.* ¹ Die Aufforderungen und sonstigen Mitteilungen, die zu den Vollstreckungshandlungen gehören, sind von dem Gerichtsvollzieher mündlich zu erlassen und vollständig in das Protokoll aufzunehmen.

II ¹ Kann dies mündlich nicht ausgeführt werden, so hat der Gerichtsvollzieher eine Abschrift des Protokolls zuzustellen oder durch die Post zu übersenden. ² Es muss im Protokoll vermerkt werden, dass diese Vorschrift befolgt ist. ³ Eine öffentliche Zustellung findet nicht statt.

1   **1) Systematik, Regelungszweck, I, II.** Vgl zunächst § 753 Rn 1, 2, § 762 Rn 1, 2. Die Vorschrift dient dem Schuldnerschutz, BVerwG NJW **83**, 898. Das macht eine strenge Handhabung notwendig und eine nicht allzu großzügige Überprüfung ratsam.

2   **2) Protokollinhalt, I.** In das Protokoll muß der Gerichtsvollzieher folgendes aufnehmen, § 762 Rn 3 (zu §§ 159 ff), § 900.
  A. Aufforderungen. Solche kennt die ZPO sonst überhaupt nicht. Vgl auch §§ 105, 135 GVGA, AG Mü DGVZ **81**, 142. Zur Geltung der letzteren Vorschrift KG OLGZ **76**, 65. §§ 840, 845 gehören nicht hierhin.
  B. Sonstige Mitteilungen, zB nach §§ 808 III, 811 b II, III, 826 III, 885 II.

3   **3) Übersendung, II.** Die Vorschrift sieht zum Schuldnerschutz nach Rn 1 nur eine Übersendung an den Schuldner vor, nicht auch eine an den Gläubiger, BVerwG NJW **83**, 898, AG Herne DGVZ **83**, 28. Vgl freilich § 760. Der Gerichtsvollzieher muß seine Mitteilungen dem bei der Zwangsvollstreckung anwesenden Schuldner oder seinem Vertreter mündlich machen. Bei einer Abwesenheit dieser Personen muß der Gerichtsvollzieher nach § 192 II 1 eine beglaubigte Abschrift des Protokolls mit einem gewöhnlichen Brief durch die Post übersenden und diesen Vorgang zum Protokoll vermerken, AG Herne DGVZ **83**, 27, VG Bln DGVZ **89**, 124. Beide Zusendungen gehen an den Schuldner persönlich, nicht an einen nach §§ 81, 172 ProzBev, auch nicht an einen nach § 80 Rn 13 Generalbevollmächtigten und auch nicht an einen nach § 184 Zustellungsbevollmächtigten, LG Detm DGVZ **96**, 121.

4   Auch bei einem Protokoll über eine Vollstreckungshandlung zugunsten *mehrerer* Gläubiger hat jeder einen Anspruch auf eine Abschrift des gesamten Protokolls, AG Itzehoe DGVZ **85**, 124, AG Mü DGVZ **85**, 125, AG Rottweil DGVZ **88**, 77. Der Gläubiger trägt als Auftraggeber des Gerichtsvollziehers zunächst ihm gegenüber die Kosten, AG Bln-Tempelhof DGVZ **84**, 45, AG Münst DGVZ **02**, 95. Es ist unerheblich, ob der Schuldner am Ort oder außerhalb wohnt. Der Gerichtsvollzieher muß den Weg der förmlichen Zustellung nach §§ 177–181, 193–195 wählen, wenn er nach pflichtgemäßem Ermessen nicht sicher sein kann, daß ein einfacher Brief zugeht. Kommt seine Sendung mit dem Postvermerk „Empfänger unbekannt verzogen" zurück, so muß der Gerichtsvollzieher den Gläubiger veranlassen, den jetzigen Aufenthaltsort des Schuldners zu ermitteln, Grdz 39 vor § 128. Eine öffentliche Zustellung ist nach II 3 unzulässig. Wenn die Bemühungen des Gläubigers nachweislich erfolglos bleiben, braucht der Gerichtsvollzieher den Schuldner nicht zu benachrichtigen.

5   **4) Verstoß, I, II.** Trotz Wortlauts ist § 763 eine bloße Ordnungsvorschrift. Ihre Verletzung beeinträchtigt die Wirksamkeit der Zwangsvollstreckung nicht. Eine Mitteilung „über" eine Vollstreckungshandlung „gehört" nicht im Sinne von I zu der letzteren. Deshalb darf der Gerichtsvollzieher nur auf einen Antrag nach § 760 verfahren, dort Rn 1.

6   **5) VwGO:** Entsprechend anwendbar, § 167 I VwGO, wenn der Gerichtsvollzieher tätig wird, vgl § 756 Rn 16. Bei Anwendung von §§ 169 I VwGO, 5 VwVG gilt § 290 AO.

764 *Vollstreckungsgericht.* ¹ Die den Gerichten zugewiesene Anordnung von Vollstreckungshandlungen und Mitwirkung bei solchen gehört zur Zuständigkeit der Amtsgerichte als Vollstreckungsgerichte.

II Als Vollstreckungsgericht ist, sofern nicht das Gesetz ein anderes Amtsgericht bezeichnet, das Amtsgericht anzusehen, in dessen Bezirk das Vollstreckungsverfahren stattfinden soll oder stattgefunden hat.

III Die Entscheidungen des Vollstreckungsgerichts ergehen durch Beschluss.

Schrifttum: *Ule,* Der Rechtspfleger und sein Richter, 1983.

Gliederung

1) Systematik, I–III 1	4) Verfahren, III 6–8
2) Regelungszweck, I–III 2	A. Funktionelle Zuständigkeit 6
3) Örtliche und sachliche Zuständigkeit, I, II 3–5	B. Verfahrensablauf 7
	C. Verstoß 8
A. Grundsatz: Amtsgericht am Vollststreckungsort 3	5) Rechtsbehelfe, I–III 9
B. Einzelfragen 4, 5	6) VwGO 10

1   **1) Systematik, I–III.** Die Vorschrift schafft für den Gesamtbereich der Zwangsvollstreckung eine grundsätzliche, vorrangige Sonderregelung der sachlichen Zuständigkeit (I) und der örtlichen Zuständigkeit (II). Erstere wird wegen der funktionellen Zuständigkeit durch die in Rn 6 genannten Vorschriften des RPflG ergänzt. Das Prozeßgericht ist zur Mitwirkung bei der Zwangsvollstreckung nur vereinzelt berufen, nämlich bei der Zwangsvollstreckung wegen Handlungen und Unterlassungen, § 887 Rn 10, 11. Wenn das Gesetz nicht seine oder des Gerichtsvollziehers Zuständigkeit vorsieht, ist das Vollstreckungsgericht ausschließlich

Abschnitt 1. Allgemeine Vorschriften § 764

zuständig, § 802. Über das Prozeßgericht als Vollstreckungsorgan §§ 887, 888, 890, Hamm RR **86**, 420. Über das Grundbuchamt als Vollstreckungsorgan § 867 Rn 6, 9 ff. Bei der Zwangsvollstreckung in land- oder forstwirtschaftliche Grundstücke ist Vollstreckungsgericht das AG in der in § 2 LwVG vorgesehenen Besetzung. Vgl aber auch § 20 LwVG. Wegen Europäischer Zwangsvollstreckungs-Titel EuGVVO, SchlAnh V C 4. Wegen der Zuständigkeit des OLG Hbg als Vollstreckungsorgan § 3 SeeGVG.

2) Regelungszweck, I–III. Man könnte an sich auch zB das Prozeßgericht erster Instanz wegen seiner Sachkunde aus dem Erkenntnisverfahren als das generell am besten auch für richterliche Handlungen in der Zwangsvollstreckung geeignete Gericht ansehen. So geschieht es ja auch vereinzelt, zB bei §§ 767, 887 I, 888 I 1, 890 I 1. Im übrigen erachtet das Gesetz aber ein AG als eher geeignet. Soweit dabei die Vorstellung herrschte, ein einzelner Richter könne einfacher und schneller arbeiten, ist solches Denken infolge der weitgehenden Zuständigkeit des originären und obligatorischen Einzelrichters beim LG nach §§ 348, 348 a überholt. Indessen muß man die gesetzliche Zuständigkeitsverteilung in I wie jede derartige Regelung zwecks Rechtssicherheit nach Einl III 43 strikt auslegen. II verträgt insbesondere bei seiner etwa notwendigen Vorausschau eine möglichst vereinfachende verfahrensfördernde Handhabung, Grdz 14 vor § 128. III enthält zwecks Vereinfachung und Beschleunigung nach Grdz 12, 14 vor § 128 eine Klarstellung. 2

3) Örtliche und sachliche Zuständigkeit, I, II. Ein klarer Grundsatz hat manche eigentlich ebenfalls klaren Auswirkungen. 3

A. Grundsatz: Amtsgericht am Vollstreckungsort. Sachlich zuständig ist das AG. Örtlich zuständig ist das AG am Ort der geplanten oder durchgeführten einzelnen Vollstreckungshandlung. Daher kann die örtliche Zuständigkeit während der Zwangsvollstreckung unterschiedlich begründet sein. Diese Grundsätze gelten auch für die Bewilligung von Prozeßkostenhilfe, § 117 I 3, BGH NJW **79**, 1048. Der prozessuale Grundsatz des § 261 III Z 2, daß eine einmal begründete Zuständigkeit während des weiteren Verfahrens bestehen bleibe, gilt grundsätzlich auch hier. Da aber eine einheitliche Zuständigkeit für das gesamte Vollstreckungsverfahren fehlt, erstreckt sich die Fortdauer der Zuständigkeit nur auf die einzelne Vollstreckungsmaßnahme. Deshalb muß man immer darauf achten, ob die Anordnung, um deren Vornahme es geht, nur eine Fortsetzung bzw eine Auswirkung einer schon begonnenen Zwangsvollstreckungshandlung ist, zB ob es „nur" um den Haftbefehl nach §§ 807, 900 ff bzw um den Rechtsbehelf geht, oder ob eine ganz neue Vollstreckungsmaßnahme erfolgen soll. Mit der Beendigung der Vollstreckung nach Grdz 52 vor § 704 entfällt grundsätzlich die Zuständigkeit mit der Ausnahme einer Abwicklung einzelner Maßnahmen.

B. Einzelfragen. Bei einer Zwangsvollstreckung auf Grund eines Titels in einer Familiensache nach §§ 606 ff ist das FamG nur als Prozeßgericht im Sinn von Rn 1, 3 zuständig, BGH NJW **79**, 1048, Karlsr FamRZ **79**, 57, Schlesw SchlHA **82**, 30. In einer Arrestsache kann das Arrestgericht als Vollstreckungsgericht nach §§ 930 I 3, 931 III zuständig sein. Sachlich zuständig ist das AG auch bei einem Titel nach § 62 ArbGG, Geißler DGVZ **88**, 17. Das ArbG ist nur dann zuständig, wenn das Prozeßgericht zuständig ist, zB §§ 731, 767, 791, 887 f, Geißler DGVZ **88**, 17. Bei einem Titel eines Sozialversicherungsträgers ist das AG unabhängig von der Zulässigkeit einer Verwaltungsvollstreckung zuständig, LG Duisb Rpfleger **82**, 192. Das alles gilt auch beim Rechtsmittelgericht. Das AG ist jedenfalls dann Vollstreckungsgericht, wenn es eine Vollstreckungsmaßnahme anordnet, bei der mitwirkt usw, Ffm Rpfleger **77**, 221. 4

Bei einer *Forderungspfändung* nach § 829 ist dasjenige Gericht zuständig, das den Pfändungsbeschluß nach § 828 II erlassen hat, nicht das Gericht des Bezirks der Zustellung. § 848 bezeichnet bei der Pfändung des Anspruchs wegen einer unbeweglichen Sache ein „anderes" Gericht im Sinn von II. Dasselbe gilt in den Fällen §§ 853–855, 858 II, 872. Bei der Zwangsvollstreckung in mehreren Bezirken entscheidet über die Erinnerung nach § 766 das Gericht der beanstandeten Handlung. § 36 I Z 3 ist entsprechend anwendbar, ebenso § 36 I Z 5, 6, BGH NJW **82**, 2070, Ffm Rpfleger **78**, 260. Wenn die Pfandsache nach § 825 an einem neuen Wohnsitz des Schuldners verwertbar ist, entscheidet das Gericht des neuen Wohnsitzes. Wenn eine Sache, die sich am Wohnsitz des Schuldners befindet, außerhalb versteigert wird, entscheidet das Gericht des Wohnsitzes. Über eine Erinnerung gegen die Pfändbarkeit entscheidet das Gericht des Pfändungsorts. Über eine Erinnerung gegen eine Haftanordnung oder -ablehnung entscheidet das Gericht, in dessen Bezirk die Verhaftung erfolgen soll, AG Burgdorf DGVZ **80**, 46. 5

4) Verfahren, III. Es folgt einer gewissen Aufgabenteilung. 6

A. Funktionelle Zuständigkeit. Grundsätzlich nimmt der Rpfl die Geschäfte des Vollstreckungsgerichts vor, § 20 Z 17 RPflG, Anh § 153 GVG. Zu seiner Stellung § 753 Rn 1, Wolf ZZP **99**, 361. Der Richter entscheidet nur auf Grund einer Erinnerung nach § 766, § 11 I RPflG, Anh § 153 GVG. Er entscheidet auch dann, wenn der Gläubiger beantragt, gegen den Schuldner zwecks Abgabe einer eidesstattlichen Versicherung zur Offenbarung nach §§ 807, 900 ff einen Haftbefehl zu erlassen, § 4 II Z 2 RPflG. Dagegen ist wiederum der Rpfl zuständig, wenn es um die Aufhebung eines solchen Haftbefehls wegen veränderter Umstände geht. Denn dann geht es gerade nicht mehr um die Anordnung eines Freiheitsentzugs, sondern allenfalls um die Fortdauer seiner richterlichen Anordnung. Für den Rpfl ist ein Geschäftsverteilungsplan nicht erforderlich. Soweit die Gerichtsverwaltung einen solchen Plan eingeführt hat, bleibt ein Verstoß unschädlich.

B. Verfahrensablauf. Über das Verfahren vor dem Vollstreckungsgericht Grdz 37 vor § 704. Eine mündliche Verhandlung ist freigestellt, also nicht erforderlich, § 128 IV, Grdz 37 vor § 704. Das Gericht muß einen Beteiligten vor einer ihm nachteiligen Entscheidung nach Art 103 I GG anhören. Die Entscheidung erfolgt durch Beschluß, III, § 329. Das Gericht muß seinen Beschluß grundsätzlich begründen. Es muß ihn nach mündlicher Verhandlung verkünden und zumindest dem Benachteiligten förmlich zustellen, § 329 III. 7

C. Verstoß. Ein Verstoß gegen die sachliche Zuständigkeit bedeutet Nichtigkeit. Ein Verstoß gegen die örtliche Zuständigkeit bedeutet Wirksamkeit, aber Anfechtbarkeit. Wegen eines Verstoßes gegen die etwa funktionelle Zuständigkeit Rn 5. Ein Verstoß des Rpfl gegen die Zuständigkeit des Richters bedeutet 8

Nichtigkeit, § 8 IV RPflG, Anh § 153 GVG. Die Vornahme des Geschäfts des Rpfl durch den Richter läßt das Geschäft wirksam, § 8 I RPflG.

9   5) **Rechtsbehelfe, I–III.** Gegen eine Zwangsvollstreckungsmaßnahme hat der Betroffene die Erinnerung, § 766. Gegen eine Entscheidung des Rpfl ist § 11 RPflG anwendbar, Anh § 153 GVG. Gegen die Entscheidung des Richters sind dieselben Rechtsmittel statthaft wie bei § 793 Rn 11, § 829 Rn 63, 64. Eine Entscheidung des Richters muß förmlich zugestellt werden, § 329 III. Denn sie gilt bei der Weitergabe der Akten an das Rechtsmittelgericht als sofortige Beschwerde.

10   6) *VwGO:* Vollstreckungsgericht für die Vollstreckung aus den Titeln des § 168 *VwGO*, § 794 Rn 61, ist stets das Gericht des ersten Rechtszuges, § 167 I 2 VwGO, also regelmäßig das VG (keine Zuständigkeit des Einzelrichters, OVG Münst NVwZ-RR **94**, 619, aM VG Darmst NVwZ-RR **00**, 734), ausnahmsweise das OVG, § 48 *VwGO*, oder das BVerwG, § 50 *VwGO*. Für die Vollstreckung zugunsten der öffentlichen Hand ist VollstrBehörde im Sinne des dann anzuwendenden VwVG der Vorsitzende dieses Gerichts, § 169 I 2 VwGO, Wettlaufer S 71*ff* (keine Zuständigkeit des Gerichts, OVG Weimar NVwZ-RR **95**, 480). „Gericht des ersten Rechtszuges" ist das im jeweiligen Erkenntnisverfahren zur Entscheidung berufene Gericht, OVG Münst NJW **81**, 2771 (zu § 169 *VwGO*). II ist gegenstandslos, weil § 167 I 2 VwGO mit der sachlichen auch die örtliche Zuständigkeit regelt, Ey § 167 Rn 10, str, aM VGH Mü NJW **84**, 2484, VG Köln NJW **75**, 2224, RedOe § 167 Anm 2, KoppSch § 167 Rn 5, soweit nicht Sondervorschriften eingreifen, zB § 828 II. Statt III gilt § 101 III VwGO (für entspr Anwendung VGH Mü NVwZ-RR **97**, 69). *Rechtsbehelfe:* Gegen Zwangsvollstreckungshandlungen des Vorsitzenden und des Gerichtsvollziehers Erinnerung entsprechend § 766, OVG Bln NJW **84**, 1370 mwN (Pfändungs- und Überweisungsbeschluß nach § 169 I VwGO), gegen die dann ergehende Entscheidung Beschwerde, § 146 *VwGO*, sonst nur dann, wenn das VG Vollstreckungsgericht ist; vgl § 766 Rn 51.

765 *Vollstreckungsgerichtliche Anordnungen bei Leistung Zug um Zug.* Hängt die Vollstreckung von einer Zug um Zug zu bewirkenden Leistung des Gläubigers an den Schuldner ab, so darf das Vollstreckungsgericht eine Vollstreckungsmaßregel nur anordnen, wenn

1. der Beweis, daß der Schuldner befriedigt oder im Verzug der Annahme ist, durch öffentliche oder öffentlich beglaubigte Urkunden geführt wird und eine Abschrift dieser Urkunden bereits zugestellt ist; der Zustellung bedarf es nicht, wenn bereits der Gerichtsvollzieher die Zwangsvollstreckung nach § 756 Abs. 1 begonnen hatte und der Beweis durch das Protokoll des Gerichtsvollziehers geführt wird; oder
2. der Gerichtsvollzieher eine Vollstreckungsmaßnahme nach § 756 Abs. 2 durchgeführt hat und diese durch das Protokoll des Gerichtsvollziehers nachgewiesen ist.

1   1) **Systematik, Z 1, 2.** Während § 756 eine Ergänzung zu § 726 II für den Gerichtsvollzieher enthält, gibt § 765 eine entsprechende Ergänzung für das Vollstreckungsgericht, also für den Rpfl. Das gilt auch für das Grundbuchamt, soweit es Vollstreckungsorgan ist, BayObLG **75**, 404, Hamm Rpfleger **83**, 393 (zustm Münzb Rpfleger **84**, 276), Köln Rpfleger **97**, 315. Nur ist bei § 765 ein Angebot der Gegenleistung nicht erforderlich, Düss RR **93**, 1088. Vgl die Erläuterungen zu § 756. Wenn das Prozeßgericht nach § 764 Rn 1 vollstrecken muß, gilt § 765 entsprechend, LG Frankenth Rpfleger **76**, 109.

2   2) **Regelungszweck, Z 1, 2.** Auch bei § 765 ist wie bei § 756 Rn 2 eine keineswegs engstirnige Auslegung angebracht. Sie muß den Schuldner indes vor lascher Handhabung der Zug-um-Zug-Vollstreckung schützen.

3   3) **Befriedigung usw. Z 1.** Eine Zustellung der beweisenden Urkunde kann nach § 195 erfolgen. Sie ist entbehrlich, wenn der Gerichtsvollzieher schon den Schuldner befriedigt oder ihn in einem Annahmeverzug gesetzt hat, Kblz Rpfleger **97**, 445, und wenn das Protokoll als öffentliche Urkunde nach §§ 418, 762 diese Umstände ausreichend darlegt, Köln RR **86**, 863. Auch die Prozeßakten können bei §§ 887, 888, 890 ausreichen, Naumb JB **02**, 551. Das Vollstreckungsgericht muß aber die Urkunde erneut auf ihre inhaltliche Beweiskraft prüfen, LG Mainz Rpfleger **93**, 253. Es genügt nicht, daß der Gerichtsvollzieher die Vollstreckung nach Grdz 51 vor § 704 erst begonnen hat, Hamm Rpfleger **83**, 393. Das Gericht muß auch einen Gegenbeweis nach § 418 II würdigen, Köln RR **86**, 863, LG Mainz Rpfleger **93**, 253, aM LG Oldb DGVZ **82**, 122. Es ist dabei durch den Gerichtsvollzieher weder gedeckt noch behindert. Denn das Vollstreckungsgericht muß seine Maßnahmen selbst verantworten, Hamm Rpfleger **83**, 393, Köln RR **91**, 383, LG Oldb DGVZ **82**, 122. Die Vorschrift gilt bei § 867 entsprechend, Celle Rpfleger **90**, 113, LG Wuppert Rpfleger **88**, 153. Eine gegen § 765 verstoßende Unterwerfungsklausel kann nach (jetzt) §§ 307, 309 Z 12 BGB unwirksam sein, Düss RR **96**, 148.

4   4) **Annahmeverweigerung, Z 2.** Vgl § 756 Rn 7, 8.

5   5) *VwGO:* Entsprechend anwendbar, § 167 I VwGO, auch in den Fällen der §§ 169, 170 *VwGO*.

765a *Vollstreckungsschutz.* [1] [1]Auf Antrag des Schuldners kann das Vollstreckungsgericht eine Maßnahme der Zwangsvollstreckung ganz oder teilweise aufheben, untersagen oder einstweilen einstellen, wenn die Maßnahme unter voller Würdigung des Schutzbedürfnisses des Gläubigers wegen ganz besonderer Umstände eine Härte bedeutet, die mit den guten Sitten nicht vereinbar ist. [2]Es ist befugt, die in § 732 Abs. 2 bezeichneten Anordnungen zu erlassen. [3]Betrifft die Maßnahme ein Tier, so hat das Vollstreckungsgericht bei der von ihm vorzunehmenden Abwägung die Verantwortung des Menschen für das Tier zu berücksichtigen.

[II] Eine Maßnahme zur Erwirkung der Herausgabe von Sachen kann der Gerichtsvollzieher bis zur Entscheidung des Vollstreckungsgerichts, jedoch nicht länger als eine Woche, aufschieben,

Abschnitt 1. Allgemeine Vorschriften § 765a

wenn ihm die Voraussetzungen des Absatzes 1 Satz 1 glaubhaft gemacht werden und dem Schuldner die rechtzeitige Anrufung des Vollstreckungsgerichts nicht möglich war.

III In Räumungssachen ist der Antrag nach Absatz 1 spätestens zwei Wochen vor dem festgesetzten Räumungstermin zu stellen, es sei denn, dass die Gründe, auf denen der Antrag beruht, erst nach diesem Zeitpunkt entstanden sind oder der Schuldner ohne sein Verschulden an einer rechtzeitigen Antragstellung gehindert war.

IV Das Vollstreckungsgericht hebt seinen Beschluss auf Antrag auf oder ändert ihn, wenn dies mit Rücksicht auf eine Änderung der Sachlage geboten ist.

V Die Aufhebung von Vollstreckungsmaßregeln erfolgt in den Fällen des Absatzes 1 Satz 1 und des Absatzes 4 erst nach Rechtskraft des Beschlusses.

Schrifttum: *Alisch,* Wege zur interessengerechteren Auslegung vollstreckungsrechtlicher Normen, 1981; *Bub/Treier,* Handbuch der Geschäfts- und Wohnraummiete, 1989; *Gaul,* Treu und Glauben sowie gute Sitten in der Zwangsvollstreckung oder Abwägung nach „Verhältnismäßigkeit" als Maßstab der Härteklausel des § 765 a ZPO?, Festschrift für *Baumgärtel* (1990) 75; *Keip,* Umfang und Grenzen eines sozialen Schuldnerschutzes in der Zwangsvollstreckung, 2000; *Lippross,* Grundlagen und System des Vollstreckungsschutzes, 1983; *Mrozynski,* Verschuldung und sozialer Schutz: das Verhältnis von Sozialrecht und Zwangsvollstreckungsrecht, 1989; *Sturm,* Räumungsvollstreckung und Räumungsschutz gemäß § 765 a ZPO usw, 2001; *Tewes,* Überlegungen zum Verhältnis von Unterhalts- und Vollstreckungsschutzrecht, 2001.

Gliederung

1) Systematik, I–V	1	D. Untersagung der Vollstreckung	29
2) Regelungszweck, I–V	2	E. Einstweilige Anordnung	30
3) Geltungsbereich, I–V	3	F. Zuschlagsversagung	30
4) Beispiele zur Frage der Anwendbarkeit, I–V	4–6	G. Rechtsbehelfe	31
		H. Aufhebung einer Vollstreckungsmaßregel, V	32
5) Voraussetzungen, I, III	7–27	I. Kosten	33
A. Antrag in erster Instanz	7	7) Aufschub durch den Gerichtsvollzieher, II	34, 35
B. Antragsfrist in Räumungssache, III	8	A. Sachherausgabe	34
C. Antrag in Beschwerdeinstanz	9	B. Fehlen eines Antrags	34
D. Schutzbedürfnis des Gläubigers	10	C. Unvermögen rechtzeitigen Antrags	34
E. Schutzbedürfnis eines Dritten	11	D. Dauer	35
F. Grundsatz: Unzulässigkeit der Vollstreckung bei Sittenwidrigkeit	12	E. Rechtsbehelf: Erinnerung	35
G. Beispiele zur Frage der Sittenwidrigkeit, I	13–27	8) Aufhebung oder Änderung der Entscheidung, IV	36, 37
6) Verfahren, I, III, V	28–33	A. Voraussetzungen	36
A. Allgemeines	28	B. Entscheidung	37
B. Entscheidungsform: Beschluß	29	9) *VwGO*	38
C. Aufhebung der Zwangsmaßnahme	29		

1) Systematik, I–V. Allgemein auch in der Zwangsvollstreckung gilt der Grundsatz der Verhältnismäßigkeit, Einl III 22, Grdz 34 vor § 704, BVerfG NJW **04**, 49 (Hinweis auf Art 2 II 1 GG), Behr Rpfleger **89**, 13. Ferner gelten der Verhältnismäßigkeitsgrundsatz, Grdz 34 vor § 704, BVerfG NJW **04**, 49, und das allgemeine Verbot des Rechtsmißbrauchs, Einl III 54, Grdz 44 vor § 704. Zu ihrer Durchführung regelt § 765 a eine Ausnahmesituation. Schlesw MDR **04**, 908. Das zeigt sein Wortlaut „wegen ganz besonderer Umstände". Daher ist die Vorschrift meist eng auslegbar, BGH NJW **04**, 3636, Schlesw MDR **04**, 908. **1**

2) Regelungszweck, I–V. Diese Regelung ist unentbehrlich, Peters ZZP **89**, 499. Es gibt ja wirklich hochdramatische Entwicklungen infolge der bloßen Ankündigung einer Vollstreckung bis hin zur echten Lebensgefahr nach Rn 19, aber auch der drohenden Werteverschleuderung oder bei Gefahr der Obdachlosigkeit. Mittels des § 765 a ist wenigstens in einem Teil solcher Gefahrlagen eine zumindest vorübergehende Hilfe nach Artt 1, 2, 13 GG und überhaupt im Interesse einer Gerechtigkeit ohne Grausamkeit geboten, Einl III 9. Dabei darf das Gericht freilich nie ausschließlich das Schuldnerinteresse sehen, LG Neubrdb Rpfleger **05**, 43. Man muß § 765 a trotzdem als Ausnahmevorschrift grundsätzlich eng auslegen, BVerfG NZM **05**, 658 (es stellt bei schwerwiegendem Eingriff auf Interessenabwägung und dort wegen Art 2 II 1 GG eher auf das Interesse des Schuldners ab), Brdb Rpfleger **01**, 92, Zweibr Rpfleger **02**, 38. **2**

Die Vorschrift erlaubt grundsätzlich nur eine *zeitlich begrenzte* Regelung, LG Frankenth Rpfleger **84**, 69. Ihr Zweck besteht ja nach Rn 10 nicht in einer Vernichtung des Vollstreckungstitels, sondern nur darin, den Schuldner aus sozialen Gründen in einem besonderen Härtefall vor einem Eingriff zu schützen, der dem allgemeinen Rechtsgefühl widerspricht, Ffm Rpfleger **80**, 440, LG Kempten Rpfleger **98**, 358.

Sittenwidrigkeit liegt erst dann vor, wenn die Anwendung des übrigen Gesetzes zu einem *ganz untragbaren Ergebnis* führen würde, Hamm Rpfleger **02**, 39, Nürnb KTS **85**, 759, Honsell AcP **186**, 150 („ultima ratio"). Dabei muß man das berechtigte Gläubigerinteresse nicht nur in III durch die Antragsfrist in einer Räumungssache berücksichtigen, sondern auch in allen anderen Fällen mitbeachten. Das Verfahren hat meist schon lange genug gedauert. Es gibt ein verfassungsrechtlich geschütztes Befriedigungsrecht des Gläubigers, BGH NJW **04**, 3771. Zur Problematik Weyhe NZM **00**, 1147 (ausf).

Zwangsversteigerung muß man ebenso beurteilen. Dort kann man eine solche Untragbarkeit noch nicht stets dann annehmen, wenn der Zuschlag zu einem sehr niedrigen Preis ergeht, Ffm Rpfleger **76**, 25, Hamm NJW **76**, 1755, oder wenn ein Flurbereinigungsverfahren ansteht, Hamm Rpfleger **87**, 258. Es kommt unter anderem auf das bisherige Verhalten des Schuldners im Zwangsversteigerungsverfahren an, Kblz KTS **82**, 692, LG Neubrdb Rpfleger **05**, 43. Freilich muß das Vollstreckungsgericht § 139 beachten, BVerfG **42**, 75.

§ 765a

Es muß außerdem Art 14 GG beachten, BVerfG **46**, 334. Daher muß es den Termin unter Umständen vertagen, § 87 ZVG. Damit drückt der Gesetzgeber nur einen allgemeinen Grundsatz aus. Manche wenden ihn zB auf die Zubilligung einer Aufbrauchsfrist nach einem Wettbewerbsverstoß an, Düss RR **87**, 572.

3) Geltungsbereich, I–V. § 765a gilt für jede Art von Vollstreckung, LG Frankenth Rpfleger **82**, 479. Die Vorschrift schützt aber nur vor einer bestimmten Vollstreckungshandlung, nicht vor der Zwangsvollstreckung schlechthin, Köln NJW **94**, 1743. Sie ist keine bloße Auffassungsbestimmung, aM Rupp/Fleischmann Rpfleger **85**, 71.

4) Beispiele zur Frage der Anwendbarkeit, I–V
Anwartschaftsrecht: § 765a gilt nach der Pfändung eines Anwartschaftsrechts, aM LG Lüb Rpfleger **94**, 175 (aber die Vorschrift ist bei jeder Art von Zwangsvollstreckung anwendbar, Rn 1, 3).
Eidesstattliche Versicherung: Rn 5 „Offenbarungsversicherung".
Erschleichung: Auf Mängel des Vollstreckungstitels, zB seine Erschleichung, kann man einen Antrag nach § 765a *grds nicht* stützen.
Geldforderung: § 765a gilt bei der Vollstreckung wegen einer Geldforderung, BGH VersR **88**, 946.
Insolvenz: § 765a gilt im Ergebnis auch im Eröffnungs- und im anschließenden Verfahren, soweit ein solcher Schutz insbesondere vor einer Wertverschlechterung mit der Regelung der InsO vereinbar ist, BFH MDR **78**, 38, aM LG Nürnb-Fürth MDR **79**, 591 (aber § 765a enthält einen allgemeinen Gedanken).
In der außergerichtlichen Schuldenbereinigung ist § 765a *grds unanwendbar*, Winter Rpfleger **02**, 121.
Nichteheliche Gemeinschaft: Sie wird *grds* hier *nicht* geschützt, LG Osnabr JB **99**, 45.
Offenbarungsversicherung: § 765a gilt bei einem Verfahren auf Abgabe der Offenbarungsversicherung nach §§ 807, 900, Ffm MDR **81**, 412, vgl auch Rn 9 (Beschwerde).
Pfandverkauf: § 765 ist bei ihm anwendbar, soweit er außerhalb einer Zwangsvollstreckung erfolgt.
Prozeßvergleich: Rn 6 „Vergleich".
Räumung: § 765a gilt im Räumungsverfahren, BGH NJW **05**, 1859, LG Kiel NJW **92**, 1174. Die Vorschrift wird durch einen Antrag nach § 721 nicht überflüssig, BGH WoM **03**, 710. § 765a gilt auch nach einer Erschöpfung der Möglichkeit des § 721, Ffm Rpfleger **81**, 24, Stgt Rpfleger **85**, 71, LG Hbg ZMR **01**, 802. Das gilt auch, wenn § 721 unanwendbar ist, wie zB bei sog Zeitmietvertrag, Vogel DRiZ **83**, 206. Stets muß man dabei III beachten, Rn 8.
Teilungsversteigerung: § 765a ist bei der Teilungsversteigerung nach § 180 ZVG im Gegensatz zur echten Zwangsversteigerung, Rn 7, *grds unanwendbar* (wegen einer Ausnahme beim Rechtsmißbrauch Rn 23 „Teilungsversteigerung"). Denn es handelt sich dabei nicht um ein Zwangsvollstreckungsverfahren im eigentlichen Sinn, Karlsr Rpfleger **94**, 223, LG Bln Rpfleger **93**, 297, LG Frankenth Rpfleger **85**, 375, aM Düss FamRZ **96**, 1441, KG NZM **98**, 452, LG Münst Rpfleger **02**, 639 (aber man kann nicht einfach zwei im Kern unterschiedliche und nur in den Abwicklungsformen ähnliche Verfahrensarten vermengen).
S aber auch Rn 7 „Zwangsversteigerung".
Unterlassung: § 765a gilt bei der Vollstreckung wegen einer Unterlassungspflicht, § 890, Mü MDR **00**, 354, LG Frankenth Rpfleger **82**, 479.
Unvertretbare Handlung: § 765a gilt bei der Vollstreckung wegen einer unvertretbaren Handlung, § 888, LG Frankenth Rpfleger **84**, 29.
Vergleich: § 765a gilt bei der Zwangsvollstreckung aus einem gerichtlichen Vergleich, einschränkend Fenger Rpfleger **88**, 57.
Vertretbare Handlung: § 765a gilt auch bei § 887, LG Frankenth Rpfleger **84**, 29.
Zeitmietvertrag: Rn 5 „Räumung".
Zwangsversteigerung: § 765a gilt grds bei einer Zwangsversteigerung in das unbewegliche Vermögen, Rn 2 (Ausnahme: § 30d II ZVG), BVerfG **51**, 156, Brdb JB **02**, 213, LG Neubrdb Rpfleger **05**, 43. Zum Verhältnis zwischen § 765a und §§ 30a ff ZVG LG Nürnb-Fürth Rpfleger **83**, 256, Schiffhauer Rpfleger **83**, 236, Schneider MDR **83**, 546.
Eine *geringe Aussicht* auf eine Befriedigung durch eine Zwangsversteigerung ist noch kein Anlaß zu Maßnahmen nach § 765a, LG Limb Rpfleger **77**, 219, LG Lüneb MDR **76**, 1027, ebensowenig eine angebliche Vorwegnahme des Versteigerungsergebnisses, Köln RR **95**, 1472. Weicht der dingliche Anspruch von der persönlichen Forderung ab, so kommt es auf den Grad der Differenz zwischen „Preis" und Wert an, LG Ffm Rpfleger **88**, 35.
S aber im übrigen auch Rn 6 „Teilungsversteigerung".

5) Voraussetzungen, I, III. Man muß zahlreiche Bedingungen klären.
A. Antrag in erster Instanz. Es ist nach I 1 ein schriftlicher, elektronischer oder zum Protokoll der Geschäftsstelle gestellter Antrag des Schuldners erforderlich, LG Rostock DGVZ **03**, 75. Antragsberechtigt ist insoweit auch ein Ausländer oder eine juristische Person. Der Antrag eines Dritten reicht nicht, LG Rostock DGVZ **03**, 75. Das Gericht geht also nicht von Amts wegen vor, Ffm Rpfleger **79**, 391, Kblz KTS **82**, 693, LG Düss DGVZ **00**, 119 (sogar bei Selbstmordgefahr). Diese Regelung ist mit dem GG vereinbar, BVerfG **61**, 137 (zustm Bittmann Rpfleger **83**, 261), LG Neubrdb Rpfleger **05**, 43. Freilich kann eine Fortführung der Zwangsvollstreckung dann auch ohne einen Maßnahme nach § 765a unzulässig sein, wenn sie unmittelbar in ein Grundrecht eingreifen würde, AG Bensheim DGVZ **04**, 76. Der Antrag ist wie jede Parteiprozeßhandlung auslegbar, Grdz 52 vor § 128, Ffm Rpfleger **79**, 391. Zum Offenbarungsverfahren § 900 Rn 25. In der Bitte um die Gewährung einer Räumungsfrist nach § 721 kann ein Antrag nach § 765a liegen, Schneider MDR **83**, 547. Ein Antrag nach § 30a ZVG ist nicht stets auch ein Antrag nach § 765a, Karlsr Rpfleger **95**, 426.
Der Schuldner darf den Antrag vorbehaltlich Rn 8 *in jeder Lage* des Verfahrens vom Beginn der Vollstreckung bis zu ihrem Ende stellen, Grdz 52, 53 vor § 704, Brdb Rpfleger **01**, 92 (Anordnung der Zwangsvollstreckung), KG RR **86**, 1510, LG Hbg WoM **93**, 417 (also zB noch, solange Sachen des Schuldners in der Wohnung lagern). Er darf den Antrag zwar grundsätzlich nicht erstmals gegen die Erteilung eines Zuschlags-

Abschnitt 1. Allgemeine Vorschriften § 765a

beschlusses nach dem ZVG stellen, Ffm Rpfleger **79**, 391, LG Frankenth Rpfleger **84**, 194. Wohl aber hat er noch ein Antragsrecht, wenn das Gericht die Erteilung des Zuschlags versagt hat, Schlesw Rpfleger **75**, 372. Der Insolvenzverwalter darf einen Antrag stellen und ist evtl auch allein antragsberechtigt, BVerfG **51**, 405, aM Celle ZIP **81**, 1005. Es besteht kein Anwaltszwang, § 78 V Hs 2.

B. Antragsfrist in Räumungssache, III. Soweit es um die Räumung einer beliebigen Art von Raum **8** und nicht nur um die Herausgabe einer beweglichen Sache geht, ist der Antrag grundsätzlich spätestens 2 Wochen vor dem „festgesetzten" Räumungstermin erforderlich, III Hs 1. Denn der Gläubiger soll die Räumung rechtzeitig organisieren können. Das gilt ausnahmsweise nicht, wenn die Antragsgründe erst nach dem Fristablauf objektiv entstanden sind, III Hs 2, LG Darmst RR **00**, 1178, LG Mönchengladb DGVZ **00**, 118. Auf die bloße Kenntnis kommt es nicht an. Ferner gilt die Zweiwochenfrist ausnahmsweise nicht, wenn der Gerichtsvollzieher dem Schuldner den Termin nicht so rechtzeitig angekündigt hat, daß der Schuldner noch Zeit hatte, den Antrag unter Einhaltung dieser Frist zu stellen. Dann ist er „ohne sein Verschulden" an einer rechtzeitigen Antragstellung gehindert, III letzter Hs. Die Frist ist keine Notfrist, § 224 I 2. Sie wird nach § 222 berechnet, aM Weyhe NZM **00**, 1151 (da man rückwärts rechnen müsse. Aber die in § 222 I in Bezug genommene BGB-Regelung beschränkt sich keineswegs auf „Vorwärts"-Berechnungen).

Wiedereinsetzung kommt schon wegen des Fehlens einer Notfrist nicht in Betracht, Schultes DGVZ **99**, 2, Weyhe NZM **00**, 1152. Das Gericht muß die Verschuldensfrage allerdings im Ergebnis ähnlich wie bei § 233 beurteilen, dort Rn 11. Es kann dem Schuldner zumutbar sein, einen Anwalt oder einen Angehörigen um Hilfe zu bitten, Köln RR **01**, 226. Eine Antragsfrist beginnt natürlich auch nicht vor der objektiven Entstehung des Antragsgrunds, III Hs 1.

Der Rpfl muß also einen *nicht fristgerechten,* nicht ausnahmsweise berechtigten Antrag grundsätzlich ohne weiteres ohne sachliche Prüfung als unzulässig zurückweisen. Denn sonst könnte der Schuldner das von III berücksichtigte Gläubigerinteresse, endlich zum Ziel zu kommen und nicht evtl noch weitere Nachteile zu erleiden, einfach unterlaufen.

Der *Gerichtsvollzieher* muß wegen III zwar grundsätzlich zwischen der Mitteilung des Räumungstermins mehr als die 2 Wochen des III verstreichen lassen, um III nicht zu unterlaufen. Das zwingt den Gerichtsvollzieher aber noch nicht automatisch zu einer förmlichen Zustellung, aM Heinze DGVZ **04**, 166.

C. Antrag in Beschwerdeinstanz. Wegen § 571 II 1 besteht das Antragsrecht auch im Beschwerdever- **9** fahren. Wenn das Beschwerdegericht nicht sofort entscheiden kann, muß es das Verfahren zwecks weiterer Ermittlung insbesondere über die Verhältnisse des Gläubigers unter einer Aufhebung der angefochtenen Entscheidung an das Vollstreckungsgericht zurückverweisen. Das gilt auch bei einer Beschwerde im Verfahren auf die Abnahme einer eidesstattlichen Versicherung zwecks Offenbarung auf §§ 807, 900. Denn sonst wäre bei einer Zurückweisung nach einer vorherigen Haftanordnung eine Berufung auf § 765 a nicht mehr möglich, Ffm Rpfleger **81**, 118, LG Wuppert DGVZ **86**, 90.

D. Schutzbedürfnis des Gläubigers. Das Gericht darf und muß das Schutzbedürfnis des Gläubigers **10** stets prüfen, Grdz 33 vor § 253, BVerfG NZM **05**, 658, BGH NJW **05**, 1859, Oldb MDR **91**, 968. Es muß dieses Schutzbedürfnis aber auch stets voll würdigen, Walker/Gruß NJW **96**, 356. Es genügt also nicht eine bloße Erwägung des Interesses des Schuldners einerseits, des Gläubigers andererseits, Hamm NJW **76**, 1755, Walker/Gruß NJW **96**, 356, Scholz ZMR **86**, 227. Vielmehr muß das Gericht davon ausgehen, daß der Gläubiger grundsätzlich ein schutzwürdiges Interesse hat, sobald er einen vollstreckbaren Titel erstritten hat, Nürnb KTS **85**, 759. Er hat meist schon lange genug auf seine Befriedigung warten müssen. Es ist nicht Sache des Gläubigers, Aufgaben der Sozialhilfebehörden zu übernehmen, BGH NJW **05**, 682 (zustm Brehm JZ **05**, 525, Schuschke LMK **05**, 64), Düss DGVZ **86**, 116, LG Duisb Rpfleger **91**, 514.

Bei der Abwägung darf man nicht solche Umstände mitbeachten, die *außerhalb des Erkenntnisverfahrens* lagen, BVerfG WoM **92**, 106. Das Gericht muß insbesondere auch die schon früher bestehenden oder jetzt neu eingegangenen Verpflichtungen des Gläubigers berücksichtigen. Das gilt insbesondere dann, wenn er zB im Vertrauen auf eine rechtzeitige Räumung weitervermietet hat. Man kann dem Gläubiger nämlich nicht zumuten, für eine unbestimmte Zeit auf Mieteinnahmen zu verzichten, schon gar nicht dann, wenn sie seine einzige Einnahme sind, LG Kblz JB **04**, 158. Eine Verschleppungsabsicht des Schuldners verdient keinen Schutz, Einl III 54, LG Trier Rpfleger **91**, 71, AG Bernkastel Rpfleger **91**, 70. Das Gläubigerinteresse kann zB dann fehlen, wenn auf dem Schuldnerkonto seit Jahren nur unpfändbare Beträge eingehen, LG Osnabr RR **96**, 1456.

E. Schutzbedürfnis eines Dritten. Das Schutzbedürfnis eines Dritten kann mitbeachtlich sein, BVerfG **11** NJW **03**, 882, LG Gießen DGVZ **02**, 122, LG Gött DGVZ **02**, 120 (Heimräumung). Das Gericht darf dieses Drittinteresse aber anschließend im Kern weder auf der Gläubigerseite noch bei der Abwägung der Schuldnerinteressen stets berücksichtigen, Karlsr WoM **86**, 147, LG Gießen DGVZ **02**, 122. Wenn der Insolvenzverwalter den Antrag stellt, muß man das Interesse der Insolvenzmasse als das Schuldnerinteresse bewerten.

F. Grundsatz: Unzulässigkeit der Vollstreckung bei Sittenwidrigkeit. Die Maßnahme ist unzulässig, **12** soweit sie wegen ganz besonderer Umstände eine Härte bedeuten, die mit den guten Sitten unvereinbar ist. Das Gericht muß die Frage einer Sittenwidrigkeit nicht nur nach dem Empfinden des Betroffenen beurteilen, sondern nach einem objektiven Maßstab, AG Hann Rpfleger **00**, 174. Das muß in sorgfältiger Abwägung geschehen, BVerfG NJW **98**, 296, Brdb Rpfleger **01**, 92. Die mit jeder Zwangsvollstreckung verbundene Härte reicht *keineswegs* aus, Ffm OLGZ **81**, 250, Köln RR **95**, 1472, Zweibr RR **02**, 1664. Eine Sittenwidrigkeit kann sich aus der Art und Weise, dem Ort oder dem Zeitpunkt oder Zeitraum der Zwangsvollstreckung ergeben, Ffm Rpfleger **81**, 118. Die Maßnahme braucht nicht seitens des Gläubigers moralisch verwerflich zu sein. Wichtig ist nur, ob sie sittenwidrige Ergebnisse haben würde.

Eine *andere* als gerade eine sittenwidrige Härte genügt *nicht,* und zwar auch nicht dann, wenn sie erheblich ist. Daher hilft § 765a nicht ohne weiteres, wenn der Schuldner seine Existenz verlieren würde, falls er keinen Vollstreckungsschutz erhält. Wenn es sich um eine Schuld aus einer unerlaubten Handlung handelt,

§ 765a

ist eine Vollstreckung kaum jemals mit den guten Sitten unvereinbar, solange der Schuldner nicht alle ihm zur Verfügung stehenden Einnahmequellen ausgenutzt hat.

13   **G. Beispiele zur Frage der Sittenwidrigkeit, I.** Es bedeuten: *Ja:* Die Zwangsvollstreckung ist sittenwidrig; *nein:* sie ist nicht sittenwidrig.
   Altenpflegeheim: *Ja* jedenfalls insoweit, als es auch noch nachts geräumt werden soll, AG Groß Gerau Rpfleger **83**, 407. Auch sonst ja, aM Zweibr MDR **02**, 720 (aber die Bewohner sind schutzlose, hilfsbedürftige Dritte).
   Alter: Rn 17 „Gesundheitsgefahr", Rn 19 „Lebensgefahr", Rn 22 „Räumung".
   Arbeitslosigkeit: *Nein* bei solcher Gefahr beim Schuldner oder einem Angehörigen, LG Wiesb DGVZ **94**, 920.
   Arglist: Grdz 44 vor § 704.
       S auch Rn 16 „Fehlurteil", Rn 26 „Verwirkung".
   Arzt: *Ja,* wenn die Räumung seiner Praxis viele Patienten benachteiligen würde.
14   **Bauvorhaben:** *Nein,* soweit die Zwangsvollstreckung in ein in der Bebauung befindliches Grundstück oder in ein Konto des Bauherrn erfolgt.
   Befriedigung: *Nein,* soweit der Gläubiger durch die Maßnahme voraussichtlich ohnehin keine volle Befriedigung erlangen wird, LG Hann MDR **84**, 764, LG Kblz DGVZ **87**, 45, LG Oldb Rpfleger **82**, 303. Man kann dem Gläubiger ja nun auch nicht vor vornherein die Befugnis beschneiden, nach und nach durch notfalls mehrere Vollstreckungsmaßnahmen volle Befriedigung zu erhalten, aM Oldb ZMR **91**, 268 (aber erst die volle Befriedigung ist das vom Staat gebilligte Ziel der Vollstreckung).
       S auch Rn 27 „Zwangsversteigerung".
   Bieterabsprache: Rn 27 „Zwangsversteigerung".
   Depression: Rn 17 „Gesundheitsgefahr".
   Eidesstattliche Versicherung: Rn 21 „Offenbarungsversicherung".
   Erfüllung: Rn 23 „Sachlichrechtlicher Einwand".
15   **Ersatzwohnung:** *Ja,* soweit sie fehlt und der Schuldner auf Sozialhilfe angewiesen ist, LG Mü WoM **93**, 473; *ja,* soweit der Gläubiger den Schuldner beim neuen Vermieter angeschwärzt hat, Köln RR **95**, 1039.
       Nein, soweit sie nur einfach bisher noch fehlt, LG Würzb DGVZ **94**, 120, und soweit sich der Schuldner nicht genug um eine Ersatzwohnung bemüht hat, Celle WoM **87**, 63, LG Hann Rpfleger **86**, 439.
       S aber auch Rn 26 „Vorübergehender Zeitraum".
   Erwerbsunfähigkeitsrente: *Ja* evtl bei ihrer Pfändung, LG Rostock Rpfleger **03**, 37.
   Existenzgrundlage: *Ja* bei ihrer Gefährdung, LG Ffo Rpfleger **02**, 322.
16   **Fehlurteil:** *Nein,* soweit ein angeblich zu Unrecht ergangenes Urteil falsch begründet oder erschlichen worden ist.
   Forderungsübergang: Rn 23 „Sozialhilfe".
17   **Geburt:** Rn 23 „Schwangerschaft".
   Genossenschaft: *Ja,* soweit der Schuldner durch die Pfändung seines Genossenschaftsanteils eine langjährige Wohnung ersatzlos verlieren würde, Hamm WoM **83**, 267.
   Geschäftsunfähigkeit: *Ja,* soweit der geschäftsunfähige Schuldner keinen Betreuer oder Pfleger usw hat, LG Mannh WoM **87**, 63.
   Gesundheitsgefahr: *Ja,* soweit die Maßnahme des Gläubigers die Gesundheit des Schuldners oder seiner nahen Angehörigen erheblich gefährden würde, BVerfG DGVZ **02**, 118, Brdb Rpfleger **01**, 92, LG Gött DGVZ **02**, 120, strenger BGH NJW **04**, 3636 (krit Haentjens 3610), Köln MDR **88**, 152 (bloße psychogene Störungen), LG Lübeck Rpfleger **04**, 435 (Depression ohne Facharzt), LG Rostock JB **03**, 328 (aber sie können sich besonders verheerend auswirken, LG Lübeck DGVZ **80**, 26). Es kommt auf die Gesamtumstände an, Brdb Rpfleger **01**, 92, Düss Rpfleger **98**, 208, zB auch darauf, ob ein Querulant die Störung verschuldet, AG Hann Rpfleger **90**, 174, Walker/Gruß NJW **96**, 356, oder ob nur ein kurzer Krankenhausaufenthalt bevorsteht, AG Münst WoM **00**, 315, oder wie lange das Räumungsverfahren schon läuft, Köln NJW **93**, 2249.
       S auch Rn 19 „Lebensgefahr".
   Gewerberaum: Rn 26 „Vergleich".
   Greifbare Gesetzwidrigkeit: *Ja* ausnahmsweise unter den Voraussetzungen § 127 Rn 25, Köln RR **00**, 782.
   Grundstück: Rn 14 „Bauvorhaben", Rn 27 „Zwangsversteigerung".
   Kassenpfändung: *Ja* bei Entziehung des Lebensbedarfs, LG Bln DGVZ **79**, 43.
18   **Konfliktbewältigung:** Rn 22 „Räumung".
   Konto: *Nein,* soweit nur die Auflösung des Girokontos droht, LG Traunst Rpfleger **03**, 309, aM LG Essen Rpfleger **02**, 163 (zustm Fischer. Aber nein kann man bei anderer Stelle ein Konto eröffnen), LG Rottweil JB **05**, 327. *Nein* sogar, soweit das einzige Konto keine unpfändbaren wiederkehrenden Leistungen enthält, LG Rottweil JB **05**, 327. *Nein* sogar, soweit auf dem Konto vorwiegend unpfändbares Arbeitseinkommen eingeht, LG Frankenth JB **00**, 439, aM Nürnb MDR **01**, 835, LG Rostock JB **03**, 46, LG Traunst Rpfleger **03**, 309 (aber die Lage kann sich verbessert haben).
       S auch Rn 14 „Bauvorhaben", Rn 22 „Rechtsmißbrauch".
   Kosten: Trotz des Grundsatzes der Verhältnismäßigkeit nach Rn 1 wohl *nein,* nur weil sich zB ein bauordnungswidriger Erker nur mit hohem Aufwand beseitigen ließe, Köln RR **95**, 337. *Nein* schon wegen zu hoher Heimkosten. Denn dann gilt § 850 f I a, Zweibr RR **02**, 1664.
   Krankheit: Rn 17 „Gesundheitsgefahr", Rn 19 „Lebensgefahr".
19   **Lebensgefahr:** *Ja,* sofern der Schuldner nur noch eine kurze Zeit leben dürfte, LG Stade ZMR **93**, 340, oder soweit die Maßnahme das Leben des Schuldners oder seiner nahen Angehörigen erheblich gefährden würde, BVerfG NZM **05**, 658, BGH NJW **05**, 1859, Hamm Rpfleger **01**, 508, aM Köln WoM **89**, 585, LG Kleve

Abschnitt 1. Allgemeine Vorschriften § 765a

JB **99**, 607 (aber das Leben ist das höchste Rechtsgut). Bei einer Selbstmorddrohung sollte stets der Mediziner zur Frage der Ernsthaftigkeit das in der Praxis entscheidende Wort haben, BVerfG NJW **98**, 295, Brdb Rpfleger **00**, 406, Düss Rpfleger **98**, 209 (Pschychiater bei Räumung hinzuziehen?). Das gilt trotz aller denkbaren Taktik hartnäckiger Schuldner, Schneider MDR **90**, 959, Walker/Gruß NJW **96**, 356, und aller Notwendigkeit einer umfassenden Abwägung, BVerfG NZM **05**, 658, BGH NJW **05**, 1859, Oldb MDR **02**, 664. Der Schuldner muß in zumutbarem Umfang zur Befriedigung des Gläubigers usw bereit sein, BGH NJW **05**, 1859, LG Hbg ZMR **02**, 473. Das Gericht kann aufgeben, sich in Betreuung oder Behandlung zu geben, BVerfG NZM **05**, 658, Jena NZM **00**, 839. Zum Problem Schneider JB **94**, 321.
S auch Rn 17 „Gesundheitsgefahr".
Mieteinnahme: *Ja,* soweit sie Lohnersatz ist und § 850 c Beachtung erhält, LG Heilbr Rpfleger **03**, 202.
Nein, soweit der Vermieter voraussichtlich lange auf sie warten müßte.
Mietrückstand: Rn 22 „Räumung".
Mitbewohner: Rn 22 „Räumung".
Neue Tatsache: Evtl *ja,* Köln NJW **93**, 2249.
Nießbrauch: *Ja,* soweit der Schuldner durch die Maßnahme des Gläubigers, etwa durch seine Pfändung, ein 20 Nießbrauchsrecht verlieren würde, ohne daß sich der Gläubiger aus dem verlorenen Recht befriedigen könnte, Ffm OLGZ **80**, 483.
Obdachlosigkeit: Rn 26 „Vorübergehender Zeitraum". 21
Offenbarungsversicherung: *Ja,* wenn der Gläubiger das Verfahren mißbraucht, Einl III 54, Grdz 44 vor § 704. Das gilt etwa dann, wenn er eine geregelte Schuldenabwicklung stört, die durch seine Maßnahme gleichzeitig unmöglich wird. *Ja* evtl bei Gefahr psychischer Störung, Rn 17 „Gesundheitsgefahr". *Ja* bei einem Verhalten des Vermieters, das einen neuen Vermieter zur Verweigerung einer Ersatzwohnung veranlaßt, Köln RR **95**, 1039. *Ja,* wenn man einen Antrag nach § 721 schuldlos nicht mehr stellen kann, LG Darmst RR **00**, 1178, oder erschöpft hat, Köln RR **95**, 1163.
S auch Rn 22 „Rechtsmißbrauch".
Querulant: Rn 17 „Gesundheitsgefahr".
Räumung: Das Gericht muß stets III mitbeachten, Rn 8. Der Grundrechtschutz ist stets wichtig, BVerfG 22 NZM **05**, 658, KG RR **95**, 848. *Ja* kurz vor oder nach einer Entbindung, Ffm JB **80**, 1898, LG Bonn DGVZ **94**, 75, AG Schwetzingen DWW **78**, 269, strenger LG Wuppert DGVZ **95**, 41 (nur 5 Tage). *Ja* vier Wochen vor Schuljahresende bei vier kleinen Kindern, Köln RR **95**, 1163. *Ja* bei einer 7köpfigen Familie, zu der mehrere schwerbehinderte bzw schulpflichtige Kinder gehören, LG Magdeb Rpfleger **95**, 470. *Ja* bei einem in wenigen Monaten beziehbaren Ersatzraum, LG Kblz JB **97**, 553, LG Stgt Rpfleger **85**, 71 (krit Rupp/Fleischmann). *Ja* bei Unfähigkeit zur Konfliktbewältigung auch ohne Krankheit, BVerfG NZM **01**, 951 (großzügig, krit Linke NZM **02**, 205). *Ja* beim Bruch einer Stillhaltezusage des Vermieters, LG Rostock WoM **03**, 578. *Ja* bei der Räumung einer Klinik nur beim Patientenschutz, BVerfG NJW **03**, 882, LG Gießen DGVZ **02**, 121. *Ja* beim Verlust eines langjährigen Mietrechts ohne Mittel für andere Räume, Hamm ZMR **84**, 154.
Evtl *nein* bei altersbedingter Unfähigkeit einer notwendigen Neuorientierung, BVerfG NJW **98**, 295, Köln NJW **93**, 2248, LG Kleve JB **99**, 607 (Mutter des Schuldners), schuldnerfreundlicher Bindokat NJW **92**, 2874. *Nein,* soweit ein Zwischenumzug zumutbar ist, LG Heilbr WoM **93**, 364, evtl sogar ein zweimaliger, Zweibr Rpfleger **02**, 38. Vgl Noack ZMR **78**, 65, Scholz ZMR **86**, 227 sowie bei den einzelnen Räumungsgründen. *Nein* bei mehrmonatigem Zahlungsverzug usw, LG Hildesh RR **95**, 1164. *Nein* mangels Bemühung um Ersatzraum, LG Mönchengladb DGVZ **00**, 118, oder bei Verzögerung des Umzugs, LG Hann Rpfleger **86**, 439, LG Heilbr DGVZ **93**, 140. *Nein* bei Alleinstehenden für 1 Monat, LG Hbg ZMR **01**, 802 (Hotel, Zwischenlagerung zumutbar). *Nein,* bloß weil der „Lebensgefährte" wohnen bleiben darf, AG Mönchengladb DVGZ **99**, 140. *Nein* schon wegen Arbeitslosigkeit, LG Wiesb DGVZ **94**, 120.
S ferner Rn 13 „Altenpflegeheim", „Arbeitslosigkeit", „Arzt", Rn 17 „Genossenschaft", Rn 25 „Unbewohnbarkeit", Rn 26 „Vergleich", „Vorübergehender Zeitraum", Rn 27 „Zwangsversteigerung".
Rechtsmißbrauch: *Ja,* soweit der Gläubiger bei der Art und Weise der Zwangsvollstreckung Rechtsmißbrauch betreibt, Einl III 54, Grdz 44 vor § 704, Karlsr Rpfleger **92**, 266, Kblz Rpfleger **85**, 499, LG Kblz DGVZ **87**, 45 (der Gläubiger würde mit Sicherheit doch leer ausgehen).
S auch Rn 24 „Teilungsversteigerung".
Restforderung: *Ja* evtl bei einem nur noch geringen Rest einer noch nicht alten Forderung.
Restschuldbefreiung: Dieser Gedanke des Insolvenzrechts läßt sich nicht einfach auf die Individual-Zwangsvollstreckung übertragen, LG Münst Rpfleger **02**, 272.
Sachlichrechtlicher Einwand: Er ist grds nur im Verfahren nach §§ 767 ff möglich, Hamm Rpfleger **02**, 23 39, Frankenth Rpfleger **84**, 68, AG Brschw DGVZ **75**, 12 (Erfüllung).
S auch Rn 26 „Verwirkung".
Sanierung: *Nein,* soweit sie möglicherweise schwieriger wird, LG Drsd DGVZ **03**, 57.
Schuldenbereinigungsplan: *Nein* nur wegen der Gefährdung seiner Durchführung, AG Waiblingen JB **02**, 48. Vgl überdies jetzt § 4 a InsO.
Schwangerschaft: *Ja,* wenn die Schuldnerin bereits kurz vor oder nach der Entbindung steht, Ffm Rpfleger **81**, 24, LG Bonn DGVZ **94**, 75, LG Wuppert DGVZ **95**, 41 (nur für einige Tage danach), aM LG Münst DGVZ **00**, 24 (nur bei Mietzahlung. Aber gerade die Zahlungsprobleme sind meist Räumungsursache).
S auch Rn 26 „Vorübergehender Zeitraum".
Selbstmorddrohung: Rn 19 „Lebensgefahr".
Sinnlosigkeit: *Ja,* soweit zB eine Kontenpfändung nicht einmal zu einer nennenswerten Teilleistung führen würde, Nürnb Rpfleger **01**, 364. Besser paßt aber § 803 II.
Sozialleistung: *Ja,* soweit der Träger der Sozialhilfe aus einem übergeleiteten Recht vollstreckt, obwohl (ihm bekannt) der Schuldner leistungsunfähig geworden ist, ohne eine Abänderungsklage erheben zu können, BGH NJW **83**, 2317. *Ja,* soweit der Schuldner Sozialhilfe braucht, LG Mü WoM **93**, 473, aM

§ 765a

Düss RR **86**, 1512, Zweibr MDR **02**, 720, LG Duisb Rpfleger **91**, 514. Freilich darf der Gläubiger darf nicht nur auf Staatskosten zum Erfolg kommen können, LG Kblz JB **04**, 158. Evtl kann § 850 f I eine brauchbare Lösung bieten, § 850 f Rn 2, Zweibr RR **02**, 1664, Kohte Rpfleger **91**, 514. Ja, soweit auf dem Schuldenkonto nur unpfändbare Beträge eingehen, LG Mönchengladb JB **05**, 499.
 Nein, wenn neben Sozialhilfe auch Arbeitseinkommen besteht, LG Frankenth JB **00**, 439.
Teilungsversteigerung: Vgl zunächst Rn 5 (grundsätzliche Unanwendbarkeit des § 765 a). *Ja* allenfalls ganz ausnahmsweise bei Rechtsmißbrauch, Rn 22, Karlsr Rpfleger **92**, 266, AG Meppen Rpfleger **92**, 266.
 S auch Rn 27 „Zwangsversteigerung".
24 **Teilvollstreckung:** Rn 14 „Befriedigung".
Tier: Bei einer Vollstreckung in ein Tier beliebiger Art und Zweckbestimmung, Dietz DGVZ **03**, 82, vor allem bei einer geplanten Wegnahme oder Verschaffung in ein Heim muß das Gericht schon wegen Art 20 a GG nach I 2 im Rahmen der Abwägung weniger das Wohl des Tierbesitzers als vielmehr die „Verantwortung des Menschen für das Tier" als eines lebenden Geschöpfes mit anderer als bloßer Sachqualität „berücksichtigen". Es muß also zu erkennen geben, daß es diese rechtliche Sonderstellung nach §§ 90 a, 251 II 2, 903 BGB gesehen und in die Abwägung einbezogen hat, § 811 c, Dietz DGVZ **03**, 82. Aber auch eine gefühlsmäßige Bindung zB an ein Tier eines einsamen/alten Menschen kann beachtbar sein, LG Heilbr DGVZ **80**, 111.
25 **Umzug:** Rn 22 „Räumung".
Unbewohnbarkeit: *Nein*, soweit es um die Räumung einer nach Ansicht der Baubehörde unbewohnbare Wohnung geht.
Unpfändbarkeit: *Nein*, wenn die Unpfändbarkeit später vorgelegen hätte, LG Bln Rpfleger **77**, 262. *Nein*, wenn der Schuldner langfristig mit den Unpfändbaren auskommen muß, LG Münst Rpfleger **02**, 272.
Unterhalt: *Nein*, soweit § 323 hilft, Schlesw MDR **04**, 908.
 S auch Rn 15 „Ehelichkeitsanfechtung".
26 **Verfahrensfehler:** *Nein*, soweit nicht gerade eine sittenwidrige Fehlerhaftigkeit vorliegt, LG Essen FamRZ **00**, 363.
Vergleich: *Nein*, soweit es um die Räumung von Gewerberaum geht, Fenger Rpfleger **88**, 57.
Verwirkung: *Nein*, soweit der Gläubiger den titulierten Anspruch angeblich verwirkt hat. Denn eine Berichtigung des auf Grund einer besseren Prüfung erlassenen Titels ist in der Vollstreckungsinstanz grds unzulässig. Eine so begründete Anfechtbarkeit würde zur völligen Vernichtung der Rechtskraftwirkung führen, LG Frankenth Rpfleger **84**, 69. Überdies läge eine Verwirkung zB beim Räumungstitel nicht schon deshalb vor, weil der Gläubiger nach dem Erhalt von Rückständen mehrfach von der Vollstreckung Abstand genommen hat, LG Münst Rpfleger **89**, 156. Es kommt bei einer Verwirkung vielmehr nur eine Vollstreckungsabwehrklage nach § 767 in Betracht, LG Münst DGVZ **89**, 156, oder eine Wiederaufnahme nach §§ 578 ff, evtl auch ein Anspruch aus unerlaubter Handlung auf Schadensersatz, auf die Unterlassung der Zwangsvollstreckung und auf die Herausgabe des Titels.
 S auch Rn 13 „Arglist", Rn 23 „Sachlichrechtlicher Einwand".
Vorläufige Vollstreckbarkeit: *Nein* schon wegen bloß vorläufiger Vollstreckbarkeit, Ffm MDR **81**, 412.
Vornahme einer Handlung: *Nein*, soweit das Prozeßgericht noch nicht rechtskräftig nach §§ 887 ff entschieden hat oder der Schuldner nur seine Argumente wiederholt, LG Frankenth Rpfleger **84**, 29.
Vorsatz: *Nein* meist nach einer vorsätzlichen unerlaubten Handlung.
Vorübergehender Zeitraum: *Ja*, soweit der Schuldner voraussichtlich bald eine ausreichende Ersatzwohnung haben wird, sodaß sein Vollstreckungsschutz nur einen vorübergehenden Zeitraum überbrücken soll, LG Münst WoM **77**, 194, AG Schleichen WoM **89**, 444, AG Seligenstadt Rpfleger **88**, 417. Das gilt insbesondere dann, wenn dem Schuldner sonst eine Einweisung in ein Obdachlosenasyl drohen würde, LG Hbg WoM **91**, 114 und 360 (weite Auslegung wegen der Wohnungsnot. Aber Vorsicht!), strenger LG Münst WoM **00**, 314, AG Düss MietR **97**, 223.
 S auch Rn 15 „Ersatzwohnung", Rn 22 „Räumung".
Wohnungsmarkt: *Ja*, wenn er besonders angespannt ist, LG Magdeb Rpfleger **95**, 470.
27 **Zwangsräumung:** Rn 22 „Räumung".
Zwangsversteigerung, dazu *Ott, der Schutz des Schuldners ... im Zwangsversteigerungsverfahren*, 1998: *Ja*, Saarbr Rpfleger **03**, 98 (ab Anordnung des Verfahrens), Stgt Rpfleger **01**, 508, LG Bayreuth Rpfleger **01**, 367, auch für den Ehegatten des Alleinverwaltenden, LG Zweibr Rpfleger **95**, 222. *Ja*, wenn sie statt ca 60% nur noch ca 39% des wahren Werts erbringen würde, LG Kref Rpfleger **88**, 375, strenger Hamm Rpfleger **02**, 40. *Ja* bei nur noch 7% des Verkehrswerts im 3. Termin, aber nur bis zum Zuschlag, LG Mönchengladb Rpfleger **04**, 436 (Gelegenheit zum Schutzantrag vorm Zuschlag geben). Zumindest kann vor Verschleuderung von Grundbesitz ein besonderer Verkündungstermin zum Zuschlag notwendig werden, BGH NZM **05**, 190 (zustm Storz LMK **05**, 44). *Ja*, wenn sich im Anschluß an die Wertfestsetzung noch vor der Erteilung des Zuschlags die tatsächlichen bewertungsgrundlagen ändern, Köln OLGZ **83**, 474. Evtl *ja* bei einer Bieterabsprache, soweit das Gericht vor dem Zuschlag von ihr erfährt, Karlsr Rpfleger **93**, 414, LG Saarbr Rpfleger **00**, 80 (aber nicht bei 50% des Verkehrswerts oder mehr). *Ja* bei Lebens- oder Leibesgefahr für einen nahen Angehörigen des Schuldners, Stgt Rpfleger **01**, 508, LG Rostock JB **03**, 47. Das Gericht darf den infolge Zuschlags zur Räumung verpflichteten Schuldner nicht schlechter stellen als einen aus anderem Grund zur Räumung Verpflichteten, LG Aschaffenb DGVZ **02**, 169.
 Nein, wenn der einer Zwangsversteigerung beitretende Gläubiger derzeit kaum eine Befriedigungsaussicht hat, LG Oldb Rpfleger **82**, 303. *Ja*, wenn der Gläubiger unmittelbar nach dem Zuschlag die Zwangsräumung betreibt, LG Heilbr DGVZ **93**, 174, AG Bad Hersfeld DGVZ **93**, 175, AG Schwäb Hall DGVZ **93**, 174.
 S auch Rn 14 „Bauvorhaben", Rn 7, Rn 24 „Teilungsversteigerung".
Zwangsverwaltung: *Ja* bei viel zu schlechtem Rang und geringer Restforderung, ZöStö 9.

6) **Verfahren, I, III, IV.** Das Gericht hat vielerlei Möglichkeiten. 28
A. Allgemeines. Zuständig ist ausschließlich das Vollstreckungsgericht, §§ 764, 802, bei § 15 a HausrVO das FamG, Mü NJW 78, 548, Brudermüller FamRZ 87, 122, in einer Arrestsache bei §§ 930 I 3, 931 III auch das Arrestgericht. Das Beschwerdegericht ist nicht zuständig, Rn 9, auch nicht das nach §§ 887, 888, 890 zuständige Prozeßgericht, BayObLG WoM 89, 353, aM Frankenth Rpfleger 84, 28. Das Gericht muß in einer Räumungssache stets III beachten, Rn 8. Es entscheidet durch den Rpfl, § 20 Z 17 RPflG, Anh § 153 GVG, Meinhold Rpfleger 04, 88, vgl aber auch in einer Arrestsache § 20 Z 16 RPflG. Das gilt auch dann, wenn der Gerichtsvollzieher oder das Prozeßgericht als Vollstreckungsorgan zuvor tätig werden mußten, etwa bei einer Offenbarungsversicherung oder einer Zwangsvollstreckung nach §§ 887 ff, LG Frankenth Rpfleger 84, 29. Wenn die Zwangsvollstreckung nach Grdz 52 vor § 704 bereits beendet ist, ist das Vollstreckungsgericht nicht mehr zuständig. Dann ist auch keine Maßnahme nach § 765 a mehr möglich. Im Zwangsversteigerungsverfahren entscheidet das Versteigerungsgericht, Karlsr Rpfleger 95, 471. Dann endet die Anwendbarkeit der Vorschrift mit der Rechtskraft des Zuschlagsbeschlusses, Düss Rpfleger 87, 514. Auch eine Beschwerde gegen den Zuschlagsbeschluß kann man nicht auf neue Tatsachen stützen, Schiffhauer Rpfleger 75, 145, aM Bbg Rpfleger 75, 144. Eine mündliche Verhandlung ist freigestellt, §§ 128 IV, 764 III.

Abgesehen vom Antrag des Schuldners nach Rn 8 ist eine *Anhörung* des Gläubigers erforderlich, Artt 2 I, 20 III GG (Rpfl), BVerfG 101, 404, Art 103 I GG (Richter), falls das Gericht den Antrag des Schuldners nicht etwa zurückweist, Karlsr Rpfleger 95, 426. Denn das Gericht kann das Schutzbedürfnis des Gläubigers nur durch diese Anhörung voll würdigen. Unter Umständen muß der Rpfl eine an sich nach § 128 IV entbehrliche mündliche Verhandlung dennoch anberaumen, etwa zur Klärung in Rede und Gegenrede oder wegen der Notwendigkeit eines persönlichen Eindrucks. Der Schuldner muß ebenso wie bei § 766 Beweis erbringen, dort Rn 26. Eine bloße Glaubhaftmachung nach § 294 genügt bei einer so schwerwiegenden Entscheidung nicht.

B. Entscheidungsform: Beschluß. Der Rpfl entscheidet durch einen Beschluß, § 329. Er muß ihn 29 grundsätzlich begründen, § 329 Rn 4. Er sollte in einer Räumungssache trotz etwaigen Fristablaufs nach Rn 8 im Kern erkennen lassen, daß er eine Abwägung darauf vorgenommen hat, ob etwa Entschuldigungsgründe wie nach III vorlägen. Er stellt den Beschluß des Schuldners stattgebenden Beschluß dem Gläubiger förmlich zu. Dem Schuldner stellt er den Beschluß in jedem Fall zu, § 329 III. Grundsätzlich ist ein Schutz nicht gegen die gesamten Vollstreckungsmöglichkeiten statthaft, sondern nur gegen bestimmte einzelne Vollstreckungsmaßnahmen, LG Frankenth Rpfleger 84, 29. Zulässig sind die folgenden Entscheidungen wie unter anderem wie Raten oder Sicherheitsleistung.

C. Aufhebung der Zwangsmaßnahme. In Betracht kommt im absoluten Ausnahmefall eine völlige oder teilweise Aufhebung der konkret angeordneten einzelnen Zwangsmaßnahmen und nicht der Zwangsvollstreckung schlechthin, BVerfG NZM 05, 658, Köln NJW 94, 1743. Diese Möglichkeit geht weit über die Befugnisse des Gerichts nach § 707 und nach anderen Vorschriften der ZPO hinaus. Denn der Gläubiger verliert dadurch seinen Rang, Rn 30. Deshalb kommt eine Aufhebung nur dann in Betracht, wenn die nachfolgend genannten Möglichkeiten nicht ausreichen würden. Dabei kann das Gericht gegen oder sogar ohne Sicherheitsleistung aufheben, letzteres aber nur im Notfall.

D. Untersagung der Vollstreckung. In Betracht kommt ferner die Untersagung der Zwangsvollstreckung oder einer bestimmten Vollstreckungsmaßnahme. Sie bedeutet eine dauernde Einstellung im genannten Umfang, wenn nicht etwa später III eingreift. Daher kommt eine völlige Untersagung grundsätzlich allenfalls auf Zeit in Betracht, BVerfG NJW 92, 1155, LG Frankenth Rpfleger 84, 68 (Räumung). Diese Maßnahme ist also fast mit einer Verneinung des sachlichrechtlichen Anspruchs gleichbedeutend. Deshalb ist äußerste Vorsicht geboten. Dieser Weg kann notwendig werden, wenn der Anspruch in einem groben Mißverhältnis zu dem zu erwartenden Schaden steht.

E. Einstweilige Anordnung, I 2. In Betracht kommt vor allem eine einstweilige Anordnung nach 30 I 2 in Verbindung mit § 732 II, insbesondere also eine einstweilige Einstellung der Zwangsvollstreckung mit oder ohne Sicherheitsleistung oder zB Ratenzahlungen, Jena NZM 00, 839, AG Seligenstadt Rpfleger 88, 417. In Betracht kommt ferner die Anordnung, daß der Gläubiger die Zwangsvollstreckung nur gegen Sicherheitsleistung fortsetzen darf. Es müssen aber sonstige Vollstreckungserleichterungen erschöpft sein, wie zB die Anordnung von Zahlungsfristen nach § 813 a oder eine Verschiebung des Termins zur Abgabe der eidesstattlichen Versicherung zur Offenbarung, § 900 IV. Die Zwangsvollstreckung oder deren Fortsetzung muß unmittelbar bevorstehen. Eine Befristung ist zulässig, aber nicht zwingend geboten.

F. Zuschlagsversagung. In Betracht kommt auch eine Versagung des Zuschlags, Kblz KTS 82, 692, Köln OLGZ 83, 474. Freilich kann ein solcher Antrag bei Abweisung mit der Zuschlagserteilung enden, LG Bayreuth Rpfleger 01, 367.

G. Rechtsbehelfe. Bei einer richterlichen Entscheidung gilt § 793. Bei einer Entscheidung des Rpfl gilt 31 § 11 RPflG, Anh § 153 GVG. Dabei muß man bedenken, daß gegen eine richterliche einstweilige Anordnung grundsätzlich kein Rechtsmittel zulässig wäre, Mü FamRZ 88, 1190, Brdb Rpfleger 00, 406, LG Mönchengladb DGVZ 00, 118 (Ausnahmen bei grobem Verstoß). Wegen Verfassungsbeschwerde und dort einstweiliger Anordnung BVerfG NZM 98, 431. Im Zwangsversteigerungs-Beschwerdeverfahren erfolgt nur eine formelle Prüfung, Brdb JB 02, 213.

H. Aufhebung einer Vollstreckungsmaßregel, V. Sie erfolgt bei I 1, V stets erst nach dem Eintritt der 32 Rechtskraft des Beschlusses nach § 322. Denn der Vollstreckungsgläubiger verliert durch die Aufhebung sein Pfandrecht. Die aufgehobene Vollstreckungsmaßnahme läßt sich auch bei einer Änderung der Entscheidung in der Beschwerdeinstanz nicht rückwirkend wiederherstellen, § 766 Rn 33. Der Rpfl muß die Vollstreckungsorgane darauf hinweisen.

§§ 765a, 766

33 I. Kosten. Gebühr: Des Gerichts KV 2111, auch wenn außerdem ein Verfahren nach § 30a ZVG mit besonderen Gebühren anhängig ist, Düss VersR **77**, 726 (im Beschwerdeverfahren gilt dann nur [jetzt] KV 1241); des Anwalts § 18 Z 8 RVG, VV 3309, 3310. Die Kosten gehen grundsätzlich zu Lasten des Schuldners, § 788 I. Der Rpfl kann sie aber dem Gläubiger ganz oder teilweise aus besonderen in dem Verhalten des Gläubigers liegenden Gründen auferlegen, § 788 IV.

34 7) Aufschub durch den Gerichtsvollzieher, II. Der Gerichtsvollzieher darf eine Vollstreckungsmaßnahme aufschieben und nicht etwa vorübergehend oder gar endgültig einstellen, AG Wuppert DGVZ **93**, 14. Eine Aufschiebung kommt infrage, soweit nicht nur einer der folgenden Fälle vorliegt.

A. Sachherausgabe. Es muß sich um die Herausgabe von Sachen handeln, §§ 883–885. Das gilt auch für diejenigen Fälle, in denen § 883 entsprechend anwendbar ist, nicht aber bei einer Personenherausgabe, § 883 Rn 18, 19, und nicht bei der Zwangsvollstreckung wegen Geldforderungen.

B. Fehlen eines Antrags. Der Schuldner muß dem Gerichtsvollzieher die Voraussetzungen des I 1 nach § 294 glaubhaft gemacht haben, jedoch nicht die Antragstellung. Die Glaubhaftmachung genügt hier, anders als gegenüber dem Vollstreckungsgericht, Rn 28.

C. Unvermögen rechtzeitigen Antrags. Der Schuldner muß das Vollstreckungsgericht nicht rechtzeitig haben anrufen können, etwa wegen einer Krankheit oder wegen einer bisherigen Abwesenheit. Der Schuldner muß auch diesen Umstand nach § 294 glaubhaft machen, soweit er nicht im Sinn von § 291 offenkundig ist. Der Gerichtsvollzieher darf also nicht etwa schon dann nach II vorgehen, wenn der Schuldner das Vollstreckungsgericht angerufen, aber noch nicht dessen Entscheidung erlangt hat.

35 D. Dauer. Der Gerichtsvollzieher darf einen Aufschub nur bis zur Entscheidung des Vollstreckungsgerichts gewähren, jedoch keineswegs länger als 1 Woche. Er darf diese Frist darf nicht verlängern. Denn der Schuldner hat in ihr genügend Zeit, einen Antrag zu stellen und notfalls das Vollstreckungsgericht zu bitten, mit einer einstweiligen Anordnung zu helfen.

E. Rechtsbehelf: Erinnerung. Es gilt § 766.

36 8) Aufhebung oder Änderung der Entscheidung, IV. Sie erfolgt zu zurückhaltend.

A. Voraussetzungen. Das Vollstreckungsgericht darf seine Entscheidung nur auf einen Antrag ändern. Es ist auch dann zuständig, wenn der aufzuhebende oder abzuändernde Beschluß von einem höheren Gericht stammt. Den Antrag können sowohl der Gläubiger als auch der Schuldner stellen. Voraussetzung ist, daß sich die Sachlage geändert hat und daß diese veränderte Sachlage auch eine Aufhebung oder Änderung der Entscheidung gebietet, BVerfG WoM **91**, 149, Saarbr Rpfleger **03**, 38 (Schlaganfall). Denn ein nach § 793 nicht mehr angreifbarer und daher rechtskräftiger Beschluß ist nicht frei widerruflich, § 329 Rn 27. Dann ist es unerheblich, ob der Schuldner die neue Sachlage schon vor der bisherigen Entscheidung hatte angeben können, aM Köln NJW **93**, 2248 (aber es kommt auf das jetzt Notwendige an).

Daher ist eine bloße *Änderung der Rechtslage* oder ihrer Beurteilung allein nicht ausreichend. Eine Änderung der Sachlage kann zB durch eine Rechtsnachfolge auf der einen oder anderen Seite eintreten. Es reicht nicht aus, neue Unterlagen beizubringen, um eine neue Sachlage herbeizuführen. Etwas anderes gilt, wenn die neuen Unterlagen eine Grundlage für ein Wiederaufnahmeverfahren nach §§ 578 ff sein können, Grdz 12 vor § 578, aM Peters ZZP **90**, 155 (aber dann kann ja sogar die Rechtskraft entfallen), oder wenn eine Änderung der Sachlage ein Grundrecht berührt, BVerfG WoM **91**, 149 (keine kleinliche Beurteilung vornehmen, Saarbr Rpfleger **03**, 38).

37 B. Entscheidung. Das Vollstreckungsgericht entscheidet durch den Rpfl, § 20 Z 17 RPflG, Anh § 153 GVG. Er entscheidet durch einen Beschluß des Rpfl, § 329. Er muß ihn begründen, § 329 Rn 4. Gegen ihn gilt § 11 RPflG, Anh § 153 GVG. Soweit das Gericht im Änderungsbeschluß eine Aufhebung der Vollstreckungsmaßnahme ausspricht, tritt diese Änderung auch hier erst mit der Rechtskraft des Beschlusses ein, Rn 31.

38 9) *VwGO*: Entsprechend anwendbar, § 167 I *VwGO*, RedOe § 167 Anm 5, VGH Mü AS **8**, 206. Bei Anwendung von §§ 169 I *VwGO*, 5 VwVG gilt § 258 AO, vgl AG Bln-Wedding DGVZ **77**, 159, in den Fällen der §§ 169 II, 170 *VwGO* ggf Landesrecht. Zuständig ist stets das Vollstreckungsgericht, § 764 Rn 10.

766 *Erinnerung gegen Art und Weise der Zwangsvollstreckung.* [I 1] Über Anträge, Einwendungen und Erinnerungen, welche die Art und Weise der Zwangsvollstreckung oder das vom Gerichtsvollzieher bei ihr zu beobachtende Verfahren betreffen, entscheidet das Vollstreckungsgericht. [2] Es ist befugt, die im § 732 Abs. 2 bezeichneten Anordnungen zu erlassen.

[II] Dem Vollstreckungsgericht steht auch die Entscheidung zu, wenn ein Gerichtsvollzieher sich weigert, einen Vollstreckungsauftrag zu übernehmen oder eine Vollstreckungshandlung dem Auftrag gemäß auszuführen, oder wenn wegen der von dem Gerichtsvollzieher in Ansatz gebrachten Kosten Erinnerungen erhoben werden.

Schrifttum: *Barkam*, Erinnerung und Klage bei qualifizierten vollstreckbaren Ausfertigungen, 1989; *Gaul*, Zur Rechtsstellung der Kreditinstitute als Drittschuldner in der Zwangsvollstreckung, 1978; *Kaminski*, Die GVGA als Prüfungsmaßstab im Erinnerungsverfahren, 1992; *Kunz*, Erinnerung und Beschwerde usw, 1980; *Lippross*, Grundlagen und System des Vollstreckungsschutzes, 1983; *Neumüller*, Vollstreckungserinnerung, Vollstreckungsbeschwerde und Rechtspflegererinnerung, 1981; *Nies* MDR **99**, 1418 (Üb); *Stolte*, Aufsicht über die Vollstreckungshandlungen des Gerichtsvollziehers, Diss Bochum 1987.

Abschnitt 1. Allgemeine Vorschriften   § 766

Gliederung

1) Systematik, §§ 766–774 1	B. Feststellungsklage 14
2) Regelungszweck I, II 2	C. Klage wegen Mehrdeutigkeit 15
3) Geltungsbereich, I, II 3	D. Klage aus anderem Grund 16
4) Zwangsmaßnahme, I, II 4–8	E. Amtshaftungsklage 17
A. Begriff 4	7) Antragsberechtigung, I, II 18
B. Gegen Gerichtsvollzieher 5	8) Beispiele zur Frage der Zulässigkeit
C. Gegen Rechtspfleger 6	einer Erinnerung, I, II 19–35
D. Gegen Richter 7	9) Weiteres Verfahren, I, II 36–40
E. Gegen Zwangsversteigerung, Zwangs-	10) Entscheidung, I, II 41–43
verwaltung, Teilungsversteigerung ... 8	11) Einstweilige Anordnung, I, II 44
5) Zusammentreffen mit weiteren	12) Rechtsbehelfe erster Instanz, I, II 45–49
Zwangsvollstreckungsbehelfen, I, II .. 9–12	A. Einstweilige Einstellung 45
A. Sofortige Beschwerde 9	B. Entscheidung nach Anhörung 46–48
B. Dienstaufsichtsbeschwerde 10	C. Beendigung der angefochtenen Voll-
C. Vollstreckungsabwehrklage 11	streckungsmaßnahme 49
D. § 23 EGGVG 12	13) Rechtsbehelfe in Beschwerdeinstanz ... 50
6) Zusammentreffen mit sachlichrechtli-	14) *VwGO* 51
chen Klagen, I, II 13–17	
A. Drittwiderspruchsklage 13	

1) Systematik, §§ 766–774. Diese Vorschriften geben zur Beseitigung einer nach Einl III 9 unberech- **1** tigten Zwangsvollstreckung eine Reihe prozessualer Hilfsmittel. Diese sind öffentlichrechtlich. Deshalb können die Beteiligten diese Hilfsmittel grundsätzlich nicht durch eine sachlichrechtliche Klage desselben Ziels und Inhalts ausschalten. Eine solche Klage ist vielmehr neben den Hilfsmitteln nach §§ 766 ff nur ausnahmsweise statthaft, § 767 Rn 8 (F), BGH Rpfleger **89**, 248. Die Erörterung solcher Fälle befinden sich bei den einzelnen Vorschriften. Eine Verwertung auf Grund eines gesetzlichen Vermieterpfandrechts oder eines vertraglichen Pfandrechts ist keine Zwangsvollstreckung, Ffm DGVZ **98**, 121, Karlsr OLGZ **75**, 411. § 71 GBO hat Vorrang, auch für die Schiffsregisterbehörde bei § 870 a. Wegen der EuGVVO SchlAnh V C 4. Wegen der Zuständigkeit inländischer Gerichte § 4 SeeGVG. Es findet kein obligatorisches Güteverfahren statt, § 15 a II 1 Z 6 EGZPO, Hartmann NJW **99**, 3748.

2) Regelungszweck, I, II. Die Aufzählung des § 766 zeigt die Absicht eines lückenlosen Rechts- **2** schutzes, Grdz 2 vor § 253, Gaul ZZP **87**, 257. Die Erinnerung schützt: Gegen die Art und Weise der Zwangsvollstreckung; gegen das Verfahren des Gerichtsvollziehers; gegen eine Amtsverweigerung des Gerichtsvollziehers; gegen unrichtige Kostenforderungen des Gerichtsvollziehers. Mit der Erinnerung kann man das sachlichrechtliche Rechtsverhältnis nicht prüfen lassen, Rn 13. Man darf § 766 nicht zu eng auslegen. Denn die Vorschrift dient der Erzielung eines richtigeren Ergebnisses bei der Durchsetzung des sachlichrechtlichen Anspruchs, Rn 1. Andererseits muß man jeden Ansatz von Rechtsmißbrauch auch in der Zwangsvollstreckung unterbinden, Einl III 54, Grdz 44 vor § 704. Auch das muß man bei der Auslegung mitbeachten.

Überzogene Kritik am Vollstreckungsorgan ist deshalb auch nicht auf dem Weg über eine Erinnerung nach § 766 zulässig. Nicht jeder kleine Mißgriff, jedes zu Unrecht gepfändete Messer, jede ein paar Minuten zu frühe oder zu späte Handlung erfordern eine gerichtliche Überprüfung. Umso mehr muß man aber dafür sorgen dürfen, daß der Gerichtsvollzieher nicht die auch nur wahrscheinlich zB für die weitere Berufsausübung des Schuldners unentbehrlichen Sachen wegnimmt. Daß sich der Schuldner freilich dann, wenn er es zur Zwangsvollstreckung kommen ließ, in zumutbaren Grenzen deutlich einschränken muß, bedarf keiner langatmigen gerichtlichen Rechtfertigung. Im Erinnerungsverfahren darf man auch kurz und bündig hinter dem Vollstreckungsorgan stehen.

3) Geltungsbereich, I, II. § 766 eröffnet einen Rechtsbehelf eigener Art. Es handelt sich nicht um **3** eine sofortige Beschwerde. Denn diese richtet sich nach §§ 567 ff. Es geht vielmehr um eine Vorstellung beim Vollstreckungsgericht. Man nennt sie am besten Erinnerung. Sie betrifft nur das Verfahren des Vollstreckungsorgans, Grdz 35 vor § 704, Ffm FamRZ **97**, 1490, und zwar auch wegen einer einzelnen Maßnahme, selbst wenn sie keine unmittelbare Vollstreckungswirkung hat, etwa wegen einer Zustellung. Mit der Erinnerung ruft der Betroffene das Vollstreckungsgericht des § 764 an. Er beantragt die Nachprüfung entweder einer Maßnahme des Gerichtsvollziehers oder des Vollstreckungsgerichts. Die Vorschrift gilt auch im Insolvenzverfahren, AG Köln RR **03**, 988, und bei einem arbeitsgerichtlichen Vollstreckungsfall.

Grundsätzlich kann man mit der Erinnerung nach § 766 *nicht* aus *sachlichrechtlichen* Erwägungen gegen das vollstreckbare Urteil vorgehen, also nicht gegen den vollstreckbaren Anspruch. Denn die ZPO hält das Vollstreckungsrecht von solchen sachlichrechtlichen Erwägungen getrennt. Sie sieht in solchem Fall die Vollstreckungsabwehrklage usw vor, §§ 767, 771, Schlesw Rpfleger **79**, 471, AG Ellwangen DGVZ **92**, 126. § 95 ZVG geht vor, Stgt Rpfleger **00**, 227. § 766 eignet sich grundsätzlich auch nicht zur Feststellung und Anwendung ausländischen Rechts, BGH NJW **93**, 2315.

4) Zwangsmaßnahme, I, II. Sie muß begonnen haben, Grdz 51 vor § 704, KG DGVZ **94**, 113, Köln **4** JB **89**, 870. Sie muß zumindest drohen. Sie darf nicht mehr sein, Grdz 52 vor § 704, LG Brschw DGVZ **75**, 154, LG Wiesb DGVZ **00**, 24. Es kommt auf Art und Entscheidungsperson an.

A. Begriff. Die Erinnerung nach § 766 ist gegen eine selbständige Zwangsmaßnahme zulässig, Naumb DGVZ **00**, 36, LG Augsb Rpfleger **01**, 92, LG Drsd Rpfleger **99**, 501. Zu solchen Maßnahmen zählen Beschlüsse oder Verfügungen, § 329, soweit sie auf einen Antrag oder von Amts wegen *ohne* eine Anhörung der übrigen Beteiligten ergangen sind, Hamm KTS **77**, 177, LG Ffm Rpfleger **92**, 168, OVG Münst NJW

§ 766

80, 1709. Unerheblich ist dann, ob ein Dritter gehört wurde, LG Drsd Rpfleger **99**, 501. Den Gegensatz zur Zwangsmaßnahme bildet die eine Vollstreckungsmaßnahme ablehnende oder sie erlaubende echte Entscheidung, die *nach* Anhörung aller Beteiligten gemäß Art 103 I GG durch einen zu begründenden Beschluß ergeht, § 329 Rn 4. Das gilt unabhängig davon, ob eine mündliche Verhandlung notwendig, erlaubt oder verboten war, Hamm MDR **75**, 938, KG OLGZ **78**, 491.

Nicht hierher gehören: Eine unselbständige Zwischenentscheidung, LG Augsb Rpfleger **01**, 92 (Feststellung des geringsten Gebots. Die Grenzen fließen!); eine freiwillige Leistung eines Dritten zur Vollstreckungsabwehr, Naumb DGVZ **00**, 36.

5 **B. Gegen Gerichtsvollzieher.** Es kann um eine Maßnahme des Gerichtsvollziehers gehen, zB um eine Pfändung, auch zur Nachtzeit usw, § 758 a IV, um die Abnahme der eidesstattlichen Offenbarungsversicherung, §§ 807, 899 ff, um eine besondere Verwertungsart, § 825 I, um einen Kostenansatz, LG Kblz DGVZ **87**, 59, LG Düss JB **00**, 666, AG Ffm DGVZ **02**, 190, AG Neuwied DGVZ **99**, 190, um eine Vorschußforderung oder um seine Weigerung, tätig zu werden, LG Aachen DGVZ **03**, 23 (StPO, Beitreibung), LG Hann JB **05**, 274 (Anfrage beim Meldeamt), LG Rostock JB **03**, 107 (Verhaftung). Das gilt auch, soweit er sich an die GVGA gehalten hat, LG Kblz DGVZ **86**, 29. § 7 II 1 GvKostG hat Vorrang, LG Düss JB **00**, 666, LG Saarbr DGVZ **96**, 92.

6 **C. Gegen Rechtspfleger.** Es kann um eine Maßnahme des Rpfl gehen, etwa um den Erlaß eines Pfändungsbeschlusses ohne eine Anhörung des Schuldners, § 829 Rn 64, (sonst gilt § 793 Rn 3, 11, Bbg NJW **78**, 1389, AG Maulbronn FamRZ **91**, 355). Eine Anhörung liegt nicht vor, soweit die Maßnahme vor dem Ablauf der Äußerungsfrist oder vor dem Eingang einer Äußerung des Schuldners ergeht, LG Ffm Rpfleger **84**, 472. Auch dieser Beschluß ist eine bloße Zwangsmaßnahme und keine Entscheidung. Schon deshalb ist § 11 RPflG, Anh § 153 GVG, hier unanwendbar, Hamm RR **88**, 320, LG Frankenth Rpfleger **82**, 231, Gaul ZZP **85**, 256. Hierher zählen auch die Ablehnung oder die Aufhebung eines nach § 829 ergangenen Pfändungs- und Überweisungsbeschlusses durch den Rpfl ohne Anhörung des Schuldners, Kblz BB **77**, 1070, aM Kblz RR **86**, 679, Bischof NJW **87**, 1810 (zum Problem des von ihm zitierten Begriffs der „ganz herrschenden Meinung" Einl III 47).

7 **D. Gegen Richter.** Es kann um eine Maßnahme des Richters gehen, soweit er als Vollstreckungsgericht tätig wurde, § 758 Rn 26. Eine Erinnerung ist gegenüber dem Prozeßgericht als Vollstreckungsorgan nicht zulässig. Dort bleibt vielmehr allenfalls die sofortige Beschwerde nach §§ 567 I Z 1, 793 statthaft. Wohl aber ist eine Erinnerung zulässig, wenn das Arrestgericht als Vollstreckungsgericht nach § 930 entschieden hat, Ffm OLGZ **81**, 370. Eine Erinnerung ist auch dann zulässig, wenn das LG fälschlich nicht über einen Zuschlag nach dem ZVG entschieden, sondern das Verfahren zurückverwiesen hat.

8 **E. Gegen Zwangsversteigerung, Zwangsverwaltung, Teilungsversteigerung.** Es kann um die Anordnung einer Zwangsversteigerung, Zwangsverwaltung oder Teilungsversteigerung eines Grundstücks gehen, §§ 864 ff in Verbindung mit §§ 15, 27, 146, 180 ZVG, Bre Rpfleger **84**, 157, Hamm KTS **77**, 177, LG Bielef Rpfleger **86**, 271. Gegen die Anordnung des Grundbuchamts sind die Rechtsbehelfe gegeben, die in § 867 Rn 23 dargestellt sind. Wenn das Finanzamt eine Steuer beitreibt, ist nur die Beschwerde nach der AO zulässig.

9 **5) Zusammentreffen mit weiteren Zwangsvollstreckungsbehelfen, I, II.** Man muß vier Situationsgruppen unterscheiden.

A. Sofortige Beschwerde. Wenn statt einer gesetzlich vorgesehenen Maßnahme sogleich eine förmliche Entscheidung ohne eine Anhörung des Betroffenen ergangen ist, kommt beim Rpfl § 11 RPflG, Anh § 153 GVG, und beim Richter die sofortige Beschwerde nach §§ 567 I Z 1, 793 in Betracht, Rn 46, § 793 Rn 3. Indessen muß man meist die angefochtene Entscheidung in die richtige Form umdeuten. Der Rechtsbehelf ist dann in denjenigen umdeutbar, der gegen diese richtige Maßnahme zulässig ist, Grundsatz der sog Meistbegünstigung, Grdz 28 vor § 511. In den Fällen des § 95 ZVG halten manche statt der sofortigen Beschwerde nur die Erinnerung für zulässig, wenn der Gegner nicht angehört worden war.

10 **B. Dienstaufsichtsbeschwerde.** Eine Dienstaufsichtsbeschwerde gegen den Gerichtsvollzieher ist grundsätzlich zulässig, BVerwG NJW **83**, 898, aM Midderhoff DGVZ **82**, 24 (aber sie ist ungeachtet ihrer Problematik fast überall praktisch statthaft). Die Dienstaufsicht darf freilich nicht die Eigenverantwortlichkeit des Gerichtsvollziehers beseitigen, BVerwG NJW **83**, 898. Jedoch hat eine etwaige Erinnerung nach § 766 Vorrang, Gaul ZZP **87**, 275. Der Vorgesetzte kann wegen einer einzelnen Vollstreckungshandlung nur bedingt Anweisungen erteilen, aM LG Heidelb DGVZ **82**, 120 (aber der Gerichtsvollzieher kann meist nicht ohne eigenen Ermessensraum arbeiten).

11 **C. Vollstreckungsabwehrklage.** Wenn auch ein sachlichrechtlicher Vollstreckungsvertrag vorliegt, ist insoweit eine Vollstreckungsabwehrklage nach § 767 zulässig und notwendig, Grdz 42 vor § 704.

12 **D. § 23 EGGVG.** Das Verfahren nach § 23 EGGVG kommt wegen des nach seinem III vorrangigen § 766 nicht in Betracht, Ffm Rpfleger **76**, 367, Midderhoff DGVZ **82**, 24. Das gilt auch dann, wenn eine Erinnerung zB wegen der Beendigung der Zwangsvollstreckung nicht mehr zulässig ist, KG MDR **82**, 155, Karlsr MDR **80**, 76.

13 **6) Zusammentreffen mit sachlichrechtlichen Klagen, I, II.** Insoweit gibt es fünf Möglichkeiten.

A. Drittwiderspruchsklage. Wenn die Voraussetzungen des § 771 oder des § 805 vorliegen, kann für den Dritten eine Klage nach dieser Vorschrift in Betracht kommen. Eine Entscheidung aus § 766 schließt eine Klage nach § 771 nicht aus. Denn § 766 betrifft nur das Verfahren. § 771 betrifft demgegenüber das sachliche Recht, Kblz Rpfleger **79**, 203, Schlesw Rpfleger **79**, 471. Wenn der Schuldner an der Sache einen Besitz hat, dann hat er wegen der Verletzung seines Besitz- und Benutzungsrechts die Erinnerung. Der Eigentümer hat eine Klage aus § 771, AG Bln-Wedding DGVZ **88**, 45.

Die Vorschriften können zB auch bei einer Zwangsvollstreckung in eine Vermögensmasse zusammentreffen, mit der der *Schuldner nicht haftet,* etwa bei einer Zwangsvollstreckung in das Vermögen des Erbens oder

Abschnitt 1. Allgemeine Vorschriften **§ 766**

dann, wenn sich der Titel nur gegen die Gesellschaft richtet, die Zwangsvollstreckung aber das Eigentum eines Gesellschafters berührt. In Betracht kommen ferner: Eine Zwangsvollstreckung in ein Vermögen, das einer fremden Verwaltung unterliegt, ohne daß ein Duldungstitel vorliegt; eine Zwangsvollstreckung in den Gewahrsam eines nicht herausgabebereiten Dritten, § 809; der Fall, daß ein Hypothekengläubiger die Unzulässigkeit der Pfändung von Zubehör behauptet.

B. Feststellungsklage. Wenn die Zwangsvollstreckung schlechthin unwirksam ist oder war, kann eine **14** Feststellungsklage nach § 256 möglich sein, Grdz 42 vor § 704, Köln JB **01**, 213, AG Bln-Schöneb DGVZ **91**, 140, AG Köln DGVZ **78**, 30. Das mag auch ausnahmsweise wegen einer einzelnen Maßnahme möglich sein, Bbg JB **83**, 298, Ffm OLGZ **83**, 337, Köln JB **01**, 213. Es ist auch eine entsprechende Einrede zulässig.

C. Klage wegen Mehrdeutigkeit. Soweit der Titel mehrdeutig ist, kommt eine erneute Leistungsklage **15** nach Einf 16 vor §§ 322–327 oder eine Feststellungsklage wegen des Urteilsinhalts nach § 256 in Betracht.

D. Klage aus anderem Grund. Soweit dem Kläger die Grundlagen der Erinnerung fehlen und wenn er **16** etwa die Mangelhaftigkeit der Pfändung nicht kennt, kommt ebenfalls eine erneute Leistungsklage oder eine Feststellungsklage nach § 256 infrage. Wenn die Zwangsvollstreckung aber bereits nach Grdz 52 vor § 704 beendet ist, hat der Schuldner die Möglichkeit einer Bereicherungsklage nach §§ 812 ff BGB, falls der Anspruch nicht bestand, BFH **194**, 343. Diese Klagemöglichkeit besteht aber nicht schon deshalb, weil das Verfahren mangelhaft war.

E. Amtshaftungsklage. Schließlich kommt eine Klage wegen einer Amtspflichtverletzung gegen den **17** Staat in Betracht, Art 34 GG, § 839 BGB. Die Entscheidung nach § 766 hindert den Drittschuldner nicht, gegen einen Pfändungs- und Überweisungsbeschluß im Prozeß Einwendungen aus eigenem sachlichen Recht zu erheben, soweit dazu ein Rechtsschutzbedürfnis besteht, Grdz 33 vor § 253, BGH **69**, 148.

7) Antragsberechtigung, I, II. Antragsberechtigt ist jeder, dessen Recht von einer Maßnahme der **18** Zwangsvollstreckung rechtlich nachteilig berührt wird, Düss NJW **80**, 458. Das können sein: Der Gläubiger, Ffm FamRZ **83**, 1268; der Schuldner; der Drittschuldner, § 840, so zB der Sozialversicherungsträger, Hamm Rpfleger **77**, 109, KG Rpfleger **76**, 144; der Insolvenzverwalter, AG Köln RR **99**, 1351, AG Rostock RR **00**, 716; der Schuldner im Insolvenzverfahren; die Staatskasse, vertreten durch den Bezirksrevisor, AG Neuwied DGVZ **99**, 190; der Gerichtsvollzieher, LG Konst DGVZ **02**, 139; andere Dritte. Gläubiger und Schuldner können sich gegen das Verfahren des Gerichtsvollziehers und des Vollstreckungsgerichts wenden. Das gilt auch dann, wenn die Prozeßvoraussetzungen der Zwangsvollstreckung nach Grdz 39 vor § 704 fehlen oder wenn die förmlichen Voraussetzungen der Zwangsvollstreckung fehlen oder wenn die Ausführung der einzelnen Vollstreckungsmaßnahme gesetzwidrig ist.
Wenn das Vollstreckungsgericht erst *nach* einer notwendigen oder freigestellten *Anhörung* aller Beteiligten eine förmliche Entscheidung nach Rn 3 getroffen hat, ist nicht die Erinnerung statthaft, sondern die sofortige Beschwerde, Rn 9. Wenn das Beschwerdegericht eine Anordnung in der Zwangsvollstreckung erlassen hat, etwa einen Pfändungsbeschluß, dann geht die Erinnerung an das Beschwerdegericht. Denn das niedrigere Gericht darf eine Anordnung des höheren Gerichts nicht überprüfen.

8) Beispiele zur Frage der Zulässigkeit einer Erinnerung, I, II **19**
Ablehnung nach Anhörung: Die Erinnerung des Gläubigers ist *unzulässig*, soweit das Vollstreckungsgericht die Durchführung seines Vollstreckungsauftrags an den Gerichtsvollzieher nach einer Anhörung des Schuldners abgelehnt hat, Rn 4 (statt dessen evtl sofortige Beschwerde, §§ 567 I Z 1, 793).
Ablehnung ohne Anhörung: Die Erinnerung des Gläubigers ist zulässig, soweit der Gerichtsvollzieher einen Vollstreckungsauftrag ohne Schuldneranhörung ablehnt, Rn 3, LG Kiel DGVZ **83**, 155, AG Aachen DGVZ **84**, 40, AG Münst RR **92**, 1531.
Ablehnung wegen Befangenheit: Sie ist beim Gerichtsvollzieher *unzulässig*, § 49 Rn 7, BVerfG RR **05**, 365.
Abtretung: Rn 21 „Einwendung gegen den Anspruch", Rn 25 „Landwirtschaft".
Anderer Gerichtsvollzieher: Die Erinnerung des Schuldners ist *unzulässig,* soweit er verlangt, ein anderer Gerichtsvollzieher solle tätig werden, AG Bayreuth DGVZ **84**, 75, solange kein „Ablehnungsgrund" vorliegt, AG Bad Vilbel DGVZ **99**, 13 (er fehlt, wenn der Gerichtsvollzieher den Schuldner lediglich kennt).
Anhörung: Die Erinnerung des Schuldners ist *unzulässig,* soweit man ihn vor der Entscheidung angehört hatte. Dann kommt vielmehr nur die sofortige Beschwerde in Betracht, §§ 567 I Z 1, 793, Bbg NJW **78**, 1389, LG Bonn DB **79**, 94.
Aufenthaltsermittlung: Rn 30 „Unbekannter Aufenthalt".
Aufrechnung: Rn 21 „Einwendung gegen den Anspruch".
Berechtigtes Interesse: Die Erinnerung des Gerichtsvollziehers ist zulässig, soweit er an einer Entscheidung **20** ein berechtigtes Interesse hat, zB deshalb, weil er befürchtet, evtl rechtswidrig zu handeln und deshalb mit einer Notwehr des Schuldners rechnen zu müssen, Düss NJW **80**, 458 und 1111, aM Stgt Rpfleger **80**, 236, LG Osnabr DGVZ **80**, 124 (where er mangels eigener Betroffenheit keinen Anspruch auf Rechtsschutz). Die Staatskasse, vertreten durch den Bezirksrevisor, hat ein berechtigtes Interesse, soweit es zB um eine Kostenrechnung als Gerichtsvollzieher geht, auch wegen deren Überhöhung, AG Neuwied DGVZ **99**, 190.
Bestimmtheit der Forderung: Die Erinnerung des Schuldners ist zulässig, soweit das Mahn- oder Prozeßgericht die Forderung nicht genügend bestimmt bezeichnet hat, BGH MDR **78**, 135, Ffm NJW **81**, 468, LG Traunst Rpfleger **04**, 366 (abl Vollkommer 336).
Betreuer: Rn 26 „Partei kraft Amtes".
Bezirksrevisor: Rn 28 „Staatskasse".
Dienstaufsichtsbeschwerde: Man muß ihre Zulässigkeit und diejenige einer Erinnerung unabhängig voneinander prüfen. Das gilt auch wegen der Kosten. Vgl aber Rn 10.
Dritter: Seine Erinnerung ist nur insoweit zulässig, als er ein Rechtsschutzbedürfnis hat, Grdz 33 vor § 253, BGH RR **89**, 636, Düss NJW **80**, 458, Köln DGVZ **92**, 170.

Hartmann 2141

§ 766

Unzulässig ist eine Erinnerung wegen nur wirtschaftlicher Nachteile, LG Kblz MDR **82**, 503, oder wegen seiner Behauptung, Eigentümer der gepfändeten Sache zu sein, AG Halle-Saarkreis JB **05**, 383 (§ 771).
S auch Rn 31 „Veräußerungshinderndes Recht".
Drittschuldner: Er kann grds die Erinnerung einlegen, BGH **69**, 144. Das gilt zB bei unzureichender Bezeichnung der Forderung, BGH MDR **78**, 135.
Die Erinnerung des Schuldners ist *unzulässig*, soweit sich der Drittschuldner gegen Bestand und Höhe der überwiesenen Forderung wendet, Schulze-Werner/Bischoff NJW **86**, 697.
S auch Rn 31 „Veräußerungshinderndes Recht", Rn 35 „Zustellung".
Duldungstitel: Die Erinnerung des Schuldners ist zulässig, soweit der erforderliche Duldungstitel fehlt.
Durchsuchung: Die Erinnerung des Schuldners ist zulässig, soweit das Gericht oder der Gerichtsvollzieher ohne vorherige Schuldneranhörung eine Maßnahme nach §§ 758, 758 a vornehmen, § 758 Rn 26, oder wenn der Gerichtsvollzieher ohne notwendige Durchsuchungsanordnung vorging.

21 **Ehegatte:** Die Erinnerung des Ehegatten des Schuldners ist *unzulässig*, soweit beim Schuldner § 739 die Vermutung des § 1362 I BGB beseitigt. Denn dann kommt nur § 771 in Betracht, § 739 Rn 5, Bbg DGVZ **78**, 9, aM LG Münst DGVZ **78**, 14 (aber § 771 hat als Spezialvorschrift Vorrang). Der Einwand des Fehlens einer Einwilligung nach § 1365 BGB läßt sich nach § 766 erheben, Ffm FamRZ **99**, 525. Beim „Oder"-Konto ist das Innenverhältnis unerheblich, Nürnb JB **02**, 497.
S auch Rn 27 „Räumung".
Eigentum: S „Dritter".
Einschränkung: Die Erinnerung des Gläubigers ist zulässig, soweit der Gerichtsvollzieher eine Vollstreckung gegenüber dem Auftrag einschränkt, AG Wuppert DGVZ **93**, 14.
Einstellung: Die Erinnerung des *Gläubigers* ist zulässig, soweit der Gerichtsvollzieher die Vollstreckung unzulässigerweise einstellt, AG Wuppert DGVZ **93**, 14.
Die Erinnerung des *Schuldners* ist zulässig, soweit der Gerichtsvollzieher trotz erfolgter Einstellung der Zwangsvollstreckung pfändet oder soweit er entgegen § 775 die Einstellung ablehnt.
Einwendung gegen den Anspruch: Die Erinnerung des Schuldners ist *unzulässig*, soweit er eine Einwendung gegen den Anspruch geltend macht, zB dahin, die Forderung stehe dem Gläubiger nicht mehr zu, Köln FamRZ **85**, 627, AG Heidelb DGVZ **89**, 46 (Aufrechnung). In diesen Fällen ist die Vollstreckungsabwehrklage nach § 767 zulässig, Ffm MDR **80**, 63, LG Essen WoM **84**, 252 (Verwirkung), AG Heidelb DGVZ **89**, 46.
Erbe: Vgl bei Testamentsvollstreckung § 748 Rn 8.
Ersatzzustellung: Die Erinnerung des Gläubigers ist zulässig, soweit der Gerichtsvollzieher einen Auftrag wegen Verkennung des § 181 ohne Schuldneranhörung ablehnt, LG Aachen DGVZ **84**, 40.

22 **Feiertagspfändung:** Die Erinnerung des Schuldners ist zulässig, soweit eine nach § 758 a IV gesetzwidrige Maßnahme ergeht.
Frist: Rn 27 „Räumung".
Funktionelle Unzuständigkeit: Rn 32 „Vollstreckungsklausel".
Gegenleistung: Rn 35 „Zug-um-Zug".
Gerichtsvollzieher: Die Erinnerung des *Gläubigers* gegen eine Weigerung des Gerichtsvollziehers ist zulässig, LG Aachen DGVZ **03**, 23.
Die Erinnerung des *Gerichtsvollziehers* ist *unzulässig*, soweit seine Interessen weder kostenrechtlich noch sonstwie betroffen sind, Düss RR **93**, 1280, aM Nies MDR **99**, 1420 (aber warum sollte er keine Abwehrmöglichkeit haben?).
S auch bei den einzelnen fraglichen Handlungen.
Geringfügigkeit: Die Erinnerung des Gläubigers ist zulässig, soweit der Gerichtsvollzieher einen Vollstreckungsauftrag wegen Geringfügigkeit der Forderung ohne Schuldneranhörung ablehnt, AG Flensb MDR **75**, 765.
Geschäftsanweisung: Die Erinnerung eines Betroffenen, auch eines Dritten, ist zulässig, soweit der Gerichtsvollzieher gegen die GVO oder gegen die Geschäftsanweisung (GVGA) verstößt, Köln JB **92**, 703, LG Bonn JB **94**, 312, FG Stgt MDR **76**, 84, aM Karlsr MDR **76**, 54 (aber ein Dienstverstoß bedeutet trotz § 1 II GVGA durchweg auch einen Verfahrensverstoß).
Gesetzliche Vertretung: Die Erinnerung ist zulässig, soweit der Mangel einer gesetzlichen Vertretung vorliegt, Kblz FamRZ **05**, 993.

23 **Gewahrsam:** Die Erinnerung des *Gläubigers* ist zulässig. Er muß den Schuldnergewahrsam beweisen, Düss MDR **97**, 143.
Die Erinnerung des *Schuldners* ist *unzulässig*, soweit ein fremder Gewahrsam verletzt wird, AG Mü DGVZ **95**, 11. In diesem Fall gilt § 809. Dasselbe gilt bei Verletzung fremden Eigentums. Dann gilt § 771. Die Verletzung eines fremden Vorzugsrechts läßt sich nur nach § 805 regeln.
Die Erinnerung eines *Dritten* ist zulässig, soweit der Gerichtsvollzieher Sachen pfändet, die lediglich im Gewahrsam des Dritten stehen. Dabei ist unerheblich, ob der Dritte auch nach § 771 klagen kann.
Gläubiger: Die Erinnerung des Gläubigers ist zulässig, soweit er eine Maßnahme des Gerichtsvollziehers für unzureichend hält, LG Chemnitz DGVZ **00**, 37, LG Hildesh DGVZ **00**, 37.
Herabsetzung: Rn 30 „Unpfändbarkeit".
Herausgabe des Erlöses usw: Die Erinnerung des Gläubigers ist zulässig, soweit der Gerichtsvollzieher die Herausgabe des Erlöses oder einer Sache verweigert, Noack DGVZ **75**, 97.
Herausgabe des Titels: Die Erinnerung des Gläubigers wie des Schuldners ist zulässig, soweit der Gerichtsvollzieher den Vollstreckungstitel nicht herausgibt bzw herausgeben läßt, § 836 Rn 8.

24 **Insolvenz,** dazu *Münzberg,* Anfechtung und Aufhebung von Zustellungen?, Festschrift für *Zöllner* (1999) 1203 (auch zur InsO): Die Erinnerung des Schuldners ist zulässig, soweit der Verwalter auf Grund eines vollstreckbaren Titels zu Unrecht Gegenstände zur Masse gezogen hat. Der Schuldner ist überhaupt trotz des Verfahrens zur Erinnerung gegen solche Maßnahmen der Zwangsvollstreckung berechtigt, die gegen

Abschnitt 1. Allgemeine Vorschriften **§ 766**

§ 89 InsO verstoßen, BGH BB **04**, 853, oder gegen § 93 InsO, LG Bad Kreuznach Rpfleger **04**, 518, ebenso wie der Verwalter, Jena RR **02**, 627, LG Hbg KTS **83**, 600, Lüke NJW **90**, 2665, aM Hbg KTS **83**, 601 (§§ 767, 768. Aber § 766 gilt auch im Insolvenzverfahren wie sonst, § 4 InsO). Das gilt auch bei § 114 III InsO, LG Mü Rpfleger **00**, 468 (krit Zimmermann). Zum Problem BSG NJW **90**, 2709.
Insolvenzverwalter: S „Insolvenz", Rn 26 „Partei kraft Amtes".
Kostenberechnung: Die Erinnerung des *Gläubigers* wie des Schuldners ist zulässig, soweit der Gerichtsvollzieher seine Kosten fehlerhaft ansetzt. Das gilt unabhängig davon, ob sie schon bezahlt sind, LG Bln DGVZ **79**, 182. In diesem Fall kann der Gläubiger die Erinnerung auch schon vor der Entgegennahme der Kosten aus dem Erlös der Vollstreckung einlegen, LG Hann DGVZ **77**, 61. Das gilt auch bei Prozeßkostenhilfe, AG Gladbeck DGVZ **89**, 159.
Die Erinnerung des *Gerichtsvollziehers* ist *unzulässig*, soweit sein Kostenansatz beanstandet wird, § 793 Rn 15 (dort zu dieser Streitfrage).
S auch Rn 28 „Staatskasse", Rn 33 „Vorschuß".
Landwirtschaft: Die Erinnerung des Schuldners ist zulässig, soweit er sich auf einen landwirtschaftsrechtlichen Vollstreckungsschutz berufen kann, weil der Gläubiger zB als Abtretungsnehmer zur Rechtsverfolgung nicht befugt ist und daher auch nicht vollstrecken darf. 25
Lohnpfändung: Rn 30 „Unpfändbarkeit".
Löschung: Die Erinnerung des Schuldners ist zulässig, soweit ein Anspruch auf die Löschung zB einer Hypothek mißachtet wird.
Nachlaßpfleger, -verwalter: Rn 26 „Partei kraft Amtes".
Nachtpfändung: Die Erinnerung des Schuldners ist zulässig, soweit eine nach § 758a IV gesetzwidrige Maßnahme ergeht.
Notar: Rn 33 „Vorschuß".
Notwehr: Rn 20 „Berechtigtes Interesse".
Partei kraft Amtes: Sie kann die Erinnerung bei Vollstreckung in ihr eigenes Vermögen einlegen. 26
Pfändung: Die Erinnerung des Schuldners ist zulässig, soweit der Gerichtsvollzieher den Pfandgegenstand nicht in gesetzmäßigem Gewahrsam hat und ihn nicht ordnungsgemäß gekennzeichnet hat, oder soweit die Pfändung zB nach §§ 811ff, 865 II gesetzlich verboten war oder nach § 810 zu früh erfolgt ist.
S auch Rn 30 „Überpfändung", „Unpfändbarkeit".
Pfändungsfreigrenze: Die Erinnerung des Schuldners ist zulässig, soweit das Vollstreckungsorgan bzw. -gericht die Pfändungsfreigrenze unrichtig festgesetzt hat, LG Kiel SchlHA **77**, 120.
S auch Rn 30 „Unpfändbarkeit".
Pfändungswille des Gläubigers: Die Erinnerung des Gläubigers ist zulässig, soweit der Gerichtsvollzieher eine Sache pfändet, die der Gläubiger nicht hat pfänden lassen wollen, AG Offenbg DGVZ **77**, 45.
Pfleger: S „Partei kraft Amtes".
Protokollberichtigung: Eine Erinnerung des Gerichtsvollziehers ist *unzulässig*, soweit er eine Protokollberichtigung abgelehnt hat, Brschw DGVZ **92**, 120.
Rang: Die Erinnerung eines Dritten ist zulässig, soweit er sich als nachrangiger Pfändungsgläubiger auf die 27 Unzulässigkeit einer früheren Pfändung beruft, BGH Rpfleger **89**, 248.
Ratenzahlung: Die Erinnerung des Gläubigers ist zulässig, soweit der Gerichtsvollzieher dem Schuldner eine Ratenzahlung ohne Zustimmung des Gläubigers gestattet, AG Ludwigsh JB **02**, 608, Gaul ZZP **87**, 253.
Räumung: Die Erinnerung des *Schuldners* ist zulässig, soweit zwischen Ankündigung und Durchführung einer Räumung eine zu knappe Frist liegt, AG Darmst DGVZ **79**, 174 (es ist mit der Gewährung von „mindestens" drei Wochen aber zu großzügig).
Die Erinnerung eines *Dritten* ist *unzulässig*, soweit er als Ehegatte oder Kind des zur Räumung verpflichteten Schuldners auftritt, vgl im einzelnen bei § 885, LG Kref DGVZ **77**, 25, Rabl DGVZ **87**, 38, aM LG Oldb DGVZ **91**, 139 (ja bei eindeutiger Lage. Aber ob diese vorliegt, kann man erst im Verfahren klären). Sie ist ferner nach Beendigung der Räumung unzulässig, Grdz 52 vor § 704, LG Wiesb DGVZ **00**, 25.
Rechtsmißbrauch: Die Erinnerung des Schuldners ist wohl meist *unzulässig*, soweit Rechtsmißbrauch vorliegt, Einl III 54, Grdz 44 vor § 704. Er kann dann nach § 765a vorgehen.
Rechtswidrigkeit: Die Erinnerung, auch eines Dritten, ist zulässig, soweit die Art und Weise der Zwangsvollstreckung rechtswidrig ist und seine Interessen verletzt. Vgl bei den einzelnen Vorgängen.
Rückgriff: Die Erinnerung eines Dritten ist *unzulässig*, soweit er an der Zwangsvollstreckung unbeteiligt ist und nur den rechtsgeschäftlichen Rückgriff der Beteiligten befürworten muß.
Sachlichrechtliche Einwendung: Rn 21 „Einwendung gegen den Anspruch". 28
Scheck: Die Erinnerung des Schuldners ist zulässig, soweit der Gerichtsvollzieher ihm auf Grund eines Scheckurteils bei der Vollstreckung den Scheck nicht aushändigt.
Scheidung: S „Trennungsunterhalt".
Sicherheitsleistung: Die Erinnerung des Schuldners ist zulässig, soweit eine erforderliche Sicherheitsleistung fehlt. Man kann das schon Beigetriebene dann durch eine Klage herausverlangen.
Sozialhilfe: Rn 34 „Wirtschaftliches Interesse".
Staatskasse: Die Erinnerung der Staatskasse ist zulässig, soweit es um einen sie belastenden Ansatz von Kosten des Gerichtsvollziehers geht, II. Dasselbe gilt auch zugunsten des Kostenschuldners. LG Ffm DGVZ **93**, 75, LG Wiesb DGVZ **90**, 13, AG Königstein DGVZ **93**, 74. Sie wird durch den Bezirksrevisor tätig.
Stundung: Die Erinnerung des Gläubigers ist zulässig, soweit der Gerichtsvollzieher dem Schuldner ohne Zustimmung des Gläubigers eine Stundung gewährt, Gaul ZZP **87**, 253.
Teilzahlung: Rn 27 „Ratenzahlung". 29
Testamtentsvollstrecker: Rn 26 „Partei kraft Amtes".

§ 766 Buch 8. Zwangsvollstreckung

Trennungsunterhalt: Die Erinnerung des Schuldners ist zulässig, soweit es nach der Rechtskraft des Scheidungsurteils um die Vollstreckung wegen eines Trennungsunterhalts geht, AG Groß Gerau FamRZ **89**, 776 (zustm Gottwald).

30 **Überpfändung:** Die Erinnerung des Schuldners ist zulässig, soweit entgegen § 803 eine Überpfändung vorliegt.
S auch Rn 34 Wiederholung der Vollstreckung".
Umschreibung: Rn 22 „Vollstreckungsklausel".
Unbekannter Aufenthalt: Die Erinnerung des Gläubigers ist *unzulässig*, soweit der Gerichtsvollzieher einen Vollstreckungsauftrag ohne Schuldneranhörung ablehnt, weil die Ermittlung des Aufenthaltsorts des Schuldners zu schwierig sei. Denn der Gerichtsvollzieher muß sich um diese Ermittlung nicht besonders bemühen, aM AG Hamm DGVZ **77**, 26 (vgl aber § 754 Rn 3).
Unklarheit des Titels: Rn 32 „Vollstreckungstitel".
Unpfändbarkeit: Die Erinnerung des *Gläubigers*, des *Schuldners* oder eines betroffenen *Dritten* ist zulässig, soweit der Gerichtsvollzieher dem Grunde oder der Höhe nach eine völlige oder teilweise Unpfändbarkeit zu Unrecht annimmt, Kblz Rpfleger **78**, 227 (zu hoher pfandfreier Betrag), LG Düss DGVZ **85**, 152, oder soweit er eine Pfändbarkeit bejaht, LG Bln Rpfleger **78**, 268 (Dritter), oder soweit er die Herabsetzung fälschlich ablehnt, LG Kblz MDR **79**, 944.
Die Erinnerung des *Schuldners* oder des *Drittschuldners* ist zulässig, soweit der Gerichtsvollzieher eine Erhöhung des pfandfreien Betrages gesetzwidrig ablehnt, Düss FamRZ **84**, 727 (zur Erhöhung), oder soweit sonstwie irgendeine Unpfändbarkeit mißachtet wird, BGH **69**, 148, Ffm NJW **81**, 468, Wilke NJW **78**, 2381. Eine Klage ist nur dann zulässig, wenn die Unpfändbarkeit sachlichrechtlich in der Rechtsstellung des Schuldners begründet ist.
S auch Rn 26 „Pfändungsfreigrenze".
Untätigkeit: Rn 31 „Verzögerung".
Unzuständigkeit: Die Erinnerung des Schuldners ist zulässig, soweit das Vollstreckungsorgan unzuständig ist.
Urkunde: Die Erinnerung des Schuldners ist zulässig, soweit der Gerichtsvollzieher ihm auf Grund eines Urkundenurteils bei der Vollstreckung die Urkunde nicht aushändigt.

31 **Valuta:** Die Erinnerung des Schuldners ist zulässig, soweit der Gerichtsvollzieher die dem Gläubiger zukommende Valuta zum Nachteil des Schuldners falsch berechnet. Dabei schließt die Entscheidung eine spätere Zwangsvollstreckung des ungedeckten Teils nicht aus.
Veräußerunghinderndes Recht: Die Erinnerung des Schuldners ist *unzulässig*, soweit er sich auf ein die Veräußerung hinderndes Recht beruft. In diesem Fall kommt nämlich allenfalls eine Drittwiderspruchsklage nach § 771 in Betracht, Schlesw Rpfleger **79**, 471. Diese steht aber auch nur einem Dritten frei. Bei einer unstreitigen Verfügungsbeschränkung nach § 1365 I BGB kann eine Ausnahme in Betracht kommen, Ffm FamRZ **97**, 1490.
Verhaftung: Die Erinnerung des Schuldners ist zulässig, soweit ihm eine gegen § 906 verstoßende Verhaftung bevorsteht, § 906 Rn 10, oder soweit er bereits verbotenerweise verhaftet worden ist.
Verjährung: Die Erinnerung des *Gläubigers* ist zulässig, soweit der Gerichtsvollzieher einen Vollstreckungsauftrag ohne Schuldneranhörung ablehnt, weil die Forderung verjährt sei, AG Münst RR **92**, 1531.
Die Erinnerung des *Schuldners* ist *unzulässig*, soweit der Gerichtsvollzieher eine Verjährung nicht beachtet hat, LG Kblz DGVZ **85**, 62. Man muß dann nach § 767 vorgehen.
Verteilungstermin: Die Erinnerung des Gläubigers bleibt zulässig, soweit sie vor einem Verteilungstermin beim Gericht eingegangen ist, Münzberg Rpfleger **86**, 254, aM Kblz DGVZ **84**, 59 (aber das Gericht hätte schneller prüfen und entscheiden können. Es kommt auf Entscheidungsreife an).
Bei Anhängigkeit erst nach dem Verteilungstermin ist eine solche Erinnerung *unzulässig*, Kblz DGVZ **84**, 59, Münzberg Rpfleger **86**, 254.
Verwertungsaufschub: Die Erinnerung des Gläubigers oder Schuldners ist bei § 813 b zulässig.
Verwirkung: Rn 21 „Einwendung gegen den Anspruch".
Verzögerung: Die Erinnerung des Gläubigers ist zulässig, soweit der Gerichtsvollzieher einen Vollstreckungsauftrag außerhalb seines pflichtgemäßen Ermessens objektiv verzögerlich erledigt, LG Dessau JB **97**, 46 (neue Bundesländer), AG Halle/S JB **04**, 504, Gleußner DGVZ **94**, 147, aM AG Karlsr DGVZ **84**, 29, AG Rosenheim DGVZ **97**, 141 (aber der Gerichtsvollzieher darf nicht trödeln. Freilich kann wirklich eine Überlastung vorliegen, LG Halle JB **03**, 609).

32 **Vollstreckungsklausel:** Die Erinnerung des *Schuldners* ist zulässig, soweit eine Vollstreckungsklausel fehlt, aM Köln FamRZ **85**, 627, oder soweit ein funktionell unzuständiger Urkundsbeamter der Geschäftsstelle die Klausel erteilt hat, Hamm Rpfleger **89**, 467, oder soweit das Gericht sie nicht wie erforderlich umgeschrieben hat, BGH NJW **92**, 2160 (krit Münzberg JZ **93**, 95).
Die Erinnerung eines betroffenen *Dritten* ist zulässig, soweit das Gericht ihn nicht in der Vollstreckungsklausel genannt hat.
Vollstreckungskosten: Die Erinnerung des Gläubigers ist zulässig, soweit der Gerichtsvollzieher vom Gläubiger bezeichnete Kosten nicht als nach § 788 notwendige anerkennt. Die Erinnerung des Schuldners ist zulässig, soweit er die Erstattbarkeit leugnet.
Vollstreckungstitel: Die Erinnerung des Schuldners ist zulässig, soweit überhaupt ein wirksamer Vollstreckungstitel fehlt, Bbg Rpfleger **82**, 31, Düss Rpfleger **77**, 67, KG RR **88**, 1406, oder soweit der vorhandene Titel einen anderen Inhalt als den vom Gläubiger bzw vom Vollstreckungsorgan angenommenen hat, KG RR **88**, 1406, oder soweit keine ordnungsgemäße Zustellung des Vollstreckungstitels oder der zugehörigen Unterlagen nach §§ 750 ff erfolgt ist.
Die Erinnerung des Schuldners ist grds *unzulässig*, soweit lediglich eine Unklarheit des Vollstreckungstitels vorliegt. In diesem Fall kann er nach § 256 auf Feststellung klagen.
Vollstreckungsvertrag: Die Erinnerung des Schuldners ist zulässig, soweit die Vollstreckung gegen einen Vollstreckungsvertrag verstößt, Grdz 24 vor § 704, Karlsr ZMR **77**, 96.

Abschnitt 1. Allgemeine Vorschriften   § 766

Voraussetzung der Vollstreckung: Die Erinnerung des Schulders ist zulässig, soweit eine Vollstreckungs- 33
voraussetzung fehlt. Vgl bei den einzelnen Arten der Voraussetzungen.
Vorläufiger Insolvenzverwalter: Seine Erinnerung ist *unzulässig*. Denn er muß nach §§ 771, 772 vorgehen, LG Hann DGVZ **90**, 42.
Vormund: Rn 21 „Partei kraft Amtes".
Vorschuß: Die Erinnerung des *Gläubigers* ist zulässig, soweit der Gerichtsvollzieher einen zu hohen oder überhaupt einen Vorschuß fordert, LG Aschaffenb DGVZ **95**, 75 (Notar), oder sich weigert, einen Kostenvorschuß zurückzuerstatten.
   Die Erinnerung des *Gerichtsvollziehers* ist zulässig, soweit sein Vorschuß herabgesetzt wird, LG Rottweil DGVZ **89**, 74.
   S auch Rn 24 „Kostenberechnung".
Wahlschuld: Die Erinnerung des Schuldners ist *unzulässig*, soweit er einwendet, er habe anders gewählt, 34
Rn 21 „Einwendung gegen den Anspruch". Dann ist die Abwehrklage nach § 767 statthaft.
Wechsel: Die Erinnerung des Schuldners ist zulässig, soweit der Gerichtsvollzieher ihm auf Grund eines Wechselurteils bei der Vollstreckung den Wechsel nicht aushändigt.
Wegegeld: Die Erinnerung des *Gläubigers* ist zulässig, soweit der Gerichtsvollzieher zuviel berechnetes Wegegeld zurückzahlen will, aber den Nachweis fordert, daß der Schuldner Kosten noch nicht bezahlt hat, AG Düss DGVZ **97**, 95.
Wiederholung der Vollstreckung: Die Erinnerung des Schuldners ist zulässig, soweit eine mehrfache (wiederholte) Zwangsvollstreckung in gesetzwidriger Weise stattfindet.
   S auch Rn 30 „Überpfändung".
Wirtschaftliches Interesse: Die Erinnerung eines Dritten ist *unzulässig*, soweit er am Ausgang der Zwangsvollstreckung nur ein wirtschaftliches Interesse hat, etwa um als Träger von Sozialhilfeleistungen nicht in Anspruch genommen zu werden, LG Kblz MDR **82**, 503.
Zugewinngemeinschaft: Die Erinnerung ist zulässig, soweit man durch eine eindeutig gegen § 1365 I 35
BGB verstoßende Teilungsversteigerung benachteiligt wird, § 771 Rn 4, 5, Bre Rpfleger **84**, 157, LG Lüneb FamRZ **96**, 1489.
Zug um Zug: Die Erinnerung des Schuldners ist zulässig, soweit die erforderliche Gegenleistung des Gläubigers unvollständig ist, falls man das schon nach dem Vollstreckungstitel ohne weiteres feststellen kann. Andernfalls kommt eine Vollstreckungsabwehrklage nach § 767 in Betracht, KG RR **89**, 638.
   Unzulässig ist die Erinnerung gegen die Ablehnung des mit dem Angebot der Gegenleistung beauftragten Gerichtsvollziehers zur Durchführung dieses Angebots, LG Kblz DGVZ **98**, 58.
Zurückerstattung: Rn 24 „Kostenberechnung", Rn 33 „Vorschuß".
Zuständigkeit: § 753 regelt sie verbindlich. Daher ist ein Verstoß einer Änderung durch das Vollstreckungsgericht nur bedingt zugänglich, AG Bayreuth DGVZ **84**, 74.
Zustellung: Die Erinnerung des Gläubigers, des Schuldners oder des Drittschuldners ist zulässig, soweit eine gesetzlich notwendige Zustellung bisher nicht stattgefunden hat oder fehlerhaft verläuft, Köln JB **00**, 49, AG Itzehoe DGVZ **94**, 126 (Drittschuldner), oder soweit der Gerichtsvollzieher eine überflüssige weitere Zustellung vorgenommen hat, AG Überlingen JB **03**, 385.

   9) Weiteres Verfahren, I, II. Die Erinnerung ist schriftlich, elektronisch oder zum Protokoll der 36
Geschäftsstelle möglich, § 78 V Hs 2. Sie ist unbefristet zulässig. Bei II kann man § 567 II anwenden, LG Kblz DGVZ **87**, 59. Die Erinnerung wird grundsätzlich erst dann statthaft, wenn die Zwangsvollstreckung begonnen hat, Grdz 51 vor § 704, KG DGVZ **94**, 114. Sie wird mit dem Ende der Zwangsvollstreckung nach Grdz 52 vor § 704 mangels fortdauernden Rechtsschutzbedürfnisses grundsätzlich unzulässig, Grdz 33 vor § 704, Köln JB **01**, 213, LG Mü DGVZ **96**, 77. Doch genügt je nach der Sachlage auch das unmittelbare Bevorstehen einer Vollstreckungsmaßnahme, KG DGVZ **94**, 114, etwa eines Haftbefehls, Hamm DGVZ **83**, 137, oder der Räumung. Es reicht also eine Situation, in der eine nachträgliche Entscheidung dem Schuldner nicht mehr helfen würde, KG DGVZ **94**, 114 (das sei bei Androhung einer Zwangsöffnung noch nicht der Fall – ? –). Darüber hinaus darf man die angebliche Rechtswidrigkeit einer Maßnahme nicht mehr nach dem Ende der Zwangsvollstreckung prüfen, Köln JB **01**, 213.
   Ab *Befriedigung* des Gläubigers ist ein Erinnerungsverfahren also nicht mehr zulässig, LG Köln DGVZ **94**, 37
62, bzw erledigt, Hamm WoM **93**, 474, Köln OLGZ **88**, 216. Das gilt, sofern nicht die umstrittene Vollstreckungsmaßnahme fortwirkt, LG Bln DGVZ **91**, 141, wie ein Kostenansatz des Gerichtsvollziehers oder wie der Fall, daß die Versteigerung zwar durchgeführt, der Erlös aber hinterlegt worden ist, oder wie dann, wenn die Vollstreckungsmaßnahme die Grundlage für ein Verfahren zur Abgabe einer eidesstattlichen Versicherung zwecks Offenbarung nach §§ 807, 900 sein kann, etwa bei einer Fruchtlosigkeitsbescheinigung, LG Bln DGVZ **91**, 141, oder evtl dann, wenn es um Maßnahmen des Gerichtsvollziehers nach § 885 II–IV nach der Räumung geht, KG Rpfleger **86**, 440. Letzteres gilt freilich keineswegs stets, BGH DGVZ **05**, 25. § 7 GvKostG ist vorrangig, LG Hann DGVZ **77**, 62, aM LG Bln DGVZ **91**, 142 (aber die Kostenvorschrift hat als Spezialregel Vorrang). Eine falsche Bezeichnung des Rechtsbehelfs schadet nicht. Bei Zweifeln muß das Gericht rückfragen. Der Antragsteller muß genau angeben, welche Vollstreckungsmaßnahme er aus welchem Grund beanstandet.
   Zuständig ist dasjenige Vollstreckungsgericht, in dessen Bezirk die beanstandete Vollstreckungsmaßnahme 38
stattfand oder stattfinden soll, §§ 764, 828. Bei der Pfändung eines Arrests ist das Arrestgericht das Vollstreckungsgericht, § 930 Rn 6, Ffm JB **80**, 1737, Stgt Rpfleger **75**, 407. Bei einer Vollstreckung aus einem Insolvenzeröffnungsbeschluß ist das Insolvenzgericht Vollstreckungsgericht, Jena RR **02**, 627, AG Hbg KTS **78**, 59. Bei § 114 III InsO ist nicht das Insolvenzgericht zuständig, sondern das Vollstreckungsgericht, LG Mü Rpfleger **00**, 468 (krit Zimmermann). In einer Strafsache ist das Strafgericht zuständig, LG Frankenth Rpfleger **96**, 524. Im Erinnerungsverfahren herrscht kein Anwaltszwang im Sinn von § 78 Rn 1, BGH **69**, 148. Das Vollstreckungsgericht entscheidet durch den Richter, § 764 Rn 6, nicht durch den Rpfl, § 20 Z 17 S 2 RPflG, Anh § 153 GVG. Der Richter entscheidet auch nach § 91 a, LG Frankenth Rpfleger

§ 766

84, 361 (zustm Meyer-Stolte), AG Maulbronn FamRZ **91**, 355 (zustm Brehm). Deshalb ist § 11 RPflG unbeachtlich. Eine mündliche Verhandlung ist freigestellt, §§ 128 IV, 764 III.

39 Das bisherige Vollstreckungsorgan darf und muß daher gegebenenfalls der Erinnerung *abhelfen,* Ffm Rpfleger **79**, 111, LG Frankenth Rpfleger **84**, 424, Schmidt DGVZ **00**, 35. Der Rpfl darf und muß evtl zB einen Pfändungs- und Überweisungsbeschluß nach § 829 ändern oder den Beschluß nach einer Anhörung des Gläubigers auch teilweise oder ganz aufheben, Ffm Rpfleger **79**, 112, Kblz Rpfleger **78**, 226, Köln Rpfleger **75**, 140. Der Gerichtsvollzieher darf auch zB seine Kostenrechnung berichtigen. Deshalb muß sich zunächst das bisherige Vollstreckungsorgan dazu äußern, ob es abhelfen will. Es muß seine Entscheidung (Verfügung oder Beschluß, § 329) begründen, § 329 Rn 4, 11. Andernfalls liegt ein Verfahrensmangel vor. Er kann zur Zurückverweisung führen, § 329 Rn 4, 11. Dabei kann der Richter auch nach § 7 RPflG, Anh § 153 GVG, den Rpfl anweisen.

40 Der Richter kann eine mündliche *Verhandlung* stattfinden lassen. Er ist dazu aber nicht verpflichtet, § 128 IV, Schilken AcP **181**, 368. Er muß einen Termin unverzüglich bestimmen, § 216 entsprechend, auch für die Zeit vom 1. 7. bis 31. 8. ohne spätere Verlegungsmöglichkeit, § 227 III 2 Hs 1 Z 7. Der Erinnerungsführer muß diejenigen Tatsachen ungeachtet Grdz 37 vor § 704 darlegen zur Überzeugung des Gerichts beweisen, auf die er seine Erinnerung stützt, AG Ffm DGVZ **02**, 190, AG Springe NJW **78**, 834. Das Gesetz läßt die bloße Glaubhaftmachung nach § 294 wegen der Bedeutung einer endgültigen Entscheidung nicht zu. Prüfungsgegenstand sind nur die vom Schuldner gerügten Mängel des Vollstreckungsverfahrens. Vor einer Entscheidung zu Lasten des Antragsgegners muß ihn das Gericht anhören, Artt 2 I, 20 III GG (Rpfl), BVerfG **101**, 404, Art 103 I GG (Richter), LG Bln DGVZ **83**, 11. Die Erinnerung läßt sich bis zur Entscheidung über sie zurücknehmen und in den Grenzen von Rechtsmißbrauch nach Grdz 44 vor § 704 erneuern. Ein Verzicht ist in den Grenzen der Parteiherrschaft nach Grdz 4 vor § 704 zulässig.

41 **10) Entscheidung, I, II.** Das Vollstreckungsgericht entscheidet ohne Vorlage beim höheren Gericht, Düss RR **93**, 831 (beim Verstoß muß das höhere Gericht das Verfahren zurückgeben bzw zurückverweisen). Es entscheidet durch einen Beschluß, §§ 329, 764 III. Maßgebend ist die Sachlage im Zeitpunkt dieser Entscheidung, Köln OLGZ **88**, 216. Der Beschluß lautet auf eine Zurückweisung der Erinnerung oder im Fall des Stattgebens dahin, daß das Gericht die angefochtene Zwangsvollstreckungsmaßnahme für unzulässig erklärt oder aufhebt und/oder daß es den Gerichtsvollzieher zu deren Aufhebung anweist. Wenn das Vollstreckungsgericht oder das Beschwerdegericht eine Maßnahme des Vollstreckungsgerichts für unzulässig erklärt, dann hat es diese Maßnahme damit aufgehoben, Kblz Rpfleger **86**, 229. Die Aufhebung wirkt sofort, BGH **66**, 394, Köln RR **87**, 380, Saarbr Rpfleger **93**, 80. Sie beseitigt den Pfändungsbeschluß nicht rückwirkend. Dazu ist vielmehr eine leugnende Feststellungsklage notwendig, soweit diese zulässig ist, BGH **69**, 149.

42 Das Vollstreckungsgericht muß seine Entscheidung grundsätzlich begründen, § 329 Rn 4. Es muß sie mit vollem Namenszug *unterschreiben*, § 129 Rn 9, § 329 Rn 8. Eine sog Paraphe genügt also nicht, auch nicht beim Rpfl, Köln VersR **92**, 256 (auch zur Heilung durch den Richter). Das Vollstreckungsgericht muß seine Entscheidung im Fall einer mündlichen Verhandlung verkünden, § 329 I 1. Wenn es die Erinnerung zurückweist, muß es seine Entscheidung dem Antragsgegner formlos mitteilen, § 329 II 1, dem Antragsteller förmlich zustellen, § 329 III. Es muß eine der Erinnerung stattgebende Entscheidung beiden Parteien zustellen.

43 Das Vollstreckungsgericht muß in seinem Beschluß entsprechend § 308 II auch über die *Kosten* entscheiden. Denn diese sind keine Kosten der Zwangsvollstreckung, sondern diejenigen eines selbständigen Verfahrens, BGH RR **89**, 125. Es sind also §§ 91 ff anwendbar, nicht § 788, BGH RR **89**, 125, LG Kassel DGVZ **01**, 322, AG Schmalenberg Rpfleger **05**, 372. Der Gerichtsvollzieher ist mangels Beteiligung am Verfahren als Partei auch bei einer Anweisung an ihn nicht Kostenschuldner, Hamm DGVZ **94**, 27, LG Wetzlar DGVZ **95**, 127, LG Wuppert DGVZ **93**, 59. Auch die Landeskasse ist nicht kostenpflichtig, Hamm DGVZ **94**, 27, am AG Wolfsb DGVZ **95**, 62. § 269 IV ist entsprechend anwendbar. Der Beschluß erwächst nicht nur in äußere, sondern auch in innere Rechtskraft, Einf 2 vor §§ 322–327, Stgt Just **83**, 301, LG Wiesb NJW **86**, 939. Die Rechtskraft einer Entscheidung, die eine Erinnerung des Schuldners zurückweist, wirkt auch gegenüber einem Dritten. Die Entscheidung gegen einen Dritten wirkt im Verhältnis zu weiteren Dritten. Im übrigen wäre es selbst dann ein Mißbrauch, eine mehrmalige Entscheidung desselben Sachverhalts zu verlangen, wenn die innere Rechtskraft nach § 322 nicht eintreten würde. Der Gläubiger kann beantragen, den Vollzug der aufhebenden oder der abändernden Entscheidung bis zum Eintritt der Rechtskraft auszusetzen.

44 **11) Einstweilige Anordnung, I, II.** Eine einstweilige Anordnung des Gerichts vor seiner Entscheidung über die Erinnerung ist entsprechend § 732 II zulässig. Das Gericht darf also auch von Amts wegen entscheiden, Mü MDR **91**, 66. Es darf die Zwangsvollstreckung gegen oder ohne eine Sicherheitsleistung einstellen oder die Fortsetzung der Vollstreckung von einer Sicherheitsleistung abhängig machen, § 732 Rn 9. Bei seiner Abhilfeprüfung darf und muß schon der Rpfl nach § 732 II vorgehen, LG Frankenth Rpfleger **84**, 424. Die einstweilige Anordnung ist nicht anfechtbar. Sie ist aufhebbar. Sie verliert mit der Entscheidung nach Rn 41–43 ihre Wirkung.

45 **12) Rechtsbehelfe erster Instanz, I, II.** Die Regelung hat sich wie folgt entwickelt, dazu *Schmidt* JuS **92**, 92.

A. Einstweilige Einstellung. Gegen eine einstweilige Einstellung durch den Richter nach I 2 ist entsprechend § 707 II 2 kein Rechtsbehelf statthaft. Denn sonst würde die Entscheidung in der Hauptsache zu sehr verzögert. Ausnahmsweise kann das Gericht seine einstweilige Einstellung abändern und ist die einstweilige Einstellung anfechtbar, § 707 IV 21.

46 **B. Entscheidung nach Anhörung.** Gegen eine Entscheidung des Richters nach der Anhörung der Beteiligten nach Rn 14 ist die sofortige Beschwerde nach §§ 567 I Z 1, 793 zulässig, § 793 Rn 3, Jena RR **02**, 627, Karlsr FamRZ **84**, 1249, LG Aachen DGVZ **03**, 23. Das gilt auch nach der Anhörung des

Drittschuldners, aM LG Bochum Rpfleger **84**, 278 (aber auch er kann ein voll Beteiligter sein). Wenn der Rpfl derart entschieden hat, ist ebenfalls die sofortige Beschwerde zulässig, § 11 II 1 RPflG, Anh § 153 GVG, in Verbindung mit §§ 567 I Z 1, 793. Die Beschwerdefrist beträgt nach § 569 I zwei Wochen seit der Zustellung. Der Gerichtsvollzieher ist nicht beschwerdeberechtigt, Düss RR **93**, 1280, Stgt DGVZ **79**, 58, aM LG Osnabr DGVZ **80**, 124 (aber der Gerichtsvollzieher ist als Vollstreckungsorgan nicht Partei des Erinnerungsverfahrens). Das gilt auch wegen der Kostenentscheidung, LG Ffm DGVZ **93**, 75, LG Wiesb DGVZ **91**, 60, Polzius/Kessel DGVZ **02**, 37, aM LG Konst DGVZ **02**, 139, LG Nürnb-Fürth DGVZ **81**, 120. Richter bzw Rpfl müssen nach § 572 I 1 Hs 1 prüfen, ob abzuhelfen ist. Andernfalls muß das Vollstreckungsgericht die Nichtabhilfe durch einen zu begründenden Beschluß bekanntgeben, § 329 Rn 4, LG Stgt Rpfleger **92**, 56 (Richter), und die sofortige Beschwerde nach § 572 I Hs 2 unverzüglich dem Beschwerdegericht vorlegen. So muß auch der Rpfl vorgehen, ohne seinem Richter die Akten überhaupt vorzulegen. Dieser müßte sie einfach weiterleiten. Bei einer einstweiligen Anordnung durch den Rpfl nach Rn 44 gilt das in § 732 Rn 12 Ausgeführte. Bei einer einstweiligen Anordnung durch den Richter gilt das in § 732 Rn 10 Ausgeführte.

Wegen der *Kosten,* Gebühren oder Auslagen muß der Beschwerdewert 200 EUR überschreiten, soweit es **47** um eine Kostengrundentscheidung im Sinn von § 91 Rn 4 geht, um das Rechtsmittel statthaft zu machen, (jetzt) § 567 II. Soweit es um andere Kosten geht, muß der Beschwerdewert ebenfalls 200 EUR überschreiten, § 567 II. Wenn es sich dagegen um einen Kostenvorschuß zB nach §§ 379, 402, § 12 GKG, § 4 GvKostG oder um die Bemessung seiner Höhe handelt, von dessen Zahlung der Gerichtsvollzieher die Vornahme seiner Amtshandlung abhängig macht, dann ist die Erinnerung gegen die Art und Weise der Zwangsvollstreckung zulässig. Daher ist dann § 567 II nicht anwendbar.

Wenn das Gericht statt einer gesetzlich vorgesehenen bloßen Zwangsvollstreckungsmaßnahme ohne **48** Anhörung aller Beteiligten eine echte *Entscheidung nach einer Anhörung* der Beteiligten getroffen hatte, ist die sofortige Beschwerde zulässig, §§ 567 I Z 1, 793. Jedoch ist meist eine Umdeutung der angefochtenen Entscheidung in die richtige Form notwendig. Man muß den Rechtsbehelf dann in denjenigen umdeuten, der gegen die Maßnahme zulässig ist, Rn 9, Schmidt JuS **92**, 94 („Sowohl-als-auch-Lösung": Statthaftigkeit der Erinnerung sowohl wegen der Art der Entscheidung, ihres objektiven Inhalts, als auch wegen der Art des vorausgegangenen Verfahrens). Wenn das Vollstreckungsgericht fälschlich § 11 RPflG angewendet hatte, muß das Beschwerdegericht die Sache zurückverweisen. Das Gericht muß eine verspätete sofortige Beschwerde unter Umständen in eine zulässige, unbefristete Erinnerung umdeuten. Eine Rechtsbeschwerde kommt unter den Voraussetzungen des § 574 in Betracht. Wegen einer Anschlußbeschwerde § 567 III.

C. Beendigung der angefochtenen Vollstreckungsmaßnahme. Sie steht der Zulässigkeit der sofortigen Beschwerde nicht entgegen. Das gilt zB dann, wenn es noch um die Kosten des Gerichtsvollziehers geht, AG Korbach DGVZ **84**, 154, oder wenn die angefochtene Pfändung aufgehoben wird, und zwar auch dann, wenn das Vollstreckungsgericht die Aufhebung der Pfändung ausspricht. Eine aufgehobene Maßnahme lebt nicht wieder auf. Sie kann aber erneut zulässig werden. Das Beschwerdegericht darf eine Neupfändung selbst aussprechen und bei einer Sachpfändung den Gerichtsvollzieher zur Vornahme einer erneuten Pfändung anweisen. Wenn allerdings die Zwangsvollstreckung insgesamt nach Grdz 52 vor § 704 gänzlich beendet ist, wird dadurch die sofortige Beschwerde unzulässig. Dann kann lediglich ein sachlichrechtlicher Anspruch verbleiben. Ihn kann der Gläubiger zB nach § 256 I geltend machen.

13) Rechtsbehelfe in Beschwerdeinstanz. Gegen einen Beschluß des Beschwerdegerichts, durch den **50** es eine Vollstreckungsmaßnahme *ohne* eine Anhörung des Schuldners angeordnet hat, ist die Erinnerung an das Beschwerdegericht zulässig, Hamm MDR **75**, 938. Soweit das Beschwerdegericht *nach* einer Anhörung entschieden hat, ist keine weitere sofortige Beschwerde mehr statthaft. Eine Rechtsbeschwerde kommt nach § 574 in Betracht.

14) VwGO: *Entsprechend anwendbar, § 167 I VwGO,* bei Maßnahmen der Vollstreckungsorgane und des **51** Vorsitzenden als Vollstreckungsbehörde im Rahmen der Rn 3 ff, auch bei Vollstreckung zugunsten der öffentlichen Hand, § 169 VwGO, Wettlaufer S 185 ff, VGH Kassel NVwZ-RR **98**, 77, VGH Mannh NVwZ-RR **97**, 765, OVG Bln NJW **84**, 1370 mwN, KoppSch § 169 Rn 2 mwN, und auch dann, wenn der Schuldner gehört worden ist, aM für die Ablehnung des Vollstreckungsantrags VGH Mannh NVwZ **93**, 73 u DVBl **89**, 47, VGH Mü BayVBl **87**, 149, beide mwN: Zuständig ist das Vollstreckungsgericht, § 764 Rn 10, VGH Mannh DVBl **89**, 48. Keine Einlegungsfrist, weil § 151 VwGO nicht paßt, Gaul JZ **79**, 498, aM RedOe § 167 Anm 5, KoppSch § 167 Rn 2. Wegen der Beschwerde, oben Rn 46 ff, § 793 Rn 19. Unanwendbar ist § 766 auf die Vollstreckung aus *VerwAkten,* Kröller (§ 767 Rn 59) S 115 ff, KoppSch § 167 Rn 14 und 18, aM Gaul JZ **79**, 500.

767 *Vollstreckungsabwehrklage.* [I] Einwendungen, die den durch das Urteil festgestellten Anspruch selbst betreffen, sind von dem Schuldner im Wege der Klage bei dem Prozessgericht des ersten Rechtszuges geltend zu machen.

[II] Sie sind nur insoweit zulässig, als die Gründe, auf denen sie beruhen, erst nach dem Schluss der mündlichen Verhandlung, in der Einwendungen nach den Vorschriften dieses Gesetzes spätestens hätten geltend gemacht werden müssen, entstanden sind und durch Einspruch nicht mehr geltend gemacht werden können.

[III] Der Schuldner muss in der von ihm zu erhebenden Klage alle Einwendungen geltend machen, die er zur Zeit der Erhebung der Klage geltend zu machen imstande war.

Vorbem. Dazu § 36 IntFamRVG idF Art 1 G v 26. 1. 05, BGBl 162, in Kraft seit 1. 3. 05, Art 3 S 2 G, § 606 a Anh II.

§ 767

Schrifttum: *Barkam,* Erinnerung und Klage bei qualifizierten vollstreckbaren Ausfertigungen, 1989; *Habscheid,* Urteilswirkungen und Gesetzgeber, Festschrift für *Lüke* (1997) 225; *Häsemeyer,* Schuldbefreiung und Vollstreckungsschutz, Festschrift für *Henckel* (1995), 353; *Heil,* Die Bindung der Gerichte an Entscheidungen anderer Gerichte, Diss Bochum 1983; *Jakoby,* Das Verhältnis der Abänderungsklage gemäß § 323 ZPO zur Vollstreckungsgegenklage gemäß § 767 ZPO, 1991; *Janke,* Über den Gegenstand der Vollstreckungsgegenklage, 1978; *Kainz,* Funktion und dogmatische Einordnung der Vollstreckungsabwehrklage in das System der Zivilprozeßordnung, 1985; *Kellner,* Probleme um die Vollstreckungsabwehrklage nach § 19 AGBG, Diss Mü 1979; *Lippross,* Grundlagen und System des Vollstreckungsschutzes, 1983; *Münzberg,* Berücksichtigung oder Präklusion sachlicher Einwendungen ins Exequaturverfahren usw, Festschrift für *Geimer* (2002) 745; *Nelle,* Anspruch, Titel und Vollstreckung im internationalen Rechtsverkehr usw, 2000; *Nies* MDR **99**, 1418 (Üb); *Otto,* Die inner- und außerprozessuale Präklusion im Fall der Vollstreckungsgegenklage, Festschrift für Henckel (1995) 615; *Otto,* Die BGH-Rechtsprechung zur Präklusion verspäteten Vorbringens, Festgabe *50 Jahre Bundesgerichtshof* (2000) III 161; *Raab,* Zur analogen Anwendung der §§ 79 Abs. 2 S. 3 BVerfGG, 767 ZPO bei verfassungswidrig ausgelegten Normen, insbesondere bei Bürgschaft vermögensloser Familienangehöriger, 1999; *Schmidt,* Vollstreckungsgegenklage – Prozeßrecht und materielles Recht in der Bewährung, Festgabe *50 Jahre Bundesgerichtshof* (2000) III 491; *Seifert,* Prozeßstrategien zur Umgehung der Präklusion, 1996; *von Stosch,* Prozeßförderung durch das Mittel der Präklusion im österreichischen und deutschen Recht usw, 2000; *Tewes,* Überlegungen zum Verhältnis von Unterhalts- und Vollstreckungsschutzrecht, 2001; *Weinzierl,* Die Präklusion von Gestaltungsrechten durch § 767 Abs. 2 ZPO usw, 1997.

Gliederung

1) **Systematik, I–III**	1	B. Beitreibung	14
2) **Regelungszweck, I–III**	2	C. Arrest	14
3) **Geltungsbereich, I–III**	3–5	D. Einstweilige Anordnung	15
A. Leistungsurteil	3	E. Einstweilige Verfügung	15
B. Gestaltungsurteil	4	F. Vorläufige Unterhaltsfestsetzung	15
C. Feststellungsurteil	5	G. Einwendungen gegen Vollstreckungsklausel	16
4) **Zusammentreffen mit anderen Klagarten und Rechtsbehelfen, I–III**	6–8	H. Anfechtungsklage nach NEhelG	16
A. Leugnende Feststellungsklage	6	I. Klage nach § 10 UKlaG	16
B. Gestaltungs- oder Leistungsklage	6	J. Einwendung gegen Notarkostenrechnung	16
C. Herausgabeklage	6	7) **Einwendungen, I**	17–38
D. Abänderungsklage	7	A. Grundsatz: Anspruchsvernichtung, Hemmung der Durchsetzbarkeit	17
E. Bereicherungsklage	8	B. Beispiele zur Frage der Zulässigkeit einer Einwendung	18–38
F. Erinnerung	8		
G. Berufung	8	8) **Klage, I**	39–49
H. Vollstreckungsschutzantrag	8	A. Zulässigkeit	39
I. Wiederaufnahme	8	B. Parteien	40
5) **Anwendbarkeit auf andere Vollstreckungstitel, I–III**	9–13	C. Zustellung	41
A. Vollstreckungsurteil	9	D. Zuständigkeitsgrundsatz: Prozeßgericht erster Instanz	42
B. Vollstreckungsbescheid	10	E. Beispiele zur Frage der Zuständigkeit	43–45
C. Prozeßvergleich	11	F. Klagegrund	46
D. Beschluß	12	G. Verfahren	47, 48
E. Vollstreckbarerklärung	12	H. Entscheidung	49
F. Feststellung zur Insolvenztabelle	12	9) **Beschränkung der Klagegründe (Präklusionswirkung), II**	50–56
G. Teilungsplan	12	A. Nach der letzten Tatsachenverhandlung	51
H. Vorschußberechnung nach GenG	12	B. Unerheblichkeit der Parteikenntnis	52
I. Nachschußfestsetzung nach VAG	12	C. Aufrechnung	53, 54
J. Einstweilige Zahlungsverfügung	12	D. Weitere Fälle	55
K. Urkunde	12	E. Unzulässigkeit des Einspruchs	56
L. Einwendung nach BVFG	12	10) **Einwendungsverlust, III**	57, 58
M. Kostenfestsetzungsbeschluß	13	11) **VwGO**	59
N. Geldersatz nach StPO	13		
O. Beschluß nach FGG	13		
P. Zahlungsaufforderung nach BRAO	13		
Q. Zuschlagsbeschluß	13		
6) **Unanwendbarkeit, I–III**	14–16		
A. Steuersache	14		

1 **1) Systematik, I–III.** Die Vollstreckbarkeit des Titels und damit die Rechtmäßigkeit der Zwangsvollstreckung sind von dem Schicksal des sachlichrechtlichen Anspruchs unabhängig, BGH FamRZ **84**, 879, LG Bln Rpfleger **82**, 483, Völp GRUR **84**, 488. Nur das Gericht kann die Vollstreckbarkeit des Titels beseitigen. Das geschieht grundsätzlich nur auf eine Vollstreckungsabwehrklage, BVerfG NJW **00**, 1938. Sie ist in § 767 geregelt. Ihn ergänzen §§ 768–770. Daneben sind die allgemeinen Vorschriften anwendbar, zB §§ 129 ff, § 253 oder § 256, Rn 6. Beim Vollstreckungsbescheid nach §§ 699, 700 enthält § 796 II eine gegenüber § 767 II vorrangige Sonderregelung. Dasselbe gilt beim Titel auf Regelunterhalt nach § 1612a BGB zugunsten des § 798a und beim Notar für § 156 KostO, Düss RR **02**, 1512. Zum Verhältnis zu §§ 1060, 1061 BayObLG RR **00**, 1360. Es findet kein obligatorisches Güteverfahren statt, § 15a II 1 Z 6 EGZPO, Hartmann NJW **99**, 3748.

Die Abwehrklage ist zwar an der Grenze von sachlichem und prozessualem Recht angesiedelt, Guckelberger NVwZ **04**, 662. Dennoch ist sie eine *rein prozessuale Gestaltungsklage*, Grdz 19 vor § 253, BVerfG NJW **00**, 1938, BGH NJW **02**, 139, Brdb RR **02**, 363, aM Kainz (vor Rn 1: Feststellungsklage). Der

Ausdruck Vollstreckungsabwehrklage stammt von Reichel AcP **133**, 20. Er ist besser als der von Kohler AcP **72**, 4 eingeführte und noch von BGH NJW **93**, 1395 benutzte Ausdruck Vollstreckungsgegenklage.

Dornig ist der dem Schuldner auferlegte Weg einer richtigen Abwehrklage mit ihren Kosten und Risiken ohnehin. Hat sie Erfolg, etwa beim Nachweis der Erfüllung, so besteht ja immerhin der Verdacht, daß der Gläubiger mit seiner unberechtigt fortgesetzten Zwangsvollstreckung in den Bereich eines zumindest versuchten Betrugs geraten ist. In solcher Lage sollte man es dem Schuldner nicht allzu schwer machen. Die etwa wahrheitswidrig aufgestellte und deshalb evtl strafbare Erfüllungsbehauptung dürfte wegen des Klagerisikos seltener sein.

2) Regelungszweck, I–III. Die Vollstreckungsabwehrklage dient in I einer eindeutig gewissermaßen „im letzten Moment" vor der Vollstreckung erhofften Verhinderung ungerechter Ergebnisse und damit einem Hauptziel des gesamten Zivilprozesses, Einl III 9, 36, BGH **148**, 397. Trotzdem darf sie nicht zu einer bequemen Unterwanderung der inneren wie äußeren Rechtskraft bis zu § 322 führen, BGH NZM **01**, 860. Das kommt in II, III zum Ausdruck. Daher ist zwar I weit, sind indes II, III eher eng auslegbar, noch strenger BGH NJW **81**, 2756, AG Langen FamRZ **94**, 1272, aM Steines KTS **87**, 31. Eine nun nicht in Formalismus abgleitende, zudem abwägende Gesamtauslegung wird dem Ziel des § 767 am ehesten gerecht. 2

3) Geltungsbereich, I–III. Die Klage richtet sich nicht gegen eine bestimmte Zwangsvollstreckungsmaßnahme, sondern gegen die Vollstreckbarkeit des Titels überhaupt und nur gegen diese Vollstreckbarkeit Rn 49, BGH **148**, 397, BAG BB **04**, 895, Münzberg JZ **98**, 382. Daher ist grundsätzlich ein Antrag unrichtig, die Zwangsvollstreckung nur in bestimmte Gegenstände für unzulässig zu erklären. Eine Ausnahme gilt bei einem Wohnbesitz für Einwendungen des Treuhänders des zweckgebundenen Vermögens, § 12 b II 2 des 2. WoBauG. § 767 ist im WEG-Verfahren entsprechend anwendbar, BayObLG Rpfleger **04**, 692. 3

A. Leistungsurteil. Voraussetzung ist ein vollstreckbarer Titel, BGH RR **87**, 1149, Hamm DNotZ **92**, 662, Köln VersR **89**, 1505. Dazu gehört auch ein Titel der in Rn 10–13 genannten Art, nicht jedoch ein Titel nach Rn 14–16. Er muß aus sich heraus klar sein, Köln VersR **93**, 1505. Wenn dieser nicht vorliegt, trotzdem aber eine Vollstreckungsklausel nach §§ 724 ff besteht, ist nur der Weg nach § 732 offen, BGH RR **87**, 1149, Hamm RR **91**, 1152, Barnert MDR **04**, 607, aM BGH (II. ZS) BB **04**, 399, Hamm DNotZ **92**, 663, Köln RR **99**, 431 (§ 767 entsprechend), Rieble/Rumler MDR **89**, 499 (sie wenden den Meistbegünstigungsgrundsatz an. Aber § 732 ist nach Grdz 14 vor § 128 prozeßwirtschaftlicher und dogmatisch sauberer.). Zur Lage bei § 79 II BerfGG Rn 33 „Verfassungsverstoß". Im WEG-Verfahren ist § 767 anwendbar, Schlesw FGPrax **04**, 65, allerdings ohne II, BayObLG ZMR **00**, 44 rechts unten. Zur Anwendbarkeit bei einer einstweiligen Anordnung nach § 620 BGH **94**, 320. Zur Anwendbarkeit vor dem BVerfG Raab (vor Rn 1).

B. Gestaltungsurteil. Bei einem rechtsgestaltenden Urteil nach Grdz 10 vor § 253 kann man die Vorschrift nicht anwenden. Wenn man sie auch als mit der Rechtskraft vollstreckbar ansieht, käme die Entscheidung doch zu spät, weil jede Möglichkeit der Einstellung fehlt. § 769 kann bei einer solchen Entscheidung nicht helfen. Um den Eintritt der Gestaltungswirkung zu verhindern, zB die Wirkung nach § 894 zu verhüten, kann man die Klage nach § 767 und demgemäß auch vorläufige Maßnahmen nach § 769 schon vor der Rechtskraft des Gestaltungsurteils zulassen, Schlosser, Gestaltungsklage und Gestaltungsurteil §§ 264 ff. 4

C. Feststellungsurteil. Ein Feststellungsurteil nach Grdz 9 vor § 253 hat jedenfalls in der Hauptsache anders beim Kostenausspruch keine Vollstreckungswirkung. Es läßt deswegen auch keine Vollstreckungsabwehr zu, Hamm NJW **03**, 3569, Hager KTS **89**, 518. Sachlich ist der Vollstreckungsabwehrprozeß die Fortsetzung des alten Rechtsstreits, BGH NJW **80**, 1393. Deshalb ist zB kein neuer Verwaltungsvorbescheid notwendig, wenn die Klage einen solchen erfordert hatte. 5

4) Zusammentreffen mit anderen Klagarten und Rechtsbehelfen, I–III. Die Vollstreckungsabwehrklage läßt nicht weniger als sieben andere Wege unberührt. 6

A. Leugnende Feststellungsklage. Zulässig und unter Umständen notwendig bleibt schon wegen ihrer weiter reichenden Wirkung eine Klage auf die Feststellung des Nichtbestehens des Anspruchs nach § 256, dort Rn 102 „Vollstreckungsfragen", BGH NJW **97**, 2321, Mü RR **01**, 131, Rostock WoM **03**, 638. Das gilt freilich nur, soweit ihr nicht die Rechtskraft entgegensteht, § 322 Rn 41, auch infolge des Erlöschens durch eine Aufrechnung, § 322 Rn 21, BGH BB **62**, 973. Vgl auch § 256 Rn 102 „Vollstreckungsfragen".

B. Gestaltungs- oder Leistungsklage. Zulässig bleibt eine erneute Leistungsklage nach Grdz 8 vor § 253 wegen der Notwendigkeit, einen neuen Titel zu beschaffen. Diese kann eintreten, wenn zB der alte Vollstreckungstitel unklar ist, BGH RR **04**, 1275. Zulässig bleibt auch eine Feststellungsklage über den Inhalt des vorhandenen Urteils. Einzelheiten Einf 16 vor §§ 322–327.

C. Herausgabeklage. Zulässig bleibt eine Klage auf die Herausgabe des Vollstreckungstitels nach § 826 BGB, BGH VersR **03**, 619, Kblz MDR **02**, 475, oder wegen vollständiger Befriedigung des Gläubigers, BGH NJW **94**, 3225, Saum JZ **81**, 698. Eine teilweise Befriedigung genügt nicht.

D. Abänderungsklage. Zulässig bleibt eine Abänderungsklage nach § 323, Walter DAVorm **93**, 231. Das gilt auch bei einer Verpflichtungsurkunde, aM BayObLG FamRZ **99**, 935 (eine Begründung ist nicht erkennbar. Vgl auch § 323 IV, V.). Sie steht beiden Parteien zu und bezieht sich auf den Wegfall der rechtsbegründenden Tatsachen. Die Abänderungsklage kann mehr als die Rüge der Rechtshängigkeit nach § 261 begründen. Zu den Unterschieden der beiden Klagarten § 323 Rn 4, BGH FamRZ **01**, 905, Köln FER **01**, 276, Graba NJW **89**, 481 (ausf). Eine Umdeutung von der einen in die andere Klagart ist grundsätzlich zulässig, Brdb FamRZ **02**, 1194. 7

§ 767

Da die Vollstreckungsabwehrklage aber häufig dasselbe Ziel wie die Abänderungsklage hat, fehlt im allgemeinen nach der Erhebung einer Abänderungsklage das *Rechtsschutzbedürfnis* nach Grdz 33 vor § 253 für eine Vollstreckungsabwehrklage nach § 767. Jedoch muß das Gericht stets prüfen, ob sich die Ziele und die Wirkungen der beiden Klagen wirklich decken. Die Vollstreckung aus dem früheren Unterhaltstitel ist während des Abänderungsverfahrens bis zu dessen rechtskräftigem Abschluß zulässig, Celle RR **02**, 799. Man kann für die Anrechnung von Kindergeld den Weg nach § 767 nehmen und für die Änderung der Unterhaltsrichtsätze denjenigen nach § 323 wählen, BGH **70**, 156.

Zum Verhältnis der §§ 323, 767 bei *Unterhaltsforderungen* während des Getrenntlebens einerseits und nach der Scheidung andererseits BGH NJW **81**, 978, Bbg FamRZ **99**, 943, Köln FER **01**, 276 (Verwirkung). Wegen der Hilfsklage § 260 Rn 8, Karlsr FamRZ **85**, 288. Rückständigen Unterhaltsbeiträgen kann man nur nach § 767 entgegentreten, soweit es sich nicht um solche für das Kind handelt, § 1615i BGB, §§ 642 f. Dabei ist die Einwendung wirkungslos, der Kläger hätte ihnen früher mit einer Klage aus § 323 entgegentreten können.

8   **E. Bereicherungsklage.** Zulässig bleibt eine Bereicherungsklage auf die Erstattung des zu Unrecht Beigetriebenen, § 264 Rn 10, BGH NJW **87**, 652, Ffm MDR **82**, 934, KG FamRZ **88**, 85, aM Karlsr FamRZ **91**, 352 (aber der Zivilprozeß dient dem sachlichen Recht, Einl III 9). Dabei gelten die gewöhnlichen Gerichtsstände.

F. Erinnerung, dazu *Münzberg* JZ **93**, 95: Zulässig bleibt eine Erinnerung nach § 732, BGH FamRZ **04**, 1715 links, KG KTS **02**, 358, Windel ZZP **102**, 175 (ausf).

Mit der Erinnerung aus § 766 trifft die Vollstreckungsabwehrklage nach § 767 grundsätzlich nicht zusammen, § 766 Rn 1. Das Prozeßgericht müßte die Klage vielmehr grundsätzlich durch ein Prozeßurteil nach Grdz 14 vor § 253 als unzulässig abweisen, soweit die Erinnerung statthaft ist, BGH Rpfleger **89**, 248, LG Hbg KTS **83**, 600. Von dieser Regel gelten Ausnahmen, soweit Einwendungen gegen die Art und Weise der Zwangsvollstreckung nach § 766 und Einwendungen gegen den sachlichrechtlichen Anspruch nach § 767 zusammentreffen, Düss OLGZ **84**, 94, Rn 13 (M), AG Groß Gerau FamRZ **89**, 776, Geißler NJW **85**, 1869, ferner auch bei einem sachlichrechtlichen Vollstreckungsvertrag, Grdz 24 vor § 704.

G. Berufung. Mit der Vollstreckungsabwehrklage kann die Berufung gegen den Vollstreckungstitel nach §§ 511 ff zusammentreffen, Ffm RR **92**, 32. Freilich fehlt für die Klage nach § 767 dann das Rechtsschutzbedürfnis meist, Hamm ZIP **93**, 523. Wegen Ausnahmen BAG NJW **80**, 141 (Berufung unzulässig), Ffm OLGR **94**, 82.

H. Vollstreckungsschutzantrag. Zulässig bleibt ein Antrag nach § 765 a, Kblz OLGZ **85**, 455.

I. Wiederaufnahme. Zulässig bleibt eine Klage nach §§ 578 ff.

9   **5) Anwendbarkeit auf andere Vollstreckungstitel, I–III.** § 767 erfaßt die folgenden zahlreichen weiteren Fälle.

A. Vollstreckungsurteil. Es liegt ein Vollstreckungsurteil vor, § 723 Rn 3, Kblz MDR **02**, 475.

10   **B. Vollstreckungsbescheid.** Es liegt ein Vollstreckungsbescheid vor, § 796 III.

11   **C. Prozeßvergleich.** Es liegt ein Prozeßvergleich vor, Anh § 307, sofern vorher eine vollstreckbare Entscheidung ergangen ist. Denn dann ist § 775 Z 1 unanwendbar, § 775 Rn 8, § 794 Rn 7, Hamm NJW **88**, 1988. Sonst besteht für eine Klage nach § 767 an sich oft kein Rechtsschutzbedürfnis, Grdz 33 vor § 253, Hbg NJW **75**, 225, großzügiger BGH (LwS) FamRZ **87**, 805, BAG KTS **90**, 123 (Einwand der Masseunzulänglichkeit).

Jedoch ist eine Vollstreckungsabwehrklage zulässig, wenn der Kläger behauptet, die Vergleichsforderung sei *nachträglich weggefallen*, BGH FamRZ **84**, 879 (arglistige Täuschung), Köln AnwBl **82**, 114, aM Ffm FamRZ **88**, 62 (Stundung: § 323), Hbg NJW **75**, 225, Karlsr FamRZ **84**, 352 (Fortfall der Geschäftsgrundlage, Verwirkung usw. Vgl aber jeweils Einl III 65.). Eine weitere Ausnahme liegt vor, wenn der Kläger behauptet, es liege Rechtsmißbrauch vor, Grdz 44 vor § 704, LG Lüb RR **02**, 1090, oder die Parteien hätten sich schon vor Vergleichsabschluß über den Vergleichsgegenstand abschließend anders geeinigt gehabt, BVerwG **05**, 1962.

Eine Vollstreckungsabwehrklage ist ferner zulässig, wenn Streit über die *Auslegung* eines an sich unstreitig wirksam zustande gekommenen Prozeßvergleichs besteht, BAG BB **04**, 895, BVerwG NJW **92**, 191, aM Renck NJW **92**, 2209 (vgl aber Anh § 307 Rn 40). Die Parteien dürfen einen Unterhaltsvergleich im Hinblick auf die Scheidung vor dem Ausspruch der Scheidung abgeschlossen haben. Nach einem Arrest-, einstweiligen Anordnungs- oder Verfügungsverfahren nach §§ 620 ff, 916 ff, 935 ff ist § 620 f S 2 vorrangig, Rn 15. Dann ist ein neuer Prozeß notwendig, Bbg FamRZ **84**, 1120, bzw denkbar, Hamm ZIP **80**, 1104. Der Vergleich muß aber bestimmt sein, Grdz 18 vor § 704, § 794 Rn 5, Karlsr OLGZ **84**, 342.

12   **D. Beschluß.** Die Vollstreckungsabwehrklage ist auch nach einem beschwerdefähigen Beschluß zulässig, § 794 Rn 12–17, § 795 Rn 10.

E. Vollstreckbarerklärung. Es liegt die Vollstreckbarerklärung eines Schiedsspruchs usw nach § 1060 vor, BGH MDR **91**, 132, Geißler NJW **85**, 1868. Das gilt auch einer ausländischen derartigen Entscheidung, § 1061.

F. Feststellung zur Insolvenztabelle. Es liegt eine Feststellung zur Tabelle vor, § 178 InsO, BVerfG NJW **84**, 475, Eisenberger ZIP **84**, 655. Maßgebender Zeitpunkt ist der Prüfungstermin.

G. Teilungsplan. Es geht um einen Teilungsplan in der Zwangsversteigerung usw, §§ 115, 156 ZVG, BGH NJW **80**, 2586.

H. Vorschußberechnung nach GenG. Ausgangspunkt ist die Vorschußberechnung der Genossen, §§ 109, 114, 115 c GenG. Die Einwendungen müssen nach der Vollstreckbarerklärung entstanden sein.

Abschnitt 1. Allgemeine Vorschriften   § 767

I. Nachschußfestsetzung nach VAG. Es liegt eine Nachschuß- und Umlagefestsetzung bei Insolvenz der Versicherungsgesellschaft vor, § 52 VAG.

J. Einstweilige Zahlungsverfügung. Es geht um eine einstweilige Verfügung auf die Zahlung eines Geldbetrags, § 936 Rn 17, Klauser MDR **81**, 716.

K. Urkunde. Es handelt sich um eine vollstreckbare Urkunde, § 797 Rn 4, BGH RR **99**, 1080 (keine Unterwerfung), BayObLG FGPrax **00**, 41, Ffm MDR **85**, 331, unabhängig davon, ob die Unterwerfungserklärung aus sachlichrechtlichen Gründen unwirksam ist, BGH NJW **92**, 2161.

L. Einwendung nach BVFG. Es geht um Einwendungen aus dem BVFG, die neben einer Erinnerung nach § 766 erhoben werden.

M. Kostenfestsetzungsbeschluß. Es geht um einen Gebührenfestsetzungsbeschluß nach (jetzt) § 11 RVG, BGH NJW **97**, 743, oder um einen Kostenfestsetzungsbeschluß, nach §§ 104, 794 I Z 2, 795, BGH Rpfleger **95**, 375, BVerwG NJW **03**, 1962, BayObLG NZM **00**, 304 (WEG). Nur den letzteren ist allerdings II unanwendbar, § 795 Rn 13, BGH NJW **94**, 3293, BAG KTS **87**, 723, BPatG GRUR **92**, 507, aM Ffm AnwBl **87**, 95 (aber das wäre inkonsequent). § 269 IV ist beachtlich, Mü MDR **84**, 501.

N. Geldersatz nach StPO. Es handelt sich um eine Entscheidung auf einen Geldersatz im Strafverfahren nach § 406 b StPO, BGH NJW **82**, 1048.

O. Beschluß nach FGG. Das Gericht hat in einem Verfahren nach dem FGG einen Beschluß erlassen, KG ZMR **95**, 219. Hier kommt es darauf an, ob auf seine Vollstreckbarkeit die Vorschriften der ZPO für anwendbar erklärt sind, so zB nach dem WEG, BayObLG ZMR **99**, 184, KG FGPrax **04**, 91, LG Ulm RR **87**, 511, oder nach §§ 98, 158 II FGG, § 16 III HausrVO, aM Hamm FamRZ **88**, 745 (in einer Hausratssache sei ohnehin stets § 767 anwendbar. Aber die vorgenannten Spezialvorschriften haben Vorrang.). Doch muß das Gericht an Hand der Wirkungen der Entscheidung für die HausrVO prüfen, ob es das Rechtsschutzbedürfnis nach Grdz 33 vor § 253 neben der hier in Abweichung von § 18 II FGG gegebenen richterlichen Abänderungsmöglichkeit nach § 17 HausrVO bejahen kann.

P. Zahlungsaufforderung nach BRAO. Es geht um Einwendungen gegen die vollstreckbare Zahlungsaufforderung einer Rechtsanwaltskammer nach § 84 III BRAO, jedoch wegen § 223 BRAO nicht um die Rechtswirksamkeit des zugrundeliegenden Kammerbeschlusses.

Q. Zuschlagsbeschluß. Es geht um einen Zuschlagsbeschluß nach §§ 93, 132 ZVG.

6) Unanwendbarkeit, I–III. § 767 ist in den folgenden zahlreichen Fällen unanwendbar.   **14**

A. Steuersache. Die Vorschrift gilt nicht in einer Steuersache, aM BFH DB **84**, 596 (auch zu § 769).

B. Beitreibung. Die Vorschrift gilt nicht im Beitreibungsverfahren, § 6 I Z 1 JBeitrO. Hartmann Teil IX A. Bei §§ 781–784, 786 ist jedoch § 767 sinngemäß anwendbar, § 8 II JBeitrO, Rn 59.

C. Arrest. Die Vorschrift gilt nicht in einer Arrestsache, § 924 Rn 7.

D. Einstweilige Anordnung. Die Vorschrift gilt regelmäßig nicht in einem Verfahren auf den Erlaß   **15**
einer einstweiligen Anordnung im Rahmen des Scheidungsverfahrens, §§ 620 ff, BGH NJW **83**, 1330, Köln FER **99**, 218, Zweibr FamRZ **97**, 1227, aM BGH NJW **85**, 428, Hbg FamRZ **96**, 810, Kblz FER **01**, 160 (aber §§ 620 ff bilden eine vorrangige, geschlossene Sonderregelung). Die Unanwendbarkeit gilt auch nach einem dort geschlossenen Vergleich, Zweibr FamRZ **85**, 1150.

E. Einstweilige Verfügung. Die Vorschrift kann bei einer sog Befriedigungsverfügung nach § 936 Rn 17 gelten.
Sie gilt aber im übrigen grundsätzlich *nicht* in einem Verfahren auf den Erlaß einer einstweiligen Verfügung, § 936 Rn 17, aM Nürnb GRUR **85**, 238 (vgl aber Rn 12 (K) und § 936 Rn 17).

F. Vorläufige Unterhaltsfestsetzung. Die Vorschrift gilt nicht gegenüber der vorläufigen Festsetzung der Unterhaltspflicht im Verwaltungsweg.

G. Einwendung gegen Vollstreckungsklausel. Die Vorschrift gilt nicht für Einwendungen gegen die   **16**
Zulässigkeit der Vollstreckungsklausel bei einer Unterwerfung unter die sofortige Zwangsvollstreckung in einer notariellen Urkunde. Hier sind §§ 797 III, 732 anwendbar, BGH RR **87**, 1149, LG Köln DNotZ **90**, 570, LG Mainz DNotZ **90**, 567, aM Wolfsteiner DNotZ **90**, 551 (aber die genannten Spezialvorschriften haben Vorrang).

H. Anfechtungsklage nach NEhelG. Die Anfechtungsklage nach Art 12 § 3 NEhelG ist kein Fall einer Vollstreckungsabwehrklage nach § 767. Denn der Anfechtungsgrund ist vor dem in II genannten Zeitpunkt entstanden. Infolgedessen ist hier auch § 769 unanwendbar.

I. Klage nach § 10 UKlaG. Die Klage nach § 10 UKlaG, abgedruckt vor Rn 1, ist trotz ihrer Einkleidung in das Gewand einer Vollstreckungsabwehrklage nach § 767 ein eigenartiger Rechtsbehelf, Gaul Festschrift für Beitzke (1979) 1050.

J. Einwendungen gegen Notarkostenrechnung. Die Vorschrift gilt nicht in einem Verfahren nach § 156 KostO, Oldb MDR **97**, 394, LG Hanau RR **98**, 1773 (§ 17 a GVG, auch bei Berufung).

7) Einwendungen, I. Ein ziemlich weiter Zweck erfordert entsprechende Auslegung, Rn 1.   **17**

A. Grundsatz: Anspruchvernichtung; Hemmung der Durchsetzbarkeit. Unter § 767 fallen nicht etwa verfahrensrechtliche Verstöße als solche, Musielak Festschrift für Schwab (1990) 364. Vielmehr fallen hierunter nur diejenigen Einwendungen, die den durch den Titel rechtskräftig zuerkannten sachlichrechtlichen Anspruch nachträglich vernichten oder in seiner Durchsetzbarkeit hemmen, BGH NJW **96**, 57, KG KTS **02**, 359, Schlesw JB **93**, 623, aM Gilles ZZP **83**, 61 (Anspruch wie Einwendungen nach § 767 seien nur prozessuale Begriffe. Aber damit würde man den Unterschied zwischen den Naturen der Klage nach § 767 und der in der möglichen Ansprüche verwischen).

§ 767

18 B. Beispiele zur Frage der Zulässigkeit einer Einwendung
Abänderungsklage: Soweit sie nach § 323 zulässig ist, ist eine Vollstreckungsklage nach § 767 zwar *nicht schlechthin unzulässig*, § 323 Rn 1. Vgl aber auch § 767 Rn 7.
  S auch Rn 22 „Geschäftsgrundlage".
Abtretung: Rn 23 „Gläubigerwechsel", Rn 28 „Rücktritt".
Aktivlegitimation: Ihr Wegfall auch nach Prozeßstandschaft ist eine zulässige Einwendung, Rn 23 „Gläubigerwechsel".
Allgemeine Geschäftsbedingungen: Der Vortrag, eine Klausel sei verboten, ist eine zulässige Einwendung, Celle RR **91**, 667, aM Kblz MDR **02**, 475 (aber der Anspruch mag fehlen. Vgl freilich Rn 50 ff).
Änderung der Gesetzgebung: Sie ist grds *keine* zulässige Einwendung, Guckelberger NVwZ **04**, 663, Schmidt Festgabe *50 Jahre Bundesgerichtshof* (2000) 495. Ausnahmsweise zulässig ist der Einwand, soweit ihn das Gesetz ausdrücklich erlaubt, zB in §§ 79 II 2 BVerfGG, 698, Rüßmann Festschrift für Lüke (1997) 698, aM Ffm FamRZ **79**, 139, Sieg VersR **77**, 494, Ffm FamRZ **79**, 139 (aber ein klarer Wortlaut bindet, Einl III 39), oder bei einem andauernden, fortlaufend anspruchserzeugenden Rechtsverhältnis, BGH FamRZ **77**, 462 (wegen einer Tatsache, die vor dem Vergleich eingetreten ist, Anh § 307 Rn 47).
Änderung der Rechtsprechung: Sie reicht *grds nicht* aus, BGH **151**, 326, Ffm FamRZ **79**, 139, Schmidt Festschrift 50 Jahre BGH (2000) 495. Das gilt auch für eine erst nach dem Urteil eingetretene Richtlinie des BVerfG, und zwar selbst dann nicht, wenn das Urteil nach ihr evtl anders ergangen wäre, Köln RR **01**, 140. Etwas anderes mag bei Nichtigkeit eines Gesetzes gelten, BVerfG NJW **02**, 2941.
  S auch Rn 20 „Bürgschaft", Rn 28 „Rechtsansicht".
Änderung der Verhältnisse: Sie reicht aus, Schlesw FGPrax **04**, 65.
19 Anfechtungsgesetz: Der Wegfall des Anspruchs infolge einer Anfechtung nach dem AnfG ist *keine* nach § 767 zulässige Einwendung. Denn hier ist der Anfechtungsgegner nicht durch § 767 beschränkt, aM BGH NJW **99**, 642 (wendet ll entsprechend an, soweit sich die Klage gegen ein Urteil richtet. Aber das AnfG hat als Spezialregelung Vorrang.).
Anrechnung: Der Einwand, das Gericht habe eine Anrechnung nach VV 2100 amtliche Anmerkung II im Verfahren nach § 11 RVG zu Unrecht abgelehnt, ist wegen II eine zulässige Einwendung, Rn 13 (M), BGH NJW **97**, 743.
Arbeitsrecht: Der Arbeitgeber kann gegen ein Urteil auf Beschäftigung dann nach § 767 vorgehen, wenn der Arbeitnehmer gar nicht oder nur unregelmäßig am Arbeitsplatz erscheint, Pallasch, Der Beschäftigungsanspruch des Arbeitnehmers (1993) 138.
Arglist: Rn 30 „Treuwidrigkeit".
Arrest, einstweilige Verfügung: Das Außerkrafttreten einer solchen Maßnahme ist *keine* hier zulässige Einwendung. Denn damit bestreitet der Schuldner das Bestehen des Vollstreckungstitels.
  S auch Rn 35 „Vollstreckungstitel".
Art und Weise der Vollstreckung: Einwendungen gegen die Art und Weise der Zwangsvollstreckung sind *nicht* im Verfahren nach § 767 möglich, sondern in dem Erinnerungsverfahren nach § 766.
  S auch Rn 25 „Insolvenz", Rn 27 „Prozeßstandschaft", Rn 38 „Zug um Zug".
Aufhebung einer Vollstreckungsmaßnahme: Rn 36 „Vollstreckungsvertrag".
Aufrechnung: Die Behauptung, die Forderung des Gläubigers sei infolge einer Aufrechnung erloschen, ist eine zulässige typische Einwendung, BVerfG NJW **00**, 1938, BGH NJW **02**, 1131, Brdb FamRZ **04**, 702 (auch zu einer Ausnahme), Hamm FamRZ **05**, 995 (Aufrechnungsverbot), Düss ZMR **01**, 372 (wegen eines Kostenerstattungsanspruchs).
  Die Aufrechnung gegen einen *Schiedsspruch* kann im Verfahren auf *Vollstreckbarerklärung* erfolgen, Hamm RR **01**, 1362, aM BayObLG MDR **00**, 968 (zustm Weigel. Aber man sollte prozeßwirtschaftlich vorgehen, Grdz 14 vor § 128).
  Vgl auch Rn 53 „Aufrechnung".
Auskunft: Der Wegfall eines Auskunftsanspruchs ist eine zulässige Einwendung, Celle FamRZ **84**, 56.
Auslegung: Es kommt auf die auszulegende Partie an, BGH NJW **77**, 583, BVerwG NJW **92**, 191 (krit Renck 2209).
20 Bedingung: Die Behauptung einer Bedingung ist eine zulässige Einwendung. Das gilt sowohl für eine aufschiebende als auch für eine auflösende Bedingung, zur letzteren Ffm FamRZ **89**, 1320, Karlsr NJW **90**, 2475 (zu § 796 II).
Befriedigung: Rn 21 „Erfüllung".
Bereicherung: Eine Situation nach §§ 812 ff BGB kann ausreichen.
Buchauszug: Rn 28 „Rechnungslegung".
Bürgschaft: Nach vorbehaltloser Verurteilung des Bürgen im Urkundprozeß ist eine Erfüllung auch bei Insolvenz des Bürgschaftsgläubigers evtl einwendbar, Brdb MDR **02**, 960.
  Eine Zahlung durch einen Bürgen auf Grund eines vorläufig vollstreckbaren Urteils ist *keine* zulässige Einwendung. Denn sie ist nur eine bedingte Erfüllung, Rn 50. Eine Änderung der Rechtsprechung reicht grds nicht, Eckardt MDR **97**, 625.
  S auch Rn 19 „Aufrechnung", Rn 33 „Verjährung".
Culpa in contrahendo: Rn 33 „Verschulden bei Vertragsverhandlungen".
21 Eigenbedarf: Sein Wegfall kann ausreichen, LG Siegen WoM **92**, 147.
Einziehungsermächtigung: Es kommt darauf an, wer Träger des sachlichrechtlichen Anspruchs ist, Münzberg NJW **92**, 1867, aM Köln FamRZ **02**, 555 (aber nur der Rechtsträger kann grds überhaupt klagen).
Erbschaft: Der Einwand der beschränkten Erbenhaftung ist zulässig, Hamm FamRZ **92**, 583. Eine Erbausschlagung ist eine zulässige Einwendung. Ein Miterbe kann sich bis zur Teilung auf § 2059 S 1 BGB berufen.
  Unzulässig ist der Einwand, bei einer beschränkten Erbenhaftung fehle der Vorbehalt.
  S auch Rn 27 „Nacherbfolge".

Abschnitt 1. Allgemeine Vorschriften **§ 767**

Erfüllung: Sie ist eine zulässige typische Einwendung, § 803 Rn 10, BGH RR **91**, 760, BAG NJW **00**, 1061, KG FGPrax **04**, 91 (WEG). Das gilt auch für eine Annahme an Erfüllungs Statt. Es gilt ferner für die Abgabe einer Erklärung. Es gilt auch zugunsten jedes Gesamtschuldners, Ffm ZIP **82**, 880. Die Erfüllung reicht auch bei einer Handlungspflicht, zB bei einer Verpflichtung zur Rechnungslegung, Rn 28. Auch eine Teilerfüllung reicht aus, freilich nur zur entsprechenden teilweisen Bekämpfung, BGH RR **91**, 760, BayObLG ZMR **99**, 184 (WEG). Ein Vorbehalt ist meist unschädlich, Ffm FamRZ **93**, 346 (Fallfrage). Auch der Wegfall des Erfüllungsinteresses kann ausreichen, LG Siegen WoM **92**, 147. Bei weitgehender Gesamterfüllung kann der Gläubiger zur Darlegung der Verrechnung usw verpflichtet sein, KG RR **02**, 1078.
   S auch Rn 2, Rn 20 „Bürgschaft", Rn 28 „Rechnungslegung", Rn 31 „Unmöglichkeit", Rn 32 „Unterhaltspflicht".
Erlaß: Der Schulderlaß nach § 397 BGB ist eine zulässige Einwendung, Köln VersR **92**, 885. Das gilt auch bei einem bedingten bzw teilweisen Schulderlaß, Hamm VersR **93**, 1548, und bei einer einverständlichen Abänderung, auch einer stillschweigenden, etwa dann, wenn der Unterhaltsgläubiger jahrelang einen geringeren als den titulierten Unterhalt entgegennimmt, Hamm FamRZ **99**, 1665.
Erlöschen: Das Erlöschen der Forderung ist eine zulässige Einwendung, Düss FamRZ **92**, 943. Das gilt nicht nur bei Erfüllung, sondern auch bei einem anderen Grund, zB beim Eintritt einer Bedingung, Köln FamRZ **01**, 177, oder beim Eintritt in ein bestimmtes Lebensalter oder beim Eintritt der Erwerbsunfähigkeit, aM Zweibr FamRZ **93**, 441 (nur § 323. Vgl aber Rn 7.).
Erschleichung: Rn 35 „Vollstreckungstitel".
Fälligkeit: Das Fehlen der Fälligkeit kann eine zulässige Einwendung sein, Hamm MDR **93**, 348, AG Langen FER **00**, 66 (bisher pünktliche Unterhaltszahlungen).
Geschäftsgrundlage: Ihr Fehlen und Fortfall ist bei einem wiederkehrenden Anspruch *keine* zulässige 22 Einwendung, BGH **151**, 326. Denn in solcher Lage läßt sich nicht die Zulässigkeit der Zwangsvollstreckung bestreiten. Vielmehr muß man dann den Vollstreckungstitel vernichten lassen, § 323, BGH **100**, 212 (Zinsniveau), aM Schlesw FamRZ **86**, 72. Das gilt zB bei einem Anspruch auf Minderung einer Rente, § 323 Rn 40.
   S auch Rn 18 „Abänderungsklage".
Geschäftsunfähigkeit: Die Behauptung, sie habe gefehlt, ist *keine* hier zulässige Einwendung. In einem solchen Fall mag ein Rechtsmittel oder eine Klage nach § 579 I Z 4 zulässig sein.
Gesetzesänderung: Sie kann eine Einwendung zulässig machen, Einl III 78, BGH FamRZ **77**, 461, Nürnb JB **85**, 1884, LG Mü WRP **84**, 577. Das gilt aber nur bei ihrer Rückwirkung oder bei ihrer Wirkung auf laufende Leistungen.
Gesetzliche Vertretung: Ihr jetziges Fehlen ist *keine* zulässige Einwendung, Ffm MDR **97**, 195, ebensowenig ihr bloßer Wechsel, Kblz FamRZ **05**, 993.
Gestaltungsrecht: Rn 19 „Anfechtungsgesetz", „Aufrechnung".
Gewerbeordnung: Ein Verbot nach §§ 115, 119 GewO ist eine zulässige Einwendung, BGH BB **75**, 901.
Gläubigerwechsel: Er ist eine zulässige Einwendung, Ffm DGVZ **93**, 92, Hbg FamRZ **96**, 810, Köln 23 FamRZ **02**, 555. Das gilt zB: Bei einer Abtretung des Anspruchs, über den das Urteil entschieden hat, BGH NJW **01**, 232 – krit Foerste JZ **01**, 467 – (nur im Prinzip, aber auch Rn 50–52); bei der Abtretung einer Grundschuld, Düss RR **97**, 444; bei einer Pfändung, AG Mü DGVZ **84**, 76, Münzberg DGVZ **85**, 145; beim Wegfall einer Prozeßstandschaft, Grdz 28 vor § 50 „Unterhalt", Brdb FamRZ **97**, 509, Hamm FamRZ **00**, 365, Nürnb MDR **01**, 1299, aM Ffm FamRZ **83**, 1268, Hamm VersR **98**, 477 (aber das ist sogar ein typischer Fall des Wegfalls der Aktivlegitimation); beim Verlust der Sachbefugnis, Schlesw SchlHA **82**, 111; infolge einer Überleitung des Anspruchs auf gesetzlicher Grundlage, Köln FamRZ **02**, 555, Hbg FamRZ **96**, 810, aM KG GRUR **96**, 997 (aber auch das ändert die sachlich rechtliche Situation).
   Denn *jede* sachlichrechtliche Änderung ist hier beachtlich. § 265 gilt außerdem in der Zwangsvollstreckung nicht, BGH **92**, 349 (krit Brehm JZ **85**, 342, Olzen JR **85**, 288). Es genügt zB, daß die Abtretung dem Verurteilten erst nach dem Urteil bekannt geworden ist.
   Unzulässig ist aber zB die Einwendung der Unwirksamkeit eines Darlehensvertrages, auf dem die Abtretung an den neuen Gläubiger beruht, soweit auch der bisherige Gläubiger sie nicht mehr geltend machen kann, Nürnb OLGZ **83**, 481.
   S auch Rn 21 „Einziehungsermächtigung".
Grundgesetz: Rn 33 „Verfassungsverstoß".
Handelsgewerbe: Seine Veräußerung nach § 25 HGB ist eine zulässige Einwendung.
Haftungsbeschränkung: Sie ist eine zulässige Einwendung, Celle RR **88**, 133, Düss Rpfleger **77**, 416. Das 24 gilt zB für die Einrede des Notbedarfs, durch die eine Unterhaltspflicht des Erben vermindert wird, § 785.
Handlungspflicht: Rn 21 „Erfüllung".
Haustürgeschäft: Rn 37 „Widerruf".
Hinterlegung: Sie ist eine zulässige Einwendung, soweit sie schuldbefreiend oder zB fälligkeitshemmend wirkt, LG Karlsr DGVZ **84**, 155.
Insolvenz: Eine Eröffnung des Insolvenzverfahrens ist eine zulässige Einwendung, zB wenn der Ver- 25 walter die Erfüllung ablehnt, BGH MDR **87**, 579, oder wenn ein Gläubiger noch eine Einzelvollstreckung versucht, LG Stgt Rpfleger **99**, 286. Auch eine Masseunzulänglichkeit reicht aus, BAG KTS **87**, 723.
   Unanwendbar ist § 767 beim Streit um die Wirksamkeit oder Unwirksamkeit einer Pfändung infolge eines solchen Verfahrens und dann, wenn der Gerichtsvollzieher sich weigert, die Pfändung aufzuheben.
Klagerücknahme: Sie ist *keine* zulässige Einwendung. Denn § 269 III, IV zeigen, daß die Rücknahme den sachlichrechtlichen Anspruch grundsätzlich unberührt läßt.
Kostenerstattungsanspruch: Rn 19 „Aufrechnung".

§ 767

Kostenvergleich: Rn 33 „Vergleich".
Kostenvorschuß: Gegen eine Anordnung nach § 887 II ist eine Einwendung *nicht* im Verfahren nach § 767 statthaft, BGH NJW **93**, 1395.
Leistungsfähigkeit: Ihr Fehlen ist *nicht* nach § 767 nachprüfbar, Brdb RR **02**, 363.
Leistungsverweigerungsrecht: Es bildet eine zulässige Einwendung, Karlsr VersR **05**, 776.

26 **Mehrheit von Vollstreckungstiteln:** Sie kann gegenüber dem früheren Titel eine zulässige Einwendung sein, Oldb FamRZ **99**, 1148.
Mehrwertsteuer: Rn 29 „Sachlichrechtlicher Erstattungsanspruch".
Miete: Rn 21 „Eigenbedarf", Rn 34 „Verzicht".
Miterbschaft: Rn 21 „Erbschaft".

27 **Nacherbfolge:** Ihr Eintritt ist eine zulässige Einwendung.
Nichtigkeit: Sie kann eine zulässige Einwendung sein, BGH WertpMitt **85**, 545.
S auch Rn 33 „Vergleich".
Notar Er kann meist nur nach § 156 KostO vorgehen, Düss RR **02**, 1512.
Notbedarf: Derjenige nach §§ 519, 529 II BGB ist eine zulässige Einwendung.
Option: Ihre Ausübung führt zur Zulässigkeit der entsprechenden Einwendung, BGH **94**, 33.
Parteibezeichnung: Die Rüge ihrer Unrichtigkeit ist *keine* zulässige Einwendung, BayObLG Rpfleger **04**, 692 (man muß sie nach § 732 klären).
Pfändung: Rn 23 „Gläubigerwechsel", Rn 25 „Insolvenz".
Prozeßstandschaft: Rn 23 „Gläubigerwechsel".
Prozeßvergleich: Rn 33 „Vergleich".

28 **Räumung:** Der Wegfall des Vermieterinteresses kann eine zulässige Einwendung sein, AG Bonn WoM **91**, 495.
Ein Fortfall des Eigenbedarf erst nach der Rechtskraft ist *keine* zulässige Einwendung, LG Köln WoM **94**, 212 (krit Scholl).
S auch Rn 21 „Erfüllung", Rn 34 „Verzicht", Rn 37 „Wirkungsdauer".
Rechnungslegung: Die Behauptung, eine Rechnung sei bereits gelegt worden, ist nach § 767 zulässig. Das gilt auch für die Behauptung, der Schuldner habe bereits einen Buchauszug erteilt. Dessen etwaige Vervollständigung muß der Gläubiger nach §§ 887, 888 erzwingen.
S auch Rn 21 „Erfüllung".
Rechtsansicht: Die Meinung, das Erstgericht habe einen Rechtsanwendungsfehler begangen, zB eine lt BVerfG notwendige Prüfung unterlassen, reicht in dieser Allgemeinheit *nicht* als Einwendung nach § 767 aus, Stgt NJW **96**, 1684.
S auch Rn 18 „Änderung der Rechtsprechung".
Rechtsbeständigkeit: Die Bekämpfung der Rechtsbeständigkeit des Vollstreckungstitels ist *keine* zulässige Einwendung.
S auch Rn 18 „Änderung der Gesetzgebung".
Rechtskraft: Ihr Fehlen ist eine zur entsprechenden Anwendung von I (nicht von II, III) ausreichende Einwendung, BGH **124**, 166, Brdb MDR **00**, 228 (je: beim fehlerhaften Teilurteil).
Rechtsmißbrauch: Er kann zu einer zulässigen Einwendung führen, Einl III 54, Grdz 44 vor § 704, BGH MDR **02**, 1335 (strenge Prüfung notwendig), Hamm FamRZ **01**, 559, LG Lübeck NZM **02**, 940. Das gilt jedoch nicht, wenn er nur eine einzelne Vollstreckungsmaßnahmen betrifft, Ffm RR **92**, 32, Kblz OLGZ **85**, 455.
Rechtsnachfolge: Sie kann gegenüber dem *früheren* Rechtsinhaber eine zuässige Einwendung sein, gegenüber dem *neuen* grds nicht, BayObLG ZMR **00**, 43.
Rechtsprechungsänderung: Rn 18 „Änderung der Rechtsprechung".
Rechtsschutzbedürfnis: Rn 39.
Rente: Ein Wegfall der Berufsfähigkeit oder -unfähigkeit kann eine zulässige Einwendung gegen die Fortdauer solcher Rente sein, Mü VersR **97**, 96, aM Hamm FamRZ **99**, 239 (nur § 323. Vgl aber Rn 7).
Rücktritt: Er ist grds eine zulässige Einwendung, zumindest wenn er nach dem Erlaß des Urteils noch wirksam erfolgt ist, aM BGH DB **78**, 1494 (aber auch dann ändert sich die sachlichrechtliche Situation).
Unzulässig ist aber die Einwendung, der Abtretende sei später zurückgetreten, BGH DB **78**, 1494.
Sachbefugnis: Rn 23 „Gläubigerwechsel".

29 **Sachlichrechtlicher Erstattungsanspruch:** Ein sachlichrechtlicher Kostenerstattungsanspruch nach der Rücknahme des Rechtsschutzgesuchs ist eine zulässige Einwendung, Schlesw RR **87**, 952. Dasselbe gilt für eine sachlichrechtliche Regelung, nach der ein Anwalt die Mehrwertsteuer nicht erstattet fordern kann, oder für den Wegfall der Möglichkeit, Mehrwertsteuer auf Zinsen erstattet zu fordern, Ffm NJW **83**, 394, Schneider DGVZ **83**, 115.
Schenkung: Rn 27 „Notbedarf".
Schiedsvereinbarung: Sie ist eine zulässige Einwendung, § 1032 I, BGH RR **96**, 508.
Schuldnerschaft: Ihr Fehlen ist eine zulässige Einwendung, Düss OLGZ **84**, 93.
Schuldübernahme: Diejenige durch einen Dritten ist nur bei allseitiger Wirksamkeit für den bisherigen Schuldner eine zulässige Einwendung, BGH ZIP **90**, 720 (zustm Brehm ZIP **91**, 1045).
Sicherungsabrede: Sie ist eine zulässige Einwendung, Hamm Rpfleger **99**, 231.
Sittenwidrigkeit: Sie ist zumindest auch eine nach § 767 zulässige Einwendung, BSG FamRZ **96**, 1405, Düss FamRZ **97**, 827, Wesser ZZP **113**, 183.
Stundung: Sie ist eine zulässige Einwendung.
S auch Rn 34 „Verzug".

30 **Teilerfüllung:** Rn 21 „Erfüllung".
Teilurteil: Rn 28 „Rechtskraft".

Abschnitt 1. Allgemeine Vorschriften **§ 767**

Treuwidrigkeit: Jede Art von Verstoß gegen Treu und Glauben nach Einl III 54, Grdz 44 vor § 704 ist grds eine zulässige Einwendung, BSG FamRZ **96**, 1405, Karlsr FamRZ **93**, 1457, AG SchwäbGmünd WoM **90**, 83. Das gilt auch für jede Art von Arglist, Rn 34 „Verwirkung".
S freilich auch Rn 35 „Vollstreckungstitel".
Überleitung des Anspruchs: Rn 23 „Gläubigerwechsel". 31
Überweisung zur Einziehung: Sie ist eine zulässige Einwendung, BAG NJW **97**, 1869.
Umsatzsteuer: Der Einwand des Rechts von Vorsteuerabzug ist zulässig, LG Mü RR **92**, 1342, v Eicken/Madert NJW **96**, 1651, Hansens JB **95**, 176.
Unbestimmtheit des Titels: Sie ist eine zulässige Einwendung, Kblz MDR **02**, 968.
Ungerechtfertigte Bereicherung: Rn 20 „Bereicherung".
Unklagbarkeit: Sie ist eine zulässige Einwendung, LG Traunst DGVZ **93**, 157.
Unmöglichkeit: Die Unmöglichkeit einer Erfüllung ist eine zulässige Einwendung, wenn sie den Schuldner nach § 275 BGB befreit, BGH NJW **99**, 955, Düss MDR **91**, 260, Hamm RR **88**, 1087, also *nicht* bei § 324 I BGB, Köln RR **91**, 1023.
S auch Rn 21 „Erfüllung", Rn 38 „Zug um Zug".
Unterhaltspflicht: Ihr Wegfall oder ihre Minderung sind grds zulässige Einwendungen, soweit sie eine 32 Erfüllung darstellen oder ihr gleichstehen, BGH RR **91**, 1155.
Das gilt zB: Meist auch bei einer Zahlung unter Vorbehalt, Ffm FamRZ **93**, 346 (Fallfrage); bei einem eheähnlichen Verhältnis, BGH FamRZ **87**, 261; beim Trennungsunterhalt, Düss FamRZ **92**, 943; infolge Scheidung, Köln FamRZ **96**, 1077; infolge eines Todesfalls, BGH NJW **04**, 2896, Karlsr OLGZ **77**, 122; aufgrund einer Entscheidung, nach der der Unterhaltsschuldner nicht der Vater ist; infolge eines Rentenanspruchs, den der Unterhaltsgläubiger auf Grund des Versorgungsausgleichs erlangt, BGH FamRZ **93**, 812, aM Karlsr FamRZ **88**, 195 (nur § 323); infolge einer „Geschiedenen-Witwenrente", AG Bln-Tempelhof FamRZ **75**, 582 (dort Minderung); infolge des Eintritts der Volljährigkeit des Unterhaltsberechtigten, Celle FamRZ **92**, 943, Hamm FamRZ **92**, 843, AG Altma FamRZ **82**, 324. Es kann auch § 323 in Betracht kommen, dort Rn 34.
In *anderen* Fällen kommt nur *§ 323* in Betracht, BGH RR **91**, 1155, Bre FER **00**, 161 (Wegfall von Ausbildungsunterhalt).
Nicht hierher gehört der Eintritt der Volljährigkeit, soweit der vorrangige § 798 a ihn ausschließt.
S auch Rn 21 „Fälligkeit", Rn 23 „Erlaß", Rn 24 „Haftungsbeschränkung", Rn 33 „Vergleich".
Unterlassungsklagengesetz: Es gilt sein § 10, abgedruckt vor Rn 1.
Unterwerfungsklausel: Ihre Unwirksamkeit ist eine zulässige Einwendung, Zweibr NZM **00**, 201, aM BGH MDR **04**, 471 (aber § 794 II setzt den sachlichrechtlichen Vorgang einer „Bewilligung" voraus).
Unzulässigkeit der Rechtsausübung: Rn 28 „Rechtsmißbrauch".
Verbandsklage: Die Änderung des § 13 II Z 2 UWG reicht *nicht* aus, Saarbr WettbR **96**, 185.
Verbraucherkreditgesetz: Rn 37 „Widerruf".
Verfassungsverstoß, dazu *Hasler* MDR **95**, 1086: Ein solcher kann als Einwendung reichen, Melzer NJW 33 **96**, 3192, aM Stgt NJW **96**, 1683 (aber ein solcher Verstoß ändert oft auch die sachlichrechtliche Situation). Eine Entscheidung des BVerfG, durch die es diejenige Norm, auf der das Urteil beruht, nach § 79 II 3 BVerfGG für nichtig erklärt, ist als Einwendung zulässig, Hbg FamRZ **88**, 1178. Deshalb kann man aber auch nicht diese Vorschrift schon außerhalb des Verfahrens der Verfassungsbeschwerde schlicht entsprechend anwenden, Einf 29 vor §§ 322–327. Die verfassungswidrige Handhabung einer Norm fällt nicht unter § 79 II BVerfG, BGH VersR **03**, 616.
Vergleich: Die Behauptung, die Forderung des Gläubigers sei insbesondere infolge eines außergerichtlichen oder gerichtlichen Vergleichs erloschen, ermäßigt oder sonstwie verändert worden, ist eine zulässige typische Einwendung, Hamm VersR **93**, 1548, Oldb FamRZ **92**, 844, LG Heidelb WoM **92**, 30. Auch die Nichtigkeit des Vergleichs zählt hierher, LG Heidelb WoM **92**, 30. Dasselbe gilt auch für die Einwendung, die Parteien hätten sich schon vor dem Prozeßvergleich über dieselbe Frage anders abschließend geeinigt gehabt, BVerwG NJW **05**, 1963. Es gilt auch für mangelnde Bestimmtheit, Kblz RR **02**, 1510. Das alles gilt auch für einen Zwangsvergleich oder über eine Vereinbarung über die Verteilung der Kosten, wenn es etwa um einen Erstattungsanspruch geht, Münzberg NJW **96**, 2129. Es gilt auch dann, wenn der Kostenvergleich vor der Scheidung, aber erst für den Fall der Scheidung geschlossen worden ist, oder für einen Unterhaltsvergleich vor SchlHA **80**, 161.
Verjährung: Die Verjährung ist eine zulässige Einwendung, BGH NJW **99**, 278, Geldmacher NZM **03**, 503 (je: verbürgte Hauptforschung), Bbg MDR **98**, 796 (Bürge), Olzen/Reisinger DGVZ **93**, 67, aM AG Ansbach DGVZ **92**, 140 (nur beim Hauptanspruch). Das gilt sogar beim rechtskräftigen Anspruch nach (jetzt) § 197 I 3 BGB, BGH NJW **90**, 2755, BayObLG ZMR **00**, 189, Düss BauR **02**, 517, und bei der Verjährung eines Zwangsgelds nach § 888, BayObLG ZMR **00**, 189.
S auch Rn 34 „Verwirkung".
Verrechnung: Der Schuldner kann nur mit der Klage nach § 767 eine Überprüfung der Verrechnung der von ihm für überhöht gehaltenen Vollstreckungskosten mit seinen Teilzahlungen verlangen, AG Stgt-Bad Cannstatt JB **92**, 264.
Verschulden bei Vertragsverhandlungen: Ein Schadensersatzanspruch aus diesem Gesichtspunkt ist eine zulässige Einwendung, Düss MDR **93**, 1198.
Versicherung: Die Einwendung, die Versicherungssumme sei erschöpft, ist *unzulässig*, BGH **84**, 154.
Versorgungsausgleich: Rn 32 „Unterhaltspflicht".
Verwirkung: Die Behauptung, die Forderung sei nach § 242 BGB usw verwirkt, ist eine zulässige Ein- 34 wendung, BGH FamRZ **91**, 1175, Brdb RR **02**, 364, Kblz FamRZ **04**, 1657, aM Ffm FamRZ **88**, 62 (beim Vergleich). Aber der Einwand bringt nur das in Wahrheit bereits eingetretene sachlichrechtliche Erlöschen zum Ausdruck, das stets bei § 767 beachtlich ist).
S auch Rn 33 „Verjährung".

§ 767

Verzicht: Ein Verzicht des Gläubigers auf die Forderung ist eine zulässige Einwendung, BGH MDR **91**, 668, Karlsr MDR **98**, 1433. Das gilt zB auch dann, wenn der Vermieter den Mieter trotz eines Räumungsurteils im ungestörten Besitz der Wohnung beläßt und weiterhin Miete fordert und annimmt, evtl sogar eine Erhöhung der Nebenkosten fordert, LG Essen WoM **84**, 252, LG Köln WoM **91**, 673, AG Ffm DGVZ **87**, 127, oder *wenn* der Vermieter nach Vertragsende über die zu vollstreckende Kaution bereits abrechnen muß, LG Nürnb-Fürth WoM **94**, 708 (freilich ist meist gerade streitig, *ob* er schon abzahlen muß!), oder wenn ein neuer Nutzungsvertrag folgt, LG Freibg DGVZ **89**, 156. Ein Verzicht auf Abänderung nach § 323 kann unbeachtlich sein, BSG FamRZ **96**, 1405. Ein Verzicht ist unbeachtlich, solange er nicht endgültig ist und der Gläubiger den Titel behält. Dann bleibt § 767 anwendbar, Karlsr FER **00**, 98.

Verzug: Sein Fehlen ist eine zulässige Einwendung, Düss Rpfleger **77**, 67.
S auch Rn 29 „Stundung".

Volljährigkeit: Rn 32 „Unterhaltspflicht".

35 Vollstreckungsklausel: Der Einwand, die Vollstreckungsklausel sei nach §§ 732, 768 unzulässig erteilt worden, ist *unzulässig*, Rn 8 (f), BGH RR **90**, 247, KG AnwBl **02**, 666, Karlsr OLGZ **91**, 229, aM Hbg KTS **83**, 601 (aber das ist keine Änderung der sachlichrechtlichen Situation). Dasselbe gilt bei ihrem Fehlen, Köln NJW **97**, 1451 (wendet § 732 oder § 768 an und läßt notfalls eine Kläganderung zu).

Vollstreckungsstandschaft: Einf 3 vor §§ 727–729.

Vollstreckungstitel: Bedenken gegen die formelle Wirksamkeit des Vollstreckungstitels selbst gehören *nicht* ins Verfahren nach § 767, BGH RR **90**, 247, aM BGH NJW **05**, 1577. Allerdings läßt sich nach § 767 prüfen, ob zB ein Prozeßvergleich genügend bestimmt ist, Kblz RR **02**, 1510. Eine angebliche Erschleichung gilt allenfalls einen Anspruch auf eine Unterlassung der Zwangsvollstreckung und auf die Herausgabe des Titels, Einf 35 vor § 322, Hamm NJW **85**, 2275, LG Hbg RR **86**, 407, Kohte NJW **85**, 2230 (ausf), aM RoSGo § 162 II, StJL § 322 Rn 281 (aber auch das ist keine Änderung der sachlichen Rechts). Auch ein Streit über den Inhalt des Urteils läßt sich trotz der Notwendigkeit weiter Auslegung des Titels zB nach § 890 Rn 2 *nicht* durch eine Klage nach § 767 klären. Vielmehr ist eine Feststellungsklage oder eine neue Leistungsklage erforderlich, Rn 6. Ungeeignet ist auch die Behauptung, für einen Teil des Anspruchs bestehe kein vollstreckbarer Titel.
S aber auch Rn 30 „Treuwidrigkeit".

36 Vollstreckungsvertrag: Die Vereinbarung, die Zwangsvollstreckung solle nur unter einer Bedingung erfolgen, zB nicht vor dem Eintritt der Rechtskraft, ist nur insoweit eine zulässige Einwendung, als sie auch sachlichrechtliche Wirkungen hat, etwa eine Aufrechnungsvereinbarung, Karlsr FamRZ **03**, 696, oder eine Stundung, Rn 29 „Stundung". Zur sachlichrechtlichen Seite Grdz 23 vor § 704 und Karlsr MDR **98**, 1433.
Zu den übrigen Fällen richtet sich die Einwendung *nicht* gegen den im Urteil festgestellten Anspruch selbst. Der Schuldner kann eine nach der letzten Tatsachenverhandlung des Vorprozesses geschlossene vollstreckungsbeschränkende Vereinbarung geltend machen, § 767 entsprechend, BGH RR **02**, 283 (läßt sogar auch eine rein sachlichrechtliche Absprache zu), Karlsr FamRZ **03**, 696, Schmidt Festschrift 50 Jahre BGH (2000) 498 (evtl auch § 766, soweit es um Vollstreckungsvoraussetzungen geht).
Unzulässig ist aber die Einwendung, die Parteien hätten eine Vollstreckungsmaßnahme, etwa ein Pfändungspfandrecht, durch ein vereinbartes Pfandrecht ersetzt und damit aufgehoben.

Vorsteuerabzug: Rn 31 „Umsatzsteuer".

37 Wahlrecht: Die Ausübung eines Wahlrechts bei einer Wahlschuld ist eine zulässige Einwendung. Dasselbe gilt für seinen Verlust.

Wegfall: S bei den einzelnen Arten des weggefallenen Anspruchs.

Widerruf: Seine Wirksamkeit nach (jetzt) § 503 II BGB ist eine zulässige Einwendung, BGH NJW **96**, 58 (krit Gottwald/Howold JZ **96**, 597), Stgt NJW **94**, 1226, Rixecker NJW **99**, 1695 (je zum alten Recht).

Wirkungsdauer: Ein Wegfall des Titels infolge des Ablaufs der Wirkungsdauer des Urteils ist eine zulässige Einwendung. Ds gilt zB bei einer Lizenzzahlung. Es kann auf die Gesamtumstände ankommen, etwa bei einem mehrere Jahre alten Räumungstitel, LG Mönchengladb WoM **90**, 161.

38 Zahlungsverbot: Ein Zahlungsverbot zB nach der InsO ist eine zulässige Einwendung, BAG NJW **80**, 143. Das gilt auch etwa für ein solches des Aufsichtsamts für die Privatversicherung.

Zinsniveau: Seine Änderung nach dem Schluß der mündlichen Verhandlung reicht zwar evtl nach § 323, *nicht* aber nach § 767, BGH **100**, 211, Deichfuß MDR **92**, 334, Herr MDR **89**, 778.

Zug um Zug: Einwendungen wegen des Fehlens der erforderlichen Zug-um-Zug-Gegenleistung nach § 756 Rn 14 sind als solche gegen die Art und Weise der Zwangsvollstreckung grds *nicht* nach § 767 möglich, sondern nach § 766, § 756 Rn 15, KG RR **89**, 638, es sei denn, es geht um die Behauptung, dem Gegner sei die Gegenleistung unmöglich geworden, LG Bln NJW **89**, 639.

Zurückbehaltungsrecht: Seine Ausübung ist eine zulässige Einwendung, AG Siegen DGVZ **96**, 45. Das gilt freilich nur mit Wirkung des § 322 I BGB, BGH RR **97**, 1272, Hamm VersR **84**, 1050, und beim Anwalt nur in Grenzen, Köln VersR **98**, 500.

Zwangsversteigerung: Eine falsche Berechnung der $^5/_{10}$-Grenze des § 85a III ZVG ist *keine* zulässige Einwendung, LG Trier Rpfleger **85**, 451.

Zweckbindung: Die Nichthaftung eines zweckgebundenen Vermögens ist eine zulässige Einwendung, zB bei § 12b II 2 des 2. WoBauG.

39 8) Klage, I. Man muß zahlreiche Aspekte prüfen.

A. Zulässigkeit. Die Klage muß sich gegen die Zwangsvollstreckung aus dem Vollstreckungstitel und nicht nur zB aus einem Pfändungs- und Überweisungsbeschluß richten, Brdb FamRZ **04**, 558 (Umdeutung statthaft). Das Gericht muß das Rechtsschutzbedürfnis wie bei jeder Klage prüfen, Grdz 33 vor § 253, BGH RR **99**, 1080, BAG DB **85**, 2461, Köln JB **99**, 609. Es kommt nicht darauf an, ob eine bestimmte Vollstreckungsmaßnahme droht, sondern nur darauf, ob der Gläubiger überhaupt schon und noch vollstrecken kann,

BGH NJW **94**, 1162, Hamm FamRZ **00**, 1166 (selbst nach Verlust der Titelausfertigung). Das Rechtsschutzbedürfnis liegt grundsätzlich selbst dann vor, wenn der Gläubiger auf seine Rechte aus dem Vollstreckungstitel verzichtet hat oder wenn die Parteien sich nach Grdz 24 vor § 704 einig sind, daß eine Zwangsvollstreckung nicht in Betracht kommt, solange nur der Vollstreckungsgläubiger noch über den Vollstreckungstitel verfügt, BGH NJW **94**, 1162, Hamm WRP **92**, 195, Köln JB **99**, 609 (erst recht bei Fehlen eines Gläubigerverzichts). Es ist überhaupt eine prozeßwirtschaftliche Prüfung geboten, Grdz 14 vor § 128, BGH RR **99**, 1080. Hat der Notar den Vollstreckungstitel in Händen und darf ihn nicht in einer dem Schuldner gefährlichen Weise herausgeben, entfällt das Rechtsschutzbedürfnis für eine Klage nach § 767 und bleibt allenfalls dasjenige auf eine Herausgabeklage bestehen, BGH NJW **94**, 1162.

Ist die titulierte Forderung allerdings nur teilweise *erloschen,* so kommt es darauf an, ob die Zwangsvollstreckung insoweit nicht mehr droht, BGH NJW **94**, 1162. Denn dann kommt ja noch nicht die Herausgabe des ganzen Titels in Betracht, aM BGH NJW **92**, 2148 (stellt auf die Herausgabe ab). Ein Hilfsantrag auf teilweise Unzulässigkeit ist bei einer gegen die ganze Forderung gerichteten Klage zur Teilerfüllung unnötig, BGH RR **91**, 759. Das Fehlen einer Unterwerfungserklärung kann reichen, BGH RR **99**, 1080.

Die Klage ist an sich auch gegen einen nach § 18 GVG *Exterritorialen* zulässig. Denn sie ist nur eine prozessuale Folge von dessen Klage. Ein Ausschluß wäre sittenwidrig. Die Zwangsvollstreckung braucht auch nicht im Sinn von Grdz 51 vor § 704 begonnen zu haben, Henckel AcP **174**, 108. Auch braucht noch nicht unbedingt die Vollstreckungsklausel bereits nach §§ 724 ff vorliegen, LG Frankenth NZM **00**, 927, Münzberg Rpfleger **91**, 210. Es braucht auch noch nicht eine Umschreibung der Vollstreckungsklausel auf den neuen Gläubiger vorliegen, der den Vollstreckungstitel bereits in Händen hat, BGH NJW **92**, 2160 (krit Münzberg JZ **93**, 95), Köln VersR **90**, 403.

Das *Rechtsschutzbedürfnis fehlt,* soweit man zB gegen eine einstweilige Anordnung nach § 775 Z 1 vorgehen kann, Köln FER **99**, 218. Die Klage ist unzulässig, wenn ein vollstreckbarer Anspruch fehlt, Kblz FamRZ **81**, 1093, wie bei einem Beschluß nach § 758, Kblz FamRZ **81**, 1093, oder bei einem rechtsgestaltenden Urteil, Rn 4, aM Schlosser, Gestaltungsklage und Gestaltungsurteil §§ 264 ff (aber auch dann kann ein sachlichrechtlicher Einwand entscheidungserheblich sein). Das Rechtsschutzbedürfnis fehlt, soweit eine Zwangsvollstreckung nicht mehr droht, BGH NJW **94**, 1161, Ffm MDR **88**, 24, Mü OLGR **95**, 225.

Auch die völlige *Beendigung* der Zwangsvollstreckung nach Grdz 52 vor § 704 macht die Klage unzulässig und beläßt dem Kläger höchstens einen sachlichrechtlichen Anspruch, BGH NJW **94**, 1161, BayObLG WoM **92**, 397 (der Titel ist herausgegeben), Hbg MDR **98**, 1051 (§ 894), aM Brehm ZIP **83**, 1420. Freilich darf auch nicht mehr die Erteilung einer weiteren vollstreckbaren Ausfertigung in Betracht kommen, § 733. Wegen der teilweise für statthaft gehaltenen sog verlängerten Vollstreckungsabwehrklage auf Herausgabe des durch die vermeintlich unzulässige Vollstreckung Erlangten, Hamm FamRZ **93**, 74.

Schlüssige Behauptung einer Einwendung reicht zur Zulässigkeit, Geißler NJW **85**, 1867.

B. Parteien. Kläger ist jeder Vollstreckungsschuldner, Scherer JR **96**, 49, also auch jeder Gesamtschuld- **40** ner, Ffm MDR **82**, 934, oder derjenige, auf dessen Namen als Schuldner die Klausel bestehen könnte, BGH NJW **93**, 1397, oder bereits besteht oder den das Gericht zu einer Duldung der Zwangsvollstreckung verurteilt hat. Bekl ist der Vollstreckungsgläubiger, BGH **92**, 348 (krit Brehm JZ **85**, 342, Olzen JR **85**, 288), BayObLG ZMR **00**, 44, Nürnb FamRZ **87**, 1173, auch als Prozeßstandschafter, Grdz 26 vor § 50, AG Viersen FamRZ **88**, 1307, oder derjenige Dritte, an den der Gläubiger seine titulierte Forderung abgetreten hat und durch den eine Vollstreckung droht, BGH **120**, 391, oder derjenige, für den die Klausel umzuschreiben ist oder umgeschrieben wurde und soweit von ihm eine Vollstreckung droht, BGH NJW **93**, 1397, BPatG GRUR **82**, 484, Köln VersR **90**, 404.

Wenn eine solche Situation *nicht* vorliegt, hängt es vom Verhalten des alten und des neuen Gläubigers und von den Einwendungen des Schuldners ab, gegen wen man die Klage richten muß. Unter Umständen ist die Klage gegen beide notwendig. Der Dritte, der ein Widerspruchsrecht nach § 771 hat, kann nicht klagen, Guckelberger NVwZ **04**, 663. Bei einer Verurteilung Zug um Zug ist nur der Verurteilte zur Klage berechtigt. Wenn der ursprüngliche Gläubiger trotz einer Abtretung noch vollstreckt, muß man ihn verklagen.

C. Zustellung. Die Zustellung der Klage erfolgt an den ProzBev des Vorprozesses, §§ 81, 172, 178. **41** Denn die Prozeßvollmacht des Vorprozesses gilt auch hier noch, § 81. Die Zustellung an die Partei selbst erfolgt nur dann, wenn der ProzBev inzwischen weggefallen ist. Ein Vertreter im Privatklageverfahren ist nicht ein ProzBev im Sinn der ZPO. Daher muß das Gericht die Klage gegen den Kostenfestsetzungsbeschluß des Privatklageverfahrens der Partei selbst zustellen.

D. Zuständigkeitsgrundsatz: Prozeßgericht erster Instanz. Das Prozeßgericht der ersten Instanz des **42** Vorprozesses ist örtlich und sachlich nach § 802 für die erste Instanz auch der Vollstreckungsabwehrklage ausschließlich zuständig, Hamm RR **00**, 65, Steines KTS **87**, 27. Das gilt ohne Rücksicht auf den Streitwert, Hamm RR **00**, 65, LG Ulm RR **87**, 511. Eine Ausnahme gilt bei einer Berufung, wenn die erste Instanz über denselben Streitstoff schon entschieden hat, Ffm NJW **76**, 1983. Prozeßgericht ist das Gericht desjenigen Verfahrens, in dem der Vollstreckungstitel zu Recht oder zu Unrecht entstanden ist, BGH NJW **80**, 1393, Düss FGPrax **97**, 177 (WEG), Schlesw FamRZ **99**, 945 (Vorrang vor § 642 I), aM AG Brschw RR **93**, 953 (zumindest auch das Gericht des Wohnsitzes des damaligen Bekl. Aber das entspricht nicht der Natur der Klage, Rn 1).

Welche *Abteilung oder Kammer* zuständig ist, bestimmt sich nach der Geschäftsverteilung. Eine Ausnahme von dieser Regel gilt dann, wenn ein besonderer Spruchkörper vorliegt, zB die Kammer für Handelssachen, obwohl es sich um eine rein prozessuale Klage handelt, Rn 1. Denn der Streitstoff ist demjenigen des Vorprozesses wesensgleich. Der Rechtsweg richtet sich nach der Rechtsnatur desjenigen Vollstreckungstitels, aus dem der Gläubiger vollstreckt. Das gilt unabhängig davon, ob der zu vollstreckende Anspruch dem öffentlichen oder dem Privatrecht angehört, VGH Mü NJW **83**, 1992. Es kommt also nicht auf die Natur des Aufrechnungsanspruchs an, Hamm FamRZ **97**, 1493.

§ 767

43   E. Beispiele zur Frage der Zuständigkeit
Abänderungsklage: Im Fall einer Abänderungsentscheidung ist dasjenige Gericht zuständig, das den abzuändernden Titel erlassen hatte, AG Groß Gerau FamRZ **86**, 1229.
Arbeitssache: In einer Arbeitssache ist das Arbeitsgericht zuständig, BAG BB **89**, 428, Ffm MDR **85**, 331, ArbG Hann BB **90**, 928.
Aufrechnung: Rn 42.
Auslandsurteil: Bei einer Klage gegen ein ausländisches Urteil oder gegen die ausländische Vollstreckbarerklärung eines Schiedsspruchs ist dasjenige Gericht zuständig, das nach §§ 722, 1061, 1062 das Vollstreckungsurteil oder den entsprechenden Beschluß erlassen hat, unter Umständen also das AG selbst bei einem hohen Streitwert.
Baulandsache: Bei einer Klage gegen einen Titel in einer Baulandsache ist die Kammer für Baulandsachen zuständig, BGH NJW **75**, 829.
Enteignung: Bei einer Klage gegen den Vollstreckungstitel aus einem Enteignungsverfahren ist dasjenige AG zuständig, in dessen Bezirk die Behörde ihren Sitz hat. Vgl freilich das BauGB.
Europarecht: Wegen Art 22 Z 5 EuGVVO SchlAnh V C 4.
44   Familiensache: In einer Familiensache ist das Familiengericht zuständig, BGH NJW **81**, 346 (Inlandsfall), BGH NJW **80**, 2025 (Auslandsfall), Hamm FamRZ **97**, 1493, Köln FamRZ **00**, 364, aM BGH NJW **80**, 1393, Hamm FamRZ **89**, 876 (aber es war im Ausgangsprozeß zuständig, Rn 42).
Gerichtsbezirk: Wenn der Gerichtsbezirk geändert wurde, ist das bisher maßgebliche Gericht zuständig, Art 1 § 1 G v 6. 12. 33, RGBl 1037.
Klageänderung, Klagenhäufung: Sie ändern unabhängig vom daraus folgenden Streitwert die ausschließliche Zuständigkeit nach Rn 42 nicht, Hamm RR **00**, 65. Deshalb kommt nicht schon insofern eine Verweisung in Betracht, Hamm RR **00**, 65.
Kostenfestsetzungsbeschluß: Zuständig sein kann das Familiengericht, Schlesw SchlHA **78**, 199.
Mehrheit von Gerichtsständen: § 35 ist anwendbar, BGH MDR **92**, 301.
Prozeßvergleich: Zuständig ist das Gericht des durch ihn erledigten Prozesses. Bei § 118 ist das Gericht jenes Verfahrens zuständig.
45   Rückzahlungsklage: Das zunächst zuständige Gericht verliert die Zuständigkeit, soweit der Kläger von der Vollstreckungsabwehrklage zu einer Klage auf Rückzahlung übergeht aM Steines KTS **87**, 356 (aber § 767 ist eng auslegbar, Rn 3).
Umgangsrecht: Beim Verbot ist das Vormundschaftsgericht zuständig, LG Dortm FamRZ **81**, 1002.
Unterhaltstitel: Die Zuständigkeit richtet sich danach, wem der Unterhalt geschuldet ist. Zuständig sein kann das Familiengericht, BGH NJW **78**, 1812, Düss FamRZ **87**, 167, Köln FamRZ **00**, 364. § 642 ändert nichts an der Zuständigkeit des erstinstanzlichen Prozeßgerichts, BGH NJW **02**, 444, Hamm FamRZ **03**, 696, Naumb FamRZ **00**, 1166, aM BayOblG FamRZ **91**, 1455.
Vollstreckbare Urkunde: Zuständig ist nach § 797 V das Gericht des allgemeinen Gerichtsstands nach §§ 12 ff, hilfsweise dasjenige des Vermögens nach § 23. Infrage kommt auch § 800 III.
Vollstreckungsbescheid: Es gilt § 796 III. Evtl ist das AG zuständig, Celle RR **02**, 1079.
Vollstreckungsentscheidung: Rn 43 „Auslandsurteil".
Wertausgleichssache: Zuständig ist das AG am Ort der Festsetzungsbehörde, § 25 II WAG.
Wohnungseigentum: Zuständig ist das WEG-Gericht, BayOblG ZMR **99**, 184, Düss FGPrax **97**, 177.
Zwangsversteigerung: Zuständig ist beim Zuschlagsbeschluß sein AG, LG Ulm RR **87**, 511.

46   F. Klagegrund. Dazu gehören diejenigen Tatsachen, mit denen der Kläger (Schuldner) nach dem sachlichen Recht seine Einwendungen begründet. Der Antrag lautet: „Die Zwangsvollstreckung aus dem Urteil ... wird für unzulässig erklärt" oder „... wird nur gegen folgende Gegenleistung für zulässig erklärt ..." oder „wird für teilweise unzulässig erklärt". Unzulässig ist der Antrag, die Zwangsvollstreckung nur in bestimmte Gegenstände für unzulässig zu erklären, Rn 2. Es ist statthaft, den Anspruch auf eine Rückgewähr oder auf einen Ersatz oder auf eine Herausgabe der vollstreckbaren Ausfertigung mit der Klage zu verbinden. Es ist auch ein Übergang zu der Ersatzklage nach § 264 Z 3 zulässig.

47   G. Verfahren. Es handelt sich trotz des Prozeßziels der Beseitigung des bisherigen Vollstreckungstitels nach Rn 1, 2 nicht um eine Maßnahme der Vollstreckung, sondern um ein nur äußerlich im Buch 8 mitgeregeltes normales Erkenntnisverfahren nach §§ 253 ff, Mü MDR **86**, 946. Es verläuft wie gewöhnlich. Der Streitgegenstand ist nicht das Bestehen oder Nichtbestehen der titulierten Anspruchs, sondern die Unzulässigkeit der Zwangsvollstreckung aus ihm, BGH **85**, 371, Schmidt Festschrift 50 Jahre BGH (2000) 493. Man muß den Streitgegenstand wie bei § 2 Rn 3 bestimmen, also nach Antrag und Einwandsart, Köln RR **99**, 1509. Ein nachgeschobener Einwand ist mindestens nach § 264 Z 1 zulässig, Schmidt aaO, ThP 17. Er kann zur Änderung des Streitgegenstands führen, Köln RR **99**, 1509. Das Gericht muß einen Termin unverzüglich nach § 216 bestimmen, auch für die Zeit vom 1. 7. bis 31. 8. ohne spätere Verlegungsmöglichkeit, § 227 III 2 Hs 1 Z 7, BGH NJW **80**, 1695. Anwaltszwang herrscht wie sonst, § 78 Rn 1, Schlesw FamRZ **91**, 958.

Der Kläger muß grundsätzlich die *Prozeßvoraussetzungen* seiner Klage nach Grdz 12 vor § 253 zumindest wegen der anspruchsvernichtenden Tatsachen beweisen, Anh § 286 Rn 223 „Vollstreckungsabwehrklage", BGH NJW **81**, 2756 (aM zur vollstreckbaren Urkunde; dagegen Baumgärtel Festschrift für Lüke [1994] 4), Düss RR **97**, 444 (Abtretung), Münch NJW **91**, 795 (ausf: bei der Begründetheitsfrage Anknüpfung an das sachliche Recht). Ein Verzicht auf die Zwangsvollstreckung oder eine Einigung nach Grdz 29 vor § 704 dahin, daß eine Zwangsvollstreckung nicht mehr in Betracht komme, führt nicht schon bei einer Klage auf eine einmalige Leistung zur Unzulässigkeit. Der Gläubiger muß vielmehr auch noch den Vollstreckungstitel herausgeben, BGH DB **76**, 482, Saarbr JB **78**, 1093.

48   Das Rechtsschutzbedürfnis nach Grdz 33 vor § 253 richtet sich nach Rn 39. Es mag bei einer Klage auf *wiederkehrende Leistungen* fehlen, bei der der Gläubiger ja den Vollstreckungstitel auch nach dem Erhalt der schon fälligen Leistungen behält. Es mag auch zB dann fehlen, wenn der Gläubiger den Titel nur benötigt,

Abschnitt 1. Allgemeine Vorschriften § **767**

um einen Anspruch auf abgesonderte Befriedigung durchzusetzen, oder soweit eine weitere Zwangsvollstreckung unzweifelhaft nicht mehr droht, BGH NJW **84**, 2827, Ffm MDR **88**, 241, Karlsr FER **00**, 98 (kein Wegfall vor endgültigem Gläubigerverzicht). Das Urteil sollte so wie ein zulässiger Antrag lauten, Rn 46. Das Gericht muß klären, inwieweit und wem gegenüber die Zwangsvollstreckung zulässig ist. Wenn sich die Klage gegen einen Vollstreckungstitel richtet, der für einen zu den Sommersachen zählenden Anspruch entstand, dann ist auch das Verfahren der Vollstreckungsabwehrklage eine Sommersache, Rn 47. Eine Aussetzung kommt grundsätzlich nicht in Betracht, § 148 Rn 30 „Zwangsvollstreckung" Schneider JB **79**, 785, aM Ffm JB **90**, 652.

H. Entscheidung. Fehlt ein Erfordernis des § 767, so muß das Gericht die Klage beim Fehlen einer 49 Zulässigkeitsbedingung durch ein Prozeßurteil nach Grdz 14 vor § 253 und im übrigen als unbegründet abweisen. Das stattgebende Urteil erklärt nur die Zwangsvollstreckung für unzulässig oder nur unter dort genau festgesetzten Bedingungen für zulässig, etwa Zug um Zug beim Zurückhaltungsrecht, BGH RR **97**, 1272. Das Gericht hebt nicht etwa den Titel auf, Rn 3. Das alles geschieht insgesamt oder teilweise, BGH WertpMitt **91**, 668, Köln Rpfleger **76**, 138. Das Urteil hat keine Rückwirkung. Die Unzulässigkeit der Zwangsvollstreckung gilt erst mit Eintritt der Rechtskraft nach § 322 oder von der vorläufigen Vollstreckbarkeit des Urteils nach § 708 an, § 775 Z 1. Vorläufige Maßnahmen sind nach §§ 769, 770 statthaft. Wenn die Klage erhoben wurde, bevor eine Zwangsvollstreckung unmittelbar bevorstand, kann § 93 anwendbar sein, so daß der Kläger die Kosten tragen muß. Jedenfalls sind die Kosten nicht solche des Vorprozesses. Über die Kosten muß das Gericht besonders entscheiden, und zwar nach §§ 91 ff, nicht nach § 788 I, KG FamRZ **04**, 1392, Mü MDR **86**, 946. Der alte Vollstreckungstitel bleibt aber wegen *seiner* Kostenentscheidung bestehen. Er bleibt die Grundlage der dazu gehörenden Festsetzung nach §§ 103 ff, dort Rn 15 „Vollstreckungsabwehrklage". Das Gericht und der Anwalt erhalten die vollen Gebühren. Wegen der Rechtskraftwirkungen § 322 Rn 70 „Vollstreckungsabwehrklage".

9) Beschränkung der Klagegründe (Präklusionswirkung), II. Vgl Einf 15 vor §§ 322–327. Eine 50 solche Wirkung entsteht nicht gegenüber der Anwaltskammer, § 84 III BRAO. Beim Vollstreckungsbescheid gilt vorrangig § 796 II. Nach einem Prozeßvergleich ist II wegen des Fehlens der inneren Rechtskraft nach § 322 Rn 69 „Vergleich" nicht entsprechend anwendbar, BGH **139**, 135, BAG BB **80**, 728, ebensowenig bei einer vollstreckbaren Urkunde nach §§ 794 I Z 5, 797 IV (Ausnahme: nochmalige Abwehrklage, Zweibr OLGZ **97**, 110), ebensowenig grundsätzlich beim Kostenfestsetzungsbeschluß, BGH Rpfleger **95**, 375, BVerwG NJW **05**, 1963, BayObLG NZM **00**, 304, aM Ffm AnwBl **87**, 94. Bei (jetzt) § 11 RVG ist II aber anwendbar, BGH NJW **97**, 743. Zum AVAG und zur EuGVVO Münzberg (vor Rn 1).

A. Nach der letzten Tatsachenverhandlung. Die klagebegründende Einwendung muß nach dem 51 Schluß der letzten Tatsachenverhandlung des Vorprozesses im Sinn von §§ 136 IV, 283, 296a objektiv entstanden sein. Maßgebend ist also der Zeitpunkt, bis zu dem der jetzige Kläger sie hätte erheben müssen und nicht nur können, § 128 Rn 40, BGH NJW **05**, 2927 (Aufrechnungslage), Karlsr VersR **05**, 776, Köln VersR **04**, 355. Das gilt auch beim Schiedsspruch. Dagegen ist es unerheblich, wann das Gericht sein Urteil nach § 311 verkündet hatte. Wenn der Vorprozeß trotz eines Urteils noch in der ersten oder zweiten Instanz rechtshängig war, dann müssen dort zulässige Einwendungen später erwachsen sein. Man muß sie daher nach einem Vorbehaltsurteil im Sinn von §§ 302, 599 in einem Urkundenurteil, einem Wechselurteil oder einem Scheckurteil im Nachverfahren der §§ 600 ff vorbringen, soweit das statthaft ist. Eine rechtskräftige Vorabentscheidung über den Grund nach § 304 schneidet die vorher entstandenen Einwendungen ab. Der Vorprozeß kann auf Grund einer Abänderungsklage nach § 323 entstanden sein, Hamm FamRZ **93**, 582. In der Revisionsinstanz sind Einwendungen unzulässig. Deshalb entscheidet insoweit der Schluß der mündlichen Verhandlung der vorigen Instanz, BGH NJW **98**, 2972 (abl Wernecke JZ **99**, 308). Im schriftlichen Verfahren gilt § 128 II 2. Im Aktenlageverfahren ist derjenige Termin maßgeblich, dessen Versäumung zum Aktenlageverfahren führte. Bei §§ 9, 11 WiStG ist der Zeitpunkt der Zustellung des Bußgeldbescheids maßgeblich, BGH MDR **82**, 488.

Wenn die Einwendung nach dem Schluß der Verhandlung erster Instanz entstand, aber *vor der Rechtskraft* des Urteils, dann kann der Schuldner Berufung einlegen oder an sich auch aus § 767 klagen, BAG DB **85**, 2461, Hbg JB **77**, 1462. Jedoch ist die Klage dann meist mangels eines Rechtsschutzbedürfnisses unzulässig, Grdz 14 vor § 253, BAG DB **85**, 2461. Die nach dem Urteil bestehende Schuld ist noch nicht dann erfüllt, wenn der Schuldner auf Grund eines bloß vorläufig vollstreckbaren Urteils gezahlt hat, Einf 3 vor §§ 708–720. Eine zurückgewiesene Einwendung ist geltend gemacht. Die Klage darf eine solche Einwendung nicht wieder aufgreifen. Es ist auch mit der Rechtskraft unvereinbar, eine nach § 767 nicht mehr zulässige Einwendung, zur Grundlage eines Schadensersatzanspruches wegen einer unzulässigen Zwangsvollstreckung zu machen.

Wenn in einer *Steuersache* eine Klage zulässig ist, dann tritt der Ausschluß mit einer Einwendung erst in demjenigen Zeitpunkt ein, bis zu dem spätestens eine Nachprüfung der Einwendung im geregelten Verwaltungsverfahren herbeiführbar war. Wegen der Besonderheiten der Rechtslage beim Kostenfestsetzungsbeschluß nach § 104 und beim Prozeßvergleich vgl Anh § 307 vgl Rn 10 und § 795 Rn 10, § 797 Rn 12, beim Vollstreckungsbescheid § 796 Rn 4.

B. Unerheblichkeit der Parteikenntnis. Maßgebender Zeitpunkt ist grundsätzlich das objektive Ent- 52 stehen der Einwendung, nicht die subjektive Kenntnis der Partei, BGH **159**, 126, Karlsr VersR **05**, 776, LG Köln RR **02**, 1401, aM Kblz JB **89**, 704, RoGSch § 40 V 2b (je bei eine Abtretung. Aber „entstanden sind" ist nach Wortlaut und Sinn eindeutig, Einl III 39.). Deshalb ist es grundsätzlich unerheblich, ob gerade der Kläger die Einwendung im Vorprozeß vorbringen konnte, BAG KTS **86**, 134, Kblz MDR **02**, 475, LG Köln RR **02**, 1511 (evtl großzügiger bei Arzthaftung). Es ist auch grundsätzlich unerheblich, ob die Einwendung erst infolge einer Willenserklärung des Schuldners Wirkungen hat. Etwas anderes gilt ausnahmsweise dann, wenn der Schuldner zB ein Optionsrecht oder eine andere Gestaltungsmöglichkeit vernünftiger- oder doch befugterweise und nicht mißbräuchlich jetzt erst ausüben möchte und ausübt, BGH

§ 767 Buch 8. Zwangsvollstreckung

94, 33 und RR **87**, 1169, ZöHe 14, aM Ernst NJW **86**, 401 (aber Treu und Glauben sind stets beachtlich, Einl III 54).

53   **C. Aufrechnung.** Wegen Rn 52 entscheidet bei einer Aufrechnung des Schuldners nach § 145 Rn 9 nur derjenige Zeitpunkt, in dem sich die Forderungen erstmals objektiv aufrechenbar gegenüber standen, § 389 BGB, BGH NJW **05**, 2927, Hbg FamRZ **92**, 328, KG ZMR **95**, 219, aM RoGSch § 40 V 2 b aa (aber das wäre inkonsequent). Die Forderung muß also nachträglich erworben oder fällig geworden sein, Düss MDR **87**, 682. Es kommt also nicht darauf an, wann der Gläubiger von ihr Kenntnis hatte, BGH NJW **05**, 2927. Eine wegen Verspätung oder mangels Sachdienlichkeit nicht zugelassene Aufrechnung nach §§ 296, 530 II läßt sich auch nicht nachholen, um auf diese Weise die Vollstreckbarkeit des Urteils zu bekämpfen, das gerade diese Forderung durch die Nichtzulassung ausgeschaltet hat. Die Aufrechnung mit einer derartigen Forderung ist unzulässig und sachlichrechtlich wirkungslos. II hat damit und insofern auch eine Auswirkung auf das sachliche Recht, BGH **125**, 352, Düss MDR **83**, 586. Der Hauptschuldner mag nach II nicht aufrechnen dürfen, der Bürge aber wohl, BGH **153**, 301.

54   Freilich braucht der Schuldner die Aufrechnung nicht schon im *Kostenfestsetzungsverfahren* nach §§ 103 ff zu erklären. Das gilt selbst dann, wenn die Aufrechnungsforderung unstreitig oder tituliert ist, § 104 Rn 12, BGH DtZ **95**, 170, Ffm RR **87**, 372, AG Köln WoM **93**, 476. Wenn er aber mit einer prozessualen Kostenforderung aufrechnen will, dann muß dieser Anspruch auch der Höhe nach unbestritten sein oder es muß ein rechtskräftiger Kostenfestsetzungsbeschluß vorliegen. Denn erst dann steht die Höhe der Kostenschuld fest. Da im Kündigungsschutzprozeß der Anspruch auf eine Abfindung erst durch das Urteil entsteht, unterliegt eine Einwendung gegen diese Abfindung nicht dem II. Das Gericht muß die Entstehung der Einwendung stets nach dem sachlichen Recht beurteilen, BAG NJW **80**, 143 (bei § 60 I entsteht die Einwendung erst nach dem Stand der Masse so weit geklärt ist, daß sich die Quote errechnen läßt), Düss MDR **87**, 682. Ein Insolvenzverfahren ändert nichts an der Aufrechenbarkeit.

55   **D. Weitere Fälle.** Die Regeln Rn 52–54 gelten auch bei einer sachlichrechtlichen Verwirkung, Kblz FamRZ **88**, 747. Sie gelten ferner bei einem Rücktritt, einer Anfechtung, auch bei derjenigen wegen einer arglistigen Täuschung. Bei einer Abtretung ist eine Kenntnis nach § 407 I BGB wesentlich, Kblz JB **89**, 704, Rensen MDR **01**, 858, aM BGH NJW **01**, 231, Drsd MDR **95**, 559 (zustm Karst), Schlesw SchlHA **79**, 127 (aber § 407 I BGB ist für die sachlichrechtliche Situation wesentlich). Deshalb ist eine Klage zulässig, wenn die Abtretung im Vorprozeß nicht vorgebracht wurde, weil sie nicht bekannt war. Die Einwendung aus einer vertraglichen Beschränkung der Zwangsvollstreckung gehört nicht hierher. Der Schuldner muß den Zeitpunkt ihrer Entstehung beweisen.

56   **E. Unzulässigkeit des Einspruchs.** Ein Einspruch nach §§ 338, 700 muß unzulässig sein. Der Grund zur Geltendmachung der Einwendung darf also erst nach dem Ablauf einer Einspruchsfrist nach §§ 339, 700 entstanden sein, BGH NJW **82**, 1812, Geißler NJW **85**, 1868, Schumann NJW **82**, 1862, aM Hamm RR **00**, 659 (es genüge eine Zahlung vor Fristablauf nebst trotzdem folgender Vollstreckung. Aber dann ist ja gerade kein Einspruch mehr zulässig), ebenfalls aM StJM 40 (es genüge, daß die Einspruchsfrist vor dem Schluß der letzten mündlichen Verhandlung über die jetzige Klage abgelaufen sei. Aber das wäre eine ausdehnende Auslegung strenger Fristvorschriften bei einer nach Rn 2 ohnehin eher eng auslegbaren Klage). Die Möglichkeit einer Berufung nach §§ 511 ff steht der Klage nicht entgegen.

57   **10) Einwendungsverlust, III.** Der Kläger verliert in einem weiteren Abwehrprozeß alle Einwendungen, die etwa im ersten Vollstreckungsabwehrprozeß oder in einem Abänderungsprozeß nach § 323 objektiv möglich waren, Hamm FamRZ **93**, 581. Dabei kommt es nicht auf den Zeitpunkt der Klagerhebung an. Denn das Abstellen auf diesen Teil des Wortlauts wäre eine „unsinnige Rigorosität", Schmidt JR **92**, 91. Maßgeblich sind vielmehr §§ 136 IV, 296 a: Der Kläger verliert alle diejenigen Einwendungen, die er in diesem ersten Vollstreckungsabwehrprozeß bis zum Schluß der letzten zulässigen Tatsachenverhandlung nicht geltend gemacht hat, BGH NJW **91**, 2281. III stellt einen Häufungsgrundsatz auf. Demnach muß das Gericht die §§ 282, 296, 528 beachten. Der Einwand einer Klagänderung ist unzulässig, Geißler NJW **85**, 1868, Schmidt JR **92**, 92, aM evtl BGH NJW **04**, 2382 (der dann könnte man auch Einwendungen nur unter den Voraussetzungen des § 263 einführen. Das widerspricht indes dem Häufungsgrundsatz: „muß"). Ein erst nach dem Schluß der letzten mündlichen Verhandlung des zweiten Abwehrprozesses objektiv entstandener Einwand läßt sich natürlich in einem dritten Abwehrprozeß erheben. Dazu reicht aber nicht ein nur neues Beweismittel, Düss RR **92**, 1216, oder eine bloße Rechtsprechungsänderung, Rn 18.

58   Eine *neue* Vollstreckungsabwehrklage läßt sich indessen nur auf solche Einwendungen stützen, die inzwischen *objektiv* entstanden sind, nicht auf solche Einwendungen, die der Kläger wenn auch evtl schuldlos versäumt hat, BGH **61**, 26, Burgard ZZP **106**, 50 (ausf), Geißler NJW **85**, 1868, aM RoGSch § 40 IX 2, Schmidt Festschrift 50 Jahre BGH (2000) 512 (aber III erfordert eine eher strenge Auslegung, Rn 2). Sie läßt sich ferner auf solche Einwendungen stützen, über die das Gericht im Vorprozeß nicht entschieden hatte, BGH NJW **91**, 2281, oder die es im Vorprozeß nicht zugelassen hatte, sofern die Zurückweisung nicht wegen einer Säumigkeit erfolgt war, sondern nur wegen mangelnder Sachdienlichkeit. Ob letzteres geschehen war, muß der Richter im neuen Prozeß selbst prüfen. Das Gericht darf von Amts wegen keine nicht vorgebrachte Einwendung berücksichtigen.

Unanwendbar ist III nach einer Klagerücknahme nach § 269 oder nach wirksamen übereinstimmenden vollen Erledigterklärungen nach § 91 a, BGH MDR **91**, 1204.

59   **11) VwGO:** *Entsprechend anwendbar*, § 167 I VwGO, Guckelberger NVwZ **04**, 662 (eingehend), BVerwG NVwZ **03**, 214, NJW **89**, 119 u DVBl **85**, 392, VGH Mü BayVBl **85**, 213, OVG Münst NJW **80**, 2427, OVG Lüneb NJW **74**, 918 mwN, *auf alle Vollstreckungstitel des § 168 I VwGO (einschließlich der Prozeßvergleiche, OVG Münst DÖD **83**, 254, VGH Mü BayVBl **78**, 53, bei denen die Klage auch zur Klärung ihrer streitigen Auslegung erhoben werden kann, BVerwG NJW **92**, 191, krit Renck NJW **92**, 2209). Anwendbar ist § 767 auch bei Vollstreckung zugunsten der öffentlichen Hand nach § 169 I VwGO, § 5 VwVG iVm § 256 AO, Wettlaufer S 175 ff, VGH Mü BayVBl **87**, 149, RedOe § 169 Anm 11 mwN, str, aM OVG Kblz NVwZ **89**, 572 mwN,*

Abschnitt 1. Allgemeine Vorschriften §§ 767–769

und bei Vollstreckung gegen die öff Hand auch bei Änderung der Sach- und Rechtslage, RedOe § 172 Anm 9 u 10, VGH Mannh NVwZ-RR **93**, 447. Der Rechtsweg richtet sich nach der Herkunft des Titels, VGH Mü NJW **83**, 1992 mwN, hM, Grdz § 704 Rn 117: zuständig ist in allen Fällen das Gericht des ersten Rechtszuges, Ey § 167 Rn 12. Die Möglichkeit einer Berufung steht der Klage nicht entgegen, VGH Mannh VBlBW **85**, 185. Einen Sonderfall regelt § 183 VwGO. – Streitig ist, ob § 767 auch zur Abwehr unzulässiger Vollstreckung aus VerwAkten gegeben ist, verneinend VGH Mü BayVBl **84**, 209, OVG Kblz NJW **82**, 2276, beide mwN, v. Einem DVBl **88**, 1147 mwN, KoppSch § 167, 18 ff mwN, bejahend OVG Bln NVwZ-RR **89**, 510, VG Freiburg NVwZ-RR **89**, 514, Gaul JZ **79**, 499, Engelhardt VwVG § 18 Anm IV 2 (differenzierend), vgl dazu Schenke/Baumeister NVwZ **93**, 3, BVerwG NVwZ **84**, 42 mwN; jedenfalls ist in diesen Fällen § 767 dann nicht entsprechend anzuwenden, wenn eine Klage nach § 42 oder § 43 VwGO zulässig ist, BVerwG **27**, 141, VGH Mannh VBlBW **92**, 251 (krit Baumeister VBlBW **93**, 53), VGH Kassel NVwZ-RR **89**, 507 u AS **27**, 182, OVG Münst NJW **76**, 2036, oder eine gesetzliche Regelung etwas anderes bestimmt, zB nach AuslG, BVerwG NVwZ **84**, 42 mwN.

768 *Klage gegen Vollstreckungsklausel.* Die Vorschriften des § 767 Abs. 1, 3 gelten entsprechend, wenn in den Fällen des § 726 Abs. 1, der §§ 727 bis 729, 738, 742, 744, des § 745 Abs. 2 und des § 749 der Schuldner den bei der Erteilung der Vollstreckungsklausel als bewiesen angenommenen Eintritt der Voraussetzung für die Erteilung der Vollstreckungsklausel bestreitet, unbeschadet der Befugnis des Schuldners, in diesen Fällen Einwendungen gegen die Zulässigkeit der Vollstreckungsklausel nach § 732 zu erheben.

Vorbem. Wegen der *neuen Bundesländer* § 323 Vorbem.

1) Systematik. Die beschränkte Vollstreckungsabwehrklage des § 768 stellt eine zwingende Sonderregelung dar, Kblz NJW **92**, 379, Münzberg Rpfleger **91**, 210. Neben ihr bleibt § 767 nur nach den in Rn 5 dargestellten Regeln beachtlich. Die Vorschrift steht selbständig neben § 732. 1

2) Regelungszweck. Er ist derselbe wie bei § 767, dort Rn 2, BVerfG NJW **97**, 2168. Die Vorschrift erfaßt also eine sachlichrechtliche Einwendung, während § 732 eine formelle Einwendung wie zB das Fehlen eines Vollstreckungstitels behandelt, Kblz NJW **92**, 378. Beide Einwendungsarten können natürlich zusammentreffen, daher auch beide Verfahrensarten. Wegen des Ausnahmecharakters nach Rn 1 muß man die Vorschrift eng auslegen. 2

3) Geltungsbereich. Die Klage des § 768 ist nicht wie diejenige nach § 767 darauf gerichtet, die Zwangsvollstreckung aus einem bestimmten Titel für unzulässig zu erklären. Sie zielt vielmehr darauf, auf Grund einer für einen Titel erteilten Vollstreckungsklausel für unzulässig zu erklären, KG KTS **02**, 359, also gerade und nur gegen diese Klausel vorzugehen. Sie ist also zB in denjenigen Fällen zulässig, in denen die Erteilung der Vollstreckungsklausel von dem Nachweis des Eintritts einer besonderen Voraussetzung abhängt. Evtl ist der Weg des § 768 neben demjenigen nach § 732 offen, dort Rn 4, KG KTS **02**, 359. 3

Beispiele: Der Schuldner leugnet eine Rechtsnachfolge des Gläubigers oder beweist den Nichtverfall trotz einer Verfallsklausel; sie fehlt, Köln NJW **97**, 1451.

Auch der *Dritte* kann die Klage erheben, wenn er als Rechtsnachfolger ein Recht auf die Beseitigung der Vollstreckungsklausel behauptet, die das Gericht nach § 727 Rn 10 einem anderen als dem angeblichen Rechtsnachfolger erteilt hat, Lackmann Festschrift für Musielak (2004) 304, oder wenn der Kläger ein Begünstigter im Sinn von § 328 BGB zu sein behauptet. Eine rechtskräftige Feststellung nach § 768 schließt Einwendungen nach § 732 aus. Rechtskräftige Feststellungen nach § 732 schließen aber nicht Einwendungen nach § 768 aus. Denn eine Entscheidung nach § 732 hat immer nur eine vorläufige Bedeutung. Ein rechtskräftiges Urteil aus § 731 steht der Klage nach § 768 entgegen. Es genügt eine unrechtmäßige Klausel, solange noch eine Vollstreckungsmaßnahme möglich ist.

4) Verfahren. Der Antrag geht dahin, die Zwangsvollstreckung auf Grund der fraglichen Klausel für unzulässig zu erklären, KG AnwBl **02**, 666. Der Kläger muß seine Einwendungen darlegen, Kblz NJW **92**, 378. Er muß sie auch beweisen, abgesehen von einem etwaigen guten Glauben, MüKoSchm 10, aM Köln RR **94**, 894, Renzig MDR **76**, 286, ZöHe 2 (aber die Beweislast folgt auch hier den allgemeinen bewährten Regeln, Anh § 286 Rn 3). Für die Beurteilung, ob die Vollstreckungsklausel rechtmäßig erteilt worden war, ist der Schluß der mündlichen Verhandlung, § 136 IV, 296 a der entscheidende Zeitpunkt. Wenn das Gericht die Klausel wie bei einer Verfallsklausel ohne Nachweise erteilen muß, dann muß der Schuldner die sachliche Unzulässigkeit der Zwangsvollstreckung beweisen. Eine nachträglich eintretende Fälligkeit heilt die Mängel der zu Unrecht erteilten Klausel. Wegen einer weiteren Klage des Erwerbers nach der Umschreibung der Klausel und einer Vollstreckung gegen ihn § 732 Rn 4. Das Urteil wirkt nach § 775 Z 1. 4

5) Anwendbarkeit des § 767. Im übrigen gelten voll die Grundsätze von § 767, auch die Notwendigkeit der Häufung der Einwendungen, § 767 III. Das Prozeßgericht erster Instanz ist zuständig, § 767 I. Wegen eines Vollstreckungsbescheids gilt § 796 III. Das Familiengericht kann bei §§ 606 ff zuständig sein, Flieger MDR **78**, 884. § 767 II ist allerdings unanwendbar. Einreden sind also in ihrer Entstehung nicht zeitlich begrenzt. Man kann die Rückgabe der Klausel nicht erzwingen. 5

6) VwGO: Entsprechend anwendbar, § 167 I VwGO, in dem in Einf §§ 727–729 Rn 7 bezeichneten Umfang. 6

769 *Einstweilige Anordnungen.* [1] [1]Das Prozeßgericht kann auf Antrag anordnen, dass bis zum Erlass des Urteils über die in den §§ 767, 768 bezeichneten Einwendungen die Zwangsvollstreckung gegen oder ohne Sicherheitsleistung eingestellt oder nur gegen Sicherheitsleistung fortgesetzt werde und dass Vollstreckungsmaßregeln gegen Sicherheitsleistung aufzuheben seien. [2]Die tatsächlichen Behauptungen, die den Antrag begründen, sind glaubhaft zu machen.

§ 769

II [1] In dringenden Fällen kann das Vollstreckungsgericht eine solche Anordnung erlassen, unter Bestimmung einer Frist, innerhalb der die Entscheidung des Prozessgerichts beizubringen sei. [2] Nach fruchtlosem Ablauf der Frist wird die Zwangsvollstreckung fortgesetzt.

III Die Entscheidung über diese Anträge ergeht durch Beschluss.

Schrifttum: *Dunkl/Moeller/Baur/Feldmeier/Wetekamp*, Handbuch des vorläufigen Rechtsschutzes, 3. Aufl 1999; *Pawlowski*, Zu dem „Außerordentlichen Beschwerden" wegen „Greifbarer Gesetzeswidrigkeit", Festschrift für *Schneider* (1997) 39.

Gliederung

1) Systematik, I–III 1	B. Verfahren 9
2) Regelungszweck, I–III 2	C. Fristsetzung 10
3) Einstweilige Anordnung, I, III 3–7	5) Rechtsbehelfe, I–III 11–15
A. Zulässigkeit, I 3–5	A. Erinnerung 11
B. Verfahren, III 6	B. Sofortige Beschwerde 12–14
C. Zulässige Maßnahmen, I, III 7	C. Weitere Einzelfragen 15
4) Dringender Fall, II 8–10	6) *VwGO* 16
A. Voraussetzungen 8	

1 **1) Systematik, I–III.** Die Vorschrift, ergänzt durch § 770, ist ihrerseits eine Ergänzung der §§ 767, 768. Es findet kein obligatorisches Güteverfahren statt, § 15 a II 1 Z 6 EGZPO, Hartmann NJW **99**, 3748.

2 **2) Regelungszweck, I–III.** Der in § 767 Rn 2 dargestellte Zweck der Vollstreckungsabwehrklage kann es erforderlich machen, die Zwangsvollstreckung bis zur Entscheidung einstweilen einzustellen oder auf andere Weise das Risiko der „vollendeten Tatsachen" infolge Durchführung der Vollstreckung zu begrenzen, Brdb FamRZ **99**, 1436. Diesen Situationen dient § 769 in einer den §§ 707, 719 ähnlichen Weise, Köln FamRZ **03**, 321. Wie dort ist also die Verhinderung einer möglicherweise ungerechten Vollstreckung ein Ziel, Einl III 9. Wie bei § 767 muß das Gericht aber auch bei Eilmaßnahmen eine allzu bequeme Unterwanderung des Vollstreckungstitels verhindern, dort Rn 2. Der Grundsatz der Verhältnismäßigkeit nach Grdz 34 vor § 704 ist gerade bei § 769 mitbeachtlich. Als Ausnahmevorschrift ist § 769 an sich eng auslegbar, Ffm MDR **99**, 828, Peglau MDR **99**, 401. Vgl aber Rn 4.

Greifbare Gesetzeswidrigkeit nach Rn 13 ist ein zwar um Gerechtigkeit bemühter, gleichwohl gefährlich dehnbarer Begriff. Nicht ohne Grund hat er nicht aus der Rechtsprechung einen Weg direkt ins Gesetz gefunden. Ebenso wie bei § 127 Rn 25 sollte man auch bei § 769 und anderswo durchaus zurückhaltend mit der Zulassung solchen übergesetzlichen Korrekturrechts verfahren. Es sollte nur bei wirklich ebenso schweren wie eindeutigen Verstößen als Notbehelf infrage kommen.

3 **3) Einstweilige Anordnung, I, III.** Sie erfordert Zurückhaltung, Rn 7.

A. Zulässigkeit, I. Das Prozeßgericht kann bei einer Vollstreckungsabwehrklage eine einstweilige Anordnung nach §§ 767, 768, 771, 785, 786, 805 treffen. Das gilt auch in entsprechender Anwendung bei einer leugnenden Feststellungsklage, § 256, BGH RR **05**, 1010, Düss FamRZ **93**, 816, Naumb FamRZ **01**, 840, aM Ffm FamRZ **89**, 88 (es wendet dann §§ 707, 719 an. Aber dazu besteht keine Notwendigkeit, § 769 ist als Spezialvorschrift Vorrang.). Das Prozeßgericht kann auch dann eingreifen, wenn eine leugnende Feststellungsklage des Schuldners nicht zulässig wäre, Hbg FamRZ **96**, 745. Eine einstweilige Anordnung ist auch bei § 323 möglich, dort Rn 54, auch beim Prozeßvergleich, Anh § 307, § 767 Rn 10, BGH FamRZ **05**, 1662, LAG Ffm BB **95**, 1648, auch in einem schiedsrichterlichen Verfahren, §§ 1025 ff, LG Köln MDR **95**, 959. § 769 hat Vorrang vor §§ 935 ff.

Sie ist aber *unanwendbar* bei einer Unterlassungs- oder Schadensersatzklage wegen eines Urteilsmißbrauchs, wo §§ 935 ff in Betracht kommen, Stgt RR **98**, 70, Peglau MDR **99**, 400, LAG Kiel NZA-RR **05**, 102, aM Karlsr FamRZ **86**, 1141, Zweibr NJW **91**, 3042, ZöHe 1 (vgl aber Einf 28–36 vor §§ 322–327).

4 *Prozeßgericht* ist das Gericht derjenigen Instanz, in der der Vollstreckungsabwehrprozeß oder der Prozeß nach § 323 zur Zeit des Antrags anhängig ist, Karlsr FamRZ **84**, 186, also auch der Einzelrichter der §§ 348, 348 a usw. Prozeßgericht ist im übrigen dasjenige Gericht, das den Vollstreckungstitel geschaffen hat, BGH NJW **80**, 189, Köln AnwBl **89**, 51 (auch beim Kostenfestsetzungsbeschluß). Das kann auch das Berufungsgericht sein. Das Prozeßgericht kann die Anordnung in einem dringenden Fall evtl schon nach der Einreichung der Klageschrift vor deren Zustellung treffen, Brdb FamRZ **99**, 1435, Hbg RR **99**, 394, Schlesw FamRZ **90**, 303, aber grundsätzlich nicht vorher, Brdb FamRZ **99**, 1435. Eine Ausnahme kann im dringenden Fall gelten, s unten. Freilich muß das Gericht durch eine Bedingung oder Befristung sicherstellen, daß demnächst die Klagezustellung folgt oder das Vollstreckungsrecht des Gläubigers wieder auflebt, KG FamRZ **90**, 86 linke und rechte Spalte, Schlesw FamRZ **90**, 303, aM Hbg FamRZ **90**, 431, Köln FamRZ **87**, 964 (aber außerhalb eines Prozeßrechtsverhältnisses ist nach Grdz 4 vor § 128, § 261 Rn 1 ist große Zurückhaltung notwendig. Wo lägen zuerst die Grenzen?). Die einstweilige Anordnung ist auch nach der Zahlung der Verfahrensgebühr gemäß § 12 GKG, Anh § 271, zulässig, Hbg FamRZ **90**, 431, Köln FamRZ **87**, 964, und zwar unbedingt.

In einem *dringenden Fall* ist die einstweilige Anordnung ausnahmsweise auch schon nach der Einreichung des isolierten Antrags auf Bewilligung einer *Prozeßkostenhilfe* nach § 117 statthaft, Hamm RR **96**, 1024, Schlesw SchlHA **78**, 146, ZöHe 3, aM Ffm MDR **99**, 828, Naumb FamRZ **01**, 840, Schlesw WertpMitt **92**, 263 (aber der Gesetzestext und -sinn ist nicht so eng, und es besteht ein praktisches Bedürfnis). Es kann sogar das Rechtsmittelgericht zuständig sein, wenn vor ihm ein besonderes Eilbedürfnis vorliegt, Hbg FamRZ **84**, 804. Die Unzuständigkeit des Gerichts in der Sache selbst schadet grundsätzlich nicht, Kblz FamRZ **83**, 939, Zweibr MDR **79**, 324. Denn dann besteht die Möglichkeit einer Verweisung. Bei einer eindeutigen Unzuständigkeit, etwa beim Fehlen des Rechtswegs nach §§ 13, 17 ff GVG, darf dieses Gericht aber überhaupt nicht auch nur zunächst tätig werden, VGH Mü NJW **83**, 1992.

Abschnitt 1. Allgemeine Vorschriften § 769

Notwendig ist ein *Antrag* des Schuldners. Anwaltszwang besteht wie sonst, § 78 Rn 1. Der Schuldner **5** muß die Einzahlung des Gerichtskostenvorschusses nach § 12 GKG, Anh § 271, nachweisen, soweit ein solcher Vorschuß nach dem Gesetz erforderlich ist. Für Maßnahmen nach § 769 ist ein Beginn der Zwangsvollstreckung nach Grdz 51 vor § 704 nicht Voraussetzung. Eine völlige Beendigung der Zwangsvollstreckung nach Grdz 52 vor § 704 macht aber eine Anordnung nach § 769 unzulässig. Vgl ferner § 62 I 3 ArbGG, LAG Bln MDR **86**, 787, § 262 II AO. Wegen der Unanwendbarkeit der §§ 767 ff vgl § 767 Rn 14. Zum Verhältnis zwischen § 769 und §§ 936 ff Düss OLGZ **85**, 494. Ramelsberger DRiZ **89**, 137 hält § 769 zumindest in sog Altfällen nach Art 6 Z 1 UÄndG unabhängig von dessen Verfassungsmäßigkeit, die sie verneint, für unanwendbar. § 44 III WEG hat Vorrang, BayObLG WoM **89**, 662.

B. Verfahren, III. Eine mündliche Verhandlung ist zulässig, aber nicht erforderlich, § 128 IV. Der **6** Antragsteller muß die tatsächlichen Unterlagen glaubhaft machen, § 294. Er kann die Glaubhaftmachung nicht durch eine Sicherheitsleistung ersetzen. Ein Wegzug ins Ausland reicht nicht stets aus, LG Regensb NJW **78**, 1118. Das Gericht muß den Antragsgegner nach Art 103 I GG vor dessen Unterliegen anhören, Naumb FamRZ **03**, 109. Ab seiner Anhörung gelten die allgemeinen Regeln zur Darlegungslast nach § 253 Rn 32 und zur Beweislast nach Anh § 286, soweit es auf sie überhaupt ankommt, § 707 Rn 7.

Das Gericht trifft seine Anordnungen nach pflichtgemäßem *Ermessen,* großzügiger OVG Münst NJW **87**, 3029 (freies Ermessen). Es muß die Aussichten der Klage berücksichtigen, Hbg NJW **78**, 1272, Zweibr FamRZ **02**, 556. Es darf den bisherigen Vollstreckungstitel nicht ohne ein besonderes Schutzbedürfnis des Schuldners entwerten, BGH FamRZ **05**, 1662, Hamm MDR **93**, 348, Zweibr JB **99**, 381. Andererseits ist keine überwiegende Erfolgsaussicht der Abwehrklage nötig. Vielmehr entfällt eine einstweilige Einstellung erst bei völliger Aussichtslosigkeit, BGH FamRZ **05**, 1662, Zweibr FamRZ **02**, 556. Eine formularmäßige Einstellung der Zwangsvollstreckung trotz der Aussichtslosigkeit einer Vollstreckungsabwehrklage läuft auf eine Rechtsverweigerung hinaus, Hbg NJW **78**, 1272, Schlesw SchlHA **77**, 204.

Die Entscheidung ergeht durch einen *Beschluß,* § 329. Das Gericht muß ihn grundsätzlich begründen, § 329 Rn 4, Ffm MDR **99**, 504, Köln MDR **00**, 414, Stgt MDR **98**, 621. Er enthält wegen VV 3500 keine Kostenentscheidung, Celle JB **97**, 101, aM LG Ffm Rpfleger **85**, 208, MüKoSchm 36. Das Gericht muß seinen Beschluß nach § 329 I 1 verkünden oder beiden Parteien förmlich zustellen, § 329 III. Es kann seine Entscheidung nicht ändern, § 329 Rn 17, 18, aM Hamm MDR **88**, 241, Köln MDR **89**, 919, Schneider MDR **85**, 549 (aber der Beschluß ist bereits ausgeführt worden).

C. Zulässige Maßnahmen, I, III. Zulässig sind dieselben Maßnahmen wie bei § 707. Abweichend von **7** jener Vorschrift besteht die Erleichterung, daß das Gericht die Zwangsvollstreckung auch dann ohne eine Sicherheitsleistung einstellen darf, wenn der Antragsteller einen Nachteil nicht nach § 294 glaubhaft gemacht hat, Hamm MDR **93**, 348, Karlsr FamRZ **87**, 1289. Zulässig ist auch die Anordnung der Hinterlegung eines Versteigerungserlöses. Eine Sicherheitsleistung des Schuldners nach §§ 108, 709, 769 soll grundsätzlich den Gläubiger vor den Nachteilen der Anordnung schützen. Das gilt auch bei einer Sicherheitsleistung des Drittwiderspruchsklägers nach § 771 III 1 in Verbindung mit § 769 I 1, etwa voller Bürgschaft, BGH MDR **04**, 763. Er muß daher für den Fall der Abweisung seiner Klage eine Garantie abgeben, BGH MDR **04**, 763. Deshalb ist auch eine Aufhebung der Zwangsvollstreckung nur gegen eine Sicherheitsleistung statthaft, die dem Gläubiger einen vollen Ersatz gewährleistet. Das Gericht soll weder formalistisch noch unwirtschaftlich vorgehen. Es soll vielmehr alle Gesichtspunkte abwägen, LAG Ffm BB **85**, 871. Es muß dabei aber wesentlich auch auf das Interesse des Gläubigers achten, Grdz 8 vor § 704. Die Höhe der Sicherheitsleistung muß daher dem Gläubiger wirklich vollen Schutz bieten. Es kommt auch eine Befristung schon nach I ähnlich derjenigen nach II in Betracht, KG FamRZ **90**, 86, Schlesw FamRZ **90**, 303. Freilich kommt auch eine Sicherheitsleistung des Gläubigers zum Schutz des Schuldners in Betracht, Hamm MDR **93**, 348, ebenso eine Sequestration ähnlich wie bei § 938 II.

Überhaupt sollte sich das Gericht *zurückhalten.* Die Vollstreckungsabwehrklagen sind ein beliebtes Hilfsmittel fauler Schuldner. LAG Hamm BB **80**, 265 lehnt wegen § 62 I ArbGG eine Sicherheitsleistung des Gläubigers oder des Schuldners ab, aM LAG Köln DB **83**, 1827. Die Anordnung ist keine einstweilige Verfügung. Eine solche wäre auch unzulässig. Die Anordnung tritt ohne weiteres außer Kraft, sobald ein Urteil zu Lasten des Schuldners ergeht. Eine aufgehobene Vollstreckungsmaßnahme lebt aber durch ein solches Urteil nicht wieder auf. Wie § 770 zeigt, darf sich die Anordnung eine Wirkung nur bis zum Erlaß des Urteils der Instanz beilegen, Köln KTS **89**, 722 (auch wegen eines nachfolgenden Insolvenzverfahrens). Eine Einstellung in der Hauptsache berührt die Vollstreckung eines Arrestes oder einer einstweiligen Verfügung nicht, § 930 Rn 4. Wegen der Wirkung der Einstellung usw § 707 Rn 8–15.

4) Dringender Fall, II. Seine Bejahung erfordert gesteigerte Zurückhaltung. **8**

A. Voraussetzungen. Ein dringender Fall liegt dann vor, wenn die Zeit nicht ausreicht, um eine Entscheidung des Prozeßgerichts einzuholen, namentlich eine Entscheidung des Kollegialgerichts, LG Frankenthal Rpfleger **81**, 314. Ein dringender Fall liegt nicht schon deshalb vor, weil die Zwangsvollstreckung unmittelbar bevorsteht, sofern der Schuldner den Antrag erst im letzten Augenblick arglistig stellt, um eine ausreichende Prüfung oder eine Kostenpflicht zu verhindern, Einl III 54. Ein dringender Fall fehlt ferner zB dann, wenn bereits in einem anderen zugehörigen Verfahren eine Einstellung der Zwangsvollstreckung erfolgt ist, Köln FamRZ **81**, 379.

B. Verfahren. Der Antragsteller muß außer den tatsächlichen Unterlagen nach I 2 die besondere Dring- **9** lichkeit glaubhaft machen, § 294, Karlsr FamRZ **04**, 1211. Das Prozeßgericht braucht die Klage noch nicht zugestellt zu haben, Rn 4. Zur Entscheidung zuständig ist das Vollstreckungsgericht, § 764. Es entscheidet durch den Rpfl, § 20 Z 17 RPflG, nach § 153 GVG. Denn eine richterliche Entscheidung muß ohnehin nachfolgen. Eine mündliche Verhandlung ist zulässig, aber nicht notwendig, III, § 128 IV. Der Rpfl entscheidet nach einer Anhörung, Artt 2 I, 20 III GG, BVerfG **101**, 404, durch einen Beschluß, IV, § 329. Er muß ihn kurz begründen, § 329 Rn 4 (Notwendigkeit der Überprüfbarkeit), Ffm MDR **99**, 504, Karlsr

§§ 769, 770

JB **98**, 493, Köln JB **93**, 627. Der Beschluß enthält keine Kostenentscheidung, LG Ffm Rpfleger **85**, 208. Der Beschluß wird beiden Parteien zugestellt, § 329 II 2, III. Wegen der EuGVVO SchlAnh V C 4.

10   **C. Fristsetzung.** Der Rpfl muß eine Frist zur Beibringung der Entscheidung des Prozeßgerichts aus I setzen. Er kann sie nach § 224 II verlängern. Wenn der Schuldner die Entscheidung nicht innerhalb der Frist beibringt, dann tritt die Anordnung des Vollstreckungsgerichts kraft Gesetzes außer Kraft, Celle OLGR **96**, 214. Darum ist hier eine Aufhebung einer Vollstreckungsmaßnahme geradezu unstatthaft. Das Prozeßgericht kann aber die Zwangsvollstreckung mit Wirkung für die Zukunft erneut einstellen. Eine Anordnung des Prozeßgerichts erledigt diejenige des Vollstreckungsgerichts. Ein neuer Antrag nach einer Ablehnung setzt neue Gründe voraus. Denn niemand kann über denselben Sachverhalt zwei Entscheidungen verlangen.

11   **5) Rechtsbehelfe, I–III.** Sie bergen viele Streitfragen.
   A. Erinnerung. Wenn der Rpfl entschieden hat, gilt § 11 II 1 RPflG, Anh § 153 GVG.

12   **B. Sofortige Beschwerde,** dazu *Lemke* MDR **00**, 13 (Üb, fordert gesetzliche Regelung): Gegen den anfänglichen Beschluß des Richters des Prozeßgerichts oder des Vollstreckungsgerichts kann die sofortige Beschwerde nach §§ 567 I Z 1, 793 zulässig sein, Saarbr RR **01**, 1573, Zweibr MDR **04**, 836, aM BGH **159**, 15 (die Unanfechtbarkeit ergebe sich bei der Auslegung. Aber I enthält gerade nicht wie § 707 II 2 einen ausdrücklichen Ausschluß, und § 793 gilt ersichtlich im ganzen Buch 8. Man darf trotz aller Prozeßwirtschaftlichkeit nicht in Wahrheit vom gewünschten Ergebnis her konstruieren).

13   Sie ist jedoch grundsätzlich nur insoweit statthaft, als gerade der Vorderrichter einen *groben Gesetzesverstoß* oder Ermessensfehler begangen hat, BGH JR **97**, 428, insbesondere soweit er die Grenzen seines Ermessens verkannt hat, Zweibr MDR **04**, 836. Das kommt etwa dann in Betracht, wenn das Gericht gegen Art 103 I GG verstoßen hat, Naumb FamRZ **03**, 109 (nur 2 Tage Gehör), oder wenn die Entscheidung keine Begründung enthält, § 329 Rn 4, Ffm MDR **99**, 504, Hamm FamRZ **00**, 365, Zweibr JB **99**, 381, aM Ffm (26. ZS) RR **03**, 141, Kblz FamRZ **03**, 1946, Köln RR **00**, 1235 (aber solches Fehlen beseitigt jede Nachvollziehbarkeit).
   Die sofortige Beschwerde war nach bisher verbreiteter Ansicht überhaupt dann statthaft, wenn eine *greifbare Gesetzwidrigkeit* vorliegt, nicht nur irgendein Fehler, Rn 2, § 127 Rn 25, § 707 Rn 17, Hamm FamRZ **05**, 994, Karlsr FamRZ **03**, 1676, Saarbr RR **01**, 1573, aM Ffm (26. ZS) RR **03**, 141, Hamm FamRZ **87**, 500 (je: grds unanfechtbar), LAG Ffm NZA-RR **04**, 380 theoretisch grundsätzlich uneingeschränkt anfechtbar. Aber beide Varianten berücksichtigen nicht genug das Gebot gerichtlicher Abwägung der Fallumstände gerade in solcher evtl fast dramatischer Sonderlage).

14   Freilich kann selbst bei einer greifbaren Gesetzwidrigkeit keine sofortige Beschwerde stattfinden, wenn die zugehörige *Hauptsacheentscheidung unanfechtbar* ist, Kblz FamRZ **89**, 298, oder wenn es nur um Prozeßkostenhilfe geht, Karlsr FamRZ **03**, 1675 und 1676. Vgl im übrigen jetzt die schweren Bedenken des BVerwG (Plenum) NJW **03**, 1929 (Verstoß gegen Rechtsmittelklarheit nebst Aufforderung an den Gesetzgeber, bis Ende 2004 zu handeln).

15   **C. Weitere Einzelfragen.** Beim groben erstinstanzlichen Verfahrensverstoß kommt eine Aufhebung durch das Rechtsmittelgericht nebst Zurückverweisung in Betracht, Naumb FamRZ **03**, 109. Die Beschwerdeentscheidung enthält keine Kostenentscheidung. Denn es liegt ein unselbständiges Zwischenverfahren vor, dessen Kosten nach §§ 91 ff, 788 geregelt sind, Brdb FamRZ **96**, 356, LG Ffm Rpfleger **85**, 208, Drsd JB **99**, 270, Düss FER **99**, 160 (je: bei Zurückweisung), aM Karlsr FamRZ **99**, 1000, LG Aachen MDR **96**, 1196. Der sog Meistbegünstigungsgrundsatz nach Grdz 28 vor § 511 gilt auch hier, Karlsr MDR **92**, 808. Freilich muß das Beschwerdegericht prüfen, ob überhaupt mehr als ein nach § 319 zu berichtigender Schreibfehler vorliegt. Zur Anschlußbeschwerde § 567 III. Die Anordnung des Vollstreckungsgerichts wird nach einem erfolglosen Ablauf der Frist nach II oder nach einem abweisenden Urteil gegenstandslos, II 2. Neue Tatsachen sind im Rahmen nach § 571 II beachtlich, so schon Karlsr OLGZ **76**, 479, Gottwald FamRZ **94**, 1539. Das gilt selbst dann, wenn der Beschluß inzwischen nach § 322 rechtskräftig geworden ist. Wenn die Klage nach § 767 Erfolg hat, dann kann der Bekl in einem Verfahren nach § 769 noch vor dem Beschwerdegericht eine Erledigterklärung nach § 91 a abgeben. Das Beschwerdegericht kann eine Forderungsbeschlagnahme nicht rückwirkend und evtl auch nicht für die Zukunft wiederherstellen, Karlsr FamRZ **04**, 820.

16   **6) VwGO:** Entsprechend anwendbar, § 167 I VwGO, soweit §§ 767, 768 gelten, *Wettlaufer* S 181 ff, BVerwG NJW **89**, 120, OVG Lüneb NVwZ-RR **00**, 573 mwN, VGH Kassel NJW **95**, 1107, VGH Mannh VBlBW **85**, 185. Zuständigkeit: § 767 Rn 59; eine im unzulässigen Rechtsweg erhobene Klage begründet die Zuständigkeit nicht, VGH Mü NJW **83**, 1992. Rechtsbehelf: Beschwerde, §§ 146 ff VwGO, wenn das VG die AnO erlassen hat, OVG Hbg HbgJVBl **70**, 57 (keine entsprechende Anwendung von § 707 II); wegen des Ausschlusses der Beschwerde s § 732 Rn 11.

770 Einstweilige Anordnungen im Urteil.

[1] Das Prozessgericht kann in dem Urteil, durch das über die Einwendungen entschieden wird, die in dem vorstehenden Paragraphen bezeichneten Anordnungen erlassen oder die bereits erlassenen Anordnungen aufheben, abändern oder bestätigen. [2] Für die Anfechtung einer solchen Entscheidung gelten die Vorschriften des § 718 entsprechend.

1   **1) Systematik, Regelungszweck,** S 1, 2. Vgl § 769 Rn 1, 2.

2   **2) Anordnungen,** S 1, 2. § 770 erlaubt dem Prozeßgericht bei einer Vollstreckungsabwehrklage nach §§ 767, 768, 785, 786, 805 auch in einem bloß vorläufig vollstreckbaren Urteil und bei einem nach § 794 I Z 3 sofort vorstreckbaren Beschluß entsprechende Anordnungen nach § 769 I, III zu treffen. Diese Befugnis besteht abweichend von § 769 auch von Amts wegen. Eine in einem vorläufig vollstreckbaren Urteil getroffene Anordnung tritt mit der Rechtskraft des Urteils nach § 322 ohne weiteres außer Kraft. Die Durchführung richtet sich nach §§ 775 Z 2, 776. Vgl ferner § 262 II AO.

Abschnitt 1. Allgemeine Vorschriften **§ 770, Einf §§ 771–774**

3) Rechtsbehelfe, S 1, 2. Die Anordnung ist ein Teil des Urteils. Man kann sie daher nur zusammen mit diesem Urteil und nur mit dessen Rechtsmittel angreifen. Die Anordnung ist sofort vollstreckbar. In der zweiten Instanz entscheidet das Gericht auf Antrag auch vorab, § 718. Das Berufungsgericht kann aber auch eine Anordnung aus § 769 erlassen. Eine Revision entfällt nach § 718 II. **3**

4) *VwGO:* *Entsprechend anwendbar, § 167 I VwGO, in demselben Umfang wie § 769. Rechtsbehelfe wie in Rn 3.* **4**

Einführung vor §§ 771–774
Widerspruchsklagen

Gliederung

1) Systematik	1	B. Verhältnis zum sachlichen Recht	4
2) Regelungszweck	2	C. Verhältnis zu anderen Rechtsbehelfen	5, 6
3) Geltungsbereich	3–6	4) *VwGO*	7
A. Verhältnis der §§ 771–774 zueinander	3		

1) Systematik. Die Widerspruchsklage ist ebenso wie die Vollstreckungsabwehrklage eine *rein prozessuale Gestaltungsklage*, § 767 Rn 1, BGH MDR **85**, 1010, Münzberg/Brehm Festschrift für Baur (1981) 535, Geißler NJW **85**, 1869, aM Baur/Stürner § 40 I 1, Bettermann Festschrift für Weber (1975) 88 (es handle sich um eine sachlichrechtliche Abwehrklage. Aber es geht um die Zwangsvollstreckungsgrenzen, s unten.). Sie macht die Zwangsvollstreckung unzulässig, sobald das Urteil rechtskräftig oder vorläufig vollstreckbar ist, § 775 Z 1, also für die Zukunft. Bis dahin ist die in der gesetzlichen Form auf Grund gesetzlicher Voraussetzungen vorgenommene Zwangsvollstreckung einwandfrei und wirksam. Der Rechtsbehelf hat seinen Grund also nicht in einer fehlerhaften Zwangsvollstreckung, sondern in der unvermeidlichen Unzulänglichkeit der Prüfung fremder Rechte im Zwangsvollstreckungsverfahren. Diese Prüfung erfordert die allseitige Erörterung im Prozeß. **1**

Die wichtigste Folge dieser prozessualen Natur ist, daß das *sachliche Recht des Dritten nicht Streitgegenstand ist*, BGH MDR **85**, 1010, Stgt FamRZ **82**, 401. Denn der Gegenstand der Zwangsvollstreckung ist nicht streitbefangen, § 265. Darum läßt die Rechtskraft das sachliche Recht dieses Dritten unberührt. Der Dritte kann es aber im Erkenntnisverfahren des bisherigen Prozesses weder durch eine Einrede noch widerklagend geltend machen. Deshalb muß er es wenigstens im dortigen Vollstreckungsverfahren durchsetzen können.

Es findet *kein obligatorisches Güteverfahren* statt, § 15 a II 1 Z 6 EGZPO, Hartmann NJW **99**, 3748.

Eine bewußt *falsche* Widerspruchsklage ist mindestens versuchter Prozeßbetrug. Die Drittwiderspruchsklage des Sicherungsnehmers ist zunächst dann mißbräuchlich, wenn sie nur den Schutz des Sicherungsgebers bezweckt, Einl III 54, Bre OLGZ **90**, 73.

2) Regelungszweck. Die ZPO gibt eine Reihe von Widerspruchsklagen (Interventionsklagen) für Fälle, in denen das Recht eines Dritten der Zwangsvollstreckung entgegensteht. Diese Klagen dienen ähnlichen Zwecken wie das Aussonderungsrecht in Insolvenzverfahren. Der Gläubiger soll keine größeren Rechte erlangen als sie der Schuldner hat. Darum kann § 47 S 2 InsO bei der Auslegung der §§ 771 ff dienlich sein. Vergleichbar ist die Drittwiderspruchsklage nach § 262 AO, BGH NJW **89**, 2542. §§ 771 ff dienen der Gerechtigkeit gegenüber einem mitbetroffenen Dritten nach Einl III 9 und sind entsprechend weit zu seinen Gunsten auslegbar. **2**

Mißlich ist die Stellung des Dritten ohnehin. Sein Recht und insbesondere sein Eigentum droht in der Zwangsvollstreckung gegen den Schuldner unterzugehen. Ein Schadensersatzanspruch gegen Gläubiger und/oder Schuldner ist oft ein nur dürftiger und obendrein wirtschaftlich evtl gar nicht durchsetzbarer Trost. Der Dritte mag den Besitz usw durchaus gutgläubig einem Schuldner überlassen haben, dem noch keine Vollstreckung drohte oder zu drohen schien. Der Zugriff des Gläubigers muß dort enden, wo auch das Gesamtvermögen seines Schuldners endet. Vermögensverschiebung würde natürlich als Rechtsmißbrauch nach Einl III 54 auch bei §§ 771 ff nicht hinnehmbar sein.

3) Geltungsbereich. Man muß drei Fallgruppen unterscheiden. **3**

A. Verhältnis der §§ 771–774 zueinander. Die Fälle §§ 771–774 liegen im wesentlichen gleichartig. Ein Unterschied besteht insofern, als der Dritte bei §§ 771, 774 die ganze Zwangsvollstreckung abschnüren kann, während er bei §§ 772 f die Pfändung belassen muß und nur der Veräußerung oder Überweisung widersprechen darf.

B. Verhältnis zum sachlichen Recht. Hat der Dritte die Widerspruchsklage nach Grdz 51 vor § 704 versäumt, so bleibt ihm ein sachlichrechtlicher Anspruch aus einer Bereicherung, §§ 812 ff BGB, BGH Rpfleger **75**, 292, Brehm JZ **86**, 501 (die Widerspruchsklage könne zulässig bleiben). Dieser Anspruch besteht grundsätzlich gegenüber dem Gläubiger. Wegen einer Ausnahme § 819 Rn 5. Eine Bereicherung liegt vor, soweit der Erlös die Zwangsvollstreckungskosten übersteigt, BGH **66**, 156, aM StJM § 771 Rn 73, 75 (aber man sollte prozeßwirtschaftlich vorgehen, Grdz 14 vor § 128). Bedenklich ist dabei, daß der Pfändungspfandgläubiger schlechter steht als der Faustpfandgläubiger, weil ihn der gute Glaube nicht schützt; § 1207 BGB ist unanwendbar. **4**

Ein Ersatzanspruch des Dritten verlangt eine *unerlaubte Handlung* des Gläubigers. § 717 II und §§ 985 ff BGB sind unanwendbar. Eine Ersatzpflicht besteht namentlich, wenn der Gläubiger bösgläubig Sachen Dritter pfändet oder trotz ausreichender Glaubhaftmachung vom Bestehen des fremden Rechts auf der Pfändung beharrt. Die zur Auferlegung der Kosten ausreichende Glaubhaftmachung genügt hier nicht unbedingt. Die prozessuale Rechtmäßigkeit der Zwangsvollstreckung steht dem Ersatzanspruch wegen sachlichrechtlichen Verschuldens des Gläubigers nicht entgegen, der für Hilfspersonen nach § 278 BGB haftet. Häufig fällt dem Dritten ein mitwirkendes Verschulden zur Last, § 254 BGB.

5   **C. Verhältnisse zu anderen Rechtsbehelfen.** Regelmäßig ist die Widerspruchsklage der einzige Rechtsbehelf des Dritten, Schlesw SchlHA **89**, 44. Sie schließt vor allem eine sachlichrechtliche Klage desselben Ziels gegen den Pfändungsgläubiger aus.

Das gilt zB: Für die Abwehrklage des § 1004 BGB, Henckel AcP **174**, 109; für die Feststellungsklage, § 256 (Ausnahme: Rn 6); für eine Klage auf Herausgabe, insbesondere nach § 985 BGB, BGH NJW **89**, 2542 (Unzulässigkeit); für eine Klage auf eine Freigabe (das ist freilich meist nur eine falsche Bezeichnung). Das ändert freilich nichts an einem etwaigen sachlichrechtlichen Freigabeanspruch. Eine bloße Feststellung der Unzulässigkeit einer Pfändung hätte angesichts des § 775 auch nur einen geringen praktischen Wert.

6   *Zulässig ist:* Eine einstweilige Verfügung, §§ 935 ff, aM Schlesw SchlHA **89**, 44 (aber zur Klagemöglichkeit gehört ein einstweiliger Rechtsschutz, Einl III 9); eine Klage auf die Unterlassung der Zwangsvollstreckung wegen einer vertraglichen Verpflichtung, Grdz 24 vor § 704; eine leugnende Feststellungsklage des Pfändungsgläubigers gegen den Dritten, § 256, vor der Erhebung der Widerspruchsklage. Über das Zusammentreffen mit § 766 dort Rn 10.

Mit der *Einmischungsklage* des § 64 trifft eine Klage nach § 771 nur dann zusammen, wenn der Dritte gegenüber einem vorläufig vollstreckbaren Urteil eine Sache für sich beansprucht, die herauszugeben ist. Das Verfahren und das Ergebnis sind in beiden Fällen verschieden. Der Dritte kann gegen seinen Schuldner unabhängig von § 771 klagen.

7   4) *VwGO: Näheres bei den einzelnen Vorschriften.*

771

Drittwiderspruchsklage. [I] Behauptet ein Dritter, dass ihm an dem Gegenstand der Zwangsvollstreckung ein die Veräußerung hinderndes Recht zustehe, so ist der Widerspruch gegen die Zwangsvollstreckung im Wege der Klage bei dem Gericht geltend zu machen, in dessen Bezirk die Zwangsvollstreckung erfolgt.

[II] Wird die Klage gegen den Gläubiger und den Schuldner gerichtet, so sind diese als Streitgenossen anzusehen.

[III] [1] Auf die Einstellung der Zwangsvollstreckung und die Aufhebung der bereits getroffenen Vollstreckungsmaßregeln sind die Vorschriften der §§ 769, 770 entsprechend anzuwenden. [2] Die Aufhebung einer Vollstreckungsmaßregel ist auch ohne Sicherheitsleistung zulässig.

Schrifttum: *Ackermann,* Die Drittwiderklage, 2005; *Büchler,* Die Abweisung der Drittwiderspruchsklage usw, 1994; *Dormann,* Drittklage im Recht der Zusammenschlußkontrolle, 2000; *Endo,* Die Drittwiderspruchsklage im deutschen und japanischen Recht, Diss Freibg 1988; *Gaul,* Dogmatische Grundlagen und praktische Bedeutung der Drittwiderspruchsklage, Festgabe *50 Jahre Bundesgerichtshof* (2000) III 521; *Gerlach,* Ungerechtfertigte Zwangsvollstreckung und ungerechtfertigte Bereicherung, 1986; *Lippross,* Grundlagen und System des Vollstreckungsschutzes, 1983; *Lüke,* Die Beteiligung Dritter im Zivilprozeß, 1993; *Münzberg/ Brehm,* Altes und Neues zur Widerspruchsklage nach § 771 ZPO, Festschrift für *Baur* (1981) 517; *Nikolaou,* Der Schutz des Eigentums an beweglichen Sachen Dritter bei Vollstreckungsversteigerungen, 1993; *Picker,* Die Drittwiderspruchsklage usw, 1981; *Schäfer,* Drittinteressen im Zivilprozeß, Diss Mü 1993; *Schmalhöfer,* Die Beteiligung Dritter am Zivilprozeß, 1994.

Gliederung

1) Systematik, I–III 1	F. Einwendungen 10
2) Regelungszweck, I–III 2	G. Urteil 11
3) Geltungsbereich: Veräußerungshinderndes Recht, I 3	5) Klage gegen den Gläubiger und den Schuldner, II 12
4) Klage, I 4–11	6) Einstweilige Maßnahme, III 13
A. Kläger 4, 5	7) Beispiele zur Frage der Statthaftigkeit einer Widerspruchsklage, I–III 14–28
B. Beklagter 6	
C. Zuständigkeit 7	8) *VwGO* 29
D. Antrag 8	
E. Weiteres Verfahren 9	

1   **1) Systematik, I–III.** Vgl zunächst Einf 1 vor §§ 771–774. Die Vorschrift nennt als Voraussetzung der Klage „ein die Veräußerung hinderndes Recht" am Gegenstand der Zwangsvollstreckung. So etwas gibt es eigentlich gar nicht. Denn kein Recht kann eine Veräußerung verhindern. Vor allem kann man sich kein Recht zum Widerspruch vertraglich ausbedingen. Gemeint ist vielmehr ein Recht, das einer Zwangsvollstreckung des Gläubigers in den Gegenstand entgegensteht, Hamm RR **01**, 1575, Saarbr OLGZ **84**, 127. Auf eine Veräußerungsbefugnis des Schuldners kommt es überhaupt nicht an. Das Recht muß zunächst einmal bei der Zwangsvollstreckung begründet sein. Dabei genügt eine Rückwirkung nach § 184 I BGB, soweit nicht § 184 II BGB entgegensteht. Das Recht muß aber auch noch beim Schluß der letzten Tatsachenverhandlung begründet sein, §§ 136 IV, 296 a. Welche Rechte hierher gehören, muß man weniger nach förmlichen Gesichtspunkten als nach der wirtschaftlichen Zugehörigkeit zum Vermögen des Schuldners oder des Dritten beurteilen, Hamm NJW **77**, 1159, Henssler AcP **196**, 52. Es findet kein obligatorisches Güteverfahren statt, Einf 1 vor §§ 771–774. § 771 schließt das Rechtsschutzbedürfnis für eine andere sachlichrechtliche Klage über denselben Streitgegenstand zB nach § 985 BGB aus, zumal der Kläger sonst die Zwangsvollstreckung mißachten könnte, BGH NJW **87**, 1880, Geißler NJW **85**, 1871. Sie ist dem nach Rn 7 zuständigen Gericht umdeutbar, sonst unzulässig. Im Strafverfahren ist eine Drittwiderspruchsklage nicht statthaft, Hbg RR **03**, 715. § 766 bleibt anwendbar.

Abschnitt 1. Allgemeine Vorschriften **§ 771**

2) Regelungszweck, I–III. Vgl zunächst Einf 2 vor §§ 771–774. Das Schutzbedürfnis des Dritten ist 2 gerade bei § 771 besonders ausgeprägt, BGH **156**, 314 (zustm Berger LMK **04**, 28). Denn das Vollstreckungsorgan darf nur sehr begrenzt von der äußeren Besitz- oder Eintragungslage abweichen. Man muß auch den Staat vor eigener und des Gerichtsvollziehers Haftung bewahren. Zwar muß man es aus vielen Gründen dem Dritten nach Grdz 18 vor § 128 überlassen, ob er sein Recht auch rechtzeitig geltend macht und genügend vortragen sowie notfalls beweisen kann. Damit sollte es aber auch bei der Belastung des Dritten sein Bewenden haben. Deshalb sollte man § 771 zwar nicht uferlos handhaben, aber doch großzügig zugunsten des Dritten anwenden.

3) Geltungsbereich: Veräußerungshinderndes Recht, I. Da das Recht an dem Gegenstand der 3 Zwangsvollstreckung bestehen muß, muß die Zwangsvollstreckung bereits begonnen haben, Grdz 51 vor § 704. Sie darf noch nicht völlig beendet sein, Grdz 52 vor § 704, BGH **72**, 337. Eine Beendigung der Zwangsvollstreckung während eines Prozesses erledigt die Hauptsache, § 91 a. Eine bloße Freigabe des von der Zwangsvollstreckung erfaßten Gegenstands in der mündlichen Verhandlung erledigt die Hauptsache jedoch nicht. Über die Bereicherungs- und die Ersatzklage Einf 4 vor §§ 771–774. Der Übergang zu diesen Klagen oder zu einer Klage auf die Herausgabe des Hinterlegten ist entsprechend § 264 statthaft. Das gilt auch noch in der Berufungsinstanz.

Wer ein Recht an einer Sache hat, der kann die *Klage schon bei der Pfändung* des Herausgabeanspruchs erheben, BGH **72**, 337. § 771 gilt auch bei einer Arrestpfändung nach § 930. Über die Anwendbarkeit der Vorschrift bei der Pfändung von Früchten auf dem Halm § 810. Es ist unerheblich, ob die Zwangsvollstreckung zu einer Veräußerung oder sonstwie zu einem Verlust des sachlichen Rechts führt, BGH JR **79**, 283. Es reicht aus, daß nach erfolgloser Pfändung ein weiterer Vollstreckungsversuch droht, BGH FamRZ **04**, 701. Eine bloße Zwangsverwaltung genügt. Der Beginn der Zwangsvollstreckung ist nur dann nicht erforderlich, wenn der Gegenstand der Zwangsvollstreckung von vornherein feststeht, Henckel AcP **174**, 108. Das gilt zB bei § 883, etwa bei einem Urteil auf Räumung, oder bei § 885. Denn dann muß man unbedingt mit einer Zwangsvollstreckung in die Sache rechnen.

Eine öffentlichrechtliche *Beschlagnahme* ist noch kein Akt der Zwangsvollstreckung. Sie genügt daher nicht, Rostock MDR **05**, 770 (§ 111 a StPO). Die Unwirksamkeit einer Zwangsvollstreckung steht der Erhebung einer Widerspruchsklage nicht entgegen, BGH WertpMitt **81**, 648. Etwas anderes gilt nur dann, wenn die Nichtigkeit der Vollstreckungsmaßnahme außer Zweifel steht und wenn auch alle Beteiligten sie anerkennen, Ffm RR **88**, 1408. § 771 ist auch bei einer Zwangsversteigerung anwendbar, Saarbr OLGZ **84**, 127. Die Vorschrift ist ferner bei einer Teilungsversteigerung nach § 180 ZVG anwendbar, BGH FamRZ **85**, 904, Düss FamRZ **95**, 309, Köln Rpfleger **98**, 169. § 771 ist auch bei einer Zwangshypothek anwendbar, Düss WertpMitt **93**, 1692. Eine Beendigung der Zwangsvollstreckung tritt erst mit der Befriedigung des Gläubigers ein, nicht schon mit einer Hinterlegung oder einer ähnlichen Maßnahme, BGH **72**, 337.

4) Klage, I. Es handelt sich um eine Gestaltungsklage nach Grdz 10 vor § 253. Denn die Zwangsvoll- 4 streckung wird erst durch ein stattgebendes Urteil unzulässig. Die Regelung ist dem Erkenntnisverfahren nachgebildet.

A. Kläger, dazu *Gerhardt*, Von Strohfrauen und Strohmännern – Vorgeschobene Rechtsinhaberschaft in der Zwangsvollstreckung, Festschrift für *Lüke* (1997) 121: Als Dritter klageberechtigt kann jeder Inhaber eines die Veräußerung hindernden Rechts nach Rn 3 sein, der nicht Vollstreckungsschuldner ist, gegen den also eine Vollstreckung nicht stattfinden und aus dem Titel auch nicht stattfinden darf, Hamm RR **87**, 586. Ein Dritter ist also dann klageberechtigt, wenn der Schuldner selbst bei einer Veräußerung des Vollstreckungsgegenstands widerrechtlich in den Rechtskreis des Dritten eingreifen würde und wenn deshalb der Dritte den Schuldner an der Veräußerung hindern könnte. Klageberechtigt ist auch derjenige, der nach einer Pfändung und nach dem Eintritt der Rechtshängigkeit nach § 261 von einem berechtigten Dritten erworben hat, ferner zB jeder Wohnsitzberechtigte bei Zwangsvollstreckung in das zweckgebundene Vermögen wegen einer Forderung, für die dieses Vermögen nicht haftet, § 12 b II 2 des 2. WoBauG, § 767 Rn 2.

Der *Schuldner* kann nur dann ein Dritter sein, wenn er verschiedene Vermögensmassen verwaltet. Das gilt: 5 Für den Insolvenzverwalter, wenn in einen Insolvenzgläubiger in sein Vermögen vollstreckt oder wenn der Verwalter mit einem Insolvenzgläubiger über die Zugehörigkeit eines Gegenstands zur Insolvenzmasse streitet; für den Erben, der nach § 778 I nur mit dem Nachlaß haftet, im Gegensatz zu dem beschränkt haftenden Erben, §§ 781, 785; für den nicht verurteilen Miterben, §§ 778, 785, und den bei einer Teilungsversteigerung nach § 180 ZVG wegen eines Teilungsverbots widersprechenden, für den Nacherben, für den Treuhänder, wenn ein Vollstreckungstitel gegen den Treugeber fehlt; für den Gesellschafter dann, wenn der Vollstreckungstitel nur gegen die Gesellschaft erlassen wurde, etwa die OHG; für den nicht mitverurteilten Miteigentümer, Geißler NJW **85**, 1870; für den Ehegatten, dessen Ehepartner ohne seine Zustimmung über Haushaltsgegenstände verfügt hat, § 1369 BGB, oder nach § 1477 II BGB berechtigt ist, Ffm FamRZ **85**, 504, oder der etwa nach § 1480 BGB mithaftet, aber kein Titelschuldner ist, oder der die Teilungsversteigerung des gemeinsamen Grundbesitzes betreibt, Bre Rpfleger **84**, 157, Stgt FamRZ **82**, 401. In einem Fall eines offen zutage liegenden Versteigerungshindernisses ist jedenfalls auch § 766 anwendbar.

B. Beklagter. Richtiger Bekl ist der jetzt betreibende Gläubiger, bei § 124 der Anwalt. Mehrere 6 Gläubiger sind gewöhnliche Streitgenossen, § 59. Denn das Urteil wirkt nur für und gegen den Bekl. Der Rechtsnachfolger eines Gläubigers haftet erst nach einer Umschreibung des Vollstreckungstitels auf ihn, Rn 12.

C. Zuständigkeit. Örtlich zuständig ist dasjenige Gericht, in dessen Bezirk der Gläubiger vollstreckt. 7 Dieser örtliche Gerichtsstand ist ausschließlich, § 802. Anders verhält es sich mit der sachlichen Zuständigkeit, § 802 Rn 1. Für sie gilt der Streitwert usw, §§ 23 ff, 71 GVG. Da sich die Klage nicht gegen die einzelne Vollstreckungsmaßnahme richtet, sondern gegen die Zwangsvollstreckung insgesamt, ist dasjenige Gericht zuständig, in dessen Bezirk die Zwangsvollstreckung begonnen hat, Grdz 51 vor § 704. Bei der Sachpfändung ist das Gericht des Pfändungsorts zuständig. Bei einer Zwangsvollstreckung in eine Forderung

§ 771

sind entweder das Gericht, das den Pfändungsbeschluß nach § 845 erlassen soll oder nach § 829 erlassen hat, oder dessen LG zuständig. Bei einer Arrestpfändung nach § 930 ist das für den Ort des Arrestgerichts nach § 919 maßgebliche AG oder LG zuständig. Bei einer Anschlußpfändung nach § 826 ist das Gericht der ersten Pfändung zuständig. Bei der Rechtpfändung ist das Gericht des Pfändungsbeschlusses zuständig. In einer Familiensache nach §§ 606 ff ist in der Regel das Familiengericht zuständig, BGH MDR **85**, 1010, Hbg FamRZ **00**, 1290, Mü FamRZ **00**, 365, aM Stanicki FamRZ **77**, 685 (aber es sollte die Sachbezogenheit entscheiden). Bei einem Verteilungsverfahren ist das Verteilungsgericht des § 873 zuständig. Bei § 111 d II StPO in Verbindung mit § 928 ist das Zivilgericht zuständig, Hbg RR **03**, 715. Ein ArbG ist nicht zuständig, LAG Bln MDR **89**, 572.

Eine Familiensache liegt grundsätzlich *nicht* vor, wenn der Vollstreckungstitel keine Familiensache betrifft, BGH NJW **79**, 929, BayObLG FamRZ **81**, 377, Stgt FamRZ **82**, 401. Eine Bestimmung des örtlich zuständigen Gerichts nach § 36 I Z 3 kann wegen der Ausschließlichkeit des Gerichtsstands nicht stattfinden. Wegen der (jetzt) EuGVVO Hamm RR **01**, 1575.

8   **D. Antrag.** Der Antrag sollte dahin gehen, die Zwangsvollstreckung für *unzulässig zu erklären*. Ein Antrag, die gepfändete Sache freizugeben oder die Pfandstücke herauszugeben oder in die Herausgabe des Hinterlegten einzuwilligen, ist zwar unrichtig, aber unschädlich. Denn es genügt, daß der Wille des Klägers klar erkennbar ist, die Unzulässigkeit der Zwangsvollstreckung festgestellt zu sehen. Das Gericht darf den Bekl nicht zu einer Herausgabe usw verurteilen. Denn diese muß nach §§ 775 Z 1, 776 ohne weiteres geschehen. Ein auf die Herausgabe gerichteter Antrag ist neben dem Antrag überflüssig, die Zwangsvollstreckung für unzulässig zu erklären. Er hat auf die Kostenentscheidung keinen Einfluß. Anwaltszwang herrscht wie sonst, § 78 Rn 1.

9   **E. Weiteres Verfahren.** Die Zustellung der Klage erfolgt an den Kläger der ersten Instanz bzw an dessen ProzBev nach § 172 Rn 11 „Drittwiderspruchsklage". Eine für den Hauptprozeß erteilte Prozeßvollmacht ist auch hier ausreichend, § 81. Der Klagegrund liegt zum einen in der Zwangsvollstreckung, auch wenn diese fehlerhaft ist, zum anderen in dem behaupteten und zu beweisenden Recht. Die Klage hemmt den Fortgang der Zwangsvollstreckung nicht. Wegen einer einstweiligen Anordnung Rn 13. Das Gericht muß die Beweislast wie sonst beurteilen, Anh § 286. Der Kläger muß also die Entstehung seines Rechts beweisen, BGH NJW **79**, 42, LG Köln DB **81**, 883. Der Bekl muß zB beweisen, daß das Recht erloschen ist. Vgl aber §§ 891, 1006 BGB.

10 **F. Einwendungen.** Es kommen solche Einwendungen in Frage, die das Recht des Klägers leugnen, hemmen oder vernichten. In Betracht kommt etwa eine Anfechtung nach dem AnfG, BGH **98**, 10, Schmidt JZ **87**, 891, und die Behauptung eines besseren Rechts. Ein solches steht zB an der Miete einem Hypothekengläubiger besseren Ranges gegenüber einem Nießbraucher zu. Deshalb braucht der Hypothekengläubiger gegen den Nießbraucher keinen Duldungstitel zu erwirken. Ein besseres Recht kann auch dem pfändenden Verpächter gegen den Sicherungseigentümer zustehen. Zulässig sind ferner der Einwand der Arglist nach Einl III 54, Grdz 44 vor § 704, oder der Einwand, der Kläger hafte als Bürge oder müsse die Zwangsvollstreckung in die Sache dulden, weil er als Sicherungseigentümer die von einem Dritten angebotene Restzahlung für den übereigneten Gegenstand nicht angenommen habe, weil dem Gläubiger gegenüber dem Eigentum des Widerspruchsklägers in Gestalt eines Pfandrechts ein besseres Recht zustehe, aM Hamm BB **76**, 1048, oder weil er ein Gesamtschuldner sei, oder die Sicherungsübereignung sei nach § 138 BGB nichtig.

In diesen Fällen ist *kein vollstreckbarer Titel* für das bessere Recht *notwendig*. Denn da man einen solchen Titel ohne weiteres im Weg einer Widerklage nach Anh § 253 erreichen kann, wäre es förmelnd, den Einwand nur in dieser Form zuzulassen. Ferner ist der Einwand zulässig, die Klage stütze sich auf eine Handlung, die dem Bekl gegenüber unerlaubt sei. Ein Zurückbehaltungsrecht nach § 273 BGB greift der Klage gegenüber wegen ihrer prozessualen Natur nicht durch.

11 **G. Urteil.** Soweit das Gericht die Widerspruchsklage abweist, darf der Gläubiger die Zwangsvollstreckung fortsetzen, soweit dieser Fortsetzung keine Anordnung nach III entgegensteht. Der Kläger haftet für einen Verzögerungsschaden nach dem sachlichen Recht. Zu seiner Haftung kann man § 717 II entsprechend anwenden, LG Ffm MDR **80**, 409. Soweit das Gericht der Widerspruchsklage stattgibt, erklärt das Gericht die Zwangsvollstreckung in diese Sache für unzulässig. Diese Entscheidung ist wegen des dann notwendigen Verfahrens nach §§ 775 Z 1, 776 zweckmäßig. Das Gericht darf und muß sein Urteil nach den allgemeinen Grundsätzen für vorläufig vollstreckbar erklären, §§ 708 ff. Eine einstweilige Anordnung ist nach III zulässig. Das Urteil begründet keine Verpflichtung zur Wiederherstellung des früheren Zustands. Denn es geht bei der Widerspruchsklage nicht um einen Ersatz. Deshalb entsteht auch keine Verpflichtung zu einer kostenfreien Rücklieferung der Pfandsachen. Das Urteil kann aber zu einer rechtskräftig festgestellten Grundlage für einen Schadensersatz- oder Bereicherungsanspruch werden. Wegen der Kosten § 93 Rn 82 „Widerspruchsklage".

12 **5) Klage gegen den Gläubiger und den Schuldner, II.** Die prozessuale Widerspruchsklage ist gegen den Schuldner unzulässig, Rn 6. Der Dritte kann aber neben der Klage aus § 771 gegen den Gläubiger eine sachlichrechtliche Klage gegen den Schuldner erheben, etwa auf die Herausgabe der Pfandsache. Diese Anspruchshäufung wäre nach §§ 59, 60 problematisch. II läßt sie aber zu. Bei ihr sind der Gläubiger und der Schuldner gewöhnliche Streitgenossen.

13 **6) Einstweilige Maßnahme, III.** Das Prozeßgericht und im dringenden Fall (keine Zeit zur Anrufung der Prozeßgerichts) das Vollstreckungsgericht darf alle nach §§ 769, 770 für die Zeit bis zum Erlaß des Urteils vorgesehenen vorläufigen Maßnahmen treffen. Es darf auch die Aufhebung einer Vollstreckungsmaßnahme ohne eine Sicherheitsleistung anordnen. Eine solche Anordnung ist zwar eher als bei § 707 ratsam, KG Rpfleger **87**, 510. Sie ist aber im Ergebnis meist doch nur dann empfehlenswert, wenn die Unzulässigkeit der Zwangsvollstreckung einwandfrei feststeht. Denn durch die Aufhebung entsteht oft ein unwiederbringlicher Schaden. Außerdem sollte eine Einstellung der Zwangsvollstreckung erst nach der Zahlung des

Abschnitt 1. Allgemeine Vorschriften   § 771

Gerichtskostenvorschusses nach § 12 GKG erfolgen. Allerdings entsteht ein Schadensersatzanspruch insoweit, als eine Schuld vorliegt, BGH **95**, 13, Mü MDR **89**, 552. Vgl im übrigen die Erläuterungen zu §§ 769 ff, auch zur Sicherheitsleistung durch Bürgschaft, BGH MDR **04**, 763 (volle Haftung für einen „Aufhebungsschaden", krit Pohlmann LMK **04**, 175). Soweit ein Arbeitsgericht den Titel erlassen hat, muß es auch über zB auf Eigentum gestützte Einwendungen entscheiden, aM LAG Bln MDR **89**, 572 (aber das wäre inkonsequent). Beim Vollstreckungsgericht ist der Rpfl zuständig, § 769 Rn 9. Wegen der Rechtsbehelfe § 769 Rn 11. § 717 II und die mit ihm vergleichbaren Vorschriften sind nicht entsprechend anwendbar, BGH **95**, 13 (abl Häsemeyer NJW **86**, 1028).

7) Beispiele zur Frage der Statthaftigkeit einer Widerspruchsklage, I–III. Vgl ferner §§ 772–774. **14**
„*Ja*" bedeutet: Eine Widerspruchsklage ist grundsätzlich zulässig; „*nein*" bedeutet: Eine Widerspruchsklage ist grundsätzlich unzulässig.
Abtretung: *Ja,* soweit nicht ein bloßes Abtretungsversprechen vorliegt und soweit die Forderung zumindest bereits eindeutig bestimmbar ist.
Aneignung: Es kommt bei § 956 BGB auf den unmittelbaren Besitz an.
Anfechtung nach §§ 129 ff, 143 InsO oder nach dem AnfG: *Ja.* Zwar gibt die Anfechtung nur einen Anspruch auf eine Verschaffung, § 143 I 1 InsO, § 11 I 1 AnfG. Dieser Anspruch steht aber wirtschaftlich einem Herausgabeanspruch grundsätzlich gleich, Schmidt JZ **90**, 620, StJM 34, ZöHe 14 „Anfechtungsrecht", aM BGH NJW **90**, 992 (abl Werner KTS **90**, 429), Wacke ZZP **83**, 429 (aber man sollte schon zwecks Prozeßwirtschaftlichkeit großzügig zuordnen, Grdz 14 vor § 128).
S aber auch Rn 20 „Schuldrechtlicher Anspruch".
Anwartschaftsrecht: Rn 17 „Eigentumsvorbehalt".
Arglist: Rn 19 „Rechtsmißbrauch".
Besitz, dazu *Merrem,* Ist der Besitz ein die Veräußerung hinderndes Recht im Sinne des § 771 ZPO?, 1995: **15**
Ja bei beweglichen Sachen, LG Aachen VersR **92**, 253, Brox FamRZ **81**, 1125, Lüke NJW **96**, 3265, aM Kilian JB **96**, 70 (beim Ehegatten), ThP 21 (aber das ist gerade ein typisches Beispiel). Das gilt aus praktischen Gründen auch für einen mittelbaren Besitz, ZöHe 14 „Besitz", aM Lüke NJW **96**, 3265 (vgl aber auch hier Grdz 14 vor § 128). Es gilt auch zugunsten von Angehörigen bzw „Lebensgefährten" eines zur Räumung verpflichteten Schuldners, Ffm Rpfleger **89**, 209, Karlsr WoM **92**, 494, LG BadBad WoM **92**, 493. Wegen eines Wohnbesitzes Rn 4. Aus dem elterlichen Vermögenssorgerecht kann man ein Besitzmittlungsverhältnis ableiten, BGH NJW **89**, 2542.
Nein: Bei einem Grundstück. Denn in diesem Fall hat der Besitz keine Bedeutung für die dingliche Rechtsgestaltung.
Bestimmter einzelner Gegenstand: *Ja,* wenn es um eine gesetzliche unzulässige Verfügung geht, etwa nach § 1365 BGB, Düss FamRZ **95**, 309, Ja, wenn es um eine Beschränkung der Haftung auf diesen Gegenstand geht. Denn dann geht es um eine reine Sachhaftung, zB um ein Pfandrecht oder um einen Fall der §§ 486, 679 HGB. Wenn eine Vereinbarung die Haftung beschränkt, dann muß das Gericht im Urteil einen entsprechenden Vorbehalt aussprechen.
Dingliches Recht, beschränktes: *Ja,* wenn das Recht durch die Zwangsvollstreckung beeinträchtigt wird. **16**
In Betracht kommen zB: Das Erbbaurecht; ein Nießbrauch; ein Pfandrecht; eine Hypothek. Das Recht wird zB dann beeinträchtigt, wenn jemand ein Pfandstück einem anderen herausgibt.
Es wird *nicht* beeinträchtigt, wenn nur eine weitere Pfändung erfolgt. Deshalb hat der besitzlose Inhaber eines Pfand- oder Vorzugsrechts praktisch nur den Anspruch auf eine vorzugsweise Befriedigung aus dem Erlös, § 805. Wenn ein Hypothekengläubiger eine Beschlagnahme vornehmen läßt, gilt nur § 37 Z 4 ZVG. Wenn man einen Nießbrauch zur Ausübung überlassen hat, kommt die Widerspruchsklage nur in Betracht, falls man die Befugnisse ausnahmsweise dem Wesen nach übertragen hat. Wegen § 1128 BGB BGH VersR **84**, 1138.
Eigentum: *Ja,* AG Halle-Saarkreis JB **05**, 383 (nicht § 766). Das gilt auch zugunsten von Gesamteigentum und von Miteigentum, Hamm OLGR **94**, 94, zB von Ehegatten, § 739 Rn 4, oder bis § 111 d II StPO, Hbg RR **03**, 715 (freilich keine Klage im Strafprozeß), Naumb Rpfleger **04**, 733, oder bei einer Teilungsversteigerung, Stgt FamRZ **82**, 401, aM KG Rpfleger **92**, 212 (aber das wäre inkonsequent, wenn man überhaupt §§ 704 ff auch nur entsprechend anwenden will). Es gilt auch zugunsten eines auflösend bedingten Eigentums. Die Widerspruchsklage ist schon bei einer Pfändung des angeblichen Herausgabeanspruchs des Schuldners gegen den Besitzer statthaft, BGH NJW **93**, 935. Ein rein förmliches Eigentum ist gegenüber dem Pfändungspfandrecht schwächer. Das gilt zB dann, wenn der Schuldner nur nach außen der Eigentümer ist, in Wahrheit aber nur der Strohmann seiner Ehefrau.
Der *wirtschaftliche* Gesichtspunkt muß entscheiden, Rn 1. Die Ehefrau kann aber zB auch auf Grund eines nach § 3 II AnfG evtl zweifelhaften Eigentumserwerbs Klägerin sein, Hamm RR **87**, 586. Im übrigen muß man bei ihr § 1362 I, II BGB beachten. Auch der Auftraggeber des Auktionators kann die Widerspruchsklage erheben, wenn es um den Versteigerungserlös geht. Die Widerspruchsklage steht auch dem Insolvenzverwalter mit einem Titel gegen den Ehegatten des Schuldners zu, LG Frankenth MDR **85**, 64. Zum Gattungskauf nach französischem Recht Celle IPRax **91**, 115 (krit Witz/Zierau IPRax **91**, 95).
S auch Rn 18 „Gesellschaft".
Eigentumsvorbehalt: Beim Eigentumsvorbehalt des Verkäufers darf der Gläubiger den Verkäufer befriedigen und dadurch die Widerspruchsklage abwenden, LG Köln DB **81**, 884. Solange der Gläubiger nicht derart vorgeht, *ja* für den Verkäufer. Der Verkäufer kann zwar nicht gegen die Pfändung des Anwartschaftsrechts durch den Gläubiger vorgehen, wohl aber gegen die Pfändung der Sache, § 805 Rn 3. Wenn der Verkäufer die Annahme wegen eines Widerspruchs des Schuldners nach § 267 II BGB ablehnen, dann begründet regelmäßig den Einwand der Arglist. *Ja* für den Vorbehaltskäufer. Er ist ein aufschiebend bedingter Eigentümer und verdient jedenfalls vor einer Zwangsversteigerung durch den Gläubiger Schutz. Wenn der Anwartschaftsberechtigte die Anwartschaft an einen Dritten veräußert hat, dann wird die Pfändung beim Eintritt der Bedingung nicht wirksam. Denn der Erwerber erlangt das

§ 771

Eigentum ohne einen Durchgang durch das Vermögen seines Rechtsvorgängers. *Ja* wegen § 1365 I BGB, Hamm Rpfleger **79**, 21, LG Kref MDR **76**, 843. Zum Anwartschaftserwerb nach einer Sachpfändung Raacke NJW **75**, 248.

S auch Grdz 60 vor § 704. Über die Sicherungsübereignung Rn 22, 24 „Treuhand".
Einmann-GmbH: Rn 18 „Gesellschaft".
Erbbaurecht: *Ja* bei einer Mitberechtigung.
Erbengemeinschaft: *Ja* bei einem testamentarischen Ausschluß vor einer Einigung über einen Ausschluß der Erbauseinandersetzung, Schlesw Rpfleger **79**, 471.
Erfüllung: *Ja*, BayObLG JB **05**, 372.
Forderung: Es gilt dasselbe wie bei Rn 16 „Eigentum", BGH WertpMitt **81**, 649.

18 **Gesamtgut:** Es gilt § 774.
Gefährdung: *Ja* schon bei bloßer Gefährdung eines eigenen Rechts, BGH **156**, 314 (zustm Berger LMK **04**, 28).
Geschäftsgrundlage: *Ja* ausnahmsweise bei ihrem Wegfall, Celle FamRZ **00**, 668.
Gesellschaft: *Ja* für eine Einmann-GmbH gegen einen Gläubiger ihres Alleingesellschafters wegen Gefährdung seines eigenen Rechts, BGH **156**, 314 (zustm Berger LMK **04**, 28), KG MDR **03**, 716, aM Düss GmbHR **00**, 283 (bei fehlender Schutzwürdigkeit; krit Emde 285), Hamm NJW **77**, 1159 (abl Wilhelm NJW **77**, 1887).

Nein für den Einmann-Gesellschafter gegen das Finanzamt als Gesellschaftsgläubiger, §§ 69 ff AO, LG Düss DB **00**, 812, aM KG RR **03**, 618 (in sich widersprüchlich. Denn): *Nein* für den Gläubiger des Einmann-Gesellschafters als Geschäftsführer gegen die Gesellschaft, KG RR **03**, 618.
Hilfspfändung: *Nein* für eine *gesonderte* Drittwiderspruchsklage, KG OLGZ **94**, 114.
Hinterlegung: Rn 20 „Schuldrechtlicher Anspruch".
Kommission: Rn 20 „Schuldrechtlicher Anspruch".
Kontokorrent: Wegen des sog Oder-/Und-Kontos Grdz 90 vor § 704, Wagner WertpMitt **91**, 1145 (ausf).

19 **Leasing,** dazu *Borggräfe,* Die Zwangsvollstreckung in bewegliches Leasinggut, 1976: *Ja* für den Leasinggeber, LG Dortm RR **86**, 1498.

Nein für den Leasingnehmer. Zum Problem Gerhardt ZZP **96**, 283.
Lizenz: Vgl *Kirchhof,* Lizenznehmer als Widerspruchsberechtigte nach § 771 ZPO, in: Festschrift für *Merz* (1992).
Nacherbschaft: Es gilt § 773.
Nießbrauch: *Ja,* Schwarz DNotZ **95**, 119.

S aber auch „Nutzungs- und Anteilsrecht".
Nutzungs- und Anteilsrecht: *Nein* bei einem in Gütergemeinschaft lebenden nicht verwaltungsberechtigten Ehegatten oder bei dem Ehegatten eines Gewerbetreibenden (s aber § 774), §§ 740, 741.

Nein bei einem Leibgedinge.

S aber auch „Nießbrauch".
Rechtsmißbrauch: *Ja* für seine Einrede, Einl III 54, Grdz 44 vor § 704, Ffm FamRZ **98**, 642, Köln Rpfleger **98**, 169, Geißler NJW **85**, 1871.

20 **Schuldrechtlicher Anspruch:** *Ja,* soweit er dem Eigentum in der Zwangsvollstreckung praktisch gleichsteht, BGH NJW **77**, 384, Ffm RR **88**, 1408, und daher zu einer Aussonderung berechtigt, § 47 InsO, Rn 1. Das gilt namentlich bei einem Anspruch auf die Herausgabe eines Gegenstands, den ein Dritter dem Schuldner nicht zu Eigentum überlassen hat, etwa bei einem Mietvertrag, Verwahrungsvertrag, Leihvertrag oder Werkvertrag oder einer Verkaufskommission. *Ja* für den Anspruch des Kommittenten auf die Abtretung der Forderungen aus Geschäften des Kommissionärs. Denn sie gelten schon vor der Abtretung als Forderungen des Kommittenten, § 392 II HGB. *Ja* für den Kommittenten gegen einen Gläubiger des Kommissionärs. *Ja* für eine Forderung des Spediteurs gegen den Frachtführer zugunsten des Versenders, § 407 III HGB. *Ja* für den Anspruch auf Rückgewähr einer öffentlichrechtlich hinterlegten Geldbetrags, Ffm RR **88**, 1408.

Nein: Grundsätzlich für einen Anspruch auf eine Verschaffung, zB: Aus einem Kauf, Lauer MDR **84**, 977, einem Vermächtnis, Hbg RR **94**, 1231, einer unerlaubten Handlung, BGH KTS **94**, 214, einer Bereicherung; für andere Schuldrechte, etwa wie ein Anspruch auf eine Rückübertragung, selbst wenn er durch eine Vormerkung gesichert ist, BGH NJW **94**, 130, oder für das Recht auf die Abtretung einer Forderung. Die Inhaberschaft an einer Forderung oder einem anderen Vermögensrecht steht dem Eigentum gleich. Auch bei einer Sachpfändung ist ja in Wahrheit das Eigentumsrecht gepfändet. Der Umstand, daß der Gläubiger nach § 829 die „angebliche" Forderung pfänden muß, ändert nichts an der Nämlichkeit. Man darf nicht den wirklichen Drittschuldner einem Prozeß aussetzen. Das gilt auch für Treuhandverhältnisse, Rn 22 „Treuhand". Wegen eines Wohnbesitzes Rn 15 „Besitz".

S aber auch Rn 14 „Anfechtung".
Sicherungsübereignung Rn 22–26.

21 **Sondervermögen:** *Ja* für den Verwalter eines fremden Vermögens, wenn der Gläubiger in dasjenige Vermögen vollstreckt, das der Zwangsvollstreckung nicht unterliegt. Das gilt zB: Für einen Zwangsverwalter, LG Lübeck DGVZ **76**, 89; für einen Nachlaßverwalter; für einen Testamentsvollstrecker; für einen Insolvenzverwalter, Karls NJW **77**, 1069, und zwar auch dann, wenn er behauptet, das als massefremd gepfändete Stück gehöre zur Masse. Es reicht, daß eine scheinbar wirksame Pfändung das Recht des Forderungsinhabers gefährdet, LG Bln MDR **89**, 171.

22 **Teilungsversteigerung:** Rn 28 „Zwangsversteigerung".
Treuhand: Man muß zwei Hauptfälle unterscheiden.

a) Uneigennützige Treuhand: *Ja* für den Treugeber, wenn das Treugut zwar rechtlich zum Vermögen des Treuhänders gehört, sachlich und wirtschaftlich aber zu dem Vermögen des Treugebers zählt, Hamm NJW **77**, 1160 (es handelt sich dann um ein echtes Treuhandverhältnis), Stürner KTS **04**, 260. Zur Unterscheidung dieser Begriffe Gerhardt ZZP **96**, 283, Henckel ZZP **84**, 456. Wesentlich ist die Voraussetzung, daß der Treuhänder das Treugut aus dem Vermögen des Treugebers übertragen hat. Ein Erwerb von einem Dritten durch einen stillen Stellvertreter für die Rechnung des Klägers genügt *nicht*, und zwar auch dann nicht, wenn der Kläger einen schuldrechtlichen Anspruch auf die Übereignung hat. Denn in einem solchen Fall fehlt es an einem Anvertrauen zu treuen Händen *(Grundsatz der Unmittelbarkeit)*, BGH NJW 93, 2622, aM Walter, Das Unmittelbarkeitsprinzip usw, Diss Tüb 1974, 147, 152 (ausreichend sei, daß das Treugut in der Masse des Treuhänders unterscheidbar sei), Canaris NJW 73, 832 (stets müsse man auf die Offenkundigkeit, s unten, abzustellen. Aber beide letzten Varianten stellen nicht genug auf den eigentlichen Treuhandgedanken ab.).

Es kommt also auf den *Auftrag* an, der dem Treuhandverhältnis zugrunde liegt. *Ja* für den Einziehungsabtretenden; für einen Handwerker als denjenigen, der eine Bauhandwerkersicherungshypothek abtritt; für den Unternehmer wegen desjenigen Teils der Vergütung eines Beschäftigten, deren Verwendungszweck zugunsten des Unternehmers gebunden ist.

Vom Grundsatz der Unmittelbarkeit gibt es aber *Ausnahmen* bei der Einzahlung eines Dritten auf ein **23** Anderkonto des Treuhänders, das offenkundig nur zur Verwaltung fremder Gelder besteht, BGH NJW 93, 2622, aM Celle OLGR 95, 106. Das gilt auch für ein solches Postscheckkonto, BGH NJW 93, 2622, oder ein solches einer Konsortialbank, Stürner KTS 04, 273. Vorausgesetzt ist aber, daß dem Treuhänder nicht der Wille gefehlt hat, ein solches Konto nur treuhänderisch zu verwalten, oder daß der Treugeber etwa als Mitschuldner aus dem Treugut die Forderung des Gläubigers befriedigen muß. Es kann unschädlich sein, daß sich der Treuhänder aus dem Treugut wegen eigener Forderungen mitbefriedigen darf, BGH NJW 96, 1543 (Anderkonto des Anwalts). Aber Vorsicht! Die Grenzen werden dann leicht immer fließender.

Nein: Für den Treunehmer, Hamm RR 98, 1507, außer für Forderungen; für einen Einziehungsabtretungsnehmer; für einen Treuhänder, soweit er nur zur Zeit noch als uneigennützig gilt, zB weil er das Treugut noch nicht verwerten darf (stille Abtretung oder Pfändung), KG JR 85, 162, Tiedtke DB 76, 424; wenn ein Anwalt ein Sonderkonto nicht nur für Fremdgelder einrichtet, sondern auch als Geschäfts- und Privatkonto benutzt.

b) Eigennützige Treuhand **24**

Schrifttum: Funk, Die Sicherungsübereignung in Einzelzwangsvollstreckung usw, 1996; *Gaul*, Dogmatische Grundlagen und praktische Bedeutung der Drittwiderspruchsklage, Festgabe *50 Jahre Bundesgerichtshof* (2000) III 523; *Scharenberg*, Die Rechte des Treugebers in der Zwangsvollstreckung, Diss Mainz 1989.

Praktisch wird das Problem namentlich bei der Sicherungsübereignung, Celle DB 77, 1839.

Ja: für den Treugeber gegen den Gläubiger des Treunehmers, BGH NJW 93, 2622, Hamm NJW 77, **25** 1160, Karlsr NJW 77, 1069 (auch im Sicherungsfall erfolge allenfalls ein Pfändung und Überweisung der Forderung des Sicherungsnehmers gegen den Sicherungsgeber, aM BGH 72, 145 (nur bis zum Zeitpunkt der Verwertbarkeit durch den Sicherungsnehmer. Aber entscheiden sollte wiederum der eigentliche Treuhandgedanke.). *Ja* für den Insolvenzverwalter des Treugebers gegen dessen Gläubiger, LG Bln MDR 89, 171.

Nein: für den Treunehmer gegen einen Gläubiger des Treugebers. Die Sicherungsübereignung ist im **26** Gegensatz zum sonstigen mittelbaren Besitz im Grunde ein Scheingeschäft, ein Besitzlosenpfandrecht, das eine wirtschaftliche Lücke des BGB ausfüllt. Das übersehen Gaul (Bei Rn 24) 550, Lüke NJW 96, 3265. Darum gibt sie im Insolvenzverfahren auch kein Aussonderungsrecht. Die Sicherungsübereignung erstrebt ein Vorzugsrecht zum Nachteil des anderen Gläubigers. § 805 hilft dem Treunehmer in geeigneten Fällen ausreichend. Der Treunehmer darf ja auch selbst pfänden, Bre OLGZ 90, 74 (Mißbrauch), Geißler KTS 89, 794 (zum Darleiher), Reinicke/Tiedtke DB 94, 2603, aM BGH NJW 92, 2014, Gaul (bei Rn 24) 550 (aber § 771 erfordert wie jede Klage ein Rechtsschutzbedürfnis. Das könnte hier wegen § 805 usw fehlen.). Vgl auch Paulus ZZP 64, 169 (er bejaht ein Widerspruchsrecht dann, wenn sich der Gläubiger noch aus dem Vermögen des Treugebers befriedigen könne, andernfalls sei der Treunehmer auf § 805 zu verweisen).

Nein ferner: für den Ersatz (das Surrogat) des Treuguts, zB für den Rückgabeanspruch nach einer unberechtigten Veräußerung.

S auch Grdz 60 vor § 704 „Anwartschaft", sowie Einf 2 vor §§ 771–774. Wegen eines Wohnbesitzes Rn 15 „Besitz".

Veräußerungsverbot: Es gilt § 772.
Vertragspfandrecht: *Nein*, vielmehr besteht nur ein Recht auf vorzugsweite Befriedigung nach § 805, **27** Hamm RR 90, 233.
Vorzugsrecht, §§ 50, 51 InsO (abgedruckt bei § 804): *Ja:* nur dann, wenn das Vorzugsrecht zu einem Besitz berechtigt, wie das kaufmännische Zurückbehaltungsrecht. Andernfalls besteht nur ein Anspruch auf eine vorzugsweise Befriedigung aus dem Erlös, § 805.
Zurückbehaltungsrecht: *Nein* für ein solches nach § 1000 BGB, Saarbr OLGZ 84, 127. **28**
Zwangsversteigerung: *Ja*, soweit der Bekl gegenüber dem jetzt klagenden Ehegatten gegen § 1365 BGB zu verfügen droht, Köln FER 00, 188 (Teilungsversteigerung).

Nein, soweit der Schuldner einen Dritten hat bieten lassen, soweit jener den Zuschlag erhielt und soweit nun der Schuldner sich dessen Rechte aus dem Zuschlag abtreten läßt, BGH DNotZ 91, 379 (sog uneigentliche Treuhand).

8) VwGO: Entsprechend anwendbar, § 167 I *VwGO*, und zwar auch in den Fällen des § 169 *VwGO* (Vollstrek- **29** kung zugunsten der öffentlichen Hand), § 5 *VwVG* u § 262 AO 1977. Zuständig ist das Zivilgericht, in dessen Bezirk vollstreckt wird; so ausdrücklich § 262 I 1 u III AO, wodurch die früher streitige Frage erledigt sein dürfte, *Gaul JZ* 79, 504 mwN, str, aM RedOe § 169 Anm 11 mwN. § 771 ist auf die Vollstreckung aus VerwAkten nicht entsprechend anzuwenden, soweit nicht das jeweilige Vollstreckungsgesetz etwas anderes bestimmt, § 767 Rn 59, KoppSch § 167 Rn 18.

§§ 772, 773

772 Drittwiderspruchsklage bei Veräußerungsverbot. ¹Solange ein Veräußerungsverbot der in den §§ 135, 136 des Bürgerlichen Gesetzbuchs bezeichneten Art besteht, soll der Gegenstand, auf den es sich bezieht, wegen eines persönlichen Anspruchs oder auf Grund eines infolge des Verbots unwirksamen Rechtes nicht im Wege der Zwangsvollstreckung veräußert oder überwiesen werden. ²Auf Grund des Veräußerungsverbots kann nach Maßgabe des § 771 Widerspruch erhoben werden.

Schrifttum: *Beer*, Die relative Unwirksamkeit, 1975; *Fahland*, Das Verfügungsverbot nach §§ 135, 136 BGB in der Zwangsvollstreckung und seine Beziehung zu den anderen Pfändungsfolgen, 1976.

1 **1) Systematik, S 1, 2.** Vgl Einf 1 vor §§ 771–774. § 772 erfaßt einen Sonderfall und ist daher gegenüber dem nur im übrigen anwendbaren § 771 vorrangig. Es findet kein obligatorisches Güteverfahren statt, Einf 1 vor §§ 771–774.

2 **2) Regelungszweck, S 1, 2.** Es soll eine indirekte Beeinträchtigung desjenigen unterbleiben, zu dessen Gunsten das relative Veräußerungsverbot besteht. Auch dieser indirekte Schutz dient der Wahrung eines sachlichen Rechts und damit der Gerechtigkeit nach Einl III 9 und ist entsprechend zugunsten des Trägers dieses Rechts auslegbar.

3 **3) Geltungsbereich, S 1, 2.** Die Widerspruchsklage des § 772 betrifft ein bedingtes relatives Veräußerungsverbot. Das ist ein solches Verbot, das nur bestimmte Personen schützt, § 135 BGB. Die Vorschrift betrifft ferner die von dem relativen Verbot gleichgestellten gerichtlichen oder sonstigen behördlichen Veräußerungsverbote, § 136 BGB. Wenn der Schuldner kein Verfügungsrecht hat wie im Fall des § 290 StPO, dann ist eine Zwangsvollstreckung nur gegen den Güterpfleger statthaft. Die Eröffnung eines Insolvenzverfahrens macht die Einzelvollstreckung unzulässig, § 89 I InsO. Das Gericht muß diese Unzulässigkeit von Amts wegen beachten, Grdz 39 vor § 128.

4 *Besonders geregelt* sind folgende Veräußerungsverbote: Bei einer Sicherungsmaßnahme nach §§ 21, 22 InsO, Helwich MDR **98**, 520; bei einer Zwangsverwaltung und bei einer Zwangsversteigerung, §§ 23, 27 ZVG; bei einer Fahrnispfändung, §§ 803, 826; bei der Pfändung von Rechten, §§ 829, 857, 853. Eine Vormerkung und ein Widerspruch fallen nicht unter die §§ 135, 136 BGB. § 772 gilt ferner nicht für Veräußerungsverbote, die auf der Durchführung einer Zwangsmaßregel beruhen, sowie für weitere Vollstreckungsmaßregeln, wie den Zugriff weiterer Gläubiger trotz einer Pfändung, den Beitritt eines persönlichen Gläubigers zu einer Zwangsversteigerung des dinglich Gesicherten. Ein unbedingt wirksames Veräußerungsverbot nach § 134 BGB fällt nicht unter § 772. Das gilt zB bei § 21 II Z 2 InsO, Helwich MDR **98**, 518. Vgl ferner § 262 I AO.

5 **4) Widerspruchsklage, S 1, 2.** Die Veräußerung ist sachlichrechtlich nur gegenüber dem Geschützten unwirksam und im übrigen voll wirksam. Ebenso liegt es auch in der Zwangsvollstreckung. Die Veräußerung ist dann zwar rechtmäßig, aber mit dem Verbot belastet. Das Verbot greift regelmäßig auch gegen einen gutgläubigen Erwerber durch. Denn ein guter Glaube bevorzugt den Erwerb in der Zwangsvollstreckung nicht. Das Verbot versagt aber, wenn ein trotz des Verbots wirksames Recht die Veräußerung rechtfertigt, wenn etwa der Gläubiger aus einer Hypothek vollstreckt. Eine Genehmigung des Geschützten heilt immer. Verboten sind nur die Veräußerung in der Zwangsvollstreckung und die Überweisung, nicht die Pfändung. Das Vollstreckungsorgan darf die Pfändung nicht ablehnen. Es darf nicht einmal die Eintragung einer Zwangshypothek nach § 867 ablehnen. Denn verboten sind nur die Veräußerung und die Überweisung. Unwirksam ist ein Recht, das nach dem Erlaß des Verbots entstanden und nicht trotz des Verbots durch einen guten Glauben geschützt ist.

6 **5) Rechtsbehelfe, S 1, 2.** Der geschützte Dritte und der Schuldner können die Erinnerung einlegen, § 766, aM StJM 10 ff (nur der Dritte habe diese Möglichkeit. Aber benachteiligt ist evtl auch der Schuldner.). Der Dritte kann außerdem die Widerspruchsklage nach § 771 erheben. Diese Klage kann im vorliegenden Fall nur auf die Unzulässigkeit der Veräußerung oder Überweisung abzielen, nicht auf die Unzulässigkeit der Pfändung oder gar auf eine Aufhebung der Pfändung. Deshalb ist die Widerspruchsklage gegenüber der Eintragung einer Sicherungshypothek nach § 867 unzulässig. S im übrigen bei § 771 und Einf 6 vor §§ 771–774. Der Gläubiger kann die Erinnerung nach § 766 einlegen. Wenn das Vollstreckungsgericht entschieden hat, hat er die sofortige Beschwerde, §§ 567 I Z 1, 793. Vgl ferner § 766 Rn 3. Beim Rpfl gilt § 11 RPflG, Anh § 153 GVG.

7 **6) VwGO:** *Entsprechend anwendbar*, § 167 I *VwGO*, § 771 Rn 29.

773 Drittwiderspruchsklage des Nacherben. ¹Ein Gegenstand, der zu einer Vorerbschaft gehört, soll nicht im Wege der Zwangsvollstreckung veräußert oder überwiesen werden, wenn die Veräußerung oder die Überweisung im Falle des Eintritts der Nacherbfolge nach § 2115 des Bürgerlichen Gesetzbuchs dem Nacherben gegenüber unwirksam ist. ²Der Nacherbe kann nach Maßgabe des § 771 Widerspruch erheben.

1 **1) Systematik, S 1, 2.** Vgl Einf 1 vor §§ 771–774. Es findet kein obligatorisches Güteverfahren statt, Einf 1 vor §§ 771–774.

2 **2) Regelungszweck, S 1, 2.** Der gegenüber § 772 nochmals vorrangige § 773 soll eine Zwangsvollstreckung verhindern, die wegen § 2115 BGB nur zu einem auflösend bedingten Erwerb führen könnte, weil sie dem Nacherben gegenüber unwirksam wäre, soweit sie ihn beeinträchtigt, BGH **110**, 178. S 1 gibt nur eine Sollvorschrift. Sie ist aber wegen des hier ebenso wie bei § 772 Rn 1 zu beurteilenden Schutzzwecks großzügig anwendbar und auslegbar.

Abschnitt 1. Allgemeine Vorschriften §§ 773–775

3) Geltungsbereich, S 1, 2. Die Zwangsvollstreckung ist zulässig, wenn sie wegen einer Nachlaßverbindlichkeit erfolgt, § 2115 S 2 BGB, BGH **110**, 179. Hierhin gehören auch Maßnahmen zu einer ordnungsmäßigen Verwaltung des Nachlasses. Die Zwangsvollstreckung ist ferner zulässig, wenn sie auf Grund eines dinglichen Rechts an einem Erbschaftsgegenstand stattfindet, das bei dem Eintritt der Nacherbfolge gegen den Nacherben wirkt. Die Zwangsvollstreckung ist schließlich zulässig, soweit der Nacherbe wirksam zugestimmt hat, BGH NJW **90**, 1237, LG Bln Rpfleger **87**, 457. 3

Da es sich um ein bedingtes *relatives* Veräußerungsverbot handelt, vgl die Erläuterungen zu § 772. Da die Klage eine Widerspruchsklage ist, vgl Einf vor §§ 771–774 sowie die Erläuterungen zu § 771. 4

Der Nacherbe darf weder der Pfändung noch der Eintragung einer Zwangshypothek nach § 867 widersprechen, sondern unter Beachtung des Verhältnismäßigkeitsgrundsatzes nach Grdz 34 vor § 704 nur der *Veräußerung*, BGH **110**, 182, LG Bln Rpfleger **87**, 457. Er muß die Zwangsvollstreckung aus einer von dem befreiten Vorerben entgeltlich bestellten Sicherungshypothek dulden. Nutzungen, die der Vorerbe gezogen hat, sind unbeschränkt pfändbar. Mehrere nach § 773 klagende Nacherben sind keine notwendigen Streitgenossen im Sinn von § 62. Sie können also gesondert vorgehen, § 59, BGH NJW **93**, 1583.

4) Rechtsbehelfe, S 1, 2. Der Gläubiger und der Schuldner haben die Erinnerung nach § 766. Jeder Nacherbe kann die Widerspruchsklage erheben, Rn 4. 5

5) VwGO: Entsprechend anwendbar, § 167 I VwGO, § 771 Rn 29. 6

774 *Drittwiderspruchsklage des Ehegatten.* Findet nach § 741 die Zwangsvollstreckung in das Gesamtgut statt, so kann ein Ehegatte nach Maßgabe des § 771 Widerspruch erheben, wenn das gegen den anderen Ehegatten ergangene Urteil in Ansehung des Gesamtgutes ihm gegenüber unwirksam ist.

1) Systematik. Vgl Einf 1 vor §§ 771–774. § 774 ergänzt den § 741. Wie in § 741 Rn 1 ausgeführt, ist nach § 741 eine Zwangsvollstreckung in das Gesamtgut unbeschränkt zulässig. Es findet kein obligatorisches Güteverfahren statt, Einf 1 vor §§ 771–774. 1

2) Regelungszweck. § 774 soll im Interesse des nicht alleinverwaltenden Ehegatten verhindern, daß das Urteil gegen ihn uneingeschränkt wirkt. Das gilt auch dann, wenn dieser Ehegatte den Gewerbebetrieb nicht kannte, wenn der Gläubiger den Mangel der Genehmigung dieses Ehegatten kannte, wenn es sich um keine Geschäftsschuld handelt. § 774 ist also das Mittel, um die Wirksamkeit des Urteils zu denjenigen Grenzen zurückzuführen, die das sachliche Recht vorsieht. 2

3) Geltungsbereich. Die Vorschrift betrifft nur den allein- oder mitverwaltenden Ehegatten im Verhältnis zu dem anderen Ehegatten, der ein Gewerbe betreibt. Wenn der Gläubiger dem aus § 774 vorgehenden Ehegatten entgegenhält, daß er dem einzelnen Geschäft *zugestimmt* habe, dann muß das Gericht die Klage abweisen. Der Gläubiger braucht dann nicht noch von sich aus im Weg einer Widerklage nach Anh § 253 ein Leistungsurteil zu erwirken. Denn das wäre förmelnd, Einf III 10. Vielmehr genügt die Einwendung als solche. Wenn der Vollstreckungstitel keine Familiensache im Sinn von §§ 606 ff betrifft, dann ist auch eine Klage nach § 774 keine Familiensache, BGH NJW **79**, 927 (krit Staudigl FamRZ **79**, 495), Stgt FamRZ **82**, 401. Vgl § 262 I AO. 3

4) Rechtsbehelfe. Vgl § 741 Rn 3. 4

5) VwGO: Entsprechend anwendbar, § 167 I VwGO, § 771 Rn 29. 5

775 *Einstellung oder Beschränkung der Zwangsvollstreckung.* Die Zwangsvollstreckung ist einzustellen oder zu beschränken:
1. wenn die Ausfertigung einer vollstreckbaren Entscheidung vorgelegt wird, aus der sich ergibt, dass das zu vollstreckende Urteil oder seine vorläufige Vollstreckbarkeit aufgehoben oder dass die Zwangsvollstreckung für unzulässig erklärt oder ihre Einstellung angeordnet ist;
2. wenn die Ausfertigung einer gerichtlichen Entscheidung vorgelegt wird, aus der sich ergibt, dass die einstweilige Einstellung der Vollstreckung oder einer Vollstreckungsmaßregel angeordnet ist oder dass die Vollstreckung nur gegen Sicherheitsleistung fortgesetzt werden darf;
3. wenn eine öffentliche Urkunde vorgelegt wird, aus der sich ergibt, dass die zur Abwendung der Vollstreckung erforderliche Sicherheitsleistung oder Hinterlegung erfolgt ist;
4. wenn eine öffentliche Urkunde oder eine von dem Gläubiger ausgestellte Privaturkunde vorgelegt wird, aus der sich ergibt, dass der Gläubiger nach Erlass des zu vollstreckenden Urteils befriedigt ist oder Stundung bewilligt hat;
5. wenn der Einzahlungs- oder Überweisungsnachweis einer Bank oder Sparkasse vorgelegt wird, aus dem sich ergibt, dass der zur Befriedigung des Gläubigers erforderliche Betrag zur Auszahlung an den Gläubiger oder auf dessen Konto eingezahlt oder überwiesen worden ist.

Schrifttum: *Kerwer,* Die Erfüllung in der Zwangsvollstreckung, 1996.

Gliederung

1) Systematik, Z 1–5	1	4) Beachtlichkeit von Einwendungen, Z 1–5	4–7
2) Regelungszweck, Z 1–5	2	A. § 775	4
3) Geltungsbereich, Z 1–5	3	B. Einstellung auf Gläubigerantrag	5

Hartmann 2173

§ 775

Buch 8. Zwangsvollstreckung

C. Freiwillige Erfüllung	6	
D. Unwirksamkeit der Vollstreckung	7	
5) **Einstellung von Amts wegen, Z 1–5**	8	
6) **Einstellungswirkung, Z 1–5**	9	
7) **Aufhebung des Titels usw, Z 1**	10–15	
A. Grundsatz: Notwendigkeit der Titelvorlage	10	
B. Entweder: Aufhebung des früheren Titels	11–13	
C. Oder: Unzulässigkeit der Vollstreckung	14	
D. Oder: Entgültige Einstellung	15	
8) **Einstweilige Einstellung, Z 2**	16	
9) **Vollstreckungsabwendung, Z 3**	17	
10) **Befriedigung, Stundung, Z 4**	18–21	
11) **Einzahlungs- oder Überweisungsnachweis, Z 5**	22	
12) **Rechtsbehelfe, Z 1–5**	23, 24	
A. Gläubiger	23	
B. Schuldner	24	
13) **Fortsetzung der Vollstreckung, Z 1–5**	25–28	
A. Wegfall des Einstellungsgrunds; Fortsetzungsanordnung	25	
B. Einstellung; erfolgreiche Erinnerung	26	
C. Befriedigung; Stundung; Quittung, Z 4, 5	27	
D. Weitere Einzelfragen	28	
14) **VwGO**	29	

1 **1) Systematik, Z 1–5.** Aus mannigfachen Gründen darf der Gläubiger eine Zwangsvollstreckung einstweilen oder endgültig nicht weiterbetreiben, weil sonst unhaltbar ungerechte Ergebnisse entstünden, Einl III 9. Von solchen Gründen faßt § 775 eine Gruppe zusammen, die insoweit übereinstimmende Einzelsituationen aufweist, als eine vorhandene Urkunde den Vollstreckungsinhalt gebietet bzw zur Folge haben muß. Ergänzend gelten §§ 776, 868 I.

2 **2) Regelungszweck, Z 1–5.** Er besteht im Schuldnerschutz. Man möchte meinen, in den Fällen Z 1–5 würde es gar keiner gerichtlichen Maßnahme mehr bedürfen. Aber das wäre nach der Erfahrung einigermaßen naiv. Mancher Gläubiger vollstreckt mithilfe ahnungsloser Gerichtsvollzieher einfach lustig erst einmal weiter. Deshalb ist an sich eine weite Auslegung zugunsten des Schuldners nötig. Man darf aber auch die Stellung des Gläubigers nicht außer Acht lassen. Deshalb muß man auch eine zu großzügige Behandlung des Schuldners vermeiden. Denn der Zwang zur Vorlage von Einstellungsentscheidungen und nicht nur zu deren sehr wohl ebenfalls vorkommenden bloßen Behauptung soll auch ein zügiges Vollstreckungsverfahren fördern, LG Görlitz DGVZ **99**, 62. Eine vorsichtige Abwägung bringt am ehesten dogmatisch wie praktisch brauchbare Ergebnisse, strenger Ffm Rpfleger **80**, 200, Schmidt-von Rhein DGVZ **88**, 67 (je: enge Auslegung. Aber damit erfüllt man den Schutzzweck wesentlich weniger.).

3 **3) Geltungsbereich, Z 1–5.** Die Vorschrift gilt im Gesamtbereich der ZPO. Sie gilt auch im Verfahren nach §§ 180 ff ZVG, LG Hann Rpfleger **93**, 504, und im Insolvenzverfahren nach §§ 301 ff InsO, AG Strausberg DGVZ **04**, 159 (nicht bei Schuldnervorsatz). Wegen der EuGVVO SchlAnh V C 4.

4 **4) Beachtlichkeit von Einwendungen, Z 1–5.** Einwendungen des Schuldners oder Dritter gegen die Zwangsvollstreckung sind für die Vollstreckungsorgane grundsätzlich unbeachtlich. Vielmehr gelten §§ 766 ff, LG Ffm DGVZ **89**, 142 (§ 767). Zu zahlreichen Einzelfragen Scheld DGVZ **84**, 49. Von dieser Regel können nach der abschließenden Aufzählung Z 1–5 die folgenden Ausnahmen gelten. In anderen Fällen mögen zB §§ 766, 767 anwendbar sein, Ffm DGVZ **93**, 91, LG Karlsr DGVZ **84**, 155, oder § 771 in Betracht kommen, auch § 815 II, Schmidt-v Rhein DGVZ **88**, 65.

A. § 775. § 775 mag eingreifen, Düss Rpfleger **77**, 417. § 815 II ist anwendbar. Der Zwangsvollstreckung kann ein sonstiges förmliches Hindernis entgegenstehen, Grdz 32 vor § 704.

5 B. Einstellung auf Gläubigerantrag. Der Gläubiger mag selbst die Einstellung fordern. Er ist ja der Herr der Zwangsvollstreckung, § 754 Rn 3.

6 C. Freiwillige Erfüllung. Der Schuldner mag freiwillig erfüllen. Vgl aber Rn 27.

7 D. Unwirksamkeit der Vollstreckung. Die Zwangsvollstreckung mag einwandfrei unwirksam sein. In diesem Fall hat das Vollstreckungsorgan die Amtspflicht, ab Kenntnis der Gründe nichts mehr zu unternehmen. Es besteht dann auch keine Vorlegungspflicht im Sinne von Z 1–5 mehr. Andererseits besteht keine Amtsermittlungspflicht, Grdz 38 vor § 128, Kirberger Rpfleger **76**, 9. Eine bloße Erfüllungsbehauptung des Schuldners reicht nicht, LG Görlitz DGVZ **99**, 62.

Außer Betracht bleiben zB: Zahlungen, für die der Schuldner keine Urkunden nach Z 4 oder 5 vorlegt, LG Oldb MDR **81**, 236, Schmidt-von Rhein DGVZ **88**, 67; die Einlegung eines Rechtsbehelfs, selbst wenn sie aufschiebend wirkt, § 572 Rn 3; Einwendungen gegen den Titel, etwa dessen Beseitigung durch einen Vergleich, Anh § 307, § 779 BGB. Dafür gelten §§ 732, 767; eine Klagerücknahme § 269. Wie gilt § 732; eine vertragliche Beschränkung der Zwangsvollstreckung, Grdz 24 vor § 704; ein Antrag auf die Eröffnung des Insolvenzverfahrens nach § 13 InsO, LG Tüb DGVZ **00**, 39; eine Zahlungseinstellung; eine sonstige Mangelhaftigkeit der Zwangsvollstreckung, Grdz 32 vor § 704. Alle diese Fälle geben dem Schuldner nur den jeweils zulässigen Rechtsbehelf.

8 **5) Einstellung von Amts wegen, Z 1–5.** Von Amts wegen darf das Gericht die Zwangsvollstreckung nur in gewissen Fällen einstellen oder beschränken, und zwar auch gegen den Willen des Gläubigers. Die Zwangsvollstreckung darf in diesen Fällen nicht beginnen. Man darf eine begonnene Zwangsvollstreckung überhaupt nicht oder nur eingeschränkt fortsetzen. Es entscheidet das zuständige Vollstreckungsorgan, also zB der Gerichtsvollzieher, AG Düss DGVZ **83**, 46. Wegen des Prozeßgerichts Rn 20. Ein besonderer Beschluß ist entbehrlich. Es genügt eine entsprechende Verfügung, § 329. Die Verfügung muß einen bestimmten Inhalt haben, wenn sie die Wirkung laufender Maßnahmen beseitigen soll, wenn sie zB einen Zuschlagsbeschluß aufhebt, Bbg Rpfleger **75**, 145. Das Vollstreckungsorgan muß der Verfügung nachkommen, § 329 Rn 4. Das Vollstreckungsorgan teilt den Beschluß nach § 329 II bzw III mit. Ob der Gerichtsvollzieher ein Protokoll aufnehmen muß, ist davon abhängig, ob eine Handlung in der Zwangsvollstreckung vorliegt, § 762. Der Gerichtsvollzieher muß aber jedenfalls einen Aktenvermerk aufnehmen.

9 **6) Einstellungswirkung, Z 1–5.** Eine Einstellung wirkt für die Zukunft. Sie bedeutet das Ruhen der Zwangsvollstreckung. Eine Zustellung auch nur des Pfändungsbeschlusses ist nicht mehr zulässig, Stgt JB **75**,

Abschnitt 1. Allgemeine Vorschriften § 775

1378. Die Einstellung aus dem Haupttitel wirkt auch für die Zwangsvollstreckung aus dem Kostenfestsetzungsbeschluß. Wegen der Forderungen von Landwirten aus dem Verkauf von landwirtschaftlichen Erzeugnissen § 851 a. Über eine Einstellung auf Grund der Härteklausel vgl § 765 a. Vgl ferner § 9 JBeitrO, Hartmann Teil IX A.

7) Aufhebung des Titels usw, Z 1. Ein Grundsatz ist auf drei Fallgruppen anwendbar. **10**

A. Grundsatz: Notwendigkeit der Titelvorlage. Voraussetzung ist die Vorlegung der Ausfertigung einer vorläufig oder endgültig vollstreckbaren Entscheidung, § 170 Rn 3. Statt einer Ausfertigung genügen: Die Urschrift der Entscheidung; ein Hinweis auf eine dem Vollstreckungsorgan amtlich bekannte Entscheidung; die Bezugnahme auf die Akten des Vollstreckungsgerichts, falls das Vollstreckungsgericht entscheiden muß. Eine beglaubigte Abschrift nach § 317 Rn 8 kann eine Ausfertigung nicht ersetzen, Z 4, 5. Die Ausfertigung braucht ihrerseits weder vollstreckbar zu sein noch zugestellt worden zu sein. Eine Vollstreckungsklausel ist nicht erforderlich. Sie wirkt zwischen den Parteien des Verfahrens, in dem sie ergangen ist, LG Frankenth Rpfleger **83**, 162. Sie muß folgendes ergeben.

B. Entweder: Aufhebung des früheren Titels. Entweder hebt die vorgelegte Urkunde das Urteil oder **11** dessen vorläufige Vollstreckbarkeit ganz oder teilweise auf. Es muß sich um eine Aufhebung der Sache nach handeln, etwa im Wiederaufnahmeverfahren nach §§ 578 ff oder nach Einspruch oder in einem Nachverfahren nach §§ 302 IV, 600 II. Nicht ausreichend ist eine bloß förmliche Aufhebung nebst einer gleichen neuen Entscheidung in der Sache (Beispiel: Das Gericht hebt zwar ein Urteil auf Zahlung von 500 EUR auf, ersetzt es aber durch ein Urteil auf Zahlung von 1000 EUR). Z 1 gilt auch bei einem Arrest und einer einstweiligen Verfügung, §§ 916 ff, 935 ff, BGH NJW **76**, 1453. Man kann einen Titelverzicht entsprechend behandeln, Grdz 27 vor § 704 „Verzicht des Gläubigers" Köln OLGZ **92**, 449, AG Siegb DGVZ **99**, 30. Z 1 gilt ferner bei der Neufestsetzung des Regelunterhalts nach § 642 b I, soweit es um den vom neuen Titel erfaßten Zeitraum geht, Stgt Rpfleger **85**, 199, oder bei einer die bisherige Verpflichtung ermäßigenden Entscheidung nach § 323, Zweibr FamRZ **86**, 376. Dagegen ist eine nach § 323 ergehende Heraufsetzung trotz formeller Aufhebung keine solche nach Z 1, Karlsr FamRZ **88**, 859. Nicht zu Z 1 zählt ein bloßes Feststellungsurteil ohne bestimmte Klärung einer Forderungshöhe, BGH NJW **94**, 461.

Ein nach §§ 708 ff *vorläufig vollstreckbares* Urteil tritt mit der Verkündung der die vorläufige Vollstreckbar- **12** keit aufhebenden Entscheidung nach § 718 I außer Kraft, also nicht erst in demjenigen Zeitpunkt, in dem die aufhebende Entscheidung nach § 322 rechtskräftig wird, § 717 I, BGH NJW **76**, 1453, Zweibr FamRZ **86**, 376. Eine Aufhebung durch einen Beschluß wirkt stets sofort, § 794 I Z 3. Auch bei der Vollstreckung aus einem Urteil kann sich die Aufhebung des Urteils aus einem Urteil oder aus einem Beschluß nach §§ 732, 766 ergeben. Ein Vergleich, der ein vorläufig vollstreckbares Urteil aufhebt, ist ungeachtet § 795 eben keine „Entscheidung" nach Z 1, BayObLG Rpfleger **98**, 437, Ffm JB **91**, 1554, AG Hann FamRZ **01**, 1233. Man mag dann nach § 732 vorgehen, Münzberg Festschrift für Gaul (1997) 450, 462, oder nach §§ 767 ff, LG Tüb JB **86**, 624. Ebensowenig sind übereinstimmende Erledigterklärungen eine „Entscheidung", aM Nürnb GRUR **96**, 79 (aber sie sind gerade das Gegenteil einer Sachentscheidung, § 91 a Rn 106 ff). Aus solchen Vorgängen kann der Schuldner zwar nach §§ 707, 719, 767, 769 entsprechend vorgehen, § 794 Rn 5, 6. Auch eine Klagerücknahme ist trotz § 269 IV keine Entscheidung nach Z 1. Wenn die Vollstreckbarkeit einer schlechthin vollstreckbaren Entscheidung nur gegen eine Sicherheitsleistung aufrechterhalten ist, gilt Z 2.

Pfändung und Überweisung zugunsten eines Gläubigers des betreibenden Gläubigers nach § 829 reicht nicht, **13** AG Bad Segeberg DGVZ **89**, 122. Wegen § 323 dort Rn 56 ff. Soweit die Entscheidung, die die Zwangsvollstreckung aus dem Vollstreckungstitel für unzulässig erklärt, nur gegen eine Sicherheitsleistung vorläufig vollstreckbar ist, darf das Gericht die Zwangsvollstreckung erst beim Nachweis der Sicherheitsleistung einstellen, LG Bonn MDR **83**, 850.

C. Oder: Unzulässigkeit der Vollstreckung. Oder die Vollstreckung ist schlechthin unzulässig, zB **14** §§ 732 II, 765 a, 766 I, 767, 768, 771, 774, 785, 786, BGH FamRZ **03**, 92. Ein Antrag auf ein Insolvenzverfahren reicht nicht, AG Gardelegen DGVZ **00**, 142. Wegen der Lage ab Eröffnung Grdz 32 (C) vor § 704.

D. Oder: Endgültige Einstellung. Oder das Gericht hat die Vollstreckung endgültig eingestellt (anders **15** Z 2), zB nach §§ 765 a, 793. Auch hier hat eine Einstellung nur gegen eine Sicherheitsleistung die Notwendigkeit ihres Nachweises zur Folge, LG Bonn MDR **83**, 850.

8) Einstweilige Einstellung, Z 2, Fortsetzung der Zwangsvollstreckung nur gegen Sicherheitsleistung. **16** Voraussetzung ist die Vorlegung einer Ausfertigung nach Rn 10 von einer beliebigen, wenn auch nicht vollstreckbaren gerichtlichen Entscheidung auch des Prozeßgerichts, Fink/Ellefret MDR **98**, 1271, die eine einstweilige Einstellung der Zwangsvollstreckung oder der betreffenden Vollstreckungsmaßnahme anordnet, LG Ffm Rpfleger **95**, 307, zB nach §§ 570, 707, 719, 732, 765 a, 766, 769, 770, 620 e, oder die eine Fortsetzung der Zwangsvollstreckung nur gegen eine Sicherheitsleistung zuläßt, zB nach §§ 707 I, 709 S 2, 719 I, 732 II, 769 II. Die einstweilige Einstellung wirkt schon nach § 329 Rn 24, LG Bln Rpfleger **76**, 26, Kirberger Rpfleger **76**, 8. Der Nachweis der Sicherheitsleistung erfolgt nach § 751 II. Der Drittschuldner darf nur noch an Gläubiger und Schuldner gemeinsam leisten oder hinterlegen, BGH **140**, 253.

9) Vollstreckungsabwendung, Z 3. Voraussetzung ist die Vorlegung einer öffentlichen Urkunde nach **17** § 415 Rn 3, 4, die beweist, daß eine Partei eine Sicherheitsleistung oder eine Hinterlegung erbracht hat, die das Gericht in einer nach Z 1, 2 zutreffenden Entscheidung angeordnet hatte, zB nach §§ 707, 711, 712 I, 720 a III. Eine Bescheinigung der Hinterlegung genügt, LG Hagen DGVZ **99**, 28. Eine sonstige öffentlich beglaubigte Urkunde genügt in diesen Fällen nicht. Noch weniger reicht die bloße Behauptung der Existenz einer Einstellungsentscheidung, Rn 1, LG Görlitz DGVZ **99**, 62. Ein Postschein beweist nur die Absendung. Dasselbe gilt erst recht für Z 3 bei einer Einzahlungs- oder Überweisungsquittung etwa einer Bank. Dann gilt vielmehr Z 5. Wer sich darauf beruft, eine Sicherheitsleistung durch eine Bürgschaft erbracht zu haben, muß nachweisen, daß das Gericht diese Art der Sicherheit gestattet hatte und daß die Bürgschaftserklärung dem

§ 775

Schuldner in ausreichender Form zuging, § 751 Rn 7, zumindest dem Gerichtsvollzieher, LG Hagen DGVZ **76**, 29. Wenn eine Sicherheitsleistung nicht etwa den Anlaß zu einer Aufhebung der Vollstreckung gibt, sondern die Voraussetzung dafür ist, daß es überhaupt zu einer Einstellung kommt, dann gilt Z 2, nicht aber Z 3. Eine BGB-Hinterlegung reicht nicht, AG Worms DGVZ **97**, 60.

18 **10) Befriedigung, Stundung, Z 4.** Voraussetzung ist die Vorlegung einer öffentlichen Urkunde nach § 415 Rn 3, 4, zB Prozeßvergleich, Anh § 307, Ffm JB **91**, 1555, oder ein notariell für vollstreckbar erklärter Anwaltsvergleich, §§ 796 a–c, oder eine von dem Gläubiger ausgestellte Privaturkunde, § 416 Rn 1, die beweist, daß der Gläubiger nach dem Erlaß des Vollstreckungstitels volle Befriedigung erhalten hat, LG Kiel DGVZ **82**, 46, LG Kblz DGVZ **82**, 46 (Zahlung vor dem Erlaß), AG Ffm DGVZ **97**, 188, oder daß er die Leistung gestundet hat. In den Fällen der §§ 307 II, 331 III tritt an die Stelle der Urteilsverkündung die Urteilszustellung, § 310 III. Die Zustellung des Vollstreckungsbescheids nach § 700 I genügt, diejenige des Mahnbescheids nicht, ZöStö 7, aM LG Kiel DGVZ **83**, 24, Schneider JB **78**, 172.

19 Jede Art der Erfüllung genügt, auch eine Erfüllung infolge einer Pfändung und Überweisung der Forderung an den Schuldner nach § 829, die eine Aufrechnung darstellt. Im übrigen ist eine Überweisung zur Einziehung keine Erfüllung. Noch weniger ist eine bloße Pfändung eine Erfüllung. Es muß auch eine klare, einwandfreie Verzichtserklärung des Gläubigers vorliegen, wobei auch eine bloße Vollstreckungsvereinbarung, Ffm JB **91**, 1555, LG Münst Rpfleger **88**, 321. Ein bloßer Rücktritt nach § 503 II BGB bei einem Kreditgeschäft oder Haustürgeschäft genügt aber nicht. Zu irgendwelchen Zweifeln darf kein Anlaß bestehen. Freilich besteht noch nicht stets dann ein Zweifel, wenn der Gläubiger einfach bestreitet, daß der Schuldner erfüllt habe, Ffm MDR **80**, 63, LG Karlsr DGVZ **83**, 188, LG Trier DGVZ **78**, 28, aM Hamm DGVZ **80**, 154 (aber dann wäre der Nachlässigkeit oder gar Lüge Tür und Tor offen). Auch wenn der Schuldner eine Wahlschuld befriedigt hat, muß er den Beweis nach Z 4 erbringen.

20 Der Gerichtsvollzieher prüft die Echtheit einer Privaturkunde nach §§ 439, 440 an Hand der Unterlagen, die der Schuldner erbringen muß. Wenn der Gerichtsvollzieher Zweifel hat und wenn er sie nicht durch eine fernmündliche Rückfrage beim Gläubiger beseitigen kann, dann muß er die Zwangsvollstreckung entweder fortsetzen oder darf sie nur für eine kurze Zeit zur Aufklärung aussetzen. Der Gläubiger kann dann die Erinnerung nach § 766 einlegen. Soweit der Schuldner an einen Dritten leisten muß, genügt eine Privaturkunde des Dritten. Das gilt bei einem Steuerabzug vom Arbeitslohn, Üb 2 vor § 803, oder bei einer Überleitungsanzeige nach § 117 IV 2 AFG, LG Brschw DGVZ **82**, 43.

21 Eine öffentlich beglaubigte Urkunde genügt grundsätzlich nicht. Eine Ausnahme besteht natürlich bei einer öffentlich beglaubigten Privaturkunde der Z 4. Erst recht nicht genügt eine unbeglaubigte Fotokopie, AG Bln-Wedding DGVZ **76**, 93. Die Urkunde muß für sich allein ergeben, daß der Gläubiger volle Befriedigung erhalten hat, und zwar auch wegen der Kosten, Düss Rpfleger **77**, 417, aM AG Worms DGVZ **97**, 60 (eine Hinterlegung ist aber keine Befriedigung). Andernfalls muß der Gerichtsvollzieher die Zwangsvollstreckung wegen der Restschuld fortsetzen, LG Karlsr DGVZ **83**, 188. Dabei muß er freilich prüfen, ob eine unzulässige Rechtsausübung vorliegt, Einl III 54, LG Kblz DGVZ **82**, 47, Schneider DGVZ **77**, 133. Wegen des Verhältnisses zwischen früherem Titel und Zwangsvergleich Schneider DGVZ **85**, 104.

22 **11) Einzahlungs- oder Überweisungsnachweis, Z 5.** Voraussetzung ist die Vorlegung eines Einzahlungs- oder Überweisungsnachweises der Post, einer Bank oder Sparkasse, aus dem sich ergibt, daß der Schuldner nach dem Urteilserlaß, s unten, in den Fällen der §§ 307 II, 331 III nach der Urteilszustellung im Sinn von § 310 III den zur vollständigen Befriedigung des Gläubigers erforderlichen Betrag zur Auszahlung an den Gläubiger oder auf dessen Konto eingezahlt oder überwiesen hat, also auch wegen der Kosten. Es genügt jede zulässige Urkunde, die eine ausreichend hohe „Einzahlung" auf dem Gläubigerkonto bescheinigt, zB eine Zahlkarte. Eine maschinelle Erstellung genügt. Es reicht ferner die Bescheinigung über eine erfolgte Überweisung. Eine bloße Kopie des Überweisungsauftrags nebst Eingangsstempel der Schuldnerbank reicht nicht, wohl aber eine Bankbescheinigung, die nicht nur den Erhalt des Auftrags bestätigt, sondern auch dessen Ausführung. Man erhält sie als Kunde auf Verlangen. Auch die Belastung des Schuldnerkontos wegen einer Schecksumme soll ausreichen. Das gilt zwar selbst dann, wenn der Gläubiger den Scheck zwar erhalten hat und hätte einlösen können, das aber zB wegen Verlusts nicht getan hat, LG Oldb DGVZ **89**, 187. Ein Einlieferungsschein über einen Wertbrief reicht nicht aus.

„Nach dem Urteilserlaß" meint auch: nach dem Schluß der mündlichen Verhandlung, §§ 136 IV, 296 a, 767 II, Hintzen Rpfleger **99**, 244, oder nach der Zustellung des Vollstreckungsbescheids.

23 **12) Rechtsbehelfe, Z 1–5.** Es kommt auf die Person des Beschwerten an.

A. Gläubiger. Der Gläubiger kann dann, wenn der Gerichtsvollzieher die Zwangsvollstreckung eingestellt oder beschränkt hat, die Erinnerung nach § 766 einlegen. Wenn das Vollstreckungsgericht entschieden hat, hat der Gläubiger die sofortige Beschwerde nach §§ 567 I Z 1, 793 bzw § 11 I RPflG, Anh § 153 GVG. Wegen einer Anschlußbeschwerde § 567 III.

24 **B. Schuldner.** Der Schuldner hat die Rechtsbehelfe, die ihm nach der jeweiligen Sachlage zustehen, §§ 766, 793.

25 **13) Fortsetzung der Vollstreckung, Z 1–5.** Eine Fortsetzung der Vollstreckung ist in jedem der folgenden Fällen nötig.

A. Wegfall des Einstellungsgrunds; Fortsetzungsanordnung. Die Fortsetzung erfolgt durch den Gerichtsvollzieher dann, wenn der Grund der Einstellung weggefallen ist oder wenn das Gericht nach § 766 eine Fortsetzung angeordnet hat.

26 **B. Einstellung; erfolgreiche Erinnerung.** Die Fortsetzung erfolgt durch das Vollstreckungsgericht nach §§ 764, 802, wenn es selbst die Zwangsvollstreckung eingestellt hatte und wenn eine Erinnerung des Gläubigers Erfolg hat.

27 **C. Befriedigung; Stundung; Quittung, Z 4, 5.** Die Fortsetzung erfolgt in den Fällen einer Befriedigung oder Stundung nach Z 4 oder eines Nachweises nach Z 5, falls der Gläubiger die Befriedigung, die

Abschnitt 1. Allgemeine Vorschriften §§ 775, 776

Stundung oder den Nachweis leugnet, LG Bln DGVZ **85**, 126, LG Ffm DGVZ **89**, 42, LG Hanau DGVZ **93**, 113. Dann kommt es unter Umständen gar nicht erst zu einer Einstellung oder zu einer Beschränkung der Zwangsvollstreckung, Ffm MDR **80**, 63, Hamm RPfleger **79**, 432, LG Hanau DGVZ **93**, 113. Eine Erinnerung oder sofortige Beschwerde des Gläubigers wären erfolglos. Denn das Vollstreckungsgericht prüft grundsätzlich keine sachlichrechtlichen Fragen, LG Oldb MDR **81**, 236. Daher könnte der Schuldner die Zwangsvollstreckung blockieren.

D. Weitere Einzelfragen. Bei formellen Bedenken, zB bei der Rüge, es liege überhaupt kein Nachweis **28** nach Z 5 vor, muß der Gläubiger allerdings nach §§ 766 oder 793 bzw § 11 I RPflG, Anh § 153 GVG, vorgehen. Wenn der Schuldner gezahlt hat, ist er auf die Vollstreckungsabwehrklage angewiesen, §§ 767, 769, LG Ffm DGVZ **89**, 42. Der Gläubiger darf die Zwangsvollstreckung nur dann ohne weiteres fortsetzen, wenn die Einstellung der Vollstreckung ohne einen gesetzlichen Grund erfolgte, wenn die Einstellung etwa auf dem Wunsch des Gläubigers beruhte. Wenn die Einstellung der Vollstreckung auf eine bestimmte Zeit erfolgte, dann erlischt die Einstellung mit dem Zeitablauf. Wenn der Gläubiger dem Schuldner auf eine bestimmte Zeit eine Stundung bewilligt hat, darf er die Zwangsvollstreckung nach dem Zeitablauf ebenfalls ohne weiteres fortsetzen. Wenn er die Stundung aber für eine unbestimmte Zeit ausgesprochen hatte, dann darf er jederzeit die Fortsetzung der Zwangsvollstreckung verlangen.

14) *VwGO:* Entsprechend anwendbar, § 167 I VwGO. *In den Fällen des § 169 I VwGO gilt § 5 I VwVG* **29** *iVm §§ 249–267 AO, Wettlaufer S 100 ff; soweit Landesrecht anwendbar ist, §§ 169 II, 170 I 3 VwGO, sind dessen Vorschriften ergänzend anzuwenden.*

776 *Aufhebung von Vollstreckungsmaßregeln.* ¹**In den Fällen des § 775 Nr. 1, 3 sind zugleich die bereits getroffenen Vollstreckungsmaßregeln aufzuheben.** ²**In den Fällen der Nummern 4, 5 bleiben diese Maßregeln einstweilen bestehen; dasselbe gilt in den Fällen der Nummer 2, sofern nicht durch die Entscheidung auch die Aufhebung der bisherigen Vollstreckungshandlungen angeordnet ist.**

1) Systematik, S 1, 2. Vgl zunächst § 775 Rn 1. § 776 wirkt für das Verfahren nach § 775 ergänzend **1** und präzisiert je nach Art des Falls die Rechtsfolgen in einer Abstufung der zulässigen Maßnahmen. Eine Einstellung oder eine Beschränkung der Zwangsvollstreckung bewirkt nur ein völliges oder teilweises Ruhen des Vollstreckungsverfahrens. Eine bereits vorgenommene Vollstreckungsmaßnahme bleibt unberührt.

2) Regelungszweck, S 1, 2. Vgl zunächst § 775 Rn 2. Man sollte die gesetzliche Abstufung der **2** zulässigen Maßnahmen zwecks Rechtssicherheit nach Einl III 43 genau beachten. Man muß ja in der Zwangsvollstreckung wie bei jeder hoheitlichen Maßnahmen ohnehin stets das Gebot der Verhältnismäßigkeit mit ihren Eingriffsgrenzen beachten, Grdz 34 (B) vor § 704.

3) Geltungsbereich, S 1, 2. Die Vorschrift gilt wie § 775 im Gesamtbereich der ZPO, zB auch bei **3** § 890, LAG Mainz BB **99**, 1767. Sie gilt auch im Verfahren nach §§ 180 ff ZVG, LG Hann Rpfleger **93**, 505. Zu zahlreichen Einzelfragen Scheld DGVZ **84**, 49.

4) Aufhebung, S 1, 2. Wenn das Gericht feststellt, daß die Zwangsvollstreckung endgültig unzulässig ist, **4** muß es die Zwangsvollstreckung aufheben. Das trifft nur und immer in den Fällen des § 775 Z 1 und 3 zu, LG Frankenth Rpfleger **95**, 307. Das Vollstreckungsorgan muß die Aufhebung unverzüglich durch einen Beschluß nach § 329 durchführen. Es muß den Beschluß begründen, § 329 Rn 4. Es muß ihn wie bei § 775 mitteilen bzw zustellen. Der Gerichtsvollzieher muß zB die Pfandsachen abnehmen und das Pfandstück dem Berechtigten herausgeben. Er kann auch den Schuldner zur Abnahme des Pfandsiegels ermächtigen. Der Rpfl muß evtl einen Haftbefehl aufheben, LG Frankenth Rpfleger **86**, 268. Der Gerichtsvollzieher kann aber den Schuldner auch zu deren Beseitigung ermächtigen. Ziemlich kühn wendet Köln OLGZ **92**, 449 bei einem Titelverzicht des Arrestgläubigers § 776 entsprechend an.

Das Vollstreckungsgericht muß einen nach § 829 erlassenen *Pfändungsbeschluß aufheben.* Auch ein noch nicht vollstreckter Ordnungsmittelbeschluß kann aufzuheben sein, KG MDR **00**, 49 (Vorsicht!). Der Einstellungsbeschluß stellt aber auch eine solche Aufhebung der Unzulässigkeit einer weiteren Zwangsvollstreckung wirksam fest. Wenn zB bei einer Einstellung nach § 769 der Drittschuldner an den Gläubiger nach der Zustellung des Einstellungsbeschlusses noch zahlt, dann tut er das auf eigene Gefahr. Wenn das Vollstreckungsgericht und das Beschwerdegericht eine Pfändung auf Grund einer Erinnerung nach § 766 für unzulässig erklären, dann heben sie die Pfändung damit auf. Eine aufgehobene Vollstreckungsmaßnahme lebt unabhängig von der formellen Rechtskraft des Aufhebungsbeschlusses in keinem Fall wieder auf, BGH **66**, 395. Deshalb kann ein Rangwegfall nach § 804 III eintreten. Eine neue Pfändung bleibt zulässig, Müller DGVZ **76**, 1. Einen verlorenen Rang kann man auch nicht wiederherstellen, §§ 343 Rn 1, 808 Rn 8, BGH **66**, 395, Köln NJW **76**, 114. Deshalb ist eine sofortige Beschwerde gegen eine wirksame Aufhebung der Zwangsvollstreckung mangels eines Rechtsschutzbedürfnisses nach Grdz 33 vor § 253 unzulässig. Wegen der Forderungen von Landwirten aus dem Verkauf von landwirtschaftlichen Erzeugnissen § 851 a. Wegen der Aufhebung von Vollstreckungsmaßnahmen nach der Härteklausel § 765 a.

5) Fortdauer, S 2. In den Fällen § 775 Z 4 und 5 bleiben die Vollstreckungsmaßnahmen solange in **5** Kraft, bis der Gläubiger den Vollstreckungsauftrag zurücknimmt oder bis eine Entscheidung ergeht, die die Zwangsvollstreckung aufhebt, nicht etwa bis zu deren Rechtskraft, BGH **66**, 395. Im Fall § 775 Z 2 gilt dasselbe, falls nicht das Gericht die Aufhebung der Zwangsvollstreckung besonders angeordnet hat, LG Frankenth Rpfleger **95**, 307. Freilich sind die nach der Erledigung des Einstellungsbeschlusses vorgenommenen Vollstreckungshandlungen aufhebbar, LG Bln MDR **75**, 672, Kirberger Rpfleger **76**, 9. Der Schuldner erlangt also zB bis zur Aufhebung der Zwangsvollstreckung noch keine Verfügungsbefugnis über den gepfändeten Gegenstand zurück. Das Pfändungspfandrecht nach § 804 erlischt mit der Befriedigung des Gläubigers noch nicht ohne weiteres. Es erlischt also im Gegensatz zu § 775 auch nicht schon durch einen

§§ 776–778

Prozeßvergleich nach Anh § 307, durch den der Gläubiger auf seine Rechte aus dem Vollstreckungstitel verzichtet, Ffm JB **91**, 1555. Es erlischt aber dann, wenn der Gerichtsvollzieher die Sache freigibt. Das gilt selbst dann, wenn die Freigabe auf einem Irrtum beruht. Der Schuldner kann auch nach § 767 vorgehen.

6   6) **Rechtsbehelfe, S 1, 2.** Es gilt grundsätzlich dasselbe wie bei § 775 Rn 23, 24. Vgl aber auch Rn 4.

7   7) **VwGO:** *Entsprechend anwendbar,* § 167 I VwGO, vgl § 775 Rn 29.

777 *Erinnerung bei genügender Sicherung des Gläubigers.* ¹Hat der Gläubiger eine bewegliche Sache des Schuldners im Besitz, in Ansehung deren ihm ein Pfandrecht oder ein Zurückbehaltungsrecht für seine Forderung zusteht, so kann der Schuldner der Zwangsvollstreckung in sein übriges Vermögen nach § 766 widersprechen, soweit die Forderung durch den Wert der Sache gedeckt ist. ²Steht dem Gläubiger ein solches Recht in Ansehung der Sache auch für eine andere Forderung zu, so ist der Widerspruch nur zulässig, wenn auch diese Forderung durch den Wert der Sache gedeckt ist.

1   1) **Systematik, S 1, 2.** Das BGB kennt keine Verweisung des Gläubigers auf das Pfand. § 777 enthält eine abweichende Regelung. Diese Vorschrift ist dem § 803 I 2 inhaltlich verwandt, der die Überpfändung verbietet. §§ 901 ff haben keinen Nachrang, Rn 4.

2   2) **Regelungszweck, S 1, 2.** Die Verhinderung einer solchen Überpfändung ist neben der in § 776 Rn 2 angesprochenen Beachtung der Verhältnismäßigkeitsgrenze der wesentliche Zweck auch des § 777, Köln OLGZ **88**, 217. Damit dient § 777 der Gerechtigkeit nach Einl III 9 und ist entsprechend zugunsten des Schuldners auslegbar. Freilich darf man nicht die berechtigten Gläubigerinteressen vernachlässigen.

3   3) **Geltungsbereich, S 1, 2.** Die Vorschrift ist in allen Vollstreckungsverfahren anwendbar. § 777 ist dann entsprechend anwendbar, wenn der Schuldner zur Abwendung der Zwangsvollstreckung oder zwecks Einstellung der Zwangsvollstreckung hinterlegt hat, Köln OLGZ **88**, 217, LG Mü DGVZ **84**, 78. Zwar wird der hinterlegte Betrag das Eigentum des Landes. Der Anspruch auf die Rückerstattung der hinterlegten Summe steht aber wirtschaftlich einem Besitz gleich. Freilich muß der Auszahlungsanspruch unzweifelhaft und unabhängig von Verhalten des Schuldners bestehen, Köln OLGZ **88**, 217. Ferner kommt eine entsprechende Anwendung bei einer Mieterkaution in Betracht, LG Mü DGVZ **84**, 78.

4   4) **Voraussetzungen, S 1, 2.** Die Vorschrift setzt voraus, daß der Gläubiger eine solche bewegliche Sache des Schuldners nach § 90 BGB im Alleinbesitz, im Mitbesitz oder in einem mittelbaren Besitz hat, an der ihm ein Pfandrecht oder ein Zurückbehaltungsrecht für die beizutreibende Forderung zusteht, aus dem er die Verwertung ohne Gerichtsverfahren vornehmen kann. § 777 bezieht sich nicht auf Liegenschaften und auf Rechte. Der Rechtsgrund des Pfandrechts oder des Zurückbehaltungsrechts ist unerheblich. Es kann sich um ein Vertragspfandrecht, um ein gesetzliches Pfandrecht oder um ein Pfändungspfandrecht handeln. Das Pfandrecht des Vermieters, des Verpächters, des Gastwirts wirkt erst von der Besitzergreifung an. Ein Sicherungseigentum oder eine Mietkaution usw stehen dem Pfandrecht hier nicht gleich, außer bei unmittelbaren Besitz des Gläubigers, Köln OLGZ **88**, 217, LG Detm Rpfleger **90**, 433, LG Mü DGVZ **84**, 78. Denn es handelt sich um ein Besitzlosenpfandrecht, § 771 Rn 22 „Treuhand". Eine Bürgschaft nach §§ 765 ff BGB reicht nicht.

5   5) **Erinnerung, S 1, 2.** Der Schuldner kann nach § 766 die Erinnerung einlegen, vom Gesetz hier Widerspruch genannt, LG Detm Rpfleger **90**, 433, LG Hann Rpfleger **86**, 187. Das gilt aber nur, soweit der Wert der Pfand- oder Zurückhaltungssache die volle Forderung des Gläubigers einschließlich der Kosten deckt. Der Schuldner muß diese Deckung beweisen, LG Stgt Rpfleger **00**, 28. Der Gläubiger kann demgegenüber nachweisen, daß die Sache noch wegen einer anderen Forderung sichern soll, AG Mü DGVZ **84**, 78, aM LG Detm Rpfleger **90**, 432 (aber es gelten die allgemeinen Beweisregeln, Anh § 286 Rn 10). Dann steht dem Schuldner der Nachweis offen, daß der Wert der Pfand- oder Zurückhaltungssache auch diese andere Forderung deckt. Der Gerichtsvollzieher darf die Vollstreckung nicht allein wegen der bloßen Einlegung des Widerspruchs abbrechen, LG Hann Rpfleger **86**, 187. Im Verfahren nach §§ 899 ff ist auch die Haftbeschwerde zulässig, LG Detm Rpfleger **90**, 433, LG Stgt Rpfleger **00**, 28, aM LG Hann Rpfleger **86**, 187 (aber §§ 901 ff haben keinen allgemeinen Nachrang). Wenn der Gläubiger auf das Pfand- oder Zurückbehaltungsrecht verzichtet, auch vor der Rückgabe, dann ist die Erinnerung erledigt. Der Schuldner kann auf die Möglichkeit der Erinnerung verzichten. Diese Einwendung findet aber keine Beachtung von Amts wegen, LG Limburg Rpfleger **82**, 435.

6   6) **VwGO:** *Entsprechend anwendbar,* § 167 I VwGO.

778 *Zwangsvollstreckung vor Erbschaftsannahme.* ¹Solange der Erbe die Erbschaft nicht angenommen hat, ist eine Zwangsvollstreckung wegen eines Anspruchs, der sich gegen den Nachlass richtet, nur in den Nachlaß zulässig.
II Wegen eigener Verbindlichkeiten des Erben ist eine Zwangsvollstreckung in den Nachlass vor der Annahme der Erbschaft nicht zulässig.

Schrifttum: *Behr,* Rpfleger **02**, 2 (Üb; krit Gülzow Rpfleger **02**, 509, dazu Behr 510).

1   1) **Systematik, §§ 778–785.** Diese Vorschriften behandeln eine Zwangsvollstreckung in den Nachlaß und gegen den Erben. Sie ergänzen die §§ 747–749 zu diesen Zwecken. Das Gesetz hat damit etwas Zusammengehöriges auseinandergerissen. Dieser Umstand erschwert das Verständnis der ohnehin mißlungenen Vorschriften.

2   2) **Regelungszweck, §§ 778–785.** Es handelt sich bei I wie II eigentlich um Selbstverständlichkeiten. Ihre gesetzliche ausdrückliche Klarstellung dient der aus Erfahrung erforderlichen Rechtssicherheit, Einl III

Abschnitt 1. Allgemeine Vorschriften §§ 778, 779

43. Deshalb muß man beide Teile der Vorschrift strikt handhaben. Die jeweils noch oder überhaupt nicht mitbetroffene Vermögensmasse bedarf des Schutzes, auch wenn sich die Zugehörigkeit des einzelnen Gegenstands zu der einen oder anderen Masse oft nur schwer ermitteln läßt.

3) Geltungsbereich, §§ 778–785. Die Vorschriften gelten für jede Art der Zwangsvollstreckung, auch bei §§ 928, 929. Über die Zwangsvollstreckung beim Tod einer Partei kraft Amts § 727 Rn 3. Vgl §§ 265, 266 AO. 3

4) Anspruch gegen den Nachlaß vor der Annahme der Erbschaft, I. Der Erbe darf eine Erbschaft noch nicht auch nur stillschweigend nach § 1943 BGB angenommen haben. In dieser Situation hat der Erbe nur eine vorläufige Rechtsstellung, § 1958 BGB. Wenn er die Ausschlagungsfrist versäumt hat, gilte die Erbschaft als angenommen, § 1943 BGB. Vor der Annahme der Erbschaft gilt für die Zwangsvollstreckung wegen einer Nachlaßverbindlichkeit nach § 1967 II BGB folgendes. 4

A. Vor Vollstreckungsbeginn. Wegen § 1958 BGB läßt sich der vom Gläubiger gegen den Erblasser erwirkte Vollstreckungstitel nicht gegen den Erben umschreiben. Gegen eine trotzdem vorgenommene Umschreibung kann der Erbe nach § 732 vorgehen. Der Gläubiger kann auch keinen Vollstreckungstitel gegen den Erben erwirken. Der Gläubiger kann nur dann nach §§ 727, 750 ein Urteil und eine Vollstreckungsklausel erwirken, wenn ein Nachlaßpfleger, ein Nachlaßverwalter oder ein Testamentsvollstrecker vorhanden sind, BayObLG Rpfleger 92, 28, LG Stgt Just 94, 87. Der Gläubiger kann nach §§ 1960 III, 1961 BGB einen Antrag auf die Bestellung eines Nachlaßpflegers stellen. Nach der Bestellung erfolgt die Zwangsvollstreckung in den Nachlaß. Nach der Annahme der Erbschaft tritt eine Rückwirkung dieser Maßnahmen gegenüber dem Erben ein.

B. Nach Vollstreckungsbeginn. Wenn die Zwangsvollstreckung gegen den Erblasser nach Grdz 51 vor § 704 begonnen hatte, dann darf man sie fortsetzen, § 779. Die weitere Zwangsvollstreckung ist aber nur in den Nachlaß zulässig. 5

C. Weitere Einzelfragen. § 778 gilt für Ansprüche jeder Art. Ein Arrestvollzug nach §§ 928 ff ist eine Zwangsvollstreckung.

5) Rechtsbehelfe, I. Wenn der Gläubiger vor der Annahme der Erbschaft nicht in den Nachlaß vollstreckt, sondern in das persönliche Vermögen des Erben, dann gilt die folgende Regelung. 6

A. Erbe. Der Erbe kann nach seiner Wahl die Erinnerung nach § 766 einlegen oder als Dritter eine Widerspruchsklage nach § 771 erheben.

B. Gläubiger. Jeder Gläubiger des Erben kann die Erinnerung nach § 766 einlegen. Er kann aber nicht eine Widerspruchsklage nach § 771 erheben. Denn der Gläubiger des Erben hat kein Recht am Vermögen des Erben.

6) Zwangsvollstreckung der persönlichen Gläubiger, II. Nur in das persönliche Vermögen des Erben dürfen die persönlichen Gläubiger des Erben vollstrecken, vor der Annahme der Erbschaft nicht in den Nachlaß. Das gilt ebenso bei einer abwicklungslosen Verschmelzung von Genossenschaften nach § 93 b GenG oder von Aktiengesellschaften nach § 346 AktG. Die übernehmende Gesellschaft steht dem Erben gleich. Der Gläubiger der aufgelösten Gesellschaft steht den Nachlaßgläubigern gleich. 7

7) Rechtsbehelfe, II. Es kommt auf die Person des Beschwerten an. 8

A. Erbe. Der Erbe kann die Erinnerung nach § 766 einlegen. Er kann aber auch eine Widerspruchsklage nach § 771 erheben. Denn er hat ein Recht an dem Nachlaß und haftet zunächst nicht mit dem Nachlaß. Er kann gegen eine unzulässige Erteilung der Vollstreckungsklausel nach §§ 732, 768 vorgehen. Anschließend ist die sofortige Beschwerde nach § 793 statthaft.

B. Andere Personen. Der Nachlaßgläubiger, der Nachlaßpfleger, der Nachlaßverwalter oder der Testamentsvollstrecker und ein betroffener Dritter können nach § 766 die Erinnerung einlegen, soweit ihre Verwaltung reicht. Auch hier ist anschließend die sofortige Beschwerde nach § 793 statthaft. 9

8) *VwGO:* Entsprechend anwendbar, § 167 I VwGO. 10

779 *Fortsetzung der Zwangsvollstreckung nach dem Tod des Schuldners.* ¹Eine Zwangsvollstreckung, die zur Zeit des Todes des Schuldners gegen ihn bereits begonnen hatte, wird in seinen Nachlass fortgesetzt.

II ¹Ist bei einer Vollstreckungshandlung die Zuziehung des Schuldners nötig, so hat, wenn die Erbschaft noch nicht angenommen oder wenn der Erbe unbekannt oder es ungewiss ist, ob er die Erbschaft angenommen hat, das Vollstreckungsgericht auf Antrag des Gläubigers dem Erben einen einstweiligen besonderen Vertreter zu bestellen. ²Die Bestellung hat zu unterbleiben, wenn ein Nachlasspfleger bestellt ist oder wenn die Verwaltung des Nachlasses einem Testamentsvollstrecker zusteht.

1) Systematik I, II. Vgl zunächst § 778 Rn 1. § 779 regelt zwei der zahlreichen Fallgruppen der Vollstreckung in den Nachlaß. 1

2) Regelungszweck, I, II. Vgl zunächst § 778 Rn 2. § 779 trifft in I zugunsten des Gläubigers eine Regelung, die nicht selbstverständlich ist. Denn mit dem Tod beginnt die Phase der Ungewißheit, wer überhaupt als Erbe in Betracht kommt. Freilich spielt sie für den Gläubiger eine untergeordnete Rolle. Er will endlich Befriedigung erreichen. Deshalb dient II nicht nur der Gerechtigkeit, sondern vor allem der Verfahrensförderung und damit der Prozeßwirtschaftlichkeit, Grdz 14 vor § 128. Diese gilt ja auch in der Zwangsvollstreckung. 2

Konsequent regelt II Einzelheiten in einer ja auch sonst im Gesetz geübten Art und Weise, vgl zB § 57. Auch dieser Teil ist seinem Zweck entsprechend eher weit zugunsten des Gläubigers auslegbar.

§§ 779, 780

3 3) **Geltungsbereich, I, II.** Wenn beim Tod des Schuldners die Zwangsvollstreckung in das Vermögen des Schuldners insgesamt nach Grdz 51 vor § 704 begonnen hatte, dann endet sie nicht mit dem Tod, LG Wuppert JB **02**, 95, AG Bremerhaven DGVZ **93**, 60. Vielmehr kann der Gläubiger sie auf Grund einer gegen den Erblasser erteilten Vollstreckungsklausel in denjenigen Teil des beweglichen wie unbeweglichen Vermögens des Erben, der aus dem Nachlaß besteht, ohne die Notwendigkeit einer Umschreibung der Vollstreckungsklausel fortsetzen, LG Wuppert JB **02**, 95, App BB **84**, 273. Das gilt vor und nach der Annahme der Erbschaft und nicht nur wegen solcher Gegenstände, in die die Zwangsvollstreckung begonnen hat. Neue und weitere Vollstreckungsmaßnahmen sind bis zur Beendigung der Zwangsvollstreckung nach Grdz 52 vor § 704 insgesamt zulässig, ohne daß eine Umschreibung erfolgen muß, LG Stgt DGVZ **87**, 12, AG Bremerhaven DGVZ **93**, 60, App BB **84**, 273, aM Schüler JB **76**, 1003.

Zu einer Zwangsvollstreckung in das *übrige Vermögen* des Erben muß der Gläubiger die Vollstreckungsklausel aber nach §§ 727, 749 umschreiben lassen. Diese Umschreibung ist erst nach der Annahme der Erbschaft statthaft, § 778 I. Wenn der Schuldner vor dem Beginn der Zwangsvollstreckung stirbt, gilt § 778. Vgl auch § 782. Die Vorschrift im steuerlichen Vollstreckungsverfahren entsprechend anwendbar, App BB **84**, 273.

4 4) **Erbenvertreter, II.** Das Vollstreckungsgericht bestellt dem Erben nur dann einen besonderen Vertreter, wenn die folgenden Voraussetzungen Rn 4–7 zusammentreffen. Zuständig ist der Rpfl, § 20 Z 17 RPflG, Anh § 153 GVG.

A. Hinzuziehung des Schuldners. Der Schuldner muß bei einer Vollstreckungshandlung anwesend sein, also in den Fällen der §§ 808 III, 826 III, 829 II 2, 835 III 1, 844 III, 875 II, 885 II, ferner oft bei einer Zwangsversteigerung nach dem ZVG, schließlich immer dann, wenn der Schuldner rein tatsächlich zugezogen werden muß.

5 **B. Erbschaftsannahme unklar usw.** Der Erbe darf die Erbschaft darf noch nicht angenommen haben, Annahme muß zweifelhaft oder der Erbe unbekannt sein. Dann bestellt das Gericht einen Pfleger nach § 1911 BGB.

6 **C. Kein Nachlaßpfleger oder Testamentsvollstrecker.** Das Gericht darf bisher weder einen Nachlaßpfleger noch einen verwaltenden Testamentsvollstrecker bestellt haben.

7 **D. Verfahren.** Es muß ein Antrag des Gläubigers vorliegen. Das Gericht entscheidet durch einen Beschluß. Es begründet ihn, § 329 Rn 4. Es teilt ihn dem Gläubiger und dem Vertreter nach § 329 II mit und stellt ihn bei einer Ablehnung dem Gläubiger förmlich zu, § 329 III.

8 5) **Stellung des Vertreters, II.** Der Vertreter vertritt den Erben und nicht den Nachlaß. Er ist ein gesetzlicher Vertreter des Erben nach § 51 Rn 12 mit allen Rechten, die dem Schuldner aus Anlaß der fraglichen Vollstreckungshandlung zustehen. Der Vertreter kann zB eine Vollstreckungsabwehrklage nach § 767 erheben. Er braucht aber nicht eine eidesstattliche Versicherung nach § 807 abzugeben. Denn er wird nur für den Schuldner und nicht als ein solcher tätig. Die Prozeßfähigkeit des Erben nach § 51 bleibt unbeschränkt. Die Befugnis des Vertreters erlischt, sobald der Erbe, ein Nachlaßpfleger oder der Testamentsvollstrecker in das Verfahren eintreten können oder sobald ein Widerruf seiner Bestellung erfolgt. Der Vertreter ist zur Annahme des Amts nicht verpflichtet. Seine Kosten sind eine Nachlaßverbindlichkeit. Für diese haftet der Erbe nach § 788, freilich nur beschränkbar.

9 6) **Rechtsbehelfe, II.** Es kommt auf die Entscheidungsrichtung an.

A. Gegen Ablehnung. Gegen die Ablehnung der Bestellung ist der Weg nach § 11 RPflG, Anh § 153 GVG, gegeben. Gegen eine anfängliche Entscheidung des Richters ist die sofortige Beschwerde nach §§ 567 I Z 1, 793 statthaft.

10 **B. Gegen Bestellung.** Gegen die Bestellung des Vertreters ist kein Rechtsbehelf statthaft.
Kosten: Des Gerichts KV 1811; des Anwalts § 25 RVG, VV 3500.

11 7) *VwGO:* Entsprechend anwendbar, § 167 I VwGO.

---

780 *Vorbehalt der beschränkten Erbenhaftung.* **I** Der als Erbe des Schuldners verurteilte Beklagte kann die Beschränkung seiner Haftung nur geltend machen, wenn sie ihm im Urteil vorbehalten ist.

II Der Vorbehalt ist nicht erforderlich, wenn der Fiskus als gesetzlicher Erbe verurteilt wird oder wenn das Urteil über eine Nachlassverbindlichkeit gegen einen Nachlassverwalter oder einen anderen Nachlasspfleger oder gegen einen Testamentsvollstrecker, dem die Verwaltung des Nachlasses zusteht, erlassen wird.

Schrifttum: *Dauner-Lieb,* Zwangsvollstreckung bei Nachlaßverwaltung und Nachlaßkonkurs, Festschrift für Gaul (1997) 93.

Gliederung

1) Systematik, I, II 1	5) Entbehrlichkeit des Vorbehalts, II 9–11
2) Regelungszweck, I, II 2	A. Fiskus 9
3) Geltungsbereich, I, II 3	B. Nachlaßpfleger, Nachlaßverwalter, Testamentsvollstrecker 10
4) Vorbehalt im Urteil, I 4–8	C. Sinnlosigkeit einer Haftungsbeschränkung 11
A. Verfahren 4, 5	6) *VwGO* 12
B. Wirkung des Vorbehalts 6	
C. Fassung des Vorbehalts 7	
D. Verstoß 8	

Abschnitt 1. Allgemeine Vorschriften **§ 780**

1) Systematik, I, II. Vgl zunächst § 778 Rn 1. § 780 enthält die prozessuale Behandlung der beschränk- **1** ten Erbenhaftung. § 784 gilt ergänzend.

2) Regelungszweck, I, II. Vgl zunächst § 778 Rn 2. § 780 dient der prozessualen Umsetzung der **2** Möglichkeiten einer Haftungsbeschränkung des Erben oder Miterben nach §§ 1973 ff BGB. Der Erbe soll also auch verfahrensrechtlich Schutz erhalten. Gleichzeitig soll aber zwecks Rechtssicherheit nach Einl III 43 eine uferlose Unklarheit über eine etwaige Haftungsbeschränkung gerade gegenüber dem jetzigen Vollstreckungstitel unterbleiben. Deshalb ist eine Auslegung nicht nur zugunsten des Erben – Schuldners statthaft. Natürlich müssen ihm die Möglichkeiten der §§ 319 ff bleiben, soweit der Haftungsvorbehalt im Urteil fehlt oder unklar bzw gar unrichtig war.

3) Geltungsbereich, I, II. Die Vorschrift gilt in allen Verfahrensarten, BGH NJW **04**, 176. Sie ist auch **3** auf einen Prozeßvergleich nach Anh § 307 anwendbar, BGH NJW **91**, 2840. Zu § 780 gehören: Alle Einreden, BGH NJW **04**, 2896; alle Beschränkungsfälle wegen einer Nachlaßinsolvenz oder einer Nachlaßverwaltung, § 1975 BGB, wegen Minderjährigkeit, § 1629 a I 2 BGB, Klüsener Rpfleger **99**, 98; wegen deren Entfallens infolge eines Mangels an Masse, § 1990 BGB, BGH FER **00**, 211, BayObLG NZM **00**, 42; wenn das Gericht die Eröffnung eines Nachlaßinsolvenzverfahrens mangels Masse abgelehnt hat, BayObLGZ NZM **00**, 42; gegenüber einer ausgeschlossenen oder verspätet angemeldeten Nachlaßforderung, §§ 1973 ff BGB; aus § 1992 BGB gegenüber dem Vermächtnisnehmer; bei einem ungeteilten Nachlaß.

„Als Erbe verurteilt" bedeutet: Wegen einer Nachlaßverbindlichkeit verurteilt, Oldb FamRZ **01**, 180. Zu den Nachlaßverbindlichkeiten zählen aber nicht nur Geldforderungen, zB auch diejenige auf Wohngeld nach dem WEG, Hbg MDR **86**, 319, sondern auch Vertragspflichten jeder Art, etwa Willenserklärungen. Für den Nacherben gilt Entsprechendes, § 2144 BGB. Nach dem Eintritt der Nacherbfolge hat der Vorerbe die Möglichkeit der Vollstreckungsabwehrklage nach § 767, und zwar auch ohne einen Vorbehalt. Im Fall einer Einrede nach § 2145 II BGB ist aber nur § 780 anwendbar. Die Vorschrift gilt auch für den Erbschaftskäufer, § 2383 BGB, soweit nicht schon der Verkäufer unbeschränkt haftet. Sie gilt ferner für den Miterben, sofern dieser unbeschränkt haftet, § 2059 I 2 BGB, BayObLG NZM **00**, 42. Das Gericht muß eine Teilhaftung des Miterben aus § 2060 ff BGB in der Sachscheidung berücksichtigen, Schmidt JR **89**, 45.

§ 780 ist unanwendbar: Wenn es nur um die vorläufigen Einreden nach §§ 2014, 2015 BGB geht, bei denen §§ 305, 782 anwendbar sind, Schmidt JR **89**, 45; wenn es um eine vereinbarte Haftungsbeschränkung geht, BGH ZZP **68**, 102, Schmidt JR **89**, 46; wenn das Urteil noch gegen den vor Verkündung Verstorbenen ergangen ist, Celle RR **88**, 134 (das gilt auch dann, wenn der zugehörige Kostenfestsetzungsbeschluß schon gegen die Erben ergangen ist); wenn der Erbe aus § 27 II HGB für die Geschäftsschulden des Erblassers haftet. Auch in diesem Fall ist die Beschränkung ein Teil der Sachentscheidung; bei § 205 AO, BFH FER **99**, 20; wenn ein Gesellschafter eintritt, wegen der Altschulden der Gesellschaft, aM Hamm VersR **02**, 889 (zu hart).

Dagegen ist der Erbe auch dann „verurteilt", wenn der Rpfl die Vollstreckungsklausel gegen ihn auf eine Klage *nach § 731* erteilt hat. Etwas anderes gilt dann, wenn er die Klausel nach § 727 erteilt hat. Denn den Erben verbleiben dann die Einwendungen nach § 781. Der Versicherer kann nicht geltend machen, daß der Erbe des Schädigers dem Geschädigten nur beschränkt haftet, §§ 149, 157 VVG. Man kann den Vorbehalt auch bei einer Steuerschuld in der Zwangsvollstreckung geltend machen, BFH BB **81**, 1627.

4) Vorbehalt im Urteil, I. Verfahren und Wirkung bringen Probleme. **4**

A. Verfahren. Der Vorbehalt im Urteil ist die Voraussetzung für eine Beschränkung in der Zwangsvollstreckung, BGH NJW **83**, 2379, Schmidt JR **89**, 45. Das gilt unabhängig davon, ob der Kläger den Erben persönlich verklagt hat oder ob der Erbe als Rechtsnachfolger in den Prozeß eingetreten ist. Das Prozeßgericht kann den Vorbehalt nur dann aussprechen, wenn der Erbe die Einrede einer beschränkten Haftung geltend gemacht hat, BGH NJW **83**, 2379. Ein besonderer Antrag ist dazu nicht erforderlich, BGH NJW **83**, 2379. Für einen Antrag besteht in der Regel eine Verpflichtung aus dem Anwaltsvertrag, BGH NJW **92**, 2694. Es genügt vielmehr, daß man aus seinem Vortrag eindeutig erkennen kann, daß er allgemein den Vorbehalt begehrt, KG RR **03**, 942. Der Vorbehalt ist bei erstmaliger Erhebung in der Berufungsinstanz nur unter den Voraussetzungen des § 531 II zulässig, Celle OLGR **95**, 204, Düss MDR **04**, 469. Der Erbe kann das nur dann erstmals in der Revisionsinstanz vorbringen, wenn der Zahlungspflichtige erst beim Schluß der letzten Tatsachenverhandlung nach §§ 136 IV, 296 a gestorben ist oder wenn der Erbe in der Tatsacheninstanz noch keinen sonstigen Anlaß für die Einrede hatte, BGH DB **76**, 2302, oder wenn der Tatrichter über den Vorbehalt nicht entschieden hatte, BGH NJW **83**, 2378. Das gilt aber auch nicht, wenn der Erbe mehr als einen bloßen Zusatz des Vorbehalts begehrt. Andernfalls ist nur § 767 II anwendbar. Man kann § 780 bei § 269 III, IV entsprechend anwenden, LG Bückebg MDR **97**, 978.

Der Vorbehalt kann nicht mehr im *Kostenfestsetzungsverfahren* nach §§ 103 ff erfolgen, Celle RR **88**, 134, KG MDR **76**, 584, LG Bln VersR **88**, 702, wohl aber im Vergütungsfestsetzungsverfahren nach (jetzt) § 11 RVG, Düss Rpfleger **81**, 409, Schlesw SchlHA **84**, 152. Die Einrede betrifft den Grund der Haftung des Erben, nicht den Betrag des Anspruchs. Daher ist eine Vorabentscheidung nach § 304 unzulässig. Wenn der Gläubiger schon ein Urteil gegen den Erblasser erwirkt hat, dann kann der Erbe die Beschränkung der Haftung § 781 Rn 3 (C) nach § 785 geltend machen.

Das Gericht braucht sich grundsätzlich nach seinem pflichtgemäßen Ermessen nicht darum zu kümmern, **5** ob der *Vorbehalt auch sachlich berechtigt* ist, BGH NJW **83**, 2379, KG RR **03**, 942, Schmidt JR **89**, 45. Das gilt auch dann, wenn der Erbe geltend macht, der Nachlaß bestehe nur aus Schulden, Düss Rpfleger **81**, 409. Es kann freilich auch sachlich über die Beschränkung der Erbenhaftung entscheiden, BGH FER **00**, 211, KG RR **03**, 942, Schmidt JR **89**, 46. Es muß das auch bei Entscheidungsreife tun, BGH RR **89**, 1230, BayObLG **99**, 329, KG RR **03**, 942. Wenn das Gericht eine solche Entscheidung trifft, die zur Vermeidung neuer Prozesse auch ratsam ist, dann muß es die sachrechtlichen Voraussetzungen der Beschränkung der Erbenhaftung prüfen und diese feststellen oder verneinen, Schmidt JR **89**, 46.

§§ 780, 781 Buch 8. Zwangsvollstreckung

Diese Entscheidung ist *wie sonst auslegbar.* Sie erwächst in äußere und innere Rechtskraft, Einf 1, 2 vor §§ 322–327, Schmidt JR **89**, 46. Sie ist für die Zwangsvollstreckung maßgebend. Wenn das Gericht nicht derart vorgeht, dann bleibt die Prüfung der Beschränkung der Vollstreckungsinstanz vorbehalten und muß notfalls in einem nach § 785 zu führenden neuen Prozeß erfolgen, BGH NJW **83**, 2379. Keineswegs darf das Prozeßgericht erörtern, was zum Nachlaß gehört. Wenn freilich feststeht, daß keine haftende Masse mehr da ist, muß das Gericht die Klage abweisen, Celle RR **83**, 134, Schneidt JR **89**, 45.

6 **B. Wirkung des Vorbehalts.** Sie ist rein förmlich. Er ermöglicht die Vollstreckungsabwehrklage des § 785, BGH NJW **83**, 2379. Düss Rpfleger **81**, 409, Mü JB **94**, 112. Im übrigen beeinträchtigt der Vorbehalt die Zwangsvollstreckung nicht. Nur bei einem Urteil auf die Abgabe einer Willenserklärung hindert der Vorbehalt eine Unterstellung nach § 894. Ein solches Urteil ist nach § 888 vollstreckbar, soweit es nur unter dem Vorbehalt erging und soweit das Gericht nicht besser bereits endgültig über die Haftungsbeschränkung entschieden hatte, Schmidt JR **89**, 46. Fehlt der Vorbehalt, mag der Bekl ihn auch nur versehentlich nicht beantragt haben, so macht die Rechtskraft des Urteils jede Haftungsbeschränkung unmöglich.

7 **C. Fassung des Vorbehalts.** Der Vorbehalt gehört in die Urteilsformel, § 313 I Z 4, oder in den Tenor eines urteilsgleichen sonstigen Titels, etwa eines Vollstreckungsbescheids nach §§ 699, 700 I oder eines Vergleichs, BGH NJW **91**, 2839, oder einer vollstreckbaren Urkunde. Ausreichend ist auch eine Verurteilung auf eine Leistung nur „aus dem Nachlaß" oder „nach Kräften des Nachlasses", BGH RR **88**, 710, oder gar nur in bestimmte Gegenstände, zB in ein Grundstück, Schmidt JR **89**, 46. Nicht ausreichend ist aber eine Verurteilung „als Erbe". In die Entscheidungsgründe gehört der Vorbehalt so wenig wie etwa die Entscheidung über eine vorläufige Vollstreckbarkeit. Dagegen erfolgt die Zurückweisung des Antrags auf den Ausspruch des Vorbehalts nur in den Entscheidungsgründen, § 313 I Z 6. Wenn es um die inländische Vollstreckbarkeit eines ausländischen Urteils nach §§ 722, 723, 328 geht, kann das Gericht den Vorbehalt im deutschen Vollstreckungsurteil aussprechen. Das gilt auch dann, wenn das ausländische Recht einen solchen Vorbehalt nicht kennt. Es kann der Vorbehalt auch in einem Vollstreckungsbescheid nach § 700 vorkommen. Im Verfahren auf die Vollstreckbarerklärung eines Schiedsspruchs nach § 1042 ist der Vorbehalt unzulässig. Er gehört in den Schiedsspruch oder dann, wenn der Erblasser erst nach dessen Erlaß verstorben ist, in die Zwangsvollstreckung nach § 781.

Der Vorbehalt bezieht sich auf die *Prozeßkosten* nach §§ 91 ff grds nur, wenn er auch insoweit *eindeutig* ist, Kblz RR **97**, 1160. Auch das gilt nur, soweit diese in der Person des Erblassers entstanden waren, Mü JB **94**, 112. Für die übrigen Kosten haftet der Erbe unbeschränkt, Celle OLGR **95**, 204, Ffm Rpfleger **77**, 372. Darum muß das Gericht die Kosten auch in der Entscheidungsformel insoweit trennen, aM KG Rpfleger **81**, 365, Mü JB **94**, 112 (aber es muß völlige Klarheit bestehen, Einl III 43).

8 **D. Verstoß.** Wenn das Gericht den Vorbehalt übergangen hatte, ist sein Urteil inhaltlich falsch. Deshalb ist ein Verfahren auf eine Ergänzung des Urteils nach § 321 zulässig. Natürlich sind auch die sonst gegebenen Rechtsmittel statthaft. Das Revisionsgericht kann den Vorbehalt nachholen, auch ohne eine Rüge, BGH NJW **83**, 2379.

9 **5) Entbehrlichkeit des Vorbehalts, II.** Der Vorbehalt ist in jedem der folgenden Fällen entbehrlich.

A. Fiskus. Der Vorbehalt kann entfallen, soweit das Gericht den Fiskus als gesetzlichen Erben verurteilt, § 882a. Denn der Fiskus haftet ohnedies beschränkt, § 2011 BGB. Das Gericht darf mangels haftender Masse die Klage abweisen.

10 **B. Nachlaßpfleger, Nachlaßverwalter, Testamentsvollstrecker.** Der Vorbehalt kann ferner entfallen, soweit das Urteil gegen einen Nachlaßpfleger, einen Nachlaßverwalter oder einen verwaltenden Testamentsvollstrecker ergeht, BGH FamRZ **84**, 473. Denn diese Personen können auf die Beschränkung ihrer Haftung nicht wirksam verzichten. Auch in diesem Fall darf das Gericht mangels haftender Masse die Klage abweisen.

11 **C. Sinnlosigkeit einer Haftungsbeschränkung.** Der Vorbehalt kann schließlich entfallen, wenn die Beschränkung der Haftung sinnlos wäre, etwa bei einem Feststellungsurteil nach § 256 oder bei einem Urteil wegen eines dinglichen Anspruchs nach § 1147 BGB oder nur wegen eines Nachlaßgegenstands. Denn aus einer solchen Entscheidung kann der Gläubiger ohnehin nur in den Nachlaß vollstrecken.

12 6) *VwGO: Entsprechend anwendbar, § 167 I VwGO.*

781 **Beschränkte Erbenhaftung in der Zwangsvollstreckung. Bei der Zwangsvollstreckung gegen den Erben des Schuldners bleibt die Beschränkung der Haftung unberücksichtigt, bis auf Grund derselben gegen die Zwangsvollstreckung von dem Erben Einwendungen erhoben werden.**

1 1) **Systematik.** Vgl zunächst § 778 Rn 1. § 781 erfaßt alle diejenigen Fälle, in denen der Erbe nicht unbeschränkt haftet.

2 2) **Regelungszweck.** Vgl zunächst § 778 Rn 2. § 781 dient der Rechtssicherheit nach Einl III 43 wie der Prozeßwirtschaftlichkeit nach Grdz 14 vor § 128. Sie ist ja auch in der Zwangsvollstreckung beachtlich. Es muß dem Erben überlassen bleiben, die Beschränkung seiner Haftung geltend zu machen, um die Durchführung der Vollstreckung nicht noch weiter zu erschweren, die der Gläubiger gegen den Erblasser ja meist schon mühsam genug erkämpft hatte. § 781 ähnelt mancher anderen Vollstreckungsvorschrift, zB §§ 766, 767, 808 I. Man darf den Gerichtsvollzieher noch weniger als andere Vollstreckungsorgane auch noch von Amts wegen und von vornherein mit so schwierigen Prüfungen wie der etwaigen Beschränkung der Erbenhaftung belasten. Deshalb ist eine Handhabung ratsam, die es dem Gläubiger nicht noch schwerer macht, seinen Anspruch endlich durchzusetzen.

3 3) **Geltungsbereich.** Die Vorschrift gilt auch bei § 265 AO (entsprechend), BFH FER **99**, 20. Sie gilt in jeder der folgenden Situationen.

Abschnitt 1. Allgemeine Vorschriften §§ 781, 782

A. Vollstreckungsbeginn gegen Erblasser. Die Zwangsvollstreckung hatte bereits gegen den Erblasser begonnen, § 779.
B. Umschreibung. Der Rpfl hat den Vollstreckungstitel gegen den Erben umgeschrieben, § 727.
C. Vorbehalt. Der Vollstreckungstitel behält die beschränkte Haftung vor, § 780.
D. Vollstreckbarkeitsbeschluß. Es liegt ein Vollstreckbarkeitsbeschluß vor, der keinen Vorbehalt kennt.
E. Vorbehalt entbehrlich. Es ist ein Vorbehalt im Urteil nach § 780 II nicht notwendig.
F. Eintritt des Erben. Der Erbe ist nach dem Erlaß des Urteils in den Prozeß eingetreten, § 780 Rn 4.

4) Notwendigkeit einer Einwendung. Die Vollstreckungsorgane müssen die Haftungsbeschränkung 4 zunächst unberücksichtigt lassen, soweit sie sich nicht bereits im Urteil sachlichrechtlich endgültig ergibt, § 780 Rn 4, Schmidt JR **89**, 47. Die Zwangsvollstreckung findet also auf Grund des bloßen Vorbehaltsurteils in das persönliche Vermögen des Erben so statt, als ob er unbeschränkt haften würde. Der Gläubiger braucht über die Vermögensmasse keine Nachweise zu erbringen. Der Erbe muß auch dann eine eidesstattliche Versicherung zur Offenbarung nach § 807 abgeben, wenn er eine Haftungsbeschränkung nach § 785 geltend macht. Auf Verlangen des Gläubigers braucht er die Versicherung nur wegen des Nachlasses abzugeben, sonst unbeschränkt. Das Gesetz trennt die Vermögensmassen.

Der Erbe kann gegen die Zwangsvollstreckung durch eine *Vollstreckungsabwehrklage* nach §§ 785, 767 5 vorgehen, BGH FamRZ **89**, 1071, Celle RR **88**, 134. Er kann beantragen, die Zwangsvollstreckung in das persönliche, also nicht in den Nachlaß gehörende Vermögen des Erben für unzulässig zu erklären, Schmidt JR **89**, 77, und ferner auszusprechen, daß er nur „nach Kräften des Nachlasses" zu haften brauche, BGH RR **88**, 720, Schmidt JR **89**, 46. Der Erbe muß grundsätzlich beweisen, daß die Zwangsvollstreckung bereits in sein persönliches Vermögen begonnen hat, Grdz 51 vor § 704, aM Schmidt JR **89**, 77 (aber vorher besteht hier noch kein Rechtsschutzbedürfnis, Grdz 33 vor § 253).

Dazu ist eine *Bezeichnung* derjenigen Gegenstände notwendig, in die schon vollstreckt worden ist. Die 6 Geltendmachung der Unzulänglichkeit der Masse ist nicht fristgebunden, Celle RR **88**, 134. Der Erbe muß ferner seine Haftungsbeschränkung beweisen, soweit das Gericht diese nicht bereits im Urteil sachlichrechtlich endgültig festgestellt hat, § 780 Rn 4.

5) VwGO: *Entsprechend anwendbar,* § 167 I VwGO. 7

782 *Einreden des Erben gegen Nachlassgläubiger.* ¹Der Erbe kann auf Grund der ihm nach den §§ 2014, 2015 des Bürgerlichen Gesetzbuchs zustehenden Einreden nur verlangen, daß die Zwangsvollstreckung für die Dauer der dort bestimmten Fristen auf solche Maßregeln beschränkt wird, die zur Vollziehung eines Arrestes zulässig sind. ²Wird vor dem Ablauf der Frist die Eröffnung des Nachlassinsolvenzverfahrens beantragt, so ist auf Antrag die Beschränkung der Zwangsvollstreckung auch nach dem Ablauf der Frist aufrechtzuerhalten, bis über die Eröffnung des Insolvenzverfahrens rechtskräftig entschieden ist.

1) Systematik, S 1, 2. Vgl zunächst § 778 Rn 1. § 782 betrifft, ergänzt durch § 783, den Fall, daß der 1 Erbe eine aufschiebende Einrede nach §§ 2014, 2015 BGB geltend macht, also die Verweigerung der Berichtigung einer Nachlaßverbindlichkeit bis zum Ablauf von drei Monaten seit der Annahme der Erbschaft, bis zur Inventarerrichtung oder bis zur Beendigung des Aufgebotsverfahrens. Diese Einrede nach § 2016 II BGB nicht wirksam gegenüber einem vom Aufgebot nicht betroffenen dinglichen Gläubiger, § 1971 BGB.

2) Regelungszweck, S 1, 2. Vgl zunächst § 778 Rn 2. Auch in der Lage des § 782 darf man ungeachtet 2 des obersten Grundsatzes der Gerechtigkeit nach Einl III 9 den Gläubiger nicht über das wirklich notwendige Maß hinaus auch hier vorübergehend noch länger hinhalten.

3) Geltungsbereich: Möglichkeit einer Klage auf Vollstreckungsbeschränkung, S 1, 2. Der noch 3 nicht nach § 2016 I BGB unbeschränkt haftende Erbe kann durch eine Klage nach §§ 785, 767 ff nur verlangen, daß sich die Zwangsvollstreckung während der Frist auf bloße Arrestmaßnahmen nach §§ 930–932 beschränke, Rn 5. Sein Antrag lautet zweckmäßig: die Zwangsvollstreckung bis zum Ablauf der Frist für unzulässig zu erklären, und zwar sowohl in den Nachlaß als auch in das persönliche Vermögen. Der Erbe braucht nur nachzuweisen, daß er die Möglichkeit der Haftungsbeschränkung nicht verloren hat. Demgegenüber kann der Gläubiger dartun, daß eine unbeschränkte Haftung des Erben eingetreten sei, und zwar jedem gegenüber oder ihm selbst gegenüber. Der Gläubiger kann auch darlegen, daß sein Anspruch von einem Aufgebot unberührt geblieben sei.

Die Zwangsvollstreckung braucht *noch nicht begonnen* zu haben, Grdz 51 vor § 704, vgl § 767. Es genügt 4 vielmehr, daß die Zwangsvollstreckung droht. Auch in solcher Lage darf man ungeachtet des auch in der Zwangsvollstreckung fortgeltenden obersten Grundsatzes der Gerechtigkeit nach Einl III 9 den Gläubiger nicht über das wirklich notwendige Maß hinaus auch nur vorübergehend noch länger hinhalten. Andernfalls könnte man nämlich den Erben nicht vor einem Schaden bewahren. Es genügen namentlich die nach § 782 zulässigen Maßnahmen, wenn der Gläubiger bereits erklärt, er wolle nicht veräußern. Beim dinglichen Anspruch ist § 782 unanwendbar. Klageberechtigt sind auch: Nachlaßpfleger, Testamentsvollstrecker, §§ 2017, 2213 BGB, Nachlaßverwalter, § 1984 BGB.

4) Beschränkungsarten, S 1, 2. Man muß zwei Fallgruppen unterscheiden. 5
A. Arrestmaßnahmen, S 1. Zulässig sind nur Arrestmaßnahmen nach §§ 930–932 sowie die Eintragung einer Sicherungshypothek, § 867. Andere Maßnahmen muß das Gericht als unzulässig aufheben, Kblz NJW **79**, 2521. Wenn eine bewegliche Habe nach §§ 803 ff gepfändet wurde, muß das Gericht deren Versteigerung für unzulässig erklären. Gepfändetes Geld ist zu hinterlegen, § 930 II. Etwas anderes gilt gegenüber einem dinglichen Gläubiger, § 2016 II BGB, Rn 2. In den Fällen der §§ 883 ff gilt Entsprechendes. Das Gericht muß also die Aushändigung der Sachen an den Gläubiger untersagen. Die Beschränkung

§§ 782–784

endet ohne weiteres mit dem Ablauf der Fristen. Das Urteil muß die Frist darum genau festlegen, und zwar bei § 2014 BGB nach dem Kalender. Nach dem Ablauf der Fristen darf der Gläubiger die Zwangsvollstreckung fortsetzen, soweit nicht ein neues Hindernis entgegensteht, wie der Vorbehalt einer beschränkten Haftung, ein Nachlaßinsolvenzverfahren, eine Nachlaßverwaltung, oder die Ablehnung solcher Maßnahmen mangels Masse.

6 **B. Antrag auf Nachlaßinsolvenzverfahren, S 2.** Wenn vor dem Fristablauf ein Antrag auf die Eröffnung des Nachlaßinsolvenzverfahrens vorliegt, dann können der Erbe oder der Nachlaßverwalter eine Verlängerung der Beschränkung bis zur Rechtskraft einer Entscheidung über den Insolvenzantrag „beantragen", genauer: Sie können Klage nach § 785 erheben. Denn diese Klage ist der einzige Weg, um Rechte nach §§ 781–784 geltend zu machen. Auch verlangt S 1 zweifellos eine Klage. § 769 reicht in solcher Situation als Rechtsbehelf nicht aus. Denn diese Vorschrift setzt voraus, daß zuvor eine Klage eingegangen war. Eine Ausnahme gilt nur unter den in § 769 Rn 3–5 genannten Voraussetzungen im Prozeßkostenhilfeverfahren.

7 5) *VwGO: Entsprechend anwendbar,* § 167 I VwGO.

783 Einreden des Erben gegen persönliche Gläubiger.
In Ansehung der Nachlassgegenstände kann der Erbe die Beschränkung der Zwangsvollstreckung nach § 782 auch gegenüber den Gläubigern verlangen, die nicht Nachlassgläubiger sind, es sei denn, daß er für die Nachlassverbindlichkeiten unbeschränkt haftet.

1 **1) Systematik, Regelungszweck.** Vgl zunächst §§ 778 Rn 1, 2, 782 Rn 1, 2. § 783 schützt in Ergänzung des § 782 den Erben auch gegen die persönlichen Gläubiger, soweit der Erbe aufschiebende Einreden hat, § 782. Er macht sein Recht durch eine Klage nach § 785 geltend. Der Erbe muß beweisen, daß die fraglichen Gegenstände zum Nachlaß gehören und daß er seine aufschiebenden Einreden aus §§ 2014 ff BGB nicht durch einen Zeitablauf verloren hat. Demgegenüber darf der Gläubiger beweisen, daß der Erbe allen Nachlaßgläubigern gegenüber unbeschränkt hafte. Eine unbeschränkte Haftung des Erben nur gegenüber einzelnen Nachlaßgläubigern ist in diesem Zusammenhang unbeachtlich.

2 **2)** *VwGO: Entsprechend anwendbar,* § 167 I VwGO.

784 Zwangsvollstreckung bei Nachlassverwaltung und -insolvenzverfahren.
I Ist eine Nachlassverwaltung angeordnet oder das Nachlassinsolvenzverfahren eröffnet, so kann der Erbe verlangen, dass Maßregeln der Zwangsvollstreckung, die zugunsten eines Nachlassgläubigers in sein nicht zum Nachlass gehörendes Vermögen erfolgt sind, aufgehoben werden, es sei denn, dass er für die Nachlassverbindlichkeiten unbeschränkt haftet.

II Im Falle der Nachlassverwaltung steht dem Nachlassverwalter das gleiche Recht gegenüber Maßregeln der Zwangsvollstreckung zu, die zugunsten eines anderen Gläubigers als eines Nachlassgläubigers in den Nachlass erfolgt sind.

Schrifttum: *Dauner-Lieb,* Zwangsvollstreckung bei Nachlaßverwaltung und Nachlaßkonkurs, in: Festschrift für *Gaul* (1997).

1 **1) Systematik, Regelungszweck, I, II.** Vgl zunächst § 778 Rn 1, 2. § 784 beruht auf dem Umstand, daß die Eröffnung eines Nachlaßinsolvenzverfahrens oder die Anordnung einer Nachlaßverwaltung die Erbenhaftung beschränken, falls der Erbe nicht schon unbeschränkt haftet, § 1975 BGB. § 784 setzt voraus, daß die Zwangsvollstreckung nach Grdz 51 vor § 704 begonnen hat und noch andauert, Grdz 52 vor § 704. Wenn sie in jenem Zeitpunkt noch nicht begonnen hat, dann kann der Erbe eine Haftungsbeschränkung aus § 781 geltend machen, wenn sie ihm nach § 780 I vorbehalten war oder wenn sie keines Vorbehalts bedarf. Im übrigen muß eine Haftungsbeschränkung bereits feststehen. Insofern unterscheidet sich § 784 von § 782.

2 **2) Klage des Erben, I.** § 784 ermöglicht eine Klage vor dem erstinstanzlichen Prozeßgericht mit dem Antrag, die Zwangsvollstreckung für unzulässig zu erklären. Demgegenüber ermöglicht § 783 eine Klage mit dem Ziel, die Durchführung der Zwangsvollstreckung für unzulässig zu erklären. Aus § 785 ergibt sich, daß der Erbe auch dann nach § 784 vorgehen kann, wenn er vorher bereits nach § 782 geklagt hat. Hier handelt es sich um eine Häufung von Klagen, die einen Menschen zugrunde richten kann. Wegen des Erschöpfungseinwands nach § 1973 BGB ist die Klage auch gegen einen ausgeschlossenen oder als ausgeschlossen geltenden Aufgebotsgläubiger zulässig, § 1974 BGB. Die Klage ist auch dann zulässig, wenn das Gericht den Antrag auf die Eröffnung eines Nachlaßinsolvenzverfahrens oder eine Nachlaßverwaltung abgelehnt hat, § 1990 BGB. Denn der Grund der Vorschrift trifft auch in diesen Fällen zu.

Der *Erbe muß beweisen,* daß der Gläubiger auf Grund eines gegen den Erblasser erwirkten oder mit dem Vorbehalt der beschränkten Erbenhaftung versehenen Titels vollstreckt hat und daß der Gegenstand der Zwangsvollstreckung nicht zum Nachlaß gehört. Der Gläubiger kann demgegenüber die unbeschränkte Haftung des Erben allen Gläubigern oder jedenfalls ihm gegenüber oder eine persönliche Haftung des Erben ihm gegenüber beweisen. Gegenüber einer vorbehaltlosen Verurteilung nach § 780 ist die Klage nach § 784 unzulässig.

3 **3) Klage des Nachlaßverwalters, II.** Der Nachlaßverwalter braucht nur die Zwangsvollstreckung eines Nachlaßgläubigers in den Nachlaß zu dulden. Wenn ein anderer Gläubiger in den Nachlaß vollstreckt, dann kann der Nachlaßverwalter auf die Erklärung der Zwangsvollstreckung für unzulässig klagen. Er darf die Aufhebung auch derjenigen Zwangsmaßnahmen verlangen, die der Nachlaßverwaltung vorausgegangen sind, soweit sie vom persönlichen Gläubiger ausgingen. Spätere Vollstreckungs- und Arrestmaßnahmen sind

Abschnitt 1. Allgemeine Vorschriften §§ 784–786a

verboten, § 1984 II BGB. Wenn die Klage aus § 785 unterbleibt, dann darf der Gläubiger die Zwangsvollstreckung fortsetzen. Im Nachlaßinsolvenzverfahren verliert eine Zwangsvollstreckung in den Nachlaß kraft Gesetzes praktisch ihre Wirksamkeit, § 321 InsO (keine Absonderung).

 4) *VwGO:* Entsprechend anwendbar, § 167 I VwGO.   4

785 *Vollstreckungsabwehrklage des Erben.* **Die auf Grund der §§ 781 bis 784 erhobenen Einwendungen werden nach den Vorschriften der §§ 767, 769, 770 erledigt.**

 1) Systematik, Regelungszweck. Vgl zunächst § 778 Rn 1, 2. Der Erbe oder der Nachlaßverwalter 1 können auf Grund eines Urteilsvorbehalts nach § 780 I die der Rechtsnatur nach unterschiedlichen Einwendungen nach §§ 781–784 geltend machen, Schmidt JR **89**, 77. Das geschieht gleichwohl grundsätzlich nur durch eine Vollstreckungsabwehrklage nach §§ 767 ff, BGH FamRZ **89**, 1074, Celle RR **88**, 134. Sie erfolgt also beim Prozeßgericht des erste Rechtszugs. Man kann allerdings zwischen einer echten Vollstreckungsabwehrklage und einer Unterart der Drittwiderspruchsklage bei Nichthaftung nur eines oder mehrerer Einzelgegenstände unterscheiden, Schmidt **89**, 77. Die Abwehrklage ist schon vor dem Vollstreckungsbeginn statthaft, Celle RR **88**, 133, Schmidt JR **89**, 45. Sie ist auch dann zulässig, wenn der Schuldner gegen den Vollstreckungstitel ein Rechtsmittel eingelegt hat, § 767 Rn 8 (G), Ffm RR **92**, 32. Es findet kein obligatorisches Güteverfahren statt, § 15 a II 1 Z 6 EGZPO, Hartmann NJW **99**, 3748. Der Kläger muß darlegen und beweisen, daß eine Nachlaßschuld vorliegt, daß seine Haftung beschränkt ist und daß die Vollstreckung nicht in den Nachlaß erfolgt. Die Dürftigkeitseinrede nach § 1990 I BGB bleibt zulässig, BGH RR **89**, 1226 (Bindung des Prozeßgerichts an das Nachlaß- bzw Insolvenzgericht), Ffm RR **92**, 31.

 2) Geltungsbereich. Die Vorschrift gilt nicht bei § 265 AO, BFH FER **99**, 20.   2

 3) Einzelfragen. Die Erhebung einer solchen Vollstreckungsabwehrklage ist für den Erben wie für den 3 Nachlaßverwalter nachteilig, aber unabänderlich. Solange der Erbe nicht klagt, darf das Vollstreckungsorgan einen Vorbehalt der beschränkten Erbenhaftung nicht beachten, § 781. Ergänzend gelten §§ 767, 775, 776 und wegen vorläufiger Maßnahmen §§ 769, 770. Wegen der Rechtskraft § 322 Rn 70 „Vollstreckungsabwehrklage".

 4) *VwGO:* Entsprechend anwendbar, § 167 I VwGO.   4

786 *Vollstreckungsabwehrklage bei beschränkter Haftung.* **Die Vorschriften des § 780 Abs. 1 und der §§ 781 bis 785 sind auf die nach § 1489 des Bürgerlichen Gesetzbuchs eintretende beschränkte Haftung, die Vorschriften des § 780 Abs. 1 und der §§ 781, 785 sind auf die nach den §§ 1480, 1504, 1629 a, 2187 des Bürgerlichen Gesetzbuchs eintretende beschränkte Haftung entsprechend anzuwenden.**

 1) Systematik, Regelungszweck. Vgl zunächst § 778 Rn 1, 2. Wegen der vergleichbaren Interessenlage 1 verweist § 786 für seinen Geltungsbereich auf die im Gesetzestext genannten Vorschriften. Vgl daher die jeweils zugehörigen Anm. Es findet kein obligatorisches Güteverfahren statt, § 15 a II 1 Z 6 EGZPO, Hartmann NJW **99**, 3748.

 2) Geltungsbereich. § 786 betrifft die folgenden Fälle.   2

 A. § 1489 BGB. Bei der fortgesetzten Gütergemeinschaft haftet der Überlebende für Gesamtgutsverbindlichkeiten persönlich. Wenn er vor dem Eintritt der fortgesetzten Gütergemeinschaft nicht persönlich haftete, dann beschränkt sich seine Haftung auf das Gesamtgut. Anwendbar sind die §§ 780 I, 781–785.

 B. § 1480 BGB. Nach der Auseinandersetzung tritt bei einer allgemeinen Gütergemeinschaft eine Haftung für eine Gesamtgutsverbindlichkeit nur mit dem Zugeteilten ein. Diese Zuteilung muß das Gericht feststellen.

 C. § 1504 BGB. Bei der Auseinandersetzung einer fortgesetzten Gütergemeinschaft gilt § 1480 BGB entsprechend für die Haftung der anteilsberechtigten Abkömmlinge.

 D. § 1629 a BGB. Es handelt sich um eine gesetzliche Haftungsbeschränkung bei einer Verbindlichkeit, die im Rahmen gesetzlicher Vertretungsmacht der Eltern eintrat.

 E. § 2187 BGB. Der mit einer Auflage oder mit einem Vermächtnis beschwerte Vermächtnisnehmer haftet nur mit dem ihm Vermachten.

 In den vier letzten Fällen sind die §§ 780 I, 781, 785 anwendbar. Diese Vorschriften finden auf andere Fälle keine entsprechende Anwendung, aM Hamm VersR **02**, 889 (aber es handelt sich um eine erkennbar abschließende Aufzählung einer Sondervorschrift).

 3) *VwGO:* Entsprechend anwendbar, § 167 I VwGO.   3

786a *See- und Binnenschiffahrtsrechtliche Haftungsbeschränkung.* **I Die Vorschriften des § 780 Abs. 1 und § 781 sind auf die nach § 486 Abs. 1, 3, §§ 487 bis 487d des Handelsgesetzbuchs oder nach den §§ 4 bis 5 m des Binnenschiffahrtsgesetzes eintretende beschränkte Haftung entsprechend anzuwenden.**

II Ist das Urteil nach § 305 a unter Vorbehalt ergangen, so gelten für die Zwangsvollstreckung die folgenden Vorschriften:

1. Wird die Eröffnung eines Seerechtlichen oder eines Binnenschiffahrtsrechtlichen Verteilungsverfahrens nach der Schiffahrtsrechtlichen Verteilungsordnung beantragt, an dem der Gläubi-

§ 786a

ger mit dem Anspruch teilnimmt, so entscheidet das Gericht nach § 5 Abs. 3 der Schifffahrtsrechtlichen Verteilungsordnung über die Einstellung der Zwangsvollstreckung; nach Eröffnung des Seerechtlichen Verteilungsverfahrens sind die Vorschriften des § 8 Abs. 4 und 5 der Schiffahrtsrechtlichen Verteilungsordnung, nach Eröffnung des Binnenschiffahrtsrechtlichen Verteilungsverfahrens die Vorschriften des § 8 Abs. 4 und 5 in Verbindung mit § 41 der Schiffahrtsrechtlichen Verteilungsordnung anzuwenden.

2. ¹Ist nach Artikel 11 des Haftungsbeschränkungsübereinkommens (§ 486 Abs. 1 des Handelsgesetzbuchs) von dem Schuldner oder für ihn ein Fonds in einem anderen Vertragsstaat des Übereinkommens errichtet worden, so sind, sofern der Gläubiger den Anspruch gegen den Fonds geltend gemacht hat, die Vorschriften des § 50 der Schiffahrtsrechtlichen Verteilungsordnung anzuwenden. ²Hat der Gläubiger den Anspruch nicht gegen den Fonds geltend gemacht oder sind die Voraussetzungen des § 50 Abs. 2 der Schiffahrtsrechtlichen Verteilungsordnung nicht gegeben, so werden Einwendungen, die auf Grund des Rechts auf Beschränkung der Haftung erhoben werden, nach den Vorschriften der §§ 767, 769, 770 erledigt; das Gleiche gilt, wenn der Fonds in dem anderen Vertragsstaat erst bei Geltendmachung des Rechts auf Beschränkung der Haftung errichtet wird.

3. ¹Ist von dem Schuldner oder für diesen ein Fonds in einen anderen Vertragsstaat des Straßburger Übereinkommens über die Beschränkung der Haftung in der Binnenschiffahrt – CLNI (BGBl. 1988 II S. 1643) errichtet worden, so ist, sofern der Gläubiger den Anspruch gegen den Fonds geltend gemacht hat, § 52 der Schiffahrtsrechtlichen Verteilungsordnung anzuwenden. ²Hat der Gläubiger den Anspruch nicht gegen den Fonds geltend gemacht oder sind die Voraussetzungen des § 52 Abs. 3 der Schiffahrtsrechtlichen Verteilungsordnung nicht gegeben, so werden Einwendungen, die auf Grund des Rechts auf Beschränkung der Haftung nach den §§ 4 bis 5 m des Binnenschiffahrtsgesetzes erhoben werden, nach den Vorschriften der §§ 767, 769, 770 erledigt; das Gleiche gilt, wenn der Fonds in dem anderen Vertragsstaat erst bei Geltendmachung des Rechts auf Beschränkung der Haftung errichtet wird.

III Ist das Urteil eines ausländischen Gerichts unter dem Vorbehalt ergangen, dass der Beklagte das Recht auf Beschränkung der Haftung geltend machen kann, wenn ein Fonds nach Artikel 11 des Haftungsbeschränkungsübereinkommens oder nach Artikel 11 des Straßburger Übereinkommens über die Beschränkung der Haftung in der Binnenschiffahrt errichtet worden ist oder bei Geltendmachung des Rechts auf Beschränkung der Haftung errichtet wird, so gelten für die Zwangsvollstreckung wegen des durch das Urteil festgestellten Anspruchs die Vorschriften des Absatzes 2 entsprechend.

Schrifttum: *Herber,* Das neue Haftungsrecht der Schiffahrt (1989) 142.

1   1) **Systematik, Regelungszweck, I–III.** Vgl zunächst § 778 Rn 1, 2. Wie § 786, so verweist auch § 786 a wegen seiner ebenfalls vergleichbaren Interessenlage auf die im Gesetzestext genannten Vorschriften. Vgl daher die jeweils zugehörigen Anm.

2   2) **Geltungsbereich, I–III.** Die Möglichkeit einer Haftungsbeschränkung nach §§ 780 I, 781 ist auch dann gegeben, wenn es um die Haftung für eine binnenschiffahrtsrechtliche oder für eine Seeforderung einschließlich derjenigen wegen Verschmutzungsschäden gegen andere Personen als den Eigentümer des das Öl befördernden Schiffes geht, § 486 I, III HGB. Für jene Ansprüche gelten §§ 487 ff HGB bzw §§ 4 ff BinnenschiffahrtsG. Sie regeln im einzelnen, in welchem Umfang eine Haftungsbeschränkung überhaupt statthaft ist. Die Beachtlichkeit einer danach zulässigen Haftungsbeschränkung in der Zwangsvollstreckung hängt von deren Vorbehalt im Urteil ab, §§ 305 a, 780 I, sowie von der tatsächlichen Erhebung der Einwendung im Vollstreckungsverfahren, § 781.

3   3) **Einstellung der Zwangsvollstreckung, II Z 1.** Man muß zwei Situationen unterscheiden.

    A. Eröffnungsverfahren. Vom Eingang des Antrags auf Eröffnung des Verteilungsverfahrens bis zur Eröffnung oder deren Ablehnung ist eine Einstellung nach § 5 III SVertO statthaft, also längstens auf drei Monate und nur dann, wenn man erwarten kann, daß die Haftungssumme demnächst eingeht. Das für die nach § 2 SVertO zuständige AG darf die Einstellung von einer Sicherheitsleistung abhängig machen. Vgl §§ 707, 719.

4   **B. Ab Eröffnung.** Im Verfahren nach Eröffnung kommt es nach § 8 IV, V SVertO für eine einstweilige Einstellung gegen oder ohne Sicherheitsleistung ähnlich wie bei § 769 ZPO auf die Glaubhaftmachung nach § 294 von Tatsachen an, die eine Unzulässigkeit der Zwangsvollstreckung ergeben. Zuständig ist grundsätzlich das Prozeßgericht des ersten Rechtszugs für die nach § 8 IV 1 SVertO erforderliche Vollstreckungsabwehrklage, in dringenden Fällen das Vollstreckungsgericht, §§ 764, 802, § 8 IV 4 SVertO. Nach Einstellung kann das Vollstreckungsgericht auf Schuldnerantrag anordnen, daß Vollstreckungsmaßregeln gegen Sicherheitsleistung aufgehoben werden. Vor Erhebung der Klage ist das Prozeßgericht dafür zuständig, § 8 V SVertO.

5   4) **Fond, II Z 2.** Die Vorschrift erfaßt die Situation nach der Errichtung des Fonds vom oder für den Schuldner. § 34 SVertO verweist wiederum auf § 8 IV, V SVertO, Rn 2. Evtl gelten §§ 767, 769, 770 ZPO direkt. Daher besteht stets eine Möglichkeit zur Einstellung der Zwangsvollstreckung.

6   5) **Straßburger Übereinkommen, II Z 3.** Im Geltungsbereich des dort genannten Übereinkommens hat Z 3 Vorrang vor Z 2.

7   6) **Auslandsurteil, III.** Die für ein deutsches Urteil maßgebenden Möglichkeiten gelten auch beim Auslandsurteil, soweit es überhaupt unter einem Vorbehalt einer Haftungsbeschränkung ergangen ist.

8   7) *VwGO: Entsprechend anwendbar, § 167 I VwGO.*

Abschnitt 1. Allgemeine Vorschriften §§ 787, 788

787 *Zwangsvollstreckung bei herrenlosem Grundstück oder Schiff.* ¹ Soll durch die Zwangsvollstreckung ein Recht an einem Grundstück, das von dem bisherigen Eigentümer nach § 928 des Bürgerlichen Gesetzbuchs aufgegeben und von dem Aneignungsberechtigten noch nicht erworben worden ist, geltend gemacht werden, so hat das Vollstreckungsgericht auf Antrag einen Vertreter zu bestellen, dem bis zur Eintragung eines neuen Eigentümers die Wahrnehmung der sich aus dem Eigentum ergebenden Rechte und Verpflichtungen im Zwangsvollstreckungsverfahren obliegt.

II Absatz 1 gilt entsprechend, wenn durch die Zwangsvollstreckung ein Recht an einem eingetragenen Schiff oder Schiffsbauwerk geltend gemacht werden soll, das von dem bisherigen Eigentümer nach § 7 des Gesetzes über Rechte an eingetragenen Schiffen und Schiffsbauwerken vom 15. November 1940 (RGBl. I S. 1499) aufgegeben und von dem Aneignungsberechtigten noch nicht erworben worden ist.

1) **Systematik, Regelungszweck, I, II.** § 787 entspricht wörtlich dem bei einer Klage anwendbaren **1** § 58, Einf 1, 2 vor §§ 57, 58, § 58 Rn 1 ff. § 787 gilt auch für ein Registerpfandrecht an einem Luftfahrzeug sinngemäß, § 99 I LuftfzRG. Die Bestellung eines Vertreters ist dann entbehrlich, wenn ein Vertreter schon für den Prozeß bestellt worden war, es sei denn, daß er weggefallen wäre.

2) **Verfahren, I, II.** Die vollstreckbare Ausfertigung ergeht gegen den Vertreter. Das Gericht stellt sie **2** diesem zu, §§ 727, 750 II. Der Vertreter vertritt nicht den Eigentümer, der ja fehlt. Der Vertreter muß aber alle Rechte und Pflichten eines Eigentümers in der Zwangsvollstreckung wahrnehmen. Er ist auch zu den Vollstreckungsklagen berechtigt. Obwohl der Vertreter nicht in das Grundbuch eintragen wird, finden auch eine Zwangsverwaltung und Zwangsversteigerung gegen ihn statt. Das ist eine Ausnahme von § 17 ZVG. Zuständig ist der Rpfl, § 20 Z 17 RpflG, Anh § 153 GVG.

3) **Rechtsmittel, I, II.** Der Beschwerte hat die sofortige Erinnerung, § 793 in Verbindung mit § 11 I **3** RpflG, Anh § 153 GVG.

4) **VwGO:** Entsprechend anwendbar, § 167 I VwGO, vgl § 58 Rn 7. **4**

788 *Kosten der Zwangsvollstreckung.* I ¹ Die Kosten der Zwangsvollstreckung fallen, soweit sie notwendig waren (§ 91), dem Schuldner zur Last; sie sind zugleich mit dem zur Zwangsvollstreckung stehenden Anspruch beizutreiben. ² Als Kosten der Zwangsvollstreckung gelten auch die Kosten der Ausfertigung und der Zustellung des Urteils. ³ Soweit mehrere Schuldner als Gesamtschuldner verurteilt worden sind, haften sie auch für die Kosten der Zwangsvollstreckung als Gesamtschuldner; § 100 Abs. 3 und 4 gilt entsprechend.

II ¹ Auf Antrag setzt das Vollstreckungsgericht, bei dem zum Zeitpunkt der Antragstellung eine Vollstreckungshandlung anhängig ist, und nach Beendigung der Zwangsvollstreckung das Gericht, in dessen Bezirk die letzte Vollstreckungshandlung erfolgt ist, die Kosten gemäß § 103 Abs. 2, den §§ 104, 107 fest. ² Im Falle einer Vollstreckung nach den Vorschriften der §§ 887, 888 und 890 entscheidet das Prozessgericht des ersten Rechtszuges.

III Die Kosten der Zwangsvollstreckung sind dem Schuldner zu erstatten, wenn das Urteil, aus dem die Zwangsvollstreckung erfolgt ist, aufgehoben wird.

IV Die Kosten eines Verfahrens nach den §§ 765 a, 811 a, 811 b, 813 b, 829, 850 k, 851 a und 851 b kann das Gericht ganz oder teilweise dem Gläubiger auferlegen, wenn dies aus besonderen, in dem Verhalten des Gläubigers liegenden Gründen der Billigkeit entspricht.

Schrifttum: *Becker-Eberhard*, Grundlagen der Kostenerstattung bei der Verfolgung zivilrechtlicher Ansprüche, 1985; *Johannsen*, Die Beitreibung der Vollstreckungskosten gemäß § 788 ZPO usw, Diss Bochum 1988; *Schimpf* DGVZ 98, 132 (Üb).

Gliederung

1) **Systematik, I–IV**	1	B. Zuständigkeit des Vollstreckungsgerichts, II 1	11
2) **Regelungszweck, I–IV**	2	C. Zuständigkeit des Prozeßgerichts nur bei §§ 887–890, II 2	12
3) **Geltungsbereich, I–IV**	3	D. Prüfungsumfang	13
4) **Kostenhaftung, I, IV**	4–9	E. Anwendbarkeitsgrenzen	14
A. Grundsatz: Schuldnerhaftung für notwendige Vollstreckungskosten, I 1	4–6	6) **Rechtsbehelfe, I–III**	15, 16
B. Weiterer Grundsatz: Gesamtschuldner, I 3	7	A. Gläubiger	15
C. Ausnahme: Billigkeitshaftung des Gläubigers, IV	8, 9	B. Schuldner	16
5) **Beitreibung, II**	10–14	7) **Erstattung, III**	17, 18
A. Grundsatz: Zulässigkeit eines Festsetzungsbeschlusses, II 1, 2	10	8) **Beispiele zur Frage des Vorliegens von Kosten der Zwangsvollstreckung, I–IV**	19–51
		9) **VwGO**	52

1) **Systematik, I–IV.** Das Gesetz behandelt die Kosten der Zwangsvollstreckung selbständig nach folgen- **1** dem Grundsatz: *Den Vollstreckungsschuldner trifft die Schuld,* wenn er es noch zur Zwangsvollstreckung kommen läßt, LG Hann WoM **90**, 398, LG Kassel Rpfleger **85**, 153. Das gilt unabhängig von der Kostengrundentscheidung der §§ 91 ff. Denn sie gilt nur für die Prozeßkosten, nicht auch für die Vollstreckungskosten. Daher können Vollstreckungskosten sogar vor einer Kostengrundentscheidung entstehen, Kblz Rpfleger **75**, 324. Soweit der Schuldner die Vollstreckungskosten nicht tragen muß, muß sie der Gläubiger tragen. Voraussetzung für die Anwendbarkeit des § 788 ist unter anderem der Beginn der Zwangsvollstrek-

Hartmann 2187

§ 788   Buch 8. Zwangsvollstreckung

kung, Grdz 51 vor § 704, AG Ehingen DGVZ **81**, 91. Wenn die Zwangsvollstreckung aber begonnen hat, dann gehören auch die Kosten ihrer Vorbereitung zu denjenigen der Zwangsvollstreckung, AG Wiesb DGVZ **97**, 189. Das ergibt sich aus I 2. § 891 S 3 verweist in seinem Geltungsbereich vorrangig auf §§ 91 ff.

Nicht hierher gehört das ganz selbständige bloße Vergütungsfestsetzungsverfahren nach § 11 RVG, Hartmann Teil X dort Rn 3, 41.

2 **2) Regelungszweck, I–IV.** Man kann über den in Rn 1 genannten Grundsatz mit seinem versteckten Anscheinsbeweis gegen den Schuldner erheblich streiten. Denn selbst wer es zur Zwangsvollstreckung kommen ließ, mag in der weiteren Verlauf zumindest teilweise keinerlei Schuld tragen. Indessen trifft § 788 bei genauer Betrachtung ja durchaus selbst Vorsorge gegen Kostenungerechtigkeiten in diesem Abschnitt. Der Schuldner trägt grundsätzlich nur die jetzt immer noch wirklich „notwendigen" Kosten, und selbst diese können im Rahmen von III dem Gläubiger zur Last fallen. Außerdem enthält II eine den §§ 717, 945 entsprechende Schutzvorschrift, I 2. Man sollte § 788 als Fortführung von § 91 auch im Interesse der Prozeßwirtschaftlichkeit nach Grdz 14 vor § 128 weder zu energisch noch zu zögernd und eher großzügig auslegen, LG Hbg RR **98**, 1152.

3 **3) Geltungsbereich, I–IV.** Die Vorschrift gilt für alle Vollstreckungskosten mit Ausnahme der in § 891 vorrangig geregelten Fälle, Rn 1. Die Bereiche der Prozeßkosten und der Vollstreckungskosten können sich überschneiden, I 2. Denn die Kosten der Ausfertigung und der Zustellung des Urteils nach § 317 sind ebensogut Prozeßkosten. Natürlich muß man die Kosten aber nur einmal erstatten. Eine Festsetzung auf den Namen des Anwalts nach § 126 ändert die Natur der Kosten nicht. Sie schließt deshalb die Anwendbarkeit des § 788 nicht aus. Auf die Kosten einer Ehesache im Verfahren nach dem IntFamRVG § 606 a Anh II, ist nach dessen § 20 II Hs 2 § 788 entsprechend anwendbar. Nach § 8 I 4 AVAG ist § 788 entsprechend anwendbar, Köln OLGR **00**, 188 (keine ausländischen Vorbereitungskosten). § 788 ist auf Kosten ausländischer Vollstreckungsmaßnahmen nicht anwendbar, Hamm IPRax **02**, 301, Saarbr JB **02**, 99, Hök MDR **02**, 1293 (man muß weiter ausländische Regeln zur Kostenerstattung anwenden, 1294), aM Dieder MDR **90**, 165, Spickhoff IPRax **02**, 290. Der Anspruch auf Erstattung von Vollstreckungskosten aus einem Titel verjährt in 30 Jahren. Lappe MDR **79**, 798 hält I 1 Hs 2 insofern für verfassungswidrig, als er die Kosten der gegenwärtigen Vollstreckung betrifft, aM Christmann DGVZ **85**, 148. Kammermeier DGVZ **90**, 6 empfiehlt die Einbeziehung der Problematik in eine Reform des Vollstreckungsrechts.

4 **4) Kostenhaftung, I, IV.** Zwei einfache Grundsätze haben wichtige Ausnahmen.

A. Grundsatz: Schuldnerhaftung für notwendige Vollstreckungskosten, I 1, 2, dazu *Johannsen* DGVZ **89**, 2, *Weinert* Rpfleger **05**, 1 (je: Üb): Wer die Zwangsvollstreckung verursacht hat bzw gegen wen sie durchgeführt worden ist, haftet für die Kosten der Vollstreckung als Schuldner, sog Veranlassungsgrundsatz, Karlsr DGVZ **94**, 94, Hamm GRUR **94**, 84, LG Stgt Rpfleger **93**, 38, aM Weinert Rpfleger **05**, 10 (nur Beweislastumkehr). Er haftet nur mit derjenigen Vermögensmasse, in die der Vollstreckungstitel eine Zwangsvollstreckung erlaubt. Der Schuldner trägt nur diejenigen Kosten, die zu einer zweckentsprechenden Rechtsverfolgung des Gläubigers in der Zwangsvollstreckung selbst für einen objektiven Betrachter im Zeitpunkt der Antragstellung notwendig sind, wie bei § 91 Rn 28, BGH NJW **05**, 2461, AG Heilbr DGVZ **03**, 14, AG Köln DGVZ **99**, 46, aM Zweibr DGVZ **98**, 9, AG Ibbenbüren DGVZ **97**, 94 (je: parteiobjektiver Maßstab. Aber das widerspricht dem klaren Wortlaut und Sinn, Einl III 39, wie bei § 91). Vgl die Erläuterungen zu § 91. Außerhalb einer Gesamtschuldnerschaft zur Hauptsache nach Rn 7 trägt jeder Schuldner nur die gerade ihm gegenüber entstandenen Vollstreckungskosten, LG Kassel DGVZ **02**, 172.

5 Der Grundsatz der *Prozeßwirtschaftlichkeit* nach Grdz 14 vor § 128 zwingt den Gläubiger dazu, die Kosten der Zwangsvollstreckung möglichst niedrig zu halten, § 91 Rn 29, Schlesw SchlHA **83**, 198, LG Bln JB **97**, 107, AG Ibbenbüren DGVZ **88**, 78. Im Festsetzungsverfahren aus § 103 prüft der Rpfl, ob der Gläubiger so vorgegangen ist. Der Rpfl muß diese Prüfung auch dann vornehmen, wenn die Zwangsvollstreckung nur wegen eines Teilbetrags des Vollstreckungstitels stattfindet, LG Darmst Rpfleger **85**, 120, LG Gießen DGVZ **77**, 91, LG Nürnb DGVZ **77**, 94. Rechtsmißbrauch ist auch hier verboten, Grdz 44 vor § 704.

6 Der Gläubiger ist *nicht* dazu verpflichtet, den Schuldner *aufzufordern*, ihn zu belehren, ihn nach einer etwa früher abgegebenen eidesstattlichen Offenbarungsversicherung zu fragen, LG Nürnb-Fürth AnwBl **82**, 122, ihm stets eine Frist zu gewähren, LG Ulm AnwBl **75**, 239. Vgl freilich Rn 24 „Frist", § 798. Die Frage, ob Kosten notwendig waren, wird im Kostenfestsetzungsverfahren geklärt, wenn ein solches stattfindet, Rn 10. Man muß § 788 im Interesse der Prozeßwirtschaftlichkeit eher großzügig auslegen, Rn 2. Trotzdem muß ein unmittelbarer Zusammenhang zwischen den Kosten und der eigentlichen Zwangsvollstreckung vorhanden sein, um die Kosten nach § 788 anerkennen zu können, Kblz Rpfleger **77**, 67, AG Köln DGVZ **99**, 46. Einzelfälle Rn 19 ff.

7 **B. Weiterer Grundsatz: Gesamtschuldner, I 3.** Die Vorschrift begründet einen dem § 100 IV 1 für das Erkenntnisverfahren entsprechenden weiteren Grundsatz. Wer als Gesamtschuldner in der Hauptsache verurteilt ist, haftet auch wegen der notwendigen Vollstreckungskosten als Gesamtschuldner, LG Kassel DGVZ **02**, 172, LG Lübeck DGVZ **86**, 119, LG Stgt Rpfleger **93**, 38 (je auch zu Ausnahmen). Das braucht das Gericht im Urteil nicht zu erklären. Denn diese Haftungsart entsteht mangels abweichender richterlicher Kostengrundentscheidung auch für die Vollstreckungskosten kraft Gesetzes, § 100 Rn 41 ff. Auch wegen der Einzelheiten gilt die für das Erkenntnisverfahren getroffene Regelung des § 100 III, IV entsprechend. Das stellt I 3 Hs 2 klar, § 100 Rn 45 ff. Eine Zwangsvollstreckung ist freilich nicht gegen einen zahlungsbereiten und -fähigen Gesamtschuldner urkundig.

8 **C. Ausnahmen: Billigkeitshaftung des Gläubigers, IV.** In den in IV genannten Fällen muß der Schuldner ebenfalls grundsätzlich die Vollstreckungskosten selbst tragen, Karlsr WoM **86**, 147, LG Bln Rpfleger **91**, 219. Das kann aber zu Unbilligkeiten führen, etwa dann, wenn der Gläubiger eine Vollstreckungsmaßnahme veranlaßt hat, die für ihn erkennbar auch bei Berücksichtigung seiner Interessen für den Schuldner eine Härte bedeutete, die mit den guten Sitten nicht vereinbar war, § 765 a I, LG Hann WoM **90**, 398, LG Itzehoe MDR **90**, 557 (nicht bei bloßer Nachlässigkeit).

Abschnitt 1. Allgemeine Vorschriften **§ 788**

Deshalb kann der nach § 17 S 1 RPflG, Anh § 153 GVG zuständige Rpfl aus *Billigkeitserwägungen* die **9** Kosten auch dem Gläubiger auferlegen, § 765 a Rn 33. Er hat dieselbe Befugnis in den Fällen der §§ 811 a, 811 b, 813 b, 829, 850 k, 851 a, 851 b. Der Rpfl kann die Kosten auch auf den Gläubiger und den Schuldner verteilen. Das gilt etwa dann, wenn er Zweifel darüber hat, ob die Vollstreckungsmaßnahmen notwendig waren. Die Aufzählung ist abschließend, LG Hann Rpfleger **95**, 372. IV gilt nicht für das Rechtsbehelfs- bzw Rechtsmittelverfahren. Dort sind vielmehr §§ 91 ff anwendbar, zB § 766 Rn 42, BVerfG RR **05**, 938 (diese Meinung sei verfassungsrechtlich einwandfrei), BGH RR **89**, 125, aM Karlsr WoM **86**, 147 (zu § 765 a bei einer Schuldnerbeschwerde). Rechtsbehelf: § 11 RPflG, Anh § 153 GVG.

5) Beitreibung, II. Man muß fünf Hauptaspekte beachten. **10**

A. Grundsatz: Zulässigkeit eines Festsetzungsbeschlusses, II 1, 2. Die Beitreibung geschieht an sich systemwidrig, Johannsen DGVZ **89**, 1. Sie erfolgt nämlich ohne einen besonderen Vollstreckungstitel zusammen mit dem zu vollstreckenden Hauptanspruch und nur mit diesem, BayObLG Rpfleger **98**, 32. Daher ist es auch unschädlich, daß die Vollstreckung auf Grund eines Prozeßvergleichs nach Anh § 307 erfolgt, der ein Urteil aufgehoben hat, Zweibr MDR **89**, 362. Der Hauptsacheanspruch braucht nicht auf eine Zahlung zu lauten, LG Bln Rpfleger **92**, 37, LG Stade DGVZ **91**, 119 (Räumung). Die Hauptsache- leistung kann schon erfüllt sein. Der Hauptsachetitel darf aber nicht aufgehoben sein, KG MDR **79**, 408. Eine Teilaufhebung erlaubt eine Vollstreckung wegen der Kosten nur noch aus dem fortbestehenden Teiltitel, Mü RR **99**, 798, Zweibr JB **99**, 552, LG Hann RR **01**, 1437, aM Hamm MDR **93**, 917, KG RR **00**, 518 (aber das wäre inkonsequent).

Ein *Kostenfestsetzungsbeschluß ist grundsätzlich entbehrlich,* Zweibr MDR **89**, 362, LG Gött Rpfleger **83**, 498, LG Ulm RR **91**, 191, aM Lappe MDR **79**, 798 (aber das widerspreche dem eben genannten Grundsatz). Der Gläubiger darf den Festsetzungsbeschluß aber erwirken, II, Zweibr DGVZ **98**, 9. Auch der Schuldner darf einen Kostenfestsetzungsbeschluß erwirken, § 891 Rn 6. Trotz eines Festsetzungsbeschlusses kann der Gläubiger auch nach § 788 beitreiben, ZöStö 18, aM LG Bad Kreuznach Rpfleger **90**, 313, StJM 32 (aber die Grenze liegt erst bei Rechtsmißbrauch usw, Grdz 44 vor § 704). Eine Notwendigkeit der Kostenfest- setzung kann ausnahmsweise bestehen, BGH **90**, 210 (Anfechtungsklage), KG DGVZ **91**, 171. Das Gericht prüft nicht, ob eine Zwangsmaßnahme zulässig wäre, aM LG Bln JB **76**, 965.

B. Zuständigkeit des Vollstreckungsgerichts, II 1. Die Festsetzung dieser Kosten richtet sich grund- **11** sätzlich nach II 1 Hs 1, BayObLG JB **03**, 326, Drsd JB **05**, 50, Kblz MDR **04**, 835 (Avalzinsen). Das gilt dann aber ohne Rücksicht auf den Zeitpunkt der Entstehung der Kosten, Kblz JB **03**, 263, Mü MDR **99**, 1525, LG Bln Rpfleger **99**, 500. Diese Zuständigkeit ist ausschließlich, §§ 764 I, 802, BayObLG JB **03**, 326, Kblz MDR **04**, 835. Sie fällt dann demjenigen Vollstreckungsgericht zu, KG Rpfleger **00**, 556, bei dem zum Zeitpunkt des Eingangs des Antrags eine Vollstreckungshandlung beliebiger Art schon und noch anhängig ist, zu diesem Begriff § 261 Rn 1. Das gilt auch bei einer Zwangsversteigerung oder Zwangsverwaltung. Das Grundbuchamt ist dann nicht zuständig, aM Hamm JB **02**, 588 (aber das Grundbuchamt ist kein Vollstre- ckungsgericht). Nach der Beendigung der gesamten Zwangsvollstreckung im Sinn von Grdz 52 vor § 704 ist dasjenige Gericht zuständig, in dessen Bezirk die letzte Vollstreckungshandlung erfolgt ist, II 1 Hs 2 (sog perpetuatio fori), Brdb MDR **05**, 177. Das Prozeßgericht darf und muß nur noch in den Fällen der §§ 887– 890 tätig werden, Rn 12, KG MDR **01**, 533, Karlsr Rpfleger **01**, 309, aM Jüling MDR **01**, 493 (auch bei §§ 922, 936. Aber II 1 Hs 1 macht keine solche Ausnahme).

Das Vollstreckungsgericht bzw Gericht entscheidet durch den *Rechtspfleger,* Rn 9 § 20 Z 17 RPflG, Anh § 153 GVG, vernünftigerweise auch im Fall II 2. Die örtliche Zuständigkeit ist ausschließlich, §§ 764, 802. Auf das Verfahren des Rpfl sind §§ 103 II 2, 104, 107 anwendbar, II 1. Das AG als Vollstreckungsgericht ist auch zur Kostenfestsetzung im Verfahren auf die Vollstreckbarerklärung eines ausländischen Schuldtitels zuständig, Mü Rpfleger **01**, 568. Bei § 932 kann das Grundbuchamt als Vollstreckungsgericht zuständig sein, Hamm Rpfleger **02**, 541.

C. Zuständigkeit des Prozeßgerichts nur bei §§ 887–890, II 2. Für das Kostenfestsetzungsverfahren **12** ist das Prozeßgericht nur in den Fällen der §§ 887–890 zuständig. Es entscheidet durch den Rpfl, § 21 Z 7 RPflG, Anh § 153 GVG. Denn §§ 103 ff sind auch bei II 2 direkt anwendbar. So muß man den sprachlich verunglückten II 1 am ehesten verstehen. Die örtliche Zuständigkeit ist wie sonst für das Erkenntnisverfahren gegeben. Auf das Verfahren sind auch hier eben §§ 103 II 2, 104, 107 anwendbar. Eine Verweisung nach dem Eintritt der (Teil-)Rechtskraft ist unbeachtlich, KG AnwBl **84**, 383. Der Rpfl des Vollstreckungsgerichts ist nur zur Festsetzung der Kosten eines solchen Streits zuständig, den das Vollstreckungsgericht entschieden hat, II 2. Bei (jetzt) § 11 RVG bleibt auch insofern der Rpfl des Prozeßgerichts des ersten Rechtszugs zuständig, Hamm Rpfleger **83**, 499, Stgt NJW **05**, 760, LG Bln MDR **01**, 533, aM Mü MDR **85**, 682 (aber Wortlaut und Sinn [jetzt] des § 11 I 1 RVG sind eindeutig, Einl III 39, Hartmann Teil X § 11 RVG Rn 39 ff).

Beim *bloßen Vergütungsfestsetzungsverfahren* ist das Prozeßgericht nach § 11 I 1 RVG zuständig, Hartmann Teil X § 11 RVG Rn 41.

D. Prüfungsumfang. Das Vollstreckungsorgan berechnet immer die Kosten der Zwangsvollstreckung. **13** Der Gerichtsvollzieher ist verpflichtet, auch wegen der tatsächlichen Kosten der Zwangsvollstreckung zu vollstrecken, LG Wuppert JB **96**, 64, AG Ludwigsb DGVZ **82**, 15. Er zieht die Kosten auch dann im Weg der Zwangsvollstreckung ein, wenn das Vollstreckungsgericht die Zwangsvollstreckung durchführt. Umge- kehrt berücksichtigt das Vollstreckungsgericht in seinem Pfändungsbeschluß nach § 829 auch die Kosten des Gerichtsvollziehers. Das Vollstreckungsorgan darf vom Gläubiger eine nachprüfbare Kostenaufstellung ver- langen, LG Kaisersl Rpfleger **93**, 29. Es prüft eine nicht titulierte Kostenforderung des Gläubigers. Es muß unnötige Kosten absetzen, LG Aurich DGVZ **04**, 15, AG Coesfeld DGVZ **03**, 30, AG Nienb DGVZ **03**, 95 (zur Frage der Verrechnung seitens des Gläubigers, ausf). Das gilt unabhängig von einem Anerkenntnis des Schuldners, LG Ravensb JB **90**, 47. Eine Glaubhaftmachung genügt. Sie kann auch durch eine Bezugnahme auf die Hauptsacheakten erfolgen. Sie geschieht entsprechend §§ 104 II, 294, LG Darmst Rpfleger **88**, 333.

§ 788   Buch 8. Zwangsvollstreckung

Beim Anwalt ist § 104 II 2, 3 anwendbar. Man sollte eine Überspannung der Anforderungen vermeiden, LG Hagen Rpfleger **84**, 202.

14 **E. Anwendbarkeitsgrenzen.** „Zugleich mit dem Anspruch" ist keine Zeitangabe, Ffm DGVZ **82**, 60, KG DGVZ **91**, 171, Behr Rpfleger **81**, 386, sondern bedeutet: ohne besonderen Titel, LG Düss DGVZ **91**, 10, also auch noch nachträglich ohne einen Titel aus § 104, LG Bln Rpfleger **92**, 37. Es muß aber wirklich zu einer Beitreibung kommen. Darum gilt § 788 auch dann, wenn der Schuldner nach dem Beginn der Zwangsvollstreckung nach Grdz 51 vor § 704 freiwillig leistet, KG DGVZ **91**, 171.

Die Vorschrift *gilt aber nicht, wenn* der Schuldner nach einer vorbereitenden Maßnahme leistet, etwa nach der Erwirkung einer Vollstreckungsklausel. Eine freiwillige Leistung muß auch die Kosten der Zwangsvollstreckung decken. Andernfalls muß der Gläubiger wegen des Rests vollstrecken. Wenn die Zwangsvollstreckung bereits nach Grdz 52 vor § 704 ganz beendet ist, wird § 788 grundsätzlich unanwendbar. Vgl aber auch Rn 10. Das gilt insbesondere nach der Aushändigung des Vollstreckungstitels an den Gläubiger. Kosten, die der Gläubiger außerhalb des Vollstreckungsverfahrens aufgewendet hat, etwa zwecks Ersatzwohnung, kann er allenfalls nach dem sachlichen Recht im Prozeßweg geltend machen. Vgl aber auch Grdz 62 vor § 704 „Anwartschaft. B. Grundstück".

15 **6) Rechtsbehelfe, I–III.** Beim Rpfl gilt vorbehaltlich §§ 766, 793 das System des § 11 RPflG, vgl § 104 Rn 41 ff.

A. Gläubiger. Der Gläubiger kann dann, wenn der Gerichtsvollzieher Kosten abgesetzt hat oder deren Beitreibung abgelehnt hat, die Erinnerung nach § 766 einlegen, AG Mü DGVZ **82**, 13. Wenn das Vollstreckungsgericht Kosten abgesetzt hat, kann der Gläubiger die sofortige Beschwerde nach §§ 567 I Z 1, 793 einlegen, LG Nürnb DGVZ **77**, 93. Allerdings ist ein Beschwerdewert von über 200 EUR notwendig, § 567 II. Denn es handelt sich um eine Kostengrundentscheidung, Üb 35 vor § 91. Das gilt selbst dann, wenn die „Entscheidung" nach § 788 nur die gesetzliche Kostenfolge feststellt. Eine Rechtsbeschwerde kommt unter den Voraussetzungen des § 574 in Betracht. Anschlußbeschwerde: § 567 III.

16 **B. Schuldner.** Der Schuldner kann gegen die ihm auferlegten Kosten nach deren Grund und Betrag Erinnerung nach § 766 einlegen und sodann sofortige Beschwerde nach § 793 einlegen, AG Überlingen JB **03**, 385, aber ausnahmsweise auch nach §§ 103 ff, § 21 RPflG, Anh § 153 GVG. Das gilt, wenn der Gläubiger die Kostenfestsetzung beantragt hat, Rn 11, Kblz Rpfleger **75**, 324. Unter Umständen ist auch die Vollstreckungsabwehrklage nach § 767 zulässig, Düss Rpfleger **75**, 355, und notwendig, Ffm AnwBl **84**, 214, Stgt Rpfleger **82**, 355. Eine weitere Beschwerde ist unstatthaft, § 568 III, Ffm Rpfleger **76**, 368. Soweit § 788 unanwendbar ist oder soweit die Zwangsvollstreckung bereits nach Grdz 51 vor § 704 beendet ist, können der Gläubiger nach §§ 103 ff die Kostenfestsetzung beantragen, der Schuldner eine Bereicherungsklage erheben.

17 **7) Erstattung, III.** Der Gläubiger muß dem Schuldner die Kosten erstatten, soweit das Gericht den Vollstreckungstitel oder den nach § 104 ergangenen Kostenfestsetzungsbeschluß abgeändert hat. Es ist unerheblich, ob die Abänderung auf Grund eines Rechtsbehelfs erfolgte, Hbg MDR **79**, 944, ob sie in einem Nachverfahren erfolgte, ob sie auf Grund eines Vergleichs nach Anh § 307, § 779 BGB geschah, Celle Rpfleger **83**, 499, LG Köln JB **91**, 600 (s aber auch Rn 47 „Vergleich: Nein"), oder sie auf Grund einer Klagerücknahme erfolgte, § 269, KG Rpfleger **78**, 150, oder ob sie bei einem Arrest oder einer einstweiligen Verfügung auf Grund eines Widerspruchs erfolgte, §§ 924, 936 Rn 4 „Widerspruch". Der bloße Wegfall der Vollstreckbarkeit oder ein erfolgreiches Urteil auf Grund einer Vollstreckungsabwehrklage genügen nicht. Der Erstattungsanspruch ist im Keim bereits mit dem Vollstreckungsauftrag entstanden, Üb 33 vor § 91, obwohl er natürlich von der Entwicklung der Vollstreckung abhängig ist.

18 Der Schuldner kann weiter diejenigen notwendigen Kosten der Vollstreckungsinstanz erstattet fordern, die ihm dadurch entstanden sind, daß er die *Aufhebung* einer Vollstreckungsmaßnahme erreichte, StJM 30, aM Düss AnwBl **90**, 172 (aber kostenmäßig entscheidet der Enderfolg, Üb 29 vor § 91). Das gilt zB für die Kosten einer Einstellungsmaßnahme nach §§ 707, 719, 769, auch nach dem ZVG, aM Schlesw JB **91**, 603 (aber die allgemeinen Vorschriften des Buches 8 gelten mangels Sonderregelung des ZVG weiter, § 868 Rn 3). Der Schuldner kann diesen Anspruch im Kostenfestsetzungsverfahren geltend machen, Düss Rpfleger **96**, 298. Der Schuldner kann auch nach § 717 II vorgehen, Celle Rpfleger **83**, 499, Mü MDR **99**, 443. Zur Beitreibung der zu erstattenden Kosten ist kein besonderer Titel notwendig. Vielmehr genügt die aufhebende Entscheidung. Übrigens erfaßt II nicht nur die Kosten der Zwangsvollstreckung, sondern auch die festgesetzten und mit ihnen beigetriebenen Kosten. Der Erstattungsanspruch für Vollstreckungskosten erfaßt nicht deren Zinsen, § 104 Rn 22.

19 **8) Beispiele zur Frage des Vorliegens von Kosten der Zwangsvollstreckung, I–IV.** „*Ja*" bedeutet: Es handelt sich um notwendige und daher erstattungsfähige Kosten der Zwangsvollstreckung; „*nein*" bedeutet: Die Kosten lassen sich nicht als solche der Zwangsvollstreckung anerkennen.

Ablösung: Nein für den die Gläubigerforderung ablösenden Dritten, vielmehr gilt § 268 III BGB und evtl § 775.
Abschrift: Ja für Abschriften nach § 760, AG Bln-Wedding DGVZ **86**, 78.
Abtretung: Kosten der Offenlegung einer Lohnabtretung nein, AG Wuppert DGVZ **94**, 94, jedenfalls dann nicht, wenn die Anzeige von der Erwirkung des Vollstreckungstitels erfolgte, LG Köln (6. ZK) Rpfleger **90**, 182, aM LG Köln (9. ZK) JB **83**, 1038 (aber dann hatte die Zwangsvollstreckung noch längst nicht begonnen, Grdz 51 vor § 704).
Androhung von Ordnungs- und Zwangsmitteln: Ja. Denn die Zwangsvollstreckung beginnt mit ihnen, Grdz 51 vor § 704, Bre NJW **71**, 58. Keinesweges ist eine am Ort bisher bestehende Anwaltsübung beachtlich, für solche Androhung keine Kosten zu berechnen, Hartmann Teil X § 1 RVG Rn 7, aM Stgt Rpfleger **84**, 117 (beachtet nicht [jetzt] § 1 I RVG).
Androhung der Zwangsvollstreckung: Rn 6, Rn 48 „Vorzeitige Vollstreckung". 2 Wochen zuwarten reichen nach 2 Instanzen, Kblz Rpfleger **95**, 313. Hat das höhere Gericht das Urteil der Vorinstanz teilweise zum Nachteil des Gläubigers nach § 717 Rn 4 abgeändert, kann er die bereits entstandenen

Abschnitt 1. Allgemeine Vorschriften **§ 788**

Vollstreckungskosten aus dem abgeänderten Urteil nur insoweit gegen den Schuldner festsetzen lassen, als sie auf Grund einer Vollstreckung auf der Basis der abgeänderten Entscheidung angefallen wären, Karlsr JB **93**, 25.

Anlaß zur Vollstreckung: *Ja,* soweit der Gläubiger einen Anlaß zum Vollstreckungsauftrag hatte, Hbg JB **91**, 1132 (Wegfall des Titels infolge Vergleichs), KG Rpfleger **93**, 292, Kblz AnwBl **88**, 299. Es kommt auch darauf an, wer eine Sicherheit leisten muß, Kblz MDR **85**, 943.

Anschrift: *Ja* für eine notwendige Auskunft über die Anschrift des Schuldners usw, LG Bonn JB **90**, 349, LG Köln JB **83**, 1571.

Nein für die Kosten infolge einer verschuldet falschen Angabe des Gläubigers über die in Wahrheit unveränderte Anschrift des Schuldners, AG Augsb DGVZ **94**, 78, AG Itzehohe DGVZ **80**, 28, oder des Drittschuldners, Bbg JB **78**, 243.

Antragsrücknahme: Sie läßt § 788 unberührt, Karlsr Just **77**, 377, LG Hann Rpfleger **95**, 371, LG Itzehoe MDR **90**, 557, aM Oldb JB **91**, 1256, LAG Bre AnwBl **88**, 173 (§§ 91 ff. Aber der Schuldner hat es zur Zwangsvollstreckung kommen lassen).

Anzeige der bevorstehenden Zwangsvollstreckung nach § 882 a: Grds *ja*.

Ausnahmsweise *nein* für Straf- und Ordnungswidrigkeitenanzeigen, auch wenn dadurch der Vollstreckungserfolg gefördert werden soll, AG Ffm DGVZ **86**, 94.

Arrest, einstweilige Verfügung: *Ja* für die Kosten der Eintragung einer Vormerkung, Mü AnwBl **98**, 348. Bei Änderung der Lösungssumme nach § 923 ist der letzte geänderte Betrag maßgeblich, Köln DGVZ **00**, 75. *Ja* für die Kosten der Zustellung, I 2, LG Bln JB **00**, 316 (Zuständigkeit: Rn 11).

Nein für die Kosten der Löschung einer Arrestsicherungshypothek nach Arrestaufhebung, Mü MDR **89**, 460, oder eines nach einstweiliger Verfügung im Grundbuch eingetragenen Widerspruchs, Schlesw SchlHA **88**, 171. Im Hauptsacheverfahren *nein* für die Vollzugskosten, KG Rpfleger **77**, 372.

S auch Rn 37 „Sequestration".

Arzt: Seine Hinzuziehung kann unter § 788 fallen (Falltage), strenger AG Erfurt DGVZ **97**, 47.

Ausfertigung: Rn 48 „Vorbereitungsmaßnahmen".

Aufrechnung: *Nein,* soweit sie ohne weiteres möglich ist, LG Bln JB **97**, 106 (Vorsicht!).

Auftragsüberschreitung: *Nein.*

Auskunft: *Ja* für eine Auskunft über die Anschrift und Kreditwürdigkeit des Schuldners, LG Bonn JB **90**, 349, LG Köln JB **83**, 1571.

Auslandskosten: *Ja* für notwendige im Ausland entstandene Kosten einer inländischen Vollstreckungsmaßnahme, LG Passau Rpfleger **89**, 342 (abl Ilg).

Auslandsurteil: *Ja* in einem Verfahren auf seine Vollstreckbarerklärung Hbg MDR **89**, 553 (auch bei einer „Erledigterklärung" nicht § 91 a), StJM 12, aM ZöStö 3 a.

Aussichtslosigkeit: *Nein,* soweit die Zwangsvollstreckung von vornherein als aussichtslos erscheint.

Avalkosten: Rn 39 „Sicherheitsleistung".

Bankbürgschaft: Rn 39 „Sicherheitsleistung". **20**

Bruttolohn: Hat der zu seiner Zahlung Verurteilte dem Gläubiger nur Nettolohn gezahlt, kann der **21** Gläubiger *keine* Lohnabrechnung fordern, AG Köln DGVZ **99**, 46.

Darlehen: Rn 38 „Sicherheitsleistung".

Detektiv: *Ja,* soweit der Gläubiger auf ihn angewiesen war. Das gilt zB: Zwecks Vorbereitung der Vollstreckung, LG Freibg JB **96**, 383; bei der Ermittlung der Arbeitsstelle, LG Bochum JB **88**, 256, oder des Arbeitslosengeldes usw, LG Brschw JB **02**, 322; bei der Ermittlung der Schuldneranschrift, Kblz JB **96**, 383, LG Bln Rpfleger **86**, 107. *Ja* etwa deshalb, weil Post und Einwohnermeldeamt nicht helfen können, Kblz Rpfleger **96**, 120 (strenge Anforderungen an die Darlegung der Notwendigkeit), LG Bonn WoM **90**, 586, AG Wuppert DGVZ **94**, 94, strenger Kblz JB **02**, 318.

Nein, soweit der Detektiv den Schuldner nur allgemein überwachen soll, Kblz Rpfleger **95**, 120, LG Hann MDR **89**, 364. Freilich kann man diese Grenze nur schwer ziehen. *Nein,* soweit der Einsatz sinnlos war, LG Bln Rpfleger **90**, 37.

Devisengenehmigung zur Transferierung eines gezahlten Urteilsbetrags: *Nein.*

Drittschuldner: *Ja* für die Kosten eines nicht von vornherein aussichtslosen Rechtsstreits mit ihm anläßlich **22** der Pfändung, § 835 Rn 18, Karlsr MDR **94**, 95, LG Köln JB **03**, 160, LG Lpz JB **03**, 662, aM Bbg JB **94**, 612, Stgt Rpfleger **89**, 117, LG Konst Rpfleger **04**, 56 (aber dieser ganze Drittschuldnerprozeß dient ausschließlich der weiteren Befriedigung des Gläubigers durch Zwangsvollstreckung aus dem Ausgangstitel). *Ja* für die Einigungsgebühr des Anwalts des Gläubigers, LG Aschaffenb JB **00**, 663, LG Münst Rpfleger **04**, 172. *Ja* für die Kosten der Erklärung nach § 840, AG Hbg AnwBl **80**, 302, ThP 23, aM KG Rpfleger **77**, 178, LG Rottweil RR **89**, 1470, AG Mü AnwBl **81**, 40 (aber auch diese Erklärung des Drittschuldner dient nur der Vollstreckung). *Ja* für die Verwahrungskosten des Gläubigers zur Herausgabe an den Drittschuldner, Stgt Rpfleger **76**, 523. *Ja* für die Vorbereitungskosten, Köln JB **92**, 267 (Klage gegen Drittschuldner).

Nein für (Anwalts-)Kosten des Drittschuldners zwecks außergerichtlicher Wahrnehmung seiner Interessen an der Abwicklung des Vertrags, aus dem der Gläubiger einen Anspruch gepfändet hat, BGH NJW **85**, 1156. *Nein* für einen Erstattungsanspruch gegen den Schuldner, § 840 Rn 14.

Drittwiderspruchsklage: *Nein* für die Kosten der Abwehr einer Drittwiderspruchsklage, sofern der Dritte sie in Wahrheit noch gar nicht erhoben hat, Kblz Rpfleger **77**, 67.

S auch Rn 51 ff „Zwangsvollstreckung".

Durchsuchung: *Ja* für notwendige Öffnungskosten nach §§ 758, 758 a, AG Bln-Schöneb DGVZ **90**, 14.

Einstweilige Anordnung oder Einstellung: Rn 47 „Vollstreckungsabwehr". **23**

Eintragung in das Grundbuch oder Register: *Ja,* wenn die Eintragung unmittelbar der Zwangsvollstreckung dient. Das gilt zB für die Eintragung einer Zwangshypothek, obwohl das Grundstück nach der Sondervorschrift des § 867 haftet. Es gilt auch für die Eintragung einer Verfügungsbeschränkung in das Staatsschuldbuch usw und für die Eintragung einer Vormerkung auf Grund einer einstweiligen Verfügung, Düss MDR

§ 788

85, 770, KG Rpfleger **91**, 433, aM Köln JB **87**, 763, Mü JB **87**, 763 (aber auch dieser Vorgang diente direkt der Zwangsvollstreckung).
Nein, soweit die Kosten auch bei einer Erfüllung durch den Schuldner entstanden und vom Gläubiger zu tragen gewesen wären, § 897 BGB. *Nein* bei einer Eintragung aus einem Urteil nach § 894 auf die Bewilligung einer Eintragung oder in einer vorläufig vollstreckbaren Form, § 895. Denn die Eintragung ist keine Vollstreckung gerade nach § 894, Düss MDR **85**, 770, Hamm JB **00**, 494, KG Rpfleger **91**, 433.
Erbschein: *Ja,* soweit man ihn wirklich für diese Zwangsvollstreckung braucht.
Erfüllung: Rn 28 „Gläubiger".
Erinnerung: Rn 36 „Rechtsbehelfe".
Erledigung: Maßgeblich ist § 788, nicht § 91 a, Brschw JB **99**, 47, Düss JB **96**, 235, Karlsr FamRZ **96**, 1490.

24 **Ersatzvornahme, § 887:** *Ja,* § 887 Rn 8, KG Rpfleger **94**, 31, Mü MDR **98**, 795, Nürnb JB **93**, 240. Das gilt auch für zugehörige notwendige Finanzierungskosten, Düss MDR **84**, 324. Denn die Ermächtigung zur Ersatzvornahme ist bereits ein Teil der Zwangsvollstreckung, § 887 Rn 8 (Ausnahme s dort), Ffm AnwBl **84**, 213, Hamm JB **77**, 1457. Wegen § 888 dort Rn 11.
S auch Rn 38 „Zwangsvollstreckung".
Exequatur: Der Erstattungsanspruch des Gläubigers wird wegen der Kosten eines Exequaturverfahrens französischen Rechts nicht durch Regeln französischen Rechts beschränkt, Düss GRUR **90**, 152, aM Saarbr JB **02**, 99 (keine Anwendbarkeit des § 788. Aber der deutsche Richter wendet grds deutsches Recht an, soweit es nicht ausdrücklich zurücktritt.).
Fahrtkosten: *Ja* für notwendige Fahrtkosten des Gläubigers.
Freiwillige Leistung: *Nein,* solange sie noch möglich ist, BVerfG **99**, 338. Eine zur Abwendung der Vollstreckung freiwillig erfolgte Leistung ist meist keine Vollstreckungsmaßnahme, BGH **155**, 79.
Frist: *Nein,* soweit der Schuldner innerhalb der vom Gläubiger gesetzten Frist geleistet hat. Dazu gehört aber nicht nur die Leistungshandlung, sondern auch der Leistungserfolg. Er tritt bei Zahlung erst mit dem Eingang auf dem Gläubigerkonto ein. Denn erst dann hat der Schuldner erfüllt, AG Aschaffenb DGVZ **85**, 155, AG Gelsenkirchen-Buer DGVZ **83**, 15, aM LG Stgt/Tüb JB **86**, 392 (evtl Überweisungsauftrag), AG Walsrode DGVZ **89**, 187. Zumindest muß der Schuldner den Gläubiger fristgerecht vom Überweisungsauftrag informieren, Zweibr JB **88**, 929, Christmann DGVZ **91**, 107.
Nein, soweit der Schuldner innerhalb einer objektiv angemessenen Frist gezahlt hat, BVerfG **99**, 338, Ffm JB **88**, 786, selbst wenn der Gläubiger eine kürzere gesetzt hat, Brschw JB **99**, 47, KG AnwBl **84**, 217. Maßgeblich ist die für die Übermittlung üblicherweise erforderliche Zeitspanne, AG Bochum DGVZ **93**, 175, AG Bad Schwalbach DGVZ **00**, 174 (10 Tage). 3 Wochen sind aber zu lang, Köln RR **93**, 1534, Nürnb RR **93**, 1534, LG Münst DGVZ **03**, 60.
S auch Rn 49 „Wartefrist".
Früherer Vollstreckungsversuch: *Ja* für die Kosten einer oder mehrerer früherer Vollstreckungsversuche auf Grund desselben Titels.

25 **Gegenleistung** bei einer Zwangsvollstreckung Zug um Zug: *Ja,* soweit die Kosten diejenigen Kosten übersteigen, die ohne eine Zwangsvollstreckung entstehen würden, Ffm Rpfleger **80**, 29 (die Kosten der Beschaffung und des Transports der Gegenleistung zu dem Austauschort wären aber auch ohne eine Zwangsvollstreckung entstanden, daher bei ihnen nein, aM zum letzten LG Ulm RR **91**, 191). *Ja* für die Kosten, die der Gläubiger aufwendet, um bei der Zwangsvollstreckung in eine Anwartschaft auf eine Übereignung die Restschuld des Schuldners zu tilgen, Grdz 22 vor § 704. *Ja* für die Kosten eines Vollstreckungsauftrags an den Anwalt, auch wenn die Voraussetzungen der §§ 756, 765 gegenüber dem sachlichrechtlich in Verzug befindlichen Schuldner noch nicht erfüllt sind.
Nein für ein Privatgutachten des Sachverständigen, den der Gläubiger und nicht der Gerichtsvollzieher beauftragt hat und das auch nicht erforderlich war, Köln MDR **86**, 1033.

26 **Gerichtsvollzieher:** *Ja* für seine Gebühren und Auslagen nach dem GvKostG, soweit seine Hinzuziehung notwendig war, LG Münst RR **88**, 128, AG Münst DGVZ **79**, 29, AG Westerburg **90**, 14, etwa bei einem Verwertungsaufschub nach § 813 a oder für die Hinzuziehung eines Schlossers usw, AG Bln-Neukölln DGVZ **86**, 79, AG Bln-Wedding DGVZ **76**, 91, oder für die Beförderung eines zu verhaftenden Schuldners, selbst wenn er dann nicht zu Hause ist, AG Bln-neukölln DGVZ **79**, 190, aM VG Schlesw DGVZ **79**, 14. *Ja* für die Kosten der Hinzuziehung eines Zeugen oder eines Sachverständigen oder für die Kosten der Bereitstellung eines Spediteurs vor einer Räumung, auch wenn sie sich dann erübrigt, LG Kblz DGVZ **93**, 74, AG Geldern DGVZ **03**, 77, AG Montabaur DGVZ **93**, 73. *Ja* für die Kosten der Verwahrung eines Vollstreckungsgegenstands, Hbg MDR **00**, 661. *Ja,* soweit bei seiner Beauftragung schon deutlich ist, daß der Schuldner beim Fristablauf nicht räumen wird, LG Freibg WoM **87**, 267, selbst wenn noch seine sofortige Beschwerde läuft, LG Mü WoM **87**, 268. *Ja,* soweit der Gerichtsvollzieher bei § 766 auf Anweisung des Gerichts handelte, LG Wuppert DGVZ **93**, 59.

27 *Nein,* soweit er nicht kostenschonend vorging, § 885 Rn 24 „Kostenersparnis", Hbg MDR **00**, 602, LG Bln DGVZ **82**, 41, LG Hbg DGVZ **99**, 185 (Möglichkeit zu hoher Kosten). *Nein,* oder soweit der Gläubiger vorwerfbar eine falsche Anschrift des Schuldners angab, AG Itzehoe DGVZ **80**, 28. *Nein,* soweit die Sozialbehörde statt einer selbständigen Durchführung der Zwangsvollstreckung den Gerichtsvollzieher nach § 66 SGB X beauftragt hat, AG Germersheim Rpfleger **82**, 159. *Nein* für eine verfrühte Einschaltung, zB dann, wenn keine Anhaltspunkte dafür sprechen, der Schuldner werde nicht zahlen, Schlesw SchlHA **83**, 198, oder für unnötig viele Vollstreckungsaufträge, LG Halle DGVZ **01**, 30, AG Blieskastel DGVZ **98**, 175 oder für sinnlose weitere Kosten, AG Bingen DGVZ **00**, 46, etwa für eine überflüssige erste Zustellung, AG Überlingen JB **03**, 385.
Geringfügigkeit: *Ja* zumindest dann, wenn der Schuldner sie systematisch vorschiebt, um auch zB kleine Zinsen zahlen zu müssen, LG Mosbach RR **01**, 1439.
Gesamtschuldner: Vgl zunächst Rn 7 ff. *Ja* für eine Leistungsaufforderung an jeden, LG Lübeck DGVZ **86**, 119, LG Stgt JB **04**, 337, aM Hbg JB **79**, 1721 (aber alle haften bis zur Leistung).

Abschnitt 1. Allgemeine Vorschriften § 788

Getrennte Pfändungen: Rn 32 „Mehrfache Vollstreckungen".
Gläubiger: *Ja* für die Kosten seiner Anwesenheit bei der Zwangsvollstreckung, soweit diese notwendig 28 oder nützlich ist. *Ja* für seine Handlungen kraft einer Ermächtigung zB nach §§ 887, 936, 928. *Ja,* soweit bei einer Zwangsvollstreckung wegen festgesetzter Kosten nach § 798 vor dem Ablauf der Zweiwochenfrist keine Zahlung des Schuldners eingeht, selbst wenn er sie innerhalb der Wochenfrist abgesandt hatte, LG Nürnb JB **80**, 463, aM LG Bonn DGVZ **81**, 156, LG Hann JB **91**, 1274 (aber es kommt bei Erfüllung stets auf den Zugang an, und der Gläubiger hat schon lange genug warten müssen). *Ja* für eine Vollstreckung wegen unverschuldeter Unkenntnis bereits erfolgter Erfüllung, Hbg JB **76**, 1252, LG Stgt JB **01**, 47.
Nein für solche Kosten, die erst dadurch entstehen, daß der Gläubiger nicht in zumutbarer Weise prüft, ob der Schuldner bereits erfüllt hat, LG Stgt JB **01**, 47, oder daß der Gläubiger nicht sofort seine Gesamtforderung beziffert, AG Wolfratshausen DGVZ **77**, 62, oder daß er im Vollstreckungsauftrag eine unrichtige Schuldneranschrift angibt, AG Augsb DGVZ **94**, 78, oder daß ein Zahlungsversuch des Schuldners am Verhalten des Gläubigers scheitert und der Gläubiger anschließend entstandene Kosten geltend macht, LG Kblz DGVZ **98**, 79 (kein Gläubigerkonto angegeben), AG Siegburg DGVZ **95**, 157.
Nein für Kosten einer Besitzeinweisung in das vom Schuldner schon geräumte Objekt, Mü ZMR **85**, 299.
S auch Rn 50 „Zug um Zug".
Grundbuchauszug, -einsicht: *Ja* unabhängig vom weiteren Vollstreckungsfortgang, wenn die Maßnahme zunächst als erforderlich erschien.
Gutachten: *Ja* für die Ermittlung von Beseitigungskosten beim Baumangel, Ffm MDR **83**, 140, oder zu einer erforderlichen Wertermittlung. *Ja* evtl auch für ein Privatgutachten, Zweibr JB **86**, 467.
Haftbefehl: *Nein* für die Kosten eines Pfändungsauftrags, wenn das Gericht gerade erst auf Grund einer 29 Unpfändbarkeitsbescheinigung einen Haftbefehl erlassen hatte und wenn keine besonderen Tatsachen vorlagen, aus denen sich der Erwerb neuer Vermögenswerte durch den Schuldner ergeben hätte, LG Kblz JB **98**, 214, LG Osnabr DGVZ **98**, 187, AG Heidelbg DGVZ **95**, 95, aM LG Kassel DGVZ **85**, 123, LG Münst DGVZ **90**, 125, AG Ludwigsb DGVZ **82**, 15 (aber sinnlose Kosten sind nicht notwendige, vgl auch § 803 Rn 13). *Nein* überhaupt bei Zwecklosigkeit einer zweiten Vollstreckung, Ffm NJW **78**, 1442, LG Bln MDR **83**, 587, LG Ulm AnwBl **75**, 239.
Haftpflichtversicherung: *Ja* für eine Zahlungsaufforderung nach Rn 50 an ihn, LG Hbg JB **79**, 729.
Hebegebühr: Rn 34 „Rechtsanwalt.
Hinterlegung: Rn 41 „Sicherheitsleistung".
Inkassobüro: Man muß die Frage nach den objektiven wirtschaftlichen Gesamtumständen des Einzelfalls 30 beantworten, LG Münst MDR **88**, 682. *Ja* nur insoweit, als durch solche Kosten die Kosten der Hinzuziehung eines Anwalts vermieden wurden, LG Hbg JB **90**, 1291, LG Münst VersR **92**, 766, AG Duisb JB **98**, 608, großzügiger LG Bre JB **02**, 212 (ja bis zur Grenze von Anwaltsgebühren), LG Nürnb-Fürth JB **87**, 1258, LG Wiesb DGVZ **89**, 13 (stellen beide darauf ab, ob der Gläubiger die Kosten für erforderlich halten konnte). *Ja* allerdings ebenso wie beim Anwalt, soweit der Inkassounternehmer im Rahmen einer Erlaubnis zur Rechtsberatung tätig wird, Hartmann Teil XII Art IX KostÄndG Rn 8, 9, Lappe Rpfleger **85**, 282, Wedel JB **01**, 345, aM LG Bln Rpfleger **75**, 373.
Insolvenz: *Nein* wegen eines aussichtslosen Insolvenzantrags des Gläubigers nach § 14 InsO, LG Bln MDR 31 **83**, 587.
S auch Rn 36 „Rechtsbehelfe".
Kostenfestsetzung: *Nein,* soweit der Rpfl Kosten der Zwangsvollstreckung schon im Kostenfestsetzungsbeschluß mitberücksichtigt hat, LG Bad Kreuznach Rpfleger **90**, 313.
Kreditwürdigkeit: Rn 19 „Auskunft".
Lagerkosten: *Ja* natürlich zumindest auf Grund gerichtlicher Einlagerungsanordnung, Hbg JB **01**, 46. Der 32 Gläubiger haftet wegen § 885 IV nur bis zum Ablauf der gesetzlichen Lagerfrist von zwei Monaten und ein wenig darüber hinaus, LG Bln Rpfleger **04**, 431. Zum Problem Huermann NZM **04**, 326.
Löschung, Löschungsbewilligung: Grundsätzlich *ja* für ihre Kosten wegen einer Zwangshypothek, Oldb Rpfleger **83**, 329, aM Ffm JB **81**, 786, Mü MDR **89**, 460, LG Bln Rpfleger **88**, 547 (aber die Zwangsvollstreckung ist keineswegs mit der Eintragung der Zwangshypothek beendet, Grdz 52 vor § 704, § 867 Rn 17, 18).
S aber auch Rn 19 „Arrest".
Mehrfache Vollstreckung: *Nein* für die Kosten einer mehrfachen Zwangsvollstreckung, wenn eine einmalige Vollstreckung ausreichen würde. Es kommt also auch auf den Zeitablauf und einen etwaigen zwischenzeitlichen Vermögenserwerb an, § 807 Rn 8, LG Heilbr MDR **94**, 951, oder unmittelbar nach einem fruchtlosen Vollstreckungsversuch, Rn 4, LG Halle DGVZ **01**, 30, LG Oldb DGVZ **98**, 28, Krauthausen DGVZ **88**, 164.
Nein für die Kosten getrennter *Pfändungsanträge,* wenn auch ein Sammelantrag genügt hätte, KG Rpfleger **76**, 327, Zweibr Rpfleger **92**, 272, AG Memmingen Rpfleger **89**, 302.
Notar: Soweit er einen Anwalt einschaltet, kann man diese Kosten nur nach den gesamten Umständen des Einzelfalls als Vollstreckungskosten beurteilen, aM AG Essen DGVZ **93**, 71 (grds ja), LG Ingolstadt DGVZ **01**, 45, AG Erkelenz DGVZ **93**, 77 (je: grds nein. Aber eine Gesamtabwägung ist stets erforderlich, soweit es um immerhin etwas ungewöhnliche Kosten geht.).
Nein beim Nur-Notar bei § 155 KostO, Saarbr DGVZ **89**, 92, aM AG DGVZ **88**, 31, KG MDR **89**, 745, LG Mannh MDR **89**, 746 (aber § 155 KostG hat als Spezialvorschrift abschließenden Vorrang).
Notfristzeugnis: *Ja.*
Öffnung: Rn 22 „Durchsuchung".
Patentanwalt: § 91 Rn 145 „Patentanwalt". 33
Pfändung: *Ja* grds auch für die Vollstreckungskosten, LG Itzehohe MDR **90**, 557 (sogar bei einer Antragsrücknahme, Rn 8, 9), LG Stgt Rpfleger **05**, 38, AG Ffm DGVZ **94**, 46, aM AG Gießen DGVZ **97**, 63

§ 788

Buch 8. Zwangsvollstreckung

(bei Verhaftung), AG Hbg DGVZ **03**, 94 (Verdachtspfändung), Lappe Rpfleger **83**, 248 (aber die Pfändung läßt sich als vollstreckungsrechtliche Kernmaßnahme vernünftigerweise auch kostenmäßig großzügig beurteilen).

Nein für bloße Verdachtspfändung, gar gegenüber verschiedenen Drittschuldnern, Düss MDR **93**, 701, AG Hbg DGVZ **03**, 94, AG Memmingen Rpfleger **89**, 302. *Nein* für vermeidbare Mehrkosten, AG Oldb/H DGVZ **81**, 30.

Privatgutachten: Rn 28 „Gutachten".
Protolollabschrift: Rn 19 „Abschrift".
Ratenzahlungsvereinbarung: Rn 26 „Gerichtsvollzieher", Rn 46 „Vergleich".
Räumung: § 885 Rn 24. *Ja* trotz § 765 a, Köln RR **95**, 1163, aM Ffm JB **99**, 44 (gibt dem einlagernden Gläubiger einen Klaganpruch auf Erstattung. Aber das ist ein wenig prozeßwirtschaftlicher Umweg.). *Ja* vor dem Ablauf der Rechtsmittelfrist gegen eine Zurückweisung des Räumungsschutzantrags, LG Mü WoM **99**, 416.

Nein für Maßnahmen vor dem Ablauf einer verlängerbaren Räumungsfrist, LG Freib WoM **84**, 138, oder nach dem Tod des Schuldners, LG Bln JB **85**, 1580. *Nein* für Kosten der Beseitigung von Anpflanzungen und Bauten, BGH RR **05**, 212.

34 **Rechtsansicht:** Bei einer Streitfrage läßt AG Wuppert DGVZ **99**, 44 die Ansicht des AG des Gläubigers ausreichen. Man könnte aber genauso gut die Ansicht des Schuldners zugrundelegen.

Rechtsanwalt: *Ja* für die Kosten seiner Tätigkeit in der Zwangsvollstreckung, LG Bln Rpfleger **75**, 373, LG Düss AnwBl **81**, 75, LG Magdeb Rpfleger **91**, 218, aM Saarbr Rpfleger **81**, 321 (aber der Anwalt ist in *jeder* Angelegenheit der berufene Vertreter, § 1 BRAO). *Ja* für die Hebegebühr nach (jetzt) VV 1009, soweit die Einschaltung des Anwalts notwendig war, KG Rpfleger **81**, 410, Mü MDR **98**, 438, Nürnb JB **92**, 107. Es ist eine strenge Prüfung notwendig, Nürnb JB **92**, 107, Hartmann Teil X VV 1009 Rn 19. *Ja*, soweit der Schuldner freiwillig leistet, AG Ffm DGVZ **95**, 79, Hartmann Teil X VV 1009 Rn 22, aM Düss JB **95**, 50, AG Bln-Neukölln DGVZ **95**, 13, AG Erlangen DGVZ **95**, 15 (aber auch solche „Freiwilligkeit" erfolgte in Wahrheit in direktem Zusammenhang mit einer Vollstreckung, nämlich zu ihrer Vermeidung). *Ja* für die Gebühr eines Hinterlegungsantrags. *Ja* für diejenigen Kosten, die vor dem Beginn der Zwangsvollstreckung bereits entstanden waren, soweit sie durch die Beschaffung der förmlichen Voraussetzungen für die Zwangsvollstreckung entstanden sind, LG Bonn DGVZ **82**, 186. *Ja* auch für die Kosten, die zur Vermeidung der Zwangsvollstreckung entstanden, aM LG Bln MDR **03**, 115 (aber dann liegt in Wahrheit eine Androhung der Vollstreckung und keine „freiwillige" Zahlung mehr vor).

35 *Nein* für eine Zahlungsaufforderung vor dem Zeitpunkt der Zustellung des Vollstreckungstitels, Bbg JB **77**, 505, Düss VersR **81**, 755. Die gleichzeitige Zustellung reicht aber aus, Düss VersR **81**, 737, aM LG Tüb MDR **82**, 327, LAG Ffm BB **99**, 1878 (aber die bloße Aufforderung darf wirklich der Titelzustellung sogleich nachfolgen. Der Schuldner hat es immerhin zu ihr kommen lassen.). Das gilt erst recht dann, wenn der Schuldner angemessene Zeit zur freiwilligen Zahlung hatte, BGH BB **03**, 2428. *Nein* für eine Zahlungsaufforderung vor der Erwirkung der Vollstreckungsklausel, LAG Hamm MDR **84**, 1053. *Nein* bei sonstwie verfrühter Tätigkeit, Rn 52. *Nein* bei § 12 a I 1 ArbGG zB gegen einen Drittschuldner, § 91 Rn 72 „Arbeitsgerichtsverfahren". *Nein* für die bloße Erläuterung der Forderung gegenüber dem Schuldner, AG Heidelb DGVZ **00**, 173.

36 **Rechtsbehelfe:** *Nein* für die Kosten eines besonderen Rechtsbehelfs wie einer Klage, einer Erinnerung, einer Vollstreckungsbeschwerde, Schlesw SchlHA **77**, 191. Denn in jenen Entscheidungen ergeht wegen des Charakters eines selbständigen Verfahrens, eine besondere Kostenregelung nach §§ 91 ff, § 765 a Rn 3, § 766 Rn 28, BGH RR **89**, 125, Köln ZMR **94**, 325, ZöStö 12, aM ThP 25. Wegen des Beschwerdewerts § 567 II 1, 2 und Anh § 3 Rn 144.

S auch Rn 31 „Insolvenz".

Rechtsbeistand: *Nein*, soweit der Gläubiger eine Rechtsabteilung unterhält, LG Konst DGVZ **05**, 73, AG Donaueschingen DGVZ **05**, 73, AG Heidelb DGVZ **05**, 74.

Rechtskraftzeugnis: *Ja*.
Rücknahme des Antrags: Rn 19 „Antragsrücknahme".
Sammelantrag: Rn 32 „Mehrfache Vollstreckungen".

37 **Schaden:** *Ja* für denjenigen Schaden, der dem Gläubiger in Gestalt eines entgangenen Gewinns entsteht, wenn er eigenes Geld hinterlegen mußte, Rn 41 „Sicherheitsleistung". *Ja* für die Kosten der Auszahlung des hinterlegten Betrags durch den Schuldner an den Gläubiger.

Nein für einen Verzugsschaden.

Scheck: *Nein* bei einem am Fälligkeitstag übermittelten Scheck, den der Gläubiger erst später einlöst, AG Lampertheim DGVZ **94**, 150.

Schuldnerverzug: *Ja* zB 2 Wochen nach Rechtskraft, Kblz Rpfleger **95**, 313, Köln JB **93**, 604.

Sequestration: *Ja* für die Kosten einer solchen Maßnahme nach § 885, Düss JB **96**, 89, KG RR **87**, 574, Schlesw JB **96**, 90, oder nach §§ 848, 938, Düss AnwBl **90**, 239, KG Rpfleger **82**, 80, Karlsr DGVZ **93**, 27, aM Hbg MDR **93**, 1023, Schlesw JB **92**, 703 (aber Sequestration ist eine typische Anfangsmaßnahme der Durchsetzung des Erlassanspruchs). *Ja* bei Vergütungsvereinbarung im Rahmen des üblichen, Bre DGVZ **99**, 138. *Ja* für die Kosten des An- und Abtransports und für die übrigen Kosten einer Verwahrung bzw Verwaltung, die nach einer Herausgabe auf Grund einer einstweiligen Verfügung stattfindet, Hamm JB **97**, 160, Kblz MDR **81**, 855, Schlesw JB **96**, 89, aM Düss AnwBl **89**, 239, Rn 44 „Transportkosten", § 833 Rn 9.

Nein, soweit nicht der Sequester, sondern ein Dritter eine Sequestration durchgeführt hat, Kblz Rpfleger **91**, 523.

38 **Sicherheitsleistung:** *Ja*, soweit die Kosten der Sicherheitsleistung mit der Pflicht vereinbar sind, solche Kosten niedrig zu halten. Das bedeutet: *Ja* für die Kosten einer Sicherheit, die der Gläubiger nach dem Urteil beschaffen muß, Düss JB **03**, 47, Kblz OLGZ **90**, 128, Mü JB **91**, 598 (je: Hinterlegung) aM Kblz

Abschnitt 1. Allgemeine Vorschriften **§ 788**

Rpfleger **83**, 501, Köln JB **95**, 496, Schlesw SchlHA **84**, 134 (wegen der Anwaltskosten bei einer Hinterlegung von Geld. Aber eine ordnungsgemäße Hinterlegung erfordert Fachkundigkeit.).
Ja für *Schuldnerkosten* bei einer Sicherheitsleistung zur Abwendung der Zwangsvollstreckung, Celle Rpfleger **83**, 498, Ffm JB **86**, 109, Schlesw JB **93**, 622, aM Kblz Rpfleger **01**, 457, Köln JB **79**, 906, Mü RR **00**, 517 (aber auch dergleichen kann durchaus notwendig sein).

Ja grds (wegen einer Ausnahme s unten) auch für die *laufenden Kosten* einer bereits *beschafften* Bankbürgschaft **39** bis zu deren Rückgabemöglichkeit, Düss Rpfleger **98**, 438, Hbg MDR **97**, 788 (die Kosten sind unabhängig davon erstattungsfähig, ob die Partei die Zwangsvollstreckung einleiten wollte), Kblz JB **98**, 494, aM Hbg MDR **99**, 188, Köln (17. ZS) JB **99**, 272 rechts, Mü MDR **89**, 364 (aber auch die laufenden Kosten gehören zu den notwendigen Gläubigerkosten. Andernfalls würde die Bürgschaft evtl nicht mehr bestehen bleiben).

Die Erstattungsfähigkeit ist *von* einer *Kostenquotelung* der Kostengrundentscheidung *unabhängig*, Düss Rpfleger **84**, 199, Ffm Rpfleger **84**, 199, Kblz OLGZ **93**, 213. Auch die durch anwaltliche Zustellung einer Bürgschaftsurkunde dem Kläger entstehenden Anwaltskosten sind erstattungsfähig, Düss MDR **88**, 784, Mü MDR **89**, 364, Stgt JB **82**, 560, aM Hbg JB **85**, 784, Kblz MDR **85**, 943 (aber erst die ordnungsgemäße Zustellung macht diese Sicherheitsart wirksam, § 108 Rn 12, 13).

Das alles gilt *erst recht im Fall des § 769*, Ffm MDR **78**, 233, KG MDR **83**, 495, Schlesw JB **93**, 623, aM **40** KG NJW **78**, 1441, Mü MDR **99**, 1525, ZöStö 5 (aber gerade in solchem Eilfall muß der Gläubiger die Mindestbedingungen einhalten und darf folglich ihre Kosten geltend machen). *Ja* für den Zinsverlust, der dadurch entsteht, daß ein eigenes Kapital verwendet wird, aM Düss Rpfleger **81**, 122, Hamm MDR **82**, 416, Mü MDR **99**, 1466 (aber natürlich erfolgt der Zinsverlust im Blick auf drohende Nachteile im Verfahren). *Ja* grds für die Kosten der Rückgabe der Sicherheitsleistung. Ausnahmsweise *nein*, wenn der Gläubiger die Bürgschaftsurkunde vom rückgabepflichtigen Schuldner nicht verzugsbegründend zurückgefordert hat, Stgt JB **96**, 37.

Nein für die sog *Avalkosten* zwecks Beschaffung einer Bankbürgschaft, Kblz Rpfleger **01**, 457 links oben, **41** Mü JB **94**, 228, LG Kblz JB **01**, 380, aM Düss JB **03**, 94 (neu hier bei § 720 a), Köln JB **95**, 496, Mü RR **00**, 517. Wegen Kosten einer Hinterlegung der Bankbürgschaft nach § 108 I 2 vgl Rn 38.

Nein für die Kosten, die *vor der Zulassung* einer Bürgschaft entstanden sind, ebensowenig für diejenigen **42** Kosten, die nach einer versehentlich *nachträglichen* Zulassung entstanden, Ffm NJW **78**, 1442. *Nein* für Anwaltskosten eines großen Versicherers zwecks Überprüfung einer gegnerischen Bürgschaft, Hbg AnwBl **01**, 127. *Nein* für die Kosten eines Darlehns. Denn es besteht kein unmittelbarer Zusammenhang mit der Zwangsvollstreckung, Bbg JB **77**, 1788, Ffm GRUR **88**, 567, Mü JB **91**, 598. *Nein* für die Kosten eines Grundpfandrechts, das eingetragen werden muß, damit der Pfandgläubiger eine Bürgschaft leistet. *Nein* für die Bürgschaftskosten des Bekl, wenn nicht er die Sicherheit leisten muß, sondern wenn der Kläger diese erbringen muß, Schlesw JB **78**, 921, oder wenn der ProzBev nach dem Urteil beantragt, die Sicherheitsleistung durch Bürgschaft zuzulassen, Hamm Rpfleger **75**, 323. *Nein* für die Kosten der sog Rückbürgschaft zugunsten einer ausländischen Partei, Hbg JB **90**, 1677, aM KG Rpfleger **98**, 442. Im Fall der Abänderung oder Aufhebung des Titels ist II anwendbar. Daher stellt sich die Notwendigkeitsfrage nach I dann nicht mehr, Mü MDR **83**, 676, aM Kblz JB **98**, 494. *Nein* für verfrühte Kosten, zB wenn der Schuldner sogleich nach der Sicherheitsleistung des Gläubigers geleistet hat, LG Wuppert DGVZ **02**, 124.

Sicherungshypothek: *Ja*, Düss Rpfleger **75**, 355.
S auch Rn 32 „Löschung, Löschungsbewilligung".

Spediteur: *Ja* bei Zwangsräumung auch für die bloße Bereitstellung, LG Bln DGVZ **77**, 118 (Ausnahme: Gläubiger kannte die vorherige Räumung, AG Flensb DGVZ **05**, 131).

Steuerberater: *Ja*, soweit seine Einschaltung dem Gläubiger als notwendig erscheinen durfte, etwa wegen **43** der Geltendmachung der gepfändeten Ansprüche auf den Lohnsteuerjahresausgleich, LG Dortm JB **90**, 1050, LG Essen JB **85**, 412, LG Heilbr JB **83**, 1570, aM LG Düss DGVZ **91**, 11, LG Gießen DGVZ **94**, 8, Hansens JB **85**, 6, 8 (nur bei besonderen Schwierigkeiten. Aber solcher Fall ist durchweg schwierig. *Nein* deshalb nur im ersichlichen einfachen Fall).
S § 91 Rn 205 „Steuerberater".

Stundung: *Nein* für die Kosten eines hierauf bezogenen Briefwechsels mit dem Gerichtsvollzieher. Nein für die Kosten einer Vollstreckung, die trotz einer Stundung stattfindet, AG Düss DGVZ **84**, 155.

Taschenpfändung: *Nein*, soweit sie nicht sinnvoll war, sei es zeitlich, sei es wegen der großen Höhe der **44** Forderung und daher entstehenden Gebühr nach (jetzt) VV 3309, 3310, LG Paderb DGVZ **84**, 13, AG Büdingen DGVZ **85**, 78.

Teilzahlung: Zur Beurteilung der Notwendigkeit von Kosten nach Teilzahlungen Schilken DGVZ **91**, 1.

Teilzahlungsvergleich: Rn 46 „Vergleich".

Transportkosten: *Ja* für diejenigen normal hohen Kosten, die beim Transport einer Sache entstehen, die der Schuldner nach § 883 Rn 9 an den Gläubiger herausgeben muß oder die der Gläubiger bei einer Zug-um-Zug-Leistung ohne sachlichrechtliche Pflicht oder auf einen Wunsch des Schuldners in dessen Herrschaftsbereich zur dortigen Vornahme der geschuldeten Handlung bringt, Ffm MDR **81**, 1025, LG Köln JB **98**, 552, Ag Itzehoe DGVZ **85**, 124, aM LG Aurich JB **84**, 943 (aber auch bei der Vollstreckung nach § 756 gelten allgemeine Regeln.

Übersetzung: *Ja* bei einer Vollstreckung mit Beteiligung des Auslands oder eines Ausländers mit Sprachproblemen, LG Bln JB **86**, 1585.

Umsatzsteuer: § 788 erfaßt nicht die Umsatzsteuer, die der Anwalt des Gläubigers für die Kosten des Vollstreckungsauftrags zahlen muß, wenn seine Partei zum Vorsteuerabzug berechtigt ist, AG Obernbg DGVZ **94**, 78.

Unmittelbarkeit: *Nein* bei solchen Kosten, die nicht unmittelbar der Zwangsvollstreckung dienen.

Unterlassung: Rn 51 ff „Zwangsvollstreckung", § 891 Rn 7.

Unzulässigkeit der Vollstreckung: *Nein* für Kosten unzulässiger Vollstreckung, Kblz JB **90**, 908.

Vergleich: *Ja* für die Kosten der Zwangsvollstreckung aus ihm nur dann, wenn sich aus dem Vergleich ergibt, **45** daß seine Kostenregelung diese Art von Kosten umfaßt, Düss Rpfleger **94**, 264, Kblz Rpfleger **04**, 525,

§ 788   Buch 8. Zwangsvollstreckung

LG Köln JB **04**, 497. Das ist nicht stets der Fall, wenn der Vergleich nur die Kosten „des Rechtsstreits" erfaßt, § 98 Rn 56 „Zwangsvollstreckung", Düss RR **99**, 943, Karlsr MDR **96**, 971, Kblz OLGZ **93**, 212, zB dann nicht, wenn der Vergleich nur die „Kosten der Durchführung" regelt. *Ja* jedenfalls grds (Ausnahme: Rn 47) soweit der Schuldner im Vergleich ausdrücklich (jetzt) auch die Einigungsgebühr(en) übernimmt, AG Bayreuth JB **00**, 600, AG Osterrode DGVZ **03**, 79. Das ist ratsam, Enders JB **99**, 59. *Ja,* soweit ein nachfolgender Vergleich den Titel kaum ändert, BGH Rpfleger **04**, 112, Kblz JB **97**, 425.

46   *Ja* für die Kosten insbesondere eines Anwalts wegen eines *Teilzahlungsvergleichs* in der Zwangsvollstreckung, soweit ein solcher Vergleich überhaupt zulässig ist, Grdz 25 vor § 704. Denn auch diese Kosten sind bei einer gebotenen weiten Auslegung notwendig, zumal evtl nur die weitere Vollziehung unterbleiben soll, LG Gött JB **05**, 324, AG Homberg JB **04**, 318, Schmidt JB **04**, 119, aM LG Münst JB **02**, 664, LG Nürnb-Fürth AnwBl **01**, 312, LG Stgt JB **00**, 158 (Bank als Gläubigerin. Aber jede Zahlung dient auch der Verringerung der Vollstreckung bzw ihrer Verhinderung). Der Gerichtsvollzieher darf keine Verrechnung des Gläubigers überprüfen oder ausrechnen, AG Reinbek DGVZ **03**, 14 (§ 767).

47   Soweit die Vollstreckung aus einem Urteil erfolgt, sind Vollstreckungskosten aus einem *zweitinstanzlichen Vergleich* auch dann festsetzbar, wenn er zu ihnen nichts besagt oder sie darin erhöht bestehen (aM Bre RR **87**, 1208, Kblz OLGZ **93**, 213, aM KG Rpfleger **99**, 553 (überhaupt keine Erstattung). Man sollte aber prozeßwirtschaftlich vorgehen, Grdz 14 vor § 128.). Der Gläubiger braucht auf die nach dem Vergleich bereits fällige Zahlung nicht besonders zu warten, LG Kassel DGVZ **84**, 156, LG Köln Rpfleger **00**, 557.

Nein für diejenigen Kosten, die bei der Vollstreckung wegen desjenigen Teils der Klageforderung entstanden wären, der im Vergleich zugebilligt wurde, aM Mü MDR **99**, 443, Zweibr JB **99**, 552, LG Hann RR **01**, 1438 (es sei so festzusetzen, als ob von vornherein nur aus dem herabgesetzten Titel vollstreckt worden wäre. Aber gerade das letztere war nicht geschehen). *Nein* ausnahmsweise, soweit eine Kostenübernahme in AGB gegen (jetzt) §§ 305 ff BGB verstößt, AG Hersbruck DGVZ **03**, 126.

Vermeidbare Kosten: *Nein* bei vermeidbar hohen Kosten, LG Lüb DGVZ **86**, 119 (Vollstreckung gegen 20 Gesamtschuldner gleichzeitig), AG Hochheim DGVZ **93**, 31 (Verdachtspfändung bei allen Bauten am Ort), Johannsen DGVZ **89**, 1 (Verhältnismäßigkeitsgebot nach Grdz 34 vor § 704).

Veröffentlichung des Urteils: *Ja*, wenn das Gericht dem Kläger die Befugnis zur Veröffentlichung zugesprochen hat. Denn die Veröffentlichung dient unmittelbar der Zwangsvollstreckung. Sonst *nein*, Stgt JB **83**, 940.

Vertretbare Handlung: *Nein* für das Verfahren nach § 891. Denn es gibt dort eine Kostenentscheidung nicht nach § 788, sondern nach §§ 91 ff, § 891 Rn 7.

Verwertungsaufschub: Rn 26 „Gerichtsvollzieher".

Verzug: Rn 37 „Schulnerverzug".

Vollstreckbarerklärung: *Nein* für die Kosten eines ausländischen derartigen Verfahrens, Hamm JB **01**, 212 (abl Spickhoff IPRax **02**, 292). Anders mag es beim inländischen solchen Verfahren liegen.

Vollstreckungsabwehr: *Nein* grds für die Kosten zur Abwehr der Vollstreckung, Düss JB **01**, 210, Mü MDR **89**, 460. Es kommt aber eine Erstattungsfähigkeit nach § 91 in Betracht, dort Rn 204 „Sicherheitsleistung". *Nein*, soweit die Vollstreckbarkeit auf Grund einer Klage nach § 767 entfällt, Düss Rpfleger **93**, 173, oder wenn das Gericht sie abgewiesen hat, Mü Rpfleger **01**, 199. *Nein* für Kosten der vorläufigen Einstellung nach §§ 769, 770, § 767 Rn 47, 48.

Vollstreckungsauftrag: *Ja*, soweit er vertretbar war, AG Bln-Wedding JB **00**, 545.

Vollstreckungsschutz: Es gelten keine gegenüber dem Schuldner strengere Regeln als sonst bei § 788, aM LG Mühlhausen Rpfleger **02**, 275 (aber III gibt für solchen Schluß nichts her, zumindest nicht bei Erfolg im Rechtsmittelverfahren).

48 **Vorbereitungsmaßnahmen:** *Ja* für die Kosten, die man unmittelbar und konkret zur Vorbereitung der Vollstreckung hat, Köln JB **92**, 267 (Klage gegen Drittschuldner), Mü MDR **89**, 460, LG Konst Rpfleger **92**, 365. *Ja* für die Kosten der Beschaffung der notwendigen öffentlichen oder öffentlich beglaubigten Urkunde. *Ja* für die Kosten der Ausfertigung und der Zustellung der Entscheidung, Hbg NJW **04**, 3723 (Flug, einstweilige Verfügung), LG Frankenth JB **99**, 1325, LG Stgt DGVZ **95**, 73, AG Pinneb DGVZ **78**, 91 (je: Urteil), falls die Zwangsvollstreckung anschließend beginnt. *Ja* für die Kosten der Beschaffung der Vollstreckungsklausel, des Rechtskraftzeugnisses und des Notfristzeugnisses. *Ja* für die Kosten eines Detektivs zwecks Anschriftenermittlung, LG Aachen DGVZ **85**, 114. *Ja* überhaupt grds für alles, was die Zwangsvollstreckung vorbereiten konnte, vorbereitet hat und notwendig war, LG Bonn DGVZ **82**, 186, aM LG Konst JB **93**, 496 (aber warum soll der Gläubiger auch noch in diesem allein vom Schuldner herbeigeführten Zwischenstadium technisch notwendige Kosten tragen?). *Ja* also zB für die Kosten eines Sachverständigen zwecks Ermittlung der voraussichtlichen Höhe eines Vorschusses nach § 887 II, Ffm VersR **83**, 90.

Nein für die eigentlichen Prozeßkosten nach §§ 91 ff, also für diejenigen des Erkenntnisverfahrens, *Nein* für die Einsicht in das Schuldnerverzeichnis, AG Dortm DGVZ **84**, 124, AG Ibbenbüren DGVZ **84**, 125, AG Wesel DGVZ **90**, 77.

S auch Rn 21 „Detektiv".

Vorläufige Einstellung: Rn 47 „Vollstreckungsabwehr".

Vorläufiges Vollstreckbarkeitsverfahren, §§ 537, 716: *Nein*. Denn durch dieses Verfahren werden überhaupt erst die Voraussetzungen der Zwangsvollstreckung geschaffen, Mü Rpfleger **01**, 568. Die Kosten dieses Verfahrens betreffen also die Zwangsvollstreckung noch nicht unmittelbar.

Vornahme einer Handlung: *Ja* für die notwendigen Kosten des Gläubigers, § 887 Rn 8, Ffm JB **81**, 1583.

Vorpfändung: *Ja*, wenn zu einer solchen Maßnahme ein berechtigter Anlaß besteht, Hbg MDR **90**, 344, etwa die Besorgnis, leer auszugehen, Ffm MDR **94**, 843, KG Rpfleger **87**, 216, LAG Köln MDR **95**, 423, oder wenn der Schuldner angemessene Zeit zur Zahlung hatte, Schlesw AnwBl **94**, 474, und wenn die Vollstreckung nicht ohnehin überflüssig war, KG VersR **87**, 940, oder wenn sich herausstellt, daß kein Wert mehr vorhanden ist, ohne daß der Gläubiger das vorher wissen konnte. Dann können auch die Kosten einer wiederholten Vorpfändung erstattungsfähig sein.

Abschnitt 1. Allgemeine Vorschriften **§ 788**

Nein, soweit der Gläubiger die Frist des § 845 II verstreichen ließ, LAG Köln JB **93**, 622, AG Heilbr DGVZ **03**, 14, oder soweit er nur schneller vorgehen will, LAG Köln MDR **95**, 423, oder wenn das Schuldnervermögen erkennbar ausreicht oder der Gläubiger schon gesichert ist, Weinert Rpfleger **05**, 11.
Vorzeitige Vollstreckung: Grundsätzlich *nein,* BVerfG **99**, 338, KG JB **87**, 390, ArbG Dortm JB **90**, 1521. Das gilt evtl sogar unabhängig davon, ob und wann die Vollstreckung beginnen darf, § 798 Rn 11, BVerfG NJW **91**, 2758 (6 Wochen gegen die BRep), Köln JB **99**, 272 oben links, LAG Köln BB **95**, 316.
Ausnahmsweise *ja,* wenn die angedrohte Maßnahme nach der weiteren Entwicklung notwendig gewesen wäre, BGH DGVZ **04**, 25, KG JB **01**, 211, aM LG Bln MDR **03**, 114 (aber gerade solche Aufforderung kann sinnvoll sein), Schlesw NZM **99**, 1011.
S auch Rn 49 „Wartefrist".
Wartefrist: *Ja* nach ihrem Ablauf, Köln JB **99**, 272 (§ 798), LG Kblz Rpfleger **05**, 99 (2 Wochen), LG **49** Nürnb-Fürth JB **80**, 463, aM LG Hann JB **91**, 1274.
Nein für solche Kosten, die vor dem Ablauf einer gesetzlichen Wartefrist zB nach § 750 III entstanden sind, Hbg JB **83**, 92, Köln JB **82**, 1525, LG Gött DGVZ **95**, 73, oder nach § 882 a, oder nach § 15 Z 3 EGZPO, aM Schlesw JB **95**, 33.
S auch Rn 24 „Frist", Rn 48 „Vorzeitige Vollstreckung".
Weitere Ausfertigung: *Ja* wegen einer nicht vom Gläubiger verschuldeten Notwendigkeit einer weiteren vollstreckbaren Ausfertigung, Karlsr FamRZ **05**, 50, Zweibr JB **99**, 160, LG Mü JB **99**, 381.
Widerruf: *Ja* grds für Anwaltskosten, aM AG Menden DGVZ **89**, 76.
Nein bei Zahlung 2 Wochen nach Ablauf der Widerrufsfrist, LG Karlsr MDR **04**, 1081.
Nein für *Veröffentlichungskosten,* soweit der Vollstreckungstitel keine ausdrückliche Veröffentlichungsbefugnis enthält, Stgt Rpfleger **83**, 175.
Widerstand des Schuldners: *Ja,* soweit Anlaß zur Beseitigung bestand, AG Münst DGVZ **79**, 28.
Zahlungsaufforderung: Wegen einer *Zahlungsaufforderung* sollte man keine strengeren Voraussetzungen als **50** wegen der Kosten der Zwangsvollstreckung selbst stellen, BGH FamRZ **04**, 101, Düss Rpfleger **77**, 459, Hamm Rpfleger **92**, 315 (Zug-um-Zug-Leistung, Verzug mit der Annahme der Gegenleistung), ArbG Dortm JB **90**, 1521. Die vorherige Zustellung des Vollstreckungstitels ist nicht zur Erstattungsfähigkeit nötig, BGH FamRZ **04**, 101. Immerhin kann zB eine Aufforderung vor oder nur wenige Tage nach der Zustellung der vom Gläubiger erbrachten Bürgschaftsurkunde als Sicherheitsleistung verfrüht sein, Schlesw JB **90**, 923, AG Münst DGVZ **94**, 159. Eine Aufforderung 3 Wochen nach Zustellung ist nicht verfrüht, Nürnb JB **93**, 751.
Zahlungsbereitschaft: *Nein,* soweit der Gläubiger im Zeitpunkt der Erteilung des Vollstreckungsauftrags bereits die Zahlungswilligkeit des Schuldners wegen eines geringen Rests hätte kennen können, AG Bergheim DGVZ **83**, 29, oder soweit der Gläubiger damals eine bereits erfolgte Zahlung des Schuldners hätte kennen können, Hbg JB **76**, 1252, AG Hbg Rpfleger **82**, 392, AG Mettmann DGVZ **89**, 75, aM LG Münst RR **88**, 128 (aber eine sorgfältige Ermittlung eingegangener Zahlung zB durch telefonische Abfrage bei der eigenen Bank ist dem Gläubiger stets zumutbar).
Zahlungsfrist: Rn 24 „Frist".
Zeitablauf: Rn 32 „Mehrfache Vollstreckung".
Zeitaufwand des Gläubigers: *Ja* zumindest des notwendigen.
Zeugenentschädigung:: *Ja* bei § 759.
Zinsen: § 104 Rn 22.
Zug um Zug: *Ja* für erforderliche Sachverständigenkosten bei Prüfungsarbeiten des Gerichtsvollziehers nach § 756 Rn 5, AG Sinzig DGVZ **03**, 127, aM Köln MDR **86**, 1033 (aber auch der Gerichtsvollzieher braucht oft einen Sachverständigen).
Nein im übrigen für Gläubigerkosten, Ffm JB **79**, 1721, Hamm JB **92**, 406 (noch kein Schuldnerverzug), aM LG Ulm RR **91**, 191.
Zurücknahme des Vollstreckungsauftrags: *Ja,* soweit sie erst auf Grund des Verhaltens des Schuldners erfolgen kann.
Zustellung: Rn 48 „Vorbereitungsmaßnahmen".
Zwang gegen den Schuldner, § 888: *Ja,* Hamm MDR **78**, 585.
Zwangsversteigerung: *Ja* im Grundsatz, LG Wuppert JB **97**, 549.
Nein wegen Verwertungsbemühungen des Ersteigerers der Zwangsversteigerung noch vor der Zuschlagserteilung, Ffm RR **88**, 238.
Zwangsverwaltung: *Ja* im Grundsatz, LG Mühlhausen Rpfleger **02**, 374 (auch für ein Einstellungsverfahren auf Antrag eines Insolvenzverwalters).
Zwangsvollstreckung: S bei den einzelnen Vollstreckungsvorgängen, aM KG Rpfleger **99**, 553 (überhaupt **51** keine Erstattung).
S auch Rn 19 „Anzeige", „Auslandsurteil", Rn 21 „Detektiv", Rn 24 „Ersatzvornahme", Exequator", Rn 26 „Gerichtsvollzieher", Rn 31 „Kostenfestsetzung", Rn 33 „Räumung", Rn 34 „Rechtsanwalt", Rn 35 „Rechtsbehelfe, Rn 38 „Sicherheitsleistung", Rn 45 „Vergleich", Rn 48 „Vorpfändung".
Zwischenstreit: *Nein* auch, soweit er zur Zwangsvollstreckung zählt.

9) *VwGO: Entsprechend anwendbar,* § 167 I VwGO, OVG Kblz DVBl **86**, 288, VG Darmstadt NVwZ **88**, **52** 962, *und zwar auch dann, wenn die VollstrMaßnahme durch gerichtliche Entscheidung zu treffen ist,* OVG Münst DÖV **81**, 545, OVG Lüneb NJW **71**, 2324, str, aM VGH Mannh VBlBW **88**, 298, OVG Kblz aaO mwN, ua OVG Saarl NVwZ **82**, 254, OVG Münst **KR** § 154 VwGO Nr 9 (krit Noll), *so daß bei Erledigung der Hauptsache nicht* § 161 II VwGO *anzuwenden ist,* OVG Münst DÖV **81**, 545 mwN. Bei der Vollstreckung nach § 169 VwGO gelten gemäß § 19 VwVG § 337 I AO (entspricht § 788 I) und §§ 338–346 AO und §§ 338–346 AO, dazu OVG Lüneb NdsRpfl **91**, 98, OVG Kblz DVBl **86**, 288. *Für die Gerichtskosten ist das GKG auch bei der Vollstreckung nach* § 169 *VwGO maßgeblich; die in* § 19 I VwVG *genannten Vorschriften der AO gelten nicht für gerichtliche Handlungen.*

§§ 789–792

789 *Einschreiten von Behörden.* **Wird zum Zwecke der Vollstreckung das Einschreiten einer Behörde erforderlich, so hat das Gericht die Behörde um ihr Einschreiten zu ersuchen.**

1 **1) Systematik.** In Ausführung des Art 35 I GG klärt § 789 Zuständigkeit und Form des Ersuchens an eine Verwaltungsbehörde. Demgegenüber sind §§ 156 ff GVG anwendbar, wenn es um ein Ersuchen an ein anderes Gericht geht. Ergänzend gilt § 15 Z 3 EGZPO. Wenn der Gläubiger die Behörde unmittelbar ersuchen darf, greift § 789 nicht ein, Haas/Beckmann Festschrift für Schumann (2001) 189. Das gilt zB bei einer Eintragung ins Grundbuch oder bei § 791. Der Gerichtsvollzieher fordert die Polizei zur Unterstützung nach §§ 758 III, 759, 892 auf.

2 **2) Regelungszweck.** Zweck des § 789 ist nicht die unmittelbare Erzwingung des Verwaltungshandelns. Denn sie ist im Verwaltungsrecht geregelt. Wohl aber dient die Vorschrift der Ermöglichung solchen Verwaltungshandelns. Sie ist Ausfluß der Pflicht zur Prozeßförderung auch durch das Gericht.

3 **3) Geltungsbereich.** Das Ersuchen an eine Behörde kann zB in den Fällen der §§ 758, 791 notwendig werden. Das gilt aber auch bei §§ 916 ff (etwa: Hilfe der Wasserschutzpolizei beim Seeschiff). Zuständig ist das Vollstreckungsgericht, §§ 764, 802. Das Prozeßgericht ist nur insoweit zuständig, als es die Vollstreckung selbst leitet, §§ 887 ff, 891.

4 **4) Rechtsbehelfe.** Soweit das Gericht die Stellung eines Ersuchens ablehnt, hat der Betroffene die sofortige Beschwerde nach § 793. Soweit die ersuchte Behörde die Erledigung des Ersuchens ablehnt oder verzögert, kommt eine Dienstaufsichtsbeschwerde in Betracht. Soweit der Gerichtsvollzieher ein Ersuchen ablehnt, ist die Erinnerung nach § 766 statthaft.

5 **5) VwGO:** *Entsprechend anwendbar, § 167 I VwGO, soweit nicht §§ 169 I 2 u 170 I 2 VwGO unmittelbar eingreifen.*

790 *Bezifferung dynamisierter Unterhaltstitel zur Zwangsvollstreckung im Ausland.* I Soll ein Unterhaltstitel, der den Unterhalt nach § 1612a des Bürgerlichen Gesetzbuchs als Vomhundertsatz des jeweiligen Regelbetrags nach der Regelbetrag-Verordnung festsetzt, im Ausland vollstreckt werden, so ist auf Antrag der geschuldete Unterhalt auf den Titel zu beziffern.

II Für die Bezifferung sind die Gerichte, Behörden oder Notare zuständig, denen die Erteilung einer vollstreckbaren Ausfertigung des Titels obliegt.

III Auf die Anfechtung der Entscheidung über die Bezifferung sind die Vorschriften über die Anfechtung der Entscheidung über die Erteilung einer Vollstreckungsklausel entsprechend anzuwenden.

Vorbem. Eingefügt dch Art 1 Z 6 G v 18. 8. 05, BGBl 2477, in Kraft seit 21. 10. 05, Art 3 S 1 G, ÜbergangsR Einl III 78.

1 **1) Systematik, I–III.** Es handelt sich um eine Folgerung aus dem Grundsatz, daß der Vollstreckungstitel bestimmt sein muß, zB § 794 Rn 23.

2 **2) Regelungszweck, I–III.** Es soll im ausländischen Vollstreckungsverfahren ähnlich wie beim vergleichbaren § 313a III eine sonst nur sehr mühsam mögliche Klärung des Anspruchsumfangs und damit möglichst mehr Rechtssicherheit nach Einl III 43 erzielt werden.

3 **3) Regelbetragsunterhalt, I.** Die Vorschrift gilt nur beim Vollstreckungstitel nach § 1612a BGB. Es muß gerade eine Vollstreckung im Ausland erfolgen sollen, dazu § 917 Rn 19.

4 **4) Bezifferung, I, II.** Sie ist nur auf Antrag erforderlich, I, also nicht von Amts wegen. Antragsberechtigt sind nicht nur der Gläubiger, sondern verständigerweise auch der Schuldner. Zuständig sind die in II Genannten, §§ 724 ff, 795 ff, also der Rpfl nach § 20 Z 11 RpflG, Anh § 153 GVG, oder der Notar. Nach § 60 S 3 Z 1, 2 SGB VIII idF Art 2 VI G v 18. 8. 05, BGBl 2477, ist für die Bezifferung und für Einwendungen gegen ihre Zulässigkeit das Jugendamt zuständig, dem die Beurkundung übertragen ist.

5 **5) Anfechtung, III.** Es gelten dieselben Regeln wie bei §§ 724 ff, 795 ff.

791 (weggefallen)

792 *Erteilung von Urkunden an Gläubiger.* **Bedarf der Gläubiger zum Zwecke der Zwangsvollstreckung eines Erbscheins oder einer anderen Urkunde, die dem Schuldner auf Antrag von einer Behörde, einem Beamten oder einem Notar zu erteilen ist, so kann er die Erteilung an Stelle des Schuldners verlangen.**

1 **1) Systematik.** Der Gläubiger benötigt unter Umständen zur Zwangsvollstreckung einen Erbschein oder eine andere Urkunde, etwa ein Zeugnis nach § 1507 BGB oder nach § 2368 BGB, einen Registerauszug, eine Sterbe- oder Geburtsurkunde oder einen Grundpfandrechtsbrief. Eine Behörde, ein Beamter oder Notar erteilt diese Urkunde dem Schuldner auf dessen Antrag.

2 **2) Regelungszweck.** In den Fällen Rn 1 benötigt der Gläubiger eine Regelung, die ihn nicht vom Willen des Schuldners abhängig macht. Denn andernfalls müßte er diesen in einem zweiten Prozeß auf Abgabe der entsprechenden Willenserklärung verklagen und wegen § 894 die Rechtskraft jenes weiteren Urteils abwarten. Das wäre ein unzumutbar langer Umweg. Die Vorschrift dient daher sowohl der Gerech-

Abschnitt 1. Allgemeine Vorschriften   **§§ 792, 793**

tigkeit nach Einl III 9 als auch der Prozeßwirtschaftlichkeit nach Grdz 14 vor § 128. Man sollte sie entsprechend zugunsten des Gläubigers auslegen, VGH Mannh NJW **03**, 1203.

3) Geltungsbereich. Vgl zunächst Rn 1. Wenn der Gläubiger allerdings auch auf einem anderen Weg zum Ziel kommen kann, etwa dadurch, daß er sich einen Auszug aus einem Register beschafft, dann ist § 792 unanwendbar, LG Brschw Rpfleger **95**, 306 (Melderegister). 3
Der Gläubiger kann *an Stelle des Schuldners* die Erteilung der Urkunde beantragen. Der Gläubiger kann auch die Voraussetzungen der Urkundenerteilung erfüllen, also bei einem Antrag auf Erteilung eines Erbscheins die notwendige eidesstattliche Versicherung abgeben, § 2356 BGB, Hamm FamRZ **85**, 1185. Der Gläubiger muß einen vollstreckbaren Titel besitzen. Das gilt jedenfalls außerhalb einer Teilungsversteigerung nach § 181 I ZVG. Für sie gilt § 792 sinngemäß, BayObLG RR **95**, 272, LG Essen Rpfleger **86**, 387. Der Gläubiger weist sich durch diesen Besitz aus. Dagegen darf man keine vollstreckbare Ausfertigung des Titels verlangen. Denn § 792 soll ja gerade dem Gläubiger ermöglichen, eine solche Ausfertigung zu erhalten. Im Verfahren nach §§ 249 ff AO ist § 792 nur begrenzt anwendbar, BayObLG Rpfleger **01**, 1738.
Der *Begriff Zwangsvollstreckung* gilt hier im weitesten Sinne. Er umfaßt alle vorbereitenden Handlungen, zB die Einwirkung der Vollstreckungsklausel, VGH Mannh NJW **03**, 1203. § 792 gilt für alle Arten der Zwangsvollstreckung, vor allem, wenn keine grundbuchmäßige Beziehung der Schuldner nicht als Eigentümer eingetragen ist, zB bei § 17 ZVG, oder bei der Zwangsvollstreckung in eine Hypothek, oder bei der Vollstreckung durch ein Finanzamt, LG Mü FamRZ **98**, 1067. Als Gläubiger und als Schuldner darf und muß man wegen § 727 auch die jeweiligen Rechtsnachfolger ansehen, VGH Mannh NJW **03**, 1203.

4) Weiteres Verfahren. Das Verfahren richtet sich nach dem *FGG*, Hamm FamRZ **85**, 1186. Denn die ZPO weist keine diesbezüglichen Vorschriften auf. Das gilt auch für die Rechtsbehelfe, Hamm FamRZ **85**, 1186. Ein Vermächtnisnehmer kann zB beschwerdeberechtigt sein, BayObLG RR **99**, 446. Das Gericht usw darf die Zulässigkeit der Zwangsvollstreckung in diesem Verfahren nicht prüfen. Der Gläubiger muß das Nachlaßgericht bei seinen Ermittlungen unterstützen, OVG Münst NJW **76**, 532. Notfalls kann der Gläubiger auch ohne frühere Inhaberheit der Urkunde das Aufgebotsverfahren nach §§ 1003 ff ZPO betreiben, LG Ffm Rpfleger **86**, 187. Kosten entstehen nach § 107 I, II KostO, nicht nach dort III, IV, Düss Rpfleger **04**, 440. Sie gehören zu den Vollstreckungskosten nach § 788, Düss Rpfleger **04**, 440. 4

5) *VwGO:* Entsprechend anwendbar, § 167 I *VwGO*. 5

793 *Sofortige Beschwerde.* **Gegen Entscheidungen, die im Zwangsvollstreckungsverfahren ohne mündliche Verhandlung ergehen können, findet sofortige Beschwerde statt.**

Schrifttum: *Kunz,* Erinnerung und Beschwerde usw, 1980; *Lippros,* Grundlagen und System des Vollstreckungsschutzes, 1983; *Neumüller,* Vollstreckungserinnerung, Vollstreckungsbeschwerde und Rechtspflegererinnerung, 1981; *Nies* MDR **99**, 1418 (Üb); *Schultheis,* Rechtsbehelfe bei vollstreckbaren Urkunden, 1994/5.

Gliederung

1) Systematik	1		4) Verfahren nach richterlicher Entscheidung	14–18
2) Regelungszweck	2		A. Einlegungsberechtigung	14, 15
3) Geltungsbereich	3–13		B. Beschwer	16
A. Wirkliche Entscheidung	3–5		C. Beschwerdewert bei Kostenentscheidung	17
B. Gerichtliche Entscheidung	6		D. Weitere Einzelfragen	18
C. Vollstreckungsverfahren	7		5) *VwGO*	19
D. Entbehrlichkeit einer Verhandlung	8			
E. Mehr als Kostenfrage	9			
F. Fehlen einer Ausschlußvorschrift	10			
G. Nach Entscheidung des Rechtspflegers: Sofortige Beschwerde oder sofortige Erinnerung	11–13			

1) Systematik. Die Vorschrift regelt einen Teil der in der Zwangsvollstreckung möglichen Rechtsbehelfe. Ergänzend gelten §§ 567 ff. Diese gehen aber wegen der Selbständigkeit des Vollstreckungsverfahrens nicht vor, Grdz 1 vor § 704, BGH NJW **01**, 754. Andere Rechtsbehelfe sind in § 766 (Erinnerung) und in §§ 731, 767 sowie § 11 RPflG, Anh § 153 GVG, vorhanden. 1

2) Regelungszweck. Die Abgrenzungen sind keineswegs einfach. Man sollte die Auslegung weder formalistisch noch allzu großzügig vornehmen und weder von vornherein zugunsten der einen Partei noch sogleich so zugunsten der anderen vorgehen. Seit der Umgestaltung des Verfahrens hat das Gericht in der erstinstanzlichen Besetzung wie bei einer Erinnerung nach § 766 nun auch bei der sofortigen Beschwerde nach § 572 I 1 Hs 1 das Recht und die Pflicht zur auch selbstkritischen Überprüfung seiner bisherigen Entscheidung und evtl zur entsprechenden Abhilfe. Das hilft dabei, die Abgrenzung zwischen beiden Rechtsbehelfen etwas weniger streng vorzunehmen. Immerhin ist bei sofortiger Beschwerde im Fall der Nichtabhilfe nun nach § 572 I 1 Hs 2 das Beschwerdegericht direkt zuständig. Das mag nach Grdz 14 vor § 128 so prozeßwirtschaftlich sein, daß man im Zweifel eher § 793 als § 766 anwenden möchte. 2

3) Geltungsbereich. Man muß zahlreiche Aspekte prüfen. 3

A. Wirkliche Entscheidung. Es muß eine wirkliche Entscheidung vorliegen, Jena RR **02**, 627, Ffm Rpfleger **79**, 29. Diese liegt vor, wenn eine *Anhörung* der Beteiligten stattgefunden hat, Artt 2 I, 20 III GG (Rpfl), BVerfG **101**, 404, Art 103 I GG (Richter), Karlsr FamRZ **84**, 1249, LG Düss Rpfleger **83**, 255, aM LG Frankenth Rpfleger **89**, 273, Jost NJW **90**, 217 (aber die Anhörung ist das allgemein übliche und

§ 793 Buch 8. Zwangsvollstreckung

einfachste Abgrenzungsmerkmal, Grdz 14 vor § 128). Es muß also entweder eine Äußerung eingegangen oder eine angemessene Gelegenheit zur Äußerung möglich gewesen sein. Es muß insbesondere eine Äußerungsfrist abgelaufen sein, LG Ffm Rpfleger **84**, 472. Außerdem muß natürlich eine tatsächliche und rechtliche Würdigung vorliegen, LG Frankenth Rpfleger **82**, 231. Auch § 11 RPflG, Anh § 153 GVG, setzt eine wirkliche Entscheidung (des Rpfl) voraus.

4 Den Gegensatz zu einer Entscheidung bildet ein bloßer *Vollstreckungsakt*. Dieser ergeht grundsätzlich *ohne* eine Anhörung des Schuldners, § 766 Rn 4, AG Schorndorf DGVZ **83**, 125. Ein bloßer Vollstreckungsakt ist zB grundsätzlich der Pfändungsbeschluß nach § 829. Gegen den bloßen Vollstreckungsakt ist grundsätzlich lediglich die Erinnerung nach § 766 zulässig, § 758 Rn 26, Jena RR **02**, 627.

5 *Wenn aber* ein eigentlich typischer bloßer Vollstreckungsakt ausnahmsweise *nach* einer *Anhörung* des Schuldners erging, dann ist ausnahmsweise auch schon gegen ihn *sofortige Beschwerde* statthaft, § 766 Rn 9, 47, KG Rpfleger **78**, 334, Nürnb RR **87**, 1483. Der Drittschuldner kann auch schon sofortige Beschwerde einlegen, wenn das Gericht nur den Schuldner angehört hatte, Bbg NJW **78**, 1389, LG Bonn DB **79**, 94. Das gilt auch dann, wenn der Vollstreckungsakt noch nicht erlassen worden ist, LG Bochum Rpfleger **77**, 178.

Keine Entscheidung nach § 793 sind eine prozeßleitende *Verfügung* nach Üb 5 vor § 128 oder ein Beweisbeschluß nach §§ 358, 358a oder eine Terminsbestimmung nach § 216 oder die Anordnung einer mündlichen Verhandlung.

6 **B. Gerichtliche Entscheidung.** Die Entscheidung muß entweder vom Vollstreckungsgericht nach §§ 764, 802 oder vom Prozeßgericht stammen, Hamm MDR **88**, 505, aM Hbg FamRZ **90**, 1379 (aber § 793 setzt ein Gericht als Verfasser der Entscheidung wohl als selbstverständlich voraus. Das zeigt gerade auch ein Vergleich mit § 766). Es reicht, daß das Insolvenzgericht als Vollstreckungsgericht entschieden hat, BGH BB **04**, 853. Es reicht auch aus, daß das gesetzlich zugewiesene Gericht entschieden hat, etwa nach dem BauGB, Stgt NJW **70**, 1963. Vgl ferner § 15 AusfG zum deutsch-österreichischen Konkursvertrag v 8. 3. 85, BGBl 535. Wegen der Unzuständigkeit inländischer Gerichte § 4 SeeGVG. Nach einer Entscheidung des Rpfl gelten Rn 11–13, nach einer solchen des Richters Rn 14 ff.

7 **C. Vollstreckungsverfahren.** Es muß ein Zwangsvollstreckungsverfahren vorliegen, auch ein solches nach dem ZVG, LG Heilbr Rpfleger **02**, 326. Dieses Verfahren muß bereits begonnen haben. Eine Entscheidung, die vor dem Beginn der Zwangsvollstreckung nach Grdz 51 vor § 704 ergangen ist, ermöglicht allenfalls eine sofortige Beschwerde nach § 567. Zu den letzteren Entscheidungen gehört zB diejenige über die Art und die Höhe einer Sicherheitsleistung nach § 108 Rn 19 ff oder diejenige über ein Rechtskraft- und Notfristzeugnis nach § 706 oder diejenige im Klauselerteilungsverfahren, §§ 724 ff, Münzberg Rpfleger **91**, 210. Dagegen ist eine gerichtliche Strafandrohung bereits der Beginn der Zwangsvollstreckung. Eine Entscheidung nach § 721 II–VI kann vor oder nach dem Beginn der Zwangsvollstreckung liegen. Das erwähnt Mü ZMR **93**, 78 nicht klar.

8 **D. Entbehrlichkeit einer Verhandlung.** Es muß eine Entscheidung vorliegen, die keine mündliche Verhandlung erforderte, § 128 IV. Ob eine freigestellte stattgefunden hat, ist unerheblich.

9 **E. Mehr als Kostenfrage.** Unzulässig ist eine sofortige Beschwerde, die sich nur gegen die Kosten einer gerichtlichen Entscheidung richtet, § 99 I.

10 **F. Fehlen einer Ausschlußvorschrift.** Es darf keine gesetzlich bestimmte Unanfechtbarkeit vorliegen, etwa nach § 707 II, Karlsr MDR **83**, 943.

11 **G. Nach Entscheidung des Rechtspflegers: Sofortige Beschwerde oder sofortige Erinnerung.** Da im allgemeinen der Rpfl des Vollstreckungsgerichts entscheidet (Ausnahmen sind in § 20 Z 17 a–c RPflG, Anh § 153 GVG, angeführt, § 764 Rn 6), ist nach § 11 I RPflG in Verbindung mit § 567 I Z 1, 793 an sich die sofortige Beschwerde statthaft, wie beim Richter, Rn 14 ff. Jedoch ist stattdessen nach § 11 II 1 RPflG die sofortige Erinnerung binnen 2 Wochen seit der Zustellung der angefochtenen Entscheidung statthaft, soweit gegen eine vom Richter erlassene Entscheidung ein Rechtsmittel wegen Rn 16–18 im Einzelfall nicht gegeben wäre, § 104 Rn 69 ff. Man muß das Rechtsmittel grundsätzlich bei dem Gericht des Rpfl einlegen, Stgt MDR **76**, 852. In einem dringenden Fall darf man die sofortige Erinnerung nach §§ 11 II 4 RPflG, 569 I Hs 2 auch bei dem nächsthöheren Gericht einlegen.

12 Der Rpfl kann und muß daher evtl einer sofortigen Erinnerung nach Rn 11 nach § 11 II 2 RPflG *abhelfen*. Er legt sie andernfalls seinem Richter zur abschließenden Entscheidung vor, § 11 II 3 RPflG, § 104 Rn 69 ff.

13 Die sofortige Erinnerung nach Rn 11, 12 hat *keine aufschiebende Wirkung*. Eine Aussetzung der Vollziehung ist allenfalls nach § 570 II, III, § 11 II 4 RPflG zulässig. Die Beendigung der Zwangsvollstreckung nach Grdz 52 vor § 704 macht eine sofortige Beschwerde grundsätzlich gegenstandslos. Sie läßt aber evtl einen Bereicherungsanspruch usw nach §§ 812 ff BGB bestehen. Wegen der Rechtsbehelfe gegen eine Eintragung im Grundbuch in der Zwangsvollstreckung § 867 Rn 18, 19. Eine sofortige Erinnerung nach Rn 11, 12 ist neben einer Erinnerung nach § 766 nur bedingt dann statthaft, wenn eine Entscheidung in der Zwangsvollstreckung ohne ein beiderseitiges Gehör ergangen ist, § 766 Rn 14. Grundsätzlich muß man in den richtigen Rechtsbehelf umdeuten. Vgl im übrigen bei den einzelnen Vorschriften.

14 **4) Verfahren nach richterlicher Entscheidung.** Man muß vier Hauptfragen klären.
A. Einlegungsberechtigung. Zur sofortigen Beschwerde gilt:
Der *Gläubiger* ist unter der Voraussetzung Rn 16 berechtigt. Der *Schuldner* ist unter der Voraussetzung Rn 16 berechtigt. Ein *Dritter* ist berechtigt, soweit die angefochtene Entscheidung seine Interessen beeinträchtigt, Ffm BB **76**, 1147. Das kann zB dann der Fall sein, wenn der Drittschuldner sich gegen die Pfändung einer Forderung wendet, Bbg NJW **78**, 1389, LG Münst MDR **90**, 932.

15 Der *Gerichtsvollzieher* ist berechtigt, soweit eine Gerichtsentscheidung seine eigenen Belange verletzt, KG DGVZ **78**, 112, LG Wetzlar DGVZ **95**, 127, Geißler DGVZ **85**, 132, aM LG Ffm DGVZ **93**, 75, LG Wiesb DGVZ **90**, 13, AG Königstein DGVZ **93**, 74 (aber auch er verdient dann ungeachtet seiner Amtsstellung

Abschnitt 1. Allgemeine Vorschriften §§ 793, 794

Rechtsschutz). Die persönlichen Interessen des Gerichtsvollziehers sind nicht schon dann verletzt, wenn er nur als Vollstreckungsorgan betroffen wird, LG Düss NJW **79**, 1990.

B. Beschwer. Stets muß eine Beschwer und damit ein Rechtsschutzbedürfnis vorliegen, Grdz 3 vor **16** § 511, LG Heilbr Rpfleger **02**, 326. Das gilt auch für einen Dritten, LG Mü FamRZ **02**, 894. Eine Beschwer entfällt meist nach dem Ende der Zwangsvollstreckung nach Grdz 52 vor § 704.

C. Beschwerdewert bei Kostenentscheidung. Gegen eine Entscheidung über die Verpflichtung, die **17** Prozeßkosten zu tragen, ist eine sofortige Beschwerde nur dann zulässig, wenn der Wert des Beschwerdegegenstands 200 EUR übersteigt, § 567 II. Das gilt auch für Vollstreckungsverfahren für eine Kostengrundentscheidung § 91 Rn 4 über Vollstreckungskosten, etwa nach § 788. Auch gegen andere Entscheidungen über Kosten ist die sofortige Beschwerde nur dann zulässig, wenn der Wert des Beschwerdegegenstands 200 EUR übersteigt, § 567 II. Das gilt auch bei Vollstreckungskosten nach § 788. Eine Kostenbeschwer kann auch noch nach dem Ende der Zwangsvollstreckung im Sinn von Grdz 52 vor § 704 bestehen.

D. Weitere Einzelfragen. Vgl zunächst §§ 567 ff. Beim Auslandsbezug kann das OLG zuständig sein, **18** § 119 I Z 1 b GVG, Ffm DGVZ **04**, 92. Es ist nicht erforderlich, daß das Gericht ein Gesuch zurückgewiesen hatte. Denn § 567 I Z 1 gibt das Beschwerderecht in Verbindung mit § 793 unabhängig von § 567 I Z 2. Die Beschwerdefrist beträgt 2 Wochen, § 569 I 1. Sie ist eine Notfrist, §§ 224 I 2, 569 I 1. Sie beginnt mit der jeweiligen Zustellung, § 569 I 2. Es besteht kein Anwaltszwang, wenn in der ersten Instanz kein Anwaltsprozeß vorgelegen hatte usw, § 78 Rn 1, § 569 III Z 1. Anwaltszwang besteht aber dann, wenn das Beschwerdegericht eine mündliche Verhandlung anordnet. Das Beschwerdegericht muß den Beschwerdegegner vor einer ihm nachteiligen Entscheidung stets anhören, Art 103 I GG, BVerfG **34**, 346. Über die Kosten muß das Beschwerdegericht nach §§ 91 ff und nicht nach § 788 entscheiden. Denn es handelt sich um ein selbständiges Rechtsmittelverfahren, § 788 Rn 9, BGH RR **89**, 125 (für § 793 unbestritten). Ist auch nach § 45 III WEG anwendbar, BayObLG **88**, 441 (zuständig ist dann das BayObLG), Ffm OLGZ **80**, 163. Wegen der EuGVVO SchlAnh V C 4. Eine Rechtsbeschwerde kommt unter den Voraussetzungen des § 574 in Betracht, Gaul DGVZ **05**, 113 (Üb, krit). Bei grob verfahrensfehlerhafter Entscheidung durch ein sachlich unzuständiges Gericht kommt eine außerordentliche sofortige Beschwerde in Betracht, BGH NJW **02**, 754.

5) *VwGO: Entsprechend anzuwenden,* § 167 I VwGO, zB bei Ablehnung eines VollstrAntrages, § 169 I 2 **19** *VwGO, VGH Mannh NVwZ* **93***, 73, oder iRv* § *766, VGH Kassel NVwZ-RR* **98***, 77, oder nach* §§ *758, 758 a, VGH Mannh Just* **98***, 133. An die Stelle der sofortigen Beschwerde tritt die ebenfalls befristete, aber Abhilfe zulassende Beschwerde der* §§ *146 ff VwGO, VGH Kassel u VGH Mannh aaO (seit dem 1. 1. 02 gilt hierfür aber Anwaltszwang), RedOe* § *167 Anm 5, KoppSch* § *167 Rn 2. Beschränkung der Beschwerde in* § *146 III VwGO, vollständiger Ausschluß in Sondergesetzen, s* § *732 Rn 14,* § *252 Rn 8.*

794 *Weitere Vollstreckungstitel.* **I** Die Zwangsvollstreckung findet ferner statt:
1. aus Vergleichen, die zwischen den Parteien oder zwischen einer Partei und einem Dritten zur Beilegung des Rechtsstreits seinem ganzen Umfang nach oder in Betreff eines Teiles des Streitgegenstandes vor einem deutschen Gericht oder vor einer durch die Landesjustizverwaltung eingerichteten oder anerkannten Gütestelle abgeschlossen sind, sowie aus Vergleichen, die gemäß § 118 Abs. 1 Satz 3 oder § 492 Abs. 3 zu richterlichem Protokoll genommen sind;
2. aus Kostenfestsetzungsbeschlüssen;
2 a. aus Beschlüssen, die in einem vereinfachten Verfahren über den Unterhalt Minderjähriger den Unterhalt festsetzen, einen Unterhaltstitel abändern oder den Antrag zurückweisen;
2 b. (weggefallen);
3. aus Entscheidungen, gegen die das Rechtsmittel der Beschwerde stattfindet; dies gilt nicht für Entscheidungen nach § 620 Nr. 1, 3 und § 620 b in Verbindung mit § 620 Nr. 1, 3;
3 a. aus einstweiligen Anordnungen nach den §§ 127 a, 620 Nr. 4 bis 10, dem § 621 f und dem § 621 g Satz 1, soweit Gegenstand des Verfahrens Regelungen nach der Verordnung über die Behandlung der Ehewohnung und des Hausrats sind, sowie nach dem § 644;
4. aus Vollstreckungsbescheiden;
4 a. aus Entscheidungen, die Schiedssprüche für vollstreckbar erklären, sofern die Entscheidungen rechtskräftig oder für vorläufig vollstreckbar erklärt sind;
4 b. aus Beschlüssen nach § 796 b oder § 796 c;
5. aus Urkunden, die von einem deutschen Gericht oder von einem deutschen Notar innerhalb der Grenzen seiner Amtsbefugnisse in der vorgeschriebenen Form aufgenommen sind, sofern die Urkunde über einen Anspruch errichtet ist, der einer vergleichsweisen Regelung zugänglich, nicht auf Abgabe einer Willenserklärung gerichtet ist und nicht den Bestand eines Mietverhältnisses über Wohnraum betrifft, und der Schuldner sich in der Urkunde wegen des zu bezeichnenden Anspruchs der sofortigen Zwangsvollstreckung unterworfen hat.

II Soweit nach den Vorschriften der §§ 737, 743, des § 745 Abs. 2 und des § 748 Abs. 2 die Verurteilung eines Beteiligten zur Duldung der Zwangsvollstreckung erforderlich ist, wird sie dadurch ersetzt, dass der Beteiligte in einer nach Absatz 1 Nr. 5 aufgenommenen Urkunde die sofortige Zwangsvollstreckung in die seinem Rechte unterworfenen Gegenstände bewilligt.

§ 794

Schrifttum: *Dux,* Teilvollstreckung von Grundschulden, insbesondere die unwiderrufliche Vollmacht zur Unterwerfung unter die sofortige Zwangsvollstreckung, Diss Bonn 1992; *Münch,* Vollstreckbare Urkunde und prozessualer Anspruch, 1989.

Gliederung

1) Systematik, I, II 1	10) Für vollstreckbar erklärter Anwaltsvergleich, I Z 4 b 20
2) Regelungszweck, I, II 2	11) Vollstreckbare Urkunde, I Z 5 21–42
3) Prozeßvergleich, Vergleich vor Gütestelle, I Z 1 3–11	A. Form 21
A. Begriff 3, 4	B. Anspruchsart 22
B. Beispiele zur Frage einer Bestimmtheit des Prozeßvergleiches, I Z 1 ...... 5, 6	C. Anspruchsbestimmtheit 23
C. Vollstreckbarkeit: Wie beim Urteil; nach ihrer Abwehrklage 7	D. Beispiele zur Frage einer Anspruchsbestimmtheit, I Z 5 24–35
D. Wirksamkeit des Vergleichs 8	E. Unterwerfungsklausel: Ausdrücklichkeit; Eindeutigkeit 36
E. Auswirkung auf Dritte 9–11	F. Beispiele zur Frage einer Wirksamkeit der Unterwerfung, I Z 5 37–40
4) Kostenfestsetzungsbeschluß, I Z 2 12	G. Abänderbarkeit 41
5) Unterhaltsfestsetzung, Abänderungsbeschluß und Zurückweisung, I Z 2 a	13, 14	H. Vollstreckbare Ausfertigung 42
6) Beschwerdefähige Entscheidung, einstweilige Regelung von Sorgerecht oder Kindesherausgabe, I Z 3 .... 15, 16	12) Bewilligung der Zwangsvollstreckung, II 43, 44
A. Grundsatz: Anfechtbarkeit 15	A. Notwendigkeit eines Duldungstitels .. 43
B. Ausnahmen 16	B. Umfang der Zwangsvollstreckung 44
7) Einstweilige Anordnung, I Z 3 a 17	13) Beispiele weiterer bundes- und landesrechtlicher Vollstreckungstitel 45–59
8) Vollstreckungsbescheid, I Z 4 18	14) Ausländischer Vollstreckungstitel 60
9) Für vollstreckbar erklärter Schiedsspruch, I Z 4 a 19	15) *VwGO* 61

1 **1) Systematik, I, II.** § 794 ist sehr unvollständig. Die Vorschrift zählt in Ergänzung des § 704 lediglich einige andere Vollstreckungstitel als die Endurteile auf. Über weitere bundesgesetzliche Vollstreckungstitel Rn 45 ff. Ergänzend gelten §§ 796 a–c. I Z 5 ist mit § 796 a II inhaltlich gleich.

2 **2) Regelungszweck, I, II.** Die Vorschrift dient sowohl der Rechtssicherheit nach Einl III 43 als auch der Prozeßwirtschaftlichkeit, Grdz 14 vor § 128. Hat der Gläubiger einen anderen vollstreckbaren Titel als ein Urteil in Händen, dann ist eine Leistungsklage über denselben Anspruch wegen des Fehlens eines Rechtsschutzbedürfnisses unzulässig, Grdz 33 vor § 253. Das gilt um so mehr, als ein doppelter Vollstreckungstitel eine Gefahr für den Schuldner bedeutet. Sie soll das Gesetz vermeiden, § 733. Die Leistungsklage wird erst dann zulässig, wenn der Schuldner eine sachlichrechtliche Einwendung erhebt. Denn in einem solchen Fall muß der Gläubiger mit einer Vollstreckungsabwehrklage nach § 767 rechnen, Hamm NJW **76**, 246. Das alles muß man bei der Auslegung des § 794 mitbeachten. Wegen einer Ausnahme bei der einstweiligen Verfügung auf eine wiederkehrende Leistung § 940 Rn 42 „Rente".
Vollstreckungsfähigkeit der Titels ist in allen Fällen eine der Voraussetzungen. Ihr Vorliegen ermöglicht erst die Durchführung irgendeiner Vollstreckungsmaßnahme. Daher entspricht es dem Zweck der Vorschrift, die erforderliche Bestimmtheit der Personen des Gläubigers wie des Schuldners der zu vollstreckenden Forderung usw bei der Handhabung mitzubeachten und die Vorschrift insofern auch streng auszulegen. Das gilt insbesondere bei einer Urkunde nach I Z 5.

3 **3) Prozeßvergleich, Vergleich vor Gütestelle, I Z 1**

Schrifttum: Vgl die Angaben im Anh nach § 307.

A. Begriff. Vgl zunächst grundsätzlich § 278 VI Rn 50 sowie Anh § 307. Zu den in Z 1 genannten Vergleichen gehört auch ein Vergleich im Arrestverfahren, BGH RR **91**, 1021, und im Verfahren auf den Erlaß einer einstweiligen Verfügung, wo man jeweils wirksam auch einen die Hauptsache betreffenden Vergleich abschließen kann, wie ein Vergleich im Prozeßkostenhilfeverfahren (s § 118 I 3 oder nach § 278 VI 1 oder im selbständigen Beweisverfahren, § 492 III. Alle diese Vergleichsarten haben gemeinsam, daß sie einen Prozeß oder ein Verfahren durch eine Vereinbarung beenden oder im Keim ersticken und daß sie vor einem deutschen Gericht oder einer in Z 1 näher gekennzeichneten Gütestelle entstanden sind. Man nennt sie gerichtlichen Vergleich oder Prozeßvergleich, BGH NJW Z Rn 1. Sie sind Vollstreckungstitel nach §§ 794 I Z 1, 795, BSG FamRZ **97**, 1405 bzw nach § 15 VI 2 UWG nF (s Einl I A). § 797 gilt für sie nicht. Vielmehr gilt § 797 a zumindest entsprechend.
Ein Vergleich kann auch in der Zwangsvollstreckung zustande kommen, ferner im *Zwangsversteigerungsverfahren* oder im Verfahren vor der Kammer für Baulandsachen, Mü MDR **76**, 150, oder vor dem BPatG. Das gilt auch dann, wenn ein solcher Vergleich eine nicht vor das Gericht gehörige Sache mitumfaßt, BPatG GRUR **96**, 402. Soweit ein Vergleich vor dem LG oder vor einem höheren Gericht zustandekommt, ist seine Wirksamkeit als Prozeßvergleich davon abhängig, daß alle Beteiligten anwaltlich vertreten waren, Anh § 307 Rn 26.
Es reicht „ein deutsches Gericht" und ein „Rechtsstreit", BayObLG WoM **99**, 359 (WEG-Gebühr). Hierzu zählt auch das Vollstreckungsgericht, ein Arbeitsgericht, ein Patentgericht, BPatG GRUR **96**, 402, ein Strafgericht, Meyer JB **84**, 1121, oder ein FGG-Gericht, BGH **142**, 84, Stgt OLGZ **84**, 131, aM BayObLG MDR **97**, 1031.

4 *Gütestellen,* dazu *Morasch,* Schieds- und Schlichtungsstellen in der Bundesrepublik, 1984; *Preibisch,* Außergerichtliche Vorverfahren in Streitigkeiten der Zivilgerichtsbarkeit, 1982; *Wolfram-Korn/Schmarsli,* Außergerichtliche Streitschlichtung in Deutschland, 2001: Solche Stellen heißen oft auch Einigungsstellen, etwa nach § 15 UWG nF (s Einl I A). Sie sind die durch die Landesregierung bzw durch die Landesjustizverwaltungen

Abschnitt 1. Allgemeine Vorschriften **§ 794**

eingerichteten oder anerkannten Stellen, zB bei der Sozialverwaltung Hbg (Öffentliche Rechtsauskunfts- und Vergleichsstelle), VO v 4. 2. 46, HbgVOBl 13, BGH **123**, 340, Hbg FamRZ **84**, 69, GebO v 2. 1. 50, VOBl 82, ferner für Lübeck, AV LJM v 4. 8. 49, SchlHA 276, und 17. 12. 52, SchlHA **53**, 9, ferner für München, Traunstein, Würzburg, Bek v 31. 7. 84, BayJMBl 146, dazu Bethke DRiZ **94**, 16. Vgl auch Anh § 307 Rn 17.

Gütestellen sind auch die im *obligatorischen Güteverfahren* nach § 15 a I 1 EGZPO, durch die Landesgesetze von den Landesjustizverwaltungen eingerichteten oder anerkannten, § 15 a VI 2 EGZPO, LG Bayreuth RR **05**, 512, Fricke VersR **00**, 1194, Hartmann NJW **99**, 3748, Mattissek (bei Grdz 49 vor § 253 „Obligatorisches Güteverfahren"), Rüssel NJW **00**, 2800, Schneider AnwBl **01**, 327, Zietsch/Roschmann NJW **01**, Beilage zu Heft 51 S 3 (je: Üb).

Vgl dazu in
Baden-Württemberg: G vom 28. 6. 00, GVBl 470, geändert durch G vom 20. 11. 01, GBl 605, dazu LG BadBad WoM **01**, 560; Heck AnwBl **00**, 596; Kothe, Schlichtungsgesetz Baden-Württemberg (Kommentar), 2001; Wolfram-Korn/Schmarsli, Außergerichtliche Streitschlichtung in Deutschland, dargestellt anhand des Schlichtungsgesetzes Baden-Württemberg, 2001;
Bayern: G vom 25. 4. 00, GVBl 268, berichtigt GVBl **02**, 39, dazu AG Nürnb NJW **01**, 3489, Ott, Außergerichtliche Konfliktbeilegung in Zivilsachen, 2000;
Berlin:
Brandenburg: G vom 5. 10. 00, GVBl 134, bzw 21. 11. 00, GVBl 158;
Bremen:
Hamburg:
Hessen: G vom 6. 2. 01, GVBl 98, geändert durch G vom 10. 1. 01, GVBl 434;
Mecklenburg-Vorpommern:
Niedersachsen:
Nordrhein-Westfalen: G vom 9. 5. 00, GVBl 476, geändert durch G vom 25. 11. 01, GVBl 708, dazu Böhm AnwBl **00**, 596, Dieckmann NJW **00**, 2802, Serwe, Gütestellen- und Schlichtungsgesetz NRW, 2002;
Rheinland-Pfalz:
Saarland: G vom 21. 2. 01, ABl 532, geändert durch G vom 7. 11. 01, ABl 2158;
Sachsen:
Sachsen-Anhalt: G vom 22. 6. 01, GVBl 214;
Schleswig-Holstein: G vom 11. 12. 01, GVBl 361, berichtigt GVBl **02**, 218;
Thüringen:

Gebühren: Der Gütestelle im obligatorischen Güteverfahren § 15 a IV, V EGZPO. Des Anwalts VV 2403. Eine Kostenerstattung findet im Zusammenhang mit einem obligatorischen Güteverfahren nur im Rahmen von Vorbereitungskosten statt, § 91 Rn 143, 286, Hartmann NJW **99**, 3748. Zu den Schiedsstellen in den neuen Bundesländern Luther DtZ **91**, 17, Müller DtZ **92**, 18.

Der Inhalt eines solchen Vergleichs muß aus sich heraus für eine Auslegung *genügend bestimmt* sein, Grdz 18 vor § 704, Rn 22 ff, Kblz RR **02**, 1509 (zu I Z 5). Er muß evtl aus einem besonderen Schriftstück bestehen, zB § *15 VI 1 UWG nF* (s Einl I A). Es reicht nicht aus, die Verteilung der Kosten dem Schlichter zu überlassen, LG Bielef RR **02**, 432.

B. Beispiele zur Frage einer Bestimmtheit des Prozeßvergleiches, I Z 1
Anspruchselement: Rn 6 „Zwischenvergleich". 5
Auslegung: Maßgeblich ist nur der Vergleich, nicht eine Äußerung des Richters usw, Stgt Rpfleger **97**, 446.
Außergerichtlicher Vergleich: Er reicht *grds nicht* aus, da er kein Vollstreckungstitel ist, Mü Rpfleger **90**, 136. Wegen eines für vollstreckbar erklärten Anwaltsvergleichs Rn 10.
BAföG: *Nicht* ausreichend ist die Bezugnahme auf einen BAföG-Bescheid, Karlsr OLGZ **84**, 342.
Bezugnahme: S beim Gegenstand der Bezugnahme.
Gegenleistung: Auch sie muß genügend bestimmt sein, BVerfG NJW **97**, 2168.
Gutachten: *Nicht* ausreichend ist unter Umständen die Bezugnahme auf ein Gutachten, selbst wenn alle Beteiligten es kennen und wenn es sich in den Gerichtsakten befindet. Erst recht nicht ausreichend ist die Bezugnahme auf ein erst von einer der Parteien zu beschaffendes Gutachten, selbst wenn es verständlich sein soll. Es liegt dann bisher nur eine derartige Feststellung vor. Daher muß man nach der Vorlage des Gutachtens notfalls neu auf seiner Basis klagen, Stgt RR **99**, 791.
Höchstpension: *Nicht* ausreichend ist die Bezugnahme auf eine „jeweilige Höchstpension".
Index: Ausreichend ist die Bezugnahme auf einen Index des Statistischen Bundesamtes, LG Lüneb DGVZ **93**, 173, aM AG Winsen/L DGVZ **93**, 173 (aber ein bißchen Deutungsbemühung ist zumutbar).
Mehrheit von Gläubigern: Ausreichen kann ein Titel auf eine einheitliche Summe etwa von Unterhalt zugunsten mehrerer Gläubiger, Oldb FamRZ **90**, 900 (sehr großzügig!).
S auch Rn 6 „Unterhalt".
Nettolohn: *Nicht* ausreichend ist die Bezugnahme auf einen „jeweiligen Nettolohn", Brschw FamRZ **79**, 6 929.
Räumung: Es reicht, daß man die Lage ohne Grundbuchauszug ermitteln kann, zB durch Grundbuchbezeichnung (Gemarkung, Buch, Blatt und Flurstück-Nr), Mü DGVZ **99**, 56.
Rentenbemessung: Ausreichend ist die Bezugnahme auf eine im BGBl verkündete Rentenbemessungsgrundlage, Brschw FamRZ **79**, 929.
Tabelle: *Nicht* ausreichend ist die Bezugnahme auf die „jeweilige Tabelle", LG Düss DGVZ **81**, 93.
Übereinstimmungserklärung: Ausreichen kann die Formulierung „Die Parteien sind sich darüber einig, daß ...", je nach dem Inhalt der folgenden Erklärung, aM LG Bonn WoM **89**, 586 (zu eng).
Vorlesung, Genehmigung: *Nicht* ausreichend ist es, wenn der Prozeßvergleich nicht ordnungsgemäß vorgelesen und genehmigt worden ist, §§ 160 III Z 1, 162 I 1, Köln FamRZ **94**, 2048.

§ 794

Unterhalt: *Nicht* ausreichend ist die Anerkennung einer der Höhe nach offenen Unterhaltspflicht, Hamm FamRZ **88**, 1308.

S auch Rn 5 „Mehrheit von Gläubigern".

Zahlungsverpflichtung: *Nicht* ausreichend ist die bloße Verpflichtung, „die Forderung der Klägerin zu zahlen", Oldb Rpfleger **85**, 448.

Zwischenvergleich: *Nicht* ausreichend ist ein Zwischenvergleich über einzelne Anspruchselemente.

7 C. Vollstreckbarkeit. Wie beim Urteil; nach diesem Abwehrklage. Die Vollstreckbarkeit ist notwendig, BPatG GRUR **96**, 402. Man muß sie ebenso wie beim Urteil beurteilen, Anh § 307 Rn 35, BGH Rpfleger **91**, 261. Das gilt, soweit nicht das Fehlen einer inneren Rechtskraftwirkung nach Einf 2 vor §§ 322–327 Einschränkungen nach sich zieht. Eine vergleichsweise Verpflichtung zur Abgabe einer Willenserklärung ersetzt nicht ein Urteil nach § 894. Vielmehr muß der Schuldner die Erklärung in dem Vergleich selbst abgeben oder der Gläubiger sie nach § 887 erzwingen, aM Kblz OLGZ **76**, 381 (es sei § 888 anwendbar. Aber für eine Willenserklärung bietet § 894 die vorrangige Spezialregelung). Das entsprechende gilt dann, wenn die Parteien in einem Vergleich die Zulässigkeit einer Vertragsstrafe vereinbart haben, LG Bln Rpfleger **78**, 32.

Der Prozeßvergleich *beseitigt* ohne weiteres ein noch nicht nach § 322 rechtskräftiges *Urteil*, Hamm MDR **77**, 56, Schlesw JB **75**, 1502. Der Prozeßvergleich kann aber weder eine Vollstreckbarkeit allein noch eine Vollstreckbarkeit des rechtskräftigen Urteils als solche beseitigen, § 775 Rn 11, 12, Hamm NJW **88**, 1988. Die Parteien können freilich auf einen Anspruch oder auf die Vollstreckbarkeit dieses Anspruchs verzichtet haben. Das muß der Schuldner aber durch eine Vollstreckungsabwehrklage nach § 767 geltend machen. Ein Vergleich über Familienunterhalt kann außerhalb des § 1360 BGB unwirksam, nicht vollstreckbar sein, Zweibr FER **00**, 19. Die Vollstreckungsabwehrklage nach § 767 ist auch dann erforderlich, wenn die Parteien über die Auslegung eines unstreitig wirksam gewordenen Prozeßvergleichs streiten, Grdz 25 vor § 704, Hamm FamRZ **78**, 524, Oldb FamRZ **91**, 721.

8 D. Wirksamkeit des Vergleichs. Die Vollstreckbarkeit setzt voraus, daß ein Vergleich wirksam zustande gekommen ist, § 278 VI 1, 2, Anh § 307 Rn 15 ff, LG Bln Rpfleger **88**, 110. Deshalb ist zB ein Vergleich über Fragen der Erziehung von Kindern nicht vollstreckbar. Freilich beeinträchtigt ein Streit nach Anh § 307 Rn 36 über die sachlichrechtliche Wirksamkeit eines formell wirksamen Vergleichs die Vollstreckbarkeit bis zur Entscheidung über die Wirksamkeit nicht, insbesondere nicht im Verfahren nach § 724, § 726 Rn 4, BAG NJW **04**, 701, Ffm MDR **95**, 201, aM Stgt NJW **05**, 910, Sauer/Meiendresch Rpfleger **97**, 289 (aber das überfordert den Rpfl). Wegen der Vollstreckbarkeit einer vermögensrechtlichen Vereinbarung in einem Vergleich während einer Ehesache Düss FamRZ **88**, 312.

Die Kostenregelung über ein *Scheidungsverfahren* nach altem Recht im Wege eines Vergleichs vor dem Zeitpunkt des Erlasses des Scheidungsurteils ist kein Vollstreckungstitel. Wohl aber liegt ein Vollstreckungstitel vor, wenn die Parteien über die Kosten des Scheidungsverfahrens in einem Vergleich nach der Verkündung des Scheidungsurteils nach § 311, aber vor dessen Rechtskraft nach § 322 Einigkeit erzielt haben, Mü MDR **76**, 406. Das gilt auch für die Kosten des Vergleichs selbst. Wenn die Parteien in einem Vergleich ein Ordnungsmittel nach § 890 als angedroht vereinbarten, ist diese Regelung unwirksam, § 890 Rn 7. Die Parteien müssen vielmehr zwecks solcher Vereinbarung eine Vertragsstrafe vorsehen. Die Vollstreckbarkeit ist nicht stets Wirksamkeitsvoraussetzung, Köln JB **00**, 98 (wenn zB keiner dem andern mehr etwas schulden soll).

9 E. Auswirkung auf Dritte. Der Vergleich zieht keine Rechtskraftwirkung nach sich, § 322 Rn 69 „Vergleich". Er ist auch gegen denjenigen Dritten vollstreckbar, der sich in ihm verpflichtet. Die Parteien müssen den Dritten aber seiner Person und seiner Wohnung nach in einer Weise angeben, die den Anforderungen des § 750 entspricht, Hbg FamRZ **82**, 322. Zugunsten eines gemäß § 328 BGB nach dem Vergleich berechtigten Dritten kann die davon mitbegünstigte Prozeßpartei vollstrecken, Hamm RR **96**, 1157, KG NJW **83**, 2032, AG Bonn Rpfleger **97**, 225. Demgegenüber kann der nicht beigetretene Dritte nicht vollstrecken, BGH FamRZ **80**, 342, Stgt Rpfleger **79**, 145, Zweibr FamRZ **79**, 174.

10 Denn man kann *nicht durch* einen privatrechtlichen *Vollstreckungsvertrag* nach Grdz 24 vor § 704 dem Dritten ohne dessen Eintreten in den Formen einer anwaltlichen Vertretung die prozeßrechtliche Stellung einer Partei verschaffen, soweit sie die Verfahrensart erfordert, Anh § 307 Rn 26, BGH **86**, 164. Er kann also auch nicht die Stellung einer Partei im Zwangsvollstreckungsverfahren erhalten, BGH FamRZ **80**, 342, Köln Rpfleger **85**, 305, Oldb FamRZ **91**, 720. Vgl freilich § 1629 II 2, III BGB, § 323 Rn 16.

11 Zur Lage des Elternteils *nach* dem *Erlöschen seiner Prozeßstandschaft* nach Grdz 26 vor § 50 gilt dasselbe, Hbg FamRZ **84**, 927, KG FamRZ **84**, 505, LG Düss Rpfleger **85**, 497, aM Ffm FamRZ **83**, 1268, Hbg FamRZ **85**, 625, Schlesw FamRZ **90**, 189 (nach einem Urteil), AG Oldb DGVZ **88**, 126 (aber nun ist der bisherige Prozeßstandschafter eben prozessual nicht mehr berechtigt). Etwas anderes gilt natürlich sachlichrechtlich sowie dann, wenn der Dritte einen auf ihn lautenden Vollstreckungstitel aus der Vereinbarung erhalten hat, sei es auch rechtsfehlerhaft, Ffm FamRZ **83**, 756.

12 4) Kostenfestsetzungsbeschluß, I Z 2

Schrifttum: Vgl bei Rn 21.

Diesen Beschluß nennt Z 2, weil er nicht einer sofortigen Beschwerde unterliegt, Z 3, OVG Münst NJW **86**, 1191, sondern weil er mit der *Erinnerung* nach § 766 angreifbar ist. Ob die zugehörige Kostengrundentscheidung im Sinn von Üb 35 vor § 91 überhaupt existiert, muß das Vollstreckungsgericht im Zweifel von Amts wegen klären, Grdz 38 vor § 128. Eine Einstellung der Zwangsvollstreckung aus der Kostengrundentscheidung bewirkt wegen der Abhängigkeit der Kostenfestsetzung von der Kostengrundentscheidung nach Einf 8 vor §§ 103–107 ohne weiteres auch die Einstellung der Zwangsvollstreckung aus dem Kostenfestsetzungsbeschluß, Stgt Rpfleger **88**, 39. Zur Klarstellung ist ein Hinweis darauf in ihm notwendig, ähnlich wie bei einer Sicherheitsleistung nach § 108 als Voraussetzung der Vollstreckbarkeit und bei vollstreckungsbeschränkenden Vergleichsabreden usw, Stgt Rpfleger **88**, 39. Erst das Vollstreckungsorgan prüft die

Abschnitt 1. Allgemeine Vorschriften § 794

Leistung der Sicherheit oder Teilsicherheit nach §§ 751 II, 752. Die Rechtskraft der Kostengrundentscheidung macht den Kostenfestsetzungsbeschluß ohne Sicherheitsleistung vollstreckbar, Naumb JB **02**, 38. § 717 ist auch hier anwendbar, ebenso §§ 769 ff, 775 Z 1, 2, Stgt Rpfleger **88**, 39. Eine Abtretung nur dem Grunde nach oder eine bloße Sicherungsabtretung an den ProzBev hindern den Gläubiger nicht an der Vollstreckung im eigenen Namen, BGH NJW **88**, 3205, LG Itzehoe AnwBl **89**, 164. Der Zwangsgeldbeschluß nach § 888 gehört nicht hierher, LG Kiel DGVZ **83**, 156.

5) Unterhaltsfestsetzungs-, Abänderungsbeschluß und Zurückweisung, I Z 2 a. Es handelt sich 13
um einen Beschluß nach § 1615 f BGB, §§ 645 ff auf Festsetzung im Vereinfachten Verfahren, auf Abänderung der Festsetzung oder auf Zurückweisung eines solchen Antrags. Die Zwangsvollstreckung erfolgt allein aus dem zusprechenden Beschluß, nicht in Verbindung mit dem Urteil aus §§ 653 ff.

Bei einer *Abänderung* gilt: Dem Bestimmtheitserfordernis nach Grdz 18 vor § 704 genügt die Angabe des 14
Prozentsatzes der jeweils gültigen amtlichen Regelbedarfs-Anpassungsverordnung. Das Gericht muß diese Verordnung jeweils im Beschluß bezeichnen. Die bloße Bezugnahme auf die sog Düsseldorfer Tabelle usw nach § 323 Rn 38 reicht nicht, AG Altenkirchen Rpfleger **02**, 164.

6) Beschwerdefähige Entscheidung, einstweilige Regelung von Sorgerecht oder Kindesheraus- 15
gabe, I Z 3. Ein Grundsatz hat Ausnahmen.

A. Grundsatz: Anfechtbarkeit. Unter diese Vorschrift fällt grundsätzlich jede Entscheidung, die mit einer sofortigen Beschwerde nach §§ 567 ff, 793 anfechtbar ist oder derart beschwerdefähig wäre, wenn sie in der ersten Instanz ergangen wäre. Hierunter fällt also auch zB: Eine Entscheidung nach §§ 99 II, 641 d; ein Kostenausspruch nach § 269 III, IV oder nach § 516 III; eine Entscheidung nach § 494 a II 1; eine Entscheidung des OLG, zB ein Verwerfungsbeschluß nach § 522 I 2; ein Beschluß nach §§ 887, 890; ein Zwangsgeldbeschluß nach § 888, AG Arnsbg DGVZ **94**, 79. Ferner zählen hierzu alle sofortigen Entscheidungen, die im Zeitpunkt ihres Wirksamwerdens rechtskräftig sind. Zum Begriff der Vollstreckbarkeit Grdz 28 vor § 704. Die aufschiebende Wirkung der sofortigen Beschwerde oder die Aussetzung der Vollziehung nach § 570 I hindern zwar die Durchführung der Zwangsvollstreckung. Sie hindern aber nicht die Erteilung der vollstreckbaren Ausfertigung, Grdz 51 vor § 704. §§ 381, 402 sind anwendbar.

Unanwendbar ist I Z 3 auf einen Einspruchsverwerfung nach §§ 341 I, 700 I. Denn sie muß nach § 341 II durch Urteil erfolgen.

B. Ausnahmen. Keinen Vollstreckungstitel bilden ausnahmsweise die Entscheidungen des Familiengerichts über eine einstweilige Anordnung wegen der elterlichen Sorge für wie gemeinschaftliches Kind nach § 620 Z 1 oder wegen der Herausgabe des Kindes an den anderen Elternteil nach § 621 I 1 Z 3, und zwar auch nicht im Fall der Aufhebung oder Änderung der jeweiligen Entscheidung nach § 620 b in Verbindung mit § 621 I 1 Z 1, 3. Dann ist § 33 FGG anwendbar.

7) Einstweilige Anordnung, I Z 3 a. Die Vorschrift erfaßt Anordnungen nach §§ 127 a, 620 Z 4–10, 17
621 f, 621 g S 1, soweit es um Hausrat usw geht, sowie nach § 644. Das gilt jeweils auch nach der Beendigung des Prozesses und unabhängig von seiner Kostenentscheidung, BGH **94**, 323. Es ist eine Vollstreckungsklausel notwendig, Harnacke DGVZ **02**, 69. Die Vorschrift gilt aber nur für solche Anordnungen, auf die das FGG anwendbar ist, § 64 b FGG, LG Ravensb FamRZ **78**, 911, aM Hbg FamRZ **79**, 1046, Mü FamRZ **79**, 1047 (betr § 620 a), Oldb FamRZ **78**, 911 (aber diese Begrenzung ergibt sich aus dem Sachbezug, auf die Z 3 a verweist). Wegen der Kindesherausgabe Rn 16 und § 883 Rn 14.

8) Vollstreckungsbescheid, I Z 4. Vgl bei §§ 699 ff, 796. 18

9) Für vollstreckbar erklärter Schiedsspruch, I Z 4 a. Notwendig ist, daß der Schiedsspruch rechts- 19
kräftig oder für vollstreckbar erklärt worden ist, §§ 1060, 1061, Köln NJW **97**, 1452. Das gilt auch beim Schiedsspruch mit vereinbartem Wortlaut nach § 1053 I.

10) Für vollstreckbar erklärter Anwaltsvergleich, I Z 4 b. Für einen nach § 796 a I geschlossenen sog 20
Anwaltsvergleich oder Vergleich mit Unterwerfungsklausel und für einen beim Notar in Verwahrung genommenen derartigen Vergleich nach § 796 c I 1 gilt Z 4 b. Ferner ist § 797 II–V entsprechend für den Vergleich nach § 796 c VI anwendbar, § 797 Rn 12. Z 4 a gilt evtl auch beim Räumungsvergleich, Münch NJW **93**, 1183.

11) Vollstreckbare Urkunde, I Z 5 21

Schrifttum: *Böckmann,* Schuldnerschutz bei vollstreckbaren Urkunden, 2003; *Lentner,* Die vollstreckbare Urkunde im europäischen Rechtsverkehr, 1997; *Bellinger,* Die Bezugnahme in notariellen Urkunden, 1987; *Engelhardt,* Prozessualer und materiellrechtlicher Bestand des in vollstreckbaren notariellen Urkunden erklärten Nachweisverzichts usw, 2004; *Gaul,* Vollstreckbare Urkunde und vollstreckbarer Anspruch, Festschrift für *Lüke* (1997) 81; *Jursnick,* Leistung vertretbarer Sachen sowie Sicherungsübereignung in der vollstreckbaren Urkunde, 1998; *Kopp,* Die vollstreckbare Urkunde usw, Diss Bonn 1994; *Leutner,* Die vollstreckbare Urkunde im europäischen Rechtsverkehr, 1997; *Lindemeier,* Die Unterwerfungserklärung in der vollstreckbaren notariellen Urkunde, 2000; *Münch,* Vollstreckbare Urkunde und prozessualer Anspruch, 1989; *Sauer,* Bestimmtheit und Bestimmbarkeit im Hinblick auf die vollstreckbare notarielle Urkunde, 1986; *Schultheis,* Rechtsbehelfe bei vollstreckbaren Urkunden, 1996; *Wolfsteiner,* Die vollstreckbare Urkunde, 1978; *Wolfsteiner* DNotZ **99**, 306 (Üb).

A. Form. Ein deutsches Gericht oder ein deutscher Notar müssen die Urkunde errichtet haben, BGH **138**, 361, BVerwG JZ **96**, 100. Ausreichend ist auch die Errichtung durch den Rpfl im Rahmen der gesetzlichen Ermächtigung. Gericht, Rpfl, Notar müssen in den Grenzen ihrer Amtsbefugnisse und in der vorgeschriebenen Form nach dem BeurkG gehandelt haben, BGH **138**, 361. Die Urkunde darf zB abgesehen von Schreibfehlern und keine allseits einverständliche nachträgliche „Berichtigung" erhalten haben, Hamm Rpfleger **88**, 197. Zur gerichtlichen Zuständigkeit § 62 BeurkG. Auch bestimmte deutsche Konsuln sind zuständig, §§ 16 KonsG, 57 I Z 1 BeurkG, VGH Mü NJW **83**, 1992. Das Prozeßgericht ist als solches nicht zuständig. Ein protokollierter Prozeßvergleich ist aber wirksam. Denn er ersetzt jede andere Form,

§ 794

Anh § 307 Rn 34. Es genügt auch eine Anlage zum Protokoll der Urkundsperson zusammen mit einer ausreichend beurkundeten Unterwerfung. Eine öffentliche Beglaubigung der Unterwerfungserklärung reicht grundsätzlich nicht aus. Einzelheiten bei Haegele Rpfleger **75**, 157. Über den Anwaltsvergleich Rn 20. Eine ausländische vollstreckbare Urkunde reicht nicht aus, BGH **138**, 362.

22 **B. Anspruchsart.** Der Vergleichsgegenstand ist nur von der Vergleichsfähigkeit im Sinn von Anh § 307 Rn 8, 9 abhängig, also davon, daß die Parteien über ihn verfügen können, Grdz 18 von § 128. Er ist also keineswegs auf die in § 592 genannten Ansprüche beschränkt. Ausreichend ist zB ein Anspruch gegen den Bauträger auf seine Vertragsleistung. Der Vergleich darf allerdings wegen § 894 nicht in der Abgabe einer Willenserklärung bestehen und auch nicht den Bestand eines Mietverhältnisses über Wohnraum betreffen, Hs 2. Insofern ähnelt I Z 5 dem § 796 a II, dort Rn 11. Diese Ausnahmen sind eng auslegbar, AG Ingolstadt DGVZ **01**, 90. „Bestand eines Mietverhältnisses über Wohnraum" ist dasselbe wie bei § 23 Z 2 a Hs 2 GVG Rn 6. Dazu gehört zB auch ein Anspruch nach §§ 574 ff BGB bzw ein Anerkenntnis des Räumungsanspruchs, AG Detm DGVZ **03**, 60 (also keine Vollstreckbarkeit), nicht aber zB ein Anspruch auf Miete. Bei Mischmiete kommt es auf die ganz überwiegende Nutzungsart an, Schultes DGVZ **98**, 177, Wolfsteiner DNotZ **99**, 317.

23 **C. Anspruchsbestimmtheit.** Der Anspruch muß im Sinn von §§ 253 II Z 2, 313 I Z 4 vollstreckbar bestimmt sein, BGH MDR **97**, 776, Kblz RR **02**, 1510, LAG Ffm NZA-RR **04**, 382. Eine bloße Bestimmbarkeit genügt nicht, BGH NJW **80**, 1051, KG ZIP **83**, 370, LG Saarbr DGVZ **97**, 29. Eine Auslegung ist bei der Vollstreckbarkeit nur in engen Grenzen zulässig, Rn 5, 6 (zu I Z 1), BayObLG JB **00**, 624, Kblz JB **02**, 551, Köln VersR **93**, 1505, großzügiger Zweibr FamRZ **03**, 691 (aber man muß die Vollstreckbarkeit im Ergebnis ganz eindeutig und ohne Auslegungsprobleme vermeidbarer Art erkennen können.)

24 **D. Beispiele zur Frage einer Anspruchsbestimmtheit, I Z 5**
Abhängigkeit, § 726: Ausreichend ist ein Anspruch, dessen Höhe man später nach § 726 errechnen kann, BAG NJW **01**, 1297, KG OLGZ **83**, 213.
Abrechnung: *Nicht* ausreichend ist die Verpflichtung, „sämtliche Baustellen und Aufträge abzurechnen, an denen der Kläger mitgewirkt hat", LAG Düss MDR **03**, 1380.
Anlage: Sie muß im Protokoll nach § 160 V als solche bezeichnet sein, dort Rn 22.
Austausch: Der Gläubiger kann seinen Anspruch nur mit Zustimmung des Schuldners gegen einen weiteren austauschen. Er kann dann zB statt einer Kaufpreisforderung einen Schadensersatzanspruch geltend machen, BGH NJW **80**, 1051.
Bankrecht: *Nicht* ausreichend ist die bloße Bezugnahme auf einen Kontoauszug, LG Köln JB **76**, 255.
     S auch „Berechenbarkeit".
Bedingung: Der Anspruch darf befristet, betagt, bedingt und zukünftig sein, wenn er nur bestimmt ist, BGH DNotZ **90**, 552, Hamm BB **91**, 865, KG OLGZ **83**, 216. Das gilt auch für den Verzicht auf Fälligkeit in AGB, Geimer DNotZ **96**, 1055. Zur Verbindung eines bedingten und eines unbedingten Anspruchs bei einem Höchstzinssatz BGH **88**, 65.
Berechenbarkeit: Ausreichend ist ein Anspruch, der sich aus den Unterlagen mühelos errechnen läßt, die zur Urkunde gehören, die also in ihr enthalten sind oder als ihre Anlage ausgewiesen sind, BGH DNotZ **01**, 379, Düss DNotZ **88**, 244, Opalka NJW **91**, 1796 (ausf).
     Nicht ausreichend sind zB: Ein zwar an sich beziffester, dennoch von unbezifferten Umständen (Einkommen) des Gläubigers im Ergebnis abhängiger Betrag, Zweibr FamRZ **99**, 33 links; ein Anspruch auf eine Rente „in Höhe der jeweiligen Höchstpension", BGH MDR **96**, 1065.
     S auch Rn 23 „Abhängigkeit, § 726", Rn 24 „Bankrecht", Rn 31 „Offenkundigkeit", Rn 34 „Wertsicherungsklausel".
Beweislast: Nach der Erfüllung der Hauptschuld muß der Gläubiger für eine Vollstreckungsklage den Grund und die Höhe der Zinsforderung beweisen, BayObLG DNotZ **76**, 367.
     S auch Rn 35 „Zinsen".
Bezifferung: Sie reicht aus, BGH MDR **96**, 1065.
Bezugnahme: Sie reicht aus, wenn die in Bezug genommene Urkunde zB beim Prozeßvergleich dem Protokoll nach § 160 V beigefügt ist, Zweibr Rpfleger **92**, 441, oder wenn die Berechnung mit Hilfe offenkundiger Daten möglich ist, insbesondere aus dem Grundbuch ersichtlicher, BGH NJW **95**, 1162 (krit Münch DNotZ **95**, 749).
Darlehen: Rn 31 „Schadensersatz".
Dritter: Er muß als Leistungsempfänger klar aus der Urkunde hervorgehen, KG NJW **00**, 1409 (Notar mit Anderkonto).
25 Erbrecht: Die Urkunde darf eine Verpflichtung zur Herausgabe eines Nachlasses im Weg der Zwangsvollstreckung enthalten, § 1990 BGB.
26 Fälligkeit: Rn 24 „Bedingung".
Gegenleistung: Auch sie muß genügend bestimmt sein, BVerfG NJW **97**, 2168.
Gläubiger: Er muß eindeutig feststehen, KG Rpfleger **75**, 371. Bei einer Gläubigermehrheit muß ihr Beteiligungsverhältnis aus der Urkunde erkennbar sein. Bloße Grundbucheinsicht reicht nicht.
Grundbuch: Rn 31 „Offenkundigkeit".
27 Herausgabe: *Nicht* ausreichend ist die Herausgabe „entsprechender Fahrzeugpapiere", Saarbr RR **05**, 1302.
Höchstbetragshypothek: *Nicht* ausreichend ist eine Höchstbetragshypothek, § 1190 BGB. Sie läßt eine Unterwerfung hinsichtlich des Höchstbetrags nämlich nicht zu, BGB **88**, 65. Wohl aber läßt sie eine Unterwerfungsklausel wegen eines Teilbetrags zu, der im Rahmen der Höchstbetragshypothek bereits feststeht, Ffm Rpfleger **77**, 220, Hornung NJW **91**, 1651. Es genügt andererseits auch nicht, wenn eine Höchstgrenze für die Unterwerfung bloß genannt wird. Vielmehr muß auch eine Unterwerfung in dieser Höhe stattfinden, und zwar mit der Möglichkeit für den Schuldner, nach §§ 767, 795 geltend zu machen, daß seine Schuld diese Summe nicht erreicht. Zum Problem Hornung NJW **91**, 1651.

Abschnitt 1. Allgemeine Vorschriften § 794

Index: Ausreichend ist die Anknüpfung an einen amtlichen Index, zB bei einem gleitenden Erbbauzins an 28 den Lebenskostenindex. Denn jeder kann ihn nachlesen, BGH DGVZ **05**, 26, LG Düss DGVZ **96**, 28, LG Kempten DGVZ **96**, 28. Freilich kann § 3 WährG die Unwirksamkeit herbeiführen, § 134 BGB. Das Vollstreckungsorgan braucht sie aber nicht von Amts wegen zu prüfen. Voraussetzung ist in solchem Fall jedoch, daß der maßgebende der amtlichen Indices auch hier wie stets eindeutig feststeht, BGH DGVZ **05**, 26, AG Darmst DGVZ **80**, 174, Geitner/Pulte Rpfleger **80**, 94, und daß er allgemein mühelos zugänglich ist, Karlsr OLGZ **91**, 229 (nicht beim Index eines einzelnen Bundeslandes. Vgl freilich § 293 Rn 1).

Nicht ausreichend ist zB die Bezugnahme auf eine Statistik, die zwei verschiedene Preisindices nennt, AG Darmst DGVZ **80**, 174.

S auch Rn 24 „Berechenbarkeit", Rn 34 „Wertsicherungsklausel".

Kaufpreis: Die Unterwerfung erfaßt auch den zugehörigen Schadensersatzanspruch, aM Hamm RR **96**, 1024 (aber man sollte prozeßwirtschaftlich vorgehen, Grdz 14 vor § 128).

Kontoauszug: Rn 24 „Bankrecht". 29

Kostenübernahme: Ausreichend ist es, wenn der Schuldner nicht errechnete Prozeßkosten bei einer immerhin ziffernmäßig bestimmten Hauptforderung übernommen hat.

Miete, Pacht: Zur Räumungsverpflichtung Moeser NZM **04**, 769. Aber Vorsicht für den Mieter! Die 30 Zeiten des Vermietermarkts sind vorbei.

Nicht ausreichend ist nach einer Unterwerfung wegen der Miete, ihrer Erhöhung und der Kaution ein bloßer Entschädigungsanspruch aus § 546 a I BGB, Ffm ZMR **87**, 177. Nicht ausreichend ist die Formulierung, geschuldet sei „der vereinbarte Zins", Kblz RR **02**, 1510.

Nebenleistung: *Nicht* ausreichend ist die bloße Bezeichnung „Nebenleistungen", BGH MDR **79**, 916. 31

Nettogehalt: Rn 33 „Unterhalt".

Offenkundigkeit: Ausreichend ist es, wenn die Berechnung mit Hilfe offenkundiger Daten möglich ist, insbesondere aus dem Grundbuch ersichtlicher, BGH RR **00**, 1358 (großzügig).

Pacht: Rn 30 „Miete, Pacht".

Rechtsberatungsgesetz: Sein Schutz umfaßt die Unterwerfung, BGH NJW **04**, 842.

Rente: Rn 24 „Berechenbarkeit".

Schadensersatz: Ausreichend ist die Schadensersatzforderung des Darleihers wegen rechtmäßiger Nichtauszahlung, Ffm RR **04**, 137.

Teilbetrag: Rn 27 „Höchstbetragshypothek". 32

Unterhalt: *Nicht* ausreichend ist ein Unterhalt „nach dem Nettogehalt", selbst wenn dessen derzeitige Höhe 33 genannt ist, Grdz 18, 19 vor § 704; *nicht* ausreichend ist ein Unterhalt „abzüglich des jeweiligen hälftigen staatlichen Kindergelds", Ffm FamRZ **81**, 70; nicht ausreichend ist die bloße Bezugnahme auf die „Düsseldorfer Tabelle" (zu solchen Tabellen § 323 Rn 38), Kblz FamRZ **87**, 1291; nicht ausreichend ist eine einheitliche Unterhaltspauschale für mehrere Begünstigte ohne eine Aufschlüsselung auf sie, Zweibr FamRZ **86**, 1237; nicht ausreichend ist eine Zahlungsübernahme „unter Anrechnung" geleisteter Zahlungen, Zweibr (5. ZS) FamRZ **03**, 693 links, aM Zweibr (2. ZS) FamRZ **03**, 692 (vgl aber Rn 23).

Währungsrecht: Ausreichend ist eine Geldforderung in ausländischer Währung, § 253 Rn 31, auch zu den 34 Grenzen.

S auch Rn 28 „Index", Rn 34 „Wertsicherungsklausel".

Wertsicherungsklausel: Ein Bezug auf sie etwa bei einer Rente reicht aus, wenn die Berechnungsfaktoren eindeutig bestimmt worden sind und wenn diese Faktoren auch allgemein und alsbald ohne besondere Mühe zugänglich sind, BGH FamRZ **04**, 531 (Lebenskostenindex des Statistischen Bundesamts; zustm Wax LMK **04**, 83), Brschw FamRZ **79**, 929, Stürner/Münch JZ **87**, 182, aM Jauernig ZwV § 1 VI 1, ThP 51 (aber eine allgemeine einfache Informationsmöglichkeit ist stets zumutbar). Notfalls wird die Vollstreckungsklausel nur auf einen bezifferten Betrag beschränkt.

S auch Rn 24 „Berechenbarkeit".

Wohnungseigentum: Die Urkunde auf Grund einer Teilungserklärung muß genau erkennen lassen, auf welche Beitragsvorschüsse sich die Unterwerfung bezieht, KG FGPrax **03**, 212.

Zeugnis: Zu unbestimmt ist die Verpflichtung zur Erteilung „auf der Basis" eines Zwischenzeugnisses, LAG Ffm NZA-RR **04**, 382.

Zinsen: Auch hier ist Berechenbarkeit nötig, Rn 24. Ausreichend sind Zinsen „bis zu x%", BGH **88**, 62, 35 aM Stgt Rpfleger **83**, 6 (aber die Höchstgrenze ist als Gefahrenobergrenze bestimmt). Ausreichend ist ihre Anknüpfung an den Basiszinssatz nach § 247 BGB (sie können dann auch in festgelegter Weise über oder unter ihm liegen), so schon Düss Rpfleger **77**, 67, Geitner/Pulte Rpfleger **80**, 93. Ausreichend ist die Formulierung „Zinsen ... seit der Eintragung", BGH RR **00**, 1358. Ausreichend sein kann die Ermittelbarkeit mithilfe offenkundiger aus dem Grundbuch ersichtlicher Daten, BGH DNotZ **01**, 379.

Nicht ausreichend sind „Zinsen seit der Auszahlung" (es fehlt ihr Datum), BayObLG RR **96**, 38, Haegele Rpfleger **75**, 158, LG Aachen Rpfleger **91**, 16, oder seit einer „Mitteilung des Baufortschritts durch den Bauherrn", Düss OLGZ **80**, 340, oder Zinsen auf Bruchteile des Kaufpreises ab Eintritt eines bestimmten im Kaufvertrag jeweils aufgeführten Bautenstandes, Hamm DNotZ **92**, 662 (im Ergebnis zustm Reithmann), oder seit Räumung nebst Notarbestätigung, Düss DNotZ **88**, 245 (abl Reithmann), oder wegen etwaiger Verzugszinsen, Düss OLGZ **80**, 339.

S auch Rn 24 „Beweislast", Rn 28 „Index".

Zug um Zug. Auch die Gegenleistung muß bestimmt sein.

E. Unterwerfungsklausel: Ausdrücklichkeit; Eindeutigkeit. Der Schuldner muß sich in der Ur- 36 kunde der sofortigen Zwangsvollstreckung unterworfen haben, Bbg FamRZ **87**, 857. Eine Formularklausel ist nicht grundsätzlich unzulässig, BGH **99**, 282, Hamm DNotZ **93**, 244. Die Urkunde braucht nicht den Wortlaut des Gesetzes zu wiederholen. Sie muß aber eine Unterwerfung des Schuldners eindeutig und ausdrücklich aussprechen. Davon muß man den Schuldgrund der Unterwerfung unterscheiden, BGH MDR

§ 794

97, 776. Ihn braucht man nicht auszugeben, BGH **73**, 156, Nieder NJW **84**, 332. Er braucht der Höhe nach noch nicht festzustehen, BGH NJW **00**, 951. Die Unterwerfung ist nur eine prozessuale Willenserklärung. BGH **108**, 375, BayObLG DNotZ **92**, 309, Brdb NZM **02**, 406. Zawar Festschrift für Lüke (1997) 996. Sie mag in öffentlicher Urkunde nach § 415 bzw in öffentlicher Beglaubigung vorliegen müssen, Brdb NZM **02**, 406. Die Vollmacht zur Unterwerfung braucht keine notarielle Beglaubigung, BGH NJW **04**, 844. Die Unterwerfungserklärung ist nicht empfangsbedürftig.

37 F. Beispiele zur Frage einer Wirksamkeit der Unterwerfung, I Z 5
Auslegung: Man muß die Unterwerfungsklage wegen der zwingenden Form streng nach dem Inhalt der Urkunde auslegen, BayObLG DNotZ **92**, 309, Ffm RR **88**, 1213. In diesen Grenzen besteht aber durchaus eine Auslegungsfähigkeit, BGH **88**, 66.
Bedingung: Zulässig ist eine besondere Vereinbarung dahin, daß der Gläubiger von der Unterwerfung des Schuldners nur unter einer Bedingung Gebrauch machen darf, Grdz 24 vor § 704. Beim Verstoß ist Erinnerung nach § 766 möglich.
Bürgschaft: Die Unterwerfung wegen einer Bürgschaft sichert *nicht* ohne eine besondere Vereinbarung auch eine solche Verbindlichkeit, die anstelle der Bürgschaft tritt, BGH DNotZ **91**, 530 (zustm Münch).
Eigentümergrundschuld: Rn 38 „Grundschuld".
Einseitigkeit: Die Unterwerfungserklärung ist einseitig und bedarf zur Wirksamkeit keiner Annahme, Nieder NJW **84**, 332.
Eintragung: Das betroffene Grundpfandrecht braucht nicht zuvor eingetragen zu sein, Nieder NJW **84**, 332. Eine Unterwerfung läßt sich nur im Fall des § 800 in das Grundbuch eintragen.
Einwilligung: Die Unterwerfungserklärung bedarf zur Wirksamkeit der Einwilligung des gesetzlichen Vertreters, wenn das zugrundeliegende Rechtsgeschäft ebenfalls einer solchen Einwilligung bedarf. Denn die Unterwerfung erleichtert die Erfüllung des Rechtsgeschäfts. Man muß sie daher im Zusammenhang mit ihm sehen.
Fälligkeit: Der Schuldner kann auf ihren Nachweis verzichten, Mü RR **98**, 353 (Folge: Beweislastumkehr). Der Fälligkeitsverzicht kann aber auch zur Nichtigkeit der Unterwerfung nach §§ 134, 138 BGB führen, zB beim Bauträgervertrag, BGH NJW **99**, 51, Köln RR **99**, 22, LG Essen RR **02**, 1077, aM Pause NJW **00**, 769, Wolfsteiner DNotZ **99**, 99 (aber die genannten BGB-Regeln gelten uneingeschränkt).
Gebühren: § 36 KostO.
38 Genehmigung: Die Unterwerfung kann in fremdem Namen durch einen Vertreter ohne Vertretungsmacht erfolgen, LG Bonn Rpfleger **90**, 374. Dann wird sie mit der Genehmigung des Vertretenen nach § 89 wirksam, soweit diese in einer noratiell beglaubigten Urkunde erfolgt, Zweibr OLGR **02**, 438, Bindseil DNotZ **93**, 16, Zawar Festschrift für Lüke (1997) 997. Wirksam ist die Genehmigung auch dann, wenn der sich Unterwerfende zB das Grundstück erst noch erwerben will, KG RR **87**, 1229. Zum Problem Rastätter NJW **91**, 394, Stöber Rpfleger **94**, 393. Es kann auch eine Genehmigung des Gerichts erforderlich sein.
Dagegen ist die nachträgliche Genehmigung der Erklärung des im *eigenen* Namen aufgetretenen Nichtberechtigten *unwirksam*, KG RR **87**, 1229, Stöber Rpfleger **94**, 395, aM MüKoWo 175 (aber das wäre eine zu weite Auslegung).
S auch Rn 39 „Unterhalt".
Gesetzlicher Vertreter: Rn 37 „Einwilligung", Rn 38 „Genehmigung".
Grundbuchamt: S bei den einzelnen Vorgängen.
Grundschuld: Wegen einer Unterwerfung nach der Eintragung einer Grundschuld BGH **73**, 159, aM LG Stade Rpfleger **77**, 261. Der Grundeigentümer, der für sich eine Eigentümergrundschuld bestellt, kann sich auch persönlich der sofortigen Zwangsvollstreckung unterwerfen, BGH NJW **91**, 228, Ffm Rpfleger **81**, 59, aM KG DNotZ **75**, 718. Wegen der Unterwerfung für einen Grundschuldteil LG Lüb MDR **86**, 1037. Eine Unterwerfung auf Grund einer Grundschuld auch wegen desselben Betrags in das gesamte übrige Vermögen meint keine Verdoppelung der Haftsumme, BGH NJW **88**, 707, Hamm RR **91**, 819. Sie ist für den Schuldner zulässig, auch in Allgemeinen Geschäftsbedingungen nach (jetzt) §§ 307 ff BGB, BGH RR **90**, 246, nicht aber für einen Nichtschuldner, BGH **114**, 9.
Grundstücksverfügung: Rn 40 „Zwangshypothek".
Hinterlegung: S Düss DNotZ **91**, 537 (abl Wolfsteiner).
Kündigung: Der Notar muß vor Erteilung der Vollstreckungsklausel prüfen, ob die vereinbarten Voraussetzungen der Wirksamkeit der Kündigung vorliegen, LG Wuppert ZMR **00**, 836.
Nachweis: Die Unterwerfung ist auch in derjenigen Weise zulässig und evtl notwendig, daß der Gläubiger eine vollstreckbare Ausfertigung erhalten darf, ehe er die Entstehung und die Fälligkeit der Schuld nachweisen muß. Denn § 726 ist eine rein vollstreckungsrechtliche Vorschrift, BGH NJW **81**, 2757, Ffm JB **97**, 545, Hamm DNotZ **93**, 244, aM Bre RR **99**, 963, LG Waldshut-Tiengen NJW **90**, 193 (Verstoß gegen [jetzt] § 309 Z 12 BGB; zu streng). Allerdings muß sich der Anspruch als solcher eindeutig aus dem Titel ergeben, Düss (9. ZS) OLGZ **80**, 341, aM Düss (3. ZS) Rpfleger **77**, 67 (aber das Bestimmtheitserfordernis bildet eine wesentliche Grundlage der Gesamtregelung). In einem solchen Fall ist der Schuldner darauf angewiesen, die etwa zulässigen Einwendungen zu erheben, Mü RR **92**, 126. Über die Unterwerfung zu Lasten des jeweiligen Eigentümers § 800.
Nichtberechtigter: S „Genehmigung".
Nichtigkeit: Aus einer Nichtigkeit des zugrundeliegenden sachlichrechtlichen Rechtsgeschäfts folgt nicht stets die prozessuale Unwirksamkeit der Unterwerfungserklärung, BGH NJW **96**, 2792, Hamm RR **96**, 1024, Köln RR **95**, 1107 (notfalls hilft § 767).
39 Prozeßfähigkeit: Zur Wirksamkeit der Unterwerfung ist die Prozeßfähigkeit erforderlich, §§ 51 ff.
Rechtsbehelfe: Einzelheiten bei einer Unwirksamkeit der Urkunde Windel ZZP **102**, 230.
Rechtsweg: S „Unzuständigkeit".
Sachlichrechtliche Erklärung: Rn 38 „Nichtigkeit".

Abschnitt 1. Allgemeine Vorschriften **§ 794**

Spitzenbetrag: Eine Unterwerfung unter den sog Spitzenbetrag schafft nur insofern einen Vollstreckungstitel, BGH NJW **93**, 1996.
Unterhalt: Wenn ein Elternteil gegenüber dem anderen eine Unterhaltspflicht im Verhältnis zu einem Kind anerkennt, ist das Kind Vollstreckungsgläubiger. Eine Genehmigung des Vormundschaftsgerichts ist nicht erforderlich.
   S auch „Spitzenbetrag".
Unzuständigkeit: Die Unterwerfung enthält einen Verzicht auf die Rüge der Unzuständigkeit des ordentlichen Gerichts. Denn eine Einwendung nach den §§ 767, 797 ist nur vor dem ordentlichen Gericht zulässig.
Verbraucherdarlehen: Bei ihm kann die Unterwerfung wegen Verstoßes gegen § 496 II BGB unwirksam sein, Vollkommer NJW **04**, 820.
Vollmacht: Auch der Gläubiger kann Bevollmächtigter des Schuldners sein, Dux WoM **94**, 1145, Zawar Festschrift für Lüke (1993) 995.
   S auch Rn 38 „Genehmigung".
Vollstreckungsklausel: S „Zwangshypothek". 40
Widerruf: Wenn die Unterwerfungserklärung vorbehaltlos erfolgt, kann der Schuldner sie nicht ohne eine Zustimmung des Gläubigers wirksam widerrufen.
Zinsen: Man darf auf einen Zeitpunkt abstellen, der weder für die Fälligkeit des Anspruchs noch für den Eintritt des Schuldensverzugs maßgeblich ist, BGH NJW **00**, 952.
Zustandekommen: Das Grundbuchamt braucht nicht die Umstände des Zustandekommens der Unterwerfungserklärung zu prüfen.
Zwangshypothek: Eine Unterwerfung ist keine Verfügung über ein Grundstück nach § 1821 Z 1 BGB. Das Grundbuchamt muß also bei einer Eintragung einer Zwangshypothek nur prüfen, ob die Vollstreckungsklausel vorhanden ist und der zuständige Beamte sie formgerecht ausgestellt hat.

G. Abänderbarkeit. Die Urkunde ist evtl abänderungsfähig, § 323 Rn 78. Die Änderung muß aber eine 41 neue Unterwerfung aussprechen, soweit eine Erweiterung vorliegt. Die Unterwerfung bezieht sich nur auf das in der Urkunde bezeichnete Grundstück. Die Mitbelastung eines anderen Grundstücks setzt voraus, daß eine neue Unterwerfung erfolgt ist. Die Bezugnahme auf eine alte Urkunde ist statthaft. In einem solchen Fall bilden beide Urkunden zusammen einen Vollstreckungstitel. Ein Mithaftvermerk im Grundbuch bezieht sich auf die Unterwerfungsklausel, die in der Haupteintragung der Belastung enthalten ist. Eine spätere Änderung oder eine neue Unterwerfung können eine Vollstreckungsabwehrklage nach § 767 begründen. Sie können aber nicht die Erteilung einer vollstreckbaren Ausfertigung verhindern. Wenn lediglich der Schuldgrund ohne eine Haftungsverschärfung geändert wird, wenn zB aus einer Hauptschuld eine selbstschuldnerische Bürgschaft gemacht wird, dann erfolgt keine neue Unterwerfung.

H. Vollstreckbare Ausfertigung. Über die Erteilung der vollstreckbaren Ausfertigung s bei § 797. Über 42 die Zulässigkeit der Klage trotz einer vollstreckbaren Urkunde Rn 2.

12) Bewilligung der Zwangsvollstreckung, II. Man muß zwei Aspekte beachten. 43

A. Notwendigkeit eines Duldungstitels. II bezieht sich nur auf diejenigen Fälle, in denen zur Zwangsvollstreckung ein besonderer Duldungstitel notwendig ist. In diesen Fällen ersetzt eine vollstreckbare Urkunde nach Z 5 den Duldungstitel, wenn in der Urkunde die Zwangsvollstreckung in diejenige Gegenstände bewilligt, die dem Recht des Gläubigers unterliegen: § 737 (der Nießbraucher bei einem Nießbrauch an dem Vermögen oder an der Erbschaft); § 743 (der Ehegatte nach der Beendigung der Gütergemeinschaft); § 745 II (der Ehegatte nach der Beendigung der fortgesetzten Gütergemeinschaft); § 748 II (der Testamentsvollstrecker). Eine Zustimmung zu der Unterwerfung des Leistungsschuldners ist inhaltlich eine eigene Unterwerfung zur Duldung der Zwangsvollstreckung. Die Bewilligung der Zwangsvollstreckung in das eigene Vermögen ersetzt den Duldungstitel nicht.

B. Umfang der Zwangsvollstreckung. Wenn II den Abs I Z 5 in Bezug nimmt, dann meint die 44 Vorschrift damit nur die Form der Unterwerfung, nicht den Inhalt der Urkunde. Darum findet keine Beschränkung der Zwangsvollstreckung auf die Gegenstände des Urkundenprozesses statt.

13) Beispiele weiterer bundes- und landesrechtlicher Vollstreckungstitel. Hierzu zählen zB: 45
Aktienrecht: Eine Vergütungsfestsetzung für die Gründungsprüfer durch die AG nach § 35 II, III 5 AktG ist ein Vollstreckungstitel.
Anwaltsvergleich: Rn 20.
Arbeitssache: Ein Urteil oder eine sonstige Sachentscheidung eines Gerichts in Arbeitssachen ist ein Vollstreckungstitel, §§ 62, 64 VII, 85 I ArbGG, Sibben DGVZ **89**, 177 (ausf).
   Das gilt *nicht* für einen noch nicht rechtskräftigen Beschluß, BAG BB **77**, 895.
   S auch Rn 55 „Schiedsgericht, Schiedsspruch".
Arrest: Der Arrestbefehl, §§ 922 ff, ist als Beschluß wie als Urteil ein Vollstreckungstitel.
Baugesetzbuch: Im Fall einer Enteignung ist ein vollstreckbarer Entscheid nach dem BauGB ein Vollstrek- 46 kungstitel.
   S auch Rn 58 „Wertausgleichsgesetz".
Beitreibung: Rn 53 „Offenbarungsversicherung".
Bergrecht: Vollstreckungstitel sind: Die Niederschrift über eine Einigung; eine nicht mehr anfechtbare Entscheidung über die Grundabtretung usw; eine Entscheidung über die vorzeitige Besitzeinweisung usw nach dem BBergG.
Bundesleistungsgesetz: Ein Festsetzungsbescheid der Anforderungsbehörde und eine von ihr bekundete Einigung nach § 52 BLG sind Vollstreckungstitel.
Bundeswasserstraßengesetz: Die Niederschrift über eine Einigung oder ein Festsetzungsbescheid können Vollstreckungstitel sein, § 38 I Z 1, 2 WaStrG.

§ 794

Bußgeldbescheid: Ein solcher einer Berufsgenossenschaft kann genügen, AG Bergisch-Gladb DGVZ **98**, 191.
47 **Dispache:** Eine rechtskräftig bestätigte Dispache nach § 158 II FGG ist ein Vollstreckungstitel.
Ehewohnung: Eine rechtskräftige Entscheidung oder ein gerichtlich protokollierter Vergleich im Verfahren nach der HausrVO, sind Vollstreckungstitel.
S auch Rn 48 „Einstweilige Anordnung".
Ehrengericht: Rn 53 „Patentanwalt", Rn 54 „Rechtsanwalt".
48 **Einstweilige Anordnung:** Die einstweilige Anordnung zB nach §§ 620 ff ist ein Vollstreckungstitel. Das gilt auch zB betr die Ehewohnung oder den Hausrat, § 16 HausrVO.
Einstweilige Verfügung: Die einstweilige Verfügung nach §§ 935 ff ist als Beschluß wie als Urteil ein Vollstreckungstitel.
Enteignung: Die Niederschrift über eine Enteignung, der Enteignungsbeschluß und der Beschluß über eine vorzeitige Besitzeinweisung usw nach § 122 BauGB sind Vollstreckungstitel.
Erbrecht: Eine rechtskräftig bestätigte Auseinandersetzung über den Nachlaß und das Gesamtgut nach §§ 98 ff FGG ist ein Vollstreckungstitel.
Erstreckungsgesetz: Ein Vergleich nach § 39 III ErstrG ist ein Vollstreckungstitel.
Europarecht: Grdz 5 vor § 704.
49 **Genossenschaft:** Eine für vollstreckbar erklärte Vorschuß-, Zuschuß- oder Nachschußberechnung nach §§ 106 ff GenG, 52 VAG ist ein Vollstreckungstitel.
Gerichtskosten: Rn 53 „Offenbarungsversicherung".
Hausrat: Rn 47 „Ehewohnung", Rn 48 „Einstweilige Anordnung".
Insolvenz: Vollstreckungstitel ist eine Eintragung in die Tabelle bzw den Insolvenzplan oder den Schuldenbefreiungsplan nach §§ 178 III, 201 II, 215 II 2, 257, 308 I InsO. Vgl ferner das AusfG zum deutsch-österreichischen Konkursvertrag v. 8. 3. 85, BGBl 535.
50 **Internationales Recht:** Vollstreckungstitel sind: Eine für vollstreckbar erklärte Entscheidung nach dem HZPrÜbk oder nach dem HZPrAbk oder nach einem anderen internationalen Vertrag, dazu SchlAnh V.
51 **Landesrecht:** Wegen landesrechtlicher Vollstreckungstitel vgl § 801.
Landwirtschaftssache: Ein Beschluß, ein Vergleich oder eine Kostenentscheidung eines in einer Landwirtschaftssache berufenen Gerichts nach § 31 LwVerfG ist ein Vollstreckungstitel.
52 **Markensache:** Vollstreckungstitel ist ein Kostenfestsetzungsbeschluß des Patentgerichts, § 71 V MarkenG, oder des BGH, § 90 IV MarkenG.
Nichteheliches Kind: Rn 56 „Unterhalt", Rn 57 „Vaterschaft".
Notar: Vollstreckungstitel sind: Die vollstreckbare Kostenrechnung des Notars nach § 155 KostO, LG Dortm DNotZ **84**, 452; eine vollstreckbare Rückzahlungsanordnung, §§ 155, 157 KostO.
53 **Offenbarungsversicherung:** Der Antrag der Gerichtskasse auf die Abnahme der eidesstattlichen Versicherung zwecks Offenbarung oder eine Vollstreckung in das unbewegliche Vermögen wegen Gerichtskosten nach § 7 JBeitrO ist ein Vollstreckungstitel.
Patentanwalt: Ein Urteil des Ehrengerichts für Patentanwälte nach §§ 33, 46 PatAnwG v 28. 9. 33, RGBl 669, ist ein Vollstreckungstitel.
54 **Rechtsanwalt:** Vollstreckungstitel sind: Ein Urteil des Ehrengerichts auf die Zahlung einer Geldbuße und der Kosten, §§ 114 I Z 3, 204 III, 205 BRAO; eine vollstreckbare Zahlungsaufforderung wegen eines Beitragsrückstands, § 84 BRAO.
55 **Schiedsgericht, Schiedsspruch, Schiedstelle:** Ein für vorläufig vollstreckbar erklärter Schiedsspruch ist ein Vollstreckungstitel, I Z 4 a. Dasselbe gilt beim Schiedsspruch mit vereinbartem Wortlaut, § 1053 I, II 2, Saenger MDR **99**, 664, und bei einem angenommenen Vorschlag der Schiedstelle nach §§ 14, 14 a Urheberrechtswahrnehmungsgesetz.
SeeGVG: Vollstreckungstitel sind eine Entscheidung der Kammer für Meeresbodenstreitigkeiten des Internationalen Seegerichtshofs und eine endgültige Entscheidung eines auf Grund des Seerechtsübereinkommens der Vereinten Nationen zuständigen Gerichtshofs betreffend die Rechte und Pflichten der Behörde und des Vertragsnehmers, § 1 Seegerichtsvollstreckungsgesetz vom 6. 6. 95, BGBl 778 (= Art 14 des G von demselben Tag).
Sozialversicherung: Die rechtskräftige Entscheidung einer Sozialversicherungsbehörde nach §§ 198 ff SGG ist ein Vollstreckungstitel, LG Stade Rpfleger **87**, 253. Eine bloße Zusammenstellung von Beiträgen reicht nicht, auch nicht, wenn sie eine Vollstreckungsklausel enthält, AG Lückenwalde/AG Neuruppin Rpfleger **00**, 119.
Statusverfahren: Rn 57 „Vaterschaft".
Strafverfahren: Ein vorläufig vollstreckbarer oder gar rechtskräftiger Ausspruch einer Leistungspflicht nach §§ 406, 406 b, 463 StPO ist ein Vollstreckungstitel.
56 **Todeserklärung:** Rn 57 „Verschollenheitsrecht".
Unterhalt: Eine vor dem Jugendamt protokollierte Verpflichtung zur Zahlung von Unterhalt für ein nichteheliches Kind nach § 116 SGB V ist ein Vollstreckungstitel, (zum Teil zum alten Recht) BGH NJW **85**, 64, Karlsr RR **94**, 68, LG Bad Kreuznach DGVZ **82**, 189.
S auch Rn 57 „Vaterschaft".
Urheberrecht: Rn 55 „Schiedsgericht, Schiedsspruch, Schiedstelle".
57 **Vaterschaft:** Vollstreckungstitel der Vaterschaft usw, früher § 59 I Z 1 KJHG, sowie die Beurkundung der Verpflichtungserklärung zur Erfüllung von Unterhaltspflichten usw, früher § 59 I Z 3 KJHG, § 116 SGB V (auch zur Zuständigkeit für die Erteilung einer vollstreckbaren Ausfertigung und zur Entscheidung über Einwendungen gegen die Zuständigkeit bzw gegen die Erteilung einer Vollstreckungsklausel).
S auch Rn 56 „Unterhalt".
Vermögensstrafe: Die Entscheidung des Strafgerichts über eine Vermögensstrafe und Buße nach § 463 StPO ist ein Vollstreckungstitel.

Abschnitt 1. Allgemeine Vorschriften   **§§ 794, 794a**

Verschollenheitsrecht: Ein Kostenfestsetzungsbeschluß oder ein Kostenerstattungsbeschluß im Verfahren auf eine Todeserklärung nach § 38 VerschG sind Vollstreckungstitel.
Vertragshilfe: Eine Entscheidung nach §§ 15, 16 VHG ist ein Vollstreckungstitel.
Wertausgleichsgesetz: Ein vollstreckbarer Entscheid nach § 25 WAG ist ein Vollstreckungstitel. S Rn 46 „Baugesetzbuch".   58
Wettbewerbsrecht: Ein Vergleich vor dem Einigungsamt in einer Wettbewerbssache nach § 27a UWG ist ein Vollstreckungstitel.
Wohnungseigentum: Eine Entscheidung in einer Wohnungseigentumssache nach § 45 III WEG ist ein Vollstreckungstitel, BayObLG MDR **88**, 498.
Zwangsversteigerung: Der Zuschlagsbeschluß nach §§ 93, 132, 162 ZVG ist ein Vollstreckungstitel.   59
Zwangsverwaltung: Der Anordnungsbeschluß ist Vollstreckungstitel, LG Mü Rpfleger **02**, 220.

14) **Ausländischer Vollstreckungstitel**, dazu *Kropholler*, Europäischer Zivilprozeß, 7. Aufl. 2002, Art 50   60
EuGVVO, SchlAnh V C 4, vgl auch oben bei Rn 21: Die Zwangsvollstreckung aus anderen Titeln als den Endurteilen ist in einigen Staatsverträgen vorgesehen, SchlAnh V. Andernfalls bleibt dem Gläubiger nur übrig, aus dem Vergleich oder aus der vollstreckbaren Urkunde zu klagen. Etwas anderes gilt bei einem Schiedsspruch oder einem Schiedsvergleich, SchlAnh VI.

15) *VwGO: Es gilt § 168 VwGO, der die Vollstreckungstitel des VerwProzesses abschließend aufzählt und neben*   61
gerichtlichen Entscheidungen (auch solchen nach §§ 80, 80a VwGO, VGH Kassel NVwZ-RR 99, 158), weiligen Anordnungen (zu denen auch AnOen nach § 80a III 1 VwGO zählen, VGH Kassel NVwZ-RR 99, 158), nur gerichtliche, dh von einem VerwGericht protokollierte Vergleiche, OVG Münst NVwZ-RR 98, 535, VGH Mannh NVwZ-RR 90, 447, OVG Lüneb NJW 78, 1543, eine Verpflichtung begründen, Fliegauf/Maurer BaWüVPr 78, 31 sowie Kostenfestsetzungsbeschlüsse und Schiedssprüche nennt; zu den Kostenfestsetzungsbeschlüssen gehören auch Beschlüsse der VGe nach § 19 BRAGO, Sch/SchmA/P § 168 Rn 30, KoppSch § 168 Rn 6, RedOe § 168 Anm 12, OVG Münst NJW 86, 1190 mwN (zustm Noll KR § 19 Nr 90), LG Meiningen RR 99, 152, str, aM ua VGH Münst NJW 87, 396 mwN, OVG Lüneb NJW 84, 2485, OVG Kblz NJW 80, 1541, VG Bln LS NJW 81, 884, LG Heilbronn RR 93, 575, LG Bln MDR 82, 679, nicht aber kirchengerichtliche Kostenfestsetzungsbeschlüsse, VG Gelsenkirchen DÖV 02, 748. Die Vollstreckung erfolgt in allen diesen Fällen nach VwGO, Grdz § 704 Rn 117, auch wenn in dem Titel, zB einem Vergleich, privatrechtliche Ansprüche geregelt werden, OVG Lüneb NJW 94, 3309, VGH Mü BayVBl 87, 309 u NJW 83, 1992 mwN, OVG Kblz NJW 80, 2373, str, aM Renck NVwZ 83, 547, offen OVG Münst NVwZ-RR 94, 619 (wegen der Anwendung von § 172 VwGO s aber Üb § 883 Rn 7). Umgekehrt erfolgt die Vollstreckung nach ZPO auch dann, wenn in gerichtlicher oder notarieller Urkunde, § 794 I Z 5, ein öffentlich-rechtlicher Anspruch begründet wird, OVG Münst NJW 93, 2766 mwN; zur Zulässigkeit dieses Weges s BVerwG NJW 95, 1106. Wegen der Vollstreckung aus einem vollstreckbaren öffentlich-rechtlichen Vertrag vgl i ü § 61 VwVfG, dazu BVerwG NJW 96, 608.

794a *Zwangsvollstreckung aus Räumungsvergleich.* ¹¹ Hat sich der Schuldner in einem Vergleich, aus dem die Zwangsvollstreckung stattfindet, zur Räumung von Wohnraum verpflichtet, so kann ihm das Amtsgericht, in dessen Bezirk der Wohnraum belegen ist, auf Antrag eine den Umständen nach angemessene Räumungsfrist bewilligen. ²Der Antrag ist spätestens zwei Wochen vor dem Tag, an dem nach dem Vergleich zu räumen ist, zu stellen; §§ 233 bis 238 gelten sinngemäß. ³Die Entscheidung ergeht durch Beschluss. ⁴Vor der Entscheidung ist der Gläubiger zu hören. ⁵Das Gericht ist befugt, die im § 732 Abs. 2 bezeichneten Anordnungen zu erlassen.

II ¹Die Räumungsfrist kann auf Antrag verlängert oder verkürzt werden. ²Absatz 1 Sätze 2 bis 5 gilt entsprechend.

III ¹Die Räumungsfrist darf insgesamt nicht mehr als ein Jahr, gerechnet vom Tag des Abschlusses des Vergleichs, betragen. ²Ist nach dem Vergleich an einem späteren Tag zu räumen, so rechnet die Frist von diesem Tag an.

IV Gegen die Entscheidung des Amtsgerichts findet die sofortige Beschwerde statt.

V ¹Die Absätze 1 bis 4 gelten nicht für Mietverhältnisse über Wohnraum im Sinne des § 549 Abs. 2 Nr. 3 sowie in den Fällen des § 575 des Bürgerlichen Gesetzbuchs. ²Endet ein Mietverhältnis im Sinne des § 575 des Bürgerlichen Gesetzbuchs durch außerordentliche Kündigung, kann eine Räumungsfrist höchstens bis zum vertraglich bestimmten Zeitpunkt der Beendigung gewahrt werden.

Gliederung

1) Systematik, I–V 1	6) Sofortige Beschwerde, IV 8
2) Regelungszweck, I–V 2	7) Keine bzw eingeschränkte Räumungsfrist, V 9
3) Geltungsbereich, I–V 3	
4) Antragsfrist, I 4	8) VwGO 10
5) Verfahren, I–III 5–7	

1) **Systematik, I–V.** § 794a enthält die dem § 721 entsprechende Regelung für den vollstreckbaren 1
Vergleich. Vgl daher § 721 Rn 1. Sie ist nicht abdingbar, ZöGei 7, aM LG Heilbr DGVZ **92**, 569 (vgl aber Rn 2).

2) **Regelungszweck, I–V.** Der Räumungsvergleich unterscheidet sich vom streitig ergangenen Räu- 2
mungsurteil in einem wesentlichen Punkt: Immerhin hat sich der Schuldner schließlich doch noch zur

§§ 794a, 795

Räumung bereiterklärt, wenn auch vielleicht erst auf starken moralischen oder wirtschaftlichen Druck des Gläubigers. Vielleicht hat der auch als Gegenleistung zB die gesamten Räumungskosten übernommen. Jedenfalls spricht beim Räumungsvergleich manches dafür, vor der Bewilligung einer nicht von vornherein mitvereinbarten etwa weiteren Räumungsfrist strengere Anforderungen an deren wirtschaftliche Notwendigkeit zu stellen als beim Räumungsurteil. Freilich zeigt der Text des § 794a gegenüber § 721 keine solchen grundsätzlichen Unterschiede. Auch das muß man mitabwägen.

3   **3) Geltungsbereich, I–V.** Vgl zunächst § 721 Rn 3, insbesondere wegen des Begriffs Wohnraum. § 794a gilt nur für einen gerichtlichen Vergleich nach Anh § 307. § 794a gilt also nicht auch für einen außergerichtlichen nach § 779 BGB (insofern gilt Vertragsrecht), aM LG Hbg MDR **81**, 236, LG Ulm MDR **80**, 944 (der dortige Fall betrifft eine außergerichtlich bewilligte Räumungsfrist. Man darf die prozessuale Lösung aber nicht einfach auf eine außergerichtliche Lage ausdehnen. Das BGB gibt genug eigenständige Lösungsmöglichkeiten). Der Schuldner kann außer in den Fällen nach Rn 6 eine den Umständen nach angemessene Räumungsfrist beantragen, auch wenn das im Vergleich nicht vorgesehen worden war oder wenn der Vergleich bereits eine Räumungsfrist enthielt, LG Wuppert WoM **81**, 113. Diese letztere darf man dann bei der Berechnung der nach § 794a zu ermittelnden etwa weiteren Frist nicht mitrechnen, LG Kaisersl WoM **84**, 115, LG Stgt WoM **92**, 265, LG Wuppert WoM **81**, 113.

4   **4) Antragsfrist, I.** Der Schuldner muß den Antrag spätestens *2 Wochen vor dem Räumungstag* bei demjenigen AG stellen, in dessen Bezirk der Wohnraum liegt. Sieht der Vergleich keinen Räumungstermin vor oder liegt der vereinbarte Termin näher als zwei Wochen nach Vergleichsabschluß, so beginnt die Zweiwochenfrist des I 2 mit dem Vertragsabschluß. Gegen eine Fristversäumnis kann die Wiedereinsetzung in den vorigen Stand nach § 233 infragekommen, I 2 Hs 2. Auch ist eine Verlängerung oder eine Verkürzung der nach I vorgesehenen richterlichen Frist möglich, II. Nicht möglich ist aber die Verlängerung, Verkürzung oder Aufhebung einer nicht nach I vom Gericht, sondern im Vergleich und gar außergerichtlich von den Parteien vereinbarten Räumungsfrist. Der Schuldner hätte aufpassen müssen, LG Bre WoM **91**, 564, LG Stgt WoM **92**, 32, aM LG Freibg WoM **93**, 417, MüKoWo 4, ZöStö 2 (aber § 794a schützt nicht den unsorgfältigen Vergleichspartner). Man kann eine Verlängerung oder Verkürzung nur der richterlichen Frist auch aufheben.

5   **5) Verfahren, I–III.** Das AG entscheidet als Prozeßgericht auch beim arbeitsgerichtlichen Titel. Auch hier gibt es ein pflichtgemäßes Ermessen, AG Rosenh WoM **87**, 67. In seinen Grenzen findet eine Interessenabwägung statt, § 721 Rn 12, LG Essen WoM **79**, 269, LG Heilbr Rpfleger **92**, 528. Die Räumungsfrist ist keine Notfrist, § 224 I 2. Sie soll den Mieter zwar vor einer Notlösung schützen, LG Lüb WoM **87**, 65. Das Gericht muß aber die Tatsache besonders bewerten, daß sich der Schuldner selbst zur Räumung für einen bestimmten Tag bereitgefunden oder gar auf einen weiteren Räumungsschutz verzichtet hat, LG Aachen WoM **96**, 568. Deshalb darf das Gericht im allgemeinen einem Räumungsantrag nur dann stattgeben, wenn neue unvorhersehbare Ereignisse eingetreten sind, LG Saarbr WoM **93**, 698. Das gilt zB dann, wenn der Schuldner jetzt erst eine demnächst freiwerdende Ersatzwohnung gefunden hat, LG Wuppert WoM **81**, 113, oder wenn sich die Entwicklung der Situation im Zeitpunkt des Vergleichsabschlusses noch nicht übersehen ließ, LG Saarbr WoM **93**, 698, AG Euskirchen WoM **90**, 29, aM LG Heilbr Rpfleger **92**, 528, LG Mannh ZMR **94**, 21, AG Köln WoM **93**, 472 (aber der Fortfall der Geschäftsgrundlage ist als Ausfluß von Treu und Glauben auch im Prozeß oft mitbeachtlich, Einl III 54).

6   Eine Verlängerung kommt ferner zB dann in Betracht, wenn der *Ersatzmietvertrag* ohne Schuld des Räumungsschuldners nicht zustandekommt, LG Kiel WoM **92**, 492. Der Schuldner muß sich allerdings intensiv um eine zumutbare Ersatzwohnung bemüht haben, LG Mannh WoM **93**, 62, AG Remscheid WoM **87**, 66. Ein Sozialhilfeempfänger braucht freilich keinen Makler zu bemühen, AG Lörrach WoM **87**, 66. Jedoch darf die Räumungsfrist höchstens ein Jahr betragen, gerechnet von dem Tage des Vergleichsabschlusses oder dem in ihm bestimmten Räumungstermin ab, III, LG Mü WoM **87**, 66, LG Wuppert WoM **81**, 113. Die Verlängerung der richterlichen Frist darf nicht von einer Auflage abhängig sein, LG Wuppert WoM **87**, 67.

7   Die *Entscheidung* kann ohne eine mündliche Verhandlung ergehen, § 128 Rn 4. Das Gericht muß den Gläubiger aber vorher anhören, BVerfG **101**, 404, Art 103 I GG (Richter). Das AG ist auch für einen Antrag auf die Bewilligung einer Räumungsfrist nach einem Vergleich zuständig, der vor einem anderen Gericht zustandekam, etwa vor einem ArbG. Das Gericht entscheidet durch den Prozeßrichter, Mü ZMR **93**, 472. Es entscheidet durch einen Beschluß, I 3, § 329. Er bedarf einer Begründung, § 329 Rn 4. Kosten: § 721 Rn 11. Das Gericht muß ihn verkünden, § 329 I 1, oder wegen seiner befristeten Anfechtbarkeit nach Rn 5 den Parteien förmlich zustellen, § 329 III. Eine einstweilige Regelung ist nach § 732 II statthaft.

8   **6) Sofortige Beschwerde, IV.** Gegen den Beschluß des AG ist nach IV die sofortige Beschwerde nach §§ 567 I Z 1, 793 zulässig. Eine Rechtsbeschwerde kommt unter den Voraussetzungen des § 574 in Betracht. Wegen einer Anschlußbeschwerde § 567 III. Vgl im übrigen die Anmerkungen zu § 721.

9   **7) Keine bzw eingeschränkte Räumungsfrist, V.** Soweit der Mieter keine Fortsetzung des Mietverhältnisses nach § 549 II Z 3 BGB oder nach § 575 BGB fordern kann, besteht auch kein Anlaß zur Gewährung einer Räumungsfrist. Daher ist in einem solchen Fall nach V 1 die gesamte Regelung I–IV unanwendbar. Vgl auch den Begründung in § 721 VII. Endet ein Mietverhältnis durch eine außerordentliche Kündigung im Fall des § 575 BGB, so kommt nur eine nach V 2 eingeschränkte Kündigung infrage.

10   **8) VwGO:** Entsprechend anwendbar, § 167 I VwGO. Die *Entscheidung trifft das VG;* dagegen findet Beschwerde statt, §§ 146ff VwGO, soweit sie nicht ausgeschlossen ist, § 252 Rn 8.

795 *Anwendung der allgemeinen Vorschriften auf die weiteren Vollstreckungstitel.* [1] Auf die Zwangsvollstreckung aus den in § 794 erwähnten Schuldtiteln sind die Vorschriften der §§ 724 bis 793 entsprechend anzuwenden, soweit nicht in den §§ 795a bis 800 abweichende

Abschnitt 1. Allgemeine Vorschriften § 795

Vorschriften enthalten sind. ² Auf die Zwangsvollstreckung aus den in § 794 Abs. 1 Nr. 2 erwähnten Schuldtiteln ist § 720 a entsprechend anzuwenden, wenn die Schuldtitel auf Urteilen beruhen, die nur gegen Sicherheitsleistung vorläufig vollstreckbar sind.

Gliederung

1) Systematik, Regelungszweck, S 1, 2...	1	F. § 727		7
2) Geltungsbereich, S 1, 2	2–14	G § 750		8
A. § 720 a	2	H. § 766		9
B. § 721	3	I. § 767		10–13
C. § 724	4	J. § 769		14
D. § 725	5	3) *VwGO*		15
E. § 726	6			

1) Systematik, Regelungszweck, S 1, 2. Auf die Zwangsvollstreckung aus einem Titel nach § 794 sind 1 grundsätzlich die §§ 724–793 entsprechend anwendbar. Man muß also prüfen, ob Sinn und Zweck der Vorschriften auf den jeweiligen Vollstreckungstitel zutreffen, BAG NJW **04**, 702. Wegen der EuGVVO SchlAnh V C 4 (Artt 50, 51) und 2.
 Gebühren: VV 3309, 3310.

2) Geltungsbereich, S 1, 2. Es werden praktisch zahlreiche Vorschriften anwendbar. 2

A. § 720 a: Die Vorschrift ist bei einem Kostenfestsetzungsbeschluß nach § 794 I Z 2 entsprechend anwendbar, Köln Rpfleger **96**, 358, soweit der Titel auf einem Urteil beruht, das nur gegen eine Sicherheitsleistung vorläufig vollstreckbar ist. Das kann zB ein Urteil auf Klagabweisung wegen der Kosten sein, Köln JB **97**, 49.

B. § 721: Die Vorschrift ist auf eine einstweilige Anordnung zwecks Räumung von Wohnraum unan- 3 wendbar, Hbg FamRZ **83**, 1152.

C. § 724: Die Zwangsvollstreckung findet grundsätzlich nur auf Grund einer vollstreckbaren Ausfertigung 4 des Vollstreckungstitels statt, KG RR **00**, 1410, AG Arnsbg DGVZ **94**, 79, LAG Düss MDR **97**, 659. Wegen einer Ausnahme § 724 Rn 4. Beim notariellen Vergleich erteilt der Notar die Ausfertigung, BayObLG **97**, 90, Hamm BB **87**, 2047. Er erteilt sie dem Gläubiger oder auf Grund einer Ermächtigung des Schuldners, Hamm BB **87**, 2047. Eine solche Ermächtigung kann in der Aushändigung einer einfachen Ausfertigung an den Gläubiger gelegen haben. Die Geschäftsstelle des Gerichts der ersten Instanz erteilt die Ausfertigung, wenn ein Prozeßvergleich nach Anh § 307 zugrunde liegt, Sauer/Meiendresch Rpfleger **97**, 290 (Widerrufsvergleich).
 Solange sich allerdings die Akten in der *höheren Instanz* befinden, ist die Geschäftsstelle der höheren Instanz zuständig, §§ 706 Rn 4, 724 Rn 6. Wenn ein Titel eines ArbG vorliegt, ist dessen Geschäftsstelle zur Erteilung der vollstreckbaren Ausfertigung zuständig. Als eine „gerichtliche Urkunde" im Sinn des § 797 ist ein Prozeßvergleich nicht ansehbar. Es wäre ganz zweckwidrig, die Vollstreckungsklagen aus §§ 731, 767 vor das Gericht des ersuchten Richters zu verweisen. Eine sachlichrechtliche Einwendung zB der Erfüllung ist unter Umständen beachtlich, KG RR **00**, 1410, Wolfsteiner DNotZ **78**, 681, aM LG Kleve DNotZ **78**, 680 (aber in dieser Lage ist für solche Einwendungen kein Raum). Zur Nämlichkeit der Beteiligten § 724 Rn 9.

D. § 725: Man muß den Gläubiger aus der Vollstreckungsklausel erkennen können. 5

E. § 726: Wenn ein Vertragsangebot eine Unterwerfungsklausel enthält, dann erhält der Gläubiger eine 6 vollstreckbare Ausfertigung erst nach der Erklärung der Annahme des Angebots vor einem Notar oder auf Grund des Nachweises der Annahme nach § 726 I. Ein gesetzlicher Zahlungsaufschub ist bei der Erteilung unbeachtlich. Bei einer Verfallklausel erfolgt eine uneingeschränkte Erteilung, auch wenn der Gläubiger nicht behauptet, die Fälligkeit sei eingetreten, § 726 Rn 7. Dasselbe gilt bei einer Ermächtigung. Dann muß der Notar die vollstreckbare Ausfertigung grundsätzlich auch ohne einen Nachweis der Fälligkeit der Schuld erteilen, § 794 Rn 39, 40. Eine generelle Änderung der Beweislastregel des § 726 I kann aber einen Verstoß gegen § 309 Z 12 BGB bedeuten, § 726 Rn 8.

F. § 727: Der Notar prüft die Voraussetzungen in eigener Zuständigkeit, BayObLG **97**, 90. Für die 7 Umschreibung der Vollstreckungsklausel auf den Rechtsnachfolger ist bei einem Vergleich, dem keine Rechtshängigkeit vorangegangen ist (vor einer landesrechtlichen Gütestelle und nach § 118 I 3 Hs 2: Sühnevergleich) die Zeit der Beurkundung maßgebend. Es erfolgt also keine Umschreibung bei einem vorherigen Eintritt. Bei einer vollstreckbaren Urkunde gilt dasselbe. Ein mit einer Hypothek nach § 800 belastetes Grundstück ist mit der Errichtung der Hypothek im Streit befangen. Deshalb ergeht eine vollstreckbare Ausfertigung an den Hypothekengläubiger gegen den späteren Nießbraucher. Haben Veräußerer und Erwerber in einer gemeinsamen notariellen Urkunde Unterwerfungserklärungen abgegeben und hat der Notar dem Gläubiger eine Ausfertigung der notariellen Verhandlung erteilt, ohne den Schuldner und den Schuldgrund näher zu bezeichnen, so bedarf es nach dem Eigentumsübergang einer Klauselumschreibung auf den Erwerber nicht mehr, KG RR **87**, 1230. Die Umschrift darf gegen den Rechtsnachfolger des Schuldners sowohl wegen einer dinglichen als auch wegen einer persönlichen Unterwerfung des Schuldners unter die sofortige Zwangsvollstreckung erfolgen, LG Duisb Rpfleger **99**, 549.

G. § 750: Der Vollstreckungsbescheid ist gemäß § 699 IV von Amts wegen nach §§ 166 ff oder im 8 Parteibetrieb nach §§ 191 ff zuzustellen, 750. Einen Prozeßvergleich muß die Partei zustellen, VGH Mannh JB **91**, 115. Eine öffentliche Urkunde steht außerhalb des Prozesses. Man muß sie daher im Parteibetrieb zustellen. Eine öffentliche Zustellung erfolgt auf Grund einer Einwilligung des Prozeßgerichts nach §§ 185 ff. Im Falle einer vollstreckbaren Urkunde ist dazu das in § 797 III genannte AG zuständig. Die

§§ 795, 795a

Aushändigung der Urkunde durch den Notar auf Bitten des Schuldners ist keine Zustellung nach § 750 I, LG Ffm JB **93**, 750.

9 **H. § 766:** Der Einwand, daß kein wirksamer Vollstreckungstitel vorliegt, richtet sich grundsätzlich gegen die Zwangsvollstreckung und nicht gegen den vollstreckbaren Anspruch selbst. Man muß ihn deshalb in der Regel nach § 766 bzw nach § 732 geltend machen, Düss OLGZ **80**, 342. Wenn diese Einwendung aber zugleich zum Inhalt hat, daß zB die titulierte Forderung erloschen sei, dann ist eine Vollstreckungsabwehrklage nach § 767 zulässig, Düss OLGZ **80**, 342.

10 **I. § 767:** Die Vorschrift ist voll anwendbar, BGH **159**, 126, Kblz WoM **03**, 286. Für die Vollstreckungsabwehrklage ist nach einem Prozeßvergleich das Gericht des ersten Rechtszugs zuständig, bei dem der Prozeß geschwebt hat, § 797 Rn 4, BGH NJW **80**, 189, LG Heidelb WoM **92**, 30. Wenn der Prozeßvergleich bereits im Verfahren zur Bewilligung einer Prozeßkostenhilfe nach § 118 I 3 zustande kam, dann ist das Prozeßgericht der ersten Instanz bzw des Prozeßkostenhilfeantrags zuständig. Dasselbe gilt im Fall des § 794 I Z 3 und bei einem Kostenfestsetzungsbeschluß, § 104. Wenn das danach zuständige AG sachlich unzuständig ist, wird das übergeordnete LG zuständig. In einer Landwirtschaftssache ist das Landwirtschaftsgericht zuständig, BGH FamRZ **87**, 805. Beim Kostenfestsetzungsbeschluß der Gebrauchsmusterabteilung des Deutschen Patentamts ist das BPatG zuständig, BPatG GRUR **82**, 484. Wegen eines Vergleichs vor einer Gütestelle § 797 a.

11 *Nicht hierher gehört* die Formungültigkeit einer vollstreckbaren Urkunde. Dann kann § 767 entsprechend anwendbar sein, BGH NJW **02**, 139, Köln MDR **98**, 1089, Zweibr NZM **00**, 201. Da § 767 II auf der Rechtskraftwirkung beruht, gilt diese Bestimmung bei einem Vergleich für eine erste Vollstreckungsabwehrklage nicht, BGH FamRZ **87**, 805, BAG DB **80**, 359, Düss FamRZ **87**, 168. Allerdings kann man im allgemeinen einer solchen Einwendung entgegenhalten, der Streit sei durch den Vergleich erledigt. Wegen einer weiteren Abwehrklage § 797 Rn 12.

§ 767 hindert nicht immer eine *Fortsetzung* desjenigen Verfahrens, das der Vergleich beenden sollte, Anh § 307 Rn 37, 42, § 794 Rn 8. Wenn es um eine beschwerdefähige Entscheidung nach § 794 I Z 3 geht, dann hindert die Möglichkeit einer Beschwerde eine Vollstreckungsabwehrklage nicht. § 767 II erwähnt nämlich nur den Einspruch. Die Beschwerde entspricht dem Einspruch nicht. Hier kommen vielmehr nur solche Einwendungen in Betracht, die der Schuldner bisher nicht vorbringen konnte, § 767 Rn 51.

12 Die Vorschrift ist auch auf einen Beschluß über die Zahlung eines *Prozeßkostenvorschusses* anwendbar, der vor der Scheidung erging, wenn die Zwangsvollstreckung erst nach dem Eintritt der Rechtskraft des Scheidungsurteils stattfindet, aM Hamm FamRZ **77**, 466 (s aber § 127 a Rn 18 „Vollstreckungsabwehrklage"). Zu einer Unterwerfungsurkunde auf Grund eines „Schwarzkaufs" Düss DNotZ **83**, 686.

13 Auf einen *Kostenfestsetzungsbeschluß* nach § 104 ist § 767 II nicht anwendbar, § 767 Rn 13. Zwar entsteht der Kostenerstattungsanspruch bedingt schon vor dem Zeitpunkt des Urteilserlasses, Üb 34 vor § 91. Indessen darf man den Gegner nicht dazu nötigen, schon vor dem Eintritt der Bedingung Einwendungen zu erheben, zumal das Urteil über die Kosten nur dem Grunde nach befindet. Vor allem würde eine Nötigung zur Aufrechnung einen ungesetzlichen Zwang zu einer vorzeitigen Erfüllung enthalten, LG Hbg AnwBl **77**, 70. Wenn der Beschluß auf den Namen eines nach § 121 beigeordneten Anwalts umgeschrieben war, § 126, muß der Schuldner die Vollstreckungsabwehrklage doch gegen diejenige Partei richten, die eine Prozeßkostenhilfe erhalten hatte. § 767 II ist anwendbar, BGH **159**, 126. Das gilt auch zB bei einem Festsetzungsbeschluß nach § 11 RVG. Denn der Schuldner hat die Möglichkeit, eine außergerichtliche Einwendung wie zB eine Aufrechnung eine Kostenfestsetzung zu verhindern und den Anwalt auf den Klageweg zu zwingen.

Bei einer *vollstreckbaren Urkunde,* § 794 I Z 5, gibt § 797 V einen besonderen Gerichtsstand.

14 **J. § 769:** Die Vorschrift ist anwendbar, Köln AnwBl **89**, 51, auch bei einer Anfechtung der Vaterschaft. Man kann die dort genannten Probleme bei der Ausübung des gerichtlichen Ermessens berücksichtigen.

15 **3)** *VwGO:* Entsprechend anwendbar, § 167 I *VwGO, auf die in* § 168 *VwGO neben gerichtlichen Entscheidungen genannten Titel,* § 794 Rn 61, VGH Mü NVwZ **00**, 1312, VGH Mannh NVwZ-RR **90**, 448. Einzelheiten, Rn 2 ff, bei den jeweiligen Vorschriften.

795a *Zwangsvollstreckung aus Kostenfestsetzungsbeschluss.* Die Zwangsvollstreckung aus einem Kostenfestsetzungsbeschluss, der nach § 105 auf das Urteil gesetzt ist, erfolgt auf Grund einer vollstreckbaren Ausfertigung des Urteils; einer besonderen Vollstreckungsklausel für den Festsetzungsbeschluss bedarf es nicht.

1 **1) Systematik.** § 795 a betrifft einen Kostenfestsetzungsbeschluß auf einem beliebigen Urteil nach § 105 und sinngemäß auch aus einem Prozeßvergleich, Anh § 307, § 794 I Z1. Die vollstreckbare Ausfertigung wird im Parteibetrieb zugestellt, §§ 191 ff, 750.

2 **2) Regelungszweck.** Die Vorschrift beruht darauf, daß bei § 105 das Urteil und der Kostenfestsetzungsbeschluß einen einheitlichen Vollstreckungstitel bilden, der den für das Urteil geltenden Vorschriften unterliegt. Darum gilt auch die Wartefrist des § 798 nicht. Die Verbindung ist auch bei einem klagabweisenden Urteil zulässig. Denn auch wenn sich das Urteil selbst nicht zu einer Zwangsvollstreckung eignet, geschieht doch die Vollstreckung bei einer vollstreckbaren „auf Grund einer vollstreckbaren Ausfertigung des Urteils". Denn das Urteil ergänzt dann den Kostenfestsetzungsbeschluß. Hs 2 dient deshalb der Verfahrensvereinfachung nach Grdz 14 vor § 128. Man sollte die Vorschrift entsprechend großzügig zugunsten des Gläubigers auslegen.

Abschnitt 1. Allgemeine Vorschriften §§ 795a–796a

3) VwGO: *Entsprechend anwendbar,* § 167 I VwGO, *auf Kostenfestsetzungsbeschlüsse,* § 168 I Z 4 VwGO, *für die* § 105 *entsprechend gilt,* § 105 Rn 17. *Überhaupt keiner Vollstreckungsklausel bedarf es in den Fällen des* § 171 VwGO.

796 *Zwangsvollstreckung aus Vollstreckungsbescheiden.* I Vollstreckungsbescheide bedürfen der Vollstreckungsklausel nur, wenn die Zwangsvollstreckung für einen anderen als den in dem Bescheid bezeichneten Gläubiger oder gegen einen anderen als den in dem Bescheid bezeichneten Schuldner erfolgen soll.

II Einwendungen, die den Anspruch selbst betreffen, sind nur insoweit zulässig, als die Gründe, auf denen sie beruhen, nach Zustellung des Vollstreckungsbescheids entstanden sind und durch Einspruch nicht mehr geltend gemacht werden können.

III Für Klagen auf Erteilung der Vollstreckungsklausel sowie für Klagen, durch welche die den Anspruch selbst betreffenden Einwendungen geltend gemacht werden oder der bei der Erteilung der Vollstreckungsklausel als bewiesen angenommene Eintritt der Voraussetzung für die Erteilung der Vollstreckungsklausel bestritten wird, ist das Gericht zuständig, das für eine Entscheidung im Streitverfahren zuständig gewesen wäre.

Schrifttum: *Grün,* Die Zwangsvollstreckung aus Vollstreckungsbescheiden über sittenwidrige Ratenkreditforderungen, 1990.

1) Systematik, I–III. Die Vorschrift enthält mehrere unterschiedlich geartete Sonderregelungen, und zwar in I gegenüber § 724, in II gegenüber § 767 II, in III gegenüber § 731.

2) Regelungszweck, I–III. Sinn der Sonderregelungen ist eine Erleichterung der Vollstreckung und damit die Fortführung eines der Grundgedanken des ganzen Mahnverfahrens, Grdz 2 vor § 688. Demgemäß sollte man § 796 großzügig zugunsten des Gläubigers auslegen.

3) Vollstreckungsklausel, I, III. Die Verbindung von Vollstreckungsbescheiden gegen Gesamtschuldner läßt trotzdem eine Vollstreckung auch nach anschließender Trennung der Titel zu, solange die Ausfertigung erhalten bleibt, LG Marbg DGVZ 86, 77. Der Vollstreckungsbescheid benötigt nur dann eine Vollstreckungsklausel, wenn eine Umschreibung nach §§ 727 ff erforderlich ist, also nicht schon wegen § 343, LG Kblz JB 98, 324. Die Vollstreckungsklausel erfolgt durch das AG des Mahnbescheids, evtl also durch dasjenige des § 689 II, BGH NJW 93, 3141, Hamm Rpfleger 94, 30, LG Stgt Rpfleger 00, 537, aM Kblz Rpfleger 94, 307 (abl Hintzen). Sie erfolgt nach § 730. Für eine Klage aus den §§ 731, 767, 768 ist das Gericht der §§ 690 I Z 5, 692 I Z 1, 696 I 1, V zuständig, § 731 Rn 4. Diese Zuständigkeit ist nach § 802 ausschließlich. § 35 ist anwendbar.

Gebühren: VV 3309, 3310.

4) Vollstreckungsabwehrklage, II. Bei dieser Klage ersetzt die Zustellung des Vollstreckungsbescheids für die Zulässigkeit von Einwendungen den Schluß der mündlichen Verhandlung im Sinn des § 767 II, BGH RR 90, 304, Münzberg JZ 87, 483, aM Köln NJW 86, 1351, Lappe/Grünert Rpfleger 86, 165 (vgl aber Einf 13–15 vor §§ 322–327 und § 322 Rn 71 „Vollstreckungsbescheid"). Eine Vollstreckungsabwehrklage ist auch dann statthaft, wenn der Abzahlungskäufer den Widerruf, den er bei schwebend unwirksamen Anspruch des Verkäufers entfallen läßt, schon vor der Zustellung des Vollstreckungsbescheids objektiv hätte erklären können, aber erst nach der Zustellung erklärt hat, Karlsr NJW 90, 2475 (zum früheren AbzG), Köln VersR 04, 355. Bei einem gesetzlichen Gestaltungsrecht kommt es freilich auf den Zeitpunkt des Entstehens und der Befugnis zur Ausübung an, BGH NJW 94, 34, Karlsr NJW 90, 2475. Das Gericht des Streitverfahrens ist für die Klage ausschließlich zuständig, § 802, Hamm RR 00, 66. Das gilt unabhängig vom Streitwert und daher auch von einer Klagänderung oder Klagenhäufung. Daher unterbleibt eine Verweisung, Hamm RR 00, 66, aM Celle RR 02, 1080 (bei bloßer Teilvollstreckung evtl das AG. Aber § 802 hat Vorrang). § 35 ist anwendbar.

5) VwGO: *Unanwendbar, weil im VerwProzeß kein Mahnverfahren stattfindet,* Grdz § 688 Rn 7.

796a *Voraussetzungen für die Vollstreckbarerklärung des Anwaltsvergleichs.* I Ein von Rechtsanwälten im Namen und mit Vollmacht der von ihnen vertretenen Parteien abgeschlossener Vergleich wird auf Antrag einer Partei für vollstreckbar erklärt, wenn sich der Schuldner darin der sofortigen Zwangsvollstreckung unterworfen hat und der Vergleich unter Angabe des Tages seines Zustandekommens bei einem Amtsgericht niedergelegt ist, bei dem eine der Parteien zur Zeit des Vergleichsabschlusses ihren allgemeinen Gerichtsstand hat.

II Absatz 1 gilt nicht, wenn der Vergleich auf die Abgabe einer Willenserklärung gerichtet ist oder den Bestand eines Mietverhältnisses über Wohnraum betrifft.

III Die Vollstreckbarerklärung ist abzulehnen, wenn der Vergleich unwirksam ist oder seine Anerkennung gegen die öffentliche Ordnung verstoßen würde.

Schrifttum: *Veeser,* Der vollstreckbare Anwaltsvergleich, 1996 (zum alten Recht).

Gliederung

1) Systematik, §§ 796 a–c 1	4) Anwaltsvergleich, I 4–7
2) Regelungszweck, §§ 796 a–c 2	A. Vergleich 4
3) Geltungsbereich, §§ 796 a–c 3	B. Unterwerfungserklärung 5

§ 796a

C. Anwaltstätigkeit 6	7) Unanwendbarkeit bei Willenserklärung bzw Wohnmiete, II 12
D. Form 7	8) Ablehnung bei Unwirksamkeit oder Verstoß gegen die öffentliche Ordnung, III 13, 14
5) **Niederlegung, I** 8–10	
A. Urschrift, Ausfertigung 8	
B. Angabe des Vergleichsdatums 9	
C. Zuständigkeit des Niederlegungsgerichts 10	9) *VwGO* 15
6) **Antrag auf Vollstreckbarerklärung, I** .. 11	

1 **1) Systematik, §§ 796 a–c.** Die Vorschriften regeln die Vollstreckbarkeit des sog Anwaltsvergleichs. Er zeigt eine Form des außergerichtlichen Vergleichs im Sinn von § 779 BGB, Anh § 307 Rn 1. Man muß sie sorgfältig vom Prozeßvergleich nach § 278 VI, Anh § 307 unterscheiden. Zur EuGVVO/LugÜbk Trittmann IPRax **01**, 178 (zum alten Recht).

2 **2) Regelungszweck, §§ 796 a–c.** Die Vorschriften bezwecken ein Erkenntnisverfahren oder im schiedsrichterlichen Verfahren über einen im Vergleich geregelten Anspruch zu erübrigen oder zumindest abzukürzen. Der Gläubiger ohne entsprechende Entscheidung des Spruchrichters sogleich aus dem Vergleich die Zwangsvollstreckung betreiben können. Man hält eine solche Abkürzung für vertretbar, soweit auf Seiten aller Vergleichspartner Anwälte als deren Bevollmächtigte nach §§ 164 ff BGB gehandelt haben und soweit sich der Schuldner im Vergleich der Zwangsvollstreckung unterworfen hat. Diese Form des Gerichtsersatzes hat sich in der Praxis grundsätzlich bewährt. Der Anwaltsvergleich dient also der Prozeßwirtschaftlichkeit nach Grdz 14 vor § 128, indem er den ganzen Prozeß unnötig macht, LG Halle NJW **99**, 3567. Dabei muß man aber gerade vor Beginn der Zwangsvollstreckung im Interesse der Rechtssicherheit nach Einl III 43 einige formelle Mindestkontrollen einbauen, um endgültigen Schaden aus einem nichtrichterlichen Titel zu vermeiden. Das alles sollte man bei der Auslegung mitbeachten.

3 **3) Geltungsbereich, §§ 796 a–c.** Die Vorschriften gelten nur für den Anwaltsvergleich im Sinn von § 796 a I, mag er nun beim Gericht niedergelegt oder nach § 796 c I 1 beim Notar verwahrt sein. Für einen mit oder ohne Mitwirkung eines oder mehrerer Anwälte geschlossenen Prozeßvergleich gilt § 794 I Z 1. Für einen nicht gerade nach § 796 a I zustande gekommenen Anwaltsvergleich muß man einen gesonderten Vollstreckungstitel erstreiten. Für den Schiedsspruch mit vereinbartem Wortlaut nach § 1053 I gelten §§ 1060, 1061. § 796 a gilt nicht im arbeitsgerichtlichen Verfahren, Düss MDR **97**, 660 (zum alten Recht).

4 **4) Anwaltsvergleich, I.** Die Vollstreckbarerklärung setzt das Zusammentreffen jeder der folgenden Bedingungen voraus.
A. Vergleich. Es muß sich um einen außergerichtlichen Vergleich im Sinn von § 779 BGB handeln, Geimer DNotZ **91**, 275, Hansens AnwBl **91**, 113 (je zum alten Recht). Darin unterscheidet er sich vom Prozeßvergleich nach § 278 VI und von einer Einigung nach VV 1000. Da der Anwaltsvergleich ein Privatrechtsgeschäft ist, hat der Streit um die Rechtsnatur des Prozeßvergleichs nach Anh § 307 Rn 3 hier keine Bedeutung. Zur Wirksamkeit Rn 13, 14.

5 **B. Unterwerfungserklärung.** Zumindest einer der beteiligten Schuldner muß sich im Vergleich („darin") und nicht erst später der sofortigen Zwangsvollstreckung unterworfen haben, wie bei § 800 Rn 4. Das darf also nicht erst später geschehen sein, es sei denn in einer rückwirkend vereinbarten Ergänzung, Geimer DNotz **91**, 276 (zum alten Recht). Anders als nach § 794 I Z 5 kann Gegenstand der Unterwerfung jeder einer Vollstreckung zugängliche Anspruch sein. Für die Erklärung gilt das in § 794 Rn 36 ff Gesagte entsprechend. Die Unterwerfung muß sich natürlich gerade auf den zu vollstreckenden Gegenstand beziehen, Saarbr RR **05**, 1302.

6 **C. Anwaltstätigkeit.** Für einen jeden am Vergleich Beteiligten muß ein Anwalt als dessen Bevollmächtigter („im Namen und mit Vollmacht") nach § 164 BGB und nicht §§ 80 ff ZPO beim Abschluß gehandelt haben. Eine bloße sonstige Mitwirkung, etwa Beratung, Anwesenheit, zeitweise Hinzuziehung, reicht jetzt ebensowenig wie die bloße Unterschrift, sei es neben, sei es anstelle der Partei. Freilich kann letztere zur Annahme einer Anscheins- oder Duldungsvollmacht führen, zu ihnen PalH § 173 BGB Rn 9 ff. Eine Prozeßvollmacht reicht weder aus noch ist sie nötig. Denn es liegt ja gerade kein Prozeß vor, Rn 4. Andererseits braucht der Anwalt nicht schon am Zustandekommen der Vergleichsreife mitgewirkt zu haben. Es reicht und ist notwendig, daß er ihn als Bevollmächtigter „abgeschlossen" hat, daß er also für diese Partei die zum Vergleich führende Willenserklärung abgegeben hat. Er braucht also anders als ein Richter oder Schiedsrichter nicht neutral zu sein. Er muß vielmehr gerade die Interessen nur seines Auftraggebers vertreten. Besteht eine Partei aus mehreren Personen, so muß für jede derselbe oder ein jeweils eigener Anwalt den Vergleich mitabgeschlossen haben. Eine Vollmacht läßt sich nachreichen.
Der Anwalt muß *zugelassen* bzw zur Berufsausübung vor Ort berechtigt sein, §§ 206, 207 BRAO, Anh I § 155 GVG, SchlAnh VII. Eine etwa im Rahmen eines Prozeßvergleichs nach § 307 zustandekommene Vereinbarung muß, um auch als Anwaltsvergleich nach I wirken zu können, zum Bestandteil einer außergerichtlichen Anwaltsvereinbarung nach I geworden sein, Hansens AnwBl **91**, 114 (zum alten Recht).

7 **D. Form.** Aus I ergibt sich, daß zum Anwaltsvergleich die Schriftform erforderlich ist. Es genügt die Unterschrift eines jeden beteiligten Anwalts. Bei einer Sozietät reicht die Unterschrift eines Sozius. Zur Eigenhändigkeit der Unterschriften § 129 Rn 8 ff. Besteht eine Partei nach Rn 6 aus mehreren Personen, so muß jeder der beteiligten Anwälte auch mitunterschrieben haben. Der Anwaltsvergleich ersetzt anders als der Prozeßvergleich nach Anh § 307 nicht eine etwa nach dem sachlichen Recht erforderliche besondere Form. Daher ist § 127 a BGB auf ihn nicht anwendbar. Hat er einen Grundstückskauf zum Gegenstand, so bedarf es schon aus diesem Grunde und im übrigen auch wegen II seiner notariellen Beurkundung und deren Vollstreckbarerklärung nach § 794 I Z 5 usw, Rn 12, Geimer DNotZ **91**, 275, Ziege NJW **91**, 1581 (je zum alten Recht). Eine notarielle Beurkundung, bei der ja auch die Parteien unterschreiben, reicht aus,

Abschnitt 1. Allgemeine Vorschriften § 796a

soweit eben für jeden Vergleichspartner anwaltliche Beteiligung und Unterschrift vorliegt. Stellvertretung ist wie sonst zulässig.

5) Niederlegung, I. Der nach Rn 4–7 zustandegekommene Vergleich nebst etwaigen ebenso zustandegekommenen Ergänzungen oder Berichtigungen muß wie folgt niedergelegt worden sein, wenn nicht eine notarielle Verwahrung nach § 796 c I erfolgt. **8**

A. Urschrift, Ausfertigung. Die Urschrift oder im Fall notarieller Beurkundung die Ausfertigung muß niedergelegt worden sein. Sie muß also dem Gericht zur dauernden Verwahrung übergeben worden sein. Die Übergabe muß zwar eindeutig ebenfalls im Namen und mit Vollmacht aller Vergleichspartner erfolgt sein. Denn I läßt die Zulässigkeit der Vollstreckbarerklärung eben auch von einer wirksamen Niederlegung abhängen. Es wäre aber Formalismus, auch unter dem Übergabe- (Begleit-)schreiben die Unterschriften sämtlicher am Vergleichsabschluß beteiligten Anwälte zu fordern. Freilich ist eine im Vergleich vereinbarte Vollmacht auf den Übergeber bzw Niederleger ratsam, um Zweifel zu beseitigen, daß die übrigen Partner schon und noch auch mit der Niederlegung einverstanden sind, Geimer DNotZ **91**, 279 (zum alten Recht).

B. Angabe des Vergleichsdatums. Bei der Niederlegung muß der Tag des Zustandekommens des Anwaltsvergleichs angegeben worden sein. Das gilt natürlich nur für den gewiß seltenen Fall, daß der Vergleichstext das Datum nicht enthielt. Es ist die letzte Unterschrift maßgeblich, aM ZöGei 16 (aber erst dann ist der Vergleich zustande gekommen, ZöGei 17). **9**

C. Zuständigkeit des Niederlegungsgerichts. Der Anwaltsvergleich muß gerade bei einem Amtsgericht niedergelegt worden sein, bei dem eine der Parteien zur Zeit des Vergleichsabschlusses nach Rn 8 ihren allgemeinen Gerichtsstand hatte, §§ 12–19, nicht § 20 ff. Unter mehreren danach zuständigen Gerichten haben die Vergleichspartner und für sie der zur Niederlegung Befugte die Wahl, § 35. §§ 36, 37 sind anwendbar. Das sollte auch für § 38 gelten. Es genügt, daß sich nach alledem die Zuständigkeit des angerufenen Amtsgerichts auch nur aus dem allgemeinen Gerichtsstand auch nur *eines* Vergleichspartners ergibt. Es ist ratsam, schon im Vergleich das Niederlegungsgericht genau zu bezeichnen, Lindemann AnwBl **92**, 457 (zum alten Recht). Funktionell zuständig sein kann zB die nach der Geschäftsverteilung für C-Sachen zuständige Abteilung. Eine vorherige Zustellung ist nicht nötig. Es besteht kein Anwaltszwang, § 78 V Hs 2. **10**

6) Antrag auf Vollstreckbarerklärung, I. Das Gericht erklärt eine Vollstreckbarkeit nur „auf Antrag einer Partei", also nicht von Amts wegen. Jede Partei kann den Antrag stellen. Der Antrag ist als solcher nicht formbedürftig. Er kann daher auch ohne Hinzuziehung eines Anwalts oder gar eines der am Vergleichsabschluß beteiligten Anwälte und sogar stillschweigend erfolgen. Die bloße Niederlegung ist sicher meist, keineswegs aber stets auch als Antrag auslegbar. Denn die Vergleichspartner können sehr wohl ein schutzwürdiges Interesse daran haben, das Druckmittel einer Vollstreckbarerklärung nicht sogleich einzusetzen, auch aus Kostengründen. Der Antrag ist nicht fristgebunden. Er ist als eine Partei „prozeß"-handlung im weiteren Sinn nach den Regeln Grdz 47 vor § 128 auslegbar. Denn es liegt insofern ja etwas anderes als ein sachlichrechtliches Geschäft im Sinn von Grdz 48 ff vor § 128 vor. Der Antrag braucht sich nicht an das Niederlegungsgericht zu richten. Ist er an dieses gerichtet, so gibt dieses ihn unverzüglich nach § 129 a II an das für die Vollstreckbarerklärung nach § 796 b I zuständige Gericht ab und unterrichtet den Niederleger oder Antragsteller davon. Der Antrag kann sich auf einen selbständig bestimmbaren Teil des Anwaltsvergleichs beschränken. Das weitere Verfahren richtet sich nach §§ 796 b. **11**

7) Unanwendbarkeit bei Willenserklärung bzw Wohnmiete, II. Die Vorschrift entspricht dem § 794 I Z 5. Soweit sich ein Vergleich auf die Abgabe einer Willenserklärung richtet, gilt I nicht. Das gilt unabhängig davon, ob er in den Formen eines Anwaltsvergleichs geschlossen wurde. Daher darf keine Vollstreckbarerklärung nach §§ 796 a, b erfolgen. Denn insoweit kommt es für die Vollstreckbarkeit nur auf § 894 an. Als Ausnahme von I ist II eng auszulegen. Alles das gilt ferner, soweit der Anwaltsvergleich den Bestand eines Mietverhältnisses über Wohnraum betrifft. Über einen solchen Anspruch soll nur auf Grund eines staatlichen Vollstreckungstitels nach einem Erkenntnisverfahren eine Zwangsvollstreckung erfolgen dürfen. „Bestand eines Mietverhältnisses über Wohnraum" ist dasselbe wie bei § 794 I Z 5, § 23 Z 2 a Hs 2 GVG, dort Rn 6. **12**

Freilich paßt die Regelung nach § *794 a* nicht ganz zu derjenigen nach II Hs 2. Indessen ist der Wortlaut der letzteren Vorschrift eindeutig.

8) Ablehnung bei Unwirksamkeit oder Verstoß gegen die öffentliche Ordnung, III. Sprachlich in den Rechtsfolgen von II abweichend, der Sache nach ebenfalls auf die Unanwendbarkeit von I hinauslaufend gebietet III die Ablehnung der Vollstreckungserklärung als unbegründet selbst bei Erfüllung aller sonstigen Voraussetzungen von I, soweit der Anwaltsvergleich nach III Hs 1 unwirksam ist. Denn sein Inhalt ist nicht vergleichsfähig. Er unterliegt daher nicht der Parteiherrschaft, Grdz 18 vor § 128, Anh § 307 Rn 8 ff. Erst recht ist eine Antragszurückweisung als unzulässig notwendig, soweit eine der formellen Voraussetzungen von I fehlt und nicht behebbar ist. **13**

Eine Ablehnung muß ferner erfolgen, soweit die Anerkennung des Vergleichs gegen die *öffentliche Ordnung* verstoßen würde. Das bestimmt III Hs 2 wegen §§ 134, 138 BGB überflüssigerweise zusätzlich. In sprachlicher Abweichung von dem gleichzeitig eingeführten § 1059 II Z 2 b nennt § 796 a III nur den deutschsprachigen Begriff, nicht den internationalrechtlich üblichen ordre public, meint aber im nationalen wie internationalen Anwaltsvergleich der Sache nach dasselbe wie zB § 328 I Z 4, dort Rn 30 ff. Man sollte keine zu strengen Anforderungen stellen. Das ganze Verfahren der §§ 796 a–c dient ja der Prozeßwirtschaftlichkeit im weitesten Sinn, Rn 1. **14**

Deshalb zählt eine Einwendung *nicht* hierher, die sich gegen den Fortbestand des Anspruches richtet, etwa diejenige der Erfüllung. Der Schuldner muß sie nach § 767 erheben, LG Halle NJW **99**, 3567, MüKoWo 30, 39, Münzberg Festschrift für Geimer (2002) 753, aM ZöGei 22.

Eine Ablehnung nach III läßt die etwaige *sachlichrechtliche* Wirksamkeit des Vergleichs unberührt.

9) *VwGO:* *Unanwendbar, weil der Anwaltsvergleich nach § 168 VwGO kein VollstrTitel ist. Wegen der Vollstr aus öff-rechtl Verträgen s §§ 61 VwVfG u 66 SGB X.* **15**

§§ 796b, 796c

796b *Vollstreckbarerklärung durch das Prozessgericht.* [1] Für die Vollstreckbarerklärung nach § 796a Abs. 1 ist das Gericht als Prozessgericht zuständig, das für die gerichtliche Geltendmachung des zu vollstreckenden Anspruchs zuständig wäre.

II [1] Vor der Entscheidung über den Antrag auf Vollstreckbarerklärung ist der Gegner zu hören. [2] Die Entscheidung ergeht durch Beschluss. [3] Eine Anfechtung findet nicht statt.

1 **1) Systematik, Regelungszweck, I, II.** Vgl zunächst § 796a Rn 1, 2. Während § 796a die Zulässigkeit des vollstreckbaren Anwaltsvergleichs und die örtliche gerichtliche Zuständigkeit regelt, bestimmt § 796b die gerichtliche sachliche und funktionelle Zuständigkeit für den Fall, daß die Vergleichspartner keine notarielle Verwahrung usw nach § 796c vereinbart haben und daß der Vergleich daher beim Gericht niedergelegt ist, § 796a I.

2 **2) Geltungsbereich, I, II.** Vgl § 796a Rn 3.

3 **3) Zuständigkeit, I.** Für die Vollstreckbarerklärung des bei Gericht niedergelegten Anwaltsvergleichs ist dasjenige Gericht sachlich zuständig, das zur Zeit des Antrags nach I und nicht etwa schon beim Abschluß des Anwaltsvergleichs für eine Geltendmachung des zu vollstreckenden Anspruchs im Erkenntnisverfahren sachlich zuständig wäre. Diese Zuständigkeit richtet sich also nach §§ 23 ff, 71, 96 GVG. Ob danach eine ausschließliche Zuständigkeit vorliegt, richtet sich anders als bei § 796a I nicht nach § 802. Denn diese Vorschrift erfaßt nur den Gerichtsstand, also die örtliche Zuständigkeit.

Die am Anwaltsvergleich Beteiligten können die sachliche Zuständigkeit insofern auch bei der Vollstreckbarerklärung beeinflussen, als nach II in mündlicher Verhandlung oder schriftsätzlich ein *Rügeverzicht* nach den zu § 295 entwickelten hier entsprechend anwendbaren Regeln möglich ist. Das gilt, zumal die Vollstreckbarerklärung ja noch nicht zur Vollstreckung gehört, obwohl sie im Buch 8 geregelt ist Grdz 51 vor § 704.

4 Das sachlich zuständige Gericht entscheidet nach dem klaren Wortlaut von I *„als Prozeßgericht"*, also nicht als Vollstreckungsgericht im Sinn von § 764. Es entscheidet durch den bzw die Richter, nicht durch den Rpfl. Denn § 20 Z 17 RPflG, Anh § 153 GVG, erfaßt den § 796b nicht, da es dort auf die funktionelle Zuständigkeit des Vollstreckungsgerichts ankommt.

5 Soweit in einer *Ehe- oder Familiensache* nach §§ 606 ff überhaupt ein Anwaltsvergleich nach § 796a wirksam zustandekommen kann oder unter Verstoß zB gegen § 796a III nun einmal geschlossen und gerichtlich niedergelegt wurde, ist das Familiengericht zuständig.

6 **4) Verfahren, II 1.** Das Gericht prüft die besonderen Voraussetzungen der Wirksamkeit des Anwaltsvergleichs nach § 796a in vollem Umfang, Geimer DNotZ **91**, 281, insbesondere die zwingenden Versagungsgründe nach § 796a III, dort Rn 13, 14. Der Verpflichtete darf auch ohne die Grenze des § 767 II Einwendungen gegen den Anspruch selbst erheben, Ziege NJW **91**, 1582, aM Geimer DNotZ **91**, 282 (je zum alten Recht).

Eine *mündliche Verhandlung* ist zulässig, aber *nicht erforderlich*, § 128 IV. Stets muß das Gericht aber das rechtliche Gehör gewähren, Art 103 I GG, § 796b II 1 Hs 2.

7 **5) Entscheidung, II 2.** Das Prozeßgericht entscheidet in voller Besetzung durch einen Beschluß, II 2, § 329. Er lautet entweder etwa so: „Der Vergleich vom ... wird für vollstreckbar erklärt", oder auf Zurückweisung des Antrags. Das Gericht muß seinen Beschluß ungeachtet seiner Unanfechtbarkeit nach II 3 wenigstens stichwortartig begründen, soweit irgendeine Unklarheit bestand (Anstandspflicht), § 329 Rn 4, 6.

Kosten: Des Gerichts: KV 2117, Hartmann Teil I; des Notars: § 148a I 1 KostO, Hartmann Teil III; des Anwalts: VV 3309, 3310. Wert: Anh § 3 Rn 132 „Vollstreckbarerklärung". Festsetzung: Jedenfalls ab Vollstreckbarerklärung §§ 103 ff, § 11 RVG, aM Hbg MDR **94**, 214, Mü RR **97**, 1294 (je: zum alten Recht. Aber es liegt nun ein Titel vor).

8 **6) Unanfechtbarkeit, II 3.** Die Entscheidung ist nach dem klaren Wortlaut von II 3 unanfechtbar. Da nach Rn 4 der Richter und nicht der Rpfl zuständig ist, ist auch nicht etwa § 11 II 1 RPflG anwendbar. Mangels Vollstreckbarerklärung bleibt nur die Verfassungsbeschwerde oder entweder der Weg über § 796c oder ein neuzuschaffender Titel. Zur verfassungsrechtlichen Folgeproblematik Münzberg NJW **99**, 1359.

9 **7) VwGO:** *Vgl § 796a Rn 15.*

796c *Vollstreckbarerklärung durch einen Notar.* I [1] Mit Zustimmung der Parteien kann ein Vergleich ferner von einem Notar, der seinen Amtssitz im Bezirk eines nach § 796a Abs. 1 zuständigen Gerichts hat, in Verwahrung genommen und für vollstreckbar erklärt werden. [2] Die §§ 796a und 796b gelten entsprechend.

II [1] Lehnt der Notar die Vollstreckbarerklärung ab, ist dies zu begründen. [2] Die Ablehnung durch den Notar kann mit dem Antrag auf gerichtliche Entscheidung bei dem nach § 796b Abs. 1 zuständigen Gericht angefochten werden.

1 **1) Systematik, Regelungszweck, I, II.** Vgl § 796a Rn 1, 2.

2 **2) Geltungsbereich, I, II.** Vgl § 796a Rn 3.

3 **3) Notarielle Verwahrung und Vollstreckbarerklärung, I.** Statt der in § 796a I als Regelfall vorgesehenen Niederlegung des Anwaltsvergleichs bei Gericht nebst gerichtlicher Vollstreckbarerklärung können die Parteien auch eine notarielle Verwahrung und Vollstreckbarerklärung vereinbaren.

A. Zustimmung der Parteien, I 1. Alle am Anwaltsvergleich Beteiligten, hier „Parteien" genannt, müssen der notariellen Verwahrung usw zugestimmt haben. Das kann im Vergleich oder später geschehen sein. Die Zustimmungen müssen schriftlich oder durch Erklärungen gegenüber dem nach I 1 örtlich

Abschnitt 1. Allgemeine Vorschriften §§ 796c, 797

zuständigen Notar erfolgt sein, Hansens AnwBl **91**, 115 (zum alten Recht). Man darf seine einmal erklärte Zustimmung nicht einseitig widerrufen. Die Mitwirkung eines Anwalts auch bei der Zustimmung ist nicht erforderlich, aber bei Zustimmung im Vergleich wegen § 796 a I praktisch doch stets nötig. Eine Anfechtung wegen Irrtums usw nach §§ 119 ff BGB ist wie sonst denkbar.

B. Zuständigkeit des Notars, I 1. Der von den Parteien ausgewählte Notar muß seinen Amtssitz im **4** Bezirk eines nach § 796 a I zuständigen Gerichts haben, § 796 a Rn 9. Ein Mangel der Zuständigkeit berührt freilich die Wirksamkeit einer notariellen Vollstreckbarerklärung nicht. Denn der Notar nimmt hier einen Staatsakt im weiteren Sinn vor, Üb 10 vor § 300, Geimer DNotZ **91**, 273.

C. Verwahrung, I 1. Der nach Rn 4 zuständige Notar muß den nach Rn 3 zustandegekommenen **5** Anwaltsvergleich verwahren. Er muß also die Urschrift wie diejenige einer eigenen Urkunde behandeln, § 25 I BNotO, Hansens AnwBl **91**, 115 (zum alten Recht). Er darf eine Verwahrung nur wegen Unzuständigkeit ablehnen. II erfaßt nur die Ablehnung einer anschließenden Vollstreckbarerklärung. Verwahrung und Vollstreckbarerklärung müssen keineswegs, dürfen aber sehr wohl zeitlich zusammenfallen.

D. Vollstreckbarerklärung, I 1, 2. Der nach Rn 4 zuständige Notar muß zugleich mit oder zeitlich nach **6** seiner Verwahrung nach Rn 5 gemäß den Anwaltsvergleich für nicht nur vorläufig, sondern endgültig vollstreckbar erklären, soweit er dazu auch nach den gemäß I 2 entsprechend anwendbaren §§ 796 a, b überhaupt befugt ist. Seine Entscheidung lautet etwa: „Vorstehender Anwaltsvergleich wird gemäß § 796 c Abs 1 Satz 1 ZPO für vollstreckbar erklärt", Hansens AnwBl **91**, 115, Huchel MDR **93**, 943 (je zum alten Recht). Diese Vollstreckbarerklärung bedarf natürlich nicht etwa ihrerseits einer zusätzlichen Erklärung als vorläufig vollstreckbar. Sie muß eine Kostenentscheidung wegen des Vollstreckungsverfahrens entsprechend §§ 91 ff enthalten. Der Notar muß seine Vollstreckbarerklärung allen am Anwaltsvergleich Beteiligten, den „Parteien" im Sinn von I zustellen, § 20 I 2 BNotO oder §§ 175, 176, ferner § 329 III, Geimer DNotZ **91**, 274.

Gegen die Vollstreckbarerklärung ist *kein Rechtsbehelf* statthaft. Das ergibt sich aus der Verweisung in I 2 auf § 796 b II 3, dort Rn 8.

4) Ablehnung der Vollstreckbarerklärung, II 1. Soweit die Voraussetzungen einer Vollstreckbarerklä- **7** rung nach I nicht vorliegen, aus welchen Gründen auch immer, darf und muß der nach Rn 4 zuständige Notar die Vollstreckbarerklärung des bei ihm verwahrten Anwaltsvergleichs ablehnen. Er hält dabei infolge der Verweisung von dem auch im Verfahren auf Ablehnung mitgeltendem I 2 auf § 796 b II 1, 2 das dort genannte Verfahren ein. Er muß die Ablehnung nach II 1 begründen, § 329 Rn 4, und zwar so, daß das im Fall einer Anfechtung nach II 2 zuständige Gericht die Ablehnungserwägungen nachvollziehen kann. Der Notar muß auch die Ablehnungsentscheidung nebst Begründung den am Anwaltsvergleich Beteiligten zustellen, wie bei Rn 6.

5) Antrag auf gerichtliche Entscheidung, II 2. Soweit der Notar die Vollstreckbarerklärung nach **8** Rn 7 abgelehnt hat, kann jeder Betroffene bei dem nach § 796 b I zuständigen Gericht die Entscheidung des Notars durch einen Antrag auf gerichtliche Entscheidung anfechten. Das ist der in dieser Situation allein zulässige Rechtsbehelf. Das danach zuständige Gericht verfährt unter Mitbeachtung der in § 796 a III genannten Ablehnungsgründe wie bei § 796 b II.

Die *Entscheidung des Gerichts* lautet auf Zurückweisung des Antrags oder unter Aufhebung der Ablehnung des Notars auf eine Vollstreckbarerklärung wie bei Rn 6. Die Entscheidung ist unanfechtbar. Das ergibt sich zumindest entsprechend § 796 b II 3, dort Rn 8. Trotzdem sollte das Gericht ihr wegen seiner Anstandspflicht eine wenigstens stichwortartige Begründung geben, § 329 Rn 4.

6) Kosten, I, II. Gebühren des Gerichts: keine; des Notars: für Verwahrung nebst Vollstreckbarerklärung **9** oder deren Ablehnung ½ Gebühr, § 148 a I 1 KostO; Wert: § 148 a II KostO; für die Erteilung vollstreckbarer Ausfertigungen: § 133 (entsprechend) in Verbindung mit § 148 a I 2 KostO; des Anwalts: VV 3309, 3310.

797 *Verfahren bei vollstreckbaren Urkunden.* ¹Die vollstreckbare Ausfertigung gerichtlicher Urkunden wird von dem Urkundsbeamten der Geschäftsstelle des Gerichts erteilt, das die Urkunde verwahrt.

II ¹ Die vollstreckbare Ausfertigung notarieller Urkunden wird von dem Notar erteilt, der die Urkunde verwahrt. ² Befindet sich die Urkunde in der Verwahrung einer Behörde, so hat diese die vollstreckbare Ausfertigung zu erteilen.

III Die Entscheidung über Einwendungen, welche die Zulässigkeit der Vollstreckungsklausel betreffen, sowie die Entscheidung über Erteilung einer weiteren vollstreckbaren Ausfertigung wird bei gerichtlichen Urkunden von dem im ersten Absatz bezeichneten Gericht, bei notariellen Urkunden von dem Amtsgericht getroffen, in dessen Bezirk der im zweiten Absatz bezeichnete Notar oder die daselbst bezeichnete Behörde den Amtssitz hat.

IV Auf die Geltendmachung von Einwendungen, die den Anspruch selbst betreffen, ist die beschränkende Vorschrift des § 767 Abs. 2 nicht anzuwenden.

V Für Klagen auf Erteilung der Vollstreckungsklausel sowie für Klagen, durch welche die den Anspruch selbst betreffenden Einwendungen geltend gemacht werden oder der bei der Erteilung der Vollstreckungsklausel als bewiesen angenommene Eintritt der Voraussetzung für die Erteilung der Vollstreckungsklausel bestritten wird, ist das Gericht, bei dem der Schuldner im Inland seinen allgemeinen Gerichtsstand hat, und sonst das Gericht zuständig, bei dem nach § 23 gegen den Schuldner Klage erhoben werden kann.

VI Auf Beschlüsse nach § 796 c sind die Absätze 2 bis 5 entsprechend anzuwenden.

Schrifttum: Vgl bei § 794.

§ 797

Gliederung

1) Systematik, I–VI 1	A. Gegen die Vollstreckungsklausel 10, 11
2) Regelungszweck, I–VI 2	B. Gegen den Anspruch 12
3) Erteilung der Klausel, I, II 3–9	5) Zuständigkeit, V 13, 14
A. Verfahrensüberblick 3	A. Örtliche Zuständigkeit 13
B. Gerichtliche Urkunde 4	B. Sachliche Zuständigkeit 14
C. Notarielle Urkunde 5–8	6) Entsprechende Anwendbarkeit, VI 15
D. Sonstige Urkunde 9	7) *VwGO* 16
4) Einwendungen, weitere vollstreckbare Ausfertigung, III, IV 10–12	

1 **1) Systematik, I–VI.** Die Vorschrift enthält in ihrem Geltungsbereich eine Reihe unterschiedlich gearteter Sonderregeln, und zwar haben Vorrang: I, II gegenüber § 724 II (allerdings hat für den Vergleich vor einer Gütestelle § 797 a nochmals Vorrang); III gegenüber § 732; IV gegenüber dem dort ja direkt abbedungenen § 767 II; V gegenüber § 642, Hamm FamRZ **03**, 697, und gegenüber §§ 731, 767 I; VI entsprechend beim notariell verwahrten Anwaltsvergleich nach §§ 796 a I, 796 c I. Soweit „das Gericht" zuständig ist, gelten ergänzend § 764 (sachliche Zuständigkeit des Vollstreckungsgerichts), § 801 (Ausschließlichkeitsklausel) und § 20 Z 17 RPflG, Anh § 153 GVG (funktionelle Zuständigkeit).

2 **2) Regelungszweck, I–VI.** Die Vorschrift dient einer Anpassung der Vollstreckung aus den in §§ 794 ff genannten Urkunden an die Vollstreckung aus den in § 704 genannten Urteilen. Die Zuständigkeitsbestimmungen dienen der Rechtssicherheit nach Einl III 43. Man muß sie daher streng auslegen, auch soweit sie den Notar betreffen. IV ist als Schuldnerschutzregel zu seinen Gunsten auslegbar. Denn hier liegt die Betonung auf einem Vorrang der Gerechtigkeit vor der Rechtskraft (Präklusion).

3 **3) Erteilung der Klausel, I, II.** Es kommt auf die Urkundenart an. Stets ist ein Anspruch auf eine einfache Ausfertigung nach § 51 BeurkG Voraussetzung, Düss DNotZ **01**, 298, Hbg DNotZ **87**, 356, Hamm RR **87**, 1404.

A. Verfahrensüberblick. Das Gericht erteilt die vollstreckbare Ausfertigung in jedem Fall nach der ZPO. Die Erteilung ist vor der Entstehung des Anspruchs zulässig, wenn die Zwangsvollstreckung nach dem Inhalt der Urkunde nicht von einer durch den Gläubiger zu beweisenden Entstehung abhängt. § 726 ist beachtlich. Über die Zulässigkeit der Klage trotz einer vollstreckbaren Urkunde § 794 Rn 2. Die vollstreckbare Ausfertigung einer Urkunde, in der sich ein Vertreter der sofortigen Zwangsvollstreckung unterworfen hat, ist nur auf Grund eines Nachweises der Vollmacht durch eine öffentliche oder eine öffentlich beglaubigte Urkunde zulässig, LG Bonn Rpfleger **90**, 374, Zawar Festschrift für Lüke (1997) 995. Das Gericht bzw der Notar dürfen und müssen die Eignung der Urkunde nach Form und Inhalt zur Zwangsvollstreckung prüfen, BGH **118**, 233, BayObLG DNotZ **97**, 77, Oldb DNotZ **95**, 145. Sie dürfen aber das Bestehen eines sachlichrechtlichen Anspruchs im Verfahren auf die Erteilung der vollstreckbaren Ausfertigung nicht prüfen, BGH **118**, 233, Oldb DNotZ **95**, 145, Wolfsteiner DNotZ **99**, 104. Wenn ein sachlichrechtlicher Anspruch fehlt, ist § 767 anwendbar, Ffm JB **97**, 544 (Erlöschen), BGH **118**, 219 (Unwirksamkeit des Titels), Oldb DNotZ **95**, 145 (Nichtigkeit), ZöStö 5 b, aM bei Offenkundigkeit usw BayObLG NJW **00**, 1663, Ffm DNotZ **95**, 144 (aber damit ist der Rpfl oder Notar meist überfordert, § 767 paßt besser). Das Grundbuchamt prüft den sachlichen Inhalt der Urkunde auf seine Eintragungsfähigkeit, nicht aber die Erteilung der Klausel.

4 **B. Gerichtliche Urkunde.** Gemeint sind nur die vollstreckbaren Urkunden des § 794 I Z 5, nicht Prozeßvergleiche, Anh § 307, § 794 I Z 1. Denn auf sie paßt § 797 nicht, StJM 1, ThP 2, ZöStö 1, aM AG Königswinter FamRZ **89**, 1201.

Nicht anwendbar ist § 797 ferner auf Beschlüsse, § 329. Zuständig zur Erteilung der Vollstreckungsklausel ist stets die Geschäftsstelle desjenigen Gerichts, das die Urkunde verwahrt. Das gilt auch dann, wenn dessen Zuständigkeit zur Beurkundung selbst entfallen ist, §§ 68 I, 52 BeurkG. Das Gericht muß § 730 beachten. Innerhalb der Geschäftsstelle ist der Urkundsbeamte oder der Rpfl zuständig, § 724 Rn 6. I gilt auch dann, wenn ein anderes Gericht die Urkunde in Ausübung seiner Rechtshilfe aufgenommen hat, falls jenes Gericht die Urkunde in Urschrift übersandt hat.

Gebühren: Des Gerichts keine, außer nach § 133 KostO; des Anwalts VV 3309, 3310.

5 **C. Notarielle Urkunde.** Auch eine notarielle Urkunde bedarf der Vollstreckungsklausel. Die Klausel wird von demjenigen Notar erteilt, der die Urkunde verwahrt, II, § 52 BeurkG. Ein Notar, der den Vollstreckungsauftrag vom Gläubiger als Anwalt angenommen hat, darf keine Vollstreckungsklausel erteilen. Wenn er sie doch erteilt, muß das Gericht sie auf eine Einwendung des Schuldners nach Rn 10 aufheben. Der Notar darf und muß evtl die Erteilung der Klausel ablehnen, zB bei begründetem Zweifel an der Wirksamkeit des beurkundeten Geschäfts, KG DNotZ **91**, 764, ebenso dann, wenn der sachlichrechtliche Anspruch offensichtlich nicht oder nicht mehr besteht, BayObLG FGPrax **00**, 41. Dann ist die Beschwerde zum LG seines Amtssitzes zulässig, § 54 BeurkG, BayObLG FGPrax **98**, 40.

6 Das *Verfahren* richtet sich sodann nach §§ 20 ff FGG. Gegen die Entscheidung des LG ist die weitere Beschwerde zulässig, §§ 27 ff FGG. Im Beschwerdeverfahren entstehen keine Kosten zu Lasten des Notars. Denn er ist nicht nach § 13 a FGG beteiligt, anders als bei § 156 KostO. Der Schuldner hat gegen die Erteilung der Vollstreckungsklausel ein Antragsrecht, III, § 732 Rn 7. Das gilt auch dann, wenn das LG den Notar angewiesen hatte, eine vollstreckbare Ausfertigung oder eine Vollstreckungsklausel zu erteilen. Dann hat er aber keine weitere Beschwerde, Ffm MDR **97**, 974.

7 Wenn der Notar die Urkunde *nicht verwahrt,* weil sein Amt erloschen oder sein Amtssitz in einen anderen AGBezirk verlegt worden ist, dann ist die Verwaltungsbehörde zur Erteilung der Vollstreckungsklausel zuständig, II, § 52 BeurkG. Früher bestand insofern eine landesgesetzliche Regelung. § 39 RNotO be-

Abschnitt 1. Allgemeine Vorschriften § 797

stimmte das AG zum Verwahrungsort. Daraus folgt, daß sich die Rechtsmittel aus dem FGG ergeben. Denn es handelt sich um eine durch ein Reichsgesetz übertragene Angelegenheit der freiwilligen Gerichtsbarkeit im Sinn von § 1 FGG. Auch nach § 51 I BNotO werden die Notariatsakten beim AG des bisherigen Sitzes verwahrt, soweit nicht der Präsident des OLG die Verwahrung bei einem anderen AG angeordnet hat. Dieses erteilt Ausfertigungen und Abschriften nach den Vorschriften über die Erteilung von Ausfertigungen und Abschriften von gerichtlichen Urkunden, § 45 IV 2 in Verbindung mit § 51 I 3 BNotO und mit V 3. Die Verwahrung erfolgt im Staatsarchiv, das in Abänderung von § 797 II als erteilende Behörde ausscheidet.

Zur Erteilung ist der *Rechtspfleger* des verwahrenden Gerichts zuständig, § 20 Z 13 RPflG, Anh § 153 8 GVG. Wenn sich der Rpfl weigert, eine vollstreckbare Ausfertigung zu erteilen, ist nach § 11 I RPflG, Anh § 153 GVG, die Beschwerde nach § 54 BeurkG und die weitere Beschwerde nach §§ 27 ff FGG statthaft, Ffm Rpfleger **81**, 314. Wenn der Notar abwesend ist, wenn ihm kein Vertreter bestellt wurde und wenn er seine Akten auch nicht in die amtliche Verwahrung gegeben hat, gilt entsprechendes, § 45 III BNotO. Die Kanzlei des Notars ist in keinem Fall zur Erteilung der vollstreckbaren Ausfertigung ermächtigt. Vgl in solcher Situation III.

D. Sonstige Urkunde. Zuständig für die Erteilung der Vollstreckungsklausel ist im allgemeinen der 9 Beurkundende, zB das Jugendamt nach der Beurkundung einer Unterhaltsverpflichtung, § 116 SGB V.

4) Einwendungen, weitere vollstreckbare Ausfertigung, III, IV. Es kommt auf den Gegenstand an. 10

A. Gegen die Vollstreckungsklausel. Über die Einwendungen gegen die Zulässigkeit der Vollstreckungsklausel vgl § 732 und BayObLG FGPrax **00**, 42, Ffm Rpfleger **81**, 314. Das gilt zB dann, wenn ein ausgeschlossener Notar die Klausel erteilt hatte oder wenn eine Vollstreckung vertragswidrig vorzeitig begonnen hat oder wenn die Unterwerfung nichtig war. Wenn eine Unterwerfung für unwirksam erklärt wurde, ist keine Vollstreckungsabwehrklage statthaft. Vielmehr muß der Rpfl dann eine Entscheidung durch Beschluß treffen, § 329, BGH RR **87**, 1149. Es entscheidet bei einer gerichtlichen Urkunde das Gericht, bei dem sie verwahrt wird, bei einer notariellen Urkunde das AG des Amtssitzes des Notars, Rn 4, BayObLG FGPrax **00**, 42, Düss DNotZ **77**, 572, bei einer sonstigen Urkunde im allgemeinen das AG des Beurkundenden, zB des Jugendamts nach dem SGB V.

Die Erteilung einer *weiteren vollstreckbaren Ausfertigung* nach § 733 fällt bei einer gerichtlichen Urkunde in 11 die Zuständigkeit des Rpfl nach § 20 Z 13 RPflG, Naumb FamRZ **03**, 695, bzw des etwa landesrechtlich bestellten Urkundsbeamten der Geschäftsstelle, § 36 b I Z 4 RPflG, Anh § 153 GVG, bei einer notariellen in die Zuständigkeit des Notars, BayObLG FGPrax **00**, 42, Düss DNotZ **77**, 572, aM LG Bln MDR **99**, 703 (ebenfalls der Rpfl). Entsprechend der Zuständigkeit für die Erteilung einer weiteren Ausfertigung muß man die Bewilligung einer öffentlichen Zustellung nach §§ 185 ff oder ein Zustellungsersuchen in das Ausland behandeln, (jetzt) §§ 183 ff, BayObLG RR **90**, 64. Das Verfahren verläuft nicht etwa nach dem FGG, sondern nach §§ 795, 732, Ffm OLGZ **82**, 202, Naumb FamRZ **03**, 695, LG Bln MDR **99**, 703, aM BayObLG FGPrax **00**, 42 (aber seine Meinungsänderung gegenüber RR **90**, 64 überzeugt nicht. Das ganze Verfahren gehört seiner Natur nach in die ZPO). Gegen die Entscheidung des etwa landesrechtlich bestellten Urkundsbeamten ist die befristete Erinnerung statthaft, § 573 I 1.

B. Gegen den Anspruch. Für die erste Vollstreckungsabwehrklage entfällt naturgemäß die Möglichkeit, 12 Einwendungen nach § 767 II abzuschneiden, BAG KTS **90**, 124. Es sind anders als bei einem Prozeßvergleich bei der ersten Vollstreckungsabwehrklage gegen die Urkunde sämtliche sachlichrechtlichen Einwendungen zulässig, BGH **118**, 235, Hamm RR **87**, 1331, Kblz RR **03**, 1559, § 795 Rn 11. Unzulässig sind solche Einwendungen nach der sachlichrechtlichen Mängelheilung, BGH NJW **85**, 2423, und bei einer weiteren Vollstreckungsabwehrklage, BGH RR **87**, 59 (§ 767 II, krit Münzberg ZZP **87**, 454). Wegen Volljährigkeit beim Regelunterhalt § 798 a.

5) Zuständigkeit, V. Man muß zwischen der örtlichen und der sachlichen Zuständigkeit unterscheiden. 13

A. Örtliche Zuständigkeit. Für die Klagen nach §§ 731, 767, 768 ist nach § 802 örtlich ausschließlich zunächst das Gericht des allgemeinen Gerichtsstands des Schuldners zuständig, §§ 13–19, Hamm FamRZ **03**, 697 (Vorrang vor § 642). Wenn bei mehreren Schuldnern kein gemeinsamer allgemeiner Gerichtsstand vorliegt, dann ist das zuständige Gericht entsprechend § 36 I Z 3 bestimmbar. Denn der Gerichtsstand richtet sich hier nach dem Kläger, StJM 23, ZöStö 8, aM BGH NJW **91**, 2910, BayObLG RR **93**, 511, ZöV 35 Rn 1 (aber das ist inkonsequent. § 35 gilt auch hier). Hilfsweise ist das Gericht des Gerichtsstands des Schuldnervermögens zuständig, § 23. Diese Gerichtsstände gehen dem dinglichen Gerichtsstand der §§ 24 ff vor, nicht aber dem Gerichtsstand des § 800 III, Karlsr RR **01**, 1728, aM KG RR **89**, 1407 (aber diese Vorschrift ist noch spezieller). Bei § 323 IV gilt V nicht.

B. Sachliche Zuständigkeit. Die sachliche Zuständigkeit richtet sich nach dem Streitwert, §§ 23–23 b, 14 71 GVG. Als Streitwert gilt der Wert des zu vollstreckenden Anspruchs, § 3. § 23 GVG ist entsprechend anwendbar. Deshalb ist für eine Vollstreckungsabwehrklage gegen eine Verpflichtungsurkunde vor dem Jugendamt immer das AG zuständig. In einer Familiensache nach §§ 606 ff ist das FamG zuständig, BayObLG FamRZ **91**, 1455, Naumb FamRZ **03**, 695, aM Stgt Rpfleger **97**, 521. Die Kammer für Handelssachen oder das ArbG sind in keinem Fall zuständig. Unstatthaft ist eine Klage gegen den Notar (§ 156 KostO hat Vorrang) oder gegen eine Behörde. In einer Arbeitssache ist das ArbG zuständig, Ffm MDR **85**, 331.

6) Entsprechende Anwendbarkeit, VI. II–V sind auf einen Beschluß nach § 796 c entsprechend 15 anwendbar. Es muß sich also um einen solchen Vergleich im Sinn von § 796 a (sog Anwaltsvergleich) handeln, den ein Notar mit Zustimmung der Parteien in Verwahrung genommen und für vollstreckbar erklärt hat, § 796 c I 1. Soweit ein Vergleich zwar nach § 796 a I zustandegekommen ist, aber eben nicht notariell nach § 796 c I behandelt worden ist, ist § 794 I Z 4 b anwendbar, § 794 Rn 20.

7) VwGO: Unanwendbar, weil im VerwProzeß eine vollstreckbare Urkunde kein Vollstreckungstitel ist, § 168 I 16 VwGO, § 794 Rn 61; vollstreckt wird aus einer solchen Urkunde also unmittelbar nach ZPO, OVG Münst NJW **93**,

§§ 797–798

2766 mwN. Wird die Herausgabe einer solchen Urkunde begehrt, begründet V für die Klage nicht den Zivilrechtsweg, BVerwG NJW **95**, 1105. Wegen der Vollstreckung aus öffentlich-rechtlichen Verträgen vgl §§ 61 VwVfG u 66 SGB X, BVerwG 8 C 32.93; s dazu auch § 794 Rn 61.

797a *Verfahren bei Gütestellenvergleichen.* [I] Bei Vergleichen, die vor Gütestellen der im § 794 Abs. 1 Nr. 1 bezeichneten Art geschlossen sind, wird die Vollstreckungsklausel von dem Urkundsbeamten der Geschäftsstelle desjenigen Amtsgerichts erteilt, in dessen Bezirk die Gütestelle ihren Sitz hat.

[II] Über Einwendungen, welche die Zulässigkeit der Vollstreckungsklausel betreffen, entscheidet das im Absatz 1 bezeichnete Gericht.

[III] § 797 Abs. 5 gilt entsprechend.

[IV] [1] Die Landesjustizverwaltung kann Vorsteher von Gütestellen ermächtigen, die Vollstreckungsklausel für Vergleiche zu erteilen, die vor der Gütestelle geschlossen sind. [2] Die Ermächtigung erstreckt sich nicht auf die Fälle des § 726 Abs. 1, der §§ 727 bis 729 und des § 733. [3] Über Einwendungen, welche die Zulässigkeit der Vollstreckungsklausel betreffen, entscheidet das im Absatz 1 bezeichnete Gericht.

1   **1) Systematik, Regelungszweck, I–IV.** Die Vorschrift erfaßt innerhalb der in § 794 I Z 1 genannten Vergleiche denjenigen vor einer sog Gütestelle bzw Einigungsstelle zB nach § 15 VI 3 Hs 2 UWG nF (s Einl I A) und schafft für das Verfahren auf die Erteilung der Vollstreckungsklausel eine nur für diesen Fall eine sowohl gegenüber § 724 II als auch gegenüber § 795 vorrangige Sonderzuständigkeit usw. Die Vorschrift entspricht aber im übrigen weitgehend dem § 797. Daher sind die dortigen Anmerkungen entsprechend mitverwertbar, auch zum Regelungszweck.

2   **2) Erteilung der Klausel, I, IV.** Der Urkundsbeamte der Geschäftsstelle des Gerichts am Sitz der Gütestelle stellt eine Ausfertigung des Vergleichs her und versieht sie mit der Vollstreckungsklausel. Die Ermächtigung erstreckt sich nicht auf die Fälle, in denen der Rpfl die Vollstreckungsklausel erteilt, § 20 Z 12, 13 RPflG sowie nach Landesrecht § 37 RPflG, Anh § 153 GVG.

Gebühren: Des Gerichts keine; des Anwalts VV 3309, 3310, 3500.

Die *Justizverwaltung* kann die Vorsteher von Gütestellen nach § 794 Rn 4 zur Erteilung der Vollstreckungsklausel ermächtigen. Die Verwaltung muß den Vorstehern dabei ein Dienstsiegel verleihen, § 725. Wenn der ermächtigte Vorsteher die Erteilung der Klausel ablehnt, entscheidet das AG. Die Ermächtigung ist erteilt: dem Vorsitzenden der Hamburger Vergleichsstelle, § 3 VO v 4. 2. 46, VOBl 13, Hbg FamRZ **84**, 69; dem Vorsitzenden der Lübecker Vergleichsstelle, AVJM v 4. 8. 49, SchlHA 279, und v 17. 12. 52, SchlHA **53**, 9; dem Vorsitzenden der Münchener, Traunsteiner und Würzburger Schlichtungsstelle, Bek v 31. 7. 94, BayJMBl 146, Bethke DRiZ **94**, 17.

3   **3) Rechtsbehelfe, II, III, IV.** Über Einwendungen aus § 732 entscheidet immer das Gericht des Sitzes der Gütestelle. Dieses Gericht ist auch für die Bewilligung einer öffentlichen Zustellung nach §§ 185 ff und für ein Zustellungsersuchen in das Ausland zuständig, §§ 183, 184. § 797 V ist entsprechend anwendbar. Für Klagen aus §§ 731, 767, 768 ist also das Gericht des allgemeinen Gerichtsstands des Schuldners nach §§ 12 ff ausschließlich örtlich zuständig, hilfsweise das Gericht des Gerichtsstands des Vermögens, § 24 ff. § 797 IV ist zwar nicht anwendbar. Trotzdem entfallen auch hier die Beschränkungen des § 767 II. Denn ein Vergleich vor der Gütestelle nach § 794 Rn 4 ist einem Prozeßvergleich ebenbürtig, § 794 I Z 1.

4   **4) Entsprechende Anwendung, I–IV.** § 797 a gilt entsprechend für einen Vergleich vor einer Einigungsstelle nach § 15 VI 3 Hs 2 UWG nF (s Einl I A). Der Vorsitzende erteilt die Klausel unter Beidrückung des Siegels oder Stempels des Amts. Ausgenommen sind die Fälle IV 2.

5   **5) VwGO:** Unanwendbar, weil im VerwProzeß ein Vergleich der Gütestelle kein Vollstreckungstitel ist, § 168 I VwGO. Aus einem solchen Vergleich wird also unmittelbar nach ZPO vollstreckt, vgl § 797 Rn 16.

798 *Wartefrist.* Aus einem Kostenfestsetzungsbeschluss, der nicht auf das Urteil gesetzt ist, aus Beschlüssen nach § 794 Abs. 1 Nr. 2 a und § 794 Abs. 1 Nr. 4 b sowie aus den nach § 794 Abs. 1 Nr. 5 aufgenommenen Urkunden darf die Zwangsvollstreckung nur beginnen, wenn der Schuldtitel mindestens zwei Wochen vorher zugestellt ist.

1   **1) Systematik.** Ist der Kostenfestsetzungsbeschluß im vereinfachten Verfahren nach § 105 auf das Urteil gekommen, so kann der Gläubiger ihn nach § 795 a ohne eine Wartefrist vollstrecken. Es genügt dann die Zustellung des Beschlusses im Zeitpunkt des Beginns der Zwangsvollstreckung nach Grdz 51 vor § 704 wie regelmäßig, § 750 I 1. Bei einer Reihe anderer Arten von Vollstreckungstiteln müssen nach § 798 bis zum Beginn der Zwangsvollstreckung aus dem Beschluß in vorrangiger Abweichung von § 750 I 1, jedoch ähnlich dem § 750 III, mindestens zwei Wochen verstreichen, LG Bln VersR **88**, 252, AG Ehingen DGVZ **81**, 91, Ostler ZRP **81**, 59. Im Sonderfall des § 798 a gilt die dortige noch längere Wartefrist.

2   **2) Regelungszweck.** Er besteht darin, dem Schuldner eine Gelegenheit zu geben, den fälligen und titulierten Anspruch noch vor einer Vollstreckungsmaßnahme zu erfüllen, Köln RR **00**, 1302. Der Gläubiger soll den nicht unterrichteten Schuldner nicht überrumpeln, AG Ehingen DGVZ **81**, 91. Die Zweiwochenfrist ist wie jede Frist strikt auslegbar. Deren Gründe darf man freilich nicht allzu weit bejahen. Immerhin gestattet das Wort „mindestens" in § 798 auch eine nicht zu strenge Handhabung, wenn zB Erfüllungsaussicht besteht.

Abschnitt 1. Allgemeine Vorschriften **§§ 798, 798a**

3) Geltungsbereich. Die Vorschrift gilt auch bei der nochmaligen Zustellung auf Grund einer Rechts- **3** nachfolge nach §§ 727, 750 I. Eine Wartefrist ist in jedem der folgenden Fälle erforderlich.

A. §§ 720 a, 750 III. Eine Wartefrist ist nach § 750 III im Fall einer Zwangsvollstreckung aus § 720 a (2 Wochen) erforderlich. Die Vorschrift ist unabdingbar, Grdz 27 vor § 704 „Verzicht des Schuldners".

B. § 794 Z 2. Eine Wartefrist ist erforderlich, wenn die Zwangsvollstreckung aus einem solchen Kosten- **4** festsetzungsbeschluß nach §§ 104, 106 stattfindet, der nicht nach § 105 auf das Urteil gesetzt wurde (sonst gilt Rn 1).

C. § 794 b. Eine Wartefrist ist erforderlich, wenn die Zwangsvollstreckung aus einem Beschluß im verein- **5** fachten Verfahren der in § 794 I Z 2 a genannten Art stattfindet, § 794 Rn 13.

D. § 794 I Z 4 b. Eine Wartefrist ist erforderlich, wenn die Zwangsvollstreckung aus einem sog Anwalts- **6** vergleich stattfindet, der nach § 796 a I geschlossen und nach § 796 c I 1 vom Notar für vollstreckbar erklärt worden ist. Bei einem Vergleich anderer Art ist jedenfalls nicht schon nach § 798 eine Wartefrist erforderlich, sondern allenfalls auf Grund einer in ihm vereinbarten, LG Bochum DGVZ 92, 28.

E. § 794 I Z 5. Eine Wartefrist ist erforderlich, wenn die Zwangsvollstreckung aus einer vollstreckbaren **7** Urkunde stattfindet, § 794 I Z 5, auch aus einer Urkunde nach §§ 794 II, 800 I.

F. HZPrÜbk. Eine Wartefrist ist erforderlich, wenn die Zwangsvollstreckung aus einer für vollstreckbar **8** erklärten Kostenentscheidung nach § 7 AusfG zum HZPrÜbk stattfindet, SchlAnh V.

G. § 155 KostO. Eine Wartefrist ist bei einer Vollstreckung aus einer für vollstreckbar erklärten Kosten- **9** rechnung des Notars erforderlich, § 155 KostO. Man muß sie evtl vorher berichtigen oder bei der Vollstreckungsklausel mit einem einschränkenden Vermerk versehen.

4) Unanwendbarkeit. § 798 ist nicht entsprechend anwendbar. Die Vorschrift ist bei einer Vorpfändung **10** unanwendbar, § 845 Rn 18.

5) Fristberechnung. Die Wartefrist ist eine gesetzliche Frist. Sie ist keine Notfrist nach § 224 I 2. Das **11** Gericht darf sie nicht verlängern, auch nicht, um der Laufzeit einer Überweisung usw, aM AG Bln-Charlottenb DGVZ **88**, 127, AG Ellwangen DGVZ **92**, 45 (vgl aber wegen der Kosten § 788 Rn 52). Er darf sie auch nicht abkürzen. Gegen die Versäumung der Frist gibt es keine Wiedereinsetzung in den vorigen Stand nach § 233. Die Frist wird nach § 222 berechnet. Die Zwangsvollstreckung kann also am fünfzehnten Tag nach dem Tag der Zustellung beginnen, sofern dieser fünfzehnte Tag nicht ein Sonnabend oder Sonntag noch ein allgemeiner Feiertag ist, §§ 187 I BGB. Zweckmäßig wartet der Gläubiger bzw das Vollstreckungsorgan die Rückkehr der Zustellungsurkunde ab. Die Urkunden über eine etwa notwendige Sicherheitsleistung kann der Gläubiger dem Schuldner beim Beginn der Zwangsvollstreckung zustellen lassen.

6) Rechtsbehelf. Bei einem Verstoß ist lediglich eine Erinnerung nach § 766 statthaft, Einf 4–6 vor **12** §§ 750–752. Eine Heilung durch einen Fristablauf erfolgt auch dann, wenn der Verstoß vorher gerügt wurde.

7) VwGO: Entsprechend anwendbar, § 167 I VwGO, für Kostenfestsetzungsbeschlüsse, die auch im VerwProzeß **13** Vollstreckungstitel sind, § 168 I Nr 4 VwGO, s § 794 Rn 61.

798a *Zwangsvollstreckung aus Unterhaltstiteln trotz weggefallener Minderjährigkeit.* Soweit der Verpflichtete dem Kind nach Vollendung des achtzehnten Lebensjahres Unterhalt zu gewähren hat, kann gegen den in einem Urteil oder in einem Schuldtitel nach § 794 festgestellten Anspruch auf Unterhalt im Sinne des § 1612 a des Bürgerlichen Gesetzbuchs nicht eingewendet werden, daß Minderjährigkeit nicht mehr besteht.

1) Systematik. Die Vorschrift stellt eine gegenüber §§ 767, 795, 797 III, IV vorrangige Sonderregelung **1** in ihrem Geltungsbereich dar, Rn 3.

2) Regelungszweck. § 798 a dient freilich denselben Zielen wie jene anderen Bestimmungen, Rn 1, **2** Brdb FamRZ **04**, 1888. Sie bleiben vielfach auch beim Regelunterhalt anwendbar. Denn § 798 a erfaßt nur eine einzelne Einwendungsart. Deshalb ist diese Vorschrift eng auslegbar.

3) Geltungsbereich. Es geht innerhalb einer Zwangsvollstreckung aus einem Vollstreckungstitel beliebi- **3** ger Art auf Zahlung von Regelunterhalt nach § 1612 a BGB um eine besondere Situation. Der Schuldner muß dann nämlich auch über die Zeitgrenze der Minderjährigkeit hinaus für die Folgezeit zahlen, auf Grund welchen weiteren Titels auch immer und sogar ohne solchen, Köln FER **00**, 144 (evtl § 323), Saarbr FER **00**, 142, zunächst noch „nur" nach sachlichem Recht. Nun könnte wenigstens der Schuldnereinwand erfolgen, der Gläubiger sei ja mittlerweile volljährig, so daß er den Schuldner jedenfalls den Titel nach § 1612 a BGB mit der Vollstreckungsabwehrklage bekämpfen könnte. Diese eine Einwendungsmöglichkeit schneidet § 798 a ab. Damit entfällt natürlich auch die Möglichkeit einer zugehörigen einstweiligen Maßnahme nach § 769. Alle anderen bleiben wie sonst bestehen. Das gilt zB für eine Abänderungsklage nach § 323 oder für eine Drittwiderspruchsklage nach § 771.

Unanwendbar ist § 798 a auf einen Vollstreckungstitel außerhalb des Regelunterhalts und auf einen nur bis zur Volljährigkeit erlassenen Titel, Brdb FamRZ **04**, 1888.

4) Unbeachtlichkeit der Volljährigkeit. Im Geltungsbereich Rn 3 kann der Schuldner die weitere **4** restliche Vollstreckung aus der Zeit vor Volljährigkeit wie hinterher auf Grund nach § 1612 a BGB vom Gläubiger erworbenen Titels nicht mehr erfolgreich nur mit dem Einwand des Eintritts der Volljährigkeit des Gläubigers bekämpfen. Das muß das Gericht von Amts wegen beachten, Grdz 39, 40 (nicht 38) vor § 128.

5) Verstoß. Soweit das Gericht dem Einwand der Volljährigkeit entgegen § 798 a stattgegeben hat, bleibt es je nach seiner Entscheidungsform und nach der Beschwer des Schuldners bei den sonstigen Rechtsbehelfen.

799 *Vollstreckbare Urkunde bei Rechtsnachfolge.* Hat sich der Eigentümer eines mit einer Hypothek, einer Grundschuld oder einer Rentenschuld belasteten Grundstücks in einer nach § 794 Abs. 1 Nr. 5 aufgenommenen Urkunde der sofortigen Zwangsvollstreckung unterworfen und ist dem Rechtsnachfolger des Gläubigers eine vollstreckbare Ausfertigung erteilt, so ist die Zustellung der die Rechtsnachfolge nachweisenden öffentlichen oder öffentlich beglaubigten Urkunde nicht erforderlich, wenn der Rechtsnachfolger als Gläubiger im Grundbuch eingetragen ist.

1) Systematik, Regelungszweck. Ein eingetragener Rechtsnachfolger eines Hypothekengläubigers, eines Grundschuldgläubigers oder eines Rentenschuldgläubigers benötigt zur Zwangsvollstreckung keine Zustellung derjenigen Urkunden an den Eigentümer, die die Rechtsnachfolge beweisen. Denn der Eigentümer hat die Eintragung nach § 55 GBO erfahren. Wenn das Grundbuchamt diese Bekanntgabe versäumt hat, dann schadet das dem Gläubiger nicht.

2) Geltungsbereich. Die Vorschrift gilt in dem in § 1 genannten Bereich. Sie gilt nicht bei einer bloßen Umschreibung des Hypothekenbriefs oder gegenüber einem rein persönlichen Schuldner. Sie gilt auch nicht, wenn der Rechtsnachfolger nicht im Grundbuch eingetragen ist.

3) Einzelfragen. Die Zustellung der Vollstreckungsklausel nach § 750 II bleibt notwendig.

4) VwGO: Vgl § 797 Rn 16.

800 *Vollstreckbare Urkunde gegen den jeweiligen Eigentümer.* [I] [1] Der Eigentümer kann sich in einer nach § 794 Abs. 1 Nr. 5 aufgenommenen Urkunde in Ansehung einer Hypothek, einer Grundschuld oder einer Rentenschuld der sofortigen Zwangsvollstreckung in der Weise unterwerfen, dass die Zwangsvollstreckung aus der Urkunde gegen den jeweiligen Eigentümer des Grundstücks zulässig sein soll. [2] Die Unterwerfung bedarf in diesem Fall der Eintragung in das Grundbuch.

[II] Bei der Zwangsvollstreckung gegen einen späteren Eigentümer, der im Grundbuch eingetragen ist, bedarf es nicht der Zustellung der den Erwerb des Eigentums nachweisenden öffentlichen oder öffentlich beglaubigten Urkunde.

[III] Ist die sofortige Zwangsvollstreckung gegen den jeweiligen Eigentümer zulässig, so ist für die im § 797 Abs. 5 bezeichneten Klagen das Gericht zuständig, in dessen Bezirk das Grundstück belegen ist.

Schrifttum: *Bellinger,* Die Bezugnahme in notariellen Urkunden, 1987; *Böckmann,* Schuldnerschutz bei vollstreckbaren Urkunden, 2003; *Lindemeier,* Die Unterwerfungserklärung in der vollstreckbaren notariellen Urkunden, 2000; *Zawar,* Zur Unterwerfungsklausel in der vollstreckbaren Urkunde, Festschrift für *Lüke* (1997) 993.

Gliederung

1) Systematik, I–III	1	5) Eintragungsbedürftigkeit, I 2	5–7
2) Regelungszweck, I–III	2	6) Zwangsvollstreckung, II	8, 9
3) Geltungsbereich, I–III	3	7) Zuständigkeit, III	10
4) Rechtsnatur der Unterwerfung, I 1	4	8) VwGO	11

1) Systematik, I–III. § 800 erweitert den § 794 I Z 5. Der sofortigen Zwangsvollstreckung kann sich der Grundstückseigentümer unterwerfen, evtl auch der zukünftige nach Rn 5, auch der Erbbauberechtigte. Das gilt zwar jeweils sogar mit einer dinglichen Wirkung gegenüber späteren Eigentümern.

2) Regelungszweck, I–III. Diese Möglichkeit hat außerordentliche praktische Bedeutung. Sie dient der Vollstreckung ohne die Notwendigkeit eines sonst nach § 750 II erforderlichen Nachweises. Ohne Unterwerfung nach § 800 wohl kaum noch ein dinglich abzusichernder Kredit. Das ist aus Gläubigersicht famos, aus Schuldnersicht wenig erfreulich und nicht selten auch sehr gefährlich, wenn der Gläubiger seine formell durch § 800 so erstarkte Stellung zur raschen Befriedigung auch solcher (Teil-)Forderungen nutzt, deren Berechtigung der Schuldner ernstlich bezweifeln kann. Diese Gefahr muß man bei der Auslegung trotz aller Vertragsfreiheit und aller daraus resultierenden Notwendigkeit von Vertragstreue des Schuldners sehr wohl mitbeachten. Manchem Schuldner und gar manchem zur Mithaftung notgedrungen bereiten Ehepartner wird trotz aller formellen Belehrung bei der Unterzeichnung gar nicht recht klar, auf was er sich da einläßt. Zwar schützt Unkenntnis nicht vor dem Gesetz. Vertrauen darf aber nicht zu einer Haftung führen, die man in solcher Art und Weise dann doch erkennbar nicht auf sich nehmen wollte. Arglist wäre ohnehin verboten, Einl III 54.

3) Geltungsbereich I–III. Die Vorschrift ist anwendbar auf eine Hypothek, Grundschuld, BGH NJW 04, 3633, Eigentümergrundschuld, BGH 64, 316, oder Rentenschuld, auch eine Reallast oder einen Erbbauzins, BayObLG DNotZ 80, 96. Es muß dabei nur eine Zahlung „aus dem Grundstück" nach §§ 1113, 1191, 1199 je in Verbindung mit § 1147 BGB gehen. Die Unterwerfung muß eindeutig und ausdrücklich erfolgen. Sie muß sich grundsätzlich auf die gesamte dingliche Pflicht beziehen, BGH Rpfleger

Abschnitt 1. Allgemeine Vorschriften **§ 800**

91, 15. Wegen einer Ausnahme Rn 6. Eine gleichzeitige Unterwerfung wegen der Schuld gegenüber dem Eigentümer persönlich ist dann unschädlich, Düss Rpfleger 77, 68. Wegen einer persönlichen Schuld zugunsten des „künftigen Inhabers" KG DNotZ 75, 718, Saarbr NJW 77, 1202. Man muß die Worte des Gesetzes nicht unbedingt benutzen, sollte das aber doch möglichst tun. Eine einseitige Erklärung genügt hier wie bei § 794 I Z 5, dort Rn 37.

Ausreichend ist zB die Formulierung „Wegen der Hypothek ist die sofortige Zwangsvollstreckung gegen den jeweiligen Eigentümer des Grundstücks zulässig"; oder: „Die jeweiligen Eigentümer unterliegen der sofortigen Zwangsvollstreckung"; oder: „Die Grundschuld samt Unterwerfungsklausel erstreckt sich auf das von mir inzwischen hinzuerworbene Objekt . . .", BayObLG Rpfleger 92, 196. Ausreichend kann auch eine Vollmacht des Verkäufers an den Käufer sein, im Zusammenhang mit einer Kaufpreisfinanzierung „den Eigentümer" dinglich zu unterwerfen, Düss Rpfleger 89, 499.

Nicht ausreichend ist zB die Formulierung: „Wegen aller Zahlungsverpflichtungen aus der Urkunde ist die sofortige Zwangsvollstreckung zulässig".

Evtl muß man wegen des Zinsbeginns den *Eintragungszeitpunkt* vermerken. Eine Unterwerfung kann auch dahingehend erfolgen, daß der Gläubiger eine vollstreckbare Ausfertigung erhalten kann, ohne daß er das Entstehen und die Fälligkeit der Schuld nach § 726 I in Verbindung mit § 873 I BGB nachweisen müsse, Düss Rpfleger 77, 67. Zur Beweislastumkehr in einem solchen Fall BGH NJW 81, 2756, aM Wolfsteiner NJW 82, 2851. Wegen einer ausländischen Unterwerfung Geimer DNotZ 75, 475.

4) Rechtsnatur der Unterwerfung, I 1. Die Unterwerfung ist eine einseitige Parteiprozeßhandlung, **4** Grdz 47 vor § 128, BGH 108, 375 (krit Wolfsteiner DNotZ 90, 589), BayObLG Rpfleger 92, 196 (auch zur Auslegbarkeit). Sie hat einen ausschließlich auf das Zustandekommen des Vollstreckungstitels gerichteten rein prozessualen Inhalt, BayObLG Rpfleger 92, 99. Sie nimmt nicht am öffentlichen Glauben des Grundbuchs teil, BGH 108, 375, Düss MDR 88, 785. Sie stellt keine Verfügung über das Grundstück dar, Köln Rpfleger 80, 223, LG Saarbr NJW 77, 584 (abl Zawar), aM BayObLG Rpfleger 92, 100 (entsprechende Anwendung zB von § 185 BGB. Aber das paßt nicht zum rein prozessualen Inhalt). Die Unterwerfung setzt eine Prozeßfähigkeit voraus, § 51. Sie ist bei jedem Güterstand zulässig. Bei einer Gütergemeinschaft ist die Zustimmung des nichtverwaltenden Ehegatten unnötig. Denn es liegt keine Verfügung über das Grundstück vor. Der Bürovorsteher des Notars hat beim Verkauf und der Beleihung im Zweifel keine entsprechende Vollmacht, Düss MDR 88, 785. Der Auflassungsempfänger kann die für den Veräußerer abgegebene Erklärung auch stillschweigend für sich selbst abgeben, Köln Rpfleger 91, 14.

5) Eintragungsbedürftigkeit, I 2. Die Unterwerfung bedarf der Eintragung in das Grundbuch, **5** BayObLG DNotZ 87, 216. Die Eintragung hat Bedeutung nur für die Frage, ob und unter welchen Voraussetzungen man gegen den Grundstückserwerber im Fall der Einzelrechtsnachfolge eine vollstreckbare Ausfertigung erteilen kann. Sie besagt also nichts über die Wirksamkeit der Unterwerfungsklausel oder der Unterwerfungserklärung, BGH 108, 375 (krit Wolfsteiner DNotZ 90, 589). Zur Wirksamkeit reicht die gleichzeitige Eintragung als Eigentümer, BayObLG DNotZ 87, 216, großzügiger Geimer DNotZ 90, 1055, StJM 4 a, großzügiger KG NJW 87, 1229, Saarbr NJW 77, 1202, Zawar Festschrift für Lüke (1997) 999. Eine bloße Bezugnahme auf die Eintragungsbewilligung genügt nicht. Die Unterwerfung ist nur dann eintragungsfähig, wenn auch die Hypothekenbestellung beurkundet worden ist, aM BGH 73, 159 (aber Treu und Glauben bedingen solche Abhängigkeit zumindest mangels eindeutig weitergehender Unterwerfung). Eine Formulierung „vollstreckbar nach § 800 ZPO" reicht aus „Die sofortige Zwangsvollstreckung ist zulässig" reicht nicht. Bei einer Vormerkung genügt die Bezugnahme auf die Eintragungsbewilligung.

Der Grundeigentümer kann sich auch wegen eines bestimmt bezeichneten *Teilbetrags* einer Gesamtschuld **6** unterwerfen, soweit sie teilbar ist und der Gläubiger den Teil auch im Urkundenprozeß nach §§ 592 ff geltend machen kann, BGH 108, 375 ff (krit Wolfsteiner DNotZ 90, 589), BayObLG 85, 142, Hamm DNotZ 88, 231. Soweit sich der Grundeigentümer nur wegen eines letztrangigen Teils einer Grundschuld der sofortigen Zwangsvollstreckung unterwirft, tritt ebenfalls eine Teilung der Grundschuld ein, BGH 108, 375 (krit Wolfsteiner DNotZ 90, 589), LG Waldshut-Tiengen Rpfleger 95, 15. Der Gläubiger muß zunächst in der Form des § 29 GBO die Teilung bewilligen, bevor die Eintragung der Unterwerfung erfolgen kann, Hamm DNotZ 84, 490. Eine Unterwerfung ist auch bis zu einem Höchstzinssatz zulässig, BGH 88, 62.

Soweit die Unterwerfung zwar *ohne* eine Bestimmung über den Rang des Teilbetrags erfolgt, wohl aber der Teilbetrag bestimmt ist, ist eine Teilung der Grundschuld und eine Bewilligung ihres Gläubigers nicht erforderlich, BayObLG 85, 477, Hamm NJW 87, 1090 (krit Wolfsteiner DNotZ 88, 234), aM Hamm DNotZ 84, 489, Köln JB 84, 1422. Dasselbe gilt bei der Höchstbetragshypothek, BGH NJW 83, 2262, BayObLG MDR 89, 994 (krit Münch DNotZ 90, 596), Ffm Rpfleger 77, 220.

Eine *Erweiterung* der Verpflichtung bedarf einer neuen Unterwerfung, BayObLG 92, 309, LG Aachen **7** Rpfleger 91, 15. Denn man darf die Urkunde nur aus sich heraus auslegen. Andernfalls darf man keine vollstreckbare Ausfertigung gegen den späteren Eigentümer erteilen, Opalka NJW 91, 1797. Die Unterwerfung bei der Bestellung einer Hypothek erstreckt sich im Zweifel nicht auf eine bei der Tilgung der gesicherten Forderung entstehende Eigentümergrundschuld bzw bei deren Abtretung auf eine Fremdgrundschuld, BGH 108, 375, Hamm Rpfleger 87, 297, LG Bonn Rpfleger 98, 34.

Die *Vollstreckungsklausel* wird durch eine Umstellung nicht berührt. Sie genießt den öffentlichen Glauben des Grundbuchs nicht. Deshalb darf das Grundbuchamt eine Unterwerfung, die vor der Eröffnung des Insolvenzverfahrens erfolgte, nach der Eröffnung nicht mehr eintragen. Bis zur Eintragung wirkt die Unterwerfung nur, aber eben auch bereits gegenüber dem Erklärenden, § 794 Rn 41, BGH NJW 81, 2757.

6) Zwangsvollstreckung, II. Die Zwangsvollstreckung gegen einen späteren eingetragenen Eigentümer **8** ist nur in das Grundstück zulässig, aber nicht in das sonstige Vermögen des Eigentümers oder des persönlichen Schuldners. Im übrigen richtet sich die Zwangsvollstreckung nach den gewöhnlichen Grundsätzen. Insbesondere muß man den Vollstreckungsschuldner in der Klausel mit seinem Namen bezeichnen. Man muß die Vollstreckungsklausel dem Vollstreckungsschuldner nach §§ 727, 750 I, II, 798 zustellen, LG Ffm ZIP 83, 1516. Entbehrlich ist nur eine Zustellung derjenigen Urkunden, die den Eigentumserwerb nach-

§§ 800–802 Buch 8. Zwangsvollstreckung

weisen. Denn dieser Erwerb ist aus dem Grundbuch erkennbar. Bei einer Eigentümergrundschuld entfällt eine Vollstreckung, § 1197 II BGB.

9 *Spätere Vereinbarungen,* die die Urkunde nicht ausweist, darf man bei der Erteilung der Vollstreckungsklausel nicht beachten. Der Schuldner muß insofern eine Vollstreckungsabwehrklage erheben, §§ 767, 797 V, 800 III. Das Recht geht nicht mit der Hypothek auf den persönlichen Schuldner über, wenn er den Gläubiger befriedigt, § 1164 BGB. Wenn eine Hypothek wegen einer Nichtvalutierung zu einer Eigentümergrundschuld geworden ist, dann darf man dem Pfändungs- und Überweisungsgläubiger keine vollstreckbare Ausfertigung erteilen. Denn er ist kein Rechtsnachfolger.

10 7) **Zuständigkeit, III.** Für Klagen aus §§ 731, 767, 768, 797 V ist nach § 802 das Gericht des dinglichen Gerichtsstands nach § 24 ausschließlich zuständig. Das gilt auch für den persönlichen Anspruch. Denn mehrere ausschließliche Gerichtsstände sind für den persönlichen und dinglichen Anspruch nicht möglich, und § 800 geht als Sondervorschrift vor, BayObLG RR 02, 1295, Hbg MDR 03, 1073, Karlsr RR 01, 1728, aM KG RR 89, 1408 (§ 797 V gelte jedenfalls, soweit die Vollstreckung nur wegen der persönlichen Ansprüche erfolge), MüKoWo 40 (gespaltene Zuständigkeit), Wolfsteiner, Die vollstreckbare Urkunde (1978) Rn 59.13 (aber alle diese Varianten beachten nicht genug den Vorrang des § 800 auf Grund der einheitlichen Entstehungsvorgangs der Unterwerfung).

11 8) *VwGO:* Vgl § 797 Rn 16.

800a *Vollstreckbare Urkunde bei Schiffshypothek.* I Die Vorschriften der §§ 799, 800 gelten für eingetragene Schiffe und Schiffsbauwerke, die mit einer Schiffshypothek belastet sind, entsprechend.
II Ist die sofortige Zwangsvollstreckung gegen den jeweiligen Eigentümer zulässig, so ist für die im § 797 Abs. 5 bezeichneten Klagen das Gericht zuständig, in dessen Bezirk das Register für das Schiff oder das Schiffsbauwerk geführt wird.

1 1) **Geltungsbereich, I, II.** § 800 a macht die §§ 799 ff auf Schiffe und Schiffsbauwerke anwendbar, die mit einer Schiffshypothek belastet sind. Die Vorschrift bestimmt ferner den Gerichtsstand für Klagen nach §§ 731, 767, 768 im Fall des § 800. § 800 a gilt sinngemäß für Luftfahrzeuge und für Registerpfandrechte an Luftfahrzeugen, § 99 I LuftfzRG.

2 2) *VwGO:* Vgl § 797 Rn 16.

801 *Landesrechtliche Vollstreckungstitel.* Die Landesgesetzgebung ist nicht gehindert, auf Grund anderer als der in den §§ 704, 794 bezeichneten Schuldtitel die gerichtliche Zwangsvollstreckung zuzulassen und insoweit von diesem Gesetz abweichende Vorschriften über die Zwangsvollstreckung zu treffen.

1 1) **Geltungsbereich.** Landesrechtliche Vollstreckungstitel sind in ganz Deutschland vollstreckbar, VO v 15. 4. 37, RGBl 466. In Betracht kommt zB ein Vergleich vor dem Schiedsmann, Drischler Rpfleger 84, 308, oder ein Titel betr Oldenburg usw, LG Bonn DGVZ 97, 125. oder der Leistungsbescheid einer bayrischen Gemeinde. Rechtspolitisch Schmidt – von Rhein DGVZ 84, 99.
Nicht hierher gehört ein Vergütungsbeschluß nach § 1886 BGB, Hamm Rpfleger 84, 234, LG Ffm FamRZ 90, 1034.

2 2) *VwGO:* Unanwendbar, da die Vollstreckungstitel, die eine gerichtliche Zwangsvollstreckung zulassen, in § 168 I VwGO abschließend aufgezählt sind.

802 *Ausschließlichkeit der Gerichtsstände.* Die in diesem Buche angeordneten Gerichtsstände sind ausschließliche.

Schrifttum: *Gaede,* Zuständigkeitsmängel und ihre Folgen nach der ZPO, 1989.

1 1) **Systematik.** § 802 stellt einen Fall gesetzlicher ausschließlicher Zuständigkeit dar, Üb 14 vor § 12, § 40 II 1 Z 2.

2 2) **Regelungszweck.** Jede ausschließliche Zuständigkeit bezweckt eine Vereinheitlichung, eine gewisse Beschleunigung des Verfahrens und vor allem eine möglichst hohe Rechtssicherheit, Einl III 43. Sie schließt die in der Zwangsvollstreckung ohnehin nach Grdz 7 vor § 704 nur eingeschränkte Parteiherrschaft aus. Das gilt auch bei § 802. Es soll jede Auslagerung aus dem gesetzlich bestimmten Gerichtsort unterbleiben, damit auch jedes Hin und Her. Der Prozeß hat meist schon lange genug gedauert. Deshalb muß man die Vorschrift strikt anwenden.

3 3) **Geltungsbereich.** Sachlich und örtlich sind die Gerichtsstände des Buches 8 ausschließlich, Üb 14 vor § 12. Das gilt auch in einer Familiensache, BGH MDR 79, 565, und auch in einem ja ebenfalls im Buch 8 geregelten Eilverfahren nach §§ 916 ff, 935 ff. Wenn sich indessen die sachliche Zuständigkeit nur nach dem Streitwert im Sinn von §§ 3 ff richtet und wenn das Gesetz nicht ausdrücklich das Prozeßgericht der ersten Instanz für zuständig erklärt, dann ist je nach dem Streitwert das AG oder das LG zuständig und die sachliche Zuständigkeit nicht ausschließlich. Das gilt zB bei §§ 722 I, 771 I, 796 III, 805, 879 I. Dann ist daher auch eine Zuständigkeitsvereinbarung nach § 38 zulässig. Denn insoweit liegt eine Prozeßfrage vor, nicht eine Frage der Zwangsvollstreckung. Beim Zusammentreffen mit dem ebenfalls ausschließlichen Gerichtsstand des § 621 II 1 ist der Sachzusammenhang entscheidend, Hbg FamZR 84, 69, aM BGH FamRZ 80, 346 (zuständig sei dasjenige Gericht, das den Vollstreckungstitel geschaffen hat. Aber der Sachzusammenhang ist

Abschnitt 2. Zwangsvollstreckung wegen Geldford. **§ 802, Grundz § 803**

ein auch prozeßwirtschaftlich näherliegendes Mittel, Grdz 14 vor § 128). § 36 I Z 6 ist anwendbar, Hbg FamRZ **84**, 68.

4) Verstoß. Bei einem Verstoß gegen die sachliche Zuständigkeit ist die Zwangsvollstreckung insoweit völlig unwirksam. Bei einem Verstoß gegen die örtliche Zuständigkeit und gegenüber einem Urteil sind nur die sonst statthaften Rechtsbehelfe möglich, Grdz 56 vor § 704.

5) *VwGO*: Gilt entspr, RedOe § 167 Rn 2, i ü sind die Gerichtsstände der *VwGO* ohnehin ausschließlich, Üb § 38 Rn 11.

Abschnitt 2. Zwangsvollstreckung wegen Geldforderungen

Grundzüge

Schrifttum: *Bachmann,* Fremdwährungsschulden in der Zwangsvollstreckung (rechtsvergleichend), 1994; *Keller,* Taktik in der Vollstreckung (II): Zwangsvollstreckung in Geldforderungen, 2001.

Gliederung

1) Systematik 1–3	A. Grundsatz: Gesamtvermögen des Schuldners 10
2) Regelungszweck 4	B. Ausnahmen 11
3) Geltungsbereich 5–8	6) Wahlrecht des Gläubigers 12
A. Geldablieferung 5	7) Wahlrecht des Schuldners 13, 14
B. Ablieferung sonstigen Erlöses 6	A. Zwischen übertragbaren und unübertragbaren Forderungen 13
C. Hinterlegung 7	B. Zwischen übertragbaren Forderungen .. 14
D. Leistung an Dritten 8	8) Wahlrecht des Drittschuldners 15
4) Vollstreckungsarten 9	9) *VwGO* 16
5) Vollstreckungsumfang 10, 11	

1) Systematik. Die ZPO teilt die Gebiete der Zwangsvollstreckung ein in die Zwangsvollstreckung wegen Geldforderungen nach §§ 803–882 a und in diejenige auf Herausgabe von Sachen und Erwirkung von Handlungen und Unterlassungen, §§ 883–898. Was sich nicht unter diese Begriffe bringen läßt, ist nicht vollstreckbar.

Geldforderung ist eine Forderung auf Leistung einer Geldsumme, aber auch die Haftung für eine Geldleistung als Duldungsschuldner zB auf Grund eines Pfandrechts oder Grundpfandrechts oder auf die Zahlung an einen Dritten und auf die Hinterlegung einer bestimmten Geldsumme oder als Anfechtungsgegner nach dem AnfG oder der InsO. Ist die Forderung in ausländischer Währung bestimmt, dazu Bachmann (vor Rn 1), so darf man zwar noch nicht im Verfahren nach § 722 eine Umrechnung vornehmen, § 722 Rn 3. Es liegt aber im Zweifel eine Umrechnungsschuld vor, also eine Geldschuld. Die Zwangsvollstreckung erfolgt bei einem jetzt umrechenbaren Vollstreckungstitel (Wertschuld) nach §§ 803 ff, Düss NJW **88**, 2185. Keine Geldforderung liegt vor bei einer wahren Geldsortenschuld. Bei ihr muß der Schuldner nur in bestimmten Münzen oder Wertzeichen leisten und erfolgt die Zwangsvollstreckung nach §§ 884, 893, Düss NJW **88**, 2185, LG Nürnb-Fürth DGVZ **83**, 189. Einzelheiten Maier-Reimer NJW **85**, 2053, Schmidt ZZP **98**, 46.

Der mit § 803 beginnende Abschnitt 2 des Buchs 8 ist *in vier Titel unterteilt:* 1. Die Vollstreckung in das bewegliche Vermögen, §§ 803–863; 2. diejenige in das unbewegliche Vermögen, §§ 864–871; 3. das Verteilungsverfahren, §§ 872–882; 4. diejenige gegen juristische Personen des öffentlichen Rechts, § 882 a. Der Eingriff in das durch Art 14 I 1 GG geschützte Eigentum ist nach Art 14 I 2 GG statthaft, BVerfG **49**, 256.

2) Regelungszweck. Die Zwangsvollstreckung wegen einer Geldforderung ist in der Praxis wohl der zumindest nach der Zahl der Fälle wichtigste Zweig des gesamten Vollstreckungsrechts. Sie kann sich als außerordentlich *mühsam* und mit einem hohen weiteren Kostenrisiko des Gläubigers behaftet entwickeln. Andererseits setzt der *Sozialstaat* des Art 20 I GG den Zugriffsmöglichkeiten des noch so auf sein Geld angewiesenen Gläubigers Grenzen. Das geschieht auch, um zu verhindern, daß die Gemeinschaft der Bürger über ihre Steuern die aus Sozialmitteln erforderlichen Leistungen an den Verarmten letzthin zumindest auch zur Befriedigung dessen oder deren Gläubiger finanzieren muß. Alles sollte man weder zugunsten der einen noch zugunsten der anderen Partei überbetonen. Es sollte vielmehr zu einer die individuelle Gerechtigkeit ebenso wie die Sozialsicherheit als zwei Eckpfeiler des modernen Rechtsstaats achtenden behutsamen Abwägung bei der Auslegung führen, Einl III 9.

3) Geltungsbereich. Abschnitt 2 ist in jedem der folgenden Fälle anwendbar.

A. Geldablieferung. Die Vorschriften gelten, soweit das Vollstreckungsorgan beigetriebenes Geld dem Gläubiger abliefern muß.

B. Ablieferung sonstigen Erlöses. Die Vorschriften gelten ferner, soweit andere Vermögensstücke des Schuldners verwertet werden und der Gläubiger den Erlös erhält.

C. Hinterlegung. Die Vorschriften gelten ferner, soweit der Gläubiger das beigetriebene Geld oder den Erlös zunächst nicht erhält, weil man aus prozessualen Gründen hinterlegen muß, Düss FamRZ **84**, 704, LG Essen Rpfleger **01**, 543, zB bei einer Abwendungserlaubnis nach §§ 711, 712 I, 720, oder weil der Titel die Leistung nur an den Gläubiger gemeinsam mit anderen zuläßt, etwa mit einem Miterben.

D. Leistung an Dritten. Die Vorschriften gelten schließlich, soweit der Schuldner an einen Dritten leisten muß, LG Essen Rpfleger **01**, 543, zB an die Ehefrau des klagenden Ehemanns. Ein Urteil auf eine

Grundz, Übers § 803

Sicherheitsleistung schlechthin muß man nach § 887 vollstrecken. Wegen des Anspruchs auf die Befreiung von einer Schuld § 887 Rn 2.

9 **4) Vollstreckungsarten.** Die Zwangsvollstreckung in bewegliche Sachen geschieht immer durch eine Pfändung nach § 803 I 1 und eine Verwertung nach §§ 835 ff. Sie erfolgt in Liegenschaften durch eine Beschlagnahme und eine Verwertung durch eine Zwangsversteigerung oder Zwangsverwaltung nach § 866 I und/oder durch eine Pfändung in Form der Zwangshypothek ohne eine Verwertung, §§ 866 I, 867. Früchte auf dem Halm, nach sachlichem Recht Bestandteile des Grundstücks, gelten dafür als bewegliche Sachen, § 810.

10 **5) Vollstreckungsumfang.** Ein Grundsatz hat Ausnahmen.

A. Grundsatz: Gesamtvermögen des Schuldners. Der Zwangsvollstreckung unterliegt regelmäßig das gesamte Vermögen des Schuldners, auch zB dasjenige eines Ausländers im Inland, BVerfG **64**, 22 (auch zur völkerrechtlichen Problematik gegenüber einem ausländischen Staatsvermögen im Inland).

11 **B. Ausnahmen.** Die Vollstreckung hat Grenzen, soweit bereits der Titel die Zwangsvollstreckung sachlich einengt, wie der bei Haftungsbeschränkung des Erben. Der beschränkt Haftende muß die Beschränkung durch Klage nach § 785 geltend machen. Eine Begrenzung tritt ferner ein, soweit sich die Zwangsvollstreckung gegen eine Partei kraft Amts richtet, Grdz 8 vor § 50. Dort haftet ohne weiteres nur das verwaltete fremde Vermögen. Eine Vollstreckungsbegrenzung tritt ferner ein, soweit das Gericht den Eigentümer nur als solchen verurteilt hat, also bei der Hypothek oder Grundschuld. Eine Vollstreckungsbegrenzung ergibt sich schließlich bei Liegenschaften nach Art des Titels, § 866 III. Gegen Kopfschuldner nach § 100 Rn 29 darf und muß man entsprechend der Haftung vollstrecken. Gesamtschuldner nach § 100 Rn 27 haften aufs Ganze auch in der Zwangsvollstreckung.

12 **6) Wahlrecht des Gläubigers.** Bei einer Wahlschuld nach §§ 262 ff BGB darf der Gläubiger bis zum Beginn der Zwangsvollstreckung nach Grdz 51 vor § 704 wählen oder sein Wahlrecht durch das Vollstreckungsorgan ausüben.

13 **7) Wahlrecht des Schuldners.** Maßgebend ist die Forderungsart.

A. Zwischen übertragbaren und unübertragbaren Forderungen. Es reicht bis zum Beginn der Zwangsvollstreckung, Grdz 51 vor § 704. Hat der Schuldner es bis dann nicht ausgeübt, so darf der Gläubiger nach eigener Wahl in eine der freistehenden Vermögensarten vollstrecken. Der Schuldner darf dann nicht mehr wörtlich wählen. Er darf sich aber durch die von ihm nunmehr gewählte tatsächliche Leistung befreien, § 264 I BGB. Genügt diese Leistung nicht zur vollen Befriedigung des Gläubigers wegen des Hauptanspruchs und der Kosten, so darf der Gläubiger auf den Rest weitervollstrecken.

14 **B. Zwischen übertragbaren Forderungen.** Die Pfändung findet in ganzen statt, der Gläubiger wählt.

15 **8) Wahlrecht des Drittschuldners.** Es besteht keinerlei Zwang vor der Wahl. Der Drittschuldner muß eine Beschränkung der Zwangsvollstreckung durch Ausübung eines etwaigen eigenen Wahlrechts nach § 767 geltend machen.

16 **9)** *VwGO: Entsprechend anzuwenden,* § 167 I *VwGO, ist Abschnitt 2 bei der Vollstreckung gegen die öffentliche Hand, wenn das Vollstreckungsgericht,* § 764 Rn 10, *selbst tätig wird oder einen Gerichtsvollzieher beauftragt, bei der Vollstreckung für und gegen Private, Grdz* § 704 Rn 117. *Einschränkungen gelten bei der Vollstreckung zugunsten der öffentlichen Hand,* § 169 *VwGO: Hier ist Abschnitt 2 nur anzuwenden, wenn das hier sonst maßgebliche VwVG,* § 169 I *VwGO, unmittelbar oder gemäß seinem* § 5 *über die dort genannten Vorschriften der AO auf Bestimmungen der ZPO verweist. Entsprechendes gilt bei Vollstreckungsmaßnahmen nach Landesrecht gegen die öffentliche Hand,* § 170 I 3 *VwGO.*

Titel 1. Zwangsvollstreckung in das bewegliche Vermögen

Übersicht

Schrifttum: *Behr,* Taktik in der Mobiliarvollstreckung, 1987; *Behr,* Mobiliarvollstreckung usw, 1996; *Beler,* 2. Zwangsvollstreckungsnovelle: Änderungen der Mobiliarvollstreckung usw, 1998; *Blöcker,* Mobiliarzwangsvollstreckungsrecht, 1990; *Herde,* Probleme der Pfandverfolgung, 1978; *Hintzen,* Taktik in der Zwangsvollstreckung, III (Sachpfändung usw), 4. Aufl 1999; *Hintzen,* Vollstreckung durch den Gerichtsvollzieher. Sachpfändung usw, 2. Aufl 2003; *Hintzen/Wolf,* Handbuch der Mobiliarvollstreckung, 2. Aufl 1999; *Nies,* Praxis der Mobiliarvollstreckung, 1998; *Röder (Hrsg),* ABC der pfändbaren und unpfändbaren Sachen, seit 1992 (Loseblattausgabe); *Steinert/Theede,* Zwangsvollstreckung in das bewegliche Vermögen, 8. Aufl 2005; *Stamm/Stich/Mock,* Mobiliarvollstreckung, 2. Aufl 2005; *Stoikos,* Die Zwangsvollstreckung wegen Geldforderungen in das bewegliche Vermögen im deutschen und griechischen Recht, Diss Tüb 1987; *Stratmann,* Die Zwangsvollstreckung in anfechtbar veräußerte Gegenstände und insbesondere in anfechtbar abgetretene Forderungen, Diss Bonn 1998.

Gliederung

1) **Systematik**	1
2) **Regelungszweck**	2
3) **Pfändung**	3–5
A. Körperliche Sache	3
B. Forderung und sonstiges Vermögensrecht	4
C. Anspruch auf Herausgabe oder Leistung körperlicher Sachen	5
4) **Doppelwirkung der Pfändung**	6–9
A. Beschlagnahme, Vollstreckung	6
B. Pfändungspfandrecht	7
C. Wesen des Pfändungspfandrechts	8, 9
5) *VwGO*	10

Titel 1. Zwangsvollstr. in das bewegl. Vermögen **Übers § 803**

1) Systematik. Vgl zunächst Grdz 1 vor § 803. §§ 803–863 gliedern sich in: Untertitel 1: Allgemeine **1**
Vorschriften, §§ 803–807; Untertitel 2: Zwangsvollstreckung an körperliche Sachen, §§ 808–827; Untertitel 3: Zwangsvollstreckung in Forderungen und andere Vermögensrechte, §§ 828–863. Die Zwangsvollstreckung in Fahrnis geschieht durch Pfändung nach §§ 803 ff und durch anschließende Pfandverwertung, §§ 835 ff. Sie ist auch auf dingliche Titel statthaft, BGH **103**, 33.

2) Regelungszweck. Zweck ist natürlich wie bei jeder Vollstreckung die Befriedigung des Gläubigers. **2**
Die Verwertung selbst führt zu ihr aber nur mittelbar durch Ablieferung des Erlöses und lediglich ausnahmsweise unmittelbar, etwa bei Überweisung einer Forderung an Zahlungs Statt. Zur Erhaltung der Lebensmöglichkeit des Schuldners dienen Einschränkungen wie das Verbot der Einzelvollstreckung nach § 89 InsO, der Pfändung nach §§ 811 ff oder einer Überpfändung nach § 803 Rn 8. Man muß sie von Amts wegen beachten, Grdz 39 vor § 128.

Drittschutz ist ein aus dem Gesetzestext nicht stets deutlich ableitbares, aber selbstverständliches weiteres Ziel der Vorschriften, Art 20 GG. Gerade bei der Vollstreckung in das bewegliche Hab und Gut bleiben die wahren Eigentums- und Besitzverhältnisse oft selbst für einen erfahrenen vorsichtigen Gerichtsvollzieher im sehr Unklaren. Er muß meist ganz dem Anschein und den Angaben der Anwesenden vertrauen. Danach kann im weiteren Verlauf des Rechtsverlust des wahren Eigentümers drohen. Andererseits kann man nur anhand der äußerlichen Lage überhaupt zugreifen. Umso ruhiger darf und muß das Gericht später abwägen, solange man überhaupt noch etwas retten kann.

Gibt bei einer Lohnforderung das Urteil den abzuziehenden Steuerbetrag nicht an, so liegt ein sog *Bruttolohnurteil* vor. Es ist grundsätzlich zulässig, BAG DB **80**, 1593, strenger HessLAG DB **90**, 1291, LAG Hann DB **92**, 1148. In einem solchen Fall kann der Schuldner die Abführung von Steuern und Sozialversicherungsbeiträgen geltend machen. Im Vollstreckungsverfahren erfolgt keine Überprüfung der unstrittig abgeführten derartigen Beträge, Ffm DB **90**, 1291. Im übrigen muß man den ganzen Betrag beitreiben, sofern nicht der Arbeitgeber unter Vorlage von Steuerquittungen sowie der bedingt tatsächlichen Abführung des Lohnsteuer und Sozialbeiträge nachweist. Dann gilt insoweit § 775 Z 4, LG Köln DGVZ **83**, 157. Andernfalls erfolgt eine Aushändigung an den Arbeitnehmer und eine Benachrichtigung des Finanzamts durch den Gerichtsvollzieher, § 86 GVollzO, Lepke DB **78**, 840. Hingegen sind bei einer Verurteilung des Arbeitnehmers oder Gehaltsempfängers auf Rückzahlung zuviel empfangener Bruttobeträge zur Zwangsvollstreckung ungeeignet. Was zum beweglichen Vermögen gehört, ergibt sich durch einen Rückschluß aus § 865. Über den Einfluß von Preisvorschriften auf die Verwertung § 817 a Rn 1. Vgl ferner §§ 281 ff AO.

3) Pfändung. Man muß drei Gegenstände unterscheiden. **3**

A. Körperliche Sache, dazu *Behr* NJW **92**, 2738 (ausf): Der Gerichtsvollzieher pfändet sie nach einer Berechnung bzw Überprüfung der Berechnung der Forderung nach § 130 GVGA einschließlich der Nebenforderungen und Kosten und nach einer vergeblichen Aufforderung des Schuldners zu einer freiwilligen Leistung, § 105 Z 2 GVGA. Die Pfändung erfolgt durch Besitzergreifung, § 808 I, 831. Eine sog Taschenpfändung ist mangels besonderer Umstände nur sehr bedingt statthaft, Artt 1, 2 GG, LG Detm DGVZ **94**, 119. Beläßt der Gerichtsvollzieher die Pfandsache im Gewahrsam des Schuldners oder eines Dritten, so muß er die Pfändung durch Siegel oder sonstwie ersichtlich machen, §§ 808 II. Er muß die Pfandstücke öffentlich meistbietend in bestimmten Formen versteigern, §§ 814 ff. Ihren Erlös oder gepfändetes Geld liefert der Gerichtsvollzieher nach dem Abzug der Kosten dem Gläubiger ab. Die Pfändung schon gepfändeter Sachen geschieht in vereinfachter Form durch eine bloße Beurkundung als eine sog Anschlußpfändung, § 826.

Bei der Vollstreckung in *Software* nach Grdz 102 vor § 704 „Software" muß man versuchen, von Fall zu Fall anhand der insofern überalterten Vorschriften der ZPO unter Beachtung des auch immateriellen „informationellen" Bestandteils eine brauchbare Lösung zu entwickeln, Grdz 68 vor § 704 „Computer", § 811 Rn 33, 41, Koch KTS **88**, 81 (fordert eine Gesetzesanpassung), Paulus DGVZ **90**, 156 (ausf).

B. Forderung und sonstiges Vermögensrecht. In diesem Fall erläßt das Vollstreckungsgericht einen **4**
Pfändungsbeschluß, §§ 829, 857. Bei einer Geldforderung verbietet es dem Drittschuldner, an den Schuldner zu zahlen, und es verbietet dem Schuldner, über die Forderung zu verfügen. Die Zustellung des Beschlusses durch den Gläubiger an den Drittschuldner macht die Pfändung wirksam, § 829. Bei einer Briefhypothek bedarf es der Übergabe des Hypothekenbriefs an den Gläubiger, bei einer Buchhypothek grundbuchlicher Eintragung, bei einer Schiffshypothek der Eintragung ins Schiffsregister, § 830 a, entsprechend nach § 99 I LuftfzRG. Eine Forderung aus einem indossablen Papier pfändet der Gerichtsvollzieher, indem er das Papier in Besitz nimmt, § 831. Die gepfändete Forderung muß das Gericht dem Gläubiger nach seiner Wahl zur Einziehung oder an Zahlungs Statt überweisen, § 835. Die Überweisung zur Einziehung ermächtigt den Gläubiger zu dieser Maßnahme. Der Schuldner muß ihm zur Hand gehen, § 836. Verweigert der Drittschuldner die Zahlung, so muß ihn der Gläubiger verklagen und dem Schuldner den Streit verkünden, § 841.

C. Anspruch auf Herausgabe oder Leistung körperlicher Sachen. Man muß ihn regelmäßig wie **5**
eine Forderung pfänden. Jedoch muß der Schuldner eine bewegliche Sache dem Gerichtsvollzieher, ein Schiff oder ein Luftfahrzeug einem Treuhänder, eine unbewegliche Sache einem Sequester herausgeben, §§ 847 ff. Die pfändbare Sache muß man dann so verwerten, als wäre sie gepfändet. Eine unbewegliche unterliegt den Vorschriften der Zwangsvollstreckung in Liegenschaften. Eine Überweisung an Zahlungs Statt ist hier unzulässig, § 849.

4) Doppelwirkung der Pfändung **6**

Schrifttum: *Fahland*, Das Verfügungsverbot nach §§ 135, 136 BGB in der Zwangsvollstreckung und seine Beziehung zu den anderen Pfändungsfolgen, 1976; *Schmalhofer*, Die Rechtfertigung der Theorie der Doppelpfändung bei der Pfändung des Anwartschaftsrechts, Diss Regensb 1994.

A. Beschlagnahme, Verstrickung. Die Pfändung bewirkt zunächst eine staatliche Beschlagnahme, Verstrickung, dh Sicherstellung der Pfandsache. Derartige Eingriffe kennt das Recht vielfach, zB in §§ 98 StPO, 20 ZVG, 1123 II BGB. Immer bewirkt die Beschlagnahme eine Unterstellung der Pfandsache unter

Übers § 803, § 803   Buch 8. Abschn. 2. ZwV wegen Geldford.

die staatliche Macht im gesetzlichen Vollstreckungsverfahren und zugleich eine Verfügungsbeschränkung des Schuldners nach §§ 135, 136 BGB, § 136 StGB zugunsten eines anderen, hier des Gläubigers, zum Zweck seiner Sicherung und zur Vorbereitung seiner Befriedigung durch anschließende Verwertung. Der Schuldner darf über die Pfandsache nicht verfügen, soweit er damit den Vollstreckungsanspruch des Gläubigers beeinträchtigt.

7   **B. Pfändungspfandrecht.** Die Pfändung bewirkt ferner das Entstehen eines Pfändungspfandrechts für den Gläubiger, § 804 I.

Hier unterscheiden manche: Die Beschlagnahme als Staatsakt soll wirksam sein, wenn sie formell ordnungsgemäß geschehen ist. Ein Pfandrecht aber soll nur entstehen, wenn die allgemeinen Prozeßvoraussetzungen nach Grdz 12 vor § 253 und die förmlichen Voraussetzungen der Zwangsvollstreckung vorliegen, Grdz 14 vor § 704, also zB nicht nach Eröffnung des Insolvenzverfahrens, § 89 InsO, Behr JB **99**, 68.

Diese Unterscheidung ist willkürlich. Sie schafft für den Gläubiger eine empfindliche Unsicherheit. Natürlich könnte sich die ZPO wie das ZVG mit der Beschlagnahme begnügen. Wenn aber § 804 dem Gläubiger ausdrücklich ein Pfandrecht einräumt, so kann das nur den Sinn haben, ihm einen gewissen Rang zu sichern. Denn ein sachlichrechtliches Pfandrecht entsteht nicht.

Baur/Stürner ZwV § 25 vertreten eine *gemischt-öffentlichrechtliche* Theorie, Bruns/Peters § 19 III 2 a bezeichnen das Pfändungspfandrecht als die dritte Art des *bürgerlichrechtlichen* Pfandrechts neben dem vertragsmäßigen, § 1204 BGB, und gesetzlichen, § 1257 BGB. § 804 II soll auf die Normen des bürgerlichen Rechts zur entsprechenden Anwendung verweisen.

Übersicht über die Theorien und ihre praktischen Auswirkungen bei *Jauernig* ZwV § 16 III; *Marotzke* NJW **78**, 133; *Noack* JB **78**, 19.

8   **C. Wesen des Pfändungspfandrechts.** Das Pfändungspfandrecht ist *rein öffentliches Recht.* Es ist mit der Beschlagnahme unlöslich verknüpft. Es ist nichts als ein Ausfluß eben der Beschlagnahme, nicht anders als bei Liegenschaften das Recht des Gläubigers, die Zwangsversteigerung unter Einräumung eines gewissen Ranges zu verlangen. Wenn die Beschlagnahme fehlt, fehlt das Pfandrecht, wenn sie wirksam ist, entsteht ein wirksames, *unabhängiges* Pfandrecht nach § 804 Rn 3, das Pfändungspfandrecht, StJM § 803 Rn 3, ThP § 803 Rn 9, aM RoGSch § 50 III 3 a, ZöStö § 804 Rn 2 (sie wenden auf das Pfändungspfandrecht ergänzend die Normen des BGB an und lassen demgemäß ein solches trotz Pfandverstrickung nicht entstehen, wenn die Zwangsvollstreckung unzulässig ist oder die allgemeinen Voraussetzungen des Pfandrechts fehlen, Marotzke ZZP **98**, 459. Pesch JR **93**, 360 meint, die hoheitliche Deutung verstoße gegen Art 14 GG).

Darum ist auch die *Pfandverwertung* nach §§ 814 ff nicht ein bloßer Ausfluß der Pfändung, so daß sie ordnungsgemäß sein könnte, wenn kein Pfändungspfandrecht entsteht. § 806 beweist für diese Ansicht nichts. „Auf Grund der Pfändung" geschieht die Pfandveräußerung selbstverständlich. Denn das Pfandrecht beruht seinerseits auf ihr.

9   *Die Sache liegt vielmehr so:* Entweder war die Pfändung ordnungsmäßig oder nicht und wurde erst später auf Grund eines Rechtsbehelfs aufgehoben, Grdz 58 vor § 704. Dann ist ein mindestens auflösend bedingtes Pfändungspfandrecht, entstanden und die Verwertung rechtmäßig, solange die Bedingung nicht eingetreten ist. Oder die Pfändung war ganz unwirksam. Dann entsteht kein Pfandrecht und entbehrt die Verwertung jeder Rechtsgrundlage. Sie verpflichtet zur Herausgabe der Bereicherung, auch den „Drittschuldner", § 816 II BGB, BGH NJW **86**, 2430. Außerdem verpflichtet sie bei einem Verschulden des Gläubigers zum Ersatz, Einf 4 vor §§ 771–774.

10   5) *VwGO: Näheres bei den einzelnen Vorschriften.*

Untertitel 1. Allgemeine Vorschriften

803   *Pfändung.* I ¹ Die Zwangsvollstreckung in das bewegliche Vermögen erfolgt durch Pfändung. ² Sie darf nicht weiter ausgedehnt werden, als es zur Befriedigung des Gläubigers und der Deckung der Kosten der Zwangsvollstreckung erforderlich ist.

II Die Pfändung hat zu unterbleiben, wenn sich von der Verwertung der zu pfändenden Gegenstände ein Überschuss über die Kosten der Zwangsvollstreckung nicht erwarten lässt.

Schrifttum: *Herde,* Probleme der Pfandverfolgung, 1978; *Winterstein,* Das Pfändungsverfahren des Gerichtsvollziehers, 1994.

Gliederung

1) Systematik, I, II 1	5) Überpfändung, I 8–11
2) Regelungszweck. I, II 2	A. Grenze der Pfändbarkeit 8–10
3) Bewegliches Vermögen, I 3, 4	B. Verstoß 11
A. Bewegliche Sachen 3	6) Nachpfändung, I 12
B. Forderungen und sonstiges Rechte 4	7) Zwecklose Pfändung, II 13–16
4) Pfändung, I 5–7	8) Rechtsbehelfe, I, II 17
A. Voraussetzungen 5	9) VwGO 18
B. Erlöschen 6	
C. Fortbestand 7	

1   1) **Systematik, I, II.** Der Unterabschnitt der §§ 803–807 enthält die bei jeder Vollstreckung in das bewegliche Vermögen nach §§ 808–863 zu beachtenden allgemeinen Vorschriften. Ergänzend gelten zu § 807 für das Verfahren §§ 899–915 h.

Titel 1. Zwangsvollstr. in das bewegl. Vermögen   § 803

2) Regelungszweck, I, II. Natürlich läßt sich das Ziel der Befriedigung für den Gläubiger nicht schon durch die bloße Pfändung erreichen, sondern erst durch die anschließend erlaubte Verwertung. Sie erfolgt je nach der Art des gepfändeten beweglichen Vermögensstücks durch die in den Unterabschnitten §§ 808–863 genannten einzelnen Verwertungsarten. Damit wird zwar die Zwangsvollstreckung auch in das bewegliche Vermögen oft mühsam, langwierig und teuer. Indessen muß man auch hier bei der Auslegung nicht nur die sog Kahlpfändung verhindern, sondern auch im übrigen den Verhältnismäßigkeitsgrundsatz beachten, Grdz 34 vor § 704, Paulus DGVZ **93**, 131.

Illusion ist oft die Vorstellung, beim Schuldner sei überhaupt Pfändbares zu finden. Jeder Gerichtsvollzieher kann dazu aus reicher bitterer Erfahrung berichten. Das kann auf wirklicher Not des Schuldners beruhen, aber auch auf einer immer weiter hinausgesteigerten Pfändungsbefreiung durch Gesetz wie Rechtsprechung. Es ist eine ungemein schwierige Aufgabe der Justiz, durch richtige Handhabung und Auslegung Extreme zu vermeiden und Lösungen zu erlauben, die sowohl dem Bedürfnis des redlichen Gläubigers als auch den beruflichen, familiären und ganz persönlichen Bedürfnissen eines redlichen Schuldners einigermaßen gerecht werden. Einen Komfort darf man dem Schuldner nicht belassen. Seine Hoffnungslosigkeit darf man dem Schuldner aber auch nicht zumuten.

Eine *Bestrafung* des Schuldners ist jedenfalls *nicht* Zweck der Vorschrift, LG Augsb DGVZ **99**, 185.

3) Bewegliches Vermögen, I. Zum beweglichen Vermögen gehört alles, was nicht nach §§ 864 ff zum unbeweglichen Vermögen gehört. Zum beweglichen Vermögen zählen also die folgenden Werte.

A. Bewegliche Sachen. Hierher gehören grundsätzlich sämtliche beweglichen Sachen, auch Früchte auf dem Halm unter den Voraussetzungen des § 810, ferner ein nicht eingetragenes Schiff, § 929 a I BGB, ein Wertpapier, § 821, ein indossables Wertpapier, zB ein Wechsel, § 831. Das *Zubehör* eines Grundstücks oder eines eingetragenen Schiffes unterliegt nur der Liegenschaftszwangsvollstreckung, § 865 II, sofern es nicht durch eine Veräußerung usw vor der Beschlagnahme nach §§ 1121, 1122 BGB von der Haftung frei geworden ist. Die *Erzeugnisse* und sonstigen vom Grundstück getrennten Bestandteile zählen ebenfalls ausnahmsweise nicht zum beweglichen Vermögen, soweit sie in der Liegenschaftszwangsvollstreckung beschlagnahmt worden sind, § 1120 BGB. Pachtinventar unterliegt hier keiner Sondervorschrift, PachtkreditG (über die Versteigerung § 817 Rn 3). Ein eingetragenes Schiff oder Luftfahrzeug oder ein eintragungsfähiges Schiffsbauwerk steht einer unbeweglichen Sache gleich, § 870 a, § 99 I LuftfzRG. Ein massiver Lagerschuppen behält bei fester Verbindung mit dem Grundstück seine Beweglichkeit nicht schon infolge einer mietvertraglichen Abrede, aM LG Stgt DGVZ **03**, 152 (aber Schuldrecht beseitigt nicht einfach Sachenrecht).

B. Forderungen und sonstige Rechte. Hierher zählen auch eine Geldforderung, ein Anspruch auf die Herausgabe oder die Leistung einer Sache und ein sonstiges Recht. Hierher zählt *nicht* die *Freistellung* von der Verpflichtung zur Erfüllung einer Geldschuld, § 887 Rn 1.

4) Pfändung. I. Man muß drei Zeiträume unterscheiden.

A. Voraussetzungen. Zum Begriff und zur Wirkung der Pfändung Üb 6 vor § 803. Voraussetzungen der Pfändung ist neben der Zuständigkeit des Vollstreckungsorgans nach Grdz 35 vor § 704 und den besonderen Bedingungen der §§ 808 ff natürlich die Erfüllung der allgemeinen Voraussetzungen der Zwangsvollstreckung, Grdz 14 ff vor § 704. Dort und Üb 6–9 vor § 803 auch über die Folgen eines Verstoßes. Eine inhaltlich falsche Entscheidung eines Vollstreckungsorgans im Rahmen seiner Zuständigkeit etwa über das Vorliegen eines Gewahrsams bleibt wirksam. Unwirksam ist eine Pfändung in einen Teil des Insolvenzvermögens nach der Verfahrenseröffnung, § 89 I InsO. Ein Veräußerungsverbot nach § 21 InsO wirkt als bedingtes Verbot nicht stärker als das Verbot in den §§ 772 ff. Die Pfändung ist keine Rechtshandlung, keine Verfügung, kein Vertrag. Darum ist sie nicht nach dem AnfG oder nach § 131 InsO anfechtbar, wohl aber nach § 130 InsO. Denn sie gewährt eine unberechtigte Sicherung. Die Verbindung eines auch stillschweigenden Pfändungsauftrags mit einem Haftauftrag ist zulässig, AG Büdingen DGVZ **85**, 78. Wenn der Pfändung ein gesetzliches Hindernis entgegensteht, muß das Vollstreckungsorgan die Vornahme der Pfändung ablehnen.

B. Erlöschen. Das Pfandrecht und damit die Verstrickung nach Üb 6 vor § 803 endet, wenn die Verwertung *beendet* ist. Hierher zählen auch alle Arten der Erfüllung, zB Annahme an Erfüllungs Statt, § 364 I BGB.

Das Pfandrecht endet auch, wenn das Vollstreckungsorgan die Pfändung *aufhebt*, § 776. Es ist unerheblich, ob diese Entstrickung zu Recht oder zu Unrecht geschehen ist.

Das Pfandrecht endet auch, wenn der Gläubiger auf das Pfandrecht *und* die Verstrickung verzichtet, Schneider DGVZ **84**, 133. Die *Freigabe* ist eine rein prozessuale Erklärung, eine Parteiprozeßhandlung, Grdz 47 vor § 128. Sie ähnelt der Klagerücknahme nach § 269. Die Freigabe erfolgt bei einer beweglichen Sache durch eine Erklärung des Gläubigers gegenüber dem Schuldner oder gegenüber dem Gerichtsvollzieher. Der Gerichtsvollzieher muß anschließend die Pfändung aufheben. Zu den Einzelheiten dieses Verfahrens Schneider DGVZ **84**, 133.

Der bloße *Verzicht des Gläubigers* auf die Pfändung hebt diese noch nicht auf. Die Aufhebung kann aber stillschweigend geschehen, etwa dadurch, daß der Gerichtsvollzieher nichts mehr gegen den Schuldner unternimmt. Bei einem Streit ist die Zustellung der Freigabeerklärung des Gläubigers an den Schuldner erforderlich, § 843. Wenn der Gläubiger die Freigabe schriftlich erklärt, muß der Gerichtsvollzieher die Echtheit der Erklärung sorgfältig prüfen und notfalls den Gläubiger befragen. Die Freigabe des Gläubigers liegt regelmäßig in der Rückgabe der Pfandsache durch ihn. Mit dem Pfandrecht erlischt notwendig die Pfändung. Es bleibt etwa die Beschlagnahme nach Üb 6 vor § 803 bestehen.

Das Pfandrecht endet auch, wenn die gepfändete Sache *untergeht* oder nach §§ 946, 950 BGB verbunden oder verarbeitet wird oder sobald ein Dritter sie lastenfrei gutgläubig erwirbt, §§ 135 II, 136, 935, 936 BGB.

C. Fortbestand. Das Pfandrecht erlischt nicht schon dadurch, daß der Besitzer der Pfandsache und insbesondere der Gerichtsvollzieher den Besitz unfreiwillig verliert, § 808 Rn 8. Das Pfandrecht erlischt

Hartmann   2231

§ 803

Buch 8. Abschn. 2. ZwV wegen Geldford.

auch nicht schon dadurch, daß jemand das Pfandzeichen unbefugt entfernt. Das Pfandrecht erlischt schließlich auch nicht schon dadurch, daß der Vollstreckungstitel aufgehoben wird oder daß die Zwangsvollstreckung für unzulässig erklärt wird, § 775 Z 1, solange keine Aufhebung nach § 776 erfolgt.

8 **5) Überpfändung, I.** Ein einfacher Grundgedanke bringt Probleme.

A. Grenze der Pfändbarkeit. Die Pfändung darf im Interesse des Schuldners bei jeder Pfändungsart lediglich soweit gehen, daß sie den Gläubiger wegen seines Anspruchs und der Kosten nach dem pflichtgemäßen Ermessen des Gerichtsvollziehers voraussichtlich befriedigt. Das gilt grundsätzlich auch für eine Forderungspfändung und für die Pfändung eines sonstigen Rechts. Dabei muß man den voraussichtlichen Erlös schätzen. Der Gerichtsvollzieher tut das nach § 132 Z 8 GVGA. Dabei muß er etwa vorgehende Rechte mitberücksichtigen, §§ 771, 805. Diese Grenze der Pfändbarkeit läßt sich dort aber nur im Weg einer Erinnerung nach § 766 erzwingen, BGH NJW **75**, 738. Denn dem Gericht fehlt meist jeder Maßstab für den Wert einer Forderung. Der Gläubiger könnte diesen Wert auch kaum nachweisen. Deshalb beschränkt der amtliche Vordruck die Pfändung zu Unrecht auf die Höhe der Schuld. Wenn der Gerichtsvollzieher den Vordruck ausfüllt, ist die Forderung nur entsprechend gepfändet. Maßgeblich ist die durch den Vollstreckungstitel ausgewiesene Forderung, nicht die ihr zugrunde liegende Forderung.

9 Man muß eine *wirtschaftliche Betrachtungsweise* anwenden, BGH DB **82**, 2684, LG Kblz DGVZ **97**, 89 (Risiko der Verkehrswertschätzung). Ist nur ein einzelner pfändbarer Gegenstand vorhanden, so darf der Gerichtsvollzieher auch dann pfänden, wenn sein Wert die Vollstreckungsforderung nebst Kosten weit übersteigt, AG Neubrdb DGVZ **05**, 14. Eine Überpfändung liegt nur dann vor, wenn die bereits vorher getroffenen Vollstreckungsmaßnahmen mit einiger Sicherheit ausreichen, BGH DB **82**, 2684. Das ist zB dann nicht der Fall, wenn der Gläubiger bisher nur eine zukünftige Forderung gepfändet hat, die mit dem erkennbaren Risiko der Nichtentstehung oder eines vorzeitigen Wegfalls belastet ist, BGH DB **82**, 2684, oder wenn sich zB Verwahrungskosten noch nicht abschätzen lassen, AG Rheinsberg DGVZ **95**, 94. Einer teilweisen Befriedigung braucht nicht von Amts wegen jeweils sogleich eine entsprechende Teilfreigabe zu folgen, Mümmler JB **76**, 25. Wenn der Gläubiger die Pfändung mehrerer Forderungen beantragt, deren jede dem Nennwert nach zur Befriedigung ausreicht, dann muß er für die Notwendigkeit dieser Maßnahme ausreichende Gründe darlegen. Dasselbe gilt dann, wenn der Gläubiger eine Forderungspfändung nach § 829 beantragt, obwohl eine Sachpfändung nach §§ 808 ff anscheinend ausreicht. Der Gläubiger kann zB dartun, daß ihm gegenüber der Sachpfändung die Widerspruchsklage nach § 771 drohe.

10 Ebenso darf der Gläubiger bei sämtlichen *Gesamtschuldnern in voller Höhe* pfänden, ohne einen Vollstreckungstitel gegen alle Gesamtschuldner vorlegen zu müssen. Dem einzelnen Gesamtschuldner steht der Weg der Vollstreckungsabwehrklage nach § 767 offen, sobald der Gläubiger bei auch nur einem der übrigen Gesamtschuldner eine volle Befriedigung erhalten hat, LG Hann DGVZ **92**, 12, LG Stgt Rpfleger **83**, 161, ZöStö **7**, aM AG Günzburg DGVZ **83**, 168, AG Mönchengladb DGVZ **82**, 79, AG Wolfratshausen DGVZ **81**, 159 (aber jede weitere Vollstreckung wäre dann rechtswidrig und obendrein evtl arglistig, Grdz 44 vor § 704). Überhaupt ist das Verbot der Überpfändung trotz des Wortlauts eine bloße Sollvorschrift. Eine weitergehende Pfändung ist daher zunächst voll wirksam, BGH NJW **85**, 1157. Weder der Gerichtsvollzieher noch das Vollstreckungsgericht können sie von Amts wegen aufheben. Einzelheiten Mümmler JB **76**, 25.

11 **B. Verstoß.** Der Schuldner muß Erinnerung erheben, § 766, AG Günzbg DGVZ **83**, 61. Auf die Erinnerung hin muß man die Pfändung entsprechend beschränken. Dabei muß der Schuldner nachweisen, daß aus dem Rest mit großer Wahrscheinlichkeit eine Befriedigung des Gläubigers erfolgen wird. Wenn der Gläubiger trotz einer Aufforderung keinen entsprechenden Teil freigibt, dann kann in diesem Verhalten des Gläubigers eine unerlaubte Handlung nach § 823 BGB liegen. Er darf aber vor der Freigabe andere Werte pfänden. Der Gerichtsvollzieher kann eines Amtsvergehens schuldig sein, wenn er eine Überpfändung vornimmt. Für ihn haftet der Staat, Art 34 GG, § 839 BGB. Das Verbot der Überpfändung ist ein Schutzgesetz für den Schuldner im Sinn von § 823 II BGB (s auch die GVGA), BGH NJW **85**, 1157. Der Gerichtsvollzieher darf nicht nachträglich freigeben, vgl § 776.

12 **6) Nachpfändung.** Dem Verbot einer Überpfändung steht das Gebot einer Nachpfändung zur Seite. Man muß sie von der Anschlußpfändung nach § 826 unterscheiden. Wenn der Gerichtsvollzieher nachträglich erkennt, daß der Wert der gepfändeten Sachen aus irgendeinem Grund die Forderung des Gläubigers nicht deckt, etwa wegen eines Preissturzes, dann muß der Gerichtsvollzieher auf Grund des ursprünglichen Antrags von Amts wegen eine Nachpfändung vornehmen, § 132 Z 9 GVGA. Das kann auch durch die Wegschaffung weiterer Sachen geschehen, Karlsr MDR **79**, 237. Wenn er sie versäumt, begeht er eine Amtspflichtverletzung. Für sie haftet der Staat, Art 34 GG, § 839 BGB.

13 **7) Zwecklose Pfändung, II.** Wenn der Gerichtsvollzieher einen Überschuß über die gesamten Kosten der Zwangsvollstreckung nach § 788 bei einer Verwertung der Pfandsachen nicht erwarten kann, dann muß er schon die weitere Pfändung unterlassen. Ebenso muß er dann nach § 818 später die Versteigerung unter denselben Voraussetzungen einstellen. Das gilt auch bei Berücksichtigung der voraussichtlichen Transport-, Lager- oder Versteigerungskosten, auch zB nach §§ 825, 885, LG Köln DGVZ **88**, 61, LG Ravensbg DGVZ **01**, 85, AG Bad Hersfeld DGVZ **93**, 158 (auch bei § 825). Auch bei einer bloßen Pfändung kommt es auf die voraussichtlichen Gesamtkosten „der Vollstreckung" an, LG Lübeck DGVZ **02**, 185, AG Düss DGVZ **88**, 156, AG Düss DGVZ **88**, 156 (aber Wortlaut und Sinn von II sind eindeutig, Einl III 39). Das Vollstsreckungsorgan übt ein pflichtgemäßes Ermessen bei einer überschlägigen Berechnung aus, LG Augsb DGVZ **99**, 185, LG Coburg DGVZ **90**, 89, LG Köln DGVZ **83**, 44.

14 Dabei muß der Gerichtsvollzieher die *offensichtlich berechtigten* Ansprüche eines Dritten berücksichtigen, soweit der Dritte nicht anderweit gedeckt ist. Eine solche Gefahr kann durch die Ankündigung des Gläubigers beseitigt sein, er werde selbst mitbieten oder nach § 825 bieten und dabei ein Gebot abgeben, das die voraussichtlichen Vollstreckungskosten übersteige, AG Sinzig RR **87**, 508, AG Walsrode DGVZ **85**, 157, Drumann JB **03**, 550. Er muß aber ein deutlich höheres Gebot abgeben, LG Köln DGVZ **88**, 61. Das alles

Titel 1. Zwangsvollstr. in das bewegl. Vermögen **§§ 803, 804**

gilt auch bei einer Austauschpfändung nach § 811 b, AG Düss DGVZ **95**, 28. Wegen einer Anschlußpfändung § 826 Rn 1.

Der Umstand, daß vielleicht nur ein geringer Erlös möglich sein wird, reicht nicht dazu aus, *von einer* **15** *Pfändung abzusehen* (vgl aber für Hausrat § 812), LG Itzehoe DGVZ **88**, 120, AG Goßlar DGVZ **99**, 12, aM LG Hann DGVZ **90**, 60 (aber II setzt eindeutig schärfere Voraussetzungen, Einl III 39). Dagegen muß man die Pfändung unterlassen, wenn die in Frage kommenden Sachen ersichtlich keinen Verkaufswert haben, AG Neubrdb DGVZ **05**, 14 (Kfz-Kennzeichen), AG Bad Sobernheim DGVZ **98**, 173. Der Gerichtsvollzieher muß zwar ein Inventar fertigen, AG Recklingh JB **95**, 159. Er braucht aber nicht jede einzelne vorgefundene Sache anzugeben, LG Köln DGVZ **83**, 44. Vgl freilich § 762 Rn 3.

II ist keine bloße Sollvorschrift. §§ 851 a II, 851 b II verbieten eine Pfändung als zwecklos, weil sie offensicht- **16** lich sonst aufhebbar wäre. Einzelheiten LG Bln DGVZ **83**, 41 (abl Maaß) wegen einer Pfändung für mehrere Gläubiger, AG Ffm DGVZ **75**, 95 wegen einer Taschenpfändung, Mümmler JB **76**, 29, Wieser DGVZ **85**, 37. II ist bei einer endgültig zwecklosen Zwangsversteigerung entsprechend anwendbar, Düss Rpfleger **89**, 470, LG Regensb RR **88**, 447, Wieser ZZP **98**, 440, aM BGH Rpfleger **04**, 302, Hamm Rpfleger **89**, 34, LG Detm Rpfleger **98**, 35, LG Kblz JB **98**, 328 (aber die ZPO bleibt mangels eindeutig abweichender Regelung des ZVG anwendbar, Üb 4 vor § 864).

Auf eine *Zwangsverwaltung* ist II entsprechend anwendbar, LG Ffm Rpfleger **89**, 35, LG Freibg Rpfleger **89**, 469, aM BGH **151**, 386, LG Ffm NZM **98**, 635 (aber Sinnlosigkeit führt zum Rechtsmißbrauch. Es ist stets verboten, Einl III 32, Grdz 44 vor § 704).

8) **Rechtsbehelfe, I, II.** Vgl Rn 11. **17**

9) *VwGO: Entsprechend anwendbar im Rahmen der Grdz § 803 Rn 16.* **18**

804 **Pfändungspfandrecht.** ¹ Durch die Pfändung erwirbt der Gläubiger ein Pfandrecht an dem gepfändeten Gegenstande.

II Das Pfandrecht gewährt dem Gläubiger im Verhältnis zu anderen Gläubigern dieselben Rechte wie ein durch Vertrag erworbenes Faustpfandrecht; es geht Pfand- und Vorzugsrechten vor, die für den Fall eines Insolvenzverfahrens den Faustpfandrechten nicht gleichgestellt sind.

III Das durch eine frühere Pfändung begründete Pfandrecht geht demjenigen vor, das durch eine spätere Pfändung begründet wird.

Schrifttum: *Becker,* First in time, first in right. Das Prioritätsprinzip im deutschen und US-amerikanischen Zwangsvollstreckungsrecht, 2000; *Binder,* Die Anschlußpfändung, Diss Ffm 1975; *Deren-Yildirim,* Gedanken über die Verteilungsprinzipien im Zwangsvollstreckungsrecht, Festschrift für *Gaul* (1997) 109; *Gerlach,* Ungerechtfertigte Zwangsvollstreckung und ungerechtfertigte Bereicherung, 1986; *Herde,* Probleme der Pfandverfolgung, 1978; *Siebert,* Das Prioritätsprinzip in der Einzelzwangsvollstreckung, Diss Gött 1988; *Welbers,* Vollstreckungsrechtliches Prioritätsprinzip und verfassungsrechtlicher Gleichheitssatz, Diss Bonn 1991.

Gliederung

1) Systematik, I–III	1	A. Besitz und Verwertung	8
2) Regelungszweck, I–III	2	B. Einzelfragen	9, 10
3) Unabhängigkeit des Pfandrechts, I–III	3	8) Rang, II, III	11–17
4) Pfandrecht und Pfändungspfandrecht, I–III	4	A. Vorrang vor anderen Pfandrechten usw	11
5) Erlöschen des Pfandrechts, I–III	5	B. Vorrang des früheren Pfändungspfandrechts	12, 13
6) Pfändung schuldnerfremder Sachen, I	6, 7	C. Vorrang anderer Rechte	14
A. Grundsatz: Pfändbarkeit	6	D. Gleichrang bei Gleichartigkeit	15
B. Pfändbarkeit eigener Sachen des Gläubigers	7	E. Verlust	16
		F. Freiwillige Zahlung	17
7) Rechte aus dem Pfandrecht, II	8–10	9) VwGO	18

1) Systematik, I–III. Die Vorschrift regelt die Rechtsfolgen einer wirksam nach § 803 erfolgten Pfän- **1** dung und die Rangfolge bei mehreren zeitlich aufeinander folgenden Pfändungen. Die ZPO läßt überflüssigerweise durch die Pfändung an der Pfandsache ein Pfandrecht des Gläubigers entstehen. Sie wollte den Gläubiger dadurch verstärkt sichern, daß sie die früheren landesrechtlichen Grundsätze über das Pfandrecht heranzog. Sie hat damit nur erreicht, daß man unnütz und zweckwidrig Sätze des sachlichrechtlichen Pfandrechts auf das Pfändungspfandrecht überträgt, die zu ihm nicht passen. Das Pfandrecht ist unlöslich an die Sache geknüpft und von der Beschlagnahme nicht trennbar, Üb 6 vor § 803.

2) Regelungszweck, I–III. Das Pfändungspfandrecht als Zwischenstadium zwischen Zugriff und **2** Befriedigung unentbehrlich. Man darf es nicht durch übertriebene Anforderungen noch komplizierter ausgestalten, als das ohnehin schon nach dem Gesetz geschehen ist. Die Rangregelung ist keineswegs die einzig denkbare Lösung. Aber sie ist einprägsam und läßt sich verhältnismäßig einfach handhaben. So sollte man sie auch auslegen, trotz der Härten für denjenigen, der den Erlös vielleicht am dringendsten und ehesten braucht, aber um Minuten später als andere zugreifen läßt. Mag das ein Gerichtsvollzieher ihm gegenüber verantworten. Im übrigen findet ja evtl ein Verteilungsverfahren zwecks auch sozialen Ausgleichs zwischen den Gläubigern statt, §§ 872 ff.

3) Unabhängigkeit des Pfandrechts, I–III. Das Pfändungspfandrecht ist nicht abhängig (akzessorisch), **3** StJM 8, ThP 4, aM RoGSch § 50 III 3 c (vgl aber Rn 1). Das Pfändungspfandrecht setzt also keine zu

§ 804

sichernde Forderung voraus, wie sie beim Vertragspfandrecht des § 1204 BGB notwendig wäre. Es ist auch nicht mit dem Schicksal der Forderung verbunden. Allerdings gibt nur eine wirksame oder auflösend bedingt nach Grdz 57, 58 vor § 704 wirksame Pfändung, ein Pfandrecht. Der gute Glaube allein reicht zu diesem Pfandrecht nicht aus. Das Pfandrecht an der Forderung ergreift kraft Gesetzes die Hypothek.

Der Umstand, daß das Pfandrecht den Anspruch des Gläubigers *sichern* soll, beweist nichts für eine Abhängigkeit. Die Sicherung des Gläubigers ist nur der Beweggrund für den staatlichen Eingriff, nicht sein Inhalt. Sie deckt den Anspruch, dessentwegen mit Recht oder zu Unrecht die Pfändung erfolgt ist. Wenn der Hypothekengläubiger kraft dinglichen Rechts die ihm haftenden Gegenstände pfändet, dann erlangt er ein Pfändungspfandrecht. Das Recht, die Pfandverwertung zu betreiben, bestreiten dem Gläubiger auch diejenigen nicht, die die Entstehung eines Pfändungspfandrechts bei einem Mangel der Voraussetzungen leugnen.

4 **4) Pfandrecht und Pfändungspfandrecht, I–III.** Besteht an einer Sache neben einem vertraglichen oder gesetzlichen Pfandrecht ein Pfändungspfandrecht, so darf der Gläubiger wahlweise nach der ZPO oder nach dem BGB oder dem HGB verwerten. Er muß nur im letzteren Fall das Pfändungspfandrecht aufgeben, Ffm MDR **75**, 228.

5 **5) Erlöschen des Pfandrechts, I–III.** Das Pfandrecht erlischt zwar mit der Entstrickung nach § 803 Rn 6. Es erlischt aber niemals ohne sie. Das ergibt sich aus seiner unabhängigen Natur. Es kommt nicht in Betracht, daß das Pfandrecht bei einer fortdauernden Beschlagnahme erlöschen könnte, Üb 8 vor § 803, aM RoGSch § 50 III 3 c mit Rücksicht auf seine grundsätzlich andere Auffassung des Pfändungspfandrechts (vgl aber Rn 1). Namentlich beseitigt ein gutgläubiger Erwerb der Pfandsache durch einen Dritten nicht nur das Pfandrecht, sondern auch die Verstrickung. Denn die Beschlagnahme wirkt nur ähnlich einem richterlichen Veräußerungsverbot, § 23 ZVG. Die Beschlagnahme verhindert daher einen gutgläubigen Erwerb nicht. Ein Verzicht auf das Pfandrecht trotz einer Aufrechterhaltung der Verstrickung ist nicht möglich. Vgl § 803 Rn 6.

6 **6) Pfändung schuldnerfremder Sachen, I.** Sie ist weitgehend möglich.

A. Grundsatz: Pfändbarkeit. Ob die Pfandsache zum Vermögen des Schuldners gehört, ist unerheblich. Denn das Pfändungspfandrecht ist unabhängig, Üb 8 vor § 803. Wenn man in diesem Fall nur eine Verstrickung entstehen läßt, dann müßte eine Befriedigung des Gläubigers aus der Sache unzulässig sein. Das wäre aber eine unerträgliche Folge, aM Marotzke ZZP **98**, 459. Die Pfändung einer Sache, die nicht im Eigentum des Schuldners steht, ermöglicht die Widerspruchsklage nach §§ 771, 805 und nach deren Versäumung wegen Grdz 51 vor § 704 evtl eine Bereicherungsklage nach §§ 812 ff BGB, Einf 4 vor §§ 771–774, § 819 Rn 5. Vgl aber auch Oldb OLGZ **92**, 488.

7 **B. Pfändbarkeit eigener Sachen des Gläubigers.** Der Gläubiger darf seine eigene Sache pfänden. Das widerspricht freilich dem Aufbau des Fahrnispfandrechts des BGB. Es widerspricht aber nicht der Regelung der ZPO. Die Pfändung der eigenen Sache kann einen guten Sinn haben. Das gilt vor allem dann, wenn an ihr ein fremder Gewahrsam besteht. Ein Faustpfandrecht kann freilich nicht entstehen. Zulässig ist zB eine Pfändung der unter einem Eigentumsvorbehalt verkauften oder in einem Sicherungseigentum gewonnenen Sachen, § 811 Rn 67. Eine solche Pfändung läßt sich nicht als einen Verzicht des Gläubigers auf sein Eigentum auffassen. Ein Anwartschaftsrecht des Gläubigers wird von der Sachpfändung nicht miterfaßt. Man muß es nach § 857 Rn 1 pfänden.

8 **7) Rechte aus dem Pfandrecht, II.** Sie folgen dem Vollstreckungszweck.

A. Besitz und Verwertung. Das Pfändungspfandrecht gibt dem Gläubiger den Besitz der Pfandsache, §§ 861, 862, 869 BGB. Er berechtigt ihn zu einer Verwertung nach der ZPO, zB §§ 814, 815 I, 825, 835. Im Verhältnis zu anderen Gläubigern stellt es den Gläubiger so, als ob er ein vertragliches Faustpfandrecht erworben hätte, §§ 1204 ff, 1273 ff BGB, bzw im Insolvenzverfahren ein Absonderungsrecht erhalten hätte, Rn 11. Der Gläubiger erlangt also nicht etwa ein Faustpfandrecht. Er erhält nur die Stellung des Faustpfandgläubigers im Verhältnis zu anderen Gläubigern.

9 **B. Einzelfragen.** Die Regeln des BGB über das Faustpfandrecht sind nur insoweit sinngemäß anwendbar, als sich das mit der Eigenart des Pfändungspfandrechts vereinbaren läßt. Das Pfand haftet in Höhe der Vollstreckungsforderung einschließlich der Zinsen und der Vollstreckungskosten bis zur Befriedigung nach § 1210 I 1 BGB. Das Pfandrecht ergreift Ersatzstücke (Surrogate), also den Versteigerungserlös und die hinterlegte Sicherheit oder den Rückforderungsrecht im Fall einer Hinterlegung, auch wegen der Hinterlegungszinsen. Das Pfandrecht umfaßt die vom Pfand getrennten Erzeugnisse, § 1212 BGB sinngemäß. Es ist mit dem Schicksal der gesicherten Forderung nicht verbunden, Rn 3. Wenn die Forderung erlischt, dann bleibt die Pfändung bestehen, solange sie nicht aufgehoben, die Pfandsache also freigegeben ist.

10 Eine *Übertragung* des Pfandrechts auf einen anderen Anspruch ist nicht möglich. Das Pfandrecht geht nicht mit der Forderung über, außer im Fall der Erbfolge, § 1922 BGB, ThP 4, aM ZöStö 12 (auch bei einer Einzelrechtsnachfolge). Das Pfandrecht ist ohne die Forderung übertragbar. Ein neuer Gläubiger muß sich durch einen auf ihn nach § 727 umgeschriebenen Vollstreckungstitel ausweisen. Der Pfandgläubiger ist nicht zur Verwahrung der Pfandsache verpflichtet. § 1215 BGB ist unanwendbar, schon weil der Gläubiger keinen unmittelbaren Besitz hat. Auch eine Sicherungsverwertung nach § 1219 BGB kommt nicht in Betracht. § 1227 BGB ist entsprechend anwendbar. Die Vorschrift gesteht dem Pfandgläubiger bei einer Beeinträchtigung seiner Rechte die Ansprüche eines Eigentümers zu. Der Pfandgläubiger darf die Herausgabe der Pfandsache an den Gerichtsvollzieher verlangen und Ersatz wegen einer Beschädigung oder einer Entziehung der Pfandstücke fordern, § 823 I BGB. Denn es handelt sich um ein sonstiges Recht im Sinne dieser Vorschrift.

11 **8) Rang, II, III.** Er hat erhebliche Bedeutung.

A. Vorrang vor anderen Pfandrechten usw. Jedes Pfändungspfandrecht geht allen Pfand- und Vorzugsrechten vor, die nicht im Insolvenzverfahren den Faustpfandrechten gleichstehen. Zu beachten sind §§ 50, 51 InsO, Schönfelder Nr 110.

B. Vorrang des früheren Pfändungspfandrechts. Die Parteien können einen vom Gesetz abweichen- 12
den Rang vereinbaren, Grdz 25 vor § 704. Andernfalls geht das frühere Pfändungspfandrecht dem späteren
vor. Es gilt der Grundsatz des Zeitvorrangs (der Priorität) und des Zuerstkommens (der Prävention): *Wer
zuerst kommt, mahlt zuerst.* Der Grundsatz ist verfassungsrechtlich unbedenklich, Brehm DGVZ **86**, 99,
Stürner, zit bei Marotzke JZ **86**, 746, Schlosser ZZP **97**, 121. Man darf ihn nicht aushöhlen, Einl III 54,
Knoche/Biersack NJW **03**, 481. Der Grundsatz des Zeitvorranges gilt auch bei einer sicherungsübereigneten
Sache und beim Zusammentreffen einer Sach- und einer Forderungspfändung, LG Bonn DGVZ **83**, 153.
Beim Streit der Gläubiger über die Verteilung des Erlöses ist ein Verteilungsverfahren nach §§ 872 ff not-
wendig, §§ 827 II, 853, 854 II. Eine Sicherungsmaßnahme nebst Veräußerungsverbot im Insolvenz- (auch
Eröffnungs-)Verfahren ergreift die frühere Pfändung nicht und umgekehrt, BGH **135**, 142 (abl Häsemeyer
ZZP **111**, 83, zustm Marotzke JR **98**, 28), AG Wiesb DGVZ **95**, 93, aM AG Siegen DGVZ **95**, 93 (aber
man muß den Grundsatz folgerichtig einhalten).

Der *spätere Pfandgläubiger* kann aber den Rang des früheren bekämpfen, § 805. Der spätere Pfandgläubiger 13
kann den Vollstreckungstitel selbst bekämpfen, wenn es sich um Einwendungen handelt, die der Schuldner
nicht verloren hat. Er kann auch gegen die Gültigkeit des früheren Pfandrechts vorgehen. Er kann zB geltend
machen, dieses frühere Pfandrecht sei schon in demjenigen Zeitpunkt erloschen gewesen, in dem der frühere
Gläubiger bei einer vollen Ausnutzung der Pfändbarkeit befriedigt gewesen wäre, § 878 Rn 9, BAG NJW **75**,
1576 (krit Brommann SchlHA **86**, 66), oder das frühere Pfändungspfandrecht sei rechtsmißbräuchlich erworben, Einl III 54. Wegen eines Ablösungsrechts vgl § 268 BGB. Bei einem gesetzlichen Gleichrang zB nach
§ 850 d II ist eine Anpassung nach § 850 d zulässig, Rn 4. Verfassungsrechtlich kritisch Schlosser ZZP **97**, 121.

Das *frühere* Vertragspfandrecht geht dem späteren Pfändungspfandrecht vor, auch bei einem Pfandrecht an
einem Miterbenanteil, BGH **93**, 74. Wegen der Vorrangigkeit einer Aufrechnungsvereinbarung zwischen
Arbeitgeber und Arbeitnehmer betr Verrechnung eines Darlehens auf späteren Lohn LAG Hamm DB **93**,
1247. Der Nachrangige kann seine Stellung durch einen Antrag auf Zusammenrechnung begrenzt verbessern, BAG NJW **97**, 479.

C. Vorrang anderer Rechte. Sämtlichen Pfändungspfandrechten, auch den älteren, geht ein gutgläubig 14
erworbenes Vertragspfandrecht vor, § 1208 BGB. Wenn die Pfändung erkennbar ist, dann ist ein guter
Glaube nicht mehr möglich. Für den Erwerb eines Pfändungspfandrechts ist ein guter Glaube unerheblich.
Denn die §§ 1207 ff BGB sind unanwendbar. Es geht ferner vor ein Anspruch an Früchten, und zwar ein
Anspruch auf alle an ihn bestehenden dinglichen Rechte, etwa das Früchtepfandrecht, § 810 Rn 1.

D. Gleichrang bei Gleichaltrigkeit. Es kommt nicht auf den Antragseingang beim Vollstreckungsorgan 15
an, sondern auf den Zeitpunkt der Pfändung, § 168 Z 1 GVGA. Gleichaltrige Pfändungspfandrechte und
gleichstehende Rechte geben denselben Rang. Der Erlös wird in dem Verhältnis der Forderungen verteilt,
notfalls im Verfahren nach §§ 872 ff, §§ 827 II, 853, 854 II, Hantke DGVZ **78**, 106. Über den Rang des
Arrestpfandrechts § 931 Rn 3. Ein Zurückbehaltungsrecht an einer der in § 952 BGB bezeichneten Urkunden geht niemals vor. Im Insolvenzverfahren gibt das Pfändungspfandrecht ein Recht auf eine abgesonderte Befriedigung nach § 50 I InsO, soweit die Pfändung vor dem Zeitpunkt der Verfahrenseröffnung
wirksam geworden ist. Eine spätere Pfändung ist den Insolvenzgläubigern gegenüber unwirksam, § 89 I
InsO.

E. Verlust. Der Rang geht mit dem Verlust des Pfändungspfandrechts verloren. Daher rücken dann die 16
nachrangigen Gläubiger in ihrer bisherigen Reihenfolge auf.

F. Freiwillige Zahlung. Der Schuldner kann bestimmen, an wen er wieviel zahlt. 17

9) *VwGO:* Entsprechend anwendbar im Rahmen der Grdz § 803 Rn 16. 18

---

805 *Klage auf vorzugsweise Befriedigung.* ¹ Der Pfändung einer Sache kann ein Dritter, der sich nicht im Besitz der Sache befindet, auf Grund eines Pfand- oder Vorzugsrechts nicht widersprechen; er kann jedoch seinen Anspruch auf vorzugsweise Befriedigung aus dem Erlös im Wege der Klage geltend machen, ohne Rücksicht darauf, ob seine Forderung fällig ist oder nicht.

II Die Klage ist bei dem Vollstreckungsgericht und, wenn der Streitgegenstand zur Zuständigkeit der Amtsgerichte gehört, bei dem Landgericht zu erheben, in dessen Bezirk das
Vollstreckungsgericht seinen Sitz hat.

III Wird die Klage gegen den Gläubiger und den Schuldner gerichtet, so sind diese als Streitgenossen anzusehen.

IV ¹ Wird der Anspruch glaubhaft gemacht, so hat das Gericht die Hinterlegung des Erlöses
anzuordnen. ² Die Vorschriften der §§ 769, 770 sind hierbei entsprechend anzuwenden.

Schrifttum: *Burgstaller,* Das Pfandrecht in der Exekution, Wien 1988.

Gliederung

1) **Systematik,** I–IV 1	5) **Voraussetzungen der Klage,** I–III 8–12
2) **Regelungszweck,** I–IV 2	A. Sachpfändung 8
3) **Geltungsbereich: Nicht besitzender**	B. Fortdauer der Vollstreckung 9
Dritter, I–IV 3–6	C. Beweis des Vorrechts 10
A. Gesetzliches Pfandrecht 3	D. Geldforderung 11
B. Vertragliches Pfandrecht 4	E. Allgemeine Prozeßvoraussetzungen 12
C. Pfandrecht eines Kreditinstituts 5	6) **Verfahren,** I–III 13, 14
D. Früchtepfandrecht 6	7) **Hinterlegung,** IV 15
4) **Rechtsnatur der Klage,** I–III 7	8) ***VwGO*** 16

§ 805

1) Systematik, I–IV. Der Dritte, der ein Pfandrecht oder ein Vorzugsrecht an einer Pfandsache hat, kann als Besitzer sein Recht durch eine Widerspruchsklage nach § 771 geltend machen. Unter Besitz darf man auch einen bloß mittelbaren Besitz oder das Verfügungsrecht nach einem Traditionspapier (Konnossement, Ladeschein und dgl) verstehen. Geschützt ist aber nur der Besitz einer beweglichen Sache, nicht der Besitz eines Grundstücks, § 771 Rn 15 „Besitz", ferner nicht der „Besitz" eines Rechts, etwa eines Erbanteils, Eickmann DGVZ **84**, 70. Der besitzende Dritte kann sich auch statt der Klage aus § 771 mit einer Klage nach § 805 begnügen, Schmidt JZ **87**, 892. Diese sog Vorzugsklage führt allerdings im Gegensatz zur Widerspruchsklage nicht zu einer Unzulässigkeit der Zwangsvollstreckung, sondern gerade zu deren weiterer Durchführung. Sie kann zwar nicht den Besitz an der Pfandsache sichern oder wiederverschaffen. Sie gewährt dem Gläubiger aber eine vorzugsweise Befriedigung aus dem Erlös. Sie ist also eine mindere Widerspruchsklage, BGH NJW **86**, 2427.

2) Regelungszweck, I–IV. Die Vorzugsklage dient ebenso wie die Drittwiderspruchsklage der sachlich-rechtlichen Gerechtigkeit, Einl III 9. Wenn sich der Dritte mit dem minderen Grad von Befriedigung gegenüber § 771 abgibt, verdient er eine nicht zu strenge Auslegung der Voraussetzungen eines Wegs, der wegen der Notwendigkeit einer auch hier zwingenden gesonderten Klage ohnehin riskant genug bleibt. Daher sollte man § 805 auch möglichst zugunsten des Klägers auslegen.

3) Geltungsbereich: Nicht besitzender Dritter, I–IV. Dem nicht besitzenden Pfand- oder Vorzugsgläubiger steht nur die Klage aus § 805 offen. Das Pfandrecht darf allerdings noch nicht erloschen sein, etwa nach § 1253 I BGB. Über Pfand- und Vorzugsrechte §§ 50, 51 InsO, abgedruckt in § 804 Rn 11. Hierher gehören von ihnen die folgenden Rechte.

A. Gesetzliches Pfandrecht. Hierher zählt das gesetzliche Pfandrecht, § 1257 BGB, insbesondere dasjenige des Vermieters, Celle DB **77**, 1839, des Verpächters, des Gastwirts, des Frachtführers usw, bevor sich diese Personen in den Besitz gesetzt haben, §§ 562 b, 581, 704 BGB, auch nach der Fortschaffung von dem Grundstück durch den Gerichtsvollzieher, § 562 a BGB, ferner das kaufmännische Zurückbehaltungsrecht nach §§ 369 ff HGB, Hbg MDR **88**, 235 (Vorrang gegenüber einem Schiffshypothekenrecht). Das Pfandrecht des Vermieters ist durch §§ 562, 562 a, 562 d BGB beschränkt. Es erlischt nicht durch die Fortschaffung seitens des Gerichtsvollziehers, Ffm MDR **75**, 228. Der Vermieter muß das Eigentum des Mieters an den Möbeln beweisen. Für ein solches Eigentum spricht aber ein Anscheinsbeweis, Anh § 286 Rn 15.

B. Vertragliches Pfandrecht. Hierher zählt ferner ein Vertragspfandrecht, §§ 1205 ff BGB, Hamm RR **90**, 233, und ein Pfändungspfandrecht, wenn der Gläubiger oder der Gerichtsvollzieher den Gewahrsam verloren hat. Auch das Recht des Hypothekengläubigers auf eine vorzugsweise Befriedigung aus den Gutserzeugnissen gehört hierher, ebenso ein Schiffshypothekenrecht, Hbg MDR **88**, 235 (Nachrang gegenüber §§ 369 ff HGB), ferner ein nach dem französischen Recht entstandenes Registerpfandrecht. Ein späterer Pfändungspfandgläubiger kann einen Vorrang nur im Verteilungsverfahren geltend machen. Der Pfändungspfandgläubiger des Anwartschaftsrechts auf die Übertragung des Eigentums hat kein Recht auf eine vorzugsweise Befriedigung, § 771 Rn 17, StJM § 771 Rn 17, ThP 9, ZöStö 2, aM MüKoSchi 3 (aber man muß zwischen einer Rechtspfändung und der Sachpfändung streng unterscheiden).

C. Pfandrecht eines Kreditinstituts. Hierher zählt ferner das Pfandrecht des Kreditinstituts bei einer Pachtinventarverpfändung durch Niederlegung, §§ 11, 12 PachtkreditG, wenn ein Dritter vollstreckt, oder für den Dritten, wenn das Institut oder der Verpächter vollstreckt.

D. Früchtepfandrecht. Hierher zählt schließlich das Früchtepfandrecht, § 810 Rn 1.

4) Rechtsnatur der Klage, I–III. Die Vorzugsklage ist eine mindere Widerspruchsklage, Rn 1. Sie ist also eine prozessuale Gestaltungsklage, Grdz 10 vor § 253. Sie ist ein schwächeres Gegenstück zu § 771. Sie verfolgt das Ziel, daß der Kläger an der Zwangsvollstreckung teilnehmen kann, sobald das Urteil nach §§ 708 ff für vorläufig vollstreckbar erklärt worden ist, und daß er dann vor dem Bekl den Vorrang hat, Einf 1 vor §§ 771–774.

5) Voraussetzungen der Klage, I–III. Es müssen fünf Bedingungen zusammenkommen.

A. Sachpfändung. Es muß sich um die Pfändung einer körperlichen Sache handeln, § 808 Rn 4. Die Rechtspfändung gehört nicht hierher.

B. Fortdauer der Vollstreckung. Die Zwangsvollstreckung darf noch nicht beendet sein, Grdz 52 vor § 704. Nach der Auszahlung des Erlöses bleibt nur eine Klage aus einer ungerechtfertigten Bereicherung nach §§ 812 ff BGB oder aus einer unerlaubten Handlung nach § 823 BGB im entsprechenden ordentlichen Gerichtsstand möglich, §§ 12 ff, 32. Der Vermieter usw ist an die Frist des § 562 b II 2 BGB nicht gebunden.

C. Beweis des Vorrechts. Der Kläger muß ein Pfandrecht oder ein Vorzugsrecht und ferner seinen Anspruch und seinen Rang nach den Regeln § 804 Rn 11 beweisen. Das gilt aber nur wegen der Entstehung. Demgegenüber muß der Schuldner das Erlöschen usw beweisen, BGH NJW **86**, 2427. Der Kläger muß sich ein etwaiges rechtskräftiges Urteil zwischen einem Dritten und dem Schuldner über das Pfandrecht entgegenhalten lassen.

D. Geldforderung. Es muß sich um eine Geldforderung handeln, Grdz 1 vor § 803. Die Art der Verwertung ist unerheblich. Auch eine aufschiebend bedingte oder jedenfalls noch nicht fällige Forderung ermöglicht die Klage. Man muß aber einen Zwischenzins entsprechend §§ 1133, 1217 II BGB abziehen und den Erlösanteil evtl bis zur Fälligkeit usw hinterlegen.

E. Allgemeine Prozeßvoraussetzungen. Schließlich müssen die allgemeinen Prozeßvoraussetzungen vorliegen, Grdz 12 ff vor § 253.

6) Verfahren, I–III. Ausschließlich zuständig ist das AG des Bezirks als Vollstreckungsgericht, §§ 764 II, 802. Bei einem höheren Streitwert nach §§ 23, 71 GVG ist das zugehörige LG zuständig. Als Bekl kommt

Titel 1. Zwangsvollstr. in das bewegl. Vermögen   §§ 805–806a

neben dem Pfändungspfandgläubiger auch der einer Auszahlung an den Kläger widersprechende Schuldner in Betracht, und zwar als Streitgenosse, III, § 59. Einen Antrag darf und muß man wie stets auslegen, BGH NJW **86**, 2427. Der Antrag und das Urteil lauten zweckmäßig: „Der Kläger ist vor dem Beklagten aus dem Reinerlös des folgenden Gegenstands ... wegen einer Forderung des Klägers in Höhe von ... EUR nebst ... Zinsen bis zum Tag der Auszahlung zu befriedigen".

Kosten: §§ 91 ff. Vorläufige Vollstreckbarkeit: §§ 708 ff. Wert: Derjenige der niedrigeren Forderung ohne Zinsen und Kosten oder des etwa geringeren Pfandstücks.

Die *Auszahlung* erfolgt durch den Gerichtsvollzieher, § 827 Rn 6, oder durch die Hinterlegungsstelle, **14** § 13 Z 2 HinterlO. Es erfolgt keine Zwangsvollstreckung gegen die Partei. Nur der Reinerlös kommt in Frage. Daher muß man alle Kosten vorher abziehen. Dabei ist es unerheblich, ob die Veräußerung zwangsweise oder freiwillig erfolgte. Derjenige Gläubiger, der auf eine Aufforderung in eine vorzugsweise Befriedigung eingewilligt hat, hat kein Rechtsschutzbedürfnis, Grdz 33 vor § 253. Er hat auch keinen Klaganlaß gegeben, § 93. S im übrigen die Erläuterungen zu § 771.

7) Hinterlegung, IV. Da die Klage voraussetzt, daß die Zwangsvollstreckung durchgeführt wird, kommt **15** eine Einstellung nach der Art des § 771 III hier nicht in Frage. Dagegen muß das Gericht von Amts wegen eine Hinterlegung des Verwertungserlöses zugunsten der Parteien durch den Gerichtsvollzieher anordnen, wenn der Kläger seinen Anspruch, also das Pfand- oder Vorzugsrecht des I und dessen Vorrang, nach § 294 glaubhaft gemacht hat. Dabei muß man die §§ 769, 770, 788 entsprechend anwenden. Eine einstweilige Verfügung nach §§ 935 ff darf also nicht ergehen. Für die Anordnung ist in einem dringenden Fall nach § 769 II, dort Rn 8, das Vollstreckungsgericht zuständig. Es entscheidet durch den Rpfl, § 20 Z 17 RPflG, Anh § 153 GVG. Das Gericht muß seinen Beschluß schriftlich begründen, § 329 Rn 4. Es genügt nicht eine bloße Mitteilung, die Niederschrift stehe bevor. Wegen der Rechtsbehelfe § 769 Rn 11.

8) VwGO: Entsprechend anwendbar im Rahmen der Grdz § 803 Rn 16; Klage ist stets beim Vollstreckungsgericht, **16** § 764 Rn 10, zu erheben. Wenn § 5 VwVG eingreift, gilt § 293 AO.

806 **Keine Gewährleistung bei Pfandveräußerung.** Wird ein Gegenstand auf Grund der Pfändung veräußert, so steht dem Erwerber wegen eines Mangels im Recht oder wegen eines Mangels der veräußerten Sache ein Anspruch auf Gewährleistung nicht zu.

1) Systematik. Die Vorschrift hat einen rein sachlichrechtlichen Inhalt. Sie entspricht dem § 56 S 3 **1** ZVG, Mü DGVZ **80**, 123.

2) Regelungszweck. § 806 dient der Rechtssicherheit, Einl III 43. Der ordungsgemäße Erwerber muß **2** bei dieser ja wesentlich von den staatlichen Vollstreckungsorganen angeordneten, begleiteten, abgewickelten Erwerbsart auf die Korrektheit und Endgültigkeit des Erwerbs vertrauen dürfen. In diesem Sinn muß man die Vorschrift auslegen. Rechtsmißbrauch nach Einl III 54 wäre natürlich auch hier beachtlich, Grdz 44 vor § 704.

3) Geltungsbereich. Die Vorschrift setzt eine wirksame Pfändung voraus, jedenfalls die Fortschaffung **3** der Sache durch den Gerichtsvollzieher, Karlsr MDR **79**, 237. Sie gilt für den Gläubiger und für den Schuldner. Sie bezieht sich auf sämtliche Sach- und Rechtsmängel der veräußerten Pfandsache, §§ 435, 437 ff BGB, Mü DGVZ **80**, 123. Das gilt auch bei einer zugesicherten Eigenschaft, LG Aachen DGVZ **86**, 185. Es ist unerheblich, ob die Haftung für ein Verschulden besteht. Unter § 806 fällt jede Verwertung nach §§ 814 ff, zB die Versteigerung, LG Aachen DGVZ **86**, 185, auch der freihändige Verkauf nach §§ 817 a III, 821, 825 ua, nicht aber der Selbsthilfeverkauf durch den Gerichtsvollzieher, §§ 385 BGB, 373 HGB. Der Gerichtsvollzieher braucht die Pfandsache grundsätzlich nicht auf Mängel zu untersuchen und braucht auf solche nicht hinzuweisen, LG Aachen DGVZ **86**, 185. Etwas anderes würde bei Arglist gelten, Rn 2.

4) Ersatzanspruch usw. Der Erwerber hat einen Gewährleistungsanspruch gegen den Gläubiger und/ **4** oder Schuldner auf Grund eines etwaigen Gewährleistungsvertrags oder nach §§ 823, 826 BGB, im übrigen nur gegen den Staat, Art 34 GG, § 839 BGB. Ferner kommt ein Anspruch gegen den Schuldner aus ungerechtfertigter Bereicherung nach § 812 ff BGB in Betracht.

5) VwGO: Entsprechend anwendbar im Rahmen der Grdz § 803 Rn 16. Wenn § 5 VwVG eingreift, gilt § 283 **5** AO.

806a **Mitteilungen und Befragung durch den Gerichtsvollzieher.** [I] Erhält der Gerichtsvollzieher anlässlich der Zwangsvollstreckung durch Befragung des Schuldners oder durch Einsicht in Dokumente Kenntnis von Geldforderungen des Schuldners gegen Dritte und konnte eine Pfändung nicht bewirkt werden oder wird eine bewirkte Pfändung voraussichtlich nicht zur vollständigen Befriedigung des Gläubigers führen, so teilt er Namen und Anschriften der Drittschuldner sowie den Grund der Forderungen und für diese bestehende Sicherheiten dem Gläubiger mit.

[II] [1] Trifft der Gerichtsvollzieher den Schuldner in der Wohnung nicht an und konnte eine Pfändung nicht bewirkt werden oder wird eine bewirkte Pfändung voraussichtlich nicht zur vollständigen Befriedigung des Gläubigers führen, so kann der Gerichtsvollzieher die zum Hausstand des Schuldners gehörenden erwachsenen Personen nach dem Arbeitgeber des Schuldners befragen. [2] Diese sind zu einer Auskunft nicht verpflichtet und vom Gerichtsvollzieher auf die Freiwilligkeit ihrer Angaben hinzuweisen. [3] Seine Erkenntnisse teilt der Gerichtsvollzieher dem Gläubiger mit.

§ 806a

Vorbem. I geändert dch Art 1 Z 52d JKomG v 22. 3. 05, BGBl 837, in Kraft seit 1. 4. 05, Art 16 I JKomG, ÜbergangsR Einl III 78.

Schrifttum: *Krauthausen,* DGVZ 95, 68 (Üb); *Schilken,* Reform der Zwangsvollstreckung, in: Vorträge zur Rechtsentwicklung der achtziger Jahre (1991) 307; *Triller,* Aufklärungsmöglichkeiten in der Zwangsvollstreckung zur Auffindung von Schuldnervermögen, 2001 (rechtsvergleichend).

Gliederung

1) Systematik, I, II 1	10) Schuldnerabwesenheit, II 1 10
2) Regelungszweck, I, II 2	11) Kein bisheriger Vollstreckungserfolg, II 1 11
3) Anläßlich der Zwangsvollstreckung, I, II 3	12) Befragung, II 1 12
4) Befragung des Schuldners, I 4	13) Keine Auskunftspflicht; Hinweispflicht, II 2 13
5) Einsicht in Dokumente, I 5	14) Mitteilung an den Gläubiger, II 3 14
6) Kenntnis von Geldforderungen des Schuldners gegen Dritte, I 6	15) Abschrift an den Schuldner, II 3 15
7) Unmöglichkeit einer Pfändung I 7	16) Rechtsbehelfe, I, II 16
8) Mitteilung an den Gläubiger, I 8	17) *VwGO* 17
9) Abschrift an den Schuldner, I 9	

1 **1) Systematik, I, II.** Die Vorschrift stellt eine Ergänzung zu §§ 807 ff dar. Man kann in ihr auch eine Ergänzung zu § 845 sehen. Sie knüpft an Befugnisse an, wie sie dem Gerichtsvollzieher in § 758 zustehen. Freilich hat der Gesetzgeber sie nicht eindeutig unter den Richtervorbehalt gestellt, den Rechtsprechung und Lehre zu § 758 mit Recht herausgearbeitet haben, § 758 Rn 4. Die Vorschrift setzt ja in I heraus, daß sich der Gerichtsvollzieher bereits „anläßlich" der Zwangsvollstreckung in der Wohnung des Schuldners befindet.

2 **2) Regelungszweck, I, II.** Die Vorschrift dient der Vermeidung kostspieliger, zeitraubender und im Erfolg ungewisser weiterer Versuche des Gläubigers, doch noch zu einem Vollstreckungserfolg zu kommen. Das ist aus seiner Sicht dringend notwendig. Aus der Sicht des Schuldners und vor allem der vom Gerichtsvollzieher befragten Dritten ist es aber problematisch. § 806 a versucht beiden gerecht zu werden. Immerhin gehen die Befugnisse des Gerichtsvollziehers teilweise sehr weit. Es bleibt abzuwarten, ob die Vorschrift in allen Teilen verfassungsgemäß ist. Die Durchsicht von Schriftstücken nebst Mitteilung ihres Inhalts an den Gläubiger kann zu Mißgriffen führen, die sich schon rein technisch kaum vermeiden lassen und keineswegs mehr den Rahmen einer zivilprozessualen Vollstreckung wahren können. Deshalb ist zumindest I schon vom Ansatz her problematisch. Jedenfalls sollte man unter Berücksichtigung solcher Gefahren bei der Anwendung und Auslegung der Vorschrift behutsam vorgehen.

3 **3) Anläßlich der Zwangsvollstreckung, I, II.** Die Vollstreckung muß gerade durch Beauftragung dieses Gerichtsvollziehers stattfinden. Es genügt also nicht, daß er anläßlich einer anderen Zwangsvollstreckung Kenntnis usw erhält. Daher darf er weder nach I noch nach II vorgehen, der die Worte „anläßlich der Zwangsvollstreckung" aus I als selbstverständlich ebenfalls voraussetzt. Das gilt jedenfalls dann, wenn er Kenntnis usw nur beim Vollstreckungsversuch im Auftrag eines weiteren Gläubigers erhält. Andernfalls wäre im Gesetz statt des Worts „der" das Wort „einer" (Zwangsvollstreckung) notwendig gewesen.

4 **4) Befragung des Schuldners, I.** Der Gerichtsvollzieher darf den Schuldner befragen. Das gilt nicht erst dann, wenn er bei dieser Vollstreckungshandlung keinen vollen Erfolg erzielt. Denn die Worte „... und konnte eine Pfändung nicht bewirkt werden" usw sind nach ihrer Stellung in I nur Voraussetzung für die Befugnis zur Mitteilung an den Gläubiger, nicht auch schon Voraussetzung für das Recht zur Befragung.
„Befragung" heißt nicht „Vernehmung". Der Gerichtsvollzieher führt auch keine Beweisaufnahme durch, AG Blieskastel DGVZ 00, 94. Er darf aber doch direkt und gezielt fragen. Zwar stellt II 2 klar, daß kein Dritter Auskunft geben muß und daß der Gerichtsvollzieher daher jeden Dritten von Amts wegen und natürlich von vornherein auf die Freiwilligkeit einer Angabe hinweisen muß. Demgegenüber enthält I gegenüber dem Schuldner keine solche Pflicht. Das bedeutet aber nicht, daß der Schuldner zur Auskunft schon an dieser Stelle und diesem Vollstreckungsorgan gegenüber verpflichtet wäre oder gar zusätzliche Nachteile hätte, wenn er schweigt oder nicht zu antworten braucht. Zur Auskunft ist er erst im Verfahren nach § 807 verpflichtet, AG Blieskastel DGVZ, **00,** 94. Eine falsche, unrichtige, pflichtwidrig verspätete und daher zunächst unterlassene irreführende Antwort kann freilich als zumindest versuchter Vollstreckungsbetrug strafbar sein.

5 **5) Einsicht in Dokumente, I.** Der Gerichtsvollzieher darf auch neben oder anstelle einer Befragung eine Einsicht in schriftliche oder elektronische Dokumente des Schuldners nehmen. Auch das hängt wie bei der Befragung nach Rn 4 nicht vom mindestens teilweisen Mißerfolg der bisherigen Vollstreckung ab.
„Einsicht" heißt nicht „Durchsuchung" oder „Ermittlung". Sie darf ja ohnehin nur anläßlich einer Vollstreckung stattfinden. I meint das beiläufige oder vom Gerichtsvollzieher erbetene und von Schuldner genehmigte Einblicknehmen in Unterlagen, die der Gerichtsvollzieher ohnehin prüfen muß oder die doch nahezu unvermeidbar mit zur Kenntnis des Gerichtsvollziehers gelangen. I meint aber nicht ein würdeloses Herumschnüffeln in den Schubladen oder im Computer des Schuldners nach Art einer amtlichen Durchsuchung, AG Altötting DGVZ **97,** 91. Der Schuldner kann die Auskunft oder Durchsicht verweigern, soweit er ihr überhaupt widersprechen kann, AG Altötting DGVZ **97,** 91. Er ist zur aktiven Mitdurchsicht oder zum Herbeischaffen nicht verpflichtet. Er ist vor allem weder zur Herstellung oder Genehmigung von Kopien noch zur Herausgabe verpflichtet, jedenfalls nicht in diesem Stadium und soweit es sich nicht um eine Herausgabeforderung handelt.

Titel 1. Zwangsvollstr. in das bewegl. Vermögen **§ 806a**

6) Kenntnis von Geldforderungen des Schuldners gegen Dritte, I. Der Gerichtsvollzieher muß von 6 einer solchen Forderung auf den Wegen Rn 4 oder 5 eine direkte Kenntnis erlangt haben. Eine bloß vage Möglichkeit oder Vermutung des Bestehens berechtigt ihn also nicht zur Maßnahme nach I. Die Abgrenzung solcher Erkenntnisstufen ist schwierig. Man kann oft den wahren Umfang oder die Rechtsgrundlage einer Forderung ebenso wenig erkennen wie die etwaigen Einwände des Drittschuldners und deren Berechtigung. In diesem Sinne muß eine gewisse Wahrscheinlichkeit des Bestehens der Forderung genügen. Der Gerichtsvollzieher darf sich nun auf die wahren Umfang oder die Art eines Detektivs auf kleinste Spuren stürzen, nur um seinem Auftraggeber etwaige weitere Vollstreckungschancen zu eröffnen.

7) Unmöglichkeit einer Pfändung, I. Schließlich muß aus der Sicht des Gerichtsvollziehers entweder 7 eine Pfändung unzulässig oder sinnlos sein oder eine von ihm jetzt oder früher bewirkte Pfändung voraussichtlich nicht zur vollständigen Befriedigung des Gläubigers führen. Ob auch diese Voraussetzungen vorliegen, muß er wie bei § 807 I 1 klären, § 807 Rn 3.

8) Mitteilung an den Gläubiger, I. Unter den Voraussetzungen Rn 3–7 ist der Gerichtsvollzieher 8 berechtigt und kraft Gesetzes, also auch ohne Antrag des Gläubigers dazu verpflichtet, diesem den Namen und die Anschrift eines jeden derart ermittelten Drittschuldners sowie den Grund der Forderungen und die für diese etwa bestehenden Sicherheiten unverzüglich mitzuteilen. Der Gerichtsvollzieher trifft dazu keine weiteren Ermittlungen. Seine Mitteilung beschränkt sich auf dasjenige, was er durch die Befragung und Einsicht erfahren, zur Kenntnis erhalten hat. Soweit er sich nicht sicher ist, teilt er auch das dem Gläubiger mit. Er darf sich Aktenzeichen, Daten, Adressen usw notieren, soweit der Schuldner ihm Kopien oder die Herausgabe verweigert. Er muß sich strikt auf diejenigen Merkmale beschränken, die I nennt. Der Gerichtsvollzieher muß ohnehin den Datenschutz wahren, ebenso das Grundrecht des Schuldners auf informationelle Selbstbestimmung, etwaige Geschäfts- und Betriebsgeheimnisse usw. Er darf natürlich auch nicht etwa das Finanzamt informieren, solange nicht gerade diese Behörde der Gläubiger ist.

Es kann *größter Schaden* durch zu unvorsichtige Handlungsweise des Gerichtsvollziehers entstehen. Für ihn kann der Staat haften und bei ihm Rückgriff nehmen wollen. Der Zweck des ganzen Verfahrens nach Rn 2 eröffnet und begrenzt die Befugnisse des Gerichtsvollziehers. Im Zweifel sollte er sich auf allgemeine vorsichtige Wendungen beschränken und es dem Gläubiger überlassen, mit der Erinnerung nach § 766 mehr an Mitteilung zu fordern. Selbst bloße Andeutungen sind aber verboten, wenn der Gerichtsvollzieher nicht wenigstens Kenntnis nach Rn 6 gewonnen hat. Notfalls mag der Gläubiger nach § 807 vorgehen, LG Lpz JB 96, 45.

9) Abschrift an den Schuldner, I. §§ 762, 763 gelten auch für das gesamte Verfahren nach I. Der 9 Schuldner sollte stets eine Abschrift der Mitteilung erhalten.

10) Schuldnerabwesenheit, II 1. Die Vorschrift betrifft den Fall, daß der Schuldner nicht zuhause ist. 10 Sie ist schon nach ihrem klaren Wortlaut nicht anwendbar, soweit der Vollstreckungsversuch außerhalb der Wohnung stattfindet. „Wohnung" ist dasselbe wie bei § 758 Rn 11, 14. Die Anwesenheit eines Familienmitglieds des Schuldners erlaubt dessen Befragung nach II nur, wenn der Schuldner persönlich abwesend ist. Die Dauer und der Grund seiner Abwesenheit sind unerheblich. Eine völlig unerhebliche Dauer etwa von voraussichtlich nur 5 oder 10 Minuten ist keine Abwesenheit.

11) Kein bisheriger Vollstreckungserfolg, II 1. Weitere Voraussetzung nach II ist, daß der Gerichts- 11 vollzieher nichts pfänden konnte oder daß eine bewirkte Pfändung voraussichtlich nicht zur vollständigen Befriedigung dieses Gläubigers führen wird. Man muß diese Bedingung nach den Regeln wie I beurteilen, Rn 7.

12) Befragung, II 1. Das Wort „kann" stellt, wie so oft, sowohl in die Zuständigkeit als auch in das 12 pflichtgemäße Ermessen des Gerichtsvollziehers. Wenn er sich von der Befragung eines zum Haushalt zählenden schwerhörigen entfernten Verwandten nichts verspricht, dann darf er von dessen Befragung absehen. „Befragung" ist dasselbe wie in Rn 4. „Erwachsene Person" versteht sich ebenso wie in § 178, dort Rn 15. Dasselbe gilt für „zum Hausstand des Schuldners gehören", § 178 Rn 10 (zum etwas engeren Begriff des Familienangehörigen im Hause).

13) Keine Auskunftspflicht; Hinweispflicht, II 2. Die vom Gerichtsvollzieher nach II 1 Befragten 13 „sind zu einer Auskunft nicht verpflichtet und vom Gerichtsvollzieher von der Freiwilligkeit ihrer Angaben hinzuweisen". Sie können für schuldhaft falsche Angaben demjenigen haften, den sie dadurch schädigen. Der Gerichtsvollzieher darf auf sie keinerlei auch nur indirekten Druck ausüben. Er sollte den Hinweis auf ihr Auskunftsverweigerungsrecht unbedingt in das Vollstreckungsprotokoll aufnehmen. Er darf eine ohne ordnungsgemäßen Hinweis erlangte Auskunft nicht protokollieren und erst recht nicht weitergeben. Er ist aber nicht zu einer Belehrung im Sinn etwa von §§ 383 f, 395 verpflichtet.

14) Mitteilung an den Gläubiger, II 3. Unter den Voraussetzungen Rn 10–13 ist der Gerichtsvoll- 14 zieher zur Mitteilung seiner „Erkenntnisse" an dem Gläubiger berechtigt und verpflichtet. Es gelten dieselben Regeln wie bei einer Mitteilung nach I, Rn 8.

15) Abschrift an den Schuldner, II 3. Es gelten dieselben Regeln wie bei I, Rn 9. 15

16) Rechtsbehelfe, I, II. Gegen eine Maßnahme des Gerichtsvollziehers oder deren Unterlassung hat 16 der davon Betroffene die Erinnerung nach § 766. Soweit ein Dritter betroffen ist, kann er gegen die infolge der Maßnahme eingeleitete oder erweiterte Zwangsvollstreckung Widerspruchsklage unter den Voraussetzungen der §§ 771 ff erheben. Wegen unberechtigter Handlungsweise des Gerichtsvollziehers kann der Staat haften, § 753 Rn 10.

17) *VwGO:* Entsprechend anwendbar im Rahmen der Grdz § 803 Rn 16, vgl § 753 Rn 16. 17

Hartmann 2239

§§ 806b, 807 Buch 8. Abschn. 2. ZwV wegen Geldford.

806b *Gütliche und zügige Erledigung.* [1] Der Gerichtsvollzieher soll in jeder Lage des Zwangsvollstreckungsverfahrens auf eine gütliche und zügige Erledigung hinwirken. [2] Findet er pfändbare Gegenstände nicht vor, versichert der Schuldner aber glaubhaft, die Schuld kurzfristig in Teilbeträgen zu tilgen, so zieht der Gerichtsvollzieher die Teilbeträge ein, wenn der Gläubiger hiermit einverstanden ist. [3] Die Tilgung soll in der Regel innerhalb von sechs Monaten erfolgt sein.

Schrifttum: *Harnacke* DGVZ **99**, 81; *Schilken* DGVZ **98**, 145 (je: Üb).

1 **1) Systematik, S 1–3.** S 1 enthält für den Gerichtsvollzieher eine Übernahme des im Erkenntnisverfahren für den Richter nach § 278 I 1 geltenden Gedankens einer Hinwirkung auf eine gütliche Erledigung und verstärkt ihn durch die Verpflichtung, auch zügig zu arbeiten. S 2, 3 enthalten Regelungen, die sich ähnlich auch in § 813 a finden. Zur Abgrenzung Rn 3 sowie *Helwich* DGVZ **00**, 105 (ausf).

2 **2) Regelungszweck, S 1–3.** Beide Ziele Rn 1 sind an sich selbstverständlich. Indessen bleibt für gütliche Erledigung im Vollstreckungsverfahren naturgemäß weniger Platz, zumal der Gläubiger nun endlich auch wirklich zu seinem Recht kommen soll. Das letztere darf der Gerichtsvollzieher weder beim Tempo noch bei der sachlichen Art und Weise der Erledigung vernachlässigen. Es handelt sich um eine bloße Sollvorschrift. Das muß man bei der Auslegung mitbeachten.
Machtzuwachs kennzeichnet die Vorschrift. Der ohnehin aus der Sicht so manches unglücklichen Schuldners ziemlich allmächtig ausgestattete Gerichtsvollzieher erhält in S 2 ein weites Ermessen. Denn zunächst entscheidet ja er allein, ob er dem Schuldner glaubt. Das erforderliche Einverständnis des Gläubigers tritt erst hinzu (oder nicht). Pflichtgemäß muß der Gerichtsvollzieher trotzdem auch an dieser Stelle der Vollstreckung vorgehen. Er muß daher oft über eine etwaige eidesstattliche Versicherung der Ratenzahlungsbereitschaft und -fähigkeit trotz § 294 kritisch anhand der Gesamtumstände ohne Bevorzugung der einen oder anderen Partei nachdenken. Es ist für ihn ratsam, seine Erwägungen in jedem Fall aktenkundig zu machen.

3 **3) Geltungsbereich, S 1–3.** Die Sollvorschrift S 1 gilt im Gesamtbereich der Zwangsvollstreckung, *Harnacke* DGVZ **99**, 81, aM *Schilken* DGVZ **98**, 146 (aber Wortlaut und Sinn sind eindeutig, Einl III 39). Daran ändert auch die Stellung zu diesem Unterabschnitt nichts). S 2, 3 gelten erst dann, wenn der Gerichtsvollzieher überhaupt nichts Pfändbares vorgefunden hat. Demgegenüber greift § 813 a dann ein, wenn immerhin schon eine Pfändung stattgefunden hat.

4 **4) Gütliche, zügige Erledigung, S 1.** Vgl § 279 Rn 4. „Erledigung" erstreckt sich auf alle schon und noch derzeit in Betracht kommenden Maßnahmen. Das Wort „zügig" meint unverzüglich, also ohne schuldhaftes Zögern, § 121 I 1 BGB. „Soll" ist weniger als „muß", aber immerhin eine Anordnung und daher auch eine Befugnis. Der Gerichtsvollzieher muß das Gläubigerinteresse mit dem Schuldnerinteresse abwägen. Er darf keinesfalls von vornherein eines dieser Interessen zurückstellen.

5 **5) Einzug von Teilbeträgen, S 2, 3.** Voraussetzung ist, daß der Gerichtsvollzieher überhaupt keine pfändbaren Gegenstände vorfindet, Rn 3. Weitere Voraussetzung ist, daß der Schuldner nach § 294 glaubhaft versichert, daß er die gesamte Schuld „kurzfristig" tilgen könne und wolle, wenn auch nur „in Teilbeträgen". Kurzfristig meint, wie aus S 3 ersichtlich, in der Regel binnen sechs Monaten, möglicherweise auch ein wenig später, aber nicht erst viel später, *Harnacke* DGVZ **99**, 83. Der Gerichtsvollzieher kann bindend festlegen, welcher von mehreren Gläubigern Ratenzahlungen erhalten soll, LG Wiesb DGVZ **02**, 74. Dritte Voraussetzung ist das Einverständnis des Gläubigers, aM AG Kleve DGVZ **04**, 173 (aber Wortlaut und Sinn sind eindeutig, Einl III 39). Es braucht nicht ausdrücklich, muß aber eindeutig vorliegen. Der Gerichtsvollzieher muß das Einverständnis notfalls vor weiteren Entscheidungen beim Vorliegen der obigen weiteren Voraussetzungen erfragen. Das gilt auch beim isolierten Vollstreckungsauftrag, aM *Harnacke* DGVZ **99**, 83 (aber S 2 gilt uneingeschränkt).

6 *Schweigen* auf Anfrage kann Zustimmung, aber auch Ablehnung oder Nichterklärung (= Ablehnung) bedeuten. Das muß man von Fall zu Fall abwägen. Die richtige Ausdeutung ist auch von der Fragestellung abhängig. Zweckmäßig erklärt der Gerichtsvollziehr, er werde mangels abweichender Antwort binnen zu setzender Frist (sie muß angemessen sein, zB 2 Wochen) vom Einverständnis ausgehen. Eine Fristsetzung bedarf förmlicher Zustellung. Die Anfrage kann auch telefonisch, elektronisch oder per Telefax erfolgen. Der Gerichtsvollzieher muß sie aktenkundig machen. Der Gläubiger kann ein Einverständnis schon im Vollstreckungsauftrag erklären. Er kann es bis zu dem nach S 2 maßgebenden Zeitpunkt widerrufen. Ein Widerruf bedarf keiner Begründung. Er muß aber zugehen, § 130 BGB.

7 **6) Verstoß, S 1–3.** Ein Verstoß gegen S 1 ist zB bei Trödelei mit Erinnerung nach § 766 und mit Dienstaufsichtsbeschwerde angreifbar. Ein Verstoß gegen S 2, 3 ist mit Erinnerung nach § 766 angreifbar, LG Wiesb DGVZ **02**, 74.

8 **7) VwGO:** Entsprechend anwendbar im Rahmen der Grdz § 803 Rn 16, vgl § 753 Rn 16.

807 *Eidesstattliche Versicherung.* [1] Der Schuldner ist nach Erteilung des Auftrags nach § 900 Abs. 1 verpflichtet, ein Verzeichnis seines Vermögens vorzulegen und für seine Forderungen den Grund und die Beweismittel zu bezeichnen, wenn
1. die Pfändung zu einer vollständigen Befriedigung des Gläubigers nicht geführt hat,
2. der Gläubiger glaubhaft macht, dass er durch die Pfändung seine Befriedigung nicht vollständig erlangen könne,
3. der Schuldner die Durchsuchung (§ 758) verweigert hat oder
4. der Gerichtsvollzieher den Schuldner wiederholt in seiner Wohnung nicht angetroffen hat, nachdem er einmal die Vollstreckung mindestens zwei Wochen vorher angekündigt hatte; dies

Titel 1. Zwangsvollstr. in das bewegl. Vermögen **§ 807**

gilt nicht, wenn der Schuldner seine Abwesenheit genügend entschuldigt und den Grund glaubhaft macht.

II 1 Aus dem Vermögensverzeichnis müssen auch ersichtlich sein
1. die in den letzten zwei Jahren vor dem ersten zur Abgabe der eidesstattlichen Versicherung anberaumten Termin vorgenommenen entgeltlichen Veräußerungen des Schuldners an eine nahestehende Person (§ 138 der Insolvenzordnung);
2. die in den letzten vier Jahren vor dem ersten zur Abgabe der eidesstattlichen Versicherung anberaumten Termin von dem Schuldner vorgenommenen unentgeltlichen Leistungen, sofern sie sich nicht auf gebräuchliche Gelegenheitsgeschenke geringen Werts richteten.
2 Sachen, die nach § 811 Abs. 1 Nr. 1, 2 der Pfändung offensichtlich nicht unterworfen sind, brauchen in dem Vermögensverzeichnis nicht angegeben zu werden, es sei denn, daß eine Austauschpfändung in Betracht kommt.

III 1 Der Schuldner hat zu Protokoll an Eides statt zu versichern, dass er die von ihm verlangten Angaben nach bestem Wissen und Gewissen richtig und vollständig gemacht habe. 2 Die Vorschriften der §§ 478 bis 480, 483 gelten entsprechend.

Schrifttum: *Hintzen,* Taktik in der Zwangsvollstreckung, III (... eidesstattliche Versicherung usw) 4. Aufl 1999; *Hippler/Winterstein,* Vermögensoffenbarung, eidesstattliche Versicherung und Verhaftung, 3. Aufl 2005; *Keller,* Die eidesstattliche Versicherung nach §§ 887, 899 ZPO, 2. Aufl 1999; *Keller,* Taktik in der Vollstreckung (III): Sachpfändung, eidesstattliche Versicherung, 2002; *Suda,* Mitwirkungspflichten des Vollstreckungsschuldners nach dem 8. Buch der ZPO usw, Diss Bonn 2000; *Triller,* Aufklärungsmöglichkeiten in der Zwangsvollstreckung zur Auffindung von Schuldnervermögen, 2001 (rechtsvergleichend); rechtspolitisch Gaul ZZP **108**, 3.

Gliederung

1) Systematik, I–III 1	B. Beispiele zur Frage der Notwendigkeit einer Angabe, I Z 2, 3 17–35
2) Regelungszweck, I–III 2	C. Entgeltliche Veräußerung, II 1 Z 1 ... 36, 37
3) Geltungsbereich, I–III 3	D. Unentgeltliche Leistung, II 1 Z 2 .... 38, 39
4) Zulässigkeit der Vollstreckung, Auftrag, I–III 4, 5	E. Offensichtliche Unpfändbarkeit, II 2 .. 40–42
	F. Auskunftspflicht im einzelnen 43
5) Erfolglosigkeit der Pfändung, I Z 1 ... 6–10	G. Schriftform 44
A. Nachweis 6	H. Ergänzungspflicht 45, 46
B. Notwendigkeit der Fruchtlosigkeitsbescheinigung 7	I. Einsichtsrecht anderer Gläubiger 47
C. Alter der Fruchtlosigkeitsbescheinigung 8	11) Verfahren, III 48–60
	A. Grundsatz: Abnahme durch den Gerichtsvollzieher 48
D. Beispiele zur Frage einer Fruchtlosigkeitsbescheinigung, I Z 1 .... 9, 10	B. Auftrag an Gerichtsvollzieher 49
6) Sinnlosigkeit der Pfändung, I Z 2 11	C. Inhalt 50
7) Durchsuchungsverweigerung, I Z 3 .. 12	D. Grundsatz: Persönliche Erklärung des Pflichtigen 51, 52
8) Wohnungsabwesenheit, I Z 4 13	E. Beispiele zur Frage der Person des Versichernden, II 53–58
9) Einzelfragen, I Z 3, 4 14	F. Form 59
10) Vermögensverzeichnis, I, II 15–47	G. Weigerung, Umgehung 60
A. Grundsatz: Gesamtes Istvermögen 15, 16	12) *VwGO* 61

1) Systematik, I–III. Die eidesstattliche Versicherung zwecks Offenbarung, der frühere Offenbarungs- **1** eid, kann eine sachlichrechtliche oder eine prozessuale Natur haben. Die sachlichrechtliche eidesstattliche Versicherung bei einer Verpflichtung zu einer Rechnungslegung ist zB in §§ 259 II, 260 II, 2006, 2028, 2057 BGB und für das Verfahren zB in §§ 79, 163 FGG, 889 ZPO geregelt. § 807 betrifft nur die prozessuale eidesstattliche Versicherung. Ihr Verfahren ist in den §§ 899 ff weiter geordnet. Weitere Fälle der prozessualen Offenbarungsversicherung regeln die §§ 883 II ZPO, 98 I InsO. § 7 JBeitrO, Ffm Rpfleger **77**, 145, § 284 AO. § 21 II Z 3 InsO hindert nicht das Offenbarungsverfahren, LG Würzb RR **00**, 781, aM LG Darmst RR **03**, 1493 (aber § 21 II Z 3 InsO bringt nur eine einstweilige Regelung, und § 807 dient nur der Klärung der Vermögensverhältnisse). Dasselbe gilt bei § 95 AO, BGH NJW **04**, 2905. Andere Beweismittel kann die eidesstattliche Versicherung nicht ersetzen. Sie ist auch selbst kein Beweismittel, LG Düss Rpfleger **81**, 151. Man darf sie nicht mit einer eidesstattlichen Versicherung zwecks Glaubhaftmachung nach § 294 verwechseln, obwohl letztere auch bei § 807 eine Bedeutung hat. Wegen eines Auslandsbezugs Heß Rpfleger **96**, 89 (ausf). Die Regelung ist mit dem GG vereinbar, Mü VersR **92**, 875.

2) Regelungszweck, I–III. Der Gläubiger weiß oft nicht, wo sich welches vollstreckbare Schuldnerver- **2** mögen befindet. § 807 soll ihm die Fortführung der Vollstreckung zwecks Befriedigung in einer dem Schuldner angesichts seiner Verurteilung usw ungeachtet Artt 1, 2 GG zumutbaren Weise ermöglichen, BayObLG NJW **03**, 2181, LG Lüb JB **97**, 440. Sinn ist zwar eine möglichst weitgehende Ermittlung von Zugriffsmöglichkeiten, aber keine umfassende Ausforschung, LG Konst JB **96**, 330, LG Mainz JB **96**, 327. Notfalls ist vielmehr § 903 anwendbar, LG Tüb Rpfleger **95**, 221. Druckmittel im Hintergrund ist § 156 StGB. Da diese Strafbewehrung nur beim Verfahren vor dem Gerichtsvollzieher wirkt, kommt eine eidesstattliche Versicherung vor einem Notar kaum in Betracht, LG Flensb DGVZ **00**, 89.

Zweifelhaft bleibt das Abstellen auf eine solche Versicherung ohnehin. Sie eröffnet zahlreiche Schlupflöcher angesichts der großen Zahl von Streitfragen, Rn 17 ff, § 903. Die Zahl überführter Straftäter nach § 156 StGB in Verbindung mit §§ 807, 899 ff ist nicht eben groß. Die Übertragung des Abnahmeverfahrens auf den mit den Schuldnerverhältnissen besser vertrauten Gerichtsvollzieher mag Besserung gebracht haben. Sie

§ 807

läßt aber trotzdem viele Fragen offen. Das Verfahren ist auch einigermaßen kompliziert. Man sollte es nicht durch allzusehr um Einzelfallgerechtigkeit bemühte immer weitere Verästelungen bei der Auslegung erschweren.

3 **3) Geltungsbereich, I–III.** § 807 gilt in allen Verfahrensarten nach der ZPO. Er gilt auch im Verfahren nach § 66 IV SGB X, nicht aber im Verwaltungszwangsverfahren nach § 66 III SGB X (dort gilt ungeachtet formell entsprechender Anwendbarkeit der ZPO das jeweilige Landesverwaltungsvollstreckungsgesetz), LG Darmst DGVZ **00**, 76.

4 **4) Zulässigkeit der Vollstreckung, Auftrag, I–III.** Die Zwangsvollstreckung in das offenzulegende Vermögen muß zulässig sein, Grdz 2 vor § 704. Erforderlich ist ein Vollstreckungstitel nach Grdz 18 vor § 704. Er muß sich auf eine Geldforderung richten, Grdz 1 vor § 803. Dieser Titel darf vorläufig vollstreckbar sein, §§ 708 ff. Gegen eine inzwischen infolge Heirat anders heißende Schuldnerin ist eine beglaubigte Abschrift der Heiratsurkunde nötig und eine bloße Meldebestätigung unzureichend, LG Frankenth JB **95**, 272. Auch ein bloßer Kostentitel reicht aus. Er ist notwendig, wenn der Haupttitel nicht auf eine Zahlung geht. Es kann dann ein Festsetzungsbeschluß wegen der Kosten notwendig sein, § 104, LG Hann DGVZ **89**, 42. Kostenforderungen müssen auch ohne Schlüsselzahlen usw nachvollziehbar sein, LG Kaisersl Rpfleger **93**, 30.

Ein *rein dinglicher* Titel ohne eine Unterwerfungsklausel, wie ein Grundschuldbrief, genügt nicht. Ausreichend sind aber ein Titel auf eine Duldung oder auf eine Hinterlegung oder ein Arresttitel, § 922, Düss NJW **80**, 2717, Treysse Rpfleger **81**, 340. Daher reicht auch der rechtsähnliche Titel aus § 720 a, § 720 a Rn 4. Ausreichend ist auch eine einstweilige Verfügung auf die Zahlung einer Geldsumme, §§ 935 ff. Das letztere folgt aus § 928. Ausreichend ist ferner (jetzt) ein Beschluß nach § 11 RVG, selbst wenn ihn der Urkundsbeamte der Geschäftsstelle eines Verwaltungsgerichts erlassen hat, VG Bln NJW **81**, 884, aM OVG Münst NJW **80**, 2373.

Ein *Auftrag* gerade auch zur Abnahme der Offenbarungsversicherung ist nach § 900 I 1 eine weitere Voraussetzung. Das Verfahren findet also nicht von Amts wegen statt. Ein Auftrag bloß zur Sachpfändung reicht nicht aus, § 900 Rn 3.

5 Die Pflicht zur Abgabe der eidesstattlichen Versicherung entsteht bei einer verwalteten Vermögensmasse erst mit der Beschaffung des notwendigen *Duldungstitels.* Wegen der eidesstattlichen Versicherung des mitbesitzenden Ehegatten § 739 Rn 11. Der allein verwaltende gütergemeinschaftliche Ehegatte muß sein gesamtes Vermögen einschließlich des Gesamtguts offenlegen, § 740 Rn 9. Die Partei kraft Amts nach Grdz 8 vor § 50 braucht nur das verwaltete Vermögen offenzulegen, nicht das eigene Vermögen. Der Erbe und derjenige, der sonst nach § 786 beschränkt haftet, muß das eigene Vermögen und den Nachlaß darlegen, solange die Beschränkung nicht rechtskräftig feststeht, §§ 781, 785, § 781 Rn 4. Wer sonst nach dem sachlichen Recht nur beschränkt haftet, braucht nur die haftende Masse anzugeben, etwa der Schuldner bei einer Hypothekenklage. Jeder einzelne Gläubiger muß grundsätzlich ein eigenes Verfahren betreiben, Brinkmann Rpfleger **90**, 335 (ausf).

Im *Insolvenzverfahren* ist wegen der Unzulässigkeit der Einzelvollstreckung nach § 89 InsO auch das Offenbarungsverfahren unzulässig. Das gilt schon vom Erlaß eines allgemeinen Veräußerungsverbots nach § 21 II 2 InsO an, LG Brschw NdsRpfl **76**, 135, LG Köln Rpfleger **88**, 423, StJM 22, aM LG Hann Rpfleger **97**, 490, AG Hainichen JB **02**, 605, AG Rostock Rpfleger **00**, 182 (aber eine Einzelvollstreckung tritt nach dem Sinn der InsO schon in diesem Stadium zurück).

Wegen des nur gegen *Sicherheitsleistung* vorläufig vollstreckbaren Titels § 720 a Rn 3. Zum erforderlichen Rechtsschutzbedürfnis § 900 Rn 7.

6 **5) Erfolglosigkeit der Pfändung, I Z 1.** Ein Vermögensverzeichnis nach I, II ist schon, aber auch erst dann erforderlich, wenn die folgenden Voraussetzungen vorliegen.

A. Nachweis. Der Gläubiger muß eine halbwegs aussichtsreiche Pfändung zB auch wegen einer ihm bekannten Forderung versucht haben, LG Darmst DGVZ **05**, 27. Die Pfändung darf nicht zu einer vollen Befriedigung des Gläubigers geführt haben. Der Gläubiger muß sie also erfolglos nur in das bewegliche Vermögen in der letzten Zeit vergeblich versucht haben, LG Chemnitz JB **98**, 660, AG Pirna DGVZ **01**, 126, AG Villingen-Schwenningen DGVZ **01**, 125. Denn er kennt durchweg nicht Forderungen oder andere Vermögensrechte des Schuldners, in die er hätte gemäß §§ 828 ff zu vollstrecken versuchen können, AG Rotenbg DGVZ **02**, 78, ZöStö 15, aM LG Heilbr MDR **93**, 273, LG Kbl DGVZ **98**, 43 (Kenntnis anderer Forderung. Aber ist sie sicher?), LG Bln-Schöneb MDR **93**, 273 (Möglichkeit einer sog Taschenpfändung. Aber gerade sie ist oft ungewiß). Auch die Gerichtskasse muß als Gläubigerin diesen Nachweis erbringen, Köln Rpfleger **90**, 468. Der Nachweis ist auch dann nötig, wenn ein Pfändungsauftrag erst nach einiger Zeit durchführbar war, LG Neubrandenb MDR **94**, 305. Eine vollständige, wenn auch ratenweise erfolgte Befriedigung reicht nicht, AG Korbach DGVZ **03**, 62.

Eine bloße *Glaubhaftmachung* nach § 294 genügt allerdings bei I Z 1 nicht, auch nicht zugunsten des Finanzamts, LG Potsdam Rpfleger **00**, 558. Sie genügt vielmehr nur bei I Z 2, 4, so schon LG Arnsberg JB **96**, 441 (keine Überspannung). Andere Vollstreckungsversuche sind nur in einem zumutbaren Umfang nötig, Köln MDR **76**, 53, LG Bre MDR **99**, 255 (keine Ermittlungspflicht wegen etwaiger anderer Schuldnerräume), LG Wuppert JB **00**, 493 (mehrere Wohnungen usw). Bei Unbekanntheit der Wohnung kann ein Vollstreckungsversuch im Geschäftslokal ausreichen, AG Brake JB **00**, 599. Bei einer völligen Aussichtslosigkeit der Vollstreckung kann auch deren Glaubhaftmachung genügen, Ffm Rpfleger **77**, 144. Da der Gerichtsvollzieher unnötige Kosten vermeiden soll, braucht er die Pfändung nicht erneut zu versuchen, wenn er soeben erst einen erfolglosen Pfändungsversuch vorgenommen hatte, LG Lüb DGVZ **91**, 190, AG Kassel DGVZ **85**, 123. Es darf aber kein längerer Zeitraum (6 Monate) verstrichen sein, LG Ffm JB **99**, 213 (Haftbefehl älter als 1 Jahr), LG Kassel DGVZ **85**, 123. Zur Glaubhaftmachung Jenisch Rpfleger **88**, 461 (ausf).

Titel 1. Zwangsvollstr. in das bewegl. Vermögen **§ 807**

B. Notwendigkeit einer Fruchtlosigkeitsbescheinigung. Der Gläubiger kann den Nachweis der 7 vergeblichen Pfändung grundsätzlich durch eine Bescheinigung des Gerichtsvollziehers oder der Gerichtskasse erbringen, also durch eine sog Fruchtlosigkeitsbescheinigung oder Unpfändbarkeitsbescheinigung, § 63 Z 1 GVGA, Köln Rpfleger **90**, 468, Stgt Rpfleger **81**, 152, LG Hann DGVZ **85**, 76. Der Gläubiger kann ihre Beibringung nicht durch den Hinweis auf schlechte Beitreibungserfolge in anderen Fällen umgehen, Köln DGVZ **83**, 56, Dressel DGVZ **88**, 23. Zur Erteilung der Bescheinigung ist jeder Gerichtsvollzieher zuständig, in dessen Bezirk auch nur evtl ein pfändbares Vermögen vorhanden ist, Stgt BB **77**, 414, ohne stets eine etwa neue Anschrift prüfen zu müssen, AG Hbg DGVZ **91**, 14. Der Gläubiger braucht also das Pfändungsprotokoll nach § 762 nicht unbedingt vorzulegen, LG Aachen Rpfleger **81**, 444, LG Essen DGVZ **79**, 9. Er darf aber auch diesen Weg wählen, Stgt Rpfleger **81**, 152. Bei Erweiterung wegen einer weiteren Forderung kann insoweit die Bescheinigung fehlen, LG Bonn JB **98**, 402. Eine bloße Versicherung des Finanzamts genügt nicht, LG Potsdam Rpfleger **00**, 558.

C. Alter der Fruchtlosigkeitsbescheinigung. Wie alt die Fruchtlosigkeitsbescheinigung sein kann, das 8 richtet sich nach den gesamten Umständen, KG JB **98**, 42, Schlesw SchlHA **77**, 61 (maßgeblich ist das Alter der Bescheinigung im Zeitpunkt der erneuten Antragstellung), Behr Rpfleger **88**, 5. *Feste Zeitgrenzen* sind *nicht* möglich. Beispiele: LG Aschaffenb DGVZ **93**, 76 (vier Monate seien aber fast zu viel), LG Düss JB **00**, 598 (nach einigen Monaten neue Bescheinigung nur bei zwischenzeitlichem Vermögenserwerb), LG Hann DGVZ **84**, 90 (es erwägt einen Mindestzeitraum von 3 Monaten), LG Frankenth MDR **87**, 65 (bei 6–8 Monaten), LG Hagen MDR **75**, 497 (es fordert bei einer mehr als 6 Monate alten Unpfändbarkeitsbescheinigung einen neuen Vollstreckungsversuch), LG Hbg DGVZ **02**, 124, LG Kiel MDR **77**, 586 (je: zeitliche Grenze bei etwa 1 Jahr), LG Konst JB **96**, 661 (fast 3 Jahre: zu lang), LG Oldb MDR **79**, 1032, Dempewolf BB **77**, 1631 (sie lassen eine bis zu 3 Jahre alte Bescheinigung ausreichen). Maßgeblich sind insbesondere die *Höhe* der Forderung und die *wirtschaftlichen Möglichkeiten* des Schuldners.

D. Beispiele zur Frage einer Fruchtlosigkeitsbescheinigung, I Z 1 9
Abzahlungen: Allmähliche Abzahlungen beseitigen das Rechtsschutzbedürfnis insbesondere dann nicht, wenn sie immer erst einer Vorführungsandrohung folgen, aM LG Darmst DGVZ **87**, 75 (aber damit könnte der Schuldner den Gläubiger gezielt hinhalten). Solche Abzahlungen rechtfertigen nicht dauernd neue Fruchtlosigkeitsbescheinigungen.
Alter: Rn 8.
Andere Gläubiger: S „Dritter", Rn 10 „Parallelverfahren".
Arbeitgeber: Die Angabe des Arbeitgebers des Schuldners hindert den Fortgang eines Verfahrens nach § 807 nur dann, wenn der Gläubiger den Arbeitgeber vor dem Antrag auf die Abnahme der eidesstattlichen Versicherung zwecks Offenbarung bereits kannte, LG Bln Rpfleger **75**, 373.
S auch Rn 10 „Kenntnis einer Forderung".
Auslandsvollstreckung: Die Aussichten einer Zwangsvollstreckung im Ausland sind unbeachtlich, Ffm JB **78**, 131. Zum Auslandsbegriff § 917 Rn 17 (Streitfrage, bitte dort nachlesen).
Aussetzung: Eine zeitweise Aussetzung der Vollstreckung nach § 813 a reicht *nicht* als Ersatz der Fruchtlosigkeitsbescheinigung aus.
Dritter: Der Umstand, daß ein Dritter einen Anspruch nach § 771 oder § 805 an einem Pfändstück erhebt, reicht *nicht* zum Ersatz einer Fruchtlosigkeitsbescheinigung.
Etwas anderes gilt, wenn der Gläubiger ein Pfändstück bereits freigeben mußte oder wenn ein Vorrecht an diesem Pfändstück bereits glaubhaft gemacht worden ist, § 771 III.
Durchsuchung: Rn 12.
Geschäftslokal: S „Wohnung". 10
Kenntnis einer Forderung: Wenn der Gläubiger eine Forderung des Schuldners kennt, dann muß er zwar grds zunächst diese pfänden oder glaubhaft machen, daß eine Vollstreckung insoweit keinen Erfolg verspricht oder ihm keine alsbaldige Befriedigung verschafft, LG Bln MDR **75**, 498. Das ist aber nicht nötig, wenn es sich bei der bekannten Forderung um eine Sozialleistung handelt, LG Kassel JB **93**, 26.
S auch Rn 9 „Arbeitgeber".
Parallelverfahren: Ein Haftbefehl oder eine Fruchtlosigkeitsbescheinigung in einem Parallelverfahren zugunsten eines anderen Gläubigers ersetzen die Bescheinigung *nicht,* LG Bln Rpfleger **84**, 362, LG Kassel DGVZ **03**, 190, Dressel DGVZ **88**, 23, aM LG Paderb JB **97**, 441 (bei nicht zu altem Parallelhaftbefehl. Aber schon der Datenschutz und die Schweigepflicht setzen Grenzen. Jeder Zivilprozeß nebst Zwangsvollstreckung ist ein eigenständiges Verfahren, solange keine Verbindung erfolgt).
Rechtsmißbrauch: Er führt auch hier zur Unzulässigkeit, Einl III 54, Grdz 44 vor § 704, Köln MDR **90**, 346, LG Itzehoe Rpfleger **85**, 153. Freilich steht die Vermögenslosigkeit kaum je vorher fest.
Sozialhilfe: Rn 10 „Kenntnis einer Forderung".
Verwertung: Wenn der Gläubiger gepfändet hat und wenn die Verwertung noch aussteht, dann muß der Gläubiger glaubhaft machen, daß eine Verwertung unter keinen Umständen zu einer vollen Befriedigung führen kann. Eine gepfändete Forderung bleibt wegen der meist vorhandenen Ungewißheit ihrer Verwertbarkeit außer Ansatz, außer dem Fall einer Gehaltsforderung. Der Gerichtsvollzieher darf die Erteilung der Fruchtlosigkeitsbescheinigung davon abhängig machen, daß ein Verwertungsversuch nach § 825 vorgenommen wird, falls ein solcher Versuch wahrscheinlich zur vollen Befriedigung des Gläubigers führen kann. Wenn der Gerichtsvollzieher diesen Weg ablehnt, ist die Erinnerung nach § 766 zulässig.
Vorrecht: Rn 9 „Dritter".
Weiteres Verfahren: Rn 10 „Parallelverfahren".
Wohnung: Rn 12–14.

6) Sinnlosigkeit der Pfändung, I Z 2. Für die Notwendigkeit eines Vermögensverzeichnisses nach I, II 11 reicht es statt des Nachweises der Erfolglosigkeit bisheriger Pfändungsversuche nach Rn 6–10 auch aus, daß der Gläubiger durch eine Pfändung doch keine volle Befriedigung erlangen könnte. Diese Voraussetzung steht nämlich selbständig neben den weiteren von I Z 1, 3 und 4. Das zeigt das Wort „oder" am Ende von I

§ 807

Buch 8. Abschn. 2. ZwV wegen Geldford.

Z 3. Freilich liegt I Z 3 mangels der Lage nach I Z 2 kaum vor, AG Hbg-Harbg DGVZ **00**, 124. Bei I Z 2 genügt eine Glaubhaftmachung nach § 294, LG Bochum Rpfleger **90**, 128, LG Magdeb JB **99**, 104. Sie reicht auch durch die Bezugnahme auf den noch bestehenden Haftbefehl desselben oder eines anderen Gerichts, LG Brschw Rpfleger **98**, 77, LG Oldb JB **04**, 157, AG Bre JB **04**, 157, aM LG Heilbr Rpfleger **93**, 356 (beim Kleinbetrag; zustm Hintzen), AG Freyung DGVZ **02**, 142, AG Osterrode DGVZ **02**, 159 (aber fast jeder Haftbefehl weist auf eine Vermögenslosigkeit hin. Sonst wäre es kaum zu solch harter Maßnahme gekommen). Ein anderer Haftbefehl darf freilich nicht zu alt sein, LG Brschw Rpfleger **98**, 77 (offen bei 6 Monaten), LG Fulda JB **97**, 608 (1 Jahr reicht noch), AG HannMünden DGVZ **02**, 94 (8 Monate reichen noch). Unter dieser Voraussetzung braucht der Gläubiger eine Pfändung nicht versucht zu haben. Ein Umzug des Schuldners darf nicht zur Verweigerung des Verfahrens nur wegen Zeitablaufs führen, AG Lindau DGVZ **01**, 127. Die Höhe der Vollstreckungsforderung kann zwar evtl reichen, zB AG Gotha JB **05**, 326 (40 000 EUR). Indessen hängt dergleichen ganz von den Gesamtverhältnissen des Schuldners ab.

So kann der Gläubiger zB nach Rn 9 nachweisen, daß der Schuldner im *Schuldnerverzeichnis* nach § 915 eingetragen ist, LG Magdeb JB **99**, 104, AG Öhringen JB **05**, 327, aM AG Brake DGVZ **03**, 45, AG Erding DGVZ **03**, 45, AG Waiblingen DGVZ **03**, 125 (aber solche Eintragung ist schon ein erheblicher Hinweis), oder daß andere Gläubiger jedenfalls bereits fruchtlos gepfändet haben oder daß sich der Schuldner dem Zugriff entzieht und seine Wohnung verheimlicht oder den Wohnsitz bzw Geschäftssitz aufgegeben hat, ohne einen neuen zu begründen, AG Magdeb JB **01**, 112. Eine versehentlich erfolgte Löschung nach § 915 beseitigt das Rechtsschutzbedürfnis des Gläubigers nicht, LG Darmst DGVZ **87**, 1761. Der Gläubiger braucht eine noch unter seinem Eigentumsvorbehalt stehende Sache wegen des Restkaufpreises nicht pfänden zu lassen. Wohl aber muß der Gläubiger eine Pfändung der bei ihm befindlichen Möbel des Schuldners vornehmen lassen, auch wenn der Gläubiger an den Möbeln ein Benutzungsrecht hat.

Das Vollstreckungsgericht wertet eine *alte Bescheinigung* des Gerichtsvollziehers frei aus, § 286, LG Hagen MDR **75**, 497. Es reicht aus, daß der Drittschuldner nach der Zustellung des Pfändungs- und Überweisungsbeschlusses dem Gläubiger außergerichtlich keine Auskunft nach § 840 I gegeben hat, LG Itzehoe SchlHA **85**, 107. Auch bei einer hohen Forderung widerspricht es keineswegs der Lebenserfahrung, daß eine Befriedigung in der Wohnung des Schuldners möglich wäre, aM AG Heilbr JB **96**, 211 (aber mancher Schuldner verwahrt enorme Barbeträge „unter dem Kopfkissen").

Nicht ausreichend ist eine bloße erfolglose Kontenpfändung, AG Neresheim DGVZ **04**, 156, AG Rheinberg DGVZ **04**, 157. Denn I Z 2 setzt eine Sachpfändung voraus.

12   **7) Durchsuchungsverweigerung, I Z 3.** Ein Vermögensverzeichnis nach I, II ist auch dann grundsätzlich notwendig, wenn der Schuldner eine Durchsuchung nach § 758 verweigert hat, AG Osterholz-Scharmbeck DGVZ **00**, 155, Kessel DGVZ **03**, 86. Verweigern kann auch sein gesetzlicher Vertreter oder evtl eine ihm sonstwie zuzurechnende „Ersatz"-Person, LG Aachen DGVZ **01**, 61, LG Köln DGVZ **01**, 44 (Ehefrau). Die Verweigerung durch die Ehefrau des Schuldners usw reicht freilich nicht stets, LG Essen DGVZ **02**, 92, AG Schwelm DGVZ **00**, 155, Harnacke DGVZ **01**, 58, 60. Es kommt also auf die Gesamtumstände an, zB auf den Kenntnisstand des Vertreters, strenger AG Strausberg DGVZ **01**, 92, AG St Wendel DGVZ **01**, 124 (je: stets müsse der Schudner selbst verweigern). Auch diese Voraussetzung steht nämlich selbständig neben den weiteren von I Z 1, 2 und 4, wie das Wort „oder" am Ende von I Z 3 zeigt.

Ob eine *Verweigerung* vorliegt, richtet sich zunächst danach, ob die Durchsuchung gesetzmäßig gewesen wäre, ob sie also überhaupt und außerdem nach Art, Ort und Zeit dem § 758 gemäß vorbereitet und vom Gerichtsvollzieher verlangt worden war. Weiterhin muß aber im Gegensatz zu der in I Z 4 genannten Lage der Schuldner anwesend gewesen sein und eindeutig erkennbar dem Zutritt oder doch der eigentlichen Durchsuchung verboten haben, aus welchen rechtlichen oder sonstigen Erwägungen oder mitgeteilten Gründen auch immer. Sie dürfen natürlich nicht auch noch berechtigt gewesen sein. Denn dann wäre ja die weitere Durchsuchung nicht mehr oder noch nicht zulässig gewesen. Im Gegensatz zur Lage bei I Z 4 braucht der Gerichtsvollzieher bei I Z 3 weder mehrfach angekündigt zu haben noch eine Frist einzuhalten. Freilich gehört zu der ordnungsgemäß bevorstehenden Durchsuchung nach dem in I Z 3 nur genannten § 758 auch die Beachtung des Verfahrens nach § 758 a. Einzelfragen: Rn 14.

13   **8) Wohnungsabwesenheit, I Z 4.** Ein Vermögensverzeichnis nach I, II ist schließlich auch dann notwendig, wenn der Gerichtsvollzieher nach Zustellung des Vollstreckungstitels, AG Bln-Schöneb DGVZ **02**, 141, in einer nach I Z 4 ausreichenden Weise den Schuldner wiederholt bei einer geplanten Wohnungsdurchsuchung nicht angetroffen hat, Kessel DGVZ **03**, 86. Auch diese Voraussetzung steht nämlich selbständig neben den weiteren von I Z 1–3. Das zeigt das Wort „oder" am Ende von I Z 3. Nicht antreffen ist nicht dasselbe wie Verweigern, AG Schwelm DGVZ **00**, 155. Der Gerichtsvollzieher ist zu einem Vorgehen auch nach Z 4 verpflichtet, LG Kassel DGVZ **00**, 170, aM AG Schwelm DGVZ **00**, 155 (aber Z 4 zeigt keine erkennbaren Abweichungen, Einl III 39).

Bei I Z 4 muß der Gerichtsvollzieher zunächst den Auftrag nicht nur zur Sachpfändung erhalten haben, sondern auch zur Abnahme der Offenbarungsversicherung, LG Essen DGVZ **02**, 92, AG Herborn DGVZ **02**, 158, AG Osterholz-Scharnbeck DGVZ **02**, 158. Er muß dann und nur dann außerdem die Vollstreckung durch Durchsuchung mindestens zwei Wochen vor dem geplanten Termin dem Schuldner *angekündigt* haben, LG Lüneb DGVZ **00**, 25, LG Ravensb DGVZ **01**, 46, LG Stgt DGVZ **99**, 140. Eine Ankündigung während eines Zeitraums von zB zwei Stunden war ausreichend genau, AG Klm DGVZ **04**, 15. Da für die Einhaltung der Frist von Amts wegen beachten muß, ist entweder eine mündliche oder fernmündliche oder elektronische Ankündigung oder eine solche per Telefax erforderlich (sein Absender kann nachweisen, wann es zuging), oder der Gerichtsvollzieher muß die Ankündigung durch Zustellungsurkunde vornehmen (lassen) oder beim Einschreiben mit Rückschein abwarten, bis zwei Wochen seit der Postdatierung des Rückscheins verstrichen sind. Die Frist ist keine Notfrist, § 224 I 2. Sie wird nach § 222 berechnet, Hascher DGVZ **01**, 107. Die Ankündigung nebst Frist braucht nur „einmal", also nicht wiederholt, zu erfolgen (nur der Zutrittsversuch muß wiederholt werden). Stets muß der Gerichtsvollzieher nach § 750 auch den Vollstreckungstitel zustellen, Hascher DGVZ **01**, 108.

Titel 1. Zwangsvollstr. in das bewegl. Vermögen § 807

Außerdem ist bei I Z 4 erforderlich, daß der Gerichtsvollzieher „wiederholt", also mindestens zweimal, den Schuldner in seiner Wohnung *nicht angetroffen* hat, nachdem er einmal die im vorstehenden Absatz genannte Ankündigung vorgenommen hatte, LG Stgt DGVZ **99**, 140. Es ist nicht notwendig, die Zutrittsversuche der Ankündigung zeitlich folgen zu lassen. Vielmehr reicht die Folge Erster Versuch – Ankündigung nebst Frist – Zweiter Versuch aus. So läuft sie in der Praxis ja auch meist ab. Das gilt bei einer Wohnungsmehrheit insgesamt. Daher ist nicht für jede dieser Wohnungen das ganze Verfahren notwendig, LG Bln JB **00**, 375.

Schließlich ist nur bei I Z 4 ein Vermögensverzeichnis noch nicht erforderlich, wenn der Schuldner seine jeweilige Abwesenheit genügend *entschuldigt,* LG Stgt DGVZ **01**, 121 (unrichtig zitierend), und wenn er deren Grund auch nach § 294 glaubhaft macht. In solchem Fall muß das Verfahren nach I Z 4 von vorn anlaufen. Einzelfragen: Rn 14.

9) Einzelfragen, I Z 3, 4. Ein Pfändungsversuch nur in der Wohnung, nicht auch im Geschäftslokal, **14** reicht nicht aus, Köln MDR **76**, 53, LG Bochum Rpfleger **96**, 519, AG Hbg-Harbg DGVZ **00**, 124. Wenn der Schuldner mehrere Wohnungen hat, dann muß der Gerichtsvollzieher eine Pfändung in allen Wohnungen versucht haben, ZöStö 14, aM Ffm Rpfleger **77**, 415 (aber Z 4 meint ersichtlich auch eine etwaige Wohnungsmehrheit). Denn der Schuldner behält die Wahl des Aufenthaltsorts). Dasselbe gilt bei einer Mehrheit von Geschäftslokalen, Köln Rpfleger **00**, 283. Jedoch braucht der Gläubiger neben einem Geschäftsraum eine Wohnung nur in einem zumutbaren Umfang zu ermitteln, Köln MDR **76**, 53, LG Essen MDR **76**, 53, AG Gladbeck JB **02**, 441, aM LG Oldb JB **92**, 570, Behr Rpfleger **88**, 6, ThP 13 (Pfändungsversuch am Hauptwohnsitz reiche) (aber auch hier bleibt dem Schuldner ein gewisses Wahlrecht zum Aufenthalt). Nicht jeder Wohnungswechsel zwingt zum erneuten Pfändungsversuch, Dressel DGVZ **88**, 24.

Es reicht auch aus, daß die Durchsuchung zB wegen einer Erkrankung der Ehefrau des Schuldners auf absehbare Zeit nicht möglich sein wird, LG Hann DGVZ **84**, 116. Freilich ist vor der Beendigung des Verfahrens nach § 758 im Rechtsmittelzug *Zurückhaltung* ratsam, LG Hann DGVZ **85**, 76, großzügiger Behr Rpfleger **88**, 5.

10) Vermögensverzeichnis, I, II, dazu *Stöber* Rpfleger **94**, 321: Ein klarer Grundsatz bringt zahlreiche **15** Probleme.

A. Grundsatz: Gesamtes Istvermögen. Der Gläubiger soll zwar keine umfassende Ausforschung betreiben dürfen, Rn 21 „Formular". Er soll aber voll überblicken können, welche weiteren Möglichkeiten einer Zwangsvollstreckung bestehen, BVerfG **61**, 126, LG Ffm JB **02**, 608, LG Stade JB **97**, 325. Deshalb muß der Schuldner im Vermögensverzeichnis sein gesamtes Istvermögen angeben, soweit es der Zwangsvollstreckung nach dem Vollstreckungstitel allgemein unterworfen ist. Dazu gehören unter Umständen auch pfändungsfreie Vermögensteile, LG Köln MDR **88**, 327, sowie Liegenschaften, selbst wenn sie unter einer Zwangsverwaltung stehen, überhaupt alle Vermögensrechte, zB eine betagte Forderung oder eine anfechtbare Veräußerung, II 1 Z 1–3. Nicht hierher gehören grundsätzlich frühere oder noch nicht absehbare künftige Vermögenswerte, Celle MDR **95**, 1056.

Wenn eine *Haftungsbeschränkung* auf eine bestimmte Vermögensmasse vorliegt, etwa auf einen Nachlaß, dann braucht der Schuldner das Vermögensverzeichnis nur für diese Masse anzufertigen. Der Schuldner braucht eine nach § 811 I Z 1, 2 offensichtlich unpfändbare Sache nur nach II 2 aufzuführen. Die nach § 811 I Z 3ff unpfändbaren Sachen muß er aber angeben (Umkehrschluß). Er darf eine wertlose Sache als bloßen Ballast des Verzeichnisses weglassen. Zweifelhafte oder bestrittene Vermögenswerte sind aber nicht völlig wertlos. Eine erdichtete Forderung macht das Verzeichnis unrichtig.

Die Angaben müssen so *genau und vollständig* sein, daß der Gläubiger anhand des Vermögensverzeichnisses **16** sofort die seinen Zugriff erschwerenden Umstände erkennen und Maßnahmen zu seiner Befriedigung treffen kann, LG Kblz MDR **85**, 63, LG Lpz JB **96**, 45, LG Stade JB **97**, 325.

Der Schuldner muß daher auch die *Rechtsform* eines ihm zustehenden Vermögensrechts angeben, zB bei der Erbauseinandersetzung. Er muß die Ansprüche genau bezeichnen, LG Hbg MDR **81**, 61, LG Osnabr Rpfleger **92**, 259. Unzulässig ist eine Angabe mit Nichtwissen, auch durch den gesetzlichen Vertreter nach Rn 52, § 138 Rn 45–49, LG Mü Rpfleger **83**, 4. Unzulässig ist auch der bloße Vermerk „nicht bekannt", Behr Rpfleger **88**, 4, aM LG Mü Rpfleger **83**, 449 (aber der Schuldner muß seine Verhältnisse in dem ohnehin nur zumutbaren Umfang angeben können). Wenn der Schuldner seine Angaben unvollständig macht, liegt eine Pflichtverletzung vor, aM AG Strausberg DGVZ **05**, 44 (aber die Unterlassung einer Angabe kann vielerlei bedeuten). Das gilt freilich nur, solange sich der Schuldner nicht durch eine wahrheitsgemäße Angabe einer Straftat bezichtigen muß, Rn 31 „Schwarzarbeit" usw.

B. Beispiele zur Frage der Notwendigkeit einer Angabe, I Z 2, 3 **17**
Abtretung: Der Schuldner muß auch zu ihr umfassend Auskunft geben, LG Stade JB **97**, 325.
Amtliches Formular: Rn 21 „Formular".
Anfechtung: Der Schuldner braucht eine Sache *nicht* anzugeben, die er durch ein ernstgemeintes, aber anfechtbares Rechtsgeschäft veräußert hat, vgl freilich auch Rn 36, 38.
Angehöriger: Bei angeblicher Unterstützung des Schuldners durch einen Angehörigen kann der Schuldner über den Namen, den Verwandtschaftsgrad und die Höhe der Zuwendungen Angaben machen müssen, LG Bln JB **00**, 45, AG Ellwangen DGVZ **03**, 46 (je: streng).
S auch Rn 20 „Ehegatte".
Anwalt: Rn 30 „Rechtsanwalt".
Anwartschaftsrecht: Rn 30 „Rente".
Arbeitslosenhilfe: Der Schuldner braucht die Stamm-Nr des Arbeitsamts *nicht* mit anzugeben.
S auch „Arbeitslosigkeit", Rn 22 „Gelegenheitsarbeit"
Arbeitslosigkeit: Der Schuldner muß sie angeben, und zwar in ihrer genauen zeitlichen Ausdehnung.
S auch „Arbeitslosenhilfe", Rn 22 „Gelegenheitsarbeit", Rn 26 „Lohnsteuer-Jahresausgleich".
Arbeitsrecht: S bei den einzelnen Auswirkungen.

§ 807

Arbeitszeit: Der Schuldner muß die tägliche und wöchentliche Arbeitszeit beim Verschleierungsverdacht angeben, LG Stgt DGVZ **03**, 154.
Arzt: Es gelten dieselben Anforderungen wie beim Anwalt, Rn 30, BGH NJW **05**, 1506, Köln MDR **93**, 1007, LG Mainz DGVZ **01**, 78 (Privatpatient), aM LG Memmingen NJW **96**, 794 (aber dann wären alle Geheimnisträger von vornherein außerhalb des eigentlichen Geheimnisbereichs privilegiert).
S auch Rn 32 „Steuerberater".
Auftraggeber: Rn 25 „Kunde".
Ausforschung: Rn 21 „Formular".
Auskunft, dazu *Steder* MDR **00**, 438: *Entbehrlich* ist eine Auskunft nach § 836 III auch im Rahmen von § 807. Der Gerichtsvollzieher kann jedenfalls keine weitergehende Konkretisierung fordern, Stöber MDR **01**, 305. Der Schuldner kann auf Grund der Insolvenz eines Dritten zur Auskunft außerstande sein, aM LG Rostock Rpfleger **03**, 93 (aber das ist ganz eine Fallfrage).
18 **Bankrecht:** Angaben muß der Schuldner die Kontenverhältnisse des Schuldners einschließlich eines Debets, LG Kaisersl JB **99**, 325, bzw einer Kreditlinie, aM LG Heilbr Rpfleger **90**, 431 (angeben müsse man nur ein Guthaben; abl Behr), auch eines sog Kontoverleihers, LG Stgt Rpfleger **97**, 175, oder eines verdeckten Kontos, AG Stgt JB **05**, 49.
Bedingung: Angeben muß der Schuldner auch einen aufschiebend oder gar nur auflösend bedingten Anspruch, etwa auf eine Eigentumsübertragung nach der Zahlung.
Bekannter: Rn 21 „Freund".
Besitz: Der Schuldner muß die im Eigenbesitz, befindlichen Sachen auch dann angeben, wenn sie ihm nicht gehören. Dabei muß er auch den Aufbewahrungsort im Zweifel genau bezeichnen, Ffm Rpfleger **75**, 412. Der Schuldner muß ferner die im Besitz eines Dritten befindlichen Sachen des Schuldners angeben. Angaben zum Leasingbesitz sind aber entbehrlich, LG Bln Rpfleger **76**, 145, AG Reinbek DGVZ **03**, 173, aM ThP 22 (aber dann liegt kein Eigenbesitz vor).
Betreuung: Eine vom Betreuer dem Vormundschaftsgericht vorgelegte Vermögensaufstellung ersetzt die Angaben nach I nicht, LG Brschw FamRZ **00**, 613.
Bruttobetrag: Seine Angabe ist zusätzlich zu derjenigen des Nettobetrags nötig, LG Köln MDR **88**, 327.
19 **Darlehen:** Angaben muß der Schuldner bei angeblich erfolgter Rückzahlung an einen nahen Angehörigen Einzelheiten, LG Duisb JB **99**, 271.
Dingliches Recht: Angaben muß der Schuldner auch ein beschränktes dingliches Recht. Dasselbe gilt von sonstigen auf einem Grundvermögen des Schuldners ruhenden Belastungen usw, LG Aachen Rpfleger **91**, 327 links (abl Kather), und wegen des Verbleibs der zugehörigen Briefe usw. Zur Valutierung sind evtl ergänzende Angaben nötig, LG Detm DGVZ **00**, 169, AG Dippoldiswalde JB **03**, 276.
Dritter: Seine unterstützende Leistung muß der Schuldner angeben, LG Freibg JB **98**, 272. Dabei muß er auch seinen Namen und seine Anschrift mitteilen, AG Ettlingen DGVZ **00**, 78.
Drittrecht: Der Schuldner muß es nur insoweit angeben, als es einwandfrei feststeht, LG Detm DGVZ **96**, 121.
Drittschuldner: Angaben muß der Schuldner eine vollständige Bezeichnung des Drittschuldners nebst dessen voller Anschrift, LG Augsb JB **95**, 442, LG Münst MDR **90**, 61 (zuletzt belieferter Kunde), AG Hbg JB **00**, 598 (Restaurant-Angabe reicht nicht). Das gilt auch im Ergänzungsverfahren, LG Hbg JB **04**, 334.
S aber auch Rn 34 „Verwandschaft".
Entbehrlich sind Angaben zur Zahlungsfähigkeit oder -willigkeit des im übrigen ordnungsgemäß bezeichneten Drittschuldners, Hbg MDR **81**, 61.
20 **Ehegatte:** Der Schuldner muß Namen und Anschrift angeben, Mü JB **99**, 605, LG Dessau JB **02**, 161, AG Heidelb DGVZ **01**, 135. Das gilt auch beim Getrenntleben. Er muß aber grds nicht auch die Einkünfte des Ehegatten angeben, LG Meiningen DGVZ **02**, 156, LG Stgt DGVZ **03**, 58, AG Heilbr DGVZ **02**, 174, aM BGH NJW **04**, 2452, Mü JB **99**, 605, LG Dessau JB **02**, 161 (aber das würde selbst angesichts der Möglichkeit einer Taschenpfändung zu einer grds unzulässigen Ausforschung der Finanzverhältnisse eines Dritten führen. Ausnahme: Der Schuldner lebt von den Einkünften des Ehegatten, LG Karlsr DGVZ **93**, 92).
Beim *mitarbeitenden* Ehegatten muß der Schuldner zwecks Überprüfbarkeit nach § 850 b II auch den Umfang der Mitarbeit usw angeben, LG Bln Rpfleger **96**, 360, LG Mü Rpfleger **88**, 491. Angeben muß der Schuldner auch Darlehen zwischen den Eheleuten, LG Flensb DGVZ **95**, 119. Bei einer Gütertrennung muß jeder Ehegattenschuldner sein eigenes Vermögen angeben. Bei einer Gütergemeinschaft muß, der allein verwaltungsberechtigte Schuldner sein eigenes Vermögen und das Gesamtgut angeben, der nicht verwaltungsberechtigte sein Vorbehaltsgut. Wenn der in der Gütergemeinschaft lebende Ehegatte selbständig ein Erwerbsgeschäft betreibt, dann muß er dieses angeben, auch wenn er das Gesamtgut nicht verwaltet, falls nicht eine der Ausnahmen des § 741 vorliegt.
S auch Rn 23 „Hausmann", Rn 32 „Taschengeldanspruch".
Eigentumsvorbehalt: Angeben muß der Schuldner auch einen solchen Gegenstand, den der Schuldner unter dem Eigentumsvorbehalt des Verkäufers erworben hat, LG Bln Rpfleger **76**, 145.
S auch Rn 18 „Bedingung", „Besitz":
Erbengemeinschaft: Angeben muß der Schuldner auch einen Erbanteil.
Erwerbsmöglichkeit: *Entbehrlich* sind Angaben zu einer bloßen Erwerbsmöglichkeit, soweit sie keinerlei gegenwärtigen Vermögenswert hat und noch nicht pfändbar ist, BGH NJW **91**, 2844. Man darf auch als Gläubiger keine solche Ausforschung betreiben, LG Bonn JB **00**, 101.
S aber auch Rn 25 „Künftiges Recht".
21 **Fälligkeit:** Rn 25 „Künftiges Recht".
Familienunterhalt: Wegen des Anspruchs auf ihn LG Mannh Rpfleger **80**, 237.
Firmenwagen: Rn 25 „Kraftfahrzeug".
Formular: Amtliche Formulare sind leider oft ungenau oder falsch, zB § 117 Rn 33. Sie geben zwar einen Anhalt dafür, welche Angaben notwendig sind, aber keine Pflicht des Gläubigers, weitere Fragen

Titel 1. Zwangsvollstr. in das bewegl. Vermögen § 807

zu begründen, aM LG Augsb DGVZ **93**, 136. Der Umfang der Auskunftspflicht hängt vielmehr von den Gesamtumständen des Einzelfalls ab, § 900 Rn 15, LG Deggendorf JB **03**, 159, AG Cuxhaven JB **94**, 372.
  Ein umfassendes Ausforschungsformular des Gerichts oder des Gläubigers ist *unzulässig*, LG Marbg DGVZ **00**, 152, AG Reinbeck DGVZ **04**, 190, AG Verden DGVZ **03**, 61.
Fortbestand: Der Schuldner muß seinen Zweifel am Fortbestand eines Dauerverhältnisses darstellen und begründen. Das gilt zB beim Arbeitsverhältnis.
Fragenkatalog: S „Formular".
Freund(in): Es gelten dieselben Regeln wie Rn 20 „Ehegatte", und zwar eher eingeschränkt, da keine Pfändung eines Taschengeldanspruchs in Betracht kommt, aM LG Ffm JB **00**, 102, LG Köln JB **96**, 50 (aber das wäre Ausforschung). Angaben muß der Schuldner also zB Leistungen, die über die Haushaltsführung hinausgehen, LG Bonn JB **00**, 329.
Früherer Arbeitsvertrag: Soweit kein Gehaltsanspruch mehr aus ihm besteht, braucht der Schuldner ihn *nicht* mehr anzugeben, LG Frankenth Rpfleger **81**, 363.
Gelegenheitsarbeit: Der Schuldner muß sämtliche derzeitigen Arbeitgeber des letzten Jahres angeben, LG Bielef JB **22** **04**, 103, LG Wiesb JB **04**, 103, AG Bad Oeynhausen JB **04**, 103, großzügiger AG Münst DGVZ **04**, 63 (nur der letzten 6 Monate). Außerdem muß er mindestens den Durchschnittslohn bezeichnen, LG Bielef JB **04**, 103, LG Frankenth Rpfleger **85**, 73, sowie den „Regel"-Arbeitgeber und den dort gezahlten Lohn, LG Ffm Rpfleger **88**, 112, LG Landau JB **90**, 1054, LG Stgt DGVZ **93**, 115.
  S auch Rn 17 „Arbeitslosigkeit".
Gesellschaft: Angaben muß der Schuldner eine Beteiligung an einer Gesellschaft, solange sie nicht offensichtlich völlig wertlos ist, und überhaupt die Tätigkeit für die Gesellschaft, LG Duisb JB **99**, 271, nicht aber die Gesamtheit der Gesellschaftsbeziehungen, LG Gött JB **98**, 271.
  S auch Rn 20 „Erbengemeinschaft", Rn 27 „Mitgliedschaft".
Gläubigereigentum: Der Schuldner muß auch die in seinem Besitz befindlichen Sachen des Gläubigers mitangeben, aM AG Wuppert DGVZ **02**, 173 (aber dann würde man § 808 I entwerten).
Goodwill: *Entbehrlich* sind Angaben zum Wirkungsbereich des Unternehmens (goodwill), zB die Kundenliste.
Grundschuld: Rn 19 „Dingliches Recht".
Güterrecht: Rn 20 „Ehegatte".
Handelsvertreter: Es genügt, daß er die Fixprovision als Arbeitseinkommen angibt, ohne im Formular **23** Zusatzangaben in der Spalte „Selbständige Erwerbstätigkeit" zu machen, BayObLG NJW **03**, 2182.
Hausmann: Bei ihm muß der Schuldner den Namen derjenigen Frau angeben, für die er die Hausarbeit leistet, LG Mü MDR **84**, 764, LG Münst Rpfleger **94**, 33, sowie den Umfang der Hausarbeit, LG Hann DGVZ **97**, 152.
  Eine Pflicht zur Nachbesserung der Angaben *entfällt*, soweit das Gericht schätzen kann und daher muß, LG Lüneb DGVZ **00**, 154.
  S auch Rn 20 „Ehegatte".
Insolvenz: Vor Beginn des Insolvenzverfahrens ist der Schuldner offenbarungspflichtig, AG Heilbr DGVZ **24** **99**,187.
Inventar: Der Schuldner muß das gesamte Geschäftsinventar angeben, und zwar genau, LG Oldb Rpfleger **83**, 163 („diverse Möbel" reicht also nicht).
Konto: Rn 18 „Bankrecht". **25**
Kraftfahrzeug: Der Schuldner muß als Halter eines Kraftfahrzeugs seine rechtlichen Beziehungen zum Inhaber des Fahrzeugbriefs angeben, AG Groß Gerau Rpfleger **82**, 75. Er muß angeben, ob er einen Firmenwagen auch privat nutzt, LG Augsb JB **04**, 104, LG Landsberg DGVZ **03**, 154.
Kreditwürdigkeit: Ihre Gefährdung beseitigt nicht die Pflicht zur Versicherung, Mü VersR **92**, 875.
Kunde: Ein selbständiger Schuldner muß sämtliche derzeitigen Geschäftsbeziehungen und diejenigen der letzten 12 Monate angeben, Mü DGVZ **02**, 73, LG Gera JB **03**, 658, LG Mü JB **98**, 434.
  S auch Rn 19 „Drittschuldner", Rn 22 „Goodwill".
Künftiges Recht: Der Schuldner muß es bereits jetzt angeben, soweit es bereits jetzt pfändbar ist, § 829 Rn 4, LG Münst MDR **90**, 61, LG Wuppert JB **98**, 100, etwa eine künftige Rente, Grdz vor § 704 „Sozialleistung", oder einen künftig fälligen Gehaltsanspruch, auch wenn der Arbeitsvertrag erst demnächst zu laufen beginnt (aber natürlich schon geschlossen worden ist), oder eine künftige Maklerprovision, BGH NJW **91**, 2844.
  S auch Rn 20 „Erwerbsmöglichkeit", Rn 22 „Goodwill", Rn 29 „Provision", Rn 30 „Rente".
Leasing: Rn 18 „Besitz". **26**
Lebensgefährte: Der Schuldner ist grds *nicht* verpflichtet, etwas zum Lebensgefährten anzugeben, Stöber Festschrift für Schneider (1997) 222, aM LG Dortm JB **02**, 159, LG Ffm JB **02**, 608, AG Unna JB **04**, 102 (aber der bloße Lebensgefährte teilt, anders als der eingetragene Lebenspartner, grds nicht auch rechtlich das Leben des anderen).
Lebenspartner: Es gelten beim gleichgeschlechtlichen Verhältnis nach dem LPartG dieselben Regeln wie bei Rn 20 „Ehegatte", Viertelhausen DGVZ, **01**, 131.
Lebensversicherung: Rn 34 „Versicherungsrecht".
Lohnsteuer-Jahresausgleich: Angaben muß der Schuldner die Dauer einer Arbeitslosigkeit oder Krankheit, soweit davon der Lohnsteuer-Jahresausgleich abhängt, LG Köln MDR **76**, 150, LG Passau JB **96**, 329, aM LG Essen MDR **75**, 673, LG Hbg Rpfleger **82**, 387 (aber auch der Anspruch auf solchen Ausgleich ist ein pfändbarer Vermögenswert, § 829 Rn 13 „Steuererstattung").
  S auch Rn 17 „Arbeitslosigkeit".
Lohnzeitraum: Den Zeitraum, für den der Lohn gezahlt wird, muß der Schuldner ebenfalls angeben, LG Lüb Rpfleger **86**, 99.
  S auch Rn 19 „Bruttobetrag".

§ 807 Buch 8. Abschn. 2. ZwV wegen Geldford.

27 **Makler:** Er muß die Aufträge im einzelnen offenbaren, BGH MDR **91**, 783. Man darf ihn aber nicht einem Gelegenheitsarbeiter gleichstellen, LG Bln Rpfleger **97**, 73.
S auch Rn 25 „Künftiges Recht", Rn 29 „Provision".
Marke: Der Schuldner muß wegen der Pfändbarkeit nach § 857 Rn 8 „Marke" auch zu ihr Angaben machen.
Miete: Der Schuldner muß evtl nähere Angaben machen, zB evtl zum Namen des Vermieters, zur Wohnungsgröße, zur Miethöhe usw, LG Bielef JB **05**, 164, AG Hann JB **02**, 324 (streng). Das gilt aber keineswegs stets, zB nicht mangels Ansprüchen aus dem Mietverhältnis, AG Mettmann DGVZ **04**, 188.
Mieterkaution: Der Schuldner muß zu ihr Angaben machen, soweit der Gläubiger glaubhaft macht, daß der Schuldner sie hinterlegt hat, LG Aurich JB **97**, 213, LG Duisb JB **99**, 271, LG Mü JB **98**, 434, aM LG Neuruppin JB **98**, 435 (aber auch in solcher Lage kann ein pfändbarer Vermögenswert bestehen).
Mitgliedschaft: Angaben muß der Schuldner jede Art von geldwertem Mitgliedschaftsrecht. Das gilt bei jeder Art von Verein, Gemeinschaft, Gesellschaft usw.

28 **Nettobetrag:** Seine Angabe ist zusätzlich zum Bruttobetrag erforderlich, LG Regensb JB **93**, 31.
Niedrigeinkommen: Angaben muß der Schuldner wegen § 850h II nähere Einzelheiten zu Art und Umfang der Tätigkeit, § 850h Rn 12, LG Ravensb JB **04**, 104, AG Herne JB **04**, 450.
Notar: Es gelten dieselben Anforderungen wie beim Anwalt, Rn 30. Eine notarielle Offenlegung entbindet nicht von derjenigen nach § 807, AG Neuss JB **00**, 438.
S auch Rn 17 „Arzt", Rn 32 „Steuerberater".

29 **Personalien:** Angaben muß der Schuldner die genauen Personalien *seines* angeblichen Schuldners, LG Memmingen AnwBl **88**, 589.
S auch Rn 17 „Arzt", Rn 27 „Notar", Rn 30 „Rechtsanwalt".
Pfändung: Angaben muß der Schuldner dasjenige, was der Gläubiger zur Prüfung der Erfolgsaussicht einer Pfändung braucht, LG Duisb JB **99**, 271. Dazu gehört auch ein Gegenstand, den ein Dritter gepfändet hat, ferner der Name des Dritten und die genaue Höhe der Restschuld, LG Mannh MDR **92**, 75 (Erkundigungspflicht des Schuldners).
S auch Rn 18 „Auskunft".
Pkw: Angaben muß der Schuldner die Eigentumsverhältnisse am von ihm genutzten Pkw, LG Passau JB **96**, 329, und die Finanzierung des einem Dritten gehörenden Pkw, AG Verden JB **05**, 553.
Provision: Namen und Anschriften der Auftraggeber zumindest des letzten Jahres muß der Schuldner angeben, LG Kiel JB **91**, 1409. Die Provisionsforderung muß er auch dann angeben, wenn sie sich auf einen erst künftigen Warenverkauf bezieht, aber ihrerseits schon pfändbar ist, Hamm MDR **80**, 149. Bereits verdiente Maklerprovision muß er angeben, BGH NJW **91**, 2845.
S auch Rn 25 „Künftiges Recht".

30 **Rechtsanwalt:** Er muß die Personalien seiner Honorarschuldner (Mandanten) genau angeben, BGH MDR **91**, 783, KG JR **85**, 162, Köln MDR **93**, 1007. Er muß ferner die Höhe der Forderungen bezeichnen, LG Ffm AnwBl **85**, 258.
S auch Rn 17 „Arzt", Rn 32 „Steuerberater".
Rente: Der Schuldner muß sie grds genauso angeben, und zwar nach Art, Höhe, Fälligkeit (auch künftiger, schon pfändbarer), LG Darmst JB **00**, 101, LG Köln JB **96**, 51, AG Borna DGVZ **04**, 77. Er muß auch Dauer und Schuldner angeben. Ffm Rpfleger **89**, 116, LG Kiel JB **98**, 606 (nicht die Versicherungs-Nr), LG Tüb JB **01**, 157 (Rechtsgrundlage und Leistungsträger).
Auch hier muß man freilich den *Verhältnismäßigkeitsgrundsatz* nach Grdz 34 vor § 704 beachten. Es braucht zB ein 24jähriger (aM AG Nienb JB **97**, 326), ein 33jähriger oder auch in etwa 40jähriger *keine* Angaben zur künftigen Altersrente zu machen, wenn der Gläubiger nur wegen (jetzt ca) 800 EUR vollstreckt, LG Hann MDR **93**, 175, LG Siegen Rpfleger **95**, 425, aM LG Ravensb JB **97**, 441. Anders verhält es sich bei einem 57jährigen und einer Forderung von über (jetzt ca) 2500 EUR, LG Hann RR **93**, 190.
S auch Rn 25 „Künftiges Recht", Rn 31 „Sozialleistung".

31 **Scheinvertrag:** Beim Verdacht seines Vorliegens können ergänzende Angaben zB zu Art und Umfang der Tätigkeit nötig sein, AG Bln-Wedding JB **00**, 544.
Schwarzarbeit: Der Schuldner braucht solche Einkünfte *nicht* anzugeben, wenn er damit eine Straftat offenbaren müßte. Denn das brauchte er nicht einmal als Angeklagter zu tun. Überdies wäre dergleichen im Zivilprozeß unverwertbar, LG Hbg JB **96**, 331, LG Marb DGVZ **00**, 152, strenger Kblz MDR **76**, 587, LG Saarbr DGVZ **98**, 77, LG Wuppert DGVZ **99**, 120.
Selbständiger: Er muß seine häufigsten Auftraggeber angeben, und zwar genau, LG Nürnb JB **00**, 328, AG Freudenstadt JB **05**, 49, AG Nürtingen JB **04**, 106 (je: letzte 12 Monate), aM Bre JB **00**, 154 (aber dann könnte der Schuldner finanziell bequem „untertauchen"). Das gilt auch beim Anwalt, LG Lpz JB **04**, 501. Evtl muß er auch die Leistungsarten und die Nennsätze des letzten Jahres angeben, LG Bochum JB **00**, 44 (streng), AG Brake JB **04**, 502. Hat er angeblich weder Aufträge noch Forderungen, so muß er angeben, wovon er lebt, LG Chemnitz DGVZ **02**, 154, AG Bruchsal DGVZ **04**, 190.
Sicherungsübereignung: Der Schuldner muß einen Anspruch auf eine Rückübertragung eines zur Sicherung übereigneten Gegenstands nach dem Erlöschen des fremden Rechts angeben, außer wenn die Rückübertragung nicht mehr in Betracht kommt, weil ein überschießender Wert nach der Übereignung nicht mehr vorhanden ist. Der Schuldner muß den Grund der Sicherungsübereignung ebenfalls angeben, LG Kref Rpfleger **79**, 146. Angaben muß er auch, wie hoch ein Darlehen noch valutiert, LG Darmst JB **99**, 104.
Sozialleistung: Ansprüche gegen die Träger von Sozialleistungen und erhaltene, noch nicht verbrauchte Beträge jeglicher Art muß der Schuldner ähnlich wie bei einer Rente angeben, Rn 30 „Rente". Das gilt schon wegen § 54 III SGB I, Kblz MDR **77**, 323, LG Bln Rpfleger **95**, 307, LG Oldb Rpfleger **83**, 163.
Die Angabe, Sozialhilfe zu beziehen, gibt selbst dann *nicht* zur Forderung nach Ergänzung Anlaß, wenn der Schuldner einen Betrag nennt, der unter der Sozialhilfe liegt, aM LG Stgt DGVZ **00**, 153 (aber es

kann ein bloßer Berechnungs- oder Bezeichnungsfehler vorliegen, und bei bloßer Hilfe zum Lebensunterhalt muß auch das Resteinkommen gering sein).
S auch Rn 25 „Künftiges Recht".
Sozialversicherung: Der Schuldner muß seine Sozialversicherungs-Nr angeben und evtl nachliefern, wenn der Rentenversicherungsträger sie braucht, LG Kassel DGVZ **04**, 185.
Steuerberater: Es gilt dasselbe wie beim Anwalt, Rn 30, Köln MDR **93**, 1007, LG Kassel JB **97**, 47. **32**
S auch Rn 17 „Arzt".
Straftat: Rn 31 „Schwarzarbeit".
Tätigkeitsart, -umfang: Der Schuldner muß beides beim Verschleierungsverdacht angeben, LG Stgt DGVZ **03**, 154.
Taschengeldanspruch, dazu *Scherer* DGVZ **95**, 81 (ausf): Notwendig sind wegen seiner bedingten Pfändbarkeit nach § 850b Rn 6 alle zur Berechnung erforderlichen Angaben, KG NJW **00**, 149, Köln NJW **93**, 3335, LG Aschaffenb JB **99**, 105, also zB der Name, Beruf, die Angabe weiterer Kinder mit eigenem Einkommen, Höhe der Verbindlichkeiten des Schuldners, die der Ehegatte tilgt, LG Ellwangen JB **93**, 173, auch der Beruf und die Beschäftigungsstelle des Ehegatten, falls der Schuldner dessen Einkünftshöhe nicht kennt, Köln NJW **93**, 3335.
Nicht erforderlich ist aber die Angabe des Einkommens des Ehegatten, Rn 20 „Ehegatte", LG Augsb DGVZ **94**, 88, LG Hildesh DGVZ **94**, 88, aM BGH NJW **04**, 2452 (zustm Haertlein LMK **04**, 185).
S auch Rn 33 „Unterhaltsforderung".
Umschulung: Der Schuldner muß den Betrieb angeben, LG Neuruppin JB **98**, 435. **33**
Uneinbringlichkeit: Angeben muß der Schuldner auch einen tatsächlich oder rechtlich unsicheren und vielleicht uneinbringlichen Anspruch, Rn 14.
Unentgeltliche Dienstleistung: Angeben muß der Schuldner auch Einnahmen nach § 850h II, Hamm MDR **75**, 161.
Unpfändbarkeit: *Entbehrlich* sind Angaben zu einer offensichtlich unpfändbaren Sache, selbst wenn der Schuldner keinen Antrag nach § 811 I Z 1, 2 gestellt hat, sofern keine Austauschpfändung in Betracht kommt, §§ 811a, b, Arnold MDR **79**, 358. Dabei muß man die Offensichtlichkeitsfrage objektiv beurteilen, Müller NJW **79**, 905. Das Vollstreckungsgericht muß sie nachprüfen. Da es die Offensichtlichkeit anders als der Schuldner beurteilen mag, ist für ihn Vorsicht geboten. Im Zweifel sollte er lieber Angaben machen.
Unterhaltsforderung: Der Schuldner muß sie so genau wie möglich angeben, BGH NJW **04**, 2980, LG Lüb JB **97**, 440, LG Meiningen DGVZ **02**, 156, schon wegen der Pfändbarkeit des Taschengeldanspruchs, § 850b Rn 6, LG Ellwangen JB **93**, 173, LG Kleve JB **92**, 269, LG Osnabr Rpfleger **92**, 259. Wegen § 850c IV muß der Schuldner auch das ihm bekannte Einkommen des Empfängers seiner Leistungen angeben, LG Karlsr DGVZ **99**, 174, AG Lpz JB **02**, 47, Hintzen NJW **95**, 1861, aM ZöStö 23, 27.
Nicht angeben muß er, ob er tatsächlich Unterhalt zahlt, LG Osnabr JB **98**, 491.
S auch Rn 32 „Taschengeldanspruch".
Unternehmen: Rn 27 „Marke".
Unterstützung: Bei sehr geringem Einkommen kann der Schuldner verpflichtet sein anzugeben, von wem er zusätzlich unterstützt wird, AG Lampertheim DGVZ **00**, 123.
Verein: Rn 27 „Mitgliedschaft". **34**
Verhältnismäßigkeitsgrundsatz, Grdz 34 vor § 704: Er steht grds nicht entgegen, Mü VersR **92**, 875. Freilich muß man ihn stets mitbeachten.
Verschleiertes Einkommen: Der Schuldner kann verpflichtet sein, das Verzeichnis so zu ergänzen, daß man erkennen kann, welche Tatsachen seinen bisherigen Angaben zugrundeliegen, Rn 45.
Versicherungsrecht: Der Schuldner muß auch Angaben zur Kranken- oder Rechtsschutzversicherung machen, LG Stgt DGVZ **96**, 122, aM LG Saarbr DGVZ **98**, 77 (aber auch daraus kann sich ein pfändbarer Vermögenswert ergeben). Bei einer Lebensversicherung muß er die Prämien- und Restvalutahöhe, LG Landshut JB **95**, 217, und zum Anspruch mit dem Bezugsrecht eines Dritten angeben, ob für den Dritten eine Unwiderruflichkeit vereinbart worden ist, LG Münst JB **97**, 662.
Verwandtschaft: Der Schuldner muß nur das Bestehen einer Unterhaltspflicht eines Verwandten angeben, **35** jedoch nicht Beruf und Einkommen, LG Bre Rpfleger **93**, 119, AG Osterholz-Scharnbeck JB **03**, 443 (aber das läuft *doch* auf Ausforschung hinaus).
S aber auch Rn 19 „Drittschuldner".

C. Entgeltliche Veräußerung, II 1 Z 1. Angaben muß der Schuldner ferner die in Z 1 genannten **36** Veräußerungen des Schuldners an nahestehende Personen im Sinn von § 138 InsO, abgedruckt bei Schönfelder Nr 110.
Es kommt dabei *nicht* auf eine etwaige *Absicht der Benachteiligung* des Gläubigers an. Das Verzeichnis soll den Gläubiger dazu instandsetzen, von seinem etwaigen Anfechtungsrecht nach dem AnfG usw Gebrauch zu machen, ebenso den Insolvenzverwalter, §§ 129 ff InsO. Der Schuldner ist schon nach I 2 verpflichtet, alle Vermögensstücke anzugeben, die noch nicht aus dem Vermögen ausgeschieden sind, Ehlke DB **85**, 800. Der Schuldner muß also auch eine Ware angeben, die er schon verkauft hat, aber noch nicht geliefert hat oder die er schon geliefert hat, die aber noch mit einem Eigentumsvorbehalt zu seinen Gunsten belastet ist. Daher handelt es sich bei den entgeltlichen Veräußerungen nur um solche Gegenstände, die bereits aus seinem Vermögen ausgeschieden sind. Die Art des Rechtsgeschäfts ist unerheblich. Das setzt voraus, daß das Rechtsgeschäft überhaupt entgeltlich ist. Dabei ist unbeachtlich, wem das Entgelt zugeflossen ist. Eine objektive Gleichwertigkeit braucht nicht vorzuliegen. Wohl aber ist es erforderlich, daß der Erwerb von einer ausgleichenden Zuwendung anhängig ist. Auch die Veräußerung eines Gegenstands an eine den nahen Verwandten gehörende GmbH kann unter II 1 Z 1 fallen.
Betroffen sind die in den letzten zwei Jahren vor dem ersten Offenbarungstermin abgeschlossenen entgeltli- **37** chen Veräußerungsgeschäfte. Entscheidend ist diejenige Handlung, durch die der Rechtserwerb vollendet

wird. Wenn mehrere solche Handlungen erforderlich waren, kommt es auf die letzte noch erforderliche Handlung an. II Z 1 umschreibt den Personenkreis abschließend. Die Ehe braucht zur Zeit der Veräußerung noch nicht bestanden zu haben, wenn es zu einer Veräußerung gekommen ist und wenn der Schuldner sein Verzeichnis dann anschließend vorlegt. Für ein Verwandtschaftsverhältnis oder für eine Ehe mit dem nahen Verwandten ist im übrigen der Zeitpunkt des Veräußerungsaktes maßgebend. Es ist unerheblich, ob die Ehe in dem einen oder anderen Fall noch besteht.

38 **D. Unentgeltliche Leistung, II 1 Z 2.** Der Schuldner muß eine unentgeltliche Leistung ohne Begrenzung des Personenkreises angeben, soweit die Leistung nicht mehr als vier Jahre zurückliegt. Zur Entgeltlichkeit Rn 36. Als unentgeltlich muß man insbesondere eine vollzogene Schenkung ansehen. Eine nachträgliche Belohnung von Diensten kann, muß aber nicht eine unentgeltliche Zuwendung sein. Die Überlassung zur Nutzung, auch in der Form einer Leihe, kann eine unentgeltliche Zuwendung sein. Die Erfüllung einer klaglosen Schuld ist nicht unentgeltlich. Unentgeltlich ist aber eine Zahlung auf eine bei einem Dritten uneinbringliche Schuld ohne einen eigenen Verpflichtungsgrund. Eine Verfügung auf Grund einer begründeten Verbindlichkeit ist in keinem Fall unentgeltlich. Das gilt zB für die Zahlung einer Rente durch den Erzeuger an die Kindesmutter für das Kind. Dann liegt das Entgelt in der Befreiung von der Verbindlichkeit. Ebensowenig entgeltlich ist die Ausstattung im Rahmen des Angemessenen.

39 Anders als bei einer Schenkung verlangt eine unentgeltliche Leistung *keine Bereicherung* des Empfängers. Bei einer gemischten Schenkung muß man nach der erkennbaren Parteiabsicht trennen. Der Regelung des II 1 Z 2 unterfällt nur der unentgeltliche Teil der Schenkung. Es kommt auf den Zeitraum bis zu vier Jahren vor dem zur ersten eidesstattlichen Versicherung anberaumten Termin an. Zur Berechnung Rn 36. Ausgenommen sind gebräuchliche Gelegenheitsgeschenke geringen Werts. Es entscheidet die Vermögenslage im Zeitpunkt der Schenkung, nicht die spätere Vermögenslage, es sei denn, sie ist vorhersehbar.

40 **E. Offensichtliche Unpfändbarkeit, II 2.** Nicht notwendig ist die Angabe derjenigen Sachen, die nach § 811 I Z 1 und 2 offensichtlich unpfändbar sind und für die auch keine Austauschpfändung in Betracht kommt.

Offensichtlich unpfändbar sind nur solche Sachen des *persönlichen Gebrauchs* usw, also auch die zur Beschaffung erforderliche Summe (bar oder Bankguthaben), BayObLG (St) MDR **91**, 1079, die nach der Ansicht nicht bloß des Schuldners bzw seines gesetzlichen Vertreters, sondern jedes vernünftigen, sachkundigen Dritten unter § 811 I Z 1, 2 fallen, § 291 Rn 1, § 811 Rn 15 ff. Auch der Gerichtsvollzieher muß also dieser Meinung sein. Der Schuldner muß unverändert den amtlichen Vordruck ausfüllen. Dieser soll in Zukunft so gestaltet werden, daß alle pfändbaren Sachen erfaßt werden und daß der Schuldner auch die für eine Austauschpfändung in Betracht kommenden Sachen angeben muß.

Der Gerichtsvollzieher muß *im Termin* zur Abgabe der eidesstattlichen Versicherung zur Offenbarung nach § 900 das *Verzeichnis* mit dem Schuldner *durchgehen*. Der Gläubiger kann am Termin teilnehmen. Der Gerichtsvollzieher muß darauf achten, daß ein für die Vollstreckung geeignetes Vermögensstück nicht übersehen wird. Im Zweifel und insbesondere bei der Verwendung älterer Vordruckformulare muß der Schuldner eine Sache mit angeben, Müller NJW **79**, 905. Ein Hinweis etwa dahin, der Schuldner habe „offensichtlich unpfändbare Sachen nicht aufgeführt", ist aber nicht notwendig. Weder der Schuldner noch der Gerichtsvollzieher haben einen Ermessensspielraum zu der Frage, ob die fragliche Sache unpfändbar sei. Der Gerichtsvollzieher muß vielmehr notfalls von Amts wegen klären, ob eine „offensichtliche" Unpfändbarkeit vorliegt, Grdz 38 vor § 128. Es handelt sich hier um einen unbestimmten Rechtsbegriff. Wegen der Ergänzung des mangelhaften Verzeichnisses Rn 45. Wegen der Formel der eidesstattlichen Versicherung Rn 50.

41 Eine *Austauschpfändung* nach §§ 811 a, b zwingt zu der Angabe auch einer offensichtlich unpfändbaren Sache nicht erst dann, wenn der Gläubiger die Austauschpfändung beantragt hat, sondern schon, sobald die Austauschpfändung überhaupt in Betracht kommt. Auch diese Voraussetzung darf man weder vom Standpunkt nur des Schuldners noch von demjenigen nur des Gläubigers prüfen, sondern man muß das vom Standpunkt eines vernünftigen, sachkundigen Dritten aus tun, also vor allem vom Standpunkt des Gerichtsvollziehers. Eine Austauschpfändung „kommt in Betracht", wenn sie nicht bloß „denkbar" ist. Sie braucht aber nicht „wahrscheinlich" zu sein. Eine nicht ganz geringe Möglichkeit genügt. Diese Möglichkeit darf man freilich keineswegs durchweg bejahen, §§ 811 a ff. Wenn man eine offensichtliche Unpfändbarkeit im Sinn von Rn 40 nicht annehmen kann, muß der Gerichtsvollzieher die Sache herausgeben, selbst wenn keine Austauschpfändung in Betracht kommt.

42 In einer *Steuersache* gilt der mit II 2 gleichlautende § 284 II AO.

43 **F. Auskunftspflicht im einzelnen.** Der Schuldner muß im Verzeichnis den Grund und die Beweismittel für seine Forderungen und anderen Rechte bezeichnen, § 828. Er muß überhaupt über den Verbleib seiner Vermögensstücke Auskunft geben. Bei einer körperlichen Sache muß er mitteilen, wo sie sich befindet, Ffm MDR **76**, 320. Der Gläubiger darf freilich nicht verlangen, daß der Schuldner die Beweismittel vorlegt, LG Hbg MDR **81**, 61. Der Schuldner muß aber neben dem Namen und der Anschrift des Drittschuldners zB angeben, ob über seine Forderung bereits ein Vollstreckungstitel besteht. Die Angabe des Aktenzeichens des Verfahrens genügt nicht, LG Hbg MDR **81**, 61. Der Schuldner muß als Arzt oder Anwalt den Namen und die Schuld seines Patienten bzw Mandanten mitteilen, Rn 30 „Rechtsanwalt". Denn seine Geheimhaltungspflicht umfaßt nicht die Namen, LG Wiesb Rpfleger **77**, 179. Wenn der Schuldner verschweigt, daß er Werte vorübergehend verschoben hat, dann gibt er eine falsche eidesstattliche Versicherung ab. Denn die verschobenen Stücke gehören ja in Wahrheit zu seinem Vermögen. Der Schuldner darf Vereinbarungen, die er mit dem Arbeitgeber getroffen hat, um dem Gläubiger den Zugriff zu erschweren, nicht unrichtig angeben.

Der Schuldner braucht aber *nicht* über jede sonstige *Vermögensverschiebung* Auskunft zu geben, soweit sie nicht unter II Z 1–3 fällt. Der Schuldner braucht auch nicht schon nach § 807 bei der Pfändung des Lohnsteuer-Jahresausgleichsanspruchs eine Auskunft über seine Arbeitslosigkeit zu geben. Zu einer solchen Auskunft ist er vielmehr nur nach § 836 III verpflichtet, LG Essen MDR **75**, 673, aM LG Kblz MDR **85**,

63, LG Kref MDR **85**, 63 (§ 903 sei anwendbar). Der Schuldner braucht über die Zahlungsfähigkeit und Zahlungswilligkeit eines Drittschuldners keine Angaben zu machen, LG Hbg MDR **81**, 61.

G. Schriftform. Der Schuldner muß sein Verzeichnis schriftlich vorlegen. Der Gläubiger kann schriftliche Fragen stellen, LG Heilbr FamRZ **95**, 1066 (nach deren vollständiger Beantwortung ist ein Nachschieben von Fragen unzulässig). Es hat aber kein Ausforschungsrecht, LG Bln Rpfleger **96**, 34. Der Schuldner kann die Angaben nicht zu Protokoll erklären. Eine Unterschrift des Schuldners ist nicht erforderlich. Für einen minderjährigen Schuldner müssen die gesetzlichen Vertreter das Verzeichnis anfertigen, Rn 52. **44**

H. Ergänzungspflicht. Der Schuldner muß ein unvollständiges, ungenaues, unrichtiges oder sonstwie mangelhaftes Verzeichnis ergänzen, LG Kassel DGVZ **04**, 185, LG Verden JB **05**, 164, AG Bre JB **04**, 159. Das gilt freilich nur, soweit er es gerade diesem Gläubiger gegenüber erbracht hatte, LG Bln MDR **90**, 731. Die Ergänzung erfolgt bezogen auf den Zeitpunkt der ersten eidesstattlichen Versicherung, soweit der Gläubiger nach § 294 glaubhaft macht, daß er an der Ergänzung ein rechtliches Interesse hat, LG Frankenth Rpfleger **81**, 363, aM LG Mainz JB **96**, 326 (der Gläubiger ist aber nicht voll beweispflichtig). Der Gerichtsvollzieher, der auf Grund eines mangelhaften Verzeichnisses die eidesstattliche Versicherung abnimmt, handelt pflichtwidrig, LG Köln MDR **75**, 498, Behr Rpfleger **88**, 6. Wenn der Schuldner angibt, er halte das Geld versteckt, dann muß der Gerichtsvollzieher nach dem Versteck fragen. Unerheblich ist ein Versprechen des Schuldners, eine Ergänzung nachzubringen. Die Weigerung des Schuldners, ein Verzeichnis abzugeben, ist eine Verweigerung einer Erklärung. Wenn der Schuldner eine Lücke glaubhaft nicht ausfüllen kann, muß der Gerichtsvollzieher ihm die eidesstattliche Versicherung abnehmen, § 902 Rn 3. **45**

Es mag auch ein *begründeter Verdacht* eines formellen Mangels des bisherigen Vermögensverzeichnisses vorliegen, LG Kiel JB **96**, 328, LG Münst Rpfleger **02**, 631, AG Bre JB **04**, 674. Es kann sich aus der Lebenserfahrung ergeben, etwa bei auffällig geringer Höhe des in der Liste angegebenen Einkommens, LG Münst Rpfleger **02**, 631, LG Regensb DGVZ **03**, 92, aM AG Hbg-Harb DGVZ **03**, 126, oder beim Verdacht eines zusätzlichen verdeckten Kontos, AG Stgt JB **05**, 49. Dann darf der Gläubiger trotz einer schon geleisteten eidesstattlichen Versicherung des Schuldners und unabhängig vom etwaigen Ergänzungsauftrag eines anderen Gläubigers, LG Osnabr JB **96**, 328, eine Ergänzung des Vermögensverzeichnisses zu Protokoll und nicht nur in Schriftform ohne ergänzende eidesstattliche Versicherung fordern. Ein formeller Mangel liegt vor allem dann vor, wenn das Verzeichnis ungenau ist, aber zB auch bei Auslassungen, Strichen, Widersprüchen, fehlenden Angaben über den Verbleib eines Sparbuchs, Ffm Rpfleger **75**, 442, oder anderer Sachen, Ffm MDR **76**, 320, oder beim Fehlen einer allgemeinen Umschreibung, LG Oldb Rpfleger **83**, 516, oder über Art oder Höhe eines Anspruchs, AG Lpz JB **01**, 326, oder beim Fehlen einer notwendigen Sozialversicherungs-Nr, LG Kasel DGVZ **04**, 185, nicht aber schon beim Erlöschen eines Bankkontos, § 903 Rn 16 „Kontenauflösung". Wegen einer unvollständigen, aber unwahrscheinlichen oder unwahren Angabe § 903 Rn 3, 4. **46**

Der Gläubiger darf bei einem formellen Mangel auch eine *neue* eidesstattliche Versicherung fordern, Ffm Rpfleger **75**, 443, LG Kblz MDR **76**, 150, 587. Er darf sogar dann eine neue Versicherung fordern, wenn er den Mangel des bisherigen Verzeichnisses bisher nicht gerügt hatte. Das neue Verfahren setzt das alte fort. Daher bleibt für das neue Verfahren der bisherige Gerichtsvollzieher zuständig, so schon Behr JB **77**, 898. Daher muß auch noch ein gewisser zeitlicher Zusammenhang bestehen, etwa sechs Monate, AG Münst DGVZ **04**, 63. Es ist dann keine neue Fruchtlosigkeitsbescheinigung nach Rn 6–8 nötig, Finkelnburg DGVZ **77**, 5. Es entstehen keine neuen Gebühren, LG Frankenth Rpfleger **84**, 194. §§ 900 ff sind auch auf die Ergänzung anwendbar. Mit § 903 hat dieses Verfahren freilich nichts zu tun. Evtl sind mehrere Ergänzungsaufträge desselben Gläubigers zulässig, LG Hann MDR **79**, 237.

I. Einsichtsrecht anderer Gläubiger. Jeder andere Gläubiger hat das Recht auf eine Einsicht in das Verzeichnis in demselben Umfang wie die Partei, § 903 Rn 7, aM LG Hechingen Rpfleger **92**, 31, LG Oldb Rpfleger **92**, 31 (aber man sollte prozeßwirtschaftlich vorgehen, Grdz 14 vor § 128, auch angesichts eines Datenschutzes, der einem weiteren Gläubiger ohnedies wenig helfen könnte). Jeder andere Gläubiger kann nämlich ein vollständiges Verzeichnis fordern. Statt einer Aktenversendung genügen Ablichtungen, LG Hechingen Rpfleger **92**, 31, LG Oldb Rpfleger **92**, 31. **47**

11) Verfahren, III. Es verläuft recht kompliziert. **48**

A. Grundsatz: Abnahme durch den Gerichtsvollzieher. Das Verfahren verläuft nach §§ 899 ff. Die eidesstattliche Versicherung erfolgt vor dem Gerichtsvollzieher, § 899 I. Eine solche vor dem Notar kommt kaum in Betracht, Rn 1. Ein Gegenbeweisantritt ist unbeschränkt zulässig. Die Ergänzung eines eidesstattlich auf seine Richtigkeit versicherten Verzeichnisses erfolgt nur in der Form einer neuen eidesstattlichen Versicherung.

B. Auftrag an Gerichtsvollzieher. Notwendig ist ein Auftrag des Gläubigers nach § 753 Rn 12, § 754 Rn 1, § 900 I 1 an den Gerichtsvollzieher. Das klärt § 807 I 1. Erst ab Auftragseingang entsteht die Schuldnerpflicht zur Offenbarung. Der Gläubiger darf den Auftrag auf einen Teil der nach § 807 eigentlich erforderlichen Angaben beschränken. Er darf auch auf die Ableistung der eidesstattlichen Versicherung des Schuldners vorübergehend oder dauernd verzichten. Mangels klarer Auftragsbeschränkung bleibt es aber beim pflichtgemäßen Ermessen des Gerichtsvollziehers, wie er innerhalb von I Z 1–4 vorgeht, AG Dorsten DGVZ **01**, 15, AG Lobenstein DGVZ **01**, 14. Denn der Gläubiger kann die Zwangsvollstreckung als der Herr des sachlichrechtlichen Anspruchs nach Grdz 37 vor § 704 jederzeit anhalten oder beenden. Wenn der Gläubiger zuverlässig sämtliche Vermögensverhältnisse bzw -stücke des Schuldners kennt, dann braucht der Schuldner die eidesstattliche Versicherung nicht mehr abzuleisten. Denn es fehlt dann ein Rechtsschutzbedürfnis des Gläubigers, Grdz 33 vor § 253, § 900 Rn 7. Der Gläubiger muß bei einer Teilvollstreckung dieselben Angaben wie in § 754 Rn 4 machen, LG Darmst Rpfleger **85**, 120. Er braucht keine Angaben über § 807 hinaus etwa zu der Frage zu machen, ob der Schuldner minderjährige Kinder hat, AG Oldb DGVZ **80**, 93 linke Spalte. Der Gläubiger muß den Auftrag handschriftlich unterschreiben, § 129 **49**

§ 807   Buch 8. Abschn. 2. ZwV wegen Geldford.

Rn 9, LG Aurich Rpfleger **84**, 323. Einen Ergänzungsauftrag kann auch ein Dritter stellen, LG Hildesh JB **91**, 729.

50   **C. Inhalt.** Die Formel des Gesetzestextes ist zwingend. Vgl auch § 481. Die eidesstattliche Versicherung bezieht sich auf das Vermögensverzeichnis in seinen sämtlichen Bestandteilen, freilich nur im gesetzlich „verlangten" Umfang, BayObLG (St) MDR **91**, 1079. Sie umfaßt die Vollständigkeit und die Richtigkeit der Angaben im Rahmen des I. Die Versicherung umfaßt also auch eine Tatsache, die für die gegenwärtige Rechtsform eines Vermögensrechts wesentlich ist, das dem Schuldner zusteht, und die für die Zwangsvollstreckung in dieses Recht maßgeblich ist. Insoweit umfaßt die eidesstattliche Versicherung auch die Angaben zur Person des Schuldners. Sie umfaßt aber nicht eine Angabe von Erwerbsmöglichkeiten, und zwar selbst dann nicht, wenn der Schuldner diese Angabe auf Befragen des Gerichtsvollziehers gemacht hat. Der Geschäftsführer einer GmbH darf nicht bloß erklären, er wisse nichts über die Verhältnisse der GmbH, LG Mü Rpfleger **83**, 448 (abl Limberger).

51   **D. Grundsatz: Persönliche Erklärung des Pflichtigen.** Die eidesstattliche Versicherung muß persönlich erfolgen, §§ 478, 479 entsprechend. Nur der Vollstreckungsschuldner muß die eidesstattliche Versicherung abgeben. Der Gerichtsvollzieher muß die Frage, wer für den Schuldner erklären muß, von Amts wegen klären, Grdz 39 vor § 128 Hamm OLGZ **86**, 345. Der Versichernde muß prozeßfähig sein, § 51, BayObLG **90**, 323, Limberger DGVZ **84**, 129. Das muß der Gerichtsvollzieher ohne Bindung an eine solche Prüfung während des Erkenntnisverfahrens jetzt erneut prüfen, Behr Rpfleger **88**, 3.

52   Ein *Minderjähriger* kann im Rahmen des § 112 BGB, oder des § 113 BGB verpflichtet sein. Im übrigen muß der *gesetzliche Vertreter* nach § 51 Rn 18 die eidesstattliche Versicherung im Namen des Vertretenen abgeben, BayObLG **90**, 325, Köln Rpfleger **00**, 399, Behr Rpfleger **88**, 3. Erklärungspflichtig ist derjenige gesetzliche Vertreter, der im Zeitpunkt des Zugangs der Terminsladung diese Eigenschaft hat, mag er auch noch nicht oder nicht mehr eingetragen sein, Stgt MDR **84**, 239 (Abberufung), Sommer Rpfleger **78**, 407 (die öffentliche Hand), aM Hamm DB **84**, 1927 (Zeitpunkt des Auftragserteilung), Köln Rpfleger **00**, 399, LG Aschaffenb DGVZ **98**, 75, Schneider OLGZ **86**, 343 (Zeitpunkt des Termins. Aber beide Varianten übersehen, daß sich die Verhältnisse bis zur Abgabe der Versicherung ändern können. Es kommt allerdings strafrechtlich auf den Tatzeitpunkt an). Bei Abgabepflicht beider gesetzlicher Vertreter bestimmt der Gerichtsvollzieher nach pflichtgemäßem Ermessen, wer von ihnen die Versicherung abgeben soll, AG Wilhelmsh DGVZ **05**, 14.

53   **E. Beispiele zur Frage der Person des Versichernden, II**
Abberufung: Rn 57 „Niederlegung der Vertretung".
Abwicklung: Für eine in Abwicklung befindliche Gesellschaft oder Europäische Interessenvereinigung versichern die Abwickler und die Gesellschafter, Hamm MDR **88**, 153, LG Freibg Rpfleger **80**, 117, Limberger DGVZ **84**, 131.
Betreuer: Ein Betreuer muß die eidesstattliche Versicherung nur dann abgeben, wenn ihm die Verwaltung des Schuldnervermögens übertragen worden ist, LG Osnabr DGVZ **05**, 129, AG Haßfurt DGVZ **03**, 47. Das muß man von Amts wegen beachten, § 56 Rn 3, 4, BayObLG **90**, 324, LG Ffm Rpfleger **88**, 528.
Erbe: Wegen seiner Haftungsbeschränkung § 781 Rn 1.
54   **Gesamtschuldner:** Von Gesamtschuldnern müssen alle diejenigen versichern, bei denen die Voraussetzungen vorliegen.
Gesetzlicher Vertreter: Rn 52, 56 „Löschung".
GmbH, dazu *Riecke* DGVZ **03**, 33 (Üb): Für eine aktive GmbH versichert der jetzige Geschäftsführer, nicht der frühere, Hamm DB **84**, 1927, LG Aschaffenb DGVZ **98**, 75, LG Saarbr DGVZ **04**, 75, aM LG Nürnb-Fürth DGVZ **96**, 139 (aber ein jetziger ist derzeitiger Vertreter). Maßgebend ist die Abberufung usw, nicht die Eintragung, LG Saarbr DGVZ **04**, 75. Der frühere kommt aber mangels Nachfolger infrage, LG Bochum Rpfleger **01**, 442. Das gilt freilich nur, wenn der Gläubiger behauptet, die gelöschte GmbH habe noch Vermögen, Rn 56 „Löschung", AG Werl DGVZ **02**, 173.
Haftbefehl: Rn 57 „Niederlegung der Vertretung".
Insolvenz: Im Insolvenzverfahren versichert der Verwalter, Hamm MDR **88**, 153. Jedoch muß der Schuldner die Angaben über das insolvenzfreie Vermögen machen. Eine Versicherung nach § 98 InsO befreit von der Pflicht nach § 807 nicht.
Juristische Person: Verpflichtet ist der gesetzliche Vertreter, Rn 52.
55   **Keine Eintragung:** Für eine nicht eingetragene Gesellschaft versichert der als Geschäftsführer Auftretende, LG Dortm DGVZ **89**, 121.
Kommanditgesellschaft: Verpflichtet und zu laden ist der gesetzliche Vertreter, AG Bochum DGVZ **01**, 13.
Leistung und Duldung: Wenn die Zwangsvollstreckung aus einem Leistungs- und Duldungstitel erfolgt, dann müssen beide Verurteilte die eidesstattliche Versicherung abgeben.
Liquidator: Rn 53 „Abwicklung".
56   **Löschung,** dazu *Hess,* Rechtsfragen der Liquidation von Treuhandunternehmen usw, 1993: Für eine gelöschte Gesellschaft versichert unter Umständen der frühere Geschäftsführer, wenn evtl noch Vermögen vorhanden ist, Köln Rpfleger **01**, 241, LG Brschw RR **99**, 1265, AG Werl DGVZ **02**, 173. Das Gericht braucht also dafür keinen Liquidator zu bestellen, LG Brschw RR **99**, 1265. Ein vorhandener Liquidator kann allerdings zur Abgabe verpflichtet sein, KG RR **91**, 934, Köln OLGZ **91**, 214, ZöStö 8, aM Stgt RR **94**, 1064 (nur der letztere), Behr Rpfleger **88**, 3 (ein nach § 57 zu bestellender Vertreter), Schneider MDR **83**, 725 (nur der letztere). Freilich braucht der frühere Geschäftsführer nach der Löschung der Gesellschaft nicht mehr zu versichern, wenn bei ihr noch ein weiterer vorhanden war, LG Hann DGVZ **88**, 120.
Mehrheit von Vertretern: Von mehreren gesetzlichen Vertretern versichert derjenige, der die Verwaltung durchführen muß. Wenn mehrere das Vermögen verwalten, dann müssen sie alle die eidesstattliche Versicherung abgeben, Ffm RR **88**, 807, ZöStö 10, aM LG Ffm Rpfleger **93**, 502 (das Gericht entscheide,

Titel 1. Zwangsvollstr. in das bewegl. Vermögen §§ 807, 808

wer zu erklären habe), LG Mainz Rpfleger **00**, 284, Behr Rpfleger **88**, 4 (§§ 455, 449 seien entsprechend anwendbar. Aber beide Varianten übersehen, daß nun einmal mehrere Verwalter da sind).
Minderjähriger: Rn 52. **57**
Niederlegung der Vertretung: Eine Niederlegung der Vertretung zB in der bloßen Absicht, sich der Pflicht zur Ableistung der eidesstattlichen Versicherung zu entziehen, ist unbeachtlich, solange ein neuer Vertreter fehlt, Hamm ZIP **84**, 1482, Zweibr DGVZ **90**, 41, LG Zweibr DGVZ **90**, 41, aM Schlesw Rpfleger **79**, 73 (aber das wäre fast eine ungewollte Unterstützung von Rechtsmißbrauch, Grdz 44 vor § 704). Das gilt auch dann, wenn die Abberufung des bisherigen Geschäftsführers nach dem Erlaß eines gegen ihn gerichteten Haftbefehls erfolgt, Stgt ZIP **84**, 113, LG Hann DGVZ **81**, 60, ZöStö 8, aM Köln MDR **83**, 676.
Offene Handelsgesellschaft: Für sie versichert der gesetzliche Vertreter.
S auch Rn 53 „Abwicklung", Rn 57 „Mehrheit von Vertretern".
Partei kraft Amts: Eine Partei kraft Amts versichert im eigenen Namen für die verwaltete Masse.
Privatvermögen: Ein Einzelkaufmann ist auch wegen seines Privatvermögens zur eidesstattlichen Versicherung verpflichtet.
Prozeßpfleger: Ein Prozeßpfleger braucht eine Versicherung *nicht* abzulegen, § 57, Behr Rpfleger **88**, 4.
Rechtskraft: Die bloße Rechtskraftwirkung begründet *keine* Pflicht zur eidesstattlichen Versicherung. **58**
Verein: Für den Verein gibt der Vorstand die eidesstattliche Versicherung ab, später der Liquidator, § 48 BGB.
Zeitpunkt: Rn 52.
Zwangsverwaltung: Bei einer Zwangsverwaltung muß der Schuldner die Angaben über das bewegliche und das nicht mitbeschlagnahmte unbewegliche Vermögen machen.

F. Form. Die eidesstattliche Versicherung erfolgt zum Protokoll des nach § 899 I, II zuständigen **59** Gerichtsvollziehers, §§ 159 ff, also nicht vor dem Rpfl und nicht vor dem Notar, Rn 60. Sie geht nach Rn 14 dahin, daß die Angaben zur Person, soweit sie den Gläubiger interessieren können, und im Vermögensverzeichnis vollständig und richtig sind. Wenn der Schuldner verhindert ist oder zu weit entfernt wohnt, kann er die eidesstattliche Versicherung zum Protokoll eines Gerichtsvollziehers bei dem ersuchten AG abgeben, III 2, §§ 478, 479 entsprechend. Der Schuldner kann einen derartigen Auftrag erteilen. Wenn der Auftrag berechtigt ist, dann muß der nach § 899 zuständige Gerichtsvollzieher ihm stattgeben. Wenn er einen solchen Auftrag ablehnt, kann der Schuldner Erinnerung einlegen, § 766. Der Gerichtsvollzieher muß den Schuldner über die Bedeutung der eidesstattlichen Versicherung vor ihrer Abgabe belehren, § 480 entsprechend.

G. Weigerung, Umgehung. Wegen der Weigerung zur Abgabe der eidesstattlichen Versicherung aus **60** religiösen Motiven § 391 Rn 10, § 384 entsprechend. Der Schuldner kann die Abgabe der eidesstattlichen Versicherung vor dem Gerichtsvollzieher grundsätzlich nicht dadurch umgehen, daß er seine Vermögensverhältnisse vor einem Notar offenbart und die Vollständigkeit und Richtigkeit seiner dortigen Angaben an Eides Statt versichert, LG Detm Rpfleger **87**, 165, LG Frankenth Rpfleger **85**, 34. Er darf auch nicht einfach behaupten, der Gläubiger kenne seine Vermögensverhältnisse schon, LG Bln Rpfleger **92**, 169. Solange nicht feststeht, daß der Gläubiger nähere und vollständige Kenntnis hat, bleibt die Offenbarungspflicht vielmehr bestehen, LG Verden Rpfleger **86**, 186.

12) *VwGO:* Entsprechend anwendbar im Rahmen der Grdz § 803 Rn 16, OVG Münst NJW **84**, 2484. Wenn **61** § 5 VwVG eingreift, gilt § 284 AO (idF der 2. ZwVollstrNovelle), vgl Köln OLGZ **94**, 372, oben Rn 42.
Zuständigkeit: § 899 Rn 9.

Untertitel 2. Zwangsvollstreckung in körperliche Sachen

808 **Pfändung beim Schuldner.** I Die Pfändung der im Gewahrsam des Schuldners befindlichen körperlichen Sachen wird dadurch bewirkt, dass der Gerichtsvollzieher sie in Besitz nimmt.
II 1 Andere Sachen als Geld, Kostbarkeiten und Wertpapiere sind im Gewahrsam des Schuldners zu belassen, sofern nicht hierdurch die Befriedigung des Gläubigers gefährdet wird. 2 Werden die Sachen im Gewahrsam des Schuldners belassen, so ist die Wirksamkeit der Pfändung dadurch bedingt, dass durch Anlegung von Siegeln oder auf sonstige Weise die Pfändung ersichtlich gemacht ist.
III Der Gerichtsvollzieher hat den Schuldner von der erfolgten Pfändung in Kenntnis zu setzen.

Schrifttum: *David,* Die Sachpfändung usw, 2. Aufl 1998; *Groß,* Die Zulässigkeit der zivilprozessualen Zwangsvollstreckung wegen einer Geldforderung bei einem in einer Wohngemeinschaft lebenden Schuldner, Diss Bonn 1985; *Marotzke,* Wie pfändet man Miteigentumsanteile an beweglichen Sachen?, Erlanger Festschrift für *Schwab* (1990) 277; *Winterstein,* Das Pfändungsverfahren des Gerichtsvollziehers, 1994.

Gliederung

1) Systematik, I–III 1, 2	C. Besitzaufgabe 8
2) Regelungszweck, I–III 3	D. Besitz-Einzelfragen 9
3) Geltungsbereich: Körperliche, pfändbare Sache, I–III 4	5) Gewahrsam, I 10–17
4) Pfändung, I 5–9	A. Grundsatz: Wirksamkeitsvoraussetzung 10
A. Inbesitznahme 5, 6	B. Beispiele zur Frage eines Gewahrsams, I 11–17
B. Tatsächliche Gewalt 7	

§ 808

6) Ausführung der Pfändung, II	18–24	F. Gründlichkeit und Umfang	23
A. Geld, Wertpapiere und Kostbarkeiten	18	G. Beeinträchtigung des Pfandzeichens ..	24
B. Andere Sachen	19	7) Benachrichtigung, III	25
C. Spätere Abholung	20	8) Verstoß, I–III	26
D. Kenntlichmachung: Wirksamkeitsvoraussetzung	21	9) Rechtsbehelfe, I–III	27
E. Art der Kenntlichmachung	22	10) VwGO	28

1 **1) Systematik, I–III.** Die Vorschrift leitet den Untertitel 2 Titel 1 im Bereich der Vollstreckung wegen Geldforderungen ein. Sie wird durch § 809 ergänzt. Sie regelt die Pfändung in Ergänzung von § 803 auf Grund folgender Erwägungen: Der Gläubiger darf zwar in das eigene Eigentum vollstrecken, AG Balingen DGVZ **95**, 28, Geißler KTS **89**, 805, ferner natürlich vor allem in dasjenige des Schuldners, nicht aber in dasjenige eines Dritten. Das bedeutet freilich nicht, daß die Pfändung einer dem Schuldner nicht gehörenden Sache unwirksam wäre. Die Pfändung ist vielmehr wirksam. Allerdings hat der Dritte ein stärkeres oder schwächeres Widerspruchsrecht. Er muß dieses Recht mangels einer Freigabe seitens des Gläubigers durch eine Klage geltend machen, §§ 771, 805, BGH **80**, 299.

Der Gerichtsvollzieher darf sich also bei der Pfändung nach § 808 grundsätzlich *nicht* darum kümmern, ob eine Sache im fremden Eigentum steht, LG Aschaffenb DGVZ **95**, 57, LG Dortm RR **86**, 1498 (Leasinggut), AG Wiesb DGVZ **97**, 60. Das gilt sogar dann, wenn der Schuldner behauptet, nur für einen Dritten zu besitzen, § 119 Z 1 GVGA, zB beim Sicherungseigentum, LG Bonn MDR **87**, 770. Der Gerichtsvollzieher ist nicht zu einer Prüfung der Eigentumsverhältnisse zuständig. Er muß nur bei einer Partei kraft Amts nach Grdz 8 vor § 50 die Zugehörigkeit zum verwalteten Sondervermögen prüfen, Rn 5. Er darf auch nicht nach etwaigen pfändbaren Sachen außerhalb desjenigen Wohn- oder Betriebsgeländes des Schuldners forschen, auf den sich der Gerichtsvollzieher befindet. Mag der Gläubiger nach § 807 vorgehen, LG Bielef DGVZ **99**, 61, oder mag er den Pfändungsauftrag auf einen anderen Ort erweitern.

2 Wenn freilich das Eigentum eines Dritten klar auf der Hand liegt, dann wäre es unsinnig, ja eine *Pflichtverletzung*, wenn der Gerichtsvollzieher trotzdem pfänden würde, § 119 Z 2, 3 GVGA, LG Bonn MDR **87**, 770, AG Waldbröl DGVZ **90**, 30. Das gilt etwa dann, wenn der Gerichtsvollzieher einen Klagewechsel pfänden würde, der sich in den Handakten des ProzBev des Schuldners befindet, oder wenn der Gerichtsvollzieher in einer Reparaturwerkstatt offensichtlich den Kunden gehörende Sachen pfänden würde, zB dessen Kraftwagen. Wenn der Dritte seinen Widerspruch fallen läßt oder wenn der Gläubiger die Pfändung trotz eines Widerspruchs in einem ganz klar liegenden Fall fordert, muß der Gerichtsvollzieher die Pfändung vornehmen, § 119 Z 3 GVGA. Der Umstand, daß der Dritte einen Widerspruchsprozeß erfolgreich durchgeführt hat, beweist sein Eigentum noch nicht, Einf 1 vor § 771. Die Vermutung des § 1006 BGB kommt dem Gläubiger nicht zugute. Der Gerichtsvollzieher darf keine unpfändbare Sache pfänden. Über die Pfändung eigener Sachen des Gläubigers s § 804 Rn 7.

3 **2) Regelungszweck, I–III.** Die bloße Anbringung des „Kuckuck", des Pfandsiegels, ist eine Form der Pfändung, die den Schuldner einerseits derzeit noch schont, andererseits vor Gästen, Freunden, Mitarbeitern oder Kunden bloßstellt. Denn die Pfandmarke muß ja sichtbar sein, um voll wirken zu können. Im übrigen ist eine Entfernung des Siegels usw nur bei nachweisbarem Vorsatz strafbar, § 136 StGB, nicht bei bloßer Möglichkeit, daß sie sich von selbst beim erlaubten Weitergebrauch des Pfandstücks losgelöst habe. Deshalb sind die Entscheidungen des Gerichtsvollziehers, wie er im einzelnen verfahren will, von einem durch Erfahrung, Verständnis für den Schuldner, aber auch Verantwortungsbewußtsein zugunsten des Gläubigers zu bestimmenden Ermessen abhängig. Das gilt besonders bei einem Warenlager und dergleichen. Die Auslegung erfordert auch bei der gerichtlichen Nachprüfung Rücksicht auf solche Ermessensfreiheit des Gerichtsvollziehers.

4 **3) Geltungsbereich: Körperliche, pfändbare Sache, I–III.** § 808 bezieht sich nur auf körperliche bewegliche Sachen, Üb 3 vor § 803, soweit nicht § 865 oder andere Sondervorschriften eingreifen. Zu ihnen zählen auch: Wrackteile eines Flugzeugs; Scheinbestandteile, § 95 BGB, AG Pirna DGVZ **99**, 63, Noack ZMR **82**, 97; Wertpapiere und indossable Papiere, §§ 821, 831. Der Gerichtsvollzieher pfändet eine Sachgesamtheit als eine rein äußerliche Mehrheit einzelner Gegenstände. Einen Bruchteil pfändet er nach § 857.

Ein Ausweispapier (Legitimationsurkunde), das nicht selbst Träger des Rechts ist, unterliegt der sog *Hilfspfändung*, Paschold DGVZ **02**, 131. Sie ist eine vorläufige Inbesitznahme zwecks Vorbereitung und Sicherung der Forderungspfändung. Man muß sie von einer sog Anschlußpfändung unterscheiden. Zu ihr § 826. Der Hilfspfändung unterliegen zB, Paschold DGVZ **02**, 131 (Üb): Ein Sparbuch; ein Kfz-Papier, KG OLGZ **94**, 114; ein Flugschein, LG Ffm DGVZ **90**, 170; ein Hypothekenbrief; ein Pfandschein; ein Depotschein; eine Versicherungspolice; ein solcher Grundschuld- oder Rentenschuldbrief, der nicht auf den Inhaber lautet. Ihr geht die Forderungspfändung voraus oder folgt ihr nach, § 836 III 2. Bei der Pfändung eines Kraftfahrzeugs und seines Anhängers muß der Gerichtsvollzieher den Fahrzeugschein, den Anhängerschein, den Fahrzeugbrief, den Anhängerbrief wegnehmen, § 952 I 2 BGB entsprechend. Wegen des Waffenrechts Winterstein DGVZ **89**, 56. Wegen der Computerprobleme Grdz 68, 102 vor § 704 „Computer", „Software". Einen Miteigentumsanteil pfändet er nach §§ 828, 857 I, aM Marotzke Erlanger Festschrift für Schwab (1990) 299 (vgl aber § 857 Rn 3).

Natürlich darf die Sache nicht nach §§ 811 ff *unpfändbar* sein.

5 **4) Pfändung, I.** Der Besitz entscheidet.

A. Inbesitznahme. Eine körperliche Sache kann im Gewahrsam des Schuldners stehen, Rn 10. Der Gerichtsvollzieher pfändet sie nach einer vergeblichen Aufforderung zur freiwilligen Leistung nach § 105 Z 2 GVGA durch die Inbesitznahme, §§ 130–140 GVGA. Der Schuldner muß der Vollstreckungsschuldner sein. Er muß also nach dem Vollstreckungstitel mit der fraglichen Vermögensmasse haften. Der Gerichtsvollzieher muß vor der Pfändung prüfen, ob das zutrifft, § 118 Z 4 GVGA. Diese Prüfung muß er zB beim Ehegatten vornehmen, vgl aber § 739, ferner bei der Partei kraft Amts, Grdz 8 vor § 50, zB beim

Titel 1. Zwangsvollstr. in das bewegl. Vermögen **§ 808**

Insolvenzverwalter, beim Zwangsverwalter, beim Testamentsvollstrecker oder beim gesetzlichen Vertreter, Köln MDR **76**, 937, beim Gesellschafter der Offenen Handelsgesellschaft, beim Gesellschafter einer GmbH, auch wenn diese eine Einmanngesellschaft ist. Deren Zustimmung ist erforderlich.

Der Gerichtsvollzieher kann aber grundsätzlich davon ausgehen, daß *alle* im Gewahrsam des Schuldners **6** befindlichen Gegenstände der Pfändung unterliegen. Das gilt auch dann, wenn er auf einen Widerspruch stößt. Etwas anderes gilt nur dann, wenn der Gerichtsvollzieher vernünftigerweise an der Berechtigung eines Dritten keinen Zweifel haben kann, § 119 Z 1 GVGA. Der Gerichtsvollzieher darf eine etwaige beschränkte Erbenhaftung oder eine beschränkte Haftung nach § 786 nicht beachten, § 781. Wegen der Pfändung von Sachen, die sich innerhalb einer Anlage der Streitkräfte befinden, Art 10 II, SchlAnh III.

B. Tatsächliche Gewalt. Erst die Inbesitznahme bewirkt die Pfändung und damit die Beschlagnahme **7** (Verstrickung) und das Pfändungspfandrecht, Üb 6 vor § 803. Die bloße Erklärung der Pfändung genügt nicht. Der Gerichtsvollzieher muß vielmehr die tatsächliche Gewalt über die Sache erlangen. Zu diesem Zweck muß er entweder die Sache mitnehmen, LG Kiel SchlHA **89**, 44, oder er muß nach II die Pfändung kenntlich machen. Deshalb genügt es nicht, das Pfandstück in einem verschlossenen Raum des Schuldners zurückzulassen. Das gilt selbst dann, wenn der Gerichtsvollzieher sämtliche Schlüssel zu dem Raum mitnimmt. Er muß vielmehr mindestens die Schlösser versiegeln. Wenn der Gerichtsvollzieher ein ganzes Warenlager in der Weise pfändet, daß der Schuldner über die einzelnen Stücke frei verfügen darf, dann ist die Pfändung wegen des Fehlens einer Besitzergreifung des Gerichtsvollziehers unwirksam. Der Gerichtsvollzieher muß einen derartigen Auftrag des Gläubigers ablehnen, LG Kiel SchlHA **89**, 44.

C. Besitzaufgabe. Wenn der Gerichtsvollzieher den Besitz freiwillig aufgibt, beendet er dadurch das **8** Pfandrecht. Denn durch die Besitzaufgabe geht das Wesen des Pfandrechts verloren. Ein unfreiwilliger Besitzverlust des Gerichtsvollziehers schadet der Pfändung allerdings nicht. Ein solcher Fall liegt zB dann vor, wenn gepfändetes Getreide mit ungepfändetem vermischt wird. Der Gläubiger kann dann verlangen, daß der Schuldner dem Gerichtsvollzieher den Besitz wiedereinräumt, evtl in einer entsprechenden Menge. Vgl auch § 803 Rn 4, 5. Der Gerichtsvollzieher darf den Besitz nicht eigenmächtig aufgeben. Denn mit solcher Aufgabe würde er die Sache freigeben, § 776 Rn 4. Eine solche Freigabe würde er auch dann vornehmen, wenn er dem Schuldner die unbeschränkte Verfügung einräumt.

D. Besitz-Einzelfragen. Der Staat wird unmittelbarer Besitzer. Denn der Gerichtsvollzieher vertritt nur **9** den Staat, wenn auch formell im eigenen Namen, § 885 Rn 29, BGH DGVZ **84**, 38 (zum Lagervertrag), Holch DGVZ **92**, 130, ZöStö 17, aM Brdb DGVZ **98**, 170, Schilken DGVZ **86**, 145, StJM 26 (nur im eigenen Namen. Aber es handelt als öffentlichrechtlicher Beamter, BGH **142**, 80, § 753 Rn 3). Der Gläubiger wird mittelbarer Besitzer, Schlesw SchlHA **75**, 48. Wenn der Gerichtsvollzieher nach II ein Pfandstück im Gewahrsam des Schuldners beläßt, dann räumt er dem Schuldner den unmittelbaren Besitz wieder ein. Der Schuldner vermittelt den Besitz dann in erster Stufe für den Gerichtsvollzieher bzw den Staat, VG Köln NJW **77**, 825, und in zweiter Stufe für den Gläubiger, § 868 BGB. Der Gläubiger hat keine Verwahrungspflicht. Er kann ja den Besitz gar nicht ausüben. Mit der Pfändung einer auf Abzahlung gekauften Sache zu Gunsten des Verkäufers löst der Gerichtsvollzieher noch nicht den Rücktritt des Verkäufers vom Kaufvertrag aus. Das gilt selbst dann, wenn der Gerichtsvollzieher die Sache dem Käufer wegnimmt.

5) **Gewahrsam, I.** Feine Abgrenzung ist praktisch nicht stets einfach. **10**

A. Grundsatz: Wirksamkeitsvoraussetzung. Gewahrsam ist eine teilweise Abweichung vom Besitzbegriff des BGB, LG Ffm MDR **88**, 504. Er ist die tatsächliche Gewalt, Düss MDR **97**, 143, LG Karlsr DGVZ **93**, 141, der unmittelbare Eigen- oder Fremdbesitz. Man kann ihn äußerlich leicht erkennbar zuordnen, LG Ffm MDR **88**, 504. Eine nur vorübergehende Verhinderung ist unschädlich, § 856 II BGB. Ein mittelbarer Besitz nach § 868 BGB oder ein bloßer unqualifizierter Mitbesitz nach § 866 BGB genügt nicht. Erst recht nicht genügt eine bloße Besitzdienerschaft nach § 855 BGB, § 118 Z 3 GVGA. Das gilt unabhängig von der räumlichen Entfernung zum Besitzherrn. Ferner genügt nicht der nicht ausgeübte Erbenbesitz nach § 857 BGB, ZöStö 7, aM MüKoSchi 6, StJM 7 (aber der ist weit von tatsächlicher Gewalt entfernt). Ein Traditionspapier gibt keinen Gewahrsam an der Sache. Am Grabstein hat rechtlich merkwürdigerweise angeblich nur die Friedhofsverwaltung Gewahrsam. Vgl aber § 811 Rn 7. Ein qualifizierter Mitbesitz etwa an einer gemeinschaftlichen Wohnung oder an einem Bankschließfach verlangt zu seiner Pfändbarkeit die Zustimmung der anderen Mitbesitzer, § 809, LG Mü DGVZ **82**, 126, AG Siegen DGVZ **93**, 61, Brück DGVZ **83**, 135.

Wenn sie die *Zustimmung verweigern,* dann erfolgt die Pfändung des Anteils des Schuldners nach § 857. Es ist unerheblich, ob sich die Sache im Raum eines Dritten befindet, Hbg NJW **84**, 2900, LG Mannh DB **83**, 1481, LG Oldb DGVZ **83**, 58. Die rechtlichen Verhältnisse weichen oft von dem äußeren Anschein ab. Ihn muß aber der Gerichtsvollzieher zunächst beachten. Er darf sich mit dieser formellen Prüfung begnügen. Der Betroffene kann dann die Erinnerung nach § 766 oder eine Widerspruchsklage einlegen, § 771. Der Gerichtsvollzieher muß prüfen, ob eine Scheinübertragung den Gewahrsam des Schuldners verschleiert. Es entscheidet der Gewahrsam zur Zeit der Pfändung.

B. Beispiele zur Frage eines Gewahrsams, I **11**
Automatenaufstellung: Rn 13 „Geschäftsraum".
Ehegatte: Bei einer Zugewinngemeinschaft, bei der Gütertrennung und bei der Zwangsvollstreckung in das Vorbehaltsgut bei einer Gütergemeinschaft hindert der Gewahrsam des nicht getrennt lebenden anderen Ehegatten die Vollstreckung im Rahmen der Vermutung des § 1362 BGB *nicht*, § 739, Rn 5. Dasselbe gilt bei einer Gütergemeinschaft, wenn ein Ehegatte verwaltungsberechtigt ist und der andere einen Mitgewahrsam hat, § 740 Rn 9. Wenn beide Ehegatten gemeinsam verwalten, dann muß gegen beide ein Leistungstitel vorliegen, § 740 Rn 9.
S auch Rn 14 „Hausgenosse".
Frachtgut: Der Spediteur oder Frachtführer hat am übernommenen Frachtgut Gewahrsam. **12**

Ein Ladeschein, Lagerschein, Konnossement ohne unmittelbare Gewalt über das Gut begründen für sich allein *keinen* Gewahrsam.

13 Gaststätte: Rn 13 „Geschäftsraum".

Geschäftsraum: Der Geschäftsinhaber bzw sein Besitzdiener, zB der Geschäftsführer für ihn, hat einen Gewahrsam, Noack JB **78**, 974. Das gilt auch im Stadium der Abwicklung, LG Kassel DGVZ **78**, 114. Es kommt darauf an, für wen der Mitarbeiter den Gewahrsam im Pfändungszeitpunkt ausübt. Wenn mehrere Gesellschaften den Geschäftsraum gemeinsam nutzen, ohne daß tatsächliche Anzeichen für einen Alleinoder Mitbesitz vorliegen, dann müssen alle zustimmen. Bei einer Gesellschaft hat ihr Vertretungsorgan Gewahrsam. Bei der Kommanditgesellschaft ist allenfalls der Komplementär Besitzer, aM wegen eines Kraftfahrzeugs KG NJW **77**, 1160 (aber man muß dicht an den tatsächlichen Verhältnissen und daher meist bei der Begrenzung auf den Komplementär bleiben).

Der *Gastwirt* hat an den von den Kellnern einkassierten Geldern mit Ausnahme seines etwaigen anteiligen Trinkgelds einen Gewahrsam, AG Stgt DGVZ **82**, 191, ebenso an einem fremden Automaten (der Aufsteller hat nicht einmal einen Mitgewahrsam, aM Hamm ZMR **91**, 385 (Mitbesitz von Aufsteller und Gastwirt), LG Aurich MDR **90**, 932 (der Gläubiger könne jedenfalls das Geld im Automaten pfänden, müsse aber das Zugangsrecht mitpfänden), Weyland, Automatenaufstellung usw (1989) 143 (trotz Mitgewahrsams von Aufsteller und Gastwirt sei eine Pfändung möglich, wenn nicht dem Gerichtsvollzieher ein Aufstellvertrag vorgelegt werde. Aber alle diese Varianten orientieren sich am gewünschten Ergebnis statt an den tatsächlichen Verhältnissen. Das gilt selbst bei getrennten Schlüsseln. Denn der Gastwirt kann den ganzen Automaten entfernen). Auch die Gewerbefrau hat einen Gewahrsam, Rn 11 „Ehegatte".

Gesetzlicher Vertreter: Ein Gewahrsam des gesetzlichen Vertreters gilt als ein Gewahrsam des Schuldners, § 118 Z 1 GVGA, Köln JB **96**, 217, LG Mannh DB **83**, 1481.

Das gilt aber *nicht*, wenn der Vertreter eindeutig den Gewahrsam nicht für den Vertretenen, sondern nur noch für sich selbst hat, LG Bln DGVZ **98**, 28, AG Hbg DGVZ **95**, 12.

Haft: Während ihrer Dauer kann etwa am Pkw die Lebensgefährtin Gewahrsam haben, AG Weilburg DGVZ **04**, 30.

14 Hausgenosse: Hier muß man drei Situationen unterscheiden.

a) Haushaltungsvorstand. Grundsätzlich hat der Haushaltungsvorstand, das sind meist beide Eheleute bzw eingetragene Lebenspartner gemeinsam, Gewahrsam an allen Sachen, die sich im Haushalt befinden, auch an den Sachen der Familienangehörigen, auch der erwachsenen, oder der Gäste (vgl aber „Ehegatte").

Etwas anderes gilt nur bei Sachen zum persönlichen Gebrauch, § 1362 II BGB in Verbindung mit § 739, LG Bln MDR **75**, 939.

An dem Gewahrsam des Haushaltungsvorstands ändert sich auch dadurch nichts, daß ein Raum zu einem ausschließlichen Gebrauch überlassen worden ist.

b) Lebensgefährte. Er ist ein Dritter im Sinn von § 809, Hamm MDR **89**, 271, LG Ffm DGVZ **82**, 115, aM AG Mönchengladb DGVZ **86**, 158 (aber der Lebensgefährte ist kein eingetragener Lebenspartner).

c) Fremder. Ein Fremder wie eine Hausangestellte oder ein Wohnbesuch oder ein Auszubildender hat an seinen eingebrachten Sachen Gewahrsam, aber *nicht* an den Sachen, die sich sonst in den ihm zugewiesenen Räumen befinden.

Juristische Person: Den Gewahrsam hat der gesetzliche Vertreter, zB der Geschäftsführer, Köln JB **96**, 217.

15 Kleidung: Der Schuldner hat Gewahrsam an der Kleidung und dem, was er sonst an sich trägt.

Kraftfahrzeug: Der jeweilige Führer hat Gewahrsam. Der Mieter hat Gewahrsam an dem in der Tiefgarage abgestellten Pkw, LG Ffm MDR **88**, 504.

Seine Gesellschafterin hat *nicht* schon wegen Besitzes der Papiere und Schlüssel Gewahrsam am dort stehenden Pkw, LG Ffm MDR **88**, 504. Das bloße Vorhandensein in der Nähe der Wohnung des Schuldners, noch gar mit einem anderen Kennzeichen, begründet angesichts der heutigen Verkehrsdichte *keinen* Gewahrsam des Schuldners, Düss MDR **97**, 143, aM LG Karlsr DGVZ **93**, 141.

16 Mieter: Der Mieter eines Wohnraums hat einen Gewahrsam an denjenigen eigenen oder mitgemieteten Sachen, die sich in seinem Raum befinden. Der Vermieter hat an den Sachen des Mieters, die sich in anderen Räumen oder Grundstücksteilen befinden, einen Gewahrsam, § 118 Z 1 GVGA, LG Oldb DGVZ **83**, 58. Der Vermieter hat dann einen Mitgewahrsam, wenn er das fragliche Zimmer mitbenutzt.

Im Gasthof ist *kein* solcher Gewahrsam vorhanden, evtl auch nicht bei einer bloßen Zimmermiete, StJM 8, aM ZöStö 6 (aber faktisch überlaßt der Zentralschlüssel des Wirts den Zimmerschlüssel des Gasts).

17 Soldat: Er hat in der Gemeinschaftsunterkunft regelmäßig einen Alleingewahrsam an den ihm gehörenden Sachen in diesem Wohnraum. Er hat *keinen* Gewahrsam an den Sachen in anderen militärischen Räumen, außer wenn er sie so aufbewahrt, daß sie nur seinem Zugriff unterliegen, Z 30 f Erlaß, SchlAnh II.

Sondervermögen-Insolvenz: Vgl App DGVZ **03**, 83 (Üb).

18 6) Ausführung der Pfändung, II. Man muß zahlreiche Punkte beachten.

A. Geld, Wertpapiere und Kostbarkeiten. Der Gerichtsvollzieher muß solche Sachen wegnehmen und wegschaffen. Er muß eine weggeschaffte Sache grundsätzlich in seine eigene sichere Verwahrung nehmen, meist in der sog Pfandkammer oder in einem notfalls zu mietenden Banksafe, LG Kblz DGVZ **86**, 29. Er muß ein nach § 811 c überhaupt pfändbares, gepfändetes Tier versorgen. Er wird dadurch aber weder Tierhalter nach § 833 BGB noch Tierhüter nach § 834 BGB, Hamm MDR **95**, 161. Wegen eines Verwahrungsvertrags § 753 Rn 1, 7, § 885 Rn 29. Für ihn haftet der Staat, Art 34 GG, BGH **142**, 81, Hamm MDR **95**, 161. Der Gerichtsvollzieher muß Geld grundsätzlich an den Gläubiger abliefern, § 815 I (wegen der Ausnahmen § 815 II). Näheres darüber besagen §§ 130–140 GVGA.

Wenn der Gerichtsvollzieher eine Sache im *Gewahrsam eines Dritten* belassen will, dann müssen der Gläubiger und der Schuldner zustimmen. Der Gläubiger haftet nicht. Zum Begriff des Gelds § 815 Rn 3,

Titel 1. Zwangsvollstr. in das bewegl. Vermögen **§ 808**

§ 757, zum Begriff der Wertpapiere §§ 821, 831, zum Begriff der Kostbarkeiten § 813 Rn 4. Oft ist die Wegschaffung der Sache mit einer großen Gefahr für ihre Erhaltung und damit für alle Beteiligten verbunden. Das gilt zB bei einer wertvollen Gemäldesammlung. In einem solchen Fall muß der Gerichtsvollzieher vor der Wegschaffung die Entscheidung des Gläubigers einholen, um sich vor einer eigenen Haftung zu schützen, Gilleßen/Kernenbach DGVZ **00**, 74. Der Gerichtsvollzieher darf die Sache auch beim Schuldner belassen, soweit der Gläubiger dieser Lösung zustimmt.

B. Andere Sachen. Bei ihnen, zB Kleidung, Möbeln, sonstigen Einrichtungsgegenständen, Geräten, **19** dem Kraftwagen, Drumann JB **03**, 550, strenger AG Lampertheim DGVZ **98**, 173, ferner zB bei Tieren, muß der Gerichtsvollzieher zwar ihren Besitz ergreifen und diese Besitzergreifung kenntlich machen, II 2. Er muß aber die Sachen im Gewahrsam des Schuldners belassen, wenn das nicht die Befriedigung des Gläubigers gefährdet, II 1. Ein entgegenstehender Wille des Gläubigers oder ein Widerspruch eines Dritten sind unbeachtlich. Wenn die Interessen des Gläubigers gefährdet sind, etwa beim Kfz nach §§ 157 ff GVGA, muß der Gerichtsvollzieher die Sachen wie bei Rn 18 in seinen Besitz nehmen. Das reicht dann zur Pfändung aus, Karlsr MDR **79**, 237. Er muß sie anschließend wegschaffen, und zwar evtl auch nachträglich. Ob eine solche Gefährdung vorliegt, muß der Gerichtsvollzieher ohne einen eigenen Ermessensspielraum nachprüfen, LG Coburg DGVZ **90**, 90, AG Gotha DGVZ **95**, 119.

Er muß dabei vor allem prüfen, ob der Schuldner die Sache *verbrauchen* oder veräußern könnte oder ob der Schuldner für die Erhaltung der Sache nicht genügend sorgen kann oder will. Die Notwendigkeit einer zwangsweisen Öffnung ergibt nicht stets eine Gefährdung der Befriedigung des Gläubigers, LG Kblz DGVZ **87**, 59. Der Gerichtsvollzieher ist nicht zur Mitwirkung bei der Stillegung eines gepfändeten Kfz verpflichtet, Holch DGVZ **92**, 130. Der Kfz-Brief muß nicht bei der Pfändung vorliegen, AG Lindau DGVZ **03**, 157.

Auf eine *Erinnerung* des Betroffenen nach § 766 muß daher das Vollstreckungsgericht voll nachprüfen, ob eine solche Gefährdung vorliegt, LG Kblz DGVZ **87**, 59. Wenn der Gläubiger damit einverstanden ist, daß die Sache beim Schuldner bleibt, dann muß der Gerichtsvollzieher so verfahren.

C. Spätere Abholung. Wenn die Gefährdung erst später eintritt oder wenn der Gerichtsvollzieher sie **20** erst später bemerkt, dann muß er die Sache abholen. Eine Gefährdung liegt zB in folgenden Fällen vor: Wenn die Gefahr besteht, daß der Schuldner die Sache beiseite schafft; wenn der Schuldner keine geeignete Gelegenheit zur Aufbewahrung der Sache hat; wenn an den Waren eines Lagers Siegelmarken fehlen, weil der Schuldner angesichts zahlreicher weiterer Pfändungen verschiedener Gläubiger bestimmte Maßnahmen getroffen hat. Die Zurückschaffung einer weggeschafften Sache erfolgt nur auf eine gerichtliche Anordnung. Eine Einstellung der Zwangsvollstreckung ist kein Hindernis für die Wegschaffung. Diese Wegschaffung erfordert dann aber einen besonderen Grund.

D. Kenntlichmachung: Wirksamkeitsvoraussetzung. Beläßt der Gerichtsvollzieher die Pfandsache **21** dem Schuldner auch nur vorübergehend, dann muß er die Pfändung kenntlich machen, II 2. Er hat diese Pflicht nicht nur gegenüber dem Gläubiger, sondern auch gegenüber dem Schuldner. Die Kennzeichnung ist wesentlich. Ein Verstoß gegen diese Pflicht macht die Pfändung völlig und unheilbar unwirksam, Rn 5, Grdz 57 vor § 704. Einen solchen Verstoß kann weder eine Besitzergreifung noch eine Verwertung heilen. Wenn an die Stelle der Pfandsache eine andere Sache tritt, zB an die Stelle von Trauben der Most, dann muß der Gerichtsvollzieher die Pfändung erneut kenntlich machen. Die Wegschaffung einer solchen weiteren Sache kann eine Pfändung bedeuten, Karlsr MDR **79**, 237. Ein Einverständnis des Schuldners bindet diesen. Denn der Schuldner kann ja auch den Gläubiger befriedigen. Ein Einverständnis des Schuldners ist für einen Dritten aber unerheblich.

E. Art der Kenntlichmachung. Die Kenntlichmachung erfolgt möglichst unmittelbar an der Pfand- **22** sache, LG Ffm DGVZ **90**, 59. Sie geschieht entweder durch die Anlegung eines Siegels, LG Darmst DGVZ **99**, 92 (Kfz), oder auf eine sonstige Weise, LG Bayreuth DGVZ **85**, 42. Beide Wege stehen dem Gerichtsvollzieher zur Wahl. Die Pfändung muß aber haltbar und unbedingt für jedermann bei verkehrsüblicher Sorgfalt deutlich und mühelos erkennbar sein. Sie braucht freilich auch nicht unbedingt jedem sofort ins Auge zu fallen. Die Gerichte verlangen freilich teilweise Unmögliches, etwa: Jedes Stück müsse ein Pfandzeichen tragen; kein Stück dürfe ohne eine Zerstörung des Pfandzeichens einem Vorrat zu entnehmen sein. Dagegen genügt bei der Pfändung von 60 Kisten Konserven im Stapel eine Pfandanzeige in der Mitte durch einen Zettel mit einer genauen Angabe, dem Siegel und der Unterschrift des Gerichtsvollziehers. Wenn man bei der Pfändung von Tuchballen Siegelmarken genügen ließ oder wenn man Pfandanzeigen an den Gestellen mit der Angabe von Stückzahl, der Tuchart und der ungefähren Länge ausreichen läßt, muß die Angabe der Stückzahl mit der tatsächlichen Stückzahl übereinstimmen. Bei Möbeln genügen regelmäßig Siegelmarken auf der Rückseite. Denn ein Erwerber eines Möbelstücks pflegt es von allen Seiten zu betrachten. Etwas anderes mag zB bei einem an der Wand stehenden Schrank gelten.

F. Gründlichkeit und Umfang. Der Gerichtsvollzieher muß äußerst vorsichtig vorgehen. Das ist wegen **23** des Schwankens der Rechtsprechung und wegen der unheilvollen Folgen eines Fehlgriffs notwendig. Der Gerichtsvollzieher sollte zur Kenntlichmachung der Pfändung lieber zuviel als zuwenig tun.

Es reicht zB nicht aus: An den Raum eine Anzeige zu heften und mit dem Dienstsiegel zu versehen, aM ThP 14, ZöStö 20; nur eine Lagerakte mit dem Pfandsiegel zu versehen, LG Ffm DGVZ **90**, 58; das Siegel im Innern des Pfandstücks anzuheften; das Siegel am Vieh oder am Pfosten des Stalls anzukleben. Denn das Ankleben am Vieh gewährleistet nicht den Bestand des Zeichens, das Befestigen am Pfosten gewährleistet nicht die Nämlichkeit des Pfandstücks. Gesichtspunkte der an sich gebotenen Schonung des Schuldners und der Pfandsache müssen evtl hinter der Notwendigkeit einer eindeutigen Kenntlichmachung zurücktreten.

G. Beeinträchtigung des Pfandzeichens. Eine spätere unbefugte Beseitigung des Pfandzeichens oder **24** sein Herunterfallen berühren die Wirksamkeit der Pfändung grundsätzlich nicht, LG Darmst DGVZ **99**, 92 (Kfz). Denn der Besitzverlust des Gerichtsvollziehers ist unfreiwillig erfolgt. Der Gerichtsvollzieher muß freilich das Siegel unverzüglich erneuern usw. Wenn aber der Gläubiger zustimmt, sei es auch unter dem Vorbehalt seines Pfandrechts, dann gibt er den Besitz und damit das Pfandrecht freiwillig auf. Dasselbe gilt

§§ 808, 809   Buch 8. Abschn. 2. ZwV wegen Geldford.

dann, wenn die Sache später zum Schuldner zurückkommt. Das Pfandzeichen muß auch noch dann vorhanden und erkennbar sein, wenn der Gerichtsvollzieher diejenige Sache, die er in seinen Gewahrsam genommen hat, dem Schuldner zurückgibt.

25   **7) Benachrichtigung, III.** Der Gerichtsvollzieher muß den Schuldner von der Durchführung der Pfändung benachrichtigen. III ist aber trotz des scheinbar zwingenden Wortlauts nur eine Ordnungsvorschrift. Daher berührt ein Verstoß die Wirksamkeit der Pfändung nicht. Der Gerichtsvollzieher muß den Schuldner darüber belehren, daß dieser jede Handlung unterlassen muß, die den Besitz des Gerichtsvollziehers beeinträchtigen könnte, wenn der Schuldner das Pfandstück in seinem Gewahrsam behält, § 132 Z 5 GVGA.

26   **8) Verstoß, I–III.** Ein Verstoß gegen § 808 nimmt der Amtshandlung des Gerichtsvollziehers ihre Rechtmäßigkeit und macht die Pfändung unheilbar unwirksam, Grdz 57 vor § 704. Das gilt aber nur für einen Verstoß gegen die Form, Rn 7. Wenn der Gerichtsvollzieher gegen die Voraussetzungen der Pfändung verstoßen hat, wenn nämlich kein Gewahrsam des Schuldners vorlag, dann ist der Schuldner auf eine Erinnerung nach § 766 angewiesen. Die Pfändung ist nach § 136 StGB strafrechtlich geschützt. Auch im Anschluß an eine vorangegangene rechtswidrige, wirkungslose Pfändung kann eine nachfolgende Pfändung der noch im Gewahrsam des Gerichtsvollziehers befindlichen Sache aber wirksam sein, LG Regensb DGVZ **95**, 186.

27   **9) Rechtsbehelfe, I–III.** Gegen die Entscheidung des Gerichtsvollziehers können der Gläubiger und der Schuldner die Erinnerung nach § 766 einlegen. Mit der Entscheidung des Vollstreckungsgerichts dahin, daß die Zwangsvollstreckung unzulässig ist, erlischt das Pfändungspfandrecht, soweit nicht das Gericht die Vollziehung bis zur Rechtskraft ausgesetzt hat, § 570.
   Kosten: § 788, KVGv 205, 700 ff.
   Ein *Dritter* hat statt eines Rechtsbehelfs die Klage nach § 771 oder § 805, BGH **80**, 299.

28   **10) *VwGO:*** Entsprechend anwendbar im Rahmen der Grdz § 803 Rn 16. Wenn § 5 VwVG eingreift, gilt § 286 AO.

---

809 *Pfändung beim Gläubiger oder bei Dritten.* Die vorstehenden Vorschriften sind auf die Pfändung von Sachen, die sich im Gewahrsam des Gläubigers oder eines zur Herausgabe bereiten Dritten befinden, entsprechend anzuwenden.

Schrifttum: *Herde,* Probleme der Pfandverfolgung, 1978; *Knoche* ZZP **114**, 399 (Üb).

1   **1) Systematik.** Die Vorschrift ergänzt § 808 aus den dort genannten Gründen, § 808 Rn 1.

2   **2) Regelungszweck.** Der Gerichtsvollzieher darf auch pfänden, die im Gewahrsam des Gläubigers steht, § 808 Rn 10. Das versteht sich von selbst, StJM 1, ZöStö 2, 6, aM Schilken DGVZ **86**, 145 (aber das ist nun einmal der einfache Kerngedanke). Wenn ein Dritter den Allein- oder Mitgewahrsam im Zeitpunkt der Pfändung an einer Sache hat, die gerade dem Schuldner gehört (später kann Gutglaubensschutz nach § 936 BGB eintreten), dann ist eine Pfändung nach § 808 nur unter den folgenden Voraussetzungen statthaft. Ein solcher Dritter würde nämlich sonst arglistig handeln, und eine Arglist ist auch in der Zwangsvollstreckung untersagt, Einl III 54, Grdz 44 vor § 704, LG Wiesb DGVZ **81**, 61. Der Dritte muß also zur Herausgabe der Sache bereit sein oder der Dritte muß die Sache sachlichrechtlich unzweifelhaft an den Gläubiger oder an den Schuldner herauszugeben haben, LG Tüb DGVZ **92**, 138, AG Dortm DGVZ **94**, 12, ZöStö 3, aM LG Oldb DGVZ **84**, 92 (aber dann wäre Arglist begünstigt, § 808 Rn 11). In diesen Grenzen tritt also ein Interesse des Dritten gegenüber dem Interesse des Gläubigers zurück. Man muß diese gesetzliche Rangfolge natürlich auch bei der Auslegung stets respektieren.

3   **3) Geltungsbereich: Dritter als Gewahrsamsinhaber.** Ganz sicher ist eine Pfändung der Sache wirksam, die im Gewahrsam eines Dritten steht, wenn der Dritte nur dem Schuldner helfen will, die Sache dem Zugriff des Gläubigers zu entziehen, § 808 Rn 11 ff, AG Dortm DGVZ **94**, 12, Werner DGVZ **86**, 53, ZöStö 5, aM Pawlowski DGVZ **76**, 35, StJM 4, ThP 4 (aber Rechtsmißbrauch ist auch in der Zwangsvollstreckung verboten, Grdz 44 vor § 704). Vgl aber auch Rn 6.
   Dritter ist hier jeder, der weder der Vollstreckungsschuldner noch der Gläubiger ist. Ein Gastwirt ist für den Spielautomaten, den der Schuldner dort aufgestellt hat, auch wegen des Geldinhalts Dritter, AG Wiesloch DGVZ **02**, 61. Bei Eheleuten muß man § 739 beachten. Wegen des eingetragenen Lebenspartners § 808 Rn 14 „Hausgenosse." a) Haushaltsvorstand". Der „Lebensgefährte" ist Dritter, § 808 Rn 14 „Hausgenosse. b) Lebensgefährte". Der Erbe, gegen den der Gläubiger die Zwangsvollstreckung nach § 799 fortsetzt, ist Vollstreckungsschuldner. Auch der Gerichtsvollzieher kann ein Dritter sein, LG Kleve DGVZ **77**, 173, AG Homb/S DGVZ **93**, 117, StJM 2, aM Gerlach ZZP **89**, 321, RoGSchi § 51 I 3 (aber das wäre nicht folgerichtig).
   Der Gerichtsvollzieher muß aber natürlich dann auch *prüfen,* ob die Sache zu derjenigen Vermögensmasse gehört, in die er vollstrecken darf, § 754 Rn 4, § 808 Rn 6, LG Mannh DB **83**, 1481, AG Homb/S DGVZ **93**, 117, Paschold DGVZ **94**, 110 (zu § 755).

4   **4) Weitere Prüfungen.** Der Gerichtsvollzieher darf und muß feststellen, ob und welche pfändbaren Gegenstände des Schuldners vorhanden sind, schon um dem Gläubiger ein Vorgehen nach § 847 zu ermöglichen, LG Wiesb DGVZ **81**, 61. Wenn der Gerichtsvollzieher Möbel gepfändet und nach § 808 Rn 7 im Gewahrsam des Schuldners belassen hat, dann hindert eine inzwischen vorgenommene Untervermietung an einen die Pfändung Kennenden die Vollstreckung nicht. Der Gerichtsvollzieher muß die Formen des § 808 einhalten. Er muß also die Sache entweder in seinen Besitz nehmen oder sie wegschaffen oder sie beim Dritten belassen. Der Gerichtsvollzieher darf die Sache beim Gläubiger nur mit dessen Zustimmung zulassen. Denn kein Privater ist verpflichtet, eine staatlich beschlagnahmte Pfandsache zu verwahren.

5) **Verstoß.** Ein Verstoß gegen § 809 beeinträchtigt die Wirksamkeit einer im übrigen korrekten Pfändung grundsätzlich nicht.

6) **Herausgabebereitschaft.** Der Dritte kann seine Herausgabebereitschaft ausdrücklich oder stillschweigend erklären. Er kann aber nicht wirksam einen Vorbehalt oder eine Bedingung stellen, etwa diejenige, er müsse den Besitz behalten oder die Herausgabe dürfe nur an einzelne von mehreren pfändenden Gläubigern erfolgen, ThP 3, aM Schilken DGVZ **86**, 147 (aber dann entstünden Unklarheiten wegen §§ 824, 847, Rn 6). Denn ein Dritter darf nicht das Maß und die Richtung einer Zwangsvollstreckung bestimmen. Die Herausgabebereitschaft muß sich auf die Herausgabe und damit auf die Verwertung erstrecken, BGH RR **04**, 353 (zustm Sturhahn LMK **04**, 56, abl Paulus DGVZ **04**, 65). Sie darf sich also nicht nur auf die Pfändung beschränken. Eine nachträgliche Einwilligung genügt, wenn sie den erforderlichen Inhalt hat. Der Gerichtsvollzieher muß eine Herausgabebereitschaft protokollieren, § 137 GVGA. Wer herausgabebereit ist, der verliert das Widerspruchsrecht nach § 771, BGH JZ **78**, 200, es sei denn, er hätte nur irrtümlich herausgegeben, BGH JZ **78**, 200, oder er wäre dazu unbefugt gewesen. Er behält die Möglichkeit, eine Klage nach § 805 einzulegen, Gerlach ZZP **89**, 328.

Eine Herausgabepflicht nach Rn 1 darf den Gerichtsvollzieher nur dann zu einer Pfändung veranlassen, wenn die Herausgabebereitschaft unstreitig oder offensichtlich ist. Sobald die Pfändung erfolgt ist, ist die Bereitschaft bzw. die Einwilligung unwiderruflich und für eine Anschlußpfändung nach § 826 notwendig. Wenn der Schuldner im Zeitpunkt der Pfändung an der Sache einen Gewahrsam hat, dann kommt es nicht darauf an, ob der Gewahrsam später auf einen anderen übergegangen ist. § 758 ist unanwendbar.

7) **Herausgabeverweigerung.** Verweigert der Dritte die Herausgabe, sei es auch ohne jeden Grund, dann muß der Gerichtsvollzieher die Verweigerung protokollieren und von der Pfändung absehen, LG Oldb DGVZ **83**, 58, Gerhardt Festschrift für Lüke (1997) 133. Dann ist grundsätzlich der Gläubiger bei Verweigerung vor der Pfändung darauf angewiesen, den Herausgabeanspruch nach §§ 846 ff zu pfänden, Brück DGVZ **83**, 135. Etwas anderes gilt nur im Fall einer Herausgabepflicht, Rn 1. Dann kann der Gerichtsvollzieher die Sache trotz der fehlenden Herausgabebereitschaft beim Dritten pfänden, AG Stgt DGVZ **82**, 191. Soweit der Dritte die Herausgabe auch nach der Pfändung verweigert, muß der Gläubiger ihn verklagen und nach § 883 vollstrecken. Erst anschließend kann der Gerichtsvollzieher dann bei ihm pfänden, BGH RR **04**, 352 (zustm Sturhahn LMK **04**, 56, abl Paulus DGVZ **04**, 65).

8) **Rechtsbehelf.** Der Schuldner hat keinen Rechtsbehelf. Der Dritte und ein sonst Benachteiligter sind auf die Einlegung einer Erinnerung nach § 766 angewiesen. Unter Umständen mag auch eine Klage nach § 771 zulässig sein, BGH **80**, 299, oder eine Klage nach § 805 oder aus unerlaubter Handlung nach §§ 823 ff BGB.

9) *VwGO: Entsprechend anwendbar im Rahmen der Grdz § 803 Rn 16. Wenn § 5 VwVG eingreift, gilt § 286 IV AO.*

810 *Pfändung ungetrennter Früchte.* [I] [1] Früchte, die von dem Boden noch nicht getrennt sind, können gepfändet werden, solange nicht ihre Beschlagnahme im Wege der Zwangsvollstreckung in das unbewegliche Vermögen erfolgt ist. [2] Die Pfändung darf nicht früher als einen Monat vor der gewöhnlichen Zeit der Reife erfolgen.

[II] Ein Gläubiger, der ein Recht auf Befriedigung aus dem Grundstück hat, kann der Pfändung nach Maßgabe des § 771 widersprechen, sofern nicht die Pfändung für einen im Falle der Zwangsvollstreckung in das Grundstück vorgehenden Anspruch erfolgt ist.

Gliederung

1) Systematik, I, II	1, 2	B. Beschlagnahme	7
2) Regelungszweck, I, II	3	C. Pfändungszeitpunkt	8
3) Geltungsbereich: Ungetrennte Früchte, I, II	4	5) Widerspruchsklage, II	9
4) Pfändung, I	5–8	6) Rechtsbehelf, I, II	10
A. Grundsatz: Gewahrsam oder Herausgabebereitschaft	5, 6	7) VwGO	11

1) **Systematik, I, II.** § 810 bestimmt etwas Regelwidriges. Ungetrennte Früchte, also Früchte auf dem Halm, stehende Früchte, sind keine selbständigen Sachen, § 94 BGB, § 864. Trotzdem läßt § 810 ein Pfändungspfandrecht an ihnen zu. Mit der Pfändung verlieren die Früchte ihre Natur als Bestandteile des Grundstücks, soweit die Rechtsbeziehungen zum Gläubiger in Frage stehen. Die Pfändungsbeschränkung des § 811 I Z 2 gilt auch in diesem Fall. Nach der Trennung der Früchte erfolgt die Zwangsvollstreckung wie gewöhnlich. Die Verwertung erfolgt nach § 824. Der Liegenschaftsgläubiger hat ein Widerspruchsrecht, § 771.

Ein gesetzliches Pfandrecht an Früchten auf dem Halm ergibt sich aus § 5 WiRG zur Sicherung der Düngemittel- und Saatgutversorgung v 19. 1. 49, WiGBl 8, auf die frühere französische Zone erstreckt durch VO v 21. 2. 50, BGBl 37, verlängert durch G v 30. 7. 51, BGBl 476, Ehrenforth DRZ **49**, 83. Das Pfandrecht geht allen an den Früchten bestehenden dinglichen Rechten vor, § 2 IV G. Daher kann der Betroffene eine Klage gegen den Pfändungspfandgläubiger nach § 805 erheben. Das Pfandrecht erstreckt sich nicht auf diejenigen Früchte, der der Pfändung nicht unterworfen sind, §§ 811 Z 2–4, 865 II in Verbindung mit §§ 97, 98 Z 2 BGB. §§ 813 a, 851 a sind unanwendbar. Für die anschließende Versteigerung gilt § 824.

2) **Regelungszweck, I, II.** Die Regelung erfolgt aus praktischen Erwägungen und damit zwecks Prozeßwirtschaftlichkeit, Grdz 14 vor § 128. Ihre Durchführung erweist sich aber als oft ziemlich schwierig.

§§ 810, 811　　　　　　　　　　　　　Buch 8. Abschn. 2. ZwV wegen Geldford.

Wann kommt es zur gewöhnlichen Reifezeit? Das ist nur eine von mehreren kniffligen Fragen. Die Handhabung muß oft auch eine zeitgleiche Beschlagnahme nach §§ 864 ff in Verbindung mit dem ZVG etwa für einen anderen Gläubiger mit aller Aufmerksamkeit beachten. Das gilt unabhängig vom nicht erst seit „Buddenbrooks" berüchtigten Hagelschlag mit seinen wirtschaftlich verheerenden Folgen. Behutsame, aber auch rasche Entscheidungen sind erforderlich. Man sollte sie später wenn schon vom grünen Richtertisch aus, dann zurückhaltend verständnisvoll überprüfen.

4　**3) Geltungsbereich: Ungetrennte Früchte, I, II.** Das sind nicht diejenigen des § 99 I BGB, sondern wiederkehrende Früchte in einem engeren Sinn, also Obst, Getreide, Kartoffeln, Gemüse, Hackfrüchte, Gras und sonstige pflanzliche Erzeugnisse, auch im Haus, nicht aber Holz, Kohle, Steine oder Mineralien oder Rechtsfrüchte.

5　**4) Pfändung, I.** Art, Wirkung und Zeitpunkt sind gleichermaßen beachtlich.

　A. Grundsatz: Gewahrsam oder Herausgabebereitschaft. Die Pfändung erfolgt nach §§ 808 ff. Der Schuldner muß also am Grundstück zwar nicht das Eigentum haben, wohl aber einen Gewahrsam nach § 808 Rn 10, oder es muß ein unmittelbar besitzender Dritter zur Herausgabe bereit sein. Der Gläubiger kann aus einem Vollstreckungstitel gegen den Grundeigentümer nicht gegen den Widerspruch des Pächters pfänden. Der Pächter kann vielmehr notfalls nach § 771 Widerspruchsklage erheben. Dagegen kann der Gläubiger auf Grund eines Vollstreckungstitels gegen den Pächter bei diesem pfänden. Denn der Pächter übt den Besitz und Gewahrsam aus. Dasselbe gilt bei einem Nießbraucher. Der Verpächter darf sein gesetzliches Pfandrecht nach § 805 geltend machen. Es würde gegen die Logik und ein praktisches Bedürfnis verstoßen, die Früchte auf dem Halm nur zu Gunsten des Gläubigers als eine bewegliche Sache zu behandeln. Dagegen hat der Eigentümer kein Widerspruchsrecht, Kupisch JZ 76, 427.

6　Die *Pfändung* erfolgt dadurch, daß der Gerichtsvollzieher Besitz ergreift und die Pfändung kenntlich macht. Zur Kenntlichmachung genügt es, eine ausreichende Zahl von Tafeln aufzustellen, §§ 151, 152 GVGA, unter Umständen das Gebiet einzuzäunen, einen Wächter zu bestellen usw. § 813 III und IV verlangt evtl die Hinzuziehung eines landwirtschaftlichen Sachverständigen, § 153 Z 3 GVGA.

7　**B. Beschlagnahme.** Die Pfändung ist unzulässig, sobald die Früchte in der Liegenschaftszwangsvollstreckung beschlagnahmt worden sind. Sie ergreift bei einer Zwangsverwaltung und bei einer Zwangsversteigerung die Früchte als Bestandteile des Grundstücks, §§ 20 II, 21 I, 148 ZVG. Ausgenommen sind die dem Pächter zustehenden. Sie bleiben darum nach § 810 pfändbar, §§ 21 III ZVG, 956 BGB. Andere Berechtigte wie Nießbraucher darf man nicht entsprechend behandeln.

Ein *Verstoß* gibt dem Schuldner, dem dinglichen Gläubiger und dem Zwangsverwalter die Erinnerung aus § 766 und nach der Verwertung die Bereicherungsklage, §§ 812 ff BGB. Eine Beschlagnahme nach der Pfändung zwingt den Gläubiger zur Anmeldung aus § 37 Z 4 ZVG. Für den dinglichen Gläubiger gilt II.

8　**C. Pfändungszeitpunkt.** Die Pfändung darf frühestens einen Monat vor der gewöhnlichen Reifezeit stattfinden. Die gewöhnliche Reifezeit bestimmt sich nach der Fruchtart und nach der Durchschnittserfahrung für die Gegend und für die Lage. Unerheblich ist die Frage, wann die Früchte im Pfändungsjahr voraussichtlich reif sein werden, BGH NJW 93, 1793. Man muß die Frist nach § 222 berechnen. Die Versteigerung erfolgt erst nach der Reife, § 824. Ein Verstoß gegen I 2 berührt eine im übrigen wirksame Pfändung nicht. Der Schuldner und ein betroffener Dritter können allerdings die Erinnerung einlegen, § 766. Der Eintritt der Reifezeit macht die Erinnerung gegenstandslos.

9　**5) Widerspruchsklage, II.** Der dingliche Gläubiger, dem §§ 10–12 ZVG ein Recht auf die Befriedigung aus dem Grundstück gibt, darf einer statthaften Pfändung durch eine Klage nach § 771 widersprechen. Denn ihm haften die Früchte als Grundstücksbestandteile. Etwas anderes gilt dann, wenn der Pfandgläubiger ein besonderes Recht nach § 10 ZVG nachweist. Diesen Nachweis kann er nur als ein dinglicher Gläubiger führen, nicht als ein persönlicher Gläubiger. Das gilt noch nicht nach der Aberntung der Früchte. Wenn gegen den besitzenden Pächter gepfändet worden ist, dann ist eine Widerspruchsklage nach § 771 nicht zulässig. Denn die Früchte fallen dem besitzenden Pächter stets zu, § 21 III ZVG, § 956 BGB. Statt einer Klage nach § 771 steht auch eine mildere Klage nach § 805 offen, § 805 Rn 1.

10　**6) Rechtsbehelf, I, II.** Soweit der Gerichtsvollzieher die Pfändung ablehnt, hat der Gläubiger die Erinnerung nach § 766. Soweit die Voraussetzungen der Pfändung fehlen, ist für den Schuldner die Erinnerung zulässig. Die Pfändung bleibt bis zur Aufhebung nach § 776 wirksam.

11　**7) VwGO:** Entsprechend anwendbar im Rahmen der Grdz § 803 Rn 16. Wenn § 5 VwVG eingreift, gilt § 294 AO.

811 Unpfändbare Sachen.
I Folgende Sachen sind der Pfändung nicht unterworfen:

1. die dem persönlichen Gebrauch oder dem Haushalt dienenden Sachen, insbesondere Kleidungsstücke, Wäsche, Betten, Haus- und Küchengerät, soweit der Schuldner ihrer zu einer seiner Berufstätigkeit und seiner Verschuldung angemessenen, bescheidenen Lebens- und Haushaltsführung bedarf; ferner Gartenhäuser, Wohnlauben und ähnliche Wohnzwecken dienende Einrichtungen, die der Zwangsvollstreckung in das bewegliche Vermögen unterliegen und deren der Schuldner oder seine Familie zur ständigen Unterkunft bedarf;
2. die für den Schuldner, seine Familie und seine Hausangehörigen, die ihm im Haushalt helfen, auf vier Wochen erforderlichen Nahrungs-, Feuerungs- und Beleuchtungsmittel oder, soweit für diesen Zeitraum solche Vorräte nicht vorhanden und ihre Beschaffung auf anderem Wege nicht gesichert ist, der zur Beschaffung erforderliche Geldbetrag;

3. Kleintiere in beschränkter Zahl sowie eine Milchkuh oder nach Wahl des Schuldners statt einer solchen insgesamt zwei Schweine, Ziegen oder Schafe, wenn diese Tiere für die Ernährung des Schuldners, seiner Familie oder Hausangehörigen, die ihm im Haushalt, in der Landwirtschaft oder im Gewerbe helfen, erforderlich sind; ferner die zur Fütterung und zur Streu auf vier Wochen erforderlichen Vorräte oder, soweit solche Vorräte nicht vorhanden sind und ihre Beschaffung für diesen Zeitraum auf anderem Wege nicht gesichert ist, der zu ihrer Beschaffung erforderliche Geldbetrag;
4. bei Personen, die Landwirtschaft betreiben, das zum Wirtschaftsbetrieb erforderliche Gerät und Vieh nebst dem nötigen Dünger sowie die landwirtschaftlichen Erzeugnisse, soweit sie zur Sicherung des Unterhalts des Schuldners, seiner Familie und seiner Arbeitnehmer oder zur Fortführung der Wirtschaft bis zur nächsten Ernte gleicher oder ähnlicher Erzeugnisse erforderlich sind;
4 a. bei Arbeitnehmern in landwirtschaftlichen Betrieben die ihnen als Vergütung gelieferten Naturalien, soweit der Schuldner ihrer zu seinem und seiner Familie Unterhalt bedarf;
5. bei Personen, die aus ihrer körperlichen oder geistigen Arbeit oder sonstigen persönlichen Leistungen ihren Erwerb ziehen, die zur Fortsetzung dieser Erwerbstätigkeit erforderlichen Gegenstände;
6. bei den Witwen und minderjährigen Erben der unter Nummer 5 bezeichneten Personen, wenn sie die Erwerbstätigkeit für ihre Rechnung durch einen Stellvertreter fortführen, die zur Fortführung dieser Erwerbstätigkeit erforderlichen Gegenstände;
7. Dienstkleidungsstücke sowie Dienstausrüstungsgegenstände, soweit sie zum Gebrauch des Schuldners bestimmt sind, sowie bei Beamten, Geistlichen, Rechtsanwälten, Notaren, Ärzten und Hebammen die zur Ausübung des Berufes erforderlichen Gegenstände einschließlich angemessener Kleidung;
8. bei Personen, die wiederkehrende Einkünfte der in den §§ 850 bis 850b bezeichneten Art beziehen, ein Geldbetrag, der dem der Pfändung nicht unterworfenen Teil der Einkünfte für die Zeit von der Pfändung bis zu dem nächsten Zahlungstermin entspricht;
9. die zum Betrieb einer Apotheke unentbehrlichen Geräte, Gefäße und Waren;
10. die Bücher, die zum Gebrauch des Schuldners und seiner Familie in der Kirche oder Schule oder einer sonstigen Unterrichtsanstalt oder bei der häuslichen Andacht bestimmt sind;
11. die in Gebrauch genommenen Haushaltungs- und Geschäftsbücher, die Familienpapiere sowie die Trauringe, Orden und Ehrenzeichen;
12. künstliche Gliedmaßen, Brillen und andere wegen körperlicher Gebrechen notwendige Hilfsmittel, soweit diese Gegenstände zum Gebrauch des Schuldners und seiner Familie bestimmt sind;
13. die zur unmittelbaren Verwendung für die Bestattung bestimmten Gegenstände.

II ¹ Eine in Absatz 1 Nr. 1, 4, 5 bis 7 bezeichnete Sache kann gepfändet werden, wenn der Verkäufer wegen einer durch Eigentumsvorbehalt gesicherten Geldforderung aus ihrem Verkauf vollstreckt. ² Die Vereinbarung des Eigentumsvorbehaltes ist durch Urkunden nachzuweisen.

Schrifttum: *Alisch,* Wege zur interessengerechteren Auslegung vollstreckungsrechtlicher Normen, 1981; *Lippross,* Grundlagen und System des Vollstreckungsschutzes, 1983; *Röder,* ABC der pfändbaren und unpfändbaren beweglichen Sachen (Loseblattsammlung); *Weyland,* Der Verhältnismäßigkeitsgrundsatz in der Zwangsvollstreckung, 1987; *Wolf/Hintzen,* Pfändbare Gegenstände von A–Z, 2. Aufl 2003.

Gliederung

1) **Systematik, I, II** 1	C. Beispiele zur Frage der Unpfändbarkeit nach I Z 1 17–23
2) **Regelungszweck, I, II** 2	D. Erweiterung von I Z 1 24
3) **Schuldnerrechte, I, II** 3	11) **Nahrungsmittel usw, I Z 2** 25
4) **Verstoß, I, II** 4–7	12) **Kleintier, Milchkuh usw, I Z 3** 26
A. Grundsatz: Keine Nichtigkeit, I ... 4	13) **Landwirt, I Z 4** 27–31
B. Weitere Regel: Schuldnerschutz trotz seines Verzichts, I 5	A. Zweck 27
C. Ausnahme: Kein Schuldnerschutz, II ... 6, 7	B. Begriffe 28, 29
5) **Austauschpfändung, I, II** 8	C. Beispiele zur Frage der Anwendbarkeit von I Z 4 .... 30, 31
6) **Entsprechende Anwendbarkeit, I, II** .. 9	14) **Landwirtschaftlicher Arbeitnehmer, I Z 4 a** 32
7) **Geldforderung, I, II** 10	15) **Persönliche Leistung, I Z 5** 33–44
8) **Geldersatz, I, II** 11	A. Zweck 33, 34
9) **Verfahren, I, II** 12–14	B. Beispiele zur Frage des persönlichen Geltungsbereichs von I Z 5 .. 35
A. Prüfung von Amts wegen 12	C. Erforderlichkeit zur Erwerbstätigkeit .. 36–38
B. Entscheidung 13	D. Beispiele zur Frage der Unpfändbarkeit nach I Z 5 39–44
C. Rechtsbehelfe 14	16) **Witwe des persönlich Arbeitenden, I Z 6** 45
10) **Sache des persönlichen Gebrauchs, I Z 1** 15–24	
A. Grundsatz: Sicherung des Mindestbedarfs 15	
B. Angemessenheit des Hausstands: Abwägung 16	17) **Dienstkleidungsstück usw, I Z 7** 46, 47

§ 811
Buch 8. Abschn. 2. ZwV wegen Geldford.

A. Sachlicher Geltungsbereich	46	22) Künstliche Gliedmaßen usw, I Z 12 ...	52
B. Persönlicher Geltungsbereich	47	23) Bestattungsbedarf, I Z 13	53
18) Person mit wiederkehrenden Einkünften, I Z 8	48	24) Weitere Fälle der Unpfändbarkeit	54, 55
		A. Andere Gesetze	54
19) Apothekengerät usw, I Z 9	49	B. Unverwertbarkeit	55
20) Buch, I Z 10	50	25) VwGO	56
21) Geschäftsbuch usw, I Z 11	51		

1 **1) Systematik, I, II.** § 811 leitet eine Gruppe von Vorschriften ein, die einen gesetzlichen Pfändungsschutz bieten. Sie sind mit §§ 850 ff vergleichbar. Sie begrenzen die an sich grundsätzlich volle Zugriffsmöglichkeit des Gläubigers auf das gesamte Vermögen des Schuldners. § 811 verbietet eine Kahlpfändung, AG Ffm DGVZ **90**, 77.

2 **2) Regelungszweck, I, II.** Die Vorschrift dient damit nicht nur dem Schutz des Schuldners, Artt 1, 2 GG, (jetzt) KJHG, BGH NJW **98**, 1058 (kein bloßes Leistungsverweigerungsrecht), auch einer juristischen Person, soweit Z 1 ff nichts anderes bestimmen. Sie dient auch dem Schutz des Gläubigers, BAG MDR **80**, 522 (zu den §§ 850 ff). Sie dient darüber hinaus auch dem Schutz der Allgemeinheit, also einem sozialpolitischen Zweck, AG Neuss DGVZ **86**, 45, LAG Hamm DB **95**, 2123. Deshalb ist § 811 zwingendes Recht. Der Gerichtsvollzieher muß die Vorschrift von Amts wegen sorgfältig beachten, Geißler DGVZ **90**, 83. Er muß im Zweifel pfänden, soweit nicht ausreichende andere Vollstreckungsmöglichkeiten bestehen, § 120 Z 1 GVGA.

Bei der *Auslegung* muß man auf den „Zeitgeist" achten und das Sozialstaatsprinzip berücksichtigen, Artt 20, 28 GG, Schneider/Becher DGVZ **80**, 184 (auch zu zahlreichen Einzelfolgerungen). Eine längere Freiheitsstrafe kann zB bei einem Fernseh- oder Rundfunkgerät sogar zum Ausschluß der Unpfändbarkeitsvorschriften führen, Köhn DGVZ **82**, 63. Dieser Schutzgesichtspunkt darf andererseits nicht so ausschließliche Beachtung finden, daß man das schließlich auch noch schutzwürdige Interesse des Gläubigers daran völlig übergeht, wenigstens durch die Zwangsvollstreckung befriedigt zu werden. Auch kann § 765a helfen. Wegen seines Verhältnisses zu §§ 811 ff Bloedhorn DGVZ **76**, 104.

3 **3) Schuldnerrechte, I, II.** Der Schuldner kann bis zum Zeitpunkt der Beendigung der Zwangsvollstreckung nach Grdz 52 vor § 704 eine Erinnerung nach § 766 einlegen, um sich vom Pfandrecht zu befreien. Wenn er diese Möglichkeit versäumt hat, dann hat er zwar grundsätzlich noch einen Anspruch aus einer ungerechtfertigten Bereicherung nach §§ 812 ff BGB, aM ZöSt **9** (aber die ZPO schneidet grundsätzlich ein sachliches Recht nicht ab, sondern dient ihm, Einl III 9). Indessen kann § 811 erstmals im Beschwerdeverfahren anwendbar sein, Rn 10. Der Gläubiger kann aber gegen einen solchen Anspruch mit seiner Forderung aufrechnen. Wenn der Gläubiger schuldhaft handelt, hat der Schuldner allerdings auch einen Ersatzanspruch nach §§ 823 II, 826 BGB. Soweit der Gläubiger vorsätzlich gehandelt hat, kann er diesen Anspruch aufrechnen, § 393 BGB, Grdz 56 vor § 704.

4 **4) Verstoß, I, II.** Es gibt zwei Grundsätze und eine Ausnahme.

A. Grundsatz: Keine Nichtigkeit, I. Eine Zwangsvollstreckung in einen unpfändbaren Gegenstand ist nicht nichtig. Sie ist vielmehr zunächst voll wirksam, Üb 6, 8 vor § 803. Das gilt solange, bis das Gericht sie auf Grund eines Rechtsmittels für unzulässig erklärt oder nach § 726 aufhebt oder bis der Schuldner ihr gleichzeitig oder später zustimmt, § 811 c. Diese Zustimmung kann man dem Schuldner um so weniger verwehren, als er ja die Sache auch veräußern könnte, sie insbesondere dem Gläubiger in Zahlung geben könnte.

5 **B. Weitere Regel: Schuldnerschutz trotz seines Verzichts, I.** Nichtig ist aber ein vor, bei oder nach der Pfändung ausgesprochener völliger Verzicht des Schuldners auf jeglichen Pfändungsschutz, Grdz 26 vor § 704, LG Oldb DGVZ **80**, 39, AG Essen DGVZ **78**, 175, ZöStö **10**, aM Bbg MDR **81**, 50, AG Sinzig RR **87**, 758, ThP 5 (der sozialpolitische Charakter der Vorschrift verbiete einen solchen Verzicht). Sie geben aber dem Gläubiger die Gegeneinrede der Arglist gegen die Geltendmachung der Nichtigkeit desjenigen Verzichts, der in einer Schädigungsabsicht erklärt worden sei, Einl III 54, Grdz 44 vor § 704. Das ist allerdings ein vermeidbarer Umweg zu dem obigen Ergebnis).

Der Verzicht kann in den verbleibenden Fällen wirksam sein. Er kann dann sogar stillschweigend erfolgen. Das gilt zB im Falle einer *Sicherungsübereignung* unpfändbarer Sachen, LG Stgt DGVZ **80**, 91, aM LG Hildesh DGVZ **89**, 173. Der Verzicht setzt aber die Kenntnis der Schutzvorschrift voraus, AG Essen DGVZ **78**, 175. Man kann eine Prüfung der Wirksamkeit des Verzichts im Falle einer Sicherungsübereignung deswegen für unnötig halten, weil der Verzicht wegen des Eigentumsübergangs begrifflich ausgeschlossen sei.

6 **C. Ausnahme: Kein Schuldnerschutz, II,** dazu *Münzberg* DGVZ **98**, 81 (Üb): Der Schutz versagt, wenn der Gläubiger die Sache als der Eigentümer herausverlangen kann, AG Bad Neuenahr DGVZ **04**, 159, AG Plön JB **02**, 607. Das gilt aber nur, sofern das Eigentum klar so zu Tag liegt (Einwand der Arglist, Grdz 44 vor § 704), aM LG Bln DGVZ **79**, 9 (aber eine Ausnahme bedarf enger Auslegung, Einl III 36). Ebenso verhält es sich in den Fällen von I Z 1, 4, 5–7 mit der Pfändung einer Sache, die der Veräußerer dem Erwerber unter seinem Eigentumsvorbehalt überlassen hat, AG Eschwege DGVZ **02**, 127. Denn eine Arglist ist niemals erlaubt, Grdz 44 vor § 704. Die frühere Streitfrage ist durch II erledigt, LG Köln DGVZ **99**, 42. Der Gläubiger muß eine Vereinbarung des Eigentumsvorbehalts nicht nur glaubhaft machen, sondern „nachweisen", und zwar „durch Urkunden", §§ 415 ff. Andernfalls bleibt die Unpfändbarkeit bestehen. Es findet keine Amtsermittlung nach Grdz 38 vor § 128 dazu statt. Der Vollstreckungstitel kann vor dem 1. 1. 99 ergangen sein, AG Nürnb JB **99**, 550. Bei einer Sicherungsübereignung gilt § 771, AG Saarlouis DGVZ **97**, 142.

7 Wenn die Sache freilich auf *Abzahlung* gekauft wurde, dann ist die Berufung auf die Unpfändbarkeit der Sache wegen der nach dem BGB gegebenen Pflicht zur Rückgewähr auch der bisherigen Leistungen des Schuldners, nur dann arglistig, wenn der Schuldneranspruch ohne weiteres feststellbar ist, so schon Ffm

Titel 1. Zwangsvollstr. in das bewegl. Vermögen **§ 811**

Rpfleger **80**, 303, ZöStö 7, aM Hadamus Rpfleger **80**, 421 (je zum alten Recht). Wegen der Pfändung demnächst pfändbar werdender Sachen § 811 c.

5) Austauschpfändung, I, II. §§ 811 a ff. 8

6) Entsprechende Anwendbarkeit, I, II. Die Vorschrift und ihre Ergänzungen nach Rn 54 sind außerhalb der einzelnen Ziffern wegen ihrer Rechtsnatur als Ausnahmevorschriften nicht entsprechend anwendbar. Das bedeutet aber nicht, daß diese Vorschriften noch heute ebenso auslegbar wären wie vor Jahren. Deshalb darf man ältere Entscheidungen nur vorsichtig verwerten. 9

7) Geldforderung, I, II. § 811 ist auf die Zwangsvollstreckung wegen aller Geldforderungen durch Pfändung nach §§ 808 ff unabhängig von der Art und Höhe der Gläubigerforderung anwendbar, aber auch auf eine Arrestpfändung nach §§ 930, 935 und auf jede einzelne Anschlußpfändung nach § 826. Dagegen ist § 811 nicht anwendbar auf die Pfändung eines Herausgabeanspruchs nach § 947 I und nicht auf die Herausgabe einer Sache, §§ 883 ff. Es ist grundsätzlich unerheblich, wem der Gegenstand gehört. Vgl freilich bei einem Eigentumsvorbehalt Rn 6. Es ist unerheblich, ob sich die zu pfändende Sache im Gewahrsam des Schuldners, des Gläubigers oder eines herausgabebereiten Dritten befindet, §§ 808, 809. Maßgeblich ist der Zeitpunkt der Entscheidung über die Erinnerung. Vgl aber Rn 13. 10

Wenn die Voraussetzungen einer Unpfändbarkeit nach § 811 *nachträglich* entstehen, ist die Vorschrift evtl auch im Beschwerdeverfahren erstmals anwendbar. Wenn die Unpfändbarkeit nachträglich wegfällt, dann ist der Rechtsbehelf damit gegenstandslos geworden. Bei einem Erben entscheidet dessen Bedürfnis. Der Erbe kann sich seiner Pflicht, den Nachlaß nach § 1990 BGB herauszugeben, nicht mit Hilfe des § 811 entziehen. Der Schuldner kann sich gegenüber einem nach dem AnfG erworbenen Vollstreckungstitel nicht auf eine Unpfändbarkeit berufen. Der Wert der Sache begrenzt in den Fällen des § 811 c II die Unpfändbarkeit. In den Fällen I Z 1, 5 und 6 kann der Wert der Sache auch zu einer Austauschpfändung führen, §§ 811 a, b. Im übrigen ist der Wert der Sache bedeutungslos.

8) Geldersatz, I, II. Ein in Geld geleisteter Ersatz (Surrogat) für die Sache tritt nicht an die Stelle der Sache. So tritt zB eine Versicherungsentschädigung nach einem Brand oder Einbruch nicht an die Stelle der zerstörten Sache oder geraubten Sachen. In solchen Fällen sind Z 2 und 3 anwendbar. Vgl aber die Übertragungsbeschränkung in § 15 VVG. Der Anspruch des Schuldners auf die Herausgabe einer unpfändbaren Sache ist unpfändbar. Das gilt auch für den Anspruch auf eine Eigentumsbeschaffung beim Eigentumsvorbehalt. Eine unpfändbare Sache gehört nicht zur Insolvenzmasse, § 35 InsO. Ausnahmen gelten in den Fällen der Z 4, 9, für Geschäftsbücher auch im Falle von I Z 11, § 36 II Z 1, 2, III InsO, und Rn 54. § 811 schützt einen Ausländer ebenso wie einen Inländer. 11

9) Verfahren, I, II. Man muß drei Zeitabschnitte unterscheiden. 12

A. Prüfung von Amts wegen. Der Gerichtsvollzieher muß sorgfältig von Amts wegen untersuchen, ob die Sache unpfändbar ist, Rn 1. Er muß eine zweifelsfrei unzulässige Pfändung trotz eines Auftrags des Gläubigers und trotz einer vorherigen Zustimmung des Schuldners ablehnen. Wenn der Gerichtsvollzieher die Pfändung vorgenommen hat, dann darf er die gepfändete Sache nicht eigenmächtig freigeben. Er muß aber den Schuldner über Rechtsbehelfe belehren und den Gläubiger zur Freigabe auffordern.

B. Entscheidung. Das Gericht entscheidet auf Grund einer Erinnerung wie bei § 766 Rn 45. Die Unpfändbarkeit muß grundsätzlich im Zeitpunkt der Pfändung nach §§ 808 ff vorliegen, LG Bochum DGVZ **80**, 38, LG Wiesb DGVZ **97**, 59 (vorübergehende Sonderlage unschädlich), AG Sinzig DGVZ **90**, 95, aM ThP 3 (aber der Pfändungszeitpunkt ist nun wirklich der mit Abstand richtigste). Freilich kommt es auf den Zeitpunkt der Entscheidung über die Erinnerung an, soweit der Gerichtsvollzieher die Pfändung abgelehnt hatte. Bei einer Anschlußpfändung nach § 826 muß die Unpfändbarkeit also im Zeitpunkt der Anschlußpfändung vorliegen. Eine nachträglich eingetretene Unpfändbarkeit nimmt dem Gläubiger sein Pfandrecht nicht, § 811 d Rn 1, LG Bln Rpfleger **77**, 262, LG Bochum DGVZ **80**, 38. Wegen der Pfändung einer Sache, die demnächst pfändbar wird, § 811 d. 13

C. Rechtsbehelfe. Man muß wie folgt unterscheiden. 14

Der *Schuldner* kann gegen die Pfändung einer unpfändbaren Sache unabhängig von seinem Eigentum die Erinnerung einlegen, solange er Nutzer ist, § 766. Er muß die Unpfändbarkeit darlegen und notfalls beweisen. Wenn die Sache schon verwertet wurde, hat er die Möglichkeit einer Bereicherungs- oder Ersatzklage, aM StJM 22 (er habe dann keine Ansprüche mehr. Vgl aber Rn 3).

Der *Gläubiger* kann gegen die Ablehnung seines Antrags auf Pfändung überhaupt oder doch auf die Pfändung eines bestimmten Gegenstands die Erinnerung nach § 766 II einlegen. Er muß die Pfändbarkeit darlegen und notfalls beweisen, LG Augsb DGVZ **89**, 139.

Ein *Dritter* hat grundsätzlich keinen Rechtsbehelf. Das gilt zB für einen Unternehmer bei I Z 5 anstelle des Beschäftigten. Die Möglichkeit der Erinnerung nach § 766 kommt für den Dritten aber zB dann in Frage, wenn sich eine Unpfändbarkeit unmittelbar bei ihm auswirkt, etwa für die Familie und für Hausangehörige des Schuldners. Wenn die Pfändung gegen I Z 4 verstößt, kann auch der dingliche Gläubiger die Erinnerung nach § 766 einlegen.

10) Sache des persönlichen Gebrauchs, I Z 1. Man muß behutsam abwägen. 15

A. Grundsatz: Sicherung des Mindestbedarfs. Zweck ist die Sicherung des häuslichen Lebens. I Z 1 soll dem Schuldner alle Gegenstände des persönlichen Gebrauchs oder des Hausstands belassen, die der Schuldner zur Führung eines seinem Beruf und seinen Verhältnissen und insbesondere seinen Schulden angemessenen bescheidenen Lebens oder Haushalts braucht. Es kommt auf die Zweckbestimmung an. Die Sachen brauchen nicht in einem strengen Sinne unentbehrlich zu sein, LG Bochum DGVZ **83**, 12. Der Hausstand muß bestehen und nicht etwa erst beabsichtigt sein. Er kann auch nach einer Zwangsräumung bestehen, solange der Schuldner irgendwo vorübergehend untergebracht ist, LG Mü DGVZ **83**, 94. Zum Hausstand gehören alle Familienmitglieder, die mit dem Schuldner in seiner Wohnung oder in der Wohnung seiner Ehefrau oder des eingetragenen Lebenspartners zusammenleben und wirtschaftlich vom Schuldner

§ 811   Buch 8. Abschn. 2. ZwV wegen Geldford.

abhängen. Es ist unerheblich, ob der Schuldner die Familienmitglieder unterhalten muß. Zum Hausstand gehören ferner Pflegekinder und Hausangestellte, Auszubildende, Handlungsgehilfen, soweit sie in die Wohnung aufgenommen sind. Es ist nach Rn 10 unerheblich, ob der Schuldner Eigentümer ist, soweit die Sache ungestört benutzbar ist.

16 **B. Angemessenheit des Hausstands: Abwägung.** Ob der Hausstand angemessen ist, das kann man nur von Fall zu Fall entscheiden, VGH Mannh NJW **95**, 2804. Die Regelung des notwendigen Lebensunterhalts (jetzt) im KJHG verfolgt nicht stets denselben Zweck, BVerwG NJW **89**, 925. Entscheidend sind die Berufstätigkeit und die Verschuldung, also deren Höhe und die Möglichkeit, die Schuld abzutragen. Unerheblich ist, ob der Hausstand standesgemäß ausgestattet ist. Der Hausstand darf nur bescheiden sein. Das bedeutet aber nicht, daß nur eine völlige Ärmlichkeit geschützt würde, LG Wiesb DGVZ **89**, 141, AG Mü DGVZ **81**, 94, FG Brdb JB **98**, 664. Andererseits darf kein Überfluß vorliegen. Das gilt auch für die Sachen des persönlichen Gebrauchs. Eine ungestört mitbenutzte fremde Sache muß mitberücksichtigt werden. Eine zeitweise Vermietung beweist nichts gegen das „Bedürfen". Eine vorübergehende Einschränkung ist erträglicher als ein dauerndes Entbehren.

Im allgemeinen ist aber der *Besitz* eine Voraussetzung dafür, daß der Schuldner die Sache braucht. Etwas anderes gilt allerdings dann, wenn der Schuldner den Besitz wegen des Verlassens der Wohnung aufgegeben hat oder wenn eine Sache dem Schuldner im Hausratsverfahren zugewiesen wurde, wenn er sie aber noch nicht in seinen Besitz genommen hat. Die Möglichkeit einer späteren Neuanschaffung muß außer Betracht bleiben. Einzelheiten sind einigermaßen wertlos. Denn alle Fälle liegen verschieden. Auch bei mehreren Wohnungen des Schuldners ist eine Fallabwägung erforderlich. Er mag den einen unentbehrlichen Gegenstand gerade in der einen Wohnung verwahren, den anderen in der anderen, aM AG Korbach DGVZ **84**, 154 (die weniger benutzte Wohnung habe keinen Pfändungsschutz. Aber gerade dort kann zB ein wertvolles Gerät stehen, das der Schuldner nicht ständig braucht, aber um so intensiver benutzen muß, *wenn* er sich dorthin begibt, auch beruflich).

17 **C. Beispiele zur Frage der Unpfändbarkeit nach I Z 1**
Behelfsheim: Rn 24.
Bett: Ein Bett ist sowohl als Möbel als auch als Wäschebestandteil einschließlich der Bettfedern, Matratzen grds nach Z 1 unpfändbar, auch soweit es nicht täglich benutzt wird.
Bettvorleger: Anders als das Bett ist ein Bettvorleger *grds nicht* nach Z 1 unpfändbar.
CD-Gerät: Neben einem unpfändbaren Fernsehgerät ist ein CD-Gerät *meist pfändbar*, VGH Mannh NJW **95**, 2804.
Eigentumsvorbehalt: Rn 6, 7.
Einbauküche: Sie ist mangels Raumteilereigenschaft *grds pfändbar*, AG Nördlingen JB **02**, 211.
Fahrrad: Es ist grds nach Z 1 unpfändbar. Freilich kann ein Luxusstück nach § 811 a austauschbar sein.
Ferienhaus: Rn 24.
18 **Fernsehgerät:** Ein Fernsehgerät kann nach Z 1 unpfändbar sein, zB VGH Kassel NJW **93**, 551. Das gilt sogar für ein Farbfernsehgerät, sogar ein Farbfernsehgerät, zumindest dann, wenn es das einzige tontechnische Informationsmittel für den Schuldner ist, LG Itzehoe DGVZ **88**, 120, VG Oldb NJW **91**, 2921.
19 Evtl ist unpfändbar sogar ein Fernsehgerät *neben* einem vorhandenen *Rundfunkgerät*, BFH NJW **90**, 1871, LG Gera DGVZ **01**, 9, AG Essen DGVZ **98**, 94, aM Ffm DGVZ **94**, 43, LG Wiesb DGVZ **97**, 60, ThP 8 (aber das Fernsehen hat heute die weitaus zentralere Bedeutung für die jedem zustehende allgemeine Information).

Ein Farbfernsehgerät ist gegen ein einfacheres Schwarzweiß-Gerät *austauschbar*, LG Bochum DGVZ **83**, 13. Ein Farb- oder Schwarzweiß-Fernsehgerät ist nur ausnahmsweise auch gegen ein einfaches Rundfunkgerät austauschbar, Köln DGVZ **82**, 63, AG Ibbenbüren DGVZ **81**, 175, aM LG Lahn-Gießen NJW **79**, 769 (aber man muß ganz auf den Einzelfall abstellen, Rn 16).

S auch Rn 23 „Rundfunkgerät".
20 **Fotoapparat:** Ein einfacher Fotoapparat ist evtl nach Z 1 unpfändbar. Ein teurer ist aber nach § 811 a *austauschbar*.
Frack: Rn 21 „Kleidung".
Gartenhaus: Rn 24.
Geschirrspülmaschine: Sie ist *nicht* nach Z 1 unpfändbar.
Glasvitrine: Eine Glasvitrine ist *nicht* nach Z 1 unpfändbar, LG Heidelb MDR **92**, 1001.
S aber auch Rn 22 „Möbel".
Haushaltswäsche: Rn 23 „Wäsche".
Hausratsentschädigung: Sie ist *nicht* nach Z 1 unpfändbar.
Heißwassergerät: Ein Heißwassergerät ist nach Z 1 unpfändbar.
Heizkissen: Ein Heizkissen ist nach Z 1 unpfändbar.
21 **Kaffeemühle:** Eine elektrische Kaffeemühle ist nach Z 1 unpfändbar.
Kassettengerät: Neben einem unpfändbaren Fernsehgerät ist ein Kassettengerät *meist pfändbar*, VGH Mannh NJW **95**, 2804.
Kinderbett: Ein Kinderbett ist grds nach Z 1 unpfändbar.
Kinderwagen: Ein Kinderwagen ist grds nach Z 1 unpfändbar.
Klavier: Es ist nur dann unpfändbar, wenn es dem Erwerb dient, AG Essen DGVZ **98**, 30.
Kleidung: Kleidung ist meist nach Z 1 unpfändbar, soweit es sich nicht um wenigstens nach § 811 a austauschbare Luxusstücke (zB Pelze) handelt. Bei einem Frack usw kommt es auf die Berufstätigkeit des Trägers und seine Sozialstellung an.
Koffer: Ein Koffer kann nach Z 1 unpfändbar sein. Es kommt natürlich auf die Umstände an.
22 **Kühlschrank:** Ein Kühlschrank ist nach Z 1 unpfändbar, soweit kein geeigneter Kellerraum vorhanden ist und die Vorräte wegen einer arbeitsbedingten Abwesenheit aller Familienmitglieder kühl gehalten werden müssen. Eine Unpfändbarkeit liegt ferner dann vor, wenn es sich um eine zahlreiche Familie

handelt, aM Schneider/Becher DGVZ **80**, 181 (aber auch Z 1 enthält unverkennbar einen starken sozialen Aspekt).
S aber auch Rn 23 „Tiefkühlgerät".

Möbel: Möbel sind oft nach Z 1 unpfändbar. Das gilt zB für: Einen Kleiderschrank; ein Sofa usw, LG Wiesb DGVZ **89**, 141; einen Eßtisch mit vier Stühlen, ein Sideboard, eine Polstergruppe, unabhängig vom Wert, LG Heilbr MDR **92**, 1001, AG Itzehoe DGVZ **98**, 63, aM AG Mü DGVZ **95**, 11, FG Brdb JB **98**, 664; einen Teppich.
S aber auch Rn 20 „Glasvitrine".

Nähmaschine: Eine Nähmaschine ist grds nach Z 1 unpfändbar. Man kann auch nicht argumentieren, daß der Schuldner sich die Bekleidung kaufen könne. Denn eine Ausbesserung ist meistens billiger.

Rundfunkgerät: Ein Rundfunkgerät kann nach Z 1 unpfändbar sein. Das gilt freilich *nicht* für eine **23** Stereokompaktanlage, LG Bochum DGVZ **83**, 13, noch gar neben einem Farbfernsehgerät, LG Duisb MDR **86**, 682, AG Essen DGVZ **98**, 94. Ein Ersatzstück, das einen Inlandsempfang ermöglicht, muß ausreichen, § 811 a.
S auch Rn 18, 19 „Fernsehgerät".

Staubsauger: Ein Staubsauger ist grds nach Z 1 unpfändbar, insbesondere beim Vorhandensein von Teppichboden, aM AG Wiesb DGVZ **93**, 258 (bei nur 20 qm), AG Jülich DGVZ **83**, 62 (aber Raumpflege dient wesentlich auch der Gesundheit).

Stereoanlage: Neben einem unpfändbaren Fernsehgerät ist eine Stereoanlage *meist pfändbar*, VGH Mannh NJW **95**, 2804.
S auch Rn 18, 19 „Fernsehgerät", Rn 23 „Rundfunkgerät".

Telekommunikationssendgerät: Es kann nach Z 1 unpfändbar sein, Schnittmann DGVZ **94**, 51.

Tiefkühlgerät: Ein Tiefkühlgerät ist *grds nicht* nach Z 1 unpfändbar, LG Kiel DGVZ **78**, 115, AG Itzehoe DGVZ **84**, 30. Das gilt selbst dann, wenn der Schuldner gehbehindert ist, jedoch einen Kühlschrank besitzt, AG Paderb DGVZ **79**, 27.
S aber auch Rn 22 „Kühlschrank".

Uhr: Eine Uhr ist meist nach Z 1 unpfändbar. Das gilt auch für eine kostbare Armbanduhr, Mü DGVZ **83**, 140 (freilich kommt dann eine Austauschpfändung in Betracht).

Videogerät. Es ist nur dann unpfändbar, wenn es dem Erwerb dient, AG Essen DGVZ **98**, 30.

Waschmaschine: Eine Waschmaschine ist grds nach Z 1 unpfändbar, weil sie heute zum Bestandteil fast jedes Haushalts gehört. Das gilt auch aus hygienischen Gründen, LG Bln RR **92**, 1038, Schneider DGVZ **80**, 177, ZöStö 15, aM AG Bln-Schöneb DGVZ **90**, 15 (beim 2-Personen-Haushalt könne der Schuldner eine Wäscherei oder einen Waschsalon benutzen. Das wird aber meist nicht nur teurer und zeitraubender, sondern kann weniger hygienisch usw sein).

Wäsche: Haushaltswäsche ist grds nach Z 1 unpfändbar, auch soweit sie nicht ständig benutzt wird.

Wäscheschleuder: Eine Wäscheschleuder ist nach Z 1 unpfändbar, soweit es sich um eine zahlreiche Familie handelt und soweit sonst nur beschränkte Trocknungsmöglichkeiten bestehen. Zum Problem Schneider/Becher DGVZ **80**, 180.

Wasserenthärtungsanlage: Eine Wasserenthärtungsanlage ist grds nach Z 1 unpfändbar, AG Schlesw DGVZ **77**, 63 (großzügig).

Wochenendhaus: Rn 24.

Wohnboot: Rn 24.

Wohnlaube: Rn 24.

Wohnwagen: Rn 24.

D. Erweiterung von I Z 1. In Erweiterung von Z 1 sind folgende Sachen unpfändbar: Ein Gartenhaus; **24** eine Wohnlaube und eine ähnliche Wohnzwecken dienende Einrichtung wie ein Behelfsheim, ein Wohnwagen oder ein Wohnboot. Voraussetzung der Unpfändbarkeit ist in einem solchen Fall, daß diese Einrichtung der Zwangsvollstreckung in das bewegliche Vermögen unterliegt, daß sie also nicht zum Grundstücksbestandteil nach § 864 Rn 3 geworden ist. Der Schuldner und seine Familie muß die Einrichtung nicht nutzen, sondern er muß sie zu seiner ständigen Unterkunft auch benötigen, Zweibr Rpfleger **76**, 329 (der Wert ist dann unerheblich, ZöStö 16, aM LG Brschw DGVZ **75**, 25). Ein Raum, den der Schuldner nur gelegentlich neben einer anderen Unterkunft benutzt, etwa ein bloßes Wochenend- oder Ferienhaus, ist pfändbar. Stets kann eine Austauschpfändung nach §§ 811 a, b in Betracht kommen.

11) Nahrungsmittel usw, I Z 2. Zum Begriff der Familie Rn 15. Hierher gehören nur solche Hausangehörige, die im Haushalt helfen, also auch zB Pflegekinder und Hausangestellte, unabhängig von einer **25** Unterhaltspflicht des Schuldners, weder ein Hauslehrer noch ein Auszubildender noch ein kaufmännisches Personal. Nahrungs-, Feuerungs- und Beleuchtungsmittel sind für 4 Wochen unpfändbar. Wenn sie fehlen, muß der Gerichtsvollzieher dem Schuldner einen entsprechenden Geldbetrag belassen. Die Möglichkeit einer Beschaffung auf einem anderen Weg ist dagegen gesichert, wenn eine bestimmte Zahlung von Lohn, Gehalt usw unmittelbar bevorsteht und zur Beschaffung ausreicht. Die Bedürfnisse eines Gewerbebetriebs scheiden bei der Bemessung der Menge aus. Wegen der lebenden Tiere Z 3. Ungeerntete Früchte fallen unter § 810. Z 2 gilt auch in einem solchen Fall. Zum Holz Z 4. Ein Anspruch auf die Lieferung einer gattungsmäßig bestimmten Sache, etwa von „Lebensmitteln", fällt nicht unter Z 2. Ebensowenig gehören Miete und Kleidung hierher. Wegen der Besonderheiten für Landwirte Z 4, für landwirtschaftliche Arbeitnehmer Z 4 a.

12) Kleintier, Milchkuh usw, I Z 3. Kleintiere sind Kaninchen, Geflügel, Milchkuh ist eine Kuh, die **26** regelmäßig Milch gibt, wenn auch nicht gerade jetzt. Statt der Milchkuh kann der Schuldner zwei Schweine, zwei Ziegen oder zwei Schafe wählen. Leihvieh kann das eigene Vieh pfändbar machen. Wenn er nicht wählt, dann wählt für ihn der Gerichtsvollzieher. Wegen des Geldbetrags usw Rn 25. Die Tiere müssen für die Ernährung des Schuldners usw erforderlich sein. Auch die Futter- und Streuvorräte müssen erforderlich sein. Die Praxis versteht unter dem Betriff der Erforderlichkeit einen geringen Grad der Unentbehrlichkeit.

§ 811 Buch 8. Abschn. 2. ZwV wegen Geldford.

Eine bloße Zweckbestimmung reicht aber nicht aus. Zum Begriff der Familie Rn 15. Anders als bei Z 2 sind bei Z 3 nicht nur diejenigen Hausangehörigen inbegriffen, die im Haushalt helfen, sondern auch diejenigen, die in der Landwirtschaft oder im Gewerbe mitarbeiten, also zB auch ein Auszubildender, ein Handwerksgeselle usw. Der Schuldner braucht aber nicht Landwirt zu sein. Wegen Hunde und anderer Haustiere § 811 c. Zur Abgrenzung von Z 3 und 4 LG Rottweil MDR **85**, 1035.

27 **13) Landwirt, I Z 4.** Die Abgrenzung folgt dem Schutzzweck.

A. Zweck, dazu *Noack* JB **79**, 649: Grundgedanke von Z 4 ist, die Wirtschaft als Ganzes zu erhalten, LG Rottweil MDR **85**, 1035, unabhängig davon, ob sie im Hauptberuf oder im Nebenberuf betrieben wird. Auf dieser Basis muß man beurteilen, welches Gerät, Vieh und welcher Dünger zum Wirtschaftsbetrieb erforderlich sind. Eine im Zeitpunkt der Pfändung bestehende Betriebsweise gibt die Richtschnur. Der Gerichtsvollzieher darf dem Schuldner nur dasjenige belassen, was der Schuldner unmittelbar im Betrieb verwendet. Der Schuldner darf an landwirtschaftlichen Erzeugnissen auch das behalten, was er braucht, um sich, seine Familie nach Rn 15 und seine Arbeitnehmer zu unterhalten. Der Schuldner darf ferner den Verkaufserlös aus landwirtschaftlichen Erzeugnissen behalten, die für die Aufrechterhaltung einer geordneten Wirtschaftsführung unentbehrlich sind, § 851 a. Was allerdings ohne eine solche Zweckbindung des Erlöses ohnehin verkauft werden soll, kann pfändbar sein, LG Kleve DGVZ **80**, 39, AG Worms DGVZ **84**, 127. Das sachlichrechtliche Pfandrecht des Verpächters erstreckt sich bei der Landpacht nur auf die in Z 4 genannten unter den sonst unpfändbaren Sachen, § 592 S 3 BGB. Eine Sache nach Z 4 gehört zur Insolvenzmasse, § 36 II Z 2 InsO.

28 **B. Begriffe.** Landwirte sind Personen, die zur Zeit der Vollstreckung tatsächlich ausschließlich oder nebenbei eine Landwirtschaft betreiben, AG Schopfheim DGVZ **76**, 62, auch als Nießbraucher oder Pächter, geschäftlich oder zum Vergnügen. Landwirtschaft ist jede erwerbsmäßige Bearbeitung eigenen oder fremden Bodens, LG Oldb DGVZ **80**, 170. Z 4 schützt auch den ausländischen Landwirt. Das Pfandrecht des Verpächters ist nicht an die Grenze der Z 4 gebunden, § 585 BGB. Z 4 ist auch gegenüber einem Früchtepfandrecht nach § 810 Rn 1, zu beachtlich. Doch muß der Gerichtsvollzieher diese Einschränkung nicht von Amts wegen beachten. Wenn der Landwirt sein Anwesen verkauft hat, schützt Z 4 ihn nicht mehr. Der Schutz dauert aber dann fort, wenn der Landwirt den Verkauf nur zu dem Zweck vorgenommen hat, um sich alsbald eine andere Landwirtschaft zu kaufen. Zum Vieh gehört auch das Zucht-, Milch-, Federvieh, AG Kirchheim/Teck DGVZ **83**, 62, ferner das Mastvieh. Auch ein schlachtreifes Vieh kann zur Fortführung der Wirtschaft notwendig sein. Landwirtschaftserzeugnisse sind die Feldfrüchte, mögen sie abgeerntet sein oder noch auf dem Feld stehen, aber auch forstwirtschaftliche Früchte oder Heizvorräte.

29 Was zur Fortführung der Wirtschaft und zum Unterhalt *notwendig* ist, das richtet sich nach objektiven Gesichtspunkten und nicht nach dem Bedürfnis des Schuldners. Eine Hochdruckheupresse kann unpfändbar sein, LG Oldb DGVZ **80**, 39. Es kommt auf die Betriebsgröße an. Hierher gehören auch diejenigen Erzeugnisse, die der Ernährung der Arbeitskräfte und des Viehs dienen. Man muß von einer vernünftigen landwirtschaftlichen Vorratswirtschaft ausgehen. Der bloße Verkaufszweck bietet auch dann keinen Schutz, wenn der Erlös der Wirtschaftsführung dient, LG Kleve DGVZ **80**, 38. Es muß aber Saatgut und Viehfutter bis zur nächsten Ernte verbleiben, AG Worms DGVZ **84**, 127. Oft muß aber auch an Nahrung genug bis zur neuen Ernte verbleiben. Die Gegenstände der Z 4 sind nach § 98 Z 2 BGB Zubehör des Grundstücks, soweit es sich nicht um Früchte handelt, die für den Wirtschaftsbetrieb nicht erforderlich sind. Deshalb sind diese Gegenstände durch § 865 II schlechthin unpfändbar, soweit sie im Eigentum des Grundstückseigentümers stehen.

30 **C. Beispiele zur Frage der Anwendbarkeit von I Z 4**
Ackerbau: Er gehört zu Z 4, LG Oldb DGVZ **80**, 170.
Ausländer: Auch er kann zu Z 4 gehören.
Baumschule: Sie gehört zu Z 4, AG Elmshorn DGVZ **95**, 12.
Bienenzucht: Sie gehört *grds nicht* zu Z 4, da sie weniger auf der Nutzung von Grund und Boden beruht, LG Oldb DGVZ **80**, 170.
Brennerei: Rn 31 „Technischer Betrieb".
Fischzucht: Sie gehört zu Z 4, Röder DGVZ **95**, 38.
Forstwirtschaft: Sie gehört zu Z 4, LG Oldb DGVZ **80**, 170.
Fuchsfarm: Sie gehört *grds nicht* zu Z 4, da sie weniger auf der Nutzung von Grund und Boden beruht.
Gartenbau: Er gehört zu Z 4, LG Oldb DGVZ **80**, 170.
Geflügelfarm: Sie gehört grds zu Z 4, LG Oldb DGVZ **80**, 170.
Gemüsebau: Er gehört zu Z 4.
Geschäftsmäßiger Betrieb: Ein solcher Betrieb, der nicht auf der Nutzung von Grund und Boden beruht, gehört *nicht* zu Z 4. Vgl bei den einzelnen Stichwörtern.
Hundezucht: Sie gehört *grds nicht* zu Z 4, da sie weniger auf der Nutzung von Grund und Boden beruht.
Legehennenintensivhaltung: Sie gehört *grds nicht* zu Z 4, da sie weniger auf der Nutzung von Grund und Boden beruht.

31 **Mastviehhaltung:** Sie gehört *grds nicht* zu Z 4, da sie weniger auf der Nutzung von Grund und Boden beruht.
Molkerei: Sie gehört *grds nicht* zu Z 4, da diese Stufe der Verarbeitung weniger zur Nutzung von Grund und Boden gehört.
Obstbau: Er gehört zu Z 4, LG Oldenb DGVZ **80**, 170.
Pelztierfarm: Sie gehört *grds nicht* zu Z 4, da sie weniger auf der Nutzung von Grund und Boden beruht.
Pferdezucht: Sie gehört *grds nicht* zu Z 4, da sie weniger auf der Nutzung von Grund und Boden beruht, LG Frankenth MDR **89**, 364, LG Oldb DGVZ **80**, 170.
Soweit der Züchter freilich auch das *Futter* anbaut, ist Z 4 anwendbar, LG Kblz DGVZ **97**, 89.
Tabakbau: Er gehört zu Z 4.
Technischer Betrieb: Er gehört *grds nicht* zu Z 4, da er weniger auf der Nutzung von Grund und Boden beruht, etwa eine Brennerei oder Ziegelei.

Titel 1. Zwangsvollstr. in das bewegl. Vermögen **§ 811**

Viehzucht: Sie gehört grds zu Z 4, LG Bonn DGVZ **83**, 153, LG Oldb DGVZ **80**, 170 (jedoch das zum Wirtschaftsbetrieb erforderliche Vieh), AG Kirchheim DGVZ **83**, 62 (auch das Einzeltier der Herde). Vgl Rn 30 „Bienenzucht", „Legehennenintensivhaltung", Rn 31 „Mastviehzucht", „Pferdezucht".
Weiden-, Wiesenbau: Er gehört zu Z 4.
Weinbau: Er gehört zu Z 4, LG Oldb DGVZ **80**, 170.
Ziegelei: S „Technischer Betrieb".

14) Landwirtschaftlicher Arbeitnehmer, I Z 4 a. Zum Begriff des landwirtschaftlichen Betriebs Rn 28 ff. Doch ist es unerheblich, ob ein technischer Nebenbetrieb vorliegt. Es ist nur beachtlich, ob der Beschäftigte eine Naturalvergütung erhält. Sie braucht nicht aus landwirtschaftlichen Erzeugnissen zu bestehen und nicht aus dem Betrieb des Arbeitgebers zu kommen. Sie ist ohne Rücksicht auf seinen Bedarf unpfändbar, soweit sie seine Arbeitsvergütung darstellt. Unpfändbar ist auch dasjenige Vieh, das der Schuldner von seiner Naturalvergütung ernährt, soweit dieses Vieh ebenfalls dem Unterhalt des Schuldners und seiner Familie dient, Rn 15. Es ist unerheblich, wo sich die Vergütung und das Vieh befinden. Es kommt nur darauf an, ob die Vergütung und das Vieh dem Beschäftigten gehören und nicht etwa im Eigentum des Dienstherrn oder eines Dritten stehen. Der Anspruch auf Vergütung fällt unter § 850 e Z 3. **32**

15) Persönliche Leistung, I Z 5. Die Praxis verfährt oft zu streng. **33**
A. Zweck. Z 5 schützt alle diejenigen Personen, die durch ihre persönliche selbständige oder abhängige Leistung ihren Erwerb finden, mag diese Leistung körperlich oder geistig sein, mag der Schuldner sie allein oder mit einigen Helfern erbringen, AG Köln RR **03**, 988. Der Gegensatz zur persönlichen Leistung ist eine Arbeitsweise durch den Einsatz eines Kapitals, LG Ffm RR **88**, 1471, AG Dortm DGVZ **88**, 158, AG Sinzig RR **87**, 757, zB grundsätzlich bei Vollkaufmann, § 4 HGB, zB bei einer GmbH, AG Düss DGVZ **91**, 175 (selbst wenn der Geschäftsführer und Alleingesellschafter mitarbeitet), es sei denn, daß es sich um einen im wesentlichen allein arbeitenden Handelsvertreter handelt. Kapitaleinsatz kann auch dann vorherrschen, wenn auch eine Arbeitsleistung hinzutritt, LG Düss DGVZ **85**, 74, LG Lübeck DGVZ **82**, 78, LG Oldb DGVZ **80**, 170. Z 5 schützt den Kopf- und Handwerker jeder Art. Z 5 schützt auch den Selbständigen, AG Köln RR **03**, 988. Geschützt wird auch derjenige, der mit einem Kapital arbeitet, soweit seine persönliche Arbeit und nicht die Ausnutzung des Kapitals die Hauptsache ist, LG Hbg DGVZ **84**, 26, AG Schweinf JB **77**, 1287.

Es ist unerheblich, ob der Betrieb eingeschränkt werden könnte. Denn jeder Betrieb kann eingeschränkt werden. Unerheblich ist, ob der Schuldner die persönliche Leistung im Haupt- oder *Nebenberuf* erbringt, LG Rottweil DGVZ **93**, 58, AG Karlsr DGVZ **89**, 141, aM LG Regensb DGVZ **78**, 45. **34**

Es ist ferner unerheblich, ob der Betrieb schon *Einnahmen* erbringt, sondern er schon besteht oder baldige Einnahmen verspricht, AG Ibbenbüren DGVZ **01**, 30. Es ist unerheblich, ob der Beruf oder Geschäft vorübergehend schlecht gehen, AG Neuwied DGVZ **98**, 174, oder ob sie ruhen, LG Wiesb DGVZ **97**, 59, solange keine längere Pause eintritt, etwa durch Krankheit oder Haft. Die Mitarbeit eines Gehilfen macht die Arbeit des Chefs nicht zu einer kapitalistischen. Bei mehreren Mitarbeitern kann der Schutz aufhören, Hbg DGVZ **84**, 57. Ein Maler braucht ein Modell, ein Schriftsteller eine Schreibhilfe. Geschützt ist auch der Erwerber, zB der Vermögensübernehmer, wenn die Voraussetzungen der Z 5 auch bei ihm persönlich vorliegen. Wenn allerdings ein kaufmännischer Warenvertrieb zB beim mittleren oder größeren Einzelhändler überwiegt, ist Z 5 unanwendbar, LG Ffm RR **88**, 1471. Wegen eines kleineren Einzelhändlers Rn 35. Das gilt auch dann, wenn der Schuldner ihn auf einen Handwerksbetrieb umstellen will oder muß, solange das noch nicht geschehen ist.

B. Beispiele zur Frage des persönlichen Geltungsbereiches von I Z 5 **35**
Anwalt: Er fällt unter Z 5.
Architekt: Er fällt unter Z 5, LG Ffm DGVZ **90**, 58.
Arzt: Er fällt unter Z 5, AG Köln RR **03**, 988.
Auszubildender: Er fällt unter Z 5, AG Heidelb DGVZ **89**, 15.
Bauunternehmer: Er fällt unter Z 5, soweit seine persönliche Arbeit die Hauptsache ist, Rn 33.
Buchführungshelfer: Er kann zwar unter Z 5 fallen, muß aber nachvollziehbar darlegen und glaubhaft machen, für wen er tätig ist usw, LG Hagen DGVZ **95**, 41.
Drucker: Er fällt unter Z 5, soweit seine persönliche Arbeit die Hauptsache ist, Rn 33, LG Hbg DGVZ **84**, 26.
Fabrikarbeiter: Er fällt unter Z 5.
Förster: Er fällt unter Z 5, Schlesw DGVZ **78**, 11.
Fotograph: Er fällt unter Z 5, AG Melsungen DGVZ **78**, 92.
Frachtführer: S „Minderkaufmann".
Gärtner: Er fällt unter Z 5, Schlesw DGVZ **78**, 11.
Gastwirt: Er fällt unter Z 5, soweit er wesentlich selbst bedient, AG Horbach DGVZ **89**, 78, AG Karlsr DGVZ **89**, 141. Bei nur geringem Umsatz ist aber nur *ein* Pkw zur Speiseauslieferung unpfändbar, AG Osterrode DGVZ **03**, 28.
Gehilfe: Rn 34.
Gelehrter: Er fällt unter Z 5.
Geschäftsausstattung: Sie fällt *nicht* unter Z 5, AG Plön JB **02**, 607.
Geselle: Er fällt unter Z 5.
Gesellschaft: Sie fällt unabhängig von ihrer Rechtsform unter Z 5, soweit die persönliche Leistung der Gesellschafter den Umsatz bestimmt, insbesondere bei einem Gewerbebetrieb, AG Günzburg DGVZ **76**, 95. Das gilt zB: Bei der BGB-Gesellschaft; bei der Offenen Handelsgesellschaft, Kommanditgesellschaft, GmbH, App DGVZ **85**, 97.
Handwerker: Er fällt unabhängig von einer Eintragung in der Handwerksrolle unter Z 5, soweit er selbst körperlich mitarbeitet.
Journalist: Er fällt unter Z 5.

§ 811

Kellner: Er fällt unter Z 5.
Künstler: Er fällt unter Z 5.
Ladeneinrichtung: Sie kann bei einem kleinen Geschäft ausnahmsweise unter Z 5 fallen, LG Lübeck DGVZ **02**, 185.
Minderkaufmann: Er fällt unter Z 5, soweit er selbst arbeitet, etwa im Laden, AG Köln **92**, 47, oder als Frachtführer oder Hausierer.
Notar: Er fällt unter Z 5.
Rechtsanwalt: S „Anwalt".
Referendar: Er fällt unter Z 5.
Schausteller: Er fällt unter Z 5, AG Hann DGVZ **75**, 15 (auch zu den Grenzen).
Schmuckhändler: Der Schmuck ist *pfändbar,* die Ladeneinrichtung nicht, AG Gießen DGVZ **98**, 30.
Schriftsteller: Er fällt unter Z 5.
Schrotthändler: Er fällt unter Z 5, soweit seine persönliche Arbeit die Hauptursache ist, Rn 33, AG Schweinf JB **77**, 1287.
Schüler: Er fällt unter Z 5, AG Heidelb DGVZ **89**, 15.
Steuerberater: Er fällt unter Z 5, AG Essen DGVZ **98**, 94.
Student: Er fällt unter Z 5, AG Heidelb DGVZ **89**, 15.
Taxibesitzer: Er fällt unter Z 5, auch wenn er einen Gehilfen hat, solange er auch noch selbst fährt, vgl Hbg DGVZ **84**, 57 (nicht mehr bei mehreren Fahrern).
Techniker: Er fällt unter Z 5.
Transportunternehmer: Er fällt unter Z 5, soweit seine persönliche Arbeit die Hauptursache ist, Rn 33.
Warenbestand: Er fällt *grds nicht* unter Z 5, LG Kassel JB **96**, 215, AG Plön, JB **02**, 607. Eine Ausnahme kann bei einem kleinen Ladengeschäft bestehen, LG Lübeck DGVZ **02**, 185.
Werkmeister: Er fällt unter Z 5.
Wechselgeld: Es fällt unter Z 5 zumindest bei einem kleinen Ladengeschäft, LG Lübeck DGVZ **02**, 185.
Zahntechniker: Er fällt unter Z 5.
Zimmervermieter: Er fällt unter Z 5, soweit er persönliche Arbeit beim Bedienen und Reinigen usw leistet, LG Bln DGVZ **76**, 71, aM ThP 22.

36 **C. Erforderlichkeit zur Erwerbstätigkeit.** Unpfändbar sind alle diejenigen Sachen, die zur Fortsetzung der Erwerbstätigkeit erforderlich sind, sofern diese dem Schuldner rechtlich zustehen, AG Köln RR **03**, 988. Eine Unentbehrlichkeit in einem strengen Sinn braucht nicht vorzuliegen, Rn 15, AG Brühl DGVZ **00**, 127, FG Köln DGVZ **01**, 11, zu streng AG Düss DGVZ **88**, 125. Der Gerichtsvollzieher darf dem Schuldner nichts Überflüssiges belassen. Er darf dem Schuldner aber auch nicht nur den kümmerlichsten Bedarf lassen. „Zur Fortsetzung dieser Erwerbstätigkeit" bedeutet: so, wie diese Erwerbstätigkeit bisher ausgeübt worden ist, einschließlich einiger Gehilfen und so, daß eine ausreichende Ertragsmöglichkeit bestehen bleibt, LG Regensb DGVZ **78**, 45, und zwar auch eine Konkurrenzfähigkeit, LG Ffm DGVZ **90**, 58. Der Gerichtsvollzieher muß die Branche berücksichtigen, ferner die technische Entwicklung, AG Bersenbrück DGVZ **90**, 78, zu eng AG Heidelb DGVZ **89**, 15 (ein Computer zur Examensvorbereitung sei pfändbar; abl auch Paulus DGVZ **90**, 152), eine Behinderung des Schuldners, LG Kiel SchlHA **84**, 75, und eine Konkurrenz, LG Bochum DGVZ **82**, 44, LG Hbg DGVZ **84**, 26, AG Melsungen DGVZ **78**, 92. Ein Gelehrter von Rang und Ruf braucht im allgemeinen eine andere Bibliothek (einschließlich der Möbel, LG Hildesh DGVZ **76**, 27) als ein Unterhaltungsschriftsteller.

37 Es ist erforderlich, daß ein *Wegfall* der Sachen den bisherigen Betrieb nach der Art seiner bisherigen Ausübung grundlegend verändern würde, AG Heidelb DGVZ **89**, 15 (aber das wäre gerade im dortigen Fall die Folge). Es genügt nur ausnahmsweise, daß die Sachen nur für einen Gehilfen unentbehrlich sind. Es schadet nicht, daß eine Maschine nur mit fremder Hilfe betrieben werden kann. Bei einer Gütergemeinschaft gehört der Erwerb der anderen Ehegatten zum Gesamtgut. Deshalb muß man den Erwerb des anderen Ehegatten auch bei einer Pfändung berücksichtigen, die sich gegen den verwaltenden Ehegatten richtet. Wenn der Schuldner seinen Gewerbebetrieb vorher nicht persönlich betrieben hat, dann muß ihm der Gerichtsvollzieher so viel belassen, daß der Schuldner den Gewerbebetrieb in Zukunft persönlich betreiben kann, falls er dazu überhaupt in der Lage und bereit ist.

38 Zur *Fortsetzung* der Erwerbstätigkeit muß nach dem Gesetzeszweck auch dasjenige gehören, was zu einer unmittelbar bevorstehenden Aufnahme eines unter Z 5 fallenden Berufes notwendig ist. Maßgeblich ist der Entscheidungszeitpunkt, LG Bad Kreuznach DGVZ **00**, 140. Wenn der Schuldner bereits eine Erwerbsquelle hat, dann ist das pfändbar, was nur zu einem zusätzlichen Einkommen führt, LG Regensb DGVZ **78**, 46 (der Schuldner besitzt neben einer Gastwirtschaft ein Weinhaus). Andererseits kann auch bei bloßem Nebenerwerb Unpfändbarkeit eintreten, AG Itzehoe DGVZ **96**, 44. Der Wert der Sachen ist unerheblich. Der Gerichtsvollzieher und nicht der Schuldner wählt aus, welche Sachen der Schuldner behalten darf.

39 **D. Beispiele zur Frage der Unpfändbarkeit nach I Z 5.** Man bedenke, daß jeder Fall anders liegt. Bei der Verwertung ist Vorsicht geboten.
Anrufbeantworter: Ein Anrufbeantworter kann nach Z 5 unpfändbar sein, soweit er für einen reibungslosen Betriebsablauf wichtig ist, LG Düss DGVZ **86**, 45.
S aber auch Rn 44 „Wählapparat".
Arbeitskleidung: Kleidung dürfte meist nach Z 5 unpfändbar sein, soweit sie zur Arbeit notwendig oder doch ratsam und zweckmäßig ist.
Ausstellungsstück: Ein Ausstellungsstück kann nach Z 5 unpfändbar sein, zB bei einem Küchenstudio, soweit es auch der Beratung und Planung dient, LG Saarbr DVGZ **88**, 158.
Bauwerk: Soweit überhaupt eine Mobiliarpfändung statthaft ist, kann ein Bauwerk nach Z 5 unpfändbar sein, soweit sich in ihm ein Geschäftsraum befindet und daher mangels Wohnzwecks Z 1 nicht hilft.
Bräunungsgerät: Rn 42 „Sonnenbank".
Buch: Die Bücher einer Mietbücherei können *pfändbar* sein.

Titel 1. Zwangsvollstr. in das bewegl. Vermögen **§ 811**

Computer dazu *Roy/Palm* NJW **95**, 690 (Üb): Ein Computer (Hard- wie Software) kann nach Z 5 unpfändbar sein, soweit man ihn persönlich benötigt, zB zum Studium, AG Essen DGVZ **98**, 94, und zum Examen, Paulus DGVZ **90**, 152, aM AG Heidelb DGVZ **89**, 15, AG Kiel JB **04**, 334, oder zum Beruf, LG Heilbr MDR **94**, 405, AG Bersenbrück DGVZ **90**, 78.

Pfändbarkeit kommt in Betracht, soweit der persönliche Einsatz des Schuldners hinter demjenigen anderer Arbeitskräfte an diesem Gerät zurücktritt, Hbg DGVZ **84**, 57, LG Kblz JB **92**, 265, AG Steinfurt DGVZ **90**, 62, aM LG Hildesh DGVZ **90**, 31, AG Holzminden DGVZ **90**, 30. Maßgeblich ist der Entscheidungszeitpunkt, LG Bad Kreuznach DGVZ **00**, 140.

Diktiergerät: Ein Diktiergerät kann nach Z 5 unpfändbar sein, zB bei einem Anwalt oder bei einem sonstigen Freiberufler. Das gilt natürlich auch für das zugehörige Taschen-Aufnahmegerät und für das Abspielgerät der Sekretärin.

Drehsessel: Ein Spezial-Drehsessel eines Behinderten ist grds nach Z 5 unpfändbar, LG Kiel SchlHA **84**, 76.

Ehegatte: Unpfändbar ist dasjenige, was der Ehepartner des Schuldners für die ihm abgetretene Firma braucht, LG Augsb DGVZ **03**, 103.

Eigentumsvorbehalt: Rn 6, 7.

Fahrrad: Ein Fahrrad kann nach Z 5 unpfändbar sein, soweit der Schuldner es zum Erreichen der Arbeitsstelle oder zum Aufsuchen von Kundschaft braucht. 40

Falzautomat: Er kann nach Z 5 unpfändbar sein, zB bei einem Drucker, LG Hbg DGVZ **84**, 26.

Fernsehgerät: Ein Fernsehgerät kann nach Z 5 unpfändbar sein, zB in einer Gastwirtschaft, die gerade wegen dieses Geräts einen gewissen Zulauf hat.

Fotogerät: Ein oder mehrere Vergrößerungsgeräte sowie der übliche Vorrat an Fotopapier können bei einem Fotografen nach Z 5 unpfändbar sein, AG Melsungen DGVZ **78**, 92.

S aber auch „Kinovorführgerät".

Halbfertigerzeugnis: Ein Halbfertigprodukt kann nach Z 5 unpfändbar sein, Noack DB **77**, 195.

S auch Rn 42 „Rohmaterial", Rn 44 „Ware".

Hochdruckreiniger: Ein Hochdruckreiniger kann nach Z 5 unpfändbar sein, zB in einer Kraftfahrzeugwerkstatt, LG Bochum DGVZ **82**, 44, oder in einem Firma für Gebäudereinigungen.

Hochwertiges Gerät: Soweit es sich um besonders hochwertiges Gerät handelt, kommt eine Pfändbarkeit nach Z 5 eher als bei einfachem in Betracht, schon wegen der etwaigen Austauschbarkeit nach §§ 811 a, b. Das gilt zB bei einem Schausteller, AG Hann DGVZ **75**, 75.

Hundezucht: Die Zuchthunde können auch dann unpfändbar sein, wenn die Zucht Nebenerwerb ist, AG Itzehoe DGVZ **96**, 44.

Kassenpfändung: Rn 44 „Wechselgeld".

Kinovorführgerät: Das Vorführgerät in einem Kino kann *pfändbar* sein, soweit das investierte Kapital die persönliche Leistung (wie meist) überwiegt.

Klavier: Ein Klavier kann nach Z 5 unpfändbar sein, zB in einem Kabarett oder in einer Gastwirtschaft, soweit der Besitzer oder Wirt den persönlichen Schutz genießt, Rn 35. Es ist dann unerheblich, ob der Schuldner das Klavier selbst spielt.

S auch Rn 42 „Musikinstrument".

Kleidung: Rn 39 „Arbeitskleidung".

Kopierapparat: Ein Kopiergerät kann nach Z 5 unpfändbar sein, zB bei einem Architekten, LG Ffm DGVZ **76**, 58, oder bei einem sonstigen Freiberufler.

Kraftfahrzeug: Es kann nach Z 5 unpfändbar sein, LG Hagen DGVZ **95**, 121, LG Stgt DGVZ **05**, 42, AG 41 Waldbröhl DGVZ **98**, 158, und zwar einschließlich der Kennzeichen, AG Bad Sobernheim DGVZ **98**, 173. Es können auch ein Pkw *und* ein Kleinbus usw danach unpfändbar sein, AG Brühl DGVZ **00**, 127.

Das gilt zB: Bei Lohnfahrten eines unter Z 5 fallenden Schuldners, Rn 35, AG Karlsr DGVZ **89**, 141; bei Kundenbesuchen des Handelsvertreters; bei Warenlieferungen, etwa des Gastwirts, AG Bersenbrück DGVZ **92**, 140, AG Mönchengladb DGVZ **77**, 95, oder des Gärtners, Schlesw DGVZ **78**, 11; beim Kfz der Alleinerziehenden, den sie braucht, um ihr Kind zum Kinderheim zu bringen, LG Tüb DGVZ **92**, 137; beim Leichenwagen des Bestatters, BGH BB **93**, 324.

Pfändbar sein kann ein Pkw zB dann, wenn der Schuldner zumutbar auch ein öffentliches Verkehrsmittel benutzen kann, LG Stgt DGVZ **96**, 121, oder wenn es um den unbrauchbar gewordenen Wagen eines Reisenden geht, selbst wenn dieser seinen Erlös zum Ankauf eines anderen Wagens verwenden will. Pfändbar ist ferner zB: Pkw des Ehegatten des Schuldners, aM Hamm MDR **84**, 855, LG Siegen DGVZ **85**, 154 (aber die Familie wird nur von Z 1 geschützt); ein Pkw, der nur einer bloßen Trainingsmaßnahme des Arbeitsamts dient, AG Dülmen MDR **01**, 772 (freilich Grenzfall); ein Pkw, der nur geringfügiger Gelegenheitsarbeit dient, AG Mannh DGVZ **03**, 124.

S auch Rn 44 „Werkstatt".

Lkw: Rn 41 „Kraftfahrzeug". 42

Motorrad: Es gelten dieselben Regeln wie beim Fahrrad, Rn 40.

Musikinstrument: Ein beruflich benötigtes Musikinstrument kann nach Z 5 unpfändbar sein.

S auch Rn 40 „Klavier".

Pferdezucht: Rn 44 „Zuchtstute".

Pkw: Rn 41 „Kraftfahrzeug".

Röntgenanlage: Eine Röntgenanlage kann nach Z 5 unpfändbar sein, zB beim Zahnarzt, wenn er keine Gelegenheit hat, Aufnahmen ohne besondere Umstände an demselben Ort machen zu lassen. Es wäre auch ein rufschädliches Aufsehen bei den Patienten durchweg unzumutbar.

Rohmaterial: Rohmaterial kann nach Z 5 unpfändbar sein, LG Düss DGVZ **85**, 74.

S auch Rn 40 „Halbfertigerzeugnis", Rn 44 „Ware".

Schnellwaage: Die Schnellwaage usw eines Kleingewerbetreibenden kann nach Z 5 unpfändbar sein.

Schreibmaschine: Eine Schreibmaschine kann nach Z 5 unpfändbar sein, zB bei einem Schriftsteller oder bei einem Agenten mit einem größeren Kundenkreis.

§ 811

Sonnenbank: Eine Sonnenbank kann *pfändbar* sein, zB im Betrieb eines Bräunungsstudios, LG Oldb DGVZ **93**, 12.
Stutenzucht: Rn 44 „Zuchtstute".
Telekommunikationsendgerät: Es kann nach Z 5 unpfändbar sein, Schmittmann DGVZ **94**, 51.
S auch Rn 39 „Anrufbeantworter", Rn 43 „Wählapparat".
Teppich: Ein oder mehrere Orientteppiche sind im Büro eines Anlageberaters *meist pfändbar*, AG Mü DGVZ **95**, 11.
Tier: Vgl § 811 c.

43 **Tonaufzeichnungsgerät:** Ein Tonbandgerät usw kann nach Z 5 unpfändbar sein, zB in einem Tonstudio.
Vergrößerungsgerät: Rn 40 „Fotogerät".
Videogerät: Ein Videorecorder kann *pfändbar* sein, zB im Wohnzimmer eines Kfz-Sachverständigen, der auch nicht mit einer Videokamera arbeitet, AG Düss DGVZ **88**, 125. Videokassetten können pfändbar sein, etwa der Vorrat bei Video-Einzelhändler, LG Augsb DGVZ **89**, 138, LG Ffm RR **88**, 1471, AG Dortm DGVZ **88**, 158.
S aber auch Rn 44 „Ware".
Vorrat: Rn 43 „Ware".
Wählapparat: Ein Wählapparat kann *pfändbar* sein, AG Neuss DGVZ **86**, 44.
S aber auch Rn 39 „Anrufbeantworter".

44 **Ware:** Die Ware, also auch ihr Vorrat, können nach Z 5 unpfändbar sein, Celle DGVZ **99**, 26, LG Lüb DGVZ **82**, 79, Winterstein DGVZ **85**, 87, zB beim Hausierer, der die Ware der Kundschaft zeigt; beim kleinen Gastwirt (besonderer Biervorrat).
Pfändbar sein können aber zB: Der Stoffvorrat eines Schneiders, soweit ein begrenzter Mindestbedarf überschritten ist; das Warenlager eines größeren Einzelhändlers, LG Cottbus JB **02**, 548, LG Düss DGVZ **85**, 74, LG Gött DGVZ **94**, 90.
S auch Rn 40 „Halbfertigerzeugnis", Rn 42 „Rohmaterial", aber auch Rn 43 „Videogerät".
Wechselgeld: Wechselgeld kann nach Z 5 unpfändbar sein, Bln DGVZ **79**, 43, Winterstein DGVZ **85**, 87, strenger LG Cottbus JB **02**, 548 (aber das Wechselgeld ist in vernünftigem Umfang nun wirklich unentbehrlich) zum Problem der Kassenpfändung auch AG Horbach DGVZ **89**, 78.
Werkstatt: Die Betriebsmittel können unpfändbar sein, soweit der Wert der Arbeitsleistung ihren Nutzwert übersteigt, LG Augsb DGVZ **97**, 28.
Zeichengerät: Das Zeichengerät eines Architekten kann nach Z 5 unpfändbar sein.
Zirkus: Die zum Betrieb notwendige Ausstattung ist unpfändbar, AG Oberhausen DGVZ **96**, 159.
Zuchthund: Rn 40 „Hundezucht".
Zuchtstute: Eine Zuchtstute kann *pfändbar* sein, LG Oldb DGVZ **80**, 170.

45 **16) Witwe usw des persönlich Arbeitenden, I Z 6.** Hierher gehören nur Witwen und minderjährige Erben der von Z 5 geschützten Personen. Die Erwerbstätigkeit muß ein Stellvertreter für die Rechnung dieser Personen fortführen und nicht etwa neu begründen. Es ist allerdings nicht erforderlich, daß er die Erwerbstätigkeit ganz in der bisherigen Weise fortführt. Die Zwangsvollstreckung muß sich gegen die Witwe und gegen die Erben richten. In einem solchen Fall tritt an die Stelle des Schuldners der Stellvertreter. Es gilt dann alles das, was in Rn 33–44 ausgeführt wurde. Wenn die Hinterbliebenen selbst oder durch ihren Vormund die Erwerbstätigkeit betreiben, dann kann Z 5 anwendbar sein.

46 **17) Dienstkleidungsstück usw, I Z 7.** Die Vorschrift bezweckt eine Sicherung des öffentlichen Dienstes. Sie schützt auch einen Ausländer, jedenfalls aber ein Mitglied der Streitkräfte, Art 10 III Truppenvertrag, SchlAnh III.
A. Sachlicher Geltungsbereich. Bei den geschützten Personen müssen die Sachen zur Ausübung des Berufs erforderlich sein, aM ThP 27 (es reiche aus, daß sie erlaubt seien. Aber Wortlaut und Sinn sind eindeutig, Einl III 39). Hierhin kann auch ein Beförderungsmittel gehören, etwa der Pkw eines Arztes, soweit er noch Hausbesuche macht, aM FG Bre (in der Großstadt könne er öffentliche Verkehrsmittel oder eine Taxe benutzen. Aber es kann zB beim Infarkt um Minuten gehen), oder das Fotokopiergerät des Anwalts, aM LG Bln DGVZ **85**, 142 (aber es ist praktisch unentbehrlich). Eine Gesellschaftskleidung ist nur dann eine angemessene Kleidung, falls ihr Träger zur Wahrung seiner Stellung im Beruf an Gesellschaften teilnehmen muß. Übrigens fallen diese Personen jetzt regelmäßig auch unter Z 5. Einzelheiten Weimar DGVZ **78**, 184.

47 **B. Persönlicher Geltungsbereich.** Geschützt werden Personen jeder Art, die eine Dienstkleidung und Ausrüstungsgegenstände haben, also zB Polizeibeamte, Zollbeamte, Justiz- und Gefängniswachtmeister. Nicht geschützt wird etwa ein Privatkraftwagenführer. Er kann freilich nach Z 5 geschützt sein. Nach dem Zweck der Vorschrift müssen die Dienstkleidungsstücke in dem Sinn notwendig sein, daß ihr Träger als Angehöriger eines bestimmten Berufes zum Besitz des Kleidungsstücks und der Ausrüstungsgegenstands verpflichtet ist. Andernfalls sind die Gegenstände pfändbar. Der Gerichtsvollzieher darf dem Schuldner nur das „Erforderliche" belassen. Geschützt werden ferner die nicht uniformierten öffentlichen Beamten, § 376 Rn 1, 2, der Lehrer, soweit sie an einer öffentlichen oder öffentlich anerkannten Schule unterrichten; Geistliche einer anerkannten Religionsgemeinschaft; Richter; Rechtsanwälte, denen Erlaubnisträger nach § 209 BRAO gleichstehen, § 25 EGZPO; Patentanwälte; Notare, unabhängig davon, ob sie als Beamte oder als Freiberufler tätig sind; in Deutschland approbierte Ärzte, Weimar DGVZ **78**, 184 (ausf), Zahnärzte (nicht wegen ihres Pkw, AG Sinzig RR **87**, 508) und Tierärzte; Hebammen. Dentisten und Naturheilkundige fallen unter Z 5.

48 **18) Person mit wiederkehrenden Einkünften, I Z 8.** Die Vorschrift schützt das in bar ausgezahlte Geld, nicht freilich viel spätere Nachzahlungen, AG Neuwied DGVZ **96**, 127. § 850 k schützt demgegenüber ein Kontenguthaben, Gilleßen-Jakobs DGVZ **78**, 130. Dort weitere Einzelheiten. Außerdem muß man §§ 51–55 SGB I beachten, Grdz 103 vor § 704 „Sozialleistung". Geschützt werden sämtliche Gehalts-,

Titel 1. Zwangsvollstr. in das bewegl. Vermögen § 811

Lohn- und Rentenempfänger der §§ 850 ff, auch solche im Nebenberuf. Der Zweck besteht darin, die Existenz dieser Personen zu sichern. In §§ 850 ff ist bestimmt, welcher Teil des Einkommens unpfändbar ist. Nach diesen Vorschriften muß man den nach Z 8 unpfändbaren Teil im Zusammenhang mit dem nächsten Zahlungstermin berechnen, LG Karlsr DGVZ **88**, 43.

Soweit sich die Pfändungsgrenze nach den *Lohnpfändungsbestimmungen* vermindert, besteht auch kein Schutz nach Z 8. Der Gläubiger kann also einen dem Gehalts- oder Lohnempfänger ausgezahlten Betrag sofort bei diesem pfänden. Dem Schuldner muß man aber genau soviel belassen, als ob der Anspruch gepfändet gewesen wäre. Es gibt vereinzelt Zweifel an der Verfassungsmäßigkeit von Z 8, Hofmann Rpfleger **01**, 113.

Die Vorschrift bezieht sich nur auf Geld. Der *Anspruch* selbst fällt unter die §§ 850 ff. Das Geld braucht kein Gehalt oder Lohn zu sein. Geschützt sind auch: Eine Rente, §§ 51–55 SGB I, aM LG Regensb Rpfleger **79**, 467 (aber auch nicht ein wiederkehrendes Einkommen); eine Zahlung aus einer Ausbildungsförderung, § 19 III BAföG; eine Zahlung aus einer Graduiertenförderung, § 10 III GFG; eine Arbeitslosenunterstützung. Ein Fürsorgedarlehen nach §§ 25, 26 GVG gehört nicht hierher. Vgl § 850 i Rn 9. Wohngeld ist als Sozialleistung weitgehend geschützt, Grdz 115 vor § 704.

19) Apothekengerät usw, I Z 9. Bei ihnen greift mit Rücksicht auf das Interesse der Bevölkerung an einer Apotheke auch die privatrechtliche Erwägung eines besonderen Schutzes des liefernden Eigentümers nicht durch, aM Kotzur DGVZ **89**, 169. Es kommt daher auch nicht auf die Rechtsform des Betriebs an. Apothekengeräte gehören trotz ihrer grundsätzlichen Unpfändbarkeit zur Insolvenzmasse, § 36 II Z 2 InsO. Der Warenvorrat ist zum Teil unpfändbar, Noack DB **77**, 195. **49**

20) Buch, I Z 10. Hierzu zählt stets zB die Bibel, AG Hann DGVZ **87**, 31. Das Buch braucht nicht erforderlich zu sein. Die bloße Zweckbestimmung reicht aus, auch bei einer Schmuckausgabe, AG Bre DGVZ **84**, 157. Der Ort der Benutzung ist beim Vorliegen der übrigen Voraussetzungen nicht entscheidend. Zur Kirche zählt jede nicht verbotene Religionsgemeinschaft. Zur Schule zählen: Jede öffentliche oder private Lehranstalt; eine Fachschule, Hochschule; eine Universität; eine Fortbildungsschule; ein Konservatorium usw. Einen Gebetsteppich zählt AG Hann DGVZ **87**, 31 nicht hierher, aM Wacke DGVZ **86**, 164. **50**

21) Geschäftsbuch usw, I Z 11. Geschäftsbücher sind alles, was Aufzeichnungen über das Geschäft enthält, zB Konto- und Beibücher, Arbeitsbücher usw, aber auch abgeschlossene Bücher oder Kundenkarteien usw, Ffm BB **79**, 137. Geschützt sind nicht nur die Geschäftsbücher eines Kaufmanns, wie der Schutz der Haushaltungsbücher mit Aufzeichnungen über den Haushalt zeigt. Quittungen, Briefwechsel usw stehen den Geschäftsbüchern gleich, soweit diese Urkunden nur Beweisurkunden ohne selbständigen Vermögenswert darstellen. Solches zählt trotz Unpfändbarkeit zur Insolvenzmasse, § 36 II Z 1 InsO. **51**

Zu den *Familienpapieren* gehören die Urkunden über die persönlichen Verhältnisse des Schuldners und seiner Familie, grundsätzlich auch Familienbilder, es sei denn, daß sie sehr entfernte Angehörige zeigen und einerseits einen besonderen Wert, andererseits kein besonderes Familieninteresse haben, ThP 35, aM ZöStö 35. Ein Trauring gilt auch dann als solcher, wenn er gerade nicht getragen wird und wenn die Ehe bereits aufgelöst worden ist. Ein Verlobungsring ist nicht geschützt, ZöStö 35, aM StJM 68. Als Orden und Ehrenzeichen gelten inländische und ausländische staatliche Auszeichnungen, auch soweit sie nach dem Tod des Geehrten bestimmungsgemäß seiner Familie verbleiben. Geschützt wird nur das Original, nicht eine Verkleinerung, eine Nachbildung oder ein Doppelstück.

22) Künstliche Gliedmaßen usw, I Z 12. Geschützt werden alle Hilfsmittel der Krankenpflege, soweit sie erforderlich sind, also nicht in einer übermäßigen Zahl und nicht mehr nach ihrer Ausmusterung. Geschützt sind auch der Rollstuhl des Gebrechlichen; ein Drehsessel, LG Kiel SchlHA **84**, 75; ein Blindenhund usw; evtl sogar ein Pkw, BGH DGVZ **04**, 72, LG Hann DGVZ **85**, 121, strenger Köln Rpfleger **86**, 57, LG Düss DGVZ **89**, 14, AG Neuwied DGVZ **98**, 31 (aber soziale Gerechtigkeit kann die Unpfändbarkeit fordern). **52**

23) Bestattungsbedarf, I Z 13. Geschützt wird nur derjenige Bedarf, der im Haus des Schuldners wegen eines Todesfalls eintritt, der dem Schuldner die Bestattung auferlegt. Geschützt ist auch der Grabstein vor und nach der Beerdigung. Es wäre eine schlechte Auslegung des Gesetzeswortlauts, den Schutz auf die Zeit vor der Bestattung zu beschränken. Das aufgestellte Grabmal ist auch gegen die Forderung des Steinmetzen geschützt, LG Kassel DGVZ **05**, 41, LG Mü DGVZ **03**, 122, AG Mönchengladb DGVZ **96**, 78, aM Köln VersR **91**, 1393, LG Brschw Rpfleger **00**, 462, AG Nürtingen JB **02**, 495 (aber die Pietät des aufgestellten Denkmals im Rahmen der Friedhofsruhe geht vor). **53**

Nicht geschützt sind Gegenstände des *Beerdigungsinstituts* oder von Herstellerfirmen.

24) Weitere Fälle der Unpfändbarkeit. Es gibt zahlreiche solche Situationen. **54**

A. Andere Gesetze. Fälle der Unpfändbarkeit finden sich in vielen Gesetzen. Unpfändbar sind vor allem: Die dem Schuldner bei einer Anschlußpfändung überlassene Summe, § 811 a III; die Barmittel aus einer Miet- oder Pachtforderung gemäß § 851 b I 2; die Fahrbetriebsmittel der Eisenbahn bis zum Unentbehrlichen aus dem Bestand, G v 3. 5. 1886, RGBl 131, und G v 7. 3. 34, RGBl II 91, und für ausländische Eisenbahnen, Art 55 CIM (etwas anderes gilt bei Insolvenz); Originalwerke, die einen Urheberrechtsschutz genießen, wenn nicht der Urheber oder seine Erben der Pfändung zustimmen, ferner Formen, Platten usw, die zur Vervielfältigung eines geschützten Werks der bildenden Künste oder der Photographie dienen, §§ 113, 114, 118, 119 UrhRG; Hochseekabel mit Zubehör, § 31 KabelpfdG v 31. 3. 25, RGBl 37 (etwas anderes gilt bei Insolvenz); Postsendungen, solange sie sich im Postgewahrsam befinden, § 23 PostG v 28. 7. 69, RGBl 1006; ins Hypothekenregister eingetragene Hypotheken und Wertpapiere, es sei denn, daß der Vollstreckungstitel auf Grund eines Anspruchs aus einem Hypothekenpfandbrief ergangen ist, § 34 a HypBankG. Das gilt auch bei einem Geldbetrag, den ein Treuhänder verwaltet. S auch § 5 G v 21. 12. 27, RGBl 492, und § 35 SchiffsbankG, beide idF v 8. 5. 63, BGBl 301, 309. Wegen eines Gartenzwergs Wieser NJW **90**, 1972.

§§ 811, 811a

55 **B. Unverwertbarkeit.** Eine tatsächliche Erweiterung der Unpfändbarkeit liegt vor, soweit eine Verwertungsmöglichkeit fehlt. Das ist zB dann der Fall, wenn eine Veräußerung gesetzwidrig oder verboten wäre, § 126 GVGA, etwa bei einer Aschenurne, Leiche, bei gesundheitsschädlichen Lebensmitteln, verbotenen Lotterielosen.

56 **25) VwGO:** *Entsprechend anwendbar in allen Fällen der Vollstreckung wegen Geldforderungen, Grdz § 803 Rn 16, auch nach § 5 VwVG, § 295 AO, VGH Mannh NJW **95**, 2804 (Stereo-Anlage).*

811a *Austauschpfändung.*

I ¹ Die Pfändung einer nach § 811 Abs. 1 Nr. 1, 5 und 6 unpfändbaren Sache kann zugelassen werden, wenn der Gläubiger vor der Wegnahme der Sache ein Ersatzstück, das dem geschützten Verwendungszweck genügt, oder den zur Beschaffung eines solchen Ersatzstückes erforderlichen Geldbetrag überlässt; ist dem Gläubiger die rechtzeitige Ersatzbeschaffung nicht möglich oder nicht zuzumuten, so kann die Pfändung mit der Maßgabe zugelassen werden, dass dem Schuldner der zur Ersatzbeschaffung erforderliche Geldbetrag aus dem Vollstreckungserlös überlassen wird (Austauschpfändung).

II ¹ Über die Zulässigkeit der Austauschpfändung entscheidet das Vollstreckungsgericht auf Antrag des Gläubigers durch Beschluss. ² Das Gericht soll die Austauschpfändung nur zulassen, wenn sie nach Lage der Verhältnisse angemessen ist, insbesondere wenn zu erwarten ist, dass der Vollstreckungserlös den Wert des Ersatzstückes erheblich übersteigen werde. ³ Das Gericht setzt den Wert eines vom Gläubiger angebotenen Ersatzstückes oder den zur Ersatzbeschaffung erforderlichen Betrag fest. ⁴ Bei der Austauschpfändung nach Absatz 1 Halbsatz 1 ist der festgesetzte Betrag dem Gläubiger aus dem Vollstreckungserlös zu erstatten; er gehört zu den Kosten der Zwangsvollstreckung.

III Der dem Schuldner überlassene Geldbetrag ist unpfändbar.

IV Bei der Austauschpfändung nach Absatz 1 Halbsatz 2 ist die Wegnahme der gepfändeten Sache erst nach Rechtskraft des Zulassungsbeschlusses zulässig.

Gliederung

1) Systematik, I–IV 1	A. Antrag, Zuständigkeit, II 1 7
2) Regelungszweck, I–IV 2	B. Entscheidung, II 1–4 8
3) Geltungsbereich, I–IV 3–6	C. Folgen 9
A. Ersatzstück, I, IV 3	5) Rechtsmittel, I–IV 10, 11
B. Angemessenheit, II 4	A. Verfahren des Gerichtsvollziehers 10
C. Überlassung, I, III 5, 6	B. Verfahren des Rechtspflegers 11
4) Verfahren, I–IV 7–9	6) VwGO 12

1 **1) Systematik, I–IV.** Die Vorschrift wird ergänzt von § 811 b und Teil der Gruppe §§ 811–812. Sie schränkt die Unpfändbarkeit nach § 811 I wieder ein und stellt daher eine bedingte Rückkehr zum Prinzip der Zugriffsmöglichkeit des Gläubigers auf das gesamte Schuldnervermögen dar, Grdz 23 vor § 704. Grundsätzlich ist der Wert einer unpfändbaren Sache bedeutungslos. Denn diese Sache erhält nur wegen ihres Verwendungszwecks Schutz. § 811 b regelt eine besondere Art der Austauschpfändung, § 811 c regelt die sog Vorwegpfändung. Eine Austauschpfändung ist nur bei einer Sache der in § 811 I Z 1, 5 oder 6 genannten Art zulässig, also zB nicht bei einer nach § 811 I Z 10 geschützten Sache, AG Bre DGVZ **84**, 157. Soweit eine Sache zwar unter § 811 I Z 1, 5 oder 6 fällt, zugleich aber auch unter eine weitere Ziffer des § 811 I fällt, bleibt sie unpfändbar, aM Köln RR **86**, 488 (aber Wortlaut und Sinn von I 1 sind klar begrenzt, Einl III 39).

2 **2) Regelungszweck, I–IV.** Er besteht in einer bedingten Stärkung des Gläubigers trotz eigentlich vorhandener Unpfändbarkeit. Um Unbilligkeiten zu vermeiden, kann der Gläubiger durch eine Austauschpfändung eine wertvollere, an sich unpfändbare Sache ausnahmsweise pfändbar machen, LG Mainz RR **88**, 1150, Pardey DGVZ **89**, 54. Die Vorschrift läßt aber den Funktionsschutz des Schuldnerguts bestehen. Sie beseitigt nur einen überhöhten Wertschutz. Auch beim Wert der zum Austausch dem Schuldner zur Verfügung zu stellenden Sache darf man nicht einfach aus reiner Kostbarkeit ein wahres Schundstück machen. Denn seine Brauchbarkeit kann geringer sein als dieser Schuldner sie trotz aller Zwangsvollstreckung gegen sich dann doch verständigerweise braucht. Das gilt vielleicht auch deshalb, weil er seine Schulden bei gerade auch diesem Gläubiger dann eher nach und nach ganz abzahlen kann. Auch § 811 verlangt und erlaubt keine Verelendung.

3 **3) Geltungsbereich, I–IV.** Es müssen die folgenden Voraussetzungen im Zeitpunkt der Pfändung vorliegen.

A. Ersatzstück, I, IV. Der Gläubiger muß dem Schuldner ein neues oder gebrauchtes Ersatzstück überlassen, das dem geschützten Verwendungszweck genügt. Wenn das Stück nicht von derselben Art ist, reicht es aus, daß es den Zweck des bisher unpfändbaren Stücks erfüllt. Dabei muß man aber darauf Rücksicht nehmen, daß der Schuldner von den in § 811 I Z 1 und 5 genannten Stücken nur solche erwarten kann, die zu einer bescheidenen, der Verschuldung angemessenen Lebens- und Haushaltsführung erforderlich sind, daß also auch der erwerbstätige Schuldner eine Einbuße an Bequemlichkeit in der zukünftigen Fortführung seiner Tätigkeit hinnehmen muß.

In Betracht kommt eine Austauschpfändung zB dahin, daß der Gläubiger dem Schuldner statt des gepfändeten Farbfernsehgeräts ein *Schwarzweißgerät* zur Verfügung stellt, LG Bochum DGVZ **83**, 301, AG Mü DGVZ **81**, 94. Dieses darf sogar einen kleineren Bildschirm haben, wenn das dem Schuldner nach seinen Wohnverhältnissen und seiner Sehkraft usw zumutbar ist. Es kommt sogar ein einfaches Rundfunkgerät als

Titel 1. Zwangsvollstr. in das bewegl. Vermögen § 811a

Austauschobjekt in Betracht, Köln DGVZ **82**, 63, aM LG Lahn-Gießen NJW **79**, 769. Man kann auch einen großen bzw teuren Rundfunkapparat gegen einen kleinen, einfachen austauschen. Eine Austauschpfändung kommt auch zB bei einer kostbaren Armbanduhr in Betracht, Mü DGVZ **83**, 140, ferner zB bei einem Bett gegen eine Couch. Austauschbar kann ein großer bzw teurer Pkw gegen einen kleinen, einfachen sein, evtl sogar gegen ein Motorrad, aber verständigerweise nicht gegen ein Fahrrad.

B. Angemessenheit, II. Eine Austauschpfändung darf nur dann erfolgen, wenn sie nach der Gesamtlage 4 angemessen ist. Man muß insbesondere prüfen, ob der voraussichtliche Erlös der Zwangsvollstreckung bei einer strengen Prüfung den Wert des Ersatzstückes erheblich übersteigt, LG Mainz RR **88**, 1150 (krit Pardey DGVZ **89**, 55). Denn eine Austauschpfändung ist nur dann gerechtfertigt, wenn ein Gläubigerinteresse vorliegt, das in einem vernünftigen Verhältnis zu dem Nachteil steht, der dem Schuldner droht, vgl auch § 812 Rn 2. Eine Austauschpfändung ist also nicht zulässig, wenn andere Besitzstände des Schuldners ausreichende Befriedigung versprechen oder wenn unsicher ist, ob sich überhaupt ein Bieter finden wird. Berücksichtigen muß man auch einen ideellen Wert etwa eines Familienstücks oder eines der wenigen Stücke, die jemand aus einer Flucht gerettet hat. Freilich braucht der voraussichtliche Versteigerungserlös zur Befriedigung des Gläubigers nicht auszureichen.

C. Überlassung, I, III. Der Gläubiger muß das Ersatzstück dem Schuldner grundsätzlich spätestens bei 5 der Wegnahme des bisher unpfändbaren Stücks überlassen, I Hs 1 erste Alternative. Denn der Schuldner soll in dem Gebrauch seiner an sich unpfändbaren Sachen nicht gestört werden. Die Überlassung des Ersatzstücks muß zu Eigentum geschehen. Wegen etwaiger Mängel Rn 3. Wenn der Schuldner ein ihm angebotenes und objektiv ausreichendes Ersatzstück ablehnt, handelt er arglistig und muß die Folgen selbst tragen.

Der Gläubiger kann aber dem Schuldner auch die Ersatzbeschaffung überlassen und dem Schuldner den 6 dazu erforderlichen *Geldbetrag* geben, I Hs 1 zweite Alternative. Ausnahmsweise kann der Gläubiger schließlich die bisher unpfändbare Sache dem Schuldner wegnehmen lassen, bevor der Schuldner das Ersatzstück erhält. Das gilt dann, wenn der Gläubiger nicht dazu imstande ist, das Ersatzstück zu beschaffen, oder wenn ihm die Beschaffung zwar technisch möglich, jedoch wirtschaftlich nicht zuzumuten ist, I Hs 1. Ein solcher Fall kann etwa dann vorliegen, wenn sich der Gläubiger in einer größeren Notlage als der Schuldner befindet oder wenn der Anspruch des Gläubigers aus einer vorsätzlichen unerlaubten Handlung des Schuldners herrührt. In einem solchen Fall erhält der Schuldner das Geld erst aus dem Vollstreckungserlös. Dieser Geldbetrag ist in demselben Umfang wie dasjenige Geld unpfändbar, das der Gläubiger gegeben hat, III.

4) Verfahren, I–IV. Es verläuft einfach. 7

A. Antrag, Zuständigkeit, I, II 1. Über die Zulässigkeit einer Austauschpfändung entscheidet nicht der Gerichtsvollzieher (eine Ausnahme gilt bei § 811b), sondern allein das Vollstreckungsgericht, §§ 764, 802, und zwar grundsätzlich vor der Pfändung, Rn 4, vgl aber auch § 811b. Es entscheidet durch den Rpfl, § 20 Z 17 RPflG, Anh § 153 GVG. Es ist ein Antrag des Gläubigers erforderlich. Dieser ist eine Parteiprozeßhandlung, Grdz 47 vor § 128. Es besteht kein Anwaltszwang, § 78 V Hs 2. Der Gläubiger muß die Ersatzleistung bestimmt bezeichnen. Er braucht den etwa erforderlichen Ersatzbetrag aber nicht zu beziffern. Das Gericht darf über den Antrag nicht hinausgehen, § 308 I entsprechend. Die Voraussetzungen der Zwangsvollstreckung müssen vorliegen. Den Gläubiger treffen eine Darlegungs- oder gar Beweislast nur in den Grenzen des Amtsverfahrens, Grdz 37 vor § 704. Insoweit ist auch § 294 nur bedingt beachtlich. §§ 286, 287 sind anwendbar. Das Vollstreckungsgericht darf keine unverhältnismäßigen Schätzungskosten verursachen, Grdz 34 vor § 704, § 8 GKG.

Eine *mündliche Verhandlung* ist *nicht* erforderlich, § 764 III. Allerdings muß der Schuldner rechtliches Gehör erhalten, Artt 2 I, 20 III GG (Rpfl), BVerfG **101**, 404, Art 103 I GG (Richter). Eine Entscheidung ohne Anhörung läßt sich nicht rechtfertigen, zumal § 758a nicht so weit auslegbar ist, aM ZöStö 8.

B. Entscheidung, II 1–4. Die Entscheidung ergeht durch einen Beschluß, § 329. Dieser muß dann, 8 wenn das Gericht eine Austauschpfändung für zulässig hält, das an sich zu pfändende Stück, zumindest bei einem fabrikneuen dessen Gattung, und ferner das Ersatzstück und seinen Wert bezeichnen. Soweit das Gericht zwar die Austauschpfändung für zulässig, das angebotene Ersatzstück aber für ungeeignet hält, muß der Beschluß den zur Ersatzbeschaffung erforderlichen Betrag einschließlich der Nebenkosten der Beschaffung und des Transports angeben. Der Beschluß kann auch die Wahl zwischen dem eben bezeichneten Ersatzstück oder dem Ersatzbetrag dem Gläubiger überlassen. Ist eine Austauschpfändung unzulässig, so weist der Rpfl den Antrag zurück. Er muß den Beschluß begründen, § 329 Rn 4. Kosten: § 788 I, IV. Der Rpfl muß seinen Beschluß dem Benachteiligten förmlich zustellen, § 329 III, und dem Gegner formlos mitteilen, § 329 II 1.

C. Folgen. Wenn der Gläubiger dem Schuldner das Ersatzstück überlassen hat, dann darf der Gerichts- 9 vollzieher das bisher unpfändbare Stück dem Schuldner sofort wegnehmen. Der Gläubiger haftet im Fall der Lieferung eines Ersatzstücks nach § 434 BGB entsprechend, allerdings nur auf eine Minderung. Der Gläubiger erhält den verauslagten und vom Gericht festgesetzten Betrag aus dem Vollstreckungserlös zurück. Der Betrag gehört zu den Vollstreckungskosten, § 788 I, IV. Wenn der Schuldner das Ersatzstück noch nicht erhalten hat und wenn er nun den Betrag zur Beschaffung des Ersatzstücks erst aus dem Vollstreckungserlös bekommen muß, muß der Gerichtsvollzieher die Rechtskraft des Beschlusses des Rpfl abwarten, bevor er das Stück dem Schuldner wegnehmen kann, IV. Die Ersatzleistung ist natürlich unpfändbar.

5) Rechtsmittel, I–IV. Es kommt darauf an, wer entschieden hat. 10

A. Verfahren des Gerichtsvollziehers. Zulässig ist die Erinnerung, § 766 Rn 17 „Gerichtsvollzieher". Daran kann sich die sofortige Beschwerde anschließen, §§ 567 I Z 1, 793.

B. Verfahren des Rechtspflegers. Vgl § 793 Rn 11. 11

6) VwGO: Entsprechend anwendbar in allen Fällen der Vollstreckung wegen Geldforderungen, Grdz § 803 Rn 16, 12 auch nach § 5 VwVG, § 295 AO.

§ 811b

811b *Vorläufige Austauschpfändung.* [I] [1] Ohne vorgängige Entscheidung des Gerichts ist eine vorläufige Austauschpfändung zulässig, wenn eine Zulassung durch das Gericht zu erwarten ist. [2] Der Gerichtsvollzieher soll die Austauschpfändung nur vornehmen, wenn zu erwarten ist, dass der Vollstreckungserlös den Wert des Ersatzstückes erheblich übersteigen wird.

[II] Die Pfändung ist aufzuheben, wenn der Gläubiger nicht binnen einer Frist von zwei Wochen nach Benachrichtigung von der Pfändung einen Antrag nach § 811a Abs. 2 bei dem Vollstreckungsgericht gestellt hat oder wenn ein solcher Antrag rechtskräftig zurückgewiesen ist.

[III] Bei der Benachrichtigung ist dem Gläubiger unter Hinweis auf die Antragsfrist und die Folgen ihrer Versäumung mitzuteilen, dass die Pfändung als Austauschpfändung erfolgt ist.

[IV] [1] Die Übergabe des Ersatzstückes oder des zu seiner Beschaffung erforderlichen Geldbetrages an den Schuldner und die Fortsetzung der Zwangsvollstreckung erfolgen erst nach Erlass des Beschlusses gemäß § 811a Abs. 2 auf Anweisung des Gläubigers. [2] § 811a Abs. 4 gilt entsprechend.

Gliederung

1) Systematik, Regelungszweck I–IV	1	B. Benachrichtigungspflicht, II, III	5
2) Geltungsbereich, I	2, 3	C. Antrag usw, II, III	6
A. Wahrscheinlichkeit der Zulassung, I 1 ..	2	D. Zulassung, I–III	7
B. Höherer Erlös, I 2	3	E. Übergabe, IV	8
3) Verfahren, I–IV	4–8	4) Übergabezeitpunkt, IV	9
A. Amtspflicht zur vorläufigen Maßnahme, I	4	5) Rechtsmittel, I–IV	10
		6) *VwGO*	11

1 **1) Systematik, Regelungszweck, I–IV.** Vgl zunächst § 811 Rn 1, 2, § 811a Rn 1, 2. § 811b ändert nichts an dem Grundsatz, daß zur Entscheidung über eine Austauschpfändung das Vollstreckungsgericht zuständig ist, § 811a II. Das ergibt sich aus II. Die Vorschrift enthält aber im Interesse des Gläubigers die Möglichkeit einer vorläufigen Regelung durch den Gerichtsvollzieher ohne vorherige Entscheidung des Vollstreckungsgerichts, I 1. § 811d regelt die sog Vorwegpfändung, tritt aber wohl meist gegenüber § 811b zurück.

2) Geltungsbereich, I. Es müssen die folgenden Voraussetzungen zusammentreffen.

2 **A. Wahrscheinlichkeit der Zulassung, I 1.** Der Gerichtsvollzieher muß damit rechnen, daß das Vollstreckungsgericht nach § 811a die Austauschpfändung zulassen wird, zB bei einer kostbaren Armbanduhr, Mü DGVZ **83**, 140, oder bei einem Fernsehgerät im Wert von (jetzt ca) 250 EUR, LG Bln DGVZ **91**, 91, nicht aber schon bei einem Farbfernseher im Wert von nur 75 EUR, aM LG Düss DGVZ **95**, 43.

3 **B. Höherer Erlös, I 2.** Der Gerichtsvollzieher findet bei einer Pfändung eine Sache vor, für die die Voraussetzungen einer Austauschpfändung nach § 811a I vorliegen. Er muß davon überzeugt sein, wie I 2 überflüssigerweise wiederholt, daß der Vollstreckungserlös den Wert des erforderlich werdenden Ersatzstückes erheblich übersteigen wird, AG Bad Segeb DGVZ **92**, 127. Der Gerichtsvollzieher kann diese Schätzung auf Grund seiner Kenntnisse des Interesses etwaiger Bieter und damit der derzeitigen Möglichkeiten eines Versteigerungserlöses vornehmen. Ein Überschuß von nur höchstens (jetzt) 75 EUR reicht nicht, LG Düss DGVZ **95**, 43.

4 **3) Verfahren, I, II.** Man muß vier Hauptaufgaben beachten.

A. Amtspflicht zur vorläufigen Maßnahme, I. Der Gerichtsvollzieher nimmt nur eine vorläufige Austauschpfändung vor. Dazu braucht er keine Erlaubnis des Vollstreckungsgerichts, Rn 1. Es braucht auch kein Antrag des Gläubigers vorzuliegen. Der Gerichtsvollzieher geht vielmehr von sich aus derart vor. Er ist dann, wenn die Voraussetzungen einer vorläufigen Austauschpfändung vorliegen, zu einem solchen Schritt verpflichtet. Die vorläufige Austauschpfändung steht also nicht in seinem Belieben. Denn der Gerichtsvollzieher muß im Interesse des Gläubigers jede nach dem Gesetz zulässige Vollstreckungshandlung vornehmen („ist ... zulässig").

5 **B. Benachrichtigungspflicht, II, III.** Der Gerichtsvollzieher muß den Gläubiger sofort benachrichtigen, daß er die Pfändung als eine vorläufige Austauschpfändung vorgenommen hat. Er muß den Gläubiger darauf hinweisen, daß die Pfändung als Austauschpfändung erfolgt ist und daß der Gläubiger binnen 2 Wochen einen Antrag auf die Zulassung der endgültigen Austauschpfändung beim Vollstreckungsgericht stellen muß, um eine Aufhebung der Pfändung zu vermeiden. Die Benachrichtigung ist formlos möglich. Denn § 329 II 2 setzt eine hier fehlende Entscheidung (Beschluß, Verfügung) voraus, und § 270 S 2 ist nicht direkt, wohl aber entsprechend anwendbar. Denn es besteht die gleiche Interessenlage. Eine Wiedereinsetzung nach § 233 kommt nicht in Betracht. Denn es handelt sich nicht um eine Notfrist, § 224 I 2. Wenn der Gerichtsvollzieher diesen Hinweis unterläßt, bleibt die Benachrichtigung im übrigen wirksam. Er muß daher unter Umständen 2 Wochen später trotz des Fehlens des Hinweises die Pfändung aufheben, II. Der weitere Bestand der Pfändung hängt also von den folgenden Umständen ab.

6 **C. Antrag usw, II, III.** Der Gläubiger muß eine endgültige Austauschpfändung beantragen. Er muß also insbesondere nach § 811a I Hs 1 in der Regel dazu bereit sein, ein Ersatzstück zu beschaffen und den dazu erforderlichen Geldbetrag aufzuwenden. Dieser Entschluß steht in seinem Belieben. Denn die vorläufige Austauschpfändung soll nur die Möglichkeit einer endgültigen Austauschpfändung sichern. Der Gläubiger muß aber binnen 2 Wochen seit einer Benachrichtigung durch den Gerichtsvollzieher den Antrag auf die Zulassung der endgültigen Austauschpfändung beim Vollstreckungsgericht stellen, Rn 5. Er muß dem

Gerichtsvollzieher wegen II in den Grenzen des Amtsverfahrens nach Grdz 37 vor § 704 im Ergebnis doch wohl nachweisen, daß er diesen Antrag rechtzeitig gestellt hat. Der Gläubiger braucht das Ersatzstück dem Schuldner aber vorläufig noch nicht zu überlassen. Notfalls muß der Gläubiger darlegen, daß ihm eine sofortige Beschaffung dieses Ersatzstücks oder des dafür erforderlichen Geldbetrags nicht möglich ist, § 811 a I Hs 2.

D. Zulassung, I–III. Das Vollstreckungsgericht muß die endgültige Austauschpfändung durch einen Beschluß zulassen, § 329. Es muß seinen Beschluß begründen, § 329 Rn 4. Kosten: § 788 I, IV. Es muß den Beschluß dem Gläubiger und dem Schuldner zustellen, § 329 III. Wenn der Gläubiger den Antrag nicht oder nicht fristgemäß stellt, dann muß der Gerichtsvollzieher die Pfändung aufheben. Er muß sie auch dann aufheben, wenn das Gericht den Antrag rechtskräftig zurückgewiesen hat, II. 7

E. Übergabe, IV. Wenn das Vollstreckungsgericht die Austauschpfändung nach § 811 a Rn 7 zuläßt, dann müssen der Gläubiger oder in seinem Auftrag der Gerichtsvollzieher jetzt dem Schuldner das Ersatzstück oder den erforderlichen Geldbetrag übergeben, sofern das Gericht ihm nicht erlaubt hat, den für die Beschaffung des Ersatzstückes erforderlichen Geldbetrag dem Schuldner erst aus dem Vollstreckungserlös zu überweisen, § 811 a I Hs 2. Erst anschließend darf der Gerichtsvollzieher das Pfandstück dem Schuldner nach § 808 I wegnehmen. Er darf es auch erst auf Grund besonderer Anweisung des Gläubigers verwerten, zB versteigern, IV 1. Wenn der Schuldner den zur Beschaffung des Ersatzstückes erforderlichen Geldbetrag erst aus dem Vollstreckungserlös erhält, dann darf der Gerichtsvollzieher das Pfandstück dem Schuldner erst nach der Rechtskraft des Zulassungsbeschlusses des Vollstreckungsgerichts wegnehmen, § 811 a IV. Auch zu dieser Fortsetzung der Vollstreckung ist eine besondere Anweisung des Gläubigers erforderlich, IV 1. Die Kosten sind Kosten der Zwangsvollstreckung. Das Gericht kann sie unter Umständen aber auch dem Gläubiger nach § 788 III auferlegen. 8

4) Übergabezeitpunkt, IV. Der Gerichtsvollzieher muß die gepfändete Sache zunächst im Gewahrsam des Schuldners belassen. Denn die Wegnahme der Sache nach § 808 I wird erst dann zulässig, wenn das Vollstreckungsgericht die Austauschpfändung zugelassen hat. 9

5) Rechtsmittel, I–IV. Zulässig ist die Erinnerung, § 766 Rn 17 „Gerichtsvollzieher", AG Bad Segeb DGVZ **92**, 127. 10

6) VwGO: Entsprechend anwendbar in allen Fällen der Vollstreckung wegen Geldforderungen, Grdz § 803 Rn 16, auch nach § 5 VwVG, § 295 AO. 11

811c *Unpfändbarkeit von Haustieren.* ¹ Tiere, die im häuslichen Bereich und nicht zu Erwerbszwecken gehalten werden, sind der Pfändung nicht unterworfen.

II Auf Antrag des Gläubigers lässt das Vollstreckungsgericht eine Pfändung wegen des hohen Wertes des Tieres zu, wenn die Unpfändbarkeit für den Gläubiger eine Härte bedeuten würde, die auch unter Würdigung der Belange des Tierschutzes und der berechtigten Interessen des Schuldners nicht zu rechtfertigen ist.

Schrifttum: *Dietz* DGVZ **01**, 81 (Üb); *Grunsky*, Sachen, Tiere – Bemerkungen zu einem Gesetzentwurf, Festschrift für *Jauch* (1990) 93; *Herfs*, Im häuslichen Bereich und nicht zu Erwerbszwecken gehaltene Tiere usw, Diss Köln 1998; *Schaal*, Tiere in der Zwangsvollstreckung, 2000.

1) Systematik, I, II. Die Vorschrift ergänzt § 811 und enthält eine vorrangige Sonderregelung. Vgl aber Rn 3. Sie erfaßt nicht den Anspruch des Schuldners auf einen bloßen Übererlös. Noch weitergehenden Schutz kann § 765 a geben, dort Rn 24 „Tier". Ergänzend gilt § 811 d. 1

2) Regelungszweck, I, II. Die Vorschrift nimmt Rücksicht auf Artt 1, 2, 20 a GG mit ihren Auswirkungen auf die Schutzwürdigkeit der Tierliebe sowie Rücksicht auf die nach § 90 a BGB eigenständige Rechtsstellung des Tieres, Dietz DGVZ **03**, 82. Man muß § 811 c als eine Ausnahme von der Pfändbarkeit eng auslegen. Demgegenüber erfordert II wegen seiner gewissen Rückkehr zum Pfändbarkeitsgrundsatz des § 803 I 1 eine weitere Auslegung. Der Verhältnismäßigkeitsgrundsatz ist stets mitbeachtlich, Grdz 34 (B) vor § 704. Er hat bei einer Tierpfändung oft eine enorme emotionale Bedeutung. Der Staat kann nicht daran interessiert sein, daß ein Bürger wegen der Zwangsentwendung des geliebten Haustieres so durcheinandergerät, daß alle möglichen aufwendigen Sozialleistungen erforderlich werden, nur damit ein einzelner Gläubiger besser zu seinem Geld kommen kann. 2

3) Geltungsbereich: Haustier, I, II. Geschützt ist ein Tier ohne Erwerbszweck. Auf seinen Wert kommt es nur im Rahmen von II an, Rn 3. „Im häuslichen Bereich" erfordert eine räumliche Nähe zum Eigentümer, Lorz MDR **90**, 1060 (mit hübschen Beispielen). Der Begriff erfaßt freilich auch die Gartenbude, den Wohnwagen, die Zweitwohnung, das Zelt des Campers, den privaten Teil des gemischtgenutzten Mietobjekts. Ein naturbedingtes gewisses freies Herumstreunen ist unschädlich, Lorz MDR **90**, 1060. „Gehalten" wird das Tier auch dort, wo es sich vorübergehend befindet, soweit sein Stammplatz eben in einem häuslichen Bereich gerade dieses Schuldners liegt. Ein bloß vom Schuldner in vorübergehende Pflege genommenes fremdes Tier ist bei ihm nicht geschützt, StJM 3, aM ZöStö 2 (er überliest, daß hier nur „zum Halterbegriff" auf § 833 BGB verwiesen wird). Vgl im übrigen zum Halterbegriff § 833 BGB, zur Abgrenzung vom Aufseherbegriff § 834 BGB. 3

Nicht geschützt von I ist ein auch oder nur zum Erwerbszweck gehaltenes Nutztier, Lorz MDR **90**, 1060. Dort können freilich § 811 I Z 4–7, 12 anwendbar sein.

4) „Ausnahme": Zulassung der Pfändung aus Billigkeitserwägungen, II. Nur auf Gläubigerantrag muß das Vollstreckungsgericht bei Bejahung der Voraussetzungen von II die Pfändung doch zulassen und damit zum allgemeinen Pfändbarkeitsgrundsatz zurückkehren, Rn 1. Erste Voraussetzung ist ein „hoher Wert" des Tiers. Er sollte im Zeitpunkt der Entscheidung mindestens diejenigen (jetzt ca) 250 EUR 4

§§ 811c, 811d

übersteigen, die früher nach § 811 Z 14 aF eine Schutzgrenze bildeten. Es kommt also nur auf den materiellen Wert an. Die ideellen, wichtigen, aber nicht allein maßgeblichen Interessen des Schuldners muß man bei der nach II erforderlichen Abwägung als „berechtigte Interessen" des Schuldners mitberücksichtigen. Weitere Abwägungsmaßstäbe sind die Interessen des Gläubigers und diejenigen eines nicht übertriebenen, aber doch ernstgenommenen „Tierschutzes".

Die Abwägung muß zu der eindeutigen *Bejahung* der „nicht zu rechtfertigenden Härte" zu Lasten des Gläubigers führen, bevor das Vollstreckungsgericht die Pfändung zulassen darf. Damit gelten bei II ähnliche Gesichtspunkte wie mit umgekehrtem Ziel bei § 765a. Im Zweifel kann es trotz der in Rn 1 genannten Auslegbarkeit aber doch nicht selten bei der Unpfändbarkeit bleiben. So verneint AG Paderb DGVZ 96, 44 die Pfändbarkeit eines 20jährigen Pferdes, das vom Schuldner „Gnadenbrot" erhält.

5 **5) Verfahren, II.** Die ausschließliche Zuständigkeit nach § 802 liegt beim Vollstreckungsgericht nach § 764 I, in dessen Bezirk die Pfändung stattfinden soll oder stattgefunden hat, § 764 II. Es entscheidet zunächst durch den Rpfl, § 20 Z 17 RpflG. Es ist ein Antrag des Gläubigers notwendig. Es besteht kein Anwaltszwang, § 78 V Hs 2. Eine mündliche Verhandlung ist freigestellt, § 764 III. Der Rpfl muß den Schuldner anhören, Artt 2 I, 20 III GG, BVerfG **101**, 404. Zum Verfahren im übrigen Grdz 37 ff vor § 704.

6 **6) Entscheidung, II.** Der Rpfl entscheidet durch einen Beschluß. Er enthält keine Kostenentscheidung, § 788 I. Denn § 788 IV nennt den § 811c nicht mit. Der Rpfl muß seinen Beschluß begründen, § 329 Rn 4. Er muß ihn dem Gläubiger förmlich zustellen, soweit er den Zulassungsantrag zurückweist, § 329 III Hs 2, Rn 8. Er kann dem Gläubiger formlos mitteilen, soweit er dem Antrag stattgibt, § 329 I 1. Denn der Beschluß „bildet" nicht einen Vollstreckungstitel im Sinn von § 329 III Hs 1, sondern setzt einen solchen ja gerade voraus. Dem Schuldner teilt der Rpfl den zurückweisenden Beschluß formlos mit, § 329 II 1. Den stattgebenden stellt er ihm förmlich zu, § 329 III.

Wirksam, also vollstreckbar, wird die Entscheidung mit ordnungsgemäßem Erlaß durch Zustellung bzw Mitteilung. Das gilt aber nur zugunsten desjenigen Gläubigers oder Rechtsnachfolgers nach § 727, der diese Entscheidung erwirkt hat. Ein weiterer Gläubiger muß seinerseits vorgehen, Grdz 22 vor § 704.

7 **7) Einstweilige Anordnung, Vorwegpfändung, I, II.** Eine dem § 765a II entsprechende Regelung ergibt sich aus § 766 I 2. Eine Vorwegpfändung nach § 811d bleibt möglich, Rn 1.

8 **8) Rechtsbehelfe, I, II.** Gegen eine trotz I erfolgte Pfändung hat der Schuldner die Erinnerung nach § 766 I 1. Der Gläubiger kann nach § 766 II Hs 1 vorgehen, soweit der Gerichtsvollzieher zu Unrecht ein Tier nach I für unpfändbar erklärt. Daran kann sich jeweils die sofortige Beschwerde anschließen, §§ 567 I Z 1, 793. Gegen den Beschluß des Rpfl nach II ist für den Benachteiligten die sofortige Beschwerde nach § 11 I RpflG, Anh § 153 GVG, in Verbindung mit §§ 567 I Z 1, 793 statthaft. Soweit der Richter entschieden hat, ist die sofortige Beschwerde nach §§ 567 I Z 1, 793 statthaft.

9 **9) VwGO:** Entsprechend anwendbar in allen Fällen der Vollstreckung wegen Geldforderungen, Grdz § 803 Rn 16, auch nach § 5 VwVG, § 295 AO.

811d *Vorwegpfändung.* [I] [1]Ist zu erwarten, daß eine Sache demnächst pfändbar wird, so kann sie gepfändet werden, ist aber im Gewahrsam des Schuldners zu belassen. [2]Die Vollstreckung darf erst fortgesetzt werden, wenn die Sache pfändbar geworden ist.

[II] Die Pfändung ist aufzuheben, wenn die Sache nicht binnen eines Jahres pfändbar geworden ist.

1 **1) Systematik, I, II.** Es handelt sich in Ergänzung von §§ 811–811c um eine Ausweitung der zeitlichen Möglichkeiten des Gläubigers. Das Gesetz sieht nicht den Fall vor, daß eine gepfändete Sache unpfändbar wird. Der Gläubiger behält sein Pfandrecht vielmehr auch dann, § 811 Rn 13. Die Vorschrift erfaßt auch eine Sache, die nur in einem aufschiebend bedingten Eigentum des Schuldners steht. Bei einer Austauschpfändung tritt § 811d wohl meist gegenüber § 811b zurück.

2 **2) Regelungszweck.** Die Vorwegpfändung soll den Gläubiger im voraus sichern, auch im Hinblick auf die Reihenfolge bei etwaigen weiteren Gläubigern. Das ist eine konsequente Fortsetzung des generellen Zeitvorrangs nach § 804 III. Daher muß man § 811d zugunsten des Gläubigers auslegen. Der Schuldner bleibt ja imstande, die Sache zwar nicht zu verkaufen, aber doch fast uneingeschränkt weiterzunutzen.

3 **3) Geltungsbereich, I, II.** Es müssen die folgenden Voraussetzungen zusammentreffen.

A. Derzeit Unpfändbarkeit. Eine Sache muß noch unpfändbar sein.

4 **B. Demnächst Pfändbarkeit.** Es muß objektiv zu erwarten sein, daß die zur Zeit noch unpfändbare Sache demnächst pfändbar wird, daß also § 811 demnächst unanwendbar sein wird, etwa infolge eines Berufswechsels des Schuldners oder einer Einstellung seines Betriebs, oder daß man bei § 811c I demnächst mit einer Zulassung nach § 811c II rechnen kann, wenn also der dazu notwendige Antrag vorliegt und schlüssig begründet wurde. Das muß der Gläubiger dem Gerichtsvollzieher jeweils nachvollziehbar darlegen, aber auch nach § 294 glaubhaft machen. Der Gerichtsvollzieher ermittelt dazu nicht von Amts wegen, sondern teilt etwaige Bedenken vor einer Ablehnung mit, Grdz 39 vor § 128.

5 **4) Verfahren, I, II.** Es gelten die folgenden Regeln.

A. Pfändung, I. Der Gerichtsvollzieher pfändet die noch unpfändbare Sache, ohne daß das Vollstreckungsgericht durch den Rpfl tätig wird. Der Gerichtsvollzieher muß sie aber abweichend vom Grundsatz des § 808 I stets im Gewahrsam des Schuldners belassen. Die Fortsetzung der Vollstreckung, insbesondere also die Wegschaffung der Sache und ihre Versteigerung, darf erst dann erfolgen, wenn die Sache endgültig pfändbar geworden ist.

Titel 1. Zwangsvollstr. in das bewegl. Vermögen §§ 811d–813

B. Aufhebung der Pfändung, II. Wenn die Pfändbarkeit nicht innerhalb eines Jahres seit der Pfändung 6 eingetreten ist, dann muß der Gerichtsvollzieher die Pfändung aufheben, § 122 Z 1 GVGA. Denn es darf nicht auf eine ungewisse Zeit hinaus unbestimmt bleiben, ob eine wirksame Pfändung erfolgt ist.

5) Rechtsmittel, I, II. Zulässig ist die Erinnerung, § 766 Rn 17 „Gerichtsvollzieher". Daran kann sich 7 die sofortige Beschwerde anschließen, §§ 567 I Z 1, 793.

6) VwGO: Entsprechend anwendbar in allen Fällen der Vollstreckung wegen Geldforderungen, Grdz § 803 Rn 16, 8 auch nach § 5 VwVG, § 295 AO.

812 *Pfändung von Hausrat.* Gegenstände, die zum gewöhnlichen Hausrat gehören und im Haushalt des Schuldners gebraucht werden, sollen nicht gepfändet werden, wenn ohne weiteres ersichtlich ist, dass durch ihre Verwertung nur ein Erlös erzielt werden würde, der zu dem Wert außer allem Verhältnis steht.

1) Systematik. Die Vorschrift ergänzt §§ 811–811 b. § 812 ist dem Wortlaut nach eine bloße Sollvor- 1 schrift. Da der Gerichtsvollzieher die Bestimmung aber genau so von Amts wegen beachten muß wie das Gebot des § 811 und da das Vollstreckungsgericht dann entscheidet, wenn ein Beteiligter einen Fehler des Gerichtsvollziehers rügt, besteht sachlich keine Abweichung von einer Mußvorschrift. Es kommt hinzu, daß auch die Gegenstände des § 812 nicht in die Insolvenzmasse fallen, § 36 III InsO. Die Regelung ist praktisch nur insoweit bedeutsam, als § 811 I Z 1 nicht anwendbar ist. Das Vermieterpfandrecht nach § 559 S 3 BGB erstreckt sich darauf nicht mit.

2) Regelungszweck. Die Vorschrift liegt im Grunde im Interesse beider Parteien. Es sollen unnütze 2 Aufwendungen und Wertverluste unterbleiben, die noch nicht zur leidlichen Befriedigung führen. Damit dient § 812 dem Grundsatz der Verhältnismäßigkeit, Grdz 34 (B) vor § 704. Der Wertverlust infolge einer Zwangsvollstreckung ist ohnehin meist fast erschreckend hoch. Das kommt weder diesem Gläubiger noch etwaigen weiteren Gläubigern zugute, sondern meist einem Dritten, dem Erwerber. Das mag volkswirtschaftlich erfreulich sein. Aber die Zwangsvollstreckung dient nicht der Volkswirtschaft. Aus allen solchen Miterwägungen empfiehlt es sich, eine Unverhältnismäßigkeit nicht erst im allzu krassen Fall anzunehmen.

3) Geltungsbereich. Unpfändbar sind nach § 812 Sachen, bei denen die folgenden Voraussetzungen 3 zusammentreffen.

A. Hausrat. Es muß sich um Gegenstände des gewöhnlichen Hausrats handeln, also des täglichen Bedarfs im Haushalt, nicht im Gewerbe. Hierzu zählen: Möbel, zB Betten, Tische, Schränke; Küchengerät; Geschirr; Wäsche; Kleidung; ein Fernsehgerät, soweit es nicht unter § 811 I 2 fällt (dazu dort Rn 18), aM LG Itzehoe *DGVZ* **88**, 120; ein Videogerät, LG Hann *DGVZ* **90**, 60. Ein Luxusgegenstand oder eine Sache mit Alterswert gehören nicht hierher.

B. Benutzung. Die Gegenstände müssen auch im Haushalt des Schuldners tatsächlich gebraucht, also benutzt werden, also nicht zB im Gewerbebetrieb. Ihre Zahl oder deren Notwendigkeit ist unerheblich.

C. Schlechte Verwertbarkeit. Es muß sich um Gegenstände handeln, die ersichtlich schlecht verwertbar sind. Der Gerichtsvollzieher muß denjenigen Wert, den die Sache für den Schuldner hat, mit demjenigen vergleichen, den sie für andere hat. Keine von beiden Größen darf allein den Ausschlag geben.

4) Rechtsbehelf. Der Schuldner, der Gläubiger dann, wenn die Pfändung unterbleibt, oder ein betroffe- 4 ner Dritter, zB die Ehefrau, können die Erinnerung nach § 766 einlegen. Daran kann sich die sofortige Beschwerde anschließen, §§ 567 I Z 1, 793.

5) VwGO: *Entsprechend anwendbar in allen Fällen der Vollstreckung wegen Geldforderungen, Grdz § 803 Rn 16,* 5 *auch nach § 5 VwVG, § 295 AO.*

813 *Schätzung.* I ¹Die gepfändeten Sachen sollen bei der Pfändung auf ihren gewöhnlichen Verkaufswert geschätzt werden. ²Die Schätzung des Wertes von Kostbarkeiten soll einem Sachverständigen übertragen werden. ³In anderen Fällen kann das Vollstreckungsgericht auf Antrag des Gläubigers oder des Schuldners die Schätzung durch einen Sachverständigen anordnen.

II ¹Ist die Schätzung des Wertes bei der Pfändung nicht möglich, so soll sie unverzüglich nachgeholt und ihr Ergebnis nachträglich in dem Pfändungsprotokoll vermerkt werden. ²Werden die Akten des Gerichtsvollziehers elektronisch geführt, so ist dabei der Ergebnis der Schätzung in einem gesonderten elektronischen Dokument zu vermerken. ³Das Dokument ist mit dem Pfändungsprotokoll untrennbar zu verbinden.

III Zur Pfändung von Früchten, die von dem Boden noch nicht getrennt sind, und zur Pfändung von Gegenständen der in § 811 Abs. 1 Nr. 4 bezeichneten Art bei Personen, die Landwirtschaft betreiben, soll ein landwirtschaftlicher Sachverständiger zugezogen werden, sofern anzunehmen ist, dass der Wert der zu pfändenden Gegenstände den Betrag von 500 Euro übersteigt.

IV Die Landesjustizverwaltung kann bestimmen, dass auch in anderen Fällen ein Sachverständiger zugezogen werden soll.

Vorbem. II 1 geändert, II 2, 3 angefügt dch Art 1 Z 45 a, b JKomG v 22. 3. 05, BGBl 837, in Kraft seit 1. 4. 05, Art 16 I JKomG, ÜbergangsR Einl III 78.

Schrifttum: *Schilken* DGVZ **98**, 145 (Üb).

§ 813

Buch 8. Abschnitt 2. ZwV wegen Geldforderungen

Gliederung

1) Systematik, I–IV	1
2) Regelungszweck, I–IV	2
3) Schätzung, I–IV	3–10
A. Gewöhnlicher Verkaufswert, I 1	3
B. Kostbarkeit, I 2	4
C. Ermessen des Gerichtsvollziehers, I 2 ..	5
D. Anordnung des Vollstreckungsgerichts, I 3	6
E. Sachverständiger, III	7, 8
F. Schätzungszeitpunkt, I–IV	9
G. Bestimmung der Justizverwaltung, IV ..	10
4) Verstoß, I–IV	11
5) Rechtsmittel, I–IV	12, 13
A. Gegen Gerichtsvollzieher	12
B. Gegen Rechtspfleger	13
6) VwGO	14

1   **1) Systematik, I–IV.** § 813 enthält eine Sollvorschrift. Der Gerichtsvollzieher muß die Bestimmung trotz der Sollfassung von Amts wegen beachten (Amtspflicht, § 839 BGB in Verbindung mit Art 34 GG), BGH NJW **92**, 50.

2   **2) Regelungszweck, I–IV.** Die Schätzung soll zwar nicht direkt eine zwecklose Pfändung verhindern, § 803 II. Denn die Schätzung erfolgt nicht „vor", sondern „bei" der Pfändung. Die Schätzung soll aber einer Überpfändung nach § 803 I 2 entgegenwirken. Sie soll im übrigen allen Beteiligten frühzeitig einen Anhaltspunkt dafür geben, ob man den wahren Wert notfalls im Rechtsmittelweg alsbald klären muß. Darüber hinaus soll die Schätzung dem Gläubiger wie dem Gerichtsvollzieher helfen zu erkennen, ob weitere Vollstreckungsmaßnahmen in andere Vermögenswerte sinnvoll, notwendig, vertretbar sind. Ein weiterer Zweck der Regelung besteht darin, die Einhaltung der gesetzlichen Beschränkungen bei der Pfändung und beim Zuschlag nach §§ 803 I 2, 817, 817a zu sichern, Schultes DGVZ **94**, 161 (ausf), sowie eine anderweitige Verwertung nach § 825 zu erleichtern.
Psychisch hat jede solche Schätzung eine ganz erhebliche Bedeutung. Sie ist immerhin ein maßgeblicher Ausgangspunkt für so manches Gebot und für so manche Bereitschaft zum Erwerb wie für deren Begrenzung. Alle Beteiligten tragen deshalb schon in diesem Stadium eine hohe Verantwortung. Man sollte sich nicht scheuen, zB bei der Auswahl und Überprüfung eines Sachverständigen entsprechend strenge Maßstäbe anzulegen, auch ein Zweitgutachten anzufordern und sich die Sachkenntnis des Schätzers durchaus näher nachprüfbar darlegen zu lassen, insbesondere wenn es um einen hohen Wert geht.

3   **3) Schätzung, I–IV.** Man muß zahlreiche Aspekte beachten.
   A. Gewöhnlicher Verkaufswert, I 1. Der Gerichtsvollzieher muß eine gepfändete Sache auf ihren gewöhnlichen Verkaufswert schätzen, Paschold DGVZ **95**, 52 (ausf). Das geschieht bei der Pfändung bzw nach II 1 gleich danach zum Protokoll, § 762 II 2, § 132 Z 8 GVGA. Bei elektronischer Aktenführung fertigt der Gerichtsvollzieher nach II 2, 3 einen Vermerk in einem gesonderten elektronischen Dokument, das der Gerichtsvollzieher mit dem Pfändungsprotokoll elektronisch untrennbar verbinden muß, ähnlich wie das Gericht bei § 105 I 2, 3 usw. Der Gerichtsvollzieher muß sein Ergebnis den Beteiligten mitteilen. Gewöhnlicher Verkaufswert ist der Verkehrswert, derjenige Preis, den man im freien Verkehr am Ort für eine Sache gleicher Art und Güte erfahrungsgemäß derzeit am Markt durchschnittlich erzielen kann, Stgt RR **96**, 563. Wenn es sich um ein an der Börse gehandeltes Papier handelt, mag es amtlich notiert sein oder im Freiverkehr kursieren, dann gilt als gewöhnlicher Verkaufspreis der jetzige Börsenpreis, also die Notierung für Geld (Nachfrage), nicht für Brief (Angebot). Marktpreis ist der am maßgebenden Handelsplatz festgestellte laufende Preis. Der Gerichtsvollzieher muß einen Höchstpreis und einen etwaigen Festpreis ermitteln, § 817a Rn 1. Wegen § 817a III muß er auch den Gold- oder Silberwert eines derartigen Stücks schätzen, § 132 Z 8 GVGA. Regelmäßig schätzt der Gerichtsvollzieher selbst, § 753 I. Er muß dabei den Zustand der Pfandsache berücksichtigen, AG Itzehoe DGVZ **85**, 124. Er darf auf Grund eines Gutachtens neu schätzen, AG Bln-Charl DGVZ **94**, 156.

4   **B. Kostbarkeit, I 2.** Die Hinzuziehung eines Sachverständigen ist notwendig bei Kostbarkeiten, § 808 II 1. Das sind Gegenstände, die im Verhältnis zu ihrem Umfang, ihrer Größe und zu ihrem Gewicht einen besonders hohen Wert haben, Drumann JB **03**, 550. Hierzu zählen zB: Briefmarken; Münzen, § 815 Rn 1; Edelsteine; Schmuckstücke, Manuskripte; Noten; Edelpelze; Antiquitäten; Kunstwerke; Edelmetalle; echte Orientteppiche, KG RR **86**, 201, AG Schwäbisch Hall DGVZ **90**, 79, StJM 6, aM ZöStö 4 (aber ein echter Orientteppich hat meist einen erheblichen Wert, soweit er nicht schäbig geworden ist). Der Gerichtsvollzieher muß die allgemeine Anschauung berücksichtigen. Bei Gold- und Silbersachen muß man wegen § 817a III auch den Metallwert schätzen. Der Gerichtsvollzieher bestimmt die Person des Sachverständigen und teilt das Schätzungsergebnis den Beteiligten mit, § 132 Z 8 GVGA.

5   **C. Ermessen des Gerichtsvollziehers, I 2.** Die Zuziehung erfolgt nach dem pflichtgemäßen Ermessen des Gerichtsvollziehers immer dann, wenn er die Mitwirkung eines Sachverständigen pflichtgemäß für notwendig oder doch für sachdienlich hält, Köln Rpfleger **98**, 353, AG Schwäbisch Hall DGVZ **90**, 79, Pawlowski ZZP **90**, 367, aM LG Bayreuth DGVZ **85**, 42, LG Konst DGVZ **94**, 140, Schilken AcP **181**, 366 (aber das sind die naheliegenden Merkmale eines ordnungsgemäßen Ermessens). Eine Schätzung kann etwa dann notwendig sein, wenn der Gerichtsvollzieher für ein Wertpapier keinen Börsenpreis ermitteln kann. Man kann einem benachteiligten Dritten evtl einen zivilrechtlichen Anspruch gegen den Gerichtsvollzieher zubilligen, KG RR **86**, 202. Natürlich kommt es auf den Zeitpunkt der Beauftragung des Sachverständigen und nicht auf eine rückblickende Beurteilung nach dem Gutachten an, AG Schwäbisch Hall DGVZ **90**, 79. Der Gerichtsvollzieher bestimmt die Person des Sachverständigen, § 753 I.

6   **D. Anordnung des Vollstreckungsgerichts, I 3.** Die Hinzuziehung des Sachverständigen kann auch auf eine Anordnung des Vollstreckungsgerichts erfolgen, also des Rpfl, § 20 Z 17 RPflG, Anh § 153 GVG. Er erläßt diese Entscheidung nur auf einen Antrag des Gläubigers oder des Schuldners, also nicht auf Antrag des Gerichtsvollziehers oder eines Dritten, LG Bln DGVZ **78**, 112. Der Rpfl entscheidet nach seinem pflichtgemäßen Ermessen auf Grund derselben Merkmale wie bei Rn 5. Die Anordnung ist auch dann noch zulässig, wenn der Gerichtsvollzieher die Sache bereits geschätzt hat. Sie ersetzt dann jene frühere Schätzung. Das Vollstreckungsgericht, nicht der Gerichtsvollzieher, bestimmt dann die Person des Sachverständigen.

E. Sachverständiger, III. Man muß einen landwirtschaftlichen Sachverständigen nach III zur Schätzung **7** hinzuziehen, wenn es um eine Pfändung von Früchten auf dem Halm nach § 810 geht oder wenn es um die Pfändung von Betriebsgegenständen und Früchten eines landwirtschaftlichen Betriebs nach § 811 I Z 4 geht. In beiden Fällen kommt der Sachverständige grundsätzlich aber nur dann hinzu, wenn der Versteigerungswert und nicht der Überschuß nach der Schätzung des Gerichtsvollziehers 500 EUR übersteigen werden. Auf Verlangen des Schuldners muß der Gerichtsvollzieher den landwirtschaftlichen Sachverständigen allerdings ausnahmsweise auch bei einem voraussichtlich geringeren Versteigerungswert hinzuziehen, § 150 Z 1 GVGA. Der Sachverständige muß die Gegenstände der §§ 810, 811 I Z 4 ohne eine Weglassung der unpfändbaren Sachen zusammenrechnen. Der Gerichtsvollzieher wählt nach § 753 I einen oder mehrere Sachverständige aus dem Kreis derjenigen Personen aus, die mit den örtlichen Verhältnissen und mit dem Landwirtschaftsbetrieb vertraut sind.

Der aufgeforderte Sachverständige ist zur Begutachtung *nicht verpflichtet*. Der Gerichtsvollzieher hat nicht **8** das Recht, den Sachverständigen zu beeidigen oder eine eidesstattliche Versicherung von ihm entgegenzunehmen. Die Vergütung des Sachverständigen gehört zu den Auslagen des Gerichtsvollziehers, KVGv 703. Der Sachverständige muß sich darüber äußern, ob die Voraussetzungen des § 811 I Z 4 bzw des § 1120 BGB (hypothekarische Haftung) vorliegen und ob bei Früchten auf dem Halm die Reife vorliegt und ob sie zur Fortführung der Wirtschaft unentbehrlich sind. Er muß auch den gewöhnlichen Verkaufswert vor der Versteigerung schätzen. Das Gutachten bindet den Gerichtsvollzieher nur insoweit, Mü DGVZ **80**, 123, Schilken AcP **181**, 366, nicht im übrigen.

F. Schätzungszeitpunkt, I–IV. Man sollte die Schätzung möglichst auch bei III immer im Zeitpunkt **9** der Pfändung oder gleich danach vornehmen. Ein landwirtschaftlicher Sachverständiger nach III muß das schon mit Rücksicht auf den doppelten Zweck tun, Rn 7. Das Ergebnis auch dieser Schätzung gehört ins Protokoll, § 762 II Z 2, § 132 Z 8 GVGA. Wenn eine Schätzung im Zeitpunkt der Pfändung nicht möglich ist, etwa weil der Gerichtsvollzieher einen Sachverständigen heranziehen will, dann muß der Gerichtsvollzieher die Schätzung unverzüglich nachholen und ihr Ergebnis den Beteiligten mitteilen und ebenfalls im Pfändungsprotokoll vermerken, II. Im Fall einer zwischenzeitlichen erheblichen Veränderung der Verhältnisse kann eine erneute Schätzung notwendig werden. Das gilt zB dann, wenn die Verwertung nicht alsbald möglich war.

Eine *Veränderung* der Verhältnisse ergibt sich aber noch nicht stets deshalb, weil ein Verwertungsversuch erfolglos war (Fallfrage). Bei I 3 ist eine Nachschätzung ebenfalls nur auf gerichtliche Anordnung möglich. Die Schätzung muß wegen § 817a I 2 jedenfalls der Versteigerung vorangehen. Die Schätzung des Sachverständigen bindet den Gerichtsvollzieher, solange sie nicht offensichtlich unrichtig ist, Mü DGVZ **80**, 123, AG Mü DGVZ **89**, 31. Der Gerichtsvollzieher kann aber auch einen anderen Sachverständigen mit einer weiteren Schätzung beauftragen. Wenn das Vollstreckungsgericht eine Schätzung nach I 3 anordnet, dann geht diese Schätzung allen anderen vor. § 319 ist entsprechend anwendbar.

G. Bestimmung der Justizverwaltung, IV. Die Hinzuziehung erfolgt dann, wenn die Landesjustiz- **10** verwaltung die Mitwirkung eines Sachverständigen bestimmt hat, §§ 150 Z 2, 152 Z 3 GVGA. Der Gerichtsvollzieher bestimmt die Person des Sachverständigen, § 753 I.

4) Verstoß, I–IV. Wenn der Gerichtsvollzieher gegen § 813 verstößt, bleibt die Zwangsvollstreckung **11** trotz der Amtspflicht nach Rn 1 voll wirksam. Das gilt unabhängig davon, ob die GVGA eine entsprechende Mußvorschrift enthält.

5) Rechtsmittel, I–IV. Es kommt auf die Person des Entscheidenden an. **12**

A. Gegen Gerichtsvollzieher. Sowohl der Schuldner als auch der Gläubiger können die Erinnerung nach § 766 einlegen, wenn man entweder sich selbst nicht hinzugezogen hatte oder wenn man ihren Gegner unbegründet hinzugezogen hatte oder wenn der Gerichtsvollzieher bei der Hinzuziehung oder Nichthinzuziehung oder Schätzung einen Fehler begangen hat, KG RR **86**, 202, StJM 13, aM LG Aachen JB **86**, 1256, AG Limbg DGVZ **88**, 159, ZöStö 10 (es sei statt § 766 nur I 3 zulässig. Aber diese Vorschrift ist kein Rechtsbehelf, sondern nur eine weitere Möglichkeit für den Schuldner). Daran kann sich die sofortige Beschwerde anschließen, §§ 567 I Z 1, 793.

B. Gegen Rechtspfleger. Gegen einen ablehnenden Beschluß des Rpfl ist die sofortige Beschwerde **13** nach § 11 I RPflG, Anh § 153 GVG, §§ 567 I Z 1, 793 zulässig, dort Rn 11. Denn eine Erinnerung nach § 766 lag schon im Antrag auf eine Anordnung durch das Vollstreckungsgericht.

6) VwGO: Entsprechend anwendbar in allen Fällen der Vollstreckung wegen Geldforderungen, Grdz § 803 Rn 16, **14** I–III auch nach § 5 VwVG, § 295 AO.

813a

Aufschub der Verwertung. ¹¹Hat der Gläubiger eine Zahlung in Teilbeträgen nicht ausgeschlossen, kann der Gerichtsvollzieher die Verwertung gepfändeter Sachen aufschieben, wenn sich der Schuldner verpflichtet, den Betrag, der zur Befriedigung des Gläubigers und zur Deckung der Kosten der Zwangsvollstreckung erforderlich ist, innerhalb eines Jahres zu zahlen; hierfür kann der Gerichtsvollzieher Raten nach Höhe und Zeitpunkt festsetzen. ²Einen Termin zur Verwertung kann der Gerichtsvollzieher auf einen Zeitpunkt bestimmen, der nach dem nächsten Zahlungstermin liegt; einen bereits bestimmten Termin kann er auf diesen Zeitpunkt verlegen.

II ¹Hat der Gläubiger einer Zahlung in Teilbeträgen nicht bereits bei Erteilung des Vollstreckungsauftrags zugestimmt, hat ihn der Gerichtsvollzieher unverzüglich über den Aufschub der

§ 813a

Buch 8. Abschnitt 2. ZwV wegen Geldforderungen

Verwertung und über die festgesetzten Raten zu unterrichten. ²In diesem Fall kann der Gläubiger dem Verwertungsaufschub widersprechen. ³Der Gerichtsvollzieher unterrichtet den Schuldner über den Widerspruch; mit der Unterrichtung endet der Aufschub. ⁴Dieselbe Wirkung tritt ein, wenn der Schuldner mit einer Zahlung ganz oder teilweise in Verzug kommt.

Schrifttum: *Harnacke* DGVZ 99, 81 (Üb).

Gliederung

1) Systematik, I, II	1
2) Regelungszweck, I, II	2
3) Geltungsbereich, I, II	3
4) Zulässigkeit eines Verwertungsaufschubs, I, II	4–11
A. Keine Stundung, § 775 Z 4	4
B. Kein ausdrücklicher Teilzahlungsausschluß, I 1	5
C. Kein stillschweigender Teilzahlungsausschluß, I 1	6
D. Keine Notwendigkeit anfänglicher Gläubigerzustimmung, I 1	7
E. Zahlungsverpflichtung des Schuldners, I 1 Hs 1	8–11
5) Verfahren, I	12, 13
A. Von Amts wegen, I 1	12
B. Keine Rückfrage beim Gläubiger, I 1	13
6) Aufschub, I	14–16
A. Aufschub ohne Raten, I 1 Hs 1	14
B. Aufschub mit Raten, I 1 Hs 2	15
C. Festsetzung des Verwertungstermins, I 2	16
7) Unterrichtung der Beteiligten, I, II 1	17–19
A. Mitteilung an Schuldner, I	17
B. Mitteilung an Gläubiger, I, II 1	18, 19
8) Widerspruch des Gläubigers, II 2	20
9) Widerspruchsfolgen, II 3	21, 22
A. Unterrichtung des Schuldners, II 3 Hs 1	21
B. Ende des Aufschubs, II 3 Hs 2	22
10) Zahlungsverzug, II 4	23
11) Verstoß, I, II	24
12) Rechtsbehelf, I, II	25
13) *VwGO*	26

1 **1) Systematik, I, II.** Die Vorschrift gehört zu einer Gruppe von Bestimmungen, die dem Gerichtsvollzieher erhebliche Möglichkeiten zur Steuerung des Ob, Wann und Wie der Vollziehung eines Vollstreckungsauftrags einräumen. Sie setzt im Gegensatz zu § 806a Pfändbarkeit voraus, §§ 811 ff. Zur Abgrenzung *Helwich* DGVZ 00, 105. Die Vorschrift läßt die Möglichkeiten eines freihändigen Verkaufs usw nach § 825 offen. Auch der Schuldnerschutz nach § 765a bleibt unberührt, ebenso die Möglichkeit und Notwendigkeit, im Fall einer Stundung seitens des Gläubigers die Vollstreckung einzustellen oder zu beschränken, § 775 Z 4. Auch das Verbot der Arglist in der Vollstreckung nach Grdz 44 vor § 704 bleibt bestehen, sei es zugunsten des Gläubigers, sei es zugunsten des Schuldners. § 813b, der sich an das Vollstreckungsgericht wendet, steht selbständig neben § 813a.

2 **2) Regelungszweck, I, II.** Die Vorschrift bezweckt die Vermeidung der immer noch als Regel notwendigen Verwertungsart Versteigerung, §§ 814 ff. Damit stellt sie eine Ausnahme dar und ist demgemäß eng auslegbar. Daran ändert auch der Umstand nichts, daß neben dem Schuldnerschutz durch Vermeidung von Wertverschleuderung auch Interessen der Allgemeinheit Schutz erhalten und daß es auch im wohlverstandenen Interesse des Gläubigers liegen kann, daß er sein Geld zwar nicht so bald, dafür aber mit höherer Chance überhaupt leidlich vollständig erhält, wenn es zu Teilzahlungen kommt. Immerhin läßt § 813a formell die Stellung des Gläubigers als des Herrn der Zwangsvollstreckung bestehen, Grdz 8 vor § 704. Tatsächlich dehnt die Vorschrift die Macht des Gerichtsvollziehers freilich bis an die Grenze des Zulässigen aus. Man darf sie nicht durch zu großzügige Handhabung der Vorschrift noch mehr erweitern.

3 **3) Geltungsbereich, I, II.** Die Vorschrift gilt in allen Fällen der Vollstreckung in körperlichen Sachen, §§ 808–827, ferner bei § 847 II. Sie setzt voraus, daß bereits Sachen gepfändet sind. Bei Unpfändbarkeit gilt § 806a, Rn 1. Es ist nicht erforderlich, daß eine Verwertung zur Befriedigung des Gläubigers führen dürfte.

4 **4) Zulässigkeit eines Verwertungsaufschubs, I, II.** Es muß eine endgültige Verwertung möglich sein, nicht nur eine vorläufige Sicherung nach § 720a oder ein bloßer Arrestvollzug nach §§ 924, 930 oder eine bloße Hilfsvollstreckung. Es empfiehlt sich im übrigen, die Zulässigkeit in der folgenden Reihenfolge zu prüfen.

A. Keine Stundung, § 775 Z 4. Der Gläubiger darf nicht im Sinn von § 775 Z 4 eine Stundung gewährt haben, dort Rn 18–21. Infolge dieses zulässigen Vollstreckungsvertrags nach Grdz 27 vor § 704 „Zeit" liegt dann derzeit noch ein gänzlicher Ausschluß der Vollstreckung vor. Er erlaubt dem Gerichtsvollzieher keinerlei Vollstreckungshandlungen über eine etwaige bloße Sicherung hinaus.

5 **B. Kein ausdrücklicher Teilzahlungsausschluß, I 1.** Kein Gläubiger darf auch eine Zahlung in Teilbeträgen ausdrücklich ausgeschlossen haben. Denn beim Ausschluß verbleibt dem Gerichtsvollzieher jedenfalls nach § 813a keine Befugnis mehr, von sich aus auch nur vorläufig eine irgendwie geartete Teilzahlung zu gestatten. Da der Gläubiger der Herr der Zwangsvollstreckung bleibt, darf und muß der Gerichtsvollzieher die Verwertung nach §§ 814 ff unverzüglich durchführen und haftet, falls er eine Teilzahlung gestattet, dem Gläubiger (indirekt, § 753 Rn 10).

Das Verhalten des Gläubigers ist wie stets *auslegbar*, §§ 133, 157 BGB. Er braucht das Wort „Ausschluß von Teilzahlung" nicht zu benutzen und kann dennoch dergleichen der Sache nach eindeutig mitgeteilt haben. Der Gläubiger muß den Ausschluß dem Gerichtsvollzieher gegenüber erklären, § 130 BGB. Freilich mag der Gläubiger den Schuldner oder dessen Bevollmächtigten oder einen sonstigen Dritten aufgefordert haben, den Ausschluß dem Gerichtsvollzieher mitzuteilen. Wenn der letztere zuverlässig davon erfährt, gilt das als Erklärung ihm gegenüber. Der Gläubiger kann Bedingungen stellen, etwa den Erhalt einer ersten Rate.

Titel 1. Zwangsvollstr. in das bewegl. Vermögen § 813a

Auch das ändert nichts an der Auslegbarkeit zumindest wegen des Rests, aM ZöStö 4 (aber jede Parteiprozeßhandlung ist auslegbar, Grdz 52 vor § 128).

Man muß den Ausschluß von einer *Stundung* nach Rn 4 unterscheiden. Der Gläubiger mag ihn auf einen bestimmten oder bestimmbaren Zeitraum beschränken oder unter einer Bedingung erklären, §§ 158 ff BGB.

C. Kein stillschweigender Teilzahlungsausschluß, I 1. Kein Gläubiger darf auch eine Zahlung in **6** Teilbeträgen stillschweigend ausgeschlossen haben. Denn auch diese Form ist ein den Gerichtsvollzieher wie bei Rn 5 bindender Entschluß des Herrn der Zwangsvollstreckung. Er ist bei einer ja nach Rn 5 wie stets nach Grdz 52 vor § 128 auslegbaren Parteiprozeßhandlung durchaus möglich. Die Auslegungsregeln gelten wie bei Rn 5. Der Gerichtsvollzieher muß dabei sämtliche Fallumstände berücksichtigen. Er darf weder den bloßen Willen des Gläubigers noch die bloße tatsächliche Auffassung des Gerichtsvollziehers zugrundelegen, sondern muß wie bei der Auslegung jeder empfangsbedürftigen Willenserklärung die Situation eines vernünftigen Empfängers und dessen Verständnismöglichkeit beachten.

Im *Zweifel* liegt ein *Ausschluß* vor. Denn auch muß § 813 a wie stets wegen seines Ausnahmecharakters eng auslegen, Rn 2. Das sollte man in der Praxis keineswegs vergessen. Schon der Wortlaut von I 1 „... hat nicht ausgeschlossen" zeigt, daß die Zulässigkeit von Verwertungsaufschub eben erst beginnt, wenn das Fehlen eines Ausschlusses feststeht.

D. Keine Notwendigkeit anfänglicher Gläubigerzustimmung, I 1. Der Beginn eines Aufschubs der **7** Verwertung nach I 1 hängt nicht davon ab, daß der Gläubiger einer Teilzahlung bereits vorher zugestimmt hat. Das ergibt sich aus der in solchem Fall nachfolgenden Regelung von II. Es reicht also für I 1 aus, daß eben keine der Situationen Rn 4–6 vorliegt. Deshalb empfiehlt es sich für den Gläubiger dringend, bereits im Vollstreckungsauftrag klarzustellen, ob und unter welchen Voraussetzungen er einer Teilzahlung zustimmt oder nicht. Bleibt diese Frage dann seinerseits auch nur halbwegs offen, riskiert der Gläubiger ungeachtet Rn 6, daß der Gerichtsvollzieher erst einmal einen Aufschub gestattet, so daß der Gläubiger auf das Widerspruchsverfahren nach II 2, 3 angewiesen ist.

E. Zahlungsverpflichtung des Schuldners, I 1 Hs 1. Soweit die Voraussetzungen Rn 4–7 vorliegen, **8** muß als weitere Voraussetzung eines Verwertungsaufschubs die Verpflichtung des Schuldners hinzutreten, denjenigen Gesamtbetrag binnen eines Jahres zu zahlen, der zur Befriedigung des Gläubigers und zur Deckung der Vollstreckungskosten erforderlich ist. Diese Verpflichtung braucht man nicht etwa erst zusammen mit der Gewährung eines Aufschubs oder gar erst nach seinem Ausspruch zu klären, sondern sie ist Bedingung der Gewährung. Soweit der Gerichtsvollzieher vor ihrem Vorliegen einen Aufschub gewährt, handelt er pflichtwidrig und löst Staatshaftung aus.

Verpflichtung heißt: Endgültige Bereitschaft des Schuldners. Er muß also eine empfangsbedürftige Willens- **9** erklärung gegenüber dem Gerichtsvollzieher abgeben. Denn dieser und nicht der Gläubiger muß zunächst über einen Verwertungsaufschub entscheiden. Andernfalls könnte freilich sogar ein Stundungsvertrag nach Rn 4 vorliegen. Natürlich mag der Schuldner die Verpflichtung derart erklären, daß er sie zunächst dem Gläubiger oder einem sonstigen Dritten zukommen läßt und daß dieser sie an den Gerichtsvollzieher weiterleitet, wie bei Rn 5. Maßgeblich ist dann aber erst der Eingang beim Gerichtsvollzieher. Die Schuldnererklärung ist wie sonst auslegbar, §§ 133, 157 BGB. Es kommt also auf die Verständnismöglichkeit des Gerichtsvollziehers an. Ein Vertreter muß seine Vollmacht vorlegen, § 80 I. Der Gerichtsvollzieher prüft die Vollmacht eines Anwalts nicht von Amts wegen, sondern nur auf Rüge, § 88 II.

Ein *formloses* Angebot reicht aus. Es kann sogar stillschweigend erfolgen (Vorsicht!). Der Gläubiger kann die Schuldnererklärung dem Vollstreckungsauftrag beifügen. Seine bloße Bezugnahme auf eine angebliche Schuldnererklärung reicht aber nicht aus. Eine „Antrags"-Frist besteht nicht. Erforderlich ist nur eine Bereitschaft zur Einhaltung der Jahres-Zahlungsfrist. Die Erklärung der Zahlungsverpflichtung kann daher bis zur Versteigerung usw erfolgen. Im Zweifel liegt keine ausreichende Verpflichtungserklärung vor. Man darf daher keinen Aufschub gewähren. Ob der Gerichtsvollzieher eine Klärung herbeiführt, ist eine andere Frage.

Innerhalb eines Jahres muß der Schuldner alles bezahlen wollen. Das Jahr beginnt mit der Mitteilung des **10** etwa gewährten Aufschubs an den Schuldner, Harnacke DGVZ 99, 85. Die Frist berechnet sich nach § 222. Es handelt sich nicht um eine Notfrist nach § 224 I 2.

Zur Befriedigung erforderlich heißt: Nach den jetzigen Schätzmöglichkeiten voraussichtlich ausreichend. **11** Dabei ist dem Schuldner meist kaum zumutbar, auch die Vollstreckungskosten abzuschätzen. Daher muß der Gerichtsvollzieher sie ihm entweder mitteilen oder sie mit dem in der Verpflichtungserklärung des Schuldners versprochenen Betrag vergleichen und evtl durch Rückfrage binnen einer erforderlichen Frist eine Zusatzverpflichtung herbeiführen, bevor er auch nur dem Grunde nach die Verwertung aufschieben darf. Bietet der Schuldner nicht die Bereitschaft zur Zahlung des in I 1 Hs 1 genannten Gesamtbetrags, so kommt keineswegs ein teilweiser Aufschub in Betracht. Erst die Bereitschaft zur Gesamtzahlung binnen eines Jahres eröffnet die Zulässigkeit irgendeines Verwertungsaufschubs nach I 1.

5) Verfahren, I. Der Gerichtsvollzieher muß das folgende Verfahren einhalten. **12**

A. Von Amts wegen, I 1. Er wartet keinen Antrag ab, sondern klärt die Voraussetzungen Rn 4–11 von Amts wegen, und zwar bei oder unverzüglich nach der Pfändung, wenn nicht schon nach dem Vollstreckungsauftrag. Ein Antrag ist nur eine Anregung. Ob die Voraussetzungen vorliegen, steht nicht im Ermessen des Gerichtsvollziehers. Denn „kann" stellt in diesem Teil von I 1 Hs 1 (anders Rn 14 und Hs 2) wie so oft nur in die Zuständigkeit. Soweit erforderlich, zB bei Rn 11, darf und muß der Gerichtsvollzieher rückfragen und eine fristschaffende Anfrage dem Schuldner förmlich zustellen, § 329 II 2. Die Frist muß ausreichend sein. Zwei Wochen dürften meist genügen.

B. Keine Rückfrage beim Gläubiger, I 1. Im Gegensatz zu der Situation nach II hat der Gerichtsvoll- **13** zieher grundsätzlich keine Pflicht zu einer Rückfrage beim Gläubiger, es sei denn zur Schätzung der voraussichtlichen Vollstreckungskosten, soweit sie direkt dem Gläubiger entstehen. Der Gläubiger erhält erst

§ 813a Buch 8. Abschnitt 2. ZwV wegen Geldforderungen

im Fall II rechtliches Gehör, es sei denn, der Gerichtsvollzieher will einen Aufschub nach I nicht ohne Stellungnahme des Gläubigers vornehmen, weil Zweifelsfragen auftauchen. Daher ist ein Aufschub auch schon sofort nach der Pfändung zulässig.

14 **6) Aufschub, I.** Der Gerichtsvollzieher entscheidet durch eine mit Tenor und Gründen zu versehende Maßnahme (dies überliest ZöStö 7) in der Form einer Verfügung nach § 329, dort insbesondere Rn 4, aM ZöStö 4 (aber eine Begründung ist schon zwecks Überprüfbarkeit geboten). Er kann inhaltlich wie folgt vorgehen, und zwar innerhalb der Jahresfrist des I 1 auch wiederholt.

A. Aufschub ohne Raten, I 1 Hs 1. Der Gerichtsvollzieher kann sich darauf beschränken, einen Verwertungsaufschub zu gewähren, ohne Raten und deren Zeitpunkte festzusetzen. Der Aufschub versteht sich dann von mindestens das in I 1 genannte Jahr. Der Gerichtsvollzieher darf bei ratenloser Bewilligung keinen kürzeren Aufschub gewähren. Ob er ratenlos bewilligt, steht in diesem Teil von I 1 Hs 1 anders als bei Rn 12 in seinem pflichtgemäßen Ermessen, Rn 15.

15 **B. Aufschub mit Raten, I 1 Hs 2.** Der Gerichtsvollzieher kann auch zugleich mit der Gewährung des Aufschubs eine oder mehrere Raten anordnen. Er muß dann gleichzeitig deren Höhe und Fälligkeitszeitpunkte festsetzen. Er hat insoweit ein pflichtgemäßes Ermessen. Denn „kann" in I 1 Hs 2 stellt anders als in Hs 1 nicht bloß in seine Zuständigkeit. Anders wäre nämlich Hs 2 neben Hs 1 widersprüchlich. Der Gerichtsvollzieher wägt unter Beachtung von § 308 I dabei die etwaigen Bedingungen und bei ihrem Fehlen das Interesse des Gläubigers an wenigstens teilweiser alsbaldiger Befriedigung mit den zumutbaren Möglichkeiten des Schuldners und mit dem Ziel ab, daß eine Werteverschleuderung zu verhindern, Rn 2. Die Raten können je nach voraussichtlicher Finanzentwicklung und Finanzbedarf der Parteien unterschiedlich hoch sein. Die jeweiligen Fälligkeiten können aus denselben Gründen unterschiedlichen Rhythmus erhalten. Der Gerichtsvollzieher sollte sie zB auf Gehalts- oder Honorarfälligkeiten usw abstellen. Der Gerichtsvollzieher kann die Raten und Zeitpunkte entsprechend den zu § 120 genannten Regeln ändern, obwohl I 1 keine dem § 120 IV entsprechende ausdrückliche Bestimmung enthält. Dabei darf er aber keinen der Beteiligten überfordern.

16 **C. Festsetzung des Verwertungstermins, I 2.** Der Gerichtsvollzieher hat auch hier ein pflichtgemäßes Ermessen, Rn 15. Denn „kann" stellt auch in I 2 auf das Ermessen ab. Danach kann er bereits zugleich mit einer Anordnung nach Rn 14 oder Rn 15 den Termin zur Verwertung für den Fall der Nichteinhaltung der Schuldnerobliegenheiten festsetzen. Damit entsteht ein Druckmittel gegenüber dem Schuldner. Man sollte es nicht unterschätzen. Deshalb wird der Gerichtsvollzieher meist auch nur im Sinn sofortiger Festsetzung des späteren Termins ausüben können. Er muß dabei einen bestimmten Zeitpunkt ankündigen. Dieser darf frühestens „nach dem nächsten Zahlungstermin" liegen, also nach der nächsten Ratenfälligkeit oder mangels Raten nach dem Ablauf des in I 1 Hs 1 genannten Jahres. Soweit zB infolge einer Fälligkeitsänderung nach Rn 15 der bisher festgesetzte Termin nicht mehr zulässig oder sonstwie nicht mehr sinnvoll ist, darf und muß der Gerichtsvollzieher ihn nach I 2 Hs 2 verlegen, § 227 I.

17 **7) Unterrichtung der Beteiligten, I, II 1.** Der Gerichtsvollzieher hat zwei Pflichten.

A. Mitteilung an Schuldner, I. Es versteht sich von selbst, daß der Gerichtsvollzieher den Schuldner von der Entscheidung unverzüglich im Sinn von § 121 I 1 BGB unterrichtet. Das gilt zunächst bei einer Ablehnung eines Aufschubs, erst recht wenn dieser etwa vom Schuldner angeregten. Es gilt ferner bei einer Bewilligung mit oder ohne Raten und Zeitpunkte. Da die letzteren Fristen bis zur jeweiligen Fälligkeit auslösen, muß der Gerichtsvollzieher seine Entscheidung dem Schuldner förmlich zustellen, § 329 II 2, aM ZöStö 8 (aber Wortlaut und Sinn der Vorschrift sind eindeutig, Einl III 39).

18 **B. Mitteilung an Gläubiger, I, II 1.** Der Gerichtsvollzieher muß natürlich auch den Gläubiger von der Entscheidung in Kenntnis setzen. Das gilt unabhängig davon, ob der Gläubiger einen Verwertungsaufschub etwa gar verboten hatte (so daß der Aufschub rechtswidrig wäre) oder ob der Gläubiger mit einem Aufschub bedingungslos oder nur gegen Raten usw einverstanden war. Denn der Gläubiger ist infolge eines Aufschubs formell stets ein von einer Maßnahme des Vollstreckungsorgans Betroffener und muß sein etwaiges Widerspruchsrecht prüfen können, Rn 20.

19 Soweit der Gläubiger einer Zahlung in Teilbeträgen nicht bereits *bei* Erteilung des *Vollstreckungsauftrags* zugestimmt hatte, muß der Gerichtsvollzieher ihn nach II 1 über den Verwertungsaufschub und über die festgesetzten Raten und natürlich auch über deren Fälligkeiten unterrichten, und zwar „unverzüglich", also ohne schuldhaftes Zögern, § 121 I 1 BGB. Diese Unterrichtung bedarf keiner Form. Denn sie kann einen unbefristeten Widerspruch auslösen, II 2, keinen befristeten. Sie muß aber vollständige und nachprüfbare Angaben erhalten. Der Gerichtsvollzieher sollte sie daher zumindest schriftlich bestätigen. Sie dient dazu, dem Gläubiger eine Prüfung der Erfolgschance eines etwaigen Widerspruchs wie eine Kontrolle der Zahlungsmoral des Schuldners bei den Raten zu ermöglichen.

20 **8) Widerspruch des Gläubigers, II 2.** Soweit der Gerichtsvollzieher einen Verwertungsaufschub ohne vorherige Zustimmung des Gläubigers bewilligt hat, kann der Gläubiger dem Aufschub widersprechen. Das gilt unabhängig davon, ob ihn der Gerichtsvollzieher auch nach II 1 unterrichtet hat: „in diesem Fall" in II 2 meint nicht die Unterrichtung nach II 1, sondern den Aufschub ohne vorherige Zustimmung. Der Widerspruch tritt zu der nach § 766 möglichen Erinnerung hinzu. Er hat vor ihr Vorrang. Im Zweifel ist zunächst nur ein Widerspruch gemeint.

Der Gläubiger braucht das Wort „Widerspruch" nicht zu benutzen. Es ist erforderlich und ausreichend, daß er *erkennbar* macht, daß er mit dem Aufschub entweder überhaupt nicht oder doch jedenfalls nicht zu den vom Gerichtsvollzieher festgesetzten Bedingungen einverstanden ist. Zwar macht der Widerspruch den Gläubiger wieder zum auch zeitlichen Herrn der weiteren Vollstreckung, II 3. Indessen zeigt die Notwendigkeit, sich mit Widerspruch zu melden, daß der Gläubiger zur Vermeidung dieses ganzen Widerspruchsverfahrens gut tut, sein etwaiges Verbot eines Verwertungsaufschubs von vornherein im Vollstreckungsauftrag klarzustellen, Rn 5. Der Widerspruch ist form- und fristfrei. Er richtet sich an den Gerichtsvollzieher, nicht an den Schuldner, mag diesem letzteren aber natürlich zusätzlich zugehen.

Titel 1. Zwangsvollstr. in das bewegl. Vermögen §§ 813a, 813b

9) Widerspruchsfolgen, II 3. Sobald der Gläubiger dem Gerichtsvollzieher gegenüber nach Rn 20 21 widersprochen hat, treten die folgenden Konsequenzen ein.

A. Unterrichtung des Schuldners, II 3 Hs 1. Der Gerichtsvollzieher muß den Schuldner unverzüglich über den Widerspruch des Gläubigers unterrichten. Das braucht nicht durch Übersendung einer Abschrift des etwa schriftlichen Widerspruchs zu geschehen. Mündliche, telefonische oder per Telefax usw erfolgte Mitteilung des Eingangs eines Widerspruchs genügt. Es ist also keine förmliche Zustellung notwendig.

B. Ende des Aufschubs, II 3 Hs 2. Zwar nicht schon mit dem Widerspruchseingang, wohl aber mit 22 der Unterrichtung des Schuldners nach Rn 21 endet der Aufschub kraft Gesetzes vollständig. Es bedarf also keiner Aufhebung des Aufschubs durch den Gerichtsvollzieher. Eine etwa erfolgte derartige Aufhebung hat nur klarstellenden Wert. Seit der Absendung der Unterrichtung und nicht erst seit dem formlosen, für den Gerichtsvollzieher so gar nicht zeitlich präzise einschätzbaren Zugang hat der Gerichtsvollzieher wieder dieselben Rechte und Pflichten wie dann, wenn es den § 813 a gar nicht gäbe. Natürlich darf er auch nicht dann einfach untätig bleiben, wenn die Unterrichtung etwa wegen Erkrankung des Schuldners nicht sogleich gelingt, sondern muß in Wahrheit schon seit Erhalt des Widerspruchs weiter vollstrecken. II 3 Hs 2 enthält insofern eine durchaus falsche Beschreibung des Beendigungszeitpunkts (gesetzgeberisches Redaktionsversehen). Der Gerichtsvollzieher darf nun auch keineswegs erneut ein Verfahren nach § 813 a einleiten. Es wäre ja jetzt schon wegen des Aufschubverbots unzulässig, das im Widerspruch des Gläubigers liegt.

10) Zahlungsverzug, II 4. Wenn der Schuldner mit einer vom Gerichtsvollzieher festgesetzten Zahlung 23 einer Rate oder des Gesamtbetrags ganz oder teilweise „in Verzug kommt", endet sein Verwertungsaufschub ebenso wie im Fall Rn 22 kraft Gesetzes. Verzug heißt: Nichtzahlung innerhalb der in § 286 III 1 BGB genannten Frist von 30 Tagen. Denn es handelt sich um eine Geldforderung und zumindest um eine „gleichwertige Zahlungsaufforderung" im Sinn dieser Vorschrift. Darüber hinaus gilt: Einer Mahnung nach Fälligkeit bedarf es wegen § 286 II Z 1 BGB in der Regel schon deshalb nicht, weil der Gerichtsvollzieher die Fälligkeit durchweg nach dem Kalender genau bestimmt haben wird. Eine irgendwie geartete Unpünktlichkeit auch nur bei einer einzigen Rate bringt also die gesamte Vergünstigung des Verwertungsaufschubs nach § 813 a endgültig zu Fall. Maßgeblich ist der Zahlungseingang beim Gläubiger oder Gerichtsvollzieher, Harnacke DGVZ 99, 86. Einen Scheck muß man wie sonst bei einer Zahlungsverpflichtung beurteilen. Eine Zahlung nach dem Verzugseintritt ändert nichts mehr an dem Ende des Aufschubs. Das darf man freilich nicht mit einer zu spät bemerkten, pünktlich gewesenen Zahlung verwechseln. Die Zwangsvollstreckung erhält ab Verzug von Amts wegen ihren Fortgang, Grdz 37 vor § 704. Dabei muß der Gerichtsvollzieher freilich auch den Verhältnismäßigkeitsgrundsatz beachten, Grdz 37 vor § 704. Im übrigen kann der Gläubiger als Herr der Zwangsvollstreckung nach Grdz 37 vor § 704 die Fortsetzung der Vollstreckung auch jetzt noch beenden.

11) Verstoß, I, II. Soweit der Gerichtsvollzieher gegen I oder II verstößt, tritt die in § 754 Rn 7 24 geschilderte Haftung ein.

12) Rechtsbehelf, I, II. Abgesehen von dem in II 2, Rn 20, erläuterten Widerspruch des Gläubigers 25 haben er und der Schuldner gegen das Verfahren und die Entscheidungen des Gerichtsvollziehers die Erinnerung nach § 766. Dort auch zum weiteren Verfahren.

13) VwGO: Entspr anwendbar iRv Grdz § 803 Rn 16. 26

813b *Aussetzung der Verwertung.* I 1 Das Vollstreckungsgericht kann auf Antrag des Schuldners die Verwertung gepfändeter Sachen unter Anordnung von Zahlungsfristen zeitweilig aussetzen, wenn dies nach der Persönlichkeit und den wirtschaftlichen Verhältnissen des Schuldners sowie nach der Art der Schuld angemessen erscheint und nicht überwiegende Belange des Gläubigers entgegenstehen. ²Er ist befugt, die in § 732 Abs. 2 bezeichneten Anordnungen zu erlassen.

II 1 Wird der Antrag nicht binnen einer Frist von zwei Wochen gestellt, so ist er ohne sachliche Prüfung zurückzuweisen, wenn das Vollstreckungsgericht der Überzeugung ist, dass der Schuldner den Antrag in der Absicht der Verschleppung oder aus grober Nachlässigkeit nicht früher gestellt hat. ²Die Frist beginnt im Falle eines Verwertungsaufschubs nach § 813 a mit dessen Ende, im Übrigen mit der Pfändung.

III Anordnungen nach Absatz 1 können mehrmals ergehen und, soweit es nach Lage der Verhältnisse, insbesondere wegen nicht ordnungsmäßiger Erfüllung der Zahlungsauflagen, geboten ist, auf Antrag aufgehoben oder abgeändert werden.

IV Die Verwertung darf durch Anordnungen nach Absatz 1 und Absatz 3 nicht länger als insgesamt ein Jahr nach der Pfändung hinausgeschoben werden.

V 1 Vor den in Absatz 1 und in Absatz 3 bezeichneten Entscheidungen ist, soweit dies ohne erhebliche Verzögerung möglich ist, der Gegner zu hören. ²Die für die Entscheidung wesentlichen tatsächlichen Verhältnisse sind glaubhaft zu machen. ³Das Gericht soll in geeigneten Fällen auf eine gütliche Abwicklung der Verbindlichkeiten hinwirken und kann hierzu eine mündliche Verhandlung anordnen. ⁴Die Entscheidungen nach den Absätzen 1, 2 und 3 sind unanfechtbar.

VI In Wechselsachen findet eine Aussetzung der Verwertung gepfändeter Sachen nicht statt.

Schrifttum: *Alisch,* Wege zur interessengerechteren Auslegung vollstreckungsrechtlicher Normen, 1981.

§ 813b   Buch 8. Abschnitt 2. ZwV wegen Geldforderungen

Gliederung

1) Systematik, I–VI	1	6) Mehrmalige Anordnung usw, III, IV	9
2) Regelungszweck, I–VI	2	7) Verfahren, I 2, V	10
3) Geltungsbereich, I–VI	3	8) Entscheidung, V	11, 12
4) Zahlungsfristen, I, IV	4–7	9) Rechtsmittel, V 4	13–15
A. Voraussetzung: Angemessenheit	4	A. Gegen Rechtspfleger	13
B. Befristete Aussetzung	5, 6	B. Gegen Richter	14
C. Antrag usw, I 1	7	C. Gegen einstweilige Einstellung	15
5) Verspäteter Antrag, II	8	10) VwGO	16

1 **1) Systematik, I–VI.** § 813 b steht selbständig neben §§ 765 a, 813 a. Bei § 813 b wendet sich der Schuldner an das Vollstreckungsgericht auch ohne Zustimmung des Gläubigers zwecks Gewährung eines Aufschubs der Vollstreckung. Die Vorschrift verbietet weder die Pfändung, noch läßt die Vorschrift ihre Aufhebung zu.

2 **2) Regelungszweck, I–VI.** Es geht um weiteren Schuldnerschutz. Eine Verwertung soll nach Möglichkeit ohne einen übermäßigen Nachteil für den Schuldner stattfinden. Freilich soll § 813 b nur einem vertrauenswürdigen Schuldner helfen, zB dann, wenn er im wesentlichen bereits gezahlt hat, AG Hbg-Altona Rpfleger **93**, 503. Die Vorschrift stellt also auf die Person des Schuldners und auf die Umstände ab. § 813 b kann vor allem bei kleinen Unternehmen dazu dienen, eine geregelte Abzahlung aller Schulden herbeizuführen. Dadurch kann man evtl ein Insolvenzverfahren vermeiden. Das alles veranlaßt zu einer sorgfältigen Abwägung ohne deutliche Bevorzugung einer Partei, aber doch unter Beachtung der weitgehenden sozialen Komponente der Vorschrift.

3 **3) Geltungsbereich, I–VI.** § 813 b regelt die „Verwertung gepfändeter Sachen". Daher setzt die Vorschrift voraus, daß eine Zwangsvollstreckung in eine bewegliche Sache beliebiger Art wegen einer Geldforderung zulässig ist und auch nach §§ 808 ff vorliegt, auch eine Austauschpfändung nach § 811 a, nicht aber eine Geldpfändung. Eine mehrfache Pfändung hindert die Anwendung des § 813 b nicht. Die Vorschrift hilft allen Arten von Schuldnern, Inländern und Ausländern, Personengesellschaften und auch juristischen Personen.

Unanwendbar ist die Vorschrift zB in folgenden Fällen: Beim bloßen Bevorstehen einer Pfändung; bei einem Herausgabeanspruch; bei einer bloßen Sicherugnsvollstreckung, § 720 a, weil sie keine Verwertung bedeutet; bei einer Forderungspfändung, §§ 829 ff (Ausnahme: § 847 II); bei der Zwangsvollstreckung zur Erwirkung der Herausgabe von Sachen, § 883, oder von Handlungen, § 887 ff, oder Unterlassungen, § 890; bei einer Arrestpfändung, § 930, weil dann keine Verwertung stattfindet; kraft ausdrücklicher Vorschrift in einer Wechselsache, VI, auch bei einer im ordentlichen Verfahren durchgeführten; dementsprechend in einer Schecksache, obwohl VI sie nicht miterwähnt, den alle Zwangsverfahrensarten und Interessenlagen sind sehr ähnlich, ZöStö 10, aM MüKoSchi § 813 a Rn 8, StJM 813 a Rn 7. § 813 b ist ferner zB grundsätzlich auch dann unanwendbar, wenn eine Geldstrafe oder Geldbuße zu vollstrecken ist; die Festsetzungsbehörde ist für einen Ausstand zuständig. § 813 b ist ferner im Verfahren auf die Abgabe einer Offenbarungsversicherung nach § 807, 900 unanwendbar. Wegen der Unanwendbarkeit bei einem gesetzlichen Pfandrecht an Früchten auf dem Halm § 810 Rn 1.

4 **4) Zahlungsfristen, I, IV.** Man muß drei Punkte prüfen.

A. Voraussetzung: Angemessenheit. Eine Aussetzung der weiteren Vollstreckung nach § 813 b muß im Gegensatz zu derjenigen nach § 813 a nach der Persönlichkeit und nach den wirtschaftlichen Verhältnissen des Schuldners und der Art seiner Schuld objektiv angemessen sein. Dabei ist eine Gesamtabwägung erforderlich. Eine unerlaubte Handlung nach §§ 823 ff BGB als Anspruchsgrund hindert nicht von vornherein.

Die Aussetzung der Vollstreckung ist *unangemessen*, soweit wenn der Schuldner vorwerfbar nicht leistet oder sonstwie nicht schutzwürdig ist. Er hat sich zB durch eine schlechte Wirtschaftsführung in einen Vermögensverfall gebracht, oder er will gar böswillig nicht leisten. Hierhin gehört auch der Fall, daß man nicht mit einer Besserung der wirtschaftlichen Verhältnisse des Schuldners rechnen kann. Denn dann würde eine Frist nach § 813 b nur den Gläubiger schädigen. Eine Zahlungsfrist ist auch dann unzulässig, wenn die Schuld keinen weiteren Aufschub duldet. Das mag etwa bei einer Unterhaltsforderung oder dann der Fall sein, wenn es um Heizungskosten geht. Die Aussetzung der Vollstreckung ist auch unangemessen, soweit überwiegende Belange des Gläubigers entgegenstehen. Das kann der Fall sein, wenn die Pfandsache verderblich ist oder wenn ein Aufschub den Gläubiger mehr schädigt als dem Schuldner nützt oder wenn man ein Vermieterpfandrecht unterlaufen würde oder wenn der Gläubiger das Geld unbedingt braucht.

5 **B. Befristete Aussetzung.** Das Gericht gibt dem Schuldner durch die Bestimmung einer Zahlungsfrist und durch eine zeitweilige, also befristete Aussetzung der Verwertung unter Fortbestand der Pfändung nach §§ 775 Z 2, 776 die Gelegenheit, seine Schuld zu bezahlen. Der Gerichtsvollzieher darf eine solche Maßnahme nicht von sich aus anordnen. Er würde pflichtwidrig handeln, wenn er einen solchen Aufschub gewähren würde, aM Hörmann DGVZ **91**, 81 (aber er kann nach § 813 a vorgehen). Die Frist beginnt mit der Pfändung. Sie ist keine Notfrist, § 224 I 2. Das Gericht muß die Frist so bemessen, daß die Interessen des Gläubigers nach Rn 4 ausreichend Beachtung finden und daß der Schuldner voraussichtlich vor dem Ablauf der Frist zahlen oder leisten kann oder daß bis zum Ablauf der Frist seine Unfähigkeit zu einer Leistung in einer angemessenen Zeit feststeht, keinesfalls länger als ein Jahr nach der Pfändung, IV. Das gilt selbst bei einer freiwilligen Gewährung der Aussetzung durch den Gläubiger, ZöStö 14, aM ThP 9 (aber Wortlaut und Sinn sind eindeutig, Einl III 39).

6 Zweckmäßig ist der Hinweis, der Schuldner solle evtl in *Raten* leisten. Das Gericht kann auch eine Ratenzahlung in bestimmten Abständen anordnen. Das empfiehlt sich oft. In einem solchen Fall kann sich das Gericht vorbehalten, im Fall des Schuldnerverzugs mit einer Rate auf einen Antrag des Gläubigers die Bewilligung der weiteren Fristen aufzuheben, III. Im übrigen tritt die Aussetzung mit dem Fristablauf ohnehin

Titel 1. Zwangsvollstr. in das bewegl. Vermögen **§ 813b**

außer Kraft. Das Gericht darf aber nicht schon die Wirksamkeit seiner Anordnung von der Einhaltung der Zahlungsfristen abhängig machen, weil deren Überprüfung dem Gerichtsvollzieher oft nicht zumutbar ist, ThP 11, aM StJM 21 (aber das Verfahren ist für den Gerichtsvollzieher schon kompliziert genug).

Eine *„einstweilige Aussetzung"* ist keine Aussetzung im Sinn der ZPO. Eine solche ist in der Zwangsvollstreckung nicht vorgesehen, Grdz 38, 49 vor § 704. In Wahrheit handelt es sich dann um eine einstweilige Einstellung. Nach einem fruchtlosen Ablauf der Frist muß das Vollstreckungsgericht den Fortgang der Zwangsvollstreckung anordnen. Der Gerichtsvollzieher darf die Zwangsvollstreckung nicht vor dem Erlaß eines ausdrücklichen Aufhebungsbeschlusses des Vollstreckungsgerichts fortsetzen.

C. Antrag usw, I 1. Die Anordnung darf nur auf einen Antrag ergehen. Er ist eine Parteiprozeßhandlung, 7 Grdz 47 vor § 128. Zum Antrag ist nur der Schuldner berechtigt. Die Anordnung ist erst nach der Pfändung zulässig. Der Antrag kann die Art der Vergünstigung genau bezeichnen, sodaß das Vollstreckungsgericht daran gebunden ist, soweit es überhaupt aussetzen will, § 308 I. Der Antrag kann aber auch dergleichen dem pflichtgemäßen Ermessen des Vollstreckungsgerichts überlassen. Das Gericht kann die eigentliche Pfändung nicht durch seine Entscheidung abwenden. Der Beschluß läßt die Pfändung bestehen. Daher gilt das Verbot einer Überpfändung weiter.

5) Verspäteter Antrag, II. Der Schuldner muß den Antrag innerhalb von 2 Wochen seit dem Ende eines 8 etwa nach § 813a bewilligten Verwertungsaufschubs oder seit der Pfändung stellen, also beim Gericht einreichen, oder nach bloßer Sicherungsvollstreckung seit der Verwertungsreife, II 2. Der Posteingangsstempel genügt. Die Frist wird nach § 222 berechnet. Eine Wiedereinsetzung ist unzulässig, §§ 224 I 2, 233. Ein Anwaltszwang besteht nicht, § 78 V Hs 2. Der Schuldner braucht keinen bestimmten Vorschlag zu machen. Das Gericht muß einen verspäteten Antrag berücksichtigen, soweit es nicht nach seinem pflichtgemäßen Ermessen feststellt, daß der Schuldner in Wahrheit nur die weitere Zwangsvollstreckung hinzögern will oder daß er die Antragsfrist aus grober Nachlässigkeit versäumt hatte, II 1, also wie bei § 296 II. Wenn das Gericht zu dieser Überzeugung kommt, dann muß es den Antrag des Schuldners ohne eine weitere Sachprüfung zurückweisen.

6) Mehrmalige Anordnung usw, III, IV. Das Vollstreckungsgericht kann die weitere Vollstreckung 9 mehrmals einstellen und mehrere Fristen setzen. Die Fristen dürfen insgesamt nicht länger als ein Jahr seit der Pfändung betragen. Zu einer mehrfachen Anordnung gehört jeweils ein neuer Antrag des Schuldners. Für diesen neuen Antrag gilt entsprechend II eine Frist. Sie beginnt mit der Benachrichtigung des Schuldners von der Fortsetzung der Zwangsvollstreckung. Das Gericht kann auch seine Anordnung vor dem Ablauf der Frist ändern oder aufheben, falls der Gläubiger oder der Schuldner es beantragen. Ein Aufhebungsgrund ist zB: Der Schuldner hält die zugebilligten Raten nicht ein; der Gläubiger gerät in Not; den Schuldner trifft ein unverschuldetes Unglück. Es ist aber nicht unbedingt eine Änderung der Verhältnisse erforderlich, um die bisherige Anordnung zu ändern oder aufzuheben. Das Gericht kann die bisherigen Verhältnisse auch anders würdigen. Freilich wäre eine bloße Bezugnahme auf die vor der Ablehnung vorgetragenen Gründe mißbräuchlich, Einl III 54, Grdz 44 vor § 704.

7) Verfahren, I 2, V. Der Antrag ist der Sache nach eine Erinnerung nach § 766. Das Vollstreckungsge- 10 richt ist ausschließlich zuständig, §§ 764, 802. Eine mündliche Verhandlung ist nicht erforderlich, § 764 III. Das Verfahren verläuft vor dem Rpfl, § 20 Z 17 RPflG, Anh § 153 GVG. Eine Anhörung des Antragsgegners ist grundsätzlich erforderlich, V 1, Artt 2 I, 20 III GG (Rpfl), BVerfG 101, 404, Art 103 I GG (Richter). Sie ist nur dann ausnahmsweise entbehrlich, wenn durch sie eine erhebliche Verzögerung eintreten würde. Das gilt etwa dann, wenn sich etwa der Antragsgegner im Ausland aufhält und auch brieflich schwer zu erreichen ist. Der Antragsteller braucht seine Angaben nicht zu beweisen, Grdz 37 vor § 704 (Amtsverfahren). Eine Glaubhaftmachung aller für die begehrte Vergünstigung beachtlichen tatsächlichen Umstände ohne Beschränkung auf floskelhafte Wiederholung des Gesetzestextes ist nach § 294 notwendig und reicht jedenfalls nach V 2 aus. Das Gericht ordnet evtl nach I 2 eine einstweilige Maßnahme nach § 732 II mit oder ohne vorläufige Zahlungsanordnung an. Das Gericht soll nach V 3 Hs 1 eine gütliche Einigung versuchen. Es kann zu diesem Zweck nach V 3 Hs 2 eine mündliche Verhandlung bestimmen, Grdz 37 vor § 704. Diese ist eine freiwillige Verhandlung im Sinne des § 128 Rn 10.

8) Entscheidung, V. Das Gericht entscheidet durch einen Beschluß, § 329. Er lautet auf eine Zurück- 11 weisung des Antrags als unzulässig oder unbegründet oder dahin, daß das Gericht die Verwertung der genau bezeichneten Sache bis zu einem bestimmten Zeitpunkt unter Beachtung von IV und unter genau bezeichneten Ratenauflagen aussetzt. Es ist also unzulässig, nur einen Endtermin ohne zeitlich und der Höhe nach bestimmte Raten anzuordnen, ZöStö 14, aM StJM 16. Ebensowenig darf das Gericht nur eine einmalige Stundung gewährt werden, ZöStö 14, aM MüKoSchi 13 (aber beide Varianten verfehlen den Sinn von § 813b, Rn 1). Der Beschluß darf nicht über den Antrag hinausgehen, § 308 I. Er muß dessen teilweise Zurückweisung aussprechen, soweit er hinter dem Antrag zurückbleibt, etwa wegen höherer Raten oder kürzerer Fristen. Weitere Auflagen etwa wegen anderer Schulden sind unzulässig, ThP 9, aM StJM 16, ZöStö 14 (aber das wäre ebenfalls eine das Gesetzesziel verfehlende und diesmal überspannende Eigenmächtigkeit).

Das Gericht muß den Beschluß grundsätzlich *begründen*, § 329 Rn 4, und zwar schon wegen seiner 12 grundsätzlichen Anfechtbarkeit, Rn 13, 14. Er muß seinen Beschluß nach mündlicher Verhandlung nach § 329 I verkünden und sonst dem Gläubiger und dem Schuldner zustellen. Denn er setzt eine Frist in Lauf, § 329 I 2. Erst der Rechtsmittelgericht darf ja prüfen, ob der Beschwer vorliegt. Das übersieht ZöStö 16. Das Gericht muß im Beschluß über die Kosten des Verfahrens entscheiden. Besondere Gründe im Verhalten des Gläubigers können dazu führen, daß das Gericht ihm die Kosten ganz oder teilweise auferlegen muß, § 788 IV. Die Kosten dieses Verfahrens fallen nicht unter die gewöhnlichen Kosten der Zwangsvollstreckung. Sie sind auch nicht erstattungsfähig. Die Ausfertigung des Beschlusses ist dem Gerichtsvollzieher gegenüber ein Ausweis im Sinne des § 775.

Gebühren: Des Gerichts: KV 2112, des Anwalts: VV 3309, 3310. Streitwert: § 3, oft der Unterschied zwischen dem Wiederbeschaffungswert und dem zu schätzenden Versteigerungserlös.

Hartmann 2285

9) Rechtsmittel, V 4. Es gelten die folgenden Regeln:

A. Gegen Rechtspfleger. Gegen den Beschluß des Rpfl ist die sofortige Erinnerung zulässig, § 11 II 1 RPflG, § 793 Rn 11.

B. Gegen Richter. Die Entscheidung des Richters über die sofortige Erinnerung ist grundsätzlich unanfechtbar, § 11 II 3 RPflG, Anh § 153 GVG. Gegen die Entscheidung des Richters ist ausnahmsweise die sofortige Beschwerde nach §§ 567 I Z 1, 793 zulässig, soweit er die Grenzen seines Ermessens verkannt hat, § 707 Rn 17. Das LG verweist evtl zurück, § 572 III.

C. Gegen einstweilige Einstellung. Eine einstweilige Einstellung nach I 2 durch den Rpfl ist wie bei § 732 II anfechtbar, dort Rn 10–13.

10) VwGO: Entsprechend anwendbar im Rahmen der Grdz vor § 803 Rn 16. Wenn § 5 VwGO eingreift gilt, § 297 AO. Vollstreckungsgericht: § 764 Rn 10.

Einführung vor §§ 814–825
Verwertung gepfändeter Sachen
Gliederung

1) Systematik 1	D. Vorerbschaft 4
2) Regelungszweck 2	E. Einstellung 4
3) Grundsatz: Versteigerung 3	F. Freihändiger Verkauf 4
4) Ausnahmen 4	G. Zeitweilige Aussetzung der Verwertung .. 4
A. Geldablieferung 4	5) Geschäftsanweisung für Gerichtsvollzieher 5
B. Arrestpfändung, Sicherungsvollstreckung usw 4	6) Verstoß 6
C. Veräußerungsverbot 4	7) Rechtsmittel 7

1) Systematik. Die Pfandverwertung setzt eine wirksame Pfändung und die Zulässigkeit weiterer Zwangsvollstreckung voraus, auch nach Vorwegpfändung, § 811 d I 2, II. Die Pfandverwertung ist kein Pfandverkauf nach §§ 1233 ff BGB. Zwar dient auch sie der Durchführung des Pfändungspfandrechts und nicht der Durchführung der Pfändung, Üb 8, 9 or § 803. Die Pfandverwertung beruht aber auf der öffentlichrechtlichen Pfändung. Auch das Pfändungspfandrecht ist ja nicht ein Pfandrecht des BGB, § 804 Rn 9. Deshalb lassen sich die Vorschriften des BGB über die Pfandverwertung nur mit größter Vorsicht zur Ergänzung von Lücken heranziehen. Der Erwerber ist nicht ein Käufer im Sinne des BGB. Als Veräußerer tritt nicht der Gläubiger auf, sondern der Staat. Dieser wird durch den Gerichtsvollzieher vertreten, § 814 Rn 3, Alisch DGVZ **79**, 83. Wenn der Schuldner nicht der Eigentümer war, dann erwirbt der Ersteher trotzdem das Eigentum ohne Rücksicht darauf, ob er gutgläubig war. § 1244 BGB ist unanwendbar. Denn der Gerichtsvollzieher überträgt das Eigentum kraft seiner Gewalt an den Ersteher, KG RR **86**, 202, StJM § 817 Rn 24, aM Marotzke NJW **78**, 134 (aber das wäre eine Verkennung des Hauptgedankens der Verwertung staatlich gepfändeten Vollstreckungsguts, Rn 2).

2) Regelungszweck. Endgültiger Rechtsübergang auf Dritte ist die Methode, dem Gläubiger durch Aushändigung des Erlöses endlich Befriedigung zu verschaffen. Solche Versilberung ist ein oft kostspieliger, verlustreicher Weg. Natürlich muß ihn derjenige riskieren, der es gegen sich zur Vollstreckung kommen läßt, falls er die Verschuldung übersehen und vermeiden konnte. Für den Gläubiger kann sich die Chance, genug Erlös herauszubekommen, als Trugschluß erweisen, nachdem er für den Prozeß und den Beginn der Zwangsvollstreckung schon reichlich Zeit, Mühe und Geld zusätzlich vorgeschossen und dann im Ergebnis auch noch endgültig geopfert hat. Die beiderseitigen Interessen sind oft so extrem unterschiedlich, daß nur eine ebenso entschlossene wie behutsame Handhabung erträgliche Lösungen schaffen kann.

3) Grundsatz: Versteigerung. Der Regelfall der Verwertung eines Pfandstücks ist seine öffentliche Versteigerung zwecks Erzielung eines im Interesse aller Beteiligten der Zwangsvollstreckung möglichst hohen Erlöses, §§ 814, 816–819. Das Gesetz verwendet den Ausdruck Zwangsversteigerung nur bei der Liegenschaftszwangsvollstreckung, § 866 I.

4) Ausnahmen. Von dem Regelfall gelten die folgenden Ausnahmen.

A. Geldablieferung. Der Gerichtsvollzieher muß gepfändetes Geld dem Gläubiger abliefern, § 815 I.

B. Arrestpfändung, Sicherungsvollstreckung usw. Eine Arrestpfändung soll den Gläubiger lediglich sichern. Sie läßt darum keine Verwertung der Pfandsache zu, § 930. Dasselbe gilt bei der Sicherungsvollstreckung vor der Sicherheitsleistung, § 720 a I 2. Wegen der Beschränkung auf bloße Sicherungsmaßregeln der EuGVVO SchlAnh V C 4.

C. Veräußerungsverbot. Die Pfandsache darf nicht verwertet werden, wenn ein Veräußerungsverbot vorliegt.

D. Vorerbschaft. Die Pfandsache darf auch dann nicht verwertet werden, wenn sie zu einer Vorerbschaft gehört, §§ 772 ff.

E. Einstellung. Eine Verwertung ist nicht zulässig, sobald das Gericht die Zwangsvollstreckung nach §§ 707, 719, 765 a, 769 oder nach § 775 Z 2, 4, 5, § 776 endgültig eingestellt hat.

F. Freihändiger Verkauf. Ein freihändiger Verkauf findet in den Fällen der §§ 817 a III, 821, 825 statt. Wegen Eröffnung eines Insolvenzverfahrens Grdz 32 vor § 704.

G. Zeitweilige Aussetzung der Verwertung. Soweit eine derartige Maßnahme erfolgt ist und wirkt, findet keine Versteigerung statt, §§ 813 a, b.

Titel 1. Zwangsvollstr. in das bewegl. Vermögen   **Einf §§ 814–825, §§ 814, 815**

5) Geschäftsanweisung für Gerichtsvollzieher. §§ 142–146 GVGA geben wegen der Versteigerung 5
Ergänzungen zur ZPO.

6) Verstoß. Bei einem Verstoß gegen die Vorschriften der Pfandverwertung bleibt die Zwangsvollstrek- 6
kung für den Fall wirksam, daß sich der Gerichtsvollzieher mindestens in den Grenzen seiner sachlichen
Zuständigkeit gehalten hat, Grdz 57, 58 vor § 704, aM ThP § 814 Rn 5. Dazu gehört, daß er das Eigentum
nur gegen eine Barzahlung übertragen hat, § 817 II, und nur zum Mindestgebot, § 817 a I, dort Rn 6. Die
Vorschriften des BGB über einen Verstoß oder über einen Erwerb im guten Glauben nach §§ 1243 ff BGB
sind unanwendbar, § 817 Rn 8.

7) Rechtsmittel. Gegen eine fehlerhafte Maßnahme des Gerichtsvollziehers hat der Betroffene die 7
Möglichkeit der Erinnerung nach § 766. An sie kann sich die sofortige Beschwerde nach § 793 anschließen.

814 *Öffentliche Versteigerung.* Die gepfändeten Sachen sind von dem Gerichtsvollzieher öffentlich zu versteigern.

Schrifttum: *Tiedtke,* Gutgläubiger Erwerb im bürgerlichen Recht, im Handels- und Wertpapierrecht
sowie in der Zwangsvollstreckung, 1986.

1) Systematik. Vgl Einf 1 vor §§ 814–825. 1

2) Regelungszweck. Vgl zunächst Einf 2 vor §§ 814–825. Versteigerung ist ein keineswegs immer 2
erfolgversprechender, dem Sachzustand keineswegs sonderlich dienender, den Schuldner evtl demütigender,
weil öffentlicher Weg der Verwertung. Andere Wege nach § 825 wollen sorgfältig mitbedacht sein.
Das kommt im Text des § 814 nicht ausreichend zum Ausdruck. Anderseits hat der Gläubiger das Recht, eine
Versteigerung zu fordern. Er kann es dem Schuldner überlassen, ob dieser einen Antrag auf andere Verwertung stellt. Bis zu einer entsprechenden Entscheidung des Gerichtsvollziehers bzw des Gerichts darf man an
Recht und Amtspflicht zur Versteigerung nicht herumdeuteln.

3) Versteigerung. Zuständig ist grundsätzlich der Gerichtsvollzieher. Ein öffentlich bestellter Auktionator 3
kommt nach § 825 in Betracht. Zum Auktionator Birmanns DGVZ 93, 107. Zum e-Bay Schnadl NJW 05,
941 (auch rechtspolitisch). Soweit der Gerichtsvollzieher versteigert, ist derjenige zuständig, der die Pfändung
vorgenommen hat, § 816 Rn 6, im Fall einer bei § 826 vorrangigen Pfändung das nach § 308 AO zuständige
Vollstreckungsorgan. Besonderheiten zur Zuständigkeit gelten bei § 827. Wegen der Ausnahmen § 816 Rn 8.
Der Gerichtsvollzieher muß das Pfandstück grundsätzlich auch ohne einen besonderen Auftrag nach § 755
öffentlich versteigern, §§ 816–819. Ausnahme: § 811 b IV. Er ist bei der Versteigerung ebenso wie bei einer
freihändigen Verwertung weder ein Vertreter des Gläubigers noch ein Vertreter des Schuldners. Der Gerichtsvollzieher handelt vielmehr kraft seiner Amtsgewalt, Einf 3 vor §§ 814–825. Er ist aber bei der Versteigerung
wie überhaupt beim weiteren Fortgang der Zwangsvollstreckung im Rahmen des Gesetzes an die etwaigen
Weisungen des Gläubigers gebunden, § 753 Rn 6. Das kann auch zur Aussetzung der Versteigerung führen,
ebenso zur Terminsverlegung, Wieser DGVZ 87, 49, oder zur Aufhebung des Versteigerungsverfahrens.

Öffentliche Versteigerung bedeutet: Der Gerichtsvollzieher muß während der Versteigerung einen unbe- 4
schränkten Kreis von Personen als Bieter zulassen, soweit es die Umstände erlauben, Polzius DGVZ 87, 22,
33. Dabei muß der Sicherheitserwägungen und -bestimmungen beachten. Eine geringe Raumgröße gibt
kein Recht, die Öffentlichkeit praktisch auszuschließen. Ein gesetzliches Verbot einer öffentlichen Versteigerung zur Reinhaltung des Handels berührt eine solche Versteigerung nicht. Ein Recht eines Dritten kann
aber einer öffentlichen Versteigerung der Sache entgegenstehen.

Gebühren: KVGv 300.

4) Rechtsbehelf. Gegen eine fehlerhafte Maßnahme des Gerichtsvollziehers hat jeder Betroffene die 5
Möglichkeit der Erinnerung nach §§ 567 I Z 1, 793. An sie kann sich die sofortige Beschwerde nach
§§ 567 I Z 1, 793 anschließen.

5) *VwGO:* Entsprechend anwendbar im Rahmen der Grdz § 803 Rn 16. Wenn § 5 VwVG eingreift, gilt 6
§ 296 I AO.

815 *Gepfändetes Geld.* ¹ Gepfändetes Geld ist dem Gläubiger abzuliefern.

II ¹ Wird dem Gerichtsvollzieher glaubhaft gemacht, dass an gepfändetem Geld ein die Veräußerung hinderndes Recht eines Dritten bestehe, so ist das Geld zu hinterlegen. ² Die Zwangsvollstreckung ist fortzusetzen, wenn nicht binnen einer Frist von zwei Wochen seit dem Tag der
Pfändung eine Entscheidung des nach § 771 Abs. 1 zuständigen Gerichts über die Einstellung der
Zwangsvollstreckung beigebracht wird.

III Die Wegnahme des Geldes durch den Gerichtsvollzieher gilt als Zahlung von seiten des
Schuldners, sofern nicht nach Absatz 2 oder nach § 720 die Hinterlegung zu erfolgen hat.

Schrifttum: *Gerlach,* Ungerechtfertigte Zwangsvollstreckung und ungerechtfertigte Bereicherung, 1986.

Gliederung

1) Systematik, I–III 1	4) Hinterlegung, II 5–7
2) Regelungszweck, I–III 2	A. Notwendigkeit der Regelung 5
3) Geltungsbereich: Geld, I 3, 4	B. Verfahren 6
A. Begriff 3	C. Fortsetzung der Vollstreckung ... 7
B. Ablieferung 4	5) Wirkung im Fall einer Ablieferung, III 8–10

§ 815
Buch 8. Abschnitt 2. ZwV wegen Geldforderungen

A. Vollstreckung: Befriedigung 8	C. Andere Hinterlegungsarten 14
B. Beendigung der Vollstreckung 9	D. Hinterlegung zur Sicherheit 15
C. Freiwillige Leistung 10	8) **Rechtsbehelfe, I–III** 16–18
6) **Wirkung im Fall der Hinterlegung, III** 11	A. Gegen Ablieferung 16
7) **Rechte am Hinterlegten, I–III** 12–15	B. Gegen Hinterlegung 17
A. Sachliches Recht 12	C. Gegen Verweigerung einer Ablieferung
B. Hinterlegung zur Vollstreckungsabwendung 13	oder Hinterlegung 18
	9) *VwGO* 19

1) Systematik, I–III. Die Vorschrift regelt den einfachsten Fall der Pfandverwertung. III ähnelt dem § 819.

2) Regelungszweck, I–III. Die Vorschrift bezweckt in I, daß man das Pfandstück gar nicht erst zu Geld machen muß, um den Gläubiger zu befriedigen. I dient damit der Prozeßwirtschaftlichkeit, Grdz 14 vor § 128. Immerhin zeigt II, daß auch dann Probleme entstehen. Der Zweck von II liegt darin, demjenigen Dritten sein Recht zu erhalten, der eine Widerspruchsklage erheben könnte. Durch die Ablieferung des Geldes wäre ja eine Zwangsvollstreckung beendet und daher die Möglichkeit einer Klage nach § 771 ausgeschlossen. II dient also der sachlichrechtlichen Gerechtigkeit, Einl III 9. In der Unterstellung durch III kommt das Ziel zum Ausdruck, den frühestmöglichen Zeitpunkt zugunsten des Schuldners zugrundezulegen, von dem ab auch die Gefahr des Untergangs jedenfalls nicht mehr auf dem Schuldner lasten kann.

3) Geltungsbereich: Geld, I. Man muß zwei Aspekte klären.
A. Begriff. Geld nimmt der Gerichtsvollzieher dem Schuldner bei der Pfändung weg und übergibt es nach der Vorwegnahme seiner Kosten nach § 6 GvKostG demjenigen, der als Gläubiger im Sinn des BGB gilt, aM Scheld DGVZ **83**, 164 (aber wem denn sonst?). Geld ist hier jedes geltende Zahlungsmittel, das den Gläubiger ohne eine Versteigerung befriedigen kann. Hierher zählen also Geld der zumindest auch in Deutschland amtlichen Währung in Banknoten wie Münzen, Stempel-, Kosten-, Versicherungs-, Briefmarken usw. Alle diese Gegenstände kann der Gerichtsvollzieher in Geld umwechseln. Er muß dann nur das Bargeld an den Gläubiger abliefern. Ein nur ausländisches Zahlungsmittel beliebiger Art fällt nicht unter § 815. Der Gerichtsvollzieher wechselt es aber ebenfalls um, § 821. Eine Sammlung von (wenn auch teilweise evtl gültigen) Münzen kann als Kostbarkeit gelten, § 813 I 2, Köln NJW **92**, 50.

B. Ablieferung. Das ist der hoheitliche Akt der Übergabe, auch im bargeldlosen Zahlungsverkehr, § 73 GVO. Er bewirkt den Eigentumsübergang, Rn 8. Das gilt unabhängig davon, ob das Geld dem Schuldner gehörte. Er duldet keine Bedingung. §§ 929–936 BGB sind unanwendbar, Rn 8. Ein Vertreter des Gläubigers muß eine Original-Empfangsvollmacht vorlegen, § 80 I ZPO, § 172 I BGB, LG Aachen DGVZ **91**, 173 (keine Telefaxkopie), LG Bielef DGVZ **93**, 28 (keine beglaubigte Kopie), LG Ingolst DGVZ **94**, 92 (keine allgemeine Inkassovollmacht), aM LG Bre DGVZ **02**, 168 (auch beglaubigte Abschrift. Vgl aber § 80 Rn 11). Die Prozeßvollmacht genügt nur für die Prozeßkosten, § 81 letzter Hs, aber im übrigen nicht, Rn 8, § 81 Rn 19 „Streitgegenstand", AG Brake DGVZ **94**, 77.

4) Hinterlegung, II. Man muß Voraussetzung, Verfahren und Folgen unterscheiden.
A. Notwendigkeit der Regelung. Der Gerichtsvollzieher muß gepfändetes Geld hinterlegen, wenn ihm bis zur Ablieferung nach Rn 1 irgend jemand nach § 294 glaubhaft macht, daß ein Dritter an dem Geld ein die Veräußerung hinderndes Recht habe, § 771 Rn 2, 3. Solche Glaubhaftmachung ist auch schon und gerade vor der Erhebung einer Drittwiderspruchsklage usw zulässig und ratsam. Der Gerichtsvollzieher muß Geld auch dann hinterlegen, wenn ein Erbe behauptet, die Zwangsvollstreckung treffe sein Vermögen statt den Nachlaß, § 781, oder wenn ein Dritter behauptet, er hafte nicht mit der betreffenden Vermögensmasse, § 786. Hierher gehören weiter die Rechte auf eine vorzugsweise Befriedigung aus § 805, § 136 Z 4 GVGA. Denn eine Klage nach dieser Vorschrift ist einer Klage aus § 771 gleichwertig. Eine dem Gerichtsvollzieher gegenüber abgegebene falsche eidesstattliche Versicherung ist als solche nicht strafbar, allenfalls unter dem Gesichtspunkt eines Betrugs. Daher steht eine eidesstattliche Versicherung einer bloßen Behauptung gleich. Schmidt-von Rhein DGVZ **88**, 67 wendet II entsprechend an, wenn bereits ein Gläubiger des jetzt Vollstreckenden die Forderung gepfändet hatte. Auf §§ 883 ff, 897 ist II unanwendbar, Müller DGVZ **75**, 104. Ein Vermieterpfandrecht erlischt nur nach § 560 BGB.

B. Verfahren. Der Gerichtsvollzieher muß die ihm vorgetragenen Behauptungen frei würdigen, wie das Gericht bei § 286. Die Glaubhaftmachung erfolgt nach § 294 I. Eine eidesstattliche Versicherung ist auch zum Protokoll des Gerichtsvollziehers zulässig, § 762. Vgl dazu aber Rn 5. § 294 II ist unanwendbar. Der Gerichtsvollzieher darf beliebige Auskünfte einziehen. Er kann aber keine Aussage erzwingen. Er darf seine Entscheidung durch solche Erkundungen nicht wesentlich hinauszögern. Hat man ihm das fremde Recht glaubhaft gemacht, hinterlegt er nach §§ 5 ff HO. Dann besteht das Pfändungspfandrecht nebst Verstrickung fort, § 7 HO, § 233 BGB. Wenn ihm das behauptete fremde Recht unglaubhaft scheint, dann muß er das Geld an den Gläubiger abliefern. Der Dritte hat dann lediglich einen Bereicherungs- oder Ersatzanspruch, Einf 4 vor §§ 771–774. Wenn dem Gerichtsvollzieher aber das fremde Recht glaubhaft erscheint, muß er das Geld hinterlegen. Er braucht freilich einen Überweisungsauftrag nicht stets zu widerrufen.

C. Fortsetzung der Vollstreckung. Der Gerichtsvollzieher muß die Zwangsvollstreckung von Amts wegen fortsetzen, wenn ihm nicht der Dritte binnen 2 Wochen seit der Pfändung die Ausfertigung einer Entscheidung im Sinn von § 775 Z 2 des für die Widerspruchsklage zuständigen Prozeßgerichts nach § 771 Rn 7 vorlegt, wonach die Zwangsvollstreckung eingestellt worden ist. Die Frist ist keine Notfrist, § 224 I 2. Sie wird nach § 222 berechnet. Das Vollstreckungsgericht darf die Bescheinigung nicht erteilen. § 769 II ist nämlich bewußt nicht anwendbar gemacht worden. Der Gerichtsvollzieher ermittelt nicht von Amts wegen, ob die Einstellung erfolgt ist. Nach einem fruchtlosen Ablauf der Frist muß der Gerichtsvollzieher die Hinterlegungsstelle zur Rückgabe des Geldes an ihn veranlassen und die Zwangsvollstreckung fortsetzen. Darum muß sich der Gerichtsvollzieher bei der Hinterlegung das Recht zu einer unbedingten Rücknahme

Titel 1. Zwangsvollstr. in das bewegl. Vermögen **§ 815**

nach dem Ablauf von 2 Wochen vorbehalten, aM ZöStö 5 (eine dienstliche Versicherung genüge. Aber sie wäre für die Hinterlegungsstelle nicht verbindlich. Denn sie ist an die HO gebunden). Die Hinterlegungsstelle muß dem Gerichtsvollzieher von einer etwa bei ihr eingegangenen Einstellung unverzüglich Kenntnis geben.

5) Wirkung im Fall einer Ablieferung, III. Die Vorschrift regelt abweichend von § 270 BGB den Übergang der Leistungsgefahr, Scherer DGVZ **94**, 131. 8

A. Vollstreckung: Befriedigung, dazu *Schünemann* JZ 85, 49 (ausf): Soweit man das Geld nicht hinterlegen muß, gilt der Gläubiger mit der Wegnahme im Sinn von § 362 I BGB als befriedigt, auch wenn das Geld noch auf dem Konto des Gerichtsvollziehers verbucht wird, BGH JZ **84**, 151. Die Zinszahlungspflicht endet, LG Mönchengladb DGVZ **95**, 151 (hier maßgeblich ist der Tag der Gutschrift durch Scheck ist für das Zinsende maßgeblich). Insoweit geht die Gefahr auf den Gläubiger über, LG Brschw DGVZ **77**, 23, Braun AcP **184**, 163. Der Vollstreckungstitel ist verbraucht. Der Gerichtsvollzieher muß ihn daher nach § 757 dem Schuldner aushändigen, soweit er nicht hinterlegen muß, Rn 11. Wenn der Gerichtsvollzieher das Geld unterschlägt, dann kann er dem Gläubiger zwar nicht mehr den Schuldner, wohl aber natürlich das Land haftbar machen, Üb 4 vor § 154 GVG.
Der Gläubiger erwirbt das Eigentum an dem Geld aber erst durch die *Ablieferung*, die Übergabe an ihn, Rn 1, 5, LG Brschw DGVZ **77**, 23. Denn erst diese Übergabe stellt die Verwertung dar. Bis zur Übergabe hat der Gläubiger also nur ein Pfändungspfandrecht und besteht die Verstrickung fort, Üb 6 vor § 803. Für die schuldbefreiende Wirkung ist das Eigentum des Schuldners am Geld unerheblich. Dieses Eigentum hat ja überhaupt für die Durchführung der Zwangsvollstreckung keine Bedeutung. Eine Prozeßvollmacht ermächtigt nur zum Empfang der Prozeßkosten, Rn 4. Deshalb muß ja der ProzBev dem Gerichtsvollzieher seine Vollmacht zum Geldempfang besonders nachweisen, Rn 4.

B. Beendigung der Vollstreckung. Die Ablieferung des Geldes führt zur Beendigung der Zwangsvollstreckung, Grdz 52 vor § 704, LG Brschw DGVZ **77**, 23. Bis zur Ablieferung sind also eine Anschlußpfändung, eine Gläubigeranfechtung nach § 130 InsO oder nach dem AnfG, eine Einstellung usw statthaft, StJM 15, ZöStö 3, großzügiger BGH **136**, 311 – zustm Münzberg DGVZ **98**, 308 (auch noch später. Aber die Inbesitznahme ist ein entscheidender Vorgang, und etwaige Unausgewogenheit mit einem anderen Sachverhalt ist kein durchschlagendes Argument). § 815 bezieht sich nur auf „gepfändetes" Geld, also auf solches, das der Gerichtsvollzieher weggenommen hat. 9

C. Freiwillige Leistung. Leistet der Schuldner freiwillig unter dem Druck einer bevorstehenden Zwangsvollstreckung, so ist die Leistung erst mit der Übergabe an den Gläubiger erbracht, III ist unanwendbar, Scherer DGVZ **94**, 130. Denn der Gerichtsvollzieher ist nicht ein Vertreter des Gläubigers, LG Gießen DGVZ **91**, 173, Geißler DGVZ **91**, 168, aM ThP 4 (vgl aber § 753 Rn 1). Der Schuldner trägt also bis zur Übergabe an den Gläubiger die Gefahr, Rn 6, Wieser DGVZ **88**, 133, aM Guntau DGVZ **84**, 21 (inkonsequent). Die Hingabe des Geldes auf Grund eines vorläufig vollstreckbaren Titels gilt überhaupt nicht als eine Zahlung, Einf 3 vor §§ 708–720. 10

6) Wirkung im Fall der Hinterlegung, III. Wenn man das Geld hinterlegen muß, dann gilt die Wegnahme des Geldes nicht als eine Zahlung. Das bedeutet: Die gesetzliche Unterstellung entfällt, wenn ein Dritter später ein Recht nach §§ 294, 771 glaubhaft macht oder wenn eine andere Tatsache eintritt, die eine Hinterlegung notwendig macht. Das gilt bei einer Hinterlegung nach § 815 II, ferner im Fall einer Erlaubnis zur Abwendung der Zwangsvollstreckung nach § 720, schließlich in den Fällen der §§ 720 a, 769, 771 III, 805 IV, 827 II, III, 854 II, 930 III, 936. Die Unterstellung greift wieder ein, sobald die Hinterlegungsstelle nach dem Wegfall des Hinterlegungsgrundes dem Gerichtsvollzieher zurückgibt. Wenn der Anspruch des Gläubigers überhaupt nur auf eine Hinterlegung geht, ist der Gläubiger mit ihr befriedigt. 11

7) Rechte am Hinterlegten, I–III. Es kommt auf den Hinterlegungszweck an. 12

A. Sachliches Recht. Die ZPO legt die Rechte am Hinterlegten nicht fest. Man muß diese Rechte unter einer entsprechenden Anwendung des sachlichen Rechts bestimmen.

B. Hinterlegung zur Vollstreckungsabwendung. Bei einer Hinterlegung zur Abwendung der Zwangsvollstreckung nach § 711, 712 I erlangt der Gläubiger bei Geld und Wertpapieren ein Pfandrecht am Hinterlegten. Ein gesetzliches oder ein gesetzlich zugelassenes Zahlungsmittel werden Eigentum des Landes, § 7 HO. Der Gläubiger erlangt ein Pfandrecht an dem Rückforderungsanspruch des Schuldners gegen die Staatskasse. Eine Erfüllung ist hier wegen des Fehlens eines entsprechenden Willens nicht eingetreten. Der Schuldner kann aber der weiteren Durchführung der Zwangsvollstreckung die Verweisung auf das Hinterlegte entgegensetzen, § 777. Wenn der herauszugebende Streitgegenstand hinterlegt worden ist, dann will der Schuldner erfüllen, kann es aber infolge der Hinterlegung nicht. Deshalb erlangt der Gläubiger ein auflösend bedingtes Eigentum und ist der Schuldner nach § 873 BGB befreit. Manche nehmen allerdings an, in einem solchen Fall sei das Eigentum aufschiebend bedingt. Mit dem Eintritt der Rechtskraft einer Entscheidung, die das Urteil aufhebt, ist die Bedingung eingetreten. Bei einer Vollstreckung auf die Vornahme einer Handlung oder auf eine Unterlassung haftet das Hinterlegte nur als Sicherheit für die Erfüllung. 13

C. Andere Hinterlegungsarten. Bei einer Hinterlegung gepfändeten Gelds oder bei einer Hinterlegung des Erlöses von Pfandstücken nach §§ 720, 805 IV, 815, 827 II, III, 854 II, 930 III oder bei einer Hinterlegung des geschuldeten Betrags durch den Drittschuldner nach §§ 839, 853 dauert das Pfandrecht des Gläubigers am Hinterlegten fort oder geht auf den Rückforderungsanspruch über. 14

D. Hinterlegung zur Sicherheit. Ist nur zur Sicherheit hinterlegt worden, sei es vom Gläubiger, vom Schuldner oder von einem Dritten, nach § 720 a oder von einem Dritten, so erlangt der Gegner ein Pfandrecht am Hinterlegten oder am Rückforderungsanspruch, §§ 233, 234 BGB. Das Pfandrecht am Hinterlegten steht anstelle eines Pfändungspfandrechts. Man muß es daher wie ein Pfändungspfandrecht behandeln, § 804. Das Pfandrecht erlischt vor allem erst dann, wenn eine besondere Aufhebung erfolgt. 15

Hartmann

§§ 815, 816

16 8) **Rechtsbehelfe, I–III.** Es kommt auf die Enscheidungsart an.
   A. Gegen Ablieferung. Der Schuldner und ein betroffener Dritter können bis zur Beendigung der Zwangsvollstreckung durch die Ablieferung die Erinnerung nach § 766 einlegen. Daran kann sich die sofortige Beschwerde anschließen, §§ 567 I Z 1, 793.

17 **B. Gegen Hinterlegung.** Der Gläubiger kann gegen die Hinterlegung lediglich die Erinnerung nach § 766 mit der Begründung einlegen, der Gerichtsvollzieher sei fehlerhaft verfahren. Daran kann sich die sofortige Beschwerde anschließen, §§ 567 I Z 1, 793.

18 **C. Gegen Verweigerung einer Ablieferung oder Hinterlegung.** Der Gläubiger kann gegen die Verweigerung einer Ablieferung oder Hinterlegung gegen den Gerichtsvollzieher die Erinnerung nach § 766 einlegen, LG Bielef DGVZ **93**, 28. Daran kann sich die sofortige Beschwerde anschließen, §§ 567 I Z 1, 793.

19 9) *VwGO:* Entsprechend anwendbar im Rahmen der Grdz § 803 Rn 16. Wenn § 5 VwVG eingreift, gilt § 296 II AO.

---

816 *Zeit und Ort der Versteigerung.* [I] [1] Die Versteigerung der gepfändeten Sachen darf nicht vor Ablauf einer Woche seit dem Tag der Pfändung geschehen, sofern nicht der Gläubiger und der Schuldner über eine frühere Versteigerung sich einigen oder diese erforderlich ist, um die Gefahr einer beträchtlichen Wertverringerung der zu versteigernden Sache abzuwenden oder um unverhältnismäßige Kosten einer längeren Aufbewahrung zu vermeiden.

[II] Die Versteigerung erfolgt in der Gemeinde, in der die Pfändung geschehen ist, oder an einem anderen Ort im Bezirk des Vollstreckungsgerichts, sofern nicht der Gläubiger und der Schuldner über einen dritten Ort sich einigen.

[III] Zeit und Ort der Versteigerung sind unter allgemeiner Bezeichnung der zu versteigernden Sachen öffentlich bekanntzumachen.

[IV] Bei der Versteigerung gelten die Vorschriften des § 1239 Abs. 1 Satz 1, Abs. 2 des Bürgerlichen Gesetzbuchs entsprechend.

Gliederung

1) **Systematik, I–IV** 1	5) **Bekanntmachung, III** 10–12
2) **Regelungszweck, I–IV** 2	A. Ausführung 10, 11
3) **Wartefrist, I** 3–6	B. Verstoß 12
A. Grundsatz: 1 Woche 4	6) **Entsprechende Anwendbarkeit, IV** 13, 14
B. Ausnahmen 5	A. Grundsatz: Auch Gläubiger und Eigentümer als Bieter 13
C. Verstoß 6	B. Verstoß 14
4) **Ort, II** 7–9	
A. Grundsatz: Pfändungsort 7	7) **Rechtsbehelfe, I–IV** 15
B. Ausnahmen 8	8) *VwGO* 16
C. Verstoß 9	

1 1) **Systematik, I–IV.** Die Vorschrift regelt den in der Praxis wohl wichtigsten Fall der Pfandverwertung. Sie ergänzt den § 814 und wird ihrerseits durch §§ 817–819 ergänzt.

2 2) **Regelungszweck, I–IV.** Die Vorschrift dient dem in Einf 2 vor §§ 814–825 genannten Zweck. Sie berücksichtigt aber auch die Schuldnerinteressen durch die grundsätzlich notwendige Wartefrist, wie man sie auch sonst verschiedentlich in der Zwangsvollstreckung beachten muß. Fristen muß man aus Gründen der Rechtssicherheit nach III 43 stets strikt handhaben. Das gilt natürlich auch für I. Daher muß man auch die dort genannte Gefahr und die dort vorausgesetzte Unverhältnismäßigkeit streng prüfen, bevor man die Wartefrist kürzen darf. III erfordert natürlich Rechtzeitigkeit, also genug Zeit zur Information und Prüfung, ob man mitbieten will.

3 3) **Wartefrist, I.** Der Gerichtsvollzieher muß den Versteigerungstermin grundsätzlich unverzüglich nach der Pfändung bestimmen, § 121 I BGB. Dabei muß er aber folgendes beachten. Soweit wenigstens der Gläubiger es beantragt, darf der Gerichtsvollzieher den Terminstag hinausschieben. Denn der Gläubiger ist Herr der Zwangsvollstreckung, und hier überschreitet er die Grenzen der Parteiherrschaft nicht, Grdz 7 vor § 704. Zum anderen mag eine alsbaldige Versteigerung unratsam sein, etwa wegen eines Sonnabends, Sonntags oder Feiertags nach § 758a IV oder wegen eines etwas später wahrscheinlich besseren Ergebnisses.

4 **A. Grundsatz: 1 Woche.** Zwischen dem Tag der Pfändung nach §§ 808 ff und dem Tag der Versteigerung muß grundsätzlich mindestens 1 Woche und darf in der Regel nicht mehr als 1 Monat liegen, § 142 Z 3 GVGA. Der Zweck der Regelung besteht darin, dem Gläubiger Gelegenheit zur Information von Bietlustigen zu geben, dem Schuldner Gelegenheit zur Befriedigung des Gläubigers usw oder wenigstens ebenfalls zur Information eines besseren Bieters und einem Dritten eine Gelegenheit zur Widerspruchsklage nach § 771 usw. Wenn die Versteigerung auf Grund einer Anschlußpfändung erfolgen soll, dann beginnt die Frist mit der Anschlußpfändung. Die Frist ist keine Notfrist, § 224 I 2. Ihre Berechnung erfolgt nach § 222. Wenn der Gerichtsvollzieher dem Gläubiger zu einem Antrag auf eine Übereignung nach § 825 rät, darf er nicht sofort einen Versteigerungstermin anberaumen, LG Bln DGVZ **82**, 41.

5 **B. Ausnahmen.** Die Versteigerung darf zu einem früheren Zeitpunkt nur dann stattfinden, wenn einer der folgenden Fälle vorliegt: Der Gläubiger und der Schuldner müssen sich insofern einig geworden sein. Diese Einigung ist ein Prozeßvertrag, Grdz 48 vor § 128. Sie bindet den Gerichtsvollzieher. Oder: Es muß eine erhebliche Wertverringerung drohen, Fleischmann/Rupp Rpfleger **87**, 8 (ausf), oder es müssen unverhältnismäßig hohe Verwahrungskosten bevorstehen, Grdz 34 vor § 704.

C. Verstoß. Ein Verstoß gegen die Wartefrist läßt die weitere Zwangsvollstreckung wirksam. Er ist aber eine Amtspflichtverletzung des Gerichtsvollziehers. Gegen einen Verstoß können sich der Gläubiger und der Schuldner mit der Erinnerung nach § 766 wenden, Fleischmann/Rupp Rpfleger **87**, 11.

4) Ort, II. Auch hier stehen einem Grundsatz Ausnahmen gegenüber.

A. Grundsatz: Pfändungsort. Der Gerichtsvollzieher darf die Versteigerung grundsätzlich nicht am Aufbewahrungsort vornehmen. Er muß sie vielmehr an dem Ort durchführen, an dem die Pfändung erfolgte. Das ist der Ort desjenigen Vollstreckungsgerichts, §§ 764, 802, das den Pfändungsbeschluß erlassen hat, Eickmann DGVZ **84**, 67. Daher kommt es auf ein Einverständnis des Schuldners mit diesem Ort selbst dann nicht an, wenn er sich auf seinem Grundstück oder in seinen Räumen befindet, Hamm NJW **85**, 75, LG Bayreuth DGVZ **85**, 42, AG Bayreuth DGVZ **84**, 75, aM ZöStö (wegen § 758 a I. Aber diese Vorschrift erfaßt nur eine Durchsuchung). Freilich muß der Gerichtsvollzieher Art 13 I, III GG beachten. Im Fall des § 824 (vor der Trennung) ist die Zustimmung jedenfalls entbehrlich, LG Bayreuth DGVZ **85**, 42. Der Gerichtsvollzieher kann auch im übrigen im Rahmen eines pflichtgemäßen Ermessens unter Abwägung der berechtigten Interessen der Parteien, der Bieter, der Vorführmöglichkeiten, auch des Kostenpunkts die Versteigerung an einem anderen Ort im Bezirk des Vollstreckungsgerichts durchführen. Es ist auch eine Versteigerung durch Internet möglich, allerdings nur bei sehr großzügiger Handhabung des § 825, dort Rn 7, AG Bad Berleburg Rpfleger **01**, 560 (hält mit Recht eine Gesetzeserweiterung für ratsam, wenn nicht notwendig).

B. Ausnahmen. Außerhalb dieses Bereichs darf der Gerichtsvollzieher die Versteigerung nur dann durchführen, wenn einer der folgenden Fälle vorliegt: Der Gläubiger und der Schuldner müssen insofern eine Einigung getroffen haben. Diese ist im Prozeßvertrag, Grdz 48 vor § 128. Er bindet den Gerichtsvollzieher, soweit sein Amtsbezirk reicht. Das Gericht muß eine Anordnung nach § 825 getroffen haben. Sie bindet den Gerichtsvollzieher, Eickmann DGVZ **84**, 66. Er soll auf die Möglichkeit eines Antrags nach § 825 hinweisen, § 142 Z 2 GVGA. Er muß die Sache evtl an den örtlich zuständig werdenden Kollegen abgeben, §§ 29, 30 GVO. Ein Umzug des Schuldners beeinträchtigt den Pfändungsort nicht, solange die Pfandsache am Ort bleibt. Andernfalls muß der Gerichtsvollzieher das weitere Verfahren an den Gerichtsvollzieher des neuen Wohnorts abgeben, § 32 GVO. Dazu ist kein Verfahren nach § 825 I erforderlich. Wegen des Internets Rn 7.

C. Verstoß. Bei einem Verstoß bleibt die Zwangsvollstreckung wirksam. Es liegt aber eine Amtspflichtverletzung vor. Gegen einen Verstoß können Gläubiger und Schuldner Erinnerung nach § 766 einlegen.

5) Bekanntmachung, III. Sie erfordert Sorgfalt.

A. Ausführung. Jeder Versteigerung muß eine öffentliche Bekanntmachung vorausgehen. Die Bekanntmachung muß den Zeitpunkt und den Ort der Versteigerung sowie eine allgemeine Bezeichnung des Pfandstücks enthalten, die einen Aufschluß über seine Art und Beschaffenheit gibt, um einen möglichst guten Versteigerungserlös zu erzielen, § 143 Z 3 GVGA. Daher muß die Bekanntgabe angemessen rechtzeitig erfolgen. 1 Tag vor dem Termin, § 143 Z 1 GVGA, kann zu spät sein. 4 Tage können ausreichen, LG Mainz RR **98**, 1294.

Über die *Art der Bekanntgabe* entscheidet der Gerichtsvollzieher nach pflichtgemäßem Ermessen unter Beachtung aller Fallumstände, § 143 Z 3 GVGA. Bei einer Versteigerung eines Erbanteils muß er klarstellen, daß nicht einzelne Gegenstände, sondern eben der ideelle Anteil am Gesamtnachlaß Versteigerungsgegenstand ist, Eickmann DGVZ **84**, 67. Eine solche Bekanntmachung muß auch vor einem etwaigen späteren Termin erfolgen. Das Gesetz schreibt nicht ausdrücklich vor, daß der Gerichtsvollzieher den Gläubiger, den Schuldner und den Drittberechtigten von dem Versteigerungstermin benachrichtigen müsse. Eine solche Pflicht ergibt sich für den Gerichtsvollzieher aus § 142 Z 4 GVGA, soweit der Beteiligte nicht ohnehin bereits eindeutig eine Terminsnachricht erhalten hat, etwa durch Zugang des Pfändungsprotokolls nebst Terminsanberaumung, LG Detm DGVZ **96**, 120. Die Grenzen dieser Pflicht ergeben sich aus § 763 Rn 4. Trotzdem ist eine rechtzeitige Benachrichtigung auch eine im Grunde selbstverständliche Pflicht des Gerichtsvollziehers.

Bei jeder *Terminsänderung* gelten die vorstehenden Regeln entsprechend, § 143 Z 6 GVGA, auch zB für die Bekanntgabe der Aufhebung des bisherigen Termins. Zur Besichtigung der Pfandsache § 144 GVGA.

B. Verstoß. Wenn der Gerichtsvollzieher eine in der GVGA vorgeschriebene Benachrichtigung unterläßt, handelt er pflichtwidrig und kann sich neben der Haftung des Staats nach Art 34 GG schadensersatzpflichtig machen, § 839 BGB. Die GVGA kann das Gericht nicht in der Auswahl der Bekanntmachungsblätter binden, wohl aber den Gerichtsvollzieher. Ein Verstoß beeinträchtigt die Wirksamkeit der weiteren Zwangsvollstreckung nicht.

6) Entsprechende Anwendbarkeit, IV. Sie sind begrenzt möglich.

A. Grundsatz: Auch Gläubiger und Eigentümer als Bieter. § 1239 I 1, II BGB, abgedruckt vor Rn 1, ist entsprechend anwendbar. Nach dieser Vorschrift sind als Bieter auch der Gläubiger und der Eigentümer befugt. Der Gerichtsvollzieher darf und muß den Eigentümer zurückweisen, wenn dieser den Ersteigerungserlös nicht sogleich in bar erlegt. Dasselbe gilt für ein Gebot des Schuldners, § 145 Z 2 b GVGA, insbesondere, soweit das gepfändete Stück für eine fremde Schuld haftet. Der Gerichtsvollzieher darf nicht selbst mitbieten. Das gilt wegen des selbstverständlichen Gebots seiner Unparteilichkeit als Amtsträger bei einem Hoheitsakt unabhängig vom hier wegen der Grenzen der Parteiherrschaft unbeachtlichen Einverständnis eines Beteiligten, Grdz 7, 8, 37 vor § 704. Ebensowenig darf ein Gehilfe des Gerichtsvollziehers mitbieten, § 450 BGB, auch nicht ein Angehöriger, § 141 Z 4 S 2 GVGA, und zwar weder persönlich, noch durch einen anderen, noch für einen anderen. Ein Zweiterwerb vom berechtigten Bieter und Ersteher kann eine Umgehung des § 450 BGB darstellen.

§§ 816, 817   Buch 8. Abschnitt 2. ZwV wegen Geldforderungen

14   **B. Verstoß.** Ein Verstoß gegen diese Vorschriften hindert einen wirksamen Eigentumserwerb. Er wird aber durch eine Genehmigung aller Beteiligten geheilt.

15   **7) Rechtsbehelf, I–IV.** Gegen einen Verstoß können der Schuldner und der Gläubiger die Erinnerung nach § 766 einlegen. Daran kann sich die sofortige Beschwerde anschließen, §§ 567 I Z 1, 793.

16   **8) VwGO:** Entsprechend anwendbar im Rahmen der Grdz § 803 Rn 16. Wenn § 5 VwVG eingreift, gilt § 298 AO.

817 *Zuschlag und Ablieferung.* ¹ Dem Zuschlag an den Meistbietenden soll ein dreimaliger Aufruf vorausgehen; die Vorschriften des § 156 des Bürgerlichen Gesetzbuchs sind anzuwenden.

II Die Ablieferung einer zugeschlagenen Sache darf nur gegen bare Zahlung geschehen.

III ¹ Hat der Meistbietende nicht zu der in den Versteigerungsbedingungen bestimmten Zeit oder in Ermangelung einer solchen Bestimmung nicht vor dem Schluss des Versteigerungstermins die Ablieferung gegen Zahlung des Kaufgeldes verlangt, so wird die Sache anderweit versteigert. ² Der Meistbietende wird zu einem weiteren Gebot nicht zugelassen; er haftet für den Ausfall, auf den Mehrerlös hat er keinen Anspruch.

IV ¹ Wird der Zuschlag dem Gläubiger erteilt, so ist dieser von der Verpflichtung zur baren Zahlung so weit befreit, als der Erlös nach Abzug der Kosten der Zwangsvollstreckung zu seiner Befriedigung zu verwenden ist, sofern nicht dem Schuldner nachgelassen ist, durch Sicherheitsleistung oder durch Hinterlegung die Vollstreckung abzuwenden. ² Soweit der Gläubiger von der Verpflichtung zur baren Zahlung befreit ist, gilt der Betrag als von dem Schuldner an den Gläubiger gezahlt.

Schrifttum: *Gerlach,* Ungerechtfertigte Zwangsvollstreckung und ungerechtfertigte Bereicherung, 1986; *Nikolaou,* Der Schutz des Eigentums an beweglichen Sachen Dritter bei Vollstreckungsversteigerungen, 1993; *Tiedtke,* Gutgläubiger Erwerb ... in der Zwangsvollstreckung, 1985.

Gliederung

1) **Systematik,** I–IV	1	6) **Anderweitige Versteigerung,** III	11, 12
2) **Regelungszweck,** I–IV	2	A. Voraussetzungen, III 1	11
3) **Geltungsbereich,** I–IV	3	B. Stellung des früheren Erstehers, III 2	12
4) **Zuschlag,** I	4–6	7) **Gläubiger als Ersteher,** IV	13, 14
A. Meistbietender	4	A. Grundsatz: Verrechnung	13
B. Erstehervertrag	5	B. Ausnahmen	14
C. Erlöschen des Gebots	6	8) **Rechtsbehelfe,** I–IV	15
5) **Ablieferung,** II	7–10	9) *VwGO*	16
A. Übergabe	7		
B. Grundsatz: Erwerb unabhängig vom bisherigen Eigentümer	8, 9		
C. Ausnahmen	10		

1   **1) Systematik, I–IV.** Die Vorschrift ergänzt §§ 814, 816. Sie wird ihrerseits durch §§ 817 a, 818 ergänzt. Das privatrechtliche Pfandrecht gibt dem Gläubiger ein Recht zum Verkauf des Pfandes nach dem BGB. Die Vorschriften des BGB sind aber auf die Verwertung eines Pfands aus einem Pfändungspfandrecht unanwendbar. Denn die Pfandverwertung in der Zwangsvollstreckung gehört ganz zum öffentlichen Recht. Hier handelt die Vollstreckungsorgan als staatliche Behörde, Grdz 35 (B) vor § 704, § 753 Rn 1, wenn auch zum Nutzen des Gläubigers, Geißler DGVZ **94**, 34. Unrichtig ist die Ansicht, eine Verwertung sei der Ausfluss der Pfändung und nicht des Pfandrechts, Üb 8, 9 vor § 803.

2   **2) Regelungszweck, I–IV.** Das Versteigerungsverfahren dient den wohlverstandenen Interessen aller Beteiligten einschließlich des Gerichtsvollziehers. III macht mit dem Meistbietenden kurzen Prozess, wenn er nicht zu seinem Vorteil in der dort genannten Art tätig wird. Man braucht ihn nach dem Wortlaut nicht auf seine Obliegenheit hinzuweisen. Es dürfte aber nach dem auch hier mitbeachtlichen Grundgedanken des § 139 I 2, II 1 ratsam sein, ihn vorsorglich rechtzeitig aufmerksam zu machen. Auf solche Unterlassung dürfte er sich indes allenfalls schadensersatzrechtlich berufen können, nicht eigentumsrechtlich. IV dient der Vereinfachung. Das muß man bei der Auslegung mitbeachten.

3   **3) Geltungsbereich, I–IV.** Die ZPO regelt nur den schuldrechtlichen Vertrag, den der Ersteher mit dem Staat schließt. Sie gibt ihm einen Übereignungsanspruch, nämlich denjenigen auf die Ablieferung an ihn, Rn 6. § 145 GVGA regelt die Versteigerung näher. Wenn Pachtinventar versteigert wird, das durch eine Niederlegung des Verpfändungsvertrags verpfändet und auf Grund eines vollstreckbaren Titels gepfändet worden ist, dann sind die §§ 1241–1249 BGB nach §§ 10, 11 PachtkreditG anwendbar.

4   **4) Zuschlag, I.** Er hat zentrale Bedeutung. § 156 BGB ist infolge Verweisung in I Hs 2 anwendbar.

A. Meistbietender. Der Zuschlag ist eine hoheitliche Maßnahme, Rn 1. Der Gerichtsvollzieher muß ihn dem Meistbietenden erteilen. Er wird mit seiner Verkündung wirksam. § 156 S 1 BGB. Es ist unerheblich, ob der Bieter noch anwesend ist. Der Gläubiger ist als Ersteher zugelassen, IV. Das gilt selbst dann, wenn er die Sache auf Abzahlung verkauft hat. In einem solchen Fall findet anders als bei § 825 Rn 7 keine auch nur summarische Prüfung des BGB und insofern auch keine Erinnerung statt. Denn eine derartige Abwägung ist nicht die Aufgabe des Gerichtsvollziehers. Anwendbar sind aber die §§ 767, 769. Der

Titel 1. Zwangsvollstr. in das bewegl. Vermögen **§ 817**

dreimalige Aufruf ist eine Sollvorschrift. Ein Verstoß ist für den Zuschlag unerheblich. Der Zuschlag soll zügig, aber nicht überstürzt erfolgen, § 4 GVGA.

Versagen muß der Gerichtsvollzieher den Zuschlag bei einem Hindernis der weiteren Zwangsvollstreckung. Dazu können zB zählen: Die Einstellung, etwa nach § 775; vollständige Befriedigung des Gläubigers einschließlich Zahlung aller Kosten; das Verhalten des Gläubigers. Er kann die Fortsetzung der Versteigerung, sogar noch die Erteilung des Zuschlags bis zu dessen Wirksamkeit versagen. Denn er kann das Verfahren ja als Herr der Zwangsvollstreckung jederzeit zum Ende bringen, Grdz 37 vor § 704. Mit einer solchen Untersagung stundet der Gläubiger allerdings. Er verzichtet sogar je nach der Sachlage auf eine Verwertung des Pfands und damit auf sein Pfandrecht.

B. Erstehervertrag. Durch den Zuschlag kommt ein öffentlichrechtlicher Vertrag zwischen dem Erste- **5** her und dem Staat, vertreten durch den Gerichtsvollzieher, zustande, Mü DGVZ **80**, 123, MüKoSchi 3, ThP 2, aM Geißler DGVZ **94**, 34, StJM 4, ZöStö 7 (es handle sich um einen rein öffentlichrechtlichen Vorgang. Aber das öffentliche Recht kennt auch und oft die Vertragsform. Sie paßt hier durchaus). Wie die Verweisung auf § 156 BGB klarstellt, ist das Gebot ein Antrag zum Abschluß des Vertrags und eine Prozeßhandlung, Grdz 46 vor § 128, Eickmann DGVZ **84**, 71. Dieses Gebot duldet keine Bedingung. Es ist nur bei Einhaltung des Mindestbetrags nach § 817 a beachtlich. Der Bieter muß es grundsätzlich im Termin abgeben, LG Itzehoe DGVZ **78**, 122. Das Gebot gibt dem Bieter anders als nach § 81 I ZVG kein Recht auf den Zuschlag. Allerdings ist die Versagung des Zuschlags ohne einen gesetzlichen Grund und ohne eine Ermächtigung des Gläubigers eine Amtspflichtverletzung.

Unerheblich ist aber ein erst nach Wirksamkeit des Zuschlags eingetretenes Hindernis, etwa nach § 775. Denn die Zwangsvollstreckung ist zwar erst mit der Übergabe beendet, Rn 7. Der Erstehervertrag bindet aber grundsätzlich alle Beteiligten (Ausnahme: III 1), aM ZöStö 10 (aber dann käme gar keine Verbindlichkeit zustande. Das wäre genau *nicht* der Sinn des ganzen Vorgangs).

C. Erlöschen des Gebots. Ein Gebot bindet aber nach § 145 BGB. Eine Irrtums- oder Täuschungs- **6** anfechtung nach §§ 119 ff BGB ist bis zur Wirksamkeit des Zuschlags möglich, ZöStö 8, aM MüKoSchi 5, StJM 8 (aber auch im Recht des öffentlichrechtlichen Vertrags haben bürgerlichrechtliche Grundgedanken Anspruch auf Mitbeachtung). Das Gebot erlischt, wenn einer der folgenden Fälle eintritt: Ein anderer Bieter muß ein Übergebot abgegeben haben, also ein Gebot zu einem höheren Nennbetrag, § 156 S 2 Hs 1 BGB; die Versteigerung muß geschlossen worden sein, ohne daß ein Zuschlag erteilt worden ist, § 156 S 2 Hs 2 BGB; das Gebot muß zurückgewiesen worden sein, § 146 BGB. Die Entfernung des Bieters ist unerheblich, Rn 4. Der Gerichtsvollzieher muß ein nicht ordnungsgemäßes Gebot zurückweisen. Das geschieht zB etwa mangels Ernstlichkeit nach § 118 BGB oder mangels Geschäftsfähigkeit nach §§ 104, 105 BGB oder wegen Fehlens der Einwilligung des gesetzlichen Vertreters nach §§ 106 ff, 1902 BGB oder mangels Überbietens des bisherigen Gebots oder bei einem weiteren Gebot des Meistbietenden, III 2 Hs 1. Zu weiteren Einzelheiten § 145 Z 3, 4 GVGA. Bis zur Erteilung des Zuschlags darf der Gerichtsvollzieher die Zwangsvollstreckung einstellen, später nur auf Veranlassung des Gläubigers.

Ein *Verstoß* gegen sie hat prozessual keine Folgen. Er stellt aber eine Amtspflichtverletzung dar.

5) Ablieferung, II. Grundsatz und Ausnahmen stehen sich gegenüber. **7**

A. Übergabe. Der Gerichtsvollzieher muß die versteigerte Sache durch einen weiteren selbständigen Vollstreckungsvorgang an den Meistbietenden abliefern. Die Ablieferung darf freilich nur Zug um Zug nach § 756 Rn 3 gegen eine Barzahlung geschehen, es sei denn, daß der Gläubiger und der Ersteher einer abweichenden Lösung zustimmen, Eickmann DGVZ **84**, 68. Erst mit der Ablieferung geht das Eigentum auf den Ersteher über, abweichend von § 90 I ZVG. Denn man muß die Zahlung abwarten. Die Ablieferung ist eine körperliche Übergabe, Übertragung des unmittelbaren Besitzes mit Übereignungswillen, und insofern ähnlich wie bei § 929 BGB. Sie ist keine bloße Erklärung. Sie erfolgt nicht nach §§ 930, 931 BGB, es sei denn, daß die versteigerte Sache anderswo lagert oder daß zB der Gläubiger zugleich das Grundstück ersteigert, zu dem das nach II gehörende Sache gehört, Köln DGVZ **96**, 59. Der Gerichtsvollzieher muß den Erlös an den Gläubiger abführen. Damit ist diese Zwangsvollstreckung beendet. Der Staat haftet ab Übergabe an den Ersteigerer grundsätzlich nicht mehr für die Verwahrung des ersteigerten Gegenstands, LG Heidelb DGVZ **91**, 138.

B. Grundsatz: Erwerb unabhängig vom bisherigen Eigentümer. Die Zwangsvollstreckung läßt für **8** die Möglichkeit eines Erwerbes durch einen guten Glauben grundsätzlich keinen Raum, BGH **119**, 76, StJM 24, ZöStö 8, aM BGH **104**, 303, Pesch JR **93**, 365 (aber dieser Teil des bürgerlichen Rechts paßt nicht zum Kerngedanken der öffentlichrechtlichen Versteigerung. §§ 1243 ff BGB sind unanwendbar. Das Eigentum des Schuldners an der Pfandsache ist ja grundsätzlich überhaupt für die Frage unerheblich, ob die Zwangsvollstreckung rechtmäßig durchgeführt wird. Vgl aber auch Rn 10 sowie § 772 Rn 5. Wenn die Pfändung sowie die Versteigerung und Ablieferung wirksam erfolgt, erwirbt der Empfänger der ersteigerten Sache das Eigentum kraft hoheitlicher Gewalt. Das gilt grundsätzlich unabhängig davon, ob dem Schuldner die Sache wirklich gehört hat. Daher sind §§ 929–936 BGB auch nicht entsprechend anwendbar, BGH **119**, 75, Geißler DGVZ **94**, 36.

Der durch einen solchen Rechtsübergang geschädigte *wahre* Eigentümer muß daher nach §§ 812 ff BGB, **9** § 771 ZPO vorgehen, Gaul NJW **89**, 2515. Da der Ersteher das Eigentum nicht vom Schuldner erwirbt, erwirbt er es lastenfrei. Das Recht eines Dritten erlischt. Das gilt auch für eine Anwartschaft, BGH **119**, 75. Die Pfandverstrickung nach Üb 6 vor § 803 ist beendet. An die Stelle der Sache tritt der Erlös, § 819. Ein Dritter ist auf diesen Erlös verwiesen, § 805. Trotzdem ist der Dritte ein Rechtsnachfolger des Schuldners im Sinne von § 265, 325.

C. Ausnahmen. Die Übereignung kann allerdings ausnahmsweise ganz unwirksam sein. Das gilt etwa in **10** folgenden Fällen: Die Versteigerung ist durch jemanden durchgeführt worden, der kein Gerichtsvollzieher war; die Sache war in Wahrheit überhaupt nicht wirksam gepfändet worden, Eickmann DGVZ **84**, 66; die

Hartmann 2293

§§ 817, 817a   Buch 8. Abschnitt 2. ZwV wegen Geldforderungen

Pfändung blieb nicht bis zur Übergabe wirksam. Dann würde nicht bloß eine Ordnungsvorschrift mißachtet, zB III, Grdz 57 vor § 704. In einem solchen Fall kann ein schlechtgläubiger Ersteher das Eigentum ohnehin nicht erwerben, ein gutgläubiger schon deshalb nicht, weil der Gerichtsvollzieher als eine Amtsperson und nicht als ein Eigentümer veräußert hat. Eine Ablieferung der Sache ohne den Empfang der Barzahlung wäre eine Überschreitung der sachlichen Zuständigkeit des Gerichtsvollziehers. In einem solchen Fall geht das Eigentum nicht wirksam über, Einf 5 vor §§ 814–825.

11 **6) Anderweitige Versteigerung, III.** Sie erfolgt selten.

A. Voraussetzungen, III 1. Eine Barzahlung muß zu dem in den Versteigerungsbedingungen vorgesehenen Zeitpunkt und mangels solcher Bestimmung vor dem Schluß des Versteigerungstermins erfolgen. Wenn der Ersteher den Preis in bar bezahlt, dann kann er die Übergabe der Sache Zug um Zug gegen die Zahlung verlangen. Wenn der Ersteher seine Verpflichtung nicht erfüllt, dann wird der Zuschlag hinfällig. Der Gerichtsvollzieher muß die Sache dann ohne Notwendigkeit eines neuen Gläubigerauftrags sofort noch im bisherigen Termin oder später zu einem dann wiederum nach § 816 III bekanntzugebenden neuen Termin anderweitig versteigern.

12 **B. Stellung des früheren Erstehers, III 2.** Der Gerichtsvollzieher darf diesen früheren Ersteher nicht wieder zu einem Gebot zulassen, III 2 Hs 1. Wenn eine neue Versteigerung einen höheren Erlös bringt, nützt das dem ersten Ersteher nichts, sondern nur dem Gläubiger und beim Übererlös dem Schuldner. Er haftet aber dann, wenn eine neue Versteigerung nur einen geringeren Erlös bringt, für den Ausfall, den auch Kosten verursachen können, III 2 Hs 2. Diese Haftung muß der Gläubiger oder der Schuldner gegenüber dem ersten Ersteher durch eine Klage geltend machen.

13 **7) Gläubiger als Ersteher, IV.** Meist verrechnet er einfach.

A. Grundsatz: Verrechnung. Der Gläubiger braucht nur die Kosten der Zwangsvollstreckung nach § 788 einschließlich der Kosten der Versteigerung und den etwaigen Mehrbetrag seines Gebots gegenüber seinem Anspruch und im Fall einer Austauschpfändung den aus dem Erlös dem Schuldner nach § 811a I zu überlassenden Betrag in bar zu entrichten, IV 1 Hs 1. Im übrigen verrechnet das Gesetz seine Schuld als Ersteher auf seine Forderung als Gläubiger, IV 2, LG Itzehoe DGVZ **78**, 122.

14 **B. Ausnahmen.** Der Gerichtsvollzieher mag den Erlös hinterlegen müssen, sei es deshalb, weil nachgelassen war, die Zwangsvollstreckung durch Hinterlegung abzuwenden, §§ 711, 712 I 1, 720, oder wegen einer Mehrpfändung oder einer Anschlußpfändung, §§ 804 III, 826, 827 II, III. Dann muß der Gläubiger voll in bar bezahlen, IV 1 Hs 2. Das gilt aber nur, wenn der Hinterlegungsbeschluß schriftlich abgefaßt worden ist und nicht nur in Aussicht steht. Ein infolge Verrechnung entreicherter Dritteigentümer muß gegen den Gläubiger nach §§ 812 ff BGB klagen, BGH NJW **87**, 1880.

15 **8) Rechtsbehelfe, I–IV.** Bis zur Ablieferung ist die Erinnerung nach § 766 statthaft, soweit es um das bisherige Verfahren geht. Daran kann sich die sofortige Beschwerde anschließen, §§ 567 I Z 1, 793. Nach der Ablieferung ist wegen der mit ihr verbundenen Eigentumsübergangswirkung nach § 815 Rn 4 die Erinnerung nur noch wegen der Erlösverteilung zulässig.

16 **9) VwGO: I–III** sind entsprechend anwendbar in allen Fällen der Vollstreckung wegen Geldforderungen, Grdz § 803 Rn 16; wenn § 5 VwVG eingreift, gilt § 299 AO. IV gilt nicht in den Fällen des § 169 I VwGO.

817a *Mindestgebot.* [I] [1] Der Zuschlag darf nur auf ein Gebot erteilt werden, das mindestens die Hälfte des gewöhnlichen Verkaufswertes der Sache erreicht (Mindestgebot). [2] Der gewöhnliche Verkaufswert und das Mindestgebot sollen bei dem Ausbieten bekannt gegeben werden.

[II] [1] Wird der Zuschlag nicht erteilt, weil ein das Mindestgebot erreichendes Gebot nicht abgegeben ist, so bleibt das Pfandrecht des Gläubigers bestehen. [2] Er kann jederzeit die Anberaumung eines neuen Versteigerungstermins oder die Anordnung anderweitiger Verwertung der gepfändeten Sache nach § 825 beantragen. [3] Wird die anderweitige Verwertung angeordnet, so gilt Absatz 1 entsprechend.

[III] [1] Gold- und Silbersachen dürfen auch nicht unter ihrem Gold- oder Silberwert zugeschlagen werden. [2] Wird ein den Zuschlag gestattendes Gebot nicht abgegeben, so kann der Gerichtsvollzieher den Verkauf aus freier Hand zu dem Preise bewirken, der den Gold- oder Silberwert erreicht, jedoch nicht unter der Hälfte des gewöhnlichen Verkaufswertes.

Gliederung

1) Systematik, I–III 1	B. Neuer Versteigerungstermin, II 2, 3 ... 8
2) Regelungszweck, I–III 2	C. Aufhebung der Pfändung 9
3) Geltungsbereich, I–III 3–6	5) Geld- und Silbersachen, III 10, 11
A. Mindestgebot 3–5	A. Besonderheiten 10
B. Verstoß 6	B. Verstoß 11
4) Nichterreichung, II 7–9	6) Rechtsbehelf, I–III 12
A. Zuschlagserteilung, II 1 7	7) VwGO 13

1 **1) Systematik, I–III.** § 817 regelt den Hergang bei der Versteigerung im allgemeinen. Demgegenüber stellt § 817a Grenzen der Zulässigkeit dieser Pfandverwertungsart dar. Ähnliche Regelungen enthalten § 74a ZVG und § 300 AO, Düss RR **92**, 1246.

Titel 1. Zwangsvollstr. in das bewegl. Vermögen **§ 817a**

2) Regelungszweck, I–III. Der Gerichtsvollzieher darf den Zuschlag grundsätzlich nur dann erteilen, **2** wenn das Mindestgebot erreicht worden ist. Das dient dem Schutz des Gläubigers wie des Schuldners vor seiner Vermögensverschleuderung, Art 14 I GG, BVerfG **46**, 332, ThP 1, ZöStö 1, aM Düss RR **92**, 1246 (auch zum Schutz der Allgemeinheit. Aber die Interessen der Parteien stehen ganz im Mittelpunkt). Dieser Schutz erstreckt sich auch auf jeden etwaigen weiteren Versteigerungstermin und geht daher erheblich weiter als bei § 74 a ZVG. Das muß man bei der Auslegung mitbeachten.

Sozialstaatlichkeit ist nach Art 20 I GG wesentlicher Bestandteil der auch im Zivilprozeß während aller Phasen bis zur Beendigung der zugehörigen Vollstreckung anzustrebenden Rechtsstaatlichkeit, Einl III 23. Wie bei § 812 Rn 2 darf auch hier nicht eine volkswirtschaftliche Betrachtungsweise stattfinden. Allerdings schützt § 817 a den Schuldner vielleicht reichlich lange. Indessen darf man diesen Umstand nicht dazu benutzen, das Mindestgebot auf dem Umweg über eine bewußt zu geringe Schätzung des „gewöhnlichen Kaufpreises" ruinös herabzusetzen. Natürlich darf man bei alledem auch nicht stets nur auf den armen Schuldner schauen.

3) Geltungsbereich, I–III. Die Vorschrift hat wesentliche, nicht unproblematische Bedeutung. **3**

A. Mindestgebot. Mindestgebot ist grundsätzlich dasjenige Gebot, das mindestens die Hälfte des gewöhnlichen Verkaufswerts beträgt, I 1, Ffm VersR **80**, 50. Der Gerichtsvollzieher muß den gewöhnlichen Verkaufswert durch eine Schätzung nach § 813 ermitteln, dort Rn 3 ff, LG Bayreuth DGVZ **85**, 42, und zwar in dem nach § 813 III maßgebenden Zeitpunkt, dort Rn 8, also evtl nachträglich bzw wiederholt. Vor einer Herabsetzung des Mindestgebots muß der Gerichtsvollzieher die Beteiligten anhören, Artt 2 I, 20 III GG, BVerfG **101**, 404 entsprechend, § 145 Z 2 f GVGA, LG Essen DGVZ **93**, 138 (Art 103 I GG). Daher ist evtl eine Vertagung notwendig. Soweit ein Preis festgesetzt worden ist, etwa bei einem Buch, darf das Mindestgebot nicht unter diesem Preis liegen, § 813 Rn 3. Der Gerichtsvollzieher muß ein danach unzulässiges Gebot von Amts wegen zurückweisen. Allerdings können die Beteiligten nach Rn 1 auf die Einhaltung des Mindestgebots verzichten, § 145 Z 2 c GVGA. Wenn mehrere gleichhohe Gebote vorliegen, muß das Los entscheiden. Für Wertpapiere, die einen Börsen- oder Marktpreis haben, gilt § 821. Insofern findet also keine Versteigerung statt.

Der Gerichtsvollzieher muß den gewöhnlichen Verkaufswert und das Mindestgebot beim Ausbieten **4** *bekanntgeben*, I 2. Das Wort „sollen" bedeutet nämlich wegen des Schutzzwecks nach Rn 1 einen Teil der Amtspflichten des Gerichtsvollziehers, Rn 6. Wegen der Besonderheiten für die Festsetzung des Mindestgebots für Ersatzteile, auf die sich ein Registerpfandrecht an einem Luftfahrzeug erstreckt, vgl § 71 LuftfzRG erstreckt, § 100 LuftfzRG. Auf eine Rechtsversteigerung, etwa die Versteigerung eines Erbanteils, ist § 817 a nicht entsprechend anwendbar, § 844 Rn 9.

I wird *unanwendbar*, wenn ein Verfahren nach II nicht stattfinden kann. Das gilt, wenn die Gefahr einer **5** beträchtlichen Wertminderung oder die Gefahr einer Ansammlung von unverhältnismäßig hohen Verwaltungskosten besteht, so daß eine sofortige Versteigerung notwendig wird, Rn 7, 8, Grdz 34 vor § 704 „B. Vollstreckungsschutz", § 816 I, § 145 Z 2 c GVGA.

B. Verstoß. Wenn der Gerichtsvollzieher gegen diese Vorschriften verstößt, ist die Versteigerung zumin- **6** dest bei einem Zuschlag unter dem Mindestgebot meist ungültig, Einf 5 vor §§ 814–825, StJM 7, aM Geißler DGVZ **94**, 37, ThP 3, ZöStö 6 (aber dann liegt ein Elementarfehler vor. Ihn darf man nicht einfach hinnehmen). Bei einem andersartigen Verstoß bleibt die Versteigerung wirksam. Der Gerichtsvollzieher hat im übrigen bei jedem Verstoß eine Amtspflichtverletzung begangen, Ffm VersR **80**, 50, KG RR **86**, 202. Sie kann die Staatshaftung auslösen, Art 34 GG, § 839 BGB, Ammermann MDR **75**, 458. Gegen den Ersteher und den Gläubiger besteht aber evtl kein Anspruch. Ein Dritter hat evtl einen zivilrechtlichen Anspruch gegen den Gerichtsvollzieher, KG RR **86**, 202.

4) Nichterreichung, II. Das Verfahren verläuft einfach. **7**

A. Zuschlagserteilung, II 1. Wird das Mindestgebot nicht erreicht, so darf der Gerichtsvollzieher dem Bieter den Zuschlag nur dann erteilen, wenn der Gläubiger und der Schuldner mit dem Zuschlag einverstanden sind, § 145 Z 2 c GVGA. Die Rechtslage ist insofern anders als bei einer Unpfändbarkeit nach § 811. § 817 a kann in einem solchen Fall auch überhaupt unanwendbar sein, Rn 2. Das Pfandrecht des Gläubigers bleibt dann mangels Zuschlags bestehen.

B. Neuer Versteigerungstermin, usw, II 2, 3. Auf einen Antrag des Gläubigers muß der Gerichtsvoll- **8** zieher einen neuen Verwertungsversuch unternehmen, II 2. Für diesen weiteren Versuch ist im sehr wesentlichen Gegensatz zu § 74 a IV ZVG (kein Mindestwert mehr zu beachten) wiederum I anwendbar. I gilt entsprechend, wenn der Gläubiger eine anderweitige Verwertung nach § 825 beantragt, II 3.

C. Aufhebung der Pfändung. Wenn man annehmen muß, daß auch ein dritter Versuch der Verstei- **9** gerung oder ein neuer Versuch einer anderweitigen Verwertung ergebnislos bleiben werden, dann muß das Vollstreckungsgericht die Pfändung in sinngemäßer Anwendung von § 803 II auf Grund einer Erinnerung des Schuldners nach § 766 aufheben. Die Pfändung wird aber nicht von Amts wegen und auch nicht vom Gerichtsvollzieher aufgehoben, aM § 145 Nr 2 c I GVGA, ThP 2, ZöStö 4 (aber im Erinnerungsverfahren wird das Vollstreckungsgericht zuständig). Der Gläubiger muß vor der Aufhebung in angemessener Frist Gelegenheit zur Stellungnahme erhalten, Rn 2, § 145 Z 2 c GVGA.

5) Gold- und Silbersachen, III. Sie erfordern Sonderregeln. **10**

A. Besonderheiten. Für sie gelten Besonderheiten. Soweit es sich um Kostbarkeiten handelt, muß ein Sachverständiger eine Schätzung vornehmen, § 813 Rn 4. Für die Verwertung ist entscheidend, ob der Metallwert oder der hohe Verkaufswert höher sind, III 1. Unter dem höheren Wert darf der Gerichtsvollzieher den Zuschlag nicht erteilen. Unter diesem höheren Wert darf die Sache auch nicht freihändig verkauft werden, falls kein entsprechend höheres Gebot vorliegt und deswegen der Zuschlag nicht ergangen ist, III 2. Andere Edelmetalle muß der Gerichtsvollzieher entsprechend III behandeln.

§§ 817a–819

11 **B. Verstoß.** Ein Verstoß gegen diese Regeln bedeutet eine Überschreitung der sachlichen Zuständigkeit des Gerichtsvollziehers und macht den Verkauf unwirksam, aM LG Essen DGVZ **93**, 138 (Amtshaftung), ZöStö 6 (Wirksamkeit. Vgl aber Einf 5 vor §§ 814–825).

12 6) **Rechtsbehelf, I–III.** § 817 Rn 15.

13 7) *VwGO:* Entsprechend anwendbar im Rahmen der Grdz § 803 Rn 16. Wenn § 5 VwVG eingreift, gilt § 300 AO.

818 *Einstellung der Versteigerung.* Die Versteigerung wird eingestellt, sobald der Erlös zur Befriedigung des Gläubigers und zur Deckung der Kosten der Zwangsvollstreckung hinreicht.

1 1) **Systematik.** Die Vorschrift ist eine Übernahme des in § 803 II für den vorangegangenen Vollstreckungsabschnitt aufgestellten Grundsatzes.

2 2) **Regelungszweck.** Schuldnerschutz ist das eindeutige Ziel der Vorschrift. Das bedeutet: Man darf und muß den Begriff des „Hinreichens" des Erlöses eher zugunsten des Schuldners auslegen. Der Gerichtsvollzieher darf und muß die Versteigerung also bereits dann einstellen, wenn der Erlös mit großer Wahrscheinlichkeit ziemlich vollständig ausreichen wird. Das gilt vor allem bei der Schätzung der Kosten. Sie ist ja ohnehin oft nur sehr bedingt vorweg möglich. Diese Schwierigkeit darf gerade nicht dazu dienen, die Vollstreckung erst einmal ungerührt weiterzuführen.

3 3) **Einstellung.** Der Gerichtsvollzieher muß die Versteigerung mehrerer Sachen einstellen, sobald der Erlös eines Teils dieser Sachen den gesamten Anspruch des Gläubigers einschließlich aller Kosten der Zwangsvollstreckung deckt, § 788, also auch aller Kosten der Versteigerung. Wenn der Gerichtsvollzieher mehrere Pfandstücke versteigert, dann muß er also ständig prüfen, ob die Deckung erreicht ist. Der Gerichtsvollzieher darf das Recht eines Dritten nach §§ 771, 805 nur dann beachten, wenn ein solches Recht rechtskräftig feststeht oder wenn alle Beteiligten in seine Beachtung aktenkundig einwilligen. Der Gerichtsvollzieher muß eine Anschlußpfändung nach §§ 826, 827 berücksichtigen. Sie findet aber nur dann statt, wenn die Frist des § 816 I verstrichen ist oder wenn Gläubiger und Schuldner einverstanden sind. Die nicht mehr zu versteigernden restlichen Pfandsachen und den etwaigen Überschuß des Erlöses muß der Gerichtsvollzieher dem Schuldner aushändigen.

4 4) **Verstoß.** Wenn der Gerichtsvollzieher gegen § 818 verstößt, begeht er eine Amtspflichtverletzung. Über das Erlöschen des Pfandrechts § 804 Rn 16.

5 5) **Rechtsbehelf.** § 817 Rn 15.

6 6) *VwGO:* Entsprechend anwendbar in allen Fällen der Vollstreckung wegen Geldforderungen, Grdz § 803 Rn 16. Wenn § 5 VwVG eingreift, gilt § 301 I AO.

819 *Wirkung des Erlösempfanges.* Die Empfangnahme des Erlöses durch den Gerichtsvollzieher gilt als Zahlung von seiten des Schuldners, sofern nicht dem Schuldner nachgelassen ist, durch Sicherheitsleistung oder durch Hinterlegung die Vollstreckung abzuwenden.

Schrifttum: Gerlach, Ungerechtfertigte Zwangsvollstreckung und ungerechtfertigte Bereicherung, 1986.

1 1) **Systematik.** Die Vorschrift regelt den Zeitpunkt, in dem die Befriedigung und damit das Ziel der Vollstreckung eintritt. Die Vorschrift ähnelt dem § 815 III.

2 2) **Regelungszweck.** § 819 dient der Rechtssicherheit nach Einl III 43. Man muß sie entsprechend streng auslegen. Es soll allseits zum frühestmöglichen Zeitpunkt im Verhältnis zwischen Gläubiger und Schuldner wenigstens dieser Teil einer vielleicht umfangreicheren Zwangsvollstreckung beendet sein. Denn der Gläubiger muß ja mit alsbaldiger Weiterleitung des Erlöses vom Gerichtsvollzieher an ihn rechnen dürfen.

3 3) **Rechte des Erstehers.** Sobald der Gerichtsvollzieher den Versteigerungserlös empfangen hat, gilt die Zahlung des Schuldners als erfolgt. Der Empfang wirkt also wie die Wegnahme von Geld, § 815 Rn 8. Daher geht die Gefahr mit diesem Zeitpunkt grundsätzlich auf den Gläubiger über (Ausnahme: Vollstreckungsnachlaß). Der Gläubiger erlangt dadurch, daß der Gerichtsvollzieher den Erlös vom Ersteher empfängt, an diesem Erlös noch kein Eigentum, und die Zwangsvollstreckung ist noch nicht beendet. Das Pfändungspfandrecht und die Verstrickung nach Üb 6 vor § 803 ergreifen den Erlös, sog Surrogation. Sie erlöschen erst dann, wenn der Gerichtsvollzieher den Erlös an den Gläubiger abführt, ihn also dem Gläubiger übergibt, LG Bln DGVZ **83**, 93. Erst dieser Vorgang bewirkt den Eigentumsübergang, § 815 Rn 4. Der Gerichtsvollzieher hat die öffentlichrechtliche Amtspflicht, den Erlös nach dem Abzug der Kosten der Zwangsvollstreckung im Sinn von § 121 I BGB unverzüglich an den Gläubiger abzuführen, §§ 169, 170 GVGA, § 815 Rn 1, Alisch DGVZ **79**, 85, soweit er den Erlös nicht nach § 720 hinterlegen muß, soweit er nicht das Recht eines Dritten aus §§ 771, 805 IV auf Grund eines Urteils oder Rechte aus einer Mehrpfändung oder Anschlußpfändung nach §§ 826, 827 II, III berücksichtigen muß, LG Bln DGVZ **83**, 93, und soweit nicht §§ 854 II, 930 III anwendbar sind.

4 Die *Verrechnung* des Erlöses auf den Hauptanspruch, auf die Zinsen und auf die Kosten erfolgt nach § 367 BGB, soweit nicht das Gesetz eine andere Folge anordnet. Eine anderweitige Bestimmung durch den Schuldner ist wirkungslos. Wegen der Anschlußpfändung auch bei einem Übererlös § 826 Rn 3, 4. Den Überschuß erhalten der Schuldner oder der Eigentümer. Wegen des sog Folgerechts nach § 26 UrhG Münzberg DGVZ **98**, 17.

Titel 1. Zwangsvollstr. in das bewegl. Vermögen §§ 819–821

4) Rechte des wahren bisherigen Eigentümers. Wenn in Wahrheit ein anderer der Eigentümer der Sache war, dann hat dieser andere einen Anspruch aus ungerechtfertigter Bereicherung, §§ 812 ff BGB, Schmidt JZ **87**, 891. Dieser Anspruch besteht aber abweichend vom Grundsatz Einf 4 vor §§ 771–774 hier nicht gegenüber dem Ersteher nach § 817 Rn 8 und auch nicht gegenüber dem empfangenden Gläubiger, sondern gegenüber dem Schuldner, Gloede JR **73**, 99, Günther AcP **178**, 456, aM ThP 7 (der Bereicherungsanspruch bestehe sowohl gegenüber dem Gläubiger als auch gegenüber dem Schuldner). Über den Fall der Sicherheitsleistung oder Hinterlegung § 815 Rn 11.

5) Rechtsbehelfe. Da die Ablieferungspflicht öffentlichrechtlich ist, haben der Gläubiger, Schuldner und ein berechtigter Dritter bei einem Verstoß des Gerichtsvollziehers die Möglichkeit der Erinnerung, § 766. Daran kann sich die sofortige Beschwerde anschließen, §§ 567 I Z 1, 793. Der Schuldner kann evtl auch oder nur aus § 767 klagen. Ein berechtigter Dritter hat vor dem Zeitpunkt der Abführung des Erlöses auch die Möglichkeit einer Klage nach § 771, 805 und hinterher die Möglichkeit einer Bereicherungs- oder Ersatzklage, §§ 812 ff BGB, LG Dortm BB **86**, 1538 (zustm Ziebe).

6) VwGO: Entsprechend anwendbar im Rahmen der Grdz § 803 Rn 16. Wenn § 5 VwVG eingreift, gilt § 301 II AO.

820 (weggefallen)

821 *Verwertung von Wertpapieren.* Gepfändete Wertpapiere sind, wenn sie einen Börsen- oder Marktpreis haben, von dem Gerichtsvollzieher aus freier Hand zum Tageskurse zu verkaufen und, wenn sie einen solchen Preis nicht haben, nach den allgemeinen Bestimmungen zu versteigern.

Schrifttum: *Kunst,* Zwangsvollstreckung in Wertpapiere, 2004; *Schmalz,* Die Zwangsvollstreckung in Blankowechsel, Diss Ffm 1961.

1) Systematik. Die Vorschrift regelt, ergänzt durch §§ 822, 823, die Verwertung einer besonderen Art gepfändeter Sachen. Sie stellt den grundsätzlichen Vorrang des freihändigen Verkaufs fest. Sie eröffnet damit eine Verwertungsart, wie sie auch bei § 825 möglich ist, dort aber von einem Antrag abhängt, während man sie bei § 821 von Amts wegen beachten muß.

2) Regelungszweck. Die hilfsweise Rückverweisung auf §§ 814–819 zeigt auch den Zweck des § 821. Im Interesse sowohl des Gläubigers als auch des Schuldners soll eine Verwertung unter dem wahren Wert unterbleiben, wie sie ja in den Grenzen von § 817 I 1, II möglich wäre. Damit dient § 821 der Gerechtigkeit, Einl III 9. Man muß die Vorschrift entsprechend auslegen.

3) Geltungsbereich, dazu *Weimar* JB **82**, 357: Wertpapiere im Sinn der ZPO sind nur solche im engeren Sinn. Das sind solche, bei denen die Ausübung des verbrieften Rechts von der Inhaberschaft der Urkunde abhängt, bei denen also das Recht aus dem Papier dem Recht an dem Papier folgt. Es ist unerheblich, ob es sich um ein Namenspapier oder um ein Inhaberpapier handelt.

4) Beispiele zur Frage der Anwendbarkeit
Aktie: Rn 4 „Inhaberaktie".
Ausländische Banknote: Auf sie ist § 821 anwendbar.
Ausweispapier: Auf dieses ist § 821 *unanwendbar.* Gemeint ist ein Papier, das nicht das Recht verkörpert, sondern nur den Inhaber als den Betroffenen nach § 808 BGB ausweist, etwa ein Sparbuch (bei einem Postsparbuch vgl § 831 Rn 1).
Bahncard: Auf sie ist § 821 anwendbar, s „Fahrkarte", aM Ffm VersR **95**, 1356, ZöStö 6 (aber das ist sogar ein typischer Anwendungsfall).
Beweisurkunde: Auf eine reine Beweisurkunde ist § 821 *unanwendbar.* Das gilt zB für einen Schuldschein. Denn bei ihm ist das Recht vom Papier unabhängig. Insoweit erfolgt die Verwertung nach § 835. Vgl § 156 GVGA.
Biermarke: Auf sie ist § 821 anwendbar.
Börsen- und Marktpreis: § 813 Rn 3.
Depotschein: Auf ihn ist § 821 *unanwendbar.*
Eintrittskarte: Auf sie ist § 821 anwendbar.
Fahrkarte: Auf sie ist § 821 anwendbar.
Flugschein: Auf ihn ist § 821 anwendbar, s „Fahrkarte", aM LG Ffm DGHZ **90**, 169, StJM 5, ZöStö 6 (aber das ist sogar ein typischer Anwendungsfall).
Genußschein: Auf ihn ist § 821 anwendbar.
Grundschuldbrief: Rn 6 „Inhaberschuldverschreibung".
Hypothekenbrief: Er ist nicht selbständig pfändbar, § 830 Rn 1.
Indossables Papier: Auf dieses ist § 821 anwendbar, soweit es kein Forderungsrecht verbrieft. Es gilt dann wie eine Namensaktie. Für andere indossable Papiere gilt § 831.
Inhaberaktie: Auf sie ist § 821 anwendbar, Bauer JB **76**, 869.
Inhaberschuldverschreibung: Auf sie ist § 821 anwendbar. Das gilt zB: Für einen Pfandbrief; für eine Kommunalschuldverschreibung; für einen Grundschuld- oder Rentenschuldbrief.
Inländische Banknote: Soweit sie Geld ist, gilt § 815 I. Nicht gültige Banknoten muß man nach § 821 behandeln.
Investmentanteilschein: Auf ihn ist § 821 anwendbar.
Kux: Auf ihn ist § 821 anwendbar.

§§ 821–823 Buch 8. Abschnitt 2. ZwV wegen Geldforderungen

Legitimationspapier: Rn 4 „Ausweispapier".
Lotterielos: Auf dieses ist § 821 anwendbar.
Namensaktie: Auf sie ist § 821 anwendbar.
Pfandbrief: Rn 6 „Inhaberschuldverschreibung".
Pfandschein: Auf ihn ist § 821 *unanwendbar*.
Rentenschuldbrief: Rn 6 „Inhaberschuldverschreibung".
Scheck: Auf ihn ist § 821 anwendbar. Das gilt auch für einen Verrechnungsscheck, LG Gött NJW **83**, 635.
Sparbuch: Rn 4 „Ausweispapier".
Steuergutschein: Auf ihn ist § 821 anwendbar.
Theaterkarte: Rn 5 „Eintrittskarte".
Versicherungsschein: Auf ihn ist § 821 *unanwendbar*, Hamm RR **95**, 1434.
Vinkulierte Aktie: Auf sie ist § 821 anwendbar. Zur Verwertung Bork Festschrift für Henckel (1995) 23.
Wechsel: Auf ihn ist § 821 anwendbar, aM ZöStö 6 (aber das ist sogar ein typischer Anwendungsfall).
Zwischenschein: Auf ihn ist § 821 anwendbar.

8   **5) Pfändung.** In der Zwangsvollstreckung gilt ein Wertpapier als eine körperliche Sache. Es wird also nach §§ 808 ff gepfändet. Das gilt auch bei einem indossablen Papier. Der Gerichtsvollzieher muß es zwar wie Geld pfänden, aber wie eine Forderung verwerten, § 831. Die Pfändung des Wertpapiers erstreckt sich auf das verbriefte Recht. Bei einem Traditionspapier, wie einem Konnossement, einem Lagerschein, einem Ladeschein, ergreift die Pfändung des Papiers nicht das Gut. Denn eine dingliche Wirkung setzt die Übergabe des Papiers voraus. Bei einem Ausweispapier ist eine Hilfspfändung möglich, § 808 Rn 4.

9   **6) Verwertung.** Es kommt auf die Wertpapierart an.
A. Börsen- oder Marktpreis. Der Gerichtsvollzieher verwertet ein Wertpapier, das am Ort der Zwangsvollstreckung oder am Ort des Börsen- oder Handelsbezirks börsen- oder marktgängig ist, im Sinn von § 121 I 1 BGB unverzüglich (keine abwartende, wenn auch gutgemeinte, Spekulation!) durch einen freihändigen Verkauf zum Tageskurs gegen Barzahlung nach § 817 II. Wenn das Papier einen Börsen- oder Marktpreis nur an einem anderen Ort hat, dann muß der Gerichtsvollzieher nach § 825 verfahren. Der Gerichtsvollzieher muß sich unverzüglich und zuverlässig informieren. Er kann die Presse benutzen und darf eine Mittelsperson hinzuziehen, etwa eine Bank oder einen Börsenmakler.

10 **B. Anderes Wertpapier.** Der Gerichtsvollzieher verwertet ein anderes Wertpapier durch eine gewöhnliche Versteigerung, §§ 813, 814, 817, 817 a. Einen Scheck, auch einen Verrechnungsscheck, legt der Gerichtsvollzieher der bezogenen Bank vor. Er händigt den Erlös dem Gläubiger aus, LG Gött NJW **83**, 635.

11 **7) VwGO:** Entsprechend anwendbar im Rahmen der Grdz § 803 Rn 16. Wenn § 5 VwVG eingreift, gilt § 302 AO.

822   *Umschreibung von Namenspapieren.* Lautet ein Wertpapier auf Namen, so kann der Gerichtsvollzieher durch das Vollstreckungsgericht ermächtigt werden, die Umschreibung auf den Namen des Käufers zu erwirken und die hierzu erforderlichen Erklärungen an Stelle des Schuldners abzugeben.

1   **1) Systematik, Regelungszweck.** Es handelt sich um eine Ergänzung zu § 821 mit Vorrang in ihrem Geltungsbereich zwecks Vereinfachung und Verbilligung der Verwertung im wohlverstandenen Interesse beider Parteien. § 823 hat als eine nochmals speziellere Vorschrift Vorrang.

2   **2) Geltungsbereich: Namenspapier.** Der Gerichtsvollzieher muß ein Wertpapier auf den Namen, zB eine Namensaktie, ein Immobilien-Zertifikat, auf den Namen des Käufers umschreiben, nachdem das Vollstreckungsgericht eine Ermächtigung dazu erteilt hat, § 155 Z 3 S 1 GVGA, Bauer JB **76**, 873. Zuständig zu dieser Ermächtigung ist der Rpfl, § 20 Z 17 RPflG, Anh § 153 GVG. Antragsberechtigt sind: Der Gerichtsvollzieher; der Gläubiger; der Erwerber; der Schuldner, ZöStö 1, aM ThP 1 (nur auf Antrag des Gerichtsvollziehers oder des Gläubigers. Aber auch die eben genannten weiteren Beteiligten haben ein schutzwürdiges Interesse). Das Gericht muß eine solche Ermächtigung erteilen. Denn „kann" bezeichnet nur den Machtbereich. Zum Antrag gehört die Beifügung des Vollstreckungstitels und des Pfändungsprotokolls. Das Gericht muß prüfen, ob die geplante Maßnahme gesetzmäßig sein dürfte. Freilich ist die Rechtmäßigkeit der bisherigen Zwangsvollstreckung kaum noch überprüfbar. Denn sie ist ja bereits durchgeführt, wenn auch noch nicht beendet.

§ 822 ist anwendbar, wenn eine *Umschreibung* in einem Verzeichnis oder auf dem Papier selbst durch ein Indossament erforderlich ist und soweit nicht § 831 anwendbar ist. Im ersten Fall muß der Gerichtsvollzieher die Umschreibung auf dem Papier vermerken und das Papier dem Käufer übergeben. Vgl ferner § 823.

Kosten des Gerichts: § 788 I; des Anwalts: VV 3309, 3310; des Gerichtsvollziehers: Gebührenfrei, Auslagen KVGv 700 ff.

3   **3) VwGO:** Entsprechend anwendbar im Rahmen der Grdz § 803 Rn 16. Wenn § 5 VwVG eingreift, gilt § 303 AO.

823   *Außer Kurs gesetzte Inhaberpapiere.* Ist ein Inhaberpapier durch Einschreibung auf den Namen oder in anderer Weise außer Kurs gesetzt, so kann der Gerichtsvollzieher durch das Vollstreckungsgericht ermächtigt werden, die Wiederinkurssetzung zu erwirken und die hierzu erforderlichen Erklärungen an Stelle des Schuldners abzugeben.

1   **1) Systematik, Regelungszweck.** Neben § 822 enthält § 823 Sonderregeln gegenüber § 821 und geht auch dem § 822 nochmals vor, und zwar aus denselben Gründen wie § 822, dort Rn 1.

Titel 1. Zwangsvollstr. in das bewegl. Vermögen §§ 823–825

2) **Geltungsbereich: Außer Kurs gesetztes Papier.** Ein Außerkurssetzen von Wertpapieren kennt das jetzige Recht nicht, Art 176 EG BGB. § 823 gilt aber entsprechend für die Beseitigung der Umwandlung eines Inhaberpapiers in ein Namenspapier durch eine Wiederumschreibung, §§ 806 BGB, 24 II AktG, vgl § 155 Z 3 GVGA. Zuständig ist der Rpfl, § 20 Z 17 RPflG, Anh § 153 GVG. Wegen des Antragsrechts § 822 Rn 2.

3) **VwGO:** Entsprechend anwendbar im Rahmen der Grdz § 803 Rn 16. Wenn § 5 VwVG eingreift, gilt § 303 AO.

824 *Versteigerung ungetrennter Früchte.* ¹Die Versteigerung gepfändeter, von dem Boden noch nicht getrennter Früchte ist erst nach der Reife zulässig. ²Sie kann vor oder nach der Trennung der Früchte erfolgen; im letzteren Falle hat der Gerichtsvollzieher die Aberntung bewirken zu lassen.

1) **Systematik, S 1, 2.** § 824 ergänzt den § 810.

2) **Regelungszweck, S 1, 2.** Die Vorschrift dient der Prozeßwirtschaftlichkeit, Grdz 14 vor § 128, ebenso wie § 810. Das gilt freilich nur in den Grenzen der Vernünftigkeit ab Reife und damit unter Beachtung des Grundsatzes der Verhältnismäßigkeit, Grdz 34 vor § 704. Man muß ihn wegen der sachenrechtlichen Abweichung von BGB strikt mitbeachten.

3) **Vor der Trennung, S 1, 2 Hs 1.** Die Versteigerung kann zunächst schon vor der Trennung vom Halm erfolgen, also vor der Ernte. Es kommt darauf an, wann man den besten Erlös erwarten kann. Mit der Pfändung nach § 810 verlieren die Früchte nämlich ihre Natur als Bestandteil des Grundstücks. Darum setzt auch der Erwerb des Eigentums an den Früchten keine Trennung vom Halm voraus. Ein Einverständnis des Schuldners mit der Versteigerung am Aufwuchsort ist nicht erforderlich, LG Bayreuth DGVZ **85**, 42. Der Ersteher muß innerhalb einer in den Versteigerungsbedingungen zu bestimmenden Frist abernten, § 153 Z 3 GVGA. Der Gerichtsvollzieher darf den Erlös erst nach dem Fristablauf oder der Wegschaffung der Früchte auszahlen, § 153 Z 3 GVGA. Denn die Beschlagnahme bleibt bis zur Trennung, § 21 I ZVG. Eine Ausnahme besteht bei Pacht, § 21 III ZVG. Das Eigentum geht abweichend von § 93 BGB nicht erst mit der Trennung über, sondern durch Übergabe der Früchte wie bei einer Fahrnis, LG Bayreuth DGVZ **85**, 42. Diese Versteigerung erfolgt am besten an Ort und Stelle.

4) **Nach der Trennung, S 1, 2 Hs 2.** Die Versteigerung kann auch nach der Trennung vom Halm erfolgen. Der Gerichtsvollzieher läßt die Früchte abernten, evtl auch durch den Schuldner. Der Gerichtsvollzieher muß die Ernte überwachen und die Früchte verwahren lassen, § 153 Z 2 GVGA. Dafür muß der Gläubiger Vorschuß zahlen. Das Pfandrecht entsteht mit der Pfändung und nicht mit der Trennung vom Halm, § 810 Rn 1. Der Ersteher wird erst mit der Ablieferung von ihm Eigentümer.

5) **Versteigerung, S 1, 2.** Sie ist immer erst nach dem Zeitpunkt der wirklich eingetretenen Reife zulässig. Insofern liegt eine Abweichung von § 810 vor, wo die allgemeine Zeit der Reife maßgeblich ist. Der Gerichtsvollzieher muß sich fortlaufend über den Reifegrad usw informieren. Er bestimmt sodann rechtzeitig vor einer Überreife nach pflichtgemäßem Ermessen und nach Anhörung eines Sachverständigen nach § 153 Z 1 GVGA den für den Erlös bestmöglichen Versteigerungszeitpunkt. Eine Abweichung vom wirklichen Reifezeitpunkt ist nur dann zulässig, wenn der Gläubiger und der Schuldner einverstanden sind oder wenn der Gerichtsvollzieher eine Anordnung nach § 825 I erlassen hat.

6) **Verstoß, S 1, 2.** Ein Verstoß gegen die Vorschrift ist prozessual belanglos. Er stellt aber eine Amtspflichtverletzung dar.

7) **Rechtsbehelf, S 1, 2.** Jeder Betroffene kann die Erinnerung nach § 766 einlegen. Daran kann sich eine sofortige Beschwerde anschließen, §§ 567 I Z 1, 793.

8) **VwGO:** Entsprechend anwendbar im Rahmen der Grdz § 803 Rn 16. Wenn § 5 VwVG eingreift, gilt § 304 AO.

825 *Andere Verwertungsart.* ¹ ¹Auf Antrag des Gläubigers oder des Schuldners kann der Gerichtsvollzieher eine gepfändete Sache in anderer Weise oder an einem anderen Ort verwerten, als in den vorstehenden Paragraphen bestimmt ist. ²Über die beabsichtigte Verwertung hat der Gerichtsvollzieher den Antragsgegner zu unterrichten. ³Ohne Zustimmung des Antragsgegners darf er die Sache nicht vor Ablauf von zwei Wochen nach Zustellung der Unterrichtung verwerten.

II Die Versteigerung einer gepfändeten Sache durch eine andere Person als den Gerichtsvollzieher kann das Vollstreckungsgericht auf Antrag des Gläubigers oder des Schuldners anordnen.

Schrifttum: *Freels,* Andere Verwertungsarten in der Mobiliar-Zwangsvollstreckung, 1998; *Gilleßen/Coenen* DGVZ **98**, 169 (ausf); *Tiedtke,* Gutgläubiger Erwerb im bürgerlichen Recht, im Handels- und Wertpapierrecht sowie in der Zwangsvollstreckung, 1986.

Gliederung

1) Systematik, I, II	1	A. Einigung	4
2) Regelungszweck, I, II	2	B. Antrag	5
3) Geltungsbereich, I, II	3	5) **Verfahren, I**	6–11
4) Vertretung durch den Gerichtsvollzieher, I	4, 5	A. Zuständigkeit, I 1	6
		B. Anhörung, I 2	7

Hartmann

§ 825

C. Frist, I 3	8	
D. Maßnahmen, I 1–3	9	
E. Kreditgeschäft, I 1–3	10	
F. Weitere Einzelfragen, I 1–3	11	
6) Verwertung in anderer Weise, I 1	12–19	
A. Stundung	12	
B. Verkauf	13, 14	
C. Überweisung an den Gläubiger	15–17	
D. Überweisung an den Schuldner	18	
E. Überweisung an einen Dritten	19	
7) Verwertung zu anderer Zeit, I 1	20	
8) Verwertung an anderem Ort, I 1	21	
9) Versteigerung durch andere Person als den Gerichtsvollzieher, II	22–26	
A. Voraussetzungen	22–24	
B. Verfahren	25	
C. Entscheidung	26	
10) Rechtsbehelfe, I, II	27–29	
A. Maßnahme, I	27	
B. Stattgeben ohne Anhörung, II	28	
C. Ablehnung; Stattgeben nach Anhörung, II	29	
11) VwGO	30	

1 **1) Systematik, I, II.** Die bedingt mit §§ 817a, 821, 844 vergleichbare Vorschrift schafft bemerkenswert vielgestaltige Möglichkeiten der Pfandverwertung mit Vorrang vor allen anderen. Die Vorschriften über die Pfandverwertung sind ja grundsätzlich ein Bestandteil des zwingenden öffentlichen Rechts, wenn man von einer möglichen Einigung über den Ort und die Zeit der Versteigerung nach § 816 I und sonst absieht. Stets müssen eine wirksame Pfändung und das Fortbestehen der Zulässigkeit der Zwangsvollstreckung vorliegen. Wenn der Gerichtsvollzieher gegen diese Vorschriften verstößt, begeht er zwar eine Amtspflichtverletzung, Art 34 GG, § 839 BGB. Seine Veräußerung bleibt aber in der Regel wirksam (vgl bei den einzelnen Vorschriften). Soweit aber § 825 anwendbar ist, muß das Vollstreckungsorgan zwar ebenfalls das dortige Verfahren strikt einhalten. Es ist aber wegen der Art der Pfandverwertung von Verantwortung frei.

2 **2) Regelungszweck, I, II.** Der Zweck der Vorschrift liegt darin, in einem solchen Fall ausnahmsweise eine Verwertung der Pfandsache zu ermöglichen, in dem eine grundsätzlich erforderliche Versteigerung keinen dem wahren Sachwert entsprechenden Erlös erwarten läßt, BGH **119**, 77, LG Freibg DGVZ **82**, 186, Steines KTS **89**, 309. Damit dient § 825 der Parteiherrschaft im Rahmen des Zulässigen nach Grdz 6 ff vor § 704 und damit der Gerechtigkeit, Einl III 9.

Schuldnerschutz ist ein weiterer Zweck. Denn auch der Schuldner kann ja ein erhebliches Interesse am freihändigen Verkauf statt einer förmlichen Versteigerung haben. Deshalb hat auch der Schuldner ein Antragsrecht, und deshalb ist die Vorschrift unabhängig davon, wer einen Antrag stellt, weder einseitig zugunsten der einen noch zugunsten der anderen Partei auslegbar. Stets sollte man prüfen, ob die Anwendung der § 825 auch dem gegnerischen Interesse entspricht.

3 **3) Geltungsbereich, I, II.** Die Vorschrift gilt im Gesamtbereich der Zwangsvollstreckung in körperliche Sachen, §§ 808–827.

4 **4) Verwertung durch den Gerichtsvollzieher, I.** Der Gerichtsvollzieher darf das Pfandstück ohne eine Anordnung des Vollstreckungsgerichts und ohne die Notwendigkeit eines vorangehenden Versteigerungsversuches ausnahmsweise anderweitig verwerten, wenn einer der folgenden Fälle vorliegt.

A. Einigung. Eine besondere Verwertung ist zulässig, soweit der Gläubiger und der Schuldner sich entsprechend geeinigt haben. Denn der Gläubiger kann jederzeit anordnen, die weitere Zwangsvollstreckung abzubrechen. Der Schuldner kann den Gläubiger aber auch nach der Pfändung jederzeit dadurch befriedigen, daß er das Pfandstück an Erfüllungs Statt hingibt. Die Einigung der Parteien über einen freihändigen Verkauf ist ein Prozeßvertrag nach Grdz 48 vor § 128 und ein Vollstreckungsvertrag nach Grdz 24 vor § 704. Man muß sie als einen übereinstimmenden Antrag auf eine dann dennoch notwendige Entscheidung nach Rn 9 bewerten.

5 **B. Antrag.** Eine besondere Verwertung ist ferner zulässig, soweit ein Antrag des Gläubigers oder des Schuldners vorliegt, LG Essen DGVZ **96**, 120. Im Fall einer Personenmehrheit genügt der Antrag des einzelnen. Der Antrag eines Dritten ist unbeachtlich. Der Gerichtsvollzieher darf nicht von Amts wegen von den gesetzlichen Verwertungsbestimmungen abweichen. Er muß aber einen solchen Antrag anregen. Der Antrag ist eine Parteiprozeßhandlung, Grdz 47 vor § 128. Er ist schriftlich statthaft. Er ist auch zum Protokoll des Gerichtsvollziehers nach § 762 oder sonst mündlich möglich. Es besteht kein Anwaltszwang, § 78 V Hs 2. Der Antragsteller muß die begehrte Verwertung hinreichend genau bezeichnen. Der Gerichtsvollzieher ist an die Bezeichnung gebunden. Er kann aber eine andere Verwertungsart vorschlagen. Der Antrag ist bis zum Zuschlag usw möglich und bis zur Beendigung der beantragten Verwertung rücknehmbar.

6 **5) Verfahren, I.** Der Gerichtsvollzieher muß zahlreiche Punkte beachten.

A. Zuständigkeit, I 1. Es ist derjenige Gerichtsvollzieher zuständig, in dessen Bezirk sich das Pfandstück befindet, auch wenn die besondere Verwertung an einem anderen Ort stattfinden soll.

7 **B. Anhörung, I 2.** Der Gerichtsvollzieher muß den Antragsgegner über die beabsichtigte Verwertung „unterrichten". Das klingt nach bloßer Mitteilung, meint aber die Notwendigkeit rechtlichen Gehörs. Letztere ergibt sich aber nicht nur aus Artt 2 I, 14, 20 III GG (Rpfl) BVerfG **101**, 404, bzw einer entsprechenden Anwendung dieser Entscheidung auf den Gerichtsvollzieher sowie aus Art 103 I GG (Richter), sondern auch aus I 3, Rn 7. Der Gerichtsvollzieher muß die „beabsichtigte" Verwertung nennen. Er darf also nicht nur mitteilen, er wolle „eine Verwertung nach § 825" vornehmen, sondern muß dem Schuldner Gelegenheit geben, zu dem bestimmten Verwertungsplan Stellung zu nehmen. Wegen I 3 muß er die Mitteilung förmlich zustellen, § 329 II 2.

Soweit der Schuldner einen *Gegenantrag* auf eine andere Verwertungsart stellt, muß der Gerichtsvollzieher den Gläubiger entsprechend I 2 anhören.

8 **C. Frist, I 3.** Der Schuldner kann einer früheren Verwertung zustimmen. Das kann formlos und auch stillschweigend geschehen. Es muß aber eindeutig erfolgen. Mangels Zustimmung darf der Gerichtsvollzieher die besondere Verwertung erst nach Ablauf von zwei Wochen nach der Zustellung der Mitteilung nach Rn 6 vornehmen. Es handelt sich nicht um eine Notfrist, § 224 I 2. Die Frist wird nach § 222 berechnet.

Titel 1. Zwangsvollstr. in das bewegl. Vermögen **§ 825**

D. Maßnahme, I 1–3. Der Gerichtsvollzieher muß zwar nach pflichtgemäßem Ermessen prüfen, *ob* die 9 Voraussetzungen einer besonderen Verwertung vorliegen. *Wenn* das aber der Fall ist, dann ist er zu der besonderen Verwertung auch verpflichtet. Das Wort „kann" im Gesetzeswortlaut bedeutet nur, daß die Bestimmung der Maßnahme in dem Machtbereich des Gerichtsvollziehers liegt, Mümmler JB 77, 1657, aM LG Nürnb-Fürth Rpfleger 78, 34, aM ZöStö 8, 13 (Ermessen. Aber der Gläubiger ist der Herr der Zwangsvollstreckung, bei I sogar im weitesten Sinn, § 754 Rn 3). Eine besondere Verwertung ist dann erforderlich, wenn sie eine bessere Verwertung des Pfandstücks wahrscheinlich macht. Wenn eine solche bessere Verwertbarkeit ungewiß ist, sollte sich der Gerichtsvollzieher zurückhalten.

Denn I stellt eine *Ausnahme* dar, LG Freibg DGVZ 82, 187. Man darf die regelmäßige Verwertung des Pfandstücks nicht durch diese Vorschrift ausschalten, insbesondere dann nicht, wenn mehrere Bieter vorhanden sind, LG Bochum DGVZ 77, 89. Der Gerichtsvollzieher muß also das Ob der besonderen Gründe für eine Verwertung nach I und auch das Interesse des Schuldners daran abwägen, daß das Pfandstück nicht verschleudert wird, und in seiner Maßnahmebegründung darlegen, § 329 Rn 4. Kosten: § 788 I.

E. Kreditgeschäft, I 1–3. Eine besondere Verwertung darf nicht zu einer Umgehung der Verbraucher- 10 schutzvorschriften des BGB führen. Eine solche Umgehung liegt allerdings im allgemeinen nicht schon darin, daß der Gerichtsvollzieher das Pfandstück an den Kreditgeber übereignet, so schon Mümmler JB 77, 1659.

Er muß den *Preis* unter Beachtung von § 817a festsetzen, Rn 14, LG Ffm DGVZ 93, 112, aM AG Norden Rpfleger 87, 28 (aber diese Vorschrift nennt einen Kerngedanken ordnungsgemäßer Bewertung). Er muß eine Bewertung durch einen Sachverständigen erwägen. Die Kosten des Sachverständigen sind Kosten der Zwangsvollstreckung nach § 788. Der Gerichtsvollzieher muß im Fall eines Kreditgeschäfts wenigstens eine summarische Abwägung des Anspruchs nach dem BGB vornehmen. Er muß also prüfen, ob die bisherige Abnutzung des Pfandstücks eine Rückzahlung der Anzahlung ausschließt, aM (zum alten Recht) Mümmler JB 77, 1667. Eine umfassende Prüfung kann allerdings nur im Verfahren nach § 767 oder § 769 stattfinden. Evtl ist § 765a anwendbar. Der Verkäufer muß einen Anspruch nach den Verbraucherschutzvorschriften des BGB durch eine neue Klage geltend machen, (zum alten Recht) AG Norden Rpfleger 87, 28. Er ist auf Grund einer Aufforderung des Schuldners zur Herausgabe des Zahlungstitels verpflichtet.

F. Weitere Einzelfragen, I 1–3. Eine Verwertung ohne eine Anhörung des Schuldners ist grundsätzlich 11 trotzdem wirksam. Wegen des Eigentumsübergangs Rn 10. Der Gerichtsvollzieher darf seine Entscheidung nur auf Grund einer neuen Sachlage ändern, § 329 Rn 18, LG Nürnb-Fürth Rpfleger 78, 333. Eine Aufhebung oder Änderung berührt aber die Wirksamkeit der Übereignung usw nicht mehr.

6) Verwertung in anderer Weise, I 1. Das Gericht darf nicht gegen zwingende öffentlichrechtliche 12 Vollstreckungsgrundsätze verstoßen, etwa über das Mindest- und das Meistgebot oder über den zugelassenen Bieterkreis oder über den Zuschlag an den Meistbietenden bei einer Versteigerung. Es sind zB die folgenden Anordnungen statthaft.

A. Stundung. Der Gerichtsvollzieher kann eine Stundung der Zahlung zulassen, abweichend von § 817 II. Das kann sich auch vereinbarungsgemäß auf den Zeitpunkt des Eigentumsübergangs auswirken.

B. Verkauf. Der Gerichtsvollzieher kann das Pfandstück in Abweichung von § 814 freihändig verkaufen. 13 Dieser Verkauf ist nicht ein Verkauf nach dem sachlichen Recht. Denn auch hier verkauft der Gerichtsvollzieher nicht als ein Eigentümer oder für den Eigentümer, sondern kraft seiner staatlichen Zwangsgewalt. Der Verkauf bleibt eine Pfandverwertung. Er unterliegt den Vorschriften über die Zwangsvollstreckung, BGH 119, 78. Es tritt aber anstelle der Ersteherverträge der Versteigerung ein andersartiger Vertrag. Die Übergabe des unmittelbaren Besitzes (also nicht die Übergabe nach §§ 930, 931 BGB) hat dieselben Wirkungen wie die Ablieferung, § 817. Die Zahlung des Preises wirkt wie eine Zahlung der Zuschlagssumme. Diese Folge ist zwingend. Denn es handelt sich um einen Verkauf in der Zwangsvollstreckung. Der Gerichtsvollzieher muß den Erlös nach § 819 behandeln. Es gibt keinen Gewährleistungsanspruch nach § 806, §§ 148, 149 GVGA. Zum urheberrechtlich geschützten Original-Kunstwerk Münzberg DGVZ 98, 17 (ausf).

Der Gerichtsvollzieher kann beliebige *Bedingungen* aufstellen. Er darf aber nicht einen Preis festlegen, der 14 das Mindestgebot unterschreitet, Rn 10. Dabei muß er notfalls eine Schätzung nachholen, § 813 Rn 8. Beim Fehlen einer Preisbestimmung ist ebenfalls § 817a I beachten. Das gilt auch bei einer nichtkörperlichen Sache, etwa bei einem Erbteil, §§ 857, 844. Der Gerichtsvollzieher muß eine etwaige gesetzliche Veräußerungsbeschränkung beachten. Bei einem Kreditgeschäft muß er darauf achten, daß durch seine Anordnungen keine Umgehung des Schuldnerschutzes eintritt, Rn 9.

C. Überweisung an den Gläubiger. Der Gerichtsvollzieher kann die Pfandsache dem Gläubiger zu 15 einem bestimmten Preis zwangsweise überweisen, LG Kblz MDR 81, 236, Hadamus Rpfleger 80, 420 (dort weitere Einzelheiten zum Verfahren). Manche sprechen dabei von einer Zuweisung, LG Essen DGVZ 96, 120. Andere sprechen von einer Übereignung, ThP 8 (vgl aber Rn 13, 16). Wegen einer Überweisung an den Kreditverkäufer Rn 9. Das Eigentum geht in diesem Fall erst mit der Übertragung des unmittelbaren Besitzes auf den Erwerber nach § 817 Rn 6 über. Das gilt, zumal die Aushändigung der Sache eine Wiederansichnahme nach Rn 3 ist und deshalb eine Rücktrittswirkung auslöst.

Die Überleitung ist ein staatlicher Hoheitsakt. Daher ist es unerheblich, ob der Erwerber gutgläubig ist. 16 Insofern gilt dasselbe wie bei einer gewöhnlichen Verwertung, § 817 Rn 6–9, Gaul NJW 89, 2515, aM BGH 104, 302 (aber das wäre eine Verkennung eines Kernmerkmals der Verwertung in der Zwangsvollstreckung). Diese Regelung ist anders als bei § 1244 BGB. Der Gerichtsvollzieher ist nicht verpflichtet, zur Durchführung der Übereignung jemanden am Wegnahmeort zu beauftragen, den Gegenstand für den Gläubiger in Empfang zu nehmen und dem Gläubiger zu übersenden, LG Nürnb-Fürth DGVZ 92, 136. Der Gläubiger ist mit dem Erhalt der ihm zwangsweise zugewiesenen Sache in Höhe des angerechneten Werts der Sache befriedigt, § 817 IV. Die Zwangsvollstreckung ist insoweit beendet, Grdz 52 vor § 704. Der Gläubiger muß dann, wenn die Sache einen höheren Wert hat, den überschießenden Wert an den Schuldner zahlen.

§ 825 Buch 8. Abschnitt 2. ZwV wegen Geldforderungen

17   Eine *Zwangsüberweisung* darf nicht gegen den Willen des Gläubigers und auch nicht abweichend von denjenigen Bedingungen stattfinden, die er wünscht, § 308 I, LG Essen DGVZ **96**, 120. Denn der Gerichtsvollzieher darf dem Gläubiger keine Sache als Erfüllung aufzwingen, LG Köln DGVZ **88**, 61, Mümmler JB **77**, 1657, Pawlowski ZZP **90**, 367. Bietet also der Gläubiger zu wenig, so muß der Gerichtsvollzieher seinen Antrag ablehnen, LG Essen DGVZ **96**, 120. Denn eine Zuweisung kommt nur dann in Betracht, wenn eine Versteigerung oder ein freihändiger Verkauf keinen höheren Erlös verspricht, Rn 1, LG Bochum DGVZ **77**, 89.

18   **D. Überweisung an den Schuldner.** Der Gerichtsvollzieher kann die Sache zumindest auf Schuldnerantrag dem Schuldner überweisen. Einzelheiten und Einschränkungen Steines KTS **89**, 320.

19   **E. Überweisung an einen Dritten.** Auch sie kommt in Betracht. Der Gerichtsvollzieher muß zunächst die Versendung nach auswärts an den Erwerber vornehmen. Freilich ist mangels abweichender Anordnung des Gerichts eine Barzahlung Zug um Zug gegen die Ablieferung erforderlich.

20   **7) Verwertung zu anderer Zeit, I 1.** In diesem Fall genügt an sich eine Einigung zwischen den Parteien, § 816 I. Etwas anderes gilt für eine Verwertung an einem Sonnabend, Sonn- oder Feiertag oder zur Nachtzeit, § 758 a IV.

21   **8) Verwertung an anderem Ort, I 1.** Wenn sich die Parteien über diese von § 816 II abweichende Lösung verständigen, braucht der Gerichtsvollzieher sie nicht besonders anzuordnen. Eine Versteigerung in der Wohnung des Schuldners ist wegen Art 13 I GG von seiner Zustimmung abhängig, Hamm NJW **85**, 75. Hierher zählt auch eine Versteigerung im Internet, § 816 Rn 7.

22   **9) Versteigerung durch andere Person als den Gerichtsvollzieher, II.** Es sind drei Aspekte beachtlich.

A. Voraussetzungen. Das Vollstreckungsgericht und nicht der Gerichtsvollzieher kann die Versteigerung einer gepfändeten Sache und nicht eine der anderen in I genannten Verwertungsarten bei besserer Erfolgsaussicht unter Beachtung aller Interessen durch eine andere Person als den sonst zuständigen Gerichtsvollzieher unter folgenden Voraussetzungen anordnen. Als Verkäufer kommt etwa ein Kunsthändler in Betracht, als Versteigerer kommen etwa ein Notar oder ein gewerbsmäßiger Versteigerer infrage, Birmanns DGVZ **93**, 107. Diese Personen treten jeweils dann grundsätzlich an die Stelle des Gerichtsvollziehers. Sie sind an diejenigen gesetzlichen Vorschriften gebunden, die für den Gerichtsvollzieher gelten, nicht jedoch an die GVGA. Das gilt, soweit nicht Abweichungen angeordnet worden sind. Freilich können die private Verkäufer oder Versteigerer nicht mit hoheitlicher Gewalt handeln. Daher muß man zB einen solchen Verkauf nach §§ 156, 433ff, 929ff, 1227 BGB beurteilen, AG Cham DGVZ **95**, 189, anders als der Verkauf durch den Gerichtsvollzieher, Rn 13, BGH **119**, 78.

23   *Gutgläubiger Erwerb* ist bei II zwar nach § 932 BGB möglich. Aber das Vertrauen auf die Wirksamkeit der Verstrickung und der Anordnung nach II reichen nicht, BGH NJW **92**, 2570. Den Erlös muß auf Grund entsprechender gerichtlicher Anordnung der Verwertende verteilen, sonst der Gerichtsvollzieher.

24   Das Gericht kann *keine Privatperson* zur Betätigung *zwingen*. Daher kann sie ihre Bedingungen stellen. Diese muß das Gericht abwägen und evtl seine Entscheidung aufheben oder ändern. Der Gerichtsvollzieher muß auch dann, wenn ein anderer die Sache verkauft oder versteigert, den Erlös abliefern oder hinterlegen, soweit das Gericht nichts anderes angeordnet hat. § 819 gilt dann wiederum.

25   **B. Verfahren.** Auch bei II ist ein Antrag des Gläubigers oder des Schuldners erforderlich, Rn 4. Es besteht kein Anwaltszwang, § 78 V Hs 2. Der Antrag kann zum Protokoll oder elektronisch oder per Telefax oder schriftlich erfolgen. Der Antragsteller darf eine bestimmte Person vorschlagen, nicht bindend bestimmen. Er braucht keinen Vorschlag zu machen. Er kann freilich den ganzen Antrag nach II unter die Bedingung der gerichtlichen Bestimmung einer bestimmten Person stellen, bei mehreren zur Auswahl in anzugebender Reihenfolge. Für den Antragszeitraum und die Antragsrücknahme gilt Rn 4 entsprechend. Das Verfahren richtet sich im wesentlichen nach denselben Regeln wie jedes andere Verfahren des Vollstreckungsgerichts. Ausschließlich zuständig ist nach § 802 dasjenige Vollstreckungsgericht, in dessen Bezirk sich das Pfandstück befindet, § 764 II. Das gilt auch dann, wenn die Versteigerung an einem anderen Ort stattfinden soll. Das Gericht entscheidet durch den Rpfl, § 20 Z 17 RPflG, Anh § 153 GVG. Es muß ein Rechtsschutzbedürfnis vorliegen, Grdz 33 vor § 253. Dieses liegt grundsätzlich im Fehlen einer Einigung nach Rn 3.

Der Rpfl muß die Beteiligten in aller Regel *anhören*, auch wenn das hier nicht ausdrücklich vorgeschrieben wurde, Artt 2 I, 20 III GG, BVerfG **101**, 404, ferner § 139, Ffm Rpfleger **80**, 303. Eine mündliche Verhandlung ist aber nicht notwendig, § 764 III. Der Rpfl kann eine einstweilige Anordnung treffen, §§ 732 II, 766 I 2.

26   **C. Entscheidung.** Auch in II stellt das Wort „kann" nur zum *Ob* ins Ermessen, zum *Wenn* aber nur in die Zuständigkeit wie bei Rn 8. Der Rpfl muß daher unter den Voraussetzungen von II eine derartige Anordnung treffen. Auch er muß freilich die Grenzen Rn 9 beachten. Er entscheidet durch einen Beschluß. Er muß ihn begründen, § 329 Rn 4. Er bezeichnet die mit der Verwertung betraute Person. Kosten: § 788 I, im Fall der Abweisung §§ 91 ff. Der Rpfl muß seinen Beschluß nach § 329 III Hs 1 förmlich zustellen, soweit er einem Antrag stattgibt, und nach Hs 2 zustellen, soweit er den Antrag abweist. Eine bloße Parteizustellung führt nicht zum Beginn der Rechtsmittelfrist, LG Bln Rpfleger **75**, 103. Der Beschluß bindet die Parteien und den Gerichtsvollzieher. Daher darf dieser nach stattgebender Anordnung nicht mehr versteigern, LG Nürnb-Fürth Rpfleger **78**, 332. Nach einer Änderung der Sachlage bleibt dem Vollstreckungsgericht aber eine Anpassung möglich, LG Nürnb-Fürth Rpfleger **78**, 332.

27   **10) Rechtsbehelfe, I, II.** Es kommt auf die Entscheidungsrichtung an.

A. Maßnahme, I. Gegen eine Vornahme besonderer Verwertung wie gegen deren Ablehnung durch den Gerichtsvollzieher ist die einfache unbefristete Erinnerung statthaft, § 766 I. Das gilt auch nach „Unter-

Titel 1. Zwangsvollstr. in das bewegl. Vermögen §§ 825, 826

richtung" im Sinn von I 2. Denn es verbleibt stets bei einer Situation nach § 766 I. Wegen des weiteren Verfahrens vgl bei § 766.

B. Stattgeben ohne Anhörung, II. Wenn der Rpfl dem Antrag des Gläubigers ohne eine Anhörung des Schuldners durch eine bloße Maßnahme stattgegeben hat, kann der Schuldner die Erinnerung nach § 766 einlegen. Die Erinnerung ist unbefristet. Der Rpfl darf dieser Erinnerung abhelfen. Er muß daher prüfen, ob er das tun will, § 766 Rn 39. Er muß eine Nichtabhilfe begründen, § 329 Rn 4. Er muß die Sache dann dem Richter vorlegen. Der Richter entscheidet über die Erinnerung ab einer derartigen, ordnungsgemäßen Vorlage nunmehr in eigener Zuständigkeit. Das gilt unabhängig davon, ob er die Erinnerung für zulässig oder unzulässig, für begründet oder unbegründet hält, § 20 Z 17 a RPflG, Anh § 153 GVG, § 766 Rn 27. Gegen seine Entscheidung ist die sofortige Beschwerde nach §§ 567 I Z 1, 793 statthaft. **28**

C. Ablehnung; Stattgeben nach Anhörung, II. Wenn der Rpfl den Antrag des Gläubigers nach einer Anhörung des Schuldners durch eine echte Entscheidung abgelehnt hat oder wenn der Rpfl nach einer Anhörung des Schuldners entschieden hat, kann der Betroffene binnen einer Notfrist nach § 224 I 2 von 2 Wochen die sofortige Beschwerde einlegen, §§ 11 I RPflG, Anh § 153 GVG, in Verbindung mit §§ 567 I 1, 793, LG Nürnb-Fürth Rpfleger **78**, 332. Vgl zum weiteren Verfahren wie bei § 104 Rn 69 ff. **29**

Gebühren: Des Gerichts: KV 1811, des Anwalts: VV 3309, 3310, 3500; des Gerichtsvollziehers KVGv 310.

11) *VwGO: Entsprechend anwendbar im Rahmen der Grdz § 803 Rn 16. Wenn § 5 VwVG eingreift, gilt § 305 AO.* **30**

826 *Anschlusspfändung.* I Zur Pfändung bereits gepfändeter Sachen genügt die in das Protokoll aufzunehmende Erklärung des Gerichtsvollziehers, daß er die Sachen für seinen Auftraggeber pfände.

II Ist die erste Pfändung durch einen anderen Gerichtsvollzieher bewirkt, so ist diesem eine Abschrift des Protokolls zuzustellen.

III Der Schuldner ist von den weiteren Pfändungen in Kenntnis zu setzen.

Schrifttum: *Binder,* Die Anschlußpfändung, Diss Ffm 1975; *Herde,* Probleme der Pfandverfolgung, 1978.

Gliederung

1) Systematik, I–III	1	4) Vornahme, I–III	6, 7
2) Regelungszweck, I–III	2	A. Protokollangabe, I	6
3) Voraussetzungen, I	3–5	B. Benachrichtigung, II, III	7
A. Wirksamkeit der Erstpfändung	3, 4	5) Wirkung, I–III	8
B. Folgen der Unwirksamkeit der Erstpfändung	5	6) Rechtsbehelf, I–III	9
		7) VwGO	10

1) Systematik, I–III. Die Anschlußpfändung ist die Pfändung einer schon gepfändeten Sache einschließlich Geld. Man nennt sie bisweilen auch eine Nachpfändung. Dieser Ausdruck ist aber mehrdeutig. Denn er kann auch eine erneute Pfändung nach einer unwirksamen früheren Pfändung bedeuten, § 803 Rn 12. Die Anschlußpfändung verschafft dem Gläubiger ein selbständiges Pfandrecht mit dem Rang hinter dem bestehenden Pfandrecht, § 804 Rn 12, 13. Sie ist zugleich eine bedingte Erstpfändung. Denn sie tritt mit dem Wegfall des vorgehenden Pfandrechts bei dessen Unwirksamkeit ohne diese zu heilen an dessen Stelle. Deshalb ist die Anschlußpfändung ohne Rücksicht auf einen zu erwartenden Überschuß zulässig, LG Marbg Rpfleger **84**, 406, AG Bersenbrück DGVZ **89**, 76, StJM § 803 Rn 29, aM Wieser DGVZ **85**, 40, Wunner DGVZ **85**, 37, ZöStö 2 (aber es geht nur noch um eine andere Bedingung, Rn 2 ff). Vgl freilich auch § 803 Rn 12 sowie § 7 GvKostG, LG Ffm DGVZ **89**, 92. Man muß eine Anschlußpfändung von einer sog Hilfspfändung unterscheiden. Zu ihr § 808 Rn 3. Zu den Grenzen der Zweckmäßigkeit einer bloßen Anschlußpfändung Rn 5. **1**

2) Regelungszweck, I–III. Die Anschlußpfändung bezweckt eine Vereinfachung und Straffung der Zwangsvollstreckung. Denn bei ihr entfällt wegen des Fortbestehens der Verstrickung die Notwendigkeit einer neuen Beschlagnahme. Damit ist der Prozeßwirtschaftlichkeit, Grdz 14 vor § 128. Solche Zweckrichtung erlaubt und verlangt eine Handhabung und Auslegung zugunsten der Wirksamkeit der Anschlußpfändung. Natürlich darf das nicht zur Rechtsunsicherheit nach Einl III 43 führen, etwa durch allzu großzügige Umdeutung einer in Wahrheit unklaren Erklärung des Gerichtsvollziehers. **2**

3) Voraussetzungen, I. Maßgebend ist die Erstpfändung. **3**

A. Wirksamkeit der Erstpfändung. Eine Anschlußpfändung ist nur gegen denselben Schuldner statthaft, LG Bln DGVZ **83**, 93, StJM 1, ZöStö 2 (er fordert sogar Nämlichkeit der haftenden Vermögen), aM Gerlach ZZP **89**, 314 (aber das wäre inkonsequent, Rn 1, 2). Nach einer ersten Pfändung derselben Sache gegen einen anderen Schuldner ist die jetzige weitere Pfändung keine Anschluß-, sondern eine sog Doppelpfändung, § 167 Z 1 GVGA, aM Gerlach ZP **89**, 294. Sie erfolgt wie eine erste Pfändung. Eine Anschlußpfändung darf für denselben Gläubiger wegen einer weiteren Forderung stattfinden, aber auch für einen neuen Gläubiger, LG Bln DGVZ **83**, 93. Sie setzt eine Erstpfändung nach den Regeln der ZPO voraus, nicht eine Pfändung im Zwangsversteigerungsverfahren oder im Verwaltungsverfahren zB der Finanzbehörde, § 307 II AO, aM StJM 3, ThP 5, ZöStö 6 (aber das wäre inkonsequent, Rn 1, 2). Vgl § 167 Z 10 GVGA.

Die *Erstpfändung* muß äußerlich wirksam sein. Die Verstrickung nach Üb 6 vor § 803 muß fortbestehen, wenn auch evtl nur noch am Erlös, LG Bln DGVZ **83**, 93. Eine sachliche Wirksamkeit der Erstpfändung ist **4**

§§ 826, 827

aber nicht die Voraussetzung für eine Anschlußpfändung. Wenn der Gerichtsvollzieher daher die äußeren Merkmale einer wirksamen Erstpfändung vorfindet, wenn zB die Pfandsache mit dem Pfandsiegel versehen ist, dann darf der Gerichtsvollzieher die Anschlußpfändung vornehmen. Wenn die Erstpfändung fortbesteht, aber nicht mehr erkennbar ist, dann wird die Anschlußpfändung nicht schon dadurch unwirksam. Eine Anschlußpfändung ist auch an gepfändetem Geld bis zu demjenigen Zeitpunkt zulässig, in dem der Gerichtsvollzieher es abliefert, § 815 Rn 8. Sie ist ebenso an dem noch nicht ausgezahlten Erlös statthaft, § 819 Rn 1, oder am Übererlös, LG Bln DGVZ **83**, 93.

Die *Voraussetzungen* der Zwangsvollstreckung nach Grdz 14 vor § 704 müssen auch im Zeitpunkt der Anschlußpfändung vorliegen. Insbesondere darf keine Zwecklosigkeit nach § 803 II drohen. Ein Dritter braucht aber nicht zur Herausgabe bereit zu sein. Denn die Anschlußpfändung beeinträchtigt seinen Besitz nicht, Schilken DGVZ **86**, 150. Die bloße Anfechtbarkeit der Erstpfändung beeinträchtigt die Wirksamkeit der Abschlußpfändung nicht. War die erstgepfändete Sache im Besitz eines Dritten, muß er der Anschlußpfändung zustimmen, § 809, Schilken DGVZ **86**, 149.

5 **B. Folgen der Unwirksamkeit der Erstpfändung.** Wenn die Erstpfändung unwirksam war, dann muß der Gerichtsvollzieher nunmehr eine Erstpfändung vornehmen. Eine Erstpfändung ist immer zulässig. Sie ist dann ratsam, wenn der Gerichtsvollzieher über die Wirksamkeit einer vorangehenden Pfändung Zweifel hat, § 167 Z 4 GVGA. Eine Erstpfändung verursacht ja auch keine höheren Kosten als eine Anschlußpfändung. Wenn die Erstpfändung wirksam ist, dann wirkt eine zweite „Erstpfändung" nur als eine Anschlußpfändung. Wenn sich die Erstpfändung hinterher als unwirksam herausstellt, dann muß der Gerichtsvollzieher sofort eine wirksame Erstpfändung ausführen.

6 **4) Vornahme, I–III.** Sie erfolgt unkompliziert.

A. Protokollangabe, I. Es genügt eine Angabe des Gerichtsvollziehers im Pfändungsprotokoll nach § 762, daß er die schon gepfändete Sache für den jetzigen Antragsteller pfände, BVerfG **76**, 84. Er braucht insofern nicht eine Erklärung gegenüber einer Person auszusprechen, auch nicht gegenüber demjenigen Gerichtsvollzieher, der die Erstpfändung vorgenommen hatte. Wenn die Angabe der Anschlußpfändung im Protokoll fehlt, ist die Anschlußpfändung nicht wirksam. Die Anschlußpfändung braucht nicht angesichts der Pfandsachen zu geschehen. Das gilt, obwohl der Gerichtsvollzieher nach § 167 Z 3 GVGA zur Besichtigung der Pfandsache verpflichtet ist, BVerfG **76**, 84, AG Fürth DGVZ **77**, 14, ZöStö 3, aM AG Elmshorn DGVZ **92**, 46 (aber das wäre Förmelei, Einl III 9). Der Gerichtsvollzieher muß im Pfändungsprotokoll angeben, für wen und für welchen Anspruch er nun im Anschluß pfändet.

7 **B. Benachrichtigung, II, III.** Den Gerichtsvollziehern früherer Pfändungen muß der Gerichtsvollzieher der Anschlußpfändung eine Protokollabschrift zugehen lassen. Das ist schon wegen der Verteilung des Erlöses wichtig. Eine bloße Sollvorschrift ist der dem § 808 II entsprechende § 826 III. Dem Schuldner muß der Gerichtsvollzieher die Mitteilung machen, III. Wenn der Gerichtsvollzieher gegen II oder III verstößt, begeht er eine Amtspflichtverletzung, Rn 7. Die Anschlußpfändung bleibt aber wirksam.

8 **5) Wirkung, I–III.** Jeder Anschlußgläubiger ist von den anderen Pfändungspfandgläubigern unabhängig. Ihre Handlungen berühren seine Rechtsstellung nicht. Eine Einstellung der Zwangsvollstreckung wirkt nur gegenüber dem jeweiligen Gläubiger. Der Gerichtsvollzieher muß für den Anschlußgläubiger erneut prüfen, ob er es verantworten kann, das Pfandstück beim Schuldner zu belassen, § 808. Der Anschlußgläubiger kann die Pfandverwertung selbständig betreiben, § 804 I, und zwar mit dem Rang nach § 804 III. Soweit der Gerichtsvollzieher eine unwirksam gewesene Erstpfändung durch die „Anschluß"-Pfändung nachholt, entsteht Gleichrang. §§ 816 ff, 827 sind anwendbar. Wenn bei der Pfandverwertung das Erstpfandrecht übersehen worden ist, dann erlischt es durch die Verwertung. Es bleibt dann nur ein Bereicherungs- oder Ersatzanspruch gegen den Anschlußgläubiger nach §§ 812 ff BGB und ein Anspruch auf Staatshaftung wegen Amtspflichtverletzung des Gerichtsvollziehers nach Art 34 GG, § 839 BGB übrig.

9 **6) Rechtsbehelf, I–III.** Gegen die Tätigkeit des Gerichtsvollziehers können der Gläubiger und der Schuldner sowie jeder benachteiligte Dritte die Erinnerung nach § 766 einlegen. Daran kann sich eine sofortige Beschwerde ausschließen, §§ 567 I Z 1, 793.

10 **7) VwGO:** Entsprechend anwendbar im Rahmen der Grdz § 803 Rn 16. Wenn § 5 VwVG eingreift, gilt § 307 AO.

827 **Verfahren bei mehrfacher Pfändung.** I ¹ Auf den Gerichtsvollzieher, von dem die erste Pfändung bewirkt ist, geht der Auftrag des zweiten Gläubigers kraft Gesetzes über, sofern nicht das Vollstreckungsgericht auf Antrag eines beteiligten Gläubigers oder des Schuldners anordnet, dass die Verrichtungen jenes Gerichtsvollziehers von einem anderen zu übernehmen seien. ² Die Versteigerung erfolgt für alle beteiligten Gläubiger.

II ¹ Ist der Erlös zur Deckung der Forderungen nicht ausreichend und verlangt der Gläubiger, für den die zweite oder eine spätere Pfändung erfolgt ist, ohne Zustimmung der übrigen beteiligten Gläubiger eine andere Verteilung als nach der Reihenfolge der Pfändungen, so hat der Gerichtsvollzieher die Sachlage unter Hinterlegung des Erlöses dem Vollstreckungsgericht anzuzeigen. ² Dieser Anzeige sind die auf das Verfahren sich beziehenden Dokumente beizufügen.

III In gleicher Weise ist zu verfahren, wenn die Pfändung für mehrere Gläubiger gleichzeitig bewirkt ist.

Vorbem. II 2 geändert dch Art 1 Z 52 d JKomG v 22. 3. 05, BGBl 837, in Kraft seit 1. 4. 05, Art 16 I JKomG, ÜbergangsR Einl III 78.

Titel 1. Zwangsvollstr. in das bewegl. Vermögen § 827

Gliederung

1) **Systematik, I–III**	1	B. Unzulänglichkeit des Erlöses	7
2) **Regelungszweck, I–III**	2	C. Verstoß	8
3) **Geltungsbereich, I–III**	3, 4	6) **Mehrpfändung, III**	9
4) **Anderer Gerichtsvollzieher, I–III**	5	7) **Rechtsbehelfe, I–III**	10
5) **Versteigerung, I, II**	6–8	8) *VwGO*	11
A. Überblick	6		

1) Systematik, I–III. Die Vorschrift regelt die Zuständigkeit und einige Besonderheiten bei der Abwicklung mehrerer Pfändungen für mehrere Gläubiger in dieselbe Sache. Soweit auch noch eine andere Sache betroffen ist, greift § 827 nur ein, wenn auch sie für mehrere gepfändet ist. 1

2) Regelungszweck, I–III. Die Vorschrift dient der Klarstellung und damit der Rechtssicherheit, Einl III 43. Sie ist wie alle Zuständigkeitsregeln in I strikt auslegbar. Eine Anordnung nach I 1 Hs 2 steht freilich im pflichtgemäßen Ermessen des Gerichts. Es muß die Gesamtumstände abwägen und sollte sich auch nicht scheuen, zwecks Vereinfachung oder auch zwecks Vermeidung sich abzeichnender Reibungspunkte einen anderen Gerichtsvollzieher zu bestimmen. 2

3) Geltungsbereich, I–III. Wenn mehrere Gerichtsvollzieher Erstpfändungen oder Erst- und Anschlußpfändungen nach §§ 808, 826 vorgenommen haben, dann geht der Auftrag des späteren Gläubigers nach § 754 Rn 1 kraft Gesetzes grundsätzlich auf den ersten Gerichtsvollzieher über, I 1 Hs 1. Dieser erste Gerichtsvollzieher muß es so, wie müsse er die Vollstreckungsaufträge sämtlicher Gläubiger erledigen. Deshalb kann eine Amtspflichtverletzung des späteren Gerichtsvollziehers nach Art 34 GG, § 839 BGB nur in einem Verstoß bei der späteren Pfändung liegen. Denn mit ihr ist seine Tätigkeit beendet. 3

Wenn der Gerichtsvollzieher die Verwertung für den *ersten* Gläubiger vornimmt, dann ist davon auch der spätere Gläubiger betroffen. Der spätere Gläubiger muß nur dann einen eigenen Verwertungsantrag stellen, wenn der Gerichtsvollzieher die Pfandsache nicht für den früheren Gläubiger verwertet. Eine Pfändung nach der ZPO und eine Pfändung nach der AO haben hier gleiche Bedeutung, § 359 AO. Das Verteilungsverfahren steht immer unter der Leitung des AG. Einzelheiten Hantke DGVZ **78**, 105. Die späteren Gerichtsvollzieher müssen die in ihrem Besitz befindlichen Urkunden dem ersten Gerichtsvollzieher herausgeben, § 167 Z 6 GVGA. 4

Die Vorschrift *gilt nicht*, soweit die bisherige Zuständigkeit des Gerichtsvollziehers nur wegen eines Ortswechsels des Schuldners wechselt.

4) Anderer Gerichtsvollzieher, I–III. Das Vollstreckungsgericht des § 764, also der Rpfl, § 20 Z 17 RPflG, Anh § 153 GVG, kann auf Antrag des Schuldners oder eines Gläubigers anordnen, daß ein anderer Gerichtsvollzieher als der zuerst tätig gewordene alle Pfändungen erledigen solle, I 1 Hs 2. Das kann auch ein bisher in dieser Sache überhaupt noch nicht beteiligter Gerichtsvollzieher sein. Das Vollstreckungsgericht kann auch anordnen, daß eine andere Person als ein anderer Gerichtsvollzieher die Pfandsache nach § 825 veräußern soll. Auch in einem solchen Fall muß das Gericht aber einen Gerichtsvollzieher zur Verteilung des Erlöses bestimmen. Für die Anordnungen ist das Vollstreckungsgericht des Orts zuständig, an dem die Erstpfändung vorgenommen wurde, § 764 II. Alle Gläubiger und der Schuldner können sich auch auf einen anderen Gerichtsvollzieher einigen. Das Verfahren verläuft wie bei § 825 II. 5

Gebühren: Des Gerichts keine; des Anwalts: VV 3309, 3310.

5) Versteigerung, I, II. Es gelten die Grundsätze der Erstverwertung. 6

A. Überblick. Die Versteigerung geschieht für sämtliche beteiligten Gläubiger, I 2. Soweit für einen Gläubiger ein Hindernis besteht, etwa wegen einer Einstellung, bleiben die übrigen beteiligt. Soweit ein Einverständnis des Gläubigers notwendig ist, müssen alle beteiligten Gläubiger zustimmen. Der Gerichtsvollzieher verteilt den Erlös nach dem Zeitvorrang unter die Gläubiger. Er geht also nach der Reihenfolge der Pfändungen vor, § 804 Rn 12, § 167 ff GVGA. Wenn mehrere Pfändungen zu demselben Zeitpunkt stattgefunden haben, verteilt er insoweit den Erlös nach dem Verhältnis der Forderungen. Der Gerichtsvollzieher muß die Kosten der Verwertung vorweg abziehen, also sämtliche Versteigerungskosten bis zur Erlösverteilung, nicht nur die Gebühren des § 15 GvKostG und des KVGv 300, ThP 5, aM ZöStö 5. Die sonstigen Zwangsvollstreckungskosten der einzelnen Gläubiger teilen der Gerichtsvollzieher nach ihrer Forderung. Eine Anrechnung erfolgt nach § 367 BGB bzw nach einer etwa vorrangigen anderen Reihenfolge. Die noch beteiligten Gläubiger können sich auf eine andere Verteilung einigen. Diese bindet den Gerichtsvollzieher, II. Mehrere Forderungen desselben Gläubigers haben denselben Rang, aM ZöStö 5 (aber § 804 II, III hat hier keine Bedeutung, weil es sich um denselben Gläubiger handelt).

B. Unzulänglichkeit des Erlöses. Wenn ein nachstehender oder gleichrangiger Gläubiger bei einem unzulänglichen Erlös gegen den Willen der anderen Gläubiger eine andere Art der Verteilung verlangt, dann muß derjenige Gerichtsvollzieher den Erlös nach der HO hinterlegen, auf den die Verwertung nach I übergegangen ist. Er muß sodann dem Vollstreckungsgericht der Erstpfändung nach § 764 II eine Anzeige von der Hinterlegung machen und bei diesem Gericht alle in seinem Besitz befindlichen Dokumente einreichen. Es tritt dann ein Verteilungsverfahren nach §§ 872 ff ein. Das alles gilt auch, soweit das Verfahren eines solchen anderen Gläubigers vorläufig eingestellt ist. Die Auszahlung kann selbst beim abweichenden Willen aller Beteiligten dann nur über den Gerichtsvollzieher erfolgen. Er muß dazu die Auszahlung zunächst auch selbst bei der Hinterlegungsstelle beantragen. Die Pfandrechte dauern am Hinterlegten fort, § 804 Rn 9, § 805 Rn 9. 7

C. Verstoß. Ein Verstoß gegen II führt dann zur Unwirksamkeit seiner Verwertung, wenn der Gerichtsvollzieher sachlich nach Grdz 57 vor § 704 unzuständig war. Eine bloß falsche Verteilung ist prozessual belanglos. Sie gibt dem Betroffenen nur einen Bereicherungs- oder Ersatzanspruch nach §§ 812 ff, 823 BGB. 8

Hartmann   2305

§§ 827, 828 Buch 8. Abschnitt 2. ZwV wegen Geldforderungen

9 **6) Mehrpfändung, III.** Wenn mehrere Gläubiger dem Gerichtsvollzieher vor der Pfändung einen Pfändungsauftrag erteilt haben, dann muß er für alle Gläubiger unabhängig von den Eingangszeiten der Vollstreckungsanträge gleichzeitig pfänden, § 168 Z 1 GVGA, LG Hbg DGVZ **82**, 45. Wenn nur einer der Gläubiger eine erforderliche Durchsuchungsanordnung erwirkt hatte, ist aber kein längeres Verweilen erlaubt als für diesen nötig, § 758 Rn 16. In diesem Fall muß er die Gläubiger als gleichberechtigt nach dem Verhältnis ihrer Forderungen befriedigen, LG Hbg DGVZ **82**, 45. Das gilt, falls nicht einer der Gläubiger ein Vorzugsrecht nach § 804 II hat, Hantke DGVZ **78**, 106. Das Pfändungsprotokoll muß die Mehrpfändung ergeben, § 168 Z 3 GVGA. Das Verfahren verläuft im übrigen ebenso wie bei Rn 6 vor allem wegen der Hinterlegung und der Wirkung eines Verstoßes. Eine Mehrpfändung liegt auch dann vor, wenn der Gerichtsvollzieher auf Grund mehrerer Aufträge desselben Gläubigers gleichzeitig pfändet. Er muß dann den Erlös entsprechend verteilen. Zum Problem Stolte DGVZ **88**, 145 (ausf).

10 **7) Rechtsbehelf, I–III.** Zulässig ist die Erinnerung, § 766. Sie bezweckt eine Hinterlegung nach II mit der Folge eines Verteilungsverfahrens nach §§ 872 ff oder einen Herausgabeantrag des Gerichtsvollziehers bei der Hinterlegungsstelle. Der Erinnerung kann die sofortige Beschwerde nachfolgen, §§ 567 I Z 1, 793.

11 **8) *VwGO*:** *Entsprechend anwendbar im Rahmen der Grdz § 803 Rn 16. Wenn § 5 VwVG eingreift, gilt § 308 AO.*

Untertitel 3. Zwangsvollstreckung in Forderungen und andere Vermögensrechte

828 *Zuständigkeit des Vollstreckungsgerichts.* [1] Die gerichtlichen Handlungen, welche die Zwangsvollstreckung in Forderungen und andere Vermögensrechte zum Gegenstand haben, erfolgen durch das Vollstreckungsgericht.

II Als Vollstreckungsgericht ist das Amtsgericht, bei dem der Schuldner im Inland seinen allgemeinen Gerichtsstand hat, und sonst das Amtsgericht zuständig, bei dem nach § 23 gegen den Schuldner Klage erhoben werden kann.

III [1] Ist das angegangene Gericht nicht zuständig, gibt es die Sache auf Antrag des Gläubigers an das zuständige Gericht ab. [2] Die Abgabe ist nicht bindend.

Gliederung

1) Systematik, I–III 1	5) Verstoß, I–III 7–9
2) Regelungszweck, I–III 2	A. Sachliche Unzuständigkeit 7
3) Sachliche Zuständigkeit, I 3	B. Örtliche Unzuständigkeit 8
4) Örtliche Zuständigkeit, II 4–6	C. Abgabe 9
A. Allgemeiner Gerichtsstand 4	6) *VwGO* 10
B. Hilfsweise Vermögensgerichtsstand .. 5	
C. Einzelfragen 6	

Schrifttum: *Behr,* Taktik in der Mobiliarvollstreckung (III), Kontenpfändung, Pfändung besonderer Geldforderungen usw, 1989; *Borggräfe,* Die Zwangsvollstreckung in bewegliches Leasinggut, 1976; *Keller,* Taktik in der Vollstreckung (III): Sachpfändung ..., 2002; *Marquordt,* Das Recht der internationalen Forderungspfändung, Diss Köln 1975; s auch vor §§ 829, 850.

1 **1) Systematik, I–III.** § 828 ist eine gegenüber § 764 I, II vorrangige, die Ausschließlichkeit nach § 802 indes übernehmende Spezialvorschrift. Sie regelt in ihrem Geltungsbereich die Zuständigkeit des Vollstreckungsgerichts auch im Rahmen von § 930 I 3, BVerfG **64**, 18. Die Vorschrift ist nur dann anwendbar, wenn der Schuldner und der Drittschuldner der deutschen Gerichtsbarkeit unterliegen. § 828 ist deshalb bei einem Exterritorialen unanwendbar, § 18 GVG. Wegen der Vollstreckung gegenüber einem Mitglied der ausländischen Streitkräfte in der Bundesrepublik Artt 34 III, 35 ZAbkNTrSt, SchlAnh III. Gegen einen im Ausland wohnenden Drittschuldner kann das Vollstreckungsgericht zwar einen Beschluß erlassen. Dieser Beschluß läßt sich aber oft nicht zustellen. Eine Ausnahme mögen nur die Fälle bilden, in denen der Schuldner im Inland ein Vermögen besitzt, § 23. Denn die ausländische Justizverwaltung verweigert oft die nach § 183 erforderliche Weitergabe des Zustellungsersuchens. Ein ausländisches Gericht kann in die deutsche Gerichtsbarkeit nicht durch eine Pfändung wirksam eingreifen, BAG DB **96**, 688 = **97**, 183. Einzelheiten Schack Rpfleger **80**, 175.

2 **2) Regelungszweck, I–III.** Die ganze Regelung dient wie jede Zuständigkeitsregel der Rechtssicherheit, Einl III 43. Man muß sie von Amts wegen beachten, LG Düss JB **97**, 103. Man muß sie ebenso wie §§ 764 I, II, 802 auslegen. Der von II in Bezug genommene § 23 ist natürlich auch hier ebenso auslegbar wie bei § 23 Rn 2.

3 **3) Sachliche Zuständigkeit, I.** Sachlich nach § 802 ausschließlich zuständig ist das Vollstreckungsgericht, also das AG nach § 764 und bei der Pfändung auf Grund eines Arrestbefehls das Arrestgericht nach § 930 I 3. Bei der Pfändung auf Grund einer einstweiligen Verfügung ist jedoch wiederum das Vollstreckungsgericht zuständig, § 936 Rn 13 „§ 930, Vollzug in Fahrnis". Dieses ist auch dann zuständig, wenn es um den Vollstreckungstitel eines Familiengerichts geht, BGH NJW **79**, 1048, oder um denjenigen eines Arbeitsgerichts. Das gilt auch für ein Erinnerungsverfahren nach § 766. Im Rechtsmittelverfahren nach §§ 567 I Z 1, 793 bleibt an die Rechtsmittelgericht zuständig, sowieso es nicht nach § 572 III zurückverweist. Bei einer Pfändung zwecks Beitreibung eines Zwangsgelds ist dasjenige Gericht zuständig, das das Zwangsgeld verhängt hat, BayObLG **90**, 255. Der Rpfl ist für sämtliche vom Vollstreckungsgericht nach §§ 828–863 oder von einem anderen Gericht nach §§ 848, 854 ff zu treffenden Entscheidungen und Anordnungen zuständig, § 20 Z 17 RPflG, Anh § 153 GVG. Wegen des Arrestvollzugs § 20 Z 16 RPflG.

2306

Titel 1. Zwangsvollstr. in das bewegl. Vermögen §§ 828, 829

4) Örtliche Zuständigkeit, II. Örtlich nach § 802 ausschließlich zuständig sind die folgenden Gerichte. 4
A. Allgemeiner Gerichtsstand. Grundsätzlich ist das AG des allgemeinen deutschen Gerichtsstands des Schuldners zuständig, §§ 13–19, AG Ffm DGVZ 93, 29. Das gilt auch bei einer Partei kraft Amts nach Grdz 8 vor § 50 und beim Nachlaßpfleger, § 780 II. Beim Soldaten muß man § 9 BGB beachten. Bei Streit zB wegen einer Forderung mehrerer Schuldner muß das gemeinsame obere Gericht das örtlich zuständige AG nach § 36 I Z 3 bestimmen, BGH NJW 83, 1859, BayObLG MDR 04, 1262.
B. Hilfsweise Vermögensgerichtsstand. Hilfsweise ist das AG des Gerichtsstands des Vermögens des 5 Schuldners zuständig, § 23, BVerfG 64, 18 (auch zur völkerrechtlichen Problematik). Bei einer Forderung kann also insofern das AG des Wohnsitzes des Drittschuldners oder das AG des Verbleibs der Pfandsache örtlich zuständig sein.
C. Einzelfragen. Für alle Einzelmaßnahmen im Rahmen desselben Verfahrens bleibt es bei der einmal 6 begründeten Zuständigkeit, BGH Rpfleger 90, 308, Mü Rpfleger 85, 155, AG Bln-Schönebg DGVZ 88, 188. Unter mehreren zuständigen Gerichten darf der Gläubiger wählen, § 35. Diese Wahl ist unwiderruflich, Zweibr JB 99, 553. § 858 II bringt für eine Schiffspfändung eine Ausnahme von II.
5) Verstoß, I–III. Es kommt auf die Verstoßart an. 7
A. Sachliche Unzuständigkeit. Bei einem Verstoß gegen die sachliche Zuständigkeit ist die Erinnerung nach § 766 zulässig. Jeder Beteiligte kann die sachliche Unzuständigkeit geltend machen, auch ein Drittschuldner oder ein nachstehender Pfandgläubiger. Wegen einer Abänderungsbefugnis des Rpfl § 766 Rn 39. Ein Pfändungsbeschluß eines funktionell unzuständigen Beamten, zB des Gerichtsvollziehers, ist nichtig.
B. Örtliche Unzuständigkeit. Der Betroffene kann eine örtliche Unzuständigkeit mit der Erinnerung 8 nach § 766 rügen. Die Zwangsvollstreckung bleibt aber bis zur Aufhebung der angefochtenen Maßnahme wirksam, Grdz 58 vor § 704. Eine Überschreitung der örtlichen Zuständigkeit läßt zwar nicht die Verstrickung eintreten, wohl aber ein Pfandrecht zustande kommen.
C. Abgabe. Soweit eine Unzuständigkeit vorliegt, darf und muß das fälschlich angegangene Gericht die 9 Sache auf einen evtl von Amts wegen anregbaren Antrag und nicht ohne ihn formlos ohne Schuldneranhörung an das nach seiner Meinung zuständige Gericht abgeben. Das abgebende Gericht unterrichtet die Beteiligten formlos. Es findet also kein Verweisungsverfahren nach § 281 statt, Zweibr JB 99, 553. Das neue Gericht kann bei in Wahrheit auch dort vorliegender Unzuständigkeit formlos weiter abgeben. §§ 36, 37 sind entsprechend anwendbar.
Keine Abgabe erfolgt, soweit der Gläubiger eine nach II wirksame Gerichtsstandswahl getroffen hat, Zweibr JB 99, 553.
6) VwGO: *Entsprechend anwendbar in allen Fällen der Vollstreckung wegen Geldforderungen, Grdz § 803 Rn 16,* 10 *jedoch tritt iRv § 169 I VwGO an die Stelle des Vollstreckungsgerichts, § 764 Rn 10, der Vorsitzende des erstinstanzlichen Gerichts als VollstrBehörde, die nach § 5 VwVG und §§ 309ff AO für die Vollstreckung in Forderungen und wegen Herausgabe zuständig ist. Für die örtliche Zuständigkeit gilt hier nicht § 167 I 2 VwGO, sondern als Spezialvorschrift II entsprechend, wobei an die Stelle des AG das VG tritt, § 764 Rn 10, Ey § 167 Rn 10, VGH Mü NJW 84, 2484; sie hängt nicht davon ab, ob dem Titel, § 168 VwGO, öff-rechtliche oder privatrechtliche Beziehungen zugrunde liegen, OVG Münst NJW 80, 2373 mwN, str, vgl § 794 Rn 61. Entspr anwendbar ist auch III, oben Rn 9.*

829 *Pfändung einer Geldforderung.* I ¹ Soll eine Geldforderung gepfändet werden, so hat das Gericht dem Drittschuldner zu verbieten, an den Schuldner zu zahlen. ² Zugleich hat das Gericht an den Schuldner das Gebot zu erlassen, sich jeder Verfügung über die Forderung, insbesondere ihrer Einziehung, zu enthalten. ³ Die Pfändung mehrerer Geldforderungen gegen verschiedene Drittschuldner soll auf Antrag des Gläubigers durch einheitlichen Beschluss ausgesprochen werden, soweit dies für Zwecke der Vollstreckung geboten erscheint und kein Grund zu der Annahme besteht, dass schutzwürdige Interessen der Drittschuldner entgegenstehen.

II ¹ Der Gläubiger hat den Beschluss dem Drittschuldner zustellen zu lassen. ² Der Gerichtsvollzieher hat den Beschluss mit einer Abschrift der Zustellungsurkunde dem Schuldner sofort zuzustellen, sofern nicht eine öffentliche Zustellung erforderlich wird. ³ An Stelle einer an den Schuldner im Ausland zu bewirkenden Zustellung erfolgt die Zustellung durch Aufgabe zur Post.

III Mit der Zustellung des Beschlusses an den Drittschuldner ist die Pfändung als bewirkt anzusehen.

IV ¹ Das Bundesministerium der Justiz wird ermächtigt, durch Rechtsverordnung mit Zustimmung des Bundesrates Formulare für den Antrag auf Erlass eines Pfändungs- und Überweisungsbeschlusses einzuführen. ² Soweit nach Satz 1 Formulare eingeführt sind, muss sich der Antragsteller ihrer bedienen. ³ Für Verfahren bei Gerichten, die die Verfahren elektronisch bearbeiten, und für Verfahren bei Gerichten, die die Verfahren nicht elektronisch bearbeiten, können unterschiedliche Formulare eingeführt werden.

Vorbem. IV angefügt dch Art 1 Z 46 JKomG v 22. 3. 05, BGBl 837, in kraft seit 1. 4. 05, Art 16 I JKomG, ÜbergangsR Einl III 78.

Schrifttum: *Alisch,* Aktuelle Rechtsfragen zur Forderungspfändung, 1986; *Boewer,* Handbuch Lohnpfändung, 2004 (Bespr *Hintzen* Rpfleger 05, 284); *Brändel,* Rechtsfragen bei der Abtretung oder Pfändung von Erstattungsansprüchen wegen der verbotenen Rückgewähr „kapitalersetzender" Darlehen, Festschrift für *Fleck* (1988) 1; *Danzer,* Die Pfändbarkeit künftiger Rentenleistungen usw, Diss Trier 1998; *Depré/Bachmann,* Lohnpfändungstabellen, 6. Aufl 2005; *Diephold/Hintzen,* Musteranträge für Pfändung und Überweisung,

§ 829

7. Aufl 2002 (Bespr *Thalmair* Rpfleger **02**, 543); *Gierlach*, Die Pfändung dem Schuldner derzeit nicht zustehender Forderungen, 1997; *Hadatsch*, Die Bearbeitung von Pfändungsbeschluß und Drittschuldnererklärung, 6. Aufl 2000; *Hintzen*, Taktik in der Zwangsvollstreckung (II): Forderungspfändung, 4. Aufl 1998; *Hintzen*, Forderungspfändung, 2. Aufl 2003 (Bespr *Sternal* Rpfleger **03**, 542); *Hintzen*, Lohnpfändung, 24. Aufl 2005; *Honold*, Die Pfändung des Arbeitseinkommens, 1998; *Kerameus*, Geldvollstreckungsarten in vorgleichender Betrachtung, in: Festschrift für *Zeuner* (1994); *Liebscher*, Datenschutz bei der Datenübermittlung in Zivilverfahren, 1994; *Lüke*, Die Rechtsprechung des Bundesgerichtshofes zur internationalen Forderungspfändung, Festgabe *50 Jahre Bundesgerichtshof* (2000) III 441; *Marquordt*, Das Recht der internationalen Forderungspfändung, Diss Köln 1975; *Neumann*, Die Zulässigkeit der Verwendung von Sammelbezeichnungen im Rahmen der Forderungspfändung, 2003; *Papadelli*, Der Interessenausgleich im griechischen und deutschen Recht der Forderungspfändung, 2004; *Schilken*, Zum Umfang der Pfändung und Überweisung von Geldforderungen, Festschrift für *Lüke* (1997) 701; *Spieß*, Gesetzliche Pfandrechte für die Lohnforderung, Festschrift für *Wiese* (1998) 573; *Stöber*, Forderungspfändung, 14. Aufl 2005; *Stratmann*, Die Zwangsvollstreckung in ... anfechtbar abgetretene Forderungen, Diss Bonn 1998; *Sühr*, Die Bearbeitung von Pfändungsbeschluß und Drittschuldnererklärung, 4. Aufl 1993; *Werner*, Umgehung von Aufrechnungshindernissen durch Zwangsvollstreckung in eigene Schulden, 2000. Vgl ferner die Angaben in Einf 1 vor §§ 850–852.

Gliederung

1) **Systematik, I–IV** 1	14) **Vollendung der Pfändung, III** 53–58
2) **Regelungszweck, I–IV** 2, 3	A. Zustellung 53
3) **Geltungsbereich, I–IV** 4–14	B. Wirkung 54–56
A. Geldforderung 4–6	C. Einzelfragen 57, 58
B. Beispiele zur Frage des Geltungsbereichs, I 7–14	15) **Stellung des Gläubigers nach der Pfändung, I–III** 59–65
4) **Pfändungsantrag, I, III, IV** 15–17	A. Inhalt 59
5) **Verfahren und Entscheidung, I** ... 18–21	B. Beispiele zur Frage der Stellung des Gläubigers, I 60–65
A. Allgemeines, I 1–3 18	16) **Stellung des Schuldners nach der Pfändung, I–III** 66–70
B. Mehrheit von Drittschuldnern, I 3 ... 19	A. Inhalt 66
C. Forderung, I 1–3 .... 20, 21	B. Beispiele zur Frage der Stellung des Schuldners, I 67–70
6) **Ausspruch der Pfändung, I** 22–36	17) **Stellung des Drittschuldners nach der Pfändung, I–III** 71–81
A. Genauigkeit 22, 23	A. Zahlungsverbot 71, 72
B. Beispiele zur Frage des Ausreichens, I ... 24–34	B. Keine Sachbefugnis 73, 74
C. Verstoß 35, 36	C. Keine Forderung 75–78
7) **Verbot an den Drittschuldner, I** ... 37–41	D. Leistung nach § 409 BGB 79
A. Inhalt 37	E. Keine Kenntnis des Drittschuldners ... 80
B. Beispiele zur Frage der Stellung des Drittschuldners, I 38–41	F. Aufhebung des Titels usw 81
8) **Gebot an den Schuldner, I** 42	18) **Stellung eines Dritten nach der Pfändung, I–III** 82, 83
9) **Pfändung einer gepfändeten Forderung, I** 43	A. Früherer Erwerb 82
10) **Berichtigung; Änderung, I** 44	B. Späterer Erwerb 83
11) **Grundsatz: Parteizustellung, II 1, 2** ... 45	19) **Rechtsbehelfe, I–III** 84–88
12) **Zustellung an den Drittschuldner, II 1** ... 46–49	A. Ablehnung oder Aufhebung der Pfändung 84, 85
A. Gläubigerobliegenheit 46	B. Pfändung 86, 87
B. Einzelfragen 47, 48	C. Änderung der Pfändung 88
C. Verstoß 49	20) **Rechte des Dritten, I–III** 89
13) **Zustellung an den Schuldner, II 2** ... 50–52	21) **Formularzwang, IV** 90
A. Gerichtsvollzieherpflicht 50	22) *VwGO* 91
B. Einzelfragen 51	
C. Verstoß 52	

1   **1) Systematik, I–IV.** § 829 betrifft die Pfändung einer Geldforderung nach Üb 6 vor § 803. Die Pfändung ist eine einseitige Zwangsvollstreckungsmaßnahme, BGH BB **05**, 735. Die komplizierte Gesamtregelung erstreckt sich auf den Abschnitt bis § 863. Zur grenzüberschreitenden Pfändung Hök MDR **05**, 306 (ausf).

2   **2) Regelungszweck, I–IV.** Der in § 829 genannte Pfändungsbeschluß hat dasselbe Ziel wie die Gesamtregelung, nämlich das nach den Artt 1, 2, 20 I GG ausgerichtete möglichst abgewogene Durchführung der Vollstreckung in einen besonders empfindlichen Teil des Schuldnervermögens, oft in den allein halbwegs pfändbaren. Diese Durchführung muß einigermaßen praktikabel bleiben. Auch das muß man bei der Auslegung mitbeachten.

3   *Künftige Forderungen* bilden in der Praxis einen wichtigen Zugriffswunsch und zahlreiche Probleme, Rn 4. Auch und gerade bei ihnen treten die Interessengegensätze natürlich besonders zutage. Es ist die schwierige Aufgabe des Rpfl, eine auch vom Drittschuldner erfüllbare Lösung zu schaffen. Das Erfordernis des bereits gegenwärtigen Bestehens einer Rechtsbeziehung zwischen Schuldner und Drittschuldner ist eine Klippe mit erheblichen Gefahren. Zu strenge Auslegung schadet dem Gläubiger mit der Folge immer neuer späterer Versuche. Zu großzügige Auslegung ist ein manchmal schwer drückender Mühlstein um den Hals des Schuldners, der auch irgendwann einmal wieder alles ausbezahlt bekommen möchte. Der Pfändungsfreibetrag läßt sich ohnehin nur schwer auf längere Zeit vorausberechnen. Das alles führt zur Notwendigkeit einer wohl eher behutsamen Haltung gegenüber künftigen Forderungen.

4   **3) Geltungsbereich, I–IV.** Eine scheinbar einfache Regel zeigt zahlreiche Probleme.

Titel 1. Zwangsvollstr. in das bewegl. Vermögen § 829

A. Geldforderung. Gegenstand der Pfändung muß eine Geldforderung des Schuldners sein. Das ist eine Forderung auf eine Zahlung in Geld gleich welcher Währung, § 815 Rn 1. Hierher gehören auch eine betagte Forderung, ebenso eine bedingte, eine nach § 163 BGB zeitbestimmte, eine von einer Gegenleistung abhängige, eine künftige Forderung, Grdz 103 vor § 704 „Sozialleistung", BFH BB **05**, 1488 (Grenzen bei folgender Insolvenz), LG Gött JB **01**, 492, David MDR **03**, 793 (Üb), Hasse VersR **05**, 17 (Lebensversicherung). Die letztere muß allerdings bestimmt genug bezeichnet oder hinreichend bestimmbar sein, Jena VersR **00**, 1006, LG Augsb FamRZ **04**, 1223 (nicht schon beim 24jährigen), LG Dortm JB **98**, 101 (nicht schon bei Rente allenfalls nach 30 Jahren), LG Heilbr JB **01**, 268 (nicht schon beim Jugendlichen), LG Ravensb JB **98**, 102, (Zeitgrenze: etwa 5 Jahre im voraus), LG Wuppert JB **98**, 100 (schon bei 34jährigem), AG Münst JB **99**, 105 (Wartezeit voraussichtlich erfüllt), strenger LG Tüb JB **00**, 43 (erst ab dem 60. Lebensjahr, abl Behr). Einschränkungen gelten beim Konto, Rn 8 „Girokonto".

Es muß also bereits eine *Rechtsbeziehung* zwischen dem Schuldner und dem Drittschuldner bestehen, aus der man die künftige Forderung nach ihrer Art und nach der Person des Drittschuldners bestimmen kann, BGH NJW **03**, 3774 (zustm Spring JB **04**, 101), LG Aschaffenb JB **01**, 108, LG Kblz Rpfleger **00**, 340. Denn die Pfändung muß natürlich bestimmt sein, nur ihr Inhalt ist bedingt, BGH NJW **79**, 2038, Köln OLGZ **94**, 478, LG Wuppert Rpfleger **92**, 120, strenger LG Münst Rpfleger **91**, 379 (der Schuldner müsse schon Forderungsinhaber sein), großzügiger LG Aschaffenb JB **97**, 609. Eine bloße Hoffnung oder Chance reicht nicht aus, LG Kblz Rpfleger **00**, 340, Schuschke LMK **03**, 114. 5

Die Forderung muß *im Zeitpunkt der Pfändung* im Vermögen gerade des Vollstreckungsschuldners stehen, BGH NJW **02**, 756, aM Köln WertpMitt **78**, 383 (aber nur in das Schuldnervermögen kann der Gläubiger vollstrecken). Maßgebend ist der Zeitpunkt der Zustellung des Pfändungsbeschlusses an den Drittschuldner, Rn 38. Die Vermögenszugehörigkeit muß in diesem Zeitpunkt schon und noch bestehen, LG Köln RR **86**, 1058. Die Sachlage ist hier anders als bei einer Pfändung körperlicher Sachen, Ffm NJW **78**, 2398. Ob die Forderung im Vermögen des Schuldners steht, richtet sich nach dem sachlichen Recht, BGH NJW **88**, 495. Eine Sicherungsabtretung ist unschädlich, BGH NJW **02**, 756. Für die zusätzliche Pfändung einer Rentenanwartschaft besteht kein Rechtsschutzbedürfnis, LG Osnabr Rpfleger **99**, 31 (Umdeutung in Pfändung künftiger Rente). 6

B. Beispiele zur Frage des Geltungsbereichs, I. Vgl Grdz 59 ff vor § 704. 7
Abtretung: Die Pfändung einer Forderung ist *nichtig*, die der Schuldner bereits abgetreten hat, sei es auch nur zur Sicherung, BAG WertpMitt **80**, 661. Das gilt auch dann, wenn der neue Gläubiger die Forderung nachträglich auf den Schuldner zurückübertragen hat, aM Köln OLGZ **94**, 478 (aber § 185 II 1 BGB paßt nicht einmal entsprechend. Denn die Beschlagnahme läßt sich nicht mit einer Verfügung vergleichen, Schmidt ZZP **87**, 331).
Nicht ausreichend als Abtretung ist eine bloße Anzeige des Forderungsübergangs, LG Brschw Rpfleger **00**, 284.
Anwaltsvergütung: Pfändbar ist der derzeitige Anspruch eines Anwalts gegen die Staatskasse auf die Erstattung einer Vergütung im Prozeßkostenhilfeverfahren, LG Nürnb Rpfleger **98**, 118.
Unpfändbar ist der Anspruch eines Anwalts aus einer erst künftigen Beiordnung. Denn es fehlt ja noch eine solche Rechtsbeziehung, aM LG Nürnb Rpfleger **98**, 118 (zustm Zimmermann). Überhaupt ist die Mitvollstreckung wegen der Vergütung des nicht beigeordneten Anwalts problematisch, Lappe Rpfleger **83**, 248.
Arbeitnehmersparzulage: Eine Arbeitnehmersparzulage ist grds pfändbar, Grdz 64 vor § 704 „Arbeitnehmersparzulage".
Arbeitslosengeld: Die Pfändung des Lohns gegenüber dem Arbeitsamt ist *nicht stets* in die Pfändung des Arbeitslosengeldes umdeutbar, LG Bln Rpfleger **77**, 224. Die Pfändung eines Arbeitslosengeldes kann die Pfändung der Arbeitslosenhilfe umfassen, LG Würzb Rpfleger **78**, 388.
Aufrechnung: Es kann sich um eine Forderung des Schuldners gegen den Gläubiger handeln, solange dieser nicht wirksam aufgerechnet hat, Stgt Rpfleger **83**, 409, LG Bln Rpfleger **75**, 374. Es kann sich auch um einen Ersatz für eine sonst unzulässige Aufrechnung handeln, Hbg BB **78**, 63 (krit Kremers). Pfändbar ist im übrigen eine Forderung des Schuldners gegen den Gläubiger jedenfalls insoweit, als einer Aufrechnung nur solche Hindernisse entgegenstehen, die das Vollstreckungsgericht beseitigen kann, Stgt Rpfleger **83**, 409.
Bankkonto: „Girokonto", Rn 14 „Treuhand". 8
Dingliche Sicherung: § 829 gilt für eine persönliche wie für eine dinglich gesicherte Forderung, für letztere auch zugunsten des Absonderungsberechtigten bei Insolvenz, LG Chemnitz Rpfleger **04**, 234.
S auch Rn 9 „Hypothek", Rn 12 „Schiffspfandrecht".
Dritter: Pfändbar ist eine Forderung aus der Leistung an einen Dritten.
Fälligkeit: Rn 3–5.
Gehalt: Pfändbar ist ein künftiges Gehalt, auch ein solches, das von der derzeitigen Abtretung nicht mehr erfaßt worden ist.
S auch Rn 11 „Öffentlichrechtliche Forderung", Rn 12 „Rente".
Gegenseitiger Vertrag: Bei einer Forderung aus einem gegenseitigen Vertrag wird der Gläubiger nicht zur gegnerischen Partei.
Gesamthand: Bei einer Forderung zur gesamten Hand muß ein Vollstreckungstitel gegen sämtliche Berechtigten vorliegen.
Girokonto: Wegen eines Kontenguthabens § 850 k und BGH **80**, 172. Ein Konto muß grds schon bestehen, Lieseke WertpMitt **75**, 317. Wer Gläubiger eines Bankguthabens ist, richtet sich nicht allein danach, wer in der Kontobezeichnung aufgeführt ist, sondern danach, wer bei der Kontoerrichtung als Forderungsberechtigter auftritt oder bezeichnet wird, BGH RR **90**, 178.
Unzulässig ist die Pfändung wegen „künftig fällig werdender Unterhaltsrückstände", LM Münst Rpfleger **00**, 506, aM BGH NJW **04**, 370 – zustm Walker LMK **04**, 33 – (sogar eine Dauerpfändung sei erlaubt.

§ 829 Buch 8. Abschnitt 2. ZwV wegen Geldforderungen

Aber das sprengt bei so allgemeiner Formulierung die Grenze des Bestimmbaren. Diese Bestimmbarkeit ist unerläßlich).
S auch Rn 14 „Treuhand".

9 Herausgabe: § 829 gilt entsprechend bei der Pfändung eines Herausgabeanspruchs, §§ 846, 847, BGH NJW **00**, 3219.

Hypothek: Die Pfändung von Miete und Pacht durch einen Hypothekengläubiger auf Grund eines dinglichen Vollstreckungstitels wirkt wie eine Beschlagnahme in der Zwangsverwaltung. Einzelheiten Lauer MDR **84**, 977. Für eine Hypothekenforderung vgl §§ 830, 837 III.
S auch Rn 8 „Dingliche Sicherung", Rn 11 „Nießbrauch".

Insolvenzausfallgeld: Zur grundsätzlichen Pfändbarkeit Grdz 86 vor § 704 „Insolvenzausfallgeld". Die Pfändbarkeit besteht vom Eintritt der Zahlungsunfähigkeit an, LG Würzb Rpfleger **78**, 388.

Konto: Rn 8 „Girokonto".

Lebensversicherung: Die Rechte aus ihr sind grds pfändbar, Hasse VersR **05**, 17 (ausf).

Liegenschaftsvollstreckung: Eine Forderung, die der Liegenschaftszwangsvollstreckung nach § 865 II 2 unterliegt, gehört *nicht* hierher.

Lohnsteuerjahresausgleich: Rn 13 „Steuererstattung".

10 Maklerlohn: *Nicht* ausreichend ist die Pfändung künftigen Maklerlohns, der nur evtl auf einem Notar-Anderkonto zu hinterlegen wäre, Köln MDR **87**, 66.

Mehrheit von Forderungen: Mehrere Forderungen, zB gegen dieselbe Bank, LG Oldb Rpfleger **82**, 112, sind zugleich wahlweise bis zur Höhe der Forderungen des Gläubigers oder jeweils voll pfändbar. Der Gläubiger braucht den Erlös in keinem dieser Fälle zu verteilen. Das Gericht kann einen oder mehrere Pfändungsbeschlüsse erlassen, KG Rpfleger **76**, 327. Es muß aber natürlich den Umfang der jeweiligen Pfändung genau bezeichnen.

Miete, Pacht: Rn 8. „Dingliche Sicherung", Rn 9 „Hypothek", Rn 11 „Nießbrauch".

Möglichkeit einer Forderung: Es reicht für die Pfändbarkeit aus, daß die zu pfändende Forderung dem Schuldner zustehen kann. Das gilt zB dann, wenn er als Rechtsschutzversicherer die Kosten selbst zahlt, von denen er zunächst nur eine Freistellung fordern kann, Hamm DB **84**, 1345.

11 Nebenanspruch: Ein Auskunfts- und Rechnungslegungsanspruch zB wegen eines Versicherungsverhältnisses kann mitpfändbar sein, AG Calw JB **01**, 109.

Nießbrauch: Ausreichend ist die Pfändung des Nießbrauchers, etwa wegen einer Mietforderung, um dem Hypothekengläubiger zuvorzukommen.

Notar: *Nicht* ausreichend ist ein Anspruch gegen den Notar auf die Auszahlung eines bei ihm hinterlegten Geldbetrags, Hamm DNotZ **83**, 62 (insofern ist § 857 I anwendbar), aM BGH **105**, 64 (es müsse die Pfändung der Forderung gegen den Hinterleger hinzutreten. Aber § 875 paßt besser und ist die elegantere Lösung). Celle DNotZ **84**, 257 (abl Göbel). Wegen eines Anderkontos BayObLG RR **00**, 945 (Notar ist Gläubiger).
S auch Rn 10 „Maklerlohn".

Öffentliche Forderung: § 829 gilt auch für eine öffentlichrechtliche Forderung, Vollhard DNotZ **87**, 545, zB für eine Forderung auf Zahlung eines Beamtengehalts, Celle DNotZ **84**, 257 (vgl aber auch „Notar"), oder auf die Erstattung eines Beitrags zur gesetzlichen Versicherung, sehr großzügig KG Rpfleger **86**, 230, LG Bln Rpfleger **75**, 444. Die Möglichkeit einer Verwaltungsvollstreckung hindert nicht, AG Bonn Rpfleger **81**, 315. Die Ausübung des Erstattungsrechts erfolgt aber höchstpersönlich. Für Steuersachen Rn 13 „Steuererstattung".

Ortskrankenkasse: Pfändbar ist die künftige Forderung eines Apothekers an eine Ortskrankenkasse aus einer Leistung für ihre Mitglieder oder an die gesetzliche Rentenversicherung, Oldb RR **92**, 512, aM LG Heidelb NJW **92**, 2774.
S auch Rn 12 „Rente".

12 Pfändbarkeitsgrenze: Rn 14 „Unpfändbare Forderung".

Postsparbuch und -guthaben: § 829 ist anwendbar, § 831 Rn 2, Röder DGVZ **98**, 86 (ausf).

Prozeßkostenhilfe: Rn 7 „Anwaltsvergütung".

Rechtsanwalt: Rn 7 „Antwaltsvergütung".

Rechtsnatur: Für die Pfändbarkeit ist die Rechtsnatur der zu pfändenden Forderung grds unerheblich. Vgl freilich bei den einzelnen Forderungsarten.

Rechtsschutzversicherer: Rn 10 „Möglichkeit einer Forderung".

Rente: Pfändbar sein kann der künftige Teil einer Rente, Rn 3–5, Grdz 103 vor § 704 (ausf zum Streit).
S auch Rn 8 „Gehalt".

Schiffspfandrecht: Die Pfändung einer Darlehensforderung, die in das Deckungsregister eingetragen und durch ein Schiffspfandrecht gesichert wurde, ist nur für einen Anspruch aus dem Schiffspfandbrief zulässig, § 35 SchiffsbankG.

Schuldnerforderung: Auch ihre Pfändung kann zulässig sein, LG Kassel JB **05**, 440.

Sparbuch: Rn 8 „Girokonto".

13 Steuererstattung, dazu *Riedel* Rpfleger **96**, 275: Der Anspruch auf die Erstattung von Steuer ist wegen § 46 VI 1 AO mit dem GG vereinbar, Ffm NJW **78**, 2397, Hamm MDR **79**, 149, Schlesw Rpfleger **78**, 387. Das gilt zB bei der Lohnsteuer einschließlich Kirchensteuer und Umsatzsteuer, BFH Rpfleger **01**, 604, Behr JB **97**, 349, David MDR **93**, 412. Der Erstattungsanspruch läßt sich auch theoretisch von den Zivilgerichten geltend machen, LAG Ffm BB **89**, 296.

Aus den in § 836 Rn 10 „Lohnsteuerkarte" dargelegten Gründen läßt sich aber *praktisch* eine Vollstreckung *allenfalls* nach § 888 durchführen, BFH NJW **99**, 1056, Urban DGVZ **99**, 104 (ausf). Die älteren Streitfragen dürften damit überholt sein.

14 Teilbetrag: Wegen eines Teilbetrags § 754 Rn 3, 4.
S auch „Unpfändbare Forderung".

Treuhand: Zur Pfändung eines Treuhand-Giro-(Ander-)Kontos genügt ein Vollstreckungstitel gegen den Treugeber *nicht*. Der Gläubiger kann nur den Anspruch auf Rückübertragung pfänden.

Titel 1. Zwangsvollstr. in das bewegl. Vermögen   § 829

Umschulung: *Unpfändbar* ist Lohn, solange nur eine Umschulung erfolgt.
Unpfändbare Forderung: Die Pfändung einer unpfändbaren Forderung schafft zunächst zweifelhafte Ansprüche, Einf 1 vor §§ 850–852. Wenn die Pfändungsgrenze überschritten wird, dann wird die Pfändung insoweit voll wirksam. Eine nachträgliche Genehmigung heilt für die Zukunft.
Verband: Man kann bei Großzügigkeit eine Pfändung sämtlicher laufenden Forderungen an einen Verband zulassen.
Vermögensrecht: § 829 gilt entsprechend bei der Pfändung eines Vermögensrechts im Sinn von § 857 I.
Vorwegleistungspflicht: Bei einer Vorwegleistungspflicht ist evtl § 321 BGB anwendbar.
Wertpapier: Bei einer Forderung aus einem indossablen Papier gilt § 831. Sonst gilt § 821.

4) **Pfändungsantrag, I, III, IV.** Der Gläubiger muß schriftlich oder elektronisch oder per Telefax oder zum Protokoll der Geschäftsstelle einen Pfändungsantrag stellen, § 496. Es besteht im Umfang von IV ein Formularzwang, Rn 90. Außerhalb eines Formularzwangs darf man einen privaten Vordruck oder ein privates Formular benutzen, (je zum alten Recht) BGH NJW 04, 2097, LG Aurich DB 02, 661. Es besteht kein Anwaltszwang, § 78 V Hs 2. Zur Notwendigkeit einer Unterschrift an sich § 129 Rn 8 ff, LG Bln MDR 76, 148. Freilich verfährt die Praxis bei diesem Massenvorgang oft aus Prozeßwirtschaftlichkeit nach Grdz 14 vor § 128 hinnehmbar großzügiger. Dempewolf MDR 77, 803 läßt eine Faksimile-Unterschrift ausreichen, Vollkomer Rpfleger 75, 490, ZöStö 3 würdigt das völlige Fehlen der Unterschrift frei. Der Gläubiger muß dem Gericht eine Ausfertigung des Vollstreckungstitels und einen Zustellungsnachweis vorlegen. Der Zustellungsnachweis ist allerdings im Fall des § 929 III entbehrlich. Bei elektronischer Antragstellung ist eine qualifizierte elektronische Signatur nach § 130 a I 2 notwendig. 15

Der Gläubiger braucht nicht anzugeben, *in welchen Teilen* sich die aus dem Vollstreckungstitel ersichtliche Forderung etwa durch eine Teilzahlung ermäßigt hat. Denn das Gericht prüft solche Fragen ohnehin nur dann, wenn der Schuldner sie einwendet, Grdz 42 vor § 704. Soweit freilich zur titulierten Hauptforderung noch titulierte Nebenforderungen hinzutreten, muß der Gläubiger die Gesamtforderung vollständig und fehlerfrei vorrechnen, LG Bln Rpfleger 92, 30.

Der Gläubiger muß grundsätzlich seine ladungsfähige Anschrift angeben. Mindestens aber muß seine *Nämlichkeit* zweifelsfrei feststehen, wie bei § 253 Rn 22, KG MDR 94, 513. Auch den Schuldner muß der Gläubiger entsprechend bezeichnen, ebenso den Drittschuldner, LAG Köln BB 94, 944. Dabei kann Auslegbarkeit reichen, LG Lpz DGVZ 98, 91. Der Gläubiger muß aber außerdem die zu pfändende angebliche Forderung so genau bezeichnen, daß ihre Nämlichkeit nach der Person des Schuldners und des Drittschuldners und nach der Schuld bei einer verständigen Auslegung nach § 133 BGB eindeutig feststeht wie bei § 253 Rn 30, BGH 86, 338, Ffm NJW 81, 468. Erkennbarkeit muß für einen Dritten bestehen, zB für einen weiteren Gläubiger, Rn 15. Bei einer ursprünglichen DM-Forderung genügt die Angabe des sich bei amtlicher Umrechnung ergebenden EUR-Betrags, aM Bochum JB 02, 382, LG Flensb JB 02, 381 (je: zu formstreng, Einl III 9). Ausforschung ist als Rechtsmißbrauch unzulässig, Einl III 54. Sie führt zur Zurückweisung des Pfändungsantrags. Freilich ist die Grenze zwischen Ausforschung und Behauptung der „Angeblichkeit" oft kaum erkennbar. 16

Es reicht nicht aus, daß der Gläubiger den Betrag in Buchstaben anders als in Zahlen mitteilt, falls keine dieser Angaben als ein Schreibfehler erkennbar ist, Ffm MDR 77, 676. Das Gericht darf aber *keine übermäßigen Anforderungen* stellen. Denn der Gläubiger kennt die Verhältnisse des Schuldners meist nur oberflächlich, BGH NJW 04, 2097 (zustm Hess 2350), BAG Rpfleger 75, 220, Ffm NJW 81, 468. Das Verfahren ist ohnehin nur summarisch, BAG NJW 77, 75, Rn 21. Eine Einigung über den Inhalt des Beschlusses wäre unwirksam. Das Vollstreckungsgericht muß das Rechtsschutzbedürfnis nach Grdz 33 vor § 253 von Amts wegen prüfen, LG Ellwangen DGVZ 03, 90, LG Hann Rpfleger 78, 388. Es kann trotz § 3 Z 1 PflVG vorliegen, wenn der Gläubiger den Befreiungsanspruch gegen den Pflichtversicherer pfändet. Es kann für eine neue Pfändung vorliegen, wenn der Umfang der bisherigen zweifelhaft ist. 17

Es kann auch bei einer nur noch geringen *Restforderung* vorliegen, LG Bochum Rpfleger 94, 117. Es kann auch dann vorliegen, wenn das Schuldnereinkommen derzeit die Pfändungsfreigrenzen nicht überschreitet, LG Ellwangen DGVZ 03, 90, Schmidt DGVZ 03, 84. Es kann zB dann fehlen, wenn die zu pfändende Forderung eindeutig erkennbar nicht besteht, Ffm OLGZ 78, 363, LG Aurich JB 02, 661, oder wenn man nicht in absehbarer Zeit mit einer Erhöhung der bisher unpfändbaren Bezugs rechnen kann.

Vorauszahlungspflicht besteht nach § 12 V GKG, Hartmann Teil I.

5) **Verfahren und Entscheidung, I.** Es kann zu Oberflächlichkeit führen.

A. **Allgemeines, I 1–3.** Wegen der Zuständigkeit § 828. Das Rechtsschutzbedürfnis muß stets vorliegen. Es fehlt nicht schon neben einer eidesstattlichen Versicherung des Schuldners, BGH FamRZ 03, 1652. Das Gericht könnte zwar sogar nach § 764 III eine mündliche Verhandlung durchführen. Es entscheidet aber durchweg ohne vorherige Anhörung des Schuldners nach § 834, BAG NJW 77, 75, es sei denn, der Gläubiger hätte die Anhörung des Schuldners beantragt oder anheimgestellt, LG Brschw Rpfleger 81, 489 (zustm Hornung). Diese Regelung ist vereinbar mit Artt 2 I, 20 III GG (Rpfl), BVerfG 101, 404, Art 103 I GG (Richter). Der nach § 20 Z 17 RPflG, Anh § 153 GVG zuständige Rpfl muß seine Entscheidung also auf die bloßen Behauptungen des Gläubigers hin treffen. Er nimmt also in Wahrheit nur eine Maßnahme vor, § 766 Rn 6. Er verbindet den Pfändungsbeschluß meist mit einem Überweisungsbeschluß nach § 835. Kosten: § 788, dort evtl IV (Billigkeitshaftung, Kostenverteilung). 18

Der Rpfl muß seinen Beschluß grundsätzlich wenigstens ganz knapp *begründen,* § 329 Rn 4, LG Düss Rpfleger 83, 255, LG Wiesb Rpfleger 81, 491, aM LG Brschw Rpfleger 81, 489 (nur nach Anhörung oder bei Ablehnung). Freilich reicht der ohnehin notwendige Inhalt des Beschlusses meist als Begründung aus.

B. **Mehrheit von Drittschuldnern, I 3.** Die Pfändung mehrerer Geldforderungen des Schuldners gegen verschiedene Drittschuldner durch denselben Beschluß ist zulässig, soweit ein entsprechender Gläubigerantrag vorliegt und soweit kein Grund zu der Annahme besteht, daß schutzwürdige Interessen der Drittschuldner entgegenstehen. Zwar gebietet das Grundrecht auf informationelle Selbstbestimmung nach Artt 1 I, 2 I GG die Beachtung des Datenschutzes. Es ist aber nicht schrankenlos. Das Allgemeininteresse 19

§ 829

Buch 8. Abschnitt 2. ZwV wegen Geldforderungen

kann überwiegen. Das gilt auch nach dem Verhältnismäßigkeitsgrundsatz, Grdz 34 vor § 704. Es besteht oft ein überwiegendes Interesse daran, daß sich zB mehrere Drittschuldner wegen § 850 e Z 2, 2 a untereinander verständigen. In solchen Fällen „soll" der Rpfl einen einheitlichen Beschluß fassen. Da er das nicht tun „muß", hat er insofern ein pflichtgemäßes Ermessen. Er kann im Massenbetrieb des § 829 dergleichen freilich in der Praxis kaum abwägen. Im Zweifel sollte er vor Erlaß eines einheitlichen Beschlusses zurückhaltend verfahren. Mehrkosten getrennter Pfändungen sind nur bei einer Notwendigkeit getrennter Anträge erstattungsfähig, KG Rpfleger **76**, 327. Allerdings darf keine Pfändung ins Blaue stattfinden, Oldb MDR **98**, 165 (BfA und LVA).

20 **C. Forderung, I 1–3.** Der Rpfl darf Behauptungen des Gläubigers grundsätzlich als wahr unterstellen. Er muß sie nur dahin prüfen, ob sie die behauptete Forderung *begründen können*, Ffm Rpfleger **78**, 229, Hamm MDR **79**, 149, KG FamRZ **80**, 614 (Schlüssigkeitsprüfung), aM LG Wuppertal Rpfleger **80**, 198 (es dürfe noch nicht einmal eine Schlüssigkeitsprüfung erfolgen. Aber das in der Praxis so geläufige Wort „angeblich" steht in Wahrheit gar nicht im Gesetzestext. Es spricht schlicht von einer „Forderung". Das ist mehr. Es zwingt wenigstens zur gewissen Schlüssigkeitsprüfung). Deshalb pfändet das Gericht nur bei reichlich lascher Handhabung nur eine „angebliche" Forderung. Immerhin bleibt zunächst offen, ob die Pfändung wirksam werden kann.

21 Wenn das Gericht freilich bereits weiß, daß die behauptete Forderung in Wahrheit *nicht bestehen* oder nicht pfändbar sein kann, dann muß das Gericht den Erlaß des Pfändungsbeschlusses ablehnen, Hamm MDR **79**, 149, KG FamRZ **80**, 614, LG Hann DGVZ **85**, 44. Das kann auch bei einer Ausforschungspfändung der Fall sein, LG Hann DGVZ **85**, 44, Alisch DGVZ **85**, 107, Hess NJW **04**, 2350, aM Schulz DGVZ **85**, 105 (vgl aber Rn 20). Die Ablehnung erfolgt aber bei einem behebbaren Mangel erst nach dem Ablauf einer Äußerungsfrist. Es findet freilich keine Amtsermittlung nach Grdz 38 vor § 128 statt. Das Gericht übersendet eine Abschrift des Pfändungsbeschlusses formlos an den Gläubiger, § 329 II 1. Es stellt ihm eine Ablehnung förmlich zu, § 329 III, Rn 84. Kosten: § 782.
Gebühren: des Gerichts KV 2110; des Anwalts: VV 3309, 3310, 3500. Wert: § 3 Anh Rn 89 „Pfändung".

22 **6) Ausspruch der Pfändung, I.** Der Pfändungsbeschluß enthält drei Teile. Von diesen bildet der Ausspruch der Pfändung den ersten.

A. Genauigkeit. Gegenstand ist die zu pfändende nach der Praxis Rn 20 „angebliche" Forderung, Bbg FamRZ **88**, 949. Das Gericht muß sie nach ihrem Gläubiger, dem Schuldner, dem Rechtsgrund, dem Drittschuldner und dem Betrag so genau bezeichnen, daß der Gegenstand der Zwangsvollstreckung eindeutig festliegt wie bei § 253 Rn 31, BGH NJW **00**, 3219, BayObLG RR **00**, 945, Lüke (vor Rn 1) 446. Dabei ist eine gewisse Auslegung statthaft, BayObLG RR **00**, 945. Bei einer zumindest auch künftigen Forderung muß das Gericht gerade auch insofern eindeutig formulieren, Diepenbroek NZS **04**, 587.

Der Vollstreckungsgegenstand muß auch für einen *Dritten* erkennbar sein, Rn 15–17, BGH Rpfleger **91**, 382, BFH NJW **90**, 2645, Ffm NJW **05**, 1961.

23 In diesem Rahmen genügt grundsätzlich eine Bezeichnung der Forderung in *allgemeinen Umrissen*, BGH NJW **04**, 2097 (zustm Hess 2350), Jena Rpfleger **00**, 225, Kblz Rpfleger **88**, 72. Freilich reichen bloße Vermutungen nicht, Mü DB **90**, 1916 (gleichzeitige Pfändung bei 264 Frankfurter Banken).

Man kann bei einer Erkennbarkeit für den Drittschuldner sogar einen *Alternativantrag* des Gläubigers zulassen, AG Heidelb MDR **85**, 680. Rückständige Zinsen sind nur bei ausdrücklicher Bezeichnung auch im Pfändungs- und Überweisungsbeschluß wirksam mitgepfändet, Düss Rpfleger **84**, 473. Das Gericht muß etwaige gesetzliche Pfändungsbeschränkungen angeben, zB nach § 850 c.

24 **B. Beispiele zur Frage des Ausreichens, I**
Alle denkbaren Forderungen und Unterlagen: *Nicht* ausreichend ist eine formularmäßige Darstellung einer Vielzahl von Bezeichnungen zur Pfändung „aller denkbaren Forderungen", LG Düss JB **81**, 1260, LG Trier Rpfleger **89**, 419, oder „alle denkbaren Steuerunterlagen", LG Augsb Rpfleger **95**, 372.
S auch Rn 32 „Sämtliche Forderungen", Rn 33 „Sozialversicherung".
Anlage: Die Bezugnahme auf eine Anlage reicht aus, soweit das Gericht die Anlage mit dem Beschluß fest verbindet und zusammen mit ihm ausfertigt und zustellt, Vollkommer Rpfleger **81**, 458.
Anspruchsmehrheit: Rn 30 „Mehrheit von Ansprüchen".
Anwaltsvertrag: Rn 26 „Drittschuldner".
Arbeitsamt: *Nicht* ausreichend ist die Bezeichnung der Forderung als einer solchen auf „alle Leistungen des Arbeitsamts", Düss Rpfleger **78**, 265.
Arbeitsförderungsgesetz: *Nicht* ausreichend sind: Die Bezeichnung der Forderung als einer solchen „gemäß §§ 35–55 AFG", LG Bln Rpfleger **84**, 426; die Bezeichnung „sämtliche laufenden Leistungen nach AFG gemäß § 54 SGB", BSG ZIP **82**, 1124, KG OLGZ **82**, 493.
Arbeitslosengeld: Ausreichend ist die Bezeichnung „Arbeitslosengeld", LG Bln MDR **77**, 1027.
Auskunft: Der Anspruch auf sie ist nicht isoliert pfändbar, AG Halle-Saarkreis JB **05**, 383.
25 **Bankverbindung:** *Nicht* ausreichend sind: Die Bezeichnung der Forderung lediglich als einer solchen „aus Bankverbindung mit der X-Bank", Ffm NJW **81**, 468; die Angabe „aus Sparkonten, Wertpapierdepots, Kreditzusagen oder Bankstahlfächer", LG Aurich Rpfleger **93**, 357, oder „aus offenen Kreditlinien", LG Essen RR **02**, 553. Beim Oder-Konto muß der Gläubiger zwecks Vermeidung der Verfügung eines weiteren Oder-Kunden auch dessen Rechte wenn möglich mitpfänden lassen, Drsd MDR **01**, 580.
Berufsunfähigkeitsrente: Rn 31 „Rente".
Bezugnahme: Rn 24 „Anlage".
Blankettpfändung: Ausreichend sein kann die Bezugnahme auf die Tabellen des § 850 c, BGH RR **05**, 870 (reichlich großzügig, besser Vorsicht!), aM ZöStö § 850 b Rn 16.
Bohrarbeiten: Ausreichend kann „wegen Bohrarbeiten" sein, BGH **86**, 338.
Bruttolohn: Ein solcher Titel kann reichen, § 253 Rn 46, LG Mainz Rpfleger **98**, 530.
26 **Derzeitiges und künftiges Arbeitseinkommen:** *Nicht* ausreichend kann diese Angabe sein, wenn es um die Zeit vor und in dem Pfändungsmonat geht, LAG Bre DB **02**, 104 (streng).

Drittschuldner: Der Gläubiger muß auch den Drittschuldner ebenso klar bezeichnen wie die Forderung, Brdb JB **03**, 48 (besonders bei einer Gesellschaft bürgerlichen Rechts). Bei einem Anspruch auf Auszahlung gegen den Anwalt eines Drittschuldners ist die Bezeichnung als „Verwahrung, Verwaltung, Geschäftsbesorgung" ausreichend, LG Bln Rpfleger **93**, 168. Liebscher (vor Rn 1) hält die Erwähnung mehrerer Drittschuldner auf demselben Pfändungs- und Überweisungsbeschluß aus Gründen des Datenschutzes für verfassungswidrig.

Falsche Bezeichnung: Ausreichend ist eine falsche Bezeichnung, soweit das Gemeinte richtig erkennbar **27** ist, wenn auch nur für die Beteiligten, LG Heilbr JB **95**, 665.

Das gilt zB: Bei der Angabe „Stadtbauamt" statt „Stadtgemeinde"; bei der Angabe „Miterbenanteil" (welcher?), LG Heilbr JB **95**, 665; bei der Angabe eines bestimmten Finanzamts, Hamm MDR **75**, 852; bei einer ungenauen oder falschen Angabe des Gläubigers; bei einer ungenauen oder falschen Angabe des Drittschuldners (bei einer ungenauen Angabe der allein zur Vertretung der drittschuldnerischen Arbeitsgemeinschaft befugten Firma), AG Moers MDR **76**, 410 (vgl aber wegen einer ungenauen Bezeichnung auch Hamm MDR **75**, 852); bei der Angabe des Sohnes anstatt des Vaters als Schuldner.

Nicht ausreichend ist zB: Die Bezeichnung der Forderung als solchen auf die Lieferung von „Garagentoren" (Kaufvertrag) statt von „Garagen" (Werklieferungsvertrag).

Formular: Es muß individuell ausgefüllt werden, LG Aurich Rpfleger **97**, 394.
Geburtsdatum: Rn 31 „Rente".
GmbH: *Nicht ausreichend* ist die Pfändung der Forderung einer GmbH, die nicht im Handelsregister eingetragen ist, Ffm Rpfleger **83**, 322.
Grundschuld: Ausreichend ist die Bezeichnung der Forderung als „aller aus der Teilung der Grundschuld zustehender oder anwachsender Ansprüche", BGH Rpfleger **91**, 382.

Nicht ausreichend ist es, wenn bei mehreren in Frage kommenden Grundschulden die nähere Bezeichnung der zu pfändenden fehlt.

Handelsregister: Rn 27 „GmbH". **28**
Hauptanspruch: Die Pfändung eines Anspruchs auf Schadensersatz wegen Nichterfüllung ergreift nicht den Hauptanspruch, BGH BB **00**, 432 (Kauf).
Haushaltsführung: Ausreichend ist die Bezeichnung als Anspruch aus nichtehelicher Haushaltsführung, LG Ellwangen JB **97**, 274 (großzügig).
Haushaltsmittel: *Nicht ausreichend* ist die Bezeichnung des Anspruchs als eines solchen „aus Haushaltsmitteln".
Hinterlegung: *Nicht ausreichend* ist die Bezeichnung des Anspruchs als eines solchen auf die Herausgabe „aus sämtlichen den Schuldner betreffenden Hinterlegungsgeschäften", KG Rpfleger **81**, 240, oder die bloße Angabe „sämtliche in Sonderverwahrung hinterlegten Wertpapiere", LG Münst Rpfleger **00**, 506.
Hypothek: Ausreichend ist eine falsche Bezeichnung des Hypothekenschuldners, solange der Gläubiger die Hypothek grundbuchmäßig richtig bezeichnet hat.
Jeder Rechtsgrund: *Nicht ausreichend* ist die Bezeichnung der Forderung als einer solchen „aus jedem **29** Rechtsgrund". Das gilt selbst dann, wenn der Schuldner nur eine einzige Forderung gegen den Drittschuldner hat.
Kaufvertrag: Rn 28 „Hauptanspruch".
Konto: S „Kontoführende Stelle", „Laufende Geschäftsverbindung", Rn 32 „Sämtliche Forderungen", „Sämtliche Konten".
Kontoführende Stelle: Es reicht die Angabe der kontoführenden Stelle, Lieseke WertpMitt **75**, 318.
Laufende Geschäftsverbindung: Ausreichend ist die Bezeichnung der Forderung als einer solchen „aus laufender Geschäftsverbindung auf Auszahlung der gegenwärtigen und künftigen Guthaben nach erfolgter Abrechnung", BGH NJW **82**, 2195 rechte Spalte, Köln RR **99**, 1224, LG Oldb Rpfleger **82**, 12 („die Angabe der Konto-Nummern ist nicht notwendig"). Festgeld gehört hierher, Köln RR **99**, 1224, aM Karlsr RR **98**, 991 (aber man sollte wirtschaftlich denken).
Lebensversicherung: *Nicht ausreichend* ist die Bezeichnung „Forderung aus Lebensversicherung des Schuldners bei der Bundesknappschaft" (statt: Rente), AG Groß Gerau MDR **85**, 681.
Leistungsanspruch: Rn 28 „Hauptanspruch".
Lieferung und sonstige Leistung: *Nicht ausreichend* ist solche Fassung, Karlsr MDR **97**, 975.
Mehrheit von Ansprüchen: Ausreichend ist die Angabe näher bezeichneter Ansprüche des Schuldners **30** gegen nicht mehr als drei bestimmte Geldinstitute am Wohnort des Schuldners, BGH NJW **04**, 2097 (Grenze: Ausforschung).

Nicht ausreichend ist die Bezeichnung „aus Anspruch" bei objektiv mehreren Ansprüchen, LG Ffm RR **89**, 1466 (es ist keine Nachbesserung zulässig).

S auch Rn 24 „Alle denkbaren Forderungen".

Mehrheit von Rechtsverhältnissen: Rn 28 „Sämtliche Forderungen".
Nichterfüllung: Rn 28 „Hauptanspruch".
Primäranspruch: Rn 28 „Hauptanspruch".
Notaranderkonto: *Nicht ausreichend* ist die bloße Kontoangabe ohne Kennzeichnung der Kontoart, BayObLG RR **00**, 945.
Rechtshängigkeit: *Nicht ausreichend* ist die Bezeichnung der Forderung als einer solchen, etwa auf **31** Schmerzensgeld, „soweit sie rechtshängig ist", aM LG Kassel Rpfleger **90**, 83 (aber dann müßte der Rpfl gerade diejenige Aufklärung betreiben, die er lt LG Kassel gerade nicht vornehmen soll).
Rente, dazu *Danzer* (vor Rn 1): Ausreichen kann die Angabe „gegenwärtige und künftige Altersrente", Celle Rpfleger **99**, 283, LG Brschw Rpfleger **00**, 508, aM LG Düss JB **03**, 655, LG Karlsr JB **03**, 656 (vgl aber Rn 1). Bei der Pfändung einer Rente nach § 54 III SGB I ist eine Angabe der Versicherungsnummer oder des Geburtsdatums grds nicht nötig, LG Heilbr JB **01**, 268, LSG Saarbr Breithaupt **87**, 614 (zustm von Einem DGVZ **88**, 2).

Nicht ausreichend ist bei der Pfändung einer Rentenabfindung die Angabe „gesamte Rentenbezüge", BSG BB **86**, 2132, oder eine Bündelung gegen mehrere künftige etwaige Rententräger in demselben Antrag, LG Bln Rpfleger **97**, 267.

S auch Rn 29 „Lebensversicherung", Rn 33 „Sozialgesetzbuch".

Restforderung: Der Gläubiger braucht nur sie anzugeben, LG Stendal JB **00**, 491.

„Rückübertragung von Forderungen für Sicherheiten": *Nicht* ausreichend ist die vorstehende Bezeichnung, LG Landshut JB **94**, 307.

32 **Sämtliche Forderungen:** Ausreichend ist die Bezeichnung als „alle Forderungen, insbesondere das Guthaben auf dem Konto Nr. . . .", AG Groß Gerau MDR **81**, 1025.

Nicht ausreichend ist die Angabe „aus sämtlichen Ansprüchen" bei Dutzenden von Rechtsverhältnissen verschiedener Art, LG Münst MDR **89**, 464.

S auch Rn 24 „Alle denkbaren Forderungen", Rn 32 „Sämtliche Konten", Rn 31 „Rente", Rn 33 „Sozialversicherung".

Sämtliche Konten: Ausreichend ist die Bezeichnung der Forderung als „alle Guthaben sämtlicher Konten", BGH NJW **88**, 2544, Köln RR **99**, 1224, LG Siegen **98**, 605.

S auch „Sämtliche Forderungen".

Schadensersatz: Rn 28 „Hauptanspruch".

Schmerzensgeld: Rn 31 „Rechtshängigkeit".

Sekundäranspruch: Rn 28 „Hauptanspruch".

33 **Sicherheit:** Ausreichend ist die Bezeichnung der Forderung als einer solchen auf die „Rückübertragung aller gegebenen Sicherheiten", LG Bielef Rpfleger **87**, 116, strenger Kblz Rpfleger **88**, 72, LG Aachen Rpfleger **91**, 326, LG Trier Rpfleger **89**, 419.

Nicht ausreichend ist die Bezeichnung der Forderung als einer solchen auf die „Rückübertragung und Rückgabe von Sicherheiten", LG Aachen Rpfleger **90**, 215, LG Limbg NJW **86**, 3148, aM LG Bln Rpfleger **91**, 28, oder „der Überschüsse aus der Verwertung von Sicherheiten und von Teilen hiervon", AG Pforzheim JB **92**, 501 (aber welcher Teile?), oder „alle Sicherheiten", Fink MDR **98**, 751.

Sonstiger Rechtsgrund: *Nicht* ausreichend ist die Bezeichnung der Forderung als einer solchen „aus Verträgen oder sonstigen Rechtsgründen".

Sozialgesetzbuch: *Nicht* ausreichend ist die Bezeichnung der Forderung als einer solchen „gemäß § 19 SGB" oder „gemäß §§ 19, 25 SGB, soweit Pfändbarkeit gemäß § 54 SGB vorliegt", KG Rpfleger **82**, 74, aM Hamm Rpfleger **79**, 114. Den zur Zeit der Pfändung zuständigen Versicherungsträger muß man – nicht alternativ – angeben, LG Kblz Rpfleger **98**, 119.

S auch Rn 24 „Arbeitsförderungsgesetz", Rn 31 „Rente".

Sozialversicherung: *Nicht* ausreichend ist die Bezeichnung als „aus der Sozialversicherung", Köln OLGZ **79**, 484, oder als „alle Forderungen aus Sozialversicherung", Köln OLGZ **79**, 484, Kohte KTS **90**, 559.

Steuererstattung: Vgl zunächst Rn 13 „Steuererstattung". „Für das abgelaufene Kalenderjahr und alle früheren Kalenderjahre" reicht, BFH Rpfleger **99**, 501. Eine weitergehend zu weit gefaßte Auslegbarkeit nicht erforderlich, allzu großzügige Auslegung ist aber *unzulässig*, BFH Rpfleger **01**, 604 (ausf).

34 **Taschengeld:** *Nicht* ausreichend ist die Bezeichnung Taschengeld ohne nähere Angabe seiner jeweiligen Höhe, Hamm FamRZ **90**, 547, LG Aachen FER **97**, 234, AG Geilenkirchen DGVZ **97**, 43.

Unterhalt: Ausreichend sein kann der Prozentsatz des Regelbedarfs abzüglich Kindergeldanteil, Jena Rpfleger **00**, 225.

Urkunde: Der Rpfl muß eine herauszugebende Urkunde, zB eine Verdienstabrechnung, im Beschluß genau bezeichnen, AG Köln DGVZ **94**, 157. Notfalls muß der Rpfl einen Ergänzungsbeschluß erlassen, § 836 III, LG Hann Rpfleger **94**, 221.

Versicherungsnummer: Rn 31 „Rente".

Währungsumstellung: Ausreichen kann noch eine DM-Angabe, BGH FamRZ **03**, 1351.

Wertpapier: Ausreichend ist die Bezeichnung der Fordrung als einer solchen auf die „Herausgabe von Wertpapieren aus Sonder- oder Drittverwahrung samt dem Miteigentumsanteil von Stücken im Sammelbestand", AG Pforzheim JB **92**, 703.

Nicht ausreichend ist die bloße Angabe „sämtliche in Sonderverwaltung hinterlegten Wertpapiere", LG Münst Rpfleger **00**, 506.

35 **C. Verstoß.** Kleine Ungenauigkeiten schaden also nicht, BGH **86**, 338, LG Aachen Rpfleger **83**, 119. Wesentliche Ungenauigkeiten machen die Pfändung unwirksam, BGH NJW **02**, 756 (keine Forderung), BAG NJW **89**, 2148, Ffm Rpfleger **83**, 322. § 185 II BGB ist unanwendbar, BGH NJW **02**, 757. Es entscheidet, was bei einer sachgemäßen Auslegung gemeint ist, § 133 BGB, BGH **93**, 83. Man muß den Pfändungsbeschluß überhaupt in jeder Instanz *in freier Würdigung* aller Umstände nach dem objektiven Sinn auslegen, BGH NJW **88**, 2544 (zustm Schmidt JuS **89**, 65). Bei unterschiedlichen Bezeichnungen einer Forderung in Zahlen einerseits, Buchstaben andererseits gilt der geringere Betrag, ZöStö **7**, 676 (die Pfändung sei dann nichtig. Aber es kommt auf die Gesamtumstände an). Dabei muß man freilich berücksichtigen, daß der Pfändungsbeschluß auch für einen weiteren Gläubiger des Schuldners deutlich sein muß, BGH NJW **83**, 886. Eine Tatsache außerhalb des Pfändungsbeschlusses kann seiner Auslegung oder gar nachbessernden Ergänzung nicht dienen. Sie würde nämlich den Pfändungsbeschluß ergänzen, Ffm Rpfleger **83**, 322, LG Ffm RR **89**, 1466. Das beachtet Köln RR **89**, 190 zu wenig.

36 Die Pfändung erfaßt in der Regel die *volle* Forderung, nicht nur einen dem Anspruch des Gläubigers entsprechender Teil der Forderung. Denn der Bestand und die Höhe der Forderung wären sonst zweifelhaft. Vgl auch Rn 57, 58 und § 803 Rn 8–10. Immerhin ist eine Teilpfändung möglich, sofern sie ausdrücklich erfolgt, BGH NJW **75**, 738, einschließlich der Rangfolge der Teile. Bei gesamtschuldnerischer Haftung muß man diese angeben, auch bei § 128 HGB, LG Bln Rpfleger **76**, 223. Zinsen, andere Nebenleistungen, Prozeß- und Vollstreckungskosten einschließlich derjenigen des Pfändungsbeschlusses muß man mit angeben,

Titel 1. Zwangsvollstr. in das bewegl. Vermögen § 829

LG Gött JB **84**, 141, ZöStö 7, aM Lappe Rpfleger **83**, 248 (aber es muß Klarheit auch über diese oft ja keineswegs unerheblichen Teile der Gesamtforderung bestehen).

7) Verbot an den Drittschuldner, I. Den zweiten Teil des Pfändungsbeschlusses bildet das Verbot an den Drittschuldner. 37

A. Inhalt. Das Gericht muß dem auch nach § 18 Rn 5 ff genau zu bezeichnenden Drittschuldner verbieten, dem Schuldner etwas zu zahlen (sog Arrestatorium). Drittschuldner ist der Schuldner des Vollstreckungsschuldners. Wer wiederum dies ist, das ergibt sich aus dem sachlichen Recht.

B. Beispiele zur Frage der Stellung des Drittschuldners, I 38
Anderkonto: Eine Zahlung des Drittschuldners auf das mit dem Schuldner vereinbarte Anderkonto des Notars befreit den Drittschuldner, wenn sie dem Anderkonto vor der Pfändung gutgeschrieben wird, BGH NJW **89**, 230, sonst nicht, aM Brdb RR **99**, 1371 (aber erst die Gutschrift bringt die Forderung frühestens zum Erlöschen). Bei der Pfändung des Anspruchs auf Auskehrung des Hinterlegungsbetrags ist der Notar und nicht die Bank Drittschuldner, BayObLG BB **00**, 588.
Arbeitnehmersparzulage: Bei der Pfändung der Arbeitnehmersparzulage ist an sich der Staat der Drittschuldner. Trotzdem muß man praktisch den Arbeitgeber als Drittschuldner behandeln, BAG NJW **77**, 75.
Arbeitslosengeld: Bei der Pfändung von Arbeitslosengeld ist die Bundesanstalt für Arbeit Drittschuldnerin. Man kann den Pfändungs- und Überweisungsbeschluß sowohl ihr als auch dem Direktor des zuständigen Arbeitsamts zustellen, Karlsr Rpfleger **82**, 387.
Aufrechnung: Ein gesetzliches Aufrechnungsverbot steht der Wirksamkeit der Pfändung nicht entgegen.
Auslandszustellung: Rn 41 „Zustellungsproblem".
Eigene Forderung: Rn 40 „Schuldner". 39
Fehlen eines Drittschuldners: In diesem Fall gilt § 857 II.
Gerichtsvollzieher: S zunächst Rn 40 „Partei kraft Amtes". Der Gerichtsvollzieher kann nicht der Drittschuldner sein, wenn er für den Schuldner bei dessen Schuldner pfändet.
Gläubiger: Auch der Gläubiger kann Drittschuldner sein. Dieser Umstand kann vor allem dann eine Bedeutung haben, wenn der Gläubiger keine Aufrechnung vornehmen darf, Rn 38 „Aufrechnung".
S auch Rn 40 „Schuldner".
Hinterlegung: Bei der Pfändung, die auch eine hinterlegte Sache betrifft, ist die Hinterlegungsstelle die Drittschuldnerin, BGH DB **84**, 1392.
S auch Rn 38 „Anderkonto", Rn 41 „Verwahrung".
Partei kraft Amtes: Auch eine Partei kraft Amtes kann Drittschuldnerin sein. 40
S aber auch Rn 39 „Gerichtsvollzieher".
Pfändungspfandrecht: Bei der Pfändung einer Forderung, zu deren Gunsten ein Pfändungspfandrecht besteht, darf der Rpfl den Schuldner des Drittschuldners in den Pfändungsbeschluß aufnehmen, LG Ffm Rpfleger **76**, 26.
Schuldner: Auch der Schuldner kann Drittschuldner sein, wenn der Gläubiger eine eigene Forderung pfändet. Das kann nämlich seine Stellung gelegentlich verbessern, Rn 13.
S auch Rn 39 „Gläubiger".
Sozialleistung: Bei ihrer Pfändung ist zunächst der zuständige Sozialversicherungsträger der Drittschuldner. Bei der Kontenpfändung wird dann die Bank Drittschuldner. Sie braucht § 55 IV SGB nicht zu beachten, § 850 i Rn 4.
Verwahrung: Bei der Pfändung, die auch eine verwahrte Sache mitbetrifft, ist die verwahrende Stelle Drittschuldnerin. 41
S auch Rn 39 „Hinterlegung".
Zustellungsproblem, dazu *Münzberg,* Anfechtung und Aufhebung von Zustellungen?, Festschrift für *Zöllner* (1999) 1203 (auch zur InsO): Ein voraussichtliches Zustellungsproblem etwa wegen einer Auslandszustellung darf das Gericht nicht daran hindern, den Pfändungsbeschluß zu erlassen, Ffm MDR **76**, 321. Ein Zahlungsverbot eines ausländischen Vollstreckungsorgans ist unbeachtlich, hier ansässigen Schuldners ist unbeachtlich, BAG BB **97**, 1642. Das Verbot ist für die Wirksamkeit der Pfändung wesentlich. Der Gerichtsvollzieher muß die Nämlichkeit des Schuldners bei der Zustellung wenigstens nach dessen Anschrift klären, aM AG Rastatt JB **02**, 440 (aber wo liegen die Grenzen?). Ein Verstoß macht die Pfändung unwirksam.
Vgl im übrigen Rn 84.

8) Gebot an den Schuldner, I. Den dritten Teil des Pfändungsbeschlusses bildet das Gebot an den 42
Schuldner. Das Gericht muß dem Schuldner gebieten, sich jeder Verfügung über die Forderung zu enthalten, insbesondere ihrer Einziehung (sog Inhibitorium). Es handelt sich um ein relatives Verfügungsverbot, Mü NJW **78**, 1439, aM Fahland, Das Verfügungsverbot nach §§ 135, 136 BGB in der Zwangsvollstreckung usw, Diss Bln 1976 (es handle sich um eine bloße Sollvorschrift, aM Peters ZZP **90**, 309). Der Pfändungsbeschluß, der dem Gesellschafter einer Offenen Handelsgesellschaft zugestellt worden ist, wirkt nicht gegen die OHG und umgekehrt. Das Gebot ist für die Wirksamkeit der Pfändung nicht wesentlich, Rn 84 ff. Auch (jetzt) § 21 II Nr 2 InsO bildet ein Verfügungsverbot, BGH **135**, 142 (abl Häsemeyer ZZP **111**, 83, zustm Marotzke JR **98**, 28).

9) Pfändung einer gepfändeten Forderung, I. Über diesen Fall fehlen Vorschriften. Eine solche 43
Pfändung geschieht wie eine Erstpfändung. Bei einer Wechselforderung usw ist eine Anschlußpfändung möglich, § 831, sonst nicht. Der Rang der Pfandrechte richtet sich auch hier nach dem Zeitvorrang, § 804 III, BGH **82**, 32. Das gilt aber nur im Verhältnis der Gläubiger zueinander. Eine Überweisung zur Einziehung läßt den Rang unberührt. Daher ist ihr Zeitpunkt unerheblich. Eine Überweisung an Zahlungs Statt bringt die Forderung des Gläubigers zum Erlöschen. Das gilt aber nur vorbehaltlich entstandener Rechte. Eine Hinterlegung durch den Drittschuldner richtet sich nach § 853.

Hartmann 2315

§ 829 Buch 8. Abschnitt 2. ZwV wegen Geldforderungen

44   **10) Berichtigung; Änderung, I.** Eine Berichtigung ist im Rahmen von §§ 319, 329 jederzeit von Amts wegen erlaubt und geboten. Eine darüber hinausgehende Änderung ist unzulässig, §§ 318, 329.

45   **11) Grundsatz: Parteizustellung, II 1, 2.** Der Gläubiger muß den Pfändungsbeschluß zustellen lassen, §§ 166–207. Deshalb muß das Gericht den Beschluß dem Gläubiger formlos übermitteln, § 329 II 1. Der Pfändungsbeschluß entsteht mit seiner Hinausgabe, § 329 Rn 23, Schlesw Rpfleger **78**, 388. Durch diese Hinausgabe wird aus dem Pfändungsbeschluß aber noch nicht automatisch eine wirksame Pfändung.

46   **12) Zustellung an den Drittschuldner, II 1.** Mit ihr tritt die Rechtswirkung der Pfändung ein, BGH BB **05**, 735. Sie hat klare Anforderungen.

   A. Gläubigerobliegenheit. Der Gläubiger muß den Pfändungsbeschluß zwingend jedem Drittschuldner zustellen, III, BayObLG Rpfleger **85**, 58, LG Kassel MDR **97**, 1033, AG Nordhorn DGVZ **99**, 127, also dem Schuldner des zu pfändenden Rechts. Diese Zustellung erfolgt im Parteibetrieb, II 1, §§ 191 ff, auch § 193, BGH NJW **81**, 2256, AG Itzehoe DGVZ **94**, 126. Freilich kann der Gläubiger die Vermittlung der Geschäftsstelle beanspruchen, § 192 III, AG Nordhorn DGVZ **99**, 127 (aber nicht nach § 195). Diese Zustellung ist für die Wirksamkeit der Pfändung wesentlich, BFH NJW **91**, 1975 (Herausgabe zwecks Zustellung), Celle JB **97**, 495, SG Speyer MDR **87**, 171. Sie reicht bei einer künftigen Forderung und folgender Insolvenz evtl nicht aus, BFH BB **05**, 1488 (evtl Unwirksamkeit). Eine Ersatzzustellung nach §§ 180 ff ist statthaft, AG Itzehoe DGVZ **94**, 126, AG Köln DGVZ **88**, 123, auch an den Drittschuldner für den Schuldner, LG Siegen JB **95**, 161, aber nicht an den Schuldner für den Drittschuldner. Eine öffentliche Zustellung ist statthaft. Denn § 185 verlangt nur eine „Person", nicht eine Partei. Rechtshandlungen, die man in Unkenntnis der Ersatzzustellung vornimmt, wirken entsprechend §§ 1275, 407 BGB gegen den Gläubiger.

47   **B. Einzelfragen.** Bei einer Anwaltssozietät ist eine Zustellung an jeden Sozius notwendig. Denn § 84 ist hier unanwendbar (der Drittschuldner ist kein „Bevollmächtigter" einer Partei), AG Köln DGVZ **88**, 123. Bei einer Gütergemeinschaft muß der Pfändungsbeschluß wegen einer Gesamtgutsverbindlichkeit dem verwaltenden Ehegatten zugestellt werden, gegebenenfalls also beiden Ehegatten. Wenn der Schuldner ein Erbe ist, dann braucht der Gläubiger den Pfändungsbeschluß dem Testamentsvollstrecker nicht zustellen, § 2213 BGB. Bei einer Erbengemeinschaft muß der Gläubiger die Pfändung eines Anteils allen zustellen, nicht nur dem Nachlaßpfleger, LG Kassel MDR **97**, 1033.

48   *Beim Fiskus* als Schuldner muß der Gläubiger den Pfändungsbeschluß derjenigen Stelle zustellen, die zur Vertretung des Fiskus berufen ist, § 18 Rn 5–8, Piller/Hermann, Justizverwaltungsvorschriften (Loseblattausgabe) Nr 5 c, und bei der Pfändung einer Sozialleistung der Bundesanstalt für Arbeit, nicht dem Arbeitsamt, LG Mosbach Rpfleger **82**, 297. Vielfach ist in den hierauf bezüglichen Bestimmungen eine besondere Stelle für die Vertretung bei derartigen Zustellungen bestimmt worden. Maßgeblich ist natürlich der Eingang auf der Posteinlaufstelle der Behörde, nicht erst derjenige beim Sachbearbeiter, aM LAG Hamm MDR **83**, 964 (aber das widerspricht einem allgemein anerkannten Zugangsgrundsatz). Es wäre meist eine sinnlose Förmelei nach Einl III 37 wenn sich der Gläubiger, der zugleich Drittschuldner ist, den Pfändungsbeschluß selbst zustellen müßte, aM Ahrens ZZP **103**, 47 (wegen einer seltenen Ausnahme). In solchem Fall reicht vielmehr die Kenntnis des Gläubigers aus. Weitere Einzelheiten Noack DGVZ **81**, 33.

49   **C. Verstoß.** Eine etwa vorgenommene Amtszustellung nach §§ 166 ff wäre wirkungslos. Eine Zustellung an den Schuldner ersetzt diejenige an den Drittschuldner nicht, Rn 38. Ein Verstoß gegen die Vorschrift ist nach § 189 heilbar, so schon BGH Rpfleger **80**, 183. Die Zustellung einer beglaubigten Abschrift, die anstelle der Unterschrift des Rpfl nur ein Fragezeichen aufweist, bewirkt aber keine Pfändung beim Drittschuldner, BGH NJW **81**, 2256.

50   **13) Zustellung an den Schuldner, II 2.** Auch sie erfordert Sorgfalt.

   A. Gerichtsvollzieherpflicht. Der Gerichtsvollzieher muß den Pfändungsbeschluß im Parteibetrieb nach §§ 191 ff jedem Schuldner zustellen, BGH MDR **98**, 1049, LG Zweibr Rpfleger **94**, 245, Seip DGVZ **01**, 134. Das geschieht grundsätzlich sofort und ohne einen weiteren Antrag zusammen mit einer Abschrift der Urkunde über die Zustellung an den Drittschuldner. Auf ausdrückliches Verlangen des Schuldners muß die Zustellung an ihn schon vor derjenigen an den Drittschuldner erfolgen, § 157 Z 1 GVGA, damit er sich alsbald wehren kann. Diese Maßnahme gehört zu den Amtspflichten des Gerichtsvollziehers zum Schutz des Schuldners, Art 34 GG, § 839 BGB, LG Stgt DGVZ **90**, 15. Der Gläubiger kann also diese Aufgabe des Gerichtsvollziehers grundsätzlich nicht durch irgendwelche Weisungen ändern, LG Stgt DGVZ **90**, 15 (auch bei § 845). Er kann auch die Zustellung an den Schuldner nicht selbst wirksam vornehmen. Wenn der Gläubiger eine Forderung des Schuldners an den Gläubiger pfändet, dann muß der Pfändungsbeschluß dem Gläubiger zugestellt werden, § 857 II ist unanwendbar, aM ZöSt **14**. Wenn die Geschäftsstelle die Zustellung an den Drittschuldner vermittelt hatte, dann muß sie auch die Zustellung an den Schuldner vermitteln.

51   **B. Einzelfragen.** Zur Zustellung an den Schuldner im Ausland genügt die Aufgabe zur Post, §§ 184, 193, Hornung DGVZ **04**, 87 (ausf). Wegen der Zustellung an den Drittschuldner § 828 Rn 1. Auch eine Zustellung im Ausland kommt unproblematisch in Betracht (bevorstehende Änderung von §§ 28 II, 59 III Z 1 ZRHO). Bei einer BGB-Gesellschaft kann die Zustellung an nur einen Gesellschafter genügen, Celle Rpfleger **04**, 508. Wenn eine öffentliche Zustellung nach §§ 185 ff erforderlich werden würde, dann darf die Zustellung ganz unterbleiben, II 2. Wenn der Schuldner einen ProzBev hatte, dann muß der Gerichtsvollzieher den Pfändungsbeschluß dem ProzBev zustellen, §§ 81, 172. Etwas anderes gilt, wenn der Rechtsstreit schon lange Zeit zurückliegt und wenn zwischen dem Anwalt und dem Schuldner keine Verbindung mehr besteht.

52   **C. Verstoß.** Die Zustellung an den Schuldner ist für die Wirksamkeit der Pfändung nicht wesentlich. Weitere Einzelheiten Noack DGVZ **81**, 33.

53   **14) Vollendung der Pfändung, III.** Sie hat zentrale Bedeutung.

   A. Zustellung. Bewirkt ist die Pfändung einer bereits *bestehenden* Forderung mit der Zustellung des Pfändungsbeschlusses an den Drittschuldner, BGH **157**, 354, bei mehreren Gesamthandschuldnern erst mit

Titel 1. Zwangsvollstr. in das bewegl. Vermögen **§ 829**

der Zustellung an den letzten, BGH MDR **98**, 1049, vgl freilich § 170 III, Ahrens ZZP **103**, 51. Das gilt auch dann, wenn der Gläubiger selbst der Drittschuldner ist. Der Gläubiger kann trotz § 173 Z 2 GVGA bestimmen, daß jedem für einen Drittschuldner zuständigen Gerichtsvollzieher eine Ausfertigung zur Zustellung erteilt wird und daß nur einer von ihnen nach Erhalt aller dieser Zustellungsurkunden dann dem Schuldner zustellt, Zimmermann DGVZ **97**, 87. Die Pfändung muß man von der Überweisung nach § 835 unterscheiden. Die Zustellung an den Schuldner ist für die Wirksamkeit der Pfändung unerheblich.

Bei einer *künftigen* Forderung entsteht das Pfändungspfandrecht erst mit der Forderung, BGH **157**, 354. Das ist bei einer sog Kreditlinie der Abruf des Bankkunden, BGH **157**, 354.

B. Wirkung. Die Pfändung bewirkt genau wie bei einer körperlichen Sache folgendes: Die Forderung **54** wird beschlagnahmt (Verstrickung), Üb 6 vor § 803, BGH **100**, 43. Der Gläubiger erhält ein Pfändungspfandrecht, Üb 7 vor § 803. Beides ist auch hier untrennbar miteinander verbunden. Das Pfändungspfandrecht ist nicht abhängig, Üb 7, 8 vor § 803, § 804 Rn 3. Die Verstrickung und das Pfändungspfandrecht können nur dann wirksam entstehen, wenn die „angebliche" Forderung wirklich besteht und auch zum Vermögen des Schuldners gehört, Rn 20. Die Grundsätze des sachlichen Rechts über das Pfandrecht sind auch hier nur mit großer Zurückhaltung anwandbar. Ihre sinngemäße Anwendung ist aber häufig unentbehrlich. Die Pfändung ergreift die Forderung nur in demjenigen Umfang, in dem eine Forderung gerade dieses Schuldners im Zeitpunkt der Zustellung des Pfändungsbeschlusses an den Drittschuldner besteht, BGH NJW **88**, 495, Celle JB **97**, 495, Köln BB **98**, 2131, aM Schilken Festschrift für Lüke (1997) 714 (aber das Verhältnismäßigkeitsgebot nach Einl III 23, § 803 Rn 1 gilt auch hier).

Eine *vorherige* Abtretung macht die folgende Pfändung also wirkungslos, BGH **100**, 42, Schlesw FGPrax **97**, 54, LAG Hamm MDR **92**, 786 (zustm Tiedtke JZ **93**, 76). Das gilt auch bei einer bloßen Sicherungsabtretung, LG Bln KTS **89**, 207. Daran ändert sich auch durch eine erfolgreiche Anfechtung der Abtretung nichts, BGH **100**, 42, aM LAG Hamm MDR **92**, 786, Schmidt JZ **87**, 895 (aber die Pfändung ging zumindest zunächst ins Leere). Natürlich ist die Pfändung auf denjenigen Betrag begrenzt, den der Pfändungsbeschluß nennt. Es kann daher ein pfandfreier Betrag der Forderung verbleiben.

Beschlagnahme und Pfändungspfandrecht ergreifen außer der Hauptforderung auch die zugehörigen **55** Forderungen auf *Zinsen*, insbesondere Verzugszinsen, und Nebenrechte, BGH FamRZ **03**, 1652 rechts unten, mit Ausnahme rückständiger, Düss WertpMitt **84**, 1431, und später entstehender, §§ 832, 833 I. Das ergibt sich aus § 401 BGB (einschließlich einer Vormerkung, Ffm Rpfleger **75**, 177), § 1289 BGB. Etwas anderes gilt bei einer Hypothek, § 830 III. Bei der Pfändung einer Forderung „zuzüglich Zinsen und Kosten" wird zugunsten des jeweils fälligen Betrags gepfändet.

Im Zweifel ist die *gesamte* Forderung gepfändet, BGH NJW **75**, 738. Das gilt auch bei mehreren zu **56** pfändenden Forderungen bis zur Gesamthöhe der Vollstreckungssumme, BGH NJW **75**, 738, StJM 74, ZöStö 11, aM Paulus DGVZ **93**, 132 (aber das wäre wenig lebensnah). Die Verstrickung und das Pfändungspfandrecht erfassen ferner eine Beweisurkunde wie einen Schuldschein nach § 952 BGB sowie ein Pfandrecht, das für die Forderung bestellt wurde, oder eine Hypothek, die für die Forderung später bestellt wurde. Im letzteren Fall muß das Grundbuchamt auf Antrag ein Pfandrecht an der Hypothek eintragen, sobald ihm die Forderungspfändung nachgewiesen worden ist.

C. Einzelfragen. Verfügungen des Schuldners nach der Zustellung des Pfändungsbeschlusses an den **57** Drittschuldner sind dem Gläubiger gegenüber unwirksam, Stgt Rpfleger **75**, 408 (das Gericht nennt freilich auch die Zustellung an den Schuldner, vgl aber Rn 50–52). Sonst eintretende Veränderungen, etwa die Unmöglichkeit der Leistung, wirken auch gegenüber dem Gläubiger. Wenn der Gläubiger die Forderung wegen eines niedrigeren Anspruchs voll gepfändet hat, zB wenn der Pfändungsbeschluß keine Einschränkung nennt, dann hat der Gläubiger den Vorrang vor dem Überrest, auch wegen der Zinsen, die bis zu einer anderweitigen Verfügung aufgelaufen sind.

Eine Pfändung „*in Höhe des Anspruchs*" hat bei einer Forderung, die den Betrag des gepfändeten Rechts **58** nicht erreicht, regelmäßig die Bedeutung einer Teilpfändung. Die Hypothek zerfällt also in einen gepfändeten und in einen pfandfreien Teil. Daher bestimmt sich die Verfügungsbefugnis des Schuldners über den pfandfreien Teil der Höhe nach nach dem Stand der Forderung, um deren Beitreibung es geht, im Zeitpunkt der Verfügung. Wenn gleichzeitig Zinsen gepfändet worden sind, dann ist der gepfändete Betrag unbestimmt. In diesem Fall ist die Pfändung eines Teilbetrags pfändungsfähig. Es empfiehlt sich deshalb dringend, bei einer Hypothek die Pfändung „in voller Höhe" zu beantragen. Soweit mehrere Forderungen gepfändet sind, berührt die Unwirksamkeit der Pfändung der einen Forderung die Wirksamkeit der Pfändung der anderen nicht stets, KG Rpfleger **76**, 327.

Gebühren: Des Gerichts KV 2110; des Anwalts VV 3309, 3310.

15) Stellung des Gläubigers nach der Pfändung, I–III **59**

Schrifttum: Erkel, Die Stellung von Gläubiger, Schuldner und Drittschuldner bei der Forderungspfändung usw, Diss Ffm 1952; *Stöcker,* Die Rechtsstellung des Pfändungsgläubigers bei der Zwangsvollstreckung in Geldforderungen, Diss Münster 1955.

A. Inhalt. Der Gläubiger steht im wesentlichen wie ein Faustpfandgläubiger vor dem Verfall nach dem BGB da. Der Gläubiger darf namentlich alles tun, um sein Pfandrecht zu erhalten. Der Gläubiger darf vor der Überweisung nach § 835 Rn 5 nicht über die Forderung verfügen. Soweit danach ein Zusammenwirken des Gläubigers und des Schuldners zu einer ordnungsgemäßen Wahrung der Rechte aus der Pfändung oder zur Erhaltung der Forderung nötig ist, sind beide einander zur Mitwirkung verpflichtet. Der Gläubiger kann gegenüber dem Schuldner formlos auf die Rechte aus der Pfändung verzichten.

B. Beispiele zur Frage der Stellung des Gläubigers, I **60**

Abtretung: Vor der Überweisung nach § 835 Rn 5 darf der Gläubiger die Forderung nicht abtreten. Bei einer zur Sicherung abgetretenen Forderung kann der Gläubiger nur die Rückabtretung an den Vollstreckungsschuldner fordern, nicht aber die Abtretung nunmehr an sich selbst, Ffm MDR **84**, 228, strenger Düss VersR **99**, 1009 (nicht einmal das erstere). Die Pfändung des Anspruchs auf den Rückkaufwert einer

Hartmann 2317

sicherheitshalber abgetretenen Lebensversicherung geht ins Leere, weil sie nicht auch den Anspruch auf Rückabtretung umfaßt, Düss NVersZ **00**, 218.
Anfechtung: Vor der Überweisung nach § 835 Rn 5 darf der Gläubiger bei gepfändetem Anspruch auf ein Altersruhegeld nicht den Verrechnungsbescheid eines Versicherungsträgers anfechten, BSG BB **90**, 2049.
Arrest: Der Gläubiger darf einen Arrest gegen den Drittschuldner erwirken, LG Bln MDR **89**, 76.
Aufrechnung: Vor der Überweisung nach § 835 Rn 5 darf der Gläubiger nicht mit der Forderung aufrechnen.

61 **Einmischungskläger:** Der Gläubiger kann nicht zum Einmischungskläger werden, § 64.
Einziehung: Vor der Überweisung nach § 835 Rn 5 darf der Gläubiger die Forderung nicht einziehen.
Erfüllungsklage: Der Gläubiger darf gegen den Drittschuldner auf Erfüllung klagen, § 835 Rn 5 ff, VGH Kassel NJW **92**, 1253 (und zwar auf demjenigen Rechtsweg, den der Schuldner einschlagen müßte). S auch Rn 63 „Künftige Leistung".
Erlaß: Vor der Überweisung nach § 835 Rn 5 darf der Gläubiger die Forderung dem Schuldner nicht erlassen.
Familiensache: Für eine Klage des Gläubigers bleibt das FamG zuständig, Hamm FamRZ **78**, 602.
Feststellungsklage: Der Gläubiger darf gegen den Drittschuldner auf die Feststellung des Bestehens seiner Forderung und gegen einen sonstigen Dritten auf die Feststellung des Fehlens einer Forderung dieses Dritten klagen, LG Bln MDR **89**, 76.
Hinterlegung: Der Gläubiger darf eine Hinterlegung fordern.

62 **Insolvenz:** Der Gläubiger darf die Forderung zur Tabelle anmelden, LG Bln MDR **89**, 76. Eine Pfändung vor Insolvenzeröffnung oder eine Zwangshypothek ergeben ein Absonderungsrecht mit Kostenbeteiligungspflicht. Eine Pfändung im letzten Monat vor dem Insolvenzantrag mit Eröffnung ist unwirksam, Helwich DGVZ **98**, 51, 53. Die Pfändung von Arbeitseinkommen verliert grds mit Insolvenzeröffnung ihre Wirkung (Ausnahme: Unterhalts- und Deliktgläubiger), Helwich DGVZ **98**, 52.
Kontokorrent: Die Bank kann den „Zustellungssaldo" nicht nach ihren Allgemeinen Geschäftsbedingungen mit Wirkung gegenüber dem Pfändungsgläubiger wegen einer nach der Pfändung erworbenen Forderung gegen ihn verringern, BGH NJW **97**, 2323.

63 **Kündigung:** Vor Überweisung nach § 835 Rn 5 darf der Gläubiger nicht ohne Schuldner kündigen.
Künftige Leistung: Der Gläubiger darf gegen den Drittschuldner auf die Abführung des pfändbaren Teils des künftigen Arbeitsentgelts des Schuldners klagen, soweit die Voraussetzungen des § 259 vorliegen, meist also schon bei einem Verstoß des Drittschuldners gegen § 840, LAG Hamm BB **92**, 784.
Leistung an Gläubiger und Schuldner: Der Gläubiger darf auf eine solche Leistungsart klagen.
Leistung nur an Dritten: Der Gläubiger darf auf eine Leistung auch dann klagen, wenn der Schuldner sie nach dem Vollstreckungstitel nur an einen Dritten erbringen muß, der noch keine Einziehung verfügt hat, Köln Rpfleger **90**, 412, LG Aachen Rpfleger **90**, 411. Die Klage erfordert eine Streitverkündung, § 841.

64 **Rechtsgestaltung:** Vor der Überweisung nach § 835 Rn 5 darf der Gläubiger keine rechtsgestaltende Erklärung anstelle des Schuldners abgeben.
Rückabtretung: Rn 60 „Abtretung".
Sicherungsmaßnahme: Der Gläubiger darf eine Sicherungsmaßnahme gegen den Drittschuldner erwirken, LG Bln MDR **89**, 76 (Arrest).
Streithilfe: Der Gläubiger kann Streithelfer werden, wenn die Forderung rechtshängig ist. Denn dann wird er nach § 265 der Rechtsnachfolger des Schuldners.
Überweisung: Der Gläubiger darf nach ihr auf eine Leistung an ihn allein klagen, BGH NJW **78**, 1914.
Umschreibung: Vor der Überweisung nach § 835 Rn 5 darf der Gläubiger die Vollstreckungsklausel nicht auf sich allein umschreiben lassen.
Verfügung: Vor der Überweisung nach § 835 Rn 5 darf der Gläubiger nicht irgendwie über die Forderung verfügen. Vgl bei den einzelnen Verfügungsarten.

65 **Verjährung:** Der Gläubiger darf die Verjährung hemmen, BGH NJW **78**, 1914, LG Bln MDR **89**, 76.
Verzicht: Vor der Überweisung nach § 835 Rn 5 darf der Gläubiger nicht auf die Forderung verzichten.
Wechselprotest: Der Gläubiger darf einen Wechsel protestieren, LG Bln MDR **89**, 76.

66 **16) Stellung des Schuldners nach der Pfändung, I–III**

Schrifttum: Fahland, Das Verfügungsverbot nach §§ 135, 136 BGB in der Zwangsvollstreckung und seine Rechtsbeziehung zu anderen Pfändungsfolgen (1976) 66 ff.

A. Inhalt. Die gepfändete Forderung bleibt bis zur Überweisung im Vermögen des Schuldners, BGH NJW **86**, 423, Oldb MDR **98**, 61 rechts. Die Pfändung beschränkt den Schuldner aber nur zugunsten des Gläubigers in der Verfügung, I 2, §§ 135, 136 BGB, Köln RR **94**, 1519, Oldb MDR **98**, 61 rechts, Hasse VersR **05**, 19. Der Schuldner muß sich freilich nicht „jeder Verfügung über die Forderung enthalten", wie I zu weit sagt. Er darf vielmehr verfügen, soweit er das Pfandrecht nicht beeinträchtigt, BGH **100**, 42, Oldb MDR **98**, 61 rechts, aM Köln RR **94**, 1519 (zur Überpfändung). Er darf auch Sicherungsmaßnahmen wie der Gläubiger vornehmen, Oldb MDR **98**, 61 rechts. Wenn der Gläubiger und der Schuldner dieselben Rechte haben, dann wirkt ein Urteil, das hinsichtlich des einen ergeht, nicht hinsichtlich des anderen. Etwas anderes gilt dann, wenn die Pfändung der Rechtshängigkeit nachfolgt und wenn das Urteil auf eine Zahlung an den Gläubiger lautet oder wenn das Gericht die Klage abweist, weil die Forderung nicht bestehe.

Wenn der Gläubiger und der Schuldner *gemeinsam* klagen, dann sind sie gewöhnliche Streitgenossen, § 59. In dem zugrunde liegenden Rechtsverhältnis beschränkt eine Pfändung den Schuldner nicht. Der Schuldner darf sein Dienstverhältnis kündigen. Er darf auch einen Mietvertrag kündigen, soweit das nicht nur zum Schein geschieht und soweit keine wirkliche sachliche Änderung eintritt, sofern also der Schuldner etwa sofort neue Räume statt der alten gewährt. Eine Verfügung in der Zwangsvollstreckung steht einer Verfügung des Schuldners gleich.

Bei einem *Verstoß* gelten §§ 135, 136 BGB.

Titel 1. Zwangsvollstr. in das bewegl. Vermögen § 829

B. Beispiele zur Frage der Stellung des Schuldners, I 67
Antragsumstellung: Rn 69 „Leistungsklage".
Arrest: Vor der Überweisung nach § 835 Rn 5 darf der Schuldner einen Arrest erwirken, hinterher nicht mehr, aM Oldb MDR **98**, 61 rechts.
Aufrechnung: Vor der Überweisung nach § 835 Rn 5 darf der Schuldner keine Aufrechnung erklären (später erst recht nicht).
Auskunftsanspruch: Vor der Überweisung nach § 835 Rn 5 darf der Schuldner einen titulierten Auskunftsanspruch gegen den Drittschuldner vollstrecken, und zwar einschließlich eines Vorschusses nach § 887, Rn 70 „Vertretbare Leistung".
Ausschlagung: S „Grundverhältnis".
Einstweilige Verfügung: Vor der Überweisung nach § 835 Rn 5 darf der Schuldner eine einstweilige Verfügung erwirken.
Einziehung: Vor der Überweisung nach § 835 Rn 5 darf der Schuldner die Einziehung weder gewähren noch irgendwie mitbewirken (helfen; später erst recht nicht). Auch eine satzungsgemäße Einziehung des Gesellschafteranteils dürfte unzulässig sein, falls das Entgelt zur Befriedigung des Gläubigers nicht ausreicht oder unter dem Verkehrswert liegt.
Erlaß: Vor der Überweisung nach § 835 Rn 5 darf der Schuldner keinen Schulderlaß herbeiführen, später erst recht nicht.
Feststellungsklage: Vor der Überweisung nach § 835 Rn 5 darf der Schuldner auf Feststellung klagen. 68
Gesellschafteranteil: S „Einziehung".
Grundverhältnis: Vor der Überweisung nach § 835 Rn 5 darf der Schuldner über das der Forderung zugrunde liegende Rechtsverhältnis verfügen, zB den Mietvertrag kündigen oder eine Erbschaft ausschlagen, soweit ein solcher Schritt nicht die gepfändete Forderung beeinträchtigt.
Hinterlegung: Vor der Überweisung nach § 835 Rn 5 darf der Schuldner die vorläufig vollstreckbare Forderung zur Hinterlegung beitreiben, Münzberg DGVZ **85**, 145.
Hypothek: Rn 69 „Kündigung".
Insolvenz: Vor der Überweisung nach § 835 Rn 5 darf der Schuldner die Forderung zur Tabelle anmelden. 69
Kündigung: Vor der Überweisung nach § 835 Rn 5 darf der Schuldner kündigen. Dabei benötigt er eine Zustimmung des Gläubigers nur im Rahmen des § 1283 BGB, also insbesondere bei einer Hypohek. Der Gläubiger darf auch eine Kündigung zurücknehmen, aM ZöStö 18 (aber das wäre inkonsequent). S auch Rn 68 „Grundverhältnis".
Leistungsklage: Vor der Überweisung nach § 835 Rn 5 darf der Schulnder auf eine Leistung bzw Zahlung an den Gläubiger und sich selbst gemeinsam klagen bzw die Anträge entsprechend umstellen.
Der Schuldner darf aber *nicht* auf eine Leistung an ihn selbst „vorbehaltlich der Rechte des Pfandgläubigers" klagen. Denn gerade diese Rechte zwingen zur Hinterlegung oder Leistung an beide.
Mietvertrag: Rn 68 „Grundverhältnis". 70
Minderung: Vor der Überweisung nach § 835 Rn 5 darf der Schuldner keine Minderung vornehmen, später erst recht nicht.
Stundung: Vor der Überweisung nach § 835 Rn 5 darf der Schulner keine Stundung gewähren, später erst recht nicht.
Vertretbare Leistung: Vor der Überweisung nach § 835 Rn 5 darf der Schuldner einen Anspruch auf Zahlung eines Vorschusses nahh § 887 vollstrecken, Zweibr OLGZ **89**, 334.
Zahlungsklage: Rn 69 „Leistungsklage".
Zurückbehaltungsrecht: Vor der Überweisung nach § 835 Rn 5 darf der Schuldner ein Zurückbehaltungsrecht gegenüber einem Gegenanspruch des Drittschuldners geltend machen, BGH DB **84**, 1392.

17) Stellung des Drittschuldners nach der Pfändung, I–III 71
Schrifttum: *Gaul*, Zur Rechtsstellung der Kreditinstitute als Drittschuldner in der Zwangsvollstreckung (1978) 75; *Groß*, Einwendungen des Drittschuldners, 1997; *Spickhoff*, Nichtige Überweisungsbeschlüsse und Drittschuldnerschutz, Festschrift für *Schumann* (2001) 443; *Reetz*, Die Rechtsstellung des Arbeitgebers als Drittschuldners in der Zwangsvollstreckung, 1985. Vgl auch bei § 840.

A. Zahlungsverbot. Der Drittschuldner darf nicht mehr an den Schuldner allein zahlen, und zwar nirgendwo im In- oder Ausland und auch dann nicht, wenn der Schuldner für die Schuld einen Wechsel gegeben hat. Er darf allenfalls an den Schuldner und den Gläubiger zahlen. Eine Zahlung befreit den Drittschuldner nur insofern, als er nachweislich die Pfändung nicht gekannt hat, als ihm also der Pfändungsbeschluß nicht im Weg einer Ersatzzustellung zukam. Der Drittschuldner muß auf Verlangen und darf immer mit befreiender Wirkung hinterlegen, §§ 372, 1281 BGB. Der Drittschuldner mag behaupten, die Forderung sei bereits vor dem Zeitpunkt der Pfändung abgetreten worden, BGH **100**, 42, LAG Hamm MDR **92**, 786. Dann muß er die Abtretung beweisen. Eine Leistung des Drittschuldners nach § 409 BGB an den Schuldner bleibt trotz der Pfändung zulässig. Man darf allerdings §§ 408, 409 BGB nicht über den Wortlaut hinaus auslegen, BGH **100**, 46. Ein Drittschuldner, der sowohl die Pfändung als auch die Abtretung kennt, wird daher nicht in seinem Vertrauen auf den zeitlichen Vorrang der Abtretung geschützt, BGH **100**, 47.

Die Leistung des Drittschuldners auf Grund einer unwirksamen Pfändung gibt dem Drittschuldner die 72 Möglichkeit einer *Bereicherungsklage*, BGH **82**, 33, Schmidt JuS **89**, 65. Er kann diese Klage gegen den Gläubiger statt gegen den Schuldner einlegen. Ein Bereicherungsanspruch besteht aber nicht, soweit der Pfändungs- und Überweisungsbeschluß erst nach der Zahlung des Drittschuldners aufgehoben wird, Köln MDR **84**, 60, Gaul Festschrift für die Sparkassenakademie (1978) 75 ff. Nach einstweiliger Einstellung der Zwangsvollstreckung darf der Drittschuldner nur noch an den Gläubiger und den Schuldner gemeinsam leisten oder zugunsten beider hinterlegen, BGH **140**, 256.

B. Keine Sachbefugnis. Der Drittschuldner kann einwenden, der Gläubiger habe keine Sachbefugnis 73 nach Grdz 23 vor § 50, weil eine wirksame Pfändung fehle, BGH **70**, 317, BAG NJW **89**, 2148, BFH NJW **88**, 1999. Diese Einwendung muß man zulassen, soweit die Pfändung völlig unwirksam ist, BAG NJW **89**,

§ 829   Buch 8. Abschnitt 2. ZwV wegen Geldforderungen

2148, nicht dagegen, soweit die Pfändung auflösend bedingt wirksam ist, Grdz 8 vor § 704, aM StJM 107 ff (immer dann, wenn trotz einer Beschlagnahme kein Pfändungspfandrecht entstanden sei). Im Fall einer Unpfändbarkeit nach §§ 850 ff ist grundsätzlich nur eine Erinnerung des Schuldners nach § 766 zulässig. Denn ein Pfändungspfandrecht ist zwar entstanden, aber fehlerhaft, BGH NJW **79**, 2046, SG Düss Rpfleger **92**, 787. Zum Problem Vollkommer Rpfleger **81**, 458.

74 Wenn das Gericht den Schuldner vor seiner Entscheidung *angehört* hatte, ist eine sofortige Erinnerung zulässig, § 793 Rn 3, 4. Sie ist auch dann statthaft, wenn das Gericht den Drittschuldner nicht angehört hatte, Bbg NJW **78**, 1389.

75 **C. Keine Forderung.** Der Drittschuldner kann einwenden, die Forderung habe im Zeitpunkt der Zustellung des Pfändungsbeschlusses nicht bestanden, BFH NJW **88**, 1999, LG Münst MDR **90**, 932, Oeske DGVZ **93**, 148. In diesem Fall hat der Drittschuldner alle diejenigen Einwendungen, die ihm gegenüber dem Schuldner zustehen, BGH **70**, 320, Oeske DGVZ **93**, 148, Volhard DNotZ **87**, 541.

76 *Hierher zählen zB:* eine Unabtretbarkeit, BGH Rpfleger **78**, 249; die Verjährung; eine Tilgung; das Fehlen der Fälligkeit, SG Speyer MDR **87**, 171; eine Treuhandbindung, BGH DNotZ **85**, 634; eine Abhängigkeit von einer Gegenleistung; bei einer Aufrechenbarkeit zur Zeit der Zustellung des Pfändungsbeschlusses auf die Aufrechnung, BGH BB **76**, 853, Oeske DGVZ **93**, 148. Dabei ist eine Aufrechnungsvereinbarung zwischen Schuldner und Drittschuldner aus der Zeit vor der Pfändung, nur insoweit beachtlich, als sie nicht wegen § 392 BGB ausgeschlossen ist. Wenn der Drittschuldner nach der Pfändung an den Schuldner gezahlt hat, dann kann der Drittschuldner trotzdem gegenüber dem Gläubiger aufrechnen, soweit die Aufrechnung nach § 392 BGB zulässig ist, BGH NJW **80**, 585, aM Saarbr NJW **78**, 2055 (das sei nur bei einer Zwangslage zulässig), Denck NJW **79**, 2378 (stellt darauf ab, ob „ein Gegenleistungsinteresse aus demselben Vertrag auf dem Spiel steht". Falls das nicht der Fall sei, müsse der Drittschuldner das Erlöschen seiner Gegenforderung auch im Verhältnis zum Schuldner in Kauf nehmen. Aber beide Varianten entwerten § 392 BGB. Diese Vorschrift schützt den Drittschuldner mehr als den Gläubiger). Wegen der Aufrechnungsprobleme im Fall einer Gesamtschuldnerschaft Tiedtke NJW **80**, 2496.

77 Die Möglichkeit einer Aufrechnung nach der Zustellung des Pfändungsbeschlusses *entfällt*, wenn zB der Schuldner auf Grund eines früheren Einverständnisses des Drittschuldners seine Provision von einer ein-kassierten Anzahlung kürzt. Etwas anderes gilt auch dann, wenn die Einwendungen der Beziehungen zwischen dem Gläubiger und dem Drittschuldner versagen. Der Drittschuldner kann dem Gläubiger bei einem an diesen abgetretenen Anspruch auch entgegenhalten, der frühere Inhaber des titulierten Anspruchs sei verpflichtet, ihn von der gepfändeten und zur Einziehung überwiesenen Forderung freizustellen, BGH NJW **85**, 1768.

78 Eine *Anfechtbarkeit* der Pfändung hilft dem Drittschuldner nicht, BGH NJW **76**, 1453 (betreffend eine mangelhafte Zustellung des Vollstreckungstitels, aM Hamm RR **92**, 665 (der Drittschuldner könne eine im sachlichen Recht begründete Unpfändbarkeit einwenden. Aber diese geht ihn gar nichts an). Wenn der Drittschuldner auf Grund eines wirksamen Pfändungs- und Überweisungsbeschlusses an den Gläubiger gezahlt hat, obwohl zugunsten eines anderen Gläubigers eine vorrangige Arrestpfändung bestand, dann existiert kein Anspruch aus §§ 812 ff BGB, Mü NJW **78**, 1439. Wegen Rn 74–77 steht dem Drittschuldner auch der Weg einer leugnenden Feststellungsklage gegen den Gläubiger offen, soweit für eine solche Klage ein Rechtsschutzbedürfnis besteht, Grdz 33 vor § 253. Diese fehlt aber, soweit eine Erinnerung nach § 766 ausreichen würde oder soweit der Drittschuldner nach §§ 840, 843 vorgehen kann, BGH **69**, 147. Zur Problematik Denck ZZP **92**, 71. Eine Einwendung, die der Schuldner durch eine Vollstreckungsgegenklage nach § 767 geltend machen kann oder muß, steht dem Drittschuldner nicht zu, Oeske DGVZ **93**, 148.

79 **D. Leistung nach § 409 BGB.** Der Drittschuldner kann einwenden, die Leistung sei nach § 409 BGB erfolgt. Diese Einwendung ist grundsätzlich unabhängig davon zulässig, ob die Abtretung in Wahrheit wirksam ist. Eine Ausnahme besteht im Fall der Arglist, Oeske DGVZ **93**, 148. Eine Rückabtretung ist grundsätzlich unerheblich.

80 **E. Keine Kenntnis des Drittschuldners.** Der Drittschuldner kann einwenden, er habe ohne Schuld von der Pfändung keine Kenntnis gehabt. Maßgeblich ist der Zeitpunkt der zur Erfüllung notwendigen Leistungshandlung, BGH **105**, 360 (zustm Brehm JZ **89**, 300). Der Drittschuldner muß aber diesen Umstand beweisen. Der Drittschuldner braucht freilich nicht nach einer vor Kenntnis der Pfändung vorgenommenen Handlung den Eintritt ihres Erfolgs aktiv zu verhindern. Er braucht also zB nicht eine Abbuchung zu widerrufen, BGH **105**, 360 (zustm Brehm JZ **89**, 300), aM StJM 101 (aber vor Kenntnis handelte er korrekt. Daraus kann nicht eine spätere Rechtspflicht zum Tun folgen). Unklarheiten und die Notwendigkeit von Ermittlungen helfen keineswegs stets, SG Speyer MDR **87**, 171.

81 **F. Aufhebung des Titels usw.** Der Drittschuldner kann schließlich einwenden, der Vollstreckungstitel oder der Pfändungs- und Überweisungsbeschluß seien nach dem Zeitpunkt der Verurteilung des Drittschuldners zur Leistung an den Gläubiger aufgehoben worden, BSG MDR **84**, 701.

82 **18) Stellung eines Dritten nach der Pfändung, I–III.** Man muß zwei Fallgruppen unterscheiden.
A. Früherer Erwerb. Soweit sein *Recht älter* ist als das Pfändungspfandrecht, bleibt dieses Recht *unberührt*, BGH NJW **88**, 495, Düss RR **97**, 1051. Das gilt auch bei einer älteren Abtretung einer künftigen Forderung, BAG WertpMitt **80**, 661 (Sicherungsabtretung), oder bei einer Rückabtretung an den Schuldner, der vor der Pfändung abgetreten hatte. Wenn eine Anzeige an den Drittschuldner unterblieb, ändert sich nichts. Bei einer Forderung, auf die sich eine Hypothek erstreckt, gelten §§ 1124, 1126, 1128, 1129 BGB. Die Pfändung ist eine Verfügung über die Forderung. Bis zur Eintragung der Pfändung in das Grundbuch bei einer durch Buchhypothek gesicherten Forderung ist die Pfändung unwirksam. Pfändungs- und Überweisungsbeschluß dürfen deshalb nicht zusammen ergehen, BGH NJW **94**, 3225.

83 **B. Späterer Erwerb.** Er geht im Rang nach, soweit nicht die Pfändung als eine Verfügung des Schuldners nach Rn 66 dem späteren Erwerber gegenüber unwirksam ist. Öffentliche Lasten eines Grundstücks er-

Titel 1. Zwangsvollstr. in das bewegl. Vermögen §§ 829, 830

greifen die Miet- und Pachtzinsforderungen. Wegen der Wirkung der Pfändung G v 9. 3. 34, RGBl 181, das für jene eine dem § 1124 BGB entsprechende Regelung trifft. Gegenüber dem Erwerber oder dem Ersteher eines Miet- oder Pachtgrundstücks wirkt die Pfändung des Miet- oder Pachtzinses für den laufenden Kalendermonat und evtl auch für den folgenden, falls er in den Vertrag eintritt. Denn die Pfändung ist eine Verfügung, §§ 573 BGB, 57, 57 b ZVG.

19) Rechtsbehelfe, I–III. Es kommt auf die Entscheidungsrichtung an. 84
A. Ablehnung oder Aufhebung der Pfändung. Soweit der Rpfl durch eine bloße Maßnahme nach § 834 den Erlaß eines Pfändungsbeschlusses ablehnt oder die Pfändung aufhebt, ohne den Schuldner anzuhören, ist die Erinnerung nach § 766 zulässig, dort Rn 6, 7. Nach einer Anhörung des Schuldners ohne mündliche Verhandlung, etwa schriftlich oder elektronisch oder telefonisch oder per Telefax, kann der Gläubiger gegen eine dann ergehende wirkliche Entscheidung des Rpfl unter den Voraussetzungen der §§ 567 ff, 793 die sofortige Beschwerde einlegen, § 11 I RPflG, Anh § 153 GVG, LG Stgt JB **00**, 158 (eine Erinnerung kann undeutbar sein). Wenn sich der Gerichtsvollzieher weigert, die Zustellungen nach II auszuführen, gilt § 766 Rn 23 „Gläubiger", Midderhoff DGVZ **82**, 23. Das erforderliche Rechtsschutzinteresse des Gläubigers nach Grdz 33 vor § 253 kann fehlen, wenn der Drittschuldner ihn inzwischen befriedigt hat, Köln Rpfleger **84**, 29. Es ist eine Beschwer erforderlich, Kblz Rpfleger **78**, 226.

Wäre gegen eine richterliche Entscheidung kein Rechtsmittel zulässig, vgl unten, ist gegen die wirk- 85 liche Entscheidung des Rpfl nach § 11 II 1 RPflG, Anh § 153 GVG, die *sofortige Erinnerung* gegeben. Zum Verfahren § 104 Rn 69 ff.

Hat dagegen sogleich der *Richter* des Vollstreckungsgerichts entschieden, dann kann der Gläubiger grundsätzlich sofortige Beschwerde nach §§ 567 I Z 1, 793 einlegen. Sie ist zulässig, obwohl eine neue Pfändung notwendig wird, Rn 89. Denn das Beschwerdegericht kann diese aussprechen. Sie ist freilich ausnahmsweise unzulässig, wenn zB in einer Kostenbeschwerde der Beschwerdewert nach § 567 II 1 (100 EUR) nicht erreicht worden ist, Köln JB **93**, 243 (auch zum weiteren Verfahren). Ein solches Rechtsmittel setzt ein Rechtsschutzbedürfnis voraus. Es fehlt, soweit bei einer Beschwerde zur Hauptsache in Wahrheit nur der Kostenpunkt beschwert, Köln RR **86**, 1509.

B. Pfändung. Der äußerlich wirksame Pfändungs- und Überweisungsbeschluß ist als Staatsakt bis zur 86 Aufhebung durch das zuständige Gericht wirksam, auch wenn er fehlerhaft ist, Üb 20 vor § 300, Kblz RR **99**, 508, SG Düss Rpfleger **92**, 787. Soweit wegen § 834 keine Anhörung stattfand, kann der Schuldner die Erinnerung nach § 766 einlegen, dort Rn 6, 7, Köln JB **00**, 48, LG Zweibr Rpfleger **94**, 245, aM Wieser ZZP **115**, 157 (stets sofortige Beschwerde. Aber es liegt dann eben noch keine echte Entscheidung vor, §§ 793 Rn 3). Zur Erinnerung auch des Drittschuldners berechtigt, BGH Rpfleger **04**, 233, Ffm JB **81**, 458). Der Schuldner kann im Fall einer Kontopfändung auch einen Antrag nach § 850 k I stellen. Evtl ist das Arrestgericht zuständig, § 930 Rn 4.

Wenn der Rpfl aber erst *nach* einer *Anhörung* des Schuldners entschieden hatte, muß man die sofortige 87 Erinnerung einlegen, § 793 Rn 11, § 11 II 1 RPflG, Anh § 153 GVG, Köln JB **00**, 48 (sofortige Beschwerde, § 11 I RPflG), LG Zweibr Rpfleger **94**, 245, Wieser ZZP **115**, 157, aM ZöStö 31 (aber nun ist der eben genannte Weg der einzige verbleibende Rechtsbehelf). Dasselbe kann gelten, wenn der Rpfl vor der Pfändung einer Sozialleistung nach Grdz 103 vor § 704 die Interessen abgewogen hatte, Schmeken ZIP **82**, 1295. Die Notfrist nach § 224 I 2 von zwei Wochen läuft dann ab Zustellung des Pfändungs- und Überweisungsbeschlusses im Parteibetrieb nach II, Köln Rpfleger **91**, 361. Das weitere Verfahren richtet sich nach § 11 II 2–4 RPflG, § 104 Rn 69 ff. Zur Möglichkeit des Drittschuldners, Erinnerung einzulegen, Rn 73 ff. Es kommt auch eine leugnende Feststellungsklage unter den Voraussetzungen des § 256 in Betracht. Auch nach Klarheit über das Nichtbestehen einer Forderung kann der Drittschuldner ein Rechtsschutzbedürfnis an der Aufhebung des Pfändungsbeschlusses haben, Saarbr IPRax **01**, 456.

C. Änderung der Pfändung. Wenn der Rpfl den Pfändungsbeschluß abändert, gilt derselbe Rechts- 88 behelf wie Rn 86, 87, § 850 f Rn 13. Im Zweifel gilt die Abänderung nicht rückwirkend.

20) Rechte des Dritten, I–III. Die Pfändung kann das Recht eines Dritten nicht beeinträchtigen, 89 Rn 82. Ein Dritter hat evtl die Möglichkeit einer Klage nach § 771 oder nach § 805. Wenn das Vollstreckungsgericht den Pfändungsbeschluß aufhebt, das Beschwerdegericht aber wiederum den Beschluß des Vollstreckungsgerichts aufhebt, dann muß das Vollstreckungsgericht auf Grund des fortdauernden Pfändungsantrags den Pfändungsbeschluß unverzüglich neu erlassen, Hamm DB **78**, 2118. Eine solche Pfändung wirkt allerdings nur für die Zukunft, Köln Rpfleger **86**, 488.

21) Formularzwang. IV 1 gibt ähnlich wie §§ 117 III, 758 a VI 1 eine Ermächtigung, keine Anwei- 90 sung. Eine Rechtsverordnung bedarf der Zustimmung des Bundesrats. VI 2 schafft ähnlich wie §§ 117 IV, 858 a VI 2 einen Benutzungszwang. In Abweichung von § 117 III, IV, aber in Übereinstimmung mit § 758 a VI 3 sind nach § 829 IV 3 unterschiedliche Formulare für elektronische und andere Gerichtsverfahren einführbar.

Rechtsverordnungen des Bundesjustizministeriums sind bisher nicht ergangen.

22) VwGO: Entsprechend anwendbar im Rahmen der Grdz § 803 Rn 16, VGH Mü NJW **84**, 2484. Nach 91 § 169 I VwGO, § 5 VwVG gilt § 309 AO. Rechtsbehelfe: Rn 63 ff (auch gegen die Pfändung durch den Gerichtsvorsitzenden, § 169 VwGO, gibt es nur Erinnerung, OVG Bln NJW **84**, 1370 mwN, § 766 Rn 51); die Zuständigkeit des Rpfl entfällt, Anh § 153 GVG Rn 1. Zur Klagebefugnis des Drittschuldners nach § 42 II VwGO s OVG Kblz NVwZ-RR **02**, 903.

830
Pfändung einer Hypothekenforderung. [1] [1] Zur Pfändung einer Forderung, für die eine Hypothek besteht, ist außer dem Pfändungsbeschluss die Übergabe des Hypothekenbriefes an den Gläubiger erforderlich. [2] Wird die Übergabe im Wege der Zwangsvollstreckung erwirkt, so gilt sie als erfolgt, wenn der Gerichtsvollzieher den Brief zum Zwecke der Ablieferung

§ 830

an den Gläubiger wegnimmt. ³Ist die Erteilung des Hypothekenbriefes ausgeschlossen, so ist die Eintragung der Pfändung in das Grundbuch erforderlich; die Eintragung erfolgt auf Grund des Pfändungsbeschlusses.

II Wird der Pfändungsbeschluss vor der Übergabe des Hypothekenbriefes oder der Eintragung der Pfändung dem Drittschuldner zugestellt, so gilt die Pfändung diesem gegenüber mit der Zustellung als bewirkt.

III ¹Diese Vorschriften sind nicht anzuwenden, soweit es sich um die Pfändung der Ansprüche auf die im § 1159 des Bürgerlichen Gesetzbuchs bezeichneten Leistungen handelt. ²Das Gleiche gilt bei einer Sicherungshypothek im Falle des § 1187 des Bürgerlichen Gesetzbuchs von der Pfändung der Hauptforderung.

Gliederung

1) Systematik, I–III 1	5) Buchhypothek, I 11, 12
2) Regelungszweck, I–III 2	A. Voraussetzungen 11
3) Hypothekenpfändung, I 3–5	B. Mängel, Bedingungen des Pfändungsbeschlusses 12
A. Grundsatz: Maßgeblichkeit des § 829 ... 3	6) Zustellung, II 13
B. Kein Gutglaubensschutz 4	7) Unterbleiben einer Pfändung, III ... 14, 15
C. Vorpfändung 5	A. § 1159 BGB 14
4) Briefhypothek, I 6–10	B. § 1187 BGB 15
A. Grundsatz: Pfändungsbeschluß und Briefübergabe 6	8) Verstoß, I–III 16
B. Vor Übergabe 7	9) Rechtsbehelfe, I–III 17
C. Übergabe 8	10) VwGO 18
D. Hilfspfändung 9	
E. Pfändungsvollzug 9, 10	

1 **1) Systematik, I–III.** Nach dem sachlichen Recht haftet die Hypothek der Forderung an. Für die Abtretung sind beide untrennbar, § 1153 II BGB. Darum läßt die ZPO auch keine getrennte Pfändung zu. Die Pfändung der Hypothek ohne die Forderung ist undenkbar. Die Pfändung der Forderung vor der nach BGB zu klärenden Entstehung der Hypothek erfolgt nach § 829, Hamm Rpfleger **80**, 483. Die Pfändung der Forderung ohne die schon bestehende Hypothek wäre wirkungslos, außer im Fall der Höchstbetragshypothek nach § 1190 BGB. Eine nach dem Zeitpunkt der Pfändung für die Forderung bestellte Hypothek unterfällt ohne weiteres der Pfändung, § 829 Rn 54–57. Den Hypothekenbrief allein kann man nur im Wege der Hilfspfändung pfänden, § 808 Rn 4.

Die Vorschrift gilt *entsprechend* bei einer Reallast, Grund- oder Rentenschuld, § 857 Rn 20. Dagegen erfolgt die Pfändung im Fall einer Hypothekenvormerkung nach § 883 BGB gemäß § 829. Dasselbe gilt beim Anspruch aus einer der Versteigerungszuschlag erloschenen Hypothek wegen des Erlöses sowie dann, wenn die Hypothek in Wahrheit eine Eigentümergrundschuld ist, zB weil der Gläubiger den Brief noch nicht erhalten hatte, Hamm DNotZ **82**, 257. Man kann wegen § 1117 II BGB dann auch eine Pfändung nach § 830 vornehmen. Die Verwertung erfolgt durch eine Überweisung nach § 837 oder sonstwie.

2 **2) Regelungszweck, I–III.** Das Gesetz versucht, die Erfordernisse der Eindeutigkeit nach Einl III 43 und der Durchführbarkeit nach Grdz 14 vor § 128 einigermaßen in Einklang zu bringen. Wegen der hier meist erheblichen Werte darf die Rechtssicherheit aber keineswegs zurückstehen. Deshalb muß man bei beiden Hypothekenarten eine um Genauigkeit des Pfändungsvorgangs bemühte Auslegung vorziehen, falls es um formelle Unkorrektheiten geht.

3 **3) Hypothekenpfändung, I.** Man muß drei Aspekte beachten.

A. Grundsatz: Maßgeblichkeit des § 829. Den Pfändungsantrag stellt der Gläubiger meist falsch. Der Pfändungsbeschluß ergeht nach § 829, nicht nach §§ 846, 847. Das Vollstreckungsgericht bezeichnet zweckmäßig außer der Forderung nebst Zinses die Hypothek nebst deren Zinsen im Pfändungsbeschluß nach § 174 Z 3 GVGA am besten nach dem Grundbuchblatt, mindestens nach der Postanschrift, BGH NJW **75**, 980. Eine Teilpfändung ist zulässig, soweit sich ein Teilhypothekenbrief bilden ließe, wenn eine Briefhypothek vorläge. Auf die Bildung des Teilbriefs hat der Gläubiger dann einen Anspruch. Der Gläubiger kann eine vom Gesetz abweichende Rangregelung im Pfändungsbeschluß beantragen. Andernfalls besteht zwischen dem gepfändeten Teil und dem Rest derselbe Rang. Über die Pfändung „in Höhe des Anspruchs" § 829 Rn 57. In den Fällen der §§ 1164, 1173 II, 1174, 1182 BGB entsteht eine Hypothek für die Ersatzforderung. Der Gläubiger kann diese aber nur nach § 830 pfänden.

Wenn eine *Gesamthypothek* besteht, dann kann der Gläubiger diese pfänden. Zulässig ist aber auch eine Reihe von Einzelpfändungen. Eine Hypothek in einer fremden Währung ist wegen einer Forderung in EUR pfändbar. Im Fall einer Teilpfändung muß der Gläubiger seine Forderung aber in die fremde Währung umrechnen. Wenn die Hypothek bewilligt, aber noch nicht eingetragen worden ist, dann muß der Gläubiger die Forderung allein pfänden. Wenn der Pfändungsbeschluß nur die Forderung oder nur die Hypothek aufführt, gilt er für beide.

Drittschuldner sind sowohl der persönliche Schuldner als auch der Eigentümer. Eine ungenaue Bezeichnung des Drittschuldners schadet nicht. Denn die Zustellung an ihn ist zwar wegen § 407 BGB und wegen II ratsam. Aber sie ist keine wesentliche Voraussetzung der Entstehung des Pfandrechts. Wenn freilich überhaupt kein Drittschuldner angegeben worden ist, dann fehlt ein wesentliches Erfordernis einer wirksamen Forderungspfändung.

4 **B. Kein Gutglaubensschutz.** Der öffentliche Glaube des Grundbuchs schützt den Pfändungspfandgläubiger nicht. Denn es liegt keine rechtsgeschäftliche Übertragung vor. Eine Geschäftsunfähigkeit des Schuldners steht der wirksamen Entstehung des Pfandrechts nicht entgegen.

C. Vorpfändung. Sie ist zulässig, § 845 Rn 1. Sie wird mit der Zustellung an den Drittschuldner wirksam. Weitere Einzelheiten § 845 Rn 15.

4) Briefhypothek, I. Man muß mehrere Gesichtspunkte beachten.

A. Grundsatz: Pfändungsbeschluß und Briefübergabe. Notwendig sind ein wirksamer Pfändungsbeschluß und die Übergabe des Hypothekenbriefs an den Gläubiger, so daß der Gläubiger am Brief den unmittelbaren Besitz erhält. Die Eintragung im Grundbuch ist zwar zulässig, §§ 135 II, 892 BGB. Sie kann aber die Übertragung nicht ersetzen. Denn die Eintragung dient nur der Berichtigung des Grundbuchs. Aber auch die Pfändung und die Überweisung des Anspruchs auf die Herausgabe des Briefs ersetzen die Pfändung der Hypothek nicht. Auch in diesem Fall muß der Gläubiger erst die Herausgabe erzwingen. Schließlich hat auch die Übergabe eines Ausschlußurteils keine ersetzende Wirkung. Auch in diesem Fall muß ein neuer Brief gebildet und übergeben werden.

B. Vor Übergabe. Vor der Übergabe entsteht kein Pfandrecht, Düss RR **88**, 266. Es genügt aber eine Hinterlegung des Briefs und deren Annahme. Die Hinterlegungsstelle vermittelt in diesem Fall den Besitz. Wenn der Gläubiger den Brief mit dem Willen des Schuldners besitzt, reicht das aus, soweit nicht auch der Schuldner einfacher Mitbesitzer nach § 866 BGB ist. Ein sog qualifizierter Mitbesitz des Gläubigers durch die Einräumung eines Mitverschlusses reicht aus. Die Pfändung ist mit der Aushändigung des Beschlusses an den Gläubiger vollzogen, ohne daß der Beschluß zugestellt werden muß.

C. Übergabe. Besitzt der Schuldner oder ein Dritter den Brief, so kann die Übergabe freiwillig geschehen. Es ist ein Besitz für die ganze Pfändungsdauer erforderlich. Wenn der Brief verlorengegangen ist, dann muß er für kraftlos erklärt und neu gebildet werden. Der Gläubiger kann diese Wirkung auf Grund seines Vollstreckungstitels erreichen. Pfändungspfandrecht und Verstrickung bestehen für die Dauer des Besitzes des Gläubigers bzw Gerichtsvollziehers am Brief. Wenn der Brief mit dem Willen des Gläubigers an den Schuldner zurückgelangt, dann erlischt das Pfandrecht. Ein unfreiwilliger Verlust beeinträchtigt das Pfandrecht nicht. Die Pfändung des bloßen Herausgabeanspruches nach §§ 846, 847 schafft eine Verstrickung mit einem Rang vor späteren Pfändungsgläubigern und Zessionaren, BGH NJW **79**, 2045, § 804 III.

Pfändet ein *zweiter* Gläubiger vor dem Zeitpunkt der Übergabe des Briefes, dann liegt eine Mehrpfändung vor. Sie gibt allen Gläubigern denselben Rang. Der Brief ist für alle wegzunehmen. Wenn die Pfändung nach der Übergabe des Briefs erfolgt, dann muß der erste Hypothekengläubiger dem späteren den Mitbesitz einräumen oder der spätere Gläubiger muß die Anschlußhilfspfändung des Briefs nach § 826 erwirken, § 808 Rn 4. Die Pfändung des Anspruchs auf die Herausgabe nach der Befriedigung des ersten Gläubigers auf den Überschuß einer Zahlung oder Hinterlegung ist ein unbefriedigender Weg. Bei einer Teilhypothek gelten die vorstehenden Regeln bis zur Bildung eines Teilhypothekenbriefs nach Rn 3 entsprechend.

D. Hilfspfändung. Übergibt der Schuldner den Brief nicht freiwillig, den er besitzt, dann muß der Gerichtsvollzieher den Brief dem Schuldner nach §§ 883 ff wegnehmen, um den Brief dem Gläubiger zu übergeben (Hilfspfändung). Der Pfändungsbeschluß nach § 829 bildet für diese Maßnahme des Gerichtsvollziehers den Vollstreckungstitel, BGH NJW **79**, 2046. Der Pfändungsbeschluß braucht keine Vollstreckungsklausel zu enthalten. Man muß ihn dem Schuldner zustellen. Das gilt auch bei einer Arrestpfändung nach § 829. Auch eine Beschlagnahme nach § 94 StPO verschafft den Besitz. Natürlich muß dem Gerichtsvollzieher vor der Wegnahme auch der eigentliche Schuldtitel vorliegen, § 174 Z 2 GVGA.

E. Pfändungsvollzug. Mit der Wegnahme des Briefs ist die Pfändung vollzogen und entsteht das Pfandrecht an der Forderung und an der Hypothek, Hamm Rpfleger **80**, 483. Für die Entstehung dieses Pfandrechts ist es unerheblich, ob und wann der Gerichtsvollzieher den Brief auch an den Gläubiger abliefert. Wenn der Gerichtsvollzieher den Hypothekenbrief nicht vorfindet, dann muß der Schuldner vor Gericht die eidesstattliche Versicherung zur Offenbarung abgeben, aM ZöStö 5 (§ 883 II). Aber diese Vorschrift gilt nur bei der Vollstreckung auf Herausgabe einer Hauptsache.

Wenn das Grundbuchamt noch den Brief *verwahrt,* dann hat der Schuldner die Hypothek noch nicht erworben. Der Gläubiger muß dann den Anspruch auf die Abtretung der Eigentümergrundschuld pfänden. Wenn der Brief nach der Entstehung des Pfandrechts dem Grundbuchamt vorliegt, dann ist dieses Dritter. Dann ist auch wie sonst im Fall des Gewahrsams eines Dritten § 886 anwendbar. Wenn ein Dritter den Briefbesitz nicht freiwillig aufgibt, können §§ 1274 I, 1205 II, 1206 BGB entsprechend anwendbar sein, ZöStö 6, aM StJM 10 (aber man kann diese Einzelvorschriften durchaus derart mitbenutzen). Grundsätzlich ist dann freilich die Pfändung des Herausgabeanspruchs erforderlich.

Wenn das Grundbuchamt entgegen einer abweichenden Bestimmung nach § 60 II GBO den Brief freiwillig an den vom Gläubiger beauftragten Gerichtsvollzieher *herausgegeben* hat und wenn der Pfändungsbeschluß dem Eigentümer zugestellt worden ist, sodaß zu Gunsten der Grundschuld besteht, dann ist die Grundschuld wirksam gepfändet worden. Eine Rückforderung des Briefes ist dann nicht zulässig. Denn das Pfändungspfandrecht ist bereits durch die Aushändigung des Briefes entstanden. Im Fall der Pfändung einer Teilhypothek nimmt der Gerichtsvollzieher den Teilbrief weg. Wenn der Teilbrief noch fehlt, nimmt er den Stammbrief weg. Der Mitbesitz des Gläubigers am ungeteilten Brief reicht meist nicht, BGH **85**, 263 (für den Fall einer Abtretung).

Wenn nicht der Schuldner, sondern ein *Dritter* Hypothekengläubiger ist, entsteht weder ein Pfändungspfandrecht noch eine Verstrickung.

5) Buchhypothek, I. Auch hier muß man mehrere Aspekte beachten.

A. Voraussetzungen. Zur Pfändung einer Buchhypothek, auch einer Sicherungshypothek nach §§ 1184, 1185 I BGB (wegen derjenigen nach § 1187 BGB vgl Rn 15) oder einer Zwangs- und Arrest-Sicherungshypothek nach §§ 866 I, 932 sind ein Pfändungsbeschluß und die Eintragung der Pfändung in das Grundbuch erforderlich, Mü Rpfleger **89**, 18. Bei einer Gesamthypothek nach § 1132 BGB entsteht das

§§ 830, 830a   Buch 8. Abschnitt 2. ZwV wegen Geldforderungen

Pfandrecht erst mit der letzten Eintragung. Die Eintragung steht der Wegnahme nach Rn 8 gleich. Dadurch wird das Grundbuchamt freilich nicht zum Vollstreckungsgericht, § 828 II. Die Eintragung erfolgt auf einen formlosen Antrag des Gläubigers nach § 13 GBO. Ein Ersuchen des Vollstreckungsgerichts erfolgt nicht. Der Gläubiger muß eine einfache Ausfertigung des Pfändungsbeschlusses vorlegen. Der Pfändungsbeschluß ersetzt die Eintragungsbewilligung, § 19 GBO. Er braucht nicht zugestellt zu sein, um die Eintragung herbeizuführen. Eine Vorlage auch des Schuldtitels ist beim Grundbuchamt nicht notwendig. Eine Eintragung erfolgt nicht schon auf ein Ersuchen des Vollstreckungsgerichts. Denn es herrscht Parteibetrieb. Im Fall einer Teilpfändung muß man den Teil nach § 47 GBO bezeichnen.

Wenn der Schuldner im Grundbuch *nicht eingetragen* ist, dann muß das Grundbuchamt zunächst nach §§ 14, 22 GBO berichtigen. Zumindest ist in grundbuchmäßiger Form des § 29 GBO ein Nachweis darüber nötig, daß für den eingetragenen Eigentümer eine Eigentümergrundschuld entstanden ist, Hbg Rpfleger **76**, 371. Eine Vormerkung ist unzulässig. Mangels eines privatrechtlichen Anspruches ist § 883 BGB unanwendbar. Die Pfändung eines Berichtigungsanspruchs etwa bei einer Eigentümergrundschuld kann eine Eintragung nicht ersetzen. Im Fall der Abtretung muß man das Grundbuch berichtigen, notfalls auf Grund einer Erinnerung, über die der Grundbuch-Rpfl entscheidet, Mü Rpfleger **89**, 18. Über die Höchstbetragshypothek s § 837 III.

12 **B. Mängel, Bedingungen des Pfändungsbeschlusses.** Der Pfändungsbeschluß kann ganz unwirksam sein, etwa dann, wenn die sachliche Zuständigkeit fehlte oder wenn ein Formmangel besteht, Grdz 57 vor § 704. Dann entsteht trotz einer Eintragung im Grundbuch kein wirksames Pfandrecht. Wenn der Beschluß auflösend bedingt wirksam ist, dann entsteht ein auflösend bedingtes Pfandrecht. Deshalb gibt eine Eintragung in ersterem Fall keinen Rang, im letzteren einen nur auflösend bedingten Rang.

13 **6) Zustellung, II.** Die Vorschrift ergänzt I, Köln Rpfleger **91**, 241. Abweichend von § 829 ist die Wirksamkeit der Pfändung von einer Zustellung an den Drittschuldner unabhängig. Trotzdem hat die Zustellung ihre Bedeutung. Sie begründet nämlich zugunsten des Gläubigers eine Verfügungsbeschränkung des Drittschuldners. Der Drittschuldner wird daran gehindert, die Forderung zu erfüllen oder mit Wirkung gegenüber dem Pfändungsgläubiger eine Verfügung des Vollstreckungsschuldners über die Forderung mit diesem zu vereinbaren, etwa einen Erlaß der Forderung oder deren Stundung. Bei einer Buchhypothek ist für ihren Rang allein die Eintragung maßgeblich, nicht die Zustellung, Köln Rpfleger **91**, 241 (zustm Hintzen).

Wenn der Gläubiger *vor der Übergabe* des Briefs oder vor der Eintragung zustellt, dann darf der Drittschuldner nur noch an den Gläubiger und an den Schuldner gemeinsam zahlen. Ferner gilt die Pfändung mit der Zustellung als bewirkt. In Wahrheit ist diese Regelung keine Abänderung von I, sondern eine Zurückbeziehung der Wirkung der Zustellung: Wenn die Pfändung wirksam wird, dann wirkt sie wegen des Drittschuldners auf den Tag der Zustellung zurück. Die Zustellung allein macht die Pfändung nicht wirksam. Dem Schuldner und Dritten gegenüber hat die Zustellung ohnehin keine Wirkung.

14 **7) Unterbleiben einer Pfändung, III.** Wegen der sachlichrechtlichen Sonderbehandlung ist in den folgenden Fällen keine Pfändung nach § 830 möglich.

A. § 1159 BGB. Es handelt sich um einen Anspruch auf eine Leistung nach § 1159 BGB, dh auf die Zahlung des im Zeitpunkt der Wirksamkeit der Pfändung nach § 829 III fälligen, also rückständigen gesetzlichen oder vertraglichen Zinses, auf andere Nebenleistungen, § 1115 BGB; es geht um eine Kostenerstattung nach § 1118 BGB, also auf Grund einer Kündigung oder auf Grund einer Rechtsverfolgung, die eine Befriedigung aus dem Grundstück bezweckt, § 10 II ZVG. Daher sind in diesen Fällen eine Eintragung oder eine Übergabe weder erforderlich noch ausreichend. Selbst im Fall einer gleichzeitigen Pfändung der Hypothek wird die Pfändung erst nach § 829 mit der Zustellung an den Drittschuldner wirksam. Dagegen sind die noch nicht fälligen Zinsen nur wie die Hypothek pfändbar.

15 **B. § 1187 BGB.** Es geht um eine Sicherungshypothek nach § 1187 BGB, die sog Wertpapierhypothek, also für eine Forderung aus einer Schuldverschreibung auf den Inhaber oder aus einem indossablen Papier, namentlich aus einem Wechsel. In diesen Fällen muß der Gläubiger je nach der Sachlage nach § 821 oder nach § 831 pfänden. Eine Eintragung im Grundbuch ist unzulässig.

16 **8) Verstoß, I–III.** Ein Verstoß gegen § 830 führt als Formverstoß dazu, daß die Pfändung insgesamt unwirksam ist. Das gilt unabhängig davon, ob dem Drittschuldner das Bestehen der Hypothek bekannt war.

17 **9) Rechtsbehelfe, I–III.** Es gilt grundsätzlich dasselbe wie bei § 829, dort Rn 84–88. Gegen die Entscheidung des Grundbuchamts ist die einfache Beschwerde nach § 71 GBO zulässig, wahlweise auch der jeweilige Weg nach § 11 RPflG, Anh § 153 GVG.

18 **10) *VwGO:*** Entsprechend anwendbar im Rahmen der Grdz § 803 Rn 16. Nach § 169 I VwGO, § 5 VwVG gilt § 310 AO.

830a *Pfändung einer Schiffshypothekenforderung.* [1] Zur Pfändung einer Forderung, für die eine Schiffshypothek besteht, ist die Eintragung der Pfändung in das Schiffsregister oder in das Schiffsbauregister erforderlich; die Eintragung erfolgt auf Grund des Pfändungsbeschlusses.

II Wird der Pfändungsbeschluss vor der Eintragung der Pfändung dem Drittschuldner zugestellt, so gilt die Pfändung diesem gegenüber mit der Zustellung als bewirkt.

III [1] Diese Vorschriften sind nicht anzuwenden, soweit es sich um die Pfändung der Ansprüche auf die im § 53 des Gesetzes über Rechte an eingetragenen Schiffen und Schiffsbauwerken vom 15. November 1940 (RGBl. I S. 1499) bezeichneten Leistungen handelt. [2] Das Gleiche gilt, wenn bei einer Schiffshypothek für eine Forderung aus einer Schuldverschreibung auf den Inhaber, aus einem Wechsel oder aus einem anderen durch Indossament übertragbaren Papier die Hauptforderung gepfändet wird.

1) Systematik, Regelungszweck, I–III. Die Pfändung einer Schiffshypothek ist ebenso wie die Pfändung einer Buchhypothek geregelt, § 830. Denn die Schiffshypothek steht einer Sicherungshypothek in ihrer praktischen Bedeutung gleich, § 8 SchiffsG. **1**

2) Anwendbarkeit, I, II. Einer Schiffshypothek stellt § 99 I LuftfzRG wiederum das Registerpfandrecht an einem Luftfahrzeug gleich. Es sind also ein Pfändungsbeschluß sowie die Eintragung der Pfändung im Register notwendig. Wenn das Schiff nicht eingetragen ist, dann ist eine Schiffshypothek nicht zulässig. Die Eintragung erfolgt auf einen formlosen Antrag des Gläubigers. Der Gläubiger muß eine einfache Ausfertigung des Pfändungsbeschlusses beifügen. Eine Zustellung des Pfändungsbeschlusses an den Drittschuldner ist für die Wirksamkeit der Pfändung nicht erheblich. Die Zustellung begründet aber dann, wenn sie vor dem Zeitpunkt der Eintragung erfolgte, eine Verfügungsbeschränkung des Drittschuldners. Auch insofern ist § 830a dem § 830 nachgebildet. **2**

3) Unanwendbarkeit, III. § 53 SchiffsG betrifft Forderungen auf die Zahlung von rückständigen Zinsen und anderen Nebenleistungen, die Kosten der Kündigung und die Kosten einer Rechtsverfolgung, Erstattungsansprüche des Gläubigers aus einer Entrichtung von Versicherungsprämien und anderen Zahlungen an den Versicherer. In diesen Fällen erfolgt die Pfändung ebenso wie in den Fällen des § 830 III nach § 829. Es ist zur Wirksamkeit der Pfändung keine Eintragung im Schiffsregister erforderlich. Eine Eintragung kann auch dann unterbleiben, wenn die Hauptforderung bei einer Schiffshypothek auf Grund einer Schuldverschreibung auf den Inhaber, auf Grund eines Wechsels oder auf Grund eines sonstigen Orderpapiers erfolgt war und gepfändet worden ist. In solcher Situation genügt zur Pfändung der Schiffshypothek die Pfändung der Hauptforderung nach §§ 831 oder 821. **3**

4) VwGO: *Entsprechend anwendbar im Rahmen der Grdz § 803 Rn 9. Nach § 169 I VwGO, § 5 VwVG gilt § 311 AO.* **4**

831 *Pfändung indossabler Papiere.* **Die Pfändung von Forderungen aus Wechseln und anderen Papieren, die durch Indossament übertragen werden können, wird dadurch bewirkt, dass der Gerichtsvollzieher diese Papiere in Besitz nimmt.**

1) Systematik, Regelungszweck. Indossable Papiere sind Wertpapiere, Träger des Rechts, § 821 Rn 1. Daher werden indossable Papiere wie Wertpapiere gepfändet, wenn der Schuldner der ausgewiesene Inhaber ist, § 821. Infolgedessen wäre § 831 überflüssig, wenn nicht seine Stellung im Untertitel 3 ergeben würde, daß die Verwertung bei solchen Papieren nicht nach § 821 geschieht, sondern nach §§ 835 ff. Dabei muß der Gläubiger und nicht der Gerichtsvollzieher den Überweisungsbeschluß beantragen. Das gilt auch für blanko indossierte Wechsel. Jede andere Verwertung ist ungültig. Daher darf der Gerichtsvollzieher die Papiere vor einer Anordnung nach §§ 835 oder 844 nicht an den Gläubiger aushändigen. **1**

2) Geltungsbereich. Die Vorschrift gilt für jedes indossable Papier. Es ist unerheblich, ob das Papier auf ein ausländisches Zahlungsmittel lautet. Über die Verwertung § 815 Rn 1. Weitere Einzelheiten Geißler DGVZ **86**, 110, Weimar JB **82**, 357. Bei der Pfändung der Einlage eines Postsparers gilt § 829, Röder DGVZ **98**, 86 (ausf). **2**

Nicht indossable Wertpapiere wie kaufmännische Papiere, die nicht an Order lauten, § 363 HGB, gebundene Namensaktien, § 67 AktG, Verrechnungsschecks fallen *nicht* unter § 831, sondern unter §§ 808 ff, LG Gött NJW **83**, 635, aM Bauer JB **76**, 873, ThP 3 (aber Wortlaut und Sinn sind eindeutig auf die Möglichkeit eines Indossaments begrenzt, Einl III 3).

3) Pfändung. Die Pfändung erfolgt nicht nach § 829, sondern ohne einen Beschluß des Vollstreckungsgerichts dadurch, daß der Gerichtsvollzieher das Papier in seinen Besitz nimmt, § 808 I, § 175 GVGA, BGH DB **80**, 1937, Hilger KTS **88**, 630. Sofern der Schuldner nach dem Inhalt des Wertpapiers nicht sein Berechtigter ist, unterbleibt die Wegnahme. §§ 809, 826 sind anwendbar. Evtl muß der Gläubiger den Herausgabeanspruch pfänden, §§ 846, 847, Hilger KTS **88**, 630. Der Gerichtsvollzieher darf die Papiere nicht im Gewahrsam des Schuldners belassen. Mit der Wegnahme ist ohne weiteres auch die Forderung gepfändet. Daraus ergeben sich die Wirkungen des § 829. Bei einem Traditionspapier, einem Lagerschein usw ergreift die Pfändung das herauszugebende Gut erst in demjenigen Zeitpunkt, in dem der Schuldner es nach § 847 an den Gerichtsvollzieher herausgegeben hat. Ein Pfändungsbeschluß ist in einem solchen Fall unnötig und unwirksam, ZöStö 2, aM BGH DB **80**, 1938, ThP 2 (aber § 831 hat als Spezialvorschrift Vorrang). Für die Entscheidungen ist das in § 828 II bestimmte Gericht zuständig. Es entscheidet durch den Rpfl, § 20 Z 17 RPflG, Anh § 153 GVG. **3**

4) Rechtsbehelf. Vgl zunächst beim Verstoß des Gerichtsvollziehers und bei einem solchen des Rpfl oder des Richters § 829 Rn 84–88. Zuständig ist bei einem Verstoß des Gerichtsvollziehers das Vollstreckungsgericht des § 764 und bei einem Verstoß im Überweisungsbeschluß das Gericht des § 828. **4**

5) VwGO: *Entsprechend anwendbar im Rahmen der Grdz § 803 Rn 16. Nach § 169 I VwGO, § 5 VwVG gilt § 312 AO.* **5**

832 *Pfändungsumfang bei fortlaufenden Bezügen.* **Das Pfandrecht, das durch die Pfändung einer Gehaltsforderung oder einer ähnlichen in fortlaufenden Bezügen bestehenden Forderung erworben wird, erstreckt sich auch auf die nach der Pfändung fällig werdenden Beträge.**

§ 832

1 **1) Systematik.** Die Pfändung einer Forderung, die der Schuldner durch die Zahlung fortlaufender Raten erfüllen muß, ergreift die künftigen Raten grundsätzlich nur dann, wenn der Pfändungsbeschluß ausdrücklich auch diese zukünftigen Raten erfaßt. § 832 macht von dieser Regel eine Ausnahme. Die Vorschrift setzt nicht voraus, daß im Zeitpunkt der Pfändung bereits eine Rate fällig geworden war. In Betracht kommt auch ein zukünftiges Rechtsverhältnis, dessen Bezüge bereits für wenigstens eine Rate gepfändet sind.

2 **2) Regelungszweck.** Die Vorschrift dient einer Vereinfachung und damit der Prozeßwirtschaftlichkeit, Grdz 14 vor § 128. Es geht darum, eine Vielzahl von Einzelpfändungen zu vermeiden. Allerdings ist nach dem Wortlaut überhaupt keine zeitliche Begrenzung vor einer Befriedigung des Gläubigers vorgesehen. Immerhin liegt das bei § 829 erforderliche gegenwärtige Rechtsverhältnis zwischen Schuldner und Drittschuldner bei § 832 schon stets vor. Insofern bringt die Vorschrift weniger Risiken für den Schuldner mit. Man darf sie daher zugunsten des Gläubigers handhaben. Er will nicht dauernd neue Verfahrensbemühungen anstellen müssen, wenn es schon nötig ist, laufende Bezüge zu pfänden.

3 **3) Geltungsbereich.** § 832 verlangt einen einheitlichen Schuldgrund, eine gewisse Stetigkeit der Bezüge und einen Gehaltsanspruch oder einen ähnlichen Anspruch auf die Zahlung oder sonstige Leistung fortlaufender Bezüge für eine persönliche Dienstleistung. Gehalt ist eine Unterhaltsgewährung in regelmäßigen Raten. Daraus folgt aber keineswegs, daß die „ähnliche" Forderung auch auf die Zahlung von Unterhalt gehen müsse. Die Ähnlichkeit liegt vielmehr in der Stetigkeit und der annähernden Gleichmäßigkeit der Zahlung. Freilich ist § 832 als Ausnahmevorschrift trotz des Begriffs der „ähnlichen" Forderung nicht allzu weit ausdehnbar.

4 Eine kurze *Unterbrechung* schadet nicht, insbesondere dann nicht, wenn sie saisonbedingt ist, oder gar beim Versuch, Gläubiger abzuschütteln, Düss DB **85**, 1336. Möglich ist eine solche Lage auch dann, wenn es um den Bezug aus mehreren aufeinanderfolgenden Arbeitsverträgen geht. Die Verkehrsauffassung entscheidet über die erforderliche Einheitlichkeit, BAG NJW **93**, 2702, Düss DB **85**, 1336. Der Pfändungsbeschluß braucht zwar nicht, darf aber und sollte einen Hinweis auf die erst künftigen Ansprüche zu enthalten, Behr Rpfleger **90**, 243. Wegen der Pfändung des Gehalts der bei den alliierten Streitkräften angestellten Personen SchlAnh III Art 34 III, 35 mit AusfBest (aaO).

5 **4) Beispiele zur Frage der Anwendbarkeit**
Anwalt: Rn 7 „Rechtsanwalt".
Arbeitseinkommen: § 832 ist anwendbar auf eine Forderung auf Lohn oder Provision im Fall einer Daueranstellung, also auf das Arbeitseinkommen, § 850. Das gilt auch bei einem nach § 850 b nur bedingt pfändbaren Arbeitseinkommen. Dabei kann eine Daueranstellung trotz einer nur tageweisen Entlohnung vorliegen.
Arbeitsplatzwechsel: § 832 ist *unanwendbar* auf die Bezüge nach einem echten Wechsel des Arbeitsverhältnisses. Es ist eine wirtschaftliche Betrachtung geboten, Rn 3, 4. Hierher gehört auch eine Wiedereinstellung, die im Zeitpunkt der vorherigen Entlassung nicht geplant oder vorhersehbar war. Hierher zählt auch der Fall einer Entlassung aus wichtigem Grund.
Arzt: § 832 ist *grds unanwendbar* auf sein Honorar. Eine Ausnahme kann bei einem Kassenarzt bestehen, Nürnb JB **02**, 603, oder bei einem Kassendentisten gelten, die in einem ständigen Vertragsverhältnis stehen.
Dentist: S „Arzt".

6 **Entlassung:** Rn 5 „Arbeitsplatzwechsel".
Handlungsagent: § 832 ist anwendbar auf die Forderung eines Handlungsagenten, der dauernd für denselben Geschäftsherrn oder für mehrere tätig ist, wie es beim ständigen Reisevertreter meist der Fall ist.
Mietzins: § 832 ist anwendbar auf eine Forderung auf Mietzins oder Pacht, ThP 1, StJM 4, aM ZöStö 2 (aber das ist sogar ein typischer Anwendungsfall).

7 **Notar:** § 832 ist *unanwendbar* auf sein Honorar.
Rechtsanwalt: § 832 ist *unanwendbar* auf sein Honorar.
Rente: § 832 ist anwendbar auf eine Forderung auf Zahlung von Ruhegehalt oder Rente.
Ruhegehalt: S „Rente".

8 **Selbständiger:** § 832 ist *unanwendbar* auf sein Einkommen.
Sozialleistung: § 832 ist anwendbar auf eine Sozialleistung, etwa auf die Arbeitslosenhilfe im Anschluß an Arbeitslosengeld, BSG BB **88**, 2180. Das gilt auch dann, wenn sie auf Grund einer neuen Arbeitslosigkeit erfolgt, falls der bisherige Anspruch erloschen ist, BSG BB **82**, 1614, aM AG Bottrop Rpfleger **86**, 488 (keine Erstreckung bei neuer Anwartschaft. Aber man muß prozeßwirtschaftlich denken, Grdz 14 vor § 128).

9 **Trinkgeld:** § 832 ist angeblich anwendbar auf das Bedienungsgeld eines Kellners, wenn der Gast es für den Wirt gezahlt hat, der vom Kellner die Herausgabe verlangen kann, dem Kellner aber aus dem eingenommenen Bedienungsgeld erstatten muß. Diese Zahlung erfolgt dann meist so, daß der Kellner die Aufrechnung erklärt. Eine Beschlagnahme hat aber vor diesem Vorgang den Vorrang. Daher muß der Arbeitgeber den Kellner notfalls fristlos entlassen. Der Arbeitgeber kann sich auch nicht deswegen, weil der Kellner das Bedienungsgeld einbehält, auf ein Zurückbehaltungsrecht nach § 320 I 1 BGB berufen.
Diese ganze Konstruktion ist lebensfremd: Kein Gast will das Trinkgeld auch nur zunächst dem Wirt zukommen lassen. Es soll vielmehr sogleich und endgültig gerade nur dem Kellner zukommen, zumal es für ihn meistens auch nichts an der Pfändbarkeit ändert. Dasjenige Trinkgeld, das so gezahlt wird, fällt *nicht* unter § 832, sondern unter § 850, dort Rn 3.

10 **Zinsforderung:** § 832 ist anwendbar auf jede regelmäßige Zinsforderung.
Vgl auch Rn 6 „Mietzins".

Zwischenmeister: § 832 ist anwendbar auf die künftige Forderung eines Zwischenmeisters aus einem festen Geschäftsverhältnis.

5) VwGO: *Entsprechend anwendbar im Rahmen der Grdz § 803 Rn 16. Nach § 169 I VwGO, § 5 VwVG gilt § 313 I AO.* **11**

833 *Pfändungsumfang bei Arbeits- und Diensteinkommen.* [I] ¹Durch die Pfändung eines Diensteinkommens wird auch das Einkommen betroffen, das der Schuldner infolge der Versetzung in ein anderes Amt, der Übertragung eines neuen Amtes oder einer Gehaltserhöhung zu beziehen hat. ²Diese Vorschrift ist auf den Fall der Änderung des Dienstherrn nicht anzuwenden.

[II] Endet das Arbeits- oder Dienstverhältnis und begründen Schuldner und Drittschuldner innerhalb von neun Monaten ein solches neu, so erstreckt sich die Pfändung auf die Forderung aus dem neuen Arbeits- oder Dienstverhältnis.

1) Systematik, I, II. § 833 enthält einen allgemeinen Rechtsgedanken, § 829 Rn 4–6, § 850 Rn 3, 4. **1** Sie enthält aber zugleich eine in ihrem Geltungsbereich vorrangige Sonderregelung.

2) Regelungszweck, I, II. Ziel ist wie bei § 832 eine möglichst umfassende Vollstreckung ohne ständig **2** neue Zusatzmaßnahmen der Pfändung, solange die Nämlichkeit des Drittschuldners, des Dienstherrn, gewahrt bleibt. Damit dient auch § 833 der Prozeßwirtschaftlichkeit nach Grdz 14 vor § 128 wie der Rechtssicherheit, Einl III 43. II geht natürlich sehr weit und verlangt auch vom Drittschuldner reichlich viel Aufmerksamkeit. Man darf ihn dabei nicht überfordern. Er wird ja kaum das alte Dienstverhältnis beendet, aber das neue begründet haben, um dem Schuldner bei irgendeiner Art von „Abtauchen" vor dem Gläubiger zu helfen. Es bleibt daher praktisch in erster Linie Sache des Gläubigers, den Drittschuldner an § 833 zu erinnern.

3) Anwendbarkeit, I 1. Die Pfändung eines Diensteinkommens ergreift jedes spätere Diensteinkommen **3** nach § 850 Rn 3, 4, das derselbe Dienstherr dem Schuldner zahlt. Das gilt auch bei einem Privatangestellten oder bei einem Arbeiter, wenn sich diese Personen in dauernder Stellung befinden. Die Regelung gilt ferner dann, wenn der Schuldner von dem einen Dienstzweig in den anderen übertritt. Sie gilt ferner dann, wenn er in den Ruhestand tritt oder wenn ein Abgebauter wiedereintritt. Amt ist jede Arbeitsstelle. Wegen einer Unterbrechung Rn 5.

4) Unanwendbarkeit, I 2. Die Regelung gilt nicht, wenn der Dienstherr wechselt. Dann ist also ein **4** neuer Pfändungs- und Überweisungsbeschluß notwendig, aM LAG Ffm DB **99**, 2476 (aber I 2 ist nach Wortlaut und Sinn eindeutig, Einl III 39). Es besteht zB keine Nämlichkeit zwischen einer Gemeinde und einem Land oder einer GmbH im Eigentum der Gemeinde. Dienstherr ist derjenige, der den Lohn oder das Gehalt auszahlt, § 611 BGB. Der Dienstherr kann derselbe bleiben, auch wenn seine Rechtsform wechselt, etwa im Fall der Umwandlung einer Gesellschaft oder des Betriebsübergangs durch ein Rechtsgeschäft nach § 613a BGB, LAG Hamm DB **76**, 440. Wegen Art 131 GG vgl § 59 G v 13. 10. 65, BGBl 1686. Wegen des Rechtswegs VGH Kassel NJW **92**, 1253.

5) Unterbrechung, II. Soweit das Arbeits- oder Dienstverhältnis zwischen denselben Vertragspartnern **5** nur vorübergehend etwa saisonbedingt endet und binnen neun Monaten wieder auflebt, wenn auch formell neu abgeschlossen wird, erstreckt sich die Pfändung auf eine Forderung aus dem neuen Arbeits- oder Dienstverhältnis. Für den Fristablauf, der sich nach § 222 berechnet, sind die rechtlichen Zeitpunkte des Endes und des Neubeginns maßgebend, nicht die tatsächlichen Zeitpunkte. Beim Wechsel des Arbeitgebers oder -nehmers gilt stets nur I 2, Rn 4.

6) VwGO: *Entsprechend anwendbar im Rahmen der Grdz § 803 Rn 16. Nach § 169 I VwGO, § 5 VwVG gilt § 313 II u III AO.* **6**

834 *Keine Anhörung des Schuldners.* Vor der Pfändung ist der Schuldner über das Pfändungsgesuch nicht zu hören.

1) Systematik. Die Vorschrift tritt in allen Fällen §§ 829 ff ergänzend hinzu. Sie ist grundsätzlich **1** zwingend. Vgl freilich Rn 4 ff.

2) Regelungszweck. An sich gebieten Artt 2 I, 20 III GG (Rpfl), BVerfG **101**, 404, Art 103 I GG **2** (Richter) in gewissen Grenzen die Anhörung einer Partei vor einer ihr nachteiligen Entscheidung, Einl III 16. Die Pfändung ist aber keine Entscheidung, sondern ein Vollstreckungsteilakt auf Grund einer längst vorher getroffenen Entscheidung, nämlich des Urteils. Müßte man den Schuldner vor jedem solchen Teilakt unbedingt anhören, so würde man das rechtliche Gehör maßlos überspannen und die Durchführung dieser so wichtigen Vollstreckungsart nahezu unmöglich machen. Außerdem soll der Schuldner eine Pfändung nicht vereiteln dürfen, Einl III 54, Köln MDR **88**, 682, LG Frankenth Rpfleger **82**, 231, Hoeren NJW **91**, 410. Der Sinn der Vorschrift erschöpft sich aber darin, den Gläubiger zu schützen. Der Gläubiger kann gelegentlich ein Interesse an der Anhörung des Schuldners haben. Deshalb muß man jedenfalls in den Fällen Rn 4 ff doch vorsorglich abwägen, ob eine Anhörung ausnahmsweise geboten ist. Man muß seine Haltung zumindest aktenkundig machen.

3) Grundsatz: Keine Anhörung. Das Gericht darf den Schuldner aus den Gründen Rn 1 grundsätzlich **3** vor der Pfändung nicht hören, BGH NJW **83**, 1859, BayObLG Rpfleger **86**, 98, LG Stgt Rpfleger **05**, 38. Die Vorschrift macht die eigentlich nach § 128 Rn 10 freigestellte mündliche Verhandlung praktisch unzulässig. Das Verbot des § 834 erfaßt eine mündliche wie schriftliche Anhörung. Die Regelung ist mit

§§ 834, 835

Art 103 I GG vereinbar, BVerfG **8**, 98, BayObLG Rpfleger **86**, 99, aM Hager KTS **92**, 327, Maunz/Dürig/ Aßmann Art 103 GG Rn 83 (aber es gibt eben manche Lage, in der ein wirksamer Rechtsschutz nur ohne vorherige Anhörung funktionieren kann. Man denke nur an §§ 916 ff, 935 ff und die zugehörige absolut übereinstimmende Praxis). Wegen der Ausnahmen Rn 4 ff.

4 **4) Ausnahme: Anhörung.** Man muß fünf Punkte beachten.
A. Antrag des Gläubigers. Aus den Gründen Rn 2 muß das Gericht den Schuldner ausnahmsweise dann vor seiner Entscheidung anhören, wenn der Gläubiger die Anhörung beantragt oder wenn der Gläubiger dem Gericht anheimstellt, den Schuldner anzuhören, LG Brschw Rpfleger **81**, 489 (zustm Hornung). Schon ein eindeutig erkennbares stillschweigendes Einverständnis des Gläubigers genügt, um das Gericht zur Anhörung des Schuldners zu zwingen.

5 **B. Sozialleistung usw.** Wegen der Anhörung des Schuldners § 54 V 1 SGB I, abgedruckt in Grdz 80 vor § 704 „Kindergeld", §§ 850 b Rn 20, 850 e Z 2 a S 2–5, 850 f Rn 12, LG Frankenth Rpfleger **89**, 274, LG Zweibr MDR **80**, 62.

6 **C. Gesonderte Überweisung.** Vor einer besonderen Überweisung darf das Gericht den Schuldner hören, Münzberg Rpfleger **82**, 329. Wenn es aber den Pfändungsbeschluß und den Überweisungsbeschluß miteinander verbindet, ist die Anhörung des Schuldners grundsätzlich nach den obigen Regeln unzulässig, Münzberg Rpfleger **82**, 329, aM Hoeren NJW **91**, 410 (wegen Art 103 I GG. Vgl aber Rn 3).

7 **D. Rechtsmittelzug.** Nach Wortlaut und Sinn des § 834, Rn 1, 2 ist eine Anhörung des Schuldners auch insoweit zulässig, als nur der Gläubiger gegen eine ablehnende Entscheidung Erinnerung oder sofortige Beschwerde eingelegt hat und nicht einer der Ausnahmen Rn 3, 4 vorliegt, KG NJW **80**, 1341, Köln MDR **88**, 683, LG Frankenth RR **89**, 1352.

8 **E. Begründungspflicht nach Anhörung.** Zumindest nach einer Anhörung des Schuldners muß der Rpfl den Pfändungsbeschluß begründen, § 329 Rn 4, LG Düss Rpfleger **83**, 255.

9 **5) Verstoß.** Wenn der Rpfl den Schuldner entgegen § 834 angehört hat, dann hat das prozessual keine Folgen. Es kommt allerdings eine Staatshaftung nach Art 34 GG, § 839 BGB in Betracht.

10 **6) Rechtsbehelf.** Wenn das Gericht ein nach den vorstehenden Regeln notwendiges Gehör des Schuldners unterlassen hatte, ist die Erinnerung nach § 766 zulässig, § 766 Rn 6, Köln JB **00**, 48 (auch zum Verfahren nach fälschlicher sofortiger Beschwerde usw), andernfalls gilt § 829 Rn 84–88.

11 **7) VwGO:** Entsprechend anwendbar im Rahmen der Grdz § 803 Rn 16.

835 *Überweisung einer Geldforderung.* [1] Die gepfändete Geldforderung ist dem Gläubiger nach seiner Wahl zur Einziehung oder an Zahlungs statt zum Nennwert zu überweisen.
[II] Im letzteren Falle geht die Forderung auf den Gläubiger mit der Wirkung über, dass er, soweit die Forderung besteht, wegen seiner Forderung an den Schuldner als befriedigt anzusehen ist.
[III] [1] Die Vorschriften des § 829 Abs. 2, 3 sind auf die Überweisung entsprechend anzuwenden. [2] Wird ein bei einem Geldinstitut gepfändetes Guthaben eines Schuldners, der eine natürliche Person ist, dem Gläubiger überwiesen, so darf erst zwei Wochen nach der Zustellung des Überweisungsbeschlusses an den Drittschuldner aus dem Guthaben an den Gläubiger geleistet oder der Betrag hinterlegt werden.

Schrifttum: *Schilken,* Zum Umfang der Pfändung und Überweisung von Geldforderungen, Festschrift für *Lüke* (1997) 701; *Diepholz/Hintzen,* Musteranträge für Pfändung und Überweisung, 7. Aufl 2002.

Gliederung

1) Systematik, I–III 1, 2	6) Stellung des Schuldners, I–III 19–22
2) Regelungszweck, I–III 3, 4	A. Inhalt 19
3) Überweisung im allgemeinen, I 5–8	B. Beispiele zur Frage der Stellung des Schuldners 20–22
A. Zur Einziehung oder an Zahlungs Statt 5	7) Stellung des Drittschuldners, I–III 23–25
B. Verfahren 6	8) Kontenguthaben, III 2 26–28
C. Rechtsmittel 7	A. Grundsatz 26
D. Mehrheit von Gläubigern 8	B. Einzelfragen 27
4) Überweisung zur Einziehung, I–III ... 9	C. Verstoß 28
5) Stellung des Gläubigers, I–III 10–18	9) Überweisung an Zahlungs Statt, I–III . 29, 30
A. Grundsatz: Recht zur Befriedigung ... 10	A. Antrag 29
B. Beispiele zur Frage der Stellung des Gläubigers 11–17	B. Wirkung 30
C. Verzögerung 18	10) VwGO 31

1 **1) Systematik, I–III.** Die Pfandverwertung ist das Ziel der Vollstreckung. Sie erfolgt bei einer Forderung normalerweise dadurch, daß das Gericht die Forderung dem Gläubiger nach §§ 835 ff überweist und daß dieser anschließend zur Vermeidung einer Schadensersatzpflicht der Forderung nach § 842 unverzüglich beitreibt, soweit er nicht aus irgendwelchen Gründen auf diese Verwertungsart nach § 843 verzichtet. Wegen anderer Verwertungsarten § 844. Im allgemeinen läßt sich die Überweisung mit der Pfändung in demselben Beschluß verbinden, Kahlke NJW **91**, 2690, aM Hoeren NJW **91**, 410 (Verstoß gegen Art 103 I GG. Vgl aber § 834 Rn 3). Bisweilen, etwa bei einer Wechselforderung oder bei einer Hypothekenforderung, ist wegen § 831 ein besonderer Überweisungsbeschluß erforderlich. Die Wirksamkeit einer Überweisung hängt immer von der Wirksamkeit der Pfändung ab. Denn die Überweisung verschafft kein Recht, sondern bringt nur die Möglichkeit dazu, ein Recht durchzuführen, BGH NJW **94**, 3226, aM Stöber NJW **96**, 1185, Schur

KTS **01**, 74 (aber mangels Wirksamkeit der Pfändung auch kein wirksames Einziehungsrecht). Wenn die Überweisung selbständig erfolgt, dann muß das Vollstreckungsgericht seine Zuständigkeit für diesen Vorgang selbständig prüfen.

Im Falle einer *Teilüberweisung* bleibt der Rest der gepfändeten Forderung gepfändet. Eine Sicherungsvoll- **2** streckung nach § 720 a I und ein Arrest lassen keine Überweisung zu, wohl aber ein zugehöriger Kostenfestsetzungsbeschluß, Ffm Rpfleger **82**, 480. Über Hypotheken und Schiffshypotheken §§ 837, 837 a. Wegen einer durch Buchhypothek gesicherten Forderung § 829 Rn 83. Die Pfändung ist nicht schon deshalb unwirksam, weil etwa die Überweisung unwirksam ist. Wenn aber die Pfändung unwirksam ist, dann ist auch die Überweisung unwirksam. Die Heilung eines Mangels bei der Pfändung hat zur Folge, daß auch die Überweisung mitgeheilt wird. Das gilt insbesondere dann, wenn das Gericht einen Betrag überwiesen hat, der über den gepfändeten Betrag hinausgeht. Wegen III 2 vgl auch Rn 26.

2) Regelungszweck, I–III. Der Gläubiger soll zwischen mehreren Methoden wählen können, um **3** endlich Befriedigung zu erhalten. Dabei hat die Einziehung wohl die weitaus größere Bedeutung. Sie ist freilich auch mit mehr Mühe verbunden. Es muß ja immer ein Drittschuldner mitwirken. Man sollte es dem Gläubiger daher nicht durch eine allzu strenge Auslegung noch schwerer machen, aus der Pfändung und Überweisung nun auch Bargeld zu machen.

III 2 bezweckt, daß der Schuldner neben den Möglichkeiten der §§ 51–55 SGB I nach Grdz 103 vor **4** § 704 „Sozialleistung" die allerdings mit diesen Vorschriften und mit III mangelhaft aufeinander abgestimmten Möglichkeiten des § 850 k soll nutzen können, dort Rn 1. Freilich sind dort nur die wiederkehrenden Einkünfte im Sinne von §§ 850–850 b geschützt, während III 2 die Guthaben jeder beliebigen Art und Herkunft erfaßt, Hornung Rpfleger **78**, 360, zB ein Guthaben aus einem einmaligen Zahlungseingang, aM Stöber Forderungspfändung Rn 1286. Der Gesetzgeber meinte nämlich den Geldinstituten keine weitergehenden Pflichten zumuten zu können als die Prüfung, ob der Kontoinhaber eine natürliche Person sei, Arnold BB **78**, 1320, Hornung Rpfleger **78**, 360, Meyer ter Vehn NJW **78**, 1240.

3) Überweisung im allgemeinen, I. Von ihr hängt der Erfolg am ehesten ab. **5**

A. Zur Einziehung oder an Zahlungs Statt. Der Gläubiger kann wählen, ob das Vollstreckungsgericht ihm die Forderung zur Einziehung oder an Zahlungs Statt überweisen soll. Zulässig ist auch eine Überweisung zunächst zur Einziehung und dann an Zahlungs Statt. Die umgekehrte Reihenfolge ist nicht zulässig. Wenn der Gläubiger schlechthin die Überweisung beantragt, meint er meist eine Überweisung zur Einziehung. Denn diese Lösung ist die Regel. Eine Überweisung findet nur auf einen Antrag des Gläubigers statt.

B. Verfahren. Zuständig ist im Vollstreckungsgericht des § 828 der Rpfl, § 20 Z 17 RPflG, Anh § 153 **6** GVG, Karlsr JB **05**, 553. Er wird nur auf Antrag des Gläubigers tätig. Es besteht kein Anwaltszwang, § 13 RPflG. Man kann Pfändung und Überweisung zusammen oder getrennt beantragen. Vgl aber Rn 1. Das Verfahren verläuft auch im übrigen wie bei einer Pfändung, § 829. Vor allem wird auch eine Überweisung mit der Zustellung des Überweisungsbeschlusses an den Drittschuldner im Parteibetrieb nach §§ 191 ff wirksam. Der Rpfl muß seinen Überweisungsbeschluß begründen. § 339 Rn 4. Er muß eindeutig die Verwertungsart angeben. Der Beschluß muß im Fall des § 839 eine Hinterlegungsanordnung enthalten. Kosten: § 788. Der Gläubiger erhält den Beschluß formlos ausgehändigt, § 329 II 1. Über eine Anhörung des Schuldners § 834 Rn 4, 8. Bei einem indossablen Papier darf der Beschluß auf dem Papier stehen. Erforderlich ist das aber nicht.

Das *Recht an der Überweisung* ist pfändbar, aM Stgt Rpfleger **83**, 409 (aber auch dieses Recht ist ein vertretbarer Vermögensbestandteil). Wer sich dieses Recht nach § 857 pfänden und überweisen läßt, erlangt den Überweisungsanspruch seines Schuldners. Ein Verzicht des Gläubigers auf die Rechte aus der Pfändung und Überweisung läßt seinen Anspruch unberührt, § 843 Rn 1.

Gebühren: Des Gerichts § 12 V GKG (Vorauszahlungspflicht), KV 2110; des Anwalts VV 3309, 3310.

C. Rechtsmittel. Vgl zunächst § 829 Rn 84–88. Der Gläubiger und der Schuldner sowie der Drittschuld- **7** ner können gegen eine sie beeinträchtigende bloße Maßnahme ohne Entscheidung die Erinnerung nach § 766 einlegen, Düss ZIP **82**, 366, Spickhoff (vor Rn 1) 462, ZöStö 13, aM bei einer Überweisung an Zahlungs Statt LG Düss Rpfleger **82**, 112, Münzberg Rpfleger **82**, 329, ThP 11 (aber die Befriedigungswirkung setzt gerade die Feststellung voraus, daß die Forderung besteht, Rn 8, auch fehlte im dortigen Fall).

D. Mehrheit von Gläubigern. Bei einer Überweisung für mehrere Gläubiger gilt folgendes: Die erste **8** Überweisung an Zahlungs Statt befriedigt den Gläubiger, soweit die Forderung wirklich besteht. Sie nimmt daher die Forderung aus dem Vermögen des Schuldners heraus. Gegenüber einer späteren Pfändung und Überweisung hat der Gläubiger die Möglichkeit einer Klage aus § 771. Bei einer Überweisung zur Einziehung bestimmt sich der Rang der Gläubiger ausschließlich nach der Pfändung, § 804 III. Der Drittschuldner darf einen späteren Gläubiger nicht vor dem früheren befriedigen. Andernfalls muß er nunmehr auch an den vorrangigen zahlen, kann aber gegen den nachrangigen aus §§ 812 ff BGB vorgehen, BGH **82**, 28.

4) Überweisung zur Einziehung, I–III. Diese Überweisungsart ist innerhalb der Verwertungsarten des **9** § 835 die normale und im Fall des § 839 die allein zulässige. Sie bewirkt keinen Vermögensübergang, BGH **82**, 31, LG Augsb Rpfleger **97**, 120. Sie ermächtigt den Gläubiger vielmehr nur dazu, das Recht des Schuldners im eigenen Namen geltend zu machen, § 836, BGH **82**, 31, BFH NJW **90**, 2645, und zwar in einer Familiensache nach § 606 ff vor dem FamG, Hamm FamRZ **78**, 602. Eine einstweilige Einstellung der Zwangsvollstreckung nach §§ 707, 719, 769 macht eine spätere Überweisung zur Einziehung rechtswidrig. Eine dauernde Einstellung der Zwangsvollstreckung zieht eine Aufhebung der Pfändung und Überweisung nach sich, § 776. Die Zwangsvollstreckung ist erst dann im Sinn von Grdz 52 vor § 704 beendet, wenn der Gläubiger durch die Zahlung des Drittschuldners oder sonstwie befriedigt ist. Der Gläubiger kann sich mit dem Drittschuldner wegen der Forderung vergleichen oder die Forderung abtreten, wenn der Schuldner in Höhe dieser Forderung befreit wird.

§ 835

Buch 8. Abschnitt 2. ZwV wegen Geldforderungen

10 5) **Stellung des Gläubigers, I–III.** Sie zeigt viele Probleme.

A. Grundsatz: Recht zur Befriedigung. Die wirksame Überweisung gibt dem Pfändungsgläubiger die Stellung eines Pfandgläubigers nach § 1275 BGB, BGH NJW **01**, 288. Sie ermächtigt den Gläubiger zu allen denjenigen Maßnahmen, die im Recht des Schuldners begründet sind und der Befriedigung des Gläubigers dienen, BGH RR **89**, 287, VGH Kassel NJW **92**, 1254.

11 **B. Beispiele zur Frage der Stellung des Gläubigers**
Abtretung: Rn 14 „Nebenrecht".
Annahme der Leistung: Der Gläubiger darf die Leistung mit einer Erfüllungswirkung annehmen.
Anwalt: Rn 17 „Zahlung".
Arrest: Der Gläubiger darf einen Arrest erwirken.
Aufrechnung: Der Gläubiger darf eine Aufrechnung erklären, BGH **82**, 31. Das gilt auch gegenüber einer Verbindlichkeit, die der Gläubiger gegenüber dem Drittschuldner hat, BGH NJW **78**, 1914.
Auskunft: *Steder* MDR **00**, 438 (Üb).
Auszahlung: Rn 17 „Zustimmung".
Befriedigung: Vgl zunächst Rn 10.
   S ferner „Annahme der Leistung", Rn 12 „Erlaß", Rn 13 „Leistung", Rn 15 „Rente", Rn 16 „Vergleich".
12 **Einstweilige Anordnung, Verfügung:** Der Gläubiger darf eine einstweilige Anordnung oder Verfügung erwirken.
Einwilligung: Rn 15 „Streithilfe", Rn 17 „Zustimmung".
Einziehung, dazu *Schur* KTS **01**, 73 (Üb): Der Gläubiger darf die Forderung einziehen, BGH NJW **01**, 674.
   Er darf *nicht* einen Mehrbetrag einziehen, auch nicht vorbehaltlich der sofortigen Erstattung an den Schuldner.
Erfüllung: Rn 11 „Annahme der Leistung".
Erlaß: Der Gläubiger darf *nicht* einen Schulderlaß aussprechen, es sei denn, daß er sich für befriedigt erklärt.
Gegenleistung: Der Gläubiger darf eine erforderliche Gegenleistung bewirken. Diese Gegenleistung ist Teil der Vollstreckungskosten. Ein Widerspruch des Schuldners ist unbeachtlich.
Genehmigung: Rn 15 „Streithilfe", Rn 17 „Zustimmung".
Gesellschaft: Der Gläubiger darf kündigen und dann die Auseinandersetzung betreiben, § 859 Rn 5.
Guthaben: Der Gläubiger darf auch ohne eine Kündigung, ein zins- oder prämienbegünstigtes Guthaben abheben, freilich nicht vor dem Ablauf der Festlegungsfrist, *Muth* DB **79**, 1121. Die Zwangsvollstreckung geht einem Zins- oder Prämienverlust vor.
13 **Herausgabe:** Rn 14 „Nebenrecht".
Insolvenz: Der Gläubiger darf den Antrag auf die Eröffnung eines Insolvenzverfahrens stellen. Er darf die Forderung im Insolvenzverfahren des Drittschuldners anmelden. Er darf das Stimmrecht zusammen mit dem Schuldner ausüben und die Verteilungssumme einziehen.
Klagebefugnis: Der Gläubiger darf *nicht* eine Klage erheben, soweit der Schuldner nicht klagen könnte, aM StJM 25 (aber das würde über das Ursprungsrecht hinausgehen).
   S auch Rn 16 „Verein".
Kündigung: Der Gläubiger darf eine Kündigung wirksam erklären, § 859 Rn 5, BGH **82**, 31, LG Hbg Rpfleger **02**, 532. Zur Problematik bei einer gemischten Lebensversicherung LG Darmst RR **00**, 329, krit *Prahl* NVersZ **01**, 151.
Leistung: Rn 11 „Annahme der Leistung", Rn 12 „Gegenleistung", Rn 17 „Zahlung".
Leistungsklage: Der Gläubiger darf auf Leistung an sich selbst klagen, BGH **82**, 31, Ffm MDR **93**, 799, Stgt FamRZ **88**, 166. Dabei ist bei einem Arbeitseinkommen das ArbG zuständig, beim Steuererstattungsanspruch das FG, BFH NJW **88**, 1408, aM Hamm DB **89**, 488 (das ArbG sei zuständig), beim Diensteinkommen das VG, VGH Kassel NJW **92**, 1254.
   S auch Rn 12 „Gegenleistung".
14 **Lohnsteuer:** Der Gläubiger darf *keine* Erstattung beantragen, BFH NJW **99**, 1056, *Viertelhausen* DGVZ **03**, 136 (ausf), aM *Wolf/Müller* NJW **04**, 1779 (Verfassungsrecht. Aber das überzieht den Vollstreckungsanspruch, schon wegen des verfassungsrechtlich geschützten Steuergeheimnisses). Der Gläubiger darf dergleichen auch nicht bei Zusammenveranlagung tun, BFH NJW **01**, 462.
   S auch § 836 Rn 10 „Lohnsteuerkarte".
Löschungsfähige Quittung: S „Quittung".
Mehrbetrag: Rn 11 „Einziehung".
Nachlaß: Der Gläubiger darf *nicht* einen Schuldnachlaß bewilligen, es sei denn, daß er die finanziellen Folgen selbst trägt, BGH NJW **78**, 1914.
Nebenrecht: Im Rahmen des Überweisungsbeschlusses darf der Gläubiger auch etwaige Nebenrechte ausüben, zB nach § 401 BGB. Der Gläubiger darf deshalb zB die Herausgabe eines Pfandstücks und die Übertragung eines Sicherungseigentums fordern, soweit nicht eine Vereinbarung entgegensteht.
   Der Gläubiger darf aber *nicht* ohne weiteres die gepfändete Forderung abtreten, es sei denn, daß er sich für befriedigt erklärt.
Offenbarungsversicherung: Der bisherige Gläubiger behält das Auftragsrecht nach § 900 I nur bei der Überweisung zur Einziehung, nicht bei derjenigen an Zahlung statt, LG Augsb Rpfleger **97**, 120.
15 **Prämienbegünstigung, -verlust:** Rn 12 „Guthaben".
Quittung: Der Gläubiger darf eine Quittung erteilen, auch eine löschungsfähige.
Ratenzahlungen: Der Gläubiger darf *nicht* Ratenzahlungen bewilligen, es sei denn, daß er die finanziellen Folgen selbst trägt, BGH NJW **78**, 1914.
Rente: Der Gläubiger darf die Rente beantragen, LG Wiesb RR **96**, 59.

Titel 1. Zwangsvollstr. in das bewegl. Vermögen § 835

Rechtsbehelfe: Der Gläubiger hat gegen den nicht leistenden Drittschuldner dieselben Rechtsbehelfe wie bisher der Schuldner. In Frage kommt also je nach der Sachlage eine Klage im Urkundenprozeß usw. Der Drittschuldner darf evtl erst nach 2 Wochen leisten, III 2.
Sachbefugnis: Der Gläubiger weist seine Sachbefugnis durch den Überweisungsbeschluß nach.
Sicherungseigentum: Rn 14 „Nebenrecht".
Steuererstattung: Rn 14 „Lohnsteuer".
Streithilfe: Der Gläubiger darf einen rechtshängigen Prozeß des Schuldners *nicht* ohne dessen Einwilligung übernehmen, aber dem Prozeß als Streithelfer beitreten. Der Gläubiger kann auf diese bloße Streithilfe angewiesen sein.
Stundung: Der Gläubiger darf *nicht* eine Stundung bewilligen, es sei denn, daß er die finanziellen Folgen selbst trägt, BGH NJW **78**, 1914.
Überweisungsbeschluß: Der Gläubiger darf alle in diesem ABC genannten Rechte nur im Rahmen des Überweisungsbeschlusses ausüben. **16**
Umschreibung: Der Gläubiger darf einen Vollstreckungstitel auf sich umschreiben lassen, § 727.
Urkundenprozeß: Rn 15 „Rechtsbehelfe".
Verein: Wenn der Schuldner ein nicht rechtsfähiger Verein ist, dann hat der Gläubiger ein Klagerecht. Denn auch die Gesamtheit der Mitglieder könnte eine Klage erheben. Der Gläubiger weist seine Sachbefugnis durch den Überweisungsbeschluß nach.
S auch Rn 13 „Klagebefugnis".
Vergleich: Der Gläubiger darf mit dem Drittschuldner wegen der gepfändeten Forderung einen Vergleich schließen, soweit der Schuldner dadurch befriedigt würde.
Vollstreckungstitel: 16 „Umschreibung".
Zahlung: Der Gläubiger darf eine Zahlstelle angeben, inbesondere anordnen, daß eine Zahlung an seinen Anwalt zu leisten sei. **17**
Zinsbegünstigung, -verlust: Rn 12 „Guthaben".
Zustimmung: Der Gläubiger darf eine etwa erforderliche Zustimmung zu einer Auszahlung verlangen, Düss RR **89**, 599.
S auch Rn 15 „Streithilfe".
Zwangsgeld: Der Gläubiger darf *nicht* ein Zwangsgeld für sich statt für die Staatskasse nach § 888 beitreiben.

C. Verzögerung. Der Gläubiger ist dem Schuldner gegenüber zur unverzüglichen Einziehung der Forderung verpflichtet. Eine vorwerfbare Verzögerung macht den Gläubiger schadensersatzpflichtig, § 842. Wenn der Gläubiger eine Klage erhebt, dann muß er dem Schuldner den Streit verkünden, §§ 72, 841. Die Kosten der Einziehung sind Kosten der Zwangsvollstreckung, § 788 Rn 22 „Drittschuldner". Der Gläubiger kann die Kosten bei einer Zahlung des Drittschuldners mit verrechnen. Wenn der Gläubiger eine Klage erhebt, sind die Kosten im Verhältnis zum Drittschuldner Prozeßkosten, §§ 91, 103 ff. Dann muß man im Verhältnis zwischen dem Gläubiger und dem Schuldner prüfen, ob die Klage und die Aufwendung der einzelnen Posten nötig waren. Kosten, die das Urteil dem Gläubiger auferlegt, trägt der Schuldner nicht. Denn ein erfolgloses Vorgehen war nicht notwendig. Es geht vielmehr zu Lasten des Gläubigers. Der Gläubiger nimmt die Einziehung auf eigene Gefahr vor. Soweit die Einziehung den Gläubiger nicht befriedigt, darf er die Zwangsvollstreckung fortsetzen. **18**

6) Stellung des Schuldners, I–III. Sie läßt sich ziemlich klar bestimmen. **19**
A. Inhalt. Die Überweisung ändert nicht die Natur des Schuldverhältnisses, BFH NJW **88**, 1408. Sie nimmt die Forderung nicht aus dem Vermögen des Schuldners, BGH **82**, 31, BFH NJW **88**, 1408 und 1999, LG Bln MDR **89**, 76. Die Verstrickung nach Üb 6 vor § 803 bleibt bestehen. Der Schuldner bleibt mit den Einschränkungen der §§ 135, 136 BGB verfügungsberechtigt, BGH **82**, 31, LG Bln MDR **89**, 76. Er ist lediglich nicht mehr berechtigter Zahlungsempfänger, BGH **82**, 31, LG Bln MDR **86**, 327. Er darf nicht mehr zum Nachteil des Gläubigers verfügen, BFH NJW **88**, 1999. Die Forderung bleibt einem fremden Angriff ausgesetzt, vor allem einer Anschlußpfändung.
B. Beispiele zur Frage der Stellung des Schuldners **20**
Arrest: Der Schuldner darf eine Sicherungsmaßnahme gegen den Drittschuldner betreiben, zB einen Arrest erwirken, LG Bln MDR **89**, 76.
Der Schuldner darf aber *keine* Klage auf eine Leistung an sich selbst erheben, auch nicht eine solche „unbeschadet der Rechte des Gläubigers", Münzberg DGVZ **85**, 145, und auch nicht eine Klage auf Leistung an sich und an den Gläubiger.
S auch „Hinterlegung".
Einziehung: Der Schuldner darf während der Dauer der Pfändung die Forderung *nicht* mehr einziehen, LG Bln MDR **86**, 327.
Feststellungsklage: Der Schuldner darf eine *Feststellungsklage* gegen den Drittschuldner erheben.
Hinterlegung: S zunächst Rn 22 „Leistungsklage". Die Einziehung einer Nachlaßforderung erfolgt zwecks Hinterlegung für alle Miterben, auch wenn der Nachlaßgläubiger und der Schuldner der Nachlaßforderung dieselbe Person sind. Demgemäß erfolgt auch die Pfändung und Überweisung einer Forderung gegen den Gläubiger selbst. **21**
Der Schuldner darf *keine* Klage auf eine Hinterlegung erheben, Münzberg DGVZ **85**, 146.
Insolvenz: Der Schuldner darf das Recht zur Tabelle anmelden, das Stimmrecht aber nur gemeinsam mit dem Gläubiger ausüben.
Leistungsklage: Der Schuldner darf auf eine Leistung an den Gläubiger klagen. Denn die Erfüllung berührt den Schuldner wesentlich. Der Gläubiger muß die Forderung einziehen. Der Drittschuldner kann sich durch eine Streitverkündung gegen eine doppelte Beanspruchung schützen. **22**
Prozeßführungsrecht: Dem Schuldner *fehlt* die Prozeßführungsbefugnis im Hinblick auf das Recht, das jetzt dem Gläubiger zusteht. Daher ist die Klage des Schuldners unzulässig.

§ 835　　　　　　　　　　　　Buch 8. Abschnitt 2. ZwV wegen Geldforderungen

Sicherungsmaßnahme: Rn 20 „Arrest".
Steuererklärung: Der Schuldner kann zu ihrer Abgabe als Nebenpflicht gehalten sein, Wolf/Müller NJW **04**, 1779.
Urteil: Ein zwischen dem Gläubiger und dem Drittschuldner ergehendes Urteil schafft keine Rechtskraft für den Schuldner, und umgekehrt, Köln VersR **02**, 1106.
Vollstreckungsabwehrklage: Der Schuldner darf sich mit einer Klage nach § 767 jedenfalls gegen eine über Sicherungsmaßnahmen hinausgehende Zwangsvollstreckung wehren, LG Bln MDR **89**, 76.

23　　7) **Stellung des Drittschuldners, I–III,** dazu *Spickhoff*, Nichtige Überweisungsbeschlüsse und Drittschuldnerschutz, Festschrift für *Schumann* (2001) 443: Für den Drittschuldner ist nur noch der Gläubiger maßgeblich, abgeleitet, BGH **82**, 31, BFH NJW **88**, 1408. Nur die Zahlung an den objektiv richtigen Gläubiger befreit den Drittschuldner voll, §§ 815 III, 819, BGH NJW **88**, 495. Eine Zahlung an den Schuldner kann ihn befreien, wenn er den Pfändungs- und Überweisungsbeschluß nicht kannte, § 407 BGB. § 408 BGB ist anwendbar. Der Drittschuldner braucht aber die Rechtmäßigkeit des Pfändungs- und Überweisungsbeschlusses grundsätzlich nicht nachzuprüfen, § 836 II, BGH NJW **91**, 705. Im Zweifel kann er nach § 372 BGB hinterlegen. Er hat alle Einwendungen gegenüber dem Gläubiger und gegenüber dem Schuldner, § 404 BGB, wie vor dem Zeitpunkt der Überweisung, Oldb Rpfleger **94**, 266. Er muß gegenüber dem Gläubiger beweisen, daß der Schuldner die Forderung vor der Zustellung des Pfändungs- und Überweisungsbeschlusses abgetreten hatte, Nürnb JB **01**, 952.

24　　Im Fall der *Einrede des nicht erfüllten Vertrags* muß der Drittschuldner erst Zug um Zug gegen die Bewirkung der Gegenleistung durch den Gläubiger leisten. Der Schuldner kann die Erfüllung einer eigenen Verbindlichkeit gegenüber dem Drittschuldner mit der Maßgabe verweigern, daß der Drittschuldner Zug um Zug an den Gläubiger der gepfändeten Forderung zahlen muß. Er darf auch gegenüber dem Gläubiger eine Aufrechnung erklären, und zwar nach Maßgabe des § 406 BGB auch mit einer gegen den Schuldner bestehenden Forderung, BGH NJW **80**, 584, aber nicht mit einer nach der Beschlagnahme erworbenen Forderung, § 392 BGB, auch nicht mit einer Forderung, die der Schuldner gegen den Gläubiger hat, AG Langen MDR **81**, 237, oder mit einer nicht aufrechnungsfähigen Forderung, BGH NJW **01**, 288. Der Drittschuldner darf ferner die Mangelhaftigkeit oder die Unwirksamkeit des Pfändungs- und Überweisungsbeschlusses im Prozeß oder nach § 766 geltend machen, Spickhoff (bei Rn 23) 462, aM LAG Düss DB **01**, 1424 (nur nach § 766).
　　Er braucht bei einer *Einstellung* der Zwangsvollstreckung nicht mehr an den Gläubiger zu leisten. Er kann gegen einen Empfänger, der nicht der objektiv richtige Gläubiger war, einen Anspruch aus ungerechtfertigter Bereicherung haben, BGH **82**, 33, Lieb ZIP **82**, 1153, aM Mü NJW **78**, 1438, ThP § 836 Rn 6 (aber § 835 beeinträchtigt nicht einen etwaigen sachlichrechtlichen Anspruch. Vgl freilich Rn 25).

25　　Ein Anspruch aus §§ 812 ff BGB kann zB gegen den Schuldner im Fall einer *Doppel- oder Überzahlung* des Drittschuldners bestehen. Es können dann auch §§ 670, 683 BGB anwendbar sein, Seibert WertpMitt **84**, 521. Der Drittschuldner hat allerdings keine Einwendungen gegen den Anspruch selbst, also gegen die Schuld des Schuldners, BAG NJW **89**, 1053, StJM § 829 Rn 115, ThP § 836 Rn 7, aM Denck ZZP **92**, 71 (beim Arbeitslohn). Im Falle der Lohnpfändung kann der Arbeitgeber vom Arbeitnehmer die Erstattung der Bearbeitungs- und Überweisungskosten fordern, Brill DB **76**, 2400. S auch § 766 Rn 20 „Drittschuldner", § 829 Rn 73.

26　　8) **Kontenguthaben, III 2.** Man muß wie folgt unterscheiden.
　　A. Grundsatz. Vgl zunächst Rn 1. Wenn der Gläubiger das Kontenguthaben einer natürlichen Person nach § 1 BGB bei einem Geldinstitut nach § 829 wirksam gepfändet und überwiesen erhalten hat, dann darf dieser Drittschuldner aus dem Guthaben erst dann eine Zahlung an den Gläubiger leisten oder einen Betrag nach § 839 hinterlegen oder aufrechnen, wenn seit der Zustellung des Überweisungsbeschlusses (nicht: des etwa gesonderten Pfändungsbeschlusses) an den Drittschuldner 2 Wochen vergangen sind. Die Frist berechnet sich nach § 222. Sie ist zwingend. Auf den Zeitpunkt der Zustellung des freilich meist gleichzeitigen Pfändungsbeschlusses an den Drittschuldner kommt es nicht an.

27　　**B. Einzelfragen.** Geldinstitut ist jede Bank, Sparkasse oder jedes Postgiroamt, LG Bad Kreuznach Rpfleger **90**, 216, oder eine sonst geschäftsmäßig tätige, zugelassene Stelle, LG Bln Rpfleger **92**, 129. Das gilt unabhängig von deren Rechtsform und Größe. Es gilt auch dann, wenn dieses Geldinstitut der Arbeitgeber ist, etwa derjenige eines Bankangestellten. Eine Zahlstelle der Haftanstalt zählt nicht hierher, LG Bln Rpfleger **92**, 129. Eine Überweisung an Zahlungs Statt genügt. Soweit dann die Pfändung aufgehoben worden ist, fällt die Forderung an den Schuldner zurück. Für die 2-Wochen-Frist ist die Zustellung an einen anderen als den Drittschuldner unerheblich. Der Drittschuldner darf aus einem anderen als dem gepfändeten Guthaben leisten, selbst wenn zwischen den Beteiligten Identität vorliegt. Wenn der Gläubiger mehrere Guthaben desselben Schuldners gepfändet hat, dann muß man die Rechte und Pflichten für jedes Konto gesondert beurteilen.
　　Eine *vorzeitige* Leistung ist nach §§ 134 ff BGB jedenfalls den Benachteiligten gegenüber unwirksam. Deshalb muß das Geldinstitut in einem solchen Fall nochmals zahlen oder eine Rückgutschrift vornehmen. Allerdings bleiben die Pfändung und die Wirkung der Überweisung während der 2-Wochen-Sperre bestehen. Nur die Verfügungsbefugnis und -pflicht des Drittschuldners ist aufgehoben, Hartmann NJW **78**, 610. III 2 gilt nach § 314 III AO entsprechend.

28　　**C. Verstoß.** Sofern der Schuldner den Antrag nach § 850 k rechtzeitig gestellt hat, kann ein Verstoß des Drittschuldners seine Schadensersatzpflicht nach § 823 II BGB auslösen.

29　　9) **Überweisung an Zahlungs Statt, I–III.** Sie hat nicht sehr große Bedeutung.
　　A. Antrag. Eine Überweisung an Zahlungs Statt geschieht nur auf einen ausdrücklichen Antrag des Gläubigers und nur bei einer Geldforderung, Üb 4 vor § 803. Eine solche Überweisungsart ist bei den §§ 839, 849, 851 II und dann unzulässig, wenn die Forderung von einer Gegenleistung abhängig ist. Denn in solchen Fällen fehlt der bestimmte Nennwert. Bei einer Vollstreckung auf Grund eines vorläufig voll-

Titel 1. Zwangsvollstr. in das bewegl. Vermögen §§ 835, 836

streckbaren Titels ist eine Überweisung an Zahlungs Statt zulässig. Sie fügt dort dem Rechtsübergang eine auflösende Bedingung bei. Wenn der vorläufig vollstreckbare Titel aufgehoben wird, dann muß man das Geleistete nach § 717 II, III zurückgewähren. Wenn die gepfändete Forderung in Wahrheit überhaupt nicht besteht oder wenn der Drittschuldner die Forderung mit einer Einrede nach den §§ 404 ff BGB zum Erlöschen bringt, dann darf der Gläubiger anderweit vollstrecken. Bei wiederkehrenden Bezügen darf man nur die einzelnen Raten überweisen, nicht das Recht selbst.

B. Wirkung. Die Überweisung darf nur zum Nennwert geschehen und nur in der Höhe, die der **30** Anspruch des Gläubigers einschließlich der Kosten der Zwangsvollstreckung ausmacht. Die Überweisung wirkt wie eine Abtretung der gepfändeten Forderung nach §§ 398 ff BGB, Hasse VersR **05**, 20. Sie befriedigt daher den Gläubiger dann, wenn seine Forderung wirklich besteht, mit dem Augenblick der Zustellung des Überweisungsbeschlusses an den Drittschuldner. Es ist unerheblich, ob sich die Forderung beitreiben läßt. Der Anspruch des Gläubigers lebt auch dann nicht wieder auf, wenn man die Forderung in Wahrheit nicht beitreiben kann. Da der Gläubiger außerdem wegen der Kosten einer vergeblichen Rechtsverfolgung keinen Ersatzanspruch hat, ist diese Art der Überweisung unbeliebt und selten. Wenn die Forderung in voller Höhe gepfändet worden ist, die Vollstreckungsschuld aber in Wahrheit niedriger ist, dann wird der nicht überwiesene Restbetrag frei.

10) *VwGO:* Entsprechend anwendbar im Rahmen der Grdz § 803 Rn 16, VGH Mü NJW **84**, 2484. Nach **31** § 169 I VwGO, § 5 VwVG gelten § 315 (idF der 2. ZwVNov) sowie § 314 III AO (entsprechende Anwendung von III 2).

836 *Wirkung der Überweisung.* ¹ Die Überweisung ersetzt die förmlichen Erklärungen des Schuldners, von denen nach den Vorschriften des bürgerlichen Rechts die Berechtigung zur Einziehung der Forderung abhängig ist.

II Der Überweisungsbeschluss gilt, auch wenn er mit Unrecht erlassen ist, zugunsten des Drittschuldners dem Schuldner gegenüber so lange als rechtsbeständig, bis er aufgehoben wird und die Aufhebung zur Kenntnis des Drittschuldners gelangt.

III ¹ Der Schuldner ist verpflichtet, dem Gläubiger die zur Geltendmachung der Forderung nötige Auskunft zu erteilen und ihm die über die Forderung vorhandenen Urkunden herauszugeben. ² Erteilt der Schuldner die Auskunft nicht, so ist er auf Antrag des Gläubigers verpflichtet, sie zu Protokoll zu geben und seine Angaben an Eides statt zu versichern. ³ Die Herausgabe der Urkunden kann von dem Gläubiger im Wege der Zwangsvollstreckung erwirkt werden.

Schrifttum: *Becker,* Schutz des Drittschuldners vor ungerechtfertigter Inanspruchnahme, Festschrift für *Musielak* (2004) 1; *Fischer,* Der Schutz des Drittschuldners nach § 836 Abs. 2 ZPO, 1997; *Kleinheisterkamp,* Prozeßführung über gepfändete Geldforderungen, 2001; *Spickhoff,* Nichtige Überweisungsbeschlüsse und Drittschuldnerschutz, Festschrift für *Schumann* (2001) 443; *Sude,* Mitwirkungspflichten des Vollstreckungsschuldners nach dem 8. Buch der ZPO usw, Diss Bonn 2000.

Gliederung

1) **Systematik, I–III**	1	C. Beispiele zur Frage einer Herausgabepflicht nach III	7–12
2) **Regelungszweck, I–III**	2	D. Vollstreckung	13–15
3) **Geltungsbereich, I–III**	3, 4	E. Rechtsbehelf	16
4) **Hilfspflicht des Schuldners, III**	5–16	5) *VwGO*	17
A. Auskunft	5		
B. Herausgabe von Urkunden im Schuldnerbesitz	6		

1) Systematik, I–III. Die Überweisung ändert nicht die Natur des Schuldverhältnisses, BFH NJW **88**, **1** 1408. Sie wirkt vielmehr im Rahmen des § 835 rechtsübertragend, BFH NJW **88**, 1408, auch wenn das sachliche Recht für die Übertragung eine besondere Form verlangt. Die Überweisung ersetzt zB eine schriftliche Abtretung nach § 1154 I BGB und ein Inkassoindossament nach Art 18 WG, nicht aber ein Vollindossament. Der Schuldner soll nämlich nicht einem wechselmäßigen Rückgriff ausgesetzt werden. III hat Vorrang vor § 185 l GVGA, AG Korbach DGVZ **03**, 45.

2) Regelungszweck, I–III, dazu *Derleder* JB 95, 122: I dient der Vereinfachung und Beschleunigung des **2** Verfahrens. Es wäre kaum erträglich, wenn der Gläubiger nun noch auf Abgabe solcher erforderlichen Erklärungen warten, klagen und nach § 894 die Rechtskraft abwarten müßte. Dieser Teil der Vorschrift ist also zugunsten des Gläubigers auslegbar.

II soll den Drittschuldner schützen, der im Vertrauen auf die Wirksamkeit des Überweisungsbeschlusses gehandelt hat, BGH **140**, 254, BAG NJW **90**, 2643, LG Köln RR **99**, 650 (auch zu den Schutzgrenzen). Dieser Teil der Vorschrift ist daher zugunsten des Drittschuldners auslegbar.

III führt leider immer wieder zu Auslegungsstreit, etwa bei der Lohnsteuerkarte, Rn 10. Man sollte die Vorschrift nach der Grundsatzentscheidung des BFH NJW **99**, 1056 auch vor den übrigen Gerichten wie vorm Gerichtsvollzieher nicht anders auslegen, um trotz wenig praktischer Folgen doch wenigstens Rechtssicherheit zu wahren, Einl III 43.

3) Geltungsbereich, I–III. II ist dem § 409 BGB nachgebildet. Die Vorschrift ist auf einen nichtigen **3** Überweisungsbeschluß unanwendbar, BGH **121**, 104, aM BGH ZZP **108**, 250, Lüke NJW **96**, 3265, Spickhoff (vor Rn 1) 463 (grundsätzlich anerkennend, daß der Drittschuldner habe sich nicht gewehrt. Aber das ist zu unscharf. Der Schutz entfällt dann, wenn wegen einer klaren entgegenstehenden Rechtslage kein guter Glaube entstehen konnte, BAG NJW **77**, 77, Becker (vor Rn 1) 75, oder wenn ein solcher guter

Glaube weggefallen ist, etwa wenn das Prozeßgericht die Zwangsvollstreckung einstweilen eingestellt hatte, zB nach §§ 707, 719, 769, oder wenn eine gerichtliche Rangänderung nach § 850 d II a erfolgt ist, BAG DB **91**, 1528 (sie wirkt auf den Pfändungszeitpunkt zurück). II wirkt nicht zu Lasten des Drittschuldners. Er darf einen Mangel des Beschlusses geltend machen, § 835 Rn 23–25. Die Unterstellung nach II gilt direkt nur im Verhältnis zwischen dem Drittschuldner und dem Schuldner, BGH **66**, 396. Sie gilt zB dann, wenn die Forderung unpfändbar war. Wenn die Forderung in Wahrheit einem anderen zusteht, dann befreit eine Zahlung an den Pfändungsgläubiger den Drittschuldner dem wahren Gläubiger gegenüber nicht, BGH NJW **88**, 496.

Man muß indessen II auch entsprechend auf das Verhältnis zwischen dem Drittschuldner und dem *Pfändungsgläubiger* des wahren Schuldners anwenden. Denn der Pfändungsgläubiger ist an die Stelle des Schuldners getreten, BGH **66**, 396, BAG NJW **90**, 2643. Die Unterstellung wird an sich im Zeitpunkt der Zustellung des Überweisungsbeschlusses an den Drittschuldner wirksam, BGH **66**, 397. Die Unterstellung erstreckt sich aber auf denjenigen Rang der Forderungsüberweisung zurück, der durch den Zeitpunkt der Pfändung bestimmt ist, BGH **66**, 397, BAG NJW **90**, 2643. Der Drittschuldner ist allerdings nur im Rahmen von § 835 III 2 geschützt. Die entsprechende Anwendung von II setzt keine Pfändung der Hypothekenforderung voraus, KG JB **93**, 32.

4   Die *Unterstellung endet,* wenn der Drittschuldner Kenntnis von der Aufhebung des Überweisungsbeschlusses erhält. Es genügt eine formlose Mitteilung oder die Vorlegung einer beglaubigten Abschrift des Gerichtsbeschlusses oder die Zustellung des aufhebenden Beschlusses. Der Schuldner bzw dessen Pfändungsgläubiger muß diese Voraussetzungen beweisen, BGH **66**, 398. Wenn das Gericht den Pfändungsbeschluß aufhebt, kann der Drittschuldner wieder mit befreiender Wirkung an den Schuldner leisten. Das gilt selbst dann, wenn der Aufhebungsbeschluß nicht rechtskräftig ist und wenn dann durch eine Aufhebung des Aufhebungsbeschlusses die frühere Pfändung wiederaufhebt. Die Möglichkeit zur Leistung mit befreiender Wirkung dauert in solchem Fall solange an, bis der Drittschuldner von der Aufhebung des Aufhebungsbeschlusses eine sichere Kenntnis hat, aM ZöStö 7 (aber sonst wäre eine für ihn kaum erträgliche Unsicherheit vorhanden). Der Schuldner braucht irgendwelchen Zweifeln wegen der Wirksamkeit des Widerrufs der Anzeige, die die Forderungsanzeige betrifft, nicht nachzugehen. Der Drittschuldner braucht einem etwaigen Zweifel an der Wirksamkeit des Aufhebungsbeschlusses nicht nachzugehen. II ist im Fall einer Verwertung nach § 844 entsprechend anzuwenden.

5   **4) Hilfspflicht des Schuldners, III.** Der Schuldner ist dem Gläubiger gegenüber wie folgt verpflichtet, und zwar unabhängig von den Pflichten des Drittschuldners nach § 840, LG Ravensb Rpfleger **90**, 266.

A. Auskunft, dazu *Wertenbruch* DGVZ **01**, 65 (Üb): Der Schuldner muß dem Gläubiger nur diejenige Auskunft geben, die der Schuldner benötigt, um die Forderung geltend machen zu können, Rn 1 (Vorrang vor § 1851 GVGA), LG Hbg Rpfleger **82**, 387, LG Nürnb-Fürth ZZP **96**, 119, aM LG Köln MDR **76**, 150 (aber das ginge über den Sinn der Regelung hinaus). Die Auskunftspflicht des Schuldners entspricht derjenigen des § 402 BGB. Sie umfaßt zB Angaben darüber, welche Tätigkeit der Schuldner für seinen Auftraggeber ausführt und für wie viele Wochenstunden er für ihn tätig ist, LG Köln DGVZ **02**, 186. Sie erstreckt sich auch auf solche Tatsachen, die erst nach der Pfändung eingetreten sind, LG Bochum JB **00**, 437. Der Gläubiger kann und muß notfalls ähnlich wie bei § 883 II ein Verfahren nach §§ 899 ff bis zum Haftbefehl beantragen, und zwar beim Gerichtsvollzieher, § 899 I, *David* MDR **00**, 195. Die diesbezügliche Streitfrage ist durch III 2 erledigt. Der Schuldner braucht zB nicht seine Steuerklasse anzugeben, wohl aber eine Abtretung, LG Hildesh DGVZ **01**, 88. Wenn der Schuldner diese Auskunfts- und Offenbarungspflicht verletzt, dann macht er sich dem Gläubiger schadensersatzpflichtig, § 286 I BGB, *Mü* MDR **90**, 932.

6   **B. Herausgabe von Urkunden im Schuldnerbesitz.** Der Schuldner muß dem Gläubiger diejenigen Urkunden herausgeben, die er über die Forderung besitzt und die den Bestand der Forderung beweisen, LG Hof DGVZ **91**, 138 (nicht aber im Weg der Ausforschung auch alle nur evtl in seinem Besitz befindlichen anderen Urkunden, LG Kassel DGVZ **94**, 116, AG Hünfeld DGVZ **05**, 110). Das gilt freilich nur bei einer bloßen Hilfspfändung, § 803 Rn 3, also nicht vor der Pfändung des Hauptanspruchs, LG Kaisersl Rpfleger **84**, 473.

7   **C. Beispiele zur Frage einer Herausgabepflicht nach III**
Beweisurkunde: Sie fällt unter III.
Brief: Er fällt unter III.
EC-Karte: Sie fällt *nicht* unter III, BGH NJW **03**, 1256 (zustm *Walker* LMK **03**, 115).
Euroscheck: Er fällt *nicht* unter III, LG Münst Rpfleger **00**, 506, LG Stgt Rpfleger **94**, 472.
8   **Kontoauszug:** Er fällt *nicht* unter III, AG Göpp DGVZ **89**, 29 (der Gläubiger kann dazu vom Drittschuldner Auskunft nach § 840 fordern).
Kraftfahrzeugpapiere: Sie fallen unter III, KG OLGZ **94**, 114.
Leistungsbescheid: Der Leistungsbescheid des Arbeitsamts fällt unter III, LG Regensb Rpfleger **02**, 468, aM LG Hann Rpfleger **86**, 143 (aber § 840 schließt III nicht aus).
9   **Lohnabrechnung:** Sie fällt *nicht* unter III, Saarbr DGVZ **95**, 149, Zweibr Rpfleger **96**, 36, LG Hann DGVZ **94**, 56, aM LG Köln DGVZ **02**, 186, LG Stgt Rpfleger **98**, 167, AG Rosenheim JB **02**, 493 (aber das ginge weit über den Beschluß nach §§ 829 ff hinaus).
Lohn- oder Rentenabtretung: Eine Urkunde über eine solche Abtretung fällt unter III, Brschw Rpfleger **05**, 150, LG Paderb JB **02**, 159, LG Verden JB **04**, 498 und 499 (je zustm *Behr*), aM LG Hof DGVZ **91**, 138, StJBre 14, ZöStö 9 (aber der Gläubiger muß die Vermögenslage des Schuldners voll prüfen können).
10   **Lohnsteuerkarte,** dazu *Behr* JB **97**, 349 (Üb): Insbesondere bei der Pfändung des Steuererstattungsanspruchs nach § 835 Rn 14 „Lohnsteuer" fällt die Lohnsteuerkarte *nicht* unter III. Denn der Erstattungsanspruch ist wegen der Unübertragbarkeit der Rechtsstellung des Schuldners im Steuerfestsetzungsverfahren, zu der sein Antragsrecht nach § 46 II Z 8 EStG zählt, allenfalls nach § 888 verwertbar, BFH NJW **99**, 1056 (für

Titel 1. Zwangsvollstr. in das bewegl. Vermögen §§ 836, 837

die Steuerverwaltung verbindlich), LG Münst Rpfl **02**, 632, Viertelhausen DGVZ **04**, 163, aM BGH **157**, 196 (III bei Benötigung für eigenes Steuerverfahren; zustm Walker/Reichenbach LMK **04**, 77 mit Forderung nach Entscheidung des Gemeinsamen Senats der Obersten Gerichtshöfe). Dadurch dürfte die bisherige Streitfrage geklärt sein. Der Gläubiger kann auch keine Zusammenveranlagung beantragen, § 835 Rn 14 „Lohnsteuer".
Mietkaution: Sie fällt zB bei einer Zwangsverwaltung keineswegs stets unter III, LG Tüb DGVZ **04**, 142.
Pfandschein: Er fällt unter III.   11
Pfändungs- und Überweisungsbeschluß: Ein früherer fällt unter III. Denn der Gläubiger ist auf Information angewiesen, LG Mühlhausen JB **04**, 449, LG Stgt Rpfleger **98**, 167, AG Ludwigsh JB **96**, 439, aM LG Münst Rpfleger **02**, 321 (abl Hintzen)
Rentenauskunft: Eine solche nach § 109 SGB VI fällt wegen ihres weitreichenden Inhalts und wegen § 35 SGB I, §§ 67 ff SGB X unter III, AG Bln-Köpenick JB **98**, 159, AG Diepholz JB **98**, 160, AG Heidelb JB **98**, 160, AG Celle JB **98**, 156, LG Lpz Rpfleger **05**, 96 (zustm Schmidt), LG Siegen JB **99**, 158 (aber der Gläubiger muß die Vermögenslage des Schuldners voll prüfen können).
Rentenbescheid: Er fällt unter III, LG Lpz Rpfleger **05**, 96 (zustm Schmidt).
Schuldschein: Es fällt unter III.
Sparbuch: Es fällt unter III, AG Bre JB **98**, 606. Allerdings braucht der Schuldner die zugehörige Sicherungskarte *nicht* mit herauszugeben, Algner DGVZ **78**, 5.
Steuerbeleg: Unterlagen, die eine Steuerminderung ergeben, fallen unter III, AG Hoyerswerda JB **95**, 663.
Verdienstabrechnung: Sie fällt unter III, LG Hann Rpfleger **94**, 221.   12
S auch Rn 10 „Lohnsteuerkarte".
Vergleichsurkunde: Sie fällt unter III.
Versicherungsschein: Der Versicherungsschein einer freiwilligen Versicherung fällt unter III, Ffm Rpfleger **77**, 221, LG Darmst DGVZ **91**, 10, Hasse VersR **05**, 19.
Vertragsurkunde: Sie fällt unter III.
Weiterer Pfändungsbeschluß: Er fällt unter III, LG Bielef JB **95**, 384.

D. Vollstreckung. Der Gläubiger darf sich auf Grund einer Ausfertigung des ursprünglichen Schuldtitels 13 und einer einfachen Ausfertigung des Überweisungsbeschlusses diese Urkunden im Wege der Zwangsvollstreckung beschaffen, ohne daß es einer besonderen Herausgabeanordnung bedarf, LG Darmst DGVZ **91**, 10. Der Rpfl muß im Überweisungsbeschluß die Urkunden genau bezeichnen, AG Köln DGVZ **94**, 157. Andernfalls muß der Gläubiger einen keiner Vollstreckungsklausel bedürfenden Ergänzungsbeschluß herbeiführen, der die Urkunden genau auffführt, LG Limbg DGVZ **75**, 11, AG Dortm DGVZ **80**, 29. Eine Formulierung, es seien die „Nachweise über die Dauer der Nichtbeschäftigung, zB Meldekarten, Atteste usw" herauszugeben, ist ausreichend, § 829 Rn 15–17, aM LG Bln Rpfleger **75**, 229 (aber der Beschluß muß wie ein Vollstreckungstitel aus sich heraus verständlich und vollständig sein). Eine Glaubhaftmachung gegenüber dem Finanzamt genügt, FG Düss BB **75**, 1334.

Der Gläubiger muß den Beschluß nach § 750 zustellen, StJM 15, ZöStö 9, aM AG Bad Schwartau 14 DGVZ **81**, 63. Anschließend sucht der *Gerichtsvollzieher* beim Schuldner nach den Urkunden und nimmt sie ihm im Weg der Hilfspfändung nach § 808 Rn 3 weg, LG Kaisersl Rpfleger **84**, 473. Er muß auch beim Drittschuldner so vorgehen, aM Ffm Rpfleger **77**, 221 (§§ 883 ff). Aber diese Vorschrift betrifft die Herausgabe einer Hauptsache).

Im Fall einer *Teilüberweisung* muß der Schuldner die Urkunden über die gesamte Forderung herausgeben. 15 Der Beschluß muß die Pflicht des Gläubigers zur Rückgabe der Urkunde und dem Ausgebrauch aussprechen. Aus dem Beschluß ist die Zwangsvollstreckung zulässig. Wenn sich die Urkunden im Besitz eines zur Herausgabe nicht bereiten Dritten befinden, dann berechtigt der Überweisungs- bzw Ergänzungsbeschluß den Gläubiger zu einer Klage auf die Herausgabe, LAG Düss MDR **83**, 85, AG Duisb MDR **82**, 856, ZöStö 9, aM ThP 16 (man müsse zunächst nach § 886 vorgehen. Aber diese Vorschrift betrifft die Herausgabe einer Hauptsache).

E. Rechtsbehelf. Gegenüber einer Maßnahme des Gerichtsvollziehers kann der Betroffene die Erinne- 16 rung nach § 766 einlegen, Noack DGVZ **75**, 98, ThP 16, aM AG Neustadt/R DGVZ **76**, 75 (aber eine bloße Maßnahme ist keine echte Entscheidung, § 793 Rn 4). Beim Rpfl gilt nach einer bloßen Maßnahme § 766. Nach einer Entscheidung vgl § 829 Rn 84–88. Wegen der Rechtsbehelfe im Verfahren nach III 2 in Verbindung mit §§ 899 ff vgl dort.

5) *VwGO: Entsprechend anwendbar im Rahmen der Grdz* § 803 Rn 16. Nach § 169 I VwGO, § 5 VwVG gilt 17 § 315 AO (idF der 2. ZwVNov).

837 *Überweisung einer Hypothekenforderung.* ^{I 1}Zur Überweisung einer gepfändeten Forderung, für die eine Hypothek besteht, genügt die Aushändigung des Überweisungsbeschlusses an den Gläubiger. ²Ist die Erteilung des Hypothekenbriefes ausgeschlossen, so ist zur Überweisung an Zahlungs statt die Eintragung der Überweisung in das Grundbuch erforderlich; die Eintragung erfolgt auf Grund des Überweisungsbeschlusses.

II ¹Diese Vorschriften sind nicht anzuwenden, soweit es sich um die Überweisung der Ansprüche auf die im § 1159 des Bürgerlichen Gesetzbuchs bezeichneten Leistungen handelt. ²Das Gleiche gilt bei einer Sicherungshypothek im Falle des § 1187 des Bürgerlichen Gesetzbuchs von der Überweisung der Hauptforderung.

III Bei einer Sicherungshypothek der im § 1190 des Bürgerlichen Gesetzbuchs bezeichneten Art kann die Hauptforderung nach den allgemeinen Vorschriften gepfändet und überwiesen werden, wenn der Gläubiger die Überweisung der Forderung ohne die Hypothek an Zahlungs statt beantragt.

Hartmann 2335

§§ 837, 837a

1 **1) Systematik, I–III.** Die Vorschrift ergänzt die §§ 835, 836 in ihrem Geltungsbereich als eine vorrangige Spezialregelung. Ihr geht die noch speziellere Regelung bei einer Schiffspfandhypothek in § 837 a vor.

2 **2) Regelungszweck, I–III.** Ziel ist eine den Eigenarten des Grundpfandrechts angepaßte praktikable Durchführung der Vollstreckung unter Einbeziehung des gerade im Recht der unbeweglichen Sachen so besonders wichtigen Gesichtspunkts der Rechtssicherheit, Einl III 43. Das muß man bei der Auslegung mitbeachten.

3 **3) Briefhypothek, I, II.** Bei der Briefhypothek genügt die formlose Aushändigung des Überweisungsbeschlusses an den Gläubiger, wenn der Gläubiger den Brief schon auf Grund der Pfändung im Besitz hat. Wenn der Rpfl die Pfändung und Überweisung durch denselben Beschluß ausgesprochen hatte, dann kann eine solche Situation nicht eintreten. In diesem Fall wird die Überweisung gleichzeitig mit der Pfändung wirksam, also mit der Übergabe oder der Wegnahme des Briefs. Der Schuldner bleibt der Inhaber der Hypothek. Sie darf daher nicht auf den Gläubiger umgeschrieben werden. Bei einer Überweisung an Zahlungs Statt ersetzt der Überweisungsbeschluß die Abtretungserklärung, § 836 I, § 1155 BGB. Daher läßt sich das Grundbuch berichtigen.

4 **4) Buchhypothek, I, II.** Bei der Buchhypothek muß man die folgenden Voraussetzungen beachten.
A. Einziehung. Im Fall einer Überweisung zur Einziehung gilt dasselbe wie bei Rn 1. Dabei tritt an die Stelle der Übergabe des Briefes die Eintragung der Pfändung im Grundbuch, BGH NJW **94**, 3226. Die Eintragung der Überweisung im Grundbuch wäre nicht einmal zulässig. Denn die Forderung geht nicht auf den Pfandgläubiger über.

5 **B. An Zahlungs Statt.** Im Fall einer Überweisung an Zahlungs Statt muß der Beschluß ausgehändigt werden und eine Umschreibung im Grundbuch stattfinden. Diese Umschreibung ist eine Maßnahme der Zwangsvollstreckung, § 830 Rn 11. Sie erfolgt auf Grund eines auch formlosen Antrags des Gläubigers und nach der Vorlage des Überweisungsbeschlusses. Er braucht keine Vollstreckungsklausel aufzuweisen. Die Eintragung ist nicht vor der Wirksamkeit der Pfändung zulässig. Wenn der Rpfl die Pfändung und die Überweisung in demselben Beschluß ausgesprochen hatte, werden beide ab der Umschreibung wirksam.

6 **5) Weitere Einzelfragen, I, II.** Zur Wirkung der Überweisung § 835. Allein der Gläubiger kann eine löschungsfähige Quittung erteilen, sofern die Überweisung an Zahlungs Statt erfolgte.

7 **6) Unanwendbarkeit, I, II.** Das Verfahren nach I ist bei den in § 830 III genannten Forderungen unanwendbar, § 830 Rn 14 ff. In diesen Fällen muß die Pfändung nach § 829 erfolgen. Die Überweisung erfolgt dann nach § 821 bzw § 835. Infolgedessen wirkt die Überweisung in einem solchen Fall erst mit der Zustellung an den Drittschuldner.

8 **7) Sicherungshypothek, § 1190 BGB, III.** Bei der Höchstbetragshypothek läßt sich die Forderung von der Hypothek trennen, § 1190 IV BGB. Daher gilt in solchem Fall folgendes: Eine Pfändung und Überweisung ist wie bei einer Buchhypothek zulässig. Der Gläubiger kann die Forderung dann, wenn er die Forderung ohne die Hypothek erwerben will, allein nach §§ 829, 835 gleichzeitig pfänden und sich nur an Zahlungs Statt überweisen lassen. Die Pfändung und Überweisung wird mit der Zustellung an den Drittschuldner wirksam.

9 **8) Reallast, Grundschuld, Rentenschuld, I–III** entsprechend. § 837 ist entsprechend anwendbar.

10 **9) VwGO:** *Entsprechend anwendbar im Rahmen der Grdz § 803 Rn 16. Nach § 169 I VwGO, § 5 VwVG gilt § 315 AO (idF der 2. ZwVNov).*

837a **Überweisung einer Schiffshypothekenforderung.** ¹¹ Zur Überweisung einer gepfändeten Forderung, für die eine Schiffshypothek besteht, genügt, wenn die Forderung zur Einziehung überwiesen wird, die Aushändigung des Überweisungsbeschlusses an den Gläubiger. ² Zur Überweisung an Zahlungs Statt ist die Eintragung der Überweisung in das Schiffsregister oder in das Schiffsbauregister erforderlich; die Eintragung erfolgt auf Grund des Überweisungsbeschlusses.
II ¹ Diese Vorschriften sind nicht anzuwenden, soweit es sich um die Überweisung der Ansprüche auf die im § 53 des Gesetzes über Rechte an eingetragenen Schiffen und Schiffsbauwerken vom 15. November 1940 (RGBl. I S. 1499) bezeichneten Leistungen handelt. ² Das Gleiche gilt, wenn bei einer Schiffshypothek für eine Forderung aus einer Schuldverschreibung auf den Inhaber, aus einem Wechsel oder aus einem anderen durch Indossament übertragbaren Papier die Hauptforderung überwiesen wird.
III Bei einer Schiffshypothek für einen Höchstbetrag (§ 75 des im Absatz 2 genannten Gesetzes) gilt § 837 Abs. 3 entsprechend.

1 **1) Systematik, Regelungszweck, I–III.** Die Vorschrift hat Vorrang vor § 837, auch wenn sie jener Bestimmung inhaltlich weitgehend entspricht. Sie ergänzt die §§ 835, 836. Das Ziel ist dasselbe wie bei § 837, dort Rn 2.

2 **2) Geltungsbereich, I–III.** Die Überweisung einer gepfändeten Schiffshypothek erfolgt wie diejenige einer Buchhypothek, § 837. Eine entsprechende Regelung gilt für das Registerpfandrecht an einem Luftfahrzeug, § 99 I LuftFzRG. II entspricht als eine Ausnahmevorschrift derjenigen des § 830 a III, dort Rn 2. Die Höchstbetragsschiffshypothek nach § 75 SchiffsG entspricht einer Sicherungshypothek aus § 1190 BGB. § 837 a bedurfte daher keiner Regelung wie eine Sicherungshypothek.

3 **3) VwGO:** *Entsprechend anwendbar im Rahmen der Grdz § 803 Rn 16. Nach § 169 I VwGO, § 5 VwVG gilt § 315 AO (idF der 2. ZwVNov).*

Titel 1. Zwangsvollstr. in das bewegl. Vermögen   §§ 838–840

838 *Einreden des Schuldners bei Faustpfand.* Wird eine durch ein Pfandrecht an einer beweglichen Sache gesicherte Forderung überwiesen, so kann der Schuldner die Herausgabe des Pfandes an den Gläubiger verweigern, bis ihm Sicherheit für die Haftung geleistet wird, die für ihn aus einer Verletzung der dem Gläubiger dem Verpfänder gegenüber obliegenden Verpflichtungen entstehen kann.

1) Systematik, Regelungszweck. Man muß Pfandrecht (BGB) und Pfändungspfandrecht (ZPO) sorgsam unterscheiden. Beides kann aber bei einer Zwangsvollstreckung zusammentreffen. Einen Teil der dabei entstehenden Fragen regelt vorrangig § 838. Den Rest regeln die allgemeinen Vorschriften der §§ 829 ff. Ziel ist hier wie dort das in § 829 Rn 2 Ausgeführte.   1

2) Geltungsbereich: Faustpfandforderung. Die Vorschrift gilt für eine solche Forderung des Schuldners gegenüber einem Dritten, die durch ein Pfandrecht an einer beweglichen Sache nach dem BGB gesichert ist. Die Pfändung und Überweisung einer Faustpfandforderung ergreift das Pfandrecht, § 829 Rn 54, 55. Nach der Überweisung kann der Gläubiger an sich ohne weiteres die Herausgabe des Pfands verlangen, § 1251 I BGB. Der Schuldner haftet dann wie ein selbstschuldnerischer Bürge für die Verpflichtungen des Gläubigers gegenüber dem Drittschuldner, § 1251 II 2 BGB. Darum gewährt § 838 dem Schuldner eine aufschiebende Einrede nach Üb 7, 8 vor § 253 bis zum Zeitpunkt einer Sicherheitsleistung.   2

3) Verfahren. Der Gerichtsvollzieher nimmt das Pfand weg. Das geschieht unabhängig davon, ob der Schuldner die Einrede geltend macht. Der Gerichtsvollzieher geht dabei entsprechend § 836 III vor. Er darf das Pfand dem Gläubiger erst nach der Sicherheitsleistung des Gläubigers herausgeben. Das Vollstreckungsgericht muß ab der Höhe der Sicherheit festsetzen, aM StJM 1, ThP 1, ZöStö 2 (es sei eine besondere Klage auf Herausgabe erforderlich. Im Fall einer Nichtleistung müsse sie abgewiesen werden. Nach anderen sind eine besondere Klage und ein Urteil auf die Herausgabe des Pfands gegen eine Sicherheitsleistung erforderlich. Keine dieser Vorschriften beachtet den Grundsatz der Prozeßwirtschaftlichkeit nach Grdz 14 vor § 128 ausreichend). Da § 838 einen rein sachlichrechtlichen Inhalt hat, muß der Gläubiger die Sicherheit nach § 232 BGB leisten und sie nach den sachlichrechtlichen Grundsätzen zurückgeben, also nicht nach §§ 108, 109.   3

4) *VwGO:* Entsprechend anwendbar im Rahmen der Grdz § 803 Rn 16.   4

839 *Überweisung bei Abwendungsbefugnis.* Darf der Schuldner nach § 711 Satz 1, § 712 Abs. 1 Satz 1 die Vollstreckung durch Sicherheitsleistung oder Hinterlegung abwenden, so findet die Überweisung gepfändeter Geldforderungen nur zur Einziehung und nur mit der Wirkung statt, dass der Drittschuldner den Schuldbetrag zu hinterlegen hat.

1) Systematik, Regelungszweck. Die Vorschrift ergänzt und begrenzt den § 835 in ihrem Geltungsbereich durch eine vorrangige Sonderregelung im Interesse der Beibehaltung des ohnehin ja genug komplizierten Gefüges der §§ 709 ff bis zur endgültigen Vollstreckbarkeit infolge Rechtskraft. Sie dient also dem vorläufigen Schuldnerschutz. Sie ist gemeinsam auslegbar.   1

2) Geltungsbereich. Die Vorschrift ist auf die in ihr nicht genannten Fälle einer Einstellung oder Beschränkung der Zwangsvollstreckung nicht entsprechend anwendbar.   2

3) Verfahren. Wenn das Gericht dem Schuldner erlaubt hat, die Zwangsvollstreckung durch eine Sicherheitsleistung oder durch eine Hinterlegung nach §§ 711 S 1, 712 I 1, 720, 815 III, 819 abzuwenden, dann darf das Gericht die Forderung dem Gläubiger nur zur Einziehung überweisen. Der Drittschuldner braucht in einem solchen Fall nicht zu zahlen, sondern nur zu hinterlegen. Das muß der Rpfl in dem Überweisungsbeschluß klarstellen. Andernfalls ist § 836 II anwendbar. Diese Hinterlegung befreit den Schuldner. Der Gläubiger erwirbt ein Pfandrecht am Hinterlegten oder dann, wenn das Hinterlegte zum Staatseigentum geworden ist, einen Anspruch auf Rückgewähr, § 233 BGB, Düss FamRZ **88**, 299. Der Schuldner erwirbt die Forderung gegen die Hinterlegungsstelle. Es kann sich jeweils um eine Familiensache handeln, §§ 606 ff, Düss FamRZ **88**, 299. Die Auszahlung des Hinterlegten erfolgt auf Antrag beim Nachweis der Berechtigung, § 13 I HO.   3

Gebühren: Des Gerichts § 12 V GKG (Vorauszahlungspflicht), KV 2110; des Anwalts VV 3309, 3310.

4) *VwGO:* Entsprechend anwendbar im Rahmen der Grdz § 803 Rn 16.   4

840 *Erklärungspflicht des Drittschuldners.* I Auf Verlangen des Gläubigers hat der Drittschuldner binnen zwei Wochen, von der Zustellung des Pfändungsbeschlusses an gerechnet, dem Gläubiger zu erklären:

1. ob und inwieweit er die Forderung als begründet anerkenne und Zahlung zu leisten bereit sei;
2. ob und welche Ansprüche andere Personen an die Forderung machen;
3. ob und wegen welcher Ansprüche die Forderung bereits für andere Gläubiger gepfändet sei.

II [1] Die Aufforderung zur Abgabe dieser Erklärungen muss in die Zustellungsurkunde aufgenommen werden. [2] Der Drittschuldner haftet dem Gläubiger für den aus der Nichterfüllung seiner Verpflichtung entstehenden Schaden.

III [1] Die Erklärungen des Drittschuldners können bei Zustellung des Pfändungsbeschlusses oder innerhalb der im ersten Absatz bestimmten Frist an den Gerichtsvollzieher erfolgen. [2] Im ersteren Fall sind sie in die Zustellungsurkunde aufzunehmen und von dem Drittschuldner zu unterschreiben.

§ 840

Schrifttum: *Bach-Heuker,* Pfändung in die Ansprüche aus Bankverbindung und Drittschuldnererklärung der Kreditinstitute, 1993; *Groß,* Einwendungen des Drittschuldners, 1997; *Hadatsch,* Die Bearbeitung von Pfändungsbeschluß und Drittschuldnererklärung, 6. Aufl 2000; *Jurgeleit,* Die Haftung des Drittschuldners, 2. Aufl 2004 (Bespr *Siegfried* Rpfleger **05**, 335); *Liebscher,* Datenschutz bei der Datenübermittlung im Zivilverfahren, 1994; *Lindgen,* Die Drittschuldner-Haftung: die Erklärungspflicht des Drittschuldners und die Folgen ihrer Verletzung (§ 840 ZPO), 1991; *Reetz,* Die Rechtsstellung des Arbeitgebers als Drittschuldners in der Zwangsvollstreckung, 1985; *Scherl,* Nichtvermögensrechtliche Positionen Dritter in der Zwangsvollstreckung, 1998; *Stöber,* Ehegatte und Lebensgefährte als Drittschuldner, Festschrift für *Schneider* (1997) 213; *Sühr,* Die Bearbeitung von Pfändungsbeschluß und Drittschuldnererklärung, 4. Aufl 1993; *Willikonsky,* Lohnpfändung und Drittschuldnerklage, 2. Aufl 2004 (Bespr *Hintzen* Rpfleger **04**, 383).

Gliederung

1) **Systematik, I–III** 1	E. Pfändung für andere, I Z 3 12
2) **Regelungszweck, I–III** 2	F. Kostenerstattung 13, 14
3) **Aufforderung zur Erklärung, I, II** 3–6	5) **Ersatzpflicht, II** 15–24
A. Keine Klagbarkeit 3	A. Grundsatz: Drittschuldnerhaftung bei Verschulden 15
B. Zustellung des Pfändungsbeschlusses ... 4	B. Ausnahme: Mitverschulden des Gläubigers 16
C. Zustellung der Aufforderung 5	C. Beispiele zur Frage einer Ersatzpflicht nach II 17–22
D. Weitere Einzelfragen 6	D. Verfahren 23, 24
4) **Erklärung, I–III** 7–14	6) *VwGO* 25
A. Form und Frist 7, 8	
B. Inhaltsgrundsätze 9	
C. Anerkennung, I Z 1 10	
D. Ansprüche anderer, I Z 2 11	

1 **1) Systematik, I–III.** Die Vorschrift tritt zu §§ 829, 835 hinzu. Sie wird durch §§ 841, 842 ergänzt. Sie zieht den Schuldner des Schuldners, den sog Drittschuldner, mit gewissen Pflichten in das Vollstreckungsverfahren hinein und bürdet ihm damit Zeit und Kosten auf, die er nur bedingt erstattet fordern kann. Die Regelung ist verfassungsgemäß, BGH NJW **00**, 652.

2 **2) Regelungszweck, I–III.** Die Erweiterung des Prozeßrechtsverhältnisses nach Grdz 4 vor § 128 in seinem Abwicklungsstadium dient nicht dem Interesse des Vollstreckungsschuldners, sondern dem Interesse des Gläubigers und der Allgemeinheit, BGH NJW **00**, 652. Es gilt dem Gläubiger Angaben zu erhalten, die den Gläubiger wenigstens in groben Zügen darüber informieren, ob die gepfändete Forderung als begründet anerkannt und erfüllt wird oder ob sie einem Dritten zusteht oder ob sie bestritten wird und deshalb dem Drittschuldner gegenüber nicht oder nur im Erkenntnis- oder Vollstreckungsverfahren durchsetzbar ist, BGH NJW **00**, 652, LAG Stgt JB **94**, 135, Foerste NJW **99**, 904. § 840 dient auch dem wohlverstandenen Interesse des Drittschuldners, eigenen Schaden zu vermeiden. Seine Aufgaben sind ihm daher als eine staatsbürgerliche Pflicht ähnlich der Zeugenpflicht zumutbar, BGH NJW **00**, 652, obwohl sie ja eigentlich alles andere als selbstverständlich sind. Es findet kein obligatorisches Güteverfahren statt, Rn 23.
Soweit der Drittschuldner solche Information *nicht gibt,* darf der Gläubiger von der Beitreibbarkeit des gepfändeten Anspruchs ausgehen, LAG Hbg RR **86**, 743. Er darf diesen Anspruch dann ohne ein Kostenrisiko einklagen, BGH **91**, 129. Soweit die Erklärung des Drittschuldners ergibt, daß die Forderung nicht besteht oder nicht durchsetzbar ist, kann der Gläubiger die Abgabe einer Offenbarungsversicherung nach § 807 vom Schuldner im Verfahren nach §§ 900 ff fordern bzw unter den Voraussetzungen II zum Schadensersatzanspruch übergehen, BGH **91**, 129, LAG Stgt JB **94**, 135. Bei einer Gesamtschuld gilt § 840 für jeden Drittschuldner. Sie gilt auch für den zu Prozeßführung befugten Ehegatten. § 43a BRAO tritt zurück, Wirges JB **97**, 298.

3 **3) Aufforderung zur Erklärung, I, II.** Es ist zunächst erforderlich, daß der Gläubiger den Drittschuldner nach Rn 1 zu einer Erklärung im Sinn von I auffordert.
A. Keine Klagbarkeit. Der Drittschuldner kann von sich aus gegenüber dem Gläubiger die Erklärung abgeben, daß der Schuldner keine Forderung habe. Der Drittschuldner kann dem Gläubiger gleichzeitig nach § 843 eine Frist setzen, BGH **69**, 150. Der Gläubiger kann den Drittschuldner bei der Zustellung des Pfändungsbeschlusses oder gesondert zur Erteilung einer Auskunft auffordern. Der Drittschuldner hat dann eine rein prozessuale Pflicht zur Abgabe der gewünschten Erklärung, Schumann NJW **82**, 1272, ZöStö 5, aM Köln MDR **78**, 941 (aber § 840 gehört in diesem Teil ganz zum Prozeßrecht). Der Gerichtsvollzieher hat keinen Auskunftsanspruch, auch nicht im Namen der Staatskasse, LG Mü DGVZ **95**, 122, Seip DGVZ **95**, 112 (auch rechtspolitisch). Auch der Gläubiger hat keinen einklagbaren Anspruch gegen den Drittschuldner, BGH **91**, 129, Waldner JR **84**, 468), LG Nürnb-Fürth ZZP **96**, 118, aM Köln MDR **78**, 941. Lediglich der Schuldner kann den Drittschuldner auf Erfüllung an den Gläubiger verklagen, BGH **147**, 230 (abl Berger JZ **02**, 48).
Der Gläubiger hat aber einen Anspruch gegen den Vollstreckungsschuldner auf die Erteilung einer entsprechenden *Auskunft* usw, § 836 Rn 5, LAG Stgt JB **94**, 135. Das Gericht kann freilich die Erklärung ebensowenig wie der Gläubiger erzwingen, BGH **91**, 131, Mü NJW **75**, 175, LG Bln Rpfleger **78**, 65, aM Köln MDR **78**, 941, Feiber DB **78**, 477, Linke ZZP **87**, 293 (aber II 2 beschreibt die Verstoßfolgen abschließend).
Einer Klage auf die Abgabe der Erklärung fehlt daher das *Rechtsschutzbedürfnis,* Grdz 33 vor § 253, BGH DB **80**, 830, aM Köln MDR **78**, 941. Das ArbG ist keineswegs zuständig, BAG NJW **85**, 1182. Zur Sonderlage auf Grund von Vollstreckungsgesetzen der Länder Henneke JZ **87**, 751.

4 **B. Zustellung des Pfändungsbeschlusses.** Voraussetzung für diese Pflicht ist, daß der Pfändungsbeschluß wirksam zugestellt wurde, BGH **68**, 291, Köln DGVZ **02**, 43, Schlesw RR **90**, 448. Erforderlich ist eine Zustellung gerade an den Drittschuldner, § 178 Rn 2, 3, § 829 Rn 46–49. Wegen des Zustellungsorts

§ 754 Rn 3. Eine Vorpfändung nach § 845 reicht nicht aus, BGH **91**, 129, Gaul Festschrift für die Sparkassenakademie (1978) 106. Eine Überweisung braucht aber nicht erfolgt zu sein, BGH **68**, 291. Daher genügen: Eine Sicherungsvollstreckung, § 720 a; eine Arrestpfändung, § 930. Es ist auch unerheblich, ob die Forderung wirklich besteht, Schlesw RR **90**, 448. Denn die Auskunft dient ja unter anderem gerade dieser Klärung, Rn 1.

C. Zustellung der Aufforderung. Der Gläubiger muß die Aufforderung in die Zustellungsurkunde 5 aufnehmen, Köln DGVZ **02**, 43, oder bei einer nicht mit dem Pfändungs- und Überweisungsbeschluß verbundenen Aufforderung durch den Gerichtsvollzieher und nicht durch die Post allein zustellen lassen. Sonst entfällt jede Haftung, sofern der Drittschuldner nicht etwa freiwillig eine falsche Auskunft erteilt und den Anschein erweckt, er wolle seine Pflicht nach § 840 damit erfüllen. Natürlich darf die Post die Auskunft nicht etwa dann aufnehmen, wenn sie die Aufforderung dem Drittschuldner zustellt. Denn in einem solchen Fall ist III undurchführbar. Eine Ersatzzustellung der Aufforderung nach §§ 178 ff ist zulässig. Dabei muß man § 185 II als Grenze beachten, dort Rn 30 „Drittschuldner", Köln DGVZ **02**, 43. Eine öffentliche Zustellung nach §§ 185 ff ist unzulässig. Wegen einer Zustellung im Ausland § 828 Rn 1. Wenn die Zustellungsurkunde keine Aufforderung enthielt, dann kann der Gläubiger die Aufforderung dem Drittschuldner nachträglich zustellen lassen. Die 2-Wochen-Frist beginnt dann erst mit dieser nachträglichen Zustellung. Eine einstweilige Einstellung der Zwangsvollstreckung zB nach §§ 707, 719, 769 läßt die Erklärungspflicht des Drittschuldners unberührt. Wegen einer Mehrheit von Drittschuldnern § 173 Z 2 GVGA.

D. Weitere Einzelfragen. Der Gläubiger muß bedenken, daß er sofort auf die Leistung klagen kann. In 6 einem solchen Fall treffen den Drittschuldner allerdings dann, wenn er vorher geschwiegen hat, selbst für den Fall die Kosten, daß er den Gläubiger durch einen Nachweis des Fehlens einer Forderung zu einer Erledigterklärung veranlaßt. Er muß ferner bedenken, daß bei einem Arrest eine Auskunft nicht weiterhelfen würde, BGH **68**, 292.

4) Erklärung, I–III. Sie bringt zahlreiche Probleme. 7

A. Form und Frist. Der Drittschuldner muß seine Erklärung binnen 2 Wochen seit der Zustellung des Pfändungsbeschlusses an ihn abgeben. Die Frist ist keine Notfrist, § 224 I 2. Sie wird nach § 222 berechnet. Der Drittschudlner muß seine Erklärung entweder dem Gläubiger gegenüber schriftlich oder dem Gerichtsvollzieher gegenüber mündlich im Zeitpunkt der Zustellung des Pfändungsbeschlusses bzw elektronisch oder schriftlich oder zum Protokoll des Gerichtsvollziehers nach der Zustellung abgeben. Der Gerichtsvollzieher braucht den Drittschuldner nicht zwecks Entgegennahme von dessen Erklärung aufzusuchen, AG Bayreuth DGVZ **95**, 78. Für die Fristwahrung kommt es auf die mündliche Erklärung oder den Zugang der schriftlichen oder sonstigen Erklärung beim Adressaten an, BGH **79**, 275, Düss WertpMitt **80**, 203, ThP **8**, aM MüKoSm 9, ZöStö 9 (maßgeblich sei die Absendung. Aber es kommt bei einer empfangsbedürftigen Erklärung stets auf den Zugang an). Der Drittschuldner muß die Fristwahrung beweisen.

Auch bei der Entgegennahme der Erklärung des Drittschuldners handelt der Gerichtsvollzieher als eine 8 *Amtsperson* und nicht als Vertreter des Gläubigers, § 753 Rn 1. Der Gerichtsvollzieher muß die mündliche Erklärung des Drittschuldners beurkunden und sie sich vom Drittschuldner unterschreiben lassen, § 129 Rn 9, Ffm DGVZ **78**, 157. Wenn der Drittschuldner die Erklärung bereits im Zeitpunkt der Zustellung des Pfändungsbeschlusses abgibt, läßt der Gerichtsvollzieher die Unterschrift auf der Zustellungsurkunde geben. Andernfalls muß der Gerichtsvollzieher eine besondere Urkunde zur Unterschrift vorlegen. Der Gerichtsvollzieher braucht den Drittschuldner aber nur dann zum Zweck seiner Unterschrift aufzusuchen, wenn er den Pfändungsbeschluß dem Drittschuldner selbst zugestellt hatte, Ffm DGVZ **78**, 157, Hamm DGVZ **77**, 188, aM ThP **8** (aber die Amtsperson ist kein Laufbursche des Drittschuldners). Der Drittschuldner darf seine Erklärung durch einen Vertreter abgeben, zB durch einen Anwalt. Es besteht aber natürlich kein Anwaltszwang, § 78 Rn 1. Wenn der Drittschuldner die Unterschrift verweigert, gilt das grundsätzlich als eine Verweigerung der Erklärung.

B. Inhaltsgrundsätze, dazu *Brüne/Liebscher* BB **96**, 743, *Foerste* NJW **99**, 904 (je ausf): Der Drittschuld- 9 ner muß seine Erklärung auf alle diejenigen Punkte erstrecken, die in der Aufforderung des Gläubigers enthalten sind. Der Drittschuldner braucht sich aber grundsätzlich nicht über solche Fragen zu äußern, die I Z 1–3 nicht nennt, BGH DB **80**, 830, aM Bauer JB **75**, 437 (aber Ausforschung ist auch hier unzulässig, Grdz 44 vor § 704). Der Drittschuldner hat keineswegs umfassende Auskunftspflichten, etwa über den Personenstand, die Steuerklasse, die Höhe des Lohns oder Einkommens des Schuldners usw, Scherer Rpfleger **95**, 450. Die Erklärung des Drittschuldners soll zwar eine gewisse Hilfe bei der Entscheidung des Gläubigers geben, wie er weiter vorgehen will, Foerste NJW **99**, 908. Der Drittschuldner ist aber eben auch nicht ein kostenloser umfassender Vollstreckungsförderer, LAG Düss DGVZ **95**, 117, aM Foerste NJW **99**, 906 (aber die Aufgaben dieses eigentlichen Dritten gehen ohnehin sehr weit).

Allerdings kann zB eine *Bank* eine erweiterte Darlegungslast haben, § 253 Rn 32, BGH **86**, 29. Auch diese zwingt aber nicht zur Wiederholung oder Ergänzung einer schon ausreichend erteilten Auskunft, BGH **86**, 29. Sie zwingt auch nicht zur laufenden Information über das Girokonto des Schuldners, Köln ZIP **81**, 964, LG Ffm Rpfleger **86**, 186, schon gar nicht bei einer anderen Filiale, AG Lpz RR **98**, 1345. Der Drittschuldner braucht auch keine Belege herauszugeben, BGH **86**, 23. Bei einem Anhaltpunkt für die Unrichtigkeit der erhaltenen „Auskunft" kann der Gläubiger grundsätzlich nur nach II vorgehen, BGH **86**, 31. Der Gläubiger kann seine Fragen innerhalb I Z 1–3 auch beschränken.

C. Anerkennung, I Z 1. Die Anerkennung der Forderung „als begründet" ist eine rein tatsächliche 10 Auskunft, eine Wissenserklärung ohne einen selbständigen Verpflichtungswillen, BGH **83**, 308, Drsd FamRZ **03**, 1944, LAG Bln DB **91**, 1336, aM Brschw NJW **77**, 1888, Mü NJW **75**, 174 (deklaratorisches Schuldanerkenntnis), PalTh § 781 BGB Rn 7 (konstitutives. Aber der Drittschuldner hat gar keine Veranlassung, über seine bisherige sachlichrechtliche Pflicht hinauszugehen). Die Zahlung durch den Drittschuldner ist gegenüber dem Pfändungs- und Überweisungsvorgang eine selbständige Rechtshandlung, BGH MDR **00**, 783.

§ 840 Buch 8. Abschnitt 2. ZwV wegen Geldforderungen

Man kann diese Auskunft nur, aber eben auch, als ein *Indiz* verwerten, durch das der Gläubiger im Prozeß gegen den Drittschuldner auch seine Darlegungslast nach § 253 Rn 32 und seine Beweislast erfüllt, Anh § 286, LAG Bln DB **91**, 1336. Deshalb verliert der Drittschuldner sein Aufrechnungsrecht nicht. Der Drittschuldner muß den anerkannten Betrag nennen. Er braucht keine Belege vorzulegen, soweit er nicht anerkennt, BGH **86**, 23. Die Bemerkung, der Gläubiger könne vorerst nicht mit einer Zahlung rechnen, genügt für I Z 1 nicht. Es ist aber keine erschöpfende Mitteilung aller rechtlich oder wirtschaftlich evtl für den Gläubiger miterheblichen Umstände notwendig, StJM 9, strenger Foerste NJW **99**, 906 (aber es gibt auch Z 2, 3).

Widerruf der Erklärung ist dem Drittschuldner erlaubt. Er muß aber dann beweisen, daß die Voraussetzungen einer Anerkennung nicht vorgelegen haben, BGH **69**, 332, aM LAG Köln DB **85**, 1647 (der Gläubiger sei für die Nichtigkeit einer ihm vorgehenden Lohnabtretung beweispflichtig), Flieger MDR **78**, 798 (er sei nur dann beweispflichtig, wenn er erst während des Prozesses widerrufe oder wenn der Vollstreckungsgläubiger auf die Erklärung vertraut habe. Aber beide Varianten weichen ohne Grund von allgemeinen Regeln der Beweislast ab). Ein Anerkenntnis gegenüber dem Gläubiger nach § 307 hemmt die Verjährung, falls das Anerkenntnis nach dem Zeitpunkt erfolgte, in dem das Vollstreckungsgericht die Forderung dem Gläubiger wirksam zur Einziehung überwiesen hatte, BGH NJW **78**, 1914. Der Drittschuldner kann sich nicht auf Pfändungsverbot oder -beschränkungen berufen, BGH FamRZ **98**, 608. Er darf nach einer vorläufigen Einstellung nach § 775 Z 2 nur noch an Gläubiger und Schuldner gemeinsam leisten oder hinterlegen, BGH NJW **99**, 953. Er kann das irrig Geleistete evtl zurückfordern, § 812 I 1 BGB, BGH NJW **02**, 2871.

11   **D. Ansprüche anderer, I Z 2.** Der Drittschuldner muß auch zu solchen Ansprüchen eine Erklärung abgeben, etwa dann, wenn andere sich auf eine Abtretung berufen oder auf eine treuhänderische Zweckbindung, BGH NJW **98**, 746, auf einen Übergang kraft Gesetzes oder auf eine Verpfändung. Er muß den oder die weiteren Gläubiger nach Namen und Anschrift und der Höhe ihrer Forderungen bezeichnen. Eine Angabe des Grunds der anderen Forderung ist entbehrlich, aM ZöStö 6 (aber der Drittschuldner ist nicht dazu da, dem Gläubiger sämtliche Einzelheiten anderer Vollstreckungschancen mundgerecht vorzulegen). Angeben muß der Drittschuldner freilich auch die anderen Pfändungsbeschlüsse nach dem Gericht, dem Aktenzeichen und dem Datum. Die Auskunft ist auch bei einer Ungewißheit oder Zweifelhaftigkeit solcher weiteren Ansprüche nötig, daher auch bei einem etwaigen Nachrang.

12   **E. Pfändung für andere, I Z 3.** Eine bloße Angabe der Gesamtsumme reicht nicht aus. Maßgeblich ist das Interesse des Gläubigers. Daher reicht die Angabe des noch nicht gedeckten Rests der vorher gepfändeten Forderung(en) meist aus. Mag der Gläubiger klären, ob andere vorher zuviel gepfändet haben.

13   **F. Kostenerstattung.** Der Gläubiger muß dem Drittschuldner die Kosten der Erklärung vergüten. Das gilt mit Ausnahme von Anwaltskosten, § 91 Rn 72 „Arbeitsgerichtsverfahren". Es sind unter anderem die §§ 261 III, 268 II, 811 II BGB entsprechend anwendbar. Zur Vergütungspflicht Düss MDR **90**, 730 (zu § 788), LG Saarbr RR **89**, 63, AG Düss JB **00**, 601, aM BGH NJW **00**, 652 (ohne Auseinandersetzung mit Rspr und Lehre), BVerwG Rpfleger **95**, 261, ZöStö 11 (aber eine staatsbürgerliche Pflicht bedeutet keineswegs zugleich deren Unentgeltlichkeit. Das zeigen zB auch §§ 2, 3 ZSEG). Nur mit dieser Basis sind (jetzt) §§ 305 ff BGB mitbeachtlich, aM BGH NJW **00**, 652 (aber diese allgemeinen Rechtsgedanken können begrenzt Bestandteil der Gesamtstellung auch des Drittschuldners sein).

14   Der Drittschuldner hat aber wegen dieser Kosten *kein Zurückbehaltungsrecht,* Gutzmann BB **76**, 700, Linke ZZP **87**, 289. Dieser kann die dem Drittschuldner erstatteten Erklärungskosten als reiner Teil der Kosten der Zwangsvollstreckung vom Schuldner beitreiben, § 788 Rn 22 „Drittschuldner", BGH **91**, 129 („ohne Kostenrisiko"), Hansens JB **87**, 1785. Der Drittschuldner hat allerdings keinen Anspruch gegen den Gläubiger auf die Erstattung derjenigen Kosten, die beim Drittschuldner durch die Bearbeitung einer Lohnpfändung entstehen, Gutzmann BB **76**, 700.

Beim *Verstoß gegen I* muß der Drittschuldner die Anwaltskosten des Gläubigers ihm gegenüber auch dann nach dem Wert der verständigerweise möglich gewesenen Klage erstatten, wenn sie erfolglos geblieben wäre, AG Meißen JB **05**, 216.

Dem *Schuldner* gegenüber hat der Gläubiger jedenfalls weder nach § 840 noch nach § 788 einen Erstattungsanspruch, auch nicht aus Schlechterfüllung, BGH **141**, 384.

15   **5) Ersatzpflicht, II.** Sie hat erhebliche Bedeutung.

A. Grundsatz: Drittschuldnerhaftung bei Verschulden. Der Gläubiger kann gegen den Drittschuldner keine Klage auf die Erteilung einer Auskunft erheben, Rn 1. Der Gläubiger kann den Drittschuldner erst recht nicht im Weg der Zwangsvollstreckung zu einer Auskunft zwingen. Der Drittschuldner haftet aber dem Gläubiger dann, wenn er die erforderliche Erklärung nicht gesetzmäßig abgibt, auf einen Schadensersatz nach §§ 249 ff BGB, sofern der Drittschuldner schuldhaft handelte, § 276 BGB, BGH **98**, 294 (zustm Brehm JZ **87**, 47, krit Smid JR **87**, 297). Düss VersR **97**, 706, AG Geilenkirchen JB **03**, 661. Auch eine schuldhaft verspätete, unrichtige, irreführende oder unvollständige Auskunft macht den Drittschuldner ersatzpflichtig, BGH MDR **83**, 308, Düss VersR **97**, 706, AG Wipperfürth JB **02**, 439. Das gilt auch zum Grund der Nichtanerkennung, aM Mü JB **76**, 972 (aber das wäre inkonsequent).

Es gilt, soweit die Auskunft *freiwillig* erfolgt. Die richtige Auskunft macht natürlich nicht ersatzpflichtig, Hamm MDR **87**, 770. Eine Schadensersatzpflicht kann fehlen, wenn eine Pfändung ins Leere gehen würde, LAG Hamm DB **90**, 2228. Der Gläubiger braucht nur zu beweisen, daß bei rechtzeitiger vollständiger Auskunft der Prozeß voraussichtlich vermieden worden wäre, LG Stgt Rpfleger **90**, 265. Der Drittschuldner ist dafür beweispflichtig, daß ihn an der Nichterfüllung seiner Auskunftspflicht kein Verschulden trifft, BGH **79**, 275.

16   **B. Ausnahme: Mitverschulden des Gläubigers.** Der Gläubiger muß aber seinen Schaden auch evtl selbst teilweise oder ganz tragen, § 254 BGB. Das gilt, wenn er seine Interessen nicht ausreichend verfolgt, etwa wegen Verzichts auf eine weitere Vollstreckungsmaßnahme, BGH MDR **83**, 308, Benöhr NJW **76**, 175.

Titel 1. Zwangsvollstr. in das bewegl. Vermögen §§ 840, 841

C. Beispiele zur Frage einer Ersatzpflicht nach II 17
Amtlich bestellter Vertreter: Rn 18 „Berufsverbot".
Anderer Vollstreckungstitel: Rn 21 „Unterlassung der Pfändung".
Arrest: Die Kosten eines Rechtsstreits zur Hauptsache im Anschluß an ein Arrestverfahren gehören *nicht* zum Schaden nach II 2, BGH **68**, 294.
S auch Rn 19 „Kostenerstattung".
Aufrechnung: Der Gläubiger kann gegen die Forderung des Drittschuldners auf die Erstattung seiner Prozeßkosten in jenem Rechtsstreit aufrechnen, § 145 Rn 8 ff, aM BGH **79**, 276.
Auskunftsanspruch: Der Gläubiger kann auch die Kosten eines Auskunftsanspruchs ersetzt fordern, AG Köln JB **02**, 327.
Berufsverbot: Der amtlich bestellte Vertreter eines mit Berufsverbots belegten Anwalts haftet als Drittschuldner nur mit dem für die Kanzlei des Vertretenen erwirtschafteten Gewinn, AG Neumünster AnwBl **89**, 100. 18
Bezifferung: Soweit der Gläubiger eine Zahlungsklage erhebt, Rn 22 „Zahlungsklage", auch durch eine Kläganderung nach Rn 19 „Kläganderung", muß er seinen Schaden genau beziffern, § 253 Rn 49 ff, LAG Hamm MDR **82**, 695.
Einrede: *Nicht* zur Ersatzpflicht nach II gehört ein Schaden, den der Gläubiger dadurch erleidet, daß die Forderung mit einer Einrede behaftet ist, BGH **69**, 332, Rixecker JB **82**, 1761.
Fehlen einer Forderung: *Nicht* zur Ersatzpflicht nach II gehört ein Schaden, den der Gläubiger dadurch erleidet, daß die Forderung in Wahrheit nicht besteht, BGH **69**, 332, Rixecker JB **82**, 1762.
Kläganderung: Der Gläubiger kann auch im Prozeß den Schaden infolge einer mangelhaften Auskunftserteilung des Drittschuldner durch eine Kläganderung geltend machen, BGH **79**, 276, BSG NJW **99**, 895, Düss RR **88**, 574. 19
S auch Rn 22 „Zahlungsklage".
Kostenerstattung: S zunächst Rn 13 ff und sodann Rn 17 „Aufrechnung".
Der Anwalt, der in einer eigenen Sache nach der Erwirkung einer Arrestpfändung ein Gespräch mit dem Drittschuldner führt, um seine Zugriffsmöglichkeiten gegenüber dem Arrestschuldner zu klären, hat aber *keinen* Erstattungsanspruch, BGH VersR **83**, 981.
Schadensersatz: Rn 22 „Zahlungsklage"; „Zeitversäumnis". 20
Sittenwidrigkeit: Es kann eine erweiterte Haftung aus § 826 BGB (neben derjenigen nach II) entstehen, BGH NJW **87**, 64 (zustm Brehm JZ **87**, 47, krit Smid JR **87**, 197).
Unterlassung der Pfändung: *Nicht* zur Ersatzpflicht nach II gehört ein Schaden, den der Gläubiger durch die Unterlassung der Pfändung aus einem anderen Vollstreckungstitel erleidet, BGH **98**, 293. 21
Ursächlichkeit: *Nicht* zur Ersatzpflicht nach II gehört ein Schaden, der dem Gläubiger dadurch entsteht, daß er ihn unabhängig von seiner Bemühung um die Befriedigung aus dem Vollstreckungsanspruch erleidet, LG Detm ZIP **80**, 1080.
Vergeblichkeit der Pfändung: *Nicht* zur Ersatzpflicht nach II gehört ein Schaden, den der Gläubiger dadurch erleidet, daß die Pfändung ins Leere geht, AG Bielef JB **91**, 132.
Weiterer Vollstreckungstitel: Rn 21 „Unterlassung der Pfändung". 22
Zahlungsklage: Der Gläubiger braucht nicht auf Auskunft, sondern kann mangels solcher sogleich auf Zahlung des Schadensersatzes klagen, Stgt Rpfleger **90**, 265. Er kann auch im Wege einer Kläganderung vorgehen, Rn 19 „Kläganderung".
S auch Rn 18 „Bezifferung".
Zeitversäumnis: Der Schadensersatz kann auch eine Zeitversäumnis umfassen.

D. Verfahren. Ein obligatorisches Güteverfahren findet nicht statt, § 15 a II 1 Z 6 EGZPO, Hartmann NJW **99**, 3748. Für die Ersatzklage ist grundsätzlich das ordentliche Gericht zuständig, AG Geilenkirchen JB **03**, 661, jedoch das ArbG, wenn es zu einer Umstellung der dort erhobenen Auskunftsklage kommt, LAG Köln AnwBl **90**, 277, Linke ZZP **87**, 308, aM StJM 33, und in entsprechender Lage des SG, BSG NJW **99**, 895. Der Drittschuldner hat eine erweiterte Darlegungslast, § 253 Rn 32, BGH **86**, 23, LAG Bln DB **91**, 1336 (vgl aber Rn 10). Der Gläubiger kann auch die Hauptsache nach § 91 a für erledigt erklären, sobald sich die Aussichtslosigkeit ergibt. Er kann den Antrag stellen, dem etwa schuldhaft handelnden Drittschuldner die Kosten aufzuerlegen, aM BGH **79**, 276 (er hält eine Klage auf die Feststellung der Verpflichtung des Drittschuldners zum Ersatz des dem Gläubiger entstandenen Schadens für zulässig, LAG Hamm MDR **82**, 695 (aber II 2 ist nach Wortlaut und Sinn eindeutig, Einl III 39). 23
Notfalls muß der Gläubiger seinen Schaden in einem *besonderen Rechtsstreit* oder im Weg einer Klägänderung geltend machen, Rn 19 „Kläganderung". Der Gläubiger muß in einer Klage die Art der vom Schuldner ausgeübten Berufstätigkeit darlegen und die gepfändeten Lohnteile nach Maßgabe des angenommenen Erfolgs der Pfändung berechnen, soweit der Drittschuldner das alles nicht bereits kennt, LAG Hbg RR **86**, 743. Wer als Drittschuldner die Erklärung unterläßt, gibt dem Gläubiger einen Anlaß zur Erhebung der Klage, § 93, BGH WertpMitt **81**, 388. Man darf aber daraus, daß der Drittschuldner seine Erklärung unterläßt oder nur mangelhaft abgibt, keine Folgerungen tatsächlicher Art ziehen. 24

6) VwGO: Entsprechend anwendbar im Rahmen der Grdz § 803 Rn 16. Nach § 169 I VwGO, § 5 VwVG gilt § 316 AO. 25

841 *Pflicht zur Streitverkündung.* **Der Gläubiger, der die Forderung einklagt, ist verpflichtet, dem Schuldner gerichtlich den Streit zu verkünden, sofern nicht eine Zustellung im Ausland oder eine öffentliche Zustellung erforderlich wird.**

1) Systematik, Regelungszweck. Die Vorschrift erweitert §§ 72 ff vor einem Streiverkündungs*recht* zu einer Pflicht. Sie ergänzt ebenso wie § 842 den § 840. § 841 beruht auf der Sorgfaltspflicht des Pfändungs- 1

§§ 841–843 Buch 8. Abschnitt 2. ZwV wegen Geldforderungen

pfandgläubigers. Die Vorschrift dient also dem Interesse des Schuldners. Demgegenüber begründet ein Urteil im Prozeß des Gläubigers gegen den Drittschuldner keine Rechtskraft nach § 322 hinsichtlich des Schuldners nach 265. Daraus zieht § 841 die notwendigen Folgerungen.

2   **2) Geltungsbereich.** Wenn der Gläubiger auf Grund eines Pfändungs- oder Überweisungsbeschlusses nach § 829 den Drittschuldner auf die Feststellung von dessen Leistungspflicht oder auf die Leistung verklagt, dann darf nicht nur, sondern muß der Gläubiger dem Schuldner den Streit nach §§ 72, 73 verkünden, sofern nicht die Streitverkündung öffentlich nach § 185 oder im Ausland zuzustellen wäre, §§ 183, 184. Das gilt auch im Fall einer Überweisung an Zahlungs Statt und im arbeitsgerichtlichen Verfahren. Aus der Sachlage folgt, daß der Gläubiger aber nicht dazu berechtigt ist, zweckdienliche Maßnahmen des beigetretenen Schuldners zu durchkreuzen. Der Gläubiger darf zB nicht auf ein Beweismittel verzichten. Soweit der Gläubiger die Streitverkündung vornimmt, treten die Wirkungen der §§ 68, 74 ein. Vgl ferner § 316 III AO.

3   **3) Verstoß.** Ein Verstoß gegen § 841 oder gegen die eben aufgestellte Regel verpflichtet den Gläubiger zum Schadensersatz gegenüber dem Schuldner. Ein etwaiges Verschulden seines Anwalts gilt wie stets im Prozeß als ein Verschulden der Partei, § 85 II. Wenn der Gläubiger dem Schuldner den Streit nicht nach § 72 verkündet hatte, dann muß er beweisen, daß der Prozeß auch im Fall einer ordnungsgemäßen Streitverkündung und dann verlorengegangen wäre, wenn infolgedessen ein weiteres Vorbringen möglich gewesen wäre. Wenn der Gläubiger Maßnahmen des Schuldners durchkreuzt, dann muß der Schuldner die Ursächlichkeit dieser Störungen für seinen Schaden beweisen. In keinem Fall kann der Drittschuldner aus solchen Vorgängen etwas für sich herleiten.

4   **4) *VwGO*:** Entsprechend anwendbar in allen Fällen der Vollstreckung wegen Geldforderungen, Grdz § 803 Rn 16, auch nach § 5 *VwVG*: § 316 III AO.

842 *Schadensersatz bei verzögerter Beitreibung.* Der Gläubiger, der die Beitreibung einer ihm zur Einziehung überwiesenen Forderung verzögert, haftet dem Schuldner für den daraus entstehenden Schaden.

1   **1) Systematik.** Wer sich eine Forderung zur Einziehung überweisen läßt, der muß die Forderung unverzüglich, also ohne ein schuldhaftes Zögern nach §§ 121 I 1, 276 BGB beitreiben, also außergerichtlich oder gerichtlich geltend machen und vollstrecken.

2   **2) Regelungszweck.** Die Regelung dient dem Interesse des Schuldners am Unterbleiben eines zeitlich unzumutbaren Schwebezustands, der seine eigenen Rechte lähmen könnte. Dann wäre auch der Verhältnismäßigkeitsgrundsatz verletzt, Grdz 35 (B) vor § 704. Das würde zu einem ungerechten Ergebnis führen, Einl III 9. Deshalb sollte man die Vorschrift zugunsten des Schuldners auslegen und folglich die Gläubigerhaftung nicht allzu erschweren. Natürlich braucht der Gläubiger sich nicht würdelos zu hetzen.

3   **3) Geltungsbereich: Einziehung nur zur Überweisung.** Die Vorschrift gilt nur bei einer Pfändung gerade zur Einziehung, § 835 I Hs 1. Im Fall einer Überweisung an Zahlungs Statt nach § 835 I Hs 2 ist § 842 nicht anwendbar. Denn die Überweisung an Zahlungs Statt befriedigt den Gläubiger. Eine Verzögerung schädigt daher nur ihn.

4   **4) Verzögerungsfolge: Schadensersatzpflicht.** Eine Verzögerung begründet eine Ersatzpflicht, §§ 249 ff BGB. Ein Mitverschulden des Schuldners ist nach § 254 BGB beachtlich. Vgl ferner § 316 IV AO.

5   **5) *VwGO*:** Entsprechend anwendbar in allen Fällen der Vollstreckung wegen Geldforderungen, Grdz § 803 Rn 16, auch nach § 5 *VwVG*: § 316 III AO.

843 *Verzicht des Pfandgläubigers.* [1] Der Gläubiger kann auf die durch Pfändung und Überweisung zur Einziehung erworbenen Rechte unbeschadet seines Anspruchs verzichten. [2] Die Verzichtleistung erfolgt durch eine dem Schuldner zuzustellende Erklärung. [3] Die Erklärung ist auch dem Drittschuldner zuzustellen.

1   **1) Systematik, S 1–3.** Die Vorschrift gilt in Ergänzung zu § 835. Der Gläubiger darf auf die Rechte aus einem Pfändungs- oder Überweisungsbeschluß ohne die Notwendigkeit einer Mitwirkung des Vollstreckungsgerichts jederzeit verzichten. Dieser Verzicht ist eine Parteiprozeßhandlung, Grdz 47 vor § 128. Ein Verzicht auf das Recht aus der Pfändung vernichtet ohne weiteres das Recht aus der Überweisung, § 835 Rn 1. Ein Verzicht auf das Recht aus der Überweisung beseitigt aber nicht automatisch das Recht aus der Pfändung.

2   **2) Regelungszweck, S 1–3.** Im Rahmen der in der Zwangsvollstreckung freilich begrenzten Parteiherrschaft nach Grdz 6 ff vor § 704 mag der Gläubiger nach einer Pfändung und Überweisung aus vielerlei Gründen eine andere Vollstreckungsart bevorzugen oder zB derzeit auf eine Vollstreckung verzichten wollen, ohne den mühsam erkämpften Anspruch aus dem Vollstreckungstitel preiszugeben. In solcher Lage hilft ihm § 843. S 1 ist daher auch zugunsten des Gläubigers auslegbar. Natürlich muß die Verzichtserklärung bei solcher wohlwollenden Handhabung der Sache nach eindeutig sein. S 2, 3 dienen der Rechtssicherheit nach Einl III 43. Man sollte sie entsprechend strikt handhaben.

3   **3) Geltungsbereich, S 1–3.** Die Vorschrift gilt nur bei einer Überweisung zur Einziehung, § 835 I Hs 1. Im Fall einer Überweisung an Zahlungs Statt nach § 835 I Hs 2 kommt ein Verzicht wegen ihrer Befriedigungswirkung nach § 835 Rn 30 nicht in Betracht. Vgl auch § 316 IV AO.

4   **4) Verzichtserklärung, S 2.** Der Gläubiger muß seine Verzichtserklärung grundsätzlich schriftlich abfassen. Denn er muß sie im Interesse der Rechtssicherheit nach Rn 2 gemäß S 2, 3 dem Schuldner und dem

Drittschuldner im Parteibetrieb zustellen, §§ 191 ff. Der Verzicht wird grundsätzlich schon und erst im Zeitpunkt der Zustellung dieser Erklärung an den Schuldner wirksam. Die bloße Zustellung an den Drittschuldner läßt die Wirksamkeit der Pfändung unberührt. Der Drittschuldner ist bis zur Kenntnis vom Wirksamwerden des Verzichts nach § 836 II geschützt. Die Rücknahme des Antrags steht nicht dem Verzicht gleich. Denn der Gläubiger kann ihn wiederholen, § 269 VI, aM Köln JB 95, 387 (aber dort steht ein allgemeiner Rechtsgedanke).

5) Verzichtsfolgen, S 1, 3. Mit dem Verzicht erlöschen nur die Rechte aus dem bisherigen Vollstreckungstitel. Eine neue Vollstreckung bzw Pfändung bleibt zulässig. Sie hat freilich meist einen schlechteren Rang, § 804 III. Eine förmliche Aufhebung des Beschlusses ist zwar entbehrlich. Sie ist aber auf Antrag des Gläubigers, Schuldners oder Drittschuldners doch zulässig, BGH MDR 02, 967. Sie ist auch wünschenswert. Denn sie schafft klare Verhältnisse, StJM 5, ZöStö 3, aM ThP 3 (Unzulässigkeit mangels Rechtsschutzbedürfnisses. Aber Unklarheit schafft stets ein Rechtsschutzbedürfnis). Je nach Lage des Falles kann auch ein sachlichrechtlicher Verzicht in Form einer einfachen Erklärung genügen. § 843 zeigt nur den unbedingt richtigen Weg, BGH NJW 83, 886, aM Brommann SchlHA 86, 65 (aber die Vorschrift deutet eine Ausschließlichkeit ihrer Regelung nicht an). 5

Im Umfang des Verzichts verliert der klagende Gläubiger seine bisherige *Sachbefugnis* nach Grdz 23 vor § 50 und rücken nachrangige Gläubiger auf. Es ist auch ein Teilverzicht statthaft, BAG NJW 75, 1575. Es ist auch eine Stundung zulässig. Der Gläubiger darf sie aber nicht auf Kosten eines nachrangigen Gläubigers erklären, Grdz 24 vor § 704, § 804 Rn 12, 13. Ein bedingter Verzicht ist zulässig. Ein Rangrücktritt ist weniger als ein Verzicht.

6) Untätigkeit des Gläubigers, S 1–3. Wenn der Gläubiger trotz einer Aufforderung des Drittschuldners nach § 840 Rn 1 den Verzicht nicht innerhalb einer angemessenen Frist über den Drittschuldner erklärt, kann der Drittschuldner eine diesbezügliche leugnende Feststellungsklage erheben, § 256, BGH 69, 152. 6

7) VwGO: Entsprechend anwendbar in allen Fällen der Vollstreckung wegen Geldforderungen, Grdz § 803 Rn 16, auch nach § 5 VwVG: § 316 III AO. 7

844 *Andere Verwertungsart.* I Ist die gepfändete Forderung bedingt oder betagt oder ist ihre Einziehung wegen der Abhängigkeit von einer Gegenleistung oder aus anderen Gründen mit Schwierigkeiten verbunden, so kann das Gericht auf Antrag an Stelle der Überweisung eine andere Art der Verwertung anordnen.

II Vor dem Beschluss, durch welchen dem Antrag stattgegeben wird, ist der Gegner zu hören, sofern nicht eine Zustellung im Ausland oder eine öffentliche Zustellung erforderlich wird.

Gliederung

1) Systematik, I, II	1		B. Einzelfragen	8
2) Regelungszweck, I, II	2		5) Verfahren, II	9–11
3) Geltungsbereich, I, II	3–6		A. Allgemeines	9
A. Bestimmtheit, Bedingung, Betagung . . .	3		B. Anhörung des Gegners	10
B. Abhängigkeit von Gegenleistung	4		C. Entscheidung	11
C. Schwierigkeit der Einbeziehung	5		6) Rechtsbehelfe, I, II	12, 13
D. Weitere Einzelfragen	6		A. Nach Anhörung	12
4) Verwertung, I	7, 8		B. Mangels Anhörung	13
A. Grundsatz: Anwendbarkeit des § 825 . .	7		7) VwGO	14

1) Systematik, I, II. § 844 läßt eine anderweitige Verwertung einer gepfändeten Forderung als Ausnahme von § 835 nur auf Grund einer Anordnung des Gerichts zu, wie sie zB auch bei §§ 817 a II 2, 821, 825 vorkommt. 1

2) Regelungszweck, I, II. § 844 dient wie die eben genannten vergleichbaren Vorschriften den wohlverstandenen Interessen beider Parteien an der Verhinderung einer Wertverschleuderung usw, Düss DB 00, 1119. Man sollte die Vorschrift in diesen Grenzen entsprechend großzügig auslegen. Auch der Schuldner hat meist im Grunde ein Interesse daran, daß die Vollstreckung eher ein Ende mit Schrecken als einen Schrecken ohne Ende findet. Der Gläubiger mag sich mit einem geringeren Erlös lieber zufriedengeben wollen als mit langandauernden Problemen beim Drittschuldner rechnen zu müssen, der vielleicht infolge Firmenwechsels usw zusätzlich Sorgen bereitet. 2

3) Geltungsbereich, I, II. Das Gericht muß jede der folgenden Voraussetzungen beachten. 3

A. Bestimmtheit, Bedingung, Betagung. Die Forderung muß bestimmt oder bestimmbar sein, LG Gießen JB 99, 49. Sie muß außerdem betagt oder bedingt sein. Das kann der Fall sein, wenn sie erst künftig fällig wird.

B. Abhängigkeit von Gegenleistung. Statt Rn 3 reicht auch, daß die Forderung von einer Gegenleistung abhängig ist. 4

C. Schwierigkeit der Einziehung. Statt Rn 3 oder 4 reicht auch, daß die Einziehung der Forderung aus anderen Gründen ungewöhnlich schwierig ist. Das gilt etwa wegen einer Insolvenz des Drittschuldners oder wenn es sich um einen Anteil an einer Gesellschaft handelt, zB einer GmbH, LG Bln MDR 87, 592, LG Köln Rpfleger 89, 511, oder an den Anteil an einer Gemeinschaft, zB einer Erbengemeinschaft, Eickmann DGVZ 84, 65. Man kann hierbei auch die Vollstreckung in sammelverwahrte „Wertrechte" rechnen, Erk MDR 91, 237. Das Gericht muß die Interessen des Schuldners mitbeachten. Eine Vereinba- 5

§ 844

rung zwischen dem Gläubiger und dem Schuldner ist kein ausreichender Grund zu einer anderweitigen Verwertung.

6   **D. Weitere Einzelfragen.** Eine freiwillige Verpfändung steht im allgemeinen einer Pfändung gleich. Es wäre nicht sinnvoll, erneut zu pfänden. Bei einer Hypothek muß aber ein Vollstreckungstitel vorliegen, der die Pflicht des Schuldners enthält, die Zwangsvollstreckung zu dulden. Ein bloßes Zahlungsurteil reicht nicht aus. Die Anordnung einer anderweitigen Art der Verwertung ersetzt den Überweisungsbeschluß. Die Anordnung darf daher unter anderem nur dann ergehen, wenn die Voraussetzungen des Überweisungsbeschlusses noch vorliegen. Die Anordnung des Gerichts ist noch nach einer Überweisung zur Einziehung zulässig, nicht aber nach einer Überweisung nur an Zahlungs Statt. Das Gericht darf seine Anordnung nur in derjenigen Höhe treffen, in der die Pfändung wirksam erfolgte. Eine Anordnung nach § 844 darf die Rechtsstellung des Gläubigers nicht über §§ 829 ff hinaus beliebig ausdehnen.

7   **4) Verwertung, I.** Sie folgt einer komplizierten anderen Vorschrift.

A. Grundsatz: Anwendbarkeit des § 825. Es gelten grundsätzlich dieselben Regeln wie bei § 825, dort Rn 9–15. Vor allem sind die Anordnung eines freihändigen Verkaufs oder die Anordnung der Versteigerung der Forderung oder des Rechts statthaft, AG Elmsh DGVZ **93**, 190. Beide Maßnahmen werden entweder vom Gerichtsvollzieher oder von einer anderen Person vorgenommen, die das Gericht bestimmen muß. Diese Personen müssen die vom Gericht erlassenen Vorschriften beachten, § 172 Z 2 GVGA. Wenn solche Vorschriften fehlen, geht der Gerichtsvollzieher entsprechend §§ 816 ff vor, Eickmann DGVZ **84**, 65, im übrigen nach dem BGB. Ein Mindestgebot ist mangels gerichtlicher Anordnung nicht erforderlich, LG Kref Rpfleger **79**, 147. Man muß aber eine Wertverschleuderung vermeiden. Daher ist evtl eine Abweisung nötig, wenn die sonstige Verwertung dann zunächst scheitern könnte, Düss DB **00**, 1119. Im Fall eines freihändigen Verkaufs erlangt der Erwerber das Eigentum an der Sache auf Grund eines Vertrags nach dem bürgerlichen Recht. Der Versteigerer verkauft die Forderung dem Erwerber, § 156 BGB. Es handelt sich also um ein Privatrechtsgeschäft. Daher sind bei einer Hypothek die §§ 892 ff BGB anwendbar. Der Gläubiger kann mitbieten.

8   **B. Einzelfragen.** Bei einem indossablen Papier und namentlich bei einem Wechsel genügen zum Erwerb die Erteilung des Zuschlags und die Übergabe des Wechsels ohne Indossament. Im Fall der Versteigerung einer Hypothek ersetzt der Zuschlag die Abtretungserklärung. Bei einer Teilversteigerung ist ein Teilhypothekenbrief erforderlich. Der Gläubiger darf mitbieten. Der Erlös wird entsprechend § 819 abgeführt. Eine erlaubte freihändige Veräußerung der Hypothek ermöglicht einen gutgläubigen Erwerb ebenso wie ein Beschluß auf eine Überweisung an Zahlungs Statt an den Veräußerer. Es ist auch eine Überweisung an Zahlungs Statt zum Schätzungswert unter oder über dem Nennwert zulässig. Diese Überweisung befriedigt den Gläubiger in Höhe dieses Schätzungswerts. In Betracht kommt auch zB eine Verwaltung oder Verpachtung.

9   **5) Verfahren, II.** Es erfordert schon wegen Rn 7 Sorgfalt.

A. Allgemeines. Der Gläubiger oder der Schuldner muß einen Antrag stellen. Wenn ein im Anschluß pfändender Gläubiger den Antrag stellt, dann kann der frühere Gläubiger nicht nach § 771 eine Widerspruchsklage erheben. Er kann vielmehr die Erinnerung nach § 766 einlegen. Der Drittschuldner ist nicht antragsberechtigt. Der Antragsteller muß nachweisen, daß eine Pfändung stattgefunden hat. Zur Entscheidung über den Antrag ist der Rpfl des Vollstreckungsgerichts des Gerichtsstands des Schuldners zur Zeit der Antragstellung ausschließlich zuständig, §§ 802, 828, § 20 Z 17 RPflG, Anh § 153 GVG. Eine sachliche Unzuständigkeit des Vollstreckungsgerichts macht die Anordnung und die Verwertung unrechtmäßig. Zur Anordnung besteht dann, wenn sie nach dem pflichtgemäßen Ermessen des Gerichts angebracht ist, eine Amtspflicht, § 825 Rn 4, 9.

Das Gericht darf und muß den Wert selbst schätzen und dazu evtl einen *Sachverständigen* hinzuziehen, LG Kref Rpfleger **79**, 147, AG Elmsh DGVZ **93**, 191, aM Eickmann DGVZ **84**, 67 (§ 817 a sei entsprechend anwendbar).

10   **B. Anhörung des Gegners.** Das Vollstreckungsgericht muß den Antragsgegner, also je nach der Sachlage den Gläubiger, auch einen vorrangigen, oder den Schuldner nur dann anhören, Artt 2 I, 20 III GG (Rpfl) BVerfG **101**, 404, Art 103 I GG (Richter), wenn es dazu neigt, dem Antrag stattzugeben. Selbst in diesem Fall ist eine Anhörung nicht erforderlich, wenn das Gericht die Entscheidung nach §§ 183, 184 im Ausland oder nach §§ 185 ff öffentlich zustellen müßte. Eine Anhörung des Drittschuldners ist in keinem Fall vorgeschrieben. Es ist allerdings immer zweckmäßig, alle Beteiligten anzuhören, um einen unberechtigten Eingriff zu vermeiden. Die Anhörung erfolgt mündlich oder elektronisch oder schriftlich, § 764 III. Wegen der Anhörung und wegen § 834 kommt eine Entscheidung erst nach Pfändung in Betracht.

11   **C. Entscheidung.** Der Rpfl entscheidet durch einen Beschluß, §§ 329, 764 III. Er muß seinen Beschluß begründen, § 329 Rn 4. Er stellt einen ablehnenden Beschluß dem Antragsteller förmlich zu, § 329 III. Einen anordnenden Beschluß stellt der Rpfl dem Gläubiger und dem Schuldner förmlich zu, § 329 III. Er sollte ihn zweckmäßigerweise dem Drittschuldner formlos mitteilen. Kosten: § 788.

Gebühren des Gerichts: keine; des Anwalts: VV 3309, 3310; des Gerichtsvollziehers: KVGv 300.

12   **6) Rechtsbehelfe, I, II.** Sie hängen von der Anhörungsfrage ab.

A. Nach Anhörung. Jeder nach Grdz 13 vor § 511 Beschwerte, auch der Drittschuldner, Ffm BB **76**, 1147, kann nach § 11 I RPflG, Anh § 153 GVG, §§ 767 I Z 1, 793, vorgehen, soweit der Rpfl seine Entscheidung auf Grund einer Anhörung des Antragsgegners getroffen hat (nicht notwendig nach mündlicher Verhandlung), LG Limbg DGVZ **76**, 88. Zum weiteren Verfahren § 104 Rn 41 ff.

13   **B. Mangels Anhörung.** Wenn der Rpfl eine bloße Maßnahme ohne Anhörung getroffen hatte, ist die einfache Erinnerung nach § 766 zulässig, § 793 Rn 1, AG Bln-Schöneb DGVZ **88**, 188.

14   **7) VwGO:** Entsprechend anwendbar im Rahmen der Grdz § 803 Rn 16. Nach § 169 I VwGO, § 5 VwVG gilt § 317 AO.

§ 845 *Vorpfändung.* I ¹ Schon vor der Pfändung kann der Gläubiger auf Grund eines vollstreckbaren Schuldtitels durch den Gerichtsvollzieher dem Drittschuldner und dem Schuldner die Benachrichtigung, dass die Pfändung bevorstehe, zustellen lassen mit der Aufforderung an den Drittschuldner, nicht an den Schuldner zu zahlen, und mit der Aufforderung an den Schuldner, sich jeder Verfügung über die Forderung, insbesondere ihrer Einziehung, zu enthalten. ² Der Gerichtsvollzieher hat die Benachrichtigung mit den Aufforderungen selbst anzufertigen, wenn er von dem Gläubiger hierzu ausdrücklich beauftragt worden ist. ³ Der vorherigen Erteilung einer vollstreckbaren Ausfertigung und der Zustellung des Schuldtitels bedarf es nicht.

II ¹ Die Benachrichtigung an den Drittschuldner hat die Wirkung eines Arrestes (§ 930), sofern die Pfändung der Forderung innerhalb eines Monats bewirkt wird. ² Die Frist beginnt mit dem Tage, an dem die Benachrichtigung zugestellt ist.

Gliederung

1) Systematik, I, II 1	B. Antrag 12
2) Regelungszweck, I, II 2, 3	C. Verstoß 13
3) Geltungsbereich, I, II 4, 5	6) Wirkung, II 14–19
4) Vornahme, I 1 6–10	A. Fristabhängigkeit 14, 15
A. Benachrichtigung 6	B. Frist von 1 Monat 16
B. Aufforderung 7	C. Pfändung 17
C. Zustellung 8	D. Bedingter Arrest 18
D. Verzicht 9	E. Kosten 19
E. Verstoß 10	7) Rechtsbehelfe, I, II 20, 21
5) Anfertigung durch den Gerichtsvollzieher, I 2 11–13	A. Möglichkeiten 20
A. Grundsatz: Zulässigkeit 11	B. Grenzen 21
	8) *VwGO* 22

1) Systematik, I, II. Die Vorschrift betrifft den Zeitraum vor einer Pfändung nach §§ 829 ff. Sie eröffnet **1** eine zusätzliche Möglichkeit, rasch eine Sicherung herbeizuführen, bevor eine Verwertung möglich ist. Die Vorschrift ist nicht anwendbar, wenn nicht das Gericht pfändet, sondern der Gerichtsvollzieher, also bei einem indossablen Papier nach § 831. Dagegen ist § 845 auch auf die Pfändung eines Herausgabeanspruchs sowie dann anwendbar, wenn ein Drittschuldner fehlt, ferner dann, wenn es um eine Hypothekenforderung geht, Rn 15. Die Ankündigung einer künftigen Anfechtung nach § 4 AnfG ist der Vorpfändung ähnlich. Sie hat aber doch andere, nicht so weitreichende Wirkungen, BGH **87**, 168. Zur InsO Viertelhausen KTS **99**, 442.

2) Regelungszweck, I, II. Der Gedanke des zeitlichen Vorrangs nach § 804 III schlägt auch bei der **2** Verwertung mittels Pfändung usw durch. Deshalb hat § 845 in der Praxis eine berechtigt hohe Bedeutung. Der Gläubiger muß sich freilich sputen und gleich zweimal rechtzeitig vorgehen, II 1.

Die Verweisung in II auf § 930 ist zwar alles andere als elegant gelungen. Denn § 930 ist seinerseits alles **3** andere als leicht verständlich. Indessen sind die Sicherungszwecke ähnlich. § 845 soll ähnlich wie § 929 III 1 dem Gläubiger bei der Zwangsvollstreckung wegen einer Geldforderung nach Grdz 1 vor § 803 einen Rang sichern. Das gilt bei derjenigen in eine Forderung und in ein sonstiges Recht, soweit nicht § 865 anwendbar ist. Die Vorschrift soll dem Gläubiger dadurch ungeachtet der Möglichkeiten des § 842 einen Schaden ersparen, der ihm durch die Verzögerung einer gerichtlichen Pfändung entstehen könnte, BayObLG Rpfleger **85**, 59, Ffm MDR **94**, 843, LAG Köln MDR **95**, 423.

3) Geltungsbereich, I, II. Zugunsten des Gläubigers muß ein vorläufig vollstreckbarer Schuldtitel **4** bestehen. Ein körperlicher Besitz des Titels ist nicht erforderlich, LG Ffm Rpfleger **83**, 32. Ein Arrestbefehl nach § 922 oder eine einstweilige Verfügung nach §§ 935 ff genügen, ferner eine Sicherungspfändung, § 720 a Rn 4. Eine sofortige Zwangsvollstreckung muß statthaft sein. Infolgedessen muß ein befristeter Kalendertag abgelaufen sein, § 751 I. Im Fall einer bedingten Vollstreckbarkeit muß man § 726 I beachten. Der Gläubiger braucht allerdings eine etwa erforderliche Sicherheit wegen § 720 a Rn 2 nicht zu leisten. Die Wartefrist des § 750 III gilt hier nicht, dort Rn 21. Im Fall einer Verurteilung Zug um Zug nach § 756 muß das bisherige Verfahren nach § 765 abgelaufen sein, Mümmler JB **75**, 1415. Eine vollstreckbare Ausfertigung des Vollstreckungstitels oder gar der Vollstreckungsklausel braucht nicht vorzuliegen, AG Gelnhausen JB **99**, 101, auch nicht in den Fällen der §§ 728, 729 und bei einer Rechtsnachfolge.

Der Gläubiger braucht den Vollstreckungstitel und die nach § 750 III zuzustellenden Urkunden *noch nicht* **5** *zugestellt* zu haben, KG MDR **81**, 412, LG Ffm Rpfleger **83**, 32, ZöStö 2, aM Gilleßen/Jakobs DGVZ **79**, 106 (aber es geht noch nicht um die „eigentliche" Vollstreckung). Bei einem Anspruch nur auf eine Kostenerstattung genügt der Kostenfestsetzungsbeschluß nach § 104, nicht aber das zugrunde liegende Urteil. Im Fall einer Vorpfändung gegen einen Rechtsnachfolger ist eine Umschreibung des Vollstreckungstitels auf den Nachfolger nach § 727 entbehrlich. Die vorzupfändende Forderung muß im Zeitpunkt der Zustellung der Vorpfändung an den Drittschuldner bereits pfändbar sein. § 46 VII AO erlaubt grundsätzlich eine Vorpfändung. Die Vorpfändung eines Anspruchs auf eine Steuererstattung ist vor dem Ende des Steuerjahres kaum sinnvoll, § 829 Rn 13, Wilke NJW **78**, 2381. Zur Problematik auch Buciek DB **85**, 1428. Beim Oder-Konto erfaßt die Pfändung nicht das Recht eines weiteren Oder-Kunden vor *dessen* Mitpfändung, Drsd MDR **01**, 580.

4) Vornahme, I 1. Für eine wirksame Vorpfändung sind die folgenden Maßnahmen vorgeschrieben. **6**

A. Benachrichtigung. Der Gläubiger muß den Drittschuldner nach § 829 Rn 71 und den Schuldner von der bevorstehenden Pfändung benachrichtigen lassen. Die Benachrichtigung muß gerade „durch den Gerichtsvollzieher" erfolgen. Sie muß den vollstreckbaren Titel angeben. Sie muß die Forderung eindeutig

§ 845

kennzeichnen, BGH NJW **01**, 2976, zumindest in allgemeinen Umrissen, BGH Rpfleger **05**, 450 (ziemlich großzügig). Sie muß ferner angeben, daß die Voraussetzungen Rn 1–5 erfüllt seien. Ein Nachweis ist in diesem Fall nicht erforderlich. Es reicht aus, daß eine Nachprüfung möglich ist. Ungenauigkeiten bei der Bezeichnung der Forderung schaden hier ebenso viel oder wenig wie bei einer Pfändung, § 829 Rn 15 ff, aM ZöStö 3 (eine Auslegung könne nur aus der Urkunde heraus stattfinden, Grdz 52 vor § 128). Aber eine Parteiprozeßhandlung ist stets nach den Gesamtumständen auslegbar, Grdz 52 vor § 128).

7   **B. Aufforderung.** Der Drittschuldner muß die Aufforderung erhalten, nicht an den Schuldner zu zahlen, sog Arrestatorium, § 829 Rn 37. Schon wegen der Rechtsbehelfsmöglichkeit ist außerdem eine vorgeschriebene Aufforderung an den Schuldner nötig, sich jeder Verfügung über die Forderung zu enthalten, das sog Inhibitorium, § 829 Rn 42, Mümmler JB **75**, 1414. Diese Aufforderung ist für die Wirksamkeit der Vorpfändung ebenso unwesentlich wie für die Wirksamkeit der Pfändung, § 829 Rn 41. Wenn der Gläubiger die Aufforderung versäumt, kann er sich indessen ersatzpflichtig machen.

8   **C. Zustellung.** Der Gläubiger kann diese Erklärungen dem Gerichtsvollzieher auch durch Telefax übermitteln, Müller DGVZ **96**, 88. Dieser muß sie im Parteibetrieb nach §§ 191 ff dem Drittschuldner und dem Schuldner zustellen, LG Marbg DGVZ **83**, 121, und zwar eine Abschrift der Urkunde über die an den Drittschuldner bewirkte Zustellung, § 829 Rn 50, LG Stgt DGVZ **90**, 15. Der Gerichtsvollzieher prüft dabei die Voraussetzungen nach Rn 1–5 nicht. Eine Ersatzzustellung nach §§ 178 ff ist zulässig. Eine öffentliche Zustellung nach §§ 185 ff ist grundsätzlich wirkungslos. Wegen einer Ausnahme bei § 857 II AG Flensb JB **81**, 464. Die Zustellung an den Drittschuldner ist wesentlich, § 829 Rn 46. Sie bestimmt auch den Zeitpunkt des Wirksamwerdens der Vorpfändung. Die Zustellung an den Schuldner hat nur für einen etwaigen schlechten Glauben des Schuldners eine Bedeutung, § 829 Rn 45, 53.

9   **D. Verzicht.** Ein Verzicht auf eine Vorpfändung ist im Rahmen von § 843 zulässig.

10 **E. Verstoß.** Wenn ein wesentliches Merkmal fehlt, etwa bei einer bloßen Benachrichtigung des Drittschuldners ohne den Gerichtsvollzieher, dann ist die Vorpfändung unwirksam, LG Hechingen DGVZ **86**, 188. Freilich kann eine Mängelheilung eintreten, § 189, Grdz 58 vor § 704, so schon AG Biedenkopf MDR **83**, 588.

11 **5) Anfertigung durch den Gerichtsvollzieher, I 2.** Sie ist unproblematisch.
    A. Grundsatz: Zulässigkeit. Der Gerichtsvollzieher darf die Benachrichtigung mit den Aufforderungen selbst anfertigen und zustellen, Arnold MDR **79**, 358. Denn er hat oft am ehesten und besten eine Kenntnis der pfändbaren Forderungen des Schuldners. Er kann die Zwangsvollstreckung durch einen schnelleren Zugriff auf die Forderungen wirksamer gestalten. Bei § 857 ist I 2 unanwendbar, § 857 VII. Denn der Gerichtsvollzieher wäre nun mit der Klärung von Rechtsfragen überfordert, und man muß eine Amtshaftung vermeiden. Auf eine hohe Erfolgsaussicht kommt es nicht an, LG Wiesb DGVZ **03**, 156, strenger AG Darmst DGVZ **03**, 159 (aber auch der Gerichtsvollzieher ist kein Hellseher).

12 **B. Antrag.** Der Gerichtsvollzieher darf aber die Benachrichtigung und die Aufforderungen nur auf Grund eines ausdrücklichen mündlichen oder nach dem vorrangigen § 130 a auch elektronischen oder eines schriftlichen Auftrags des Gläubigers vornehmen. Der Gerichtsvollzieher darf also nicht schon im bloß angenommenen Einverständnis des Gläubigers vorgehen, ebensowenig auf Grund eines nach seiner Meinung stillschweigenden Auftrags. Die Anfertigung der Benachrichtigung durch den Gerichtsvollzieher ist also keineswegs mehr ohne einen ausdrücklichen Auftrag des Gläubigers zulässig. Der Gläubiger kann diesen ausdrücklichen Auftrag aber mit einem allgemeinen Vollstreckungsauftrag verbinden. Die Gesamterklärung ist wie sonst auslegbar, Grdz 52 vor § 128.

13 **C. Verstoß**, dazu *Müller* NJW **79**, 905, *Münzberg* DGVZ **79**, 161: Ein Verstoß gegen diese Vorschrift mag freilich die Zwangsvollstreckung als einen Staatsakt trotzdem zunächst wirksam lassen, Grdz 58 vor § 704, *Münzberg* ZZP **98**, 360. Trotz eines Auftrags des Gläubigers erfolgen bei einer Zwangsvollstreckung im Rahmen des § 857 keine Maßnahmen nach I 2. Das stellt § 857 VII klar.

14 **6) Wirkung, II.** Man muß fünf Auswirkungsarten beachten.
    A. Fristabhängigkeit. Die Vorpfändung wirkt vom Zeitpunkt der Zustellung an den Drittschuldner nach § 829 III an wie eine Arrestpfändung nach § 930. Sie wirkt also wie ein vollzogener Arrest, wie eine Beschlagnahme, Üb 6 vor § 803, BGH **87**, 168. Das gibt auch bei einer Sicherungsverfügung, BGH **92**, 74. Diese Wirkung tritt aber nur dann ein, wenn die Pfändung binnen 1 Monat nachfolgt, LG Karlsr Rpfleger **97**, 268. Man nimmt am besten ein *auflösend* bedingtes Pfandrecht an, LAG Ffm DB **89**, 1732. Die Annahme, es sei ein *aufschiebend* bedingtes Pfandrecht, hilft nicht weiter. Denn das Gericht hält die Vorpfändung nicht mehr für anfechtbar, außer wenn es sich um ihre rangsichernde Wirkung handelt, Meyer-Reim NJW **93**, 3042. Die Bedingung entfällt mit einer fristgemäßen Pfändung, also mit der Zustellung des Pfändungsbeschlusses an den Drittschuldner. Das Pfandrecht hat also den Rang der Vorpfändungszeit.

15 Eine *Verfügung* über die Sache nach dem Zeitpunkt der Vorpfändung und vor der Pfändung ist dem Gläubiger gegenüber unwirksam. § 408 II BGB ist unanwendbar, LG Hildesh NJW **88**, 1917. Die Eröffnung des Insolvenzverfahrens macht eine Vorpfändung unwirksam, Hintzen Rpfleger **99**, 424. Für eine Anfechtung der Pfändung im Insolvenzverfahren ist der Zeitpunkt der Vorpfändung maßgebend. Im Fall einer Hypothekenforderung nach §§ 830, 830 a ist weder eine Übergabe des Hypothekenbriefs noch eine Eintragung erforderlich. Die Eintragung ist aber zulässig. Diese Maßnahmen sind erst zur endgültigen Pfändung notwendig. Die Vorpfändung erfordert aber natürlich diese nachfolgende Pfändung in der Monatsfrist. Ein Wegnahmeauftrag an den Gerichtsvollzieher oder ein Eintragungsantrag beim Grundbuchamt reichen zur Fristwahrung ebensowenig wie die Zustellung der Vorpfändung beim Drittschuldner.

16 **B. Frist von 1 Monat.** Sie beginnt im Zeitpunkt der Zustellung der Vorpfändung an den Drittschuldner. Sie ist keine Notfrist, § 224 I 2. Sie berechnet sich nach §§ 222 ZPO, 187 I BGB, § 222 Rn 3. Man kann sie nicht wie bei § 224 I 1 verlängern. Wenn der Gläubiger die Vorpfändung wiederholt, dann läuft eine neue Frist. Diese Frist beginnt mit der neuen Zustellung. Sie begründet ein auflösend bedingtes Pfandrecht,

Rn 14. Ein ProzBev muß bei nachfolgend beabsichtigter Pfändung evtl das Vollstreckungsgericht auf den Fristablauf hinweisen, § 85 II, Hamm MDR **98**, 503.

C. Pfändung. Sie ist im Grunde nichts anderes als der Ausspruch, das durch die Vorpfändung begründete **17** Pfandrecht bestehe zu Recht, LG Kblz MDR **83**, 588, Meyer-Reim NJW **93**, 3042. Sie wirkt rechtsbestätigend. Sie muß sich auf dieselbe Forderung beziehen wie die Vorpfändung. Sie braucht aber nicht auf die Vorpfändung zu verweisen. Sie erstreckt sich auf zwischenzeitliche Erhöhungen der Vorpfändung etwa bei einem Kontokorrent. Wenn freilich die Vollpfändung wegen eines geringeren Betrags als die Vorpfändung erfolgt, bleibt die Vorpfändungswirkung nur wegen des geringeren Betrags bestehen, BGH NJW **01**, 2976. Alle anschließenden Veränderungen stören die Wirksamkeit der Vorpfändung und den dadurch nach § 804 III begründeten Rang nicht, soweit sie nicht die Pfändung ausschließen und dadurch den Fristablauf herbeiführen. Es sind zB eine Veräußerung des Grundstücks und der Zuschlag in der Zwangsversteigerung im Fall einer Mietvorpfändung unbeachtlich. Wenn die Pfändung aber wegen der Eröffnung des Insolvenzverfahrens oder der Anordnung der Beschlagnahme in der Liegenschaftsvollstreckung unzulässig wird, dann verliert auch die Vorpfändung ihre Wirkung, aM Meyer-Reim NJW **93**, 3042 (aber die Vorpfändung stößt dann ins Leere). Das gilt auch im Falle einer dauernden und nicht nur zeitweiligen Einstellung der Zwangsvollstreckung. Die Überweisung verlangt immer eine endgültige Pfändung. Eine akzeptierte Zahlung des Drittschuldners läßt das Rechtsschutzbedürfnis für eine Pfändung entfallen, LG Frankenth Rpfleger **85**, 245.

D. Bedingter Arrest. Die Vorpfändung wirkt wie in bedingter Arrest. Daher ist sie eine Vollstrek- **18** kungsmaßnahme, Düss NJW **75**, 2210, LG Detm KTS **77**, 127, LAG Ffm DB **89**, 1732. Deshalb ist auch die Vorpfändung während eines Insolvenzverfahrens über das Vermögen des Schuldners unzulässig. Die Eigenart der Vorpfändung liegt darin, daß sie als eine private Maßnahme gleichwohl eine öffentlichrechtliche Wirkung hat, Hornung Rpfleger **79**, 284, aM Münzberg DGVZ **79**, 165, ZöStö 7 (aber beide Merkmale ergeben sich aus § 845 ganz unverkennbar). Die Wartefrist des § 798 gilt bei der Vorpfändung nicht, BGH NJW **82**, 1150, KG MDR **81**, 412, LG Ffm Rpfleger **83**, 32, aM Münzberg DGVZ **79**, 165 (aber das würde sich nicht mit dem Schutzzweck nach Rn 2, 3 vertragen). Eine Aufforderung zur Erklärung nach § 840 ist im Fall einer Vorpfändung bis zur rechtzeitig nachfolgenden Vollpfändung unzulässig.

E. Kosten. Kosten einer zulässigen Vorpfändung: Des Gerichts und des Anwalts wie bei § 788, KG VersR **19** **87**, 940; des Gerichtsvollziehers: KVGv 100, 101, 200; Auslagen KVGv 700 ff. Der Gerichtsvollzieher darf die Festgebühr unabhängig von der Zahl der Benachrichtigungen und der Aufforderungen nur einmal erheben. Läßt der Gläubiger die Frist nach II verstreichen, so entsteht kein Erstattungsanspruch, LG Ravensb DGVZ **98**, 172, LAG Köln JB **93**, 622.

7) Rechtsbehelfe, I, II. Es stehen mehrere Wege offen. **20**
A. Möglichkeiten. Die Vorpfändung ist eine Maßnahme der Zwangsvollstreckung ist, Rn 11, Düss RR **93**, 831. Daher ist die Erinnerung nach § 766 statthaft, Düss RR **93**, 831, LG Marbg DGVZ **83**, 120. Es ist auch eine Widerspruchsklage nach § 771 zulässig. Das gilt auch gegenüber dem Gerichtsvollzieher. Der Schuldner muß wegen § 828 seine richtige Anschrift nennen, LG Düss JB **97**, 103. Der Gerichtsvollzieher hat gegen eine Anweisung des Vollstreckungsgerichts grundsätzlich kein Beschwerderecht, solange nicht seine persönlichen Belange betroffen sind. Man kann die Erinnerung nur auf einen solchen Mangel stützen, den nachfolgende Pfändungsbeschluß nicht hat.
B. Grenzen. Eine auf Grund einer Erinnerung aufgehobene Vorpfändung kann auch im Fall einer **21** erfolgreichen sofortigen Beschwerde nach §§ 567 I Z 1, 793 nicht wieder aufleben. Soweit der Pfändungsbeschluß nicht rechtzeitig erging, entfällt das Rechtsschutzinteresse schon deshalb, weil die Vorpfändung ja wirkungslos geworden ist, Köln Rpfleger **91**, 261. Wegen der Anfechtbarkeit des rechtzeitig erwirkten Pfändungsbeschlusses kommt die Anfechtung der Vorpfändung anschließend nur noch bei einem über die Kostenfrage hinausgehenden Interesses an ihrem Wegfall in Betracht, Köln Rpfleger **91**, 261.

8) VwGO: Entsprechend anwendbar im Rahmen der Grdz § 803 Rn 16. **22**

§ 846 Zwangsvollstreckung in Herausgabeansprüche. Die Zwangsvollstreckung in Ansprüche, welche die Herausgabe oder Leistung körperlicher Sachen zum Gegenstand haben, erfolgt nach den §§ 829 bis 845 unter Berücksichtigung der nachstehenden Vorschriften.

Schrifttum: *Bork*, Vinkulierte Namensaktien in Zwangsvollstreckung und Insolvenz des Aktionärs, Festschrift für *Henckel* (1995) 23; *Küls*, Die Zwangsvollstreckung nach §§ 846, 847 ZPO in Ansprüche auf Herausgabe oder Leistung einer beweglichen Sache, Diss Bonn 1996; *Münzberg*, Abschied von der Pfändung der Auflassungsanwartschaft?, Festschrift für *Schiedermair* (1976) 439.

1) Systematik. §§ 846–849 stehen in ihrem Geltungsbereich als vorrangige Sondervorschriften zur **1** Verfügung. Die Verweisung auf §§ 829–845 erfolgt ja nur hilfsweise. Denn so muß man die Worte „unter Berücksichtigung der nachstehenden Vorschriften" in Wahrheit lesen. Die Sondervorschriften beruhen auf den Besonderheiten der von den Herausgabeansprüchen jeweils betroffenen Objekte. Man darf die Vollstreckung *in* einen Herausgabeanspruch nicht mit der Vollstreckung *auf Grund* eines Herausgabeanspruchs verwechseln. Letztere ist in §§ 883–886 geregelt.

2) Regelungszweck. Die Ziele der §§ 846–849 sind dieselben wie bei §§ 829–845. Vgl die dortigen **2** Rn 1 bzw 2.

3) Geltungsbereich. Ein Anspruch, der „die Herausgabe oder Leistung körperlicher Sachen zum Gegen- **3** stand" hat, ist ein schuldrechtlicher Anspruch oder ein dinglicher Anspruch auf eine Besitz- oder Eigentumsübertragung an Fahrnis und Liegenschaften. Der Pfändungsbeschluß muß die Sache unverwechselbar bezeichnen, ThP 1, aM LG Bln MDR **77**, 59 (vgl aber § 829 Rn 21 ff).

§§ 846, 847   Buch 8. Abschnitt 2. ZwV wegen Geldforderungen

Hierher gehört zB: Der Anspruch auf die Herausgabe eines Wertpapiers nach § 808 oder eines Automaten, oder auf eine Auflassung; der Anspruch auf die Rückübereignung einer zur Sicherung übereigneten Sache; der Fall, daß ein Dritter eine Sache des Schuldners nicht an den Gerichtsvollzieher herausgibt.

Nicht hierher gehört zB: Ein Anspruch auf eine Vorlegung oder auf ein sonstiges Tun oder Unterlassen; eine Lohnabrechnung, LG Mainz Rpfleger **94**, 309.

4   **4) Durchführung.** Eine Veräußerung der herauszugebenden Sache nach der Pfändung des Herausgabeanspruchs läßt den Zahlungsanspruch an die Stelle des Herausgabeanspruchs treten. Eine Pfändung des Herausgabeanspruchs ist keine Pfändung der Sache. Die Sachpfändung tritt erst mit der Herausgabe der Sache an den Gerichtsvollzieher ein. Dabei bestimmt sich der Rang nach der Reihenfolge der Pfändungen. Es schließen sich hier also zwei Vollstreckungen an, in den Herausgabeanspruch und in die Sache.

5   **5) Kosten.** Gebühren des Gerichts § 12 V GKG (Vorauszahlungspflicht), KV 12110; des Anwalts VV 3309, 3310.

6   **6) *VwGO*:** Entsprechend anwendbar im Rahmen der Grdz § 803 Rn 16. Nach § 169 I *VwGO*, § 5 *VwVG* gilt § 318 I–IV AO.

847   *Herausgabeanspruch auf eine bewegliche Sache.* ¹ Bei der Pfändung eines Anspruchs, der eine bewegliche körperliche Sache betrifft, ist anzuordnen, daß die Sache an einen vom Gläubiger zu beauftragenden Gerichtsvollzieher herauszugeben sei.

II Auf die Verwertung der Sache sind die Vorschriften über die Verwertung gepfändeter Sachen anzuwenden.

Gliederung

1) Systematik, I, II 1	C. Herausgabe 7
2) Regelungszweck, I, II 2	D. Verweigerung der Herausgabe 8
3) Geltungsbereich, I, II 3	5) Verwertung, II 9
4) Pfändung, I 4–8	6) Kosten, I, II 10
A. Pfändungsbeschluß und Zustellung 4, 5	7) Rechsbehelfe, I, II 11
B. Pfändungspfandrecht 6	8) *VwGO* 12

1   **1) Systematik, I, II.** Vgl zunächst § 846 Rn 1. Auch bei § 847 muß man zwischen der hier allein geregelten Vollstreckung *in* einen Herausgabeanspruch und derjenigen *auf Grund* eines Herausgabeanspruchs unterscheiden.

2   **2) Regelungszweck, I, II.** Die komplizierte Regelung dient einer komplizierten Rechtslage. Die Vorschrift soll in einer für alle Beteiligten einigermaßen klar verfolgbaren Art und Weise dazu beitragen, daß am Ende aus einem bloßen Herausgabeanspruch eine Befriedigung in bar werden kann. Die Handhabung sollte sich an diesem Endziel orientieren und seine Erreichbarkeit erleichtern, statt formalistisch zu bremsen. Natürlich darf man dabei keine Unklarheiten bestehen lassen, Einl III 43.

3   **3) Geltungsbereich, I, II.** § 847 betrifft die Zwangsvollstreckung in einen Anspruch, den der Schuldner gegen einen Dritten auf die Herausgabe einer beweglichen körperlichen Sache im Sinn von § 846 Rn 1 hat, die pfändbar ist, auch wenn dieser Anspruch von einer Gegenleistung abhängig ist. Die Vorschrift betrifft ferner alle Ansprüche, die dem in § 829 Rn 1 genannten entsprechen. Es schadet nicht, daß man die Sache erst von einem Grundstück trennen muß. Wenn eine Hilfspfändung nach § 808 Rn 4 zulässig ist wie im Fall eines Hypothekenbriefs oder eines Sparbuchs, dann ist eine Vollstreckung nach § 847 nicht erforderlich. § 847 ist auch auf eine bloße Beweisurkunde unanwendbar, etwa auf einen Kfz-Brief oder einen Grundpfandbrief. Im Fall des § 831 ist § 847 ebenfalls unanwendbar. Die Vorschrift gilt ferner nicht für einen unpfändbaren, nicht abtretbaren Anspruch sowie für die Herausgabe einer unpfändbaren Sache gerichteten Anspruch, BFH BB **76**, 1350, Saarbr DGVZ **95**, 149, LG Mainz Rpfleger **94**, 309 (Lohnabrechnung).

Unanwendbar ist § 847, soweit es um eine von der Staatsanwaltschaft beschlagnahmte Sache geht. Denn dann kann der Gläubiger sie direkt nach § 829 pfänden, Ffm NJW **05**, 1961.

4   **4) Pfändung, I.** Man muß vier Punkte beachten.

A. Pfändungsbeschluß und Zustellung. Zuständig ist der Rpfl, § 20 Z 17 RpflG, Anh § 153 GVG, des Vollstreckungsgerichts, §§ 802, 828. Der Pfändungsbeschluß muß den zu pfändenden Anspruch und daher hier auch die zu leistende Sache unverwechselbar bezeichnen, BGH NJW **00**, 3219, LG Köln NJW **05**, 1961, LG Köln ZIP **80**, 114, aM LG Bln MDR **77**, 59 (vgl aber § 823 Rn 22 ff). Drittschuldner ist der Herausgabeschuldner. Der Rpfl erläßt den Pfändungsbeschluß nach denselben Regeln wie bei § 829. Der Gerichtsvollzieher stellt ihn dem Drittschuldner im Parteibetrieb nach §§ 191 ff zu. Wesentlich sind also die Pfändung und das Verbot an den Schuldner, die Sache an den Schuldner zu leisten oder herauszugeben. Dagegen ist es für die Pfändung nicht erforderlich, daß das Gericht dem Schuldner gebietet, nicht über die Sache zu verfügen, § 829 Rn 37. Ebenso steht es mit der in I vorgesehenen Anordnung, die Sache an einen vom Gläubiger zu beauftragenden Gerichtsvollzieher herauszugeben. Diese Anordnung hat mit der Wirksamkeit der Pfändung des Anspruchs nichts zu tun. Die Anordnung läßt sich auch in einem besonderen Beschluß nachholen, LG Bln MDR **77**, 459.

5   *Die Eröffnung eines Insolvenzverfahrens* nach der Pfändung ist unbeachtlich. Eine Vorpfändung nach § 845 ist zulässig. Die Benennung eines bestimmten Gerichtsvollziehers ist geradezu unangebracht. Ein Antrag des Gläubigers ermächtigt den Gerichtsvollzieher und weist ihn aus. Wenn der Anspruch mehreren nach Bruchteilen zusteht, dann muß man den Gerichtsvollzieher zusammen mit den anderen Berechtigten ermächtigen. Der Vollstreckungsschuldner darf keinen Gerichtsvollzieher beauftragen.

B. Pfändungspfandrecht. Mit der Zustellung des Pfändungsbeschlusses an den Drittschuldner entsteht **6** das Pfändungspfandrecht des Gläubigers nebst einer Verstrickung an dem Anspruch, § 829 III. Das gilt unabhängig vom Eigentum des Schuldners an der Sache. Wenn es um ein indossables Papier geht, entsteht das Pfändungspfandrecht mit der Wegnahme des Papiers, § 831, BGH DB **80**, 1937. Das Pfändungspfandrecht entspricht inhaltlich ganz demjenigen des § 829. Ein Veräußerungsverbot besteht nur für den Schuldner gegenüber dem Anspruch, nicht für den Drittschuldner gegenüber der Sache. Deshalb gehen die vor der Herausgabe an der Sache entstandenen Pfändungspfandrechte dem erst mit der Herausgabe entstehenden Pfandrecht des Gläubigers vor. Der Drittschuldner hat entsprechend §§ 372, 383 BGB ein Recht zur Hinterlegung oder zur Leistung an den Gläubiger und den Schuldner gemeinsam, aM StJM 8, ThP 2, ZöStö 4 (aber diese Gegenmeinung bringt den Drittschuldner in eine bedenkliche Lage).

C. Herausgabe. Mit der Herausgabe erwirbt der Schuldner das Eigentum, sofern er einen Anspruch auf **7** eine Eigentumsübertragung hat. Dabei vertritt ihn der Gerichtsvollzieher, § 848 II 1. Der Gläubiger erwirbt kraft Gesetzes ohne weiteres eine weitere Pfändung ein Pfändungspfandrecht an der Sache, BGH **72**, 334. Das geschieht ohne die Notwendigkeit einer Sachpfändung nach § 808 und mit Wirkung für die Zukunft, BGH **67**, 378. Das gilt auch dann, wenn die Zwangsvollstreckung nach § 831 hätte erfolgen müssen, BGH MDR **80**, 1016. Im Fall der Pfändung eines Herausgabeanspruchs für mehrere Gläubiger nacheinander gilt die Rangordnung entsprechend § 804 III. Unter Umständen ist eine Hinterlegung erforderlich, § 854, vgl auch § 827. Nach der Herausgabe kommt nur noch eine Anschlußpfändung nach § 826 in Betracht, § 176 Z 7 GVGA. Soweit der Schuldner die Sache freiwillig an einen anderen Vollstreckungsgläubiger herausgibt, tritt dadurch keine Beendigung der Zwangsvollstreckung ein, Grdz 51 vor § 704, BGH NJW **79**, 373.

D. Verweigerung der Herausgabe. Wenn der Drittschuldner die Sache nicht freiwillig herausgibt, dann **8** darf der Gläubiger nicht in die Sache vollstrecken. Der Gerichtsvollzieher darf die Sache dem Drittschuldner daher zunächst noch nicht wegnehmen. Der Gläubiger muß dann vielmehr den Drittschuldner auf eine Herausgabe an den Gerichtsvollzieher verklagen. In einem solchen Fall muß der Gläubiger entsprechend § 841 dem Schuldner den Streit verkünden. Der Schuldner darf die Herausgabeklage auch selbst erheben. Der Gerichtsvollzieher darf nicht so vorgehen. Die Zwangsvollstreckung aus dem daraufhin ergehenden Urteil erfolgt nach §§ 883, 884. Wenn der Gläubiger durch eine verspätete Herausgabe einen Rangverlust erleidet, ist der Drittschuldner dem Gläubiger schadensersatzpflichtig, falls der Drittschuldner schuldhaft handelte.

5) Verwertung, II. Die Verwertung erfolgt wie bei einer gepfändeten Sache nach §§ 814 ff, also durch **9** eine Versteigerung der Sache durch den Gerichtsvollzieher. Das gilt aber nur dann, wenn der Gläubiger ein Verwertungsrecht hat. Das bloße Pfandrecht oder eine bloße Sicherungsvollstreckung nach § 720 a geben dem Gläubiger noch kein Verwertungsrecht. Es läßt eine Verwertung nur nach § 930 III nur unter besonderen Gefährdung zu. Wenn der Gläubiger im übrigen verwerten will, dann muß er sich den Anspruch auf die Herausgabe zur Einziehung überweisen lassen, § 835. Durch die Überweisung scheidet der Anspruch noch nicht aus dem Vermögen des Schuldners aus. Jedoch beschränkt die Überweisung die Verfügungsmacht des Schuldners im Interesse des Gläubigers. Die Überweisung gibt dem Gläubiger einen Anspruch auf den Erlös. Eine Überweisung an Zahlungs Statt ist mangels Nennwerts unzulässig. Bei § 839 muß man hinterlegen.

6) Kosten, I, II. Gebühren: des Gerichts § 12 V GKG (Vorauszahlungspflicht), KV 2110; des Anwalts **10** VV 3309, 3310.

7) Rechtsbehelfe, I, II. Es gilt dieselbe Regelung wie bei § 829 Rn 84–88. Ein Dritter kann sein Recht **11** vom Zeitpunkt der Pfändung ab durch die Herausgabeklage oder durch eine Widerspruchsklage nach §§ 771, 805 geltend machen, BGH **67**, 383.

8) *VwGO: Entsprechend anwendbar im Rahmen der Grdz § 803 Rn 16. Nach § 169 I VwGO, § 5 VwVG gilt* **12** *§ 318 II AO.*

847a

Herausgabeanspruch auf ein Schiff. [I] Bei der Pfändung eines Anspruchs, der ein eingetragenes Schiff betrifft, ist anzuordnen, dass das Schiff an einen vom Vollstreckungsgericht zu bestellenden Treuhänder herauszugeben ist.

[II] [1] Ist der Anspruch auf Übertragung des Eigentums gerichtet, so vertritt der Treuhänder den Schuldner bei der Übertragung des Eigentums. [2] Mit dem Übergang des Eigentums auf den Schuldner erlangt der Gläubiger eine Schiffshypothek für seine Forderung. [3] Der Treuhänder hat die Eintragung der Schiffshypothek in das Schiffsregister zu bewilligen.

[III] Die Zwangsvollstreckung in das Schiff wird nach den für die Zwangsvollstreckung in unbewegliche Sachen geltenden Vorschriften bewirkt.

[IV] Die vorstehenden Vorschriften gelten entsprechend, wenn der Anspruch ein Schiffsbauwerk betrifft, das im Schiffsbauregister eingetragen ist oder in dieses Register eingetragen werden kann.

1) Systematik, Regelungszweck, I–IV. Die dem § 847 vorgehende, dem § 848 ähnelnde Vorschrift ist **1** wie die ganze Gruppe der §§ 846–849 Teil der Vollstreckung wegen einer Geldforderung *in* den Anspruch des Schuldners gegen einen Dritten und nicht etwa Teil der Vollstreckung *wegen* eines Herausgabeanspruchs. Letztere ist in §§ 883–886 geregelt.

2) Geltungsbereich, I–IV. Die Vorschrift regelt die Pfändung eines Herausgabeanspruchs des Schuldners **2** gegen einen Dritten nach Rn 1 bei einem eingetragenen Schiff ebenso wie die Pfändung eines entsprechenden Herausgabeanspruchs von Liegenschaften. § 847 a gilt sinngemäß auch bei einem Luftfahrzeug, das in die Luftfahrzeugrolle eingetragen ist, § 99 I LuftfzRG. Der Schiffshypothek entspricht dann ein Registerpfandrecht an dem Luftfahrzeug. Der vorgesehene Treuhänder ist der Sequester des § 848 Rn 3. Ein Schiffs-

§§ 847a, 848

bauwerk fällt unter § 847 a, wenn es ins Schiffsbauregister eingetragen werden kann, § 66 SchiffsregisterO v 26. 5. 51, BGBl 366, oder wenn es dort eingetragen worden ist.

3 3) *VwGO:* Entsprechend anwendbar im Rahmen der Grdz § 803 Rn 16. Nach § 169 VwGO, § 5 VwVG gilt § 318 IVAO.

848 *Herausgabeanspruch auf eine unbewegliche Sache.* [I] Bei Pfändung eines Anspruchs, der eine unbewegliche Sache betrifft, ist anzuordnen, dass die Sache an einen auf Antrag des Gläubigers vom Amtsgericht der belegenen Sache zu bestellenden Sequester herauszugeben sei.

[II] [1] Ist der Anspruch auf Übertragung des Eigentums gerichtet, so hat die Auflassung an den Sequester als Vertreter des Schuldners zu erfolgen. [2] Mit dem Übergang des Eigentums auf den Schuldner erlangt der Gläubiger eine Sicherungshypothek für seine Forderung. [3] Der Sequester hat die Eintragung der Sicherungshypothek zu bewilligen.

[III] Die Zwangsvollstreckung in die herausgegebene Sache wird nach den für die Zwangsvollstreckung in unbewegliche Sachen geltenden Vorschriften bewirkt.

Schrifttum: *Münzberg,* Abschied von der Pfändung der Auflassungsanwartschaft?, Festschrift für *Schiedermair* (1976) 439.

Gliederung

1) Systematik, I–III	1	A. Pfändung dieses Anspruchs	7
2) Regelungszweck, I–III	2	B. Sicherungshypothek kraft Gesetzes	8
3) Verfahren, I	3–6	C. Rang	9
A. Grundsatz: Herausgabe an Sequester	3	D. Weitere Einzelfragen	10
B. Einzelfragen	4	5) Verwertung, III	11
C. Aufgabe des Sequesters	5	6) Rechtsbehelfe, I–III	12, 13
D. Kosten	6	A. Sequester	12
4) Anspruch auf Eigentumsübertragung, II	7–10	B. Sonstige Fälle	13
		7) VwGO	14

1 1) **Systematik, I–III.** Auch § 848, dem § 847a vergleichbar, ist Teil der Vollstreckung wegen einer Geldforderung *in* den Anspruch des Schuldners gegen einen Dritten auf Herausgabe und nicht etwa Teil der Vollstreckung *wegen* eines Herausgabeanspruchs. Die letztere ist in §§ 883–886 geregelt. Die Pfändung des Anspruchs auf die Herausgabe eines Grundstücks, Grundstücksanteils, Wohnungseigentums, Zubehörs, § 865, Erbbaurechts und sonstigen grundstücksgleichen Recht ist eine Zwangsvollstreckung in das nach §§ 864 ff bewegliche Vermögen. Deshalb gilt die Beschränkung der Sicherungshypothek aus § 866 III in einem solchen Fall nicht. Erst die Zwangsvollstreckung in das herausgegebene Grundstück ist eine Liegenschaftszwangsvollstreckung nach §§ 864 ff.

2 2) **Regelungszweck, I–III.** Der Sequester bezweckt eine dem § 938 II ähnliche vorläufige Sicherung des Vollstreckungsobjekts bis zur Durchführung eines der Verwertungsverfahren der §§ 864 ff. Das dient dem Schutzbedürfnis des Gläubigers, aber auch der Rechtssicherheit nach Einl III 43. Es dient sogar dem wohlverstandenen Interesse auch des Schuldners. Er wird vor dem Zugriff weiterer Gläubiger auf dieses Objekt bewahrt und kommt damit etwas besser von den Gefahren unklarer Dreier-, Vierer- oder Fünfer-Rechtsbeziehungen frei. Demgemäß muß man die wie § 847 komplizierte Vorschrift einerseits mit Bemühung um Klarheit handhaben. Andererseits sollte man sie in solchen Grenzen auch so praktikabel wie möglich auslegen.

3 3) **Verfahren, I.** Man muß zwei Zeitabschnitte unterscheiden.

A. Grundsatz: Herausgabe an Sequester. Das Verfahren entspricht demjenigen des § 847 I. Im Gegensatz zur dortigen Regelung muß der Schuldner die Sache nicht an den Gerichtsvollzieher herausgeben, sondern auch ohne einen Gläubigerantrag „an einen auf Antrag des Gläubigers vom Gericht zu bestellenden" Treuhänder, den Sequester, § 847a. Auch in diesem Fall ist die Wirksamkeit der Pfändung nach § 829 Rn 53, 54 eine Voraussetzung der Wirksamkeit der auf ihr beruhenden Rechtsänderungen. Im Fall einer mehrfachen Pfändung ist § 855 anwendbar. Das AG des Orts der belegenen Sache ist als Vollstreckungsgericht zur Bestellung des Sequesters zuständig. Es entscheidet durch den Rpfl, § 20 Z 17 RPflG, Anh § 153 GVG. Er entscheidet durch einen Beschluß, § 329. Der Rpfl muß ihn begründen, § 329 Rn 4. Der Beschluß wird im Parteibetrieb dem Drittschuldner zugestellt, §§ 191 ff, 829 II. Der Beschluß muß das Grundstück unverwechselbar bezeichnen, auch § 28 GBO. Die Bestellung des Sequesters im Pfändungsbeschluß setzt voraus, daß dasselbe Gericht für die Pfändung und für die Bestellung des Sequesters zuständig ist.

4 **B. Einzelfragen.** Unter mehreren zuständigen Gerichten darf der Gläubiger wählen. Wenn es um mehrere Grundstücke in verschiedenen Gerichtsbezirken geht, muß jedes AG einen Sequester bestellen. Der Gläubiger muß die Ernennung des Sequesters betreiben. Wenn der Gläubiger insofern verzögerlich verfährt, dann darf der Drittschuldner nach § 303 BGB verfahren. Auch eine juristische Person, eine Offene Handelsgesellschaft oder eine Kommanditgesellschaft kann zum Sequester ernannt werden, zB § 265 AktG für einen Abwickler. Auch eine Treuhandgesellschaft kann Sequester sein. Der Rpfl ist an einen Vorschlag des Gläubigers nicht gebunden. Der Sequester ist zur Annahme des Amts nicht verpflichtet. Das Vollstreckungsgericht setzt seine Vergütung entsprechend § 153 ZVG nach pflichtgemäßem Ermessen fest, BGH Rpfleger 05, 549. Zuständig ist auch hierfür der Rpfl und nicht etwa der Urkundsbeamte der Geschäftsstelle. Die Kosten der Sequestration sind Kosten der Zwangsvollstreckung, § 788 Rn 37 „Sequestration".

Titel 1. Zwangsvollstr. in das bewegl. Vermögen **§ 848**

C. Aufgabe des Sequesters. Sie beschränkt sich auf die Entgegennahme der Auflassung, deren Genehmigung und die Bewilligung der Eintragung der Hypothek, Jena Rpfleger **96**, 101. Wenn der Drittschuldner die Sache nicht freiwillig herausgibt, dann muß der Gläubiger den Drittschuldner auf eine Herausgabe entsprechend § 847 Rn 4 verklagen. Die Zwangsvollstreckung aus einem daraufhin ergehenden Urteil erfolgt nach §§ 883 ff. Mit der Herausgabe an den Sequester endet die Zwangsvollstreckung auf Grund der bloßen Pfändung, die zum Zweck der Besitzentziehung gegenüber dem Drittschuldner oder zu dem Zweck des Wegfalls seiner Herausgabepflicht gegenüber dem Schuldner sinnvoll sein kann. Es entsteht weder ein Pfandrecht noch eine Sicherungshypothek oder ein Verwaltungsrecht am Grundstück. 5

D. Kosten. Gebühren für die Bestellung des Sequesters: Des Gerichts § 12 V GKG (Vorauszahlungspflicht), KV 2110; des Anwalts VV 3309, 3310. 6

4) Anspruch auf Eigentumsübertragung, II. Man muß drei Punkte beachten. 7

A. Pfändung dieses Anspruchs, dazu *Hintzen* Rpfleger **89**, 439, *Medicus* DNotZ **90**, 283 (je ausf): Man muß zwischen der Pfändung des Anwartschaftsrechts und der in II geregelten Pfändung des Übereignungsanspruchs unterscheiden, Medicus DNotZ **90**, 283. Der Gläubiger kann den Anspruch auf eine Eigentumsübertragung pfänden, Ffm Rpfleger **97**, 152 (auch nach der Auflassung, aber auch zu den Grenzen, zB nicht nach Abtretung der Rechte aus einer Auflassungsvormerkung, aM BayObLG DNotZ **97**, 338). Dann muß die Auflassung gegenüber dem Sequester als dem Vertreter des Schuldners erfolgen. Im Fall der Weigerung des Drittschuldners zur Übereignung nach §§ 873 I, 925 BGB an den durch den Sequester vertretenen Schuldner muß der Gläubiger selbst die Klage auf die Abgabe der Auflassungserklärung an den Sequester zur Schuldnereintragung erheben, nicht der Sequester. Eine Mitwirkung des Schuldners an der Auflassung ist dann nicht erforderlich, BGH WertpMitt **78**, 12. Die Zwangsvollstreckung aus dem daraufhin ergehenden Urteil erfolgt nach §§ 894, 895. Die Pfändung des Anspruchs auf die Übertragung des Eigentums ist noch nach der Auflassung an den Schuldner zulässig. Der Sequester muß in solchem Fall eine Umschreibung auf den Schuldner beantragen. Mit der Zurückweisung des Umschreibungsantrags fällt nur ein Anwartschaftsrecht und die Wirkung seiner Pfändung weg, BGH Rpfleger **75**, 432.

B. Sicherungshypothek kraft Gesetzes. Maßgeblich ist der Augenblick des Eigentumsübergangs, also der Eintragung des Schuldners in das Grundbuch, BayObLG DB **92**, 1880. Außerdem muß die Pfändung wirksam sein, § 829 Rn 53, 54, Kerbusch Rpfleger **88**, 475. Unter diesen Voraussetzungen erwirbt der Gläubiger unabhängig vom Eigentumsübergang auf den Schuldner kraft Gesetzes eine Sicherungshypothek für seine Vollstreckungsforderung, Jena Rpfleger **96**, 101, LG Düss Rpfleger **85**, 306 (krit Münzberg). Das geschieht unabhängig von deren Höhe und einschließlich der Vollstreckungskosten. § 866 III ist unanwendbar. Die Sicherungshypothek steht an aussichtsreichster Stelle, Rn 9, Krammer/Riedel Rpfleger **89**, 146 (zu einem Anspruch aus dem Meistgebot). Es kann sich um eine Gesamthypothek handeln, Düss Rpfleger **81**, 200. 8

C. Rang. Die Sicherungshypothek braucht regelwidrig nicht ins Grundbuch eingetragen zu werden, LG Fulda Rpfleger **88**, 252. Die Eintragung ist eine bloße Berichtigung des Grundbuchs. Sie erfolgt auf Antrag des Gläubigers oder des Sequesters im Verfahren der GBO, Jena Rpfleger **96**, 101, LG Fulda Rpfleger **88**, 252 (zustm Kerbusch Rpfleger **88**, 476). Im Fall einer Pfändung für mehrere Gläubiger entstehen in der Reihenfolge der Pfändungen Sicherungshypotheken. Der Sicherungshypothek geht ein schon vorher entstandenes Grundpfandrecht nur dann vor, wenn dieses frühere Grundpfandrecht aus Anlaß des Grunderwerbs zugunsten des Veräußerers bestellt worden war, zB eine Kaufgeldhypothek oder eine Grunddienstbarkeit, LG Frankenth Rpfleger **85**, 232, LG Fulda Rpfleger **88**, 252 (zustm Kerbusch Rpfleger **88**, 476). Andere vorher entstandene Grundpfandrechte gehen der Sicherungshypothek also nicht vor, LG Fulda Rpfleger **88**, 252 (zustm Kerbusch Rpfleger **88**, 476, abl Böttcher). Eine Auflassungsvormerkung zugunsten eines Dritten, an den der Erwerber weiterverkauft hat, geht der Sicherungshypothek auch dann nach, wenn die Eintragung der Vormerkung vor der Pfändung beantragt worden war, Jena Rpfleger **96**, 101. Zum Rangverhältnis zu § 1287 S 2 BGB, Just JZ **98**, 123. 9

D. Weitere Einzelfragen. Gegenüber einer nicht eingetragenen Sicherungshypothek greift ein guter Glaube bei einem rechtsgeschäftlichen Erwerb durch, § 892 BGB, LG Fulda Rpfleger **88**, 252 (im Ergebnis abl Böttcher). Deshalb muß der Sequester gleichzeitig mit dem Antrag auf die Eintragung des Schuldners als des Eigentümers den Antrag auf die Eintragung der Sicherungshypothek stellen und diese Eintragungen bewilligen, Jena Rpfleger **96**, 101. Wenn er beide Anträge stellt, dann ist mangels einer abweichenden Bitte eine einheitliche Erledigung als gewollt annehmbar. Mit Zustimmung des Sequesters kann auch der Schuldner den Eintragungsantrag stellen. Vgl auch Grdz 60 vor § 704 „Anwartschaft". 10

5) Verwertung, III. Der gepfändete Anspruch bleibt auch nach seiner Überweisung an den Gläubiger zur Einziehung im Vermögen des Schuldners. Der Schuldner darf über diesen Anspruch nicht mehr zum Nachteil des Gläubigers verfügen. Die Verwertung des Grundstücks geschieht ganz selbständig. Sie beruht nicht auf dem Pfändungsbeschluß, sondern auf dem eigentlichen Schuldtitel. Sie findet in der Liegenschaftszwangsvollstreckung statt. Es finden also eine Zwangsverwaltung oder eine Zwangsversteigerung statt, § 866 I. Die Zwangsvollstreckung beginnt mit der Beschlagnahme in einem dieser Verfahren. Wenn ein Arresttitel vorliegt, ist eine Zwangsversteigerung ausgeschlossen. 11

6) Rechtsbehelfe, I–III. Es kommt auf die Person des Entscheidenden an. 12

A. Sequester. Gegen die Ernennung des Sequesters kann jeder Betroffene die Erinnerung nach § 766 einlegen. Gegen die Ablehnung des Antrags, evtl auch desjenigen auf eine bestimmte Person, hat der Gläubiger die Wege nach § 11 RPflG, Anh § 153 GVG, § 793. Wegen des weiteren Verfahrens § 104 Rn 41 ff.

B. Sonstige Fälle. Es gelten dieselben Regeln wie bei § 829 Rn 84–88. Außerdem kommt im Verfahren nach der GBO die Beschwerde in Betracht, § 71 GBO. 13

7) VwGO: Entsprechend anwendbar im Rahmen der Grdz § 803 Rn 16. Nach § 169 I VwGO, § 5 VwVG gilt § 318 III AO. 14

§ 849, Einf §§ 850–852

Buch 8. Abschnitt 2. ZwV wegen Geldforderungen

849 *Keine Überweisung an Zahlungs Statt.* **Eine Überweisung der im § 846 bezeichneten Ansprüche an Zahlungs statt ist unzulässig.**

1 **1) Systematik, Regelungszweck.** Vgl zunächst § 846 Rn 1, 2. Auch § 849 bezieht sich nur auf die Vollstreckung wegen einer Geldforderung *in* den Anspruch des Schuldners gegen einen Dritten und nicht etwa auf die Vollstreckung *wegen* eines Herausgabeanspruchs. Letzteres ist in §§ 883–886 geregelt.

2 **2) Geltungsbereich.** Im Fall der Pfändung eines Anspruchs auf die Herausgabe einer beweglichen oder einer unbeweglichen Sache ist eine Überweisung an Zahlungs Statt nach § 835 Rn 29 deshalb nicht möglich, weil es keinen Nennwert gibt. Dagegen ist eine Überweisung zur Einziehung nach § 835 Rn 9 zulässig. Das gilt auch beim Anwartschaftsrecht des Auflassungsempfängers.

3 **3) VwGO:** *Entsprechend anwendbar im Rahmen der Grdz § 803 Rn 16.*

Einführung vor §§ 850–852
Unpfändbarkeit von Forderungen

Schrifttum: *Bengelsdorf*, Pfändung und Abtretung von Lohn, 2. Aufl 2002; *Boewer*, Handbuch Lohnpfändung, 2004; *Brehm*, Zur Reformbedürftigkeit des Lohnpfändungsrechts, Festschrift für *Henckel* (1995) 41; *David*, Ratgeber Lohnpfändung usw, 4. Aufl 1997; *Depré/Bachmann*, Lohnpfändungstabellen, 6. Aufl 2005; *Diephold/Hintzen*, Musteranträge für Pfändung und Überweisung, 7. Aufl 2002; *Dörndorfer*, Die Lohnpfändung, 1997; *Gottwald*, Die Lohnpfändung, 1996; *Helwich/Frankenberg*, Pfändung des Arbeitseinkommens und Verbraucherinsolvenz, 4. Aufl 2002; *Hintzen*, Taktik in der Zwangsvollstreckung II (Forderungspfändung usw, 4. Aufl 1998; *Hintzen*, Forderungspfändung usw, 2. Aufl 2003; *Hintzen*, Pfändung und Vollstreckung im Grundbuch usw, 2. Aufl 2003; *Hintzen*, Lohnpfändung, 24. Aufl 2005; *Hock*, Handbuch der Lohnpfändung usw, 2002; *Honold*, Die Pfändung des Arbeitseinkommens, 1998; *Keller*, Taktik in der Vollstreckung: 2. Forderungspfändung, 2001; *Keip*, Umfang und Grenzen eines sozialen Schuldnerschutzes in der Zwangsvollstreckung, 2000; *Kniebes/Holdt/Voß*, Die Pfändung des Arbeitseinkommens, 2. Aufl 1996; *Ludwig*, Der Pfändungsschutz für Lohneinkommen usw, 2001; *Lüke*, Die Rechtsprechung des Bundesgerichtshofes zur Forderungspfändung, Festgabe *50 Jahre Bundesgerichtshof* (2000) III 441; *Mössle*, Internationale Lohnpfändung, 1991; *Riedel*, Lohnpfändung in der Personalpraxis, 3. Aufl 2005; *Schoele/Schneider*, Die Lohnpfändung, 5. Aufl 1992; *Stöber*, Forderungspfändung, 14. Aufl 2005; *Wehrfritz*, Die Lohnpfändung, Frankreich und Deutschland im Vergleich, 1996; *von Zwehl*, Lohnpfändung, 15. Aufl 1996.

Gliederung

1) Systematik 1	C. Vereinnahmtes Geld 6
2) Regelungszweck 2	D. Abtretungs- und Aufrechnungsverbot .. 7
3) Geltungsbereich 3	5) Verstoß 8
4) Grundregeln 4–7	6) Rechtsbehelfe 9
A. Berücksichtigung von Amts wegen 4	7) VwGO 10
B. Kontogutschrift 5	

1 **1) Systematik.** Vgl zunächst § 811 Rn 1, § 829 Rn 1. Unpfändbarkeit ist kein bloßes Leistungsverweigerungsrecht, BGH NJW **98**, 1058. Zunächst einmal liegt eine Unpfändbarkeit vor, wenn kein rechtlicher Anspruch besteht. Im übrigen sind allein die Gesetze maßgebend. Die Auffassung des Prozeßgerichts über den unpfändbaren Betrag ist bedeutungslos. §§ 850 ff beseitigen nicht die Verpflichtungsfreiheit, Karlsr FER **98**, 147.

2 **2) Regelungszweck.** Das aus den Artt 1, 20 I GG folgende Gebot einer Sozialverträglichkeit der Individualvollstreckung hat unter anderem die äußerst komplizierte Regelung der §§ 850 ff zum Ergebnis. In ihr spiegeln sich sozialpolitische Ansichten, die zumindest in Einzelheiten wohl immer diskutabel bleiben müssen. Ausgewogenheit bei der Beachtung der naturgemäß sehr unterschiedlichen Interessen des Gläubigers, des Schuldners, auch des Drittschuldners und nicht zuletzt der Allgemeinheit ist die Voraussetzung einer haltbaren, vertretbaren, wenn auch kaum je alle Beteiligten gleichermaßen befriedigenden Auslegung.

3 **3) Geltungsbereich.** §§ 850 ff gelten grundsätzlich in allen Fällen einer Vollstreckung nach der ZPO. §§ 850–850i gelten auch bei der Arrestvollziehung nach §§ 928, 930 und im Insolvenzverfahren, §§ 4, 36 I 2, IV InsO (letztere Vorschrift verweist auf §§ 850, 850 a, 850 c, 850 e, 850 f I, 850 g), Köln Rpfleger **01**, 92, AG Gött Rpfleger **02**, 170 (je: zuständig ist dann das Insolvenzgericht, dazu jetzt § 36 IV 1 InsO). Sie sind sinngemäß anwendbar auch in der Vollstreckung nach § 6 I Z 1 JBeitrO, Hartmann Teil IX A.

4 **4) Grundregeln.** Man muß vier Hauptregeln beachten.
A. Berücksichtigung von Amts wegen. Das Gericht darf eine solche Pfändung nicht anordnen, deren Unzulässigkeit sich aus dem Vorbringen des Gläubigers ergibt. Es findet insoweit eine Berücksichtigung von Amts wegen statt, Grdz 39 vor § 128. Nachforschen darf und muß das Gericht nicht. Grdz 38 vor § 128 ist also unanwendbar. Es entscheidet der Zeitpunkt der Pfändung, § 811 Rn 13. Die Unpfändbarkeit geht nicht dadurch verloren, daß die Forderung im Vollstreckungsverfahren ihre Rechtsnatur wechselt. Die gelegentliche Gegenmeinung vereitelt den Zweck des Gesetzes. Es wird also eine Unterhaltsforderung nicht pfändbar, wenn der Schuldner an den Anwalt des Gläubigers zahlt oder wenn der Gerichtsvollzieher beitreibt, AG Bln-Charlottenb DGVZ **76**, 77. Der Arbeitslohn bleibt unpfändbar, auch wenn der Gläubiger nach der Pfändung ein Urteil gegen den Unternehmer erwirkt hat.

5 **B. Kontogutschrift.** Auf ein Konto eines Geldinstituts überwiesene laufende Einkünfte des Schuldners sind im Rahmen von § 850 k unpfändbar. Unpfändbar sind ferner kraft Gesetzes für die Dauer von 7 Tagen Kontoguthaben aus der Zahlung von Förderungsmitteln, § 19 II BAföG, nicht aus gezahltem Wohngeld,

§ 850 b Rn 5. Darum ist auch die Abrede nichtig, das Diensteinkommen sei unwiderruflich an eine Bank zu deren Befriedigung zu überweisen. Aus denselben Gründen werden Unterhaltsgelder durch ihre Einzahlung auf ein Sperrkonto nicht pfändbar. Die Pfändung fortlaufender Bezüge nach § 829 ist nicht schon deshalb unzulässig, weil sie zur Zeit nicht über die Pfändungsgrenze hinausgeht, sondern nur dann, wenn man mit einem Mehr in absehbarer Zeit nicht rechnen kann.

C. Vereinnahmtes Geld. Davon abgesehen ist das vom Schuldner auf die unpfändbare Forderung 6 vereinnahmte Geld pfändbar, soweit nicht § 811 entgegensteht. Nach § 811 I Z 8 muß dem Schuldner ein Betrag bleiben, der den unpfändbaren Teil für die Zeit zwischen der Pfändung und dem nächsten Zahlungstermin sichert. Ansprüche auf eine Kapitalabfindung für Rentenansprüche fallen nicht unter den Pfändungsschutz. Ist eine herauszugebende Sache unpfändbar, so ist es auch der Anspruch auf Herausgabe. Hat der Drittschuldner hinterlegt, tritt der Herausgabeanspruch an die Stelle der Forderung, LG Düss MDR **77**, 586.

D. Abtretungs- und Aufrechnungsverbot. Unpfändbare Ansprüche lassen bei Meidung der Nichtig- 7 keit weder eine Abtretung noch eine Aufrechnung zu, §§ 400, 394 BGB, Bbg FamRZ **96**, 1487, LG Bonn FamRZ **96**, 1487 (keine Umgehung). Ausnahme ist nicht einmal ein Aufrechnungsvertrag, sondern allenfalls ein Erlaß der Einziehungsbefugnis. Ein Zurückbehaltungsrecht versagt, wenn es wirtschaftlich auf eine Aufrechnung hinausläuft, etwa bei Allgemeinen Geschäftsbedingungen der Banken, Schmeling BB **76**, 191. Gegenüber Forderungen aus einer vorsätzlichen unerlaubten Handlung beseitigt in solchen Fällen die Einrede der Arglist nach Einl III 54 diejenige der Unzulässigkeit der Aufrechnung. Daher darf der Dienstherr gegen den Gehaltsanspruch des Angestellten mit einem Anspruch aus Betrug aufrechnen. Überhaupt entscheiden Treu und Glauben auch hier, Grdz 44 vor § 704, LG Bonn FamRZ **96**, 1487.

5) Verstoß. Ein Verstoß zieht nicht die Nichtigkeit der Pfändung nach sich. Die Pfändung ist zwar mit 8 einem Mangel behaftet. Sie ist aber bis zur Aufhebung auf einen Rechtsbehelf voll wirksam, Grdz 58 vor § 704, § 811 Rn 34, § 829 Rn 73, Düss NJW **78**, 2603, Hamm MDR **79**, 149. Ein Verzicht des Schuldners vor der Pfändung ist wegen der öffentlichrechtlichen Natur der Schutzvorschriften grundsätzlich wirkungslos. Daher ist eine Forderungspfändung in unzähligen Fällen ihrem Bestand nach ungewiß. Sie ist unanfechtbar, soweit die Pfändungsgrenze nicht überschritten ist, im übrigen anfechtbar. Aber wo liegt die Grenze?

6) Rechtsbehelfe. Der Schuldner muß die Unpfändbarkeit mit der Erinnerung nach § 766 geltend 9 machen und beweisen. Dasselbe können der Drittschuldner und der im Einzelfall als Begünstigter Genannte tun. Auch der Gläubiger, die die Unrechtmäßigkeit der Ablehnung behauptet, hat die Erinnerung. Auch einem Dritten steht evtl ein Erinnerungsrecht nach § 766 zu. Das gilt namentlich beim Übersehen der Gleichberechtigung mehrerer Unterhaltsberechtigter. Jeder andere Rechtsbehelf ist ausgeschlossen. Vgl aber auch § 766 Rn 28 „Drittschuldner" und § 850 g. Der Drittschuldner kann die Unpfändbarkeit dem Pfändungsgläubiger grundsätzlich insoweit entgegenhalten, als sie den sachlichen Anspruch betrifft. Nach Durchführung der Verwertung bleibt dem Schuldner die Bereicherungs- oder Ersatzklage, § 811 Rn 3.

7) VwGO: *Entsprechend anwendbar, § 167 I VwGO, sind §§ 850–852 in allen Fällen der Vollstreckung wegen* 10 *Geldforderungen, Grdz § 803 Rn 16, auch nach § 169 I VwGO u § 5 VwVG, weil § 319 AO auf jene Vorschriften verweist. Wegen der Rechtsbehelfe s § 829 Rn 90.*

850 Pfändungsschutz für Arbeitseinkommen.
I Arbeitseinkommen, das in Geld zahlbar ist, kann nur nach Maßgabe der §§ 850 a bis 850 i gepfändet werden.

II Arbeitseinkommen im Sinne dieser Vorschrift sind die Dienst- und Versorgungsbezüge der Beamten, Arbeits- und Dienstlöhne, Ruhegelder und ähnliche nach dem einstweiligen oder dauernden Ausscheiden aus dem Dienst- oder Arbeitsverhältnis gewährte fortlaufende Einkünfte, ferner Hinterbliebenenbezüge sowie sonstige Vergütungen für Dienstleistungen aller Art, die die Erwerbstätigkeit des Schuldners vollständig oder zu einem wesentlichen Teil in Anspruch nehmen.

III Arbeitseinkommen sind auch die folgenden Bezüge, soweit sie in Geld zahlbar sind:
a) Bezüge, die ein Arbeitnehmer zum Ausgleich für Wettbewerbsbeschränkungen für die Zeit nach Beendigung seines Dienstverhältnisses beanspruchen kann;
b) Renten, die auf Grund von Versicherungsverträgen gewährt werden, wenn diese Verträge zur Versorgung des Versicherungsnehmers oder seiner unterhaltsberechtigten Angehörigen eingegangen sind.

IV Die Pfändung des in Geld zahlbaren Arbeitseinkommens erfasst alle Vergütungen, die dem Schuldner aus der Arbeits- oder Dienstleistung zustehen, ohne Rücksicht auf ihre Benennung oder Berechnungsart.

Gliederung

1) **Systematik,** I–IV 1	E. Ruhegelder usw 9
2) **Regelungszweck,** I–IV 2	F. Hinterbliebenenbezüge 10
3) **Arbeitseinkommen,** II, III 3–14	G. Sonstige Vergütungen usw 11, 12
A. Begriff im weiteren Sinn 3	H. Wettbewerbsbeschränkungen, III a 13
B. Dienst- und Versorgungsbezüge der Beamten 4	I. Versicherungsrenten, III b 14
C. Arbeits- und Dienstlöhne 5	4) **Umfang der Pfändung,** IV 15, 16
D. Beispiele zur Frage von Arbeits- und Dienstlohn 6–8	5) *VwGO* 17

Hartmann

§ 850

1) Systematik, I–IV. Vgl zunächst Einf 1 vor §§ 850–852. §§ 850 ff behandeln nur das in Geld zahlbare Arbeitseinkommen. Die Pfändung von Naturaleinkommen ist außer bei einem landwirtschaftlichen Arbeitnehmer nach § 811 I Z 4 a nicht besonders geregelt. Eine selbständige Pfändung ist kaum möglich. Denn die Leistung ist zweckgebunden, § 851. Bei der Berechnung des Einkommens muß man die Naturalbezüge mitberücksichtigen, § 850 e Z 3. § 850 stellt die Hauptregeln zur Pfändbarkeit und ihren Grenzen auf. Die folgenden Vorschriften wirken ergänzend.

2) Regelungszweck, I–IV. Man kann an sich darüber streiten, ob Arbeitseinkommen überhaupt pfändbar sein soll. Denn der Lohn für Arbeit ist eine zentrale Antriebskraft für die Gestaltung des Lebens auch der ganzen Familie und damit der Lebensunterhalt von Menschen, die persönlich nicht Schuldner dieses Gläubigers geworden sind, infolge der Lohnpfändung aber mitleiden müssen. Indessen wären die Chancen des Gläubigers ohne Lohnpfändung wohl meist nur sehr gering, jemals zu seinem Geld zu kommen. Das bedingt den weiten Bereich der grundsätzlichen Pfändbarkeit und damit auch die Notwendigkeit, die Vorschrift ziemlich weit auszulegen. Die folgenden Pfändungsfreigrenzen und sonstigen -beschränkungen enthalten genügend Korrekturmöglichkeiten im Einzelfall.

3) Arbeitseinkommen, II, III. Ein einfacher Grundsatz zeigt viele Anwendungsarten.

A. Begriff im weiteren Sinn. Zum Arbeitseinkommen gehören alle Bezüge aus einer jetzigen oder früheren Arbeit, auch wenn kein Arbeitsvertrag zugrunde liegt, wie bei einem Vorstandsmitglied einer Gesellschaft, BGH MDR **81**, 733. Zum Arbeitseinkommen zählt auch alles dasjenige, was der Lohnsteuer unterliegt. II gibt jedoch nur Beispiele und ist daher weit auslegbar, BAG NJW **77**, 76, LAG Ffm DB **88**, 1456. Die Bezeichnung und die Berechnung der Bezüge sind unerheblich. Ebenso ist es unerheblich, ob es sich um eine geistige oder eine körperliche Arbeit, um eine selbständige oder um eine unselbständige Tätigkeit handelt. Maßgeblich ist nur, ob die Bezüge wiederkehren. Unter II fallen zB auch: Ein Anspruch des Kassenarztes auf Abschlag, Nürnb JB **02**, 603; der Lohn des Auszubildenden; ein Bedienungsgeld (Trinkgeld) des Kellners, Rn 6, auch wenn es nicht unter § 832 II fällt, dort Rn 9 „Trinkgeld"; ein Zuschuß zum Einkommensausgleich beim vorzeitigen Ausscheiden, LAG Ffm DB **88**, 1456.

Einkünfte *anderer* Art zB aus selbständiger Tätigkeit gehören nicht hierher, AG Hadamar DGVZ **89**, 189. BAG MDR **98**, 722 verneint Arbeitseinkommen, soweit der Arbeitgeber eine Versicherung des Arbeitnehmers übernimmt bzw bezahlt (?).

B. Dienst- und Versorgungsbezüge der Beamten. Beamte sind Personen des öffentlichen Dienstes, § 376 Rn 5, ebenso Geistliche der öffentlichrechtlichen Religionsgemeinschaften. Wenn man die letzteren nicht als Beamte ansieht, dann muß man sie als Angestellte einstufen. Der Betriff der Dienstbezüge umfaßt alles dasjenige, was dem Beamten aus den Beamten- oder Versorgungsgesetzen zusteht, sofern nicht versorgungsrechtliche Sonderbestimmungen bestehen, Einf 8 vor §§ 850–852. Richter sind Beamte im Sinne dieser Bestimmung. Da ein Referendar ein Beamter im Vorbereitungsdienst ist, fällt auch ein etwaiger bloßer Unterhaltszuschuß unter diese Vorschrift. Aufwandsentschädigungen werden von § 850 a Z 3 behandelt. Den Wehrsold nach dem WSG muß man entsprechend behandeln. Ebenso wie die Bezüge der Beamten ist der Wehrsold kein Arbeitseinkommen, sondern ein vom Staat gewährter Unterhalt. Dementsprechend sind die §§ 850 c–f anwendbar. Wegen der Bewertung der Sachbezüge § 850 e Rn 11. Auch der Grenzschutzsold, ein Dienstgeld sind pfändbar. Wer jeweils als Vertreter des Drittschuldners gilt, ist in § 18 Rn 5 ff dargestellt.

C. Arbeits- und Dienstlöhne. Es kommt nicht darauf an, wie die Beteiligten sie nennen. Der Dienstverpflichtete muß einen Vergütungsanspruch haben. Dieser Anspruch muß ihm aus einem dauernden Rechtsverhältnis zuwachsen, das ihn in einer persönlichen und in einer wirtschaftlichen Abhängigkeit vom Dienstberechtigten hält, BAG Rpfleger **75**, 220, LG Bln Rpfleger **92**, 128. Auf das Maß der Beanspruchung der Arbeitskraft kommt es hier nicht an. Insofern kann auch ein Anspruch auf Pflegegeld ausnahmsweise pfändbar sein.

D. Beispiele zur Frage von Arbeits- und Dienstlohn
Abfindung: Eine Abfindung etwa beim Vertragsende gehört zu II, AG Bochum DGVZ **91**, 174, LAG Hamm MDR **04**, 714.
Arbeitnehmererfindung: Es gelten dieselben Regeln wie bei Rn 8 „Lizenz", BGH **93**, 86.
Arbeitnehmersparzulage: Sie gehört *nicht* zu II, ist vielmehr selbständig pfändbar, BAG NJW **77**, 76, LAG Hamm DB **75**, 1944.
Aufteilung: Wenn die Vergütung auch für eine andere Leistung gewährt worden ist, dann muß man jeden Teil für sich behandeln. Eine solche Aufteilung ist zB dann erforderlich, wenn es um eine Lizenz geht, Rn 8 „Lizenz".
Auslagenersatz: Er gehört *nicht* zu II. In diesem Fall greifen freilich meist §§ 850 a Z 3, 85 I ein.
Auslösung: *Nicht* zu II gehört ein Auslösungsanspruch des auswärts Arbeitenden, § 850 a Z 2, 3.
Bedienungsgeld: Es gehört zu II, § 832 Rn 9 „Trinkgeld", aM Stgt Rpfleger **01**, 608.
Eigengeld: Rn 7 „Gefangener".
Ersatzanspruch: Ein Ersatzanspruch für geleistete Arbeit fällt meist unter § *850 i,* BAG DB **80**, 359.
Familienzulage: Sie gehört zu II.

Gefangener: Vom Arbeitsentgelt des Untersuchungs- oder Strafgefangenen ist grundsätzlich nur das Eigengeld pfändbar, das nach dem Abzug des nach Grdz 77 vor § 704 unpfändbaren Hausgeld verbleibt und nach dem Abzug auch der Haftkostenbeiträge, der Unterhaltsbeiträge oder des Überbrückungsgelds verbleibt, § 52 StVollzG. Das gilt in den Grenzen des § 51 IV, V StrVollzG ohne die Schutzgrenze des § 850 c, BVerfG NJW **82**, 1583, BGH **160**, 116, aM Ffm Rpfleger **84**, 425, LG Kblz Rpfleger **89**, 124 (beläßt dem Untersuchungsgefangenen wöchentlich [jetzt ca] 25 EUR), LG Weiden **00**, 103 (beläßt 20% des Sozialhilferegelsatzes). Zur Problematik Kenter Rpfleger **91**, 488.

Das *Überbrückungsgeld* ist nur nach § 51 IV, V StVollzG pfändbar, Hamm OLGZ **84**, 457, LG Hann Rpfleger **95**, 264, LG Karlsr RR **89**, 1536 (das Entlassungsgeld sei Arbeitseinkommen im Sinn von

Titel 1. Zwangsvollstr. in das bewegl. Vermögen **§ 850**

§§ 850 ff). Zur Problematik auch BGH NJW **90**, 3159. Also ist der Anspruch auf die Auszahlung *unpfändbar.* Ein ausgezahlter Betrag ist binnen 4 Wochen seit der Entlassung nur bedingt pfändbar, § 75 III StVollzG aM Stgt Rpfleger **76**, 146 (er sei unpfändbar).
S ferner Einf 9 vor §§ 850–852.
Gewinnanteil: Er gehört zu II.
Güterbeförderung: Rn 8 „Werklohn".
Hausgeld: S „Gefangener".
Kinderzuschlag, -zuschuß, -zulage: Grdz 80 vor § 704 „Kindergeld".
Lizenz: Eine Aufteilung nach Rn 6 ist zB dann erforderlich, wenn es um eine Lizenz, ein Patent und um **8** eine gleichzeitige Verpflichtung zu einer ständigen Mitarbeit geht. Im Fall einer urheberrechtlichen Lizenz steht dagegen die Vergütung für die Verwertung des fertigen Erzeugnisses der geistigen Leistung im Vordergrund. Daher ist II dann *unanwendbar,* Sikinger GRUR **85**, 786, aM Stöber Forderungspfändung Rn 881.
Provision: Sie gehört zu II. Das gilt auch für eine Provision vom Umsatz.
Reisekosten: Sie gehören zu II, soweit man bei ihnen angemessener Handhabung Ersparnisse machen kann.
Schauspielergeld: Das Gehalt und das sog Spielgeld des Schauspielers gehören zu II.
Sozialplanabfindung: Sie gehört im Ergebnis zu II, BAG MDR **02**, 764.
Strafgefangener: Rn 7 „Gefangener".
Stücklohn: Er gehört zu II.
Überbrückungsgeld: Rn 7 „Gefangener".
Teuerungszulage: Sie gehört zu II.
Trinkgeld: Rn 6 „Bedienungsgeld".
Untersuchungsgefangener: Rn 7 „Gefangener".
Urlaub: *Nicht* zu II gehören das Urlaubsgeld, § 850 a Z 2, 3, sowie das während des Urlaubs weitergezahlte Arbeitsentgelt.
Werklohn: Er gehört zu II, BAG Rpfleger **75**, 220 (für laufend ausgeführe Arbeiten). Das gilt etwa bei einer Güterbeförderung.

E. Ruhegelder usw. Es muß sich um staatliche oder private fortlaufend gewährte Einkünfte nach dem **9** Ausscheiden aus dem Dienst handeln, die eine nachträgliche Vergütung der Dienste darstellen. Also zählt auch eine betriebliche Altersversorgung hierher. Denn sie ist aus dem Arbeitsverhältnis erwachsen, BGH RR **89**, 287, LAG Hamm DB **95**, 2122. Wegen der Invalidenrenten § 850 i Rn 12. Es ist unerheblich, wer den Betrag auszahlt. Auch das Mitglied einer Landesregierung kann unter diese Vorschrift fallen, ebenso ein Abgeordneter, AG Bremerhaven MDR **80**, 504.

F. Hinterbliebenenbezüge. Hinterbliebene sind diejenigen Personen, die nach den einschlägigen ge- **10** setzlichen oder vertraglichen Bestimmungen als Hinterbliebene auf Grund des Dienstverhältnisses des Verstorbenen zu Bezügen berechtigt sind, LG Köln RR **90**, 14. Nur die bloßen Unterstützungsgelder für Notfälle zählen zu den von § 850 b I Z 4 vorrangig geregelten Beträgen, LG Köln RR **90**, 14. Über Sterbegelder und Gnadenbezüge § 850 a Z 7.

G. Sonstige Vergütungen usw. Notwendig ist hier, daß die zu vergütenden Leistungen die Erwerbstä- **11** tigkeit des Schuldners vollständig oder zu einem wesentlichen Teil beanspruchen, BGH **96**, 326 (krit Brehm JZ **86**, 501). Das setzt voraus ein gewisse Abhängigkeit vom Dienstberechtigten oder Unternehmer voraus. Es kommt aber nicht darauf an, ob die Arbeit selbständig oder unselbständig ist, Rn 3. Die Abhängigkeit äußert sich vor allem darin, daß die Ergebnisse der Arbeit dem Dienstberechtigten ganz oder teilweise zugute kommen. Der Rechtsgrund der Arbeit und die Art der Leistung sind belanglos.
Hierher gehören zB: Ein gegen eine feste Vergütung angestellter Postagent; der Kassenarzt wegen seiner Ansprüche aus dem Kassenarztverhältnis; ein Vertragsspieler eines Sportvereins; der Vorstand einer Aktiengesellschaft, BGH NJW **81**, 2466; der Gesellschafter einer Gesellschaft des bürgerlichen Rechts wegen einer vom Gewinn unabhängigen Vergütung; eine Hausangestellte; ein Heimarbeiter; der Handelsvertreter wegen seines Festgehalts und seines Provisionsanspruchs, BGH Rpfleger **78**, 54; der Versicherungsvertreter wegen der monatlich an ihn zu zahlenden Garantiesumme.
Nicht hierher gehört zB der selbständige Gewerbetreibende.
Ob die Arbeitskraft wesentlich beansprucht wird, das richtet sich nach den nackten *Tatsachen.* Sie kann zB **12** dann wesentlich beansprucht werden, wenn jemand zwar wenig arbeitet, aber nur für den Dienstberechtigten, oder wenn jemand zwar viel für sich, aber noch mehr für den Dienstberechtigten arbeitet. Die Höhe der Einnahme aus der einen oder aus der anderen Tätigkeit entscheidet nicht. Vielmehr sind das Maß und die Zeit der Arbeitsleistung wesentlich. Es kommt nicht auf die Dauer des Arbeitsverhältnisses an. Hierher gehören sogar jederzeit kündbare Verhältnisse. Zu berücksichtigen sind nur die Arbeitsverdienste des Schuldners, nicht derjenige eines Angehörigen, nicht die Ersparnis von Ausgaben oder die Unterstützung von einer dritten Seite ohne eine rechtliche Verpflichtung, § 850 b Rn 10. Vergütungen, die nicht wiederkehrend zahlbar sind, etwa die Einnahmen eines Kassenarztes aus seiner Privatpraxis oder der Anspruch eines im Weg einer Prozeßkostenhilfe beigeordneten Anwalts gegen die Staatskasse, gehören nicht hierher, sondern nach § 850 i I.

H. Wettbewerbsbeschränkungen, III a. Hierher gehört vor allem diejenige Entschädigung, die der **13** Unternehmer dem Handlungsgehilfen nach § 74 II HGB für dessen Beschränkung zahlt. Auch das Wartegeld nach § 133 f GewO zählt hierher. Unter Z 1 fallen aber auch ähnliche einem wirtschaftlich Abhängigen gewährte Wettbewerbsbezüge, zB eine Karenzentschädigung eines Geschäftsführers wegen eines Wettbewerbsverbots, Rostock RR **95**, 174. Im Fall einer Kapitalisierung gilt § 850 i.

I. Versicherungsrenten, III b. Es ist notwendig, daß der Versicherungsvertrag der Versorgung des Ver- **14** sicherungsnehmers oder seiner unterhaltsberechtigten Angehörigen dient, daß er also ein Ruhegeld oder ein Hinterbliebenengeld ersetzt, und daß ferner eine Zahlung in der Form einer Rente erfolgt. Eine Kapitalzahlung gehört nicht hierher und fällt auch nicht unter § 850 i I. Denn sie ist eine grundsätzlich andersartige

§§ 850, 850a

Leistung, BFH NJW **92**, 527, Hasse VersR **05**, 18 (je: Kapitallebensversicherung). Wohl aber zählt eine Berufsunfähigkeitsrente hierher, Mü VersR **96**, 319, aM KG VersR **03**, 491 (§ 850 b I), Saarbr VersR **95**, 1228, Hülsmann NJW **95**, 1522 (aber gerade auch sie dient eindeutig der Versorgung, Einl III 39). Der weitgehende Pfändungsschutz von Versicherungsrenten nach § 850 i Rn 12 verstößt nicht gegen das Grundgesetz, BVerfG NJW **60**, 1899. Die Beschränkung des Pfändungsschutzes auf Renten aus einem Versicherungsvertrag eines Arbeitnehmers und nicht auch eines Selbständigen oder Nichtberufstätigen läßt sich ebenfalls nicht beanstanden, Ffm VersR **96**, 614.

15   **4) Umfang der Pfändung, IV.** Die Pfändung erfaßt sämtliche Vergütungen, die dem Schuldner aus der Arbeits- oder Dienstleistung zustehn. Das gilt ohne Rücksicht auf ihre Bezeichnung und ihre Art. Sie umfaßt auch einen Zuschuß des Arbeitgebers zum Krankengeld. Die Pfändung erfaßt ferner den Anspruch auf die Erstattung von Lohnsteuer, § 829 Rn 3. Wegen des Kindergelds usw Grdz 80 vor § 704 „Kindergeld".

16   *Nicht hierher zählen* zB: ein Anspruch auf eine vermögenswirksame Leistung, Grdz 111 vor § 704; Ansprüche aus einem anderen Rechtsverhältnis als einem Arbeitsverhältnis, LG Brschw Rpfleger **98**, 78, aM StJBre 49; der Anspruch eines Anwalts aus der laufenden Bearbeitung der Sachen für dieselbe Partei.

Wenn die *Bezüge anwachsen,* dann weitet sich die Wirkung der Pfändung entsprechend § 833 ebenfalls aus. Diese Vorschrift enthält nämlich einen allgemeinen Rechtsgedanken. Wenn der Schuldner in ein anderes Amt oder in den Ruhestand übertritt, bleibt die Pfändung unberührt, sofern das Dienstverhältnis in seiner Nämlichkeit erhalten bleibt. Seine Umwandlung in eine andere Rechtsform schadet also nicht. Demgegenüber ist eine Neupfändung dann notwendig, wenn an die Stelle des bisherigen Dienstverhältnisses ein andersartiges Dienstverhältnis tritt, etwa wenn der Dienstberechtigte wechselt, aber nicht bei § 613 a BGB, LAG Hamm DB **76**, 440. Maßgebend ist der Zeitpunkt der Pfändung, § 829 Rn 53. Es ist also möglich, daß im Zeitpunkt der Pfändung bereits eine gültige Abtretungserklärung des Arbeitseinkommens vorliegt und damit den Umfang der Pfändung einschränkt. Wenn der Arbeitgeber, der Drittschuldner, das erst nachträglich erfährt, dann muß er seine Erklärung nach § 840 berichtigen.

17   **5) VwGO:** Vgl Einf §§ 850–852 Rn 10.

850a Unpfändbare Bezüge. Unpfändbar sind

1. zur Hälfte die für die Leistung von Mehrarbeitsstunden gezahlten Teile des Arbeitseinkommens;
2. die für die Dauer eines Urlaubs über das Arbeitseinkommen hinaus gewährten Bezüge, Zuwendungen aus Anlass eines besonderen Betriebsereignisses und Treugelder, soweit sie den Rahmen des Üblichen nicht übersteigen;
3. Aufwandsentschädigungen, Auslösungsgelder und sonstige soziale Zulagen für auswärtige Beschäftigungen, das Entgelt für selbstgestelltes Arbeitsmaterial, Gefahrenzulagen sowie Schmutz- und Erschwerniszulagen, soweit diese Bezüge den Rahmen des Üblichen nicht übersteigen;
4. Weihnachtsvergütungen bis zum Betrag der Hälfte des monatlichen Arbeitseinkommens, höchstens aber bis zum Betrage von 500 Euro;
5. Heirats- und Geburtsbeihilfen, soweit nicht die Vollstreckung wegen anderer als der aus Anlass der Heirat oder der Geburt entstandenen Ansprüche betrieben wird;
6. Erziehungsgelder, Studienbeihilfen und ähnliche Bezüge;
7. Sterbe- und Gnadenbezüge aus Arbeits- oder Dienstverhältnissen;
8. Blindenzulagen.

Gliederung

1) Systematik, Z 1–8	1	E. Schmutzzulage usw		10
		F. Einzelfragen		11
2) Regelungszweck, Z 1–8	2	6) Weihnachtsvergütungen, Z 4		12
3) Überstundenvergütung, Z 1	3	7) Heirats- und Geburtsbeihilfen, Z 5		13
4) Urlaubsgelder usw, Z 2	4, 5	8) Erziehungsgelder usw, Z 6		14
5) Aufwandsentschädigungen usw, Z 3	6–11	9) Sterbe- und Gnadenbezüge, Z 7		15
A. Aufwandsentschädigung	6	10) Blindenzulagen, Z 8		16
B. Auslösung, usw	7	11) Verstoß, Z 1–8		17
C. Materialentgelt	8	12) VwGO		18
D. Gefahrzulage	9			

1   **1) Systematik, Z 1–8.** Vgl zunächst Einf 1 vor §§ 850–852. Die Vorschrift eröffnet die Gruppe der den § 850 ergänzenden und im jeweiligen Geltungsbereich vorrangigen Sonderregeln. § 850 a zählt die unbedingt unpfändbaren Bezüge. § 850 b zählt die bedingt unpfändbaren Bezüge auf. Die Bezüge des § 850 a sind weder für sich allein noch im Zusammenhang mit anderen Bezügen pfändbar. Man muß diese Bezüge bei der Berechnung des Arbeitseinkommens unberücksichtigt lassen. § 850 a enthält keine erschöpfende Regelung der Unpfändbarkeit, Sibben DGVZ **88**, 6. Es gibt entsprechende Vorschriften in Sondergesetzen. Man darf § 850 a aber auch nicht ausdehnend auslegen, Sibben DGVZ **88**, 8. Wegen der Pfändbarkeit der Bezüge von Mitgliedern der Streitkräfte Art 10 V Truppenvertrag, SchlAnh III.

2   **2) Regelungszweck, Z 1–8.** Angesichts der grundsätzlichen Pfändbarkeit von Lohn nach § 850 bringt § 850 a einen Teil der aus vielen Gründen notwendigen Begrenzungen der Pfändbarkeit. Allen hier geregelten Fällen ist der Sozialgedanke gemeinsam. Darüber hinaus soll aber auch die Lebensfreude des Schuldners

und seiner Familie nicht allzu stark gekappt werden. Schließlich soll ein besonderer Arbeitseinsatz wenigstens teilweise den verdienten Lohn trotz aller Gläubigerforderungen erhalten und behalten dürfen. Es handelt sich also um vielgestaltigen Schuldnerschutz, wenn auch durchaus in Grenzen. Dieses Ziel in seiner Begrenzung ist auch bei der Auslegung wichtig.

3) Überstundenvergütung, Z 1. Es muß eine zusätzliche Vergütung für eine Arbeit vorliegen, die über **3** diejenige Arbeitszeit hinausging, die im Betrieb gewöhnlich eingehalten wurde. Es muß ein Rechtsanspruch auf diese Vergütung bestehen. Man kann hierher auch den regelmäßigen Nebenverdienst rechnen, der aus einer Arbeit entsteht, die der Schuldner außerhalb der üblichen Arbeitszeit geleistet hat. Die Zusammenrechnung erfolgt nach § 850 e Z 2. Unpfändbar ist nur die Hälfte der Gesamtvergütung für die Überstunden, nicht nur der Zuschläge. Der Arbeitgeber muß angesichts einer Aufrechnung darlegen, um welchen Nettobetrag sich das Arbeitsentgelt durch Überstunden erhöht hat, BAG NJW 03, 2190.

4) Urlaubsgelder usw, Z 2. Diese Bezüge sind im Grunde schon nach § 851 unpfändbar. Zweck ist es, **4** dem Berechtigten das zum Unterhalt bestimmten Mittel unverkürzt und rechtzeitig zukommen zu lassen, AG Groß Gerau FamRZ 95, 297 (auch zu den Grenzen einer Aufrechnungsmöglichkeit). Z 2 schützt nur Zuwendungen für die Dauer eines Urlaubs, soweit sie über das Arbeitseinkommen hinausgehen und den Rahmen des Üblichen nicht übersteigen, Henze Rpfleger 80, 456. Diese letztere Bedingung bezieht sich auf alle Fälle der Z 2. Eine Zuwendung aus Anlaß eines besonderen Betriebsereignisses ist zB eine Zuwendung wegen eines besonders günstigen Betriebserfolgs, Sibben DGVZ 88, 8. Tantiemen gehören nicht zu Z 2, sondern zu § 850. Sie sind daher nach § 850 c pfändbar, auch wenn sie für ein längeres als ein dreijähriges Verbleiben im Betrieb anfallen und dann alljährlich wiederkehren. Eine Schenkung gehört nicht zum Arbeitseinkommen. Die Unpfändbarkeit nach Z 2 entsteht in voller Höhe, bei gleichartigen Unternehmen in der üblichen Höhe.

Das Arbeitseinkommen, das der Arbeitnehmer während seines Urlaubs in der gewöhnlichen Höhe erhält, **5** also das *Urlaubsentgelt*, gehört *nicht* zu Z 2. Es ist vielmehr trotz der grundsätzlichen Einheit des Anspruchs auf die Freistellung von Arbeit und des Anspruchs auf die Zahlung einer Vergütung übertragbar, BGH 59, 109 (Angestellte), BGH 59, 154 (Beamte). Das Urlaubsentgelt ist also nach § 851 I pfändbar. Es ist zumindest wegen § 851 II in den Grenzen des § 850 c pfändbar: „Geld bleibt Geld". Dasselbe gilt bei einer Urlaubsabgeltung, also einer Geldzahlung anstelle der Freistellung von der Arbeit. Für diese Urlaubsabgeltung ist wegen des Verbots einer ausdehnenden Auslegung nach Rn 1 weder die Z 1 noch die Z 2 anwendbar. Geschützt ist nur ein „gewährter" Bezug, nicht ein bereits gezahlter Bezug, etwa ein schon überwiesener Betrag. Das gilt selbst dann, wenn der Arbeitgeber ihn als eine vermögenswirksame Leistung überwiesen hat. Insofern gilt § 850 k.

5) Aufwandsentschädigungen usw, Z 3. Hierher zählen die folgenden Entschädigungen. **6**

A. Aufwandsentschädigung. Hierher gehören: Eine Aufwandsentschädigung, zB für Reisekosten, Umzugskosten, Tagegelder, Bürogelder, für eine Tätigkeit in einem Gemeinderat, Hamm FamRZ 80, 997, für Repräsentationskosten; der Auslagenersatz eines Provisionsreisenden; das Kilometergeld für einen Angestellten zum Besuch von Baustellen im eigenen Pkw; ein Erstattungsanspruch aus § 40 I BetrVG, LAG Bln AnwBl 87, 240. Mehrere Aufwandsentschädigungen werden zusammengerechnet, soweit sie denselben Zweck dienen und das Übliche nicht übersteigen, BezG Ffo Rpfleger 93, 457. Man muß aber in allen diesen Fällen prüfen, ob nicht ein verkappter Lohn vorliegt. Diesen muß man dann annehmen, wenn die Entschädigung den normalen Aufwand übersteigt. Das gilt erst recht, soweit der „Aufwandschuldner" Steuern und Sozialmittel abführt. Das Wohnungsgeld und ein Kinderzuschlag gehören zum Gehalt. Es ist unerheblich, ob daneben ein Vergütungsanspruch besteht. Auch Schöffen und andere Laienrichter erhalten eine Aufwandsentschädigung, ebenso Volkszähler, Düss NJW 88, 977, LG Düss Rpfleger 88, 31. Auch das Vorstandsmitglied eines Anwaltsvereins übt eine auf Dauer angelegte Tätigkeit aus und kann daher hierher zählen, aM AG Lpz NJW 04, 375.

B. Auslösung usw. Hierher gehören auch Auslösungsgelder und sonstige soziale Zulagen für eine aus- **7** wärtige Beschäftigung, also eine Vergütung für die damit verbundenen Mehrkosten.

C. Materialentgelt. Hierher gehört ferner das Entgelt für ein selbstgestelltes Arbeitsmaterial. **8**

D. Gefahrzulage. Hierher gehört ferner die Gefahrenzulage, etwa eine Giftzulage. **9**

E. Schmutzzulage usw. Hierher gehört schließlich eine Schmutz- oder Erschwerniszulage. Sie muß **10** gerade diejenige Erschwernis abgelten, die durch die Eigentümlichkeit der Arbeit*art* entsteht, nicht schon durch schlechte Lage der Arbeits*zeit*, LAG Ffm DB 89, 1732.

F. Einzelfragen. Bei Rn 6–10 ist Voraussetzung, daß die Vergütung entweder gesetzlich oder auf Grund **11** eines Tarifs, einer Betriebs- oder einer Dienstordnung anfällt oder sich im Rahmen desjenigen hält, was bei gleichartigen Unternehmen üblich ist.

Der *Wehrsold* nach § 850 Rn 4 ist keine Aufwandsentschädigung, Rn 1. Auf den Anspruch des Kassenarztes gegen die Kasse ist Z 3 unanwendbar, BGH 96, 329 (krit Brehm JZ 86, 501).

6) Weihnachtsvergütungen, Z 4. Diese Vergütungen werden von Z 4 nur erfaßt, soweit sie nicht **12** Geschenke darstellen, sondern auf einem Rechtsanspruch beruhen. Das ist auch dann der Fall, wenn der Arbeitgeber die Weihnachtsvergütung für ein bestimmtes Jahr zwar verbindlich, jedoch unter dem Vorbehalt zugesagt hat, daß für das kommende Jahr aus der jetzigen Zusage kein Rechtsanspruch entstehe. Eine solche Vergütung ist zur Hälfte des monatlichen Nettoarbeitseinkommens und höchstens mit 500 EUR unpfändbar. Soweit sie pfändbar ist, muß man sie zum Lohn für Dezember hinzurechnen. Man kann eine Unpfändbarkeit auch nicht durch eine Vereinbarung, § 399, herbeiführen.

7) Heirats- und Geburtsbeihilfen, Z 5. Solche Beihilfen sind in voller Höhe unpfändbar. Sie sind aber **13** wegen solcher Ansprüche pfändbar, die gerade aus dem Anlaß der Heirat oder der Geburt entstanden sind.

8) Erziehungsgelder usw, Z 6. Diese Bezüge sind voll unpfändbar. Das besagt auch § 54 V SGB I, **14** abgedruckt bei Grdz 80 vor § 704 „Kindergeld", LG Oldb Rpfleger 87, 28, Meierkamp Rpfleger 87, 352,

§§ 850a, 850b

aM Hamm Rpfleger **88**, 31, Köln FamRZ **90**, 190 (aber Wortlaut und Sinn sind eindeutig, Einl III 39). Das gilt unabhängig davon, wer sie gewährt hat und ob sie einem Waisen gewährt werden.

Nicht hierher gehört der Kinderzuschlag. Er ist allerdings nach § 54 IV SGB I nur eingeschränkt pfändbar, Grdz 80 vor § 704 „Kindergeld". Nicht hierher gehören ferner: Das Entlassungsgeld nach dem Ausscheiden aus dem Wehr- oder Zivildienst, LG Detm Rpfleger **97**, 448; der Unterhaltszuschuß eines Referendars.

15 9) **Sterbe- und Gnadenbezüge, Z 7.** Diese Bezüge sind im allgemeinen ohne Rücksicht auf ihre Höhe voll unpfändbar. Sie stehen den Hinterbliebenen als solchen zu, nicht als Erben. Zu den nach Z 7 erfaßten Bezügen gehören auch die für das sogenannte Gnadenvierteljahr. Vgl im übrigen § 122 BBG. Der Verstorbene braucht kein Beamter gewesen zu sein. Ein Sterbegeld nach § 48 II SVG idF v 9. 10. 80, BGBl 1958, ist unpfändbar.

16 10) **Blindenzulagen, Z 8.** Die Vorschrift ist zur Klarstellung hinzugefügt worden. Die Unpfändbarkeit folgt schon aus § 851. Solche Bezüge sind voll unpfändbar.

17 11) **Verstoß, Z 1–8.** Bei einem Verstoß gegen die Vorschrift kann der Betroffene die Erinnerung nach § 766 einlegen. Das gilt auch zugunsten des Drittschuldners, Einf 7 vor §§ 850–852.

18 12) *VwGO. Vgl Einf §§ 850–852 Rn 10.*

850b *Bedingt pfändbare Bezüge.* I Unpfändbar sind ferner

1. Renten, die wegen einer Verletzung des Körpers oder der Gesundheit zu entrichten sind;
2. Unterhaltsrenten, die auf gesetzlicher Vorschrift beruhen, sowie die wegen Entziehung einer solchen Forderung zu entrichtenden Renten;
3. fortlaufende Einkünfte, die ein Schuldner aus Stiftungen oder sonst auf Grund der Fürsorge und Freigebigkeit eines Dritten oder auf Grund eines Altenteils oder Auszugsvertrags bezieht;
4. Bezüge aus Witwen-, Waisen-, Hilfs- und Krankenkassen, die ausschließlich oder zu einem wesentlichen Teil zu Unterstützungszwecken gewährt werden, ferner Ansprüche aus Lebensversicherungen, die nur auf den Todesfall des Versicherungsnehmers abgeschlossen sind, wenn die Versicherungssumme 3579 Euro nicht übersteigt.

II Diese Bezüge können nach den für Arbeitseinkommen geltenden Vorschriften gepfändet werden, wenn die Vollstreckung in das sonstige bewegliche Vermögen des Schuldners zu einer vollständigen Befriedigung des Gläubigers nicht geführt hat oder voraussichtlich nicht führen wird und wenn nach den Umständen des Falles, insbesondere nach der Art des beizutreibenden Anspruchs und der Höhe der Bezüge, die Pfändung der Billigkeit entspricht.

III Das Vollstreckungsgericht soll vor seiner Entscheidung die Beteiligten hören.

Schrifttum: *Bohn,* Die Zwangsvollstreckung in Rechte des Versicherungsnehmers aus dem Versicherungsvertrag usw, Festschrift für *Schiedermair* (1976) 33.

Gliederung

1) **Systematik, I–III**	1	A. Einkünfte aus einer Stiftung		9, 10
2) **Regelungszweck, I–III**	2	B. Anspruch aus einem Altenteil		11, 12
3) **Verletzungsrenten, I Z 1**	3	6) **Bezüge aus Witwenkassen usw, I Z 4**		13, 14
4) **Gesetzliche Unterhaltsforderungen und Renten nach § 844 BGB, I Z 2**	4–8	7) **Bedingte Pfändbarkeit, II, III**		15–19
A. Grundsatz: Nur gesetzliche Forderung	4, 5	A. Vergeblichkeit der Vollstreckung		15
B. Taschengeld	6, 7	B. Billigkeit der Pfändung		16–19
C. Rente	8	8) **Verfahren, II–III**		20, 21
5) **Fortlaufende Einkünfte usw, I Z 3**	9–12	9) **Rechtsbehelfe, I–III**		22
		10) *VwGO*		23

1 1) **Systematik, I–III.** Vgl zunächst Einf 1 vor §§ 850–852, § 850a Rn 1. Die Bezüge des § 850b sind regelmäßig voll unpfändbar. Man darf sie dem pfändbaren Teil des Arbeitseinkommens nicht zurechnen. Wegen der Unpfändbarkeit der Sozialleistungen Grdz 80 vor § 704 „Kindergeld", „Sozialleistungen" und unten Rn 16. § 850b ist zwingendes Recht. II läßt aber Ausnahmen zu, Schlesw Rpfleger **02**, 87. Nicht hierher, sondern unter § 850i IV gehören Renten nach dem BVG.

2 2) **Regelungszweck, I–III.** Während § 850a so schlechthin zur Unpfändbarkeit führt, läßt § 850b II eine bedingte Pfändbarkeit zu. Ob die Grenzziehung zwischen solcher erst- und zweitklassigen Unpfändbarkeit sonderlich geglückt ist, mag dahinstehen. Jedenfalls hat das Gericht es mit einer Bejahung der „Billigkeit" einer Pfändbarkeit wahrhaftig nicht leicht. Natürlich darf man das Interesse des Gläubigers nicht von vornherein geringer oder auch höher ansetzen als dasjenige des Schuldners. Der letztere wird aber doch oft eher in arge Bedrängnis geraten. Mitbeachtlich wird sein, ob er sich leichtfertig verschuldet hatte. Im Zweifel wohl eher zu seinen Gunsten.

3 3) **Verletzungsrenten, I Z 1.** Unpfändbar ist eine Rente, die der Schuldner wegen der Verletzung des Körpers oder der Gesundheit erhält, Mü VersR **97**, 1520. Die Unpfändbarkeit besteht aber grundsätzlich nur in Höhe des gesetzlichen Anspruchs. Eine Kapitalabfindung ist ungeschützt. Unpfändbar ist aber auch ein rückständiger oder kapitalisierter Betrag, BGH NJW **88**, 820, und zwar bis zur Höhe des etwaigen Rentenhöchstbetrags.

Hierher zählen zB: Ein Anspruch nach § 843 BGB; ein Anspruch, den ein anderes Gesetz der Regelung des § 843 BGB unterstellt, wie die Rente des Handlungsgehilfen im Falle der Verletzung der Fürsorgepflicht

Titel 1. Zwangsvollstr. in das bewegl. Vermögen **§ 850b**

des Unternehmers, § 62 III HGB; eine Rente, die der Haftpflichtversicherer des Unfallgegners zahlt, BGH NJW **88**, 820; eine Rente nach § 38 LuftVG, nach § 60 BSeuchenG; ausnahmsweise ein rein vertraglicher oder letztwillig verfügter Rentenanspruch, da der Zusatz in § 805 g Z 1 aF „nach § 843 BGB" nicht übernommen worden ist, BGH **70**, 208.

Nicht hierher zählt zB: Die Erstattung von Auslagen wegen einer zeitweiligen Vermehrung der Bedürfnisse; eine Berufsunfähigkeitsrente, § 850 Rn 14, aM KG VersR **03**, 491 (aber § 850 III b paßt besser).

Eine *Aufrechnung* mit einem Ausgleichsanspruch ändert an der Unpfändbarkeit nichts. Ein Aufrechnungs- und Pfändungsverbot wirkt nicht zu Lasten des Sozialversicherungsträgers, auf den der Anspruch übergegangen ist, BAG DB **79**, 1850 (dort auch wegen einer Ausnahme).

4) Gesetzliche Unterhaltsforderungen und Renten nach § 844 BGB, I Z 2. Voll unpfändbar sind **4** die folgenden Bezüge.

A. Grundsatz: Nur gesetzliche Forderung. Eine Forderung ist nur geschützt, soweit sie gerade zumindest auch auf einer gesetzlichen Vorschrift beruht, BGH RR **02**, 1514, wie diejenige des Ehegatten von der Trennung ab, LG Bln Rpfleger **78**, 334, oder diejenige des früheren Ehegatten, eines Verwandten, eines nichtehelichen Kindes. Hierher zählen auch ein Kostenerstattungsanspruch auf Grund eines Verfahrens auf die Zahlung eines Prozeßkostenvorschusses, Karlsr FamRZ **84**, 1091, sowie ein Steuererstattungsanspruch wegen Splitting, BGH NJW **97**, 1441. Auch ein einmaliger Anspruch kann hierher zählen, BGH RR **02**, 1514. Auch ein Freistellungsanspruch kann hierher gehören, LG Münst Rpfleger **05**, 271. Eine Pfändung kann auch evtl zwecks Aufrechnung erfolgen, Hamm FamRZ **05**, 996.

Hierher zählen nicht: Ein Anspruch, der einen Ersatz für einen Schaden oder für Auslagen gewährt; grundsätzlich der „Unterhalts"-Anspruch des Ehegatten gegen den anderen in einer intakten Ehe, LG Frankenth FamRZ **83**, 256; der Unterhaltsanspruch wegen eines einmaligen Sonderbedarfs im Rahmen der Zweckbindung zugunsten desjenigen Gläubigers, der dem Schuldner diejenige Leistung erbracht hat, die die Grundlage für den Unterhaltsanspruch gegenüber dem Drittschuldner ist, LG Frankenth RR **89**, 1352; ein ursprünglich gesetzlicher Anspruch, den die Parteien völlig auf eine vertragliche Grundlage „umgestellt" haben, BGH RR **02**, 1515.

LG Heilbr RR **90**, 197 versagt den Aufrechnungsschutz des Unterhaltsgläubigers nach § 394 BGB, soweit **5** sein Anspruch auf den Sozialhilfeträger *übergeleitet* ist. Er kann auch versagen, soweit dem Verbot des § 394 BGB der Einwand der Arglist entgegensteht. Dem Unterhaltsberechtigten muß aber das Existenzminimum verbleiben, BGH **123**, 57, noch strenger AG Eschwege FamRZ **01**, 840 (überhaupt keine Aufrechenbarkeit). Wegen des abgetretenen Anspruches Stgt Rpfleger **85**, 407, LG Mannh Rpfleger **87**, 465.

Nicht hierher zählen ferner: Ein Anspruch auf die Erstattung eines von einem Dritten geleisteten Unterhalts; ein Anspruch gegen den ProzBev auf Auszahlung des vom Prozeßgegner an diesen gezahlten Unterhalts, LG Bln DGVZ **76**, 155, LG Düss Rpfleger **77**, 183. Es ist unerheblich, ob der Anspruch fällig oder künftig ist. Das Geleistete ist im Rahmen des § 811 I Z 8, 850 b unpfändbar. Ein Rückstand ist allenfalls im Rahmen von I, III pfändbar, LG Bonn FamRZ **96**, 1487. Wegen begrenzter Abtretbarkeit Bre FamRZ **02**, 1189. Wegen des Kindergelds usw Grdz 80 vor § 704 „Kindergeld".

B. Taschengeld, dazu krit, auch rechtspolitisch, *Braun* NJW **00**, 97, *Itschert*, Der Taschengeldanspruch **6** unter Ehegatten und seine Pfändbarkeit, 2003, *Rövekamp*, Der Taschengeldanspruch unter Ehegatten und seine Pfändbarkeit, 2003 (Bespr DGVZ **03**, 144): Zwischen Ehegatten besteht grundsätzlich ein Anspruch auf Zahlung eines Taschengelds, BVerfG FamRZ **86**, 773, 6, KG NJW **00**, 149, Neugebauer MDR **05**, 376, aM AG Rendsb NJW **00**, 3653, Braun NJW **00**, 97 (aber Taschengeld dient den von § 1360a I BGB begünstigten persönlichen Bedürfnissen). Dieser Anspruch ist im Rahmen der Z 2 pfändbar, BVerfG FamRZ **86**, 773, BGH NJW **04**, 2450 (zustm Balthasar FamRZ **05**, 88, krit Smid JZ **04**, 1134, Sturhahn LMK **04**, 184), LG Stg JB **04**, 617, aM Brdb MDR **02**, 356, LG Kleve JB **02**, 550, LG Kblz FamRZ **05**, 469 links (je: nur bei Billigkeit, daher im Durchschnittsfall nicht. Aber warum „im Durchschnitt" Unbilligkeit?), Stgt Rpfleger **01**, 558, LG Saarbr JB **01**, 605 (je: nur bei Überschreitung des § 850c. Aber das ist ohnehin eine Grenze für jeden Gläubiger bei jeder Zwangsvollstreckung). Zur Höhe Fn 17, Ffm FamRZ **91**, 727, Hamm RR **90**, 1224, LG Heilbr Rpfleger **99**, 550. Das gilt ohne Verstoß gegen Art 6 GG, BVerfG FamRZ **86**, 773 (Nichtannahmebeschluß ohne Gesetzeskraft, Otto Rpfleger **89**, 207). Ein nichtehelicher Partner mit gesetzlichem Unterhaltsanspruch hat ebenfalls einen pfändbaren Taschengeldanspruch, LG Tüb JB **01**, 46, AG Neustadt/Aisch JB **03**, 158, Bauer JB **01**, 59.

Der *Prozeßkostenvorschuß* nach §§ 1360 a IV BGB, 127 a, 620 ff ist unpfändbar, § 851 Rn 11. Durch die **7** Zahlung des Unterhalts auf ein Bankkonto oder an eine andere Durchgangsstelle geht das Vorrecht der Z 2 nicht verloren, Einf 1 vor §§ 850–852. Pfändbar ist aber die auf ein Bankkonto gezahlte Abfindungssumme für eine Unterhaltsrente.

C. Rente. Unpfändbar ist eine Rente wegen der Entziehung des Unterhaltsanspruchs, zB wegen der **8** Tötung des Unterhaltspflichtigen, § 844 BGB. Ein Rentenanspruch der Hinterbliebenen nach §§ 7 HaftpflG, 13 StVG steht diesen Renten gleich.

5) Fortlaufende Einkünfte usw, I Z 3. Unpfändbar in voller Höhe ohne Rücksicht auf den Bedarf sind **9** fortlaufende Einkünfte in den folgenden Fällen.

A. Einkünfte aus einer Stiftung oder auf Grund der Fürsorgepflicht oder Freigebigkeit eines Dritten sind geschützt, und zwar Einkünfte in Geld oder in Naturalien auf einem Vertrag oder auf Grund einer Verfügung von Todes wegen, Ffm RR **01**, 368 (Fallfrage), etwa auf Grund eines Vermächtnisses. Die Fürsorglichkeit und die Freigebigkeit müssen zusammentreffen. Die Einkünfte müssen also unentgeltlich gewährt worden sein, um den Schuldner vor einer Not zu schützen, Stgt Rpfleger **85**, 407.

In Betracht kommen: Eine Häftlingshilfe nach § 18 HHG; eine Zahlung seitens der Unterstützungseinrichtung der Rennställe und Trainingsanstalten, Köln FamRZ **90**, 190.

Nicht hierher gehören: Ein entgeltlicher Erwerb; eine Kapitalleistung, soweit man nicht nur die Einkünfte **10** auszahlen muß; ein Ruhegehalt, denn es stellt ein Entgelt dar; ein Unterhaltsanspruch, Stgt Rpfleger **85**,

§ 850b

407; Einkünfte des Vorerben aus dem Nachlaß, LG Gießen Rpfleger 00, 169. Das gesetzliche Erbrecht schließt den Bezug von Einkünften im Sinn dieser Regel nicht aus, § 863; die Einzahlung eines Dritten für eine Selbstverpflegung des Beschuldigten in der Untersuchungshaftanstalt. Denn der Beschuldigte ist nicht fürsorgebedürftig, § 851 Rn 7 „Gefangener".

11 **B. Anspruch aus einem Altenteil.** Es handelt sich um die aus Anlaß einer Grundstücksübergabe zur Altersversorgung des Schuldners und seiner Angehörigen zugewendeten Nutzungen und wiederkehrenden Leistungen, Hamm FamRZ **88**, 746. Ein derartiger Anspruch oder ein Anspruch auf Grund eines Auszugs sind ebenfalls geschützt. Es ist unerheblich, ob ein solcher Anspruch dinglich gesichert wurde oder nur schuldrechtlich vereinbart worden ist. Etwas anderes gilt bei einer lediglich schuldrechtlichen Vereinbarung, wenn es sich um beiderseits gleichwertige Leistungen handelt. Zum Problem LG Oldb Rpfleger **82**, 298 (krit Hornung). Denn dann ist der Auszugsanspruch oder Altenteilsanspruch rechtlich betrachtet das Entgelt für die Gutsüberlassung, wirtschaftlich betrachtet ein Unterhaltsanspruch. Ein Altenteilsanspruch ist auch im Falle der Überlassung eines städtischen Grundstücks möglich.

12 *Das trifft aber nicht zu,* wenn die Parteien eine Leibrente als Kaufpreis oder als Teil des Kaufpreises ausbedungen haben, ohne miteinander verwandt zu sein. Ebensowenig handelt es sich um einen Altenteilsanspruch, wenn eine Geldrente auf Lebenszeit gezahlt wird, selbst wenn der Berechtigte sie zum Lebensunterhalt verwendet. Hamm FamRZ **88**, 746 wendet Z 3 auf eine im Hausratsverfahren angeordnete Ausgleichszahlung entsprechend an.

13 **6) Bezüge aus Witwenkassen usw, I Z 4.** Die Vorschrift ist verfassungsgemäß, BVerfG NJW **04**, 2585 (Lebensversicherung). Solche Bezüge sind voll unpfändbar, aM LG Köln RR **04**, 552 (nur bedingte Unpfändbarkeit. Aber Z 4 ist eindeutig, Einl III 39). Hierher gehören Hebungen aus öffentlichen oder privaten Kassen ohne Rücksicht auf ihre Höhe. Es ist entscheidend, ob die Leistung lediglich eine Unterstützung für den Notfall und nicht einen allgemeinen, von dem nachrangigen § 850 II geregelten Hinterbliebenenbezug darstellt, LG Köln RR **90**, 14. Das läßt sich nur aus den Gesamtumständen des Einzelfalls beurteilen. Z 4 erfaßt auch eine einmalige Leistung, KG Rpfleger **85**, 73.

14 Eine Forderung verliert ihren Charakter durch eine *Überleitung* auf den wirklich Berechtigten nicht. Das ist im Fall einer Familienversicherung wichtig. Der Gläubiger des mitversicherten Familienmitglieds hat also nach der Abtretung der Rente an dieses Familienmitglied oder nach ihrer Pfändung die Möglichkeit eines Zugriffs nur im Rahmen von II. Die Versicherungszahlung einer Versicherungsgesellschaft, vgl auch § 850 III b, gehört nur dann zu Z 4, wenn die Versicherungssumme 3579 EUR (bei mehreren insgesamt 3579 EUR) nicht übersteigt, aM AG Fürth VersR **82**, 59, und wenn die Versicherung auf den Todesfall abgeschlossen worden ist, AG Fürth VersR **82**, 59. Eine solche Zahlung soll in der Regel in erster Linie zur Deckung der Bestattungskosten dienen, AG Fürth VersR **82**, 59. Wegen einer privaten Zusatzversicherung Grdz 112 vor § 704 „Versicherungsanspruch".

Sondergesetze gehen vor, zB bei dem Krankengeld § 54 SGB I, Grdz 92 vor § 704, Köln NJW **89**, 2956 (insofern ist § 850 b nur auf solche Krankenkassen anwendbar, die nicht Träger der gesetzlichen Sozialversicherung sind).

15 **7) Bedingte Pfändbarkeit, II, III.** Die Bezüge des I sind wie Arbeitseinkommen pfändbar, wenn die folgenden Voraussetzungen zusammentreffen.

A. Vergeblichkeit der Vollstreckung. Die Zwangsvollstreckung in das sonstige bewegliche Vermögen des Schuldners muß fruchtlos gewesen oder aussichtslos sein. Ein bloßer Versuch einer Fahrnisvollstreckung in körperliche Sachen genügt nicht. Es ist aber kein Versuch einer Liegenschaftszwangsvollstreckung notwendig. Eine Glaubhaftmachung der Fruchtlosigkeit oder Aussichtslosigkeit genügt, § 807.

16 **B. Billigkeit der Pfändung.** Die Pfändung muß außerdem der Billigkeit entsprechen, BGH NJW **04**, 2450 (Taschengeld). Ob diese Voraussetzung zutrifft, muß man insbesondere bei § 54 SGG I, Grdz 80 vor § 704 (Teilabdruck), nach den gesamten Tatumständen beurteilen, KG MDR **81**, 505, LG Heilbr JB **00**, 156 (hohe Forderung, kleines Taschengeld). FG Bln NJW **92**, 528 (kleine Forderung, hohes Taschengeld). Dabei ist die Zweckbestimmung der Sozialleistung besonders beachtlich, Celle NJW **77**, 1641.

17 Der Gläubiger muß die Billigkeit *darlegen.* Er darf keine Behauptungen ins Blaue aufstellen, auch nicht zum Taschengeldanspruch, Köln Rpfleger **95**, 76, LG Dortm Rpfleger **89**, 467, Otto Rpfleger **89**, 209, aM LG Kleve MDR **78**, 585, Hornung Rpfleger **81**, 423 (aber Ausforschung ist stets verboten, Grdz 44 vor § 704. Vgl freilich Rn 18). Beim Taschengeldanspruch ist nur so viel pfändbar, daß die Pfändungsgrenze nach § 850 c nicht überschritten wird, LG Heilbr Rpfleger **99**, 550. Auf die tatsächlich gezahlte Höhe kommt es nur bedingt an, LG Stgt JB **01**, 45, LG Tüb JB **01**, 46 (je: Maßgeblichkeit der Einkommens- und Vermögensverhältnisse).

18 Das Gericht darf aber an die Darlegungen des Gläubigers *keine übertriebenen Anforderungen* stellen, Hamm Rpfleger **81**, 447 (abl Hornung Rpfleger **81**, 423 ausf), Stöber Rpfleger **79**, 160. Das Gericht muß die Verhältnisse des Gläubigers und des Schuldners abwägen. Es muß insbesondere aber auch die Art des Beitreibungsanspruchs und die Höhe der Bezüge beachten.

19 So muß das Gericht einen Anspruch aus einer Lieferung zum Lebensunterhalt oder aus einer *vorsätzlich unerlaubten Handlung* begünstigen. Es darf einen hohen Anspruch aus einer Stiftung eher für pfändbar halten. LG Köln JB **75**, 1381 ist der Meinung, die Pfändung sei wegen einer Anwaltsgebühr dann zulässig, wenn der Anwalt diese gestundet habe. Celle MDR **99**, 1088 billigt einem Anwalt die Pfändung einer Witwenrente im Ergebnis nicht zu. LG Bln Rpfleger **75**, 374 meint, der Gläubiger könne wegen einer Kostenforderung aus einem Unterhaltsprozeß pfänden, den der Schuldner zum Teil gegen den Gläubiger verloren habe. LG Bln MDR **77**, 147 erklärt die Pfändung sei wegen unterlassener Schönheitsreparaturen für zulässig. Die Entscheidung steht nur dem Vollstreckungsgericht zu, §§ 764, 802, Bbg FamRZ **88**, 949, Hbg FamRZ **92**, 329. Eine bloße Bezugnahme auf die Tabelle (sog Blankettbeschluß) ist anders als bei § 850 c III 2 unstatthaft, Hülsmann NJW **95**, 1525. Solange dieses Gericht die Pfändung nicht zugelassen hat, ist eine Aufrechnung unzulässig, Düss FamRZ **81**, 971, Hbg FamRZ **92**, 329.

Titel 1. Zwangsvollstr. in das bewegl. Vermögen §§ 850b, 850c

8) Verfahren, I–III. Abweichend von der Regel des § 834 muß das nach Rn 15 allein zuständige **20** Vollstreckungsgericht hier nicht nur den Gläubiger hören, sondern auch den Schuldner, Artt 2 I, 20 III GG (Rpfl), BVerfG **101**, 404, Art 103 I GG (Richter). Das gilt auf Grund des § 850 e Z 2 s S 2 zwar im dortigen Geltungsbereich bereits kraft ausdrücklicher gesetzlicher Regelung. In den Fällen des § 850 b fehlt eine solche allerdings noch. Umso mehr Gewicht hat die entsprechende Auffassung durch die Neuregelung des § 850 e erhalten, Hamm Rpfleger **81**, 447, LG Verden Rpfleger **86**, 100, ZöStö § 834 (bei § 54 VI SGB I), aM Stgt OLGZ **81**, 253, Hornung Rpfleger **81**, 427 (je zum alten Recht).

Das Gericht braucht den *Drittschuldner* in einem Fall des § 54 SGB nicht zwingend anzuhören, LG Bln **21** Rpfleger **78**, 65. Das Gericht muß einen Ausgleich anstreben, etwa im Weg einer Verpflichtung zur Ratenzahlung. Das Vollstreckungsgericht entscheidet auch im Fall der Abtretung unpfändbarer Forderungen, aber natürlich nur innerhalb eines Vollstreckungsverfahrens, LG Hbg MDR **84**, 1035. Der Rpfl muß eine klare Entscheidung treffen, vor allem zur etwaigen Pfändung des Taschengeldanspruchs, so daß der Drittschuldner den abzuführenden Betrag erkennen kann, Köln FamRZ **91**, 588, LG Augsb Rpfleger **99**, 404, Otto Rpfleger **89**, 209. Der Rpfl muß seinen Beschluß begründen, § 329 Rn 4.

9) Rechtsbehelfe, I–III. Wenn der Rpfl die Pfändung durch eine echte Entscheidung abgelehnt hat, **22** gelten § 829 Rn 84–88. Wenn das Gericht eine gleichlautende Entscheidung getroffen hat, kann der Gläubiger die sofortige Beschwerde einlegen, §§ 567 I Z 1, 793, Kblz MDR **75**, 939. Wenn der Rpfl oder das Gericht den Betroffenen nicht angehört hat, kann er die Erinnerung nach § 766 einlegen. Gegen den Pfändungsbeschluß sind dieselben Möglichkeiten gegeben, Ffm Rpfleger **75**, 263.

10) VwGO: *Vgl Einf §§ 850–852 Rn 10.* **23**

850c *Pfändungsgrenzen für Arbeitseinkommen.* I [1] Arbeitseinkommen ist unpfändbar, wenn es, je nach dem Zeitraum, für den es gezahlt wird, nicht mehr als
   985,15 Euro monatlich,
   226,72 Euro wöchentlich oder
    45,34 Euro täglich

beträgt. [2] Gewährt der Schuldner auf Grund einer gesetzlichen Verpflichtung seinem Ehegatten, einem früheren Ehegatten, seinem Lebenspartner, einem früheren Lebenspartner oder einem Verwandten oder nach §§ 1615 l, 1615 n des Bürgerlichen Gesetzbuchs einem Elternteil Unterhalt, so erhöht sich der Betrag, bis zu dessen Höhe Arbeitseinkommen unpfändbar ist, auf bis zu
  2182,15 Euro monatlich,
   502,20 Euro wöchentlich oder
   100,44 Euro täglich,

und zwar um
   370,76 Euro monatlich,
    85,32 Euro wöchentlich oder
    17,06 Euro täglich

für die erste Person, der Unterhalt gewährt wird, und um je
   206,56 Euro monatlich,
    47,54 Euro wöchentlich oder
     9,51 Euro täglich

für die zweite bis fünfte Person. II [1] Übersteigt das Arbeitseinkommen den Betrag, bis zu dessen Höhe es je nach der Zahl der Personen, denen der Schuldner Unterhalt gewährt, nach Absatz 1 unpfändbar ist, so ist es hinsichtlich des überschießenden Betrages zu einem Teil unpfändbar, und zwar in Höhe von drei Zehnteln, wenn der Schuldner keiner der in Absatz 1 genannten Personen Unterhalt gewährt, zwei weiteren Zehnteln für die erste Person, der Unterhalt gewährt wird, und je einem weiteren Zehntel für die zweite bis fünfte Person. [2] Der Teil des Arbeitseinkommens, der 3020,06 Euro monatlich (695,03 Euro wöchentlich, 139,01 Euro täglich) übersteigt, bleibt bei der Berechnung des unpfändbaren Betrages unberücksichtigt.

IIa Die unpfändbaren Beträge nach Absatz 1 und Absatz 2 Satz 2 ändern sich jeweils zum 1. Juli eines jeden zweiten Jahres, erstmalig zum 1. Juli 2003, entsprechend der im Vergleich zum jeweiligen Vorjahreszeitraum sich ergebenden prozentualen Entwicklung des Grundfreibetrages nach § 32 a Abs. 1 Nr. 1 des Einkommensteuergesetzes; der Berechnung ist die am 1. Januar des jeweiligen Jahres geltende Fasssung des § 32 a Abs. 1 Nr. 1 des Einkommensteuergesetzes zugrunde zu legen. [2] Das Bundesministerium der Justiz gibt die maßgebenden Beträge rechtzeitig im Bundesgesetzblatt bekannt.

III [1] Bei der Berechnung des nach Absatz 2 pfändbaren Teils des Arbeitseinkommens ist das Arbeitseinkommen, gegebenenfalls nach Abzug des nach Absatz 2 Satz 2 pfändbaren Betrages, wie aus der Tabelle ersichtlich, die diesem Gesetz als Anlage beigefügt ist, nach unten abzurunden, und zwar bei Auszahlung für Monate auf einen durch 10 Euro, bei Auszahlung für Wochen auf einen durch 2,50 Euro oder bei Auszahlung für Tage auf einen durch 50 Cent teilbaren Betrag. [2] Im Pfändungsbeschluss genügt die Bezugnahme auf die Tabelle.

IV Hat eine Person, welcher der Schuldner auf Grund gesetzlicher Verpflichtung Unterhalt gewährt, eigene Einkünfte, so kann das Vollstreckungsgericht auf Antrag des Gläubigers nach billigem Ermessen bestimmen, dass diese Person bei der Berechnung des unpfändbaren Teils des Arbeitseinkommens ganz oder teilweise unberücksichtigt bleibt; soll die Person nur teilweise berücksichtigt werden, so ist Absatz 3 Satz 2 nicht anzuwenden.

§ 850c

Buch 8. Abschnitt 2. ZwV wegen Geldforderungen

Anlage zu § 850 c

Monatssätze

Nettolohn monatlich			Pfändbarer Betrag bei Unterhaltspflicht für ... Personen					
			0	1	2	3	4	5 und mehr
			in Euro					
bis		989,99	–	–	–	–	–	–
990,00	bis	999,99	3,40	–	–	–	–	–
1 000,00	bis	1 009,99	10,40	–	–	–	–	–
1 010,00	bis	1 019,99	17,40	–	–	–	–	–
1 020,00	bis	1 029,99	24,40	–	–	–	–	–
1 030,00	bis	1 039,99	31,40	–	–	–	–	–
1 040,00	bis	1 049,99	38,40	–	–	–	–	–
1 050,00	bis	1 059,99	45,40	–	–	–	–	–
1 060,00	bis	1 069,99	52,40	–	–	–	–	–
1 070,00	bis	1 079,99	59,40	–	–	–	–	–
1 080,00	bis	1 089,99	66,40	–	–	–	–	–
1 090,00	bis	1 099,99	73,40	–	–	–	–	–
1 100,00	bis	1 109,99	80,40	–	–	–	–	–
1 110,00	bis	1 119,99	87,40	–	–	–	–	–
1 120,00	bis	1 129,99	94,40	–	–	–	–	–
1 130,00	bis	1 139,99	101,40	–	–	–	–	–
1 140,00	bis	1 149,99	108,40	–	–	–	–	–
1 150,00	bis	1 159,99	115,40	–	–	–	–	–
1 160,00	bis	1 169,99	122,40	–	–	–	–	–
1 170,00	bis	1 179,99	129,40	–	–	–	–	–
1 180,00	bis	1 189,99	136,40	–	–	–	–	–
1 190,00	bis	1 199,99	143,40	–	–	–	–	–
1 200,00	bis	1 209,99	150,40	–	–	–	–	–
1 210,00	bis	1 219,99	157,40	–	–	–	–	–
1 220,00	bis	1 229,99	164,40	–	–	–	–	–
1 230,00	bis	1 239,99	171,40	–	–	–	–	–
1 240,00	bis	1 249,99	178,40	–	–	–	–	–
1 250,00	bis	1 259,99	185,40	–	–	–	–	–
1 260,00	bis	1 269,99	192,40	–	–	–	–	–
1 270,00	bis	1 279,99	199,40	–	–	–	–	–
1 280,00	bis	1 289,99	206,40	–	–	–	–	–
1 290,00	bis	1 299,99	213,40	–	–	–	–	–
1 300,00	bis	1 309,99	220,40	–	–	–	–	–
1 310,00	bis	1 319,99	227,40	–	–	–	–	–
1 320,00	bis	1 329,99	234,40	–	–	–	–	–
1 330,00	bis	1 339,99	241,40	–	–	–	–	–
1 340,00	bis	1 349,99	248,40	–	–	–	–	–
1 350,00	bis	1 359,99	255,40	–	–	–	–	–
1 360,00	bis	1 369,99	262,40	2,05	–	–	–	–

Titel 1. Zwangsvollstr. in das bewegl. Vermögen § 850c

Nettolohn monatlich	Pfändbarer Betrag bei Unterhaltspflicht für … Personen					
	0	1	2	3	4	5 und mehr
in Euro						
1 370,00 bis 1 379,99	269,40	7,05	–	–	–	–
1 380,00 bis 1 389,99	276,40	12,05	–	–	–	–
1 390,00 bis 1 399,99	283,40	17,05	–	–	–	–
1 400,00 bis 1 409,99	290,40	22,05	–	–	–	–
1 410,00 bis 1 419,99	297,40	27,05	–	–	–	–
1 420,00 bis 1 429,99	304,40	32,05	–	–	–	–
1 430,00 bis 1 439,99	311,40	37,05	–	–	–	–
1 440,00 bis 1 449,99	318,40	42,05	–	–	–	–
1 450,00 bis 1 459,99	325,40	47,05	–	–	–	–
1 460,00 bis 1 469,99	332,40	52,05	–	–	–	–
1 470,00 bis 1 479,99	339,40	57,05	–	–	–	–
1 480,00 bis 1 489,99	346,40	62,05	–	–	–	–
1 490,00 bis 1 499,99	353,40	67,05	–	–	–	–
1 500,00 bis 1 509,99	360,40	72,05	–	–	–	–
1 510,00 bis 1 519,99	367,40	77,05	–	–	–	–
1 520,00 bis 1 529,99	374,40	82,05	–	–	–	–
1 530,00 bis 1 539,99	381,40	87,05	–	–	–	–
1 540,00 bis 1 549,99	388,40	92,05	–	–	–	–
1 550,00 bis 1 559,99	395,40	97,05	–	–	–	–
1 560,00 bis 1 569,99	402,40	102,05	–	–	–	–
1 570,00 bis 1 579,99	409,40	107,05	3,01	–	–	–
1 580,00 bis 1 589,99	416,40	112,05	7,01	–	–	–
1 590,00 bis 1 599,99	423,40	117,05	11,01	–	–	–
1 600,00 bis 1 609,99	430,40	122,05	15,01	–	–	–
1 610,00 bis 1 619,99	437,40	127,05	19,01	–	–	–
1 620,00 bis 1 629,99	444,40	132,05	23,01	–	–	–
1 630,00 bis 1 639,99	451,40	137,05	27,01	–	–	–
1 640,00 bis 1 649,99	458,40	142,05	31,01	–	–	–
1 650,00 bis 1 659,99	465,40	147,05	35,01	–	–	–
1 660,00 bis 1 669,99	472,40	152,05	39,01	–	–	–
1 670,00 bis 1 679,99	479,40	157,05	43,01	–	–	–
1 680,00 bis 1 689,99	486,40	162,05	47,01	–	–	–
1 690,00 bis 1 699,99	493,40	167,05	51,01	–	–	–
1 700,00 bis 1 709,99	500,40	172,05	55,01	–	–	–
1 710,00 bis 1 719,99	507,40	177,05	59,01	–	–	–
1 720,00 bis 1 729,99	514,40	182,05	63,01	–	–	–
1 730,00 bis 1 739,99	521,40	187,05	67,01	–	–	–
1 740,00 bis 1 749,99	528,40	192,05	71,01	–	–	–
1 750,00 bis 1 759,99	535,40	197,05	75,01	–	–	–
1 760,00 bis 1 769,99	542,40	202,05	79,01	–	–	–
1 770,00 bis 1 779,99	549,40	207,05	83,01	0,29	–	–
1 780,00 bis 1 789,99	556,40	212,05	87,01	3,29	–	–

§ 850c

Nettolohn monatlich	Pfändbarer Betrag bei Unterhaltspflicht für ... Personen					
	0	1	2	3	4	5 und mehr
in Euro							

Nettolohn monatlich	0	1	2	3	4	5 und mehr
1 790,00 bis 1 799,99	563,40	217,05	91,01	6,29	–	–
1 800,00 bis 1 809,99	570,40	222,05	95,01	9,29	–	–
1 810,00 bis 1 819,99	577,40	227,05	99,01	12,29	–	–
1 820,00 bis 1 829,99	584,40	232,05	103,01	15,29	–	–
1 830,00 bis 1 839,99	591,40	237,05	107,01	18,29	–	–
1 840,00 bis 1 849,99	598,40	242,05	111,01	21,29	–	–
1 850,00 bis 1 859,99	605,40	247,05	115,01	24,29	–	–
1 860,00 bis 1 869,99	612,40	252,05	119,01	27,29	–	–
1 870,00 bis 1 879,99	619,40	257,05	123,01	30,29	–	–
1 880,00 bis 1 889,99	626,40	262,05	127,01	33,29	–	–
1 890,00 bis 1 899,99	633,40	267,05	131,01	36,29	–	–
1 900,00 bis 1 909,99	640,40	272,05	135,01	39,29	–	–
1 910,00 bis 1 919,99	647,40	277,05	139,01	42,29	–	–
1 920,00 bis 1 929,99	654,40	282,05	143,01	45,29	–	–
1 930,00 bis 1 939,99	661,40	287,05	147,01	48,29	–	–
1 940,00 bis 1 949,99	668,40	292,05	151,01	51,29	–	–
1 950,00 bis 1 959,99	675,40	297,05	155,01	54,29	–	–
1 960,00 bis 1 969,99	682,40	302,05	159,01	57,29	–	–
1 970,00 bis 1 979,99	689,40	307,05	163,01	60,29	–	–
1 980,00 bis 1 989,99	696,40	312,05	167,01	63,29	0,88	–
1 990,00 bis 1 999,99	703,40	317,05	171,01	66,29	2,88	–
2 000,00 bis 2 009,99	710,40	322,05	175,01	69,29	4,88	–
2 010,00 bis 2 019,99	717,40	327,05	179,01	72,29	6,88	–
2 020,00 bis 2 029,99	724,40	332,05	183,01	75,29	8,88	–
2 030,00 bis 2 039,99	731,40	337,05	187,01	78,29	10,88	–
2 040,00 bis 2 049,99	738,40	342,05	191,01	81,29	12,88	–
2 050,00 bis 2 059,99	745,40	347,05	195,01	84,29	14,88	–
2 060,00 bis 2 069,99	752,40	352,05	199,01	87,29	16,88	–
2 070,00 bis 2 079,99	759,40	357,05	203,01	90,29	18,88	–
2 080,00 bis 2 089,99	766,40	362,05	207,01	93,29	20,88	–
2 090,00 bis 2 099,99	773,40	367,05	211,01	96,29	22,88	–
2 100,00 bis 2 109,99	780,40	372,05	215,01	99,29	24,88	–
2 110,00 bis 2 119,99	787,40	377,05	219,01	102,29	26,88	–
2 120,00 bis 2 129,99	794,40	382,05	223,01	105,29	28,88	–
2 130,00 bis 2 139,99	801,40	387,05	227,01	108,29	30,88	–
2 140,00 bis 2 149,99	808,40	392,05	231,01	111,29	32,88	–
2 150,00 bis 2 159,99	815,40	397,05	235,01	114,29	34,88	–
2 160,00 bis 2 169,99	822,40	402,05	239,01	117,29	36,88	–
2 170,00 bis 2 179,99	829,40	407,05	243,01	120,29	38,88	–
2 180,00 bis 2 189,99	836,40	412,05	247,01	123,29	40,88	–
2 190,00 bis 2 199,99	843,40	417,05	251,01	126,29	42,88	0,79
2 200,00 bis 2 209,99	850,40	422,05	255,01	129,29	44,88	1,79

Titel 1. Zwangsvollstr. in das bewegl. Vermögen § 850c

Nettolohn monatlich	Pfändbarer Betrag bei Unterhaltspflicht für ... Personen					
	0	1	2	3	4	5 und mehr
in Euro							
2 210,00 bis 2 219,99	857,40	427,05	259,01	132,29	46,88	2,79
2 220,00 bis 2 229,99	864,40	432,05	263,01	135,29	48,88	3,79
2 230,00 bis 2 239,99	871,40	437,05	267,01	138,29	50,88	4,79
2 240,00 bis 2 249,99	878,40	442,05	271,01	141,29	52,88	5,79
2 250,00 bis 2 259,99	885,40	447,05	275,01	144,29	54,88	6,79
2 260,00 bis 2 269,99	892,40	452,05	279,01	147,29	56,88	7,79
2 270,00 bis 2 279,99	899,40	457,05	283,01	150,29	58,88	8,79
2 280,00 bis 2 289,99	906,40	462,05	287,01	153,29	60,88	9,79
2 290,00 bis 2 299,99	913,40	467,05	291,01	156,29	62,88	10,79
2 300,00 bis 2 309,99	920,40	472,05	295,01	159,29	64,88	11,79
2 310,00 bis 2 319,99	927,40	477,05	299,01	162,29	66,88	12,79
2 320,00 bis 2 329,99	934,40	482,05	303,01	165,29	68,88	13,79
2 330,00 bis 2 339,99	941,40	487,05	307,01	168,29	70,88	14,79
2 340,00 bis 2 349,99	948,40	492,05	311,01	171,29	72,88	15,79
2 350,00 bis 2 359,99	955,40	497,05	315,01	174,29	74,88	16,79
2 360,00 bis 2 369,99	962,40	502,05	319,01	177,29	76,88	17,79
2 370,00 bis 2 379,99	969,40	507,05	323,01	180,29	78,88	18,79
2 380,00 bis 2 389,99	976,40	512,05	327,01	183,29	80,88	19,79
2 390,00 bis 2 399,99	983,40	517,05	331,01	186,29	82,88	20,79
2 400,00 bis 2 409,99	990,40	522,05	335,01	189,29	84,88	21,79
2 410,00 bis 2 419,99	997,40	527,05	339,01	192,29	86,88	22,79
2 420,00 bis 2 429,99	1 004,40	532,05	343,01	195,29	88,88	23,79
2 430,00 bis 2 439,99	1 011,40	537,05	347,01	198,29	90,88	24,79
2 440,00 bis 2 449,99	1 018,40	542,05	351,01	201,29	92,88	25,79
2 450,00 bis 2 459,99	1 025,40	547,05	355,01	204,29	94,88	26,79
2 460,00 bis 2 469,99	1 032,40	552,05	359,01	207,29	96,88	27,79
2 470,00 bis 2 479,99	1 039,40	557,05	363,01	210,29	98,88	28,79
2 480,00 bis 2 489,99	1 046,40	562,05	367,01	213,29	100,88	29,79
2 490,00 bis 2 499,99	1 053,40	567,05	371,01	216,29	102,88	30,79
2 500,00 bis 2 509,99	1 060,40	572,05	375,01	219,29	104,88	31,79
2 510,00 bis 2 519,99	1 067,40	577,05	379,01	222,29	106,88	32,79
2 520,00 bis 2 529,99	1 074,40	582,05	383,01	225,29	108,88	33,79
2 530,00 bis 2 539,99	1 081,40	587,05	387,01	228,29	110,88	34,79
2 540,00 bis 2 549,99	1 088,40	592,05	391,01	231,29	112,88	35,79
2 550,00 bis 2 559,99	1 095,40	597,05	395,01	234,29	114,88	36,79
2 560,00 bis 2 569,99	1 102,40	602,05	399,01	237,29	116,88	37,79
2 570,00 bis 2 579,99	1 109,40	607,05	403,01	240,29	118,88	38,79
2 580,00 bis 2 589,99	1 116,40	612,05	407,01	243,29	120,88	39,79
2 590,00 bis 2 599,99	1 123,40	617,05	411,01	246,29	122,88	40,79
2 600,00 bis 2 609,99	1 130,40	622,05	415,01	249,29	124,88	41,79
2 610,00 bis 2 619,99	1 137,40	627,05	419,01	252,29	126,88	42,79
2 620,00 bis 2 629,99	1 144,40	632,05	423,01	255,29	128,88	43,79

§ 850c

Buch 8. Abschnitt 2. ZwV wegen Geldforderungen

Nettolohn monatlich	Pfändbarer Betrag bei Unterhaltspflicht für ... Personen					
	0	1	2	3	4	5 und mehr
in Euro						
2 630,00 bis 2 639,99	1 151,40	637,05	427,01	258,29	130,88	44,79
2 640,00 bis 2 649,99	1 158,40	642,05	431,01	261,29	132,88	45,79
2 650,00 bis 2 659,99	1 165,40	647,05	435,01	264,29	134,88	46,79
2 660,00 bis 2 669,99	1 172,40	652,05	439,01	267,29	136,88	47,79
2 670,00 bis 2 679,99	1 179,40	657,05	443,01	270,29	138,88	48,79
2 680,00 bis 2 689,99	1 186,40	662,05	447,01	273,29	140,88	49,79
2 690,00 bis 2 699,99	1 193,40	667,05	451,01	276,29	142,88	50,79
2 700,00 bis 2 709,99	1 200,40	672,05	455,01	279,29	144,88	51,79
2 710,00 bis 2 719,99	1 207,40	677,05	459,01	282,29	146,88	52,79
2 720,00 bis 2 729,99	1 214,40	682,05	463,01	285,29	148,88	53,79
2 730,00 bis 2 739,99	1 221,40	687,05	467,01	288,29	150,88	54,79
2 740,00 bis 2 749,99	1 228,40	692,05	471,01	291,29	152,88	55,79
2 750,00 bis 2 759,99	1 235,40	697,05	475,01	294,29	154,88	56,79
2 760,00 bis 2 769,99	1 242,40	702,05	479,01	297,29	156,88	57,79
2 770,00 bis 2 779,99	1 249,40	707,05	483,01	300,29	158,88	58,79
2 780,00 bis 2 789,99	1 256,40	712,05	487,01	303,29	160,88	59,79
2 790,00 bis 2 799,99	1 263,40	717,05	491,01	306,29	162,88	60,79
2 800,00 bis 2 809,99	1 270,40	722,05	495,01	309,29	164,88	61,79
2 810,00 bis 2 819,99	1 277,40	727,05	499,01	312,29	166,88	62,79
2 820,00 bis 2 829,99	1 284,40	732,05	503,01	315,29	168,88	63,79
2 830,00 bis 2 839,99	1 291,40	737,05	507,01	318,29	170,88	64,79
2 840,00 bis 2 849,99	1 298,40	742,05	511,01	321,29	172,88	65,79
2 850,00 bis 2 859,99	1 305,40	747,05	515,01	324,29	174,88	66,79
2 860,00 bis 2 869,99	1 312,40	752,05	519,01	327,29	176,88	67,79
2 870,00 bis 2 879,99	1 319,40	757,05	523,01	330,29	178,88	68,79
2 880,00 bis 2 889,99	1 326,40	762,05	527,01	333,29	180,88	69,79
2 890,00 bis 2 899,99	1 333,40	767,05	531,01	336,29	182,88	70,79
2 900,00 bis 2 909,99	1 340,40	772,05	535,01	339,29	184,88	71,79
2 910,00 bis 2 919,99	1 347,40	777,05	539,01	342,29	186,88	72,79
2 920,00 bis 2 929,99	1 354,40	782,05	543,01	345,29	188,88	73,79
2 930,00 bis 2 939,99	1 361,40	787,05	547,01	348,29	190,88	74,79
2 940,00 bis 2 949,99	1 368,40	792,05	551,01	351,29	192,88	75,79
2 950,00 bis 2 959,99	1 375,40	797,05	555,01	354,29	194,88	76,79
2 960,00 bis 2 969,99	1 382,40	802,05	559,01	357,29	196,88	77,79
2 970,00 bis 2 979,99	1 389,40	807,05	563,01	360,29	198,88	78,79
2 980,00 bis 2 989,99	1 396,40	812,05	567,01	363,29	200,88	79,79
2 990,00 bis 2 999,99	1 403,40	817,05	571,01	366,29	202,88	80,79
3 000,00 bis 3 009,99	1 410,40	822,05	575,01	369,29	204,88	81,79
3 010,00 bis 3 019,99	1 417,40	827,05	579,01	372,29	206,88	82,79
3 020,00 bis 3 020,06	1 424,40	832,05	583,01	375,29	208,88	83,79

Der Mehrbetrag über 3 020,06 Euro ist voll pfändbar.

Titel 1. Zwangsvollstr. in das bewegl. Vermögen § 850c

Wochensätze

Nettolohn wöchentlich			Pfändbarer Betrag bei Unterhaltspflicht für ... Personen					
			0	1	2	3	4	5 und mehr
in Euro								
	bis	227,49	–	–	–	–	–	–
227,50	bis	229,99	0,55	–	–	–	–	–
230,00	bis	232,49	2,30	–	–	–	–	–
232,50	bis	234,99	4,05	–	–	–	–	–
235,00	bis	237,49	5,80	–	–	–	–	–
237,50	bis	239,99	7,55	–	–	–	–	–
240,00	bis	242,49	9,30	–	–	–	–	–
242,50	bis	244,99	11,05	–	–	–	–	–
245,00	bis	247,49	12,80	–	–	–	–	–
247,50	bis	249,99	14,55	–	–	–	–	–
250,00	bis	252,49	16,30	–	–	–	–	–
252,50	bis	254,99	18,05	–	–	–	–	–
255,00	bis	257,49	19,80	–	–	–	–	–
257,50	bis	259,99	21,55	–	–	–	–	–
260,00	bis	262,49	23,30	–	–	–	–	–
262,50	bis	264,99	25,05	–	–	–	–	–
265,00	bis	267,49	26,80	–	–	–	–	–
267,50	bis	269,99	28,55	–	–	–	–	–
270,00	bis	272,49	30,30	–	–	–	–	–
272,50	bis	274,99	32,05	–	–	–	–	–
275,00	bis	277,49	33,80	–	–	–	–	–
277,50	bis	279,99	35,55	–	–	–	–	–
280,00	bis	282,49	37,30	–	–	–	–	–
282,50	bis	284,99	39,05	–	–	–	–	–
285,00	bis	287,49	40,80	–	–	–	–	–
287,50	bis	289,99	42,55	–	–	–	–	–
290,00	bis	292,49	44,30	–	–	–	–	–
292,50	bis	294,99	46,05	–	–	–	–	–
295,00	bis	297,49	47,80	–	–	–	–	–
297,50	bis	299,99	49,55	–	–	–	–	–
300,00	bis	302,49	51,30	–	–	–	–	–
302,50	bis	304,99	53,05	–	–	–	–	–
305,00	bis	307,49	54,80	–	–	–	–	–
307,50	bis	309,99	56,55	–	–	–	–	–
310,00	bis	312,49	58,30	–	–	–	–	–
312,50	bis	314,99	60,05	0,23	–	–	–	–
315,00	bis	317,49	61,80	1,48	–	–	–	–
317,50	bis	319,99	63,55	2,73	–	–	–	–
320,00	bis	322,49	65,30	3,98	–	–	–	–
322,50	bis	324,99	67,05	5,23	–	–	–	–
325,00	bis	327,49	68,80	6,48	–	–	–	–
327,50	bis	329,99	70,55	7,73	–	–	–	–

§ 850c

Nettolohn wöchentlich	Pfändbarer Betrag bei Unterhaltspflicht für ... Personen					
	0	1	2	3	4	5 und mehr
	in Euro					
330,00 bis 332,49	72,30	8,98	–	–	–	–
332,50 bis 334,99	74,05	10,23	–	–	–	–
335,00 bis 337,49	75,80	11,48	–	–	–	–
337,50 bis 339,99	77,55	12,73	–	–	–	–
340,00 bis 342,49	79,30	13,98	–	–	–	–
342,50 bis 344,99	81,05	15,23	–	–	–	–
345,00 bis 347,49	82,80	16,48	–	–	–	–
347,50 bis 349,99	84,55	17,73	–	–	–	–
350,00 bis 352,49	86,30	18,98	–	–	–	–
352,50 bis 354,99	88,05	20,23	–	–	–	–
355,00 bis 357,49	89,80	21,48	–	–	–	–
357,50 bis 359,99	91,55	22,73	–	–	–	–
360,00 bis 362,49	93,30	23,98	0,17	–	–	–
362,50 bis 364,99	95,05	25,23	1,17	–	–	–
365,00 bis 367,49	96,80	26,48	2,17	–	–	–
367,50 bis 369,99	98,55	27,73	3,17	–	–	–
370,00 bis 372,49	100,30	28,98	4,17	–	–	–
372,50 bis 374,99	102,05	30,23	5,17	–	–	–
375,00 bis 377,49	103,80	31,48	6,17	–	–	–
377,50 bis 379,99	105,55	32,73	7,17	–	–	–
380,00 bis 382,49	107,30	33,98	8,17	–	–	–
382,50 bis 384,99	109,05	35,23	9,17	–	–	–
385,00 bis 387,49	110,80	36,48	10,17	–	–	–
387,50 bis 389,99	112,55	37,73	11,17	–	–	–
390,00 bis 392,49	114,30	38,98	12,17	–	–	–
392,50 bis 394,99	116,05	40,23	13,17	–	–	–
395,00 bis 397,49	117,80	41,48	14,17	–	–	–
397,50 bis 399,99	119,55	42,73	15,17	–	–	–
400,00 bis 402,49	121,30	43,98	16,17	–	–	–
402,50 bis 404,99	123,05	45,23	17,17	–	–	–
405,00 bis 407,49	124,80	46,48	18,17	–	–	–
407,50 bis 409,99	126,55	47,73	19,17	0,11	–	–
410,00 bis 412,49	128,30	48,98	20,17	0,86	–	–
412,50 bis 414,99	130,05	50,23	21,17	1,61	–	–
415,00 bis 417,49	131,80	51,48	22,17	2,36	–	–
417,50 bis 419,99	133,55	52,73	23,17	3,11	–	–
420,00 bis 422,49	135,30	53,98	24,17	3,86	–	–
422,50 bis 424,99	137,05	55,23	25,17	4,61	–	–
425,00 bis 427,49	138,80	56,48	26,17	5,36	–	–
427,50 bis 429,99	140,55	57,73	27,17	6,11	–	–
430,00 bis 432,49	142,30	58,98	28,17	6,86	–	–
432,50 bis 434,99	144,05	60,23	29,17	7,61	–	–
435,00 bis 437,49	145,80	61,48	30,17	8,36	–	–

Titel 1. Zwangsvollstr. in das bewegl. Vermögen § 850c

Nettolohn wöchentlich	Pfändbarer Betrag bei Unterhaltspflicht für ... Personen					
	0	1	2	3	4	5 und mehr
in Euro						
437,50 bis 439,99	147,55	62,73	31,17	9,11	–	–
440,00 bis 442,49	149,30	63,98	32,17	9,86	–	–
442,50 bis 444,99	151,05	65,23	33,17	10,61	–	–
445,00 bis 447,49	152,80	66,48	34,17	11,36	–	–
447,50 bis 449,99	154,55	67,73	35,17	12,11	–	–
450,00 bis 452,49	156,30	68,98	36,17	12,86	–	–
452,50 bis 454,99	158,05	70,23	37,17	13,61	–	–
455,00 bis 457,49	159,80	71,48	38,17	14,36	0,07	–
457,50 bis 459,99	161,55	72,73	39,17	15,11	0,57	–
460,00 bis 462,49	163,30	73,98	40,17	15,86	1,07	–
462,50 bis 464,99	165,05	75,23	41,17	16,61	1,57	–
465,00 bis 467,49	166,80	76,48	42,17	17,36	2,07	–
467,50 bis 469,99	168,55	77,73	43,17	18,11	2,57	–
470,00 bis 472,49	170,30	78,98	44,17	18,86	3,07	–
472,50 bis 474,99	172,05	80,23	45,17	19,61	3,57	–
475,00 bis 477,49	173,80	81,48	46,17	20,36	4,07	–
477,50 bis 479,99	175,55	82,73	47,17	21,11	4,57	–
480,00 bis 482,49	177,30	83,98	48,17	21,86	5,07	–
482,50 bis 484,99	179,05	85,23	49,17	22,61	5,57	–
485,00 bis 487,49	180,80	86,48	50,17	23,36	6,07	–
487,50 bis 489,99	182,55	87,73	51,17	24,11	6,57	–
490,00 bis 492,49	184,30	88,98	52,17	24,86	7,07	–
492,50 bis 494,99	186,05	90,23	53,17	25,61	7,57	–
495,00 bis 497,49	187,80	91,48	54,17	26,36	8,07	–
497,50 bis 499,99	189,55	92,73	55,17	27,11	8,57	–
500,00 bis 502,49	191,30	93,98	56,17	27,86	9,07	–
502,50 bis 504,99	193,05	95,23	57,17	28,61	9,57	0,03
505,00 bis 507,49	194,80	96,48	58,17	29,36	10,07	0,28
507,50 bis 509,99	196,55	97,73	59,17	30,11	10,57	0,53
510,00 bis 512,49	198,30	98,98	60,17	30,86	11,07	0,78
512,50 bis 514,99	200,05	100,23	61,17	31,61	11,57	1,03
515,00 bis 517,49	201,80	101,48	62,17	32,36	12,07	1,28
517,50 bis 519,99	203,55	102,73	63,17	33,11	12,57	1,53
520,00 bis 522,49	205,30	103,98	64,17	33,86	13,07	1,78
522,50 bis 524,99	207,05	105,23	65,17	34,61	13,57	2,03
525,00 bis 527,49	208,80	106,48	66,17	35,36	14,07	2,28
527,50 bis 529,99	210,55	107,73	67,17	36,11	14,57	2,53
530,00 bis 532,49	212,30	108,98	68,17	36,86	15,07	2,78
532,50 bis 534,99	214,05	110,23	69,17	37,61	15,57	3,03
535,00 bis 537,49	215,80	111,48	70,17	38,36	16,07	3,28
537,50 bis 539,99	217,55	112,73	71,17	39,11	16,57	3,53
540,00 bis 542,49	219,30	113,98	72,17	39,86	17,07	3,78
542,50 bis 544,99	221,05	115,23	73,17	40,61	17,57	4,03

§ 850c

Buch 8. Abschnitt 2. ZwV wegen Geldforderungen

Nettolohn wöchentlich			Pfändbarer Betrag bei Unterhaltspflicht für ... Personen					
			0	1	2	3	4	5 und mehr
			in Euro					
545,00	bis	547,49	222,80	116,48	74,17	41,36	18,07	4,28
547,50	bis	549,99	224,55	117,73	75,17	42,11	18,57	4,53
550,00	bis	552,49	226,30	118,98	76,17	42,86	19,07	4,78
552,50	bis	554,99	228,05	120,23	77,17	43,61	19,57	5,03
555,00	bis	557,49	229,80	121,48	78,17	44,36	20,07	5,28
557,50	bis	559,99	231,55	122,73	79,17	45,11	20,57	5,53
560,00	bis	562,49	233,30	123,98	80,17	45,86	21,07	5,78
562,50	bis	564,99	235,05	125,23	81,17	46,61	21,57	6,03
565,00	bis	567,49	236,80	126,48	82,17	47,36	22,07	6,28
567,50	bis	569,99	238,55	127,73	83,17	48,11	22,57	6,53
570,00	bis	572,49	240,30	128,98	84,17	48,86	23,07	6,78
572,50	bis	574,99	242,05	130,23	85,17	49,61	23,57	7,03
575,00	bis	577,49	243,80	131,48	86,17	50,36	24,07	7,28
577,50	bis	579,99	245,55	132,73	87,17	51,11	24,57	7,53
580,00	bis	582,49	247,30	133,98	88,17	51,86	25,07	7,78
582,50	bis	584,99	249,05	135,23	89,17	52,61	25,57	8,03
585,00	bis	587,49	250,80	136,48	90,17	53,36	26,07	8,28
587,50	bis	589,99	252,55	137,73	91,17	54,11	26,57	8,53
590,00	bis	592,49	254,30	138,98	92,17	54,86	27,07	8,78
592,50	bis	594,99	256,05	140,23	93,17	55,61	27,57	9,03
595,00	bis	597,49	257,80	141,48	94,17	56,36	28,07	9,28
597,50	bis	599,99	259,55	142,73	95,17	57,11	28,57	9,53
600,00	bis	602,49	261,30	143,98	96,17	57,86	29,07	9,78
602,50	bis	604,99	263,05	145,23	97,17	58,61	29,57	10,03
605,00	bis	607,49	264,80	146,48	98,17	59,36	30,07	10,28
607,50	bis	609,99	266,55	147,73	99,17	60,11	30,57	10,53
610,00	bis	612,49	268,30	148,98	100,17	60,86	31,07	10,78
612,50	bis	614,99	270,05	150,23	101,17	61,61	31,57	11,03
615,00	bis	617,49	271,80	151,48	102,17	62,36	32,07	11,28
617,50	bis	619,99	273,55	152,73	103,17	63,11	32,57	11,53
620,00	bis	622,49	275,30	153,98	104,17	63,86	33,07	11,78
622,50	bis	624,99	277,05	155,23	105,17	64,61	33,57	12,03
625,00	bis	627,49	278,80	156,48	106,17	65,36	34,07	12,28
627,50	bis	629,99	280,55	157,73	107,17	66,11	34,57	12,53
630,00	bis	632,49	282,30	158,98	108,17	66,86	35,07	12,78
632,50	bis	634,99	284,05	160,23	109,17	67,61	35,57	13,03
635,00	bis	637,49	285,80	161,48	110,17	68,36	36,07	13,28
637,50	bis	639,99	287,55	162,73	111,17	69,11	36,57	13,53
640,00	bis	642,49	289,30	163,98	112,17	69,86	37,07	13,78
642,50	bis	644,99	291,05	165,23	113,17	70,61	37,57	14,03
645,00	bis	647,49	292,80	166,48	114,17	71,36	38,07	14,28
647,50	bis	649,99	294,55	167,73	115,17	72,11	38,57	14,53

§ 850c

Nettolohn wöchentlich	Pfändbarer Betrag bei Unterhaltspflicht für ... Personen					
	0	1	2	3	4	5 und mehr
	in Euro					
650,00 bis 652,49	296,30	168,98	116,17	72,86	39,07	14,78
652,50 bis 654,99	298,05	170,23	117,17	73,61	39,57	15,03
655,00 bis 657,49	299,80	171,48	118,17	74,36	40,07	15,28
657,50 bis 659,99	301,55	172,73	119,17	75,11	40,57	15,53
660,00 bis 662,49	303,30	173,98	120,17	75,86	41,07	15,78
662,50 bis 664,99	305,05	175,23	121,17	76,61	41,57	16,03
665,00 bis 667,49	306,80	176,48	122,17	77,36	42,07	16,28
667,50 bis 669,99	308,55	177,73	123,17	78,11	42,57	16,53
670,00 bis 672,49	310,30	178,98	124,17	78,86	43,07	16,78
672,50 bis 674,99	312,05	180,23	125,17	79,61	43,57	17,03
675,00 bis 677,49	313,80	181,48	126,17	80,36	44,07	17,28
677,50 bis 679,99	315,55	182,73	127,17	81,11	44,57	17,53
680,00 bis 682,49	317,30	183,98	128,17	81,86	45,07	17,78
682,50 bis 684,99	319,05	185,23	129,17	82,61	45,57	18,03
685,00 bis 687,49	320,80	186,48	130,17	83,36	46,07	18,28
687,50 bis 689,99	322,55	187,73	131,17	84,11	46,57	18,53
690,00 bis 692,49	324,30	188,98	132,17	84,86	47,07	18,78
692,50 bis 694,99	326,05	190,23	133,17	85,61	47,57	19,03
695,00 bis 695,03	327,80	191,48	134,17	86,36	48,07	19,28
Der Mehrbetrag über 695,03 Euro ist voll pfändbar.							

§ 850c

Tagessätze

Nettolohn täglich			Pfändbarer Betrag bei Unterhaltspflicht für ... Personen					
			0	1	2	3	4	5 und mehr
			in Euro					
	bis	45,49	–	–	–	–	–	–
45,50	bis	45,99	0,11	–	–	–	–	–
46,00	bis	46,49	0,46	–	–	–	–	–
46,50	bis	46,99	0,81	–	–	–	–	–
47,00	bis	47,49	1,16	–	–	–	–	–
47,50	bis	47,99	1,51	–	–	–	–	–
48,00	bis	48,49	1,86	–	–	–	–	–
48,50	bis	48,99	2,21	–	–	–	–	–
49,00	bis	49,49	2,56	–	–	–	–	–
49,50	bis	49,99	2,91	–	–	–	–	–
50,00	bis	50,49	3,26	–	–	–	–	–
50,50	bis	50,99	3,61	–	–	–	–	–
51,00	bis	51,49	3,96	–	–	–	–	–
51,50	bis	51,99	4,31	–	–	–	–	–
52,00	bis	52,49	4,66	–	–	–	–	–
52,50	bis	52,99	5,01	–	–	–	–	–
53,00	bis	53,49	5,36	–	–	–	–	–
53,50	bis	53,99	5,71	–	–	–	–	–
54,00	bis	54,49	6,06	–	–	–	–	–
54,50	bis	54,99	6,41	–	–	–	–	–
55,00	bis	55,49	6,76	–	–	–	–	–
55,50	bis	55,99	7,11	–	–	–	–	–
56,00	bis	56,49	7,46	–	–	–	–	–
56,50	bis	56,99	7,81	–	–	–	–	–
57,00	bis	57,49	8,16	–	–	–	–	–
57,50	bis	57,99	8,51	–	–	–	–	–
58,00	bis	58,49	8,86	–	–	–	–	–
58,50	bis	58,99	9,21	–	–	–	–	–
59,00	bis	59,49	9,56	–	–	–	–	–
59,50	bis	59,99	9,91	–	–	–	–	–
60,00	bis	60,49	10,26	–	–	–	–	–
60,50	bis	60,99	10,61	–	–	–	–	–
61,00	bis	61,49	10,96	–	–	–	–	–
61,50	bis	61,99	11,31	–	–	–	–	–
62,00	bis	62,49	11,66	–	–	–	–	–
62,50	bis	62,99	12,01	0,05	–	–	–	–
63,00	bis	63,49	12,36	0,30	–	–	–	–
63,50	bis	63,99	12,71	0,55	–	–	–	–
64,00	bis	64,49	13,06	0,80	–	–	–	–
64,50	bis	64,99	13,41	1,05	–	–	–	–
65,00	bis	65,49	13,76	1,30	–	–	–	–

Titel 1. Zwangsvollstr. in das bewegl. Vermögen § 850c

Nettolohn täglich			Pfändbarer Betrag bei Unterhaltspflicht für ... Personen					
			0	1	2	3	4	5 und mehr
			in Euro					
65,50	bis	65,99	14,11	1,55	–	–	–	–
66,00	bis	66,49	14,46	1,80	–	–	–	–
66,50	bis	66,99	14,81	2,05	–	–	–	–
67,00	bis	67,49	15,16	2,30	–	–	–	–
67,50	bis	67,99	15,51	2,55	–	–	–	–
68,00	bis	68,49	15,86	2,80	–	–	–	–
68,50	bis	68,99	16,21	3,05	–	–	–	–
69,00	bis	69,49	16,56	3,30	–	–	–	–
69,50	bis	69,99	16,91	3,55	–	–	–	–
70,00	bis	70,49	17,26	3,80	–	–	–	–
70,50	bis	70,99	17,61	4,05	–	–	–	–
71,00	bis	71,49	17,96	4,30	–	–	–	–
71,50	bis	71,99	18,31	4,55	–	–	–	–
72,00	bis	72,49	18,66	4,80	0,04	–	–	–
72,50	bis	72,99	19,01	5,05	0,24	–	–	–
73,00	bis	73,49	19,36	5,30	0,44	–	–	–
73,50	bis	73,99	19,71	5,55	0,64	–	–	–
74,00	bis	74,49	20,06	5,80	0,84	–	–	–
74,50	bis	74,99	20,41	6,05	1,04	–	–	–
75,00	bis	75,49	20,76	6,30	1,24	–	–	–
75,50	bis	75,99	21,11	6,55	1,44	–	–	–
76,00	bis	76,49	21,46	6,80	1,64	–	–	–
76,50	bis	76,99	21,81	7,05	1,84	–	–	–
77,00	bis	77,49	22,16	7,30	2,04	–	–	–
77,50	bis	77,99	22,51	7,55	2,24	–	–	–
78,00	bis	78,49	22,86	7,80	2,44	–	–	–
78,50	bis	78,99	23,21	8,05	2,64	–	–	–
79,00	bis	79,49	23,56	8,30	2,84	–	–	–
79,50	bis	79,99	23,91	8,55	3,04	–	–	–
80,00	bis	80,49	24,26	8,80	3,24	–	–	–
80,50	bis	80,99	24,61	9,05	3,44	–	–	–
81,00	bis	81,49	24,96	9,30	3,64	–	–	–
81,50	bis	81,99	25,31	9,55	3,84	0,02	–	–
82,00	bis	82,49	25,66	9,80	4,04	0,17	–	–
82,50	bis	82,99	26,01	10,05	4,24	0,32	–	–
83,00	bis	83,49	26,36	10,30	4,44	0,47	–	–
83,50	bis	83,99	26,71	10,55	4,64	0,62	–	–
84,00	bis	84,49	27,06	10,80	4,84	0,77	–	–
84,50	bis	84,99	27,41	11,05	5,04	0,92	–	–
85,00	bis	85,49	27,76	11,30	5,24	1,07	–	–
85,50	bis	85,99	28,11	11,55	5,44	1,22	–	–
86,00	bis	86,49	28,46	11,80	5,64	1,37	–	–

§ 850c

Buch 8. Abschnitt 2. ZwV wegen Geldforderungen

Nettolohn täglich			Pfändbarer Betrag bei Unterhaltspflicht für ... Personen					
			0	1	2	3	4	5 und mehr
			in Euro					
86,50	bis	86,99	28,81	12,05	5,84	1,52	–	–
87,00	bis	87,49	29,16	12,30	6,04	1,67	–	–
87,50	bis	87,99	29,51	12,55	6,24	1,82	–	–
88,00	bis	88,49	29,86	12,80	6,44	1,97	–	–
88,50	bis	88,99	30,21	13,05	6,64	2,12	–	–
89,00	bis	89,49	30,56	13,30	6,84	2,27	–	–
89,50	bis	89,99	30,91	13,55	7,04	2,42	–	–
90,00	bis	90,49	31,26	13,80	7,24	2,57	–	–
90,50	bis	90,99	31,61	14,05	7,44	2,72	–	–
91,00	bis	91,49	31,96	14,30	7,64	2,87	0,01	–
91,50	bis	91,99	32,31	14,55	7,84	3,02	0,11	–
92,00	bis	92,49	32,66	14,80	8,04	3,17	0,21	–
92,50	bis	92,99	33,01	15,05	8,24	3,32	0,31	–
93,00	bis	93,49	33,36	15,30	8,44	3,47	0,41	–
93,50	bis	93,99	33,71	15,55	8,64	3,62	0,51	–
94,00	bis	94,49	34,06	15,80	8,84	3,77	0,61	–
94,50	bis	94,99	34,41	16,05	9,04	3,92	0,71	–
95,00	bis	95,49	34,76	16,30	9,24	4,07	0,81	–
95,50	bis	95,99	35,11	16,55	9,44	4,22	0,91	–
96,00	bis	96,49	35,46	16,80	9,64	4,37	1,01	–
96,50	bis	96,99	35,81	17,05	9,84	4,52	1,11	–
97,00	bis	97,49	36,16	17,30	10,04	4,67	1,21	–
97,50	bis	97,99	36,51	17,55	10,24	4,82	1,31	–
98,00	bis	98,49	36,86	17,80	10,44	4,97	1,41	–
98,50	bis	98,99	37,21	18,05	10,64	5,12	1,51	–
99,00	bis	99,49	37,56	18,30	10,84	5,27	1,61	–
99,50	bis	99,99	37,91	18,55	11,04	5,42	1,71	–
100,00	bis	100,49	38,26	18,80	11,24	5,57	1,81	–
100,50	bis	100,99	38,61	19,05	11,44	5,72	1,91	0,01
101,00	bis	101,49	38,96	19,30	11,64	5,87	2,01	0,06
101,50	bis	101,99	39,31	19,55	11,84	6,02	2,11	0,11
102,00	bis	102,49	39,66	19,80	12,04	6,17	2,21	0,16
102,50	bis	102,99	40,01	20,05	12,24	6,32	2,31	0,21
103,00	bis	103,49	40,36	20,30	12,44	6,47	2,41	0,26
103,50	bis	103,99	40,71	20,55	12,64	6,62	2,51	0,31
104,00	bis	104,49	41,06	20,80	12,84	6,77	2,61	0,36
104,50	bis	104,99	41,41	21,05	13,04	6,92	2,71	0,41
105,00	bis	105,49	41,76	21,30	13,24	7,07	2,81	0,46
105,50	bis	105,99	42,11	21,55	13,44	7,22	2,91	0,51
106,00	bis	106,49	42,46	21,80	13,64	7,37	3,01	0,56
106,50	bis	106,99	42,81	22,05	13,84	7,52	3,11	0,61
107,00	bis	107,49	43,16	22,30	14,04	7,67	3,21	0,66

Titel 1. Zwangsvollstr. in das bewegl. Vermögen § 850c

Nettolohn täglich			Pfändbarer Betrag bei Unterhaltspflicht für ... Personen					
			0	1	2	3	4	5 und mehr
			in Euro					
107,50	bis	107,99	43,51	22,55	14,24	7,82	3,31	0,71
108,00	bis	108,49	43,86	22,80	14,44	7,97	3,41	0,76
108,50	bis	108,99	44,21	23,05	14,64	8,12	3,51	0,81
109,00	bis	109,49	44,56	23,30	14,84	8,27	3,61	0,86
109,50	bis	109,99	44,91	23,55	15,04	8,42	3,71	0,91
110,00	bis	110,49	45,26	23,80	15,24	8,57	3,81	0,96
110,50	bis	110,99	45,61	24,05	15,44	8,72	3,91	1,01
111,00	bis	111,49	45,96	24,30	15,64	8,87	4,01	1,06
111,50	bis	111,99	46,31	24,55	15,84	9,02	4,11	1,11
112,00	bis	112,49	46,66	24,80	16,04	9,17	4,21	1,16
112,50	bis	112,99	47,01	25,05	16,24	9,32	4,31	1,21
113,00	bis	113,49	47,36	25,30	16,44	9,47	4,41	1,26
113,50	bis	113,99	47,71	25,55	16,64	9,62	4,51	1,31
114,00	bis	114,49	48,06	25,80	16,84	9,77	4,61	1,36
114,50	bis	114,99	48,41	26,05	17,04	9,92	4,71	1,41
115,00	bis	115,49	48,76	26,30	17,24	10,07	4,81	1,46
115,50	bis	115,99	49,11	26,55	17,44	10,22	4,91	1,51
116,00	bis	116,49	49,46	26,80	17,64	10,37	5,01	1,56
116,50	bis	116,99	49,81	27,05	17,84	10,52	5,11	1,61
117,00	bis	117,49	50,16	27,30	18,04	10,67	5,21	1,66
117,50	bis	117,99	50,51	27,55	18,24	10,82	5,31	1,71
118,00	bis	118,49	50,86	27,80	18,44	10,97	5,41	1,76
118,50	bis	118,99	51,21	28,05	18,64	11,12	5,51	1,81
119,00	bis	119,49	51,56	28,30	18,84	11,27	5,61	1,86
119,50	bis	119,99	51,91	28,55	19,04	11,42	5,71	1,91
120,00	bis	120,49	52,26	28,80	19,24	11,57	5,81	1,96
120,50	bis	120,99	52,61	29,05	19,44	11,72	5,91	2,01
121,00	bis	121,49	52,96	29,30	19,64	11,87	6,01	2,06
121,50	bis	121,99	53,31	29,55	19,84	12,02	6,11	2,11
122,00	bis	122,49	53,66	29,80	20,04	12,17	6,21	2,16
122,50	bis	122,99	54,01	30,05	20,24	12,32	6,31	2,21
123,00	bis	123,49	54,36	30,30	20,44	12,47	6,41	2,26
123,50	bis	123,99	54,71	30,55	20,64	12,62	6,51	2,31
124,00	bis	124,49	55,06	30,80	20,84	12,77	6,61	2,36
124,50	bis	124,99	55,41	31,05	21,04	12,92	6,71	2,41
125,00	bis	125,49	55,76	31,30	21,24	13,07	6,81	2,46
125,50	bis	125,99	56,11	31,55	21,44	13,22	6,91	2,51
126,00	bis	126,49	56,46	31,80	21,64	13,37	7,01	2,56
126,50	bis	126,99	56,81	32,05	21,84	13,52	7,11	2,61
127,00	bis	127,49	57,16	32,30	22,04	13,67	7,21	2,66
127,50	bis	127,99	57,51	32,55	22,24	13,82	7,31	2,71
128,00	bis	128,49	57,86	32,80	22,44	13,97	7,41	2,76

§ 850c

Nettolohn täglich			Pfändbarer Betrag bei Unterhaltspflicht für ... Personen					
			0	1	2	3	4	5 und mehr
			in Euro					
128,50	bis	128,99	58,21	33,05	22,64	14,12	7,51	2,81
129,00	bis	129,49	58,56	33,30	22,84	14,27	7,61	2,86
129,50	bis	129,99	58,91	33,55	23,04	14,42	7,71	2,91
130,00	bis	130,49	59,26	33,80	23,24	14,57	7,81	2,96
130,50	bis	130,99	59,61	34,05	23,44	14,72	7,91	3,01
131,00	bis	131,49	59,96	34,30	23,64	14,87	8,01	3,06
131,50	bis	131,99	60,31	34,55	23,84	15,02	8,11	3,11
132,00	bis	132,49	60,66	34,80	24,04	15,17	8,21	3,16
132,50	bis	132,99	61,01	35,05	24,24	15,32	8,31	3,21
133,00	bis	133,49	61,36	35,30	24,44	15,47	8,41	3,26
133,50	bis	133,99	61,71	35,55	24,64	15,62	8,51	3,31
134,00	bis	134,49	62,06	35,80	24,84	15,77	8,61	3,36
134,50	bis	134,99	62,41	36,05	25,04	15,92	8,71	3,41
135,00	bis	135,49	62,76	36,30	25,24	16,07	8,81	3,46
135,50	bis	135,99	63,11	36,55	25,44	16,22	8,91	3,51
136,00	bis	136,49	63,46	36,80	25,64	16,37	9,01	3,56
136,50	bis	136,99	63,81	37,05	25,84	16,52	9,11	3,61
137,00	bis	137,49	64,16	37,30	26,04	16,67	9,21	3,66
137,50	bis	137,99	64,51	37,55	26,24	16,82	9,31	3,71
138,00	bis	138,49	64,86	37,80	26,44	16,97	9,41	3,76
138,50	bis	138,99	65,21	38,05	26,64	17,12	9,51	3,81
139,00	bis	139,01	65,56	38,30	26,84	17,27	9,61	3,86
Der Mehrbetrag über 139,01 Euro ist voll pfändbar.								

Vorbem. Vgl zu II a 2 die Bek v 25. 2. 05, BGBl 493, in Kraft seit 1. 7. 05, vgl dort.

Gliederung

1) Systematik, I–IV	1
2) Regelungszweck, I–IV	2
3) Geltungsbereich, I–IV	3
4) Unpfändbare Grundbeträge, I	4–6
A. Grundsatz: Nur bei gesetzlicher Unterhaltspflicht	4, 5
B. Pfändungsfreiheit	6
5) Pfändungsfreie Teile des Netto-Mehreinkommens, II–IV	7–12
A. Nettoeinkommen bis 3020,06 EUR monatlich usw	7
B. Nettoeinkommen mehr als 3020,06 EUR monatlich usw	8
C. Tabelle	9
D. Eigene Einkünfte	10, 11
E. Rechtsbehelfe	12
6) Zweijährige Änderung der Freibeträge, II a	13
7) *VwGO*	14

1) Systematik, I–IV. Vgl zunächst Einf 1 vor §§ 850–852, § 850a Rn 1. § 850 c ist nicht schon bei der Feststellung der Leistungsfähigkeit im Erkenntnisverfahren anwendbar, Celle RR **89**, 1134, aM LG Lüb NJW **89**, 959 (aber es handelt sich um eine „erst" im Buch 8 stehende und nur auf die Zwangsvollstreckung zugeschnittene Pfändungsvorrechtsschrift).

I gibt die unpfändbaren Grundbeträge an, und zwar unter Berücksichtigung der gesetzlichen Unterhaltspflichten des Schuldners. *II und III* nennen die unpfändbaren Teile höherer Arbeitseinkommen. *IV* regelt zum Zweck des Schutzes des Gläubigers die Frage, inwieweit ein Unterhaltsberechtigter wegen eines eigenen Einkommens bei der Berechnung der Freibeträge unberücksichtigt bleiben muß.

Das Vollstreckungsgericht der §§ 764, 802 ist auch im Fall einer Sozialleistung zuständig, LSG Celle NJW **88**, 2696. Es muß immer vom *Nettoarbeitseinkommen* ausgehen, § 850 e Z 1. Wegen der Naturaleinkommen dort Z 3. In erster Linie ist das Geldeinkommen pfändbar. Eine besondere Regelung gilt für Unterhaltsansprüche nach § 850 d und für Ansprüche auf Grund einer vorsätzlichen unerlaubten Handlung.

2) Regelungszweck, I–IV. Die Vorschrift soll einerseits verhindern, daß der Staat mit Sozialleistungen einspringen muß. Sie soll andererseits dem Schuldner, dem jetzigen oder früheren Lebenspartner und seiner Familie den erforderlichen Mindestbetrag zum Leben sichern, Karlsr FamRZ **98**, 1436, AG Dortm Rpfleger **95**, 222 (Einschränkung, wenn der Gläubiger eine wirtschaftlich gleichwertige Gegenleistung erbringen muß, zB als Vermieter), FG Karlsr NZM **00**, 407. Daraus folgt, daß sie nicht im Verhältnis zwischen dem unterhaltsberechtigten Angehörigen und dem Schuldner gilt, sondern nur im Verhältnis eines nicht derart bevorzugten Gläubigers zum Schuldner, AG Kleve FamRZ **84**, 1094, AG Münst FamRZ **02**, 407, Kohte Rpfleger **90**, 12. Sie beschränkt nicht die Verpflichtungsfreiheit des Schuldners, Karlsr FamRZ **98**, 1436 (Vergleich).

Zum Verzweifeln ist die nicht endende Tendenz des Gesetzgebers, immer noch viel zu viele winzige und halbkrumme Tabellenzahlen anzuhäufen, obwohl die jetzigen Fassungen schon einen bedeutenden Fortschritt hin zur dringendst nötigen Einfachheit gebracht haben. Umso mehr sollte man sich bemühen, die verbleibenden Beurteilungsspielräume ohne allzu erbsenzählerische Akribie zu bewältigen. Ein bißchen Vergröberung zwecks Vereinfachung kann für *alle* wohltuend wirken.

3) Geltungsbereich I–IV. Die Vorschrift gilt umfassend. Sie gilt auch zB im Steuervollstreckungsrecht, **3** FG Karlsr NZM **00**, 407. Nach § 400 BGB ist eine Abtretung unwirksam, soweit die Forderung unpfändbar ist, BAG NJW **01**, 1443 (Unwirksamkeit entgegenstehender Vereinbarung). Auch eine zulässig vorgenommene *Lohn- oder Gehaltsabtretung* läßt die Berechnung des pfändbaren Teils unberührt, LG Hagen RR **88**, 1232. Eine in Allgemeinen Geschäftsbedingungen enthaltene Klausel, wonach ein Bürge den pfändbaren Teil seiner Rente an den Kreditgeber zur Sicherung abtritt, kann allerdings unwirksam sein, SG Düss RR **89**, 756. Ein öffentlichrechtlicher Versorgungsanspruch kann trotz Unabtretbarkeit in den Grenzen des § 850 c pfändbar sein, BGH NJW **04**, 3771. Das Vollstreckungsgericht muß alle Einzelfallumstände abwägen und darf nicht nur nach festen Berechnungsgrößen vorgehen, BGH FamRZ **05**, 439 (krit Schmidt Rpfleger **05**, 203). Für die Berechnung des pfändungsfreien Teils muß das Vollstreckungsgericht von dem Auszahlungszeitraum ausgehen, für den die Lohnzahlung erfolgt, also von einer monatlichen oder wöchentlichen oder täglichen Auszahlung, BSG NJW **93**, 811.

Wenn die Auszahlung zB *wöchentlich* erfolgt, wenn der Schuldner nun aber aus irgend einem Grunde tatsächlich nicht in der ganzen Woche gearbeitet hatte, sondern nur an drei Tagen, und wenn er demgemäß weniger erhielt, etwa infolge einer Krankheit, so bleiben diese Umstände ebenso außer Betracht, wie wenn der Lohn für die einzelnen Wochentage nach Stunden berechnet wird (Berechnungsgrundlage) und deshalb für die einzelnen Tage unterschiedlich hoch ist. Das Gericht muß auch in solchen Fällen und bei II–IV den vom Gesetz für eine Woche festgesetzten Betrag ansetzen. Scheidet ein Empfänger von Monatslohn vor Monatsende aus, bleibt die Monatstabelle anwendbar, ArbG Ffm JB **99**, 101.

Der Rpfl muß eine *Nachzahlung* dem Auszahlungszeitraum zuschlagen, für den sie erfolgt. Wenn Auszahlungszeiträume mit einer vollen Beschäftigung und solche mit einer geringeren Beschäftigung aufeinander folgen, dann muß das Gericht eine Durchschnittsberechnung anstellen. Es muß eine Jahresgewinnbeteiligung verteilen. Wenn ein Angestellter zum Teil von Spesen lebt, muß das Gericht diesen Umstand berücksichtigen. Wenn der Schuldner sich in eine zu günstige falsche Steuerklasse einstufen ließ, kann das Gericht ihn so behandeln, wie wenn er richtig eingestuft wäre, Köln JB **00**, 218, AG Bochum DGVZ **00**, 40 (zustm Ernst). Vgl Rn 9.

4) Unpfändbare Grundbeträge, I. Die Ermittlung folgt einem klaren Grundsatz. Rechenbeispiele bei **4** Behr Rpfleger **05**, 498, Sturm JB **02**, 345.

A. Grundsatz: Nur bei gesetzlicher Unterhaltspflicht. In Betracht kommt nur eine im Einzelfall bestehende gesetzliche Unterhaltspflicht, BAG BB **87**, 550, einschließlich derjenigen aus §§ 1615 l, n BGB oder aus § 5 LPartG. Eine Leistung aus nichtehelicher Gemeinschaft gehört nicht hierhier, LG Osnabr JB **99**, 45. Die Höhe eines unpfändbaren Grundbetrags richtet sich zunächst danach, ob der Schuldner überhaupt eine Unterhaltsverpflichtung hat, LG Bayreuth MDR **94**, 621 (das gilt zugunsten jedes Gesamtschuldners), LG Bre JB **98**, 211, LSG Essen Rpfleger **84**, 278. Leider gibt es keinen Erfahrungssatz, daß jeder Unterhaltsschuldner zur Zahlung des Mindestbetrags an seine minderjährigen Kinder imstande ist, aM Schlesw FamRZ **05**, 1110. Erst nach der Klärung dieser Vorfrage darf der Rpfl anschließend prüfen, in welchem Umfang eine solche Unterhaltspflicht besteht, IV.

Eine Unterhaltspflicht gegenüber einem an sich unterhaltsberechtigten *Verwandten*, der sich nach § 1602 I **5** BGB selbst unterhalten kann, bleibt insbesondere bei Gefährdung des Unterhalts des Schuldners außer Betracht, BAG BB **87**, 550. Dasselbe gilt bei einer Unterhaltspflicht gegenüber einem Pflegekind. Der Rpfl muß aber die Unterhaltspflicht gegenüber einem Adoptivkind beachten. Es muß auch den folgenden etwaigen Umstand berücksichtigen: Ein Ehegatte oder Lebenspartner gehört zur ersten Stufe, LG Augsb JB **04**, 48. Er muß sich je nach den Verhältnissen auch gegenüber dem mitverdienenden anderen Ehegatten oder Lebenspartner an der Bezahlung der persönlichen Bedürfnisse beteiligen, soweit die Beteiligten nicht getrennt leben, Viertelhausen DGVZ **01**, 130. Daher ist der eine dem anderen also insoweit unterhaltspflichtig, § 850 b Rn 4, BAG FamRZ **83**, 901, LG Osnabr JB **02**, 440, AG Delmenhorst JB **03**, 859 (je: bei gleichem Einkommen ca je 1/2), LAG Bln DB **76**, 1114. Freilich muß der Rpfl auch IV beachten, BAG FamRZ **83**, 901.

Wenn der Schuldner die Beträge nicht für den Unterhalt dieser Personen verwendet, dann darf der Rpfl sie nicht berücksichtigen, BAG FamRZ **83**, 901. Denn das Gesetz verlangt, daß der Schuldner sie auch *tatsächlich* gewährt, Kblz FamRZ **05**, 651, LG Chemnitz JB **04**, 447 (zustm Behr), AG Köln JB **05**, 382. Der Selbstbehalt kann bei kostensparender Haushaltsgemeinschaft sinken, Nürnb NJW **03**, 3138. Die Tabelle garantiert nicht stets einen über der Sozialhilfe liegenden Standard, BFH NJW **92**, 855, Ffm Rpfleger **91**, 378. Vgl aber § 850 f Rn 3, 4. Bei der Berechnung des Sozialhilfebedarfs können mögliche Untervermietungseinnahmen mitbeachtet sein, LG Bln Rpfleger **94**, 221. Zum Mindestbedarf nach § 54 III Z 2 SGB I, abgedruckt Grdz 80 vor § 704, KG JB **78**, 1888 (ausf), Köln NJW **90**, 2696, LG Düss JB **90**, 1056, zum Lohnersatzanspruch LG Hbg Rpfleger **85**, 34, zum Arbeitslosengeld LG Bln Rpfleger **78**, 65, zum Kindergeld Grdz 80 vor § 704 „Kindergeld", zu Kindererziehungsleistungen nach § 294 SGB VI AG Bln-Wedding JB **02**, 48 (Zusammenrechnung mit Rente). Zum Arbeitsentgelt des Gefangenen § 850 Rn 7. Zu einer Stornoreserve § 850 i Rn 1. Die Tabelle hat auch bei § 48 I SGB I Bedeutung, abgedruckt Grdz 80 vor § 704, BSG FamRZ **84**, 788.

B. Pfändungsfreiheit. Pfändungsfrei bleiben für den Schuldner stets mindestens 985,15 EUR monatlich, **6** 226,72 EUR wöchentlich, 45,34 EUR täglich, OVG Münst NZM **99**, 773. Der Schuldner verdient um so

§ 850c   Buch 8. Abschnitt 2. ZwV wegen Geldforderungen

mehr Schutz, je unsteter oder kurzfristiger er arbeitet und Lohn erhält, BSG NJW **93**, 811. Ein arglistiger Scheinvertrag über eine in Wahrheit längere, scheinbar aber kürzere Abrechnungsperiode zur Erschleichung eines höheren monatlichen effektiven Freibetrags wäre unbeachtlich, Einl III 54, Grdz 44 vor § 704. Sie wäre es evtl strafbarer Betrug(sversuch) auch des Drittschuldners. Von dem Mehrbetrag, also von dem Unterschiedsbetrag zwischen dem pfändungsfreien Grundbetrag und dem Arbeitseinkommen, bleiben ferner folgende Beträge unpfändbar: Für die erste Person, der der Schuldner Unterhalt gewähren muß, nicht nur dem Ehegatten, LG Heilbr Rpfleger **04**, 301, und zwar weitere 370,76 EUR monatlich oder 85,32 EUR wöchentlich oder 17,06 EUR täglich; für die zweite bis fünfte Person je 206,56 EUR monatlich oder 47,54 EUR wöchentlich oder 9,51 EUR täglich, höchstens aber 2182,15 EUR monatlich, 502,20 EUR wöchentlich, 100,44 EUR täglich. Ein Kind kann auch dann „erste" Person sein, wenn es keinen Ehegatten gibt oder wenn dieser unberücksichtigt bleibt, BGH RR **04**, 1371, LG Bre JB **03**, 378, aM LG Verden JB **02**, 660, AG Traunstein JB **03**, 276 (aber es kommt auf die tatsächlichen Verhältnisse an, I 2).

7   **5) Pfändungsfreie Teile des Netto-Mehreinkommens, II–IV.** Es muß irgendein Arbeitseinkommen vorliegen, FG Karlsr NZM **00**, 407. Es gilt eine Wertgrenze.

A. Nettoeinkommen bis 3020,06 EUR monatlich usw. Übersteigt das Arbeitseinkommen den pfändungsfreien Betrag und ist das Nettoeinkommen nach Rn 1 nicht höher als 3020,06 EUR monatlich, 695,03 EUR wöchentlich, 139,01 EUR täglich, dann ist der die Freibeträge von I übersteigende Betrag für den Schuldner zu 30% pfändungsfrei. Zugunsten des ersten nach I gesetzlich Unterhaltsberechtigten bleiben weitere 20% dieses Überschußbetrags unpfändbar. Zugunsten des zweiten bis fünften nach I gesetzlich Unterhaltsberechtigten bleiben je weitere 10% unpfändbar. Man muß diese Unpfändbarkeit ohne den jeweiligen Mindestbetrag berechnen. Der jeweils pfändungsfreie Betrag ergibt sich aus der Tabelle, die ein Teil des Gesetzes ist, BGBl **84** I 336. Die Tabelle berücksichtigt bereits die nach III vorgeschriebene Abrundung des Arbeitseinkommens auf 10 EUR monatlich, 2,50 EUR wöchentlich, 0,50 EUR täglich. Vgl ferner § 850 f III.

8   **B. Nettoeinkommen mehr als 3020,06 EUR monatlich usw.** Ist das Nettoeinkommen höher als 3020,06 EUR monatlich, 695,03 EUR wöchentlich, 139,01 EUR täglich, so ist die diese Beträge übersteigende Spitze, stets voll pfändbar, II 2. Vgl im übrigen Rn 7.

9   **C. Tabelle.** Der Rpfl kann im Pfändungsbeschluß grundsätzlich auf die amtliche Tabelle Bezug nehmen, etwa mit den Worten: es werde „der Betrag gepfändet, der sich aus der amtlichen Tabelle zu § 850 c ZPO ergibt", II 2, KG Rpfleger **78**, 335, Hornung Rpfleger **78**, 354. In einem solchen Fall überläßt der Rpfl dem Drittschuldner die Aufgabe, den Betrag entsprechend dem Auszahlungszeitraum und entsprechend derjenigen Personenzahl einzusetzen. Er muß dazu den Schuldner befragen, haftet aber erst bei Kenntnis der Unrichtigkeit der Angaben, Liese DB **90**, 2070. Mangels ausreichender Anhaltspunkte für ein Wahlrecht des Schuldners wegen seiner Steuerklasse muß der Drittschuldner die normale zugrunde legen, AG Bonn JB **97**, 659. Der Drittschuldner darf davon ausgehen, daß der Schuldner den in der Lohnsteuerkarte genannten Personen auch tatsächlich einen Unterhalt zahlt, Rn 4, 5.

Die *Bezugnahme* auf die Tabelle mit ihrer Angabe im einzelnen bei einer Unterhaltspflicht des Schuldners bis zu fünf und mehr Personen enthebt also den Gläubiger der ihn oft nur unter erheblichem Zeitverlust und nicht genau möglichen Angabe der Zahl der unterhaltsberechtigten Personen. Eine Anordnung des Rpfl darüber, welche der drei Tabellen der Drittschuldner anwenden muß, kann je nach Sachlage ratsam sein, Rn 2, aM LG Bochum Rpfleger **85**, 370 (sie sei unzulässig). Die lange vor der Pfändung gewählte Steuerklasse ist auch dann nicht rechtsmißbräuchlich, wenn sie dem Gläubiger ungünstig ist, LG Osnabr DGVZ **98**, 190. Eine spätere, für den Gläubiger ungünstigere Wahl des Schuldners führt zur Anwendung von Steuerklasse III, Rn 3, AG Mü JB **01**, 154, bzw der Klasse IV, LG Stgt JB **01**, 111. Vgl Rn 3.

10   **D. Eigene Einkünfte.** Die Vorschrift erfaßt solche Einkünfte beliebiger Art, LG Mü JB **01**, 657 (staatliche Leistung). Sie erfaßt auch Leistungen eines weiteren Unterhaltspflichtigen, LG Kblz FamRZ **05**, 469 rechts (Ehegatte), LG Konst JB **03**, 326, LG Lpz JB **03**, 325 (zustm Kokol). Sie meint Einkünfte derjenigen Personen, die der Schuldner kraft Gesetzes und nicht bloß auf Grund eines Vertrags unterhalten muß und denen er auch tatsächlich Unterhalt „gewährt", LG Gött JB **99**, 271, LG Konst Rpfleger **02**, 631, LG Stgt JB **03**, 156. Zur tatsächlichen Zahlung reicht eine Geburtsurkunde usw nicht aus, LG Kref JB **02**, 661. Der Rpfl darf solche Einkünfte derart beachten, daß der Schuldner bei dem Gläubiger mehr pfänden läßt, als nach der Tabelle eigentlich zulässig wäre, Köln FamRZ **96**, 811, LG Konst JB **96**, 666, LG Osnabr JB **96**, 271, aM LG Ffm Rpfleger **96**, 298 (aber das ist der Sinn des Unternehmens). Dieser Weg ist nicht von Amts wegen möglich, sondern nur auf einen Antrag des Gläubigers, LG Bielef DGVZ **00**, 87. Der Gläubiger kann den Antrag stillschweigend stellen, LG Marbg Rpfleger **92**, 168. Die Vorschrift ist auch beim Kontenschutz beachtlich, LG Münst Rpfleger **89**, 294. Der Rpfl übt auch hier ein pflichtgemäßes Ermessen aus, LG Marbg Rpfleger **92**, 168, LG Rostock JB **03**, 326. Trotzdem hat er die Amtspflicht zur Berücksichtigung aller erheblichen Gesichtspunkte, BGH FamRZ **05**, 439, LG Kblz Rpfleger **05**, 469 rechts.

11   Er führt freilich keine Amtsermittlung nach Grdz 38 vor § 128 durch. Er unterliegt keinen starren Regeln. Er darf auch nicht einmal an sich feste Berechnungsgrößen unterschiedslos anwenden, BGH Rpfleger **05**, 371. Er unterliegt *keinen überspannten Anforderungen,* LG Ffm Rpfleger **88**, 74, LG Kassel Rpfleger **01**, 143, LG Stade JB **00**, 379. Der Rpfl muß vor seiner Entscheidung den Schuldner und evtl die selbstverdienenden Unterhaltsberechtigten anhören, Artt 2 I, 20 III GG, BVerfG **101**, 404, aM LG Stade JB **00**, 379, Henze Rpfleger **81**, 52 (aber in einer so komplizierten Lage erfordert ein faires Verfahren eine Gelegenheit zur Stellungnahme). Die Vorschrift ist zB in folgenden Fällen anwendbar: Es geht um eine beschäftigte Ehefrau, BAG DB **84**, 2467, LG Heilbr JB **00**, 548, LG Kassel JB **98**, 664 (Krankengeld); es geht um den mitverdienenden Lebenspartner im Sinne des LPartG; es handelt sich um einen im dritten Lehrjahr stehenden Sohn; es geht um den Unterhaltsanspruch eines volljährigen Kindes, LG Nürnb-Fürth JB **96**, 603, oder eines minderjährigen Kindes gegenüber dem Ehepartner des Schuldners usw, LG Nürnb-Fürth JB **01**, 549, LG Regensb JB **00**, 547, LG Rottweil JB **00**, 47.

Äußert sich der Schuldner insoweit *nicht*, so kann die Behauptung des Gläubigers glaubhaft sein, etwa wegen des Wegfalls eines Unterhaltsberechtigten, LG Detm JB **01**, 604 (zustm Kokol), oder dahin, ein Sohn des Schuldners erhalte (jetzt ca) 300 EUR Ausbildungsbeihilfe, LG Münst JB **90**, 1363, ebenso die Behauptung des Gläubigers, die Ehefrau des Schuldners arbeite nach einem (jetzt ca) 400 EUR-Vertrag, LG Kassel Rpfleger **01**, 143. Eine frühere Pfändung eines anderen Unterhaltsgläubigers darf nicht zu dessen Ausschluß nach IV führen, LG Bochum Rpfleger **98**, 210 (zustm Hintzen). Bei etwa gleich hohen Einkünften von Schuldner und Ehegatte bleiben die unterhaltsberechtigten Kinder zur Hälfte unberücksichtigt, AG Ulm JB **03**, 216.

Der Rpfl muß beachten, daß ein *arbeitender Mensch* einen *erhöhten Bedarf* hat, Henze Rpfleger **81**, 52. Deshalb benötigt zB ein Kind, das das Elternhaus verläßt, meist auch in der Folgezeit zunächst noch einen gewissen Unterhaltszuschuß vom Vater. Das gilt selbst dann, wenn es schon so viel verdient, wie der Vater bisher für dieses Kind aufbringen mußte. Der Rpfl sollte den Bedarf mindestens etwa mit dem Sozialhilfebedarf + 20% ansetzen, LG Flensb JB **02**, 662, LG Heilbr JB **03**, 660, LG Lpz JB **02**, 97, ähnlich LG Kblz JB **03**, 377 (mtl 559 EUR), aM LG Detm Rpfleger **98**, 256, LG Traunstein JB **03**, 548 (aber der Rpfl darf nicht zu streng sein, Rn 11). Das gilt auch bei der im Haushalt lebenden Ehefrau des Schuldners, LG Lpz JB **02**, 211. Wenn der Rpfl einen derartigen Unterhaltsberechtigten nur teilweise berücksichtigen will, dann darf er nicht auf die amtliche Tabelle Bezug nehmen, IV Hs 2 in Verbindung mit III 2.

Ein *Beschluß* nach IV ist erst nach dem Erlaß des Pfändungsbeschlusses statthaft, LG Hann JB **92**, 265. Er begründet kein neues oder für alle Pfändungsgläubiger erweitertes Pfandrecht. Er erweitert vielmehr nur für diesen Gläubiger das bestehende Pfändungsrecht, BAG DB **84**, 2467, LG Konst Rpfleger **03**, 517, LG Mönchengladb JB **03**, 490, ArbG Kempten JB **96**, 106, aM Hein Rpfleger **84**, 260 (aber die erstere Lösung entspricht der natürlichen Betrachtungsweise eher). Der Beschluß wird mit der Zustellung an den Drittschuldner wirksam, und zwar ohne weiteres, LG Mönchengladb JB **03**, 490.

E. Rechtsbehelfe. Im Falle einer Unstimmigkeit ist die Erinnerung nach § 766 zulässig, KG Rpfleger **78**, 335, LG Marbg Rpfleger **02**, 471. Das gilt auch durch den nach IV unberücksichtigt gebliebenen Unterhaltsberechtigten, Oldb Rpfleger **91**, 261, Stgt Rpfleger **87**, 255, Romeyko FamRZ **02**, 1499, aM ThP 11, ZöStö 16 (vgl aber § 850 g S 2). Der Rpfl darf bei einer nur teilweisen Berücksichtigung eines Unterhaltsberechtigten mit einem eigenen Einkommen nicht auf die Tabelle Bezug nehmen, IV Hs 2. Bei einem Verstoß ist auch insofern die Erinnerung nach § 766 zulässig. Der Betroffene kann gegen die nach einer Anhörung der Beteiligten getroffene Entscheidung des Rpfl nach § 11 RPflG, Anh § 153 GVG, vorgehen, zum Verfahren § 104 Rn 41 ff. Der Betroffene kann gegen eine Erstentscheidung des Gerichts die sofortige Beschwerde nach §§ 567 I Z 1, 793 einlegen. Ein bloßer Treuhänder im vereinfachten Verbraucherinsolvenzverfahren hat kein Rechtsmittel, BayObLG MDR **01**, 1191. **12**

6) Zweijährige Änderung der Freibeträge, II a. Die alle zwei Jahre zum 1. 7. der Höhe nach anzupassende Berechnungsmethode ist in II a S 1 mit deutschem Verweisungsperfektionismus bestimmt. Für die Praxis reicht die zweijährige Neubekanntmachung, erstmals durch VO v 25. 2. 05, BGBl 493. Danach haben sich die unpfändbaren Beträge für die Zeit seit 1. 7. 05 erhöht, wie jetzt aus I 1, 2, II 2 ersichtlich. **13**

7) VwGO: *Vgl Einf §§ 850–852 Rn 10.* **14**

850d **Pfändbarkeit bei Unterhaltsansprüchen.** ¹ ¹ Wegen der Unterhaltsansprüche, die kraft Gesetzes einem Verwandten, dem Ehegatten, einem früheren Ehegatten, dem Lebenspartner, einem früheren Lebenspartner oder nach §§ 1615 l, 1615 n des Bürgerlichen Gesetzbuchs einem Elternteil zustehen, sind das Arbeitseinkommen und die in § 850 a Nr. 1, 2 und 4 genannten Bezüge ohne die in § 850 c genannten Beschränkungen pfändbar. ² Dem Schuldner ist jedoch so viel zu belassen, als er für seinen notwendigen Unterhalt und zur Erfüllung seiner laufenden gesetzlichen Unterhaltspflichten gegenüber den dem Gläubiger vorgehenden Berechtigten oder zur gleichmäßigen Befriedigung der dem Gläubiger gleichstehenden Berechtigten bedarf; es muß ihm von den in § 850 a Nr. 1, 2 und 4 genannten Bezügen mindestens die Hälfte des nach § 850 a unpfändbaren Betrages zu verbleiben. ³ Der dem Schuldner hiernach verbleibende Teil seines Arbeitseinkommens darf den Betrag nicht übersteigen, der ihm nach den Vorschriften des § 850 c gegenüber nicht bevorrechtigten Gläubigern zu verbleiben hätte. ⁴ Für die Pfändung wegen der Rückstände, die länger als ein Jahr vor dem Antrag auf Erlass des Pfändungsbeschlusses fällig geworden sind, gelten die Vorschriften dieses Absatzes insoweit nicht, als nach Lage der Verhältnisse nicht anzunehmen ist, dass der Schuldner sich seiner Zahlungspflicht absichtlich entzogen hat.

II Mehrere nach Absatz 1 Berechtigte sind mit ihren Ansprüchen in folgender Reihenfolge zu berücksichtigen, wobei mehrere gleich nahe Berechtigte untereinander gleichen Rang haben:

a) die minderjährigen unverheirateten Kinder, der Ehegatte, ein früherer Ehegatte und ein Elternteil mit seinem Anspruch nach §§ 1615 l, 1615 n des Bürgerlichen Gesetzbuchs; für das Rangverhältnis des Ehegatten zu einem früheren Ehegatten gilt jedoch § 1582 des Bürgerlichen Gesetzbuchs entsprechend; das Vollstreckungsgericht kann das Rangverhältnis der Berechtigten zueinander auf Antrag des Schuldners oder eines Berechtigten nach billigem Ermessen in anderer Weise festsetzen; das Vollstreckungsgericht hat vor seiner Entscheidung die Beteiligten zu hören;
b) der Lebenspartner und ein früherer Lebenspartner;
c) die übrigen Abkömmlinge, wobei die Kinder den anderen vorgehen;
d) die Verwandten aufsteigender Linie, wobei die näheren Grade den entfernteren vorgehen.

III Bei der Vollstreckung wegen der in Absatz 1 bezeichneten Ansprüche sowie wegen der aus Anlass einer Verletzung des Körpers oder der Gesundheit zu zahlenden Renten kann zugleich mit

§ 850d

der Pfändung wegen fälliger Ansprüche auch künftig fällig werdendes Arbeitseinkommen wegen der dann jeweils fällig werdenden Ansprüche gepfändet und überwiesen werden.

Schrifttum: *Büttner* FamRZ **94**, 1433 (ausf).

Gliederung

1) Systematik, I–III 1	5) Maß der Pfändbarkeit, I–III 11–20
2) Regelungszweck, I–III 2	A. Anwendungsbereich 11
3) Geltungsbereich: Gesetzlicher Unterhaltsanspruch, I–III 3–5	B. Notwendiger Unterhalt: Grundsatz 12, 13
4) Reihenfolge der Berechtigten, II 6–10	C. Obergrenze des dem Schuldner Verbleibenden: Nicht mehr als nach § 850 c ... 14
A. Kinder, Ehegatte, Elternteil, II a 6	D. Notwendiger Unterhalt: Einzelfragen .. 15–17
B. Lebenspartner, früherer Lebenspartner, II b 7	E. Verfahren 18
C. Übrige Abkömmlinge, II c 8	F. Rechtsbehelfe des Drittschuldners 19
D. Weitere Verwandte, II d 9	G. Bezifferung des Notbedarfs 20
E. Einzelfragen, II a–d 10	6) Vorratspfändung, III 21, 22
	7) *VwGO* 23

1   1) Systematik, I–III. Vgl zunächst Einf 1 vor §§ 850–852, § 850 a Rn 1. § 850 d bildet die unterste Grenzen des Sozialschutzes, LAG Hamm DB **95**, 2124. Die Vorschrift bevorrechtigt aus sozialen Erwägungen zugunsten des wirtschaftlich Schwächeren, Abhängigen gewisse Unterhaltsberechtigte bei der Pfändung, nämlich die Verwandten, den Ehegatten, den früheren Ehegatten, den Lebenspartner, einen früheren Lebenspartner sowie einen Elternteil des Kindes nicht miteinander verheirateter Eltern. Das Pfändungsvorrecht ist höchstpersönlich. Denn der Anspruch wechselt bei einer Übertragung auf eine andere Person seinen Charakter. Allerdings gilt das nicht im Falle des Übergangs auf einen anderen Unterhaltspflichtigen, §§ 1607 II, 1608 BGB. Denn dieser andere Unterhaltspflichtige befriedigt jetzt den gesetzlichen Unterhaltsanspruch, selbst wenn dieser Anspruch erst in zweiter Linie gegen ihn selbst besteht.

Der Anspruch *wechselt* aber auch durch einen Übergang auf den Träger der Sozialhilfe seinen *Charakter*. Denn es handelt sich nach diesem Übergang um eine andere Anspruchsart, selbst wenn sie durch das Versagen des Unterhaltspflichtigen entstand, LG Erfurt JB **96**, 494, Bethke FamRZ **91**, 399, aM LG Aachen FamRZ **01**, 178, LG Erfurt JB **97**, 46, LG Stgt Rpfleger **96**, 119 (aber Zahlungsgrund ist nicht mehr die privatrechtliche Unterhaltspflicht, sondern eine öffentlichrechtliche Sozialleistungspflicht).

2   2) Regelungszweck, I–III. Der zum Unterhalt auf Geld vom Schuldner angewiesene Gläubiger, verdient von allen Gläubiger am nachdrücklichsten Förderung, wenn er es schon bis zur Zwangsvollstreckung kommen lassen mußte. Andererseits kann auch der Schuldner infolge der Förderung des Gegners in Unterhaltsnot für sich oder die Seinen kommen. Man muß auch sie schon zwecks Rechtssicherheit verhindern, soweit irgend möglich, LG Neuruppin FamRZ **03**, 699, AG Münst FamRZ **02**, 407. § 850 d soll den Spagat ermöglichen, hier den sozialerträglichen Ausgleich zu finden. Die dabei notwendigen Rechenaufgaben sind das Gegenteil von leicht. Es erfordert wirkliches Fingerspitzengefühl, hier die allseits akzeptable Mischung herauszufinden, zumal im Massenbetrieb. Ein erheblicher Rest von Unbehagen dürfte stets verbleiben. Jedenfalls sind Patentlösungen Illusion. Umso verantwortungsbewußter und damit behutsamer muß man abwägen.

3   3) Geltungsbereich: Gesetzlicher Unterhaltsanspruch, I–III. Die Vorschrift erfaßt einen Unterhaltsanspruch. Dazu gehören auch: Das Wirtschaftsgeld für die Ehefrau oder für den anderen Lebenspartner nach dem LPartG; ein Prozeßkostenvorschuß des Ehegatten, §§ 1360 a IV BGB, 127 a, 620 ff, oder des Lebenspartners, § 8 II LPartG in Verbindung mit § 1360 a IV BGB; ein Prozeßkostenvorschuß der Eltern für ein Kind, sofern es sich um eine lebenswichtige Rechtsstreitigkeit handelt.

Nicht hierher zählen zB: Der Anspruch auf die Erstattung der Kosten auf Grund eines Unterhaltsstreits. Denn dort liegt ein anderer Rechtsgrund vor; ein Anspruch auf die Erstattung von Kosten der Zwangsvollstreckung auf Grund eines solchen Prozesses, § 788. Denn hier ist die Zwangsvollstreckung der Rechtsgrund für die Erstattungspflicht; das Krankengeld wegen des Prozeßkostenvorschusses; ein Anspruch auf schuldrechtlichen Versorgungsausgleich, BGH FamRZ **05**, 1564.

4   Nur der *kraft Gesetzes* zu leistende Unterhalt ist bevorzugt.

Hierher zählen zB: Ein vertraglicher Unterhalt, soweit der Vertrag nur eine gesetzliche Zahlungspflicht festlegt, Welzel MDR **83**, 723; eine Schadensersatzforderung wegen eines rechtswidrig entzogenen Unterhaltsanspruchs, aM Rupp/Fleischmann Rpfleger **83**, 380 (aber der Schadensersatzanspruch hat seine Grundlage in der Unterhaltspflicht).

Nicht hierher zählen zB: Ein freiwillig geleisteter Unterhalt, der nicht nur wegen einer ohnehin bestehenden gesetzlichen Pflicht gezahlt wird, etwa an das nichteheliche Kind der Ehefrau; eine Altenteilsleistung; eine Kapitalabfindung; Kostenforderungen, selbst wenn sie mit einer Unterhaltspflicht zusammenhängen.

Neben dem laufenden Unterhalt darf und muß der Rpfl auch die *Rückstände* aus der Periode vor dem Zeitpunkt des Eingangs des Pfändungsantrags berücksichtigen, LG Bln Rpfleger **95**, 222, insbesondere die sog überjährigen, KG MDR **86**, 767. Kabath Rpfleger **91**, 294.

5   Das *Pfändungsprivileg entfällt* nach dem klaren Wortlaut von I 4 vielmehr allenfalls für solche überjährigen Rückstände, bei denen man nach Lage der Verhältnisse nicht annehmen kann, daß der Schuldner sich seiner Zahlungspflicht absichtlich entzogen hat. Das letztere muß natürlich nicht der Gläubiger darlegen und beweisen, sondern allenfalls das Gegenteil der Schuldner, BGH FamRZ **05**, 440 rechts. Das zeigt die Fassung I letzter Hs, aM Köln RR **93**, 1157, LG Konst Rpfleger **03**, 677, Landmann Rpfleger **05**, 78 (aber Wortlaut und Sinn sind eindeutig, Einl III 39). Immerhin darf der Rpfl dem Schuldner nicht ohne weiteres unterstellen, daß er sich der Zahlungspflicht absichtlich entziehen wollte. Maßgebend ist, ob ein bevorrechtigter Unterhalt

Titel 1. Zwangsvollstr. in das bewegl. Vermögen **§ 850d**

vorliegt. Die Entziehungsabsicht besteht beim zahlungsfähigen, aber nicht zahlenden Schuldner, KG MDR **86**, 767. Der Rpfl muß die diesbezüglichen tatsächlichen Feststellungen im Vollstreckungstitel berücksichtigen. Wenn sie fehlen oder unklar sind, geht er wie bei § 850 f Rn 9 ff vor, Ffm Rpfleger **80**, 198.

4) Reihenfolge der Berechtigten, II. Die gesetzliche Reihenfolge entspricht teilweise der Reihenfolge 6 des § 1609 I BGB. Sie ist für jeden Nachrangigen verbindlich, Nehlsen-von Stryk FamRZ **88**, 231, auch beim rückständigen Unterhalt, LG Bln Rpfleger **95**, 222. Gleich Berechtigte haben unter sich einen gleichen Rang. Die Gleichrangigkeit bedeutet nicht, daß jeder dieselbe Quote erhält. Vielmehr muß der Rpfl dann die Quote eines jeden nach seinem Bedarf ausrichten.

A. Kinder, Ehegatte, Elternteil, II a. Hierunter fallen sämtliche Kinder, Köln FamRZ **76**, 120. Das minderjährige unverheiratete Kind hat den Vorrang, BGH FamRZ **03**, 1177, LG Duisb JB **98**, 551. Ferner fallen hierunter der jetzige wie ein früherer Ehegatte, Karlsr FamRZ **94**, 1483, LG Detm Rpfleger **00**, 340. Der letztere ist nach §§ 1581, 1582 BGB unter Umständen vorrangig, LG Frankenth Rpfleger **84**, 107. Hierher gehört auch ein Elternteil des Kindes nicht miteinander verheirateter Eltern. Wegen des Kindergelds Grdz 80 vor § 704 „Kindergeld".

B. Lebenspartner, früherer Lebenspartner, II b. Hierher zählen der jetzige und jeder früher einge- 7 tragen gewesene Lebenspartner im Sinn von §§ 1 ff LPartG. Das gilt ohne Rücksicht darauf, wie lange eine frühere Lebenspartnerschaft schon zurückliegt. Jeder hiernach Beteiligte hat dem anderen gegenüber gleichen Rang, Viertelhausen DGVZ **01**, 131. Es gibt also hier keinen allgemeinen Zeitrang und keinen Vorrang des jetzigen Lebenspartners.

Unanwendbar ist II b auf den andersgeschlechtlichen oder gleichgeschlechtlichen, aber nicht als Lebenspartner eingetragenen nichtehelichen „Lebensgefährten".

C. Übrige Abkömmlinge, II c. Es gehen die Kinder den übrigen Abkömmlingen vor. Diese geben den 8 Verwandten der aufsteigenden Linie vor.

D. Weitere Verwandte, II d. Unter den Verwandten der aufsteigenden Linie gehen die näher Verwand- 9 ten den entfernteren Verwandten vor.

E. Einzelfragen, II a–d. Das Vollstreckungsgericht der §§ 764, 802 kann bei Rn 1, 2 das Rangverhältnis 10 auf einen Antrag des Schuldners oder eines Berechtigten nach seinem pflichtgemäßen Ermessen anders festsetzen. Das ist etwa dann zulässig, wenn infolge des Regelunterhalts für ein nichteheliches Kind diejenigen ehelichen Kinder schlechter wegkämen als die nichtehelichen, bei denen es auf der Leistungsfähigkeit des Verpflichteten ankommt, LG Aurich MDR **90**, 640. Die Anordnung eines anderen Ranges wirkt auf den Zeitpunkt der Pfändung zurück, BAG DB **91**, 1528. Zugunsten des früheren Ehegatten muß der Rpfl eine lange Dauer jener Ehe beachten, LG Frankenth Rpfleger **84**, 107. Dasselbe gilt beim früheren Lebenspartner. Der Rpfl darf aber nicht das Unterhaltsurteil unterlaufen, LG Frankenth Rpfleger **84**, 107. Wenn mehrere gleichberechtigte Pfändungen einander folgen, dann gilt zunächst der Zeitvorrang des § 804 III. Freilich kommt eine Anpassung nach § 850 g in Betracht, BGH **161**, 74, LG Bbg MDR **86**, 245.

Das Vollstreckungsgericht darf und muß wie oft eine *Anpassung nach § 850g* vornehmen. Das darf jedoch nur im Vorrechtsbereich geschehen. Infolgedessen gilt wegen eines Mehreinkommens über die Grenzen des § 850 c hinaus wieder die Rangfolge des § 804 III, aM Henze Rpfleger **80**, 458. Der Rpfl muß auch die zeitlichen Grenzen der Bevorzugung der Ansprüche beachten, Rn 7. Wenn mehrere Pfändungen zusammentreffen, gilt das in § 850 e Rn 12, 13 Ausgeführte. Wenn ein besser- oder gleichberechtigter Unterhaltsgläubiger hinzutritt, dann muß der Rpfl den Freibetrag im Pfändungsbeschluß erhöhen, den bisherigen Pfändungsbeschluß also abändern.

5) Maß der Pfändbarkeit, I–III. Die Berechnung ist kompliziert. 11

A. Anwendungsbereich. § 850 d ergreift das Arbeitseinkommen nach § 850 und von den Bezügen des § 850 a diejenigen Bezüge, die dort in Z 1, 2, 4 geregelt sind, also die Überstundenvergütung, ein Urlaubsgeld, die Weihnachtsvergütung, Treugelder. Bei den Bezügen aus § 850 a Z 1, 2, 4 muß der Rpfl dem Schuldner aber mindestens die Hälfte der an sich unpfändbaren Bezüge belassen. Für die Bezüge nach § 850 b gilt dessen II. Sonstige unpfändbare Bezüge bleiben wie sonst unpfändbar, aM StJM 29 (aber die allgemeinen Regeln bleiben bestehen).

B. Notwendiger Unterhalt: Grundsatz, dazu *Rudolph* Rpfleger **96**, 490 (ausf): Grundsätzlich entfallen 12 die Möglichkeit einer Beschränkung der Pfändung oder die Unpfändbarkeit. Indessen ist der Schuldner auch in diesen Fällen nicht darauf angewiesen, in einem Unterhaltsprozeß die Einrede des Notbedarfs geltend zu machen. Der Rpfl muß eine andere Verbindlichkeit des Schuldners mitbeachten, Naumb FamRZ **03**, 1215. Der Schuldner braucht nicht zur Verbesserung seiner Lage ein Insolvenzverfahren mit Restschuldbefreiung einzuleiten, Naumb FamRZ **03**, 1216, aM Stgt FamRZ **03**, 1217 (aber das verstößt gegen den Verhältnismäßigkeitsgrundsatz nach Grdz 34 vor § 704). Der Rpfl muß dem Schuldner vielmehr so viel als sog notwendigen Selbstbehalt belassen, daß er seinen notwendigen Unterhalt bestreiten und außerdem seine laufenden gesetzlichen Unterhaltspflichten gegenüber vorgehenden Unterhaltsberechtigten erfüllen kann, LG Köln FamRZ **05**, 51, LG Neuruppin FamRZ **03**, 699.

Er muß auch *gleichstehende* Unterhaltsberechtigte gleichmäßig befriedigen können, Köln RR **93**, 1156 (gleichmäßig heißt: bei einem Gleichrang anteilig), LG Konst FamRZ **98**, 1448 (Verhältnisse beachten). Dabei bleibt das Einkommen der Ehefrau des Lebenspartners des Schuldners unberücksichtigt, Rn 14, aM LG Hanau JB **04**, 619. Für Kinder ist kein vom Alter unabhängiger Pauschsatz zulässig, Köln Rpfleger **93**, 412. Auch ein solches Kind ist unterhaltsberechtigt, das für die Vergangenheit pfändet, LG Münst Rpfleger **01**, 608. Der Schuldner erhält nur insoweit Schutz, als der Lohn zur Befriedigung der dem Gläubiger gleichstehenden Unterhaltsberechtigten nicht reicht.

Zweckmäßigerweise beläßt der Rpfl dem Schuldner auch ein geringfügiges *Taschengeld,* damit der Schuld- 13 ner nicht jede Freude an der Arbeit verliert. Der Rpfl darf den dem Schuldner belassenen Betrag wegen notwendiger besonderer Aufwendungen erhöhen, § 850 f. Ein wohlhabender Stiefvater entlastet einen

§ 850d   Buch 8. Abschnitt 2. ZwV wegen Geldforderungen

unterhaltspflichtigen Vater nicht. Der weitere Umfang der Pfändbarkeit kommt den Unterhaltsforderungen zugute. Der Rpfl muß Beträge, die darüber hinaus vorhanden sind, zwischen den sonst noch vorhandenen Schulden und dem geschuldeten Unterhalt angemessen verteilen.

14 **C. Obergrenze des dem Schuldner Verbleibenden: Nicht mehr als nach § 850 c.** Keinesfalls darf der Schuldner mehr behalten, als ihm nach § 850 c zukommen würde, LG Drsd MDR 99, 118. Dabei muß der Rpfl Einnahmen aus anderen Quellen berücksichtigen. Er muß also beim Unterhalt eines Kindes auch das Kindergeld beachten, Grdz 80 vor § 704 „Kindergeld", § 851 Rn 3 ferner zB übliche Trinkgelder, LG Osnabr JB 99, 214. Hat der Schuldner in Kenntnis seiner titulierten Unterhaltspflicht wesentliche Teile des Arbeitseinkommens an einen Dritten abgetreten, kann der Rpfl ihn so behandeln, als hätte er nichts abgetreten, LG Saarbr Rpfleger 86, 23 (abl Lorenschat Rpfleger 86, 309).

15 **D. Notwendiger Unterhalt: Einzelfragen.** Vgl zunächst Rn 12, 13. „Notwendiger Unterhalt" ist etwas mehr als dasjenige, was § 1611 BGB nennt, immerhin weniger als der „angemessene Unterhalt", § 1610 BGB, § 5 S 1 LPartG, LG Detm Rpfleger 00, 340, ZöStö 11, strenger MüKoSm 25, MusBe 7. Der Begriff ist gleitend, BSG FamRZ 85, 380. Bei einem Beamten umfaßt er eine angemessene Kleidung. Die Kosten einer Eigentumswohnung müssen grundsätzlich unbeachtet bleiben, LG Kassel JB 05, 379, freilich nur, soweit sie Mietkosten übersteigen. Die frühere gehobene Lebensstellung des Schuldners darf aber bei der Bemessung des notwendigen Unterhalts keine Beachtung mehr finden. Ein Eigenverdienst eines Beteiligten dient nicht dazu, den Gläubiger des anderen zu befriedigen. Der Rpfl darf diesen Eigenverdienst also nur insoweit berücksichtigen, als er die Unterhaltspflicht des einen Beteiligten dem anderen gegenüber verringert.

16 Eine *Gehaltsabtretung* zugunsten eines Unterhaltsberechtigten bezieht sich im Zweifel auf alle pfändbaren Gehaltsteile, Walker Festschrift für Musielak (2004) 664. Maßgeblich ist, was dem Schuldner verbleiben muß, nicht, was der Gläubiger erhalten muß. Richtsätze, KG MDR 87, 152, oder landesrechtliche Regelsätze auf Grund des Sozialrechts, sind für den Rpfl nur Anhaltspunkte für eine Entscheidung, die er immer auf die Umstände des konkreten Einzelfalls abstellen muß, BGH 156, 36, BAG MDR 97, 848 (je: kein Absinken auf Sozialhilfe), BSG FamRZ 85, 380, aM LG Halle Rpfleger 00, 558 ([jetzt:] ca 450 EUR), LG Köln FamRZ 05, 51, LG Memmingen FamRZ 04, 1393 (je: Sozialhilfe), LG Oldb FamRZ 00, 1592, LG Osnabr FamRZ 01, 841 (je: doppelter Regelsatz), LG Kblz FamRZ 05, 470 (20% des jetzt notwendigen Unterhalts). Aber alle diese Varianten verengen die notwendige Gesamtabwägung erfahrungsgemäß dann doch allmählich zu sehr). Der Zuschlag nach § 24 II SGB II fällt nicht unter den Selbstbehalt, LG Münst Rpfleger 05, 550.

17 Bei einer *privaten Krankenversicherung* soll nur die Berücksichtigung solcher Mehrkosten an Beiträgen unterbleiben, die durch eine gegenüber der Sozialversicherung günstigeren Versicherungsschutz entstehen würden, KG Rpfleger 85, 154. „Erkaufte" höhere Leistungen muß der Gläubiger zumindest gut nachvollziehbar darlegen, LG Kleve JB 99, 45. Solche Richtsätze ändern sich außerdem bei einer Änderung der Lebenshaltungskosten. Schon deshalb darf der Rpfl nicht unbedingt von ihnen ausgehen, aM AG Limbg DGVZ 76, 76. Auch der niedrigste gesetzliche Lohn kann einen Anhaltspunkt bieten. Wegen der Abgrenzung zu § 48 SGB I BSG FamRZ 85, 379. Die durch Art 11 GG geschützte Freizügigkeit kann zu einer Erhöhung des Betrags des notwendigen Unterhalts führen, LG Hbg MDR 88, 154 (Umzug in Großstadt). Abzahlungen auf rückständige Steuern des Schuldners kommen ihm nicht zugute, Karlsr MDR 99, 1403. Ein Insolvenz-Schuldner ist nicht stets leistungsunfähig, Kblz FamRZ 02, 32.

18 **E. Verfahren.** Das Vollstreckungsgericht muß die Entscheidung darüber treffen, welchen Betrag es dem Schuldner als den für seinen Unterhalt notwendigen Betrag belassen muß. Der Rpfl darf aber die etwaige Festsetzung dieses Betrags durch das Prozeßgericht nicht ohne weiteres übergehen.

19 **F. Rechtsbehelf des Drittschuldners.** Andererseits kann sich der Drittschuldner gegenüber einer Festsetzung des notwendigen Unterhaltsbetrags durch den Rpfl ohne Anhörung im Einzelhungserkenntnisverfahren vor dem Prozeßgericht nicht darauf berufen, das Vollstreckungsgericht habe wesentliche Umstände zu seinen Lasten übersehen. Vielmehr kann der Drittschuldner in einem solchen Fall nur die Erinnerung nach § 766 bzw die sofortige Beschwerde nach §§ 567 I Z 1, 793 einlegen, LAG Ffm DB 90, 639. Der Beschluß, durch den der Rpfl auf Grund einer Erinnerung abgeändert wird, tritt an die Stelle des bisherigen Beschlusses. Dieser neue Beschluß wirkt aber nur insoweit zurück, als die Beträge nicht schon ausgezahlt worden sind. Gegen eine echte Entscheidung des Rpfl gilt § 11 RPflG, Anh § 153 GVG.

20 **G. Bezifferung des Notbedarfs.** Das Vollstreckungsgericht sollte im Beschluß den Notbedarf beziffern, etwa so: „Dem Schuldner müssen aber X EUR im Monat (Woche, Tag) verbleiben". Das Gericht darf auch einen eindeutig bestimmbaren gleitenden Freibetrag bestimmen, etwa gemessen an den jeweiligen amtlichen Heimpflegekosten.

21 **6) Vorratspfändung, III.** Die Pfändung des künftigen Arbeitseinkommens ist zugleich mit der Pfändung des derzeitigen Arbeitseinkommens zulässig, wenn es sich um eine Zwangsvollstreckung wegen einer Unterhaltsrente oder wegen einer Rente auf Grund einer Körperverletzung handelt, § 850 b I Z 1. Wegen anderer Ansprüche § 751 Rn 3. Die Dauerpfändung ist jedenfalls 1 Tag nach Fälligkeit statthaft, § 751, LG Flensb FamRZ 04, 1224, AG Norden RR 04, 1692, aM LG Bln Rpfleger 82, 434, LG Münst Rpfleger 04, 506. Die Vorratspfändung ist nur insoweit zulässig, als gleichzeitig eine Pfändung wegen eines fälligen derartigen Anspruchs notwendig ist. Eine Vorratspfändung ist also nicht zulässig, wenn eine Pfändung nur wegen zukünftiger Ansprüche in Frage kommt, LG Wuppert MDR 90, 640. Ob noch ein fälliger Anspruch vorhanden ist, entscheidet der Zeitpunkt des Erlasses des Pfändungs- und Überweisungsbeschlusses, § 329 Rn 23, LG Wuppert MDR 90, 640. Pfändbar sind die Einkommen nach §§ 850, 850 a Z 1, 2, 4, 850 b, Rn 10. Eine zusätzliche Gefahr künftigen Schuldnerverzugs ist nicht erforderlich, aM Naumb DGVZ 95, 57 (zu streng).

22 Die Pfändung wird *mit der Zustellung* des Pfändungsbeschlusses auch wegen der künftigen Ansprüche *wirksam*. Die Worte „dann jeweils" beschränken nur die Höhe und den Zugriff. Die Pfändung wirkt für die Dauer des Vollstreckungstitels, falls der Gläubiger sie nicht beschränkt. Das Wort „kann" im Gesetzestext

Titel 1. Zwangsvollstr. in das bewegl. Vermögen   §§ 850d, 850e

stellt nur in den Machtbereich, nicht in das Ermessen des Vollstreckungsgerichts. Der Rpfl muß daher den Pfändungsbeschluß erlassen, wenn dessen Voraussetzungen vorliegen. Die Pfändung wirkt schon von demjenigen Zeitpunkt an, in dem der Pfändungsbeschluß wirksam wird, nicht etwa erst ab der Fälligkeit der Rate. Wenn die Vorratspfändung noch nach dem früheren Recht erfolgt ist, dann muß der Rpfl ihr Ausmaß auf einen Antrag des Schuldners den neuen Bestimmungen anpassen, Vorbem vor § 850 c. Eine Tilgung der Rückstände rechtfertigt nur dann eine Aufhebung der Vorratspfändung, wenn man erwarten kann, daß der Schuldner auch künftig pünktlich zahlen wird, Bbg FamRZ **94**, 1540.

7) VwGO: *Unanwendbar, weil die Vollstreckung wegen solcher Ansprüche im VerwProzeß nicht vorkommen kann.*   23

850e *Berechnung des pfändbaren Arbeitseinkommens.* Für die Berechnung des pfändbaren Arbeitseinkommens gilt folgendes:
1. ¹Nicht mitzurechnen sind die nach § 850 a der Pfändung entzogenen Bezüge, ferner Beträge, die unmittelbar auf Grund steuerrechtlicher oder sozialrechtlicher Vorschriften zur Erfüllung gesetzlicher Verpflichtungen des Schuldners abzuführen sind. ²Diesen Beträgen stehen gleich die auf den Auszahlungszeitraum entfallenden Beträge, die der Schuldner
    a) nach den Vorschriften der Sozialversicherungsgesetze zur Weiterversicherung entrichtet oder
    b) an eine Ersatzkasse oder an ein Unternehmen der privaten Krankenversicherung leistet, soweit sie den Rahmen des Üblichen nicht übersteigen.
2. ¹Mehrere Arbeitseinkommen sind auf Antrag vom Vollstreckungsgericht bei der Pfändung zusammenzurechnen. ²Der unpfändbare Grundbetrag ist in erster Linie dem Arbeitseinkommen zu entnehmen, das die wesentliche Grundlage der Lebenshaltung des Schuldners bildet.
2 a. ¹Mit Arbeitseinkommen sind auf Antrag auch Ansprüche auf laufende Geldleistungen nach dem Sozialgesetzbuch zusammenzurechnen, soweit diese der Pfändung unterworfen sind. ²Der unpfändbare Grundbetrag ist, soweit die Pfändung nicht wegen gesetzlicher Unterhaltsansprüche erfolgt, in erster Linie den laufenden Geldleistungen nach dem Sozialgesetzbuch zu entnehmen. ³Ansprüche auf Geldleistungen für Kinder dürfen mit Arbeitseinkommen nur zusammengerechnet werden, soweit sie nach § 76 des Einkommensteuergesetzes oder nach § 54 Abs. 5 des Ersten Buches Sozialgesetzbuch gepfändet werden können.
3. ¹Erhält der Schuldner neben seinem in Geld zahlbaren Einkommen auch Naturalleistungen, so sind Geld- und Naturalleistungen zusammenzurechnen. ²In diesem Fall ist der in Geld zahlbare Betrag insoweit pfändbar, als der nach § 850 c unpfändbare Teil des Gesamteinkommens durch den Wert der dem Schuldner verbleibenden Naturalleistungen gedeckt ist.
4. ¹Trifft eine Pfändung, eine Abtretung oder eine sonstige Verfügung wegen eines der in § 850 d bezeichneten Ansprüche mit einer Pfändung wegen eines sonstigen Anspruchs zusammen, so sind auf die Unterhaltsansprüche zunächst die gemäß § 850 d der Pfändung in erweitertem Umfang unterliegenden Teile des Arbeitseinkommens zu verrechnen. ²Die Verrechnung nimmt auf Antrag eines Beteiligten das Vollstreckungsgericht vor. ³Der Drittschuldner kann, solange ihm eine Entscheidung des Vollstreckungsgerichts nicht zugestellt ist, nach dem Inhalt der ihm bekannten Pfändungsbeschlüsse, Abtretungen und sonstigen Verfügungen mit befreiender Wirkung leisten.

Gliederung

1) Systematik, Regelungszweck, Z 1–4 ..	1	A. Arbeitseinkommen, Z 2	5–7
2) Nettoberechnung, Z 1	2–4	B. Sozialleistungen, Z 2 a	8–10
A. Unpfändbarkeit, § 850 a	2	4) Naturalbezüge, Z 3	11
B. Steuerrecht, Sozialrecht	3	5) Zusammentreffen, Z 4	12, 13
C. Sozialversicherung	4	6) VwGO	14
3) Zusammenrechnung, Z 2, 2 a	5–10		

1) Systematik, Regelungszweck, Z 1–4. Vgl zunächst Einf 1 vor §§ 850–852. § 850 e enthält unter- **1** schiedlich geartete, dem Ziel sozialer Ausgewogenheit bei der Frage der Pfändbarkeit von Arbeitseinkommen jedoch gleichermaßen zugeordnete Spezialregeln der Berechnung. Die Vorschrift gilt nur in der Zwangsvollstreckung, BGH NZA **04**, 120 (also nicht bei Abtretung; dort Zuständigkeit des Prozeßgerichts). Der Grundsatz getrennter Betrachtung eines jeden von mehreren Einkommen des Schuldners dient dem Schutz des Arbeitgebers als Drittschuldner, BAG NJW **02**, 3122. Denn er kennt meist nur eines der Einkommen genau.

2) Nettoberechnung, Z 1. Zuständig ist das Vollstreckungsgericht, im eröffneten Insolvenzverfahren **2** evtl das Insolvenzgericht, LG Rostock Rpfleger **01**, 564. Es muß den pfändbaren Teil des Arbeitseinkommens jeweils netto berechnen. Nicht abgerechnete Abschlagszahlungen und Vorschüsse werden bei einer nachfolgenden Pfändung auf den pfändungsfreien Betrag angerechnet, BAG DB **87**, 1306, aM StJM **15** (aber sie dürfen nicht „unter den Tisch fallen"). Rechenbeispiele bei Napierala Rpfleger **92**, 49. Man muß die folgenden Beträge abziehen, und zwar auch gegenüber Unterhaltsberechtigten.

A. Unpfändbarkeit, § 850 a. Abziehen muß man zunächst die nach § 850 a unpfändbaren Bezüge, soweit die Lohnpfändung sie ergreift, Köln FamRZ **90**, 190, zB den Überstundenlohn zu einem Drittel, im Falle des § 850 d in dem dort Rn 6 ff genannten Umfang.

§ 850e

Buch 8. Abschnitt 2. ZwV wegen Geldforderungen

3 **B. Steuerrecht, Sozialrecht.** Abziehen muß man ferner die Beträge, die der Arbeitgeber nach dem Steuer- oder Sozialrecht einbehalten und unmittelbar abführen muß, BAG NJW 86, 2208, zB die Lohnsteuer in voller Höhe, ferner die Sozialversicherungsabgaben. Es ist unerheblich, ob der Schuldner gegen Krankheit usw gesetzlich oder freiwillig versichert ist. Die gesetzlichen Beträge dürften aber die Obergrenze desjenigen darstellen, was man abziehen muß, LG Bln Rpfleger 94, 426. Bei Versorgungsbezügen ist stets der Arbeitgeber der Drittschuldner. Im Fall des Ruhens wegen eines Wehrdienstes oä, im Falle der Beschäftigung nur als Aushilfskraft ohne Lohnsteuerkarte, ferner bei einer Abtretung des Rückzahlungsanspruchs und schließlich bei einer Forderung des Erben eines Arbeitnehmers ist jeweils das Finanzamt der Drittschuldner. Auf andere als unmittelbar vom Arbeitgeber geschuldete Steuern usw ist Z 1 S 1 unanwendbar, BAG NJW 86, 2208 (betr eine dem Auslandsfiskus geschuldete Steuer). Insofern kann aber § 850 f I anwendbar sein. Deshalb ist § 850 e Z 1 verfassungsgemäß, BAG NJW 86, 2208.

4 **C. Sozialversicherung.** Abziehen muß man schließlich die Beträge, die nach dem Sozialversicherungsrecht zu einer Weiterversicherung entrichtet werden, ferner Beträge, die an eine Ersatzkasse oder an eine private Krankenversicherung gezahlt werden, sofern sich solche Beträge in dem Rahmen des Üblichen halten. Nicht abzugsfähig sind zB Abzüge zu einem privaten Pensionsfonds. Man muß Teilzahlungen und Vorschüsse auf den pfandfreien Teil verrechnen, nur mit dem Überschuß auf den Rest. Etwas anderes gilt dann, wenn der Vorschuß ein Darlehen darstellen würde. Das muß man regelmäßig dann annehmen, wenn es sich um einen „Vorschuß" auf mehrere Lohnzahlungen handelt, wenn also ein Bedarf befriedigt werden soll, zu dem auch sonst Kreditmittel in Anspruch genommen werden, während es sich im Falle eines Vorschusses um die Befriedigung des normalen Lebensbedarfs handelt. Der Drittschuldner kann den pfändbaren Teil mit Wirkung gegenüber dem Gläubiger zur Aufrechnung stellen, § 392 BGB. Der Drittschuldner kann ebenso bei einem Anspruch auf eine vereinbarungsgemäße Einbehaltung einer Kaution vorgehen.

5 **3) Zusammenrechnung, Z 2, 2 a.** Sie bereitet erhebliche Probleme.

A. Arbeitseinkommen, Z 2. Man muß sämtliche pfändbaren Arbeitseinkommen des Schuldners zusammenrechnen. Das gilt ohne Rücksicht auf die Art der Pfändung, LG Ffm Rpfleger 83, 449, Mertes Rpfleger 84, 453, aM Behr Rpfleger 81, 390 (die Zusammenrechnung sei nur bei der Pfändung des nicht bevorrechtigten Gläubigers zulässig. Aber Z 2 spricht schlicht von „mehreren Arbeitseinkommen", Einl III 39). Evtl darf man auch Rente und Arbeitsverdienst zusammenrechnen, BAG NJW 02, 3122. Der Rpfl des Vollstreckungsgerichts nimmt diese Zusammenrechnung auf Grund eines entsprechenden Antrags und Nachweises vor, BAG NJW 97, 479. Das Prozeßgericht darf nicht zusammenrechnen, BAG NJW 02, 3122. Das Arbeitseinkommen des Ehegatten des Schuldners wird nicht mit dem Arbeitseinkommen des Schuldners zusammengerechnet, LG Marbg Rpfleger 92, 167. Das gilt auch dann, wenn die Ehefrau zum Unterhalt des Schuldners beitragen muß. Es entfällt in einem solchen Fall aber der Freibetrag für die Ehefrau, wenn sie sich selbst voll unterhalten kann, § 850 d Rn 15. Eine Sozialrente wird nur nach Z 2 a zusammengerechnet, Rn 8.

Ein *Krankengeld* und ein *Arbeitgeberzuschuß* werden aber zusammengerechnet. Denn der Arbeitgeberzuschuß ist ein Teil des Arbeitseinkommens. Dasselbe gilt bei einer betrieblichen Altersversorgung, auch wenn sie aus einer selbständigen Pensionskasse stammt, BAG VersR 91, 1199. Ein Schlechtwettergeld nach dem AFG ist Arbeitseinkommen. Daher darf der Rpfl insofern nicht zusammenrechnen, LAG Hamm BB 70, 128. Wegen des Kindergelds Grdz 80 vor § 704 „Kindergeld" und unten Rn 8. Unpfändbare Bezüge mindern den notwendigen Unterhalt nicht. Andernfalls wären sie mittelbar pfändbar. Das würde aber dem Gesetz widersprechen. Die Zusammenrechnung kann auch nach der Pfändung eines Anspruchs erfolgen, Mertes Rpfleger 84, 455. Der Rpfl muß die erste Pfändung auch berichtigen. Wohngeld darf und muß man mitrechnen, Grdz 115 vor § 704 „Wohngeld", LG Landshut JB 00, 436.

6 Einen schon gepfändeten Betrag darf der Rpfl *nicht nochmals zusammenrechnen*. Er muß den unpfändbaren Grundbetrag in erster Linie dem Arbeitseinkommen entnehmen, das die wesentliche Grundlage der Lebenshaltung des Schuldners ist, Stgt Rpfleger 79, 223, LG Trier MDR 81, 327. Das ist regelmäßig das höhere Einkommen. Der Fall kann aber auch anders liegen. Das gilt etwa dann, wenn ein Beamter neben seinem Gehalt aus einer Nebenbeschäftigung höhere Nebeneinnahmen hat, die nicht dauernd wiederkehren. Im einzelnen hat das Gericht freie Hand, LG Itzehoe SchlHA 78, 216. Man sollte aber an dem Grundsatz festhalten, daß eine Zusammenrechnung den Schuldner nicht besser stellen darf, als wenn er ein einheitliches Arbeitseinkommen in Höhe der Gesamtbezüge haben würde. Der Umstand, daß mehrere Drittschuldner vorhanden sind, hindert eine Zusammenrechnung nicht.

7 Wenn ein Gläubiger die *mehreren Bezüge gepfändet* hat, dann muß das Vollstreckungsgericht im Beschluß sagen, welcher Drittschuldner einen pfändbaren Betrag oder auch den entsprechenden Anteil berücksichtigen muß. Wenn mehrere Gläubiger pfänden und jeder das Einkommen des Schuldners aus einer anderen Quelle pfändet, dann muß man den pfändungsfreien Betrag in jedem Fall berücksichtigen, bis eine Anordnung nach Z 2 ergeht, bis das Gericht also den pfändungsfreien Betrag einem der Einkommen entnimmt. Der Rpfl muß die pfändungsfreien Zehntel des Mehrbetrags nach § 850 c Rn 7 dann auf die übrigen Einkommen verteilen. Sie gehen jeweils zu Lasten desjenigen Gläubigers, der gerade dieses Einkommen gepfändet hat. Die Vorschrift ist zwingend. Sie läßt also keine Verteilung nach dem Ermessen des Rpfl zu. Eine Zusammenrechnung von Arbeitseinkommen und Einkünften anderer Art, zB aus selbständiger Tätigkeit, findet schon nach dem klaren Wortlaut von II nicht statt, LG Hann JB 90, 1059, AG Hadamar DGVZ 89, 189. Der Zusammenrechnungsbeschluß kann keine weitere Abtretbarkeit oder Aufrechenbarkeit begründen, BAG NJW 97, 479.

8 **B. Sozialleistungen, Z 2 a.** Zusammenrechenbar sind Renten- und Arbeitsverdienstansprüche, BAG NJW 02, 3122, sowie Ansprüche auf eine laufende Geldleistung nach dem SGB (also nicht andere, zB ausländische, LG Aachen MDR 92, 521, AG Nienb JB 04, 559) mit dem Arbeitseinkommen. Freilich ist dazu wie bei Z 2 nur das Vollstreckungsgericht befugt, nicht das Prozeßgericht, BAG NJW 02, 3122. Es müssen im übrigen die folgenden Voraussetzungen vorliegen:

Es muß zunächst ein *Antrag* des Gläubigers vorliegen, Mü Rpfleger **79**, 224, LG Münst WoM **02**, 96. Ein solcher des Schuldners, der nach dem Gesetzeswortlaut ebenfalls ausreichen könnte, ist mangels Rechtsschutzbedürfnisses nach Grdz 33 vor § 253 kaum zulässig. Zwar könnte er durch Zusammenrechnung zunächst seinen Freibetrag erhöhen. Der Schuldner müßte aber insgesamt natürlich mehr abführen. Der Anspruch muß auch überhaupt pfändbar sein. Das gilt zB nicht bei einer Sozialhilfe, Grdz 102 vor § 704 „Sozialhilfe", LG Bln MDR **78**, 323. Wegen des Erziehungsgelds, Kindergelds, Mutterschaftsgeld usw Grdz 80 vor § 704 „Kindergeld". Wegen des Wohngelds Grdz 115 vor § 704. Zum Abtretungsproblem BGH NJW **97**, 2823.

Soweit es um einen solchen Anspruch im Sinn von § 54 V 1 in Verbindung mit § 48 I 2 *SGB I* geht, **9** abgedruckt bei Grdz 80 vor § 704 „Kindergeld", darf man eine Zusammenrechnung nach Z 2 a S 3 nur vornehmen, soweit eine Pfändung nach § 76 EStG oder nach § 54 V SGB I überhaupt zulässig ist, Grdz 80 vor § 704 „Kindergeld", BGH RR **05**, 1010. Soweit es um eine Pfändung nicht wegen gesetzlicher Unterhaltsansprüche geht, muß man unpfändbare Grundbetrag nach Z 2 a S 2 den laufenden Leistungen nach dem SGB entnehmen, LG Marbg Rpfleger **02**, 216. Der Drittschuldner kann mangels Beschwer nicht geltend machen, die eine Geldquelle sei unpfändbar, wenn er nur die andere beliefern muß, AG Halle JB **05**, 274.

Für die *verbleibenden restlichen Fälle* ist Z 2 entsprechend anwendbar. Das gilt freilich mit der Einschrän- **10** kung, daß die nachfolgenden Belege unbrauchbar sind, soweit sie sich auch auf die vorstehende Neuregelung für Kindergeld usw beziehen. Der Rpfl muß den unpfändbaren Grundbetrag derjenigen Leistung entnehmen, die die wesentliche Grundlage der Lebenshaltung des Schuldners bildet, Stgt Rpfleger **82**, 350, LG Freibg Rpfleger **81**, 452, aM Karlsr FamRZ **81**, 986, LG Hildesheim Rpfleger **81**, 450 (aber man sollte möglichst lebensnah prozeßwirtschaftlich denken, Grdz 14 vor § 128). Zum Problem Hornung Rpfleger **88**, 221.

Zur Pfändung einer Kriegsschadensrente in Form einer *Unterhaltsbeihilfe* BSG RR **87**, 571. Zur Pfändung der Grundrente eines Schwerkriegsbeschädigten Hamm Rpfleger **83**, 410. Wegen des Wohngelds LG Marbg Rpfleger **86**, 395, LG Tüb Rpfleger **84**, 280.

4) Naturalbezüge, Z 3. Zusammenrechenbar sind nur Naturalbezüge aus Dienstleistungen, Ffm JB **91**, **11** 724, nicht solche vom Lebensgefährten, LG Regensb JB **95**, 218 (auch keine Trinkgelder). Wenn der Schuldner nur Naturalbezüge hat, dann sind §§ 850 ff unanwendbar, § 850 Rn 1. Wenn der Schuldner einen Naturalbezug neben einer Geldleistung bezieht, dann muß man den Naturalbezug seinem Geldwert nach dem Bargeldbezug zurechnen, LAG Hamm BB **91**, 1496, also nicht mit demjenigen Wert, der für die Lohnsteuer und für die Sozialbeiträge festgesetzt wird. Das gilt auch dann, wenn der Schuldner von dem einen Drittschuldner nur Geld bezieht, von dem anderen Drittschuldner aber nur einen Naturalbezug. § 850 e beläßt aber die Naturalbezüge in jedem Fall dem Schuldner, Meyer JB **01**, 187. Denn die Vorschrift besagt, daß man den Wert der Naturalleistung zunächst auf den unpfändbaren Grundbetrag des § 850 c verrechnen muß. Das Gericht muß die Verrechnung von Amts wegen vornehmen. Das gilt auch: Für einen Wehrsold, § 850 Rn 4; für die Bewertung der Sachbezüge nach dem jeweiligen Erlaß des BMin für Verteidigung, Kreutzer AnwBl **74**, 173 (er weist auch darauf hin, daß die Truppe eine abweichende Bewertung hinnehme); für den Lebenskostenbeitrag des Strafgefangenen, Ffm Rpfleger **84**, 425.

5) Zusammentreffen, Z 4. Das Arbeitseinkommen zerfällt in drei Teile: Denjenigen Teil, der dem **12** Schuldner unbedingt verbleiben muß; ferner denjenigen Teil, der einem Unterhaltsberechtigten für eine Pfändung freisteht; schließlich denjenigen Teil, der jedem Gläubiger offensteht. Z 4 soll diejenigen Schwierigkeiten beseitigen, die dann entstehen, wenn verschieden berechtigte Gläubiger Pfändungen vornehmen. Wenn ein Unterhaltsberechtigter oder ein sonst nach § 850 d Bevorzugter pfändet, dann ergreift seine Pfändung zunächst denjenigen Teil des Arbeitseinkommens, der nur seiner Pfändung freisteht. Erst in zweiter Linie ergreift seine Pfändung denjenigen Teil des Arbeitseinkommens, der jedem Gläubiger offensteht.

Wenn der Schuldner einen Bevorrechtigten durch die *Abtretung* eines Teils seines Einkommens gesichert **13** hat, dann wirkt diese Maßnahme gegenüber einem nicht Bevorrechtigten, soweit eine Pfändung gewirkt hätte. Es erfolgt also eine Verrechnung auf denjenigen Teil, der nur dem Bevorrechtigten offensteht. Der nicht bevorrechtigte Gläubiger oder sonstige Beteiligte, der nicht ein Drittschuldner ist, kann verlangen, daß das Vollstreckungsgericht eine entsprechende Verrechnung vornimmt, ThP 8, ZöStö 32, aM LG Gießen Rpfleger **85**, 370, StJM 86 (aber wer sonst sollte diese vorgeschriebene Arbeit tun?). Wegen des Zusammentreffens mit einem Gläubiger nach § 850 f II dort Rn 11 ff. Hat das Vollstreckungsgericht zugunsten eines solchen Pfändungsgläubigers, der eine Prozeßkostenhilfe erhält, eine Anordnung nach Z 4 und nach § 850 d getroffen, so kommt eine Verrechnung von Zahlungen, die der Drittschuldner daraufhin geleistet hat, auf die Kosten nicht in Betracht, LG Bln AnwBl **83**, 573.

Das Vollstreckungsgericht der §§ 764, 802 *entscheidet* durch den Rpfl, § 20 Z 17 RPflG, Anh § 153 GVG. Er entscheidet durch einen Beschluß, § 329. Der Rpfl muß ihn begründen, § 329 Rn 4. Bis zur Zustellung dieses Beschlusses an den Drittschuldner darf der Drittschuldner befreiend nach einer Abtretung, gemäß einem anderen Pfändungsbeschluß und nach anderen Verfügungen leisten. Man kann auch einen Antrag des Abtretungsgläubigers genügen lassen, Denck MDR **79**, 450, Grunsky ZIP **83**, 909, aM Walker Festschrift für Musielak (2004) 659 (aber Prozeßwirtschaftlichkeit ist stets mitbeachtlich, Grdz 14 vor § 128).

6) VwGO: Vgl Einf §§ 850–852 Rn 10. **14**

850f *Änderung des unpfändbaren Betrages.* ¹Das Vollstreckungsgericht kann dem Schuldner auf Antrag von dem nach den Bestimmungen der §§ 850 c, 850 d und 850 i pfändbaren Teil seines Arbeitseinkommens einen Teil belassen, wenn

a) der Schuldner nachweist, dass bei Anwendung der Pfändungsfreigrenzen entsprechend der Anlage zu diesem Gesetz (zu § 850 c) der notwendige Lebensunterhalt im Sinne des Dritten

§ 850f   Buch 8. Abschnitt 2. ZwV wegen Geldforderungen

und Elften Kapitels des Zwölften Buches Sozialgesetzbuch oder nach Kapitel 3 Abschnitt 2 des Zweiten Buches Sozialgesetzbuch für sich und für die Personen, denen er Unterhalt zu gewähren hat, nicht gedeckt ist,
b) besondere Bedürfnisse des Schuldners aus persönlichen oder beruflichen Gründen oder
c) der besondere Umfang der gesetzlichen Unterhaltspflichten des Schuldners, insbesondere die Zahl der Unterhaltsberechtigten, dies erfordern
und überwiegende Belange des Gläubigers nicht entgegenstehen.

II Wird die Zwangsvollstreckung wegen einer Forderung aus einer vorsätzlich begangenen unerlaubten Handlung betrieben, so kann das Vollstreckungsgericht auf Antrag des Gläubigers den pfändbaren Teil des Arbeitseinkommens ohne Rücksicht auf die in § 850c vorgesehenen Beschränkungen bestimmen; dem Schuldner ist jedoch so viel zu belassen, wie er für seinen notwendigen Unterhalt und zur Erfüllung seiner laufenden gesetzlichen Unterhaltspflichten bedarf.

III ¹ Wird die Zwangsvollstreckung wegen anderer als der in Absatz 2 und in § 850d bezeichneten Forderungen betrieben, so kann das Vollstreckungsgericht in den Fällen, in denen sich das Arbeitseinkommen des Schuldners auf mehr als monatlich 2981 Euro (wöchentlich 679,01 Euro, täglich 130,82 Euro) beläuft, über die Beträge hinaus, die nach § 850c pfändbar wären, auf Antrag des Gläubigers die Pfändbarkeit unter Berücksichtigung der Belange des Gläubigers und des Schuldners nach freiem Ermessen festsetzen. ² Dem Schuldner ist jedoch mindestens so viel zu belassen, wie sich bei einem Arbeitseinkommen von monatlich 2981 Euro (wöchentlich 679,02 Euro, täglich 130,82 Euro) aus § 850c ergeben würde. ³ Die Beträge nach den Sätzen 1 und 2 werden entsprechend der in § 850c Abs. 2a getroffenen Regelung jeweils zum 1. Juli eines jeden zweiten Jahres, erstmalig zum 1. Juli 2003, geändert.

Vorbem. I a geändert dch Art 21 Z 2 G v 24. 12. 03, BGBl 2954, in Kraft seit 1. 1. 05, Art 61 I G. I a nochmals geändert dch Art 34 Z 3 G v 27. 12. 03, BGBl 3022, in Kraft seit 1. 1. 05, Art 70 I G.

Gliederung

1) **Systematik, I–III** 1	4) **Begünstigung des Gläubigers, II, III** ... 9–15
2) **Regelungszweck, I–III** 2	A. Zwangsvollstreckung wegen einer vorsätzlichen unerlaubten Handlung, II 9, 10
3) **Schutz des Schuldners, I** 3–8	B. Prüfungsumfang 11, 12
A. Keine Deckung des Lebensunterhalts, I a 3, 4	C. Einzelfragen 13, 14
B. Besondere Bedürfnisse, I b 5, 6	D. Andere Fälle, III 15
C. Unterhaltspflicht, I c 7	5) **Verfahren, I–III** 16–18
D. Überwiegen der Belange des Gläubigers, I a–c 8	A. Allgemeines 16, 17
	B. Aufhebung der Anordnung nach I 18
	6) **Rechtsbehelfe, I–III** 19
	7) *VwGO* 20

1   **1) Systematik, I–III.** § 850f ist keine auf eine Überprüfung des bisherigen Pfändungsbeschlusses gerichtete Erinnerung, Köln RR **89**, 189. Daher reichen auch nicht allgemeine Billigkeitserwägungen zur Schlüssigkeit, LG Frankenth Rpfleger **84**, 362. Die Vorschrift ist Teil einer Gesamtregelung, AG Bad Waldsee FamRZ **00**, 1593. Die Vorschrift gilt auch bei der Vollstreckung einer Steuerforderung, § 319 AO, Buciek DB **88**, 882 (ausf). § 54 II SGB I geht vor, BFH DB **79**, 1332. Zu den Auswirkungen beim Kindergeld Hornung Rpfleger **88**, 223. I ist auf eine Abtretung anwendbar, BGH Rpfleger **03**, 516 (auch zum Verfahren), LG Heilbr Rpfleger **01**, 191, Winter Rpfleger **00**, 151, aM Köln RR **98**, 1690, Walker Festschrift für Musielak (2004) 668 (aber die Sachfrage bleibt unverändert). Wegen des Insolvenzverfahrens AG Gött Rpfleger **03**, 467, AG Köln Rpfleger **01**, 197. I ist auf das Restschuldbefreiungsverfahren unanwendbar, Möhlen Rpfleger **00**, 6 (hält allenfalls § 765a für anwendbar). Rechtspolitisch Christmann Rpfleger **90**, 403. Auf den Selbständigen ist nicht I anwendbar, sondern allenfalls § 765a, LG Ffo Rpfleger **02**, 322.

2   **2) Regelungszweck, I–III.** Die Vorschrift bezweckt eine Neuregelung auf Grund von neu geltend gemachten Tatsachen, Hamm Rpfleger **77**, 224. Sie soll dazu beitragen, in bestimmten Fällen Härten zu vermeiden, Köln FamRZ **91**, 1462, LG Hann Rpfleger **85**, 154, Hornung Rpfleger **84**, 126. I enthält eine Schutzvorschrift für den Schuldner, BAG NJW **86**, 2208. Das gilt auch im Rahmen einer Lohnabtretung nach § 400 BGB, AG Bad Waldsee FamRZ **00**, 1593. II, III enthalten Schutzvorschriften für den Gläubiger, BGH NJW **05**, 1663. Demgemäß sind die einzelnen Teile der Vorschrift bald zugunsten des Gläubigers auslegbar, bald zugunsten des Schuldners. An sich verdient der Schuldner bei I kaum Schutz. II Hs 2 nimmt auch auf das öffentliche Interesse daran Rücksicht, nicht auf Steuerzahlerkosten einspringen zu müssen, Rn 3, LG Stgt FamRZ **05**, 1104. Zugleich soll natürlich die schuldlose Schar der Unterhaltsberechtigten ihren Zahler einigermaßen behalten. So muß man diesen Teil der Bestimmung auslegen.

3   **3) Schutz des Schuldners, I.** Es ist behutsame Abwägung nötig.

    A. Keine Deckung des Lebensunterhalts, I a. Die Vorschrift ist auch bei einer Unterhaltsvollstreckung anwendbar, BGH FamRZ **04**, 620 und 622, Ffm Rpfleger **99**, 553, aM LG Bln Rpfleger **93**, 120 (aber das Gesetz enthält keinerlei Anzeichen solcher Beschränkung, Einl III 39). Sie greift ein, wenn die Tabellen der Anlage zu § 850c, abgedruckt hinter § 850c, dem Schuldner weniger pfändungsfrei belassen, als er zur Deckung des notwendigen Lebensunterhalts im Sinn des SGB für sich und für die ihm gegenüber Unterhaltsberechtigten benötigt, § 850c Rn 5. Dabei geht es nicht nur um gesetzlich Unterhaltsberechtigte, LG Limburg Rpfleger **03**, 141. Es soll also kein Absinken unter den Sozialhilfesatz erfolgen, BGH FamRZ **04**, 620 und 622, LG Bln JB **00**, 46, LG Ffm FamRZ **96**, 243, Hauß MDR **02**, 1167. Bei Erwerbstätigkeit des

Titel 1. Zwangsvollstr. in das bewegl. Vermögen **§ 850f**

Schuldners ist ein Besserstellungszuschlag bis zu 50% des Sozialhilferegelsatzes denkbar, Ffm Rpfleger **01**, 38. Mit alledem erfüllt I a eine lange zuvor erhobene Forderung zum Zweck der Verhütung einer Hilfsbedürftigkeit des Schuldners wie auch der Verlagerung der Sozialkosten auf den Staat, Rn 2, LG Duisb Rpfleger **98**, 355, Schilken FamRZ **93**, 1227. Der Gläubiger soll nicht kahlpfänden dürfen. Er soll also nicht das Existenzminimum gefährden, Ffm RR **01**, 189. Die Verweisung auf das SGB führt zu einer Abhängigkeit der Härteklausel des I a vom SGB. Beachten muß man nach I a unter anderem §§ 29–35 SGB II sowie §§ 27–40, 82–96 SGB XII. Im Härtefall kommt ein Freibetrag über § 850 d I 3 hinaus in Betracht, Ffm Rpfleger **99**, 553.

Das Vollstreckungsgericht beachtet alles das nicht von Amts wegen, sondern nur auf *Schuldnerantrag*, I. Das **4** verkennt LG Ffm FamRZ **96**, 244. Der Schuldner muß grundsätzlich sogar voll nachweisen, daß seine restlichen Mittel zum Absinken unter die SGB-Grenzen führen würden, LG Bochum Rpfleger **98**, 531. Er braucht aber Pausch- oder Regelbedarf nach (jetzt) § 28 SGB XII ausnahmsweise nicht nachzuweisen, LG Stgt FamRZ **05**, 1103 (zum vergleichbaren § 82 III SGB XII aF). Im Zweifel ist die Maßnahme nach I a nicht zulässig, LG Mü JB **98**, 377. Damit bürdet die Vorschrift dem Schuldner die Ermittlung der jeweiligen Grenzen nach dem SGB auf. Die Vereinbarkeit dieser Beweislast mit dem Gebot des Sozialstaats nach Art 20 I GG ist zweifelhaft. Das Vollstreckungsgericht darf dem Schuldner bei der Errechnung helfen und dürfte in zumutbarem Umfang dazu auch verpflichtet sein, bevor es ihn für beweisfällig erklärt. Es ist nicht an eine Bescheinigung der Sozialbehörde über eine hypothetisch zu zahlende Sozialhilfe usw gebunden, Köln Rpfleger **99**, 584, LG Köln JB **95**, 103, LG Wiesb JB **00**, 380. Wohnbedarf gehört zum notwendigen Lebensunterhalt, LG Bre Rpfleger **99**, 189. Bei der Berechnung wegen hoher Miete muß der Rpfl den Freibetrag am Wohngeldrecht orientieren, LG Heidelb JB **98**, 46. Eine Begünstigung nur des sozialen Leistungsträgers, nicht auch des Schuldners, reicht nicht aus, LG Detm Rpfleger **00**, 341, AG Hechingen Rpfleger **89**, 294. Denn das ginge über den Schuldnerschutz nach Rn 2 hinaus.

B. Besondere Bedürfnisse, I b. Die Vorschrift greift ein, wenn ein besonderes Bedürfnis des Schuldners **5** zu der Notwendigkeit führt, ihm einen pfändungsfreien Teil des Arbeitseinkommens zu belassen, der über die gesetzliche Höhe der Pfändungsfreigrenze hinausgeht. Die besonderen Bedürfnisse können persönliche sein, etwa die Notwendigkeit einer besonders kräftigen Ernährung zur Erhaltung oder zur Wiederherstellung der Gesundheit, LGe Essen, Ffm, Mainz je Rpfleger **90**, 470, oder die Notwendigkeit einer Haushaltshilfe, LG Essen JB **99**, 326, oder der Umstand, daß das Sozialamt den Schuldner wegen der geringen Höhe seines Einkommens zusätzlich unterstützen muß, LG Hann Rpfleger **85**, 154, Kohte Rpfleger **91**, 514. Es können auch berufliche Bedürfnisse vorhanden sein, etwa übliche oder auch höhere Fahrtkosten, Köln FamRZ **89**, 997, aM LG Halle Rpfleger **00**, 284 (aber auch wie gehören zu Berufsausgaben), oder eine Pflicht, im gewissen Aufwand zu betreiben, für den der Schuldner keine Aufwandsentschädigung erhält. Es kann auch eine Auslandssteuerschuld ausreichen, BAG NJW **86**, 2208, ferner ein Mehrbedarf wegen Erwerbstätigkeit, Stgt Rpfleger **96**, 360, LG Hbg Rpfleger **00**, 170 (50% des Regelbedarfs als abschließende Pauschale).

Allerdings darf der Rpfl bestehende andere *Steuerschulden*, die jetzt zur Vollstreckung kommenden **6** nur ausnahmsweise als besonderes Bedürfnis anerkennen, Buciek DB **88**, 885. Die Abtragung von Mietrückständen gehört nicht hierher, auch nicht hohe Mietkosten, AG Kassel JB **97**, 442, ebensowenig ein Darlehen ohne einen fortbestehenden besonderen Bedarf, Hamm Rpfleger **77**, 110, oder eine „Garantiebescheinigung" des Sozialamts, LG Stgt Rpfleger **90**, 173, oder Fahrtkosten des Unterhaltsschuldners zwecks Ausübung eines Umgangsrechts, BGH FamRZ **04**, 873. Man kann darauf abstellen, ob die Erhöhung auch dem Schuldner selbst und nicht nur zB der Sozialbehörde zugute käme, Rn 4.

Beispiel der Anwendbarkeit: Leistungen für die Durchführung von Transporten nehmen die Erwerbstätigkeit des Schuldners voll in Anspruch, LG Hann JB **92**, 265 (zu Nr 19 aF).

C. Unterhaltspflicht, I c. Die Vorschrift greift ein, wenn der Schuldner besonders umfangreiche gesetz- **7** liche Unterhaltspflichten erfüllen muß. Diese Unterhaltspflichten müssen also den Durchschnitt beachtlich übersteigen, sei es wegen der Zahl der Berechtigten oder wegen der Höhe der gebotenen Aufwendungen, etwa infolge einer Krankheit, der Beendigung einer Ausbildung usw. Ein Unterhalt bis zu fünf Personen ist als solcher keine besondere Belastung. Denn diese Belastung ist bereits in § 850 c berücksichtigt. Unbeachtlich ist eine vertragliche oder gar rein tatsächliche freiwillige Unterhaltsleistung ohne gesetzliche Pflicht, etwa an den Sohn, LG Kblz RR **86**, 680, oder an die „Lebensgefährtin", LG Schweinf NJW **84**, 375.

D. Überwiegen der Belange des Gläubigers, I a–c. Bei Rn 3–7 dürfen jeweils keine überwiegenden **8** Belange des Gläubigers entgegenstehen, LG Hbg Rpfleger **91**, 515. Die Anwendbarkeit dieses Merkmals auf alle drei Situationen I a–c ergibt sich aus der Stellung von I letzter Hs im BGBl (er beginnt am Zeilenanfang, also auf derselben Ebene wie I a–c). Solche Belange können in der Person des Gläubigers liegen, etwa in seiner Gebrechlichkeit oder in seinen Verpflichtungen. Wenn der Gläubiger durch eine Ermäßigung in eine Notlage kommt, dann muß das Vollstreckungsgericht einen gerechten Ausgleich suchen, Köln FamRZ **91**, 1462, LG Hbg Rpfleger **91**, 517. Weder der Gläubiger noch der Schuldner haben ein grundsätzliches Vorrecht, Celle Rpfleger **90**, 376. Der Rpfl muß allerdings die Interessen des Gläubigers hier besonders sorgfältig nachprüfen. Die Zustimmung wirkt nur gegen den Zustimmenden, Siegel BB **97**, 103.

4) Begünstigung des Gläubigers, II, III

9

Schrifttum: *Behr* Rpfleger **05**, 498 (Rechenbeispiele), *Neugebauer* MDR **04**, 1223 (Üb); *Schulte-Beckhausen*, Die Zwangsvollstreckung gemäß § 850 f Abs. 2 ZPO aus einem hierfür ungeeigneten Titel, 1994.

A. Zwangsvollstreckung wegen einer vorsätzlichen unerlaubten Handlung, II. Die Vorschrift begünstigt den Gläubiger dann, wenn der Schuldner ihm gegenüber eine auch nur bedingt vorsätzliche Handlung begangen hat, Hamm Rpfleger **02**, 161. Ein Insolvenzgläubiger gehört nur bedingt dazu, Zweibr DGVZ **02**, 119, LG Heilbr Rpfleger **05**, 98. Eine einfache oder auch grobe Fahrlässigkeit des Schuldners reicht nicht aus. Für solche Schuldformen gelten die allgemeinen Regeln, ebenso bei Vorsatz wie bei Fahrlässigkeit wegen der Zinsen und Prozeßkosten, LG Ellwangen JB **03**, 660, LG Lübeck SchlHA **84**, 117, LG Stgt Rpfleger **05**, 38, aM LG Dortm Rpfleger **89**, 75 (aber Hs 1 meint mit „Forderung" ersichtlich nicht

§ 850f

Buch 8. Abschnitt 2. ZwV wegen Geldforderungen

nur eine Hauptforderung, Einl III 39). Die allgemeinen Regeln gelten auch für die Kosten eines Anwalts für die Tätigkeit gegen den Schuldner im zugehörigen Strafverfahren, LG Hann Rpfleger **82**, 232. Die Schutzklausel ist grundsätzlich bei einer Zwangsvollstreckung auf Grund jedes Vollstreckungstitels anwendbar, auch beim Steuerverstoß, BFH NJW **97**, 1725, aM BAG DB **89**, 1631 (aber „unerlaubte Handlung" ist solche jeder Art, Einl III 39).

10 Maßgeblich sind jedenfalls die Feststellungen zum Vorsatz des Schuldners, die sich im *Urteil* oder in einem sonstigen diesbezüglichen Titel befinden, sofern es solche Feststellungen enthält, BGH **152**, 168, LG Mü JB **04**, 673 (Vollstreckungsbescheid). Maßgeblich sind ferner diejenigen Feststellungen zum Vorsatz, die sich zwar nicht in dem vorgenannten Vollstreckungstitel befinden, die aber doch unstreitig sind, LG Kref JB **00**, 217, LG Stgt MDR **85**, 150, aM BGH **152**, 168 (zustm Meller-Hannich LMK **03**, 74, krit Ahrens NJW **03**, 1371. Aber die Entstehungsgeschichte ist meist nur bedingt brauchbar, Einl III 42. Eine Auslegung wird nicht dadurch zu weit, daß sie zum Gläubigerschutz erfolgt. *Ihn* bezwecken II, III, Rn 11). Der Gläubiger sollte das Prozeßgericht nach Möglichkeit dazu veranlassen, solche Feststellungen in seine Entscheidung aufzunehmen, Künzl JR **91**, 95. Er kann auch insoweit die Feststellung beantragen, § 256 Rn 81, 102.

Wenn die Zwangsvollstreckung aus einem *Vollstreckungsbescheid* nach § 700 oder aus einem Versäumnisurteil nach §§ 331 ff erfolgt, dann ist die etwaige Anspruchsbegründung maßgeblich, LG Darmst Rpfleger **85**, 155, LG Münst JB **96**, 385. Eine formularmäßige Behauptung reicht wegen des Fehlens der Notwendigkeit der Schlüssigkeitsprüfung nicht mehr aus, BGH NJW **05**, 1663, LG Düss RR **87**, 758, AG Freyung MDR **86**, 595, Ahrens JB **03**, 406, aM LG Mü JB **04**, 548, LG Stgt JB **97**, 548, Smid JR **90**, 219.

Der Rpfl ist an die Rechtskraft nach § 322 gebunden, BGH NJW **05**, 1663, Büchmann NJW **87**, 172, Künzl JR **91**, 91, Smid ZZP **103**, 359. Ein Insolvenzgläubiger ist aber nicht nach II bevorrechtigt, Zweibr Rpfleger **01**, 449.

11 **B. Prüfungsumfang.** Wenn in dem Urteil, in dem sonstigen Vollstreckungstitel oder in der Anspruchsbegründung keine Feststellungen zur Schuldform stehen oder wenn das Prozeßgericht dort dahingestellt gelassen hat, ob der Schuldner vorsätzlich handelte, dann darf und muß das Vollstreckungsgericht selbständig prüfen, ob der Schuldner vorsätzlich gehandelt hat, Celle JB **98**, 272, LG Heilbr Rpfleger **05**, 98, LG Münst Rpfleger **02**, 470, aM BGH NJW **05**, 1664 (aber weder Wortlaut noch Entstehungsgeschichte noch Sinn von II verbieten die Auslegung als eine unter bestimmten Umständen übliche Art der Rechtserkenntnis, Gaul NJW **05**, 2896, Hintzen Rpfleger **04**, 187. Der Wortlaut von II setzt nur das Vorhandensein einer Forderung aus einer unerlaubten Handlung und das Betreiben der Zwangsvollstreckung aus ihr voraus. Folglich ist eine Auslegung des Vollstreckungstitels erlaubt. Auch ist gar keine enge Auslegung geboten. Denn II enthält keine Ausnahme von I, sondern ein eigenständiges weiteres Prinzip infolge gesteigerten Unrechts des Schuldners. Daher entfällt auch ein besonderer Schuldnerschutz, Rn 10). Der Rpfl darf daher auch keine Beweisaufnahme durchführen, Stgt Rpfleger **00**, 403, Zweibr Rpfleger **00**, 226. Es darf auch keine Gefahr laufen, den Titel inhaltlich zu ändern, LG Augsb DGVZ **95**, 26, aM LG Landshut JB **96**, 555 (aber das wäre ein schwerer Verstoß gegen die Grenzen der Zuständigkeit des Vollstreckungsgerichts).

Wenn das Vollstreckungsverfahren zum Nachweis des Vorsatzes *ungeeignet* ist, dann muß der Gläubiger vor dem Prozeßgericht insoweit eine Feststellungsklage nach § 256, § 32 Rn 15 „Zwangsvollstreckung", erheben, BGH NJW **05**, 1663, Oldb RR **92**, 573, LG Stgt JB **97**, 549, ZöStö 9, aM LG Kref MDR **83**, 325 (das Vollstreckungsgericht müsse stets von Amts wegen prüfen, ob der Schuldner vorsätzlich gehandelt habe. Aber für eine Feststellungsklage besteht durchaus ein Rechtsschutzbedürfnis, Grdz 33 vor § 253, BGH **109**, 278. Das gilt zumindest dann, wenn die Feststellung des Vorsatzes des Schuldners über das jeweilige Vollstreckungsverfahren hinausreichen würde).

12 Wenn feststeht, daß der Schuldner *vorsätzlich* handelte, dann kann das Vollstreckungsgericht auf einen Antrag des Gläubigers den pfändbaren Teil des Arbeitseinkommens ohne eine Rücksicht auf die Beschränkungen des § 850 c bestimmen. Das gilt auch bei der Pfändung von Taschengeld, Hamm Rpfleger **02**, 161. Der Rpfl übt insofern ein pflichtgemäßes Ermessen aus. Er muß auf den Unrechtsgehalt abstellen, ferner auf den Vorteil des Schuldners, die Schwere der Verletzung des Gläubigers oder seiner Interessen, ferner auf die beiderseitige wirtschaftliche Lage und auf die Unterhaltsverpflichtungen des Schuldners. Zwar muß der Rpfl dabei die Gesichtspunkte des I heranziehen. Er muß aber einen etwa gleichzeitig nach I gestellten Antrag des Schuldners regelmäßig ablehnen. Denn II enthält eine Annäherung an § 850 d I, aber insofern immer noch eine Besserstellung des Schuldners, als die Vorschrift nicht auf die Bezüge aus § 850 a zurückgreift.

13 **C. Einzelfragen.** Das Vollstreckungsgericht muß dem Schuldner in jedem Fall denjenigen Betrag belassen, den der Schuldner zu seinem eigenen Unterhalt benötigt, LG Frankenth JB **95**, 664, und den er zur Erfüllung seiner Unterhaltspflichten braucht, AG Groß Gerau Rpfleger **83**, 450, auch zur Erfüllung von Mietzahlungspflichten unabhängig davon, ob er sie bisher pünktlich zahlte, LG Stgt Rpfleger **05**, 38. Allerdings kann der danach dem Schuldner verbleibende Betrag im Ergebnis unter Umständen dadurch noch geringer werden, daß der Schuldner eine Geldstrafe abtragen muß. Denn dieser Umstand darf nicht zu Lasten der Zahlungen an den Gläubiger gehen, LG Frankenth JB **95**, 664, AG Freudenstadt JB **04**, 448. Das gilt vor allem dann, wenn dieser Gläubiger vielleicht gerade derjenige ist, den der Schuldner durch die Straftat geschädigt hat. Als Richtwert des Unpfändbaren nimmt LG Erfurt JB **96**, 554 das Doppelte des Regelsatzes nach dem Sozialrecht, AG Zwickau JB **04**, 158. Untergrenze ist § 850 c, LG Bochum Rpfleger **97**, 395, LG Münst JB **02**, 96.

14 Wegen des *Kindergelds* Grdz 80 vor § 704 „Kindergeld". Eine Zuckerkrankheit des Schuldners rechtfertigt nicht stets einen erhöhten Pfändungsschutz. Ebensowenig ist eine allgemeine Diätnotwendigkeit ausreichend, LG Kblz RR **86**, 680. Ein Anspruch aus § 850 d geht der Regelung nach II vor. Ein Lohnabtretungsverbot ist nach einer Anordnung aus II unbeachtlich, BAG BB **84**, 145. Bei wechselnden Einkünften kann es ratsam sein, nicht den pfändbaren Betrag zu bestimmen, sondern den pfandfreien zu nennen, LG Ffm MDR **85**, 150.

15 **D. Andere Fälle, III.** Bei einem Arbeitseinkommen über 2815 EUR monatlich (641 EUR wöchentlich, 123,50 EUR täglich) kann der Gläubiger beantragen, daß der Rpfl den pfändbaren Betrag ohne eine Berücksichtigung der im § 850 c gezogenen Grenzen festsetzt. Der Rpfl muß dabei die Interessen beider Seiten berücksichtigen, also die wirtschaftlichen Auswirkungen, die Unterhaltsverpflichtungen, eine Böswilligkeit des Schuldners usw. Er setzt den Betrag nach pflichtgemäßem Ermessen fest. Er muß dem Schuldner jedenfalls soviel belassen, wie sich aus der Tabelle zu § 850 c bei einem Arbeitseinkommen von monatlich 2815 EUR (usw) für ihn unter Berücksichtigung seiner Unterhaltspflichten ergibt. § 850 II a gilt entsprechend, § 850 f III 3. Daher werden die Freibeträge alle 2 Jahre zum 1. 7. angepaßt. Vgl dazu § 850 c Rn 13. III ist bei einer Unterhaltsforderung *unanwendbar*, § 850 d. Die Vorschrift ist ferner bei einer vorsätzlich begangenen unerlaubten Handlung unanwendbar. Denn in diesem Fall ist die Lage des Gläubigers schon vom Gesetz begünstigt worden. Ein Lohnabtretungsverbot ist nach einer Anordnung aus III unbeachtlich, BAG BB **84**, 145.

5) **Verfahren, I–III.** Ein abstraktes Schuldversprechen gibt weitere Möglichkeiten, LG Bonn MDR **98**, 1247.   **16**

A. **Allgemeines.** Zuständig ist grundsätzlich der Rpfl des Vollstreckungsgerichts nach §§ 764, 802, obwohl es sich hier um eine Ermessensentscheidung in einem Härtefall handelt, § 20 Z 17 RPflG, Anh § 153 GVG, BAG NJW **91**, 2039. Es kann auch der Rpfl des Insolvenzgerichts zuständig sein, AG Gött Rpfleger **01**, 45. Im Streit zwischen Arbeitnehmer und Abtretungsgläubiger kann auch das Prozeßgericht zuständig sein, BAG NJW **91**, 2039. Örtlich bleibt auch beim Wohnsitzwechsel nach dem Erlaß des Pfändungsbeschlusses die Zuständigkeit bestehen, Mü Rpfleger **85**, 154. Der Rpfl entscheidet nur auf einen Antrag des Gläubigers, nicht von Amts wegen. Der Antrag ist grundsätzlich nicht in eine Erinnerung nach § 766 umdeutbar, Rn 1, Köln RR **89**, 157, 189. Freilich ist das eine Fallfrage. Der Gläubiger kann den Antrag auch während der Pfändungszeit stellen.

Eine mündliche *Verhandlung ist freigestellt*, § 128 Rn 10, § 764 III. Im Falle des I entscheidet der Rpfl auch   **17** auf den Antrag eines Dritten, dem die Vergünstigung zugute kommen würde, etwa eines Unterhaltsberechtigten. Der Drittschuldner hat aber kein Antragsrecht. Der Antragsteller muß ein Rechtsschutzbedürfnis haben, Grdz 33 vor § 253. Der Rpfl muß den Schuldner trotz § 834 anhören, Artt 2 I, 20 III GG, BVerfG **101**, 404, soweit er eine Prüfung der wirtschaftlichen Verhältnisse des Schuldners vornehmen muß, aM LG Bochum Rpfleger **97**, 395 (aber dann erfordert ein faires Verfahren die Möglichkeit einer Stellungnahme). Der Rpfl setzt in seinem Beschluß nach § 329 die Unpfändbarkeitsgrenze nach I herauf oder nach II oder III herab. Er muß den Beschluß begründen, § 329 Rn 4. Er muß ihn förmlich zustellen lassen, § 329 III.

B. **Aufhebung der Anordnung nach I.** Wenn das Gericht aufgrund eines Rechtsbehelfs oder nach   **18** § 850 g eine Anordnung nach I aufhebt, dann lebt das Recht aus der ursprünglichen Pfändung im vollen Umfang (bei einer Abänderung entsprechend) und mit dem früheren Rang wieder auf, es sei denn, die Freigrenzen wären inzwischen erhöht worden, Köln FamRZ **92**, 845. Dasselbe gilt bei einer Erweiterung der Pfändungsgrenze zu Lasten des Schuldners im Falle II oder III. Diese Wirkung tritt auch bei einem Überweisungsbeschluß ein. Im Fall der Aufhebung oder Abänderung zu Lasten des Gläubigers nach II oder III entfällt die bisherige Regelung von der Wirksamkeit des abändernden Beschlusses an.

6) **Rechtsbehelfe.** Soweit wegen der notwendigen Prüfung der wirtschaftlichen Verhältnisse des Schuld-   **19** ners eine echte Entscheidung vorliegt, ist gegen den Beschluß des Rpfl § 11 RPflG, Anh § 153 GVG, anwendbar. Es ist also grundsätzlich die sofortige Beschwerde gegeben, §§ 567 I Z 1, 793, (teils zum alten Recht) Köln Rpfleger **00**, 45, LG Stgt Rpfleger **94**, 175, ThP 11. Das gilt zumindest dann, wenn der Rpfl den Antrag teilweise abgelehnt hat. Vgl im übrigen § 104 Rn 41 ff, § 829 Rn 63–65.

7) *VwGO:* Vgl Einf §§ 850–852 Rn 10.   **20**

850g *Änderung der Unpfändbarkeitsvoraussetzungen.* ¹Ändern sich die Voraussetzungen für die Bemessung des unpfändbaren Teils des Arbeitseinkommens, so hat das Vollstreckungsgericht auf Antrag des Schuldners oder des Gläubigers den Pfändungsbeschluss entsprechend zu ändern. ²Antragsberechtigt ist auch ein Dritter, dem der Schuldner kraft Gesetzes Unterhalt zu gewähren hat. ³Der Drittschuldner kann nach dem Inhalt des früheren Pfändungsbeschlusses mit befreiender Wirkung leisten, bis ihm der Änderungsbeschluss zugestellt wird.

1) **Systematik, S 1–3.** Es handelt sich um ein Gegenstück zu §§ 323, 767.   **1**

2) **Regelungszweck, S 1–3.** Eine solche Regelung ist auch dann notwendig, wenn es um einen auch in   **2** die Zukunft gerichteten Pfändungs- und Überweisungsbeschluß geht. Denn er könnte zu unhaltbaren Ungerechtigkeiten beim Zugriff führen, sei es zu Lasten des Gläubigers, sei es zu Lasten des Schuldners oder nicht zuletzt zu Lasten des unterhaltsberechtigten Dritten. Die Pfändung kann ja in eine nicht ganz nahe Zukunft reichen. Die Vorschrift dient also der Gerechtigkeit nach Einl III 9. Man muß sie entsprechend sorgfältig beachten. Natürlich darf nicht jede noch so winzige Veränderung der Verhältnisse zu einer womöglich bald ganzen Reihe von Anpassungsverfahren führen. Das wäre mit der Prozeßwirtschaftlichkeit nach Grdz 14 vor § 128 unvereinbar. Auch das muß man bei der Auslegung mitbedenken.

3) **Geltungsbereich: Änderung der Verhältnisse, S 1, 2.** Man kann die in § 323 Rn 17 ff dargestellten   **3** Grundsätze auch bei § 850 g heranziehen. Zwar fordert § 323 I eine „wesentliche" Änderung, § 850 g S 1 nur eine „Änderung". Trotzdem sollte man eine solche aus den Erwägungen Rn 2 erst ab etwa 10% annehmen. Das Gesetz will kein dauerndes Hin- und Herschwanken. Eine Änderung kann zB wegen des Todes des Schuldners eintreten, LG Wuppert JB **02**, 95. Eine Änderung der Maßstäbe kann sich aus einer neuen Grundsatzentscheidung ergeben, BGH **161**, 76, Stgt MDR **05**, 414.

4) **Verfahren, S 1–3.** Das Änderungsverfahren setzt das alte Verfahren fort, BGH **161**, 76. Es ist dazu aber   **4** ein Antrag des Betroffenen erforderlich, AG Ffm JB **98**, 274. Das kann auch der Gläubiger sein, wenn sich die Verhältnisse des Schuldners bzw seiner Erben gebessert haben, § 779, LG Wuppert JB **02**, 95. Zuständig ist grundsätzlich dasjenige Vollstreckungsgericht nach § 764, das den Pfändungsbeschluß erlassen hatte, BGH Rpfleger **90**, 308, im Insolvenzverfahren das Insolvenzgericht, Köln Rpfleger **01**, 92. Zum Antrag können der

§§ 850g, 850h   Buch 8. Abschnitt 2. ZwV wegen Geldforderungen

Gläubiger, der Schuldner und auch ein Dritter berechtigt sein, dem der Schuldner einen gesetzlichen Unterhalt leisten muß, etwa ein Abkömmling. Der Antragsteller muß aber stets ein Rechtsschutzbedürfnis haben, Grdz 33 vor § 253. Dieses besteht dann, wenn ihm die begehrte Änderung zugute kommt. Der Antrag ist so, wie ihn das Gesetz behandelt, keine Erinnerung nach § 766, Mü Rpfleger **85**, 154. Deshalb ist zur Entscheidung über den Antrag auch der Rpfl zuständig, § 20 Z 17 RPflG, Anh § 153 GVG, Köln Rpfleger **01**, 92. Er ändert den Pfändungsbeschluß auch dann, wenn zuvor das Gericht entschieden hatte. Denn es müssen ja neue Unterlagen vorliegen. Der Rpfl muß seinen Beschluß begründen, § 329 Rn 4.

5 Die *Zustellung* des abändernden Beschlusses nach § 329 erfolgt wie beim Pfändungsbeschluß, also an den Drittschuldner im Parteibetrieb, §§ 191 ff. Bis zur Zustellung kann sich der Drittschuldner an den bisherigen Beschluß halten, LAG Ffm DB **90**, 639. Das gilt selbst dann, wenn er den abändernden Beschluß bereits kennt. Der abändernde Beschluss hat also grundsätzlich keine Rückwirkung, Köln Rpfleger **88**, 419, LG Rostock JB **03**, 327. Er bindet nach §§ 318, 329, Köln FamRZ **94**, 1273, ArbG Halle JB **03**, 492. Wenn der Schuldner die Unrichtigkeit derjenigen Tatsachen behauptet, die der Gläubiger vorträgt und die dem alten Beschluß zugrundegelegt worden waren, dann handelt es sich um eine Erinnerung nach § 766, Einf 7 vor §§ 850–852, LG Düss Rpfleger **82**, 301.

6 5) *VwGO:* Vgl Einf §§ 850–852 Rn 10.

850h *Verschleiertes Arbeitseinkommen.* [I 1] Hat sich der Empfänger der vom Schuldner geleisteten Arbeiten oder Dienste verpflichtet, Leistungen an einen Dritten zu bewirken, die nach Lage der Verhältnisse ganz oder teilweise eine Vergütung für die Leistung des Schuldners darstellen, so kann der Anspruch des Drittberechtigten insoweit auf Grund des Schuldtitels gegen den Schuldner gepfändet werden, wie wenn der Anspruch dem Schuldner zustände. [2] Die Pfändung des Vergütungsanspruchs des Schuldners umfasst ohne weiteres den Anspruch des Drittberechtigten. [3] Der Pfändungsbeschluss ist dem Drittberechtigten ebenso wie dem Schuldner zuzustellen.

[II 1] Leistet der Schuldner einem Dritten in einem ständigen Verhältnis Arbeiten oder Dienste, die nach Art und Umfang üblicherweise vergütet werden, unentgeltlich oder gegen eine unverhältnismäßig geringe Vergütung, so gilt im Verhältnis des Gläubigers zu dem Empfänger der Arbeits- und Dienstleistungen eine angemessene Vergütung als geschuldet. [2] Bei der Prüfung, ob diese Voraussetzungen vorliegen, sowie bei der Bemessung der Vergütung sind auf die Umstände des Einzelfalles, insbesondere die Art der Arbeits- und Dienstleistung, die verwandtschaftlichen oder sonstigen Beziehungen zwischen dem Dienstberechtigten und dem Dienstverpflichteten und die wirtschaftliche Leistungsfähigkeit des Dienstberechtigten Rücksicht zu nehmen.

Schrifttum: Grunsky, Gedanken zum Anwendungsbereich von § 850 h Abs. 2 ZPO, Festschrift für *Baur* (1981) 403.

Gliederung

1) Systematik, I, II 1	A. Arbeits- und Dienstleistung 6
2) Regelungszweck, I, II 2	B. Vergütungspflicht 7, 8
3) Lohnbegrenzungsvertrag, I 3–5	C. Sonderfälle 9
A. Schuldnerleistung 3	D. Pfändbarer Anspruch 10, 11
B. Vergütungspflicht 4	E. Verfahren 12
C. Umfang der Pfändung 5	5) Rechtsbehelfe, I, II 13
4) Verschleierter Arbeitsvertrag, II 6–12	6) *VwGO* 14

1 1) **Systematik, I, II.** *I* betrifft einen Vertrag, der den Arbeitgeber verpflichtet, die Vergütung ganz oder jedenfalls in derjenigen Höhe an einen Dritten zu zahlen, in der sie die Unpfändbarkeitsgrenze übersteigt, meist an die Ehefrau des Schuldners. Die güterrechtliche Regelung der Schuldenhaftung berührt den § 850 h nicht. Wegen unwahrer Lohnzahlungsperiode § 850 c Rn 6.

2 2) **Regelungszweck, I, II.** § 850 h soll es einem faulen Schuldner unmöglich machen, sich durch eine Lohnschiebung der Zwangsvollstreckung zu entziehen, BGH NJW **79**, 1601. *II* soll verhindern, daß der Schuldner eine gewinnbringende Arbeit ohne jede Vergütung oder eine unverhältnismäßig geringe Vergütung leistet, Düss RR **89**, 390, etwa gegen ein Taschengeld. Dieser Vorgang findet sich häufig bei Eheleuten im Geschäft des Ehegatten, bei Kindern in dem Geschäft der Eltern. Das Gesetz hilft mit einer Unterstellung (Fiktion) der Vereinbarung einer angemessenen Vergütung, BGH NJW **79**, 1601. Dem Zweck des Gesetzes nach muß man in jedem Fall den Grund und den Sinn des Vorgangs sorgfältig prüfen. Nicht jede gänzliche oder teilweise Unentgeltlichkeit erfolgt auch nur im Ansatz aus Gleichgültigkeit gegenüber dem Gläubiger. Vielmehr steht oft einfach das nahe persönliche Verhältnis oder gar halbe Not dahinter, auch einfach Arbeitsfreude oder eine Art Beschäftigungstherapie für einen Angehörigen, der zu Haus am ehesten zu Kraft und Gesundheit zurückfindet. Auch das kann man dem Schuldner nicht zusätzlich anlasten.

3 3) **Lohnbegrenzungsvertrag, I.** Es müssen zwei Bedingungen zusammentreffen.

A. Schuldnerleistung. Es muß ein Vertragsschuldner Arbeiten oder Dienste leisten, BAG MDR **96**, 1155. Es ist nicht erforderlich, daß ein festes Dienstverhältnis, ein Arbeits- und ein Arbeitslohn oder eine wiederkehrende Vergütung vorliegen. Jeder Anspruch auf Vergütung für irgendwelche Arbeits- oder Dienstleistung genügt, auch eine einmalige Vergütung, etwa für die Anfertigung eines Auszugs.

4 **B. Vergütungspflicht.** Ein Dienstempfänger muß sich verpflichtet haben, einem Dritten eine Vergütung zu bezahlen. Dazu gehört nicht IV. Eine solche Abtretung kann eine Gläubigeranfechtung begründen. Als Vergütung muß man jede Vermögenszuwendung ansehen, die man für die Arbeit gewährt. Es genügt, daß nur ein Teil der Zuwendung eine solche Vergütung darstellt. Entscheidend ist, ob das Gewährte „nach Lage der Umstände" als eine solche Vergütung gilt. Man muß diese Frage objektiv in freier Würdigung der Umstände beurteilen, allerdings erst auf Grund einer Erinnerung, Rn 13. Die Auffassung der Beteiligten ist nicht wesentlich. Es braucht also keine gewollte Schiebung vorzuliegen.

C. Umfang der Pfändung. Die Pfändung des Anspruchs des Schuldners gegen den Drittschuldner umfaßt unter den Voraussetzungen Rn 3, 4 kraft Gesetzes den Anspruch des Dritten gegen den Drittschuldner, LG Lüb Rpfleger **86**, 100. Der Gläubiger kann aber auch ohne einen Vollstreckungstitel gegenüber dem Drittberechtigten und ohne eine vorherige Zustellung an ihn dessen Anspruch pfänden. Das Vollstreckungsgericht prüft in einem solchen Fall nicht, ob die Voraussetzungen des § 850 h vorliegen, sondern es legt seinem Beschluß die Angaben des Gläubigers zugrunde, § 829 Rn 20. Eine vorherige Zustellung des Vollstreckungstitels an den Dritten ist nicht erforderlich. Denn der Dritte ist nicht der Vollstreckungsschuldner. Der Rpfl muß seinen Pfändungsbeschluß begründen, § 329 Rn 4. Er stellt ihn dem Schuldner und dem Dritten zu. Allerdings sind diese Einzelheiten prozessual unerheblich. Die Pfändung wird mit der Zustellung an den Drittschuldner wirksam. Die Pfändungsbeschränkungen gelten auch hier. Der Dritte kann den Anspruch dem Zugriff des Gläubigers nicht durch eine Abtretung entziehen. Ein anderer kann eine solche Wirkung nicht durch eine Pfändung beim Dritten erreichen. Denn niemand kann mehr Rechte erwerben, als sie der Veräußernde hatte. Andernfalls wäre § 850 h ein Schlag ins Wasser.

4) Verschleierter Arbeitsvertrag, II. Es müssen die Vorgänge Rn 6, 7 zusammentreffen. Das Gericht muß alle Einzelumstände beachten, LG Ingolst JB **04**, 336.

A. Arbeits- und Dienstleistung. Der Schuldner muß in einem ständigen Verhältnis arbeiten oder Dienste leisten, LAG Ffm DB **91**, 1388. Es muß nicht unbedingt ein Dienstverhältnis vorliegen. Die Tätigkeit kann auf Grund eines Vertrags oder ohne einen Vertrag erfolgen. Eine tatsächliche Arbeit genügt, Hamm FamRZ **84**, 1103. Eine einmalige Leistung gehört aber nicht hierhin. Vielmehr muß die Tätigkeit eine gewisse Regelmäßigkeit und Dauer aufweisen. Dann reicht auch eine Teilzeitarbeit, LAG Hamm BB **88**, 488 (zustm Smid BB **88**, 1755). Eine Abtretung muß den tatsächlich bestehenden Lohnanspruch erfassen, LAG Ffm DB **91**, 1308 (auch wegen einer sog Mantelzession).

B. Vergütungspflicht. Die Arbeiten oder Dienste müssen üblicherweise nach ihrer Art und nach ihrem Umfang nur gegen eine Vergütung geschehen. Das muß man aus der Sicht eines unbeteiligten Dritten beurteilen, BAG NJW **78**, 343, und zwar bei Abwägung aller Einzelfallumstände, LAG Hamm JB **97**, 273. In diesem Zusammenhang muß man die allgemeinen Verhältnisse am Leistungsort berücksichtigen. Dabei muß man von einer Vergütung nach einem etwaigen Tarif ausgehen, jedenfalls aber von demjenigen Mindestentgelt, das dem Schuldner danach zustehen würde, LAG Hamm BB **93**, 795 (keine Abweichung aus mehr als 30% vom Tariflohn). Ferner muß man die persönlichen Verhältnisse der Beteiligten berücksichtigen, Düss RR **89**, 390, etwa den Wunsch der schon betagten Eltern, sich ihre Existenzgrundlage zu erhalten. Auch die wirtschaftliche Leistungsfähigkeit des Dienstberechtigten ist beachtlich, Düss RR **89**, 390, Hamm FamRZ **81**, 955. Man kann die Berücksichtigung auch der Interessen des Schuldners und des Drittschuldners fordern, Grunsky Festschrift für Baur (1981) 408. Die „Lebensgefährtin" erhält für Haushaltsleistungen vom Partner nicht „üblicherweise" eine Vergütung, Hamm FER **98**, 195, AG Dortm FamRZ **94**, 1117, aM Nürnb RR **96**, 1413 (aber solche Formen des Zusammenlebens zeigen oft gerade wirtschaftlichen Egoismus, wenn auch keineswegs stets).

Manche wollen aus II herauslesen, daß ein fingierter Arbeitsverdienst auch dann vorliege, obwohl S 2 auch die verwandtschaftlichen Beziehungen besonders erwähnt, ArbG Dortm DB **91**, 2600. § 1356 II BGB gibt aber zumindest einen Anhalt dafür, inwiefern eine Vergütung üblich ist. Es kann sich aber auch um vergütete Dienste handeln. Ein Hausmann kann einer Putzfrau oder Zugehfrau gleichstehen, § 807 Rn 23 „Hausmann". Es kann auch eine Gesellschaft vorliegen. Die Inhaberschaft kann auch verschleiert sein, etwa dann, wenn die Ehefrau des in Insolvenz geratenen Ehemannes das Geschäft unter seiner Leitung fortführt. Es entscheidet, was der Schuldner gerade bei diesem Betrieb fordern könnte, zB bei einer Geschäftsführung generell, AG Ahrensb MDR **93**, 130, LAG Hamm JB **97**, 273, oder speziell durch den Liebhaber der Inhaberin, bei einem kleinen oder kleinsten Betrieb, Hamm MDR **75**, 161, LAG Hamm BB **88**, 488, Smid BB **88**, 1755 (kein AnschBew für vollschichtige Mitarbeit des Ehemannes).

Es kommt darauf an, ob eine *normal beschäftigte* Arbeitskraft anstelle des mitarbeitenden Schuldners beschäftigt werden müßte, wenn dieser nicht mitarbeiten würde. Eine Absicht der Gläubigerbenachteiligung ist im Fall II nicht erforderlich, BGH NJW **79**, 1602, aM Grunsky Festschrift für Baur (1981) 411 (aber II deutet solches Merkmal nicht an, Einl III 39). Auch wenn der Schuldner gutgläubig handelt, kann eine grobe Unbilligkeit vorliegen, BGH NJW **79**, 1602.

C. Sonderfälle. Wenn der Schuldner keine Dienste leistet und trotzdem den Lebensunterhalt und eine Vergütung erhält, dann ist II unanwendbar. In einem solchen Fall kann zwar ein Ersatzanspruch nach § 826 BGB entstanden sein. Das gilt etwa dann, wenn eine Ehefrau ihrem Ehemann, einem Schlachter, freie Station gewährt, ohne ihn in ihrer gutgehenden Schlachterei zu beschäftigen. Wenn der Schuldner eine eigene Schuld abarbeitet, fällt dieser Vorgang nicht unter § 850 h. Es liegen dann vielmehr die Vereinbarung einer Vergütung und eine Aufrechnung gegen diese Vergütung vor. Wenn dagegen der Dienstberechtigte eine Forderung hat, deren Abarbeitung nicht vereinbart worden ist, gilt Rn 9. Man kann auch die Wahl einer ungünstigen Steuerklasse als verschleiertes Arbeitseinkommen beurteilen, Hamm FamRZ **02**, 693, LG Kblz JB **04**, 335, LG Münst Rpfleger **03**, 154 (nur bei Manipulation).

D. Pfändbarer Anspruch. Als geschuldet gilt zugunsten des Gläubigers eine angemessene Vergütung. Sie ist nach der Leistung des Schuldners und der Leistungsfähigkeit des Dienstberechtigten bemessen. Die Pfändung kann sich eine Wirkung für die Vergangenheit beilegen, aM LAG Hamm DB **90**, 1340, Geißler Rpfleger **87**, 6 (aber gerade auch solche Rückwirkung kann aus dem Wort „gilt" in II folgen). Man muß einen Vorschuß vom unpfändbaren Betrag verrechnen und, soweit der Vorschuß höher ist, auf den Restbetrag. Eine Verrechnung darf nicht auf die unterstellte Vergütung erfolgen. Vorschuß ist bei der Vergütung anrechenbar, § 850 e Rn 1.

§§ 850h, 850i

11 Wenn *mehrere Gläubiger* in demselben Prozeß vorgehen, gilt das Vorrangprinzip der §§ 804 III, 832, 850 h I 2 uneingeschränkt, BGH 113, 29, BAG Rpfleger 95, 166, ZöStö 9, aM LAG Köln DB 88, 2060, ArbG Lüb MDR 84, 174 (aber II läßt nicht erkennen, daß die genannten Regeln hier nicht ebenfalls gelten sollten). Man muß eine bewirkte Leistung auf die Vergütung anrechnen. Die Pfändung ist nur in den Grenzen der §§ 850 ff zulässig. Der Drittschuldner kann sich im Prozeß mit dem Gläubiger auf diese Einschränkung berufen.

12 **E. Verfahren.** Wenn der Gläubiger einen Sachverhalt vorträgt, der unter II fällt, dann muß das Vollstreckungsgericht der §§ 764, 802 durch den Rpfl den angeblichen Anspruch des Schuldners pfänden, ohne das Bestehen und die Höhe des angeblichen Anspruchs selbst zu prüfen. Wenn der Drittschuldner den Anspruch bestreitet, muß der Gläubiger die Voraussetzungen von II darlegen und beweisen, LAG Düss MDR 94, 1020 (keine zu hohen Anforderungen), LAG Hamm DB 93, 1428, ZöStö 7, aM Oldb JB 95, 102 (zustm Sitz MDR 95, 345. Aber es gilt keinen erkennbaren Anlaß zur generellen Abweichung von den allgemeinen Regeln hierzu). Das Prozeßgericht muß dann auf dieser Basis die Existenz und die Höhe des Anspruchs selbst prüfen, LG Frankenth Rpfleger 84, 426, aM LG Bre JB 03, 215 (aber auch in der Zwangsvollstreckung muß der Gläubiger besondere Voraussetzungen wenigstens im Prinzip darlegen). Der Schuldner muß freilich bei angeblich extrem geringem Einkommen Art und Umfang seiner Tätigkeit näher darlegen, LG Ingolst JB 04, 336, LG Regensb DGVZ 99, 60, Schmidt DGVZ 99, 54.
Die Beschränkungen der §§ *850 a ff* gelten auch in diesem Fall. Das Prozeßgericht muß also unpfändbare Bezüge absetzen. Die Pfändung eines nicht bestehenden Vergütungsanspruchs ist aber unter Umständen als eine Pfändung nach II auslegbar und wirksam. Die Pfändung ergreift das gesamte Bezugsrecht. Dieses dauert an, solange das Rechtsverhältnis zwischen dem Schuldner und dem Dritten im wesentlichen dasselbe ist. Das Rangprinzip des § 804 III gilt auch hier zugunsten anderer Gläubiger, § 807 Rn 34, BAG Rpfleger 95, 166.

13 5) **Rechtsbehelfe, I, II.** Der Schuldner und der Drittschuldner haben gegen eine Maßnahme die Erinnerung nach § 766. Nach einer wirklichen Entscheidung des Rpfl im Sinn von § 766 Rn 46 gilt § 11 RPflG, Anh § 153 GVG. Zum weiteren Verfahren § 104 Rn 41 ff. Der Dritte, der den Fall I leugnet, kann die Widerspruchsklage nach § 771 einlegen. Wenn der Gläubiger gegen den Drittschuldner auf eine Zahlung klagt oder wenn der Drittschuldner gegen den Gläubiger eine Klage auf die Feststellung des Nichtbestehens des Anspruchs erhebt, dann hat er die Darlegungslast nach § 253 Rn 32 und die Beweislast nach Anh § 286 für die Tatsachen einer fingierten Vergütung, LG Lüb Rpfleger 86, 100, LAG Hamm DB 93, 1428. Dann muß das Prozeßgericht prüfen, ob ein Anspruch des Schuldners nach II besteht. Der Schuldner selbst hat kein Klagerecht. Im Prozeß sind Einwendungen gegen die Wirksamkeit der Pfändung zulässig. Da das Gesetz ein Arbeitsverhältnis unterstellt, ist meist das ArbG zuständig, LAG Stgt JB 97, 327, StJM 44, aM BGH 68, 128 (aber das wäre inkonsequent).

14 6) *VwGO:* Vgl Einf §§ *850–852* Rn 10.

850i *Pfändungsschutz bei sonstigen Vergütungen.* [1]¹Ist eine nicht wiederkehrend zahlbare Vergütung für persönlich geleistete Arbeiten oder Dienste gepfändet, so hat das Gericht dem Schuldner auf Antrag so viel zu belassen, als er während eines angemessenen Zeitraums für seinen notwendigen Unterhalt und den seines Ehegatten, eines früheren Ehegatten, seines Lebenspartners, eines früheren Lebenspartners, seiner unterhaltsberechtigten Verwandten oder eines Elternteils nach §§ 1615 l, 1615 n des Bürgerlichen Gesetzbuchs bedarf. ²Bei der Entscheidung sind die wirtschaftlichen Verhältnisse des Schuldners, insbesondere seine sonstigen Verdienstmöglichkeiten, frei zu würdigen. ³Dem Schuldner ist nicht mehr zu belassen, als ihm nach freier Schätzung des Gerichts verbleiben würde, wenn sein Arbeitseinkommen aus laufendem Arbeits- oder Dienstlohn bestände. ⁴Der Antrag des Schuldners ist insoweit abzulehnen, als überwiegende Belange des Gläubigers entgegenstehen.

II Die Vorschriften des Absatzes 1 gelten entsprechend für Vergütungen, die für die Gewährung von Wohngelegenheit oder eine sonstige Sachbenutzung geschuldet werden, wenn die Vergütung zu einem nicht unwesentlichen Teil als Entgelt für neben der Sachbenutzung gewährte Dienstleistungen anzusehen ist.

III Die Vorschriften des § 27 des Heimarbeitsgesetzes vom 14. März 1951 (BGBl. I S. 191) bleiben unberührt.

IV Die Bestimmungen der Versicherungs-, Versorgungs- und sonstigen gesetzlichen Vorschriften über die Pfändung von Ansprüchen bestimmter Art bleiben unberührt.

HeimarbG § 27. Pfändungsschutz. Für das Entgelt, das den in Heimarbeit Beschäftigten oder den Gleichgestellten gewährt wird, gelten die Vorschriften über den Pfändungsschutz für Vergütungen, die auf Grund eines Arbeits- oder Dienstverhältnisses geschuldet werden, entsprechend.

Gliederung

1) Systematik, I–IV 1	5) Sachbenutzung, II 10
2) Regelungszweck, I–IV 2	6) Heimarbeit, III 11
3) Nicht wiederkehrende Leistung, I 3	7) Versorgungsvorschriften usw, IV 12
4) Pfändung, I 4–9	8) *VwGO* 13
A. Voraussetzungen 4–7	
B. Verfahren 8	
C. Rechtsbehelf 9	

Titel 1. Zwangsvollstr. in das bewegl. Vermögen **§ 850i**

1) Systematik, I–IV. Vgl zunächst Einf 1 vor §§ 850–852. II–IV enthalten Schutzregeln für eine Sachbenutzung und andere ergänzende technische Klarstellungen. **1**

2) Regelungszweck, I–IV. Das Gesetz soll auch den freiberuflich Tätigen den notwendigen Unterhalt **2** gegen einen Zugriff des Gläubigers schützen. Das gilt auch bei einer Schuldnerinsolvenz, BGH NJW **03**, 2170. Gerade die von § 850 i erfaßten unregelmäßigen Vergütungen haben oft eine sehr wichtige immaterielle Zusatzfunktion. Sie können erste Anerkennungen jahrelanger künstlerischer, wissenschaftlicher, handwerklicher, journalistischer einsamer Bemühungen darstellen. Über eine solche Zahlung wäre wohl ein van Gogh glücklich gewesen. Nimmt man dem vielleicht ziemlich ohne eigenes schuldhaftes Zutun verschuldeten Menschen den Lohn der Arbeit gleich wieder weg, kann das katastrophale Folgen haben. Alles das muß man vielleicht gar nicht so selten mitabwägen. Dadurch würde man keineswegs einem lustigen Schuldenmachen Vorschub leisten.

3) Nicht wiederkehrende Leistung, I. Dieser Teil der Vorschrift betrifft die Vergütung für eine **3** persönliche Arbeits- oder Dienstleistung, die nicht unter § 850 fällt, weil sie nicht wiederkehrend zahlbar ist. Der Rechtsgrund und die Art der Arbeit und der Dienste sind unerheblich. Eine einmalige Tätigkeit kann genügen, sofern sie nicht nebenbei ohne einen besonderen Zeitaufwand erfolgt ist.
Hierher gehören zB: Dienste und Leistungen eines Freiberuflers, LG Lpz JB **05**, 103, zB des Anwalts, des Arztes, des Zahnarztes, Hamm NJW **05**, 2788, des Dentisten (s aber für die drei letzten Gruppen § 850 Rn 11), der Hebamme, des gewerbsmäßigen Versteigerers, des Schriftstellers, des Künstlers (also auch des Komponisten wegen der von der GEMA eingezogenen Beträge), eines Lizenzgebers, BGH RR **04**, 645, des Handlungsagenten, des Insolvenzverwalters, des Handwerkers aus einem Dienst-, Werk- oder Kaufvertrag, aber nur, soweit sie der Verpflichtete persönlich leistet, des Außendienstmitarbeiters wegen einer Stornoreserve, LAG Hamm BB **92**, 2224, eines selbständigen Unternehmensberaters, LG Lpz JB **05**, 103.

4) Pfändung, I. Sie erfordert vorsichtige Abwägung. **4**

A. Voraussetzungen. Der Vollstreckungsschutz tritt hier abweichend von der Regel nur auf Grund eines Antrags ein. Der Arbeitgeber braucht den Arbeitnehmer grundsätzlich nicht über diese Vollstreckungsschutzmöglichkeit zu belehren, BAG BB **92**, 359. Der Drittschuldner muß hier auch § 55 IV SGB I beachten, BGH NJW **04**, 3263, aM Landmann Rpfleger **00**, 446 und 63. Aufl. Deshalb darf der Rpfl dem Drittgläubiger auch keine derartige Anweisung geben, BGH NJW **04**, 3263. Der Antrag ist nicht mehr zulässig, wenn der Drittschuldner bereits an den Gläubiger geleistet hat. Der Rpfl muß dem Schuldner dann eine Summe belassen, die für eine angemessene Zeit den Unterhalt des Schuldners sichert, ebenso denjenigen seines jetzigen oder früheren Ehegatten bzw Lebenspartners, Viertelhausen DGVZ **01**, 131, seiner unterhaltsberechtigten Verwandten und einem Elternteil des Kindes nicht miteinander verheirateter Eltern. Maßgebend für die Höhe des zu belassenden Betrags sind etwa die Regelsätze der laufenden Hilfe zum Lebensunterhalt nach dem SGB, LG Heilbr JB **03**, 157, LG Rostock Rpfleger **01**, 439, AG Langen JB **02**, 606 (zustm Ernst).

Der Rpfl muß unter Berücksichtigung aller persönlichen und allgemeinen Verhältnisse prüfen, welcher **5** *Zeitraum* angemessen ist. Dabei mag man oft etwa 4 Wochen zugrundelegen, Drsd Rpfleger **99**, 283, aber auch einmal 3 Monate, AG Michelstadt JB **02**, 549, oder sogar 6 Monate, LG Mainz JB **00**, 157. Wer erst nach längerer Zeit eine Zahlung erwarten kann, wie oft ein Schriftsteller, dem muß man einen entsprechend hohen Betrag für eine längere Zeit belassen als demjenigen, dem baldige Einnahmen winken. Der Fall liegt etwa so, als ob sich die vorausstichlichen Einnahmen des Jahres gleichmäßig auf die einzelnen Monate verteilen würden. Unklarheiten über den tatsächlichen Verdienst eines Journalisten können zu Lasten des Schuldners gehen. Keineswegs darf der Schuldner besser stehen, als wenn er unter die allgemeine Regelung fallen würde.

Es können freilich *überwiegende Belange des Gläubigers* entgegenstehen, wenn der Gläubiger zB als Unter- **6** haltsberechtigter das Geld dringend zum Leben braucht. Dann muß der Rpfl den Antrag ablehnen. Er muß überhaupt auch die Gesichtspunkte der §§ 850 d und f II heranziehen, hier allerdings einen Antrag voraussetzt. Er muß die beiderseitigen wirtschaftlichen Verhältnisse in die Abwägung einbeziehen. Unter I fällt auch der Fall, daß der Arbeitgeber einen zunächst einbehaltenen Teil des Lohns nachträglich auszahlt, aM ArbG Wetzlar BB **88**, 2320 (zum Zahlungsverzug). Durch ihn ändert sich aber nicht der Charakter der Lohnzahlungen als wiederkehrende Leistung). Daher zählt auch der Anspruch aus dem Lohnsteuerjahresausgleich hierher. Diesen Anspruch muß der Gläubiger gegebenenfalls beim Finanzamt pfänden.

Ferner zählt hierher der Anspruch auf eine *Abfindung* nach §§ 112, 113 BetrVG oder nach den §§ 9, 10 **7** KSchG, § 850 Rn 5, BAG BB **92**, 359, LG Münst Rpfleger **02**, 578, AG Langen JB **02**, 606 (zustm Ernst). Wenn mit einem Einkommen nach § 850 i ein Einkommen nach § 850 c zusammentrifft, dann muß der Rpfl zunächst nach § 850 c verfahren, LG Halle Rpfleger **01**, 439. Wenn der Unterhalt des Schuldners im Rahmen der dortigen Freigrenzen gesichert ist, dann kann sich der Schuldner für das an sich nach § 850 i zu beurteilende Einkommen nicht auf diese Vorschrift berufen, LG Bln Rpfleger **95**, 170.

B. Verfahren. Antragsberechtigt sind außer dem Schuldner auch diejenigen Angehörigen, die aus der **8** Vergütung ihren notwendigen Unterhalt beziehen. Der Drittschuldner hat kein Antragsrecht. Es versteht sich von selbst, daß der Rpfl vor einer solchen meist recht schwierigen Entscheidung ungeachtet § 834 doch um eines fairen Verfahrens willen durchweg den Gläubiger anhören muß, Artt 2 I, 20 III GG, BVerfG **101**, 404. Deshalb ist auch eine mündliche Verhandlung zulässig, § 128 Rn 10, § 764 III. Der widersprechende Gläubiger muß andere Verdienstmöglichkeiten darlegen. Erst anschließend braucht sich der Schuldner zu solchen angeblichen anderweitigen Verdienstmöglichkeiten zu äußern. Der Rpfl ist deshalb zur Entscheidung zuständig, weil es sich um eine Ergänzung der bisherigen Festsetzung auf Grund neuer Tatsachen handelt, LG Bln Rpfleger **95**, 170. Der Rpfl entscheidet durch einen Beschluß, § 329. Es muß ihn begründen, § 329 Rn 4. Er muß seinen Beschluß förmlich zustellen, § 329 III.

C. Rechtsbehelf. Jeder Betroffene kann nach § 11 RPflG vorgehen, Anh § 153 GVG. Vgl im übrigen **9** § 829 Rn 63–65.

§§ 850i, 850k

10 **5) Sachbenutzung, II.** Unter II fällt eine Vergütung für die Gewährung einer Wohngelegenheit oder für eine andere Sachbenutzung, wenn die Vergütung zu einem nicht unwesentlichen Teil Dienste abgilt, die neben der Sachbenutzung erfolgten. Der Schuldner muß die Dienste persönlich oder durch Hausgenossen geleistet haben. Hierher gehört zB die Zimmervermieterin. Nicht hierher gehört der Gastwirt, der seine Dienste durch Angestellte leistet. „Nicht unwesentlich" ist nicht dasselbe wie wesentlich. Den Gegensatz bilden belanglose Dienste. Die Art des Vertragsverhältnisses ist unerheblich. Verfahren: Rn 5.

11 **6) Heimarbeit, III.** § 27 HeimarbG unterwirft das Entgelt des Heimarbeiters dem Pfändungsschutz für Vergütungen auf Grund eines Arbeits- oder Dienstverhältnisses. Danach sind entweder §§ 850 c und ff oder § 850 i anwendbar, je nachdem, ob es sich um ein ständiges solches Verhältnis handelt oder nicht.

12 **7) Versorgungsvorschriften usw, IV.** IV besagt nur, daß § 850 i nicht die sonst bestehenden Sondervorschriften über eine Unpfändbarkeit nicht aufhebt. In Betracht kommen namentlich: § 54 II–V SGB I, Grdz 80 vor § 704 „Kindergeld" und § 850 b Rn 13 (Krankengeld), Stgt NJW 93, 605, LG Kblz MDR 77, 323. Auf diese nimmt auch § 25 des G zur Neuregelung der Altershilfe für Landwirte Bezug. Daher ist das Altersruhegeld eines Landwirts nur unter den Voraussetzungen des § 54 SGB I pfändbar, LG Kassel NJW 77, 302, LG Mü NJW 77, 722. In Betracht kommen ferner die sonstigen in Einf 8 vor § 850 genannten Vorschriften. Wegen einer Lebensversicherung Grdz 93 vor § 704 „Lebensversicherung". Wegen der Zusammenrechnung einer laufenden Geldleistung nach dem SGB mit dem Arbeitseinkommen, § 850 e Rn 8.

13 **8) VwGO:** *Vgl Einf §§ 850–852 Rn 10.*

850k *Pfändungsschutz für Kontoguthaben aus Arbeitseinkommen.* ¹ Werden wiederkehrende Einkünfte der in den §§ 850 bis 850 b bezeichneten Art auf das Konto des Schuldners bei einem Geldinstitut überwiesen, so ist eine Pfändung des Guthabens auf Antrag des Schuldners vom Vollstreckungsgericht insoweit aufzuheben, als das Guthaben dem der Pfändung nicht unterworfenen Teil der Einkünfte für die Zeit von der Pfändung bis zu dem nächsten Zahlungstermin entspricht.
II ¹ Das Vollstreckungsgericht hebt die Pfändung des Guthabens für den Teil vorab auf, dessen der Schuldner bis zum nächsten Zahlungstermin dringend bedarf, um seinen notwendigen Unterhalt zu bestreiten und seine laufenden gesetzlichen Unterhaltspflichten gegenüber den dem Gläubiger vorgehenden Berechtigten zu erfüllen oder den Gläubiger gleichstehenden Unterhaltsberechtigten gleichmäßig zu befriedigen. ² Der vorab freigegebene Teil des Guthabens darf den Betrag nicht übersteigen, der dem Schuldner voraussichtlich nach Absatz 1 zu belassen ist. ³ Der Schuldner hat glaubhaft zu machen, dass wiederkehrende Einkünfte der in den §§ 850 bis 850 b bezeichneten Art auf das Konto überwiesen worden sind und dass die Voraussetzungen des Satzes 1 vorliegen. ⁴ Die Anhörung des Gläubigers unterbleibt, wenn der damit verbundene Aufschub dem Schuldner nicht zuzumuten ist.
III Im Übrigen ist das Vollstreckungsgericht befugt, die in § 732 Abs. 2 bezeichneten Anordnungen zu erlassen.

Gliederung

1) Systematik, I–III	1	C. Vorab-Aufhebung der Pfändung des Kontoguthabens, II	9
2) Regelungszweck, I–III	2	D. Einstweilige Anordnung, III	10
3) Wiederkehrende Einkünfte, I	3, 4	5) Rechtsbehelfe, I–III	11
4) Kontenschutz, I–III	5–10	6) VwGO	12
A. Grundsatz: Mehrheit von Wegen	5, 6		
B. Aufhebung der Pfändung des Kontenguthabens, I	7, 8		

1 **1) Systematik, I–III.** Zum Verhältnis zu § 55 SGB I BGH **104**, 313, AG Kblz FamRZ **05**, 1762. Die letzteren Vorschriften können also das Rechtsschutzbedürfnis nach Grdz 33 vor § 253 für ein Vorgehen nach § 850 k beseitigen, aM LG Münst FamRZ **05**, 1763. Im übrigen sind alle diese Vorschriften mangelhaft aufeinander abgestimmt. Vgl §§ 19 BAföG, 10 GFG, Einf 3 vor §§ 850–852, Hartmann NJW **78**, 610, aM Arnold BB **78**, 1320, Hornung Rpfleger **78**, 360, Meyer ter Vehn NJW **78**, 1240. Soweit Gesetze oder in Verordnungen auf die §§ 850–850 h verweisen, bezieht sich diese Verweisung nun auch auf § 850 k, Art 3 G v 28. 2. 78, BGBl 333. Zu den Auswirkungen beim Kindergeld Hornung Rpfleger **88**, 222. § 850 k gilt auch bei einer Vorpfändung, Behr Rpfleger **89**, 53. Es gibt vereinzelt Zweifel an der Verfassungsmäßigkeit der Vorschrift, Hofmann Rpfleger **01**, 113, vgl aber dazu BVerfG NJW **03**, 279.

2 **2) Regelungszweck, I–III.** Das Gesetz schützt den Schuldner auch vor der Pfändung während desjenigen Zeitraums, in dem der Drittschuldner dem Schuldner den Lohn, das Gehalt usw schon auf ein Konto bei einem Geldinstitut § 835 Rn 27 überwiesen und der Schuldner das Konto auch nicht überzogen hat, AG/LG Bielef MDR **99**, 494. Der Schuldner darf das Guthaben dort aber noch nicht abgehoben haben. Die Regelung gilt freilich wegen der Berechnung *vor* der Freigabe grundsätzlich nur bis zum nächsten Zahlungstermin, BGH FamRZ **91**, 296, LG Bad Kreuznach Rpfleger **90**, 216 (wegen des Zustands *nach* der Freigabe Rn 3, 4). Diesem Zweck dienen auch § 835 III sowie die vorrangigen §§ 51–55 SGB I, Grdz 103 vor § 704 „Sozialleistung", LG Heilbr Rpfleger **94**, 117, AG Osnabr JB **04**, 393. Die Regelung steht an einer Schnittstelle zwischen der Forderung nach einem relativ bequemen Gläubigerzugriff und einem meist von der Hand bis zum Mund reichenden Schuldnerbedarf. Die Erhaltung seiner Arbeitskraft steht im Interesse der Allgemeinheit (keine Fürsorgepflicht) wie bei länger nötiger Zugriffsdauer auch im Interesse des Gläubigers. Das muß man bei der Änderung mitbeachten.

Titel 1. Zwangsvollstr. in das bewegl. Vermögen § 850k

Kein Pfändungsschutz besteht wegen eines Guthabens, das weder aus Einkommen noch aus Sozialleistungen stammt, auch nicht bei einem sog „Und"-Konto, LG Deggendorf Rpfleger **05**, 372.

3) Wiederkehrende Einkünfte, I. Es ist nicht notwendig, daß der Drittschuldner nur eine Einkunftsart im Sinn der §§ 850–850 b überweist, LG Oldb Rpfleger **83**, 33. Ebensowenig ist es notwendig, daß die Eingänge schon eine längere Zeit hindurch regelmäßig fließen. Ein zweimaliger Eingang im üblichen Abstand reicht aus. So mag es zB bei Mieteinnahmen liegen, LG Kassel Rpfleger **00**, 118. Eine einmalige Überweisung reicht nicht aus. Dann kommt § 765 a in Betracht, BGH VersR **88**, 946, StJM 10, ZöStö 5, aM LG Oldb Rpfleger **83**, 33 (aber Wortlaut und Sinn von I sind eindeutig, Einl III 39). Das Konto muß bei einem Geldinstitut bestehen, § 835 Rn 27. Sie kann kontokorrentmäßig verrechnen, BGH NJW **05**, 1863 (zustm Scholz Löhnig 2432). § 850 k schützt die Lohngutabschrift direkt, nicht nur entsprechend, aM LG Heidelb RR **99**, 1426 (unnötig kompliziert). Geschützt ist nur der Kontoinhaber, LG Nürnb-Fürth NJW **02**, 974 (zum Gemeinschaftskonto).   3

Geschützt ist auch, wer alle möglichen Eingänge auf einem seiner zahlreichen Konten verzeichnet, zB einen Kaufpreis, einen Erbschaftsanteil oder einen Spielgewinn. Geschützt ist ferner, wer seinen Konten gelegentlich Eingänge im Sinn von §§ 850–850 b zuführt, nur um einen Antrag nach I, II stellen zu können. Geschützt ist schließlich, wer über ein einzelnes Konto alle anfallenden Eingänge verbucht und neben einem vielleicht nur geringen Lohn Restbestände älterer Eingänge anderer Art als Guthaben besitzt. Das Gesetz schützt nicht „dieses" Guthaben (damit wäre allenfalls das Guthaben aus dem Empfang wiederkehrender Einkünfte gemeint), sondern „das" Guthaben, also das gesamte Guthaben auf diesem Konto, LG Dortm Rpfleger **01**, 558, und zwar ab dessen Freigabe vom Gläubigerzugriff, Hamm Rpfleger **01**, 506, Arnold BB **78**, 1320. Freilich kann derjenige, der über andere Einkünfte als diejenigen der §§ 850–850 b verfügt, die Voraussetzungen der Rn 5 meist nur schwer erfüllen. Eine Erschleichung ist auch in der Zwangsvollstreckung unzulässig, Grdz 44 vor § 704, Arnold BB **78**, 1320. Eine Aufhebung der Pfändung auch zukünftiger Guthaben aus wiederkehrenden Leistungen ist zwar sinnvoll. Sie bedarf aber einer Gesetzesänderung, aM KG Rpfleger **92**, 307 (aber „bis zum nächsten Zahlungstermin" ist eindeutig enger).   4

Kein Schutz besteht mangels Rechtsschutzbedürfnis, solange das Schuldnerkonto weit im Soll steht und stehen wird, AG Osnabr JB **04**, 393.

4) Kontenschutz, I–III. Die Regelung ist alles andere als einfach.   5

A. Grundsatz: Mehrheit von Wegen. Es gibt drei Wege des Kontenschutzes. Sie stehen dem Schuldner unter Umständen nebeneinander offen. Das ist zum Schuldnerschutz notwendig. In jedem Fall entscheidet der Rpfl nach § 764, 802 zuständigen Vollstreckungsgerichts, § 20 Z 17 RPflG, Anh § 153 GVG, LG Ffm Rpfleger **92**, 168 (also nicht eine Vollstreckungsbehörde), Meinhold Rpfleger **04**, 88. Bei einer öffentlichrechlichen Forderung des Gläubigers verweist Hamm Rpfleger **95**, 170 auf den Verwaltungsrechtsweg. Der Rpfl des Vollstreckungsgerichts der §§ 764, 802 führt zwar keine Amtsermittlung nach Grdz 38 vor § 128 durch. Er muß aber von Amts wegen das Interesse des Gläubigers und dasjenige des Schuldners sorgfältig abwägen, LG Ffm Rpfleger **92**, 168, aM Kblz JB **98**, 47 (aber solche Abwägung ist selbstverständliche Pflicht bei der Rechtsanwendung). Dabei muß er berücksichtigen, daß der Schuldner nicht zu einem Antrag auf eine Sozialhilfe gezwungen werden soll, Behr Rpfleger **89**, 53, Hartmann NJW **78**, 611. Der Rpfl muß freilich auch bedenken, daß der Gläubiger es bis zu diesem Punkt der Durchsetzung seiner Ansprüche ohnehin meist schwer hatte.

Der Rpfl muß die Höhe des pfandfreien Betrags in der Entscheidung beziffern, LG Augsb Rpfleger **97**, 489. Ein sog Blankettbeschluß ist unzulässig, und zwar auch bei der Pfändung künftigen Arbeitseinkommens, § 829 Rn 1, LG Augsb Rpfleger **97**, 490, LG Osnabr Rpfleger **90**, 249. Für jede Zahlungsperiode ist ein entsprechender Betrag auch dann frei, wenn alle künftigen Guthaben gepfändet sind, LG Düss JB **00**, 325. Der Rpfl muß seinen Beschluß begründen, § 329 Rn 4. Er muß eine Änderung der Höhe der pfändbaren Beträge ebenfalls beziffern, LG Darmst Rpfleger **88**, 419.   6

Kosten: § 788 I, IV. Gebühren: Des Gerichts KV 1811 (Verwerfung oder Zurückweisung einer sofortigen Beschwerde); des Anwalts VV 3309, 3310.

B. Aufhebung der Pfändung des Kontenguthabens, I. Der Rpfl ist zuständig, auch bei einem Antrag auf Kontenschutz im Fall einer Vorpfändung, Behr Rpfleger **89**, 53 (auch zu einer Gegenmeinung). Stets ist ein Antrag des Schuldners auf Aufhebung der Pfändung des Kontenguthabens notwendig, LG Kassel Rpfleger **00**, 118. Der Rpfl muß dem Antrag stattgeben, soweit das Guthaben den der Pfändung nicht unterworfenen Teil der Einkünfte des Schuldners vom Zeitpunkt der Pfändung bis zum nächsten Zahlungstermin nicht übersteigt.   7

Beispiel: Unpfändbar sind monatlich 600 EUR. Das Guthaben beträgt 800 EUR. Es ist voll gepfändet worden. Die Aufhebung wird am 15. des Monats beantragt. Der nächste Zahlungstermin ist der 30. des Monats. Die Pfändung des Kontenguthabens erfolgt in Höhe von 300 EUR.

Maßgeblich ist der *Soll*-Eingangstag bzw der Soll-Gutschriftstag. Denn der Schuldner soll bis zu der nächsten voraussichtlichen Verfügbarkeit über Wasser bleiben. Die bloße Fälligkeit, etwa eine vorzeitige Zahlung, eine Stundung usw ist nur in diesem Rahmen beachtlich. Ein „Guthaben" sollte auch im Fall der Gutschrift auf einem im Soll stehenden Konto vorliegen, Behr Rpfleger **89**, 53 (er schlägt eine Gesetzesergänzung vor), aM LG Landshut MDR **01**, 1469 (zustm Singer).   8

C. Vorab-Aufhebung der Pfändung des Kontenguthabens, II. Sie ist zulässig und notwendig, sobald der Schuldner nach § 294 glaubhaft macht, daß wiederkehrende Einkünfte im Sinn der §§ 850–850 b auf dieses Konto stehen und daß er sie bis zum nächsten Zahlungstermin dringend braucht, um sowohl den eigenen Unterhalt als auch denjenigen solcher Unterhaltsgläubiger zu decken, die dem Pfändungsgläubiger vorgehen, bzw um solche Gläubiger gleichmäßig zu befriedigen, die dem Pfändungsgläubiger gleichrangig sind, Brdb Rpfleger **02**, 86. Der Rpfl darf den Begriff der dringenden Bedarfs weder der geltenden Regelung noch zu streng prüfen, Brdb Rpfleger **02**, 86 (weist auch auf § 250 d hin). Im Zweifel muß der Rpfl zugunsten des Gläubigers entscheiden. Den Schuldner trifft freilich keine Beweislast. Der Rpfl hat vielmehr die Amtspflicht zur Prüfung   9

§§ 850k, 851   Buch 8. Abschnitt 2. ZwV wegen Geldforderungen

aller Gesichtspunkte von Amts wegen, Rn 5. Außerdem darf der vorab freigegebene Betrag nicht denjenigen Betrag übersteigen, den der Rpfl im Fall eines Antrags nach I dem Schuldner belassen müßte, II 2.

    Der Rpfl muß davon absehen, den Gläubiger zum Antrag des Schuldners *anzuhören,* wenn die Anhörung dem Schuldner zeitlich nicht mehr zumutbar ist, II 4. Insofern muß der Rpfl allerdings strenge Maßstäbe anlegen, Hornung Rpfleger **78**, 361. Nach dem Ablauf der 7-Tage-Schonfrist für Sozialleistungen kommt nur noch der Weg über § 766 in Betracht, LG Kref Rpfleger **01**, 39.

10   **D. Einstweilige Anordnung, III.** Sie bleibt zulässig. Das stellt III klar, § 732 Rn 9, 12.

11   **5) Rechtsbehelf.** Wenn der Rpfl ohne eine Anhörung des Antragsgegners entschieden hat, hat der Betroffene die Erinnerung nach § 766, LG Brschw Rpfleger **98**, 297. Gegen eine echte Entscheidung des Rpfl nach einer Anhörung gilt § 11 RPflG, Anh § 153 GVG. Zum Verfahren § 104 Rn 41 ff. Im Fall des III vgl § 732 Rn 12.

12   **6) *VwGO*:** *Vgl Einf §§ 850–852 Rn 10.*

851   *Nicht übertragbare Forderungen.* ¹Eine Forderung ist in Ermangelung besonderer Vorschriften der Pfändung nur insoweit unterworfen, als sie übertragbar ist.
    II Eine nach § 399 des Bürgerlichen Gesetzbuchs nicht übertragbare Forderung kann insoweit gepfändet und zur Einziehung überwiesen werden, als der geschuldete Gegenstand der Pfändung unterworfen ist.

     BGB § 399. Ausschluss der Abtretung bei Inhaltsänderung oder Vereinbarung. Eine Forderung kann nicht abgetreten werden, wenn die Leistung an einen anderen als den ursprünglichen Gläubiger nicht ohne Veränderung ihres Inhalts erfolgen kann oder wenn die Abtretung durch Vereinbarung mit dem Schuldner ausgeschlossen ist.

     Schrifttum: *Abel,* Pfändungsschutz nach § 851 ZPO: Speziell die Pfändung zweckgebundener Forderungen, 2005; *Walker,* Die Bedeutung der Pfändbarkeit für die Abtretbarkeit von Geldforderungen nach § 400 BGB, Festschrift für *Musielak* (2004) 655.

Gliederung

1) Systematik, I, II 1	C. Beispiele zur Frage der Anwendbarkeit
2) Regelungszweck, I, II 2	von I 5–15
3) Unübertragbarkeit, I 3–15	4) Anspruch nach § 399 BGB, II 16
A. Einschlägige Vorschriften 3	5) *VwGO* 17
B. Zweckgebundener Anspruch 4	

1   **1) Systematik, I, II.** Vgl zunächst Einf 1 vor §§ 850–852. Nach § 400 BGB ist eine unpfändbare Forderung zwingend unübertragbar, BGH NJW **88**, 820. Nach § 851 ZPO ist eine unübertragbare Forderung unpfändbar. Unpfändbar ist also jede Forderung, die das Prozeßrecht für unpfändbar oder das sachliche Recht für unübertragbar erklärt. Dabei betrifft I die gesetzliche Unpfändbarkeit und II die vertraglich infolge Unabtretbarkeit eintretende Unpfändbarkeit, LG Oldb Rpfleger **85**, 449. Wenn die Abtretung verboten ist, dann trifft dieses Verbot alle diejenigen Befugnisse, die der Forderung entfließen, zB eine Einziehung. § 89 I InsO begründet kein Abtretungshindernis, BGH Rpfleger **94**, 379. Soweit das Landesrecht eine Unübertragbarkeit anordnen darf, braucht sie nicht mit der Unpfändbarkeit verbunden zu sein, AG Lpz NJW **03**, 2754. Im Zweifel gilt freilich die Verbindung zwischen der Unübertragbarkeit und der Unpfändbarkeit auch dort. Eine vorübergehende oder teilweise Übertragbarkeit genügt. Das ergeben die Worte „nur insoweit" in I. Vgl auch den Zwangsvollstreckungsschlüssel Grdz 59 vor § 704.

2   **2) Regelungszweck, I, II.** Die Unpfändbarkeit einer Forderung und ihre Unübertragbarkeit stehen in einer Wechselwirkung zueinander. Das stellt § 851 zwecks Rechtssicherheit klar, Einl III 43. Der Ausschluß der Pfändbarkeit ist im Fall des § 399 Hs 1 BGB verständlich, im Fall des § 399 Hs 2 BGB dagegen weitaus weniger überzeugend, aber eben hinnehmbar. Im übrigen bleibt nach den Beispielen Rn 5 ff erstaunlich viel Spielraum bei der Eingruppierung. Man sollte sie ohne prinzipielle Bevorzugung der einen oder anderen Partei des Vollstreckungsverfahrens vornehmen.

3   **3) Unübertragbarkeit, I.** Ein klarer Grundsatz bringt manche Probleme.
     A. Einschlägige Vorschriften. Unübertragbar sind namentlich Ansprüche aufgrund der §§ 399, 664 II, 717 BGB. Wegen § 49 b BRAO, § 851 fordert Diepold MDR **95**, 23 eine Gesetzesänderung.

4   **B. Zweckgebundener Anspruch.** Man muß zwischen bloßer Zweck*bestimmung* zB des Eigengelds eines Inhaftierten, LG Ffm Rpfleger **89**, 33, und einer wirklichen Zweck*bindung* unterscheiden, LG Ffm Rpfleger **89**, 33. Nur der letztere Anspruch ist grundsätzlich unübertragbar, BGH MDR **01**, 1258, Düss NJW **88**, 1677, LG Ffm Rpfleger **89**, 33. Vgl freilich zu § 887 Rn 17. Er läßt eine Pfändung nur im Rahmen der Zweckbestimmung zu.

5   **C. Beispiele zur Frage der Anwendbarkeit von I**
     Anteilsrecht: *Unübertragbar* ist es vor der Eintragung der Aktiengesellschaft, § 41 IV AktG.
     Arbeitsrecht: Rn 7 „Gefahrgeneigte Arbeit".
     Architekt: Rn 8 „Honorar", Rn 14 „Vorschuß".
     Baugeldanspruch: *Unpfändbar* ist wegen Zweckbindung der Baugeldanspruch, Grdz 66 vor § 704 „Baugeldanspruch":
     Bausparvertrag: § 851 ist *unanwendbar* auf den Anspruch auf die Auszahlung eines Bauspardarlehens und den Anspruch auf die Rückzahlung des Bausparguthabens nach der Zuteilung oder Kündigung, wenn auch nur eine eingeschränkte Pfändbarkeit besteht.

Titel 1. Zwangsvollstr. in das bewegl. Vermögen **§ 851**

Befreiungsanspruch: Rn 12 „Schuldbefreiung".
Beihilfe: § 851 ist *unanwendbar* auf den Anspruch auf eine Beihilfe, soweit ihn derjenige (zB der Arzt) pfändet, dem die dem Patienten zu zahlende Beihilfe wirtschaftlich zugute kommen soll, etwa als Honorar, LG Hann AnwBl **93**, 355, aM BVerwG NJW **97**, 3257 (aber § 399 BGB steht keineswegs entgegen, zumal Beihilfe zweckgebunden ist und oft auch einem Dritten bzw Angehörigen zugutekommt).
Bergmannsprämie: *Unübertragbar* ist der Anspruch auf eine Bergmannsprämie, § 5 G v 12. 5. 69, BGBl 434 (anders der Erstattungsanspruch des Arbeitgebers an das Finanzamt, § 3 I 3 G).
Buße: *Unübertragbar* ist ein Anspruch auf eine noch nicht zugesprochene Buße.
Erfüllungsgehilfe: Rn 14 „Vorschuß". **6**
Gefahrgeneigte Arbeit: *Unpfändbar* ist wegen Zweckbindung der Freistellungsanspruch des Arbeitnehmers **7** gegenüber dem Arbeitgeber nach der Schädigung eines Dritten und dergleichen, aM Hardt DB **00**, 1816.
Gefangener: Wegen seines Arbeitsentgelts § 850 Rn 7, 8. § 851 ist *unanwendbar* auf den Anspruch des Untersuchungsgefangenen auf die Auszahlung der für ihn eingezahlten Selbstverpflegungskosten, Hillebrand Rpfleger **86**, 466. Man darf auch nicht verkennen, daß es sich hier um Gelder handelt, die zwar zu einem bestimmten Zweck gezahlt worden sind, aber nicht gebunden wurden, und daß auch ein Fürsorgefall nach § 850 d I Z 3 nicht vorliegen kann, da die ordentliche Verpflegung vor Not schützt.
Gemeinschaft: *Unübertragbar* ist der Anspruch auf die Aufhebung einer Gemeinschaft.
Getrenntleben: *Unpfändbar* ist wegen Zweckbindung der Anspruch des getrennt lebenden Ehegatten auf die Überlassung von Haushaltsgegenständen, § 1361 a I 2 BGB.
Haftentschädigung: Der Anspruch auf sie kann vor der Rechtskraft des Entschädigungsurteils *unpfändbar* **8** sein, Kblz RR **99**, 508.
Haftpflichtversicherung: Der Anspruch des Versicherten ist nur dergestalt abtretbar und daher pfändbar, daß der Abtretungsnehmer anstelle des Versicherten eine Befriedigung des Berechtigten verlangen kann.
Hausrat: Rn 7 „Getrenntleben".
Honorar: Beim Honoraranspruch des Anwalts oder Architekten besteht eine grundsätzliche Pfändbarkeit, BGH FamRZ **05**, 980. Das gilt jedenfalls insoweit, als der Auftraggeber einer Abtretung oder Preisgabe von geschützten Daten zustimmt, Diepold MDR **93**, 835 unter Bezug auf BGH **115**, 123. Das gilt nur, soweit die Abtretung zulässig wäre. Zur Problematik beim Anwalt BGH NJW **05**, 507 (für Abtretbarkeit an Kollegen, der den Anwalt zuvor in der Sache vertreten hatte und sie genau kennt), BFH NJW **05**, 1308, Paulus NJW **04**, 21 (je grds für Abtretbarkeit), aM BGH NJW **95**, 2026, LG Mü BB **04**, 1075.
Kontokorrent: *Unübertragbar* ist ein einzelner Posten eines Kontokorrents, § 355 HGB, Grdz 87 vor § 704 **9** „Kontokorrent", Mü JB **76**, 969 (zum Teil unklar), LG Stgt Rpfleger **81**, 24. Unübertragbar ist auch der Rechnungslegungsanspruch des Kunden gegen seine Bank, LG Stgt Rpfleger **94**, 472.
Leasing: *Unpfändbar* ist wegen Zweckbindung der Nutzungsanspruch des Leasingnehmers, Düss NJW **88**, 1677 (dann ist § 857 III anwendbar, dort Rn 7).
Lohnsteuerjahresausgleich: Der Anspruch auf ihn ist grds pfändbar, § 829 Rn 13 „Steuererstattung".
Mietgebrauch: *Unpfändbar* ist wegen Zweckbindung der Anspruch des Mieters auf die Überlassung der **10** Mietsache zum vertragsgemäßen Gebrauch.
Mietnebenkosten: *Unpfändbar* ist wegen Zweckbindung der Anspruch des Vermieters auf Erstattung von Nebenkosten, LG Celle ZMR **99**, 698, LG Ffm Rpfleger **89**, 294, ZöStö 5, aM Schmidt ZMR **00**, 144.
Mitwirkung: Rn 12 „Steuererklärung".
Prozeßkostenvorschuß: *Unpfändbar* ist wegen Zweckbindung ein Prozeßkostenvorschuß, BGH **94**, 322.
Rangvorbehalt: *Unübertragbar* ist ein Rangvorbehalt. **11**
Rechnungslegung: Rn 9 „Kontokorrent".
Rechtsschutzversicherung: *Unpfändbar* ist der durch eine sog Direktzahlung des Versicherers an den Versicherungsnehmer gezahlte Betrag (Fortdauer der Zweckbestimmung: Befreiung des Versicherers), LG Stgt VersR **96**, 449.
Rentenanspruch: § 851 ist auf einen Anspruch gegen ein anwaltliches Versorgungswerk grds anwendbar, LG Ravensb NJW **04**, 1538.
   Die Vorschrift kann aber ausnahmsweise *unanwendbar* sein, AG Lpz NJW **03**, 2754.
Schmerzensgeld: § 851 ist *unanwendbar* auf einen Anspruch auf Schmerzensgeld, Grdz 101 vor § 704 **12** „Schmerzensgeld".
Schuldbefreiung: *Unpfändbar* ist ein derartiger Anspruch, obwohl man ihn nur an einen Drittgläubiger abtreten kann, BGH MDR **01**, 1259.
Sozialleistung: *Unpfändbar* ist wegen Zweckbindung der Anspruch auf Dienst- und Sachleistungen im Sinn von § 53 I SGB I.
Stammeinlage: § 851 ist *unanwendbar* auf den Anspruch der GmbH auf die Leistung der Stammeinlage, soweit sie ihre Zweckbindung nach § 19 GmbHG verloren hat, Köln RR **96**, 939.
Steuerberater: Sein Honorar ist grds pfändbar, BGH NJW **99**, 1545.
Steuererklärung: Der Anspruch auf eine Mitwirkung an der gemeinsamen Steuererklärung ist *unpfändbar*, AG Hechingen FamRZ **90**, 1127.
   S auch Rn 9 „Lohnsteuerjahresausgleich".
Subvention: *Unpfändbar* ist wegen Zweckbindung eine staatliche Subvention, OVG Weimar NVwZ-RR **04**, 782. Das gilt also auch für eine Ausgleichszahlung für Erzeugnisse eines Landwirts wegen der Preisvorschriften der EU. Es gilt aber nicht dann, wenn sie innerhalb des landwirtschaftlichen Zwecks liegt. Eine Unpfändbarkeit ist allerdings selbst dann möglich, wenn § 851 a möglich ist.
Treuhand: § 851 ist anwendbar auf eine treuhänderische Zweckbindung, BGH NJW **00**, 1270.
Unterhalt: *Unpfändbar* ist wegen Zweckbindung grds jeder Unterhalt, BGH **113**, 94, LG Frankenth MDR **13** **00**, 1017 (Ausnahme evtl bei Sonderbedarf). Das gilt auch für den Beitrag der Ehefrau aus ihrer Arbeit zum Familienunterhalt.
Unterhaltssicherung: Grdz 108 vor § 704 „Unterhaltssicherung".
Untermietzins: § 851 ist *unanwendbar* auf die Forderung auf Untermietzins. Vgl aber § 850 i Rn 10.

§§ 851, 851a

14 Vermögenswirksame Leistung: Grdz III vor § 704 „Vermögenswirksame Leistung".
Vertragliche Zweckbestimmung: § 851 ist *grds unanwendbar* auf den Fall einer bloßen Zweck*bestimmung* und *nicht* Zweck*bindung* durch eine einfache Abrede zwischen dem Schuldner und dem Drittschuldner, Rn 4, BGH (IX. ZS) MDR **98**, 237, Hillebrand Rpfleger **86**, 466, ThP 5, aM BGH (IV b.ZS) **94**, 322, ZöStö 3 (vgl aber Rn 4).
S aber auch Rn 12 „Treuhand".
Vertraglicher Ausschluß: Ein Recht, für das die Übertragbarkeit nur vertraglich ausgeschlossen worden ist, ist pfändbar.
Vormerkung: Grdz 113 vor § 704 „Vormerkung".
Vorschuß: *Unpfändbar* ist wegen Zweckbindung ein treuhänderisch gebundener Vorschuß auf ein Architektenhonorar, BGH Rpfleger **78**, 249. Dasselbe gilt bei einem Vorschuß zur Entlohnung eines Unterangestellten oder sonstigen Erfüllungsgehilfen eines Angestellten.
S auch Rn 10 „Prozeßkostenhilfevorschuß".
15 Wiederkaufsrecht: Rn 14 „Vertraglicher Ausschluß".
Wohnbesitz: Er ist nur auf den berechtigten Erwerber sowie bei einer Verpfändung, bei einer Zwangsvollstreckung in die durch den Wohnbesitz verbürgten Rechte und im Fall der Insolvenz des Wohnbesitzberechtigten übertragbar und damit pfändbar, § 62 des 2. WoBauG.

16 4) Anspruch nach § 399 BGB, II. Die Vorschrift macht eine Ausnahme von der Regel, daß eine Unübertragbarkeit auch die Unpfändbarkeit nach sich zieht. II gilt in denjenigen Fällen, in denen der geschuldete Gegenstand seiner Art nach pfändbar ist. Hierhin kann Geld zählen, Köln RR **93**, 1031. Hierher können auch Forderungen gehören, deren Abtretung den Inhalt der Leistung verändert oder deren Abtretung vertraglich ausgeschlossen ist, Ffm ZMR **91**, 341, Mü MDR **91**, 453, LG Oldb Rpfleger **85**, 449. Hierher gehört in Verbindung mit § 857 auch der Anspruch auf Zustimmung nach § 7 II ErbbVO, LG Köln NZM **01**, 1102. Dazu gehört nicht schon eine Forderung, die wegen Geheimnisschutzes unabtretbar ist, Stgt NJW **94**, 2838 (Steuerberater). II soll verhindern, daß der Schuldner und der Drittschuldner die Zwangsvollstreckung durch eine Abrede untereinander völlig vereiteln können. Die Vorschrift gestattet daher auch nur eine Einziehung, nicht eine Überweisung an Zahlungs Statt.
Wenn der Gläubiger der Forderung seine Ansprüche *abredewidrig* abgetreten hat und der Schuldner diesen Vorgang genehmigt, dann wirkt der Genehmigung nicht zurück. II gilt beim zweckgebundenen Anspruch nicht, Köln RR **93**, 1031. Die Unübertragbarkeit läßt sich nicht einseitig herstellen. Eine höchstpersönliche Forderung ist schon wegen ihrer Unübertragbarkeit unpfändbar, Rn 3. Der Anspruch gegenüber einer Versicherungsgesellschaft ist grundsätzlich pfändbar, LG Ffm VersR **78**, 1059, AG Sinzig RR **86**, 1929. Das gilt aber nicht, soweit die Versicherung Ersatz wegen einer unpfändbaren Sache leisten soll, LG Detm Rpfleger **88**, 154. Wegen des Urlaubsgelds, des Urlaubsentgelts und der Urlaubsabgeltung § 850 a Rn 5. Wenn II anwendbar ist, dann darf der Rpfl keine Interessenabwägung vornehmen, BGH Rpfleger **78**, 248.

17 5) VwGO: Vgl Einf §§ 850–852 Rn 10.

851a
Pfändungsschutz für Landwirte. I Die Pfändung von Forderungen, die einem die Landwirtschaft betreibenden Schuldner aus dem Verkauf von landwirtschaftlichen Erzeugnissen zustehen, ist auf seinen Antrag vom Vollstreckungsgericht insoweit aufzuheben, als die Einkünfte zum Unterhalt des Schuldners, seiner Familie und seiner Arbeitnehmer oder zur Aufrechterhaltung einer geordneten Wirtschaftsführung unentbehrlich sind.
II Die Pfändung soll unterbleiben, wenn offenkundig ist, dass die Voraussetzungen für die Aufhebung der Zwangsvollstreckung nach Absatz 1 vorliegen.

1 1) Systematik, Regelungszweck, I, II. Vgl zunächst Einf 1 vor §§ 850–852. Die Vorschrift soll Landwirte zusätzlich zu § 811 I Z 4 schützen. Während nach jener Vorschrift die landwirtschaftlichen Erzeugnisse selbst in einem gewissen Umfang der Pfändung entzogen werden, erstreckt § 851a den Schutz auf die Forderungen aus dem Verkauf solcher Erzeugnisse, zB auf das Milchgeld, LG Bonn DGVZ **83**, 153, oder die sog Bullenprämie, LG Kblz JB **03**, 382. Dieser Schutz geht auch über § 98 Z 2 BGB hinaus, § 865 II, § 851 Rn 4, 5.

2 2) Voraussetzungen für die Aufhebung der Pfändung, I. Zum Begriff des landwirtschaftlichen Betriebs § 811 Rn 27. Vgl die dortigen Ausführungen auch wegen der landwirtschaftlichen Erzeugnisse, die zur Aufrechterhaltung einer geordneten Wirtschaftsführung erforderlich sind, also zu deren Fortführung. Das Vollstreckungsgericht muß insofern notfalls einen Sachverständigen hinzuziehen. Zur Familie gehören außer dem Schuldner und seiner Ehefrau alle diejenigen Familienmitglieder, die mit dem Schuldner zusammen wohnen und von ihm einen Unterhalt beziehen. Es soll eine geordnete Fortführung des Betriebs sichergestellt werden. Das gilt auch, soweit der Unterhalt der Arbeitnehmer und seine Familie sowie der Arbeitnehmer gesichert wird. Wegen der sonstigen Unterhaltssicherung für Landwirte § 811 I Z 4. Die Regelung geht also über diejenige des § 811 I Z 2 hinaus. Sie begrenzt aber die pfändungsfreien Forderungen auf denjenigen Betrag, der für den geordneten Betrieb und den damit zusammenhängenden Unterhalt unentbehrlich ist. Das ist erheblich weniger als das Angemessene. Es muß aber zur Erhaltung der Arbeitskraft sowie dazu ausreichen, daß die Wirtschaft nicht ins Stocken kommt. Soweit der Landwirt üblicherweise etwa für Dünger Kredit in Anspruch nimmt, werden ihm keine besonderen Geldmittel bereitgestellt.

3 3) Verfahren, I, II. Es bringt keine besonderen Probleme.
A. Antrag. Die Aufhebung der Pfändung erfordert einen Antrag. Sie geschieht also nicht von Amts wegen. Zur Aufhebung ist das Vollstreckungsgericht zuständig, §§ 764, 802. Es entscheidet zunächst durch den Rpfl. Für die Aufhebung ist der Zeitpunkt der Entscheidung maßgeblich. Das ergibt sich aus den Worten „insoweit aufzuheben, als ... unentbehrlich sind". Der Zeitpunkt des Pfändungsbeschlusses nach

Titel 1. Zwangsvollstr. in das bewegl. Vermögen §§ 851a, 851b

§ 829 ist also nicht maßgebend. Insofern gilt etwas anderes als bei § 811 Rn 13. Der Rpfl darf keine besonderen Untersuchungen anstellen. Wenn die Voraussetzungen des I für das Vollstreckungsgericht offenkundig vorliegen, dann muß es eine Pfändung unterlassen, II. Bei einer Pfändungskonkurrenz zwischen zwei Gläubigern nach §§ 811 I Z 4, 851 a ist § 804 III anwendbar, LG Bonn DGVZ **83**, 153.

B. Kosten. S § 788 I, IV. Gebühren: Des Gerichts: keine; des Anwalts: VV 3309, 3310. **4**

4) Rechtsbehelfe. Der Schuldner kann nach einer Pfändung ohne Anhörung beantragen, sie aufzuheben. **5** Dieser Antrag ist in Wahrheit eine Form der Erinnerung nach § 766. Über diesen Antrag entscheidet also der Richter, § 766 Rn 38. Gegen eine ablehnende Entscheidung des Rpfl gilt § 11 RPflG, Anh § 153 GVG. Gegen eine solche des Richters ist die sofortige Beschwerde zulässig, §§ 567 I Z 1, 793. Der Gläubiger kann gegen die Aufhebung der Pfändung durch den Rpfl nach Anhörung gemäß § 11 RPflG vorgehen. Vgl im übrigen § 829 Rn 84, § 766 Rn 46 ff.

5) *VwGO:* Vgl Einf §§ 850–852 Rn 10. **6**

851b *Pfändungsschutz für Miet- und Pachtzinsen.* I ¹ Die Pfändung von Miete und Pacht ist auf Antrag des Schuldners vom Vollstreckungsgericht insoweit aufzuheben, als diese Einkünfte für den Schuldner zur laufenden Unterhaltung des Grundstücks, zur Vornahme notwendiger Instandsetzungsarbeiten und zur Befriedigung von Ansprüchen unentbehrlich sind, die bei einer Zwangsvollstreckung in das Grundstück dem Anspruch des Gläubigers nach § 10 des Gesetzes über die Zwangsversteigerung und die Zwangsverwaltung vorgehen würden. ² Das Gleiche gilt von der Pfändung von Barmitteln und Guthaben, die aus Miet- oder Pachtzahlungen herrühren und zu den in Satz 1 bezeichneten Zwecken unentbehrlich sind.

II ¹ Die Vorschriften des § 813 b Abs. 2, 3 und Abs. 5 Satz 1 und 2 gelten entsprechend. ² Die Pfändung soll unterbleiben, wenn offenkundig ist, dass die Voraussetzungen für die Aufhebung der Zwangsvollstreckung nach Absatz 1 vorliegen.

Schrifttum: *Ernst* JB 05, 231 (Üb).

1) Systematik, I, II. Vgl Einf 1 vor §§ 850–852. **1**

2) Regelungszweck, I, II. § 851 b soll erreichen, daß die Miete und Pacht einem ihrer Hauptzwecke **2** erhalten bleiben, nämlich der Unterhaltung des Grundstücks. Nur der Überschuß soll pfändbar sein, Köln Rpfleger **91**, 427. Die Vorschrift dient insofern dem Schutz des Grundbesitzes. Sie dient darüber hinaus aber auch den Interessen der Mieter am Erhalt der Haus- und Grundstücksqualität und damit evtl auch dem Interesse des Gläubigers daran, auf Dauer bis zur Befriedigung wenigstens teilweise zugreifen zu können. Sie gilt für den Inländer wie für den Ausländer. Der Schutz ist unabhängig davon, ob der Schuldner vorwerfbar handelte. Soweit der Schuldner aber andere Einkommens- und Vermögensquellen zur Verfügung hat, ist § 851 b unanwendbar, Köln Rpfleger **91**, 427. Andererseits entfällt der Schutzzweck nicht schon deshalb, weil der Schuldner eine Teilungsversteigerung betreibt, Köln Rpfleger **91**, 427.

3) Pfändungsbeschränkung wegen Unentbehrlichkeit, I, II. § 851 b enthält kein unbedingtes Gebot, **3** sondern stellt auf die Verhältnisse des Schuldners ab. Die Pfändung soll von vornherein dann unterbleiben, wenn feststeht, daß die Einkünfte unentbehrlich sind, Ernst JB 05, 232. Dafür ist die bloße Kostenmiete ein Indiz. Der Schuldner soll zu den folgenden Maßnahmen imstande bleiben.

A. Laufende Unterhaltung. Der Schuldner muß das Grundstück laufend unterhalten können. Er muß also dazu imstande sein, alle notwendigen sachlichen und persönlichen Ausgaben hierzu zu machen. Frühere Aufwendungen, Rückstände, gehören nicht hierher. Die Aufwendungen müssen gerade wegen dieses Grundstücks notwendig sein, nicht für den Schuldner und seine Familie, anders als bei § 851 a. Hausverwaltung ist nicht stets Unterhaltung, AG Bln-Schöneb JB **01**, 327. Sie kann aber dazu gehören.

B. Instandsetzung. Der Schuldner muß dazu imstande sein, die notwendigen Instandsetzungsarbeiten **4** vorzunehmen. Er muß auch die Möglichkeit behalten, für diesen Zweck das erforderliche Kapital anzusammeln. Hausverwaltung ist nicht stets Unterhaltung, AG Bln-Schöneb JB **01**, 327. Sie kann aber dazu gehören.

C. Vorrangsicherung. Der Schuldner muß diejenigen Ansprüche befriedigen können, die im Fall einer **5** Zwangsversteigerung dem Anspruch des Gläubigers nach § 10 ZVG vorgehen. Das darf man nach dem Sinn der Vorschrift nicht auf ein Hypotheken- oder Grundschuldkapital beziehen, LG Bln Rpfleger **90**, 377. Es gehen nur die aus den letzten zwei Jahren rückständigen Leistungen und die laufend wiederkehrenden Leistungen vor. Wenn gerade ein bevorrechtigter Gläubiger pfändet, gilt die Rangfolge der §§ 10, 11 I, 155 II ZVG.

4) Pfändungsbeschränkung trotz Entbehrlichkeit, I, II. Die Pfändung soll in den folgenden Fällen **6** unterbleiben.

A. Miet- und Pachtzins. Es geht um Mietforderungen und Pachtforderungen.

B. Bargeld und Guthaben. Es geht um diejenigen Barmittel und Guthaben, die aus einer Miet- oder **7** Pachtzahlung herrühren. In diesem Fall will das Gesetz eine Umgehung verhindern. Wenn das Vollstreckungsgericht die Pfändung ausgesprochen hat, dann muß es die Pfändung aufheben, soweit diese das zulässige Maß überschritten hat.

5) Verfahren, I, II. Es ist ein Antrag des Schuldners erforderlich. Das Vollstreckungsgericht der §§ 764, **8** 802 schreitet also weder auf Antrag anderer Personen noch von Amts wegen ein. Der Antrag ist eine Erinnerung nach § 766. Daher sind die nach § 766 I zulässigen einstweiligen Maßnahmen statthaft. Die Anwendbarkeit des § 813 b II, III, V 1 und 2 ergibt: Das Gericht darf den Antrag nach dem Ablauf der in § 813 b II genannten Zweiwochenfrist ohne eine weitere sachliche Prüfung zurückweisen, wenn eine

§§ 851b, 852

Verschleppungsabsicht oder eine grob nachlässige Verspätung vorliegen, § 813b II. Das Gericht darf mehrmals Anordnungen treffen, die eine Abänderung oder eine Aufhebung auf einen Antrag enthalten, § 813b III.

Das Gericht muß den Antragsgegner *anhören,* Artt 2 I, 20 III GG (Rpfl), BVerfG **101**, 404, Art 103 I GG (Richter). Es muß eine Glaubhaftmachung nach § 294 Rn 1 abwarten, § 813 V 1 und 2. Sie genügt, Köln Rpfleger **91**, 427. Wenn die Zinsforderungen gegen mehrere Mieter desselben Grundstücks gepfändet worden sind, dann hebt das Gericht die Pfändung bis zur Höhe des erforderlichen Gesamtbetrags anteilsmäßig auf. Das Vollstreckungsgericht entscheidet durch den Rpfl, da § 813b nicht dem Richter vorbehalten ist und insofern für die Zuständigkeit dem § 766 vorgeht, § 20 Z 17 RPflG, Anh § 153 GVG, obwohl der Sache nach eine Erinnerung vorliegt.

9   **6) Rechtsbehelfe, I, II.** Jeder Betroffene hat die wegen Rn 7 gegen die Entscheidung des Rpfl die Möglichkeiten nach § 11 RPflG, Anh § 153 GVG, § 829 Rn 63. Die Beendigung der Vollstreckungsmaßnahmen infolge der Aufhebung der Pfändung steht einem Rechtsbehelf des Gläubigers nicht entgegen.

10   **7) Kosten, I, II.** S § 788 I, IV. Gebühren: Des Gerichts KV keine; des Anwalts VV 3309, 3310.

11   **8) VwGO:** *Vgl Einf §§ 850–852 Rn 10.*

852

Beschränkt pfandbare Forderungen. ¹ Der Pflichtteilsanspruch ist der Pfändung nur unterworfen, wenn er durch Vertrag anerkannt oder rechtshängig geworden ist.

II Das Gleiche gilt für den nach § 528 des Bürgerlichen Gesetzbuchs dem Schenker zustehenden Anspruch auf Herausgabe des Geschenkes sowie für den Anspruch eines Ehegatten auf den Ausgleich des Zugewinns.

Schrifttum: *Hannich,* Die Pfändungsbeschränkung des § 852 ZPO usw, 1998 (Bespr *Lindacher* FamRZ **99**, 1411); *Zeranski,* Der Rückforderungsanspruch des verarmten Schenkers, 1998.

1   **1) Systematik, I, II.** Vgl zunächst Einf 1 vor §§ 850–852. Die Vorschrift schließt die Gruppe der §§ 850–852 mit einer vorrangigen Spezialregelung in ihrem Geltungsbereich unter einer Abstimmung mit den zugehörigen sachlichrechtlichen Vorschriften des BGB ab. Der Pflichtteilsanspruch und der Anspruch des Ehegatten auf einen Ausgleich des Zugewinns sind nach §§ 2317 II, 1378 III BGB unbeschränkt übertragbar. Der Herausgabeanspruch des verarmten Schenkers nach § 528 BGB ist wegen § 399 Hs 1 BGB (Zweckbindung) nur an die in § 528 I 1 BGB genannten Unterhaltsberechtigten abtretbar, Wüllenkemper JR **88**, 357, aM Düss FamRZ **84**, 889 (aber Wortlaut und Sinn sind eindeutig, Einl III 39). Ein Rückforderungsanspruch nach Scheidung oder Tod läßt sich entsprechend § 852 beurteilen, Berringer DNotZ **04**, 258.

2   **2) Regelungszweck, I, II.** Er besteht bei I im Schutz des Pflichtteilsberechtigten vor einer Entziehung seiner Befugnis zur Entscheidung darüber, ob er den Pflichtteilsanspruch geltend machen will, Brdb FamRZ **99**, 1436, Kreft KTS **04**, 214. II dient der auch moralisch und ethisch mitbestimmten Vorzugsstellung des Schenkers bzw des anderen Ehegatten in schwieriger enttäuschender oder seelisch sonstwie stark belastender Lage, Berringer DNotZ **04**, 256. Allerdings kommt die Vorschrift auch demjenigen zugute, der gerade aus einer Ehe ausgebrochen ist. Dann ist sein besonderer Schutz kaum überzeugend. Das mag bei der Auslegung sehr begrenzt mitbeachtlich sein können.

3   **3) Geltungsbereich, I, II.** Trotz der Erwägungen Rn 1 läßt § 852 nach seinem klaren Wortlaut, den BGH **123**, 185 nicht genug mitbedenkt, eine Pfändung, genauer: eine Verwertung zu, BGH NJW **97**, 2384, Brdb FamRZ **99**, 1436. Daraus folgt der Ausschluß eines gesetzlichen Forderungsübergangs nach §§ 400, 412 BGB, Karlsr RR **04**, 729 (das steht auf Grund von § 90 I 4 BSHG einem Übergang nicht entgegen). Das gilt allerdings nur in den folgenden Fällen.

A. Anerkennung. Der Schuldner muß den Anspruch vertraglich anerkannt haben. Damit ist nicht ein Anerkenntnis nach § 781 BGB gemeint, Düss FER **99**, 247. Es genügt vielmehr jede Vereinbarung, die den Willen des Berechtigten erkennen läßt, den Anspruch geltend zu machen, also auch eine bloße Abtretung. Die Vereinbarung muß zwischen dem Pflichtteilsberechtigten und dem Erben bestehen, eine solche zwischen dem Gläubiger und dem Erben reicht nicht, Düss FER **99**, 247.

4   **B. Rechtshängigkeit.** Der Anspruch muß nach § 261 rechtshängig geworden sein. Das gilt auch dann, wenn die Rechtshängigkeit zur Zeit der Pfändung nicht mehr andauert. Eine bloße Anhängigkeit des Anspruchs genügt nicht.

Der *Pfändungsbeschluß* muß ergeben, daß eine Voraussetzung Rn 3 oder Rn 4 vorliegt. Es ist also nicht ausreichend, daß der Eintritt dieser Voraussetzungen nur möglich ist. Eine Pfändung für den Fall des künftigen Eintritts der Voraussetzungen ist unzulässig, Kuchinke NJW **94**, 1770.

5   **4) Gleichstehende Fälle, I, II.** Den in § 852 genannten Ansprüchen stehen die folgenden Fälle gleich. Ihnen stellen manche den Rückforderungsanspruch nach ehebedingter Zuwendung und Scheidung gleich, BGH **130**, 314, Münch FamRZ **04**, 1337.

A. Abkömmlinge. Es geht um den Anspruch der Abkömmlinge, die von der fortgesetzten Gütergemeinschaft ausgeschlossen worden sind, § 1511 II BGB. Hierher zählt aber nicht ein Vermächtnis zugunsten des Pflichtteilsberechtigten.

6   **B. Schmerzensgeld.** Es geht um den Anspruch auf die Zahlung eines Schmerzensgeldes, § 847 BGB.

7   **5) Rechtsbehelf, I, II.** Einf 9 vor §§ 850–852.

8   **6) VwGO:** *Vgl Einf §§ 850–852 Rn 10.*

§ 853

853 *Mehrfache Pfändung einer Geldforderung.* Ist eine Geldforderung für mehrere Gläubiger gepfändet, so ist der Drittschuldner berechtigt und auf Verlangen eines Gläubigers, dem die Forderung überwiesen wurde, verpflichtet, unter Anzeige der Sachlage und unter Aushändigung der ihm zugestellten Beschlüsse an das Amtsgericht, dessen Beschluss ihm zuerst zugestellt ist, den Schuldbetrag zu hinterlegen.

1) Systematik. Die Vorschrift ist eine Ergänzung zu § 840 in den Fällen des § 827. §§ 854 ff enthalten ähnliche Regelungen für die dortigen Geltungsbereiche. § 856 nennt die zugehörigen prozessualen Folgemöglichkeiten. **1**

2) Regelungszweck. Wenn der Pfändung die Überweisung nachfolgt, dann kommt der Drittschuldner in die Gefahr, an einen nicht oder schlechter Berechtigten zu leisten und deshalb zweimal leisten zu müssen. § 853 soll den Drittschuldner vor dieser Gefahr schützen. Die Vorschrift ist deshalb zu seinen Gunsten auslegbar. Es hat schon genug gekostet, Zeit, Organisation, Geld und Ärger aufzubringen, um Gläubiger seines Mitarbeiters zufriedenzustellen. **2**

3) Geltungsbereich. § 853 setzt die Pfändung einer Geldforderung nach § 829 Rn 1 für mehrere Gläubiger voraus. Die Vorschrift ist nicht anwendbar, wenn teils gepfändet und teils abgetreten worden ist. In einem solchen Fall verläuft das Verfahren nach § 372 BGB, LG Bln Rpfleger **81**, 453. Wenn für den Abtretungsnehmer hinterlegt worden ist, dann erfaßt § 853 nur denjenigen Teil der Forderung, den die Abtretung nicht erfaßt hat. Wenn der Drittschuldner schon früher nach dem BGB hinterlegt hatte, dann braucht er nicht mehr nach § 853 zu hinterlegen. Wenn er aber nun zahlt, tut er das auf seine Gefahr. **3**

4) Verfahren des Drittschuldners. Man muß zahlreiche Aspekte beachten. **4**

A. Hinterlegungsbefugnis. Drittschuldner ist im Fall einer entsprechenden Anwendung nach § 857 I evtl der Gerichtsvollzieher, Eickmann DGVZ **84**, 70. Der Drittschuldner darf auf Grund der bloßen Tatsache einer mehrfachen Pfändung hinterlegen. Er darf natürlich auch sämtliche Gläubiger befriedigen, falls die Forderung ihnen allen überwiesen worden ist. Er darf schließlich an den Bestberechtigten zahlen, falls die Forderung diesem überwiesen wurde, wenn der Betrag, über den der Drittschuldner zu verfügen hat, nicht zur Befriedigung sämtlicher Gläubiger ausreicht.

B. Hinterlegungspflicht. Der Drittschuldner muß hinterlegen, wenn ein Überweisungsgläubiger die Hinterlegung verlangt. Die Forderung eines bloßen Pfandgläubigers reicht nicht aus. Das gilt unabhängig davon, in welcher Weise dieser sein Recht erlangt hat, selbst wenn es sich um den Bestberechtigten handeln mag. Freilich darf der Drittschuldner in einem solchen Fall an den Bestberechtigten zahlen. Der Drittschuldner muß diese Berechtigung aber beweisen. Der Gläubiger kann sein Verlangen formlos stellen. Zweckmäßig ist es aber, die Forderung schriftlich zuzustellen. Die Pflicht des Drittschuldners, an den Schuldner zu leisten, wenn nicht gepfändet wäre, ist eine Voraussetzung der Hinterlegungspflicht des Drittschuldners. Daher muß der Gläubiger dem Drittschuldner zB den Wechsel aushändigen, Art 39 WG. **5**

Der Drittschuldner hat aber *keine Prüfungspflicht*. Er muß den Betrag für die beteiligten Gläubiger hinterlegen. §§ 372, 1281 BGB sind in diesem Fall unanwendbar. Jeder Gläubiger kann den Anspruch gegen den Drittschuldner auf dessen Hinterlegung einklagen, § 856. Im Fall einer früheren Pfändung darf der Gläubiger auf eine Hinterlegung oder auf eine Zahlung an sich und an den Besserberechtigten klagen. Die spätere Pfändung durch einen anderen Gläubiger hindert keinen weiteren Gläubiger daran, die Zahlung zu verlangen. Auch im Fall der Klage des Bestberechtigten kann der Drittschuldner verlangen, nur zur Hinterlegung verurteilt zu werden. Der Gläubiger kann den Einwand dadurch ausräumen, daß er das Einverständnis des früheren Gläubigers mit der Zahlung an ihn nachweist. **6**

C. Hinterlegungswirkung. Die Hinterlegung ist eine Erfüllung. Der Betrag scheidet im Zeitpunkt der Hinterlegung aus dem Vermögen des Drittschuldners aus. Eine Hinterlegung mit dem Recht der Rücknahme könnte keine Grundlage des Verteilungsverfahrens sein. Daher ist die Rücknahme des hinterlegten Betrags auch ohne einen Verzicht auf das Recht der Rücknahme unzulässig. Wenn der hinterlegte Betrag nicht zur Befriedigung aller Gläubiger ausreicht, dann muß das Gericht den Erlös nach §§ 872 ff verteilen. **7**

D. Kosten. Die Kosten der Hinterlegung sind Kosten der Zwangsvollstreckung. Der Drittschuldner darf sie bei der Hinterlegung abziehen. Das Gericht muß die Kosten notfalls in einem etwa anschließenden Verteilungsverfahren berücksichtigen. Wenn ein solches Verteilungsverfahren nicht stattfindet, muß der Berechtigte sie im Klageweg geltend machen, Ffm Rpfleger **77**, 184. **8**

E. Anzeigepflicht. Der Drittschuldner muß die Sachlage dem AG in jedem Fall einer Hinterlegung anzeigen, LG Bln Rpfleger **81**, 453. Er muß dem Gericht also eine vollständige Auskunft über die Schuld, die Pfändungen und seine Hinterlegung geben und die zugestellten Pfändungs- und Überweisungsbeschlüsse einreichen. **9**

F. Weiteres Verfahren. Es findet auf Grund der Anzeige von Amts wegen ein Verteilungsverfahren nach den §§ 872 ff statt, LG Bln Rpfleger **81**, 453. Nach § 802 ist der Rpfl desjenigen AG ausschließlich zuständig, dessen Beschluß zuerst zugestellt worden ist, mag der Beschluß auch unwirksam gewesen sein. Wenn der Rpfl die Annahme ohne Anhörung des Antragsgegners durch eine bloße Maßnahme ablehnt, ist die Erinnerung nach § 766 statthaft. Gegen eine echte Entscheidung des Rpfl haben der Drittschuldner und sämtliche Pfändungsgläubiger die Möglichkeiten nach § 11 RPflG, Anh § 153 GVG. Zum Verfahren § 104 Rn 41 ff. Wenn der zuerst zugestellte Pfändungsbeschluß in einem Arrestverfahren von einem LG oder einem OLG ergangen war, dann kann der Drittschuldner seine Anzeige diesem Gericht gegenüber erstatten. Dieses Gericht muß aber die Sache an das AG weitergeben. Denn es handelt sich um eine Verteilungssache. Daher kann der Drittschuldner die Anzeige auch dem AG unmittelbar zuleiten. Ein Verstoß gegen die Anzeigepflicht macht die Hinterlegung unrechtmäßig und daher unwirksam. Eine Anzeige an den Gläubiger ist nicht vorgeschrieben. § 374 II BGB ist unanwendbar. **10**

11 5) *VwGO:* §§ 853–856 sind entsprechend anwendbar in allen Fällen der Vollstreckung, auch nach § 169 I VwGO, § 5 VwVG: § 320 I AO. Notfalls ist bei dem AG zu hinterlegen, in dessen Bezirk das Vollstreckungsgericht oder die Vollstreckungsbehörde, deren Pfändungsanordnung zuerst zugestellt ist, den Sitz hat, § 320 II AO (dessen Rechtsgedanke trifft auch bei sonstiger Vollstreckung durch ein VG zu).

854 Mehrfache Pfändung eines Anspruchs auf bewegliche Sachen.

I 1 Ist ein Anspruch, der eine bewegliche körperliche Sache betrifft, für mehrere Gläubiger gepfändet, so ist der Drittschuldner berechtigt und auf Verlangen eines Gläubigers, dem der Anspruch überwiesen wurde, verpflichtet, die Sache unter Anzeige der Sachlage und unter Aushändigung der ihm zugestellten Beschlüsse dem Gerichtsvollzieher herauszugeben, der nach dem ihm zuerst zugestellten Beschluss zur Empfangnahme der Sache ermächtigt ist. 2 Hat der Gläubiger einen solchen Gerichtsvollzieher nicht bezeichnet, so wird dieser auf Antrag des Drittschuldners von dem Amtsgericht des Ortes ernannt, wo die Sache herauszugeben ist.

II 1 Ist der Erlös zur Deckung der Forderungen nicht ausreichend und verlangt der Gläubiger, für die zweite oder eine spätere Pfändung erfolgt ist, ohne Zustimmung der übrigen beteiligten Gläubiger eine andere Verteilung als nach der Reihenfolge der Pfändungen, so hat der Gerichtsvollzieher die Sachlage unter Hinterlegung des Erlöses dem Amtsgericht anzuzeigen, dessen Beschluss dem Drittschuldner zuerst zugestellt ist. 2 Dieser Anzeige sind die Dokumente beizufügen, die sich auf das Verfahren beziehen.

III In gleicher Weise ist zu verfahren, wenn die Pfändung für mehrere Gläubiger gleichzeitig bewirkt ist.

Vorbem. II 2 geändert dch Art 1 Z 52 d JKomG v 22. 3. 05, BGBl 837, in Kraft seit 1. 4. 05, Art 16 I JKomG, ÜbergangsR Einl III 78.

1 1) **Systematik, Regelungszweck, I–III.** § 854 schließt sich eng an § 853 an. Die Zielsetzung ist ebenfalls vergleichbar, § 853 Rn 2.

2 2) **Herausgabe, I–III.** Der Drittschuldner darf oder muß die Sache allerdings statt einer Hinterlegung an den Gerichtsvollzieher herausgeben. Er muß auch dem Gerichtsvollzieher seine Anzeige machen und die Dokumente aushändigen. Derjenige Gerichtsvollzieher ist zuständig, den der zuerst zugestellten Beschluß bezeichnet hat. Wenn kein Gerichtsvollzieher bezeichnet wurde, dann muß das AG desjenigen Orts auf einen Antrag des Drittschuldners einen Gerichtsvollzieher bestimmen, an dem man die Sache herausgeben muß. Wenn mehrere Beschlüsse gleichzeitig zugestellt wurden, dann kann der Drittschuldner unter denjenigen Gerichtsvollziehern wählen, die diese Beschlüssen nennen. Das AG handelt durch den Rpfl, § 20 Z 17 RPflG, Anh § 153 GVG.

3 3) **Wirkung, I–III.** Mit der Herausgabe der Sache gehen die Pfandrechte an dem Anspruch auf die Sache über, und zwar in der Reihenfolge der Anspruchspfändungen. Der Gerichtsvollzieher verteilt den Erlös. Wenn der Erlös nicht für alle Gläubiger ausreicht und wenn ein späterer Gläubiger einen besseren Rang verlangt, dann ist eine Hinterlegung nach § 827 II notwendig, und es findet ein Verteilungsverfahren statt. Dasselbe gilt bei einer Mehrpfändung nach § 827 III.

4 4) *VwGO:* Vgl § 853 Rn 11.

855 Mehrfache Pfändung eines Anspruchs auf eine unbewegliche Sache.

Betrifft der Anspruch eine unbewegliche Sache, so ist der Drittschuldner berechtigt und auf Verlangen eines Gläubigers, dem der Anspruch überwiesen wurde, verpflichtet, die Sache unter Anzeige der Sachlage und unter Aushändigung der ihm zugestellten Beschlüsse an den von dem Amtsgericht der belegenen Sache ernannten oder auf seinen Antrag zu ernennenden Sequester herauszugeben.

1 1) **Systematik, Regelungszweck.** Die Regelung der Mehrpfändung des Anspruchs auf die Herausgabe eines Grundstücks schließt sich eng an § 853 an. Die Zielsetzung ist vergleichbar, § 853 Rn 2.

2 2) **Treuhänder.** Der Drittschuldner muß eine unbewegliche Sache an einen Treuhänder (Sequester) herausgeben. Das AG der belegenen Sache ernennt den Treuhänder durch den Rpfl, § 20 Z 17 RPflG, Anh § 153 GVG, falls es ihn nicht schon selber ernannt hatte. Über die Stellung des Treuhänders § 848 Rn 2. In der Reihenfolge der Pfändungen entstehen Sicherungshypotheken, § 848 Rn 9. Man kann einen beanspruchten Vorrang durch einen Widerspruch sichern. Wenn bei einer Mitberechtigung anderer Gläubiger nur der Anteil des Schuldners gepfändet worden ist, dann muß der Drittschuldner die Sache an den Sequester und an die anderen Berechtigten gemeinsam herausgeben.

Gebühren: Des Gerichts keine; des Anwalts VV 3309, 3310.

3 3) *VwGO:* Vgl § 853 Rn 11.

855a Mehrfache Pfändung eines Anspruchs auf ein Schiff.

1 Betrifft der Anspruch ein eingetragenes Schiff, so ist der Drittschuldner berechtigt und auf Verlangen eines Gläubigers, dem der Anspruch überwiesen wurde, verpflichtet, das Schiff unter Anzeige der Sachlage und unter Aushändigung der Beschlüsse dem Treuhänder herauszugeben, der in dem ihm zuerst zugestellten Beschluss bestellt ist.

Titel 1. Zwangsvollstr. in das bewegl. Vermögen §§ 855a, 856

^{II} Absatz 1 gilt sinngemäß, wenn der Anspruch ein Schiffsbauwerk betrifft, das im Schiffsbauregister eingetragen ist oder in dieses Register eingetragen werden kann.

1) Geltungsbereich, I, II. I ist ganz dem § 855 nachgebildet. II stellt ein Schiffsbauwerk einem 1 eingetragenen Schiff dann gleich, wenn das Schiffsbauwerk eingetragen ist oder eingetragen werden kann, s § 66 SchiffsregisterO. § 855a gilt für ein in der Luftfahrzeugrolle eingetragenes Luftfahrzeug sinngemäß, § 99 I LuftfzRG.

2) VwGO: *Vgl § 853 Rn 11.* 2

856 *Klage bei mehrfacher Pfändung.* ^I Jeder Gläubiger, dem der Anspruch überwiesen wurde, ist berechtigt, gegen den Drittschuldner Klage auf Erfüllung der nach den Vorschriften der §§ 853 bis 855 diesem obliegenden Verpflichtungen zu erheben.

^{II} Jeder Gläubiger, für den der Anspruch gepfändet ist, kann sich dem Kläger in jeder Lage des Rechtsstreits als Streitgenosse anschließen.

^{III} Der Drittschuldner hat bei dem Prozeßgericht zu beantragen, dass die Gläubiger, welche die Klage nicht erhoben und dem Kläger sich nicht angeschlossen haben, zum Termin zur mündlichen Verhandlung geladen werden.

^{IV} Die Entscheidung, die in dem Rechtsstreit über den in der Klage erhobenen Anspruch erlassen wird, ist für und gegen sämtliche Gläubiger wirksam.

^V Der Drittschuldner kann sich gegenüber einem Gläubiger auf die ihm günstige Entscheidung nicht berufen, wenn der Gläubiger zum Termin zur mündlichen Verhandlung nicht geladen worden ist.

1) Systematik, I–V. Die Vorschrift enthält die prozessualen Möglichkeiten des in den Fällen der §§ 853– 1 855 betroffenen Beteiligten.

2) Regelungszweck, I–V. Das notgedrungen ziemlich aufwendige System I–V soll zur Klärung der 2 durch die Hinterlegung usw eingetretenen Unsicherheiten führen. Es soll damit letztendlich die Fortsetzung der ins Stocken geratenen Vollstreckung in demjenigen Umfang ermöglichen, der sich am Ende der Zwischenverfahrens nach § 856 als noch zulässig erweist.

3) Klage, I. Jeder Überweisungsgläubiger kann gegen den Schuldner die rein prozessuale Leistungsklage 3 des § 856 auf die Erfüllung der Verpflichtungen nach §§ 853, 855 erheben. Der bloße Pfändungsgläubiger hat diese Möglichkeit nicht. Er ist vielmehr darauf angewiesen, dem Rechtsstreit beizutreten, II. Der klagende Gläubiger braucht die anderen Gläubiger nicht beizuladen. Er muß aber dem Schuldner nach § 841 den Streit verkünden. Mehrere klagende Überweisungsgläubiger sind notwendige Streitgenossen, § 62. § 856 beseitigt nicht das Recht eines Gläubigers, auf die Leistung zu klagen.

4) Beitritt, II. Jeder Pfändungsgläubiger darf unabhängig davon, ob er auch ein Überweisungsgläubiger 4 ist oder nicht, einem klagenden Überweisungsgläubiger in dessen Prozeß gegenüber dem Schuldner jederzeit beitreten. Er wird dann ein notwendiger Streitgenosse, § 62. Der Beitritt ist mündlich statthaft. Denn er stellt keine Streithilfe nach § 66 dar. Nur der Erstkläger hat ein selbständiges Klagerecht. Spätere Klagen sind wegen der Möglichkeit eines Beitritts mangels Rechtsschutzbedürfnisses unzulässig, Grdz 14 vor § 253, StJM 2 (der Bekl habe eine der Rüge der Rechtshängigkeit ähnliche Einrede).

5) Beiladung, III. Der Drittschuldner muß bei dem Prozeßgericht beantragen, sämtliche Pfändungsgläu- 5 biger beizuladen, die nicht geklagt und sich auch nicht nach II angeschlossen haben, selbst wenn sie später gepfändet haben. Die Beiladung muß in der Form der Streitverkündung nach § 73 erfolgen, obwohl die Beiladung keine Streitverkündung ist. Die Ladung braucht nur zum ersten streitigen Verhandlungstermin jeder Instanz zu erfolgen. Das gilt auch dann, wenn eine öffentliche Zustellung nach §§ 185 ff oder eine Zustellung im Ausland nach §§ 183, 184 erforderlich wird. Man reicht beim Gericht einen Schriftsatz ein. Das Gericht teilt ihn dem Gegner formlos mit.

6) Einwendungen, IV, V. Der Drittschuldner kann im Prozeß die folgenden Einwendungen erheben. 6

A. Sachlichrechtliches Bedenken. Er kann sich gegen den Anspruch eines jeden Gläubigers auf Grund sachlichrechtlicher Bedenken wenden. Er kann zB vortragen, er habe bereits an einen Besserberechtigten erfüllt oder er habe eine Aufrechnung erklärt. Ein Vergleich, ein Erlaß der Forderung, eine Stundung durch einen Pfändungsgläubiger sind nur dann zulässig, wenn das Gericht die Forderung diesem Pfändungsgläubiger an Zahlungs Statt überwiesen hatte oder wenn es im Fall einer Überweisung zur Einziehung den vollen Betrag der überwiesenen Forderung auf die beizutreibende Forderung verrechnet hatte.

B. Einwand gegen einzelne Gläubiger. Der Schuldner kann sich gegen einen einzelnen Gläubiger 7 etwa mit der Begründung wenden, ihm gegenüber bestehe weder eine Hinterlegungspflicht noch eine Herausgabepflicht. Solche Einwendungen sind aber solange unerheblich, als noch mindestens zwei Gläubiger verbleiben, die von den Einwendungen nicht betroffen werden.

7) Urteil, IV, V. Das Urteil wirkt immer für sämtliche Gläubiger. Es wirkt nur gegen diejenigen 8 Gläubiger, die sich am Verfahren beteiligt haben oder die das Gericht beigeladen hatte. Die Wirkung erstreckt sich nur auf den „in der Klage erhobenen Anspruch", also auf den Anspruch auf eine Hinterlegung in Höhe des Gesamtbetrags der Pfändungen. Das Urteil erwächst gegenüber dem Schuldner nicht in Rechtskraft. Die Zwangsvollstreckung findet aus dem Urteil für alle Gläubiger statt, Saarbr RR 90, 1472. Wer am Verfahren nicht teilgenommen hat, der muß das Urteil nach § 727 auf sich umschreiben lassen, Saarbr RR 90, 1472.

8) VwGO: *Vgl § 853 Rn 11.* 9

Hartmann 2403

§ 857

857 *Zwangsvollstreckung in andere Vermögensrechte.* ᴵ Für die Zwangsvollstreckung in andere Vermögensrechte, die nicht Gegenstand der Zwangsvollstreckung in das unbewegliche Vermögen sind, gelten die vorstehenden Vorschriften entsprechend.

ᴵᴵ Ist ein Drittschuldner nicht vorhanden, so ist die Pfändung mit dem Zeitpunkt als bewirkt anzusehen, in welchem dem Schuldner das Gebot, sich jeder Verfügung über das Recht zu enthalten, zugestellt ist.

ᴵᴵᴵ Ein unveräußerliches Recht ist in Ermangelung besonderer Vorschriften der Pfändung insoweit unterworfen, als die Ausübung einem anderen überlassen werden kann.

ᴵⱽ ¹ Das Gericht kann bei der Zwangsvollstreckung in unveräußerliche Rechte, deren Ausübung einem anderen überlassen werden kann, besondere Anordnungen erlassen. ² Es kann insbesondere bei der Zwangsvollstreckung in Nutzungsrechte eine Verwaltung anordnen; in diesem Fall wird die Pfändung durch Übergabe der zu benutzenden Sache an den Verwalter bewirkt, sofern sie nicht durch Zustellung des Beschlusses bereits vorher bewirkt ist.

ⱽ Ist die Veräußerung des Rechtes selbst zulässig, so kann auch diese Veräußerung von dem Gericht angeordnet werden.

ⱽᴵ Auf die Zwangsvollstreckung in eine Reallast, eine Grundschuld oder eine Rentenschuld sind die Vorschriften über die Zwangsvollstreckung in eine Forderung, für die eine Hypothek besteht, entsprechend anzuwenden.

ⱽᴵᴵ Die Vorschrift des § 845 Abs. 1 Satz 2 ist nicht anzuwenden.

Schrifttum: *Banke,* Das Anwartschaftsrecht aus Eigentumsvorbehalt in der Einzelzwangsvollstreckung, 1991; *Behr,* Taktik in der Mobiliarvollstreckung (III), Kontenpfändung, ... Pfändung von sonstigen Vermögensrechten, 1989; *Behr/Eickmann,* Pfändung von Grundpfandrechten und ihre Auswirkungen auf die Zwangsversteigerung, 1989; *Bork,* Vinkulierte Namensaktien in Zwangsvollstreckung und Insolvenz des Aktionärs, Festschrift für *Henckel (1995) 23; Ehlenz/Diefenbach,* Pfändung in Bankkonten und andere Vermögensrechte, 3. Aufl 1990; *Gottgetreu,* Gestaltungsrechte als Vollstreckungsgegenstände, 2001 (Bespr *Brehm* ZZP **116**, 126); *Marotzke,* Das Anwartschaftsrecht usw, 1977; *Schüller,* Die Zwangsvollstreckung in den Nießbrauch, 1978; *Zimmermann,* Immaterialgüterrechte und ihre Zwangsvollstreckung, 1998. Vgl auch Grdz 87 vor § 704 „Kontokorrent", 96 „Notar".

Gliederung

1) Systematik, I–VII	1	C. Andere Art der Verwertung	18
2) Regelungszweck, I–VII	2	D. Nutzungsrecht	19
3) Anderes Vermögensrecht, I	3, 4	8) Reallast usw, VI	20–26
4) Beispiele zur Frage anderer Vermögensrechte, I	5–10	A. Allgemeines	20, 21
		B. Eigentümerhypothek	22
5) Pfändung, II	11–13	C. Eigentümergrundschuld	23–25
6) Unveräußerliches Recht, III	14, 15	D. Höchstbetragshypothek	26
7) Verwertung, IV, V	16–19	9) Vorpfändung, VII	27
A. Überweisung zur Einziehung	16	10) VwGO	28
B. Überweisung zum Nennwert	17		

1 **1) Systematik, I–VII.** §§ 857–863 regeln die gesamte Zwangsvollstreckung in das bewegliche Vermögen, soweit die Zwangsvollstreckung nicht körperliche Sachen nach § 803 Rn 1, Geldforderungen nach § 829 Rn 1 oder Ansprüche auf die Herausgabe von Sachen betrifft, § 846, Bre MDR **83**, 677, Hamm DNotZ **83**, 63. Dabei bleiben die Ziele der Regelung dieselben wie bei jeder Vollstreckung in das bewegliche Vermögen, Üb 1, 2 vor § 803. § 857 stellt die Regel auf, nach der die §§ 828–856 anwendbar sind. §§ 858–863 enthalten Sondervorschriften. Die Abgrenzung ist manchmal schwierig.

2 **2) Regelungszweck, I–VII.** Das gesamte Vermögen soll grundsätzlich dem Zugriff des Gläubigers offenstehen. Diesem Ziel dient § 857 als Sammel- und Auffangvorschrift. Insofern ist eine weite Auslegung zugunsten des Gläubigers erforderlich. Erst bei Verwertbarkeit alles irgendwie Geldwerten mag eine volle Befriedigung und damit Gerechtigkeit entstehen können, Einl III 9. Erst dadurch kann es auch wieder zum Rechtsfrieden kommen. Freilich nennen II–VII neben technischen Durchführungsregeln auch gewisse Vollstreckungsgrenzen. Sie sind aber eng gezogen.

3 **3) Anderes Vermögensrecht, I.** Es handelt sich um einen gesetzlichen Hilfs- oder Auffangbegriff zwecks Erfassung der in §§ 828–856 nicht bereits geregelten Vermögenswerte, Rn 2. Vermögensrecht ist das, was einen Geldwert darstellt, der sich zur Befriedigung des Gläubigers eignet, LG Aurich Rpfleger **97**, 268.

Den *Gegensatz* zu Vermögensrechten bilden folgende Fälle: Ein tatsächlicher oder wirtschaftlicher Zustand, etwa die Stellung als Alleinerbe; ein Persönlichkeitsrecht, etwa die Erfindungspersönlichkeit, BGH GRUR **78**, 585. Man darf hier den Ausdruck aber nur im engsten Sinne verstehen. Über Marken Rn 2; eine Handlungsmöglichkeit, AG Sinzig RR **86**, 967, wie das Kündigungsrecht, Hanloser CR **01**, 456, oder das Recht, eine Mietaufhebung zu verlangen, oder das Abtretungsrecht. Über das Recht aus einer Vollmacht Grdz 113 vor § 704 „Vollmacht"; ein unselbständiges Recht. Beispiele: Das Recht auf die Herausgabe des Hypothekenbriefs oder des Kraftfahrzeugbriefs, BFH BB **76**, 1351; ein Kfz-Schein, KG OLGZ **94**, 114; die Hypothek ohne eine Forderung; das Pfändungspfandrecht, Nürnb MDR **01**, 1133. Ein solches unselbständiges Recht ist nicht für sich pfändbar, sondern nur zusammen mit dem Hauptrecht, LG Bln Rpfleger **78**, 332. Eine Nebenforderung, etwa der Anspruch auf Zinsen, ist selbständig pfändbar.

Titel 1. Zwangsvollstr. in das bewegl. Vermögen **§ 857**

In allen vorstehenden Fällen ist eine *Pfändung nicht möglich*. Dasselbe gilt bei einem Rangvorbehalt. Es ist nicht erforderlich, daß die Zwangsvollstreckung unmittelbar zu einer Befriedigung des Gläubigers führen kann, § 848. Ferner sind alle öffentlichrechtlichen Befugnisse unpfändbar, etwa: Das Wahlrecht; der „Anspruch" auf ein Handeln einer staatlichen Stelle, etwa ein Urteil auf eine Eintragung in das Grundbuch. Der Berichtigungsanspruch nach § 894 BGB ist ein privatrechtlicher Anspruch gegen den Eingetragenen.

4) Beispiele zur Frage anderer Vermögensrechte, I
Abtretung, Übertragung: I ist anwendbar auf die Zwangsvollstreckung in einen Anspruch auf die Abtretung, Rückabtretung, Übertragung oder Rückübertragung eines Rechts, BGH **154**, 67 (zustm Schuschke), LG Bln MDR **77**, 59 und 412, LG Verden Rpfleger **86**, 394.
  S auch „Anwartschaftsrecht", „Auseinandersetzung".
Anwartschaftsrecht: I ist anwendbar auf die Zwangsvollstreckung in ein Anwartschaftsrecht, Düss Rpfleger **81**, 199 (abl Eickmann), LG Bonn Rpfleger **89**, 449 (der Nachweis der Auflassung durch eine öffentliche oder öffentlich beglaubigte Urkunde ist notwendig). Zum Problem Geißler DGVZ **90**, 81 (ausf).
  S auch „Abtretung, Übertragung".
Arzneimittelrecht: I ist anwendbar auf die Zwangsvollstreckung in die Befugnis, ein Arzneimittel in den Verkehr zu bringen und nur zusammen mit ihr die öffentlichrechtliche Zulassung zu erwerben, BGH NJW **90**, 2932.
Auseinandersetzung: I ist anwendbar auf die Zwangsvollstreckung in einen Anspruch auf ein Auseinandersetzungsguthaben, auch ein künftiges, BGH KTS **85**, 321 (auch wegen des Anspruchs auf Rückgewähr einer valutierenden Grundschuld), aM StJM 3.
Bereicherung: I ist anwendbar auf die Zwangsvollstreckung in den Anspruch auf den Ausgleich einer Bereicherung nach dem Wegfall ihres Sicherungszwecks (Rückgewähranspruch), BGH NJW **89**, 2538, Ffm VersR **85**, 71, LG Münst Rpfleger **91**, 379.
Berichtigung: Rn 7 „Grundbuch".
Computer: Grdz 68 „Computer" vor § 704.
Dienstleistungsmarke: I ist anwendbar auf eine Dienstleistungsmarke oder auf eine international registrierte Marke (IR-Marke) mit deutscher Basismarke, Repenn NJW **94**, 175.
Domain: Rn 8 „Internet-Domain".
Dreidimensionales Zeichen: I ist anwendbar jetzt auch auf ein solches Zeichen, Repenn NJW **94**, 175.
Eigentum: S „Erbteil", Rn 8 „Miteigentum".
Eintragung: Rn 7 „Grundbuch".
Einziehungsrecht: I ist anwendbar auf ein solches aus einem Pfändungs- und Überweisungsbeschluß, aM LG Lpz Rpfleger **00**, 401 (aber auch dieses Recht hat einen Vermögenswert).
Erbbaurecht: I ist in Verbindung mit § 851 II anwendbar auf den Zustimmungsanspruch nach § 7 II ErbbVO, LG Köln, NZM **01**, 1102.
Erbteil: I ist anwendbar auf die Zwangsvollstreckung in einen Erbteil, auch wenn er aus einem Grundstücksanteil besteht.
  S auch Rn 8 „Miteigentum".
Erfinderrecht: § 257 ist auf seine vermögensrechtlichen Teile anwendbar, Zimmermann GRUR **99**, 128.
Geschmacksmuster: Das Recht an ihm kann Gegenstand der Zwangsvollstreckung sein, § 30 I Z 2 GeschmMG.
Gesellschaftsanteil: § 859 Rn 3, Anh § 859.
Grundbuch, dazu *Linderhaus,* Die Zwangsvollstreckung in den sachenrechtlichen Anspruch auf Zustimmung zur Berichtigung des Grundbuches (§ 894 BGB), Diss Konst 1999: I ist anwendbar auf die Zwangsvollstreckung in den Anspruch auf die Berichtigung, Düss Rpfleger **98**, 436, oder auf die Eintragung eines Grundpfandrechts, Bre NJW **84**, 2478 (nur das „Stammrecht" der Verwendung des Grundstücks zur dinglichen Sicherung ist weder abtretbar noch pfändbar, dazu krit Dubischar NJW **84**, 2440).
  S auch „Grundschuld".
Grundschuld: I ist anwendbar auf die Zwangsvollstreckung in einen Anspruch auf die Rückgewähr einer nicht valutierenden Grundschuld, BGH KTS **85**, 321, LG Detm DGVZ **00**, 169, aM StJM 3, oder auf einen Verzicht auf die Grundschuld, Rn 26.
  S auch „Grundbuch", Grdz 76 „Grundschuld" vor § 704.
Hinterlegung: I ist anwendbar auf die Zwangsvollstreckung in den Anspruch gegen einen Notar auf die Auszahlung eines bei ihm hinterlegten Geldbetrags, Ffm FGPrax **98**, 80, Hamm DNotZ **83**, 63, Rupp/Fleischmann NJW **83**, 2369.
Internet-Domain, dazu *Berger* Rpfleger **02**, 181, *Herrmann,* Die Zwangsvollstreckung in die Domain usw, 2004; *Keespies* GRUR **02**, 764 (je: Üb): I ist auf dieses abtretbare, handelbare Recht anwendbar, BGH BB **05**, 2100, LG Düss JB **01**, 548, LG Mönchengladb MDR **05**, 118, aM LG Mü JB **00**, 595 (nicht beim Familiennamen) und JB **01**, 323 (nicht beim Firmennamen. Aber fast alles hat einen Vermögenswert). Zum Problem auch Hanloser Medienrecht **01**, 345, Schmittmann JB **00**, 596 und JB **01**, 324.
Leasing: Rn 14.
Marke: Grdz 95 vor § 704. Zuständig ist das Vollstreckungsgericht, LG Düss Rpfleger **98**, 356.
Milchkontingent: I ist auf eine derartige Referenzmenge *unanwendbar,* LG Aurich Rpfleger **97**, 268.
Miteigentum: I ist anwendbar auf die Zwangsvollstreckung in einen Miteigentumsanteil, BGH NJW **93**, 937, BayObLG DB **92**, 1880, Staudinger/Huber¹² § 747 BGB Rn 45, aM Marotzke Erlanger Festschrift für Schwab (1990) 299 (§§ 808 ff entsprechend). Das gilt auch für einen isolierten Miteigentumsanteil ohne Sondereigentum und ohne Anwartschaft nach dem WEG, Hamm RR **91**, 335.
  S auch Rn 6 „Erbteil".
Nießbrauch: I ist auf ihn anwendbar, Rn 15, auch IV 2, Düss Rpfleger **97**, 315.
Notar: Rn 7 „Hinterlegung".
Nutzungsrecht: Grdz 97 „Nutzungsrecht" vor § 704.

Hartmann

§ 857　　　　　　　　　　　　　　Buch 8. Abschnitt 2. ZwV wegen Geldforderungen

Pfändungspfandrecht: I ist auf dieses Recht *unanwendbar*. Denn es folgt der Forderung, Nürnb MDR **01**, 1133.
Rückabtretung, Rückübertragung: Rn 5 „Abtretung, Übertragung", „Bereicherung".
Rückgewährsanspruch: I ist auf ihn anwendbar, Schlesw FGPrax **97**, 54.
　S auch Rn 5 „Absetzung, Übertragung".
Sicherungsübereignung: Grdz 102 „Sicherungsübereignung" vor § 704.
Software: Grdz 102 „Software" vor § 704.
Sondernutzungsrecht: Es ist in beschränktem Rahmen der Vollstreckung unterworfen, Schuschke NZM **99**, 832, aM Stgt NZM **02**, 884 (aber pfändbar ist alles Vermögen. Ohne einen Vermögenswert käme es gar kaum zu solchem Recht).
Sport: Soweit das Recht zur Teilnahme am sportlichen Wettbewerb übertragbar ist und einen Vermögenswert hat, ist es pfändbar, BGH NJW **02**, 144.
10　**Teilungsversteigerung:** I ist anwendbar, Jena Rpfleger **01**, 445.
Übertragung: Rn 5 „Abtretung".
Ungerechtfertigte Bereicherung: Rn 5 „Bereicherung".
Wohnbesitz: I ist anwendbar auf die Zwangsvollstreckung in den Anspruch auf einen Wohnbesitz, Schopp Rpfleger **76**, 384.
Zwangsversteigerung: I ist anwendbar auf die Zwangsvollstreckung in den Anspruch aus dem Meistgebot auf die Erteilung des Zuschlags. Es entsteht nach § 848 II 2 eine Sicherungshypothek, Krammer/Riedel Rpfleger **89**, 146.
　S auch Rn 9 „Teilungsversteigerung".

11　**5) Pfändung, II.** Wenn ein Drittschuldner vorhanden ist, dann wird die Pfändung nach §§ 828 ff mit der Zustellung des Pfändungsbeschlusses an den Drittschuldner wirksam, § 829 III. Wenn ein Drittschuldner fehlt, dann wird die Pfändung mit der Zustellung des Verfügungsverbots an den Schuldner wirksam. Dieses Verfügungsverbot ist in einem solchen Fall unentbehrlich. Man muß den Begriff Drittschuldner hier im weitesten Sinne verstehen, noch weiter als bei § 829. Drittschuldner ist jeder, dessen Recht die Pfändung berührt.
　Das trifft zB zu für: Einen Miterben; einen Miteigentümer; denjenigen, der unter einem Eigentumsvorbehalt veräußert hat. Die Pfändung des Anwartschaftsrechts erfolgt bei ihm entsprechend § 829 III. Nach einem Erlöschen gemäß § 91 ZVG ist zunächst kein Drittschuldner wegen des Anspruchs auf den Anteil am Erlös vorhanden. Daher reicht zur Pfändung dieses Anspruchs eine Zustellung an den Schuldner nach II aus. Diese Zustellung ist auch notwendig. Demgegenüber ist seit dem Zeitpunkt einer Hinterlegung nach §§ 120, 124 ZVG die Zustellung an die Hinterlegungsstelle als der Drittschuldnerin nach § 829 III maßgeblich. Die Pfändung des Alleinnacherbrechts berührt das andersartige Recht des Vorerben nicht. Der Gläubiger muß vorsichtig sein. Er sollte lieber zuviel tun. Zu wenige Maßnahmen machten die Pfändung unter Umständen unwirksam.

12　Wenn der Gläubiger das *Anwartschaftsrecht* des Vorbehaltskäufers oder auch des Sicherungsgebers gepfändet hat, dann muß er auch die Sache selbst nach § 808 pfänden. Denn der Gläubiger erlangt nur auf diesem Weg den Besitz. Er kann nur so zu seiner Befriedigung kommen, aM Fenn AcP **170**, 460 (es handle sich um eine reine Rechtspfändung. Aber das trifft nur für die Hälfte der Sache). Der Gläubiger kann dann freilich einen späteren Abtretungsnehmer des Anspruchs gegen den Vorbehaltsverkäufer oder den Sicherungsnehmer ausschalten, Grdz 60 vor § 704 „Anwartschaft".

13　Wenn die Zwangsvollstreckung in das *Nutzungsrecht* an einer Sache erfolgt ist, etwa in einen Nießbrauch, und ist eine Verwaltung angeordnet worden ist, dann kann eine Übergabe der noch zu benutzenden Sache an den Verwalter die Pfändung ersetzen. Die Pfändung eines rechtstragenden Wertpapiers erfolgt nach § 831. Das Pfandrecht entsteht immer an dem gepfändeten Recht selbst, mag es auch nur zur Ausübung überlassen worden sein. Eine Belastung des Rechts, die im Zeitpunkt der Pfändung bestand, wirkt auch gegenüber dem Gläubiger. Das gilt für eine Löschungsvormerkung bei einer Eigentümerhypothek. Im Zeitpunkt des Erlöschens des Rechts geht das Pfandrecht unter.
　Gebühren: Des Gerichts § 12 V GKG (Vorauszahlungspflicht), KV 2110; des Anwalts VV 3309, 3310.

14　**6) Unveräußerliches Recht, III.** Ein solches Recht ist in seinem Bestand nach § 851 unpfändbar, dort Rn 3. Bei einer Anwendung des § 851 II auf ein solches Recht muß man folgendes beachten. Ein höchstpersönliches Recht ist zB das Wohnrecht aus einem Altenteilsvertrag. Eine vertragliche Ausschließung der Übertragbarkeit ist bei einem Recht durch § 137 BGB verboten. Das Firmenrecht hat einen Vermögenswert. Da es aber nur zusammen mit dem Übernehmen übertragbar ist und da das Unternehmen praktisch nach Grdz 73 vor § 704 „Firma" unpfändbar ist, ist eine Pfändung unmöglich. III läßt die Pfändung der Ausübung nach zu, soweit man die Ausübung des Rechts einem anderen überlassen kann. Das ist zB beim Gebrauchsrecht des Mieters möglich, sofern der Vermieter dem Mieter gestattet hat, die Mietsache einem Dritten zu überlassen, § 540 I 1 BGB. Zu einer solchen Überlassung ist also eine Vereinbarung zwischen dem Vermieter und dem Mieter notwendig. Entsprechendes gilt beim Leasingvertrag wegen des Nutzungsrechts usw. Die Sache selbst ist nach §§ 808 ff pfändbar, Düss NJW **88**, 1676, AG Neuwied DGVZ **96**, 142, Teubner/Lelley ZMR **99**, 151 (ausf).

15　Der Grundstückseigentümer kann demgemäß ein *dingliches Wohnrecht* seines Schuldners am Grundstück des Eigentümers (Gläubigers) nur dann pfänden, wenn er dem Berechtigten gestattet hatte, die Ausübung des Wohnungsrechts einem Dritten zu überlassen, AG Köln WoM **03**, 341, und wenn diese Erlaubnis im Grundbuch eingetragen worden war, großzügiger LG Detm Rpfleger **88**, 372, strenger BGH NJW **99**, 644 (grundsätzliche Unpfändbarkeit), Schlesw Rpfleger **97**, 256 (pfändbar sei nur ein Wertersatzanspruch nach Zwangsversteigerung), großzügiger AG Köln WoM **03**, 341 (keine Eintragung nötig. Aber ein dingliches Recht hängt von der Eintragung ab). Manche wenden III auch auf den Anspruch des Miteigentümers eines Grundstücks auf die Aufhebung der Bruchteilsgemeinschaft nach § 749 BGB an, AG Siegen Rpfleger **88**, 250, Gramentz, Die Aufhebung der Gemeinschaft nach Bruchteilen durch den Gläubiger eines Teilhabers (1989) 502. Vgl aber auch § 864 Rn 6.

Titel 1. Zwangsvollstr. in das bewegl. Vermögen **§ 857**

Die Pfändung des *Nießbrauchs* ist zulässig, Grdz 97 vor § 704 „Nutzungsrecht", LG Lübeck Rpfleger **93**, 360, Schüller, Die Zwangsvollstreckung in den Nießbrauch, Diss Bonn 1978. Eine Pfändung ist der Ausübung nach auch immer dann zulässig, wenn sich die Rechtsausübung nicht unbedingt an die Person des Berechtigten knüpft. Deshalb mag der Gläubiger die Ausnutzung des schriftstellerischen Urheberrechts pfänden können, Grdz 109 vor § 704 „Urheberrecht". Das Recht auf die Erteilung eines Patents und das Recht aus einem Patent sind pfändbar, Grdz 99 vor § 704 „Patent". Wegen einer Marke Rn 8 „Marke".

7) Verwertung, IV, V. Es gibt mehrere Möglichkeiten. **16**

A. Überweisung zur Einziehung. Diese Form der Überweisung ist dann statthaft, wenn der Gläubiger an die Stelle des Schuldners treten kann. Wenn nur bestimmte Personen dazu imstande sind, dann muß der Gläubiger zu ihrem Kreis zählen. In einem solchen Fall kann der Gläubiger auf Grund der Überweisung dasjenige erreichen, das der Schuldner ohne eine Pfändung erreichen würde. Der Gläubiger darf etwa im Fall einer Grundbuchberichtigung die Eintragung auf den Namen des Schuldners verlangen, nicht aber die Eintragung auf seinen eigenen Namen.

B. Überweisung zum Nennwert. Diese Form der Überweisung kommt nur bei einem Recht in Frage, **17** das einen bestimmten Nennwert hat, etwa bei einer Eigentümergrundschuld.

C. Andere Art der Verwertung. Wenn die Verwertung durch eine Einziehung unmöglich oder schwie- **18** rig ist, dann kann das Vollstreckungsgericht eine andere Art der Verwertung anordnen, je nach der Art des Rechts, § 844, etwa im Fall eines veräußerlichen Rechts die Veräußerung des Rechts durch eine Versteigerung oder durch einen freihändigen Verkauf, zB bei einem Erbteil oder bei einer Eigentümergrundschuld. Die Überweisung an Zahlungs Statt kann zum Schätzungswert in Frage kommen, etwa wenn man dadurch eine Erbauseinandersetzung vermeiden kann und wenn der Wert ersichtlich angemessen ist, § 844 Rn 8.

D. Nutzungsrecht. Beim Nutzungsrecht nach Rn 14, 15 kann das Gericht eine besondere Anordnung **19** treffen. Es kann namentlich eine Verwaltung anordnen. Dann muß der Schuldner die genutzte Sache dem Verwalter übergeben. Er liefert dem Gläubiger die Erträge ab, sofern nicht der Drittschuldner nach § 839 hinterlegen müßte. Das Vollstreckungsgericht trifft alle näheren Anordnungen, LG Lübeck Rpfleger **93**, 360. Im Fall des Nutzungsrechts an dem Grundstück ist entsprechend § 848 das Gericht der belegenen Sache zuständig. Auch dieses Gericht entscheidet durch den Rpfl, § 848 Rn 3. Das Gericht kann auch die Ausübung zugunsten des Gläubigers einem Dritten oder dem Gläubiger übertragen, zB an einem Patent durch die Erteilung einer Lizenz. Wegen des Nießbrauchs Rn 15 und Grdz 97 vor § 704 „Nutzungsrecht".

8) Reallast usw, VI. Die an sich einfache Regelung zeigt manche Tücken. **20**

A. Allgemeines. Eine Reallast, eine Grundschuld oder eine Rentenschuld lassen sich wie eine Hypothek pfänden und überweisen, §§ 830, 837. Der Grundschuldbrief oder der Rentenschuldbrief sind nur dann nach § 808 pfändbar und nach § 821 verwertbar, wenn sie auf den Inhaber ausgestellt worden sind. Eine Reallast steht einer Buchhypothek gleich. Sie ist nur pfändbar, soweit nicht der Anspruch auf die einzelne Leistung unpfändbar ist, § 1111 II BGB, bzw die Reallast zugunsten des jeweiligen Eigentümers besteht, § 1110 BGB. Ein Zinsrückstand und eine rückständige Reallastleistung ist wie ein Hypothekenzins selbständig pfändbar. Die Pfändung der Grundschuld usw ergreift diesen Rückstand usw nicht. Wenn die Grundschuld sicherungshalber an einen Dritten abgetreten worden ist, insbesondere an ein Kreditinstitut, dann kann man nur den Anspruch auf die Rückübertragung und einen Verzicht auf sie nach § 829 pfänden. Wenn es sich um eine Briefgrundschuld handelt, dann ist die Wirksamkeit der Pfändung nicht vom Briefbesitz abhängig. Nach der Überweisung entsteht ein Anspruch des Pfandgläubigers auf eine Rückübertragung der Grundschuld auf den Grundstückseigentümer im Zeitpunkt der Fälligkeit. Er selbst erwirbt ein Ersatzpfandrecht entsprechend § 848 II an der Grundschuld.

Wenn der Anspruch des Grundeigentümers auf eine *Rückübertragung* des nichtvalutierten Teils der Grund- **21** schuld gegenüber dem Grundschuldgläubiger gepfändet worden und die Grundschuld in der Zwangsversteigerung erloschen ist, dann bleibt das Pfandrecht an einem entsprechenden Teil des Versteigerungserlöses bestehen. Man kann den Löschungsanspruch durch eine Hilfspfändung erfassen, § 808 Rn 4.

B. Eigentümerhypothek. Wenn die Hypothek dem Eigentümer mit der Forderung nach §§ 1143, 1177 **22** II BGB zusteht, findet die Pfändung und Überweisung wie bei der gewöhnlichen Hypothek statt, § 830.

C. Eigentümergrundschuld. Wenn die Forderung dem Eigentümer wie bei 1163 BGB nicht zusteht, **23** dann ist die Hypothek sachlichrechtlich eine Grundschuld, § 1177 BGB. Sie wird dann wie eine Grundschuld nach § 830 gepfändet, ZöStö 20, aM Peters JZ **85**, 177, StJM 59 ff (die Zustellung des Pfändungsbeschlusses an den Schuldner reicht aus. Aber § 930 hat als Spezialvorschrift Vorrang). Diese Lösung hat praktisch sehr viel für sich. Deshalb ist bei einem Briefpfandrecht ein Besitz am Hypothekenbrief erforderlich, BGH Rpfleger **89**, 248, gegebenenfalls an dem zu bildenden Teilhypothekenbrief. Bei einer Buchhypothek muß eine Eintragung erfolgen. § 1197 I BGB steht einer Vollstreckung durch den Pfändungsgläubiger nicht entgegen, BGH **103**, 37.

Wenn ein *Dritter* eine Sicherungsgrundschuld *tilgt,* dann muß man bei der Pfändung des getilgten Teils beim **24** Antrag auf die Bildung eines Teilgrundschuldbriefs nachweisen, daß der getilgte Grundschuldteil nicht auf den Dritten übergegangen ist. Der Pfändungsbeschluß muß die Eigentümergrundschuld als solche bezeichnen. Man muß der Rechtsnatur dem Grundbuchamt nachweisen. Das kann verschieden geschehen. Eine Zustellung des Verbots an den Eigentümer genügt. Denn ein Drittschuldner fehlt. Es ist auch die Pfändung einer zukünftigen Eigentümergrundschuld zulässig, § 829 Rn 1. Allerdings müssen die Voraussetzungen eindeutig klar sein, unter denen die Grundschuld entstehen soll. Dementsprechend kann man auch die Anwartschaft auf den Erwerb der jetzigen Eigentümergrundschuld pfänden, die im Fall eines Ausschlußurteils entsteht, nebst dem Recht, das Aufgebot gegenüber unbekannten Hypothekengläubigern zu betreiben, § 1170 BGB.

Wenn die Eigentümergrundschuld in der Zwangsversteigerung *infolge eines Zuschlags* erloschen ist, dann ist **25** der Anspruch auf den an die Stelle der Eigentümergrundschuld getretenen Erlös nach § 829 pfändbar. Dasselbe gilt bei einer nicht valutierten Grundschuld. Wenn bei einer Briefhypothek dem Eigentümer nur ein Teil der Hypothek zusteht, dann muß man folgendes pfänden und überweisen: Das Miteigentum am Brief, § 952 BGB; den Anspruch auf die Aufhebung der Gemeinschaft am Brief, § 749 BGB; den Anspruch auf eine Berichtigung des Grundbuchs nach § 894 BGB; den Anspruch auf die Vorlegung des Briefs beim Grundbuchamt zwecks Bildung eines Teilhypothekenbriefs, § 896 BGB; die Teilhypothek. Mit der Übergabe des Teilbriefs entsteht dann das Pfandrecht an der Hypothek. Dieser Weg ist allerdings außerordentlich umständlich. Wenn bei einer Buchhypothek der Gläubiger noch eingetragen ist, dann muß der Gläubiger den Anspruch auf die Berichtigung des Grundbuchs pfänden und überweisen. Daraufhin kann der Gläubiger nach § 836 III Auskunft und die Herausgabe der Urkunden erzwingen sowie einen Widerspruch nach § 899 BGB eintragen lassen. Vor einer Umschreibung auf den Eigentümer ist die Eintragung des Pfandrechts wegen § 39 GBO unmöglich. Andernfalls könnten ein Gläubiger des Eigentümers und ein Gläubiger des Hypothekengläubigers gleichzeitig eine Eintragung vornehmen lassen.

26 **D. Höchstbetragshypothek.** Eine Höchstbetragshypothek nach § 1190 BGB gibt eine auflösend bedingte Eigentümergrundschuld in Höhe des nicht verbrauchten Teils des Kredits nach § 1163 BGB und nicht nur eine dingliche Anwartschaft. Eine Umschreibung auf den Eigentümer ist jedenfalls erst nach einer endgültigen Feststellung der Forderung zulässig. Demgemäß ist die vorläufige Eigentümergrundschuld zwar pfändbar und überweisbar. Die Pfändung ist aber durch die Eintragung aufschiebend bedingt. Mit der Eintragung tritt die Rückwirkung auf den Tag der Zustellung des Pfändungsbeschlusses an den Eigentümer ein, § 830 II. Daher wären seitdem erfolgte Pfändungen dem Gläubiger gegenüber unwirksam. § 39 GBO läßt eine solche Eintragung aber erst nach einer Umschreibung in eine Eigentümergrundschuld zu. Man muß von Fall zu Fall prüfen, welche Bedeutung eine vorher vollzogene Eintragung hat. Denn nicht jeder Verstoß gegen § 39 GBO macht die Eintragung unwirksam. Die Befugnis des Eigentümers zur Ausnutzung des nicht verbrauchten Teils des Kredits, also seine Befugnis, insofern weitere Schulden zu machen, läßt sich nur durch eine einstweilige Verfügung oder durch den Antrag auf die Eröffnung des Insolvenzverfahrens über das Vermögen des Schuldners unterbinden. Da ein Berichtigungsanspruch nicht vor dem Zeitpunkt entstehen kann, in dem der Betrag feststeht, kann man keinen solchen Anspruch pfänden.

27 **9) Vorpfändung, VII.** Der Gerichtsvollzieher darf die Benachrichtigung mit den Aufforderungen nicht selbst anfertigen. Das stellt VII durch den Ausschluß des § 845 I 2 klar. Das gilt, soweit die Zwangsvollstreckung nach I–VI erfolgt. Selbst ein ausdrücklicher Auftrag des Gläubigers ermächtigt den Gerichtsvollzieher in solchem Fall nicht zur Anfertigung der Benachrichtigung usw. Wenn er dennoch nach § 845 I 2 verfahren ist, ist seine Maßnahme als Staatsakt der Zwangsvollstreckung zunächst wirksam, Grdz 56–58 vor § 704.

28 **10) VwGO:** Entsprechend anwendbar iRv Grdz § 803 Rn 16. Wenn § 5 VwVG eingreift, gilt § 321 AO.

858 *Zwangsvollstreckung in Schiffspart.* ¹Für die Zwangsvollstreckung in die Schiffspart (§§ 489 ff. des Handelsgesetzbuchs) gilt § 857 mit folgenden Abweichungen:

II Als Vollstreckungsgericht ist das Amtsgericht zuständig, bei dem das Register für das Schiff geführt wird.

III ¹Die Pfändung bedarf der Eintragung in das Schiffsregister; die Eintragung erfolgt auf Grund des Pfändungsbeschlusses. ²Der Pfändungsbeschluss soll dem Korrespondentreeder zugestellt werden; wird der Beschluss diesem vor der Eintragung zugestellt, so gilt die Pfändung ihm gegenüber mit der Zustellung als bewirkt.

IV ¹Verwertet wird die gepfändete Schiffspart im Wege der Veräußerung. ²Dem Antrag auf Anordnung der Veräußerung ist ein Auszug aus dem Schiffsregister beizufügen, der alle das Schiff und die Schiffspart betreffenden Eintragungen enthält; der Auszug darf nicht älter als eine Woche sein.

V ¹Ergibt der Auszug aus dem Schiffsregister, dass die Schiffspart mit einem Pfandrecht belastet ist, das einem andern als dem betreibenden Gläubiger zusteht, so ist die Hinterlegung des Erlöses anzuordnen. ²Der Erlös wird in diesem Fall nach den Vorschriften der §§ 873 bis 882 verteilt; Forderungen, für die ein Pfandrecht an der Schiffspart eingetragen ist, sind nach dem Inhalt des Schiffsregisters in den Teilungsplan aufzunehmen.

Schrifttum: Röder DGVZ **02**, 17 (Üb).

1 **1) Systematik, Regelungszweck, I–V.** Die Vorschrift ergänzt den § 857 zwecks auch verfahrenstechnischer Klarstellung der aus der Natur der Schiffspart sich ergebenden notwendigen Besonderheiten der Vollstreckung in solchen Vermögenswert. Obwohl ein eingetragenes Schiff der Liegenschaftszwangsvollstreckung unterliegt, behandelt § 858 den Miteigentumsanteil, die (See-, LG Würzb JB **77**, 1289) Schiffspart, § 491 HGB, als bewegliche Sache, anders als bei einem Bruchteilseigentum am Schiff, § 864 II. Die Schiffspart macht zum Mitreeder. Wer die Schiffspart auf Grund der Pfändung erwirbt, hat folglich am Gewinn oder Verlust der bisherigen Mitreeder einen Anteil, § 504 III HGB. Zwischen dem Pfandrecht an dem ganzen Schiff und dem Pfandrecht an der Schiffspart besteht kein Rangverhältnis. Wenn das Schiff als Ganzes versteigert wird, kann das Pfandrecht an der Schiffspart gegenstandslos werden.

2 **2) Pfändung, I–V.** Sie erfolgt ohne besondere Probleme.

A. Zuständigkeit. Das AG des Schiffsregisters ist das Vollstreckungsgericht. Es ist ausschließlich zuständig, § 802.

3 **B. Eintragung.** Das Registergericht muß die Pfändung auf Grund des Pfändungsbeschlusses in das Schiffsregister eintragen. Eine Eintragung ist für die Wirksamkeit der Pfändung unentbehrlich. Denn die Pfändung „bedarf der Eintragung". Das Pfandrecht entsteht erst mit der Eintragung. Die Zustellung des Pfändungsbeschlusses an den Schuldner ist für die Entstehung des Pfandrechts unerheblich, § 857 II ist nicht anwendbar.

Titel 1. Zwangsvollstr. in das bewegl. Vermögen **§§ 858, 859**

C. Zustellung. Der Gläubiger soll den Beschluß dem Korrespondentreeder nach § 492 HGB als dem 4
Vertreter der Reederei zustellen. Das ist eine Ordnungsvorschrift. Eine Zustellung vor dem Zeitpunkt der
Eintragung macht aber die Pfändung gegenüber dem Korrespondentreeder wirksam.
D. Verwertung. Die Verwertung erfolgt nur durch eine Veräußerung der Schiffspart nach § 844. Dabei 5
muß man § 503 II HGB beachten. Eine Überweisung ist unzulässig.
E. Weitere Einzelfragen. Dem Antrag muß man einen Auszug aus dem Schiffsregister beifügen. Wenn 6
dieser Auszug ein Pfandrecht eines Dritten ausweist, dann muß das Vollstreckungsgericht eine Hinterlegung
anordnen. Der Hinterlegung folgt dann ein Verteilungsverfahren. Das Pfändungspfandrecht hat immer den
Rang hinter der Schiffshypothek. Durch die Zwangsveräußerung der Schiffspart erlöschen Rechte an ihr.
Gebühren: Des Gerichts KV 2110; des Anwalts VV 3309, 3310.

3) *VwGO: Entsprechend anwendbar in allen Fällen der Vollstreckung wegen Geldforderungen, Grdz § 803 Rn 16,* 7
auch nach § 169 I VwGO, § 5 VwVG: § 321 VII AO verweist auf §§ 858–863.

859 *Pfändung von Gesamthandanteilen.* ^I ¹ Der Anteil eines Gesellschafters an dem Gesellschaftsvermögen einer nach § 705 des Bürgerlichen Gesetzbuchs eingegangenen Gesellschaft ist der Pfändung unterworfen. ² Der Anteil eines Gesellschafters an den einzelnen zu dem Gesellschaftsvermögen gehörenden Gegenständen ist der Pfändung nicht unterworfen.

^{II} Die gleichen Vorschriften gelten für den Anteil eines Miterben an dem Nachlass und an den einzelnen Nachlassgegenständen.

Schrifttum: *Anders,* Die Zwangsvollstreckung in Gesellschaftsanteile und die materiellrechtlichen und prozessualen Mittel zu ihrer Durchsetzung (rechtsvergleichend dt-amerik), 2001 (Bespr *Kornblum* ZZP 116, 238); *Fischer,* Der Anteil an einer Personengesellschaft als Gegenstand der Zwangsvollstreckung usw, 2001; *Paschke,* Zwangsvollstreckung in den Anteil eines Gesellschafters am Gesellschaftsvermögen einer Personengesellschaft, Diss Bln 1982; *Schünemann,* Grundprobleme der Gesamthandsgesellschaft unter besonderer Berücksichtigung des Vollstreckungsrechts, 1975; *Schwab,* Das Prozeßrecht gesellschaftsinterner Streitigkeiten, 2004; *Wertenbruch,* Die Haftung von Gesellschaften und Gesellschaftsanteilen in der Zwangsvollstreckung, 2000; *Wössner,* Die Pfändung von Gesellschaftsanteilen bei den Personengesellschaften, 2000.

Gliederung

1) Systematik, I, II 1	5) Miterbenanteil, II 6
2) Regelungszweck, I, II 2	6) Wirkung des Pfandrechts, II 7, 8
3) Gesellschaftsanteil, I 3	7) Verwertung, II 9, 10
4) Wirkung der Pfändung, I 4, 5	A. Nach § 844 9
A. Gewinnanspruch 4	B. Einziehung 10
B. Kündigungsrecht 5	8) *VwGO* 11

1) Systematik, I, II. Die Vorschrift enthält eine unvollständige Regelung der Frage der Pfändbarkeit 1
eines Anteils an einer Gesellschaft. Zur Lage bei den Handelsgesellschaftsarten Anh nach § 859. Die
Erbengemeinschaft weist vergleichbare Rechtslagen auf. II behandelt sie daher entsprechend einer Gesellschaft.

2) Regelungszweck, I, II. Der Grundsatz, daß der Gläubiger in das gesamte Schuldnervermögen 2
vollstrecken darf, muß auch bei einem Gesellschaftsanteil gelten. Es würde aber zu uferlosen Problemen
führen, wollte man auch eine Vollstreckung in den einzelnen zum Gesellschaftsvermögen zählenden Gegenstand zulassen, selbst wenn er noch so wertvoll wäre. Denn er gehört ja nicht dem Schuldner allein. Auf
diesen letzteren Gesichtspunkt sollte man bei der Auslegung abstellen. Im Gesamtbereich der Zwangsvollstreckung kommt eine weitgehende Zulässigkeitsgrenze dort, wo man das Recht eines Dritten antasten
müßte, zB bei §§ 771 ff. Außerdem darf und muß man auch bei der Vollstreckung Zweckmäßigkeitsüberlegungen miteinbeziehen, Grdz 14 vor § 128.

3) Gesellschaftsanteil, I. Der Gesellschafter einer BGB-Gesellschaft ist am Gesellschaftsvermögen zur 3
gesamten Hand beteiligt. Er darf weder über diesen Anteil noch über den an den einzelnen Gegenständen des Gesellschaftsvermögens verfügen, § 719 I BGB. Der Anteil an den Gegenständen ist schlechthin
unpfändbar, Düss Rpfleger 04, 418, Hamm DB 87, 574, Zweibr Rpfleger 82, 413. Dagegen erlaubt § 859
die Pfändung des Gesellschaftsanteils, BGH 97, 393, Düss Rpfleger 04, 418, Köln RR 94, 1518.

Die Pfändung des Gesellschaftsanteils erfolgt durch Zustellung an die Gesellschaft,
§ 171, Köln RR 94, 1518, nach § 857, Rupp/Fleischmann Rpfleger 84, 225, aM LG Hbg Rpfleger 89, 519
(sie erfolge nach § 859), Schmidt JR 77, 180 (sie erfolge nach § 829). Beide Varianten übersehen die
Spezialvorschrift). Die übrigen Gesellschafter brauchen nicht zuzustimmen, Köln RR 94, 1518. Drittschuldner ist (jetzt) der Gesellschafter selbst, BGH 146, 341, so schon Schmidt JR 77, 179. Es genügt nicht die
Zustellung an die geschäftsführenden Gesellschafter, BGH 97, 395, Schmidt JR 77, 179, aM Staudinger/Keßler¹² § 725
BGB Rn 6. Die Zwangsvollstreckung nach § 736 schließt den § 859 nicht aus. Beim „Und-Konto" liegt
nicht stets eine Gesamthandsgemeinschaft vor, LG Oldb Rpfleger 83, 79. Eine Eintragung ins Grundbuch
erfolgt nicht, Düss Rpfleger 04, 418 (eine Verfügungsbeschränkung, wie bei Verpfändung).

4) Wirkung der Pfändung, I. Sie besteht im wesentlichen in zwei Punkten. 4
A. Gewinnanspruch. Der Gläubiger erlangt den Anspruch auf einen Gewinnanteil und auf ein Auseinandersetzungsguthaben, der einem Gesellschafter nach § 717 BGB zusteht, Düss Rpfleger 04, 418, Schmidt
AcP 182, 495. Der Gläubiger darf aber vor einer Kündigung die übrigen gesellschaftlichen Mitgliedsrechte
nicht ausüben, BGH 97, 395, LG Hbg MDR 82, 1028. Er kann zB nicht das Stimmrecht ausüben, und zwar

Hartmann 2409

§ 859, Anh § 859   Buch 8. Abschnitt 2. ZwV wegen Geldforderungen

auch nicht im Fall einer Überweisung, § 725 II BGB. Winnefeld DB 77, 901 hält den Kapital-Entnahmeanspruch nach § 122 I HGB für pfändbar.

5   **B. Kündigungsrecht.** Der Gläubiger darf die Gesellschaft fristlos aufkündigen, BGH 97, 395, Düss Rpfleger 04, 418, LG Hbg Rpfleger 02, 532. Das darf er freilich nur auf Grund eines rechtskräftigen Vollstreckungstitels tun, § 725 I BGB, Zweibr Rpfleger 82, 413. Wenn er das tut, dann ergreift das Pfandrecht ohne weiteres alles, was der Gesellschafter im Fall der Auseinandersetzung erhält. Der Gläubiger darf die Auseinandersetzung anstelle des Schuldners betreiben, BGH NJW 92, 832, LG Hbg Rpfleger 02, 532. Der Gläubiger darf also auch die Teilungsversteigerung beantragen, BGH NJW 92, 832, (zumindest dann, wenn nur noch ein einziger Vermögensgegenstand vorhanden ist, zustm Hintzen Rpfleger 92, 264), LG Hbg Rpfleger 02, 532, aM StJM 7 (er hält eine Klage gegen den Schuldner mit dem Ziel für notwendig, daß der Schuldner die Auseinandersetzung betreibe. Aber man sollte prozeßwirtschaftlicher vorgehen, Grdz 14 vor § 128).

Die Pfändung des *Anteils* an einer bereits aufgelösten Gesellschaft erfaßt die Abfindungsforderung. Denn die Gesellschaft besteht bis zur Vollbeendigung fort, § 730 II BGB. Es schadet nicht, daß ein Grundstück zum Anteil gehört. Die Eintragung der Pfändung in das Grundbuch ist aber unzulässig, Hamm DB 87, 574, LG Frankenth Rpfleger 02, 73, Schmidt AcP 182, 495. Der Anspruch des Gesellschafters auf eine Auskunft ist unpfändbar. Denn andernfalls würde der Gläubiger einen gefährlichen Einblick in die Verhältnisse Dritter erhalten.

6   **5) Miterbenanteil, II.** § 2033 BGB erlaubt dem Miterben die Veräußerung seines Anteils an der Erbschaft. Der Miterbe kann aber über den Anteil an den einzelnen Erbschaftsgegenständen nicht verfügen. Deshalb ist der Anteil an diesen einzelnen Erbschaftsgegenständen unpfändbar und auch nicht etwa bedingt pfändbar, BayObLG DB 83, 708, Ffm Rpfleger 79, 205. Auch der Anspruch auf die Durchführung der Erbauseinandersetzung ist nicht selbständig pfändbar, § 857 Rn 2. Dagegen ist der Miterbenanteil insgesamt pfändbar, BGH 72, 41, BayObLG DB 83, 708, LG Stendal Rpfleger 98, 122. Die Pfändung dieses Miterbenanteils erfolgt nach § 857, Ffm Rpfleger 79, 205. Die anderen Erben sind die Drittschuldner, Ffm Rpfleger 79, 205, Stöber Rpfleger 76, 197. Der Miterbe kann aber trotz der Pfändung seines Miterbenanteils eine Nachlaßforderung mit dem Antrag geltend machen, für alle Erben zu hinterlegen. Eine ungenaue Bezeichnung etwa als „Forderung am Nachlaß" schadet nicht. Unschädlich sind auch eine Testamentsvollstreckung, BayObLG DB 83, 708 (sie bleibt unverändert), eine Nachlaßverwaltung oder eine Nacherbschaft. Nach der Durchführung der Erbauseinandersetzung ist die Pfändung des Miterbenanteils nicht mehr möglich. Man muß zwischen Pfändungs- und Grundpfandrecht unterscheiden, BGH RR 99, 504.

7   **6) Wirkung des Pfandrechts, II.** Das Pfandrecht ergreift den Miterbenanteil als einen Inbegriff von Rechten und Pflichten, BayObLG DB 83, 708, Ffm Rpfleger 79, 205. Das Pfandrecht verschafft dem Gläubiger aber nicht die Stellung eines Miterben, BayObLG DB 83, 708. Die Eintragung ins Grundbuch ist als eine Verfügungsbeschränkung zulässig. Das gilt auch unter einer vorherigen Eintragung sämtlicher Miterben (das letztere ist notwendig, Ffm Rpfleger 79, 206), selbst ohne deren Zustimmung, Stöber Rpfleger 76, 201, aM Zweibr Rpfleger 76, 214 (aber dann könnte jeder von ihnen blockieren, Grdz 44 vor § 704). Der Gläubiger kann die Erbauseinandersetzung betreiben, sogar wenn der Erblasser sie ausgeschlossen hatte, BayObLG DB 83, 708. Das gilt auch auf Grund eines nur vorläufig vollstreckbaren Titels, § 86 II FGG. Der Gläubiger kann zu diesem Zweck alle Rechtsbehelfe anstelle des Schuldners.

8   *Er kann zB:* Eine Teilungsklage erheben; den Auskunftsanspruch geltend machen: im Erbscheinsverfahren die Beschwerde einlegen. Der Gläubiger erlangt an der Gesamtheit derjenigen Sachen, die auf seinen Miterbenanteil entfallen, kraft Gesetzes ein Pfandrecht. Eine Erbauseinandersetzung ohne den Gläubiger ist wegen der Verfügungsbeschränkung der Erben ihm gegenüber unwirksam. Der Gläubiger kann aber nicht eine Zwangsvollstreckung in einzelne Vermögensstücke der Erbschaft betreiben. Ein älteres Vertragspfandrecht bleibt auch am Auseinandersetzungserlös vorrangig. Der Schuldner kann nach § 180 II 1 ZVG vorgehen, LG Stendal Rpfleger 98, 122.

9   **7) Verwertung, II.** Sie findet vielmehr folgendermaßen statt.
A. Nach § 844. Entweder wird die Erbschaft im ganzen auf Grund einer gerichtlichen Anordnung nach § 844 verwertet. Die Verwertung kann durch eine Versteigerung des Miterbenanteils durch den Gerichtsvollzieher erfolgen.

10   **B. Einziehung.** Oder das Gericht überweist dem Gläubiger den Miterbenanteil zur Einziehung, also zur Beitreibung des Auseinandersetzungsguthabens. Wenn eine Nacherbschaft angeordnet worden war, dann ist der Gläubiger nicht daran gehindert, den Miterbenanteil zu veräußern. Zweckmäßiger ist allerdings meist die Anordnung einer Verwaltung nach § 857 IV.

11   **8) VwGO:** *Vgl* § 858 Rn 7.

Anhang nach § 859

Zwangsvollstreckung in die Gesellschafteranteile von Handelsgesellschaften

Schrifttum: S bei § 859.

1   **1) Offene Handelsgesellschaft, Partnerschaftsgesellschaft, Europäische wirtschaftliche Interessenvereinigung, Kommanditgesellschaft.** Man muß zwei Aspekte beachten.
A. Titel. Vgl zunächst § 50 Rn 8. Eine Zwangsvollstreckung in das Vermögen des einzelnen Gesellschafters setzt einen Vollstreckungstitel gegen diesen voraus. Ein Titel gegen die Gesellschaft genügt nicht. Ein solcher Titel läßt sich auch nach dem Erlöschen der Gesellschaft nicht auf oder gegen die einzelnen Gesellschafter umschreiben. Eine Feststellung zur Tabelle in einem Insolvenzverfahren gegen die OHG wirkt nicht gegen die Gesellschafter. Wegen der Rechtsscheinhaftung einer angeblichen OHG oder KG § 736 Rn 2.

2   **B. Durchführung.** Für sie gelten § 859 I, dort Rn 2, BFH NJW 87, 2703, und §§ 105 III, 161 II HGB. Die Gesellschaft ist der Drittschuldner. Die Pfändung des Anteils ist durch § 135 HGB nicht eingeschränkt.

Titel 1. Zwangsvollstr. in das bewegl. Vermögen   **Anh § 859, § 860**

Abweichend wirkt die Einengung der Kündigung durch § 135 HGB. Diese verlangt die Pfändung und eine Überweisung des Anspruchs auf das Auseinandersetzungsguthaben. Das gilt aber nur dann, wenn ein rechtskräftiger Vollstreckungstitel vorliegt, wenn binnen 6 Monaten eine Zwangsvollstreckung in das bewegliche Vermögen ergebnislos vorausgegangen war, und nur unter der Einhaltung einer Frist von 6 Monaten zum Schluß des Geschäftsjahrs. Eine kürzere Frist ist dann zulässig, wenn der Gesellschafter selbst vertraglich kürzer aufkündigen darf. Neben dieser Kündigung ist eine Kündigung nach § 725 BGB nicht möglich. Nach einer wirksamen Kündigung beginnt die Abwicklung der Gesellschaft. Der Gläubiger kann die Gesellschaft auf die Vornahme dieser Abwicklung verklagen. Der Gläubiger wird nicht Abwickler. Er gehört aber zu den „Beteiligten" der §§ 146, 147, 152 HGB.

2) Aktiengesellschaft. Die Pfändung der Aktien erfolgt nach § 808. Die Verwertung erfolgt nach § 821. **3** Eine nach § 68 AktG gebundene Namensaktie wird nach § 857 verwertet, ein Bezugsrecht wird nach § 857 verwertet. Denn man kann es vom Aktienbesitz abtrennen. Nach der Eintragung der Gesellschaft sind die Mitgliedsrechte auch vor der Ausgabe der Aktien pfändbar. Eine etwa notwendige Zustimmung zu der Übertragung hindert eine Pfändung und eine Veräußerung nicht.

3) Gesellschaft mit beschränkter Haftung   **4**

Schrifttum: *Eickhoff*, Die Gesellschaftsklage im GmbH-Recht, 1988.

A. Pfändung und Veräußerung der Geschäftsanteile, dazu *Behr* NJW **00**, 1137 (Üb): Die Pfändung und die Veräußerung der Geschäftsanteile erfolgen immer nach § 857, BGH **104**, 353 (zustm Münzberg JZ **89**, 254), LG Bln MDR **87**, 592, LG Köln Rpfleger **89**, 511, und zwar auch ohne eine Einwilligung der Gesellschaft, selbst wenn sie sonst in eine Übertragung einwilligen müßte. Wegen der Zweckgebundenheit der Stammeinlage nach § 19 II 1 GmbHG ist die Forderung auf deren Einzahlung nur insoweit pfändbar, als der Gläubiger ihr eine volle Gegenleistung erbringt, Ffm GmbHRdsch **77**, 249, LG Augsb Rpfleger **87**, 116, oder wenn die Erhaltung der Kapitalgrundlage nicht mehr nötig ist, BGH NJW **80**, 2253, LG Augsb Rpfleger **87**, 116. Die Gesellschaft ist der Drittschuldner.

Die *Verwertung* erfolgt nach § 844, BGH **104**, 353, LG Bln MDR **87**, 592, LG Köln Rpfleger **89**, 511. § 817 gilt entsprechend. Die Schätzung erfolgt nach § 813 I 3. Außerdem erfolgt evtl eine Hilfspfändung des Auskunftsanspruchs. Der Gläubiger kann außerdem eine Auskunftsklage erheben. Die Pfändung der Anteilscheine ist nur als eine Hilfspfändung möglich, § 808 Rn 4, nicht als eine Pfändung von Wertpapieren. Die Pfändung des Geschäftsanteils berechtigt im übrigen nicht zur Ausübung der Verwaltungsrechte. Sie berechtigt insbesondere nicht zur Ausübung des Stimmrechts. Zur Verwertung des gepfändeten Anteils und zu dessen Einziehung unter seinem Wert durch die anderen Gesellschafter BGH **65**, 22 (zustm Mettenheimer BB **75**, 1177), Ffm BB **76**, 1147. Eine Vorausabtretung des Anspruchs des Gesellschafters auf die Abfindung oder das Auseinandersetzungsguthaben gibt dem neuen Gläubiger gegenüber einem Pfändungsgläubiger des Gesellschafters nur ein mit dem Pfändungspfandrecht belastetes Recht, wenn die Pfändung zwar der Abtretung folgte, aber der Entstehung des vorausabgetretenen Anspruchs vorausging, BGH **104**, 353 (zustm Münzberg JZ **89**, 254).

B. Pfändung des Anspruchs auf die Stammeinlage. Der Anspruch der GmbH auf eine Leistung der **5** Stammeinlage ist pfändbar. Doch darf sich dadurch der Vermögensstand der Gesellschaft nicht verringern, § 19 GmbHG. Deshalb muß der Anspruch des Gläubigers gegen die Gesellschaft dem gepfändeten Anspruch beim Wirksamwerden des Überweisungsbeschlusses gleichwertig sein. Eine Einforderung durch einen Gesellschafterbeschluß ist dann nicht erforderlich. Der Anspruch auf die Leistung der Stammeinlage ist auch gegenüber dem späteren Erwerber des Geschäftsanteils pfändbar. Allerdings sind dann andere Einreden möglich. Bei der Einforderung, auch durch den Gläubiger, muß man § 19 I GmbHG beachten.

4) Andere Gesellschaften. In Betracht kommen drei Gesellschaftsformen.   **6**

A. Stille Gesellschaft. Die Pfändung des Auseinandersetzungsguthabens erfolgt nach § 859, aM Schmidt Rn 1.

B. Kommanditgesellschaft auf Aktien. Die Pfändung erfolgt nach § 808. Die Verwertung erfolgt nach **7** § 821. Der Gläubiger eines Kommanditisten darf die Gesellschaft aber nicht aufkündigen, § 289 IV AktG.

C. Erwerbs- und Wirtschaftsgenossenschaft. Die Pfändung erfolgt wie bei der Offenen Handels- **8** gesellschaft, Rn 1. Der Anspruch auf Einzahlung der Geschäftsanteile und der anteiligen Fehlbeträge ist unpfändbar. Eine Aufnahmegebühr ist pfändbar. Die Dividende ist pfändbar. Jedoch muß der Gläubiger auch das Geschäftsguthaben pfänden, wenn das Statut die Dividende dem Geschäftsguthaben zuschreibt. Wegen der Liquidation § 88 a GenG. Die Kündigung nach § 66 GenG erfolgt mit der Wirkung des Austritts des Genossen.

5) Umwandlung. Nach einer Umwandlung ist die Zwangsvollstreckung im allgemeinen nur noch gegen **9** den Übernehmer möglich. Denn es liegt meist ein gesetzlicher und kein vertraglicher Vermögensübergang vor. Maßgeblich ist im allgemeinen die Eintragung im Handelsregister, §§ 4, 5 UmwandlG.

6) *VwGO*: Vgl § 858 Rn 7.   **10**

860 *Pfändung von Gesamtgutanteilen.* I ¹ Bei dem Güterstand der Gütergemeinschaft ist der Anteil eines Ehegatten an dem Gesamtgut und an den einzelnen dazu gehörenden Gegenständen der Pfändung nicht unterworfen. ² Das Gleiche gilt bei der fortgesetzten Gütergemeinschaft von den Anteilen des überlebenden Ehegatten und der Abkömmlinge.

II Nach der Beendigung der Gemeinschaft ist der Anteil an dem Gesamtgut zugunsten der Gläubiger des Anteilsberechtigten der Pfändung unterworfen.

Schrifttum: *Mansel*, Substitution im deutschen Zwangsvollstreckungsrecht, in: Festschrift für *Lorenz* (1992) 689 (711 ff).

§§ 860–863, Übers § 864   Buch 8. Abschnitt 2. ZwV wegen Geldforderungen

1 **1) Systematik, Regelungszweck, I, II.** Es gelten dieselben Erwägungen wie bei dem vergleichbaren § 859, dort Rn 1, 2.

2 **2) Bestehen der Gütergemeinschaft, I.** Der Anteil eines Ehegatten am Gesamtgut und der Anteil an den einzelnen zum Gesamtgut gehörenden Gegenständen sind bei der Gütergemeinschaft und bei der fortgesetzten Gütergemeinschaft unpfändbar. Unzulässig ist auch die Pfändung des dem Schuldner nach der Beendigung der Gemeinschaft zufallenden Anteils. Die praktische Bedeutung des Verbots beschränkt sich außer bei einer gemeinschaftlichen Verwaltung auf die Gläubiger des nicht verwaltenden Ehegatten und der Abkömmlinge, §§ 740 I, 745 I. Diese Gläubiger müssen sich einen nach diesen Bestimmungen vollstreckbaren Titel beschaffen. Der Anspruch des einen Ehegatten gegen den anderen auf die Auseinandersetzung der ehelichen Gütergemeinschaft ist während des Bestehens dieser Gemeinschaft als einer der wichtigsten Bestandteile des mit dem Gesamtgut unlösbar verbundenen Anteils, ebenfalls unpfändbar, LG Frankenth Rpfleger **81**, 241.

3 **3) Beendigung der Gemeinschaft, II.** Nach der Beendigung der Gemeinschaft ist der Anteil am Gesamtgut pfändbar. Damit entsteht für denjenigen Gläubiger eine Möglichkeit zur Vornahme einer Pfändung, der keinen Vollstreckungstitel nach § 743 erlangen konnte, weil seine Forderung nach der Beendigung der Gemeinschaft entstanden war. Man muß den Beschluß dem anderen Ehegatten zustellen. Der Gläubiger kann nach § 99 I FGG die Auseinandersetzung betreiben. Die Verwertung erfolgt durch eine Überweisung zur Einziehung. Eine Veräußerung nach § 844 kann nicht stattfinden, §§ 1471 II, 1419 BGB, vgl § 857 V.

4 **4) VwGO:** *Vgl § 858 Rn 7.*

861, 862 (weggefallen)

863 Pfändungsbeschränkungen bei Erbschaftsnutzungen.
I 1 Ist der Schuldner als Erbe nach § 2338 des Bürgerlichen Gesetzbuchs durch die Einsetzung eines Nacherben beschränkt, so sind die Nutzungen der Erbschaft der Pfändung nicht unterworfen, soweit sie zur Erfüllung der dem Schuldner, seinem Ehegatten, seinem früheren Ehegatten, seinem Lebenspartner, einem früheren Lebenspartner oder seinen Verwandten gegenüber gesetzlich obliegenden Unterhaltspflicht und zur Bestreitung seines standesmäßigen Unterhalts erforderlich sind. 2 Das Gleiche gilt, wenn der Schuldner nach § 2338 des Bürgerlichen Gesetzbuchs durch die Ernennung eines Testamentsvollstreckers beschränkt ist, für seinen Anspruch auf den jährlichen Reinertrag.

II Die Pfändung ist unbeschränkt zulässig, wenn der Anspruch eines Nachlassgläubigers oder ein auch dem Nacherben oder dem Testamentsvollstrecker gegenüber wirksames Recht geltend gemacht wird.

III Diese Vorschriften gelten entsprechend, wenn der Anteil eines Abkömmlings an dem Gesamtgut der fortgesetzten Gütergemeinschaft nach § 1513 Abs. 2 des Bürgerlichen Gesetzbuchs einer Beschränkung der im Absatz 1 bezeichneten Art unterliegt.

Vorbem. I 1 idF Art 3 § 16 Z 15 G v 16. 2. 01, BGBl 266, in Kraft seit 1. 8. 01, Art 5 G, ÜbergangsR Einl III 78.

1 **1) Systematik, Regelungszweck, I–III.** Die Vorschrift löst die im Interesse aller Beteiligten liegende schwierige Aufgabe, eine Ausgewogenheit der berechtigten Ansprüche des Gläubigers und derjenigen der übrigen Beteiligten herbeizuführen. Ob diese Lösung gelungen ist, das ist eine sicher sehr unterschiedlich zu beantwortende Frage. Sie entbindet nicht von einer ebenfalls zur Ausgewogenheit bemühten Auslegung zwecks einigermaßen gerechter Handhabung.

2 **2) Geltungsbereich, I–III.** Die Nutzungen des Vorerben sind dem Zugriff der persönlichen Gläubiger und der Nachlaßgläubiger ausgesetzt. Von dieser Gefahr macht § 863 eine Ausnahme für den Fall, daß das Testament einen Nacherben oder einen Testamentsvollstrecker zur Sicherung des Erbes eines Verschwenders oder eines Überschuldeten einsetzt, § 2338 BGB, Bre FamRZ **84**, 213, oder daß eine entsprechende Beschränkung für den Abkömmling im Fall einer fortgesetzten Gütergemeinschaft eintritt, § 1513 II BGB, also für die Fälle einer Enterbung in guter Absicht. Der Grund der Beschränkung muß im Zeitpunkt der Errichtung des Testaments bestehen. Das Testament muß diesen Grund angeben. Es braucht aber den § 2338 BGB nicht zu erwähnen, Bre FamRZ **84**, 213. Die Beschränkung wirkt nicht gegenüber dem Nachlaßgläubiger nach § 1967 BGB und nicht gegenüber demjenigen Gläubiger, dessen Recht gegen den Nacherben oder gegen den Testamentsvollstrecker wirkt, §§ 2115 S 2, 2213 BGB, 326 II ZPO. Sie wirkt anders gesagt nur gegenüber dem persönlichen Gläubiger des Erben, Bre FamRZ **84**, 213.

3 **3) VwGO:** *Vgl § 858 Rn 7.*

Titel 2
Zwangsvollstreckung in das unbewegliche Vermögen

Übersicht

Schrifttum: *Balser/Bögner/Ludwig,* Vollstreckung im Grundbuch, 10. Aufl 1994; *Behr/Eickmann,* Pfändung von Grundpfandrechten und ihre Auswirkungen auf die Zwangsversteigerung, 2. Aufl 1989; *Böttcher,* Zwangsversteigerungsgesetz, 4. Aufl 2005; *Böttcher,* Zwangsvollstreckung im Grundbuch, 2. Aufl 2002

Titel 2. Zwangsvollstr. in das unbewegl. Vermögen **Übers § 864**

(Bespr *Klawikowski* Rpfleger **03**, 103, *Sternal* JB **03**, 107); *Buß*, Das Nacherbenrecht in der Immobiliar-Zwangsversteigerung, 2004; *Classen-Kövel/Keilkäuber*, Zwangsversteigerung von Immobilien, 1992; *Dassler/Schiffhauer/Gerhardt/Muth*, Zwangsversteigerungsgesetz, 12. Aufl 1991; *Depré/Mayer*, Praxis der Zwangsverwaltung, 2. Aufl 2004 (Bespr *Alff* Rpfleger **05**, 58); Die Teilungsversteigerung usw, 3. Aufl 1993; *Eickmann*, Die Teilungsversteigerung usw, 3. Aufl 1993; *Eickmann*, Zwangsversteigerungs- und Zwangsverwaltungsrecht, 2. Aufl 2004; *Eickmann*, ZVG (Komm), 2005; *Eickmann*, Die in der Zwangsversteigerung bestehenbleibende Grundschuld, in: Festschrift für *Merz* (1992); *Eickmann*, Immobiliarvollstreckung und Insolvenz, 1998; *Eickmann/Hagemann/Storz/Teufel*, Zwangsversteigerung und Zwangsverwaltung, 9. Aufl: Bd 1 (§§ 1–104 ZVG) 1984; Bd 2 (§§ 105–185 ZVG) 1986; *Fackler*, Praxis des Versteigerungsrechts, 1991; *Glotzbach*, Immobiliarvollstreckung aus Sicht der kommunalen Vollstreckungsbehörden, 3. Aufl 2002; *Gramentz*, Die Aufhebung der Gemeinschaft nach Bruchteilen durch den Gläubiger eines Teilhabers, 1989; *Haarmeyer/Wutzke/Förster/Hintzen*, Handbuch zur Zwangsverwaltung, 2. Aufl 2005; *Hennings*, Zwangsversteigerung und Zwangsverwaltungsrecht, 4. Aufl 2000; *Hintzen*, Handbuch der Immobilienvollstreckung, 3. Aufl 1999; *Hintzen*, Taktik in der Zwangsvollstreckung I (Vollstreckung in das Grundvermögen), 3. Aufl 1995; *Hintzen*, Zwangsversteigerung von Immobilien, 2000; *Mayer/Hock/Hillert*, Immobiliarvollstreckung, 2. Aufl 2005 (Bespr *Häublein* NZM **05**, 333); *Keller*, Grundstücke in Vollstreckung usw, 1998; *Knees*, Immobiliarzwangsvollstreckung usw, 4. Aufl 2003; *Makowski*, Die Rechtsstellung des (Zeit-)- Charterers in der Schiffs-Vollstreckung usw, Diss Hbg 1989; *Mohrbutter/Drischler*, Die Zwangsversteigerungs- und Zwangsverwaltungspraxis: Bd 1 (Gang des Zwangsversteigerungsverfahrens bis einschließlich der Zuschlagserteilung), 7. Aufl 1986; Bd 2 (Verteilungsverfahren, Zwangsverwaltung usw), 7. Aufl 1990; *Ott*, Der Schutz des Schuldners … im Zwangsversteigerungsverfahren, 1998; *Peters*, Die Immobiliarvollstreckung – eine Fundgrube für die Dogmatik der Zwangsvollstreckung, Festschrift für *Henckel* (1995) 655; *Söllner*, Der Zwangsverwalter nach dem ZVG zwischen Unternehmer und Vollstreckungsorgan, 1992; *Stadlhofer-Wissinger*, Das Gebot in der Zwangsversteigerung – eine nicht anfechtbare Prozeßhandlung, 1993; *Steiner/Riedel*, s oben bei *Eickmann* pp; *Stöber*, Zwangsvollstreckung in das unbewegliche Vermögen, 7. Aufl 1999; *Stöber*, Zwangsversteigerungsgesetz, 17. Aufl 2002 (Bespr *Storz* Rpfleger **03**, 50); *Stöber*, Zwangsvollstreckung in das unbewegliche Vermögen, 7. Aufl 1999; *Storz*, Praxis der Teilungsversteigerung, 3. Aufl 2004 (Bespr *Siegfried* Rpfleger **05**, 491); *Storz*, Praxis des Zwangsversteigerungsverfahrens, 9. Aufl 2004; *Teufel*, Zwangsversteigerung und Zwangsverwaltung, 4. Aufl 2005; *Voßen*, Die aussichtslose Immobiliarvollstreckung, 1999; *Weinbörner*, Zwangs- und Teilungsversteigerung bei Grundbesitz, 2. Aufl 2000; *Wolff/Hennings*, Zwangsversteigerungs- und Zwangsverwaltungsrecht, 4. Aufl 2000.

Gliederung

1) **Systematik** 1	4) **Art der Zwangsvollstreckung** 6–8
2) **Regelungszweck** 2	A. Zwangshypothek 6
3) **Geltungsbereich** 3–5	B. Zwangsverwaltung 7
A. Zwangsversteigerungsgesetz 3	C. Zwangsversteigerung 8
B. Zivilprozeßordnung 4	5) **VwGO** 9
C. Beschränkungen der Liegenschaftsvollstreckung 5	

1) Systematik. §§ 864 enthalten eine durch ein ganzes Sondergesetz, das ZVG, ergänzte Regelung mit **1** einem komplizierten Nebeneinander von Beschlagnahme- und Verwertungsmöglichkeiten. Es gibt dem Gläubiger eine als stark erscheinende, in Wahrheit aber durch mancherlei Einstellungsmöglichkeiten etwa nach §§ 30 ff ZVG doch wiederum wesentlich zugunsten des Schuldners abgeschwächte Stellung.

2) Regelungszweck. Der Grundsatz, daß der Gläubiger auf das Gesamtvermögen des Schuldners **2** zugreifen kann, führt zur Notwendigkeit einer Regelung der Vollstreckung auch in das unbewegliche Vermögen. Ein Leitgedanke ist die Verhinderung der Verschleuderung von großen Sachwerten nur auf Grund einer oder mehrerer noch so berechtigter Einzelvollstreckungen. Damit ist Art 20 I GG mit seinem Sozialstaatsgebot ebenso wie der im Gesamtbereich der Zwangsvollstreckung geltende Grundsatz der Verhältnismäßigkeit nach Grdz 34 vor § 704 beachtlich. Man muß beides bei der Auslegung mitbeachten. Man darf freilich auch nicht den Gläubiger durch eine allzu sozial scheinende Anwendung dieser Vollstreckungsart seinerseits am Ende in eine sozial ebenso unvertretbare Notlage aussichtsloser Vollstreckungsversuche mit oft dem hohen Wert der unbeweglichen Vermögens entsprechend hohen Kosten treiben.

3) Geltungsbereich. Man muß drei Gruppen von jeweils maßgebenden Vorschriften unterscheiden. **3**

A. Zwangsversteigerungsgesetz. Die Zwangsvollstreckung in Liegenschaften regelt das ZVG. Die ZPO beschränkt sich auf einige allgemeine Vorschriften und die Ordnung der Zwangshypothek, § 867. Sie greift aber auch überall dort ein, wo das ZVG keine Sondervorschriften enthält. §§ 864 ff setzen ebenso wie das ZVG die Anlegung des Grundbuchs voraus.

B. Zivilprozeßordnung. Der Regelung der §§ 864 ff unterliegen folgende Fälle: Grundstücke, § 864 **4** Rn 1, und grundstücksähnliche Berechtigungen, § 865 Rn 1, 2; im Schiffsregister eingetragene Schiffe und Schiffsbauwerke, ebenda; in die Luftfahrzeugrolle eingetragene Luftfahrzeuge, § 99 I LuftfzRG; Hochseekabel, § 24 Gesetz vom 31. 3. 25, RGBl 37; alles, was eine Hypothek, Schiffshypothek oder ein Registerpfandrecht mitumfaßt, also namentlich Zubehör, getrennte Früchte, Miet- und Pachtforderungen. Soweit Liegenschaften dem Landesrecht unterstehen, ist Titel 2 unanwendbar, zB für Bahneinheiten, Art 112 EG BGB. Das folgt aus §§ 2 EG ZVG, 871 ZPO.

C. Beschränkungen der Liegenschaftszwangsvollstreckung. Solche Beschränkungen ergeben sich **5** zB aus § 864 II und aus Sondergesetzen. S § 8 ErbbVO. Zum Einfluß des Insolvenzverfahrens Hintzen Rpfleger **99**, 256 (Üb).

Hartmann

6 4) Art der Zwangsvollstreckung. Die Zwangsvollstreckung geschieht auf folgenden Arten.

A. Zwangshypothek. In Betracht kommt die Eintragung einer Zwangshypothek, § 867. Sie ist eine Sicherungshypothek und verwandelt sich in eine Eigentümergrundschuld, sobald der Schuldtitel oder seine Vollstreckbarkeit aufgehoben, die Zwangsvollstreckung eingestellt oder eine zugelassene Abwendungssicherheit geleistet ist, § 868.

7 B. Zwangsverwaltung. In Betracht kommt auch eine Zwangsverwaltung, § 869, ZVG.

8 C. Zwangsversteigerung. In Betracht kommt schließlich eine Zwangsversteigerung, § 869, ZVG.

9 5) *VwGO*: *In allen Fällen der Vollstreckung wegen einer Geldforderung, Grdz § 803 Rn 16, wird nach §§ 864–871 vollstreckt, auch nach § 169 I VwGO, weil § 5 VwVG über § 322 AO auf die Vorschriften über die gerichtliche Zwangsvollstreckung verweist, dazu Wettlaufer S 125 ff. Bei Vollstreckung nach § 169 I VwGO sind Einschränkungen zu beachten, die sich aus § 322 IV AO ergeben. Die Rechtsbehelfe (und der Vollstreckungsschutz) gegen Maßnahmen des Vollstreckungsgerichts und des Grundbuchamtes richten sich nach ZPO bzw ZVG. Vgl zu alledem Gaul JZ 79, 504–507.*

---

864 *Gegenstand der Immobiliarvollstreckung.* I Der Zwangsvollstreckung in das unbewegliche Vermögen unterliegen außer den Grundstücken die Berechtigungen, für welche die sich auf Grundstücke beziehenden Vorschriften gelten, die im Schiffsregister eingetragenen Schiffe und die Schiffsbauwerke, die im Schiffsbauregister eingetragen sind oder in dieses Register eingetragen werden können.

II Die Zwangsvollstreckung in den Bruchteil eines Grundstücks, einer Berechtigung der im Absatz 1 bezeichneten Art oder eines Schiffes oder Schiffsbauwerks ist nur zulässig, wenn der Bruchteil in dem Anteil eines Miteigentümers besteht oder wenn sich der Anspruch des Gläubigers auf ein Recht gründet, mit dem der Bruchteil als solcher belastet ist.

Schrifttum: *Mansel*, Substitution im deutschen Zwangsvollstreckungsrecht, in: Festschrift für *Lorenz* (1992) 689 (711 ff); *Stieper*, Die Scheinbestandteile, § 95 BGB im System des Sachen- und Vollstreckungsrechts, 2002.

Gliederung

1) Systematik, Regelungszweck, I, II 1	4) Grundstücksähnliche Berechtigung, I, II 7
2) Grundstück, I, II 2	5) Schiff, Luftfahrzeug, I, II 8
3) Wesentlicher Bestandteil eines Grundstücks, I, II 3–6	6) Bruchteil, II 9–11
A. Wesensveränderung 3	A. Grundsatz: Pfändbarkeit nur des Erlöses 9
B. Feste Verbindung 4	B. Voraussetzungen 10, 11
C. Einfügung 5	7) *VwGO* 12
D. Recht 6	

1 1) Systematik, Regelungszweck, I, II. Die Vorschrift nennt in I den Geltungsbereich der Vollstreckung in das unbewegliche Vermögen nach Üb 2 vor § 864 und in II eine Grenze der Vollstreckbarkeit bei einem der Art nach an sich dem Zugriff unterliegenden Vermögenswert. Der in Üb 2 vor § 864 dargestellten Zielsetzung entsprechend darf man § 864 weder zu Gunsten noch zu Lasten einer Partei allzu weit oder eng auslegen.

2 2) Grundstück, I, II. Nach § 864 unterliegen der Zwangsvollstreckung Grundstücke. Das sind begrenzte Teile der Erdoberfläche. Ein selbständiges Grundstück ist derjenige Teil, der im Grundbuch unter einer besonderen Nummer oder auf einem besonderen Blatt eingetragen worden ist. Die wirtschaftliche Einheit entscheidet nicht. Eine Vereinigung oder eine Zuschreibung nach §§ 890 BGB, 5 GBO hebt die Selbständigkeit auf. Ein Grundstücksbruchteil ist kein selbständiges Grundstück.

3 3) Wesentlicher Bestandteil eines Grundstücks, I, II. Alle wesentlichen Bestandteile unterliegen der Liegenschaftszwangsvollstreckung. Wesentliche Bestandteile nach §§ 93, 94, 96 BGB sind:

A. Wesensveränderung. Ein Bestandteil ist wesentlich, wenn dessen Trennung den Bestandteil oder das Grundstück in seinem Wesen verändert, § 93 BGB.

Beispiele: nicht: gewöhnlich eine Baracke, meist auch nicht eine Wohnlaube oder ein Gartenhaus; auf einem bebauten Grundstück in aller Regel eine Wasser-, Gas- oder Elektrizitätsanlage. Eine Maschine in einem Fabrikgebäude kann ein Bestandteil des Gebäudes sein. Dazu ist eine unmittelbare stärkere oder schwächere Verbindung erforderlich, so daß das Grundstück und die Maschine nach der Verkehrsanschauung eine einheitliche Sache, eben „die Fabrik" bilden. Die Maschine kann Zubehör sein, wenn sie ihre eigentümliche Selbständigkeit als eine bewegliche Sache bewahrt, BGH BB **79**, 1740. Man darf keinen Bestandteil oder Zubehör annehmen, wenn sich die Maschine in einem Gebäude befindet, das objektiv betrachtet nicht dauernd zum Betrieb eines Gewerbes eingerichtet ist, BGH **62**, 49. Eine serienmäßige Einbauküche ist nicht stets Zubehör, § 865 Rn 6.

4 B. Feste Verbindung. Ein Bestandteil ist wesentlich, wenn er mit dem Grund und Boden fest verbunden ist, etwa der Pflanzenaufwuchs (nicht bei einer Baumschule, LG Bayreuth DGVZ **85**, 42) oder ein Gebäude.

5 C. Einfügung. Ein wesentlicher Bestandteil ist eine zur Herstellung des Gebäudes in das Gebäude eingefügte Sache, etwa ein Fenster oder eine Badewanne.

6 D. Recht. Wesentlicher Bestandteil ist ein Recht, das mit dem Grundstück verbunden ist. Eine Sache, die nur zu einem vorübergehenden Zweck mit dem Grundstück verbunden oder in das Grundstück eingefügt wurde, § 95 BGB, ist nicht einmal ein unwesentlicher Bestandteil. Solche Sachen und Früchte auf dem Halm sind wie bewegliche Sachen zu pfänden, § 810.

4) Grundstücksähnliche Berechtigung, I, II. Auch sie unterliegt der Liegenschaftsvollstreckung. **7**
Hierher zählen zB: Das Erbbaurecht, LG Köln NZM 01, 1102; das Bergwerkseigentum; eine landesrechtliche Jagd- und Fischereigerechtigkeit oder Kohlenabbaugerechtigkeit und dgl, Artt 67–69, 196 EG BGB. Bei einem Erbbaurecht ist das Gebäude ein Bestandteil des Grundstücks, wenn der Eigentümer es nach der Bestellung des Erbbaurechts errichtet hat, und ein Bestandteil des Erbbaurechts, wenn der Erbbauberechtigte das Gebäude errichtet hat oder wenn es im Zeitpunkt der Bestellung des Erbbaurechts bereits vorhanden war, §§ 93 BGB, 12 ErbbauVO.

5) Schiff, Luftfahrzeug, I, II. Ein im Schiffsregister eingetragenes Seeschiff oder Binnenschiff oder ein **8** im Schiffsbauregister eingetragenes Schiffsbauwerk unterliegen der Liegenschaftszwangsvollstreckung. Das gilt auch dann, wenn das Objekt noch nicht eingetragen worden war, aber bereits hätte eingetragen werden können, § 66 SchiffsregisterO. Dasselbe gilt für in der Luftfahrzeugrolle eingetragene Luftfahrzeuge, § 99 I LuftzRG. Ein im Register nicht eingetragenes Schiff oder Schiffsbauwerk gilt für die Zwangsvollstreckung als eine bewegliche Sache. Wegen eines ausländischen Schiffs § 171 ZVG. Wegen eines „ausgeflaggten" Seeschiffs Drischler KTS 80, 111. Bei einem eingetragenen Schiff ist eine Arrestpfändung zulässig, § 931. Die Zwangsvollstreckung erfolgt im übrigen durch die Eintragung einer Zwangshypothek oder durch eine Zwangsversteigerung, § 870 a, Grdz 101 vor § 704 „Schiff und Schiffsbauwerk". Wegen der Zuständigkeit des AG im Verfahren über die Zwangsversteigerung in *Baden-Württemberg* VO v 23. 2. 87, GBl 74.

6) Bruchteil, II. Er bringt keine besonderen Probleme. **9**
A. Grundsatz: Pfändbarkeit nur des Erlöses. Ein Bruchteil eines Grundstücks, AG Siegen Rpfleger **88**, 249 (zustm Tröster), einer grundstücksähnlichen Berechtigung, eines eingetragenen Schiffs oder eines Schiffsbauwerks der in I bezeichneten Art ist nicht beweglich. Wegen der Pfändung einer Schiffspart vgl § 858. Bruchteile eines in die Luftfahrzeugrolle eingetragenen Luftfahrzeugs gelten ebenfalls als nicht beweglich. Denn dann ist II sinngemäß anwendbar, § 99 I LuftfzRG. Der Gläubiger kann solche Bruchteile nicht pfänden. Er kann vielmehr nur den Anspruch auf den Erlös bei einer Auseinandersetzung pfänden.
B. Voraussetzungen. Die Zwangsvollstreckung in einen Bruchteil setzt folgendes voraus. Entweder **10** besteht der Bruchteil in einem Anteil des Miteigentümers, § 1008 BGB, Ffm RR **88**, 463. Dieser Anteil muß sich aus dem Grundbuch ergeben, § 47 GBO. Das Grundbuch muß daher evtl vorher berichtigt werden. Oder es besteht eine Belastung des Bruchteils als eines solchen mit einem Recht des Gläubigers, Ffm RR **88**, 463. Dieser Fall kann nur dann vorliegen, wenn der jetzige Alleineigentümer im Zeitpunkt der Belastung eines Bruchteils mit dem Recht des Gläubigers nur Bruchteilseigentümer war.
In beiden Fällen gilt: Wenn der Alleineigentümer den Bruchteil in einer nach dem AnfG anfechtbaren **11** Weise erworben hatte, dann muß der Alleineigentümer die Zwangsvollstreckung so dulden, als ob der Bruchteil noch dem Veräußerer gehören würde, Ffm RR **88**, 463. Im Fall einer Gemeinschaft zur gesamten Hand ist eine Zwangsvollstreckung höchstens in den Anteil an der ganzen Masse zulässig, §§ 859, 860, Bärmann Rpfleger **77**, 239 (WEG). Die Zwangsvollstreckung in den Bruchteil des Alleineigentümers ist unzulässig, Kblz MDR **78**, 670. Zur Vereinigung mehrerer Anteile infolge Erbfalls Oldb JB **96**, 273. Zum ausländischen Güterrecht Rauscher Rpfleger **88**, 90.

7) VwGO: Vgl Üb § 864 Rn 9. **12**

865
Verhältnis zur Mobiliarvollstreckung. I Die Zwangsvollstreckung in das unbewegliche Vermögen umfasst auch die Gegenstände, auf die sich bei Grundstücken und Berechtigungen die Hypothek, bei Schiffen oder Schiffsbauwerken die Schiffshypothek erstreckt.

II ¹ Diese Gegenstände können, soweit sie Zubehör sind, nicht gepfändet werden. ² Im Übrigen unterliegen sie der Zwangsvollstreckung in das bewegliche Vermögen, solange nicht ihre Beschlagnahme im Wege der Zwangsvollstreckung in das unbewegliche Vermögen erfolgt ist.

Schrifttum: *Schmidt,* Unternehmensexekution, Zubehörbegriff und Zwangsvollstreckung, Festschrift für *Gaul* (1997) 691.

Gliederung

1) Systematik, I, II 1	F. Recht auf eine wiederkehrende Leistung 9
2) Regelungszweck, I, II 2	G. Versicherungsforderung 10
3) Geltungsbereich, I, II 3	5) Sonderfälle, I, II 11, 12
4) Hypothek, I 4–10	A. Schiffshypothek 11
A. Vom Boden getrennte Erzeugnisse 4	B. Luftfahrzeug 12
B. Zubehör 5	6) Zwangsvollstreckung, II 13
C. Beispiele zur Frage von Zubehör 6	7) Rechtsbehelfe, I, II 14
D. Haftungsbefreiung des Zubehörs 7	8) VwGO 15
E. Miete und Pacht 8	

1) Systematik, I, II. § 865 ergänzt die Vorschriften des BGB über die Grundstückshaftung. Die Bestim- **1** mung entscheidet auch in der Fahrniszwangsvollstreckung über die Eigenschaft einer Sache als beweglich oder als unbeweglich.

2) Regelungszweck, I, II. Die Vorschrift soll dem Einzelzugriff dasjenige entziehen, was bereits von **2** einer Zwangsverwaltung oder einer Zwangsversteigerung erfaßt wird und was rechtlich und wirtschaftlich zu deren Masse gehört. Darum muß man die Vorschrift ausdehnend dahin auslegen, daß die Liegenschafts-

§ 865   Buch 8. Abschnitt 2. ZwV wegen Geldforderungen

zwangsvollstreckung diejenigen Gegenstände ergreift, die eine Hypothek oder eine Schiffshypothek erfaßt. Dabei ist es wenig ratsam, von der Begriffsbildung und Funktionsbewertung, wie sie sich zum BGB gebildet haben, ohne ganz erheblichen Grund abzuweichen, soweit überhaupt methodisch zulässig.

3 3) **Geltungsbereich, I, II.** Die Vorschrift gilt für alle Grundstücke, Begriff § 865 Rn 1. Bei einer grundstücksähnlichen Berechtigung, einem eingetragenen Schiff, einem Schiffsbauwerk nach § 864 Rn 5 und einem in die Luftfahrzeugrolle eingetragenen Luftfahrzeug nach § 99 I LuftfzRG, Rn 11 gilt dasselbe wie bei einem Grundstück. Das Landesrecht kann allerdings eine abweichende Regelung treffen. Bei einem Erbbaurecht erlischt die Haftung eines Bauwerks, das im Zeitpunkt der Bestellung des Erbbaurechts bereits vorhanden war, mit der Eintragung des Erbbaurechts, § 12 ErbbVO.

4 4) **Hypothek, I.** Es sind zahlreiche Fragen zu klären.
   A. Vom Boden getrennte Erzeugnisse. Die Hypothek erfaßt nach §§ 1120 ff BGB die vom Boden getrennten Erzeugnisse und die sonstigen Bestandteile, soweit diese nicht mit der Trennung das Eigentum eines anderen werden, etwa des Pächters, wie es bei Früchten geschieht, AG Oldb DGVZ **88**, 79 linke Spalte. Die Erzeugnisse und sonstigen Bestandteile sind frei pfändbar, wenn sie vor dem Zeitpunkt der Beschlagnahme entweder veräußert und vom Grundstück entfernt wurden oder wenn sie vorher veräußert und nachher vom Erwerber entfernt wurden. In einem solchen Fall wird wegen der Beschlagnahme im Fall des § 23 II ZVG ein schlechter Glaube vom Zeitpunkt der Eintragung des Versteigerungsvermerks an unwiderleglich vermutet. Die freie Pfändbarkeit liegt auch dann vor, wenn die Erzeugnisse usw in den Grenzen einer ordnungsgemäßen Wirtschaft vom Grundstück getrennt und entfernt wurden. Das darf allerdings weder zu einem bloß vorübergehenden Zweck noch im Rahmen einer wirtschaftlich gebotenen Betriebseinstellung geschehen sein, LG Darmst KTS **77**, 125 (Zubehör). Diese Regel gilt auch im Fall einer Entfernung auf Grund einer Pfändung, §§ 1121 ff BGB. Wenn die Hypothek infolge eines Zuschlags nach § 91 I ZVG erlischt, dann wird das Hypothekenrecht nicht an denjenigen Früchten unter, die von der Zwangsversteigerung ausgeschlossen sind.

5 **B. Zubehör.** Die Hypothek erfaßt auch das Zubehör außer solchem, das nicht in das Eigentum des Grundstückseigentümers gelangt ist, § 1120 BGB. Es ist unerheblich, ob das Zubehör vor oder nach dem Zeitpunkt der Hypothekenbestellung entstanden ist. Zum Begriff des Zubehörs §§ 97 ff BGB. Das Zubehör muß dazu bestimmt worden sein, dem wirtschaftlichen Zweck der Hauptsache zu dienen, BGH BB **79**, 1740. Es ist nicht erforderlich, daß dieser Zweck erreicht worden ist oder daß das Zubehör dem Zweck auch wirklich zu dienen geeignet ist. Ebensowenig ist es erforderlich, daß das Zubehör für die Hauptsache unentbehrlich ist, LG Bln DGVZ **77**, 156. Grundsätzlich kann nur eine bewegliche Sache Zubehör sein, BGH BB **79**, 1740. Das Zubehör muß in einer räumlichen Beziehung zu der Hauptsache stehen, die der Zweckbindung entspricht, BGH BB **79**, 1740. Eine bloß vorübergehende Trennung ist unschädlich. Man muß eine anderweitige Verkehrsanschauung beachten. So sind zB im Rheinland die Öfen kein Zubehör. Zum Scheinbestandteil DGVZ **85**, 161 (Üb).

6 **C. Beispiele zur Frage von Zubehör**
Anwartschaftsrecht: Es wird miterfaßt, PalBass § 1120 BGB Rn 8.
Ausstellungsstück: Es ist *kein* Zubehör zB eines Möbelgeschäfts, AG Viechtach DGVZ **89**, 30.
Bau: Er kann, wenn nur für die Mietzeit errichtet, nach § 808 zu behandeln sein, AG Pirna DGVZ **99**, 63.
Baumaterial: Es ist auf dem Baugrundstück dessen Zubehör.
Bügelmaschine: Sie ist Zubehör zB einer Bäckerei und Konditorei, AG Elmshorn DGVZ **85**, 191.
Büroausstattung: Sie ist Zubehör, LG Mannh MDR **77**, 49.
Einbauküche, dazu *Holch* DGVZ **98**, 65 (Üb): Sie ist evtl Zubehör, BGH RR **90**, 586 (regionale Unterschiede!?), Nürnb MDR **02**, 815, LG Lüneb DGVZ **80**, 95, aM Düss RR **94**, 1039 (zustm Jaeger NJW **95**, 432), LG Kref DGVZ **04**, 2409.
Entschädigungsanspruch: Ein solcher nach dem BBergG kann miterfaßt sein, LG Saarbr Rpfleger **98**, 552.
Erdtank: Er kann Zubehör sein, wenn er zB Eigentum des Lieferanten bleiben soll, LG Gießen RR **99**, 1538.
Fertighaus: Ein demontierbares Fertighaus ist Zubehör, LG Bochum DGVZ **88**, 156. Etwas anderes gilt bei einem festen Fundament, BGH **104**, 303. Zur Problematik Gaul NJW **89**, 2509.
   S auch „Wochenendhaus".
Fuhrpark: Er ist *kein* Zubehör zB eines Transportunternehmens, BGH Rpfleger **83**, 167.
Gastank: S „Erdtank".
Glocke: Sie ist nebst Läutewerk Zubehör eines Kapellengebäudes, BGH MDR **85**, 131 (im Ergebnis zustm Gerhardt JR **85**, 103).
Heizöl: Im Haustank ist es Zubehör, AG Saarlouis DGVZ **99**, 187.
Huhn: Es ist *kein* Zubehör zB einer Geflügelfarm.
Inventar: Es ist Zubehör, zB bei einer Apotheke oder bei einem Gasthof, aM LG Kiel Rpfleger **83**, 167.
Maschine: § 804 Rn 4.
Mastvieh: Es ist beim Landgut nach § 98 Z 2 BGB solange Zubehör, wie es ein verständiger Landwirt weiter füttert, AG Itzehoe DGVZ **93**, 61.
Öltank: S „Erdtank".
Rohrnetz: Es ist *kein* Zubehör zB einer Gasanstalt.
Rohstoff: Er ist *kein* Zubehör zB einer Fabrik.
Satellitenantenne: Die fest installierte ist Zubehör eines Wohngrundstücks, LG Nürnb-Fürth DGVZ **96**, 123.
Sauna: Eine fest installierte kann Zubehör sein, AG Aschaffenb DGVZ **98**, 158. Sie kann aber auch pfändbar sein, Kblz JB **04**, 506, LG Lübek JB **04**, 505, Schmidt JB **04**, 468.
   S aber auch „Schwimmbecken".

Schwimmbecken: Es ist nebst Heiz- und Filteranlage Zubehör zB in einem Saunaclub, AG Betzdorf DGVZ **89**, 189.
S aber auch „Sauna".
Waschmaschine, Wäschetrockner: Sie sind Zubehör zB einer Bäckerei und Konditorei, AG Elmshorn DGVZ **85**, 191.
Wasserenthärtungsanlage: § 811 Rn 17.
Wochenendhaus: Wegen eines solchen Hauses auf einem Pachtgrundstück LG Hagen DGVZ **78**, 12.
S auch „Fertighaus".
Ziegeleiwaren: Sie sind *kein* Zubehör einer Ziegelei.
Zuchthengst: Er ist auf dem Reiterhof dessen Zubehör, AG Oldb DGVZ **80**, 93 rechte Spalte.

D. Haftungsbefreiung des Zubehörs. Zubehör wird haftfrei nach denselben Regeln wie bei Erzeugnissen nach Rn 4 und außerdem dann, wenn das Zubehör nach ordnungsgemäßen Wirtschaft die Eigenschaft als Zubehör verliert, § 1122 II BGB. Es wird also nicht schon dann haftfrei, wenn eine Betriebseinstellung wirtschaftlich geboten ist, LG Darmst KTS **77**, 125. Wenn ein Gerichtsvollzieher die Sache im Zug einer objektiv unberechtigten Pfändung von dem Grundstück entfernt, dann erlischt die Zubehöreigenschaft nicht auflösend bedingt durch eine Aufhebung dieser Pfändung, Grdz 58 vor § 704. Eine Entfernung durch den Gerichtsvollzieher ist regelmäßig keine bloß vorübergehende Entfernung im Sinn des § 1122 BGB. Etwas anderes gilt dann, wenn man nachweislich mit einer baldigen Einlösung rechnen kann. 7

E. Miete und Pacht, § 1123 BGB. Sie wird in den folgenden Fällen frei. 8
Ein Jahr *nach der Fälligkeit,* wenn sie nicht von einem Hypothekengläubiger vorher beschlagnahmt wurden, sei es durch eine Pfändung auf Grund eines dinglichen Vollstreckungstitels, sei es in einer Zwangsverwaltung, §§ 21, 148 ZVG. Wenn Miete bzw Pacht im voraus zahlbar ist, dann wirkt die Befreiung nur für den jeweils laufenden Kalendermonat, im Fall einer Beschlagnahme nach dem 15. des Monats auch für den folgenden Kalendermonat, § 1123 II 2 BGB. Wenn über sie vor der Beschlagnahme verfügt worden ist, etwa infolge einer Einziehung, einer Abtretung, einer Pfändung oder eines Erlasses. Es gilt dann dieselbe Beschränkung wie im Fall nach § 1124 BGB.
Im Fall einer *mehrfachen* Pfändung entscheidet der Rang. Daher geht eine spätere Pfändung des vorstehenden Hypothekengläubigers der früheren Pfändung des nachstehenden Hypothekengläubigers vor, soweit nicht die Befreiung wirkt. Die Pfändung eines persönlichen Gläubigers bewirkt ein Freiwerden nur für die Zeit der Befreiung. Diese Pfändung wirkt dann dem Zeitvorrang nach. Die Bestellung des Nießbrauchs ist keine Verfügung über die Miete. Deshalb geht eine spätere Pfändung für den rangbesseren Hypothekengläubiger der Bestellung eines Nießbrauchs für die Zeit der Befreiung vor.

F. Recht auf eine wiederkehrende Leistung. Ein solches Recht, das mit dem Eigentum an dem Grundstück verbunden ist, § 1126 BGB, zB eine Reallast, wird im wesentlichen ebenso wie eine Miete oder Pacht behandelt, §§ 1126 BGB, 21, 148 ZVG. 9

G. Versicherungsforderung. Sie wird von der Hypothek miterfaßt, §§ 1127–1129 BGB. Gemeint ist ein Anspruch aus einem Versicherungsvertrag gegenüber dem Versicherer über einen Gegenstand, der der Hypothek unterworfen ist. Über eine entsprechende Behandlung des Entschädigungsanspruchs wegen einer Enteignung Art 52 f EG BGB. 10

5) Sonderfälle, I, II. Es gibt zwei Fallgruppen. 11

A. Schiffshypothek. Die Schiffshypothek erfaßt nach §§ 31 ff SchiffsG das Zubehör des Schiffs außer denjenigen Stücken, die nicht in das Eigentum des Schiffseigentümers gelangt sind. Die Schiffshypothek umfaßt ferner die Versicherungsforderung, wenn der Eigentümer oder ein anderer für ihn das Schiff versichert haben. Das Freiwerden von Zubehör erfolgt im Fall der Aufhebung der Zubehöreigenschaft nach einer ordnungsmäßigen Wirtschaft oder mit der Entfernung vom Schiff vor dem Zeitpunkt der Beschlagnahme, § 31 II SchiffsG.

B. Luftfahrzeug. Das Registerpfandrecht an einem Luftfahrzeug erfaßt auch das Zubehör, ferner die Versicherungsforderung, §§ 31, 32 LuftfzRG, nicht aber das Ersatzteillager, § 99 I LuftfzRG in Verbindung mit § 71. 12

6) Zwangsvollstreckung, II. Zubehör ist schlechthin unpfändbar. Das gilt, soweit das Zubehör der Hypothekenhaftung unterliegt, Rn 4. Auch in einem solchen Fall darf der Insolvenzverwalter das Zubehör nicht gesondert verwerten. Eine trotzdem vorgenommene Pfändung ist unwirksam. Sie kann auch nicht heilen, und zwar auch nicht dadurch, daß man das Grundstück ohne das Zubehör verkauft. Im übrigen ist die Fahrniszwangsvollstreckung bis zur Beschlagnahme der Liegenschaftszwangsvollstreckung für einen persönlichen und für einen dinglichen Gläubiger statthaft. Das Vieh ist nach den Regeln der Fahrniszwangsvollstreckung pfändbar, wenn es zum Verkauf und nicht zur Nahrungsmittel- oder Düngerverwertung dient. 13
Die *Beschlagnahme ergreift* im Fall einer Zwangsverwaltung alle Sachen und Rechte der Rn 1, 2. Im Fall einer Zwangsversteigerung ergreift die Beschlagnahme nicht diejenigen Erzeugnisse, die bereits getrennt wurden, und ferner nicht die Miet- und Pachtzinsen, die Versicherungsforderungen und die wiederkehrenden Leistungen, §§ 21, 148 ZVG. Als eine Beschlagnahme gilt auch die Pfändung auf Grund eines dinglichen Vollstreckungstitels für den Hypothekengläubiger. Die Pfändung ist nach dem Zeitpunkt der Beschlagnahme unzulässig. Eine spätere Beschlagnahme berührt die Wirksamkeit der früheren Pfändung nicht. Sie nötigt aber zu einer Anmeldung, § 37 ZVG.
Ein *dinglicher Gläubiger* kann auf Grund seines dinglichen Titels wie ein persönlicher Gläubiger pfänden. Er kann auch sein besseres Recht nach § 805 geltend machen. Wenn er bereits gepfändet hat, kann er sein besseres Recht auch im Verteilungsverfahren geltend machen. Gegenüber der Pfändung der Miete und Pacht kann es sich empfehlen, daß der Hypothekengläubiger einen Antrag auf die Anordnung der Zwangsverwaltung stellt. Köln Rpfleger **74**, 273 hält die Pfändung der Miete aus einer Heimstätte zugunsten des persönlichen Gläubigers für unzulässig.

§§ 865, 866 Buch 8. Abschnitt 2. ZwV wegen Geldforderungen

14 **7) Rechtsbehelfe, I, II.** Eine unzulässige Pfändung ist auflösend bedingt wirksam, Grdz 56, 58 vor § 704. Die Durchführung einer solchen Pfändung ohne Anhörung kann dem Benachteiligten aber die Erinnerung nach § 766 geben, AG Viechtach DGVZ **89**, 29. Sie kann außerdem einen Anspruch aus einer ungerechtfertigten Bereicherung oder einen Ersatzanspruch geben, Gaul NJW **89**, 2515. Der Schuldner (Eigentümer), der dingliche Gläubiger, der Zwangsverwalter können die Unzulässigkeit der Pfändung durch die Erinnerung nach § 766 geltend machen. Die Praxis eröffnet dem dinglichen Gläubiger außerdem den Weg einer Widerspruchsklage nach § 771. Diese Lösung läßt sich aber nicht rechtfertigen. Denn der dingliche Gläubiger hat kein Recht, das die Veräußerung hindern könnte.

15 **8) VwGO:** *Vgl Üb § 864 Rn 9.*

866 *Arten der Vollstreckung.* ¹Die Zwangsvollstreckung in ein Grundstück erfolgt durch Eintragung einer Sicherungshypothek für die Forderung, durch Zwangsversteigerung und durch Zwangsverwaltung.

II Der Gläubiger kann verlangen, dass eine dieser Maßregeln allein oder neben den übrigen ausgeführt werde.

III ¹ Eine Sicherungshypothek (Absatz 1) darf nur für einen Betrag von mehr als 750 Euro eingetragen werden; Zinsen bleiben dabei unberücksichtigt, soweit sie als Nebenforderung geltend gemacht sind. ²Auf Grund mehrerer demselben Gläubiger zustehender Schuldtitel kann eine einheitliche Sicherungshypothek eingetragen werden.

1 **1) Systematik, I–III.** § 866 wird ergänzt durch §§ 867 ff, beim Schiff eingeschränkt durch § 870 a. § 866 läßt dem Gläubiger eines persönlichen oder eines dinglichen Vollstreckungstitels, in Abwägung der in Üb 1 vor § 864 genannten Erwägungen die Wahl nur zwischen den folgenden Wegen, Saarbr Rpfleger **93**, 81. Er kann eine Zwangsversteigerung betreiben, § 869. Ihr Erlös befriedigt ihn. Er kann auch die Zwangsverwaltung betreiben, § 869. Sie befriedigt ihn aus ihren Erträgnissen. Er kann schließlich eine Sicherungshypothek als Zwangshypothek eintragen lassen, § 867. Sie gibt dem Gläubiger nur eine Sicherung und wahrt ihm seinen Rang.

2 **2) Regelungszweck, I–III.** Ein Grundstück läßt sich nach *I* auf verschiedene Arten auswerten. Von ihnen lassen zwei Arten die Eigentümerstellung bestehen. Nach dem Grundsatz der Zugriffsmöglichkeit auf das gesamte Schuldnervermögen kommt jede dieser drei Arten auch zwangsweise infrage. Das stellt *II* zugunsten des Gläubigers sicher. Das kann für ihn vorteilhaft sein. Denn schon die Zwangshypothek wahrt dem Gläubiger den Rang für den Fall, daß das Zwangsversteigerungsverfahren aufgehoben wird. Um die Zwangsversteigerung mit dem Rang der Hypothek zu betreiben, braucht der Gläubiger allerdings keinen besonderen Duldungstitel mehr, § 867 III. *III* dient der Beachtung des Verhältnismäßigkeitsgebots nach Grdz 35 (B) vor § 704 und der Vereinfachung, also der Prozeßwirtschaftlichkeit, Grdz 14 vor § 128. Diesen unterschiedlichen Zwecken sollte die Auslegung der Teile der Vorschrift entsprechen.

3 **3) Geltungsbereich; Wahlrecht, I, II.** Der Gläubiger darf zwei, auch alle drei Maßnahmen miteinander verbinden. Wenn der Justizfiskus wegen rückständiger Kosten aus einer Sicherungshypothek die Zwangsversteigerung betreibt, dann braucht er nach § 7 JBeitrO, Hartmann Teil IX A, nur einen Antrag zu stellen, Ffm JB **98**, 49. Eine Zwangsversteigerung ist auch dann zulässig, wenn der Vollstreckungstitel auf eine Hinterlegung lautet.

4 Der Gläubiger kann auf Grund eines nach § 890 festgesetzten *Ordnungsgeldes* keine Liegenschaftszwangsvollstreckung betreiben. Denn das Ordnungsgeld gehört nicht dem Gläubiger, sondern der Staatskasse. In einer Steuersache des Bundes ist die Möglichkeit einer Zwangsvollstreckung wegen einer Kleinsignalität beschränkt, § 372 III AO, aber nicht durch den Grundsatz der Verhältnismäßigkeit, Grdz 34 vor § 704. Denn das ZVG und die ZPO allerdings auch mit § 765 a gehen diesem Grundsatz vor. Eine landesrechtliche Abweichung von § 866 ist im Rahmen der Art 64 ff, 197 EG BGB zulässig. Über die Folgen eines Verstoßes § 865 Rn 13. Im Fall der Verletzung des § 765 kann eine rückwirkende Heilung eintreten, § 879 II BGB.

5 **4) Mindestbetrag der Zwangshypothek, III.** Er ist nicht ganz genug. Das dient der Prozeßwirtschaftlichkeit, Grdz 14 vor § 128.

A. Grundsatz: Mindestens 750 EUR. Die Eintragung einer Zwangshypothek ist nur für einen Betrag von mehr als 750 EUR zulässig, BayObLG Rpfleger **82**, 466. Die Vorschrift soll nicht etwa den Schuldner schützen. Sie soll nur das Grundbuch von verwirrenden kleinen Eintragungen freihalten, LG Ellwangen BadWüNotZ **88**, 68, LG Stgt KTS **82**, 500. Bei der Berechnung der Mindestsumme bleiben Zinsen unberücksichtigt, wenn sie der Gläubiger als eine Nebenforderung geltend gemacht hat, § 4 Rn 10, 15, Schlesw Rpfleger **82**, 301 (zustm Hellwig). Zinsen neben einer Hauptforderung von über 750 EUR sind also immer eintragungsfähig, BayObLG Rpfleger **82**, 466. Ohne eine solche Hauptforderung sind Zinsen eintragungsfähig, wenn der Gläubiger sie für einen bestimmten Zeitraum kapitalisiert geltend macht und wenn dieser Betrag allein bereits mehr als 750 EUR ausmacht, LG Bonn Rpfleger **82**, 75. Kosten darf und muß man hinzurechnen, BayObLG Rpfleger **82**, 466.

Wenn das Grundbuchamt versehentlich nur einen *Teil* eingetragen oder pflichtwidrig statt einer Zwischenverfügung zurückgewiesen hat, dann muß man auch einen Rest unter 750 EUR eintragen, LG Ellwangen BadWüNotZ **88**, 68 (zustm Böhringer). Die Wertgrenze gilt auch für eine Arresthypothek. Sie gilt ferner für eine Steuerhypothek und für eine auf Grund eines öffentlich-rechtlichen Vollstreckungstitels eingetragene Zwangshypothek. Wegen § 867 II dort Rn 16.

6 **B. Ausnahmen.** Die Wertgrenze nach Rn 5 gilt in folgenden Lagen nicht: Im Fall einer bewilligten Sicherungshypothek, wie der Bauhandwerkerhypothek des § 648 BGB; bei einer Sicherungshypothek aus § 848; im Fall einer solchen Sicherungshypothek, die auf Grund einer einstweiligen Verfügung eingetragen wurde, wenn die einstweilige Verfügung nicht auf eine Geldzahlung lautet.

C. Mehrere Schuldtitel. Der Gläubiger darf mehrere zu seinen Gunsten ergangene Vollstreckungstitel 7 zusammenrechnen. Es genügt also, daß ihre Hauptforderungen und Kosten zusammen 750 EUR übersteigen. Das reicht aber nur dann aus, wenn der Gläubiger einen einheitlichen Antrag stellt. Der Gläubiger muß die Zusammenrechnung selbst vornehmen.

5) VwGO: *Vgl Üb § 864 Rn 9.* 8

867 *Zwangshypothek.* $^{I\,1}$ Die Sicherungshypothek wird auf Antrag des Gläubigers in das Grundbuch eingetragen; die Eintragung ist auf dem vollstreckbaren Titel zu vermerken. ^{2} Mit der Eintragung entsteht die Hypothek. ^{3} Das Grundstück haftet auch für die dem Schuldner zur Last fallenden Kosten der Eintragung.

$^{II\,1}$ Sollen mehrere Grundstücke des Schuldners mit der Hypothek belastet werden, so ist der Betrag der Forderung auf die einzelnen Grundstücke zu verteilen. ^{2} Die Größe der Teile bestimmt der Gläubiger; für die Teile gilt § 866 Abs. 3 Satz 1 entsprechend.

^{III} Zur Befriedigung aus dem Grundstück durch Zwangsversteigerung genügt der vollstreckbare Titel, auf dem die Eintragung vermerkt ist.

Schrifttum: *Balser/Bögner/Ludwig,* Vollstreckung im Grundbuch, 8. Aufl 1987; *Haarmeyer/Wutzke/Förster/Hintzen,* Handbuch zur Zwangsverwaltung usw, 3. Aufl 2004; *Habermeier,* Die Zwangshypotheken der Zivilprozeßordnung, 1989; *Haselbach,* Die prozessuale Verteidigung gegen die Sicherungsgrundschuld, Diss Bielef 1984; *Hintzen,* Pfändung und Vollstreckung im Grundbuch, 2. Aufl 2003.

Gliederung

1) Systematik, I–III 1	B. Wirkung 17, 18
2) Regelungszweck, I–III 2	C. Kosten der Eintragung 19
3) Eintragung: Doppelnatur, I 3–14	5) Mehrheit von Grundstücken, II 20–22
A. Vollstreckungsmaßnahme 3–5	A. Forderungsverteilung 20, 21
B. Maßnahme der freiwilligen Gerichtsbarkeit 6	B. Wirkung 22
C. Eintragungsantrag 7, 8	6) Entbehrlichkeit besonderen Duldungstitels, III 23
D. Prüfungsumfang beim Grundbuchamt 9–13	7) Rechtsbehelfe, I–III 24, 25
E. Verfahren des Grundbuchamts 14	8) *VwGO* 26
4) Zwangshypothek, I 15–19	
A. Allgemeines 15, 16	

1) Systematik, I–III. Von den drei in § 866 dem Gläubiger zur Wahl gestellten Arten der Vollstreckung 1 in unbewegliches Vermögen regelt § 867, ergänzt durch § 868, den einen, nämlich die Eintragung einer Sicherungshypothek. § 867 verstößt nicht gegen Art 14 I GG, Ffm JB **98**, 49.

2) Regelungszweck, I–III. Durch die Eintragung einer Sicherungshypothek ist der Gläubiger freilich 2 noch nicht am Vollstreckungsziel der Befriedigung. Ihm wird nur ein dingliches Grundpfandrecht mit einem oft zweifelhaften Rang bewilligt. Aus ihm muß er dann in einem weiteren Schritt bis zur Befriedigung vorgehen, Rn 3, 17, 23. Damit erweist sich diese Wahl als ein mühsamer und oft im Ergebnis für den Gläubiger trotz § 788 kostspieliger unsicherer Weg, solange nicht der Druck der Zwangshypothek den Schuldner zur Zahlung veranlaßt. Das sollte man bei der Auslegung mitbeachten.

3) Eintragung: Doppelnatur, I. Die Eintragung der Zwangshypothek hat eine rechtliche Doppelnatur, 3 Saarbr Rpfleger **03**, 416, LG Neubrandenb MDR **95**, 526, LG Wuppert Rpfleger **88**, 153.

A. Vollstreckungsmaßnahme. Die Eintragung ist zum einen eine Vollstreckungsmaßnahme. Das ergibt sich eindeutig aus § 866 I, BGH **148**, 394, BayObLG Rpfleger **95**, 107 (zu § 720 a), Köln Rpfleger **90**, 65. Deshalb müssen alle förmlichen Voraussetzungen der Zwangsvollstreckung vorliegen, Grdz 14 vor § 704, BayObLG FGPrax **05**, 58, Hamm Rpfleger **05**, 532. Es muß also ein vollstreckbarer Zahlungstitel nach Grdz 15 vor § 704 in einer vollstreckbaren Ausfertigung vorhanden sein, BayObLG FGPrax **05**, 58, LG Hbg Rpfleger **03**, 309, Alff Rpfleger **03**, 285 (je: ein etwaiger Duldungstitel ist ebenfalls nötig, genügt aber nicht allein). Ferner müssen die Voraussetzungen des Beginns der Zwangsvollstreckung nach § 750 vorliegen, Grdz 51 vor § 704, BayObLG FGPrax **05**, 58. Es darf kein Vollstreckungshindernis vorhanden sein, Grdz 32 vor § 704, wie die Eröffnung des Insolvenzverfahrens es darstellen würde. Eine Eintragung ist nur wegen eines fälligen Betrags möglich, namentlich bei einer Rente. Andernfalls ist nur eine Arresthypothek zulässig, also eine Höchstbetragshypothek.

Die Zwangshypothek ist nur eine *Sicherungsmaßnahme,* ähnlich wie eine Arresthypothek. Sie zielt auf eine 4 Fortführung der Vollstreckung durch eine Zwangsverwaltung oder meist durch eine Zwangsversteigerung nach III, Rn 18. Es hindert auch eine aufschiebende Einrede des Erben nach § 782 die Eintragung nicht. Künftige Zinsen, die als eine Nebenforderung geltend gemacht werden, sind eintragungsfähig. Wenn der Schuldner nach § 756 nur Zug um Zug zu leisten muß, ist § 765 anwendbar, Celle Rpfleger **90**, 113 (krit Münzberg Rpfleger **90**, 253), LG Wuppert Rpfleger **88**, 153.

Die *Einstellung* der Zwangsvollstreckung usw nach §§ 769, 775, 781, 785 führt dazu, daß das Grundbuch- 5 amt keine Zwangshypothek mehr eingetragen werden darf, Ffm JB **97**, 664. Hatte es sie bereits vorher eingetragen, ist § 868 II anwendbar. Das Grundstück muß zu derjenigen Vermögensmasse gehören, in die der Gläubiger vollstrecken darf. Zugunsten eines nicht rechtsfähigen Vereins ist keine Eintragung statthaft. Die Zwangsvollstreckung auf Grund eines Anspruchs einer Berufsgenossenschaft setzt eine vollstreckbare Ausfertigung des Auszugs aus der Heberolle voraus. Man darf die Zulässigkeit des Vollstreckungstitels und der Vollstreckungsklausel in diesem Verfahrensstadium nicht nachprüfen.

§ 867

6 B. Maßnahme der freiwilligen Gerichtsbarkeit. Die Eintragung ist außerdem eine Maßnahme der freiwilligen Gerichtsbarkeit, BayObLG JB **98**, 381. Denn die Eintragung kann nur nach den förmlichen Vorschriften des Grundbuchrechts geschehen, BGH **148**, 394, Köln Rpfleger **90**, 65, LG Bonn MDR **95**, 747. Deshalb muß der Schuldner als der Eigentümer im Grundbuch eingetragen sein, BayObLG Rpfleger **82**, 466, oder er muß im Fall des § 40 GBO der Erbe des eingetragenen Eigentümers sein. Andernfalls muß der Gläubiger zunächst eine Berichtigung nach § 14 GBO herbeiführen, sofern nicht das Grundbuchamt die Berichtigung nach § 82 GBO von Amts wegen veranlaßt. Der Gläubiger muß notfalls einen Erbschein usw nach § 792 erwirken. Im schlimmsten Fall kann der Gläubiger den Anspruch des Schuldners auf eine Berichtigung des Grundbuchs pfänden und sich überweisen lassen. Der Vollstreckungstitel ersetzt die Eintragungsbewilligung. Bei der Zwangsvollstreckung in ein Erbbaurecht nach Rn 8 ersetzt erst die Pfändung und Überweisung des Anspruchs des Erbbauberechtigten gegen den Eigentümer dessen Zustimmung, Hamm MDR **93**, 686.

7 C. Eintragungsantrag, dazu *App* JB **03**, 452 (Üb): Stets muß der Gläubiger den Antrag auf die Eintragung der Zwangshypothek stellen, BayObLG Rpfleger **82**, 467, Hintzen Rpfleger **91**, 287. Gläubiger ist hier der Titelinhaber nach § 750, BayObLG **04**, 386. Lautet der Titel auf Leistung an einen Dritten, muß das Grundbuchamt auch ihn eintragen, BayObLG **04**, 386. Eine BGB-Gesellschaft ist trotz ihrer Rechtsfähigkeit nach BGH **146**, 341 doch nicht als Gläubigerin grundbuchfähig, LG Bln Rpfleger **04**, 283. Bei einer Zwangssicherungshypothek für ein Zwangsgeld nach § 888 muß das Grundbuchamt den Kläger als Gläubiger, die Gerichtskasse als Zahlungsempfänger eintragen, BayObLG Rpfleger **85**, 102, AG Hbg Rpfleger **82**, 32. Das Vollstreckungsgericht der §§ 764, 802 ist nicht antragsberechtigt, aM Düss Rpfleger **89**, 339 (ZVG), ebensowenig der Schuldner. Man muß den Antrag beim Grundbuchamt einreichen. Das kann schriftlich geschehen, auch elektronisch oder zum Protokoll der Geschäftsstelle des Grundbuchamts. Das Grundbuchamt vermerkt den Eingang, § 13 GBO. Eine öffentliche Beglaubigung ist nicht erforderlich, § 30 GBO. Das gilt auch dann, wenn der Gläubiger die Eintragung der Zwangshypothek nur wegen eines Teilbetrags verlangt oder wenn man den Betrag der Forderung nach II verteilen muß. Bei einer Befreiung von einer Verbindlichkeit mag der Gläubiger gehalten sein, auch zB seine Bank als Empfänger eintragen zu lassen, Drsd Rpfleger **98**, 158.

8 Die *Prozeßvollmacht* ermächtigt zum Eintragungsantrag, § 81. Eine Beglaubigung ist nicht erforderlich. Da die Eintragung zugleich auch eine Maßnahme der freiwilligen Gerichtsbarkeit darstellt, muß der Antragsteller seine Vollmacht nachweisen. Wenn die Zwangsvollstreckung auf Grund eines Urteils aus einem Wechsel oder aus einem sonstigen indossablen Papier erfolgt, dann muß der Antragsteller das Papier vorlegen, §§ 765, 756, 726, § 43 GBO, soweit der Gläubiger wegen der durch das Wechselurteil selbst titulierten Forderung vollstreckt, Ffm DGVZ **81**, 85 (bei der Zwangsvollstreckung aus einem Kostenfestsetzungsbeschluß auf Grund eines Wechselurteils ist die Wechselvorlage unnötig). Nach der Eintragung der Zwangshypothek gibt das Grundbuchamt den Vollstreckungstitel dem Gläubiger mit dem Vermerk der Eintragung zurück, I 1 Hs 2, III, mit seinem Einverständnis auch einem anderen, Saum JZ **81**, 697. Auch der Antragsrücknahme bedarf in § 29 S 1 GBO vorgeschriebenen Form, Düss Rpfleger **00**, 62, Hamm Rpfleger **85**, 231.

Gebühren: Des Gerichts nach der KostO, nicht nach dem GKG, Rn 13, Köln Rpfleger **90**, 65 (Kostenfreiheit bei § 64 II 1 SGB X); des Anwalts VV 3311, 3312.

9 D. Prüfungsumfang beim Grundbuchamt. Das Grundbuchamt muß grundsätzlich eine Reihe von Prüfungen vornehmen, BFH BStBl **90** II 44, Hamm Rpfleger **85**, 231, Köln Rpfleger **90**, 65. Zunächst muß das Grundbuchamt klären: Liegen die *förmlichen* Voraussetzungen der Zwangsvollstreckung vor?, Grdz 12 vor § 704, Ffm NZM **04**, 503, Jena FGPrax **02**, 100, Saarbr Rpfleger **03**, 416. Das Finanzamt, das eine Eintragung wegen eines Steuerrückstands beantragt, braucht allerdings wegen § 322 III 2, 3 AO den vollstreckbaren Titel und den Zustellungsnachweis nicht vorzulegen, BFH BStBl **90** II 45.

10 Das Grundbuchamt muß ferner prüfen: Liegen die *grundbuchmäßigen* Voraussetzungen der Eintragung vor?, Rn 3, BGH NJW **01**, 3628, Ffm NZM **04**, 503, Saarbr Rpfleger **03**, 416 (je: Bestimmtheitserfordernis). Im Fall des § 78 SachenRBerG ist die Eintragung einer Zwangshypothek weder allein am Grundstück noch allein am Gebäudeeigentum noch an beiden zulässig, LG Chemnitz Rpfleger **95**, 456.

Keine Prüfung erfolgt dazu, ob der Anspruch sachlichrechtlich besteht, BGH **148**, 395, Ffm NZM **04**, 503, Köln Rpfleger **91**, 149. Das gilt auch bei einer Prozeßstandschaft, Grdz 26 vor § 50, BGH NJW **01**, 3628, KG Rpfleger **01**, 341, LG Konst Rpfleger **01**, 345, aM Celle Rpfleger **86**, 484, Köln Rpfleger **88**, 526, LG Ffm Rpfleger **93**, 238 (aber das Grundbuchamt kann nicht wie ein Prozeßgericht arbeiten. Es braucht formelle alsbaldige Klarheit). Ebensowenig darf das Grundbuchamt prüfen, ob eine Verfallklausel vorhanden ist und ob ihre Voraussetzungen eingetreten sind, ob etwa der gesamte Restbetrag infolge des Verzugs des Schuldners mit einer Rate fällig geworden ist. Denn diese Prüfung erfolgt bereits im Verfahren zur Erteilung der Vollstreckungsklausel, § 726 I. Dort konnte der Schuldner seine etwaigen Einwendungen wegen des Nichtvorliegens des Verfalls nach § 732 vorbringen. Ebenfalls nicht prüfen darf das Grundbuchamt den Grundstückswert, schon gar nicht bei einer Anschlußpfändung nach § 826, LG Marbg Rpfleger **84**, 406. Eine Ausnahme gilt allenfalls zwecks Klärung des Kostenwerts.

11 Die Eintragung soll die Natur der Hypothek als einer *Zwangshypothek* kenntlich machen. Wenn ein solcher Hinweis aber fehlt, ist die Eintragung trotzdem nicht schon deshalb ungültig. Die Zwangshypothek unterscheidet sich von einer vertraglichen Sicherungshypothek, LG Mü Rpfleger **89**, 96. Denn die Zwangshypothek haftet ohne weiteres für die Kosten der Zwangsvollstreckung mit, § 788, LG Köln NZM **01**, 1102, und sie wird auch anders übertragen, § 868. Man muß § 1115 BGB beachten, BGH **148**, 395, BayObLG Rpfleger **85**, 102, Hamm MDR **88**, 865 (nicht der Nachlaßverwalter, sondern der Erbe wird als Berechtigter eingetragen). Zinsen muß man als Nebenleistungen angeben. Der Antragsteller darf auf den Schuldtitel Bezug nehmen. Wer in Prozeßstandschaft nach Grdz 26 vor § 50 einen Titel erwirkt hat, kann die Eintragung auf seinen Namen fordern, LG Bochum Rpfleger **85**, 438. Im übrigen richtet sich die Fassung der Eintragung nach dem Grundbuchrecht, BayObLG Rpfleger **88**, 310 (auch zum Namen). Als den Gläubiger trägt das Grundbuchamt den Vollstreckungsgläubiger ein, BayObLG RR **05**, 665. Evtl ist die Zustimmung des Grundeigentümers zur Eintragung der Sicherungshypothek bei einem Erbbaurecht erforderlich, BayObLG Rpfleger **96**, 447.

Der *Rang* richtet sich nach dem Zeitpunkt des Eingangs des Antrags beim Grundbuchamt. Das gilt auch **12** dann, wenn die Eintragung fehlerhaft war und der Fehler erst nachträglich heilt, Schlesw RR **88**, 700 (Zustellung der Vollstreckungsklausel bei § 720 a), aM LG Mainz Rpfleger **91**, 302 (ein Vollstreckungshindernis sei rangstörend). Erst die Eintragung begründet aber das Recht am Grundstück. Der Antrag gibt kein Recht auf die Eintragung für den Fall einer späteren Verfügungsbeschränkung. § 878 BGB betrifft nur rechtsgeschäftliche Eintragungen, aM Wacke ZZP **82**, 395 (aber das ist eine rein sachlichrechtliche Vorschrift).

Die Eintragung einer *Vormerkung* ist nicht statthaft. Denn der Gläubiger hat keinen privatrechtlichen **13** Anspruch auf die Einräumung einer Vormerkung. Soweit im Verwaltungszwangsverfahren ein Antrag oder ein Ersuchen der Behörde an die Stelle des Schuldtitels tritt, darf das Grundbuchamt nicht prüfen, ob der Schuldner auch sachlichrechtlich zu der Leistung verpflichtet ist, BayObLG Rpfleger **82**, 99. Eine Genehmigung nach dem BauGB ist nicht erforderlich, AG Eschweiler Rpfleger **78**, 187. Beim Eigentümererbbaurecht ist ein in der Form des § 29 GBO notwendiger Nachweis einer Zustimmung des Eigentümers oder deren Ersetzung nach § 7 III ErbbVO erforderlich, Hamm DB **85**, 1376.

E. Verfahren des Grundbuchamts. Das Grundbuchamt hat die Amtspflicht, bei einer Auflage oder im **14** Fall einer Zurückweisung sämtliche Beanstandungsgründe zu bezeichnen, soweit der Antragsteller diese Beanstandungen beheben kann, LG Mainz Rpfleger **91**, 302. Auf diese Weise soll die Gefahr einer nochmaligen Ablehnung aus anderen Gründen ausscheiden. Eine Zwischenverfügung nach § 18 I GBO ist dann unzulässig, wenn wesentliche Voraussetzungen der Zwangsvollstreckung fehlen, BayObLG FGPrax **05**, 58. Andernfalls würde man dem Gläubiger einen Rang vorbehalten, der ihm objektiv nicht zusteht. Die Zwangsvollstreckung würde infolgedessen vorzeitig beginnen können. Demgegenüber behält der Gläubiger im Fall einer fehlerhaften Eintragung seinen Rang, Rn 17. Der Zufall läßt sich ja nicht ausschalten, und wenn der Brief des früher beantragenden Gläubigers verlorengeht, dann kommt ihm auch ein anderer zuvor.

4) Zwangshypothek, I. Man muß zahlreiche Aspekte beachten. **15**

A. Allgemeines. Die Zwangshypothek entsteht mit ihrer Eintragung, BayObLG Rpfleger **80**, 294, Düss RR **93**, 1430, Hamm Rpfleger **05**, 533. Sie entsteht als eine Buchhypothek. Das Grundbuchamt vermerkt von Amts wegen zugleich notfalls nachträglich nach Rn 16 die Eintragung auf dem vollstreckbaren Titel, I 1 Hs 2, III, LG Mü Rpfleger **89**, 96. Dadurch soll der Schuldner geschützt und verhindert werden, daß wegen derselben Forderung an einem anderen Grundstück eine weitere Zwangshypothek entsteht, LG Mü Rpfleger **89**, 96. Ferner soll die mit dem Vermerk direkt nach III statthafte Zwangsversteigerung möglich werden. Das Grundbuchamt darf dem Gläubiger keinen Hypothekenbrief erteilen. Der Gläubiger kann sich nicht zum Beweis seiner Forderung auf die Eintragung berufen, aM BGH NJW **88**, 829 (aber es liegt allenfalls ein halber Anscheinsbeweis vor). Den Vollbeweis erbringt erst der Vollstreckungstitel). Der Gläubiger hat alle sachlichrechtlichen Einwendungen gegen die Forderung, auch wenn der Eigentümer das Grundstück erst später erworben hat. Der Eigentümer ist bei diesen Möglichkeiten durch die Rechtskraftwirkung des Titels und durch § 767 beschränkt. Die bloße Eintragung im Grundbuch bringt kein Recht zum Entstehen, auch nicht einer Zwangshypothek, Hamm Rpfleger **83**, 393. In einem solchen Fall wird aber das Grundbuchamt auch als ein Vollstreckungsorgan tätig, Rn 3.

Deshalb liegt bei einem *prozessualen Mangel,* etwa beim Fehlen der Voraussetzungen der Zwangsvollstrek- **16** kung, Grdz 12 vor § 704, keine Nichtigkeit vor. Es entsteht vielmehr ein auflösend bedingtes Recht, Hamm FGPrax **97**, 87, ZöStö 21, aM BFH BStBl **90** II 45, Schlesw RR **88**, 700, Streuer Rpfleger **88**, 514 (eine unter Verletzung vollstreckungsrechtlicher Vorschriften über den Beginn der Zwangsvollstreckung eingetragene Zwangshypothek gelange nicht zur Entstehung, so daß mit der Eintragung das Grundbuch unrichtig werde). § 53 I 1 GBO hat aber strengere Voraussetzungen einer Unrichtigkeit). Dieses Recht wahrt dann den Rang, wenn die Bedingung nicht eintritt, nämlich die Eintragung nicht auf Grund eines Rechtsbehelfs wegfällt, Grdz 58 vor § 704. Im Fall eines behebbaren Mangels ist eine Heilung für die Zukunft möglich. Vgl aber § 879 II BGB, Hamm Rpfleger **05**, 533, Hagemann Rpfleger **82**, 169 (entsprechende Anwendbarkeit). Wenn sich die „Nichtigkeit der Eintragung" aus der Eintragung selbst ergibt wie im Fall einer Verletzung des II, muß das Gruchbuchamt die Eintragung löschen, BayObLG Rpfleger **86**, 372, aM BayObLG Rpfleger **76**, 68, LG Saarbr Rpfleger **75**, 329 (aber dann gilt eindeutig § 53 I 2 GBO, Einl III 39). Wenn ein grundbuchmäßiger Mangel vorliegt, entsteht kein Recht.

B. Wirkung. Die Zwangshypothek steht rechtlich in wesentlichen einer vertraglich bestellten Siche- **17** rungshypothek gleich, Köln FGPrax **96**, 14. Vgl freilich Rn 1. Die Zwangshypothek gewährt dem Gläubiger nur die Erhaltung des Rechts und keine Befriedigung. Deshalb beendet die Zwangshypothek die Zwangsvollstreckung nicht, Grdz 52 vor § 704, (teilweise überholt) BGH **130**, 350, aM Stgt Rpfleger **81**, 158. Deshalb bleiben auch die Möglichkeiten einer Widerspruchsklage nach § 771 oder einer Vollstreckungsabwehrklage nach § 767 sogar noch nach dem Zeitpunkt der Eintragung erhalten, BGH NJW **88**, 829. Das Grundbuchamt trägt die Zwangshypothek mit dem Rang vor einer bereits bestehenden Hypothek ein, falls deren Inhaber zustimmt. Eine Einwilligung des Schuldners ist entbehrlich. Andernfalls erhält die Zwangshypothek den Rang der nächstbereiten Stelle. Der Gläubiger kann einen Rangvorbehalt des Schuldners nicht ohne Zustimmung der Inhaber der belasteten Rechte ausnutzen.

Zur *Zwangsversteigerung* mit dem Rang der Hypothek ist nach III kein besonderer Duldungstitel mehr **18** erforderlich. Es reicht vielmehr ein Eintragungsvermerk nach I 1 Hs 2 aus, Rn 23. Zur Zwangsvollstreckung wegen eines erst nach §§ 281, 325 BGB entstandenen Schadensersatzanspruchs ist ein neuer Titel erforderlich. Gegen den erhobenen Hypothekenanspruch ist die Vollstreckungsabwehrklage nach § 767 möglich, Düss RR **93**, 1431. Der Eigentümer, der das Grundstück vom Titelschuldner mit der Zwangshypothek belastet erworben hat, kann das Erlöschen der Titelforderung nach § 771 bekämpfen, Düss RR **93**, 1431. Eine vertragliche Sicherstellung beschränkt das Recht des Gläubigers auf die Durchführung der Zwangsvollstreckung nicht. Der Gläubiger darf die Zwangshypothek auch dann eintragen lassen, wenn er wegen derselben Forderung an einem anderen Grundstück des Schuldners bereits eine Vertragsgrundschuld erhalten hat, BayObLG Rpfleger **91**, 53, LG Lüb Rpfleger **85**, 287, oder eine Vertragshypothek. Im letzteren Fall entsteht keine Gesamthypothek. Indessen ist die Eintragung einer zweiten (Ausfall-)Zwangshypothek auf

§ 867

demselben Grundstück ebenso unzulässig wie eine Gesamthypothek. Rn 15, Köln FGPrax **96**, 14. Wegen der Vereinigung von Anteilen infolge Erbfalls Oldb JB **96**, 273. Bei Streitgenossen mit gemeinsamem Anwalt liegt im Zweifel Gesamtgläubigerschaft vor, LG Saarbr Rpfleger **03**, 498.

19   **C. Kosten der Eintragung.** Das Grundstück haftet für die Eintragungskosten ohne weiteres. Deshalb darf das Grundbuchamt diese Eintragungskosten nicht eintragen. Das gilt unabhängig davon, ob es sich um Partei-, Gerichts- oder Anwaltskosten handelt. Die Kosten errechnen sich bei der Zwangsverwaltung oder bei der Zwangsversteigerung nach der KostO, Rn 8, Köln Rpfleger **90**, 65. Die Kosten des Prozesses oder die Kosten einer früheren ergebnislosen Zwangsvollstreckung sind eintragungsfähig. Die Kosten einer früheren Vollstreckung brauchen keine gerichtliche Festsetzung. Vielmehr muß sie das Grundbuchamt als Vollstreckungsorgan auf ihre Entstehung und auf ihre Notwendigkeit überprüfen. Der Gläubiger muß sie in öffentlich beglaubigter Form nach § 29 GBO nachweisen.

20   **5) Mehrheit von Grundstücken, II.** Die Vorschrift gilt nicht bei § 78 I 1, 2 SachenRBerG, Brdb Rpfleger **97**, 61, Jena Rpfleger **97**, 432, LG Lpz Rpfleger **96**, 285, aM LG Ffo Rpfleger **97**, 212.

A. Forderungsverteilung. Wenn der Gläubiger mehrere Grundstücke des Schuldners mit der Zwangshypothek belasten will, dann muß er die Forderung auf diese mehreren Grundstücke genau verteilen, BGH DB **91**, 1117, Zweibr Rpfleger **01**, 586, LG Ffo Rpfleger **97**, 212. Er darf die Größe der Teile frei bestimmen, BGH DB **91**, 1117, ohne daß der Schuldner zustimmen müßte, Ffm MDR **89**, 365. Eine Gesamthypothek ist aber unzulässig. Das gilt im Gegensatz zu der nachträglichen Eintragung einer Sicherungshypothek auf einem weiteren Grundstück des Schuldners, BGH DB **91**, 117, BayObLG Rpfleger **86**, 372, LG Hechingen Rpfleger **93**, 169. Zum Begriff des Grundstücks § 864 Rn 1. Eine Gesamthypothek ist auch dann unzulässig, wenn die mehreren Grundstücke nacheinander belastet werden sollen, Düss MDR **90**, 62.

21   Die Verteilung bedarf *keiner Form*, Köln Rpfleger **86**, 91, Schneider MDR **86**, 817, aM ZöStö 3. Wenn der Gläubiger überhaupt keine Verteilung vorgenommen hat, dann muß das Grundbuchamt den Eintragungsantrag grundsätzlich sofort zurückweisen, LG Mannh Rpfleger **81**, 406. Denn eine völlig klare Verteilung der Forderung gilt es als Voraussetzung für den Beginn der Zwangsvollstreckung nach Grdz 12, 51 vor § 704 ein notwendiger Bestandteil des Antrags, BGH DB **91**, 1117, Zweibr Rpfleger **01**, 586. Das gilt erst recht, wenn eine Mehrheit von Forderungen zugrundeliegt, Zweibr Rpfleger **01**, 586. Der Gläubiger braucht aber über die Angabe hinaus, wie zu verteilen ist, nicht zusätzlich eine Rangfolge dieser Teile für die Befriedigung anzugeben. Evtl ist § 366 BGB insoweit anwendbar, BGH DB **91**, 1117. Das Grundbuchamt darf auch keine Zwischenverfügung nach § 18 I 1 GBO zur Rangsicherung erlassen. Denn eine Zwangsvollstreckung ist vor der Eintragung ja überhaupt noch nicht zulässig, Düss MDR **90**, 62, Meyer-Stolte Rpfleger **85**, 43. Das Grundbuchamt kann dem Antragsteller vor einer Zurückweisung des Antrags lediglich durch einen Hinweis die Gelegenheit zur Verteilung geben. Es muß den Antrag spätestens dann zurückweisen, wenn ein weiterer Antrag beim Grundbuchamt eingeht. Die Mindestsumme nach § 866 III 1 ist bei der Verteilung jetzt nach II 2 Hs 2 ebenfalls verbindlich. Der Gläubiger darf die Zinsen einem der Grundstücke zuteilen.

22   **B. Wirkung.** Durch die Verteilung der Forderung entstehen entsprechend dem Verteilungsschlüssel des Gläubigers auf den einzelnen Grundstücken Einzelsicherungshypotheken. Eine Gesamthypothek wäre grundbuchrechtlich zulässig. Sie ist aber durch II verboten. Deshalb muß man eine etwa doch eingetragene Gesamthypothek auf Grund einer Beschwerde in Einzelhypotheken mit dem Rang der Gesamthypothek zerlegen. Wenn das Grundbuchamt unzulässigerweise gleichzeitig auf mehreren Grundstücken desselben Schuldners eine Zwangshypothek eingetragen hat, dann ist diese Zwangshypothek inhaltlich unzulässig. Eine nicht gleichzeitige Eintragung läßt die zuerst erfolgte wirksam, LG Mannh Rpfleger **81**, 406. Wenn mehrere gesamtschuldnerisch haften, dann darf der Gläubiger die Einzelgrundstücke sämtlicher Schuldner mit der ganzen Forderung belasten.

Wenn einer der Schuldner *mehrere* Grundstücke besitzt, muß der Gläubiger die Forderung auf diese Grundstücke verteilen. Wenn der Gläubiger mehrere Grundstücke des Schuldners hintereinander belastet, dann muß das Grundbuchamt die Eintragung ablehnen, sofern die volle Forderung bereits auf einem anderen Grundstück eingetragen steht und sofern nicht der Gläubiger auf einen Teil der früheren Zwangshypothek verzichtet. Der Schuldner kann Eintragung einer bedingten Sicherungshypothek, die gegen einen Ausfall einer Zwangshypothek auf einem anderen Grundstück sichern soll (Ausfallhypothek), zwar freiwillig bestellen. Der Gläubiger hat aber keinen derartigen Anspruch.

23   **6) Entbehrlichkeit besonderen Duldungstitels, III.** Die Vorschrift klärt eine frühere Streitfrage. Zur Zwangsversteigerung ist ein solcher vollstreckbarer Titel des alleinigen Erkenntnisverfahrens ausreichend, auf dem der Gläubiger hat vormerken lassen, daß die Zwangshypothek in das Grundbuch eingetragen wurde. Es ist also nach der Eintragung zur weiteren Vollstreckung zwecks Befriedigung kein zusätzlicher Prozeß mit dem Ziel der Erwirkung eines Duldungstitels mehr notwendig. Ihm fehlt daher das Rechtsschutzbedürfnis, Grdz 33 vor § 253. Der Vermerk der Eintragung erfolgt von Amts wegen nach I 1 Hs 2, Rn 8, 15.

24   **7) Rechtsbehelfe, I–III.** Manche meinen, es ergingen keine Entscheidungen des Grundbuchamts im Zwangsvollstreckungsverfahren. Seine Maßnahmen unterlägen daher allgemein nur der einfachen Beschwerde nach § 71 GBO, BGH **64**, 164, Ffm JB **98**, 382. Diese Ansicht trägt aber der Doppelnatur der Eintragung nach Rn 1 keine Rechnung. Das Grundbuchamt handelt nämlich sowohl als ein Vollstreckungsorgan nach Rn 2 als auch als ein Organ der freiwilligen Gerichtsbarkeit, Rn 6, KG RR **87**, 592. Das Verfahren hat entgegen BayObLG Rpfleger **76**, 67 seine Grundlage in der ZPO. Deshalb ist nach einer Entscheidung des Richters der jeweilige Weg nach § 11 RPflG, Anh § 153 GVG zulässig, Dümig Rpfleger **04**, 16. Nur ein nicht rangwahrende Zwischenentscheidung des Grundbuchamts nach §§ 18 II GBO, 139 ZPO ist unanfechtbar, BayObLG FGPrax **05**, 58.

Nach einer Erstentscheidung des Richters ist sowohl eine *sofortige Beschwerde* nach §§ 567 I Z 1, 793 als auch jeweils eine einfache Beschwerde nach der GBO zulässig, aM KG RR **87**, 592, Streuer Rpfleger **88**, 514 (nur Beschwerde nach 71 II 2 GBO. Aber eine Auslegung des Parteiwillens kann auch sonst notwendig

Titel 2. Zwangsvollstr. in das unbewegl. Vermögen   §§ 867–869

sein). Wenn beide Rechtsbehelfe zusammentreffen, wie etwa nach einer angeblich zu Unrecht vorgenommenen Eintragung, dann ist allerdings die grundbuchmäßige Beschwerde mit dem Weisungsrecht nach § 71 II GBO als der umfassendere Rechtsbehelf zulässig, BayObLG Rpfleger **76**, 67, aM BGH **64**, 195.

Demgemäß sind gegenüber einer Eintragung folgende *Rechtsbehelfe* statthaft: zum einen der sachlich- 25 rechtliche Widerspruch. Das Grundbuchamt kann ihn nach § 53 GBO auch von Amts wegen eintragen; zum anderen eine einfache Beschwerde mit dem Antrag, das Grundbuchamt zu einer Löschung oder zur Eintragung eines Widerspruchs anzuweisen, § 71 II GBO, BayObLG Rpfleger **95**, 106. Eine Erinnerung nach § 766 ist unzulässig, KG RR **87**, 592. Das Grundbuchamt darf eine Löschung nur auf Grund eines Amtswiderspruchs vornehmen.

8) *VwGO:* Vgl Üb § 864 Rn 9; zu dem danach ggf anzuwendenden § 322 AO s BFH BStBl **90** II 45.   26

868 Erwerb der Zwangshypothek durch den Eigentümer.
I Wird durch eine vollstreckbare Entscheidung die zu vollstreckende Entscheidung oder ihre vorläufige Vollstreckbarkeit aufgehoben oder die Zwangsvollstreckung für unzulässig erklärt oder deren Einstellung angeordnet, so erwirbt der Eigentümer des Grundstücks die Hypothek.

II Das Gleiche gilt, wenn durch eine gerichtliche Entscheidung die einstweilige Einstellung der Vollstreckung und zugleich die Aufhebung der erfolgten Vollstreckungsmaßregeln angeordnet wird oder wenn die zur Abwendung der Vollstreckung nachgelassene Sicherheitsleistung oder Hinterlegung erfolgt.

1) **Systematik, Regelungszweck, I, II.** Die Vorschrift entspricht dem § 775 Z 1, auch im Regelungs- 1 zweck. Sie ergänzt den § 867 durch die in ihrem Geltungsbereich vorrangigen Sonderregeln, § 867 Rn 1.

2) **Geltungsbereich, I, II.** Die Zwangshypothek hängt in ihrem Bestand von dem Vollstreckungstitel ab. 2 Sie geht kraft Gesetzes auf den Eigentümer über, wenn eine der folgenden Voraussetzungen vorliegt. Bei § 88 InsO kommt eine entsprechende Anwendbarkeit des § 868 in Betracht, Düss FGPrax **03**, 248 und Rpfleger **04**, 39 (auch zu den Grenzen).

A. Aufhebung des Titels usw. Der Vollstreckungstitel oder dessen vorläufige Vollstreckbarkeit müssen durch ein rechtskräftiges oder seinerseits vorläufig vollstreckbares Urteil aufgehoben worden sein. Die Aufhebung muß endgültig erfolgt sein. Es darf also nicht nur die bloße Zurückverweisung wegen endgültige Aufhebung in der Sache vorliegen, Brdb Rpfleger **01**, 487. Im Fall eines Vollstreckungstitels nach § 794 I Z 3 muß ein entsprechender Beschluß ergangen sein, § 329. Wegen der Aufhebung einer Arresthypothek § 925 Rn 13, Ffm KTS **84**, 165. Es ist nicht erforderlich, den Vollstreckungstitel vorzulegen.

B. Unzulässigkeit der Zwangsvollstreckung. Die Zwangsvollstreckung muß für unzulässig erklärt 3 oder endgültig eingestellt worden sein, §§ 732, 767 ff, 771 ff (nicht § 766).

C. Einstellung der Zwangsvollstreckung. Die Zwangsvollstreckung muß eingestellt worden sein. 4 Gleichzeitig müssen die bereits getroffenen Vollstreckungsmaßnahmen aufgehoben worden sein.

D. Sicherheitsleistung. Eine nach § 711 erlaubte Sicherheit oder Hinterlegung muß geleistet worden 5 sein. Wenn der Schuldner die Bank wählen dürfte, bei der er hinterlegen muß, und wenn er seine Wahl nicht bis zum Zeitpunkt der Anordnung der Eintragung getroffen hat, dann übten im Fall der Zwangsversteigerung der Schuldner oder der Gläubiger das Wahlrecht aus.

3) **Unanwendbarkeit, I, II.** § 868 ist unanwendbar, wenn die Zwangshypothek von vornherein ganz 6 unwirksam ist oder wenn sie von Anfang an in Wahrheit dem Eigentümer zusteht, weil nämlich die Forderung nach § 1163 BGB nicht mehr bestand, oder wenn der Gläubiger durch einen Vergleich auf die Zwangsvollstreckung verzichtet, BayObLG Rpfleger **98**, 437. Ferner erwirbt der Eigentümer die Hypothek nach dem sachlichen Recht, wenn die Forderung erlischt. Das gilt insbesondere dann, wenn der Gläubiger außerhalb der Liegenschaftszwangsvollstreckung nach § 1163 BGB befriedigt wird, oder wenn der Gläubiger auf die Vollstreckung verzichtet, § 1168 BGB. Im Fall einer Zwangshypothek auf Grund eines Kostenfestsetzungsbeschlusses geht die Hypothek mit der Aufhebung des Haupttitels auf den Eigentümer über.

4) **Übergang auf den Eigentümer, I, II.** Derjenige erwirbt, der im Zeitpunkt des Eintritts der Voraus- 7 setzungen der Eigentümer ist, auch wenn er nicht der Schuldner ist. Der Übergang macht die Zwangshypothek zu einer Eigentümergrundschuld. Wenn der Vollstreckungstitel wiederhergestellt wird, lebt die Zwangshypothek nicht wieder von sich aus auf, Ffm Rpfleger **81**, 119. Der Gläubiger muß dann eine Zwangsvollstreckung in die Eigentümergrundschuld vornehmen. Gegenüber dem Erwerber besteht kein Bereicherungsanspruch. Wenn die Eigentümergrundschuld dem Vollstreckungsschuldner dann nicht mehr gehört, geht der Gläubiger leer aus. Die Umschreibung erfolgt nach dem Grundbuchrecht. Der Eigentümer trägt die Kosten, ohne beim Gläubiger Rückgriff nehmen zu können.

5) *VwGO:* Vgl Üb § 864 Rn 9.   8

869 Zwangsversteigerung und Zwangsverwaltung.
Die Zwangsversteigerung und die Zwangsverwaltung werden durch ein besonderes Gesetz geregelt.

Schrifttum: S vor Üb 1 vor § 364.

1) **Systematik.** Von den drei in § 866 dem Gläubiger zur Wahl gestellten Arten der Vollstreckung in 1 unbewegliches Vermögen regelt § 869 nach derjenigen der Zwangshypothek nach §§ 867, 868 die beiden weiteren, nämlich diejenigen einer Zwangsversteigerung bzw Zwangsverwaltung mit deren sehr unterschiedlichen Methoden zur Erzielung desselben Ergebnisses einer Befriedigung.

§§ 869–870a   Buch 8. Abschnitt 2. ZwV wegen Geldforderungen

2   **2) Regelungszweck.** Die ZPO bedient sich der Gesamtverweisungstechnik zwecks Vereinfachung. Denn die Zwangsverwaltung wie -versteigerung führen trotz der „Mutter ZPO" doch ein umfangreiches prozessuales Eigenleben. Das dient der Prozeßwirtschaftlichkeit und rechtfertigt nach Grdz 14 vor § 128 auch eine entsprechend großzügige Auslegung zugunsten des ZVG. Dieses muß man freilich dann teilweise sehr streng auslegen.

3   **3) Geltungsbereich.** Das ZVG ist zwar formell ein selbständiges Gesetz, das auch zB selbständig geändert wird. Der Sache nach muß man es freilich als einen Teil der ZPO beurteilen, als ihr Ausführungsgesetz, Karlsr Rpfleger **95**, 427, Kblz Rpfleger **92**, 169, AG Mühldorf Rpfleger **01**, 562. Deshalb gelten vor allem die allgemeinen Vorschriften über die Zwangsvollstreckung nach Grdz 1 ff vor § 704 auch in einem Verfahren nach dem ZVG, Ffm Rpfleger **83**, 36. Es ist zB § 888 und nicht Art 6 I EGStGB anwendbar, AG Mühldorf Rpfleger **01**, 562. Freilich geht zB § 95 ZVG dem § 766 vor, Stgt Rpfleger **00**, 227. Die Einzelzwangsvollstreckung nach der ZPO ist in ein vom Zwangsverwalter ausgegliedertes Vermögensstück zulässig, zB in die Einnahmen eines von ihm verpachteten Betriebs, LG Oldb DGVZ **84**, 90. Nach einstweiliger Einstellung nach dem ZVG oder der ZPO bleibt die Beschlagnahme von Zubehör bestehen. Nach einer Aufhebung der Zwangsverwaltung oder -versteigerung kann man auf Zubehör allenfalls im Wege der Mobiliarvollstreckung zugreifen, Hamm Rpfleger **94**, 176.

4   **4) VwGO:** Vgl Üb § 864 Rn 9.

870 *Grundstücksgleiche Rechte.* Auf die Zwangsvollstreckung in eine Berechtigung, für welche die sich auf Grundstücke beziehenden Vorschriften gelten, sind die Vorschriften über die Zwangsvollstreckung in Grundstücke entsprechend anzuwenden.

1   **1) Systematik, Regelungszweck.** Die Vorschrift enthält eine vorrangige Sondervorschrift für ihren Geltungsbereich. Sie hat jedoch kaum praktische Bedeutung. Denn § 870 erklärt die §§ 864–869 für entsprechend anwendbar.

2   **2) Geltungsbereich.** Zum Begriff der grundstücksähnlichen Berechtigung § 864 Rn 4. Bei ihr sind grundsätzlich sämtliche Arten der Zwangsvollstreckung zulässig. Es bestehen aber mehrere Sondervorschriften.

3   **3) VwGO:** Vgl Üb § 864 Rn 9.

870a *Zwangsvollstreckung in ein Schiff oder Schiffsbauwerk.* ¹Die Zwangsvollstreckung in ein eingetragenes Schiff oder in ein Schiffsbauwerk, das im Schiffsbauregister eingetragen ist oder in dieses Register eingetragen werden kann, erfolgt durch Eintragung einer Schiffshypothek für die Forderung oder durch Zwangsversteigerung.

II § 866 Abs. 2, 3, § 867 gelten entsprechend.

III ¹Wird durch eine vollstreckbare Entscheidung die zu vollstreckende Entscheidung oder ihre vorläufige Vollstreckbarkeit aufgehoben oder die Zwangsvollstreckung für unzulässig erklärt oder deren Einstellung angeordnet, so erlischt die Schiffshypothek; § 57 Abs. 3 des Gesetzes über Rechte an eingetragenen Schiffen und Schiffsbauwerken vom 15. November 1940 (RGBl. I S. 1499) ist anzuwenden. ²Das Gleiche gilt, wenn durch eine gerichtliche Entscheidung die einstweilige Einstellung der Zwangsvollstreckung und zugleich die Aufhebung der erfolgten Vollstreckungsmaßregeln angeordnet wird oder wenn die zur Abwendung der Vollstreckung nachgelassene Sicherheitsleistung oder Hinterlegung erfolgt.

Schrifttum: *Albert,* Die Zwangsversteigerung von Seeschiffen im internationalen Rechtsverkehr, 1983.

1   **1) Systematik, I–III.** Die Vorschrift schränkt als vorrangige Sonderregelung den § 866 in ihrem Geltungsbereich ein. Die Bewachung und die Verwahrung eines Schiffs nach § 165 ZVG sind nur eine Sicherungsmaßnahme und keine Zwangsverwaltung. Die Zwangsvollstreckung in ein eingetragenes Schiff oder in ein eingetragenes oder eintragungsfähiges Schiffsbauwerk nach § 66 SchiffsregisterO geschieht nur entweder durch die Eintragung einer Schiffshypothek, BayObLG KTS **91**, 625, oder durch eine Zwangsversteigerung nach dem ZVG. Eine Zwangsverwaltung ist also unzulässig. Man muß die Zwangsschiffshypothek ganz so wie eine Zwangshypothek behandeln, II, BayObLG KTS **91**, 625. § 868 ist aber unanwendbar. Der dem § 868 nachgebildete § 870a III läßt im Fall des § 868 keine Eigentümerschiffshypothek entstehen, sondern die Schiffshypothek erlöschen. Das Registergericht muß sie im Schiffsregister löschen. Dem Eigentümer steht das Recht aus § 57 III SchiffsG zu, bis zur Löschung eine entsprechende neue Schiffshypothek zu bestellen.

2   **2) Regelungszweck, I–III.** Man kann durchaus meinen, gerade bei einem Schiff sei auch die Zwangsverwaltung eine geeignete Vollstreckungsart, sogar eine sehr gute, evtl erheblichen Erfolg versprechende. Das gilt, zumal der meist hohe Schiffswert nicht gleich schon wegen einer evtl nur verhältnismäßig kleinen Forderung in andere Hände übergehen und auch nicht registerkundig belastet werden sollte. Indessen hat sich der Gesetzgeber anders entschieden. Daran darf man auch nicht irgendwie auslegend herumdeuten.

3   **3) Geltungsbereich, I–III.** Die Vorschrift gilt grundsätzlich für jedes Schiff. Über eine Zwangsvollstreckung in ein Schiff während der Reise § 482 HGB. Wegen des Arrestes in ein Seeschiff Grdz 2 vor § 916, § 931 Rn 1. Wegen des Verteilungsverfahrens Üb 1 vor § 872. § 870a gilt bis auf III 1 Hs 2 sinngemäß auch für ein Luftfahrzeug, das in der Luftfahrzeugrolle eingetragen worden ist, § 99 I LuftfzRG. Wenn noch ein Vollstreckungstitel fehlt, vgl § 938 Rn 13.

Gebühren: Des Anwalts VV 3311, 3312.

4   **4) VwGO:** Vgl Üb § 864 Rn 9.

Titel 3. Verteilungsverfahren § 871, Übers § 872, § 872

871 *Landesrechtliche Vorbehalte bei Eisenbahnen.* Unberührt bleiben die landesgesetzlichen Vorschriften, nach denen, wenn ein anderer als der Eigentümer einer Eisenbahn oder Kleinbahn den Betrieb der Bahn kraft eigenen Nutzungsrechts ausübt, das Nutzungsrecht und gewisse dem Betriebe gewidmete Gegenstände in Ansehung der Zwangsvollstreckung zum unbeweglichen Vermögen gehören und die Zwangsvollstreckung abweichend von den Vorschriften des Bundesrechts geregelt ist.

1) Systematik, Regelungszweck. Über die landesgesetzlichen Vorschriften vgl Art 112 EG BGB. Vgl ferner für das frühere preußische Gebiet das G über Bahneinheiten v 7. 8. 02 und das G v 26. 9. 34, RGBl II 811, nebst Änderungen, BGBl 51, 225, § 3 des G v 7. 3. 34, RGBl II 91. 1

2) VwGO: Vgl Üb § 864 Rn 9. 2

Titel 3
Verteilungsverfahren

Übersicht

1) Systematik. Vor dem nach §§ 858 II, 873 zuständigen AG als dem für das Verteilungsverfahren mitzuständigen Vollstreckungsgericht nach §§ 764, 802 findet ein Verteilungsverfahren statt, wenn bei einer Zwangsvollstreckung ein Geldbetrag hinterlegt worden ist, der nicht zur Befriedigung aller beteiligten Gläubiger ausreicht. Das gilt auch im Fall einer Liegenschaftsvollstreckung, § 115 ZVG. Dann gelten freilich Abweichungen, namentlich für den Teilungsplan. Das Verfahren findet nur dann statt, wenn und soweit sich die Gläubiger nicht untereinander verständigen. Das Verfahren unterliegt dem Amtsbetrieb, Grdz 38 vor § 128. 1

2) Regelungszweck. Es ist trotz des Grundsatzes notwendig, einen Pfändungspfandgläubiger nach dem Zeitvorrang zu befriedigen, § 804 III. Denn man kann die Übernahme der Gefahr einer unrichtigen Verteilung weder dem Gerichtsvollzieher noch dem Drittschuldner zumuten. Die Vorschriften dienen also gleichermaßen der Rechtssicherheit nach Einl III 43 wie vor allem der Gerechtigkeit nach Einl III 9 in einem auch innerhalb der Gläubigergruppe sozial mitausgerichteten Sinn. So sind sie auch am besten auslegbar. Natürlich kann und soll das Verteilungsverfahren nicht einfach den Rang nach § 804 III beseitigen. Der Anspruch des Gläubigers an die Verteilungsmasse ist nur zusammen mit seiner Forderung pfändbar und überweisbar. 2

3) Geltungsbereich. §§ 872 ff gelten grundsätzlich bei jeder Verteilung. Haftungsbeschränkungen des Reeders usw nach §§ 486 ff HGB, 4 ff BinnenschiffahrtsG führen zu einem Verteilungsverfahren nach der Schiffahrtsrechtlichen Verteilungsordnung. Danach ist auf dieses Verfahren die ZPO hilfsweise entsprechend anwendbar. 3

Gebühren: Des Gerichts KV 2116; des Anwalts VV 3311, 3312.

4) VwGO: Ein Verteilungsverfahren nach dem 3. Titel findet bei Vollstreckung wegen Geldforderungen, Grdz § 803 Rn 16, statt, wenn **a)** ZPO entspr anzuwenden ist oder **b)** in den Fällen des § 169 I VwGO über § 5 VwVG die Regeln des § 308 IV und V AO gelten, die für die Verteilung selbst wieder auf §§ 873–882 verweisen. 4

872 *Voraussetzungen.* Das Verteilungsverfahren tritt ein, wenn bei der Zwangsvollstreckung in das bewegliche Vermögen ein Geldbetrag hinterlegt ist, der zur Befriedigung der beteiligten Gläubiger nicht hinreicht.

SVertO § 2. Zuständigkeit. ¹ Betrifft das Verteilungsverfahren ein Schiff, das in einem Schiffsregister im Geltungsbereich dieses Gesetzes eingetragen ist, so ist das Amtsgericht ausschließlich zuständig, bei dem das Schiffsregister geführt wird.

II ¹ Betrifft das Verteilungsverfahren
1. ein Schiff, das nicht in einem Schiffsregister im Geltungsbereich dieses Gesetzes eingetragen ist, oder
2. Ansprüche gegen die in § 1 Abs. 3 Satz 1 Nr. 3, 3 a bezeichneten Personen,

so ist das Amtsgericht ausschließlich zuständig, in dessen Bezirk der Antragsteller seine gewerbliche Niederlassung oder in Ermangelung einer solchen seinen gewöhnlichen Aufenthalt hat. ² Hat der Antragsteller weder eine gewerbliche Niederlassung noch einen gewöhnlichen Aufenthalt im Geltungsbereich dieses Gesetzes, so ist das Amtsgericht ausschließlich zuständig, in dessen Bezirk ein Gericht seinen Sitz hat, das im ersten Rechtszug für eine Klage gegen den Antragsteller wegen eines Anspruchs, für den dieser seine Haftung beschränken kann, zuständig ist, oder in dessen Bezirk die Zwangsvollstreckung gegen den Antragsteller wegen eines solchen Anspruchs betrieben wird. ³ Sind mehrere Gerichte zuständig, so schließt das Gericht, bei welchem zuerst die Eröffnung des Verfahrens beantragt worden ist, die übrigen aus.

III ¹ Die Landesregierungen werden ermächtigt, durch Rechtsverordnung die Verteilungsverfahren für die Bezirke mehrerer Amtsgerichte einem von ihnen zuzuweisen, sofern die Zusammenfassung für eine sachdienliche Förderung oder schnellere Erledigung der Verfahren zweck-

§ 872   Buch 8. Abschnitt 2. ZwV wegen Geldforderungen

mäßig ist. ²Die Landesregierungen können die Ermächtigung auf die Landesjustizverwaltungen übertragen.

IV Die Länder können vereinbaren, daß die Verteilungsverfahren eines Landes den Gerichten eines anderen Landes zugewiesen werden.

Bem. § 2 SVertO, dessen II (überflüssigerweise) am 9. 2. 00 „berichtigt" worden ist, BGBl 149, gilt für das Seerechtliche Verteilungsverfahren. Für das Binnenschiffahrtsrechtliche Verteilungsverfahren enthält § 34 SVertO eine fast wörtlich gleichlautende Regelung.

Das Amtsgericht Hamburg ist im Schiffahrtsrechtlichen Verteilungsverfahren als zuständig vereinbart. Das ergab sich bereits aus dem Abk v 3. 11. 72, SaBl **73**, 697. Dieses ist ersetzt worden durch das Abk v 6. 11. 91, SaBl **92**, 1080, in Kraft seit 1. 3. 93, Bek v 15. 7. 93, HbgGVBl 50. Es ergibt sich insoweit folgende Rechtslage.
Baden-Württemberg: G v 25. 2. 92, GBl 126;
Bayern: Bek v 17. 7. 73, GVBl 448;
Berlin: G v 3. 3. 92, GBl 45;
Brandenburg: G v 2. 7. 92, GVBl 217 und v 16. 10. 92, GVBl 424;
Bremen: G v 17. 9. 92, GVBl 243;
Hamburg: G v 5. 5. 92, GVBl 91;
Hessen: G v 4. 4. 73, GVBl 123;
Mecklenburg-Vorpommern: G v 21. 6. 92, GVBl 366;
Niedersachsen: G v 17. 9. 92, GVBl 243;
Nordrhein-Westfalen: Bek v 27. 2. 92, GVBl 95;
Rheinland-Pfalz: G v 30. 5. 73, GVBl 115, Bek v 24. 8. 73, GVBl 260;
Saarland: G v 21. 3. 73, ABl 265;
Schleswig-Holstein: G v 19. 3. 92, GVBl 207;
Thüringen: G v 20. 3. 92, GVBl 75.

SVertO § 3. Anwendbarkeit der Zivilprozeßordnung. I ¹Auf das Verteilungsverfahren finden, soweit dieses Gesetz nichts anderes bestimmt, die Vorschriften der Zivilprozeßordnung entsprechende Anwendung. ²Die Entscheidungen können ohne mündliche Verhandlung ergehen. ³Die Zustellungen erfolgen von Amts wegen.

II ¹Gegen die Entscheidungen im Verteilungsverfahren findet die sofortige Beschwerde statt, soweit nicht in §§ 12, 33 etwas anderes bestimmt ist. ²Die Frist zur Einlegung der sofortigen Beschwerde beträgt einen Monat. ³Gegen Entscheidungen des Beschwerdegerichts findet die Rechtsbeschwerde statt.

Bem. § 3 SVertO gilt für das Schiffahrtsrechtliche Verteilungsverfahren. Wegen des Binnenschiffahrtsrechtlichen Verfahrens verweist § 34 II 1 auf § 3 SVertO.

1   **1) Systematik, Regelungszweck.** Vgl zunächst Üb 1, 2 vor § 872. Die Vorschrift nennt die Voraussetzung des Verteilungsverfahrens, das in §§ 873 ff in seinem mehrstufigen Ablauf geregelt wird.

2   **2) Geltungsbereich.** Man muß vier Hauptfragen klären.
A. Fahrnisvollstreckung. Es muß sich um eine Zwangsvollstreckung in Fahrnis handeln. Eine Arrestvollziehung genügt. Eine Überweisung ist nicht notwendig.

3   **B. Hinterlegung.** Ferner muß eine Hinterlegung nach §§ 827, 853, 854 stattgefunden haben, also auf Grund einer Zwangsvollstreckung, LG Bln Rpfleger **81**, 453, auch auf Grund einer Arrestvollziehung, § 929.
Fälle: Der Gerichtsvollzieher hinterlegt den Erlös im Fall einer mehrfachen Pfändung oder einer Mehrpfändung einer beweglichen körperlichen Sache; der Gerichtsvollzieher hinterlegt den Erlös im Fall einer mehrfachen Pfändung des Anspruchs auf die Herausgabe einer beweglichen körperlichen Sache; der Drittschuldner hinterlegt im Fall einer mehrfachen Pfändung einer Geldforderung; es findet eine Hinterlegung nach § 858 V bei der Schiffspart statt.
Der Gläubiger kann die Hinterlegung beim Gerichtsvollzieher und beim Drittschuldner *erzwingen*, §§ 766, 856. Es genügt auch, daß die Hinterlegung ursprünglich nach §§ 769, 805 IV erfolgt war, wenn hinterher ein Grund zur Hinterlegung in einem der oben genannten Fälle eingetreten ist. Eine Hinterlegung nach dem sachlichen Recht genügt in diesem Fall nicht. Sie genügt dann nicht, wenn ein Pfändungspfandrecht und ein Abtretungsrecht zusammentreffen, Hornung Rpfleger **75**, 239. Ein Gläubiger mit einem gesetzlichen oder vertragsmäßigen Pfandrecht nimmt am Verteilungsverfahren nicht teil. Wenn die Pfändung der Finanzbehörde mit einer anderen Pfändung zusammentrifft, gelten §§ 873 ff, 360 IV AO.

4   **C. Mehrheit von Pfändungspfandgläubigern.** Ferner muß eine Mehrheit von Pfändungspfandgläubigern vorliegen, LG Münst Rpfleger **95**, 78, anders als bei der Liegenschaftsvollstreckung, § 9 ZVG. Wenn sich eine Anschlußpfändung nach § 826 nur auf einen Teil der Erstpfändung erstreckte, dann findet das Verteilungsverfahren nur insoweit statt, als sich die Pfändungen decken. Ein Pfand- und ein Vorzugsberechtigter nach § 805 oder ein Dritter im Besitz eines die Veräußerung hindernden Rechts müssen nach §§ 805, 771 klagen. Sie gehören nicht in das Verteilungsverfahren. Das gilt zB für den Abtretungsnehmer des Schuldners, LG Münst Rpfleger **95**, 78.

5   **D. Unzulänglichkeit des Betrags.** Schließlich muß der hinterlegte Betrag unzulänglich sein. Es müssen also nicht alle Gläubiger aus ihm Befriedigung erhalten können. Dieses Erfordernis kann im Fall des § 853 fehlen. Denn der Drittschuldner darf auch dann hinterlegen, wenn der Betrag zur Befriedigung aller Gläubiger ausreicht. Dann erfolgt die Verteilung aber ohne ein Verteilungsverfahren, Rn 5. Das Verteilungsverfahren bei der Liegenschaftsvollstreckung findet nach jeder Versteigerung statt. Es erfaßt alle Gläubiger.

Titel 3. Verteilungsverfahren §§ 872–874

Die „Anordnung" des Verfahrens ist nur eine Äußerung des AG darüber, ob die Voraussetzungen des Verteilungsverfahrens vorliegen. Die Anordnung ist also nur die Einleitung des Verfahrens. Sie hat rechtlich keine besondere Bedeutung.

3) Verfahren. Wenn eine der in Rn 2–5 genannten Voraussetzungen fehlt, dann kann kein Verteilungs- 6 verfahren stattfinden. Erst wenn sämtliche Voraussetzungen vorliegen, tritt das Verteilungsverfahren kraft Gesetzes ein. Seine Bestimmungen sind dann auch allein für die Entscheidung über den Rang maßgeblich, §§ 878 ff, Kblz DGVZ **84**, 59, Münzberg Rpfleger **86**, 254. Daher wären eine anderweitig erhobene Klage und die daraufhin ergangene Entscheidung unerheblich, LG Kblz MDR **83**, 676. Das Verfahren wahrt nur die Belange der an ihm beteiligten Gläubiger. Deshalb erübrigt sich das Verteilungsverfahren dann, wenn sich alle beteiligten Gläubiger einigen. Wenn sich herausstellt, daß die Masse zur Befriedigung sämtlicher beteiligten Gläubiger ausreicht, dann befriedigt das Gericht die Gläubiger außerhalb des Verteilungsverfahrens. Das Gericht braucht Verteilungsverfahren braucht dann nicht einzustellen.

4) Rechtsbehelfe. Wenn der Rpfl die Anordnung des Verteilungsverfahrens abgelehnt hat, dann kann 7 der Gläubiger die Erinnerung einlegen, § 829 Rn 84, § 873 Rn 5, Ffm Rpfleger **77**, 184. Wenn der Richter entschieden hat, kann der Gläubiger die sofortige Beschwerde nach §§ 567 I Z 1, 793 einlegen. Der hinterlegte Dritte ist befreit und deshalb nicht beschwert, es sei denn, daß das Vollstreckungsgericht sich weigert, die Anzeige entgegenzunehmen, aM Ffm Rpfleger **77**, 184 (aber eine Beschwer ist stets Voraussetzung eines Rechtsbehelfs). Eine Rechtsbeschwerde kommt unter den Voraussetzungen des § 574 in Betracht. Gegen die Anordnung des Verteilungsverfahrens ist kein Rechtsbehelf statthaft, Wieser ZZP **103**, 177.

5) VwGO: Vgl Üb § 872 Rn 3. 8

873 *Aufforderung des Verteilungsgerichts.* Das zuständige Amtsgericht (§§ 827, 853, 854) hat nach Eingang der Anzeige über die Sachlage an jeden der beteiligten Gläubiger die Aufforderung zu erlassen, binnen zwei Wochen eine Berechnung der Forderung an Kapital, Zinsen, Kosten und sonstigen Nebenforderungen einzureichen.

1) Systematik. Vgl zunächst Üb 1 vor § 872. § 873 eröffnet die Gruppe der Vorschriften zu dem 1 eigenartig mehrstufigen Verteilungsverfahren. Vgl auch § 872 Rn 6.

2) Regelungszweck. Man muß sowohl die Zuständigkeit als auch die verfahrenseinleitende Aufforde- 2 rung des Gerichts um der Rechtssicherheit willen in strenger Auslegung prüfen, Einl III 43.

3) Zuständigkeit. Für das Verteilungsverfahren ist dasjenige AG zuständig, das für die Anzeige nach 3 §§ 827, 853, 854 zuständig ist. Ferner ist dasjenige AG zuständig, das sich aus § 858 II ergibt. Das als Vollstreckungsgericht nach §§ 764, 802 ausschließlich tätige AG entscheidet durch den Rpfl, § 20 Z 17 RPflG, Anh § 153 GVG, § 872 Rn 6. Die Zuständigkeit für die Pfändung ist in diesem Zusammenhang unbeachtlich. Das Vollstreckungsgericht bleibt auch nach dem Wegfall der Erstpfändung Vollstreckungsgericht. Der Anzeige muß die Hinterlegungsurkunde beiliegen.

4) Aufforderung. Sofort nach dem Eingang der Anzeige erläßt das Gericht von Amts wegen die 4 Aufforderung an alle beteiligten Gläubiger nach § 872 Rn 4, binnen 2 Wochen eine Berechnung ihrer Forderungen nach deren Kapital, Zinsen und Kosten einzureichen. Sie leitet das Verteilungsverfahren ein, Wieser ZZP **103**, 172. Das Verfahren ist von dieser Einleitung an ein Amtsverfahren, Grdz 38 vor § 128. Daher ist das Verfahren der Parteiherrschaft nach Grdz 18 vor § 128, Grdz 37 vor § 704 entzogen. Der Gläubiger kann seinen Rang noch im Verteilungstermin darlegen. Das Gericht muß den Rang aber auch von Amts wegen prüfen und beachten.

Die *Zweiwochenfrist* ist eine gesetzliche Frist. Sie ist aber keine Notfrist, § 224 I 2. Sie wird nach § 222 berechnet. Das Gericht kann sie weder verlängern noch abkürzen, § 224 I 1. Gegen ihre Versäumung ist keine Wiedereinsetzung in den vorigen Stand zulässig, § 233. Die Berechnung der Forderungen läßt sich bis zum Erlaß des Teilungsplans nachholen, § 874 III. Die Berechnung muß schriftlich, elektronisch oder zum Protokoll der Geschäftsstelle erfolgen. Sie muß alle notwendigen Angaben enthalten. Der Gläubiger muß die etwa erforderlichen Unterlagen beifügen.

5) Rechtsbehelf. Jeder Beteiligte kann gegen die Aufforderung des Gerichts ohne Anhörung des 5 Gegners die Erinnerung nach § 766 einlegen. Gegen eine echte Entscheidung des Rpfl nach Anhörung gibt es die Möglichkeiten nach § 11 RPflG, Anh § 153 GVG. Zum Verfahren § 104 Rn 41 ff.

6) VwGO: Vgl Üb § 872 Rn 3. Zuständig ist das AG, nicht etwa das Vollstreckungsgericht, da das AG auch nach 6 § 5 VwVG, § 308 IV AO zu entscheiden hat; s auch § 853 Rn 11.

874 *Teilungsplan.* ¹Nach Ablauf der zweiwöchigen Fristen wird von dem Gericht ein Teilungsplan angefertigt.

II Der Betrag der Kosten des Verfahrens ist von dem Bestand der Masse vorweg in Abzug zu bringen.

III ¹Die Forderung eines Gläubigers, der bis zur Anfertigung des Teilungsplanes der an ihn gerichteten Aufforderung nicht nachgekommen ist, wird nach der Anzeige und deren Unterlagen berechnet. ²Eine nachträgliche Ergänzung der Forderung findet nicht statt.

1) Systematik, I–III. Vgl zunächst Üb 1 vor § 872. § 874 regelt die Grundlage der endgültigen Vertei- 1 lung, den amtlichen Plan. Er hat eine gewisse, entfernte Ähnlichkeit mit der Insolvenztabelle.

2) Regelungszweck, I–III. Auch wenn der Teilungsplan nach §§ 875–877 der Kontrolle jedes Beteiligten unterliegt, hat doch das Gericht wegen seiner jedenfalls zunächst alleinigen vollständigen Aktenkenntnis eine so erhebliche Verantwortung für die richtige Anlage des Plans, daß man die Vorschrift streng auslegen muß.

3) Verfahren des Teilungsplans, I. Nach dem Ablauf der Zweiwochenfrist des § 873 fertigt das Gericht von Amts wegen ohne eine mündliche Verhandlung einen Teilungsplan an. Grundlage des Teilungsplans sind die Pfändungs- und Hinterlegungsprotokolle und die Rechnungen der einzelnen Gläubiger sowie andere eingereichte Unterlagen. Das Gericht beschafft nichts von Amts wegen. Es stellt auch dann einen Teilungsplan auf, wenn die ganze Masse dem ersten Gläubiger zufließt. Denn es können ja Änderungen eintreten. Das Gericht prüft zwar nicht die sachliche Berechtigung nach, wohl aber die Wirksamkeit des Pfandrechts. Für den Rang entscheidet der Zeitvorrang, soweit nicht ein Vorzugsrecht besteht, § 804 Rn 12–14. Zum Problem Wieser ZZP **103**, 174.

4) Inhalt des Teilungsplans, I. Der Teilungsplan muß diejenige Masse bezeichnen, die nach dem Abzug der Kosten verbleibt. Er muß ferner die Forderung eines jeden Gläubigers und den auf jeden Gläubiger entfallenden Betrag aufweisen. Der Rpfl kann einen Rechnungsbeamten als Rechnungssachverständigen hinzuziehen, etwa einen Urkundsbeamten der Geschäftsstelle. Er muß eine Arrestforderung nach §§ 916 ff vorläufig in den Teilungsplan aufnehmen. Der auf diese Arrestforderung entfallende Betrag muß hinterlegt werden. Es empfiehlt sich, für den Fall des Wegfalls einer Arrestforderung einen Hilfsplan aufzustellen. Wenn der Arrest nach § 925 aufgehoben worden ist oder wenn die Zwangsvollstreckung aus ihm nach § 775 dauernd eingestellt wurde, dann ist die Pfändung unbeachtlich. Das gilt unabhängig davon, wer den Beschluß vorgelegt hat. Im Fall eines fortlaufenden Bezugs muß der Rpfl den Teilungsplan vorbehaltlich späterer Änderungen nach § 832 aufstellen. Er muß dann über die Zahlungsart entscheiden.

5) Kosten, II. Abziehen muß man die folgenden Kosten.

A. Gemeinsame Kosten. Abziehen muß man die gemeinsamen Kosten, namentlich diejenigen der Versteigerung, auch die Kosten der Überführung zum Versteigerungsort, die Kosten der Hinterlegung und die Kosten des Verteilungsverfahrens selbst. Ferner muß man dasjenige abziehen, was ein einzelner Gläubiger zur Erhaltung der Masse aufgewendet hat.

B. Besondere Kosten. Abziehen muß man ferner die besonderen Kosten der Beteiligung des einzelnen Gläubigers mit dem Rang seiner Hauptforderung.

6) Säumiger Gläubiger, III. Wenn ein Gläubiger auf die Aufforderung nach § 873 keine Berechnung oder nur eine unzureichende Berechnung eingereicht hat, dann berechnet das Gericht die Forderung dieses Gläubigers auf Grund seiner Anzeige und der zugehörigen Unterlagen. Der Gläubiger darf seine Berechnung nachholen, ergänzen und berichtigen, bis der Rpfl die Berechnung hinausgegeben hat, § 329 Rn 23, aM StJM 5 (bis zur Anfertigung des Teilungsplans. Aber die bloße Anfertigung ist erst ein innerer Vorgang. Er bringt den Beschluß des Rpfl noch nicht zum Entstehen, zur Wirksamkeit, § 329 Rn 23). Der Gläubiger darf seine Forderung später nur dann ergänzen, wenn sämtliche Beteiligte zustimmen.

7) VwGO: Vgl Üb § 872 Rn 3.

875 *Terminsbestimmung.* ^I ¹ Das Gericht hat zur Erklärung über den Teilungsplan sowie zur Ausführung der Verteilung einen Termin zu bestimmen. ² Der Teilungsplan muß spätestens drei Tage vor dem Termin auf der Geschäftsstelle zur Einsicht der Beteiligten niedergelegt werden.
^{II} Die Ladung des Schuldners zu dem Termin ist nicht erforderlich, wenn sie durch Zustellung im Ausland oder durch öffentliche Zustellung erfolgen müßte.

1) Systematik, I, II. Vgl zunächst Üb 1 vor § 872. §§ 875–877 regeln den Kern des Verteilungsverfahrens.

2) Regelungszweck, I, II. Da hier die zunächst endgültigen Wertzuweisungen erfolgen, dienen die Vorschriften ungeachtet des natürlich auch hier geltenden Gebots der Prozeßwirtschaftlichkeit nach Grdz 14 vor § 128 vor allem der Gerechtigkeit nach Einl III 9. Man muß sie entsprechend strikt auslegen.

3) Amtsverfahren, I, II. Das Gericht bestimmt von Amts wegen nach § 216 einen Termin zur Erklärung über den Teilungsplan und zur Ausführung der Verteilung, § 128 Rn 4. Die Ladungsfrist beträgt 3 Tage, § 217. Das Gericht muß sämtliche Beteiligten laden, notfalls mit einer öffentlichen Zustellung, so § 185 ff. Das Gericht muß ferner den Schuldner laden. Seine Ladung ist allerdings dann entbehrlich, wenn eine öffentliche Zustellung oder eine Zustellung im Ausland erfolgen müßten, §§ 183, 184. Das Gericht braucht dem Ausbleibenden keine Nachteile anzudrohen, § 231. Der Teilungsplan muß spätestens 3 Tage vor dem Termin auf der Geschäftsstelle ausliegen. Trotz der Mußform ist I 2 eine Sollvorschrift. Im Verfahren nach der SVertO ist eine mündliche Verhandlung nicht erforderlich, § 128 Rn 10, § 3 I 2 SVertO.

4) Verstoß, I, II. Ein Verstoß gegen die Bestimmung beeinträchtigt daher die Wirksamkeit des Verfahrens nicht. Er gibt aber jedem Beteiligten einen Anspruch auf eine Vertagung nach § 227. Der Betroffene kann auf die Rüge eines Mangels nach § 295 verzichten.

5) VwGO: Vgl Üb § 872 Rn 3.

876 *Termin zur Klärung und Ausführung.* ¹ Wird in dem Termin ein Widerspruch gegen den Plan nicht erhoben, so ist dieser zur Ausführung zu bringen. ² Erfolgt ein Widerspruch, so hat sich jeder dabei beteiligte Gläubiger sofort zu erklären. ³ Wird der Widerspruch von den Beteiligten als begründet anerkannt oder kommt anderweit eine Einigung zustande, so ist der

Titel 3. Verteilungsverfahren §§ 876, 877

Plan demgemäß zu berichtigen. ⁴Wenn ein Widerspruch sich nicht erledigt, so wird der Plan insoweit ausgeführt, als er durch den Widerspruch nicht betroffen wird.

1) Systematik, S 1–4. Vgl zunächst Üb 1 vor § 872, § 875 Rn 1. § 876 regelt nur einen Teil der in Betracht kommenden Rechtsbehelfe. 1

2) Regelungszweck, S 1–4. Dem Zweck einer natürlich alsbald erwünschten endgültigen Wertzuweisung entsprechend sollte man die Vorschrift nicht zu großzügig auslegen. 2

3) Geltungsbereich, S 1–4. Man muß drei Situationen unterscheiden. 3

A. Widerspruch. Gegen den vorläufigen Plan nach § 874 steht dem Gläubiger der Widerspruch zu, BGH NJW 02, 1579. Der Gläubiger kann nur durch den Widerspruch oder durch Klage nach § 878 einen besseren Rang erreichen.

B. Befristete Erinnerung. Gegen einen endgültigen Plan, den das Gericht nach einer Anhörung der Beteiligten aufgestellt hat, hat jeder Beteiligte die befristete Erinnerung, § 793 Rn 11. Zum Problem Wieser ZZP **103**, 178. Denn der endgültige Teilungsplan ist eine Entscheidung des Rpfl als des Vollstreckungsgerichts, §§ 764, 802, 873. Man kann die befristete Erinnerung kann nur auf eine Verletzung einer Verfahrensvorschrift stützen. 4

C. Klage. Gegen den endgültigen Teilungsplan hat der widersprechende Gläubiger außerdem die Möglichkeit der Klage nach § 878. 5

4) Widerspruch, S 1–4. Gläubiger und Schuldner haben unterschiedliche Rechte. 6

A. Recht des Gläubigers. Der Widerspruch dient der Geltendmachung eines besseren Rechts eines Gläubigers, BGH NJW **02**, 1579, LG Kblz JB **03**, 552. Der Gläubiger kann den Widerspruch vor dem Termin schriftlich, elektronisch oder zum Protokoll der Geschäftsstelle einlegen, § 877 I. Der Gläubiger kann den Widerspruch auch im Termin bis zu dessen Schluß mündlich erklären, §§ 136 IV, 296 a. Ein Gläubiger, der keinen Widerspruch eingelegt hat, verliert das Recht auf den besseren Rang mit allen Einwendungen endgültig. Der Gläubiger braucht seinen Widerspruch nicht zu begründen. Er ist an eine etwa abgegebene Begründung des Widerspruchs nicht gebunden. Das Gericht muß aber erkennen können, was der Gläubiger begehrt. Ein vorrangiger Gläubiger darf wegen des Fehlens eines Rechtsschutzbedürfnisses nach Grdz 33 vor § 253 der Berücksichtigung eines nachrangigen Gläubigers nicht widersprechen.

B. Verfahren. Das Gericht darf nur die förmliche Berechtigung des Widerspruchs prüfen. Es darf also die sachlichrechtliche Begründung nicht überprüfen. Ein unzulässiger Widerspruch bleibt unbeachtet. Ein zulässiger Widerspruch hat eine Hemmungswirkung, soweit er den Plan berührt. Das Gericht muß zum Widerspruch alle Beteiligten anhören, Artt 2 I, 20 III GG (Rpfl), BVerfG **101**, 404, Art 103 I GG (Richter). Sie alle müssen ihre Erklärungen unverzüglich abgeben. Kein Beteiligter hat einen Anspruch auf eine Vertagung nach § 227. Wenn sich alle beteiligten Gläubiger einigen, dann muß der Rpfl den Teilungsplan entsprechend berichtigen. Andernfalls bleibt die sachliche Berechnung in der Schwebe. 7

C. Recht des Schuldners. Der Schuldner hat kein Widerspruchsrecht. Er muß seine Rechte außerhalb des Verfahrens nach den §§ 766, 767, 768, 793 wahren. Ein etwa vom Schuldner dennoch erklärter Widerspruch ist unbeachtlich. Der Schuldner kann aber der Klage eines Gläubigers nach § 878 als dessen Streithelfer beitreten, § 66. Ein Dritter kann nur nach den §§ 771, 805 klagen. 8

5) Ausführung des Teilungsplans, S 1–4. Das Vollstreckungsgericht führt den endgültigen Teilungsplan insoweit aus, als ihn nicht ein zulässiger Widerspruch beeinträchtigt. Die Ausführung geschieht dadurch, daß der Rpfl der Hinterlegungsstelle ersucht, entsprechende Auszahlungen vorzunehmen. Damit ist das Verteilungsverfahren beendet. Ein Gläubiger, der keinen Widerspruch eingelegt hat, ist mit jedem Rechtsbehelf ausgeschlossen. Das gilt auch im Hinblick auf denjenigen Betrag, der bei der Hinterlegungsstelle verbleibt. Wenn ein Gläubiger, der einen Widerspruch eingelegt hat, in einem Prozeß nach § 878 siegt, dann muß ein neues Verteilungsverfahren stattfinden. In diesem neuen Verteilungsverfahren bleibt derjenige Gläubiger ausgeschlossen, der im vorangegangenen Verfahren keinen Widerspruch eingelegt hatte. Im Fall eines fortlaufenden Bezugs kann ein Gläubiger auch dann, wenn er keinen Widerspruch eingelegt hat, durch eine Klage die Änderung des Teilungsplans für diejenigen Beträge verlangen, die erst nach dem Termin hinterlegt werden, § 159 ZVG entsprechend. Dann darf das Vollstreckungsgericht den bisherigen Teilungsplan nicht weiter ausführen. 9

6) VwGO: Vgl Üb § 872 Rn 3. 10

877 Säumnisfolgen.
¹Gegen einen Gläubiger, der in dem Termin weder erschienen ist noch vor dem Termin bei dem Gericht Widerspruch erhoben hat, wird angenommen, dass er mit der Ausführung des Planes einverstanden sei.

II Ist ein in dem Termin nicht erschienener Gläubiger bei dem Widerspruch beteiligt, den ein anderer Gläubiger erhoben hat, so wird angenommen, dass er diesen Widerspruch nicht als begründet anerkenne.

1) Systematik, Regelungszweck, I, II. Vgl zunächst Üb 1, 2 vor § 872. Die Vorschrift regelt den Fall der bei jedem Verfahren mit einem Verhandlungstermin regelungsbedürftigen Säumnis eines Beteiligten. Das geschieht freilich mit ziemlich anderen Rechtsfolgen als im Erkenntnisverfahren bei §§ 330 ff. Im jetzigen Stadium bedarf es zB durchaus keiner Rückversetzung wie bei § 342. Im übrigen kann das Klageverfahren nach §§ 878 ff helfen. Daher kann man § 877 im Sinn der Prozeßwirtschaftlichkeit nach Grdz 14 vor § 128 auslegen. 1

§§ 877, 878 Buch 8. Abschnitt 2. ZwV wegen Geldforderungen

2 **2) Vermutetes Einverständnis, I.** Die Vorschrift vermutet nach § 292 unwiderleglich ein Einverständnis desjenigen Gläubigers mit der Ausführung des Teilungsplans, der entweder vor dem Termin keinen Widerspruch erhoben hat und im Termin ausgeblieben ist oder im Termin zwar erschienen ist, aber keinen Widerspruch eingelegt hat. Diese Versäumnisfolge ist endgültig. Wer keinen Widerspruch einlegt, gibt allerdings nur zu erkennen, daß er sich der Durchführung des Teilungsplans nicht widersetzen will. Er gibt damit noch nicht einen Verzicht auf weitere Ansprüche zu erkennen, etwa auf Grund einer Amtspflichtverletzung oder nach § 878 II, § 812 BGB. I hat einen rein verfahrensrechtlichen Inhalt.

3 **3) Vermutetes Bestreiten, II.** Nach II ist an dem Widerspruch eines anderen Gläubigers jeder Gläubiger beteiligt, dessen Befriedigung durch einen Erfolg des Widerspruchs beeinträchtigt werden würde, Celle Rpfleger 93, 364. Wenn ein Gläubiger demnach als beteiligt gilt, der ausgeblieben war oder sich nicht erklärt hatte, dann vermutet II unwiderleglich, daß dieser Gläubiger den Widerspruch als nicht begründet betrachtet. Infolgedessen muß man auch diesen Gläubiger nach § 878 verklagen. Dieser Gläubiger hat nur dann einen Klageanlaß im Sinn des § 93 gegeben, wenn sein Gegner annehmen mußte, daß er ohne die Anrufung des Gerichts nicht zu seinem Recht kommen werde.

4 **4) VwGO:** Vgl Üb § 872 Rn 3.

878 **Widerspruchsklage.** [I] [1] Der widersprechende Gläubiger muss ohne vorherige Aufforderung binnen einer Frist von einem Monat, die mit dem Terminstag beginnt, dem Gericht nachweisen, dass er gegen die beteiligten Gläubiger Klage erhoben habe. [2] Nach fruchtlosem Ablauf dieser Frist wird die Ausführung des Planes ohne Rücksicht auf den Widerspruch angeordnet.

[II] Die Befugnis des Gläubigers, der dem Plan widersprochen hat, ein besseres Recht gegen den Gläubiger, der einen Geldbetrag nach dem Plan erhalten hat, im Wege der Klage geltend zu machen, wird durch die Versäumung der Frist und durch die Ausführung des Planes nicht ausgeschlossen.

Gliederung

1) Systematik, I, II 1	6) Beschränkung der Klagegründe, I 9–12
2) Regelungszweck, I, II 2	A. Kein Pfändungspfandrecht 9
3) Nachweis der Klagerhebung, I 3–6	B. Keine Pfändung 10
A. Grundsatz: Gläubigeraufgabe 3	C. Vorrang 11
B. Frist 4	D. Vorrang erloschen 12
C. Fristversäumung 5, 6	7) Beweislast, I 13
4) Rechtsnatur der Widerspruchsklage, I ... 7	8) Entscheidung, I 14
5) Parteien der Widerspruchsklage, I 8	9) Bereicherungsklage, II 15
	10) VwGO 16

1 **1) Systematik, I, II.** §§ 878–882 regeln den abschließenden Abschnitt des so eigenartig gegliederten Verteilungsverfahrens. Es handelt sich um ein besonderes Klageverfahren. Es ähnelt als solches natürlich vielfach dem in §§ 253 ff geregelten Erkenntnisverfahren. Man darf und muß es insofern ergänzend durch jene Vorschriften mitauslegen.

2 **2) Regelungszweck, I, II.** Die Vorschrift bringt einen Rechtsbehelf, § 876 Rn 1. Wie bei jedem Rechtsbehelf gebietet die Rechtssicherheit nach Einl III 43 eine strenge Auslegung der Klagefrist usw. Das gilt bei I umso mehr, als II ja Möglichkeiten für den Gläubiger in einer Reihe wichtiger Fälle offenläßt.

3 **3) Nachweis der Klagerhebung, I.** Der Gläubiger muß fristwahrend handeln.

A. Grundsatz: Gläubigeraufgabe. Der widersprechende Gläubiger muß dem Verteilungsgericht des § 873 aus eigenem Antrieb nachweisen, daß er die Klage erhoben hat, §§ 253, 261. Diesen Nachweis muß er schriftlich, elektronisch oder zum Protokoll der Geschäftsstelle erbringen. Wenn das AG nach § 879 Prozeßgericht ist, dann genügt ein Bezug auf die Akten. Die Beteiligten können auch vereinbaren, daß ein schwebender Prozeß die Bedeutung einer Klageerhebung nach § 878 haben soll. § 878 ist auf eine Teilungsversteigerung nach § 180 ZVG unanwendbar.

4 **B. Frist.** Die Frist ist eine gesetzliche Frist, Üb 10 vor § 214. Sie ist aber keine Notfrist, § 224 I 2 (zum alten Recht), AG Hann Rpfleger 93, 296. Sie wird nach § 222 berechnet. Sie beginnt mit dem Terminstag. Das gilt auch dann, wenn früher ein Widerspruch eingelegt wurde, oder dann, wenn der Widerspruch auf Grund einer Beschwerde berücksichtigt wird. Das Gericht darf die Frist weder verlängern, AG Hann Rpfleger 93, 296, noch abkürzen, § 224 II Hs 2. Der Gläubiger kann die Frist nur durch den Nachweis der Klagerhebung wahren, nicht schon durch die Klagerhebung selbst. Eine Rückbeziehung nach §§ 167, 495 ist zulässig. Denn die Klagezustellung erfolgt von Amts wegen, (jetzt) §§ 166 ff, Bre MDR **82**, 762.

5 **C. Fristversäumung.** Wenn der Gläubiger die Frist versäumt, dann muß der Rpfl die Masse ohne eine Berücksichtigung des Widerspruchs von Amts wegen verteilen. Gegen die Fristversäumung ist keine Wiedereinsetzung in den vorigen Stand zulässig, §§ 224 I 2, 233, (zum alten Recht) AG Hann Rpfleger 93, 296. Die Wahrung der Frist hat aber nur für das Verteilungsverfahren eine Bedeutung. Die Klageberechtigung hängt von der Fristwahrung nicht ab. Der Gläubiger kann seine Klage vielmehr bis zum Zeitpunkt der Durchführung des Teilungsplans erheben, BGH RR **87**, 891, LG Aachen ZMR **02**, 156.

6 Nach diesem Zeitpunkt ist die Klage wegen Fehlens des Rechtsschutzbedürfnisses nicht mehr zulässig, Grdz 33 vor § 253, LG Aachen ZMR **02**, 156. Denn die Widerspruchsklage steht mit dem anhängigen

Titel 3. Verteilungsverfahren **§ 878**

Verteilungsverfahren in engstem Zusammenhang. Wenn das Gericht die Verteilung unterläßt, dann muß das Beschwerdegericht auf eine sofortige Beschwerde hin den Rpfl zur Verteilung anhalten. Wenn die Auszahlung erst nach dem Zeitpunkt der Klagerhebung stattfindet, dann muß man die Widerspruchsklage in eine Bereicherungsklage aus dem besseren Recht überleiten. Darin liegt keine Klagänderung. Die Zuständigkeit des Gerichts bleibt bestehen, § 261 III Z 2. Wenn das AG keine Verteilung vorgenommen hat, dann muß es ein Urteil berücksichtigen, das im Widerspruchsverfahren ergeht.

4) Rechtsnatur der Widerspruchsklage, I. Die Widerspruchsklage ist eine rein prozessuale Gestaltungsklage, Grdz 10 vor § 253, § 767 Rn 1. Denn sie verlangt nicht nur eine Feststellung des besseren Rechts, Düss RR **89**, 599, sondern auch die Anordnung einer anderen Verteilung, § 880. Die Widerspruchsklage ist aber eine gewöhnliche Klage. Sie läßt eine Anspruchshäufung nach § 260 zu, etwa eine Verbindung mit einer Zahlungsklage. Der Rechtsweg ist stets eröffnet, § 13 GVG. Ein Prozeß über den sachlichrechtlichen Anspruch hat mit der Widerspruchsklage nichts zu tun. Er gibt dem Bekl nicht die Rüge der Rechtshängigkeit. 7

5) Parteien der Widerspruchsklage, I. Klageberechtigt ist der widersprechende Gläubiger, LG Aachen ZMR **02**, 156. Richtige Bekl sind sämtliche beteiligten Gläubiger, § 877 Rn 2, Celle FamRZ **96**, 1231, LG Aachen ZMR **02**, 156. Sie sind gewöhnliche Streitgenossen, § 59. Auch der klageberechtigte Gläubiger muß also ein Beteiligter im Sinn von § 9 ZVG sein. Wenn er diese Stellung nicht hat, dann ist seine Widerspruchsklage nicht unzulässig, sondern mit Rücksicht auf seine fehlende Aktivlegitimation unbegründet. Eine Klage gegen einzelne Gläubiger ist zulässig. Sie hilft dem Kläger aber nicht. Eine Umkehrung der Parteirollen ist zulässig. Die Prozeßvollmacht für den Hauptprozeß nach § 81 genügt auch für die Widerspruchsklage, § 81. Das Gericht muß die Klage entweder dem ProzBev nach § 172 oder dem Bekl selbst zustellen. Wenn die Klage fristgemäß erhoben wurde, dann fehlt das Feststellungsinteresse nach § 256 Rn 21 für eine Feststellungsklage, daß der Widerspruch unbegründet sei. Es fehlt auch das Rechtsschutzbedürfnis nach Grdz 33 vor § 253 für eine Klage auf die Einwilligung in die Auszahlung des hinterlegten Betrages. Denn die Auszahlung erfolgt von Amts wegen. 8

6) Beschränkung der Klagegründe, I. Die Klage darf sich nur auf solche Tatsachen stützen, die bis zum Schluß des Verteilungstermins nach §§ 136 IV, 296 a eingetreten waren. Andernfalls wäre der Gegner benachteiligt, BGH **113**, 174, aM Pieper AcP **166**, 536, StJM 29 f (aber der Verhandlungsschluß ist in jedem Klageverfahren eine wesentliche Zeitgrenze). Der Kläger kann vielerlei Art vorgehen. 9

A. Kein Pfändungspfandrecht. Für den Gegner sei kein Pfändungspfandrecht entstanden. Dieser Einwand spielt bei der von manchen vertretenen, nicht überzeugenden Auffassung vom Entstehen eines wirksamen Pfandrechts nach Grdz 55, 56 vor § 704, Üb 6 vor § 803, § 804 Rn 1 eine große Rolle. Namentlich gehört angesichts der vielfach behaupteten abhängigen Natur des Pfändungspfandrechts das Nichtbestehen der Forderung hierher. Was aber gegenüber dem Schuldner bereits nach § 322 rechtskräftig festgestellt worden ist, das muß der widersprechende Gläubiger selbst dann gegen sich gelten lassen, wenn er an jenem Verfahren nicht teilgenommen hat. Denn andernfalls würde er ein fremdes Recht geltend machen, Grdz 16 vor § 704, Batsch ZZP **87**, 9, Krückmann ZZP **47**, 62 (es handelt sich um die „Vollstreckungsbefangenheit"), aM StJM 25 (der Widersprechende sei im früheren Prozeß ein Dritter gewesen und habe alle Einwendungen, auch wenn in dem früheren Rechtsstreit des Schuldners darüber rechtskräftig entschieden worden sei, mit Ausnahme der Einwendungen, die eine Willenserklärung des Schuldners erfordern würden, zB eine Anfechtung, eine Willenserklärung anstelle des Schuldners, eine Aufrechnung. Das ist ziemlich kompliziert und vermeidbar). Der Einwand, die Vollstreckungsforderung stehe einem anderen zu, ist unzulässig. Denn dieser Einwand kann die Stellung des Gläubigers nicht verbessern. Eine Drittwirkung der Rechtskraft nach § 325 Rn 3 kann beachtlich sein.

B. Keine Pfändung. Es fehle überhaupt eine wirksame Pfändung, etwa weil ein sachlich unzuständiger Gerichtsvollzieher gepfändet habe. 10

C. Vorrang. Der widersprechende Gläubiger habe den Vorrang, sei es wegen eines besseren Pfandrechts, sei es aus schuldrechtlichen Gründen, etwa wegen der Einräumung eines Vorrechts oder deshalb, weil der andere Gläubiger den Vorrang nur infolge eines Rechtsmißbrauchs erlangt habe, Einl III 54, Grdz 44 vor § 704. Der Kläger kann das Recht des Bekl auch wegen einer Gläubigerbenachteiligung anfechten. 11

D. Vorrang erloschen. Ein Vorrecht des Bekl sei vor Beginn des Prozesses erloschen (nicht: es sei verjährt), BGH **63**, 61. 12

7) Beweislast, I. Der Kläger muß nachweisen, daß er ein Recht auf die Befriedigung hat und daß die Zuteilung des Erlöses an den Bekl dieses Recht beeinträchtigt. Er muß ferner beweisen, daß das Recht des Bekl mangelhaft ist. Die Beendigung des Verteilungsverfahrens nach § 876 Rn 9 macht die Klage gegenstandslos. Sie läßt aber den Übergang zur Bereicherungsklage zu, Rn 4, 13. Der Bekl kann einwenden, daß das Pfandrecht des Klägers nicht bestehe oder daß der Kläger mit seinem Rang zurücktreten müsse, Karlsr VersR **87**, 152. Der Bekl kann auch eine Anfechtung erklären. 13

8) Entscheidung, I. Das Urteil lautet entweder dahin, daß der Widerspruch unbegründet sei, oder dahin, daß der Widerspruch begründet sei. In diesem letzteren Fall muß das Urteil eine Anweisung enthalten, daß in einer bestimmten Weise auszuzahlen sei. Das Urteil kann anstelle einer solchen Anweisung auch anordnen, daß ein neuer Teilungsplan anzufertigen sei. Das Urteil schafft nur zwischen den beteiligten Gläubigern eine Rechtskraft, § 325 Rn 4. Die Entscheidung ist aber ein Anzeichen für das Bestehen der rechtskräftig festgestellten Forderung des Bekl an seinen Schuldner gegenüber dem Kläger. 14

9) Bereicherungsklage, II. Der widersprechende Gläubiger, der die Klagefrist versäumt hat, hat damit nicht sein besseres sachliches Recht eingebüßt. Er kann die Bereicherung von demjenigen herausverlangen, der auf Grund des Teilungsplans etwas auf Kosten des Klägers erlangt hat, BGH RR **87**, 891, LG Hbg ZMR **01**, 396. Die Klage wird im ordentlichen Gerichtsstand erhoben, BGH RR **87**, 891. Dasselbe gilt dann, wenn das Gericht den Widerspruch durch ein Prozeßurteil zurückgewiesen hatte, Grdz 14 vor § 253, Üb 5 15

Hartmann 2431

§§ 878–881 Buch 8. Abschnitt 2. ZwV wegen Geldforderungen

vor § 300. Es gilt auch dann, wenn der widersprechende Gläubiger Tatsachen vorbringen kann, die erst nach dem Verteilungstermin entstanden sind. Wenn der Gläubiger seinen Widerspruch tatsächlich oder kraft einer Unterstellung nach § 877 versäumt hat, dann hat er trotzdem seinen Bereicherungsanspruch nicht verloren, § 877 Rn 1. Wenn der Erlös noch hinterlegt ist, dann muß er die Klage auf eine Einwilligung in die Auszahlung richten.

16   **10) VwGO:** Vgl Üb § 872 Rn 3.

879 *Zuständigkeit für die Widerspruchsklage.* [1] Die Klage ist bei dem Verteilungsgericht und, wenn der Streitgegenstand zur Zuständigkeit der Amtsgerichte nicht gehört, bei dem Landgericht zu erheben, in dessen Bezirk das Verteilungsgericht seinen Sitz hat.

[II] Das Landgericht ist für sämtliche Klagen zuständig, wenn seine Zuständigkeit nach dem Inhalt der erhobenen und in dem Termin nicht zur Erledigung gelangten Widersprüche auch nur bei einer Klage begründet ist, sofern nicht die sämtlichen beteiligten Gläubiger vereinbaren, dass das Verteilungsgericht über alle Widersprüche entscheiden solle.

1   **1) Systematik, Regelungszweck, I, II.** Vgl zunächst § 878 Rn 1. § 879 bezieht sich nur auf die Widerspruchsklage des § 878 I, nicht auf die Bereicherungsklage des § 878 II.

2   **2) Zuständigkeit nach I.** Nach §§ 764, 802 ist nach § 879 das nach § 873 berufene Verteilungsgericht ausschließlich zuständig. Das ist also dasjenige AG, bei dem das Verteilungsverfahren schwebt, ohne Rücksicht auf die wahre Zuständigkeit, im Fall eines höheren Streitwerts das LG des Bezirks, LG Aachen ZMR 02, 156. Der Streitwert der §§ 3 ff richtet sich nach demjenigen Betrag, für den der Kläger eine bessere Berücksichtigung verlangt. Eine spätere Veränderung ist unerheblich. Ebenso unerheblich ist die Frage, ob die Parteirollen umgekehrt sind. Schließlich ist es unerheblich, ob der Kläger dem Verteilungsgericht den Nachweis nach § 878 I geführt hat. Dagegen gilt § 879 dann nicht, wenn ein Gläubiger unter einer Umgehung des Verteilungsverfahrens klagt. Die Kammer für Handelssachen nach §§ 95 ff GVG ist in keinem Fall zuständig.

3   **3) Zuständigkeit nach II.** Um alle Widerspruchsprozesse möglichst in einer Hand zu vereinigen, macht II das LG zuständig, sofern der Streitwert bei auch nur einem der Widersprüche 5000 EUR übersteigt. In diesem Fall ist es unerheblich, ob der Kläger eine höhere oder eine geringere Forderung hat. Wenn mehrere klagen, dann muß das Gericht die Prozesse nach § 147 verbinden. Eine abweichende Übertragung der Zuständigkeit auf das Verteilungsgericht ist nur dann statthaft, wenn sämtliche Gläubiger zustimmen, die bei irgendeinem Widerspruch beteiligt sind, § 877 Rn 2. Die umgekehrte Vereinbarung der Zuständigkeit des LG statt der Zuständigkeit des Verteilungsgerichts ist unter denselben Voraussetzungen statthaft, § 10, § 802 Rn 3.

4   **4) VwGO:** Vgl Üb § 872 Rn 3.

880 *Inhalt des Urteils.* [1] In dem Urteil, durch das über einen erhobenen Widerspruch entschieden wird, ist zugleich zu bestimmen, an welche Gläubiger und in welchen Beträgen der streitige Teil der Masse auszuzahlen sei. [2] Wird dies nicht für angemessen erachtet, so ist die Anfertigung eines neuen Planes und ein anderweites Verteilungsverfahren in dem Urteil anzuordnen.

1   **1) Systematik, Regelungszweck, S 1, 2.** Vgl zunächst § 878 Rn 1. Die Vorschrift entspricht der Eigenart des Verteilungsverfahrens. Sie ist entfernt dem § 590 mit seiner Wiederaufnahme-Entscheidung vergleichbar. Sie regelt mögliche Inhalte des jeweiligen Klageverfahrens. Sie wird ergänzt durch § 881. Für die Auslegung gelten die bei jedem Urteil anerkannten Regeln, Üb 10 ff vor § 300.

2   **2) Urteilsinhalt, S 1, 2.** Das Urteil erklärt entweder den Widerspruch für unbegründet. Dann muß man den Teilungsplan so ausführen, als ob kein Widerspruch eingelegt worden wäre. Oder es erklärt den Widerspruch für begründet. Dann muß in einem etwaiger Hilfsplan zum Verteilungsplan ausgeführt werden, soweit nicht auch der Hilfsplan angegriffen worden ist. Andernfalls muß das Prozeßgericht selbst bestimmen, an wen man auszahlen muß, oder es muß zweckmäßigerweise anordnen, daß ein neuer Teilungsplan aufgestellt werden soll. Dazu kann es bestimmte Weisungen geben. Wenn das Prozeßgericht solche Weisungen versäumt hat, dann muß das Verteilungsgericht trotzdem einen neuen Teilungsplan aufstellen und dabei das Urteil so gut wie möglich beachten. Gegen den neuen Teilungsplan kann der Benachteiligte wiederum den Widerspruch einlegen. Zu diesem Widerspruch ist aber nur noch derjenige Gläubiger berechtigt, der am neuen Teilungsplan beteiligt ist, also nicht derjenige, der zum früheren Teilungsplan geschwiegen hatte. Man kann den neuen Widerspruch nur mit der Begründung einlegen, der neue Teilungsplan gehorche dem Urteil nicht.

3   **3) VwGO:** Vgl Üb § 872 Rn 3.

881 *Versäumnisurteil.* Das Versäumnisurteil gegen einen widersprechenden Gläubiger ist dahin zu erlassen, dass der Widerspruch als zurückgenommen anzusehen sei.

1   **1) Systematik, Regelungszweck.** Die Vorschrift ergänzt den § 880 mit einer in § 635 wiederkehrenden Unterstellungswirkung im Interesse der Prozeßwirtschaftlichkeit (Endgültigkeit), Grdz 14 vor § 128.

Titel 4. ZwV gegen jur. Personen des öffentl. Rechts §§ 881–882a

2) Geltungsbereich. Ein Versäumnisurteil nach §§ 330 ff ergeht in diesem Verfahren in folgenden Fällen 2 gegen den Bekl wie sonst, gegen den Kläger nicht dahin, daß die Klage abgewiesen wird, sondern nur dahin, daß der Widerspruch als zurückgenommen gilt. Mit der Rechtskraft des Versäumnisurteils nach § 322 bricht der Widerspruch zusammen. Mit dieser Rechtskraft entfällt auch die Möglichkeit einer Bereicherungsklage nach § 878 II.

3) VwGO: Vgl Üb § 872 Rn 3 und § 873 Rn 6. 3

882 *Verfahren nach Urteil.* Auf Grund des erlassenen Urteils wird die Auszahlung oder das anderweite Verteilungsverfahren von dem Verteilungsgericht angeordnet.

1) Systematik, Regelungszweck. Erst nach der Rechtskraft des Urteils nach § 322 ersucht das Vertei- 1 lungsgericht die Hinterlegungsstelle von Amts wegen um eine Auszahlung. Dieses Ersuchen darf also nicht schon dann erfolgen, wenn das Urteil nur nach §§ 708 ff vorläufig vollstreckbar ist. Der Gläubiger muß die Rechtskraft nachweisen. Ein anderweitiges Verteilungsverfahren ist nur nach einer rechtskräftigen Erledigung sämtlicher Widersprüche statthaft. Es handelt sich um ein neues selbständiges Verteilungsverfahren. Die befriedigten Gläubiger oder die sonst ausgeschiedenen Gläubiger nehmen an ihm nicht teil. Neue Berechnungen sind dann nicht mehr notwendig. Jenes Verfahren verläuft im übrigen wie nach den §§ 874 ff.

2) VwGO: Vgl Üb § 872 Rn 3. 2

Titel 4
Zwangsvollstreckung gegen juristische Personen des öffentlichen Rechts

882a *Zwangsvollstreckung wegen einer Geldforderung.* I¹ Die Zwangsvollstreckung gegen den Bund oder ein Land wegen einer Geldforderung darf, soweit nicht dingliche Rechte verfolgt werden, erst vier Wochen nach dem Zeitpunkt beginnen, in dem der Gläubiger seine Absicht, die Zwangsvollstreckung zu betreiben, der zur Vertretung des Schuldners berufenen Behörde und, sofern die Zwangsvollstreckung in ein von einer anderen Behörde verwaltetes Vermögen erfolgen soll, auch dem zuständigen Minister der Finanzen angezeigt hat. ² Dem Gläubiger ist auf Verlangen der Empfang der Anzeige zu bescheinigen. ³ Soweit in solchen Fällen die Zwangsvollstreckung durch den Gerichtsvollzieher zu erfolgen hat, ist der Gerichtsvollzieher auf Antrag des Gläubigers vom Vollstreckungsgericht zu bestimmen.

II ¹ Die Zwangsvollstreckung ist unzulässig in Sachen, die für die Erfüllung öffentlicher Aufgaben des Schuldners unentbehrlich sind oder deren Veräußerung ein öffentliches Interesse entgegensteht. ² Darüber, ob die Voraussetzungen des Satzes 1 vorliegen, ist im Streitfall nach § 766 zu entscheiden. ³ Vor der Entscheidung ist der zuständige Minister zu hören.

III ¹ Die Vorschriften der Absätze 1 und 2 sind auf die Zwangsvollstreckung gegen Körperschaften, Anstalten und Stiftungen des öffentlichen Rechtes mit der Maßgabe anzuwenden, dass an die Stelle der Behörde im Sinne des Absatzes 1 die gesetzlichen Vertreter treten. ² Für öffentlich-rechtliche Bank- und Kreditanstalten gelten die Beschränkungen der Absätze 1 und 2 nicht.

IV (weggefallen)

V Der Ankündigung der Zwangsvollstreckung und der Einhaltung einer Wartefrist nach Maßgabe der Absätze 1 und 3 bedarf es nicht, wenn es sich um den Vollzug einer einstweiligen Verfügung handelt.

Vorbem: IV aufgehoben durch Art 6 XXXVIII ENeuOG vom 27. 12. 93, BGBl 2378, mit Wirkung vom 1. 1. 94, Art 11 I 1 ENeuOG. Der Gesetzgeber hat versäumt anzuordnen, daß daher V zu IV werde.

Schrifttum: *Bank,* Zwangsvollstreckung gegen Behörden usw, 1982; *Busl,* Ausländische Staatsunternehmen im deutschen Vollstreckungsverfahren usw, 1992; *Goerlich,* Zwangsvollstreckung und Kirchengut, Gedächtnisschrift für *Martens* (1987) 559; *Genuhn,* Zwangsvollstreckung gegen Gemeinden und deren wirtschaftliche Unternehmen in der Bundesrepublik Deutschland, Österreich usw, 1997.

Gliederung

1) Systematik, I–III, V	1	D. Wartefrist	8
2) Regelungszweck, I–III, V	2	E. Kosten	9
3) Geltungsbereich, I–III, V	3, 4	F. Vollstreckung durch den Gerichtsvollzieher	10
A. Grundsatz: Schuldner öffentliche Hand	3	G. Unzulässigkeit, II	11, 12
B. Besonderheiten	4	5) Einstweilige Verfügung, V	13
4) Verfahren, I–III	5–12	6) Rechtsbehelf, I–III, V	14
A. Notwendigkeit einer Anzeige	5	7) VwGO	15
B. Einzelfragen	6		
C. Allgemeine Voraussetzungen	7		

1) Systematik, I–III, V. § 882 a ähnelt dem § 910. § 882 a bringt eine Erweiterung des Vollstreckungs- 1 schutzes der §§ 811 ff, Schneider MDR **85**, 641. Die Vorschrift schafft für den Bund und die Länder ein einheitliches Recht. Das Landesrecht gilt mit Vorrang, Düss MDR **90**, 733, freilich jetzt nur noch für Gemeindeverbände und Gemeinden, § 15 Z 3 EGZPO, BVerfG **60**, 156, Kblz JB **90**, 998 (betr § 64 LKO

§ 882a   Buch 8. Abschnitt 2. ZwV wegen Geldforderungen

Rheinland-Pfalz), Nürnb BayVBl **89**, 506, Schmitt-Timmermanns/Schäfer BayVBl **89**, 489 (betr Art 77 I BayGO).

2   **2) Regelungszweck, I–III, V.** Die deutliche Bevorzugung der öffentlichen Hand als Vollstreckungsschuldner ist nur teilweise berechtigt. Man kann überhaupt nicht einsehen, weshalb ausgerechnet sie mehr Zeit zur Abwendung einer immerhin meist zäh bekämpften vollstreckbaren Verurteilung haben soll. Der Fiskus pflegt unter Berufung auf die Pflicht zur Wahrnehmung auch der Steuerinteressen der Bürger auch im Zivilprozeß mit besonderer Hartnäckigkeit und nur selten mit Vergleichsbereitschaft aufzutreten. Ist er gleichwohl unterlegen, leistet er erfahrungsgemäß keineswegs stets schon aus Achtung vor der Dritten Gewalt, obwohl sie doch wie er Staat ist. Muß der Gläubiger es deshalb auch noch zur Zwangsvollstreckung kommen lassen, so verdient der Fiskus nun wirklich keine besondere Schonung mehr. II enthält schon genügend Rücksicht auf das öffentliche Interesse. Darum sollte man I nicht zu großzügig zu Gunsten des Schuldners auslegen.

3   **3) Geltungsbereich, I–III, V.** Man muß zwei Aspekte prüfen.

     A. Grundsatz: Schuldner öffentliche Hand. Es muß sich um eine Zwangsvollstreckung gegen folgende juristische Personen des öffentlichen Rechts handeln: Den Bund, die Länder, ferner die Körperschaften, BVerfG **66**, 23, Anstalten, Stiftungen des öffentlichen Rechts, also auch die kirchlichen Körperschaften, LG Freibg DGVZ **93**, 12, die Versicherungsträger der Sozialversicherung. Ausgenommen ist das Sondervermögen Bundeseisenbahnvermögen, Art 1 § 1 ENeuOG (Vorbem), das infolge seiner weitgehenden Privatisierung nicht mehr begünstigt ist; § 39 BBahnG ist aufgehoben, Art 8 § 1 Z 2, § 3 ENeuOG. Ausgenommen sind ferner die öffentlichrechtlichen Bank- und Kreditanstalten. Gegen sie findet die Zwangsvollstreckung wie gegen jeden Schuldner statt, III 2. Wegen der Gemeinden § 3 EGZPO und Willenbruch ZIP **98**, 817.

4   **B. Besonderheiten.** Besonderheiten der Zwangsvollstreckung ergeben sich nur bei einer Vollstreckung wegen einer Geldforderung, §§ 803 ff, I. Auch das gilt dann nicht, wenn der Gläubiger ein dingliches Recht verfolgt, I. In diesem Fall haben die juristischen Personen des öffentlichen Rechts keine gegenüber anderen Schuldnern bevorzugte Stellung, ebensowenig bei §§ 887, 888, aM LG Freibg DGVZ **93**, 12. Es ist unerheblich, um welche Art von Vollstreckungstitel es sich handelt. Die in I vorgesehene Anzeige und die Einhaltung der Wartefrist entfallen stets dann, wenn es um den Vollzug einer einstweiligen Verfügung geht V, §§ 936, 929, § 936 Rn 14. Soweit § 882 a keine neu auslegbaren Sonderregeln enthält, gelten die allgemeinen Vollstreckungsregeln. Es gelten auch die Insolvenzregeln, Rn 11, 12, BVerwG NJW **87**, 3018.

5   **4) Verfahren, I–III.** Man muß zahlreiche Fragen klären.

     A. Notwendigkeit einer Anzeige. Der Gläubiger muß die Zwangsvollstreckung vorab anzeigen. Wenn er in das Vermögen des Bundes oder eines Landes vollstrecken will, das von einer nach § 18 Rn 5 ff zur Vertretung berufenen Behörde verwaltet wird, dann genügt eine Anzeige der Vollstreckungsabsicht an diese Behörde. Wenn dagegen diese Behörde dasjenige Vermögen nicht verwaltet, in das die Vollstreckung stattfinden soll, dann muß der Gläubiger außerdem eine Anzeige auch dem Finanzminister des Bundes oder des Landes übersenden. Dann ist eine Anzeige gegenüber der verwaltenden Behörde allerdings nicht erforderlich.

6   **B. Einzelfragen.** Es genügt eine formlose Anzeige, auch eine elektronische oder eine solche per Telefax oder eine telefonische, Schneider MDR **85**, 641. Der Gläubiger muß sie evtl an den nach § 172 bestellten ProzBev richten, Schneider MDR **88**, 807. Die Anzeige ist eine Parteiprozeßhandlung, Grdz 47 vor § 128. Sie braucht nur eine allgemeine Ankündigung der bevorstehenden Zwangsvollstreckung aus dem natürlich kurz zu bezeichnenden Vollstreckungstitel zu enthalten. Der Gläubiger kann sich den Empfang der Anzeige von der Behörde bescheinigen lassen, auch im Fall des Vorhandenseins eines ProzBev zusätzlich. Diese Bescheinigung ist zweckmäßig. Denn der Gläubiger kann dem Gerichtsvollzieher dann im Zeitpunkt seiner Beauftragung den Fristablauf nachweisen. Wenn der Gläubiger nach III gegen eine Körperschaft, gegen eine Anstalt oder gegen eine Stiftung des öffentlichen Rechts vollstrecken will, dann muß er die Anzeige an den gesetzlichen Vertreter dieser Institution schicken. Es ist nicht notwendig, den Schuldner vor der Anzeige auf etwaige Bearbeitungsfehler usw hinzuweisen, LAG Hamm AnwBl **84**, 162, oder gar mit der Absendung der Anzeige vier Wochen zu warten, Rn 8. Eine Zulassung der Vollstreckung seitens einer Aufsichtsbehörde verlangt § 882 a als Bundesrecht gerade nicht allgemein, aM AG Wiesb DGVZ **97**, 189 (vgl aber Rn 2).

7   **C. Allgemeine Voraussetzungen.** Außerdem müssen alle sonst notwendigen Voraussetzungen der Zwangsvollstreckung erfüllt sein, Grdz 14 vor § 704, Ffm Rpfleger **81**, 158, AG Hamm JMBl NRW **76**, 138. Das Gericht muß zB eine Vollstreckungsklausel nach §§ 724 ff erteilt haben, Ffm Rpfleger **81**, 158.

8   **D. Wartefrist.** Der Gläubiger muß vier Wochen abwarten. Die Frist ist keine Notfrist, § 224 I 2. Sie rechnet von dem Tag des Eingangs der Anzeige bei der Behörde oder der gesetzlichen Vertretung der Behörde an, aber auch vom Zeitpunkt einer Anzeige an den nach § 172 bestellten ProzBev an, Schneider MDR **85**, 641. Sein etwaiges Verschulden ändert nichts am Fristlauf, § 85 II, Schneider MDR **85**, 641. Wenn mehrere Anzeigen erforderlich waren, dann beginnt die Frist erst mit dem Eingang der letzten Anzeige. Der Gläubiger muß aber nicht etwa schon mit der Absendung der Anzeige warten, sondern nur nach ihr bis zur Vollstreckung, LAG Hamm AnwBl **84**, 161.

9   **E. Kosten.** Auf die Kosten der Anzeige ist § 788 anwendbar, dort Rn 19 „Anzeige".
     Gebühren: Des Anwalts VV 3309, 3310.

10   **F. Vollstreckung durch den Gerichtsvollzieher.** Soweit die Zwangsvollstreckung durch den Gerichtsvollzieher erfolgt, muß das Vollstreckungsgericht nach §§ 764, 802, 828 den zuständigen Gerichtsvollzieher auf einen Antrag des Gläubigers bestimmen, I 3. Der Gerichtsvollzieher muß insbesondere prüfen, ob die Voraussetzungen nach Rn 3–7 erfüllt sind.

11   **G. Unzulässigkeit, II.** Die Zwangsvollstreckung ist in die folgenden körperlichen Sachen im Sinn des § 808 unzulässig: *Entweder* muß es sich um Sachen handeln, die für die Erfüllung öffentlicher Aufgaben des

Schuldners unentbehrlich sind. Hier muß man einen scharfen Maßstab anlegen. Eine andere Art der Aufgabenerfüllung muß objektiv gänzlich unmöglich oder völlig unzumutbar sein. Die Unentbehrlichkeit fehlt zB oft bei einem einzelnen von mehreren verfügbaren Behördenwagen, Schneider MDR **85**, 642. Oder es muß sich um Sachen handeln, deren Veräußerung ein öffentliches Interesse entgegensteht. Das gilt zB bei einem Kunstschatz; bei einem Archiv; bei einer Bibliothek. In diesem Fall kommt es auf eine etwaige Unentbehrlichkeit zur Erfüllung öffentlicher Aufgaben nicht an. Zum Kirchenvermögen BVerfG **66**, 23.

Nicht hierher gehören: Das Finanzvermögen, BVerfG **64**, 44, und Forderungen sowie andere unkörperliche Gegenstände, BVerfG **64**, 44. Wegen einer Rundfunkanstalt BVerwG NJW **87**, 3018.

Über die Zulässigkeit der Zwangsvollstreckung *entscheidet* auch insofern das nach §§ 764, 802, 828 **12** zuständige Vollstreckungsgericht durch den Rpfl, § 20 Z 17 RPflG, Anh § 153 GVG. Er entscheidet ohne mündliche Verhandlung, § 764 III. Er muß vor seiner Entscheidung denjenigen Minister anhören, dem das Vermögen untersteht, in das die Zwangsvollstreckung erfolgen soll, Artt 2 I, 20 III GG, BVerfG **101**, 404. Er entscheidet durch einen Beschluß, § 329. Er muß seinen Beschluß begründen, § 329 Rn 4. Er teilt formlos nach § 329 II 1 mit, soweit er die Zwangsvollstreckung für unzulässig erklärt. Denn dann ist der Beschluß gerade kein Vollstreckungstitel. Andernfalls muß der Rpfl seinen Beschluß förmlich zustellen, § 329 III Hs 1.

5) Einstweilige Verfügung, V. Beim Vollzug einer einstweiligen Verfügung braucht der Gläubiger weder **13** eine Anzeige noch eine Wartefrist zu beachten, Rn 4. Das gilt aber nicht beim Vollzug eines Arrests nach §§ 829 ff.

6) Rechtsbehelf, I–III, V. Gegen eine bloße Maßnahme des Rpfl ohne Anhörung ist die Erinnerung **14** nach § 766 zulässig. Über diese entscheidet der Richter, § 20 Z 17 a RPflG, Anh § 153 GVG. Gegen eine echte Entscheidung des Rpfl nach Anhörung ist der jeweilige Weg nach § 11 RPflG gegeben, gegen eine Erstentscheidung des Richters grundsätzlich sofortige Beschwerde nach §§ 567 I Z 1, 793.

7) *VwGO.* *§ 882 a wird im Bereich der Verwaltungsgerichtsbarkeit durch § 170 VwGO ersetzt, welcher der* **15** *Vollstreckung wegen Geldforderungen, die sich gegen die öffentliche Hand richtet, ein gerichtliches Vollstreckungsverfahren vorschaltet und sich iü an § 882 a anlehnt, aber über ihn hinausgeht, RedOe § 170 Anm 2 (für öff-rechtl Kreditinstitute gelten auch hier die allgemeinen Vorschriften).*

Abschnitt 3
Zwangsvollstreckung zur Erwirkung der Herausgabe von Sachen und zur Erwirkung von Handlungen oder Unterlassungen

Übersicht

Schrifttum: *Dietrich,* Die Individualvollstreckung: Materielle und methodische Probleme der Zwangsvollstreckung nach den §§ 883–898 ZPO, 1976; *Erdmann,* Die Kostentragung bei Maßnahmen des unmittelbaren Zwangs, 1987; *Knoll,* Die Herausgabevollstreckung beweglicher Sachen bei Ehegatten, Patnern einer nichtehelichen Lebensgemeinschaft und Mitgliedern einer Wohngemeinschaft, 1999; *Müller,* Das Verhältnis der Herausgabe- zur Handlungsvollstreckung usw, 1978.

1) Systematik. Abschnitt 3 regelt die Zwangsvollstreckung in persönliche Leistungen, soweit solche **1** Leistungen überhaupt erzwingbar sind. Die Zwangsvollstreckung findet gegen den Fiskus und gegen andere Personen des öffentlichen Rechts genau so statt wie gegen andere Schuldner, § 882 a, § 15 Z 3 EGZPO. Die allgemeinen Vollstreckungsregeln nach §§ 704–802 sind anwendbar.

2) Regelungszweck. Die Vorschriften zeigen das manchmal elegante, manchmal aber auch fast verzwei- **2** felte Bemühen des Gesetzgebers, auch bei eigentlich gar nicht erzwingbaren Vorgängen irgendwie Druck auf den Schuldner auszuüben, sei es durch Ordnungsmittel, durch kostenpflichtige Ersatzvornahme oder durch Unterstellung (Fiktion). Insbesondere §§ 885, 887, 888, 890 bergen eine dort jeweils beschriebene solche Fülle von Problemen, daß man den Gläubiger nicht noch durch eine allzu schuldnerfreundliche Auslegung quälen darf. Freilich setzt Art 20 I GG Grenzen. Ferner muß man die Menschenwürde und das Persönlichkeitsrecht des Schuldners und vor allem seiner zB von einer Räumung mitbetroffenen Personen wahren, Artt 1, 2 GG. Das Ermessen des Gerichts geht teilweise außerordentlich weit. Es gilt, eine richtige Mitte zwischen sozialer Verantwortung und Durchsetzungskraft wie Druckwirkung zu erzielen.

3) Geltungsbereich. Man muß vier Fallgruppen unterscheiden. **3**

A. Herausgabe. Es geht zunächst um die Erzwingung der Herausgabe oder Leistung beweglicher oder unbeweglicher körperlicher Sachen, §§ 883 ff. Man muß diese Zwangsvollstreckung von der Zwangsvollstreckung in den Anspruch auf die Herausgabe nach §§ 846–849 unterscheiden.

B. Andere Handlung. Es geht ferner um die Erzwingung von Handlungen anderer Art. Dabei behan- **4** delt die ZPO vertretbare und unvertretbare Handlungen verschieden, §§ 887 ff. Bei einer vertretbaren Handlung nach § 887 tritt eine Ersatzhandlung ein. Im Fall einer unvertretbaren Handlung nach §§ 888–889 muß ein unmittelbarer Zwang gegen den Schuldner erfolgen.

C. Unterlassung, Duldung. Es geht ferner um die Verpflichtung zur Unterlassung oder Duldung einer **5** Handlung, § 890. Die Zuwiderhandlung wird mit Ordnungsmitteln geahndet.

D. Willenserklärung. Es geht schließlich um die Willenserklärungen, §§ 894 ff. Man kann sie nicht **6** erzwingen. Die ZPO unterstellt daher einfach ihre Abgabe.

4) *VwGO:* *Besondere Regeln gelten für die Vollstreckung zugunsten der öffentlichen Hand, § 169 I VwGO und* **7** *§§ 6 ff VwVG oder § 169 II VwGO und die entsprechenden Vorschriften der Länder, OVG Lüneb NVwZ-RR* **91***, 387, Wettlaufer S 134 ff, ferner für die Vollstreckung von Verpflichtungen der Behörden aus Urteilen nach § 113 IV u*

Übers § 883, § 883   Buch 8. Abschnitt 3. Zwangsvollstreckung

V VwGO (VGH Mü NVwZ-RR **99**, *410), einstw Anordnungen nach § 123 VwGO (VGH Kassel NVwZ-RR* **00**, *730 mwN) und Entscheidungen nach §§ 80, 80 a VwGO (VGH Mannh NVwZ* **93**, *383), § 172 VwGO, also nur dann, wenn der Vollstreckende gegenüber der Behörde in einem Unterordnungsverhältnis steht, VGH Mü NVwZ* **83**, *478 (aM VGH Kassel NVwZ-RR* **00**, *731 mwN); ob diese Vorschrift auch für gerichtliche Vergleiche gilt, ist str, dafür OVG Münst NVwZ* **98**, *534 mwN (zustm Correll NVwZ* **98**, *469), RedOe Anm 3 u KoppSch Rn 2 zu § 172, dagegen ua OVG Münst NVwZ* **92**, *897), offen VGH Mannh NJW* **98**, *3291 (Anm Münch DNotZ* **99**, *658), OVG Münst NJW* **98**, *3291 mwN. Die entsprechende Anwendung des 3. Abschnitts, § 167 I VwGO, ist danach auf die Vollstreckung für und gegen Private und auf die Vollstreckung gegen die öffentliche Hand außerhalb der zuletzt genannten Fälle beschränkt, KoppSch § 172 Rn 9 und 10, also zB aus Titeln aufgrund einer allgemeinen Leistungsklage, OVG Kblz NJW* **87**, *1220 mwN, etwa auf Unterlassung, VGH Mü NVwZ-RR* **89**, *669, VGH Mannh DVBl* **77**, *211, oder aus einem verwaltungsgerichtlichen Vergleich, s o, namentlich über eine privatrechtliche Verpflichtung, VGH Mannh NVwZ-RR* **90**, *447, OVG Lüneb NJW* **69**, *205, VG Freiburg NJW* **65**, *2073 (aM Renck/Laufke BayVBl* **76**, *621), vgl § 794 Rn 90. Ausnahmsweise kommt eine entspr Anwendung der ZPO-Vorschriften auch dann in Betracht, wenn die nach § 172 VwGO vorgesehenen Zwangsmittel zum Schutz der Rechte des Betroffenen ungeeignet sind, BVerfG NVwZ* **99**, *1331. Wegen vollstreckbarer öffentlich-rechtlicher Verträge s § 61 VwVfG u § 60 SGB X, vgl § 794 Rn 90 und § 797 Rn 16.*

883 **Herausgabe bestimmter beweglicher Sachen.** [I] Hat der Schuldner eine bewegliche Sache oder eine Menge bestimmter beweglicher Sachen herauszugeben, so sind sie von dem Gerichtsvollzieher ihm wegzunehmen und dem Gläubiger zu übergeben.

[II] Wird die herauszugebende Sache nicht vorgefunden, so ist der Schuldner verpflichtet, auf Antrag des Gläubigers zu Protokoll an Eides statt zu versichern, dass er die Sache nicht besitze, auch nicht wisse, wo die Sache sich befinde.

[III] Das Gericht kann eine der Sachlage entsprechende Änderung der eidesstattlichen Versicherung beschließen.

[IV] Die Vorschriften der §§ 478 bis 480, 483 gelten entsprechend.

Schrifttum: S vor Üb 1 vor § 883.

Gliederung

1) Systematik, I–IV 1	6) Persönliche Abgabe, IV 15
2) Regelungszweck, I–IV 2	7) Entsprechende Anwendbarkeit, I–IV ... 16, 17
3) Geltungsbereich, I–IV 3–6	A. Sachvorlage 16
A. Bewegliche Sache 3–5	B. Strafurteil, Bußgeldbescheid 17
B. Herausgabe 6	8) Unanwendbarkeit, I–IV 18–20
4) Durchführung, I 7–10	A. Kindesherausgabe 18, 19
5) Eidesstattliche Versicherung, II, III ... 11–14	B. Weitere Fälle 20
A. Voraussetzungen 11	9) Rechtsbehelfe, I–IV 21
B. Formel 12	10) VwGO 22
C. Verfahren 13	
D. Testamentsbesitzer 14	

1   **1) Systematik, I–IV.** Die Vorschrift wird ergänzt durch §§ 884, 886. Sie regelt die Vollstreckung auf Grund eines Herausgabetitels des Gläubigers. Demgegenüber betreffen §§ 846–849 die Vollstreckung in einen Herausgabeanspruch des Schuldners. In den Fällen II, III führt noch nicht § 883 zur Befriedigung, sondern erst ein sich an §§ 807, 900 ff anschließendes Verfahren.

2   **2) Regelungszweck, I–IV.** Die Gesamtregelung ist so einfach wie möglich, aber leider in II–IV immer noch notgedrungen kompliziert. Diesen Umstand sollte man bei der Auslegung nicht noch zusätzlich zu Lasten des Gläubigers erschweren, Üb 2 vor § 883. Ziel muß auch bei II–IV bleiben, dem Gläubiger möglichst bald den möglichst vollständigen rechtlich wie tatsächlich einwandfreien Zugriff auf den unmittelbaren Besitz und Gewahrsam der möglichst unveränderten funktionsfähigen Sache zu ermögliche. Er hat schon lange genug auf sie warten müssen. Man kann in aller Regel vom Schuldner erwarten, daß er alles ihm Zumutbare tut, um statt der Sache wenigstens die Wege zu ihr preiszugeben.

3   **3) Geltungsbereich, I–IV.** § 883 ist im nachstehend beschriebenen Umfang direkt anwendbar, in dem in Rn 13 genannten Umfang entsprechend anwendbar, in den Fällen Rn 18–20 unanwendbar.

A. Bewegliche Sache. § 883 ist dann anwendbar, wenn der Schuldner entweder eine bestimmte bewegliche Sache § 90 BGB körperlich hingeben muß, Köln MDR **90**, 83, oder wenn er eine bestimmte Menge beweglicher Sachen aus einer greifbar bestimmten Gesamtheit herausgeben muß. Als eine bewegliche Sache kann man hier nur eine körperliche Sache ansehen. Denn der Gerichtsvollzieher kann nur eine körperliche Sache wegnehmen. Hierzu kann auch eine Sache zählen, die erst durch ihre Wegnahme beweglich wird, falls der Gerichtsvollzieher diese Sache abtrennen kann.

4   *Nicht hierher zählen:* Ein Bruchteil; ein Recht an einer Sache; der elektrische Strom.

Eine greifbar bestimmte *Gesamtheit* kann sich aus bestimmten beweglichen Sachen zusammensetzen. Das kann etwa bei einer Bücherei oder Ladeneinrichtung oder beim Hausrat der Fall sein. Vgl aber auch Köln MDR **93**, 83 (Urkundenmehrheit), LG Essen JB **75**, 962. Die greifbar bestimmte Gesamtheit kann auch aus vertretbaren Sachen bestehen, Schilken DGVZ **88**, 51. Es muß aber die Pflicht bestehen, aus einem bestimmten Bestand herauszugeben, etwa 5000 l Heizöl der Qualität X. Wenn der Schuldner schlechthin vertretbare Sachen herausgeben muß, also zB 5000 l Heizöl ohne eine nähere Qualitätsangabe, dann ist § 884 anwendbar. Das gilt namentlich dann, wenn der Schuldner eine vertretbare Sache erst beschaffen muß. Wenn er eine unvertretbare Sache beschaffen oder herstellen muß, gelten §§ 887 ff, LAG Hamm DB **81**, 535, StJM 9, aM Schilken DGVZ **88**, 53 (evtl auch § 883), ZöStö 9 (aber §§ 887 ff sind vorrangige Spezialvorschriften).

Wenn die Herausgabe zu einer *Auskunft* gehört, dann ist § 888 anwendbar, BayObLG **75**, 329. Wenn sie aber nur zu einer vorübergehenden Überlassung ohne Besitzaufgabe erfolgen muß, zB zu einer Einsicht oder Vorlegung ohne weitergehende Auskunft, ist § 883 anwendbar, Köln DGVZ **88**, 41. Man muß einen Streit über die Nämlichkeit der Sache nach Rn 7 im Verfahren des § 766 austragen.

Bei einem *Wahlrecht* des Gläubigers läßt der Gerichtsvollzieher ihm an Ort und Stelle oder vorher die 5 Auswahl und wählt mangels näherer Anweisung nach § 753 selbst für den Gläubiger. Bei einem Wahlrecht des Schuldners kann sich dieser bis zur Empfangnahme durch den Gläubiger durch Leistung anderer Stücke befreien, §§ 261, 262 BGB. § 883 ist auch dann anwendbar, wenn der Schuldner die Sache hinterlegen oder an einen Dritten herausgeben muß, etwa an eine Behörde oder an einen Sequester, LG Heidelb DGVZ **77**, 44, Schilken DGVZ **88**, 52, oder an den Zwangsverwalter, Mü Rpfleger **02**, 573, LG Tüb DGVZ **04**, 142 (auch zu den Grenzen). Die Vorschrift gilt auch dann, wenn der Schuldner eine Urkunde herausgeben muß, LG Bielef DGVZ **96**, 76 (über §§ 1, 6 JBeitrO: eingezogener Führerschein), LG Itzehoe DGVZ **82**, 187. Es schadet nichts, wenn der Schuldner die Sache versenden muß. Die Gegenmeinung wäre praktisch unerträglich, Ffm NJW **83**, 1686, Schilken DGVZ **88**, 52, ThP 3, aM Schneider MDR **83**, 287 (aber man sollte prozeßwirtschaftlich vorgehen, Grdz 14 vor § 128). Wenn der Schuldner die Sache aufstellen muß, etwa eine Maschine, dann ist die Zwangsvollstreckung nach § 887 erforderlich. Wegen der Arbeitspapiere und weiterer Einzelfälle § 887 Rn 20. § 89 InsO hindert nicht, LG Hann DGVZ **90**, 170.

B. Herausgabe. Unter einer Herausgabe versteht man die körperliche Übergabe der Sache an den 6 Gläubiger, Köln DGVZ **83**, 75. Die Herausgabepflicht kann auf einem beliebigen Vollstreckungstitel beruhen, etwa: Auf einem Urteil, § 300; auf einer einstweiligen Verfügung, §§ 935 ff; auf einem Überweisungsbeschluß, § 835. Der Rechtsgrund der Herausgabepflicht ist unerheblich. Der Gläubiger mag zB der Eigentümer der Sache sein, oder er mag zu ihrem Eigen- oder Fremdbesitz aus einem dinglichen oder aus einem persönlichen Grund berechtigt sein. Der Schuldner mag zur Übertragung des Eigentums oder zur Bestellung eines Rechts verpflichtet sein, § 897.

Duldung der Wegnahme ist etwas anderes als Herausgabe. Man muß die Duldungspflicht nach § 890 vollstrecken, AG Peine DGVZ **99**, 140.

4) Durchführung, I. Der Gerichtsvollzieher muß die Voraussetzungen der Zwangsvollstreckung nach 7 Grdz 14 vor § 704 und insbesondere die Voraussetzungen des § 883 von Amts wegen prüfen. Der Vollstreckungstitel ist auslegbar, Grdz 21 vor § 704, und zwar auch nach dem Vollstreckungszweck, LG Frankenth DGVZ **85**, 184, Schilken DGVZ **88**, 53. Deshalb benötigt der Zwangsverwalter keinen besonderen Herausgabetitel, Mü Rpfleger **02**, 573. Dazu gehört auch, ob der Vollstreckungstitel die herauszugebende Sache genügend bestimmt bezeichnet, Grdz 23 vor § 704, Köln RR **89**, 568 rechts und links, und ob der Schuldner nach § 886 Gewahrsam an ihr hat, § 886, Köln DGVZ **83**, 74. Der Gerichtsvollzieher kann bei drohenden Zweifeln oder Meinungsverschiedenheiten verlangen, daß der Gläubiger die Nämlichkeit des Vollstreckungsgegenstands selbst oder durch einen kundigen Beauftragten für den Gerichtsvollzieher klären hilft, Grdz 22 vor § 704, LG Lübeck DGVZ **89**, 30, AG Oldb DGVZ **89**, 30. Im übrigen ist die Räumung aber nicht von der Anwesenheit des Gläubigers abhängig, LG Osnabr DGVZ **97**, 13.

Freilich behält der Gerichtsvollzieher auch insofern die *Verantwortung*. Er zieht notfalls einen Sachverstän- 8 digen hinzu. Dessen Kosten trägt der Schuldner nach § 788, LG Münst DGVZ **95**, 184. Der Gerichtsvollzieher nimmt die Sachen dem Schuldner im Fall § 808 oder einem zur Herausgabe bereiten Dritten im Fall § 809 nach den allgemeinen Grundsätzen der §§ 758 ff weg, dort Rn 1, LG Bln DGVZ **92**, 11, LG Kaisersl DGVZ **81**, 87, LG Kiel DGVZ **85**, 185 (Art 13 II GG steht der Räumung nicht entgegen). Der Gerichtsvollzieher verwahrt die Sachen für eine möglichst kurze Zeit und übergibt sie dem Gläubiger möglichst sofort an Ort und Stelle. Die Wegnahme wirkt wie bei einer Pfändung als Beschlagnahme, Üb 6 vor § 803. Über ihre Wirkung für den Eigentümerübergang §§ 897 ff. Sie verschafft dem Gläubiger den Besitz und befreit den Schuldner.

Der Gerichtsvollzieher kann die Sache *übersenden*, § 179 Z 2 GVGA. Dazu ist er allerdings grundsätzlich 9 nicht verpflichtet, AG Ffm DGVZ **89**, 47, Alisch DGVZ **84**, 87, StJM 31, aM Düss DGVZ **95**, 86 (stellt auf den Vollstreckungstitel ab), Kblz DGVZ **90**, 40 (die Kostenlast wegen des Transports müsse im Erkenntnisverfahren geklärt werden. Aber „übergeben" ist nicht „übersenden"). Jedenfalls sind die Kosten der Verpackung und der Versendung Kosten der Zwangsvollstreckung, § 788, LG Bln DGVZ **86**, 42. Das gilt auch für Verwahrungs- und Verwaltungskosten, Düss AnwBl **89**, 239, aM Hamm JB **97**, 160, Kblz MDR **81**, 855, Schlesw JB **96**, 89 (aber mit der Herausgabe ist die Zwangsvollstreckung noch nicht stets beendet). In diesem Fall ist die Voraussetzung wie bei §§ 808, 809 der Gewahrsam des Schuldners oder die Herausgabebereitschaft eines Dritten, der die Sache besitzt. Im übrigen mag im Fall der Verpflichtung der „Herausgabe" an einem vom Schuldner(wohn)sitz weit entfernten Ort § 888 anwendbar sein, Schneider MDR **83**, 287, ZöStö 9, aM Ffm DGVZ **93**, 153 (dies ist ein Moment, das zu den Gesamtumständen an). Die Herausgabe an den Gerichtsvollzieher oder an einen Sequester beendet die Vollstreckung gerade noch nicht, Grdz 53 vor § 704, aM Hamm JB **97**, 160 (aber das ist doch noch keine Befriedigung des Gläubigers).

Dagegen bleibt eine etwaige *Unpfändbarkeit* der Sache nach § 811 hier *unbeachtlich*. Wegen des Zusammen- 10 treffens mit einem Pfändungsauftrag § 179 Z 4, 5 GVGA, und mit § 887 LAG Bln DB **98**, 684 (evtl zunächst nach § 883 vollstrecken). Im Fall einer Zwangsvollstreckung gegen Ehegatten gilt § 739. Ein Dritter kann die Widerspruchsklage nach § 771 schon vor dem nach Grdz 51 vor § 704 maßgeblichen Beginn der Zwangsvollstreckung erheben. Denn das Ziel dieser Klage steht fest und der Dritte würde sonst auch rechtlos. Mit der ersten Wegnahme nebst Übergabe an den Gläubiger ist die Zwangsvollstreckung aus diesem Titel beendet, Grdz 52 vor § 704. Zur strafrechtlichen Beurteilung einer Veräußerung vor der Wegnahme Haas JR **91**, 272.

Kosten: KVGv 221, 230.

§ 883

11 5) Eidesstattliche Versicherung, II, III. Sie ist dem § 807 bedingt vergleichbar.

A. Voraussetzungen. Der Schuldner muß die eidesstattliche Versicherung dann leisten, wenn die Zwangsvollstreckung überhaupt zulässig ist und wenn der Gerichtsvollzieher die herauszugebende Sache nicht im Gewahrsam des Schuldners vorfindet, Ffm NJW **83**, 1686. Ein erfolgloser Versuch in einem Verfahren auf eine einstweilige Verfügung reicht als Voraussetzung, Karlsr Rpfleger **93**, 79. Wenn ein Dritter die Sache im Gewahrsam hat und zur Herausgabe nicht bereit ist, dann gilt § 886, Köln DGVZ **83**, 75. Sonst gelten Rn 7–10. Die eidesstattliche Versicherung ist das einzige zulässige Zwangsmittel. §§ 887ff sind nicht anwendbar, Köln DGVZ **83**, 75, LG Frankenth DGVZ **85**, 185. Der Gerichtsvollzieher ermittelt nicht von Amts wegen den Verbleib, Grdz 39 vor § 128, AG Rotenbg DGVZ **91**, 94. Der Schuldner muß in der eidesstattlichen Versicherung alle diejenigen Angaben machen, die ihm möglich sind, um dem Gläubiger das Auffinden der Sache zu ermöglichen.

Wenn der *Gläubiger weiß, wo* sich die Sache befindet, dann kann ihm eine eidesstattliche Versicherung nichts verraten. Deshalb fehlt dem Gläubiger in einem solchen Fall das Rechtsschutzbedürfnis für den Antrag auf die Abnahme der eidesstattlichen Versicherung. Wenn der eine Schuldner eine Leistung erbringen und der andere Schuldner etwas dulden muß, dann müssen beide Schuldner die eidesstattliche Versicherung abgeben. Die eidesstattliche Versicherung ist auch in einem Verfahren zur Erwirkung eines Arrests oder einer einstweiligen Verfügung notwendig, §§ 916ff, 935ff.

12 B. Formel. Der Rpfl kann die Formel der eidesstattlichen Erklärung der Sachlage nach seinem Ermessen anpassen, III. Er kann vor allem die Fassung wählen, daß der Schuldner lediglich seine persönliche Überzeugung versichern müsse, wenn man dem Schuldner nicht zumuten kann, eine Versicherung dahin abzugeben, seine Angaben seien auch objektiv wahr.

13 C. Verfahren. Für die Entgegennahme der eidesstattlichen Versicherung nach §§ 899ff ist auf Auftrag des Gläubigers nach § 900 I 1 der Gerichtsvollzieher beim AG des Wohnsitzes oder Aufenthaltsorts bei Auftragserteilung zuständig, § 899 I. Die Anordnung erfolgt durch einen Beschluß, § 329. Der Gerichtsvollzieher muß seinen Beschluß begründen. § 329 Rn 4. Wenn der Gläubiger nach § 294 glaubhaft macht, daß der Schuldner die Sache erst nach dem Zeitpunkt der Abgabe seiner eidesstattlichen Versicherung erlangt hat, dann muß der Schuldner eine weitere eidesstattliche Versicherung abgeben. § 903 ist unanwendbar. Nach der Abgabe der eidesstattlichen Versicherung behält der Gläubiger einen Anspruch auf das Interesse, § 893.

14 D. Testamentsbesitzer. II, III sind auf eine eidesstattliche Versicherung entsprechend anwendbar, die ein vermuteter Testamentsbesitzer nach § 83 II FGG ableisten muß.

15 6) Persönliche Abgabe, IV. Der Schuldner muß die eidesstattliche Versicherung persönlich abgeben. Ein gesetzlicher Vertreter nach § 51 Rn 12 muß eigene Kenntnisse und die ihm bekannten des Vertretenen offenbaren. Der Offenbarende muß die Erklärung zum Protokoll des Gerichtsvollziehers nach Rn 13 oder dann, wenn er dazu nicht imstande ist oder vom Vollstreckungsort weit entfernt wohnt, zum Protokoll eines Gerichtsvollziehers beim ersuchten AG ableisten, §§ 478, 479 entsprechend. Der Schuldner kann beim Gerichtsvollzieher den Antrag stellen, es möge einen Kollegen bei einem auswärtigen AG ersuchen. Falls dieser Antrag begründet ist, muß ihm der Gerichtsvollzieher des Vollstreckungsgerichts stattgeben. Derjenige Gerichtsvollzieher, der dem Schuldner die eidesstattliche Versicherung abnimmt, muß ihn über deren Bedeutung belehren, § 480 entsprechend. Bei einem Stummen gilt § 483 entsprechend.

16 7) Entsprechende Anwendbarkeit, I–IV. § 883 ist in den folgenden Fällen entsprechend anwendbar.

A. Sachvorlage. Es geht um den Fall, daß der Schuldner eine Sache vorlegen muß, zB Geschäftsunterlagen. Denn die Vorlegung ist eine Herausgabe nur zur Rücksicht oder zur Einsicht, BFH BB **01**, 84. § 888 führt außerdem oft nicht zum Ziel, Ffm BB **02**, 428 (wendet bei völliger Versagung § 887 an), Köln RR **89**, 568 rechts und links, Schilken DGVZ **88**, 52, aM PalTh § 809 BGB Rn 6 (aber § 883 paßt besser). Das gilt selbst dann, wenn der Schuldner die Sache bei einer Behörde vorlegen muß, etwa beim Grundbuchamt.

17 B. Strafurteil, Bußgeldbescheid. Es geht um eine Herausgabe auf Grund eines Strafurteils, das eine Einziehung verfügt hat, AG Büdingen DGVZ **97**, 14, oder auf Grund eines entsprechenden Bußgeldbescheids, § 90 III OWiG.

18 8) Unanwendbarkeit, I–IV. § 883 ist in den folgenden Fällen unanwendbar.

A. Kindesherausgabe, dazu *Geißler* DGVZ **97**, 145 (ausf); *Klußmann,* Das Kind im Rechtsstreit des Erwachsenen, 1981: Bei der Herausgabe durch einen *Elternteil* gilt: Die Herausgabe eines Kindes wurde früher stets nach § 883 in dessen entsprechender Anwendung erzwungen. Richtig erfolgt die Zwangsvollstreckung der Herausgabe eines Kindes jetzt dann, wenn der andere Elternteil das Kind herausgeben muß, durch ein vom Familiengericht verhängtes Zwangsgeld und notfalls durch Gewalt, §§ 1632 III BGB, 33 II 1 (anders bei II 2) FGG, vgl auch das Gesetz v 26. 1. 05, BGBl 162 (zum internationalen Recht), BGH **88**, 113, Hamm FamRZ **85**, 86 (wegen des Umgangsrechts), Oldb DGVZ **83**, 75, aM Ffm FamRZ **80**, 1039, Mü FamRZ **79**, 318, Diercks FamRZ **94**, 1226 (aber diese Entscheidungen ergingen vor der vorgenannten Grundsatzentscheidung des BGH. Sie überzeugt).

Das Familiengericht bzw der Gerichtsvollzieher dürfen aber *keine Gewalt* direkt gegenüber dem Kind anwenden, Hamm NJW **79**, 988. Eine solche Gewaltanwendung ist insbesondere dann verboten, wenn das Kind nicht mehr ganz klein ist, AG Springe NJW **78**, 834. Vgl wegen einer einstweiligen Anordnung auch § 794 I Z 3 Hs 2.

19 Wenn ein *Dritter* das Kind herausgeben soll, erfolgt die Zwangsvollstreckung durch das Familiengericht nach § 1632 I BGB, § 33 II 1 (anders bei II 2) FGG, BayObLG **91**, 49, Bittmann DGVZ **87**, 134, Knöpfel FamRZ **85**, 1215. Das gilt auch dann, wenn es um die Vollstreckung einer einstweiligen Anordnung geht, Karlsr MDR **82**, 678, Oldb DGVZ **83**, 75, Schüler DGVZ **80**, 92.

Kosten: KVGv 230.

20 B. Weitere Fälle. Wer eine Zwangsvollstreckung böswillig vereitelt, begeht eine unerlaubte Handlung. Der Anspruch auf die Beseitigung eines Zustandes, der die Zwangsvollstreckung behindert, wird nach § 888

zur Erwirkung der Herausgabe von Sachen usw. §§ 883–885

vollstreckt. Sie kann durch eine einstweilige Verfügung nach §§ 935 ff gesichert werden. Die Zuweisung einer Wohnung nach § 620 Z 7 ist kein Räumungstitel, LG Bückeb DGVZ **77**, 121.

9) Rechtsbehelfe, I–IV. Gegen das Verfahren des Gerichtsvollziehers hat jeder Betroffene die Erinnerung, § 766, LG Tüb DGVZ **04**, 142. Einwendungen gegen die Pflicht nach II, III muß man nach § 900 IV durch Widerspruch geltend machen. Gegen den auf Grund einer Anhörung ergangenen Beschluß des Rpfl nach II, III ist der jeweilige Weg nach § 11 RPflG, Anh § 153 GVG, gegeben. Zum Verfahren § 104 Rn 41 ff. Gegen eine richterliche Erstentscheidung ist sofortige Beschwerde statthaft, §§ 567 I Z 1, 793. Der eine Erfüllung behauptende Schuldner kann und muß nach § 767 vorgehen, LG Münst DGVZ **95**, 184. Ein Dritter kann auch die Drittwiderspruchsklage erheben, § 771. Der Gläubiger kann im Fall der Erfolglosigkeit der Herausgabevollstreckung nach § 893 vorgehen. Soweit der Schuldner zB bei einem Abzahlungskauf schon eine Rate gezahlt hatte, kann eine Vollstreckungsabwehrklage nach § 767 in Betracht kommen. 21

10) *VwGO:* Entsprechend anwendbar nur iRv Üb § 883 Rn 7, zB auf die Vollstreckung wegen Einsicht in Unterlagen, wenn zweifelhaft ist, ob sie vorhanden oder vollständig sind, OVG Kblz NJW **87**, 1220. 22

884 *Leistung einer bestimmten Menge vertretbarer Sachen.* **Hat der Schuldner eine bestimmte Menge vertretbarer Sachen oder Wertpapiere zu leisten, so gilt die Vorschrift des § 883 Abs. 1 entsprechend.**

1) Systematik, Regelungszweck. Vgl zunächst Üb 1 vor § 883. Zur Abgrenzung des § 884 gegen den § 883 dort Rn 3 und Jahnke ZZP **93**, 57, aM Schilken DGVZ **88**, 51. Ergänzend gilt § 886. 1

2) Geltungsbereich. Unter § 884 fällt namentlich ein Anspruch auf eine bewegliche Sache, die der Schuldner erst noch anschaffen oder herstellen muß. Hierher gehört auch ein Anspruch auf eine Sache, die der Schuldner an einen Spediteur oder dgl liefern muß. Zum Begriff der vertretbaren Sache § 91 BGB, zum Begriff des Wertpapiers § 821 Rn 3. Hierher gehört auch ein Posten Aktien in Sammelverwahrung, BGH NJW **04**, 3341 (beim Gewahrsam eines Dritten gilt § 886). 2

3) Durchführung. Der Gerichtsvollzieher darf nur eine Sache wegnehmen, die sich im Besitz des Schuldners befindet. Ob das zutrifft, muß der Gerichtsvollzieher notfalls unter Hinzuziehung eines Sachverständigen feststellen. Die Kosten des Sachverständigen sind Kosten der Zwangsvollstreckung. Wenn der Schuldner eine derartige Sache nicht im Besitz hat, dann ist nicht etwa § 883 II, III entsprechend anwendbar, auf die § 884 nicht mit verweist. Vielmehr bleibt dann nur eine Klage auf das Interesse nach § 893 übrig, soweit nicht § 886 hilft, Jordan VersR **78**, 692, Schilken DGVZ **88**, 51. Der Gläubiger kann den Schuldner also nicht durch die Androhung eines Ordnungs- oder Zwangsmittels zur Anschaffung der Sache oder zu einem Tauschangebot zwingen, ganz abgesehen davon, daß man den Anspruch im Urteil auch nicht genügend genau bezeichnen könnte. Auch die §§ 887, 888 sind unanwendbar, § 887 III. Die Wegnahme beschränkt die Leistungspflicht auf die weggenommenen Stücke, §§ 243 II BGB, 897 ZPO. Die Abgabe einer eidesstattlichen Versicherung nach § 883 II, III kommt dann nicht in Frage. 3

4) *VwGO:* Entsprechend anwendbar iRv Üb § 883 Rn 7. 4

885 *Herausgabe von Grundstücken oder Schiffen.* **I** ¹Hat der Schuldner eine unbewegliche Sache oder ein eingetragenes Schiff oder Schiffsbauwerk herauszugeben, zu überlassen oder zu räumen, so hat der Gerichtsvollzieher den Schuldner aus dem Besitz zu setzen und den Gläubiger in den Besitz einzuweisen. ²Der Gerichtsvollzieher hat den Schuldner aufzufordern, eine Anschrift zum Zweck von Zustellungen oder einen Zustellungsbevollmächtigten zu benennen. ³Bei einer einstweiligen Anordnung nach dem § 620 Nr. 7, 9 oder dem § 621 g Satz 1, soweit Gegenstand des Verfahrens Regelungen nach der Verordnung über die Behandlung der Ehewohnung und des Hausrats sind, ist die mehrfache Vollziehung während der Geltungsdauer möglich. ⁴Einer erneuten Zustellung an den Schuldner bedarf es nicht.

II Bewegliche Sachen, die nicht Gegenstand der Zwangsvollstreckung sind, werden von dem Gerichtsvollzieher weggeschafft und dem Schuldner oder, wenn dieser abwesend ist, einem Bevollmächtigten des Schuldners oder einer zu seiner Familie gehörigen oder in dieser Familie dienenden erwachsenen Person übergeben oder zur Verfügung gestellt.

III ¹Ist weder der Schuldner noch eine der bezeichneten Personen anwesend, so hat der Gerichtsvollzieher die Sachen auf Kosten des Schuldners in das Pfandlokal zu schaffen oder anderweit in Verwahrung zu bringen. ²Unpfändbare Sachen und solche Sachen, bei denen ein Verwertungserlös nicht zu erwarten ist, sind auf Verlangen des Schuldners ohne weiteres herauszugeben.

IV ¹Fordert der Schuldner nicht binnen einer Frist von zwei Monaten nach der Räumung ab oder fordert er ab, ohne die Kosten zu zahlen, verkauft der Gerichtsvollzieher die Sachen und hinterlegt den Erlös; Absatz 3 Satz 2 bleibt unberührt. ²Sachen, die nicht verwertet werden können, sollen vernichtet werden.

Schrifttum: *Barthelmess* (Hrsg), Der Räumungsprozess, 2005; *Erchinger*, Probleme bei der Zwangsvollstreckung gegen die Partner einer eheähnlichen Gemeinschaft und einzelne Mitglieder einer Wohngemeinschaft, Diss Tüb 1987; *Honsel*, Die Räumungsvollstreckung gegen Personenmehrheiten, 1992; *Hüermann* NZM **04**, 326 (Üb); *Kaemmerer*, Die Aufnahme eines Dritten in die Mietwohnung, Diss Mainz 1991; *Kleffmann*, Unbekannt als Parteibezeichnung, zivilprozessuale Möglichkeiten und Grenzen, dargestellt am Beispiel einer auf Räumung gerichteten einstweiligen Verfügung gegen Hausbesetzer, 1983; *Münzberg*, Räumung gegen Familienmitglieder ohne entsprechenden Vollstreckungstitel?, Festschrift für *Gernhuber* (1993) 781; *Nies* MDR **99**, 1113 (Üb); *Schilken*, Grundrechtlicher Wohnungsschutz und Vollstreckung, Festschrift für *Beys* (Athen 2004) 1447.

§ 885

Buch 8. Abschnitt 3. Zwangsvollstreckung

Gliederung

1) **Systematik, I–IV** 1	5) **Bewegliche Sache, II, III** 19–31
2) **Regelungszweck, I–IV** 2	A. Grundsatz: Wegschaffung, Übergabe ... 19, 20
3) **Unbewegliche Sache, I** 3–5	B. Öffentliche Ordnung 21
A. Räumung 3	C. Beispiele zur Frage der Räumung 22–31
B. Sachbegriff 4	6) **Verzögerung der Abforderung, IV** 32–34
C. Weitere Voraussetzungen 5	A. Verkauf und Hinterlegung; Herausgabe, IV 1 32
4) **Unmittelbarer Zwang, I** 6–18	B. Vernichtung, IV 2 33
A. Grundsatz: Zulässigkeit bei möglichster Schonung 6–8	C. Weitere Einzelfragen, IV 1, 2 34
B. Familienangehöriger 9–14	7) **Rechtsbehelfe, I–IV** 35
C. Anderer Mitbewohner 15–17	8) *VwGO* 36
D. Weitere Einzelfragen 18	

1   **1) Systematik, I–IV.** §§ 883, 884 betreffen bewegliche Sachen. Demgegenüber regelt § 885, ergänzt durch § 886, die Vollstreckung auf Grund eines Herausgabeanspruchs des Gläubigers wegen einer unbeweglichen Sache. Das darf man nicht mit den in §§ 846–849 geregelten Vollstreckung in einen Herausgabeanspruch des Schuldners verwechseln. Daher bleibt auch eine Zwangsräumung nach §§ 21 II Z 3, 89 I InsO trotz Insolvenz des Räumungsschuldners zulässig, AG Offenbach DGVZ **05**, 15. Es findet kein obligatorisches Güteverfahren statt, § 15 a II 1 Z 6 EGZPO, Hartmann NJW **99**, 3748.

2   **2) Regelungszweck, I–IV.** Die Räumung führt zu den im folgenden ausführlich erläuterten zahlreichen auch sozialen Begleitproblemen. Sie sind teilweise in §§ 721, 765 a usw durch Spezialvorschriften geregelt. Man muß sie aber im übrigen durch eine Auslegung lösen, die den berechtigten Wunsch des Räumungsgläubigers oft nach der selbst dringend benötigten Wohnung beachtet. Es gibt ja ein verfassungsrechtlich geschütztes Befriedigungsrecht des Gläubigers, BGH NJW **04**, 3771. Freilich gibt es auch den aus Artt 1, 2, 20 I GG ableitbaren Schutz des Räumungsschuldners und vor allem seiner Angehörigen. Dabei muß man auch den behördlichen Obdachlosenschutz in die Überlegungen einbeziehen, Rn 7. Man muß auch die oft erheblichen Kosten zB eines Transports und einer Zwischenlagerung immerhin mitbedenken. Das alles kann nur unter Abwägung aller Umstände des Einzelfalls behutsam geschehen.

3   **3) Unbewegliche Sache, I.** Die Vorschrift verstößt nicht gegen Art 13, 14 GG, BVerfG WoM **91**, 466.
A. Räumung. Hierher gehört die Herausgabe, Räumung und Überlassung des Allein- oder Mitbesitzes, AG Mainz DGVZ **01**, 63. Den Gegensatz bildet das evtl nur nach §§ 887, 888 beurteilbare bloße Verlassen eines Raumes, das bloße „Ausziehen", LG BadBad DGVZ **03**, 24, AG Gladbek FamRZ **92**, 589, AG Mainz DGVZ **01**, 63. Überlassung ist die Herausgabe zur ungehinderten Benutzung, LG Hbg WoM **02**, 55. Räumung ist die Entsetzung des Schuldners aus dem Besitz mit der folgenden Einweisung des Gläubigers in den Besitz, § 854 BGB, Ffm MDR **03**, 655, LG Wiesb DGVZ **00**, 24. Das geschieht meist durch Schlüsselübergabe evtl nach einer Auswechslung der Schlösser. Beim Grundstück ohne verschließbaren Raum kann die Erklärung des Gerichtsvollziehers zu seinem Protokoll reichen.
Wegen einer *symbolischen* Räumung Rn 21, wegen der sog Hamburgischen Räumung Nies DGVZ **00**, 33, Riecke DGVZ **05**, 81 (ausf). Räumungspflicht bedeutet stets auch Herausgabepflicht, AG Ehingen DGVZ **79**, 77. Das gilt auch bei einer freiwilligen Räumung, AG Emmendingen DGVZ **02**, 191 (Übergabe an Gläubiger). Eine Übereignung fällt unter § 894. § 885 enthält keine Ermächtigung an den Gläubiger, die auf dem Grundstück befindlichen Gegenstände zu entfernen, AG Leverkusen DGVZ **96**, 44. Sie erlaubt auch keinen Abbruch usw, Ffm MDR **03**, 655 (§ 887).

4   **B. Sachbegriff.** Anders als bei § 864 umfaßt der Begriff der unbeweglichen Sache hier nur ein Grundstück oder einen körperlichen Teil eines solchen Grundstücks, zB eine Wohnung, einen Geschäftsraum, Schilken DGVZ **88**, 56, oder ein vom Schuldner errichtetes Gebäude, also einen nicht bloß gedachten Teil. Die Einräumung eines nur gedachten Teils ist nach § 887 ff vollstreckbar, StJM **93**, aM Eickmann DGVZ **79**, 179 (differenzierend).
Unter § 885 fallen ferner: Ein eingetragenes Schiff, und zwar unabhängig davon, ob es bewohnt ist oder nicht; ein eingetragenes Schiffsbauwerk. Ein nicht eingetragenes Schiff sowie ein nicht eingetragenes Schiffsbauwerk fallen unter § 883, selbst wenn diese schon eintragungsfähig sein mögen. § 885 betrifft insbesondere die Räumung des Grundstücks oder des Schiffs oder einzelner Räume (dazu §§ 721, 794 a) oder die Räumung eines Pachtgrundstücks. Man muß die Räumung einer beweglichen Sache entsprechend behandeln etwa die Räumung eines Wohnwagens oder Behelfsheimes oder diejenige eines nicht eingetragenen bewohnten Schiffes. Wenn der Schuldner bewegliches Zubehör nach § 865 Rn 4, 6 mit dem Grundstück usw herausgeben muß, dann fällt es unter § 885, § 180 Z 3 GVGA.

5   **C. Weitere Voraussetzungen.** Die allgemeinen Voraussetzungen der Zwangsvollstreckung nach Grdz 14 vor § 704 müssen vorliegen, insbesondere ein Vollstreckungstitel. Er ist wie stets auslegbar, LG Bonn DGVZ **98**, 142. Er braucht neben Räumung nicht auf Herausgabe zu lauten, Rn 2, Mü DGVZ **99**, 56. Vorliegen kann auch ein Zuschlagsbeschluß, § 93 I ZVG, LG Darmst DGVZ **96**, 72, LG Lüb DGVZ **90**, 91, AG Bad Segeberg DGVZ **92**, 125 (freilich nicht gegenüber dem Mieter usw des bisherigen Eigentümers). Vorliegen mag auch ein Räumungsbeschluß bei einer Zwangsverwaltung, § 149 II ZVG. Es ist unerheblich, ob der Vollstreckungstitel dinglich oder persönlich ist. Er muß aber gegen den Gewahrsamsinhaber lauten, notfalls auch gegen den Untermieter, Rn 17. Gewahrsam ist die tatsächliche Sachherrschaft, Celle DGVZ **88**, 171, AG Essen DGVZ **98**, 44, Fallak ZMR **03**, 803.
Besitzt ein *Dritter* außerhalb des Kreises der in Rn 9 ff Genannten, so ist ein neuer Titel nötig, LG Darmst DGVZ **96**, 72 (auch keine automatische Umschreibung der Klausel). Wegen unbekannter Hausbesetzer § 750 Rn 6. Eine „Verpflichtung zum Auszug" bedeutet stets eine Räumungspflicht, AG Bensheim DGVZ **78**, 122 (sehr streng). Ein Prozeßvergleich nach Anh § 307 ist auslegbar, AG Bln-Schöneberg DGVZ **91**, 93. Eine Formulierung, der Schuldner werde die Wohnung „zur alleinigen Nutzung überlassen" oder er „werde

zur Erwirkung der Herausgabe von Sachen usw. **§ 885**

räumen", kann ausreichen, KG FamRZ **87**, 129 (für die Zeit vor Rechtskraft der Scheidung), AG Bruchsal DGVZ **78**, 121, Geißler DGVZ **87**, 66, aM Hbg FamRZ **83**, 1151, LG Itzehoe FamRZ **87**, 176 (aber solche Formulierungen geben das Wesentliche durchaus klar her).

4) **Unmittelbarer Zwang, I.** Es besteht eine Fülle von Streitfragen. 6

A. Grundsatz: Zulässigkeit bei möglichster Schonung. Vgl §§ 180, 181 GVGA. Üb Dorn Rpfleger **89**, 262. Die Zwangsvollstreckung in die Herausgabe, die Überlassung und die Räumung erfolgen natürlich nicht durch verbotene Eigenmacht des Vermieters, Celle WoM **95**, 188. Sie dürfen vielmehr nur durch den Gerichtsvollzieher erfolgen, LG Lpz DGVZ **96**, 40 (allgemein), AG Leverkusen DGVZ **96**, 44 (speziell). Er muß jedenfalls schonend handeln, Geißler DGVZ **87**, 66, jedoch notfalls durch einen unmittelbaren Zwang, § 758 III, BVerfG DGVZ **02**, 118 (Klinik). Das gilt grundsätzlich einschließlich der Räumung der beweglichen Sachen des Schuldners (Ausnahmen: Rn 18), aber ohne einen Eingriff in die zu räumende Sache selbst. Der Gerichtsvollzieher darf also nicht etwa eine Mauer niederreißen. Demgemäß reicht ein Vollstreckungstitel zur Räumung eines Grundstücks auch nicht zur „Räumung" desjenigen bebauten Grundstücksteils aus, auf dem sich ein festes Wohnhaus des Schuldners befindet.

In einem solchen Fall kann der Gläubiger nur nach § 887 vorgehen, falls auch die *Beseitigung* mit unter die „Räumung" im Sinn des Urteils fällt. Im übrigen ergeben die Sachlage und das sachliche Recht, was geboten ist. Auf jeden Fall beinhaltet aber der Räumungstitel die Befugnis des Gerichtsvollziehers, den Schuldner aus einem Gebäude zu entfernen, das der Schuldner auf dem Grundstück erbaut hat.

Der Gerichtsvollzieher muß die *Frist* des § 181 Z 1 S 1 GVGA *abwarten*. Er kann den viel früher gestellten Räumungsantrag evtl derzeit zurückweisen, AG Oberkirch DGVZ **95**, 92. Besser läßt er ihn bis zum Fristablauf liegen. Er muß den Räumungstermin dem Gläubiger stets mitteilen, dem Schuldner in der Regel, § 180 Z 2 GVGA. Die Mitteilung muß so rechtzeitig geschehen, daß der Schuldner sich auf die Räumung einrichten kann, AG Ffm WoM **83**, 87. Freilich darf der Schuldner grundsätzlich keine wochenlange Zwischenfrist beanspruchen. Der Gerichtsvollzieher braucht auch nicht ein Räumungsfristverfahren nach § 721 abzuwarten, solange das Gericht keine andere einstweilige Anordnung nach §§ 721 IV 4, 732 II getroffen hat. Der Schuldner kann nach §§ 765 a, 766 vorgehen.

Eine Haft, AG Bad Mergentheim DGVZ **00**, 28, oder eine drohende *Obdachlosigkeit* des Schuldners und 7 seiner Familie dürfen zwar grundsätzlich die Räumung durch den Gerichtsvollzieher nicht beinträchtigen. Der Gerichtsvollzieher muß nur die zuständigen Behörden nach § 181 Z 2 GVGA benachrichtigen. Zur Praxis polizeilicher Zwangseinweisung des Räumungsschuldners in die zu räumende Wohnung mit Recht krit Pawlowski DGVZ **92**, 97, Schlink NJW **88**, 1689. Wegen der Räumungskosten bei Beschlagnahme Nies ZMR **02**, 20. Zur behördlichen Räumungsverfügung gegen den zunächst wieder Eingewiesenen BGH DGVZ **96**, 112. Zu ihrem Verhältnis zu § 765 a VG Kblz WoM **93**, 474.

Indes muß der Gerichtsvollzieher prüfen, ob eine vom Schuldner beantragte Gerichtsentscheidung zB nach § 765 a direkt bevorsteht. Der Gerichtsvollzieher kann begrenzt auch selbst nach § 765 a II Aufschub geben. Nach dem Ablauf der ordnungsbehördlichen Einweisungsfrist darf und muß der Gerichtsvollzieher auf Grund des nicht verbrauchten Vollstreckungstitels weiter vollstrecken, LG Darmst DGVZ **93**, 154, LG Ellwangen DGVZ **93**, 11, LG Heilbr MDR **92**, 910, aM Pawlowski DGVZ **92**, 100 (das öffentlichrechtliche Beschlagnahmeverhältnis müsse abgewickelt sein, notfalls im Verwaltungsrechtsweg. Damit würde man aber die ZPO im Ergebnis aushebeln).

Freilich kann die *sofortige Vollziehbarkeit* einer Einweisungsverfügung auch bei deren Verlängerung fortgelten, LG Gießen DGVZ **90**, 74. Will die Obdachlosenbehörde den Schuldner aus der Wohnung setzen lassen, so ist eine rechtskräftige oder sofort vollziehbare Verfügung notwendig, in der sie die Räumungsverpflichtung ausdrücklich ausspricht, AG Reutlingen DGVZ **90**, 79. Der Schuldner kann den Einwand des Abschlusses eines neuen Nutzungsverhältnisses nur nach § 767 geltend machen, LG Freibg DGVZ **89**, 156. Die Obdachlosenbehörde haftet für Kosten des Gläubigers infolge verspäteter Ankündigung der Wiedereinweisung, LG Lünebg DGVZ **91**, 75.

Zum *Rechtsmißbrauch* Einl III 54 und Grdz 44 vor § 704, LG Hann MDR **79**, 495 und 589. Die Anwesen- 8 heit des Gläubigers ist zwar nicht erforderlich, oft aber zweckmäßig. Der Gläubiger hat wegen der Art und Weise der Durchführung der Räumung kein Weisungs- oder Mitbestimmungsrecht, AG Itzehoe DGVZ **83**, 142. Die Anwesenheit des Schuldners ist nicht erforderlich, § 180 Z 2 GVGA. Wegen der Einzelheiten enthält I 2–4 nähere Anweisungen.

B. Familienangehöriger, dazu *Hüermann* WoM **04**, 135, *Pauly* DGVZ **00**, 17, *Schuschke* NZM **05**, 681 9 (Üb): Ein Angehöriger des Schulders kann ein eigenes Nutzungsrecht an Gewerberaum haben, AG Essen DGVZ **98**, 44. Er kann auch ein eigenes Wohnrecht haben, etwa auf Grund eines eigenen Mietvertrags über eine von ihm abgeschlossene Wohnung. Dann muß der Gläubiger auch gegen ihn einen Räumungstitel erwirken, AG Bergisch Gladb DGVZ **94**, 46, LG Köln DGVZ **94**, 46. Das gilt auch zB beim volljährigen Kind, das Kost und Logis bezahlt, LG Heilbr Rpfleger **05**, 154, AG Fürth DGVZ **03**, 29, oder beim Lebensgefährten, LG Trier NZM **05**, 599.

Grundsätzlich muß der Gerichtsvollzieher aber für den Vermieter neben oder nach dem Schuldner auch dessen Familienangehörigen *entfernen*, soweit sie kraft Gesetzes den Wohnsitz des Schuldners oder seines Ehegatten teilen, § 739 ist also unanwendbar, BVerfG RR **91**, 1101, AG Augsb RR **05**, 480 (minderjähriges Kind), Schuschke NZM **04**, 207, aM BGH FamRZ **05**, 269 (bloßer Mitbesitz stehe schon entgegen), Düss DGVZ **98**, 140, LG Lüneb NZM **98**, 232 = 662 (aber eine bloße Nichterwähnung im Titel läßt gerade seine vernünftige und erforderliche Auslegbarkeit unberührt. Auslegung ist entgegen Köln WoM **94**, 286 fast stets zulässig, Einl III 35 ff), LG Heilbr Rpfleger **03**, 431 (der Gerichtsvollzieher müsse alle, die hinter der Wohnungstür als Mitbesitzer und nicht als bloße Besitzdiener lebten, vollstreckungsrechtlich gleichbehandeln. Das Abstellen nur auf Mitbesitz ist indessen ein glatter Verstoß gegen Art 13 GG und gegen § 325 I 1 Hs 1. Außerdem kann der Gerichtsvollzieher solche Rechtsfragen gar nicht vor Ort beurteilen). Der Gerichtsvollzieher muß auch die etwaigen Hausangestellten entsetzen. Beim Zuschlagsbeschluß darf der Gerichtsvollzieher aber nur den dortigen Schuldner entfernen, AG Limburg DGVZ **04**, 127.

§ 885

10 Wenn ein *Ehegatte* bzw eingetragener Lebenspartner der *Alleinmieter* ist, dann muß der Gerichtsvollzieher auch den anderen entsetzen, der seine Wohnung mit dem Schuldner teilt, Karlsr WoM **92**, 494, LG Saarbr NZM **02**, 939, AG Westerburg DGVZ **05**, 46, aM BGH **159**, 384 (abl Schuschke LMK **04**, 214) und NZM **05**, 10, Ffm WoM **03**, 640, Jena WoM **02**, 221 (ein Vollstreckungstitel nur gegen einen Ehegatten bzw Lebenspartner reiche bei ungestörter Ehe weder gegen diesen noch gegen den anderen Ehegatten), LG Mü WoM **97**, 633 (maßgeblich sei die tatsächliche Sachherrschaft), Wunderlich ZMR MDR **90**, 130 (es sei auch dann ein Titel auch gegen den anderen Ehegatten notwendig. Aber alle diese Varianten machen die Räumung oft genug praktisch nahezu undurchführbar. So darf man daher den Titel nicht einfach durch „Auslegung" in Wahrheit unterhöhlen). Man sollte auch nicht den eher aufs Tatsächliche bezogenen Gewahrsamsbegriff mit dem jedenfalls auch aufs Rechtliche abstellenden Besitzbegriff durcheinanderwerfen. Ebensowenig darf man Pflichten des familienrechtlichen Innenverhältnisses nach § 1353 I BGB mit einem schuldrechtlichen Mietvertrags-Außenverhältnis nach §§ 535 ff BGB verwechseln oder gar bewußt gleichsetzen, wie es BGH **159**, 384 wohl tut. Was soll der Vermieter eigentlich als Räumungsgrundlage gegenüber dem nicht mitunterzeichnet habenden, vielleicht erst später „eingeheirateten" Ehe- oder Lebenspartner heranziehen, die dort nach demselben BGH gerade zum Mitbesitz oder -gewahrsam berechtigt gewesen seien?).

11 Wenn die Ehefrau usw vom Ehemann *getrennt lebt* und die Wohnung allein innehat und umgekehrt, dann ist ein Räumungstitel gegen sie bzw ihn erforderlich. Denn jetzt ist sie die Alleinbesitzerin, LG Münst DGVZ **88**, 77, LG Regensb WoM **98**, 235, LG Stgt Rpfleger **03**, 255, aM LG Mönchengladb DGVZ **00**, 118, AG Dortm DGVZ **96**, 77 (aber Alleinbesitz schafft eigentlich sogar Anscheinsbeweis dafür, daß der Vollstreckungstitel jedenfalls hier nicht auch diesen Alleinbewohner meint). Indessen genügt die Umschreibung des Räumungstitels, der gegen den Ehemann ergangen war, nach §§ 727, 325, wenn der Alleinbesitz der Ehefrau erst nach dem Eintritt der Rechtshängigkeit eingetreten ist.

12 Entsprechendes gilt dann, wenn der *Ehemann* usw von der Ehefrau *getrennt* lebt und die Wohnung allein inne hat und wenn ein Vollstreckungstitel gegen die Ehefrau ergangen war, auch wenn sie räumte, AG Ffm DGVZ **98**, 14. Hat das FamG einem Ehegatten die Wohnung allein zugewiesen und den anderen zur Räumung verpflichtet, kann gegen den letzteren die Zwangsvollstreckung erfolgen, AG Karlsr-Durlach DGVZ **93**, 62, AG Tüb DGVZ **94**, 14 (der Gerichtsvollzieher entfernt nur die persönliche Habe des Räumungsschuldners).

13 Wenn *beide* damaligen oder späteren *Ehegatten* usw den *Mietvertrag* unterzeichnet hatten, dann erfolgt die Räumung nur auf Grund eines Vollstreckungstitels gegen beide, Oldb ZMR **91**, 268, LG Oldb DGVZ **98**, 10, Scholz WoM **90**, 100.

14 Wenn beide als Vertragspartner genannt sind, aber *nur einer unterschrieben* hat, kann er zugleich den anderen vertreten haben, Düss WoM **89**, 363. Wenn Ehegatten usw als Miteigentümer des Grundstücks die Wohnung bewohnen, ist ein Titel gegen beide erforderlich, AG Oldb DGVZ **89**, 189.

15 **C. Anderer Mitbewohner**, dazu *Pauly* DGVZ **00**, 17: Der Gerichtsvollzieher darf gegen andere als die oben genannten Familienangehörigen, die die Wohnung mit dem Schuldner teilen, grundsätzlich nur auf Grund eines *besonderen Vollstreckungstitels* vorgehen, KG MDR **94**, 163, AG Halle-Saalkreis WoM **02**, 429, Scherer DGVZ **93**, 163 (anders aber Rpfleger **97**, 278), aM LG Detm DGVZ **99**, 27, AG Wesel DGVZ **02**, 188, Artzt/Schmidt ZMR **94**, 93 (maßgeblich sei die tatsächliche Sachherrschaft. Aber der bisherige Vollstreckungstitel läßt sich meist nicht derart weit auslegen). Ein besonderer Vollstreckungstitel ist gegenüber einem Dritten nur bei dem ja nie geschützten Rechtsmißbrauch des Vollstreckungsschuldners entbehrlich, Einl III 54, AG Ludwigsh ZMR **02**, 925.

Ein besonderer Vollstreckungstitel ist ferner gegenüber einem *außerehelichen Lebensgefährten* erforderlich, Köln WoM **97**, 281, LG Detm DGVZ **99**, 27, AG Mönchengladb DGVZ **99**, 140, aM AG Hildesh DGVZ **03**, 94, MüKoSchi 9, 11, ThP 4 (aber noch erfaßt der bisherige Vollstreckungstitel allenfalls den eingetragenen Lebenspartner mit, Rn 10–14. Ein Lebenspartner ist auch nicht bloßer Besucher nach Rn 17). Zum Problem Ernst JB **04**, 407 (Üb).

16 Ein besonderer Vollstreckungstitel ist ferner gegenüber der *Verlobten* ohne eigenen Mietvertrag notwendig, AG Sobernheim DGVZ **95**, 47, AG Stgt DGVZ **83**, 190, ZöStö 5.

17 Ein besonderer Vollstreckungstitel ist ferner grundsätzlich gegenüber einem *Untermieter* notwendig, BGH WoM **03**, 577, Köln WoM **94**, 286, AG Bln-Tempelhof DGVZ **00**, 126, aM LG Lübeck DGVZ **95**, 92, Fallak ZMR **03**, 806, Schilken DGVZ **88**, 56 (aber der Untermieter muß einen eigenen Räumungsschutz behalten. Man würde ihn sonst unzumutbar in ein von ihm gar nicht beherrschbares ganz anderes Rechtsverhältnis hineinziehen). Das gilt ausnahmsweise nicht, wenn Haupt- und Untermieter ihre Lage dem Vermieter längere Zeit hindurch verschwiegen haben, KG NZM **03**, 105.

Notfalls ist eine *Umschreibung* des Titels nach § 727 notwendig, soweit zulässig, § 325 Rn 34, aM Schilken DGVZ **88**, 56 (nur bei Alleinbesitznachfolge. Aber Rechtsnachfolger ist ein ganz anderer und weiterer Begriff). § 885 und nicht § 888 ist auch dann anwendbar, wenn es um die Vollstreckung einer Wohnungszuweisung an einen Ehepartner durch das Familiengericht entsprechend § 18 a HausrVO geht, aM Köln FamRZ **83**, 1231.

Einen bloßen *Besucher* des Schuldners entsetzt der Gerichtsvollzieher mit aus dem „Besitz", Hbg NJW **92**, 3308 gibt dem Gerichtsvollzieher solche Befugnis auch gegenüber demjenigen, der ohne oder gegen den Willen des Vermieters einen Mitbesitz begründet und wider Treu und Glauben über einen erheblichen Zeitraum gegenüber dem Vermieter verheimlicht hat (Vorsicht! Wo liegen die Grenzen?).

18 **D. Weitere Einzelfragen**, dazu *Pauly* DGVZ **00**, 17: Das Inventar einer Gaststätte und andere Sachen, an dem der Gläubiger ein nach §§ 562, 562 b BGB vorrangiges Vermieterpfandrecht geltend gemacht hat, können bei der Räumung an Ort und Stelle verbleiben, LG Darmst DGVZ **77**, 89, AG Offenb DGVZ **77**, 46, Schneider MDR **82**, 984. Bei einer Räumungsvollstreckung Zug um Zug gegen eine Gegenleistung geht der Gerichtsvollzieher nach § 756 vor, AG Neustadt DGVZ **76**, 73.

zur Erwirkung der Herausgabe von Sachen usw. **§ 885**

5) Bewegliche Sache, II, III, dazu *Knoll,* Die Herausgabevollstreckung beweglicher Sachen bei Ehe- **19** gatten, Partnern einer nichtehelichen Lebensgemeinschaft und Mitgliedern einer Wohngemeinschaft, 1999: Man muß zahlreiche schwierige Punkte beachten.

A. Grundsatz: Wegschaffung, Übergabe. Wenn sich auf dem Grundstück oder auf dem Schiff Fahrnis befindet, die nicht Gegenstand der Zwangsvollstreckung ist, also nicht als Zubehör des Grundstücks oder des Schiffs gelten kann, dann muß der Gerichtsvollzieher diese Fahrnis wegschaffen. Er muß sie dem Schuldner, seinem Bevollmächtigten, seinen Familienangehörigen, den erwachsenen Hausangestellten nach § 178 Rn 13 übergeben oder zur Verfügung stellen, AG Hann ZMR **87**, 27. Der ProzBev nach § 81 ist nicht ohne weiteres ein Bevollmächtigter in diesem Sinn. Wenn der Gerichtsvollzieher nicht derart vorgehen kann oder wenn der Vermieter oder der Verpächter auf Grund eines gesetzlichen Pfandrechts dieser Maßnahme widersprechen oder der Schuldner die (Wieder-)Entgegennahme der mit der Räumung entfernten Habe verweigert, dann muß der Gerichtsvollzieher die Fahrnis in die Pfandkammer schaffen oder sie an einer anderen Stelle verwahren, Köln DGVZ **94**, 171, LG Ffm DGVZ **83**, 173, LG Freibg WoM **89**, 445, aM LG Köln DGVZ **96**, 75 (Zurücklassung).

Der Gerichtsvollzieher darf die Fahrnis auch dem *Gläubiger* in dessen Verwahrung geben und sie dann an Ort und Stelle lassen, LG Darmst DGVZ **77**, 90, AG Bln-Schöneb DGVZ **86**, 156, AG Düss DGVZ **94**, 141 (später dann kein Entfernungsanspruch des Gläubigers mehr); aM AG Königswinter MDR **82**, 1029, Christmann DGVZ **86**, 178 (aber die Verwahrungspflicht des Gerichtsvollziehers erfolgt im Rahmen seines ziemlich weiten Ermessens. Es ist unvermeidbar, Rn 21).

Jedenfalls ist der Schuldner grundsätzlich erst dann aus dem Besitz der Wohnung gesetzt, wenn der **20** Gerichtsvollzieher die *sämtlichen Möbel* des Schuldners auf die vorstehende Art und Weise behandelt hat, Karlsr FamRZ **94**, 1125 (Ausnahme evtl bei einer einstweiligen Anordnung), LG Düss DGVZ **84**, 79, AG Bln-Wedding DGVZ **86**, 124, aM LG Arnsb DGVZ **84**, 31 (aber der Raum muß wirklich ganz leer sein, Einl III 39). Daher ist der Vollstreckungstitel auch erst dann verbraucht. Der Gerichtsvollzieher muß die Durchführung der Räumung bis zu ihrem Abschluß überwachen. Er darf und muß freilich auch auf Kostensparsamkeit achten, LG Hbg DGVZ **99**, 185. Andernfalls darf er Kosten evtl nicht erheben, § 7 GvKostG, so schon LG Hbg DGVZ **99**, 185. I 2–4 schaffen Sonderregeln, auch für den Fall einer einstweiligen Anordnung bei Hausrat.

B. Öffentliche Ordnung. Der Gerichtsvollzieher darf die öffentliche Ordnung nicht stören. Zu seinen **21** Sonderrechten im Straßenverkehr Grohmann DGVZ **97**, 177. Er darf die aus der Wohnung entfernten Sachen zB nicht auf der Straße stehen lassen. Der Gerichtsvollzieher darf schon aus Haftungsgründen den Abtransport nicht ohne weiteres dem Gläubiger überlassen, AG Brakel DGVZ **84**, 158, AG Lörrach DGVZ **05**, 109. Wenn eine solche Gefahr aber nicht droht, darf der Gerichtsvollzieher jedenfalls nicht gegen den Willen des Gläubigers nach III vorgehen, Hamm DGVZ **81**, 186. Er darf und muß vielmehr dann die Sachen auch mittels des unten erörterten und etwa auch gezahlten Vorschusses des Gläubigers in die neue Wohnung des Schuldners bringen, Hamm DGVZ **80**, 187.

Freilich besteht *keine* derartige *Vorschußpflicht* des Gläubigers. Mangels Gläubigerauftrags haftet der Gläubiger auch nicht für die Kosten dieser Verbringung in die Ersatzwohnung des Schuldners. Eine nur symbolische Räumung durch die Entfernung nur einzelner Möbelstücke wegen einer sofortigen polizeilichen Einweisung verbraucht den Vollstreckungstitel, Rn 19, LG Freibg DGVZ **89**, 125, LG Heilbr MDR **92**, 910, Nies DGVZ **00**, 33 (auch zur sog Hamburgischen Räumung), aM AG Langen DGVZ **88**, 47, Pawlowski ZZP **102**, 448 (aber dann müßte der Gläubiger oft endlos weiter kämpfen, Tenbieg DGVZ **88**, 187).

Der Gläubiger kann nach dem Ablauf der Einweisungsfrist von der *Einweisungsbehörde* die Entfernung des zwangseingewiesenen Schuldners fordern, VGH Mannh DGVZ **88**, 191.

C. Beispiele zur Frage der Räumung **22**
Aufschüttung: Die Entfernung von Aufschüttungen usw von einem zu räumenden Grundstück kann unter § 885 fallen, aM Düss DGVZ **99**, 155 (§ 887).
Ausfallbetrag: Rn 23 „Gläubigerhaftung".
Bauwagen: Zu seiner Räumung als Wohnung gehört auch Ausräumen, Verpacken des Inhalts, Abtransport usw, LG Kassel DGVZ **05**, 10.
Beitreibung: Die notwendigen Kosten werden nach § 788 beigetrieben, Rn 25 „Kostensparsamkeit", LG Heilbr MDR **92**, 910 (Aufhebung einer Zwangseinweisung), LG Kleve DGVZ **87**, 90, LG Limburg DGVZ **83**, 127. Das gilt auch für die Kosten der Bereitstellung eines Spediteurs, Rn 27 „Spediteur", oder für die Kosten einer Einlagerung bzw Verwahrung.
S auch Rn 23 „Gläubigerhaftung", Rn 24 „Kostenfestsetzung".
Bepflanzung: Ihre Entfernung fällt meist unter § 887, BGH JB **04**, 446.
S auch „Aufschüttung".
Bereitstellungskosten: Der Gläubiger muß für die voraussichtlichen Bereitstellungskosten aufkommen, LG Siegen DGVZ **94**, 76, AG Ettlingen DGVZ **98**, 15.
S auch Rn 30 „Vorschuß".
Besitz: Rn 29 „Verwahrungsvertrag".
Dritter: Ein Dritter kann auf Grund eines die Veräußerung hindernden Rechts nicht aus § 771 vorgehen. **23** Denn die verwahrten Sachen sind nicht mehr Gegenstand der Zwangsvollstreckung, AG Essen DGVZ **00**, 125. Der Dritte ist vielmehr mit der Erinnerung nach § 766 angewiesen, LG Düss DGVZ **75**, 22, aM AG Essen DGVZ **00**, 125. Der Gerichtsvollzieher darf die Schuldnersachen einem Dritten nur mit Einwilligung des Schuldners herausgeben, AG Bln-Wedding DGVZ **75**, 159, AG Essen DGVZ **00**, 125.
Einlagerung: Gläubigerhaftung", Rn 29 „Verwahrungsvertrag", Rn 30 „Vorschuß".
Einzelsache: Der Gerichtsvollzieher braucht sie grds nicht mühsam aus dem übrigen Räumungsgut herauszusuchen, LG Wuppert DGVZ **05**, 108. Freilich kann eine Ausnahme unter besonderen Umständen gelten.
S auch Rn 24 „Kostbarkeit".

Hartmann 2443

§ 885

Geschäftsunterlagen: Rn 29.
Getrenntleben: Es ist nicht Aufgabe des Vollstreckungsgerichts oder des Gerichtsvollziehers, das Eigentum aufzuteilen, AG Siegb DGVZ **98**, 191.
Gewalt: Rn 31 „Widerstand".
Gläubigerhaftung: Neben dem Schuldner haftet der Gläubiger für diejenigen Kosten, die infolge seines Auftrags notwendigerweise entstehen, § 13 GvKostG, LG Bln JB **00**, 548, LG Kblz DGVZ **92**, 30, AG Lahnstein DGVZ **92**, 30. Der Gläubiger haftet also auch für die Kosten der Räumung und dafür, daß die dabei herausgeholten Gegenstände und Tiere eine geeignete Verwahrung bekommen, I–III, Rn 27 „Tier", Jena JB **99**, 436, AG Bln-Tempelhof DGVZ **92**, 141, AG Brake DGVZ **95**, 44, aM LG Oldb DGVZ **95**, 45 (aber Tiere brauchen schon wegen § 90 a BGB erst recht Fürsorge), AG Bln-Tempelhof DGVZ **92**, 141. Denn erst anschließend ist die Räumung vollendet, Brossette NJW **89**, 965.
  Der Gläubiger haftet *aber nicht* für die Kosten der an diese Überführung anschließenden eigentlichen *Einlagerung*. Denn das ordnet III eindeutig nicht mit an. Es ergibt sich auch nicht nach IV, LG Mannh DGVZ **97**, 186, AG Ffm DGVZ **87**, 159, ZöStö 13, aM Hamm DGVZ **01**, 7, LG Duisb NZM **98**, 303, AG Erkelenz DGVZ **00**, 159 (aber das wäre eine Überdehnung der Auslegungsmöglichkeiten).
Haustier: S „Gläubigerhaftung", Rn 27 „Tier".
24 Kostbarkeit: Soweit zum Räumungsgut eine Kostbarkeit gehört, muß der Gerichtsvollzieher natürlich auch einen Hinweis des Schuldners auf die Notwendigkeit einer besonderen Vorsicht zur Vermeidung mindestens von Staatshaftung beachten.
Kosten: S „Kostensparsamkeit".
  S im übrigen bei den einzelnen Spezialstichwörtern.
Kostenabzug: Nur der Gerichtsvollzieher und nicht der Gläubiger können vom Verkaufserlös des IV offene Kosten der Räumung vor der Hinterlegung des Erlöses abziehen.
Kostenfestsetzung: Es kann eine Festsetzung der notwendigen Kosten erfolgen, Rn 25 „Kostensparsamkeit", §§ 104 ff, 788, auch zB unter Einbeziehung der Spediteurkosten, LG Hann DGVZ **89**, 42.
  S auch Rn 23 „Gläubigerhaftung".
Kostensparsamkeit: Man muß auch in der Zwangsvollstreckung jeden unnötigen Aufwand vermeiden, wie stets, § 91 Rn 34, § 788 Rn 4. Daher muß der Gerichtsvollzieher auch bei der Räumung die Kosten möglichst gering halten, §§ 104 I 2, 140 Z 1 GVGA, Hbg MDR **00**, 602, Mü MDR **00**, 602, AG Ffm NZM **04**, 359.
  S auch Rn 27 „Spediteur".
25 Müll: Rn 28 „Unrat".
Nachschuß: Rn 30 „Vorschuß".
Obdachlosenbehörde: Rn 30 „Vorschuß".
Öffnungskosten: Der Gläubiger muß für die voraussichtlichen aufkommen, LG Siegen DGV **94**, 76.
  S auch Rn 30 „Vorschuß".
26 Polizeieinsatz: Rn 31 „Widerstand".
Rückschaffung: Soweit das Gericht die bereits in Gang befindliche Räumung einstellt, läßt AG Bochum DGVZ **92**, 31 den Gläubiger nicht für die Kosten der Rückschaffung des Räumungsguts haften.
Schuldnerrechte: Der Schuldner kann gegenüber dem Gläubiger weder nach §§ 811, 812 noch nach §§ 765 a, 813 vorgehen.
  S auch Rn 35.
Schuldnerpapiere: Rn 29 „Verwahrungsvertrag".
27 Spediteur: Der Gerichtsvollzieher darf einen Spediteur hinzuziehen, LG Kblz DGVZ **93**, 94, AG Montabaur DGVZ **93**, 73. Der Gerichtsvollzieher wählt den Spediteur grds selbst aus, LG Kblz DGVZ **97**, 30, LG Stgt DGVZ **90**, 173, AG Rastatt DGVZ **02**, 46. Er muß einen Wunsch des Gläubigers nur bei durchgreifenden Gründen beachten, LG Hann DGVZ **85**, 76, AG Mönchenglabd ZMR **89**, 312. Er braucht angesichts marktüblicher Preise kein Vergleichsangebot einzuholen, sondern darf einen ihm als zuverlässig bekannten Spediteur auswählen, LG Kblz DGVZ **97**, 30, LG Saarbr DGVZ **85**, 92, AG Hbg-St Georg DGVZ **04**, 189, strenger LG Mannh DGVZ **97**, 154 (Beamtenpflichten bei Auftragsvergabe. Aber das ist meist schon zeitlich undurchführbar). Er darf freilich nicht vermeidbar hohe Kosten entstehen lassen, Rn 24 „Kostensparsamkeit". In Betracht kommen auch die Kosten eines bloßen Beförderungsversuchs, BVerwG DGVZ **85**, 156, AG Ettlingen DGVZ **98**, 15, auch evtl Bereitstellungskosten, LG Ffm DGVZ **02**, 498, LG Kassel DGVZ **03**, 140, AG Emmendingen DGVZ **02**, 191, und zwar einschließlich Umsatzsteuer, FG Kassel DGVZ **01**, 89, dazu aM LG Kassel DGVZ **03**, 140 (aber auch die Bereitstellung ist Leistung).
  Nicht hierher gehören aber sonstige bloße Vorbereitungskosten, LG Kblz DGVZ **87**, 58, AG Itzehoe DGVZ **84**, 123. Der Spediteur haftet nicht nach Art 34 GG, § 839 BGB, LG Bln DGVZ **97**, 168.
  S aber auch Rn 24 „Kostbarkeit", Rn 25 „Kostensparsamkeit".
Sperrmüll: Rn 28 „Unrat".
Tier, dazu *Rigol* MDR **99**, 1363 (Üb): Geißler DGVZ **95**, 148 hält den Gerichtsvollzieher nicht für verpflichtet, für ein Haustier des Schuldners zu sorgen. Das kann aber evtl sogar strafbare Tierquälerei sein. Es kann außerdem auf einen Verstoß gegen die öffentliche Ordnung nach Rn 21 hinauslaufen. Deshalb ist es Fallfrage, wieweit der Gerichtsvollzieher vorsorgen muß. Er kann die Gemeinde bitten, für die Tiere zu sorgen, AG Gött DGVZ **96**, 14 (mangels Anweisung kein Erinnerungsrecht der Gemeinde), aM Karlsr NJW **97**, 1789 (bloße Mitteilung an Polizei, die für das Tier sorgen müsse, krit Stollenwerk JB **97**, 621, abl *Braun* JZ **97**, 574), VGH Mannh DGVZ **98**, 90 (keine Unterbringungspflicht der Behörde).
  Zum Drittschutz Loritz DGVZ **97**, 150.
Transportkosten: Der Gläubiger muß für die voraussichtlichen Transportkosten aufkommen, LG Kassel DGVZ **03**, 42, LG Mannh NZM **99**, 956, LG Siegen DGVZ **94**, 76. Um das zu vermeiden, muß er eine freiwillige Räumung rechtzeitig ankündigen, also etwa 5–6 Tage vor dem Räumungstermin, LG Mannh NZM **99**, 956.
  S auch „Spediteur", Rn 30 „Vorschuß".

zur Erwirkung der Herausgabe von Sachen usw. **§ 885**

Überführung: Der Gläubiger muß für die voraussichtlichen Kosten einer Überführung des Räumungsguts zwecks Einlagerung aufkommen, LG Siegen DGVZ **94**, 76.
  S auch Rn 23 „Einlagerung".
Unpfändbare Sache: Es gelten dieselben Regeln wie beim „Unrat", III 2, IV 2, LG Bln DGVZ **05**, 140. **28**
Unrat: Der Gerichtsvollzieher darf und muß im Rahmen der Räumung auch Unrat, Müll und wertloses Gerümpel aus dem Raum entfernen und vernichten, Zweibr DGVZ **98**, 9, LG Ffm DGVZ **02**, 77, AG Leverkusen DGVZ **96**, 44, aM BGH DGVZ **05**, 71, LG Limburg DGVZ **05**, 70 (je bei großer Menge § 887), LG Mü WoM **98**, 500 (aber nur die Entfernung aller Sachen liegt keine vollständige Besitzaufgabe = Räumung vor, Rn 20). Das gilt sogar entgegen einer Dienstanweisung des Vorgesetzten, LG Bln DBVZ **80**, 155 (dort auch zu weiteren Einzelheiten), LG Karlsr DGVZ **80**, 14. Der Gerichtsvollzieher muß Unrat dem Schuldner auf dessen Verlangen nach III 2 „ohne weiteres" herausgeben, also ohne Kostenvorschuß und ohne Zurückbehaltungsrecht. Er muß Unrat nach dem Ablauf der 2-Monats-Frist des IV 1 vernichten, IV 2.
Vermieterpfandrecht: An sich muß der Gerichtsvollzieher gerade wegen der Grenzen des Vermieterpfandrechts vollständig räumen, AG Bln-Lichtenberg DGVZ **05**, 11. Ein Vermieterpfandrecht erstreckt sich aber nicht auf eine unpfändbare Sache, LG Bln DGVZ **05**, 140, AG Lörrach DGVZ **05**, 109 (die Prüfung dazu liegt beim Gerichtsvollzieher). Der Gläubiger kann sein Vermieterpfandrecht auch dadurch behalten, daß er den Gerichtsvollzieher anweist, die zugehörigen Sachen nicht mit zu entfernen, BGH DGVZ **03**, 89, aM LG Bln DGVZ **05**, 140. Der Gläubiger bestimmt allein den Umfang der Ausübung des Vermieterpfandrechts, AG Phillipsburg DGVZ **05**, 12 (notfalls muß der Schuldner klagen).
  S auch Rn 33.
Verwahrungsvertrag: Der Gerichtsvollzieher handelt in den Grenzen gesetzlicher Aufbewahrungsfristen, **29**
AG Hbg-Harbg DGVZ **04**, 173. In diesen Grenzen handelt er nach pflichtgemäßem Ermessen, AG Rastatt DGVZ **02**, 46. Es braucht nicht den Gläubiger verwahren zu lassen, zumindest dann nicht, wenn keine sichere Verwahrung usw feststeht, AG Siegb DGVZ **99**, 13. Er schließt den Verwahrungsvertrag nicht als Vertreter des Gläubigers ab, selbst wenn der Gläubiger mit der Verwahrung einverstanden ist. Der Gerichtsvollzieher schließt den Verwahrungsvertrag auch nicht als Vertreter des Schuldners ab. Er handelt vielmehr kraft öffentlichen Rechts für den Staat, wenn auch formell, scheinbar oft im eigenen Namen, § 753 Rn 1, 7, § 808 Rn 18, BGH **142**, 80, Köln DGVZ **94**, 171, LG Essen DGVZ **89**, 154, aM Brdb DGVZ **97**, 123. Der Gerichtsvollzieher muß mindestens den mittelbaren Besitz der verwahrten Sachen behalten. Wenn er die Gegenstände in einem Raum verwahrt, zu dem nur er den Schlüssel hat, dann ist der Gerichtsvollzieher wegen eines kraft Gesetzes entstandenen Verwahrungsverhältnisses zwischen ihm und dem Schuldner der unmittelbare Besitzer.
  Der Gerichtsvollzieher braucht *lose Schuldnerpapiere* nicht besonders zu ordnen und zu verpacken, AG Siegen DGVZ **89**, 44. Freilich darf er auch nicht alles vermeidbar achtlos wüst durcheinanderwerfen. Jedenfalls braucht er keine diesbezüglichen besonderen Kosten aufzuwenden. Soweit der Gerichtsvollzieher Geschäftsunterlagen über den Zeitraum von IV hinaus verwahren muß, ist der Gläubiger zur Zahlung der Verwahrkosten verpflichtet, AG Bad Schwalbach DGVZ **02**, 189.
  S auch Rn 23 „Dritter".
Vorschuß: Der Gläubiger muß mit Ausnahme der in III 2, IV 1 Hs 1 genannten Situation (Unrat, Rn 28) **30**
einen nach § 4 GvKostG auf Grund der Gesamtumstände grds zur vollständigen Räumung nach dem pflichtgemäßen Ermessen des Gerichtsvollziehers zu berechnenden Vorschuß zahlen, LG Bln DGVZ **05**, 140, LG Kassel DGVZ **05**, 10, AG Bln-Lichtenberg DGVZ **05**, 11. Das gilt selbst dann, wenn sich der Gläubiger erbietet, den Transport durchzuführen, LG Köln DGVZ **02**, 169, AG Stockach DGVZ **93**, 31, Brossette NJW **89**, 965, oder wenn man eine Wiedereinweisung des Schuldners durch die Obdachlosenbehörde erwarten kann bzw muß, AG Schönau DGVZ **89**, 45. Wenn der Gerichtsvollzieher aber diesen Vorschuß verbraucht hat, dann braucht der Gläubiger keine weiteren Vorschüsse nachzuschießen. Freilich muß der Gläubiger evtl am Schluß einen Rest nachzahlen, AG Bln-Pankow DGVZ **97**, 92. Der Gläubiger kann keine Vorschußminderung wegen eines gar nicht bestehenden Vermieterpfandrechts fordern, LG BadBad DGVZ **03**, 24, Riecke DGVZ **04**, 148, aM AG Bln-Wedding DGVZ **04**, 158. Das gilt ebenso, wenn er einen eigenen, aber nur dem Gerichtsvollzieher zugänglichen Lagerraum mit Schadenhaftung anbietet, AG Ffm NZM **04**, 359.
Widerstand: Wird wegen Widerstands des Schuldners ein Polizeieinsatz notwendig und entstehen dadurch **31**
Schäden am Haus, so können sie im Sinn von § 788 notwendige Kosten verursachen, AG Kenzingen DGVZ **92**, 93 (aber Vorsicht: da*durch* ist mehr als da*bei*!).
Wiedereinweisung: „Vorschuß".
Zubehör: S „Zwangsverwaltung".
Zurückbehaltungsrecht: Rn 28 „Unrat".
Zwangsverwaltung: Der Gerichtsvollzieher braucht nicht das Zubehör festzustellen und dem Zwangsverwalter darüber eine Aufstellung zu übergeben, AG Osterholz-Scharmbeck DGVZ **00**, 79.

6) Verzögerung der Abforderung, IV. Es sind zwei Möglichkeiten vorhanden. **32**

A. Verkauf und Hinterlegung; Herausgabe, IV 1. Wenn der Schuldner oder ein Dritter als Eigentümer die Abforderung seiner beweglichen Habe nicht binnen zwei Monaten seit Beendigung der Räumung erklärt, darf und muß der Gerichtsvollzieher die Sachen verwerfen, IV 1 Hs 1, LG Bln Rpfleger **04**, 431. Das gilt auch dann, wenn der Schuldner oder der Dritte die Sachen zwar fristgerecht abfordert, jedoch nicht die zur Übergabe notwendigen Kosten zahlt, LG Aschaffenb DGVZ **97**, 155. Der Gerichtsvollzieher verwertet unter Abwägung der Lagerkosten, des etwaigen Versteigerungserlöses und des Wiederbeschaffungswerts für den Schuldner, AG Bln-Tempelhof DGVZ **77**, 30 (je zum alten Recht). Das geschieht durch einen Verkauf aus freier Hand oder im Weg einer Versteigerung nebst Hinterlegung des Erlöses von Amts wegen. Alles das erfolgt natürlich erst recht auf Antrag bzw Anregung des Gläubigers nach IV 1 Hs 1. Der Rpfl des Vollstrek-

§§ 885, 886 Buch 8. Abschnitt 3. Zwangsvollstreckung

kungsgerichts ist nicht mehr zuständig. Der Gerichtsvollzieher braucht den Verkauf nicht anzudrohen und den Schuldner nicht anzuhören.

Die *Zweimonatsfrist* ist keine Notfrist nach § 224 I 2. Sie wird nach § 222 berechnet. Der Schuldner kann nicht fordern, ihm das Räumungsgut zu übergeben, § 697 BGB entsprechend, LG Wuppert DGVZ **90**, 189. Unpfändbare Sachen werden auch bei IV wegen seiner Verweisung auf III 2 wie dort behandelt, Rn 28.

33 **B. Vernichtung, IV 2.** Der Gerichtsvollzieher darf und „soll" sogar, muß also in Wahrheit schon aus Kostengründen unverkäufliches und daher unverwertbares Räumungsgut vernichten, IV 2, Rn 28 „Unrat". Das gilt zB dann, wenn es sich um bloßes Gerümpel handelt, Rn 28, LG Karlsr DGVZ **90**, 11, LG Lampertheim DGVZ **88**, 125. Höchstpersönliche, im übrigen aber wertlose Sachen gehen trotz IV 2 besser per Post an den Schuldner, Rn 22, 23, LG Lampertheim DGVZ **88**, 125, Geißler DGVZ **87**, 68. Auch im Fall der Vernichtung ist der Rpfl des Vollstreckungsgerichts nicht mehr zuständig. Art 14 I GG ist durch die Wartefrist ausreichend beachtet.

34 **C. Weitere Einzelfragen, IV 1, 2.** Der Gerichtsvollzieher benachrichtigt die Beteiligten formlos von seinen Maßnahmen nach IV, aM Heinze DGVZ **04**, 164 (aber IV enthält eine Frist ab Räumung, nicht ab deren Ankündigung oder Mitteilung). Eine Maßnahme kann nach IV unzulässig sein, etwa wegen gesetzlicher Aufbewahrungspflichten des Schuldners. Diese muß der Gerichtsvollzieher wegen seines unbekannten Aufenthalts beachten. Dann verwahrt die Geschäftsstelle des Vollstreckungsgerichts der §§ 764, 802 die Sachen auf Kosten der Landeskasse, AG Bad Oldesloe DGVZ **82**, 14. Das gilt bei Geschäftsunterlagen evtl nicht, LG Ffm DGVZ **02**, 77. Eine Maßnahme nach IV ist auch dann nicht mehr statthaft, wenn der Schuldner die bisherigen Lagerkosten zahlt und die weitere Verwahrung übernimmt. Dazu ist aber ein Vertrag zwischen ihm und dem Einlagerer und nicht nur eine einseitige Bereitschaftserklärung erforderlich, LG Karlsr DGVZ MDR **90**, 11.

35 **7) Rechtsbehelfe, I–IV.** Vgl zunächst § 883 Rn 20. Der Betroffene kann gegen die Maßnahme des Gerichtsvollziehers nach IV die einfache Erinnerung einlegen, § 766, AG Dortm DGVZ **03**, 94. Zum weiteren Erinnerungsverfahren § 766 Rn 24. Wenn der Richter über die Erinnerung entschieden hatte, dann ist die sofortige Beschwerde nach §§ 567 I Z 1, 793 statthaft. Wegen der Rechte eines Dritten Rn 23 „Dritter".

Gebühren: Des Gerichts KV 1811; des Anwalts VV 3500.

36 **8) VwGO:** *Entsprechend anwendbar iRv Üb § 883 Rn 7.*

886 *Herausgabe bei Gewahrsam eines Dritten.* Befindet sich eine herauszugebende Sache im Gewahrsam eines Dritten, so ist dem Gläubiger auf dessen Antrag der Anspruch des Schuldners auf Herausgabe der Sache nach den Vorschriften zu überweisen, welche die Pfändung und Überweisung einer Geldforderung betreffen.

1 **1) Systematik, Regelungszweck.** Die Vorschrift ergänzt sowohl die §§ 883, 884 als auch den § 885 durch eine in ihrem Geltungsbereich vorrangige Sonderregelung. Sie bedient sich der Verweisungstechnik. Daher muß man die in Bezug genommenen Vorschriften nach den bei ihnen erläuterten Maßstäben auslegen.

2 **2) Geltungsbereich: Herausgabebereitschaft oder Prozeßeintritt.** Ein Dritter kann den Alleingewahrsam an der herauszugebenden beweglichen oder unbeweglichen Sache haben, BGH NJW **04**, 3341 (Bank-Sammeldepot), Schlesw ZMR **83**, 16, Braun AcP **196**, 592 (zum Gewahrsamsbegriff § 808 Rn 10), aM Schilken DGVZ **88**, 50 (auch Mitgewahrsam). Dann ist eine Zwangsvollstreckung nach §§ 883–885 nur unter folgenden Voraussetzungen zulässig: Entweder ist der Dritte zur Herausgabe der Sache bereit, § 809 Rn 6, Schilken DGVZ **88**, 50. Oder der benannte mittelbare Besitzer tritt in den Prozeß ein, § 76 IV. Wenn der Rpfl den Vollstreckungstitel nach § 727 auf den Besitzer umgeschrieben hat, dann ist der Besitzer kein Dritter mehr.

3 **3) Durchführung der Zwangsvollstreckung.** Zulässig ist nur die Überweisung des Anspruchs auf die Herausgabe zur Einziehung. Eine Überweisung an Zahlungs Statt ist deshalb unzulässig, weil ein Nennwert fehlt. Es kommt nicht darauf an, ob die Sache etwa unpfändbar ist. § 886 gilt auch für die Herausgabe einer bestimmten Menge vertretbarer Sachen oder Wertpapiere, § 884. Die Vorschrift gilt ferner dann, wenn der Vollstreckungstitel auf eine Verschaffung lautet. Sie gilt ferner bei der Pfändung einer Briefhypothek wegen des Hypothekenbriefes. Daher erhält der Gläubiger den Brief auch tatsächlich notfalls im Klageweg.

Die Pfändung und die Überweisung des *Anspruchs auf die Herausgabe* erfolgt nach §§ 829, 835. Das gilt auch dann, wenn der Anspruch bedingt, betagt oder erst künftig ist. Die Zwangsvollstreckung richtet sich in einem solchen Fall nicht nach den Vorschriften für die Vollstreckung in einen Anspruch und nicht nach §§ 846–848 sind also unanwendbar. Deshalb braucht man die Sache nicht an den Gerichtsvollzieher oder an einen Sequester herauszugeben, sondern nur an den Gläubiger. Dieser kann dementsprechend gegenüber dem Drittschuldner einen Herausgabetitel erstreiten und dann erst nach §§ 883–885 vollstrecken.

Wie in den Fällen der §§ 829, 835 *entscheidet der Rechtspfleger* des Vollstreckungsgerichts, §§ 764, 802, § 20 Z 17 RPflG, Anh § 153 GVG. Ein Antrag ist erforderlich. Er ist schriftlich, elektronisch oder zu Protokoll der Geschäftsstelle zulässig. Es findet keine mündliche Verhandlung statt, § 764 III. Es besteht kein Anwaltszwang, § 78 V Hs 2. Der Rpfl entscheidet durch einen Beschluß, § 329. Er muß seinen Beschluß begründen, § 329 Rn 4. Er muß ihn förmlich zustellen, § 329 III.

4 **4) Rechtsbehelfe.** Gegen eine Maßnahme des Rpfl ohne Anhörung des Gegners ist die Erinnerung nach § 766 statthaft. Gegen eine echte Entscheidung des Rpfl ist der jeweilige Weg nach § 11 RPflG, Anh § 153 GVG, gegeben, § 829 Rn 84.

Gebühren: Des Gerichts § 12 V GKG (Vorauszahlungspflicht), KV 2110; des Anwalts VV 3309, 3310.

5 **5) VwGO:** *Entsprechend anwendbar iRv Üb § 883 Rn 7.*

zur Erwirkung der Herausgabe von Sachen usw. **§ 887**

887 *Vertretbare Handlungen.* [I] Erfüllt der Schuldner die Verpflichtung nicht, eine Handlung vorzunehmen, deren Vornahme durch einen Dritten erfolgen kann, so ist der Gläubiger von dem Prozessgericht des ersten Rechtszuges auf Antrag zu ermächtigen, auf Kosten des Schuldners die Handlung vornehmen zu lassen.

[II] Der Gläubiger kann zugleich beantragen, den Schuldner zur Vorauszahlung der Kosten zu verurteilen, die durch die Vornahme der Handlung entstehen werden, unbeschadet des Rechts auf eine Nachforderung, wenn die Vornahme der Handlung einen größeren Kostenaufwand verursacht.

[III] Auf die Zwangsvollstreckung zur Erwirkung der Herausgabe oder Leistung von Sachen sind die vorstehenden Vorschriften nicht anzuwenden.

Schrifttum: *Gerhardt,* Die Handlungsvollstreckung – eine Bestandsaufnahme über Befund und Entwicklungstendenzen, Festgabe *50 Jahre Bundesgerichtshof* (2000) III 463; *Lüke,* Die Vollstreckung des Anspruchs auf Arbeitsleistung, Festschrift für *Wolf* (1985) 459; *Schilken,* Die Geltendmachung des Erfüllungseinwands usw, Festschrift für *Gaul* (1997) 667.

Gliederung

1) **Systematik, §§ 887–890**	1	B. Antrag	12
2) **Regelungszweck, I–III**	2	C. Weiteres Verfahren	13
3) **Geltungsbereich, I–III**	3–6	6) **Rechtsbehelfe, I–III**	14–17
A. Allgemeine Voraussetzungen	3	A. Sofortige Beschwerde	14
B. Nichtvornahme einer Handlung	4, 5	B. Erinnerung	15
C. Vertretbarkeit der Handlung	6	C. Vollstreckungsabwehrklage	16
4) **Ermächtigung, I**	7–9	D. Schadensersatzklage	17
A. Auf Kosten des Schuldners	7, 8	7) **Kostenvorschuß, II**	18, 19
B. Duldungspflicht	9	8) **Beispiele zur Frage der Vertretbarkeit oder Unvertretbarkeit, §§ 887, 888**	20–43
5) **Verfahren, I**	10–13		
A. Zuständigkeit	10, 11	9) **VwGO**	44

1) Systematik, §§ 887–893. Vgl zunächst Üb 1 vor § 883. §§ 887–893 behandeln die Zwangsvollstreckung zur Erzwingung einer Handlung oder einer Unterlassung auf Grund eines vollstreckbaren rechtskräftigen Titels, also nach dem Abschluß des Erkenntnisverfahrens, Celle NJW **90**, 262. **1**

Zu §§ 887–890 *rechnet nicht* die Herausgabe von Sachen, §§ 883, 885, 886, LG Bln DGVZ **80**, 156, also auch nicht für die Entfernung von Unrat, Müll und wertlosem Gerümpel anläßlich einer Räumung. Hierher rechnet auch nicht die Herausgabe von Personen, § 883 Rn 17. Ebensowenig zählen hierher die Leistung einer bestimmten Menge vertretbarer Sachen nach § 884 oder die Leistung einer bestimmten Menge unvertretbarer Sachen, die der Schuldner erst beschaffen muß, III. Bei solchen Sachen erfolgt also keine Ermächtigung zur Vornahme, sondern es ist eine Ersatzklage notwendig, § 893, es sei denn, daß die Vornahme der Handlung im Vordergrund steht.

Eine Zwangsvollstreckung auf eine *Zahlung* oder eine Hinterlegung von Geld ist in den §§ 803 ff geregelt, § 887 III. Die Zwangsvollstreckung in die Abgabe einer Willenserklärung erfolgt nach § 894. Der Anspruch auf die Befreiung von einer Geldschuld wird nach § 887 vollstreckt, ebenso wie der Anspruch auf eine Befreiung von einer anderen Verbindlichkeit, Rn 22 „Befreiung von einer Schuld". Die ZPO erzwingt eine Handlung unterschiedlich. Das geschieht nämlich dann, wenn sie vertretbar ist, nach § 887. Wenn sie aber unvertretbar ist, erfolgt sie nach § 888, Rn 20. Die Erzwingung einer Unterlassung erfolgt nach § 890. Es ist unzulässig, das Begehrte durch die Festsetzung einer Geldstrafe auf Grund einer Parteivereinbarung zu erwirken. Denn § 887 ist zwingendes Recht, Grdz 24 vor § 704, Oldb MDR **85**, 855, Schneider MDR **75**, 279. Im Fall des § 510b sind nach § 888 a die §§ 887–888 unanwendbar.

2) Regelungszweck, I–III. Die systematischen Abgrenzungsfragen erweisen sich in der Praxis als oft ungemein schwierig. Man muß versuchen, eine praktikable Lösung dadurch zu erreichen, daß man auf den Kern der zu erbringenden Leistung des Schuldners als das Wesentliche abstellt und sich nicht durch scheinbar ganz andersartige bloße Nebenpflichten verwirren läßt, LG Gött DGVZ **02**, 121 (Räumung eines Altenheims). **2**

Vornahme der geschuldeten Handlung ist das Ziel auch einer sachgerechten Abgrenzung und Auslegung. Die Erfolgswirkung läßt sich eigentlich nur bei § 887 herstellen, nicht bei § 888. Was also irgend durch einen Dritten in gleicher Qualität, Brauchbarkeit und Haltbarkeit herstellbar ist, das sollte man nach § 887 behandeln. Natürlich kann man nicht Goethe durch Schiller ersetzen (und umgekehrt!). Aber der Anwendungsbereich des § 888 sollte so klein wie irgend möglich bleiben.

3) Geltungsbereich, I–III. Vgl zunächst zur Abgrenzung Rn 1, 2. **3**

A. Allgemeine Voraussetzungen. Stets müssen auch in den Fällen der §§ 887–890 die Voraussetzungen einer Zwangsvollstreckung vorliegen, Grdz 14 vor § 704. Das gilt unter anderem für die Prozeßfähigkeit des Schuldners nach Grdz 40 vor § 704, Ffm Rpfleger **75**, 441. Es gilt ferner für die ausreichende Bestimmtheit des zu vollstreckenden Anspruchs, Grdz 21 vor § 704, Mü FamRZ **99**, 944, Saarbr JB **93**, 27, LAG Mainz MDR **05**, 1060. Das Urteil darf nicht zu zwei einander ausschließenden Handlungen verpflichten, KG MDR **03**, 955. Das Prozeßgericht muß erst prüfen, ob die Vollstreckungsklausel und die nötigen Urkunden zugestellt worden sind, soweit § 750 das vorsieht, dort Rn 12, Düss OLGZ **76**, 377. Der Aktenvermerk der Geschäftsstelle über die Erteilung einer vollstreckbaren Ausfertigung nach § 724 genügt nicht. Denn er beweist nicht, daß die Zustellung auch der Vollstreckungsklausel erfolgt ist.

B. Nichtvornahme einer Handlung. § 887 setzt voraus, daß der Schuldner eine vertretbare Handlung **4** nicht vornimmt, die er auf Grund eines vollstreckbaren Titels im Inland vornehmen müßte. Der Gläubiger

§ 887

muß in diesem Fall die Nichterfüllung trotz objektiver Möglichkeit einer Erfüllung behaupten. Das Gericht prüft nur nach, ob die Voraussetzungen der Zwangsvollstreckung vorliegen, Rn 2, Bbg RR **98**, 717, und ob der Schuldner zeitlich imstande war, die Verpflichtung zu erfüllen. Der Schuldner mag zB nicht ohne Mitwirkung der Wohnungseigentümergemeinschaft zur Erfüllung etwa eines Außenhautschadens imstande sein. Er muß freilich die Mitwirkung der WEG energisch zu erreichen versuchen, Düss WoM **02**, 272 (noch zu großzügig. Vollstreckbarkeit muß sicher sein). Eine bloße Erklärung des Schuldners über seine jetzige Erfüllungsbereitschaft ist unbeachtlich, wenn er längst hätte erfüllen können, Düss MDR **82**, 62, Ffm RR **89**, 59, LG Hbg WoM **89**, 587. Er darf auch jetzt weder eine Unzumutbarkeit noch eine angebliche Unerfüllbarkeit mehr geltend machen, BGH WoM **05**, 529.

5   Wenn die *Erfüllung* unstreitig ist, muß das Gericht sie natürlich beachten, Rostock WoM **03**, 640, LG Mü Rpfleger **04**, 716, VGH Kassel NVwZ-RR **04**, 796. Wenn der Schuldner die Erfüllung behauptet, dazu Schilken (vor Rn 1), und der Gläubiger diese nach § 138 Rn 27 ausreichend bestreitet, dann muß das Gericht allerdings statt einer Verweisung auf § 767 selbst nachprüfen, ob der Schuldner tatsächlich erfüllt hat. Denn Wortlaut und Prozeßwirtschaftlichkeit nach Grdz 14 vor § 128 sprechen für diese Lösung, BGH **161**, 71 (zustm Becker-Eberhardt LMK **05**, 31), Karlsr RR **02**, 220, Zweibr JB **01**, 155, Gerhardt (vor Rn 1) 470, aM KG WoM **02**, 694, Mü MDR **02**, 909, Rostock WoM **03**, 640 (aber der Sinn der Vorschrift ist ebenfalls ziemlich eindeutig. § 887 ist so ganz gut anwendbar).

In einem solchen Fall *muß der Schuldner* allerdings die erforderlichen Tatsachen *beweisen*, Karlsr MDR **01**, 1191, Nürnb OLGZ **94**, 598, VGH Kassel NVwZ-RR **04**, 796, aM Düss OLGZ **76**, 303, aM Köln MDR **03**, 114 (wegen § 888. Aber schon der Wortlaut von I „Erfüllt der Schuldner ... nicht" spricht für seine Beweislast, Einl III 39). Arglist ist wie stets schädlich, Einl III 54, Grdz 44 vor § 704, Düss MDR **96**, 848.

6   **C. Vertretbarkeit der Handlung.** Vertretbar ist eine solche Handlung, bei der es rechtlich und wirtschaftlich betrachtet für den Gläubiger bei vernünftiger Betrachtungsweise unerheblich ist, ob der Schuldner oder ein Dritter erfüllen, Bbg DGVZ **99**, 136, Zweibr JB **01**, 48, LG Hbg ZMR **85**, 303. Es muß auch für den Gläubiger unerheblich sein, ob der Schuldner die Handlung auch vornehmen darf. Die Verteuerung für den Schuldner ist eine Folge seines Ungehorsams und bleibt außer Betracht. Die Abgrenzung gegenüber der unvertretbaren Handlung nach § 888 Rn 1 ist oft schwierig. Ob eine vertretbare oder eine unvertretbare Handlung vorliegt, kann von der allgemeinen Wirtschaftslage abhängen, etwa zB von einer auftretenden Schwierigkeit, Rohstoffe zu beschaffen, durch die eine andere Situation als bei normalen Verhältnissen eintreten mag.

Eine an sich vertretbare Handlung kann *unvertretbar* sein, soweit der Gläubiger Wert darauf legen darf und ersichtlich auch darauf legt, daß der Schuldner die Verpflichtung in eigener Person erfüllt und nicht durch einen Dritten erfüllt, Bbg RR **04**, 476, Köln BB **81**, 393, Schmidt MDR **89**, 1068. Es ist unerheblich, ob das Urteil auf § 887 oder auf § 888 verweist. Wenn es zweifelhaft ist, ob man die Handlung als vertretbar oder als unvertretbar beurteilen soll, etwa bei einer Verurteilung zu einer Bilanzierung, dann muß das Gericht zunächst nach § 887 verfahren. Drückt dann diese Vorschrift bedrückt den Schuldner weniger, LG Hbg ZMR **85**, 303. Wenn sich dann die Notwendigkeit einer Mitwirkung des Schuldners herausstellt, ist nunmehr § 888 anwendbar, LG Hbg ZMR **85**, 303. Einzelfälle sind in Rn 20 ff aufgezählt.

7   **4) Ermächtigung, I.** Erteilung und Wirkung haben erhebliche Bedeutung.

A. Auf Kosten des Schuldners, dazu *Mümmler* JB **78**, 1132: Das Gericht ermächtigt den Gläubiger durch einen Beschluß nach § 329 dazu, die Handlung auf Kosten des Schuldners vornehmen zu lassen oder selbst vorzunehmen. Der Beschluß braucht diese Wahl nicht selbst zu treffen, Rimmelspacher JR **76**, 91. Wenn der Beschluß eine allgemeine Ermächtigung ausspricht, hat der Gläubiger noch hinterher ein Wahlrecht. Der Beschluß braucht erst recht nicht einen bestimmten Dritten zu benennen. Es wäre sogar zweckwidrig, eine solche Benennung vorzunehmen.

8   Das Gericht bezeichnet im *Beschluß* grundsätzlich die *vorzunehmende Handlung* entsprechend dem Gläubigerantrag nach Rn 12 im einzelnen genau, Kblz RR **98**, 1770, ZöStö 7, aM Hamm MDR **83**, 850 (aber Bestimmtheit ist eine Hauptvoraussetzung eines jeden Vollstreckungstitels). Das Gericht kann zB nähere Vorschriften über seine Ausführung erlassen, Köln NJW **85**, 275. Eine Strafandrohung ist unzulässig. Der Beschluß ist der Beginn der Zwangsvollstreckung, Grdz 51 vor § 704. Die Ermächtigung ergeht auf Kosten des Schuldners, § 788 I. Sie berührt die Pflicht des Schuldners und sein Recht zur Erfüllung nicht. Etwas anderes gilt allenfalls dann, wenn der Gläubiger an der Durchführung der Ermächtigung ein berechtigtes Interesse haben würde. Der Gläubiger schließt zur Ausführung des Beschlusses die erforderlichen Verträge mit Dritten im eigenen Namen. Er haftet für das etwaige Verschulden eines Dritten nach § 831 BGB. Ein Mitverschulden des Gläubigers wirkt kostenmindernd, BGH NJW **96**, 2335. Eine sachlichrechtliche Befugnis etwa infolge eines Vergleichs zählt nicht hierher.

Die den Gläubiger treffenden *Kosten* sind nach § 891 S 3 in Verbindung mit §§ 91–93, 95–100 beitreibbar. Eine Kostenfestsetzung ist zulässig, KG Rpfleger **94**, 31, Mü MDR **97**, 1069, Nürnb JB **93**, 240. Der Schuldner trägt allerdings nur die notwendigen Kosten, § 891 S 3 in Verbindung mit § 91, dort Rn 28 ff. Kosten, die durch sachwidrige Maßnahmen eines Dritten entstanden sind, brauchen weder der Gläubiger noch der Schuldner zu tragen. Man muß evtl einen Kostentitel erstreiten.

9   **B. Duldungspflicht.** Der Schuldner muß die Ausführung dulden. Das gilt zumindest dann, wenn das Vertrauen des Gläubigers auf eine ordnungsgemäße und zuverlässige Vornahme der Handlung durch den Schuldner mit Recht erschüttert ist, Düss MDR **82**, 62. Der Schuldner muß dem Gläubiger daher auch gestatten, seine Räume in erforderlichem Umfang zu betreten. Das Gericht kann in seinem Beschluß dieses Zutrittsrecht und weitere Einzelheiten darüber anordnen, in welchem Umfang der Schuldner die Ausführung dulden muß, um dem Gläubiger die Vornahme der Handlung zu ermöglichen oder zu erleichtern, Hamm NJW **85**, 275, Leppin GRUR **84**, 712. Das Gericht kann demgegenüber keinen Dritten in dieser Weise unmittelbar verpflichten. Der Gläubiger muß sich eine zur Ausführung etwa erforderliche behördliche Erlaubnis selbst beschaffen, etwa eine Baugenehmigung.

Das Gericht darf eine Anordnung nach § 887 nur dann *ablehnen*, wenn zB die Behörde eine etwa notwendige behördliche Erlaubnis bereits versagt hat, also nicht schon dann, wenn sie die Erlaubnis zwar

zur Erwirkung der Herausgabe von Sachen usw. **§ 887**

noch nicht erteilt hat, aber immerhin noch erteilen kann. Das Zutrittsrecht läßt sich nicht etwa nach § 890 vollstrecken, aM Köln RR **88**, 832 (aber das ist nicht überzeugend. Denn der Schuldner muß mehr tun als dulden. Er muß öffnen). Die bloße Behauptung des Gläubigers, der Schuldner habe nicht geöffnet, reicht nicht zur Annahme einer Zutrittsverweigerung, Kblz WoM **02**, 222.

Einen *Widerstand* des Schuldners muß der Gerichtsvollzieher nach § 892 brechen, Köln RR **88**, 832. Der Schuldner kann zulässigerweise zB die Erfüllung in einer ernstlichen Erklärung übernehmen, nachdem der zur Ausführung der Handlung ermächtigte Gläubiger bereits diesbezügliche Aufwendungen gemacht hatte, BGH NJW **95**, 3190. Dann muß der Schuldner diese Aufwendungen dem Gläubiger ersetzen und den Gläubiger von seinen noch bestehenden Verbindlichkeiten befreien. Wegen der Nachprüfung der Erfüllung Rn 5. Wenn der Schuldner nach § 52, Grdz 40 vor § 704 prozeßunfähig ist, dann ändert sich am vorstehenden Verfahren grundsätzlich nichts. Es genügt dann, daß der gesetzliche Vertreter des Schuldners nach § 51 Rn 12 die Erfüllung verweigert.

5) Verfahren, I. Es bereitet der Praxis oft Probleme. **10**

A. Zuständigkeit. Das Prozeßgericht der ersten Instanz ist nach § 802 ausschließlich zuständig. Funktionell zuständig ist also evtl der nach §§ 348, 348 a zuständige Einzelrichter, Ffm FamRZ **87**, 1293, Mü MDR **83**, 499, auch die Kammer für Handelssachen nach §§ 95 ff GVG oder das ArbG durch seinen Vorsitzenden, § 53 I ArbGG. Es muß nicht unbedingt diejenige Stelle nach § 887 entscheiden, die im Erkenntnisverfahren entschieden hat, Düss FamRZ **81**, 577. Der Rpfl ist nicht zuständig. Denn § 20 Z 17 RPflG hat ihm keine derartigen Funktionen des Prozeßgerichts übertragen. Bei der Zwangsvollstreckung auf Grund eines Schiedsspruchs nach § 1060 oder eines ausländischen Urteils nach §§ 722, 723 ist das Gericht zuständig, das diesen Vollstreckungstitel für vollstreckbar erklärt hat. Wenn es um einen nach § 794 I Z 1 vor einer Gütestelle geschlossenen Vergleich geht, dann ist das nach § 795 zuständige Gericht der Vollstreckungsklausel zuständig. In einer Familiensache nach §§ 606 ff ist das FamG zuständig, Düss FamRZ **81**, 577, Ffm FamRZ **87**, 1293, Hbg FamRZ **83**, 1252. Das Familiengericht erster Instanz ist auch dann zuständig, wenn das OLG eine einstweilige Anordnung nach § 620 erlassen hatte.

Im Fall einer *einstweiligen Verfügung* nach §§ 935 ff ist stets das Gericht der ersten Instanz zuständig, KG **11** RR **03**, 1529. Das gilt auch dann, wenn die einstweilige Verfügung in jenem Verfahren vom Berufungsgericht ergangen war oder dort ein Prozeßvergleich zustandekam, BGH NJW **02**, 755. Wenn der Einzelrichter den Vollstreckungstitel erlassen hatte, ist er zuständig, § 348, Ffm MDR **81**, 504. Wenn die Zivilkammer das Eilverfahren nach Widerspruch mit dem Hauptprozeß verbunden und dem Einzelrichter übertragen hat, bleibt er auch bei § 891 zuständig, aM Kblz RR **02**, 1724 (verwechselt schon § 348 mit § 348 a und arbeitet übertrieben formell, Einl III 10). Wenn das AG eine Anordnung nach § 942 getroffen hatte, dann ist das Gericht der Hauptsache zuständig. Denn das AG ist nur aushilfsweise zuständig. Es ist unerheblich, ob der Streit inzwischen in höherer Instanz anhängig ist. Das Urteil selbst darf noch keine Ermächtigung geben. Die Ermächtigung gehört nämlich zur Zwangsvollstreckung. In einer FGG-Sache ist das Gericht der freiwilligen Gerichtsbarkeit zuständig, BayObLG Rpfleger **75**, 130. In einer WEG-Sache ist derjenige Gericht zuständig, das im ersten Rechtszug entschieden hat, BayObLG MDR **88**, 498, Ffm OLGZ **80**, 163.

B. Antrag. Unentbehrlich ist ein Antrag des Gläubigers. Soweit das AG nach Rn 10, 11 sachlich **12** zuständig ist, ist der Antrag auch zum Protokoll der Geschäftsstelle zulässig. Daher besteht kein Anwaltszwang, § 78 V Hs 2. § 432 BGB ist anwendbar, LG Hbg WoM **99**, 415. Ein Anwaltszwang besteht im übrigen wie sonst, § 891 Rn 3. Haben mehrere Gläubiger den Titel erstritten, kann jeder den Antrag stellen, AG Hbg-Altona ZMR **03**, 962 (WEG).

Der Gläubiger muß die notwendige Handlung in seinem Antrag grundsätzlich genau bezeichnen, Bbg DGVZ **99**, 136, Düss MDR **02**, 1394, Stgt RR **99**, 792. Das gilt auch dann, wenn der Schuldner wählen könnte, wie er erfüllt. In einem solchen Fall muß das Gericht seinen Gegenvorschlag von Amts wegen prüfen, Stgt RR **99**, 792.

Freilich braucht der Gläubiger *nicht jeden* einzelnen *Arbeitsschritt* anzugeben, Stgt RR **99**, 792. Notfalls ist eine neue Klage notwendig, Schneider MDR **75**, 279. Der Gläubiger kann zwar, braucht aber im Antrag nicht eine bestimmte Person vorzuschlagen. Er muß freilich darlegen, daß er überhaupt imstande wäre, die Handlung vorzunehmen. Erst die Bestandskraft der Versagung einer zur Vornahme erforderlichen öffentlich-rechtlichen Genehmigung kann der Ermächtigung zur Ersatzvornahme entgegenstehen, Düss MDR **02**, 1394. Weitere Voraussetzung ist auch hier ein Rechtsschutzbedürfnis, Grdz 33 vor § 253, LG Frankenth Rpfleger **84**, 29. Eine Abnahmepflicht nach Rn 20 „Abnahme" ermächtigt nur zur Abnahme, nicht zur Versteigerung. Die letztere kommt erst bei Nichtzahlung des nach II festgesetzten Vorschusses in Betracht, Rn 19.

Die *Erfüllung* durch den Schuldner beseitigt das Rechtsschutzbedürfnis an einer Ermächtigung, Mü NJW **78**, 1029, Kannowski/Distler NJW **05**, 868, Schneider MDR **75**, 279. Es fehlt natürlich, soweit der Gläubiger die Ersatzvornahme schon getätigt hat. Ein Antrag nach § 888 ist in einen solchen nach § 887 umdeutbar, soweit erkennbar ist, daß dem Willen des Gläubigers entspricht, Hamm NJW **85**, 274. Das Gericht muß ihn notfalls fragen, § 139. Der Schuldner ist für die Erfüllung beweispflichtig, Kannowski/Distler NJW **05**, 868. Wenn sich der Gläubiger die Erfüllung ohne weiteres kostenlos selbst verschaffen kann und wenn der Gläubiger entsprechend gehandelt hat, dann ist sein Antrag unzulässig. Das gilt etwa dann, wenn er die Urkunden selbst besorgen kann, die ihm der Schuldner liefern soll. Im Fall einer solchen Selbstvornahme hat der Gläubiger zumindest vor einer Ermächtigung nach I keinen Bereicherungsanspruch, aM PalTh § 812 BGB Rn 27, Schneider MDR **75**, 281. Der Gläubiger kann den Antrag bis zur Rechtskraft des Beschlusses nach § 322 zurücknehmen. Die etwa erforderliche Zustimmung eines Dritten zur Ersatzvornahme muß bis zum Ermächtigungsbeschluß vorliegen.

C. Weiteres Verfahren. Kosten, die während der Durchführung nach I notwendigerweise entstanden, **13** sind grundsätzlich Kosten der Zwangsvollstreckung, § 788, Zweibr MDR **94**, 1044. Sie können aber ausnahmsweise unter §§ 91 ff fallen, § 891 Rn 7. Entsprechendes gilt auch für die Kosten, die der Gläubiger

§ 887

für den vom Schuldner erbetenen Transport der Sache in dessen Herrschaftsbereich zwecks Vornahme der Handlung aufwendet, Ffm MDR **81**, 1025. Wenn der Schuldner einwendet, er habe alles ihm bisher Mögliche zur Erfüllung getan, dann leugnet er das Verstreichen einer angemessenen Frist, Rn 5. Über diese Frage muß das Gericht im Verfahren nach § 887 entscheiden, LG Frankenth Rpfleger **84**, 29. Wenn der Schuldner die Art der angeordneten Sicherheitsleistung nicht bestimmt hatte, muß der Gläubiger seine Wahl im Antrag treffen. Wenn ein Fall des § 775 Z 1–3 vorliegt, dann ist der Antrag unzulässig. Das Verfahren verläuft im übrigen nach § 891.

14 6) **Rechtsbehelfe, I–III.** Es gelten die folgenden Regeln.

A. **Sofortige Beschwerde.** Der Gläubiger und der Schuldner können gegen eine Entscheidung des Gerichts die sofortige Beschwerde einlegen, §§ 567 I Z 1, 793, Bbg RR **98**, 716, BayObLG **83**, 17. Anwaltszwang besteht wie sonst, (jetzt) § 569 III, Kblz JB **01**, 437. Eine Aussetzung der Vollziehung erfolgt nach § 570 II, III. Eine Rechtsbeschwerde kommt unter den Voraussetzungen des § 574 in Betracht.

15 B. **Erinnerung.** Gegen eine Maßnahme oder Verfahrensweise des Gerichtsvollziehers ist die Erinnerung nach § 766 zulässig.

16 C. **Vollstreckungsabwehrklage.** Der Schuldner kann mit der Behauptung einer Erfüllung stets eine Vollstreckungsabwehrklage nach § 767 erheben, Hamm RR **88**, 1088 (wegen § 888), Köln JB **93**, 242, Mü MDR **00**, 907. Er muß diesen Weg gehen, sobald das Verfahren nach § 887 formell rechtskräftig beendet ist, Bbg Rpfleger **83**, 79, Ffm Rpfleger **81**, 152, LG Erfurt RR **98**, 428. Vorher kann er schon aus den Gründen Rn 14 nicht so vorgehen, aM Mü MDR **00**, 907 (aber dann besteht noch kein Rechtsschutzbedürfnis nach Grdz 33 vor § 253 für diesen komplizierten Weg). Der Schuldner kann natürlich auch im Hauptsacheverfahren vorgehen, solange dieses noch nicht nach § 322 rechtskräftig beendet ist, Ffm Rpfleger **81**, 152. Eine Entscheidung im Vollstreckungsverfahren bindet den Richter der Vollstreckungsabwehrklage nicht.
Der Einwand des Schuldners, ihm sei die *Erfüllung unmöglich* geworden, gehört grundsätzlich in das Verfahren nach § 767, Hamm RR **88**, 1088, aM Zweibr JB **98**, 382 (aber das ist sogar eine für § 767 typische Einwendung). In einem solchen Fall fehlt nämlich das Rechtsschutzbedürfnis nach Grdz 33 vor § 253. Im Fall einer wiederkehrenden Leistung muß der Gläubiger deren urteilsmäßige Voraussetzungen jedesmal nachweisen. Eine gerichtliche Aufforderung an den Schuldner zur Erfüllung und eine Fristsetzung sind unzulässig. Wenn der Schuldner nach § 769 eine Einstellung der Zwangsvollstreckung beantragt, dann muß das Gericht zwar unter den weiteren Voraussetzungen des § 887 einen Beschluß nach dieser Vorschrift erlassen. Es muß die Vollstreckung aber unter Umständen aussetzen. Eine bloße Einwendung gegen eine Anordnung nach II gehört aber nicht nach § 767, BGH NJW **93**, 1395.

17 D. **Schadensersatzklage.** Unberührt bleibt nach § 893 die Möglichkeit, Schadensersatz zu fordern.
Gebühren: Des Gerichts KV 1811 (Beschwerdegebühr); des Anwalts VV 3309, 3310.

18 7) **Kostenvorschuß, II,** dazu *Mümmler* JB **78**, 1132: Der Gläubiger kann beantragen, den Schuldner dazu anzuhalten, dem Gläubiger die voraussichtlichen Kosten vorzuschießen. Der Gläubiger braucht diesen Antrag nicht „zugleich" mit dem Antrag auf seine Ermächtigung zu stellen. Das Gericht entscheidet durch einen Beschluß, § 329. Es muß ihn nachprüfbar begründen, § 329 Rn 4, Ffm JB **76**, 398. Die Anordnung ist eine Vollstreckungsmaßnahme, BGH NJW **93**, 1395. Eine Vollstreckungsabwehrklage nach § 767 ist insoweit unzulässig, BGH NJW **93**, 1395. Wenn der Gläubiger mehrmals einen Vorschuß beantragt, müssen unter Umständen mehrere Entscheidungen ergehen. Das Gericht muß den Schuldner auch in diesem Verfahren anhören, § 891. Der Schuldner darf gegenüber dem Betrag, zu dessen Vorschußleistung ihn der Beschluß anhält, eine Aufrechnung erklären, § 145 Rn 9, Rostock WoM **04**, 558, aM Celle RR **05**, 1013 (ohne Auseinandersetzung wenigstens mit der vorerwähnten Entscheidung). Das Gericht darf den Antrag des Gläubigers aber nicht zurückweisen, soweit er sich aus einer Gegenforderung des Schuldners noch nicht befriedigen kann, Hamm MDR **84**, 591. Wegen der Tilgung der Forderung kann er nach §§ 767, 769 vorgehen. Nach der Vornahme der Handlung kommt kein weiterer Vorschuß mehr in Betracht.

19 Die *Höhe* des Vorschusses ist in das pflichtgemäße *Ermessen* des Gerichts gestellt. Es darf über den Antrag nicht hinausgehen, § 308 I. Es muß ein Mitverschulden des Gläubigers vorschußmindernd beachten, BGH NJW **97**, 2335. Wird der Gläubiger zur Vornahme einer Handlung ermächtigt, für die er eine Gegenleistung schuldet, etwa bei einer Handwerkerarbeit, BGH **90**, 360, so kann er als Vorschuß nur die Mehrkosten der Ersatzvornahme fordern, LG Würzb Rpfleger **80**, 160, ThP 9, ZöStö 10, aM Naumb JB **02**, 552 (aber das liefe im Ergebnis auf eine Umgehung des Grundgedankens auch des § 756 hinaus). Der Gläubiger muß diese Mehrkosten möglichst genau darlegen, Köln JB **97**, 159 (zB durch einen Voranschlag; keine Ermittlung durch das Gericht). Das Gericht muß die Zuschußpflicht des Auftraggebers bei einer entsprechenden Zug-um-Zug-Verurteilung berücksichtigen, BGH **90**, 360. Zu den Kosten können diejenigen einer Finanzierung zählen, Düss MDR **84**, 323. Das gilt zB für diejenigen einer vorbereitenden Schätzung durch einen Sachverständigen, Ffm VersR **83**, 90.
Die *Zwangsvollstreckung* aus dem Beschluß erfolgt nach § 794 I Z 3, §§ 803 ff, Köln FamRZ **83**, 710, Schmidt MDR **89**, 1068. Der Schuldner muß notfalls gegen den Gläubiger auf eine Rückerstattung des etwa nicht verbrauchten Vorschußteils klagen. Wenn der Gläubiger einen Mehrbedarf hat, kann er ihn im Verfahren nach II mit einem neuen Antrag nachfordern, Ffm JB **76**, 398, Hbg FamRZ **83**, 1253. Wenn das Verfahren nach § 887 beendet ist, dann darf das Gericht auch keinen Vorschuß nach II mehr festsetzen. Vielmehr ist die Prüfung der Notwendigkeit solcher Kosten dann im Verfahren nach § 788 notwendig, Hamm MDR **84**, 591, aM LG Kblz MDR **84**, 592.
Der Gläubiger muß den Schuldner notfalls *verklagen,* Schneider MDR **75**, 279. Eine Klage ist vor der Beendigung des Verfahrens nach II grundsätzlich unzulässig, Oldb MDR **85**, 855. KG WoM **88**, 143 billigt dem nach § 538 II BGB zur Selbsthilfe berechtigten Mieter ein klagbares Recht auf Vorschuß schon vor dem Verfahren nach § 887 II zu.
Gebühren: Des Gerichts § 12 V GKG (Vorauszahlungspflicht), KV 2110; des Anwalts VV 3309, 3310.

zur Erwirkung der Herausgabe von Sachen usw. **§ 887**

8) Beispiele zur Frage der Vertretbarkeit oder Unvertretbarkeit, §§ 887, 888. Bei einer vertretbaren Handlung erfolgt die Zwangsvollstreckung nach § 887, bei einer unvertretbaren Handlung erfolgt die Zwangsvollstreckung nach § 888, § 888 Rn 6, 7 sowie Zwangsvollstreckungsschlüssel in Grdz 59 vor § 704.

Abbruch: Solche Leistung ist vertretbar, Ffm MDR **03**, 655 (Unanwendbarkeit des § 885), Köln JB **92**, 703.

Ablösungsverpflichtung: Rn 36 „Stellplatzverpflichtung".

Abnahme der Kaufsache: Sie ist ungeachtet der zu ihrer Vornahme erforderlichen Willenserklärung, auf die an sich § 894 anwendbar wäre, wegen der weitergehenden Pflicht zur Befreiung des Gläubigers vom Besitz vertretbar, Köln MDR **75**, 686.

Akteneinsicht: Sie ist grds *unvertretbar*,, evtl auch entsprechend § 883 II, III vollstreckbar, BFH BB **01**, 84.

Anmeldung zum Insolvenzverfahren und dgl: Sie ist vertretbar.

Annahme als Erfüllung: Sie ist *unvertretbar*. Denn zu ihr gehört eine Prüfung der Ware.

Arbeitsleistung, dazu *Lüke,* Die Vollstreckung des Anspruchs auf Arbeitsleistung, Festschrift für *Wolf* (1985) 459; *Pallasch,* Der Beschäftigungs- bzw Weiterbeschäftigungsanspruch usw (1993) 98, 114:

Sie ist grds vertretbar. Vgl freilich auch Rn 24 „Dienste". Die Beschäftigung eines Arbeitnehmers bzw der Anspruch auf sie kann *unvertretbar* sein, LAG Bln BB **86**, 1368, LAG Mü BB **94**, 1083, Pallasch 98, 114 (auch bei einstweiliger Verfügung). Die vergleichsweise Pflicht, unter bestimmten Voraussetzungen einem Mitarbeiter oder Vertreter zu kündigen, kann *unvertretbar* sein.

S auch Rn 40 „Weiterbeschäftigung".

Arbeitspapiere: Soweit der Arbeitgeber sie bereits vollständig ausgefüllt oder auch nur angeblich an den Mitarbeiter übersandt hat, erfolgt die Vollstreckung nach § 883, LAG Ffm NZA-RR **05**, 381, andernfalls nach *§ 888,* LAG Erfurt BB **01**, 943, LAG Hamm DB **81**, 535.

Auskunft, Einsicht, Rechnungslegung: Sie ist *unvertretbar,* soweit sie nur der Schuldner erbringen kann, BGH MDR **86**, 657, Hamm FamRZ **02**, 103 (je: wegen §§ 1587 e II, 1580 BGB zu Lebzeiten des Verpflichteten), Bre NJW **00**, 964, Hamm NJW **01**, 1871 (je: Erzeugername), Celle RR **05**, 1374, Mü MDR **04**, 399 (je: Pflichtteil, nur im verlangten Umfang). Die Auskunft usw ist auch sonst unvertretbar, BAG NZA **04**, 866, Köln MDR **02**, 294, Nies NZM **99**, 832 (zu § 28 IV WEG). Denn mit jeder Rechnungslegung erklärt der Schuldner deren Richtigkeit und Vollständigkeit. Er muß sie notfalls im Weg einer eidesstattlichen Versicherung zur Offenbarung bekräftigen, LG Kiel DGVZ **83**, 155. Das übersieht Düss ZMR **99**, 426. Wenn der Schuldner die Rechnung gelegt hat, kann er evtl die Beseitigung des Titels fordern, Bbg FamRZ **99**, 111. Wenn der Gläubiger die Rechnungslegung aber als unvollständig angesehen hat, weil der Schuldner angeblich nicht alles geleistet habe, dann kann das Gericht nach § 888 prüfen, ob es den Schuldner anhalten muß, die Rechnung besser und vollständiger zu legen, BGH GRUR **94**, 632, Hbg RR **02**, 1292, Zweibr GRUR **97**, 829. Ein Urteil auf eine Rechnungslegung muß dann aber auch in diese Richtung gehen.

Unerheblich ist, daß streng genommen nur die Abgabe der Erklärung höchstpersönliche Natur hat, nicht auch deren Übermittlung, aM Zweibr FamRZ **00**, 1222 (aber der Erklärende muß für den Gesamtvorgang geradestehen).

Wenn der Gläubiger die *Unrichtigkeit* der abgelegten Rechnung behauptet, dann muß er eine entsprechende Klage erheben. Der Rechnungspflichtige braucht die zugehörigen Belege dem Anwalt des Gegners nicht zu treuen Händen zu überlassen, BayObLG **88**, 417, Zweibr RR **98**, 714, aM Köln RR **96**, 382. Vgl auch § 132 IV 2 AktG. Der Schuldner darf und muß notfalls eine Hilfskraft zuziehen, BayObLG **88**, 417 (Sachverständiger, der nicht alle Erkenntnisse preisgeben darf, Ffm BB **96**, 2433 (Sozius ohne EDV-Paßwort und ohne Mitwirkung der anderen, Karlsr RR **02**, 220. Notfalls muß er ohne die Hilfskraft so gut wie möglich Auskunft geben, BayObLG NJW **75**, 741. Der Schuldner darf sich nicht mehr nach dem Rückerhalt der erforderlichen Unterlagen auch von Gläubiger auf Unmöglichkeit berufen, Saarbr NZM **99**, 1008. Bei einer zwecks Auskunft erforderlichen Vorlegung kommt § 883 entsprechend in Betracht, § 883 Rn 13, Ffm RR **92**, 171, Köln DGVZ **88**, 41, aM Mü RR **94**, 724 (nicht vollstreckbar).

Vgl Rn 38 „Vermieter", Rn 39 „Versorgungsausgleich", „Vorlegung".

Bankbürgschaft: Rn 36 „Sicherheitsleistung".

Baumangel: Rn 28 „Handwerksmäßige Leistung".

Beendigung der Zuwiderhandlung: Sie macht § 888 unanwendbar, Karlsr RR **89**, 190.

Befreiung von einer Schuld, etwa einer Bürgschaft, dazu *Gerhardt,* Der Befreiungsanspruch, 1966; *Görmer,* Die Durchsetzung von Befreiungsansprüchen im zivilprozessualen Erkenntnis- und Vollstreckungsverfahren, 1992:

Sie ist vertretbar, soweit die Schuld der Höhe nach genau feststeht, § 253 Rn 65 „Freistellung", KG MDR **99**, 118, Saarbr FamRZ **99**, 110, Stgt JB **98**, 324, und soweit auch ein Dritter sie gleichwertig erfüllen kann, BGH JR **83**, 499, BAG KTS **76**, 143, Hamm DB **84**, 1824. Zur Durchsetzung Köln FamRZ **05**, 471 (auch zu den Grenzen), Rimmelspacher JR **76**, 183.

Beglaubigung, öffentliche, einer Urkunde des Schuldners: Sie ist *unvertretbar,* BayObLG **97**, 91.

Bilanzierung: Sie ist vertretbar, wenn ein Sachverständiger die Bilanz anhand der Geschäftsbücher und Geschäftspapiere zuverlässig fertigen kann.

Sie ist jedoch *unvertretbar,* wenn der Unternehmer mitwirken muß, Köln VersR **97**, 723, Zweibr JB **98**, 105.

Buchauszug: Die Erteilung eines Buchauszugs ist vertretbar. Denn jeder Buchsachverständige, der die Unterlagen einsieht, kann einen brauchbaren Buchauszug fertigen, Düss MDR **00**, 168, Kblz MDR **94**, 199, Köln VersR **04**, 1414. Bei einem Handelsvertreter werden die Ersatzvornahme seines Anspruchs auf die Erteilung eines Buchauszugs und die Mitteilung der näheren Vertragsumstände nach § 87 c II und III HGB zwar nicht durch das Recht auf die eigene Bucheinsicht oder durch die Vornahme durch einen Wirtschaftsprüfer oder einen vereidigten Buchsachverständigen nach § 87 c IV HGB ausgeschlossen. Jedoch erfolgt eine Ersatzvornahme nicht schon wegen eines jeden Mangels des bereits erteilten Auszugs. Sie erfolgt vielmehr erst dann, wenn der erteilte Auszug gänzlich unbrauchbar ist, Mü RR **88**, 290, Nürnb JB **98**, 666. Das muß der Gläubiger darlegen, Köln VersR **04**, 1415. Zur Beweislast vgl freilich Rn 5.

§ 887

Das Vollstreckungsgericht prüft, ob der Auszug völlig *unbrauchbar* ist, Zweibr MDR **86**, 1034. Insofern findet also kein Verfahren nach § 767 statt. Die erforderlichen Auskünfte nach § 87 c III HGB sind grds schon im Urteil näher benannt worden. Der Kläger muß sie aber spätestens zu Beginn der Zwangsvollstreckung bestimmen. Denn das Gericht müßte den Antrag sonst mangels Bestimmtheit zurückweisen.
Bürgschaft: Rn 36 „Sicherheitsleistung".

24 **Dienste:** Dienste höherer Art sind *unvertretbar*. Andere Dienste sind regelmäßig vertretbar, etwa: Eine Transportleistung; ein Beheizen, Dietrich (Üb vor § 883) 133, aM Peters ZZP **91**, 340 (§ 890); das Beleuchten; der Abbruch eines Behelfsheims. In diesem Fall findet regelmäßig § 887 Anwendung. Vgl § 888 Rn 22, auch wegen des Beschäftigungsanspruchs.
Duldung: § 890, AG Peine DGVZ **99**, 140.
Drucklegung: Sie ist dann vertretbar, wenn sie keine Einbuße in ihrem Wesen erleidet, falls sie ein anderer Verlag vornimmt. So muß man auch im Zweifel verfahren, Rn 6. Die Befreiung eines Gesamtschuldners vom Befreiungsanspruch des anderen ist vertretbar, Rn 27 „Gegendarstellung".
Andernfalls handelt es sich um eine *unvertretbare* Handlung.

25 **Einsicht und Auskunft** wegen einer Gehaltsliste: Sie sind *unvertretbar*. Wegen der Einsicht in Geschäftsunterlagen usw § 883 Rn 16.
S auch Rn 20 „Akteneinsicht".
Eintragung ins Grundbuch: Die Bewirkung ist vertretbar.
Einzelhandelsgeschäft: Sein Betrieb ist vertretbar, aM ThP § 888 Rn 2 (aber jeder andere Tüchtige hat dieselbe Chance). Vgl aber auch § 893.
Entfernung: Die Entfernung eines Gegenstands, zB aus einem Geschäftsraum oder eines Pkw, ist vertretbar, AG Erkelenz DGVZ **94**, 13, AG Wuppert DGVZ **98**, 159.
Erbvertrag: § 888 Rn 22.

26 **Fernsehen:** Rn 35 „Rundfunk".
Freistellungsanspruch: Rn 22 „Befreiung von einer Schuld".
Fristeinhaltung: Vgl §§ 510 b, 888 a (§§ 887–888 sind dann unanwendbar).

27 **Gaststätte:** Ihr Betrieb ist oft *unvertretbar*, aM Düss RR **97**, 648 (§ 890), Naumb RR **98**, 873 (weder § 887 noch § 888), Peters ZMR **99**, 371 (§ 890. Aber es kommt auf den Stil des Chefs an).
Gegendarstellung: Der Abdruck ist *unvertretbar*, LG Ffm RR **88**, 1022.
Geistige Leistung: Die geistige, künstlerische, wissenschaftliche, schriftstellerische Leistung ist regelmäßig *unvertretbar*. Das übersieht LG Erfurt RR **98**, 428. Eine geistige Leistung kann aber dann vertretbar sein, wenn genügend sachlich oder allgemein gebildete Personen zur Leistung vorhanden sind. Das kann zB je nach der Sachlage auch dann gelten, wenn es etwa um die Inhaltsangabe eines wissenschaftlichen Werks oder um die Anfertigung eines Sachregisters oder eines Warenverzeichnisses geht. Die Übersetzung einer Urkunde ist vertretbar. Die Tätigkeit des Verlegers kann vertretbar sein, Schneider MDR **75**, 279.
Sie kann auch nach den Gesamtumständen *unvertretbar* sein. Die Übersetzung eines Werks ist *unvertretbar*, § 888 Rn 6, 7. § 888 kann auch zB in folgender Lage unanwendbar sein: Es geht darum, daß mehrere zusammen leisten müssen, daß die Zwangsvollstreckung nur gegen einen einzelnen geht und daß die anderen ihre Mitwirkung verweigern; es geht darum, daß besondere Fähigkeiten notwendig sind. Denn dann läßt sich nicht feststellen, daß sie der Schuldner gerade jetzt oder überhaupt hat. Ein Schriftsteller oder ein Tonsetzer kann zB nicht jederzeit auf Verlangen ein bedeutendes Werk schreiben; es geht um die Aufführung einer Oper an einer bestimmten Bühne.
Geschäftsbetrieb: Die Pflicht zu seiner Vornahme kann *unvertretbar* sein, selbst wenn man dazu zB Lieferantenverträge abschließen muß, Celle RR **96**, 585.
Gesellschaft: Die Ermittlung des Auseinandersetzungsguthabens ist vertretbar, Köln RR **03**, 33.
Grunddienstbarkeit: Ihre Beseitigung ist unvertretbar, wenn die nötige Summe nicht feststeht, Stgt MDR **05**, 777.

28 **Handwerksmäßige Leistung:** Eine solche Leistung ist vertretbar, wenn sie keine besondere geistige oder körperliche Befähigung verlangt. Das gilt im allgemeinen für die Arbeit eines Handwerkers, KG WoM **02**, 692 (Feuchtigkeit), Stgt RR **99**, 792 (Schallschutz), AG Hbg-Altona ZMR **03**, 962 (Rückbau). Vertretbar ist ferner eine gärtnerische Arbeit, auch wenn sie der Grundeigentümer durchführen kann oder soll, Karlsr OLGZ **91**, 450, Zweibr JB **82**, 939, AG Mönchengladb DGVZ **98**, 92. Vertretbar ist auch eine handwerksmäßige Leistung, etwa am Bau oder im Haus, LG Mü NZM **04**, 280, Stgt RR **99**, 792, auf Grund eines Werk(lieferungs)vertrags, BGH NJW **93**, 1395, Quadbeck MDR **00**, 574, oder auf Grund eines Mietvertrags, LG Bln WoM **94**, 552 (selbst wenn mehrere technische Durchführungsarten möglich sind). Das gilt zB bei einer Schönheitsreparatur, AG Hbg-Altona WoM **00**, 419, Hummel ZMR **90**, 366, oder auf Grund eines Dienstvertrags. Das gilt auch dann, wenn ein Sachverständiger mitwirken muß. § 888 II betrifft nur unvertretbare Dienstleistungen. Die Errichtung eines schlüsselfertigen Hauses durch einen Architekten kann eine vertretbare Handlung sein. Dasselbe gilt für die Herstellung einer Straße. Soweit eine an sich vertretbare Handlung gegen den früheren Eigentümer einer Wohnung zu vollstrecken ist, deren neuer Eigentümer sich mit dem bestehenden Mieter nicht einverstanden ist, kann § 888 anwendbar sein, § 888 Rn 3, BayObLG **88**, 442, LG Mü NZM **04**, 279 (auch zu den Grenzen).
Haustier, Beseitigung: Die Handlung ist im allgemeinen vertretbar und nur *unter besonderen Umständen unvertretbar*, LG Hbg ZMR **85**, 303, AG Meschede DGVZ **97**, 91. Eine Verurteilung zur „Verhinderung von Geruchsbelästigungen" kann besonders dann nach § 888 (und nicht nach § 890) vollstreckbar sein, wenn die Urteilsgründe von einer „Störungsbeseitigung" sprechen, Mü OLGZ **82**, 101.
Herausgabe: § 883 Rn 6–11. §§ 887 oder 888 sind jedenfalls beim Zusammentreffen von Herausgabe- und Handlungspflicht anwendbar, Zweibr JB **01**, 48.
Hinterlegung von Geld: Sie ist vertretbar, Rn 3.
Sie ist aber wegen der Berechnung dann *unvertretbar*, wenn der Betrag nicht ziffernmäßig feststeht. Das kann zB bei dem Erlös aus der Aberntung eines Ackers der Fall sein.

29 **Immission:** Rn 43 „Zuführung".

zur Erwirkung der Herausgabe von Sachen usw. **§ 887**

Instandsetzung: Rn 38 „Vermieter".
Internet: Der Antrag auf Freigabe eines Domain-Namens läßt sich nicht nach § 894 vollstrecken, sondern geht auf Vornahme einer Handlung, Nürnb JB **00**, 318, und zwar wohl durchweg einer *unvertretbaren*.
Kaufverpflichtung nach einer Liste: Sie ist vertretbar, Köln MDR **75**, 586.
Klage: Ihre Erhebung und Durchführung ist *unvertretbar*.
Komplexe Handlungen: Wen bei ihnen mehrere zusammenwirken müssen und Eingriffe in sonstige Rechtsgüter unvermeidbar sind, kann schon deshalb eine *Unvertretbarkeit* vorliegen, Mü RR **92**, 768.
Kontoüberziehung: Die Ausnutzung des Anspruchs auf eine Überziehung des Kreditrahmens ist *unvertretbar*, Grunsky ZZP **95**, 280.
Kraftfahrzeug-Serviceheft: Auf seine Herausgabe durch den Verkäufer ist § 887 anwendbar, AG Dülmen MDR **01**, 715.
Lieferung von elektrischer Kraft und dgl: Sie ist vertretbar.
Lohnabrechnung: Sie ist grds vertretbar, LAG Köln MDR **91**, 651.
  Unvertretbar ist sie nur beim Kleinstbetrieb, der nur flüchtige Notizen als Unterlagen hat, LAG Hamm DB **83**, 2257.
Löschung der Hypothek oder Grundschuld eines Dritten: Sie ist vertretbar, Düss MDR **80**, 410. Die Beibringung einer Löschungsbewilligung ist allenfalls nach § 887 vollstreckbar, Naumb JB **03**, 51 (oft auch so nicht).
Mieter: Rn 28 „Handwerksmäßige Leistung", Rn 38 „Vermieter".
Mitwirkung: Sie kann *unvertretbar* sein, KG FamRZ **84**, 1122, LG Zweibr MDR **76**, 145 (Steuerklasse). Wenn ein Dritter mitwirken muß, dann ist die Leistung für den Schuldner im allgemeinen unvertretbar. Das gilt zB dann, wenn die Leistung ausschließlich vom Willen des Schuldners abhängt. Wenn der Dritte nicht zur Mitwirkung verpflichtet und auch nicht dazu bereit ist, dann ist auch § 888 unanwendbar, Ffm JB Rn 3, Ffm MDR **83**, 141. Der Schuldner muß den Ausfall des Dritten behaupten, Schilken JR **76**, 322. Ein herauszugebendes Kind ist kein Dritter (wegen der derzeitigen rechtlichen Behandlung § 883 Rn 16). Das gilt auch dann, wenn der Schuldner seine Mitwirkung durch einen Prozeß erzwingen kann, Schilken JR **76**, 320. Etwas anderes gilt dann, wenn der Dritte eine Behörde ist, die den Amtspflicht zu einer Mitwirkung hat.
Nachbarrecht: Rn 37 „Überbau, Überhang, Überwuchs", „Unterlassung".
Nachbesserung: Rn 28 „Handwerksmäßige Leistung".
Nachlaßverzeichnis, Herstellung: Sie ist *unvertretbar*, Hamm JMBl NRW **77**, 67. Dasselbe gilt für eine Urkundenvorlage an den Pflichtteilsberechtigten, BGH NJW **75**, 1777.
Namensrecht: Die Verpflichtung, den früheren Familiennamen wieder anzunehmen, ist *unvertretbar*. Das gilt auch vergleichsweise bei der Scheidung.
S auch Rn 21 „Auskunft, Einsicht, Rechnungslegung".
Nebenkostenabrechnung: Rn 38 „Vermieter".
Person, Entfernung: S zunächst § 885 Rn 9–17. Im übrigen ist sie *unvertretbar*.
Presse: Rn 24 „Drucklegung", Rn 27 „Gegendarstellung".
Postfiliale: Ihr Betrieb ist nach § 888 vollstreckbar, LG Mainz RR **01**, 637.
Provisionsabrechnung: Sie ist durchweg vertretbar, Köln MDR **95**, 1065, LAG Hamm DB **83**, 2257.
  Sie kann aber ausnahmsweise *unvertretbar* sein, Zweibr JB **98**, 327.
Prozeß: Die Einleitung und die Führung des Rechtsstreits sind wegen der grundlegenden Bedeutung der persönlichen Einwirkung grds *unvertretbar* und nur im Einzelfall ausnahmsweise vertretbar.
Räumung: Vertretbar ist die Beseitigung von Bauwerken, Anpflanzungen usw, BGH JB **04**, 446.
  Zur Räumung kann zB eine *unvertretbare* Betriebsabwicklung gehören und der eigentlichen Räumung vorausgehen müssen, LG Gött DGVZ **02**, 120.
Rechnungslegung: Rn 21 „Auskunft".
Rechtsgeschäft: Rn 41 „Willenserklärung".
Reparatur: Rn 28 „Handwerksmäßige Leistung".
Rundfunk: Die Ausstrahlung eines Werbespots ist *unvertretbar*, LG Hann NJW **94**, 2237.
Sachverständiger: Seine Leistung ist grds vertretbar, weil er auswechselbar ist, Hamm JMBl NRW **77**, 67. Seine Leistung kann bei ungewöhnlichen Fachkenntnissen *unvertretbar* sein.
Schönheitsreparatur: Rn 28 „Handwerksmäßige Leistung".
Sicherheitsleistung: Die Verpflichtung zur Leistung einer Sicherheit, zB durch eine Bankbürgschaft usw, ist vertretbar, Düss FamRZ **84**, 704, Hbg FamRZ **82**, 284, Karlsr MDR **91**, 454, 169, aM Schmidt MDR **89**, 1068 (aber jedes Kreditinstitut im Sinn von § 108 I 2 kommt als Bürge infrage). Das Gericht darf und muß den Schuldner ist auch verurteilen, diejenigen Kosten vorauszuzahlen, die der Gläubiger aufwenden muß, um seinerseits die von der Bank verlangte Sicherheit zu erbringen, Köln MDR **89**, 169. Nach einer Sicherheitsleistung nach § 232 BGB darf der Gläubiger sofort aus einer Bürgschaft vollstrecken. Denn § 232 I BGB dient nur seinem Schutz, Zweibr MDR **86**, 1034. Zu den Kosten gehört die Vergütung des Bürgen.
S auch Rn 39 „Versorgungsausgleich".
Sperrung von Energiezufuhr usw: Sie ist eine vertretbare Handlung, LG Mainz DGVZ **02**, 138.
Stellplatzverpflichtung: Eine Ablösepflicht nach einer LBauO ist vertretbar, wenn der Gläubiger eine öffentlichrechtliche entsprechende Baulast übernommen hat, Zweibr OLGZ **92**, 79.
Steuererklärung, Steuerkarte: Die Mitwirkung des anderen Ehegatten ist *meist unvertretbar*, LG Zweibr MDR **76**, 145. Freilich ist grds der vorrangige § 894 anwendbar, Ffm FamRZ **89**, 1321. Einzelheiten Tiedtke FamRZ **77**, 689. Eine Eintragung in einer Steuer- oder Versicherungskarte ist grds vertretbar, aM LAG Düss MDR **90**, 1044.
Überbau, Überhang, Überwuchs: Seine Beseitigung ist vertretbar, BGH NZM **04**, 154, Karlsr OLGZ **91**, 450, Köln NJW **85**, 274.
Umgangsrecht: Es ist *unvertretbar*, Kblz FamRZ **78**, 605, Zweibr FamRZ **79**, 842.
Unterhaltsleistung: Sie ist bei Erfüllung durch Geldzahlung stets, bei Erfüllung durch Naturalleistung meist vertretbar, Hbg FamRZ **83**, 212, aM BayObLG **96**, 132. Es kommt ganz auf die Einzelfallumstände an.

§ 887

Unterlassung: Eine Unterlassungspflicht muß man auch dann nach § 890 vollstrecken, wenn der Schuldner dazu etwas tun muß, wenn er zB Maßnahmen gegenüber einem Dritten ergreifen muß, BayObLG NZM **99**, 769, Kblz ZMR **99**, 253, Köln OLGZ **94**, 602.
Unterzeichnung eines Wechsels und dgl: Sie ist *unvertretbar*.
Urkunde: Rn 21 „Auskunft", Rn 39 „Vorlegung".
Urteil: Die Veröffentlichung eines Urteils gegen den Bekl ist seinerseits *unvertretbar*.

38 **Veräußerungsverpflichtung:** Sie ist *unvertretbar*. Denn man muß die Bedingungen im einzelnen aushandeln und muß einen Kaufvertrag abschließen.
Vermieter, Handlungen des: Grundsätzlich muß man bei einer Notwendigkeit der Mitwirkung eines Dritten § *888* anwenden, Hamm WoM **96**, 568, KG ZMR **90**, 338, Köln MDR **03**, 114.

Ein zugehöriger Auskunftsanspruch gerade gegen den Vermieter auf Offenlegung der Unterlagen ist *unvertretbar*, LG Wuppert WoM **02**, 273. Denn diese Unterlagen besitzt meist nur der Vermieter. Meist ergibt sich daher für den Erstellungsanspruch doch nur eine Vollstreckbarkeit nach § *888*. Eine an sich vertretbare Handlung kann dadurch *unvertretbar* werden, daß der Schuldner die Fläche an einen Dritten vermietet oder ihm sonstwie überlassen hat, BayObLG NZM **00**, 304 links, Köln NZM **00**, 1019, LG Gött DGVZ **02**, 120. Die Vorschrift gilt auch bei verbotener Raumüberlassung an einen Dritten statt an den Mieter, LG Bln WoM **95**, 123. Das Gebot dafür zu sorgen, daß ein Mieter seine Arzttätigkeit zwecks Konkurrenzschutz eines anderen Mieters begrenze, ist unvertretbar, BGH RR **96**, 460.

Das *Inbetriebsetzen* des Fahrstuhls, der Licht- oder der Staubsaugeranlage ist vertretbar. Dasselbe gilt bei der Treppenhausreinigung, aM LG Bln WoM **94**, 552 rechts (aber das kann nun wirklich nicht jeder tun), oder bei der Verhinderung bzw Beseitigung von Feuchtigkeitsschäden, Drsd WoM **02**, 34, Ffm RR **90**, 20. Wegen einer WEG in solchem Fall Rn 4. Die Instandsetzung und der Betrieb der Sammelheizung sind grds vertretbar, aM Hamm WoM **96**, 568 (Vermieter einer Eigentumswohnung), LG Bln WoM **94**, 552 (auch bei mehreren Arten von Durchführungsmöglichkeiten), ZöStö 3 (sie wenden zum Teil § *888*, zum Teil § 890 an, weil eine Dauerverpflichtung vorliege und weil mit dieser Dauerverpflichtung die Schwierigkeiten der Wartung zusammenhingen. Damit verkehrt man aber den § 890 in sein Gegenteil. Denn die Maschinerie dieser Vorschrift arbeitet viel zu langsam, und der Gläubiger wird hier der Dauerschikane des Schuldners überantwortet, während er nach § 887 selbst energisch eingreifen könnte. Der Schuldner muß sich die entstehenden Mehrkosten selbst zuschreiben).

Der Gerichtsvollzieher bricht einen *Widerstand des Schuldners* beim Betreten des Grundstücks, Rn 9. Es ist aber auch möglich, nach § 890 vorzugehen, um den Vermieter zu veranlassen, seinen Widerstand gegen das Betreten und evtl gegen das Offenhalten der fraglichen Räume aufzugeben. Eine Nebenkostenabrechnung ist wohl *meist unvertretbar*, Brschw NZM **99**, 752, LG Kiel WoM **96**, 632, LG Saarbr WoM **87**, 234, aM Rostock NZM **03**, 40, LG Münst ZMR **00**, 227, LG Wuppertal ZMR **01**, 200 (aber nur der Vermieter kann praktisch zuverlässig alle erforderlichen Angaben machen, auch zB zu anderen Wohnungen im Haus, deren Daten nicht einfach einem Dritten zugänglich werden sollten).

Vernichtung: Die Vernichtung einer schutzrechtsverletzenden Ware ist vertretbar, Retzer Festschrift für Piper (1996) 437.
Versicherungsrecht: Die Benennung des Begünstigten einer Lebensversicherung ist *unvertretbar*, Köln MDR **75**, 586. Wegen der Eintragung in einer Versicherungskarte Rn 36 „Steuererklärung, Steuerkarte".

39 **Versorgungsausgleich:** Die Zwangsvollstreckung aus einem Beschluß des Familiengerichts betreffend eine Auskunft über die Voraussetzungen des Versorgungsausgleichs erfolgt wegen § 53 g III FGG nach der ZPO, und zwar nach § *888,* Ffm (3. FamS) FamRZ **80**, 899 und (1. FamS) FamRZ **81**, 181, Hamm FamRZ **80**, 899, aM Ffm (4. FamS) FamRZ **80**, 266. Der Anspruch auf eine Sicherheitsleistung nach § 1389 BGB ist nach § 887 vollstreckbar, Düss FamRZ **84**, 704. Der durch die Ausübung des Wahlrechts des Gläubigers entstandene Anspruch auf Hinterlegung von Geld ist sodann wie eine Geldforderung vollstreckbar, Grdz 3 vor § 803, Düss FamRZ **84**, 704.
Versorgungsleistung: Der Anspruch auf sie ist vertretbar, AG Flensb WoM **04**, 32.
Vertrag: Sein schriftlicher Abschluß ist *unvertretbar*, BayObLG NZM **01**, 675 (WEG), Bbg MDR **83**, 499. Allerdings kann auch § 888 unanwendbar sein, § 888 Rn 1, ferner oben Rn 30 „Kaufverpflichtung", unten Rn 41 „Willenserklärung", auch wegen der Vollmacht. Vgl auch § 893, Bbg MDR **83**, 500.
Vollmacht: Rn 41 „Willenserklärung".
Vorlegung: Sie ist zwar grds entsprechend § 883 vollstreckbar, Köln DGVZ **88**, 41, aM Mü RR **94**, 724 (nicht vollstreckbar –?–). Sie kann aber im Rahmen einer Pflicht zur Auskunft und Rechnungslegung nach § 888 *unvertretbar* sein, Rn 21, etwa bei Übersendung von Belegen, Brdb JB **03**, 612 (der Vollstreckungstitel muß ergeben, was der Schuldner vorlegen soll), Düss MDR **01**, 772, Köln RR **96**, 382.

40 **Wechsel:** Seine Ausstellung ist *unvertretbar*.
Weiterbeschäftigung: Die Vollstreckung des Anspruchs auf die Weiterbeschäftigung ist nach § *888* statthaft, jedoch naturgemäß nur bis zur Rechtskraft, LAG Köln DB **88**, 660, und nicht bei Unmöglichkeit, LAG Kiel NZA-RR **04**, 408, LAG Köln MDR **99**, 303. Letzteres muß der Arbeitgeber überzeugend darlegen, LAG Kiel NZA-RR **04**, 408. „Weiterbeschäftigung als Lagerleiter" kann vollstreckungsunfähig unscharf sein, LAG Mainz MDR **05**, 1060.

S auch Rn 20 „Arbeitsleistung".
Wertermittlung: Rn 43 „Zugewinnausgleich".
Widerruf: Er ist *unvertretbar*, die Zwangsvollstreckung erfolgt nach § 888 und nicht nach § 894, BVerfG NJW **70**, 652, Ffm (16. ZS) MDR **98**, 986, ThP § 894 Rn 5, aM Ffm (13. ZS) NJW **82**, 113, Hamm OLGZ **92**, 66, ZöStö § 894 Rn 2 (aber Erforderlichkeit und Zumutbarkeit müssen nach I prüfbar sein).

41 **Willenserklärung:** Es kann der vorrangige § 894 anwendbar sein, zB bei der Zustimmung zu einer Zusammenveranlagung zur Steuer, Ffm FamRZ **89**, 1321. Im übrigen ist ihre Abgabe oder Entgegennahme vertretbar, wenn die Parteien auf den Inhalt überhaupt keinen oder nahezu keinen Einfluß haben, Köln MDR **75**, 586.

zur Erwirkung der Herausgabe von Sachen usw. **§§ 887, 888**

Auch kann § 888 anwendbar sein, BGH NJW **95**, 464 (Vollmacht nur auf eine noch auszuwählende Person), Karlsr Rpfleger **05**, 95, Kblz DGVZ **86**, 138, aM StJM 13. Andernfalls ist eine neue Klage erforderlich, aM Köln MDR **75**, 586, ZöStö 3 (Abnahme der Kaufsache).

Beispiel: Eine Auflassung, auch an einen Sequester, aM Köln MDR **75**, 586.

Eine richterliche *Ermächtigung* ersetzt die fehlende Befugnis. Der Umstand, daß zur Abgabe der Willenserklärung eine Vollmacht des Schuldners erforderlich ist, macht die Abgabe nicht zu einer unvertretbaren Handlung. Die Ermächtigung ersetzt auch die Vollmacht, aM StJM 13, ZöStö 2 (aber dadurch ändert sich nicht ihre Rechtsnatur). Das gilt bei der Verschaffung des Eigentums, wenn der Eigentümer zur Veräußerung an den Gläubiger unter angemessenen Bedingungen bereit ist. Vgl aber § 894 Rn 1, 2. Die Anpassung einer betrieblichen Altersversorgung muß durch ein Urteil geschehen, BAG DB **77**, 117, aM Lieb/Westhoff DB **76**, 1971 (es handle sich um eine unvertretbare Handlung).

S auch Rn 38 „Versicherungsvertrag".

Wohnungszuweisung: § 885 Rn 7. Die Vollstreckung einer einstweiligen Anordnung auf Überlassung der Ehewohnung erfolgt nach § *888*, LG Aachen DGVZ **94**, 175.

Zeugnis: Seine Ausstellung ist *unvertretbar*, BAG MDR **04**, 1425, LAG Düss NZA-RR **04**, 206, LAG Ffm **42** NZA-RR **04**, 382. Zu der Frage, ob eine Zwangsvollstreckung möglich ist oder ob eine neue Klage erforderlich ist, LAG Ffm NZA-RR **04**, 382.

Zuführung (Immission): Der Gläubiger muß in seinem Antrag diejenigen Maßnahmen genau angeben, die **43** der Schuldner vornehmen soll, sofern diese Maßnahmen nicht schon durch das Urteil festgelegt wurden, ZöStö 2, aM Düss RR **88**, 63. Die Zwangsvollstreckung erfolgt je nach der Sachlage entweder nach § 887, Düss MDR **77**, 931, Hamm MDR **83**, 850 (nur nach dieser Vorschrift), oder nach § *888*, Düss RR **88**, 63. Sie erfolgt grds jedoch nicht nach § 890, Ffm Rpfleger **75**, 445 (betreffend eine Untätigkeit des Schuldners gegenüber einer Beseitigungspflicht), Saarbr MDR **00**, 784, aM Düss OLGZ **76**, 378 (aber es kommt auf die Gesamtumstände an).

§ 890 gilt aber zB im Fall einer Verpflichtung zur Unterlassung eines vermeidbaren ruhestörenden Lärms, auch durch quakende Frösche, LG Lüneb RR **86**, 502. Wer den Rechtsfrieden gebrochen hat, der darf nicht dem Geschädigten die oft unmögliche Aufgabe zumuten, im einzelnen aufzuzeigen, wie der Schaden beseitigt werden soll. Oft weiß nur der Schuldner den richtigen Weg. Das gilt etwa dann, wenn es um eine große Fabrik mit verwickelten technischen Einrichtungen geht. Die Beseitigung von Zuführungen wird noch nicht dadurch zu einer unvertretbaren Handlung, daß der Gläubiger und seine Hilfspersonen das Grundstück des Schuldners betreten müssen, um die erforderlichen Maßnahmen zu treffen. Notfalls gilt § 892. Wenn es sich allerdings um größere Änderungen handelt, die den ganzen Betrieb oder wesentliche Teile betreffen, dann ist doch wieder § *888* anwendbar.

Zugewinnausgleich: Der Anspruch aus § 1379 I 2 BGB ist nach § 887 vollstreckbar, Bbg FamRZ **99**, 312.

Zug-um-Zug-Leistung: Soweit sie vertretbar ist, muß der Schuldner im Fall der Verweigerung, zB einer Nachbesserung, die Vollstreckung nach § 887 dulden, soweit der Gläubiger die Gegenleistung nach § 756 anbietet, BGH **90**, 360.

Zutritt: Eine Sperrung der Zufahrt auf dem Schuldnergrundstück ist vertretbar, Bbg DGVZ **99**, 136.

Zutritt zu einem bewohnten Haus ist meist *unvertretbar*, Zweibr JB **04**, 160.

S auch Rn 38 „Vermieter" und Rn 6.

9) VwGO: Entsprechend anwendbar iRv Üb § 883 Rn 7, vgl VGH Mü NVwZ **01**, 822 mwN, VGH Mannh **44** VBlBW **98**, 105, OVG Münst NVwZ-RR **96**, 126 u NVwZ **92**, 897, OVG Kblz DVBl **86**, 288, *bei der Vollstreckung zugunsten eines Privaten,* OVG Lüneb AS **31**, 491 *(bei Vollstreckung zugunsten der öffentlichen Hand gilt § 169 VwGO,* dazu OVG Lüneb NdsRpfl **91**, 98). *Der Erfüllungseinwand des Schuldners ist nur beachtlich, wenn die Erfüllung unstreitig oder durch Urkunden iS des § 775 Nr 4 nachgewiesen ist,* VGH Kassel NVwZ-RR **04**, 796, str, sonst gilt § 767 iVm § 167 I 1 VwGO.

888 *Nicht vertretbare Handlungen.* ¹¹ Kann eine Handlung durch einen Dritten nicht vorgenommen werden, so ist, wenn sie ausschließlich von dem Willen des Schuldners abhängt, auf Antrag von dem Prozessgericht des ersten Rechtszuges zu erkennen, dass der Schuldner zur Vornahme der Handlung durch Zwangsgeld und für den Fall, dass dieses nicht beigetrieben werden kann, durch Zwangshaft oder durch Zwangshaft anzuhalten sei. ² Das einzelne Zwangsgeld darf den Betrag von 25 000 Euro nicht übersteigen. ³ Für die Zwangshaft gelten die Vorschriften des Vierten Abschnitts über die Haft entsprechend.

II Eine Androhung der Zwangsmittel findet nicht statt.

III Diese Vorschriften kommen im Falle der Verurteilung zur Eingehung einer Ehe, im Falle der Verurteilung zur Herstellung des ehelichen Lebens und im Falle der Verurteilung zur Leistung von Diensten aus einem Dienstvertrag nicht zur Anwendung.

Schrifttum: *Bier,* „Willensabhängigkeit" unvertretbarer Handlungen und Beugezwang (§ 888 Abs. 1 ZPO), Diss Bonn 1987; *Brückner,* Die Vollstreckbarkeit des Auskunftsanspruchs des Kindes gegen seine Mutter auf Nennung des leiblichen Vaters usw, 2003; *Gerhardt,* Die Handlungsvollstreckung – eine Bestandsaufnahme über Befund und Entwicklungstendenzen, Festgabe *50 Jahre Bundesgerichtshof* (2000) 463; *Peters,* Restriktive Auslegung des § 888 I ZPO?, Gedächtnisschrift für *Bruns* (1980) 285; *Remien,* Rechtsverwirklichung durch Zwangsgeld, 1991 (auch rechtsvergleichend); *Smid,* Zur Dogmatik der Klage auf Schutz des „räumlich gegenständlichen Bereichs" der Ehe usw, 1983; *Suda,* Mitwirkungspflichten des Vollstreckungsschuldners nach dem 8. Buch der ZPO usw, Diss Bonn 2000; *Winter,* Vollzug der Zivilhaft, 1987.

§ 888

Buch 8. Abschnitt 3. Zwangsvollstreckung

Gliederung

1) Systematik, I–III 1	C. Keine Stundung usw 17
2) Regelungszweck, I–III 2	D. Vollstreckung 18
3) Geltungsbereich, I–III 3–7	E. Rechtsbehelfe bei Ablehnung usw 19
A. Abhängigkeit vom Schuldnerwillen 3–6	F. Aufhebung des Titels 20
B. Beispiele zur Frage der Anwendbarkeit ... 7	6) Nicht erzwingbare Handlung, III 21–25
4) Vollstreckung, I, II 8–14	A. Eingehung der Ehe 21
A. Verfahren 8, 9	B. Eheliches Leben 22
B. Entscheidung 10, 11	C. Religiöses Verhalten 23
C. Anhalten: Sogleich Festsetzung 12, 13	D. Unvertretbarer Dienst 24
D. Rechtsbehelfe bei Festsetzung 14	E. Sonstige Fälle 25
5) Zwangsmittel, I, II 15–20	7) Zulässigkeit der Verurteilung, III 26
A. Allgemeines 15	8) *VwGO* 27
B. Keine Schuldprüfung 16	

1 **1) Systematik, I–III.** Vgl zunächst § 887 Rn 1. Das Verfahren nach § 888 ist ein selbständiges Nebenverfahren, BayObLG DB **96**, 977.

2 **2) Regelungszweck, I–III.** Vgl zunächst § 887 Rn 2. Der Schuldner soll dazu veranlaßt werden, die Handlung, etwa die Auskunft, vollständig und ernsthaft vorzunehmen, Ffm GRUR-RR **02**, 120 (die Überprüfung der Richtigkeit und Vollständigkeit ist aber nicht Aufgabe des Gerichts). Auch hier gilt zur richtigen Einordnung das Gebot der Konzentration auf den Kern und auf das Wesentliche der vom Schuldner zu erbringenden Leistung. Die Höhe eines Zwangsmittels kann gerade bei einer unvertretbaren Leistung ein Druck sein. Er kann erst recht zur Lähmung der Schaffenskraft führen. Der Gläubiger will die Handlung. Das Zwangsgeld bekommt ohnehin nicht er, sondern der Staat. Freilich mag ein Star einen zu geringen Betrag aus der Portokasse zahlen können. Das Gericht hat also auch hier eine Aufgabe, die oft mehr Mühe erfordert als allgemein üblich. III ist als Sondervorschrift eng auslegbar, vgl aber Rn 21.

3 **3) Geltungsbereich, I–III.** Die Vorschrift gilt wegen § 869 Rn 1, 2 auch zB gegenüber dem Zwangsverwalter. Die Abgrenzung zwischen §§ 887, 888 ist im übrigen schwierig. Sie ist aber unentbehrlich.

A. Abhängigkeit vom Schuldnerwillen. § 888 setzt eine Handlung des Schuldners voraus, die im Zeitpunkt eines Beschlusses nach I ausschließlich vom Willen des Schuldners abhängt, Düss FamRZ **03**, 830, Kblz FamRZ **03**, 1486, Naumb JB **03**, 51. Es muß sich um eine Maßnahme handeln, die ein Dritter bei vernünftiger Betrachtung nicht vornehmen kann oder darf, jedenfalls nicht so, wie es dem Schuldner möglich ist, Naumb RR **98**, 874, Zweibr JB **01**, 48. Wegen des bei § 888 im Inland auszuübenden Zwanges reicht auch eine im Ausland notwendige unvertretbare Handlung. Die Abgrenzung zwischen einer vertretbaren und einer unvertretbaren Handlung ist schwierig und umstritten, § 887 Rn 4, 20. Der Beugezwang nach I ist sinnvoll und rechtens, solange der Schuldner seine Möglichkeiten nicht ausgeschöpft hat. Die Handlung darf nicht etwa eine Geldzahlung oder eine Hinterlegung oder eine Herausgabe von Personen oder Sachen betreffen, § 887 Rn 1. Die Handlung darf auch nicht etwa auf eine Willenserklärung hinauslaufen, außer wenn der vorrangige § 894 unanwendbar ist, § 887 Rn 41 „Willenserklärung". Es darf sich auch nicht um eine bloße Unterlassung handeln, § 890. Entscheidend ist der Inhalt und nicht die Fassung des Urteils, Mü OLGZ **82**, 102. Man muß ihn durch Auslegung ermitteln, Mü OLGZ **82**, 101, Stgt OLGZ **90**, 354. Ein Zwang ist nur im Rahmen des § 704 vollstreckungsfähig genau sein, Grdz 22, 23 vor § 704, BGH **98**, 129, Karlsr FamRZ **83**, 631, Bbg FamRZ **94**, 1048.

4 Darüber hinaus und auch bei Handlungen, die nicht ausschließlich im Willen des Schuldners liegen, bleibt dem Gläubiger nur übrig, nach § 893 eine *Klage auf das Interesse* zu erheben, etwa im Fall der Verurteilung zum Abschluß eines Vertrags oder bei einer Verurteilung zum Betrieb eines Einzelhandelsgeschäfts. Wenn das Verfahren nach § 888 zur Beseitigung von Zweifeln bei der Urteilsauslegung nicht ausreicht, dann können der Gläubiger sowie der Schuldner eine Feststellungsklage erheben. Soweit das Gericht einen Sachverhalt beurteilen soll, der über die bisherige Verurteilung hinausgeht, ist eine ganz neue Klage erforderlich.

§ 888 ist unanwendbar, wenn es um § 510b geht. Das bestimmt § 888a. § 888 ist ferner unanwendbar, wenn der Vollstreckungstitel trotz der nach Rn 1 statthaften Auslegung, die sich freilich nicht mehr auf die rechtliche Zulässigkeit der fraglichen Handlung erstrecken darf, nicht nach Rn 2 vollstreckungsfähig genau ist, Zweibr FamRZ **04**, 1224, oder wenn die Handlung dem Schuldner schon oder noch unmöglich ist, Celle MDR **98**, 923, Düss FamRZ **00**, 1168, LG Heilbr JB **93**, 175 (strenger Maßstab), oder wenn sie von einem fremden Willen abhängt, wenn also der ernstlich gewollten Vornahme unüberwindliche Hindernisse entgegenstehen, mögen sie auf einem Verschulden des Schuldners beruhen oder nicht, BayObLG **88**, 442, Hamm RR **88**, 1088, LG Hamm WoM **93**, 476, aM ThP 3 (hält § 888 auch bei Unmöglichkeit für gestattet und fordert andere Wege). Der Schuldner muß natürlich alles ihm Zumutbare zur Erfüllung getan haben, Karlsr FamRZ **99**, 1436. Er darf sich nicht nach dem Rückerhalt der erforderlichen Unterlagen auf Unmöglichkeit einer Auskunft berufen, § 887 Rn 21.

5 Der Schuldner muß seine Behauptung darlegen und beweisen, er könne die Handlung im Rahmen des ihm Zumutbaren wirklich *nicht mehr selbst* vornehmen, Brdb FamRZ **98**, 178, KG NZM **02**, 671, Stgt MDR **05**, 777. Dem kann der Gläubiger mit einem Gegenbeweis entgegentreten, Hamm FamRZ **97**, 1095. Der Schuldner kann auch nach § 767 klagen, dort Rn 31 „Unmöglichkeit". Ein zum Abdruck einer Gegendarstellung verurteilter verantwortlicher Redakteur kann aber in dieser Stellung nicht einfach behaupten, er könne den Abdruck mit Rücksicht auf seine Stellung nicht durchsetzen. Ein „Redaktionsschwanz" entwertet die Gegendarstellung und eröffnet eine weitere, LG Ffm RR **88**, 1022.

6 Der Schuldner darf und muß evtl *Hilfskräfte* hinzuziehen, Brdb FamRZ **98**, 179 und 180, Kblz VersR **93**, 379. Er muß ihre Hinzuziehung zumindest versuchen, Ffm RR **92**, 172, Kblz VersR **93**, 379, Köln ZMR **91**, 437. Der Schuldner muß also dann, wenn er über seine Einkommens- und Vermögensverhältnisse eine Auskunft geben muß, einen Sachverständigen hinzuziehen. Er mag auch einen Steuerberater um seine Hilfe

zur Erwirkung der Herausgabe von Sachen usw. **§ 888**

bitten, Hamm FamRZ **97**, 1095, oder das Finanzamt um dessen Hilfe bitten, soweit diese zulässig ist, LG Lahn-Gießen MDR **79**, 64. Wenn die Rechnungslegung davon abhängt, daß ein Dritter Bücher vorlegt, dann kann sich der Gläubiger den Anspruch des Schuldners gegen den Dritten abtreten lassen. Trotzdem kann § 888 in solchen Fällen anwendbar bleiben, Köln BB **81**, 393.

Der *Gläubiger muß* abgesehen von Rn 5 *beweisen,* daß die weiteren Voraussetzungen des § 888 vorliegen, § 887 Rn 5, Hamm FamRZ **97**, 1095, aM Schilken JR **76**, 322 (aber es bleibt bei den allgemeinen Beweisregeln, Anh § 286 Rn 10). § 139 III PatG ist nur insofern anwendbar, als der Schuldner nachvollziehbar darlegen muß, sich korrekt verhalten zu haben, Ffm GRUR-RR **02**, 120. Maßgeblich ist der Zeitpunkt der Zwangsvollstreckung. Der Schuldner muß also auch die geschuldete Handlung unterlassen oder verweigert haben. Das Gericht muß eine Beweiserhebung beschließen, wenn ein Beweis erforderlich war und wenn der zugehörige Beweisantritt vorliegt.

B. Beispiele zur Frage der Anwendbarkeit. Vgl das ABC in § 887 Rn 20 ff. **7**

4) Vollstreckung, I, II. Sie verläuft kompliziert. **8**

A. Verfahren. Vgl zunächst Rn 1. Zuständig ist nach § 802 abweichend von § 764 das Prozeßgericht der ersten Instanz, § 887 Rn 10, KG NJW **91**, 989, Saarbr OLGZ **90**, 486, Schlesw SchlHA **81**, 190. Zuständig ist also das Gericht desjenigen Verfahrens, in dem der Vollstreckungstitel ergangen ist, BGH Rpfleger **80**, 182, BayObLG **88**, 415. In einer Familiensache ist nach §§ 606 ff ist die FamG zuständig, Düss FamRZ **78**, 130, Ffm OLGZ **91**, 340, Saarbr OLGZ **90**, 486. Dabei bedeutet auch eine nicht gehörige Erfüllung eine Nichterfüllung, § 887 Rn 41 „Willenserklärung", Düss GRUR **79**, 276, Hamm RR **92**, 1029. Ein sachlich-rechtlicher Einwand ist im Verfahren nach § 888 unbeachtlich, Köln GRUR **00**, 920, aM Jauernig FamRZ **77**, 763 (aber es liegt Rechtskraft oder doch vorläufige Vollstreckbarkeit vor). Wenn der Einzelrichter den Vollstreckungstitel erlassen hatte, ist er zuständig, (jetzt) §§ 348, 348 a, Ffm MDR **81**, 504. Nach einem FGG-Erkenntnisverfahren ist dennoch grundsätzlich jetzt das ordentliche Gericht zuständig, BayObLG **88**, 415.

Der *Erfüllungseinwand* ist wie bei § 887 Rn 5 zulässig, Köln MDR **03**, 894, LAG Ffm NZA-RR **04**, 382, Schilken (vor § 887 Rn 1). Das Gericht kann beim angeblichen Fehlen der Erfüllung statt einer Verweisung auf den anwendbaren § 767 verweisen, BayObLG NZM **02**, 491, aM Kblz RR **05**, 160. Es kann aber diesen Einwand auch selbst in der Lage des Verfahrens von Amts wegen beachten, § 887 Rn 4, 5, BayObLG NZM **02**, 491, Karlsr RR **02**, 220, Zweibr JB **03**, 494, aM Drsd FamRZ **01**, 178, Mü OLGZ **94**, 486, Reischl JR **97**, 407 (aber ein Verstoß ist Voraussetzung einer Zwangsmaßnahme).

Das Gericht wird nur auf einen *Antrag des Gläubigers* tätig, wie bei § 887 Rn 12. Er braucht weder das **9** Zwangsmittel noch das Zwangsmaß anzugeben, Köln MDR **82**, 589. Ein auch diesbezüglicher „Antrag" ist nur eine Anregung, aM ZöStö 4 (er wendet § 308 I an. Vgl aber Rn 15). Ein Antrag nach „§ 890" läßt sich evtl umdeuten, Mü MDR **03**, 53. Ein Anwaltszwang besteht wie sonst, § 891 Rn 1. Bei einer entsprechenden Anwendung durch das Vollstreckungsgericht nach § 889 II besteht kein Anwaltszwang. Das Verfahren verläuft nach § 891. Die allgemeinen Voraussetzungen der Zwangsvollstreckung nach Grdz 14 vor § 704 müssen vorliegen. Die etwaige Prozeßunfähigkeit des Schuldners nach §§ 51, 52 hindert den Fortgang des Verfahrens nicht. Die Entscheidung ergeht dann gegen den Prozeßunfähigen, vertreten durch seinen gesetzlichen Vertreter, Dietrich Üb vor § 883, 185, Peters ZZP **91**, 341 (evtl ist die Entscheidung also auch gegen einen minderjährigen Schuldner vollstreckbar).

B. Entscheidung. Das Prozeßgericht entscheidet nach freigestellter mündlicher Verhandlung, § 128 IV. **10** Es entscheidet stets durch einen Beschluß, §§ 329, 891 S 1. Es muß den Antrag zurückweisen oder den Schuldner zur Vornahme der Handlung anhalten, Rn 12. Zu diesem Zweck verhängt das Gericht entweder ein Zwangsgeld. Dann muß das Gericht zugleich ersatzweise eine Zwangshaft anordnen, nämlich für den Fall der Nichtbeitreibbarkeit, LAG Ffm DB **93**, 1248, AG Bln-Charlottenb DGVZ **79**, 28, Geißler DGVZ **88**, 20. Oder das Gericht verhängt sogleich eine Zwangshaft, falls nämlich die Anordnung eines Zwangsgelds in der Verbindung mit einer nur ersatzweisen Zwangshaft unzureichend wäre. Welchen dieser Wege das Gericht wählt, steht in seinem pflichtgemäßen Ermessen, Köln MDR **82**, 589. Das Gericht muß seinen Beschluß begründen, § 329 Rn 4. Die Festsetzung kann der Beginn der Zwangsvollstreckung sein, Grdz 51 vor § 704, LG Bln Rpfleger **75**, 374. Auch in diesem Stadium muß ein Rechtsschutzbedürfnis des Gläubigers vorliegen, Grdz 33 vor § 253. Es fehlt dann, wenn sich der Gläubiger selbst helfen kann, etwa nach § 792 und bei einer Wahlschuld. Sogar bei einer solchen Schuldart muß der Gläubiger die Wahl nach § 264 BGB selbst treffen. Eine wiederholte Festsetzung setzt volle Durchführung der bisherigen Zwangsmittel voraus, Brdb FamRZ **98**, 180.

Das Gericht entscheidet über die *Kosten* jetzt wegen § 891 S 3 nach §§ 91 ff. Das gilt auch bei einer **11** Antragsrücknahme und bei einer Zurückweisung. Wert: Anh § 3 Rn 144.

C. Anhalten: Sogleich Festsetzung. Das „Anhalten" darf nicht so erfolgen, daß das Gericht für den **12** Fall des fruchtlosen Fristablaufs die Zwangsmittel nur androht, II. Vielmehr darf und muß das Gericht sofort ein Zwangsmittel festsetzen. Das Verfahren ist nämlich schon schleppend genug, Kblz RR **97**, 1337. Der Schuldner kann die Vollstreckung ja durch seine Erfüllung abwenden, Rn 18.

Das Gericht darf natürlich nicht das *Höchstmaß* festsetzen. Eine Klage auf Rechnungslegung ist unzulässig, wenn das Vollstreckungsgericht den Antrag auf Erzwingung rechtskräftig abgewiesen hat.

Im Festsetzungsbeschluß darf das Gericht evtl eine *Frist zur Vornahme* der Handlung setzen, zB wenn der **13** Schuldner eine angemessene Zeit für eine streitig gewesene Rechnungslegung braucht. Dadurch wahrt das Gericht auch den Verhältnismäßigkeitsgrundsatz, Grdz 34 vor § 704. Ein fälschlich ergangener bloßer Androhungsbeschluß ist nicht in eine Festsetzung umdeutbar.

D. Rechtsbehelfe bei Festsetzung. Der Schuldner kann gegen eine Festsetzung die sofortige Be- **14** schwerde nach §§ 567, 793 I einlegen, Köln RR **03**, 716 (Aussetzung der Vollziehung nur durch Einstellung der Zwangsvollstreckung). Vgl ferner § 893. Kosten: § 97.

§ 888

Gegen eine fälschlich ergangenen bloßen *Androhungsbeschluß* ist ebenfalls die sofortige Beschwerde statthaft.

Gebühren: Des Gerichts § 12 V GKG (Vorauszahlungspflicht), KV 2110; des Anwalts VV 3309, 3310. Wert: § 3 Anh Rn 144.

15   **5) Zwangsmittel, I, II.** Seine Anordnung erfordert große Aufmerksamkeit.

A. Allgemeines. Wenn der Schuldner entweder nicht innerhalb der ihm gesetzten Frist erfüllt hat oder mangels einer solchen Frist nicht innerhalb einer angemessenen Frist, dann muß das Prozeßgericht ein Zwangsmittel festsetzen. Der Gläubiger kann zwar ein bestimmtes Zwangsmittel anregen. Das Gericht muß seine Wahl aber nach pflichtgemäßem Ermessen selbst ausüben. Die Parteien können auch nicht vereinbaren, daß ein Zwangsmittel des § 888 bei einer vertretbaren Handlung anzuwenden sei.

Das Gericht hat zunächst die Möglichkeit, dem Schuldner ein *Zwangsgeld* aufzuerlegen. Das Gericht muß es nach Rn 10 stets mit einer ersatzweisen *Zwangshaft* verbinden. Es hat auch die Möglichkeit, sogleich eine Zwangshaft zu verhängen. Neben einem Zwangsgeld ist eine Zwangshaft zunächst immer nur ersatzweise zulässig. Das Gericht kann aber zunächst ein Zwangsgeld, ersatzweise eine Zwangshaft festsetzen, dann eine Haft. Es kann auch umgekehrt vorgehen. Es kann auch ohne Verstoß gegen Art 103 III GG jede Art von Zwangsmitteln wiederholt verhängen, Hamm DGVZ **77**, 41, also zB zunächst Zwangsgeld, ersatzweise Zwangshaft, dann mangels Zahlung oder bisheriger Beitreibbarkeit erneut Zwangsgeld, ersatzweise Zwangshaft und so fort, Karlsr FamRZ **94**, 1275. Freilich erfordert eine Wiederholung von Zwangsgeld, daß das Gericht zuvor zumindest versucht hat, ein früher festgesetztes Zwangsgeld zu vollstrecken bzw die gerichtliche Anordnung durchzusetzen, Celle MDR **05**, 768. Es kann auch eine Ersatzhaft oder Zwangshaft nachträglich gesondert festsetzen.

Eine Vollstreckung der nur ersatzweise verhängten *Zwangshaft* ist natürlich erst dann zulässig, wenn feststeht, daß das zunächst festgesetzte Zwangsgeld nicht beitreibbar ist. An diesen Nachweis darf man aber keine zu strengen Anforderungen stellen, um nicht den Gläubiger praktisch fast schutzlos zu machen, Zweibr JB **03**, 494. Deshalb kann es zB beim ausländischen Schuldner ausreichen, daß eine Taschenpfändung erfolglos war und daß nun eine Vollstreckung des Zwangsgelds im Ausland notwendig würde, Köln FamRZ **02**, 895. Eine mehrmalige Anordnung wegen desselben Ungehorsams ist nur dann zulässig, wenn der Ungehorsam trotz der früheren Anordnung fortdauert, wenn der Schuldner also eine neue Zuwiderhandlung begangen hat. Das Gesamtmaß der Zwangshaft darf 6 Monate nicht übersteigen, I 3, § 913. Zweckmäßig ist es, einfach „Zwangshaft" zu verhängen. Sie dauert dann bis zu 6 Monaten.

Das *Zwangsgeld* muß auf eine bestimmte Höhe lauten, wenn es endgültig festgesetzt wird. Das Gericht muß den Verhältnismäßigkeitsgrundsatz nach Grdz 34 vor § 704 auch hier beachten, Karlsr MDR **00**, 229. Es darf zB nicht das Zehnfache des Vertretbaren anordnen, LAG Ffm DB **93**, 1248. Es muß sich am Interesse des Gläubigers an der Durchsetzung der titulierten Forderung zumindest mitorientieren, LAG Ffm DB **93**, 1248, ebenso an der Hartnäckigkeit der Verweigerung des Schuldners, Karlsr MDR **00**, 229. Man kann sich am Streitwert orientieren, Karlsr MDR **00**, 229. Der Mindestbetrag des Zwangsgeldes ist 5 EUR, Art 6 I EGStGB, Vorbem B vor § 380. Nur der einzelne Höchstbetrag ist 25 000 EUR, I 2, BGH Rpfleger **05**, 469 (also nicht mehrere). Es können zB (jetzt ca) 10 000 EUR bei verweigerter „Verschleppung" einer Auskunft über die Verbreitung von Videobändern gerechtfertigt sein, Mü RR **92**, 704. Die Haft steht nicht im Widerspruch zur Europäischen Menschenrechtskonvention. Gegen ein Mitglied der alliierten Streitkräfte ist keine Zwangshaft zulässig, Art 34 II ZAbkNTrSt, SchlAnh III. Wegen der Erzwingung dort Art 12.

16   **B. Keine Schuldprüfung.** Das Zwangsgeld und die Zwangshaft sind reine Zwangs- bzw Beugemittel, Ffm MDR MDR **90**, 452, Hamm RR **88**, 1088, OVG Bln JB **99**, 441. Sie sind keine Strafen oder ähnliche Ahndungen, sondern andersartige Rechtsnachteile, Art 5 EGStGB, Vorbem B bei § 380. Sie sollen nur der Erfüllung herbeiführen, Ffm Rpfleger **81**, 152, Mü OLGZ **82**, 102. Daraus folgt: Hier gelten keine strafrechtlichen Grundsätze. Es braucht also abgesehen vom Fall Rn 3 (Unmöglichkeit) weder eine vorsätzliche noch eine fahrlässige Verhaltensweise des Schuldners vorzuliegen, Hamm RR **87**, 766, Köln VersR **97**, 723. Ein Zwangsmittel darf nicht mehr ergehen, wenn der Gläubiger kein Durchsetzungsinteresse mehr hat, OVG Bln JB **99**, 441 (Zeitablauf).

17   **C. Keine Stundung usw.** Das Gericht darf dem Schuldner weder eine Stundung noch eine Ratenzahlung gewähren. Denn Art 7 EGStGB, Vorbem B bei § 380, nennt nur das Ordnungsgeld, nicht ein Zwangsgeld. Deshalb sind auch dessen Art 8, 9 EGStGB unanwendbar.

18   **D. Vollstreckung.** Die Vollstreckung des Zwangsgeldes erfolgt von Amts wegen, § 1 I Z 3 JBeitrO, Mü NJW **83**, 947, LG Kblz MDR **83**, 851, ThP 15, aM BGH NJW **83**, 1859, Stgt FamRZ **97**, 1495, ZöStö 14 (sie erfolge auf Antrag des Gläubigers nach den allgemeinen Vorschriften der §§ 803 ff. Aber die JBeitrO gilt keineswegs nur für eine von Amts wegen vollstreckbare Strafe. Der BGH setzt sich über das Wort „Zwangsgeld" in I hinweg, das in § 1 I Z 3 JBeitrO wiederkehrt).

Eine *Vollstreckungsklausel* im Sinn von §§ 724 ff ist entbehrlich, LG Kiel DGVZ **83**, 156, AG Lindau DGVZ **97**, 44. Das Zwangsgeld fällt der Staatskasse zu, BGH NJW **83**, 1859. Bis zur Beitreibung darf der Schuldner das Zwangsgeld durch eine Erfüllung abwenden, Hbg FamRZ **88**, 1213, LG Oldb Rpfleger **82**, 351 (krit Uhlenbruck), Schockenhoff NJW **90**, 154.

Das Gericht muß den Schuldner dann, wenn er die Schuld erfüllt, sofort aus der Zwangshaft *entlassen,* Ffm JB **91**, 1557. Die Geldvollstreckung muß in diesem Fall sofort eingestellt werden, Ffm Rpfleger **88**, 152. Das Gericht darf den Schuldner nicht begnadigen. Denn der Gläubiger könnte jederzeit von der weiteren Vollstreckung absehen. Er ist der Herr der Zwangsvollstreckung, Grdz 37 vor § 704. Das Gericht darf den Gläubiger nicht zunächst darauf verweisen, zum Zweck der Herbeiführung einer eidesstattlichen Versicherung eine Zwangshaft durchführen zu lassen, selbst wenn der Gläubiger einen dementsprechenden Vollstreckungstitel besitzt. Die Haft wird nach § 909 vollstreckt, AG Kref MDR **77**, 322. Bei einem nach §§ 51, 52 Prozeßunfähigen bzw einer juristischen Person muß man ein Zwangsgeld in sein Vermögen vollstrecken,

zur Erwirkung der Herausgabe von Sachen usw. **§ 888**

eine Zwangshaft aber gegen den gesetzlichen Vertreter nach § 51 Rn 12 durchführen, § 890 Rn 30, Drsd FamRZ **00**, 298.

E. Rechtsbehelfe bei Ablehnung usw. Der Gläubiger hat gegen eine die Vollstreckung ablehnende **19** Entscheidung die sofortige Beschwerde, §§ 567 I Z 1, 793 entsprechend, 6 I Z 1 JBeitrO (Hartmann Teil IX A), Mü NJW **83**, 947. Jeder Betroffene kann gegen die Art der Vollstreckung die Erinnerung nach § 766 einlegen. Vgl §§ 767, 893. Bei Verjährung des Zwangsgelds kommt eine Klage nach § 767 in Betracht, BayObLG ZMR **00**, 189. Für eine solche Klage fehlt nach Erfüllung das Rechtsschutzbedürfnis nach Grdz 33 vor § 253, Zweibr FamRZ **98**, 384.

F. Aufhebung des Titels. Wenn der Vollstreckungstitel aufgehoben wird oder wenn die Zwangsvoll- **20** streckung eingestellt wird, dann werden die Festsetzung der Zwangsmittel und die weitere Vollstreckung unzulässig, LAG Ffm DB **85**, 1139. Wenn die Zwangsvollstreckung anschließend wieder ihren Fortgang nimmt, dann kann das auch die Zwangsmittel erfassen. Ein aufgehobener Beschluß lebt nicht wieder auf. Die Aufhebung des Vollstreckungstitels stellt fest, daß die seiner Durchführung dienende Festsetzung unrechtmäßig erfolgt war. Deshalb hat der Schuldner insoweit gegen den Gläubiger einen Anspruch nach § 717 II. Der Schuldner hat auch einen Anspruch gegen den Staat auf die Zurückzahlung eines bereits beigetriebenen Zwangsgeldes. Denn der Staat ist ungeachtet der öffentlichrechtlichen Elemente des Gesamtvorgangs nun ohne einen Rechtsgrund bereichert, § 812 BGB entsprechend, BAG NJW **90**, 2580, Ffm JB **91**, 1556.

6) Nicht erzwingbare Handlung, III. I, II sind mit Rücksicht auch auf Artt 1, 2 GG, MüKoSchi 10, in **21** fünf Fallgruppen unanwendbar.

A. Eingehung der Ehe. Es muß sich um ein Urteil auf die Eingehung der Ehe handeln, § 1297 BGB. Ein solches Urteil kommt allerdings nach deutschem Recht nicht vor.

Die *Lebenspartnerschaft* ist in III nicht miterwähnt. Wegen der engen Auslegbarkeit von III, Rn 2, ist die Vorschrift auf die Eingehung einer Lebenspartnerschaft daher nicht direkt anwendbar. Wegen der Natur der Sache kann sie aber entsprechend anwendbar sein.

B. Eheliches Leben. Es muß sich um ein Urteil auf die Herstellung des ehelichen Lebens nach § 606 **22** Rn 7 handeln. Hierhin zählen alle Verurteilungen, die in diesen Bereich gehören, KG OLGZ **76**, 27, LG Stgt FamRZ **77**, 201, also auch evtl eine Verurteilung zu einer Unterlassung im Sinn von § 890, Zettel MDR **81**, 212. Alles das ist nicht erzwingbar, und zwar auch nicht mittelbar, etwa durch die Entfernung des Störers aus der Ehewohnung, um selbst dort wieder einzuziehen, Celle NJW **80**, 713. Unerzwingbar ist ferner ein Verbot gegen einen Dritten, mit dem Ehegatten des Klägers geschlechtlich zu verkehren oder überhaupt zu sprechen. Etwas anderes gilt allenfalls bei der Erfassung eines äußeren Rahmens einer Ehestörung, aM Struck JZ **76**, 163 (aber dieser äußere Rahmen läßt sich durchaus technisch erreichen). Die Bedeutung des Urteils erschöpft sich daher in der Vorbereitung eines Scheidungsantrags. III ist entsprechend anwendbar, wenn es sich um einen Schuldvertrag wegen eines Ehe- oder Familiennamens handelt, Diederichsen NJW **76**, 1170, oder wenn es um einen Anspruch wegen einer Namensänderung geht. Denn eine solche Entscheidung des Ehegatten ist höchstpersönlich. III ist bei einem vermögensrechtlichen Streit unanwendbar, BGH FamRZ **88**, 144, Tiedtke FamRZ **78**, 386, aM LG Oldb FamRZ **92**, 944. Dasselbe gilt bei einem Anspruch, dessen Durchsetzung mit den sittlichen Anschauungen vereinbar ist, LG Zweibr MDR **76**, 145.

C. Religiöses Verhalten. Es muß um ein kultisches bzw religiöses Verhalten gehen. Die Unanwendbar- **23** keit von I, II resultiert hier aus Art 4 GG, BVerfG **33**, 28, Ffm Rpfleger **80**, 117.

D. Unvertretbarer Dienst. Es muß um die Ableistung von unvertretbaren Diensten auf Grund eines **24** Dienstvertrags gehen, BGH **78**, 86 (betr den Geschäftsführer einer KG). Auch der Arbeitsvertrag zählt hierher, BAG NZA **04**, 732. Bei vertretbaren Diensten gilt § 887. Es kann sich auch um unvertretbare Dienste aus einem Vertrag über eine entgeltliche Geschäftsbesorgung nach § 675 BGB oder um einen Auftrag nach § 662 BGB handeln. Über das Unterlassen der Dienstleistung bei anderen § 890 Rn 3. Die Wettbewerbsklausel im Dienstvertrag enthält keine Verpflichtung zu einer wirklichen Leistung. Ihre Einhaltung ist erzwingbar, und zwar auch im Weg einer einstweiligen Verfügung. Der Beschäftigungs- bzw Weiterbeschäftigungsanspruch des Arbeitnehmers ist nach I, II vollstreckbar, LAG Bln BB **79**, 1404, LAG Hamm BB **80**, 160, ArbG Münst BB **81**, 243. Der Arbeitgeber kann sich der Verpflichtung nicht durch eine weitere vorsorgliche Kündigung entziehen. Er ist vielmehr auf eine Vollstreckungsabwehrklage nach § 767 angewiesen, ArbG Münster BB **81**, 243.

E. Sonstige Fälle. III ist entsprechend anwendbar auf den Abschluß eines Erbvertrags, Ffm Rpfleger **80**, **25** 117, ebenso auf den Anspruch des nichtehelichen Kindes gegen die Mutter auf Auskünfte über die als Erzeuger in Betracht kommenden Männer, LG Münst NJW **99**, 3788.

7) Zulässigkeit der Verurteilung, III. Die Vorschrift verbietet nur die Erzwingung, also nicht die **26** Verurteilung. Deshalb ist eine Klage auf die Ableistung der vertraglichen Dienste zulässig. Die Klage kann nämlich trotz III als eine vorläufige Entscheidung dem Gläubiger wertvoll sein. Deshalb ist auch eine einstweilige Verfügung auf die Leistung der vertraglichen Dienste zulässig. Allerdings darf das Gericht in der einstweiligen Verfügung kein Zwangsmittel androhen, wenn III anwendbar ist. Die einstweilige Verfügung ist insofern auch nicht vollstreckbar. Die Zustellung zum Zweck der Vollziehung ist keine Zwangsvollstreckung, Grdz 19 vor § 916.

8) VwGO: *Entsprechend anzuwenden im Rahmen der Üb § 883 Rn 7, also nicht bei der Vollstreckung aus Titeln* **27** *aufgrund einer Verpflichtungsklage, für die § 172 VwGO gilt (zur Vollstr aus Vergleichen, wenn es nicht um eine Geldleistung geht, s Üb § 883 Rn 7), wohl aber bei der Vollstreckung aus Titeln, die ein sonstiges Handeln der Behörde zum Gegenstand haben,* § 890 Rn 44, OVG Bln NVwZ-RR **99**, 411 mwN, ua VGH Mannh NVwZ-RR **93**, 520 u OVG Kblz NJW **87**, 1221, vgl VGH Mü BayVBl **03**, 375 (Lieferung von Trinkwasser, das der TrinkwasserVO entspricht), NVwZ-RR **97**, 69 (VerwVollstr).

§§ 888a, 889

888a *Keine Handlungsvollstreckung bei Entschädigungspflicht.* Ist im Falle des § 510 b der Beklagte zur Zahlung einer Entschädigung verurteilt, so ist die Zwangsvollstreckung auf Grund der Vorschriften der §§ 887, 888 ausgeschlossen.

1 **1) Systematik, Regelungszweck.** Es handelt sich um eine Klarstellung im Interesse der Vermeidung einer doppelten Vollstreckung, Einl III 9.

2 **2) Geltungsbereich.** Über die Anwendbarkeit des § 888 a vgl § 510 b Rn 2, 7. Dort ist auch § 889 II unanwendbar. Denn die Erzwingung der eidesstattlichen Versicherung nach § 889 II ist ein Unterfall von § 888. Im Fall einer Arbeitssache gilt § 61 II ArbGG.

3 **3) Rechtsbehelf.** Bei einer Zwangsvollstreckung aus §§ 887–889 hat der Betroffene die Möglichkeit der sofortigen Beschwerde nach §§ 567 I Z 1, 793.

4 **4) *VwGO*:** Unanwendbar, weil § 510 b im VerwProzeß nicht entsprechend gilt.

889 *Eidesstattliche Versicherung nach bürgerlichem Recht.* [1] [1] Ist der Schuldner auf Grund der Vorschriften des bürgerlichen Rechts zur Abgabe einer eidesstattlichen Versicherung verurteilt, so wird die Versicherung vor dem Amtsgericht als Vollstreckungsgericht abgegeben, in dessen Bezirk der Schuldner im Inland seinen Wohnsitz oder in Ermangelung eines solchen seinen Aufenthaltsort hat, sonst vor dem Amtsgericht als Vollstreckungsgericht, in dessen Bezirk das Prozeßgericht des ersten Rechtszuges seinen Sitz hat. [2] Die Vorschriften der §§ 478 bis 480, 483 gelten entsprechend.

[II] Erscheint der Schuldner in dem zur Abgabe der eidesstattlichen Versicherung bestimmten Termin nicht oder weigert er die Abgabe der eidesstattlichen Versicherung, so verfährt das Vollstreckungsgericht nach § 888.

Gliederung

1) Systematik, I, II 1	5) Säumnis und Weigerung, II 7–9
2) Regelungszweck, I, II 2	A. Allgemeines 7
3) Titelfassung, I 3	B. Zuständigkeit 8
4) Abgabe der eidesstattlichen Versicherung, I	C. Einzelfragen 9
A. Verfahren 4, 5	6) *VwGO* 10
B. Pflicht zur persönlichen Abgabe 6	

1 **1) Systematik, I, II.** Die eidesstattliche Versicherung des sachlichen Rechts, namentlich diejenige im Fall einer Verpflichtung zur Erteilung einer Auskunft und einer Rechnungslegung, ist eine unvertretbare Handlung. Sie hat mit der prozessualen eidesstattlichen Versicherung nichts gemeinsam, Düss MDR **94**, 306. Wenn der Schuldner die Versicherung freiwillig abgibt, dann nimmt das Gericht der freiwilligen Gerichtsbarkeit die eidesstattliche Versicherung nach §§ 163, 79 FGG ab, vielleicht auch nach dem Landesrecht. Andernfalls muß der Gläubiger den Schuldner auf die Abgabe der eidesstattlichen Versicherung verklagen. In einem solchen Fall kann das Rechtsschutzinteresse nach Grdz 33 vor § 253 fehlen. Wenn das Gericht dem Schuldner die Abgabe der eidesstattlichen Versicherung in einem Urteil auferlegt hat, dann ist nur eine Zwangsvollstreckung nach § 889 statthaft. Es ist allerdings zulässig, daß sich die Parteien dahin einigen, daß der Schuldner auch in einem solchen Fall die eidesstattliche Versicherung vor dem Gericht der freiwilligen Gerichtsbarkeit abgeben solle.

Das Verfahren gehört *nicht mehr* zum *Erkenntnisverfahren* nach §§ 253 ff. Es ist ein besonderes Verfahren der Zwangsvollstreckung. Das gilt zwar noch nicht von Anfang an, Rn 4 (Terminsbestimmung), wohl aber im weiteren Verlauf. Deshalb sind die Kosten dieses Verfahrens Kosten der Zwangsvollstreckung nach § 788, falls der Schuldner die eidesstattliche Versicherung nicht freiwillig leistet. Andernfalls ist § 261 III BGB anwendbar.

2 **2) Regelungszweck, I, II.** Man sollte die Umständlichkeit des Verfahrens nach § 889 nicht durch eine allzu schuldnerfreundliche Auslegung steigern, Üb 2 vor § 883. Entgegen §§ 899 ff enthält II eine verhältnismäßig ziemlich scharfe Rechtsfolge des Ungehorsams. Die in § 888 Rn 2 angesprochenen Gefahren zu hoher Zwangsmittel entstehen bei II kaum. Deshalb darf und sollte man hier getrost schärfer durchgreifen.

3 **3) Titelfassung, I.** Oft gibt das Urteil keine Fassung der eidesstattlichen Versicherung, obwohl es sie geben sollte. Dann muß das Gericht die erforderliche Fassung der eidesstattlichen Versicherung im Vollstreckungsverfahren durch einen Beschluß festlegen. Es darf auch eine Nachbesserung fordern, BGH MDR **04**, 1444. Auch ein nach §§ 708 ff nur vorläufig vollstreckbares Urteil darf eine eidesstattliche Versicherung auferlegen. Dieser Weg ist aber nicht zulässig, wenn das Gericht lediglich eine einstweilige Verfügung erläßt, §§ 935 ff.

Soweit ein dem Urteil gleichstehender *Prozeßvergleich* usw nach Anh § 307, § 794 I Z 1 vorliegt, kommt es nicht darauf an, ob er vor dem eigentlich zuständigen Gericht zustande kam. Denn es reicht sein Abschluß vor „einem" deutschen Gericht. Daher sind insofern §§ 40 II, 764, 802 unbeachtlich. Natürlich muß der Inhalt vollstreckungsfähig sein. Die „Verpflichtung zur Abgabe der eidesstattlichen Versicherung vor einem Gericht bis zum . . ." kann nach Fristablauf nach § 894 ausreichend sein (Fallfrage).

4 **4) Abgabe der eidesstattlichen Versicherung, I.** Die Vorschrift ähnelt dem § 807.

A. Verfahren. Es besteht eine ausschließliche Zuständigkeit, § 802. Sachlich zuständig ist stets das AG als Vollstreckungsgericht, § 764. Funktionell zuständig ist also nicht etwa der Gerichtsvollzieher (§ 899 I nennt § 889 nicht mit), sondern der Rpfl, § 20 Z 17 RPflG, Anh § 153 GVG, Düss FamRZ **97**, 1496, LG

zur Erwirkung der Herausgabe von Sachen usw. **§§ 889, 890**

Bochum Rpfleger **99**, 404. Das gilt auch in einer Familienrechtssache, § 764 Rn 4, Ffm FamRZ **04**, 129, und auch bei einem arbeitsgerichtlichen Titel, § 62 II 1 ArbGG. Denn das AG wird eben „als Vollstreckungsgericht" tätig, I 1, § 764 Rn 3. Örtlich ist das AG des inländischen Wohnsitzes zuständig, hilfsweise das AG des Aufenthaltsorts, § 13 Rn 1–3, § 16 Rn 1, bei einer juristischen Person das AG des Sitzes, § 17 Rn 2. Ganz hilfsweise ist dasjenige AG zuständig, in dessen Bezirk das Prozeßgericht des ersten Rechtszuges seinen Sitz hat, also zB das AG am Ort des LG.

Das Verfahren *beginnt* mit einem Antrag des Gläubigers. Die Terminsbestimmung nach § 216 ist noch keine Maßnahme der Zwangsvollstreckung, Düss MDR **94**, 306, LG Heilbr DGVZ **94**, 140. Sie steht einer Aufforderung zur Erfüllung gleich, Düss MDR **94**, 306, LG Heilbr DGVZ **94**, 140. Deshalb braucht der Gläubiger die Voraussetzungen der Zwangsvollstreckung erst im Termin nachzuweisen, so vor allem die Zustellung nach § 750.

Für eine nach §§ 51, 52 *Prozeßunfähigen* muß derjenige gesetzliche Vertreter nach § 51 Rn 12 die **5** eidesstattliche Versicherung abgeben, der für das Vermögen sorgen muß, § 807 Rn 52. Das gilt auch dann, wenn das Gericht ihn im Urteil nicht benannt hat. Der Termin gilt nur der Abgabe der eidesstattlichen Versicherung, LG Bln Rpfleger **75**, 374. Eine Berichtigung der Fassung kann in einem Beschluß erfolgen, § 329. Das Gericht muß ihn begründen, § 329 Rn 4. Eine sachliche Änderung kann nur dann erfolgen, wenn das Gericht ein späteres Ereignis berücksichtigen muß, etwa den Eintritt eines gesetzlichen Vertreters. Der Schuldner muß eine etwaige Einwendung gegen den Anspruch nach § 767 geltend machen. Er kann mangels Beginns der Zwangsvollstreckung im Sinn von Grdz 51 vor § 704 nicht nach § 766 vorgehen, solange der Gläubiger keinen Antrag auch nach § 888 gestellt hat, LG Heilbr DGVZ **94**, 140. Die Vollstreckungsklausel besagt im einzelnen, wer die eidesstattliche Versicherung abgeben muß. Ein Streit über diese Frage gehört nicht in dieses Verfahren.

Gebühren: Des Gerichts KV 1813 (Beschwerdegebühr); des Anwalts VV 3309, 3310.

B. Pflicht zur persönlichen Abgabe. Es besteht eine Pflicht zur persönlichen Abgabe der eidesstattli- **6** chen Versicherung zum Protokoll des Rpfl des Vollstreckungsgerichts, I 2. Wenn der Schuldner verhindert ist, dort zu erscheinen, oder wenn er sich an einem entfernten Ort aufhält, dann kann er beantragen, daß der Rpfl des für seinen Aufenthaltsort zuständigen AG ihm die eidesstattliche Versicherung abnimmt, §§ 478, 479 entsprechend. Wenn dieser Antrag berechtigt ist, dann muß das Vollstreckungsgericht ihm stattgeben. Wenn es diesen Antrag zurückweist, kann der Schuldner wie bei § 793 Rn 11, 14 vorgehen. Der die eidesstattliche Versicherung abnehmende Rpfl muß den Schuldner über die Bedeutung dieser Versicherung belehren, § 480 entsprechend. Bei einem Stummen gilt § 483 entsprechend.

5) Säumnis und Weigerung, II. Man muß drei Aspekte beachten. **7**
A. Allgemeines. Eine Vertagung ist zulässig, § 227 I. § 900 II, III ist wegen der Besonderheit des Verfahrens nach Rn 1 unanwendbar, Düss MDR **94**, 306. Wenn der Gläubiger im Termin ausbleibt, dann ist das unerheblich. Wenn der Schuldner ausbleibt oder wenn der Schuldner objektiv unberechtigt die Abgabe der eidesstattlichen Versicherung verweigert, dann muß das Gericht auf Grund eines Antrags des Gläubigers nach § 888 I verfahren, dort Rn 8, 15, Düss FamRZ **97**, 1496, LG Heilbr DGVZ **94**, 140. Das Gericht darf und muß den Gläubiger dazu anregen, diesen Antrag zu stellen. Schon im Zeitpunkt der Androhung und auch im Zeitpunkt der Festsetzung eines Zwangsgeldes muß das Gericht zugleich ersatzweise eine Zwangshaft vorschreiben.

B. Zuständigkeit. Da diese Zwangshaft aber trotz ihres Charakters als eines reinen Zwangsmittels eine **8** Freiheitsentziehung ist, darf der Rpfl diese Maßnahme nicht vornehmen. Vielmehr muß dazu der Richter tätig werden. Das ergibt sich aus §§ 3 Z 4 c, 31 III RPflG bzw 6 EGStGB, Vorbem A bei § 380. Der Richter muß erst recht dann entscheiden, wenn er sich nach diesen Vorschriften die Vollstreckung ohnehin vorbehalten hat, § 31 III letzter Hs RPflG, Anh § 153 GVG. Wegen des Richtervorbehalts des § 4 II Z 2 a RPflG idF des Art 94 Z 2 EGStGB, Vorbem A bei § 380, muß also der Rpfl die Sache stets schon vor der ersten Androhung eines Zwangsgeldes nach § 4 III RPflG dem Richter vorlegen, Brehm NJW **75**, 250. Der Richter ist erst recht dann zuständig, wenn er auf Grund der vorgenannten Bestimmung eine Zwangshaft androhen oder anordnen muß, wenn er also bei der Ausübung seines Ermessens Zwangshaft sogleich und nicht nur ersatzweise für notwendig hält.

C. Einzelfragen. Der Schuldner darf sich nicht darauf berufen, er könne die von seinem Steuerberater **9** gefertigte Auskunft nicht überprüfen, LG Köln RR **86**, 360. Wenn eine Zwangsmaßnahme dieser Art verweigert wird, hat der Betroffene die in § 793 Rn 11, 14 genannten Möglichkeiten. Der Rpfl darf und muß daher evtl eine richterliche Haftanordnung aufheben, wenn sich die Sachlage geändert hat, soweit sich nicht der Richter die Vollstreckung insgesamt vorbehalten hat. Der Schuldner darf jederzeit die Abnahme der eidesstattlichen Versicherung beim AG des Haftorts verlangen, § 902. Das Gericht hat dem Schuldner das rechtliche Gehör schon dadurch gewährt, daß es ihn zum Termin zwecks Abgabe der eidesstattlichen Versicherung geladen hat.

6) VwGO: Entsprechend anwendbar iRv Üb § 883 Rn 6, wenn der Schuldner aufgrund der Vorschriften des öff **10** Rechts zur Abgabe einer eidesstattlichen Versicherung verurteilt worden ist (was allenfalls in Parteistreitigkeiten über öffrechtliche Verträge denkbar ist).

890 *Erzwingung von Unterlassungen und Duldungen.* [1] Handelt der Schuldner der Verpflichtung zuwider, eine Handlung zu unterlassen oder die Vornahme einer Handlung zu dulden, so ist er wegen einer jeden Zuwiderhandlung auf Antrag des Gläubigers von dem Prozessgericht des ersten Rechtszuges zu einem Ordnungsgeld und für den Fall, daß dieses nicht beigetrieben werden kann, zur Ordnungshaft oder zur Ordnungshaft bis zu sechs Monaten zu verurteilen. [2] Das einzelne Ordnungsgeld darf den Betrag von 250 000 Euro, die Ordnungshaft insgesamt zwei Jahre nicht übersteigen.

§ 890

Buch 8. Abschnitt 3. Zwangsvollstreckung

II Der Verurteilung muss eine entsprechende Androhung vorausgehen, die, wenn sie in dem die Verpflichtung aussprechenden Urteil nicht enthalten ist, auf Antrag von dem Prozessgericht des ersten Rechtszuges erlassen wird.

III Auch kann der Schuldner auf Antrag des Gläubigers zur Bestellung einer Sicherheit für den durch fernere Zuwiderhandlungen entstehenden Schaden auf bestimmte Zeit verurteilt werden.

Schrifttum: *Ahrens/Spätgens,* Einstweiliger Rechtsschutz und Vollstreckung in UWG-Sachen, 4. Aufl 2001; *Backsmeier,* Das „minus" beim unterlassungsrechtlichen Globalantrag, 2000; *Damm/Rehbock,* Widerruf, Unterlassung und Schadensersatz in Presse und Rundfunk, 2. Aufl 2001; *Gerhardt,* Die Handlungsvollstreckung – eine Bestandsaufnahme über Befund und Entwicklungstendenzen, Festgabe *50 Jahre Bundesgerichtshof* (2000) III 463; *Kramer,* Der richterliche Unterlassungstitel im Wettbewerbsrecht, 1982; *Lindacher,* Internationale Unterlassungsvollstreckung, Festschrift für *Gaul* (1997) 399; *Lührig,* Die Behandlung von Mehrfachverstößen gegen strafbewehrte Unterlassungserklärungen, in: Festschrift für *Helm* (2002); *Oppermann,* Unterlassungsanspruch und materielle Gerechtigkeit im Wettbewerbsprozeß, 1993; *Pastor,* Die Unterlassungsvollstreckung nach § 890 ZPO, 3. Aufl 1982; *Pastor/Ahrens,* Der Wettbewerbsprozeß usw, 5. Aufl 2005; *Ritter,* Zur Unterlassungsklage: Urteilstenor und Klageantrag, 1994; *Rüßmann,* Die Bindungswirkung rechtskräftiger Unterlassungsurteile, Festschrift für *Lüke* (1997) 675; *Scharen,* „Catnic" versus Kerntheorie?, in: Festschrift für *Erdmann* (2002); *Schilken,* Die Geltendmachung des Erfüllungseinwands usw, Festschrift für *Gaul* (1997) 667; *Teplitzky,* Wettbewerbsrechtliche Ansprüche und Verfahren usw, 8. Aufl 2002 (Bespr *von Linstow,* GRUR **03**, 44); *Wilke/Jungeblut,* Abmahnung, Schutzschrift und Unterlassungserklärung im gewerblichen Rechtsschutz, 2. Aufl 1995; *Winter,* Vollzug der Zivilhaft, 1987.

Gliederung

1) Systematik, I–III 1	I. Beispiele zur Frage der Zulässigkeit eines Ordnungsmittels 26–29
2) Regelungszweck, I–III 2	6) Vollstreckung, II 30, 31
3) Verbotsurteil, I 3–7	A. Von Amts wegen 30
A. Verständlichkeit (sog Kerntheorie) 3–5	B. Staatskasse als Empfänger 31
B. Unerzwingbarkeit der Handlung 6	7) Androhung, II 32–35
C. Vergleich 7	A. Zeitliche Reihenfolge 32
4) Zuwiderhandlung, I 8–11	B. Verfahren 33
A. Begriff 8, 9	C. Entscheidung 34
B. Rechtsnatur 10	D. Abänderung 35
C. Rechtsnachfolge 11	8) Sicherheitsleistung, III 36
5) Ordnungsmittel, I 12–29	9) Rechtsbehelfe, I–III 37–42
A. Antrag des Gläubigers 12, 13	A. Sofortige Beschwerde 37–40
B. Zuständigkeit usw 14–16	B. Erinnerung 41
C. Ordnungsgeld 17	C. Sonstige Fälle 42
D. Ordnungshaft 18	10) Kosten, I–III 43
E. Zuwiderhandlung nach Androhung .. 19	11) *VwGO* 44
F. Beweisaufnahme 20	
G. Schuld 21–24	
H. Wirksamkeitszeitpunkt von Urteil und Androhung 25	

1 **1) Systematik, I–III.** Vgl zunächst Üb 1 vor § 883. § 890 betrifft den Fall, daß der Schuldner nach dem Vollstreckungstitel eine Handlung unterlassen oder dulden muß, BVerfG RR **00**, 1589, zB nach §§ 823, 1004 BGB, Köln ZMR **94**, 325 (Gegensatz: Vornahme der Handlung), LG Bln NJW **88**, 346, AG Peine DGVZ **99**, 140 (Entfernung eines Zählers). Ein solcher Vollstreckungstitel ist zulässig auch gegenüber einer juristischen Person, einer Offenen Handelsgesellschaft oder einer Kommanditgesellschaft, Hamm MDR **86**, 1035, auch gegenüber einer Vor-GmbH, Stgt RR **89**, 638. Auf diese Weise kann der Gläubiger auch eine Verpflichtung aus dem Gesellschaftsvertrag erzwingen. Man muß durch eine Auslegung der Urteilsformel ermitteln, ob es sich um dergleichen handelt, § 888 Rn 1, BGH NJW **94**, 246, Ffm Rpfleger **75**, 445, Mü OLGZ **82**, 102. Wenn der Schuldner eine greifbare Handlung vornehmen muß, gelten §§ 887, 888, Ffm Rpfleger **75**, 446, Mü OLGZ **82**, 102. Man kann die Unterlassung einer Äußerung und gar einer sog verdeckten Tatsachenbehauptung wegen Art 5 I, II GG nur im Umfang des unbedingt Notwendigen erreichen, BVerfG NJW **04**, 1942.

Dieselbe Handlung kann grundsätzlich nicht gleichzeitig einerseits unter § 890 und andererseits unter § 887 oder unter § 888 fallen, BGH **120**, 76, Köln ZMR **94**, 325, Gerhardt (vor Rn 1). Das gesamte Verhalten des Schuldners kann aber eine Maßnahme nach §§ 887 ff rechtfertigen. Hauptanwendungsfall des § 890 ist eine Verurteilung auf Grund und Abwehrklage nach § 1004 BGB zu einer Unterlassung in einem Eigentums-, Wettbewerbs-, Patent- oder Urheberprozeß und dgl. Es kann aber auch in einem solchen Fall eine Beseitigungspflicht nach §§ 887 ff in Frage kommen. Zur Problematik Lindacher GRUR **85**, 425. Zumindest II ist in Verbindung mit § 198 SGG auch gegenüber einer bundesunmittelbaren Körperschaft anwendbar, BSG NJW **89**, 798. Beim Unterlassungstitel kommt eine Zwangsvollstreckung im engeren Sinn nicht in Betracht. § 890 sieht nur einen mittelbaren psychischen Zwang vor, das Ordnungsmittel, Bork WRP **89**, 360. Die Vorschrift gilt auch bei Wohnungseigentum, Schlesw NZM **00**, 557.

2 **2) Regelungszweck, I–III.** Die ganze Regelung des § 890 ist so kompliziert, daß man sie nicht auch noch durch eine allzu schuldnerfreundliche Auslegung zusätzlich erschweren sollte. Insbesondere darf nicht der Schuldner durch Umgehung versuchen, sich dem Verbot zu entziehen, Rn 3 ff. Bei einem Unterlassungsvertrag läßt sich § 890 zur Auslegung heranziehen, BGH NJW **01**, 2623.

Schwere wirtschaftliche Schäden können insbesondere im Gewerblichen Rechtsschutz und Urheberrecht durch pflichtwidrige Verstöße gegen Unterlassungsgebote entstehen. Finden solche Verstöße nicht ihre sehr fühlbaren Rechtsfolgen, besteht die Wahrscheinlichkeit ungerührter Fortsetzung. Vielfach wählt das Gericht innerhalb des ja beachtlichen Rahmens ein Ordnungsmittel in geradezu lächerlich geringer Höhe. Zumindest beim auch nur bedingt vorsätzlichen Verstoß über einen nicht nur ganz geringen Zeitraum und/oder in einem nicht nur ganz unbedeutenden Ausmaß wäre eine derartige Nachgiebigkeit wahrhaft unangebracht. Sie würde das Ziel der Vollstreckung, eben die Unterlassung, zu spät oder gar nicht erreichen. Der Bagatellverstoß darf nicht zum Ruin des Schuldners führen. Sein beharrlicher gewinnträchtiger Verstoß verdient aber sehr unangenehm fühlbare Folgen. Auf ihre Höhe achtet auch mancher Gläubigervertreter nicht annähernd genau genug.

3) Verbotsurteil, I. Seine Anforderungen sind praktisch nicht gering. 3

A. Verständlichkeit (sog Kerntheorie). Das Verbotsurteil muß zur Vollstreckung geeignet sein, Grdz 28 vor § 704, BAG NZA **04**, 1240, Bbg MDR **98**, 1370, BayObLG RR **87**, 1040. Es muß aus sich heraus klar und für jedermann verständlich sein, § 253 Rn 89 „Unterlassungsklage", BAG NZA **04**, 1240, Zweibr GRUR **87**, 854. Seine Fassung darf also nicht so kompliziert sein, daß sie nur die Parteien verstehen können, Düss Rpfleger **98**, 530. Es reicht nur ganz ausnahmsweise aus, daß das Gericht in dem Vollstreckungstitel auf ein Schriftstück außerhalb des Titels verweist, etwa dann, wenn eine Wortbeschreibung zu umständlich wäre. Das Verbotsurteil verbietet alles, was sich aus seiner Formel ergibt. Verboten ist also nicht nur etwas Identisches, sondern alles das, was man im Verkehr als gleichwertig ansieht, krit Schubert ZZP **85**, 51.

Die Entscheidungsgründe des Urteils können und müssen notfalls zur *Auslegung* seiner Formel und auch zur Ermittlung etwaiger Umgehungstatbestände mitdienen, wie bei § 322 Rn 9 ff, BGH NJW **94**, 246, Düss Rpfleger **98**, 530, AG Hann WoM **00**, 189 (Hundehaltung). Freilich kann das Urteil auch klare Verbotsgrenzen ergeben, Mü GRUR **04**, 63. Bei der Unterlassung einer Äußerung muß der Verbotsumfang ganz klar sein, BVerfG NJW **04**, 1942.

Der Verletzer kann sich also nicht durch jede *Änderung der Verletzungsform* dem Verbotsurteil entziehen. 4 Eine Änderung, die den Kern der Verletzungsform unberührt läßt, unterfällt ebenso dem Verbotsurteil mit, sog *Kerntheorie*, § 2 Rn 3, § 322 Rn 67 „Unterlassungsklage", § 253 Rn 89 „Unterlassungsanspruch", BGH NJW **93**, 334, Köln GRUR-RR **01**, 24 (Änderung der Homepage), LG Hbg NJW **03**, 1196 (0190-Nr). Dabei ist eine gewisse Verallgemeinerung zulässig, Nürnb GRUR-RR **04**, 62, LG Hbg GRUR-RR **02**, 43 (Internet-Werbung), LG Paderb RR **01**, 1223 (e-mail-Werbung), aM Ffm GRUR **78**, 532 (betr ein glattes Äquivalent), Kramer, Der richterliche Unterlassungstitel im Wettbewerbsrecht, 1982 (aber ohne gewisse Verallgemeinerung würde man der Umgehung Tür und Tor öffnen). Die Kerntheorie ist keineswegs ein bloßes Instrument der Zwangsvollstreckung.

Man darf den Zusammenhang mit der *Rechtskraft* nicht so auflockern, daß man im Ergebnis dem Gläubiger evtl ein Wahlrecht zwischen einer neuen Klage und einem Vorgehen nach § 890 gibt, § 322 Rn 67 „Unterlassungsanspruch", aM Düss GRUR **94**, 82, Stgt WettbR **97**, 59. Schubert ZZP **85**, 51 hält die Kerntheorie für verfassungswidrig. Das gefährdet den ehernen Grundsatz der Prozeßwirtschaftlichkeit nach Grdz 14 vor § 128 ebenso wie denjenigen der Rechtssicherheit, von den es natürlich ebenso geht. Im Ergebnis sollte eine besonnene Abwägung auch verfassungsrechtlich unbedenklich sein.

Die Kerntheorie gilt auch bei einer *Vertragsstrafe* nach § 339 BGB, Ffm GRUR **88**, 563. Ein Verbotsurteil 5 ist auch dann genügend bestimmt, wenn sich das Verbot auf Waren bezieht, die beim Bundeskartellamt angemeldet sind und die man daher auf diesem Weg feststellen kann. Ausreichend ist auch zB ein Urteil, das dem Bekl aufgibt, in dort genannten Zeiten geeignete Maßnahmen gegen störende Geräusche (Hundegebell) zu treffen, § 253 Rn 89 „Unterlassungsklage". Dagegen ist ein Verbotsurteil nicht vollstreckbar, das lediglich eine Verpflichtung zur Unterlassung „ähnlicher Handlungen" ausspricht, ebensowenig ein Titel auf „Wahrung des Hausfriedens" ohne nähere Bestimmung, AG Münst WM **87**, 235. Es ist ratsam, im Urteil auch den Versuch ausdrücklich zu verbieten und unter eine Ordnungsmittelandrohung stellen zu lassen, Rn 19.

B. Unerzwingbarkeit der Handlung. Eine Maßnahme nach I wird nicht dadurch unzulässig, daß die 6 Handlung selbst unerzwingbar wäre. Man kann zwar einen Angestellten nicht dazu zwingen, seine Arbeitskraft brach liegenzulassen. Trotzdem ist ein Wettbewerbsverbot des Inhalts zulässig, daß er nicht bei bestimmten Firmen arbeiten darf. Über die Zwangsvollstreckung bei einer Sammelheizung und bei Zuführungen (Immissionen) § 887 Rn 32 „Zuführung".

C. Vergleich. § 890 ist auch im Fall der Zwangsvollstreckung auf Grund eines Vergleichs nach § 779 7 BGB anwendbar, BAG DB **03**, 1068, Köln OLGZ **92**, 378, AG Münst WoM **87**, 235. Er muß aber bereits vollstreckungsfähig bestimmt sein, BAG DB **03**, 1068. Der Vergleich kann keine wirksame Androhung eines Ordnungsmittels enthalten, sondern nur die Androhung einer Vertragsstrafe, Hamm MDR **88**, 506, LG Münst VersR **00**, 385, AG Münst WoM **87**, 235. Das gilt auch bei einem Prozeßvergleich, Anh § 307. Denn die Androhung eines Ordnungsmittels ist der Parteiherrschaft im Sinn von § 128 entzogen. Man muß sie ja als die Vorbereitung einer hoheitlichen Maßnahme nach Rn 10, 30 ansehen. Daran ändert auch der Umstand nichts, daß das Gericht ein Ordnungsmittel nur auf Grund eines Antrags androhen und festsetzen darf, LG Münst VersR **00**, 385. Vgl zum Problem Anh § 307 Rn 8, 9, Hamm FamRZ **80**, 933 (zum isolierten Verfahren vor dem FamG), LG Wuppert MDR **78**, 236, aM Hamm GRUR **85**, 82 (aber die Zugehörigkeit zur Zwangsvollstreckung ist unerheblich).

Eine sonstige Verpflichtung wie etwa eine *Erklärung zum Protokoll* während des Rechtsstreits genügt in einem solchen Fall nicht. Vielmehr muß trotz einer im Vergleich enthaltenen Unterwerfungsklausel nach § 794 I Z 5 ein besonderer gerichtlicher Androhungsbeschluß ergehen, strenger Hamm MDR **88**, 506. Deshalb empfiehlt es sich dringend, den Androhungsbeschluß alsbald nach dem Vergleich zu erwirken und nicht abzuwarten, bis der Schuldner eine Zuwiderhandlung begangen hat.

4) Zuwiderhandlung, I. Ihre Rechtsnatur ist umstritten. 8

A. Begriff. § 890 setzt nur eine einzige Zuwiderhandlung gerade des Schuldners gegen das Verbot voraus, Hamm MDR **86**, 418, also nicht stets nur eine Zuwiderhandlung eines Dritten, sei es auch eines

§ 890

Angehörigen, LG Freibg/Br FamRZ **92**, 1208, aM Hbg WettbR **97**, 135 (aber Wortlaut und Sinn von I 1 sind eindeutig, Einl III 39. Der Fall Rn 9 stellt eine Zuwiderhandlung zumindest auch des Schuldners dar). Die Zuwiderhandlung kann schon darin liegen, daß der nur zu einer Unterlassung verurteilte Schuldner den urteilswidrigen Zustand nicht durch eine positive Handlung beseitigt, BGH Rpfleger **03**, 413 rechts oben, Hbg GRUR **89**, 150 (Rückruf von Werbematerial), KG GRUR **89**, 707 (Zeitungswerbung). Das gilt jedenfalls, soweit die positive Handlung noch vom Willen des Schuldners abhängig ist.

9 Es kann ungeachtet strafrechtlicher Betrachtungsweisen ein *Fortsetzungszusammenhang* vorliegen und damit nur *eine* Zuwiderhandlung vorliegen, KG MDR **98**, 676, Zweibr OLGZ **89**, 362 (sogar bei bloßer Fahrlässigkeit), aM Nürnb MDR **98**, 1498 (aber das ist eine jedenfalls zivilrechtlich zulässige und lebensnahe Sicht). Das hängt freilich von den Gesamtumständen ab, Ffm GRUR **90**, 638, Hamm GRUR **91**, 708 (Unterbrechung durch Ordnungsbeschluß). Der Schuldner kann das Verbot auch nicht dadurch umgehen, daß er einen Dritten einschaltet. Der Schuldner haftet für den Dritten, soweit sein eigenes Verhalten für das Verhalten des Dritten ursächlich ist. Dann liegt nämlich auch eine eigene Zuwiderhandlung vor, Rn 8. Der Schuldner muß zB seinem Mitarbeiter gegenüber alle nur irgendwie zumutbaren Maßnahmen treffen, um einen Verstoß zu verhindern, Düss GRUR **93**, 854 (er muß darlegen, was er zur Vermeidung eines Verstoßes unternommen hat), Ffm MDR **90**, 452, Hbg RR **93**, 1392. Freilich gilt das nur für eine Handlung, die beim Verstoß im Geschäftsverkehr auch diesem Schuldner zur Kenntnis kommen kann, Hbg GRUR **90**, 637 linke Spalte. Der Schuldner hat keine Überlegungsfrist, Köln BB **77**, 220. Er hat jedoch evtl eine sogenannte Aufbrauchsfrist. Er darf auch eine vom Gläubiger geschuldete Sicherheitsleistung abwarten, Rn 25.

Keine Zuwiderhandlung liegt zB vor, wenn der zur Unterlassung Verurteilte später auf diesen Umstand hinweist, Ffm RR **01**, 188. Freilich kommt es auch insoweit stets auf die Gesamtumstände an.

10 **B. Rechtsnatur.** Eine Zuwiderhandlung ist nur ein Verstoß gegen ein zivilprozessuales Verbot, das das Gericht durch die Androhung eines Ordnungsmittels als eines Beugemittels verstärkt hatte, Rn 21. Die ganz herrschende Meinung nach Rn 22 spricht von einem Doppelcharakter (es handle sich um eine Strafe bzw strafähnliche Maßnahme und zugleich um eine Zwangsmaßnahme), BVerfG **84**, 87, BGH **138**, 69 (krit Windel JR **98**, 377), Kblz ZMR **99**, 253. Vertragsstrafe und § 890 haben aber nichts gemeinsam, BGH NJW **98**, 1139, Köln GRUR **86**, 688.

11 **C. Rechtsnachfolge.** Wer als eine Einzelperson zu einer Unterlassung verurteilt wurde und nun als ein Organ einer Handelsgesellschaft oder einer juristischen Person als der Rechtsnachfolgerin einen Verstoß begeht, der haftet selbst, Ffm DB **94**, 1614, Zweibr RR **88**, 1341. Es ist auch eine Haftung sowohl der GmbH als auch des Geschäftsführers persönlich denkbar, Ffm DB **94**, 1614, Hbg GRUR **89**, 458. Wenn die Inhaber einer verurteilten GmbH eine neue GmbH gründen, mag die neue nicht nach § 890 mithaften, Ffm DB **94**, 1614 (vgl aber Einl III 54).

12 **5) Ordnungsmittel, I.** Man muß zahlreiche Bedingungen klären.

A. Antrag des Gläubigers. Das Gericht darf ein Ordnungsmittel nur auf Grund eines Antrags des Gläubigers festsetzen, Düss RR **88**, 1216. Ein Anwaltszwang herrscht wie sonst, § 78 Rn 1, Düss MDR **87**, 506. Das gilt auch dann, wenn der Vollstreckungstitel als Eilmaßnahme ohne mündliche Verhandlung ergangen war, Düss MDR **87**, 506, aM ThP § 891 Rn 2 (aber jetzt sind die Besonderheiten des Erkenntnis-Eilverfahrens vorbei). Der Gläubiger darf die Art und/oder die Höhe des Ordnungsmittels anregen. Das Gericht entscheidet jedoch stets nach seinem eigenen pflichtgemäßen Ermessen, Ffm GRUR **87**, 940. Der Antrag ist ein Zwangsvollstreckungsauftrag, jedenfalls wenn er dem Unterlassungstitel nachfolgt, Bork WRP **89**, 361. Die Festsetzung ist eine Zwangsvollstreckungsmaßnahme, Bork WRP **89**, 361, aM Borck WRP **77**, 561 (gehe es erfolgt sogar um einen sehr spürbaren Zwang in Form von Ordnungsmitteln).

Deshalb müssen die *Voraussetzungen der Zwangsvollstreckung* vorliegen, Grdz 14 vor § 704, § 887 Rn 3, Düss RR **88**, 1216, Hamm NJW **77**, 1205 (das OLG meint irrig, der Verfasser sei aM), Stgt RR **89**, 836. Es ist ratsam, den Antrag zu stellen, sobald er zulässig ist, damit der Gläubiger schon eine solche Zuwiderhandlung des Schuldners ahnden lassen kann, die der Schuldner etwa alsbald nach der Entstehung des Vollstreckungstitels begeht. Der Antrag bleibt solange zulässig, wie der Vollstreckungstitel wirksam ist, Köln GRUR **87**, 652. Der Gläubiger kann nach § 890 oder nach § 892 vorgehen, LG Karlsr DGVZ **84**, 12, aM AG Bln-Wedding DGVZ **87**, 63 (zunächst müsse man nach § 890 vorgehen. Aber keine der beiden Vorschriften schreibt das vor). Ein Antrag nach § 888 ist evtl in einen solchen nach § 890 umdeutbar, BayObLG NZM **99**, 769.

13 Der Antrag ist bei *Rechtsmißbrauch* unzulässig, Einl III 54, Grdz 44 vor § 704, Stgt WettbR **98**, 20, LG Essen MDR **82**, 587. Der Gläubiger kann ihn solange nach Grdz 37 vor § 704 zurücknehmen, bis der Ordnungsmittelbeschluß rechtskräftig ist, Hamm NJW **77**, 1204. Die Rücknahme des Antrags schließt eine Vollstreckung für den bisherigen Gläubiger aus, nicht aber für weitere Gläubiger, Hamm NJW **77**, 1204. Mangels Rechtsmißbrauchs kann der Gläubiger im Anschluß an die Rücknahme eines Antrags auf Grund desselben Vollstreckungstitels einen neuen Antrag stellen. Das gilt auch dann, wenn der Schuldner inzwischen keine erste oder weitere Zuwiderhandlung begangen hat.

14 **B. Zuständigkeit usw.** Das Verfahren verläuft nach § 891. Ausschließlich nach § 802 zuständig ist das Prozeßgericht der ersten Instanz, wie bei § 887 Rn 10, BPatG GRUR **96**, 402, Schockenhoff NJW **90**, 155. Wenn der Einzelrichter den Vollstreckungstitel erlassen hatte, ist er zuständig, Ffm MDR **81**, 504. Das Gericht nimmt keine Amtsermittlung im Sinn von Grdz 38 vor § 128 vor. In einer WEG-Sache ist das WEG-Gericht zuständig, BayObLG ZMR **00**, 779, Schlesw NZM **00**, 557 (evtl als Vollstreckungsgericht?). Das Gericht prüft das Rechtsschutzbedürfnis, Grdz 33 vor § 253, Ffm GRUR **90**, 452, Saarbr NJW **80**, 461, aM Bbg MDR **79**, 680, Karlsr MDR **94**, 728 (aber diese Prozeßvoraussetzung gilt in allen Verfahrensstadien).

15 Es ist erforderlich und ausreichend, daß der Gläubiger *im Zeitpunkt der Zuwiderhandlung* ein Interesse an der Anordnung eines Ordnungsmittels hat, Ffm NJW **77**, 1204, Karlsr GRUR **92**, 207, aM Peters ZZP **91**, 338 (maßgeblich sei nicht der Zeitpunkt der Zuwiderhandlung, sondern derjenige der Entscheidung. Aber

zur Erwirkung der Herausgabe von Sachen usw. **§ 890**

verboten war und bleibt eine Auflehnung gegen das Interesse des Gläubigers zum Zeitpunkt der Zuwiderhandlung). Der Gläubiger muß etwaige Beweise wie in einem Erkenntnisverfahren antreten. Vgl im übrigen Rn 8, 9.

Das Rechtsschutzbedürfnis kann bei einer strafbewehrten Unterlassungserklärung des Schuldners fehlen. **16** Es entsteht aber neu, wenn der Schuldner sich schon bei der ersten Gelegenheit nicht mehr an sie hält, selbst wenn er anschließend ein höher strafbewehrtes Gelöbnis ablegt, Nürnb GRUR **83**, 399. Hamm Rpfleger **86**, 488 verhängt nur ein einheitliches Ordnungsmittel wegen Verstoßes gegen das Titelgebot gegen die KG, ihre GmbH und deren Geschäftsführer.

Gebühren: Des Gerichts § 12 V GKG (Vorauszahlungspflicht), KV 1811 (Beschwerdegebühr); des Anwalts 3309, 3310.

C. Ordnungsgeld. Das Gericht ist unter den gesetzlichen Voraussetzungen dem Grunde nach zur **17** Verhängung eines Ordnungsgelds bzw zu einer Ordnungshaft Rn 18 von Amts wegen verpflichtet. Das ergibt sich schon aus dem Wortlaut von I 1 („... so *ist* er ... zu verurteilen"), BGH RR **92**, 1454, Düss RR **88**, 1216. Bei der Bemessung der Art und Höhe nach wählt das Gericht dann im Rahmen seines pflichtgemäßen Ermessens, Düss RR **88**, 1216. Dabei beachtet es den Unwertgehalt der Verletzungshandlung und ihrer Gefährlichkeit sowie den Zweck, die Verbotsbeachtung zu erreichen, Hbg ZMR **98**, 585. Das Gericht entscheidet ohne schematische Abhängigkeit vom Streitwert des Unterlassungsprozesses, BGH NJW **94**, 46. Es entscheidet zwischen den folgenden Möglichkeiten.

Es kann ein *Ordnungsgeld* verhängen. Der Mindestbetrag ist 5 EUR, Art 6 I EGStGB, Vorbem B bei § 380. Der Höchstbetrag ist je Zuwiderhandlung 250 000 EUR, I 2. (Jetzt) 200 000 EUR können durchaus angemessen sein, Düss GRUR-RR **02**, 151. Das Gericht muß bei jeder Festsetzung eines Ordnungsgelds zugleich von Amts wegen eine Ordnungshaft für den Fall mitfestsetzen, daß das Ordnungsgeld nicht beitreibbar ist, BGH RR **92**, 1454. Wegen eines Verstoßes Rn 34. Die Festsetzung der Ordnungshaft erfolgt also „ersatzweise". Die Ordnungshaft dauert mindestens 1 Tag, Art 6 II EGStGB, Vorbem B bei § 380, höchstens je Zuwiderhandlung sechs Wochen, Art 6 II EGStGB, Vorbem B bei § 380. Die Worte „bis zu sechs Monaten" in I 1 beziehen sich nur auf eine Verurteilung, die von Anfang an sogleich nur eine Ordnungshaft verhängt. Es gibt keine gesetzliche Vorschrift dazu, auf wieviele EUR man 1 Tag Haft verhängen muß. Die Dauer der Ordnungshaft darf nicht zu krass von der Höhe des Ordnungsgelds abweichen, Ffm GRUR **87**, 940 (3 Tage bei [jetzt ca] 3750 EUR). Freilich sind Tagessatzgrundsätze des Strafrechts unanwendbar, Ffm GRUR **87**, 940.

Wegen der *Einzelheiten* der Festsetzung, der Möglichkeit zur Gewährung einer Stundung oder zur Zubilligung von Raten, auch der nachträglichen Anordnung oder Aufhebung solcher Entscheidungen gilt dasselbe wie bei § 380, dort Rn 10, 11, und Vorbem B bei § 380. Eine titulierte Vertragsstrafe kann auch insoweit beachtlich sein, als der Schuldner sie an einen Dritten leisten muß, Düss RR **88**, 1216.

D. Ordnungshaft. Das Gericht kann auch anstelle eines Ordnungsgeldes nach Rn 17 sogleich und nicht **18** nur ersatzweise eine Ordnungshaft verhängen. Sie beträgt mindestens 1 Tag, Art 6 II EGStGB, Vorbem B bei § 380, höchstens je Zuwiderhandlung sechs Monate, I 1. Sie beträgt insgesamt jedoch auf Grund desselben Vollstreckungstitels höchstens zwei Jahre, I 2. In diesen Fällen sind die Art 7, 8 EGStGB nicht anwendbar. Die Verjährung richtet sich nach Art 9 EGStGB, Vorbem B bei § 380, aM Ott NJW **77**, 288 betr im Presserecht (er gehe von einer Verjährungsfrist von sechs Monaten seit dem ersten Verbreitungsakt aus. Aber das ist inkonsequent). Das Gericht muß die Person des zu Verhaftenden eindeutig bezeichnen, Düss MDR **92**, 411. Gegen ein Mitglied der alliierten Streitkräfte darf es eine Ordnungshaft weder sogleich noch ersatzweise verhängen, Art 34 II ZAbkNTrSt, SchlAnh III. Die Zwangsvollstreckung erfolgt in einem solchen Fall nach Art 34 I des Abkommens.

E. Zuwiderhandlung nach Androhung. Die Androhung erfordert keine schon erfolgte Zuwiderhand- **19** lung, BayObLG NZM **99**, 770 rechts. Hamm MDR **88**, 506. Die Zuwiderhandlung muß der Androhung der jeweiligen Maßnahmenart vielmehr nachfolgen, Hamm OLGZ **93**, 450. Es reicht aus, daß der Schuldner auch nur ein Tatbestandsmerkmal nach demjenigen Zeitpunkt verwirklicht hat, in dem die Androhung ihm gegenüber wirksam wurde, falls er die weiteren Tatbestandsmerkmale nach dem Erlaß des Urteils erfüllt hat. Ein bloßer Versuch reicht nur, falls schon er verboten war. Weil die Androhung also der Zuwiderhandlung vorangehen muß, ist es ratsam, den Antrag auf den Erlaß des Androhungsbeschlusses zu stellen, sobald die in Grdz 14 ff vor § 704 genannten Voraussetzungen der Zwangsvollstreckung vorliegen, Rn 8, 9, BayObLG NZM **99**, 770 rechts.

Das Urteil muß zwar *zugestellt* werden, bevor das Gericht das Ordnungsmittel festsetzen kann, aM Bork WRP **89**, 366 (das Verfügungsurteil auf eine Unterlassung sei schon ab seiner Verkündung im Hinblick auf eine Zuwiderhandlung wirksam). Aber zuwiderhandeln kann man erst ab Verbotskenntnis). Für die bloße Androhung des Ordnungsmittels ist die Zustellung des Urteils aber nicht erforderlich. Es genügt vielmehr, daß die Zuwiderhandlung nach der Verkündung des Urteils nach § 311 und nach dem Zeitpunkt der Wirksamkeit des Androhungsbeschlusses erfolgt ist, Hbg RR **86**, 1501, also unter Umständen alsbald nach der Verkündung des Urteils, aM Hamm BB **78**, 1283, LG Ffm BB **80**, 1553, Bork WRP **89**, 361 (aber mit Verkündung ist rechtlich Kenntnis eingetreten).

Es mag überhaupt *keine* Verkündung des Vollstreckungstitels erfolgt sein, etwa dann, wenn das Gericht ihn in einer einstweiligen Verfügung ohne mündliche Verhandlung durch einen Beschluß erlassen hatte, §§ 936 Rn 3 „§ 922, Beschluß oder Urteil", LG Flensb SchlHA **79**, 215. Dann muß zunächst die Zustellung der Androhung der Zuwiderhandlung vorangehen, Bork WRP **89**, 363.

F. Beweisaufnahme. Die objektive Zuwiderhandlung muß im Sinn von § 286 Rn 16 zur Gewißheit des **20** Gerichts feststehen, Ffm GRUR **94**, 918, LG Landau RR **02**, 214, Bischoff NJW **88**, 1958. Sie darf also nicht nur nach § 294 glaubhaft sein, KG GRUR **91**, 707. Das gilt auch nach einem Eilverfahren, LG Landau RR **02**, 214, ZöStö 13, aM Bre MDR **03**, 233, Dahm MDR **96**, 1100 (aber § 294 gilt nicht im Vollstreckungsverfahren. Denn dort geht es nicht um vorläufige Erkenntnis, sondern meist um endgültige Vollstreckung). Alle prozeßrechtlich zulässigen Beweismittel sind erlaubt, auch eine Parteivernehmung, §§ 445 ff. Die

Grundsätze des § 244 StPO sind auch hier beachtlich, § 286 Rn 27. Man kann einen AnschBew des Verstoßes grundsätzlich ablehnen, KG GRUR **91**, 707. Wenn aber alle Anzeichen für einen Verstoß sprechen und nur der Schuldner sein Fehlen nachweisen kann, mag er dazu beweispflichtig werden, Ffm GRUR **99**, 372. Eine Unterbrechung des Verfahrens zwecks Prüfung der Zurechnungsfähigkeit des Schuldners ist unzulässig.

21 **G. Schuld.** Zwar ist weder eine Strafe noch eine Ordnungsstrafe des früheren Rechts ohne Schuld zulässig, BVerfG **20**, 331. Aber man muß zwischen der Strafe und einem bloßen Zwangsmittel unterscheiden, BVerfG **20**, 332. Wie Art 6 I EGStGB, Vorbem B bei § 380, zeigt, liegen bei I noch nicht einmal Zwangsmittel vor, sondern bloße Ordnungsmittel, „Rechtsnachteile, die nicht bei Straftaten angedroht werden", Art 5 EGStGB. Indessen scheint BVerfG **20**, 331 alle diejenigen staatlichen Maßnahmen dem Schuldprinzip zu unterstellen, die auf eine „Repression und Vergeltung für ein rechtlich verbotenes Verhalten" abzielen, durch die „dem Täter ein Rechtsverstoß vorgehalten und zum Vorwurf gemacht" wird. Auch in I reagiert der Staat auf eine Zuwiderhandlung gegen sein Verbot, also auf einen Rechtsverstoß. In diesem Zusammenhang ist es auch unerheblich, daß das Gericht ein Ordnungsmittel nur auf einen Antrag des Gläubigers verhängt. Freilich hat das EGStGB so klar die Tendenz, die Ordnungs- und Zwangsmittel noch nicht einmal als Ordnungswidrigkeitsfolgen einzustufen, daß aus denselben Gründen wie bei den §§ 380, 888 keinerlei auch nur strafähnlicher Charakter mehr vorliegt, Rn 10, Bbg MDR **79**, 680, Zweibr OLGZ **89**, 362, LAG Hamm MDR **75**, 696. Das spräche an sich eher gegen eine Schuldprüfung.

22 Indessen ist nach der *ganz herrschenden Meinung* (Musielak NJW **86**, 1739, zum Begriff Einl III 47, Zasius DGVZ **87**, 80) wegen des in Rn 10 erläuterten Doppelcharakters eine *Schuldprüfung* mit unterschiedlicher Begründung teilweise wegen eines zumindest auch strafähnlichen Charakters *erforderlich*, BVerfG **84**, 87, BGH JR **91**, 69, Köln JB **01**, 155, LG Hbg NJW **03**, 1196.

23 Eine *Folge* ist: Es besteht für den Betriebsinhaber dann eine Entlastungsmöglichkeit, wenn nur sein Personal objektiv eine Zuwiderhandlung begangen hat, BVerfG **58**, 162, AG Wiesb WoM **81**, 214 (mit strengen Anforderungen). Ein Verbotsirrtum ist beachtlich. Die Verhängung eines Ordnungsmittels nach I unterbleibt, soweit der Schuldner nach der Zuwiderhandlung eine „Entschuldigung" vorgebracht hat.

24 Ein nach §§ 51, 52 *Prozeßunfähiger* kann nur nach prozessualen Grundsätzen haften. Sonst wäre der Vollstreckungszweck unerreichbar, Grdz 40 vor § 704. Infolgedessen erfolgt die Zwangsvollstreckung wegen des Ordnungsgeldes in das Vermögen auch dem Prozeßunfähigen, die Zwangsvollstreckung wegen einer Ordnungshaft gegen den gesetzlichen Vertreter, § 51 Rn 12, BVerfG **20**, 335, BGH NJW **92**, 750 (zulässig auch die Androhung, an „einem" von mehreren Vertretern zu vollziehen), StJM 61, aM KG GRUR **83**, 796 (inkonsequent). Wenn Zwangsmaßnahmen gegen eine Personalgesellschaft auch gegen die Gesellschafter notwendig werden, dann kann man eine Haft natürlich nur gegen die Gesellschafter vollziehen. Dasselbe gilt bei Ordnungsmitteln gegen eine Kommanditgesellschaft. Eine weitere Auswirkung besteht darin, daß das Gericht an den strafrechtlichen Grundsatz „ne bis in idem" gebunden ist, aM Ffm GRUR **83**, 687, Tetzner GRUR **81**, 811 (je: inkonsequent). Das Rechtsschutzbedürfnis für mehrere Ordnungsmaßnahmen wegen desselben Verstoßes kann auch dann fehlen, wenn mehrere Gläubiger sie beantragen.

25 **H. Wirksamkeitszeitpunkt von Urteil und Androhung.** Das Urteil und der Androhungsbeschluß müssen im Zeitpunkt der Festsetzung des Ordnungsmittels wirksam sein. Die Wirksamkeit tritt mit der Zustellung ein, aM StJM 20 (ausreichend sei die Verkündung). Ein Wegfall des sachlichrechtlichen Anspruchs nach der Zuwiderhandlung, aber ohne Titelaufhebung, ist unbeachtlich, Rüßmann (vor Rn 1) 692, aM Kblz RR **90**, 1086 (aber die Zwangsvollstreckung kann nicht einfach von der sachlichrechtlichen Entwicklung ohne Titeländerung abhängen). Der Grund der Festsetzung des Ordnungsmittels ist ein Ungehorsam gegenüber dem staatlichen Verbot, Hamm MDR **86**, 156, aM Bbg MDR **79**, 680 (auch allgemein abschreckender Charakter der Festsetzung), Hamm NJW **80**, 1399, LG Essen MDR **83**, 501 (Kombination von Beugemittel und Ahndung. Aber beide Varianten setzen den Schwerpunkt nicht klar genug).

26 **I. Beispiele zur Frage der Zulässigkeit eines Ordnungsmittels**
Abänderungsklage: S „Aufhebung".
Ablauf der Verbotszeit: Rn 29 „Zeitablauf".
Antragsrücknahme: Ab Eingang einer wirksamen Zurücknahme des Antrags des Gläubigers auf die Festsetzung eines Ordnungsmittels ist seine Verhängung *unzulässig*.
Arrest, einstweilige Verfügung: Der Titel muß im Zeitpunkt der Zuwiderhandlung bereits im Parteibetrieb zugestellt sein, von der Groeben GRUR **99**, 675. Vgl im übrigen Rn 28 „Sicherheitsleistung".
Aufhebung: Ein Ordnungsmittel ist insoweit *unzulässig*, als das Gericht den Vollstreckungstitel aufgehoben hat, Brschw WoM **95**, 197, Hamm JR **90**, 469 (Erlöschen), zB auf Grund eines Rechtsbehelfs, KG RR **04**, 69, Stgt WettbR **97**, 24, oder wegen einer Veränderung der Verhältnisse etwa auf Grund einer Klage nach § 323 oder nach § 767, Köln GRUR **87**, 652. Hebt das Gericht den aufhebenden Titel seinerseits wieder auf und erläßt den ursprünglichen Titel erneut, will Mü WettbR **00**, 147 den Schuldner dann doch „bestrafen" (?, Rn 22).
Ein bereits ergangener Ordnungsmittelbeschluß wird aber *keineswegs automatisch* wegen einer Aufhebung der Hauptsacheentscheidung wirkungslos, Üb 19 vor § 300, BGH RR **88**, 1530. Vor seiner Aufhebung kommt eine Rückzahlung von Ordnungsmitteln nicht in Betracht, BGH RR **88**, 1530. Nach der Rechtskraft des Anordnungsbeschlusses erfolgt keine Aufhebung nach weiterer, LG Kblz JB **97**, 50.
Domain: Der Unterlassungsschuldner ist *nicht* dafür verantwortlich, daß Suchmaschinen bzw Provider noch gewisse Zeit auf die Domain verweisen, Köln RR **02**, 215. Er muß sich aber um die Beendigung solcher Verweise bemühen.

27 **Einstweilige Einstellung:** Eine nur einstweilige Einstellung der Zwangsvollstreckung *verhindert* zunächst die Festsetzung eines Ordnungsmittels. Das Gericht darf es dann erst nach dem Wegfall der Einstellung festsetzen. Das Verfahren zur Festsetzung eines Ordnungsmittels läuft auch dann weiter, wenn das Gericht den aufgehobenen Vollstreckungstitel wiederherstellt.

zur Erwirkung der Herausgabe von Sachen usw. **§ 890**

Endgültige Einstellung: Ein Ordnungsmittel ist *unzulässig,* soweit das Gericht die Zwangsvollstreckung aus diesem Vollstreckungstitel dauernd einstellt.
S auch „Einstweilige Einstellung".
Erledigung: Wenn beide Parteien die Hauptsache wirksam für erledigt erklären, dann wird eine ergangene, noch nicht rechtskräftige Entscheidung zur Hauptsache rückwirkend wirkungslos. Daher wird dann ein Ordnungsmittel *unzulässig,* § 91 a Rn 108, BGH **156**, 342 (krit Ruess NJW **04**, 488), KG GRUR **99**, 191, Köln OLGZ **92**, 452 (setzt ziemlich kühn den Titelverzicht gleich), aM Düss GRUR-RR **03**, 128, Ffm OLGZ **94**, 603, Melullis GRUR **93**, 246 (er stellt auf den Umfang der Erledigterklärung des Gläubigers ab), ThP 10 (aber Rechtsfolge wirksamer Erledigterklärungen ist der Wegfall der Rechtshängigkeit, § 91 a Rn 108). Wenn nur der Kläger die Hauptsache für erledigt erklärt, dann fehlt meist das Rechtsschutzbedürfnis. Wegen einer Ausnahme s „Rechtsschutzbedürfnis".
Erlöschen: Ein Ordnungsmittel ist *unzulässig,* soweit der Vollstreckungstitel erloschen ist, Brschw WoM **95**, 197, Hamm JR **90**, 469.
S auch Rn 26 „Aufhebung", Rn 29 „Wegfall".
Juristische Person: Das Ordnungsmittel ergeht gegen ihren gesetzlichen Vertreter, Karlsr RR **98**, 1571 (evtl stellvertretender Geschäftsführer?), Kblz VersR **97**, 1557 (AG, Vorstand). Das gilt auch dann, wenn er nach der Festsetzung ausgeschieden ist, Nürnb MDR **03**, 293.
Rechtsbehelf: Rn 29 „Wegfall des Titels".
Rechtsmißbrauch: Das Gericht muß jeden Rechtsmißbrauch wie stets nach Einl III 54 und Grdz 44 vor § 704 auch in der Zwangsvollstreckung von Amts wegen beachten, Körner GRUR **85**, 915, Völp GRUR **84**, 490.
Rechtsschutzbedürfnis: Ein Ordnungsmittel ist nur zulässig, soweit und solange der Gläubiger ein Rechtsschutzbedürfnis hat, Hamm MDR **86**, 418. Es kann freilich auch noch nach der Abgabe einer einseitigen Erledigterklärung ausnahmsweise gegeben sein, falls der Gläubiger den Ordnungsmittelantrag aufrecht erhält.
Rechtsstreit: Ein Ordnungsmittel ist *unzulässig,* soweit der Schuldner eine ihm verbotene Behauptung im späteren Prozeß mit einem Dritten zur Rechtsverfolgung erneut aufstellt, LG Hann MDR **98**, 987.
Sachlichrechtlicher Anspruch: Rn 29 „Wegfall des Anspruchs". 28
Schutzschrift: Nach ihrer Erwirkung verlangt Ffm WettbR **00**, 148, daß sich der Einreicher für eine Nachricht über den Eingang einstweiliger Verfügung erreichbar macht.
Sicherheitsleistung: Ein Ordnungsmittel ist *unzulässig,* solange der Gläubiger eine Sicherheitsleistung nach § 709 noch nicht erbracht hat, BGH **131**, 235, oder soweit der Schuldner nach § 711 eine Sicherheitsleistung erbracht hat, während der Gläubiger die „Gegen-Sicherheitsleistung" noch nicht erbrachte, Ffm GRUR **89**, 458, Mü GRUR **90**, 638.
Keine solche Lage liegt vor, soweit das Gericht im Widerspruchsverfahren nach § 924 die Vollziehung von einer Sicherheitsleistung abhängig macht, Hamm RR **86**, 679.
Veränderung der Verhältnisse: Rn 26 „Aufhebung".
Verbotszeit: Rn 29 „Zeitablauf".
Vergleich: Rn 29 „Wegfall".
Verjährung: Die Verjährung und deren Ruhen richtet sich nach Art 9 I EGStGB, Vorbem B bei § 380, soweit es um die Vollstreckung des Ordnungsmittels geht, BGH **161**, 63 (kein Eintritt der Verfolgungsverjährung ab Festsetzung des Ordnungsmittels), BayObLG WoM **95**, 443, Hamm BB **78**, 574. Die Verjährung beginnt nicht, solange der Schuldner das Verbot beachtet, sei es auch Jahre hindurch.
Vollstreckungsabwehrklage: Rn 26 „Aufhebung".
Wegfall des Anspruchs: Das Gericht prüft grds nicht, ob der sachlichrechtliche Anspruch weggefallen ist, 29 Nürnb WRP **85**, 177, Völp GRUR **84**, 490.
S aber auch Rn 27 „Rechtsmißbrauch".
Wegfall des Titels: Ein Ordnungsmittel ist *unzulässig,* soweit der Vollstreckungstitel rückwirkend weggefallen ist, Ffm NJW **82**, 1056, Köln GRUR **92**, 476, Peters ZZP **91**, 338, aM BayObLG **95**, 114 (inkonsequent). Das gilt zB auf Grund eines Rechtsbehelfs oder eines Vergleichs, Stgt RR **86**, 1255.
S auch Rn 26 „Aufhebung", Rn 27 „Erlöschen".
Wiederholung des Verbots: Es liegt keine ein Ordnungsmittel unzulässig machende Aufhebung des Titels vor, soweit das Gericht im Urteil des Hauptprozesses ein Verbot wiederholt, das im Weg einer einstweiligen Verfügung ergangen war.
Zeitablauf: Ein Ordnungsmittel ist *unzulässig,* soweit die Verbotszeit abgelaufen ist. Denn dann liegt keinerlei Sinn und Notwendigkeit eines Ordnungsmittels mehr vor, Düss DB **92**, 1084, Köln JB **95**, 269, LAG Hbg MDR **90**, 365, aM Bbg MDR **79**, 680, Hamm RR **90**, 1086, LG Essen MDR **83**, 501 (aber das Fehlen des Rechtsschutzbedürfnisses ist stets beachtlich, Rn 27 „Rechtsschutzbedürfnis").
Zeugenaussage: Sie geht als staatsbürgerliche Pflicht auch einem Unterlassungstitel vor und kann daher *kein* Ordnungsmittel auslösen, Einf 2 vor §§ 383–389, Ffm RR **01**, 1364.
Zurücknahme des Antrags: Rn 29 „Antragsrücknahme".

6) Vollstreckung, I. Sie folgt zwei Gesichtspunkten. 30

A. Von Amts wegen. Die Vollstreckung des Ordnungsmittels erfolgt von Amts wegen. Sie ist sofort zulässig, § 794 I Z 3, BGH **161**, 63. Zur Vollstreckung ist grundsätzlich der Rpfl zuständig, soweit sich nicht der Richter im Einzelfall die Vollstreckung ganz oder teilweise vorbehalten hat, § 31 III RPflG idF Art 94 Z 6 g EGStGB, Vorbem A bei § 380, BayObLG Rpfleger **02**, 254. Der Rpfl ist insoweit auch ausnahmsweise zur Androhung oder Anordnung einer Ordnungshaft zuständig, § 4 II Z 2 a RPflG idF Art 94 Z 2 a EGStGB, Vorbem A bei § 380. Zuständig ist der Rpfl des Prozeßgerichts, nicht der Staatsanwaltschaft, BayObLG Rpfleger **02**, 254, Köln OLGZ **89**, 476, Mü MDR **88**, 784.
Eine *Rücknahme* des Antrags nach I oder ein Wegfall des sachlichrechtlichen Anspruchs sind unbeachtlich. Das gilt insbesondere infolge Erfüllung, erst recht nach dem Eintritt der Rechtskraft des Ordnungsmittel-

beschlusses, Schockenhoff NJW **90**, 154, aM Karlsr MDR **79**, 150 (aber die Rechtskraft beendet nun wirklich derartige Möglichkeiten). Eine solche Rücknahme bzw ein derartiger Wegfall führen deshalb anders als bei § 888 Rn 20 weder zur Aufhebung des Beschlusses noch zu einer Rückzahlung des Ordnungsgeldes, Ffm Rpfleger **80**, 200, noch zu einem Schadensersatzanspruch. §§ 717, 945 sind unanwendbar. Das gilt schon deshalb, weil das Ordnungsmittel jedenfalls durch einen Ungehorsam begründet wird. Eine Begnadigung ist unzulässig, Brehm NJW **75**, 250. Die Vollstreckung ist auch gegenüber einem Minderjährigen grundsätzlich zulässig. Das Gericht muß Art 7, 8 EGStGB beachten, Köln OLGZ **89**, 476.

31   **B. Staatskasse als Empfänger.** Das Ordnungsgeld fließt in die Staatskasse. Die Beitreibung des Ordnungsgelds erfolgt nach § 1 Z 3, 4 JBeitrO, Vorbem A bei § 380, Karlsr RR **97**, 1567, Mü MDR **88**, 784. Es sind jetzt keinerlei strafprozessuale Grundsätze mehr beachtlich, Rn 21. Deshalb ist es zulässig, den Festsetzungsbeschluß nach der Zahlung des Ordnungsgeldes aufzuheben, LG Ffm NJW **77**, 302. Deshalb sind auch wegen desselben Verstoßes mehrere Ordnungsmittel auf Grund der Anträge mehrerer Gläubiger vollstreckbar, zB in Wettbewerbssachen, aM Hamm NJW **77**, 1204. Die Vollstreckungsverjährung und deren Ruhen richtet sich nach Art 9 II EGStGB, Vorbem § 380.

32   **7) Androhung, II.** Man muß vier Aspekte beachten.
   A. Zeitliche Reihenfolge. Der Festsetzung eines Ordnungsmittels muß unbedingt eine entsprechende Androhung vorausgehen, BGH **156**, 340 (zustm Teplitzky LMK **04**, 54), BayObLG ZMR **99**, 777, Hamm RR **87**, 766. Die Androhung ist ein wesentlicher Bestandteil des Verfahrens. Deshalb können weder der Gläubiger noch der Schuldner auf die Androhung wirksam verzichten. Die Androhung soll möglichst frühzeitig Druck auf den Schuldner ausüben, VGH Mannh JB **91**, 114. Sie kann bereits im Urteil erfolgen, wenn der Gläubiger einen entsprechenden Antrag gestellt hat, Ffm RR **92**, 400. Das Gericht muß freilich die Androhung auch bereits zu früh für ratsam halten, BGH NJW **93**, 1077, Mü GRUR **90**, 678, VGH Mannh JB **91**, 114. Sie ist dann noch keine Vollstreckungshandlung, BGH NJW **93**, 1077, Mü GRUR **90**, 678. Sie setzt dann nur die Unterlassungspflicht und die bloße Möglichkeit einer Zwangsvollstreckung voraus, BPatG GRUR **96**, 402, Mü GRUR **90**, 678. Die Androhung braucht also noch nicht rechtskräftig zu sein, BayObLG ZMR **99**, 777.
   In einem *Prozeßvergleich* ist eine Androhung unzulässig, KG RR **87**, 507, LG Oldb VersR **00**, 385, Pfeilschiffer WoM **86**, 201. Wenn sie dort gleichwohl erfolgt ist, ist sie insofern unwirksam, Rn 7. Wenn die Androhung noch nicht im Urteil erfolgt ist, dann spricht das Gericht sie auf Grund eines Antrags des Gläubigers in einem besonderen Beschluß aus, BGH NJW **93**, 1077, BayObLG WoM **92**, 163. Der Antrag unterliegt dem Anwaltszwang wie sonst, § 78 Rn 1. Erst dieser Beschluß nach § 329 stellt eine Vollstreckungshandlung dar, BayObLG WoM **96**, 375, Köln VersR **92**, 723, Mü GRUR **90**, 678. Dann müssen auch die Voraussetzungen der Zwangsvollstreckung vorliegen, Grdz 14 vor § 704, zB nach §§ 724, 750, Köln VersR **92**, 723, VGH Mannh JB **91**, 114.

33   **B. Verfahren.** Für das Verfahren ist das Prozeßgericht der ersten Instanz zuständig, § 887 Rn 10. Das Verfahren richtet sich nach § 891. Der Antrag auf ein Zwangsmittel und auf eine Vertragsstrafe auf Grund eines gerichtlichen Vergleichs schließen sich zwar grundsätzlich nicht gegenseitig aus. Daher ist ein Antrag nach § 890 auch nach der früheren Vereinbarung einer Vertragsstrafe noch zulässig, Saarbr NJW **80**, 461. Das gilt schon deshalb, weil die Vertragsstrafe auch der Schadloshaltung des Gläubigers dient, BVerfG **20**, 332. Der Gläubiger kann allerdings nur zwischen beiden Möglichkeiten wählen. Er kann also nicht beide nebeneinander ausüben, LG Saarbr MDR **92**, 362, aM Köln GRUR **86**, 588, Saarbr NJW **80**, 461 (aber das käme einem Rechtsmißbrauch nach Grdz 44 vor § 704 nahe). Er kann § 890 I, II den Antrag über Ordnungshaft wegen Grdz 7 vor § 704 nicht wirksam auf deren bloße Ersatzfunktion beschränken.
   Natürlich kann der Gläubiger schlechthin auf die Möglichkeit eines Weges nach § 890 *verzichten*. Diesen Verzicht muß man von dem Verzicht auf eine besondere Androhung für den Fall unterscheiden, daß der Gläubiger nach § 890 vorgehen will. Der gänzliche Verzicht auf die Möglichkeit eines Ordnungsmittels liegt aber noch nicht darin, daß die Parteien eine Vertragsstrafe vereinbart haben, auch wenn man im Ergebnis nicht beide Möglichkeiten erschöpfen kann. Vielmehr muß der Gläubiger den völligen Verzicht ausdrücklich erklären, Saarbr NJW **80**, 461.
   Das *Rechtsschutzbedürfnis* für einen Ordnungsmittelantrag nach Grdz 33 vor § 253 muß vorliegen, § 329 Rn 4. Es ergibt sich grundsätzlich schon aus dem tituierten Duldungsanspruch und der ständigen Möglichkeit einer Zuwiderhandlung des Schuldners. Das Gericht braucht daher nicht die Erfolgsaussicht einer Zwangsvollstreckung zu prüfen, Zweibr MDR **90**, 258. Das Rechtsschutzbedürfnis entfällt nicht schon wegen des höheren Alters des Vollstreckungstitels, KG RR **87**, 507. Jedes Verfahren verläuft bis zu einer etwaigen Verbindung nach § 147 selbständig, aM Düss GRUR-RR **03**, 130 (gibt eine Art Mengenrabatt, eine zweifelhafte Besserstellung des besonders hartnäckigen Schuldners).

34   **C. Entscheidung.** Der Androhungsbeschluß nach §§ 329, 891 S 1 braucht das Ordnungsmittel weder nach seiner Art noch nach seiner Höhe bestimmt anzugeben. Es reicht aus, daß das Gericht auf den gesetzlichen Rahmen Bezug nimmt. Das ist sogar ratsam, Hamm RR **88**, 960 (keine Einengung von vornherein), aM BGH NJW **95**, 3181 (mit der nicht näher begründeten und zeitlich nicht überzeugenden Ansicht, das Gericht müsse schon im Änderungsbeschluß Art und Höchstmaß des Ordnungsmittels „konkretisieren". Vgl freilich auch unten). Das Gericht muß aber die generelle Art des angebotenen Ordnungsmittels angeben. Es muß also bestimmen, ob es ein Ordnungsgeld mit einer ersatzweisen Ordnungshaft oder sogleich eine Ordnungshaft androht. Freilich kann das Gericht auch nach einer fälschlichen Androhung nur eines Ordnungsgelds ohne Ersatz-Ordnungshaft später das angedrohte Ordnungsgeld festsetzen, Hamm MDR **92**, 411. Das Gericht muß ferner das gesetzliche Höchstmaß nennen, BGH NJW **95**, 3181, Hamm NJW **80**, 1289.
   Wenn das Gericht das Ordnungsmittel nach seiner Art und Höhe angedroht hat, dann ist es bei einer anschließenden *Festsetzung* des Ordnungsmittels an diesen Rahmen gebunden. Das Gericht darf also insbesondere nicht eine andere als die angedrohte Art des Ordnungsmittels verhängen. II soll nämlich nicht nur

zur Erwirkung der Herausgabe von Sachen usw. **§ 890**

den Schuldner schützen, sondern es soll auch dem Gläubiger diejenigen Maßnahmen zur Verfügung stellen, die für die Durchsetzung seiner Ansprüche notwendig sind. Die Parteien können die Kosten in einem etwa zugrundeliegenden Vergleich mitgeregelt haben. Andernfalls folgen die Kosten der übrigen Kostenregelung im Vergleich, wenn im Zeitpunkt des Vergleichsbeschlusses bereits ein Antrag nach II vorlag. Andernfalls ist § 788 anwendbar, § 891 Rn 7. Soweit die Androhung ein ungesetzlich überhöhtes Ordnungsmittel kannte, bleibt eine Festsetzung in gesetzlicher Höhe zulässig, Hamm GRUR **83**, 607.
Gebühren: Des Anwalts VV 3309, 3310.

D. Abänderung. Das Gericht darf die Androhung jederzeit wegen veränderter Umstände abändern. Die **35** Androhung ist schon vor der ersten Zuwiderhandlung statthaft. Das ergibt sich aus der Möglichkeit der Aufnahme der Androhung in das Urteil, BGH NJW **79**, 217. Die Androhung setzt nicht voraus, daß das Urteil bereits nach § 322 rechtskräftig geworden ist. Die Androhung wird mit der Zustellung an den Schuldner wirksam. Eine einmalige Androhung genügt für alle Zukunft, KG GRUR **83**, 796. Wenn das Gericht das Ordnungsmittel in einem besonderen Beschluß androht, also auch im Anschluß an einen Prozeßvergleich nach Anh § 307, dann ist die Zustellung dieses Beschlusses nach § 750 I der Beginn der Zwangsvollstreckung, Grdz 51 vor § 704, BGH NJW **79**, 217.

Wenn das Gericht die Androhung in das *Urteil* aufgenommen hat, dann ist die Urteilszustellung nach § 750 I der Beginn der Zwangsvollstreckung, Borck WRP **77**, 558, aM BGH NJW **79**, 217 (die Zwangsvollstreckung beginne dann erst mit der Festsetzung des Ordnungsmittels), Bork WRP **89**, 361 (aber für einen solchen Unterschied ist kein Grund ersichtlich). Deshalb müssen im Zeitpunkt der Zustellung der Androhung die Voraussetzungen der Zwangsvollstreckung nach § 750, Grdz 14 vor § 704 erfüllt sein. Das gilt auch bei einer Androhung auf Grund einer einstweiligen Verfügung nach §§ 935 ff. Die Zustellung der einstweiligen Verfügung ist ihr Vollzug, nicht ihre Vollstreckung, Grdz 19, 20 vor § 916, § 936. §§ 775 Z 1, 776 bleiben beachtlich, LAG Mainz BB **99**, 1767.

8) Sicherheitsleistung, III. Auf Grund eines Antrags des Gläubigers mit einem Anwaltszwang wie sonst **36** nach § 78 Rn 1 kann das Prozeßgericht der ersten Instanz im Sinn von § 887 Rn 10 nach seinem pflichtgemäßen Ermessen dem Schuldner eine Sicherheitsleistung zur Absicherung desjenigen Schadens auferlegen, der durch eine fernere Zuwiderhandlung drohen mag. Voraussetzung ist zwar nicht, daß bereits vorher ein Ordnungsmittel festgesetzt worden war. Der Schuldner muß aber bereits mindestens einmal nach dem Wirksamwerden der Androhung eines Ordnungsmittels eine Zuwiderhandlung begangen haben. Das Urteil braucht allerdings keine Sicherheitsleistung auferlegt zu haben, Ffm Rpfleger **78**, 267. S aber auch Rn 28 „Sicherheitsleistung". Zur Art und Höhe der Sicherheit § 108. Die Sicherheit haftet dem Gläubiger für etwaige Schäden und Kosten weiterer Zuwiderhandlungen, Ffm Rpfleger **78**, 267. Sie haftet ihm aber nicht dafür, daß der Schuldner das Ordnungsgeld zahlt. Der Gläubiger muß seinen etwaigen Schaden nach § 893 einklagen, Ffm Rpfleger **78**, 267. Die Rückgabe der Sicherheit richtet sich nach § 109. Das gilt auch im Fall des Ablaufs der etwa im Beschluß bestimmten Zeitspanne.
Gebühren: Des Gerichts KV 2110; des Anwalts VV 3309, 3310.

9) Rechtsbehelfe, I–III. Beim Rpfl gilt nach einer echten Entscheidung § 11 RPflG, Anh § 153 GVG. **37** Zum Verfahren § 104 Rn 41 ff. Im übrigen:

A. Sofortige Beschwerde. Die sofortige Beschwerde ist nach §§ 567 I Z 1, 793 zulässig, BVerfG NJW **82**, 1635, KG NJW **91**, 989, wenn das Gericht ein Ordnungsmittel durch einen besonderen Beschluß *angedroht* hat, Hamm RR **88**, 960. Wenn die Androhung bereits im Urteil enthalten war, dann kann der Schuldner gegen diese Entscheidung nur das gegen das Urteil zulässige Rechtsmittel einlegen, §§ 511 ff, 542 ff, LAG Hamm MDR **77**, 699, aM Hamm RR **88**, 960 (sofortige Beschwerde. Aber dann war die Androhung Urteilsbestandteil). Die Zurückweisung eines Antrags eines Ordnungsmittels führt nicht dazu, daß die sofortige Beschwerde gegen den Androhungsbeschluß erledigt wäre.

Die sofortige Beschwerde ist *ferner zulässig,* wenn das Gericht vor oder nach der Rechtskraft des Verbots- **38** titels nach § 322 durch einen Beschluß ein Ordnungsmittel festgesetzt hat, Hamm GRUR **83**, 607, Mü MDR **84**, 592. In diesem Fall kann der Gläubiger die sofortige Beschwerde dann einlegen, wenn das Gericht das Ordnungsmittel seiner Meinung nach zu niedrig bemessen hat. Denn er hat ein schutzwürdiges Interesse daran, daß das Gericht eine genügend wirksame Art und Höhe festsetzt, Ffm GRUR **87**, 940, Hamm RR **88**, 960. Der Schuldner kann die sofortige Beschwerde gegen eine zu hohe Bemessung einlegen, Hamm GRUR **83**, 607, oder gegen Versagung einer Ratenherabsetzung, Karlsr RR **97**, 1567.

Die sofortige Beschwerde ist ferner zulässig, wenn das Gericht über einen Antrag des Gläubigers auf eine **39** *Sicherheitsleistung* nach III entschieden hat. In diesem Fall kann sich der Gläubiger gegen die Zurückweisung des Antrags beschweren.

Wenn gleichzeitig gegen eine *einstweilige Anordnung,* gegen die Anordnung eines Ordnungsmittels und **40** gegen eine Festsetzung Rechtsbehelfe vorliegen, muß das Rechtsmittelgericht sie in dieser Reihenfolge prüfen. § 570 I ist anwendbar, aM Köln FamRZ **05**, 223 (vgl aber Einl III 39).

B. Erinnerung. Gegen eine fehlerhafte Art und Weise der Durchführung der Vollstreckung ist die **41** Erinnerung nach § 766 gegeben, Art 7 IV EGStGB, Brehm NJW **75**, 250.

C. Sonstige Fälle. Gegen die ablehnende Entscheidung über einen Antrag des Schuldners, ein rechts- **42** kräftig festgesetztes Ordnungsgeld entfallen zu lassen, ist kein Rechtsmittel zulässig, Mü MDR **84**, 592.

10) Kosten, I–III. § 891 Rn 7. **43**

11) VwGO: Entsprechend anwendbar iRv Üb § 883 Rn 7, VGH Mannh, NVwZ-RR **03**, 71, **95**, 619 u **90**, **44** 447, vgl dazu OVG Bln NVwZ-RR **99**, 411. Danach ist auf die Vollstreckung gegen die öffentliche Hand nicht § 172 VwGO, sondern § 890 entsprechend anzuwenden, wenn der Vollstrecke gegenüber der Behörde nicht in einem Unterordnungsverhältnis steht, VGH Mü NVwZ **83**, 478, oder wenn der Anspruch auf einem Leistungsurteil beruht und auf eine Unterlassung gerichtet ist, VGH Mannh NVwZ-RR **93**, 520, VGH Mü NVwZ **82**, 563, VGH Mannh DVBl **77**, 211, OVG Frankfurt NVwZ-RR **02**, 904, aM VGH Kassel NVwZ-RR **00**, 730 mwN, und zwar auch aufgrund einer einstw AnO, BGH NJW **93**, 1078 mwN, OVG Bln NVwZ-RR **01**, 99 mwN, VGH Mü

§§ 890, 891   Buch 8. Abschnitt 3. Zwangsvollstreckung

NVwZ-RR **89**, 669, OVG Münster *NJW* **74**, 917, aM VGH Kassel aaO. Dagegen ist § 890 auf die Vollstreckung aus einer Entscheidung nach § 80 VwGO nicht anzuwenden, OVG Lüneb *DVBl* **74**, 470. Für die nachträgliche Androhung, II, genügt die bloße Möglichkeit einer Zuwiderhandlung, VGH Mannh *NVwZ-RR* **90**, 448 (außerdem müssen die allg VollstrVoraussetzungen vorliegen, VGH Mannh *NVwZ-RR* **93**, 520); über sie ist durch selbständigen Beschluß zu entscheiden, VGH Mannh *NVwZ-RR* **95**, 619 (keine Androhung von Ordnungshaft gegenüber jur Personen des öff Rechts, vgl § 172 VwGO).

891 *Verfahren; Anhörung des Schuldners; Kostenentscheidung.* ¹ Die nach den §§ 887 bis 890 zu erlassenden Entscheidungen ergehen durch Beschluss. ² Vor der Entscheidung ist der Schuldner zu hören. ³ Für die Kostenentscheidung gelten die §§ 91 bis 93, 95 bis 100, 106, 107 entsprechend.

Gliederung

1) Systematik, S 1–3 1	4) Entscheidung, S 1–3 .... 6, 7
2) Regelungszweck, S 1–3 2	A. Sachentscheidung, S 1, 2 6
3) Geltungsbereich; Verfahren, S 1–3 3–5	B. Kostenentscheidung, S 3 7
A. Kein Verhandlungszwang, S 1 3	5) Rechtsbehelfe, S 1–3 8
B. Anhörung des Schuldners, S 2 4	6) *VwGO* 9
C. Weiteres Verfahren, S 1–3 5	

1 **1) Systematik, S 1–3.** Die Vorschrift ergänzt die in ihr genannten Vorschriften. Sie wird ihrerseits durch §§ 892, 893 ergänzt.

2 **2) Regelungszweck, S 1–3.** Die Vorschrift enthält einerseits zur Beschleunigung und Vereinfachung und daher im Interesse der Prozeßwirtschaftlichkeit nach Grdz 14 vor § 128 eine erhebliche Erleichterung (kein Verhandlungszwang, Rn 3). Sie enthält andererseits in S 2 durch das Anhörungsgebot nach Rn 4 eine zwecks Rechtsstaatlichkeit des Verfahrens gebotene Mindestanforderung. Die Auslegung sollte alledem folgen. S 2 wird zu oft übersehen. Auch die Notwendigkeit einer Begründung des Beschlusses ist nicht immer geläufig. Die Begründung muß sogar nachvollziehbar zu erkennen geben, daß das Gericht die zahlreichen bei §§ 887–889 angeschnittenen Probleme gesehen und in seine Abwägung einbezogen hat. Auch das sollte man zwecks Vermeidung einer Zurückverweisung mitbedenken.

3 **3) Geltungsbereich; Verfahren, S 1–3.** Es ist dem Erkenntnisverfahren bedingt vergleichbar.

A. Kein Verhandlungszwang, S 1. Entscheidungen nach §§ 887, 888, 890 ergehen durch das Prozeßgericht, § 887 Rn 10, 11. Sie erfordern keine mündliche Verhandlung, § 128 IV. Wenn das Gericht einen Termin § 889 bestimmt, dann handelt es sich nicht um eine Vollstreckungsmaßnahme. Wenn das Gericht nach § 216 eine mündliche Verhandlung anordnet, dann muß es die Beteiligten laden, §§ 166 ff. Ein Anwaltszwang herrscht wie sonst, § 78 Rn 1, Kblz *RR* **88**, 1279, Köln *FamRZ* **95**, 312, StJM 2, aM LG Bln *WPR* **76**, 194 (aber hier handelt es sich oft um schwierige, vor dem Prozeßgericht zu verhandelnde Fragen). Eine Zustellung muß an den etwa bestellten ProzBev erfolgen, § 172. Das Gericht muß aber eine Aufforderung zum Haftantritt der Partei persönlich zustellen.

4 **B. Anhörung des Schuldners, S 2.** Das Gericht muß den Schuldner vor seiner Entscheidung anhören, S 2, Artt 2 I, 20 III GG (Rpfl), BVerfG **101**, 404, Art 103 I GG (Richter), Schockenhoff *NJW* **90**, 155. Es muß also dem Schuldner eine Gelegenheit zur mündlichen oder schriftlichen Äußerung geben. Es genügt, daß der Vorsitzende dem Schuldner eine ausreichende Frist setzt. Wenn die Äußerung des Schuldners erst nach dem Fristablauf eingeht, dann muß das Gericht sie grundsätzlich berücksichtigen, falls seine Entscheidung bei ihrem Eingang noch nicht herausgegangen war. Freilich kann und muß das Gericht einen verspäteten Vortrag evtl entsprechend §§ 282, 296 zurückweisen, KG *OLGZ* **79**, 367, aM Mü *MDR* **81**, 1025 (vgl aber § 296 Rn 4 ff). § 138 III ist anwendbar, AG Aachen *JB* **05**, 498. Das Gericht muß den Schuldner auch vor einer Androhung anhören, soweit die Androhung in einem besonderen Beschluß ergehen soll. Wenn die Androhung bereits in einem Urteil enthalten war, dann hat der Schuldner das Gehör im Verfahren bis zum Urteil erhalten. Wenn die Androhung in einer einstweiligen Verfügung enthalten war und wenn diese auf Grund einer mündlichen Verhandlung durch ein Urteil erging, dann gilt dasselbe. Soll die einstweilige Verfügung wegen ihrer besonderen Eilbedürftigkeit ohne eine mündliche Verhandlung und ohne eine Anhörung des Schuldners nach § 937 II ergehen, so braucht das Gericht ihn nicht bloß wegen der in ihr beabsichtigten Androhung anzuhören.

5 **C. Weiteres Verfahren, S 1–3.** Es ist immer ein voller Beweis notwendig, § 286 Rn 16, Schlesw *NZM* **00**, 557. Eine Glaubhaftmachung nach § 294 genügt nicht, und zwar auch nicht dann, wenn ein Arrest oder eine einstweilige Verfügung nach §§ 916 ff, 935 ff die Grundlage der Zwangsvollstreckung bilden, MüKoSchi § 890 Rn 19, StJBr 2, ZöStö 1, aM Dahm *MDR* **96**, 1101 (aber die Vollstreckung hat andere Regeln als das Eil-Erkenntnisverfahren). In der Beschwerdeinstanz gelten § 572 und nicht § 891 S 2, § 890 Rn 34, 35.

6 **4) Entscheidung, S 1–3.** Man muß jetzt zwei Arten beachten.

A. Sachentscheidung, S 1, 2. Das Gericht entscheidet stets durch einen Beschluß, S 1, § 329. Es muß den Pflichtigen wenigstens jetzt benennen, KG *MDR* **97**, 195. Es muß den Beschluß grundsätzlich begründen, § 329 Rn 4. Es verkündet den Beschluß nach § 329 I 1 oder teilt ihn dem Sieger formlos nach § 329 II 1 mit, während es ihn dem Verlierer von Amts wegen zustellt, § 329 III. Streitwert: Anh § 3 Rn 144. Eine Rechtsmittelbelehrung ist unnötig, § 231, § 890 Rn 34, Hamm *MDR* **75**, 409 (zum alten Recht).

zur Erwirkung der Herausgabe von Sachen usw. **§§ 891, 892**

B. Kostenentscheidung, S 3. Infolge der Verweisung in S 3 auf die dort genannten Vorschriften und insbesondere auch auf § 91 ist eine Kostengrundentscheidung nach §§ 91 ff, Üb 35 vor § 91, stets geboten, und zwar von Amts wegen, wie bei § 308 II, Grdz 37, 38 vor § 704, BayObLG NZM 02, 491. Danach trägt der Schuldner die Kosten nur, soweit sie notwendig waren, § 91 I 1. Dazu bedarf es nicht der Heranziehung des § 788. Das Gericht muß die Kosten dann dem Gläubiger nach §§ 91 ff auferlegen, wenn der Schuldner Kosten erlitten hat, die durch objektiv nicht notwendige Vollstreckungsmaßnahmen des Gläubigers entstanden sind, KG Rpfleger 81, 319, Saarbr JB 93, 27, Zweibr MDR 90, 258. 7

Das kann zB in *folgenden Fällen* der Fall sein: Das Gericht mußte auf Grund einer sofortigen Beschwerde des Schuldners eine Vollstreckungsmaßnahme aufheben; der Gläubiger hat seinen Antrag zurückgenommen, § 269 III 3, IV, Ffm MDR 78, 411, ZöStö § 887 Rn 9 (anders bei der bloßen Feststellung nach § 269 III 2, IV, aM Ffm MDR 78, 411 zu § 271 aF); das Gericht hat einen Antrag nach §§ 887, 888, 890 zurückgewiesen; die Hauptsache des Verfahrens nach §§ 887 ff hat sich nach unberechtigtem Vollstreckungsantrag erledigt, Mü MDR 91, 357, Zweibr MDR 90, 258. Wert: § 3 Anh Rn 144, 145. Ferner kommen Kostenteilungen usw nach §§ 92 ff in Betracht, soweit zB ein Vollstreckungsantrag nur teilweise Erfolg hat, etwa wegen Titelerfüllung oder nur einmaligen Verstoßes. Vgl bei den einzelnen in S 3 in Bezug genommenen Vorschriften. § 97 II ist anwendbar, Mü FamRZ 98, 180. Das Gericht muß eine Kostenentscheidung kurz begründen, § 329 Rn 4.

5) Rechtsbehelfe, S 1–3. Gegen die Entscheidung ist nur eine sofortige Beschwerde nach §§ 567 I Z 1, 793 statthaft, BVerfG NJW 82, 1635, Schlesw NZM 00, 557 (WEG-Sache). Eine Erinnerung nach § 766 ist unstatthaft. Das gilt auch dann, wenn das Gericht fälschlich statt eines Beschlusses ein Urteil erlassen hat oder wenn es gegen S 2 verstoßen oder eine falsche Kostenentscheidung getroffen hat, Hamm MDR 85, 590. Die Entscheidung hat keine aufschiebende Wirkung. Eine Aussetzung erfolgt nach § 570. § 571 II, III ist anwendbar. Das Gericht muß dem Betroffenen vor einer Aufhebung des angefochtenen Beschlusses das rechtliche Gehör gewähren, Art 103 I GG, BVerfG 30, 408. 8

Eine *Rechtsbeschwerde* ist unter den Voraussetzungen des § 574 denkbar. Wegen einer Anschlußbeschwerde § 567 III. Die Rechtskraft nach § 322 hat zur Folge, daß der Schuldner nicht mehr zu leisten, zB keine bessere Rechnung mehr zu legen braucht, Zweibr JB 96, 449.

6) VwGO: Entsprechend anwendbar iRv Üb § 883 Rn 7, BVerwG NJW 86, 1125 (kein weiteres Rechtsmittel gegen die Entscheidung des OVG, auch wenn irrig durch Urteil entschieden ist), VGH Mü NVwZ-RR 97 69, VGH Kassel NJW 76, 1766. An die Stelle der in S 3 genannten Vorschriften, oben Rn 7, treten die §§ 154 ff VwGO. 9

892 *Widerstand des Schuldners.* Leistet der Schuldner Widerstand gegen die Vornahme einer Handlung, die er nach den Vorschriften der §§ 887, 890 zu dulden hat, so kann der Gläubiger zur Beseitigung des Widerstandes einen Gerichtsvollzieher zuziehen, der nach den Vorschriften des § 758 Abs. 3 und des § 759 zu verfahren hat.

1) Systematik. Die Vorschrift ergänzt §§ 890, 891 in einer praktisch wichtigen, wenn auch nicht sehr häufig vorkommenden Frage. 1

2) Regelungszweck. Die Vorschrift dient der Rechtssicherheit nach Einl III 43, zumal hinter ihr § 113 StGB mit seiner Strafbarkeit eines Widerstands gegen Vollstreckungsbeamte steht. Deshalb muß man sie strikt auslegen. Andererseits ist „Widerstand" nicht selten ein nur kurze Zeit währendes Aufbegehren. Ihm kann durchaus Einsicht folgen. Das sollte man mitbedenken. Deshalb sollte man vielleicht doch ein wenig mit Gewalt warten, jedenfalls als Gerichtsvollzieher. Solche letzte Bedenkfrist für den Schuldner etwa von 1 Stunde ist nicht verboten. Sie ist für den Rechtsfrieden wichtig. 2

3) Geltungsbereich. Wenn der Schuldner gegen eine Handlung Widerstand leistet, die er nach den §§ 887, 890 dulden muß, dann darf der Gläubiger nur im Rahmen des § 229 BGB zu der Selbsthilfe greifen. Im übrigen darf und muß der Gläubiger einen Gerichtsvollzieher ohne Anrufung des Gerichts von sich aus direkt hinzuziehen, Hbg OLGZ 91, 441. 3

Der *Gerichtsvollzieher* darf zwar nur insoweit tätig werden, als überhaupt eine Zwangsvollstreckung schon und noch zulässig ist, Grdz 14 vor § 704, § 185 GVGA. Er darf aber nicht verlangen, daß der Gläubiger ihm einen Widerstand des Schuldners nachweist, LG Bln DGVZ 92, 92, LG Brschw DGVZ 88, 141, AG Münst DGVZ 79, 29. Der Gerichtsvollzieher verfährt nach den §§ 758 III, 758 a, 759, Hbg OLGZ 91, 442, oder wenn es nur um eine Besichtigung durch einen Bietinteressenten in der Zwangsversteigerung geht, LG Ellwangen DGVZ 95, 125. Der Gerichtsvollzieher darf trotz des Fehlens der Verweisung auch auf § 758 II dennoch auch Türen öffnen lassen, LG Brschw DGVZ 88, 142. Eine zusätzliche Durchsuchungsanordnung ist nicht erforderlich, AG Heidelb DGVZ 86, 190. Der Gerichtsvollzieher darf das zur Beseitigung des Widerstandes erforderliche Maß nicht überschreiten, AG Meschede DGVZ 97, 91. Er ist für den Schutz der besichtigenden Personen vor Angriffen Dritter nicht zuständig, Hbg OLGZ 91, 442. Er nimmt ein Protokoll wie bei jeder Vollstreckungsmaßnahme auf, § 762. Seine Kosten nach KVGv 250 sind Kosten der Zwangsvollstreckung, § 788. Der Schuldner muß sie ersetzen, soweit die Hinzuziehung des Gerichtsvollziehers objektiv notwendig war, LG Brschw DGVZ 88, 141, AG Münst DGVZ 79, 29.

Der Gläubiger kann nach § 890 *oder* nach § 892 vorgehen, LG Brschw DGVZ 88, 140, LG Karlsr DGVZ 84, 12, LG Mainz DGVZ 02, 138, aM AG Bln-Wedding DGVZ 87, 63 (zunächst sei nach § 890 vorzugehen. Aber keine der beiden Vorschriften nennt solche Rangfolge). Mit der einmaligen Vornahme ist der Titel grundsätzlich verbraucht, AG Offenbach DGVZ 04, 157.

4) Rechtsbehelf. Gegen die Ablehnung des Gerichtsvollziehers kann der Gläubiger, gegen eine Maßnahme des Gerichtsvollziehers kann der Schuldner die Erinnerung nach § 766 einlegen. Anschließend kommt die sofortige Beschwerde nach §§ 567 I Z 1, 793 in Betracht. Einem statt solcher Rechtsbehelfe sogleich gestellten Antrag, die Hinzuziehung des Gerichtsvollziehers zu gestatten usw, fehlt daher das 4

§§ 892, 892a   Buch 8. Abschnitt 3. Zwangsvollstreckung

Rechtsschutzbedürfnis, Grdz 33 vor § 253. Das Gericht muß ihn deshalb insofern notfalls auf Kosten des Gläubigers durch Beschluß zurückweisen, § 329. Zuständig dafür ist bei Anrufung des Prozeßgerichts der Richter, bei Anrufung des Vollstreckungsgerichts dessen Rpfl, § 764 Rn 6. Im Zweifel muß man hier wohl meist das Prozeßgericht anrufen.

5   5) *VwGO: Entsprechend anwendbar iRv Üb § 883 Rn 7.*

892a *Unmittelbarer Zwang in Verfahren nach dem Gewaltschutzgesetz.* ¹Handelt der Schuldner einer Verpflichtung aus einer Anordnung nach § 1 des Gewaltschutzgesetzes zuwider, eine Handlung zu unterlassen, kann der Gläubiger zur Beseitigung einer jeden andauernden Zuwiderhandlung einen Gerichtsvollzieher zuziehen. ²Der Gerichtsvollzieher hat nach § 758 Abs. 3 und § 759 zu verfahren. ³ §§ 890 und 891 bleiben daneben anwendbar.

Gliederung

1) Systematik, S 1–3 1	5) Hinzuziehungsrecht, S 1 8
2) Regelungszweck, S 1–3 2	6) Verfahren des Gerichtsvollziehers, S 2 ... 9
3) Geltungsbereich, S 1–3 3	7) Anwendbarkeit der §§ 890, 891, S 3 ... 10
4) Zuwiderhandlung, S 1 4–7	

1   **1) Systematik, S 1–3.** Die Vorschrift stellt eine Ergänzung zu §§ 890–892 dar. Der Gesetzgeber hätte sie auch als § 892 II einrücken können. Sie ist dem § 892 sehr ähnlich. S 2 lauter nahezu identisch wie § 892 am Ende. S 3 stellt klar, daß §§ 890, 891 nicht etwa zurücktreten. Ergänzend gelten §§ 794 I Z 3 a, 885 I 2–4, 940 a sowie in einer Lebenspartnerschaftssache als Anspruchsgrundlage § 14 LPartG.

2   **2) Regelungszweck, S 1–3.** Wohl zur Betonung der rechtspolitischen Bedeutung des Schutzgedankens hat man den Weg einer eigenen Vorschrift statt eines § 892 II nF gewählt. Der Sache nach wiederholt die Vorschrift den Schutzgedanken des § 892. Sie stellt heraus, daß sich der Gläubiger auch im Rahmen des GewSchG, abgedruckt bei Schönfelder Ergänzungsband Nr 49, grundsätzlich der Hilfe des Gerichtsvollziehers und seiner Hilfspersonen nebst der Polizei bedienen muß und nur in den engen Grenzen von Notwehr und Notstand selbst handeln darf. Wie § 892 stellt auch S 2 heraus, daß der Gerichtsvollzieher im Rahmen seines auch bei §§ 758 III, 759 verbleibenden pflichtgemäßen Ermessens immerhin „zu verfahren hat", also nicht nur verfahren *kann.* Anders wäre ja auch ein einigermaßen brauchbarer Schutz vor Gewalt als Zweck der Vorschrift überhaupt nicht erreichbar. Das Verfahren bis zum Handeln des Gerichtsvollziehers ist schon mühsam genug.

3   **3) Geltungsbereich, S 1–3.** Die Vorschrift gilt in allen Verfahren der ZPO. Sie gilt insbesondere über § 940 a auch im Verfahren der einstweiligen Verfügung. Sie gilt in allen Verfahren nach denjenigen Gesetzen, die auf die ZPO verweisen.

4   **4) Zuwiderhandlung, S 1.** Voraussetzung der Befugnis des Gläubigers zur Einschaltung des Gerichtsvollziehers ist eine Zuwiderhandlung des Schuldners gegen eine Verpflichtung nach § 1 GewSchG, abgedruckt vor Rn 1.
    Anordnung nach § 1 GewSchG ist jede nun einnmal vom Gericht verfügte oder erlaubte Maßnahme. Es kommt jedenfalls zunächst nicht darauf an, ob das Gericht dabei streng im Rahmen des ihm Erlaubten geblieben war. Soweit eine Anordnung ganz einwandfrei rechtswidrig erfolgt sein sollte, mag man auch eine „Verpflichtung" im Sinn von S 1 verneinen. Aber das dürfte nur sehr selten vorkommen.

5   *Unterlassung* muss vom Gericht angeordnet worden sein. Alle anderen Arten von Anordnungen sind hier unerheblich. Auch ein „Verbot" oder „Gebot" usw können bei der natürlich auch hier wie stets gebotenen Auslegung als Unterlassungsanordnung bewertbar sein. Es gilt wie bei § 890 die sog Kerntheorie nach § 890 Rn 4, Schumacher FamRZ 02, 659. Vor allem reicht eine Anordnung nach § 1 I 3 Z 1–5 GewSchG aus.

6   *Zuwiderhandlung* ist nicht von Schuld abhängig. Das verdeutlicht § 1 III GewSchG. Allerdings ist nach der absolut herrschenden Ansicht bei § 890 Rn 21 nun doch eine Schuldprüfung notwendig. § 892 ist ein Unterfall des § 890. Indessen geht es bei § 892 nicht um eher straffähnliche oder ähnliche eröffnenden Sanktionen, sondern um die körperliche Erzwingung der Unterlassung mit Hilfe der Staatsgewalt. In diesem Zusammenhang reicht der objektive tatbestandsmässige und rechtswidrige Verstoß aus, Schumacher FamRZ 02, 659.

7   *Rechtfertigungsgründe* können im Einzelfall eine Zuwiderhandlung entfallen lassen. Das ergibt sich teilweise schon aus § 1 II 2 GewSchG und im übrigen aus § 193 StGB usw. Man muß im konkreten Einzelfall abwägen, ob man insgesamt doch von einer Zuwiderhandlung ausgehen muß.

8   **5) Hinzuziehungsrecht, S 1.** Der Gläubiger „kann", nicht muß, einen Gerichtsvollzieher und seine Hilfstruppen hinzuziehen. Das bedeutet aber nicht, daß der Gläubiger Selbsthilfe außerhalb des von § 858 BGB und von Notwehr und Notstand gestatteten Bereichs üben dürfte. Es bedeutet vielmehr: Der Gläubiger kann sich auch zumindest zunächst darauf beschränken, die nach §§ 890, 891 gebotenen Möglichkeiten auszuschöpfen, wie es S 3 ausdrücklich erlaubt.

9   **6) Verfahren des Gerichtsvollziehers, S 2.** Der Gerichtsvollzieher darf und muß im Rahmen seines aus folgenden Ermessens nach §§ 758 III, 759 verfahren, wie bei § 892.

10 **7) Anwendbarkeit der §§ 890, 891, S 3.** Die dortigen Sanktionsmöglichkeiten bleiben neben den Wegen nach S 1, 2 voll bestehen. Das stellt S 3 klar. Der Gläubiger ist also zwar berechtigt, den Gerichtsvollzieher hinzuzuziehen, aber nicht dazu verpflichtet. Es steht ihm frei, zunächst nach S 1 und erst später nach S 3 vorzugehen oder umgekehrt. Er mag auch bei jedem Verstoß des Schuldners unterschiedlich reagieren wollen. Er kann auch gleichzeitig nach S 1 und nach S 3 vorgehen. Das Rechtsschutzbedürfnis kann auch im letzteren Fall durchaus für beide Wege nebeneinander bestehen.

§ 893 Klage auf Leistung des Interesses.

I Durch die Vorschriften dieses Abschnitts wird das Recht des Gläubigers nicht berührt, die Leistung des Interesses zu verlangen.

II Den Anspruch auf Leistung des Interesses hat der Gläubiger im Wege der Klage bei dem Prozessgericht des ersten Rechtszuges geltend zu machen.

1) Systematik, I, II. I läßt einen etwa nach dem sachlichen Recht bestehenden Ersatzanspruch in den Fällen der §§ 883–892 unberührt. Die Vorschrift begründet nicht etwa einen prozessualen Anspruch, wenn kein sachlichrechtlicher Anspruch besteht, Kblz FamRZ **82**, 508. Der Fall des § 894 fällt nicht unter § 893. Für einen Ersatzanspruch gelten die §§ 280 ff, 325 BGB. Nach diesen Vorschriften richtet sich auch die Frage, wann der Gläubiger zu einer Schadensersatzforderung übergehen darf. Er darf zB dann so vorgehen, wenn der Schuldner eine Sache nicht herausgeben kann oder wenn der Gläubiger die Handlung nicht erzwingen kann, zu der das Gericht den Schuldner verurteilt hat. Der Anspruch ist nicht von der vorherigen Durchführung der Zwangsvollstreckung abhängig. Ein nachträgliches Angebot der Leistung beseitigt den bereits entstandenen Schadensersatzanspruch nicht. Der Anspruch läßt sich auch im Weg einer Einrede geltend machen, etwa im Weg einer Aufrechnung, § 145 Rn 9. Die Aufrechnung begründet aber den Gerichtsstand nach II nicht. 1

2) Regelungszweck, I, II. Die Vorschrift dient der Klarstellung und damit der Rechtssicherheit, Einl III 43. Angesichts der gerade in diesen Fällen auftretenden Schwierigkeiten der Schadensberechnung muß eine weitherzige Anwendung des § 287 helfen. Bei einer Klage nach II sollte man dem Gläubiger nicht allzu viel abverlangen. Er hat schon lange genug kämpfen müssen. Eine weitere Klagenotwendigkeit bringt ihm zusätzliche Belastung und Zeitverlust. 2

3) Zuständigkeit, II. Für die Ersatzklage ist das Prozeßgericht der ersten Instanz örtlich und auch international zuständig, BGH NJW **97**, 2245. Es ist auch sachlich zuständig, § 887 Rn 10. Das ist also dasjenige Gericht, das früher entschieden hat. Es handelt sich um eine ausschließliche Zuständigkeit, § 802, Schlesw RR **03**, 1013. Die §§ 11, 513 II sind anwendbar. Für eine Klage auf einen Schadensersatz statt der ursprünglich geschuldeten Herausgabe von Hausrat ist das Prozeßgericht und nicht das FamG zuständig, Düss FamRZ **85**, 406, aM Karlsr FamRZ **00**, 1168. LG Mü FamRZ **92**, 335 (aber jetzt liegt keine Familiensache mehr vor). Eine Voraussetzung der Anwendbarkeit von II ist, daß der Kläger statt der Leistung einen Schadensersatz fordert. Wenn der Kläger den Schadensersatz neben der Leistung begehrt, dann sind die gewöhnlichen Gerichtsstände anwendbar. Das gilt auch dann, wenn der Kläger zunächst ein Urteil auf eine Leistung erwirkt hat, nun aber daneben einen Ersatz fordert. Es gilt schließlich auch dann, wenn der Kläger zunächst eine Unterlassung verlangt hat und dann wegen einer vor dem Erlaß des Urteils begangenen Handlung einen Schadensersatz fordert. 3

4) VwGO: Entsprechend anwendbar iRv Üb § 883 Rn 7. 4

§ 894 Fiktion der Abgabe einer Willenserklärung.

I ¹Ist der Schuldner zur Abgabe einer Willenserklärung verurteilt, so gilt die Erklärung als abgegeben, sobald das Urteil die Rechtskraft erlangt hat. ²Ist die Willenserklärung von einer Gegenleistung abhängig gemacht, so tritt diese Wirkung ein, sobald nach den Vorschriften der §§ 726, 730 eine vollstreckbare Ausfertigung des rechtskräftigen Urteils erteilt ist.

II Die Vorschrift des ersten Absatzes ist im Falle der Verurteilung zur Eingehung einer Ehe nicht anzuwenden.

SachenRBerG § 106. Entscheidung. II ¹Im Urteil sind die Rechte und Pflichten der Parteien festzustellen. ²Die rechtskräftige Feststellung ist für die Parteien in gleicher Weise verbindlich wie eine vertragsmäßige Vereinbarung.

III ¹Das Gericht kann auf Antrag einer Partei im Urteil einen Notar und eine andere geeignete Person im Namen der Parteien beauftragen, die zur Erfüllung notwendigen Rechtshandlungen vorzunehmen, sobald die hierfür erforderlichen Voraussetzungen vorliegen. ²Die Beauftragten sind für beide Parteien vertretungsberechtigt.

IV ¹Der Urkundsbeamte der Geschäftsstelle teilt dem Notar, der das Vermittlungsverfahren durchgeführt hat, nach Eintritt der Rechtskraft den Inhalt der Entscheidung mit. ²Der Notar hat entsprechend § 98 Abs. 2 Satz 2 zu verfahren.

Schrifttum: *Grau,* Die Bedeutung der §§ 894, 895 ZPO für die Vollstreckung von Willenserklärungen, 2001 (Bespr *Schur* ZZP **116**, 245); *Frhr vom Holtz,* Die Erzwingung von Willenserklärungen im einstweiligen Rechtsschutz, 1995; *Wieser,* Das Urteil auf Abgabe einer Willenserklärung – ein Vollstreckungsakt?, Freundesgabe für *Söllner* (1990) 629.

Gliederung

1) **Systematik, I, II**	1	B. Zeitpunkt der Erklärung	14, 15
2) **Regelungszweck, I, II**	2	C. Wahlrecht	16
3) **Geltungsbereich, I, II**	3	7) **Unterstellung, I 1**	17–21
4) **Inhaltsbestimmtheit, I**	4, 5	A. Rechtswirkung	17, 18
5) **Beispiele zur Frage der Anwendbarkeit von I**	6–11	B. Kein Ersatz weiterer Erfordernisse	19, 20
		C. Notwendig bleibende Handlung	21
6) **Vollstreckungswirkung, I**	12–16	8) **Gegenleistung, I 2**	22
A. Abgabe der Erklärung	12, 13	9) **Eingehung der Ehe, II**	23
		10) ***VwGO***	24

§ 894

1 **1) Systematik, I, II.** § 894, ergänzt durch §§ 895–897, betrifft die Zwangsvollstreckung auf Grund eines Urteils, das den Schuldner lediglich dazu verurteilt, eine Willenserklärung abzugeben, Köln MDR **92**, 184. Das Urteil muß einen ganz bestimmten Inhalt haben, Bbg MDR **83**, 500, BayObLG NZM **99**, 768, KG FamRZ **84**, 1123. Das gilt nach der Person des Bevollmächtigten, BGH NJW **95**, 464, wie nach der Sache. Es richtet sich nicht nach der Form, sondern nach dem Inhalt des Urteils, ob eine derartige Entscheidung vorliegt, von Gerkan ZGR **85**, 182. Es ist unerheblich, ob zu der Willenserklärung eine Leistung des Schuldners hinzutreten muß, etwa die Übergabe einer Sache.

2 **2) Regelungszweck, I, II.** Man kann nicht ohne Folter oder ähnlich grausame Drohungen einen Menschen zum Reden zwingen. Gerade die Äußerung ist aber hier das alleinige Ziel des ganzen Zivilprozesses. Also bleibt nur das Mittel der Unterstellung dieser Äußerung, der Fiktion. Das ist ein großartiger Trick und eine überall im Recht beliebte, einfach funktionierende Methode. Dieses Mittel ist freilich auch eine persönliche Entmündigung im wörtlichen Sinn und damit an sich ein Verstoß gegen die Menschenwürde, Artt 1, 2 GG. Er will wohlüberlegt sein. Auch die Abgrenzung zu §§ 887, 888 kann schwierig sein. Man sollte wie auch bei jenen Vorschriften auf den Kern der Verurteilung achten, auf die wesentliche Leistung, die der Schuldner erbringen muß. Natürlich kann auch eine teilweise nach § 894 und teilweise nach anderen Vorschriften bewertbare Verurteilung vorliegen.

3 **3) Geltungsbereich, I, II.** Unter § 894 fällt nicht nur eine sachlichrechtliche, rechtsgeschäftliche Willenserklärung, Köln RR **00**, 880. Hierher zählt vielmehr auch eine Willenserklärung gegenüber einer deutschen Behörde, BGH **120**, 248, namentlich gegenüber einer Registerbehörde, BayObLG Rpfleger **83**, 480, Köln OLGZ **83**, 268. Der Empfänger der Erklärung ist unerheblich. § 894 gilt auch dann, wenn der Schuldner die Willenserklärung gegenüber einem Dritten oder wenn er sie im Ausland abgeben muß. Wenn das Urteil im Ausland nicht anerkannt wird, dann muß der Gläubiger den Schuldner nach § 888 zur Abgabe einer entsprechenden Erklärung anhalten. In WEG-Sachen ist § 894 anwendbar, BayObLG NZM **01**, 671 (gibt sich auch eine Anpassungsbefugnis zwecks Vollstreckbarkeit), KG OLGZ **91**, 436. Wegen des SachenRBerG vgl dessen § 106 II–IV, abgedruckt vor Rn 1.

4 **4) Inhaltsbestimmtheit.** Das Urteil muß eindeutig ergeben, *welche* Erklärung der Schuldner abgeben soll, Karlsr Rpfleger **05**, 95, Rostock Rpfleger **00**, 496. Man muß notfalls die Entscheidungsgründe des Urteils zur Auslegung hinzuziehen, wie bei § 322 Rn 9ff. Wenn auch sie keine Klarheit verschaffen, dann bleibt nur übrig, in Vollstreckungsverfahren nach § 888 eine Klärung herbeizuführen. Wenn die Klärung auch in jenem Verfahren nicht möglich ist, dann muß der Gläubiger eine neue Klage erheben, BGH **98**, 128, Kblz OLGZ **76**, 381. Ein Antrag mit dem Inhalt, den Bekl zu verurteilen, alle für die Übertragung des Geschäfts des Bekl notwendigen Rechtsgeschäfte mit dem Kläger abzuschließen, ist zu unbestimmt. Dasselbe gilt bei der Verpflichtung, ein Drittel des Grundbesitzes auf den Gläubiger zu übertragen, Kblz OLGZ **76**, 381, oder einem erst noch bevorstehenden Angebot schon jetzt zuzustimmen, Rn 10 „Vertragsangebot".

5 Das Urteil, das den Schuldner zur Abgabe einer Willenserklärung verurteilt, ist ein *Leistungsurteil*, Grdz 8 vor § 253. Denn nicht das Urteil gestaltet, sondern die unterstellte Willenserklärung, BayObLG RR **89**, 1172.

6 **5) Beispiele zur Frage der Anwendbarkeit von I**
Abnahmepflicht: I ist auf das Angebot des Geschäftsnachfolgers an die Brauerei anwendbar, wenn er mit dem bisherigen Gastwirt den Eintritt in dessen Abnahmepflicht vereinbart hat.
Angebot: Rn 10 „Vertragsangebot".
Arbeitnehmererfindung: S „Einwilligung".
Arrest, einstweilige Verfügung: § 940 Rn 46 „Willenserklärung".
Auflassung: Rn 7 „Grundbuchmäßige Erklärung".
Bruchteilsgemeinschaft: Im Fall der Aufhebung einer Bruchteilsgemeinschaft wendet Schmidt JR **79**, 317 zugunsten eines Gläubigers unmittelbar den § 751 S 2 BGB an.
Drittwiderspruchsklage: I ist *unanwendbar*, soweit ein Urteil im Prozeß nach § 771 objektiv unrichtig zu einer Freigabe verurteilt.
Eherecht: I ist anwendbar auf die Zustimmung des Ehegatten bei §§ 1477 II 2, 1478 BGB, BGH RR **86**, 1066, oder auf ein Realsplitting, Rn 9 „Realsplitting", oder auf die Mitwirkung nach § 1561 BGB, Köln OLGZ **83**, 480, oder auf die Scheidung, BGH **160**, 350.
Eidesstattliche Versicherung: I ist auf ihre Abgabe anwendbar, SG Ffm RR **02**, 1214.
Eintragung: Rn 7 „Grundbuchmäßige Erklärung", Rn 9 „Registermäßige Erklärung".
Entlastung: I ist auf eine Entlastung des Vorstands zB einer Aktiengesellschaft anwendbar.
Einwilligung: I ist auf eine Einwilligung anwendbar, BGH GRUR **05**, 324 (aber kein Gestaltungsurteil). Das gilt zB nach § 12 IV ArbEG.

7 **Genehmigung:** I ist auf die Verweigerung einer Genehmigung anwendbar, zB bei bisher schwebender Unwirksamkeit, Schmidt AcP **189**, 18. I ist auch auf eine Genehmigung nach § 177 I BGB anwendbar, auch auf eine solche vor dem Notar, Köln RR **00**, 880.
Geschäftsgrundlage: I ist bei ihrem Fortfall auf die Klage nach § 313 I BGB anwendbar, Dauner-Lieb/Dötsch NJW **03**, 927.
Gesellschafterbeschluß: I ist auf die Zustimmung zu einem Gesellschafterbeschluß anwendbar, BGH RR **87**, 285.
Grundbuchmäßige Erklärung: I ist auf jede grundbuchmäßige Erklärung anwendbar, zB auf: Die Eintragung, BayObLG Rpfleger **99**, 271; die Löschung, BayObLG Rpfleger **83**, 480, Rostock Rpfleger **00**, 496; die Auflassung, BayObLG Rpfleger **05**, 488, LG Kblz DGVZ **89**, 43; die Eintragungsbewilligung wegen eines Teilgrundstücks vor dem Zeitpunkt der grundbuchlich vollzogenen Teilung, wenn schon ein Veränderungsnachweis vorliegt, auf den das Urteil Bezug nehmen kann, BGH NJW **86**, 1868 (andernfalls wäre aber die Erklärung noch zu unbestimmt, BGH Rpfleger **82**, 153).
Handlung: I ist *unanwendbar*, soweit der Schuldner eine Handlung vornehmen muß, zB eine Unterschrift etwa unter eine Vollmachtsurkunde, § 887 Rn 37 „Unterzeichnung".
S aber wegen der zugehörigen Erklärung Rn 10 „Vollmacht".

zur Erwirkung der Herausgabe von Sachen usw. § 894

Klagerücknahme: S „Öffentlichrechtliche Erklärung".
Künftige Leistung: I ist *unanwendbar*. Denn eine Vollstreckung und daher auch die Wirkung nach I dürfen trotz Rechtskraft erst ab (künftiger) Fälligkeit stattfinden, Kblz NJW **04**, 1744.
Löschung: S „Grundbuchmäßige Erklärung", Rn 9 „Registermäßige Erklärung".
Mehrwertsteuer: I ist *unanwendbar*, soweit es um die Erteilung einer Rechnung mit gesondertem Ausweis 8 der Mehrwertsteuer geht, BFH BStBl II **82**, 310, OFD Saarbr BB **87**, 1657.
Mieterhöhung: I ist auf die Zustimmung zur Mieterhöhung nach §§ 558 ff BGB anwendbar, BayObLG RR **89**, 1173, LG Mannh WoM **77**, 124 (auch zur Abgrenzung).
Notarielle Erklärung: Rn 7 „Genehmigung".
Öffentlichrechtliche Erklärung: I ist auf eine im Zivilprozeß erzwingbare öffentlichrechtliche Erklärung anwendbar, etwa auf die Zustimmung zu einer steuerlichen Zusammenveranlagung, Ffm FamRZ **89**, 1321, oder auf die Rücknahme eines Strafantrags bei einem Delikt, das nur auf Grund eines Antrags des Verletzten verfolgt wird, oder auf die Rücknahme einer Privatklage, oder auf die Klagerücknahme, § 269.
Privatklage: S „Öffentlichrechtliche Erklärung".
Realsplitting: I ist auf eine Zustimmung zum Realsplitting anwendbar, BFH NJW **89**, 1504, KG FamRZ 9 **84**, 1122.
Rechnung: Rn 8 „Mehrwertsteuer".
Rechtsgeschäft: I ist auf jede rechtsgeschäftliche Erklärung anwendbar, Köln MDR **92**, 184. Vgl bei den einzelnen Stichwörtern.
Registermäßige Erklärung: I ist auf jede registermäßige Erklärung anwendbar, zB auf § 1355 V 2 BGB, LG Mü FamRZ **00**, 1168, oder auf die Mitwirkung nach § 1561 BGB, Köln OLGZ **83**, 268.
Stimmrechtsbindung: I ist auf eine Stimmrechtsbindung anwendbar, Köln RR **89**, 352, Zöllner ZHR **91**, 186, Zutt ZHR **91**, 196 (ausf).
Strafantrag: Rn 8 „Öffentlichrechtliche Erklärung".
Teilgrundstück: Rn 7 „Grundbuchmäßige Erklärung".
Umsatzsteuer: Rn 8 „Mehrwertsteuer".
Unterschrift: Rn 7 „Handlung".
Vertragsangebot: I ist auf ein Angebot anwendbar, zB auf den Abschluß eines Hauptvertrags oder auf 10 dessen Annahme, BGH NJW **84**, 479, Karlsr RR **96**, 997, LAG Düss NZA-RR **04**, 236, oder auf ein Darlehen, BGH NJW **75**, 444. Vgl aber auch § 726 Rn 11.
I ist *unanwendbar*, wenn man einem erst abzugebenden Angebot schon jetzt zustimmen soll, BayObLG NZM **99**, 768.
Vertragsänderung: I ist auf die zur Änderung des Vertrags erfolgende Erklärung anwendbar, zB beim Gesellschaftsvertrag.
Vertragsaufhebung: I ist auf die Zustimmung zu einer Vertragsaufhebung anwendbar, BAG VersR **89**, 767.
Vollmacht: I ist auf eine Vollmacht anwendbar, soweit die Person des Bevollmächtigten und die Sache ganz genau feststeht, Rn 1, BGH NJW **95**, 464. Andernfalls kann § 888 anwendbar sein, BGH NJW **95**, 464.
S auch wegen der Unterschrift Rn 7 „Handlung".
Vormerkung: I ist *unanwendbar*, soweit der Hinweis auf eine Vormerkung fehlt, deren Rang ausgenutzt werden soll, LG Ffm Rpfleger **77**, 301.
Widerruf: I ist *unanwendbar*, soweit der Schuldner zum Widerruf einer nachteiligen Behauptung verurteilt 11 worden ist, § 887 Rn 40 „Widerruf" (Streitfrage, bitte dort nachlesen).
Wiedereinstellung: I ist auf ein Urteil auf Wiedereinstellung Zug um Zug gegen Rückzahlung einer Abfindung anwendbar, BAG NJW **01**, 1297.
Zustimmung: I ist auf ein Urteil auf Zustimmung etwa zu einer gemeinsamen (Steuer-)Erklärung anwendbar, Kblz FamRZ **05**, 224.

6) Vollstreckungswirkung, I. Man sollte drei Aspekte beachten. 12

A. Abgabe der Erklärung. § 894 ersetzt den Zwang durch eine reine Unterstellung. Die Erklärung gilt vom Zeitpunkt der Rechtskraft des Urteils an als abgegeben. Diese Unterstellung ist eine wirkliche echte Vollstreckungswirkung, BGH GRUR **05**, 324 (kein Gestaltungsurteil). Soweit § 894 anwendbar ist, ist jede weitere Zwangsvollstreckung ausgeschlossen, etwa diejenige nach § 756, LG Kblz DGVZ **89**, 43, oder diejenige nach §§ 887 ff, Meyer-Stolte Rpfleger **76**, 7. Das letztere gilt grundsätzlich auch vor dem Eintritt der Rechtskraft des Urteils nach § 322. Eine vorläufige Vollstreckbarkeit aus dem Urteil nach §§ 708 ff ist nur wegen der Kosten des Rechtsstreits zulässig. Ein Recht aus dem Urteil ist nicht übertragbar.
Da die Wirkung erst im Zeitpunkt der Rechtskraft eintritt, ist § 894 *nicht anwendbar*, soweit die Rechts- 13 kraft gar nicht eintreten kann, also beim Prozeßvergleich, Anh § 307, § 322 Rn 69 „Vergleich", BGH **98**, 127, Ffm Rpfleger **80**, 291. § 894 ist ferner unanwendbar im Fall einer vollstreckbaren Urkunde, § 794 I Z 1, 5. In diesen Fällen findet die Zwangsvollstreckung nach §§ 887 ff statt, dort Rn 41 „Willenserklärung". Am besten nimmt man die Willenserklärung gleich in den Text des Vergleichs oder der vollstreckbaren Urkunde mit auf. Dabei muß man die Nämlichkeit und die Verfügungsfähigkeit der Erklärenden prüfen.

B. Zeitpunkt der Erklärung. Die Erklärung gilt nach den allgemeinen Rechtsgrundsätzen als abge- 14 geben. Vgl freilich auch Rn 7 „Künftige Leistung". Wenn das Urteil erst im Zeitpunkt seiner Zustellung rechtskräftig wird, dann gilt die Erklärung als in diesem Zeitpunkt abgegeben. Wenn die Rechtskraft nach § 705 Rn 3 bereits mit der Verkündung des Urteils eintritt, dann muß der Empfänger von dem Inhalt der Verurteilung eine volle Kenntnis haben, damit man die Erklärung als abgegeben ansehen kann. Die Empfangsbedürftigkeit der Erklärung ist unerheblich, soweit zumindest auch der Gläubiger ihr Empfänger ist, Hbg MDR **98**, 1051. Wenn nur ein Dritter der Empfänger der Erklärung ist, zB eine Behörde, dann muß der Gläubiger die Erklärung dem Dritten zuleiten. Er muß ihm also das rechtskräftige Urteil vorlegen, BayObLG Rpfleger **83**, 480. Im Fall einer ausländischen Entscheidung und bei einem Schiedsspruch tritt die Wirkung der Abgabe der Erklärung erst dann ein, wenn die zugehörige Vollstreckbarerklärung rechtskräftig wird, §§ 722, 1042. Denn es handelt sich um eine Vollstreckungswirkung.

§ 894 Buch 8. Abschnitt 3. Zwangsvollstreckung

15   Die Erklärung gilt *in keinem Fall* auf Grund eines nach §§ 708 ff bloß *vorläufig* vollstreckbaren Urteils als abgegeben. Das gilt auch dann, wenn auf Grund des Urteils eine Sicherheit geleistet worden ist, § 895. Wegen der Situation im Fall einer einstweiligen Verfügung § 938 Rn 11. Die Erklärung gilt nicht als abgegeben, solange das Urteil nach § 780 nur unter dem Vorbehalt der beschränkten Erbenhaftung ergangen ist. Denn in einem solchen Fall würde man den Vorbehalt durch die Erklärung praktisch entwerten. Dort und im Fall der Umschreibung der Vollstreckungsklausel auf die Erben des Verurteilten muß die Zwangsvollstreckung nach § 888 erfolgen.

16   **C. Wahlrecht.** Gibt das Urteil die Wahl zwischen mehreren Willenserklärungen oder zwischen der Erklärung und der Leistung, dann kann die Unterstellung erst im Zeitpunkt der Ausübung des Wahlrechts eintreten. Wenn der Gläubiger wählen darf und wenn er sein Wahlrecht nicht etwa schon früher ausgeübt oder nach § 264 II BGB verloren hatte, dann darf er die Wahl schon nach einem lediglich vorläufig vollstreckbaren Urteil ausüben. Die Wirkung tritt aber erst im Zeitpunkt der Rechtskraft des Urteils nach § 322 ein. Wenn der Schuldner die Wahl hat, dann muß er sie bis zum Beginn der Zwangsvollstreckung ausüben, Grdz 51 vor § 704. Andernfalls darf der Gläubiger die Wahl treffen, § 264 BGB. Der Gläubiger muß dem Schuldner gegenüber erklären, daß er nunmehr sein Wahlrecht ausübe. Mit dieser Erklärung tritt die Vollstreckungswirkung ein, Grdz 52, 53 vor § 704.

17   **7) Unterstellung, I 1.** Ihre Abgrenzung gelingt praktisch nicht stets befriedigend.
A. Rechtswirkung. Im Zeitpunkt der Rechtskraft des Urteils nach § 322 gilt die Erklärung als abgegeben, BGH NJW **05**, 2311, BayObLG Rpfleger **05**, 488, aM LAG Hamm NZA-RR **05**, 405 (evtl wirke die Unterstellung der Erklärung sogar zurück, wenn das der sachlichrechtlichen Lage entspreche. Aber das kann zu Uferlosigkeit und erheblicher Rechtsunsicherheit führen). Mit der Rechtswirkung ist die Zwangsvollstreckung beendet, Grdz 52 vor § 704, Hbg MDR **98**, 1051, LAG Düss NZA-RR **04**, 236. Es treten dieselben Folgen wie dann ein, wenn der Verurteilte im Zeitpunkt der Rechtskraft und nicht etwa schon vorher bedingt die Erklärung formgerecht und wirksam abgegeben hätte, BAG BB **77**, 896. Ein Zahlungsverzug tritt erst ab Rechtskraft und nicht rückwirkend ein, BGH NJW **05**, 2311. Die Rechtskraft ersetzt jede beliebige sachlichrechtlich notwendige Form der Erklärung. Das gilt grundsätzlich bei einer Erklärung des Schuldners, BayObLG Rpfleger **83**, 391 (zustm Meyer-Stolte). Es gilt ausnahmsweise auch bei einer Erklärung des Gläubigers, zB bei einer Zug-um-Zug-Leistung, § 756, LG Kblz DGVZ **89**, 43. Es gilt zB eine Auflassung als vor dem zuständigen Notar erklärt, BayObLG Rpfleger **83**, 391 (zustm Meyer-Stolte), LG Kblz DGVZ **89**, 43. Eine löschungsfähige Quittung gilt als in öffentlicher Form erteilt. Die Verurteilung zur Abgabe einer öffentlich beglaubigten Erklärung ersetzt auch die Beglaubigung.

18   Demgegenüber ist die Verurteilung dahin, nur die *Beglaubigung* vornehmen zu lassen, lediglich nach § 888 erzwingbar. Zweckmäßiger und einfacher ist aber eine Verurteilung zur Abgabe der Erklärung. Denn diese Verurteilung ersetzt mit dem Eintritt ihrer Rechtskraft auch die Beglaubigung. Es ersetzt ja auch ein Urteil auf die Wiederholung der Abtretung der Hypothek die formgerechte Eintragungsbewilligung in einer grundbuchmäßigen Form. Das gilt auch zu Lasten des Gläubigers. Es gilt ferner gegenüber einem Dritten. Mit der Rechtskraft des Urteils gilt die Erklärung auch dem etwa mitbetroffenen oder sogar allein betroffenen Dritten gegenüber als abgegeben. Eine etwaige Prozeßunfähigkeit des Schuldners nach §§ 51, 52 im Zeitpunkt des Eintritts der Rechtskraft des Urteils ist unschädlich. Bei einer juristischen Person gilt der nach § 51 Rn 12 Vertretungsberechtigte, als der Erklärende. Das gilt selbst dann, wenn im Zeitpunkt des Eintritts der Rechtskraft des Urteils ein Vertretungsberechtigter in Wahrheit fehlt.

19   **B. Kein Ersatz weiterer Erfordernisse.** Die Rechtskraft kann allerdings keine etwaigen weiteren Erfordernisse ersetzen. Sie kann zB nicht eine etwa notwendige Erklärung des Gläubigers oder eines Dritten ersetzen, BayObLG Rpfleger **83**, 391 (zustm Meyer-Stolte), KG WoM **86**, 108. Der Gläubiger muß zB im Fall eines Urteils auf die Auflassung seinerseits die Einigung erklären, und zwar anschließend an die Rechtskraft, nicht vorher, BayObLG Rpfleger **83**, 391 (zustm Meyer-Stolte). Wenn die Auflassung einem Dritten gegenüber erfolgen soll, dann muß der Dritte die Einigung erklären und der Gläubiger muß das rechtskräftige Urteil dem Grundbuchamt vorlegen. Der Dritte kann das Urteil nicht vorlegen. Denn das Urteil wirkt ihm gegenüber nicht. Wenn es um die Zustimmung nur eines oder mehrerer Gesellschafter geht, ist damit noch nicht stets der erforderliche Gesellschaftsbeschluß herbeigeführt, BGH RR **89**, 1056. Wenn es sich um eine Zustimmung zu einer Änderung des Gesellschaftsvertrags einer BGB-Gesellschaft handelt, dann braucht keine Gesellschafterversammlung stattzufinden.

20   Es ist *unerheblich,* ob auch eine *Handlung des Schuldners* hinzutreten muß. Denn nur für die Erklärung gilt § 894, BGH KTS **86**, 671. Für die etwa außerdem notwendige Handlung des Schuldners gelten die §§ 883–888. Freilich muß das Gericht sein Urteil insofern klar gefaßt haben, BGH KTS **86**, 671. Wenn beide geschuldeten Vorgänge rechtlich eine unterschiedliche Verpflichtung und Maßnahme bilden, etwa bei einer Indossierung eines Wechsels, dann ist § 888 anwendbar. Eine an sich nach dem sachlichen Recht notwendige vormundschaftsgerichtliche Genehmigung ist entbehrlich, ZöStö 7, aM StJM 24. Eine sonst etwa notwendige behördliche Genehmigung bleibt erforderlich, etwa diejenige nach § 15 StFG.

21   **C. Notwendig bleibende Handlung.** Alle weiterhin gebotenen Handlungen bleiben dem Gläubiger überlassen. Was der Verwertung der Willenserklärung dient, steht außerhalb der Zwangsvollstreckung und bedarf des Nachweises ihrer Voraussetzungen nach Grdz 14 vor § 704 nicht. Das gilt etwa für eine grundbuchmäßige Eintragung. Anders ist die Lage, wenn ein Rechtsnachfolger des Gläubigers oder des Schuldners beteiligt ist. Dann ist ein Nachweis der erfolgten Umschreibung erforderlich, BayObLG Rpfleger **83**, 481. Der Schuldner kann die Eintragung nicht schon auf Grund einer Vollstreckungsabwehrklage oder auf Grund einer Wiederaufnahmeklage nach §§ 769, 707 unterbinden. Die Eintragung ist nämlich keine Vollstreckungsmaßnahme. Deshalb bleibt der Schuldner darauf angewiesen, eine einstweilige Verfügung zu erwirken, §§ 935 ff. Im Fall einer Wiedereinsetzung gegen den Ablauf der Rechtsmittelfrist nach §§ 233 ff fällt die Unterstellung rückwirkend weg.

zur Erwirkung der Herausgabe von Sachen usw. **§§ 894, 895**

8) Gegenleistung, I 2. Wenn das Urteil die Abgabe der Willenserklärung von einer Gegenleistung 22 abhängig macht, dann wird die Unterstellung entsprechend § 726 II erst in demjenigen Zeitpunkt wirksam, in dem der Schuldner eine vollstreckbare Ausfertigung des Urteils nach § 724 I in Händen hat, BFH NJW **89**, 1504 (Sicherheitsleistung des Gläubigers), BayObLG Rpfleger **83**, 481, Kblz FamRZ **05**, 224, aM Ffm JB **95**, 159 (aber das wäre eine Erklärung zu Lasten eines Dritten). Das Gericht darf eine solche Ausfertigung erst dann erteilen, wenn der Nachweis der Erfüllung oder der Nachweis des Annahmeverzugs des Gläubigers vorliegt. In solchem Fall tritt die Vollstreckungswirkung genau in demjenigen Augenblick ein, in dem der Urkundsbeamte der Geschäftsstelle die vollstreckbare Ausfertigung hinausgibt, § 329 Rn 23. Wenn der Gläubiger zunächst nach § 731 auf die Erteilung der Vollstreckungsklausel klagen muß, dann tritt die Unterstellung im Zeitpunkt der Rechtskraft desjenigen Urteils ein, das die Erteilung der Vollstreckungsklausel anordnet.

9) Eingehung der Ehe, II. Das deutsche Recht kennt keine Verurteilung zur Eingehung einer Ehe, 23 § 888 Rn 21. Dort auch wegen einer Namensänderung bei Eheleuten. Entgegen dem gegenüber § 888 II scheinbar engeren Wortlaut gilt § 894 II auch für die Eheherstellungsklage, § 888 Rn 21, Reinhart JZ **83**, 187.

10) VwGO: Entsprechend anwendbar iRv Üb § 883 Rn 7, aM Hoffmann-Becking VerwArch **71**, 198. Für 24 Urteile, die zum Erlaß eines VerwAktes oder zur Folgenbeseitigung verpflichten, und in diesem Rahmen ergehende einstwAnOen gilt ausschließlich § 172 VwGO (Zwangsgeld).

895 *Willenserklärung zwecks Eintragung bei vorläufig vollstreckbarem Urteil.* ¹Ist durch ein vorläufig vollstreckbares Urteil der Schuldner zur Abgabe einer Willenserklärung verurteilt, auf Grund deren eine Eintragung in das Grundbuch, das Schiffsregister oder das Schiffsbauregister erfolgen soll, so gilt die Eintragung einer Vormerkung oder eines Widerspruchs als bewilligt. ²Die Vormerkung oder der Widerspruch erlischt, wenn das Urteil durch eine vollstreckbare Entscheidung aufgehoben wird.

Schrifttum: S bei § 894.

1) Systematik, S 1, 2. Die Vorschrift ergänzt den § 894 durch eine in ihrem Geltungsbereich nach Rn 3 1 vorrangige Sonderregelung.

2) Regelungszweck, S 1, 2. Zweck ist eine Überbrückung des für den Gläubiger sonst zu gefährlichen 2 Zeitraums zwischen dem Erlaß eines Urteils auf eine Willenserklärung und dem Eintritt der Rechtskraft, mit dem ja erst die Unterstellung der Abgabe dieser Willenserklärung erfolgt. Zwar darf das Gericht ein Urteil nach § 894 grundsätzlich überhaupt nicht für vorläufig vollstreckbar erklären, Einf 5 vor §§ 708–720. Indessen ergibt sich aus § 895 eine Ausnahme. Dem Charakter einer nur vorläufigen Vollstreckbarkeit entspricht die Vormerkung bzw der Widerspruch als bloße Rangsicherungsmaßnahme. Das Urteil wahrt dem Gläubiger seinen Rang. Das Grundbuchamt wird als Vollstreckungsorgan tätig, um einer Durchkreuzung des ausgeurteilten Anspruchs durch eine Verfügung des eingetragenen Titelschuldners vorzubeugen, KG Rpfleger **81**, 22. Das alles dient auch der beim Grundbuch notwendigen Rechtssicherheit nach Einl III 43. Man sollte die Vorschrift entsprechend strikt auslegen.

3) Geltungsbereich, S 1, 2. Im allgemeinen hat ein nur vorläufig vollstreckbares Urteil auf die Abgabe 3 einer Willenserklärung keine Vollstreckungswirkung im engeren Sinne, Rn 2. Es ist lediglich wegen der Kosten vollstreckbar, Einf 5 vor §§ 708–720. Von diesem Grundsatz macht § 895 eine Ausnahme für ein Urteil, das zu einer Eintragung im Grundbuch, im Schiffsregister oder im Schiffsbauregister verurteilt. Eine entsprechende Regelung gilt dann, wenn ein Urteil zur Eintragung eines Registerpfandrechts an einem Luftfahrzeug in die Luftfahrzeugrolle verurteilt, § 99 I LuftzRG. Zwar entsteht auch in diesen Fällen nicht die Wirkung, daß die Erklärung als abgegeben gilt. Unter § 895 fallen alle Arten von Anträgen und Bewilligungen auf eine Eintragung. Die Vorschrift ist aber als eine Sonderregelung nicht etwa auf andere Register ausdehnend anwendbar, Rn 2. Es ist unerheblich, ob das Urteil unmittelbar oder nur mittelbar vorläufig vollstreckbar ist, etwa weil ein Oberlandesgericht vorläufig vollstreckbar ist, dann den Einspruch zurückweist. Unter § 895 fällt auch ein vorläufig vollstreckbares Feststellungsurteil nach § 256, das den Inhalt und die Tragweite eines rechtskräftigen Urteils auf die Abgabe einer Willenserklärung feststellt. Man kann S 1 auch bei Verurteilung zur Bewilligung einer bloßen Vormerkung für unanwendbar halten, BayObLG Rpfleger **97**, 525.

§ 895 ist *unanwendbar,* wenn die Verurteilung des Schuldners nicht durch ein Urteil erfolgt ist, sondern durch einen Beschluß auf den Erlaß einer einstweiligen Verfügung ohne eine mündliche Verhandlung, § 937 II, Ffm FGPrax **95**, 180.

4) Unterstellung, S 1. Mit der Verkündung eines Urteils nach § 311, das den Bekl zur Abgabe einer 4 Willenserklärung nach § 894 Rn 1 verurteilt und vorläufig vollstreckbar ist, gilt die Eintragung einer Vormerkung oder eines Widerspruchs als bewilligt, Kblz Rpfleger **92**, 102. Zur Eintragung genügt daher die Vorlage einer Ausfertigung des vorläufig vollstreckbaren Urteils. Die Vorlage einer vollstreckbaren Ausfertigung des Urteils ist nicht erforderlich. Das Grundbuchamt prüft wie andere Vollstreckungsorgane nicht, ob das Urteil sachlichrechtlich richtig ist oder ob eine Vollstreckungsabwehrklage nach § 767 Erfolg haben müßte, KG Rpfleger **81**, 23. Der Schuldner kann aber eine Eintragung dadurch verhindern, daß er eine Sicherheit leistet.

Das Urteil kann nun allerdings auch die vorläufige Vollstreckbarkeit von einer *Sicherheitsleistung des Gläubigers* abhängig machen, §§ 709 ff, Zawar JZ **75**, 168. In einem solchen Fall tritt die Vollstreckungswirkung nicht vor der Leistung der Sicherheit ein. Der Gläubiger muß also vor der Eintragung nachweisen, daß er die Sicherheit geleistet hat. Es richtet sich nach der Art des Anspruchs, ob eine Vormerkung oder ein Widerspruch einzutragen sind. Die Vormerkung sichert einen persönlichen Anspruch, der Widerspruch sichert einen dinglichen Anspruch, §§ 883, 899 BGB.

§§ 895–897   Buch 8. Abschnitt 3. Zwangsvollstreckung

Die Eintragung erfolgt nur auf Grund eines *Antrags des Gläubigers*. Der Gläubiger kann den Antrag allerdings auch zu Gunsten eines Dritten stellen, KG ZMR 79, 219. Der Gläubiger muß das Urteil vorlegen, § 894 Rn 14, 21. Auch in diesem Fall ist die Eintragung keine Maßnahme der Zwangsvollstreckung. Deshalb ist eine Beschwerde nur nach dem Grundbuchrecht zulässig, KG ZMR 79, 218.

5 **5) Abändernde Entscheidung, S 1, 2.** Es sind drei Möglichkeiten vorhanden.
A. Rechtskraft des Urteils. Wenn das Urteil nach § 322 rechtskräftig wird, dann muß das Grundbuchamt auf Grund eines Antrags des Gläubigers die Eintragung in eine endgültige umwandeln.

6 **B. Aufhebung.** Wenn das Urteil oder seine Vollstreckbarkeit durch eine vollstreckbare Entscheidung aufgehoben werden, dann erlöschen die Vormerkung oder der Widerspruch. Das Grundbuchamt muß die Eintragung dann auf Grund des einseitigen Antrags des Schuldners im Weg einer Grundbuchberichtigung löschen, § 25 GBO. Auch in diesem Fall prüft das Grundbuchamt nur den prozessualen Vorgang, nicht seine sachlichrechtliche Richtigkeit, KG Rpfleger 81, 23. Der Schuldner hat dann einen Ersatzanspruch nach § 717. Wenn das Gericht das aufgehobene Urteil anschließend wiederherstellt, läßt sich der zuvor verlorene Rang der Grundbucheintragung nicht wiederherstellen.

7 **C. Einstellung der Zwangsvollstreckung.** Eine bloße Einstellung der Zwangsvollstreckung läßt allerdings die Eintragung unberührt. Denn die Eintragung ist keine Maßnahme der Zwangsvollstreckung im engeren Sinn, § 894 Rn 21. Solange das Gericht den Vollstreckungstitel nicht aufgehoben hat, bedarf eine Löschung des Widerspruchs auch dann der Bewilligung des berechtigten Gläubigers oder seiner Erben, wenn der ausgeurteilte Anspruch nicht vererblich ist und der Schuldner den Tod des eingetragenen Berechtigten nachweist, KG Rpfleger 81, 23.

8 **6)** *VwGO:* Entsprechend anwendbar iRv Üb § 883 Rn 7, § 894 Rn 24.

896 *Erteilung von Urkunden an Gläubiger.* Soll auf Grund eines Urteils, das eine Willenserklärung des Schuldners ersetzt, eine Eintragung in ein öffentliches Buch oder Register vorgenommen werden, so kann der Gläubiger an Stelle des Schuldners die Erteilung der im § 792 bezeichneten Urkunden verlangen, soweit er dieser Urkunden zur Herbeiführung der Eintragung bedarf.

1 **1) Systematik.** § 896 ergänzt den § 894 neben § 895 durch eine in ihrem Geltungsbereich nach Rn 3 vorrangige weitere Sonderregelung. Sie wiederholt die Regelung des § 792. Denn die Eintragung in das Grundbuch oder in ein öffentliches Register nach §§ 894 ff ist keine Maßnahme der Zwangsvollstreckung, § 894 Rn 21.

2 **2) Regelungszweck.** Die Vorschrift bezweckt eine Beschleunigung und Erleichterung für den Gläubiger. Man sollte sie entsprechend gläubigerfreundlich auslegen.

3 **3) Geltungsbereich.** § 896 wird namentlich dann erheblich, wenn der Schuldner nicht als ein Berechtigter eingetragen ist. Gegen den Schuldner ist kein Zwang zur Beschaffung der Urkunden zulässig. Vgl im übrigen bei § 792, auch zu den Rechtsbehelfen, zB eines Vermächtnisnehmers, BayObLG RR 99, 446.

4 **4)** *VwGO:* Entsprechend anwendbar iRv Üb § 883 Rn 7, § 894 Rn 24.

897 *Übereignung; Verschaffung von Grundpfandrechten.* I Ist der Schuldner zur Übertragung des Eigentums oder zur Bestellung eines Rechts an einer beweglichen Sache verurteilt, so gilt die Übergabe der Sache als erfolgt, wenn der Gerichtsvollzieher die Sache zum Zwecke der Ablieferung an den Gläubiger wegnimmt.

II Das Gleiche gilt, wenn der Schuldner zur Bestellung einer Hypothek, Grundschuld oder Rentenschuld oder zur Abtretung oder Belastung einer Hypothekenforderung, Grundschuld oder Rentenschuld verurteilt ist, für die Übergabe des Hypotheken-, Grundschuld- oder Rentenschuldbriefs.

1 **1) Systematik, I, II.** Auch diese Vorschrift ergänzt den § 894 durch eine in ihrem Geltungsbereich vorrangige Sonderregelung. Ihr gegenüber hat wiederum § 898 Vorrang.

2 **2) Regelungszweck, I, II.** Ziel ist auch hier eine Klärung des Befriedigungszeitpunkts im Interesse aller Beteiligten. Die Vorschrift dient also wesentlich auch der Rechtssicherheit, Einl III 43. Man sollte sie entsprechend strikt auslegen.

3 **3) Geltungsbereich, I, II.** Man erwirbt das Eigentum oder ein dingliches Recht an einer beweglichen Sache auch auf Grund eines Urteils durch eine Einigung und durch die Übergabe der Sache, §§ 929, 1032, 1205 BGB. Die Einigung vollzieht sich nach § 894. Das Urteil unterstellt die Erklärung des Schuldners als im Zeitpunkt der Rechtskraft des Urteils nach § 322 abgegeben. Wenn das Urteil zur Erklärung nur Zug um Zug gegen eine Gegenleistung des Gläubigers verurteilt, dann gilt die Erklärung des Schuldners als in demjenigen Zeitpunkt abgegeben, in dem der Gläubiger die Vollstreckungsklausel erwirkt. Der Gläubiger braucht daher nun nur noch die seinerseits etwa notwendige Erklärung abzugeben. § 897 setzt voraus, daß die nun noch erforderliche Übergabe durch eine Wegnahme. Diese nimmt der Gerichtsvollzieher vor, § 808 Rn 18. In einem solchen Fall darf der Gerichtsvollzieher die Sache nicht im Gewahrsam des Schuldners belassen. Der Gerichtsvollzieher wäre nun zum Abschluß einer Besitzabrede (Konstitut) befugt. Auch hier handelt der Gerichtsvollzieher nicht als ein Vertreter des Gläubigers, sondern als eine Amtsperson in Ausübung staatlicher Hoheitsrechte, § 753 Rn 3. Das gilt auch dann, wenn der Schuldner die Sache dem Gerichtsvollzieher freiwillig übergibt. Denn die Ermächtigung des Gerichtsvollziehers zur Annahme der Sache beruht nicht auf dem „Auftrag" des Gläubigers, sondern auf dem Gesetz, § 754.

4) **Maßgeblicher Zeitpunkt, I.** Die Sache gilt in demjenigen Augenblick als dem Gläubiger übergeben, 4 in dem sie der Gerichtsvollzieher dem Schuldner wegnimmt oder sie vom Schuldner empfängt. Der Gläubiger trägt von diesem Augenblick an die Gefahr. Der Schuldner ist von diesem Zeitpunkt an befreit. Das Eigentum erst bei Ablieferung der Sache an den Gläubiger übergehen zu lassen, widerspricht dem Gesetz.

5) **Bestellung einer Hypothek usw, II.** Der Erwerb, die Abtretung und die Verpfändung einer Hypo- 5 thek, einer Briefgrundschuld oder einer Briefrentenschuld, erfolgen durch eine Einigung und durch die Übergabe des Briefs, §§ 1117, 1154, 1192, 1199, 1274 BGB. Deshalb gilt I in solchen Fällen entsprechend. Wenn der Schuldner überflüssigerweise auch dazu verurteilt worden ist, in die Aushändigung des noch zu bildenden Hypothekenbriefs nach § 1117 II BGB einzuwilligen, dann ist eine Wegnahme unnötig, BayObLG Rpfleger **98**, 32.

6) *VwGO: Entsprechend anwendbar iRv Üb § 883 Rn 7.* 6

898 *Gutgläubiger Erwerb.* **Auf einen Erwerb, der sich nach den §§ 894, 897 vollzieht, sind die Vorschriften des bürgerlichen Rechts zugunsten derjenigen, die Rechte von einem Nichtberechtigten herleiten, anzuwenden.**

1) **Systematik.** Die Vorschrift ergänzt die §§ 894, 897 durch eine in ihrem Geltungsbereich vorrangige 1 Sondervorschrift in einem Bereich der Vollstreckung, von dessen Rechtswirkungen Dritte andernfalls schuldlos nachteilig mitbetroffen sein könnten.

2) **Regelungszweck.** Sinn ist der Schutz des guten Glaubens. Damit dient die Vorschrift der Rechts- 2 sicherheit, Einl III 43. Diesen Schutzzweck muß man bei der Auslegung mitbeachten. Im allgemeinen nutzt zwar ein guter Glaube in der Zwangsvollstreckung nichts. Etwas anderes gilt aber dann, wenn ein rechtskräftiges Urteil eine Willenserklärung ersetzt. Sie steht im Hinblick auf einen guten Glauben einer rechtsgeschäftlich abgegebenen Willenserklärung gleich. Daher muß man einen Erwerb auf Grund einer solchen Erklärung wie einen rechtsgeschäftlichen Erwerb behandeln.

3) **Geltungsbereich.** Im Fall einer Wegnahme nach § 897 handelt der Gerichtsvollzieher als eine Amts- 3 person, § 753 Rn 3. Daher entscheidet nicht sein persönlicher guter oder schlechter Glaube, sondern allein derjenige des Gläubigers. Das gilt auch dann, wenn der Schuldner die Sache dem Gerichtsvollzieher freiwillig übergibt, § 897 Rn 3, aM, StJM 4 (wie hier nur, soweit der Gerichtsvollzieher bloßer Besitzmittler sei. Das geht am Kern vorbei, der Rechtsstellung des Gerichtsvollziehers als einer Amtsperson). Bei Fahrnis muß der gute Glaube im Zeitpunkt der Einigung vorliegen, also dann, wenn dasjenige Urteil rechtskräftig wird, das zur Abgabe der Willenserklärung verurteilt. Der gute Glaube muß außerdem noch im Zeitpunkt der Übergabe vorhanden sein, also im Zeitpunkt der Wegnahme nach § 897. Beide Zeitpunkte ergeben sich aus § 932 BGB. Auf den Fall des § 895 ist § 898 nicht anwendbar.

4) *VwGO: Entsprechend anwendbar iRv Üb § 883 Rn 7.* 4

Abschnitt 4
Eidesstattliche Versicherung und Haft

Übersicht

Schrifttum: *Behr* JB **00**, 178 (Üb); *Hintzen,* Vollstreckung durch den Gerichtsvollzieher. Sachpfändung, eidesstattliche Verzinsung usw, 2000 (Bespr *Sternal* Rpfleger **01**, 51); *Hippler/Winterstein,* Die eidesstattliche Versicherung durch den Gerichtsvollzieher, 2000; *Keller,* Die eidesstattliche Versicherung nach §§ 807, 899 ZPO, 2. Aufl 2000; *Keller,* Taktik in der Vollstreckung (III): Sachpfändung, eidesstattliche Versicherung, 2002; *Röder* DGVZ **00**, 65 (Üb).

Gliederung

1) Systematik	1	4) Haftarten	4, 5
		A. Zwangshaft	4
2) Regelungszweck	2	B. Ordnungshaft	5
3) Geltungsbereich	3	5) *VwGO*	6

1) **Systematik.** Die Pflicht zur Abgabe einer eidesstattlichen Versicherung kann sich aus bürgerlich- 1 rechtlichen, insolvenzrechtlichen oder prozeßrechtlichen Gründen ergeben. § 889 betrifft die bürgerlichrechtliche eidesstattliche Versicherung. § 807 betrifft die öffentlichrechtliche eidesstattliche Versicherung im Fall einer fruchtlosen Pfändung, die sog Offenbarungsversicherung. § 883 betrifft die öffentlichrechtliche eidesstattliche Versicherung im Fall des fruchtlosen Versuchs der Wegnahme einer Sache, die der Schuldner herausgeben soll. § 98 InsO betrifft die eidesstattliche Versicherung des Schuldners nach der Eröffnung des Insolvenzverfahrens. Auf die eidesstattliche Versicherung des vermutlichen Testamentsbesitzers sind die §§ 883 II–IV, 900 I, 901, 902, 904–910, 913 entsprechend anzuwenden, §§ 33 II, 83 II FGG. Nach § 90 III OWiG sind ferner die §§ 883 II–IV, 899, 900 I, III, V, 901, 902, 904–910, 913 entsprechend anwendbar, wenn auf Grund eines Bußgeldbescheids eine Einziehung erfolgt. Dagegen sind §§ 899 ff auf eine Erzwingungshaft nach § 96 OWiG unanwendbar. § 97 OWiG, LG Tüb NJW **82**, 836 (zustm Weber). (Jetzt) § 758a ist anwendbar, LG Brschw DGVZ **87**, 58. Neben §§ 899 ff sind (hilfsweise) §§ 916 ff anwendbar, Mü RR **88**, 382.

2   2) Regelungszweck. Der in § 807 Rn 1 dargestellte Regelungszweck beherrscht natürlich auch das Verfahren der §§ 900 ff. Wegen seiner teilweise einschneidenden und durch Art 2 II 3 GG gedeckten Freiheitsbeschränkungen ist allerdings trotz aller notwendigen Prozeßwirtschaftlichkeit nach Grdz 14 vor § 128 doch auch bei §§ 899 ff eine behutsame Auslegung geboten. So wenig der trödelnde unehrliche Schuldner schutzwürdig ist, so sehr ist es der evtl sehr gefährlich bedrohte. Es gilt also das Verbot einer Unverhältnismäßigkeit, Grdz 34 vor § 704.

3   3) Geltungsbereich. §§ 899 ff regeln das Verfahren in den Fällen der §§ 807, 883. §§ 899 ff sind entgegen der insoweit ungenauen Überschrift des Abschnitts 4 nicht auf die freigestellte eidesstattliche Versicherung als eines Mittels der Glaubhaftmachung im Erkenntnis- oder Vollstreckungsverfahren anwendbar. Insofern gilt § 294 evtl in Verbindung mit §§ 704 ff. §§ 899 ff sind auch im Fall des § 836 III 2 anwendbar. Im Steuerverfahren gelten §§ 284 ff AO, Köln OLGZ 94, 372, LG Stendal DGVZ 03, 188. Daneben sind §§ 904–913 anwendbar, Bowitz DGVZ 78, 177. Wegen eines Auslandsbezugs Heß Rpfleger 96, 89 (ausf).

4   4) Haftarten. Die ZPO und die InsO unterscheiden zwei Haftarten.
   A. Zwangshaft. Sie ist eine bloße Freiheitsentziehung zur Erzwingung eines vom Gesetz befohlenen Verhaltens. Hierher zählen: Die Haft zur Erzwingung einer unvertretbaren Handlung nach § 888 I; die Haft zur Erzwingung einer eidesstattlichen Versicherung nach §§ 889 I, 901; der Vollzug eines persönlichen Arrests nach §§ 918, 933; die Haft gegen den Schuldner nach §§ 4, 21 III, 98 III InsO.

5   B. Ordnungshaft. Sie ist eine Freiheitsentziehung als Ahndung eines Verstoßes gegen die Rechtsordnung. Hierher gehören folgende Fälle: Ein Zeuge ist unentschuldigt ausgeblieben oder hat das Zeugnis unentschuldigt verweigert. Dann darf das Gericht die Ordnungshaft nur für den Fall festsetzen, daß ein zunächst festgesetztes Ordnungsgeld nicht beitreibbar ist, §§ 380, 390 II, 653 II. Oder: Es handelt sich um die Zwangsvollstreckung wegen der Pflicht zu einer Unterlassung oder zu einer Duldung, § 890. In diesem Fall mag das Gericht die Ordnungshaft nur ersatzweise verhängt oder sogleich festgesetzt haben. §§ 904 ff gelten nur für die Zwangshaft, nicht für die Ordnungshaft. Vgl aber auch Rn 1.

6   5) VwGO: Für die Vollstreckung zugunsten der öff Hand gelten nach § 169 I VwGO das VwVG und damit §§ 284 AO (idF des G v 22. 12. 99, BGBl 2601) und 315 AO (idF des 2. ZwVNov), die wieder auf die §§ 901, 902, 904–906, 909 I 2 u II, 910 u 913–915 h verweisen, oder die entsprechenden Vorschriften der Länder, § 169 II VwGO. Für die Vollstreckung gegen die öff Hand, § 170 VwGO, sowie für die Vollstreckung für und gegen Private ist Abschnitt 4 entsprechend anwendbar, § 167 I VwGO. Vgl dazu Gaul JZ 79, 508 ff.

899 Zuständigkeit.
¹ Für die Abnahme der eidesstattlichen Versicherung in den Fällen der §§ 807, 836 und 883 ist der Gerichtsvollzieher bei dem Amtsgericht zuständig, in dessen Bezirk der Schuldner im Zeitpunkt der Auftragserteilung seinen Wohnsitz oder in Ermangelung eines solchen seinen Aufenthaltsort hat.

II ¹ Ist das angegangene Gericht nicht zuständig, gibt es die Sache auf Antrag des Gläubigers an das zuständige Gericht ab. ² Die Abgabe ist nicht bindend.

Schrifttum: *Gilleßen/Polzius* DGVZ 98, 97 (Üb). Vgl auch vor Üb 1 vor § 899.

1   1) Systematik, I, II. Die Vorschrift regelt die sachliche und örtliche Zuständigkeit zur Abnahme einer eidesstattlichen Versicherung nach den §§ 807, 836, 883 grundsätzlich, teilweise auch nach § 98 I InsO. Sie ist ausschließlich, § 802, Mü MDR 91, 796. Man muß sie wie jede Zuständigkeitsvorschrift von Amts wegen klären und streng auslegen. Für die Folge des § 889 enthält jene Vorschrift ihre eigene Zuständigkeitsregelung. Für die Zuständigkeit ist der Zeitpunkt der Erteilung (Eingang) des Auftrags an den Gerichtsvollzieher maßgeblich, I. Funktionell zuständig ist in den Fällen §§ 807, 836, 883 grundsätzlich (vgl freilich Rn 5) der Gerichtsvollzieher, Steder Rpfleger 98, 409 (Üb), und zwar beim AG des inländischen Wohnsitzes des Schuldners, bei mehreren nach der Wahl des Gläubigers, § 35, hilfsweise des inländischen Aufenthaltsorts, I, § 13 Rn 1, 2, § 16 Rn 2, 3.

Man kann ein *Zusammenlaufen der Interessen* fordern, derentwegen sich der Schuldner von seinem Wohnsitz entfernt, Ffm JB 78, 131. Soweit nicht der Gerichtsvollzieher als funktionell zuständig bestimmt, ist der Richter bzw der Rpfl als Vollstreckungsgericht funktionell zuständig, Rn 4. Im folgenden wird jeweils nur auf die nach I gegebenen Fälle der funktionellen Zuständigkeit des Gerichtsvollziehers abgestellt.

2   2) Regelungszweck, I, II. I nennt andere Anknüpfungspunkte als § 764 II. Man kann über die Zweckmäßigkeit solcher Unterscheidungen verschieden denken. Man muß aber den klaren Wortlaut und Sinn des Gesetzes respektieren, Einl III 39. Dabei können dieselben Probleme wie nach § 13, 16 entstehen. Man sollte das ohnehin alles andere als erfreuliche, aber eben unvermeidbare Zwischenverfahren der §§ 899 ff nicht durch allzu große Strenge bei der Zuständigkeitsfrage noch mehr erschweren und in die Länge ziehen. Wesentlich sein sollte weniger das Wo als das Wann, Wer und Wie umfangreich des Verfahrens vor einer ja oft sehr ungewissen Chance des eigentlichen Zugriffs.

3   3) Geltungsbereich: Örtliche Zuständigkeit, I, II. Je nach dem Ergebnis muß man unterschiedlich verfahren.

A. Bejahung, I. Die Zuständigkeitsregelung nach I, II gilt auch bei einem nach §§ 51, 52 Prozeßunfähigen. Auch in diesem Fall entscheidet wie sonst auch nicht der Wohnsitz usw des gesetzlichen Vertreters nach § 51 Rn 12, sondern der Wohnsitz usw des Vertretenen. Maßgebend ist der Zeitpunkt der Auftragserteilung an den Gerichtsvollzieher, LG Mönchengladb Rpfleger 02, 529. Spätere Änderungen sind entsprechend § 261 III Z 2 unbeachtlich, Pinnel/Rodemann DGVZ 05, 97. Bei einer juristischen Person oder bei einer Gesellschaft tritt an die Stelle des Wohnsitzes der Sitz, § 17 Rn 2, Stgt Rpfleger 77, 220, AG Magdeb JB 01, 112, also nicht der Wohnsitz des Organs, aM LG Bochum Rpfleger 01, 442 (aber § 17 I ist nach

Abschnitt 4. Eidesstattliche Versicherung und Haft §§ 899, 900

Wortlaut und Sinn eindeutig, Einl III 39). Das kann auch zur inländischen Zuständigkeit bei hiesiger Niederlassung führen, LG Zwickau Rpfleger **95**, 371. Das gilt auch dann, wenn ein Abwickler die eidesstattliche Versicherung abgeben soll. Eine Abmeldung ist nur ein Beweisanzeichen für die Aufgabe des Wohnsitzes, LG Mönchengladb Rpfleger **02**, 529. Der letzte Wohnsitz kommt hilfsweise infrage, Stgt OLGZ **77**, 378, AG Magdeb JB **01**, 112. Im Verfahren gegen die unbekannten Erben ist der Gerichtsvollzieher desjenigen Gerichts zuständig, das die Nachlaßpflegschaft angeordnet hat, aM ZöStö 2 (das Wohnsitzgericht des Nachlaßpflegers). Wegen etwaiger Amtshilfe Pinnel/Rodemann DGVZ **05**, 97. Im Zuständigkeitsstreit gilt § 900 IV.

Der Gerichtsvollzieher handelt als Organ des *Vollstreckungsgerichts*, § 764, BVerfG NJW **02**, 285 (dort als „zumindest vertretbar und daher weder willkürlich noch auf grundsätzlich unrichtiger Anschauung beruhend" bezeichnet), aM Caliebe NJW **00**, 1623 (aber der Gerichtsvollzieher ist ungeachtet einer gewissen Selbständigkeit „bei" dem Gericht tätig). Teilweise kann auch der Rpfl zuständig sein, § 20 Z 17 S 1 RPflG, Anh § 153 GVG. Nur der Haftbefehl nach § 901 ist dem Richter vorbehalten, § 4 II Z 2 RPflG. Eine eidesstattliche Versicherung vor dem verordneten Gerichtsvollzieher ist nach § 899 nicht verboten, AG Reinbek DGVZ **01**, 47. Ein Notar ist keine zur Aufnahme zuständige Stelle im Sinn von § 156 StGB, § 22 BNotO, Eckardt DNotZ **86**, 511. In einer Steuersache ist zunächst das Finanzamt zuständig. Jedoch ist der Richter des AG für den Haftbefehl zuständig, § 284 VII AO.

B. Verneinung, II. Soweit das angegangene Gericht nicht zuständig ist, muß es die Sache unverzüglich von Amts wegen ohne Notwendigkeit einer Anhörung des Betroffenen formlos an das zuständige Gericht abgeben, II 1, und den Beteiligten davon formlos Mitteilung zu machen. Die Abgabe erfolgt durch Verfügung oder Beschluß des Rpfl, Hintzen Rpfleger **99**, 44, Zi 4 (also ausnahmsweise nicht etwa des Gerichtsvollziehers), mit kurzer Begründung, § 329 Rn 4. Sie ist nicht bindend, II 2. Eine weitere Abgabe ist zulässig. §§ 36, 37 sind entsprechend anwendbar, soweit wirklich unvermeidbar.

4) Verstoß, I, II. Man muß zwei Zeitabschnitte unterscheiden.

A. Vor Abgabe der Versicherung. Wenn der Gläubiger den nach Rn 1 unzuständigen Gerichtsvollzieher beauftragt, muß dieser evtl nach einem Hinweis gemäß Art 103 I GG den Auftrag ablehnen oder auf Grund eines etwaigen Hilfsauftrags das Verfahren an seinen Rpfl leiten, ThP 4, aM Hintzen Rpfleger **98**, 544 (aber der Gerichtsvollzieher ist nicht allein für das gesamte weitere Verfahren der Abgabe zuständig). Der Rpfl muß dann das Verfahren an das zuständige Gericht abgeben, II 1. § 281 gilt entsprechend, auch wegen der Bindungswirkung und ihrer Grenzen, II 2, BayObLG MDR **80**, 583, Düss Rpfleger **75**, 102, Behr Rpfleger **88**, 1 (Verletzung des Rechts auf rechtliches Gehör).

B. Nach Abgabe der Versicherung. Wenn der Schuldner die eidesstattliche Versicherung vor einem nach Rn 1 unzuständigen Gerichtsvollzieher abgegeben hat, dann ist sie trotzdem wirksam, Behr Rpfleger **88**, 1. Wenn sich die Unzuständigkeit erst nach der Abgabe der eidesstattlichen Versicherung herausstellt, dann muß das unzuständige Gericht das zuständige benachrichtigen. Das zuständige Gericht muß dann die Eintragung in der Schuldnerliste nach § 915 vornehmen.

5) Rechtsbehelfe, I, II. Es ist die Erinnerung nach § 766 gegeben. (Jetzt) § 513 II ist nicht entsprechend anwendbar, aM LG Verden NdsRpfl **76**, 116, ThP 3 (aber diese Vorschrift paßt nicht zum Vollstreckungsverfahren).

6) *VwGO*: Entsprechend anzuwenden im Rahmen der Üb § 899 Rn 6. Zuständig ist nicht das AG, sondern in allen Fällen das VG als Vollstreckungsgericht, § 167 I 2 VwGO, OVG Münst NJW **84**, 2484 mwN, VG Bre NVwZ-RR **98**, 789. AG Obernberg Rpfleger **79**, 112, Sommer Rpfleger **78**, 406 (bei einer Vollstreckung nach §§ 169 I VwGO, 5 VwVG und 284 IV AO, dessen Vorsitzender, vgl AG Würzb DGVZ **78**, 123), weil es (bzw er) insoweit VollstrBehörde ist, § 169 I 2 VwGO, Wettlaufer S 120 ff. Auch für die Vollstreckung aGrd § 19 BRAGO ist das VG zuständig, str, § 794 Rn 90. Keine Übertragung auf den Rpfl: § 20 RPflG gilt nur für bürgerliche Rechtsstreitigkeiten, Anh § 153 GVG Rn 1. Im Verfahren des VG wirken nur die Berufsrichter mit, weil es sich außerhalb der mdl Verh iSv § 5 III VwGO abspielt, vgl § 900 Rn 52. Entspr anwendbar ist auch II.

900 *Verfahren zur Abnahme der eidesstattlichen Versicherung.* I ¹Das Verfahren beginnt mit dem Auftrag des Gläubigers zur Bestimmung eines Termins zur Abgabe der eidesstattlichen Versicherung. ²Der Gerichtsvollzieher hat für die Ladung des Schuldners zu dem Termin Sorge zu tragen. ³Er hat ihm die Ladung zuzustellen, auch wenn dieser einen Prozessbevollmächtigten bestellt hat; einer Mitteilung an den Prozessbevollmächtigten bedarf es nicht. ⁴Dem Gläubiger ist die Terminsbestimmung nach Maßgabe des § 357 Abs. 2 mitzuteilen.

II ¹Der Gerichtsvollzieher kann die eidesstattliche Versicherung abweichend von Absatz 1 sofort abnehmen, wenn die Voraussetzungen des § 807 Abs. 1 vorliegen. ²Der Schuldner und der Gläubiger können der sofortigen Abnahme widersprechen. ³In diesem Fall setzt der Gerichtsvollzieher einen Termin und den Ort zur Abnahme der eidesstattlichen Versicherung fest. ⁴Der Termin soll nicht vor Ablauf von zwei Wochen und nicht über vier Wochen hinaus angesetzt werden. ⁵Für die Ladung des Schuldners und die Benachrichtigung des Gläubigers gilt Absatz 1 entsprechend.

III ¹Macht der Schuldner glaubhaft, dass er die Forderung des Gläubigers binnen einer Frist von sechs Monaten tilgen werde, so setzt der Gerichtsvollzieher den Termin zur Abgabe der eidesstattlichen Versicherung abweichend von Absatz 2 unverzüglich nach Ablauf dieser Frist an oder vertagt bis zu sechs Monaten und zieht Teilbeträge ein, wenn der Gläubiger hiermit einverstanden ist. ²Weist der Schuldner in dem neuen Termin nach, dass er die Forderung mindestens zu drei Vierteln getilgt hat, so kann der Gerichtsvollzieher den Termin nochmals bis zu zwei Monaten vertagen.

Hartmann

§ 900

IV [1] Bestreitet der Schuldner im Termin die Verpflichtung zur Abgabe der eidesstattlichen Versicherung, so hat das Gericht durch Beschluss zu entscheiden. [2] Die Abgabe der eidesstattlichen Versicherung erfolgt erst nach dem Eintritt der Rechtskraft der Entscheidung; das Vollstreckungsgericht kann jedoch die Abgabe der eidesstattlichen Versicherung vor Eintritt der Rechtskraft anordnen, wenn bereits ein früherer Widerspruch rechtskräftig verworfen ist, wenn nach Vertagung nach Absatz 3 der Widerspruch auf Tatsachen gestützt wird, die zur Zeit des ersten Antrags auf Vertagung bereits eingetreten waren, oder wenn der Schuldner den Widerspruch auf Einwendungen stützt, die den Anspruch selbst betreffen.

V Der Gerichtsvollzieher hat die von ihm abgenommene eidesstattliche Versicherung unverzüglich bei dem Vollstreckungsgericht zu hinterlegen und dem Gläubiger eine Abschrift zuzuleiten.

Schrifttum: Vgl bei § 807 sowie *Harnacke* DGVZ **99**, 81 (Üb zu III).

Gliederung

1) **Systematik, I–V** 1	D. Kein Anspruch; keine Klausel 27
2) **Regelungszweck, I–V** 2	E. Unfähigkeit 28
3) **Geltungsbereich: Abnahmeverfahren, I–V** 3–5	F. Berufsgeheimnis 29
A. Beginn: Auftrag 3, 4	7) **Vertagung, I–III** 30–35
B. Ende 5	A. Zahlungsbereitschaft 30
4) **Terminsbestimmung und Ladung, I, II** 6–19	B. Weiterer Aufschub 31
A. Allgemeine Voraussetzungen 6	C. Erheblicher Grund, § 227, I 32
B. Rechtsschutzbedürfnis 7	D. Verfahren 33
C. Bisherige Versicherung 8	E. Entscheidung 34
D. Unfähigkeit zur Versicherungsabgabe 9	F. Rechtsbehelfe wegen Vertagung 35
E. Vorwegleistung 10	8) **Keine Einwendungen im Termin, IV** 36
F. Unzulässigkeit des Auftrags 11	9) **Einwendungen im Termin, IV** 37–42
G. Sofortige Abnahme, II 12, 13	A. Notwendigkeit einer Begründung 37
H. Sogleich Terminsbestimmung, Ladung, I 2, 3 14–16	B. Bloße schriftliche Begründung 38
I. Terminsänderung 17	C. Nachholung einer Begründung 39
J. Rechtshilfe 18	D. Entscheidung 40, 41
K. Rechtsbehelfe wegen Terminsbestimmung usw 19	E. Rechtsbehelfe wegen Einwendungen 42
5) **Termin, III** 20–23	10) **Verweigerung ohne Grundangabe, IV** 43
A. Person des Pflichtigen 20	11) **Kosten, IV** 44
B. Terminsablauf 21, 22	12) **Säumnisverfahren, IV** 45–48
C. Protokoll 23	A. Säumnis des Gläubigers 45
6) **Einwendungsmöglichkeiten des Schuldners, I–IV** 24–29	B. Säumnis des Schuldners 46, 47
A. Unzulässigkeit der Zwangsvollstreckung 24	C. Säumnis beider Parteien 48
B. Unzulässigkeit des Offenbarungsverfahrens 25	13) **Eidesstattliche Versicherung vor der Rechtskraft, IV 2 Hs 2** 49, 50
C. Unzulässigkeit derzeit 26	A. Allgemeines 49
	B. Rechtsbehelf wegen Anordnung vor Rechtskraft 50
	14) **Hinterlegung der Versicherung, V** ... 51
	15) *VwGO* 52

1 **1) Systematik, I–V.** Das Verfahren zur Abnahme der eidesstattlichen Versicherung nach §§ 807, 836 III 2, 883 II ist eigenartig geregelt. Es verlangt weder für beide Parteien eine mündliche Verhandlung nach § 764 III, noch ist es auf eine freigestellte mündliche Verhandlung im Sinn von § 128 Rn 10 zugeschnitten. Die Verhandlung ist vielmehr für den Schuldner notwendig mündlich, § 128 Rn 4, für den Gläubiger aber freigestellt, § 128 IV. Im übrigen enthält der durch Rechtsprechung und Lehre erheblich weiter ausgeformte § 900 eine auf Abwägung bedachte Fülle von Einzelanweisungen bald an den Gläubiger, bald an den Schuldner, bald an den Gerichtsvollzieher bzw an das Gericht. Dieses amtiert wiederum infolge der funktionellen Zuständigkeit bald des Gerichtsvollziehers, bald des Rpfl, § 20 Z 17 S 1 RPflG, Anh § 153 GVG, bald des Richters auch nicht gerade übersichtlich. § 765 a bleibt anwendbar, LG Düss DGVZ **00**, 119.

2 **2) Regelungszweck, I–V.** Man darf den komplizierten und für den Gerichtsvollzieher oft mühsamen Ablauf des Verfahrens nicht durch eine allzu schuldnerfreundliche Auslegung noch weiter erschweren. Das ganze Offenbarungsverfahren stellt ja nur einen weiteren Zwischenschritt zwecks Befriedigung dar. Mitbeachtlich bei der Auslegung sollte der Gläubigerschutz sein. Der Schuldner hat es immerhin zu einer obendrein bisher erfolglosen Zwangsvollstreckung kommen lassen. Es ist ihm meist durchaus zuzumuten, in solcher Lage wenigstens *einmal* seine Verhältnisse so darzulegen, daß den Beteiligten eine endlose weitere kostspielige und zeitraubende Suche nach Verwertbarem erspart bleibt oder doch erleichtert wird. Natürlich muß man dabei die Würde wahren. Das gilt vor allem gegenüber Dritten, etwa Angehörigen.

3 **3) Geltungsbereich: Abnahmeverfahren, I–V.** Der Auftrag hat zentrale Bedeutung.

A. Beginn: Auftrag, dazu *Nies* MDR **99**, 527 (Üb): Das Verfahren beginnt sowohl bei I als auch bei II mit dem Auftrag des Gläubigers an den Gerichtsvollzieher nach § 754 zur Bestimmung eines Termins zur Abnahme der eidesstattlichen Versicherung, LG Arnsberg Rpfleger **97**, 207. Er ist eine Parteiprozeßhandlung, Grdz 47 vor § 128. Er kann sich aus den Umständen mitergeben. Er liegt aber nicht automatisch mit vor, strenger AG Wiesb DGVZ **00**, 31 (er müsse ausdrücklich gestellt sein). Er unterliegt keinem Anwaltszwang. Zwar ist § 78 V Hs 2 nicht anwendbar. Denn der Gerichtsvollzieher ist kein Urkundsbeamter der Geschäftsstelle, und der Auftrag an ihn ist kein „Antrag", § 754 Rn 2. Indessen nennt § 78 I–VI den Auftrag nicht als anwaltspflichtige Handlung. Zumindest ist § 78 V Hs 2 entsprechend anwendbar. In einem bloßen

Abschnitt 4. Eidesstattliche Versicherung und Haft **§ 900**

Terminsantrag liegt der Auftrag zur Abnahme der Versicherung. Ein bloßer Sachpfändungsauftrag reicht nicht aus, LG Tüb DGVZ **00**, 120. Der Gläubiger kann den Auftrag entweder mithilfe des vorrangigen § 130a elektronisch oder schriftlich oder zum Protokoll des Gerichtsvollziehers oder sonst mündlich nach § 754 erteilen. Er kann ihn aber auch beim Gericht des § 899 I einreichen. Dieses muß den Auftrag unverzüglich an den Gerichtsvollzieher weiterleiten.

Eine *Faksimile*-Unterschrift reicht nicht aus, BFH DB **75**, 88 linke Spalte, LG Aurich Rpfleger **84**, 323, StJM 15, aM LG Bln MDR **76**, 407, Dempewolf MDR **77**, 803, ZöStö 2 (freie Würdigung). Vgl aber § 129 Rn 34 „Namensstempel"). Ein Telefax reicht aus, § 129 Rn 44. Die Behörde unterzeichnet auch durch eine beglaubigte maschinenschriftliche Angabe des Namens des Verfassers, BGH **75**, 340, LG Köln JB **91**, 1410. Ein Bevollmächtigter muß seine Vollmacht beifügen, soweit sie sich nicht bereits aus dem Vollstreckungstitel ergibt, §§ 80 I, 88 II. Wegen § 835 I, II dort Rn 10 „Offenbarungsversicherung". Ein Inkassounternehmen kann je nach dem Inhalt seiner Genehmigung nach § 900 auftragsberechtigt sein (Fallfrage), AG Mönchengladb DGVZ **00**, 93, AG Rheinberg DGVZ **00**, 92, AG Zerbst MDR **00**, 1338, aM LG Bre MDR **01**, 352, AG Kempten und Landau JB **00**, 6, Riecke DGVZ **02**, 90 (man sollte aber im Massenbetrieb auch prozeßwirtschaftlich vorgehen, Grdz 14 vor § 128). Es ist aber nicht nach § 901 antragsberechtigt, soweit es hier zum außergerichtlichen Forderungseinzug berechtigt ist, § 901 Rn 6.

Dem Auftrag muß nach § 754 der *Vollstreckungstitel* in vollstreckbarer Ausfertigung beiliegen, § 724, LG **4** Ffm Rpfleger **87**, 424, berichtigt 513. Der Auftraggeber muß auch die sonstigen Urkunden beilegen, die zum Beginn der Zwangsvollstreckung notwendig sind, §§ 750 ff, also evtl den Nachweis der Sicherheitsleistung nach § 751 II und den Nachweis der Befriedigung usw bei einer Leistung Zug um Zug, §§ 756, 765. Im Fall einer eidesstattlichen Versicherung nach § 98 I InsO ist der Nachweis der Forderung nicht mehr erforderlich. Im Fall einer eidesstattlichen Versicherung nach §§ 807, 836 III 2, 883 II muß der Auftraggeber den Nachweis führen, daß die Voraussetzungen dieser Vorschriften erfüllt sind, also auch den Nachweis der Erfolglosigkeit der Pfändung, § 807 Rn 6, bzw die Glaubhaftmachung, § 294, der Sinnlosigkeit einer Pfändung, § 807 Rn 12, oder den Nachweis der Unauffindbarkeit, § 883 Rn 11. Das alles muß er auch als Drittgläubiger tun, LG Kiel JB **97**, 271. Man kann zB eine beglaubigte Abschrift des Protokolls des Gerichtsvollziehers beifügen, §§ 760, 762.

Der Auftraggeber muß den Schuldner nach seiner Person und nach seiner Anschrift *ausreichend bezeichnen*. Er muß auch den gesetzlichen Vertreter angeben, § 51 Rn 12. Der Gerichtsvollzieher muß allerdings auch diesen Punkt von Amts wegen überprüfen, Grdz 39 vor § 128, Ffm Rpfleger **76**, 27. Die Forderung darf maschinell ausgedruckt sein, soweit sie einen Klartext und nicht bloß Schlüsselzahlen usw enthält, AG Kassel Rpfleger **79**, 272. § 133 (Beifügung von Abschriften) ist anwendbar, Grdz 37 vor § 704, AG Lahr DGVZ **00**, 124.

Der Gläubiger muß die *Forderung* grundsätzlich angeben, LG Landau DGVZ **88**, 28, AG Wetzlar DGVZ **87**, 46. Das gilt auch für das Finanzamt. Eine besondere Forderungsaufstellung braucht freilich grundsätzlich nicht beizuliegen, LG Oldb Rpfleger **80**, 353, StJM 18, ThP 7, aM LG Aurich DGVZ **04**, 15, LG Essen MDR **76**, 1026, ZöStö 2 (aber es gilt etwa der Genauigkeitsgrad des § 829 als ausreichend, dort Rn 22 ff). Der Auftrag kann auch dahin gehen, die eidesstattliche Versicherung solle sich nur auf einen Teilbetrag der vollstreckbaren Forderung erstrecken, § 754 Rn 4, Schlesw Rpfleger **76**, 225, LG Hanau DGVZ **93**, 113, LG Stade DGVZ **88**, 29. Der Gläubiger darf schon jetzt einen Haftantrag nach § 901 für den Fall stellen, daß der Schuldner im Termin ausbleibe oder daß er sich grundlos weigere, die eidesstattliche Versicherung abzugeben.

Mehrere Aufträge leiten gesonderte Verfahren ein, Hornung DGVZ **99**, 36, Viertelhausen DGVZ **02**, 54 (Üb). Vgl freilich § 903.

B. Ende. Das Verfahren endet in folgenden Fällen: Der Schuldner gibt die eidesstattliche Versicherung **5** ab, LG Bln Rpfleger **99**, 188, MüKoEi § 902 Rn 14, StJM § 901 Rn 11, aM AG Oberhausen DGVZ **99**, 31, ZöStö § 901 Rn 10 (aber das Ende des Offenbarungsverfahrens bedeutet keineswegs ein Ende der Zwangsvollstreckung); der Schuldner hat die Haft verbüßt oder es sind 6 Monate seit seiner Einlieferung vergangen, § 913 S 2; der Gläubiger nimmt den Auftrag zurück, was ihm jederzeit bis zur Rechtskraft eines Haftbefehls bzw bis zur Abgabe der eidesstattlichen Versicherung freisteht, KG OLGZ **91**, 103, ThP 8, aM StJM 20 (nur bis zur Widerspruchsbegründung. Aber der Gläubiger bleibt der Herr der Zwangsvollstreckung, Grdz 37 vor § 704, § 754 Rn 3); die Zwangsvollstreckung endet insgesamt nach Grdz 52 vor § 704, also vor allem dann, wenn der Gerichtsvollzieher die Schuldsumme an den Gläubiger abführt und dem Schuldner den Vollstreckungstitel und den Haftbefehl aushändigt. Der Erlaß des Haftbefehls hat nur die Wirkung § 901 Rn 7.

Keine Beendigung liegt im Erlaß des Haftbefehls, § 901 Rn 6, 7.

4) Terminsbestimmung und Ladung, I, II. Schon dieser Abschnitt enthält viele Probleme, Riecke **6** DGVZ **02**, 112 (Üb).

A. Allgemeine Voraussetzungen. Nicht der Schuldner, sondern der Gerichtsvollzieher bestimmt in den Grenzen seines Auftrags den Verfahrensgang, LG Stade DGVZ **99**, 10. Nach dem Eingang des Auftrags prüft der Gerichtsvollzieher dessen Zulässigkeit und Vollständigkeit. Es müssen die förmlichen Voraussetzungen und die Prozeßvoraussetzungen der Zwangsvollstreckung vorliegen, Grdz 14, 39 vor § 704, LG Stendal DGVZ **03**, 188. Ferner müssen die Voraussetzungen der Pflicht zur Abgabe der eidesstattlichen Versicherung gegeben sein, § 807 Rn 2ff, LG Stendal DGVZ **03**, 188. Unter anderem muß der Nachweis vorliegen, daß der Gläubiger nicht befriedigt wurde, § 807 Rn 4. Das alles gilt bei einem Ersuchen nach § 284 AO nur eingeschränkt, § 901 Rn 6. § 147 ist anwendbar, LG Stgt Rpfleger **96**, 167. Mangels Vollständigkeit des Auftrags nach Rn 3, 4 fordert der Gerichtsvollzieher das Fehlende nach und veranlaßt bis dahin weiter nichts. Das ist keine Aussetzung, AG Bln-Tiergarten DGVZ **02**, 77 (bei Verstoß keine Erhebung von Verhaftungskosten), AG Lahr DGVZ **00**, 124.

B. Rechtsschutzbedürfnis. Ferner muß das Rechtsschutzbedürfnis nach Grdz 33 vor § 253 vorliegen. **7** Es kann auch bei einer kleinen Forderung bestehen, Rn 9, LG Düss JB **97**, 325. Es fehlt, wenn der Gläubiger

§ 900

das gesamte Vermögen des Schuldners schon zuverlässig kennt, LG Frankenth Rpfleger **81**, 363, LG Köln Rpfleger **87**, 511. Das gilt zB dann, wenn der Gläubiger bestimmt weiß, daß die Angaben des Schuldners über sein Vermögen vollständig und richtig sind oder daß der Schuldner kein Vermögen hat, BVerfG **48**, 401, LG Köln MDR **87**, 944, oder auch dann, wenn der Gläubiger seine Befriedigung auf einem einfacheren Weg erreichen könnte. Wenn der Schuldner im Handelsregister gelöscht wurde, besteht eine widerlegbare Vermutung dafür, daß er kein Vermögen hat, Ffm Rpfleger **76**, 329. Das Rechtsschutzbedürfnis kann wegen III auch dann bestehen, wenn der Gläubiger durch einen Druck auf den Schuldner mit der Ladung zum Offenbarungstermin eine Teilleistung erzielen will.

Das Gericht und sein Gerichtsvollzieher sind freilich *keine Beitreibungsstelle*, LG Köln JB **77**, 414, aM LG Nürnb-Fürth Rpfleger **85**, 309 (abl Limberger), Pawlowski DGVZ **92**, 178 (aber Rechtsmißbrauch nach Einl III 54 kann bei jeder Art von Zwangsvollstreckung vorliegen, Grdz 44 vor § 704). Das Rechtsschutzbedürfnis fehlt nicht schon deshalb, weil der Gläubiger aus dem Prozeß bzw dem Prozeßkostenhilfeverfahren nach §§ 114 ff das Vermögen des Schuldners kennen müßte, LG Verden Rpfleger **86**, 186, Behr Rpfleger **88**, 2, oder wenn wegen einer Teilforderung ein Haftbefehl bestand, der nach ihrer Zahlung ausgehändigt wurde, LG Darmst DGVZ **87**, 74.

8 **C. Bisherige Versicherung.** Zu denjenigen Tatsachen, die der Gerichtsvollzieher nach § 903 von Amts wegen beachten und aus Listen nach Grdz 38 vor § 128 ermitteln muß, gehört der Umstand, ob der Schuldner innerhalb der letzten drei Jahre eine eidesstattliche Versicherung geleistet hatte. Das Verfahren findet dann nur statt, wenn die Fortsetzung beantragt. Er kann die Fortsetzung dann aber nur unter den besonderen Voraussetzungen des § 903 Rn 9 verlangen, oder er kann nach § 914 verfahren.

9 **D. Unfähigkeit zur Versicherungsabgabe.** Das Verfahren darf ferner dann nicht stattfinden, wenn der Schuldner körperlich oder seelisch unfähig ist, derzeit die eidesstattliche Versicherung abzugeben, Ffm JB **77**, 1463, Rn 19. Zur Pflegerbestellung § 807 Rn 53. Ein Rechtsmißbrauch nach Einl III 54, Grdz 44 vor § 704 führt ebenfalls zur Unzulässigkeit des Verfahrens. Wenn der Gläubiger dem Auftrag aber erteilt, obwohl seine Forderung nur klein ist, dann bedeutet dieses Vorgehen keineswegs stets einen Rechtsmißbrauch, Rn 7, BVerfG **48**, 401. Der Gerichtsvollzieher bzw der Rpfl nach § 899 Rn 5 oder gar der Richter muß den Schuldner schon vor einer etwaigen Abgabe des Verfahrens an ein anderes Gericht anhören, Artt 2 I, 20 III GG (Rpfl), BVerfG **101**, 404, Art 103 I GG (Richter), Düss Rpfleger **75**, 102.

10 **E. Vorwegleistung.** Die Abnahme oder Erteilung von Abschriften soll von der Zahlung eines Vorschusses nach § 4 GvKostG und der Zustellungsauslagen nach KVGv 701, 713 abhängig werden, Hartmann Teil XI.

11 **F. Unzulässigkeit des Auftrags.** Soweit der Auftrag unzulässig ist, muß ihn der Gerichtsvollzieher evtl nach einer vergeblichen Aufforderung zur Mangelbeseitigung nebst angemessener Frist durch einen Beschluß oder eine Verfügung zurückweisen bzw im Fall der Unzuständigkeit an den Rpfl verweisen, § 899 Rn 5. Er muß einen zurückweisenden Beschluß usw begründen, § 329 Rn 4. Er muß ihn dem Gläubiger bzw dessen Vertreter oder Bevollmächtigten formlos mitteilen, § 329 II 1.

12 **G. Sofortige Abnahme, II.** Der Gerichtsvollzieher „kann", also muß nach pflichtgemäßem Ermessen grundsätzlich auch ohne ausdrückliches diesbezügliches Verlangen dem Schuldner unter den ohnehin zu prüfenden Voraussetzungen des § 807 I (überflüssig in II 1 erwähnt) die eidesstattliche Versicherung dem Schuldner „sofort" abnehmen, also nicht nur unverzüglich, sondern wirklich sogleich nach dem Eingang des Auftrags nach I, zB anläßlich eines Vollstreckungsversuchs, solange nicht Gläubiger und/oder Schuldner widersprechen, II 2. Der Widerspruch bedarf keiner Begründung. Er braucht nicht ausdrücklich zu erfolgen, muß aber der Sache nach eindeutig sein. Ob er vorliegt, muß man wie bei jeder Parteiprozeßhandlung durch Auslegung klären, Grdz 47 ff vor § 128. Er kann zB darin liegen, daß der Gläubiger zweckmäßigerweise schon im Auftrag nach I miterklärt, er wünsche eine Abnahme erst in einem nur nach I stattfindenden Termin.

13 *Ab Widerspruch* erlischt die Befugnis zur sofortigen Abnahme und tritt das Verfahren nach II 3 und nur in diesem Rahmen das in II 5 in Bezug genommene Verfahren nach I 2–4 ein, Rn 15, 16. Der Gerichtsvollzieher „soll" wiederum nach pflichtgemäßem Ermessen gemäß II 4 eine Mindestfrist von 2 Wochen und eine Höchstfrist von 4 Wochen beachten, je seit Zustellung der Ladung. Die Unterschreitung der Mindestfrist wäre bei Ermessensmißbrauch ein Verstoß gegen Artt 2 I, 20 III GG entsprechend, BVerfG **101**, 404 (Rpfl). Die Überschreitung der Höchstfrist wäre zumindest eine mit Erinnerung anfechtbare Fehlhandlung des Gerichtsvollziehers. In beiden Fällen von Fristverstoß kommt außerdem eine Dienstaufsichtsbeschwerde in Betracht. Der Gerichtsvollzieher tut daher gut daran, eine Abweichung von vorstehenden Fristen zumindest in seinen Akten nachprüfbar zu begründen.

Hatte er *schon nach I terminiert,* so kommt II nicht mehr zur Anwendung. Beim Verstoß gilt Rn 13 entsprechend. Der Ladung braucht der Gerichtsvollzieher für den nicht deutschkundigen Schuldner keine Übersetzung beizufügen, AG Ffm JB **00**, 63. Im übrigen bleiben §§ 6 III, 7 JBeitrO unberührt (bei Vollstreckung durch Vollziehungsbeamten der Gerichtskasse zunächst nur Mobiliarvollstreckung), Hartmann Teil IX, AG Ffm DGVZ **00**, 41.

14 **H. Sogleich Terminsbestimmung, Ladung I 2, 3.** Wenn der Auftrag nach Rn 3, 4, 6 zulässig und vollständig ist und wenn der Gerichtsvollzieher nicht nach Rn 12 vorgeht oder wegen Rn 13, 14 nicht mehr weiter nach Rn 12 vorgehen darf, dann muß der Gerichtsvollzieher einen Termin nach I anberaumen, und zwar hier im Gegensatz zu II 1 nicht sofort, wohl aber nach § 216 unverzüglich auch für die Zeit vom 1. 7 bis 31. 8. ohne nachträgliche Verlegungsmöglichkeit, Rn 11. Das alles gilt unabhängig von einem schon vorhandenen Haftbefehl. Der Gerichtsvollzieher läßt den Schuldner mit Zustellungsurkunde laden, AG Karlsr-Durlach JB **00**, 62, Hornung DGVZ **99**, 34, I 2. Auch eine persönliche Zustellung reicht aus und kann sinnvoll sein, AG HannMünden DGVZ **02**, 95. Eine bloß mündliche Ladung ist unzulässig, LG Karlsr DGVZ **00**, 90. Die Ladung ist nach dem Gesetzestext nicht Aufgabe der Geschäftsstelle, Schilken DGVZ **98**, 129, zumal der Gerichtsvollzieher ja auch nach der Neufassung von I 2 richtigerweise stets von Amts wegen und beim Gericht tätig wird, so schon Behr JB **98**, 233, aM AG Bernau DGVZ **01**, 136, Schilken DGVZ

Abschnitt 4. Eidesstattliche Versicherung und Haft **§ 900**

98, 129 (vgl aber § 899 Rn 4). Zum Problem Gilleßen/Kühn DGVZ 00, 2. Anschrift ist die bei der Meldebehörde angegebene, AG Köln DGVZ **99**, 159.

Es handelt sich jedenfalls seit 1. 8. 02 um eine Zustellung *„auf Betreiben der Parteien"* nach § 191, Schwörer **15** DGVZ **03**, 153. Zunächst hängt das ganze Verfahren zunächst von einem „Auftrag" des Gläubigers ab, I 1. Außerdem zählt die amtliche Vorbemerkung II vor KVGv 100 jetzt die Zustellung der Ladung zum Offenbarungstermin ebenso wie diejenige des Pfändungs- und Überweisungsbeschlusses ausdrücklich zu den in der zugehörigen amtlichen Überschrift genannten Zustellungen „auf Betreiben der Parteien". Daher entsteht die Zustellgebühr KVGv 100, Schwörer DGVZ **03**, 153. Die frühere Streitfrage ist überholt.

Die *Ladungsfrist* beträgt 3 Tage, § 217. Der Termin findet evtl im Krankenhaus oder in der Wohnung des kranken Schuldners statt, § 219 I, Ffm JB **77**, 1463. Das gilt auch zB bei einer erheblichen Gehbehinderung, LG Nürnb-Fürth JB **82**, 140. Im Fall einer ernsthaften Erkrankung ist ein Termin auch am Krankenbett zulässig.

Die Zustellung erfolgt immer an den *Schuldner persönlich*, I 3. Das gilt selbst dann, wenn eine Ersatzzustellung nach §§ 178 ff notwendig wird, Ffm Rpfleger **75**, 67 (wegen einer längeren Abwesenheit des Schuldners § 181 Rn 5–7), LG Bln Rpfleger **78**, 30. Die Zustellung erfolgt also wegen I 1 Hs 1 entgegen § 172 nicht an einen ProzBev. Der Gerichtsvollzieher braucht den etwaigen ProzBev überhaupt nicht von dem Termin zu benachrichtigen, I 3 Hs 2. Es ist vielmehr die Sache des Schuldners, seinen ProzBev zum Termin hinzuzuziehen. Wenn ein gesetzlicher Vertreter nach § 51 Rn 12, § 807 Rn 52 die eidesstattliche Versicherung abgeben soll, dann muß der Gerichtsvollzieher natürlich ihn laden, LG Bln Rpfleger **78**, 30, LG Köln DGVZ **78**, 28, AG Bochum DGVZ **01**, 13. Auch dann ist eine Ersatzzustellung zulässig, LG Bln Rpfleger **78**, 30.

Zweckmäßigerweise verbindet der Gerichtsvollzieher mit der Ladung die Aufforderung an den Schuldner, **16** ein *Vermögensverzeichnis* nach § 807 vorzulegen. Er legt ihm das zugehörige Formblatt bei. Sein Fehlen macht allerdings die Ladung nicht unwirksam, Karlsr DGVZ **79**, 72. Da der Schuldner über denjenigen Vollstreckungstitel Klarheit erhalten muß, aus dem der Gläubiger die Abgabe der eidesstattlichen Versicherung verlangt, teilt der Gerichtsvollzieher zweckmäßigerweise, wenn auch nicht notwendigerweise, LG Hbg DGVZ **05**, 77, eine Abschrift des Auftrags mit, Ffm Rpfleger **77**, 417, strenger AG Mainz JB **00**, 665. Dasselbe gilt wegen einer Abschrift der Forderungsaufstellung, LG Hbg DGVZ **05**, 77 (also nicht zwingend). Eine öffentliche Zustellung nach §§ 185 ff ist zulässig, falls der Wohnsitz des Schuldners fortbesteht. Der Gerichtsvollzieher ist nicht dazu befugt, das persönliche Erscheinen des Schuldners nach § 141 II anzuordnen, LG Landshut Rpfleger **75**, 330. Dem Gläubiger teilt der Gerichtsvollzieher die Terminsbestimmung formlos mit. Er kann allerdings auch die Zustellung dieser Nachricht anordnen, I 4 in Verbindung mit § 357 II, dort auch zu den Einzelheiten der Unterstellung des Zugangszeitpunkts. Der Gläubiger hat ja im Termin ein Anwesenheits- und Fragerecht, Rn 15.

I. Terminsänderung. Eine Terminsänderung ist grundsätzlich in Abweichung von der Regelung des **17** § 227 nur zulässig, soweit der Gläubiger zustimmt oder sie gar beantragt, LG Lüb DGVZ **99**, 174. Denn der Gläubiger bleibt Herr der Zwangsvollstreckung, § 754 Rn 3, LG Ffm DGVZ **00**, 171. Eine Ausnahme gilt nur im Fall III, AG Ansbach DGVZ **03**, 175, AG Forchheim DGVZ **00**, 43. Auch ein wiederholter Antrag des Gläubigers auf Terminsaufhebung rechtfertigt keine Aufhebung des ganzen Verfahrens, LG Kaisersl JB **00**, 46, soweit man den Antrag nicht auch im letzteren Sinn auslegen muß. Eine Terminsänderung ist nur aus erheblichen Gründen möglich. Dabei sind die zu § 227 I 2 Z 1, 2 entwickelten Regeln schon wegen der Ähnlichkeit der Vorschriften mit III 4 mitbeachtlich. Insgesamt muß der Gerichtsvollzieher nach pflichtgemäßem Ermessen abwägen, ob er das Verfahren durch eine Terminsänderung eher fördert oder nur weiter verzögert, AG Neuruppin DGVZ **05**, 43. Er muß dabei auch prüfen, ob der Gläubiger das Verfahren als Druckmittel mißbraucht, Einl III 54, Grdz 44 vor § 704.

Ein *Urlaub des Schuldners* kann eine Vertagung notwendig machen, Rn 37. Einzelheiten Rn 21, 22. Dasselbe gilt bei einer mit Attest belegten Erkrankung, LG Saarbr DGVZ **04**, 29, AG Neuruppin DGVZ **05**, 43. Im Fall erheblicher Teilzahlungen und des Einverständnisses des Gläubigers kann eine mehrfache Terminsänderung zulässig sein, LG Detm Rpfleger **91**, 212 (zustm Schauf). Wenn der Schuldner im Termin nicht erscheint und wenn der Gerichtsvollzieher den Termin daraufhin vertagt, dann muß der Gerichtsvollzieher den Schuldner neu laden, AG Neuruppin DGVZ **05**, 43. Das gilt selbst dann, wenn er den neuen Termin mündlich verkündet. Denn § 218 ist auf den Prozeßbetrieb zugeschnitten und daher hier nicht anwendbar, Nürnb Rpfleger **77**, 417, LG Würzb Rpfleger **80**, 160, ZöStö 10, aM LG Landshut Rpfleger **75**, 330, ThP 18 (vgl aber Grdz 37 vor § 704). Wenn der Schuldner erschienen war und wenn der Gerichtsvollzieher eine Vertagung verkündet hatte, dann braucht der Gerichtsvollzieher den Schuldner zu dem verkündeten Termin nicht nochmals zu laden, § 218 entsprechend, Rn 30.

J. Rechtshilfe. Der Gerichtsvollzieher darf anstelle einer Terminsbestimmung insoweit, als nicht § 899 II **18** anwendbar ist (Abgabe wegen Unzuständigkeit), auch ein auswärtiges oder sogar ein ausländisches Gericht um die Abnahme der eidesstattlichen Versicherung ersuchen, § 479 entsprechend, §§ 156, 157 I GVG. Das kommt aber nur dann in Betracht, wenn es zweckmäßig oder notwendig ist, etwa wegen einer Erkrankung des auswärts befindlichen Schuldners. Der Gerichtsvollzieher benachrichtigt den Gläubiger und den Schuldner formlos von seinem Ersuchen. Der ersuchte Gerichtsvollzieher beraumt Termin an, lädt und hält den Termin ab, und zwar grundsätzlich ohne eine Prüfung der Voraussetzungen der Zwangsvollstreckung, § 158 GVG.

K. Rechtsbehelfe wegen Terminsbestimmung usw. Gegen die Terminsbestimmung ist kein Rechts- **19** behelf statthaft, sondern nur der Weg nach IV, Zweibr DGVZ **01**, 118, LG Stgt DGVZ **03**, 91. Gegen die Ablehnung der Terminsbestimmung kann der Gläubiger die Erinnerung nach § 766 einlegen. Über sie entscheidet der Richter. Denn das Gericht handelt als Vollstreckungsgericht, § 766, § 20 Z 17 S 2 RPflG, Anh § 153 GVG. Gegen seine Entscheidung ist sofortige Beschwerde gegeben, §§ 567 I Z 1, 793. Gegen ein Ersuchen an ein auswärtiges Gericht können der Gläubiger und der Schuldner die Erinnerung nach § 766 einlegen. Der ersuchte Gerichtsvollzieher kann nur nach § 158 II GVG vorgehen.

§ 900

20 5) **Termin, III.** Er enthält viele Tücken.

A. Person des Pflichtigen. An den einschlägigen Stellen dieses Kommentars, zB § 807 Rn 51 ff, ist jeweils vermerkt, wer dazu verpflichtet ist, die eidesstattliche Versicherung abzugeben, wer also der Schuldner ist. Kein gesetzlicher Vertreter kann sich einer Pflicht zur Abgabe der Versicherung dadurch entziehen, daß er sein Amt eigens aus diesem Anlaß niederlegt. Als gesetzlicher Vertreter einer juristischen Person oder einer Handelsgesellschaft gilt derjenige, der im Zeitpunkt der Zustellung der Ladung der gesetzliche Vertreter ist, § 51 Rn 12, KG Rpfleger **96**, 253 (zustm Gleißner), Stgt MDR **74**, 239, aM Schlesw Rpfleger **79**, 73 (maßgeblich sei der Terminstag. Aber dann könnte sich der Geladene durch Amtsniederlegung entziehen). Der Gerichtsvollzieher muß den Schuldner nach den allgemeinen Vorschriften ordnungsgemäß laden, LG Aschaffenb DGVZ **91**, 13.

21 **B. Terminsablauf.** Das Verfahren ist nicht öffentlich. Denn es findet zwar „bei" Gericht statt, zB LG Detm Rpfleger **87**, 165, LG Frankenth Rpfleger **85**, 33, aber vor seinem Gerichtsvollzieher als einem Organ des Vollstreckungsgerichts, § 899 Rn 3. Es findet also nicht vor dem „erkennenden Gericht" statt, § 169 GVG, und erst recht nicht vor dem Notar, LG Detm Rpfleger **87**, 165.

Deshalb sind die Vorschriften über die mündliche Verhandlung grundsätzlich *unanwendbar*, LG Düss Rpfleger **80**, 484, AG Obernburg Rpfleger **79**, 112, ZöStö 11, aM LG Arnsberg Rpfleger **97**, 207, ThP 16. Natürlich lassen sich ihre Regeln ergänzend beachten. Eine Entscheidung ist auch durch Verkündung mitteilbar. Der Gläubiger kann sich durch einen Bevollmächtigten vertreten lassen. Der Gläubiger kann dem Termin aber auch ganz fernbleiben. Er muß dann freilich die Rechtsfolgen tragen, LG Detm DGVZ **01**, 88, LG Düss Rpfleger **80**, 484. Der Schuldner braucht nicht länger als eine Stunde auf den Gläubiger und dessen Fragen zu warten, LG Oldb DGVZ **03**, 156. Er muß grundsätzlich persönlich erscheinen, §§ 478, 807 II, 836 III 2, 883 IV. Er darf sich im übrigen im Termin dann vertreten lassen, wenn er einen Widerspruch erhebt, nicht aber dann, wenn er die eidesstattliche Versicherung abgeben will, § 478 in Verbindung mit § 807 II 2, 836 III 2; § 883 IV. Der ProzBev des Schuldners kann § 81 darf immer anwesend sein. Er ist aber in keinem Fall zur Anwesenheit verpflichtet. Wenn der Schuldner wegen einer Erkrankung nicht vor dem Gerichtsvollzieher erscheinen kann, dann kann und muß der Gerichtsvollzieher dem Schuldner die eidesstattliche Versicherung notfalls in der Wohnung des Schuldners oder im Krankenhaus abnehmen, Rn 10. Der Schuldner muß dem Gläubiger die Anwesenheit gestatten, § 219 Rn 7.

22 *Der Gläubiger* kann alle diejenigen *Fragen* stellen, die zur Klärung des Vermögens, des Einkommens und der Lebensumstände dienen, LG Freibg DGVZ **94**, 118, LG Gött NJW **94**, 1164, LG Mannh DGVZ **94**, 119. Freilich braucht er nicht zu erscheinen. Er kann die vom Schuldner im Termin zu beantwortenden Fragen aber vorher schriftsätzlich stellen, LG Arnsberg Rpfleger **97**, 207. Er ist an etwa eingeführte Formulare dazu nicht gebunden, LG Gött NJW **94**, 1164, Sprung NJW **94**, 1108. Der Gerichtsvollzieher darf einen Fragenkatalog nicht schon vor dem Termin zurückweisen, LG Brschw JB **99**, 46.

23 **C. Protokoll.** Über den Ablauf des Termins muß der Gerichtsvollzieher ein Protokoll führen, §§ 159 ff entsprechend, LG Düss Rpfleger **80**, 484. Zu den dort aufzunehmenden rechtserheblichen Erklärungen des Schuldners zählen die von ihm vorgebrachten Gründe, aus denen er die eidesstattliche Versicherung nicht abgeben will, LG Düss Rpfleger **80**, 484. Ein im Termin ergehender Beschluß gehört ins Protokoll. Einen nicht verkündeten Beschluß teilt der Gerichtsvollzieher formlos mit, §§ 329 II 1, 766. Auch Vorhalte des Gerichtsvollziehers des Gläubigers gehören ins Protokoll, § 160 II. Es ist Bestandteil des Vermögensverzeichnisses, AG Westerburg MDR **99**, 1226.

24 6) **Einwendungsmöglichkeiten des Schuldners, I–IV.** Es sind folgende Einwendungen möglich.

A. Unzulässigkeit der Zwangsvollstreckung. Der Schuldner kann die Zulässigkeit der Zwangsvollstreckung überhaupt bestreiten. Er behauptet etwa: Die Vollstreckungsklausel nach §§ 724 ff fehle; der Vollstreckungstitel sei nicht ordnungsgemäß nach § 750 zugestellt worden, Düss Rpfleger **93**, 412 (zur öffentlichen Zustellung, aM StJSchu § 204 Rn 6), OVG Lüneb DGVZ **02**, 168; es fehle eine ordnungsgemäße Ladung, OVG Lüneb DGVZ **02**, 168; der Termin sei aufgehoben worden, zB im Rechtsmittelverfahren; es liege ein Mangel der Prozeßfähigkeit vor, § 51, Grdz 40 vor § 704; die Zwangsvollstreckung sei dauernd eingestellt oder abgewendet worden, § 775 Z 1–3.

25 **B. Unzulässigkeit des Offenbarungsverfahrens.** Der Schuldner kann die Zulässigkeit des Verfahrens zur Abgabe der eidesstattlichen Versicherung bestreiten. Er behauptet etwa: Der Gläubiger habe auf die Möglichkeit verzichtet, dem Schuldner die eidesstattliche Versicherung abnehmen zu lassen; die Bescheinigung über die Fruchtlosigkeit der Pfändung nach § 807 Rn 6 ff sei unzulässig gewesen, LG Lüb DGVZ **91**, 191; das Rechtsschutzbedürfnis des Gläubigers fehle, Rn 7, LG Limburg Rpfleger **82**, 435; es fehle überhaupt an einer Prozeßvoraussetzung, Grdz 12 vor § 253, der Gerichtsvollzieher habe etwa eine Minderjährigkeit übersehen; die Pfändung sei erfolgreich verlaufen; der Schuldner habe die Sache herausgegeben oder doch aufgefunden; die Voraussetzungen einer Maßnahme nach § 765 a seien eingetreten, dort Rn 7–12, LG Lüb DGVZ **80**, 26, LG Kblz JB **97**, 547; es sei eine Übersicherung eingetreten, § 777, LG Detm Rpfleger **90**, 433; LG Stgt Rpfleger **02**, 28.

Nicht ausreichend ist das Vorliegen einer bloßen Sicherungsvollstreckung nach § 720 a Rn 4, LG Stgt DGVZ **03**, 91.

26 **C. Unzulässigkeit derzeit.** Der Schuldner kann meinen, das Verfahren sei jedenfalls im Augenblick unzulässig. Er stützt das zB auf folgendes: Die Schuld sei ihm gestundet worden (vgl aber Rn 27); es liege ein die Zwangsvollstreckung einschränkender Vertrag vor, Grdz 24 vor § 704; die Zwangsvollstreckung sei einstweilig eingestellt worden, §§ 707, 719, 769, 775; es liege bereits ein rechtskräftiger Beschluß vor, wonach ein früherer Widerspruch Erfolg gehabt habe; der Schuldner habe bereits zu einem früheren Zeitpunkt eine eidesstattliche Versicherung abgegeben, § 903. Dann muß der Gerichtsvollzieher zunächst den etwa abwesenden Gläubiger zu dieser letzteren Frage hören. Wenn der Schuldner allerdings wegen eines Meineids verurteilt worden ist, dann kann er nicht derart vorgehen. Denn § 452 IV ist in diesem Fall nicht anwendbar, und der Schuldner wäre sonst besser als andere gestellt.

Abschnitt 4. Eidesstattliche Versicherung und Haft **§ 900**

D. Kein Anspruch; keine Klausel. Der Schuldner kann scheinbar auch bestreiten, daß der sachlich- 27 rechtliche Anspruch bestehe oder daß der Rpfl die Vollstreckungsklausel nach §§ 724 ff korrekt erteilt habe, LG Limburg Rpfleger **82**, 435. Diese beiden Einwendungen sind allerdings bei genauer Betrachtung nicht statthaft. Der Schuldner kann sich nämlich auf solche Umstände grundsätzlich nur im Rahmen der §§ 767 ff, 732, 785 berufen, Ffm JB **77**, 1463, Hamm FamRZ **81**, 200, LG Saarbr DGVZ **04**, 29. Etwas anderes gilt ausnahmsweise für die Fälle des § 775. Bei genauer Prüfung ist grundsätzlich auch der Einwand unzulässig, die Forderung sei nicht fällig. Denn diese Frage hatte der Rpfl bereits im Verfahren zum Zweck der Erteilung der Vollstreckungsklausel prüfen müssen. Eine Ausnahme gilt im Fall des § 751.

E. Unfähigkeit. Der Schuldner kann erklären, er sei körperlich oder seelisch unfähig, die eidesstattliche 28 Versicherung abzugeben, Rn 8. Allerdings darf man eine Haftunfähigkeit nach § 906 nicht mit der Unfähigkeit zur Abgabe der eidesstattlichen Versicherung gleichsetzen. Die eidesstattliche Versicherung darf aber nicht dazu führen, daß die Gesundheit oder gar das Leben des Schuldners in Gefahr kommen. § 906 Rn 3 ff. Immerhin muß der Gerichtsvollzieher an den Nachweis der Unfähigkeit des Schuldners zur Abgabe der eidesstattlichen Versicherung erhebliche Anforderungen stellen, Köln MDR **78**, 59, Schneider DGVZ **77**, 1673. Wenn zB eine seelische Erregtheit des Schuldners ihre Ursache in einer bestimmten Einstellung des Schuldners zur Umwelt hat, so mag diese Begründung nicht zur Annahme der Unfähigkeit des Schuldners ausreichen.

F. Berufsgeheimnis. Der Schuldner mag erklären, er dürfe die eidesstattliche Versicherung nicht abge- 29 ben, da er dann ein Berufsgeheimnis preisgeben müsse, ähnlich dem § 384 Z 3. Das Berufsgeheimnis kann in der Tat je nach der Lage des Falls vorrangig sein. Das gilt evtl sogar dann, wenn ein Arzt auch nur den Namen eines Patienten preisgeben müßte.

7) Vertagung, I–III, dazu *Helwich* DGVZ **00**, 105 (zur Abgrenzung gegen §§ 806 b, 813 a); *Schilken* 30 DGVZ **98**, 145 (Üb): Es müssen mehrere Bedingungen zusammentreffen.

A. Zahlungsbereitschaft. Der Gerichtsvollzieher kann nach III 1 einen Anlaß zu einer Vertagung nach Rn 11 haben, wenn der Schuldner seine Bereitschaft erklärt, die Schuld alsbald abzuleisten. Die Vertagung ist allerdings zunächst nur bis zu sechs Monaten und nur dann zulässig, wenn der Schuldner in seinem Vertagungsantrag oder im Termin nach § 294 glaubhaft macht, daß er die Schuld innerhalb dieser sechs Monate tilgen wolle und könne, gerechnet von dem Terminstag an. Insofern kann es ausreichen, daß der Schuldner die Zahlungszusicherung eines Dritten einreicht. Das gilt ungeachtet eines Widerspruchs des Gläubigers nach § 806 b, AG Lindau DGVZ **00**, 172.

Nicht ausreichend wäre aber irgendeine unsichere und nicht ihrerseits glaubhafte derartige Zusicherung, LG Frankenth Rpfleger **81**, 363. Bei IV reicht auch nicht eine Bereitschaft des Schuldners, sich in einem neuen Termin zu stellen, falls er eine Rate nicht zahlt. Wenn der Schuldner außerdem einen Widerspruchsgrund hat, dann sollte er ihn zweckmäßigerweise ebenfalls geltend machen, um dem Verdacht einer Verschleppung zu entgehen, Rn 39.

B. Weiterer Aufschub. Der Schuldner kann nach dem Ablauf dieser Frist einen einmaligen weiteren 31 Aufschub bis zu zwei Monaten verlangen, wenn er in dem neuen Termin eine Tilgung der Schuld, also der Vollstreckungsforderung in der Hauptsache einschließlich der Zinsen, weiteren Nebenleistungen und der Kosten in Höhe von wenigstens drei Vierteln nachweist. Hier reicht also eine Glaubhaftmachung nicht mehr aus, III 2. Der Gerichtsvollzieher darf den endgültigen Termin zur Abgabe der eidesstattlichen Versicherung keineswegs nochmals weiter hinausschieben als um die eben genannten zwei Monate. Es können aber die Voraussetzungen des § 765 a vorliegen. Das gilt zB dann, wenn der Schuldner die Forderung bis auf einen kleinen Rest erfüllt hat und wenn er andererseits durch die Abgabe einer eidesstattlichen Versicherung unverhältnismäßig hohen Schaden erleiden würde, Morgenstern NJW **79**, 2278.

C. Erheblicher Grund, § 227 I. III dient nicht nur zur Verzögerung von Zahlungen, sondern eher 32 dem Schutz des Gläubigers vor einer immerwährenden Hinausschiebung des Verfahrens. Trotzdem ist auch hier eine Vertagung nach § 227 I nicht völlig ausgeschlossen. Sie kommt etwa dann in Betracht, wenn der Schuldner erkrankt ist, LG Düss Rpfleger **89**, 73, LG Saarbr DGVZ **04**, 29, Schneider JB **77**, 1673, oder wenn man ihm wegen einer objektiv mangelhaften Ausfüllung des Vermögensverzeichnisses keinen Vorwurf machen kann, LG Düss Rpfleger **89**, 73. In einem solchen Fall darf und muß der Gerichtsvollzieher den Termin unter Umständen auch gegen den Willen des Gläubigers ändern, ZöStö 9, aM Karlsr DGVZ **79**, 72 (aber das Verfahren muß menschenwürdig bleiben, Artt 1, 2 GG, Einl III 16). Urlaubsabwesenheit usw ist zwar nicht schlechthin unbeachtlich, § 233 Rn 28 „Partei", Hamm Rpfleger **77**, 111. Der Gerichtsvollzieher darf sie aber nur mit Zurückhaltung als Verlegungsgrund bejahen, Rn 33. Es reicht nicht aus, daß ärztliches Gutachten vor der Anwendung von Zwang warnt, weil Kurzschlußreaktionen des Schuldners möglich seien, zB eine Tätlichkeit gegenüber dem Gerichtsvollzieher, LG Düss Rpfleger **89**, 73. Schon gar nicht reicht einfaches Ausbleiben, LG Detm DGVZ **01**, 88.

D. Verfahren. Der Gerichtsvollzieher muß bei der Entscheidung über eine Vertagung sein pflichtgemäßes 33 Ermessen ausüben. Er sollte nicht zu rasch vertagen, Rn 34. Der Gläubiger mußte schon lange genug kämpfen, Rn 23. Zur Entscheidung ist der Gerichtsvollzieher beim Vollstreckungsgericht zuständig, §§ 764, 802, 899 I, nicht derjenige beim ersuchten Gericht. Denn es handelt sich nicht um die Bewilligung eines Schuldnerschutzes. Der Gerichtsvollzieher muß einen neuen Termin sofort bestimmen. Er darf ihn um höchstens drei Monate hinausschieben. Er darf keineswegs einfach aussetzen, AG Dillenburg JB **00**, 62. Freilich kann darin mit Mühe mittels Umdeutung eine Vertagung nebst noch gesondert notwendigem neuen Termin liegen, Münzberg JB **00**, 55.

E. Entscheidung. Der Gerichtsvollzieher entscheidet durch einen Beschluß oder eine Verfügung, 34 §§ 227 II, 329. Er verkündet die Entscheidung, § 329 I 1. Er muß sie schriftlich begründen, § 329 Rn 4. Er muß sofort von Amts wegen einen neuen Termin anberaumen, § 216. Er darf also einen neuen Termin nicht von einem weiteren Antrag des Gläubigers abhängig machen. Er darf den neuen Termin auch nicht mehr von einer Vorwegleistung abhängen lassen, Rn 8. Der anwesende Schuldner ist nach § 218 geladen. Den

§ 900

abwesenden muß der Gerichtsvollzieher von Amts wegen förmlich laden, § 329 II 2, Nürnb Rpfleger **77**, 417.

35 **F. Rechtsbehelfe wegen Vertagung.** Die Entscheidung des Gerichtsvollziehers ist mit der Erinnerung anfechtbar, § 766. Über sie entscheidet der Richter, § 20 Z 17 S 2 RPflG, Anh § 153 GVG. Seine Entscheidung ist mit sofortiger Beschwerde anfechtbar, §§ 567 I Z 1, 793.

36 **8) Keine Einwendungen im Termin, IV.** Wenn der Schuldner keine Einwendungen macht, dann nimmt der Gerichtsvollzieher ihm bzw seinem gesetzlichen Vertreter im Sinn von § 51 Rn 12 nach einer angemessenen Belehrung gemäß § 480 in Verbindung mit § 807 II, 836 III 2, § 883 II und nach der vollständigen Ausfüllung des Vermögensverzeichnisses die eidesstattliche Versicherung ab, sofern er von Amts wegen keine Bedenken hat. Der Gerichtsvollzieher muß das Vermögensverzeichnis intensiv mit dem Schuldner durchsprechen, § 807 Rn 45, Behr Rpfleger **88**, 7. Er muß dem Gläubiger unter allen Umständen die Möglichkeit geben, Fragen zu stellen und dem Schuldner Vorhaltungen zu machen, Rn 15. Der Gerichtsvollzieher entscheidet auch erst im Termin über die etwaige Notwendigkeit ergänzender Fragen, LG Bln Rpfleger **95**, 75. Die übereilte Abnahme der eidesstattlichen Versicherung wäre gegenüber allen Beteiligten ein Unrecht. Ein vom Gerichtsvollzieher mangelhaft aufgenommenes Vermögensverzeichnis kann eine Amtshaftung auslösen, LG Gött NJW **94**, 1164, Sprung NJW **94**, 1108. Wenn für den Schuldner nur dessen ProzBev nach § 81 erscheint und keinen Widerspruch erhebt oder wenn der Gerichtsvollzieher den Widerspruch zurückweist, dann ist der Schuldner säumig, Rn 14. In diesem Fall muß der Gerichtsvollzieher die Akten auf Gläubigerantrag unverzüglich dem Richter zum Zweck eines Haftbefehls vorlegen, § 901. Freilich IV 2 beachten. Im übrigen ist das Verfahren mit der ordnungsgemäßen Abgabe der eidesstattlichen Versicherung beendet.

37 **9) Einwendungen im Termin, IV.** Ihre Begründung hat zentrale Bedeutung.

A. Notwendigkeit einer Begründung. Wenn der Schuldner im streitmäßigen Verfahren im Termin nach IV 1 die Verpflichtung zur Offenlegung nach § 807 oder die Verpflichtung zur Abgabe der eidesstattlichen Versicherung bestreitet, dann muß das „Gericht" auch ohne einen Widerspruch des Schuldners über seine Einwendungen entscheiden, IV 1. Zuständig ist der Rpfl, § 20 Z 17 S 1 RPflG, Anh § 153 GVG. Ihm muß daher der Gerichtsvollzieher die Akten vorlegen. Ein Bestreiten ist freilich nur für den Fall beachtlich, daß der Schuldner dafür einen Grund angibt, § 901 S 1 Hs 2. Das Gericht darf bei dieser Prüfung großzügig sein, LG Wuppert Rpfleger **81**, 25.

Einen *Grund* gibt der Schuldner dann an, wenn er Umstände vorbringt, die nach seiner Meinung seine Verpflichtung zur Abgabe der eidesstattlichen Versicherung aufheben oder ihr entgegenstehen, sofern das nicht bei einer vernünftigen, dem Schuldner zumutbaren Erwägung abwegig ist, LG Düss Rpfleger **80**, 484. In Betracht kommen die Einwendungen Rn 24 ff, vor allem die von § 807 freilich darzulegende und zu beweisende Übersicherung, § 777, Rn 28. Das Bestreiten nach IV 1 ist eine Parteiprozeßhandlung, Grdz 47 vor § 128. Mangels Eintrags ins Schuldnerverzeichnis des jetzt zuständigen Vollstreckungsgerichts kann der Schuldner keine Mitwirkungs-Obliegenheit haben, LG Rostock JB **02**, 664 (spricht zu streng von einer „Pflicht"). Ein pauschaler Einwand, die Voraussetzungen des § 807 lägen nicht vor, ist kein Bestreiten, Ffm DGVZ **04**, 92 (krit Abramenko).

38 **B. Bloße schriftliche Begründung.** Ein Vertagungsantrag nach Rn 30 gehört nicht hierher. Ein nur vor dem Termin eingereichtes schriftliches Bestreiten ist beachtlich, soweit es auf von Amts wegen beachtliche Verfahrensmängel hinweist oder hinausläuft, Rn 36. Im übrigen ist es aber unbeachtlich, LG Kblz JB **97**, 547, LG Mönchengladb Rpfleger **02**, 529). Denn der Schuldner kann nur im Termin mündlich wirksam bestreiten, IV 1, LG Hann DGVZ **99**, 90, OVG Lüneb DGVZ **02**, 168 (also keine Erinnerung nach § 766). Der Rpfl ist zuständig, Rn 37. Denn IV 1 ist keine Erinnerung nach § 20 Z 17 S 2 RPflG. Er muß den daraufhin ergehenden Beschluß von Amts wegen zustellen, §§ 168 I 1, 329 III. Der verordnete Rpfl darf aber nur den Widerspruch beurkunden und nicht über ihn entscheiden.

39 **C. Nachholung einer Begründung.** Wenn der Schuldner nicht nach IV 1 bestreitet, sondern überhaupt schweigt, dann sollte man ihn nicht anders behandeln, als wenn er nur zu einzelnen Gründen schweigt, § 901 Rn 17. Das Gesetz hat die Möglichkeiten des Schuldners durch IV 1 besonders geordnet. Daher ist § 570 in diesen Fällen nicht anwendbar. Nach einem Haftbefehl ist kein Raum mehr für eine Einwendung nach IV vorhanden, LG Rostock JB **03**, 107.

40 **D. Entscheidung.** Hat der Schuldner einen Grund nach Rn 37 angegeben, dann muß der Rpfl nach Rn 38 über das Bestreiten verhandeln und durch einen Beschluß entscheiden, § 329, Düss Rpfleger **96**, 359. Das gilt, falls nicht der Gläubiger das Ruhen des Verfahrens beantragt, LG Oldb Rpfleger **81**, 363. Der Rpfl muß seinen Beschluß grundsätzlich begründen, § 329 Rn 4. Er muß ihn verkünden, § 329 I 1, und/oder schriftlich abfassen. Er muß ihn von Amts wegen in Ausfertigung oder beglaubigter Abschrift zustellen, §§ 168 I 1, 329 III, Ffm Rpfleger **91**, 449. Die bloße Protokollübersendung genügt nicht, Ffm Rpfleger **91**, 449. Das gilt insbesondere dann, wenn die Entscheidung nur im Ankreuzen eines Formulars bestand, Ffm Rpfleger **91**, 449.

Der Rpfl muß über *sämtliche* vorgebrachten Gründe entscheiden, mögen sie zulässig oder unzulässig sein, LG Wuppert Rpfleger **81**, 25. Eine Einwendung gegen den sachlichrechtlichen Anspruch ist aber nur in einem Verfahren nach den §§ 767, 785, 786, 732 zulässig. Auch bei einem geringen Restbetrag der Schuld reicht ein bloßes Zahlungsversprechen nicht zur Angabe eines Grundes aus, LG Wuppert Rpfleger **81**, 25. Der Rpfl kann bei einem nur teilweisen Bestreitens entsprechend § 145 verfahren, LG Oldb Rpfleger **81**, 363.

41 Die Entscheidung über das Bestreiten kann wie folgt lauten. *Entweder:* Das Gericht gibt dem Bestreiten statt. Dann darf der Gläubiger die Abgabe der eidesstattlichen Versicherung nur auf Grund neuer Tatsachen verlangen, § 322. *Oder:* Das Gericht verwirft das Bestreiten. Im Zeitpunkt der Rechtskraft dieser Entscheidung nach §§ 322, 705 steht fest, daß der Schuldner die eidesstattliche Versicherung seit dem Termin bzw dem Erlaß der Beschwerdeentscheidung abgeben muß. Alle Einwendungen, die der Schuldner bis zum Schluß der mündlichen Verhandlung erheben konnte, sind abgeschnitten. Der Rpfl gibt die Akten dem

Abschnitt 4. Eidesstattliche Versicherung und Haft § 900

Gerichtsvollzieher. Der Gerichtsvollzieher muß nun von Amts wegen einen neuen Termin zur Abgabe der eidesstattlichen Versicherung bestimmen, IV 2 Hs 1, § 216. Er muß den Schuldner dazu erneut laden, § 168 I 1. Der Schuldner mag im neuen Termin erneut die Pflicht bestreiten und das nur mit solchen Tatsachen begründen, die nach dem Schluß des letzten Termins entstanden. Er mag das erneute Bestreiten auf Einwendungen stützen, die den Anspruch selbst betreffen, § 767. Dann muß der Rpfl auch über diesen neuen Widerspruch entscheiden. Das Gericht kann dann anordnen, daß der Schuldner die eidesstattliche Versicherung vor der Rechtskraft des neuen Beschlusses abgeben muß, IV 2 Hs 2.

E. Rechtsbehelfe wegen Einwendungen. Gegen den Beschluß, durch den der Rpfl über ein Bestreiten **42** entscheidet, ist die sofortige Beschwerde statthaft, §§ 567 I Z 1, 793, Düss JB **00**, 100, Mü Rpfleger **00**, 28, Hintzen Rpfleger **99**, 244. Die Frist beginnt mit der Verkündung bzw mit der Zustellung des Beschlusses, § 329 I.

10) Verweigerung ohne Grundangabe, IV. Der Schuldner mag die eidesstattliche Versicherung ver- **43** weigern, ohne dafür einen Grund anzugeben und obwohl der Gerichtsvollzieher seine Fragepflicht nach § 139 ausgeübt hat, LG Düss Rpfleger **80**, 484. Dann muß der Amtsrichter auf Grund eines Antrags des Gläubigers einen Haftbefehl erlassen, § 901. Zu diesem Zweck muß der Gerichtsvollzieher die Akten dem Amtsrichter vorlegen.

11) Kosten, IV. Die Kosten des Verfahrens vor dem Gerichtsvollziehr richten sich nach KVGv 260, **44** 700 ff, Hartmann Teil XI. Die Kosten des etwa anschließenden Verfahrens vor Gericht zählen grundsätzlich zu den Kosten der Zwangsvollstreckung, § 788 I, KG DGVZ **91**, 170, LG Bln DGVZ **92**, 28. Das Gericht muß sie evtl nach § 788 IV dem Gläubiger auferlegen, etwa dann, wenn § 765 a anwendbar ist, Rn 16. Der Gläubiger kann den Auftrag jederzeit zurücknehmen, Rn 5. Dann verfährt das Gericht wie bei einer Klagerücknahme entsprechend § 269 III, StJM 68, aM ThP § 788 Rn 6, ZöStö 24 (sie wenden § 788 an. Aber § 269 paßt besser). Streitwert: Anh § 3 Rn 33 „Eidesstattliche Versicherung".

Gebühren: Des Gerichtsvollziehers: KVGv 260; des Gerichts: keine; des Anwalts VV 3309, 3310.

12) Säumnisverfahren, IV. Es kommt auf die Person des Säumigen an. **45**

A. Säumnis des Gläubigers. Wenn eine von Amts wegen zu beachtende Voraussetzung zB nach Grdz 14 vor § 704, Rn 6 fehlt, dann muß der Gerichtsvollzieher den Auftrag ablehnen. Andernfalls muß er dem Schuldner die eidesstattliche Versicherung dann abnehmen, wenn der im Termin erschienene Schuldner dazu bereit ist. Wenn der Schuldner widerspricht, muß der Rpfl entscheiden, Rn 37. Das geschieht auf Grund der mündlichen Angaben des Schuldners vorm Gerichtsvollzieher und der etwaigen schriftlichen Angaben des Gläubigers. Die Entscheidung über den Widerspruch ergeht durch Beschluß oder Verfügung, § 329. Eine Vertagung ist nur nach III 1, 2 zulässig. Der Rpfl muß seine Entscheidung grundsätzlich begründen, § 329 Rn 4. Er muß sie nach § 329 I 1 verkünden oder nach § 329 III förmlich zustellen, aM 61. Aufl. Gegen die Entscheidung ist ein Rechtsbehelf wie bei Rn 42 zulässig, §§ 567 I Z 2, 793, aM 61. Aufl.

B. Säumnis des Schuldners. In diesem Fall muß der Gerichtsvollzieher die Akten seinem Gericht **46** übersenden und muß der Amtsrichter nach § 901 einen Haftbefehl erlassen, wenn folgende Voraussetzungen vorliegen: Der Schuldner war ordnungsgemäß geladen worden, Rn 10; der Gläubiger hat einen Haftantrag gestellt, § 901; die von Amts wegen beachtlichen Voraussetzungen liegen vor, Hamm Rpfleger **87**, 362; es liegen auch keine nach Rn 24–29 beachtlichen Entscheidungen des Schuldners vor; es liegt kein Vertagungsgrund vor, Rn 30; ein etwaiger ProzBev des Schuldners hat keinen mit einer Begründung versehenen Widerspruch erhoben.

Für den Erlaß des Haftbefehls ist der *Amtsrichter* zuständig, § 4 II Z 2 RPflG, Anh § 153 GVG. Ein **47** schriftlicher Vertagungsantrag oder Widerspruch ist beachtlich, soweit er von Amts wegen beachtende Verfahrensmängel hinweist oder hinausläuft, Hamm Rpfleger **83**, 362. Er ist im übrigen aber unbeachtlich, Rn 28 ff, Hamm Rpfleger **83**, 362, LG Lübeck SchlHA **85**, 193. Als eine etwaige Entschuldigung des Schuldners für sein Ausbleiben kommt absehen von den Fällen III 1, 2 nur ein dem § 337 entsprechender Fall in Betracht, § 337 Rn 3–6, Ffm JB **77**, 1463, Hamm Rpfleger **77**, 111 (für den Fall eines Urlaubs des Schuldners), KG OLGZ **93**, 360. Eine Arbeitsunfähigkeitsbescheinigung reicht nicht stets zur Annahme der Unfähigkeit zur Abgabe der Offenbarungsversicherung, LG Stgt DGVZ **04**, 44. Eine Erkrankung reicht als Entschuldigung nur dann aus, wenn sie dem Schuldner das Erscheinen im Termin unzumutbar macht, Ffm Rpfleger **77**, 146, AG Göpp JB **05**, 552, aM ZöStö 20 (großzügiger), LG Bln Rpfleger **97**, 34, AG Kiel DGVZ **79**, 78 (strenger. Aber beide Varianten sind zu schematisch. Zumutbarkeit erlaubt eine bessere Abwägung). In diesem Zusammenhang muß man berücksichtigen, daß der Gerichtsvollzieher den Termin unter Umständen in der Wohnung des Schuldners durchführen kann und muß, § 219. Wenn der Schuldner sich vorwerfbar weigern würde, wenigstens einem zumutbaren solchen Verfahren zuzustimmen, dann würde er säumig sein. Eine Entscheidung nach Aktenlage ist wegen IV nicht statthaft.

C. Säumnis beider Parteien. Der Gerichtsvollzieher verständigt dann den Gläubiger vom Ausbleiben **48** des Schuldners und wartet dann bis zum Eingang eines neuen Auftrags des Gläubigers. Die §§ 251, 251 a sind in einem solchen Fall nicht anwendbar, LG Paderb Rpfleger **93**, 254, ThP 27, aM ZöStö 11 (anders ZöStö 23). Eine etwa im Termin ergehende Entscheidung wird verkündet, § 329 I 1.

13) Eidesstattliche Versicherung vor der Rechtskraft, IV 2 Hs 2. Sie bringt kaum Probleme. **49**

A. Allgemeines. Eine Erinnerung nach § 766 hat eine aufschiebende Wirkung. Zuständig ist der Richter des Vollstreckungsgerichts, § 20 Z 17 S 2 RPflG, Anh § 153 GVG. Er kann im Rahmen seiner Entscheidung über eine Erinnerung nach IV 2 Hs 2 anordnen, daß der Schuldner die eidesstattliche Versicherung schon vor dem Eintritt der Rechtskraft der Entscheidung über die Erinnerung abgeben muß, wenn schon ein früherer Widerspruch rechtskräftig verworfen worden ist oder wenn eine Vertagung nach III erfolgt war, Rn 30. Das setzt ferner voraus, daß der Schuldner die seinen Widerspruch begründenden Tatsachen schon im ersten Vertagungsantrag hätte geltend machen können. Es würde auch ausreichen, daß der Schuldner den Widerspruch auf Einwendungen stützt, die den Anspruch selbst betreffen. Der Richter

§§ 900, 901

kann solche Anordnung auch dann treffen, wenn Rechtsmißbrauch vorliegt, Einl III 54, Grdz 44 vor § 704, AG Groß Gerau Rpfleger **85**, 246. Die Voraussetzungen jedes dieser Fälle müssen aber in demselben Verfahren gegenüber demselben Gläubiger eingetreten sein. Der Richter kann im Termin oder außerhalb des Termins mit oder ohne mündliche Verhandlung entscheiden.

50 **B. Rechtsbehelf wegen Anordnung vor Rechtskraft.** Der Betroffene kann gegen eine Maßnahme des Gerichtsvollziehers die Erinnerung nach § 766 einlegen. Über sie entscheidet nach Rn 49 der Richter, § 20 Z 17 S 2 RPflG, Anh § 153. Gegen seine Entscheidung ist die sofortige Beschwerde nach §§ 567 I, 793 statthaft.

51 **14) Hinterlegung der Versicherung, V.** Die Vorschrift stellt klar, daß der Gerichtsvollzieher die eidesstattliche Versicherung zwar in Kopie in seinen Handakten behalten darf. Er sollte sie aber im Original ohne schuldhaftes Zögern wie bei § 121 I 1 BGB im Vollstreckungsgericht hinterlegen. Er muß dem Gläubiger von Amts wegen eine Abschrift zuleiten, dem Schuldner nur auf dessen Antrag. Auslagenersatz: KVGv 700 ff.

52 **15)** *VwGO:* Entsprechend anwendbar iRv Üb § 899 Rn 7, § 899 Rn 8. Zur Anwendung von § 284 AO s Köln OLGZ **94**, 372, vgl § 807 Rn 61. Zu § 900 IV s VGH Mannh NVwZ-RR **03**, 463.

901 Erlass eines Haftbefehls.

[1] Gegen den Schuldner, der in dem zur Abgabe der eidesstattlichen Versicherung bestimmten Termin nicht erscheint oder die Abgabe der eidesstattlichen Versicherung ohne Grund verweigert, hat das Gericht zur Erzwingung der Abgabe auf Antrag einen Haftbefehl zu erlassen. [2] In dem Haftbefehl sind der Gläubiger, der Schuldner und der Grund der Verhaftung zu bezeichnen. [3] Einer Zustellung des Haftbefehls vor seiner Vollziehung bedarf es nicht.

Gliederung

1) Systematik, S 1–3 1	D. Stattgabe 10–13
2) Regelungszweck, S 1–3 2	E. Aufhebung 14
3) Geltungsbereich, S 1–3 3	6) **Sofortige Beschwerde bzw Erinnerung, S 1–3** 15–18
4) Voraussetzungen, S 1 .... 4, 5	A. Zulässigkeit 15
A. Nichterscheinen; Nichtverhandeln 4	B. Frist 16
B. Verweigerung 5	C. Begründung 17
5) Haftbefehl, S 2, 3 6–14	D. Einzelfragen 18
A. Antrag 6	7) Vollstreckungsabwehrklage, S 1–3 19
B. Verfahren 7, 8	8) *VwGO* 20
C. Antragszurückweisung 9	

1 **1) Systematik, S 1–3.** Es handelt sich um die räumlich erste einer ganzen Reihe von Vorschriften, §§ 902, 904–914. Sie alle klären, unter welchen Voraussetzungen und mit welchen Folgen das Gericht für den Gläubiger die von diesem benötigte Zwischenauskunft des Schuldners wenigstens indirekt auf dem Weg über physischen wie psychischen Druck zwar nicht erzwingen, wohl aber eher herbeiführen kann, Wiedemann DGVZ **04**, 131. Die Vorschrift ist zumindest in ihrer ersten Alternative mit dem GG vereinbar, BVerfG **61**, 134, Mü VersR **92**, 875. Zum Problem Bittmann Rpfleger **83**, 261.

2 **2) Regelungszweck, S 1–3.** Als freiheitsbeschränkende Maßnahme erhält der Haftbefehl Deckung durch Art 2 II 3 GG, Karlsr MDR **99**, 567. Der Richter muß jede Haftanordnung streng prüfen. Richter wie Rpfl dürfen jede Haftaufhebung an sich großzügiger handhaben. Dabei darf man aber das durch den Vollstreckungstitel eröffnete, in diesem Haftstadium aber meist noch weit entfernte Ziel der Gläubigerbefriedigung nicht nahezu ganz aus den Augen verlieren.

3 **3) Geltungsbereich, S 1–3.** Die Vorschrift gilt in allen Arten von Verfahren zwecks Offenbarungsversicherung nach der ZPO. Ein Antrag auf Eröffnung des Insolvenzverfahrens hindert nicht, § 775 Rn 7.

4 **4) Voraussetzungen, S 1.** Der Amtsrichter muß gegen den Schuldner einen Haftbefehl erlassen (die frühere Unterscheidung zwischen Haftanordnung und Haftbefehl ist entfallen), wenn eine der beiden folgenden Voraussetzungen vorliegt.

A. Nichterscheinen, Nichtverhandeln. Ein Haftbefehl ergeht, wenn der Schuldner in dem ersten Termin zur Abgabe der eidesstattlichen Versicherung trotz seiner ordnungsmäßigen Ladung nach § 218 unentschuldigt nicht erschienen ist oder nicht verhandelt hat, KG Rpfleger **96**, 253 (zustm Gleußner). Zur Ordnungsmäßigkeit der Ladung gehört die ordnungsgemäße förmliche Zustellung, LG Karlsr DGVZ **00**, 90, LG Stendal DGVZ **03**, 188. Ein nur vor dem Termin eingereichter schriftlicher Widerspruch ist grundsätzlich unerheblich, § 900 Rn 32. Der Richter darf eine Haftunfähigkeit erst im Rahmen von § 906 Rn 2 beachten. Eine Entschuldigung des Schuldners wirkt nur nach den in § 900 Rn 46, 47 genannten Grundsätzen. Dabei kommt es auf die Lage im Zeitpunkt der Entscheidung über den Haftantrag an. Allerdings muß das Gericht alle von Amts wegen beachtlichen Voraussetzungen prüfen, § 900 Rn 6, Zweibr RR **88**, 696, LG Stendal DGVZ **03**, 188, Jelinsky Rpfleger **91**, 410. Es muß zB das Rechtsschutzinteresse prüfen, Grdz 33 vor § 253.

Es muß auch den Grundsatz der *Verhältnismäßigkeit* beachten, Grdz 34 vor § 704, BVerfG **61**, 134, Morgenstern NJW **79**, 2277. Bei feststehender Leistungsunfähigkeit des Schuldners darf das Gericht keinen Haftbefehl erlassen. Wohl aber darf und muß ein Haftbefehl bei einer Ungewißheit über seine Vermögensverhältnisse ergehen, BVerfG **61**, 134 (zustm Bittmann Rpfleger **83**, 261). Das Gericht muß notfalls durch eine Beweiserhebung nach §§ 355 ff feststellen, ob ein Entschuldigungsgrund des Schuldners zutrifft. Der Schuldner braucht ihn nicht nach § 294 glaubhaft zu machen. Ein Widerspruch des Schuldners in einem früheren Termin ist dann unbeachtlich, wenn der Schuldner im nächsten Termin unentschuldigt ausbleibt.

Abschnitt 4. Eidesstattliche Versicherung und Haft § 901

B. Verweigerung. Ein Haftbefehl ergeht auch dann, wenn der Schuldner im Termin die eidesstattliche **5** Versicherung demgemäß grundlos verweigert, LG Bln Rpfleger **91**, 467 (abl Jelinsky Rpfleger **92**, 75). Das ist auch der Fall, wenn der Schuldner keinen Widerspruch eingelegt oder diesen nicht oder nur unzulänglich begründet hat, LG Bln Rpfleger **98**, 167 (Gefälligkeitsattest), LG Wuppert Rpfleger **81**, 25. Grundlos ist eine Verweigerung ferner dann, wenn das Gericht einen Widerspruch nach § 322 rechtskräftig verworfen hat oder wenn der Rpfl bzw Richter nach § 900 IV 2 die Abgabe der eidesstattlichen Versicherung vor der Rechtskraft der Entscheidung über den Widerspruch des Schuldners angeordnet hat, § 900 Rn 49. Nicht ausreichend ist eine Verweigerung nur vor oder nach dem Termin.
So oft der Schuldner einen *neuen Verweigerungsgrund* vorbringt, muß das Gericht über diesen neuen Grund entscheiden. Wenn der Schuldner aber einfach sein bisheriges Vorbringen wiederholt oder wenn man den vom Schuldner vorgebrachten Grund nicht ernst nehmen darf, dann braucht über den Widerspruch keine weitere Entscheidung zu erfolgen. Vielmehr muß der Amtsrichter dann den Haftbefehl erlassen. Eine Weigerung des Schuldners, ein Vermögensverzeichnis vorzulegen, steht im Fall des § 807 der Verweigerung der eidesstattlichen Versicherung gleich.

5) Haftbefehl, S 2, 3. Man muß zahlreiche Fragen klären. Ein sog Zwischen-Vorführungsbefehl ist **6** unzulässig, LG Paderb Rpfleger **05**, 209 (zustm Schneider).

A. Antrag. Der Amtsrichter muß auf Antrag eines Antrags des Gläubigers jedenfalls die in Rn 7, 8 genannten Voraussetzungen eines Haftbefehls prüfen. Denn sie gehören zu den Bedingungen des Erlasses des Haftbefehls, LG Lübeck DGVZ **05**, 141, LG Potsd Rpfleger **00**, 558, aM AG Heinsberg DGVZ **99**, 159 (zuständig sei der Rpfl, mit Recht abl Schriftleitung). Liegen die Voraussetzungen vor, muß der Richter einen Haftbefehl gegen den Schuldner erlassen. Örtlich zuständig ist und bleibt der Richter desjenige AG, in dessen Bezirk der Schuldner beim Eingang des Gläubigerauftrags zur Abnahme der eidesstattlichen Versicherung wohnte, LG Köln Rpfleger **99**, 549. Der nur gegen den Schuldner verhängte Haftbefehl gilt nicht auch gegen seinen Pfleger, Köln RR **88**, 698. Ein Antrag auf eine Haft nach Rn 1 genügt auch für den Fall Rn 3.
Der Antrag ist eine *Parteiprozeßhandlung*, Grdz 47 vor § 128. Der Gläubiger kann den Antrag als einen Hilfsantrag schon vor dem Termin schriftlich stellen. Freilich genügt der Verfahrensauftrag nach § 900 I 1 nicht. Der Gläubiger kann den Haftantrag auch im oder nach dem Termin stellen. Es besteht kein Anwaltszwang. Denn § 78 nennt diese Situation nicht anwaltspflichtig. Das Hauptzollamt hat als Gläubiger keine stärkere Stellung als ein anderer Gläubiger, aM LG Bochum DGVZ **98**, 63 (aber warum eigentlich?). Ein nur zum außergerichtlichen Forderungseinzug befugtes Inkassounternehmen ist nicht vor dem Richter antragsberechtigt, LG Köln DGVZ **02**, 153.

B. Verfahren. Für die Frage, ob der Haftbefehl ergehen muß, ist neben der nach Rn 6 klärbaren Zustän- **7** digkeit jeweils die Sachlage im Termin maßgeblich, Ffm Rpfleger **91**, 449, LG Bln Rpfleger **91**, 467. Wenn der Richter aber eine Tatsache kennt, die nach dem Schluß des Termins eingetreten ist und die einem Haftbefehl entgegensteht, dann darf er ihn nicht erlassen. (Jetzt) § 758 a ist anwendbar, LG Brschw DGVZ **87**, 58. In einer Steuersache ist ebenfalls der Richter des Vollstreckungsgerichts für den Haftbefehl zuständig, § 284 VII, VIII AO, Köln Rpfleger **00**, 461. Das gilt auf Grund der Durchschrift der Anordnung der Vollstreckungsbehörde, LG Kassel DGVZ **96**, 27.
Er *prüft* nicht sämtliche Voraussetzungen der Zwangsvollstreckung, sondern nur die *formelle Zulässigkeit* des Haftantrags, LG Lübeck DGVZ **05**, 141, und die Einhaltung des Grundsatzes der Verhältnismäßigkeit, Grdz 34 vor § 704, LG Detm Rpfleger **01**, 507, LG Ffm Rpfleger **79**, 74, aM Köln Rpfleger **00**, 461, LG Brschw Rpfleger **01**, 506, LG Gött JB **03**, 658 (aber das stellt eine Überforderung dar). Der Richter darf einen in anderer Zwangsvollstreckungssache verhafteten Schuldner nachverhaften, einen in Untersuchungs- oder Strafhaft befindlichen nicht, AG Essen DGVZ **95**, 28, aM AG Bln-Tiergarten JB **00**, 63 (aber man darf grundsätzlich nicht zwei ganz unterschiedliche Verfahrensordnungen derart vermengen). Der Schuldner muß zum ersten Termin förmlich geladen worden sein, § 900 Rn 14.
Mit dem Erlaß des Haftbefehls *endet* das Verfahren auf die Offenbarungsversicherung nur insofern, als der **8** Gläubiger danach keinen neuen Termin beantragen kann, LG Bln Rpfleger **99**, 188 (abl Juling), LG Saarbr DGVZ **99**, 91, aM Hornung DGVZ **99**, 35 (aber der Haftbefehl bezweckt die Abgabe gerade der bisher beantragten Versicherung). Das Offenbarungsverfahren wird bis zur Beendigung des Haftverfahrens wegen dessen Vorrang nicht weiter bearbeitet. Es ist in diesem weiteren Sinn „unterbrochen" und nicht etwa erledigt.

C. Antragszurückweisung. Eine Antragszurückweisung kann auch und muß grundsätzlich nach wie **9** vor durch das „Gericht" erfolgen, also wie bei § 900 Rn 37 durch den Rpfl, § 20 Z 17 S 1 RPflG, Anh § 153 GVG. Denn die Zurückweisung ist keine dem Richter vorbehaltene Freiheitsentziehung. Der Gerichtsvollzieher kann nicht irgendwie über einen Haftantrag auch nur abweisend entscheiden.

D. Stattgabe. Der Haftbefehl erfolgt nur durch den Richter, § 4 II 2 RPflG, Anh § 153 GVG, und zwar **10** durch einen Beschluß, § 329. Der Haftbefehl muß den in S 2 bezeichneten Inhalt haben, LG Bonn DGVZ **80**, 87. Er enthält evtl auch den Namen der gesetzlichen Vertreter, § 51 Rn 12. Das gilt insbesondere dann, wenn er die Verhaftung des gesetzlichen Vertreters anordnet, LG Freibg Rpfleger **80**, 117, AG Bbg DGVZ **79**, 31. Der Haftbefehl muß auch die Namen der ProzBev enthalten, § 81, § 750 Rn 3. Er muß auch den Vollstreckungstitel angeben, AG Westerburg DGVZ **04**, 174, MüKoEi 3, ThP 2, aM StJM 3 (aber dieser ist die Grundlage der ganzen Zwangsvollstreckung, Grdz 15 vor § 704). Der Haftbefehl muß ferner den Haftgrund angeben. Dagegen ist die Angabe einer sog Lösungssumme, durch die der Schuldner die Vollstreckung abwenden könnte, weder vorgeschrieben noch sinnvoll, aM ZöStö 2 (aber §§ 901 ff sehen desgleichen hier nicht vor). Der Richter muß seinen Haftbefehl grundsätzlich begründen, § 329 Rn 4. Vorsicht mit Textbausteinen, noch dazu durch Blanko-Formular, Köln MDR **90**, 346. Der Richter muß den Haftbefehl in einem etwaigen Termin auch dann nach § 329 I verkünden, wenn die eine oder andere oder beide Parteien abwesend sind.
Der Gläubiger erhält die *Urschrift*. Das Protokoll braucht den Erlaß des Haftbefehls nicht zu erwähnen, **11** wenn der Haftbefehl als eine Anlage zum Protokoll genommen worden ist, § 160 III Z 6, 7, V. Eine vollstreckbare Ausfertigung des Haftbefehls bzw eine Vollstreckungsklausel nach § 725 ist nicht erforderlich.

§ 901

Im Fall einer Anordnung nach § 807 genügt als Haftgrund die Verweisung auf diese Vorschrift. Der Haftbefehl muß ergeben, ob die eidesstattliche Versicherung nach § 807 oder nach § 903 erfolgen soll, LG Bonn DGVZ **80**, 88. Im Fall des § 902 muß der Haftbefehl den Inhalt der eidesstattlichen Versicherung angeben.

12 Wenn der Richter seinen Haftbefehl *nicht verkündet,* teilt er ihn dem Gläubiger nach § 329 II 1 und dem Schuldner überhaupt nicht mit, S 3. Der Gläubiger kann aber auch beantragen, den Haftbefehl dem Schuldner zuzustellen. Diese Zustellung tritt dann an die Stelle der in § 909 I 2 genannten Übergabe des Haftbefehls. Sie setzt die Beschwerdefrist in Gang, LG Düss Rpfleger **80**, 75, Rn 16. Der Erlaß des Haftbefehls schließt das Verfahren in dieser Instanz ab, § 900 Rn 5. Der Schuldner darf seine Pflicht zur Abgabe der eidesstattlichen Versicherung weder auf Grund älterer noch mit Hilfe jüngerer Gründe anders als im Weg einer sofortigen Beschwerde bemängeln. Der Gläubiger kann also auch nicht etwa einen neuen Termin zur Abnahme der eidesstattlichen Versicherung beantragen. Im Haftbefehl darf der Richter trotz § 913 keine Zeitdauer für die Haft bestimmen.

13 Der Haftbefehl ist nicht schon dann *erledigt,* wenn der Schuldner zur eidesstattlichen Versicherung vorgeführt wird. Er ist nämlich erst dann erledigt, wenn der Schuldner die eidesstattliche Versicherung abgibt oder wenn er zahlt, AG Kirchheim DGVZ **83**, 63, aM LG Kblz Rpfleger **87**, 255 (aber die Vorführung bringt noch keineswegs das Ziel, die Versicherung). In diesem Fall händigt der Gerichtsvollzieher den Haftbefehl als eine behördliche Anordnung nicht etwa dem Schuldner aus, sondern reicht ihn dem Vollstreckungsgericht als nicht mehr ausführbar zurück.

14 **E. Aufhebung.** Das Vollstreckungsgericht muß den Haftbefehl aufheben, wenn ein Rechtsbehelf des Schuldners Erfolg hat oder wenn er leistet oder wenn der Gläubiger mit der Aufhebung des Haftbefehls einverstanden ist oder wenn er auf das weitere Verfahren verzichtet oder den Antrag zurücknimmt, LG Frankenth Rpfleger **86**, 268. Eine Aufhebung kommt ferner aus den in § 900 Rn 46, 47 genannten Gründen in Betracht, Hamm MDR **75**, 939, LG Kblz Rpfleger **85**, 418. Sie erfolgt auch noch nach dem Eintritt der Rechtskraft, § 705. Diese Aufhebung erfolgt durch den Rpfl, Rn 9, AG Neuruppin Rpfleger **04**, 617. Er hebt den Haftbefehl aber nicht schon dann auf, wenn der Schuldner in einer anderen Sache eine eidesstattliche Versicherung abgibt. Das gilt unabhängig davon, ob er diese Versicherung vor oder nach dem Erlaß des hier fraglichen Haftbefehls abgegeben hat. Ein solcher Umstand hindert nur die weitere Vollziehung des hier erlassenen Haftbefehls, LG Bln Rpfleger **77**, 35. Keine Aufhebung erfolgt schon dann, wenn der Schuldner eine Teilzahlung anbietet oder erbringt, LG Ffm DGVZ **03**, 41.

Ein *Verbrauch* des Haftbefehls kann infolge der Zahlung jenes Teils der Gesamtforderung eintreten, auf den der Gläubiger das Verfahren nach § 753 Rn 6 zulässigerweise beschränkt hatte, LG Freibg/Br DGVZ **92**, 15, LG Lüb DGVZ **89**, 72, AG Kenzingen DGVZ **92**, 15, aM LG Aurich DGVZ **88**, 1469, LG Stade DGVZ **88**, 28 (aber der Gläubiger bleibt der Herr der Zwangsvollstreckung, Grdz 7 vor § 704, § 753 Rn 3). Wegen der Löschung in der Schuldnerliste § 915 Rn 4. Wegen der Unanwendbarkeit des § 901 bei einer Erzwingungshaft nach dem OWiG Üb 1 vor § 899.

Gebühren: Keine besonderen, § 900 Rn 34.

15 **6) Sofortige Beschwerde bzw Erinnerung, S 1–3.** Soweit der Rpfl eine Entscheidung getroffen hat, gilt § 11 RPflG, Anh § 153 GVG, zum Verfahren § 104 Rn 41 ff.

A. Zulässigkeit. Der Gläubiger kann gegen eine Ablehnung eines Haftbefehls durch den Richter wie bei einer Ablehnung durch den Rpfl die sofortige Beschwerde nach §§ 567 I Z 2, 793 einlegen, Der Schuldner kann gegen den Haftbefehl die sofortige Beschwerde nach §§ 567 I Z 1, 793 einlegen. Denn ihm ist vorher bei einem ordnungsmäßigen Verfahren das rechtliche Gehör nach Artt 2 I, 20 III GG (Rpfl), BVerfG **101**, 404, Art 103 I GG (Richter) grundsätzlich zugebilligt worden, Ffm DGVZ **04**, 92, Jena RR **02**, 626, aM Mü DGVZ **87**, 73, Wieser Rpfleger **90**, 102, ZöStö 11 (Erinnerung nach § 766). Ein Rechtsbedürfnis (Beschwer) ist wie stets erforderlich, Grdz 38 vor § 704, Düss MDR **95**, 313. Beim Auslandsbezug kann das OLG zuständig sein, § 119 I Z 1 b GVG, Ffm DGVZ **04**, 92.

16 **B. Frist.** Die Einlegungsfrist nach § 569 I 1 ist eine Notfrist, § 224 I 2. Sie beginnt mit der Verkündung der Entscheidung nach § 329 I 1. Das gilt auch dann, wenn der ordnungsgemäß geladene und belehrte Schuldner abwesend war. Wenn die Entscheidung nicht verkündet worden war, dann beginnt die Beschwerdefrist mit der Übergabe des Haftbefehls nach § 909 I 2. Denn der Haftbefehl wird dem Schuldner in der Regel nicht förmlich zugestellt, II. Wenn aber der Gläubiger den Haftbefehl dem Schuldner zustellen läßt, dann beginnt die Beschwerdefrist für den Schuldner mit der Zustellung, § 569 I 2, 3 und zwar evtl an seinen ProzBev, §§ 172, 81, LG Kaisersl Rpfleger **89**, 116.

17 **C. Begründung.** Es sind bis zur Rechtskraft nach § 900 Rn 17 folgende Begründungen denkbar. Der Schuldner kann zunächst angeben, der Haftbefehl sei nach § 901 unzulässig gewesen, Hamm Rpfleger **77**, 111, etwa weil der Gerichtsvollzieher den ausgebliebenen Schuldner nicht korrekt geladen habe oder weil sich der im Weg einer Ersatzzustellung geladene Schuldner im Ausland aufgehalten habe oder weil man dem Schuldner die Ladung verheimlicht habe, Ffm Rpfleger **75**, 68.

Der Schuldner kann ferner angeben, er sei zur Abgabe der eidesstattlichen Versicherung nach § 807 *nicht verpflichtet.* Dieser Einwand ist insoweit unzulässig, als ihn der Schuldner im Termin durch einen Widerspruch gegenüber dem Antrag des Gläubigers auf die Abgabe der eidesstattlichen Versicherung hätte geltend machen können, aM Ffm Rpfleger **76**, 27, LG Hann Rpfleger **86**, 187 (vgl aber § 900 Rn 37). Der Einwand ist natürlich auch insoweit unzulässig, als das Gericht den Widerspruch vielleicht inzwischen verworfen hat, § 900 Rn 40, 41.

Der Schuldner kann schließlich angeben, es seien nach dem Widerspruchstermin *neue* Tatsachen eingetreten, die eine Einwendung begründen könnten.

18 **D. Einzelfragen.** Wenn der Schuldner die eidesstattliche Versicherung mittlerweile abgegeben hat, dann fehlt von nun an seine Beschwer, aM Hamm Rpfleger **77**, 111, Stgt OLGZ **79**, 116, LG Limbg DGVZ **85**, 44 (aber der Gläubiger hat sein Zwischenziel erreicht, § 900 Rn 2, und daher ist dieses Verfahren beendet, § 900 Rn 5). Die Unkenntnis des ordnungsgemäß verkündeten Haftbefehls ist kein Grund zu einer Wieder-

Abschnitt 4. Eidesstattliche Versicherung und Haft   §§ 901, 902

einsetzung in den vorigen Stand nach § 233. Das Gericht muß von Amts wegen beachten, ob der Schuldner die eidesstattliche Versicherung schon früher abgegeben hatte, § 900 Rn 8. Wenn das Gericht den Schuldner versehentlich entlassen hat, dann muß es auf Grund eines Antrags des Gläubigers einen neuen Haftbefehl erlassen. Eine Schuldnerinsolvenz ist für die Zulässigkeit des Rechtsmittels unschädlich, LG Frankenth MDR **86**, 64.

7) Vollstreckungsabwehrklage, S 1–3. Soweit der Gläubiger sich weigert, die Aufhebung des Haftbefehls zu bewilligen, obwohl der Schuldner an ihn geleistet hat, kommt für den Schuldner nur die Vollstreckungsabwehrklage nach § 767 in Betracht. 19

8) *VwGO: Entsprechend anwendbar iRv Üb § 899 Rn 8. Zuständig ist stets das VG, § 899 Rn 8, auch bei einer Vollstreckung nach §§ 169 I VwGO, 5 VwVG und 284 AO, weil § 284 VII AO nur den Fall regelt, daß eine VerwBehörde für die Abnahme der Versicherung zuständig ist, abw Wettlaufer S 122. Unberührt bleibt die Zuständigkeit des AG im Sofortverfahren des § 902. Zur Anwendung von § 284 AO s Köln OLGZ* 94, 372. 20

902 *Eidesstattliche Versicherung des Verhafteten.* I ¹Der verhaftete Schuldner kann zu jeder Zeit bei dem zuständigen Gerichtsvollzieher des Amtsgericht des Haftortes verlangen, ihm die eidesstattliche Versicherung abzunehmen. ²Dem Verlangen ist ohne Verzug stattzugeben. ³Dem Gläubiger ist die Teilnahme zu ermöglichen, wenn er dies beantragt hat und die Versicherung gleichwohl ohne Verzug abgenommen werden kann.

II Nach Abgabe der eidesstattlichen Versicherung wird der Schuldner aus der Haft entlassen und der Gläubiger hiervon in Kenntnis gesetzt.

III ¹Kann der Schuldner vollständige Angaben nicht machen, weil er die dazu notwendigen Unterlagen nicht bei sich hat, so kann der Gerichtsvollzieher einen neuen Termin bestimmen und die Vollziehung des Haftbefehls bis zu diesem Termin aussetzen. ²§ 900 Abs. 1 Satz 2 bis 4 gilt entsprechend.

Gliederung

1) Systematik, I–III	1	4) Noch nicht verhafteter Schuldner, I–III	8
2) Regelungszweck, I–III	2	5) Rechtsbehelf, I–III	9
3) Verhafteter Schuldner, I–III	3–7	6) *VwGO*	10
A. Abnahmeverlangen, I 1	3, 4		
B. Entlassung, II	5, 6		
C. Aussetzung, III	7		

1) Systematik, I–III. Die Vorschrift stellt eine Ergänzung und ein Gegenstück zu § 90 dar. 1

2) Regelungszweck, I–III. Die Haft ist noch weniger als der ganze Zivilprozeß ein Selbstzweck, Einl III 2 10, Wiedemann DGVZ **04**, 130. Sie dient ausschließlich der Herbeiführung der ernsthaften Bereitschaft zur Abgabe der vom Gläubiger benötigten Auskunft des Schuldners in strafbewehrter Form, Wiedemann DGVZ **04**, 130. Demgemäß muß man auch § 902 auslegen. Jede Freiheitsentziehung bedarf als Eingriff in ein Grundrecht für jeden Tag und jede Minute einer eindeutigen und ausreichenden Rechtfertigung. Daher ist große Sorgfalt, höchstmögliche Beschleunigung bis zur Entlassung und gewissenhafte Protokollierung des Gesamtvorgangs ratsam, zumindest in Form eines ausführlichen Aktenvermerks unter Nennung der Daten, Uhrzeiten, vorübergehend vorrangigen etwaigen anderen Pflichten usw. Jede Art bloßer Erzwingungshaft bleibt ja problematisch, so unentbehrlich dieses in der Praxis gottlob ja meist bloße Druckmittel natürlich ist.

3) Verhafteter Schuldner, I–III. Man muß drei Situationen unterscheiden. 3

A. Abnahmeverlangen, I 1. Nur der Schuldner kann jederzeit die Abnahme der Offenbarungsversicherung verlangen, § 187 Z 3 GVGA. Dem Gläubiger steht kein Antrag gerade nach I 1 zu, AG Essen DGVZ **95**, 28. Dem Schuldner muß der nach der Geschäftsverteilung zuständige Gerichtsvollzieher beim AG des Haftorts nach I 1 (Ort der Verhaftung oder nach Einlieferung der Haftanstalt) auf Schuldnerantrag die Versicherung abnehmen, Seip DGVZ **04**, 182. Bei einer nach § 284 AO erforderlichen Versicherung ist der Gerichtsvollzieher beim Finanzamt zulässig, § 187 Z 4 GVGA. Das muß unverzüglich geschehen, I 2. Der Gläubiger hat ein umfassendes Fragerecht. Deshalb muß der Gerichtsvollzieher den Gläubiger auf dessen Wunsch wenn möglich vom Termin verständigen und ihm auf dessen auch stillschweigenden, aber keineswegs stets unterstellbaren Antrag die Teilnahme am Termin nach I 3 ermöglichen.

Das gilt, sofern eine Benachrichtigung des Gläubigers *ohne Verzögerungen* erfolgen kann, sofern der Gerichtsvollzieher ihn also zB telefonisch benachrichtigen kann, KG MDR **81**, 413, Behr Rpfleger **88**, 6, und soweit die Abnahme der Offenbarungsversicherung ohne schuldhaftes Zögern erfolgen kann, wie bei § 121 I BGB. Der Gerichtsvollzieher braucht freilich nun auch nicht alles stehen und liegen zu lassen, um dem Gläubiger die Teilnahme zu ermöglichen. Der Gerichtsvollzieher muß dazu aber in zumutbarem Umfang tätig werden, AG Kronach DGVZ **03**, 158.

Der Gerichtsvollzieher muß dem Gläubiger jedenfalls dann eine Gelegenheit zur Ausübung des *Fragerechts* 4 nach den vorstehenden Regeln geben, wenn der Schuldner seine Versicherung wegen Unklarheiten oder Unvollständigkeit in einem weiteren Termin ergänzen muß, KG MDR **81**, 413. Wenn der Gerichtsvollzieher eine nach dieser Regel erforderliche Teilnahmemöglichkeit des Gläubigers unterläßt, kann darin unter Umständen eine Amtspflichtverletzung liegen. Freilich erlaubt der Verhältnismäßigkeitsgrundsatz nach Grdz 34 vor § 704 nur eine angemessene Wartezeit, KG MDR **81**, 413. Zur Ermöglichung einer gesetzmäßigen Ausfüllung des Vermögensverzeichnisses müssen die Beteiligten die erforderlichen Unterlagen herbeischaffen, Finkelnburg DGVZ **77**, 1.

B. Entlassung, II. Wenn der Schuldner die eidesstattliche Versicherung abgelegt hat, sei es auch auf 5 Antrag eines anderen Gläubigers, muß ihn der Gerichtsvollzieher sofort entlassen, II, LG Bln Rpfleger **77**,

§§ 902, 903

35. Außerdem muß dann der Gerichtsvollzieher den nichterschienenen Gläubiger von dem Vorgang verständigen. Wenn das Vermögensverzeichnis nach § 807 unzulänglich ist, dann darf der Gerichtsvollzieher die eidesstattliche Versicherung nicht abnehmen und muß die Haft fortdauern lassen und das Protokoll evtl an das nach § 899 zuständige Gericht senden. Der Gläubiger darf dann bei dem nach § 899 zuständigen Gerichtsvollzieher die erneute Abnahme der eidesstattlichen Versicherung bzw die Ergänzung der bisherigen nach § 807 Rn 45 beantragen. War der Schuldner noch nicht entlassen, muß er auch nach der Vorführung zunächst noch die Ergänzung vornehmen, Finkelnburg DGVZ **77**, 5.

6 Über einen *Widerspruch* entscheidet der Gerichtsvollzieher des AG des Haftorts nicht. Er kann aber wegen begründet erscheinender Einwendungen den Vollzug aussetzen, §§ 572 II, 576 entsprechend. Der Gerichtsvollzieher des AG des Haftorts muß im Falle des § 807 ein ausreichendes Vermögensverzeichnis anfordern. Er übersendet das Protokoll über die Abnahme der eidesstattlichen Versicherung dem Vollstreckungsgericht. Der Haftbefehl wird auch ohne die Notwendigkeit seiner förmlichen Aufhebung wirkungslos, LG Kblz MDR **87**, 944. Er verbleibt in den Händen des Beamten der Vollzugsanstalt oder des Gerichts. Denn er ist verbraucht, LG Kblz MDR **87**, 944, AG Rotenbg/Wümme DGVZ **79**, 47.

7 **C. Aussetzung, III.** Soweit der Schuldner wegen seiner Verhaftung oder aus sonstigen Gründen schuldlos keine vollständigen Angaben machen „kann", weil er eben die notwendigen Unterlagen schuldlos nicht bei sich hat, ist der Gerichtsvollzieher berechtigt und im allgemeinen auch verpflichtet, einen neuen Termin zu bestimmen und die Weitervollziehung des Haftbefehls auszusetzen, III 1. Den Zeitpunkt des neuen Termins bestimmt der Gerichtsvollzieher nach pflichtgemäßem Ermessen unter Beachtung der vom Schuldner verständigerweise benötigten Zeit zur Beschaffung seiner Unterlagen usw. Weder der Schuldner noch der Gerichtsvollzieher dürfen dabei trödeln. Im neuen Termin hat der Gläubiger dasselbe Teilnahmerecht wie im vorangegangenen. Notfalls muß der Gerichtsvollzieher das Verfahren mehrfach aussetzen usw oder den neuen Termin verlegen. Im Verfahren gelten nach III 2 die Regeln des § 900 I 2–4 entsprechend.

8 **4) Noch nicht verhafteter Schuldner, I–III.** Der jedenfalls in dieser Sache noch nicht verhaftete Schuldner kann die Vollstreckung dieses Haftbefehls dadurch abwenden, daß er die eidesstattliche Versicherung abgibt, AG Hildesh DGVZ **05**, 30, Wiedemann DGVZ **04**, 132, sei es auch auf Verlangen eines anderen Gläubigers, LG Bln Rpfleger **77**, 35. Der Schuldner kann den Offenbarungstermin jederzeit beim Gerichtsvollzieher nach § 899 beantragen. Der Gerichtsvollzieher muß zu diesem Termin den Gläubiger laden, § 900 I 4, aM Finkelnburg DGVZ **77**, 1 (aber der Gläubiger hat grundsätzlich stets ein Anwesenheits- und Fragerecht, § 900 Rn 21, 22). Wenn der Gerichtsvollzieher den Gläubiger nicht hinzugezogen hat, kann der Gläubiger verlangen, dem Schuldner die eidesstattliche Versicherung erneut abzunehmen. Der Gläubiger kann in diesem Fall aber nicht die Verhaftung des Schuldners verlangen.

9 **5) Rechtsbehelf, I–III.** Gläubiger und Schuldner haben grundsätzlich die Erinnerung, § 766. Der Gläubiger hat jedoch gegen die Entlassung des Schuldners keinen Rechtsbehelf. Die Entlassung ist eine prozeßleitende Verfügung.

10 **6) *VwGO*:** *Entsprechend anwendbar iRv Üb § 899 Rn 6. Zuständig ist hier das AG des Haftortes (Sofortverfahren), nicht wie sonst das VG, § 899 Rn 8, es sei denn, der Sitz des VG liegt dem Haftort näher (Schutz des Schuldners).*

903

Wiederholte eidesstattliche Versicherung. [1] Ein Schuldner, der die in § 807 dieses Gesetzes oder in § 284 der Abgabenordnung bezeichnete eidesstattliche Versicherung abgegeben hat, ist, wenn die Abgabe der eidesstattlichen Versicherung in dem Schuldnerverzeichnis noch nicht gelöscht ist, in den ersten drei Jahren nach ihrer Abgabe zur nochmaligen eidesstattlichen Versicherung einem Gläubiger gegenüber nur verpflichtet, wenn glaubhaft gemacht wird, dass der Schuldner später Vermögen erworben hat oder dass ein bisher bestehendes Arbeitsverhältnis mit dem Schuldner aufgelöst ist. [2] Der in § 807 Abs. 1 genannten Voraussetzungen bedarf es nicht.

Gliederung

1) Systematik, S 1, 2 1	A. Notwendigkeit der Pfändbarkeit 9
2) Regelungszweck, S 1, 2 2	B. Gläubigerangaben 10, 11
3) Geltungsbereich, S 1, 2 3–6	C. Schuldnerangaben 12
A. Anwendbarkeit bei nochmaliger Versicherung 3	6) Nochmalige Versicherung bei Wechsel des Arbeitsplatzes, S 1, 2 13–17
B. Unanwendbarkeit bei ergänzender Versicherung 4–6	A. Grundsatz: Keine enge Auslegung 13
4) Frühere Versicherung, S 1, 2 .... 7, 8	B. Beispiele zur Frage eines Arbeitsplatzwechsels 14–17
A. Erklärung nach § 807 7	7) Nochmalige Versicherung bei Zeitablauf, S 1, 2 18
B. Keine Löschung 8	8) Rechtsbehelfe, S 1, 2 19
5) Nochmalige Versicherung bei Vermögenserwerb 9–12	9) *VwGO* 20

1 **1) Systematik, S 1, 2** dazu *Zimmermann* Rpfleger **96**, 441: Die Vorschrift ergänzt den § 807 durch eine in ihrem Geltungsbereich nach Rn 3 vorrangige Sonderregelung. Auf diese sind wiederum für das Verfahren neben § 807 die §§ 900 ff anwendbar.

2 **2) Regelungszweck, S 1, 2.** Die Regelung hat den Zweck, dem Gläubiger eine weitere Vollstreckung zu erleichtern oder zu ermöglichen, LG Potsd DGVZ **01**, 87. Diesem Zweck sollte eine nicht allzu schuldnerfreundliche Auslegung entsprechen, LG Augsb JB **98**, 325. Sie darf freilich nicht dazu führen, daß der Gläubiger den Schuldner und mit diesem das Gericht aus Anlaß irgendwelcher vager neuer Ausnahmen mit

immer neuen Verfahren nach § 903 quälen kann. Das gilt auch beim Selbständigen, AG Bad Wildungen DGVZ **01**, 135.
   Rezession und andere wirtschaftliche Engpässe oder Antriebslosigkeiten haben natürlich Einfluß auf die zu § 903 auftretenden Fragen. Wenn in Zeiten hochschießender Konjunktur eine „Arbeitslosigkeit" Mißtrauen erwecken und Anlaß zum Verfahren nach dieser Vorschrift geben mag, ist in Zeiten allgemeiner Wirtschaftsflaute ohne zusätzliche Verdachtsmomente überhaupt kein solcher Anlaß erkennbar. Wieder einmal sind Einfühlungsvermögen und Fingerspitzengefühl erforderlich, um eine überzeugende Auslegung und Handhabung der empfindlichen Vorschrift zu erreichen. Natürlich darf man dabei auch nicht übersehen, daß der Schuldner es immerhin zur Zwangsvollstreckung hat kommen lassen und daß diese bisher erfolglos verlaufen ist, wenn es nun um eine schon wiederholte eidesstattliche Versicherung geht. Irgendwann soll der Gläubiger endlich zu seinem Geld kommen, und die Anforderungen an eine weitere eidesstattliche Erklärung sind für den redlichen Schuldner trotz persönlicher etwaiger Not meist nicht unzumutbar. Nur bitte mit redlicher Begründung seitens des Gerichts.

   3) Geltungsbereich, S 1, 2. Er enthält viele Abgrenzungsprobleme. 3

   A. Anwendbarkeit bei nochmaliger Versicherung. § 903 geht davon aus, daß eine abgegebene eidesstattliche Versicherung gegen alle Gläubiger wirkt, LG Bonn Rpfleger **93**, 354. Darum bestimmt die Vorschrift, daß ein Gläubiger die nochmalige Abgabe der eidesstattlichen Versicherung nach § 807 oder nach § 284 AO nur dann verlangen kann, wenn er nach § 294 glaubhaft macht, daß der Schuldner nach der Abgabe der ersten eidesstattlichen Versicherung Vermögen erworben hat oder daß das Arbeitsverhältnis des Schuldners nach der Abgabe der ersten eidesstattlichen Versicherung aufgelöst worden ist, LG Oldb Rpfleger **81**, 70. Es kommt also darauf an, ob der Schuldner inzwischen in den Besitz von pfändbaren Vermögensstücken gelangt ist, LG Kref BB **80**, 602, LG Schweinf Rpfleger **95**, 425.
   Soweit diese Voraussetzungen zutreffen, muß man auch das stets erforderliche *Rechtsschutzbedürfnis* des Gläubigers nach Grdz 33 vor § 253 prüfen, AG Hagen DGVZ **96**, 15. Es hängt nicht davon ab, ob und in welchem Umfang der Schuldner ihn über die zwischenzeitlichen Veränderungen seiner Lage informiert hat, AG Schwäb-Hall JB **01**, 326. Freilich forscht das Gericht nicht aus. Wenn der Gläubiger eine nochmalige eidesstattliche Versicherung fordern kann und sie auch unbeschränkt fordert und nicht zulässig auf einzelne Angaben beschränkt, wenn er also einen neuen Auftrag erteilt oder wenn ein anderer Gläubiger den Auftrag erteilt, dann beginnt ein neues Verfahren zu ihrer Abnahme nach § 900, LG Stgt Rpfleger **89**, 379, LG Tüb Rpfleger **84**, 70. Man muß seine Voraussetzungen von Amts wegen vor einer Terminsbestimmung prüfen, und zwar gegenüber allen Gläubigern.
   Zuständig ist und bleibt der Gerichtsvollzieher beim Gericht des § 899, LG Stgt JB **02**, 495, Behr Rpfleger **88**, 2. Das gilt auch bei § 284 AO, AG Neuruppin DGVZ **02**, 175. Der Gläubiger muß den Vollstreckungstitel und die zur erneuten eidesstattlichen Versicherung nötigen Urkunden vorlegen, LG Stgt Rpfleger **89**, 379. Der Schuldner braucht aber kein neues vollständiges Vermögensverzeichnis nach § 807 usw auszufüllen, I 2. § 903 schützt nur vor einer nochmaligen eidesstattlichen Versicherung, nicht vor anderen Vollstreckungsmaßnahmen, AG Königstein DGVZ **87**, 94, Hintzen Rpfleger **99**, 424.

   B. Unanwendbarkeit bei ergänzender Versicherung. Eine bloße Ergänzung der eidesstattlichen Ver- 4
sicherung fällt nicht unter § 903, LG Kblz MDR **85**, 63, Schneider MDR **76**, 535. Das Verfahren zur Ergänzung einer vorhandenen eidesstattlichen Versicherung setzt vielmehr nur das bisherige Abnahmeverfahren fort, LG Aachen Rpfleger **91**, 327 rechts, LG Bielef Rpfleger **91**, 327 (je aber zur Zuständigkeit bei § 284 IV AO), LG Verden JB **02**, 159. Diese Fortsetzung kommt auf Grund eines Antrags des bisherigen Gläubigers oder eines weiteren Gläubigers in Gang, LG BadBad JB **90**, 1348, LG Karlsr DGVZ **99**, 157, LG Verden JB **05**, 164. Voraussetzung ist, daß das bisherige Vermögensverzeichnis als formell unvollständig oder ungenau, widersprüchlich oder falsch erweist, LG Cottbus JB **00**, 326, LG Heilbr JB **03**, 104, AG Hbg JB **00**, 598, aM LG Waldshut-Tiengen JB **03**, 547 (neues Verfahren. Das ist in solchem Fall aber prozeßunwirtschaftlich). Dazu hat der Gläubiger, auch ein weiterer, ein Partei-Akteneinsichtsrecht, § 299 Rn 9, LG BadBad JB **90**, 1348, LG Kref JB **90**, 1347. Für die Nachbesserung gibt es keinen zeitlichen Mindestabstand, AG Brake JB **04**, 502 (zustm Buschmann).
   Das Verfahren zur Ergänzung der eidesstattlichen Versicherung findet *nicht* statt, *wenn* die bisherigen Angaben *formell vollständig* sind und lediglich ihre Richtigkeit unwahrscheinlich ist, Ffm MDR **76**, 320, LG Oldb Rpfleger **82**, 231, LG Oldb Rpfleger **83**, 163, aM LG Aschaffenb JB **98**, 612, LG Aurich JB **98**, 553, LG Düss JB **98**, 553 (aber auch dann geht es nicht um zwischenzeitlich eingetretene etwaige Veränderungen, sondern nur um die Vervollständigung zu den Ausgangsumständen). Ein Ergänzungsverfahren unterbleibt auch dann, wenn festgestellt, daß der Schuldner falsche Angaben gemacht hat, aM KG MDR **90**, 1124, Köln MDR **75**, 488, LG Kblz MDR **90**, 1124 (aber dann kommen andere Rechtsfolgen in Betracht, zB nach § 156 StGB).
   Dem Auftrag des Gläubigers zur Abgabe einer ergänzenden eidesstattlichen Versicherung kann der 5 Gläubiger ohne die Beifügung einer Unpfändbarkeitsbescheinigung *jüngeren Datums* stellen, Schneider MDR **76**, 536. Antragsberechtigt ist auch ein bisher unbeteiligter anderer Gläubiger, LG Saarbr DGVZ **98**, 77. Der Gläubiger muß die Voraussetzungen einer Ergänzungspflicht darlegen und evtl glaubhaft machen, § 294, LG Mainz JB **96**, 327 (spricht von Beweispflicht). Eine Ausforschung ist unzulässig, Einl III 54, LG Mainz JB **96**, 327. Der Gerichtsvollzieher muß die Fragen einzeln auf ihre Zulässigkeit prüfen, LG Cottbus JB **00**, 327. Zuständig bleibt der Gerichtsvollzieher des bisherigen Verfahrens, Rn 3, LG Ffm Rpfleger **02**, 273, AG Kirchhain DVGZ **02**, 78. Das gilt auch dann, wenn der Schuldner die beanstandete eidesstattliche Versicherung vor dem Gerichtsvollzieher des Haftorts nach § 902 oder vor einem ersuchten Gerichtsvollzieher abgegeben hatte oder wenn ein anderer Gläubiger zulässigerweise die Ergänzung beantragt, Ffm MDR **76**, 320, Behr Rpfleger **88**, 2, aM Köln Rpfleger **75**, 180 (aber Rn 3 nennt eine allgemeine Zuständigkeitsregel).
   Das *Rechtsschutzbedürfnis* nach Grdz 33 vor § 253 kann bei Kenntnis des Gläubigers von dem „Fehlenden" 6 seinerseits fehlen, LG Bln Rpfleger **79**, 112. Der Gerichtsvollzieher beraumt einen Termin zur Ergänzung der Angaben an. Er darf den Gläubiger nicht darauf verweisen, er könne den Schuldner auf Grund des bisherigen Haftbefehls vorführen lassen, zumal der Haftbefehl ja meist verbraucht ist, § 902 Rn 6, LG Kblz

§ 903

MDR **87**, 944. Der Schuldner darf keine Einwendungen nach § 903 geltend machen. Eine Verweisung auf seine schon abgegebene eidesstattliche Versicherung ist unstatthaft. Es kann auch zu mehreren Ergänzungsverfahren nacheinander kommen, LG Freib MDR **81**, 151, LG Hann MDR **79**, 237, freilich nur bei einer jetzt anderen Art von Unvollständigkeit, LG Kassel Rpfleger **91**, 118.

7 **4) Frühere Versicherung, S 1, 2.** Sie kann vereinfachend wirken.

A. Erklärung nach § 807. Es muß sich um eine Erklärung nach § 807 handeln. § 903 bezieht sich also nicht auf eine eidesstattliche Versicherung nach § 98 I InsO. Der Schuldner kann sich nicht auf diese Erklärung berufen. Der Gerichtsvollzieher muß eine frühere eidesstattliche Versicherung des Schuldners von Amts wegen beachten. Das gilt selbst dann, wenn sie der Schuldner im Termin nicht durch einen Widerspruch geltend macht oder gar nicht erscheint. Wenn der Schuldner den Einwand aus Böswilligkeit erst in der zweiten Instanz erhebt, dann muß er die Kosten dieser Instanz tragen, § 97 II. Er darf sich nicht auf eine frühere Versicherung berufen.

Die Abgabepflicht des Schuldners kann dann *entfallen,* wenn er in dem früheren Verfahren ein ausreichendes Vermögensverzeichnis vorgelegt hatte, selbst wenn der Gläubiger damals keinen Mangel gerügt hatte. Um das feststellen zu können, darf auch ein anderer Gläubiger die früheren Akten einsehen. Denn er ist kein Dritter, weil das Verfahren auch gegen ihn eine Wirkung hat, § 299 Rn 20 (dort zu dieser Streitfrage). Der Schuldner muß seine eidesstattliche Versicherung vor einem deutschen Gerichtsvollzieher geleistet haben. Die Abgabe in einem anderen Verfahren reicht, AG Osnabr DGVZ **05**, 46. Über eine Ableistung vor einem unzuständigen Gerichtsvollzieher § 899 Rn 4.

8 **B. Keine Löschung.** Die frühere eidesstattliche Versicherung darf im Schuldnerverzeichnis noch nicht gelöscht worden sein, § 915 II. Der Gerichtsvollzieher muß von Amts wegen in dem Verzeichnis nachprüfen, ob die frühere Erklärung dort noch eingetragen ist, Beler JB **98**, 233, Steder Rpfleger **98**, 413, aM Hintzen Rpfleger **99**, 424, MusVo § 900 Rn 8 (aber er muß ein gesetzwidriges Verfahren verhindern).

9 **5) Nochmalige Versicherung bei Vermögenserwerb.** Der Gläubiger kann eine nochmalige eidesstattliche Versicherung des Schuldners fordern, wenn der Schuldner nach der Abgabe der früheren Versicherung Vermögen erworben hat, AG Hbg DGVZ **99**, 158 (zustm Schmidt).

A. Notwendigkeit der Pfändbarkeit. Als Vermögen in diesem Sinne kommt nur ein pfändbares Vermögen in Frage, LG Kref BB **80**, 602. Wenn es um einen Unterhaltsanspruch geht, muß man aber die erweiterte Pfändbarkeit nach §§ 850 ff beachten. Dieses Vermögen muß auch gerade dem Schuldner gehören. Der Gerichtsvollzieher muß eine Glaubhaftmachung nach § 294 von Amts wegen prüfen. Er darf die Anforderungen an die Glaubhaftmachung nicht überspannen, LG Kref BB **80**, 602.

10 **B. Gläubigerangaben,** dazu *Goebel* DGVZ **01**, 49 (ausf): Eine nochmalige Fruchtlosigkeits- bzw Unpfändbarkeitsbescheinigung ist nur im 3-Jahres-Zeitraum des S 1 nicht nötig, S 2, LG Kblz DGVZ **98**, 11, AG Günzburg DGVZ **01**, 154. Es genügt, daß der Gläubiger einen Umstand nach § 294 glaubhaft macht, der nach der Lebenserfahrung einen Erwerb pfändbaren Vermögens des Schuldners schließen läßt, Stgt DGVZ **01**, 117, AG Günzburg DGVZ **04**, 189, AG Lübeck JB **04**, 43.

Beispiele: Der Schuldner hat geerbt, AG Lindau DGVZ **03**, 173; er war bisher nur saisonbedingt einkommenslos; der Arbeitgeber hat gewechselt, LG Potsdam JB **97**, 490; der Schuldner führt nach eigener Angabe jetzt Gelegenheitsarbeiten aus, LG Osnabr JB **96**, 213; er müßte jetzt eine Arbeitslosenunterstützung, LG Heilbr JB **00**, 492, LG Kblz MDR **77**, 323; der Schuldner ist jetzt vermutlich als selbständiger Unternehmer tätig, LG Kblz JB **97**, 272, LG Passau DGVZ **89**, 44, bzw jetzt sonstwie freiberuflich tätig, LG Frankenth Rpfleger **85**, 450, und zwar etwa seit 2 Jahren, AG Hbg DGVZ **99**, 158 (zustm Schmidt), also nicht schon nach nur einem Jahr, AG Bergisch-Gladb DGVZ **02**, 79; der Schuldner hat ein Haus verkauft, so daß jetzt eher pfändbares Barvermögen vorliegt; der Sicherungsnehmer erklärt, das Sicherungsgut befinde sich nicht mehr in seinem Eigentum bzw Besitz, LG Bielef MDR **87**, 416.

Der Gläubiger hat aber die erforderlichen Angaben *nicht genügend* glaubhaft gemacht, wenn er lediglich einen Antrag dahin stellt, der Schuldner möge eine nochmalige eidesstattliche Versicherung abgeben, „falls der Schuldner nicht arbeitslos ist", oder wenn es um noch nicht fällige Renten geht, LG Hildesh JB **90**, 1055, oder wenn es nur häufig vorkommt, daß die Berufsgruppe des Schuldners Schwarzarbeit leistet, Köln Rpfleger **95**, 469, LG Landshut JB **00**, 376 (abl Behr), oder wenn der Auftrag damit begründet wird, die allgemeine Entwicklung der Wirtschaftslage lasse auf einen neuen Vermögenserwerb schließen, LG Ffm DGVZ **04**, 44, AG Günzburg DGVZ **04**, 189, aM LG Hann Rpfleger **91**, 410, LG Köln JB **01**, 659, AG Lpz JB **04**, 557 (aber die derzeitige Wirtschaftslage gibt leider heutzutage selbst bei einem jungen Menschen keineswegs solche Lebenserfahrung), oder wenn nur die Auflösung eines Girokontos des Schuldners nach seiner Offenbarungsversicherung feststeht, LG Kassel JB **97**, 48, AG Hann DGVZ **00**, 78, AG Wiesloch DGVZ **01**, 13, oder wenn der Schuldner nur sein Gewerbe fortsetzt, AG Pirna DGVZ **00**, 142, oder wenn er „nur" geheiratet hat, AG Emmendingen DGVZ **05**, 45.

11 Es genügt zur Glaubhaftmachung auch nicht, daß seit der letzten eidesstattlichen Versicherung *mehr als zwei Jahre vergangen* sind, aM LG Konst JB **96**, 661, LG Kref BB **80**, 602. Der Gläubiger kann seine Pflicht zur Glaubhaftmachung einer Verbesserung der Verhältnisse des Schuldners auch nicht dadurch erfüllen, daß er auf eine Vernehmung des Schuldners Bezug nimmt. Denn § 903 macht eine Pflicht des Schuldners zur Abgabe einer vollständigen weiteren eidesstattlichen Versicherung gerade davon abhängig, daß der Gläubiger auf andere Weise eine wirtschaftliche Veränderung beim Schuldner glaubhaft machen kann. Das bloße Schweigen des Arbeitgebers des Schuldners genügt nicht.

12 **C. Schuldnerangaben.** Der Schuldner darf sich nicht auf Schutz vor Strafbarkeit berufen, LG Kblz JB **98**, 212, AG Hbg JB **98**, 212. Er muß beweisen, daß er das Erworbene bereits wieder verbraucht hat. Dieser Verbrauch kann aber nach der Lebenserfahrung glaubhaft sein. Was gerade zum Lebensunterhalt dient, also zu einem Leben von der Hand in den Mund, das ist kein neues Vermögen. Ob der Schuldner mit demjenigen auskommt, was er ehrlich und vollständig angegeben hat, ist hier unerheblich, LG Potsd DGVZ **01**, 87, AG Heilbr DGVZ **01**, 93, strenger LG Bln DGVZ **01**, 87. Auch liegt kein neues Vermögen vor, wenn der

Abschnitt 4. Eidesstattliche Versicherung und Haft § 903

Schuldner einen im früheren Vermögensverzeichnis nicht angegebenen Außenstand zwar inzwischen eingezogen, jedoch auch wieder bereits zum Unterhalt verbraucht hat. Andererseits braucht der Schuldner nicht reicher geworden zu sein. Es reicht aus, daß er zu erkennen gibt, daß er noch über weitere Beträge verfüge, AG Ludwigsb DGVZ **01**, 31. Angesichts der heutigen Wirtschaftslage ist es auch bei einem jungen Schuldner keineswegs ohne weiteres glaubhaft, wenn der Gläubiger meint, der Schuldner habe nach einiger Zeit wieder Arbeit gefunden, aM LG Kleve MDR **75**, 766, LG Weiden DGVZ **05**, 140 (aber die Zeiten haben sich verschlechtert).

6) Nochmalige Versicherung bei Wechsel des Arbeitsplatzes, S 1, 2. Der Gläubiger kann unabhängig von der Lage Rn 9–12 auch dann nochmalige eidesstattliche Versicherung des Schuldners fordern, wenn eine Auflösung desjenigen Arbeitsverhältnisses des Schuldners eingetreten ist, das im Zeitpunkt der Ableistung der eidesstattlichen Versicherung bestand, LG Augsb JB **98**, 325, LG Bonn RR **03**, 72, LG Ellwangen JB **01**, 269. Das gilt sogar dann, wenn der Schuldner den Gläubiger darüber bereits informiert hat, LG Bonn RR **03**, 72, LG Mosbach JB **02**, 549. 13

A. Grundsatz: Keine enge Auslegung. Arbeitsverhältnis ist jede nachhaltige Erwerbstätigkeit durch den Einsatz der Arbeitskraft, § 850 Rn 3, LG Bln Rpfleger **91**, 118, LG Darmst JB **96**, 274, LG Schweinf DGVZ **02**, 155. Vgl aber auch Rn 16 „Nebentätigkeit". Man darf die Vorschrift nicht eng auslegen, Hamm Rpfleger **83**, 323, LG Mü JB **90**, 1522, LG Schweinf DGVZ **02**, 155. Das Gesetz sieht den Wechsel des Arbeitsplatzes als einen neuen Vermögenswert an. Außerdem liegt in der Möglichkeit, in einem solchen Fall einen Antrag auf eine weitere eidesstattliche Versicherung zu stellen, ein geeignetes Mittel, um den neuen Arbeitsplatz des Schuldners zu erfahren, den er oft verschweigt, LG Schweinf DGVZ **02**, 155, AG Pforzheim JB **02**, 323. Natürlich darf die Auslegung nicht dazu führen, daß eine bloße Ausforschungsbehauptung des Gläubigers reicht, LG Gießen DGVZ **95**, 42. Vgl aber auch Rn 17 „Wahrscheinlichkeit".

B. Beispiele zur Frage eines Arbeitsplatzwechsels 14
Abhängigkeit: Rn 16 „Selbständigkeit".
Alter: Es reicht *nicht* allein zur Ergänzungspflicht, LG Stgt DGVZ **02**, 93, AG Flensb DGVZ **99**, 45.
Angehöriger: Von einem Wechsel des Arbeitsplatzes ist auszugehen, wenn ein naher Angehöriger des Schuldners erklärt, der Schuldner sei wieder in Arbeit, LG Kassel MDR **85**, 63.
Arbeitslosenunterstützung: Ist nach § 294 glaubhaft, daß der bei der Abgabe der eidesstattlichen Versicherung arbeitslos gewesene Schuldner keine Arbeitslosenunterstützung mehr erhält, LG Paderb JB **91**, 1707, oder daß er sie gar nicht beantragt hat, dann kann man annehmen, daß er wieder einen Arbeitsplatz gefunden hat, LG Bochum DGVZ **02**, 76, LG Stgt JB **00**, 438, AG Flensb DGVZ **99**, 45, aM LG Bln Rpfleger **91**, 118 (aber irgendwie muß der Schuldner ja offenbar wieder verdienen). 15
Nicht ausreichend ist das Fehlen der Angabe der Stamm-Nr beim Arbeitsamt, AG Flensb DGVZ **99**, 44; ein bloßer Zeitablauf, Rn 16; die bloße Angabe des Schuldners, er werde Arbeitslosenunterstützung beantragen, LG Stgt DGVZ **02**, 93.
Arbeitsmarkt: Man muß die Lage am Arbeitsmarkt mitbeachten, insbesondere seine Chancen, aber auch seine Risiken, LG Detm DGVZ **90**, 90, LG Kblz JB **98**, 44, AG Warendorf DGVZ **01**, 126.
Ausforschung: Sie ist wegen Rechtsmißbrauchs *unzulässig*, Einl III 54, LG Rostock Rpfleger **01**, 310.
Aushilfskraft: Bei einem ständigen Wechsel der Arbeitgeber, zB bei einem Aushilfskellner, kann eine bloße Ergänzung des Vermögensverzeichnisses notwendig und ausreichend sein, LG Heilbr MDR **92**, 711, LG Mü Rpfleger **82**, 231. Dasselbe gilt dann, wenn Aushilfe im neuen Geschäft des Ehegatten erfolgt, LG Kblz JB **98**, 212.
Bankkonto: Seine Auflösung reicht *nicht* zur Ergänzungspflicht aus, LG Bochum DGVZ **02**, 76, AG Emmendingen DGVZ **01**, 94, aM LG Gött DGVZ **03**, 41, AG Perleberg DGVZ **02**, 174 (aber gerade die Auflösung kann sogar heute bedeuten, daß man jedenfalls nicht *mehr* pfändbares Vermögen als vorher hat). Dasselbe gilt von der bloßen Nichtangabe eines Kontos, AG Neust/Aisch DGVZ **05**, 110.
Beamter: Wenn der Schuldner aus einem Beamtenverhältnis ausscheidet, ist § 903 entsprechend anwendbar, Hamm Rpfleger **83**, 323.
Dauer der Arbeitslosigkeit: Sie reicht *nicht* allein zur Ergänzungspflicht, AG Bre-Blumenthal DGVZ **01**, 93, AG Flensb DGVZ **99**, 45, AG Pirna DGVZ **01**, 93, aM LG Bre JB **02**, 210, LG Hechingen JB **02**, 383 (aber auch ein sehr geringes Einkommen usw kann jahrelang anhalten). 16
Ehegatte: Eine Änderung der Verhältnisse nur bei ihm reicht grds *nicht* aus, AG Saarbr DGVZ **00**, 42. Es kommt freilich auf die Gesamtumstände beim Schuldner an. Sie können sich ja mitgeändert haben. Ein Arbeitsverhältnis zwischen dem Schuldner und dessen Ehegatten verpflichtet zur Ergänzung der Angaben, AG Aachen JB **02**, 270.
Fortdauer der Tätigkeit: Sie läßt *nicht* stets auf einen neuen Vermögenserwerb schließen, Ffm JB **02**, 442, LG Köln DGVZ **04**, 172, AG Ludwigsb DGVZ **01**, 47. Letzterer kann aber natürlich naheliegen, zumindest bei beharrlicher Fortdauer zB eines Gewerbebetriebs.
Geringfügigkeit der Einkünfte: Sie kann zur Ergänzungspflicht ausreichen, LG Bielef JB **04**, 503, LG Chemnitz JB **02**, 384. Aber Vorsicht. Man sollte den Schuldner nicht quälen.
Gewerbeanmeldung: Auf sie kommt es nicht an, LG Stgt DGVZ **05**, 75.
Handelsvertreter: Um ein Arbeitsverhältnis mit Arbeitseinkommen im Sinn von § 850 II, handelt es sich dann, wenn es um einen Handelsvertreter geht. Das gilt unabhängig davon, ob er in einer selbständigen Weise tätig war, Bre JB **78**, 608, oder in einer abhängigen Stellung.
S auch „Selbständigkeit".
Hotelschließung: Ein Wechsel des Arbeitsplatzes dürfte vorliegen, wenn ein Hotelier sein Hotel schließt. Denn das Arbeitsverhältnis ist in diesem Zusammenhang nicht im arbeitsrechtlichen Sinn zu verstehen.
Kontoauflösung: Sie reicht *nicht aus*, AG Warburg DGVZ **01**, 124, LG Kassel DGVZ **04**, 185, aM LG Wuppert DGVZ **04**, 186.
Krankengeld: Solche Leistung statt Arbeitslosenhilfe rechtfertigt *nicht* stets eine ergänzende Versicherung, Mü DGVZ **01**, 85.

§§ 903, 904

Löschung: Wenn eine GmbH, deren Alleingesellschafter und Geschäftsführer der Schuldner war, gelöscht wird, muß der Schuldner ein vollständig neues Vermögensverzeichnis vorlegen, LG Hbg Rpfleger **90**, 31.

Lohnsteuerjahresausgleich: § 807 Rn 43.

Nebentätigkeit: Ein Wechsel des Arbeitgebers *fehlt*, wenn ein Arbeitnehmer nur eine Nebentätigkeit von beschränktem Umfang aufgibt, strenger LG Schweinf DGVZ **02**, 155 (aber man darf nun auch nicht jede kleine Nebenbeschäftigung schon wegen ihrer formellen Zugehörigkeit zum Begriff des Arbeitsverhältnisses nach Rn 13 zum Anlaß nochmaliger Erklärungspflicht nehmen).

Selbständigkeit: Ein Wechsel des Arbeitsplatzes liegt vor, wenn ein bisher selbständiger Unternehmer diese Selbständigkeit aufgegeben hat und daher vermutlich jetzt in einer anderen selbständigen oder mehr oder minder abhängigen Stellung arbeitet, zB als Handelsvertreter, Ffm Rpfleger **90**, 174, LG Ffm Rpfleger **98**, 167. Man kann den Wechsel mit einem neuen Erwerb nach frühestens 6 Monaten schon vor Ablauf von drei Jahren vermuten, LG Heilbr JB **00**, 154, AG Halle-Saarkreis JB **05**, 378 (Vorsicht!), jedenfalls nach 18 Monaten, AG Bergisch-Gladb JB **05**, 378. Es gibt aber keine allgemeine Vermutung, daß die Aufgabe des bisherigen Erwerbs auf neuen schließen läßt, Stgt DGVZ **01**, 116, aM AG Melsungen JB **02**, 442 (derzeit zu optimistisch).

Nicht ausreichend ist eine bloße Fortsetzung der selbständigen Tätigkeit, AG Ludwigsb DGVZ **03**, 29.

17 **Überhaupt Arbeit:** Der Gläubiger muß angesichts der hohen Arbeitslosigkeit jetzt glaubhaft machen, daß der Schuldner überhaupt eine neue Arbeit habe. Das kann aber auch ausreichen, LG Dresd JB **98**, 214, LG Heilbr JB **01**, 153, LG Kblz JB **98**, 44.

Überspannung: Man darf an die Glaubhaftmachung nach § 294 keine überspannten Anforderungen stellen, Karlsr DGVZ **92**, 28, LG Kref MDR **88**, 418, Jelinsky Rpfleger **91**, 411.

Umschulung: Wenn nur eine Umschulung beendet wurde, liegt *nicht* die Auflösung eines Arbeitsverhältnisses vor, AG Hbg Rpfleger **85**, 499.

Umzug: S „Wohnungswechsel".

Unterstützung durch Dritte: Macht der Schuldner zwar solche Angaben, gibt aber keinerlei Einzelheiten bekannt, mag eine Nachbesserung der eidesstattlichen Versicherung notwendig sein, LG Ffm Rpfleger **02**, 273, LG Ingolst JB **04**, 336, LG Landshut JB **02**, 271. Nennt er aber Einzelheiten, besteht keineswegs stets solche Notwendigkeit, aM LG Weiden DGVZ **05**, 140.

Verschleierung: Bei einer Verschleierung des Arbeitseinkommens kann eine bloße Ergänzung des Vermögensverzeichnisses notwendig und ausreichend sein, LG Bielef JB **96**, 441, LG Heilbr MDR **92**, 711.

Wahrscheinlichkeit: Eine nach den Gesamtumständen ganz erhebliche Wahrscheinlichkeit für einen zwischenzeitlichen neuen Arbeitsplatz kann ausreichen, LG Chemnitz Rpfleger **95**, 512.

Wechsel der Tätigkeit: Ein Wechsel des Arbeitgebers *fehlt*, wenn ein Arbeitnehmer lediglich eine andere Tätigkeit bei demselben Arbeitgeber ausführt, LG Bln Rpfleger **79**, 149.

S auch Rn 16 „Nebentätigkeit".

Witwenpension: Bei ihrem Verlust ist § 903 entsprechend anwendbar, Hamm Rpfleger **83**, 323.

Wohngeld: Gibt der Schuldner an, Wohngeld beantragt zu haben, ohne einen Bewilligungsbescheid vorzulegen, mag nach 3 Monaten § 903 anwendbar sein, AG Lpz JB **02**, 98 rechts (streng).

Wohnungswechsel: Er läßt *keineswegs* stets auf einen Arbeitsplatzwechsel schließen, LG Ffm DGVZ **04**, 44, aM LG Kassel Rpfleger **05**, 39, AG Warburg DGVZ **01**, 11 (aber es kann neben solchem Grund zahlreiche weitere geben).

18   **7) Nochmalige Versicherung bei Zeitablauf, S 1, 2.** Der Gläubiger kann unabhängig von den Lagen Rn 9–12 und Rn 13–17 auch dann eine nochmalige eidesstattliche Versicherung des Schuldners fordern, wenn beim Auftragseingang § 900 I 1 drei Jahre seit dem Zeitpunkt der ersten tatsächlichen Abgabe der früheren eidesstattlichen Versicherung vergangen sind, also nicht seit dem Schluß des Jahres der Abgabe, LG Mönchengladb JB **79**, 612. Auf eine schon erfolgte Ergänzungsversicherung kommt es für den Fristablauf nicht an, LG Lüb Rpfleger **91**, 119, aM AG Dortm DGVZ **02**, 175, AG Mettmann DGVZ **04**, 127 (aber zumindest die Bezugnahme auf die frühere Versicherung hindert den Neubeginn einer Dreijahresfrist, weil der Schuldner ja dann selbst nur an den früheren Vorgang anknüpft). Die Frist ist eine uneigentliche, Üb 11 vor § 214. Sie ist keine Notfrist, § 224 I 2. Sie wird nach § 222 berechnet. Der Antrag leitet ein neues Verfahren ein. Der Gerichtsvollzieher muß vor der Bestimmung eines Termins von Amts wegen feststellen, ob 3 Jahre verstrichen sind, § 900 II. Wenn gegen den Schuldner bereits zur Erzwingung einer eidesstattlichen Versicherung eine sechsmonatige Haft vollstreckt worden war, dann darf der Richter eine neue Haft erst 3 Jahre nach der Beendigung der früheren Vollstreckung anordnen, § 914.

19   **8) Rechtsbehelfe, S 1, 2.** Der Schuldner, der die Pflicht zur nochmaligen eidesstattlichen Versicherung oder zur ergänzenden Auskunft bestreitet, hat den Widerspruch nach § 900 IV. Vgl auch im übrigen bei § 900. Einen vom Richter irrig erlassenen Haftbefehl hebt der nach Rn 14 zuständige Rpfl auf, AG Neuruppin Rpfleger **04**, 617.

20   **9) VwGO:** *Entsprechend anwendbar iRv Üb § 899 Rn 6.*

904 *Unzulässigkeit der Haft.* Die Haft ist unstatthaft:

1. gegen Mitglieder des Bundestages, eines Landtages oder einer zweiten Kammer während der Tagung, sofern nicht die Versammlung die Vollstreckung genehmigt;
2. (weggefallen)
3. gegen den Kapitän, die Schiffsmannschaft und alle übrigen auf einem Seeschiff angestellten Personen, wenn sich das Schiff auf der Reise befindet und nicht in einem Hafen liegt.

1   **1) Systematik, Regelungszweck, Z 1, 3.** Die Einzelvollstreckung findet eine Grenze im Verhältnismäßigkeitsgebot, Grdz 34 vor § 704. Eine Ausprägung dieses Gebots ist § 904. Immerhin handelt es sich um

Abschnitt 4. Eidesstattliche Versicherung und Haft §§ 904–906

eine notwendige Einschränkung einer Vollstreckung, deren Ziel die Befriedigung des Gläubigers ist. Ausnahmevorschriften sind stets eng auslegbar.

2) Geltungsbereich, Z 1, 3. § 904 betrifft nur die Zwangshaft, Üb 4 vor § 899, und nur deren Vollstreckung, nicht den Erlaß des Haftbefehls, § 901. 2
Z 1: Wegen der 2. Kammer vgl § 382. Die Verhaftung eines Bundestagsabgeordneten darf nur mit einer Genehmigung des Bundestags erfolgen, Art 46 III GG. Wegen der Landtagsabgeordneten vgl die Landesverfassungen. Fremde Konsuln sind nach Art 41 II Wiener Übk v 24. 4. 63, BGBl 69 II 1585, grundsätzlich nicht vor einer Haft geschützt. Vgl im übrigen § 18 GVG. Ein Mitglied der alliierten Streitkräfte oder dessen Angehörigen dürfen nicht verhaftet werden, Art 34 II ZAbkNTrSt, SchlAnh III. Im letzteren Fall wird die eidesstattliche Versicherung nach Art 34 I des Abkommens erzwungen. Wegen der Personalhaft gegen einen Ausländer Art 26 HZPrÜbk, Anh § 918. §§ 904–906, 909, 910 sind auf eine Ersatzzwangshaft gegen einen Steuerberater anwendbar, § 159 VIII StBG. Vgl ferner § 334 III AO.
Z 3: Die Vorschrift gilt nicht für diejenigen Personen, die auf einem Flußschiff angestellt sind, wohl aber für die Angehörigen der Marine, wenn die Voraussetzungen des Erlasses SchlAnh II vorliegen. Eine Segelfertigkeit ist nur noch dann erforderlich, wenn das Schiff den Heimathafen trotz der Reisevorbereitungen noch nicht verlassen hat.

3) Rechtsbehelf, Z 1, 3. Der Betroffene hat die Erinnerung nach § 766. 3
4) *VwGO*: Entsprechend anwendbar iRv Üb § 899 Rn 6. 4

905 *Haftunterbrechung.* Die Haft wird unterbrochen:
1. gegen Mitglieder des Bundestages, eines Landtages oder einer zweiten Kammer für die Dauer der Tagung, wenn die Versammlung die Freilassung verlangt;
2. (weggefallen)

1) Systematik, Regelungszweck. Es gelten dieselben Erwägungen wie bei § 904. Vgl daher dort Rn 1. 1
2) Geltungsbereich. Auch insoweit gelten dieselben Regeln wie bei § 904. Vgl daher zunächst dort 2 Rn 2. Das AG des Haftortes muß im Fall der Z 1 dem Ersuchen sofort und ohne eine vorherige Anhörung des Gläubigers nachkommen. Entsprechende Bestimmungen gelten für die Bundestagsabgeordneten, jedoch ohne eine zeitliche Beschränkung, Art 46 IV GG.
3) *VwGO*: Entsprechend anwendbar iRv Üb § 899 Rn 6. 3

906 *Haftaufschub.* Gegen einen Schuldner, dessen Gesundheit durch die Vollstreckung der Haft einer nahen und erheblichen Gefahr ausgesetzt wird, darf, solange dieser Zustand dauert, die Haft nicht vollstreckt werden.

Gliederung
1) Systematik	1	B. Ausnahme: Gesundheitsgefährdung	4
2) Regelungszweck	2	C. Beispiele zur Frage eines Haftaufschubs	5–9
3) Geltungsbereich	3–9	4) Rechtsbehelfe	10
A. Grundsatz: Keine besondere Schonung	3	5) *VwGO*	11

1) Systematik. Die Vorschrift ergänzt §§ 901–904 und steht wenigstens gleichrangig neben, besser: 1 vorrangig vor § 765 a.

2) Regelungszweck. Die Einzelvollstreckung findet Grenzen nicht nur im Verhältnismäßigkeitsgebot 2 nach Grdz 34 vor § 704, sondern auch im Grundrecht der Menschenwürde, Art 1 GG. Zu dessen Beachtung gehört auch der Schutz des Schuldners vor einer ernsthaften Gefährdung eines im Rang über den Vermögensinteressen des vollstreckenden Gläubigers stehenden Rechtsguts, der Gesundheit. Es reicht schon, daß die Freiheit des Schuldners im an sich kaum noch zeitgemäßen Schuldturm theoretisch vorübergehend fehlen kann.
Andererseits darf § 906 aber nun auch nicht zusammen mit rasch erteilten Attesten zu einer bequemen immer neuen Blockierung des genügend mühsamen Wegs des Gläubigers in diesem bloßen Zwischenstadium einer Vollstreckungsbemühung werden. Auch das muß man bei der Auslegung mitbeachten. Man sollte sich daher um gelassene Abwägung bemühen.

3) Geltungsbereich. Einem Grundsatz steht eine wichtige Ausnahme gegenüber. 3

A. Grundsatz: Keine besondere Schonung. Vgl wegen einer Gesundheitsgefährdung beim Offenbarungstermin § 900 Rn 47. § 906 nimmt Rücksicht auf Art 2 GG, BVerfG **52**, 214. Die Vorschrift regelt im Fall einer Gesundheitsgefährdung des Schuldners den Vollzug der Haft. Sie begrenzt aber nicht etwa die Pflicht des Schuldners zur Abgabe der eidesstattlichen Versicherung, Jena Rpfleger **97**, 446, AG Göpp JB **05**, 552. Sie begrenzt auch nicht den Erlaß des Haftbefehls, Karlsr MDR **99**, 567. Auch eine erhebliche seelische Schädigung kann eine Gesundheitsgefährdung bedeuten, Mü NJW **77**, 1822. Gerichtsvollzieher wie Gericht dürfen den Schuldner aber nicht besonders schonen, AG Bln-Schöneb DGVZ **82**, 14. Sie dürfen die Vorschrift auch nicht ausdehnend auslegen, Jena Rpfleger **97**, 446, ThP **27**, aM AG Bln-Schöneb DGVZ **82**, 14 (aber man muß eine Ausnahmevorschrift streng auslegen, Einl III 36). Das gilt etwa für den Fall, daß der Schuldner Familienangehörige versorgen müsse. Denn der Schuldner kann sich ja anders als bei § 456 StPO jederzeit der Gefahr einer Haft dadurch entziehen, daß er die eidesstattliche

§ 906

Versicherung abgibt. Deshalb ist § 765 a auch nur in den seltensten Fällen anwendbar, Mü NJW **77**, 1822 (es wendet § 910 entsprechend an).

4 **B. Ausnahme: Gesundheitsgefährdung.** Der Gerichtsvollzieher muß allerdings eine Gesundheitsgefährdung des Schuldners von Amts wegen beachten, Grdz 39 vor § 128. Wenn sie nachgewiesen oder auf Grund eines Augenscheins offensichtlich ist, dann darf der Gerichtsvollzieher die Verhaftung nicht ausführen, Karlsr DGVZ **93**, 9, LG Brschw DGVZ **89**, 29, ZöStö 2, aM LG Hann DGVZ **82**, 119 (vgl aber Rn 2).

5 **C. Beispiele zur Frage eines Haftaufschubs**
Allgemeinarzt: Sein Attest kann durchaus reichen, AG Bensheim DGVZ **04**, 76.
Altersleiden: Allgemeine Altersbeschwerden eines Hochbetagten können ausreichen, AG Kblz DGVZ **86**, 126.
Amtsarzt: Ein amtsärztliches Attest ist grds nicht erforderlich, LG Hann DGVZ **82**, 119, AG Fürth/Odw DGVZ **93**, 191, aM Midderhoff DGVZ **82**, 83, ThP 2 (aber man darf nicht schon grds ein „einfaches" Arztattest für unzureichend halten).
S auch „Arzt", „Attest".
Anstaltskrankenhaus: Das Verbot einer Verhaftung besteht auch dann, wenn der Haftvollzug etwa in einem Anstaltskrankenhaus erfolgen müßte, Jena Rpfleger **97**, 446, Karlsr DGVZ **93**, 9.
Arzt: Der Gerichtsvollzieher braucht mangels ausreichender Anhaltspunkte nach Rn 6 „Ermessen" oder mangels eines Attests weder von Amts wegen noch auf Antrag einem Arzt vorzuführen, AG Hochheim DGVZ **81**, 15, Midderhoff DGVZ **82**, 83.
S auch „Amtsarzt", „Attest".
Attest: Ungeachtet der Notwendigkeit einer strengen Prüfung nach Rn 8 „Strenge Prüfung" kann zumindest ein Amtsarztattest ausreichen, auch nach einem Jahr, LG Aachen DGVZ **99**, 43. Auch ein privatärztliches Attest kann ausreichen, LG Brschw DGVZ **89**, 29, LG Hann DGVZ **90**, 59 (notfalls weitere Atteste anfordern), AG Wolfenbüttel DGVZ **89**, 29, strenger AG Mönchengladb DGVZ **86**, 127. Der Schuldner muß die Kosten eines Attests selbst tragen, Schneider JR **78**, 183, aM AG Bln-Schöneb DGVZ **82**, 15 (vgl aber § 788 Rn 19 „Arzt").
S auch „Amtsarzt", „Arzt".
Äußere Anzeichen: Eine Gesundheitsgefährdung im Sinn von § 906 ist grds erst dann offensichtlich, wenn äußere Anzeichen auch für einen Laien zwingend einen Haftaufschub gebieten, AG Eschwege DGVZ **92**, 139, AG Hochheim DGVZ **81**, 15.
S auch Rn 8 „Strenge Prüfung".
Bluthochdruck: Er kann bei Lebensbedrohung ausreichen, selbst wenn es dem Schuldner nur darum geht, die eidesstattliche Versicherung zu vermeiden, Düss DGVZ **96**, 27.

6 **Dialyse:** Ihre Notwendigkeit dreimal wöchentlich kann ausreichen, AG Pirmasens DGVZ **83**, 127.
Ermessen: Ungeachtet der Notwendigkeit bestimmter tatsächlicher Feststellungen zur Haftunfähigkeit, s „Feststellungen", handelt der Gerichtsvollzieher doch praktisch nach pflichtgemäßem Ermessen, LG Gött DGVZ **81**, 10, LG Hann DGVZ **82**, 119, AG Hochheim DGVZ **81**, 15, aM Köln DGVZ **95**, 8, StJM 6, ZöStö 4 (es handle sich um unbestimmte Rechtsbegriffe. Aber das ändert nichts an der Notwendigkeit, sie vor Ort abzuwägen, und zwar durch einen medizinischen Nichtfachmann).
Feststellungen: Der Gerichtsvollzieher muß zur Haftunfähigkeit schriftliche, bestimmte Feststellungen treffen, LG Bln DGVZ **75**, 167.
S auch „Ermessen".
Gleichheitsgrundsatz: Der Gerichtsvollzieher muß stets den Gleichheitsgrundsatz beachten, Art 3 GG, Schneider JB **77**, 1674.

7 **Haustermin:** Rn 9 „Wohnung".
Herzerkrankung: Eine schwere Herzkrankheit kann ausreichen, Bbg DGVZ **90**, 39, noch gar bei einem 81jährigen, AG Bln-Schöneb DGVZ **82**, 14.
Menschenwürde: Der Gerichtsvollzieher muß stets die Menschenwürde beachten, Art 1 GG, Schneider JB **77**, 1674.
Physische Erkrankung: Der Gerichtsvollzieher muß sie ebenso beachten wie eine psychische, Mü OLGZ **77**, 21.
Psychische Erkrankung: Der Gerichtsvollzieher muß sie ebenso beachten wie eine physische, Mü DGVZ **77**, 21.

8 **Strenge Prüfung:** Ob eine Haftunfähigkeit vorliegt, muß der Gerichtsvollzieher nach einem strengen Maßstab prüfen, Hamm DGVZ **83**, 138, Jena Rpfleger **97**, 446, AG Wolfenbüttel DGVZ **89**, 29.
S auch Rn 5 „Äußere Anzeichen", aber auch „Attest".

9 **Vorführung:** Der Gerichtsvollzieher darf einen nach seiner pflichtgemäßen Ermessensentscheidung haftunfähigen Schuldner *nicht mehr* zur Ableistung der eidesstattlichen Versicherung bei (jetzt:) sich selbst vorführen, (je zum alten Recht) Bbg DGVZ **90**, 39, Hamm DGVZ **83**, 138, ZöStö 2, aM AG Mü MDR **93**, 471.
S aber auch „Wohnung".
Wohnung: Der Gerichtsvollzieher muß demjenigen Schuldner, der zum Erscheinen beim Gerichtsvollzieher nicht fähig ist, die eidesstattliche Versicherung aber in seiner Wohnung abgeben kann und will, sie dort abnehmen, § 219, Köln DGVZ **95**, 8.

10 **4) Rechtsbehelfe.** Der Betroffene kann die Erinnerung nach § 766 einlegen, LG Düss DGVZ **81**, 171, AG Bln-Schöneb DGVZ **82**, 14, AG Fürth/Odw DGVZ **93**, 191. Über sie entscheidet der Richter des Vollstreckungsgerichts, §§ 764, 802, § 20 Z 17 S 2 RPflG, Anh § 153 GVG. Der Schuldner kann die Erinnerung schon dann einlegen, wenn ihm die Vollstreckung nur unmittelbar droht, Hamm DGVZ **83**, 137. Das Gericht nimmt eine freie Beweiswürdigung vor. Das Fehlen der Überprüfungsmöglichkeit geht nicht zu Lasten des Schuldners, LG Hann DGVZ **82**, 119. Das Gericht darf den Haftbefehl nicht aufheben. Es darf vielmehr nur dessen Vollstreckung aussetzen. Wenn das Hindernis weggefallen ist, wird das Haft-

verfahren von Amts wegen fortgesetzt. Gegen die Entscheidung des Richters ist die sofortige Beschwerde statthaft, §§ 567 I, 793.

5) *VwGO:* Entsprechend anwendbar iRv Üb § 899 Rn 6.   11

907, 908 (weggefallen)

909 Verhaftung.
I ¹Die Verhaftung des Schuldners erfolgt durch einen Gerichtsvollzieher. ²Dem Schuldner ist der Haftbefehl bei der Verhaftung in beglaubigter Abschrift zu übergeben.

II Die Vollziehung des Haftbefehls ist unstatthaft, wenn seit dem Tage, an dem der Haftbefehl erlassen wurde, drei Jahre vergangen sind.

Gliederung

1) Systematik, I, II 1	4) Haftbefehl, I 2 .... 7, 8
2) Regelungszweck, I, II 2	5) Unzulässigkeit wegen Zeitablaufs, II .. 9
3) Verhaftung, I 1 3–6	6) Rechtsbehelf, I, II 10
A. Antrag; Zuständigkeit 3, 4	7) *VwGO* 11
B. Verfahren 5, 6	

1) Systematik, I, II. Die Vorschrift ergänzt zusammen mit § 910 den § 906. Man muß sie vom Erlaß des 1 Haftbefehls nach § 901 durch den Richter klar unterscheiden. Die Verhaftung setzt einen Haftbefehl ja gerade voraus. Pfändungs- und Verhaftungsauftrag sind verbindbar, LG Kblz JB **98**, 214.

2) Regelungszweck, I, II. Die Vorschrift nennt in I 1 eine funktionelle Zuständigkeit. Sie dient in I 2, II 2 der Verringerung des Risikos irgendwelcher Irrtümer bei einer Freiheitsbeschränkung. Dasselbe geschieht entsprechend zB § 114 a StPO bei der Bekanntgabe eines Haftbefehls. Man muß diesen Teil der Vorschrift daher streng auslegen. Auch bei II sollte man bedenken, daß die nicht mehr gerechtfertigte Verhaftung zur strafbaren Freiheitsentziehung werden kann. Daher ist große Sorgfalt bei der Fristberechnung und genaue Protokollierung des Vorgangs ratsam.

3) Verhaftung, I 1. Vorbereitung und Durchführung erfordern große Sorgfalt.   3

A. Antrag; Zuständigkeit. Derjenige Gerichtsvollzieher muß den Schuldner verhaften, bei dem der Gläubiger eigens erstmalig oder wiederholt einen entsprechenden Antrag stellt, Celle DGVZ **99**, 74, Schilken DGVZ **89**, 33. Ein solcher Antrag kann auch darin liegen, daß der Gläubiger den Gerichtsvollzieher nach § 900 I 1 beauftragt, wenn der Gläubiger zugleich einen Haftkostenvorschuß bezahlt, so schon Schlesw Rpfleger **76**, 224 (es hält eine Beschränkung des Antrags auf einen Teil des Vollstreckungstitels für zulässig; zum Problem Schilken DGVZ **89**, 35 ausf). Ein Haftkostenvorschuß kommt freilich allenfalls nach § 68 GKG, KV 9010, § 4 GvKostG in Betracht. Die Verbindung eines auch stillschweigenden Pfändungsauftrags mit dem Haftauftrag ist zulässig, § 803 Rn 3.

Der Gerichtsvollzieher ist auch zuständig, wenn es um den Haftbefehl auf Grund des Antrags eines 4 *Finanzamts* geht, § 284 AO, LG Duisb DGVZ **81**, 184, LG Kassel DGVZ **93**, 189, AG Bad Segeberg DGVZ **94**, 11 (Vorführung beim Hauptzollamt), aM AG Bln-Schöneb DGVZ **89**, 190 (zuständig sei der Vollziehungsbeamte der Vollstreckungsbehörde des Finanzamts. Aber das Verfahren ist beim Gericht angesiedelt, § 899 Rn 4). Der Gerichtsvollzieher amtiert ferner beim Vollzug von Zwangshaft wegen Nichtauskunft nach dem BAföG, AG Waiblingen DGVZ **97**, 78, oder beim Vollzug nach der JBeitrO, AG Rastatt DGVZ **97**, 190. Im übrigen ist eine Rechtshilfe nicht erforderlich und auch nicht statthaft. Das gilt auch bei einem Soldaten, SchlAnh II. Soweit sich der Schuldner bereits in Untersuchungs- oder Strafhaft befindet, ist eine Zwangshaft nach § 909 unzulässig, LG Bln DGVZ **95**, 89, AG Bln-Charlottenb DGVZ **94**, 11.

B. Verfahren. Der Gerichtsvollzieher muß das Vorliegen aller Voraussetzungen der Verhaftung von Amts 5 wegen prüfen, soweit er dazu überhaupt imstande ist. Wenn sich der Schuldner darauf beruft, er habe bereits in einem früheren Zeitpunkt eine eidesstattliche Versicherung im Sinn von § 903 abgeleistet, dann muß der Gerichtsvollzieher zunächst den Gläubiger hiervon benachrichtigen, bevor er den Schuldner verhaftet. Wenn der Schuldner auch nur denjenigen Teilbetrag zahlt, bei dessen Begleichung der Gläubiger den restlichen Haftauftrag zurücknehmen will, dann ist der Haftbefehl verbraucht und unterbleibt die Verhaftung, LG Bielef DGVZ **88**, 14, AG Augsb DGVZ **03**, 191, AG Wiesb DGVZ **97**, 141, aM LG Ffm DGVZ **01**, 171, LG Stade JB **88**, 927, AG Blomberg JB **93**, 32 (aber dann ist insoweit eine Erfüllung eingetreten und deshalb die Vollstreckung beendet, Grdz 52 vor § 704). Der Gerichtsvollzieher muß ferner prüfen, ob die Vollziehung wegen Zeitablaufs unzulässig geworden ist, Rn 6.

Die *Verhaftung* erfolgt nach den §§ 758, 758 a, dort Rn 20, ferner nach den §§ 759, 762. Vgl im übrigen 6 § 187 GVGA. Weisungen des Gläubigers sind nur begrenzt beachtlich, LG Kassel DGVZ **73**, 29 (abl Seip). Der Gerichtsvollzieher darf dem Schuldner anheimgeben, in seinem Geschäftszimmer zu erscheinen, um Aufsehen zu vermeiden, AG Augsb DGVZ **03**, 191. Er darf und muß die Verhaftung nämlich möglichst schonend vornehmen. Er muß dabei die öffentliche Sicherheit beachten. Er muß zB veranlassen, daß sich das Jugendamt um ein kleines Kind der Schuldnerin kümmert, Mü NJW **77**, 1822, AG Mü DGVZ **84**, 30. Wegen der Verhaftung in der Wohnung eines den Zutritt nicht erlaubenden Dritten Christmann DGVZ **88**, 91. Der Gerichtsvollzieher muß zum Transport nicht den eigenen Wagen benutzen. Er kann nach § 4 GvKostG einen Vorschuß fordern, AG Ffm DGVZ **98**, 15.

Hartmann

§§ 909, 910

Mit der Verhaftung ist die Aufgabe des Gerichtsvollziehers *zunächst beendet*. Der Gerichtsvollzieher ist nicht dazu verpflichtet, den Schuldner zwecks Nachforschungen in seine Wohnung zurückzuführen und den Schuldner anschließend erneut bei sich vorzuführen. Wenn der Schuldner Geschäftsbücher und dgl einsehen muß, dann muß er sie herbeischaffen lassen. Wenn das nicht möglich ist oder wenn der Schuldner offenbarungsbereit ist, dann muß der Gerichtsvollzieher den Schuldner bei sich vorführen, aM Finkelnburg DGVZ 77, 3 (man müsse abwarten, ob der Gläubiger in einem solchen Fall eine Ergänzung des Vermögensverzeichnisses fordere. Aber das läßt sich regelmäßig als ziemlich selbstverständlich unterstellen, Grdz 52 vor § 128).

7 **4) Haftbefehl, I 2.** Der Gerichtsvollzieher muß dem Schuldner im Zeitpunkt der Verhaftung den Haftbefehl von Amts wegen in beglaubigter Abschrift übergeben, und zwar auch ohne Antrag des Schuldners. Ein bloßes Vorzeigen reicht keinesfalls mehr. Die Übergabe ist für die Rechtmäßigkeit der Verhaftung wesentlich. Denn die Übergabe ersetzt die formlose Zustellung des Haftbefehls. Eine förmliche zusätzliche Zustellung ist also nicht notwendig, Winterstein DGVZ **04**, 55. Sie ist aber zulässig. Der Gerichtsvollzieher läßt sie dann von Amts wegen vornehmen, §§ 166 ff, § 900 Rn 15, AG Northeim DGVZ **03**, 15, AG Westerburg DGVZ **03**, 142, Kessel DGVZ **04**, 54, aM Blaskowitz DGVZ **04**, 56, Gillißen/Kühn DGVZ **00**, 3, Winter DGVZ **03**, 139 (je: Parteizustellung. Aber die Entstehungsgeschichte interessiert weniger, Einl III 42). Sie erfolgt evtl an den ProzBev, (jetzt) § 172, LG Kaisersl Rpfleger **89**, 116. I 2 ist eine Sondervorschrift gegenüber § 329 III. Das ergibt schon sein Wortlaut. Die Vorschrift bezieht sich nicht nur auf die Zwangsvollstreckung, aM LG Düss Rpfleger **80**, 75, LG Lübeck Rpfleger **81**, 153 (aber dann könnte der Schuldner leicht fliehen).

8 Der Gerichtsvollzieher muß im Zeitpunkt der Verhaftung eine *vollstreckbare Ausfertigung* des Vollstreckungstitels *in Händen* haben, LG Ludwigsh DGVZ **77**, 191, AG Würzb DGVZ **78**, 139, Birmanns DGVZ **80**, 119. Der Gerichtsvollzieher muß auch die Übergabe des Haftbefehls protokollieren, § 762 I, II Z 2, § 186 Z 2 GVGA. Der Gerichtsvollzieher muß dem Schuldner auch erklären, was nun geschehen werde, notfalls durch die Einschaltung eines Dolmetschers, § 185 GVG, LG Wuppert DGVZ **83**, 60. Eine Rechtsbehelfsbelehrung usw ist aber nicht notwendig, aM LG Wuppert DGVZ **83**, 60 (vgl aber § 139 Rn 20).

9 **5) Unzulässigkeit wegen Zeitablaufs, II.** Die Vollziehung des Haftbefehls ist unzulässig, wenn seit dem Tag seines Erlasses nach § 901 Rn 10 ff drei Jahre vergangen sind, aM AG Gelsenk JB **99**, 214 (aber II lautet eindeutig anders, Einl III 39). Damit beugt II der Gefahr zeitlich endloser Drohung vor und nimmt der überall im Recht geltenden Verwirkungsgedanken auf, Grdz 13 vor § 704. Jedes Vollstreckungsorgan muß diese Unzulässigkeit von Amts wegen beachten. „Erlassen" ist der Haftbefehl mit der Unterschrift des Richters. Sie gilt ab demjenigen Tag erfolgt, unter dem er unterzeichnet hat und der auf der vollstreckbaren Ausfertigung steht. Der Nachweis unrichtiger Datierung bzw eines Abschreibfehlers usw ist nur nach § 418 II statthaft, dort Rn 8 ff. Die 3-Jahres-Frist wird nach § 222 berechnet.

10 **6) Rechtsbehelf, I, II.** Jeder Betroffene hat die Erinnerung nach § 766, LG Rostock JB **03**, 107, AG Hann DGVZ **97**, 76. Das gilt für den Schuldner auch beim Vorliegen eines Vollstreckungshindernisses nach §§ 765 a, 903, 904, 906, Mü MDR **77**, 413. Über die Erinnerung entscheidet der Richter, § 20 Z 17 S 2 RPflG, Anh § 153 GVG. Gegen seine Entscheidung ist die sofortige Beschwerde statthaft, §§ 567 I, 793.

11 **7) VwGO:** *Entsprechend anwendbar iRv Üb § 899 Rn 6.*

---

910 *Anzeige vor der Verhaftung.* [1] Vor der Verhaftung eines Beamten, eines Geistlichen oder eines Lehrers an öffentlichen Unterrichtsanstalten ist der vorgesetzten Dienstbehörde von dem Gerichtsvollzieher Anzeige zu machen. [2] Die Verhaftung darf erst erfolgen, nachdem die vorgesetzte Behörde für die dienstliche Vertretung des Schuldners gesorgt hat. [3] Die Behörde ist verpflichtet, ohne Verzug die erforderlichen Anordnungen zu treffen und den Gerichtsvollzieher hiervon in Kenntnis zu setzen.

1 **1) Systematik, S 1–3.** Die Vorschrift ähnelt dem § 882 a. Die dortige Problematik tritt auch hier zumindest im Kern bei S 2 entsprechend auf. Vgl daher § 882 a Rn 2. Die Anordnung der Haft ist auch gegenüber einem Beamten nach § 376 Rn 4 oder gegenüber dem Lehrer an einer öffentlichen Unterrichtsanstalt im Gegensatz zur privaten Unterrichtsanstalt nicht beschränkt. Ebensowenig ist es verboten, gegen solche Personen einen Haftbefehl zu erlassen.

2 **2) Regelungszweck, S 1–3.** Die Vorschrift dient dem möglichst ungestörten Weiterfunktionieren der Institution, aus der der verhaftete Schuldner vorübergehend tatsächlich ausscheiden muß. Das liegt im öffentlichen Interesse. Deshalb ist eine Auslegung eher zugunsten des Schuldners geboten, in Wahrheit also zugunsten der öffentlichen Hand, soweit sie überhaupt den Schuldner derzeit als Beamten usw braucht. Letzteres muß man freilich in aller Regel unterstellen.

3 **3) Voraussetzungen, S 1–3.** Der Gerichtsvollzieher darf einen solchen Schuldner erst dann verhaften, wenn alle folgenden Voraussetzungen erfüllt sind.

A. Anzeige. Der Gerichtsvollzieher muß der vorgesetzten Dienstbehörde von der bevorstehenden Verhaftung eine Anzeige gemacht haben.

4 **B. Dienstvertretung.** Die Behörde muß für eine ausreichende Vertretung des Schuldners im Dienst gesorgt haben.

5 **C. Vertretungsanzeige.** Die Behörde muß den Gerichtsvollzieher davon in Kenntnis gesetzt haben, daß sie die zur Vertretung erforderlichen Anordnungen getroffen habe. Der Gerichtsvollzieher kann nicht überprüfen, ob diese Vorsorge tatsächlich erfolgt ist. Er muß aber rückfragen und evtl abwarten, wenn ihm zB der Schuldner Umstände darlegt, die gegen die ordnungsmäßige Vertretungsanordnung sprechen.

Abschnitt 4. Eidesstattliche Versicherung und Haft §§ 910–914

D. Weitere Einzelfragen. Die Regelung ist bei einem Soldaten entsprechend anwendbar. Der Gerichtsvollzieher muß dann dem Vorgesetzten die Anzeige von der bevorstehenden Verhaftung machen. Der Vorgesetzte muß für eine Vertretung sorgen, SchlAnh II. Man kann § 910 wegen Art 6 GG für entsprechend auf die Mutter eines kleinen Kindes anwendbar halten, Mü NJW **77**, 1822 (der Gerichtsvollzieher muß das Jugendamt von der bevorstehenden Verhaftung benachrichtigen, § 187 Z 1 III GVGA). 6

4) Verstoß, S 1–3. Ein Verstoß gegen § 910 macht die Verhaftung nicht rechtswidrig. Er ist aber eine Verletzung der Amtspflicht, Art 34 GG, § 839 BGB. 7

5) Rechtsbehelf, S 1–3. Es gilt dasselbe wie bei § 909 Rn 10. 8

6) *VwGO*: Entsprechend anwendbar iRv Üb § 899 Rn 6. 9

911 *Erneuerung der Haft nach Entlassung.* Gegen den Schuldner, der ohne sein Zutun auf Antrag des Gläubigers aus der Haft entlassen ist, findet auf Antrag desselben Gläubigers eine Erneuerung der Haft nicht statt.

1) Systematik, Regelungszweck. Der Gläubiger darf mit dem Schuldner nicht Katz und Maus spielen, Grdz 44 vor § 704. Das gilt erst recht im so empfindlichen Bereich einer Freiheitsbeschränkung nur wegen einer Einzelvollstreckung aus meist nur vermögensrechtlichem Gläubigerinteresse. Diesem Ziel dient die vorrangige Sondervorschrift des § 911. Sie zieht aus der auch in der Vollstreckung begrenzt geltenden Parteiherrschaft nach Grdz 37 vor § 704 die Konsequenz. Demgegenüber behandelt § 914 einen anderen Fall. 1

2) Unzulässigkeit. Das Gericht darf gegen einen Schuldner nach seiner Haftentlassung keine erneute Haft zulassen, wenn die folgenden Voraussetzungen gegeben sind. 2

A. Entlassung ohne Zutun des Schuldners. Der Schuldner muß aus der bisherigen Haft ohne sein Zutun entlassen worden sein. Es darf die Entlassung nicht etwa wegen einer Haftunfähigkeit nach § 906 oder zB wegen eines Erfüllungsversprechens des Schuldners erfolgt sein.

B. Entlassung auf Gläubigerantrag. Die Entlassung muß vielmehr auf einem Antrag des Gläubigers beruhen. 3

C. Neuer Haftantrag. Nunmehr muß derselbe Gläubiger eine neue Haft beantragt haben. 4

3) Zulässigkeit. Die Hafterneuerung ist also statthaft, wenn das Gericht den Schuldner auf seinen Antrag oder von Amts wegen entlassen hatte, AG Kirchheim/Teck DGVZ **83**, 63, oder wenn ein weiterer Gläubiger die erneute Verhaftung beantragt. Natürlich ist eine weitere Verhaftung auch dann statthaft, wenn ein ganz neuer Haftgrund vorliegt. In einem solchen Fall reicht auch ein Antrag des bisherigen Gläubigers aus. Denn dann liegt ja bei genauer Betrachtung keine Erneuerung der Haft vor. Vielmehr beginnt dann ein ganz neues Verfahren. Im Fall des § 903 liegt keine Hafterneuerung vor, LG Freibg MDR **81**, 151. 5

4) Kein Haftkostenvorschuß mehr. § 911 enthält keine Regelung eines Haftkostenvorschusses mehr. 6

5) *VwGO*: Entsprechend anwendbar iRv Üb § 899 Rn 6. 7

912 (weggefallen)

913 *Haftdauer.* ¹Die Haft darf die Dauer von sechs Monaten nicht übersteigen. ²Nach Ablauf der sechs Monate wird der Schuldner von Amts wegen aus der Haft entlassen.

1) Systematik, Regelungszweck, S 1, 2. Der Verhältnismäßigkeitsgrundsatz nach Grdz 34 vor § 704 zwingt zur Begrenzung einer Haft nicht nur beim Ob, sondern auch beim Wie, genauer: Beim Wie lange. 6 Monate sind eine lange Zeit als Beugemittel. Der Richter sollte nur bei hohen Werten verhängen. In der Praxis dauert der Freiheitsentzug übrigens meist nur wenige Stunden, nämlich vom Auftritt des Gerichtsvollziehers nach § 909 bis zur Offenbarungsversicherung des nun auskunftsbereiten Schuldners. 1

2) Höchstdauer, S 1, 2. Der Schuldner darf auf Grund desselben Schuldtitels höchstens sechs Monate inhaftiert bleiben, KG JB **00**, 60. Bei einer Mehrheit von Schuldtiteln kommt wegen eines jeden die Haft von 6 Monaten in Betracht (freilich § 914), KG JB **00**, 60, aM LG Lüneb DGVZ **99**, 43 (unvollständig zitierend. Das Gesetz gibt aber keinen Mengenrabatt, und es liegt auch keine Art Tateinheit vor). Selbst nach Unterbrechung durch Untersuchungshaft braucht das Gericht bei mehreren zivilprozessualen Haftanordnungen nicht die Gesamtdauer nach 6 Monaten zu überprüfen, KG JB **00**, 60. Im Falle eines Zeugniszwangs gilt § 390 II, § 913 ist dann unanwendbar, Üb 2 von § 899. 2

3) Rechtsbehelf, S 1, 2. Es gilt dasselbe wie bei § 909 Rn 7. 3

4) *VwGO*: Entsprechend anwendbar iRv Üb § 899 Rn 6. 4

914 *Wiederholte Verhaftung.* ¹Ein Schuldner, gegen den wegen Verweigerung der Abgabe der eidesstattlichen Versicherung nach § 807 dieses Gesetzes oder nach § 284 der Abgabenordnung eine Haft von sechs Monaten vollstreckt ist, kann auch auf Antrag eines anderen Gläubigers von neuem zur Abgabe einer solchen eidesstattlichen Versicherung durch Haft nur angehalten werden, wenn glaubhaft gemacht wird, dass der Schuldner später Vermögen erworben hat oder dass ein bisher bestehendes Arbeitsverhältnis mit dem Schuldner aufgelöst ist.

Hartmann 2503

§ 914, Übers §§ 915–915 h

II Diese Vorschrift ist nicht anzuwenden, wenn seit der Beendigung der Haft drei Jahre verstrichen sind.

1 **1) Systematik, Regelungszweck, I, II.** Zwar muß sich der Gläubiger wegen § 911 überlegen, ob er den Schuldner aus der Haft entläßt. Ist die Haft jedoch vollstreckt worden und hat sie nicht zur Befriedigung des Gläubigers beitragen können, so kommt bei veränderten Umständen evtl eine weitere Haft in Betracht. Die Vorschrift hat gewisse entfernte Ähnlichkeit mit § 323. Sie dient der späten Gerechtigkeit, Einl III 9. Man sollte sie entsprechend gläubigerfreundlich auslegen.

2 **2) Neue Haft, I.** Die Vorschrift gibt dem Schuldner eine Schonfrist. Sie ergänzt den § 903. Eine neue Haft nach § 901 oder eine Vollstreckung auf Grund eines früheren Haftbefehls ist erst dann zulässig, wenn der Schuldner eine vorangegangene sechsmonatige Haft verbüßt hat. Sie erfordert ein neues Verfahren nach § 900. Das gilt auch dann, wenn es sich um denselben Gläubiger handelt. Selbst wenn nun ein anderer Gläubiger den Haftantrag stellt, muß dieser neue Gläubiger nach § 294 glaubhaft machen, daß der Schuldner entweder nach der Haftentlassung irgendwelches Vermögen nach § 903 Rn 9 erworben hat oder daß der Schuldner ein Arbeitsverhältnis vor oder nach der Haftentlassung aufgelöst hat, § 903 Rn 13.

3 **3) Zeitablauf, II.** Nach Ablauf von drei Jahren darf der Richter auch dann keine neue Haft mehr anordnen, wenn die Voraussetzungen Rn 2 vorliegen. Die Frist berechnet sich nach § 222. Ein neuer Antrag ist schon vor dem Fristablauf zulässig. Auch das weitere Verfahren kann schon vor dem Fristablauf stattfinden, nur eben nicht die Entscheidung.

4 **4) Rechtsbehelfe, I, II.** Vgl § 901 Rn 13. Im Fall einer Verhaftung auf Grund eines früheren Haftbefehls gilt dasselbe wie bei § 909 Rn 10.

5 **5) VwGO:** Entsprechend anwendbar iRv Üb § 899 Rn 6.

Übersicht vor §§ 915–915 h

1 **1) Systematik.** Die Vorschriften enthalten in einer Verknüpfung von Justizverwaltungs- und Verfahrensrecht die Regeln zur Einrichtung und Benutzung der sog Schwarzen Liste. Zu ihnen gehören die in den Verordnungen des Bundes und der Länder auf Grund von § 915 h enthaltenen näheren Bestimmungen. Als Akte der gerichtlichen Verwaltung nach Anh I nach § 21 GVG unterliegen die Maßnahmen nach §§ 915 ff der Überprüfung ungeachtet der Unstatthaftigkeit einer sofortigen Beschwerde im Sinn von §§ 567 ff, wie § 915 c ist festlegt. Dem § 299 gehen §§ 915–915 h als Spezialregeln vor. Die erstere Vorschrift kann hilfsweise anwendbar sein.

2 *Kostenrechtlich* gelten nicht etwa stets KV 2114, 2115. Denn diese Vorschriften regeln nur den Antrag eines Drittgläubigers auf Erteilung einer Ablichtung der eidesstattlichen Versicherung und auf Einsicht in das Vermögensverzeichnis nach § 807. Theoretisch gilt auch nicht die JVKostO. Denn die Materie ist im Prozeßrecht geregelt. Es herrscht vielmehr mangels ausdrücklicher Bestimmung Gebührenfreiheit, § 1 GKG, nicht aber auch Auslagenfreiheit. Es sind nämlich KV 9000 ff anwendbar. Freilich sieht § 915 h landesrechtliche Regelungen durch Kostenvorschriften indirekt mit vor, Hartmann Teil VIII Vorbem 3 ff, 8 vor § 1 JVKostV.

3 **2) Regelungszweck.** Viele am Rechtsverkehr Beteiligte haben ein wirtschaftlich und auch rechtlich schutzwürdiges Interesse daran, rechtzeitig einigermaßen zuverlässig die Bonität eines künftigen oder gegenwärtigen Partners oder Schuldners zu erkennen. Sie möchten sich verständlicherweise vor schwarzen Schafen und faulen Schuldnern schützen. Auch der Staat hat ein Interesse daran, wirtschaftlichen Leerlauf der Bürger untereinander und wirtschaftlich sinnlose Prozesse sowie Vollstreckungsversuche usw vermeiden zu helfen.

4 *Schuldnerschutz* ist aber ein weiteres Ziel der §§ 915–915 h. Nicht nur aus der Menschenwürde nach Art 1 GG und dem Grundrecht auf informationelle Selbstbestimmung nach Art 2 GG, LG Magdeb Rpfleger **96**, 365, sowie dem Grundrecht der Berufsfreiheit nach Art 12 I GG ergeben sich Grenzen gegenüber dem Bestreben, den zahlungsschwachen Bürger als gläsernen Schuldner an einen modernen Pranger zu stellen, der ihn und mittelbar seine Familie, Firma usw bundesweit bloßstellen kann.

5 Die Vorschriften lassen das Bestreben erkennen, eine beide Interessengruppen berücksichtigende *Mittellösung* zu finden. Das muß man bei der Auslegung stets mitbeachten. Diese Abwägung sollte vor einseitiger Gesetzesanwendung bewahren.

6 **3) Kritik.** Ob die gesetzliche Regelung geglückt ist, läßt sich sehr bezweifeln. Was in deutscher Perfektion theoretisch gut ausgewogen scheint, dürfte in der Praxis vor allem der Abdrucke zum laufenden Bezug nach §§ 915 d–g vielfach kaum so steuerbar sein, wie es sich der Gesetzgeber das gedacht hat. Befehle wie derjenige in § 915 g II 3 zum unverzüglichen Löschen gegenüber Beziehern von laufenden Abdrucken sind juristische Feigenblätter. Das gilt selbst dann, wenn man Verstöße streng ahnden kann. Bezieherkreise, die so vage umschrieben sind wie in § 915 e I c, und Verwendungszwecke, die so weit gefaßt sind wie in § 915 II 1 „... um wirtschaftliche Nachteile abzuwenden ...", sind besonders dann problematisch, wenn der Urkundsbeamte bzw der Rpfl zunächst allein über die Befugnis entscheiden müssen.

7 Auch der von aller staatlichen Gewalt zu beachtende Grundsatz der *Verhältnismäßigkeit* nach Grdz 34 vor § 704 dürfte kaum noch zuverlässig funktionieren, wenn zumindest praktisch die Mißbrauchsgefahr im Sinn Einl III 54, Grdz 44 vor § 704, vor allem bei Massenbeziehern derart auf der Hand liegt, daß auch die relativ kleine Schuld auf die bundesweite Bühne der Durchleuchtung führt. Man muß abwarten, ob und in welchem Umfang sich §§ 915–915 h verfassungskonform auslegen lassen. Die nach § 915 h zulässigen Verordnungen dürfen weder im Gläubiger- noch im Schuldnerinteresse ihren Ermächtigungsbereich verlassen.

8 Zumindest sollte man im Bereich der zulässigen *Ahndungen* von Verstößen den Mut zum harten Durchgreifen haben, auch wenn „nur" die zu erwartenden Nachlässigkeiten eintreten, sei es bei Mitteilungen an Unbefugte, sei es bei Unterlassung gebotener Löschungen usw.

9 **4) VwGO:** S § 915 Rn 14.

Abschnitt 4. Eidesstattliche Versicherung und Haft §915

915 *Schuldnerverzeichnis.* ¹ ¹ Das Vollstreckungsgericht führt ein Verzeichnis der Personen, die in einem bei ihm anhängigen Verfahren die eidesstattliche Versicherung nach § 807 abgegeben haben oder gegen die nach § 901 die Haft angeordnet ist. ² In dieses Schuldnerverzeichnis sind auch die Personen aufzunehmen, die eine eidesstattliche Versicherung nach § 284 der Abgabenordnung oder vor einer Verwaltungsvollstreckungsbehörde abgegeben haben. ³ Die Vollstreckung einer Haft ist in dem Verzeichnis zu vermerken, wenn sie sechs Monate gedauert hat. ⁴ Geburtsdaten der Personen sind, soweit bekannt, einzutragen.

II Wer die eidesstattliche Versicherung vor dem Gerichtsvollzieher eines anderen Amtsgerichts abgegeben hat, wird auch in das Verzeichnis dieses Gerichts eingetragen, wenn er im Zeitpunkt der Versicherung in dessen Bezirk seinen Wohnsitz hatte.

III ¹ Personenbezogene Informationen aus dem Schuldnerverzeichnis dürfen nur für Zwecke der Zwangsvollstreckung verwendet werden, sowie um gesetzliche Pflichten zur Prüfung der wirtschaftlichen Zuverlässigkeit zu erfüllen, um Voraussetzungen für die Gewährung von öffentlichen Leistungen zu prüfen oder um wirtschaftliche Nachteile abzuwenden, die daraus entstehen können, dass Schuldner ihren Zahlungsverpflichtungen nicht nachkommen, oder soweit dies zur Verfolgung von Straftaten erforderlich ist. ² Die Informationen dürfen nur für den Zweck verwendet werden, für den sie übermittelt worden sind. ³ Nichtöffentliche Stellen sind darauf bei der Übermittlung hinzuweisen.

Vorbem. I 2 ergänzt dch Art 1 Z 26 des 1. JuMoG v 24. 8. 04, BGBl 2198, in Kraft seit 1. 9. 04, Art 14 S 1 des 1. JuMoG, ÜbergangsR Einl III 78.

Schrifttum: *Hornung* Rpfleger 95, 233, *Lappe* NJW 95, 1657 (je: Üb); *Liebscher,* Datenschutz bei der Datenübermittlung im Zivilverfahren, 1994; *Wagner* ZZP 108, 193 (ausf).

Gliederung

1) Systematik, I–III	1	4) Verwendungszwecke, III	7–13
2) Regelungszweck, I–III	2	A. Zwangsvollstreckung, III 1	8
3) Schwarze Liste, I, II	3–6	B. Wirtschaftliche Zuverlässigkeit, III 1 . . .	9
A. Gläubiger; abgegebene Erklärung	3	C. Abwendung wirtschaftlicher Nachteile, III 1	10, 11
B. Haftanordnung	4	D. Verfolgung von Straftat, III 1	12
C. Sechsmonatsvollstreckung	5	E. Nur gemäß Übermittlung, III 2, 3	13
D. Einzelfragen	6	5) *VwGO*	14

1) Systematik, I–III. Vgl zunächst Üb 1–8 vor § 915.   1

2) Regelungszweck, I–III. Die Grundidee der Schwarzen Liste ist alt. Sie ist zwar nicht begeistert,   2 aber kaum entbehrlich. Das Schuldnerverzeichnis dient öffentlichen Interessen, LG Freibg Rpfleger 86, 187. Es dient vor allem dem Schutz des Geschäftsverkehrs vor unzuverlässigen Schuldnern, LG Arnsb Rpfleger 94, 76. Es dient aber auch dem Schuldner, §§ 900 II, 903, 914. Die eigentlichen Probleme treten bei der Durchführung in §§ 915 a ff auf. Gleichwohl sollte man schon II streng auslegen.

3) Schwarze Liste, I, II. Zuständig ist das Vollstreckungsgericht nach §§ 764, 802, 899, evtl das andere   3 AG im Sinn von II zusätzlich, nicht etwa die Justizverwaltung. Das Vollstreckungsgericht führt von Amts wegen ein Schuldnerverzeichnis nach den Regeln der SchuVVO, abgedruckt § 915 h Rn 1. Man darf dieses Verzeichnis nicht mit dem Vermögensverzeichnis nach § 807 verwechseln, Hamm NJW 89, 533, KG NJW 89, 534. Zur Eintragung ist wegen des Schutzzwecks nach Rn 2 kein Antrag des Gläubigers erforderlich. Er ist nicht verpflichtet, eine Eintragung etwa wegen inzwischen erfolgter Befriedigung zu verhindern. Seine Einwilligung mit dem Unterbleiben einer Eintragung ist bis zu einem Schulderlaß unerheblich, LG Freibg Rpfleger 86, 187. Das Verzeichnis enthält die folgenden Angaben.

A. Gläubiger: abgegebene Erklärung. Das Verzeichnis nennt den oder die Gläubiger, LG Arnsb Rpfleger 94, 76, Brinkmann Rpfleger 94, 93. Es nennt ferner diejenigen Personen, die die eidesstattliche Versicherung nach § 807 oder nach § 284 AO oder vor einer Verwaltungsvollstreckungsbehörde geleistet haben (Manifestanten). Erklärungen nach den §§ 883 II, 889 ZPO, 98 I InsO bleiben hier außer Betracht. Aufgenommen werden nur die Vertretenen, nicht die gesetzlichen Vertreter oder zB Pfleger, LG Brschw NdsRpfl 82, 139, LG Frankenth Rpfleger 87, 380, LG Ffm Rpfleger 88, 529. Es reicht auch die Abgabe vor dem Gericht des Haftorts nach § 902.

B. Haftanordnung. Das Verzeichnis nennt auch diejenigen Personen, gegen die das Gericht eine Haft   4 angeordnet hatte, selbst wenn die Haft nicht vollstreckt worden ist, § 901.

C. Sechsmonatsvollstreckung. Das Verzeichnis nennt schließlich auch diejenigen Haftvollstreckungen,   5 die sechs Monate angedauert haben.

D. Einzelfragen. Vgl die VOen nach § 915 h Z 1, II, dort Rn 1, 2. § 17 AktO, die ergänzend als   6 Verwaltungsvorschrift gilt, ist bundeseinheitlich durch Ländervorschriften angepaßt worden, zB in Schleswig-Holstein durch Erlaß des JM vom 15. 12. 94 – V 120 a/1454 – 236 SH –. Das Bundesrecht ist freilich vorrangig.

Nach fünf Jahren seit dem Schluß des Eintragungsjahres werden das Heft oder die Karten vernichtet, § 17 Zusatzbestimmung Z 4 S 2 AktenO, I Z 4 III RV JMNW vom 8. 8. 66 (1454–I B 96). Diese 5-Jahres-Frist paßt nicht einwandfrei zum vorrangigen § 915 a. Die technische Führung der Listen erfolgt durch den Urkundsbeamten der Geschäftsstelle in Ausübung der öffentlichen Gewalt, § 915 b I 1. Über Anträge auf eine vorzeitige Löschung, Einsichtsanträge usw entscheidet aber der Rpfl. Der Staat haftet im Fall einer unrichtigen Eintragung. Angesichts des Umfangs eines drohenden Schadens ist also Vorsicht geboten. Die Liste genießt keinen öffentlichen Glauben. Ein Irrtum ist leicht möglich. Wer es unterläßt, den Inhalt der

§§ 915, 915a   Buch 8. Zwangsvollstreckung

Liste nachzuprüfen, obwohl ihm die Nachprüfung zumutbar wäre, trägt an den Folgen einer unrichtigen Eintragung deshalb ein Mitverschulden, § 254 BGB.

7   **4) Verwendungszweck, III.** Die Vorschrift zählt abschließend „nur" diejenigen Zwecke auf, zu denen man personenbezogene Informationen verwenden darf. Sie dient dem verbleibenden Schuldnerschutz. Das muß man bei ihrer Auslegung mitbeachten. Die Aufzählung der erlaubten Zwecke ist schon weit genug.

8   **A. Zwangsvollstreckung, III 1.** Zum Zweck aller Arten von Vollstreckung und während allen Stadien von ihrem Beginn bis zu ihrem Ende nach Grdz 52 vor § 704 ist die Verwendung statthaft. Die Zwangsvollstreckung muß nicht gerade vom Antragsteller ausgehen. Er muß aber im Einzelfall ein gerade vollstreckungsbedingtes Verwendungsinteresse haben.

9   **B. Wirtschaftliche Zulässigkeit, III 1.** Die Verwendung ist ebenfalls statthaft zum Zweck der Erfüllung einer gesetzlichen Pflicht und nicht nur vertraglichen Pflicht und nicht nur Befugnis oder Absicht, eine wirtschaftliche Zuverlässigkeit, gemeint gerade des Eingetragenen, zu prüfen. Hier arbeitet das Gesetz mit gefährlich vagen Umschreibungen. Man muß sie zwecks Verfassungstreue ziemlich eng auslegen, Üb 4, 6ff vor §§ 915–915h. Es muß zB feststehen, daß sich die gesetzliche Pflicht gerade auch auf die wirtschaftliche Prüfung erstreckt und dort gerade auch die Zuverlässigkeit und nicht nur die allgemeine Zahlungsfähigkeit erfassen soll. Es reicht nicht aus zu klären, ob jemand Geld hat, sondern es muß kraft Gesetzes nötig sein zu klären, ob er auch zahlungswillig ist. Aber auch solche Eingrenzungsversuche helfen kaum vor der Gefahr zu weiter Auslegung, mag mancher Verband auch noch so harmlos auftreten.

10   **C. Abwendung wirtschaftlicher Nachteile, III 1.** Die Verwendung ist ferner zulässig, um wirtschaftliche Nachteile abzuwenden, die gerade daraus entstehen können, daß Schuldner ihren Zahlungspflichten nicht nachkommen. Die Verwendung der Mehrzahl läßt erkennen, daß offenbar gar nicht nur der Eingetragene gemeint ist oder daß zumindest beim laufenden Listenbezug nach § 915f jeder Eingetragene als fauler Schuldner verdächtig sein kann.

11   Noch stärker als in den Fällen Rn 9 wird hier die *Unschärfe* und damit Gefährlichkeit gesetzlicher Formulierungen deutlich, hinter denen eine mächtige Lobby erkennbar wird. Es ist dringend ratsam, zwecks Vereinbarkeit solcher Vorschriften mit dem GG eine deutlich zurückhaltende Auslegung der Verwendbarkeit vorzunehmen und den Verhältnismäßigkeitsgrundsatz nach Üb 7 vor §§ 915–915h mitzubeachten. Man kann nicht auf dem Wege der Zulassung des laufenden Listenbezugs, der bei Bejahung der Verwendbarkeit nach II ja jedem Auskunftsberechtigten unter den Voraussetzungen des § 915f offensteht, das ganze Volk der in der Schwarzen Liste Eingetragenen zu Menschen mit schlechter Zahlungsmoral zu machen (im Zweifel *gegen* den Verdächtigten!), nur weil sie einmal die Offenbarungsversicherung ableisten mußten. Es kann genug Gründe für vorübergehende Zahlungsschwäche geben, ohne daß man deshalb pauschal von drohendem Verstoß gegen spätere Zahlungspflichten sprechen kann. Die Vereinbarkeit dieses Teils der Vorschrift mit dem GG erscheint als ziemlich problematisch.

12   **D. Verfolgung von Straftat, III 1.** Die Verwendung ist schließlich zulässig, soweit das zur Verfolgung von Straftaten erforderlich ist. Es reicht nicht aus, wirtschaftsrechtliche Ordnungswidrigkeiten zu verfolgen. Es reicht auch nicht aus, daß die Verwendung nur wünschenswert, förderlich oder nützlich wäre. Selbst bei solcher Eingrenzung der Verwendbarkeit bleiben aber auch hier bei der Bestimmung erhebliche Zweifel bestehen. Natürlich mag es erforderlich sein, die zivilprozessuale Vorgeschichte eines Beschuldigten bis in seine Eintragung in der Schwarzen Liste mitermitteln zu können, um die strafrechtliche Beurteilung einer gleichzeitigen oder späteren Verhaltensweise präziser gestalten zu können. Ob dergleichen Durchleuchtung aber mit dem GG vereinbar ist und ob nicht in Wahrheit eine Art Anscheinsbeweis gegen einen Beschuldigten im Strafrecht erzeugt oder begünstigt wird, ist immerhin offen.

13   **E. Nur gemäß Übermittlung, III 2, 3.** Man darf jede Information nach II 1 nur in denjenigen Grenzen verwenden, für die sie erfolgte. Damit stellt II 2 klar, daß das Gericht einen Austausch selbst innerhalb an sich gesetzlich zulässiger Verwendungszwecke zuvor genehmigen muß. Das zwingt den Urkundsbeamten bzw Rpfl, die jeweils nach II 1 erlaubten Teilzwecke genau zu bestimmen. Das dürfte in der Praxis selten mit der erforderlichen Präzision geschehen. Im Zweifel ist kein weiterer Zweck als der eindeutig angekündigte genehmigt worden. Das verleitet zur allgemeinen Beantragung nach II 1. Alles das zeigt auch an dieser Stelle die Unschärfe und Gefährlichkeit des Gesetzes.

14   **5) VwGO:** *Entsprechend anwendbar iRv § 899 Rn 6. Das VG, § 899 Rn 7, hat das nach § 899 zuständige AG entsprechend § 284 VI AO zu benachrichtigen, weil diese Vorschrift für die Vollstr zugunsten der öff Hand kraft Verweisung gilt, § 169 I 1 VwGO iVm § 5 VwVG, und in den (seltenen) anderen Fällen sinnvollerweise entspr angewendet werden muß, damit nicht mehrere Schuldnerverzeichnisse geführt werden, vgl auch OVG Münst NJW 84, 2484.*

915a   **Löschung.** ¹¹Eine Eintragung im Schuldnerverzeichnis wird nach Ablauf von drei Jahren seit dem Ende des Jahres gelöscht, in dem die eidesstattliche Versicherung abgegeben, die Haft angeordnet oder die sechsmonatige Haftvollstreckung beendet worden ist. ²Im Falle des § 915 Abs. 2 ist die Eintragung auch im Verzeichnis des anderen Gerichtes zu löschen.

    II Eine Eintragung im Schuldnerverzeichnis wird vorzeitig gelöscht, wenn

1. die Befriedigung des Gläubigers, der gegen den Schuldner das Verfahren zur Abnahme der eidesstattlichen Versicherung betrieben hat, nachgewiesen worden ist oder
2. der Wegfall des Eintragungsgrundes dem Vollstreckungsgericht bekanntgeworden ist.

1   **1) Systematik, Regelungszweck, I, II.** Vgl zunächst Üb 1–8 vor § 915. Eine zeitliche Begrenzung der Eintragung ist schon zwecks Beachtung des Verhältnismäßigkeitsgebots nach Grdz 34 vor § 704 notwendig.

Abschnitt 4. Eidesstattliche Versicherung und Haft §§ 915a, 915b

Man muß zwei Gruppen von Löschungsvoraussetzungen unterscheiden. Die Löschung findet statt, sobald drei Jahre seit einem der in I genannten Ereignisse verstrichen sind. Sie findet unabhängig davon auch dann statt, wenn eines der in II genannten Ereignisse eingetreten ist. § 915 f I verweist auf § 915 a I.

2) Löschung von Amts wegen, I, II. Eine Löschung erfolgt beim Vorliegen der Voraussetzungen stets von Amts wegen: Die Eintragung „wird ... gelöscht". Ein Antrag ist also nicht erforderlich. Er ist aber natürlich als Anregung statthaft. Er zwingt zur unverzüglichen Prüfung der Löschungsvoraussetzungen, obwohl diese Prüfung ohnehin erforderlich wäre. Der Antrag kann in Zweifelsfällen ratsam sein. Evtl muß man nach I 2 auch beim „anderen Gericht" im Sinn von § 915 II löschen. 2

3) Dreijahresablauf, I. Das Gericht muß die Dreijahresfrist nach der Methode § 915 b Rn 7 berechnen, also so, daß sie immer erst am folgenden 31. 12. ablaufen würde. Im Insolvenzverfahren gilt eine Fünfjahresfrist, § 26 II 2 Hs 2 InsO. 3

A. Seit eidesstattlicher Versicherung, I Hs 1. Bei einer bloß ergänzenden Versicherung läuft keine neue Dreijahresfrist. Denn die bloße Ergänzung fällt nicht unter § 903, dort Rn 3, 18. Bei der nochmaligen Versicherung nach § 903 Rn 9 gilt im Ergebnis dasselbe, § 903 Rn 18. Einzelheiten der Abgabe § 915 Rn 2.

B. Seit Haftanordnung, I Hs 2. Es reicht auch der Ablauf der Dreijahresfrist seit der Anordnung einer Haft, § 901, selbst wenn sie nicht vollstreckt worden ist, § 915 Rn 4. 4

C. Seit Haftvollstreckung, I Hs 3. Es reicht schließlich auch der Ablauf der Dreijahresfrist seit der Beendigung einer sechsmonatigen Haftvollstreckung, § 915 Rn 5. 5

4) Vorzeitige Löschung, II. Die Vorschrift nennt zwei Fallgruppen. Eine Löschung nach II ist vom Zeitablauf nach I unabhängig. Wegen vorzeitiger Listenlöschung § 915 f Rn 2. 6

A. Befriedigungsnachweis, II Z 1. Eine vorzeitige Löschung von Amts wegen nach Rn 2 erfolgt in Abweichung von § 26 II 1 InsO, AG Köln RR **03**, 1421. Sie erfolgt nämlich dann, wenn der Schuldner die Befriedigung desjenigen Gläubigers nachweist, der gegen den Schuldner das Verfahren zur Abnahme der eidesstattlichen Versicherung betrieben hat, AG Nordenham DGVZ **93**, 63. Der Nachweis erfolgt nach § 775 Z 4, 5, insbesondere durch eine Quittung. Die bloße Behauptung, man besitze eine Quittung usw, reicht nicht aus, auch nicht eine Glaubhaftmachung. Denn sie macht nach § 294 nur überwiegend wahrscheinlich, statt wie erforderlich voll nachzuweisen. 7

Es muß eine *volle Befriedigung* vorliegen. Bloße Teilleistungen reichen selbst dann nicht aus, wenn der Rest gering ist. Bei absolut verschwindend geringer Restschuld mag die Nichtvorlage der Quittung als prozessuale Arglist unbeachtlich sein, Einl III 54, Grdz 44 vor § 704. Aber Vorsicht, Grdz 48 vor § 704! 8

B. Bekanntwerden eines Wegfallgrundes, II Z 2. Statt der Voraussetzungen Rn 7, 8 reicht es zur vorzeitigen Löschung von Amts wegen nach Rn 2 auch aus, daß der Wegfall des Eintragungsgrundes dem Vollstreckungsgericht nach § 764 bekanntgeworden ist. 9

In Betracht kommen zB: Die Aufhebung der Haftanordnung durch das Vollstreckungs- oder das Beschwerdegericht, vgl schon Düss MDR **95**, 313; das Gericht hat einen Widerspruch erst nach der Abgabe der eidesstattlichen Versicherung für gerechtfertigt erklärt, § 900 V 2 Hs 2; die Aufhebung des Titels, die der Schuldner durch die Vorlage einer vollstreckbaren Entscheidung nach § 775 Z 1 nachweist, Ffm Rpfleger **81**, 118, LG Bln Rpfleger **89**, 206 (je zum alten Recht). Der früher umstrittene Antrag ist nicht mehr nötig, Rn 2); das Gericht hat die Zwangsvollstreckung nach § 767 für dauernd unzulässig erklärt; es liegt einer der Fälle der §§ 775 Z 1, 776 S 1 vor, LG Münst Rpfleger **96**, 168; der Gläubiger hat auf seine Rechte aus dem Haftbefehl verzichtet und das Gericht hat den Haftbefehl daher für kraftlos erklärt; der Gläubiger hat dem Schuldner die (Rest-)Schuld erlassen, soweit es sich um denjenigen Vollstreckungstitel geht, dessentwegen der Gläubiger das Verfahren auf die eidesstattliche Versicherung betrieben hat, LG Freibg Rpfleger **86**, 187. 10

Nicht ausreichend sind zB: Eine bloße Stundung, selbst wenn der Gläubiger mit einer vorzeitigen Löschung einverstanden ist. Denn das Schuldnerverzeichnis dient da auch öffentlichen Belangen, § 915 Rn 1, LG Freibg Rpfleger **86**, 187, LG Tüb Rpfleger **86**, 25 (je zum alten Recht); eine Haftfortdauer; eine Einwilligung des Gläubigers, abgesehen von den Fällen Rn 10. Wegen des Insolvenzverfahrens § 26 II InsO. 11

5) Verstoß, I, II. Vgl § 915 b Rn 9. 12

6) VwGO: s § 915 Rn 14. 13

915b *Auskunft; Löschungsfiktion.* [1]Der Urkundsbeamte der Geschäftsstelle erteilt auf Antrag Auskunft, welche Angaben über eine bestimmte Person in dem Schuldnerverzeichnis eingetragen sind, wenn dargelegt wird, dass die Auskunft für einen der in § 915 Abs. 3 bezeichneten Zwecke erforderlich ist. [2]Ist eine Eintragung vorhanden, so ist auch das Datum des in Absatz 2 genannten Ereignisses mitzuteilen.

[II] Sind seit dem Tage der Abgabe der eidesstattlichen Versicherung, der Anordnung der Haft oder der Beendigung der sechsmonatigen Haftvollstreckung drei Jahre verstrichen, so gilt die entsprechende Eintragung als gelöscht.

1) Systematik, Regelungszweck, I, II. Vgl zunächst Üb 1–8 vor § 915. § 915 b nennt eine Zuständigkeit für eine Auskunft. Man muß die Vorschrift wie jede Zuständigkeitsregel streng auslegen, Rn 2. Ob es sonderlich glücklich war, statt des Rpfl dem Urkundsbeamten zu betrauen, das läßt sich trefflich bestreiten. 1

§§ 915b, 915c

2) Zuständigkeit des Urkundsbeamten, I 1. Funktionell zuständig ist der Urkundsbeamte der nach der Geschäftsverteilung zuständigen Geschäftsstelle, AG Blieskastel DGVZ **00**, 95. Er wird in der Eigenschaft des Urkundsbeamten und nicht in derjenigen eines Rpfl tätig. Das ergibt sich aus dem zwingenden klaren Wortlaut von I 1. Er entscheidet zunächst sowohl über die Frage, ob überhaupt die Voraussetzungen einer Auskunft vorliegen, als auch über die anschließende Frage, in welchem Umfang und mit welchen zusätzlichen Hinweisen er eine Auskunft erteilen muß.

3) Darlegung eines ausreichenden Verwendungszwecks, I 1. Zwingende Voraussetzung einer Auskunft ist die Darlegung, daß die Auskunft für einen der in § 915 III bezeichneten Zwecke erforderlich und nicht nur förderlich oder nützlich ist. Über die daher darzulegenden Verwendungszwecke s § 915 Rn 7–13. Die dortigen Anmerkungen zeigen, wie schwierig und heikel es sein kann, einen der in § 915 II genannten Zwecke zu bejahen. Eine solche Entscheidung jedenfalls zunächst dem Urkundsbeamten aufzuerlegen ist eine der bedenklichsten Neuregelungen in §§ 915–915 h. Er dürfte oft insoweit völlig überfordert sein. Das dürfte entweder zu allzu strenger Auskunftsablehnung oder zu praktisch kaum noch kontrollierter Auskunftserteilung führen. Beides ist mit dem Gesetzeszweck nach § 915 Rn 4 kaum vereinbar.

Eine bloße *Darlegung genügt* nach dem klaren Wortlaut von I 1. Eine Glaubhaftmachung nach § 294 ist also nicht erforderlich, Brdb RR **01**, 1631. Damit entfällt auch eine strafrechtlich wenigstens theoretisch mögliche Absicherung über § 156 StGB. Das verstärkt die Bedenken Rn 3. Angesichts der Weite der in § 915 II genannten Zwecke muß sich der Urkundsbeamte überdies praktisch ohne Überprüfungsmöglichkeit mit der Behauptung des Antragstellers begnügen, die Auskunft sei auch gerade „erforderlich".

Andererseits ist die frühere Möglichkeit, daß jedermann *ohne Grundangabe* Auskunft fordern konnte, immerhin eindeutig abgeschafft. Auch ein allgemeines wirtschaftliches oder rechtliches Interesse genügt nicht mehr, soweit nicht gerade einer der Zwecke nach § 915 II den Erhalt der Auskunft erfordert. Bedenkt man freilich, daß §§ 915 d–f in weitem Umfang Auskünfte nach Art des laufenden Bezugs einer Zeitung usw ermöglichen, so überzeugt die scheinbare Eingrenzung des Kreises der Auskunftsberechtigten in I 1 praktisch kaum.

4) Voraussichtliches Löschdatum, I 2. Der Urkundsbeamte muß von Amts wegen einer Auskunft das Datum desjenigen Ereignisses beifügen, anläßlich dessen eine Eintragung nach II als gelöscht gelten wird, sodaß niemand sie mehr benutzen darf. Ob der Auskunftsempfänger sich freilich an solche zeitlichen Verwendungsgrenzen halten wird, läßt sich mit Hilfe von I 2 nicht annähernd sicher voraussagen. Der Empfänger ist nicht etwa verpflichtet, vom voraussichtlichen Löschdatum schriftlich quittiert Kenntnis zu nehmen oder gar zu versichern, er werde von diesem Datum ab keine Verwendung nehmen oder gestatten.

Es empfiehlt sich für den Urkundsbeamten dringend, über Art und Umfang der Auskunft und Mitteilung nach I 1, 2 in den Akten *Notizen* zu machen. Denn andernfalls könnten er und zunächst für ihn der Staat bei unberechtigt später Verwendung usw haften, Rn 9.

5) Unterstellte Löschung, II. Unter den Voraussetzungen II gilt eine Eintragung als gelöscht. Niemand darf sie also mehr verwenden. Der Dreijahreszeitraum endet mit Ablauf desjenigen Tages, der durch seine Benennung bzw Zahl dem Tag entspricht, in den der in II angegebene Vorgang fiel, und zwar im Lauf jenes früheren Tages erfolgte, §§ 187 I, 188 II Hs 1 BGB. Beispiel: Abgabe der eidesstattlichen Versicherung am 28. 2. eines Nicht-Schaltjahres; Ende der Dreijahresfrist am 28. 2. des Schaltjahres um 24 Uhr. Denn § 188 III BGB gilt ohnehin nicht bei einer Jahresfrist. Bei der Haftanordnung ist derjenige Tag maßgebend, unter dem sie erfolgt ist, solange dieses Datum nicht nachweislich falsch war. Beendigung der Haftvollstreckung meint die tatsächliche endgültige Haftentlassung.

6) Abschriften usw, I, II. § 915 b erwähnt eine Abschrift, Kopie, ein Telefax usw nicht. §§ 915 d–f erwähnen nur Abdrucke zum laufenden Bezug und zugehörige Listen. Man muß daher die Zulässigkeit einer bloßen Abschrift oder Kopie usw nach dem Sinn und Zweck der §§ 915–915 h beurteilen. Eine Abschrift zugunsten eines Auskunftsberechtigten kann kaum verboten sein, wenn das Gesetz in ganz anderem Ausmaß einen laufenden Bezug von Abdrucken und Listen gestattet. Im einzelnen ist § 299 unter Beachtung der vorstehenden Umstände entsprechend anwendbar, LG Stgt Rpfleger **96**, 167.

7) Verstoß, I, II. Soweit der Urkundsbeamte gegen I, II verstößt, gelten die allgemeinen Regeln, auch zur Amtshaftung, Üb 3 vor § 153 GVG, § 153 GVG Rn 3, 4. Wegen der Rechtsbehelfe § 915 c Rn 2.

8) Kosten, I, II. Gebühren des Gerichts: Für die Einsicht keine, § 1 GKG, Üb 2 vor § 915, Meyer JB **99**, 408. Auslagen des Gerichts: KV 9000. Gebühren des Anwalts: VV 3309, 3310.

9) VwGO: *s* § 915 Rn 14.

915c *Ausschluss der Beschwerde.* Gegen Entscheidungen über Eintragungen, Löschungen und Auskunftsersuchen findet die Beschwerde nicht statt.

1) Systematik, Regelungszweck. Vgl zunächst Üb 1–8 vor § 915. Es handelt sich um eine vorrangige Spezialregelung zwecks Prozeßwirtschaftlichkeit bei diesem Nebenverfahren, Grdz 14 vor § 128. Entsprechend weit darf und muß man die in § 915 e genannten Begriffe auslegen, zumal eine zweite Instanz verfassungsrechtlich nicht zwingend geboten ist. *Ein rechtliches Gehör* reicht.

2) Rechtsbehelfe. Es kommt auf die Entscheidungsrichtung an.

A. Gegen Eintragung, Löschung. Die Eintragung und die Löschung in der schwarzen Liste sind keine Maßnahmen der Zwangsvollstreckung. Denn sie berühren die Durchführung des Anspruchs des Gläubigers nicht, OVG Münst NJW **84**, 2485. Sie dienen vielmehr lediglich der allgemeinen Sicherheit im Geschäftsverkehr, Wieser Rpfleger **90**, 98, aM Oldb Rpfleger **78**, 267, ThP 11. Deshalb sind die Rechtsbehelfe des Buchs 8 unanwendbar. Das gilt insbesondere für §§ 766, 793. Es handelt sich zwar um einen Akt der gerichtlichen Verwaltung, Anh § 21 GVG, OVG Münst NJW **84**, 2485. Er ist aber dem Vollstreckungsgericht übertragen, I.

Abschnitt 4. Eidesstattliche Versicherung und Haft §§ 915c, 915d

Deshalb ist im Fall einer Ablehnung der Eintragung durch den Urkundsbeamten die *befristete Erinnerung* nach § 573 I zulässig. Gegen die Entscheidung durch den Rpfl ist nur sofortige Erinnerung zulässig, § 11 II 1 RPflG, Anh § 153 GVG. Zum Verfahren § 104 Rn 41 ff. Jedenfalls ist gegen die Entscheidung des Richters wegen des Vorrangs von § 915 c vor § 573 II keine sofortige Beschwerde statthaft. **3**

B. Gegen Einsichtsverweigerung. Wenn der Rpfl eine Einsicht in die schwarze Liste oder eine Auskunft über ihren Inhalt verweigert, ist § 11 II RPflG anwendbar, wie bei Rn 3. Soweit der Urkundsbeamte entschieden hat, ist die befristete Erinnerung an sein Gericht statthaft, § 573 I. **4**

3) *VwGO:* s § 915 Rn 14. **5**

915d Erteilung von Abdrucken.

¹¹ Aus dem Schuldnerverzeichnis können nach Maßgabe des § 915 e auf Antrag Abdrucke zum laufenden Bezug erteilt werden, auch durch Übermittlung in einer nur maschinell lesbaren Form. ²Bei der Übermittlung in einer nur maschinell lesbaren Form gelten die von der Landesjustizverwaltung festgelegten Datenübertragungsregeln.

II Die Abdrucke sind vertraulich zu behandeln und dürfen Dritten nicht zugänglich gemacht werden.

III Nach der Beendigung des laufenden Bezugs sind die Abdrucke unverzüglich zu vernichten; Auskünfte dürfen nicht mehr erteilt werden.

1) Systematik, Regelungszweck, I–III. Vgl zunächst Üb 1–8 vor § 915. Die Vorschrift regelt in I die grundsätzliche Zulässigkeit von sog Abdrucken des Schuldnerverzeichnisses. Demgegenüber bestimmt § 915 e den Kreis der diesbezüglich Antragsberechtigten und regelt in seinem III die Sonderform einer Zusammenfassung von Abdrucken in Listen, die das Gericht nach § 915 f zum laufenden Bezug versenden darf. **1**

2) Begriff des Abdrucks, I–III. Der Begriff Abdruck meint im Gegensatz zur Abschrift bzw Kopie ein von vornherein für größere Stückzahlen hergestelltes Doppel, sei es in herkömmlicher, sei es in einer nur maschinell lesbaren Form, I 1. Wegen des Inhalts des Abdrucks und seiner Übersendung §§ 9, 10 SchuVVO, abgedruckt bei § 915 h Rn 1. Damit trägt das Gesetz der zunehmend erforderlichen Massenproduktion in Verfahren beliebiger technischer Art Rechnung. Kostenmäßig ist die Art der Herstellung unerheblich: Es entstehen Antragsprüfungsgebühren, zB nach § 9 I des Hbg LJKostG, und eine Dokumentenpauschale, § 137 Z 2, 3 KostO, bzw nach Länderrecht, zB nach § 9 II des Hbg LJKostG. **2**

3) Begrenzung der Antragsberechtigung, I 1. Nur der Kreis der in § 915 e Genannten darf Abdrucke zum laufenden Bezug erhalten. Wegen der Zuständigkeit vgl § 3 SchuVVO, abgedruckt bei § 915 h Rn 1. Wegen der Einzelheiten des Antrags vgl §§ 4, 5 SchuVVO, abgedruckt bei § 915 h Rn 1. Wegen der Einzelheiten der Bewilligung und des einstweiligen Ausschlusses vom Bezug §§ 6–8, 11 SchuVVO, abgedruckt bei § 915 h Rn 1. **3**

4) Datenübertragungsregeln, I 2. Soweit eine Übermittlung der Abdrucke in einer nur maschinell lesbaren Form erfolgt, muß die Landesjustizverwaltung festgelegten Datenübertragungsregeln einhalten. Zu beachten sind in **4**

Baden-Württemberg:	Niedersachsen:
Bayern:	Nordrhein-Westfalen:
Berlin:	Rheinland-Pfalz:
Brandenburg:	Saarland:
Bremen:	Sachsen:
Hamburg:	Sachsen-Anhalt:
Hessen:	Schleswig-Holstein:
Mecklenburg-Vorpommern:	Thüringen:

5) Vertrauliche Behandlung usw, II. Jeder Bezieher und/oder Verwender eines Abdrucks ist kraft Gesetzes verpflichtet, ihn vertraulich zu behandeln und nicht Dritten zugänglich zu machen, II. Was das heißen soll, ist umso schwerer verständlich, als die nach § 915 e Antragsberechtigten die Abdrucke ja gerade zum Zweck praktisch unbegrenzter Benutzung erwerben können, zumindest die in § 915 e I a Genannten. Gemeint ist danach allenfalls: Der Berechtigte darf nicht über den gesetzlichen Nutzungszweck hinaus Auskunft oder Einsicht erteilen. Zwar kann das Gericht theoretisch nach § 915 e IV 1, 2 in Verbindung mit § 30 BDSG eine Aufsicht ausüben. Ob sie aber auch praktisch funktioniert, bleibt abzuwarten. Beim Verstoß gelten im übrigen nur die allgemeinen Regeln zum Bruch von Vertraulichkeitspflichten im Zivil-, Standes- und Strafrecht usw. Wegen der Einzelheiten der Aufbewahrung usw § 10 SchuVVO, abgedruckt bei § 915 h Rn 1. **5**

6) Vernichtung usw, III. Die gesetzliche Pflicht, Abdrucke unverzüglich zu vernichten und von weiteren Auskünften abzusehen, beginnt mit der Beendigung eines laufenden Bezugs. Soweit man dazu Kündigungsfristen beachten muß, ist es das Ende der Frist maßgeblich. Bei vorzeitiger Vertragsbeendigung ist dieser Zeitpunkt maßgeblich. Auf den etwaigen Fortbestand der Eintragung im Originalverzeichnis kommt es nur insofern an, daß nach der dortigen Löschung auch der laufende Bezieher nicht mehr verwenden darf. **6**

7) Verstoß, I–III. Es gelten die Regeln des BDSG. **7**

8) Rechtsbehelf, I–III. Gegen die Entscheidung des Präsidenten des AG usw ist der Weg nach §§ 23 ff EGGVG gegeben. Das folgt auch aus § 20 SchuVVO, abgedruckt bei § 915 h Rn 1. **8**

9) *VwGO:* s § 915 Rn 14. **9**

§ 915e Empfänger von Abdrucken; Auskünfte aus Abdrucken; Listen; Datenschutz. ¹ Abdrucke erhalten

a) Industrie- und Handelskammern sowie Körperschaften des öffentlichen Rechts, in denen Angehörige eines Berufes kraft Gesetzes zusammengeschlossen sind (Kammern),
b) Antragsteller, die Abdrucke zur Errichtung und Führung zentraler bundesweiter oder regionaler Schuldnerverzeichnisse verwenden, oder
c) Antragsteller, deren berechtigtem Interesse durch Einzelauskünfte, insbesondere aus einem Verzeichnis nach Buchstabe b, oder durch den Bezug von Listen (§ 915 f) nicht hinreichend Rechnung getragen werden kann.

II ¹ Die Kammern dürfen ihren Mitgliedern oder den Mitgliedern einer anderen Kammer Auskünfte erteilen. ² Andere Bezieher von Abdrucken dürfen Auskunfte erteilen, soweit dies zu ihrer ordnungsgemäßen Tätigkeit gehört. ³ § 915 d gilt entsprechend. ⁴ Die Auskünfte dürfen auch im automatisierten Abrufverfahren erteilt werden, soweit diese Form der Datenübermittlung unter Berücksichtigung der schutzwürdigen Interessen der Betroffenen wegen der Vielzahl der Übermittlungen oder wegen ihrer besonderen Eilbedürftigkeit angemessen ist.

III ¹ Die Kammern dürfen die Abdrucke in Listen zusammenfassen oder hiermit Dritte beauftragen. ² Sie haben diese bei der Durchführung des Auftrages zu beaufsichtigen.

IV ¹ In den Fällen des Absatzes 1 Satz 1 Buchstabe b und c gilt für nichtöffentliche Stellen § 38 des Bundesdatenschutzgesetzes mit der Maßgabe, dass die Aufsichtsbehörde auch die Verarbeitung und Nutzung dieser personenbezogenen Daten in oder aus Akten überwacht und auch überprüfen kann, wenn ihr keine hinreichenden Anhaltspunkte dafür vorliegen, dass eine Vorschrift über den Datenschutz verletzt ist. ² Entsprechendes gilt für nichtöffentliche Stellen, die von den in Absatz 1 genannten Stellen Auskünfte erhalten haben.

1   1) **Systematik, Regelungszweck, I–IV.** Vgl zunächst Üb 1–8 vor § 915. Der Kreis der Antragsberechtigten erweckt schwere Bedenken. Denn praktisch ist er kaum noch kontrollierbar. Schon deshalb dürfte zumindest der Verhältnismäßigkeitsgrundsatz nach Grdz 34 vor § 704 ganz erheblich gefährdet sein. Man sollte dem nicht auch noch durch eine allzu gläubigerfreundliche Auslegung Vorschub leisten.

2   2) **Antragsberechtigung, I.** Zum Bezug von Abdrucken, auch zum laufenden, sind die in II a–c Genannten berechtigt. Sie erhalten Abdrucke jedoch nicht von Amts wegen, sondern natürlich nur auf Antrag. Das stellt § 915 d I 1 klar. Deshalb entsteht auch die Auslagenverpflichtung, KV 9000.

A. **Kammern, I 1 a.** Die bezugsberechtigten Kammern müssen Körperschaften des öffentlichen Rechts sein und außerdem einen Zusammenschluß von Angehörigen eines Berufes kraft Gesetzes darstellen. *Beispiele:* Apothekerkammern, Architektenkammern, Ärztekammern, Handwerkskammern, Rechtsanwaltskammern, Zahnärztekammern.

3   B. **Führer von privaten Schuldnerverzeichnissen, I 1 b.** Es muß sich um einen Antragsteller handeln, der Abdrucke gerade zur Errichtung und Führung eines privaten Schuldnerverzeichnisses verwenden will und verwendet, mag dieses Verzeichnis bundesweit oder zumindest zunächst regional wie immer beschränkt geplant oder angelegt sein. *Beispiel:* Die sog Schufa und vergleichbare Einrichtungen.

4   C. **Berechtigtes sonstiges Interesse nach Abdrucken, I 1 c.** Es reicht schließlich ein berechtigtes, nicht nur wirtschaftliches, aber nicht notwendig rechtliches Interesse aus. Zu diesen ineinander übergehenden Begriffen § 299 Rn 23 ff. Das Interesse muß sich durch Einzelauskünfte usw oder durch den bloßen Listenbezug § 915 f nicht hinreichend befriedigen lassen. Das ist wiederum eine der gefährlich vage gefaßten Umschreibungen in §§ 915–915 h, zum Problem § 915 Rn 6–8. Der Listenbezug mag deshalb unzureichend sein, weil der Listenbezieher eine Auskunft nur dem in § 915 f II abschließend genannten Interessentenkreis erteilen darf. Gerade jenen Schutzzweck kann man aber über § 915 e I 1 c praktisch weitgehend unterhöhlen.

5   3) **Auskunftsbefugnisse, automatisiertes Abrufverfahren, II.** Die Vorschrift grenzt die Auskunftsbefugnis der Abdrucksbezieher nach I a nur personell ein, nicht sachlich. Insofern gilt ergänzend § 915 II. Damit verlagert sich indes im Bereich von § 915 e II die Kontrollbefugnis vom Urkundsbeamten bzw Rpfl auf denjenigen Mitarbeiter einer Kammer, der die dort eingehenden Auskunftsanträge bearbeitet. Das ist insbesondere dort enorm „großzügig", wo das automatisierte Abrufverfahren nach II 2 praktisch überhaupt keine Kontrolle seitens der Kammern mehr zuläßt, von der einmal anfangs erfolgten Prüfung der vagen Voraussetzungen von II 2 abgesehen. Wie soll aber zB die dort vorausgesetzte besondere Eilbedürftigkeit automatisch funktionieren? Vgl daher auch insoweit zum Problem § 915 Rn 6–8. Zu den Einzelheiten des automatisierten Abrufverfahrens §§ 17 ff SchuVVO.

6   4) **Listenbefugnis, III.** Nur Kammern im Sinn von I a dürfen Abdrucke in Listen zusammenfassen oder damit Dritte beauftragen. Sie müssen Dritte zwar beaufsichtigen, III 2. Das ändert aber nichts an der erheblichen Problematik dieser Befugnis zur Einschaltung irgendwelcher privater Dritter. Denn bei ihnen kann man eine etwaigen Mißbrauch praktisch überhaupt kaum noch überprüfen, zumal der in IV 1 in Bezug genommene, bei Sartorius Nr 245 abgedruckte § 38 BDSG für die Kammern und ihre Befugnisse nach III nach dem klaren Wortlaut von IV 1 nicht mitgilt (Bezugnahme nur auf I b, c).

7   5) **Aufsicht der Datenschutzbehörde, IV.** In den von IV 1 und § 915 f IV (Verweisung auf § 915 e IV) begrenzten Fällen nach Rn 6 ist die nach § 38 BDSG bestellte Aufsichtsbehörde in dem erweiterten Umfang jener oben abgedruckten Vorschrift berechtigt. Sie ist auch verpflichtet, eine Mißbrauchsverhütung durch Aufsicht zu versuchen. Ob sie dazu praktisch angesichts der Weite der Befugnisse der Verwender und Unterverwender nach §§ 915–915 h imstande sein wird, bleibt kritisch abzuwarten. Der Betroffene kann

Abschnitt 4. Eidesstattliche Versicherung und Haft　　　　　　**§§ 915e–915h**

sich immerhin antragstellend an sie wenden, obwohl sie von Amts wegen tätig werden muß. Die in § 38 VI BDSG landesrechtlich bestimmten Aufsichtsbehörden sind:

Baden-Württemberg:　　　　　　　　　　Niedersachsen:
Bayern:　　　　　　　　　　　　　　　　Nordrhein-Westfalen:
Berlin:　　　　　　　　　　　　　　　　Rheinland-Pfalz:
Brandenburg:　　　　　　　　　　　　　Saarland:
Bremen:　　　　　　　　　　　　　　　 Sachsen:
Hamburg:　　　　　　　　　　　　　　　Sachsen-Anhalt:
Hessen:　　　　　　　　　　　　　　　　Schleswig-Holstein:
Mecklenburg-Vorpommern:　　　　　　　　Thüringen:

 6) **Verstoß, I–IV.** Es gelten die Regeln des gesamten BDSG.　　　　　　　　　　　8
 7) **VwGO:** s § 915 Rn 14.　　　　　　　　　　　　　　　　　　　　　　　　　9

915f *Überlassung von Listen; Datenschutz.* ¹ ¹ Die nach § 915 e Abs. 3 erstellten Listen dürfen den Mitgliedern von Kammern auf Antrag zum laufenden Bezug überlassen werden. ² Für den Bezug der Listen gelten die §§ 951 d und 915 e Abs. 1 Buchstabe c entsprechend.

 ᴵᴵ Die Bezieher der Listen dürfen Auskünfte nur jemandem erteilen, dessen Belange sie kraft Gesetzes oder Vertrags wahrzunehmen haben.

 ᴵᴵᴵ Listen sind unverzüglich zu vernichten, soweit sie durch neue ersetzt werden.

 ᴵⱽ § 915 e Abs. 4 gilt entsprechend.

 1) **Systematik, Regelungszweck, I–IV.** Vgl zunächst Üb 1–8 vor § 915. Es gelten die Ausführungen 1
§ 915 e Rn 1 hier verstärkt.

 2) **Geltungsbereich, I.** Die Vorschrift stellt kar, daß die in § 915 e I 1 a, III genannten Kammern die in 2 Listen zusammengefaßten Abdrucke zum laufenden Bezug anfordern dürfen und daß für ein solches Abonnementsverhältnis die Vorschriften gelten, die auch für Abdrucke vorhanden sind, die nicht in Listen zusammengestellt sind. Zu den Einzelheiten des Inhalts der Listen, ihrer Anfertigung, Erteilung und Verwendung usw §§ 12 ff SchuVVO, abgedruckt bei § 915 h Rn 1.

 3) **Auskünfte, II.** In Abweichung von § 915 e II sind die Bezieher von Listen zu Auskünften nur 3 gegenüber demjenigen berechtigt, dessen Belange sie kraft Gesetzes oder Vertrags wahrnehmen müssen. Da sie Verträge der letzteren Art jederzeit schließen können, verpufft die mit der ersten Alternative beabsichtigte Schutzwirkung praktisch fast völlig.

 4) **Vernichtung, III.** Die Vernichtung der bisherigen Liste beim Eingang der nächsten gilt nur, soweit 4 die nächste die bisherige „ersetzt". Ob das auch dann der Fall ist, wenn die nächste räumlich enger gefaßt ist, ist zweifelhaft.

 5) **Aufsicht, IV.** Vgl § 915 e Rn 7.　　　　　　　　　　　　　　　　　　　　5
 6) **VwGO:** s § 915 Rn 14.　　　　　　　　　　　　　　　　　　　　　　　6

915g *Löschung in Abdrucken, Listen und Aufzeichnungen.* ᴵ Für Abdrucke, Listen und Aufzeichnungen über eine Eintragung im Schuldenverzeichnis, die auf der Verarbeitung von Abdrucken oder Listen oder auf Auskünften über Eintragungen im Schuldnerverzeichnis beruhen, gilt § 915 a Abs. 1 entsprechend.

 ᴵᴵ ¹ Über vorzeitige Löschungen (§ 915 a Abs. 2) sind die Bezieher von Abdrucken innerhalb eines Monats zu unterrichten. ² Sie unterrichten unverzüglich die Bezieher von Listen (§ 915 f Abs. 1 Satz 1). ³ In den auf Grund der Abdrucke und Listen erstellten Aufzeichnungen sind die Eintragungen unverzüglich zu löschen.

 1) **Systematik, Regelungszweck, I, II.** Vgl zunächst Üb 1–8 vor § 915. Angesichts der Gefahren 1 infolge eines übergroßen Kreises von praktisch Einsichts- bzw Auskunftsberechtigten darf man I großzügig und muß man II streng auslegen.

 2) **Löschung, I.** Die Vorschrift verweist für Listen usw auf die Löschungsregeln für Eintragungen in 2 § 915 a I, dort Rn 1–5.

 3) **Vorzeitige Löschung, II.** Die Vorschrift zwingt den Versender von Abdrucken zur Unterrichtung 3 der Bezieher über vorzeitige Löschungen nach § 915 a II. Sie zwingt den letzteren zur unverzüglichen Unterrichtung seiner Listenbezieher. Sie zwingt alle Beteiligten zur unverzüglichen Löschung in ihren Abdrucken und Listen. Ob alles das in der Praxis funktioniert und sich ausreichend überwachen läßt, bleibt abzuwarten. Vgl zum Problem § 915 Rn 6–8.

 4) **VwGO:** s § 915 Rn 14.　　　　　　　　　　　　　　　　　　　　　　　　4

915h *Verordnungsermächtigung.* ᴵ Das Bundesministerium der Justiz wird ermächtigt, durch Rechtsverordnung mit Zustimmung des Bundesrates

1. Vorschriften über den Inhalt des Schuldnerverzeichnisses, über den Bezug von Abdrucken nach den §§ 915 d, 915 e und das Bewilligungsverfahren sowie den Bezug von Listen nach § 915 f Abs. 1 zu erlassen,

Hartmann　　　　　　　　　　　　　　　　　　　　　　　　　　　　　　　　2511

§ 915h   Buch 8. Zwangsvollstreckung

2. Einzelheiten der Einrichtung und Ausgestaltung automatisierter Abrufverfahren nach § 915 e Abs. 2 Satz 4, insbesondere der Protokollierung der Abrufe für Zwecke der Datenschutzkontrolle, zu regeln,
3. die Erteilung und Aufbewahrung von Abdrucken aus dem Schuldnerverzeichnis, die Anfertigung, Verwendung und Weitergabe von Listen, die Mitteilung und den Vollzug von Löschungen und den Ausschluss vom Bezug von Abdrucken und Listen näher zu regeln, um die ordnungsgemäße Behandlung der Mitteilungen, den Schutz vor unbefugter Verwendung und die rechtzeitige Löschung von Eintragungen sicherzustellen,
4. zur Durchsetzung der Vernichtungs- und Löschungspflichten im Falle des Widerrufs der Bewilligung die Verhängung von Zwangsgeldern vorzusehen; das einzelne Zwangsgeld darf den Betrag von 25 000 Euro nicht übersteigen.

II [1] Die Landesregierungen werden ermächtigt, durch Rechtsverordnung zu bestimmen, dass
1. anstelle des Schuldnerverzeichnisses bei den einzelnen Vollstreckungsgerichten oder neben diesen ein zentrales Schuldnerverzeichnis für die Bezirke mehrerer Amtsgerichte bei einem Amtsgericht geführt wird und die betroffenen Vollstreckungsgerichte diesem Amtsgericht die erforderlichen Daten mitzuteilen haben;
2. bei solchen Verzeichnissen automatisierte Abrufverfahren eingeführt werden, soweit dies unter Berücksichtigung der schutzwürdigen Belange des betroffenen Schuldners und der beteiligten Stellen angemessen ist; die Rechtsverordnung hat Maßnahmen zur Datenschutzkontrolle und Datensicherung vorzusehen.

[2] Sie werden ermächtigt, diese Befugnisse auf die Landesjustizverwaltungen zu übertragen.

1   1) **Schuldnerverzeichnisverordnung (SchuVVO) des Bundes.** Sie ist am 15. 12. 94 erlassen worden, BGBl 3822, und am 1. 1. 95 in Kraft getreten, § 21 S 1 SchuVVO. Gleichzeitig sind die allgemeinen Vorschriften vom 1. 8. 55, BAnz Nr 156, außer Kraft getreten, § 21 S 2 SchuVVO, geändert durch Art 2 IX ZustRG vom 25. 6. 01, BGBl 1206, in Kraft seit 1. 7. 02, Art 4 ZustRG. Weitere Änderungen ergaben sich dch Art 3 Z 1–9 des 7. G zur Änderung der Pfändungsfreigrenzen v 13. 12. 01, BGBl 3638, in Kraft seit 1. 1. 02, Art 8 G, ÜbergangsR jeweils Einl III 78.
Die VO lautet wie folgt:

Erster Abschnitt. Das Schuldnerverzeichnis

SchuVVO § 1. Inhalt des Schuldnerverzeichnisses. [1] In das Schuldnerverzeichnis werden gemäß § 915 Abs. 1 der Zivilprozeßordnung eingetragen:
1. die Bezeichnung des Schuldners wie in dem Titel, der dem Vollstreckungsverfahren zugrunde liegt;
2. das Geburtsdatum, soweit bekannt;
3. das Datum der Abgabe der eidesstattlichen Versicherung; das Datum der Anordnung der Haft gemäß § 901 der Zivilprozeßordnung; die Vollstreckung der Haft gemäß § 915 Abs. 1 Satz 3 der Zivilprozeßordnung;
4. das Aktenzeichen der Vollstreckungssache; die Bezeichnung des Vollstreckungsgerichts oder der Vollstreckungsbehörde.

II In das Schuldnerverzeichnis werden gemäß § 26 Abs. 2 der Insolvenzordnung eingetragen:
1. die Bezeichnung des Schuldners wie in dem Beschluss, durch den der Antrag auf Eröffnung des Insolvenzverfahrens nach § 26 Abs. 1 der Insolvenzordnung abgewiesen wurde;
2. das Datum dieses Beschlusses;
3. die Bezeichnung des Gerichts, das diesen Beschluß erlassen hat; das Aktenzeichen des Insolvenzverfahrens.

III Vertreter des Schuldners werden nicht in das Schuldnerverzeichnis eingetragen.

IV [1] Offenbare Unrichtigkeiten der Bezeichnung des Schuldners in dem Titel nach Absatz 1 Nr. 1 oder dem Beschluß nach Absatz 2 Nr. 1 sind bei der Eintragung im Schuldnerverzeichnis zu berichtigen. [2] Die Berichtigung ist kenntlich zu machen.

Vorbem. II geändert (klargestellt), § 915 h Rn 1, ÜbergangsR theoretisch Einl III 78.

Zweiter Abschnitt. Bewilligungsverfahren

SchuVVO § 2. Bewilligung als Voraussetzung des Bezugs von Abdrucken und der Erteilung von Listen. [I] Abdrucke aus Schuldnerverzeichnissen dürfen nur Inhabern einer Bewilligung nach den Vorschriften dieses Abschnitts erteilt werden.

II Die Bewilligung ist zu erteilen, wenn die Voraussetzungen des § 915 Abs. 3, § 915 d Abs. 1 und § 915 e Abs. 1 der Zivilprozeßordnung und dieser Verordnung erfüllt sind.

III Die Bewilligung ist zu versagen, wenn
1. der Antragsteller schuldhaft unrichtige Angaben macht,
2. Voraussetzungen vorliegen, unter denen die Bewilligung gemäß § 8 widerrufen werden könnte,
3. Tatsachen vorliegen, welche die Unzuverlässigkeit des Antragstellers in bezug auf die Verarbeitung und Nutzung personenbezogener Daten begründen, oder

Abschnitt 4. Eidesstattliche Versicherung und Haft § 915h

4. dem Antragsteller oder einer Person, die im Auftrag des Antragstellers die aus dem Schuldnerverzeichnis zu beziehenden Daten verarbeitet oder nutzt, der Betrieb eines Gewerbes untersagt ist.

IV ¹Die Bewilligung des Bezugs von Abdrucken berechtigt Kammern, die Abdrucke in Listen zusammenzufassen oder hiermit Dritte zu beauftragen und die Listen ihren Mitgliedern oder Mitgliedern anderer Kammern auf Antrag zum laufenden Bezug zu überlassen. ²Die Überlassung von Listen ist unzulässig, wenn bei den Listenbeziehern die Voraussetzungen des § 915 Abs. 3, § 915 d Abs. 1 und § 915 e Abs. 1 Buchstabe c der Zivilprozeßordnung nicht erfüllt sind oder Versagungsgründe entsprechend Absatz 3 vorliegen.

Vorbem. II, IV 2 berichtigt, § 915 h Rn 1.

1) Bewilligungszwang. II ergibt unter seinen Voraussetzungen einen Zwang zur Bewilligung dem **1** Grunde nach, Brdb Rpfleger **03**, 201 (wegen der Dauer § 7 SchuVVO).

SchuVVO § 3. Zuständigkeit. ¹Über Anträge nach § 915 d Abs. 1 Satz 1 der Zivilprozeßordnung entscheidet der Präsident des Amtsgerichts, bei dem das Schuldnerverzeichnis geführt wird. ²Ist das Amtsgericht nicht mit einem Präsidenten besetzt, so entscheidet der Präsident des Landgerichts. ³Ist durch Rechtsverordnung gemäß § 915 h Abs. 2 Nr. 1 der Zivilprozeßordnung die Führung eines zentralen Schuldnerverzeichnisses bestimmt, so entscheidet der Präsident des Amtsgerichts, bei dem dieses geführt wird; Satz 2 gilt entsprechend.

SchuVVO § 4. Antrag. I ¹Der Antrag ist schriftlich bei dem nach § 3 zuständigen Präsidenten des Amts- oder Landgerichts anzubringen. ²Die zur Entscheidung über den Antrag erforderlichen Angaben sind auf Verlangen glaubhaft zu machen.

II ¹Der Antrag muß die Angaben enthalten, aus denen sich das Vorliegen der in § 915 Abs. 3 und § 915 e Abs. 1 der Zivilprozeßordnung geforderten Voraussetzungen ergibt. ²Darüber hinaus muß er enthalten:
1. die Angabe von Wohn- oder Geschäftssitz des Antragstellers; die Angabe von Gewerbe- oder Handelsregistereintragung oder des ausgeübten Berufs;
2. die Angabe, ob, wann, bei welchem Gericht und mit welchem Ergebnis bereits Anträge im Sinne dieses Abschnittes gestellt wurden;
3. die Erklärung, in welcher der dem Gericht möglichen Formen die Abdrucke erteilt werden sollen;
4. die Erklärung, ob Listen gefertigt werden sollen;
5. die Erklärung, von wem die Listen gefertigt und an wen oder welchen Personenkreis diese weitergegeben werden sollen;
6. die Erklärung, ob Einzelauskünfte im automatisierten Abrufverfahren erteilt werden sollen.

Vorbem. II 1 berichtigt, § 915 h Rn 1.

SchuVVO § 5. Speicherung von Daten des Antragstellers im Falle der Nichterteilung der Bewilligung. I ¹Im Falle der Ablehnung oder Rücknahme des Antrages werden der Name des Antragstellers, das Datum des Antrages sowie die Angaben des Antragstellers nach § 4 Abs. 2 Nr. 1 von der nach § 3 zuständigen Stelle erfaßt und aufbewahrt oder maschinell lesbar gespeichert. ²Diese Angaben dürfen nur dazu erhoben, verarbeitet und verwendet werden, Mehrfachanträge und Bewilligungshindernisse zu erkennen.

II ¹Die Frist für die Aufbewahrung oder Speicherung beträgt drei Jahre ab dem Ende des Jahres, in dem der Antrag gestellt wurde. ²Nach Ablauf der Frist sind die Angaben zu löschen.

SchuVVO § 6. Bewilligung. I ¹Die Bewilligung ist nur für und gegen den Antragsteller wirksam. ²Sie ist nicht übertragbar.

II Gegenstand der Bewilligung ist die Entscheidung über den Antrag, Befristungen, Auflagen, Bedingungen und der Vorbehalt des Widerrufs.

III ¹Die Bewilligung enthält die Belehrung über die vom Begünstigten zu beachtenden datenschutzrechtlichen Vorschriften, insbesondere der Zivilprozeßordnung und dieser Verordnung. ²In den Fällen des § 10 Abs. 4 Satz 1 ist weiterhin über die anzuwendenden Datenübertragungsregeln zu belehren. ³Auf § 8 ist gesondert hinzuweisen. ⁴Der Bewilligung ist eine Rechtsmittelbelehrung beizufügen.

IV Die Bewilligung wird der nach den jeweils maßgeblichen datenschutzrechtlichen Vorschriften für die Kontrolle über den Bezieher der Abdrucke zuständigen Stelle mitgeteilt.

SchuVVO § 7. Befristungen, Auflagen und Bedingungen. I Die Bewilligung ist auf mindestens ein und höchstens sechs Jahre zu befristen.

II Zum Zwecke der Einhaltung der Vorschriften des § 915 Abs. 3, der §§ 915 a, 915 b und 915 d Abs. 2 und 3 und der §§ 915 e bis 915 g der Zivilprozeßordnung, der anzuwendenden Vorschriften der Datenschutzgesetze und dieser Verordnung kann die Bewilligung mit
1. Bestimmungen, durch die dem Begünstigten ein Tun, Dulden oder Unterlassen vorgeschrieben wird (Auflagen),

§ 915h

2. Bestimmungen, nach denen der Eintritt oder der Wegfall einer Vergünstigung oder Belastung von dem ungewissen Eintritt eines zukünftigen Ereignisses abhängt (Bedingung), ergehen.

Vorbem. II 1 berichtigt, § 915 h Rn 1.

1 **1) Bezugsdauer.** Sie unterliegt pflichtgemäßem Ermessen, Brdb Rpfleger 03, 201. Eine durchgängige Bewilligung nur für 1 Jahr ist ermessensfehlerhaft, Brdb Rpfleger 03, 201.

SchuVVO § 8. Widerruf und Rücknahme von Bewilligungen. ¹ Für den Widerruf von Bewilligungen gilt § 49 Abs. 2, 3 und 5 Satz 1 und 2 des Verwaltungsverfahrensgesetzes entsprechend.

II Für die Rücknahme von Bewilligungen gilt § 48 Abs. 1, 3 und 4 des Verwaltungsverfahrensgesetzes entsprechend.

III ¹ Über Widerruf und Rücknahme von Bewilligungen entscheidet die nach § 3 zuständige Stelle. ² Wenn die Bewilligung widerrufen oder zurückgenommen wird, ist die Entscheidung dem ehemaligen Inhaber der Bewilligung mit Rechtsmittelbelehrung zuzustellen. ³ Die Entscheidung ist den Präsidenten der Gerichte, bei denen weitere Anträge auf Erteilung einer Bewilligung zugunsten des ehemaligen Inhabers der Bewilligung gestellt wurden, mitzuteilen. ⁴ Sind aus den Abdrucken Listen gefertigt und weitergegeben worden, so ist die rechtskräftige Entscheidung den Beziehern der Listen unter Hinweis auf ihre Pflichten nach Absatz 4 bekanntzugeben. ⁵ Betrifft die Entscheidung eine Kammer, erfolgen die Mitteilungen nach Satz 3 durch diese, ansonsten durch das entscheidende Gericht. ⁶ Benachrichtigungen nach Satz 4 erfolgen durch die betroffene Kammer.

IV ¹ Ist eine Bewilligung rechtskräftig widerrufen oder zurückgenommen, so sind Abdrucke sowie daraus gefertigte Dateien, Listen und sonstige Aufzeichnungen unverzüglich ordnungsgemäß zu löschen oder zu vernichten. ² Der Bezieher der Abdrucke und die Inhaber von Listen können dazu durch Zwangsgeld angehalten werden. ³ Das einzelne Zwangsgeld darf den Betrag von fünfundzwanzigtausend Euro nicht übersteigen. ⁴ Ist die Verhängung von Zwangsgeld untunlich oder erfolglos, so ist die Ersatzvornahme anzuordnen.

Vorbem. IV 3 geändert, § 915 h Rn 1.

Dritter Abschnitt. Abdrucke und Listen

SchuVVO § 9. Inhalt von Abdrucken. I ¹ Abdrucke werden als Vollabdruck oder als Teilabdruck erteilt. ² Der Vollabdruck enthält alle Eintragungen im Schuldnerverzeichnis. ³ Der Teilabdruck enthält nur die in dem Antrag auf Bewilligung des Bezugs von Abdrucken bezeichneten Eintragungen im Schuldnerverzeichnis.

II ¹ An gut sichtbarer Stelle ist auf die sich aus § 915 Abs. 3, §§ 915 a, 915 b und 915 d bis 915 g der Zivilprozessordnung sowie aus § 26 Abs. 2 der Insolvenzordnung ergebenden Pflichten des Inhabers von Abdrucken hinzuweisen. ² Dieser Hinweis kann den Abdrucken auch in Form eines Merkblattes beigefügt werden.

III Die Abdrucke dürfen keine weiteren Mitteilungen enthalten.

Vorbem. II 1 geändert, § 915 h Rn 1.

SchuVVO § 10. Erteilung und Aufbewahrung von Abdrucken. I ¹ Die Abdrucke werden dem Bezieher in verschlossenem Umschlag gegen Empfangsnachweis übersandt oder auf Antrag ausgehändigt. ² Ersatzzustellung nach § 178 und Zurücklassung nach § 179 der Zivilprozeßordnung sowie öffentliche Zustellung sind ausgeschlossen.

II Die Abdrucke dürfen, außer mit dem Merkblatt nach § 9 Abs. 2, nicht mit anderen Druckerzeugnissen verbunden werden.

III ¹ Der Inhaber der Bewilligung hat dafür Sorge zu tragen, daß ihm ausgehändigte oder übersandte Abdrucke
1. gesondert aufbewahrt werden,
2. bis zu ihrer Vernichtung jederzeit auffindbar sind und
3. gegen unbefugten Zugriff gesichert sind.
² Satz 1 gilt auch für Vervielfältigungen und jede andere Form der Bearbeitung der Abdrucke, insbesondere zum Zwecke der Maschinenlesbarkeit der Abdrucke.

IV ¹ Werden die Abdrucke gemäß § 915 d Abs. 1 der Zivilprozeßordnung in maschinell lesbarer Form übermittelt, gelten die Datenübertragungsregeln der Landesjustizverwaltung des Landes, in dem das Schuldnerverzeichnis geführt wird. ² Darüber hinaus hat der Empfänger der Daten durch geeignete Vorkehrungen sicherzustellen, daß die Anforderungen des Absatzes 3 auch bezüglich der übermittelten Daten erfüllt werden.

Vorbem. I 2 idF Art 2 IX ZustRG v 25. 6. 01, BGBl 1206, in Kraft seit 1. 7. 02, Art 4 ZustRG, ÜbergangsR Einl III 78.

SchuVVO § 11. Einstweiliger Ausschluß vom Bezug von Abdrucken. ¹ Der Inhaber einer Bewilligung kann von dem Bezug von Abdrucken einstweilen ausgeschlossen werden, wenn Tatsachen

Abschnitt 4. Eidesstattliche Versicherung und Haft § **915h**

bekannt werden, die eine hinreichende Wahrscheinlichkeit begründen, daß die Bewilligung alsbald widerrufen oder zurückgenommen wird.

II ¹ Über den einstweiligen Ausschluß entscheidet die nach § 3 zuständige Stelle. ² Die Entscheidung ist mit einer Rechtsmittelbelehrung zu versehen und zuzustellen; § 8 Abs. 3 Satz 3 und 5 gilt entsprechend. ³ Die Wirksamkeit der Entscheidung entfällt, wenn nicht binnen eines Monats ab Zustellung eine Entscheidung nach § 8 ergeht.

III ¹ Ein nach Absatz 2 Satz 3 unwirksam gewordener oder alsbald unwirksam werdender einstweiliger Ausschluß kann wiederholt erlassen werden, wenn während der Dauer der Wirksamkeit des zuerst erlassenen einstweiligen Ausschlusses ein Verfahren mit dem Ziel des Widerrufs oder der Rücknahme der Bewilligung gemäß § 8 zwar eingeleitet, aber noch nicht abgeschlossen wurde. ² Die Gesamtdauer des einstweiligen Ausschlusses darf in einem Verfahren nicht mehr als drei Monate betragen. ³ Für den wiederholten einstweiligen Ausschluß gelten im übrigen die Absätze 1 und 2.

SchuVVO § 12. Inhalt von Listen. I ¹ Listen sind Zusammenstellungen von Angaben aus einem oder mehreren Abdrucken. ² Die Aufnahme anderer Angaben als solchen aus rechtmäßig bezogenen Abdrucken oder die Verknüpfung mit anderen Angaben ist unzulässig.

II ¹ Die Zusammenstellung der Angaben erfolgt aufgrund von Merkmalen, die diesen Angaben gemeinsam sind und aufgrund derer sie aus den Abdrucken ausgewählt werden (Auswahlmerkmale) sowie aufgrund von Sortieranweisungen, nach denen die Angaben in den Listen zu ordnen sind (Ordnungsmerkmale). ² Auswahlmerkmale dürfen sich nur auf Eintragungen nach § 1 Abs. 1 und 2 beziehen.

III ¹ Listen müssen das Datum ihrer Erstellung tragen, den Ersteller benennen und mit Quellenangaben versehen sein. ² In den Listen ist an gut sichtbarer Stelle auf die sich aus § 915 Abs. 3, §§ 915 a, 915 b und 915 d bis 915 g der Zivilprozeßordnung sowie aus § 26 Abs. 2 der Insolvenzordnung ergebenden Pflichten des Beziehers von Listen hinzuweisen. ³ § 9 Abs. 2 Satz 2 findet Anwendung.

IV Die Listen dürfen keine weiteren Mitteilungen enthalten.

Vorbem. III 2 geändert, § 915 h Rn 1.

SchuVVO § 13. Anfertigung, Erteilung und Verwendung von Listen. ¹ Listen sind unverzüglich nach dem Eingang der Abdrucke zu erstellen und den Beziehern zu überlassen.

II ¹ Die Listen werden dem Bezieher in verschlossenem Umschlag gegen Empfangsnachweis übersandt oder persönlich ausgehändigt. ² § 10 Abs. 2 und 3 gilt entsprechend.

SchuVVO § 14. Ausschluß vom Bezug von Listen. I ¹ Die Kammern sind verpflichtet, einen Bezieher von Listen von deren Bezug auszuschließen, wenn diesem die Bewilligung zum Bezug von Abdrucken zu versagen wäre. ² Diesen Ausschluß teilen die Kammern ihren Aufsichtsbehörden mit.

II Die Aufsichtsbehörden der Kammern teilen Verstöße gegen Absatz 1 den Präsidenten der Gerichte mit, die Bewilligungen zum Bezug von Abdrucken zugunsten der Kammern erteilt haben.

III Bei Verstößen gegen Absatz 1 kann die Bewilligung zum Bezug von Abdrucken gemäß § 8 widerrufen werden.

SchuVVO § 15. Löschungen in Abdrucken und Listen. ¹ Löschungen gemäß § 915 g Abs. 1 der Zivilprozeßordnung sowie § 26 Abs. 2 der Insolvenzordnung führen die Bezieher von Abdrucken und Listen sowie die Inhaber sonstiger Aufzeichnungen im Sinne des § 915 g Abs. 1 der Zivilprozeßordnung eigenverantwortlich durch.

II ¹ Löschungsmitteilungen gemäß § 915 g Abs. 2 der Zivilprozeßordnung werden in der gleichen Weise wie die zugrundeliegenden Abdrucke übermittelt. ² § 9 Abs. 3 und § 10 finden entsprechende Anwendung.

III ¹ Die Kammern unterrichten die zur Umsetzung der Löschungsmitteilungen verpflichteten Listenbezieher in der Form, in der die zugrundeliegenden Listen erteilt werden. ² Kammern oder von ihnen gemäß § 915 e Abs. 3 der Zivilprozeßordnung beauftragte Dritte, die Listen ohne Einsatz von Techniken der automatisierten Datenverarbeitung erteilen, dürfen alle Listenbezieher unterrichten, die zu diesem Zeitpunkt Listen beziehen; davon ausgenommen sind die Listenbezieher, von denen die Kammer oder der beauftragte Dritte ohne unverhältnismäßigen Aufwand feststellen können, daß ihnen die zu löschende Eintragung bis zu diesem Zeitpunkt nicht durch eine Liste oder eine Auskunft der Kammer bekannt geworden ist.

IV ¹ Löschungsmitteilungen nach Absatz 2 sind zu vernichten oder zu löschen, sobald sie umgesetzt sind. ² Satz 1 gilt entsprechend für die Mitteilungen an die Listenbezieher nach Absatz 3.

Vorbem. I geändert, § 915 h Rn 1.

SchuVVO § 16. Kontrolle von Löschungen in Abdrucken und Listen. ¹ Werden öffentlichen Stellen Tatsachen bekannt, die die Annahme rechtfertigen, daß einer Löschungspflicht nach § 915 g der Zivilprozeßordnung oder § 26 Abs. 2 der Insolvenzordnung nicht nachgekommen wurde, haben sie diese dem Amtsgericht mitzuteilen, bei dem das Schuldnerverzeichnis geführt wird, dem die zu löschende Eintragung entnommen wurde. ² Dieses legt die Angelegenheit der nach § 3

§ 915h

zuständigen Stelle vor, die Maßnahmen nach dieser Verordnung ergreifen und die zur Kontrolle über die Einhaltung der Datenschutzvorschriften zuständigen Stellen benachrichtigen kann.

Vorbem. S 1 geändert, § 915 h Rn 1.

Vierter Abschnitt. Automatisiertes Abrufverfahren

SchuVVO § 17. Einrichtung. I Bezieher von Abdrucken dürfen unter den Voraussetzungen des § 915 e Abs. 2 der Zivilprozeßordnung Einzelauskünfte aus den Abdrucken im automatisierten Abrufverfahren nach Maßgabe der folgenden Vorschriften erteilen.

II 1 Im automatisierten Abrufverfahren dürfen nur die nach § 1 Abs. 1 oder 2 in das Schuldnerverzeichnis aufzunehmenden Eintragungen übermittelt werden. 2 Die Verknüpfung zu übermittelnder Daten mit anderen Daten ist nur zulässig, wenn

1. die Verknüpfung notwendig ist, um die Zwecke des § 915 Abs. 3 der Zivilprozessordnung zu erreichen,
2. die Daten, mit denen die Daten aus dem Schuldnerverzeichnis verknüpft werden sollen, rechtmäßig und ausschießlich zu den in § 915 Abs. 3 der Zivilprozessordnung genannten Zwecken erhoben, verarbeitet und verwendet werden,
3. die Herkunft der Daten durch den Bezieher der Abdrucke nachgewiesen werden kann und
4. der Bezieher der Abdrucke sicherstellt, daß der Empfänger der Auskunft nicht im Wege des Abrufs von mit Daten aus dem Schuldnerverzeichnis verknüpften Daten Kenntnis von Daten aus Schuldnerverzeichnissen erhält, ohne dazu berechtigt zu sein oder ohne daß dies zur Erfüllung der Zwecke des § 915 Abs. 3 der Zivilprozessordnung notwendig ist.

III Für Anfragen im automatisierten Abrufverfahren dürfen nur Angaben verwendet werden, deren Eintragung in das Schuldnerverzeichnis nach § 1 Abs. 1 oder 2 zu erfolgen hätte.

Vorbem. II 2 Z 1, 2, 4 geändert, § 915 h Rn 1.

SchuVVO § 18. Ausgestaltung, insbesondere Protokollierung. I 1 Der Bezieher von Abdrucken, der Einzelauskünfte im automatisierten Abrufverfahren erteilt (Auskunftsstelle), darf einen Abruf nur zulassen, wenn dessen Durchführung unter Verwendung von Benutzerkennung und Paßwort (Authentifikation) des zum Abruf Berechtigten (Abrufberechtigter) und einer davon unabhängigen, selbständigen Kennung des zum Abruf zugelassenen Endgerätes (Endgerätekennung) erfolgt. 2 Ist der Abruf zulässig, wird die Auskunft im Wege des automatischen Rückrufs erteilt.

II 1 Das Paßwort ist jeweils spätestens nach 120 Tagen zu ändern. 2 Erfolgt die Änderung nicht rechtzeitig, ist durch ein selbsttätiges Verfahren sicherzustellen, daß mit dem Paßwort keine Abrufe mehr erfolgen können. 3 Ein Paßwort darf nicht bereits an Abrufsberechtigte derselben Auskunftsstelle vergeben sein oder gewesen sein, muß mindestens sechs Stellen lang sein und aus Buchstaben, Zahlen und Zeichen bestehen. 4 Die Auskunftsstelle speichert die Paßwörter, die innerhalb der zurückliegenden drei Jahre benutzt wurden. 5 Die Speicherung dient der Kontrolle der Ordnungsgemäßheit der Paßwörter, insbesondere zur Vermeidung unzulässiger wiederholter oder mehrfacher Verwendung.

III 1 Wird eine Benutzerkennung innerhalb von 120 Tagen nicht benutzt, ist sie umgehend zu sperren. 2 Sie darf als Teil der Authentifikation erst wieder zugelassen werden, wenn die Berechtigung zum Abruf der Auskunftsstelle erneut nachgewiesen wurde.

IV Die Auskunftsstelle hat durch ein selbsttätiges Verfahren zu gewährleisten, daß keine Abrufe erfolgen können, sobald die Benutzerkennung, das Paßwort oder die Endgerätekennung mehr als zweimal hintereinander unrichtig eingegeben wurde.

V 1 Sind bei einem Abrufberechtigten mehrere Nutzer vorhanden, darf der Abrufberechtigte diesen den Zugang zum automatisierten Abrufverfahren nur unter Verwendung jeweils eigener Authentifikationen eröffnen. 2 Sind bei einem Abrufberechtigten mehrere Endgeräte vorhanden, ist zusätzlich eine Endgerätekennung zu verwenden. 3 Für die Authentifikation der Nutzer und die Endgerätekennung nach den Sätzen 1 und 2 gelten die Absätze 2, 3 und 4 mit der Maßgabe, daß an die Stelle der Auskunftsstelle der Abrufberechtigte und an die Stelle des Abrufberechtigten die Nutzer treten. 4 Bei den von den Nutzern verwendeten Endgeräten hat der Abrufberechtigte durch geeignete technische Vorkehrungen sicherzustellen, daß eine Weiterverbreitung von Paßwörtern, Benutzer- oder Endgerätekennungen nicht möglich ist. 5 Der Abrufberechtigte hat der Auskunftsstelle die Einhaltung der Vorschriften dieses Absatzes jederzeit auf Anforderung nachzuweisen und die gefertigten Protokolle zu diesem Zweck vorzulegen.

VI 1 Die Auskunftsstelle hat sicherzustellen, daß Abrufe selbsttätig aufgezeichnet werden, wobei

1. die bei der Durchführung der Abrufe verwendeten Daten,
2. der Tag und die Uhrzeit der Abrufe,
3. die Authentifikation und die Endgerätekennung und
4. die abgerufenen Daten

festgehalten werden und daß Abrufe bei nicht ordnungsgemäßer Aufzeichnung unterbrochen werden. 2 Mindestens aufzuzeichnen sind

1. alle Abrufe in der Zeit von 20 bis 8 Uhr, an Sonn- und allgemeinen Feiertagen oder außerhalb der normalen Geschäftszeit der Auskunftsstelle,
2. zehn Prozent der Abrufe der Abrufberechtigten, die innerhalb von 24 Stunden mehr als zehnmal abrufen,

Abschnitt 4. Eidesstattliche Versicherung und Haft **§ 915h**

3. zehn Prozent der nicht bereits nach Nummer 1 oder 2 aufzuzeichnenden Abrufe, die nach dem Zufallsprinzip auszuwählen sind,
4. alle Abrufe, bei denen datensicherheitsrelevante Ereignisse auftreten, und
5. alle versuchten Abrufe, die unter Verwendung von fehlerhafter Authentifikation oder Endgerätekennung mehr als einmal vorgenommen werden.

³Die Aufzeichnungen dürfen nur zur Datenschutzkontrolle, insbesondere zur Kontrolle der Zulässigkeit der Abrufe, zur Sicherstellung eines ordnungsgemäßen Betriebes der Datenverarbeitungsanlage sowie in gerichtlichen Verfahren verwendet werden. ⁴Sie sind nach drei Jahren zu löschen, es sei denn, sie werden noch bis zum Abschluß eines bereits eingeleiteten Verfahrens der Datenschutzkontrolle oder eines anhängigen gerichtlichen Verfahrens benötigt.

VII ¹Zwischen der Auskunftsstelle und dem Abrufberechtigten kann vertraglich vereinbart werden, daß
1. das Paßwort und die Endgerätekennung abweichend von Absatz 1 nur beim Abrufberechtigten interne Zugangsvoraussetzungen zum Abrufverfahren sind;
2. die Paßwortspeicherung nach Absatz 2 vom Abrufberechtigten statt von der Auskunftsstelle durchgeführt wird;
3. die Abrufsperre nach Absatz 4 bei mehr als zweimal hintereinander unrichtiger Eingabe von Paßwort oder Endgerätekennung durch ein selbsttätiges Verfahren beim Abrufberechtigten gewährleistet wird;
4. das Paßwort und die Endgerätekennung nach Absatz 6 beim Abrufberechtigten protokolliert werden.

²Der Vertrag bedarf der Schriftform. ³In ihm muß sich der Abrufberechtigte verpflichten, seine Aufzeichnungen der Auskunftsstelle zu Kontrollzwecken jederzeit zur Verfügung zu stellen.

SchuVVO § 19. Ausschluß von der Abrufberechtigung. ¹¹Werden der Auskunftsstelle Tatsachen bekannt, die erkennen lassen, daß
1. die abgerufenen Daten vom Abrufberechtigten nicht zu den in § 915 Abs. 3 der Zivilprozeßordnung genannten Zwecken verwendet werden,
2. ein berechtigtes Interesse nach § 915e Abs. 1 Buchstabe c der Zivilprozeßordnung bei dem Abrufberechtigten nicht vorliegt und dennoch wiederholt Daten abgerufen wurden,
3. die abgerufenen Daten vom Abrufberechtigten in unzulässiger Weise genutzt, insbesondere weitergegeben werden,
4. der Abrufberechtigte seinen Pflichten nach § 18 Abs. 5 nicht oder nicht hinreichend nachkommt,
5. der Abrufberechtigte vertraglichen Pflichten nach § 18 Abs. 7 nicht oder nicht hinreichend nachkommt oder
6. bei dem Abrufberechtigten aus sonstigen Gründen die Unzuverlässigkeit in bezug auf die Verarbeitung und Nutzung personenbezogener Daten begründet ist,

ist die Auskunftsstelle verpflichtet, den Abrufberechtigten vom Abrufverfahren auszuschließen. ²Diesen Ausschluß teilt sie der für die Kontrolle der datenschutzrechtlichen Vorschriften zuständigen Stelle mit.

II Die Aufsichtsbehörde teilt Verstöße gegen Absatz 1 den Präsidenten der Gerichte mit, die Bewilligungen zum Bezug von Abdrucken zugunsten der Auskunftsstelle erteilt haben.

III Bei Verstößen gegen Absatz 1 kann die Bewilligung gemäß § 8 widerrufen werden.

Vorbem. I 1 Z 1 geändert, § 915 h Rn 1.

Fünfter Abschnitt. Schlußvorschriften

SchuVVO § 20. Rechtsweg. ¹In Ansehung von Entscheidungen des Präsidenten des Amtsgerichts oder des Präsidenten des Landgerichts nach dieser Verordnung finden die §§ 23 bis 30 des Einführungsgesetzes zum Gerichtsverfassungsgesetz Anwendung.

II Die Entscheidung über den Antrag, Befristungen, Auflagen, Bedingungen und der Vorbehalt des Widerrufs, die gemäß § 6 Abs. 2 Gegenstand der Bewilligung sind, sind nicht isoliert anfechtbar und einklagbar.

2) **Landes-VO, II.** Es gelten die jeweiligen VOen der Landesregierungen, II 1, bzw der von diesen dazu ermächtigten Landesjustizverwaltungen, II 2:

Baden-Württemberg:
Bayern:
Berlin: VO v 1. 2. 97, GVBl 21;
Brandenburg:
Bremen:
Hamburg: VO v 20. 9. 94, GVGl 263;
Hessen:
Mecklenburg-Vorpommern:
Niedersachsen:
Nordrhein-Westfalen: VO zuletzt v 17. 7. 02, GVBl 372;

Rheinland-Pfalz:
Saarland:
Sachsen:
Sachsen-Anhalt:
Schleswig-Holstein: VO v 4. 12. 96, GVBl 720 (Zuständigkeit des JustMin);
Thüringen:

3) *VwGO: s § 915 Rn 14.*

Abschnitt 5
Arrest und einstweilige Verfügung
Grundzüge

Schrifttum: *Ahrens,* Rechtspolitische Überlegungen zum summarischen Rechtsschutz, in: Festschrift für *Nakamura* (1996); *Ahrens/Spätgens,* Einstweiliger Rechtsschutz und Vollstreckung in UWG-Sachen, 4. Aufl 2001; *Albrecht,* Das EuGVÜ und der einstweilige Rechtsschutz in England und in der Bundesrepublik Deutschland, 1991; *Bandel,* Einstweiliger Rechtsschutz im Schiedsverfahren, 2000; *Berneke,* Die einstweilige Verfügung in Wettbewerbssachen, 2. Aufl 2003 (Bespr Donle GRUR **04**, 578); *Beys,* Einstweilige Verfügungen an der Grenze der akademischen Freiheit, Festschrift für *Schumann* (2001) 43; *Blankenburg/Leipold/ Wollschläger,* Neue Methoden im Zivilverfahren, 1991 (rechtspolitisch); *Bopp,* Die einstweilige Verfügung in Patentsachen, in: Festschrift für *Helm* (2002); *Compensis,* Die einstweilige Verfügung auf Unterhaltsleistung, 1991; *Crückeberg,* Vorläufiger Rechtsschutz, 2. Aufl 2001; *Dose,* Einstweiliger Rechtsschutz in Familiensachen usw, 2. Aufl 2005 (Bespr Gießler FamRZ **05**, 1228); *Dinstühler,* Rechtsnachfolge und einstweiliger Rechtsschutz, 1995; *Dunkl/Moeller/Baur/Feldmeier,* Handbuch des vorläufigen Rechtsschutzes, 3. Aufl 1999; *Ebert,* Einstweiliger Rechtsschutz in Familiensachen, 2. Aufl 2005; *Ebmeier/Schöne,* Der einstweilige Rechtsschutz, Handbuch zu Arrest und einstweiliger Verfügung, 1997; *Eilers,* Maßnahmen des einstweiligen Rechtsschutzes im Europäischen Zivilrechtsverkehr, 1991; *van Els,* Das Kind im einstweiligen Rechtsschutz im Familienrecht, 2000; *Enders/Börstinghaus,* Einstweiliger Rechtsschutz, 2003; *Eschmann,* Der Einstweilige Rechtsschutz des Akkreditiv-Auftraggebers in Deutschland, England und der Schweiz, 1994; *Finkelnburg/Jank,* Vorläufiger Rechtsschutz im Verwaltungsstreitverfahren, 4. Aufl 1999; *Flessner,* Ausländischer Konkurs und inländischer Arrest, in: Festschrift für *Merz* (1992); *Ganslmayer,* Die einstweilige Verfügung im Zivilverfahren, 1991; *Gießler,* Vorläufiger Rechtsschutz in Ehe-, Familien- und Kindschaftssachen, 4. Aufl 2005; *Gloge,* Die Darlegung und Sachverhaltsuntersuchung im einstweiligen Rechtsschutzverfahren, 1991; *Gottwald,* Einstweiliger Rechtsschutz in Verfahren nach der ZPO, Kommentierung der §§ 916–945, 1998; *Gronsted,* Grenzüberschreitender einstweiliger Rechtsschutz, 1994; *Heinze,* Einstweiliger und vorläufiger Rechtsschutz in Streitfällen des Arbeits-, Sozial- und Wirtschaftsrechts, in: Festschrift für *Zeuner* (1994); *Heinze,* Die Leistungsverfügung, Festgabe *50 Jahre Bundesgerichtshof* (2000) III 569; *Frhr von Holtz,* Die Erzwingung von Willenserklärungen im einstweiligen Rechtsschutz, 1995; *Jeong-Ha,* Einstweilige Maßnahmen der Schiedsgerichtsbarkeit, 1991; *Kargados,* Zur Verfassungsmäßigkeit von gesetzlichen Verboten einstweiligen Rechtsschutzes usw, Festschrift für *Gaul* (1997) 265; *Kirchheim,* Der einstweilige Rechtsschutz im Unterhaltsrecht, Diss Münst 2001; *Knothe,* Einstweiliger Rechtsschutz im spanischen und deutschen Zivilprozeß, 1999; *Kofmel Ehrenzeller,* Der vorläufige Rechtsschutz im internationalen Verhältnis, 2005; *Korinth,* Einstweiliger Rechtsschutz im Arbeitsgerichtsverfahren (Komm), 2000 (Bespr Faecks NJW **02**, 423); *Kuchinke,* Zur Sicherung des erbvertraglich oder letztwillig bindend Bedachten durch ... Gewährung einstweiligen Rechtsschutzes, Festschrift für *Henckel* (1995) 475; *Kurtz,* Grenzüberschreitender einstweiliger Rechtsschutz im Immaterialgüterrecht, 2004; *Leicht,* Die einstweilige Verfügung, 2003; *Littbarski,* Einstweiliger Rechtsschutz im Gesellschaftsrecht, 1997; *Lücke,* Inwiefern dürfen Parlamente, Gerichte und Behörden vorläufige Staatsakte erlassen?, 1991; *Morbach,* Einstweiliger Rechtsschutz in Zivilsachen, 1988 (rechtsvergleichend); *Müller-Christmann,* Arrest und einstweilige Verfügung, Rechtspfleger-Studien (1991) 97; *Nieschulz,* Der Arrest in Seeschiffe (rechtsvergleichend), 1997; *Nirk/Kurtze,* Wettbewerbsstreitigkeiten, 2. Aufl 1992; *Pansch,* Die einstweilige Verfügung zum Schutze des geistigen Eigentums im grenzüberschreitenden Verkehr, 2003; *Pastor/Ahrens,* Der Wettbewerbsprozeß usw, 5. Aufl 2005; *Rhode,* Vorläufiger Rechtsschutz unter dem Einfluß des Gemeinschaftsrechts, 1997; *Saenger,* Einstweiliger Rechtsschutz und materiellrechtliche Selbstersfüllung, 1998; *Scheef,* Der einstweilige Rechtsschutz usw (rechtsvergleichend), 2000; *Scherer,* (Hrsg), Einstweiliger Rechtsschutz im internationalen Sport?, 1999; *Schilken,* Die Befriedigungsverfügung, 1976; *Schlosser,* Die Durchsetzung von Schiedssprüchen und ausländischen Urteilen ... mittels eines inländischen Arrests, Festschrift für *Schwab* (1990) 435; *Schlosser,* Einstweiliger Rechtsschutz und materielles Zwischenrecht – ein Gegensatz?, Festschrift für *Henckel,* (1995) 737; *Schlosser,* Auf dem Wege zu neuen Dimensionen des Einstweiligen Rechtsschutzes, in: Festschrift für *Odersky,* 1996; *Schmidt-Diemitz,* Einstweiliger Rechtsschutz gegen rechtswidrige Gesellschafterbeschlüsse, Diss Tüb 1993; *Schrader,* Einstweiliger Rechtsschutz von Zahlungsansprüchen des Wirtschaftsverkehrs im spanischen und deutschen Zivilprozeß, 1999; *Schuschke/Walker,* Vollstreckung und Vorläufiger Rechtsschutz (Kommentar), Bd II: Arrest, Einstweilige Verfügung (§§ 916–945 ZPO), 3. Aufl 2005 (Bespr *Hintzen* Rpfleger **05**, 576); *Schwarze,* Vorläufiger Rechtsschutz im Widerstreit von Gemeinschaftsrecht und nationalem Verwaltungsverfahrens- und Prozeßrecht, 1993; *Stickler,* Das Zusammenwirken von Art. 24 EuGVÜ und §§ 916 ff ZPO, 1992; *Stock,* Einstweiliger Rechtsschutz bezüglich des Anspruchs auf Zugewinnausgleich und bezüglich dessen Kautionsanspruchs, Diss Münst 2001/02; *Stürner,* Einstweilige Verfügung auf Durchführung von Austauschverträgen, in: Festschrift für *Zeuner* (1994); *Stürner,* Der einstweilige Rechtsschutz in Europa, in: Festschrift für *Geiß* (2000); *Tempel,* Mustertexte zum Zivilprozeß, Bd. II: Arrest, einstweilige Verfügung usw, 5. Aufl 2003; *Teplitzky,* Wettbewerbsrechtliche Ansprüche und Verfahren, 8. Aufl 2002; *Vogg,* Einstweiliger Rechtsschutz und vorläufige Vollstreckbarkeit: Gemeinsamkeiten und Wertungswidersprüche, 1991; *Walker,* Der einstweilige Rechtsschutz im Zivilprozeß und im arbeitsgerichtlichen Verfahren, 1993; *Weber,* Die Verdrängung des Hauptsacheverfahrens durch den einstweiligen Rechtsschutz in Deutschland und Frankreich usw, Diss Freibg/Br 1992; *Werner/Pastor,* Der Bauprozeß, 11. Aufl 2005.

Gliederung

1) Systematik 1	3) Geltungsbereich 4
2) Regelungszweck 2, 3	4) Abgrenzung zum Hauptprozeß 5–9
A. Arrest 2	A. Grundsatz: Vorläufigkeit 5
B. Einstweilige Verfügung 3	

Abschnitt 5. Arrest und einstweilige Verfügung **Grundz § 916**

B. Ausnahmen bei der Leistungsverfügung (Befriedigungs- bzw Regelungsverfügung)	6–9	
5) Andersartige vorläufige Regelungen	10	
6) Streitgegenstand	11	
7) Arrest- und Verfügungsverfahren	12–16	
A. Verfahrensgrundsätze	12	
B. Aussetzung	13, 14	
C. Entscheidung	15	
D. Außenwirtschaft	16	
8) Rechtsbehelfe	17, 18	
A. Gläubiger	17	
B. Schuldner	18	
9) Arrestvollzug und Arrestvollstreckung	19, 20	
A. Arrestvollzug	19	
B. Arrestvollstreckung	20	
10) *VwGO*	21	

1) Systematik. Der Abschnitt „Arrest und einstweilige Verfügung" gehört nicht ins Buch 8, BVerfG **46**, 1 182. Zur Zwangsvollstreckung zählt nur die Arrestvollstreckung genau so wie die des Urteils. Das Arrestverfahren, der Arrestprozeß, das Anordnungsverfahren nach §§ 916–927 ist ein besonders geregelter abgekürzter und vorläufiges Erkenntnisverfahren. Er rechnet zu den besonderen Verfahrensarten. Seine Selbständigkeit gegenüber dem Hauptsacheverfahren kann eine Verfassungsbeschwerde zulässig machen, BVerfG **42**, 167. Das gilt sogar gegenüber dem gleichzeitigen Hauptsacheverfahren, Ffm MDR **84**, 58, Köln GRUR **88**, 646. Zur Vorlage nach Art 100 I GG BVerfG **46**, 51. Freilich ordnet § 928 grundsätzlich die entsprechende Anwendbarkeit der Vorschriften zur Zwangsvollstreckung an, aber eben nur für die Vollziehung nach §§ 929 ff, nicht für das Verfahren auf den Erlaß. Für dieses letztere Erkenntnisverfahren sind zumindest die Vorschriften des Buchs 1 anwendbar, teilweise auch diejenigen des Buchs 2, soweit nicht das Eilverfahren vorrangige Sonderregeln enthält. §§ 620 ff regeln als vorrangige Spezialvorschriften die einstweilige „Anordnung" in Familiensachen, Bernreuther FamRZ **99**, 69 (Üb).
Europarecht kann auch beim vorläufigen Rechtsschutz Vorrang haben. Das nationale Gericht darf solchen Schutz bei Gemeinschaftsrecht nur unter besonderen Voraussetzungen gewähren, Rodríguez Iglesias NJW **00**, 1893 (Üb).

2) Regelungszweck. Jede der beiden Arten dient eigenen Zwecken. Gemeinsam ist die Vorläufigkeit der 2 Prüfung und der daraus folgenden Anordnung. Das rechtliche Gehör ist trotz seiner grundlegenden Bedeutung nach Art 103 I GG stark eingeschränkt, um ein Eilbedürfnis des Antragstellers zu befriedigen. Die Rechtsfolgen können existenzgefährdend sein. Ein Schadensersatzanspruch nach § 945 ändert daran eventuell gar nichts. Deshalb fordert das Eilverfahren nicht nur eine für den Richter wie für den ProzBev ganz ungewöhnliche Tempobereitschaft, etwa wenn das Schiff schon abzulegen beginnt (vgl freilich § 916 Rn 3 aE), sondern auch ein präzises Handwerk im Verfahrensablauf wie bei der summarischen Abwägung der Interessen zur Vermeidung zu forscher wie zu lascher Eilentscheidungen. Vorläufigkeit entbindet keineswegs von exakter Begründbarkeit, von Einfühlungsvermögen wie von Distanz zum Antragsteller. Er will immer sofort ohne Verhandlung und am liebsten ohne jede Sicherheitsleistung so rasch wie möglich schon das Ziel eines Hauptprozesses erreichen. An dieser Stelle bedeutet zu viel Großzügigkeit in Wahrheit eine unverantwortliche Gedankenlosigkeit. Die Handhabung sollte sich stets der Grenzen eines Eilverfahrens bewußt bleiben, Rn 9.

A. Arrest. Der Arrest sichert eine künftige Zwangsvollstreckung in das bewegliche und unbewegliche Vermögen wegen einer im ordentlichen Rechtsweg durchsetzbaren Geldforderung, Grdz 1 vor § 803, Düss FamRZ **94**, 113 (vgl wegen des dort erörterten Unterhalts vor allem Rn 7). Es reicht auch ein Anspruch, der in eine entsprechende Geldforderung übergehen kann, § 916, also ein Vermögenswert. Unerheblich ist dabei, ob ein sachlichrechtlicher Anspruch auf eine Sicherheitsleistung besteht und wie zB bei § 1051 BGB eine Klage erfordert. Nicht etwa bezweckt der Arrest die Aufklärung der Vermögensverhältnisse des Schuldners, BGH **68**, 293.

B. Einstweilige Verfügung. Die einstweilige Verfügung dient zwei ganz verschiedenen Zwecken. Sie 3 dient nämlich einerseits der Sicherung des Anspruchs auf eine gegenständliche Leistung, § 935 (Sicherungsverfügung), LG Ffm NJW **81**, 56. Sie dient andererseits der Regelung eines einstweiligen Zustandes in bezug auf ein streitiges Rechtsverhältnis, § 940 (Regelungsverfügung), Jauernig ZZP **79**, 325. Für den Hauptanspruch muß der ordentliche Rechtsweg gegeben sein, § 13 GVG. Soweit der Arrest zulässig ist, ist eine einstweilige Verfügung unzulässig, Düss FamRZ **80**, 1116, außer bei Ansprüchen, die in eine Geldforderung übergehen können, aber noch nicht übergegangen sind. Eine Umdeutbarkeit ist nur ausnahmsweise zulässig, § 916 Rn 3. Wegen des Verfahrensübergangs durch eine sofortige Beschwerde § 916 Rn 3.

3) Geltungsbereich. §§ 916 ff gelten umfassend, auch neben §§ 1025 ff, Wolf DB **99**, 1101. Abschnitt 5 4 gilt auch im arbeitsgerichtlichen Verfahren, §§ 62 II, 85 II ArbGG, LAG Hamm DB **77**, 1420. Zuständig ist das ArbG. In einem dringenden Fall nach § 942 und als Gericht des Verbleibs nach § 919 ist daneben das AG zuständig. Ein ähnliches Verfahren kennt für Steuersachen §§ 324 ff AO, BGH **114**, 325 (Schriftform nötig), BFH DB **83**, 1854, Bruschke BB **96**, 81. § 89 I InsO verbietet nur den Arrestvollzug nach Rn 1, nicht schon den Erlaß des Arrests während des Insolvenzverfahrens. Dasselbe gilt für eine einstweilige Verfügung auf die Eintragung einer Vormerkung. Vgl freilich § 174 InsO. Wegen der einstweiligen Anordnung vorm BVerfG § 32 BVerfGG. Wegen des FGG-Verfahrens Hbg ZMR **01**, 57, Hees ZMR **01**, 14 (je: WEG, auch zum Rechtsmittelverfahren), Emde ZIP **01**, 824 (Anwendbarkeit im Verfahren nach §§ 51 a, b GmbHG). Wegen des Patentverfahrens Bopp (vor Rn 1).
Wegen des Arrests in *Seeschiffe*, dazu Nieschulz, Der Arrest in Seeschiffe (rechtsvergleichend), 1997, s das Internationale Übk v 10. 5. 52, BGBl II 655, insbesondere Art 6 II, in Kraft seit 6. 4. 73, BGBl II 3. 73, BGBl II 172, für Polen gemäß Bek v 22. 9. 76, BGBl II 1702, Tonga, Bek v 19. 12. 78, BGBl **79** II 20, Italien, Bek v 10. 1. 80, BGBl II 52, Salomonen, Bek v 30. 12. 81, BGBl **82** II 69, Togo, Bek v 10. 3. 82, BGBl II 295, Niederlande (einschließlich Niederländische Antillen), Bek v 21. 3. 83, BGBl II 240, Kuba, Bek v 14. 2. 84, BGBl II 209, berichtigt 276, Côte d'Ivoire, Bek v 26. 6. 89, BGBl II 624, Dänemark (ohne Faröer und Grönland), Irland, Luxemburg, Marokko, St. Lucia, Bek v 4. 11. 91, BGBl II 1129, Slowenien, Bek v 7. 3. 94, BGBl II 399, Guinea, Rumänien, Bek v 11. 1. 96, BGBl II 239, Finnland, Bek v 4. 3. 96,

Grundz § 916   Buch 8. Zwangsvollstreckung

BGBl II 376, Norwegen, Bek v 6. 5. 96, BGBl II 935, Russische Föderation, Bek v 12. 4. 01, BGBl II 532, Namibia, Bek v 6. 6. 02, BGBl II 1682, Litauen, Bek v 9. 10. 02, BGBl II 2802. Vgl ferner § 35 Schifffahrtsrechtl VertO v 21. 6. 72, BGBl 953, in Kraft seit 6. 4. 73, Bek v 21. 3. 73, BGBl 267. Danach sind §§ 916 ff grundsätzlich anwendbar.

Wegen *Eisenbahnen* Artt 56 CIM, 52 CIV, vgl Einl IV 3 E. Bei der Deutschen Genossenschaftsbank besteht eine Arrestbeschränkung wie Einf 9 vor § 850. §§ 916 ff sind unanwendbar in SGG-Sachen, § 198 II SGG (vielmehr gilt evtl § 123 VwGO entsprechend, BVerfG **46**, 181).

5   **4) Abgrenzung zum Hauptprozeß.** Ein Grundsatz hat eine gewichtige Ausnahme.

A. Grundsatz: Vorläufigkeit. Es handelt sich grundsätzlich nur um eine vorläufige Regelung, LAG Düss DB **78**, 211. Das gilt jedenfalls dann, wenn man von der hauchfeinen Unterscheidung von Einstweiligkeit (Offenhalten der Entscheidungsfähigkeit in der Hauptsache) und Vorläufigkeit (Verbleiben von Aufhebbarkeit oder Abänderbarkeit) bei MüKoHe § 916 Rn 15 ff absieht. Diese vorläufige Regelung muß sich innerhalb des erreichbaren Zweckes halten. Der Antragsteller muß sie auch binnen Monatsfrist vollziehen, § 929 II. Es geht also grundsätzlich um ein Weniger gegenüber dem ordentlichen Verfahren. Es geht aber auch um ein aliud, also um etwas anderes als den Hauptanspruch. Denn der Kläger kann im Hauptprozeß zB keine Verhaftung wie bei § 918 erreichen. Das Rechtsschutzbedürfnis nach Grdz 33 vor § 253 kann unabhängig vom Hauptprozeß oder seinem Fehlen vorliegen, Grdz 38 vor § 253 „Arrest, einstweilige Verfügung". Vorläufige Maßnahmen lassen sich auf Widerspruch nach § 924 und wegen veränderter Umstände nach § 927 und bei der einstweiligen Verfügung nach § 936 aufheben. Unter den Voraussetzungen des § 945 verpflichten sie die Partei, die die Maßnahmen veranlaßt hat, zum Schadensersatz.

Die gerichtliche Maßnahme im Eilverfahren bedeutet also *grundsätzlich nicht* ein *endgültiges* Ergebnis, BGH **68**, 292, Hbg MDR **77**, 688. Sie darf daher die Erledigung der Hauptsache grundsätzlich nicht vorwegnehmen, Köln DB **98**, 2131. Sie darf dem Antragsteller schon gar nicht mehr geben, als sich im Hauptprozeß erreichen ließe, ArbG Düss DB **83**, 2093 Kesseler/Klages FamRZ **01**, 1193 (Üb). Man muß einen Übergang vom vorläufigen Verfahren in den Hauptsacheprozeß wie eine Klagänderung nach §§ 263, 264 beurteilen, Hamm NJW **78**, 58, Karlsr Just **77**, 98, StJGr § 920 Rn 3, aM Ffm FamRZ **89**, 297, StJGr 46 vor § 916, ZöV 3 vor § 916 (je: der Übergang sei stets zulässig. Aber es gibt keinen Grund zu solcher Ungleichbehandlung von Eil- und Hauptsacheverfahren).

6   **B. Ausnahmen bei der Leistungsverfügung (Befriedigungs- bzw Regelungsverfügung),** dazu *Gaul* FamRZ **03**, 1143, *Heinze, Schilken* (vor Rn 1): Trotz dieses vorläufigen Charakters auch der einstweiligen Verfügung hat die Rechtsprechung aus einer praktischen Notwendigkeit heraus ausnahmsweise die vorläufige Regelung der Befriedigung des Gläubigers zugelassen, also ein summarisches Erkenntnisverfahren entwickelt, wenn andere erfolgversprechende Maßnahmen nicht zumutbar bzw nicht rechtzeitig erlangbar sind, Düss RR **96**, 124 (Messestand), Brdb GRUR-RR **02**, 399, KG RR **03**, 1528 (Belieferung), Köln MDR **05**, 290 (Krankengeld). Die Nachteile des Abwartens müssen freilich im Vergleich zu den Nachteilen des Gegners unverhältnismäßig groß, ja irreparabel sein, Brdb GRUR-RR **02**, 399.

7   Solche *Befriedigungsverfügung* dient vor allem vorläufige Regelungen des *Unterhalts*, soweit es sich dabei um die Befriedigung dringender Lebensbedürfnisse handelt, § 940 Rn 22 „Ehe, Familie", Brdb RR **02**, 1127, Düss FamRZ **94**, 113, *Gaul* FamRZ **03**, 1143, aM Hbg FamRZ **81**, 161 (das OLG billigt für die Übergangszeit den vollen angemessenen Unterhaltsbetrag zu. Aber das schließt über das im Eilverfahren bestenfalls Erzielbare klar hinaus). Wegen §§ 51 a, b GmbHG Emde ZIP **01**, 824.

8   Es geht insofern auch um *Unterlassungsansprüche*, § 940 Rn 31–33 „Gewerblicher Rechtsschutz" (Leistungsverfügungen, Jauernig ZZP **79**, 321, eine besondere Art der Regelungsverfügung, die mit dem Sicherungszweck nichts mehr zu tun haben), § 936 Rn 14, § 938 Rn 1, ArbG Bielef BB **85**, 666. Zwar handelt es sich auch hier um eine vorläufige Befriedigung, ArbG Bielef BB **85**, 666. Sie soll der endgültigen Entscheidung nicht vorgreifen. Sie hat bei einer Aufhebung für Geldleistungen unter den Voraussetzungen des § 945 die Rückzahlung zur Folge. Der Antragsgegner erreicht solche Rückzahlung freilich nur in den seltensten Fällen.

9   In solchen Fällen bleibt also nur der Ersatzanspruch aus § 945. Daher muß man bei der Leistungsverfügung an den Nachweis des Verfügungsgrundes, die Schlüssigkeit und die Glaubhaftmachung stets *scharfe Anforderungen* stellen, Brdb GRUR-RR **02**, 399, Hamm RR **90**, 1236, Heinze (vor Rn 1) 588. Das gilt auch und keineswegs zuletzt im Bereich des Gewerblichen Rechtsschutzes und Urheberrechts, wo es von Anträgen auf einstweilige Verfügungen nicht selten nur so wimmelt. So dringlich gerade dort ein rascher Zugriff ist, so wenig ist bei genauerer Betrachtung selbst dann eine zeitlich unbefristete Eilregelung geboten, die praktisch die Hauptsache vorwegnimmt, und zwar ohne volles oder wenigstens halbes rechtliches Gehör, das alles bei oft sehr verlockend hohem Streit- und Gegenstandswert. Ein Gerichtsgebrauch hat leider oft die Vermutung für sich, falsch zu sein. § 938 gibt keinen schrankenlosen zeitlichen Ermessensraum. Auch die Vermeidung eines Hauptprozesses ist jedenfalls bei sauberer Systematik kein ausschlaggebendes Argument. Prozeßwirtschaftlichkeit oder Attraktivität des Gerichts(orts) steht nicht höher als das Gebot, die natürlichen Grenzen eines bloßen Eilverfahrens zu achten und auch stets zu verdeutlichen.

Kaum ausreichend ist zB die eidesstattliche Versicherung der Partei, sie komme sonst in Bedrängnis. Nicht ausreichend ist das Bestreben, ein in Händen des Prozeßgegners befindliche Beweismittel schon vor dem Beginn des Hauptprozesses einzusehen, LG Karlsr VersR **82**, 1165. Ähnliches gilt bei einer angeordneten Duldung und beim Beseitigungsanspruch. Hier und bei einem Unterlassungsanspruch oder Duldungsanspruch muß das Gericht stets besonders prüfen, ob auch nicht geringere Maßnahmen genügen, LG Gött MDR **80**, 324. Denn die Wirkung des Eilverfahrens soll hinter derjenigen eines Hauptprozesses durchaus zurückbleiben. Dafür gibt § 938 dem Richter freie Hand. Würde die einstweilige Verfügung einer endgültigen Regelung allzu nahe kommen, fehlt die Vorläufigkeit. Eine solche einstweilige Verfügung erweist sich dann als unzulässig. Das kann bei nicht auf Besitzstörung beruhenden Herausgabeanspruch der Fall sein, zu großzügig Köln RR **97**, 58, oder bei der Gestaltung eines Rechtsverhältnisses. Daher darf das Gericht nicht zB einen Gesellschafter durch einstweilige Verfügung ausschließen. Denn es würde zu seiner Wiederauf-

Abschnitt 5. Arrest und einstweilige Verfügung **Grundz § 916**

nahme in die Gesellschaft eines neuen Vertrages bedürfen. Demgegenüber darf ihm das Gericht die Geschäftsführungsbefugnis vorläufig entziehen. Es mag auch einen sehr zeitgebundenen sonstigen Anspruch einmal im Eilverfahren endgültig behandeln dürfen, LG Lüb RR **88**, 124.

5) Andersartige vorläufige Regelungen. Keine einstweiligen Verfügungen, sondern Anordnungen im 10 Prozeß sind die Einstellung der Zwangsvollstreckung nach Grdz 49 vor § 704 und die einstweilen Anordnungen in Unterhaltssachen außerhalb von Ehe- oder Familiensachen, § 127 a, im Eheverfahren, §§ 620 ff, in anderen Familiensachen, § 621 f, im Kindschaftsprozeß, § 641 d. Soweit eine solche einstweilige Anordnung zulässig ist, fehlt wegen ihres Vorrangs als Sonderregel meist das stets für einen Arrest wie für eine einstweilige Verfügung nach Grdz 33 vor § 253 erforderliche Rechtsschutzbedürfnis, zB bei §§ 127 a, 620 ff, § 940 Rn 7, Menne FamRZ **04**, 8, oder bei § 43 WEG, BayObLG Rpfleger **75**, 245. Wegen der HausrVO Düss Rpfleger **79**, 426.

6) Streitgegenstand. Streitgegenstand nach § 2 Rn 3 ist nicht der sachlichrechtliche Anspruch. Er wird 11 deshalb auch nicht rechtshängig, § 920 Rn 8, 9. Er nimmt auch nicht an einer inneren Rechtskraft einer Entscheidung in diesem Verfahren teil, § 322 Rn 29, 30. Vielmehr ist Streitgegenstand die Zulässigkeit einer auch zwangsweisen einstweiligen Regelung oder Sicherung des sachlichrechtlichen Anspruchs, Ffm FamRZ **89**, 297, Hamm MDR **87**, 589, Menne FamRZ **04**, 8. Deshalb bezieht sich ein Anerkenntnis nach § 307 im Zweifel nur auf diesen Streitgegenstand, Hamm Rpfleger **86**, 310, Mü MDR **86**, 681. Dieselbe Begrenzung gilt für eine Erledigterklärung nach § 91 a, Hamm MDR **87**, 589. Deshalb ist auch ein vorläufiges Verfahren nach Rechtskraft der Entscheidung des Hauptprozesses nicht mehr zulässig.

7) Arrest- und Verfügungsverfahren. Es hat ganz eigenes Gepräge. 12

A. Verfahrensgrundsätze. Man kann das Arrest- wie das Verfügungsverfahren unter dem Begriff vorläufiges, summarisches Verfahren zusammenfassen. Hauptkennzeichen dieses Verfahrens sind die Entbehrlichkeit einer mündlichen Verhandlung im Beschlußverfahren nach §§ 128 IV, 937 II und die Entbehrlichkeit der vollen Beweisführung. An ihre Stelle tritt die bloße Glaubhaftmachung nach § 294, § 920 II, § 936 Rn 2 „§ 920, Gesuch". Es ergeht eine vorläufige Entscheidung. Sie kann durch einen Beschluß erfolgen, § 329, § 922 I 1 Hs 2 (ohne Verhandlung), § 936 Rn 1 „§ 922, Urteil oder Beschluß". Sie kann auch durch ein Urteil erfolgen, § 300, § 922 I 1 Hs 1 (nach Verhandlung), § 936 Rn 1 „§ 922, Urteil oder Beschluß". Sie ergeht jeweils nach einer beschleunigten bloß vorläufigen Prüfung. Davon abgesehen unterliegt das Eilverfahren den für den Hauptprozeß geltenden Vorschriften, §§ 128 ff, 253 ff.

Das gilt freilich nur mit einem Vorrang derjenigen *Abweichungen,* die Abschnitt 5 vorschreibt, Jestaedt GRUR **81**, 153, oder die sich aus der Natur des Verfahrens ergeben, Düss NJW **82**, 2452. Die Prozeßvoraussetzungen müssen wie in einem Hauptprozeß vorliegen, Grdz 12 vor § 253, Hamm MDR **97**, 972. Der Arrestgrund ist keine Prozeß-, sondern eine Sachurteilsvoraussetzung. Das Arrestgericht muß den Eilantrag also beim Fehlen des Arrestgrundes als unbegründet und nicht etwa nach den Regeln Grdz 14 vor § 253 als unzulässig abweisen, Ffm NJW **02**, 903, aM ThP § 916 Rn 1. In einer Handelssache ist die Kammer für Handelssachen zuständig, LG Oldb RR **02**, 1724. Ist das ArbG für die Hauptsache zuständig, so auch fürs vorläufige Verfahren.

B. Aussetzung. Mit Rücksicht auf den Eilcharakter dieses Verfahrens verbietet sich sowohl im Anord- 13 nungs- als auch im Aufhebungsverfahren nach § 927 Rn 9 grundsätzlich eine Aussetzung, Einf 6 vor §§ 148–155, § 148 Rn 35, § 153 Rn 2, Ffm OLGZ **94**, 245, Hamm FamRZ **87**, 1189, ZöV 7 vor § 916, aM Düss NJW **85**, 1967, RoSGo § 127 II 4 (aber damit könnte man den Zweck des ganzen Eilverfahrens unterlaufen).

Das ist auch dann nicht anders, wenn die Aussetzung im Hauptprozeß nicht eine Ermessensfrage ist, 14 sondern wenn sie gesetzlich geboten ist, § 96 GWB. Der *kartellrechtliche* Einwand des Antragsgegners ist dann unbeachtlich. Das Arrestgericht muß es dem Antragsgegner vielmehr überlassen, seinerseits eine einstweilige Anordnung der Kartellbehörde mit dem Inhalt des § 17 GWB zu erwirken, § 56 GWB, nachdem er den Antragsteller zur Klage gezwungen hat, §§ 936, 926, die dann wegen § 96 II GWB zur Aussetzung führt, aM StJGr Rn 26 vor § 916 (das Arrestgericht müsse in entsprechender Anwendung von § 926 dem Gläubiger die Einholung einer Entscheidung des Kartellamts aufgeben und andernfalls den Arrest aufheben. Aber das paßt eben nicht zum Eilverfahren). Mit Rücksicht auf die Eilbedürftigkeit einstweiliger Verfügungen muß man auch eine Vorlagepflicht nach Art 177 III EWGVertrag verneinen, Ffm OLGZ **94**, 245, Mankowski JR **93**, 406 (ausf), StJGr Rn 27 vor § 916 und wegen Art 85 EWGVertrag Ffm RR **90**, 191. Zudem handelt es sich hier meist um eine Entscheidung, die mit den Rechtsmitteln des innerstaatlichen Rechts nicht mehr angefochten werden können. Immerhin kann eine Aussetzung zB bei einer Anwendbarkeit von Völkerrecht notwendig sein, Ffm Rpfleger **82**, 302. Eine Vorlage nach Art 100 I GG ist zulässig, BVerfG **63**, 140. Zum EG-Recht auch Brinker NJW **96**, 2851.

C. Entscheidung. Die Entscheidung im vorläufigen Verfahren ergeht meistens durch einen Beschluß, 15 Rn 12. Hat das Arrestgericht indessen eine mündliche Verhandlung angeordnet, so ergeht die Entscheidung durch ein Urteil, § 922. Die stattgebende Entscheidung gibt einen Vollstreckungstitel, § 794 Rn 45 „Arrest, einstweilige Verfügung". Über die sachliche Rechtskraftwirkung § 322 Rn 29 „Arrest und Einstweilige Anordnung oder Verfügung".

Gebühren: Des Gerichts: KV 1410 ff; des Anwalts: 3100 ff. Wert: Anh § 3 Rn 11 „Arrest".

D. Außenwirtschaft. Nach § 32 I AWG bedarf ein Arrest und einstweilige Verfügung, die lediglich der 16 Sicherung dienen, keines Vorbehalts. Vgl SchlAnh IV.

8) Rechtsbehelfe. Gegen die Entscheidung sind die folgenden Rechtsbehelfe statthaft. 17

A. Gläubiger. Gegen einen zurückweisenden Beschluß hat der Gläubiger die sofortige Beschwerde, § 567 I Z 2. Gegen ein den Arrest ablehnendes Urteil ist die Berufung des Gläubigers zulässig, §§ 511 ff. Das gilt auch dann, wenn das Amtsgericht einen stattgebenden Beschluß aufhebt.

Grundz § 916, § 916   Buch 8. Zwangsvollstreckung

18   **B. Schuldner.** Gegen den ohne mündliche Verhandlung stattgebenden Beschluß ist der Widerspruch des Schuldners zulässig, § 924. Er führt ähnlich wie ein Einspruch gegen ein Versäumnisurteil usw zur Nachprüfung der gesamten Grundlagen. In allen Fällen kann der Schuldner einen Antrag auf Aufhebung wegen Versäumung der Klagefrist stellen, § 926. In allen Fällen kann der Schuldner einen Antrag auf Aufhebung wegen veränderter Umstände, wegen Sicherheitsleistung oder wegen Nichtvollziehung oder aus anderen erheblichen Gründen stellen, § 927. Ein solcher Antrag ist noch nach der Bestätigung zulässig. Er führt zur Prüfung der Aufhebungsgründe. Gegen ein den Arrest anordnendes oder bestätigendes Urteil ist die Berufung statthaft, §§ 511 ff. Dem Schuldner ist in allen Fällen eine sofortige Beschwerde versagt. Revision ist im vorläufigen Verfahren zum Schaden der Rechtseinheit unzulässig, § 545. Eine Verfassungsbeschwerde ist zwar vor der Erschöpfung des Rechtswegs abhängig, Einl III 17. Sie ist aber nicht von einer Anordnung nach §§ 926 I, 936 abhängig, BVerfG **42**, 167.

19   **9) Arrestvollzug und Arrestvollstreckung.** Man muß beide sorgfältig unterscheiden.

      A. Arrestvollzug. Man muß zunächst zwischen dem Anordnungsverfahren einerseits und sodann andererseits zwischen dem Arrestvollzug und der Arrestvollstreckung unterscheiden, Hamm MDR **82**, 763, Bennert Rpfleger **96**, 485 (auch zur Unterbrechung der Verjährung), aM Borck MDR **83**, 181, StJGr 37 vor § 916 (aber gerade hier ist dogmatische Sauberkeit erforderlich). Der Arrestvollzug hat nämlich nur die Bedeutung, den Arrest oder die einstweilige Verfügung dem Schuldner gegenüber wirksam zu machen. Bis zum Vollzug gibt der Arrest oder die einstweilige Verfügung dem Gläubiger nur die Möglichkeit, nach Ablauf der Vollzugsfrist auch das nicht mehr, § 929 II.

20   **B. Arrestvollstreckung.** Sie gewährt dem Gläubiger erst die gewünschte Sicherung. Beide Stadien fallen meist zusammen, aber keineswegs immer. So ist eine einstweilige Verfügung auf eine Eintragung ins Grundbuch vollzogen, sobald der Eintragungsantrag beim Grundbuchamt eingegangen ist, §§ 936, 932 III. Vollstreckt ist sie aber erst mit geschehener Eintragung. Weiter ist eine einstweilige Verfügung, die ein Verbot enthält, vollzogen mit der Zustellung, §§ 929, 936 Rn 8 ff. Die Zwangsvollstreckung beginnt aber auch dann erst in den bei § 890 Rn 35 genannten Zeitpunkten. Die Zwangsvollstreckung läßt die Verjährung neu beginnen. Über den Arrestvollzug §§ 928, 936.

21   **10) VwGO** (*Schrifttum: Schoch, Erl zu § 123 in Sch/SchmA/P, 1998; Schoch, Vorläufiger Rechtsschutz im VerwR, 1998; Finkelnburg/Jank Rn 55–636; Bender F Menger, 1985, S 657 = VBlBW **86**, 321; Dunkl/Moeller/Baur/Feldmeier, Handbuch des vorl. Rechtsschutzes, 3. Aufl 1999, Abschn K Rn 75 ff): Abschnitt 5 ist auf die einstweilige Anordnung entsprechend anwendbar, soweit dies § 123 III VwGO bestimmt (§§ 920, 921, 923, 926, 928–932, 938, 939, 941 u 945; wegen der §§ 924, 927 u 934 s dort). Dagegen kennt die VwGO kein Arrestverfahren, oben Rn 2, hM, Finkelnburg/Jank Rn 17 mwN. Das Gegenteil folgt nicht etwa aus § 167 I VwGO; denn der Arrest ist in §§ 168 I, 170 V u 172 VwGO nicht neben der einstwAnO genannt. Auch § 169 I VwGO ermöglicht über § 5 VwVG iVm §§ 324 bis 326 AO oder landesrechtliche Bestimmungen keinen gerichtlichen Arrest, da § 169 VwGO ausschließlich an die Titel des § 168 anknüpft; Ersatz bietet die einstwAnO zur Sicherung von Geldansprüchen, Sch/SchmA/P § 123 Rn 55, Finkelnburg/Jank Rn 180 mwN, RedOe § 123 Anm 5, OVG Hbg NVwZ-RR **93**, 367, VGH Mannh NVwZ-RR **89**, 588 mwN. Zur einstwAnO im Normenkontrollverfahren, § 47 VI VwGO, vgl BVerwfG NVwZ **98**, 1065, OVG Münst NVwZ-RR **99**, 473, RedOe Anm 49–55, Ey Rn 106–113 und KoppSch Rn 148 ff, alle zu § 47, Schoch S 453–508, Finkelnburg/Jank Rn 589–635. Wegen des dinglichen Arrests nach VwVfG iVm § 324 AO s OVG Hbg HbgJVBl **96**, 85.*)

---

916   *Arrestanspruch.* ¹Der Arrest findet zur Sicherung der Zwangsvollstreckung in das bewegliche oder unbewegliche Vermögen wegen einer Geldforderung oder wegen eines Anspruchs statt, der in eine Geldforderung übergehen kann.

      ²Die Zulässigkeit des Arrestes wird nicht dadurch ausgeschlossen, dass der Anspruch betagt oder bedingt ist, es sei denn, dass der bedingte Anspruch wegen der entfernten Möglichkeit des Eintritts der Bedingung einen gegenwärtigen Vermögenswert nicht hat.

Gliederung

1) Systematik, §§ 916–918 1	6) Betagter und bedingter Anspruch, II .. 7–10
2) Regelungszweck, §§ 916–918 2	A. Betagter Anspruch 7
3) Geltungsbereich, §§ 916–918 3	B. Bedingter Anspruch 8
4) Prozeßführungsrecht, §§ 916–918 4	C. Beispiele 9
5) Arrestanspruch im allgemeinen, I 5, 6	D. Künftiger Anspruch 10
	7) *VwGO* 11

1   **1) Systematik, §§ 916–918.** Vgl zunächst Grdz 1–3 vor § 916. Man muß auch im Arrestverfahren zwischen der Zulässigkeit und Begründetheit des Antrags unterscheiden. Zur Zulässigkeit gehören zunächst die allgemeinen Prozeßvoraussetzungen, Grdz 12 vor § 253. §§ 916–918 enthalten die besonderen Voraussetzungen des Arrests, nämlich den Arrestanspruch nach § 916 und den Arrestgrund, §§ 917–918. Der Gläubiger muß deren Vorliegen behaupten, Teplitzky DRiZ **82**, 41. Das Gericht muß von Amts wegen unter einer Würdigung aller Umstände prüfen, ob der Antragsteller diese besonderen Voraussetzungen nach §§ 294, 920 II glaubhaft gemacht hat. Wenn das der Fall ist, dann muß das Gericht den damit auch begründeten Arrest erlassen. Über den Unterschied zwischen dem Arrest und der einstweiligen Verfügung Grdz 3, 4 vor § 916.

2   **2) Regelungszweck, §§ 916–918.** Man kann den Sicherungszweck oft nur durch ziemlich blitzschnelles Handeln erreichen. Der Rechtsverlust steht nicht selten wirklich unmittelbar bevor, wenn nicht ein dinglicher Arrest ergeht. Anderseits ergibt ein besonders bewegter Vortrag zu solchen angeblichen Ge-

Abschnitt 5. Arrest und einstweilige Verfügung § 916

fahren auch nicht ganz selten bei etwas näherer Prüfung, daß der Antragsteller entweder solche Gefahr maßlos übertreibt oder daß er gar keinen sicherungsfähigen Anspruch haben dürfte. Er sollte sich mit seinem etwaigen ProzBev intensiv von Anfang an um einen ausreichenden Vortrag nebst etwaiger Sofort-Glaubhaftmachung nach § 294 bemühen. Das Gericht darf und muß evtl alles andere stehen und liegen lassen, um das auch im Eilfall unerläßliche erste „Kopfgutachten" sofort ausreichend sorgfältig zu erstellen und danach sofort und vor allem für die durchführenden Stellen unmißverständlich zu entscheiden. Die Begründung mag zunächst nur stichwortartig ausfallen können.

3) Geltungsbereich, §§ 916–918. Eine einstweilige Verfügung zur Sicherung der Zwangsvollstreckung 3 wegen einer Geldforderung etwa durch die Anordnung einer Arresthypothek oder einer Vormerkung ist unzulässig, Düss NJW 77, 1828, StJGr 44 vor § 916. Der Antragsteller kann einen Anspruch auf eine gegenständliche Leistung aber mit einem Hilfsanspruch auf die Zahlung einer Geldsumme als Schadensersatz verbinden. Im Fall einer Anfechtung mag der Gläubiger zB in erster Linie die Rückgewähr der Sache verlangen, hilfsweise aber einen Schadensersatz in Geld. In diesen Fällen läßt sich die Hauptleistung durch eine einstweilige Verfügung sichern, die Hilfsleistung durch einen Arrest.

Das Gericht muß einen *Übergang* vom Arrestverfahren zum Verfahren der einstweiligen Verfügung und umgekehrt wie eine Klagänderung behandeln, Grdz 5 vor § 916. Wenn für den Hauptprozeß der ordentliche Rechtsweg nach § 13 GVG unzulässig ist, dann ist er auch für den Arrest unzulässig. Wenn die Parteien freilich für die Hauptsache ein Verfahren nach §§ 1025 ff vereinbart haben, dann ist das staatliche Gericht noch für die Anordnung eines Arrests zuständig. Wegen des Insolvenzverfahrens Grdz 4 vor § 916. Unzulässig ist ein Arrest ferner in ein „segelfertiges Schiff" (Ausnahme § 482 II HGB) sowie während der Abwicklung eines Sondervermögens eines Kreditinstituts usw., §§ 13, 27 G v 21. 3. 72, BGBl 465.

4) Prozeßführungsrecht, §§ 916–918. Das Prozeßführungsrecht im Arrestverfahren entspricht demje- 4 nigen des ordentlichen Prozesses, Grdz 21 vor § 50. Ein Pfändungspfandgläubiger nach Üb 7 vor § 803 kann einen Arrest auch ohne eine Überweisung ausbringen. Dieselbe Befugnis hat der Miterbe schon vor einer Auseinandersetzung. Gegen den Erben ist ein Arrest erst nach der Annahme der Erbschaft statthaft, § 1958 BGB. Vorher muß das Nachlaßgericht dem Miterben einen Nachlaßpfleger bestellen. Ein Arrest kann auch gegen einen Ausländer ergehen, § 917 Rn 16.

5) Arrestanspruch im allgemeinen, I. Ein Arrest setzt voraus, daß der Gläubiger eine Geldforderung 5 nach Grdz 1, § 803 oder einen Anspruch besitzt, der in eine Geldforderung übergehen kann, Celle FamRZ 96, 1429, Hbg FamRZ 82, 284. Das trifft bei allen vermögensrechtlichen Ansprüchen nach Grdz 10 vor § 1 zu. Hierher gehören zB: Ein Anspruch auf Sicherheitsleistung wegen § 887 II, Celle FamRZ 96, 1429; ein Anspruch wegen künftigen Zugewinnausgleichs, Celle FamRZ 04, 626 (nur bis zum Ende des Güterstands), Hamm FER 97, 44, Karlsr FamRZ 99, 663 (nur bei Erfolgsaussicht), aM Kblz FER 98, 67 (aber dann kann sogar ein hoher Vermögenswert vorliegen); ein gegenständlicher Anspruch, wenn hilfsweise eine Geldersatzforderung zu sichern ist, Rn 1. Bei einem Anspruch gegen den Begünstigten wegen einer Gläubigerbenachteiligung läßt sich die Forderung auf eine Rückgewähr durch eine einstweilige Verfügung sichern, die Forderung auf einen hilfsweisen Ersatzanspruch durch einen Arrest. Wegen eines Anfechtungsanspruches Düss NJW 77, 1828. Ein Arrest wird grundsätzlich nicht dadurch unstatthaft, daß der Gläubiger seine Gegenleistung im Fall eines zweiseitigen Vertrags noch nicht oder nur unvollständig erbracht hat.

Der Anspruch auf die *Duldung der Zwangsvollstreckung* gilt auch hier als ein Anspruch auf eine Zahlung in 6 bar. Ein dinglicher Gläubiger kann einen Arrest gegen den dinglichen Schuldner ausbringen. Dieser Weg kann ihm nützen. Denn damit erhält er einen Pfändungstitel für seine Miete usw.

Unzulässig ist ein Arrest gegen den Erben vor der Annahme der Erbschaft. Der Gläubiger kann aber gegen einen Nachlaßpfleger vorgehen. Unzulässig ist auch ein Arrest wegen einer familienrechtlichen Leistung (vgl aber Rn 8), oder einer unschätzbaren Leistung. Zulässig ist er aber wegen einer vermögensrechtlichen Leistung, die auf einer familienrechtlichen Grundlage beruht.

6) Betagter und bedingter Anspruch, II. Beide folgen teils unterschiedlichen Regeln. 7

A. Betagter Anspruch. Er ist entstanden, wird aber erst durch einen Zeitablauf oder infolge einer Kündigung fällig. Er läßt stets einen Arrest zu, KG FamRZ 85, 731, selbst wenn der Gläubiger schon einen Vollstreckungstitel hat, weil die Zwangsvollstreckung aus ihm nach § 751 noch nicht zulässig ist.

B. Bedingter Anspruch. Ein auflösend bedingter Anspruch läßt stets einen Arrest zu. Ein aufschiebend 8 bedingter Anspruch reicht nur dann aus, wenn die Möglichkeit des Eintritts der Bedingung nicht so weit entfernt ist, daß gegenwärtig kein Vermögenswert besteht. Der Schuldner muß notfalls nach §§ 294, 920 II glaubhaft machen, daß der gegenwärtige Vermögenswert fehle. Das ergeben die Worte des Gesetzes „es sei denn". Man muß alle Fallumstände für die Beurteilung dieser Frage heranziehen.

C. Beispiele. Einen Arrest lassen zu: Künftige Teilbeträge einer Rente oder eines Unterhalts, auch auf 9 zehn Jahre im voraus, ähnlich wie bei § 829 Rn 1, KG FamRZ 85, 731, Meller-Hannich ZZP 115, 182 (je: sehr großzügig); der Anspruch auf eine Kostenerstattung im Fall des künftigen Unterliegens des Gegners; der Anspruch der Staatskasse auf die Erstattung der Kosten eines Strafprozesses; ein Anspruch auf eine Leistung Zug um Zug; der Anspruch auf eine Rückzahlung eines Betrages, den der Gläubiger auf Grund eines vorläufig vollstreckbaren Urteils oder eines Vorbehaltsurteils beigetrieben hat oder den der Versicherer auf Grund vorgetäuschter Angaben des Versicherungsnehmers geleistet hat, Hamm VersR 83, 1174; ein Anspruch, bei dem die Bedingung bereits eingetreten, der Erfolg aber noch unbekannt ist; ein drohender Anspruch, den man nach § 287 bereits schätzen kann. Wegen der Problematik beim Wechsel Beisswingert/Vossius BB 86, 2364 (ausf).

D. Künftiger Anspruch. Er läßt einen Arrest dann zu, sobald er einklagbar ist, ähnlich wie bei §§ 257– 10 259, § 829 Rn 1, Hbg FamRZ 82, 284, Karlsr FamRZ 95, 823, Schlesw RR 92, 318. Das gilt etwa: Für einen Unterhaltsanspruch, Düss FamRZ 81, 69; für künftigen Scheidungsunterhalt, Hamm FamRZ 95, 1427; für die Sicherheitsleistung wegen eines Anspruchs auf einen zukünftigen Zugewinnausgleich, § 935 Rn 4, Hamm FamRZ 85, 71, Karlsr FamRZ 97, 623, Köln FamRZ 83, 710 (vom Zeitpunkt des Verzugs

§§ 916, 917

an), aM Düss FamRZ **91**, 351, KG FamRZ **94**, 1479, Stgt FamRZ **95**, 1437 (aber auch dann gelten die Regeln nach §§ 916 ff uneingeschränkt); für eine begangene Straftat beim Verdacht einer Fortsetzung zwecks Vermögensvorteils, Ffm GRUR-RR **04**, 198.

In anderen Fällen ist ein Arrest *nicht zulässig*. Das folgt daraus, daß eine Erfüllung des § 926 unmöglich ist, Hbg FamRZ **82**, 284, ThP 5, aM MüKoHe 12, StJGr 10, ZöV 8 (der Arrest sei zulässig, soweit eine Feststellungsklage möglich sei und ein schutzwertes Interesse vorliege. Aber man darf grundsätzlich nicht von der Einklagbarkeit gerade eines bezifferten Leistungsanspruchs abgehen). Eine Feststellungsklage nach § 256 genügt nur ausnahmsweise, soweit eine Leistungsklage im Sinn von Grdz 8 vor § 253 nicht möglich ist, § 926 Rn 9. Zum Schutz der Leibesfrucht läßt § 1615 o BGB eine einstweilige Verfügung zu, Grdz 6, 7 vor § 916, § 940 Rn 22 „Ehe, Familie".

11   7) *VwGO: Unanwendbar, Grdz § 916 Rn 21.*

917 *Arrestgrund bei dinglichem Arrest.* I Der dingliche Arrest findet statt, wenn zu besorgen ist, dass ohne dessen Verhängung die Vollstreckung des Urteils vereitelt oder wesentlich erschwert werden würde.

II Als ein zureichender Arrestgrund ist es anzusehen, wenn das Urteil im Ausland vollstreckt werden müsste und die Gegenseitigkeit nicht verbürgt ist.

Vorbem. II idF Art 1 Z 4 G v 4. 11. 03, BGBl 2166, in Kraft seit 1. 1. 04, Art 2 Hs 1 G, ÜbergangsR Einl III 78.

Schrifttum: *Hoefler*, Die drohende Konkurrenz anderer Gläubiger als Arrestgrund, Diss Erlangen/Nürnb 1992; *Kropholler/Hartmann*, Die Europäisierung des Arrestgrundes der Auslandsvollstreckung, Festschrift für *Drobnig* (1998) 337; *Nieschulz*, Der Arrest in Seeschiffe (rechtsvergleichend), 1997; *Prévault*, Zwangsvollstreckung in den Staaten der Europäischen Union, in: Festschrift für *Deutsch* (1999); *Wolf*, Sind auch ausländische Urteile Urteile im Sinne von § 917 Abs. 1 ZPO?, Festschrift für *Schütze* (1999) 983.

Gliederung

1) Systematik, I, II	1	5) Vollstreckung außerhalb Deutschlands, II	16–18
2) Regelungszweck, I, II	2, 3	A. Urteil	17
3) Geltungsbereich, I, II	4	B. Notwendigkeit einer Vollstreckung	18
4) Besorgnis der Vereitelung oder wesentlichen Erschwerung, I	5–15	6) Vollstreckung im Ausland, II Hs 1	19–23
A. Beurteilungsmaßstab	6	A. Nur Auslandsvermögen	20
B. Beispiele zur Frage des Vorliegens eines Arrestgrunds, I	7–13	B. Auch Inlandsvermögen	21, 22
		C. Weitere Einzelheiten	23
C. Sicherungsbedürfnis	14, 15	7) Fehlen der Gegenseitigkeit, II Hs 2	24
		8) *VwGO*	25

1   **1) Systematik, I, II.** Vgl zunächst Grdz 1, 2 vor §§ 916–918. Zum Arrestanspruch nach § 916 muß ein Arrestgrund als eigentliche Voraussetzung eines Arrests treten. Ihn regelt § 917.

2   **2) Regelungszweck, I, II.** Da der Arrest in einem Verfahren ohne stets notwendige Verhandlung und oft ohne rechtliches Gehör des Schuldners ergehen kann, ist er nur unter strenger Prüfung der Voraussetzungen vor allem beim Arrestgrund möglich. Dabei ist II 1 als gesetzliche unwiderlegbare Rechtsvermutung nach § 292 Rn 5 konstruiert, und zwar eben als Vermutung des Vorliegens eines Arrestgrundes und nicht etwa als Ausnahme von der Notwendigkeit seines Vorliegens. Die Vorschrift bringt freilich eine Erleichterung für den Antragsteller. Das Gericht darf sie dabei nicht eng auslegen. Einerseits muß das Gericht das Gebot der Rechtssicherheit nach Einl III 43 gerade im Eilverfahren noch gar ohne mündliche Verhandlung beachten. Andererseits gebietet die für den Rechtsstaat unentbehrliche Schnelligkeit eines jedenfalls zunächst wirksamen vorläufigen Rechtsschutzes und damit die Prozeßwirtschaftlichkeit nach Grdz 14 vor § 128 eine auch nicht zu formalistisch enge Auslegung. Das Arrestgericht muß beides manchmal innerhalb weniger Minuten abwägen. Das alles gilt auch bei II 2 mit seiner formellen Rückkehr zum uneingeschränkten Prüfungsgebot nach I.

3   *Vereitelung und wesentliche Erschwerung* sind gefährlich dehnbare Begriffe. Man darf sie weder zu rasch noch zu zaghaft bejahen. Da das Arrestgericht oft ohne Anhörung des Gegners entscheiden soll und auch besser so vorgehen sollte, ist eine Abwägung auf Grund einer bloß vermutbaren Einlassung des Antragsgegners unvermeidbar. Es kann um erhebliche Werte gehen, die über die wenn auch evtl bereits hohe Forderung des Antragstellers weit hinausgehen und viele Dritte mitbeeinträchtigen. Das gilt etwa beim Startverbot eines Passagierflugzeugs oder beim An-die-Kette-Legen eines noch nicht ganz auslaufbereiten Seeschiffs mit verderblicher Kühlladung. Sorgfalt muß in den beim Eilverfahren erlaubten und gebotenen Grenzen den Vorrang vor Fixigkeit behalten. Rasche Entschlossenheit wird hier vom Richter freilich so sehr verlangt wie sonst kaum.

4   **3) Geltungsbereich, I, II.** Die Vorschrift gilt mit ihren unten dargestellten Differenzierungen in allen Eilverfahren nach der ZPO, §§ 917, 928, 930–932, 934 I gelten nach § 111 o II StPO bei dringendem Verdacht der Verhängung einer Vermögensstrafe entsprechend.

5   **4) Besorgnis der Vereitelung oder wesentlichen Erschwerung, I.** Neben dem Arrestanspruch nach § 916 muß ein Arrestgrund vorliegen. Für einen dinglichen Arrest reicht im Bereich etwaiger Zwangsvollstreckung im Inland die Besorgnis einer direkt bevorstehenden Vereitelung oder wesentlichen Erschwerung der Zwangsvollstreckung, FamRZ **96**, 748, Kblz JB **02**, 209, Mü NJW **83**, 2578. Basis ein nicht noch ohne Sicherheitsleistung vollstreckbarer oder ein demnächst ergehender Vollstreckungstitel sein. Soweit er fehlt, muß das Arrestgericht den Antrag als unbegründet abweisen, nicht als unzulässig, Grdz 12 vor § 916.

Abschnitt 5. Arrest und einstweilige Verfügung § 917

A. Berurteilungsmaßstab. Es entscheidet der sachliche Maßstab eines ruhigen verständigen und gewissenhaft prüfenden Menschen, BFH BB **78**, 1203, Karlsr FamRZ **97**, 623. Maßgebend ist also nicht schon die persönliche Meinung oder Vermutung des Gläubigers, Düss MDR **05**, 1140. Eine Rechtswidrigkeit ist nicht erforderlich, Karlsr FamRZ **97**, 623. Erst recht ist kein Verschulden des Schuldners nötig, BFH BB **78**, 1203. Eine Tatsache der Vergangenheit genügt nur dann, wenn gerade sie die Besorgnis einer künftigen Vereitelung usw begründet, BGH VersR **75**, 764.

B. Beispiele zur Frage des Vorliegens eines Arrestgrunds, I
Andere Gläubiger: Ein Arrestgrund liegt *nicht* schon wegen des Ansturms anderer Gläubiger vor. Denn der Arrest darf den Gläubiger nicht besser stellen, als ihn eine sofortige Zwangsvollstreckung stellen würde, Düss Rpfleger **91**, 217. Der Arrest soll dem Gläubiger insbesondere keinen Vorrang vor einem anderen Gläubiger sichern. Es muß vielmehr eine besondere Verschlechterung der Vermögenslage oder eine wesentliche Erschwerung des Zugriffs bevorstehen, BGH **131**, 105, Düss Rpfleger **91**, 217, Karlsr FamRZ **93**, 508, aM MüKoHei 8, StJGr 1 (aber damit verwässert man die strengen Voraussetzungen eines solchen Eilverfahrens mit seiner eingeschränkten Anhörung des Antragsgegners nach Art 103 I GG wesentlich).
Auskunft: Ein Arrestgrund liegt vor, soweit der auf Zugewinnausgleich in Anspruch genommene Ehegatte wissentlich eine grob falsche Auskunft über sein Vermögen gibt und dadurch den anderen Ehegatten von einer Klage auf Zugewinnausgleich abhält, Ffm FamRZ **96**, 748.
Nicht ausreichend ist die bloße, auch längerfristige Auskunftsverweigerung beim Anspruch auf künftigen Unterhalt, Mü FamRZ **00**, 965.
Auswanderung: Vgl zunächst Rn 16–23. Für die danach verbleibenden Fälle gilt: Ein Arrestgrund liegt vor, wenn der Schuldner Vorbereitungen zu einer Auswanderung oder zum Wegzug ins Ausland trifft, KG FamRZ **85**, 731.
Ein Arrestgrund *fehlt*, soweit nur der Drittschuldner im Ausland wohnt, Ffm MDR **76**, 321.
S auch Rn 13 „Wohnsitz" sowie Rn 16 ff.
Drittschuldner: Rn 7 „Ausland".
Durchsetzbarkeit: Rn 5 „Verkauf".
Erbteil: Ein Arrestgrund liegt vor, wenn sich der Schuldner durch eine Übertragung seines Erbteils seines einzigen wesentlichen Vermögensgegenstands begibt, AG Steinfurt FamRZ **88**, 1083.
Erschwerung des Zugriffs: Rn 7 „Andere Gläubiger".
Firma: Ein Arrestgrund *fehlt*, wenn der Gläubiger seine Absicht, eine Firma aufzulösen, monatelang nicht durchgeführt hat, KG MDR **79**, 64.
Geschäftsführung: Ein Arrestgrund liegt vor, wenn man befürchten muß, daß der Schuldner jeden Zugriff auf sein persönliches Vermögen mit derselben Entschlossenheit und Zielstrebigkeit zu verhindern versuchen wird, wie er es wegen des Vermögens einer Firma als Geschäftsführer tat, Ffm GRUR **84**, 373.
Gläubigerkonkurrenz: Rn 7 „Andere Gläubiger".
Gläubigerrisiko: Ein Arrestgrund kann *fehlen*, wenn sich der Gläubiger bewußt mit einem unsicheren Schuldner eingelassen hat.
Grundeigentum: Ein Arrestgrund liegt vor, wenn der Schuldner sein Grundeigentum auffallend stark belastet oder es vor der Eintragung einer bereits zugesicherten Sicherungshypothek veräußert. Im Fall eines gesetzlichen Anspruchs auf die Eintragung besteht ein Arrestgrund aber nur unter zusätzlichen Umständen, Hamm MDR **75**, 587, aM ZöV 8 (aber dann besteht kaum eine Gefährdung des Anspruchs).
Haft: Ein Arrestgrund liegt *nicht* schon deshalb vor, weil der Schuldner inhaftiert ist, Köln MDR **86**, 595.
Konnossement: Ein Arrestgrund liegt *nicht* schon deshalb vor, weil der Schuldner ein Konnossement vorsätzlich falsch ausgestellt hat, Hbg VersR **82**, 341.
S aber auch Rn 11 „Straftat".
Leichtfertigkeit: Ein Arrestgrund liegt vor, wenn der Schuldner seine Geschäfte leichtfertig führt.
S auch Rn 8 „Gläubigerrisiko", Rn 12 „Verschwendung".
Naturereignis: Ein Arrestgrund kann vorliegen, wenn der Schuldner infolge eines Naturereignisses einen großen Schaden erleidet.
Prozeßverschleppung: Es gelten dieselben Regeln wie bei Rn 7 „Andere Gläubiger".
Religiöses Verhalten: Ein Arrestgrund liegt vor, wenn der Verdacht besteht, der Schuldner werde seine letzten Vermögenswerte einer religiösen Bewegung usw zuwenden, zB derjenigen von Hare-Krishna, Mü NJW **83**, 2578.
Scheckrecht: Ein Arrestgrund liegt *nicht* schon deshalb vor, weil der Schuldner zwei Schecks nicht eingelöst hat, KG OLGZ **78**, 452.
Schenkung: „Religiöses Verhalten", Rn 12 „Verschwendung".
Schlechte Vermögenslage: Ein Arrestgrund liegt *nicht* schon wegen derzeit schlechter Vermögenslage des Schuldners vor, auch nicht wegen seiner dadurch mitbedingten unregelmäßigen Zahlungsweise, Köln FamRZ **83**, 1260.
S aber auch Rn 7 „Andere Gläubiger".
Schweigepflicht: Ein Arrestgrund *fehlt* evtl, wenn der Gläubiger dazu seine Schweigepflicht massiv brechen müßte, Everts NJW **02**, 3139. Das dürfte aber beim Streit um ein Anwaltshonorar keineswegs stets so sein, aM Everts NJW **02**, 3139 (aber die Voraussetzungen eines Arrests sind ohnehin streng. Auch ein Anwalt oder Arzt usw verdient in solcher Notlage denselben Schutz wie andere Berufstätige. Man sollte im Einzelfall abwägen und dabei natürlich den Persönlichkeitsschutz des Mandanten, Patienten usw hoch einschätzen).
Sicherung des Gläubigers: Ein Arrestgrund *fehlt*, wenn der Gläubiger schon hinreichend gesichert ist. Ein Vollstreckungstitel, der nur gegen eine klägerische Sicherheitsleistung vorläufig vollstreckbar ist, sichert den Gläubiger so zu demjenigen Zeitpunkt, in dem die Sicherheit erbracht worden ist, nicht genügend, LG Augsb NJW **75**, 2350 sieht ein Vermieterpfandrecht trotz § 562 b BGB nicht als eine ausreichende Sicherheit an, Rn 12.

§ 917

11 Straftat: Ein Arrestgrund liegt grds vor, soweit der Schuldner das Vermögen des Gläubigers vorsätzlich durch eine Straftat schädigt, BGH WertpMitt **83**, 614, Drsd MDR **98**, 795, Köln MDR **86**, 595, aM Düss RR **99**, 1592, Köln MDR **00**, 50, Fischer MDR **95**, 990 (aber die vorsätzliche Schädigung erbringt praktisch sehr wohl einen Anscheinsbeweis nach Anh § 286 Rn 15 für das nach I maßgebliche künftige Verhalten, der auch in der Zwangsvollstreckung mitbeachtlich sein dürfte). Zumindest sind dann keine allzu scharfen Prüfungen mehr nötig. Was soll der Antragsteller eigentlich noch abwarten? Alles das gilt zumindest dann, wenn die Vermögensverhältnisse des Schuldners unklar sind, aM Düss RR **86**, 1192, Schlesw MDR **83**, 141 (fordert glaubhafte Wiederholungsgefahr). Freilich mag eine solche bloße Behauptung unzureichend sein, Kblz JB **02**, 209.

Ein Arrestgrund *fehlt* trotz Verdachts eines Eingehungsbetrugs, soweit die Parteien jahrelang über die Erfüllung der streitigen Forderung verhandelt haben, Saarbr RR **99**, 143. Er kann auch insoweit fehlen, als die Staatsanwaltschaft eine Beschlagnahme als sog Rückgewinnungshilfe nach §§ 111 c ff StPO angeordnet hat, Köper NJW **04**, 2487 (Abwägung nötig).

S aber auch Rn 9 „Konnossement".

Umzug, Wegzug: Rn 7 „Ausland".
Unbekannter Aufenthalt: Seine bloße Behauptung reicht *kaum*, Kblz JB **02**, 209.
Unlauterkeit: Rn 12 „Verschleuderung", „Verschwendung".

12 Verfügungsbeschränkung: Eine Verfügungsbeschränkung beseitigt einen Arrestgrund keineswegs automatisch, Baer-Henney NJW **75**, 1368, aM LG Düss NJW **75**, 1367 (aber sie ändert kaum etwas an einer Gefährdungslage).

Verkauf: Ein Arrestgrund liegt vor, soweit der Verdacht besteht, der Schuldner werde seine letzten Vermögenswerte verkaufen, Hamm FamRZ **80**, 391, Karlsr FamRZ **97**, 623.

Ein Arrestgrund *fehlt*, soweit der Schuldner zwar im Begriff steht, die Sache zu verkaufen, der Gläubiger oder zB der Bauhandwerker aber die Forderung auf die Zahlung höchstwahrscheinlich demnächst durchsetzen kann, Thümer MDR **96**, 334, oder soweit ein Ehepartner nur einzelne Sachen verkaufen könnte (Ausgleichsanspruch nur auf Zugewinn insgesamt), Düss MDR **05**, 1140.

Vermögensnachteil: Ein Arrestgrund liegt bei jeder für den Gläubiger nachteiligen Einwirkung auf das Vermögen des Schuldners vor, Mü FamRZ **00**, 965 (Verschiebung), auch auf Grund einer vergangenen Tatsache, Düss FamRZ **80**, 1116, mag sie vom Schuldner, einem Dritten oder vom Zufall ausgehen.

S auch bei den weiteren Stichwörtern dieses ABC.

Vermögensübernahme: Ein Arrestgrund liegt bei ihrer Vortäuschung vor, LG Lüneb MDR **98**, 241, Thümer MDR **98**, 199.

Verschleuderung: Ein Arrestgrund liegt vor, wenn der Schuldner aus Unlauterkeit wesentliche Vermögensstücke verschiebt oder verschleudert oder dergleichen auch nur ernsthaft androht.

S auch „Verkauf".

Vermutung: Sie allein reicht nicht, Düss MDR **05**, 1140.

Verschwendung: Ein Arrestgrund liegt vor, wenn der Schuldner verschwenderisch ist.

S auch Rn 9 „Leichtfertigkeit".

Vorsatz: Eine Böswilligkeit oder direkte Schädigungsabsicht des Schuldners ist *keineswegs* stets Voraussetzung eines Arrestgrundes.

13 Wiederholungsgefahr: Ein Arrestgrund liegt vor, wenn sich der Schuldner derart vertragswidrig verhält, daß eine Wiederholungsgefahr und damit eine Gefahr für die Vollstreckbarkeit droht.

S auch Rn 11 „Straftat".

Wohnsitz: Ein Arrestgrund liegt vor, wenn der Schuldner seinen inländischen Wohnsitz aufgibt, ohne einen neuen zu begründen, Düss Rpfleger **91**, 217, oder wenn er einen unsteten Wohnsitz hat, Karlsr FamRZ **85**, 508, oder gar einen unsteten Aufenthalt.

Ein Arrestgrund *fehlt*, wenn nur der Drittschuldner im Ausland wohnt, Ffm MDR **76**, 321.

Zahlungsunfähigkeit: Eine solche eines ausländischen Staats steht noch nicht dem Arrest entgegen, sondern allenfalls dessen Vollstreckung, LG Ffm JZ **03**, 1010 (krit Reinisch 1013).

Zahlungsweise: Rn 10 „Schlechte Vermögenslage".

14 C. Sicherungsbedürfnis. Ein besonderes Rechtsschutzbedürfnis nach Grdz 33 vor § 253 kann fehlen. Es entscheidet vielmehr das Sicherungsbedürfnis, also die Frage, ob ein Arrestgrund besteht oder nicht, Düss FamRZ **81**, 45. Es kann beim Anspruch auf einen Zugewinnausgleich trotz §§ 935 ff vorliegen, Hbg RR **03**, 238.

Das Sicherungsbedürfnis *fehlt* grundsätzlich, soweit der Gläubiger bereits eine genügende Sicherheit in Händen hat, zB durch einen Eigentumsvorbehalt oder durch ein Pfandrecht, § 777. In diesem Fall muß man aber prüfen, ob diese Sicherheit mindestens denselben Schutz gewährt wie ein Arrest. Eine Sicherheit wie zB eine Hypothek muß in ihrer Verwertbarkeit einer Sicherung durch einen Arrest im wesentlichen gleichkommen. Das Sicherungsbedürfnis fehlt grundsätzlich ferner, soweit der Gläubiger schon einen ohne eine Sicherheitsleistung vorläufig oder endgültig vollstreckbaren Titel besitzt, der ihm praktisch mindestens dasselbe gewährt. Ein nach § 709 S 1, 2 nur gegen Sicherheitsleistung des Gläubigers vollstreckbares Urteil steht einem Arrest ohne eine Sicherheitsleistung nicht entgegen, Hamm GRUR **90**, 1536, ZöV 13, aM Maurer FamRZ **89**, 245, RoGSch § 75 II 2, StJGr 24 (aber auch in solcher Lage kann die Sicherung des Gläubigers höchst fraglich sein). Das gilt auch dann, wenn der Gläubiger die Sicherheitsleistung nicht erbringen kann.

15 Auch ein *Unterhaltstitel*, der keinen bestimmten Betrag nennt, steht dem Arrest noch nicht titulierung nicht entgegen, AG Steinfurt FamRZ **88**, 1083. Das Sicherungsbedürfnis fehlt, soweit der Gläubiger bereits einen dem jetzigen Antrag entsprechenden Arrest erwirkt und vollzogen oder vollziehen lassen hat. Das Sicherungsbedürfnis fehlt schließlich, soweit ein Veräußerungsverbot besteht und der Arrest nicht vollziehbar wäre. Das Sicherungsbedürfnis kann aber zB vorhanden sein, wenn der Gläubiger trotz des Besitzes eines Vollstreckungstitels die Zwangsvollstreckung insbesondere aus einem rechtlichen Grund derzeit noch nicht durchführen kann, Düss FamRZ **81**, 45. Das Sicherungsbedürfnis fällt auch nicht dadurch fort, daß der Gläubiger durch die Maßnahme einer anderen Behörde oder der freiwilligen Gerichtsbarkeit eine ausreichende Sicherung erhalten könnte.

5) Vollstreckung außerhalb Deutschlands, II, dazu *Kropholler/Hartmann* (vor Rn 1): Zwecks Umsetzung des in Art 6 EGV angeordneten und von EuGH NJW **94**, 1271 bestätigten Diskriminierungsverbots innerhalb der EU, das den deutschen Richter schon wegen der Notwendigkeit einer Anrufung des EuGH nach Art 177 III EGV vor einer Abweichung praktisch band, war zunächst II 2 aF angefügt worden. Seit 1. 1. 04 gilt II, Vorbem, mit einer erweiterten Einbeziehung aller zwischenstaatlichen Anerkennungsregeln mit der Folge, daß solche Regeln im Ergebnis zur Beurteilung nach I auch bei einer Auslandsvollstreckung führen. Dann gelten die Erfordernisse nach I also uneingeschränkt im Anwendungsbereich von II. 16

A. Urteil. II setzt zunächst ein „Urteil" voraus, mag es bereits vorliegen oder bevorstehen. Der Urteilsbegriff ist hier nicht näher gesetzlich festgelegt. Natürlich zählt ein Urteil im Sinn von §§ 300 ff hierher. Gemeint ist aber jeder Vollstreckungstitel. Denn es kommt ja bei der ganzen Regelung auf die Vollstreckbarkeit an, Rn 18. Daher kommt auch zB jeder weitere Vollstreckungstitel nach §§ 794 ff in Betracht.
Auch ein Titel aus einem Vertragsstaat der *EuGVVO* oder des *LugÜbk* usw reicht aus, LG Hbg RIW **97**, 68. Das ergibt sich auch schon aus dem von EuGH NJW **94**, 1271 mitbetonten auch nur versteckten Benachteiligungsverbot, Kropholler/Hartmann (vor Rn 1) 344 ff (ausf, auch zum bisherigen Meinungsstand). Das gilt unabhängig davon, ob die Vollstreckung im Sinn von II oder I erfolgen müßte.
Ein Titel aus dem danach verbleibenden *restlichen „Ausland"* reicht jetzt ebenfalls aus. Denn II stellt jetzt schlechthin auf das Vorhandensein oder Fehlen der Gegenseitigkeit der Vollstreckbarkeit ab. 17

B. Notwendigkeit einer Vollstreckung. II setzt ferner voraus, daß der Gläubiger die in Rn 16 erörterte Entscheidung im Ausland vollstrecken „müßte" (nicht: könnte). Eine inländische Vollstreckung muß also ganz oder teilweise erfolglos gewesen sein oder zu werden drohen, und zwar im Zeitpunkt der Entscheidung über den Arrestantrag und bei vernünftiger Abwägung durch den Richter unter Beachtung des regelmäßigen Fortgangs der Entwicklung, Kropholler/Hartmann (vor Rn 1) 342 (zu Drittstaaten). 18

6) Vollstreckung im Ausland, II Hs 1. Die Bedeutung des Hs 1 ist seit der Anfügung von Hs 2 erheblich gesunken, aber keineswegs ganz entwertet. Trotz der scheinbar auch für die Prüfungsreihenfolge maßgeblichen Stellung des Hs 1 vor Hs 2 hat Hs 1 zumindest praktisch wahrscheinlich oft nur eine bloße Auffangfunktion. Erst wenn kein Fall von Hs 2 vorliegt, wird Hs 1 erheblich. Daher muß man die Vorschrift bei einem in den Anwendungsbereich der in Hs 2 genannten Verträge fallenden Urteil bei genauer Betrachtung so lesen: Ein zureichender Arrestgrund liegt vor, wenn das Urteil „außerhalb eines die Gegenseitigkeit verfügenden Auslandsstaats vollstreckt werden müßte". In diesem Sinn könnte man auch vom „restlichen Ausland" oder von einem „Drittstaat" sprechen. Dabei kommt es auf den Zeitpunkt der Entscheidung über den Arrestantrag an. Denn in diesem Zeitpunkt muß der Richter seine abschließende Prognose über die Vollstreckbarkeit stellen. Ihr Beginn kann ja noch ungewiß sein, mag er auch schon wegen des ohnehin erforderlichen Sicherungsbedürfnisses, Rn 8, meist alsbald beabsichtigt sein. 19

A. Nur Auslandsvermögen. Nur für die verbliebenen Fälle der Vollstreckung in solchem *Drittstaat* gilt unverändert: Das Gericht darf nicht prüfen, ob im Inland oder Ausland eine besondere Gefahr besteht. Das gilt auch dann, wenn der Schuldner ein Ausländer ist und sich in seinem Heimatland aufhält oder dorthin übersiedeln will oder wenn er schon im Zeitpunkt der Begründung des Schuldverhältnisses im Ausland war oder wenn diese Gesichtspunkte für den Gläubiger oder für beide Teile zutreffen, so schon (zum alten Recht) Ffm AWD **80**, 800, ThP 3, aM StJGr 13 (aber man kann dem Gesetz nicht entnehmen, daß ein im Ausland befindlicher Ausländer keinen Arrest im Inland ausbringen könnte, wenn im Inland Vermögen vorhanden ist, § 23). Das gilt zumindest dann, wenn bei der Verwirklichung des Anspruchs schon weitere Schwierigkeiten aufgetreten sind oder absehbar sind, so schon Ffm MDR **81**, 62. Freilich muß überhaupt ein vollstreckbarer Haupttitel möglich sein, so schon LG Köln KTS **89**, 723 (zustm Werres 728). Ein Arrestgrund kann beim Vorliegen ausreichender, wenn auch im Ausland befindlicher Sicherheiten fehlen. 20

B. Auch Inlandsvermögen. Mit den Einschränkungen Rn 19 gilt ferner (nachfolgende Belege durchweg noch zum alten Recht): Ein Vermögen im Inland steht dem Arrest entgegen, falls es ausreicht und falls keine Gefahr besteht, daß der Schuldner den Zugriff des Gläubigers vereiteln könnte, Düss NJW **77**, 2034, Stgt RR **96**, 775, Dittmar NJW **78**, 1722. 21
Beispiele: Der ausländische Schädiger hat eine grüne Versicherungskarte; er hält sich jeweils vorhersehbar im Inland auf, wenn auch nur kurzfristig, Mü RR **88**, 1023.
Ein Arrest darf *nicht etwa nur* dann erfolgen, wenn *kein* Vermögen im Inland vorhanden ist, Düss FamRZ **81**, 45, Dittmar NJW **78**, 1722, Schütze BB **79**, 349. Wenn eine ausländische Reederei mit einem eigenen Schiff innerhalb eines Liniendienstes voraussichtlich einigermaßen regelmäßig weiterhin einen deutschen Hafen anlaufen wird, dann liegen die Voraussetzungen nach Hs 1 selbst für den Fall nicht vor, daß der Gläubiger im Inland kein Vermögen vornehmen kann, AG Hbg VersR **87**, 1237. Dasselbe gilt, wenn sie ständig wiederkehrende Forderungen gegen ihre inländische Agentin hat, Hbg VersR **82**, 341. Im Zweifel liegt aber doch eine Vollstreckungsgefährdung vor, Grdz 1 vor § 916, AG Hbg VersR **87**, 1237. Die bloße Ausländereigenschaft ist kein Arrestgrund. 22

C. Weitere Einzelheiten. Ebenfalls mit den Einschränkungen Rn 19 gilt schließlich: Es stellt keine Vollstreckung im Ausland dar, wenn dort nur der Drittschuldner wohnt, Ffm MDR **76**, 321. Es ist jetzt wesentlich, ob im Fall einer Zwangsvollstreckung im Ausland die Rechtshilfe verbürgt ist. Es genügt bereits, daß der Gläubiger wahrscheinlich im Ausland vollstrecken müßte, etwa deswegen, weil der Schuldner schon seines Vermögens ins Ausland geschafft hat oder will er Anstalten trifft, in das Ausland zu verziehen, es sei denn, er behält ausreichendes Inlandsvermögen, Rn 18. 23

7) Fehlen der Gegenseitigkeit, II Hs 2. Wegen der Systematik vgl zunächst Rn 19. Die Notwendigkeit einer Vollstreckung im Ausland reicht nach Hs 2 nur, wenn die Gegenseitigkeit *nicht* verbürgt ist. Soweit eine Gegenseitigkeit dagegen vorliegt, hängt der dingliche Arrest von den Bedingungen I ab. Dann gilt also 24

§§ 917, 918, Anh § 918

uneingeschränkt I mit seiner Notwendigkeit, die dort genannte Besorgnis im Einzelfall darzulegen und glaubhaft zu machen, § 920 II.

Die Frage der Gegenseitigkeit stellt sich jetzt bei *allen* Auslandsstaaten, also nicht nur im Bereich der EuGVVO, des LugÜbk oder zB der VO (EG) Nr 44/2001 (sog Brüssel–I–VO) v 22. 12. 00, ABl (EG) 2001 Nr L 12 S 1.

Verfügung muß fehlen. Das ist dieselbe Formulierung wie in § 328 I Z 5, freilich bezogen auf die Vollstreckbarkeit eines dinglichen Arrests, insoweit also enger gefaßt. Trotzdem sind Rspr und Lehre zur eben genannten vergleichbaren Vorschrift mitverwendbar. Vgl daher § 328 Rn 46, 47. Es ist vor allem ebenso wie dort eine differenzierende und großzügige Auffassung des Begriffs der Gegenseitigkeit geboten.

25   8) *VwGO: Unanwendbar, Grdz § 916 Rn 21.*

918 *Arrestgrund bei persönlichem Arrest.* **Der persönliche Sicherheitsarrest findet nur statt, wenn er erforderlich ist, um die gefährdete Zwangsvollstreckung in das Vermögen des Schuldners zu sichern.**

Schrifttum: Gaul, Zur Problematik des persönlichen Arrestes, Festschrift für *Beys* (Athen 2004) 327; *Schuschke* DGVZ **99**, 129 (Üb).

1   1) **Systematik.** Vgl zunächst Grdz 1–3 vor § 916. Der persönliche Arrest ist ein hilfsweiser Rechtsbehelf, Mü RR **88**, 383. Er ist nur dann zulässig, wenn der Schuldner überhaupt noch pfändbares Vermögen hat. Der „Schuldturm" ist keine Ersatzvollstreckung. Der persönliche Arrest ist außerdem nur dann zulässig, wenn andere Mittel zur Sicherung der Zwangsvollstreckung bisher versagen, namentlich ein dinglicher Arrest, §§ 916, 917. Der persönliche Arrest ist auch gegen einen Ausländer statthaft, der sich im Inland aufhält, Anh § 918. Ritter ZZP **88**, 155 hat vor allem gegen eine Anordnung des persönlichen Arrests ohne eine mündliche Verhandlung verfassungsrechtliche Bedenken und fordert stets die Beachtung des Art 104 IV GG. Vgl aber auch § 921 Rn 4.

2   2) **Regelungszweck.** Der „Schuldturm" erscheint als ein Fossil aus grauer Vorzeit, völlig überholt. Tatsächlich landet wohl auch kaum je noch ein Schuldner wirklich dort. Aber die Gefahr der Einlieferung in ein solches Gemäuer dürfte denn doch auch heutzutage ihre Wirkung nicht verfehlen. Genau darin liegt natürlich der Abschreckungszweck. Demgemäß sollte man die Vorschrift auch durchaus ernsthaft und energisch handhaben. Der Schuldner wird reden und handeln, sobald der Vollzug nach § 933 tatsächlich bevorsteht. Jedenfalls gilt der Verhältnismäßigkeitsgrundsatz, Grdz 34 vor § 704, Karlsr FamRZ **96**, 1430, Mü RR **88**, 383.

3   3) **Arrestgrund.** Neben dem Arrestanspruch nach § 916 muß auch beim persönlichen Arrest ein Arrestgrund vorliegen. Er ist im wesentlichen derselbe wie beim dinglichen Arrest, § 917. Der Zweck des § 918 besteht nicht darin, den Schuldner dazu zu zwingen, Vermögensstücke zu beschaffen, Ritter ZZP **88**, 138, oder sie aus dem Ausland herbeizuschaffen. Der Zweck liegt vielmehr darin, eine Verschiebung derjenigen glaubhafterweise bereits vorhandenen inländischen Vermögensstücke des Schuldners zu verhindern, deren Pfändung im Weg des dinglichen Arrests möglich werden soll.

4   *Beispiele:* Der Schuldner steht im Begriff, mit seinem Vermögen in das Ausland zu ziehen, Kblz JB **92**, 191; man kann nicht ermitteln, wo das Vermögen des Schuldners geblieben ist, Karlsr FamRZ **74**, 1429; der Schuldner will sich der Abgabe einer eidesstattlichen Versicherung zwecks Offenbarung entziehen, Mü RR **88**, 382 (natürlich müssen auch die Voraussetzungen des § 916 vorliegen). Das Vermögen mag sich im Ausland befinden. Es reicht aus, daß der Gläubiger glaubhaft macht, daß der Schuldner ein pfändbares Vermögen in einer beliebigen Höhe besitzt. Der Gläubiger kann aber nicht schon zum Zweck der Glaubhaftmachung seiner Behauptungen nach §§ 294, 920 II verlangen, daß der Schuldner eine eidesstattliche Versicherung zwecks Offenbarung abgibt. Der Schuldner kann seinerseits nicht zum Zweck der Widerlegung der Glaubhaftmachung des Gläubigers anbieten, die eidesstattliche Versicherung abzuleisten. Vgl im übrigen § 917.

5   4) **Entscheidung.** Das Arrestgericht muß zur Vermeidung der Unvollziehbarkeit wegen Unbestimmtheit mangels Auslegbarkeit die Art und Weise des Arrests im Arrestbeschluß genau festlegen, § 933 Rn 2, Schuschke DGVZ **99**, 131. Wegen des etwa zusätzlich nötigen Haftbefehls § 933 Rn 1. Das Gericht muß seinen Beschluß begründen, § 329 Rn 4.

6   5) **Vollzug.** Der Vollzug des persönlichen Arrests erfolgt nach § 933. Das Arrestgericht des § 919 muß die Vollzugsart bereits im Haftbefehl angeben oder später durch einen Beschluß ergänzend anordnen.

7   6) *VwGO: Unanwendbar, Grdz § 916 Rn 21.*

Anhang nach § 918
Persönlicher Arrest nach zwischenstaatlichem Recht

1   1) **Geltungsbereich.** Für den persönlichen Arrest ist es unerheblich, ob der Schuldner *Inländer oder Ausländer* ist. Art 26 HRPrÜbk (wegen der derzeitigen Geltung Einl IV) verbietet nur die Schlechterstellung von Angehörigen der Verbandsstaaten, die in Deutschland nicht eintritt. Er lautet:

VI. Personalhaft

HZPrÜbk Art 26. [1] **In Zivil- oder Handelssachen darf die Personalhaft als Mittel der Zwangsvollstreckung oder auch nur als Sicherungsmaßnahme gegen die einem Vertragsstaat angehörenden Ausländer nur in den Fällen angewendet werden, in denen sie auch gegen eigene Staatsangehörige anwendbar sein würde.** [2] **Ein Grund, aus dem ein im Inland wohnhafter eigener Staatsangehöriger die Aufhebung der Personalhaft beantragen kann, berechtigt auch den Angehörigen eines Vertragsstaates zu einem solchen Antrag, selbst wenn der Grund im Ausland eingetreten ist.**

Abschnitt 5. Arrest und einstweilige Verfügung § 919

919 *Arrestgericht.* **Für die Anordnung des Arrestes ist sowohl das Gericht der Hauptsache als das Amtsgericht zuständig, in dessen Bezirk der mit Arrest zu belegende Gegenstand oder die in ihrer persönlichen Freiheit zu beschränkende Person sich befindet.**

Schrifttum: *Schmitt,* Die Einrede des Schiedsvertrages im Verfahren des einstweiligen Rechtsschutzes, Diss Gießen 1987.

Gliederung

1) Systematik	1	C. Anhängigkeit der Hauptsache	6, 7
2) Regelungszweck	2	D. Zuständigkeitsprüfung	8
3) Geltungsbereich	3	5) Gerichtsstand des Verbleibs oder der Arrestbereitschaft	9
4) Gerichtsstand der Hauptsache	4–8	6) *VwGO*	10
A. Hauptsache	4		
B. Anhängigkeit des Arrestanspruchs	5		

1) Systematik. § 919 regelt die Zuständigkeit des Gerichts für die Anordnung des Arrestes. Die Zustän- **1** digkeit für die Vollstreckung ist mit der Ausnahme des § 930 I dieselbe wie bei jeder anderen Zwangsvollstreckung. §§ 930 III, 943 I, II regeln Ausnahmen von § 919. Die beiden Gerichtsstände des § 919, derjenige der Hauptsache und derjenige des Verbleibs, stehen dem Gläubiger zur Wahl, Ffm FamRZ **88**, 184. Beide sind ausschließlich, § 802. In einem dringenden Fall darf der Vorsitzende ohne eine mündliche Verhandlung entscheiden, § 944. Wegen des Einzelrichters §§ 348, 348 a. Das Gericht muß seine Zuständigkeit von Amts wegen prüfen, Grdz 39 vor § 128. Wenn freilich die Hauptsache im Zeitpunkt des Eingangs des Arrestgesuchs bereits nach Rn 4 anhängig ist, dann erstreckt sich die Zuständigkeitsprüfung nur auf die Anhängigkeit.

2) Regelungszweck. Die Vorschrift dient der Rechtssicherheit, Einl III 43. Daher muß man sie strikt **2** auslegen. Dabei bringt die Feststellung des Gerichts „der Hauptsache" nach I Hs 1 oft Probleme mit sich, solange nicht etwa beim sog fliegenden Gerichtsstand in § 32 so gut wie jedes Gericht zB des gesamten Verbreitungsgebiets einer etwa wettbewerbswidrigen Handlung zur Verfügung stehen muß, Rn 5. Das Eilverfahren ist aber nicht dazu bestimmt, schwierige Rechtsfragen ohne Anhörung beider Parteien zum auch nur eventuellen vorläufigen Nachteil einer von ihnen werden zu lassen. Deshalb sollte der Antragsteller gut überlegen, ob er ein solches Gericht angeht, das nur als Hauptsachegericht nach § 919 zuständig sein könnte.

3) Geltungsbereich. Eine einmal begründete Zuständigkeit dauert fort. Sie umfaßt das Widerspruchs- **3** verfahren nach § 925 und die Arrestaufhebung nach §§ 926, 927 I mit Ausnahme von § 927 II. Es umfaßt ferner die Anordnung der Rückgabe einer Sicherheit nach § 109 mit Ausnahme von § 943 II, die Klage auf die Erteilung der Vollstreckungsklausel nach §§ 731, 929 und die Pfändung von Forderungen und anderen Rechten, §§ 930 I 3, 934. Die Zuständigkeit braucht nur im Zeitpunkt der Entscheidung über den Widerspruch nach § 925 zu bestehen. Der Arrest eines unzuständigen Gerichts bleibt bis zu seiner Aufhebung auf Grund eines Rechtsbehelfs voll wirksam. Dasselbe gilt für eine aus ihm vorgenommene Zwangsvollstreckung.

Die *internationale* Unzuständigkeit eines inländischen Gerichts für die Hauptsache nach Üb 6 vor § 12 ist unschädlich, vgl freilich ohnehin § 23, LG Ffm NJW **90**, 652, Geimer WertpMitt **75**, 912. Wegen des LugÜbk SchlAnh V D 1, Kalsr MDR **02**, 231 (Art 24). Wegen (jetzt) der EuGVVO SchlAnh V C 4, besonders Art 24, BGH **74**, 279, Kblz IPRax **91**, 241, Hanisch IPRax **91**, 225, aM Kblz NJW **76**, 2082 (abl Schlafen).

4) Gerichtsstand der Hauptsache. Man muß vier Hauptaspekte beachten. **4**

A. Hauptsache. Das ist im Sinn des § 919 der zu sichernde Anspruch selbst, bei § 940 das zu regelnde Rechtsverhältnis, Düss FamRZ **79**, 155. Im Fall einer Anspruchshäufung nach § 260 ist entscheidend, welchen Anspruch der Arrest unmittelbar sichern soll, LG Stgt MDR **77**, 676. Es kann sich um einen Anspruch handeln, den der Kläganspruch nur vorbereitet, etwa um einen Antrag auf Prozeßkostenvorschuß oder einen Ersatzanspruch für den Fall der Nichterfüllung des Klaganspruchs. Die Parteirollen nach Grdz 1 vor § 50 entscheiden nicht. Im Zusammenhang mit einer Sicherung des Bekl in der Hauptsache muß der Bekl zuvor eine Widerklage erheben, Anh § 253. Denn sonst fehlt der besondere Gerichtsstand hierfür, § 33. Eine Einrede macht den Anspruch nicht anhängig, ebensowenig eine Aufrechnung, § 145 Rn 9. Deshalb bestimmen weder eine Einrede noch eine Aufrechnung ein Gericht zum Gericht der Hauptsache. Eine verneinende Feststellungsklage genügt, Ffm WRP **96**, 97, aM LG Düss GRUR **00**, 611 (aber die Rechtskraftwirkung ist umfassend, § 322 Rn 41).

B. Anhängigkeit des Arrestanspruchs. Es kommt darauf an, bei welchem Gericht der zu sichernde **5** Anspruch im Sinn von § 261 Rn 1 anhängig ist oder anhängig werden kann. Der Gläubiger darf zwischen mehreren zuständigen Gerichten wählen, Rn 2. Wenn die Parteien nach § 1025 eine Schiedsvereinbarung getroffen hatten, dann ist dasjenige Staatsgericht zuständig, das ohne die Schiedsvereinbarung zuständig wäre, § 943, § 1034 Rn 8 „Arrest", ZöV **25**, 1 aM Hbg FamRZ **25** vor § 916 (aber der Schiedsgerichtsabrede ist nicht einfach auf den staatlichen Prozeß übertragbar, den die Parteien ja gerade vermeiden wollen). Die Zuständigkeit des Staatsgerichts ist in diesem Fall zwingend. Andernfalls würde man die Partei dieses Rechtsschutzes gänzlich berauben, LG Ffm NJW **83**, 762, Vollkommer NJW **83**, 727, rechtsvergleichend krit Schlosser ZZP **97**, 268. Eine zulässige Vereinbarung der Parteien über die Zuständigkeit in der Hauptsache nach § 38 wirkt auch für das vorläufige Verfahren. Wenn für die Hauptsache die Kammer für Handelssachen nach §§ 95 ff GVG zuständig ist, dann ist sie es auch für einen Arrest, den der Gläubiger beantragt, § 96 GVG.

§§ 919, 920

Wenn das *Familiengericht* für die Hauptsache nach §§ 606 ff zuständig ist, dann ist es auch für den zugehörigen Arrest zuständig, BGH NJW **80**, 191, Ffm FamRZ **88**, 184 (der Antragsteller kann auch den Gerichtsstand des Verbleibs wählen, § 621 II hindert nicht), StJGr 29 vor § 916, ThP 5, aM Hamm NJW **78**, 57 (inkonsequent). Das AG ist in keinem Fall neben einem *ArbG* zuständig, s aber Rn 8.

6 **C. Anhängigkeit der Hauptsache.** Wenn die Hauptsache schon im Sinn von § 261 Rn 1 anhängig ist, dann ist entscheidend, bei welchem Gericht sie zur Zeit des Eingangs des Arrestantrags schwebt, Zweibr JZ **89**, 103. Es ist nicht erforderlich, daß die Hauptsache bereits rechtshängig ist, § 261 Rn 1, § 922 Rn 4, Zweibr JZ **89**, 103, LG Düss GRUR **00**, 611. Es genügt deshalb, daß die Hauptsache im Mahnverfahren nach § 261 Rn 1 anhängig ist, selbst wenn die Zuständigkeit des AG überschritten worden ist. Hauptsachegericht ist also auch dann derjenige AG, dessen Rpfl bzw Urkundsbeamte nach Grdz 4 vor § 688 den Mahnantrag nach § 689 bearbeiten muß. Wegen des FamG BGH Rpfleger **80**, 14. Wenn die Hauptsache in der zweiten Instanz schwebt, dann ist für den Arrest das Berufungsgericht zuständig, § 943 I Hs 2. Seine Zuständigkeit endet und die Zuständigkeit der ersten Instanz beginnt wieder im Zeitpunkt der Rechtskraft des Berufungsurteils nach § 322 oder im Zeitpunkt der Einlegung der Revision, § 552, BGH Rpfleger **76**, 178, Köln GRUR **77**, 221.

7 Wenn im Fall einer *Berufung gegen* eine *Vorabentscheidung* nach § 304 das Verfahren über den Betrag in der ersten Instanz schwebt, dann ist die erste Instanz für den Arrest zuständig. Denn man muß in einem solchen Fall die Zuständigkeit des Berufungsgerichts einschränkend auslegen, RoGSch § 77 I 1 a, StJGr 6, aM MüKoHe 10, ZöV 7 (es seien dann die Gerichte beider Instanzen zuständig. Aber man sollte nicht den Rechtszug verkürzen). Dasselbe gilt im Fall eines Zwischenurteils nach § 280 II. Während eines Wiederaufnahmeverfahrens nach §§ 578 ff gegen ein Urteil des OLG ist das OLG für einen Arrest zuständig. Im Fall eines Teilurteils nach § 301 entscheidet der zu sichernde Teil des Anspruchs. Vgl ferner § 929 Rn 8, 9.

8 **D. Zuständigkeitsprüfung.** Das Gericht der Hauptsache darf zwar prüfen, ob die Hauptsache anhängig ist. Es darf aber grundsätzlich seine Zuständigkeit für die Hauptsache nicht prüfen, Hbg MDR **81**, 1027, es sei denn, der ordentliche Rechtsweg fehlt, §§ 13 ff, 17 a, b GVG, KG GRUR-RR **02**, 247, ZöV 8, aM Otte ZIP **91**, 1048 (aber Rechtswegfragen gehören stets zu den von Amts wegen zu prüfenden Prozeßvoraussetzungen, Grdz 16 vor § 253). Solange die Unzuständigkeit nicht rechtskräftig feststeht, ist das Gericht der Hauptsache auch für den Arrestantrag zuständig. Diese Zuständigkeit bleibt auch dann bestehen, wenn das Gericht der Hauptsache die Klage wegen Unzuständigkeit abweist oder den Rechtsstreit wegen der Hauptsache an ein anderes Gericht verweist, § 261 III Z 2. Es kommt dann § 927 in Betracht. Die nachträgliche Erhebung der Hauptklage nach §§ 253, 261 macht das Gericht für den Arrestantrag zuständig. Eine Verweisung nach §§ 281, 506 ist zulässig. Keinesfalls kann eine spätere Unzuständigkeit schaden, die auf einer Klagänderung nach § 263, 264 oder auf einer Widerklage nach Anh § 253 usw beruht. Maßgeblich ist der Zeitpunkt des Eingangs des Arrestgesuchs, § 920 Rn 5. Es ist nicht erforderlich, daß dieselbe Abteilung oder Kammer wie im Hauptprozeß entscheidet.

9 **5) Gerichtsstand des Verbleibs oder der Arrestbereitschaft.** Für den Arrestantrag muß man natürlich im Gesetzestext hinter dessen Wort „als" das offensichtlich vergessene Wort „auch" nach heutigem Sprachgebrauch ergänzen. Daraus folgt: Nach der Wahl des Gläubigers ist auch dasjenige AG zuständig, in dessen Bezirk sich der vom Arrest betroffene Gegenstand oder die vom Arrest betroffene Person bereits befinden, aM Braun VersR **88**, 879 (es müsse zB beim Lkw genügen, daß er sich dort demnächst befinden werde. Aber das Eilverfahren ist schon gefährlich genug). Diese Zuständigkeit gilt ohne Rücksicht auf den Streitwert, auf die Anhängigkeit der Hauptsache und beim Arrest auch ohne Rücksicht auf die Dringlichkeit, insofern anders als bei der einstweiligen Verfügung, § 942 I. Dieses AG ist auch dann zuständig, wenn für die Hauptsache kein inländisches Gericht zuständig wäre.

„*Gegenstand*" ist hier auch eine Forderung. Sie befindet sich am Wohnsitz des Drittschuldners und am Ort der Pfandsache, § 23 S 2. Man kann weder aus dem Gesetzestext noch aus der Natur der Sache ableiten, daß der Arrest nur diejenigen Gegenstände oder Personen ergreife, die sich im Bezirk dieses AG befinden. Vielmehr ist eine gegenteilige Auslegung vernünftig und entsprechend § 23 S 1 möglich, Thümmel NJW **85**, 472, StJGr § 922 Rn 31, ZöV § 926 Rn 2, aM RoGSch § 77 I 4 b. Diese Zuständigkeit gilt auch in einer Arbeitsgerichtssache, LG Fulda NJW **96**, 266, aM RoGSch § 77 I 1 b. Maßgeblich ist der Zeitpunkt des Eingangs des Arrestgesuchs. Ein späterer Wechsel des Verbleibs der Sachen ist unerheblich, aM ThP 7 (ausreichend sei auch ein Verbleib im Zeitpunkt der Entscheidung im Bezirk des AG. Aber das paßt nicht zum Grundgedanken des § 261 III Z 2, Rn 8).

10 **6) *VwGO*:** Unanwendbar, Grdz § 916 Rn 21. Für die einstwAnO enthält § 123 II VwGO eine eigene Zuständigkeitsregelung (auch danach ist an Stelle des Revisionsgerichts das erstinstanzliche Gericht zuständig, oben Rn 5, RedOe § 123 Anm 15; die Zuständigkeit des Berufungsgerichts bleibt im Fall der Nichtzulassungsbeschwerde erhalten, solange es sie nicht dem BVerwG vorgelegt hat, Finkelnburg/Jank Rn 81, VGH Mü DVBl **81**, 687 mwN, str, vgl KoppSch § 123 Rn 19 mwN, diff VGH Mü NVwZ-RR **93**, 221: Zuständigkeit des Berufungsgerichts mindestens bis zur Entscheidung des BVerwG über die Beschwerde).

920

Arrestgesuch. [I] Das Gesuch soll die Bezeichnung des Anspruchs unter Angabe des Geldbetrages oder des Geldwertes sowie die Bezeichnung des Arrestgrundes enthalten.

[II] Der Anspruch und der Arrestgrund sind glaubhaft zu machen.

[III] Das Gesuch kann vor der Geschäftsstelle zu Protokoll erklärt werden.

Schrifttum: *Fuchs*, Die Darlegungs- und Glaubhaftmachungslast im zivilprozessualen Eilverfahren, Diss Bonn 1993; *Hilgard*, Die Schutzschrift im Arrest- und Einstweiligen-Verfügungs-Verfahren, 1983; *Maurer*, Verjährungshemmung durch vorläufigen Rechtsschutz, in: Festschrift für *Erdmann*, (2002); *Scherer*, Das Beweismaß bei der Glaubhaftmachung, 1996; *Walter*, Die Darlegungs- und Glaubhaftmachungslast in den Verfahren von Arrest und einstweiliger Verfügung nach §§ 716 ff ZPO 1992.

Abschnitt 5. Arrest und einstweilige Verfügung **§ 920**

Gliederung

1) **Systematik, I–III** 1	A. Grundsatz: Erforderlichkeit bei Arrestanspruch, Arrestgrund, Prozeßvoraussetzungen 12, 13
2) **Regelungszweck, I–III** 2	B. Mittel der Glaubhaftmachung 14, 15
3) **Gesuch, I** 3–10	C. Ausnahme: Entbehrlichkeit beim Arrestgrund 16
A. Arrestanspruch 4	5) **Form, III** 17
B. Gläubiger, Schuldner 5	6) **Antragsrücknahme, I–III** 18
C. Arrestgrund 6	7) **VwGO** 19
D. Arrestgegenstand 7	
E. Rechtshängigkeit 8, 9	
F. Einzelfragen 10	
4) **Glaubhaftmachung, II** 11–16	

1) Systematik, I–III. § 920 regelt den das Arrestverfahren einleitenden Antrag. Er entspricht einer **1** Klageschrift nach § 253 nicht dem vollen Inhalt nach, wohl aber der Funktion nach im Kern. Ergänzend sind die Regelungen über bestimmte Schriftsätze anwendbar, §§ 129 ff.

2) Regelungszweck, I–III. Die Vorschrift dient in I wie § 253 der Klarstellung, was Streitgegenstand **2** des Eilverfahrens ist. Sie dient damit der Abgrenzung auch der Rechtskraft und des Vollstreckungsumfangs, also der Rechtssicherheit, Einl III 43. Gerade sie bedarf im Eilverfahren der besonderen Aufmerksamkeit. Daher darf man I trotz allen verständlichen Eilbedürfnisses keineswegs allzu großzügig behandeln. Daran ändert im Parallelfall eines Antrags auf einstweilige Verfügung nach §§ 935 ff auch § 938 nichts. Das Gericht kann eine sorgfältig durchdachte nachvollziehbare Fassung des Eilantrags verlangen, besonders wegen seiner Dauer. Denn es besteht oft eine erhebliche Gefahr der Vorwegnahme der Hauptsache. Antragsteller wie Gericht bedenken sie oft viel zu wenig, § 916 Rn 2, 9. Die Beschränkung in II auf eine bloße Glaubhaftmachung statt eines Vollbeweises entspricht dem Zweck, so rasch wie irgend möglich im Eilverfahren voranzukommen, also der Prozeßwirtschaftlichkeit zu dienen, Grdz 14 vor § 128.

3) Gesuch, I. Das Verfahren beginnt mit dem Eingang eines Gesuchs, eines Antrags des Gläubigers. Er **3** kann ihn mithilfe der vorrangigen § 130 auch elektronisch stellen. Das Wort „soll" in I bedeutet nur die Zulässigkeit einer Ergänzung im weiteren Verfahren. Der Antrag muß also eigentlich bereits die folgenden Einzelheiten enthalten. Das Gericht muß dem Gläubiger in einem nicht ganz aussichtslosen Fall nach § 139 eine Ergänzung seiner etwa unvollständigen Angaben anheimstellen oder eine mündliche Verhandlung anordnen, § 128 Rn 4.

A. Arrestanspruch. Der Gläubiger muß den Anspruch bezeichnen, §§ 253 II Z 2, 916. Dabei muß der **4** Gläubiger den Geldbetrag oder den Geldwert angeben, auch wegen § 923. Grundsätzlich gelten dieselben Anforderungen an die Bestimmtheit des Antrags wie bei der Klageschrift, § 253 Rn 39 ff. Das gilt insbesondere beim Unterlassungsbegehren, Hamm MDR **00**, 386. Indessen darf man die Anforderungen wegen des vorläufigen Charakters des Eilverfahrens auch nicht überspannen, Hamm MDR **00**, 386.

B. Gläubiger, Schuldner. Außerdem muß der Gläubiger natürlich sich selbst und den Schuldner aus- **5** reichend bezeichnen, BGH MDR **92**, 1178, Ffm NJW **92**, 1178. Dazu genügen ausreichende Umschreibungen der Identität, wenn der Gläubiger den wahren Namen des Schuldners nicht zumutbar ermitteln kann, Raeschke-Kessler NJW **81**, 663 (Hausbesetzer). Vgl aber auch § 253 Rn 24, 25.

C. Arrestgrund. Der Gläubiger muß den Arrestgrund angeben, §§ 917 ff. Ein Anwalt darf solche ihm **6** anvertrauten Tatsachen nicht angeben, die er zur Darlegung seines Vergütungsanspruchs in einem Hauptprozeß nicht offenbaren müßte. Andernfalls tritt Unverwertbarkeit ein, Üb 11 ff vor § 371, KG NJW **94**, 462.

D. Arrestgegenstand. I erwähnt den Arrestgegenstand nicht. Da der Arrest immer „in das Vermögen" **7** des Schuldners ergehen muß, braucht der Gläubiger den Gegenstand nur dann anzugeben, wenn erst dessen Verbleib nach § 919 Rn 6 die Zuständigkeit des angerufenen Gerichts begründet oder wenn der Gläubiger einen persönlichen Arrest beantragt. Wegen einer Verbindung mit einer Forderungspfändung § 930 Rn 4, 5.

E. Rechtshängigkeit. Der Eingang des Gesuchs macht nur das Arrestverfahren anhängig. Er macht in **8** Abweichung vom Klageverfahren hier über die bloße Anhängigkeit hinaus auch bereits rechtshängig, § 91 Rn 192 „Schutzschrift", Grdz 7 vor § 128, BGH JZ **95**, 316, Köln GRUR **01**, 425, LG Brschw WoM **02**, 221. Wegen des Hauptsacheprozesses bleibt es bei § 261 Rn 1.
Rechtsgrund dieser Abweichung vom grundsätzlich nach §§ 253 I, 261 I gebotenen Zustellen ist die im Eilverfahren eintretende Prozeßtreuhänderstellung des Gerichts als Ausfluß seiner Fürsorgepflicht, Einl III 27. Sie begründet nach § 242 BGB für den Antragsgegner das Prozeßrechtsverhältnis im Sinn von Grdz 4 vor § 128, § 261 Rn 8. Die Rechtshängigkeit steht einem neuen Gesuch mit demselben Ziel entgegen, Kblz GRUR **81**, 93, s aber auch § 322 Rn 29, 30 „Arrest und Einstweilige Anordnung oder Verfügung". Es treten grundsätzlich alle prozessualen Wirkungen der Rechtshängigkeit ein, § 91 a, § 261 Rn 3, Düss NJW **81**, 2824, Kblz GRUR **81**, 93, Mü NJW **93**, 1604.
Die sachlichrechtlichen Wirkungen der Rechtshängigkeit treten nur ein, soweit das sachliche Recht diese **9** Wirkungen an das Arrestgesuch oder an jede gerichtliche Geltendmachung knüpft, wie im Fall des § 941 BGB. Man kann vom Arrestverfahren zum Hauptprozeß nur nach den Regeln der Klageänderung nach §§ 263, 264 übergehen, Grdz 5 vor § 916. Unzulässig, da auch nicht durch Klage-„Änderung" durchführbar, ist ein Übergang vom Hauptprozeß zum Arrestverfahren, schon gar in der höheren Instanz, Düss FamRZ **81**, 70. Wegen der Kosten § 91 a Rn 32, Bülow ZZP **98**, 274.

F. Einzelfragen. Ein Schiedsverfahren braucht anders als vor einer Klagerhebung nach § 253 Rn 7 dann **10** nicht vorangegangen zu sein, wenn der Gläubiger Recht oder ein Rechtsverhältnis im Sinn von § 37 IV ArbNEG geltend macht. Den evtl nach § 923 festzustellenden Betrag braucht der Gläubiger nicht anzugeben. Denn das Gericht muß ihn von Amts wegen ermitteln, § 923 Rn 1. Der Gläubiger kann ihn insofern nur anregen, aM ThP 1 (er müsse ihn angeben).

§ 920

11   **4) Glaubhaftmachung, II.** Sie ist oft streitentscheidend, LAG Bln NZA-RR **05**, 220. Sie erfolgt nach § 294, BayObLG Rpfleger **95**, 476 (StPO), Hirtz NJW **86**, 111, strenger Scherer (vor Rn 1. Aber § 294 gilt hier nach Wortlaut und Sinn von II voll, Einl III 39). Die im Hauptprozeß geltenden Regeln zur Beweislast nach Anh § 286 gelten also im übrigen nicht, auch nicht bei mündlicher Verhandlung, Düss FamRZ **80**, 158, StJGr 10, aM Brdb RR **02**, 1128, Ffm DB **90**, 2260 (aber StJGr erörtert aaO nur die Beweislast), ZöV 9 (aber II bezweckt wegen des Eilcharakters gerade eine Erleichterung). An der Intensität, mit der das Gericht die rechtliche Prüfung des Sachverhalts vornehmen muß, ändert die Zulässigkeit bloßer Glaubhaftmachung einer Tatsache nichts, § 922 Rn 5, Kblz NJW **01**, 1364.

12   **A. Grundsatz: Erforderlichkeit bei Arrestanspruch, Arrestgrund, Prozeßvoraussetzungen.** Die Glaubhaftmachung muß sich grundsätzlich auf den Arrestanspruch nach § 916 und den Arrestgrund erstrecken, § 917, Hamm FamRZ **86**, 696 (strenge Anforderungen beim Notunterhalt), Köln RR **00**, 2000. Wegen einer Ausnahme Rn 9. Je unwahrscheinlicher der Bestand des zu sichernden sachlichrechtlichen Anspruchs ist, desto höhere Anforderungen muß man an die Wahrscheinlichkeit einer dem Antragsteller drohenden Gefahr stellen, Jestaedt GRUR **81**, 55. Das gilt besonders bei einer so Leistungsverfügung, Celle FamRZ **94**, 386 (Unterhalt). Sie genügt zur Begründung des Gesuchs, Dittmar NJW **78**, 1721. Wenn das Arrestgericht ein Gesuch rechtskräftig abgewiesen hatte, kann der Gläubiger ein neues Gesuch einreichen und durch eine neue Glaubhaftmachung nunmehr ausreichend begründen.

13   Er muß auch die *Prozeßvoraussetzungen* nach Grdz 12 vor § 253 von vornherein glaubhaft machen, Hamm FamRZ **98**, 687, Thümmel NJW **96**, 1931, namentlich die Zuständigkeit nach § 919. Gegenüber einem Vollbeweis des Gläubigers nach § 286 Rn 16 reicht eine eidesstattliche Versicherung nicht als Gegenbeweis im Sinn von Einf 12 vor § 284 aus, Köln FamRZ **81**, 780. Im übrigen darf das Gericht aber überhaupt in keinem Punkt einen vollen Beweis verlangen, Ffm MDR **81**, 238, auch nicht in einer mündlichen Verhandlung. Es ist überhaupt keine allzu große Strenge geboten, Hbg GRUR **89**, 1164. Das Gericht prüft von Amts wegen, ob eine erforderliche Vollmacht vorliegt und ausreicht, §§ 88 II, 80. Eine Prozeßvollmacht für den Hauptprozeß genügt, wenn der Antragsteller sie im Hauptprozeß nachgewiesen hat, § 82. § 1585 a BGB hat das Erfordernis der Glaubhaftmachung nicht beseitigt, Düss FamRZ **80**, 1116.

14   **B. Mittel der Glaubhaftmachung.** Grundsätzlich kann sich der Gläubiger zur Glaubhaftmachung auf seine eigene eidesstattliche Versicherung beziehen, § 294 I Hs 2, Celle RR **87**, 448. Indessen muß das Arrestgericht gerade eine solche eidesstattliche Versicherung mit äußerster Vorsicht bewerten. Das gilt insbesondere deshalb, weil eine falsche eidesstattliche Versicherung der Partei zum Teil straflos sein kann, Blomeyer JR **76**, 441. Zum Problem des Telefax BayObLG (4. StS) JR **96**, 292 (krit Vormbaum/Zwiehoff). Zum Gebot einer ebenso zurückhaltenden Bewertung der bloßen Bezugnahme auf einen Anwaltsschriftsatz in der eigenen eidesstattlichen Versicherung § 294 Rn 7, Ffm FamRZ **84**, 313.

15   Der Gläubiger kann sich aber zur Glaubhaftmachung auch der freilich oft ebenfalls zurückhaltend bewertbaren eidesstattlichen Versicherung eines Dritten und *aller* anderen *Beweismittel* bedienen, § 294 I, sofern er sie nur sogleich beifügt oder in einer etwaigen Verhandlung zur Verfügung stellt, § 294 II. Der Antragsteller kann daher zB einen Sachverständigen gestellen, Nürnb MDR **77**, 849. Er kann später dessen Kosten als Prozeßkosten nach § 91 geltend machen, Düss DB **81**, 785. Auch ein ausländisches Urteil kann ausreichen, Schlosser Festschrift für Schwab (1990) 445, ebenso ein in- oder ausländischer Schiedsspruch. Ein gerichtliches Geständnis nach § 288 reicht zur Glaubhaftmachung in aller Regel aus. Wenn der Gläubiger seine Behauptungen nicht glaubhaft machen kann, dann kann er eine Sicherheitsleistung nach § 108 anbieten. Sie mag dem Gericht nach § 921 genügen.

Zur Glaubhaftmachung kann auch eine *Verweisung auf die Akten* des Hauptprozesses und seiner Beiakten genügen, namentlich auf ein dort bereits ergangenes Urteil. Zur Glaubhaftmachung bei einer wettbewerbsrechtlichen Abnehmerverwarnung Brandi-Dohrn GRUR **81**, 684. Die Glaubhaftmachung erstreckt sich wie stets nur auf Tatsachen, Hirtz NJW **86**, 111. Sie erspart dem Arrestgericht nicht die volle rechtliche Prüfung, aM Hbg GRUR **89**, 1164 (zum ausländischen Recht. Aber dort enthalten § 293 Rn 5 Regeln einer vollen rechtlichen Prüfung, nur eben in einem von vornherein auch im Hauptprozeß eingeschränkten Rahmen). Es gibt keine Nachfrist, § 294 II, Hamm FamRZ **98**, 687.

16   **C. Ausnahme: Entbehrlichkeit beim Arrestgrund.** Der Gläubiger braucht in den Fällen der §§ 691 II, 698 III HGB, 25 UWG sowie § 921 II, dort Rn 6, den Arrestgrund nicht glaubhaft zu machen.

17   **5) Form, III.** Der Gläubiger kann sein Gesuch schriftlich bzw elektronisch nach § 130 a oder zum Protokoll der Geschäftsstelle erklären. Deshalb besteht (nur) für das Gesuch kein Anwaltszwang, (jetzt) § 78 V Hs 2, Ffm MDR **99**, 186, Saarbr RR **98**, 1012, Stgt RR **94**, 624. Der Gläubiger kann das Gesuch mit einer Klageschrift nach § 253 verbinden. Das ist allerdings unzweckmäßig. Der lediglich mündliche Antrag in einem Verhandlungstermin ist unzulässig. Der Gläubiger kann auch seine etwaigen zur Wirksamkeit des Arrests notwendigen Nebenanträge, ohne einen Anwaltszwang stellen. Das gilt zB für den Antrag auf eine öffentliche Zustellung nach §§ 185 ff oder für den Antrag auf die Zulassung einer anderen Sicherheit. Ein Anwaltszwang besteht aber für das an das Gesuch anschließende Verfahren wie sonst, § 78 Rn 1, Köln FamRZ **88**, 1274. Er besteht daher zB auch für andere Anträge, Ffm MDR **89**, 460, oder für einen Widerspruch nach § 924 beim LG und beim OLG, Düss OLGZ **83**, 358, Ffm JB **95**, 490 (spricht irrig von „Beschwerde"), Hamm GRUR **92**, 887. Anwaltszwang besteht ferner für das zugehörige Vollstreckungsverfahren, §§ 929 ff, Ffm MDR **89**, 460.

18   **6) Antragsrücknahme, I–III.** Der Gläubiger kann das Gesuch jederzeit einseitig zurücknehmen, Ullmann BB **75**, 236. Das gilt auch noch nach einem Widerspruch des Schuldners nach § 924, beim LG dann unter Anwaltszwang, § 78 Rn 1. Es gilt auch noch nach einer mündlichen Verhandlung bis zur Rechtskraft. Denn § 269 I ist insoweit unanwendbar, BGH RR **93**, 1470, Düss NJW **82**, 2452. Der Antragsteller kann ja auch den Antrag erneuern. Die Rücknahme löst freilich in jedem Fall auf Grund eines Antrags des Schuldners die Wirkungen aus, die sich aus einer entsprechenden Anwendung des § 269 III 2 ergeben, § 269 Rn 6, Düss FamRZ **92**, 962, Mü Rpfleger **82**, 115. § 269 III 3 paßt nicht, § 921 Rn 6.

7) VwGO: Gilt entsprechend für die einstwAnO, § 123 III VwGO, so daß sie abzulehnen ist, wenn der Antrag- 19
steller die zur Begründung des Anspruchs und der Regelungsbedürftigkeit nötigen Tatsachen nicht glaubhaft macht,
Reimer VBlBW **86**, 295 u Jakobs VBlBW **84**, 134, beide mwN, OVG Münst NVwZ-RR **02**, 583, OVG Schlesw
NVwZ-RR **92**, 387 mwN, VGH Kassel NVwZ **85**, 765, OVG Bre FEVS **34**, 322, OVG Lüneb DVBl **71**, 881;
dieser Grundsatz gilt jedenfalls dann, wenn die Gewährung einer Leistung erstrebt wird, BFH BStBl **71** II 633, OVG
Lüneb NJW **73**, 73 (für die uneingeschränkte Geltung des Untersuchungsgrundsatzes, § 86 I VwGO, Schoch S 1646,
Baur 39 u Burkholz, Der Untersuchungsgrundsatz im verwaltungsgerichtlichen Eilverfahren, 1988, diff Finkelnburg/
Jank Rn 341, KoppSch § 123 Rn 24). Demgemäß ist auch nur eine sofortige Beweisaufnahme, § 294 II, zulässig,
aM KoppSch § 123 Rn 32, Wolf BayVBl **89**, 192. Nur bei Unmöglichkeit oder Unzumutbarkeit der Darlegung hat
das Gericht den Sachverhalt vAw aufzuklären, OVG Magdeb NVwZ-RR **98**, 694 u OVG Bln DVBl **77**, 647 (zum
Hochschulzulassungsrecht, dazu Schoch S 787–791. Durch ein stattgebendes erstinstanzliches Urteil wird der Anspruch
glaubhaft gemacht, falls nicht offensichtlich fehlerhaft (oder durch die weitere Entwicklung überholt) ist, OVG Hbg LS
FamRZ **82**, 746. Wenn der Anspruch eine Ermessensentscheidung der Verwaltung betrifft, genügt zur Glaubhaftmachung die Darlegung einer gewissen Wahrscheinlichkeit des Erfolgs im Hauptverfahren, OVG Münst DÖV **74**, 750, vgl
BFH BStBl **77** II 587. In beamtenrechtlichen Konkurrenten-Streitigkeiten dürfen aber die Anforderungen nicht überspannt werden, BVerfG DVBl **02**, 1633. Eine bestimmte Maßnahme braucht das Gesuch nicht zu bezeichnen, § 938,
Baur 75.

---

921 *Entscheidung über das Arrestgesuch.* ¹Das Gericht kann, auch wenn der Anspruch oder der Arrestgrund nicht glaubhaft gemacht ist, den Arrest anordnen, sofern wegen der dem Gegner drohenden Nachteile Sicherheit geleistet wird. ²Es kann die Anordnung des Arrestes von einer Sicherheitsleistung abhängig machen, selbst wenn der Anspruch und der Arrestgrund glaubhaft gemacht sind.

Schrifttum: *Ahrens,* Ausländersicherheit im einstweiligen Verfügungsverfahren, in: Festschrift für *Nagel* (1978); *Baumgärtel,* Die Verteilung der Glaubhaftmachungslast in Verfahren des einstweiligen Rechtsschutzes nach der ZPO, Festschrift für *Gaul* (1997) 27; *Hilgard,* Die Schutzschrift im Arrest- und Einstweiligen-Verfügungs-Verfahren, 1983.

Gliederung

1) Systematik, S 1, 2 1	B. Zusatz zur Glaubhaftmachung 10
2) Regelungszweck, S 1, 2 2	C. Sicherheitsleistung als Bedingung 11
3) Mündliche Verhandlung, S 1, 2 3–7	D. Arrest nebst Sicherheitsleistung 12
A. Ermessen 3, 4	E. Frist vor der Vollziehung 13
B. Weiteres Verfahren 5	F. Frist nach der Vollziehung 14
C. Entscheidung 6	G. Rechtsbehelfe wegen Sicherheitslei-
D. Rechtsbehelfe wegen Verhandlung 7	stung 15
4) Sicherheitsleistung, S 1, 2 8–15	5) VwGO 16
A. Ersatz der Glaubhaftmachung 8, 9	

1) Systematik, S 1, 2. Im Anschluß an die Zuständigkeit nach § 919 und den Antrag nach § 920 regelt 1
§ 921 in Verbindung mit § 922 I 1 den weiteren Gang des Arrestverfahrens bis zur Entscheidung. Darüber
hinaus regelt die Vorschrift auch schon einen Teil der Entscheidungsinhalte.

2) Regelungszweck, S 1, 2. Die Befreiung vom Verhandlungszwang dient dem Tempo des oft außeror- 2
dentlich eilbedürftigen Verfahrens, bei dem es um Stunden oder sogar im Extremfall um Minuten gehen
kann. Die Vorschrift dient also nicht nur der Prozeßwirtschaftlichkeit nach Grdz 14 vor § 128, sondern auch
der evtl nur so erzielbaren vorläufigen Gerechtigkeit, Einl III 9. Aus „kann" mag also durch Auslegung oft
ein „muß" werden. Die Vorschrift schließt an das komplizierte System der §§ 709 ff an. Sie ermöglicht eine
oft schwierige und nicht leichtfertig zu leistende, gleichwohl dem Zeitdruck mitunterworfene Abwägung,
die den § 945 mitbeachten darf und muß.

Weites Ermessen kennzeichnet die Entscheidungsfreiheit des Gerichts. Es darf nicht dazu führen, daß es aus
Bequemlichkeit gar nichts vom Stichwort Sicherheitsleistung bedenkt, geschweige denn entscheidet. Eine
Sicherheitsleistung kann als Pflicht den Antragsteller lähmen und den Antragsgegner frohlocken lassen.
Anderseits mag die wirtschaftliche Lage des Antragstellers wegen oder ohne Zutun des Gegners so schlecht
sein, daß ein Schadensersatzanspruch nach § 945 ins Leere laufen würde. Das Gericht erfährt meist von der
Lage des Antragstellers dazu laut nichts. Zum Hinterfragen bleibt nicht viel Zeit. Allerdings darf sich der
ProzBev des Antragstellers grundsätzlich auch dazu mit Nichtwissen erklären. Denn er hätte sich
kundig machen können und müssen, § 138 Rn 53. Im Ergebnis muß das Gericht wieder einmal schätzen
und abwägen. Man darf es dabei nicht überfordern.

3) Mündliche Verhandlung, S 1, 2. Sie zeigt begrenzt Ähnlichkeit zum Hauptprozeß. 3

A. Ermessen. Im Arrestverfahren entscheidet das Gericht anders als bei der einstweiligen Verfügung nach
§ 937 II stets nach seinem pflichtgemäßen Ermessen darüber, ob eine mündliche Verhandlung überhaupt
stattfinden soll, § 128 Rn 4, LG Zweibr RR **87**, 1199. Die Entscheidung steht dem gesamten Gericht und
nicht dem Vorsitzenden zu. § 944 gibt dem Vorsitzenden nur ein beschränktes Recht zur eigenen Entscheidung. Das Gericht entscheidet dann, wenn keine mündliche Verhandlung stattgefunden hat, durch einen
Beschluß, § 922 I 1 Hs 2. Die Zustellung des Antrags hemmt die Verjährung, § 204 I Z 9 Hs 1 BGB.
Mangels Zustellung vor dem Erlaß des Arrests reicht die Antragseinreichung, sofern der Arrestbefehl innerhalb eines Monats seit Verkündung oder seit der Zustellung an den Gläubiger jedenfalls auch dem Schuldner
zugeht, § 204 I Z 9 Hs 2 BGB. Bei der Fristberechnung muß man § 204 III BGB beachten. Der Vorsit-

§ 921

zende muß einen etwaigen Termin unverzüglich bestimmen. Das muß auch für die Zeit vom 1. 7. bis 31. 8. ohne spätere Verlegungsmöglichkeit erfolgen, § 227 III 2 Hs 1 Z 1.

Der Gläubiger kann zu der Frage, ob eine *mündliche Verhandlung* stattfinden soll oder nicht, nur eine Anregung geben. Schon wegen der Gefahr eines sachlichrechtlich unrichtigen Vollstreckungstitels und wegen der Risiken der bloßen Glaubhaftmachung sollte das Gericht trotz der Möglichkeiten des § 921 durchaus eine mündliche Verhandlung anberaumen, um auch das rechtliche Gehör im echten Sinn zu gewähren, Einl III 16. Eine Verhandlung sollte nur dann unterbleiben, wenn sie durch die mit ihr verbundene längere Verfahrensdauer den Zweck des Arrests vereiteln würde, § 937 Rn 4, BVerfG **57**, 358, Kblz RR **87**, 511, Ritter ZZP **88**, 121. Das Gericht muß die Ladungsfrist einhalten, § 217 Rn 3.

4   Ein Arrestgesuch nur für denjenigen Fall, daß das Gericht ohne eine mündliche Verhandlung entscheidet, stellt eine *unwirksame Einschränkung* des richterlichen Ermessens dar. Denn es enthält eine bedingte Rücknahme des Gesuchs für den Fall der Notwendigkeit einer mündlichen Verhandlung. Eine solche Bedingung ist unzulässig, ThP 1, ZöV 1, aM StJGr 2 (aber hier liegt eine klare Grenze der Parteiherrschaft nach Grdz 18 vor § 128). Das Gericht braucht aber deshalb das Gesuch nicht unbedingt gänzlich zurückzuweisen, aM ZöV 1 (aber jede Parteiprozeßhandlung ist auslegbar, Grdz 52 vor § 128). Es kann vielmehr zu einer Auslegung dahin kommen, daß der Antragsteller eine derart unzulässige Bedingung vernünftigerweise nicht aufrecht erhalten werde. Zweckmäßig ist allerdings eine Rückfrage beim Antragsteller. Er kann beantragen, ihm vor einer Zurückweisung des bedingten Gesuchs die Gelegenheit zur Beseitigung der gerichtlichen Bedenken zu geben. Freilich kann dadurch das Eilbedürfnis schwinden.

5   **B. Weiteres Verfahren.** Über die Anordnung einer mündlichen Verhandlung und über das weitere Verfahren nach einer solchen Anordnung § 922 Rn 15, 16. Zu weit gehen LAG Mü DB **78**, 260, Ritter ZZP **88**, 170, nach denen die mündliche Verhandlung wegen Art 103 I GG nur dann entbehrlich sei, wenn der Gläubiger an einer Entscheidung ohne eine mündliche Verhandlung ein ganz besonderes Interesse habe.

6   **C. Entscheidung.** Das Gericht darf das Arrestgesuch auch ohne eine mündliche Verhandlung als unzulässig oder als unbegründet zurückweisen, Mü FamRZ **00**, 853. Das ergibt sich (jetzt) auch aus § 937 II. Wegen der Entscheidung über das Gesuch selbst § 922 Rn 26, 29–34. Nach einer Antragsrücknahme nach § 920 Rn 12 muß das Gericht auf Grund eines Antrags des Schuldners durch einen Beschluß aussprechen, daß der Gläubiger verpflichtet ist, die Kosten des Verfahrens zu tragen, soweit nicht bereits rechtskräftig über sie erkannt ist, § 269 III 2, IV entsprechend, § 920 Rn 18. Der Schuldner kann diesen Feststellungsantrag auch dann stellen, wenn das Gericht das Arrestgesuch dem Schuldner im Zeitpunkt der Rücknahme des Arrestgesuchs noch nicht zugestellt hatte, Düss NJW **81**, 2824, Hbg NJW **77**, 813, oder wenn das Arrestgesuch zwar bereits zugestellt worden war, das Gericht aber noch keinen Verhandlungstermin angesetzt hatte. § 269 III 3 paßt aus den Gründen § 920 Rn 9, 10 nicht. Vgl im übrigen § 326 III AO.

7   **D. Rechtsbehelfe wegen Verhandlung.** Gegen die Anordnung der mündlichen Verhandlung besteht kein Rechtsbehelf. Gegen die Zurückweisung des Antrags auf eine Terminsbestimmung besteht anders als bei einer notwendigen mündlichen Verhandlung ebenfalls kein Rechtsbehelf. Gegen die Wahl des Termins ist grundsätzlich nur die Dienstaufsichtsbeschwerde statthaft, § 216 Rn 28.

8   **4) Sicherheitsleistung, S 1, 2.** Das Gericht kann den Arrest ohne eine Sicherheitsleistung erlassen. Es kann vom Antragsteller freilich nicht schon nach § 110, wohl aber in den folgenden Fällen eine Sicherheitsleistung verlangen.

A. Ersatz der Glaubhaftmachung. Das Gericht kann verlangen, daß der Gläubiger einen Ersatz dafür biete, daß er den Arrestgrund oder den Arrestanspruch oder beide Voraussetzungen nicht genügend nach §§ 294, 920 II glaubhaft gemacht hat. Deshalb muß das Gericht vor einer Zurückweisung des Arrestgesuchs prüfen, ob es dem Gesuch nicht wenigstens unter der Auflage einer Sicherheitsleistung des Gläubigers entsprechen kann. In diesem Fall muß das Gericht die Fähigkeit und den Willen des Gläubigers berücksichtigen, eine ausreichende Sicherheit zu leisten. Es ist nicht erforderlich, daß der Gläubiger von sich aus eine Sicherheitsleistung angeboten hat. Das Gericht sollte vor einer Entscheidung stets insoweit beim Gläubiger anfragen. Wenn schon nach dem bloßen Tatsachenvortrag des Gläubigers der Arrestgrund oder der Arrestanspruch fehlen, dann fehlen die Voraussetzungen eines Arrests, und das Gericht muß den Arrestantrag unabhängig davon zurückweisen, ob der Gläubiger eine Sicherheit leisten kann und will, Düss VersR **80**, 50.

9   Die Sicherheitsleistung des Gläubigers kann *nicht* jede *Glaubhaftmachung ersetzen*. Sie kann schon gar nicht die Notwendigkeit der Angabe der zum Arrestanspruch nach § 916 und zum Arrestgrund nach § 917 erforderlichen Tatsachen ersetzen, also der Schlüssigkeitstatsachen. Sie kann nur einen schwachen Teil seiner Darlegungen verstärken. Sie wirkt also nur ergänzend. Wegen der möglichen schweren Folgen eines Arrests muß das Gericht die Höhe der Sicherheitsleistung eher zu hoch als zu niedrig bemessen. Dabei muß das Gericht auch die Kosten berücksichtigen.

10   **B. Zusatz zur Glaubhaftmachung.** Das Gericht kann auch eine Sicherheit trotz einer ausreichenden Glaubhaftmachung für erforderlich halten. Dieser Weg empfiehlt sich vor allem dann, wenn der endgültige Ausgang des Arrestverfahrens ungewiß ist und wenn dem Schuldner durch den Erlaß des Arrests ein erheblicher Schaden droht, Köln MDR **89**, 920, oder wenn der Gläubiger wegen schlechter Vermögenslage einen Schadensersatzanspruch möglicherweise nicht erfüllen kann. Ein solches Vorgehen ist aber auch dann ratsam, wenn das Gericht die Glaubhaftmachung nur mühsam bejahen kann oder wenn umstrittene Rechtsfragen entscheidungserheblich sind.

11   **C. Sicherheitsleistung als Bedingung.** Das Gericht kann die Anordnung des Arrests von einer Sicherheitsleistung des Gläubigers abhängig machen, Mü GRUR **88**, 711 (spricht nur von der Vollziehbarkeit). Diese Entscheidung kann auch nach einer mündlichen Verhandlung ergehen. Das Gericht erläßt den Arrest in diesen Fällen erst dann, wenn der Gläubiger die Sicherheitsleistung nachgewiesen hat. Die Entscheidung über die Sicherheitsleistung ergeht durch einen Beschluß, §§ 329, 922 I Hs 2. Das Gericht muß ihn begründen, § 329 Rn 4. Es muß seinen Beschluß dem Gläubiger von Amts wegen formlos mitteilen, § 329 II 1, nicht aber dem Schuldner, § 922 III. Der Nachweis der Sicherheitsleistung gibt dem Gläubiger indes

Abschnitt 5. Arrest und einstweilige Verfügung   §§ 921, 922

keinen Anspruch auf den Arrest. Das Gericht sollte freilich nicht einen Arrest trotz der Sicherheitsleistung des Gläubigers nur deshalb zurückweisen, weil der Antrag in einem Punkte mangelhaft ist, der schon vor der Anordnung der Sicherheitsleistung bestanden hatte.

D. Arrest nebst Sicherheitsleistung. Das Gericht kann auch zwar den Arrestbefehl erlassen, aber **12** zugleich eine Sicherheitsleistung des Gläubigers anordnen. Hier dient die Sicherheit nicht dem Erlaß des Arrests, sondern seiner Vollziehung und seiner Vollstreckung, Hamm GRUR 84, 603. Manche lassen nur entweder die Möglichkeit Rn 11 oder nur den Weg Rn 12 zu. Jedenfalls verdient die Lösung Rn 11 den Vorzug. Denn der Schuldner erleidet in einem solchen Fall durch die bloße Anordnung keinen Schaden. Wegen des Beschwerdeverfahrens vgl freilich § 922 Rn 28. Jedenfalls ist § 710 unanwendbar, Köln MDR **89**, 920. Das Gericht muß die Art und die Höhe der Sicherheitsleistung nach § 108 bestimmen. In Betracht kommen auch ein Pfand oder eine Bürgschaft, § 108 Rn 7, 10. Die Höhe soll den etwaigen Schadensersatzanspruch nach § 945 absichern, nicht die Höhe des Hauptanspruchs, § 923 Rn 1.

E. Frist vor der Vollziehung. Wenn das Gericht die Sicherheitsleistung vor der Vollziehung des **13** Arrestbefehls anordnet, dann braucht es keine Frist zu setzen. Denn die Vollziehungsfrist läuft nach § 929 II. Sie gilt ohne weiteres auch für den Nachweis der Sicherheitsleistung. Diesen Nachweis muß der Gläubiger dem Schuldner in der Frist des § 929 III zustellen.

F. Frist nach der Vollziehung. Wenn das Gericht die Sicherheitsleistung nach der Vollziehung des **14** Arrestbefehls anordnet, dann steht der Arrest unter der auflösenden Bedingung, daß der Nachweis der Sicherheitsleistung nicht in derjenigen Frist erfolgt, die das Gericht nunmehr setzen muß. Das Ende der Frist muß einwandfrei feststehen. Wenn das Gericht dieses Ende nicht kalendermäßig bestimmt hat, dann muß es den Anfangstag festsetzen. Wenn das Gericht die Frist entweder überhaupt nicht gesetzt oder ungenau bestimmt hat, dann ist der Betroffene mit der Berufung oder mit einem Antrag nach § 321 angewiesen. Die Fristen des § 929 sind in diesem Zusammenhang unerheblich, KG RR **86**, 1127. Wenn die Frist ergebnislos verstrichen ist, dann muß das Gericht den Arrest auf Grund eines Antrags des Schuldners wegen der Unzulässigkeit seiner Vollziehung aufheben, § 927.

G. Rechtsbehelfe wegen Sicherheitsleistung. Gegen die Anordnung einer Sicherheitsleistung im **15** Arrestbefehl kann der Gläubiger die sofortige Beschwerde nach § 567 I Z 2 einlegen. Denn es liegt eine teilweise Zurückweisung seines Gesuchs vor. Das gilt selbst dann, wenn der Gläubiger von sich aus eine Sicherheitsleistung angeboten hatte. Wegen des Beschwerdeverfahrens § 922 Rn 14 entsprechend. Es muß wie stets eine Beschwer vorliegen. Gegen eine Änderung der Höhe der Sicherheitsleistung nach dem rechtskräftigen Ende des Arrestverfahrens ist ebenfalls evtl die sofortige Beschwerde zulässig. Der Schuldner kann nur einen Widerspruch nach § 924 einlegen, § 922 Rn 28.

5) VwGO: Gilt entsprechend für die einstweilige AnO, § 123 III VwGO. Die Entscheidung ergeht stets durch **16** Beschluß, § 123 IV VwGO, gegen den Beschwerde stattfindet, § 146 VwGO, es sei denn, sie ist durch Gesetz ausgeschlossen, § 252 Rn 8; die Beschwerde bedarf seit dem 1. 1. 02 nicht mehr der Zulassung, muß aber binnen eines Monats nach Bekanntgabe begründet werden, § 146 IV 1 idF des RmBereinVpG v 20. 12. 01, BGBl 3987. Das OVG prüft nur die dargelegten Gründe, § 146 IV 6 VwGO. Zuständig für die Entscheidung ist das Gericht, ggf der Einzelrichter, § 6 VwGO (abgesehen von dringenden Fällen, § 123 II iVm § 80 VIII VwGO, bei Einverständnis der Beteiligten auch der Vorsitzende oder Berichterstatter, § 87 a VwGO, hM, Ey § 87 a Rn 2, RedOe § 87 a Rn 6, diff Sch/SchmA/P § 123 Rn 117 u 118), aM Goerlich NVwZ **91**, 541 mwN.

922 *Arresturteil und Arrestbeschluss.* **I** [1]Die Entscheidung über das Gesuch ergeht im Falle einer mündlichen Verhandlung durch Endurteil, andernfalls durch Beschluss. [2]Die Entscheidung, durch die der Arrest angeordnet wird, ist zu begründen, wenn sie im Ausland geltend gemacht werden soll.

II Den Beschluss, durch den ein Arrest angeordnet wird, hat die Partei, die den Arrest erwirkt hat, zustellen zu lassen.

III Der Beschluss, durch den das Arrestgesuch zurückgewiesen oder vorherige Sicherheitsleistung für erforderlich erklärt wird, ist dem Gegner nicht mitzuteilen.

Schrifttum: *Fritze*, Fehlerhafte Zustellung von Arresten und einstweiligen Verfügungen, Festschrift für Schiedermair (1976) 141; *Irmen*, Die Zurückweisung verspäteten Vorbringens im einstweiligen Verfügungs- und Arrestverfahren, Diss Köln 1990; *Nink*, Die Kostenentscheidung nach § 93 ZPO im Urteilsverfahren des einstweiligen Rechtsschutzes, Diss Gießen 1991; *Vogg*, Einstweiliger Rechtsschutz und vorläufige Vollstreckbarkeit, 1991; *Werner*, Rechtskraft und Innenbindung zivilprozessualer Beschlüsse im Erkenntnis- und summarischen Verfahren (1983) 123 ff.

Gliederung

1) Systematik, I–III 1	B. Arrestart 9
2) Regelungszweck, I–III 2	C. Lösungssumme 10
3) Entscheidungsform, I 3–5	D. Begründung 11
A. Beschluß 3	E. Kosten 12
B. Urteil 4	F. Vorläufige Vollstreckbarkeit ... 13
C. Gemeinsames 5	G. Einzelfragen 14
4) Entscheidungsinhalt, I 6, 7	6) Mündliche Verhandlung, I 15–18
A. Ohne Verhandlung 6	A. Allgemeines 15, 16
B. Nach Verhandlung 7	B. Neue Tatsachen und Beweismittel 17, 18
5) Arrestanordnung im einzelnen, I 8–14	7) Endurteil, I 19–25
A. Anspruch 8	A. Streitige Entscheidung 19
	B. Versäumnisverfahren 20

§ 922

C. Anerkenntnis; Verzicht	21	E. Kein Rechtsbehelf gegen Anweisung	31
D. Berufung	22, 23	F. Rechtsbeschwerde gegen Beschluß des OLG	32
E. Revision	24	9) Mitteilung, II, III	33–35
F. Wiederaufnahme	25	A. Anordnender Beschluß, II	33, 34
8) Beschluß, I	26–32	B. Zurückweisender Beschluß, III	35
A. Begründung	26	10) Rechtsbehelfe, I–III	36
B. Widerspruch gegen Arrest	27	11) VwGO	37
C. Sofortige Beschwerde gegen Abweisung	28, 29		
D. Widerspruch gegen Abänderung	30		

1 **1) Systematik, I–III.** Die Vorschrift regelt zusammen mit den ergänzenden §§ 921, 923 die im Arrestverfahren möglichen Entscheidungen der ersten Phase vor einem etwaigen Widerspruch. Natürlich gelten zusätzlich die allgemeinen Vorschriften über das Urteil nach §§ 300 ff oder den Beschluß nach § 329 und die sonstigen allgemeinen Vorschriften über die Kosten, §§ 91 ff. Sie gelten freilich teilweise nur hilfsweise, zB zur Frage eines Begründungszwangs.

2 **2) Regelungszweck, I–III.** Die Möglichkeit, einen Arrestbeschluß ohne Anhörung des Gegners zu erlassen, ohne Verhandlung und sogar ohne Begründung, mag zunächst kaum noch hinnehmbar scheinen. Sie ergibt sich aber aus der oft wirklich besonderen Eilbedürftigkeit. Immerhin gibt es ja zumindest den Widerspruch nach §§ 924, 925 und die Möglichkeit, den Gläubiger nach § 926 zur Klagerhebung zu zwingen, um vorläufige Unhaltbarkeiten eines Arrestbeschlusses zu korrigieren.

Verführerisch, aber unhaltbar wäre es, von einer an sich möglichen Verhandlung nur um bequemerer Form der Entscheidung willen abzusehen. Andererseits zwingt die Situation oft einfach dazu, von einer Terminsanberaumung selbst dann abzusehen, wenn sich die Ladungen telefonisch und sehr kurzfristig durchführen lassen würden. Ein besonderes Eilbedürfnis mag etwa bei einem Messeverstoß vorliegen. Man sollte es als Rechts-, mindestens aber Anstandspflicht (nobile officium) betrachten, auch im reinen Inlandsfall dann auch dem „bloßen" Beschluß eine nachvollziehbare Kurzbegründung beizufügen, und sei es nur in wenigen Kernsätzen.

3 **3) Entscheidungsform, I.** Es stehen zwei Wege zur Verfügung.

A. Beschluß. Wenn das Gericht nach seinem pflichtgemäßen Ermessen nach § 921 Rn 3, 4 ohne mündliche Verhandlung entscheidet, erläßt es einen Beschluß, § 329. Es ist zumindest ratsam, ihn auch im Inlandsfall wenigstens kurz zu begründen, § 329 Rn 4, auch beim Stattgeben, Rn 26, Nürnb NJW 76, 1101, Lippold NJW 94, 1110, aM Herr NJW 93, 2287, ThP 2, ZöV 10 (aber gerade das Eilverfahren ohne Anhörung des Gegners erfordert eine gewisse Begründung zumindest gegenüber dem Verlierer als eine Anstandspflicht, wenn nicht Rechtspflicht). Wegen eines, meist des Auslandsfalls Rn 3. Eine vorherige schriftliche Anhörung des Gegners unterliegt keinem Anwaltszwang, § 571 IV 2 entsprechend. Sie ist zwar nicht ausdrücklich verboten, schon gar nicht nach III. Sie ist aber dann unzweckmäßig, wenn das Gericht den Arrestzweck durch die Anhörung vereiteln und den Gläubiger durch die Anhörung schädigen würde. Sie ist deshalb auch trotz Art 103 I GG nicht zwingend notwendig, III, § 937 Rn 3. Ein Beschluß fällt unter das Spruchrichterprivileg des § 839 II 1 BGB, BGH NJW 05, 436 (zustm Hübner/Suh LMK 05, 70, Meyer 865).

4 **B. Urteil.** Wenn das Gericht auf Grund einer mündlichen Verhandlung entscheidet, so fällt es ein Urteil, § 300.

5 **C. Gemeinsames.** In beiden Fällen muß das Gericht den Streitstoff rechtlich erschöpfend prüfen, § 286 Rn 13. Das vorläufige Verfahren erleichtert nämlich nur die Stellung des Gläubigers, nicht aber die Stellung des Gerichts, § 920 Rn 11, KG MDR 80, 677. Gegen die meist zur Glaubhaftmachung verwendeten eidesstattlichen Versicherungen entweder der Parteien oder von Zeugen ist ein gesundes Mißtrauen am Platz, § 294 Rn 5. Das Gericht muß die Prozeßvoraussetzungen klären, Grdz 12 vor § 253. Es muß also den Arrestanspruch nach § 916, den Arrestgrund nach § 917 und die Glaubhaftmachung prüfen, §§ 294, 920 II.

6 **4) Entscheidungsinhalt, I.** Er hängt davon ab, ob eine mündliche Verhandlung stattgefunden hat.

A. Ohne Verhandlung. Wenn das Gericht bisher ohne eine mündliche Verhandlung entschieden hat, kann es das Arrestgesuch zurückweisen, Mü FamRZ 00, 853. Das Gericht kann auch eine mündliche Verhandlung anordnen. Es kann auch den Arrest ohne eine Sicherheitsleistung anordnen. Es kann einen Arrest auch nur gegen eine Sicherheitsleistung anordnen, wenn es das für notwendig hält.

7 **B. Nach Verhandlung.** Wenn das Gericht eine mündliche Verhandlung durchgeführt hat, bestehen drei Möglichkeiten. Das Arrestgesuch kann zurückgewiesen werden. Der Arrest kann ohne eine Sicherheitsleistung angeordnet werden. Der Arrest kann (nur) gegen eine Sicherheitsleistung angeordnet werden.

8 **5) Arrestanordnung im einzelnen, I.** Jede Arrestanordnung muß die folgenden Punkte enthalten.

A. Anspruch. Sie muß den Anspruch enthalten, also die Geldforderung nach ihrem Grund und Betrag. Falls es beantragt wurde: Ein Kostenpauschquantum zur Sicherung der Kosten im Arrest- und im Hauptprozeß. Eine Festsetzung desjenigen Betrags, der nach § 923 hinterlegt werden muß, kann die Angabe nach Rn 8 nicht ersetzen.

9 **B. Arrestart.** Sie muß die Arrestart enthalten, also die Entscheidung darüber, ob das Gericht einen dinglichen oder einen persönlichen Arrest anordnet, §§ 917, 918.

10 **C. Lösungssumme.** Sie muß von Amts wegen eine Summe nennen, durch deren Hinterlegung der Schuldner die Vollziehung des Arrests und einen Antrag auf die Aufhebung des vollzogenen Arrests stellen kann, § 923.

11 **D. Begründung.** Soweit der Gläubiger einen angeordneten Arrest im Ausland geltend machen will oder muß, ist eine Begründung notwendig, I 2, AVAG, SchlAnh V D. Sie ist dann mindestens ratsam, Rn 3, 26.

E. Kosten. Die Arrestanordnung muß die Entscheidung über die Kosten enthalten, § 91 Rn 74 „Arrest, **12** einstweilige Verfügung", § 91a Rn 6. § 788 ist unanwendbar. Die Kostenentscheidung ist vollstreckbar, obwohl der Arrest den Hauptanspruch nur sichert, Ffm DGVZ **82**, 60. Soweit das Gericht den Arrest ablehnt, ist die Kostenentscheidung des Beschlusses aus denselben Gründen kraft Gesetzes vorläufig vollstreckbar, außerdem nach § 794 I Z 3. Dasselbe gilt an sich auch im Urteilsfall. Hier ergibt sich aber die Notwendigkeit einer besonderen Vollstreckbarerklärung aus § 708 Z 6.

F. Vorläufige Vollstreckbarkeit. Sie ergibt sich aus der Natur des Verfahrens, soweit das Gericht den **13** Arrest anordnet, § 708 Rn 8. Das Arrestgericht braucht die vorläufige Vollstreckbarkeit deshalb in der Entscheidungsformel nicht zu erwähnen, § 929 Rn 1. Natürlich ist ein bestätigender einfacher Ausspruch unschädlich.

G. Einzelfragen. Eine Entscheidung ohne Rn 8, 9 ist keine wirksame Arrestanordnung. Sie ist nicht **14** vollziehbar. Das Gericht muß sie nach § 927 oder auf Grund eines Rechtsbehelfs aufheben. Das Gericht kann seine Entscheidung im Rahmen des § 321 ergänzen. Das gilt auch wegen der Lösungssumme nach § 923 Rn 1 und wegen der Kosten, wegen der letzteren auch auf Grund einer sofortigen Kostenbeschwerde nach § 567. Es gilt auch dann, wenn das Gericht durch einen Beschluß zur Sache entschieden hat. Die Angabe bestimmter Gegenstände, in die der Arrest erlassen sein soll, ist aber unwirksam. Das gilt auch dann, wenn das AG des Verbleibs der Sache den Arrest anordnet, § 919 Rn 8. Wenn die Haftung des Schuldners beschränkt ist, etwa weil er der Erbe ist, dann muß das Gericht in der Arrestanordnung die haftende Masse bezeichnen. Wegen der Rechtskraft § 322 Rn 29 „Arrest und Einstweilige Anordnung oder Verfügung".

6) Mündliche Verhandlung, I. Sie ähnelt derjenigen des Erkenntnisverfahrens. **15**

A. Allgemeines. Das Gericht ordnet auf Grund eines pflichtgemäßen Ermessens eine mündliche Verhandlung an, wenn es sie für ratsam hält. Diese Anordnung hat zur Folge, daß die Entscheidung über das Arrestgesuch durch ein Urteil ergehen muß. Das gilt auch dann, wenn das Beschwerdegericht entscheiden muß. Insofern liegt eine Abweichung von der Regel vor, daß die Anordnung einer dem Gericht freigestellten mündlichen Verhandlung auf die Form seiner anschließenden Entscheidung keinen Einfluß habe, § 128 Rn 12. Wegen dieser Abweichung gelten für die einmal angeordnete mündliche Verhandlung auch alle Grundsätze einer notwendigen mündlichen Verhandlung im normalen Erkenntnisverfahren, §§ 128 ff, Klute GRUR **03**, 35.

Das Gericht muß beide Parteien zur angeordneten mündlichen Verhandlung von Amts wegen *laden*, §§ 166 ff. Dabei muß es die Ladungsfrist des § 217 einhalten. Wegen ihrer Abkürzung § 226. Das Gericht braucht nur die Einlassungsfrist nach § 274 III nicht einzuhalten, § 274 Rn 8. Ein Anwaltszwang herrscht wie sonst, § 78 Rn 1. Das Gericht muß dann den Schuldner zur Anwaltsbestellung nach § 215 auffordern, falls er nicht schon im Hauptprozeß einen Anwalt hat, §§ 82, 172. Das Gericht muß den Antrag dem Antragsgegner zustellen, und zwar einschließlich der zugehörigen Unterlagen, am besten mit einer Abschrift des Arrestgesuchs. Andernfalls darf kein Versäumnisurteil gegen den Antragsgegner ergehen, § 335 I Z 3, Noack JB **77**, 165.

Der Antragsteller ist nicht zur Vorwegleistung der Verfahrensgebühr nach § 12 GKG verpflichtet, Anh **16** § 271, Hartmann Teil I § 12 GKG Rn 3. *Beide Parteien* nach Grdz 4 vor § 50 können ihre tatsächlichen Behauptungen nach § 294 *glaubhaft* machen. Der Antragsteller kann also in dieser Weise sowohl wegen des Arrestanspruchs aus § 916 als auch wegen des Arrestgrunds nach § 917 vorgehen, der Antragsgegner wegen seiner Einwendungen. Das Gericht darf keinen Beweis zulassen, den es nicht sofort erheben kann, §§ 294 II, 920 II. Es ist also insbesondere grundsätzlich keine Vertagung nach § 227 zum Zweck einer Beweisaufnahme usw zulässig, Hbg RR **87**, 36, Kblz RR **87**, 510, Klute GRUR **03**, 35. Das gilt auch dann, wenn zB ein Zeuge erkrankt ist, es sei denn, daß ohnehin ein neuer Termin nötig wird, etwa weil die Anträge im ersten nicht ordnungsgemäß gestellt worden waren. Andererseits darf das Gericht keinen vollen Beweis im Sinn von § 286 Rn 16 fordern. Sobald eine Tatsache glaubhaft gemacht ist, sind insofern die Voraussetzungen einer Entscheidung erfüllt.

B. Neue Tatsachen und Beweismittel. Beide Parteien dürfen bis zum Schluß der mündlichen Ver- **17** handlung nach §§ 136 IV, 296 a grundsätzlich neue Tatsachen und Beweismittel vorbringen, Hbg RR **87**, 36, Kblz RR **87**, 510. Das gilt für solche Tatsachen und Beweismittel, die schon vor der mündlichen Verhandlung vorhanden waren, wie auch für solche, die jetzt erst entstanden oder bekannt geworden sind. Keine Partei hat auf Grund solcher neuen Tatsachen oder Beweismittel einen Anspruch auf eine Vertagung, Rn 16. Allerdings hat auch keine Partei ein Recht darauf, den Gegner zu überrumpeln, wie es insbesondere in Wettbewerbsstreitigkeiten immer wieder versucht wird und schwere Folgen haben könnte. Das Gericht kann angesichts eines offenbar unlauteren Verhaltens entweder nach § 227 vertagen oder den Vortrag nach § 296 zurückweisen, § 296 Rn 28, Schneider MDR **88**, 1025. Das Gericht sollte allerdings von § 296 nicht zu scharf Gebrauch machen, Klute GRUR **03**, 37. Es darf aber auch nicht ängstlich vor dessen Anwendung zurückschrecken, aM Hbg RR **87**, 36 (aber es ist meist wirklich Eile geboten). Vgl im übrigen §§ 920 II, 936, 294 II. Eine Verweisung ist nach den §§ 281, 506 zulässig. Auch eine Übertragung auf den obligatorischen Einzelrichter nach § 348 ist zulässig, soweit nicht ohnehin schon der originäre Einzelrichter nach § 348 tätig wird.

Es herrscht der *Parteibetrieb*, Grdz 20 ff vor § 128. Das Gericht darf von Amts wegen weder einen Augen- **18** schein noch einen Sachverständigenbeweis erheben, falls eine Beweisaufnahme nicht sofort möglich ist, §§ 294 II, 920 II (gegenüber dem Gericht zumindest entsprechend). Das Gericht muß seine Fragepflicht nach § 139 erfüllen. Eine Widerklage nach Anh § 253 und eine Zwischenklage nach § 280 usw sind wegen der Besonderheiten des Eilverfahrens beim Fehlen der Rechtshängigkeit des Hauptanspruchs unzulässig, § 920 Rn 8. Ebensowenig ist ein Gegenantrag des Schuldners auf einen Arrest zulässig.

7) Endurteil, I. Man muß sechs Situationen unterscheiden. **19**

A. Streitige Entscheidung. Das streitige Endurteil ergeht nur über den Arrestanspruch nach § 916. Es ergeht also nicht über den Hauptanspruch, den sachlichrechtlichen Anspruch. Die Entscheidung ergeht ganz nach den für ein Endurteil geltenden Vorschriften der §§ 300 ff. Das Urteil wird nur dann ausdrücklich für vorläufig vollstreckbar erklärt, wenn das Gericht das Arrestgesuch zurückweisen muß, § 708 Z 6. Soweit das

§ 922

Gericht den Arrest anordnet, versteht sich die vorläufige Vollstreckbarkeit von selbst, Rn 13, § 929 Rn 1. Das Urteil wirkt rechtsgestaltend, Üb 6 vor § 300. Seine Wirkung ist aber nur vorläufig. Sie ist durch eine endgültige Regelung bedingt. Das Gericht muß das Urteil von Amts wegen beiden Parteien zustellen lassen, § 317 I. Diese Regelung ist also anders als im Fall einer Entscheidung ohne mündliche Verhandlung durch einen Beschluß, Rn 25, Hamm GRUR **78**, 612, Bischof NJW **80**, 2236. Diese Zustellung bedeutet noch nicht den Vollzug, § 929 Rn 14. Die Wirksamkeit dieser Zustellung ist nicht von einer gleichzeitigen Zustellung der Antragsschrift abhängig, LG Köln GRUR **89**, 77. §§ 172, 189 sind anwendbar, so schon Brdb RR **00**, 326.

Gebühren: Des Gerichts KV 1410 ff; des Anwalts VV 3100 ff. Wert: Anh § 3 Rn 11 „Arrest".

Das *Berufungsgericht* erklärt sein Endurteil in keinem Fall für vollstreckbar. Denn das Urteil wird mit seinem Erlaß rechtskräftig, § 542 II 1.

20   **B. Versäumnisverfahren.** Das Versäumnisverfahren ist wie sonst zulässig, §§ 330 ff. Wenn der Antragsteller säumig ist, muß das Gericht das Arrestgesuch durch ein Versäumnisurteil abweisen, § 330. Wenn der Antragsgegner säumig ist, muß das Gericht prüfen, ob die vom Antragsteller vorgebrachten und dem Antragsgegner rechtzeitig mitgeteilten Tatsachen den Arrestanspruch rechtfertigen, § 331 I 1, II Hs 1. Diese Tatsachen gelten als glaubhaft zugestanden, LG Ravensb NJW **87**, 139, nicht etwa als bewiesen, § 331 entsprechend. Je nach dem Ergebnis dieser Prüfung weist das Gericht das Arrestgesuch entweder ab oder ordnet den Arrest an. Das Gericht muß auch das anordnende Versäumnisurteil begründen, soweit der Arrest im Ausland geltend gemacht werden soll, I 2, § 313 b Rn 7. Ein Einspruch gegen die Versäumnisentscheidung ist wie sonst zulässig, §§ 338 ff. Eine Entscheidung nach der Aktenlage gemäß §§ 251 a, 331 a ist zwar gedenklich möglich. Sie wird sich in der Praxis aber kaum je ergeben.

21   **C. Anerkenntnis; Verzicht.** Beide Erklärungen sind wie im sonstigen Erkenntnisverfahren zulässig und haben dieselben Rechtsfolgen, §§ 306, 307. Lediglich das schriftliche Anerkenntnisverfahren nach § 307 II findet hier nicht statt. Denn das Arrestverfahren kennt kein schriftliches Vorverfahren.

22   **D. Berufung.** Sie ist nach den allgemeinen Grundsätzen zulässig, §§ 511 ff. Wenn die erste Instanz ein Urteil erlassen hat, dann muß auch die Berufungsinstanz durch ein Urteil entscheiden. Wenn die erste Instanz im Weg eines Beschlusses entschieden hat, dann darf die zweite Instanz eine mündliche Verhandlung anordnen. Sie muß in diesem Fall aber durch ein dann nach § 542 II unanfechtbares Urteil entscheiden, Hamm MDR **87**, 942, Zweibr FamRZ **85**, 928. Wegen der Begründung der Berufung § 520. Eine Einstellung der Zwangsvollstreckung nach § 924 III 2, § 707 Rn 22 ist in der Berufungsinstanz wie sonst zulässig, §§ 719, 570 II, III.

23   Das *Verfahren* in der Berufungsinstanz verläuft wie sonst, §§ 517 ff. Allerdings muß das Gericht die Besonderheiten des Arrestverfahrens berücksichtigen. Es darf dieser Verfahren nicht nach § 538 an die untere Instanz zurückverweisen, Karlsr GRUR **78**, 116. Wenn der Arrest unvollziehbar geworden ist, dann muß das Berufungsgericht der Berufung des Antragsgegners stattgeben und den Arrest aufheben. Dasselbe gilt dann, wenn die Hauptsache des Arrestverfahrens erledigt ist. In diesem Fall muß der Antragsteller den Arrestantrag zurücknehmen. Für die Frage, wer die Kosten nach § 91 f, 97 tragen muß, ist maßgebend, ob der Arrestantrag begründet war. Unerheblich ist also dafür, ob auch die Klage begründet war bzw sein könnte.

Wenn das Gericht *statt* eines *Beschlusses* ein *Urteil* erlassen hat, dann ist als Rechtsmittel nach dem Meistbegünstigungsgrundsatz nach Grdz 28 vor § 511 zumindest auch die Berufung statthaft. Wenn statt eines Urteils ein Arrestbeschluß erlassen wurde, dann ist daher der Widerspruch zulässig, aM Karlsr NJW **87**, 509 (inkonsequent). Wenn das Gericht den Arrestantrag statt durch ein Urteil durch einen Beschluß abgewiesen hat, ist die sofortige Beschwerde statthaft, aM StJGr IV 3 (er gibt in beiden Fällen wahlweise auch die Möglichkeit der Berufung). Gegen ein Urteil des OLG als Berufungsgericht der Hauptsache im Sinn von § 943 I, ist nach § 542 II kein Rechtsmittel statthaft.

Gebühren: Des Gerichts KV 1410 ff; des Anwalts VV 3100 ff. Wert: Anh § 3 Rn 11 „Arrest".

24   **E. Revision.** Sie ist unzulässig, § 542 II 1. Das gilt auch dann, wenn erst das Berufungsgericht ein Urteil erlassen hatte oder wenn es nach der Erledigung der Hauptsache nach § 91 a entschied. Die Revision ist ebenfalls unzulässig, wenn das Berufungsgericht die Berufung als unzulässig verworfen hatte, §§ 522 I, 542 II 1.

25   **F. Wiederaufnahme.** Die Wiederaufnahmeklage gegen ein Urteil, das den Arrest aufgehoben hat, ist nach §§ 578 ff statthaft.

26   **8) Beschluß, I.** Die Begründung kommt oft zu kurz.

A. Begründung. Das Gesetz schreibt zwar in I 1 für das Verfahren ohne einen Auslandsbezug nicht ausdrücklich vor, daß das Gericht seine Entscheidung begründen müsse, Rn 1, Nürnb NJW **76**, 1101, Noack JB **77**, 164. Vgl aber die in § 329 Rn 4 dargelegten Pflichten, Ffm DGVZ **81**, 77, Nägele NJW **93**, 1047, aM Hess Rpfleger **93**, 2287 (aber es gibt auch eine Anstandspflicht des Gerichts). Das Gericht muß seinen Beschluß zumindest dann begründen, wenn es den Arrestantrag zurückweist, Roelleke JZ **75**, 245. Denn der Beschluß wäre sonst nicht nachprüfbar, Gießler FamRZ **99**, 695 (auch 698 zu einer Einschränkung bei einer einstweiligen Anordnung des FamG). Soweit das Gericht zur Begründung anstelle besonderer Ausführungen auf die Antragsschrift usw Bezug nimmt, empfiehlt sich eine gleichzeitige Zustellung dieser Schriftstücke, wenn sie noch nicht erfolgt war, Bischof NJW **80**, 2236. Notwendig ist diese Zustellung aber nicht, § 317 Rn 4.

Soweit der Beschluß weder eine besondere *Begründung* noch eine Verweisung auf die Antragsschrift enthält, ist deren Zustellung nur dann entbehrlich, wenn der Beschluß aus sich heraus verständlich ist, Ffm DGVZ **81**, 77. Der Beschluß muß eine Kostenentscheidung enthalten, Rn 12. Wenn sie fehlt, sind die Kosten des Arrestverfahrens ein Teil der Kosten des etwaigen Hauptprozesses. Wenn es nicht zu einem solchen Hauptprozeß kommt, dann muß man zunächst das Verfahren nach § 321 durchführen. Falls das Gericht in jenem Verfahren eine Ergänzung des Beschlusses nach Rn 14 ablehnt, muß der Gläubiger eine besondere Klage erheben.

B. Widerspruch gegen Arrest. Wenn das Gericht den Arrest ohne oder gegen eine Sicherheitsleistung 27 durch einen Beschluß angeordnet hat, ist für den Schuldner gegen den Arrest nur der Widerspruch nach § 924 statthaft. Das gilt selbst dann, wenn im Zeitpunkt der Entscheidung wesentliche Prozeßvoraussetzungen fehlten. Gegen eine Sicherheitsleistungsanordnung kann der Gläubiger eine sofortige Beschwerde nach § 567 I Z 2 einlegen. Denn infolge der Anordnung der Sicherheitsleistung hat das Gericht seinen natürlich auf Arrest ohne eigene Sicherheitsleistung gerichteten Antrag teilweise zurückgewiesen. Wegen einer Kostenbeschwerde Rn 4.

C. Sofortige Beschwerde gegen Abweisung. Wenn das Gericht den Arrestantrag durch einen Be- 28 schluß zurückgewiesen hat, kann der Antragsteller grundsätzlich sofortige Beschwerde nach § 567 I Z 2 einlegen. Denn der zurückweisende Beschluß ist keine Maßnahme der Zwangsvollstreckung, Hamm FamRZ **86**, 75, Karlsr FamRZ **88**, 87, Zweibr FamRZ **85**, 928. Für die Einlegung der sofortigen Beschwerde besteht noch kein Anwaltszwang, §§ 78 III, 569 III Z 1, 920 III, so schon BGH NJW **84**, 2413, Drsd WettbR **97**, 184, Karlsr GRUR **93**, 697, aM Hamm MDR **97**, 395, ZöV 13 (aber auch die sofortige Beschwerde ist eilbedürftig).

Die *Berufungssumme* des § 511 II Z 1 ist *nicht* erforderlich, so schon LG Zweibr RR **87**, 1199, ZöV 13, aM LG Köln MDR **03**, 831, LG Konst RR **95**, 1102 (aber es liegt keine Berufung vor, und §§ 567 ff enthalten auch eine diesbezügliche Regelung). Wegen des Anwaltszwangs im weiteren Verlauf des Beschwerdeverfahrens Ffm GRUR **87**, 574. Das Rechtsschutzbedürfnis fehlt nach ergebnislosem Ablauf der Vollzugsfrist, Mü OLGZ **78**, 1781.

Das untere Gericht darf und muß daher evtl der sofortigen Beschwerde *abhelfen,* § 572 I 1 Hs 1. Es darf 29 aber auf Grund einer sofortigen Beschwerde keine mündliche Verhandlung anordnen. Denn eine solche Maßnahme wäre keine Abhilfe, sondern die Vorbereitung einer im Ergebnis ungewissen neuen andersartigen Entscheidung. Eine solche Entscheidung ist aber infolge der Anfallswirkung nach Grdz 3 vor § 511 (entsprechend) unstatthaft. Das Beschwerdegericht braucht den Beschwerdegegner nicht anzuhören, wenn es die sofortige Beschwerde als gänzlich aussichtslos zurückweist, Ffm Rpfleger **80**, 396. Es darf ihn aber stets schriftlich anhören und ihm zu diesem Zweck natürlich auch den angefochtenen Beschluß mitteilen, anders als vorher, Rn 17, 18. Das Beschwerdegericht kann auch eine mündliche Verhandlung anordnen, Mü FamRZ **00**, 853. Es muß dann durch ein Urteil entscheiden, § 300, Rn 19, Mü FamRZ **00**, 853. Es kann auch ein Versäumnisurteil erlassen, §§ 330 ff, Ffm FamRZ **87**, 1164.

D. Widerspruch gegen Abänderung. Wenn das Beschwerdegericht in einer Abänderung des angefoch- 30 tenen Beschlusses den Arrest ohne eine mündliche Verhandlung durch einen Beschluß anordnet, dann kann der Antragsgegner Widerspruch einlegen, § 924.

E. Kein Rechtsbehelf gegen Anweisung. Wenn das Beschwerdegericht das erstinstanzliche Gericht 31 nach § 572 III zu einer anderweitigen Entscheidung anweist, dann ist kein Rechtsbehelf zulässig.

F. Rechtsbeschwerde gegen Beschluß des OLG. Eine Rechtsbeschwerde kommt unter den Voraus- 32 setzungen des § 574 in Betracht. Sie stehen nämlich durchaus eigenständig da. Das übersieht BGH NJW **03**, 1531.

9) Mitteilung, II, III. Es kommt auf die Entscheidungsrichtung an. 33

A. Anordnender Beschluß, II. Das Gericht muß den Arrestbeschluß dem Antrag*steller* von Amts wegen zwecks Wirksamkeit in einer Ausfertigung zustellen, §§ 929 II, 329 II 2, BayObLG Rpfleger **04**, 94, Bischof NJW **80**, 2236. Eine formlose Aushändigung des Beschlusses an den Antragsteller macht den Beschluß nicht unwirksam. Die Vollzugsfrist nach § 929 wird dann vom Zugang an berechnet. Das Gericht stellt den Arrestbeschluß dem Antrags*gegner* nicht von Amts wegen zu. Vielmehr ist es Sache des Antragstellers, den Arrestbeschluß in beglaubigter Abschrift durch die Vermittlung des Gerichtsvollziehers im Parteibetrieb dem Antragsgegner zuzustellen, §§ 191 ff, BayObLG Rpfleger **04**, 94, Düss GRUR **84**, 79. Denn II hat gegenüber § 317 I 1 den Vorrang, Hamm FamRZ **81**, 583, Kblz GRUR **84**, 611.

Die *Zustellung im Parteibetrieb* erfolgt an den Antragsgegner oder an seinen etwaigen ProzBev im Arrestver- 34 fahren nach § 172 unabhängig von dessen Zulassung oder Postulationsfähigkeit beim Arrestgericht, Stgt WettbR **96**, 281. Sie erfolgt aber auch an den ProzBev des etwaigen Hauptprozesses, §§ 82, 172. Anlagen, auf die der Beschluß Bezug nimmt, brauchen nur dann nicht zugestellt zu werden, wenn der Beschluß auch ohne sie verständlich ist und die Art sowie den Umfang des Gebots oder Verbots zweifelsfrei vermittelt, Düss GRUR **84**, 78. Eine öffentliche Zustellung nach § 185 ff und eine Zustellung im Ausland nach §§ 183, 184 erfolgen wie sonst. § 829 II 4 ist unanwendbar. Wenn das Gericht einen Arrestbeschluß und einen Pfändungsbeschluß nach § 930 verbunden hat, kann man § 829 III auf den Arrestbeschluß nicht anwenden. Bei einem Veräußerungsverbot ist die Grundbucheintragung entsprechend § 929 III bewertbar, BayObLG Rpfleger **04**, 94.

B. Zurückweisender Beschluß, III. Das Gericht gibt einen zurückweisenden Beschluß dem Antrags- 35 *gegner* nicht bekannt. Es teilt den zurückweisenden Beschluß lediglich wegen dessen Anfechtbarkeit durch fristgebundene sofortige Beschwerde nach § 567 I Z 2 dem Antragsteller förmlich durch Zustellung mit, § 329 III. Das gilt auch für einen Beschluß, durch den das Gericht eine Sicherheitsleistung fordert. Denn ein solcher Beschluß weist ja den Arrestantrag der Sache nach teilweise zurück. Eine Mitteilung an den Antragsgegner ist auch dann nicht erforderlich, wenn das Gericht ihn angehört hatte, Bischof NJW **80**, 2236, aM StJGr 6, ZöV 12 (aber er ist nicht beschwert).

10) Rechtsbehelfe, I–III. Vgl Rn 13, 14, 27, 28, 32. Eine Rechtsbeschwerde ist nach dem wahrschein- 36 lich seit 1. 1. 04 geltenden § 574 I 2 idF Art 1 Z 21 des wahrscheinlichen JuMoG (s Einl I A) in Verbindung mit § 542 II unstatthaft.

11) *VwGO:* Auf die einstwAnO ist nicht entspr anzuwenden, § 123 III. Statt I gilt § 123 IV VwGO (Entscheidung 37 *stets durch Beschluß),* s § 921 Rn 16, statt II u III § 56 II VwGO (Zustellung vAw an alle Beteiligten), VGH Mannh NVwZ **86**, 489.

§§ 923, 924

923 *Abwendungsbefugnis.* **In dem Arrestbefehl ist ein Geldbetrag festzustellen, durch dessen Hinterlegung die Vollziehung des Arrestes gehemmt und der Schuldner zu dem Antrag auf Aufhebung des vollzogenen Arrestes berechtigt wird.**

1 **1) Systematik.** Die Vorschrift ergänzt § 922. Während § 921 die Anordnung einer Sicherheitsleistung zu Lasten des *Gläubigers* ermöglicht, zwingt § 923 zur Anordnung einer Möglichkeit (nicht Pflicht) des *Schuldners*, die Arrestanordnung oder deren Folgen unabhängig davon zu bekämpfen, ob er überhaupt Widerspruch nach § 924 einlegt oder eine Klage des Gegners erzwingt, § 926.
Der Arrestbefehl (nicht eine einstweilige Verfügung, § 939) muß *von Amts wegen* die Sicherheit angeben, deren Hinterlegung nach der HO auch durch einen Dritten die Vollziehung des Arrests hemmt und den Antrag auf eine Aufhebung des Arrests begründet (sog Lösungssumme, Köln DGVZ **00**, 75). Das Gericht muß die Art und die Höhe der Sicherheitsleistung nach § 108 bestimmen. Es wäre eine sachlich ungerechtfertigte Wortauslegung, nur einen Geldbetrag als Sicherheitsleistung ausreichen zu lassen. Vielmehr ist zB die Bürgschaft einer Großbank grundsätzlich zulässig, § 108 Rn 10 ff. Diese Form der Sicherheitsleistung reicht jedoch unter Umständen dann nicht aus, wenn der Arrest die Eintragung einer Vormerkung zwecks Sicherung des Rangs für eine Bauhandwerkerhypothek nach § 648 BGB bezweckt.

2 **2) Regelungszweck.** Der Zweck der Regelung besteht darin, dem Antragsgegner eine Möglichkeit zu verschaffen, den Antragsteller anderweitig sicherzustellen. Deshalb ist auch jede Einigung der Parteien über eine bestimmte Art oder Höhe der Sicherheitsleistung wirksam. Die Lösungssumme muß eine volle Sicherheit für die Arrestforderung und ihre Nebenforderungen einschließlich der Zinsen und Kosten geben. Der Wert der von der Vollziehung ergriffenen Gegenstände ist aber unerheblich. Wenn der Antragsteller schon anderweitig abgesichert ist, dann muß das Gericht diesen Umstand berücksichtigen. Die Sicherung kann auch durch einen Dritten erfolgen.
Vergeßlichkeit ist oft der Grund dafür, daß die Entscheidung keinen Ausspruch nach § 923 enthält, obwohl dazu eine Pflicht besteht ("... ist festzustellen ..."). Unabhängig von der Frage, ob dann § 321 anwendbar wird, ist es wegen des Sicherungszwecks dringend ratsam, sich den § 923 von vornherein als notwendige Maßnahme bei allen Arrestanordnungen so einzuprägen, daß man ihn im Einzelfall nicht in der Eile des Augenblicks übersieht. Ob die Lösungssumme überhaupt aufbringbar wäre, spielt in diesem Zusammenhang noch keine Rolle.

3 **3) Pfandrecht.** Am Hinterlegten oder an dem Anspruch auf die Rückgewähr der Sicherheit entsteht dem Antragsteller ein Pfandrecht für die gesamte Forderung, § 233 BGB. Das gilt auch dann, wenn sich der Gläubiger aus dem Arrestgegenstand nicht voll hätte befriedigen können. Das Pfandrecht entsteht schließlich auch dann, wenn ein Dritter die Sicherheit geleistet hat. Bis zur Arrestaufhebung auch durch eine nur vorläufig vollstreckbare Entscheidung können nur Gläubiger und Schuldner gemeinsam die Rückzahlung fordern. Anschließend ist der Schuldner auch dann zur Rückforderung berechtigt, wenn der Gläubiger Berufung einlegt oder bereits zur Hauptsache klagt, Düss RR **87**, 512. § 109 ist anwendbar, Düss RR **87**, 512.

4 **4) Wirkung der Hinterlegung.** Die Hinterlegung hat zwei Wirkungen.
A. Hemmung der Vollziehung. Die Hinterlegung hemmt die Vollziehung, Karlsr MDR **83**, 678. Ihr Nachweis erfolgt im Verfahren nach § 766 durch eine öffentliche Urkunde, §§ 775 Z 3, 928. Die Kostenfestsetzung nach §§ 103 ff und der Vollzug der Kostenentscheidung nach § 929 bleiben immer ungehemmt. Die Lösungssumme vermindert sich nicht etwa um den Wert einer im Vollzug gepfändeten Sache.

5 **B. Aufhebungsrecht.** Die Hinterlegung berechtigt zu einem Antrag nach § 766 auf die Aufhebung der Vollziehung des Arrests, sobald die Vollziehung erfolgt ist, § 934. Der Arrestbefehl selbst bleibt solange bestehen, bis das Gericht ihn auf Grund eines Rechtsbehelfs aufhebt, §§ 926, 927. Seine Aufhebung ist die Voraussetzung dafür, daß der Schuldner die Sicherheit zurückerhalten kann. Es kommt auch eine Änderung der Lösungssumme in Betracht, Köln DGVZ **00**, 75 (maßgeblich ist dann der letzte, geänderte Betrag auch für die Kosten).

6 **5) Rechtsbehelfe.** Gegen die Bestimmung der Art und Höhe der Sicherheitsleistung sind für beide Parteien die gegen den Arrestbefehl zulässigen Rechtsbehelfe gegeben, §§ 924 ff. Das Fehlen einer Lösungssumme macht den Arrestbefehl nicht unwirksam. Das Gericht darf die Lösungssumme im Weg einer Ergänzung nach §§ 321, 329 oder auf Grund eines Rechtsbehelfs des Schuldners hinzufügen.

7 **6) VwGO:** Bei der durch § 123 III VwGO gebotenen entsprechenden Anwendung auf die einstwAnO ist zu beachten, daß § 923 bei der einstw Vfg wegen § 939 unanwendbar ist, oben Rn 1, daß aber in § 123 III VwGO auch § 939 genannt wird. Eine Lösungssumme kommt deshalb nur dann in Betracht, wenn die einstwAnO (wie der Arrest) die künftige Zwangsvollstreckung wegen eines Vermögenswertes sichern soll, Grdz § 916 Rn 21, Finkelnburg/Jank Rn 256.

924 *Widerspruch.* **¹Gegen den Beschluss, durch den ein Arrest angeordnet wird, findet Widerspruch statt.**
II ¹Die widersprechende Partei hat in dem Widerspruch die Gründe darzulegen, die sie für die Aufhebung des Arrestes geltend machen will. ²Das Gericht hat Termin zur mündlichen Verhandlung von Amts wegen zu bestimmen. ³Ist das Arrestgericht ein Amtsgericht, so ist der Widerspruch unter Angabe der Gründe, die für die Aufhebung des Arrestes geltend gemacht werden sollen, schriftlich oder zum Protokoll der Geschäftsstelle zu erheben.
III ¹Durch Erhebung des Widerspruchs wird die Vollziehung des Arrestes nicht gehemmt. ²Das Gericht kann aber eine einstweilige Anordnung nach § 707 treffen; § 707 Abs. 1 Satz 2 ist nicht anzuwenden.

Abschnitt 5. Arrest und einstweilige Verfügung **§ 924**

Schrifttum: *Mädrich,* Das Verhältnis der Rechtsbehelfe des Antragsgegners im einstweiligen Verfügungsverfahren, 1980; *Werner,* Rechtskraft und Innenbindung zivilprozessualer Beschlüsse im Erkenntnis- und summerischen Verfahren (1983) 123 ff.

Gliederung

1) **Systematik,** I–III 1	B. Zuständigkeit 11
2) **Regelungszweck,** I–III 2	C. Widerspruchsberechtigte 12
3) **Geltungsbereich,** I–III 3–7	D. Form 13
A. Widerspruch 3	E. Frist 14
B. Fristablauf 4	F. Rücknahme; Verzicht 15
C. Wichtiger Grund usw 5	5) **Verfahren,** II 16
D. Weitere Einzelfragen 6, 7	6) **Einfluß auf die Vollziehung,** III ... 17
4) **Widerspruch,** I, II 8–15	7) *VwGO* 18
A. Allgemeines 8–10	

1) Systematik, I–III. §§ 924, 925 regeln nur eine der Möglichkeiten des Schuldners, einen Arrestbe- **1** schluß (nicht ein Arresturteil) zu bekämpfen. § 924 ähnelt entfernt dem § 339 mit seinem Einspruch gegen ein Versäumnisurteil. Das zeigt sich auch vor allem darin, daß der bisherige Richter (judex a quo) zuständig bleibt, Rn 6. Der Widerspruch ist also kein Rechtsmittel. Es entsteht keine sog Anfallwirkung, Grdz 3 vor § 511. Der Widerspruch ist vielmehr ein Rechtsbehelf, § 99 Rn 28, Hamm OLGZ **89**, 340, Kblz MDR **96**, 1293.

2) Regelungszweck, I–III. Der Widerspruch zum bisherigen Gericht ist im Interesse der gerade bei **2** dieser Verfahrensart gebotenen Beschleunigung durchaus sinnvoll, Kblz MDR **96**, 1293 (Kostenwiderspruch). Es muß sich jedenfalls zunächst nicht ein weiteres Gericht einarbeiten usw. Das Gericht sollte die jetzt notwendige Verhandlung nach II 2 entsprechend rasch anberaumen und zügig durchführen. Die Verhandlung bringt meist den ersten Kontakt zum Antragsgegner. Das kann Überraschungen zum Tatsachenablauf und zur rechtlichen Beurteilung bedeuten und erfordert vom Gericht wirkliche Freiheit von der infolge des Beschlusses natürlich vorhandenen gewissen „Befangenheit" in der bisherigen Beurteilung. Das gilt auch beim bloßen Kostenwiderspruch.

Man sollte *III 2* wegen der Nichtanwendbarkeit des § 707 I 2 nicht zu Lasten des Schuldners auslegen.

3) Geltungsbereich, I–III. Das Gericht darf und muß einen ohne eine mündliche Verhandlung er- **3** lassenen Arrestbeschluß, unter den folgenden Voraussetzungen aufheben.

A. Widerspruch. Der Schuldner mag einen Widerspruch eingelegt haben, und es ergibt sich auf Grund einer nochmaligen genauen Prüfung, daß der Arrestantrag entweder von Anfang an unbegründet war oder jedenfalls im Zeitpunkt des Schlusses der mündlichen Verhandlung über den Widerspruch nach §§ 136 IV, 296 a nicht mehr begründet ist. Wenn das Gericht den Arrest nach § 922 I 1 Hs 2 durch einen Beschluß erlassen hatte, dann ist der Widerspruch der alleinige Rechtsbehelf, Hamm OLGZ **89**, 340. Das gilt ohne Rücksicht darauf, welche Instanz den Arrest angeordnet hat.

B. Fristablauf. Der Schuldner mag beantragt haben, den Arrestbeschluß aufzuheben, weil der Gläubiger **4** trotz einer Auflage nicht fristgemäß eine Klage erhoben habe, § 926 II.

C. Wichtiger Grund usw. Der Schuldner mag beantragt haben, den Arrestbeschluß aufzuheben, weil **5** sich die Umstände seit dessen Anordnung verändert hätten oder weil ein sonstiger wichtiger Grund vorliege, § 927.

D. Weitere Einzelfragen. Alle drei Wege sind gleichzeitig nebeneinander zulässig, LG Freibg RR **88**, **6** 250 (zu § 926 II). Das gilt freilich nur dann, wenn eine nach Grdz 33 vor § 253 notwendiges Rechtsschutzbedürfnis für jeden dieser Wege vorliegt, Hamm GRUR **78**, 612, Kblz GRUR **89**, 374. Das Rechtsschutzbedürfnis kann für den Weg nach § 927 fehlen, wenn bereits ein Widerspruchs- oder Berufungsverfahren anhängig ist, Kblz GRUR **89**, 374. Es endet zB dann, wenn die Hauptsache des Arrestverfahrens erledigt ist oder wenn das Gericht den Arrest bzw. die einstweilige Verfügung endgültig aufhebt, Hbg MDR **77**, 148. Das gilt unabhängig davon, ob diese Aufhebung rückwirkend erfolgt. Der Arrestschuldner kann sich insbesondere im Widerspruchsverfahren nach § 927 mit Einreden verteidigen, ThP § 927 Rn 12, aM Teplitzky DRiZ **82**, 45 (aber der Widerspruch hat eher die Wirkung des § 342 vergleichbare Wirkung, Rn 8 ff).

Es hängt von der Lage des *Einzelfalls* und insbesondere von den evtl unterschiedlichen Kostenfolgen ab, **7** welcher der Wege Rn 1 am empfehlenswertesten ist. Man sollte beachten, daß eine Aufhebung nach Rn 3 dem Schuldner keinen Ersatzanspruch eröffnet, § 945. Andererseits können die Möglichkeiten Rn 4, 5 mit einer Berufung gegen ein Arresturteil zusammentreffen. Denn diese Möglichkeiten sind sowohl gegenüber einem Beschluß als auch gegenüber einem Urteil vorhanden. Mit dem Eintritt der Rechtskraft einer Aufhebung des Arrests nach § 322 endet natürlich das Wahlrecht. Vgl im übrigen § 322 Rn 29 „Arrest, Einstweilige Verfügung". Ein Dritter kann nur nach § 766 oder § 771 vorgehen.

Eine *Vollstreckungsabwehrklage* nach § 767 ist ebensowenig wie eine andere Klage etwa nach § 323 oder eine Wiederaufnahmeklage nach §§ 578 ff außer gegen ein arrestaufhebendes Urteil zu dem Zweck zulässig, die Aufhebung des Arrests zu erreichen. Denn die §§ 926, 927 treffen Sonderregelungen, Karlsr GRUR **79**, 571.

4) Widerspruch, I, II. Man muß zahlreiche Aspekte beachten. **8**

A. Allgemeines. Der Widerspruch ist nur dann statthaft, wenn das Gericht nach § 922 I 1 Hs 2 ohne eine mündliche Verhandlung erlassen hat, Kblz MDR **96**, 1293. Der Widerspruch ist kein Rechtsmittel, Rn 1. Deshalb entstehen weder die Hemmungswirkung noch die Anfallwirkung, Grdz 2, 3 vor § 511. Der Widerspruch richtet sich grundsätzlich gegen die Anordnung des Arrests, nicht gegen seine Vollziehung. Gegen die Vollziehung richtet sich vielmehr § 923.

Hartmann   2541

§ 924

9   Der Schuldner kann den Widerspruch ausnahmsweise auch *auf die Kostenentscheidung beschränken.* Das ist ein sog „Kostenwiderspruch". Diese Möglichkeit besteht schon wegen § 93, BGH NJW **86**, 1815, Hbg RR **02**, 215, Kblz MDR **96**, 1293. § 99 I steht dieser Lösung nicht entgegen. Denn in jener Vorschrift ist eine auf Grund einer mündlichen Verhandlung ergangene streitige Entscheidung die Grundlage. Die Beschränkung auf die Kostenfrage stellt der Sache nach ein Anerkenntnis des Arrest- bzw Verfügungsanspruchs dar, Ffm RR **96**, 1535. Sie muß aber von vornherein erfolgen und eindeutig sein, Düss RR **86**, 87, Hbg MDR **89**, 1002, Schlesw SchlHA **90**, 8. Es darf also keine Verbindung mit einem Aufhebungsantrag erfolgen, LG Brschw WRP **84**, 363. Der Schuldner muß mit dem Kostenwiderspruch eine Unterwerfungserklärung abgeben, Düss MDR **91**, 257, Stgt WRP **81**, 116. Man muß notfalls durch eine Auslegung ermitteln, ob ein derartiger bloßer „Kostenwiderspruch" vorliegt, Grdz 52 vor § 128, KG MDR **82**, 853. Die bloße Ankündigung eines Anerkenntnisses nach § 307 bedeutet keineswegs stets eine Beschränkung auf die Kostenfrage, Hamm MDR **89**, 1001, Rn 13. In einer solchen Beschränkung kann freilich ein Verzicht auf das Recht aus § 926 liegen, dort Rn 5 aE. Die spätere Erweiterung des Kostenwiderspruchs auf einen Vollwiderspruch ist daher unzulässig, Hbg RR **00**, 1238, Hamm MDR **91**, 357.

10 Der Widerspruch ist *keine Beschwerde.* Er ist auch dann statthaft, wenn das Gericht nach § 85 II ArbGG ohne eine Anhörung des Gegners entschieden hat. Eine Verwirkung ist denkbar, Schlesw MDR **79**, 764, Nieder WRP **79**, 350. Die Rücknahme ist bis zur Rechtskraft der Widerspruchsentscheidung zulässig. In einer erst im Lauf des Widerspruchsverfahrens erfolgten Beschränkung auf den Kostenpunkt liegt eine teilweise Widerspruchsrücknahme. Auf sie ist § 99 II unanwendbar, Mü WettbR **96**, 140. Einwendungen gegen die Vollziehung des Widerspruchs sind im Weg der Erinnerung nach § 766 möglich. Einwendungen gegen den Arrestanspruch selbst müssen nach § 927 erfolgen. Wenn der Schuldner den Widerspruch zurücknimmt, dann trifft das Gericht eine Kostenentscheidung entsprechend §§ 516 III, 346, Mü JB **77**, 93.

11 **B. Zuständigkeit.** Grundsätzlich ist das Gericht des Arrestbeschlusses nach § 919 zur Entscheidung über den Widerspruch des Schuldners örtlich und sachlich ausschließlich zuständig, § 802, Jacobs NJW **88**, 1365. Wenn allerdings das Beschwerdegericht und nicht das Berufungsgericht der Hauptsache nach § 943 den Arrestbeschluß erlassen oder das erstinstanzliche Gericht zu seinem Erlaß angewiesen hat, dann geht der Widerspruch ausnahmsweise an das Gericht der ersten Instanz. Denn das Beschwerdegericht hat nur anstelle des erstinstanzlichen Gerichts entschieden, und die Partei würde sonst auch grundlos eine Instanz verlieren, Drsd JB **00**, 139, Hamm OLGZ **87**, 493, ZöV 6, aM KG RR **04**, 1666 bei reinen Rechtsfragen (aber auch dann gibt es einen Anspruch auf den vollen Instanzenzug). Deshalb tritt auch zunächst keine Bindungswirkung ein. Wenn das angerufene Gericht unzuständig ist, prüft und muß es auf Grund eines evtl nach § 139 herbeigeführten Antrags das Verfahren an das zuständige Gericht verweisen, §§ 281, 506, Hamm OLGZ **89**, 340, ZöV 6, aM Bernaerts MDR **79**, 98 (aber diese Vorschriften gelten allgemein).

12 **C. Widerspruchsberechtigte.** Zum Widerspruch berechtigt sind lediglich der Schuldner oder dessen Rechtsnachfolger, § 727 Rn 3. Der Insolvenzverwalter ist auch auf Grund derjenigen Rechte widerspruchsberechtigt, die dem Schuldner auf Grund der Eröffnung des Insolvenzverfahrens zustehen. Der Gläubiger ist in keinem Fall zum Widerspruch berechtigt. Ein Dritter ist darauf angewiesen, nach den §§ 766, 771 vorzugehen und evtl eine Anfechtungsklage zu erheben.

13 **D. Form.** Der Schuldner muß den Widerspruch bei demjenigen Gericht einlegen, das den Arrestbeschluß nach § 922 erlassen hat, aM Hamm BB **79**, 1378 (betr einen von zwei Streitgenossen). Aber die Zuständigkeit folgt uneingeschränkt der Rechtsnatur des Widerspruchs, Rn 6, 10). Wenn das Arrestgericht ein LG ist, muß das schriftlich und unter Anwaltszwang geschehen, § 78 Rn 1, § 920 Rn 17. War das LG Beschwerdegericht beim Erlaß nach Rn 11, dann ist das nun wieder zuständige AG maßgeblich. In diesem Fall und dann, wenn das AG den Arrest erlassen hatte, kann man den Widerspruch auch bei jedem AG zum Protokoll der Geschäftsstelle einlegen, II 2, § 129 a. Insoweit besteht kein Anwaltszwang, (jetzt) § 78 V Hs 2, Kblz NJW **80**, 2588. Der Schuldner braucht das Wort Widerspruch nicht zu benutzen. Es genügt vielmehr eine Äußerung seines Willens, eine Entscheidung derselben Instanz über die Berechtigung des Arrests herbeizuführen, Grdz 52 vor § 128. Vgl auch Rn 8–10. Eine Begründung ist ratsam. Sie ist aber nicht formell zwingend notwendig.

14 **E. Frist.** Ein Widerspruch ist ab Erlaß des Arrestbefehls zulässig, § 329 Rn 26. Er ist also schon vor seiner Zustellung und vor dem Vollzugsbeginn nach § 929 möglich. Er ist solange zulässig, wie der Arrestbeschluß wirksam besteht, also unter Umständen auch noch nach dem Ablauf der Vollziehungsfrist des § 929 II oder nach der Erledigung der Hauptsache gemäß § 91 a oder nach der Freigabe der gepfändeten Sachen. Jedoch gilt das in § 567 Rn 17 Ausgeführte auch hier. Es ist durchaus gerechtfertigt und mit dem Zweck des Arrests vereinbar, wenn man den Hauptprozeß abwartet, selbst wenn dieser recht lange dauert, aM Saarbr RR **89**, 1513 (aber es kommt auf eine Gesamtabwägung an). Das evtl vorrangige fristschaffende WTO-Recht bleibt beachtlich, von Bogdandy NJW **99**, 2088.

15 **F. Rücknahme: Verzicht.** Der Schuldner kann den Widerspruch zurücknehmen. Er kann auch auf den Widerspruch wie auf die Anträge nach §§ 926, 927 verzichten. Der Gläubiger kann dem Schuldner durch ein sog Abschlußschreiben nach § 93 Rn 77 dazu eine angemessene Frist setzen, zB einen Monat, KG WRP **78**, 451. Der Verzicht führt zum Wegfall eines Rechtsschutzbedürfnisses für eine Klage in der Hauptsache, Grdz 33 vor § 253, Hamm WRP **76**, 252. Die Kosten ergeben sich dann meist aus § 93.

16 **5) Verfahren, II.** Das Gericht bestimmt unverzüglich nach dem Eingang des vollen Widerspruchs einen Termin zur mündlichen Verhandlung nach § 216. Es lädt dazu beide Parteien von Amts wegen, §§ 166 ff, 274. Beim bloßen Kostenwiderspruch nach Rn 9 ist die mündliche Verhandlung freigestellt, § 128 III, § 925 Rn 4. Es gibt keine Ladung durch die Partei. Das Gericht muß die Ladungsfrist des § 217 beachten. Der Schuldner soll die Gründe seines Widerspruchs mitteilen. Er ist zu dieser Mitteilung aber nicht gezwungen. Es ist zulässig, in der mündlichen Verhandlung weitere Gründe nachzuschieben, § 922 Rn 15. Der Vorsitzende darf die Bestimmung des Verhandlungstermins nicht etwa deswegen ablehnen, weil der Schuldner den Widerspruch nicht begründet hätte.

Abschnitt 5. Arrest und einstweilige Verfügung §§ 924, 925

6) Einfluß auf die Vollziehung, III. Der Widerspruch hemmt die Vollziehung und die Vollstreckung **17** des Arrests nicht. Insofern hat er eine andere Wirkung als eine Hinterlegung nach § 923. Das Gericht kann aber nach § 707 eine einstweilige Anordnung treffen, ohne an die Beschränkungen des § 707 I 2 gebunden zu sein. Das gilt freilich nur, wenn dadurch nicht der Arrest seinen Sinn verliert, Ffm GRUR **89**, 932. Das Gericht kann also auch ohne besondere Voraussetzungen davon absehen, eine Sicherheitsleistung zu verlangen. Vgl aber auch § 936 Rn 6 „§ 924, Widerspruch". Die einstweilige Anordnung ist keine einstweilige Verfügung. Wenn der Widerspruch nicht statthaft ist, dann bleibt dem Schuldner nur die Möglichkeit einer Aufhebungsklage übrig. Sie läßt eine Einstellung zu, § 927 Rn 13. Eine Vollstreckungsabwehrklage nach § 767 ist nicht statthaft, Rn 6. III gilt auch für die dem Schuldner im Arrestbeschluß auferlegten Kosten.

7) VwGO: Gegen den Beschluß, durch den das VG (auch nach mündlicher Verhandlung) eine einstwAnO erläßt, ist **18** die Beschwerde gegeben, es sei denn, sie ist durch ein Spezialgesetz ausgeschlossen, zB § 80 AsylVfG oder § 37 VermG, VGH Mü BayVBl **94**, 411 mwN (vgl § 252 Rn 8); die Beschwerde bedarf nicht mehr der Zulassung durch das Beschwerdegericht, § 146 IV VwGO idF des RmBereinVpG v 20. 12. 01, vgl § 921 Rn 16. Die Beschwerde, der nicht abgeholfen werden darf, § 146 IV 5 VwGO, hat keine aufschiebende Wirkung; aber die Aussetzung der Vollziehung durch das Beschwerdegericht ist möglich, § 173 VwGO iVm § 572 III, KoppSch § 146 Rn 44, 45 mwN; das gleiche gilt für die einstw Einstellung der Vollstreckung nach III 2, obwohl § 924 in § 123 VwGO nicht genannt wird. Eine Zurückverweisung wegen fehlender Sachentscheidung ist nach wie vor möglich, erfordert seit dem 1. 1. 02 aber den Antrag eines Beteiligten, VGH Mannh VBlBW **03**, 239. Ein Beschluß des OVG (VGH) ist unanfechtbar, § 152 VwGO, soweit es sich nicht um eine Entscheidung nach § 17a GVG handelt, § 152 I VwGO; dies gilt auch für Eilentscheidungen nach § 47 VI VwGO, Schoch S 504 mwN. Zum Verf des VerwGerichts, an das ein Zivilgericht die Sache nach Widerspruch verwiesen hat, vgl VGH Mü BayVBl **83**, 569.

925 *Entscheidung nach Widerspruch.* ¹ Wird Widerspruch erhoben, so ist über die Rechtmäßigkeit des Arrestes durch Endurteil zu entscheiden.

   ᴵᴵ Das Gericht kann den Arrest ganz oder teilweise bestätigen, abändern oder aufheben, auch die Bestätigung, Abänderung oder Aufhebung von einer Sicherheitsleistung abhängig machen.

Gliederung

1) Systematik, I, II	1, 2	D. Wirkung	10, 11
2) Regelungszweck, I, II	3	E. Kosten	12
3) Verfahrenshauptregeln, I, II	4	F. Versäumnisverfahren	13
4) Einzelfragen zum Verfahren, I	5	G. Vollstreckbarkeit	14
5) Endurteil, I, II	6–14	6) Berufung, I, II	15
A. Abschließende Inhaltsregelung	6	7) Einspruch, I, II	16
B. Unzulässigkeit	7	8) VwGO	17
C. Zulässigkeit	8, 9		

1) Systematik, I, II. Die Vorschrift ergänzt § 924. Vgl daher zunächst § 924 Rn 1. Der Widerspruch **1** und auch der bloße sog „Kostenwiderspruch" nach § 924 Rn 9 leitet ein streitiges Urteilsverfahren wie nach §§ 253ff ein, Roelleke JZ **75**, 245. Daran ändert beim Kostenwiderspruch auch § 128 III nichts. Denn diese Vorschrift macht nur eine mündliche Verhandlung entbehrlich, nicht auch eine gleichwohl vorgeschriebene Urteilsform. Auch § 128 IV ändert dann nichts. Denn diese Bestimmung besagt nicht etwa, daß eine ohne mündliche Verhandlung mögliche Entscheidung auch nicht in Urteilsform ergehen müsse oder könne. Sie setzt vielmehr gerade umgekehrt voraus, daß keine Urteilsform in Betracht kommt.

Der *Gläubiger* wird zum Arrestkläger, der Schuldner wird zum Arrestbekl, Hamm JB **76**, 917. Eine **2** Vertauschung dieser Rollen kann nicht eintreten. Deshalb muß ein Versäumnisurteil gegenüber dem Gläubiger nach § 330 ergehen, ein solches gegenüber dem Schuldner nach § 331. Wenn der Gläubiger seinen Antrag zurücknimmt, dann entspricht das der Klagerücknahme oder dem Verzicht, §§ 269, 306. Beide Parteien können ihre Anträge nach §§ 263, 264 erweitern oder beschränken, Ffm RR **88**, 319. Das gilt auch in einer Wettbewerbssache. Vgl aber § 922 Rn 17, 18. Eine Verbindung des Widerspruchs mit Anträgen nach §§ 926 II, 927 ist zulässig. Der Widerspruch hemmt den Arrestvollzug nicht, § 924 III. Allerdings kann der Arrestkläger jetzt den bisherigen Anspruch anders als einzelne von dessen Grundlagen nicht mehr wirksam gegen einen anderen austauschen, Ffm RR **88**, 319.

2) Regelungszweck, I, II. Die Urteilsform und damit vorangehend die mündliche Verhandlung sollen **3** klarstellen, daß man auch das Eilverfahren mit aller Ernsthaftigkeit betreiben muß, soweit sich der Antragsteller gegen den Anordnungsbeschluß gewehrt hat. Daher muß das Gericht auch alle in §§ 300 ff genannten Urteilsvorschriften beachten. Ferner soll das Urteil den Zugang zur Berufungsinstanz ohne die einer Beschwerde manchmal eigenen Beschränkungen eröffnen. Natürlich bleibt der Eigenart des Eilverfahrens auch im Widerspruchsverfahren erhalten, nämlich ihr grundsätzlich nur vorläufiger und deshalb auch zeitlich begrenzter Charakter. Auch hier gilt daher das so oft übersehene oder für entbehrlich gehaltene grundsätzliche Verbot einer Vorwegnahme der Hauptsache, von den Ausnahmen der sog Leistungsverfügung abgesehen, Grdz 6 vor § 916. In diesen Grenzen sind aber die Regeln des erstinstanzlichen Erkenntnisverfahrens in diesem Abschnitt voll wirksam, auch zur Auslegung.

3) Verfahrenshauptregeln, I, II. Grundsätzlich ist nach § 128 Rn 4 eine mündliche Verhandlung **4** notwendig, Brdb RR **00**, 325 und 327. Sie verläuft wie bei §§ 279, 922 I. Beim bloßen Kostenwiderspruch nach § 924 Rn 9 ist allerdings nach § 128 III ausnahmsweise mündliche Verhandlung entbehrlich, obwohl es bei der Notwendigkeit eines Urteils wegen Rn 1 bleibt. Denn auch dann ist wegen der Beschränkung auf die Kostenfrage schon nach dem eindeutigen Wortlaut diese Vorschrift des Allgemeinen Teils anwendbar, Einl III 39, zumal §§ 916 ff ein Erkenntnisverfahren regeln, Grdz 1 vor § 916. Auch im Wider-

§ 925

spruchsverfahren handelt es sich nur um den Arrestanspruch, nicht um den Hauptanspruch, Rn 2. Der Gläubiger kann also nicht etwa im Weg einer Kläganderung auf eine Leistung klagen, § 920 Rn 9. Denn es liegt eine ganz andere Verfahrensart vor. Etwas anderes gilt allenfalls dann, wenn beide Parteien mit der Kläganderung einverstanden sind. Es genügt immer, die streitigen Behauptungen nach § 294 glaubhaft zu machen. Das Gericht darf an keiner Stelle einen vollen Beweis im Sinn von § 286 Rn 16 verlangen, solange das Verfahren nicht in einen Hauptprozeß übergeht. In der zweiten Instanz ist es zulässig, verspätetes neues Vorbringen nach § 530 zurückzuweisen. Gegen die Nachteile einer Überrumpelung kann auch eine Sicherheitsleistung schützen. Maßgebender Zeitpunkt ist derjenige der mündlichen Verhandlung.

Das Gericht muß prüfen, ob der Arrest am *Schluß der mündlichen Verhandlung* nach §§ 136 IV, 296 a noch rechtmäßig ist. Das gilt nach dem umfassend formulierten Wortlaut von I auch beim bloßen Kostenwiderspruch. Zwar hat der Antragsgegner dann den Arrestanspruch der Sache nach anerkannt, § 924 Rn 9. Nach § 93 wäre über die Rechtmäßigkeit des Klaganspruches nicht mehr mitzuentscheiden. Auch steht § 93 im für das Arrestverfahren teilweise mitgeltenden Buch 1 der ZPO. Indessen darf und muß das Gericht auf Grund einer Einrede diejenigen Umstände zu prüfen, die erst seit dem Erlaß des Arrests eingetreten sind, § 927 Rn 9. Jedoch tritt keine Bindung wegen des Arrestgrunds des § 917 ein, selbst wenn der Erlaß des Arrests vertretbar gewesen war. Sonst wäre der Widerspruch weitgehend sinnlos.

5 **4) Einzelfragen zum Verfahren, I.** Ein etwaiges Anerkenntnis nach § 307 bezieht sich nur auf den Arrestanspruch nach § 916 und nicht auf den Hauptanspruch. Ein Verzicht auf die Vollziehung des Arrests ist kein Verzicht auf den Hauptanspruch im Sinn von § 306. Ein solcher Verzicht zwingt aber dazu, den Arrest nach § 927 aufzuheben. Der Schuldner kann den Verzicht im Widerspruchsverfahren geltend machen, ebenso den Aufhebungsgrund nach § 926 II. Wenn der Gläubiger einen Vollstreckungstitel erwirkt und aus ihm die Zwangsvollstreckung betreibt, dann ist das im Arrestverfahren kein Erledigungsgrund nach § 91 a. Eine Klage nach § 927 wirkt aber als eine Erledigung. Vgl allerdings § 927 Rn 4.

Eine *Aussetzung* des Arrestverfahrens bis zur Erledigung der Hauptsache ist mit dem Eilcharakter des Arrestverfahrens unvereinbar, Grdz 13, 14 vor § 916. Das Gericht muß auch eine Aussetzung aus anderen Gründen nach § 148 vermeiden. Denn auch eine solche Aussetzung stünde mit dem Eilcharakter des Arrestverfahrens nicht im Einklang. Wenn über das Vermögen des Schuldners das Insolvenzverfahren eröffnet wird, dann darf das Gericht auf Grund eines Widerspruchs des Insolvenzverwalters den Arrest bestätigen oder abändern, falls der Gläubiger bereits gepfändet oder der Schuldner hinterlegt hatte, Grdz 4 vor § 916.

Wenn der Gläubiger aber mit dem *Vollzug* des Arrestbefehls bisher *noch nicht begonnen* hatte, dann kann der Arrest auch für die Zukunft keine Wirkung mehr haben und ist für die Vergangenheit bedeutungslos. Deshalb muß das Gericht auf Grund eines Widerspruchs des Insolvenzverwalters in solchem Fall aufheben. § 406 ist unanwendbar, § 487 Rn 8, aM Nürnb **78**, 954.

6 **5) Endurteil, I, II.** Es gibt Gemeinsamkeiten und je nach Entscheidungsrichtung Unterschiede.

A. Abschließende Inhaltsregelung. Das Gericht muß auf Grund des vollen Widerspruchs des Schuldners nach einer mündlichen Verhandlung über den Arrest durch ein Endurteil nach §§ 300 ff entscheiden. Ein Urteil ist auch beim bloßen Kostenwiderspruch nach § 924 Rn 9 notwendig, auch wenn die Verhandlung nach Rn 4 ähnlich wie bei § 341 II freigestellt ist, Kblz MDR **96**, 1293 (zum alten Recht). II regelt den möglichen Inhalt des Endurteils abschließend abgesehen von der Frage der Zulässigkeit der mündlichen Verhandlung und dem Angriff auf die Kostenentscheidung. Dieses Endurteil kann wie folgt lauten.

7 **B. Unzulässigkeit.** Das Gericht verweist auf Grund eines Antrags des Arrestklägers im Fall der bloßen Unzuständigkeit das Arrestverfahren an das zuständige Gericht, ohne den Arrest aufzuheben, ThP 1, aM LG Arnsberg RR **93**, 318, Teplitzky DRiZ **82**, 41 (sie heben zuvor auf). Mangels Antrags oder bei einem anderen Unzulässigkeitsgrund verwirft das Gericht den Widerspruch als unzulässig, Grdz 14 vor § 253, Celle GRUR **80**, 946.

8 **C. Zulässigkeit.** Bei einem zulässigen Widerspruch ist das Gericht an seinen Arrestbeschluß nicht gebunden. Es darf und muß vielmehr im Umfang des Widerspruchs vollständig neu entscheiden, Brdb RR **00**, 325 und 327. Es kann den Arrestbeschluß bestätigen. Das Gericht kann den Arrestbeschluß auch abändern, ihn also teilweise bestätigen und teilweise aufheben. Es kann den Arrest auch teilweise oder gänzlich teilweise ändern und anderen Inhalt geben. Eine Abänderung ist auch in einer Wettbewerbssache grundsätzlich zulässig, § 938 Rn 1. Sie ist jedoch nicht zulässig, sofern das Gericht den Parteien dadurch die Instanz entziehen würde. Maßgeblich ist der Zeitpunkt des Schlusses der mündlichen Verhandlung, §§ 136 IV, 296 a, Brdb RR **00**, 325 und 327, LG Düss NJW **75**, 1367. Wenn der Arrestgrund in diesem Zeitpunkt nicht oder nicht mehr besteht, dann muß das Gericht den Arrestbeschluß und nicht nur seine Vollziehung aufheben.

9 *In zweiter Instanz* gilt dasselbe, wenn nach dem Zeitpunkt der Bestätigung der ersten Instanz veränderte Umstände eingetreten sind. Wenn andererseits gegen ein den Arrest aufhebendes Urteil eine Berufung erfolgreich war, dann muß das Berufungsgericht den aufgehobenen Arrest unter eine Abänderung des aufhebenden Urteils bestätigen und darf ihn nicht neu erlassen, Düss BB **81**, 394. Eine andere Frage ist diejenige, welche Wirkung die vorläufige Aufhebung durch eine nach §§ 708 ff vorläufig vollstreckbare Entscheidung des erstinstanzlichen Gerichts hat, Hbg MDR **77**, 148. Das Gericht kann den Arrestbeschluß auch aufheben. Es muß dann zugleich den Arrestantrag zurückweisen. Das Gericht kann die Bestätigung, die Änderung oder die Aufhebung des Arrests davon abhängig machen, daß der Gläubiger oder der Schuldner erstmals oder zusätzlich eine Sicherheit nach § 108 leisten.

10 **D. Wirkung.** Das Urteil wirkt rechtsgestaltend, Grdz 10 vor § 253, § 922 Rn 8, Köln MDR **03**, 352. Ein aufhebendes Urteil schafft den Arrest oder die einstweilige Verfügung aus der Welt, wie bei Rn 15. Wegen der vorläufigen Vollstreckbarkeit Rn 9. Das Gericht muß von Amts wegen klären, ob eine Sicherheitsleistung notwendig ist, KG DB **80**, 301. Das Gericht muß die Art und die Höhe einer erforderlichen Sicherheitsleistung nach § 108 bestimmen. Wenn der Schuldner die verlangte Sicherheit geleistet hat, dann kann er nach § 766 die Aufhebung der Vollziehungsmaßnahmen fordern. Man darf aber dabei nicht das zB

Abschnitt 5. Arrest und einstweilige Verfügung **§§ 925, 926**

in § 929 I zum Ausdruck kommende besondere Schutzbedürfnis des Gläubigers verkennen. Wenn das Prozeßgericht den Anspruch des Gläubigers im Hauptprozeß rechtskräftig abgewiesen hat, muß das Arrestgericht den Arrest zwangsläufig aufheben.

Wenn der Gläubiger im *Hauptprozeß gewinnt*, dauert oft das Sicherungsbedürfnis im Arrestverfahren fort. **11** Das gilt vor allem dann, wenn der im Hauptprozeß erstrittene Titel nicht vollstreckbar oder nur unter wesentlich schlechteren Voraussetzungen vollstreckbar ist, § 927 Rn 4. Wenn solche Gefahren nicht bestehen und wenn der Gläubiger auf Grund einer Aufforderung des Schuldners auf den Arrestanspruch unverzüglich verzichtet, da sich der Arrest erledigt habe, dann muß das Arrestgericht die Kosten des Arrestverfahrens demjenigen auferlegen, der ohne diese Erledigtwirkung unterlegen wäre, § 93 Rn 33, 34. Im Fall beiderseitiger Erledigterklärungen ist § 91 a anwendbar, dort Rn 96. Wenn die Erledigung durch eine Zahlung des Schuldners eingetreten ist und dieser gleichwohl der Erledigterklärung des Gläubigers widerspricht, dann kommt es darauf an, ob der Arrest nunmehr noch berechtigt ist, aM Schlüter ZZP 80, 452 (vgl aber § 91 a Rn 192).

E. Kosten. Eine Kostenentscheidung ist stets notwendig, §§ 91 ff, nicht § 788. Sie umfaßt die gesamten **12** Kosten des Arrestverfahrens. Das gilt auch bei der Kombination mit einem Aufhebungsverfahren, Ffm JB 92, 422. Anders ist es beim isolierten Aufhebungsverfahren. Das Arrestgericht muß eine Kostenentscheidung evtl nach § 321 nachholen. Im Aufhebungsfall muß der Gläubiger auch die Vollzugskosten tragen. Bei einer nur teilweisen Anfechtung des Arrests ist eine Kostenentscheidung über diesen Teil des Verfahrens erforderlich. Das Gericht muß diese Kosten bei einer etwaigen späteren Anfechtung des Rests in die daraufhin ergehende Kostenentscheidung unverändert einbeziehen. Wegen der Widerspruchsrücknahme § 924 Rn 10. Eine Erledigterklärung ist möglich, Rn 7.

Gebühren: Des Gerichts KV 1410 ff; beim bloßen Kostenwiderspruch, § 924 Rn 9, KV 1312 b, Ffm RR 96, 1535; des Anwalts VV 3100 ff. Wert: Anh § 3 Rn 11 „Arrest".

F. Versäumnisverfahren. Das Versäumnisverfahren verläuft wie bei § 922 Rn 20. **13**

G. Vollstreckbarkeit. Ein den Arrest bestätigendes Urteil ist ebenso wie der Arrest ohne weiteres **14** vollstreckbar, auch wegen der Kosten. Deshalb braucht das Gericht es nicht ausdrücklich für vollstreckbar zu erklären, § 929 Rn 1. Das Gericht muß ein Urteil, das den Arrestbefehl aufhebt, abändert oder von einer Sicherheitsleistung abhängig macht, von Amts wegen ohne eine Sicherheitsleistung für vorläufig vollstreckbar erklären, § 708 Z 6. Jedoch tritt mit der Verkündung des aufhebenden Urteils die Vollstreckbarkeit des Arrests bzw der einstweiligen Verfügung außer Kraft, § 717. Eine Einstellung der Zwangsvollstreckung ist wie bei § 719 Rn 3 zulässig, im übrigen evtl auf Grund der Vorlegung eines Urteils in den Fällen § 775 Z 1 und 3, § 776, vgl aber Rn 1. Die Zustellung des Urteils ist keine Voraussetzung der Einstellung der Zwangsvollstreckung. Wenn der Gläubiger eine Sicherheit leisten soll, dann stellt das Vollstreckungsgericht die Vollstreckung des Arrests ein, solange er die Sicherheit nicht erbracht hat, § 766. Wenn der Schuldner die Sicherheit leisten soll, dann muß er die Sicherheitsleistung nachweisen, § 775 Z 3.

6) Berufung, I, II. Vgl zunächst § 922 Rn 22, 23. Auch jetzt gelten §§ 920 II, 294 II. Wenn das Gericht **15** den Arrest aufgehoben hat und der Gläubiger die Berufung einlegt, dann ist es für ihn dringend ratsam, einen Antrag auf eine Einstellung der Zwangsvollstreckung wegen der Kosten aus dem Aufhebungsurteil zu stellen, §§ 719, 707. Denn eine aufgehobene Zwangsvollstreckungsmaßnahme lebt nicht wieder auf, Düss RR 02, 138, Ffm MDR 02, 602, Köln MDR 03, 352, aM Ffm BB 82, 832.

In der Berufungsinstanz kann man auch solche Tatsachen vorbringen, die *erst nach dem Erlaß* des erstinstanzlichen Urteils eintraten, auch solche, die zum Antrag nach § 626 II oder § 627 berechtigen. Wenn auf Grund des Widerspruchs nur wegen der Kosten ein Urteil ergangen ist, dann sind weder die Berufung nach § 99 I noch die sofortige Beschwerde statthaft. Das gilt schon deshalb, weil mangels Anfallwirkung überhaupt kein Rechtsmittel vorliegt, § 99 Rn 28, Hamm OLGZ 89, 340, Kblz Rpfleger 86, 408, Mü WettbR 96, 140. Das übersehen Brdb RR 00, 1669, Schlesw WettbR 00, 248, StJBo § 99 Rn 77. Folglich darf man auch keine Anfechtung im Sinn von § 99 annehmen, dort Rn 5 „Arrest, einstweilige Verfügung". Darüber hinaus ist die sofortige Beschwerde auch deshalb unstatthaft, weil weder eine Erledigung nach § 91 a eingetreten ist noch ein Anerkenntnisurteil nach § 99 II vorliegt, Hamm OLGZ 89, 340, Kblz Rpfleger 86, 408, Mü GRUR 85, 327, aM Ffm OLGZ 93, 237, Kblz MDR 96, 1293, ZöV 11.

7) Einspruch, I, II. Wegen seiner Zulässigkeit nach einem Versäumnisurteil § 922 Rn 20. **16**

8) *VwGO*: Unanwendbar, § 123 III VwGO, s § 924 Rn 18. **17**

926 *Anordnung der Klageerhebung.* ^I Ist die Hauptsache nicht anhängig, so hat das Arrestgericht auf Antrag ohne mündliche Verhandlung anzuordnen, dass die Partei, die den Arrestbefehl erwirkt hat, binnen einer zu bestimmenden Frist Klage zu erheben habe.

^{II} Wird dieser Anordnung nicht Folge geleistet, so ist auf Antrag die Aufhebung des Arrestes durch Endurteil auszusprechen.

Schrifttum: *Mädrich,* Das Verhältnis der Rechtsbehelfe des Antragsgegners im einstweiligen Verfügungsverfahren, 1980.

Gliederung

1) **Systematik, I, II** 1	C. Antrag 5
2) **Regelungszweck, I, II** 2	4) **Verfahren, I** 6
3) **Anordnung, I** 3–5	5) **Entscheidung, I** 7
A. Keine Anhängigkeit der Hauptsache ... 3	6) **Rechtsbehelfe, I** 8–10
B. Arrest 4	A. Gläubiger 8

§ 926

B. Schuldner	9
C. Richterliche Entscheidung	10
7) **Klagerhebung, I**	11, 12
A. Allgemeines	11
B. Fristversäumung	12
8) **Aufhebung, II**	13–16
A. Verfahren	13, 14
B. Entscheidung	15
C. Rechtsmittel	16
9) *VwGO*	17

1 **1) Systematik, I, II.** Der Schuldner hat zwei Möglichkeiten. Er kann nach § 926 vorgehen. Er kann außerdem zunächst eine leugnende Feststellungsklage nach § 256 erheben, BGH NJW **78**, 2158, Kblz GRUR **86**, 95, Zweibr FamRZ **80**, 1042. Dann kann er anschließend auf Grund eines siegreichen Urteils nach § 927 vorgehen, Klauser MDR **81**, 716, StJGr 2, ZöV 3. Denn § 926 ändert nichts an dem Grundsatz, daß auch dem dort gegebenen Weg die Feststellungsklage möglich ist. Ihr steht nicht etwa die Rechtskraft des Arrests nach § 322 entgegen. Denn über seine Berechtigung entscheidet das Gericht ja gerade erst auf Grund der Klage. Dieser Weg kann Vorteile bieten. Freilich kann für ihn das Feststellungsinteresse nach § 256 Rn 21 ff fehlen, Kblz GRUR **86**, 95. Vielmehr kann ein Feststellungsinteresse des Gläubigers entstehen, Mü MDR **92**, 864. Über das Zusammentreffen von § 926 und einem Widerspruch § 924 Rn 7. Man kann gegen den Arrest nur mit dem zulässigen Rechtsbehelf vorgehen. Eine Unterlassungsklage ist unzulässig. Denn das Verhalten des Bekl kann wegen der Existenz des Arrests nicht rechtswidrig sein. § 494a enthält eine teilweise ähnliche Regelung, dort Rn 1. Das evtl vorrangige fristschaffende WTO-Recht bleibt beachtlich, von Bogdandy NJW **99**, 2088. Ein obligatorisches Güteverfahren findet nicht statt, § 15a II 1 Z 6 EGZPO, Hartmann NJW **99**, 3748. Manche wenden II im FGG-Verfahren entsprechend an, Naumb (3. FamS) FamRZ **01**, 770 (str, s dort). § 926 hat Vorrang vor Art 50 VI TRIPS, EuGH NJW **01**, 1267, Ffm GRUR **04**, 198, Hbg GRUR **03**, 874.

2 **2) Regelungszweck, I, II.** Das Gesetz wahrt dem Schuldner die Möglichkeit, immer eine Entscheidung zur Hauptsache nach §§ 253 ff herbeizuführen, BGH **68**, 293. Es soll verhindern, daß der Gläubiger mit dem Arrest dadurch nach Einl III 54 Mißbrauch treibt, daß er den Titel als Druckmittel ohne eine ernsthafte Absicht weiterer Rechtsverfolgung beliebig lange aufrechterhält, Düss RR **88**, 696. Der Schuldner soll auch die Möglichkeit haben, gegen einen unbegründeten Arrest anzugehen, der ihn in den meisten Fällen überrascht hat, § 945, Mü MDR **92**, 864. Es soll aber auch verhindern, daß der Gläubiger gezwungen wird, eine zB wegen einer anderweitigen Rechtshängigkeit unzulässige Hauptsacheklage zu erheben, § 261 Rn 24, Ffm MDR **81**, 237.

Sinn von II ist im Interesse der Gerechtigkeit nach Einl III 9 wie der Prozeßwirtschaftlichkeit nach Grdz 14 vor § 128 die Herbeiführung einer Entscheidung zur Hauptsache, BGH **68**, 239, Düss RR **88**, 696, Schlüter ZZP **80**, 462, und die Verhinderung beliebig langen Drucks auf den Schuldner, Rn 1. Freilich müssen die Streitgegenstände übereinstimmen, Düss ZMR **97**, 24.

3 **3) Anordnung, I.** Das Arrestgericht kann die Anordnung unter den folgenden Voraussetzungen treffen.
A. Keine Anhängigkeit der Hauptsache. Die Hauptsache darf noch nicht bzw nicht mehr vor einem inländischen oder vor einem ausländischen Gericht nach § 261 Rn 1 anhängig sein, dessen Urteil nach § 328 anerkennungsfähig ist, Ffm MDR **89**, 272. Eine Rechtshängigkeit der Hauptsache nach § 261 Rn 1 darf natürlich erst recht nicht vorliegen, Ffm MDR **81**, 238. Schon das Mahnverfahren nach §§ 688 ff hindert, Köln OLGZ **79**, 119, ebenso das Prozeßkostenhilfeverfahren nach §§ 114 ff. Das gilt aber eben jeweils nur während deren Dauer, also zB nicht nach der Rücknahme oder Zurückweisung des Gesuchs ohne Rechtsmittel, Ffm MDR **89**, 272. Der Gläubiger muß die Anhängigkeit der Hauptsache nachweisen. Der Schuldner braucht nicht etwa das Gegenteil nachzuweisen, Ffm MDR **81**, 238.

4 **B. Arrest.** Es muß ein Arrest in Urteils- oder Beschlußform vorliegen, § 922. Er braucht weder zugestellt noch gar nach § 929 vollzogen worden zu sein. Ein bereits eingelegter Widerspruch ist unschädlich, ebenso eine zulässige oder erfolgte Abwendung nach § 923.

5 **C. Antrag.** Der Schuldner muß einen Antrag gestellt haben. Dieser Antrag ist zulässig, sobald und solange für ihn ein Rechtsschutzbedürfnis besteht, Grdz 33 vor § 253, Ffm RR **02**, 1475, Köln GRUR-RR **05**, 101, LG Freibg RR **88**, 250. § 923 beseitigt das Rechtsschutzbedürfnis natürlich nicht. ZöV 9 lassen den Antrag sogar schon vor dem Erlaß des Arrests zu.

Kein Rechtsschutzbedürfnis besteht nach einem umfassenden Gläubigerverzicht nach § 306, Karlsr WRP **80**, 713, Kblz GRUR **86**, 95, Köln GRUR-RR **05**, 101, oder bei einer Ganz- bzw Teilaufhebung oder -erledigung, § 91a Rn 20, Köln GRUR-RR **05**, 101. Das Gericht muß ein Rechtsschutzbedürfnis ferner verneinen und den Antrag nach I demgemäß zurückweisen, wenn der Schuldner inzwischen geleistet hat, Klauser MDR **81**, 716, und wenn der Gläubiger ihn von jeder künftigen Inanspruchnahme sichergestellt hat, § 927 Rn 6, LG Freibg RR **88**, 250. Das Gericht muß den Antrag auch dann zurückweisen, wenn der Verfügungsanspruch entfallen ist, Ffm RR **02**, 1475, oder wenn der Gläubiger wegen Erledigung des Arrestverfahrens nicht Klage in der Hauptsache erhoben hat. Für sie besteht dann ebenfalls kein Rechtsschutzbedürfnis.

Deshalb gibt es auch keine Hauptsacheklage nach einer einstweiligen Verfügung auf eine *Unterlassung* oder hilfsweise auf die Feststellung einer Berechtigung des Unterlassungsanspruchs, wenn die Wiederholungsgefahr entfallen ist und damit ein Rechtsschutzbedürfnis fehlt, Grdz 33 vor § 253, Hbg GRUR **86**, 564, Karlsr RR **88**, 252. Wenn der Schuldner seine Verpflichtung erfüllt hat und wenn der Gläubiger den Schuldner von der Arrestlast befreit hat, dann würde der Gläubiger bei einer neue Klage erheben müssen, deren Hauptsache schon vorher erledigt ist, Saarbr RR **89**, 1514. Im Streitfall erfolgt eine Feststellung, ob eine Erledigung eingetreten ist, § 91a Rn 173, und nicht eine Aufhebung nach II. Wenn der Schuldner nach dem Zeitpunkt der Klagerhebung im Sinn von §§ 253, 261 zahlt, dann muß er die Sache nach § 91a für erledigt erklären, falls der Gläubiger ihn von der weiteren Inanspruchnahme sichert. Der Schuldner muß seinen Antrag schriftlich oder nach § 130a elektronisch stellen. Es herrscht kein Anwaltszwang, § 13 RPflG, Anh § 153 GVG, Bergerfurth Rpfleger **78**, 205, auch § 78 V Hs 2. Denn man kann den Antrag auch zum Protokoll des Urkundsbeamten der Geschäftsstelle eines jeden AG stellen, § 129a. Der Schuldner kann auf den Antrag

Abschnitt 5. Arrest und einstweilige Verfügung § 926

verzichten, § 924 Rn 15. In einer Beschränkung des Widerspruchs auf die Kostenfrage nach § 924 Rn 9 kann ein Verzicht auf einen Anspruch nach § 926 liegen, Stgt WRP **80**, 102.

4) Verfahren, I. Nach § 802 ist das Arrestgericht ausschließlich zuständig, also dasjenige Gericht, das den **6** Arrest durch einen Beschluß oder durch ein Urteil angeordnet hat, §§ 919, 922. Das gilt unabhängig davon, wo das Widerspruchs- oder Aufhebungsverfahren nach § 927 derzeit schwebt, Schlesw MDR **81**, 392 (das AG des § 942 ist nicht zuständig). Das Arrestgericht stellt den Antrag dem ProzBev des Antragstellers des Arrestverfahrens zu, § 172, so schon LG Köln GRUR **87**, 657. Die Anordnung der Klagerhebung erfolgt durch den Rpfl, § 20 Z 14 RPflG, Anh § 153 GVG. Wenn das Beschwerdegericht oder das Berufungsgericht den Arrest angeordnet haben, dann ist das untere Gericht zuständig, § 924 Rn 11. Das Gericht darf grundsätzlich nur die förmliche Zulässigkeit des Antrags prüfen, also nicht etwa wie bei § 114 Rn 80 die Erfolgsaussicht der anzuordnenden Klage, Köln Rpfleger **81**, 26. Nur bei einer offenkundigen Aussichtslosigkeit der Klage mag das Gericht den Antrag zurückweisen müssen. Grundsätzlich muß der Rpfl die allgemeinen Prozeßvoraussetzungen prüfen, Grdz 12 vor § 253. Für den Fall, daß die Hauptsache anhängig ist, darf er allerdings nicht prüfen, ob die Prozeßvoraussetzungen erfüllt sind, Ffm MDR **81**, 238. Wenn sie gegeben ist und wenn nicht schon vorher eine Klage erhoben wurde, dann darf das Gericht den Antrag nicht mehr zurückweisen. Wenn keine Klage möglich ist, sind weder Arrest noch einstweilige Verfügung zulässig.

5) Entscheidung, I. Die Entscheidung ergeht durch einen Beschluß, § 329. Sie erfolgt stets ohne eine **7** mündliche Verhandlung. Die Formel des Beschlusses lautet etwa: „Der Gläubiger muß bis zum ... bei dem Gericht der Hauptsache Klage erheben" (Rn 9); „nach einem erfolglosen Fristablauf ist der Arrestbefehl aufzuheben". Im Beschluß braucht das Gericht nicht mitzuteilen, welches Gericht dasjenige der Hauptsache sei. Es sollte auch dazu keine Erläuterung geben. Der Rpfl muß seinen Beschluß begründen, § 329 Rn 4. Er stellt einen ablehnenden Beschluß dem Schuldner wegen Rn 9 förmlich zu. Den anordnenden Beschluß stellt der Rpfl dem Schuldner wegen Rn 8 förmlich zu und stellt ihn auch dem Gläubiger von Amts wegen zu, § 329 II 2. Mit dieser Zustellung beginnt der Fristlauf. Die Frist wird nach § 222 berechnet. Sie kann nach § 224 II verlängert werden.

Eine *Klagerhebung* vor einem unzuständigen Gericht wahrt die Frist deshalb, weil das unzuständige Gericht die Sache nach § 281 an das zuständige Gericht verweisen darf. In einer Arbeitnehmererfindungssache ist keine besondere Fristerstreckung notwendig. Denn in einem solchen Fall ist das nach § 252 Rn 6 im allgemeinen vorgeschaltete Schiedsverfahren nicht erforderlich, § 920 Rn 8.

Gebühren: Des Gerichts: KV 1410 ff; des Anwalts VV 3100 ff. Wegen der ausnahmsweise zulässigen isolierten Kostenentscheidung nach beiderseitigen Erledigterklärungen Ffm Rpfleger **86**, 281.

6) Rechtsbehelfe, I. Man muß wie folgt unterscheiden. **8**

A. Gläubiger. Er hat gegen den stattgebenden Beschluß mit Rücksicht auf Rn 10 die sofortige Erinnerung nach § 11 II 1 RPflG, Anh § 153 GVG. Denn es liegt keine Entscheidung in der Zwangsvollstreckung vor, Grdz 1 vor § 916, BGH RR **87**, 685, Köln Rpfleger **90**, 452, ZöV 19, aM Karlsr WRP **83**, 104 (kein Rechtsbehelf). Daher ist § 793 unanwendbar, Schlesw SchlHA **82**, 44. Wegen des weiteren Verfahrens vgl § 104 Rn 69 ff. Der Gläubiger muß die Rechtshängigkeit nach § 261 oder den Besitz eines Vollstreckungstitels in der mündlichen Verhandlung nach II einwenden. Gegen die Verweigerung einer Fristverlängerung ist nach § 225 III in Verbindung mit § 11 II 1 RPflG im Fall einer echten Entscheidung des Rpfl ebenfalls die sofortige Erinnerung statthaft.

B. Schuldner. Er kann gegen einen zurückweisenden Beschluß oder gegen die Gewährung einer zu **9** langen Frist durch den Rpfl aus denselben Gründen wie bei Rn 8 die sofortige Erinnerung einlegen.

C. Richterliche Entscheidung. Gegen die Entscheidung des Richters nach § 11 II 3 RPflG ist kein **10** Rechtsmittel statthaft, § 104 Rn 92 ff. Es ist ja außerdem keine Entscheidung in der Zwangsvollstreckung ergangen. Denn § 928 gilt nur für die Vollziehung, nicht vorher. Es liegt auch keine der Voraussetzungen des § 567 vor, Rn 8, LG Gött Rpfleger **93**, 440, aM ThP 6, ZöV 19, 20. Es handelt sich auch nicht um ein das Verfahren betreffendes Gesuch. Infolgedessen wäre gegen eine richterliche Fristsetzung kein Rechtsmittel statthaft, Köln Rpfleger **90**, 452.

7) Klagerhebung, I. Sie steht unter richterlicher Frist. Ein obligatorisches Güteverfahren findet nicht **11** statt, § 159 II 1 Z 6 EGZPO, Hartmann NJW **99**, 3748.

A. Allgemeines. Nur der Gläubiger oder sein Rechtsnachfolger nach § 727 Rn 1 können die Klage nach § 926 zulässig erheben. Die Klage muß die Hauptsache betreffen, also den unmittelbar gesicherten sachlichrechtlichen Anspruch, Ffm NJW **83**, 1130. Das tut sie zB dann nicht, wenn eine einstweilige Verfügung auf die Eintragung einer Sicherungshypothek erging, die Klage jedoch ein anderes Ziel als eben die Einräumung der Sicherungshypothek hat, Celle RR **03**, 1529, PalSprau § 648 BGB Rn 5, aM Ffm MDR **03**, 24 (aber ein schuldrechtlicher Anspruch hat geringere Wirkung als eine Hypothek. Schon deshalb liegt kein Formalismus vor), Düss RR **86**, 322. Die Klage muß wenn möglich auf eine Leistung lauten, § 253. Sie darf nur andernfalls auf eine Feststellung ergehen, § 256. Man darf aber auch hier nicht förmlich eine Feststellungsklage als ungenügend abtun, Düss MDR **88**, 976. Das Gericht muß das Feststellungsinteresse nach § 256 beurteilen. Celle FamRZ **97**, 182 lehnt eine Klage nach § 323 als unzureichend ab.

Eine Klage vor dem vereinbarten *Schiedsgericht* nach §§ 1025 ff reicht aus. Wenn die Parteien ein Schiedsgericht erst noch nach § 1034 bilden müssen, dann muß die Frist reichlich bemessen. Sie ist keine Notfrist, § 224 I 2. Als eine Klage gilt auch die Einleitung des Verfahrens vor einem bereits gebildeten Schiedsgericht. Eine Klage vor einem ausländischen Gericht genügt nur dann, wenn die Anerkennung des Urteils nach § 328 gesichert ist. Ein Antrag auf den Erlaß eines *Mahnbescheids* nach § 690 reicht aus, Köln OLGZ **79**, 119. Er leitet ein Verfahren ein, bei dem es von dem Willen der Parteien abhängt, einen rechtskräftigen Titel zu erlangen. Der Gläubiger kann im Fall der Zuständigkeit mehrerer Gerichte die Hauptsacheklage auch bei einem anderen Gericht als demjenigen erheben, das auch oder nur für den Arrest zuständig war.

§ 926 Buch 8. Zwangsvollstreckung

Die Klagerhebung bei einem *unzuständigen Gericht* wahrt die Frist. Es reicht auch aus, daß die Klage rechtzeitig eingegangen ist, wenn das Gericht die Klage nach (jetzt) § 167 demnächst zustellen läßt, Hamm OLGZ **89**, 323, StJGr 12, ZöV 32, aM Kblz RR **95**, 444, KG WRP **76**, 378 (aber § 167 gilt uneingeschränkt). Dieser Weg setzt allerdings voraus, daß der Kläger seinerseits alles getan hat, um eine baldige Zustellung zu ermöglichen, § 167 Rn 12 ff. Der Kläger muß bis zum Schluß der letzten mündlichen Verhandlung nach §§ 136 IV, 296 a darlegen, daß er solche Bemühungen angestellt hat.

Ein Antrag auf die Bewilligung einer *Prozeßkostenhilfe* nach § 117 kaum ausreichen, Hamm FamRZ **99**, 1152, Schneider MDR **82**, 722, StJGr 11, aM Düss MDR **87**, 771, Hamm OLGZ **89**, 323, MüKoHe 17 (aber es kommt auf die Gesamtumstände an, § 117 Rn 9 „Prozeßkostenhilfe"). Nicht ausreichend ist eine einseitige Erledigterklärung des Arrestprozesses durch den Kläger, § 91 a Rn 168. Es muß ein Rechtsschutzbedürfnis vorliegen, Grdz 33 vor § 253. Es entfällt für die Hauptsacheklage natürlich nicht durch das Vorhandensein des Arrests, auch nicht dem bestätigten. Ebenso natürlich müssen die sachlichrechtlichen Voraussetzungen erfüllt sein. Die Aussichten der Klage sind unerheblich. Der Gläubiger muß immer in voller Höhe klagen, wenn er den Arrest voll aufrechterhalten will. Eine Teilklage ermöglicht nur eine teilweise Erhaltung. Die Frist kann trotz Widerspruchs gegen den Arrest, dessen Aufhebung und Wechselmittels gegen dieses Urteil laufen, LG Arnsbg MDR **86**, 328. Wenn das Gericht die Klage auch nur durch ein Prozeßurteil nach Grdz 14 vor § 253, Üb 5 vor § 300 rechtskräftig abgewiesen hat, dann ist die Frist versäumt und muß der Arrest aufgehoben werden, wenn nicht der Gläubiger vor dem Schluß der mündlichen Verhandlung neu geklagt hat, § 927 Rn 3, § 109 Rn 7. Wenn der Gläubiger einen vollstreckbaren Titel in Händen hat, dann erklärt das Gericht die Auflage in der mündlichen Verhandlung für erledigt.

12   **B. Fristversäumung.** Wenn der Schuldner im Fall einer Fristversäumung keinen Aufhebungsantrag stellt oder wenn die Klage zur Hauptsache bis zum Schluß der mündlichen Verhandlung über den Aufhebungsantrag nach §§ 136 IV, 296 a mündlich erhoben oder doch zugestellt ist, dann schadet die Verspätung nicht, § 231 II, Rn 13, Ffm RR **90**, 190, KG WettbR **98**, 111.

13   **8) Aufhebung, II.** Das Verfahren ähnelt etwas demjenigen nach Einspruch, §§ 339 ff.

A. Verfahren. Es handelt sich nicht schon um einen Teil des künftigen Verfahrens zur Hauptsache, sondern noch um einen unselbständigen Teil des Eilverfahrens, gerichtet auf die beschleunigte Klärung des Fortbestands des Arrests. Es geht also nur um einen neuen Verfahrensabschnitt, nicht um ein neues Prozeßrechtsverhältnis im Sinn von Grdz 4 vor § 128, Ffm GRUR **87**, 651. Deshalb handelt es sich um eine Sommersache, § 227 III 2 Hs 1 Z 1, so schon Hamm GRUR **85**, 396. Der Schuldner muß einen Verhandlungstermin schriftlich oder beim AG auch zum Protokoll des Urkundsbeamten beantragen. Anwaltszwang herrscht wie sonst, § 78 Rn 1, Bergerfurth Rpfleger **78**, 205. Zuständig ist grundsätzlich das Arrestgericht, § 919. Jedoch ist das Berufungsgericht dann zuständig, wenn der Arrestprozeß dort bereits anhängig ist, Kblz RR **95**, 444. Das Gericht lädt die Parteien von Amts wegen, §§ 166 ff, 274. Zur Stellung des Schuldners im Verfahren § 927 Rn 8.

Es muß ein *Rechtsschutzbedürfnis* bestehen, Grdz 33 vor § 253, Düss RR **88**, 696. Dieses besteht auch dann, wenn der Antragsteller nur auf den Hauptsacheanspruch verzichtet hat, nicht aber auf das Recht aus dem Kostenanspruch, LG Köln RR **86**, 552, aM Düss RR **88**, 697 (aber jeder der dort genannten weiteren Wege ist komplizierter). Ein Rechtsschutzbedürfnis besteht meist wohl auch dann, wenn kein Verstoß gegen den Arrest usw mehr droht, AG Lauenb MDR **95**, 747. Das ist aber eine Fallfrage.

14   Es ist eine mündliche *Verhandlung* notwendig, § 128 Rn 4. Der Aufhebungsantrag ist schon vor dem Ablauf der Rechtsmittelfrist zulässig, Hbg MDR **77**, 148, LG Freibg RR **88**, 250. Das Gericht muß dem Gläubiger den Aufhebungsantrag zustellen. Andernfalls darf keine Versäumnisentscheidung ergehen, § 335 I Z 3. Der Antrag ist auch noch in der Berufungsinstanz zulässig. Der Gläubiger muß seine rechtzeitige Klagerhebung im Sinn von §§ 253, 261 nach § 294 glaubhaft machen. Wenn das Arrestgericht ohnedies über einen Einspruch oder über einen Aufhebungsantrag nach § 927 verhandelt, dann darf der Schuldner den Antrag in diesem Termin stellen. Die Gegenmeinung müßte zur Aufrechterhaltung eines Arrests führen, der aus einem anderen Grund unhaltbar geworden ist. Der Schuldner muß glaubhaft machen, daß die Frist nach I ergebnislos verstrichen ist. Der Gläubiger kann nach dem Fristablauf klagen, aber nur vor dem Schluß der Verhandlung der ersten Instanz, § 231 II, Rn 12, Ffm GRUR **87**, 651, Köln OLGZ **79**, 119. Später ist die Klage unzulässig, Hbg MDR **77**, 237. Evtl muß allerdings der Gläubiger entsprechend § 93 die Kosten tragen, falls der Schuldner den Antrag im Termin zurücknimmt bzw für erledigt erklärt, Ffm MDR **82**, 328. Wenn der Schuldner gezahlt hat, Rn 5. §§ 924 III, 707, 719 sind entsprechend anwendbar, Ffm FamRZ **85**, 723.

Wenn das Arrestgericht den Arrestantrag für *erledigt* erklärt oder den Arrest aufgehoben hat, ist der Antrag nach II unzulässig, Ffm GRUR **87**, 651, ThP 11, ZöV 23, aM Hbg WRP **76**, 777 (aber dann besteht kein Rechtsschutzbedürfnis mehr). Auch wenn der Gläubiger im Hauptverfahren siegt, ist ein Antrag unzulässig. Die Parteien können aber das Aufhebungsverfahren für erledigt erklären, § 91 a, Ffm AnwBl **86**, 407. Das Versäumnisverfahren verläuft wie sonst, §§ 330 ff. Bleibt der Gläubiger aus, dann gilt die Nichtanhängigkeit der Hauptsache als zugestanden, § 331 I 1 (Angreifer ist ja der Schuldner), Ffm MDR **81**, 238. Die Aufhebung des Arrests erfolgt immer durch ein Urteil, § 300. Das gilt unabhängig davon, ob das Gericht den Arrest durch Beschluß oder Urteil angeordnet hatte.

15   **B. Entscheidung.** Das Urteil ergeht auf eine Zurückweisung des Antrags oder auf die Aufhebung des Arrests. Das aufhebende Urteil wird sofort wirksam. Man kann in diesem Verfahren keinen Schadensersatz nach § 945 verlangen. Die Aufhebung des Arrests wirkt zurück, Ffm NJW **82**, 1056. Wenn man einen neuen Arrestantrag damit begründen kann, daß man eine gegenwärtige Gefährdung glaubhaft macht, dann ist ein solcher neuer Antrag zulässig. Die Kostenentscheidung ergeht nach §§ 91 ff, nicht nach § 788. Sie darf und muß nur bei II, grundsätzlich das gesamte Arrestverfahren betreffen und darf sich nicht nur auf das Aufhebungsverfahren beschränken, Karlsr MDR **89**, 826, Mü MDR **97**, 508. Deshalb trägt der Gläubiger die Kosten, selbst wenn der Arrest im Zeitpunkt seiner Anordnung begründet war, § 921 Rn 4, Ffm GRUR **87**, 651, LG Köln RR **86**, 552. Das gilt auch bei einer einseitigen Erledigterklärung wegen der Hauptsache,

Abschnitt 5. Arrest und einstweilige Verfügung **§§ 926, 927**

§ 91a Rn 168, selbst wenn das Gericht den Aufhebungsantrag noch nicht zugestellt hatte. Nur bei Erledigung des Aufhebungsverfahrens nach II kommt insofern eine besondere Kostenentscheidung in Betracht. Sie führt zur Erstattungspflicht auch der dort zusätzlich entstandenen Kosten, Ffm AnwBl **86**, 407. Man muß eine Sicherheitsleistung zurückgeben, § 109 Rn 7, Köln MDR **76**, 939. Die vorläufige Vollstreckbarkeit ergibt sich im Fall der Aufhebung aus § 708 Z 6, sonst nach §§ 708 Z 11, 709 S 1.

Gebühren: Des Gerichts KV 1410ff; des Anwalts VV 3100ff. Wert: Anh § 3 Rn 12 „Arrest".

C. Rechtsmittel. Gegen das Urteil ist Berufung statthaft, §§ 511ff, Revision unzulässig, § 545 II 1. **16**

9) VwGO: Gilt entsprechend für die einstwAnO, § 123 III VwGO, dazu OVG Hbg NordÖR **03**, 117, VGH **17** Mü NVwZ-RR **98**, 686 mwN, ua Sch/SchmA/P § 123 Rn 191 u 192, RedOe § 123 Anm 28, Finkelnburg/ Jank Rn 255. Nötig ist stets der Antrag eines betroffenen Beteiligten, KoppSch § 123 Rn 38. Gegen die Aufforderung, **I**, ist Beschwerde nach § 146 IV VwGO gegeben, § 924 Rn 18, ebenso gegen ihre Ablehnung, SchCl § 123 Anm 4d hh, § 921 Rn 15, und in Sondergesetzen, § 252 Rn 7. Der Antrag ist unzulässig, wenn für die Klage offensichtlich kein Rechtsschutzbedürfnis mehr besteht, OVG Münst AS **29**, 316. Im Bereich der Anfechtungs- und Verpflichtungsklage kann nur aufgegeben werden, den zulässigen Rechtsbehelf (Widerspruch oder Klage) zu ergreifen bzw den nötigen Antrag zu stellen, Sch/SchmA/P § 123 Rn 191, KoppSchenke § 123 Rn 38, abw VGH Kassel NJW **80**, 1180 (stets Klage, ggf mit Frist für das Vorverfahren). Die Aufhebung der einstwAnO, **II**, ist durch Beschluß auszusprechen, § 123 IV VwGO (daß diese Bestimmung nur für den Erlaß einer einstwAnO gelten soll, BT-Drs 11/ 7030 S 31, hat im Wortlaut der Vorschrift keinen Ausdruck gefunden). Aufzuheben ist auch dann, wenn die Klage zwar fristgerecht erhoben ist, dann aber zurückgenommen wird; bei nachträglicher Erledigung muß der Kläger, um die Folge des II zu vermeiden, ggf zur Fortsetzungsfeststellungsklage übergehen, OVG Hbg VerwRspr **30**, 881.

927 *Aufhebung wegen veränderter Umstände.* **¹** Auch nach der Bestätigung des Arrestes kann wegen veränderter Umstände, insbesondere wegen Erledigung des Arrestgrundes oder auf Grund des Erbietens zur Sicherheitsleistung die Aufhebung des Arrestes beantragt werden.

II Die Entscheidung ist durch Endurteil zu erlassen; sie ergeht durch das Gericht, das den Arrest angeordnet hat, und wenn die Hauptsache anhängig ist, durch das Gericht der Hauptsache.

Schrifttum: *Mädrich*, Das Verhältnis der Rechtsbehelfe des Antragsgegners im einstweiligen Verfügungsverfahren, 1980.

Gliederung

1) **Systematik, I, II** 1	4) **Verfahren, I, II** 8–12
2) **Regelungszweck, I, II** 2	A. Antrag 8
3) **Geltungsbereich, I, II** 3–7	B. Weiteres Verfahren 9
A. Arrestanspruch 3	C. Einreden 9
B. Arrestgrund 4	D. Entscheidung 10, 11
C. Vollziehbarkeit 5	E. Rechtsmittel 12
D. Sicherheitsleistung 6	5) **Einstweilige Maßnahmen, I, II** 13
E. Unanwendbarkeit 7	6) **VwGO** 14

1) Systematik, I, II. § 927 ist dem § 325 AO 1977 ähnlich, BFH NJW **04**, 2184. Die Vorschrift enthält **1** eine Ausnahme von § 318, Mü RR **87**, 762. Die Vorschrift gibt dem Schuldner die Möglichkeit, wegen einer Veränderung der Umstände die Aufhebung des Arrests herbeizuführen, da dessen Fortdauer nunmehr unbegründet wäre, da das Gericht den Arrest also nunmehr nicht mehr erlassen würde, Hbg GRUR-RR **01**, 144, Mü RR **87**, 762. Nur der Fortdauer des Arrests ist also im Streit, Hbg GRUR-RR **01**, 144, Nürnb GRUR **85**, 238. Gegen die ursprüngliche Rechtmäßigkeit des Arrests richtet sich allenfalls ein Widerspruch nach § 924, BFH NJW **04**, 2184, aM Hbg GRUR-RR **01**, 144 (aber das ist dogmatische Verwässerung). Wenn das Gericht diesem Widerspruch nicht stattgibt oder wenn es den Arrest nach § 922 durch ein Urteil erlassen hatte, dann ist gegen diese Entscheidung die Berufung nach § 511ff auch mit der Begründung zulässig, die Umstände hätten sich verändert, Ffm GRUR **88**, 847, Hamm GRUR **90**, 714. Infolgedessen kann der Schuldner im Verfahren nach § 927 nicht vortragen, der Arrest sei von vornherein unbegründet gewesen.

Das Aufhebungsverfahren ist eine Art *Nachverfahren*, Düss RR **88**, 188. Der Antrag nach § 927 verlangt namentlich eine Veränderung nach dem Zeitpunkt der Bestätigung des Arrests, Hbg GRUR-RR **01**, 144. Das ergibt sich auch aus den Worten „auch nach der Bestätigung". Der Antrag ist also auch nach einer Durchführung des Widerspruchsverfahrens zulässig, BFH NJW **04**, 2184, Ffm MDR **90**, 452. Da es sich bei § 927 lediglich um die Fortdauer des Arrests handelt, ist kein Verzicht im Sinn von § 306 möglich, aM KG RR **87**, 814, ThP 2 (aber man darf bei § 927 nicht die Grenzen des Streitgegenstands nach Grdz 11 vor § 916 verlassen). Deshalb ist der Antrag im Fall einer einstweiligen Verfügung unzulässig, wenn sie sich so vollständig erledigt hat, daß ihre formelle Aufhebung offenkundig überflüssig ist, Mü GRUR **82**, 322. Bei einem Arrest dauert freilich das Rechtsschutzbedürfnis nach Grdz 33 vor § 253 an, solange der Arrest noch äußerlich besteht.

Das *Rechtsschutzbedürfnis* kann allerdings während des Berufungsverfahrens über den Arrest entfallen, Hamm FamRZ **95**, 824. Es kann auch dann wegfallen, wenn aus dem Arrest keine weiteren Auswirkungen mehr drohen, Ffm MDR **90**, 452. Das gilt zB dann, wenn der Gläubiger darauf verzichtet, Rechte aus dem Arrest geltend zu machen, es sei denn, er hätte auf die Rechte aus dem Kostenanspruch nicht mitverzichtet, Köln GRUR **85**, 459, § 936 Rn 5 „§ 927", oder er gäbe den Titel nicht heraus, Hamm GRUR **92**, 888. Man kann das Aufhebungsverfahren sogar dann für unzulässig halten, wenn es gleichzeitig mit oder erst nach einem Widerspruch oder einer Berufung läuft, Düss RR **88**, 188, Kblz GRUR **89**, 76. Die Möglichkeit eines Aufhebungsantrags schließt die Berufung nicht aus, Düss RR **88**, 188, Hamm GRUR **89**, 931. Man

§ 927

muß eine anderweitige Rechtshängigkeit nach § 261 oder Rechtskraft nach § 322 beachten. Über das Zusammentreffen mit den §§ 924, 926 vgl § 924 Rn 7. Dort auch über die Vollstreckungsabwehrklage und über die Notwendigkeit eines Rechtsschutzinteresses. Das evtl vorrangige fristschaffende WTO-Recht bleibt beachtlich, von Bogdandy NJW 99, 2088.

2 **2) Regelungszweck, I, II.** Das Ziel des § 927 läßt sich nicht mit einer Klage etwa aus § 323 erreichen. § 927 hat nämlich als Spezialvorschrift Vorrang. Sie dient ähnlich wie § 323 der Verhinderung einer Entwicklung, die sich nicht mehr verantworten läßt, weil die ursprünglichen Voraussetzungen nicht mehr vorliegen. Das muß man bei der Auslegung mitbeachten. Daher ist große Zurückhaltung geboten, soweit es um einen Umstand geht, der objektiv schon beim Arresterlaß vorlag, aber nicht bekannt war, Burgard/Fresemann JB 99, 513. „Veränderte Umstände" sind ein ziemlich vager Begriff. Es sollte nicht dazu kommen, jede kleine Abwandlung der Lage schon als ausreichend anzusehen. Andererseits fällt natürlich auf, daß die Vorschrift anders als § 323 I nicht von der Notwendigkeit einer „wesentlichen" Veränderung spricht. Bei § 323 sieht man schon eine Veränderung von ca 10% als wesentlich an, dort Rn 37. Das gibt einen Anhaltspunkt dafür, daß bei § 927 schon eine geringere Veränderung ausreichen kann. Es kommt auch hier auf eine besonnene Abwägung der Gesamtumstände an.

3 **3) Geltungsbereich, I, II.** § 927 setzt voraus, daß sich die Umstände verändert haben, daß also abweichend von § 323 vor oder nach dem Erlaß oder der Bestätigung des Arrestbefehls eine Änderung eingetreten ist, Kblz GRUR **86**, 95, Burgard/Fresemann DRiZ **00**, 295, die der Schuldner erst nach dem Erlaß erfahren hat. Die Veränderung kann in den folgenden Punkten vorliegen.

A. Arrestanspruch. Die Veränderung kann im Arrestanspruch nach § 916 eingetreten sein. Das gilt zB dann, wenn das Prozeßgericht die Hauptklage abgewiesen hat. Das gilt unabhängig davon, ob diese Entscheidung nach § 322 rechtskräftig geworden ist, BGH GRUR **87**, 126, BayObLG Rpfleger **80**, 294. Es gilt aber natürlich erst recht nach Rechtskraft der Abweisung, Hamm GRUR **92**, 888. Es kommt vor solcher Rechtskraft auf die Lage des Falls an, BGH WertpMitt **76**, 134, Düss RR **87**, 993, Mü MDR **86**, 681. Auch ein den Hauptanspruch nach § 256 verneinendes Feststellungsurteil genügt. Es kann auch eine Abweisung wegen des Fehlens einer Prozeßvoraussetzung genügen, Grdz 12 vor § 253, etwa wegen des Fehlens der Zuständigkeit des Gerichts. Dann bleibt allerdings die Zuständigkeit des Arrestgerichts bestehen, § 919 Rn 6, 7. Deshalb kommt es in solchem Fall darauf an, daß der Gläubiger nicht neu geklagt hat.

Es kann auch der Umstand eingetreten sein, daß der Anspruch *erloschen* ist, Karlsr RR **88**, 1470, oder daß er verjährt ist, Bbg RR **04**, 228, Hamm BB **78**, 574, auch daß die anspruchstragende Vorschrift für verfassungswidrig erklärt worden ist, BGH NJW **89**, 107, KG GRUR **85**, 236. Auch kann eine sachlich-rechtliche Verwirkung vorliegen, KG GRUR **85**, 237. Der Arrestanspruch mag auch nicht mehr glaubhaft sein, auch zB wegen einer Änderung der Gesetzgebung oder Rechtsprechung, Ffm RR **90**, 191, KG WettbR **96**, 162 (keine Änderung außerhalb von § 767 nach Abschlußschreiben), Köln GRUR **85**, 459. Es müssen alle Anspruchsgrundlagen weggefallen sein, Mü RR **87**, 762.

4 **B. Arrestgrund.** Es kann auch eine Veränderung im Arrestgrund nach § 917 eingetreten sein.

Beispiele: Der Schuldner hat fast eineinhalb Jahre hindurch den titulierten Unterhalt „freiwillig" gezahlt, Zweibr FamRZ **83**, 415 (selbst wenn er wegen des inzwischen anhängigen Scheidungsverfahrens jetzt nicht mehr zahlt); er hat jetzt ein Vermögen im Inland, das der Zwangsvollstreckung zugänglich ist, § 917 II; er hat im Fall des § 918 eine eidesstattliche Versicherung abgegeben; der Gläubiger kann jetzt auf Grund eines nach § 322 rechtskräftigen Leistungsurteils vollstrecken, Hamm OLGZ **88**, 322 (eine vorläufige Vollstreckbarkeit genügt nicht, § 917 Rn 16, KG WRP **79**, 547); er mag freilich noch nach § 890 aus dem Arresttitel vorgehen wollen, Düss MDR **90**, 732.

Das Gericht muß jedoch auch dann beachten, ob der *Rang* des Pfandrechts erhalten bleibt, Hbg RR **88**, 1279, KG WRP **79**, 547. Das Gericht muß in einem solchen Fall die Prinzipien der Prozeßwirtschaftlichkeit nach Grdz 14 vor § 128 und der Beschleunigung abwägen. Nur in diesen Grenzen ist es zulässig, Anspruchsgründe nachzuschieben, Ffm GRUR **97**, 484.

5 **C. Vollziehbarkeit.** Die Veränderung kann auch bei der Vollziehbarkeit eingetreten sein.

Beispiele: Die Vollziehungsfrist des § 929 II ist verstrichen, Ffm RR **00**, 1236, Karlsr Rpfleger **97**, 17; der Gläubiger hat die Hauptsache nicht nach § 926 anhängig gemacht; die den Arrest bedingend gewesene Sicherheitsleistung ist nicht erfolgt, Ffm WRP **80**, 423; grundsätzlich auch, wenn über das Vermögen des Schuldners ist das Insolvenzverfahren eröffnet worden ist, Grdz 4 vor § 916 (jetzt noch kein Vollzug und daher noch keine Zwangsvollstreckung, § 928, § 89 I InsO; zum Vollzugsbeginn § 929 Rn 12), BFH NJW **04**, 2184 (Ausnahme: Absonderungsrecht). Das Gericht hebt nicht nur die Vollziehbarkeit auf, sondern den ganzen Arrest, Hbg GRUR **97**, 148.

6 **D. Sicherheitsleistung.** Die Veränderung kann auch darin liegen, daß der Schuldner jetzt eine Sicherheit nach § 108 leistet. Ein „Erbieten zur Sicherheitsleistung" genügt nur für den Antrag, nicht für die Aufhebung. Deshalb muß das Gericht die Aufhebung in einem solchen Fall unter die aufschiebende Bedingung einer fristgemäßen Sicherheitsleistung stellen. Das Gericht muß die Art und die Höhe der Sicherheitsleistung nach § 108 bestimmen. Zur Bedeutung der Sicherheitsleistung § 923 Rn 1.

7 **E. Unanwendbarkeit.** Keine veränderten Umstände liegen zB in folgenden Fällen vor: Ein neues Sachverständigengutachten kommt auf Grund unveränderter Tatsachen zu einer anderen Würdigung; die rechtliche Beurteilung ändert sich (etwas anderes gilt aber dann, wenn sich die gesamte Rechtsanschauung gewandelt hat); der Gläubiger kann den Arrest kann jetzt nicht mehr vollziehen, etwa weil der Schuldner den Anspruch erfüllt hat, Mü GRUR **94**, 83; es ist nach dem AnfG eine Anfechtung des durch die Vollziehung erlangten Pfandrechts erfolgt; es ergeht zugunsten des Antragstellers ein, wenn auch nur gegen Sicherheitsleistung vorläufig vollstreckbares, Urteil zur Hauptsache, Kblz RR **91**, 491.

8 **4) Verfahren, I, II.** Es ähnelt entfernt demjenigen auf Abänderung nach § 323. Ein obligatorisches Güteverfahren findet nicht statt, § 15 a II 1 Z 6 EGZPO, Hartmann NJW **99**, 3748.

Abschnitt 5. Arrest und einstweilige Verfügung § 927

A. Antrag. Antragsberechtigt, also Kläger, können nur sein: Der Schuldner; sein Gesamtrechtsnachfolger, § 727 Rn 1; der Insolvenzverwalter. Nicht antragsberechtigt sind zB: Der Erwerber einer auf Grund des Arrests gepfändeten Sache; der Gläubiger. Denn er ist hier der Bekl und kann nur auf die Vollziehung verzichten, worauf dann der Schuldner den Antrag stellen darf; ein Dritter. Im Verfahren, vor dem AG ist der Antrag auch zum Protokoll der Geschäftsstelle zulässig, auch jedes anderen AG, § 129 a. Daher besteht (nur) dann kein Anwaltszwang, § 78 V Hs 2. Sonst ist Schriftform nötig. Das Gericht ordnet in keinem Fall von Amts wegen das Aufhebungsverfahren an.

B. Weiteres Verfahren. Ausschließlich zuständig ist das Gericht der Hauptsache, §§ 802, 943, wenn die 9 Hauptsache anhängig ist. Das gilt unabhängig davon, in welcher Instanz und wer den Arrest angeordnet hat, Hamm MDR **87**, 593. Die Zuständigkeit nach § 621 II geht allerdings vor, Zweibr FamRZ **83**, 415. Das Berufungsgericht ist solange zuständig, bis Revision eingelegt worden ist, § 919 Rn 5, aM Düss MDR **84**, 324 (der Fall sei ebenso wie bei § 924 Rn 11 zu behandeln. Aber das Revisionsrecht hat Vorrang). Ausschließlich zuständig ist aber das Arrestgericht nach § 919, falls die Hauptsache noch nicht oder nicht mehr anhängig ist, Hamm JB **91**, 1411. Wenn die zweite Instanz die Anordnung des Arrests nach § 921 von einer Sicherheitsleistung abhängig gemacht hatte und wenn es die Sicherheit später hat wegfallen lassen, so hatte es sie angeordnet. Der Gläubiger muß die Anhängigkeit nachweisen. Der Schuldner könnte auch kaum das Gegenteil beweisen.
   Es müssen die *allgemeinen Prozeßvoraussetzungen* vorliegen, Grdz 12 vor § 253. Es handelt sich um eine Sommersache, § 227 III 2 Z 1. Ein Anwaltszwang herrscht abgesehen vom Fall Rn 8 wie sonst, § 78 Rn 1. Das Gericht muß die Ladungsfrist nach § 217 beachten. Der Schuldner hat im Verfahren nach § 927 und § 926 II anders als im Verfahren des § 925 die Stellung des Arrestklägers. Das ist für den Fall eines Versäumnisverfahrens nach §§ 330 ff wichtig. Der Schuldner muß die Veränderung glaubhaft machen, §§ 920 II, 294, Ffm RR **00**, 1236. Eine Widerklage nach Anh § 253 ist infolge der besonderen Verfahrensart unstatthaft. Eine Aussetzung kommt ebensowenig wie im Anordnungsverfahren nach Grdz 13, 14 vor § 916 in Betracht, Mü MDR **86**, 681.

C. Einreden. Der Schuldner kann den Antrag auch einredeweise im Termin zur Verhandlung über den Widerspruch stellen, § 925.

D. Entscheidung. Das Gericht entscheidet über die Rechtmäßigkeit der Fortdauer des Arrests stets durch 10 ein Endurteil, § 300. Das gilt auch dann, wenn es den Arrest nach § 922 I 1 Hs 2 durch einen Beschluß angeordnet hatte. Das Urteil kann lauten: Auf eine Zurückweisung des Antrags; auf eine Aufhebung des Arrests; auf eine Abänderung des Arrests, etwa auf die Anordnung einer Sicherheitsleistung. Eine Aufhebung hat keine Rückwirkung. Das Gericht entscheidet über die Kosten des isolierten Aufhebungsverfahrens nach §§ 91 ff anders als in den Fällen der §§ 925, 926 grundsätzlich nur insoweit, als die Kosten das Aufhebungsverfahren betreffen. Denn im Streit ist nur die Fortdauer der Rechtmäßigkeit, nicht die Rechtmäßigkeit selbst, Ffm JB **92**, 422, Kblz GRUR **89**, 75, Schlesw SchlHA **89**, 74, aM Hbg GRUR **79**, 190. Wenn der Arrest jetzt unbegründet ist, dann muß der Gläubiger die Kosten des Aufhebungsverfahrens tragen, Hbg WRP **79**, 141.
   Soweit allerdings die Aufhebungsgründe rückblickend *von Anfang an* bestanden, muß das Gericht über die Kosten des gesamten Arrestverfahrens entscheiden, Düss RR **88**, 697, Hamm GRUR **92**, 888, Schlesw RR **95**, 896. Wenn der Gläubiger den Aufhebungsanspruch nach § 93 Rn 85 sofort anerkennt und wenn der Gläubiger bereits vor dem Aufhebungsantrag erkennbar gemacht hatte, daß er nicht mehr vollziehen werde, muß der Schuldner die Kosten tragen, Karlsr WRP **96**, 120, Köln Rpfleger **02**, 154. Das gilt zB dann, wenn der Gläubiger die Aufhebung des vollzogenen Arrests bewirkt und dem Schuldner auch eine Quittung erteilt hat, § 93 Rn 107, Köln Rpfleger **82**, 154, Hees MDR **94**, 438. Es gilt dann, wenn der Schuldner den Gläubiger nicht auf den Aufhebungsgrund hingewiesen hatte, Ffm RR **99**, 1742. Wenn der Gläubiger aber die Freigabeerklärung bei der Pfändung einer beweglichen Sache unterläßt oder im Fall einer Forderungspfändung nach § 843 den Verzicht auf die erworbenen Rechte nicht ausspricht, dann bleibt die Klage des Schuldners ebenso berechtigt wie in dem Fall, daß der Gläubiger nur einen Verzicht auf die Rechte aus dem Arrestbefehl erklärt und dem Schuldner lediglich den Arrestbefehl ausgehändigt hat, Hamm GRUR **85**, 84. Denn der Gläubiger könnte sich weitere Vollstreckungstitel beschaffen, die ja keiner Vollstreckungsklausel bedürfen, § 929 I, Schlüter ZZP **80**, 459.
   Wenn der Gläubiger den Arrest auf Grund einer Sicherheitsleistung des Schuldners sofort nach § 91 a für 11 *erledigt* erklärt, dann fallen die Kosten ebenfalls dem Schuldner zur Last, aM StJGr 17 (vgl aber § 93 Rn 9 „Arrest, einstweilige Verfügung"). Wenn der Gläubiger die Vollzugsfrist verstreichen ließ, dann treffen ihn die gesamten Kosten des Arrestverfahrens, ohne daß das Gericht prüfen darf, ob der Arrest mit Recht erlassen war, Kblz GRUR **81**, 93. Das gilt auch dann, wenn der Gläubiger die Sache nach der Einlegung des Widerspruchs nicht sofort für erledigt erklärt hat, Ffm OLGZ **80**, 258, Köln Rpfleger **82**, 154. Man kann fordern, daß der Schuldner einer auf Unterlassung lautenden einstweiligen Verfügung vor dem Aufhebungsantrag den Gläubiger zur Abgabe einer Verzichtserklärung auffordert, Mü GRUR **85**, 161. Soweit das Prozeßgericht die Klage zur Hauptsache rechtskräftig abgewiesen hatte, muß der Kläger auch die Kosten des Arrestverfahrens evtl voll tragen, Hbg WRP **79**, 141. Die vorläufige Vollstreckbarkeit richtet sich im Fall der Aufhebung des Arrests nach § 708 Z 6, in den übrigen Fällen nach §§ 708 Z 11, 709 S 1.
   Das *Versäumnisverfahren* verläuft wie gewöhnlich, §§ 330 ff. Das Versäumnisurteil gegenüber dem Gläubiger (Bekl) lautet dahin, daß das Gericht dem Antrag stattgibt, wenn das tatsächliche Vorbringen den Antrag rechtfertigt, § 331 I 1, II. Ein Versäumnisurteil gegenüber dem Schuldner (Kläger) lautet auf eine Zurückweisung des Antrags, § 330. Unter den Voraussetzungen des § 331 a kommt auch eine Entscheidung nach Aktenlage in Betracht.
   Gebühren: Des Gerichts KV 1410 ff; des Anwalts VV 3100 ff. Wert: Anh § 3 Rn 12 „Arrest".

E. Rechtsmittel. Die Berufung ist wie bei einem Bestätigungsurteil zulässig, § 922 Rn 22, 23. Die 12 Revision ist unstatthaft, § 542 II 1. Man kann § 99 II entsprechend anwenden, wenn es nur noch um die Kosten geht KG RR **87**, 381 aM Hbg WRP **79**, 141 (kein Rechtsmittel. Aber § 99 II ist eine „Ausnahme von

§§ 927, 928

13 **5) Einstweilige Maßnahmen, I, II.** § 927 sieht keine Möglichkeit zum Erlaß einer einstweiligen Maßnahme vor. Der Antrag ist kein Widerspruch. § 924 III ist deshalb nicht unmittelbar anwendbar. Trotzdem darf das Gericht den Schuldner nicht bis zum Erlaß des Urteils einer Zwangsvollstreckung aus einer objektiv ungerechtfertigten Entscheidung preisgeben. Deshalb ist § 924 III entsprechend anwendbar, zumal der Antrag nichts anderes ist als ein zugelassener verspäteter Widerspruch, Zweibr FamRZ **81**, 699.

14 **6) VwGO:** Zwar wird § 927 in § 123 III VwGO nicht genannt, sondern nur § 939. Die Lücke ist aber im Hinblick auf diese Vorschrift, die § 927 voraussetzt, sowie auf § 80 VII VwGO, der den gleichen Rechtsgedanken enthält, durch entspr Anwendung entweder von § 80 VII VwGO, VGH Mannh NVwZ-RR **02**, 908 mwN, Sch/SchmA/P § 123 Rn 174–177, KoppSch § 123 Rn 35, oder von § 927 zu schließen, so die hM, Finkelnburg/Jank Rn 255, Redeker NVwZ **91**, 531, alle mwN, OVG Lüneb NVwZ-RR **98**, 421, VGH Kassel NVwZ-RR **96**, 713, OVG Hbg NVwZ-RR **95**, 180 mwN, VGH Kassel bei Melullis MDR **90**, 595, OVG Kblz NVwZ-RR **91**, 388, OVG Münst DÖV **90**, 795, VGH Mü BayVBl **84**, 664, OVG Lüneb DVBl **82**, 902, OVG Saarl NJW **77**, 774, ebenso auch BFH NVwZ-RR **89**, 55. Wegen der Anwendbarkeit von § 939 s dort Rn 6. Eine einstwAnO kann danach nur dann ganz oder teilweise aufgehoben werden, wenn sich die Umstände verändert haben, zB die Sachlage sich geändert hat oder eine einschlägige Entscheidung des BVerfG ergangen ist; das gleiche gilt für die Ablehnung einer einstw AnO, VGH Kassel NVwZ-RR **96**, 713 gg VGH Kassel NJW **87**, 1354. Erforderlich ist stets ein Antrag, hM, Schoch S 1704 mwN, Reimer VBlBW **86**, 296, VGH Kassel NJW **87**, 1354, durch den das Aufhebungsverf eingeleitet wird (keine Anwendung von § 927 im VollstrVerf nach § 172 VwGO, offen gelassen OVG Lüneb NdsRpfl **88**, 40). Zu entscheiden hat das nach II zuständige Gericht, also ggf das OVG, OVG Münst NVwZ-RR **90**, 591 mwN u DVBl **87**, 699, KoppSch § 123 Rn 35, aM OVG Kblz NVwZ-RR **91**, 390 mwN, OVG Münst NVwZ-RR **89**, 589, OVG Saarl AS **18**, 147: stets das Gericht 1. Instanz. Die Entscheidung ergeht durch Beschluß, § 123 IV VwGO (dazu § 926 Rn 17), vgl VGH Kassel AS **31**, 149.

928 **Vollziehung des Arrestes.** Auf die Vollziehung des Arrestes sind die Vorschriften über die Zwangsvollstreckung entsprechend anzuwenden, soweit nicht die nachfolgenden Paragraphen abweichende Vorschriften enthalten.

1 **1) Systematik.** Der Arrestvollzug ist die Klippe, an der der sorglose oder vom Mißgeschick verfolgte Gläubiger scheitern kann. Da der Rechtsverlust endgültig ist, ist größte Vorsicht geboten. Die Vorschriften über die Vollziehung sind in den §§ 929–933 enthalten. Ergänzend gelten die Vorschriften über die Zwangsvollstreckung, §§ 704 ff. Man muß die Anordnung und die Aufhebung des Arrests scharf von seiner Vollziehung trennen. Die Vorschriften über die Anordnung nach § 922 und über die Aufhebung des Arrests nach §§ 925, 927 geben und nehmen einen bloßen Vollstreckungstitel. Über den Unterschied zwischen Arrestvollzug und -vollstreckung Grdz 19 vor § 916.

2 **2) Regelungszweck.** Erst der Vollzug gibt dem Gläubiger in Verbindung mit der Vollstreckung die gewünschte Sicherung. Er gibt allerdings auch noch nicht die im Arrestverfahren grundsätzlich nicht erreichbare Befriedigung, Grdz 5 vor § 916. Die letztere ist ja nur bei der sog Leistungsverfügung ausnahmsweise erreichbar, Grdz 6 vor § 916.

3 In der Praxis ergeht eine Leistungsverfügung insbesondere im Gewerblichen Rechtsschutz und Urheberrecht häufiger als eigentlich erlaubt, vor allem durch die Unterlassung einer Zeitgrenze im Arrest bzw der einstweiligen Verfügung. Umso endgültiger kann der Vollzug wirken. So sehr solche Wirkung nach einem Urteil im Hauptprozeß erwünscht ist, so problematisch bleibt sie im Eilverfahren, will man es nicht zum Hauptprozeß umfunktionieren. Das sollte man im gesamten Vollzug bei der Anwendung der von § 928 in Bezug genommenen Vorschriften mitbedenken.

4 **3) Geltungsbereich.** Eine Eröffnung des Insolvenzverfahrens nach § 89 I InsO macht die Vollziehung für den einzelnen Arrestgläubiger unzulässig. Wegen der Unzulässigkeit des Vollzugs in ein auf der Reise befindliches Seeschiff § 482 I HGB. Ein Vollzug nach dem Eintritt des Erbfalls gibt im Nachlaßinsolvenzverfahren kein Absonderungsrecht, § 321 InsO. Über die Vollziehung einer einstweiligen Verfügung § 936 Rn 6. §§ 928 ff gelten auch im arbeitsgerichtlichen Verfahren. Wegen § 111 d StPO Müller DGVZ **00**, 81. Wegen einer Vermögensstrafe § 111 o II StPO.

5 **4) Verfahren.** Auf den Arrestvollzug ist das Recht der Zwangsvollstreckung nach §§ 704 ff entsprechend anwendbar. Diese Vorschriften sind also nicht unmittelbar anwendbar. Denn der Arrestvollzug ist keine Zwangsvollstreckung. Er bezweckt ja nicht die Befriedigung des Gläubigers, sondern nur seine Sicherung, Grdz 5 vor § 916. Das Gericht muß immer prüfen, ob eine Vorschrift des Zwangsvollstreckungsrechts der bloßen Sicherung dient oder darüber hinaus der Befriedigung. Nur im ersten Fall ist sie anwendbar, BGH **121**, 101, Schultes JR **95**, 136.

6 Anwendbar sind zB: Die Vorschriften über die sachlichen Voraussetzungen der Zwangsvollstreckung, Grdz 14 vor § 704; die Regeln über die förmlichen Voraussetzungen mit den Abweichungen des § 929; die Vorschriften über die Arten der Zwangsvollstreckung, §§ 803 ff, AG Northeim DGVZ **02**, 126 (zB Schlüsselauswechslung). Stets ist allenfalls eine Pfändung nach § 929 erlaubt, BayObLG Rpfleger **85**, 59, nicht die Überweisung nach § 835, BGH **121**, 101, Schultes JR **95**, 136, oder eine andere Pfandverwertung. Der Gläubiger kann eine eidesstattliche Versicherung des Schuldners fordern, § 807 Rn 3. Der Gläubiger ist an einem Verteilungsverfahren als bedingt Berechtigter beteiligt. Für eine Liegenschaftsvollstreckung gelten §§ 931 ff.

Die Zuständigkeit für eine Forderungspfändung ist in § 930 I abweichend geregelt. Ihre Wirksamkeit richtet sich nach § 829 III, BayObLG Rpfleger **85**, 59. § 720 a ist nicht entsprechend anwendbar, Mü RR **88**, 1466.

7 **5) Rechtsbehelfe.** Im Vollzug gelten wegen der Verweisung von § 928 auf §§ 704 ff: Bei einer bloßen Vollzugsmaßnahme ohne Anhörung des Gegners die Erinnerung, § 766; bei einer echten Entscheidung das

Rpfl die sofortige Beschwerde nach § 11 I RPflG, Anh § 153 in Verbindung mit §§ 567 I Z 1, 793, zum Verfahren § 104 Rn 41 ff; bei einer echten Entscheidung des Richters die sofortige Beschwerde nach §§ 567 I, 793; die Widerspruchsklage, § 771; die Klage auf eine vorzugsweise Befriedigung, § 805; die Vollstreckungsabwehrklage, § 767, vgl aber § 924 Rn 1–5. Über eine Einstellung der Zwangsvollstreckung §§ 924 III, 927 Rn 13.

6) Vollzugskosten. Man muß die Vollzugskosten nach § 788 behandeln. Der Kostengläubiger muß sie **8** beim Schuldner beitreiben. Im Fall der Aufhebung des Arrests sind sie weiter festsetzbar, aM Hamm NJW **76**, 1409 (inkonsequent). Sie sind auch erstattungsfähig. Ein Anspruch auf den Ersatz solcher Kosten ergibt sich evtl aus § 945.

Gebühren: des Gerichts keine; des Anwalts: VV 3309, 3310.

7) VwGO: Gilt entsprechend für die einstwAnO, § 123 III VwGO, die Vollstreckungstitel ist, § 168 I Z 2 **9** VwGO. Die anzuwendenden Vorschriften über die Zwangsvollstreckung ergeben sich aus §§ 167 ff VwGO, vgl Grdz § 803 Rn 16, Sch/SchmA/P § 123 Rn 170–173. Besonderheiten enthalten § 170 V VwGO (bei Vollstreckung wegen Geldforderungen gegen die öffentliche Hand keine Ankündigung und keine Wartefrist) und § 172 VwGO (Vollstreckung der Verpflichtung einer Behörde zum Erlaß eines VerwAkts oder zur Folgenbeseitigung durch Zwangsgeld), zum Gebot wirkungsvollen Rechtsschutzes BVerfG NVwZ **99**, 1330. Einzelheiten s Finkelnburg/Jank Rn 560 ff.

929 Vollstreckungsklausel; Vollziehungsfrist.

¹ Arrestbefehle bedürfen der Vollstreckungsklausel nur, wenn die Vollziehung für einen anderen als den in dem Befehl bezeichneten Gläubiger oder gegen einen anderen als den in dem Befehl bezeichneten Schuldner erfolgen soll.

II Die Vollziehung des Arrestbefehls ist unstatthaft, wenn seit dem Tag, an dem der Befehl verkündet oder der Partei, auf deren Gesuch er erging, zugestellt ist, ein Monat verstrichen ist.

III ¹ Die Vollziehung ist vor der Zustellung des Arrestbefehls an den Schuldner zulässig. ² Sie ist jedoch ohne Wirkung, wenn die Zustellung nicht innerhalb einer Woche nach der Vollziehung und vor Ablauf der für diese im vorhergehenden Absatz bestimmten Frist erfolgt.

Schrifttum: *Fritze,* Fehlerhafte Zustellung von Arresten und einstweiligen Verfügungen, Festschrift für *Schiedermair* (1976) 141; *Gleußner,* Die Vollziehung von Arrest und einstweiliger Verfügung in ihren zeitlichen Grenzen, 1999 (Bespr *Ahrens* ZZP **113**, 261; *Griesel,* Die Notfristähnlichkeit der Vollziehungsfrist, § 929 Abs. 2 ZPO, usw, 2000 (Bespr *Walker* ZZP **116**, 509); *Jelinek,* Die „Durchführung" von Einstweiligen Unterlassungs-Verfügungen, Festschrift für *Beys* (Athen 2004) 631; *Matthey,* Probleme bei der Vollziehung von Arrest und einstweiliger Verfügung gemäß § 929 Absatz 2 ZPO, Diss Bonn 1999; *Vogg,* Einstweiliger Rechtsschutz und vorläufige Vollstreckbarkeit, 1991.

Gliederung

1) Systematik, I–III	1	C. Vollzug nach dem Fristablauf	10
2) Regelungszweck, I–III	2, 3	D. Beispiele zur Frage der Vollzugsfrist, II	11–18
3) Geltungsbereich, I–III	4, 5	6) Vollzug vor der Zustellung, III	19–23
4) Vollstreckungsklausel, I	6	A. Allgemeines	19–21
5) Vollzugsfrist, II	7–18	B. Verstoß	22
A. Erklärung der Vollstreckungsabsicht	7	C. Rechtsbehelf	23
B. Fristversäumung	8, 9	7) VwGO	24

1) Systematik, I–III. §§ 926, 929 binden die Möglichkeit des an sich noch zulässigen Vollzugs einer im **1** vorläufigen Verfahren ergangenen Entscheidung an die Einhaltung einer Monatsfrist, LG Zweibr MDR **92**, 1081, Pohlmann KTS **94**, 49 (ausf).

2) Regelungszweck, I–III. Damit soll das Gesetz zwar im Interesse der Prozeßwirtschaftlichkeit nach **2** Grdz 14 vor § 128 die alsbaldige Durchsetzung des erwirkten Arrests sicherstellen, LAG Hamm MDR **87**, 1052. Es soll aber zugleich auch den Gläubiger warnen, Hamm FamRZ **81**, 584, Zweibr OLGZ **83**, 468. Es soll ihm im Interesse der Gerechtigkeit nach Einl III 9 eine Bevorratung von Vollstreckungstiteln verwehren, Mü GRUR **94**, 83, LAG Hamm MDR **87**, 1052. Es soll ferner dem Schuldner zuverlässige Kenntnis über die gegen ihn ergangenen Maßnahmen geben, Düss GRUR **89**, 542, Mü MDR **86**, 944. Es soll ihm ferner einen Ausgleich dafür geben, daß der Gläubiger in einem vereinfachten Verfahren einen Vollstreckungstitel unter erleichterten Umständen erlangen kann, Kblz GRUR **80**, 1023, Zweibr OLGZ **83**, 469. Es soll ferner den Vollzug unter wesentlich veränderten Verhältnissen verhüten, BVerfG NJW **88**, 3141, Karlsr Rpfleger **98**, 255, Oetker GRUR **03**, 120. Auch soll es den Schuldner vor später Vollstreckung schützen, Celle FamRZ **84**, 1248, Karlsr Rpfleger **98**, 255. Das alles muß man bei der Auslegung mitbeachten.

Parteizustellung nach §§ 191 ff ist der vorgeschriebene Weg zur Einhaltung der Vollzugsbedingungen. Sie **3** löst in der Praxis immer wieder die unten näher dargelegten Probleme aus. An sich ist die Notwendigkeit nicht selbstverständlich, solche Zustellung selbst zu betreiben, statt sie dem Gericht zu überlassen. Sie ist aber Ausdruck der Parteiherrschaft, Grdz 18 vor § 128. Diese spielt im gesamten Zivilprozeß eine tragende Rolle. Es soll auch der Verantwortung des Gläubigers überlassen bleiben, ob er mit dem Eiltitel nun auch wirklich Ernst macht. Deshalb muß man die Anforderungen an die Parteizustellung durchaus hoch ansetzen. Bei der Fristberechnung gelten wegen der Rechtssicherheit nach Einl III 43 ohnehin die bei jeder Frist notwendigen strikten Anforderungen, Oetker GRUR **03**, 119.

3) Geltungsbereich, I–III. Die Vorschrift gilt nur für eine Entscheidung über den Arrest oder über eine **4** einstweilige Verfügung selbst. Sie gilt nicht für eine Entscheidung über die zugehörigen Kosten. Der Gläubiger kann die Kosten vielmehr auch nach dem Ablauf der Frist festsetzen lassen und beitreiben. Der Gläubiger muß die Kosten aber dem Schuldner zurückerstatten, wenn der Arrest samt der Kostenentschei-

§ 929

dung aufgehoben wird. Dann muß der Gläubiger dem Schuldner auch den Schaden der Beitreibung erstatten, § 926 Rn 15. Die Parteien können die Kostenerstattung natürlich in einem Vergleich (mit)regeln, Hamm Rpfleger **76**, 260. Die Vorschriften über den Vollzug begrenzen die Wirkung eines Staatshoheitsaktes, Kblz GRUR **81**, 92.

5 Die Versäumung der Vollzugsfrist macht den Arrestbefehl ungeachtet der Rechtsfolgen Rn 16, 17 *ohne weiteres wirkungslos*, BGH NJW **99**, 3494, Düss GRUR **84**, 385, Karlsr Rpfleger **04**, 642. II zwingt also den Gläubiger dazu, sich innerhalb einer kurzen Zeit darüber klar zu werden, ob er auf einer Durchführung des Arrestbefehls besteht, Düss GRUR **84**, 77. Die Vorschriften sind mit dem GG vereinbar, BVerfG NJW **88**, 3141. Sie sind zwingendes Recht. Das Gericht muß sie von Amts wegen beachten, Grdz 39 (nicht 38) vor § 128, Karlsr Rpfleger **04**, 642, Mü FamRZ **93**, 1101, Zweibr MDR **98**, 123, aM Hamm FamRZ **97**, 1168 links (LS). Die Parteien können auf ihre Einhaltung nicht verzichten, Kblz RR **87**, 510, Köln RR **87**, 576. II gilt im Steuerprozeß entsprechend, BFH NJW **74**, 1216. Der Verzicht kann in keinem Fall ein Recht eines Dritten beeinträchtigen.

6 4) **Vollstreckungsklausel, I.** Jeder Arrestbefehl ist ohne weiteres vollstreckbar, § 922 Rn 13. Er bedarf grundsätzlich keiner Vollstreckbarerklärung. Das gilt auch für eine nach der ZPO zu vollstreckende einstweilige Anordnung nach § 620, AG Ibbenbüren FamRZ **96**, 1594. Das Gericht darf dem Schuldner auch nicht etwa gestatten, die Zwangsvollstreckung durch eine Sicherheitsleistung abzuwenden, Karlsr MDR **83**, 677. Der Arrestbefehl bedarf auch grundsätzlich keiner Vollstreckungsklausel nach § 724. Eine Vollstreckungsklausel ist nur dann ausnahmsweise notwendig, wenn ein Arrestvollzug für oder gegen einen Dritten nach §§ 727, 729, 738, 742, 744, 745, 749 erfolgen soll, oder wenn die Zwangsvollstreckung in einem ausländischen Staat stattfinden soll, zB nach der EuGVVO, SchlAnh V C 4, oder wenn im Arrestverfahren ein Prozeßvergleich zustandekommt, LAG Düss MDR **97**, 660.

7 5) **Vollzugsfrist, II**, dazu *Oetker* GRUR **03**, 119 (Üb): Die Frist hat Ähnlichkeit mit der Notfrist des § 224 I 2, *Griesel* (vor Rn 1). Sie ist reichlich kurz. Man darf sie voll ausnutzen, Ffm GRUR **02**, 237. Man braucht größte Aufmerksamkeit.

A. Erklärung der Vollstreckungsabsicht. Erst durch den Vollzug bekundet der Gläubiger die Absicht, notfalls zwangsweise vorzugehen. Damit geht er auch das Risiko einer Haftung nach § 945 ein, Hbg GRUR **97**, 148. Daher reicht die notwendige Zustellung ohne Androhung bzw Vollstreckungsantrag nicht aus, die Vollzugsfrist zu wahren, BGH WRP **96**, 104, Ffm Rpfleger **98**, 84, Hbg GRUR **97**, 148. Selbst eine entsprechende bloße Androhung reicht evtl nicht, Rn 11. Andererseits kann die Bekundung der Vollstreckungsabsicht einen Zustellungsfehler evtl heilen, Brdb RR **00**, 326 links.

8 **B. Fristversäumung.** Die Folgen einer Fristversäumung richten sich nach der Verfahrenswahl des Antragsgegners, Düss GRUR **84**, 385. Der Antragsteller darf den Arrestbefehl nicht mehr vollziehen, Rn 4, Brdb FamRZ **97**, 624, Kblz RR **00**, 732, Schlesw MDR **99**, 1404. Das Gericht muß ihn grundsätzlich ohne eine nochmalige Prüfung der Begründetheit des Arrests aufheben, Düss GRUR **84**, 385. Das geschieht auf Grund eines Widerspruchs, § 924, Ffm OLGZ **86**, 120, Mü RR **88**, 1466, LG Düss RR **99**, 383. Es geschieht auch im Berufungsverfahren, §§ 511 ff, Düss GRUR **84**, 385. Es geschieht, sofern keine Vollziehung mehr möglich ist, Schlesw FamRZ **81**, 456, LG Düss RR **99**, 383. Das gilt auch, soweit später fällig werdende Leistungen betroffen werden, Hbg FamRZ **88**, 523, aM Bbg FamRZ **85**, 509, StJGr § 938 Rn 38, ZöV 19 (aber Aufhebung ist eben Aufhebung). Der Arrestbefehl wird nach § 927 in demselben Fall aufgehoben, Düss GRUR **84**, 385. Vollstreckungsmaßnahmen werden unwirksam, Rn 4. Sie werden auf Grund einer Erinnerung nach § 766 aufgehoben, Hamm GRUR **90**, 714, Schlesw SchlHA **89**, 74.

9 Der Gläubiger trägt alle *Kosten*, Düss RR **00**, 68, Wedemeyer NJW **79**, 294. Er muß einen neuen Arrest erwirken, Düss DB **81**, 1926, Köln WRP **79**, 817, LG Wuppert RR **92**, 319. Der neue Arrest gibt ihm den verlorenen Rang nicht wieder. Für den neuen Arrest ist nur das erstinstanzliche Gericht zuständig, § 919, Brdb MDR **99**, 1219, Ffm MDR **86**, 768, Schlesw SchlHA **89**, 74, aM ZöV 23 (aber auch im Eilbedürfnis kann nicht die funktionelle Zuständigkeit ändern, Art 101 I 2 GG). Dem Erlaß eines neuen Arrests vor der formellen Rechtskraft der Aufhebung steht die Rechtshängigkeit entgegen, § 261 Rn 16 (dort zur Streitfrage).

Dem Erlaß eines *neuen* Arrests nach der formellen Rechtskraft der Aufhebung braucht nicht entgegenzustehen, daß schon einmal ein Arrest ergangen war, falls auch jetzt eine Arrestforderung und ein Arrestgrund vorliegen. Allerdings kann der Gläubiger den erneuten Erlaß des Arrests nicht schon durch eine Anschlußberufung nach § 524 erreichen, Schlesw SchlHA **89**, 74, aM Celle NJW **86**, 2441, ZöV 23 (aber man nicht die Verfahrensabschnitte und -arten vermengen). Der Gegner, der eine fristgemäße Vollziehung vereitelt, haftet nach § 826 BGB. Die Aufhebung wegen Fristablaufs ist unzulässig, wenn das Gericht dem Schuldner im Arresturteil fälschlich gestattet hatte, die Zwangsvollstreckung durch eine dann in der Vollziehungsfrist auch erfolgte Sicherheitsleistung abzuwenden, Karlsr MDR **83**, 677.

10 **C. Vollzug nach dem Fristablauf.** Man muß einen solchen Vollzug im Fall einer Vollstreckungsmaßnahme wie eine Zwangsvollstreckung beurteilen, deren Voraussetzungen fehlen, Grdz 56 vor § 704. Die Maßnahme ist auflösend bedingt wirksam, Grdz 58 vor § 704, BGH **112**, 358 (krit Stürner JZ **91**, 406), StJGr 17, ZöV 4 (sie sei unwirksam). Das Widerspruchsverfahren nach § 924 oder das Aufhebungsverfahren wegen veränderter Umstände nach § 927 sind also auch dann erst nach der Herausgabe des Titels, nach der Erfüllung oder nach dem Verzicht in der Hauptsache erledigt, wenn inzwischen ein neuer Vollstreckungstitel vorliegt.

11 **D. Beispiele zur Frage der Vollzugsfrist, II**
Abkürzung: Rn 15 „Fristberechnung".
Von Amts wegen: Das Gericht muß den Ablauf der Monatsfrist von Amts wegen beachten, Karlsr Rpfleger **04**, 642, Kblz GRUR **81**, 92, Wedemeyer NJW **79**, 294. Das gilt auch im Berufungsverfahren, Köln FamRZ **85**, 1062.
S auch Rn 13 „Fristablauf", Rn 15 „Fristberechnung".

Abschnitt 5. Arrest und einstweilige Verfügung **§ 929**

Androhung: Zur Wahrung der Vollzugsfrist ist die Androhung einer Vollzugsmaßnahme erforderlich, Rn 7. Sie reicht aber jedenfalls bei einer Inlandszustellung *nicht* aus, Grdz 51 vor § 704, BGH **112**, 358, aM LAG Erfurt MDR **01**, 699 (aber Androhung ist weniger als Einleitung).
S auch „Antrag", Rn 12 „Beginn des Vollzugs", Rn 18 „Zustellung".
Antrag: Zur Wahrung der Vollzugsfrist durch den Beginn des Vollzugs reicht es *nicht* aus, daß der Gläubiger nur einen Vollstreckungsantrag stellt, Kblz RR **87**, 760, Zweibr OLGZ **83**, 468, Lang AnwBl **81**, 236, aM BGH **112**, 358, Hamm FamRZ **94**, 1540, LAG Erfurt MDR **01**, 699 (aber der Schuldner muß Kenntnis vom Vollzugswillen haben).
S auch „Androhung", Rn 12 „Beginn des Vollzugs".
Arresthypothek: § 932 Rn 9.
Aufhebung: Mit der Rechtskraft der Aufhebung des Arrests *verliert* eine etwa im Anschluß an seinen Erlaß vorgenommene Vollzugsmaßnahme ihre Grundlage.
Auskunft: Ein Antrag nach §§ 887, 888 muß zur Fristwahrung nicht hinzutreten, Ffm RR **98**, 1007.
Auslandszustellung: Zur Fristwahrung genügt der Eingang des Zustellungsgesuches nebst folgender Zustellung, Köln GRUR **99**, 67 zu § 207 I aF: (1,5 Monate genügen nach Dänemark).
Beendigung des Vollzugs: Rn 17 „Vollzugsbeendigung".
Beginn der Frist: Rn 14 „Fristbeginn".
Beginn des Vollzugs: Der Gläubiger wahrt die Vollzugsfrist durch den Beginn des Vollzugs. Das gilt grds **12** auch dann, wenn der erste Versuch zu keinem Erfolg führt, Düss MDR **98**, 1180, Hamm RR **94**, 521, ZöV 11, aM Köln FamRZ **85**, 1062 (aber der Vollzugswille ist geblieben).
S aber auch Rn 11 „Androhung", „Antrag", Rn 18 „Zustellung".
Berechnung: Rn 14 „Fristberechnung".
Berichtigung: Eine Berichtigung nach § 319 setzt *keine* neue Vollzugsfrist in Lauf, Düss DB **81**, 1926.
Beschlagnahme (StPO): Zur Einhaltung der Vollzugsfrist ist bei § 111 b StP nicht eine Zulassung nach § 111 g II 1 StPO erforderlich, BGH **144**, 187.
Beseitigung: Eine *Wiederholung* der Vollzugsmaßnahme ist ausnahmsweise dann notwendig, wenn die ursprüngliche Vollstreckungsmaßnahme nach der Aufhebung des Arrests schon vollständig beseitigt worden war, KG Rpfleger **81**, 119, LG Dortm Rpfleger **82**, 276.
Bestätigung nach Aufhebung: Wenn das Gericht den Arrest zunächst auf Grund eines Widerspruchs aufgehoben hatte und das Berufungsgericht ihn dann wieder bestätigt hatte, dann beginnt eine *neue* Vollzugsfrist zu laufen, Düss RR **00**, 68, Ffm MDR **02**, 602, Zweibr RR **02**, 1657.
Bestätigung nach Fristablauf: Das Berufungsgericht kann den auf Grund eines Widerspruchs aufgehobenen Arrest noch dann bestätigen, wenn eine Vollziehung bis zum Ablauf der Vollzugsfrist nicht stattgefunden hat.
Mit der Bestätigung beginnt eine *neue* Vollzugsfrist zu laufen, da das Verfahren sonst auf Grund eines neuen Arrestantrags nochmals ablaufen würde, Kblz GRUR **81**, 92 (die Prüfung ist unzulässig, da kein Titel mehr vorhanden ist).
Bestätigung gegen Sicherheitsleistung: Wenn das Gericht den Arrest gegen eine Sicherheitsleistung bestätigt hat, § 925 II, dann hat es in Wahrheit einen neuen Arrest erlassen, Ffm OLGZ **80**, 259. Das gilt auch dann, wenn sonst eine wesentliche inhaltliche Veränderung erfolgte, Schlesw RR **86**, 1128, Wedemeyer NJW **79**, 294.
Nur in diesen Fällen beginnt eine *neue* Vollzugsfrist, Hbg RR **95**, 1055, Schlesw RR **86**, 1128, LAG Düss BB **81**, 435, aM LG Münst Rpfleger **97**, 75, Grunsky ZZP **104**, 9 (die Vollzugsfrist beginne auch bei einer vollen Bestätigung des Arrests neu).
Bestätigung nach Widerspruch: Wird die einstweilige Verfügung auf Grund eines Widerspruchs durch ein Urteil bestätigt, jedoch dabei wesentlich inhaltlich geändert, so muß man sie *erneut* vollziehen, II, Hamm Rpfleger **95**, 468, Zweibr RR **02**, 1657.
Eidesstattliche Versicherung zwecks Offenbarung: Es genügt die Einreichung des Auftrags zur Abnahme **13** der eidesstattlichen Versicherung bei dem nach §§ 899, 928 zuständigen Gerichtsvollzieher, (jetzt) § 167, Treysse Rpfleger **81**, 340. Der Gläubiger muß die nötigen Nachweise beilegen. Da der Fristablauf die weitere Zwangsvollstreckung ausschließt, ist das Verfahren oft wertlos.
Einstweilige Einstellung: Eine einstweilige Einstellung der Zwangsvollstreckung unterbricht die Monatsfrist, Düss FamRZ **87**, 490.
Einstweilige Verfügung: § 936 Rn 7 ff.
Frist zur Sicherheitsleistung: Der Gläubiger muß eine etwa angeordnete Sicherheit innerhalb der Vollzugsfrist leisten, Ffm OLGZ **80**, 259, Christmann DGVZ **93**, 109.
Frist zum Vollzugsbeginn: Der Gläubiger muß den Vollzug innerhalb der Vollzugsfrist wenigstens beginnen, LG Aachen RR **90**, 1344.
Fristablauf: Nach dem Ablauf der Monatsfrist darf das Gericht *keine* neuen Vollzugsmaßnahmen mehr treffen. Das gilt auch dann, falls noch ein enger zeitlicher Zusammenhang vorliegt.
S auch Rn 15 „Fristberechnung".
Fristbeginn beim Arrestbeschluß: Die Monatsfrist beginnt bei einem nicht verkündeten Arrestbeschluß **14** mit der Zustellung der vollständigen Entscheidung in Ausfertigung nach Rn 18 an den Gläubiger, Köln RR **87**, 575. Das Gericht kann weitere Zustellungsvoraussetzungen anordnen, etwa die gleichzeitige Zustellung bestimmter Schriftstücke, Nürnb GRUR **92**, 564. Wenn eine Zustellung unterblieben ist, dann ist die formlose Aushändigung an den Gläubiger maßgeblich. Denn der Gläubiger kann auch in diesem Fall vollziehen, Düss GRUR **84**, 76, Lang AnwBl **81**, 236, ZöV 5, aM Fritze Festschrift für Schiedermair (1976) 146, Wedemeyer NJW **79**, 294 (vgl aber jetzt § 189).
Zwecks einwandfreier Feststellung des Fristbeginns ist dann aber eine *Quittung* ratsam. Eine Kenntnisnahme ohne Besitzerlangung reicht nicht aus, Köln RR **87**, 576.
Fristbeginn beim Arresturteil: Die Monatsfrist beginnt bei einem Arresturteil mit seiner Verkündung nach §§ 310 ff, wenn das Gericht auf Grund einer mündlichen Verhandlung entschieden hat, § 922 I,

§ 929

Düss GRUR **84**, 76, Ffm RR **00**, 1236, Hamm FamRZ **91**, 583. Soweit eine Verkündung stattgefunden hat, ist nur sie maßgeblich, nicht etwa eine folgende Zustellung, LAG Bre Rpfleger **82**, 481.

Keineswegs beginnt die Frist vor der Urteilsverkündung. Das gilt selbst dann, wenn das Gericht schon vorher eine Ausfertigung herausgegeben hatte, Düss RR **03**, 354.

15 Fristberechnung: Die Monatsfrist ist eine gesetzliche Frist. Ihre Berechnung erfolgt nach § 222 in Verbindung mit den dort abgedruckten Vorschriften des § 187 I BGB, Köln RR **87**, 575, LG Köln RR **89**, 191, und des § 188 II, III BGB. Das Gericht darf sie nicht abkürzen oder verlängern, Kblz GRUR **81**, 92, Lang AnwBl **81**, 236. Es handelt sich nicht um eine Notfrist, § 224 I 2, Ffm OLGZ **81**, 100, LG Brschw DGVZ **82**, 75. Deshalb darf das Gericht gegen die Versäumung der Frist keine Wiedereinsetzung in den vorigen Stand gewähren, Düss DB **81**, 1926, Schneider MDR **85**, 112. Eine Fristversäumung ist heilbar, § 189, Karlsr Rpfleger **04**, 642. Freilich ist Rechtsmißbrauch beachtlich, Einl III 54, Grdz 44 vor § 704, Celle OLGZ **86**, 490.

S auch Rn 11 „Von Amts wegen".

Fristunterbrechung: Rn 13 „Einstweilige Einstellung".
Fristversäumung: Rn 8, 9.
Haftantrag: Er kann zur Frist genügen, Celle DGVZ **99**, 74.
Hypothek: § 932 Rn 7.
Inhaltserweiterung: Eine *Wiederholung* der Vollzugsmaßnahme ist ausnahmsweise dann notwendig, wenn das im Widerspruchsverfahren neugefaßte Verbot eine inhaltliche Erweiterung enthält, Düss GRUR **84**, 77, Hamm GRUR **89**, 931.
Neue Frist: Rn 12 „Bestätigung nach Fristablauf".
Ordnungsmittel: Es genügt zur Fristeinteilung, daß der Gläubiger ein Ordnungsmittel beantragt, Celle DGVZ **99**, 74.

16 Parteibetrieb: Rn 18 „Zustellung".
Persönlicher Arrest: Notwendig ist die Durchführung der angeordneten Freiheitsbeschränkung.
Pfändung: Ein vor dem Fristablauf gestellter Pfändungsantrag reicht aus, Celle DGVZ **99**, 74. Im Fall einer Pfändung durch das Vollstreckungsgericht genügt ein Pfändungsbeschluß jedenfalls dann, wenn die Zustellung unverzüglich folgt, BGH NJW **91**, 496, Celle DGVZ **99**, 74, Karlsr Rpfleger **98**, 255. Eine mangelhafte, aber rechtzeitige Pfändung reicht dann aus, wenn der Mangel später heilt. Im Fall einer Buchhypothek genügt jedenfalls der Eingang des Umschreibungsantrags. Auch die Pfändung eines Anspruchs auf eine Herausgabe erfolgt nur innerhalb der Frist. Eine erfolglose Pfändung ist ein Vollzug. Man darf eben den Vollzug und die Vollstreckung nicht gleichstellen, Grdz 19 vor § 916.

Eine Zustellung des Arrests an den Schuldner reicht *nicht* aus.

Prozeßbevollmächtigter: Für die Zustellung ist § 172 anwendbar, dort Rn 3. Im Anwaltsprozeß nach § 78 Rn 1 ist eine Zustellung an den ProzBev des Schuldners notwendig, Hamm MDR **76**, 407. Eine Zustellung direkt an den Gegner ist grds bedenklich, Hbg OLGZ **94**, 216. Trotzdem kann sie ausnahmsweise ausreichen, Hbg GRUR **87**, 66. Das gilt zB bei unverschuldeter Unkenntnis des Umstands, daß der Gegner inzwischen einen ProzBev im Sinn von § 172 bestellt hatte.

S auch Rn 18 „Zustellung".

Prozeßstandschaft: Eine Wiederholung der Vollzugsmaßnahme kann entbehrlich sein, wenn statt des Prozeßstandschafters nun der wahre Rechtsinhaber in das Verfahren eintritt, KG WettbR **96**, 161.
Strafprozeß: Rn 12 „Beschlagnahme".
Unterbrechung: Rn 13 „Einstweilige Einstellung".
Verkündung: Rn 14 „Fristbeginn beim Arresturteil".
Verlängerung: Rn 15 „Fristberechnung".

17 Vollzugsbeendigung: Eine Beendigung des Vollzugs innerhalb der Vollzugsfrist ist nicht erforderlich. Denn sie ist oft unmöglich. Es reicht daher aus, daß sich der Gläubiger nach Kräften bemüht hat, daß er also nicht trödelte, LG Hbg DGVZ **91**, 11, LG Kassel DGVZ **85**, 142, aM Köln FamRZ **85**, 1065 (aber man darf nichts Unzumutbares fordern). Beendende Vollzugsmaßnahmen müssen erst mit vor dem Fristablauf begonnenen eine Einheit darstellen, Düss MDR **83**, 239, Mü FamRZ **93**, 1101, LG Konst DGVZ **93**, 142, aM App BB **84**, 273 (auch zu § 324 III 1 AO), Schneider MDR **85**, 114 (aber Beendigung allein ist das Gegenteil von Vollzugswillen).
Vormerkung: Auch bei Eintragung einer Vormerkung bleibt zwecks Vollzugs die Notwendigkeit der Zustellung, Rn 18, LG Düss RR **99**, 383.
Vorpfändung: Eine Zustellung an den Drittschuldner ist notwendig und ausreichend, § 845 Rn 8, AG Bln-Charlottenb RR **88**, 639. Jedoch muß die Pfändung innerhalb der 1-Monats-Frist des § 845 II erfolgen, § 845 Rn 14, AG Bln-Charlottenb RR **88**, 639.
Wiedereinsetzung: Rn 15 „Fristberechnung".
Wiederholung: Der Gläubiger braucht eine Vollzugsmaßnahme nach der Bestätigung des Arrests grds nicht zu wiederholen, insbesondere nicht bei unverändertem Inhalt, Celle GRUR **87**, 66, Düss GRUR **84**, 77, Hamm RR **99**, 631.

S aber auch Rn 12 „Beseitigung", Rn 15 „Inhaltserweiterung".

18 Zustellung: Zur Wahrung der Vollzugsfrist ist im Rahmen des Vollzugsbeginns die Zustellung des Arrests erforderlich, LG Düss RR **99**, 303 (auch bei Vormerkung). Sie ist freilich nicht stets ausreichend, Rn 5. Sie erfolgt grds durch Übermittlung der vollständigen Fassung eines Arrestbeschlusses, Düss RR **99**, 795, Ffm Rpfleger **93**, 31. Beim Arresturteil genügt die abgekürzte Fassung, BVerfG NJW **88**, 3141. Der Gläubiger muß zB die im Arrestbeschluß in Bezug genommenen Anlagen beifügen, Ffm Rpfleger **93**, 31 (auch zu einer Ausnahme).

Der Gläubiger muß die Zustellung grds nach §§ 191 ff *im Parteibetrieb* betreiben. Denn die Amtszustellung nach §§ 166 ff ergibt noch nicht den jetzigen Vollzugswillen des Gläubigers eindeutig genug, Düss GRUR-RR **01**, 94, Karlsr RR **02**, 951, Köln GRUR-RR **03**, 255, aM Celle RR **90**, 1088, Mü FGPrax **05**, 196, Stgt WRP **97**, 350 (aber der Gläubiger mag noch etwas zuwarten wollen, ob der Schuldner sich

Abschnitt 5. Arrest und einstweilige Verfügung § 929

doch noch rechtzeitig vor dem Fristablauf fügt). Das alles gilt auch nach der erneuten Betätigung eines zuvor aufgehobenen Arrests, Rn 11, Düss RR **00**, 68. Nur ganz ausnahmsweise kann eine andere Handlung des Antragstellers reichen, Hbg WettbR **00**, 51, Karlsr RR **02**, 951. Keinesweg reicht aber schon ein Abschlußschreiben nebst Androhung eines Ordnungsmittelantrags, Hbg WettbR **00**, 51.
   Die Zustellung muß im übrigen *gesetzmäßig* erfolgen, also meist den ProzBev der Instanz, § 172, so schon Brdb RR **00**, 326 links, Karlsr Rpfleger **04**, 642, Schlesw MDR **01**, 231. Sie muß an den Schutzschriftanwalt des Antragsgegners erfolgen, wenn das Gericht dem Antragsteller die Schutzschrift zusammen mit der Eilentscheidung zugestellt hatte, Köln GRUR-RR **01**, 71. Eine Zustellung nach § 195 sechs Tage vor dem Ablauf der Vollzugsfrist reicht aus. Ein Empfangsbekenntnis muß wirksam unterschrieben sein, § 195 Rn 13, 16. Eine gesetzmäßige Zustellung reicht für die Wahrung der Vollzugsfrist auch dann, wenn weitere Vollstreckungsmaßnahmen hinzutreten müssen, AG Flensb DGVZ **95**, 60. § 189 ist anwendbar, Ffm NJW **03**, 2688, Karlsr Rpfleger **04**, 642.
   S auch Rn 11 „Antrag", Rn 14 „Fristbeginn", Rn 16 „Prozeßbevollmächtigter".

   6) Vollzug vor der Zustellung, III. Auch diese Vorschrift erfordert große Sorgfalt. 19

   A. Allgemeines. Der Gläubiger kann die Vollziehung abweichend von §§ 750, 751 und ähnlich wie bei § 845 I 3 betreiben, BayObLG Rpfleger **85**, 59. Das kann sofort nach dem Erlaß des Arrests bzw der Urteilsverkündung geschehen, also schon vor dem Zeitpunkt der Parteizustellung des Arrests an den Schuldner oder seinen ProzBev nach § 172. Sie kann auch an demjenigen des Hauptsacheprozesses erfolgen, Hbg RR **88**, 1277. Der Vollzug wirkt dann aber auflösend bedingt. Die Bedingung tritt ein, wenn nicht der Gläubiger innerhalb einer Woche seit der Vollziehung und außerdem vor dem Ablauf eines Monats seit der Verkündung des Arrests oder seiner Zustellung oder der Aushändigung an den Gläubiger nach Rn 4 ff und außerdem dem Schuldner zustellt, III 2, Celle FamRZ **88**, 525, LG Ffm NJW **90**, 652. Er muß auch dem etwaigen Drittschuldner rechtzeitig zustellen, Ffm Rpfleger **99**, 85. Die Zustellung des Protokolls mit der verkündeten Urteilsformel reicht wegen § 317 II nicht, Hamm GRUR **87**, 853.
   Die *Wochenfrist* beginnt bei einer Eintragung in das Grundbuch oder in ein Register mit dem Antrag nach 20 § 932 III, § 936 Rn 13 „§ 932, Arresthypothek", Ffm Rpfleger **82**, 32, RoGSch § 79 II 1. Eine notwendige Sicherheitsleistung muß vor der Vollziehung erfolgt sein. Der Gläubiger kann die Urkunden über die Leistung innerhalb der Frist des III zustellen. Es kann notwendig sein, zugleich einer Partei und ihrem gesetzlichen Vertreter zuzustellen, § 51 Rn 12, Hbg RR **93**, 1449.
   Im Fall einer *öffentlichen* Zustellung nach §§ 185 ff oder im Fall der Zustellung im Ausland nach §§ 183, 21 184 genügt der Eingang des Gesuchs vor oder nach der Vollziehung, wenn die Zustellung demnächst stattfindet, § 167, aM (je zum alten Recht) Hbg RR **88**, 1277, Köln MDR **87**, 593. Es handelt sich um eine gesetzliche Frist nach § 224 Rn 9 und nicht um eine Notfrist, § 224 I 2. Nach einem ergebnislosen Ablauf der Frist gilt für die Zwangsvollstreckung Rn 18. „Sie ist ohne Wirkung" bedeutet nur: Sie steht einer unzulässigen Zwangsvollstreckung gleich. Das Grundbuchamt muß eine Vormerkung löschen, Köln MDR **87**, 593. Der Schuldner kann auf die Einhaltung der Frist des III nicht wirksam verzichten, Ffm Rpfleger **82**, 32.

   B. Verstoß. Ein Verstoß gegen II, III 2 führt zur Unwirksamkeit der jeweiligen Vollzugsmaßnahme, zB 22 einer Pfändung, Schlesw MDR **01**, 231. Der Schuldner kann nach § 766 vorgehen. Er hat außerdem die Möglichkeit eines Antrags nach § 927. Wenn der Vollziehung vor der Zustellung erfolgte bzw wenn die Zustellung fehlerhaft war, dann ist III nicht anwendbar. Denn nach III 1 ist eine Voraussetzung seiner Anwendbarkeit der Umstand, daß überhaupt keine Zustellung erfolgte, LG Aachen RR **90**, 1344, aM StJGr 20 (aber Wortlaut und Sinn sind im Kern eindeutig, Einl III 39). Solange und soweit noch ein Verfügungsgrund besteht, kann der Gläubiger einen neuen Eilantrag stellen, Ffm NJW **02**, 1959. Dieser führt natürlich zu einem gesonderten neuen Verfahren usw.

   C. Rechtsbehelf. Der Betroffene hat bei einer bloßen Vollzugsmaßnahme ohne Anhörung des Gegners 23 die Erinnerung nach § 766, BGH Rpfleger **89**, 248. Er hat bei einer echten richterlichen Entscheidung des Richters die sofortige Beschwerde nach §§ 567 I Z 1, 793, 828. Er hat bei einer solchen des Rpfl deshalb die sofortige Beschwerde nach § 11 I RPflG, Anh § 153 GVG. Zum Verfahren § 104 Rn 41 ff. Innerhalb der Monatsfrist nach II kann der Gläubiger den Vollzug wiederholen.

   7) VwGO: *Auf die einstwAnO entsprechend anzuwenden, § 123 III VwGO, Sch/SchmA/P § 123 Rn 172 u* 24 *173, Finkelnburg/Jank Rn 560 ff (aM hinsichtlich III RedOe § 123 Anm 23, VGH Mannh NVwZ **86**, 489). Eine Vollstreckungsklausel ist auch in den Fällen des I unnötig, wenn die Voraussetzungen des § 171 VwGO gegeben sind, vgl Einf §§ 727–729 Rn 7, KoppSch § 171 Rn 2, aM VGH Mannh NJW **82**, 902. Entspr anwendbar ist auch II, VGH Mannh NVwZ **00**, 692 mwN; ob auch der (notwendig) Beigeladene sich auf II berufen darf, ist fraglich, VGH Kassel NVwZ **90**, 977 (verneinend), dazu Melullis MDR **90**, 594 (keine Aufhebung der einstwAnO nach Erfüllung). Die Frist beginnt grds mit der Zustellung an den Antragsteller, hM, VGH Mü BayVBl **04**, 247, OVG Münst NVwZ-RR **92**, 388, Sch/SchmA/P § 123 Rn 172, Finkelnburg/Jank Rn 562 (aM OVG Lüneb aaO, VGH Mannh VBlBW **84**, 150, VG Bln NJW **77**, 2369: Fristbeginn erst dann, wenn der Antragsteller erkennen kann, daß die Behörde der AnO nicht oder nicht unzureichend folgen werde). Bei der Vollstreckung durch die öffentliche Hand wahrt der Gläubiger die Vollziehungsfrist durch den Antrag auf Erlaß der Vollstreckungsanordnung beim Gericht erster Instanz, §§ 170 und 172 VwGO; ist Inhalt der einstwAnO ein Verbot oder ein Unterlassungsgebot, so genügt die Vollziehungszustellung durch die Partei an den Gegner innerhalb der Frist, vgl BGH NJW **93**, 1078 (die Amtszustellung, § 922, reicht nicht aus), Anm Grunsky LM § 945 Nr 23 aM Sch/SchmA/P § 123 Rn 173 (Amtszustellung reicht aus). Ebenso genügt eine Vollziehungszustellung immer dann, wenn es sich um eine einstwAnO auf wiederkehrende Leistungen handelt, vgl § 935 Rn 20. Wegen der Folgen der Fristversäumnis s oben Rn 7 ff, OVG Münst aaO.*

§ 930

930 *Vollziehung in bewegliches Vermögen und Forderungen.* ¹ ¹ Die Vollziehung des Arrestes in bewegliches Vermögen wird durch Pfändung bewirkt. ² Die Pfändung erfolgt nach denselben Grundsätzen wie jede andere Pfändung und begründet ein Pfandrecht mit den im § 804 bestimmten Wirkungen. ³ Für die Pfändung einer Forderung ist das Arrestgericht als Vollstreckungsgericht zuständig.

II Gepfändetes Geld und ein im Verteilungsverfahren auf den Gläubiger fallender Betrag des Erlöses werden hinterlegt.

III Das Vollstreckungsgericht kann auf Antrag anordnen, dass eine bewegliche körperliche Sache, wenn sie der Gefahr einer beträchtlichen Wertverringerung ausgesetzt ist oder wenn ihre Aufbewahrung unverhältnismäßige Kosten verursachen würde, versteigert und der Erlös hinterlegt werde.

Gliederung

1) Systematik, I–III 1	B. Verbindung der Beschlüsse 7
2) Regelungszweck, I–III 2, 3	C. Stellung des Drittschuldners 8
3) Unterliegen des Schuldners in der Hauptsache, I 4	6) Hinterlegung, II 9
	7) Versteigerung, III 10–12
4) Sieg des Schuldners in der Hauptsache, I 5	A. Voraussetzungen 10
	B. Verfahren 11
5) Pfändung einer Forderung, I 6–8	C. Rechtsbehelf 12
A. Verfahren 6	8) *VwGO* 13

1 **1) Systematik, I–III.** Der Arrest ist vollstreckungsfähig und -bedürftig. Das Gesetz nennt das Vollziehung, Zweibr FamRZ **00**, 966. Der Arrestvollzug in Fahrnis erfolgt durch eine Pfändung, §§ 803 ff. Demgegenüber erfolgt der Arrestvollzug in das unbewegliche Vermögen nach § 932. Die Pfändung bringt ein Pfändungspfandrecht nach §§ 804, 829 zum Entstehen, BayObLG Rpfleger **85**, 59. Mit dem Pfändungspfandrecht endet der Arrestvollzug.

Der Gläubiger darf *keine rechtsgestaltenden Erklärungen* abgeben. Er darf zB nicht die Begünstigung eines Dritten durch einen Versicherungsvertrag widerrufen. Ein Antrag nach § 807 ist statthaft, Behr Rpfleger **88**, 2. Der Gläubiger kann den Drittschuldner nicht auf eine Auskunft wegen Nichtabgabe der Erklärung nach § 840 verklagen, § 840 Rn 2, 15, BGH **68**, 289. Für die Vollzugskosten ist der Arrest die Festsetzungsgrundlage, KG Rpfleger **77**, 372. Vgl ferner § 324 III AO. Wegen einer Vermögensstrafe § 111 o II StPO.

2 **2) Regelungszweck, I–III.** Der Arrest dient grundsätzlich nur der Sicherung des Gläubigers und nicht seiner Befriedigung, Grdz 5 vor § 916. Daher darf der Gläubiger dieses Pfandrecht nicht verwerten. Er darf also grundsätzlich weder eine Versteigerung noch eine Überweisung nach § 935 betreiben, BGH **68**, 292. Eine Ausnahme gilt nach III. Die Überweisung ist ferner ausnahmsweise dann zulässig, wenn es um einen Anspruch auf die Herausgabe eines Hypothekenbriefs geht, der sich im Besitz eines Dritten befindet. Denn dann ist die Überweisung ein Teil des Pfandrechts, das durch die Überweisung erst zur Entstehung kommt. Eine Überweisung mit einer Hinterlegungsanordnung ist nicht statthaft. Im Fall der Pfändung des Anspruchs auf die Herausgabe einer Sache kommt ihre Herausgabe nach § 847 I an den Gerichtsvollzieher oder einen Sequester in Betracht.

3 *III* nennt Bedingungen, über deren Eintritt man sehr unterschiedlich urteilen kann. Eine „beträchtliche" Wertverringerung läßt sich genauso schwierig vorhersagen wie eine „unverhältnismäßige" Höhe von Aufbewahrungskosten. Da das ganze Eilverfahren vor allem einen Sicherungszweck hat, sollte man auch kein vermeidbares Risiko eingehen. Andererseits schafft eine Versteigerung einen endgültigen Rechtsübergang. Das geht weit über eine bloße Sicherung hinaus. Man muß daher trotz etwaiger Eilbedürftigkeit behutsam abwägen.

4 **3) Unterliegen des Schuldners in der Hauptsache, I.** Unterliegt der Schuldner in der Hauptsache, so wird das Arrestpfandrecht kraft Gesetzes zu einem Vollstreckungspfandrecht mit dem Rang des Zeitpunkts der Arrestpfändung, BGH **66**, 394. Eine Wiederholung der Pfändung ist eine zwecklose Förmelei. Das Arrestpfandrecht läßt die Verwertung zu, sobald eine vollstreckbare Ausfertigung des Urteils evtl nebst Hinterlegungsbescheinigung zugestellt worden ist. Auch in einem solchen Fall besteht kein Rechtsschutzbedürfnis nach Grdz 33 vor § 253 für eine Einstellung der Zwangsvollstreckung aus dem Arrestbefehl, solange die Verurteilung in der Hauptsache wieder wegfallen kann.

5 **4) Sieg des Schuldners in der Hauptsache, I.** Wenn der Schuldner in der Hauptsache siegt, dann kann er die Aufhebung des Arrests nach § 927 und nach seiner Vollziehung verlangen, § 776. Das Pfandrecht gibt den Rang nach dem Tag der Arrestpfändung, BGH **68**, 292. Jede Aufhebung des Arrests läßt nur denjenigen Rang bestehen, der seit der Zustellung eines vollstreckbaren Titels in der Hauptsache besteht.

6 **5) Pfändung einer Forderung, I.** Man muß drei Aspekte beachten.

A. Verfahren. Für die Pfändung einer Forderung ist das Arrestgericht des § 919 das ausschließlich zuständige Vollstreckungsgericht, § 802, BGH **66**, 395, BayObLG Rpfleger **04**, 365, Ffm Rpfleger **80**, 485. Das gilt aber nur für diese Maßnahme, insoweit in Abweichung vom grundsätzlich anwendbaren § 828 II, BVerfG **64**, 18. Das Arrestgericht entscheidet durch den Rpfl, falls nicht das Gericht zulässig den Pfändungsbeschluß schon mit dem Arrestbeschluß verbunden hatte, § 20 Z 16 RPflG, Anh § 153 GVG, Rn 7, Ffm Rpfleger **80**, 485, Mü MDR **04**, 1383. Eine Pfändung des Herausgabeanspruchs und anderer Vermögensrechte steht gleich, §§ 846, 857. Das Arrestgericht entscheidet auch über bloßer Maßnahme ohne Anhörung des Gegners. Bei echter Entscheidung gilt § 11 RPflG. Das Arrestgericht entscheidet auch über die Erinnerung nach § 766, BGH **66**, 394, Ffm Rpfleger **80**, 485, jetzt durch den Richter, § 20 Z 17 a RPflG. Es erfolgt also keine Weitergabe, so schon Düss RR **93**, 831, Ffm Rpfleger **80**, 485. Falls sie dennoch erfolgt ist, wird die Sache zurückverwiesen, Düss RR **93**, 831.

Das Arrestgericht entscheidet durch den Richter auch über *weitere Anträge* wegen derselben Forderung bzw wegen irgendwelcher Klarstellungen usw, Mü Rpfleger **75**, 35, aM LG Mü Rpfleger **89**, 401. Es entscheidet auch über eine Aufhebung des Pfändungsbeschlusses nach den §§ 775 ff, BGH NJW **76**, 1453. Es entscheidet auch über eine Aufhebung nach § 934. Für eine Überweisung der gepfändeten Forderung nach § 835 ist immer das AG als Vollstreckungsgericht des § 764 zuständig. Ein Arrest und eine Zwangsvollstreckung in eine im Deckungsregister eingetragene und durch ein Schiffspfandrecht gesicherte Darlehnsforderung und in Wertpapiere sind nur auf Grund von Ansprüchen aus einem Schiffspfandbrief zulässig, § 35 SchiffsbankG.

B. Verbindung der Beschlüsse. Das Arrestgericht nach Rn 6 kann den Pfändungsbeschluß nach § 930 **7** mit dem Arrestbeschluß nach § 922 verbinden, Zweibr FamRZ **00**, 966, nicht aber mit einem Arresturteil, aM StJGr 5, ZöV 2 (aber die Entscheidungsformen müssen zueinander passen). In diesem Fall ist der Rpfl nicht zuständig, Rn 6. Wenn das Gericht den Arrest allerdings von einer Sicherheitsleistung abhängig gemacht hat, dann ist eine derartige Verbindung unzulässig, Düss Rpfleger **84**, 161. Die Verbindung bleibt rein äußerlich, BayObLG Rpfleger **85**, 59. Die Rechtsbehelfe und die Zustellungserfordernisse richten sich nach dem jeweiligen Einzelbeschluß. Auch die Anträge lassen sich verbinden. Ein Anwaltszwang besteht für den Pfändungsantrag ebensowenig wie für den Arrestantrag, § 920 III, § 13 RPflG, Anh § 153 GVG, Bergerfurth Rpfleger **78**, 205. Eine einmal begründete Zuständigkeit bleibt trotz späterer Änderungen etwa nach §§ 775 ff bestehen. Freilich wird im Fall einer neuen Forderung oder bei einem Drittschuldner für den bloßen Pfändungsbeschluß wieder der Rpfl zuständig, Mü Rpfleger **75**, 35. Wenn ein ArbG den Arrest erlassen hat, ist es auch für den Pfändungsbeschluß zuständig.

C. Stellung des Drittschuldners. Er darf nur noch an den Pfändungsgläubiger und an den Arrestschuld- **8** ner gemeinschaftlich zahlen.

6) Hinterlegung, II. Der Arrest soll den Gläubiger grundsätzlich nur sichern, Grdz 5 vor § 916. Daher **9** muß der Gerichtsvollzieher gepfändetes Geld und den Anteil des Gläubigers an der Verteilungsmasse hinterlegen. Man muß notfalls auf die Hinterlegung klagen, § 253. Wegen der Rechte am Hinterlegten § 805 Rn 15. Wegen des Verteilungsverfahrens §§ 872 ff.

7) Versteigerung, III. Sie bringt keine besonderen Probleme. **10**

A. Voraussetzungen. Voraussetzungen für eine solche Anordnung sind: Es muß zum einen die Gefahr einer beträchtlichen Wertverringerung bestehen. Sie muß in der Beschaffenheit der Sache liegen. Das kann zB bei einem Wertpapier zutreffen, weniger bei einem Wein, Sekt usw, LG Bln DGVZ **77**, 60. Andernfalls ist § 766 anwendbar.

Es müssen zum anderen unverhältnismäßig *hohe Verwahrkosten* drohen, LG Mönchenglabd DGVZ **03**, 141. Transportkosten sind unerheblich, LG Bln DGVZ **77**, 60. Diese Gefahr besteht nicht, wenn nur der Anspruch auf die Herausgabe gepfändet wurde und die Herausgabe selbst nicht erfolgt ist oder wenn zB bei einem Wert von (jetzt ca) 7500 EUR Verwahrkosten von monatlich (jetzt ca) 60 EUR entstehen, LG Kblz DGVZ **90**, 42. Man kann die Herausgabe freiwillig im Klagewege erzwingen.

B. Verfahren. Nur das Vollstreckungsgericht der §§ 764 II, 802, 847 II und nicht das Arrestgericht des **11** § 919 darf tätig werden. Nötig ist dazu ein Antrag des Gläubigers oder des Schuldners, nicht des Gerichtsvollziehers, BGH **89**, 86. Das Vollstreckungsgericht amtiert durch den Rpfl, § 20 Z 17 RPflG, Anh § 153 GVG. Er kann ohne eine mündliche Verhandlung und nach pflichtgemäßem Ermessen durch einen Beschluß nach § 329 anordnen, daß eine bewegliche körperliche Sache versteigert und ihr Erlös hinterlegt wird. Der Rpfl muß seinen Beschluß begründen, § 329 Rn 4. Er muß ihn förmlich zustellen, § 329 III.

C. Rechtsbehelf. Man muß die Rechtsbehelfe gegen den Arrestbeschluß und gegen die Vollziehungsan- **12** ordnung unterscheiden, Zweibr FamRZ **00**, 967. Gegen eine Maßnahme des Rpfl ohne Anhörung des Gegners ist die Erinnerung nach § 766 zulässig. Über sie entscheidet der Richter, § 20 Z 17 S 2 RPflG, Anh § 153 GVG. Gegen eine echte Entscheidung des Rpfl gilt § 11 I RPflG in Verbindung mit §§ 567 I Z 1, 793. Gegen einen fälschlich erfolgten anfänglichen Beschluß des Richters ist die sofortige Beschwerde zulässig, §§ 567 I Z 1, 793.

8) VwGO: *Auf die einstwAnO entsprechend anzuwenden, § 123 III VwGO, wenn die AnO die künftige* **13** *Vollstreckung wegen einer Geldforderung sichern soll, Grdz § 916 Rn 21. Die Vollstreckung gegen die öffentliche Hand setzt eine gerichtliche Vollstreckungsverfügung voraus, § 170 VwGO. Wegen des Vollstreckungsgerichts, III, vgl § 764 Rn 10.*

931

Vollziehung in eingetragenes Schiff oder Schiffsbauwerk. **I** Die Vollziehung des Arrestes in ein eingetragenes Schiff oder Schiffsbauwerk wird durch Pfändung nach den Vorschriften über die Pfändung beweglicher Sachen mit folgenden Abweichungen bewirkt:

II Die Pfändung begründet ein Pfandrecht an dem gepfändeten Schiff oder Schiffsbauwerk; das Pfandrecht gewährt dem Gläubiger im Verhältnis zu anderen Rechten dieselben Rechte wie eine Schiffshypothek.

III Die Pfändung wird auf Antrag des Gläubigers vom Arrestgericht als Vollstreckungsgericht angeordnet; das Gericht hat zugleich das Registergericht um die Eintragung einer Vormerkung zur Sicherung des Arrestpfandrechts in das Schiffsregister oder Schiffsbauregister zu ersuchen; die Vormerkung erlischt, wenn die Vollziehung des Arrestes unstatthaft wird.

IV Der Gerichtsvollzieher hat bei der Vornahme der Pfändung das Schiff oder Schiffsbauwerk in Bewachung und Verwahrung zu nehmen.

V Ist zur Zeit der Arrestvollziehung die Zwangsversteigerung des Schiffes oder Schiffsbauwerks eingeleitet, so gilt die in diesem Verfahren erfolgte Beschlagnahme des Schiffes oder Schiffsbauwerks als erste Pfändung im Sinne des § 826; die Abschrift des Pfändungsprotokolls ist dem Vollstreckungsgericht einzureichen.

§§ 931, 932

VI ¹ Das Arrestpfandrecht wird auf Antrag des Gläubigers in das Schiffsregister oder Schiffsbauregister eingetragen; der nach § 923 festgestellte Geldbetrag ist als der Höchstbetrag zu bezeichnen, für den das Schiff oder Schiffsbauwerk haftet. ² Im Übrigen gelten der § 867 Abs. 1 und 2 und der § 870 a Abs. 3 entsprechend, soweit nicht vorstehend etwas anderes bestimmt ist.

1 **1) Systematik, I–VI.** Ein eingetragenes Schiff oder Schiffsbauwerk gilt für die gewöhnliche Zwangsvollstreckung als eine Liegenschaft, § 864, § 162 ZVG, für den Arrestvollzug jedoch als Fahrnis. Wegen eines Seeschiffs Grdz 2 vor § 916. § 931 bezieht sich nicht auf ein lediglich eintragungsfähiges Schiffsbauwerk. Man muß ein nichteingetragenes Schiff oder ein ausländisches Schiff ganz wie Fahrnis behandeln, LG Hbg MDR 78, 764. Es gibt keine Arrestschiffshypothek. Der Vollzug erfolgt durch eine Pfändung. Wegen einer Vermögensstrafe § 111 o II StPO.

2 **2) Regelungszweck, I–VI.** Gerade beim Arrest in ein (See-)Schiff ist oft ebenso Eile wie Energie geboten, damit ein Auslaufen und gar endgültiges Verlassen des deutschen Hoheitsgebiets unterbleibt. Dazu muß sich der Gerichtsvollzieher evtl der Hilfe der Wasserschutzpolizei bedienen, auch wenn er das Schiff nicht am Ruder „an die Kette gelegt" hatte. Pfandbruch wäre strafbar, § 136 StGB, auch durch den Kapitän, Reeder oder Eigner. Auch das Gericht muß im Rahmen seiner Zuständigkeit in der Vollzugsphase ebenso wie zuvor bei der Arrestanordnung ganz besonders rasch arbeiten, um den Erfolg nicht zu gefährden. Es darf sich aber auch in zugespitzter Lage nicht die Besonnenheit einer möglichst genauen Prüfung nehmen lassen.

3 **3) Pfändung, I–VI.** Das Vollstreckungsgericht der §§ 764, 802 ordnet die Pfändung auf Grund eines Gläubigerantrags an, § 930 Rn 4, 5. Es wird durch den Rpfl tätig, § 20 Z 16 RPflG, Anh § 153 GVG. Er ersucht das Grundbuchamt gleichzeitig von Amts wegen um die Eintragung einer Vormerkung nach III. Der Gerichtsvollzieher pfändet nach § 808. Er nimmt das Schiff oder das Schiffsbauwerk in seine Bewachung und Verwahrung, IV, §§ 808, 928. Das Gericht stellt die Pfändungsanordnung dem Schuldner zu, § 329 III. Eine Zustellung innerhalb der Frist des § 929 III reicht aus. Mit der Zustellung entsteht das Arrestpfandrecht, II. Die Beschlagnahme in der Zwangsversteigerung wirkt nur dahin, daß die Pfändung als eine Anschlußpfändung nach § 826 oder als eine zweite Hauptpfändung nach § 808 stattfindet, V. Die Pfändung eines segelfertigen Schiffs ist nur dann statthaft, wenn die Arrestschuld gerade im Zusammenhang mit der bevorstehenden Reise gemacht worden ist, § 482 II HGB. Wenn das Vollstreckungsgericht die Versteigerung nach § 930 III anordnet, dann erfolgt die Versteigerung nach den §§ 816 ff. Die eingetragenen Schiffspfandrechte bleiben unberührt.

4 **4) Arrestpfandrecht, II.** Die Pfändung gibt dem Gläubiger ein Arrestpfandrecht mit dem Inhalt und dem Rang eines Schiffshypothek. Das Arrestpfandrecht entsteht entgegen § 8 SchiffsG immer ohne eine Registereintragung. Die Eintragung findet nur auf Grund eines Antrags des Gläubigers nur zur Berichtigung des Registers statt. Die Eintragung muß den Arrestbetrag als den Höchstbetrag angeben, § 75 SchiffsG. Ohne die Eintragung hat aber das Pfandrecht gegenüber einem guten Glauben des Erwerbers des Schiffs wegen des öffentlichen Glaubens des Registers nach § 16 SchiffsG keine Wirksamkeit. §§ 867 I, II, 870 a III sind im übrigen entsprechend anwendbar. Das Schiffspfandrecht erlischt namentlich im Zeitpunkt der Aufhebung der Entscheidung oder ihrer Vollstreckbarkeit. Bei einer Zwangsvollstreckung ist der Arrestgläubiger Beteiligter, § 9 ZVG.

5 **5) Luftfahrzeug, I–VI.** Ähnlich ist die Vollstreckung des Arrest in ein eingetragenes Luftfahrzeug geregelt. Sie wird dadurch bewirkt, daß der Gerichtsvollzieher das Luftfahrzeug in seine Bewachung und Verwahrung nimmt und daß für die Forderung ein Registerpfandrecht eingetragen wird. Der Antrag auf die Eintragung des Registerpfandrechts gilt als Vollzug im Sinne von § 929 II und III, § 99 II LuftfzRG.

6 **6) VwGO:** Gilt entsprechend für die einstwAnO, § 123 III VwGO, in dem in § 930 Rn 13 bezeichneten Umfang.

932

Arresthypothek. ¹ ¹ Die Vollziehung des Arrestes in ein Grundstück oder in eine Berechtigung, für welche sich die auf Grundstücke beziehenden Vorschriften gelten, erfolgt durch Eintragung einer Sicherungshypothek für die Forderung; der nach § 923 festgestellte Geldbetrag ist als der Höchstbetrag zu bezeichnen, für den das Grundstück oder die Berechtigung haftet. ² Ein Anspruch nach § 1179 a oder § 1179 b des Bürgerlichen Gesetzbuchs steht dem Gläubiger oder im Grundbuch eingetragenen Gläubiger der Sicherungshypothek nicht zu.

II Im Übrigen gelten die Vorschriften des § 866 Abs. 3 Satz 1, des § 867 Abs. 1 und 2 und des § 868.

III Der Antrag auf Eintragung der Hypothek gilt im Sinne des § 929 Abs. 2, 3 als Vollziehung des Arrestbefehls.

Gliederung

1) Systematik, I–III 1	4) Eintragung, I–III 6–9
2) Regelungszweck, I–III 2	A. Stellung des Grundbuchamts 6
3) Geltungsbereich: Arresthypothek,	B. Wahrung der Vollzugsfrist, III 7–9
I–III 3–5	5) Entstehung, II 10, 11
A. Rechtsnatur: Höchstbetragshypothek .. 3	6) VwGO 12
B. Stattgabe im Hauptprozeß 4	
C. Abweisung im Hauptprozeß 5	

1 **1) Systematik, I–III.** Der Arrestvollzug in ein Grundstück oder in eine grundstücksähnliche Berechtigung nach § 864 Rn 4 erfolgt ausschließlich durch die Eintragung einer Sicherungshypothek ähnlich den

§§ 866, 867, der Arresthypothek. Er geschieht also nicht durch eine Zwangsverwaltung oder durch eine Vormerkung, KG OLGZ **78**, 452.

2) Regelungszweck, I–III. Die Vorschrift dient einer rangwahrenden Sicherung. Sie ist noch keine Zwangsvollstreckungsvorschrift, Köln Rpfleger **04**, 478. Aus ihr kann und muß man auf die Duldung der Zwangsvollstreckung klagen, BGH NJW **97**, 3233. Man kann über die Zweckmäßigkeit des Ausschlusses der Möglichkeit der Eintragung einer Vormerkung durchaus streiten. Indessen ist das Gesetz eindeutig. Man darf es nicht erweiternd auslegen, Einl III 39.

3) Geltungsbereich: Arresthypothek, I–III. Man muß mehrere Fallgruppen unterscheiden.

A. Rechtsnatur: Höchstbetragshypothek. Die Hypothek ist eine Höchstbetrags-Sicherungshypothek, BGH NJW **97**, 3233. Höchstbetrag ist der Abwendungsbetrag des § 923, also einschließlich Zinsen und Kosten, § 923 Rn 1. Liegt er nicht in EUR vor, muß man ihn auf EUR umrechnen. Bei einem Arrest zur Sicherung einer Unterhaltsrente muß der Zinsertrag den Rentenbedarf decken. Wegen einer Vermögensstrafe § 111 o II StPO. Der Gläubiger muß seine Forderung zusammen mit ihren Nebenansprüchen in *einer* Summe angeben, § 1190 II BGB. Wenn es die Hypothek im Arrestbefehl fehlt, muß das Grundbuchamt den Eintragungsantrag zurückweisen. Wenn es die Hypothek fälschlich auf einen Betrag „mit laufenden Zinsen" eingetragen hat, dann ist nur die Zinseintragung unwirksam. Die Eintragung eines anderen Geldbetrags als desjenigen der Lösungssumme nach § 923 macht die Eintragung zwar unrichtig, aber nicht unzulässig.

Die *Wertgrenze* des § 866 III 1 gilt sogar bei Teilbeträgen auch hier, Hintzen Rpfleger **05**, 576. Das ergibt sich aus § 928 und dadurch, daß II auf § 866 III 1 Bezug nimmt. Der Arrestgläubiger darf eben nicht besser dastehen als ein Vollstreckungsgläubiger. Wenn mehrere Grundstücke belastet werden, dann muß der Gläubiger die Forderung verteilen, § 867 II. Allerdings macht eine ungeteilte Eintragung ohne eine Bezeichnung als Gesamthypothek die Eintragung nur unrichtig und nicht unzulässig. Die Arrestforderung ist ohne die Hypothek übertragbar, § 1190 BGB. Im Fall einer Zwangsversteigerung oder Zwangsverwaltung gelten die §§ 14, 176 ZVG, beim geringsten Gebot § 48 ZVG, beim Teilungsplan §§ 114, 119, 124 ff ZVG.

B. Stattgabe im Hauptprozeß. Wenn das Gericht die Arrestforderung dem Gläubiger im Hauptprozeß durch ein Urteil zuspricht, dann wird nicht etwa kraft Gesetzes aus der Arresthypothek die rechtlich andersartige Zwangshypothek des § 866. Zu einer solchen Umwandlung muß der Arrestgläubiger vielmehr einen formlosen Antrag stellen. Er muß außerdem den vollstreckbaren Titel aus dem Hauptprozeß vorlegen, Ffm Rpfleger **75**, 103. Für die Zwangshypothek mit dem Rang der Arresthypothek ist der vollstreckbare Titel und nicht etwa der Arrest die Grundlage, LG Zweibr RR **95**, 512 („latente Verwertungsbefugnis"). Deshalb ist keine Umwandlung möglich, wenn nur die Lösungssumme den Betrag des § 866 III 1 übersteigt, nicht aber die Urteilssumme ihn übersteigt. Ein vorläufig vollstreckbares Urteil läßt wie die Eintragung einer Vormerkung zu, § 895. Die Umschreibung verbindet die Hypothek unlöslich mit der Forderung. Wenn mehrere Grundstücke belastet werden, dann darf der Gläubiger die Verteilung jetzt anders vornehmen. Eine Umschreibung ist nach der Eröffnung des Insolvenzverfahrens selbst dann unzulässig, wenn der Gläubiger einen Duldungstitel vorher erworben hatte, Ffm Rpfleger **75**, 103.

C. Abweisung im Hauptprozeß. Wenn das Urteil die Forderung im Hauptprozeß abweist, dann ist § 868 II anwendbar. Der Eigentümer erwirbt also die Hypothek als Eigentümergrundschuld. Die Art der Aufhebung des Arrests ist unerheblich. Die Aufhebung der Vollstreckbarkeit hat keine Bedeutung. Der Eigentümer erwirbt die Hypothek schon im Zeitpunkt der Hinterlegung nach § 923. Wenn das Urteil die Forderung im Hauptprozeß teilweise abweist, dann muß der Gläubiger auf einen entsprechenden Teil der Arresthypothek verzichten. Dieser Teil der Arresthypothek wird eine Eigentümergrundschuld im Rang hinter der Zwangshypothek, § 1176 BGB. Der Schuldner trägt die Kosten der Umschreibung. Denn es handelt sich bei der Sache nicht um eine Vollstreckungsmaßnahme, § 788, § 867 Rn 19.

4) Eintragung, I–III. Man muß zwei Punkte beachten.

A. Stellung des Grundbuchamts. Das Grundbuchamt handelt hier ebenso wie bei einer Zwangshypothek teilweise als Vollstreckungsgericht, Hamm Rpfleger **02**, 541. Teilweise handelt es auch als eine Behörde der freiwilligen Gerichtsbarkeit, § 867 Rn 3–6. Das Grundbuchamt prüft die Voraussetzungen einer Eintragung deshalb sowohl nach dem Grundbuchrecht als auch nach dem Vollstreckungs- bzw Vollziehungsrecht, Düss Rpfleger **78**, 216, KG MDR **91**, 66 (die Bezeichnung bestimmter haftender Gegenstände im Arrestbefehl ist weder erforderlich noch erheblich). Es muß prüfen, ob der eingetragene Eigentümer und der Arrestschuldner dieselbe Person sind. Eine im Arrestbeschluß als Gläubigerin genannte Vor-GmbH darf nicht inzwischen aufgelöst werden, Düss DB **93**, 1815. Das Grundbuchamt muß von Amts wegen prüfen, ob der Gläubiger die Vollzugsfrist eingehalten hat, § 929 Rn 4 ff, LG Essen Rpfleger **85**, 489. Das Grundbuchamt prüft aber nicht, ob der Gläubiger auch die Wochenfrist des § 929 III 2 eingehalten hat, aM Streuer Rpfleger **88**, 514.

B. Wahrung der Vollzugsfrist, III. Schon der Eingang des Eintragungsantrags zumindest auch beim Grundbuchamt wahrt die Vollzugsfrist nach § 929 II, III 2, Ffm NJW **03**, 2688, Hamm RR **01**, 1089, Karlsr Rpfleger **98**, 255. Das gilt aber nur dann, wenn der Eintragungsantrag sachlich und förmlich ausreicht, Düss Rpfleger **93**, 488, Ffm NJW **03**, 2688. III ist im übrigen als Ausnahmevorschrift eng auslegbar, Hbg FamRZ **88**, 523. Wenn das Grundbuchamt nach § 18 GBO eine Ergänzung verlangt, dann muß die Ergänzung innerhalb der Monatsfrist eingehen, LG Essen Rpfleger **85**, 489. Außerdem muß natürlich die Eintragung stattfinden, wenn vielleicht auch erst nach dem Ablauf der Frist. Zum Problem Streuer Rpfleger **88**, 514. Im Fall einer Zwischenverfügung nach § 18 GBO muß das Grundbuchamt von Amts wegen eine Vormerkung eintragen. Freilich ist eine Zwischenverfügung keinesfalls stets zulässig, Düss Rpfleger **78**, 216. Bei rechtzeitiger Behebung des Hindernisses gilt der Arrest als mit der Behebung vollzogen. Andernfalls muß das Grundbuchamt den Eintragungsantrag zurückweisen, LG Essen Rpfleger **85**, 488.

Nicht ausreichend ist der Eingang nur bei demjenigen AG, zu dem das zuständige Grundbuchamt gehört, BVerfG InVo **96**, 17, Düss RR **94**, 1024, MüKoHe 7, aM BGH **147**, 363 (krit Alff Rpfleger **01**, 294), Hbg

§§ 932, 933 Buch 8. Zwangsvollstreckung

FGPrax 01, 54, ZöV 7 (aber Vollstreckungsorgan ist eben hier nur das Grundbuchamt nach Rn 6 mit seinen bekannten minutengenauen grundbuchrechtlich notwendigen Eingangsbeurkundungen). Natürlich kommt es innerhalb des Grundbuchamts nicht auch noch auf den Zeitpunkt der Vorlage beim zuständigen Sachbearbeiter an, BGH 147, 364 (krit Alff Rpfleger 01, 294).

9   Da die Arresthypothek nur eine vorläufige Sicherungsmaßnahme darstellt, besteht *kein Löschungsanspruch* nach § 1179 a und b BGB, I 2. Etwas anderes gilt bei einer Zwangshypothek, §§ 866 ff. Wegen dieser Schlechterstellung des Arrestgläubigers hat Stöber Rpfleger 77, 426 verfassungsrechtliche Bedenken. Das Grundbuchamt prüft Zuständigkeit des Arrestgerichts nicht. Ebensowenig prüft es die Frage, ob nach § 750 eine Zustellung des Vollstreckungstitels und der zugehörigen Urkunden erfolgt ist. Denn diese Zustellung darf nachfolgen, § 929 III, BayObLG Rpfleger 93, 398. § 189 ist anwendbar, Ffm NJW 03, 2688. Der Gläubiger muß eine Sicherheitsleistung dem Grundbuchamt gegebenenfalls nachweisen. Die Zustellung muß innerhalb einer Wochenfrist seit dem Eingang des Eintragungsantrags erfolgen. Wegen der mangelnden Abstimmung mit § 15 ErbbVO muß man dem Gläubiger, dem der Eigentümer die erforderliche Zustimmung zur Belastung des Erbbaurechts verweigert, eine angemessene Frist zur Durchführung eines gerichtlichen Verfahrens zur Ersetzung der Zustimmung einräumen, Celle MDR 85, 331.

10 **5) Entstehung, II.** Die Arresthypothek entsteht nicht schon im Zeitpunkt des Eingangs des Antrags. Denn er wahrt nur die Vollzugsfrist, Rn 7, 8. Die Arresthypothek entsteht vielmehr erst im Zeitpunkt der Eintragung, § 867 I, II. § 932 III ist also für die grundbuchliche Wirkung unerheblich. Die Hypothek gibt dem Gläubiger nur eine vorläufige Sicherung. Sie wahrt einen Rang. Sie befriedigt den Gläubiger also nicht. Sie sichert die Forderung des Gläubigers in der Höhe ihrer endgültigen Feststellung. Der Arrestgläubiger kann aus der Arresthypothek nur auf eine Duldung der Zwangsvollstreckung klagen, § 1147 BGB. Das Mahnverfahren ist zulässig, § 688 I 2. Der Eigentümer kann die vorzeitige Befriedigung des Gläubigers wegen § 1184 BGB verhindern. Daher wird die Grenze einer bloßen Sicherung des Arrestgläubigers auch insofern nicht überschritten.

Wenn eine grundbuchmäßige *Voraussetzung der Eintragung fehlt*, wenn zB der Gläubiger die Vollzugsfrist nicht gewahrt hat oder wenn er nach dem Eingang des Antrags die Frist des § 929 III versäumt hat, dann ist keine Arresthypothek entstanden, ebensowenig ein Eigentümergrundpfandrecht, Wittmann MDR 79, 550. Das Grundbuch ist dann von Anfang an unrichtig, §§ 894, 899 BGB, 22 GBO. Das Grundbuchamt muß es daher von Amts wegen berichtigen. Das Grundbuchamt kann einen Widerspruch von Amts wegen eintragen, § 53 I GBO, aM ThP 4 (aber es darf und muß ja sogar berichtigen). Das Fehlen des Nachweises der Zustellung einer angeordneten Sicherheitsleistung (Bürgschaft) mag heilen können, BayObLG Rpfleger 03, 647.

11 Wenn dagegen eine *Voraussetzung der Zwangsvollstreckung* nach Grdz 14 vor § 704 fehlt, dann entsteht ein auflösend bedingt wirksames Recht, Grdz 58 vor § 704, BayObLG Rpfleger 93, 398. Wenn das Grundbuchamt eine objektiv unwirksame Arresthypothek einträgt, dann muß es wegen des förmlichen Grundbuchrechts zunächst die unwirksame frühere Eintragung beseitigen. Das geschieht auf Grund eines formlosen Antrags des Gläubigers durch eine Löschung, §§ 29, 30 GBO, BayObLG Rpfleger 93, 398. Der Gläubiger braucht nur die Zeitpunkte des Eingangs des ersten Eintragungsantrags und der Zustellung des Arrestbefehls nachzuweisen, Wittmann MDR 79, 550.

12 **6) VwGO:** Gilt entsprechend für die einstwAnO, § 123 III, in dem in § 930 Rn 13 bezeichneten Umfang.

933 *Vollziehung des persönlichen Arrestes.* ¹Die Vollziehung des persönlichen Sicherheitsarrestes richtet sich, wenn sie durch Haft erfolgt, nach den Vorschriften der §§ 901, 904 bis 913 und, wenn sie durch sonstige Beschränkung der persönlichen Freiheit erfolgt, nach den vom Arrestgericht zu treffenden besonderen Anordnungen, für welche die Beschränkungen der Haft maßgebend sind. ²In den Haftbefehl ist der nach § 923 festgestellte Geldbetrag aufzunehmen.

Schrifttum: *Schuschke,* DGVZ 99, 131 (Üb).

1   **1) Systematik, Regelungszweck, S 1, 2.** Vgl zunächst § 918 Rn 5. Der Vollzug des persönlichen Arrests ist naturgemäß nur auf die folgende Weise möglich.

A. Haft. Das Vollstreckungsgericht der §§ 764, 802 kann im Rahmen der §§ 901, 904–913 nur durch den Richter eine Haft von längstens 6 Monaten als ein Höchstmaß der Freiheitsbeschränkung verhängen. Er muß alle Umstände abwägen, Karlsr FamRZ 96, 1430. Er muß den Abwendungsbetrag des § 923 von Amts wegen in den Haftbefehl aufnehmen. Wenn der Schuldner den Betrag zahlt, dann muß man ihn mit Zwangsmaßnahmen verschonen. Er hat nur dann ein Recht darauf, im Anschluß an die Abgabe der eidesstattlichen Versicherung zwecks Offenbarung nach §§ 807, 900 aus der Haft entlassen zu werden, wenn sie gerade die Abgabe dieser Versicherung erzwingen sollte. Man darf Sicherungshaft und Vollstreckungshaft nicht zusammenrechnen. Denn S 1 macht § 914 nicht mit anwendbar. Bei einer Haftanordnung ist ein zusätzlicher Haftbefehl nicht erforderlich, soweit diese Vollzugsart klar in der Arrest steht.

2   **B. Andere Freiheitsbeschränkungen.** Das Gericht kann nach seinem pflichtgemäßen Ermessen sonstige geringe Freiheitsbeschränkungen verhängen, auch im Weg einer Ergänzung des Arrests, § 918 Rn 5. Es darf zB folgendes anordnen: Einen Hausarrest; eine Überwachung; die Wegnahme von Ausweispapieren oder eines Visums; eine Meldepflicht in zu bestimmenden Abständen. Der Arrestbefehl muß die Art der Vollziehung angeben. Im Zweifel hat das Gericht eine Haft verhängt, aM Schuschke DGVZ 99, 131 (aber gerade wegen der Hilfsfunktion der Haft sollte man dieses klare Wort nicht flugs wieder verwässern, obwohl das Gericht es nun einmal benutzt hat, statt die anderen Möglichkeiten zu nennen).

3   **2) Durchführung, S 1, 2.** Der Gerichtsvollzieher vollzieht eine wirkliche Haftanordnung des Gerichts. Er muß sie genau beachten. Der Gläubiger muß die Kosten vorschießen, § 4 GvKostG. Andernfalls muß das

Vollstreckungsgericht nach § 934 II verfahren. Wenn ein ArbG den Arrest erläßt, dann muß auch das ArbG die „besonderen Anordnungen" treffen. Wenn der Schuldner prozeßunfähig ist, dann werden die Anordnungen gegen ihn oder gegen den gesetzlichen Vertreter vollzogen, je nachdem, ob der Arrestgrund in der Person des einen oder des anderen liegt. Der Schuldner kann durch die Zahlung oder Hinterlegung der Lösungssumme nach § 923 den Vollzug abwenden. Soweit das Gericht mildere Maßnahmen als die Haft anordnet, gelten die für die jeweilige Art der Maßnahme vorhandenen Vorschriften, Schuschke DGVZ 99, 132 (Üb).

3) **Rechtsbehelf, S 1, 2.** Gegen das Verfahren des Gerichtsvollziehers ist die Erinnerung nach § 766 an das Vollstreckungsgericht zulässig, §§ 764, 802, also nicht an das Arrestgericht des § 919. Gegen eine Entscheidung des Richters ist sofortige Beschwerde statthaft, §§ 567 I Z 1, 793. **4**

4) **VwGO:** Unanwendbar, Grdz § 916 Rn 21 und § 918 Rn 7. **5**

934 Aufhebung der Arrestvollziehung.
^I Wird der in dem Arrestbefehl festgestellte Geldbetrag hinterlegt, so wird der vollzogene Arrest von dem Vollstreckungsgericht aufgehoben.

^{II} Das Vollstreckungsgericht kann die Aufhebung des Arrestes auch anordnen, wenn die Fortdauer besondere Aufwendungen erfordert und die Partei, auf deren Gesuch der Arrest verhängt wurde, den nötigen Geldbetrag nicht vorschießt.

^{III} Die in diesem Paragraphen erwähnten Entscheidungen ergehen durch Beschluss.

^{IV} Gegen den Beschluss, durch den der Arrest aufgehoben wird, findet sofortige Beschwerde statt.

1) **Systematik, Regelungszweck, I–IV.** § 934 betrifft die Aufhebung des Arrestvollzugs, „eines vollzogenen Arrests", nicht die Aufhebung der Arrestanordnung. Für die letztere gelten die §§ 924–927. Eine Aufhebung nach § 934 läßt den Arrestbefehl bestehen und macht die Zwangsvollstreckung wegen der Kosten des Arrestbefehls nicht unzulässig. Deshalb ist die Aufhebung auch vertretbar und notwendig. Denn infolge der Hinterlegung besteht kein weitergehendes Sicherungsbedürfnis mehr. Wegen einer Vermögensstrafe § 111 o II StPO. **1**

2) **Voraussetzungen, I, II.** Die Aufhebung ist unter jeder der folgenden Voraussetzungen zulässig. **2**

A. Hinterlegung. Der Schuldner oder ein Dritter müssen den Abwendungsbetrag des § 923, die Lösungssumme, hinterlegt haben. Bei Belastung mehrerer Grundstücke reicht je Grundstück der eingetragene Höchstbetrag. Die Gesamtsumme ist zwecks Aufhebung der Vollziehung wegen nur eines der Grundstücke nicht notwendig, LG Bre Rpfleger **94**, 163. Im schiffahrtsrechtlichen Verteilungsverfahren gilt § 51 SVertO.

B. Kein Vorschuß. Der Gläubiger darf den notwendigen Kostenvorschuß etwa für die Haft, für eine Fütterung, für eine Lagerung oder für eine Sequestration nicht gezahlt haben. **3**

Bei einer Arresthypothek wirkt die Aufhebung entsprechend dem § 868 II, § 932 Rn 5. Die Löschung erfolgt nach der GBO.

3) **Verfahren, III, IV.** Ausschließlich zuständig ist das Vollstreckungsgericht der §§ 764, 802. Im Fall I wird der Rpfl tätig, § 20 Z 15 RPflG, Anh § 153 GVG, und zwar nur auf Grund eines Antrags, ThP 2, aM ZöV 1. Zum Antrag ist nur der Schuldner berechtigt, nicht der Gerichtsvollzieher, BGH **89**, 86. Der Gläubiger braucht ja nur einen Verzicht zu erklären. Es besteht kein Anwaltszwang, § 930 Rn 7. Bei II erfolgt eine Aufhebung durch den Richter auch von Amts wegen. Eine mündliche Verhandlung ist dem Gericht freigestellt, § 128 IV. Die Entscheidung erfolgt durch einen Beschluß, III, § 329. Das Gericht muß seinen Beschluß grundsätzlich begründen, § 329 Rn 4. Er wird dem Gläubiger förmlich zugestellt, § 329 III, und dem Schuldner formlos mitgeteilt, § 329 I 1. Kosten: § 788. **4**

Gebühren: Des Gerichts keine; des Anwalts VV 3309, 3310.

4) **Rechtsbehelfe, I–IV.** Im Fall einer bloßen Maßnahme ohne Anhörung des Gegners ist Erinnerung nach § 766 statthaft. Bei einer echten Entscheidung auf Aufhebung durch den Rpfl gilt nach Anhörung § 11 RPflG, Anh § 153 GVG. Zum weiteren Verfahren § 104 Rn 41 ff. Gegen den aufhebenden Beschluß des Richters ist die sofortige Beschwerde statthaft, §§ 567 I Z 1, 793. Gegen den ablehnenden Beschluß des Richters ist die sofortige Beschwerde nach § 567 I Z 2 zulässig. **5**

5) **VwGO:** Obwohl § 934 in § 123 III VwGO nicht genannt ist, muß I entsprechend für die einstwAnO gelten, soweit er sich auf § 923 bezieht und dieser (eingeschränkt) anwendbar ist, § 923 Rn 7. Vollstreckungsgericht: § 764 Rn 10. Rechtsbehelf, IV, ist die Beschwerde, §§ 146 ff VwGO, wenn das VG Vollstreckungsgericht ist und die Beschwerde nicht beschränkt oder ausgeschlossen ist, § 921 Rn 16, § 732 Rn 12. Im übrigen wird § 934 durch § 939 ersetzt. **6**

935 Einstweilige Verfügung bezüglich Streitgegenstand.
Einstweilige Verfügungen in Bezug auf den Streitgegenstand sind zulässig, wenn zu besorgen ist, dass durch eine Veränderung des bestehenden Zustandes die Verwirklichung des Rechts einer Partei vereitelt oder wesentlich erschwert werden könnte.

Schrifttum: *Ahrens,* Wettbewerbsverfahrensrecht, 1983; *Ahrens,* Verfügungsanspruch und Interessenabwägung beim Erlaß einstweiliger Verfügungen, Festschrift für *von Caemmerer* (1978) 75; *Berneke,* Die einstweilige Verfügung in Wettbewerbssachen, 2. Aufl 2003 (Bespr *Donle* GRUR **04**, 578); *Leicht,* Die einstweilige Verfügung, 2003; *Pastor/Ahrens,* Der Wettbewerbsprozeß, 5. Aufl 2005. Vgl auch Grdz vor § 916.

§ 935

Gliederung

1) Systematik	1	A. Gefährdung	16
2) Regelungszweck	2	B. Beispiele	17
3) Geltungsbereich	3	6) Verfahren	18
4) Beispiele zur Frage des Vorliegens eines Verfügungsanspruchs	4–15	7) Streitwert	19
5) Verfügungsgrund	16, 17	8) VwGO	20

1 **1) Systematik.** Vgl zunächst Grdz 1–3 vor § 916. § 935 betrifft die einstweilige Verfügung wegen einer gegenständlichen Leistung, einer Individualleistung, Grdz 4 vor § 916. Der ordentliche Rechtsweg muß eröffnet sein, § 13 GVG, KG MDR **92**, 197. Die einstweilige Verfügung nach § 935 sichert einen Streitgegenstand, § 2 Rn 3, sog Sicherungsverfügung. Das bedeutet nicht, daß ein ordentlicher Rechtsstreit schweben muß. Es genügt vielmehr ein sicherungsbedürftiger Anspruch, BVerfG **44**, 119. Hinzutreten muß ein Verfügungsgrund, LAG Düss NZA-RR **04**, 182. Er muß aus einem bestimmten Streitverhältnis stammen, LG Ffm NJW **81**, 56. Die einstweilige Verfügung kann aber auch dann zulässig sein, wenn das Revisionsgericht die Zwangsvollstreckung aus einem Unterlassungsurteil einstweilen eingestellt hat. Es ist auch denkbar, daß der Antragsgegner im Verfahren auf den Erlaß einer einstweiligen Verfügung einen Gegenantrag nach der Art einer Widerklage nach Anh § 253 stellt, wenn dafür die Voraussetzungen der §§ 935 ff ebenfalls vorliegen und wenn es sich um dasselbe Rechtsverhältnis handelt. Die allgemeinen Prozeßvoraussetzungen nach Grdz 12 vor § 253 müßten vorliegen. Wegen des besonderen Rechtsschutzbedürfnisses § 917 Rn 14, 15, § 940 Rn 8 ff.

2 **2) Regelungszweck.** Für eine vorläufige Regelung nach § 935 und vor allem nach § 940 besteht ein ganz erhebliches Bedürfnis. Das gilt vor allem im Miet-, Partnerschaftsrecht und im Gewerblichen Rechtsschutz nebst Urheberrecht. Dabei spielt die Frage, ob eher die eine oder die andere Vorschrift paßt, in der Praxis eine ziemlich untergeordnete Rolle. Man sollte sich mit der Dogmatik in der Tat nicht allzu quälen. Wichtig sind andere Fragen, nämlich nach dem Eilbedürfnis, nach den Zulässigkeitsgrenzen gegenüber dem verbreiteten Wunsch nach einer Vorwegnahme der Hauptsache usw. Jedenfalls ist eine kleinliche allzu strenge Prüfung der Voraussetzungen sehr oft unangebracht. Freilich darf man sich auch nicht in die Rolle des bloßen richterlichen Unterzeichners eines womöglich schon entsprechend vorbereiteten Beschlusses drängen lassen, den der Antragsteller immer fünf Minuten vor Dienstschluß mit der Behauptung allerhöchster Eilbedürftigkeit einreicht, verbunden mit dem Hinweis, für eine Verhandlung sei überhaupt keine Zeit mehr übrig. Die Erfahrung zeigt, daß ein erheblicher Teil gerade solcher Dramatik eher zum Stichwort Melodramatik gehört.

3 **3) Geltungsbereich.** Die Abgrenzung des § 935 gegen den § 940 ist unsicher. Vgl auch dort und Redeker ZRP **83**, 150. Zur Anwendbarkeit bei (jetzt) §§ 305 ff BGB (Allgemeine Geschäftsbedingungen) Düss NJW **89**, 1487, Ffm NJW **89**, 1489, Marly NJW **89**, 1475. Wegen der Anwendbarkeit bei den §§ 80 ff ArbGG ArbG Wetzlar BB **89**, 1488 (zum alten Recht). Im Verfahren nach dem WEG ist keine einstweilige Verfügung zulässig. Vielmehr ist § 44 III WEG anwendbar, BayObLG **77**, 48. Im Verfahren nach dem Markengesetz vor dem BPatG ist eine einstweilige Verfügung nur ausnahmsweise zur Vermeidung eines schweren und unzumutbaren, anders nicht abwendbaren Nachteils zulässig, BPatG GRUR **04**, 82. Wegen der Anwendbarkeit des § 935 ff in einem Patentverletzungssache Hbg GRUR **84**, 105, Karlsr GRUR-RR **02**, 278. Wegen des Verfahrens nach dem SGG LSG BaWü BB **76**, 1611. Zu Einzelbeispielen § 940 Rn 12. Wegen einer grenzüberschreitenden Lage vgl die EuGVVO, SchlAnh V C 4, so schon Stadler JZ **99**, 1089.

4 **4) Beispiele zur Frage des Vorliegens eines Verfügungsanspruchs**
Auflassungsvormerkung: Rn 13 „Vormerkung".
Augenschein: Ein Verfügungsanspruch kann *fehlen*, soweit es um einen Augenschein ohne einen derartigen sachlichrechtlichen Anspruch geht, Stgt RR **86**, 1448.
Bauhandwerkerforderung: Rn 12 „Vormerkung", Rn 14 „Widerspruch".
Bauunterlagen: Die zum Weiterbau notwendigen lassen sich herausverlangen, Köln RR **98**, 1097.
Bedingung, Betagung: Ein Verfügungsanspruch kann vorliegen, soweit es um einen bedingten oder betagten Anspruch geht, § 916 Rn 8. Zum Problem der Gesamthypothek Ffm MDR **75**, 578.
Besitzstörung: Sie kann ausreichen, zB beim Briefkasteneinwurf trotz dort angebrachten Verbots, aM AG Bln-Charlottenb MDR **99**, 565 (aber auch die „kleine" Beeinträchtigung kann alsbald zu beseitigen sein, etwa wegen diebstahlsfördernder Briefkastenverstopfung im Urlaub usw).
Besichtigung: Der Programmentwickler kann über § 809 BGB in Verbindung mit § 935 vorgehen, Bork NJW **97**, 1671.
Eigentumsvorbehalt: Ein Verfügungsanspruch kann vorliegen, soweit der Gläubiger vom Schuldner eine Herausgabe auf Grund eines Eigentumsvorbehalts verlangt.
Die bloße nicht übermäßige Weiterbenutzung nach Rücktritt des Vorbehaltskäufers reicht *nicht*, Köln VersR **97**, 597.
S auch Rn 6 „Leasing", Rn 9 „Sicherungsübereignung".

5 **Gefährdung:** Ein Verfügungsanspruch kann vorliegen, soweit der Gläubiger die Gefährdung eines Rechts glaubhaft machen kann, §§ 294, 920 II.
Grundbuch: S „Hypothek", Rn 8 „Rechtshängigkeit", Rn 12 „Vormerkung", „Widerspruch".
Handelsregister: Ein Verfügungsanspruch kann *fehlen*, soweit der Gläubiger eine Löschung im Handelsregister verlangt. Denn sie kann die Rechte eines Dritten berühren.
Hypothek: Ein Verfügungsanspruch kann vorliegen, soweit der Gläubiger die Herausgabe eines Hypothekenbriefs an das Grundbuchamt fordert, damit dort ein Teilhypothekenbrief gebildet werden kann. Zum Problem einer Gesamthypothek Ffm MDR **75**, 578.

Abschnitt 5. Arrest und einstweilige Verfügung § 935

Kauf: Ein Verfügungsanspruch kann vorliegen, soweit es um die Lieferung einer Kaufsache geht, auch in 6
Form einer sog Regelungsverfügung, Köln VersR **01**, 1284.
S auch Rn 4 „Eigentumsvorbehalt".
Kindesherausgabe: Ein Verfügungsanspruch kann *fehlen,* soweit ein Elternteil vom anderen die Herausgabe
eines Kindes fordert, Düss FamRZ **82**, 431, Zweibr FamRZ **82**, 1093.
Leasing: Ein Verfügungsanspruch kann vorliegen, soweit es um die Rückgabe eines geleasten Kraftfahrzeugs
nach dem Vertragsende geht und soweit der Antragsgegner es übermäßig benutzt und in der Substanz
verändert, Köln VersR **88**, 1052.
S auch Rn 4 „Eigentumsvorbehalt", Rn 7 „Mietrecht".
Löschung: Rn 5 „Handelsregister", Rn 12, 13 „Vormerkung".
Mietrecht: Ein Verfügungsanspruch kann vorliegen, soweit es um ein Vermieterpfandrecht geht. Dabei 7
schadet ein Selbsthilferecht nach § 562 b I BGB nicht, Celle RR **87**, 447.
S auch Rn 6 „Leasing".
Notar: Ein Verfügungsanspruch kann *fehlen,* soweit der Gläubiger ein bestimmtes Tätigwerden eines Notars
fordert, Hamm DNotZ **76**, 312.
Rechtshängigkeit: Ein Verfügungsanspruch kann vorliegen, soweit der Gläubiger die Eintragung der Rechts- 8
hängigkeit eines Anspruchs im Grundbuch verlangt, § 325 Rn 8 ff.
Rechtsnachfolge: Rn 10 „Umschreibung".
Rückauflassung, Rückgewähr: Rn 12 „Vormerkung".
Sequester: Ein Verfügungsanspruch kann vorliegen, soweit der Gläubiger die Herausgabe der Sache an 9
einen Sequester fordert, § 938 Rn 12 ff.
Sicherungsübereignung: Ein Verfügungsanspruch kann vorliegen, soweit der Gläubiger vom Schuldner
eine Herausgabe auf Grund einer Sicherungsübereignung verlangt.
S auch Rn 4 „Eigentumsvorbehalt".
Sportrecht: Ein Verfügungsanspruch kann vorliegen, soweit es um die vorläufige Zulassung eines Sport-
vereins zur Bundesliga geht, LG Ffm NJW **83**, 761.
Steuerberater: Ein durch § 273 III BGB eingeschränkter Verfügungsanspruch kann wegen der Kunden-
unterlagen bei Sicherheitsleistung vorliegen, LG Heidelb MDR **98**, 188.
Umschreibung: Ein Verfügungsanspruch kann vorliegen, soweit es um die Umschreibung eines Vollstrek- 10
kungstitels nach §§ 727 ff geht.
Unterhalt: Ein Verfügungsanspruch kann vorliegen, wenn es um eine Unterhaltsforderung geht, solange im
Anfechtungsprozeß nach Art 12 § 3 II NEG usw keine rechtskräftige Entscheidung vorliegt. Eine einstweilige Anordnung nach § 641 d I schadet also nicht, aM Ffm FamRZ **80**, 478.
Unterlassung: Ein Verfügungsanspruch kann vorliegen, soweit der Gläubiger die Unterlassung einer Wett-
bewerbsverletzung fordert. Der Gläubiger braucht den Verfügungsgrund in diesem Fall nach § 12 II
UWG nicht darzulegen und nicht glaubhaft zu machen. Ein Verfügungsgrund kann ferner vorliegen,
soweit der Antragsteller die Unterlassung einer bestimmten anderen Handlung fordert, etwa einer Namensführung, Köln DtZ **91**, 28. Der Schuldner kann zwischen Abschlußerklärung und Unterwerfung
wählen, Karlsr WettbR **98**, 140.
Vereitelung: Ein Verfügungsanspruch kann vorliegen, soweit der Gläubiger mit dem Antrag eine Sicherung 11
der Zwangsvollstreckung gegen eine böswillige Vereitelung bezweckt.
Vermieterpfandrecht: Rn 7 „Mietrecht".
Vormerkung: Ein Verfügungsanspruch kann vorliegen, soweit der Gläubiger die Bewilligung einer Vormer- 12
kung fordert, auch wegen eines Vorvertrags, soweit die Forderung bereits einklagbar ist, § 916 Rn 10. Das
gilt auch zwecks Sicherung einer Rückauflassung, Karlsr WoM **92**, 311, oder zwecks Sicherung eines
Rückgewähranspruchs, etwa nach § 7 I AnfG, Kblz Rpfleger **93**, 170, oder zwecks Eintragung einer
Sicherungshypothek für eine Bauhandwerkerforderung, Celle NJW **77**, 1731 (das Gericht prüft, ob sich
der Schuldner im Verzug befindet), PalBass § 885 BGB Rn 5, zu eng Hamm NJW **76**, 1460, oder im
Erbbau- und Wohnungsgrundbuch, und zwar dort ohne Zustimmung des Grundeigentümers. Denn alle
diese Eintragungen sind allgemein auch gegen den Willen des Schuldners erzwingbar.
Ein Verfügungsanspruch kann *fehlen,* soweit der Gläubiger die Löschung einer Auflassungsvormerkung 13
fordert, KG MDR **77**, 500.
S auch Rn 14 „Widerspruch".
Vorvertrag: Rn 12 „Vormerkung". 14
Widerruf: Ein Verfügungsanspruch kann *fehlen,* soweit der Gläubiger den Widerruf einer Behauptung
fordert, § 940 Rn 39 „Presserecht".
Widerspruch: Ein Verfügungsanspruch kann vorliegen, soweit der Gläubier die Bewilligung eines Wider-
spruchs im Grundbuch fordert.
Das gilt aber *nicht* beim Widerspruch gegen eine Auflassungsvormerkung, soweit fraglich ist, ob überhaupt ein Auflassungsanspruch besteht, Düss MDR **00**, 846.
Zugewinnausgleich: Ein Verfügungsanspruch kann vorliegen, soweit der Gläubiger eine Sicherung des 15
künftigen Anspruchs auf den Zugewinnausgleich fordert und soweit er nach den §§ 926, 259 nicht
ausreichend vorgehen kann, § 916 Rn 10, BayObLG MDR **75**, 491, Hbg FamRZ **88**, 964, AG Bln-
Pankow FamRZ **04**, 1502, aM Celle FamRZ **84**, 1231 (abl Schröder FamRZ **85**, 392), Hamm FamRZ
85, 71 (aber dann bestünde kein wirksamer Rechtsschutz).
Zurückbehaltungsrecht: Ein Verfügungsanspruch kann *fehlen,* soweit es um ein Zurückbehaltungsrecht
geht. Denn dieses Recht stellt keinen selbständigen Anspruch dar.

5) Verfügungsgrund. Man muß zwischen § 935 und § 940 unterscheiden. 16

A. Gefährdung. § 935 setzt voraus, daß eine bevorstehende Veränderung des bestehenden Zustands die
Verwirklichung eines gegenständlichen Anspruchs objektiv konkret gefährdet, Ffm GRUR **78**, 636. Es
braucht im allgemeinen anders als beim Arrest keine Gefährdung der Zwangsvollstreckung zu drohen.

Hartmann 2565

§§ 935, 936

Deshalb ist eine einstweilige Verfügung auch dann zulässig, wenn der Schuldner zahlungsfähig ist. Unerheblich ist, ob der Schuldner Schadensersatz leisten könnte und müßte, Mü DB **86**, 2595. Wiederholungsgefahr ist nicht dasselbe wie ein Verfügungsgrund, Drsd NJW 05, 1871.

17 **B. Beispiele:** Ein Dritter beansprucht eine Sache, die der Gläubiger herausverlangt; einer schlecht verwahrten Sache droht die Vernichtung. Ein bloßer Wertverlust reicht aber nicht, Düss MDR **95**, 635; der Schuldner benutzt ein zur Sicherung übereignetes Kraftfahrzeug übermäßig, so daß sein Wert schon unter den Rest der Schuld gesunken ist. Ein bloßer Ratenverzug reicht aber nicht; der Schuldner will eine Sache verkaufen; er will ein Inventar wegschaffen, das er dem Recht des dinglichen Gläubigers unterworfen hat; er will eine Sache belasten, verarbeiten, zerstören; es droht die Eingriff in ein Recht, etwa durch die Presse; ein Verzug des Schuldners ist ein Anzeichen für dessen wirtschaftlichen Zusammenbruch; ein Unternehmer beginnt einen vertragswidrigen Bau, Mü DB **86**, 2595.

18 **6) Verfahren.** Auch ein Antrag eines Verbandes kann zulässig sein, Hbg NJW **81**, 2420, aM Düss NJW **78**, 2512, Löwe BB **78**, 1433 (aber auch dieser Gläubiger kann ein Rechtsschutzinteresse haben, vgl auch Grdz 30 vor § 253 „Verbandsklage, Gruppenklage" mit dem dort abgedruckten UKlaG). Das Gericht entscheidet nach seinem pflichtgemäßen Ermessen darüber, ob eine Gefährdung des Anspruchs vorliegt. Der Gläubiger braucht eine solche Gefährdung nicht nach § 294 glaubhaft zu machen, wenn er mit dem Antrag auf den Erlaß der einstweiligen Verfügung lediglich die Eintragung einer Vormerkung fordert, § 942 II, vgl aber Rn 2. Dasselbe gilt, wenn der Gläubiger nur die Eintragung eines Widerspruchs in das Grundbuch oder in das Schiffsregister nach den §§ 885 I 2, 899 II 2 BGB, 11 I 2, 21 II 2 SchiffsG fordert. Eine Glaubhaftmachung ist ferner in den Fällen der §§ 1615 o III BGB, 61 VI 2 UrhG, 12 II UWG grundsätzlich entbehrlich. Vgl aber § 940 Rn 6. Man kann die Anwendbarkeit von § 12 II UWG bei §§ 69a, c, 97 I UrhG verneinen, Hbg GRUR **99**, 91 (LS). Zur sog Schutzschrift § 91 Rn 192 „Schutzschrift", Grdz 7 vor § 128, § 920 Rn 9, 10.

19 **7) Streitwert.** Anh § 3 Rn 35 „Einstweilige Verfügung".

20 **8) VwGO:** An die Stelle der einstwVfg tritt die einstwAnO, § 123 VwGO, deren Voraussetzungen in Anlehnung an §§ 935 und 940 geregelt sind. Auf sie sind von den Bestimmungen über die einstwVfg nur die §§ 938, 939, 941 und 945 entsprechend anwendbar, § 123 III VwGO, ferner die dort genannten Vorschriften über den Arrest, vgl Grdz § 916 Rn 21 (auch zur Zulässigkeit einer einstwAnO zur Sicherung eines Geldanspruchs).

936 Anwendung der Arrestvorschriften.
Auf die Anordnung einstweiliger Verfügungen und das weitere Verfahren sind die Vorschriften über die Anordnung von Arresten und über das Arrestverfahren entsprechend anzuwenden, soweit nicht die nachfolgenden Paragraphen abweichende Vorschriften enthalten.

Schrifttum: *Gleußner,* Die Vollziehung von Arrest und einstweiliger Verfügung in ihren zeitlichen Grenzen, 1999.

Gliederung

1) Verfügungsverfahren	1–5	A. Wiederkehrende Leistungen		14
2) Verfügungsvollzug bei gewöhnlicher einstweiliger Verfügung	6–13	B. Weiteres Verfahren		15
		C. Einmalige Leistung		16
3) Verfügungsvollzug bei einer Zahlungsverfügung	14–16	4) Vollstreckungsabwehrklage		17
		5) VwGO		18

1 **1) Verfügungsverfahren.** Im Verfahren auf den Erlaß einer einstweiligen Verfügung sind die Vorschriften des Arrestverfahrens in dem folgenden Umfang beachtlich.
§ 916, *Zulässigkeit:* I ist *unanwendbar.* An seiner Stelle gelten die §§ 935, 940. Auch sie fordern einen sachlichrechtlichen Anspruch, Köln VersR **96**, 734.
II ist anwendbar. Der Gläubiger kann auch einen betagten oder ein bedingten Anspruch im Weg einer einstweiligen Verfügung verfolgen, § 935 Rn 4, Hamm MDR **77**, 491.
§ 917, *Begründetheit:* Die Vorschrift ist *unanwendbar.* An ihrer Stelle gelten §§ 935, 940.

2 § 918, *Persönlicher Arrest:* Die Vorschrift ist *unanwendbar.* An ihrer Stelle gelten §§ 935, 940 (evtl Haftandrohung beim Herausgabeanspruch).
§ 919, *Zuständigkeit:* Die Vorschrift ist *unanwendbar.* Es gelten §§ 937, 942, 944.
§ 920, *Gesuch:* Die Vorschrift ist anwendbar. Der Antrag muß eindeutig eine einstweilige Verfügung fordern. Der Gläubiger braucht allerdings wegen § 938 nicht unbedingt einen auch im übrigen inhaltlich bestimmten Antrag zu stellen. Er braucht nicht anzugeben, ob er § 935 und/oder § 940 für anwendbar hält. Er muß aber den Verfügungsanspruch und den Verfügungsgrund grds glaubhaft machen, OVG Münst NJW **82**, 2517. Das gilt auch in einer Patentsache, auf die § 12 II UWG unanwendbar ist, Düss GRUR **83**, 80. Es gilt aber nicht bei einer Unterlassungsforderung, § 12 II UWG, § 935 Rn 10 „Unterlassung". Bei § 935 ist eine Gefährdung die Verfügungsgrund. Bei § 940 ist die Notwendigkeit einer einstweiligen Regelung der Verfügungsgrund.
Zur *Glaubhaftmachung* § 920 Rn 11. Wenn das sachliche Recht ausnahmsweise nach § 935 Rn 9 keine Glaubhaftmachung des Grundes verlangt, dann darf das Gericht auch keine Sicherheitsleistung fordern. Denn eine Sicherheitsleistung soll ja nur eine an sich notwendige Glaubhaftmachung ersetzen. Man muß aber die Notwendigkeit der Glaubhaftmachung des Verfügungsanspruchs streng von der Glaubhaftmachung des Verfügungsgrunds unterscheiden. Wenn der Gläubiger die Unterlassung einer Handlung fordert, dann muß er unter anderem die Wiederholungsgefahr glaubhaft machen, also die Gefahr weiterer Störungen.

Abschnitt 5. Arrest und einstweilige Verfügung § 936

Der Gläubiger braucht weder einen Geldbetrag noch einen Geldwert zu nennen. Freilich kann es erforderlich sein, den *Streitwert* anzugeben, sei es wegen der Zuständigkeitsfrage nach §§ 3 ff, sei es wegen des Kostenstreitwerts nach § 63 GKG. Man kann beim Vermieterpfandrecht insbesondere am Warenlager des Mieters hohe Anforderungen für unbeerdigt halten, Köln ZMR **84**, 281. Wenn es um ein Recht oder ein Rechtsverhältnis auf Grund des ArbNEG geht, braucht kein Schiedsverfahren vorausgegangen zu sein, § 920 Rn 8. Zum Anwaltszwang gilt dasselbe wie bei § 920 III. Es besteht also zunächst kein Anwaltszwang, Ffm MDR **89**, 460, Saarbr RR **98**, 1012, Stgt RR **94**, 624. Ein Gegenantrag entsprechend einer Widerklage ist grds zulässig.

§ 921, *Entscheidung:* Statt I gilt § 937 II. Wegen der Kosten § 91 Rn 74, § 938 Rn 6. Wegen der Hemmung **3** der Verjährung gilt dasselbe wie beim Arrest, § 921 Rn 2.

II, *Sicherheit:* Die Vorschrift ist anwendbar, Lidle GRUR **78**, 96. Vgl aber Rn 2 „§ 920, Gesuch". Zum Inhalt § 938.

§ 922, *Urteil oder Beschluß:* Die Vorschrift ist voll anwendbar. Wegen der vorläufigen Vollstreckbarkeit § 708 Rn 8, § 922 Rn 13. Allerdings geht Art 103 I GG gegenüber § 922 III vor, soweit der Gläubigerschutz bestehen bleibt, zB bei einem Antrag auf die Unterlassung einer Handlung. II ist anwendbar, BayObLG Rpfleger **78**, 306. Nach der Zurückweisung eines Antrags auf eine einstweilige Verfügung (fälschlich) durch einen Beschluß kann man mit der Beschwerde grds keinen Arrest beantragen, § 916 Rn 3. In den Fällen des § 942 entscheidet das Gericht stets durch einen Beschluß.

§ 923, *Abwendungsbefugnis:* Die Vorschrift ist wegen § 939 *unanwendbar*.

§ 924, *Widerspruch:* Die Vorschrift ist grds anwendbar. In den Fällen des § 942, also bei einer einstweiligen **4** Verfügung des AG der belegenen Sache, ist sie *unanwendbar*. Es ist dann das dort bestimmte Verfahren zulässig. Das Gericht darf die Zwangsvollstreckung auch ohne eine Sicherheitsleistung einstellen, § 924 Rn 16, Karlsr GRUR **75**, 324, Kblz GRUR **89**, 934. Das gilt jedoch nur dann, wenn das Gericht damit nicht den Sinn der einstweiligen Verfügung aufhebt, § 939, BGH RR **97**, 1155, KG MDR **94**, 727, ZöV § 924 Rn 18, strenger Klette GRUR **82**, 474, großzügiger Celle RR **87**, 190, StJGr § 924 Rn 23 (aber man darf nicht die Funktionsgrenzen des bloßen Eilverfahrens übersehen).

§ 925, *Entscheidung auf Widerspruch:* Die Vorschrift ist anwendbar. Die Möglichkeit einer Aufhebung der einstweiligen Verfügung gegen eine Sicherheitsleistung des Schuldners ist allerdings durch § 939 begrenzt. Für die Anwendbarkeit des § 93 (Kostenfreiheit des Schuldners) gelten bei einer entsprechenden Sachlage dieselben Grundsätze wie bei der Widerspruchsklage des § 771, § 93 Rn 82 „Widerspruchsklage".

§ 926, *Anordnung der Klageerhebung:* Die Vorschrift ist grds anwendbar, Ffm MDR **89**, 272. Der Antrag nach **5** § 926 II ist auch schon vor dem Eintritt der Rechtskraft der Verfügung statthaft, LG Freibg RR **88**, 250. Zuständig ist der Rpfl, § 20 Z 14 RPflG, Anh § 153 GVG. Die Vorschrift ist bei § 1615 o BGB (Leibesfrucht) deshalb *unanwendbar*, weil in einem solchen Fall keine Klage möglich, sondern nur eine einstweilige Verfügung zulässig ist. Zur Problematik vor der Feststellung der Vaterschaft Göppinger FamRZ **75**, 196. Das Rechtsschutzbedürfnis nach Grdz 33 vor § 253 kann wegen Zeitablaufs der einstweiligen Verfügung erloschen sein, Hamm MDR **86**, 418. Wegen einer Klage nach dem Arbeitnehmererfindungsgesetz § 926 Rn 7.

§ 927, *Aufhebung wegen veränderter Umstände:* Die Vorschrift ist anwendbar, BGH NJW **78**, 2158, Düss RR **88**, 188. Wegen des Zusammentreffens mit einer Berufung § 927 Rn 1. Die Möglichkeit des Gerichts zur Aufhebung der einstweiligen Verfügung gegen eine Sicherheitsleistung ist durch § 939 eingeschränkt. § 927 ist auch im Fall einer einstweiligen Verfügung mit dem Ziel einer Zahlung anwendbar, Rn 14, sofern eine Aufhebung den § 323 ersetzt.

§ 927 ist aber *unanwendbar*, wenn es um eine einmalige Zahlung nach der Aufhebung geht (Arztkosten). Überhaupt ist die Aufhebung einer einstweiligen Verfügung durch eine weitere einstweilige Verfügung grundsätzlich unzulässig. Es gibt auch keine Aufhebungsklage gegen eine einstweilige Verfügung. Wenn die Parteien über den Gegenstand der einstweiligen Verfügung einen Vergleich nach § 779 BGB bzw Anh § 307 geschlossen haben, dann ist § 323 anwendbar. Ein vorläufig vollstreckbares, aber anfechtbares Urteil im Hauptprozeß reicht selbst dann nicht aus, wenn es mindestens denselben Inhalt wie die einstweilige Verfügung hat, KG WRP **79**, 547. Nach dem Ablauf der Vollzugsfrist und einem Verzicht des Gläubigers auf die Rechte aus der einstweiligen Verfügung kann der Schuldner trotzdem ein Rechtsbedürfnis haben, Mü RR **86**, 998.

2) Verfügungsvollzug bei gewöhnlicher einstweiliger Verfügung. In diesem Bereich sind die Vor- **6** schriften des Arrestverfahrens in dem folgenden Umfang beachtlich.

§ 928, *Grundsatz:* Die Vorschrift ist anwendbar, BGH NJW **99**, 3123, Mü MDR **98**, 1243. § 941 bleibt beachtlich, BGH NJW **99**, 3123. Eine Pfändung von Fahrnis und eine eidesstattliche Versicherung zwecks Offenbarung nach § 807 kommen nach einer einstweiligen Verfügung kaum vor. Die Wegnahme einer Sache wird nach §§ 883 ff vollstreckt. Eine eidesstattliche Versicherung nach § 883 sowie eine Pfändung und Überweisung nach § 886 bedürfen keiner neuen einstweiligen Verfügung. Eine solche Herausgabe macht eine Wegnahme in der Frist nicht notwendig. Die Erzwingung einer Handlung oder Unterlassung erfolgt nach §§ 887, 888, 890, BGH **131**, 143.

Die *Zuständigkeit* des Vollstreckungsgericht ergibt sich aus § 764. In den Fällen der §§ 887 ff ist das Gericht der Hauptsache als Prozeßgericht zugleich das Vollstreckungsgericht. Einwendungen nach den §§ 732, 766 sowie stets zulässig. Wegen der Möglichkeit einer Vollstreckungsabwehrklage nach § 767 vgl Rn 17. Wegen der Möglichkeit einer Einstellung der Zwangsvollstreckung § 924 III. Die Lage des Einzelfalls ergibt, wann die Zwangsvollstreckung beendet ist, Grdz 52 vor § 704. § 788 gilt für die Vollzugskosten. Sie lassen beim Schuldner beitreiben. Wenn das Gericht die einstweilige Verfügung aufgehoben hat, muß der Gläubiger dem Schuldner die Vollzugskosten erstatten.

§ 929, *Vollstreckungsklausel, Vollziehungsfrist:* Die Vorschrift ist grds anwendbar, Brdb FamRZ **97**, 624, Hbg **7** RR **95**, 444, auch auf die sog Leistungsverfügung, Grdz 6 vor § 916, Köln FamRZ **92**, 77, Zweibr OLGZ **83**, 467. Die Amtszustellung nach §§ 166 ff reicht *nicht*. Denn sie läßt nicht den Vollzugswillen des

§ 936

Gläubigers erkennen, Düss GRUR-RR **01**, 94, Ffm RR **00**, 1236, Hamm RR **00**, 972. Das alles gilt für Urteils- wie Beschlußverfügungen, Düss GRUR-RR **01**, 94, KG RR **99**, 72, Mü MDR **98**, 1243, aM Stgt WettbR **97**, 43 (eine Urteilsverfügung nach § 890 werde mit Verkündung der Androhung vollzogen. Aber Erkenntnis und sein Vollzug sind zweierlei).

Es gilt eine *Vollzugsfrist von einem Monat* seit dem Zeitpunkt der Verkündung der einstweiligen Verfügung, Ffm RR **00**, 1236, Hbg FamRZ **88**, 522, Hamm RR **00**, 972. Man darf die Frist voll ausnutzen, Ffm GRUR **02**, 237. Wenn keine Verkündung stattfand, läuft die Vollzugsfrist seit der Zustellung der einstweiligen Verfügung, LG Kassel WoM **93**, 418, LAG Bre Rpfleger **82**, 481, aM Hamm BB **88**, 1844 (vgl aber § 929 Rn 18). Sie läuft hilfsweise seit der Aushändigung, jeweils an den Gläubiger, AG Bln-Charlottenb DGVZ **79**, 29. Die Zustellung einer vollstreckbaren statt einer einfachen Ausfertigung ist nur im Fall der Rechtsnachfolge einer Partei nötig, §§ 727 ff. Zum Problem Loritz ZZP **106**, 3 (ausf). Alles gilt auch, soweit das Gericht weniger oder etwas anderes, als beantragt, zugesprochen hat, aM Kblz RR **88**, 143 (aber auch eine hochgradige Möglichkeit eines Rechtsmittels besagt noch nicht eindeutig, daß man es auch einlegen wird). Eine Berichtigung nach §§ 319, 329 erfordert keine erneute Vollzugszustellung, Celle WettbR **98**, 19. Der Gläubiger muß ein „Bestätigungsurteil" nur nach inhaltlicher Änderung wiederum zwecks erneuter Vollziehung zustellen, Köln GRUR **99**, 90, Oetker GRUR **03**, 124.

Dazu zählen etwa, daß jetzt eine Sicherheitsleistung notwendig wird, Hamm RR **00**, 972, oder daß zunächst keine Verhandlung stattgefunden hatte, Hamm RR **00**, 972, nicht aber eine bloße Verringerung der einstweiligen Verfügung, Hamm RR **00**, 972, oder eine bloße Änderung der rechtlichen Begründung, KG WettbR **00**, 197.

8 – *Gebot und Verbot*. Auch eine Unterlassungsverfügung ist mittelbar durch Ordnungsmittel vollziehbar, BGH **131**, 143. Wenn die einstweilige Verfügung ein Gebot oder ein Verbot enthält, kommt es darauf an, daß der Gläubiger seinen Willen zur Durchsetzung der einstweiligen Verfügung klar zum Ausdruck bringt, Karlsr RR **88**, 1470, aM Oldb JB **92**, 495 (vgl aber § 929 Rn 7). Das kann an sich auf beliebige Weg geschehen, Karlsr RR **88**, 1470. Der ProzBev muß die richtige Schuldneranschrift auch zusätzlich zu Gläubigerangaben klären, § 85 II, Heistermann MDR **01**, 791.

9 Meist ist erforderlich und genügt die fristgemäße Zustellung der einstweiligen Verfügung in beglaubigter Abschrift einer Ausfertigung, Hbg GRUR **98**, 175, Hamm JB **01**, 475, Oetker GRUR **03**, 121. Sie erfolgt also als sog *Parteizustellung* durch den Gläubiger an den Schuldner nach (jetzt) §§ 191 ff, BGH NJW **93**, 1076, Düss GRUR-RR **01**, 94, Hbg GRUR-RR **03**, 108, aM BGH (9. ZS) NJW **90**, 124, Karlsr FamRZ **92**, 581, Stgt WettbR **96**, 84 (§ 929 II sei auf Unterlassungsverfügungen unanwendbar. Aber der Gläubiger muß den Vollzugswillen selbst direkt erkennen lassen). Eine Urteilsverfügung und erst recht aber eine Beschlußverfügung sind jedenfalls bei einer Inlandszustellung erst im *Zeitpunkt der Zustellung* wirksam. Die Frist beginnt mit dem Eingang des Zustellungsantrags beim Zustellungsorgan, zB der Gerichtsvollzieherverteilungsstelle, Düss GRUR-RR **01**, 95.

10 Außerdem darf eine *Zwangsvollstreckung* zunächst nicht in Frage stehen, Grdz 20 vor § 916. Bei § 887 ist auch ein rechtzeitiger Vollstreckungsantrag erforderlich, Hamm RR **93**, 960. Bei § 888 genügt auch eine Vollstreckung nach § 890 innerhalb der Monatsfrist, Mü MDR **03**, 53, Zweibr OLGZ **83**, 470. Ein Anerkenntnisurteil nach § 307 bedarf jedenfalls dann der Parteizustellung, wenn es sich nicht eindeutig auch auf den sachlichrechtlichen Anspruch erstreckt, Hamm Rpfleger **86**, 310. Wenn die einstweilige Verfügung ein Verbot gegenüber jeder Partei ausspricht, dann muß also jede Partei der anderen zustellen. Das gilt auch dann, wenn eine eigentliche Zwangsvollstreckung nicht in Frage kommt. Bei § 890 soll außerdem die Androhung eines Ordnungsmittels grds schon im Titel enthalten sein, BGH MDR **96**, 452, aM Celle GRUR **87**, 66 (vgl aber § 890 Rn 32).

11 Die vorstehenden Grundsätze gelten auch, wenn die einstweilige Verfügung ein einzutragendes *Veräußerungsverbot* ausspricht, Ffm Rpfleger **78**, 269. Die Eintragung ist nicht an eine Frist gebunden. Soweit im übrigen eine Eintragung im Grundbuch notwendig ist, wendet die Praxis überwiegend den § 932 III entsprechend an. Die Frist ist aber nur dann gewahrt, wenn das Eintragungsgesuch innerhalb der Frist eingeht und wenn der Eintragung am Ende der Frist keine Hindernisse mehr entgegenstehen. In diesem Fall ist es unerheblich, ob anfängliche Hindernisse vorhanden waren und ob diese erst durch eine Zwischenverfügung innerhalb der Frist beseitigt wurden. Ein Verschulden des Grundbuchamts hilft dem Gläubiger nicht. Wenn die einstweilige Verfügung im Zeitpunkt des Eingangs des Eintragungsantrags noch nicht zugestellt worden ist, dann muß der Gläubiger die Zustellung innerhalb der Frist des § 929 nachholen. Diese Frist beginnt mit dem Eingang des Eintragungsantrags, Düss FGPrax **97**, 51, aM LG Ffm Rpfleger **93**, 254 (vgl aber § 932 Rn 7). Andernfalls ist die Vollzugsmaßnahme unwirksam, § 929 Rn 22.

12 – *Andere Fälle*. In anderen Fällen muß die einstweilige Verfügung innerhalb der Frist voll durchgeführt worden sein, aM LAG Hamm BB **87**, 1536 wegen der Entbindung vom Weiterbeschäftigungsanspruch (aber auch dann gilt § 929 voll). Wenn das Gericht also die einstweilige Verfügung von einer Sicherheitsleistung abhängig gemacht hat, dann muß der Gläubiger die Sicherheit im Zweifel vor der Vollziehung leisten, § 921 Rn 13, 14. Außerdem muß der Gläubiger die Bestätigung der Hinterlegungsstelle innerhalb der Frist des § 929 III 2 zustellen, § 751 II. Bei einer Grundbucheintragungs-Verfügung ist der Eingang des Eintragungsantrags beim Grundbuchamt erforderlich und ausreichend Rn 11.

Wegen der sog *Leistungsverfügung* Grdz 6 vor § 916, Rn 14. Diese Voraussetzungen lassen sich oft nicht rechtzeitig erfüllen. Dann kann jedenfalls bei einer fortlaufenden Geldleistung ein fristgemäßer Beginn der Durchführung und eine Einheit der späteren Maßnahmen damit vorliegen, § 929 Rn 4, 5. Das gilt etwa dann, wenn es um eine eidesstattliche Versicherung zwecks Offenbarung nach § 807 geht, die nach § 883 II auch im Verfahren auf den Erlaß einer einstweiligen Verfügung zulässig ist (Rn 6 „§ 928"). Wegen einer wiederkehrenden Leistungen Rn 14 (A). Soweit Gläubiger und Schuldner zusammenwirken müssen, genügt statt einer Zustellung die Mitwirkung des Gläubigers, LAG Bln DB **86**, 976.

Abschnitt 5. Arrest und einstweilige Verfügung §§ 936, 937

§ 930, *Vollzug in Fahrnis:* Die Vorschrift ist *unanwendbar,* soweit sie das Arrestgericht zur Pfändung zuständig **13** macht.

§ 931, *Vollzug in ein Schiff:* Die Vorschrift ist *unanwendbar.*

§ 932, *Arresthypothek:* Die Anwendung der Vorschrift ist *grds nicht möglich.* Denn es fehlt ein Geldbetrag im Sinne des § 923. Allerdings wendet die Praxis mit Recht den *III* (Eingang des Antrags als Vollzug) auf alle durch eine einstweilige Verfügung angeordneten Grundbuch- und Registereintragungen an, KG Rpfleger **91**, 433, KrG Bad Salzungen DtZ **91**, 148. Ein etwaiges Ersuchen nach § 941 gilt dann als der Eintragungsantrag, § 39 GBO. Wenn aber die Zustellung nicht nach Rn 7 ff „§ 929" in der unabhängig von einer Kenntnis des Gläubigers mit dem Eingang des Ersuchens beginnenden Wochenfrist des § 929 III nachfolgt, dann kann man die Eintragung für unwirksam und den Gläubiger für verpflichtet halten, eine Löschungsbewilligung zu erteilen. Das Grundbuchamt prüft auch die Voraussetzungen einer Eintragung nach dem Grundbuchrecht, Düss Rpfleger **78**, 216. Ein Belastungsverbot wird erst mit der Zustellung an den Schuldner wirksam. Wenn das Grundbuchamt auf Grund einer einstweiligen Verfügung eine Vormerkung eingetragen hatte und wenn das Gericht diese Vormerkung nun durch eine vollstreckbare Entscheidung aufgehoben hat, dann ist damit bereits die Vormerkung ebenfalls erloschen. Die Löschung stellt nur eine Berichtigung des Grundbuchs dar.

§ 933, *Persönlicher Arrest:* Die Vorschrift ist anwendbar, ThP 1, aM ZöV § 933 Rn 2 (aber man kann auch eine Freiheitsbeschränkung durch eine einstweilige Verfügung anordnen).

§ 934, *Aufhebung des Vollzugs:* I ist *durch § 939 ersetzt.* II–IV sind ebenfalls unanwendbar, ThP 12, aM RoGSch § 79 II 3, ZöV 4 (aber es sind keine Besonderheiten erkennbar).

3) Verfügungsvollzug bei einer Zahlungsverfügung. Wenn die einstweilige Verfügung den Schuldner **14** vorläufig zu einer Zahlung verurteilt, dann steht sie für die Zwangsvollstreckung ganz einem vorläufig vollstreckbaren Endurteil auf die Leistung gleich, Grdz 6 vor § 916, Hintzen Rpfleger **93**, 255.

A. Wiederkehrende Leistungen. Eine einstweilige Verfügung kann auf die Verurteilung zu einer wiederkehrenden Leistung zB eines laufenden bei eines künftigen zum Unterhalts lauten, also nicht wegen eines in der Vergangenheit entstandenen Unterhaltsanspruches, Bre FamRZ **80**, 1146, § 940 Rn 23 „Ehe, Familie", Rn 42 „Rente". Sie läßt sich wegen der künftigen Raten nicht innerhalb der Monatsfrist vollziehen, § 929 II kann deshalb nicht anwendbar sein. Infolgedessen erfolgt die Vollstreckung ohne die Zeitgrenze, § 929 7 ff. Man muß aber auch in diesem Fall eine Bindung des Willens des Schuldners durch mehr als die bloße Anordnung verlangen.

Der Gläubiger muß die einstweilige Verfügung dem Schuldner daher nur *einmal* innerhalb eines Monats seit der Verkündung des Urteils im Parteibetrieb zustellen, §§ 191 ff, Hbg FamRZ **88**, 522, Kblz FamRZ **88**, 191, Oldb FamRZ **86**, 367, aM Celle FamRZ **88**, 524 (als eigentliche Vollzugsmaßnahme müsse hinzukommen, daß der Gläubiger innerhalb eines Monats ab Eintritt der jeweiligen Fälligkeit wegen der konkreten Teilforderung, zB der Monatsrente, mit der Vollstreckung beginne. Aber der Vollzugswille für den Gesamtzeitraum ergibt sich durchweg schon aus der einmaligen Parteizustellung dieser Dauerverfügung, Grdz 52 vor § 128).

Wenn der Gläubiger die Zwangsvollstreckung vor dem Zeitpunkt der Zustellung einleitet, dann muß die Zustellung der ersten Vollstreckungsmaßnahme innerhalb der Wochenfrist *nachfolgen,* § 929 III.

B. Weiteres Verfahren. Mit den in Rn 14 genannten Maßnahmen ist die Vollziehung beendet. Das **15** weitere gehört zur Vollstreckung, Grdz 20 vor § 916. Die Vollziehung erfolgt durch eine Pfändung nach §§ 803–871 und nicht wie im Fall eines Gebots nach § 887. Hier bezweckt die Vollziehung nicht die Sicherung, sondern die Befriedigung des Gläubigers. Die Vollziehung ist also eine Vollstreckungspfändung und nicht eine Arrestpfändung. Die §§ 930–932 sind der Natur der Sache nach unanwendbar. Deshalb ist auch dazu das Vollstreckungsgericht des § 919 der Forderung. Vielmehr ist dazu das Vollstreckungsgericht der §§ 802, 828 zuständig. Es entscheidet durch seinen Rpfl, § 20 Z 17 RPflG, Anh § 153 GVG. Deshalb ist hier auch eine Überweisung zulässig. Die Zwangsvollstreckung in ein eingetragenes Schiff und in eine Liegenschaft erfolgt nach den §§ 864 ff, nicht nach den §§ 931 ff. Es gibt also keine Arresthypothek, sondern eine Zwangshypothek, ferner eine Zwangsverwaltung oder eine Zwangsversteigerung.

C. Einmalige Leistung. Wenn die einstweilige Vollstreckung den Schuldner zu einer einmaligen Geld- **16** leistung zB wegen der § 1615 o BGB verurteilt, dann kann der Gläubiger die einstweilige Verfügung nur durch eine Pfändung vollziehen. Die Zahlung des Schuldners zur Abwendung der Pfändung genügt. Auch in diesem Fall ist eine Überweisung zulässig. Denn eine solche einstweilige Verfügung bezweckt ausnahmsweise eine Befriedigung des Gläubigers, Grdz 6 vor § 916.

4) Vollstreckungsabwehrklage. Der Schuldner kann gegenüber einer gewöhnlichen einstweiligen Ver- **17** fügung keine Vollstreckungsabwehrklage nach § 767 erheben. Denn § 927 hilft ihm ausreichend und schließt die Anwendbarkeit anderer Vorschriften aus, § 924 Rn 6, 7. Anders verhält es sich im Fall einer sog Leistungsverfügung, Rn 14. Denn eine solche einstweilige Verfügung steht in ihrer Wirkung einem Leistungsurteil gleich. Außerdem ist § 927 in einem solchen Fall nicht für fällige, aber rückständige Leistungen anwendbar. Deshalb kann der Schuldner in solcher Situation nach § 767 klagen, soweit er das gewünschte Ergebnis nicht auf dem Weg des § 927 erreichen kann. Zum Verhältnis zwischen §§ 936 ff und § 769 Düss OLGZ **85**, 494.

5) VwGO: Vgl § 935 Rn 20. **18**

937 *Zuständiges Gericht.* I Für den Erlass einstweiliger Verfügungen ist das Gericht der Hauptsache zuständig.

II Die Entscheidung kann in dringenden Fällen sowie dann, wenn der Antrag auf Erlass einer einstweiligen Verfügung zurückzuweisen ist, ohne mündliche Verhandlung ergehen.

§ 937

Gliederung

1) Systematik, I, II	1
2) Regelungszweck, I, II	2
3) Zuständigkeit: Gericht der Hauptsache, I	3
4) Verfahren, II	4–8
A. Grundsatz: Notwendigkeit mündlicher Verhandlung	4
B. Entbehrlichkeit in einem dringenden Fall	5, 6
C. Entbehrlichkeit bei einer Zurückweisung	7
D. Einzelfragen	8
5) Rechtsbehelfe, I, II	9
6) *VwGO*	10

1) Systematik, I, II. § 937 ersetzt in Verbindung mit § 942 den § 919 im Bereich des Verfahrens auf den Erlaß einer einstweiligen Verfügung. Das bedeutet freilich nicht, daß im Fall eines Antrags *vor* Anhängigkeit der Hauptsache nach § 261 Rn 1 keine Zuständigkeitsregelung bestünde. Vielmehr ist dann als Gericht der Hauptsache wie bei § 919 Rn 4 dasjenige Gericht zuständig, das für die künftige bzw etwaige Hauptsache zuständig wäre. In einem dringenden Fall können das AG des § 942 bzw der Vorsitzende des Kollegialgerichts oder des AG des § 937 allein entscheiden, § 944.

2) Regelungszweck, I, II. Die Vorschrift soll allerdings im Interesse der Prozeßwirtschaftlichkeit nach Grdz 14 vor § 128 insbesondere gewährleisten, daß dasjenige Gericht auch im Verfügungsverfahren entscheidet, das über eine bei ihm anhängige Klage entscheiden soll und die Sache schon kennt, Hbg MDR 81, 1027. Deshalb ist das Hauptsachegericht abgesehen von § 942 ausschließlich zuständig, soweit die Hauptsache bei ihm schon und noch anhängig ist, Hamm OLGZ 89, 338. Deshalb muß auch dasjenige Gericht die Rechtshängigkeit vor dem anderen Hauptsachegericht auch im Rahmen von § 937 beachten, bei dem der Kläger eine zweite Klage über denselben Anspruch erhoben hat, Hbg MDR 81, 1027.

Entbehrlichkeit einer Verhandlung nach II ist jetzt viel eher annehmbar als nach früherem Recht. Das bedeutet aber keinen Freibrief für die Preisgabe jeglicher Anhörung des Gegners und für eine bequeme Übernahme des beantragten Tenors in einen überdies jedenfalls zunächst nur einseitig ausformulierten Beschluß, mit dem man die Sache erst einmal vom Tisch hat. Das „Kopfgutachten" sollte auch im Eilverfahren zu den ziemlich zwingenden Pflichten ganz am Anfang der richterlichen Tätigkeit zum konkreten Einzelfall stehen. § 938 bietet dann genug Elastizität zum Wie der Entscheidung. Es ist nicht rühmlich, wenn sich erst im Widerspruchsverfahren herausstellt, daß man unter keinem denkbaren Gesichtspunkt überhaupt zuständig war usw.

3) Zuständigkeit: Gericht der Hauptsache, I. Das um einstweiligen Rechtsschutz ersuchte Gericht muß die Zulässigkeit des Rechtswegs zu ihm von Amts wegen prüfen, §§ 17, 17 a GVG, BGH MDR 01, 952 (FGG). Das gilt auch dann, wenn es das Hauptsachegericht ist, BAG NW 00, 2524. Für die Anordnung der einstweiligen Verfügung ist grundsätzlich das Gericht der Hauptsache zuständig, § 919 Rn 4–6, Zweibr JZ 89, 103. Das gilt örtlich und sachlich, Hbg WettbR 96, 78, und zwar ausschließlich, § 802, LG Düss GRUR 00, 611. Es gilt auch (jetzt) bei der EuGVVO, Düss ZMR 01, 180 (zum alten Recht). Wegen der Ausnahmen §§ 942, 944. Hauptsache ist dabei die zu sichernde Leistung oder das zu befriedigende Rechtsverhältnis, nicht der in einer etwa zugehörigen Klagebegründung dazu vorgetragene Streitstoff, Hbg WettbR 96, 78. Wegen des Prozeßkostenvorschusses § 127 a. In einer Familiensache nach §§ 606 ff ist das FamG zuständig, Stgt FamRZ 78, 704. Bei § 1360 a IV BGB ist das FamG das Hauptsachegericht, Hamm FER 01, 80. Im Verfahren nach § 1615 o BGB ist das Gericht des Kindschaftsprozesses nach §§ 640 ff einschließlich Büdenbender FamRZ 84, 514 (auch wenn der Kindschaftsprozeß noch nicht abhängig ist oder wenn dort noch kein Antrag auf die Zahlung des Regelunterhalts gestellt worden ist), aM Ffm FamRZ 84, 512, Brühl FamRZ 75, 241 (nur das Gericht des bloßen Unterhaltsprozesses sei zuständig. Aber §§ 640 ff sind vorrangig).

Über die Zuständigkeit für eine einstweilige Verfügung in einer *Wettbewerbssache* §§ 24, 25 UWG. Daneben ist das AG des Tatorts zuständig, § 32 Rn 17. Für die Zwangsvollstreckung ist das Vollstreckungsgericht der §§ 764, 802 zuständig, für die Forderungspfändung nach § 936 Rn 6, 14. Beim Kollegialgericht ist sein Vorsitzender im Rahmen von § 944 zuständig. Nicht Hauptsachegericht ist das Gericht einer leugnenden Feststellungsklage, Fritze GRUR 96, 574, aM Ffm GRUR 97, 485 (freilich auch zum Unterlaufen solchen Gerichtsstands).

4) Verfahren, II. Keineswegs stets ist eine Verhandlung notwendig.

A. Grundsatz: Notwendigkeit mündlicher Verhandlung. In Abweichung von § 921 ist im Verfahren auf den Erlaß einer einstweiligen Verfügung grundsätzlich eine mündliche Verhandlung notwendig, § 128 Rn 4, KG MDR 91, 1195, Köln RR 02, 1596, Schockenhoff NJW 90, 156. Das Gericht muß den Termin nach § 216 unverzüglich bestimmen, und zwar auch für die Zeit vom 1. 7. bis 31. 8. ohne spätere Verlegungsmöglichkeit, § 227 III 2 Hs 1 Z 1. Das Gericht muß die Ladungsfrist einhalten, § 217 Rn 3.

B. Entbehrlichkeit in einem dringenden Fall. Ausnahmsweise ist eine mündliche Verhandlung zunächst dann entbehrlich, wenn ein dringender Fall vorliegt, Ffm MDR 78, 315, Hamm FamRZ 86, 75, LG Ffm NJW 80, 1758. Eine Dringlichkeit macht eine mündliche Verhandlung auch dann entbehrlich, wenn in derselben Sache schon eine mündliche Verhandlung oder eine Verweisung stattgefunden hatte. Nun setzt allerdings jede einstweilige Verfügung eine Dringlichkeit voraus. Denn sonst würde der Verfügungsgrund fehlen. Deshalb meint II mit dem Ausdruck „in dringenden Fällen" eine gesteigerte, zusätzliche Dringlichkeit, Karlsr RR 87, 1206, Köln RR 02, 1596, Fritze GRUR 79, 292, aM Pietzcker GRUR 78, 526. Das Gericht prüft nach seinem pflichtgemäßen Ermessen, ob die besondere Dringlichkeit vorliegt und ob es dann von der mündlichen Verhandlung absehen will. Denn „kann" stellt nicht nur in die Zuständigkeit, KG MDR 91, 1195.

Ein besonders dringender Fall *liegt vor*, wenn der Zeitverlust oder die Benachrichtigung des Gegners den Zweck der einstweiligen Verfügung gefährden könnten und deshalb nicht hinnehmbar wären, § 921 Rn 2, Karlsr RR 87, 1206, Lempp NJW 75, 1920, Teplitzky NJW 80, 1666. Das mag sich auch erst im Laufe des

Abschnitt 5. Arrest und einstweilige Verfügung §§ 937, 938

Eilverfahrens ergeben, Köln RR **02**, 1596. Die besonders dringliche Situation muß auch in einem Fall des § 25 UWG vorliegen. Denn diese Vorschrift befreit nicht von II, KG DB **79**, 642, Teplitzky GRUR **78**, 286. Allerdings kann man die Dringlichkeit bei § 25 UWG großzügiger bejahen, KG DB **79**, 672. Ein öffentliches Interesse bleibt allerdings auch hier unberücksichtigt, Drettmann GRUR **79**, 604.

Der Gläubiger muß die besondere Dringlichkeit als eine Voraussetzung zum Erlaß der einstweiligen **6** Verfügung *glaubhaft* machen, § 294, Teplitzky GRUR **78**, 286 (strenge Anforderungen). Das Gericht kann auch insofern bei (jetzt) § 12 II UWG großzügiger sein, KG DB **79**, 672. Das Gericht muß das Vorliegen der besonderen Dringlichkeit in der einstweiligen Verfügung feststellen. Zur sog Schutzschrift Grdz 7 vor § 128, § 920 Rn 9. Wegen ihrer Kosten § 91 Rn 192 „Schutzschrift".

C. Entbehrlichkeit bei einer Zurückweisung. Ausnahmsweise ist eine mündliche Verhandlung ferner **7** dann entbehrlich, wenn und soweit das Gericht den Antrag zurückweisen muß. Das stellt II Hs 2 klar, auch dahin, daß dann keine Dringlichkeit vorliegen muß, aM LAG Drsd MDR **97**, 855 (überliest „sowie dann, wenn"). Die Zurückweisung mag wegen Unzulässigkeit als auch wegen Unbegründetheit erfolgen. Das Gericht mag die Unbegründetheit vorsorglich und zulässigerweise als Hilfsargument darstellen, Grdz 17 vor § 253. Die Zurückweisung erfolgt mangels mündlicher Verhandlung durch einen nach § 329 Rn 4 zu begründenden Beschluß nebst Kostenentscheidung, § 329. Seine Vollstreckbarkeit richtet sich nicht nach § 708 Z 6. Dort sind nur Urteile genannt. Sie richtet sich vielmehr nach § 794 I Z 3.

D. Einzelfragen. Das Gericht kann den Schuldner auch schriftlich anhören. Wenn der Gläubiger auf **8** Grund einer Äußerung des Schuldners den Antrag zurücknimmt, dann muß der Gläubiger grundsätzlich die Kosten des Schuldners tragen, § 269 III 2, IV entsprechend. Wegen eines Gegenantrags § 935 Rn 1. Zu dem teilweise hochproblematischen Verfahren eines sog Messebereitschaftsdienstes Lidle GRUR **78**, 93.

Gebühren: Des Gerichts KV 1410 ff; des Anwalts VV 3100 ff. Wert: Anh § 3 Rn 35.

5) Rechtsbehelfe, I, II. Gegen die Anordnung einer mündlichen Verhandlung oder gegen ihre Ableh- **9** nung ist grundsätzlich kein Rechtsbehelf statthaft. Soweit das Gericht einen Antrag ohne mündliche Verhandlung abgewiesen hat, kommt eine sofortige Beschwerde nach § 567 I Z 2 in Betracht. Dann kann das Beschwerdegericht die Sache evtl zur erneuten Entscheidung nach mündlicher Verhandlung zurückverweisen, LAG Hamm BB **84**, 409. Die Beschwerde bloß zwecks Erledigterklärung ist freilich unzulässig, Stgt WettbR **98**, 91. Wegen einer allzu späten Terminsanberaumung ist neben einer sofortigen Beschwerde wegen faktischer Zurückweisung eines Verfahrensgesuches nach § 567 I Z 2 eine Dienstaufsichtsbeschwerde zulässig, § 216 Rn 28.

6) VwGO: Vgl § 935 Rn 20. **10**

938 *Inhalt der einstweiligen Verfügung.* ¹Das Gericht bestimmt nach freiem Ermessen, welche Anordnungen zur Erreichung des Zweckes erforderlich sind.

II Die einstweilige Verfügung kann auch in einer Sequestration sowie darin bestehen, dass dem Gegner eine Handlung geboten oder verboten, insbesondere die Veräußerung, Belastung oder Verpfändung eines Grundstücks oder eines eingetragenen Schiffes oder Schiffsbauwerks untersagt wird.

Schrifttum: *Augustin,* Der Gerichtsvollzieher als Sequester, Diss Bonn 1995/6; *Du Mesnil de Rochemont,* Die Notwendigkeit eines bestimmten Antrags bei der Unterlassungsverfügung ..., § 308 Abs. 1 ZPO contra § 938 Abs. 1 ZPO?, 1993; *Kargados,* Zur Verfassungsmäßigkeit von gesetzlichen Verboten einstweiligen Rechtsschutzes inklusive eines generellen Ausschlusses der Hauptsachevorwegnahme, Festschrift für *Gaul* (1997) 265; *Kohler,* Das Verfügungsverbot gemäß § 938 Abs. 2 ZPO im Liegenschaftsrecht, 1984.

Gliederung

1) Systematik, I, II 1	5) Sequestration, II 21–25
2) Regelungszweck, I, II 2	A. Zulässigkeit 21
3) Voraussetzungen, I 3–7	B. Unzulässigkeit 22
A. Erforderlichkeit 3	C. Stellung des Sequesters 23
B. Im Rahmen des Antrags 4	D. Vergütung 24
C. Im Rahmen des Hauptanspruchs . 5	E. Rechtsbehelfe 25
D. Grenzen der Zwangsvollstreckung 6	6) Gebot und Verbot, II 26
E. Gebot der Zurückhaltung 7	7) VwGO 27
4) Beispiele zur Frage der Zulässigkeit einer Anordnung, I 8–20	

1) Systematik, I, II. Die Vorschrift enthält eine dem § 721 bedingt vergleichbare Regelung, LAG Hann **1** DB **89**, 2234. Das Gericht bestimmt nach seinem pflichtgemäßen Ermessen, welche Maßnahme notwendig werden. Das gilt grundsätzlich auch bei der Unterlassungsverfügung, Borck WRP **77**, 457. Es gibt auch bei einer Wettbewerbssache keine gesetzliche Grundlage dafür, daß das Gericht in der Auswahl seiner Anordnungen beschränkt wäre. Freilich bringt § 12 II UWG mit seinen Erleichterungen für den Erlaß einer einstweiligen Verfügung Gefahren mit sich. Das Gericht darf sich nicht darauf beschränken, etwa allgemein die „Beseitigung der Beeinträchtigung" anzuordnen. Es muß vielmehr bestimmte Maßnahme treffen.

Nicht über den Antrag hinaus, ne ultra petita: § 308 I gilt auch hier, Rn 4. Denn andernfalls würde man die Parteiherrschaft vor Grdz 18 vor § 128 und damit ein Grundprinzip des Zivilprozesses mißachten und damit wohl auch gegen Artt 1, 2 GG verstoßen. Ob ein vorsichtiger Hinweis nach § 139 ratsam wäre, den Antrag besser zu erweitern, ist eine andere Frage. Ob das aber eine Ablehnungsgefahr seitens des Antragsgegners verstärken könne, ist wieder ein anderes Problem. Die Grenzen verlaufen überall fließend. Deshalb hilft eine

§ 938

vorsichtig abwägende, nachvollziehbar begründete Handhabung am ehesten. In aller Regel muß das Gericht von Amts wegen einen nicht allzu weit hinausschiebbaren Endzeitpunkt seiner Eilmaßnahme festsetzen, um nicht die Gefahr irreparabler Schäden herbeizuführen, insbesondere bei einer sog Leistungsverfügung, Grdz 6 vor § 916, Heinze, Die Leistungsverfügung, Festgabe *50 Jahre Bundesgerichtshof* (2000) III 591.

2) Regelungszweck, I, II. Die Vorschrift dient der Prozeßförderung nach Grdz 12, 13 vor § 128 und der Prozeßwirtschaftlichkeit, Grdz 14, 15 vor § 128. Daher darf und muß man das Ermessen in I weit auslegen. Die zulässige Auslegung darf zur Umdeutung des Antrags führen, Grdz 52 vor § 128, Mü ZMR **99**, 820, und zwar dahin, daß er auch Erfolg haben kann, zB im Weg einer zeitlich begrenzten und daher keine verbotene Leistungsverfügung ergebenden Anordnung. Das übersieht Mü ZMR **99**, 820.

3) Voraussetzungen, I. Allerdings muß das Gericht die Grenzen seiner Befugnisse nach Rn 3–5 beachten, gerade beim zeitlich unbegrenzten Antrag, Grdz 9 vor § 916.

A. Erforderlichkeit. Die Maßnahme muß erforderlich sein. Sie muß freilich auch ausreichen, um den Zweck der einstweiligen Verfügung zu erreichen. Sie muß hinreichend bestimmt sein, Düss MDR **86**, 328. Die einstweilige Verfügung darf aber grundsätzlich nicht eine Entscheidung in der Hauptsache vorwegnehmen. Sie soll möglichst keine endgültigen Verhältnisse schaffen. Denn die einstweilige Verfügung dient lediglich der Sicherung und grundsätzlich nicht der Befriedigung des Gläubigers Grdz 5 vor § 916, Ffm NJW **85**, 1295, KG MDR **77**, 500, LAG Düss DB **78**, 211. Zum Problem Schilken, Die Befriedigungsverfügung usw, 1976 (krit Grunsky ZZP **90**, 208). Freilich ist eine einstweilige Verfügung insofern zulässig, als keine Aussicht besteht, wegen der Hauptsache in einer sinnvollen nahen Zukunft eine Entscheidung zu erreichen, Grdz 6 vor § 916, Ffm NJW **75**, 393, oder soweit zB der Gläubiger den herausverlangten Gegenstand glaubhaft in einem eigenen, geeigneten Lagerraum billiger und gegen Sicherheitsleistung unterbringen kann, Düss MDR **84**, 411. Wegen §§ 51 a, b GmbHG Emde ZIP **01**, 824.

Das Gericht darf den Schuldner aber *nicht* schon auf Grund ungenügend geprüfter Behauptungen *unwiederbringlich schädigen,* § 940 Rn 12 ff. Demgegenüber liegt es in der Natur einer einstweiligen Verfügung auf eine Geldzahlung, auch der Befriedigung des Gläubigers zu dienen, Grdz 6 vor § 916, § 936 Rn 14. Der Schuldner ist dann auf einen Ersatzanspruch angewiesen. Das ist freilich praktisch meist wertlos.

B. Im Rahmen des Antrags. Vgl zunächst Rn 1. Die Maßnahme des Gerichts darf nicht über den Antrag des Gläubigers hinausgehen, §§ 308 I, 536, Düss GRUR **78**, 610, Karlsr GRUR **82**, 171, LAG Düss DB **78**, 212. Das Gericht kann nur innerhalb dieses Rahmens wählen. Der Gläubiger braucht innerhalb des von ihm gesetzten Rahmens keine bestimmten Maßnahmen anzuregen. Das Gericht ist an die etwa angeregten Maßnahmen innerhalb des Rahmens nicht gebunden, Köln GRUR-RR **01**, 288, LG Ffm RR **02**, 127. Die einstweilige Verfügung kann auf eine Leistung gehen. Sie kann auch eine Feststellung oder eine Gestaltung bezwecken. Wenn der Gläubiger zB die Zwangsverwaltung eines Grundstücks beantragt, dann wird das Gericht vielleicht eine Sequestration nach Rn 21 anordnen. Grundsätzlich ist ein bestimmter Antrag notwendig, ähnlich wie bei § 253 II Z 2, dort Rn 39, Karlsr RR **02**, 251, Köln RR **01**, 1487. Eine Verallgemeinerung im Antrag ist nur insoweit zulässig, als er einen klar bestimmten Inhalt behält, Düss GRUR **78**, 610. Der Vermieter braucht aber zB die seinem Pfandrecht unterliegenden Gegenstände nicht einzeln zu bezeichnen, AG BadBad WoM **85**, 123.

C. Im Rahmen des Hauptanspruchs. Die Maßnahme muß im Rahmen des Hauptanspruchs bleiben. Sie darf keineswegs mehr anordnen, ArbG Düss DB **83**, 2093. Sie soll ja grundsätzlich weniger als die Verwirklichung des Hauptanspruchs bringen, Grdz 5 vor § 916, Schockenhoff NJW **90**, 155. Die einstweilige Anordnung ist ja außerdem kein aliud. Das Gericht darf vor allem nicht in die Rechte eines Dritten eingreifen, LG Mü WoM **91**, 577. Es darf dem Dritten keine Pflicht auferlegen, Düss WertpMitt **78**, 359. Eine Eintragung ins Grundbuch oder in ein Register muß sachlichrechtlich und auch grundbuchrechtlich zulässig sein.

D. Grenzen der Zwangsvollstreckung. Das Gericht darf mit seinen Anordnungen die Grenzen einer zulässigen Zwangsvollstreckung nicht überschreiten, Grdz 34 vor § 704, Grein DGVZ **82**, 178. Es darf zB dem Grundbuchamt nicht gebieten, einem Antrag stattzugeben. Es darf das Grundbuchamt vielmehr nur ersuchen, § 941. Es darf nicht im Fall einer nach § 890 vollstreckbaren Anordnung eine Maßnahme nach den §§ 883–888 androhen, LAG Hamm DB **77**, 1272. Über eine einstweilige Verfügung zum Zweck einer nicht erzwingbaren Leistung § 888 Rn 21. Das Betreten der Wohnung eines Dritten durch einen gerichtlichen Sachverständigen zB zwecks Schallmessungen ist grundsätzlich erst nach dessen vorheriger Anhörung statthaft, BVerfG **75**, 326. Eine Räumungsanordnung ist nur nach § 940 a statthaft.

E. Gebot der Zurückhaltung. Das Gericht sollte sich mit seiner Anordnung zurückhalten, wenn die vorläufige Prüfung im Verfahren um den Erlaß der einstweiligen Verfügung ungewöhnlich mangelhaft bleiben muß, Schockenhoff NJW **90**, 155. So liegt es oft bei einer Patentverletzung, § 940 Rn 32 „Gewerblicher Rechtsschutz". Allerdings darf das Gericht auch zB im Bereich des Gewerblichen Rechtsschutzes keineswegs von vornherein zurückhaltender verfahren als etwa im Bereich des Bürgerlichen Rechts, Jestaedt GRUR **81**, 193. Der Gläubiger darf als Mittel der Zwangsvollstreckung ausnutzen, § 936 Rn 6. Über die Kostenverteilung im Fall einer teilweisen Zurückweisung § 92 Rn 6 „Arrest, einstweilige Verfügung". Die Frage, ob das Gericht einen Antrag teilweise zurückgewiesen hat, läßt sich danach beurteilen, ob der Gläubiger der Wirkung nach das Begehrte erreicht hat.

4) Beispiele zur Frage der Zulässigkeit einer Anordnung, I
Amtshandlung: S „Behörde", Rn 12 „Notar", Rn 16 „Verwaltungsvollstreckung".
Arbeitsrecht: *Unzulässig* ist die Anordnung einer Zustimmung nach § 103 BetrVG.
    S auch Rn 17 „Willenserklärung".
Behörde: *Unzulässig* ist das Gebot an eine Behörde, damit sie etwa eine Amtshandlung herbeiführe oder unterlasse, KG MDR **93**, 1234 (Herausgabe nach Aufhebung einer Beschlagnahme).
    S auch Rn 12 „Notar", Rn 16 „Verwaltungsvollstreckung".
Beschlagnahme: S „Behörde".

Abschnitt 5. Arrest und einstweilige Verfügung § 938

Beschlußfassung: Rn 10 „Gesellschaft".
Buchhaltungsunterlagen: Zulässig ist die Anordnung der Herausgabe von Buchhaltungsunterlagen aus dem Besitz des Steuerberaters des Schuldners an den Insolvenzverwalter und nicht an einen vorläufigen Insolvenzverwalter, § 22 InsO, Düss KTS **83**, 146.
Eherecht: *Unzulässig* ist in einer Ehe- oder Familiensache eine Maßnahme, die das FamG auch mit Hilfe 9 der §§ 127a, 620ff, 621f oder mit Hilfe der HausrVO treffen kann, Schlesw SchlHA **78**, 120. Wenn die einstweilige Verfügung vor der Anhängigkeit der Ehesache beantragt oder sogar erlassen worden war, bleibt das Rechtsschutzbedürfnis schon aus Kostengründen bestehen, Hamm FamRZ **80**, 816.
S auch Rn 14 „Steuerveranlagung", Rn 18 „Zugewinnausgleich".
Erwerbsverbot: Rn 26.
Firma: *Unzulässig* ist die Anordnung der Löschung einer Firma.
Flugzeug: Zulässig ist die Anordnung der Rückgabe eines Flugzeugs, das der Schuldner dem Besitzer widerrechtlich entzogen hatte.
S auch Rn 16 „Verbotene Eigenmacht".
Gegendarstellung: Sie kann zulässig sein, § 940 Rn 40 „Presserecht: Gegendarstellung".
Geschäftsbetrieb: Rn 15 „Unterlassung".
Gesellschaft: Zulässig ist die Entziehung der Vertretung oder der Geschäftsführung eines Gesellschafters. 10
Unzulässig ist die Anordnung des Entzugs oder einer Beschränkung des Stimmrechts in der Hauptversammlung, § 940 Rn 29 „Gesellschaft", Kblz NJW **91**, 1119. Unzulässig ist die Anordnung im Zusammenhang mit einer Beschlußfassung in der Gesellschafterversammlung, § 940 Rn 30 „Gesellschaft".
Gewerbebetrieb: Zulässig ist ein Verbot, den Gewerbebetrieb des Gläubigers zu stören.
Grundbuch: S „Grundschuldbrief", Rn 15 „Unterlassung".
Grundschuldbrief: Zulässig ist wegen § 41 GBO die Anordnung der Herausgabe eines Grundschuldbriefs an den Gerichtsvollzieher, § 940 Rn 34 „Grundbuch". Die einstweilige Verfügung ist im Zeitpunkt der Zutellung an den Gläubiger wirksam. Eine Eintragung in das Grundbuch ist nur für den Ausschluß des guten Glaubens notwendig.
Handelsregister: Zulässig ist ein Gebot, einen Vorgang zum Handelsregister anzumelden, etwa den Eintritt 11 in die Abwicklung der Firma. Eine Eintragung ist aber nur zum Ausschluß des guten Glaubens auch geradezu notwendig.
Herausgabe: S bei den herauszugebenden Gegenständen sowie Rn 8 „Behörde".
Hypothek: *Unzulässig* ist die Anordnung der Löschung einer Hypothek.
S auch Rn 16 „Vormerkung".
Insolvenz: Rn 8 „Buchhaltungsunterlagen".
Kraftfahrzeugbrief: Rn 16 „Verbotene Eigenmacht".
Lärmstörung: Ein zeitlich begrenztes Verbot ist zulässig, auch gegenüber einem fiskalischen Nachbarn, aM Mü ZMR **99**, 820 (aber auch der Fiskus muß sich an das Nachbarrecht halten, soweit er nicht selbst obrigkeitlichen Zwängen unterliegt. Sie lassen nicht schon aus „Nämlichkeit" von Obrigkeit und Fiskus ableiten).
Leasing: Zulässig ist die Anordnung der Herausgabe einer verleasten Sache an einen Sequester, Rn 12ff, LG Ravensb NJW **87**, 139.
Liquidation: S „Handelsregister".
Löschung: Rn 9 „Firma", Rn 11 „Hypothek".
Mietrecht: Zulässig sind: Die Anordnung der Rückschaffung von Sachen des Mieters in die Mieträume; 12 ausnahmsweise auch die Anordnung der Räumung einer Wohnung, § 940a, oder die Anordnung eines Zutritts, § 554 I BGB.
S auch Rn 16 „Verbotene Eigenmacht" sowie Grdz 6 vor § 916.
Notar: *Unzulässig* ist die Anordnung eines Gebots an einen Notar, Hamm NJW **76**, 975.
S auch Rn 8 „Behörde".
Reisepaß: Zulässig ist die Anordnung der Herausgabe des Reisepasses des Schuldners, den er dem Gläubiger 13 zur Sicherheit übergeben hatte und den der Schuldner nun wieder braucht.
Rückgabeverbot: Es kommt zusätzlich zur Herausgabe an den Gerichtsvollzieher infrage, um einen Vernichtungsanspruch zu sichern, Ffm GRUR-RR **03**, 96.
Sequester: Rn 21 ff. 14
Sicherheitsleistung: Rn 13 „Reisepaß", Rn 19 „Zugewinnausgleich".
Steuerveranlagung: Zulässig ist ein Verbot gegenüber dem Ehegatten des Gläubigers, eine getrennte Steuerveranlagung zu beantragen, Tiedtke FamRZ **77**, 689.
Stimmrecht: Rn 10 „Gesellschaft".
Unterlassung: Zulässig ist das Gebot, einen bestimmten Wettbewerbsverstoß zu unterlassen, Grdz 8 vor 15 § 916. Zulässig ist das Gebot, keinen Antrag auf eine Eintragung des Eigentumserwerbs beim Grundbuchamt zu stellen. Ein solches Gebot wirkt sachlichrechtlich als ein Erwerbsverbot. Das Grundbuchamt muß dieses Gebot beachten, BayObLG Rpfleger **78**, 306, KG MDR **77**, 500. Das Gebot darf aber nicht eingetragen werden. Eine Eintragung entgegen dem Verbot läßt kein Eigentum übergehen.
Unzulässig ist die Anordnung der Unterlassung oder Untersagung eines Geschäftsbetriebs, außer etwa in einem ganz krassen Verletzungsfall.
Verbotene Eigenmacht: Zulässig ist die Anordnung der Rückschaffung von Sachen, die der Schuldner 16 mittels einer verbotenen Eigenmacht erlangt hat, Schlesw SchlHA **75**, 49. Zulässig ist ferner die Anordnung der Herausgabe eines durch eine verbotene Eigenmacht erlangten Kfz-Briefes, LAG Bln BB **82**, 1428.
S auch Rn 9 „Flugzeug".
Verwaltungsvollstreckung: *Unzulässig* ist die Anordnung des Ge- oder Verbots einer Verwaltungsvollstreckung.
S auch Rn 8 „Behörde".

§ 938

Vormerkung: Zulässig ist eine Vormerkung zur Sicherung des Anspruchs auf Eintragung einer Sicherungshypothek, BGH Rpfleger **00**, 384.

17 **Willenserklärung:** Rn 8 „Arbeitsrecht", § 940 Rn 46 „Willenserklärung".

18 **Zugewinnausgleich:** Zulässig ist die Anordnung einer Sicherheitsleistung nach § 1389 BGB.
Zustimmung: Rn 8 „Arbeitsrecht", Rn 17 „Willenserklärung".
Zutritt: Rn 12 „Mietrecht".

19 **Zwangsverwaltung:** Zulässig ist ausnahmsweise die Anordnung einer Zwangsverwaltung. Denn sie sichert den Gläubiger mit denjenigen Rechtsfolgen, die sich aus dem ZVG ergeben. Das gilt auch wegen eines Hpothekenbriefs. Der Gläubiger erwirkt die Anordnung einer bloßen Verwaltung, nicht auch einer Verwaltung und deshalb nicht einer Sequestration, Rn 12 ff. Er handelt durch den Gerichtsvollzieher, soweit diese Verwahrung mit den im Einzelfall zulässigen Grenzen der Zwangsverwaltung vereinbar ist, Grein DGVZ **82**, 178.
S aber auch Rn 20 „Zwangsvollstreckung".

20 **Zwangsvollstreckung:** *Unzulässig* ist grds eine Anordnung der Zwangsvollstreckung oder ihrer Duldung oder die Einstellung der Zwangsvollstreckung, wenn eine andere gesetzliche Maßnahme möglich ist, zB nach §§ 767, 769, Grdz 49, 50 vor § 704, Köln RR **95**, 576.
S aber auch Rn 19 „Zwangsvollstreckung".

21 **5) Sequestration, II,** dazu *Gleußner* DGVZ **96**, 33 (ausf):

A. Zulässigkeit. Die Sequestration ist grundsätzlich eine Verwahrung und eine Verwaltung durch eine hierfür bestimmte Person, BGH **146**, 20, Nies MDR **93**, 937. Sie findet regelmäßig bei einer Liegenschaft statt. Sie ist aber auch bei einer Fahrnis möglich, Drsd MDR **98**, 305, LG Brschw MDR **93**, 757, LG Heidelb DGVZ **77**, 44. Das gilt zB dann, wenn die Möglichkeit einer Hinterlegung oder einer Herausgabe an den Gerichtsvollzieher entfällt. Die Sequestration ist ferner bei einem andauernden Recht oder etwa bei einem Minderjährigen möglich. Sie ist nur dann im Grundbuch eintragbar, wenn und soweit sie eine Verfügungsbeschränkung enthält. Sie bleibt trotz angeblichen Besitzverlustes des Gegners zulässig, Hamm GRUR **84**, 503. Sie führt bei einem Grundstück eine Zwangsverwaltung herbei. Das Gericht des § 937 darf eine Zwangsverwaltung anordnen, Rn 7. Es ernennt dann auch den Zwangsverwalter. Auch im übrigen wendet das Gericht in der Regel das ZVG entsprechend an, soweit nicht eine Befriedigung des Gläubigers infrage kommt. KG DGVZ **86**, 183 legt „Sequestration" unter Umständen als bloße Verwahrung ohne Verwaltung aus.

22 **B. Unzulässigkeit.** Ein gewerbliches Unternehmen unterliegt als solches praktisch nicht einer Zwangsvollstreckung, Grdz 108 vor § 704 „Unternehmen". Daher unterliegt es auch nicht einer Sequestration, aM Mü MDR **84**, 62, StJGr 23, ZöV 7 (inkonsequent, Rn 21). Die Tätigkeit eines Sequesters ist auch insoweit unzulässig, als sie in einem dinglichen Arrest nach §§ 916, 917 ausmündet. Etwas Entsprechendes gilt auch bei einem in die Luftfahrzeugrolle eingetragenen Luftfahrzeug, § 99 I LuftfzRG. In einem solchen Fall ist bei Unzulässigkeit eines Arrests eine einstweilige Verfügung mit dem Ziel der Eintragung einer Verfügungsbeschränkung im Register für Pfandrechte an Luftfahrzeugen beim AG Braunschweig und zugleich eine einstweilige Verfügung mit dem Ziel einer Beschlagnahme zulässig und ratsam. Gegen den Insolvenzverwalter darf keine Sequestration ergehen, Celle MDR **04**, 472. Er ist ja selbst auch eine Art Sequester.

23 **C. Stellung des Sequesters.** Der Sequester ist als solcher kein Beamter. Es übt keine staatliche Funktion aus, BGH Rpfleger **05**, 549. Es handelt sich nicht um eine Maßnahme der Zwangsvollstreckung, BGH **146**, 20. Er übt eine genehmigungspflichtige Nebentätigkeit im beamtenrechtlichen Sinn aus, Kblz MDR **81**, 855, VG Düss DGVZ **99**, 29 (auch zu der engen Voraussetzung einer Versagung der Genehmigung). Die Vollstreckung nach § 929 beginnt noch nicht mit dem Auftrag an ihn. Der Sequester ist keiner Weisung einer Partei unterworfen. Er braucht den Parteien über sein Amt auch keine Auskunft zu geben, LG Bre DGVZ **78**, 140 (das gilt aber nur bis zur Aufhebung der einstweiligen Verfügung). Soweit das Prozeßgericht nicht etwas anderes bestimmt, untersteht der Sequester der Aufsicht des die Sequestration anordnenden Gerichts, Düss GRUR **83**, 743, Mü MDR **84**, 62. Das Gericht wendet für die Aufsicht das Betreuungs- bzw Pflegschaftsrecht entsprechend an. Das Gericht muß die Rechte und Pflichten des Sequesters bestimmen, Mü MDR **84**, 62. Soweit es ihn als solchen eingesetzt hat, muß es ihn grundsätzlich auch als solchen behandeln, LG Trier DGVZ **96**, 29. Der Sequester kann zB Rechtsmittel einlegen, BPatG GRUR **02**, 372. Die Haftung des Sequesters ist keine Amtshaftung des Staats. Sie kann vertraglicher Art sein, BGH **146**, 20.

24 **D. Vergütung.** Zu ihrer Festsetzung ist das Prozeßgericht und nicht der Rpfl zuständig, Bre DGVZ **93**, 9, Köln MDR **97**, 690, LG Saarbr DGVZ **95**, 187. Das Prozeßgericht setzt auch nach seinem pflichtgemäßen Ermessen nach § 11 InsVV die Vergütung des vorläufigen Insolvenzverwalters fest, Köln MDR **97**, 690, LG Gött DGVZ **95**, 43, LG Hagen DGVZ **03**, 139 (je: Wert und Zeitaufwand), LG Heilbr DGVZ **95**, 75 (Verantwortung), LG Nürnb-Fürth DGVZ **97**, 127 (auch beim Gerichtsvollzieher), LG Wuppert DGVZ **98**, 13 (Wert und Dauer), aM Bre DGVZ **99**, 138 (nach BGB. Aber die InsVV paßt besser). Die Vergütung des Sequesters wird den Einkünften entnommen. Der Antragsteller und der Sequester können auch die Höhe der Vergütung vereinbaren, BGH Rpfleger **05**, 549. Dann darf das Gericht die Vergütung des Sequesters nicht gegenüber dem Antragsteller festsetzen, Hbg KTS **77**, 176, Karlsr DGVZ **93**, 27. Wegen der Erstattungsfähigkeit der Kosten der Sequestration und der daraus folgenden Festsetzbarkeit gegenüber dem Schuldner § 788 Rn 37 „Sequestration". Der Festsetzungsbeschluß ist vollstreckbar, § 794 I Z 3. Der Staat haftet für die Vergütung nicht, LG Köln KTS **83**, 634, aM Hbg KTS **77**, 176 (aber der Sequester ist kein Beamter, Rn 23). Das gilt im Fall einer Prozeßkostenhilfe nach §§ 114 ff.

25 **E. Rechtsbehelfe.** Die Bestellung des Sequesters und die Festsetzung seiner Vergütung sind Maßnahmen der Zwangsvollstreckung. Gegen sie sind je nach dem Verfahren des Gerichts die Erinnerung nach § 766 oder die sofortige Beschwerde nach § 567 I, 793 zulässig, § 766 Rn 46–48, § 928 Rn 4, Köln Rpfleger **86**, 268. Auch der Sequester kann sich gegen die Festsetzung der Vergütung beschweren, Saarbr DGVZ **77**, 189. Dafür besteht kein Anwaltszwang, § 78 Rn 1. Der Betroffene kann sich gegen einzelne Maßnahmen

Abschnitt 5. Arrest und einstweilige Verfügung §§ 938–940

des Sequesters mit der Erinnerung wenden, § 766, aM LG Mönchengladb DGVZ **82**, 122 (aber auch der Sequester handelt in der Zwangsvollstreckung).

6) Gebot und Verbot, II. Das Verfügungsgericht darf tatsächliche oder rechtliche Handlungen jeder Art **26** gebieten oder verbieten. Das darf aber nur gegenüber dem Schuldner und ohne einen Eingriff in ein Recht eines Dritten geschehen. Das Gericht darf namentlich einen Erwerb oder eine Veräußerung verbieten, BVerfG RR **92**, 898, BayObLG **97**, 57, Heydrich MDR **97**, 796. Eine Eintragung in das Grundbuch oder in ein Register hat nur für den Ausschluß des guten Glaubens eine Bedeutung. Ein Verfügungsverbot kommt erst ab Erlaß des Pfändungsbeschlusses in Betracht, Düss RR **88**, 266. In der Regel sollte man eine Vormerkung vorziehen, BVerfG RR **92**, 898, oder einen ein Widerspruch, zB nach §§ 885 I 1, 899 II 1 BGB, 21 SchiffsG. Eine einstweilige Verfügung zum Nachteil des Gläubigers ist unzulässig. Der Vollzug der einstweiligen Verfügung erfolgt nach § 936 Rn 7 „§ 929, Vollstreckungsklausel, Vollziehungsfrist". Wegen der Wiederaufnahme der Arbeit und des Verbots eines anderen Arbeitsplatzes § 940 Rn 16 „Arbeitsrecht".

7) VwGO: Auf die einstwAnO entsprechend anwendbar, § 123 III VwGO, VGH Kassel NJW **87**, 1571 u **27** AS **5**, 228, vgl KoppSch § 123 Rn 28, Schoch S 1668 ff (zur einstwAnO bei behördlicher Ermessensentscheidung S 1673 ff), Finkelnburg/Jank Rn 248 ff. Ihr Inhalt bestimmt sich in erster Linie nach den Grundsätzen der Rn 1 ff, nicht nach der betreffenden (außerprozessualen) materiellrechtlichen Regelung, VGH Mü BayVBl **83**, 406, Finkelnburg/Jank Rn 251. Zur Zulässigkeit und Anfechtbarkeit vorläufiger Maßnahmen (Hängebeschlüssen) Ey 60 u KoppSch 29 zu § 123 mwN, VGH Mü BayVBl **00**, 347.

939 *Aufhebung gegen Sicherheitsleistung.* **Nur unter besonderen Umständen kann die Aufhebung einer einstweiligen Verfügung gegen Sicherheitsleistung gestattet werden.**

1) Systematik. Man muß drei Aspekte beachten. **1**
A. Sonderregel. § 939 ersetzt die §§ 923, 934 I, 925 II, zum Teil auch den § 927. Das Gericht darf eine einstweilige Verfügung nur auf Grund eines Widerspruchs nach §§ 924, 936 oder nach § 939 aufheben, LG Aachen VersR **92**, 338. Das darf aber nicht durch eine zweite einstweilige Verfügung geschehen. Das Gericht muß nicht nur den Vollzug aufheben, sondern auch die eigentliche einstweilige Verfügung.
B. Besondere Umstände, Sie sind eine notwendige Voraussetzung jeder Aufhebung, Ffm MDR **83**, **2** 586. Eine gewöhnliche Schädigung des Schuldners infolge der Vollstreckung der einstweiligen Verfügung genügt also nicht. Ebensowenig genügt meist eine Schuldnerbürgschaft, Hamm OLGZ **93**, 331. Das Gericht muß über das Vorliegen besonderer Umstände nach pflichtgemäßem Ermessen entscheiden.
C. Sicherheitsleistung. Die Aufhebung nach § 939 darf nur gegen eine nach Art und Höhe gemäß **3** § 108 genau bezeichnete Sicherheitsleistung geschehen. Die Sicherheitsleistung muß nach Art und Höhe voll gewährleisten, daß der Gläubiger den Zweck der einstweiligen Verfügung erreichen kann, Köln NJW **75**, 454, LG Aachen VersR **92**, 338. Diese Gewährleistung zum Nachteil ist meist möglich. Sie ist aber immerhin auch im Fall des § 648 BGB denkbar, Köln NJW **75**, 454. Freilich muß das Gericht die Tauglichkeit der Sicherheit prüfen. Es kann zB eine Bankbürgschaft ausreichen, § 108 Rn 10, Köln NJW **75**, 454, LG Aachen VersR **92**, 338. Das Einverständnis des Gläubigers genügt. Es fehlt aber dann, wenn der Kläger eine Abweisung und nur hilfsweise eine Aufrechterhaltung gegen eine Sicherheitsleistung beantragt.

2) Regelungszweck. Eine Geldleistung kann einen gegenständlichen Anspruch in aller Regel nicht **4** sichern, LG Aachen VersR **92**, 338. Zumindest muß deshalb auch eine strenge Prüfung stattfinden. Das Gericht muß eine fühlbar hohe Sicherheitsleistung bestimmen, um die Risiken in vertretbaren Grenzen zu halten.

3) Verfahren. Die Sicherheitsleistung braucht im Zeitpunkt der Gestattung noch nicht vorzuliegen, Köln **5** NJW **75**, 455. Das Gericht gestattet sie in folgender Weise: In der einstweiligen Verfügung selbst (nicht etwa in einer zweiten einstweiligen Verfügung; auf Grund eines Widerspruchs im Urteil wie in den Fällen der §§ 924 ff; im Berufungsrechtszug, Ffm MDR **83**, 586. Dann ist eine mündliche Verhandlung notwendig, § 128 Rn 4, Celle OLGZ **78**, 490 (bei einem Verstoß ist kein Rechtsmittel gegeben); durch ein Urteil wegen veränderter Umstände, § 927. Der Schuldner ist dann der Kläger, § 927. Das Gericht entscheidet auf Grund einer mündlichen Verhandlung im Verfahren nach § 924 oder nach § 927, auch im Berufungsrechtszug, Köln NJW **75**, 454. Nach der Sicherheitsleistung erfolgt eine Einstellung der Zwangsvollstreckung nach § 775 Z 1 und 3, § 776, ZöV 2, aM Köln NJW **75**, 455 (die Zwangsvollstreckung dürfe ohne weiteres eingestellt werden), LG Aachen VersR **92**, 339 (mit der Sicherheitsleistung erfolge die Aufhebung ohne weiteres Verfahren. Aber die Lage muß eindeutig sein).

4) VwGO: Gilt entsprechend für die einstwAnO, § 123 III VwGO, Finkelnburg/Jank Rn 524; die Vorschrift **6** bedeutet eine Einschränkung der durch § 927 eröffneten Möglichkeiten, Schoch S 1702. Im Hinblick auf § 80 IV VwGO, § 927 Rn 14, ist jedoch eine Aufhebung auch ohne Sicherheitsleistung zuzulassen, wenn die Interessenabwägung dies fordert, aM OVG Lüneb NJW **71**, 110.

940 *Einstweilige Verfügung zur Regelung eines einstweiligen Zustandes.* **Einstweilige Verfügungen sind auch zum Zwecke der Regelung eines einstweiligen Zustandes in Bezug auf ein streitiges Rechtsverhältnis zulässig, sofern diese Regelung, insbesondere bei dauernden Rechtsverhältnissen zur Abwendung wesentlicher Nachteile oder zur Verhinderung drohender Gewalt oder aus anderen Gründen nötig erscheint.**

Schrifttum: *Compensis,* Die einstweilige Verfügung auf Unterhaltsleistung, 1991; *Gießler,* Vorläufiger Rechtsschutz in Ehe-, Kindschafts- und Familiensachen, 2. Aufl 1993; *Kininger,* Einstweilige Verfügungen zur Sicherung von Rechtsverhältnissen, Wien 1991; *Kleffmann,* Unbekannt als Parteibezeichnung, Zivilpro-

§ 940

zessuale Möglichkeiten und Grenzen, dargestellt am Beispiel einer auf Räumung gerichteten einstweiligen Verfügung gegen Hausbesetzer, 1983; *Kopoulos*, Die Grenzen der Befriedigungsverfügung usw, 1983; *Schilken*, Die Befriedigungsverfügung usw, 1976; *Traub*, Verlust der Eilbedürftigkeit durch prozessuales Verhalten des Antragsgegners, Festschrift für *Hefermehl* (1996) 707; *Weiland*, Die Sicherung konkurrierender Sachleistungsansprüche im Wege einstweiliger Verfügung durch Vormerkung und Verfügungsverbot, 1992. Vgl auch Grdz vor § 916 sowie die Hinweise vor § 935 Rn 1.

Gliederung

1) Systematik	1	4) Ernstliches Bedürfnis		6–11
2) Regelungszweck	2	5) Beispiele zur Frage der Zulässigkeit ...		12–46
3) Geltungsbereich	3–5	6) *VwGO*		47

1   **1) Systematik.** Die Abgrenzung gegenüber § 935 ist unsicher, Held DB **85**, 1691. Sie ist aber praktisch unerheblich. Denn beide Fälle unterliegen derselben Behandlung nach den §§ 936–939, Ffm NJW **75**, 392, aM Schilken 126 (bei § 935 erfolge keine Interessenabwägung. Vgl aber § 935 Rn 18). § 940 setzt voraus, daß die einstweilige Verfügung zur Regelung eines einstweiligen Zustands notwendig scheint. Soweit ein selbständiges Beweisverfahren nach §§ 485 ff in Betracht kommt, ist ein Verfahren nach §§ 935 ff unzulässig, Köln VersR **96**, 734. Es muß ein streitiges Rechtsverhältnis vorliegen, Düss WertpMitt **78**, 359, LAG Düss NZA-RR **04**, 182. Es braucht nicht notwendig ein dauerndes Rechtsverhältnis streitig zu sein, also nicht etwa ein Besitz. Das ergibt sich schon aus dem Gesetzesausdruck „insbesondere". Das Gericht muß dabei die Gesamtheit der rechtlichen Beziehungen zwischen den Parteien beachten. Es genügt, daß der Antragsgegner das Recht des Antragstellers bestreitet. Das Recht des Antragstellers braucht also nicht bereits verletzt zu sein. Es genügt auch, daß der Antragsgegner das Recht des Antragstellers zwar nicht bestreitet, wohl aber verletzt.

Die bloße *Besorgnis* eines unerlaubten Eingriffs reicht dann aus, wenn diese Besorgnis schon erheblich ist. Eine allgemeine Ungewißheit wie bei jedem Streit reicht also nicht aus. § 940 setzt nicht unbedingt voraus, daß der Gläubiger einen sachlichrechtlichen Anspruch *hat*. Es reicht vielmehr aus, daß der Gläubiger im Gegensatz zum Schuldner einen sachlichrechtlichen Anspruch beliebiger Art haben *kann*, Kblz RR **86**, 1039. Der Anspruch entsteht aber nicht schon durch das Prozeßrechtsverhältnis dieses Verfahrens, Grdz 4 vor § 128, Stgt RR **86**, 1448. Der Anspruch braucht kein vermögensrechtlicher zu sein. Es reicht aus, daß der ordentliche Rechtsweg zulässig ist, § 13 GVG.

2   **2) Regelungszweck.** Die einstweilige Verfügung nach § 940 ist das bei weitem am häufigsten angestrebte Ziel aller Eilverfahren. Sie dient weniger der künftigen Verwirklichung eines Anspruchs als vielmehr der Sicherung des Rechtsfriedens beim Einl III 43 durch eine vorläufige Regelung eines Zustands durch eine sog Regelungsverfügung, AG Lörrach WoM **02**, 95, Jauernig ZZP **79**, 331. Dabei muß man die Interessen der Parteien wegen des Eilcharakters des Verfahrens und des eventuellen Fehlens der Anhörung des Antragsgegners trotz der Vorläufigkeit der Entscheidung besonders sorgfältig abwägen, AG Lörrach WoM **02**, 95. Das Gesetz läßt dem Gericht ein zwar pflichtgemäßes, aber doch enorm weites Ermessen. Eine ganze Reihe von unbestimmten Rechtsbegriffen in § 940 läßt sich äußerst unterschiedlich auslegen. Das zeigt schon die lange Liste von Beispielen in Rn 12 ff.

Das gerade im Gewerblichen Rechtsschutz wegen § 12 II UWG vielfach nicht besonders zu prüfende, im übrigen aber stets zu klärende *besondere Eilbedürfnis* darf weder ge unüberlegter Hast noch dazu führen, von jeder Anhörung des Gegners prinzipiell abzusehen. Andererseits geht es oft genug um Stunden. In solcher Lage darf und muß der Richter zwar befugt bleiben, seine Eilentscheidung ausreichend zu durchdenken. Er sollte aber schon versuchen, jedenfalls nicht bis zum Folgetag zu warten. Er arbeitet ja auch durchweg mit bemerkenswertem Soforteinsatz. Der Antragsteller sollte ihm die Arbeit durch eher einen zusätzlichen Satz der Antragsbegründung erleichtern.

3   **3) Geltungsbereich.** Die einstweilige Verfügung ist grundsätzlich in allen Verfahren nach der ZPO statthaft. Sie ist ausnahmsweise in einer Reihe von Situationen unstatthaft, in denen der Grundgedanke nicht paßt oder in denen ähnliche spezielle Sonderregeln Vorrang haben, Rn 12 ff. Die wichtigsten werden im folgenden vorab zusammengefaßt.

4   Eine einstweilige Verfügung ist zB unstatthaft, soweit in einer *Unterhaltssache* außerhalb einer Ehe- oder Familiensache § 127 a oder in einer Ehe- oder Familiensache die §§ 620 ff, 644 anwendbar sind, Rn 26 „Unterhalt", BGH FamRZ **80**, 175, Karlsr FER **99**, 231 (auch zur Abgrenzung), Kblz FamRZ **97**, 1412, aM Karlsr FamRZ **84**, 53 für den Fall einer bloßen Wohnungsaufteilung (vgl aber § 940 a), Kblz FamRZ **89**, 196 (für den Fall einer erst nach dem Antrag möglichen Verfahrens nach §§ 620 ff. Aber auch so manche Klage kann ebenfalls nachträglich zB wegen Wegfall des weiteren Rechtsschutzbedürfnisses unzulässig werden). Das Verfügungsgericht darf und muß aber den Antrag in das Zulässige umdeuten, Grdz 52 vor § 128, Brdb FamRZ **96**, 1222. Eine einstweilige Verfügung ist ferner unstatthaft, soweit in einer sonstigen Familiensache § 621 f anwendbar ist, Hamm NJW **78**, 2515, oder soweit in einer Kindschaftssache § 641 d anwendbar ist. Eine einstweilige Verfügung nach § 1615 o BGB bleibt zulässig. Wenn es nach den in § 883 Rn 18 genannten Vorschriften um die Herausgabe eines Kindes geht, dann ist eine einstweilige Verfügung nur in seltenen Ausnahmefällen zulässig. Die Herausgabe erfolgt dann an einen Beanspracher, am ehesten an einen Pfleger oder einen beiderseitigen Angehörigen.

5   Die einstweilige Verfügung ist *ferner grundsätzlich unanwendbar*, soweit die HausrVO anwendbar ist, Ffm FamRZ **79**, 516, Schlesw SchlHA **78**, 120. Eine einstweilige Verfügung kann danach freilich ausnahmsweise zulässig sein, Stgt FamRZ **78**, 687. Dann ist für sie das FamG zuständig, Düss FamRZ **78**, 523, Ffm FamRZ **79**, 516, aM Düss Rpfleger **79**, 75 (inkonsequent). §§ 28 ff, 180 ZVG beseitigen nicht stets die Zulässigkeit einer einstweiligen Verfügung nach den §§ 935, 940, aM Schlesw SchlHA **89**, 44 (aber die Zielrichtung kann bei §§ 935 weiter gehen). Trotz der Vereinbarung eines Schiedsgerichts bleibt das staatliche Gericht für eine etwa notwendige einstweilige Verfügung zuständig, sofern die jeweilige Schiedsgerichtsordnung kein entsprechendes Verfahren kennt oder soweit dieses nicht genug helfen könnte.

4) Ernstliches Bedürfnis. Für den Antrag genügt jedes ernstliche Bedürfnis des Gläubigers, Düss **6** FamRZ **91**, 1181. Er muß bei einem Unterlassungsanspruch die Wiederholungsgefahr glaubhaft machen. Bei (jetzt) § 12 II UWG genügt allerdings die bloße Behauptung der Wiederholungsgefahr, Hamm GRUR **80**, 929, AG Hbg-Wandsbek ZMR **02**, 130, Fritze GRUR **79**, 292. Die Vorschrift gilt auch im Markenrecht, Ffm BB **00**, 320 (zustm Wielf), aM Ffm (6. ZS) GRUR **02**, 1096. Wiederholungsgefahr ist aber grundsätzlich nicht dasselbe wie ein Verfügungsgrund, Drsd NJW **05**, 1871.

Als ernsthaftes Bedürfnis nennt § 940 als Beispiel die *Abwendung wesentlicher Nachteile.* Hierher gehört eine einstweilige Verfügung auf eine Zahlung. Sie enthält eine vorläufige Verurteilung, Grdz 5 vor § 916. Das Gesetz nennt ferner als bloßes Beispiel die *drohende Gewalt.* Es sind aber auch andere Gründe möglich, LAG Düss NZA-RR **04**, 182. Sie können zB bei einem Grenzstreit vorliegen. Ein wiederholter Antrag kann nur dann ausreichen, wenn die vorausgegangene Anordnung noch nicht ausreichte, KG RR **92**, 318, sonst nicht, Ffm NJW **05**, 3222. Nach Rücknahme des Antrags beim Gericht A wegen dessen sofortiger Bedenken kann ein Antrag beim Gericht B durchaus noch eilbedürftig sein, Düss GRUR-RR **05**, 102, aM Ffm NJW **05**, 3222. Stets muß eine Gefährdung gerade des Gläubigers vorliegen, Ffm NW **02**, 903, KG NJW **93**, 1480. Es genügt also nicht, daß nur dem Schuldner ein Nachteil droht. Das Gericht bestimmt nach pflichtgemäßem Ermessen nach § 938 welche Maßnahmen notwendig sind.

Verzögerung kann die Eilbedürftigkeit entfallen lassen, Rn 27, LAG Nürnb NZA-RR **05**, 255, Traub (vor Rn 1 und) GRUR **96**, 707. Man darf sie aber nicht zu rasch annehmen, insbesondere nicht, wenn man andererseits grundsätzlich dazu neigt, eine zeitlich unbefristete Eilanordnung als zulässig anzusehen. Denn durch solche nach Grdz 9 vor § 916 problematische Handhabung würde man bei strenger Auslegung des Verzögerungsbegriffs systematisch in noch größere Probleme geraten. Es kann durchaus vernünftige Gründe für einen besonnenen Gläubiger geben, mit einem Eilantrag noch etwas zu warten, etwa weil er sich zwischenzeitlich Besserung verspricht. Ihn geradezu zu ermuntern, sehr rasch eine dann auch noch volle Leistungsverfügung zu fordern, dient kaum dem Rechtsfrieden. § 12 II UWG schafft eine Dringlichkeitsvermutung, Köln WettbR **98**, 247 (auch zu den Grenzen), § 935 Rn 18. Sie ist aber jedenfalls beim Zuwarten von 6 Wochen widerlegt, Köln WettbR **00**, 173. Verzögerung gegenüber Dritten ist unschädlich, Stgt GRUR-RR **05**, 308.

Die einstweilige Verfügung darf also grundsätzlich nicht die Hauptsache vorwegnehmen, Grdz 5 vor **7** § 916, LG Gera WoM **98**, 496. Das Gericht darf nicht einen *Dritten* verpflichten oder entrechten. Die Erwägung, daß der Schuldner dem Gläubiger ja den Schaden ersetzen könne, ist kein Ablehnungsgrund, Fritze GRUR **79**, 292. Wenn der Gläubiger längere Zeit hindurch abgewartet hat und nun erst den Antrag auf den Erlaß einer einstweiligen Verfügung stellt, dann kommt es darauf an, ob das Rechtsschutzbedürfnis nach Grdz 33 vor § 253 weggefallen ist, Oldb FamRZ **97**, 182, AG Neuss RR **91**, 1168, oder ob der sachlichrechtliche Anspruch gerade wegen dieses Abwartens erloschen ist, Ffm GRUR **76**, 664. Es kommt also zB darauf an, ob der Gläubiger sein Recht *verwirkt* hat oder ob er nunmehr arglistig handelt, oder ob er also einen Rechtsmißbrauch treibt, Einl III 54. Er darf auch eine einstweilige Verfügung nicht erneut beantragen, wenn er zuvor nicht nach einem Erfolg im Eilverfahren dann auch zur Hauptsache geklagt hatte, AG Groß Gerau MDR **85**, 593. Wegen §§ 51 a, b GmbHG Emde ZIP **01**, 824.

Es kann für den Gläubiger schädlich sein, wenn er eine *Frist zur Begründung* seines Rechtsmittels voll **8** ausnutzt, Düss WettbR **97**, 22 (Fallfrage) Mü GRUR **76**, 151, oder wenn er gar die zweimonatige Verlängerung der Rechtsmittelbegründungsfrist fast voll ausschöpft, Düss GRUR-RR **03**, 31 (keine Hinweispflicht des Gerichts?), Mü GRUR **80**, 330. Die Vollzugsfrist des § 929 II darf man aber voll ausnutzen, Ffm GRUR **02**, 237. Der Arbeitgeber darf den Gütetermin abwarten, LAG Düss DB **78**, 1283.

Das *Rechtsschutzbedürfnis* nach Grdz 33 vor § 253 ist auch in diesem Verfahren stets erforderlich, Ffm NJW **9** **75**, 393. Es fehlt, wenn der Gläubiger den mit dem Antrag auf den Erlaß der einstweiligen Verfügung verfolgten Zweck anders billiger und rascher erreichen kann, Karlsr RR **96**, 960 (schon Haupttitel), Hamm FamRz **02**, 618 (§ 769). Das Rechtsschutzbedürfnis fehlt auch nicht, wenn eine Wiederholungsgefahr dadurch gebannt ist, daß der Schuldner dem Gläubiger eine Vertragsstrafe versprochen hat. Eine derartige inhaltlich ausreichende Erklärung beseitigt jedenfalls die Wiederholungsgefahr meist unabhängig davon, ob der Gegner das Versprechen auch annimmt, Mü RR **03**, 1489. Nur für die Vertragsstrafe selbst mag die Annahme notwendig sein. Ein derartiges Versprechen zugunsten eines Dritten würde das Rechtsschutzbedürfnis des Gläubigers allerdings nicht beseitigen, Stgt GRUR **78**, 540. Es fehlt dann schon die Tatbestandsmäßigkeit, BGH GRUR **80**, 242, Sommerlad NJW **84**, 1490.

Wenn eine *Vertragsstrafe* zugunsten des Gläubigers versprochen wurde, dann entsteht ein Rechtsschutzbedürfnis des Gläubigers für eine einstweilige Verfügung selbst dann nicht stets, wenn der Schuldner gegen sein Versprechen verstößt. Das gilt, sofern man unverändert annehmen kann, daß er sein Versprechen an sich ernst genommen hat. Wenn der Schuldner keine Vertragsstrafe versprochen hatte, dann entsteht ein Rechtsschutzbedürfnis des Gläubigers nicht schon jedem Verstoß des Schuldners, solange der Verstoß nur infolge des Irrtums eines Werbeträgers erfolgte. Dagegen bleibt ein Rechtsschutzbedürfnis bestehen, wenn ein gezielter neuer Verstoß erfolgt. Das gilt selbst dann, wenn der Geschädigte ein vorangegangenes Unterlassungsversprechen zu Unrecht zurückgewiesen hat, Hamm NJW **79**, 1573.

Der Gläubiger muß in seinem Antrag das zugrundeliegende Rechtsverhältnis *darlegen,* wie bei § 253 **10** Rn 32. Die einstweilige Verfügung wahrt die Belange des Gläubigers. Das Gericht muß aber die Interessen des Schuldners wenigstens insoweit mitberücksichtigen, als sein Nachteil nicht außer jedem Verhältnis zum Vorteil des Gläubigers stehen darf, Grdz 34 vor § 704, Hamm RR **90**, 1236 (betr ein Mietverbot). Wenn der Schuldner eine rechtswidrige Behauptung unterlassen soll, dann muß er ihre Berechtigung nach §§ 294, 920 II, 936 glaubhaft machen, falls er erreichen will, daß das Gericht den Antrag des Gläubigers zurückweist. Der Schuldner muß also zB dann, wenn ihm eine objektiv beleidigende Behauptung vorgeworfen wird, deren Wahrheit glaubhaft machen. Die Gegenmeinung trägt dem praktischen Bedürfnis und den prozessualen Möglichkeiten keine Rechnung.

Die einstweilige Verfügung berührt weder den sachlichrechtlichen Anspruch noch die Parteistellung im **11** Hauptprozeß, Grdz 15 vor § 50. Das Verfahren auf den Erlaß der einstweiligen Verfügung und der *Haupt-*

§ 940

prozeß können *gleichzeitig* zulässig sein. Die einstweilige Verfügung kann kaum der Weg sein, komplizierte tatsächliche und/oder rechtliche Fragen auch nur vorläufig zu klären, Ffm NJW **89**, 409.

12 **5) Beispiele zur Frage der Zulässigkeit,** vgl auch § 935 Rn 3–6:
Allgemeine Geschäftsbedingungen: Der Gesetzgeber hat es abgelehnt, eine dem § 12 II UWG vergleichbare Erleichterung zu schaffen, Bunte DB **80**, 484. Nach einer erfolglosen Abmahnung ist eine einstweilige Verfügung zulässig, Bunte DB **80**, 485. Eine einstweilige Verfügung ist (jetzt) auch beim UKlaG möglich, so schon (je zum alten Recht) Düss NJW **89**, 1487, Marly NJW **89**, 1473. Das Gericht muß die Dringlichkeit auch dann von Fall zu Fall prüfen, Düss NJW **89**, 1487, Ffm NJW **89**, 1489, großzügiger Marly NJW **89**, 1474.
Altenheim: Das Zutrittsverbot gegen nahe Angehörige schafft ein Regelungsbedürfnis, Rn 11, Düss FamRZ **91**, 1181, Köln VersR **97**, 468.
Anfechtungsgesetz: Ein Verfügungsverbot kann zur Sicherung eines Anspruchs nach § 7 I AnfG zulässig sein, BGH FamRZ **92**, 663.

13 **Arbeitsrecht,** dazu *Clemenz* NZA **05**, 129, *Reinhard/Kliemt* NZA **05**, 545 (je: Üb); *Dorndorf/Weiss,* Warnstreiks und vorbeugender Rechtsschutz gegen Streiks, 1983: Bei einem Streit auf Grund eines Arbeitsrechtsverhältnisses ist eine einstweilige Verfügung grds zulässig, ArbG Detm BB **79**, 218, ArbG Wetzlar DB **87**, 1899 (Herausgabe des Firmenwagens).
Eine einstweilige Verfügung ist im allgemeinen *nicht* zulässig, wenn abgesehen von den oben erörterten Fällen unsicher ist, ob das Arbeitsrechtsverhältnis besteht.
– **(Abmahnung):** *Unzulässig* ist eine Untersagung der Erteilung einer Abmahnung, LAG Köln BB **96**, 2255.
– **(Abbruch der Betriebsratswahl):** Zulässig ist eine Maßnahme zwecks Abbruch einer Betriebsratswahl, LAG Hamm DB **94**, 992.
– **(Adressen, Namen):** Zulässig ist eine einstweilige Verfügung auf die Herausgabe von Adressen und Namen der nicht anders sofort erreichbaren Mitarbeiter an den Betriebsrat wegen einer Betriebsversammlung, ArbG Bln NZA-RR **04**, 642.
– **(Arbeitskampf):** Zulässig ist eine einstweilige Verfügung grds im Arbeitskampf, soweit er rechtmäßig ist, BAG NJW **78**, 2116, LAG Ffm NZA-RR **05**, 262, LAG Hamm BB **91**, 843 (wegen Fortführung).
Unzulässig sein kann ein Verbot des Warnstreiks, LAG Hamm DB **87**, 846, aM LAG Hann DB **88**, 714.
– **(Arbeitslosengeld):** Man muß bei der Bemessung des Anspruchs auch im Eilverfahren stets das Arbeitslosengeld mitberücksichtigen. Es reicht in diesen Fällen aus, daß die Kündigung des Arbeitgebers nicht offenkundig rechtswirksam ist, aM ArbG Bln DB **76**, 2165.
S auch Rn 15 „– (Früheres Arbeitsverhältnis)".
– **(Arbeitsversäumnis):** Wegen einer Arbeitsversäumnis Dütz DB **76**, 1431.
– **(Arbeitszeit):** Zulässig ist eine Maßnahme nun wegen einer Neuregelung der Arbeitszeit, LAG Düss NZA-RR **04**, 182 (Verringerung), ArbG Münst BB **87**, 61, aM ArbG Kblz DB **86**, 487.
Eine Arbeitszeitbeschränkung kommt *nur ausnahmsweise* infrage, etwa zur Abwendung wesentlicher Nachteile, LAG Köln MDR **02**, 1257.
– **(Auskunft):** Wegen einer Auskunft des Arbeitgebers an einen Betriebsrat und an die Gewerkschaft LAG Bln DB **84**, 1937, LAG Hamm BB **77**, 1606, LAG Köln MDR **99**, 1204.
S auch Rn 17 „Auskunft, Rechnungslegung".

14 – **(Bankkredit):** Rn 15 „– (Darlehen)".
– **(Befriedigung):** Auch im Arbeitsrecht kommt eine sog Befriedigungsverfügung *nur ausnahmsweise* in Betracht, Grdz 6 vor § 916, § 940 Rn 7, LAG Drsd MDR **01**, 882.
– **(Beschäftigungsanspruch),** dazu *Pallasch,* Der Beschäftigungsanspruch des Arbeitnehmers (1993) 115: Es ist ein Verfügungsgrund erforderlich, LAG Nürnb NZA-RR **05**, 255. Zulässig ist grds eine Maßnahme zur Sicherung des Anspruchs auf Beschäftigung oder Weiterbeschäftigung bis zum Zeitpunkt der Rechtskraft einer Entscheidung im Hauptprozeß (zu diesem Zeitpunkt BAG NJW **85**, 2968, Löwisch VersR **86**, 404), LAG Bln BB **91**, 1198 (Ausnahme bei erneuter vertragsgemäßer Beschäftigung), ArbG Lpz BB **97**, 366, aM LAG Hamm MDR **98**, 1036 (nur in Not), KrG Schwerin-Stadt BB **91**, 843 (wegen eines früheren Stasi-Mitarbeiters). Der Arbeitnehmer muß aber im Kündigungsschutzprozeß eine Möglichkeit der Geltendmachung auch ausgeschöpft haben, LAG Köln BB **01**, 103. Man muß strenge Anforderungen stellen, LAG Köln BB **05**, 784 (finanzielle Schwierigkeiten reichen nicht), ArbG Stralsund NZA-RR **05**, 23. Der Mitarbeiter kann den Beschäftigungsanspruch des Arbeitnehmers durch dessen Freistellung ab etwaiger Kündigung ausschließen, LAG Hamm NZA-RR **05**, 358.
Unzulässig ist eine Anordnung der Weiterbeschäftigung an einem vom Arbeitgeber endgültig aufgegebenen Arbeitsplatz, LAG Hamm NZA-RR **04**, 247.
– **(Beschluß- oder Urteilsverfahren):** Zu dem Problem, ob das Beschluß- oder das Urteilsverfahren stattfindet, ArbG Wetzlar BB **89**, 1488.
– **(Betriebsänderung):** *Unzulässig* ist eine Maßnahme zwecks Betriebsänderung, LAG Köln NZA-RR **05**, 199, ArbG Herne DB **91**, 2296, Bengelsdorf DB **90**, 1238 und 1282.
– **(Betriebsbedingte Entlassung):** Zulässig ist eine Maßnahme gegen eine betriebsbedingte Entlassung vor dem Abschluß der Verhandlungen über einen Interessenausgleich, ArbG Jena BB **92**, 2223, Ehler BB **94**, 2273, aM LAG Ffm BB **84**, 145.
– **(Betriebsrat):** S bei den einzelnen Arten seiner Tätigkeit.
– **(Betriebsratsmitglied):** Zulässig ist eine einstweilige Verfügung zwar gegen ein einzelnes Mitglied des Betriebsrats, LAG Mü BB **93**, 2168, oder gegen mehrere oder sämtliche Mitglieder, *nicht* aber gegen den Betriebsrat als solchen, LAG Hbg BB **77**, 846.
Unzulässig ist grds ein Verbot der Ausübung des Amts, LAG Mü BB **93**, 2168.
S auch Rn 16 „– Schulungsveranstaltung)", Rn 17 „– (Wahlvorstand)", „– (Zustimmung zur Entlassung)".

Abschnitt 5. Arrest und einstweilige Verfügung § 940

- **(Betriebsratswahl):** Eine auf deren Abbruch gerichtete einstweilige Verfügung ist nur bei Gefahr der Nichtigkeit der Wahl zulässig, LAG Köln BB **01**, 1356. Man kann die Vorlage einer Mitarbeiterliste zwecks Aufstellung einer Wählerliste durch einstweilige Verfügung erzwingen, LAG Hamm NZA-RR **05**, 373.
- **(Betriebsverfassung):** Wegen § 2 II *BetrVG* LAG Düss BB **89**, 286 (sehr großzügig); wegen § 87 I *BetrVG* LAG Ffm BB **88**, 68, LAG Köln BB **85**, 1332; wegen § 102 V 2 *BetrVG* ArbG Düss DB **84**, 618 (der Arbeitgeber kann und muß eine einstweilige Verfügung selbst beantragen), aM Dütz DB **78**, Beilage 13, S 9; wegen § 111 S 1 *BetrVG* LAG Düss BB **97**, 1315, ArbG Köln BB **93**, 2311, Ehrich BB **93**, 356 (ausf); wegen § 112 *BetrVG* ArbG Düss DB **83**, 2093; wegen § 112 a *BetrVG* ArbG Passau BB **97**, 1315; wegen § 113 *BetrVG* BAG DB **92**, 380, ArbG Neustrelitz BB **95**, 206.
- **(Betriebszutritt):** Man muß betriebsbedingte Grenzen einhalten, LAG Mü NZA-RR **03**, 641.
- **(Darlehen):** Das Gericht darf den Arbeitnehmer nicht stets auf die Möglichkeit der Aufnahme eines 15 Darlehens (Bankkredit) verweisen.
- **(Einigungsstelle):** Eine einstweilige Verfügung gegen den Spruch der Einigungsstelle kommt nur in engen Grenzen in Betracht, BAG BB **00**, 988 (bei offensichtlicher Rechtswidrigkeit). Zulässig ist eine Maßnahme zur Durchführung, LAG Bln BB **91**, 206, zur Verhinderung, Kürtner DB **88**, 707, oder zur Aussetzung des Spruches einer Einigungsstelle, LAG Bln BB **85**, 1199.
- **(Entlassung):** S bei den einzelnen Umständen der Entlassung.
- **(Feststellung):** *Unzulässig* ist eine einstweilige Verfügung auf bloße Feststellung, LAG Mü NZA-RR **05**, 354.
- **(Früheres Arbeitsverhältnis):** *Unzulässig* ist grds eine Maßnahme, soweit sich die Partner eines früheren Arbeitsverhältnisses nach dem Ablauf der Kündigungsfrist über deren Wirksamkeit noch streiten, zumal der frühere Arbeitnehmer dann einen Anspruch auf die Zahlung eines Arbeitslosengeldes haben dürfte.
  S auch Rn 13 „– (Arbeitslosengeld)".
- **(Lehre):** Wegen eines Weiterbeschäftigungsanspruchs nach Lehrabschluß LAG Kiel BB **85**, 2412.
- **(Lohnzahlung):** Eine einstweilige Verfügung auf Lohnzahlung setzt als sog Leistungsverfügung nach Grdz 6 vor § 916 eine Notlage und hohe Erfolgsaussicht des Hauptanspruchs voraus, unten „– (Notlage)", LAG Ffm DB **96**, 48, ArbG Ffm DB **99**, 259 (strenge Anforderungen).
- **(Mitbestimmung):** Vgl *Schwonberg*, Die einstweilige Verfügung des Arbeitgebers in Mitbestimmungsangelegenheiten usw, 1997.
- **(Namen):** Rn 13 „(Adressen, Namen)".
- **(Neuer Arbeitsplatz):** Rn 17 „– (Wiederaufnahme der Arbeit)".
- **(Notlage):** Zulässig ist eine Maßnahme gegen eine auch betriebsbedingte Entlassung, soweit sich der Arbeitnehmer dadurch in einer Notlage befindet und soweit die überwiegende Wahrscheinlichkeit dafür spricht, daß die Entlassung unwirksam ist, LAG Ffm NJW **78**, 76, LAG Kiel DB **76**, 826, ArbG Aachen BB **78**, 1415.
- **(Persönlichkeitsrecht):** Zulässig ist eine Maßnahme zur Verhinderung einer Beeinträchtigung des Persönlichkeitsrechts des Gegners, LAG Drsd MDR **99**, 812.
- **(Schulungsveranstaltung):** *Unzulässig* ist eine Freistellung eines Mitglieds des Betriebsrats für eine 16 Schulungsveranstaltung, LAG Köln DB **04**, 551, ArbG Bln DB **76**, 2483.
- **(Sozialhilfe):** Das Gericht darf den Arbeitnehmer nicht auf etwaige Ansprüche nach dem BSHG verweisen.
- **(Streik):** Rn 13 „– (Arbeitskampf)".
- **(Unterlassung):** Zulässig ist eine Maßnahme mit dem Ziel, einen Unterlassungsanspruch durchzusetzen, etwa um zu verhindern, daß der Arbeitnehmer mit dem Unternehmen in einen Wettbewerb eintritt, LAG Mü NJW **80**, 957, aM ArbG Mü DB **78**, 1649 (es müsse eine offenbare Rechtswidrigkeit vorliegen oder die Existenz des Arbeitnehmers bedroht sein).
  Meist unzulässig ist eine Maßnahme auf Unterlassung von Mehrarbeit, ArbG Bielef BB **96**, 1115.
- **(Unwirksamkeit der Entlassung):** Rn 15 „– (Notlage)".
- **(Urlaub):** *Unzulässig* ist eine Urlaubsgewährung, soweit der Urlaubsanspruch zwar wegen Zeitablaufs scheinbar zu erlöschen droht, in Wahrheit aber zu einem späteren Zeitpunkt als Schadensersatzanspruch genommen werden und insofern auch in einem Hauptprozeß geltend gemacht werden kann, LAG Hamm MDR **90**, 657. Freilich mag der Arbeitnehmer aus persönlichen Gründen gerade in nahen Zeitpunkt Urlaub haben wollen, auf der ja grds Anspruch zum Zeitpunkt seiner und nicht des Arbeitgebers Wahl hat, sofern nicht zwingende betriebliche Gründe entgegenstehen, LAG Mainz MDR **02**, 1130.
  Unzulässig ist die Feststellung, ein vom Arbeitgeber bestimmter Zeitraum dürfe nicht als Urlaub behandelt werden, LAG Mainz BB **97**, 1643.
- **(Urteils- oder Beschlußverfahren):** Rn 14 „– (Beschluß- oder Urteilsverfahren)".
- **(Wahlordnung):** *Unzulässig* ist eine Maßnahme zwecks Herbeiführung oder Anwendung einer be- 17 stimmten Wahlordnung bei der Wahl zum Betriebsrat, LAG Düss DB **78**, 211.
- **(Wahlvorstand):** Zur einstweiligen Verfügung gegen den Wahlvorstand nach der Einleitung einer Betriebsratswahl LAG Hamm BB **95**, 260, LAG Köln DB **87**, 1996, Held DB **85**, 1691.
- **(Warnstreik):** Rn 13 „– (Arbeitskampf)".
- **(Weiterbeschäftigung):** Rn 14 „– (Beschäftigungsanspruch)".
- **(Wiederaufnahme der Arbeit):** *Unzulässig* ist ein Gebot zur Wiederaufnahme der Arbeit. Denn die Zwangsvollstreckung ist wegen § 888 II nicht möglich, BAG DB **02**, 2004, Jauernig ZZP **79**, 345 (er hält aber ein Verbot für zulässig, am neuen Arbeitsplatz zu arbeiten, allerdings nur nach § 940).
- **(Willkür):** Zulässig ist eine Maßnahme zugunsten des fristlos mit Zustimmung des Betriebsrats Entlassenen, soweit die Entlassung willkürlich war, LAG Düss DB **75**, 700.
- **(Zustimmung zur Entlassung):** *Unzulässig* ist grds eine Maßnahme mit dem Ziel, die notwendige Zustimmung des Betriebsrats zur Entlassung eines Mitglieds zu ersetzen, ArbG Hamm BB **75**, 1065.

§ 940

- **(Zutritt):** Zulässig ist eine Maßnahme mit dem Ziel, dem Arbeitnehmer während des Kündigungsprozesses den Zutritt zur Arbeitsstelle zu gewähren, LAG Düss DB **77**, 1054.

Arglist: Sie ist wie stets schädlich, Einl III 54, § 226 BGB, Düss ZMR **01**, 23.

Augenschein: Er setzt einen sachlichrechtlichen derartigen Anspruch voraus. Dieser entsteht *nicht* schon durch das Verfahren, Stgt RR **86**, 1448.

Auskunft, Rechnungslegung: Man kann sie grds *nicht* durch eine einstweilige Verfügung erzwingen. Denn die Auskunft oder Rechnungslegung stellt bereits die Erfüllung dar, Schlesw GRUR-RR **01**, 70, und führt oft zu einem dauernden Schaden für den Schuldner.

Davon kann aber eine *Ausnahme* gelten, soweit die Existenz des Gläubigers gefährdet, ausreichender Rechtsschutz durch Klage nicht erreichbar ist und die Durchsetzbarkeit des Hauptanspruchs von der Auskunft abhängt, KG GRUR **88**, 404, Schlesw GRUR-RR **01**, 70, LAG Köln MDR **99**, 1204.

Auslandsrecht: Auch ein Verstoß gegen ausländisches Recht kann einen Verfügungsgrund vor einem deutschen Gericht bilden, Hbg GRUR **04**, 880.

18 **Bank,** dazu *Heinze,* Der einstweilige Rechtsschutz im Zahlungsverkehr der Banken, 1984; *Mülbert,* Mißbrauch von Bankgarantien und einstweiliger Rechtsschutz, 1985:

Das Gericht darf die Auszahlung einer Bankgarantiesumme *grds nicht* durch eine einstweilige Verfügung verbieten, Ffm NJW **81**, 1914, Stgt NJW **81**, 1913, aM LG Ffm NJW **81**, 56 (aber das wäre schon Erfüllung, Grdz 6 vor § 916). Sie kann aber vom Kunden Auskunft über sicherungsabgetretene Forderungen verlangen, Brdb MDR **05**, 950.

Es kann ein seltener *Ausnahmefall* vorliegen, LG Aachen RR **87**, 1207, etwa beim Rechtsmißbrauch, Stgt MDR **98**, 435, Graf von Westphalen, Die Bankgarantie im internationalen Handelsrecht (1990) 286 ff (wohl zustm Schweitzer KTS **90**, 692). Es kann der Bank zumutbar sein, das Konto eines politisch mißliebigen Kunden einige Monate weiterzuführen, LG Lpz NJW **01**, 82.

S auch „Bürgschaft".

Behörde: Zulässig ist eine einstweilige Verfügung zum Schutz vor einer Zwangsvollstreckung wegen einer Fernmeldegebühr, BVerwG NJW **78**, 335. Zulässig ist eine einstweilige Verfügung mit dem Ziel einer vorläufigen Deckungszusage gegenüber der Behörde, Hamm VersR **76**, 724.

Die Versetzung eines Behördenangestellten läßt sich *nicht* durch eine einstweilige Verfügung regeln.

Beseitigung: Zulässig ist grds ein Anspruch auf eine Beseitigung, Naumb WettbR **96**, 155. Vgl freilich die sog Kerntheorie, § 890 Rn 3.

Besitzstörung, dazu *Münzberg,* Einstweilige Verfügungen auf Herausgabe gepfändeter Sachen bei verbotener Eigenmacht?, Festschrift für *Schneider* (1997) 223: Bei verbotener Eigenmacht kann eine Herausgabeverfügung zulässig sein, Saarbr MDR **03**, 1198, Schlesw NZM **02**, 192, AG Lpz ZMR **03**, 43 und 44. Dann braucht man die Eilbedürftigkeit nicht gesondert darzulegen, Schlesw NZM **02**, 192, LG Bre MDR **89**, 1111. Bei § 861 BGB kann das Gericht sogar evtl eine (Zurück-)Herausgabe verfügen, Köln JB **96**, 218. Stromunterbrechung kann Besitzstörung sein, LG Cottbus NZM **00**, 1080. Wegen Briefkastenmißbrauchs § 935 Rn 4 „Besitzstörung".

Börse: Ein Unterlassungsausspruch gegen ein Regelwerk („Neuer Markt") kann durch einstweilige Verfügung durchsetzbar sein, Ffm NJW **02**, 1958.

S auch Rn 31 „– (Aktienmarkt)".

Bürgschaft: Eine einstweilige Verfügung des Schuldners gegen den Gläubiger auf die Unterlassung der Inanspruchnahme des Bürgen ist grds zulässig, Ffm DB **90**, 2259 (auch zu Grenzfällen). Zu den Grenzen einer geltungshaltenden Reduktion des Verbots KG MDR **03**, 527. Der Hauptschuldner kann die Inanspruchnahme des „Bürgen auf erstes Anfordern" nach §§ 935 ff nur beim Rechtsmißbrauch des Gläubigers verhindern, Hamm MDR **91**, 636, Stgt RR **94**, 1204.

S auch „Bank".

19 **Dienstleistung:** Die Regelung auf Grund eines Dienstvertrags läßt sich grds durch eine einstweilige Verfügung klären.

20 **Ehe, Familie,** dazu *Bölling,* Konkurrenz einstweiliger Anordnungen mit einstweiligen Verfügungen in Unterhaltssachen, Diss Gött 1981; *Borgmann* FamRZ **85**, 337 (Rspr–Üb); *Ebert,* Einstweiliger Rechtsschutz in Familiensachen, 2002; *Gießler,* Vorläufiger Rechtsschutz in Ehe-, Familien- und Kindschaftssachen, 2. Aufl 1993:

- **(Abfindung):** *Unzulässig* ist eine Maßnahme zwecks Vermögensabfindung nach der Scheidung. In einem solchen Fall kann man auch keine Unterhaltsrente bis zur Entscheidung durch eine einstweilige Verfügung erreichen.
- **(Anhängigkeit):** Rn 23 „– (Prozeßkostenvorschuß)".
- **(Ausländer):** *Unzulässig* ist eine Unterhaltsregelung zugunsten einer getrennt unberechtigt in Deutschland lebenden Ausländerin, Kblz FamRZ **80**, 355.
- **(BAföG):** *Unzulässig* ist eine Maßnahme auf Unterhalt trotz Vorauszahlungen nach dem BAföG, Düss FamRZ **86**, 78.
- **(Belästigung):** Zulässig ist ein Belästigungsverbot, Düss FamRZ **95**, 183, aM AG Groß Gerau FamRZ **00**, 238 (abl Nagel).

21 - **(Dringender Lebensbedarf):** Zulässig ist eine einstweilige Verfügung nur zur Sicherung des dringenden Lebensbedarfs, Grdz 6, 7 vor § 916, Düss FamRZ **87**, 1215 (bis 6 Monate), Karlsr FamRZ **97**, 624, Köln FamRZ **96**, 1431, Oldb FamRZ **97**, 182 (nicht erst nach 6 Monaten), aM Hbg FamRZ **81**, 161, AG Groß Gerau MDR **81**, 1027 (diese Gerichte billigen vollen angemessenen Lebensunterhalt zu. Aber dann brauchte der Gläubiger überhaupt keinen Hauptprozeß folgen zu lassen. Das würde den Rahmen eines bloßen Eilverfahrens sprengen).

Der Bedarf *fehlt,* soweit man anderweitig prozessual Unterhalt besorgen kann, Köln FamRZ **99**, 245. Das muß freilich zumutbar sein. Notbedarf fehlt auch, soweit Vermögen ausreicht, Stgt FER **97**, 90, oder soweit ein Dritter ein Darlehen gibt, Karlsr FamRZ **99**, 244. Auch das muß freilich zumutbar sein.

Abschnitt 5. Arrest und einstweilige Verfügung § 940

S auch „– (BAföG)", Rn 21 „– (Erziehungsgeld)", Rn 22 „Gesamtgut", Rn 25 „– (Sozialhilfe)", Rn 26 „– Übergangszeit)", „– (Unterhalt)", Rn 27 „– (Verzögerung)".
- **(Ehegattenunterhalt):** Eine Regelung zwischen Ehegatten durch eine einstweilige Verfügung vor Anhängigkeit eines Scheidungsantrags ist mit dem GG vereinbar, BVerfG FamRZ **80**, 872. Soweit der begehrte Unterhalt bereits gezahlt wird, Düss FamRZ **79**, 801, KG FamRZ **98**, 688.
- **(Ehewohnung):** *Unzulässig* ist eine Maßnahme zwecks Herausgabe der Ehewohnung an den anderen Ehegatten, Zweibr FamRZ **83**, 1254, oder auf ein Verbot des notwendigen Umräumens, wenn dem getrenntlebenden Partner nur der Termin nicht paßt, Ffm FamRZ **87**, 726.
S auch Rn 22 „– (Hausrat)", Rn 27 „– (Zutritt)".
- **(Einstweilige Anordnung),** dazu *Bernreuther* FamRZ **99**, 69, *Giessler* FamRZ **01**, 1269 (je: Üb): Vor Anhängigkeit eines Scheidungsverfahrens ist eine einstweilige Verfügung zulässig, Düss FamRZ **83**, 1121, Karlsr FamRZ **81**, 983. Dasselbe gilt auch ab Hauptverfahren, Ffm FamRZ **02**, 401.
Soweit eine einstweilige Anordnung nach §§ 127 a, 620 ff zulässig ist, *fehlt* einem Antrag auf eine einstweilige Verfügung das Rechtsschutzbedürfnis, Rn 4. Er ist undeutbar, Brdb FamRZ **96**, 1222.
S auch R 23 „– (Prozeßkostenvorschuß)".
- **(Entbindungskosten):** Rn 26 „– (Unterhalt)".
- **(Erziehungsgeld):** Auch Erziehungsgeld *beseitigt* den Notbedarf wie Sozialhilfe, Rn 25, Hamm FamRZ **92**, 582, Stgt FamRZ **88**, 305, LG Stgt FER **99**, 18, aM Köln FamRZ **96**, 1431 (aber auch Erziehungsgeld ist eine oft fast erfüllungsgleiche Leistung).
- **(Freiwillige Gerichtsbarkeit):** *Unzulässig* ist eine Maßnahme, soweit die Sache zur freiwilligen 22 Gerichtsbarkeit gehört, BGH NJW **83**, 48 (Hausrat).
- **(Gesamtgut):** Zulässig ist eine Regelung von Einkünften aus dem Gesamtgut für die Zeit zwischen Scheidung und Auseinandersetzung. Beim Notunterhalt kann man nur die Mitwirkung an einer ordnungsgemäßen Verwaltung des Gesamtguts fordern, Mü FamRZ **96**, 557.
- **(Hausrat):** *Unzulässig* ist eine Maßnahme, soweit sie der Sache nach zB beim Streit um Hausrat zur freiwilligen Gerichtsbarkeit gehört, BGH NJW **83**, 48.
- **(Herausgabe):** Rn 21 „– (Ehewohnung)", Rn 22 „– (Kind)", „– (Krankenschein)".
- **(Kind):** *Unzulässig* ist eine Maßnahme zwecks Herausgabe eines Kindes von dem einen an den anderen Elternteil, Düss FamRZ **82**, 431.
- **(Krankenschein):** Ein Antrag des mitversicherten Antragstellers auf Herausgabe eines Krankenscheins ist *nicht* mehr zulässig, AG Altena FamR **89**, 1313.
- **(Nachehelicher Unterhalt):** Soweit der Gegner schon vor der Scheidung einen nachehelichen Unter- 23 halt abgelehnt hat und soweit der Antragsteller diesen Unterhalt im Verbundverfahren nicht verlangt hat, kann er ihn auch *nicht* durch eine einstweilige Verfügung erlangen, Düss FamRZ **89**, 881, Hamm FamRZ **85**, 412.
- **(Notbedarf):** Rn 21 „– (Dringender Lebensbedarf)", Rn 25 „– (Sozialhilfe)".
- **(Prozeßkostenhilfe):** Rn 21 „– (Einstweilige Anordnung)", Rn 23 „– (Prozeßkostenvorschuß)".
- **(Prozeßkostenvorschuß):** Zulässig ist eine einstweilige Regelung zwecks Zahlung eines Prozeßkostenvorschusses, solange noch keine Ehesache anhängig ist oder solange noch kein Antrag auf Prozeßkostenhilfe vorliegt, Düss FamRZ **85**, 299, aM Oldb FamRZ **78**, 526, oder wenn der Scheidungsantrag erst nach dem Erlaß der einstweiligen Verfügung eingeht, Einf 1 vor §§ 620–620 g, Düss FamRZ **87**, 498, Hbg FamRZ **82**, 409, Karlsr FamRZ **89**, 523 (andernfalls evtl Weiterführung als einstweilige Anordnung), M Zweibr FamRZ **86**, 76 (aber alle diese Varianten unterschätzen die Bedeutung der Prozeßwirtschaftlichkeit, Grdz 14 vor § 128). Bosch FamRZ **86**, 692 fordert eine gesetzliche Klärung des Problems.
S auch Rn 21 „– (Einstweilige Anordnung)".
- **(Rückstand):** *Unzulässig* ist eine einstweilige Verfügung wegen eines Rückstands, insbesondere von 24 Unterhalt, für die Zeit vor dem Urteilserlaß. Das gilt bei § 940 wie bei § 1615 a BGB, Celle RR **96**, 257, Düss FamRZ **87**, 612, StJGr 42 vor § 935, aM Köln FamRZ **80**, 351 (es hält sogar eine Regelung für 2 Jahre im Einzelfall für zulässig), Stgt FamRZ **80**, 1117 (das OLG billigt ausnahmsweise sogar eine zeitlich unbegrenzte Rente zu), Schlesw SchlHA **79**, 41 (Dauerregelung bei bescheidenen Verhältnissen. Alle diese Varianten übergehen die Bedingung eines gegenwärtigen Notbedarfs).
S aber auch „– (Rückwirkung)".
- **(Rückwirkung):** Eine rückwirkende Bewilligung von Unterhalt kann entsprechend derjenigen von Prozeßkostenhilfe nach § 119 Rn 16 nur bei einer dem Gericht vorwerfbaren Verfahrensverzögerung und nur ab dem Zeitpunkt infragekommen, zu dem das Gericht frühestens hätte entscheiden dürfen.
- **(Scheidung):** S bei den einzelnen Arten von Auswirkungen des Scheidungsverfahrens.
- **(Sozialhilfe):** Vgl zunächst Rn 26 „Unterhalt". Ein bloßer Anspruch auf eine noch *nicht* gezahlte 25 Sozialhilfe beseitigt den Notbedarf noch nicht, Hbg FamRZ **88**, 1182, Kblz FamRZ **88**, 1073.
Eine ausreichende, bereits für den gesamten streitigen Zeitraum *gezahlte* Sozialhilfe beseitigt den Notbedarf, Ffm FamRZ **97**, 1090, Hamm MDR **00**, 847, KG FamRZ **98**, 690, aM Köln FamRZ **96**, 1431, Stgt FamRZ **89**, 198 (aber Zahlung bedeutete Erfüllung, Grdz 6 vor § 916).
S auch Rn 21 „– (Erziehungsgeld)".
- **(Übergangszeit):** Zulässig ist eine Regelung stets nur für eine Übergangszeit, Hbg FamRZ **81**, 161 26 (stellt sehr großzügig darauf ab, wann im Hauptprozeß ein Urteil zu erwarten ist), Hamm FamRZ **86**, 696, freilich höchstens für etwa 6 Monate und keineswegs erst nach Jahr und Tag, Düss RR **91**, 1029 (Ausnahme bei Notlage; zweimal 6 Monate), aM Düss FamRZ **94**, 113 (bis zu 5 Jahre. Aber das ist nun wirklich keine bloße Übergangszeit).
S auch Rn 21 „– (Dringender Lebensbedarf)", Rn 26 „– (Unterhalt)".
- **(Unterhalt):** Vgl zunächst § 644, *Gaul* FamRZ **03**, 1137 (Üb). Seinetwegen *versagen* Kblz FamRZ **00**, 363, Mü FamRZ **00**, 965, Kesseler/Klages FamRZ **01**, 1196 (Üb) eine einstweilige Verfügung auf Notbedarf, gibt Mü MDR **00**, 1324 eine solche nur bei Gefahr einer überlangen Hauptprozeßdauer (mehr als drei Monate) und geben HammFamRZ **01**, 358, Köln FamRZ **99**, 662, AG Bergisch-Gladb

§ 940

FamRZ **99**, 659 eine Leistungsverfügung nur bis zur Möglichkeit, die Hauptsache geltend zu machen. Düss AnwBl **99**, 296 macht sogar schon einen Eilantrag auf Vorschuß vom Fehlen der Möglichkeiten nach §§ 127 a, 620 abhängig. Zulässig ist eine Regelung nur für die Zeit seit Antragseingang, Köln FamRZ **98**, 1384. Zulässig ist die Verpflichtung des Vaters zur Zahlung eines Unterhalts für ein Kind während 3 Monaten nach § 1615 o I BGB oder zur Zahlung der Entbindungskosten und eines Unterhalts für die Mutter während 8 Wochen nach § 1615 o II BGB.

S auch bei den einzelnen Vorgängen wegen Unterhalts.

– **(Unterhaltsvergleich):** Ein im Verfahren der einstweiligen Verfügung geschlossener Unterhaltsvergleich kann eine nur vorläufige Regelung bedeuten, Hbg FamRZ **83**, 904. Sie aber auch eine endgültige Regelung sein, Köln FamRZ **83**, 1122.

27 – **(Verzögerung):** Vgl zunächst Rn 6. Wegen einer Rückwirkung bei gerichtlich verschuldeter Verzögerung Rn 24 „– (Rückwirkung)". Soweit die Partei zB das Hauptverfahren verzögert, kommt zumindest *keine weitere* einstweilige Verfügung in Betracht, auch nicht wegen Notbedarfs, Düss FamRZ **92**, 80. Ein Jahr nach dem Eintritt der Bedürftigkeit ist selbst „auf Weisung des Sozialamtes" eine zu lange Zeit des Zuwartens, Düss FamRZ **88**, 636. Unzulässig ist eine erneute einstweilige Verfügung auf Unterhalt, auf den der Antragsteller nach einem Erfolg des vorangegangenen Eilverfahrens nicht zur Hauptsache geklagt hatte, Zweibr FamRZ **86**, 921, AG Groß Gerau MDR **85**, 593, oder wenn der Antragsteller nicht nach § 711 S 3 vorgegangen ist, Karlsr FamRZ, **96**, 1431.

– **(Weitere Verfügung):** S „– (Verzögerung)".

– **(Zeitablauf):** Eine einstweilige Verfügung wird nicht schon wegen Zeitablaufs bis zum Berufungsurteil unzulässig, Düss FamRZ **93**, 962.

S auch „– (Verzögerung)".

– **(Zugewinnausgleich):** Eine einstweilige Verfügung kann auch zur Sicherung wegen des künftigen Zugewinnausgleichs ergehen, § 935 Rn 15. Das Gericht muß an die Glaubhaftmachung hohe Anforderungen stellen, AG Warendorf FamRZ **00**, 965.

– **(Zutritt):** Zulässig sein kann das Verbot des Betretens der Ehewohnung gegenüber dem lebensgefährlich mit einem Messer verletzten Ehegatten-Mitmieter, LG Bochum RR **90**, 896.

28 **Ehre:** Der Unterlassungsanspruch wegen ehrverletzender Äußerung gegenüber einem Dritten besteht evtl auch nach der ersten Äußerung fort, Ffm RR **05**, 54. Er beläßt dem Schuldner seine Rechte nach § 193 StGB, Kblz OLGZ **90**, 246. Wegen einer Antragswiederholung Rn 11. Auch die Ehre des Verstorbenen kann schutzwürdig sein, Köln FamRZ **99**, 954 (Adenauer).

Eigentum: Der Antragsteller muß darlegen und glaubhaft machen, daß sein Herausgabeanspruch gefährdet ist, Drsd MDR **98**, 305 (nicht schon bei Abnutzung), KG NJW **93**, 1480. Schikane kann schädlich sein, Einl III 54, § 226 BGB, Düss ZMR **01**, 23.

Energieversorgung: Zulässig sein kann die Forderung nach vorläufigem Zugang zum Netz, Grdz 6 vor § 916, Brdb GRUR-RR **02**, 399, auch Zug um Zug gegen Zahlung, LG Dortm GRUR-RR **01**, 44 (Gas), und nach Weiterversorgung, LG Bln WoM **02**, 508.

Unzulässig ist eine Sperre des Versorgers wegen Kundenverzugs, AG Hamm NZM **05**, 320.

S auch Rn 36 „Miete – (Gasversorgung)".

Enteignung: Wegen eines Anspruchs öffentlichrechtlicher Art zB nach dem VermG ist mangels Eröffnung des ordentlichen Rechtswegs *keine* einstweilige Verfügung statthaft. KG MDR **92**, 197.

Feststellung, dazu *Starck,* Die Zulässigkeit der einstweiligen Verfügung auf Feststellung, Diss Bayreuth 2000: Eine einstweilige Verfügung mit einem feststellenden Inhalt kommt nur in ganz engen Grenzen in Betracht, Celle NJW **90**, 583, Kohler ZZP **103**, 208 (ausf), großzügiger Vogg NJW **93**, 1365 (ausf).

29 **Gas:** Rn 28 „Energieversorgung".

Gegendarstellung: Rn 40 „Presserecht".

Gesellschaft, dazu *Lutz* BB **00**, 833; *Wohlleben,* Einstweiliger Rechtsschutz im Personengesellschaftsrecht, 1990 (je ausf):

– **(Abberufung):** S „– (Abwicklung)", „– (Geschäftsführer)".

– **(Abwicklung):** *Unzulässig* ist eine Maßnahme zwecks Ernennung oder Abberufung eines Abwicklers. Denn dergleichen gehört in die freiwillige Gerichtsbarkeit, § 145 I FGG, Ffm RR **89**, 99, Kblz DB **90**, 2413, Semler BB **79**, 1536, aM Ffm RR **92**, 935, von Gerkan ZGR **85**, 190, Zutt ZHR **91**, 208 (aber das FGG hat Vorrang). Das Prozeßgericht kann lediglich die Überschreitung der Befugnisse eines Abwicklers untersagen, Ffm RR **89**, 99.

– **(Anmeldung):** S „– (Gesellschafterbeschluß)".

– **(Befriedigung):** Zu ihren engen Möglichkeiten Rostock MDR **96**, 1183.

– **(Dritter):** S „– (Geschäftsführer)".

– **(Entziehung):** *Unzulässig* ist eine Maßnahme, in einer Zweipersonengesellschaft dem anderen geschäftsführenden Gesellschafter die Befugnisse bis zur Entscheidung in der Hauptsache zu entziehen, soweit auch der Antragsgegner schon entsprechend vorgeht, Düss NJW **89**, 172.

– **(Gegenantrag):** Zulässig ist die Erzwingung der Mitteilung eines Gegenantrags nach (jetzt) § 126 II AktG, Ffm NJW **75**, 392.

– **(Geschäftsführer):** Zulässig sein können: Die Entziehung der Befugnis eines Geschäftsführers gegenüber dem bisher alleinvertretungsberechtigten Gesellschafter einer Offenen Handelsgesellschaft sowie die Übertragung dieser Befugnis auf einen Dritten, Köln BB **77**, 465, Stgt BB **85**, 879 (betr eine GmbH bzw eine KG); ein Geschäftsführungsverbot bis zur Abberufung durch die Gesellschafter, Ffm BB **98**, 2440.

Unzulässig ist es, dem Antragsgegner zu verbieten, den Antragsteller als Geschäftsführer auf einer Versammlung abzuberufen, Ffm Rpfleger **81**, 154, oder wiederzuberufen, aM Ffm RR **92**, 935 (aber das wäre eine Vorwegnahme der Hauptsache).

– **(Gesellschafterbeschluß):** Zulässig ist das Verbot, einen Gesellschafterbeschluß zu vollziehen, Kblz RR **86**, 1039, zB einen Beschluß mit dem Inhalt, eine Umwandlung beim Registergericht anzumelden.

Abschnitt 5. Arrest und einstweilige Verfügung   § 940

Unzulässig ist eine Maßnahme mit dem Ziel, auf die Beschlußfassung (Willensbildung) der Gesellschafter einzuwirken, § 938 Rn 10, Kblz NJW **91**, 1119. S dazu bei den einzelnen Arten solcher Maßnahmen.
- **(Gesellschafterversammlung):** Zulässig sein kann das Verbot, eine Gesellschafterversammlung abzuhalten, Ffm Rpfleger **82**, 154.
  S aber auch „– (Beschlußfassung)".
- **(Letztwillige Verfügung):** S „– (Testament)". 30
- **(Pacht):** Zulässig ist die Untersagung der weiteren Nutzung einer Sache, die ein Gesellschafter der Gesellschaft verpachtet hat, nach der Kündigung des Pachtvertrags, Karlsr NJW **94**, 3362.
- **(Prokura):** S „– (Testament)".
- **(Registergericht):** Rn 29 „– (Gesellschafterbeschluß)", Rn 30 „– (Testament)".
- **(Stimmrechtsausübung):** *Unzulässig* ist eine Maßnahme mit dem Ziel einer Unterbindung der Ausübung des Stimmrechts durch einen anderen Gesellschafter, Ffm BB **82**, 274, Kblz NJW **91**, 1119, ZöV 8 „Gesellschaftsrecht", aM Hbg NJW **92**, 186, Kblz NJW **86**, 1693 (aber das wäre eine Vorwegnahme der Hauptsache).
- **(Testament):** *Unzulässig* ist eine Eintragung des entgegen einer Testamentsauflage, aber trotzdem wirksam bestellten Prokuristen, Kblz RR **86**, 1039.
- **(Umwandlung):** Rn 29 „– (Gesellschafterbeschluß)".
- **(Vollzug):** Rn 29 „– (Gesellschafterbeschluß)".
- **(Wiederberufung):** Rn 29 „– (Geschäftsführer)".
- **(Willensbildung):** Rn 29 „– (Gesellschafterbeschluß)".
- **(Zweipersonengesellschaft):** Rn 29 „– (Entziehung)".

Gewerblicher Rechtsschutz, dazu Holzapfel GRUR **03**, 287 (Üb); *Melullis,* Handbuch des Wettbewerbs- 31 rechts, 3. Aufl 2000; *Pastor/Ahrens,* Der Wettbewerbsprozeß, 4. Aufl 1999:
- **(Aktienmarkt:** Zulässig sein kann eine Eilanordnung wegen der Fragen der weiteren Zulassung, freilich nur bei bereits bevorstehender Gefahr, Ffm NJW **02**, 903.
  S. auch Rn 18 „Börse".
- **(Allgemeine Geschäftsbedingungen):** Zulässig sein kann der Antrag eines Verbandes auf die Unterlassung der Verwendung bestimmter Allgemeiner Geschäftsbedingungen, Hbg NJW **81**, 2420.
- **(Aufbrauchsfrist):** *Unzulässig* ist die Zubilligung einer Aufbrauchsfrist durch das erstinstanzliche Gericht, Düss RR **87**, 572.
- **(Aussetzung):** Zulässig ist eine Aussetzung nach § 96 II GWB, Köln GRUR **77**, 222 (läßt eine einstweilige Verfügung aber *nicht mehr* in einem Verfahren gegenüber einem Preisbrecher zu, Grdz 9 vor § 916).
  Unzulässig ist eine Aussetzung nach § 148, Grdz 13 vor § 916, Düss GRUR **83**, 80 (stattdessen kommt eine Zurückweisung des Antrags in Betracht).
- **(Belieferung):** Es kann sogar eine sog Regelungsverfügung infrage kommen, wenn die Existenzgrundlage gefährdet ist, Köln VersR **01**, 1284.
  S. auch Rn 32 „– (Kartellrecht)".
- **(Beseitigung):** Zulässig sein kann ein Gebot der Beseitigung, soweit diese keine endgültigen nicht wiedergutzumachenden Verhältnisse schafft, Kblz GRUR **87**, 731.
  S auch „– (Folgenbeseitigung)".
- **(Bierlieferung):** S „– (Getränkelieferung)".
- **(Dringlichkeitsvermutung):** § 12 II UWG und Rn 6.
- **(Firmenrechtsverletzung):** In einem solchen Fall besteht grds ein Verfügungsgrund. Denn man könnte einen Schadensersatz nachträglich nur schwer geltend machen, Stgt WettbR **96**, 112.
- **(Folgenbeseitigung):** Zulässig sein kann eine Maßnahme zur Folgenbeseitigung, Ffm GRUR **89**, 74.
- **(Fristverlängerung):** Rn 33 „– (Zögern)".
- **(Gebrauchsmuster):** Rn 32 „– (Herstellungs- und Vertriebsverbot)".
- **(Getränkelieferung):** Zulässig sein kann das Verbot, Getränke und insbesondere Bier bei einem anderen als dem im Liefervertrag Genannten zu beziehen, sogar für die gesamte restliche Vertragsdauer, Ffm GRUR **89**, 71.
  S auch Rn 32 „– (Lieferstop)".
- **(Herstellungs- und Vertriebsverbot):** In einer Patent- oder Gebrauchsmustersache, die auf ein 32 Herstellungs- oder Vertriebsverbot abzielt, ist große Vorsicht geboten. Das gilt insbesondere dann, wenn die einstweilige Verfügung den Betrieb des Gegners gefährden würde. Denn das Gericht kann im vorläufigen Verfahren über den Stand der Technik und andere Voraussetzungen nicht genügend feststellen. Deshalb muß man in solcher Lage eine einstweilige Verfügung im *allgemeinen* als *unzulässig* ansehen, LG Düss GRUR **80**, 990, großzügiger Karlsr GRUR **79**, 700, Schulz-Süchting GRUR **88**, 571.
- **(Internet):** Zulässig sein kann das Verbot, seine Internet-Domaine zu benutzen, Ffm GRUR-RR **01**, 5, LG Bln NJW **04**, 1255.
  Unzulässig ist das Verbot, seine Internet-Domain reserviert zu halten, Ffm GRUR-RR **01**, 5.
- **(Kartellrecht):** Beim Belieferungsanspruch nach § 26 II GWB ist Zurückhaltung ratsam, § 938 Rn 6, Schockenhoff NJW **90**, 155, aM Kblz RR **87**, 292 (aber man darf nicht die Hauptsache vorwegnehmen).
  S auch Rn 31 „– (Aussetzung)".
- **(Kenntnisnahme):** Zum Begriff der Kenntnisnahme vom Verstoß Ffm NJW **85**, 1295.
- **(Kundenkontakt):** Zulässig ist das Verbot, daß der Gegner mit Kunden des Antragstellers in Kontakt tritt. Das gilt ebenfalls, wenn der Antragsteller sie nicht im einzelnen benennt, Kblz RR **87**, 95.
- **(Lieferstop):** Zulässig sein kann eine Liefersperre, auch als sog Regelungsverfügung (Leistungsverfügung), Grdz 6 vor § 916, LG Bln WettbR **00**, 251 (Umgehung der Buchpreisbindung), LG Cottbus NZM **00**, 1080 (Stromsperre).

§ 940

Unzulässig ist eine einstweilige Verfügung, soweit der Antragsteller einen Verstoß des Antragsgegners dadurch abwenden kann, daß der Antragsteller gegenüber dem Antragsgegner einen Lieferstop verhängt, Hamm DB **77**, 2134.

S auch Rn 31 „– (Getränkelieferung)", Rn 32 „Lieferstop".

- **(Markenrecht):** Ein Auskunftsanspruch nach § 19 III MarkenG kann reichen, wenn die Rechtsverletzung offenkundig ist, Ffm GRUR-RR **03**, 32. (Jetzt) § 12 II UWG (Dringlichkeitsvermutung) ist entsprechend anwendbar, Drsd WettbR **99**, 134 (Streitfrage). Man darf die Dringlichkeit nicht schon wegen Zuwartens gegenüber Dritten verneinen, Stgt GRUR-RR **05**, 308.
  Zur grundsätzlichen *Unzulässigkeit* einer einstweiligen Verfügung vor dem BPatG § 935 Rn 3. Zur Unzulässigkeit einer einstweiligen Verfügung auf Markenumschreibung BPatG GRUR **01**, 339.
- **(Messeverstoß):** Eine Leistungsverfügung nach Grdz 6 vor § 916 etwa auf die Zulassung zum Stand kann möglich sein, Düss RR **96**, 124.
  S auch Rn 33 „– (Zögern)".
- **(Patent),** dazu *Marschall,* Die einstweilige Verfügung in Patentsachen, Festschrift für *Klaka* (1987) 99 (ausf): Zulässig ist ein Verbot der Verbreitung einer Behauptung, die den Antragsteller einer Patentverletzung usw beschuldigt, LG Düss GRUR **80**, 989. Auch in einer Patentverletzungssache kommt eine einstweilige Verfügung in Betracht, wenn auch nur selten, Hbg GRUR-RR **02**, 245, Ffm GRUR-RR **03**, 263, LG Hbg GRUR-RR **02**, 46 (auch zur Vorlage beim EuGH). (Jetzt) § 12 II UWG ist unanwendbar, Düss GRUR **94**, 508.
  Freilich kann eine einschränkende Veränderung des Schutzbegehrens im Erteilungsverfahren das Rechtsschutzbedürfnis *beseitigen,* Ffm GRUR **88**, 686.
  S auch „– (Herstellungs- und Vertriebsverbot)".
- **(Preisbrecher):** Rn 31 „– (Aussetzung)".
- **(Rechtsberatung über Hotline):** Zulässig sein kann eine einstweilige Verfügung auf Unterlassung. Zum Problem Berger NJW **99**, 1353, *Büring/Edenfeld* MDR **99**, 534.
- **(Rückgabeempfehlung):** *Unzulässig* ist eine einstweilige Verfügung, die den Gegner zu einer Rückgabeempfehlung gegenüber seinen Abnehmern verpflichten soll, Hbg GRUR **86**, 564.

33
- **(Schadensersatz):** Ein Schadensersatzanspruch kann trotz der damit verbundenen Vorwegnahme der Hauptsache durchsetzbar sein, wenn ein ausreichender Rechtsschutz nur im Eilverfahren erzielbar ist, Grdz 6 vor § 916, Düss GRUR **84**, 77.
- **(Terminsverlegung):** *Unzulässig* ist eine einstweilige Verfügung wegen Wegfalls der Dringlichkeit nach (jetzt) § 12 II UWG, wenn der Antragsteller sich mit einer vom Antragsgegner erbetenen Terminsverlegung um mehrere Wochen einverstanden erklärt, Hamm WettbR **96**, 164.
- **(Unterlassung):** Besondere Schwierigkeiten ergeben sich oft bei der Angabe des Gegenstands eines Unterlassungsgebots. Der Antragsteller muß diesen Gegenstand einerseits deutlich genug machen, damit nicht etwa die eigentliche Entscheidung erst in der Vollstreckungsinstanz ergehen kann, nämlich auf die Frage, ob eine angebliche Zuwiderhandlung noch unter das Verbot fällt oder nicht.
  Die Angaben des Antragstellers dürfen aber andererseits auch nicht so eng begrenzt verlangt werden, daß sich der Schuldner dem Antrag durch eine verhältnismäßig *geringfügige Änderung* seiner bisherigen Verhaltensweise entziehen kann. Deshalb gilt auch hier die sog Kerntheorie wie bei § 890 Rn 3. Zulässig kann eine weitere einstweilige Verfügung mit dem Ziel sein, denselben Erfolg auf einem anderen Weg zu erreichen, etwa die Unterlassung einer bestimmten Kennzeichnung nunmehr durch die Herausgabe der Bestände statt durch die Androhung eines Ordnungsmittels zu erreichen. Der Schuldner kann zwischen Abschlußerklärung und Unterwerfung wählen, Karlsr WettbR **98**, 140.
- **(Urheberrecht):** In einer Urheberrechtssache ist § 12 II UWG unanwendbar, KG RR **03**, 1127. Ein Auskunftsanspruch nach § 101 a III UrhG kann reichen, wenn die Rechtsverletzung offenkundig ist, Ffm GRUR-RR **03**, 32.
  Man kann aber eine Veröffentlichung des Tenors einer Unterlassungsverfügung *nicht* nach § 103 UrhG durch eine einstweilige Verfügung verfolgen, Ffm RR **96**, 423.
- **(Verband):** Rn 31 „– (Allgemeine Geschäftsbedingungen)".
- **(Veröffentlichung):** Soweit es um die Befugnis zur Veröffentlichung geht, ist große Vorsicht ratsam, § 25 UWG.
- **(Vertriebsverbot):** Rn 32 „– (Herstellungs- und Vertriebsverbot)".
- **(Wiederaufleben der Dringlichkeit):** Auf diese Rechtsfigur kommt es nicht bei einer völlig neuen Verletzungslage an, Kblz WettbR **96**, 45.
- **(Zögern),** dazu *Traub* (vor Rn 1): *Unzulässig* kann eine einstweilige Verfügung sein, wenn der Gläubiger bis zu ihrer Beantragung zu lange gewartet hat, Hamm WettbR **96**, 164 links oder rechts, Karlsr GRUR **93**, 697, Traub GRUR **96**, 707. Im einzelnen: *2 Tage:* Schädlich beim Messeverstoß, Ffm GRUR **84**, 693; *4 Wochen:* Unschädlich, Mü MDR **94**, 152; *1 Monat:* Schädlich, Mü GRUR **80**, 1018; *6 Wochen:* Unschädlich, Stgt GRUR **78**, 540; *2 Monate:* Gerade noch unschädlich, Düss WettbR **99**, 15, Hbg GRUR **83**, 437, KG DB **80**, 1395; *Monatelang:* Schädlich, Köln GRUR **78**, 719; *3 Monate:* Evtl unschädlich, Hamm RR **90**, 1236; schädlich, Köln GRUR **78**, 719; *Über 3 Monate:* Schädlich, Köln GRUR **78**, 719; *4 Monate:* Evtl unschädlich, LG Düss GRUR **80**, 993; *5 Monate:* Schädlich, Bre RR **91**, 44 (bei Verhandlungen); *6 Monate usw:* Schädlich, Ffm BB **79**, 238, Hbg RR **02**, 550, LG Ffm RR **91**, 44; *2 Jahre:* Schädlich, Ffm OLGZ **88**, 99; Jahrelang: Schädlich, Mü GRUR **80**, 1018.
  Freilich setzen diese Fristen die Kenntnis des Gläubigers von allen *maßgeblichen Umständen* voraus, Ffm NJW **85**, 1295, Hbg RR **86**, 716. Wegen einer Verlängerung der Rechtsmittelbegründung Rn 8.

34 **Gewerkschaft:** Rn 17 „Arbeitsrecht".
Grundbuch, dazu *Foerste,* Grenzen und Durchsetzung von Verfügungsbeschränkung und Erwerbsverbot im Grundstücksrecht, 1986:
Zulässig ist eine einstweilige Verfügung dahin, dem Grundschuldgläubiger zu untersagen, über die Grundschuld zu verfügen, LG Ffm Rpfleger **83**, 250. Im Fall einer Briefgrundschuld sollte man nach § 938

beantragen, dem Antragsgegner aufzugeben, den Brief an den Gerichtsvollzieher herauszugeben, da das Grundbuchamt ihn vor der Eintragung der Verfügungsbeschränkung nach § 41 GBO benötigt, Meyer-Stolte Rpfleger **83**, 250. Ein gesetzliches Vorkaufsrecht stört erst ab Rechtsbeständigkeit, Hamm RR **94**, 1042. Eine Vormerkung kann infrage kommen, Köln RR **02**, 1596. Sie muß bei der Entscheidungsreife notwendig sein, KG MDR **94**, 1012. Die Voraussetzungen des § 867 II sind hier entbehrlich, Ffm FGPrax **95**, 138. Zulässig ist ein Rechtshängigkeitsvermerk, § 325 Rn 10, 11, BayObLG Rpfleger **04**, 691. Zulässig ist die Eintragung eines Widerspruchs nach § 899 II BGB, BVerfG NJW **03**, 1177 links oben.

Unzulässig ist eine einstweilige Verfügung mit dem Ziel, im Grundbuch einen Vermerk der Rechtshängigkeit des Hauptprozesses eintragen zu lassen, Mü Rpfleger **00**, 107. Unzulässig ist auch eine Untersagung einer „Behinderung an der Ausübung der Grunddienstbarkeit". Denn das ist zu unbestimmt formuliert, Düss MDR **86**, 328. Vgl aber § 938.

Hausbesuch: Zulässig sein kann eine Untersagung, zB gegenüber einem Inkassobüro, AG Kamen NJW **04**, 3639.

Herausgabe: Rn 18 „Besitzstörung". Im übrigen ist große Zurückhaltung geboten, Grdz 9 vor § 916, Saenger JZ **99**, 977.

Krankenschein: Rn 27 „Ehe, Familie".

Leasing: Zulässig ist die Anordnung der Herausgabe verleaster Sachen an einen Sequester, LG Ravensb NJW **87**, 139. Nach Vertragsende ist eine Herausgabe nicht schon wegen einfacher Weiternutzung zulässig, sondern erst wegen übermäßiger Abnutzung, Köln VersR **88**, 1052.

Miete, dazu *Schneider* MDR **04**, 319 (Üb): Auch hier ist eine sog Befriedigungsverfügung nach Grdz 6 ff vor § 916 nur ganz ausnahmsweise zulässig, AG Warendorf WoM **92**, 599:

– **(Aushang):** Zulässig ist ein Verbot der Mahnung zur Mietzahlung durch „Aushang" am Hausbriefkasten, LG Dortm WoM **90**, 287.

– **(Auskunft):** Zulässig ist ein Auskunftsverlangen wegen unerlaubter Entfernung eingebrachter Sachen, Rostock WoM **04**, 471.

S auch Rn 37 „– (Mietzinszahlung)".

– **(Baumaßnahme):** Zulässig ist das Gebot an den Vermieter, unberechtigte und die Wohnqualität beeinträchtigende Baumaßnahmen rückgängig zu machen, AG Wolgast WoM **94**, 265.

Das Rechtsschutzbedürfnis für eine einstweilige Verfügung des Mieters nur zwecks Erzwingung einer Duldungsklage des Vermieters kann *fehlen*, LG Bln WoM **96**, 407.

S auch Rn 37 „– (Modernisierung)".

– **(Besichtigung):** Ob Besichtigungen durch Mietinteressenten trotz Widerspruchs des Mieters gegen die Vermieterkündigung zulässig sind, ist eine Fallfrage, AG Ibbenbüren WoM **91**, 360.

– **(Besitz):** *Unzulässig* ist die Untersagung des Zutritts des Ersteigerers nur wegen etwa fortbestehenden Mieterbesitzes, Drsd RR **05**, 456.

S auch Rn 38 „– (Vorvertrag)".

– **(Betriebspflicht):** Zulässig ist ihre Durchsetzung, Hbg WoM **03**, 642, KG NZM **05**, 621.

– **(Doppelvermietung):** Es kommt auf die Gesamtumstände an, auch zeitlich, Katzenstein ZZP **116**, 490, Ulrici ZMR **02**, 885, aM Ffm ZMR **97**, 23, Schlesw MDR **00**, 1428, Kluth/Grün NZM **02**, 477 (aber nur die Gesamtumstände führen zur einigermaßen gerechten Abwägungslösung statt starrer Prinzipien). Stets kommt nur ein vorübergehender Zeitraum in Betracht, Grdz 5 vor § 916.

– **(Gasversorgung):** Zulässig ist ihre Durchsetzung bei unklarer Preiserhöhung, AG Bad Kissingen WoM **05**, 594, AG Marienburg WoM **05**, 595, Mü **05**, 595. *Unzulässig* ist ein Gebot an den Versorger zum zeitlich unbegrenzten Vertragsabschluß (Vorwegnahme der Hauptsache), LG Gera WoM **98**, 496.

S aber auch Rn 28 „Energieversorgung".

– **(Heizung):** Zulässig ist das Gebot, ordnungsgemäß zu heizen, LG Mannh WoM **75**, 12, AG Erfurt WoM **00**, 260. Es muß aber mehr als eine technische Störung vorliegen, LG Osnabr WoM **80**, 198. Zulässig ist grds das Gebot, Zutritt zum Heizkeller zu verschaffen, und zwar auch im Sommer, LG Mannh ZMR **78**, 140, etwa zu Renovierungen, AG Münst WoM **87**, 256, sowie das Gebot ordnungsgemäßer Energiebezahlung, soweit das zur Versorgung nötig ist, AG Ludwigsb NZM **99**, 122.

Unzulässig ist das Gebot, mit dem der Vermieter Zutritt nur zu dem Zweck erzwingen will, die Heizung dort endgültig abzustellen, Hbg WoM **78**, 170, oder auch dort Thermostatventile anzubringen, AG Köln WoM **89**, 88.

– **(Herausgabe):** Rn 38 „– (Rückgabe)".

– **(Kinderwagen):** Zulässig ist das Gebot der Duldung des Abstellens eines Kinderwagens an einer nicht störenden Stelle des Hausflurs, AG Landau WoM **88**, 52. Das gilt freilich nur vorübergehend, Grdz 9 vor § 916.

– **(Kündigung):** S „– (Besichtigung)".

– **(Mahnung):** Rn 36 „– (Aushang)".

– **(Mangelbeseitigung):** Ist der Mieter zur sofortigen Beseitigung eines Mangels ohne Mitwirkung des Vermieters berechtigt, so *fehlt* es am Verfügungsgrund für die Forderung zur Beseitigung, AG Lörrach WoM **90**, 204.

– **(Mietzahlung):** *Unzulässig* ist eine einstweilige Verfügung auf die Zahlung von Miete oder Pacht, AG Brdb WoM **05**, 69 (zustm Flatow 314), oder auf Minderung der Miete.

S auch Rn 36 „– (Aushang)".

– **(Minderung):** S „– (Mietzahlung)".

– **(Modernisierung):** Zulässig ist das Verbot gegenüber dem Vermieter, mit einer in ihrer Berechtigung umstrittenen Modernisierung einstweilen zu beginnen, BezG Potsdam WoM **93**, 599.

Unzulässig ist eine Maßnahme nur mit dem Ziel einer nicht schon aus Sicherheitsgründen geplanten endgültigen Renovierung durch den Antragsteller, LG Hbg WoM **86**, 243, AG Görlitz WoM **93**, 390, AG Neuss RR **86**, 314, oder durch den Antragsgegner, AG Wuppert WoM **80**, 180.

S auch Rn 36 „– (Baumaßnahme)", „– (Heizung)".

§ 940

- **(Plakat):** Zulässig ist das Gebot der Entfernung eines vom Mieter im Haus angebrachten und den Hausfrieden störenden Plakats, AG Ludwigsb WoM **89**, 618.
38 - **(Räumung):** S „Rückgabe".
- **(Renovierung):** Rn 37 „– (Modernisierung)".
- **(Rechtsmißbrauch):** Er ist *unzulässig*, wie stets, Einl III 54, KG ZMR **00**, 818 (erlaubter Abriß).
- **(Rückgabe):** Der Antragsteller kann die Rückgabe einer Sache von dem früheren Besitzer nur ganz ausnahmsweise durch eine einstweilige Verfügung erzwingen, Düss MDR **04**, 1292. Denn es handelt sich um eine Erfüllung, Grdz 6 ff vor § 916, Kluth/Grün NZM **01**, 1017. Diese kommt im Eilverfahren nur bei besonderer Notlage des Antragstellers in Betracht, Celle ZMR **00**, 752. Eine einstweilige Verfügung mag etwa dann in Betracht kommen, wenn die Sache durch eine verbotene Eigenmacht weggenommen worden war, § 940a, LG Frankenth WoM **92**, 185, LG Freibg FamRZ **05**, 1252 (Untermieter), AG Waldshut-Tiengen FamRZ **94**, 523, oder wenn nach dem Mietende durch die Weiternutzung ein Verschleiß der Mietsache droht, Düss MDR **04**, 1292, Karlsr WoM **94**, 1986, aM Brdb MDR **01**, 1185 (aber was *während* der Mietzeit erlaubt war, ist *später* sehr wohl evtl ein wesentlicher Nachteil), oder wenn sich der Mieter von Gewerberaum die sofortige Räumung erpresserisch „abkaufen" lassen will, Kluth/Grün NZM **01**, 1017.
- **(Schlüssel):** Zulässig ist das Gebot einer Überlassung, AG Bad Neuenahr WoM **96**, 331.
- **(Stromversorgung):** Zulässig ist ein zeitlich begrenztes Liefergebot, AG Königstein NZM **03**, 106.
- **(Thermostatventil):** Rn 36 „– (Heizung)".
- **(Veräußerungsverbot):** Zulässig ist ein Veräußerungsverbot wegen des Mietgrundstücks zwecks Schadensersatzanspruchs nach einer unberechtigten Eigenbedarfskündigung, LG Bonn WoM **88**, 402.
- **(Verbotene Eigenmacht):** Rn 37 „– (Rückgabe)".
- **(Vermieterpfandrecht),** dazu *Katzenstein/Hüftle* MDR **05**, 1030: An die Bestimmtheit des Antrags auf Unterlassung der Entfernung darf man keine zu hohen Anforderungen stellen, Stgt RR **97**, 521.
- **(Verzögerung):** Ein Zuwarten von über vier Monaten beseitigt das Eilbedürfnis, Bre MDR **04**, 51.
- **(Videoüberwachung):** Zulässig ist ihr einstweiliges Verbot, AG Bln-Schöneb ZMR **00**, 542. Es ist aber Zurückhaltung geboten, LG Bln ZMR **01**, 112 (nicht schon stets wegen Schmiereneien).
- **(Vorvertrag):** *Unzulässig* ist eine einstweilige Verfügung zwecks Besitzeinräumung und Abschluß des Hauptvertrags nur auf Grund eines Vorvertrags, Hamm RR **04**, 521, Schlesw MDR **00**, 1428, AG Bln-Schöneb ZMR **99**, 643, aM Düss RR **91**, 137, ZöV § 938 Rn 12 (aber nur der Vermieter kann entscheiden, welchen der Ansprüche er erfüllen will).
- **(Wasserversorgung):** Zulässig ist ein vorläufiges und zeitlich begrenztes Liefergebot, AG Erfurt WoM **00**, 260 (Warmwasser), AG Königstein NZM **03**, 106, AG Lpz WoM **98**, 495.
    Unzulässig ist das Absperren wegen Zahlungsverzugs usw, Celle NZM **05**, 741, AG Greifsw WoM **03**, 265.
- **(Zahlungsverzug):** Es gilt dasselbe wie bei „Rückgabe", Düss MDR **04**, 1292.
- **(Zutritt):** *Unzulässig* ist grds ein Eilverfahren auf Zutritt eines Dritten, AG Neumünster WoM **04**, 221. S auch Rn 36 „– (Heizung)".
- **(Zweckentfremdung):** *Unzulässig* ist ein Verbot solcher Nutzungsart, die der Vermieter nach Treu und Glauben hinnehmen muß, Düss MDR **96**, 467.

Nachbarrecht: Nächtliche Tiergeräusche können ausreichen, Ffm RR **87**, 1166. Ein Eilbedürfnis kann auch noch bei Wiederholungsgefahr nach zwei Wochen vorhanden sein, AG Hbg-Wandsbek ZMR **02**, 130. S auch § 938 Rn 11 „Lärmstörung".
Nichteheliche Gemeinschaft: Zulässig sein kann die Durchsetzung des Unterlassungsanspruchs, Schuschke NZM **99**, 484.
39 **Notar:** *Unzulässig* ist die Anweisung, in bestimmter Weise mit verwahrtem Geld zu verfahren, Hamm MDR **96**, 1182.
Patentrecht: Rn 32 „Gewerblicher Rechtsschutz: Patent".
Politische Partei: Eine Ordnungsmaßnahme kann beschränkt überprüfbar sein, LG Düss RR **90**, 832. Die Anordnung der Ausstrahlung eines Wahlwerbespots kann zulässig sein, Celle NJW **94**, 2237, LG Hann NJW **94**, 2236.
40 **Presserecht,** dazu *Hösl*, Die Anordnung einer einstweiligen Verfügung in Pressesachen, 1974: Die Pressefreiheit steht einer solchen einstweiligen Verfügung nicht entgegen.
- **(Beleidigung):** Zulässig ist das Verbot einer ehrenrührigen Behauptung, Brdb RR **02**, 1127, Ffm RR **05**, 54.
    S auch „– (Patentverletzung)".
- **(Falschaussage):** Zulässig ist eine Maßnahme zur Verhinderung bzw Beseitigung der Falschaussage eines Zeugen, Ffm MDR **78**, 315.
- **(Fotografieren):** Zulässig ist das Verbot des Fotografierens, soweit eine Wiederholungsgefahr besteht, LG Mannh ZMR **78**, 140.
- **(Gegendarstellung):** Grds zulässig ist eine einstweilige Verfügung zwecks Gegendarstellung, Brdb RR **00**, 325, Mü OLGZ **90**, 244. Das gilt zumindest dann, wenn der Ruf oder das Vermögen des Betroffenen schwerwiegend geschädigt wurden oder bedroht sind. Der Erlaß einer einstweiligen Verfügung auf eine Gegendarstellung erfordert grds eine mündliche Verhandlung, Mü OLGZ **90**, 245. Man sollte auf den vorläufigen Charakter der Entscheidung hinweisen, etwa mit den Worten, die Veröffentlichung erfolge auf Grund einer einstweiligen Verfügung. Die Abgabe einer Gegendarstellung erledigt den Antrag, den Gegner zur Abgabe zu verurteilen.
    S auch „– (Widerruf)".
- **(Karikatur):** Zulässig ist ein Verbot der Verbreitung einer Karikatur, die das Persönlichkeitsrecht verletzt.
- **(Patentverletzung):** Zulässig ist das Verbot einer Behauptung, die den Antragsteller einer Patentverletzung usw beschuldigt.
    S auch „– (Beleidigung)".

Abschnitt 5. Arrest und einstweilige Verfügung § 940

- **(Persönlichkeitsrecht):** S „– (Karikatur)".
- **(Preisbindung):** Ein Reimportverbot zB aus Österreich ist zulässig.
- **(Rufschädigung):** S „– (Gegendarstellung)".
- **(Verwirkung):** S „– (Zögern)".
- **(Widerruf):** Man kann einen Widerruf *nicht schon* in einer einstweiligen Verfügung ausreichend erklären. Daher ist auch eine Formulierung unzulässig, eine beanstandete Behauptung werde im gegenwärtigen Zeitpunkt nicht aufrechterhalten, aM Schneider AfP **84**, 131.
- **(Zögern):** Bei einer Tageszeitung ist die erforderliche Aktualität nach fast 3 Monaten in der Regel nicht mehr vorhanden. Ein Zuwarten kann umso länger unschädlich sein, je länger der Gegner auf ein Veröffentlichungsverlangen schweigt, Mü OLGZ **90**, 244. Freilich darf man auch dann nicht allzu lange warten (Verwirkung), Rn 34 „– (Zögern)".

Rechtsgeschäft: Zulässig ist eine einstweilige Verfügung mit dem Ziel der Untersagung eines Rechtsge- 41 schäfts, das gegen § 1365 BGB verstößt. Beim Fixgeschäft usw ist auch eine Leistungsverfügung denkbar, LG Mü RR **87**, 958.
Unzulässig ist eine einstweilige Verfügung mit dem Ziel der Anordnung einer Abschlagszahlung auf eine Kapitalschuld. Unzulässig ist eine einstweilige Verfügung mit dem Ziel der Rückgabe einer widerrufenen Schenkung. Unzulässig ist eine einstweilige Verfügung, durch die eine vertragliche Bankgarantie beeinträchtigt wird, nur weil der Auftraggeber gegen den Begünstigten einen Rückforderungsanspruch haben könnte.

Rechtsmißbrauch: Er bleibt *unzulässig*, wie stets, Einl III 54, KG ZMR **00**, 818.

Rente: Grundsätzlich kann man eine Haftpflichtrente bis zur Entscheidung des Hauptprozesses auch im 42 Weg einer einstweiligen Verfügung erzwingen. Weil durch eine solche Entscheidung aber in aller Regel eine endgültige Belastung eintritt, darf das Gericht eine einstweilige Verfügung grds nur innerhalb verständiger Grenzen erlassen. Zulässig ist die Verurteilung einer Abschlagszahlung auf Grund eines fortlaufenden Anspruchs im Rahmen eines Dauerrechtsverhältnisses nur dann, wenn der notwendige Bedarf zur Abwendung einer dringenden Notlage dienen soll, LG Aachen VersR **91**, 1306. Das Verfügungsgericht prüft jedenfalls nicht abschließend, in welcher Höhe ein Unterhaltsanspruch vorliegen kann. Es berücksichtigt auch keine Rückstände, Celle FamRZ **79**, 802.
Zulässig ist eine einstweilige Verfügung mit dem Ziel der Erstattung von *Arztkosten* und Kurkosten, die der Antragsteller nach einem Unfall zur Abwendung ernster Gesundheitsschäden aufgewendet hat. Das gilt auch dann, wenn bereits ein vorläufig vollstreckbares Urteil ergangen war, in dem das Gericht dem Schuldner nachgelassen hatte, die Vollstreckung durch eine Sicherheitsleistung abzuwenden. Zulässig ist auch eine einstweilige Verfügung zur Sicherung der Versorgung eines schwer arztgeschädigten Patienten, LG Aachen VersR **91**, 1306, oder zur Abwendung von Vermögensschäden eines besonders ernsten Ausmaßes, etwa zur Zahlung einer Patentanwaltsgebühr, damit die Berufstätigkeit nicht eingestellt werden müsse. Überhaupt darf das Gericht einem Unfallgeschädigten auch im Weg einer einstweiligen Verfügung nur dasjenige zusprechen, was zur Abwendung eines befürchteten ernsten Dauerschadens oder zur Abwendung der Vernichtung seiner wirtschaftlichen Existenz dienen soll, Grdz 6 vor § 916, Celle VersR **90**, 212.

Schiedsgericht: Zulässig sein kann die Aufhebung seines Spruchs durch das ordentliche Gericht, Ffm RR **03**, 499.

Schikane: Rn 17 „Arglist".

Selbständiges Beweisverfahren: Soweit ein Verfahren nach §§ 485 ff in Betracht kommt, ist ein Verfahren nach §§ 935 ff *unzulässig*, Köln VersR **96**, 734.

Sozialhilfe: Rn 25 „Ehe, Familie". 43

Staatsanwaltschaft: Eine einstweilige Verfügung gegen die Staatsanwaltschaft zwecks Verbots der Rückgabe einer beschlagnahmten Sache kann zwar zulässig sein. Sie ist aber oft erfolglos. Denn man kann gegen den letzten vorangegangenen Gewahrsamsinhaber vorgehen, KG RR **95**, 62.

Stromversorgung: Rn 28 „Energieversorgung".

Unterhalt: Rn 20–25 „Ehe, Familie", Rn 42 „Rente". 44

Unterlassung: Außerhalb des UWG ist die Gefahr erheblichen wirtschaftlichen Nachteils nötig, Ffm MDR **04**, 1019. Das Gericht kann wegen des Grundsatzes der Verhältnismäßigkeit nach Grdz 34 (B) vor § 707 dem Antragsgegner eine gewisse Zeit zur Befolgung einräumen, LG Hbg GRUR-RR **04**, 318 (eine Woche für Computerprogramm-Umstellung).
S auch Rn 33 „Gewerblicher Rechtsschutz; Unterlassung".

Urheberrecht: Die einstweilige Verfügung kann manchmal *kaum* der Weg sein, komplizierte tatsächliche und/oder rechtliche Fragen auch nur vorläufig zu klären, KG BB **94**, 1596. (Jetzt) § 12 II UWG ist unanwendbar, Ko NJW **97**, 331, Köln GRUR **00**, 418, Gutsche Festschrift für Nordemann (1999), 81, aM Karlsr RR **95**, 176 (aber das UrhG ist Spezialgesetz und das UWG ist nicht uferlos ausdehnbar). Es reicht aber eine Glaubhaftmachung nach § 294 dahin, daß der Antragsteller den Abschluß eines Vertrags befürchten muß, durch den die Position des Antragstellers beeinträchtigt würde, Köln GRUR **00**, 418. Ausreichen kann ein Anspruch nach § 54 g II UrhG, BVerfG RR **00**, 1589.
S auch „Unterlassung".

Verbotene Eigenmacht: Rn 18 „Besitzstörung". 45

Verein: Zulässig ist eine einstweilige Verfügung zwecks Aufrechterhaltung der Mitgliedsrechte, Düss RR **88**, 1272, oder der Feststellung des Ruhens einer Mitgliedschaft. Es kann unschädlich sein, erst nach 6 Wochen den vereinsinternen Rechtsweg eingeschlagen zu haben, Köln RR **93**, 891.

Versicherung: Eine einstweilige Verfügung kann auf Zahlung von Krankentagegeld zulässig sein, Köln MDR **05**, 290.
Eine einstweilige Verfügung auf sofortige Durchführung oder Zusage einer stationären Behandlung kann wegen Vorwegnahme der Hauptsache *unzulässig* sein, Kblz VersR **05**, 392, Köln RR **95**, 546.

Verwahrung: Rn 39 „Notar".

Verzögerung: Rn 27.

§§ 940, 940a

46 Wasserversorgung: Es gilt dasselbe wie bei Rn 28 „Energieversorgung".
Wechsel: Eine einstweilige Verfügung ist nur eingeschränkt zulässig, etwa beim Rechtsmißbrauch, Beisswingert/Vossius BB **86**, 2364 (ausf). In Betracht kommt eine Herausgabe an einen Sequester, LG Köln RR **87**, 1530, aber *nicht mehr* nach Protest oder nach Ablauf der Protestfrist, Hamm MDR **88**, 977.
Werkvertrag: Zulässig ist eine einstweilige Verfügung, wenn der Unternehmer mit einem vertragswidrigen Bau beginnt, Mü DB **86**, 2595.
 Unzulässig ist eine einstweilige Verfügung des gekündigten Auftragnehmers dahin, daß der Auftraggeber Bauarbeiten solange nicht weiterführe, bis der Auftragnehmer seine Leistungen aufgemessen habe, Düss MDR **01**, 1288.
Wettbewerbsrecht: Rn 31 „Gewerblicher Rechtsschutz".
Willenserklärung, dazu *Frhr von Holtz,* Die Erzwingung von Willenserklärungen im einstweiligen Rechtsschutz, 1995: Eine einstweilige Verfügung ist *grds unzulässig.* Denn eine Willenserklärung nach § 894 gilt erst mit der Rechtskraft als abgegeben, Hbg MDR **90**, 1022, LG Bochum RR **98**, 1372. Nur ganz ausnahmsweise kommt wegen einer Willenserklärung zwecks nur vorläufiger Regelung eine einstweilige Verfügung in Betracht, Köln RR **97**, 60 (drohende Rechtsverweigerung).
Zurückbehaltungsrecht: Eine einstweilige Verfügung auf Unterlassung ist zulässig, soweit beim Streit um ein Zurückbehaltungsrecht eine Androhung eines Inkassobüros mangels Zahlung binnen 3 Tagen oder Anerkenntnisses vorliegt, AG Kamen NJW **04**, 3639.
Zwangsversteigerung: Rn 36 „Miete: Besitz".

47 6) *VwGO:* Vgl § 935 Rn 20.

940a *Räumung von Wohnraum.* Die Räumung von Wohnraum darf durch einstweilige Verfügung nur wegen verbotener Eigenmacht oder bei einer konkreten Gefahr für Leib und Leben angeordnet werden.

1 **1) Systematik.** § 940a behandelt die Räumung von jeder Art von Wohnraum, § 721 Rn 3. Das gilt unabhängig vom etwaigen Vorliegen eines Mietvertrags. Es gilt also zB auch dann, wenn die Überlassung auf einer Unterhaltspflicht beruht, LG Bln ZMR **91**, 182, LG Mannh WoM **86**, 351, aM Hamm MDR **80**, 856 (bloßer Mietraum. Aber § 940a nennt und meint eindeutig keine solche Beschränkung, Einl III 39). Die Vorschrift ist auch dann anwendbar, wenn es um eine nichteheliche Gemeinschaft geht, LG Freibg FamRZ **02**, 405, AG Menden NZM **99**, 417, Schuschke NZM **99**, 484. Vgl freilich Rn 3. § 940a ist unabdingbar, aM LG Wiesb RR **93**, 1293 (aber das mißentspräche dem Sozialzweck der Vorschrift, Rn 2).
 Neben dieser Vorschrift ermöglichen auch die §§ 935, 940 eine einstweilige Verfügung, wenn der Besitz dem Besitzer durch eine verbotene Eigenmacht nach § 858 I BGB entzogen wurde, LG Brschw RR **91**, 832. Wenn wegen der Wohnräume bereits eine Kündigung ergangen ist, dann bleibt § 940a anwendbar, solange das Vertragsverhältnis nicht beendet ist, § 940 Rn 37 „Miete". Im übrigen gelten jetzt § 1 GewSchG, abgedruckt bei § 892a, und eben § 892a

2 **2) Regelungszweck.** Eine Wohnungsräumung ist ein einschneidender Vorgang, auch für die ganze Familie. Man kann sie daher schon nach einem endgültigen Urteil nur bei wirklicher Unvermeidbarkeit verantworten. Umso weniger kann sie auf Grund eines bloß vorläufigen Titels infrage kommen, erst recht nicht dann, wenn der Richter womöglich ohne Anhörung des Schuldners entscheiden mußte. Mit Recht setzt § 940a deshalb scharfe Voraussetzungen. Unter ihnen ist die verbotene Eigenmacht nach § 858 I BGB ein wenig scharfer Begriff, wenn man ihn genauer und mit sozialer Verantwortung betrachtet. Freilich gibt es derart unerträgliche Situationen gerade aus diesem Bereich, daß sofort wenigstens bis auf weiteres eine räumliche Trennung erfolgen muß, um Schlimmeres weniger wahrscheinlich zu machen. Wieder einmal sind also Umsicht, Einfühlungsvermögen, aber auch Entschlossenheit des Gerichts notwendig, damit es ein Ergebnis erzielen kann, daß es nicht in der einen oder anderen Richtung zur Tragödie wird.

3 **3) Geltungsbereich.** Vgl zunächst Rn 1. Die Vorschrift gilt nicht, soweit es um anderen als um Wohnraum geht, also zB um gewerblich genutzten Raum, Celle ZMR **00**, 752. Sie gilt ferner nicht, soweit es um ein Verbot des Betretens des Wohnraums geht, Schuschke NZM **99**, 484, aM LG Brschw RR **91**, 832, LG Mannh WoM **86**, 351, AG Waldshut-Tiengen FamRZ **94**, 523 (aber es besteht auch bei Lebensgefahr kein Bedürfnis, weil ein „anderer Grund" vorliegen kann, Rn 4).
 Die Vorschrift gilt ferner nicht, wenn das Gericht die bisherige *Ehewohnung* einem der Benutzer zugewiesen hat, soweit nicht dann ohnehin nur § 620 Z 7 anwendbar ist, Hamm MDR **80**, 857, Karlsr FamRZ **84**, 53 (Aufteilung der Wohnung nach §§ 935 ff), AG Lörrach NJW **78**, 1330, aM ThP 1. Soweit § 940a unanwendbar ist, muß der Gläubiger den Anspruch auf die Räumung von Wohnraum einklagen.

4 **4) Verbotene Eigenmacht.** Vgl zunächst Rn 2. Eine verbotene Eigenmacht kann auch vom Untermieter ausgehen, LG Freibg FamRZ **05**, 1252. Sie kann trotz der grundsätzlichen Anwendbarkeit von § 940a beim „Lebensgefährten" nach Rn 1 im Einzelfall fehlen, LG Bln ZMR **91**, 182, Helle NJW **91**, 212. Sie fehlt bei freiwilliger Besitzaufgabe, Köln MietR **97**, 227.
 Das Vorliegen einer *verbotenen Eigenmacht* nach § 858 I BGB reicht nicht stets zum Erlaß der einstweiligen Verfügung aus, LG Ffm NJW **80**, 1758. Es müssen vielmehr die Voraussetzungen des § 940 vorliegen. Es muß also auch die Räumung zur Abwendung wesentlicher Nachteile oder zur Verhinderung drohender Gewalt oder aus anderen Gründen notwendig sein, LG Hbg ZMR **03**, 494. Freilich kann eine verbotene Eigenmacht ein „anderer Grund" im Sinn von § 940 sein, Ffm BB **81**, 148, Wolf NJW **80**, 1759. Es kann evtl sogar ohne verbotene Eigenmacht ein „anderer Grund" vorliegen, LG Brschw RR **91**, 832, Stellwaag ZMR **91**, 289.

5 **5) Konkrete Lebens- und Leibesgefahr.** Die Vorschrift schützt auch unabhängig von verbotener Eigenmacht nach Rn 4 auch vor konkreter Gefahr für Leib oder Leben. Erst dann erlaubt der klare Gesetzestext eine einstweilige Verfügung, aM Schumacher FamRZ **02**, 659 (aber für diese Alternative sind Wortlaut und Sinn eindeutig, Einl III 39). Das sind die Fälle, in denen zB ein an sich berechtigt dort aufhältlicher Abgehöriger nun zum Angriff auf Leib oder Leben eines Mitbewohners überzugehen droht. Vgl § 892 a. „Konkrete Gefahr" bedeutet: Mehr als bloße kühle Drohungen. Das Messer braucht aber wahrhaftig nicht schon geblitzt zu haben. Behutsame Einschränkung durch das Gericht ist eine schwierige Abwägungsaufgabe. Hysterische Ängste zählen nicht, wohl aber verständliche Angst. Im Zweifel zählen Leib und Leben mehr als ein Wohnrecht.

6) VwGO: *Unanwendbar, weil im VerwProzeß die Räumung einer Wohnung durch einstwAnO nicht angeordnet werden kann.* 6

941

Ersuchen um Eintragungen im Grundbuch usw. Hat auf Grund der einstweiligen Verfügung eine Eintragung in das Grundbuch, das Schiffsregister oder das Schiffsbauregister zu erfolgen, so ist das Gericht befugt, das Grundbuchamt oder die Registerbehörde um die Eintragung zu ersuchen.

Schrifttum: *Demharter* Rpfleger **98**, 133 (ausf); *Weiland,* Die Sicherung konkurrierender Sachleistungsansprüche im Wege einstweiliger Verfügung durch Vormerkung und Verfügungsverbot, 1992.

1) Systematik. Die Vorschrift stellt eine Verbindung zwischen der Anordnung durch das Verfügungsgericht und der Folge im Grundbuch usw her. Im Arrestverfahren muß der Gläubiger die etwa notwendigen Eintragungen in das Grundbuch, in das Schiffsregister oder in das Schiffsbauregister selbst herbeiführen. § 941 ermöglicht im Verfahren auf den Erlaß einer einstweiligen Verfügung dem Gericht, die entsprechenden Maßnahmen von Amts wegen einzuleiten. 1

2) Regelungszweck. Die Vorschrift dient der Beschleunigung nach Grdz 12, 14 vor § 128 und der Rechtssicherheit, Einl III 43. Daher darf und muß man die Vorschrift großzügig auslegen. Das Verfügungsgericht hat nach Rn 4 ein Ermessen und nicht nur eine Zuständigkeit zum Ersuchen nach Rn 5. Es sollte aber von seiner Befugnis grundsätzlich nur dann einen Gebrauch machen, wenn der Gläubiger einen entsprechenden ausdrücklichen Antrag stellt. Es sollte auch dann nur im Ausnahmefall selbst das Grundbuchamt usw um die Eintragung ersuchen. Das übersieht *Düss* VersR **88**, 861. Allerdings ist ein Antrag des Gläubigers nach dem Gesetz entbehrlich. Grundsätzlich legt die Parteiherrschaft nach Grdz 18 vor § 128 den Fortgang nach Erlaß der Eilanordnung weitgehend in die Hand des Gläubigers. Ob man ihn auf seine Möglichkeiten hinweisen sollte, ist eine andere Frage. Ein Ablehnungsantrag wegen eines solchen Hinweises würde meist wohl schon daran scheitern, daß der Richter die Sachentscheidung im Eilverfahren bereits getroffen hat. Allerdings könnte seine Unbefangenheit aus der Sicht des jetzigen Antragsgegners im folgenden Hauptsacheprozeß fraglich sein. Es gilt also im Ergebnis eher Zurückhaltung zu üben. 2

3) Geltungsbereich. Man darf die Vorschrift nicht auf andere Register entsprechend anwenden, also nicht etwa auf das Handelsregister, obwohl das eigentlich sachlich gerechtfertigt wäre. § 941 ist aber auf das Register für ein Pfandrecht an Luftfahrzeugen entsprechend anwendbar, § 99 I LuftfzRG. § 941 setzt voraus, daß die einstweilige Verfügung nach ihrem Inhalt gerade eine Eintragung ermöglicht, zB die Eintragung einer Vormerkung, eines Veräußerungsverbots oder eines Widerspruchs gegen eine Vormerkung.
Die Vorschrift ist *ferner nicht anwendbar,* wenn die einstweilige Verfügung auf eine Zahlung lautet und wenn der Gläubiger seinen Zahlungsanspruch durch die Eintragung einer Sicherungshypothek vollstrecken will. § 941 ist aber dann anwendbar, wenn das Grundbuchamt usw eine Eintragung nach der Aufhebung der einstweiligen Verfügung löschen muß. 3

4) Ermessen. Das Gericht kann in Ausübung eines ganz freien, zwar pflichtgemäßen, aber grundsätzlich nicht nachprüfbaren Ermessens entscheiden, ob es das Registergericht bzw das Grundbuchamt um eine Eintragung ersuchen will, *Kblz* NJW **80**, 949. In einem dringenden Fall können das AG des § 942 bzw der Vorsitzende allein entscheiden, § 944. Das Ersuchen muß von dem Vorsitzenden unterschrieben werden, § 129 Rn 9. Ein Ersuchen des Urkundsbeamten der Geschäftsstelle reicht also nicht aus. Das Gericht handelt kraft seines Amts, also nicht als ein Vertreter des Gläubigers, *Bbg* JB **76**, 637, aM ThP 1 (aber das Gericht darf gar nicht nur zum Vertreter gar nur einer Partei werden).
Trotzdem muß der Eingang des Ersuchens nach dem Willen des Gesetzes die *Vollziehungsfrist* wahren, §§ 929 II, 932 III, *Kblz* NJW **80**, 949. Da diese Frist gewahrt werden muß, muß das Gericht den Gläubiger sofort von dem Ersuchen benachrichtigen. Denn die Zustellung der einstweiligen Verfügung ist unverändert im Parteibetrieb nach §§ 191 ff notwendig, § 929 III 2. Das Grundbuchamt kann den Nachweis der Zustellung nicht fordern. Da der Gläubiger über den Fortgang der Zwangsvollstreckung bestimmen muß, darf er ein Ersuchen des Gerichts wirksam zurücknehmen. Das Gericht verständigt den Gläubiger auch dann, wenn es von der Befugnis zum Ersuchen keinen Gebrauch macht, damit er selbst einen Eintragungsantrag stellen kann, § 13 GBO. 4 5

5) Eintragung. Die ersuchte Behörde darf nur die Zulässigkeit der Eintragung nach dem förmlichen Recht des Grundbuchs bzw des Registers prüfen. Wenn die ersuchte Behörde die Eintragung ablehnt, dürfen der Gläubiger und das ersuchende Gericht nach § 71 GBO die Beschwerde einlegen. Wenn der Gläubiger den Antrag zurücknimmt, ist eine etwa eingelegte Beschwerde des Gerichts gegenstandslos. Eine Vormerkung verliert in der Gesamtvollstreckung ihre Wirksamkeit, BGH NJW **99**, 3123. 6

6) VwGO: *Gilt entsprechend für die einstwAnO, § 123 III VwGO.* 7

942

Zuständigkeit des Amtsgerichts der belegenen Sache. [1] In dringenden Fällen kann das Amtsgericht, in dessen Bezirk sich der Streitgegenstand befindet, eine einstweilige Verfügung erlassen unter Bestimmung einer Frist, innerhalb der die Ladung des Gegners zur mündlichen Verhandlung über die Rechtmäßigkeit der einstweiligen Verfügung bei dem Gericht der Hauptsache zu beantragen ist.

§ 942

II ¹ Die einstweilige Verfügung, auf Grund deren eine Vormerkung oder ein Widerspruch gegen die Richtigkeit des Grundbuchs, des Schiffsregisters oder des Schiffsbauregisters eingetragen werden soll, kann von dem Amtsgericht erlassen werden, in dessen Bezirk das Grundstück belegen ist oder der Heimathafen oder der Heimatort des Schiffes oder der Bauort des Schiffsbauwerks sich befindet, auch wenn der Fall nicht für dringlich erachtet wird; liegt der Heimathafen des Schiffes nicht im Inland, so kann die einstweilige Verfügung vom Amtsgericht in Hamburg erlassen werden. ² Die Bestimmung der im Absatz 1 bezeichneten Frist hat nur auf Antrag des Gegners zu erfolgen.

III Nach fruchtlosem Ablauf der Frist hat das Amtsgericht auf Antrag die erlassene Verfügung aufzuheben.

IV Die in diesem Paragraphen erwähnten Entscheidungen des Amtsgerichts ergehen durch Beschluss.

Vorbem. IV idF Art 2 I Z 103 ZPO-RG v 27. 7. 01, BGBl 1887, in Kraft seit 1. 1. 02, Art 53 Z 3 ZPO-RG, ÜbergangsR Einl III 78.

Gliederung

1) Systematik, I–IV	1	6) Rechtfertigungsverfahren, I, II	10–12
2) Regelungszweck, I–IV	2	A. Ladung vor das Gericht der Hauptsache	10
3) Geltungsbereich: Dringender Fall, I	3, 4	B. Weiteres Verfahren	11, 12
4) Eintragung, II	5	7) Aufhebung, III	13, 14
5) Verfahren, I, IV	6–9	A. Allgemeines	13
A. Verhandlung	6	B. Rechtsbehelfe	14
B. Entscheidung	7, 8	8) *VwGO*	15
C. Rechtsbehelfe	9		

1 **1) Systematik, I–IV.** § 942 weicht von den §§ 919, 937 I ab. Die Vorschrift macht nämlich neben dem Gericht der Hauptsache für eine einstweilige Verfügung nach § 935 oder nach § 940 in einem dringenden Fall das AG der Belegenheit als Notgericht für die „Zwangsbereitschaft" zuständig, Wenzel BB **83**, 1226. Dieses AG ist aber nicht etwa das Verfügungsgericht des § 937 I, Schlesw MDR **97**, 392, etwa wie es bei § 919 das Arrestgericht ist. Das AG der Belegenheit ist vielmehr nur für die Anordnung, die Aufhebung wegen des erfolglosen Ablaufs einer Auflagefrist nach III und für ein Eintragungsersuchen nach § 941 zuständig, LG Saarbr DGVZ **95**, 187. Für eine Aufhebung nach den §§ 924–927, 939 ist nur das Gericht der Hauptsache zuständig, auch für die Vergütung des Sequesters nach § 938, LG Saarbr DGVZ **95**, 187. Das letztere Gericht ist auch das Prozeßgericht im Sinn der §§ 887 ff. Nur das Prozeßgericht ist zur Kostenfestsetzung nach §§ 103 ff berufen, und zwar auch zur Festsetzung derjenigen Kosten, die vor dem AG der Belegenheit entstanden sind, Wenzel BB **83**, 1226. Das AG der Belegenheit ist allerdings nach §§ 25 UWG, 23 BauforderungsG erweitert zuständig. Die Zuständigkeit nach § 942 ist eine ausschließliche, § 802, Jacobs NJW **88**, 1365. Das AG der Belegenheit ist auch in einer Arbeitssache und dann funktional als Arbeitsgericht zuständig, LAG Bre BB **82**, 2188, LAG Stgt BB **89**, 851, Wenzel BB **83**, 1226 (folglich Fehlen einer Erstattungsfähigkeit von Anwaltskosten).

2 **2) Regelungszweck, I–IV.** Die Vorschrift bezweckt eine Erleichterung des Zugangs zum Gericht. Das Eilbedürfnis erfordert das Unterbleiben irgendwelcher bloßer Zuständigkeitsprobleme. Die Vorschrift dient damit der Prozeßwirtschaftlichkeit, Grdz 14 vor § 128. Sie dient auch der sonst evtl wegen bloßer Zuständigkeitsprobleme nicht mehr erreichbaren vorläufigen Gerechtigkeit, Einl III 9. Daß muß man bei der Auslegung mitbeachten. Freilich darf man sich nicht schon deshalb einfach nach § 942 für zuständig halten, weil die Sache drängt und weil der Antragsteller bzw meist sein ProzBev sich einfach an das AG der Belegenheit gewandt hat. Angesichts heutiger Übermittlungstechnik auch eines Eilantrags dürfte in fast allen Fällen das eigentlich nach § 937 zuständige Gericht genauso rasch ermittelbar und ansprechbar sein, Rn 4. Das darf man bei wegen Art 102 I 2 GG auch der Belegenheits-Amtsrichter durchaus mitbedenken, und damit muß der Antragsteller auch rechnen. Denn sein ProzBev schuldet auch im Eilverfahren den sichersten und nicht den bequemsten Weg, § 85 Rn 17.

3 **3) Geltungsbereich: Dringender Fall, I.** Neben dem Verfügungsgericht des § 937 ist in einem dringenden Fall grundsätzlich das AG des Verbleibs der Sache örtlich und sachlich zuständig. Es kommt darauf an, wo sich der Streitgestand befindet, § 2 Rn 3, also der Gegenstand der einstweiligen Regelung, Lempp NJW **75**, 1920. Bei einer Forderung gilt § 23 S 2 entsprechend. Wenn es um eine Handlung oder Unterlassung geht, dann kommt es darauf an, wo der Antragsgegner diese begangen hat oder wo er sie vornehmen soll. Maßgebender Zeitpunkt ist derjenige der Anordnung der einstweiligen Verfügung. Wenn sich die Sache nicht im Bezirk des AG befindet, dann ist eine von diesem AG erlassene einstweilige Verfügung fehlerhaft. Sie bleibt aber trotzdem als ein Staatsakt bis zum Zeitpunkt ihrer etwaigen Aufhebung wirksam, Üb 19 vor § 300.

4 Ein „dringender Fall" liegt hier anders als bei § 937 dann vor, wenn eine Anrufung des Gerichts der Hauptsache nach § 919 Rn 4, § 937 Rn 3 das Verfahren für den Gläubiger *nachteilig verzögern würde*, Jacobs NJW **88**, 1365, Lempp NJW **75**, 1920. Das kann auch dann der Fall sein, wenn sich das zuständige LG am Sitz des AG befindet. Denn der Geschäftsbetrieb ist bei einem Kollegialgericht unter Umständen langsamer, und § 944 bietet praktisch keine Hilfe. Freilich muß der Gläubiger die Dringlichkeit nach §§ 294, 920 II, 936 glaubhaft machen. Er muß also auch glaubhaft machen, daß das LG auch im konkreten Einzelfall langsamer arbeiten würde. Die bloße Behauptung oder die bloße Berufung auf einen angeblichen Erfahrungssatz dürften nur in Ausnahmefällen ausreichen. Schließlich muß auch ein LG jederzeit einsatzbereit sein, Rn 3.

Wenn die *Dringlichkeit fehlt,* kann das angerufene AG das Verfahren auf Grund eines Antrags auch nach § 281 an das Gericht der Hauptsache verweisen, Jacobs NJW **88**, 1365, Lempp NJW **75**, 1920. Wenn das

Abschnitt 5. Arrest und einstweilige Verfügung § 942

AG die einstweilige Verfügung trotz des Fehlens der Dringlichkeit erlassen hat, bleibt die einstweilige Verfügung als ein Staatsakt wirksam, bis sie etwa aufgehoben wird, Üb 19 vor § 300. Wenn es sich um die Eintragung einer Vormerkung oder eines Widerspruchs in das Register für Pfandrechte an Luftfahrzeugen handelt, dann kann dasjenige AG die beantragte einstweilige Verfügung erlassen, in dessen Bezirk das Luftfahrt-Bundesamt seinen Sitz hat, § 99 III LuftfzRG.

4) Eintragung, II. Neben dem Verfügungsgericht des § 937 I ist für eine einstweilige Verfügung mit **5** dem Ziel der Eintragung einer Vormerkung oder eines Widerspruchs im Grundbuch, im Schiffsregister oder im Schiffsbauregister nach §§ 885, 899 BGB, §§ 11, 21 SchiffsG örtlich und sachlich dasjenige AG zuständig, in dessen Bezirk die Sache belegen ist nach § 480 HGB liegt oder in dessen Bezirk sich der Heimatort befindet, § 6 BinnSchG, oder der Bauort des Schiffsbauwerks liegt. Wenn der Heimathafen im Ausland liegt, ist das AG Hamburg örtlich zuständig. In einem solchen Fall braucht der Gläubiger weder die Gefährdung nach dem sachlichen Recht noch der Dringlichkeit glaubhaft zu machen, Jacobs NJW 88, 1365. „Kann erlassen werden" bedeutet: Das zuständige AG hat kein freies Ermessen, sondern ist zuständig und muß daher die einstweilige Verfügung erlassen, sobald deren übrige Voraussetzungen vorliegen, Jacobs NJW 88, 1365. Während I eine Fristbestimmung für den Antrag der Ladung vor das Gericht der Hauptsache verlangt, ist eine solche Fristbestimmung im Fall II nicht erforderlich. Denn dann ist ein Antrag des Gegners notwendig. Für ein Luftfahrzeug gilt Rn 4 aE entsprechend.

5) Verfahren, I, IV. Man muß drei Stadien unterscheiden. **6**
A. Verhandlung. Eine mündliche Verhandlung ist freigestellt, also nicht erforderlich, § 128 IV. Das Gericht entscheidet auch dann, wenn es eine Dringlichkeit verneint, nach pflichtgemäßem Ermessen darüber, ob es in eine mündliche Verhandlung eintreten will. Deshalb findet kein Versäumnisverfahren nach §§ 330 ff statt. Eine Glaubhaftmachung genügt, §§ 294, 920 II, 936.

B. Entscheidung. Das AG entscheidet stets durch einen Beschluß, IV, § 329. Es muß seinen Beschluß **7** begründen, § 329 Rn 4. Die einstweilige Verfügung muß dem Gläubiger im Fall I von Amts wegen und im Sonderfall II nur auf Antrag des Gegners eine Frist setzen, innerhalb der der Gläubiger die Ladung des Schuldners zu einer mündlichen Verhandlung über die Rechtmäßigkeit der einstweiligen Verfügung vor das Gericht der Hauptsache nach § 919 Rn 4, § 937 Rn 3 beantragen müßte. Es handelt sich um eine richterliche Frist, § 224 Rn 7. Sie wird nach § 222 berechnet. Am zweckmäßigsten bestimmt das Gericht die Frist nach dem Kalender. Im Zweifel beginnt die Frist mit der Zustellung der einstweiligen Verfügung an den Gläubiger. Wenn eine solche Zustellung nicht stattgefunden hat, beginnt die Frist mit der Aushändigung der einstweiligen Verfügung an den Gläubiger. Das Gericht kann die Frist nach § 224 verlängern. Es handelt sich nicht um eine Notfrist nach § 224 I 2. Deshalb ist gegen die Versäumung der Frist keine Wiedereinsetzung in den vorigen Stand nach § 233 zulässig. Der Gläubiger wahrt die Frist durch den Eingang seines etwaigen Antrags auf die Bestimmung des Verhandlungstermins beim Gericht der Hauptsache.

Wenn das Gericht es *unterlassen* hat, dem Gläubiger die Frist zu setzen, dann bleibt die etwa ergangene **8** einstweilige Verfügung trotzdem als ein Staatsakt wirksam, Üb 19 vor § 300. Das Gericht muß seinen Beschluß auf Grund eines Antrags nach § 321 ergänzen. Der Rpfl ist weder zur Fristsetzung in der einstweiligen Verfügung noch zur Fristsetzung im Fall eines nachträglichen Beschlusses zuständig. Denn § 20 Z 14 RPflG, Anh § 153 GVG, nennt den § 942 nicht und ist als eine Ausnahmevorschrift nach § 3 Z 3 RPflG eng auslegbar. Wenn das AG in der Hauptsache nach § 937 I zuständig war, dann muß der Gläubiger die Frist ebenfalls einhalten. Denn die einstweilige Verfügung ist nur unter solcher Bedingung ergangen.

Gebühren: Des Gerichts KV 1410 ff; des Anwalts VV 3100 ff. Wert: Anh § 3 Rn 35 „Einstweilige Verfügung".

C. Rechtsbehelfe. Der Gläubiger kann gegen einen zurückweisenden Beschluß sofortige Beschwerde **9** einlegen, § 567 I Z 2, Kblz NJW 80, 2589. Der Schuldner kann gegenüber einem stattgebenden Beschluß nach I Widerspruch nur zum Gericht der Hauptsache einlegen, Hamm OLGZ 89, 340, 270, AG Düss MDR 85, 151, ZöV 4, aM ThP 5 (kein Rechtsbehelf). Gegenüber einem stattgebenden Beschluß nach II kann der Schuldner den Antrag auf die Bestimmung eines Termins stellen, Rn 8.

6) Rechtfertigungsverfahren, I, II. Man muß zwei Zeitabschnitte trennen. **10**
A. Ladung vor das Gericht der Hauptsache. Die Ladung erfolgt vor das Gericht der Hauptsache, Jacobs NJW 88, 1365. Sie leitet das sog Rechtfertigungsverfahren ein. Der Antrag auf die Bestimmung des Termins enthält stillschweigend den Antrag, die einstweilige Verfügung zu bestätigen. Wenn der Schuldner bei dem Gericht des § 942 einen Widerspruch einlegt, dann muß dieses Verfahren auf Grund seines etwaigen Antrags nach § 281 an das Gericht der Hauptsache verweisen, LG Ffm NJW 75, 1933, aM Lempp NJW 75, 1921 (aber § 281 gilt auch im Eilverfahren). Der Schuldner ist zwar nicht Kläger. Aber er betreibt das Verfahren. Er steht daher einem Kläger gleich. Die Ladung zur Hauptsache ist keine Ladung im Rechtfertigungsverfahren. Wenn die Sache nicht nach § 261 I anhängig ist, dann bestimmt sich die Zuständigkeit des Gerichts der Hauptsache nach dem Zeitpunkt der Ladung. Die Zustellung erfolgt an den ProzBev, § 172. Denn sie geschieht innerhalb eines anhängigen Verfahrens, aM StJGr 13 (die Zustellung erfolge nur an den für das Verfahren vor dem Gericht der Hauptsache bestellten ProzBev). Die Ladungsfrist richtet sich nach § 217. Eine Einlassungsfrist nach § 274 III ist nicht notwendig. Denn es liegt keine Klage vor.

B. Weiteres Verfahren. Das weitere Verfahren verläuft wie sonst, § 925. Für die Entscheidung ist die **11** Sach- und Rechtslage im Zeitpunkt des Schlusses der mündlichen Verhandlung maßgebend, §§ 136 IV, 296 a. Daher darf das Gericht die einstweilige Verfügung nur dann bestätigen, wenn sie berechtigt ist. Die Aufhebung der einstweiligen Verfügung ist auch auf Grund veränderter Umstände oder wegen des Ablaufs der Vollzugsfrist zulässig. Das Gericht kann die Aufhebung auch gegen eine Sicherheitsleistung entsprechend § 939 aussprechen. Die Aufhebung ist aber nicht schon deshalb zulässig, weil die Ladung verspätet ergangen war. Denn der Gläubiger kann die Ladung bis zum Zeitpunkt der Aufhebung wirksam nachholen, § 231 II.

Die Entscheidung erfolgt nur durch ein *Urteil,* § 300. Denn das Gericht muß eine mündliche Verhandlung durchführen, § 128 Rn 4. Gegen das Urteil ist wie bei § 925 die Berufung zulässig, §§ 511 ff. Wenn irrig

§§ 942, 943

das AG des § 942 entschieden hat, muß man das Verfahren unter Umständen auf Antrag an das Gericht der Hauptsache zurückverweisen, (jetzt) § 538, LG Ffm NJW **75**, 1933, Jacobs NJW **88**, 1366, StJGr 11, aM LG Karlsr NJW **80**, 1759 (aber aus der Anwendbarkeit des § 281 nach Rn 10 folgt die Anwendbarkeit auch des § 538).

12   Die *Einstellung der Zwangsvollstreckung* erfolgt nach § 924 III durch das Gericht der Hauptsache. Diese Einstellung ist unanfechtbar, § 707 II. Falls das Gericht des Verbleibs entschieden hat, ist sofortige Beschwerde zulässig, §§ 567 I Z 1, 793. Das Gericht der Hauptsache muß die Kosten für das gesamte Verfahren nach §§ 91 ff festsetzen, auch die Kosten für das Verfahren vor dem AG des § 942, Wenzel BB **83**, 1226, aM Lempp NJW **75**, 1922 (vgl aber § 91 Rn 73, 75).

13   **7) Aufhebung, III.** Man muß zwei Verfahrensabschnitte beachten.
   A. Allgemeines. Nach einem ergebnislosen Ablauf der nach I gesetzten Ladungsfrist muß das AG die einstweilige Verfügung auf Grund eines Antrags des Schuldners oder auf Grund eines Verzichts des Gläubigers aufheben. Das Gericht spricht also eine Aufhebung nicht von Amts wegen aus. Die ordnungsmäßige Einreichung und demnächst nachfolgende Zustellung wahrt die Frist. Es genügt aber, daß der Gläubiger den Antrag verspätet eingereicht hat, wenn sein Antrag nur noch vor dem Zeitpunkt der Entscheidung eingeht, § 231 II. Es genügt ebenfalls, daß der Schuldner den Antrag eingereicht hat, Rn 10. Eine Anhörung des Gläubigers ist nicht hier ausdrücklich vorgeschrieben. Sie ist aber schon auf Grund des Art 103 I GG notwendig. Die Entscheidung erfolgt auf Grund einer freigestellten mündlichen Verhandlung, § 128 IV. Sie ergeht stets durch einen Beschluß, IV, § 329. Das Gericht muß ihn grundsätzlich begründen, § 329 Rn 4. Der Gläubiger trägt im Fall einer Aufhebung die Kosten. Das Gericht muß seinen Beschluß formlos übersenden, § 329 II 1, bzw im Fall der befristeten Anfechtbarkeit nach Rn 14 förmlich zustellen, § 329 III.
   Gebühren: Des Gerichts: keine, des Anwalts: VV 3100 ff.

14   **B. Rechtsbehelfe.** Gegen die Zurückweisung des Aufhebungsantrags ist sofortige Beschwerde nach § 567 I Z 2 zulässig. Gegen die Aufhebung ist sofortige Beschwerde zulässig, § 934 IV entsprechend. Das gilt auch dann, wenn die Aufhebung fälschlich durch sein in einem Urteil erfolgte. Denn die Aufhebung macht das Gläubiger ersatzpflichtig, § 945. Eine Rechtsbeschwerde kommt unter den Voraussetzungen des § 574 in Betracht. Solange der Schuldner keinen Aufhebungsantrag stellt, bleibt die einstweilige Verfügung wirksam. Das AG ist zu keinerlei weiteren Entscheidungen berufen, namentlich nicht zu einer Aufhebung aus anderen Gründen, Rn 10.

15   **8) VwGO:** *Unanwendbar auch auf die einstwAnO, RedOe § 123 Anm 15, vgl § 935 Rn 20.*

943 *Gericht der Hauptsache, Rückgabe einer Sicherheit.* **¹ Als Gericht der Hauptsache im Sinne der Vorschriften dieses Abschnitts ist das Gericht des ersten Rechtszuges und, wenn die Hauptsache in der Berufungsinstanz anhängig ist, das Berufungsgericht anzusehen.**
ᴵᴵ Das Gericht der Hauptsache ist für die nach § 109 zu treffenden Anordnungen ausschließlich zuständig, wenn die Hauptsache anhängig ist oder anhängig gewesen ist.

1   **1) Gericht der Hauptsache, I.** Vgl § 919 Rn 4, § 937 Rn 3. Das Berufungsgericht ist funktionell nur insoweit zuständig, als der Antragsteller den Verfügungsanspruch bereits in erster Instanz geltend gemacht hatte, Hamm GRUR **89**, 457, 925 und 933. Es kann sich auch um die Berufung gegen die Aufhebung durch Urteil handeln, aM Düss RR **02**, 139 (aber die Aufhebung schuf die Eilmaßnahme nicht stets aus der Welt, § 925 Rn 10). In einem dringenden Fall hat § 944 Vorrang.

2   **2) Rückgabe einer Sicherheit, II.** Es kommt auf die Person an.
   A. Zuständigkeit. Zur Anordnung der Rückgabe der Sicherheit ist ausschließlich das Gericht der Hauptsache zuständig, § 919 Rn 4, § 937 Rn 3. Das gilt dann, wenn die Hauptsache anhängig ist oder anhängig war. Im letzteren Fall ist also immer das Gericht der ersten Instanz zuständig. In einem dringenden Fall kann der Vorsitzende allein entscheiden, § 944. In einer Schiedsgerichtssache nach § 1025 ff entscheidet dasjenige Gericht, das die Sicherheitsleistung angeordnet hat. Wer sich darauf beruft, daß die Sache anhängig sei, nicht notwendig nach § 261 Rn 1 rechtshängig, der muß die Anhängigkeit beweisen. Über den Wegfall der Veranlassung § 109 Rn 5.

3   **B. Sicherheitsleistung des Gläubigers.** Eine solche Sicherheitsleistung sichert die Ansprüche des Schuldners nach § 945. Es ergeben sich folgende Möglichkeiten: Der Arrest bleibt evtl unangefochten oder wird nicht vollzogen. Der Gläubiger kann dann die Rückgabe verlangen, weil er nicht vollzogen habe oder weil dem Schuldner trotz des Vollzugs kein Schaden erwachsen sei. Der Schuldner muß das Gegenteil behaupten. Wenn das Gericht den Arrest aber nach § 322 rechtskräftig bestätigt hat, handelt es sich nur um eine vorläufige Entscheidung. Die endgültige Entscheidung fällt erst im Hauptprozeß. Die Veranlassung zur Sicherheitsleistung entfällt daher erst im Zeitpunkt der Rechtskraft der dem Gläubiger günstigen Entscheidung im Hauptprozeß. Eine Befriedigung des Gläubigers steht der rechtskräftigen Entscheidung gleich. Der Schuldner kann das Fehlen eines Arrestgrunds nach der Rechtskraft der Bestätigung nicht mehr bemängeln. Denn die Rechtskraft bindet insoweit, § 945 Rn 14.

4   **C. Sicherheitsleistung des Schuldners.** Eine solche Sicherheitsleistung berührt die Arrestanordnung nicht. Sie dient vielmehr nur der Abwendung oder der Aufhebung des Vollzugs und der Zwangsvollstreckung. Diese Sicherheitsleistung wird frei, wenn der Gläubiger befriedigt worden ist oder wenn das Gericht des Hauptprozesses seinen Anspruch dort rechtskräftig als unbegründet abgewiesen hat, Mü BB **75**, 764. Auch eine Aufhebung wegen einer Versäumung der Klagefrist den § 926 wegen veränderter Umstände nach § 927 oder aus einem sonstigen Grund, zB wegen Widerspruchs, macht die Sicherheitsleistung frei, Düss RR **87**, 512.

5   **3) VwGO:** *Unanwendbar, vgl § 935 Rn 20.*

Abschnitt 5. Arrest und einstweilige Verfügung   §§ 944, 945

944 *Entscheidung des Vorsitzenden bei Dringlichkeit.* In dringenden Fällen kann der Vorsitzende über die in diesem Abschnitt erwähnten Gesuche, sofern deren Erledigung eine mündliche Verhandlung nicht erfordert, anstatt des Gerichts entscheiden.

1) Systematik. Es handelt sich um eine gegenüber den sonstigen Zuständigkeitsregeln vorrangige Sondervorschrift. 1

2) Regelungszweck. Die Vorschrift besteht im Interesse der oft dringend gebotenen Beschleunigung des Verfahrens, Grdz 12, 14 vor § 128. Man sollte sie weder zu ängstlich noch zu großzügig auslegen. 2

3) Geltungsbereich: Entbehrlichkeit von Verhandlung. Soweit nicht ohnehin der Einzelrichter nach §§ 348, 348 a zuständig ist, darf der Kammervorsitzende im Gesamtbereich der §§ 916 ff statt des Kollegiums über alle Anträge im vorläufigen Verfahren entscheiden, soweit nach § 128 IV keine mündliche Verhandlung notwendig ist und soweit der Fall dringlich ist. Es scheiden also die §§ 924 II, 925, 926 II, 927, 942 I aus. Eine einstweilige Verfügung muß außerdem schon an sich gesteigert dringlich sein, wenn sie ohne mündliche Verhandlung ergehen soll, § 937 Rn 4, 5, Karlsr RR **87**, 1206. Dringlichkeit ist demgegenüber hier dasselbe wie bei § 942 Rn 3. Man muß also zu befürchten haben, daß die Entscheidung des Kollegiums nur unter einer Verzögerung ergehen könnte, die für den Gläubiger nachteilig wäre. Der Vorsitzende darf auch über eine Forderungspfändung nach § 930 I entscheiden, nicht aber über eine gegen diese Forderungspfändung eingelegte Erinnerung. 3

Der Vorsitzende *entscheidet* durch einen Beschluß, § 329, ohne stete Notwendigkeit einer mündlichen Verhandlung, § 128 IV. Der Vorsitzende darf auch eine mündliche Verhandlung anordnen, auch im Rahmen des § 349, Bergerfurth NJW **75**, 334. Er entscheidet anstelle des Kollegiums. Deshalb unterliegt seine Entscheidung denselben Rechtsbehelfen wie eine Entscheidung des Kollegiums. Der Vorsitzende muß seinen Beschluß begründen, § 329 Rn 4. Die Vorschrift ist im Verfahren nach § 85 II ArbGG unanwendbar. 4

4) VwGO: Unanwendbar, s § 935 Rn 20. Für die einstwAnO gilt § 123 II 3 iVm § 80 VIII VwGO, vgl Finkelnburg/Jank Rn 322–327. 5

945 *Schadensersatzpflicht.* Erweist sich die Anordnung eines Arrestes oder einer einstweiligen Verfügung als von Anfang an ungerechtfertigt oder wird die angeordnete Maßregel auf Grund des § 926 Abs. 2 oder des § 942 Abs. 3 aufgehoben, so ist die Partei, welche die Anordnung erwirkt hat, verpflichtet, dem Gegner den Schaden zu ersetzen, der ihm aus der Vollziehung der angeordneten Maßregel oder dadurch entsteht, dass er Sicherheit leistet, um die Vollziehung abzuwenden oder die Aufhebung der Maßregel zu erwirken.

Schrifttum: *Ahrens,* Der Schadensersatzanspruch nach § 945 ZPO im Streit der Zivilsenate, Festschrift für *Piper* (1996) 31; *Fischer,* Hat das im einstweiligen Rechtsschutz ergangene rechtskräftige Urteil Bedeutung für den Schadensersatzanspruch aus § 945 ZPO?, in: Festschrift für *Merz* (1992); *Kienzle,* Schadensersatz bei einstweiliger Verfügung in England und Deutschland, 2000 (Bespr Brehm ZZP **115**, 131); *Luh,* Die Haftung des aus einer vorläufigen, auf Grund verfassungswidrigen Gesetzes ergangenen Entscheidung vollstreckenden Gläubigers, Diss Ffm 1979; *Münzberg,* Der Schutzbereich der Normen §§ 717 Abs. 2, 945 ZPO, Festschrift für *Lange* (1992) 599; *Rabback,* Die entsprechende Anwendbarkeit des den §§ 945 usw zugrunde liegenden Rechtsgedankens auf die einstweiligen Anordnungen der ZPO, 1999; *Schilken,* Grundfragen zum Schadensersatzanspruch nach § 945 ZPO in der Rechtsprechung des Bundesgerichtshofs, Festgabe *50 Jahre Bundesgerichtshof* (2000) III 593; *Schmitz,* Inhalt und Umfang des Schadensersatzanspruches nach § 945 ZPO usw, Diss Osnabr 1989; *Stolz,* Einstweiliger Rechtsschutz und Schadensersatzpflicht: der Schadensersatzanspruch nach § 945 der Zivilprozeßordnung, 1989.

Gliederung

1) **Systematik**	1		B. Wirkung der Entscheidung des Hauptprozesses	11
2) **Regelungszweck**	2		C. Wirkung bei Aufhebung des Arrests	12, 13
3) **Geltungsbereich**	3–6		D. Wirkung bei Bestätigung des Arrests	14
A. Anwendbarkeit	3, 4		E. Fehlen einer Entscheidung im Hauptprozeß	15
B. Unanwendbarkeit	5		F. Besondere Klage	16
C. Sachliches Recht; Verjährung	6		6) **Schadensersatz**	17–23
4) **Voraussetzungen**	7–9		A. Freie Würdigung	17, 18
A. Ungerechtfertigte Anordnung, oder: Aufhebung der angeordneten Maßregel	7		B. Schaden durch Vollziehung	19–21
B. Versäumung der angeordneten Klage oder Ladung	8		C. Schaden durch Sicherheitsleistung	22
C. Verspäteter Vollzug	9		D. Weitere Einzelfragen; mitwirkendes Verschulden	23
5) **Verfahren**	10–16		7) *VwGO*	24
A. Selbständige Prüfung der Berechtigung des Arrests usw	10			

1) Systematik. § 945 ist dem § 717 II nachgebildet, BGH MDR **96**, 452, ähnlich den §§ 302 IV, 600 II. Die Anwendung des § 945 kommt aber eher als die der vergleichbaren anderen Vorschriften in Betracht. Denn im vorläufigen Verfahren kann notwendigerweise nur eine mangelhafte sachlichrechtliche Prüfung stattfinden, BGH **68**, 180. Der Sache nach liegt ein Anspruch auf einen Schadensersatz nach §§ 249 ff BGB auf Grund einer objektiv unerlaubten Handlung vor, BGH NJW **93**, 864, KG WoM **91**, 315, aM Köln NJW **96**, 1292 (aber im Kern hat der Antragsteller zu Unrecht einen Vollstrek- 1

§ 945

kungstitel erwirkt und vollstreckt). Allerdings setzt dieser Anspruch kein Verschulden des Gegners voraus, KG RR **92**, 211, Saenger JZ **97**, 224.

2 **2) Regelungszweck.** Es soll derjenige, der einen noch nicht endgültigen Titel erwirkt, das Risiko tragen, daß sich sein Vorgehen nachträglich als unberechtigt erweist, BGH RR **98**, 1039. Es ist eine zurückhaltende Auslegung geboten, BGH **122**, 177 und NJW **92**, 998. Denn nicht jede kleinste Abweichung des Endergebnisses kann ihren Sieger berechtigen, den Antragsteller mit einem Anspruch zu überziehen, mit dem er an sich im Vertrauen auf gerichtliche Sorgfalt auch gegenüber seinem Eilantrag nicht rechnen mußte, Rn 17. Andererseits muß er eben grundsätzlich wissen, daß eine Eilentscheidung noch anfechtbarer ausfallen kann als ein Hauptsacheurteil. Man darf auch nicht den Abschreckungseffekt des § 945 bagatellisieren. Vgl freilich auch Rn 17.

3 **3) Geltungsbereich.** Er ist weit, aber doch begrenzt.

A. Anwendbarkeit. Das Anwendungsgebiet des § 945 ist auch begrenzt. Es genügt nicht schon eine Aufhebung oder eine Abänderung des Titels. Vielmehr muß die Anordnung von Anfang an ganz oder teilweise unberechtigt gewesen sein, oder das Gericht muß die einstweilige Verfügung auf Grund der §§ 926 II, 942 III aufgehoben haben. Der Betroffene darf auch nicht sachlichrechtlich verpflichtet gewesen sein, etwa die ihm durch die einstweilige Verfügung untersagte Handlung zu unterlassen, BGH NJW **81**, 2580, KG RR **87**, 448.

4 § 945 ist in folgenden Fällen *entsprechend* anwendbar: Auf einen Steuerarrest, BGH **63**, 277 und NJW **78**, 2025 (nicht auf die Aufhebung eines vollziehbaren Steuerbescheids, aM Schwarz NJW **76**, 219); auf einen Bardepotheranziehungsbescheid; auf die einstweilige Anordnung, etwa im WEG-Verfahren, BGH **120**, 263, Düss OLGZ **90**, 226, KG WoM **91**, 315, aM KG RR **92**, 211 (aber sie steht in der Rechtswirkung einer einstweiligen Verfügung sehr nahe); auf eine einstweilige Verfügung, deren Gesetzesgrundlage für verfassungswidrig erklärt worden ist; auf eine einstweilige Verfügung wegen der Verletzung eines später für nichtig erklärten Patents, BGH GRUR **79**, 869 Jauernig § 36 V, aM Kroitzsch GRUR **76**, 512, Pietzcker GRUR **80**, 442 (aber objektiv war das Vorgehen eben von Anfang an unberechtigt, rückschauend betrachtet); auf die Verletzung eines später gelöschten Gebrauchsmusters, BGH **75**, 118, BPatG GRUR **81**, 125.

5 **B. Unanwendbarkeit.** § 945 ist in folgenden Fällen unanwendbar: Bei einem Rechtsmißbrauch, Einl III 53 ff, BGH **120**, 268; bei einer einstweiligen Anordnung nach § 127 a oder innerhalb der Zwangsvollstreckung, etwa dahin, daß sie einzustellen sei; bei einer einstweiligen Anordnung im Eheverfahren nach den §§ 620 ff, BGH NJW **84**, 2097, Kohler ZZP **99**, 36, aM Olzen FamRZ **86**, 1175 (aber man darf § 945 nicht einfach weit auslegen, Rn 2). § 945 ist ferner bei einem Prozeßvergleich nach Anh § 307 unanwendbar, Karlsr OLGZ **79**, 372, StJGr 3, aM Ffm FamRZ **88**, 88 (aber Grundlage von § 945 ist eine Gerichtsentscheidung). § 945 ist ferner bei einem Verfahren mit dem Ziel einer presserechtlichen Gegendarstellung unanwendbar, aM BGH **62**, 9, ThP **75**, ZöV 4 (aber dieses Gegendarstellungsrecht folgt weitgehend abweichenden Regeln). § 945 ist ferner bei einem Verfahren nach § 102 V 2 BetrVG, § 85 II 2 ArbGG unanwendbar, BAG DB **79**, 653, Schmädicke NZA **04**, 296. § 945 ist unanwendbar, soweit es um eine Eilmaßnahme im Ausland geht, Freitag IPRax **02**, 272, Sturm NJW **96**, 504, oder soweit zB eine Unterwerfung gar nicht im Urteil enthalten ist, Mü GRUR-RR **04**, 63.

6 **C. Sachliches Recht; Verjährung.** Die Haftung des Schuldners, der eine Aufhebung des Arrests bzw der einstweiligen Verfügung durch eine Sicherheitsleistung erwirkt hat, richtet sich nach dem sachlichen Recht. Die Verjährung tritt nach (jetzt) § 852 S 2 BGB ein, BGH NJW **92**, 2297, Karlsr OLGZ **79**, 374. Wegen der Verjährungsfrist im einzelnen Rn 17.

7 **4) Voraussetzungen.** Man muß drei verschiedene Lagen trennen.

A. Ungerechtfertigte Anordnung, oder: Aufhebung der angeordneten Maßregel. Die Anordnung des Arrests oder der einstweiligen Verfügung muß von Anfang an objektiv sachlichrechtlich ungerechtfertigt gewesen sein, Hs 1, BGH MDR **96**, 452, Schilken (vor Rn 1) 605, oder die angeordnete Maßregel muß aufgehoben worden sein, Hs 2. Das erstere trifft dann zu, wenn ihre Voraussetzungen am Schluß der jetzigen mündlichen Verhandlung nach §§ 136 IV, 296 zu rückschauend vom Standpunkt eines damals objektiv richtig entscheidenden Arrestgerichts aus bereits im Zeitpunkt des Erlasses des Arrests tatsächlich oder rechtlich gefehlt hatten, BGH JZ **88**, 979 (zustm Stolz). Dabei mag ein sachlichrechtlicher Anspruch oder Grund oder mögen die allgemeinen Prozeßvoraussetzungen nach Grdz 12 vor § 253 gefehlt haben, zB die Glaubhaftmachung nach §§ 294, 920 II, 936, aM StJGr 2, ZöV 1 (aber es muß schon objektive derartige Mangel ausreichen. Denn jeder führte zur Ungerechtfertigkeit). Der Arrest oder die einstweilige Verfügung waren allerdings nicht schon deshalb unberechtigt, weil sich die rein verfahrensrechtlichen Voraussetzungen des Erlasses und daher insbesondere die Gefährdung und damit die Besorgnis im Sinne von § 917 später als nicht vorhanden erwiesen. Denn es ist immer unsicher, ob später ein Ereignis eintritt, das man zunächst verständigerweise befürchten mußte, BGH NJW **89**, 107, Kohler ZZP **99**, 35, Schilken (vor Rn 1) 608, aM Düss GRUR **87**, 573, KG GRUR **87**, 571 (Verfassungswidrigkeit genüge. Aber das beachtet nicht die besonderen Verfahrensbedingungen).

Inwieweit eine Bestätigung oder eine Aufhebung *binden*, ist in Rn 12, 13 dargelegt.

8 **B. Versäumung der angeordneten Klage oder Ladung.** Wenn das Gericht den Arrest auf Grund der §§ 926 II, 942 III aufheben muß, also wegen einer Versäumung der angeordneten Klage oder Ladung, dann muß der Gläubiger dem Schuldner unbedingt einen Schadensersatz leisten. Es nützt dem Gläubiger in einem solchen Fall auch nichts, daß das Gericht seinen sachlichrechtlichen Anspruch festgestellt hat. Für die Ersatzpflicht des Gläubigers kommt es nicht darauf an, ob er schuldhaft handelte.

9 **C. Verspäteter Vollzug.** Vollzieht der Gläubiger verspätet, dann kann er auf Grund dieses Umstands ebenso wie auf Grund einer anderen objektiv rechtswidrigen Maßnahme der Zwangsvollstreckung haften. In einem solchen Fall ist eine Voraussetzung seiner Ersatzpflicht, daß das Gericht die fragliche Vollzugsmaßnahme auf Grund eines Rechtsbehelfs des Schuldners aufheben mußte, Grdz 58 vor § 704, MüKoHe 31,

ZöV 12, aM StJGr 34 (§ 945 entsprechend. Aber die Fälle liegen verschieden. Es kann insbesondere eine objektiv fristmäßige Vollziehung unzulässig sein. Eine fristmäßige Klage ist immer zulässig, notfalls auf Grund einer Fristverlängerung).

5) Verfahren. Ein obligatorisches Güteverfahren findet nicht statt, § 15 a II 1 Z 6 EGZPO, Hartmann NJW **99**, 3748. Es zeigen sich verschiedene Wirkungskreise.

A. Selbständige Prüfung der Berechtigung des Arrests usw. Das Gericht bleibt wie im Anordnungsverfahren zuständig. Es bleibt zB in einer Handelssache die Kammer für Handelssachen zuständig, LG Oldb RR **02**, 1724. Das Gericht muß von sich aus prüfen, ob die Anordnung des Arrests oder der einstweiligen Verfügung berechtigt war oder nicht. Das gilt selbst dann, wenn der Gläubiger auf den Arrest verzichtet hat. Indessen ist die Prüfungspflicht des Prozeßgerichts zur Wahrung einer einheitlichen Rechtsprechung im Rahmen von Rn 12–15 eingeschränkt.

B. Wirkung der Entscheidung des Hauptprozesses. Hat das Prozeßgericht im Hauptprozeß nach § 322 rechtskräftig entschieden, so bindet seine Entscheidung das Gericht im Rahmen des § 945 zur Frage der Berechtigung des Arrests usw., BGH **122**, 175, Gehrlein MDR **00**, 689. Das gilt selbst dann, wenn sich die Rechtsauffassung inzwischen geändert hat oder wenn die zugrunde liegende Vorschrift verfassungswidrig war, BGH MDR **88**, 936. Wenn das Gericht den Hauptanspruch als im Zeitpunkt der Anordnung des Arrests unbegründet abgewiesen hat, dann fehlte ein Arrestanspruch des § 916. Daher war der Arrest unberechtigt, BGH JZ **88**, 978, Karlsr GRUR **84**, 157, Ahrens (vor Rn 1) 34. Es ist dann unerheblich, ob der Arrest im Widerspruchsverfahren bestätigt worden ist. Der Arrestgrund des § 917 mag trotzdem vertretbar gewesen sein. Hat das Gericht dem Hauptanspruch im Hauptprozeß stattgegeben, dann steht auch der Arrestanspruch fest. Der Arrestgrund kann aber selbst in diesem Fall gefehlt haben. Deshalb muß das Gericht im Verfahren nach § 945 insofern eine selbständige Prüfung vornehmen.

C. Wirkung bei Aufhebung des Arrests. Sie bindet grundsätzlich den Prozeßrichter, BGH NJW **92**, 2298, aM KG RR **87**, 448, MüKoHe 27, Teplitzky RR **98**, 1652 (aber § 318 bleibt grundsätzlich wirksam). Das gilt auch dann, wenn der Arrest als *von Anfang an* unberechtigt aufgehoben worden ist, BGH VersR **85**, 335, Hbg VersR **87**, 356, aM Schilken (vor Rn 1) 611. Ob dieser Fall vorliegt, das ergibt sich aus den Entscheidungsgründen des aufhebenden Urteils, § 313 Rn 31. Ein aufhebendes Verzichts- oder Versäumnisurteil ohne Entscheidungsgründe ergibt dazu ohne Aktenhinzuziehung nach § 322 Rn 12 meist nichts, BGH RR **98**, 1652. Es handelt sich nur um eine Folge der Rechtskraftwirkung des Arresturteils, § 322 Rn 29, 30. Deshalb ist ein neues Vorbringen des Gläubigers zur Rechtmäßigkeit des Arrests unbeachtlich.

Der Grund der Aufhebung des Arrests ist unerheblich. Manche wenden sich gegen die Bindung des Prozeßrichters mit dem Argument, wenn die Parteien im Aufhebungsverfahren nach § 927 die Arrestentscheidung mit allen Mitteln angreifen dürften, so müsse ihnen das umso mehr im Hauptprozeß gestattet sein. Wenn aber das Gericht durch die einstweilige Verfügung eine Unterlassung angeordnet hat, dann ist nunmehr eine Nachprüfung der sachlichrechtlichen Rechtslage zulässig, also der Frage, ob der Kläger verpflichtet gewesen wäre, ihm die durch die einstweilige Verfügung zunächst untersagte Handlung zu unterlassen, auch wenn das Berufungsgericht die einstweilige Verfügung aufgehoben hatte. Denn niemand kann sich auf dem Umweg über eine Schadensersatzforderung einen Vorteil verschaffen, den die Rechtsordnung mißbilligt, Einl III 54. Die Rechtskraft des aufhebenden Urteils steht diesem Ergebnis nicht entgegen. Denn das aufhebende Urteil enthält nichts darüber, ob ein Schaden entstanden ist.

D. Wirkung bei Bestätigung des Arrests. Sie stellt bindend fest, daß der Arrestgrund des § 917 vorhanden war, BGH FamRZ **92**, 663, aM Schilken (vor Rn 1) 612, ThP 10, ZöV 9 (aber auch hier bleibt § 318 wirksam). Die Bestätigung läßt aber offen, ob der zu sichernde sachlichrechtliche Anspruch nach § 916 bestand. Denn die Bestätigung wirkt ja nur vorläufig, § 322 Rn 29 „Arrest und Einstweilige Anordnung oder Verfügung". Wenn der sachlichrechtliche Anspruch nicht bestand, dann durfte auch kein Arrestbefehl ergehen. Deshalb muß das Gericht im Verfahren nach § 945 das Bestehen des sachlichrechtlichen Anspruchs nachprüfen. Wenn der Hauptprozeß anhängig ist, dann muß das Gericht zB das Widerspruchsverfahren nach § 148 ausnahmsweise aussetzen. Denn die Entscheidung im Hauptprozeß ist für die Entscheidung im Widerspruchsverfahren vorgreiflich. Eine einseitige Erledigterklärung nach § 91 a Rn 168 läßt den Anspruch unberührt.

E. Fehlen einer Entscheidung im Hauptprozeß. Fehlt eine Entscheidung im Hauptprozeß und fehlt auch eine aufhebende Entscheidung im Arrestprozeß, so ist das Gericht ganz frei, Klauser MDR **81**, 716. Das gilt auch dann, wenn der Gläubiger die Unrechtmäßigkeit des Arrests in einem Vergleich anerkannt hat. Denn der Vergleich wirkt nicht wie ein Urteil.

F. Besondere Klage. Der Ersatzanspruch läßt sich nicht im vorläufigen Verfahren durchsetzen. Denn im Verfahren über den Ersatzanspruch ist ein voller Beweis statt einer bloßen Glaubhaftmachung notwendig, § 286 Rn 16. Im vorläufigen Verfahren läßt sich auch nur die Sicherung durchführen. Es ist also eine besondere Klage nach §§ 253 ff erforderlich. Der Kläger muß sie vor demjenigen Gericht erheben, das nach den Regeln über die ordentlichen Gerichtsstände zuständig ist, selbst wenn im Ausgangsverfahren ein VG nach § 123 VwGO entschieden hatte, BGH MDR **81**, 132. Sie kann auch bei dem Gericht des Tatorts erfolgen, § 32 Rn 17. Der Bekl kann im Hauptsacheprozeß eine Widerklage nach Anh § 253 erheben oder die Aufrechnung erklären, § 145 Rn 9. Der Gerichtsstand ergibt sich wie bei einer unerlaubten Handlung, § 32, BGH **75**, 1.

6) Schadensersatz. Ein weites Ermessen hat dreierlei Grenzen. Die Rechtsfigur zeigt grundsätzliche Probleme auch bei § 945. Eigentlich müßte eher der Staat Schadensersatz leisten, dessen Richter eine Eilmaßnahme noch dazu oft ohne rechtliches Gehör erlassen haben, die sich dann als nicht haltbar erweist. Das volle Risiko auf den Gläubiger abzuwälzen, ist nicht sonderlich überzeugend. Das sollte man bei der Handhabung wenigstens etwas mitbedenken. Freilich darf das auch nicht dazu führen, auch den Gläubiger möglichst von Haftung freizustellen. Dann wäre der ungerecht behandelte Schuldner auch noch zusätzlich geschädigt. Vgl freilich auch Rn 2.

§ 945

A. Freie Würdigung. Für den Schadensersatzanspruch gilt grundsätzlich dasselbe wie bei § 717 Rn 4–10. Den Schaden und seine Verursachung durch die ungerechtfertigte Anordnung stellt das Gericht stets in freier Würdigung nach §§ 286, 287 fest, Gehrlein MDR **00**, 687 (ausf). Der Anspruch entsteht in dem Zeitpunkt, in dem der Gläubiger von seinem Schaden und davon Kenntnis erlangt, daß der Hauptanspruch nicht besteht oder mit hoher Wahrscheinlichkeit nicht bestehen dürfte. In diesem Zeitpunkt beginnt auch die Verjährungsfrist nach (jetzt) § 852 S 2 BGB zu laufen, BGH NJW **03**, 2611. Das gilt, auch wenn die vorläufige Entscheidung noch nicht aufgehoben worden ist oder wenn die Klage in der Hauptsache bereits erfolglos war. Denn ein Schadensersatzanspruch hängt auch sonst stets vom Schadenseintritt und seiner Kenntnis ab, aM BGH **75**, 6 (Verjährungsbeginn grundsätzlich erst mit dem Abschluß des vorläufigen Verfahrens), BGH NJW **93**, 864 (grundsätzlich erst mit der Rechtskraft des Urteils im Hauptprozeß nach § 322. Beides ist zu großzügige Auslegung, Rn 2).

Solange eine Entscheidung dazu möglich bleibt, ob die einstweilige Verfügung *von Anfang an* ungerechtfertigt war, beginnt die Verjährungsfrist nicht schon mit der Aufhebung des Vollzugs, BGH NJW **92**, 2297. Ein Dritter ist auf diejenigen Ansprüche angewiesen, die das bürgerliche Recht etwa gibt, BGH MDR **81**, 132, aM StJGr 12, ThP 13 (aber § 945 nennt und meint eindeutig nur den „Gegner", Einl III 39).

18 Wenn die Anordnung des Arrests oder der einstweiligen Verfügung *nur zum Teil* objektiv unberechtigt war oder wenn das Gericht sie nur teilweise aufgehoben hatte, dann braucht man nur denjenigen Schaden zu ersetzen, den die übermäßige Vollziehung verursacht hat. Wenn das Gericht den Antrag auf den Erlaß einer einstweiligen Verfügung kostenpflichtig zurückgewiesen hatte und wenn der Antragsteller dann im Hauptprozeß gesiegt hat, dann kann der Antragsteller die Kosten des Verfahrens auf den Erlaß der einstweiligen Verfügung trotzdem nicht ersetzt verlangen. Denn das Eilverfahren ist beendet.

Die Pflicht zum Schadensersatz ergibt sich im *Umfang* aus §§ 249 ff BGB, Düss OLGZ **90**, 226, KG WoM **91**, 315. § 287 ist anwendbar, BGH RR **89**, 1401.

19 **B. Schaden durch Vollziehung.** Man muß nur denjenigen Schaden ersetzen, den der Gegner gerade auf Grund der Vollziehung nach §§ 928 ff, 936 erlangt hat, Rn 16, also nicht den Schaden auf Grund einer bloßen Anordnung, BGH **131**, 143, und ihres Bekanntwerdens, BGH JZ **88**, 979. Daher braucht man auch nicht diejenigen Kosten zu ersetzen, die der Schuldner im Widerspruchsverfahren nach §§ 924, 936 aufwenden mußte, BGH **122**, 177, Düss GRUR **87**, 574, Kblz NJW **80**, 949, aM Löwer ZZP **75**, 232 (er weist aber auch darauf hin, daß in den nach Rn 1 ähnlich liegenden Fällen der §§ 302, 600, 717, schließlich siegende Bekl nicht die Kosten des „Vorverfahrens" trage). Man muß aber die vom Gläubiger beigetriebenen Kosten ersetzen, ferner auch diejenigen Beträge, deren Zahlung zur Abwendung der Zwangsvollstreckung erfolgte, § 717 Rn 8.

20 Der *Beginn der Vollziehung* ist erforderlich, BGH MDR **96**, 452, Köln GRUR-RR **03**, 294. Er kann anders als bei § 929 II genügen, BGH MDR **96**, 452. Eine Androhung von Ordnungsmitteln muß dazu bereits in der Unterlassungsverfügung erfolgt sein, BGH MDR **96**, 452 (zustm Gleußner 454), aM Celle GRUR **87**, 66 (vgl aber § 890 Rn 32). Man kann den Ersatz der schon auf Grund der bloßen Anordnung des Arrests oder der einstweiligen Verfügung entstandenen Kosten nur nach den §§ 823 ff BGB ersetzt fordern, Köln GRUR-RR **03**, 294, großzügiger Saarbr RR **98**, 1039. Vgl §§ 929–933, 936. Auch durch eine zu weite Fassung eines an sich berechtigten Unterlassungsgebots kann ein Schaden verursacht sein, BGH NJW **81**, 2580, strenger Hamm MDR **89**, 466. Das muß man nach den tatsächlich vorhandenen und hypothetisch im nachhinein zu bestimmenden Möglichkeiten beurteilen. Dabei kann es auf bestimmte Behauptungen des Klägers im Schadensersatzprozeß darüber, wie er sich verhalten haben würde, nicht allein und jedenfalls solange nicht ankommen, als der genaue Umfang eines „richtigen" Verbots nicht feststeht, BGH GRUR **85**, 397. Eine im Ausland zugestellte Beschlußverfügung ist vollzogen, Mü MDR **95**, 1167.

21 *Kein solcher Schaden* entsteht demjenigen, der sachlichrechtlich ohnehin verpflichtet war, BGH **126**, 374. Auch durch die Beitreibung eines Ordnungsgelds nach § 890 entsteht kein derartiger Schaden, KG GRUR **87**, 571. Etwas anderes gilt dann, wenn es um das Verbot eines bestimmten Verhaltens geht und wenn sich zwar der Betroffene über das Verbot hinwegsetzt, ein zur Mitwirkung verpflichteter Dritter aber dem Verlangen des Betroffenen nicht mehr folgt.

22 **C. Schaden durch Sicherheitsleistung.** Man muß auch denjenigen Schaden ersetzen, der gerade auf Grund einer Sicherheitsleistung nach den §§ 923, 927, 939 entstanden ist. Der Schaden kann auch in der Entziehung eines Vermögenswerts oder in einer Kreditschädigung bestehen. Wenn es um den Ersatz eines Vermögensschadens infolge einer seelischen Beeinträchtigung geht, sollte man einen Schaden eher als bei § 717 bejahen. Denn im Verfahren beim Erlaß eines Arrests oder einer einstweiligen Verfügung beruht das Urteil ja nicht auf einer vollen Sachprüfung, Grdz 5 vor § 916. Trotzdem darf man eine so weit gehende Haftung nur dann bejahen, wenn eine unerlaubte Handlung vorliegt, wenn der Gegner also schuldhaft handelte.

23 **D. Weitere Einzelfragen; mitwirkendes Verschulden.** Zu ersetzen sind der unmittelbare und der mittelbare Schaden, BGH **96**, 2. Beim Rückrufanspruch muß man Auflagenhöhe, Umsatzerlös usw mitbeachten, Paschke/Busch NJW **04**, 2627. Ein nach § 254 BGB usw mitwirkendes Verschulden des Schuldners ist beachtlich, BGH NJW **78**, 2025, KG GRUR **87**, 572, Karlsr GRUR **84**, 158. Das mitwirkende Verschulden kann darin liegen, daß der Schuldner vorwerfbar einen Anlaß zum Arrest oder der einstweiligen Verfügung gab, ähnlich wie bei § 93 Rn 28, Tilmann NJW **75**, 1918, oder daß er einen Widerspruch nach §§ 924, 936 unterließ, Mü WettbR **96**, 257. Ein mitwirkendes Verschulden fehlt, wenn der Schuldner in einer objektiv zweifelhaften Rechtslage keine Vorkehrungen zur vorläufigen Befriedigung oder Sicherstellung des Gläubigers getroffen hat oder wenn der Geschädigte auf eine Verwarnung unverzüglich geantwortet hat, dabei seine Verhandlungsbereitschaft bekundet und durch die Hinterlegung einer Schutzschrift nach Grdz 7 ff vor § 128 bei dem Gericht der Hauptsache zusätzlich eine überstürzte Eilentscheidung zu verhindern versucht hat, Karlsr GRUR **84**, 158. Der Grundsatz einer Vorteilsausgleichung ist auch bei § 945 beachtlich, BGH **77**, 155.

Abschnitt 5. Arrest und einstweilige Verfügung **§ 945**

7) VwGO *(Huba JuS **90**, 990): Gilt entsprechend für die einstwAnO, § 123 III VwGO, SchSchmA/P § 123* **24** *Rn 193–200, Finkelnburg/Jank Rn 573 ff, BGH NJW **93**, 1076 (ausf, auch zur Bedeutung der Vollziehung), Anm Grunsky LM Nr 27, nicht dagegen auch für die Maßnahmen nach § 80 V und § 80 a VwGO, § 123 V VwGO, BVerwG NVwZ **91**, 270 mwN (stRspr), Sch/SchmA/P § 80 Rn 409, RedOe § 80 Anm 71 mwN, KoppSch § 80 Rn 208, aM Renck NVwZ **94**, 1177, vgl Murach DÖV **99**, 631. Die Vorschrift schließt Ansprüche nach Sonderregelungen des materiellen Rechts, zB § 12 II BBesG, nicht aus, BVerwG NVwZ **85**, 906 gegen VGH Mannh VBlBW **84**, 86 u **83**, 309, krit Finkelnburg/Jank Rn 584; diese Ansprüche, zB auf Erstattung von Geldleistungen nach den §§ 48 II VwVfG u 50 II SGB-X, können durch Leistungsbescheid geltend gemacht werden, nicht aber der Anspruch aus § 945, OVG Hbg NVwZ **90**, 687 mwN, aM VGH Mannh aaO, offen gelassen vom BVerwG aaO. Gegner iSv § 945 ist der im Eilverfahren erfolgreiche Antragsteller, nicht der (einfache oder notwendige) Beigeladene des AnO-Verfahrens, Schoch S 1745, Finkelnburg/Jank Rn 578, BGH **78**, 127 mwN (mit dem Hinweis darauf, daß der betroffene Dritte im vergleichbaren Verfahren nach § 80 VwGO keinen Ersatz erhält), str, aM Schenke DVBl **86**, 15, Grunsky JuS **82**, 179, Ule VPrR § 67 IV 2. Zuständig ist das Zivilgericht, BGH in stRspr, NJW **81**, 349 mwN, zustm ua KoppSch § 123 Rn 45 mwN, Ey § 123 Rn 85, Ule VPrR § 67 IV 2, Lemke DVBl **82**, 989 mwN, aM (stets VG zuständig) ua VGH Mannh VBlBW **83**, 310, Grunsky JuS **82**, 177, Finkelnburg/Jank Rn 587. Zur Bindung an die aufhebende Entscheidung im Anordnungsverf, Rn 12, s RedOe § 123 Anm 32, VGH Mannh VBlBW **84**, 86, aM Sch/SchmA/P § 123 Rn 196, Finkelnburg/Jank Rn 575, offen gelassen OVG Hbg FamRZ **84**, 730 mwN. – Auf die Vollziehung eines VerwAktes ist § 945 nicht entspr anwendbar, BGH NJW **82**, 270 BVerwG NVwZ **81**, 270, BSG MDR **96**, 848.*

Buch 9
Aufgebotsverfahren

Bearbeiter: Dr. Dr. Hartmann

Grundzüge

Schrifttum: *Daude,* Das Aufgebotsverfahren, 5. Aufl 1930.

Gliederung

1) Systematik	1	5) Aussetzung und Unterbrechung	5
2) Regelungszweck	2	6) Mehrheit von Antragsberechtigten	6
3) Geltungsbereich	3	7) *VwGO*	7
4) Zuständigkeit	4		

1 **1) Systematik.** Aufgebot heißt die Aufforderung an unbestimmte oder unbekannte Beteiligte, also an die Öffentlichkeit, Rechte oder Ansprüche anzumelden. Solche Aufforderung ist zwecks Rechtssicherheit unentbehrlich, Rn 2. Wegen des endgültigen Rechtsuntergangs ist freilich eine strenge Auslegung notwendig. Solche Aufforderung kennt das sachliche Recht auch sonst. Nicht immer handelt es sich dabei um einen Ausschluß von Rechten. Andererseits verlangt auch nicht jede Kraftloserklärung einer Urkunde ein Aufgebot, § 176 BGB. Das Buch 9 regelt nur Fälle gerichtlichen Aufgebots, bei denen das Unterlassen der Anmeldung einen Rechtsnachteil nach sich zieht. Es regelt auch für sie nur das Verfahren, nicht das sachliche Recht.

Lehrmäßig gehört das Verfahren eigentlich zur freiwilligen Gerichtsbarkeit, LG Frankenth Rpfleger **83**, 413, Meyer-Stolte Rpfleger **81**, 331, Wenckstern DNotZ **93**, 556. Die ZPO behandelt es aber als Teil der *streitigen Gerichtsbarkeit,* LG Frankenth Rpfleger **83**, 413, aM LG Weiden Rpfleger **98**, 532 (aber es ist schließlich Bestandteil der ZPO, nicht der FGG). Darum darf man nur die für die ZPO geltenden Vorschriften heranziehen und nicht solche des FGG. Etwas anderes gilt nur für die Todeserklärung, die nunmehr auch dem Verfahren nach in die freiwillige Gerichtsbarkeit verwiesen ist, §§ 13 ff VerschG, Düss Rpfleger **96**, 207. Im Verfahren nach ZPO anwendbar sind Buch 1–3, soweit Buch 9 nicht auf andere Vorschriften verweist, und zwar für das gesamte Verfahren, aM LG Mosbach Rpfleger **92**, 174, LG Weiden Rpfleger **98**, 532 (je: zumindest teilweise Unanwendbarkeit der §§ 91 ff, 103 ff. Aber dann würden Regelungslücken entstehen). Anwendbar ist auch § 281 (Verweisung). Dabei ist eine mündliche Verhandlung nicht Voraussetzung, § 128 IV.

2 **2) Regelungszweck.** Die Rechtssicherheit erfordert irgendwann einmal Klarheit darüber, ob ein Recht oder ein Anspruch noch besteht oder nicht, Einl III 43. Das gilt auch für eine zugehörige Urkunde. Die derzeitige Unklarheit mag verschuldet oder unverschuldet sein. Sie mag auf einer Naturkatastrophe oder einem kriegsmäßigen Vorgang beruhen. Sie mag auch ganz einfach durch Unkenntnis, Gleichgültigkeit oder Irrtum entstanden sein. Wesentlich ist eine nun vorhandene rechtliche Unsicherheit, die sich störend, hemmend, benachteiligend auswirkt. Das Gesetz arbeitet in solcher Lage mit einer Art von Unterstellung des Verzichts oder Rechtsverlust oder Rechtsnachteils. Das gilt aber erst nach einem letzten Klärungsversuch, eben dem Aufgebotsverfahren der §§ 946 ff.

3 **3) Geltungsbereich.** Die allgemeinen Vorschriften der §§ 946–959 gelten für alle Arten des Aufgebotsverfahrens, nämlich: für die Ausschließung dieses Grundeigentümers, §§ 977–981 a; für die Ausschließung eines Grundpfandgläubigers oder eines anderen dinglich Berechtigten, §§ 982–988; für die Ausschließung eines Nachlaß-, Gesamtgut- oder Schiffsgläubigers, §§ 989–1002; für die Kraftloserklärung einer Urkunde, §§ 1003–1023.

4 **4) Zuständigkeit.** Sachlich zuständig ist grundsätzlich das AG, § 23 Z 2 h GVG. Vgl auch § 990. Beim AG ist der Rpfl funktionell zuständig, soweit es sich nicht um die Wahrnehmung des Termins und die darin ergehende Entscheidung handelt, § 20 Z 2 RPflG, Anh § 153 GVG. Für eine Anfechtungsklage ist das LG zuständig. Das Landesrecht darf für landesrechtliche Aufgebotsfälle die Zuständigkeit anders ordnen, § 946 Rn 2. Für das Aufgebotsverfahren nach § 10 I 1 Z 7 EntschädigungsG ist das Bundesamt zur Regelung offener Vermögensfragen zuständig, auch für bisher vor Gericht laufende Verfahren, Art 2 XVII Abs I, IV der 2. ZwVNov v 17. 12. 97, BGBl 3039.

5 **5) Aussetzung und Unterbrechung.** Die Vorschriften über eine Aussetzung und Unterbrechung nach §§ 148 ff, 239 ff sind nur anwendbar, soweit es die Belange des Antragstellers unbedingt verlangen. Darum darf das Gericht über das Aufgebotsgesuch noch nach ihrem Eintritt entscheiden. Überhaupt ist bis zum Aufgebotstermin eine Mitwirkung des Antragstellers entbehrlich. Mit dem Termin beginnt die Frist des § 954 S 2. Nunmehr muß der Antragsteller seine Rechte wahren. Sein Tod unterbricht daher von jetzt an, soweit es sich um prozessualen Pflichten handelt. Ein ProzBev darf eine Aussetzung beantragen. Stirbt der Antragsteller vor diesem Zeitpunkt, beginnt die Frist nicht zu laufen. Eine Aussetzung erfolgt auch nach dem Erlaß eines zurückweisenden Beschlusses. Die Aufnahme erfolgt durch eine Anzeige an das Gericht.

6 **6) Mehrheit von Antragsberechtigten.** Sind mehrere Personen antragsberechtigt, treten sie neben dem Antragsteller oder statt seiner in das Verfahren ein. Das bestimmte § 967, jetzt bestimmt § 17 VerschG es für die Todeserklärung ausdrücklich. Diese Regelung überzeugt. Denn das Verfahren muß

Buch 9. Aufgebotsverfahren **Grundz § 946, §§ 946, 947**

einheitlich verlaufen. Das gilt auch für den einem Verfahren Beitretenden, das ein Nichtberechtigter begonnen hatte.

7) **VwGO**: Ein Aufgebotsverfahren ist dem Verwaltungsprozeß unbekannt, so daß das 9. Buch nicht entsprechend 7 anzuwenden ist, § 173 VwGO, Falk (Üb § 1 FN) 61.

946 Statthaftigkeit; Zuständigkeit.
¹Eine öffentliche gerichtliche Aufforderung zur Anmeldung von Ansprüchen oder Rechten findet mit der Wirkung, dass die Unterlassung der Anmeldung einen Rechtsnachteil zur Folge hat, nur in den durch das Gesetz bestimmten Fällen statt.

II Für das Aufgebotsverfahren ist das durch das Gesetz bestimmte Gericht zuständig.

1) **Systematik, Regelungszweck, I, II.** Vgl Grdz 1, 2 vor § 946. 1

2) **Voraussetzungen, I.** Ein Aufgebot nach der ZPO verlangt die folgende Voraussetzungen. 2
   A. **Öffentlichkeit.** Erforderlich ist eine Öffentlichkeit. Das Aufgebot wendet sich an einen unbekannten und unbestimmten Gegner, nie nur an bekannte Personen.
   B. **Gerichtserlaß.** Erforderlich ist ferner ein Erlaß durch das Gericht in einer Sache der streitigen oder 3 der freiwilligen Gerichtsbarkeit.
   C. **Aufforderung.** Erforderlich ist ferner die Aufforderung zu einer Anmeldung bei diesem Gericht. 4
   D. **Anspruch, Recht.** Erforderlich sind ferner Ansprüche oder Rechte, auch wenn diese bloß bedingt 5 oder betagt sind, oder bloße Anwartschaften. Das Aufgebot macht aber nicht das Recht geltend, sondern will nur sein etwaiges Bestehen sichern.
   E. **Rechtsnachteil.** Erforderlich ist weiter der Eintritt eines Rechtsnachteils, falls die Anmeldung unter- 6 lassen würde. Dieser Nachteil tritt nach dem Landesrecht gelegentlich auch ohne Ausschlußurteil ein.
   F. **Gesetzliche Grundlage.** Erforderlich ist ferner die Anordnung des Aufgebotsverfahrens durch ein 7 Gesetz, also durch eine beliebige Rechtsvorschrift, § 12 EG ZPO, nicht durch die Satzung einer autonomen Körperschaft, soweit es sich nicht etwa um die Satzung einer öffentlichrechtlichen Körperschaft handelt, die auf dem Gesetz beruht, oder der Anordnung des Aufgebotsverfahrens durch einen Vertrag. In dem in § 1008 Rn 2 genannten Fall der Besitzverhinderung findet kein Aufgebot statt.

3) **Zuständigkeit, II.** Sachlich zuständig ist für das Aufgebotsverfahren grundsätzlich das AG, § 23 Z 2 h 8 GVG, wenn man von der landesrechtlichen Regelung absieht, die nach den §§ 11 EG ZPO, 3 EG GVG zulässig ist. Ausnahmen: Grdz 3 vor § 946, § 957 Rn 2. Funktionell ist bei § 2061 BGB nicht das Nachlaßgericht zuständig, sondern das Prozeßgericht, LG Deggendorf Rpfleger **95**, 426. Wegen der Zuständigkeit des Rpfl Grdz 3 vor § 946. Die örtliche Zuständigkeit ist in den einzelnen Vorschriften geregelt, §§ 983, 988, 990, 1001, 1006. §§ 12 ff sind unanwendbar. Man kann das zuständige Gericht nach § 36 bestimmen. Wenn an dem an sich zuständigen Gericht die deutsche Gerichtsbarkeit nicht mehr besteht, dann ist das AG Bln-Schöneberg zuständig. In den Fällen der §§ 989–1001 ist das in § 7 ZustErgG bestimmte Gericht zuständig, § 11 ZustErgG. Über eine Verweisung Grdz 1 vor § 946. Für eine Anfechtungsklage nach § 957 ist das LG örtlich und sachlich ausschließlich zuständig, § 957 Rn 2.

947 Antrag; Inhalt des Aufgebots.
¹¹Der Antrag kann schriftlich oder zum Protokoll der Geschäftsstelle gestellt werden. ²Die Entscheidung kann ohne mündliche Verhandlung ergehen.

II ¹Ist der Antrag zulässig, so hat das Gericht das Aufgebot zu erlassen. ²In das Aufgebot ist insbesondere aufzunehmen:
1. die Bezeichnung des Antragstellers;
2. die Aufforderung, die Ansprüche und Rechte spätestens im Aufgebotstermin anzumelden;
3. die Bezeichnung der Rechtsnachteile, die eintreten, wenn die Anmeldung unterbleibt;
4. die Bestimmung eines Aufgebotstermins.

1) **Systematik, I, II.** Vgl zunächst Grdz 1 vor § 946. Den Antragsberechtigten bestimmt das für den 1 Einzelfall geltende sachliche Recht. Vgl §§ 979, 984, 988, 991, 1000, 1001, 1002 III, 1004. Unter Umständen ist auch ein anderer als der letzte Urkundeninhaber im Sinn von § 808 II 2 BGB antragsberechtigt, LG Ffm Rpfleger **86**, 187. Der Antrag ist eine Parteiprozeßhandlung, Grdz 47 vor § 128. Die Form des Antrags richtet sich nach § 496. Über das Antragsort mehrerer Personen § 984 vor § 946. Ein Anwaltszwang besteht nicht, § 78 V Hs 2. Man kann zugleich das Ausschlußurteil beantragen. Maßgebender Zeitpunkt ist der Eingang des Antrags. Eine Rücknahme des Antrags ist bis zum Erlaß des Ausschlußurteils statthaft, § 952 I. Wenn sie nach dem Erlaß des Aufgebots erfolgt, dann beendet sie das Verfahren. Da das Gericht dann auch den Aufgebotstermin aufhebt, kann man auch keinen neuen Termin beantragen, § 954. Das Gericht muß das Verfahren also auf Kosten des Antragstellers einstellen.

2) **Regelungszweck, I, II.** Das Gesetz überläßt die Klärung der Verhältnisse der Parteiherrschaft nach 2 Grdz 18 vor § 128 und deshalb der Antragsinitiative. Das gilt selbst dann, wenn durchaus auch ein öffentliches Klärungsinteresse besteht. Die Hauptwirkung des privaten Rechtsnachteils mangels Aufgebotsantrags reicht erfahrungsgemäß aus. Das Verfahren erfordert die Anhörung etwaiger Betroffener, soweit sie sich melden. Deshalb ist ein Aufgebotstermin mit öffentlicher Bekanntmachung unentbehrlich. Auf dieses Kernstück ist das Verfahren zugeschnitten.

3) **Verfahren, I, II.** Das Gericht muß nach Grdz 39 vor § 128 von Amts wegen prüfen, ob der Antrag 3 formgerecht vorliegt, ob er den richtigen Inhalt hat und ob die allgemeinen Prozeßvoraussetzungen

§§ 947–950   Buch 9. Aufgebotsverfahren

vorliegen, Grdz 12 vor § 253, zB die Prozeßfähigkeit des Antragstellers, § 51, die Berechtigung des gesetzlichen Vertreters, die Prozeßvollmacht, § 80. Für den sachlichen Inhalt genügen die Behauptungen des Antragstellers, soweit das Gesetz nichts anderes vorschreibt, LG Mannh MDR **76**, 587. Eine Glaubhaftmachung nach § 294 ist nur vereinzelt vorgeschrieben, §§ 980, 985, 986 III, 1007 Z 2. Dann ist sie aber eine Bedingung der Zulässigkeit des Antrags. Bei einem behebbaren Mangel darf und sollte das Gericht dem Antragsteller eine entsprechende Auflage machen, Einl III 27.

4   **4) Entscheidung, I, II.** Sie erfolgt ausnahmslos durch einen Beschluß des Rpfl, § 329, § 20 Z 2 RPflG, Anh § 153 GVG. Er muß den Beschluß grundsätzlich begründen, § 329 Rn 4. Er muß seinen Beschluß dem Antragsteller förmlich zustellen. Denn er ersetzt eine Ladung zum Aufgebotstermin, § 329 II 2. Das Gericht kann den Beschluß von Amts wegen aufheben, falls sich Mängel ergeben. Die Partei darf einen zurückgewiesenen Antrag mit einer besseren Begründung wiederholen.

5   **5) Rechtsbehelfe, I, II.** Gegen die Zurückweisung des Antrags ist die sofortige Beschwerde statthaft, § 11 I RPflG, Anh § 153 GVG, in Verbindung mit § 567 I Z 2. Gegen den Beschluß des Amtsrichters ist sofortige Beschwerde nach § 567 I Z 2 zulässig. Gegen eine Auflage ist mangels echter Entscheidung kein Rechtsbehelf statthaft.

Gebühren: Des Gerichts: KV 1630; des Anwalts: VV 3324.

6   **6) Inhalt des Antrags, II Z 1–4.** Der Antrag muß zumindest eindeutig erkennbar diejenigen Tatsachen angeben, die für die jeweilige Aufgebotsart formell vorliegen müssen. Alle Angaben nach II unter „insbesondere" sind wesentlich. Das übrige steht im pflichtgemäßen Ermessen des Gerichts. „Spätestens im Aufgebotstermin" II Z 2, bedeutet: vor dem Erlaß des Ausschlußurteils, § 951. Ein unbestimmtes oder unverständliches Datum des Aufgebotstermins nach II Z 4 macht das Aufgebot unwirksam. Das Fehlen oder eine Formfehlerhaftigkeit des Antrags begründen nicht eine Anfechtungsklage. Anders liegt es bei einem Verstoß gegen § 947 II, § 957 Rn 3.

948 *Öffentliche Bekanntmachung.* [I] [1] Die öffentliche Bekanntmachung des Aufgebots erfolgt durch Anheftung an die Gerichtstafel und durch einmalige Einrückung in den elektronischen Bundesanzeiger, sofern nicht das Gesetz für den betreffenden Fall eine abweichende Anordnung getroffen hat. [2] Zusätzlich kann die öffentliche Bekanntmachung in einem von dem Gericht für Bekanntmachungen bestimmten elektronischen Informations- und Kommunikationssystem erfolgen.

[II] Das Gericht kann anordnen, dass die Einrückung noch in andere Blätter und zu mehreren Malen erfolge.

Vorbem. I 1 geändert, I 2 angefügt dch Art 1 Z 47 a, b JKomG v 22. 3. 05, BGBl 837, in Kraft seit 1. 4. 05, Art 16 I JKomG, ÜbergangsR Einl III 78.

1   1) **Systematik, Regelungszweck, I, II.** Vgl Grdz 1 vor § 946, § 947 Rn 2.
2   2) **Bekanntmachung, I, II.** Es ist eine öffentliche Bekanntmachung des Aufgebots notwendig. Ein Auszug genügt nicht. Sie geschieht durch den Urkundsbeamten der Geschäftsstelle auf Grund des Beschlusses des Rpfl, § 947. Eine besondere Mitteilung erfolgt nur bei §§ 986 V, 994 II, 1001, § 4 II G v 18. 4. 50, Anh § 1024. Nötig sind nach I 1: Die Anheftung an die Gerichtstafel; eine einmalige Einrückung in den elektronischen BAnz, vgl auch § 1 BekG v 17. 5. 50, BGBl 183; auf eine freigestellte Anordnung die mehrmalige Einrückung in den elektronischen BAnz oder in andere Blätter, zB in den WertpMitt, aM ZöGei 1 (bei Aktien und Inhaberschuldverschreibungen statt im BAnz nur dort. Aber das Gericht hat ein Ermessen). Nach I 2 kann nach dem pflichtgemäßen des Gerichts die Einrückung in dem etwaigen vom Gericht bestimmten elektronischen Informations- und Kommunikationssystem erfolgen. Landesrechtlich bestehen mehrfach Abweichungen, § 1024. Auslagen: KV 9004 Z 2.
3   3) **Verstoß, I, II.** Wenn die gesetzliche Form nicht beachtet wird, ist eine Anfechtungsklage statthaft, § 957 II Z 2.

949 *Gültigkeit der öffentlichen Bekanntmachung.* Auf die Gültigkeit der öffentlichen Bekanntmachung hat es keinen Einfluß, wenn das anzuheftende Schriftstück von dem Ort der Anheftung zu früh entfernt ist oder wenn im Falle wiederholter Bekanntmachung die vorgeschriebenen Zwischenfristen nicht eingehalten sind.

1   1) **Systematik, Regelungszweck.** Vgl zunächst Grdz 1 vor § 946, § 947 Rn 2. Über eine zu frühe Entfernung vgl § 186 Rn 18. Zwischenfristen nach Üb 10 vor § 214 sind nur die Fristen zwischen etwaigen mehreren Bekanntmachungen. Andere Fristen sind keine Zwischenfristen. Das gilt zB für die Aufgebotsfrist nach §§ 950, 987 III, 1002 V, 1015 oder die Fristen der §§ 1010–1014.

950 *Aufgebotsfrist.* Zwischen dem Tage, an dem die Einrückung oder die erste Einrückung des Aufgebots in den elektronischen Bundesanzeiger erfolgt ist, und dem Aufgebotstermin muss, sofern das Gesetz nicht eine abweichende Anordnung enthält, ein Zeitraum (Aufgebotsfrist) von mindestens sechs Wochen liegen.

Vorbem. Änderg dch Art 1 Z 52 c JKomG v 22. 3. 05, BGBl 837, in Kraft seit 1. 4. 05, Art 16 I JKomG, ÜbergangsR Einl III 78.

Buch 9. Aufgebotsverfahren **§§ 950–952**

1) Systematik, Regelungszweck. Vgl zunächst Grdz 1 vor § 946, § 947 Rn 2. Die Aufgebotsfrist des 1 § 950 gilt nur hilfsweise. Häufig schreiben Bundes- und Landesgesetze andere Fristen vor, zB §§ 987 II, 988 I, 994 I, 1002 V, 1010–1015, 1023, 1024. Die Fristberechnung erfolgt nach § 222 wie bei einer Ladungsfrist, § 222 Rn 2. Der Tag der Bekanntmachung im elektronischen BAnz und der Tag des Aufgebotstermins werden nicht mitgerechnet. Die Frist ist keine Notfrist, § 224 I 2. Die Verlängerung der Frist erfolgt nach § 224 II. Es handelt sich um eine uneigentliche Frist, Üb 11 vor § 214. Gegen ihre Versäumung ist keine Wiedereinsetzung zulässig, § 233. Die Frist ist eine Mindestfrist. Das Gericht kann eine längere Frist bestimmen. Eine Höchstfrist kennen nur §§ 994 I, 1015 S 2. Wegen der öffentlichen Bekanntmachung im BAnz § 948 Rn 2.

2) Verstoß. Bei einem Verstoß ist eine Anfechtungsklage zulässig, § 957 II Z 3. 2

951 *Anmeldung nach Aufgebotstermin.* Eine Anmeldung, die nach dem Schluss des Aufgebotstermins, jedoch vor Erlass des Ausschlußurteils erfolgt, ist als rechtzeitig anzusehen.

1) Systematik. Die Anmeldung nach § 947 II Z 2 ist eine Parteiprozeßhandlung, Grdz 47 vor § 128, 1 LG Frankenth Rpfleger 83, 412. Sie muß das angemeldete Recht oder den Anspruch ersichtlich machen. § 996 schreibt nur für den dortigen Fall einen bestimmten Mindestinhalt vor. Eine Begründung und Nachweise sind unnötig, von Ausnahmen abgesehen, § 1008. Die Anmeldung kann im Termin mündlich erfolgen. Sie gehört dann in das Sitzungsprotokoll, §§ 159 ff. Im übrigen erfolgt sie schriftlich oder zum Protokoll des Urkundsbeamten der Geschäftsstelle. Wenn landesrechtlich ein LG zuständig ist, herrscht für die Anmeldung Anwaltszwang, § 78 Rn 1. Rechtzeitig ist auch diejenige Anmeldung, die nach einer Vertagung, aber vor der Verkündung des Urteils erfolgt. Nur eine Anmeldung beim Aufgebotsgericht wahrt die Frist.

2) Regelungszweck. Vgl zunächst Grdz 2 vor § 946, § 947 Rn 2. Das Aufgebotsverfahren soll den 2 wahren Rechtsinhaber nicht ohne schwerwiegenden Grund verdrängen. Deshalb soll ihm die Möglichkeit zur Anmeldung solange wie irgend vertretbar erhalten bleiben. Damit dient die Vorschrift der Gerechtigkeit, Einl III 9. Sie ist entsprechend großzügig zugunsten eines Anmelders auslegbar.

952 *Ausschlussurteil; Zurückweisung des Antrags.* ¹Das Ausschlussurteil ist in öffentlicher Sitzung auf Antrag zu erlassen.

ᴵᴵ Einem in der Sitzung gestellten Antrag wird ein Antrag gleichgeachtet, der vor dem Aufgebotstermin schriftlich gestellt oder zum Protokoll der Geschäftsstelle erklärt worden ist.

ᴵᴵᴵ Vor Erlass des Urteils kann eine nähere Ermittlung, insbesondere die Versicherung der Wahrheit einer Behauptung des Antragstellers an Eides statt angeordnet werden.

ᴵⱽ Gegen den Beschluss, durch den der Antrag auf Erlass des Ausschlussurteils zurückgewiesen wird, sowie gegen Beschränkungen und Vorbehalte, die dem Ausschlussurteil beigefügt sind, findet sofortige Beschwerde statt.

1) Systematik, I–IV. Die Vorbereitung des Termins obliegt dem Rpfl bis auf die Terminsbestimmung. 1 Nur die eigentliche Wahrnehmung der Sitzung und daher die Terminsbestimmung und die Entscheidung auf Grund der Sitzung erfolge durch den Richter, Grdz 4 vor § 946. Die Zulassung des Aufgebots durch den Rpfl nach § 947 Rn 3 bindet jetzt nicht mehr. Das Gericht muß die Zulässigkeit erneut von Amts wegen klären, Grdz 38 vor § 128. Denn es besteht Amtsermittlung, Rn 3. Die Zulässigkeit muß beim Schluß der mündlichen Verhandlung vorliegen, §§ 136 IV, 296 a. Die sachlichrechtlichen Voraussetzungen einer Ausschließung müssen vorliegen. Das Gericht darf etwaige Anmeldungen nur auf ihre Zulässigkeit prüfen, nicht auf ihre sachliche Berechtigung. Sie führen zu einer Beschränkung bzw einem Vorbehalt, IV, soweit sie nur teilweise bestehen. Ein Ausschlußurteil darf nur auf Antrag ergehen.

2) Regelungszweck, I–IV. Vgl zunächst Grdz 2 vor § 946, § 947 Rn 2. Das Verfahren in Aufgebots- 2 sachen verlangt eine öffentliche Sitzung nach §§ 169 ff GVG und eine notwendige und nicht etwa freigestellte mündliche Verhandlung, § 128 Rn 4. Denn nur so läßt sich eine einigermaßen realistische Chance für den wahren Rechtsinhaber erreichen, sich vor dem endgültigen Rechtsverlust zu bewahren. Gering genug ist diese Chance ohnehin in aller Regel.

3) Verfahren, I–IV. Man muß seinen Antrag im Termin mündlich oder schon vorher schriftlich oder 3 zum Protokoll des Urkundsbeamten der Geschäftsstelle stellen. Beim Aufgebot der Nachlaßgläubiger gilt der Antragsteller nur dann als säumig, wenn er weder ersichtlich im Termin noch den Antrag schriftlich gestellt hat, § 2015 II BGB. Ein Aufgebotsantrag genügt als Antrag im Sinn des § 952 nicht. Freilich kann man mit dem Aufgebotsantrag denjenigen auf ein Ausschlußurteil verbunden haben, § 947 Rn 1.

Das Verfahren findet mit *Amtsermittlungsgrundsatz* statt, III, Grdz 38 vor § 128. Das Gericht darf den Nachweis für sämtliche Voraussetzungen verlangen. Es darf und muß aber auch selbst Ermittlungen anstellen, zB Zeugen und Sachverständige hören. Die Zulassung der eidesstattlichen Versicherung des Antragstellers zeigt, daß nicht stets ein voller Beweis notwendig ist, sondern daß sich das Gericht mit einer Glaubhaftmachung nach § 294 begnügen darf. Der Richter kann das Verfahren nach § 953 aussetzen oder den Termin vertagen, § 955.

4) Entscheidung, III. Das Gericht muß einen unbegründeten Antrag durch Beschluß nach § 329 4 zurückweisen, ebenso einen unbegründeten Widerspruch. Ist der Antrag begründet, so ergeht ein Ausschlußurteil. Es ist rechtsgestaltend, Üb 6 vor § 300. Es stellt fest, daß andere Berechtigte als diejenigen fehlen, deren Rechte es vorbehält. Es bringt die ersteren Rechte zum Erlöschen. Der Vorbehalt erhält das

§§ 952–954

wirklich bestehende Recht. Die Urteilsformel richtet sich nach dem jeweiligen sachlichen Recht, zB §§ 927, 1170 BGB.

5 Das Gericht muß seine Entscheidung *begründen*, auch einen zurückweisenden Beschluß, § 329 Rn 4. Es muß sie Entscheidung verkünden, LG Ffm Rpfleger **76**, 257. Das Gericht kann das Urteil nach § 956 veröffentlichen. §§ 309–321 sind anwendbar. Die Entscheidung wird mit der Verkündung wirksam. Sie muß eine Kostenregelung enthalten, §§ 91 ff, Grdz 1 vor § 946, aM LG Frankenth Rpfleger **83**, 413, LG Weiden Rpfleger **98**, 532 (aber es darf keine Kostengrundentscheidung fehlen. Denn sonst entstünde in einem der ZPO unterstehenden Verfahren eine Regelungslücke). Die Kosten werden dem Antragsteller oder dem Nachlaß auferlegt, § 34 II VerschG, soweit das Gericht sie nicht infolge einer unbegründeten Einwendung eines Anmelders diesem auferlegen muß, § 92. Der Streitwert bemißt sich nach dem Interesse des Antragstellers, Anh § 3 Rn 14 „Aufgebot". Der Antragsteller kann das Urteil dem zur Anfechtungsklage evtl Berechtigten durch den Gerichtsvollzieher zustellen lassen, um die Anfechtungsfrist des § 958 in Gang zu setzen.

Gebühren: Des Gerichts: KV 1630; des Anwalts: VV 3324.

6 **5) Rechtsbehelfe, IV.** Gegen das Ausschlußurteil ist nur eine Anfechtungsklage zulässig, §§ 957, 958, BGH DtZ **94**, 214. Darum ist das antragsgemäß ergehende Ausschlußurteil mit seiner Verkündung bereits rechtskräftig, § 957 Rn 1. Gegen einen zurückweisenden Beschluß und gegen Beschränkungen und Vorbehalte im Ausschlußurteil ist sofortige Beschwerde nach § 567 I Z 2 zulässig, im ersteren Fall in Verbindung mit § 11 I RPflG, Anh § 153 GVG. Die Frist zu ihrer Einlegung beginnt mit der Verkündung bzw Zustellung usw, § 569 I.

953 *Wirkung einer Anmeldung.* Erfolgt eine Anmeldung, durch die das von dem Antragsteller zur Begründung des Antrags behauptete Recht bestritten wird, so ist nach Beschaffenheit des Falles entweder das Aufgebotsverfahren bis zur endgültigen Entscheidung über das angemeldete Recht auszusetzen oder in dem Ausschlußurteil das angemeldete Recht vorzubehalten.

1 **1) Systematik, Regelungszweck.** Eine Anmeldung kann Mängel des Verfahrens rügen. Dann muß das Gericht den Antrag evtl zurückweisen. Sie kann ferner Rechte des Anmeldenden behaupten. Wenn das Rechte sind, die das Recht des Antragstellers nur beschränken, dann ergeht ein Ausschlußurteil mit dem Vorbehalt des behaupteten Rechts, BGH **76**, 170. Wenn die Rechte das Recht des Antragstellers ausschließen, dann erfolgt eine Aussetzung des Verfahrens. Alles das dient der Verhinderung einer endgültig unrichtigen Entscheidung. Einl III 9.

2 **2) Verfahren.** Das Gericht prüft jede Anmeldung nach den Regeln § 952 Rn 3 nur auf die Einhaltung der Form und der Frist und auf die Schlüssigkeit ihres Inhalts. Es prüft sie also nicht darauf, ob dieser Inhalt auch wirklich objektiv sachlichrechtlich besteht, BGH **76**, 170. Die Anmeldung will und kann nicht mehr erreichen als den Schutz gegen die angedrohten Rechtsnachteile. Die endgültige sachlichrechtliche Entscheidung über das behauptete Recht kann nur notfalls im Prozeßweg ergehen. Wenn das dortige Gericht das Recht verneint und den Vorbehalt nur beseitigt, gilt das Ausschlußurteil als vorbehaltloses.

3 **3) Entscheidung.** Der Antragsteller kann eine endgültige Entscheidung auch durch eine leugnende Feststellungsklage nach § 256 herbeiführen. Das Gericht muß den Antrag auch dann zurückweisen, wenn die Anmeldung das Verfahren erledigt, der Antragsteller den Antrag aber nicht zurücknimmt. Wenn die Anmeldung unter prozessualen Mängeln leidet, muß das Gericht sie im Ausschlußurteil zurückweisen.

4 **4) Aussetzung und Vorbehalt.** Eine Aussetzung des Verfahrens setzt voraus, daß die Zulässigkeit des ganzen Aufgebotsverfahrens zweifelhaft ist. Sie erfolgt durch einen Beschluß. Das Gericht muß ihn grundsätzlich begründen, § 329 Rn 4. Er ist teilt ihn nach § 329 II 1 mit. Gegen die Aussetzung ist die sofortige Beschwerde nach § 567 I Z 2 zulässig. Gegen die Ablehnung der Aussetzung ist sofortige Beschwerde zulässig, §§ 252, 567 I Z 1. Das Ausschlußurteil erledigt die Beschwerde. Es ergeht gegen alle, die sich nicht gemeldet haben. Der Vorbehalt läßt sich nur durch einen Verzicht oder durch eine Verurteilung zum Verzicht beseitigen. Wegen der Zuständigkeit des Rpfl Grdz 4 vor § 946.

954 *Fehlender Antrag.* [1] Wenn der Antragsteller weder in dem Aufgebotstermin erschienen ist noch vor dem Termin den Antrag auf Erlass des Ausschlussurteils gestellt hat, so ist auf seinen Antrag ein neuer Termin zu bestimmen. [2] Der Antrag ist nur binnen einer vom Tag des Aufgebotstermins laufenden Frist von sechs Monaten zulässig.

1 **1) Voraussetzungen.** Ein Ausschlußurteil darf nicht ergehen, wenn der Antragsteller ausbleibt und wenn er auch vorher kein Urteil beantragt hat oder wenn er zwar erscheint, aber kein Urteil beantragt. Der Text ist insoweit unvollständig, § 952 I. Wenn der Antrag versäumt worden ist, kann das Ausschlußurteil nur in einem neuen Termin ergehen. Das Gericht muß ihn auf Antrag bestimmen. Ein Versäumnisverfahren nach §§ 330 ff ist also unzulässig. Eine Entscheidung ohne einen Antrag ist nicht statthaft. Der Antragsteller darf einen neuen Termin nur binnen 6 Monaten seit dem ersten Aufgebotstermin beantragen, § 947 II Z 4. Es handelt sich um eine uneigentliche Frist, Üb 11 vor § 214, keine Notfrist nach § 224 I 2. Sie wird nach § 222 berechnet. Das Gericht darf nicht nach § 224 verlängern („nur" in S 2). Gegen ihre Versäumung ist keine Wiedereinsetzung zulässig, § 233. Der Antrag läßt keine Wiederholung zu. Nach dem Fristablauf ist ein ganz neues Verfahren notwendig und zulässig, § 947.

Buch 9. Aufgebotsverfahren   §§ 955–957

955 *Neuer Termin.* Wird zur Erledigung des Aufgebotsverfahrens ein neuer Termin bestimmt, so ist eine öffentliche Bekanntmachung des Termins nicht erforderlich.

1) Geltungsbereich. § 955 betrifft nicht nur den Fall des § 954. Er gilt auch für die §§ 952 III, 953. Das 1
Gericht bestimmt den neuen Termin nach § 216. Es verkündet ihn oder gibt ihn dem Antragsteller und
denjenigen, die sich gemeldet haben, von Amts wegen durch Zustellung bekannt, § 329 II 2.

956 *Öffentliche Bekanntmachung des Ausschlussurteils.* Das Gericht kann die öffentliche Bekanntmachung des wesentlichen Inhalts des Ausschlussurteils durch einmalige Einrückung in den elektronischen Bundesanzeiger anordnen.

Vorbem. Änderg dch Art 1 Z 52 e JKomG v 22. 3. 05, BGBl 837, in Kraft seit 1. 4. 05, Art 16 I
JKomG, ÜbergangsR Einl III 78.

1) Ermessen. Die öffentliche Bekanntmachung des wesentlichen Inhalts des Ausschlußurteils erfolgt 1
grundsätzlich nach dem pflichtgemäßen Ermessen des Gerichts, bei Urkunden in Amtspflicht, § 1017 II 1,
im elektronischen BAnz, geeignetenfalls in Listenform wiederkehrend. S auch §§ 1023 f. § 205 ist unanwendbar. Das Gericht bestimmt den Inhalt der Bekanntmachung. Wegen der Einzelheiten der Veröffentlichung § 948 Rn 2, 3.

957 *Anfechtungsklage.* ¹ Gegen das Ausschlussurteil findet ein Rechtsmittel nicht statt.
  II Das Ausschlussurteil kann bei dem Landgericht, in dessen Bezirk das Aufgebotsgericht seinen Sitz hat, mittels einer gegen den Antragsteller zu erhebenden Klage angefochten werden:
1. wenn ein Fall nicht vorlag, in dem das Gesetz das Aufgebotsverfahren zulässt;
2. wenn die öffentliche Bekanntmachung des Aufgebots oder eine in dem Gesetz vorgeschriebene Art der Bekanntmachung unterblieben ist;
3. wenn die vorgeschriebene Aufgebotsfrist nicht gewahrt ist;
4. wenn der erkennende Richter von der Ausübung des Richteramts kraft Gesetzes ausgeschlossen war;
5. wenn ein Anspruch oder ein Recht ungeachtet der Anmeldung nicht dem Gesetz gemäß in dem Urteil berücksichtigt ist;
6. wenn die Voraussetzungen vorliegen, unter denen die Restitutionsklage wegen einer Straftat stattfindet.

1) Ausschlußurteil, I. Das Ausschlußurteil wird mit seiner Verkündung äußerlich rechtskräftig, Einf 1 1
vor §§ 322–327, BGH DtZ **94**, 214. Gegen das Urteil ist keine Berufung nach § 511 und keine Wiederaufnahmeklage nach §§ 578 ff statthaft, § 952 Rn 3, BGH DtZ **94**, 214. Das gilt aber nicht für den Fall, daß
das Ausschlußurteil einen Vorbehalt eines behaupteten Rechts ausspricht, BGH **76**, 170. Die innere Rechtskraft nach Einf 2 vor §§ 322–327 wirkt gegen jeden, der keine Anfechtungsklage erhoben hat, obwohl er sie
erheben konnte. Sie erstreckt sich nicht auf die Feststellung der angedrohten Rechtsnachteile, sondern
auch auf die Rechtmäßigkeit des Aufgebots selbst und auf die Rechtmäßigkeit der auf das Ausschlußurteil
hin ergriffenen Maßnahmen, zB Eintragungen im Grundbuch. Der mit dem Eigentum Ausgeschlossene
kann daher auch keine ungerechtfertigte Bereicherung eines anderen geltend machen. Die innere Rechtskraft erstreckt sich aber nicht auf eine sachlichrechtliche Rechtsveränderung, die das Urteil auslöst.

2) Klage, II. Die Klage ist eine Gestaltungsklage, Grdz 10 vor § 253. Sie ist der einzige zulässige Rechts- 2
behelf gegen das Ausschlußurteil. Sie duldet wegen des verschiedenartigen Inhalts keine Verbindung mit
einer Ersatzklage. Örtlich und sachlich ausschließlich zuständig ist das LG des Bezirks des Aufgebotsgerichts,
selbst wenn das Aufgebotsgericht unzuständig war. Es besteht Anwaltszwang, § 78 I. Klageberechtigt ist
jeder, gegen den sich das Aufgebot gerichtet hat. Auch hier ist ein Rechtsschutzbedürfnis nötig, Grdz 33 vor
§ 253. Daher muß das Gericht die Klage trotz II Z 1 abweisen, wenn der Kläger nur den dem Bekl
rechtskräftig zuerkannten Löschungsanspruch vereiteln will. Der Klage eines Berechtigten können die
übrigen nach den allgemeinen Streitgenossen beitreten, § 59. Die Anfechtungsfristen des § 958 sind besondere
Prozeßvoraussetzungen im Sinn von Grdz 23 vor § 253.
Das Gericht *entscheidet* nur über das förmliche Widerspruchsrecht, nicht über die sachliche Berechtigung,
BGH NJW **80**, 2529. Alleinige Klagegründe sind die in Z 1–6 angeführten, BGH NJW **80**, 2529. Es ist also
unbeachtlich, wem das Recht in Wahrheit zusteht. Man kann zB die Klage zB nicht damit begründen, daß
sich eine Urkunde hinterherwiederfindet oder daß ein vom AG als feststehend angenommener Umstand
in Wahrheit anders verhielt. Bereicherungs- und Ersatzansprüche bleiben erhalten. Das Verfahren verläuft
wie bei einem ordentlichen Prozeß, §§ 253 ff. Die Vollmacht für das Aufgebotsverfahren genügt hier als
Prozeßvollmacht.

3) Entscheidung, II. Das Urteil lautet auf Abweisung oder auf Aufhebung des Ausschlußurteils, soweit 3
jenes den Kläger mit einem Anspruch oder Recht zu unrecht ausgeschlossen hatte. Der etwa übrige Teil des
Ausschlußurteils bleibt bestehen. Denn das Urteil schafft nur unter den Parteien Rechtskraft, § 325 Rn 4.
Inwieweit die Urteil die Rechte Dritter berührt, richtet sich nach dem sachlichen Recht. Vgl aber auch
Rn 1. Eine Aufhebung wirkt zurück. Die Kostenentscheidung richtet sich nach §§ 91 ff. Wert: § 3 Anh
Rn 14 „Aufgebot". Das Gericht muß sein Urteil verkünden, § 310. In den Fällen §§ 1017 II, 1023, 1024
kommt außerdem eine Bekanntmachung in Betracht bzw ist notwendig.

4) Unzulässigkeit des Aufgebots, II Z 1. Dahin gehört nicht, ob das AG die tatsächlichen Verhältnisse 4
richtig gewürdigt und rechtlich richtig entschieden hat, sondern allein die Frage, ob ein das Aufgebotsver-

Hartmann   2603

§§ 957–977 Buch 9. Aufgebotsverfahren

fahren als Ganzes rechtfertigendes sachlichrechtliches Aufgebotsgesetz gefehlt hat, BGH NJW **80**, 2529. Ein Verstoß in anderen Fragen fällt evtl unter II Z 2–6, BGH NJW **80**, 2529. Unzureichend sind das Fehlen eines dem § 947 genügenden Antrags eine Beschränkung zum Nachteil des Antragstellers nach § 952 IV oder das Vorliegen eines nicht angemeldeten Rechts, BGH NJW **80**, 2529.

5 **5) Unterbliebene Bekanntmachung, II Z 2.** Dieser Klagegrund kommt nur dann in Betracht, wenn die Bekanntmachung zwingend vorgeschrieben war, sei es auch landesrechtlich. Die Vorschrift ist auch dann anwendbar, wenn zwar die Bekanntmachung äußerlich ordnungsmäßig war, wenn sie aber nicht den nötigen Inhalt hatte, § 947 II, oder wenn sie ein unmögliches Datum angab. II Z 2 ist auch dann anwendbar, wenn bekannte Beteiligte nicht nach den landesrechtlichen Vorschriften benachrichtigt worden sind. Das Unterbleiben der besonderen Zustellung der §§ 994 II, 1001 genügt nicht. Denn es handelt sich hier um bloße Sollvorschriften, aM RoSGo § 170 II 9 a, ThP 5 (aber § 994 II enthält ein klares bloßes „soll", Einl III 39).

6 **6) Nichtwahrung der Aufgebotsfrist, II Z 3.** Gemeint ist die Nichtwahrung der Mindestfrist, § 950.

7 **7) Ausschließung des erkennenden Richters, II Z 4.** Gemeint ist derjenige Richter, der das Urteil erlassen hat, nicht ein anderer, § 41.

8 **8) Nichtberücksichtigung eines Rechts, II Z 5.** Gemeint ist ein Recht, das man form- und fristgerecht angemeldet worden hatte, §§ 951, 953.

9 **9) Voraussetzungen der Restitutionsklage, II Z 6.** Vgl § 580 Z 1–5. § 581 ist entsprechend anwendbar.

10 **10) Weitere Fälle, II.** Wegen der Anfechtung im Fall der Besitzverhinderung vgl Einf 2 vor § 1003. Das gilt auch dann, wenn das Gericht eine Anmeldung zu Unrecht als nicht wirksam angesehen hat oder wenn das Gericht die Voraussetzungen für den Erlaß des Urteils ohne ein Aufgebot nach § 1008 Rn 2 als gegeben angesehen hat, Anh § 1024 § 10.

11 **11) Rechtsmittel, I, II.** Es sind die gewöhnlichen Rechtsmittel gegen ein Urteil statthaft, also Berufung, § 511, evtl Revision, § 546 I.

958 *Klagefrist.* [I] [1] Die Anfechtungsklage ist binnen der Notfrist eines Monats zu erheben. [2] Die Frist beginnt mit dem Tag, an dem der Kläger Kenntnis von dem Ausschlussurteil erhalten hat, in dem Falle jedoch, wenn die Klage auf einem der im § 957 Nr. 4, 6 bezeichneten Anfechtungsgründe beruht und dieser Grund an jenem Tag noch nicht zur Kenntnis des Klägers gelangt war, erst mit dem Tag, an dem der Anfechtungsgrund dem Kläger bekannt geworden ist.
[II] Nach Ablauf von zehn Jahren, von dem Tag der Verkündung des Ausschlussurteils an gerechnet, ist die Klage unstatthaft.

1 **1) Monatsfrist, I.** Für die Anfechtungsklage läuft eine Notfrist nach § 224 I 2. Sie beträgt 1 Monat. Das Gericht muß die Einhaltung der Notfrist von Amts wegen prüfen, § 952 Rn 3. Eine Glaubhaftmachung des Grunds nach § 294 ist unnötig. Ein Kennenmüssen des Ausschlußgrunds steht dem Kennen nicht gleich. Deshalb ist die Veröffentlichung im BAnz weder ein Anscheinsbeweis noch gar ein Beweis für die Kenntnis. Bei einem nach Prozeßunfähigen entscheidet die Kenntnis des gesetzlichen Vertreters. Die Frist wird nach § 222 berechnet. Ein Fristablauf nach § 61 macht das Ausschlußurteil unanfechtbar. Deshalb muß der Kläger die Fristwahrung in der Klage darlegen. Eine Wiedereinsetzung ist zulässig, § 233.

2 **2) Zehnjahresfrist, II.** Die Zehnjahresfrist des II, ist eine uneigentliche Frist, Üb 11 vor § 214. Sie wird nach § 222 berechnet. Sie ist keine Notfrist nach § 224 I 2. Gegen ihre Versäumung ist deshalb die Wiedereinsetzung nach 233 zulässig. Sie unterliegt nicht der Ablaufhemmung entsprechend § 203 BGB, BGH DtZ **94**, 214.

959 *Verbindung mehrerer Aufgebote.* Das Gericht kann die Verbindung mehrerer Aufgebote anordnen, auch wenn die Voraussetzungen des § 147 nicht vorliegen.

1 **1) Ermessen.** § 959 geht zur Sicherung der einheitlichen Behandlung über § 147 hinaus. Das Gericht muß die Antragsteller nach seinem pflichtgemäßen Ermessen anhören. Vgl aber auch Art 103 I GG. Zulässig ist ein Sammelaufgebot, dh ein Gesamtaufgebot für verschiedene Antragsteller. Eine Verbindung ist nur bei einer Gleichartigkeit der Aufgebote ratsam. Die Wiederaufhebung der Verbindung der Verfahren erfolgt nach § 150.

960–976 (weggefallen)

977 *Aufgebot des Grundstückseigentümers.* Für das Aufgebotsverfahren zum Zwecke der Ausschließung des Eigentümers eines Grundstücks nach § 927 des Bürgerlichen Gesetzbuchs gelten die nachfolgenden besonderen Vorschriften.

1 **1) Vorbemerkung zu §§ 977–981.** Die Vorschriften betreffen den Ausschluß des Eigentümers eines Grundstücks, das sich seit 30 Jahren in fremdem Eigenbesitz befindet, § 927 BGB. Der dortige Verschollenheitsbegriff stimmt mit demjenigen in § 1 VerschG überein, AG Besigheim MDR **02**, 1431, aM PalBass

§ 927 BGB Rn 2 (aber man sollte einen solchen Begriff möglichst einheitlich anwenden, wenn er schon spezialgesetzlich besteht). Das Ausschlußurteil muß jeden Eigentümer ausschließen, auch den nichteingetragenen Rechtsnachfolger, nicht nur bestimmte Personen. Bei einer Verschollenheit kommt es nicht auf die Voraussetzungen der Todeserklärung an. Das Urteil macht das Grundstück herrenlos. Der Antragsteller hat ein Aneignungsrecht. Er erwirbt das Eigentum durch Eintragung nach § 927 II BGB, § 979 ZPO.

978 *Zuständigkeit.* **Zuständig ist das Gericht, in dessen Bezirk das Grundstück belegen ist.**

1) **Ausschließliche Zuständigkeit.** Das AG der belegenen Sache ist ausschließlich zuständig, vgl auch § 29 a Rn 13. Liegt das Grundstück in mehreren Gerichtsbezirken, so ist § 36 I Z 4 anwendbar. 1

979 *Antragsberechtigter.* **Antragsberechtigt ist derjenige, der das Grundstück seit der im § 927 des Bürgerlichen Gesetzbuchs bestimmten Zeit im Eigenbesitz hat.**

1) **Antrag.** Antragsberechtigt ist der Eigenbesitzer, § 872 BGB. Wenn der Eigenbesitz auf einen Käufer übergegangen ist, so ist nur dieser antragsberechtigt. Die Berechnung der 30 Jahre erfolgt nach §§ 927 I, 939 ff BGB. Man muß das Grundstück grundbuchmäßig bezeichnen. 1

980 *Glaubhaftmachung.* **Der Antragsteller hat die zur Begründung des Antrags erforderlichen Tatsachen vor der Einleitung des Verfahrens glaubhaft zu machen.**

1) **Glaubhaftmachung.** Sie erfolgt nach § 294. Sie genügt für alle nach § 927 BGB zur Begründung notwendigen Tatsachen, auch für den Tod oder die Verschollenheit. Unnötig sind ein Erwerbstitel und ein guter Glaube. Eine Todeserklärung ist nicht erforderlich. 1

981 *Inhalt des Aufgebots.* **In dem Aufgebot ist der bisherige Eigentümer aufzufordern, sein Recht spätestens im Aufgebotstermin anzumelden, widrigenfalls seine Ausschließung erfolgen werde.**

1) **Verfahren.** Auf das Aufgebot ist neben dem § 981 der § 947 II voll anwendbar. Das gilt auch wegen der Zuständigkeit des Rpfl, Grdz 4 vor § 946, und wegen der Fristbestimmung vorbehaltlich landesrechtlicher Abweichungen, § 1024, nach § 950. Für die früheren preußischen Gebiete gilt § 8 AG ZPO. Wenn sich der Eigentümer meldet, gilt § 953. Ein Dritter, der vor dem Erlaß des Ausschlußurteils nach § 899 BGB seine Eintragung im Grundbuch oder einen Widerspruch gegen das Grundbuch beantragt hat, braucht sich nicht zu melden. Wenn das Urteil demjenigen, der sich meldet, ein Recht vorbehält, dann ist die Eintragung des Antragstellers erst nach einem Verzicht oder nach einem leugnenden Feststellungsurteil auf dieses Recht möglich. Man muß den Verzicht notfalls durch eine Klage erzwingen. Das Ausschlußurteil beseitigt jedes Eigentum an dem Grundstück, sofern es nicht nur bestimmte Personen ausschließt. Das wäre aber fehlerhaft, § 977 Rn 1. Wer das Ausschlußurteil erwirkt hat, kann sich als Eigentümer eintragen lassen, § 927 II, III BGB. S auch § 977 Rn 1. 1

981a *Aufgebot des Schiffseigentümers.* ¹ **Für das Aufgebotsverfahren zum Zwecke der Ausschließung des Eigentümers eines eingetragenen Schiffes oder Schiffsbauwerks nach § 6 des Gesetzes über Rechte an eingetragenen Schiffen und Schiffsbauwerken vom 15. November 1940 (RGBl. I S. 1499) gelten die §§ 979 bis 981 entsprechend.** ² **Zuständig ist das Gericht, bei dem das Register für das Schiff oder Schiffsbauwerk geführt wird.**

1) **Geltungsbereich.** § 981 a betrifft den Ausschluß des Eigentümers eines eingetragenen Schiffs oder eines eingetragenen und nicht nur eintragsfähigen Schiffsbauwerks nach § 6 SchiffsG. §§ 979–981 gelten dann entsprechend. Ausschließlich zuständig ist das AG des Registers. 1

982 *Aufgebot des Grundpfandrechtsgläubigers.* **Für das Aufgebotsverfahren zum Zwecke der Ausschließung eines Hypotheken-, Grundschuld- oder Rentenschuldgläubigers auf Grund der §§ 1170, 1171 des Bürgerlichen Gesetzbuchs gelten die nachfolgenden besonderen Vorschriften.**

Schrifttum: *Hallermann,* Die Löschung von Reichs- und Goldmarkhypotheken sowie -grundschulden im Grundbuch; zugleich ein Beitrag zum Aufgebotsverfahren, 1992.

1) **Systematik, Regelungszweck, §§ 982–987.** Man darf das Aufgebot aus diesen Vorschriften nicht mit dem Aufgebot eines Hypotheken- usw -briefs nach §§ 1003 ff verwechseln. Das Antragsrecht ergibt sich aus § 984 I, II. Die Aufgebotsfrist wird nach § 950 berechnet, soweit nicht das Landesrecht etwas anderes bestimmt, § 1024. Wenn sich der Gläubiger meldet, ist § 953 anwendbar. Das Ausschlußurteil macht auch den Hypothekenbrief ohne ein besonderes Aufgebot nach § 1162 BGB kraftlos. Wegen der sonstigen 1

§§ 982–985
Buch 9. Aufgebotsverfahren

Wirkungen s §§ 1170 II, 1171 II, 1175 BGB, § 986 Rn 2. Das Urteil erstreckt sich nicht auf ein Trennstück, das vor dem Aufgebot, wenn auch nach der Antragstellung, abgeschrieben wurde. Die folgenden Bestimmungen gelten teilweise sinngemäß, teilweise entsprechend abgewandelt, auch bei unbekannten Gläubigern an einem Registerpfandrecht nach dem LuftfzRG. Für Schiffe gilt § 987 a.

983 *Zuständigkeit.* Zuständig ist das Gericht, in dessen Bezirk das belastete Grundstück belegen ist.

1   **1) Ausschließliche Zuständigkeit.** Das AG des belasteten Grundstücks ist ausschließlich zuständig, § 29a Rn 14, §§ 24, 36, 1005 II. Wegen der Zuständigkeit des Rpfl Grdz 4 vor § 946. Kommen mehrere Gerichte zB bei einer Gesamthypothek nach § 36 I Rn 23 infrage, so muß man das zuständige AG nach § 36 I Z 4 bestimmen. Wenn ein unbekannter Gläubiger aufgeboten werden soll, dessen Ansprüche nach § 10 LuftfzRG durch eine Vormerkung im Register gesichert sind, dann ist dasjenige AG zuständig, bei dem das Register geführt wird, § 13 II 2 LuftfzRG. Dasselbe gilt bei einem unbekannten Gläubiger eines Registerpfandrechts, §§ 66 III, 67 IV LuftfzRG.

984 *Antragsberechtigter.* [I] Antragsberechtigt ist der Eigentümer des belasteten Grundstücks.
[II] Im Falle des § 1170 des Bürgerlichen Gesetzbuchs ist auch ein im Range gleich- oder nachstehender Gläubiger, zu dessen Gunsten eine Vormerkung nach § 1179 des Bürgerlichen Gesetzbuchs eingetragen ist oder ein Anspruch nach § 1179 a des Bürgerlichen Gesetzbuchs besteht, und bei einer Gesamthypothek, Gesamtgrundschuld oder Gesamtrentenschuld außerdem derjenige antragsberechtigt, der auf Grund eines im Range gleich- oder nachstehenden Rechts Befriedigung aus einem der belasteten Grundstücke verlangen kann, sofern der Gläubiger oder der sonstige Berechtigte für seinen Anspruch einen vollstreckbaren Schuldtitel erlangt hat.

1   **1) Antragsberechtigung, I, II.** Antragsberechtigt ist immer der Eigentümer des belasteten Grundstücks. Bei einer Gesamthypothek ist jeder Eigentümer antragsberechtigt, und zwar bei § 1170 BGB nur mit Wirkung für sein Grundstück, § 1175 I 2, II BGB, bei § 1171 BGB mit Wirkung für alle Grundstücke. Im Fall des § 1170 BGB sind auch die dinglichen Berechtigten antragsberechtigt, soweit sie im Rang nach bei einer Zwangsversteigerung ein Interesse daran haben, daß der Eigentümer die Hypothek erwirbt. Dieses Antragsrecht besteht aber nur dann, wenn die dinglichen Gläubiger durch eine Vormerkung aus § 1179 BGB gesichert sind oder wenn sie einen Löschungsanspruch aus § 1179 a BGB haben. Bei einer Gesamthypothek usw ist ferner jeder dingliche Berechtigte antragsberechtigt, der im Rang der Gesamthypothek gleichstehendes oder nachstehendes Recht auf eine Befriedigung an einem der belasteten Grundstücke hat, §§ 10, 11 ZVG. Bei II ist ein vollstreckbarer Titel eines jeden dort genannten Berechtigten notwendig.

2   **2) Luftfahrzeug, I, II.** Bei einem unbekannten Gläubiger eines Registerpfandrechts an einem Luftfahrzeug gilt I sinngemäß. Wenn der Anspruch eines solchen Gläubigers wegen eines solchen Pfandrechts nach § 10 I LuftfzRG und § 985 Rn 1 durch eine Vormerkung gesichert ist und wenn der Gläubiger unbekannt ist, dann ist außer dem Eigentümer jeder antragsberechtigt, der auf Grund eines im Range gleichstehenden oder nachstehenden Rechts eine Befriedigung aus dem Luftfahrzeug verlangen kann. Das gilt sofern er für seinen Anspruch einen vollstreckbaren Titel erlangt hat. Das Gericht muß ein solches Aufgebot dem Eigentümer des Luftfahrzeugs mitteilen, § 13 II 3 und 4 LuftfzRG.

985 *Glaubhaftmachung.* Der Antragsteller hat vor der Einleitung des Verfahrens glaubhaft zu machen, dass der Gläubiger unbekannt ist.

1   **1) Unbekanntheit.** Ein Gläubiger ist „unbekannt", wenn trotz nachweisbarer Bemühungen nicht feststeht, wer Gläubiger oder dessen Rechtsnachfolger ist, LG Aachen RR **98**, 87, LG Erfurt Rpfleger **94**, 311, Wenckstern DNotZ **93**, 549, aM BGH RR **04**, 665 (aber es gilt im Ergebnis dasselbe wie zB bei § 185 Rn 5). Das gilt also auch dann, wenn sich der Gläubiger nicht als solcher grundbuchmäßig ausweisen kann oder wenn sein Aufenthalt unbekannt ist, LG Erfurt Rpfleger **94**, 311, MüKoEi § 1170 BGB Rn 2 ff, StJSchl 2, aM BGH RR **04**, 665, PalBass § 1170 BGB Rn 2, ZöGei 1 (das letztere genüge nicht, da der Gläubiger als solcher dann nicht unbekannt sei. Diese Auffassung ist aber nicht prozeßwirtschaftlich genug, Grdz 14 vor § 128).
Die Voraussetzung der Unbekanntheit muß bei der *Verkündung* des Ausschlußurteils vorliegen. Im Anschluß an die Erwirkung eines Urteils gegen den Gläubiger auf eine Bewilligung der Grundbuchberichtigung kann der Schuldner das Aufgebot des etwa benötigten Hypothekenbriefs nach § 1162 BGB, § 1003 ZPO beantragen.
§ 985 *gilt sinngemäß* für den unbekannten Gläubiger eines Registerpfandrechts an einem Luftfahrzeug und für solche Gläubiger, deren Ansprüche auf Einräumung oder auf Aufhebung eines derartigen Rechts oder eines Rechts an einem Registerpfandrecht oder auf eine Änderung des Inhalts oder des Ranges eines dieser Rechte durch eine Vormerkung im Register gesichert sind, §§ 66 III, 67 IV, 13 II in Verbindung mit § 10 LuftfzRG.

2   **2) Antrag.** Vgl zunächst § 984 Rn 1. Man muß das belastete Grundstück und die Forderung so genau wie zumutbar bezeichnen.

3   **3) Glaubhaftmachung.** Sie erfolgt nach § 294, also auch durch eine eidesstattliche Versicherung.

986 *Besonderheiten im Fall des § 1170 des Bürgerlichen Gesetzbuchs.* ¹ Im Falle des § 1170 des Bürgerlichen Gesetzbuchs hat der Antragsteller vor der Einleitung des Verfahrens auch glaubhaft zu machen, dass nicht eine das Aufgebot ausschließende Anerkennung des Rechts des Gläubigers erfolgt ist.

II ¹ Ist die Hypothek für die Forderung aus einer Schuldverschreibung auf den Inhaber bestellt oder der Grundschuld- oder Rentenschuldbrief auf den Inhaber ausgestellt, so hat der Antragsteller glaubhaft zu machen, dass die Schuldverschreibung oder der Brief bis zum Ablauf der im § 801 des Bürgerlichen Gesetzbuchs bezeichneten Frist nicht vorgelegt und der Anspruch nicht gerichtlich geltend gemacht worden ist. ² Ist die Vorlegung oder die gerichtliche Geltendmachung erfolgt, so ist die im Absatz 1 vorgeschriebene Glaubhaftmachung erforderlich.

III Zur Glaubhaftmachung genügt in den Fällen der Absätze 1, 2 die Versicherung des Antragstellers an Eides statt, unbeschadet der Befugnis des Gerichts, anderweitige Ermittlungen anzuordnen.

IV In dem Aufgebot ist als Rechtsnachteil anzudrohen, dass der Gläubiger mit seinem Recht ausgeschlossen werde.

V Wird das Aufgebot auf Antrag eines nach § 984 Abs. 2 Antragsberechtigten erlassen, so ist es dem Eigentümer des Grundstücks von Amts wegen mitzuteilen.

1) **Glaubhaftmachung, I–III.** Im Fall des § 1170 BGB muß der Antragsteller folgende Voraussetzungen 1 glaubhaft machen, § 294: Die Unbekanntheit des Gläubigers, § 985; die Berechtigung des Antragstellers; die Nichtanerkennung des Rechts, also auch das Fehlen einer Teilzahlung, Zinszahlung oder Stundung. Darum erfolgt kein Aufgebot vor dem Ablauf der zehnjährigen Frist; bei II den Ablauf der regelmäßig dreißigjährigen Vorlegungsfrist oder den Eintritt der Verjährung, § 801 BGB. Man muß die Besitzzeit der Rechtsvorgänger einrechnen. Bei den letzteren beiden Voraussetzungen genügt eine eidesstattliche Versicherung des Antragstellers. Jedoch wird das Gericht regelmäßig weitere Ermittlungen anstellen.

2) **Aufgebot, IV, V.** Das Landesrecht darf die Frist nach § 950 und die Veröffentlichung nach §§ 948, 2 956 abweichend regeln, § 1024. Die Mitteilung aus V erfolgt formlos. Das vorbehaltlose Ausschlußurteil führt zum Erwerb der Hypothek nun als Grundschuld nach § 1177 I BGB auch vor der entsprechenden Eigentumseintragung. Der Eigentümer kann die Berichtigung des Grundbuchs beantragen. Das Ausschlußurteil aus § 1170 BGB wirkt nämlich gegen jeden Gläubiger, auch gegen einen nicht eingetragenen, auch gegen den an der Hypothek dinglich Berechtigten. Nur die persönliche Forderung bleibt bestehen. Wenn das Urteil einen Vorbehalt macht, dann setzt eine Eintragung im Grundbuch die vorherige Beseitigung dieses Vorbehalts durch einen Verzicht oder ein rechtskräftiges Urteil voraus.

3) **Luftfahrzeug, I–V.** Bei einem unbekannten Gläubiger eines Registerpfandrechts an einem Luftfahr- 3 zeug gelten I, III und IV entsprechend, § 66 III LuftfzRG. Dasselbe gilt bei einem solchen Gläubiger, dessen Anspruch an einem derartigen Recht durch Vormerkung gesichert worden ist, § 13 II LuftfzRG.

987 *Besonderheiten im Fall des § 1171 des Bürgerlichen Gesetzbuchs.* ¹ Im Falle des § 1171 des Bürgerlichen Gesetzbuchs hat der Antragsteller sich vor der Einleitung des Verfahrens zur Hinterlegung des dem Gläubiger gebührenden Betrages zu erbieten.

II In dem Aufgebot ist als Rechtsnachteil anzudrohen, dass der Gläubiger nach der Hinterlegung des ihm gebührenden Betrages seine Befriedigung statt aus dem Grundstück nur noch aus dem hinterlegten Betrag verlangen könne und sein Recht auf diesen erlösche, wenn er sich nicht vor dem Ablauf von dreißig Jahren nach dem Erlass des Ausschlussurteils bei der Hinterlegungsstelle melde.

III Hängt die Fälligkeit der Forderung von einer Kündigung ab, so erweitert sich die Aufgebotsfrist um die Kündigungsfrist.

IV Das Ausschlussurteil darf erst dann erlassen werden, wenn die Hinterlegung erfolgt ist.

1) **Antrag und Aufgebot, I–III.** Im Fall des § 1171 BGB muß sich der Antragsteller vor der Einleitung 1 des Verfahrens zur Hinterlegung des Restbetrags nebst Zinsen erbieten, soweit auch sie im Grundbuch eingetragen sind, und zwar bis zum Erlaß des Ausschlußurteils IV. Wenn das Recht am Hinterlegten nach II erlischt, dann kann der Hinterleger trotz eines Rücknahmeverzichts die Rückzahlung verlangen. Das Landesrecht kann die Frist nach § 950 und eine Bekanntmachung nach §§ 948, 956 abweichend anordnen, § 1024. Für die früheren preußischen Gebiete gilt § 8 AG ZPO.

2) **Ausschlußurteil, IV.** Das Gericht darf das Ausschlußurteil erst dann erlassen, wenn eine Hinterlegung 2 nach § 376 II BGB nachgewiesen worden ist. Bei Zinsen genügt der Nachweis der Zahlung im Weg einer freien Beweiswürdigung nach § 286 und gilt § 1171 I 2 BGB. Die Wirkung des Ausschlußurteils ergibt sich aus § 1171 II, III BGB. Ein Hypotheken- usw -Brief wird infolge des Ausschlußurteils von selbst kraftlos. Der Gläubiger sich nur aus dem hinterlegten Betrag befriedigen.

3) **Luftfahrzeug, I–IV.** Für einen unbekannten Gläubiger eines Registerpfandrechts an einem Luftfahr- 3 zeug gilt § 987 entsprechend, § 67 IV LuftfzRG.

987a *Aufgebot des Schiffshypothekengläubigers.* ¹ Für das Aufgebotsverfahren zum Zwecke der Ausschließung eines Schiffshypothekengläubigers auf Grund der §§ 66, 67 des Gesetzes über Rechte an eingetragenen Schiffen und Schiffsbauwerken vom 15. November 1940

§§ 987a–990 Buch 9. Aufgebotsverfahren

(RGBl. I S. 1499) gelten die §§ 984 bis 987 entsprechend; an die Stelle der §§ 1170, 1171, 1179 des Bürgerlichen Gesetzbuchs treten die §§ 66, 67, 58 des genannten Gesetzes. ²Zuständig ist das Gericht, bei dem das Register für das Schiff oder Schiffsbauwerk geführt wird.

1   **1) Systematik, Regelungszweck.** § 987a regelt das Aufgebot von Schiffshypothekengläubigern nach §§ 66, 67 SchiffsG. § 984–987 gelten entsprechend mit den Abweichungen des Textes. Wenn der Gläubiger unbekannt ist, erlischt die Schiffshypothek mit dem Ausschlußurteil, § 66 SchiffsG. Wenn der kündigungsberechtigte oder befriedigungsberechtigte Eigentümer nach § 67 SchiffsG hinterlegt hat, dann erlischt das Recht auf den hinterlegten Betrag 30 Jahre nach dem Ausschlußurteil. Wenn das Registergericht jenseits der Oder-Neiße-Linie lag, ergibt sich die Zuständigkeit wie bei § 946 Rn 2.

988 *Aufgebot des Berechtigten bei Vormerkung, Vorkaufsrecht, Reallast.* ¹Die Vorschriften des § 983, des § 984 Abs. 1, des § 985, des § 986 Abs. 1 bis 4 und der §§ 987, 987a gelten entsprechend für das Aufgebotsverfahren zum Zwecke der in den §§ 887, 1104, 1112 des Bürgerlichen Gesetzbuchs, § 13 des Gesetzes über Rechte an eingetragenen Schiffen und Schiffsbauwerken vom 15. November 1940 (RGBl. I S. 1499) für die Vormerkung, das Vorkaufsrecht und die Reallast bestimmten Ausschließung des Berechtigten. ²Antragsberechtigt ist auch, wer auf Grund eines im Range gleich- oder nachstehenden Rechts Befriedigung aus dem Grundstück oder dem Schiff oder Schiffsbauwerk verlangen kann, sofern er für seinen Anspruch einen vollstreckbaren Schuldtitel erlangt hat. ³Das Aufgebot ist dem Eigentümer des Grundstücks oder des Schiffes oder Schiffsbauwerks von Amts wegen mitzuteilen.

1   **1) Systematik, Regelungszweck, S 1–3.** Alle Fälle des § 988 verlangen folgende Voraussetzungen: Die Unbekanntheit des Berechtigten, § 985 Rn 1; die Voraussetzungen für den Ausschluß eines Hypothekengläubigers, § 1170 BGB, oder eines Schiffshypothekengläubigers, § 66 SchiffsG, §§ 887, 1104, 1112 BGB, 13 SchiffsG. Die Zuständigkeit ergibt sich aus §§ 983, 987a. Bei dem Aufgebot eines Kabelpfandgläubigers, das entsprechend zu behandeln ist, ist immer das AG Bln-Schöneberg zuständig, § 16 G v 31. 3. 25, RGBl 37, VOBl für Großberlin **49** I 128 Abs B 4. Das Landesrecht darf die Frist nach § 950 und die Bekanntmachung nach §§ 948, 956 bei einem Aufgebot nach §§ 887, 1104, 1112 BGB abweichend regeln, § 1024. Das Ausschlußurteil bewirkt in allen Fällen, daß das Recht erlischt. Das Ausschlußurteil ersetzt die Löschungsbewilligung. Bei einem Kabelpfandrecht erlischt das Recht auf den hinterlegten Betrag nach 30 Jahren, § 15 G v 31. 3. 25.

989 *Aufgebot von Nachlassgläubigern.* Für das Aufgebotsverfahren zum Zwecke der Ausschließung von Nachlassgläubigern auf Grund des § 1970 des Bürgerlichen Gesetzbuchs gelten die nachfolgenden besonderen Vorschriften.

1   **1) Systematik, Regelungszweck, §§ 989–1000.** Man darf das Aufgebot des Nachlaßgläubigers ist nicht mit der gerichtlichen Aufforderung zur Anmeldung unbekannter Erben nach §§ 1965, 2353 BGB verwechseln. Es soll den Erben über die Notwendigkeit der Haftungsbeschränkung unterrichten. Es soll ihm ferner die Erschöpfungseinrede geben, § 1973 BGB. Es soll ihn gegen einen Rückgriff sichern, § 1980 BGB. Es soll schließlich die Gesamthaftung der Miterben in eine bloße Kopfteilhaftung verwandeln, § 2060 Z 1 BGB. Das Aufgebot erstreckt sich auf alle Nachlaßgläubiger, §§ 1967–1969 BGB, auch soweit sie und ihre Ansprüche rechtskräftig feststehen, rechtshängig oder dem Antragsteller bekannt sind. Das gilt mit Ausnahme: Der Pfandgläubiger und der ihnen im Insolvenzverfahren Gleichstehenden; der Liegenschaftsgläubiger des § 10 ZVG; der Erben, die einen Anspruch gegen den Nachlaß haben und nicht Antragsteller sind; der Pflichtteilsberechtigten; der Vermächtnisnehmer; der Auflageberechtigten, § 1972 BGB; der Gläubiger, denen der Erbe schon unbeschränkt haftet, §§ 1994 I 2, 2006 III BGB, § 780. Die Einzelheiten ergeben sich aus §§ 1971 f, 2013, 2060 Z 1 BGB.

2   **2) Verfahren.** Es gelten zunächst §§ 990–1000, hilfsweise §§ 946–959, ganz hilfsweise Buch 1–3, Grdz 2 vor § 946. Kostenschuldner ist der Antragsteller, § 22 GKG, bei einem Antrag des Testamentsvollstreckers nur der Nachlaß, Hartmann Teil § 22 GKG Rn 3. Im Nachlaßinsolvenzverfahren sind die Kosten Masseschuld, § 324 I Z 4 InsO. Die Wirkung des Ausschlußurteils besteht in einer Unterwerfung unter die Erschöpfungseinrede und in der Benachteiligung im Nachlaßinsolvenzverfahren, §§ 1973 BGB, 327 III InsO.

990 *Zuständigkeit.* ¹Zuständig ist das Amtsgericht, dem die Verrichtungen des Nachlassgerichts obliegen. ²Sind diese Verrichtungen einer anderen Behörde als einem Amtsgericht übertragen, so ist das Amtsgericht zuständig, in dessen Bezirk die Nachlaßbehörde ihren Sitz hat.

1   **1) Ausschließliche Zuständigkeit, S 1, 2.** Ausschließlich zuständig ist das Nachlaßgericht, § 73 FGG, LG Köln MDR **03**, 714, also dasjenige AG, in dessen Bezirk der Erblasser zur Zeit des Erbfalls seinen Wohnsitz, bei dessen Fehlen seinen Aufenthalt hatte. Bei einer Ungewißheit wird das zuständige Gericht nach § 5 FGG bestimmt. Auch § 36 I Z 6 ist anwendbar. Eine Übertragung auf eine andere Behörde erfolgt nach Art 147 I EG BGB. Wegen der Zuständigkeit des Rpfl Grdz 4 vor § 946.

Buch 9. Aufgebotsverfahren §§ 991–994

991 *Antragsberechtigter.* ¹ Antragsberechtigt ist jeder Erbe, sofern er nicht für die Nachlassverbindlichkeiten unbeschränkt haftet.
 ᴵᴵ Zu dem Antrag sind auch ein Nachlasspfleger und ein Testamentsvollstrecker berechtigt, wenn ihnen die Verwaltung des Nachlasses zusteht.
 ᴵᴵᴵ Der Erbe und der Testamentsvollstrecker können den Antrag erst nach der Annahme der Erbschaft stellen.

1) Erbe, I. Antragsberechtigt ist jeder beliebige Erbe, auch als Miterbe, Vorerbe, Nacherbe, sofern er 1 nicht schon allen Nachlaßgläubigern unbeschränkt haftet. Das letztere schadet nur im Fall § 997 II nicht. Eine unbeschränkte Haftung gegenüber einem einzelnen Nachlaßgläubiger hindert aber nicht. Das Antragsrecht kann wegen der Errichtung eines falschen Inventars erloschen sein, § 2005 BGB. Das kann das Gericht aber regelmäßig nicht wissen. Dann ist eine Anfechtungsklage § 957 II Z 1 zulässig. Ob das Antragsrecht nach § 1994 I BGB erloschen ist, ergeben die Nachlaßakten. Wenn vor dem Erlaß des Ausschlußteils eine unbeschränkte Haftung gegenüber allen Nachlaßgläubigern eintritt, dann muß das Gericht den Antrag auf den Erlaß des Ausschlußurteils ablehnen, § 952 Rn 1, vgl auch § 2013 I BGB. Zeitlich begrenzt ist das Antragsrecht nicht, abgesehen von III. Ein Inventar braucht nicht errichtet worden zu sein. Das Verfahren verläuft wie bei §§ 947 ff. Jeder Miterbe ist unabhängig vom anderen antragsberechtigt, § 997 I.

2) Andere Antragsberechtigte, II. Antragsberechtigt sind auch: Der Nachlaßpfleger, §§ 1960 ff BGB. 2 Als solcher im Sinne der Vorschrift gilt auch der Nachlaßverwalter, § 1975 BGB, der den Antrag vor allem dann stellen muß, wenn er unbekannte Nachlaßgläubiger vermutet; der Testamentsvollstrecker, wenn ihm die Verwaltung des Nachlasses zusteht, § 2213 BGB, seit der Annahme der Erbschaft, III. Diese Personen sind berechtigt, auch wenn der Erbe unbeschränkt haftet. Ein Rechtsschutzbedürfnis besteht wegen § 1985 BGB.

3) Beginn des Antragsrechts, III. Während der Erbe und der Testamentsvollstrecker den Antrag erst ab 3 Annahme der Erbschaft stellen können, sind der Nachlaßpfleger und der Nachlaßverwalter schon vorher antragsberechtigt (Umkehrschluß aus III), zumal gerade sie schon vorher grundsätzlich ein Rechtsschutzbedürfnis zur Klärung ihrer Entscheidungen haben. Der Antrag ist unbefristet zulässig.

992 *Verzeichnis der Nachlassgläubiger.* Dem Antrag ist ein Verzeichnis der bekannten Nachlassgläubiger mit Angabe ihres Wohnortes beizufügen.

1) Verzeichnis. Das Aufgebot umfaßt auch die bekannten Nachlaßgläubiger. Deshalb muß man dem 1 Antrag ein Verzeichnis dieser Nachlaßgläubiger in der Form des §§ 996, 947 beigeben. Angeben muß man den tatsächlichen Wohnort, nicht den rechtlichen Wohnsitz. Den bekannten Nachlaßgläubigern soll das Gericht das Aufgebot von Amts wegen zustellen, § 994 II. Sie sind aber nicht Antragsgegner, LG Frankenth Rpfleger **83**, 412. Das Gericht kann vor dem Erlaß des Ausschlußurteils Ermittlungen über die Vollständigkeit des Verzeichnisses anstellen. Es empfiehlt sich, mindestens eine eidesstattliche Versicherung des Antragstellers nach § 294 einzuholen.

2) Verstoß. Fehlt das Verzeichnis, muß das Gericht den Erlaß des Aufgebots ablehnen. Ein trotzdem 2 erlassenes Aufgebot ist aber wirksam. Der Antragsteller ist dann ersatzpflichtig.

993 *Nachlassinsolvenzverfahren.* ¹ Das Aufgebot soll nicht erlassen werden, wenn die Eröffnung des Nachlassinsolvenzverfahrens beantragt ist.
 ᴵᴵ Durch die Eröffnung des Nachlassinsolvenzverfahrens wird das Aufgebotsverfahren beendigt.

1) Nachlaßinsolvenzverfahren, I. Das Verfahren nach §§ 315 ff InsO beschränkt die Haftung des 1 Erben, § 1975 BGB. Einem Aufgebot fehlt dann das Rechtsschutzbedürfnis, Grdz 33 vor § 253. Das Gericht braucht aber keinen Nachweis zu verlangen, daß kein Insolvenzverfahren beantragt worden ist. Nach der Einstellung des Verfahrens ist der Antrag statthaft, wenn nicht der Fall des § 1989 BGB vorliegt. Über die Wirkung der Anmeldung im Aufgebotsverfahren auf das Nachlaßinsolvenzverfahren § 327 III InsO. Eine Nachlaßverwaltung hindert das Aufgebotsverfahren nicht, § 991 Rn 2.

2) Verfahrensbeendigung, II. Der Rpfl muß nach der Eröffnung des Nachlaßinsolvenzverfahrens die 2 Beendigung des Aufgebotsverfahrens durch einen nach § 329 Rn 4 zu begründenden Beschluß feststellen.

3) Verstoß, I, II. Ein Ausschlußurteil, das trotz eines Nachlaßinsolvenzverfahrens ergangen ist, ist nach 3 § 957 II Z 1 anfechtbar.

994 *Aufgebotsfrist.* ¹ Die Aufgebotsfrist soll höchstens sechs Monate betragen.
 ᴵᴵ ¹ Das Aufgebot soll den Nachlassgläubigern, die dem Nachlassgericht angezeigt sind und deren Wohnort bekannt ist, von Amts wegen zugestellt werden. ² Die Zustellung kann durch Aufgabe zur Post erfolgen.

1) Fristen, I, II. I bestimmt eine Höchstfrist. Diese Bestimmung ist aber kein zwingendes Recht. Die 1 Frist ist keine Notfrist, § 224 I 2. Ein Verstoß ist prozessual belanglos. Zwingend ist nur die Mindestfrist des § 950. Auch II gibt nur eine Sollvorschrift. Auch seine Verletzung eröffnet nicht eine Anfechtungsklage nach § 957 II Z 2. Eine öffentliche Zustellung nach §§ 185 ff erfolgt nicht. Denn die öffentliche Bekanntmachung nach § 948 ersetzt sie. Die Aufgabe zur Post erfolgt nach §§ 184 II 1, 191.

Hartmann 2609

§§ 995–999

995 *Inhalt des Aufgebots.* In dem Aufgebot ist den Nachlassgläubigern, die sich nicht melden, als Rechtsnachteil anzudrohen, daß sie, unbeschadet des Rechtes, vor den Verbindlichkeiten aus Pflichtteilsrechten, Vermächtnissen und Auflagen berücksichtigt zu werden, von dem Erben nur insoweit Befriedigung verlangen können, als sich nach Befriedigung der nicht ausgeschlossenen Gläubiger noch ein Überschuss ergibt.

1 **1) Rechtsnachteil.** Der Rechtsnachteil erstreckt sich auf alle nicht angemeldeten Ansprüche, auch diejenigen der dem Antragsteller bekannten Gläubiger. Er erstreckt sich auch auf diejenigen Gläubiger, die nur beim Nachlaßverwalter usw, nicht aber im Aufgebotsverfahren angemeldet haben.

996 *Forderungsanmeldung.* $^{I\,1}$ Die Anmeldung einer Forderung hat die Angabe des Gegenstandes und des Grundes der Forderung zu enthalten. ^{2} Urkundliche Beweisstücke sind in Urschrift oder in Abschrift beizufügen.

^{II} Das Gericht hat die Einsicht der Anmeldungen jedem zu gestatten, der ein rechtliches Interesse glaubhaft macht.

1 **1) Anmeldung, I.** Die Anmeldung einer Forderung muß ihren Gegenstand und ihren Grund insoweit angeben, daß das Gericht im Ausschlußurteil die Forderung unzweideutig bezeichnen kann. Eine Einzelbegründung im Sinn von § 253 ist hier nicht erforderlich. Das Gericht muß urkundliche Beweisstücke nach der Erledigung zurückgeben. Es genügen unbeglaubigte Abschriften.

2 **2) Einsicht, II.** II ist dem § 299 II nachgebildet, dort Rn 23.

997 *Mehrheit von Erben.* $^{I\,1}$ Sind mehrere Erben vorhanden, so kommen der von einem Erben gestellte Antrag und das von ihm erwirkte Ausschlussurteil, unbeschadet der Vorschriften des Bürgerlichen Gesetzbuchs über die unbeschränkte Haftung, auch den anderen Erben zustatten. ^{2} Als Rechtsnachteil ist den Nachlassgläubigern, die sich nicht melden, auch anzudrohen, dass jeder Erbe nach der Teilung des Nachlasses nur für den seinem Erbteil entsprechenden Teil der Verbindlichkeit haftet.

^{II} Das Aufgebot mit Androhung des im Absatz 1 Satz 2 bestimmten Rechtsnachteils kann von jedem Erben auch dann beantragt werden, wenn er für die Nachlassverbindlichkeiten unbeschränkt haftet.

1 **1) Miterben, I.** Die Haftungsbeschränkung kann für jeden Miterben getrennt eintreten. Darum kann das Ausschlußurteil nicht für einen Miterben wirken, der schon aus Gründen unbeschränkt haftet, die in seiner Person liegen. Davon abgesehen wirkt es für alle Miterben. Außerdem haftet jeder Miterbe von der Teilung an dem Ausgeschlossenen nur kopfteilmäßig, § 2060 Z 1 BGB. Darum ist auch diese Androhung notwendig. Das betrifft auch Pflichtteilsgläubiger, Vermächtnisnehmer und Auflagebegünstigte sowie diejenigen, denen der Erbe unbeschränkt haftet. Darum muß das Gericht auch diese Gläubiger verzeichnen und benachrichtigen, §§ 992, 994.

Die *Haftung* gestaltet sich also folgendermaßen: Vor der Auseinandersetzung hat jeder Miterbe die Erschöpfungseinrede, auch der am Verfahren Unbeteiligte, § 1973 BGB. Bei einer unbeschränkten Haftung gilt § 2059 BGB. Nach der Auseinandersetzung haftet jeder Miterbe nur entsprechend seinem Erbteil, § 2060 BGB. Wenn seine Haftung beschränkbar ist, haftet er nur mit der Bereicherung. Wenn seine Haftung unbeschränkbar ist, haftet er auch mit seinem übrigen Vermögen.

2 **2) Beschränktes Aufgebot, II.** Diese Vorschrift ist eine Folgerung aus § 2060 Z I BGB und eine vorrangige Ausnahme von § 991 I. Der unbeschränkt haftende Miterbe kann seine Haftung durch das Aufgebot auf denjenigen Teil der Schuld beschränken, der seinem Erbteil entspricht. Er kann also die Gesamthaftung beseitigen. Daneben bleibt ihm die öffentliche Aufforderung nach § 2061 BGB möglich. Auch hier kommt das Ausschlußurteil den anderen Miterben zugute. Auch für sie tritt eine Teilhaftung ein. Jeder Miterbe, der nicht unbeschränkt haftet, darf dem Verfahren beitreten und ein Aufgebot nach I verlangen. Wenn ein beschränktes Aufgebot erlassen worden ist, ist ein neues Verfahren erforderlich.

998 *Nacherbfolge.* Im Falle der Nacherbfolge ist die Vorschrift des § 997 Abs. 1 Satz 1 auf den Vorerben und den Nacherben entsprechend anzuwenden.

1 **1) Nacherbe.** Zur Nacherbschaft §§ 2100 ff BGB. Der Nacherbe kann neben dem Vorerben nach der Annahme der Nacherbschaft das Aufgebot beantragen. Das vom Vorerben veranlaßte Aufgebot wirkt aber ohne weiteres für den Nacherben, § 2144 II BGB.

999 *Gütergemeinschaft.* ^{1} Gehört ein Nachlass zum Gesamtgut der Gütergemeinschaft, so kann sowohl der Ehegatte, der Erbe ist, als auch der Ehegatte, der nicht Erbe ist, aber das Gesamtgut allein oder mit seinem Ehegatten gemeinschaftlich verwaltet, das Aufgebot beantragen, ohne daß die Zustimmung des anderen Ehegatten erforderlich ist. ^{2} Die Ehegatten behalten diese Befugnis, wenn die Gütergemeinschaft endet. ^{3} Der von einem Ehegatten gestellte Antrag und das von ihm erwirkte Ausschlussurteil kommen auch dem anderen Ehegatten zustatten.

1 **1) Geltungsbereich, S 1–3.** Gehört der Nachlaß zum Vorbehaltsgut, so gelten die allgemeinen Regeln. Gehört der Nachlaß zum Gesamtgut der Gütergemeinschaft, so kann der Erbe das Aufgebot selbständig

beantragen. Das gilt unabhängig davon, ob er gleichzeitig Verwalter oder Mitverwalter des Gesamtguts ist. Das Antragsrecht steht dann ferner dem Verwalter oder Mitverwalter zu, auch wenn dieser nicht Erbe ist. Der Grund für die Vorschrift liegt in der persönlichen Haftung des Ehegatten, der nicht Erbe ist, aber das Gesamtgut allein verwaltet oder mitverwaltet, §§ 1437 II, 1459 II BGB.

1000 *Erbschaftskäufer.* I ¹ Hat der Erbe die Erbschaft verkauft, so kann sowohl der Käufer als der Erbe das Aufgebot beantragen. ² Der von dem einen Teil gestellte Antrag und das von ihm erwirkte Ausschlussurteil kommen, unbeschadet der Vorschriften des Bürgerlichen Gesetzbuchs über die unbeschränkte Haftung, auch dem anderen Teil zustatten.

II Diese Vorschriften gelten entsprechend, wenn jemand eine durch Vertrag erworbene Erbschaft verkauft oder sich zur Veräußerung einer ihm angefallenen oder anderweit von ihm erworbenen Erbschaft in sonstiger Weise verpflichtet hat.

1) **Erbschaftskäufer, I, II.** Er haftet wie ein Erbe, § 2382 BGB. Er kann seine Haftung wie ein Erbe **1** beschränken, § 2382 BGB. Der Erbschaftsverkäufer haftet weiterhin. Darum behandelt § 1000 beide Teile für das Aufgebot als Miterben.

1001 *Aufgebot der Gesamtgutsgläubiger.* Die Vorschriften der §§ 990 bis 996, 999, 1000 sind im Falle der fortgesetzten Gütergemeinschaft auf das Aufgebotsverfahren zum Zwecke der nach dem § 1489 Abs. 2 und dem § 1970 des Bürgerlichen Gesetzbuchs zulässigen Ausschließung von Gesamtgutsgläubigern entsprechend anzuwenden.

1) **Fortgesetzte Gütergemeinschaft.** Bei ihr haftet der Überlebende, soweit er nur wegen deren **1** Eintritts persönlich haftet, wie ein Erbe. Darum sind auf das Aufgebot von Gesamtgutsgläubigern §§ 990 bis 996, 999, 1000, entsprechend anwendbar. Unanwendbar sind die §§ 997, 998, 991 II. Denn sie betreffen andere Voraussetzungen.

1002 *Aufgebot der Schiffsgläubiger.* I Für das Aufgebotsverfahren zum Zwecke der Ausschließung von Schiffsgläubigern auf Grund des § 110 des Gesetzes betreffend die privatrechtlichen Verhältnisse der Binnenschiffahrt gelten die nachfolgenden besonderen Vorschriften.

II Zuständig ist das Gericht, in dessen Bezirk sich der Heimathafen oder der Heimatort des Schiffes befindet.

III Unterliegt das Schiff der Eintragung in das Schiffsregister, so kann der Antrag erst nach der Eintragung der Veräußerung des Schiffes gestellt werden.

IV Der Antragsteller hat die ihm bekannten Forderungen von Schiffsgläubigern anzugeben.

V Die Aufgebotsfrist muß mindestens drei Monate betragen.

VI In dem Aufgebot ist den Schiffsgläubigern, die sich nicht melden, als Rechtsnachteil anzudrohen, dass ihre Pfandrechte erlöschen, sofern nicht ihre Forderungen dem Antragsteller bekannt sind.

1) **Systematik, Regelungszweck, I–VI.** Das Aufgebot der Schiffsgläubiger soll bei einer freiwilligen **1** Veräußerung eines Schiffs dem Erwerber die Möglichkeit geben, die Schiffsgläubiger zu erfahren, § 110 BinnSchG. Über die Schiffshypothekengläubiger vgl § 987 a. Antragsberechtigt ist nur der Erwerber. Wenn das Schiff eintragungsbedürftig ist, § 10 SchiffsregisterO v 26. 5. 51, BGBl 361, dann muß der Erwerber eingetragen sein. Eine Benachrichtigung der Schiffsgläubiger ist nicht vorgeschrieben. Das Landesrecht darf die Aufgebotsfrist nach § 950 und die Veröffentlichung nach §§ 948, 956 abweichend regeln, § 1024. Wegen eines unbekannten Schiffspfandgläubigers § 988 Rn 1.

Einführung vor §§ 1003–1023

Urkundenaufgebot

Gliederung

1) Systematik, Regelungszweck	1
2) Fälle einer Zulässigkeit	2–7
A. Schuldverschreibungen auf den Inhaber	2
B. Wechsel.........................	3
C. Kaufmännische Orderpapiere	4
D. Hypothekenbriefe, Grundschuldbriefe, Rentenschuldbriefe	5
E. Aktienscheine und Zwischenscheine ...	6
F. Hinkende Inhaberpapiere..........	7
3) Fälle einer Unzulässigkeit	8–11
A. Zinsscheine, Rentenscheine, Gewinnanteilscheine	8
B. Banknoten, Erneuerungsscheine, auf Sicht zahlbare unverzinsliche Schuldverschreibungen	9
C. Namenspapiere	10
D. Scheckkarten, Blankoscheckvordrucke	11
4) Landesrecht	12
5) Voraussetzungen	13

1) **Systematik, Regelungszweck.** Ein Aufgebotsverfahren zur Kraftloserklärung von Urkunden findet **1** nur in den gesetzlich besonders zugelassenen Fällen statt, Kümpel NJW 75, 1549 (also nicht für eurocheque-Karten und nicht für Blankoscheckvordrucke).

2 2) **Fälle einer Zulässigkeit.** §§ 1003 ff gelten für alle bundesrechtlich geregelten Fälle. Dahin gehören abschließend:
   A. Schuldverschreibungen auf den Inhaber, § 799 BGB, auch Lotterielose.

3 **B. Wechsel,** Art 90 WG, und Schecks, Art 59 ScheckG.

4 **C. Kaufmännische Orderpapiere,** also kaufmännische Anweisungen und Verpflichtungsscheine, Konnossemente, Ladescheine, Lagerscheine der staatlich ermächtigten Anstalten, Bodmereibriefe, Transportversicherungsscheine, wenn diese Urkunden auf Order lauten, §§ 363, 365, 424, 447, 642, 644, 682, 784 HGB.

5 **D. Hypothekenbriefe, Grundschuldbriefe, Rentenschuldbriefe,** §§ 1162, 1192, 1195, 1199 BGB. Für die ehemaligen Gerichte jenseits der Oder-Neiße-Linie gilt die in § 946 Rn 2 genannte Ersatzzuständigkeit.

6 **E. Aktienscheine und Zwischenscheine,** § 72 AktG.

7 **F. Hinkende Inhaberpapiere** (qualifizierte Legitimationspapiere), § 808 BGB, wenn nicht das Landesrecht ein anderes Verfahren statt des Aufgebotsverfahrens anordnet, Art 102 II EG BGB (das ist zB in Baden-Württemberg, Bayern geschehen). Für Postsparbücher enthält § 18 PostsparkassenO ein besonderes Aufgebotsverfahren, LG Hagen MDR **48**, 216 (abl Kleinrahm).

8 3) **Fälle einer Unzulässigkeit.** Unzulässig ist ein Aufgebotsverfahren, soweit es zB die folgenden Fälle betrifft.
   A. Zinsscheine, Rentenscheine, Gewinnanteilscheine, § 799 BGB (s dazu § 72 II AktG; eine Ausnahme gilt für Papiere, die vor 1900 ausgestellt wurden, Art 174 EG BGB).

9 **B. Banknoten, Erneuerungsscheine, auf Sicht zahlbare unverzinsliche Schuldverschreibungen,** §§ 799 I, 805 BGB.

10 **C. Namenspapiere,** nicht jedoch Namensaktien, da § 72 AktG keinen Unterschied zwischen Namensaktien und Inhaberaktien macht.

11 **D. Scheckkarten, Blankoscheckvordrucke,** auch für den eurocheque, Kümpel NJW **75**, 1549, Pleyer/Müller-Wüsten WertpMitt **75**, 1102.

12 4) **Landesrecht.** Das Landesrecht hat das Aufgebotsverfahren mehrfach auf dem vorbehaltenen Gebiet anders geregelt, vgl Art 101 f EG BGB. Das gilt zB für Kuxe und für auf den Namen umgeschriebene Inhaberschuldverschreibungen. Vgl §§ 1006 III, 1023, 1024 II.

13 5) **Voraussetzungen.** Allgemeine Voraussetzung ist das Abhandenkommen oder die Vernichtung der Urkunde. Abhanden gekommen ist die Urkunde dann, wenn der Inhaber den Gewahrsam ohne oder gegen seinen Willen verloren hat, ähnlich wie bei § 935 I 1 BGB. Dem steht es gleich, wenn man sie aber nicht zurückerlangen kann, Stgt NJW **55**, 1155. Dem Abhandenkommen steht es ferner gleich, wenn der Schuldner zwar zu einer Herausgabe verurteilt worden ist, wenn aber sein Aufenthalt unbekannt ist, Kblz NJW **55**, 506. Nicht hierher gehört aber der Verlust durch einen Staatsakt, etwa durch eine Beschlagnahme oder durch die Zwangsvollstreckung.
   Eine *Vernichtung* liegt vor, wenn die Urkunde körperlich zerstört wird oder in wesentlichen Teilen unkenntlich geworden ist. Eine Vernichtung durch den Inhaber nimmt ihm sein Antragsrecht nicht, weil die Entgegennahme dieser Willenserklärung fehlt, auch wenn sie einen Verzicht enthalten sollte. Für kraftlos erklärt werden können auch Hypothekenbriefe, Grundschuldbriefe und Rentenschuldbriefe, die der Berechtigte infolge einer im Bundesgebiet nicht wirksamen Maßnahme nicht in Besitz nehmen kann, G v 18. 4. 50, BGBl 88, Anh § 1024, ebenso im früheren Berlin-West G v 7. 7. 50, VOBl 287. In Betracht kommen solche Hypothekenbriefe usw, die zB in der früheren DDR beschlagnahmt oder für einen volkseigenen Betrieb in Anspruch genommen wurden.

1003 *Aufgebot zur Kraftloserklärung von Urkunden.* Für das Aufgebotsverfahren zum Zwecke der Kraftloserklärung einer Urkunde gelten die nachfolgenden besonderen Vorschriften.

1 1) **Systematik.** Zunächst sind §§ 1003 ff zu beachten, hilfsweise §§ 946–959, ganz hilfsweise Buch I–III, Grdz 2 vor § 946. Das Landesrecht kann vorrangig Abweichungen enthalten, Einf 1 vor §§ 1003–1023.

1004 *Antragsberechtigter.* I Bei Papieren, die auf den Inhaber lauten oder die durch Indossament übertragen werden können und mit einem Blankoindossament versehen sind, ist der bisherige Inhaber des abhanden gekommenen oder vernichteten Papiers berechtigt, das Aufgebotsverfahren zu beantragen.

II Bei anderen Urkunden ist derjenige zu dem Antrag berechtigt, der das Recht aus der Urkunde geltend machen kann.

1 1) **Antragsberechtigung, I, II.** Es sind zwei Fallgruppen zu unterscheiden.
   A. Grundsatz: Rechtsinhaber, II. Antragsberechtigt ist grundsätzlich derjenige, der das Recht aus der Urkunde geltend machen kann. Antragsberechtigt ist auch derjenige, der nur teilweise berechtigt ist. Ein Antragsrecht besteht auch dann, wenn die Urkunde keine Forderung enthält, wie zB die Aktie. Wer berechtigt ist, das ergibt sich aus dem sachlichen Recht, Art 16 WG, §§ 365 HGB, 1294 BGB. Auch der verfügungsberechtigte Schuldner kann berechtigt sein. Der Gläubiger kann auf Grund eines solchen rechtskräftigen Urteils berechtigt werden, das den Schuldner zur Erklärung eines Aufgebotsantrags wegen eines Hypothekenbriefs verurteilt, LG Kblz NJW **55**, 506. Der Grundeigentümer ist auch auf Grund einer in

Buch 9. Aufgebotsverfahren §§ 1004–1006

seinem Besitz befindlichen Löschungsbewilligung des Gläubigers berechtigt, LG Flensb SchlHA 69, 200. Es kann auch ein schutzwürdiges Interesse anderer Personen bestehen, Hamm DB 76, 913. Ein Recht auf die Urkunde genügt nicht.

B. Inhaberpapier: Bisheriger Papierbesitzer, I. Bei Inhaberpapieren nach § 793 BGB, vgl auch Einf **2** 1 vor §§ 1003–1023, oder Orderpapieren, die mit einem Blankoindossament versehen sind, §§ 363, 365 II HGB, ist der bisherige Inhaber antragsberechtigt. Das braucht nicht der unmittelbare Besitzer gewesen zu sein. Es kann auch der Verpflichtete sein. Das Gericht hat den Rechtstitel der Inhaberschaft nicht zu prüfen.

C. Verstoß, I, II. Der Umstand, daß der Antragsteller kein Antragsrecht hat, macht ein etwa doch **3** ergangenes Ausschlußurteil nicht unwirksam.

1005 *Gerichtsstand.* ¹¹ Für das Aufgebotsverfahren ist das Gericht des Ortes zuständig, den die Urkunde als den Erfüllungsort bezeichnet. ² Enthält die Urkunde eine solche Bezeichnung nicht, so ist das Gericht zuständig, bei dem der Aussteller seinen allgemeinen Gerichtsstand hat, und in Ermangelung eines solchen Gerichts dasjenige, bei dem der Aussteller zur Zeit der Ausstellung seinen allgemeinen Gerichtsstand gehabt hat.

II Ist die Urkunde über ein im Grundbuch eingetragenes Recht ausgestellt, so ist das Gericht der belegenen Sache ausschließlich zuständig.

1) Ausschließliche Zuständigkeit, I, II. Ausschließlich zuständig, § 946 II (s aber § 1006), ist eines der **1** folgenden Gerichte.

A. Erfüllungsort, I 1. Zuständig ist das AG des Orts, den die Urkunde als Erfüllungsort bezeichnet, § 29. Wegen der Zuständigkeit des Rpfl Grdz 4 vor § 946. Es genügt, daß sich der Erfüllungsort aus der Urkunde ableiten läßt. Wegen Anleihen des Bundes, der (damaligen) Bundesbahn und der (damaligen) Bundespost ist das AG Bad Homburg ausschließlich zuständig, § 16 G v 13. 2. 24, RGBl 85, iVm G v 13. 7. 48, WiGBl 73, und VO v 13. 12. 49, BGBl 50, 1. Unter mehreren Erfüllungsorten wählt der Antragsteller. Wenn der Erfüllungsort im Ausland liegt, kann kein inländisches Aufgebot stattfinden. Eine Zahlstelle ist noch kein Erfüllungsort.

B. Allgemeiner Gerichtsstand, I 2. Mangels einer ausdrücklichen oder stillschweigenden Bezeichnung **2** eines Erfüllungsorts ist das Gericht des allgemeinen Gerichtsstands des Ausstellers nach §§ 12 ff zuständig, hilfsweise das des allgemeinen Gerichtsstands bei der Ausstellung. Das Gericht des jetzigen allgemeinen Gerichtsstands des Ausstellers im Bundesgebiet muß auch dann zuständig sein, wenn der Erfüllungsort in der früheren DDR oder in Berlin-Ost lag, wenn dort aber das Aufgebot nicht zu erhalten war. Soweit volkseigene Betriebe an die Stelle der früheren Unternehmungen getreten waren, würde dort ein Aufgebot nicht erfolgt sein, so daß sich eine Anfrage erübrigte, ob dort aufgeboten wurde. S zu der Frage Weber DRZ 50, 78. Wegen der Gerichte jenseits der damaligen Oder-Neiße-Linie § 946 Rn 2. Wenn mehrere Personen Aussteller sind, ist § 35 entsprechend anwendbar. Befinden sich Wechselgläubiger und -schuldner in der BRep, ist die Zuständigkeit nach I gegeben, Stgt NJW 55, 1154. Wenn der Ort im Ausland liegt, ist das Verfahren unzulässig.

C. Grundbuchrecht, II. Zuständig ist bei einer Urkunde über ein im Grundbuch eingetragenes Recht **3** das AG der belegenen Sache, §§ 24, 25. § 36 I Z 4 ist entsprechend anwendbar, § 36 Rn 23. Die Grenzen der deutschen Gerichtsbarkeit dürfen nicht überschritten werden. Wenn ein ausländischer Staat Aussteller ist, dann ist das Verfahren nur für den Fall zulässig, daß der Aussteller privatrechtlich gehandelt hat. Denn ein solcher Staat untersteht der deutschen Gerichtsbarkeit nicht, § 18 GVG Rn 1.

1006 *Bestelltes Aufgebotsgericht.* ¹¹ Die Erledigung der Anträge, das Aufgebot zum Zwecke der Kraftloserklärung eines auf den Inhaber lautenden Papiers zu erlassen, kann von der Landesjustizverwaltung für mehrere Amtsgerichtsbezirke einem Amtsgericht übertragen werden. ² Auf Verlangen des Antragstellers wird der Antrag durch das nach § 1005 zuständige Gericht erledigt.

II Wird das Aufgebot durch ein anderes als das nach § 1005 zuständige Gericht erlassen, so ist das Aufgebot auch durch Anheftung an die Gerichtstafel oder Einstellung in das Informationssystem des letzteren Gerichts öffentlich bekanntzumachen.

III Unberührt bleiben die landesgesetzlichen Vorschriften, durch die für das Aufgebotsverfahren zum Zwecke der Kraftloserklärung von Schuldverschreibungen auf den Inhaber, die ein deutsches Land oder früherer Bundesstaat oder eine ihm angehörende Körperschaft, Stiftung oder Anstalt des öffentlichen Rechts ausgestellt oder für deren Bezahlung ein deutsches Land oder früherer Bundesstaat die Haftung übernommen hat, ein bestimmtes Amtsgericht für ausschließlich zuständig erklärt wird.

Vorbem. II ergänzt dch Art 1 Z 47 a JKomG v 22. 3. 05, BGBl 837, in Kraft seit 1. 4. 05, Art 16 I JKomG, ÜbergangsR Einl III 78.

1) Geltungsbereich, I. § 1006 gilt nur für Inhaberpapiere, nicht für Orderpapiere, nicht für qualifizierte **1** Legitimationspapiere, § 1023, und nicht für Hypothekenbriefe, § 1024. Der Antragsteller darf den Antrag nach I 2 bis zum Erlaß des Aufgebots stellen. Ein Hinweis auf dieses Antragsrecht ist nicht erforderlich.

2) Bekanntmachung, II. Bei II beginnt die Antragsfrist mit der Anheftung oder Einstellung in das etwa **2** bei dem erledigenden Gericht vorhandene für Bekanntmachungen bestimmte elektronische Informations-

§§ 1006–1009

3 3) **Landesrecht, III.** Bei öffentlichen Anleihen der Länder darf das Landesrecht ein bestimmtes AG für ausschließlich zuständig erklären, § 1024 (zB in Bayern: Art 29 AG ZPO).

und Kommunikationssystem (dieses ist mit der Kurzfassung „Informationssystem" in II gemeint, vgl § 948 I 2).

1007 *Antragsbegründung.* Der Antragsteller hat zur Begründung des Antrags:
1. entweder eine Abschrift der Urkunde beizubringen oder den wesentlichen Inhalt der Urkunde und alles anzugeben, was zu ihrer vollständigen Erkennbarkeit erforderlich ist;
2. den Verlust der Urkunde sowie diejenigen Tatsachen glaubhaft zu machen, von denen seine Berechtigung abhängt, das Aufgebotsverfahren zu beantragen;
3. sich zur Versicherung der Wahrheit seiner Angaben an Eides statt zu erbieten.

1 1) **Voraussetzungen, Z 1–3.** Die Erfordernisse des § 1007 sind für den Antrag neben den Erfordernissen des § 947 I wesentlich. Mehr darf auch kein Landesrecht verlangen. Wenn ein Erfordernis fehlt, muß das Gericht den Antrag zurückweisen.
  A. Abschrift usw, Z 1. Die Abschrift darf unbeglaubigt sein. Was zum wesentlichen Inhalt der Urkunde gehört, ist nach der Lage des Einzelfalls zu beantworten. Bei einer Aktie gehört zB ihre Nr dazu, BGH RR **90**, 168. Der Aussteller muß dem Antragsteller eine Auskunft und Zeugnisse erteilen, §§ 799 II BGB, 72 I AktG, BGH RR **90**, 168.

2 **B. Verlust, Z 2.** Zum Begriff des Verlustes Einf 2 vor §§ 1003–1023 (Abhandenkommen und Vernichtung). Zu der Frage, inwieweit auch eine Besitzverhinderung genügt, Einf 2 vor § 1003. Genaue Angaben sind wegen §§ 1010 ff notwendig. Der Antrag ist sogleich nach dem Verlust zulässig. Die Glaubhaftmachung erfolgt nach § 294.

3 **C. Eidesstattliche Versicherung, Z 3.** Die Abnahme der Versicherung erfolgt nach dem pflichtgemäßen Ermessen des Gerichts. Die Vorschrift ergänzt Z 2.

4 2) **Zulassung, Z 1–3.** Die Zulassung berechtigt den Antragsteller bei kaufmännischen Orderpapieren und Wechseln dazu, eine Zahlung gegen Sicherheitsleistung zu verlangen, §§ 365 II, 367 HGB, Art 90 WG. Beim Scheck gilt dasselbe eingeschränkt, Art 59 I ScheckG. Bei einem Inhaberpapier tritt eine Zahlungssperre nach §§ 1019 ff ein.

1008 *Inhalt des Aufgebots.* ¹In dem Aufgebot ist der Inhaber der Urkunde aufzufordern, spätestens im Aufgebotstermin seine Rechte bei dem Gericht anzumelden und die Urkunde vorzulegen. ²Als Rechtsnachteil ist anzudrohen, dass die Urkunde für kraftlos erklärt werde.

1 1) **Geltungsbereich, S 1, 2.** § 1008 ergänzt die §§ 947, 1007. Es ist nicht nur zur Anmeldung der Rechte aufzufordern, sondern auch zur Vorlegung der Urkunde, § 1016. Diese erledigt das Verfahren. Wenn ihre Echtheit oder die Berechtigung des Antragstellers bestritten wird, dann gehört die Klärung der Streitfrage nicht in das Aufgebotsverfahren, sondern in den Prozeß, jedenfalls wenn das Recht des Antragstellers ausgeschlossen wird, § 953 Rn 1. Angedrohter Rechtsnachteil ist hier die Kraftloserklärung.

2 2) **Besitzverhinderung, S 1, 2.** Bei einer Besitzverhinderung nach Einf 2 vor §§ 1003–1023 erfolgt kein Aufgebot, wenn derjenige unmittelbare Besitzer zur Herausgabe bereit ist, der durch eine außergerichtliche Zwangsmaßnahme an der Herausgabe gehindert ist, die außerhalb des Währungsgebiets getroffen wurde. Dasselbe gilt bei der Vorlegung eines rechtskräftigen vollstreckbaren Titels, § 8 G v 18. 4. 50, Anh § 1024.

1009 *Ergänzende Bekanntmachung in besonderen Fällen.* ¹Betrifft das Aufgebot ein auf den Inhaber lautendes Papier und ist in der Urkunde vermerkt oder in den Bestimmungen, unter denen die erforderliche staatliche Genehmigung erteilt worden ist, vorgeschrieben, dass die öffentliche Bekanntmachung durch bestimmte andere Blätter zu erfolgen habe, so muss die Bekanntmachung auch durch Einrückung in diese Blätter erfolgen. ²Das Gleiche gilt bei Schuldverschreibungen, die von einem deutschen Land oder früheren Bundesstaat ausgegeben sind, wenn die öffentliche Bekanntmachung durch bestimmte Blätter landesgesetzlich vorgeschrieben ist. ³Zusätzlich kann die öffentliche Bekanntmachung in einem von dem Gericht für Bekanntmachungen bestimmten elektronischen Informations- und Kommunikationssystem erfolgen.

Vorbem. Zunächst Überschrift geändert, frühere I, II aufgehoben dch Art 10 Z 1, 2 G v 21. 6. 02, BGBl 2010, in Kraft seit 1. 7. 02, Art. 23 S 1 G. Sodann S 3 angefügt dch Art 1 Z 48 JKomG v 22. 3. 05, BGBl 837, in Kraft seit 1. 4. 05, Art 16 I JKomG. ÜbergangsR jeweils Einl III 78.

1 1) **Geltungsbereich, S 1–3.** § 1009 verschärft den § 948. Bei Inhaberpapieren und nach dem Landesrecht bei Schuldverschreibungen eines Landes sind weitere Einrückungen erforderlich, S 1, 2. Zusätzlich ist wie bei § 948 I 2 die Bekanntmachung nach S 3 möglich. Das Landesrecht läßt abweichende Vorschriften im beschränkten Umfang zu, § 1024.

2 2) **Besitzverhinderung, S 1–3.** Bei einer Besitzverhinderung nach Einf 2 vor §§ 1003–1023 soll das Gericht ein Aufgebot dem Besitzer durch eingeschriebenem Brief mitteilen, falls er bekannt ist, § 4 II G, Anh § 1024.

1010 *Wertpapiere mit Zinsscheinen.* ¹ Bei Wertpapieren, für die von Zeit zu Zeit Zins-, Renten- oder Gewinnanteilscheine ausgegeben werden, ist der Aufgebotstermin so zu bestimmen, dass bis zu dem Termin der erste einer seit der Zeit des glaubhaft gemachten Verlustes ausgegebenen Reihe von Zins-, Renten- oder Gewinnanteilscheinen fällig geworden ist und seit seiner Fälligkeit sechs Monate abgelaufen sind.

II Vor Erlass des Ausschlussurteils hat der Antragsteller ein nach Ablauf dieser sechsmonatigen Frist ausgestelltes Zeugnis der betreffenden Behörde, Kasse oder Anstalt beizubringen, dass die Urkunde seit der Zeit des glaubhaft gemachten Verlustes ihr zur Ausgabe neuer Scheine nicht vorgelegt sei und dass die neuen Scheine an einen anderen als den Antragsteller nicht ausgegeben seien.

1) **Vorbemerkung zu §§ 1010–1013.** Wenn ein Wertpapier mit den Zinsscheinen, Rentenscheinen, 1 Gewinnanteilscheinen verloren geht, so muß man unterscheiden. Wenn Zinsscheine usw für längstens 4 Jahre ausgegeben wurden, ist § 1010 anwendbar. Die Vorschrift ist auch dann anwendbar, wenn Zins-, Renten- oder Gewinnanteilscheine zwar erst nach 20 Jahren ausgegeben werden, bei denen aber keine Registrierung der jeweils zur Einlösung vorgelegten Scheine stattfindet, Mü NJW 79, 2317. Wenn Zinsscheine für mehr als 4 Jahre ausgegeben wurden, ist § 1011 anwendbar, vgl freilich § 1011 Rn 1. Wenn Zinsscheine für längstens 4 Jahre vorhanden sind und wenn keine neuen mehr ausgegeben wurden, ist § 1013 anwendbar. Wenn nur der Mantel (die Haupturkunde) verlorenging, ist § 1012 anwendbar.

2) **Aufgebotsfrist, I.** Wenn bei einem Wertpapier noch Zinsscheine usw wiederkehrend auszugeben 2 sind, dann wäre ein rascher Aufgebotstermin für den Inhaber gefährlich. Denn er braucht das Papier oder den Erneuerungsschein erst bei einer Erneuerung. Die Zinsscheine selbst unterliegen keinem Aufgebot, Einf 1 vor §§ 1003–1023. Der Aufgebotsantrag ist ab Verlust der Urkunde zulässig. Bei der Berechnung der Aufgebotsfrist muß man von dem Verlust der Urkunde ausgehen. Man muß nach dem Ausgabeplan (Emissionsplan) feststellen, wann neue Scheine auszugeben sind und wann der erste Schein fällig wird. Von dieser Fälligkeit an laufen 6 Monate. Wenn danach der Termin auf mehr als 1 Jahr hinauszuschieben wäre, dann ist das Aufgebot noch nicht zulässig, § 1015.

3) **Zeugnis, II.** Zu seiner Erteilung besteht eine gesetzliche Pflicht, § 799 II BGB. Zur Zeugniserteilung 3 ist jede öffentliche oder private Kasse oder Anstalt befugt, der nach dem Gesetz oder der Satzung die Ausgabe und die Einlösung der ganzen Gattung von Papieren obliegt. Zur Zeugniserteilung ist nicht schon eine Zahlstelle oder ein Ausgabehaus (Emissionshaus) befugt. Das Zeugnis begründet die tatsächliche Vermutung, daß die Scheine nicht im Besitz eines gutgläubigen Dritten sind. Der Antragsteller muß die Kosten der Zeugniserteilung vorschießen und tragen. Ein Verstoß gegen II ist prozessual belanglos. Im Fall eines Fristverstoßes kommt die Anfechtungsklage nach § 957 in Betracht. Wegen einer Zahlungssperre §§ 1019 ff.

1011 *Zinsscheine für mehr als 4 Jahre.* I ¹ Bei Wertpapieren, für die Zins-, Renten- oder Gewinnanteilscheine zuletzt für einen längeren Zeitraum als vier Jahre ausgegeben sind, genügt es, wenn der Aufgebotstermin so bestimmt wird, dass bis zu dem Termin seit der Zeit des glaubhaft gemachten Verlustes von den zuletzt ausgegebenen Scheinen solche für vier Jahre fällig geworden und seit der Fälligkeit des letzten derselben sechs Monate abgelaufen sind. ² Scheine für Zeitabschnitte, für die keine Zinsen, Renten oder Gewinnanteile gezahlt werden, kommen nicht in Betracht.

II ¹ Vor Erlass des Ausschlußurteils hat der Antragsteller ein nach Ablauf dieser sechsmonatigen Frist ausgestelltes Zeugnis der betreffenden Behörde, Kasse oder Anstalt beizubringen, dass die für die bezeichneten vier Jahre und später etwa fällig gewordenen Scheine ihr von einem anderen als dem Antragsteller nicht vorgelegt seien. ² Hat in der Zeit seit dem Erlass des Aufgebots eine Ausgabe neuer Scheine stattgefunden, so muss das Zeugnis auch die im § 1010 Abs. 2 bezeichneten Angaben enthalten.

1) **Aufgebotsfrist, I.** S § 1010 Rn 1; Rn 2. § 1011 schränkt den § 1010 für Wertpapiere ein, bei denen 1 Zinsscheine für länger als 4 Jahre ausgegeben worden sind. Es genügt die Fälligkeit von Scheinen für 4 Jahre der beim Eintritt des Verlustes laufenden Reihe. Die 4 Jahre brauchen nicht unmittelbar vom Verlust des Papiers an zu laufen. Wenn aber nur Scheine für eine kürzere Zeit ausstehen, dann ist § 1011 unanwendbar und ist die Erneuerung abzuwarten. Wenn die zur Einlösung vorgelegten Zinsscheine, Rentenscheine oder Gewinnanteilscheine nicht registriert worden sind, ist § 1010 anwendbar, Mü NJW 79, 2317.

2) **Zeugnis, II.** Der Antragsteller muß ein Zeugnis darüber beibringen, daß kein anderer die Zinsscheine 2 usw vorgelegt hat. S auch § 1010 Rn 3. Sofern die Staatsschuldenverwaltung ein solches Zeugnis nicht erteilt (wie meistens), weil sie die Einlösung der Zinsscheine nicht überwacht, bleibt in denjenigen Fällen nur ein Aufgebot aus § 1010 oder aus § 1013 möglich in denen § 1012 versagt. Das Zeugnis muß die letzten 4 Jahre vor der Ausstellung umfassen. Eine Vorlegung zwischen dem Zeitpunkt des Verlustes und dem Fristbeginn schadet nicht.

1012 *Vorlegung der Zinsscheine.* ¹ Die Vorschriften der §§ 1010, 1011 sind insoweit nicht anzuwenden, als die Zins-, Renten- oder Gewinnanteilscheine, deren Fälligkeit nach diesen Vorschriften eingetreten sein muss, von dem Antragsteller vorgelegt werden. ² Der Vorlegung der Scheine steht es gleich, wenn das Zeugnis der betreffenden Behörde, Kasse oder Anstalt beigebracht wird, dass die fällig gewordenen Scheine ihr von dem Antragsteller vorgelegt worden seien.

1) **Geltungsbereich, S 1, 2.** § 1012 betrifft den Fall, daß nur die Stammurkunde, der Mantel, verloren 1 gegangen ist. Man muß die folgenden Unterlagen vorlegen.

§§ 1012–1016   Buch 9. Aufgebotsverfahren

§ 1010: In diesem Fall muß man sämtliche nach dem Verlust fällig werdenden Zinsscheine usw der laufenden Reihe sowie der erste Schein der nachher ausgegebenen Reihe vorlegen.
§ 1011: In diesem Fall muß die nach dem Verlust fällig werdenden Scheine für 4 Jahre aus der beim Verlust laufenden Reihe vorlegen. Die Scheine brauchen nicht fällig zu sein. Bei fälligen Scheinen, nicht bei anderen, ersetzt das Zeugnis die Vorlegung. Der Aufgebotstermin wird nach § 1015 bestimmt.

1013 *Abgelaufene Ausgabe der Zinsscheine.* Bei Wertpapieren, für die Zins-, Renten- oder Gewinnanteilscheine ausgegeben sind, aber nicht mehr ausgegeben werden, ist, wenn nicht die Voraussetzungen der §§ 1010, 1011 vorhanden sind, der Aufgebotstermin so zu bestimmen, dass bis zu dem Termin seit der Fälligkeit des letzten ausgegebenen Scheines sechs Monate abgelaufen sind.

1   **1) Geltungsbereich.** § 1013 betrifft gekündigte oder ausgelöste Wertpapiere. Der Antragsteller muß ein Zeugnis nach §§ 1010 II, 1011 II darüber beibringen, daß der Schein nicht vorgelegt worden ist. Wenn nach dem Verlust noch Scheine ausgegeben werden, gilt § 1010. Falls diese Vorschrift unanwendbar ist, gilt § 1013.

1014 *Aufgebotstermin bei bestimmter Fälligkeit.* Ist in einer Schuldurkunde eine Verfallzeit angegeben, die zur Zeit der ersten Einrückung des Aufgebots in den elektronischen Bundesanzeiger noch nicht eingetreten ist, und sind die Voraussetzungen der §§ 1010 bis 1013 nicht vorhanden, so ist der Aufgebotstermin so zu bestimmen, dass seit dem Verfalltag sechs Monate abgelaufen sind.

Vorbem. Änderg dch Art 1 Z 52 e JKomG v 22. 3. 05, BGBl 837, in Kraft seit 1. 4. 05, Art 16 I JKomG, ÜbergangsR Einl III 78.
1   **1) Geltungsbereich.** § 1014 betrifft Wertpapiere mit einer bestimmten Fälligkeitszeit. Bei ihnen können die Voraussetzungen der §§ 1010–1013 vorliegen. Dann gelten diese Vorschriften. Wenn diese Voraussetzungen nicht vorliegen, wie bei Wechseln und bei Schatzanweisungen, dann ist der Aufgebotstermin nach § 1014 zu bestimmen. Mehr als 1 Jahr darf die Frist nicht betragen, § 1015. Die Nichteinhaltung der Frist ermöglicht eine Anfechtungsklage, § 957 Z 3. Das Landesrecht kann bei Hypothekenbriefen usw abweichende Regelungen treffen, § 1024.

1015 *Aufgebotsfrist.* ¹Die Aufgebotsfrist muss mindestens sechs Monate betragen. ²Der Aufgebotstermin darf nicht über ein Jahr hinaus bestimmt werden; solange ein so naher Termin nicht bestimmt werden kann, ist das Aufgebot nicht zulässig.

1   **1) Aufgebotsfrist.** Die Aufgebotsfrist, zum Begriff § 950 Rn 1, beträgt für jedes beliebige Urkundenaufgebot mindestens 6 Monate und höchstens 1 Jahr. Nur beim Scheck beträgt sie mindestens 2 Monate, Art 59 ScheckG. Im Fall der Besitzverhinderung nach Einf 2 vor §§ 1003–1023 beträgt die Frist mindestens 3 und höchstens 6 Monate, § 4 III, Anh § 1024. Das Jahr rechnet von der Terminsbestimmung an. Zur Natur der Frist und ihrer Berechnung § 950 Rn 1. Wenn das Jahr wegen der §§ 1010–1014 nicht ausreicht, ist ein Aufgebot derzeit unzulässig. Bei einem Verstoß gegen § 1015 ist eine Anfechtungsklage zulässig, § 957 II Z 3. Das Landesrecht kann bei Hypothekenbriefen usw eine abweichende Regelung treffen, § 1024. Wegen einer Zahlungssperre § 1020.

1016 *Anmeldung der Rechte.* ¹Meldet der Inhaber der Urkunde vor dem Aufgebotstermin seine Rechte unter Vorlegung der Urkunde an, so hat das Gericht den Antragsteller hiervon zu benachrichtigen und ihm die Einsicht der Urkunde innerhalb einer zu bestimmenden Frist zu gestatten. ²Auf Antrag des Inhabers der Urkunde ist zu ihrer Vorlegung ein Termin zu bestimmen.

1   **1) Meldung, S 1, 2.** Meldet sich der Inhaber im, vor dem oder nach dem Termin, aber vor der Verkündung des Ausschlußurteils, so ist das Aufgebotsverfahren erledigt, sobald die Nämlichkeit der Urkunde feststeht. Sie steht fest, wenn der Antragsteller sie anerkennt. Wenn er sie bestreitet oder wenn ein Dritter ohne eine Vorlegung ein besseres Recht anmeldet, dann greift § 953 ein. Der Streit über das sachliche Recht läßt sich nur im Prozeßweg austragen. Über die Anmeldung bei einer Besitzverhinderung §§ 5, 6, 14 G, Anh § 1024, und Einf 2 vor §§ 1003–1023.
2   **2) Einsicht usw, S 1, 2.** Das Gericht benachrichtigt den Antragsteller, wenn sich der Inhaber vor dem Termin unter einer Vorlage der Urkunde meldet. Das Gericht muß dem Antragsteller die Einsicht der Urkunde auf der Geschäftsstelle gestatten. Der Inhaber kann einen neuen Termin vor dem Aufgebotsrichter oder bei § 434 vor dem ersuchten Richter verlangen, um die Urkunde vorzulegen. Er braucht die Urkunde nicht einzureichen. Die Ladung erfolgt nach § 497. Ein neuer Termin wird nur auf Antrag des Inhabers bestimmt. Wann die Vorlegung als verweigert anzusehen ist, das ist nach Lage des Falls zu entscheiden. Der Antragsteller hat ein Recht auf einen Termin.

Buch 9. Aufgebotsverfahren §§ 1017–1019

1017 *Ausschlussurteil.* ¹ In dem Ausschlussurteil ist die Urkunde für kraftlos zu erklären.
II ¹ Das Ausschlussurteil ist seinem wesentlichen Inhalt nach durch den elektronischen Bundesanzeiger bekanntzumachen. ² Die Vorschriften des § 1009 gelten entsprechend.
III In gleicher Weise ist nach eingetretener Rechtskraft das auf die Anfechtungsklage ergangene Urteil, soweit dadurch die Kraftloserklärung aufgehoben wird, bekanntzumachen.

Vorbem. II 1 geändert dch Art 1 Z 52 e JKomG v 22. 3. 05, BGBl 837, in Kraft seit 1. 4. 05, Art 16 I JKomG. II 2 geändert dch Art 3 G v 21. 6. 02, BGBl 2010, in Kraft seit 1. 7. 02, Art 23 S 1 G. ÜbergangsR jeweils Einl III 78.
Schrifttum: *Freitag,* Die Wirkungen des Ausschlußurteils bei der Kraftloserklärung von Inhaber- und Orderpapieren, die Geldforderungen verbriefen, Diss Köln 1953.

1) **Systematik, Regelungszweck, I–III.** Im Fall einer Anmeldung sind §§ 953, 1016 anwendbar. Nur **1** die genau bezeichnete Urkunde wird in dem Ausschlußurteil für kraftlos erklärt. Das Ausschlußurteil darf nicht etwa unbekannte Dritte ausschließen. Eine einmalige Bekanntmachung ist vorgeschrieben. Ein Verstoß gegen diese Vorschrift ist aber prozessual belanglos. Keine Bekanntmachung erfolgt im Fall der Besitzverhinderung, Einf 2 vor §§ 1003–1023, § 7 G, Anh § 1024. Eine Bekanntmachung des rechtskräftigen Urteils nach III ist überhaupt nur dann möglich, wenn die Parteien die Rechtskraft nachweisen. Dazu kann sie das Gericht nicht zwingen. Das Landesrecht kann eine abweichende Regelung der Bekanntmachung treffen, § 1024 II. Bis zum Ausschlußurteil gilt die alte Urkunde als vorhanden. Bis dahin darf das Grundbuchamt also zB keinen neuen Hypothekenbrief erteilen. Eine etwaige Anfechtungsklage richtet sich nach § 957. Wegen § 1009 III Rn 1.

1018 *Wirkung des Ausschlussurteils.* ¹ Derjenige, der das Ausschlussurteil erwirkt hat, ist dem durch die Urkunde Verpflichteten gegenüber berechtigt, die Rechte aus der Urkunde geltend zu machen.
II Wird das Ausschlussurteil infolge einer Anfechtungsklage aufgehoben, so bleiben die auf Grund des Urteils von dem Verpflichteten bewirkten Leistungen auch Dritten, insbesondere dem Anfechtungskläger, gegenüber wirksam, es sei denn, dass der Verpflichtete zur Zeit der Leistung die Aufhebung des Ausschlussurteils gekannt hat.

1) **Ausschlußurteil, I.** Die Kraftloserklärung der Urkunde ersetzt für den Antragsteller deren Besitz, **1** BGH RR **90**, 168. Der Antragsteller steht gegenüber dem aus der Urkunde Verpflichteten, nicht gegenüber Dritten, also bei § 67 GBA nicht gegenüber dem Grundbuchamt, gültig so da, als ob er die Urkunde besitze, BayObLG Rpfleger **87**, 493. Er hat nicht mehr Rechte, als er als solcher hatte. Der Schuldner behält also seine Einreden. Wenn der bisherige Inhaber der Urkunde nur ein Besitzmittler war, zB ein Pfandgläubiger, so erlangt der Antragsteller durch das Ausschlußurteil nicht mehr Rechte. Gegenüber Dritten hat das Urteil keine Bedeutung. Die Urkunde selbst hat ihre Bedeutung als Rechtsträger und Rechtsausweis eingebüßt. Wer aus der Urkunde verpflichtet ist, das ergibt sich aus dem sachlichen Recht, BGH JZ **58**, 746. Das Verfahren nach § 73 AktG führt zwar zur Unwirksamkeit der für kraftlos erklärten Urkunde. Es führt aber nicht zur Wirkung nach §§ 1017, 1018, BGH RR **90**, 168.
Die *Rechtskraftwirkung* des Ausschlußurteils hat die volle nach § 322. Sie bleibt, auch wenn ein Nicht- **2** antragsberechtigter das Urteil erwirkt hat. Sie läßt aber etwaige Rechte des dadurch Geschädigten unberührt. Das Urteil ersetzt nicht die weiteren Aufgaben der Urkunde. Das Urteil gibt zB kein Recht zum Indossieren. Eine Ersatzurkunde kann nur dann verlangt werden, wenn das sachliche Recht sie vorsieht, etwa nach §§ 407, 800 BGB, 67 GBO, 228 HGB. Der Antragsteller darf aus einem Wechsel, der im Protest verloren ging und für kraftlos erklärt wurde, Rückgriff nehmen. Statt des Wechsels muß er das Ausschlußurteil aushändigen. Das Ausschlußurteil hat nicht die Wirkung eines Wechselakzepts, Hamm MDR **76**, 404.
Die *Übergabe* des Hypothekenbriefs wird durch das Urteil nicht ersetzt. Man muß einen auf Grund des **3** Urteils nach § 67 GBO neugebildeten Brief übergeben. Der alte Brief kann keinen Rechtsübergang mehr vermitteln, auch wenn er sich nachträglich wieder findet. Den neuen Brief darf man nicht verweigern. Sobald ein Antrag auf Erteilung eines neuen Briefs unter Vorlage des Ausschlußurteils gestellt wurde, ist bereits eine Abtretung der Hypothek nach § 1117 II BGB zulässig. Die Löschung geschieht auf Grund der Vorlegung des Ausschlußurteils. Dem Verpflichteten bleiben seine Einreden erhalten.
2) **Aufhebung des Urteils, II.** Die Aufhebung nimmt dem Antragsteller seine Rechte aus I. Leistungen, **4** die nach der Aufhebung des Urteils erfolgten, bleiben wirksam, solange der Geschädigte dem Verpflichteten nicht beweist, daß der letztere bei der Leistung die Aufhebung gekannt hat. Ein Kennenmüssen oder eine Kenntnis der Anhängigkeit der Anfechtungsklage genügen nicht. Der Anfechtungskläger kann also vom Antragsteller grundsätzlich nur die Bereicherung herausverlangen.

1019 *Zahlungssperre.* ¹¹ Bezweckt das Aufgebotsverfahren die Kraftloserklärung eines auf den Inhaber lautenden Papiers, so hat das Gericht auf Antrag an den Aussteller sowie an die in dem Papier und die von dem Antragsteller bezeichneten Zahlstellen das Verbot zu erlassen, an den Inhaber des Papiers eine Leistung zu bewirken, insbesondere neue Zins-, Renten- oder Gewinnanteilscheine oder einen Erneuerungsschein auszugeben (Zahlungssperre); mit dem Verbot ist die Benachrichtigung von der Einleitung des Aufgebotsverfahrens zu verbinden. ² Das Verbot ist in gleicher Weise wie das Aufgebot öffentlich bekanntzumachen.

§§ 1019–1022

II Das an den Aussteller erlassene Verbot ist auch den Zahlstellen gegenüber wirksam, die nicht in dem Papier bezeichnet sind.

III Die Einlösung der vor dem Verbot ausgegebenen Zins-, Renten- oder Gewinnanteilscheine wird von dem Verbot nicht betroffen.

1   **1) Systematik, Regelungszweck, I–III.** Bei Inhaberpapieren läßt das Gesetz eine Zahlungssperre zu. Sie soll den Verlierer während des Aufgebotsverfahrens schützen. Sie ist ein gerichtliches beschränktes Veräußerungsverbot. Sie hat die Wirkung des § 136 BGB, eine der einstweiligen Verfügung verwandte Maßnahme. Sie ist bei allen Inhaberpapieren anwendbar, auch bei Grundschuldbriefen, Inhaberschecks, § 5 ScheckG, Inhaberaktien, Lotterielosen. Das gilt auch bei hinkenden Inhaberpapieren, § 1023. Hier kann das Landesrecht die Veröffentlichung abweichend regeln. Die Zahlungssperre ist bei Wechseln und anderen Orderpapieren unzulässig, auch wenn sie blanko indossiert worden sind. Für sie gilt § 1007 Rn 1. Eine verbotswidrige Leistung wirkt nicht gegen den Antragsteller, wenn ein Ausschlußurteil ergeht, §§ 135, 136 BGB.

2   **2) Wirkung, I–III.** Man muß drei Aspekte beachten.
A. Allgemeines. Das Verbot ergreift nur die Haupturkunde, nicht Zinsscheine, Rentenscheine, Gewinnanteilscheine, die ja nicht aufgebotsfähig sind. Es wirkt gegen diejenigen, denen es mitgeteilt worden ist. Das dem Aussteller mitgeteilte Verbot wirkt ferner gegen die nicht im Papier bezeichneten Zahlstellen, auch wenn diese nicht benachrichtigt worden sind. Etwas anderes gilt für die im Papier bezeichneten, aber nicht benachrichtigten Zahlstellen. Ein gutgläubiger Erwerber kann Rechte gegen den Antragsteller erst dann geltend machen, wenn er nach Vorlegung des Papiers eine Aufhebung der Sperre erwirkt hat. Die Sperre hemmt den Beginn und den Lauf der Vorlegungs- und der Verjährungsfrist, § 802 BGB.

3   **B. Verfahren.** Das Gericht darf die Sperre nur auf Antrag erlassen. Zuständig ist der Rpfl, Grdz 2 vor § 946. Man muß den Antrag in der Regel zusammen mit dem Antrag auf das Aufgebot und in dessen Form stellen, § 947 I.

4   **C. Entscheidung.** Die Sperre wird durch einen Beschluß angeordnet. Das Gericht muß seinen Beschluß dem Aussteller und den bekannten Zahlstellen von Amts wegen zustellen, Rn 5, § 329 III. Es muß den Beschluß wie das Aufgebot öffentlich bekanntmachen, §§ 1009, 1023. Trotz der Mußfassung ist die Benachrichtigung, I 1 Hs 2, für die Wirksamkeit nicht unerläßlich.

5   **3) Rechtsmittel, I–III.** Gegen die Ablehnung des Antrages ist sofortige Beschwerde nach § 11 I RPflG, Anh § 153 GVG, in Verbindung mit § 567 I Z 2 zulässig. Gegen fälschlich ergangene Ersatzentscheidung des Richters ist sofortige Beschwerde nach § 567 I Z 2 statthaft.

1020 *Zahlungssperre vor Einleitung des Verfahrens.* ¹Ist die sofortige Einleitung des Aufgebotsverfahrens nach § 1015 Satz 2 unzulässig, so hat das Gericht die Zahlungssperre auf Antrag schon vor der Einleitung des Verfahrens zu verfügen, sofern die übrigen Erfordernisse für die Einleitung vorhanden sind. ²Auf den Antrag sind die Vorschriften des § 947 Abs. 1 anzuwenden. ³Das Verbot ist durch Anheftung an die Gerichtstafel und durch einmalige Einrückung in den elektronischen Bundesanzeiger öffentlich bekanntzumachen.

Vorbem. S 3 geändert dch Art 1 Z 52 e JKomG v 22. 3. 05, BGBl 837, in Kraft seit 1. 4. 05, Art 16 I JKomG, ÜbergangsR Einl III 78.

1   **1) Systematik, Regelungszweck, S 1–3.** § 1020 läßt die Zahlungssperre als selbständige Maßnahme zu, wenn wegen der Wartefrist der §§ 1010–1014 die Einleitung des Aufgebotsverfahrens derzeit unzulässig ist, § 1015 S 2. Die Zahlungssperre wird nur auf Antrag in der Form des § 947 I beim zuständigen Aufgebotsgericht angeordnet. Der Antragsteller muß alle Voraussetzungen des § 1007 darlegen und nach § 294 glaubhaft machen. Im übrigen gilt § 1019, also das Verbot gegenüber dem Aussteller sowie den im Papier und vom Antragsteller bezeichneten Zahlstellen. Außerdem erfolgt eine öffentliche Bekanntmachung, die abweichend von § 1009 geregelt ist. Wegen der Aufhebung der Sperre § 1022.

Gebühren: Des Gerichts: KV 1630, Hartmann Teil I KV 1630 Rn 1; des Anwalts: VV 3324.

1021 *Entbehrlichkeit des Zeugnisses nach § 1010 Abs. 2.* Wird die Zahlungssperre angeordnet, bevor seit der Zeit des glaubhaft gemachten Verlustes Zins-, Renten- oder Gewinnanteilscheine ausgegeben worden sind, so ist die Beibringung des im § 1010 Abs. 2 vorgeschriebenen Zeugnisses nicht erforderlich.

1   **1) Systematik, Regelungszweck.** Bei der Anordnung der Zahlungssperre vor der Ausgabe von Zinsscheinen usw braucht der Antragsteller kein Zeugnis nach § 1010 II beizubringen. Das Zeugnis ist deshalb entbehrlich, weil man die Urkunde nach der Sperre nur dem Gericht wirksam vorlegen muß und weil dann, wenn die Vorlegung unterbleibt, der schlechte Glaube hinreichend begründet ist.

1022 *Aufhebung der Zahlungssperre.* ¹¹Wird das in Verlust gekommene Papier dem Gericht vorgelegt oder wird das Aufgebotsverfahren in anderer Weise ohne Erlass eines Ausschlussurteils erledigt, so ist die Zahlungssperre von Amts wegen aufzuheben. ²Das Gleiche gilt, wenn die Zahlungssperre vor der Einleitung des Aufgebotsverfahrens angeordnet worden ist und die Einleitung nicht binnen sechs Monaten nach der Beseitigung des ihr entgegenstehenden

Buch 9. Aufgebotsverfahren §§ 1022–1024

Hindernisses beantragt wird. ³Ist das Aufgebot oder die Zahlungssperre öffentlich bekanntgemacht worden, so ist die Erledigung des Verfahrens oder die Aufhebung der Zahlungssperre von Amts wegen durch den elektronischen Bundesanzeiger bekanntzumachen.

II Im Falle der Vorlegung des Papiers ist die Zahlungssperre erst aufzuheben, nachdem dem Antragsteller die Einsicht nach Maßgabe des § 1016 gestattet worden ist.

III Gegen den Beschluss, durch den die Zahlungssperre aufgehoben wird, findet sofortige Beschwerde statt.

Vorbem. I 3 geändert dch Art 1 Z 52 e JKomG v 22. 3. 05, BGBl 837, in Kraft seit 1. 4. 05, Art 16 I JKomG, ÜbergangsR Einl III 78.

1) Voraussetzungen, I, II. Das Gericht muß eine Zahlungssperre in jedem der folgenden Fälle aufheben. **1**

A. Vorlegung. Die Aufhebung erfolgt im Fall einer Vorlegung des verlorenen Papiers. Wenn dessen Echtheit nicht festzustellen ist, dann muß das Gericht das Verfahren bis zu einer Entscheidung im Prozeßweg aussetzen, § 953. Wenn das Gericht die Nämlichkeit des Papiers bejaht, darf es die Sperre erst dann aufheben, wenn es nach § 1016 eine Einsicht gewährt hat.

B. Anderweitige Erledigung. Die Aufhebung erfolgt auch im Fall einer anderweitigen Erledigung des **2** Verfahrens, etwa durch eine Rücknahme des Antrags, eine Zurückweisung, durch den Ablauf der Frist des § 954, nicht schon bei einem bloßen Ausbleiben.

C. Selbständige Sperre. Die Aufhebung erfolgt auch im Fall einer selbständigen Sperre, § 1020, wenn **3** seit dem Wegfall des Hindernisses 6 Monate verstrichen sind und wenn ein Aufgebot nicht beantragt worden ist. Die Wartefrist braucht nicht verstrichen zu sein, weil die Einleitung des Verfahrens schon 1 Jahr vorher statthaft ist, § 1015.

2) Entscheidung, I, II. Die Entscheidung erfolgt durch einen Beschluß des Rpfl, Grdz 2 vor § 946. Er **4** muß ihn grundsätzlich begründen, § 329 Rn 4. Er läßt ihn dem Antragsteller und den Zahlstellen förmlich zustellen, § 329 III.

3) Rechtsbehelfe, III. Es kommt auf die Entscheidungsrichtung an. **5**

A. Aufhebung. Gegen den aufhebenden Beschluß des Rpfl ist die sofortige Beschwerde nach § 11 I RPflG, Anh § 153 GVG, in Verbindung mit § 567 I Z 1 zulässig. Gegen die Erstentscheidung des Richters ist die sofortige Beschwerde nach III statthaft, § 567 I Z 1. Eine Wiederherstellung der Sperre durch das Beschwerdegericht berührt die Wirksamkeit derjenigen Leistungen nicht, die nach der Aufhebung bewirkt wurden.

B. Ablehnung. Gegen den Beschluß des Rpfl, der die Aufhebung ablehnt, ist sofortige Beschwerde nach **6** § 11 I RPflG in Verbindung mit § 567 I Z 2 statthaft. Gegen die Erstentscheidung des Richters ist sofortige Beschwerde nach § 567 I Z 2 statthaft.

1023 *Hinkende Inhaberpapiere.* ¹Bezweckt das Aufgebotsverfahren die Kraftloserklärung einer Urkunde der im § 808 des Bürgerlichen Gesetzbuchs bezeichneten Art, so gelten die Vorschriften der §§ 1006, 1009, 1017 Abs. 2 Satz 2 und der §§ 1019 bis 1022 entsprechend. ²Die Landesgesetze können über die Veröffentlichung des Aufgebots und der im § 1017 Abs. 2, 3 und in den §§ 1019, 1020, 1022 vorgeschriebenen Bekanntmachungen sowie über die Aufgebotsfrist abweichende Vorschriften erlassen.

1) Geltungsbereich, S 1, 2. § 1023 betrifft die hinkenden Inhaberpapiere (qualifizierten Legitimations- **1** papiere) des § 808 BGB, zB gewisse Pfandscheine, Depotscheine, Versicherungsscheine, nicht auf den Inhaber ausgestellte Lagerscheine, die meisten Sparbücher. Für sie gilt das Landesrecht, Art 102 II EGBGB, zB in Bayern Art 30 AG ZPO, in den früheren preußischen Gebieten § 7 AG ZPO. Nur hilfsweise gelten §§ 1003 ff. Wegen Postsparbüchern Einf 2 (F) vor §§ 1003–1023. Wer ein Ausschlußurteil erwirkt hat, muß dem Aussteller trotzdem auf Verlangen sein Recht nachweisen, § 808 BGB.

1024 *Vorbehalt für die Landesgesetzgebung.* ¹Bei Aufgeboten auf Grund der §§ 887, 927, 1104, 1112, 1162, 1170, 1171 des Bürgerlichen Gesetzbuchs, des § 110 des Gesetzes betreffend die privatrechtlichen Verhältnisse der Binnenschiffahrt, der §§ 6, 13, 66, 67 des Gesetzes über Rechte an eingetragenen Schiffen und Schiffsbauwerken und der §§ 13, 66, 67 des Gesetzes über Rechte an Luftfahrzeugen können die Landesgesetze die Art der Veröffentlichung des Aufgebots und des Ausschlussurteils sowie die Aufgebotsfrist anders bestimmen, als in §§ 948, 950, 956 vorgeschrieben ist.

II Bei Aufgeboten, die auf Grund des § 1162 des Bürgerlichen Gesetzbuchs ergehen, können die Landesgesetze die Art der Veröffentlichung des Aufgebots, des Ausschlussurteils und des im § 1017 Abs. 3 bezeichneten Urteils sowie die Aufgebotsfrist auch anders bestimmen, als in den §§ 1009, 1014, 1015, 1017 vorgeschrieben ist.

1) Systematik, Regelungszweck, I, II. Wegen der Verschiedenheit der örtlichen Verhältnisse läßt **1** § 1024 eine landesrechtliche Regelung zu. S für Bayern Art 30, 31, AG ZPO, für die früheren preußischen Gebiete §§ 8, 9 AG ZPO. An Stelle von § 1269 BGB, der durch das SchiffsrechteG, RGBl 40, 1499, aufgehoben ist, treten die Bestimmungen dieses Gesetzes. § 1024 ist auf alle Aufgebotsfälle dieses Gesetzes anwendbar, ebenso auf alle Aufgebotsfälle nach dem LufttfzRG.

Anhang nach § 1024

Gesetz über die Kraftloserklärung von Hypotheken-, Grundschuld- u Rentenschuldbriefen in besonderen Fällen
idF v 29. 4. 60, BGBl 297
Galt bis zum 2. 10. 90 nur im Bundesgebiet

Vorbem. In *Berlin-West* galt ein entsprechendes G v 7. 7. 50, VOBl I 287.

G § 1. *Voraussetzung der Kraftloserklärung.* ¹ Ein Hypothekenbrief über eine Hypothek, mit der ein im Geltungsbereich dieses Gesetzes belegenes Grundstück belastet ist, kann auch dann für kraftlos erklärt werden, wenn er zwar nicht abhanden gekommen oder vernichtet ist, wenn er jedoch von demjenigen, der das Recht aus der Hypothek geltend machen kann, infolge einer im Geltungsbereich dieses Gesetzes nicht rechtswirksamen Maßnahme oder deswegen nicht in Besitz genommen werden kann, weil die Vollstreckung eines rechtskräftigen vollstreckbaren Titels auf Herausgabe des Briefes außerhalb des Geltungsbereiches dieses Gesetzes zu Unrecht verweigert wird.

II Dies gilt auch dann, wenn der persönliche Schuldner der durch die Hypothek gesicherten Forderung im Zeitpunkt der Maßnahme seinen Wohnsitz in dem Gebiete hatte, in dem die Maßnahme getroffen worden ist.

G § 2. *Aufgebotsverfahren.* Auf das Verfahren der Kraftloserklärung sind die für das Aufgebotsverfahren zum Zwecke der Kraftloserklärung von Hypothekenbriefen geltenden Vorschriften der Zivilprozeßordnung anzuwenden, soweit in diesem Gesetz nichts anderes bestimmt ist.

G § 3. *Glaubhaftmachung.* ¹ An die Stelle der Glaubhaftmachung des Verlustes der Urkunde (§ 1007 Nr. 2 der Zivilprozeßordnung) tritt die Glaubhaftmachung der in § 1 bezeichneten Tatsachen.

II Der Antragsteller soll angeben, was ihm über den Verbleib des Briefes bekannt ist.

G § 4. *Öffentliche Bekanntmachung.* ¹ Die öffentliche Bekanntmachung des Aufgebots erfolgt durch Anheftung an die Gerichtstafel sowie durch einmalige Einrückung in den Bundesanzeiger. ² Das Gericht kann anordnen, daß die Einrückung auch in andere Blätter und zu mehreren Malen erfolgt.

II Ist der Besitzer des Hypothekenbriefes bekannt, so soll ihm das Aufgebot von Amts wegen durch eingeschriebenen Brief mitgeteilt werden.

III ¹ Die Aufgebotsfrist muß mindestens drei Monate betragen. ² Der Aufgebotstermin soll nicht über sechs Monate hinaus bestimmt werden.

G § 5. *Anmeldung eines Rechts aus der Hypothek.* ¹ ¹ Wer ein Recht aus der Hypothek anmeldet, hat die Tatsachen glaubhaft zu machen, auf die er das Recht stützt, ferner den Hypothekenbrief vorzulegen oder glaubhaft zu machen, daß er dazu außerstande ist. ² Solange die Anmeldung diesen Erfordernissen nicht entspricht, ist sie nicht wirksam.

II Die Anmeldung ist auch dann nicht wirksam, wenn der Anmeldende das Recht aus einer im Bundesgebiet nicht rechtswirksamen Maßnahme herleitet.

III ¹ Ist keine wirksame Anmeldung erfolgt, so ist das Ausschlußurteil zu erlassen. ² Das gleiche gilt, wenn dem Anmeldenden gegenüber rechtskräftig festgestellt ist, daß der Antragsteller zum Besitz des Hypothekenbriefes berechtigt ist, und der Antragsteller glaubhaft macht, daß er dessen ungeachtet den Brief nicht erlangen kann.

G § 6. *Ergänzung unwirksamer Anmeldungen.* Geht eine Anmeldung ein, die auf Grund des § 5 Abs. 1 nicht wirksam ist, so soll das Gericht den Anmeldenden auf den Inhalt des § 5 Abs. 1 hinweisen und ihm Gelegenheit geben, binnen einer zu bestimmenden Frist die Anmeldung zu ergänzen.

G § 7. *Keine öffentliche Bekanntmachung des Ausschlußurteils.* Eine öffentliche Bekanntmachung des Ausschlußurteils und des in § 1017 Abs. 3 der Zivilprozeßordnung bezeichneten Urteils findet nicht statt.

G § 8. *Kraftloserklärung durch Ausschlußurteil.* ¹ Die Kraftloserklärung des Hypothekenbriefes erfolgt ohne Aufgebot durch Ausschlußurteil, wenn der Antragsteller glaubhaft macht, daß der unmittelbare Besitzer des Briefes bereit ist, ihm den Brief herauszugeben, jedoch durch eine außerhalb des Bundesgebietes getroffene außergerichtliche Zwangsmaßnahme hieran gehindert ist.

II Das gleiche gilt, wenn der Antragsteller einen gegen den gegenwärtigen unmittelbaren Besitzer gerichteten rechtskräftigen vollstreckbaren Titel auf Herausgabe des Hypothekenbriefes vorlegt.

III ¹ Das ohne Aufgebot ergehende Ausschlußurteil wird ohne mündliche Verhandlung erlassen. ² Es ist dem Antragsteller und dem im Antrage bezeichneten Besitzer durch eingeschriebenen Brief zuzustellen. ³ Ferner ist es durch Anheftung an die Gerichtstafel sowie seinem wesentlichen Inhalt nach durch den Bundesanzeiger öffentlich bekannt zu machen.

1 **Bem.** Gegen einen Antrag, der eine Kraftloserklärung ablehnt, ist entsprechend § 952 IV sofortige Beschwerde nach § 577 zulässig, LG Bln DNotZ **51**, 87, LG Nürnb-Fürth DNotZ **50**, 477.

G § 9. Wert des Streitgegenstandes. ¹ Im Verfahren nach den vorstehenden Vorschriften beträgt der Wert des Streitgegenstandes ein Fünftel des Wertes der dem Antragsteller noch zustehenden Hypothek. ² Das Gericht kann den Wert aus besonderen Gründen anders festsetzen.

G § 10. Anfechtung des Ausschlußurteils. Das Ausschlußurteil kann nach Maßgabe der §§ 957, 958 der Zivilprozeßordnung auch dann angefochten werden, wenn das Gericht zu Unrecht eine Anmeldung als nicht wirksam oder die Voraussetzungen für den Erlaß des Urteils ohne Aufgebot als gegeben angesehen hat.

G § 11. Wirkung des Ausschlußurteils. ¹ Ein auf Grund der Vorschriften dieses Gesetzes erwirktes Ausschlußurteil steht im Grundbuchverfahren einem auf Grund des § 1162 des Bürgerlichen Gesetzbuches erwirkten Ausschlußurteil gleich.

ᴵᴵ Die Erteilung eines neuen Briefes ist gebührenfrei.

G § 12. Zuständigkeit. Für einen Rechtsstreit, der die Herausgabe des Briefes oder das Recht aus der Hypothek betrifft, ist das Gericht ausschließlich zuständig, in dessen Bezirk das belastete Grundstück gelegen ist.

G § 13. Grundschuld- und Rentenschuldbriefe. Die Vorschriften dieses Gesetzes über Hypothekenbriefe gelten sinngemäß für Grundschuldbriefe und Rentenschuldbriefe.

G § 14. Entsprechende Anwendung. ¹ Die §§ 5 und 6 sind sinngemäß anzuwenden auf das Aufgebotsverfahren zum Zwecke der Ausschließung eines Hypotheken-, Grundschuld- oder Rentenschuldgläubigers nach § 1170 und § 1171 des Bürgerlichen Gesetzbuches.

ᴵᴵ Für einen Rechtsstreit, der den Anspruch auf den hinterlegten Betrag betrifft, gilt § 12 sinngemäß.

Buch 10
Schiedsrichterliches Verfahren

Bearbeiter: Dr. Albers

Einführung

1) Allgemeines. Das SchiedsVfG v 22. 12. 97, BGBl 3224, hat eine vollständige Neufassung des 10. Buches der ZPO gebracht, Art 1 Z 7, daneben zahlreiche Folgeänderungen, Art 1 Z 2–6 und Art 2 Z 1–28; außerdem enthält es eine der Entlastung des BGH dienende Neuregelung der Zuständigkeit nach § 36 ZPO, Art 1 Z 1, Art 2 §§ 29–31 u Art 4 § 2 (s o bei § 36). Abgesehen von diesem Komplex, der am 1. 4. 98 in Kraft trat, ist das Gesetz am **1. 1. 98** in Kraft getreten, Art 5 I u II. **Übergangsrecht** (dazu BGH NJW **99**, 2371, BayObLG RR **99**, 645 mwN):

SchiedsVfG Art 4. Übergangsvorschriften. § 1. Schiedsverfahren I **Die Wirksamkeit von Schiedsvereinbarungen, die vor dem Inkrafttreten dieses Gesetzes geschlossen worden sind, beurteilt sich nach dem bisher geltenden Recht.**

II 1 **Für schiedsrichterliche Verfahren, die bei Inkrafttreten dieses Gesetzes begonnen, aber noch nicht beendet sind, ist das bisherige Recht mit der Maßgabe anzuwenden, daß an die Stelle des schiedsrichterlichen Vergleichs der Schiedsspruch mit vereinbartem Wortlaut tritt.**
² **Die Parteien können jedoch die Anwendung des neuen Rechts vereinbaren.**

III **Für gerichtliche Verfahren, die bei Inkrafttreten dieses Gesetzes anhängig sind, ist das bisher geltende Recht weiter anzuwenden.**

IV **Aus für vollstreckbar erklärten schiedsrichterlichen Vergleichen, die vor dem Inkrafttreten dieses Gesetzes geschlossen worden sind, findet die Zwangsvollstreckung statt, sofern die Entscheidung über die Vollstreckbarkeit rechtskräftig oder für vorläufig vollstreckbar erklärt worden ist.**

Zur Behandlung nach altem Recht geschlossener **Schiedsvergleiche**, IV, s Saenger MDR **99**, 663. Für **Anwaltsvergleiche** nach § 1044b aF wird Art 4 § 1 I u IV entspr zu gelten haben, so daß sich ihre Wirksamkeit nach bisherigem Recht und ihre Vollstreckung nach neuem Recht, §§ 796a–796c u 797 VI nF, richten.

2) Entstehungsgeschichte. Das SchiedsVfG übernimmt im wesentlichen das von der Kommission der Vereinten Nationen für internationales Handelsrecht (UNCITRAL) ausgearbeitete und von der Vollversammlung 1985 den Mitgliedstaaten zur Annahme empfohlene UNCITRAL-Modellgesetz als innerstaatliches Recht für nationale und internationale Schiedsverfahren (Abdruck: SchwW Anh A III; Schrifttum: *Friedrich* SchiedsVZ **04**, 297; *Calavros,* Das UNCITRAL-Modellgesetz über die internationale Handelsschiedsgerichtsbarkeit, 1988; *Lionnet,* Handbuch der intern. u. nat. Schiedsgerichtsbarkeit, 1995; *Schumacher F Glossner,* 1994, S 341; *Raeschke-Kessler* AnwBl **93**, 141; *Böckstiegel/Sanders* JbPrSchdG 4, 15 u 21; *K. H. Schwab F Nagel,* 1987, S 427; *Lörcher* ZRP **87**, 230; *Böckstiegel* RIW **84**, 670; *Sandrock* RIW 84 Beil 2 S 1). Der Gesetzgeber folgt damit den Empfehlungen der Kommission zur Neuordnung des Schiedsverfahrensrechts (Schrifttum: *Kornblum* ZRP **95**, 331; *Glossner* ZRP **95**, 70; *Schmidt-Syaßen* DRiZ **94**, 359, *Schlosser* ZRP **94**, 723).

Gesetzesmaterialien. RegEntw BT-Drs 13/5274 (abgedr bei *Schütze* S 202 ff); Bericht des Rechtsausschusses BT-Drs 13/9124.

3) Inhalt des SchiedsVfG. Ziel ist die Schaffung eines zeitgemäßen und den internationalen Bedingungen angepaßten, in wichtigen Teilen vereinfachten Rechts des Schiedsverfahrens, um die Austragung internationaler Schiedsverfahren in Deutschland zu fördern und einen erhöhten Anreiz zu bieten, auch bei nationalen Streitigkeiten verstärkt von der Schiedsgerichtsbarkeit Gebrauch zu machen und dadurch die staatlichen Gerichte zu entlasten (RegEntw BT-Drs 13/5274). Aus diesem Grunde enthält das Gesetz vor allem Bestimmungen, die der Vereinfachung und Beschleunigung des Verfahrens sowohl der Schiedsgerichte als auch der staatlichen Gerichte dienen, zB die Übernahme des UN-ÜbkSchdG, § 1061, und die Konzentrierung der Zuständigkeiten bei dem OLG, § 1062. Dabei wird die Gestaltung des Schiedsverfahrens weitgehend den Parteien überlassen.

4) Schrifttum (Auswahl): *Böckstiegel/Berger/Bredow,* Die Beteiligung Dritter an Schiedsverfahren **05**; *Schäfer,* Einführung in die internationale Schiedsgerichtsbarkeit, JURA **04**, 153; *Trittmann/Schroeder,* Der Einfluss der Reformen des Zivilprozesses auf die Schiedsgerichtsbarkeit in Deutschland, SchiedsVZ **05**, 71; *Ebbing,* Private Zivilgerichte, 2003; *Lachmann,* Handbuch für die Schiedsgerichtspraxis, 2. Aufl 2002; *Schwab/Walter,* Schiedsgerichtsbarkeit, 6. Aufl 2000; *Henn,* Schiedsverfahrensrecht, 3. Aufl 2000; *Schiffer,* Wirtschaftsschiedsgerichtsbarkeit, 2000; *Gottwald* (Hrsg), Revision des EuGVÜ-Neues Schiedsverfahrensrecht, 2000 (Beiträge v *Schlosser* u *Raeschke-Kessler*); *Berger,* Das neue deutsche Schiedsverfahrensrecht, DZWiR **98**, 45; *Gottwald,* Internationale Schiedsgerichtsbarkeit, 1997; *Gottwald/Adolphsen* DStR **98**, 1017; *Kreindler/Mahlich,* Das neue deutsche Schiedsverfahrensrecht aus ausländischer Sicht, NJW **98**, 563; *Raeschke-Keßler/Berger,* Recht u Praxis des Schiedsverfahrens, 3. Aufl, 1999; *Labes/T. Lörcher* MDR **97**, 420; dieselben, Nationales u internationales Schiedsverfahrensrecht, 1998; *Lachmann,* Handbuch für die Schiedsgerichtspraxis, 1998; *Lachmann/Lachmann* BB **00**, 1633; *G. Lörcher,* Überblick über das SchiedsVfG, DB **98**, 245; *G. Lörcher/H. Lörcher,* Das Schiedsverfahren – national/international – nach neuem Recht, 1998; *Flöther,*

Auswirkungen des inländischen Insolvenzverfahrens auf Schiedsverfahren und Schiedsabrede, 2001; *Schiffer*, Wirtschaftsschiedsgerichtsbarkeit, 1999; *K. Schmidt* ZHR **98**, 265–289; *Schütze,* Schiedsgericht und Schiedsverfahren, 3. Aufl 1999; *Smid*, Kritik der Reform des 10. Buches der ZPO, DZWiR **95**, 397 u 441, **96**, 52 u 234; *Solomon*, Das vom Schiedsgericht anzuwendende Recht …, RIW **97**, 981; *Thümmel*, Einstw Rechtsschutz … DZWiR **97**, 133; *Voit*, Privatisierung der Gerichtsbarkeit, JZ **97**, 120; *Winkler/Weinand*, Deutsches internationales Schiedsverfahrensrecht, BB **98**, 597. **Rechtsprechungsübersicht:** *Kröll* NJW **05**, 194, **03**, 791 u SchiedsVZ **05**, 139.

Abschnitt 1. Allgemeine Vorschriften

Grundzüge

Gliederung

1) **Begriff des Schiedsgerichts**	1–5	3) **Schiedsgutachtenverfahren**	12–22
A. Allgemeines	1	A. Wesen des Schiedsgutachtens	12–15
B. Echte Schiedsgerichte	2	B. Rechtsnatur	16
C. Rechtsgrundlage	3, 4	C. Wirkungen	17
D. Arbeitsstreitigkeiten	5	D. Schiedsgutachtervertrag	18
2) **Eigenart des Schiedsverfahrens**	6–11	E. Verfahren	19, 20
A. Wesen	6–8	F. Wirksamkeit	21, 22
B. Abgrenzung	9–11	4) *VwGO*	23–24

1) Begriff des Schiedsgerichts

A. Allgemeines. Zu unterscheiden sind auf Vereinbarung der Beteiligten oder auf einer privatrechtlichen Verfügung beruhende Schiedsgerichte iSv §§ 1025 ff, zu denen auch die nach privaten Satzungen zuständigen Schiedsgerichte gehören (sog **echte Schiedsgerichte**), und durch Rechtsnorm (Ges, VO, öff-rechtliche Satzung) eingesetzte Schiedsgerichte (sog **unechte Schiedsgerichte**). Letztere sind besondere Gerichte; für sie sind gesetzliche Grundlage und Gerichtsqualität nötig, §§ 1025 ff gelten dafür nicht, soweit das Gesetz nichts anderes bestimmt, vgl § 1066 Rn 8.

B. Echte Schiedsgerichte sind nur solche, die auf Rechtsgeschäft beruhen, sei es eine Schiedsvereinbarung oder eine letztwillige oder satzungsmäßige Anordnung, § 1066. Dahin gehören nicht die Schiedsmänner, die Schlichter, die Schiedsgutachter, die Gütestellen u dgl, unten Rn 9 ff, denen keine Entscheidung obliegt. Die nicht seltenen Schiedsgerichte zur Feststellung von Verstößen gegen eine Vereinssatzung und Festsetzung von Ordnungsstrafen gegen Mitglieder können echte Schiedsgerichte sein, § 1066 Rn 4 ff; das gleiche gilt für die Schiedsgerichte der politischen Parteien, § 14 PtG, § 1066 Rn 6.

C. Rechtsgrundlage. Für das privatrechtliche Schiedsverfahren gilt das **10. Buch.** Einzelbestimmungen schließen das Schiedsverfahren aus, § 1030 u dortige Erl.

Die Verfahrensgarantien des **Art 6 I MRK** können auch im Schiedsverfahren Bedeutung gewinnen, dazu *Klose* DRiZ **97**, 122, *Habscheid* F Henckel, 1995, S 342–352, *Matscher* F Nagel, 1987, S 228–245, *ders* IPrax **92**, 335, *Schlosser* JbPrSchdG **2**, 255. Besonders ausgestaltet ist das **zwischenstaatliche Schiedsverfahrensrecht.** Es ist in § 1061 und einer Reihe von Staatsverträgen geordnet, die seit dem 3. 10. 90 auch in den neuen Bundesländern gelten, Art 11 EV, dazu *Andrae* IPrax **94**, 223, *Mansel* JR **90**, 441 mwN. Näheres zur ICSID-Schiedsgerichtsbarkeit *Lörcher* SchiedsVZ **05**, 11; *Happ* SchiedsVZ **05**, 21, ferner Schlußanh V u VI. Zur Bedeutung des **Europarechts** für gesellschaftsrechtliche Schiedsverfahren s *Raeschke-Kessler* SchiedsVZ **03**, 145.

D. Arbeitsstreitigkeiten. Soweit das privatrechtliche Schiedsverfahren auf arbeitsrechtlichem Gebiet liegt, regelt es das ArbGG in §§ 101–110 abschließend für die Fälle des § 2 I u II, § 4 ArbGG, § 14 GVG Rn 6, mit erheblichen Abweichungen vom 10. Buch, das unanwendbar ist, § 101 III ArbGG; vgl BAG NZA **98**, 220 u **96**, 942 und außer den Kommentierungen bei GMP und Grunsky die Darstellung bei StJSchl § 1025 Rn 46 ff, *Schütze* 164–172 und SchwW Kap 36–40 sowie *Löwisch* ZZP **103**, 22, *Germelmann* NZA **94**, 12.

Zum vollstreckbaren **Anwaltsvergleich** in Arbeitssachen, *Voit/Geweke* NZA **98**, 400, s Erl zu den §§ 796 a–796 c.

2) Eigenart des Schiedsverfahrens

A. Wesen. Das Schiedsverfahren ist kein Teil des Zivilprozesses, sondern ein selbständiges Seitenstück zu ihm. Es ersetzt die Organe der Justizhoheit durch frei gewählte Privatpersonen als Schiedsrichter, ist also materiell Rechtsprechung, BGH NJW **86**, 3078 mwN, bei der die staatliche Rechtspflege ausgeschaltet ist. Das ist nach dem GG zulässig, BGH **65**, 61 mwN, und entspricht einem Bedürfnis. Wohl sämtliche Kulturstaaten dulden daher dieses Verfahren, soweit ihm nicht unverletzliche öff Belange entgegenstehen. Sie begnügen sich damit, ein einigermaßen ordnungsmäßiges Verfahren zu sichern. Öff Belange berührt vor namentlich die Zwangsvollstreckung. Darum kann das Schiedsgericht seiner Entscheidung keine Vollstreckbarkeit verleihen; sie spricht das Staatsgericht aus. Dabei unterliegt das Schiedsverfahren in gewissem Umfang einer Nachprüfung.

Das Schiedsverfahren bietet Vor- und Nachteile gegenüber dem Verf vor den Staatsgerichten, dazu *Voit*, Privatisierung der Gerichtsbarkeit, JZ **97**, 120, *Sandrock* WM **94**, 405 u 445 (betr internationale Kredite), *Stumpf* Festschrift Bülow, 1981, S 217–227. Der Hauptnachteil liegt darin, daß die Schiedsgerichte zuweilen nicht auf dem ganz freien Willen der Parteien beruhen und nicht immer die Gewähr einer unparteiischen Entscheidung bieten. Bedenklich kann es namentlich sein, daß jede Partei einen Schiedsrichter ernennt, dem dann nicht selten die nötige innere Unabhängigkeit fehlt, vgl dazu *Franzen* NJW **86**,

299, Jagenburg, Festschrift Oppenhoff, 1985, S 158 ff. Die Gerichte tun aber den Schiedsgerichten Unrecht, wenn sie unnütze förmliche Schwierigkeiten machen. Sie sollten aber mit unerbittlicher Strenge nachprüfen, ob der Schiedsvertrag wirklich ohne Zwang geschlossen ist und ob die Unparteilichkeit strengstens gewahrt war, vgl BGH NJW 85, 1903.

8   **Das Verfahren des Schiedsgerichts steht fast ganz in seinem Ermessen,** wenn die Schiedsvereinbarung darüber keine Bestimmung trifft, s §§ 1042 ff. Die Entscheidung ergeht durch Schiedsspruch, der wie ein rechtskräftiges Urteil wirkt, aber erst durch Vollstreckbarerklärung des Staatsgerichts vollstreckbar wird, §§ 1060 u 1061 iVm §§ 1062 ff. Ein bloßes Gutachten kann nie durch Parteivereinbarung zum Schiedsspruch werden.

9   **B. Abgrenzung** (dazu Walter ZZP 103, 141, Prütting JZ 85, 264). Nur die Übertragung der Entscheidung auf Schiedsrichter anstelle der staatlichen Gerichte ist eine Schiedsvereinbarung. Von ihr zu unterscheiden sind die folgenden Gestaltungen, wobei die Wortwahl häufig nichts entscheidendes über das von den Beteiligten Gewollte aussagt, die Bedeutung des Erklärten vielmehr durch Auslegung zu ermitteln ist. Zuweilen ist auch eine Stufung gewollt, indem etwa nach dem Scheitern einer gütlichen Regelung die Einigungsstelle einen Schiedsspruch erlassen soll.

   a) **Schiedsgutachten.** Hierüber s unten Rn 15 ff, auch zur Abgrenzung vom Schiedsgericht.

10 b) **Schiedspersonen und Gütestellen** (vgl dazu § 15 a EGZPO). Diesen Einrichtungen, die unter den verschiedensten Namen vorkommen können, obliegt es, den Versuch einer Einigung zwischen den Beteiligten zu unternehmen. Es handelt sich insofern um Schlichtung, unten Rn 11. Die erreichte Einigung vor einer durch die Landesjustizverwaltung eingerichteten oder anerkannten Gütestelle ist jedoch Vollstreckungstitel nach § 794 I Z 1, s dort Rn 4, und nach § 797 a. Das gleiche gilt für die Einigungsstellen nach § 15 VII UWG und nach §§ 39–46 ErstrG, für die Schiedsstelle nach § 14 UrheberrechtswahrnehmungsG (VO v 20. 12. 85, BGBl 2543) u dgl. In den **neuen Bundesländern** und Ost-Berlin bestehen agrd des nach dem EV, BGBl 90 II 1153, fortgeltenden G v 13. 9. 90, GBl DDR I 1527, Schiedsstellen in den Gemeinden, dazu Müller DtZ **92**, 18, Luther DtZ **91**, 17.

11 c) **Schlichtung. Schrifttum** (Auswahl): *Prütting,* Außergerichtliche Streitschlichtung, 2003; *Wolfram-Korn/Schmarski,* Außergerichtliche Streitschlichtung in Deutschland, 2001; *Büchner* u a, Außergerichtliche Streitbeilegung, 1998; *Wagner:* JZ **98**, 836; *Stadler* NJW **98**, 2489; *Böckstiegel* DRiZ **96**, 267; *Boysen* ZRP **96**, 293; *Leutheusser-Schnarrenberger,* NJW **95**, 2444; *Gottwald/Strempel,* Streitschlichtung, 1995; *Gängel/Gansel/Richter,* Rechtsberatung und Schlichtung, 1993; *Nicklisch,* Alternative Formen der Streitbeilegung und internationale Handelsschiedsgerichtsbarkeit, F Schwab, 1990, S 381; *Walter* ZZP **103**, 155; *Prütting* ZZP **99**, 93; *Tanneberger,* Schlichtungs- u. Schiedsverfahren im Produkthaftungsrecht, 1985; *Matthies,* Schiedsinstanzen im Bereich der Arzthaftung, 1984; *Morasch,* Schieds- und Schlichtungsstellen in der BRep, BAnz 66/84; *Nicklisch,* Gutachter-, Schieds- u Schlichtungsstellen, F Bülow, 1981, S 159; *Bethke* NJW **93**, 2728 (Bayern); *Heeren* NJW **92**, 2727 (Bankgewerbe); *Felters* ZRP **91**, 94; *Kleinewefers/Sparwasser* VersR **88**, 764.

Schlichtung kann in mannigfaltigen Formen stattfinden. Eine rein private Form stellt die sog **Mediation** dar, dh ein freiwilliges, außergerichtliches Verfahren der Konfliktaustragung, bei dem die Beteiligten durch einen Dritten, zB einen RA, als Mediator unterstützt werden, Haft/v. Schlieffen, Handbuch Mediation, 2002, Eidenmüller in: Konsensuale Streitbeilegung, 2001, Breidenbach/Henssler (Hrsg), Mediation für Juristen, 1997, Henssler/Koch, Mediation in der Anwaltspraxis, 2000, Friedrich MDR **04**, 481, Neuenhahn NJW **04**, 663, Wesel NJW **02**, 415; Risse NJW **00**, 1614, Motz und Schulz FamRZ **00**, 857 u 860, Hoffmann-Riem ZRP **97**, 194, Henssler/Schwackenberg MDR **97**, 409, Mähler/Mähler NJW **97**, 1262, alle mwN. Weitgehend formalisiert ist die Einrichtung von **Schieds-, Güte- und Schlichtungsstellen,** Grdz § 253 Rn 27 u 29. Sie haben idR die Aufgabe, ohne Regelungsbefugnis eine gütliche Einigung herbeizuführen (Muster von Schlichtungsverträgen: NJW **92**, 2745, Grisebach AnwBl **93**, 261). Zum Teil beruhen sie auf gesetzlichen Vorschriften, zB § 29 II AGB-G, § 104 iVm §§ 87 ff SachenRBerG u § 305 InsO; sie haben vor allem bei Verbraucherbeschwerden bei der Streitigkeiten unter Berufskollegen Bedeutung erlangt, Prütting ZZP **99**, 93 u ZZP **85**, 264 mwN, Eberhard NJW **86**, 747 (Arzthaftpflicht). In diesen Zusammenhang gehört die zulässige Vereinbarung, daß vor Anrufung des staatlichen Gerichts ein **Güteversuch vor Dritten** stattzufinden habe, Grdz § 253 Rn 27 u 29, BGH NJW **99**, 947 mwN, BayObLG RR **96**, 910 (zum WEG), Prütting ZZP **99**, 96. Dritte können ein Organ der juristischen Person, die die Beteiligten angehören, BGH NJW **77**, 2263, eine Körperschaft, BGH NJW **84**, 669, eine Schiedsstelle, Ffm AnwBl **84**, 391, oder auch Einzelpersonen sein. Ob ein „Schiedsgericht" nach dem Parteiwillen in Wahrheit nur die Funktion einer Güte- oder Schlichtungsstelle hat, ist durch Auslegung zu ermitteln, dazu BGH KTS **84**, 333, WertpMitt **81**, 1056. Eine rechtlich wirksame Güte- oder Schlichtungsvereinbarung der genannten Art führt dazu, daß die ohne den (möglichen) Güteversuch erhobene **Klage als zZt unzulässig abzuweisen** ist, BGH NJW **99**, 947 mwN, ua BGH NJW **84**, 669 (zustm Walchshöfer, F Schwab, 1990, S 523, ebenso für den Fall, daß das SchlichtungsVerf gewissen Mindestanforderungen genügt, Prütting ZZP **99**, 97); abw Walter ZZP **103**, 162: entspr Anwendung der §§ 251, 251 a. Erforderlich ist eine dahingehende Einrede, Köln MDR **90**, 638, Oldb MDR **87**, 414 mwN; ihr kann der Gegeneinwand der unzulässigen Rechtsausübung entgegenstehen, zB bei Vereitelung des Schlichtungsverfahrens, BGH NJW **99**, 947 mwN, ua NJW **88**, 1215; zum obligatorischen Güteverfahren nach § 15 a EGZPO, das als Zulässigkeitsvoraussetzung für bestimmte Klagen durch Landesgesetz bestimmt werden kann, s dort in Grundz § 253 Rn 49.

12 3) **Schiedsgutachtenverfahren.** *Schrifttum* **(Auswahl):** *SchwW* Kap 2; *Wagner,* Prozeßverträge, 1998, S 655 ff; *Wittmann,* Struktur und Grundprobleme des Schiedsgutachtenvertrages, 1978; *Rauscher,* Das Schiedsgutachtenrecht, 1969; *Luther,* Aus der Praxis deutscher Schiedsgerichte, Festschrift Reimers, 1979, S 191–197; *Nicklisch,* Gutachter-, Schieds- und Schlichtungsstellen, Festschrift Bülow, 1981, S 159–178; *ders.,* Der Ingenieur als Schiedsgutachter und Quasi-Schiedsrichter bei internationalen Bau- und Anlagenprojekten, F Habscheid, 1989, S 217–231; *Raeschke-Kessler* JbPrSchdG **3**, 211 mwN; *Kurth* NJW **90**, 2038; *Walter* ZZP **103**, 147; *Döbereiner* VersR **83**, 712; *Micklitz* DRiZ **83**, 119; *Wolf* ZIP **81**, 241.

Abschnitt 1. Allgemeine Vorschriften **Grundz § 1025**

A. Wesen. Bei einem Schiedsgutachten handelt es sich nicht um die Entscheidung eines Rechtsstreits **13** anstelle des staatlichen Gerichts wie beim Schieds(gerichts)verfahren, BGH BB **82**, 1077. Das Schiedsgutachten regelt vielmehr einzelne Elemente eines Rechtsverhältnisses. Zu unterscheiden sind:
 a) Leistungsbestimmung. Die Abrede, Dritte sollten die Leistung nach billigem Ermessen bestimmen (§§ 317 ff BGB), ist ein Schiedsgutachtenvertrag, wenn die Leistung nur nach § 319 BGB, also mit der Möglichkeit einer gerichtlichen Nachprüfung nach dessen I 2, bestimmt werden soll, BGH RR **94**, 1314 mwN; es kann sich aber auch um einen Schiedsvertrag handeln, wenn der Parteiwille auf einen solchen gerichtet ist, also eine endgültige, urteilsgleiche Entscheidung unter Ausschluß der inhaltlichen Nachprüfung ergehen soll, BGH MDR **82**, 36 mwN, NJW **75**, 1556, LM § 1025 Nr 7, KTS **77**, 42, Wolf ZIP **81**, 235. Ein Schiedsgutachten in diesem Sinne ist die Abrede, daß die Leistung (zB der Mietzins) von dem Dritten an veränderte Verhältnisse angepaßt werden soll, BGH NJW **84**, 43, KG ZMR **86**, 194; dem Schiedsgutachter kann dabei auch die Beurteilung der Vorfrage, ob sich die Verhältnisse geändert haben, übertragen werden, BGH **48**, 25, NJW **75**, 1556. Keine Schiedsgutachter, § 317 BGB, sind dagegen die Preisrichter bei einer Auslobung; ihre Aufgabe nähert sich derjenigen von Schiedsrichtern, BGH **71**, 366.
 b) Feststellungen. Ein Schiedsgutachten (und kein Schiedsspruch) ist idR auch gewollt, wenn der Dritte **14** nur Tatsachen oder sonstige Elemente, die für die Entscheidung eines Rechtsstreits erheblich sind, BGH **48**, 30, Zweibr NJW **71**, 943 mwN, oder eine den Vertragsparteien unbekannte, ihrem Inhalt nach aber bestimmte oder bestimmbare Leistung feststellen soll, BGH NJW **84**, 43, vgl Döbereiner VersR **83**, 712. Unerheblich ist, daß die Tatsachen unter gewisse Rechtsbegriffe, etwa Verschulden, zu bringen sind, BGH NJW **75**, 1556. Hierhin gehören zB: Erstellung einer Abrechnung, BGH NJW **01**, 3776, Feststellung eines Schadens, Döbereiner VersR **83**, 713 mwN, der Qualität einer Ware, der ortsüblichen Miete, BGH NJW **65**, 150, oder des Verkehrswertes, des ursächlichen Zusammenhangs, BGH WertpMitt **75**, 1047, der Voraussetzungen einer Kündigung, BGH **9**, 143, der Angemessenheit einer Ersatzwohnung, BayObLG NJW **50**, 909; der Höhe der Gebühren durch die RAs-Kammer im Verf nach § 14 II RVG, Mü MDR **05**, 1186. In allen diesen Fällen hat der Dritte kein Ermessen auszuüben, sondern Feststellungen zu treffen.
 c) Abgrenzung. Ob in den Fällen a) und b) ein Schiedsvertrag oder ein Schiedsgutachtenvertrag vorliegt, **15** richtet sich danach, welche Wirkungen die Parteien dem Spruch des Dritten beilegen wollen, BGH MDR **82**, 36, Düss RR **00**, 281 mwN, Hamm NZG **99**, 1099 (Anm Ebbing): soll das staatliche Gericht über die Folgen entscheiden, liegt kein Schiedsvertrag vor (krit Kurth NJW **90**, 2038, der auf den Inhalt der dem Dritten übertragenen Aufgabe abstellt). Der maßgebliche Parteiwille ist durch Auslegung zu ermitteln. Die Benutzung des Wortes „Schiedsgericht" hat dabei keine entscheidende Bedeutung, BGH NJW **75**, 1556, Zweibr NJW **71**, 943. Dagegen spricht die Vereinbarung, daß für das Verf die ZPO gelten solle, für ein Schiedsgericht, BGH WertpMitt **76**, 910.

B. Rechtsnatur. Der Schiedsgutachtenvertrag ist grundsätzlich nach materiellem Recht zu beurteilen. **16** Dies gilt unbestritten für solche Verträge, die die Bestimmung einer Leistung zum Gegenstand haben; für sie gelten §§ 317 ff BGB. Schiedsgutachtenverträge, die die Feststellung von Tatsachen oder Elementen der Entscheidung zum Gegenstand haben, sollen dagegen nach Meinung einiger, ua SchwW 2 Rn 5, Walter ZZP **103**, 153, KG NJW **80**, 1342 mwN, Prozeßverträge sein; der praktische Unterschied ist gering, weil auch auf sie §§ 317 ff BGB entsprechend anzuwenden sind, abw SchwW u Walter aaO. Insofern s unten Rn 20. Die Parteien können aber auch auf das freie Ermessen der Schiedsgutachter abstellen, müssen dann aber wissen, daß eine unbillige Regelung nach dem Gesetz unverbindlich wäre, und sich ihr trotzdem unterwerfen wollen, RG **150**, 8.
 Für den Schiedsgutachtervertrag ist keine Form vorgeschrieben. Die Vereinbarung kann auch in AGB enthalten sein, die durch Einbeziehung Vertragsbestandteil geworden sind, BGH NJW **92**, 433 u **87**, 2818 (zu Köln NJW **86**, 2579 u LG Köln NJW **86**, 67), Bunte NJW **86**, 70; in diesem Fall unterliegt die Schiedsgutachterklausel der Inhaltskontrolle nach § 9 AGBGB, BGH NJW **92**, 433 (dazu Jagenburg NJW **92**, 3212), Düss RR **00**, 281, mwN. Zulässig ist auch eine Vereinbarung zugunsten Dritter, KG NJW **80**, 1342. Die Abrede kann auch stillschweigend getroffen werden, zB in einem gerichtlichen Vergleich, Hamm RR **94**, 1551.

C. Wirkung im Prozeß. Auch der Schiedsgutachtenvertrag schließt regelmäßig in seiner Reichweite **17** den Prozeß aus; denn die Parteien haben von dem Gutachten, das die Grundlage liefern soll, Entstehung und Umfang ihrer privatrechtlichen Pflichten abhängig gemacht. Es hat also Tatsachenwert und bindet daher das Staatsgericht. Das ist auch nicht mit der Vereinbarung „unter Ausschluß des Rechtsweges" gemeint, BGH **9**, 143. Das Fehlen des Schiedsgutachtens ist im Prozeß aber nur auf Einrede, nicht von Amts wegen zu beachten, Ffm VersR **82**, 759 mwN. Zur Hemmung der Verjährung BGH NJW **90**, 1231.
 Die Rüge der Unzulässigkeit der Klage gibt der Schiedsgutachtervertrag nicht, BGH NJW **82**, 1878, BGH **9**, 143. Er begründet auch nicht die Unzulässigkeit des Rechtswegs. Seine Wirkung im Prozeß ist nur die, daß das Gericht die einem Schiedsgutachten zu unterbreitenden Tatsachen oder Elemente nicht ohne weiteres feststellen darf, und, wenn § 319 I BGB nicht zutrifft, als zur Zeit unbegründet abweisen muß, falls die Partei, dem es oblegen, nicht rechtzeitig die Schiedsgutachtertätigkeit von erheblichen Tatsachen, zB Feststellung von Qualitätsmängeln (Arbitrage), nachweist, BGH RR **88**, 1405 mwN (zustm Walchshöfer, F Schwab, 1990, S 528, Schlosser JbPrSchdG **2**, 256, abw Walter JZ **88**, 1083: Abweisung als überhaupt unbegründet), Düss RR **00**, 1668 mwN. Das Gericht kann aber (und wird in der Regel) zuvor eine Beibringungsfrist entsprechend § 356 gewähren, BGH NJW **94**, 588 u RR **88**, 1405, RoSGo § 171 III 6, Düss RR **00**, 1668, Walchshöfer aaO S 529. Fällt der Einwand des Schiedsgutachtens, der zur Klagabweisung geführt hat, in der Berufungsinstanz weg, ist eine Zurückverweisung entspr § 538 II Z 3 zulässig, Ffm MDR **85**, 150. Lehnt eine Partei die ihr obliegende Ernennung eines Schiedsgutachters ab, obwohl die Voraussetzungen vorliegen, braucht die andere Partei nicht darauf zu klagen, sondern kann vor dem staatlichen Gericht auf die Leistung selbst klagen, BGH NJW **79**, 1544. Das gleiche gilt für den Fall, daß die Partei das schiedsgutachterliche Verf verzögert, BGH DB **90**, 833 mwN, Nürnb RR **95**, 544 mwN. In beiden Fällen darf der säumige Teil entspr § 319 I 2 Halbs 2 BGB nicht mehr auf die Schiedsgutachterklausel (und ihre Wirkungen) berufen.

Grundz § 1025   Buch 10. Schiedsrichterliches Verfahren

Die Parteien können im Wege der Feststellungsklage den Inhalt eines für die Leistungsbestimmung durch die Schiedsgutachter maßgeblichen Rechtsverhältnisses klären lassen, BGH NJW **82**, 1878. Die Frage, ob ein eingeholtes Gutachten das vertraglich vorgesehene Schiedsgutachten ist, kann nicht Gegenstand einer Zwischenfeststellungsklage, § 256 II, im Rahmen der auf Leistung gerichteten Hauptklage sein, BGH MDR **85**, 37 mwN.

Das Schiedsgutachten reicht als Grundlage für einen Urkundenprozeß aus, wenn es zur Anspruchsbegründung nicht noch des Nachweises weiterer Tatsachen bedarf, BGH WertpMitt **88**, 276.

Die Kosten des Schiedsgutachtens sind nicht als Prozeßkosten erstattungsfähig, allgM, Düss RR **00**, 1667.

18   **D. Schiedsgutachtervertrag.** Der Vertrag mit den Gutachtern (Schätzern, Arbitratoren), ist ähnlich zu behandeln wie der Schiedsrichtervertrag. Der Vertrag darf die Ernennung der Gutachter nicht einem Gericht übertragen. Es wird davon auszugehen sein, daß der nach Treu und Glauben zu ermittelnde Wille der Vertragsparteien entsprechend § 319 BGB nur eine Haftung bei offenbarer Unrichtigkeit des Gutachtens eintreten läßt, BGH **43**, 374. Sind mehrere Gutachter bestellt, so ergibt die Vertragsauslegung, ob sie einstimmig oder durch Mehrheitsbeschluß zu entscheiden haben. Nur im letzten Fall muß sich der Überstimmte fügen und weiter mitwirken. Die Vereinbarung, daß das AG über die Angemessenheit des zu stellenden Ersatzraums (in einem Mietstreit) abgesondert entscheiden soll, vgl oben Rn 14, ist ohne rechtliche Wirkung, Bamberg NJW **50**, 917 (unentschieden BayObLG NJW **50**, 909), da durch Parteivereinbarung die Gerichtsbarkeit nicht erweitert werden darf, vgl BGH **LM** § 1025 Nr 8.

Die Parteien können den Vertrag einvernehmlich aufheben, auch durch schlüssiges Verhalten, BGH BB **77**, 619. Eine Kündigung aus wichtigem Grunde ist ebenfalls möglich, BGH DB **80**, 967.

19   **E. Verfahren.** Die Bestellung eines anderen Schiedsgutachters ist bis zur Erstattung des Gutachtens (nur) nach Maßgabe des Vertrages zulässig. Inwieweit ein Ablehnungsrecht besteht, richtet sich nach dem mutmaßlichen Parteiwillen, BGH NJW **72**, 827; bei Ernennung ähnlich der der Schiedsrichter findet im Zweifel eine Ablehnung entsprechend § 1032 statt, StJSchl § 1032 Rn 16 (aM BGH VersR **57**, 122), jedenfalls bei einer ausdrücklichen Abrede, BGH NJW **72**, 827; aber auch ohne sie, zumindest dann, wenn Ablehnungsgründe später entstehen oder der Partei unbekannt geblieben sind, Wittmann S 97 ff. Darüber zu entscheiden ist aber auch dann nicht im Verfahren nach §§ 1036 u 1037, wenn die Parteien die Anwendung dieser Vorschriften vereinbart haben, vgl Mü BB **76**, 1047, sondern nur im Prozeß über die Verbindlichkeit des Schiedsgutachtens als Vorfrage oder im Wege der Feststellungsklage, vgl BGH NJW **77**, 801, Habscheid/Calavros KTS **79**, 11, Rochl-Gr VII 17 ff, aM SchwW 2 Rn 12, Wittmann S 116 ff, Bulla NJW **78**, 397, vgl unten Rn 21. In den meisten Fällen schützt das Erfordernis der Einstimmigkeit. Fällt ein Schiedsgutachter ersatzlos weg, verweigern die Schiedsgutachter das Gutachten oder wird ihnen die Erstattung unmöglich, so wird der Vertrag hinfällig. Die Bestimmung einer Leistung geht entspr § 319 I 2 BGB auf das Staatsgericht über, BGH NJW **01**, 3777.

20   Nach verbreiteter Meinung sollen nur unparteiische Dritte, also nicht die Parteien und bestimmte ihr nahestehende Personen, Schiedsgutachter sein dürfen, SchwW 2 Rn 12, Nicklisch Festschrift Bülow 1981 S 159. Für gestaltende Schiedsgutachten, oben Rn 13, geht diese Meinung zu weit: der Partei nahestehender Personen können im Hinblick auf §§ 315 u 317 BGB nicht als ausgeschlossen gelten. Bei feststellenden Schiedsgutachten, oben Rn 14, ist es wegen der grundsätzlichen Bindung des Staatsgerichts geboten, die gleichen Anforderungen zu stellen wie bei Schiedssprüchen; dies gilt namentlich dann, wenn nicht bestimmte Personen, sondern Organe oder Stellen berufen sind, zB durch AGB. Stets hat der Schiedsgutachter seine Aufgabe unabhängig und unparteiisch zu erfüllen, BGH RR **94**, 1314 mwN, Düss RR **00**, 281 mwN; wegen der Folgen eines Verstoßes s unten Rn 21 aE.

Auf das Verfahren sind die Vorschriften des 10. Buches nicht anzuwenden. Den Beteiligten ist aber rechtliches Gehör zu gewähren, Wittmann § 129, Habscheid KTS **70**, 12, Kornblum KTS **70**, 244, aM BGH **6**, 339, NJW **55**, 665, **LM** § 1025 Nr 8; dies gilt jedenfalls dann, wenn das Gutachten vom Gehör beeinflußt werden kann, so daß den Beteiligten zB die Teilnahme an Besichtigungen uä ermöglicht werden muß, vgl SchwW 2 Rn 11 mwN.

21   **F. Wirksamkeit.** Das Schiedsgutachten wird mit seiner Mitteilung an einen Beteiligten verbindlich und unwiderruflich, § 318 I BGB, BGH RR **87**, 22; es kann aber von den Vertragsparteien nach den §§ 119 ff BGB angefochten werden, § 318 II 1 BGB, dazu Döbeneiner VersR **83**, 713 (auch zu nachvertraglichen Pflichten der Schiedsgutachter zur Aufklärung der Parteien über Umstände, die zur Anfechtbarkeit oder Unverbindlichkeit führen können). Offenbare Unrichtigkeiten dürfen aber von den Schiedsgutachtern berichtigt werden.

Soll der Schiedsgutachter gestaltend tätig werden, ist das Gutachten bei offenbarer Unbilligkeit seines Ergebnisses unverbindlich, § 319 BGB, BGH NJW **96**, 454 mwN, Pal-Heinrichs § 317 Rn 3 ff. Soll er dagegen einen bestimmten Vertragsinhalt klarstellen oder Tatsachen feststellen oder eine an sich objektiv feststehende, den Vertragsparteien mangels Fachkenntnis nicht erkennbare oder zwischen ihnen streitige Leistung ermitteln (ortsübliche Miete, Verkehrswert), gilt das gleiche bei offenbarer Unrichtigkeit des Ergebnisses, BGH NJW **01**, 3776, BB **87**, 710, NJW **84**, 44, Düss RR **00**, 281, KG ZMR **86**, 195 u NJW **80**, 1342, Bulla NJW **78**, 397, alle mwN. In diesen Fällen muß es sich um eine Unrichtigkeit handeln, die sich einem sachkundigen und unbefangenen Beurteiler (nicht etwa jedermann) wenn auch möglicherweise erst nach eingehender Prüfung aufdrängt, BGH NJW **96**, 454 u RR **88**, 506, beide mwN, Düss RR **00**, 281 mwN, und zwar unter Zugrundelegung der Sach- und Streitstandes, wie er dem Schiedsgutachter unterbreitet worden ist, BGH RR **87**, 21 (auch zu den Folgen der von einer Partei übernommenen, aber unterbliebenen Information) u NJW **79**, 1885, zustm Habscheid KTS **84**, 66. Auf das Verfahren des Gutachters und die von ihm herangezogenen Kriterien kommt es grds nicht an, BGH NJW **96**, 454 mwN. Eine Beweiserhebung über die Unrichtigkeit ist nur geboten, wenn Tatsachen behauptet werden, die für das Gericht schlüssige Mängel der Bestimmung durch den Schiedsgutachter ergeben, BGH NJW **84**, 43; in diesem Fall muß uU ein Sachverständigengutachten eingeholt werden, BGH NJW **91**, 2699 mwN. Von einer offenbaren Unrichtigkeit des Schiedsgutachtens ist auch dann auszugehen, wenn die Ausführungen des

Abschnitt 1. Allgemeine Vorschriften **Grundz 1025, § 1025**

Sachverständigen lückenhaft sind, BGH NJW **01**, 3776, so daß selbst der Fachmann das Ergebnis aus dem Zusammenhang des Gutachtens nicht überprüfen kann, BGH NJW **91**, 2698, RR **91**, 228 u **88**, 506, Düss RR **00**, 281 mwN (nicht aber ist ein Schiedsgutachten, dessen materieller Gehalt sich einer Bewertung entzieht, deshalb zugleich offenbar unbillig, aM BGH NJW **77**, 801, dagegen mit Recht SchwW 2 Rn 16, Bulla NJW **78**, 397). Erstattet der Schiedsgutachter das Gutachten nicht unparteiisch, oben Rn 20, und ist die Bestellung eines Ersatzgutachters vertraglich nicht vorgesehen, so hat das Gericht entspr § 319 I 2 (2. Halbs) in der Sache zu entscheiden, BGH RR **94**, 1315 mwN.

Fehlten die vertraglichen Voraussetzungen, sollte etwa ein Arzt entscheiden, entschied aber ein 22 Heilgehilfe, so ist der Vertrag maßgebend, ob ein neues, den Bestimmungen des Vertrages entsprechendes Gutachten eingeholt werden oder das Gericht entscheiden soll. Ist eine Behörde, zB das Wohnungsamt, als Schiedsgutachter eingesetzt, so findet keine Anfechtung im VerwStreitverfahren statt, sondern nur nach §§ 318 f BGB vor den ordentlichen Gerichten, BGH **LM** § 1025 Nr 8.

4) VwGO: Die Zulässigkeit echter Schiedsgerichte, Grdz § 1025 Rn 2, ist im Hinblick auf § 168 I Nr 5 VwGO 23 seit jeher unbestritten, Ehlers Sch/SchmA/P § 40 Rn 718–728, und jetzt bestätigt durch § 173 S 2 VwGO (idF des Art 2 § 13 Z 2 SchiedsVfG). Ihre Zuständigkeit kann durch Vereinbarung für alle öff-rechtlichen Streitigkeiten iSv § 40 VwGO begründet werden, und zwar sowohl für sog Parteistreitigkeiten gleichgeordneter Beteiligter, hM, SchGerUrt AS OVG Bln **16**, 256 mwN, als auch für sonstige Streitigkeiten, soweit die Beteiligten über das Recht verfügen können, BVerwG NVwZ **93**, 585, RedOe § 40 Anm 79, KoppSch § 40 Rn 56 mwN, Grunsky § 16 II 2, Ramm ZRP **89**, 140, SchGerUrt DÖV **73**, 852 mwN, dazu Scholz DÖV **73**, 845, Erichsen VerwArch **65**, 311, und zwar speziell in der Form der Berechtigung zum Vergleichsabschluß, § 55 VwVfG, Schlosser Festschrift Bülow, 1981, S 190 (zu eng BVerwG NJW **59**, 1985: kein Schiedsvertrag für die Überprüfung von Hoheitsakten). Für solche Schiedsgerichte sind nach § 173 VwGO (idF des Art 2 § 13 Z 2 SchiedsVfG) die Vorschriften des 10. Buches entsprechend anzuwenden, RedOe § 40 Rn 79. Wegen der sog unechten Schiedsgerichte, oben Rn 1, vgl § 1066 Rn 8. – Eine 24 Sonderregelung trifft § 38 a iVm §§ 30 II, 31 VI u 37 I 1 VermG (idF des SchiedsVfG), danach kann der agrd der behördlichen Zulassung für die Fälle der §§ 6 I und 6 b VermG vereinbaren; für den Vertrag und das Verfahren gelten §§ 1025–1065 mit einzelnen Modifikationen, ua VerwRechtsweg, § 38 a II iVm § 37 VermG, vgl Nölting BB **92**, Beil 15 S 14, Säcker/Hummert, ZivRecht im EV, Rn 1475 ff; ein Schiedsverfahren iSv § 1025 sieht auch § 14 VZOG vor, Messerschmidt NJW **94**, 2520. Regelungen über ein Schiedsverfahren enthalten außerdem §§ 89 h SGB VIII, § 94 BSHG, BVerwG NVwZ-RR **03**, 41, 113 a BSHG, BVerwG NVwZ-RR **97**, 37, ferner §§ 83 TierseuchenG, 16 h TierschutzG, 22 h FleischhygieneG, 24 GeflügelfleischhygieneG, 43 b Lebensm- u BedarfsgenstG, 19 d TierzuchtG, 66 a LandwAnpG (vgl Art 2 §§ 22–28 SchiedsVfG). Wegen der Möglichkeit, dem VerwG Aufgaben der Schiedsgerichtsbarkeit bei Vermögensauseinandersetzungen öff-rechtl Verbände zu übertragen, s § 187 I VwGO. – Schiedsgutachtenabreden, oben Rn 13 ff, sind jedenfalls dann zulässig, wenn sich die Beteiligten gleichgeordnet gegenüberstehen, § 62 S 2 VwVfG, BVerwG NJW **90**, 1928.

1025 *Anwendungsbereich.* ^I Die Vorschriften dieses Buches sind anzuwenden, wenn der Ort des schiedsrichterlichen Verfahrens im Sinne des § 1043 Abs. 1 in Deutschland liegt.

^{II} Die Bestimmungen der §§ 1032, 1033 und 1050 sind auch dann anzuwenden, wenn der Ort des schiedsrichterlichen Verfahrens im Ausland liegt oder noch nicht bestimmt ist.

^{III} Solange der Ort des schiedsrichterlichen Verfahrens noch nicht bestimmt ist, sind die deutschen Gerichte für die Ausübung der in den §§ 1034, 1035, 1037 und 1038 bezeichneten gerichtlichen Aufgaben zuständig, wenn der Beklagte oder der Kläger seinen Sitz oder seinen gewöhnlichen Aufenthalt in Deutschland hat.

^{IV} Für die Anerkennung und Vollstreckung ausländischer Schiedssprüche gelten die §§ 1061 bis 1065.

Vorbem. II (berichtigend) geänd durch Art 18 Z 2 HRefG v 22. 6. 98, BGBl 1473, und durch Art 1 b Z 5 BtÄndG v 25. 6. 98, BGBl 1580.

1) Regelungszweck. Die Vorschrift bestimmt den Anwendungsbereich des 10. Buches unter Anknüp- 1 fung an den Ort des schiedsrichterlichen Verfahrens iSv § 1043 (wegen des Beginns des Verfahrens s § 1044). Damit ist nicht der Sitz des Schiedsgerichts oder der Schiedsrichter gemeint, auch nicht der Ort ihrer Tätigkeit, Berger DZWiR **98**, 47. Vielmehr wird der Ort des schiedsrichterlichen Verfahrens jeweils von den Parteien des Verfahrens, hilfsweise vom Schiedsgericht bestimmt, § 1043, vgl SchdG RR **99**, 781. Das entspricht dem international vorherrschenden Territorialitätsprinzip, während nach bisherigem Recht die Verfahrenstheorie vertreten wurde, die es darauf ankam, welches Recht vom Schiedsgericht angewendet werden war bzw tatsächlich angewendet wurde, Labes/Lörcher MDR **97**, 420, 56. Aufl § 1025 Rn 1 mwN.

2) Ort des schiedsrichterlichen Verfahrens. Der nach § 1043 festgelegte Schiedsort bestimmt nicht 2 nur darüber, welches Recht auf das Schiedsverfahren anzuwenden ist, § 1025. Er gilt auch für die Zuständigkeit der staatlichen Gerichte in Schiedsangelegenheiten, § 1062, und für die Qualifikation als inländischer oder ausländischer Schiedsspruch, § 1061 I. Darauf, wo das Schiedsverfahren tatsächlich abgehalten wird, kommt es nicht an, vgl § 1043 II, es sei denn, daß darin eine stillschweigende Verlegung des Schiedsortes gesehen werden kann, Berger DZWiR **98**, 47, vgl Bem zu Art 1 UN-ÜbkSchdG, Schlußanh VI A 1.

3) Inländischer Schiedsort, I. Das 10. Buch ist auf alle Schiedsverfahren anzuwenden, deren Ort iSv 3 § 1043 I in Deutschland, dh in der Bundesrepublik liegt. Für die Vollstreckbarkeit der in ihnen ergehenden Schiedssprüche gilt § 1060. Darauf, welches materielle Recht das Schiedsgericht anzuwenden hat oder anwendet, kommt es nicht an.

4) Ausländischer Schiedsort. 4

A. Grundsatz. Liegt der Ort des Schiedsverfahrens iSv § 1043 im Ausland, so bestimmt sich das auf das Verfahren anzuwendende Recht nach dem Parteiwillen, hilfsweise nach dem Willen des Schiedsgerichts.

§§ 1025–1027   Buch 10. Schiedsrichterliches Verfahren

5   **B. Ausnahmen, II u IV. a)** Bei ausländischem Schiedsort sind im Interesse der Beteiligten folgende Vorschriften über die **Zuständigkeit der deutschen Gerichte** ungeachtet der Parteivereinbarungen anzuwenden: §§ 1032 (Klage beim staatlichen Gericht), 1033 (einstw Maßnahmen durch das staatliche Gericht), und 1050 (gerichtliche Unterstützung), **II,** ferner natürlich auch §§ 1061 bis 1065 (Anerkennung und Vollstreckung), **IV;** ergänzend gelten die allgemeinen Vorschriften der ZPO, soweit sie mit dem Charakter des Vollstreckbarkeitsverfahrens als einem Erkenntnisverfahren eigener Art vereinbar sind, BGH RR **02**, 933. Die sachliche und örtliche Zuständigkeit in den Fällen der §§ 1032 und 1050 regelt § 1062 II u IV (die §§ 1062–1065 gelten nicht nur iRv IV, sondern auch iVm den II genannten Bestimmungen); im Fall des § 1033 gelten die allgemeinen Vorschriften, §§ 12 ff ZPO.

6   **b) Völkerrechtliche Verträge.** Sie gehen dem 10. Buch vor, ohne daß dies ausgesprochen werden mußte, BT-Drs 13/5274 S 31. Da in § 1061 I auf das UN-Übk v 10. 6. 58, Schlußanh VI A 1, verwiesen wird, können sich Abweichungen allein aus dem EU-Übk v 21. 4. 61, Schlußanh VI A 2, bzw dem Genfer Abk, dem Haager UnterhVollstrÜbk v 15. 4. 58, Schlußanh V A 2, oder aus bilateralen Verträgen, Schlußanh V B u VI B, ergeben (vgl Art 2 §§ 3–7, 9 u 10 SchiedsVfG).

7   **5) Fehlender Schiedsort, II u III.** Da der Schiedsort, oben Rn 2, bei Konstituierung des Schiedsgerichts nicht festzustehen braucht, § 1043 I, sehen II u III die Anwendung einzelner Vorschriften vor der Bestimmung des Schiedsortes vor: Abgesehen von den §§ 1032, 1033 u 1050, **II** (s dazu oben Rn 5), sind vor der Bestimmung des Schiedsortes die deutschen Gerichte für die in §§ 1034, 1035, 1037 u 1038 genannten Aufgaben international zuständig, wenn der Beklagte oder der Kläger seinen Sitz oder seinen gewöhnlichen Aufenthalt in Deutschland, dh innerhalb der Bundesrepublik hat, **III.** „Sitz" umfaßt sowohl den Wohnsitz, § 13 ZPO, als auch den Sitz juristischer Personen; wegen des „gewöhnlichen" Aufenthalts vgl § 606 ZPO Rn 10 u 11. Zur sachlichen und örtlichen Zuständigkeit s oben Rn 5 aE.

8   Hat keine der Parteien ihren Sitz oder gewöhnlichen Aufenthalt in Deutschland, sind vor der Bestimmung des Schiedsortes die deutschen Gerichte in den in III genannten Fällen nur dann zuständig, wenn sie die Anwendung des deutschen Verfahrensrechts vereinbart haben.

9   **6)** *VwGO: Entspr anzuwenden, Grdz § 1025 Rn 23 u 24.*

1026   **Umfang gerichtlicher Tätigkeit.** Ein Gericht darf in den in den §§ 1025 bis 1061 geregelten Angelegenheiten nur tätig werden, soweit dieses Buch es vorsieht.

1   **1) Regelungszweck.** Da das Schiedsverfahren im wesentlichen von den Parteien und dem Schiedsgericht gestaltet wird, ist eine (im bisherigen Recht fehlende) Vorschrift über die Grenzen der staatlichen Gerichtsbarkeit auf diesem Gebiet getroffen worden.

2   **2) Umfang der gerichtlichen Tätigkeit.** Ein staatliches Gericht darf in dem gesamten Bereich der Schiedsgerichtsbarkeit außerhalb der §§ 1062 ff nur tätig werden, soweit das 10. Buch dies zuläßt; entgegen dem Wortlaut gilt § 1026 auch für die in §§ 1062 ff geregelten Angelegenheiten, in denen die §§ 1025–1061 entspr anzuwenden sind. „Gericht" iSv § 1026 (und der folgenden Bestimmungen) ist das staatliche Gericht. Seine Zuständigkeiten im Schiedsverfahren sind in § 1062 im einzelnen aufgeführt; hinzu kommt die Zuständigkeit des Gerichts des einstw Rechtsschutzes, § 1033.

3   Die Beschränkung der staatlichen Gerichtsbarkeit erfaßt die Zeit von der Bildung des Schiedsgerichts, § 1034 ff, bis zur Rechtskraft der Vollstreckbarerklärung, §§ 1060 u 1061.

4   Eine Erweiterung der Befugnisse des staatlichen Gerichts durch die Rspr wird durch § 1026 ausgeschlossen.

5   **3)** *VwGO: Entspr anzuwenden, Grdz § 1025 Rn 23 u 24.*

1027   **Verlust des Rügerechts.** [1]Ist einer Bestimmung dieses Buches, von der die Parteien abweichen können, oder einem vereinbarten Erfordernis des schiedsrichterlichen Verfahrens nicht entsprochen worden, so kann eine Partei, die den Mangel nicht unverzüglich oder innerhalb einer dafür vorgesehenen Frist rügt, diesen später nicht mehr geltend machen. [2]Dies gilt nicht, wenn der Partei der Mangel nicht bekannt war.

   Vorbem. Die Vorschrift gilt nur bei inländischem Schiedsort, § 1025 I. Sie hat im bisherigen Recht keine Parallele.

1   **1) Regelungszweck.** Da das Schiedsverfahren auf eine schnelle Entscheidung angelegt ist, begrenzt § 1027 das Rügerecht der Partei in Anlehnung an die Präklusionsvorschriften im staatlichen Gerichtsverfahren, zB § 295. Wegen der Sonderregelungen, §§ 1031 VI u 1040 II, s unten Rn 6.

2   **2) Rügepflicht des Beklagten, S 1**

   A. Voraussetzungen. Die Obliegenheit, Mängel des Verfahrens zu rügen, besteht in allen Fällen, in denen einer Bestimmung des 10. Buches, von der die Parteien abweichen können, oder einem vereinbarten Erfordernis des schiedsrichterlichen Verfahrens nicht entsprochen worden ist, vgl Naumb RR **03**, 71 (Absehen von mündl Verh). § 1027 enthält seinerseits zwingendes Recht, und zwar hinsichtlich beider Alternativen. Vgl dazu § 295 Rn 16 ff.

3   **B. Verfahren.** Die Rüge iSv S 1 kann sowohl in einem Schriftsatz als auch in der mündlichen Verhandlung erhoben werden. Dies muß grundsätzlich unverzüglich geschehen, dh ohne schuldhaftes Zögern, § 121 BGB. Schon einfache Fahrlässigkeit ist dabei schädlich, vgl § 295 Rn 16; das Verschulden eines Vertreters genügt, vgl §§ 51 II u 85 II. Ist für die Erhebung der Rüge in der Schiedsvereinbarung oder einer AnO des Schiedsgerichts eine Frist vorgesehen, muß die Rüge innerhalb dieser Frist erhoben werden. Geschieht dies nicht, so ist die Rüge nur zuzulassen, wenn S 2 eingreift.

Abschnitt 2. Schiedsvereinbarung §§ 1027–1029

3) Verlust des Rügerechts, S 1 u 2 4
A. Grundsatz. Wird die Rügepflicht, oben Rn 2, verletzt, kann die Partei den Mangel später nicht mehr geltend machen. Sie ist also mit der Rüge ausgeschlossen, vgl § 295 Rn 10. Die gilt auch für das Aufhebungs- und Vollstreckbarkeitsverfahren, §§ 1059, 1060 u 1061, Stuttg RR **03**, 495 = SchiedsVZ **03**, 86 m Anm Naciemento/Geimer.
B. Ausnahmen, S 1 u 2. Das Rügerecht geht nicht verloren, 5
a) wenn die Rüge ohne Verschulden verspätet erhoben wird, **S 1**, es sei denn, daß für die Erhebung eine Frist gesetzt war, oben Rn 3;
b) in allen Fällen dann, wenn der Partei der Mangel nicht bekannt war, **S 2**; dies gilt auch bei Versäumung einer Frist. Auf ein Verschulden, oben Rn 3, kommt es hierbei nicht an, so daß fahrlässige Unkenntnis abw von § 295 I unschädlich ist (abw der RegEntw, BT-Drs 13/5274). Für die Kenntnis des Mangels sollten § 51 II u § 85 II entspr angewendet werden, weil anderenfalls die verspätete Rüge unter Berufung auf die (kaum zu widerlegende) Unkenntnis idR zugelassen werden müßte, vgl Gottwald/Adolphsen DStR **98**, 1024.
4) Sonderregelungen. Für die Rüge eines Formmangels der Schiedsvereinbarung gilt § 1031 VI, für die 6 Rüge der Unzuständigkeit des Schiedsgerichts § 1040 II. Näheres bei diesen Vorschriften.
Eine allgemeine Regelung über Präklusionen enthält das 10. Buch nicht, s § 1037 Rn 6 und § 1040 Rn 3.
5) *VwGO*: *Entspr anzuwenden, Grdz § 1025 Rn 23 u 24.* 7

1028 *Empfang schriftlicher Mitteilungen bei unbekanntem Aufenthalt.* ¹Ist der Aufenthalt einer Partei oder einer zur Entgegennahme berechtigten Person unbekannt, gelten, sofern die Parteien nichts anderes vereinbart haben, schriftliche Mitteilungen an dem Tag als empfangen, an dem sie bei ordnungsgemäßer Übermittlung durch Einschreiben gegen Rückschein oder auf eine andere Weise, welche den Zugang an der letztbekannten Postanschrift oder Niederlassung oder dem letztbekannten gewöhnlichen Aufenthalt des Adressaten belegt, dort hätten empfangen werden können.
II Absatz 1 ist auf Mitteilungen in gerichtlichen Verfahren nicht anzuwenden.

Vorbem. Die Vorschrift gilt nur bei inländischem Schiedsort, § 1025 I. Sie hat im bisherigen Recht keine Parallele.
1) Regelungszweck. Das für das Schiedsverfahren geltende Beschleunigungsgebot fordert die Erleichte- 1 rung der Feststellung, wann eine schriftliche Mitteilung den Parteien zugegangen ist. Dies gilt vor allem für den Fall, daß der Aufenthalt des Empfängers unbekannt ist. Bei bekanntem Aufenthalt gilt der allgemeine Grundsatz des § 130 BGB, BegrRegEntw S 33.
2) Anwendungsbereich, I u II. Die Regelung in I ist auf Mitteilungen in Verfahren vor dem staatlichen 2 Gericht, § 1062, nicht anzuwenden, II. Hier sind die allgemeinen Verfahrensvorschriften, zB § 270, maßgeblich, s § 1063 Rn 2.
Demgemäß ist I nur für das schiedsrichterliche Verfahren anzuwenden, und zwar von Anfang an, § 1044. Dies gilt nicht, wenn die Parteien etwas anderes vereinbart haben, I.
3) Unbekannter Aufenthalt, I. Der Aufenthalt einer Partei oder einer zur Entgegennahme von Schrift- 3 stücken berechtigten Person ist unbekannt, wenn dem Absender hierüber keine Informationen vorliegen und nach zumutbaren Recherchen auch nicht zu erlangen sind, BegrRegEntw S 33. Die strengeren Voraussetzungen der öff Zustellung, § 202 Rn 4, gelten insofern nicht. Trotzdem darf sich das Schiedsgericht idR nicht mit der bloßen Behauptung einer Partei begnügen, sondern muß ggf selbst Ermittlungen anstellen.
4) Zugangsfiktion, I. Sofern die Parteien nichts anderes vereinbart haben, kommt es darauf an, wann 4 die Mitteilung bei ordnungsgemäßer Übermittlung unter der letztbekannten Postanschrift oder Niederlassung oder dem letztbekannten gewöhnlichen Aufenthalt des Empfängers diesen erreicht haben würde; wegen des Begriffs der Niederlassung s § 21 Rn 3 ff. Der hypothetische Zugang unter einer dieser Adressen ist nachzuweisen, wobei der Nachweis durch Einschreiben gegen Rückschein oder auf andere aussagekräftige Weise geführt werden kann, BegrRegEntw S 33. In diesem Fall gilt die Mitteilung als an dem Tage zugegangen, an dem sie nachweislich hätte empfangen werden können.
Das auf diese Weise ermittelte Datum ist namentlich für den Fristbeginn im schiedsgerichtlichen Verfahren von Bedeutung. Die Frist errechnet sich nach den §§ 187 ff BGB, vgl Erl zu § 222.
5) *VwGO*: *Entspr anzuwenden, Grdz § 1025 Rn 23 u 24.* 5

Abschnitt 2. Schiedsvereinbarung

1029 *Begriffsbestimmung.* ¹Schiedsvereinbarung ist eine Vereinbarung der Parteien, alle oder einzelne Streitigkeiten, die zwischen ihnen in Bezug auf ein bestimmtes Rechtsverhältnis vertraglicher oder nichtvertraglicher Art entstanden sind oder künftig entstehen, der Entscheidung durch ein Schiedsgericht zu unterwerfen.
II Eine Schiedsvereinbarung kann in Form einer selbständigen Vereinbarung (Schiedsabrede) oder in Form einer Klausel in einem Vertrag (Schiedsklausel) geschlossen werden.

Schrifttum: *Epping*, Die Schiedsvereinbarung im internationalen privaten Rechtsverkehr nach der Reform des deutschen Schiedsverfahrens, 1999; *Wagner*, Prozeßverträge, 1998, S 578 ff; *Lachmann* SchiedsVZ **03**, 28 (Klippen für die Schiedsvereinbarung).

§ 1029

Vorbem. Die Vorschrift gilt für Verfahren mit inländischem Schiedsort, § 1025 I; zu Verfahren mit ausländischem Schiedsort, § 1043, s § 1025 Rn 4.

Gliederung

1) Regelungszweck	1	A. Sachlich-rechtliche Wirkung	19	
2) Schiedsvereinbarung, I	2–12	B. Prozeßrechtliche Wirkung	20	
A. Wesen	3–9	C. Sachliche Erstreckung	21, 22	
B. Rechtsnatur	10–12	D. Persönliche Wirkung	23–25	
3) Inhalt der Schiedsvereinbarung	13–18	5) Erlöschen der Schiedsvereinbarung	26–28	
A. Grundsatz	13	6) Form der Schiedsvereinbarung, II	29, 30	
B. Entscheidung durch ein Schiedsgericht	14–16	A. Allgemeines	29	
C. Sachlich-rechtliche Wirksamkeit	17, 18	B. Schiedsvereinbarung und Hauptvertrag	30	
4) Wirkung der Schiedsvereinbarung	19–25	7) VwGO	31	

1 **1) Regelungszweck.** Die Begriffsbestimmung der Schiedsvereinbarung, I, und die Unterscheidung zwischen Schiedsabrede und Schiedsklausel, II, gelten nicht nur für den 2. Abschnitt, sondern für das ganze 10. Buch: die Schiedsvereinbarung ist die Grundlage jedes Schiedsverfahren mit Ausnahme der in § 1066 genannten Fälle.

2 **2) Schiedsvereinbarung, I.** Abweichend vom bisherigen Recht, das durchgehend vom „Schiedsvertrag" sprach, unterscheidet das neue Recht konsequent zwischen der „Schiedsvereinbarung" und dem „Vertrag", dh dem in den meisten Fällen bestehenden Hauptvertrag.

3 **A. Wesen.** Schiedsvereinbarung ist ein Vertrag zwischen natürlichen und/oder juristischen Personen, daß ein **Schiedsgericht**, dh ein Schiedsrichter oder mehrere Schiedsrichter, § 1034, alle oder einzelne Streitigkeiten, die zwischen ihnen bestehen oder künftig entstehen, entscheiden soll, I. Ein Vertrag, nach dem durch Vermittlung eines Dritten eine Einigung versucht werden soll, ist keine Schiedsvereinbarung, Grdz § 1025 Rn 10.

4 **a) Schiedsrichter können nur natürliche Personen sein.** Ist eine jur Person zum Schiedsrichter bestellt, so sind in der Regel ihre gesetzlichen Vertreter als berufen anzusehen, SchwW 9 Rn 1. Unfähig sind Geschäftsunfähige, weil sie keinen Schiedsrichtervertrag abschließen können. Minderjährige sind nur ablehnbar, § 1032 III, ebenso die ihnen gleichstehenden Personen. Beamte und Richter bedürfen einer Genehmigung, vgl § 65 I Z 2 BBG, § 40 DRiG; fehlt sie, ist der Schiedsrichtervertrag gemäß § 134 BGB unwirksam, vgl KG SchiedsVZ **03**, 185 (Anm Mecklenbrauck), ist sie fehlerhaft erteilt, berührt dies die Wirksamkeit nicht, § 40 DRiG Rn 4 aE.

Eine Behörde kann nicht Schiedsrichter sein. Durch Auslegung ist zu ermitteln, ob mit einer solchen Bestellung der Behördenleiter gemeint ist; er handelt dann aber nicht als solcher, sondern als Privatperson. Entsprechendes gilt für Gerichte.

Eine besondere Qualifikation sieht das Gesetz nicht vor, ebensowenig allgemeine Ausschlußtatbestände, vgl Wagner NJW **01**, 2132 (Notar als Schiedsrichter). Fehlentscheidungen mangels Rechtskenntnissen können (und müssen) allein nach § 1059 korrigiert werden. Schumann NJW **92**, 2065 gegen BGH NJW **92**, 575, krit auch MüKoMa 11.

5 **Nie kann ein Beteiligter selbst Schiedsrichter sein, denn niemand darf in eigener Sache entscheiden**, BGH NJW **85**, 1904, vgl auch Habscheid NJW **62**, 6. Schiedsrichter kann auch nicht sein, wer eine Partei allein oder mit einem anderen zusammen gesetzlich vertritt. In solchen Fällen ist die Bestellung zum Schiedsrichter nichtig. Schiedsrichter können danach nicht sein zB die Vorstandsmitglieder einer Gesellschaft oder eines Vereins bei Streit zwischen der Gesellschaft oder dem Verein und einem Mitglied, stRspr; anders soll es bei weitverzweigten Vereinen sein, wenn einzelne Mitglieder des Vereins (nicht des Vorstands) wegen ihrer Sachkunde als Schiedsrichter zugezogen werden, zustm SchwW 9 Rn 8. Unwirksam ist ein Schiedsvertrag, wenn Beisitzer für einen Streit zwischen Verbandsmitgliedern und Außenstehenden nur Mitglieder des Verbandes sein sollen, BGH **51**, 255, Mü KTS **83**, 167 u **85**, 156 mwN, zustm Kornblum ZZP **82**, 480, abl Bülow NJW **70**, 585, dagg Habscheid JZ **71**, 233, gg BGH auch Bettermann MDR **75**, 410 in Anm zu Hbg MDR **75**, 409, dagg Habscheid KTS **76**, 3; in einem solchen Fall wird auch durch die Erklärung der Parteien vor dem Schiedsgericht, sie hätten keine Bedenken gegen dessen Zuständigkeit und Zusammensetzung, kein wirksamer (neuer) Schiedsvertrag abgeschlossen, abw Hbg MDR **69**, 1019, dazu Habscheid KTS **71**, 135, Heiseke MDR **71**, 355 und K. Schmidt MDR **72**, 989 (die Anforderungen an eine unparteiische Besetzung können nicht scharf genug sein). Zu entspr Abreden über die Ernennung der Schiedsrichter durch Dritte s § 1028 Rn 3.

6 Zulässig ist aber die Bestellung eines Mitglieds des Vorstands der Anwaltskammer zum Schiedsrichter im Streit zwischen einem Anwalt und den Erben eines anderen Anwalts, BGH NJW **73**, 98, dazu Habscheid KTS **73**, 233. Zulässig kann auch die nach der Entstehung des Streitfalls erfolgende Bestellung eines nur mitzeichnungsberechtigten Organvertreters einer Partei durch beide Parteien sein, BGH **65**, 59, zustm Habscheid/Calavros KTS **79**, 5, abl SchwW 9 Rn 6 mwN, Schlosser JZ **76**, 247. Beamte sind im Streit zwischen dem betreffenden Fiskus und Privaten ausgeschlossen, wenn sie den betreffenden Fiskus gesetzlich vertreten; davon abgesehen, können sie Schiedsrichter sein, oben Rn 26.

Wird ein Schiedsrichter nachträglich Partei oder gesetzlicher Vertreter, so fällt er ohne weiteres weg. Entfällt nachträglich die Eigenschaft als Partei oder gesetzlicher Vertreter, so heilt das die Nichtigkeit nicht, § 138 BGB. Über Knebelschiedsverträge s Rn 34, über den Schiedsrichtervertrag s Anh § 1028.

7 **b)** Die Vereinbarung muß sich auf die **Entscheidung von Rechtsfragen** beziehen, also auf eine Rechtsstreitigkeit iSv § 1 EGZPO und § 13 GVG. Dem Schiedsgericht muß die Entscheidung übertragen sein, nicht bloß die Feststellung von Tatsachen, Grdz § 1025 Rn 9.

8 Die Streitigkeit kann bei Abschluß der Schiedsvereinbarung schon bestehen oder **künftig entstehen**. Ein Schiedsvertrag über künftige Rechtsverhältnisse muß sich auf ein bestimmtes Rechtsverhältnis oder mehrere

Abschnitt 2. Schiedsvereinbarung § 1029

solche beziehen, vgl § 40 Rn 4. Maßgebender Zeitpunkt ist der des Vertragsschlusses; die spätere Gestaltung bleibt gleich. Unzureichend ist eine Vereinbarung „für alle Streitigkeiten aus der Geschäftsverbindung" oder die Bestimmung des Kreises nur durch die Mitgliedschaft an einer Börse. Ausreichend ist zB eine Vereinbarung für Streitigkeiten aus dem gemeinsamen Betrieb von Kommissionsgeschäften für alle Klagen aus einem bestimmten Gesellschaftsverhältnis, aM KG MDR **61**, 240, für Zahlungsansprüche aus jeder Lieferung eines Sukzessiv-Lieferungsvertrages, BGH KTS **64**, 46. Aus dem Rechtsverhältnis entspringen auch Streitigkeiten über die Aufhebung des Verhältnisses, etwa durch Rücktritt. Der Schiedsvertrag über ein künftiges Rechtsverhältnis ist aufschiebend bedingt; die Bedingung tritt mit Entstehung des Rechtsverhältnisses ein. Unzulässige Abreden sind schlechthin nichtig.

c) Die Streitigkeit muß **schiedsfähig** sein; s dazu Erl zu § 1030. 9

B. Rechtsnatur. Die Schiedsvereinbarung ist ein privatrechtlicher Vertrag über prozessuale Beziehungen, 10 BGH in stRspr, **23**, 200, **40**, 320 (abw ZZP **100**, 452), str, nach anderer Meinung ein Prozeßvertrag, SchwW 7 Rn 7, RoSgo § 172 II, StJSchl vor § 1025 Rn 2 f, ZöGei 2, oder eine Verfahrensgesellschaft, Habscheid KTS **55**, 35 ff; jedenfalls gelten auch nach diesen Meinungen für das Zustandekommen und die Wirksamkeit des Schiedsvertrages die Grundsätze des materiellen bürgerlichen Rechts, K. Schmidt, F Nagel, 1987, S 374 mwN. Das gilt namentlich auch rücksichtlich eines etwaigen Dissenses, Hbg RIW **82**, 283, und der Wirkung eines Willensmangels. Stellvertretung ist im Rahmen des sachlichen Rechts möglich; die Prozeßvollmacht, § 81, ermächtigt nicht zum Abschluß eines Schiedsvertrages.

Bei **internationalen Schiedsvereinbarungen** richten sich das Zustandekommen und die rechtlichen 11 Wirkungen im Geltungsbereich internationaler Abkommen, Schlußanh VI, vorrangig nach diesen, i ü nach der für den Vertrag nach IPR maßgeblichen Rechtsordnung, BGH RR **93**, 1520. Insofern hat sich die Rechtslage mit dem Inkrafttreten des IPR-Gesetzes am 1. 9. 86 geändert (Basedow JbPrSchdG **1**, 3 ff): Während für die Formwirksamkeit Art 11 EGBGB maßgeblich ist, BGH RR **93**, 1520, richtet sich das Vertragsstatut iSv Art 31 u 32 EGBGB (Zustandekommen, Wirksamkeit, Auslegung und Erfüllung) nach den Art 27 u 28 EGBGB. Danach kommt es auf das von den Parteien ausdrücklich oder stillschweigend gewählte Recht an, Art 27 EGBGB, Düss RIW **96**, 239 (krit Sandrock F Glossner, 1994, S 281), bei Fehlen einer Rechtswahl darauf, zu welcher Rechtsordnung die Schiedsvereinbarung die engsten Beziehungen hat, Art 28 EGBGB. Für die Beurteilung dieser Frage sind alle Umstände des Falles heranzuziehen, wobei sich Anhaltspunkte aus dem Statut des Hauptvertrages, BGH **51**, 255 u NJW **64**, 592, aus dem Sitz des vereinbarten Schiedsgerichts, BGH NJW **84**, 2764 u **71**, 986 (zum Begriff des „Sitzes" Berger RIW **93**, 8), oder aus der Verwurzelung der Schiedsrichter, vor allem des Obmanns, in einer nationalen Rechtsordnung ergeben können. Entsprechendes gilt für die Bestimmung des das Schiedsverfahren maßgeblichen Rechts, SchwW 50 Rn 19. Ob die danach in erster Linie maßgebliche Rechtswahl wirksam ist, entscheidet sich nach dem Recht, das nach der Rechtswahl maßgeblich sein soll, BGH NJW **84**, 2764 mwN, Veltins JbPrSchdG **3**, 126, sofern nicht der deutsche ordre public eingreift, Düss RIW **95**, 769; zur Rechtswahlvereinbarung in AGB s Meyer-Sparenberg RIW **89**, 347.

Ergibt sich aus dem Vertrag, daß die Parteien eine Regelung durch ein Schiedsgericht wünschen, unten 12 Rn 14, so ist diesem Wunsch durch eine **nicht zu enge Auslegung** zu entsprechen, Mü NJW **05**, 832 u RR **91**, 603 mwN, Hbg RIW **89**, 578, SchwW 3 Rn 19, auch wenn der Vertrag iü Unklarheiten über den Umfang der Zuständigkeit des Schiedsgerichts, die Ernennung der Schiedsrichter u dergl enthält, Hbg BB **58**, 1000, Köln RdL **58**, 272. So können unter „Streitigkeiten, die sich aus diesem Vertrag ergeben", auch Streitigkeiten fallen, die die Bezahlung von zeitlich getrennten Lieferungen auf Grund der vereinbarten Bezugspflichtung zum Gegenstand haben, BGH **LM** Nr 20, SchDIS SchiedsVZ **05**, 166 (anders beim „Wiederkehrschuldverhältnis", RG **148**, 332, bei dem man zwar liefern müsse, die Annahme aber ablehnen könne); zum Anwendungsbereich der Klausel, daß „jede etwaige Streitigkeit aus Anlaß dieses Vertrages" durch ein Schiedsgericht entschieden werden solle, vgl BGH NJW **80**, 2022.

Für den Schiedsvertrag gilt nur Bundesrecht; die landesrechtlichen Vorschriften hat Art 55 EGBGB aufgehoben. Über den Gegenstand des Vertrags s unten Rn 13, über seine Zulässigkeit unten Rn 17 ff, über seine Form § 1031. Ein **Vorvertrag** muß mindestens die Zusammensetzung des Schiedsgerichts regeln, BGH MDR **73**, 1001, dazu Habscheid KTS **76**, 1 und Sareika ZZP **90**, 297 (krit).

Zulässig sind auch Schiedsverträge für Streitigkeiten zwischen Privatpersonen und fremden Staaten (oder ihnen gleichstehenden Institutionen, § 20 GVG). Zu den Besonderheiten ihrer Wirksamkeit und Vollstreckung s Herdegen RIW **89**, 329.

3) Inhalt der Schiedsvereinbarung 13

A. Grundsatz. Der Schiedsvertrag überträgt den Schiedsrichtern die Entscheidung der Frage, wer im Recht ist. Er kann befristet und bedingt sein. Er braucht nicht die gesamte Entscheidung zu übertragen; es genügt die eines Teilurteils fähigen Teils, oder die über den Grund des Anspruchs (es entspricht einem Feststellungsurteil und fällt nicht unter § 304) oder die über dessen Höhe. Ferner ist die Vereinbarung zulässig, daß das Schiedsgericht über die Kosten des Schiedsverfahrens auch und gerade dann entscheiden soll, wenn dieses Verfahren unzulässig war, BGH NJW **73**, 191, vgl § 1040 Rn 3. Zulässig ist eine Schiedsabrede auch für den Streit zwischen Gesellschaftern einer GmbH über die Wirksamkeit von Gesellschaftsbeschlüssen, BGH NJW **79**, 2569 m Anm Kornmeier DB **80**, 193 (anders bei Anfechtungsklagen, unten Rn 36), und für den Fall des § 166 III HGB, BayObLG MDR **79**, 317, zustm Habscheid KTS **84**, 58. Der Schiedsvertrag darf aber nicht die Entscheidung über bloße Tatfragen, s Grdz § 1025 Rn 14, und auch nicht die Nachprüfung der Entscheidung eines Staatsgerichts, BGH **LM** Nr 16, dem Schiedsgericht übertragen; die Übertragung der Entscheidung über eine Vollstreckungsabwehrklage, § 767, ist nicht zulässig, sehr str, aM für den Fall, daß die mit ihr geltend gemachte Einwendung der Schiedsabrede unterliegt, BGH NJW **87**, 651 mwN (dazu Schütze EWiR **87**, 305, K. Schmidt JuS **87**, 748), insoweit zustm SchwW 7 Rn 15. Der Schiedsvertrag kann den Schiedsrichtern aber auch Befugnisse verleihen, die die rein rechtsprechende Tätigkeit übersteigen, indem sie Rechte gestalten, etwa ein Gesellschafterverhältnis bei der OHG neu ordnen sollen, BGH **LM** Nr 14. Zulässig ist auch ein Schiedsgericht zur Bestimmung der Leistung nach den §§ 317 ff BGB

§ 1029

ohne vorherige Bestimmung durch einen anderen, oder zur vertraglich vorgesehenen Anpassung des Vertrages an veränderte Verhältnisse, Kornblum JbPrSchdG **2**, 133, Nicklisch RIW **89**, 17. Der Schiedsvertrag überträgt auf die Schiedsrichter auch alle notwendigen Vorentscheidungen, SchwW 3 Rn 10.

Zur Abgrenzung des Schiedsvertrages von einer Schlichtungsvereinbarung s Grdz § 1025 Rn 9 ff und zu seiner Abgrenzung vom Schiedsgutachtenvertrag s Grdz § 1025 Rn 15, 16.

14 B. **Die Parteien müssen die Entscheidung durch ein Schiedsgericht wünschen,** und zwar durch ein bestimmtes oder doch eindeutig bestimmbares Schiedsgericht, BGH NJW **83**, 1267 mwN, zustm Habscheid KTS **84**, 61, Dresden BB **95**, Beil 5 S 18 (Anm Hochbaum Beil 14 S 14). Die Benennung der Schiedsrichter ist nicht erforderlich, wie § 1035 zeigt, BGH WertpMitt **86**, 404. Nötig ist das Verlangen **a)** nach einer Entscheidung im Schiedsverfahren, nicht nach dem für das Staatsgericht vorgeschriebenen Verfahren (das Wort „Schiedsgericht" beweist natürlich nichts); **b)** nach einer Entscheidung des Schiedsgerichts an Stelle des Staatsgerichts, Kblz RR **00**, 1365. Darum ist kein Instanzenzug zwischen Schiedsgericht und Staatsgericht möglich, oben Rn 6. Ist vereinbart, daß die Parteien trotz Schiedsspruch das Staatsgericht anrufen dürfen, ist der Schiedsvertrag nicht nichtig, demgemäß auch die Schiedsgerichtsabrede bei dem Zusatz „der ordentliche Rechtsweg wird hierdurch nicht ausgeschlossen", Düss MDR **56**, 750; solche Abreden können aber als Vereinbarung einer Schlichtung, Grdz § 1025 Rn 11, angesehen werden, BGH KTS **84**, 335. Zulässig ist die Abrede, daß die Wirksamkeit des Schiedsspruchs von der Unterwerfung beider Parteien abhängig sei, SchwW 3 Rn 21.

15 Der Schiedsvertrag kann auch die **Anrufung des Schiedsgerichts oder des Staatsgerichts** bei klarer Abgrenzung wahlweise freistellen, BGH NJW **76**, 852, dazu SchwW 3 Rn 22 u Habscheid/Calavros KTS **79**, 1 (zustm), Oldb KTS **72**, 114. Dies gilt für eine solche Klausel zugunsten des Klägers, BGH NJW **92**, 575, nicht dagegen idR für die Vereinbarung eines Wahlrechts auch zugunsten des Beklagten, weil sie den anderen Teil unangemessen benachteiligt, BGH NJW **99**, 282 (zur wirksamen Gestaltung einer solchen Klausel, vgl Jagenburg/Kesselring NJW **99**, 2412). Gilt aufgrund der allgemeinen Geschäftsbedingungen des Lieferers eine Gerichtsstandsklausel zu seinen Gunsten, ist aber für den Einzelfall ein Schiedsvertrag vereinbart, so wird idR bei beiderseitiger Abstandnahme von der Schiedsklausel auf die Gerichtsstandsklausel zurückgegriffen werden können, BGH NJW **69**, 1537. Für die Fristsetzung zur Wahl gilt § 264 II BGB entsprechend. Nicht zulässig ist eine Aufteilung der Beantwortung der Fragen, deren Beantwortung insgesamt erst den Rechtsstreit beendet, unter ein Schieds- und das Staatsgericht (möglicherweise ist eine solche Abrede aber als Schiedsgutachterklausel gültig), BGH NJW **60**, 1462. Der Ausschluß des Rechtswegs beweist noch nicht das Vorliegen eines Schiedsvertrags.

16 Da für den Schiedsvertrag Vertragsfreiheit besteht, dürfen die Parteien, vorbehaltlich der im 10. Buch gemachten Einschränkungen, Zuständigkeit, Besetzung und Verfahren **frei vereinbaren**, vgl § 1042 III u IV. Den Inhalt des Schiedsvertrages stellt der Tatrichter fest, indem er den Willen der Parteien unter Heranziehung aller Umstände im Wege der individuellen Auslegung ermittelt, BGH **40**, 325, Mü RR **91**, 603 mwN; eine Auslegung bindet demnach auch den Revisionsrichter, soweit sich die Partei nicht etwa typischen Vertragsbedingungen unterworfen hat, BGH **24**, 19, **29**, 123, oder Auslegungsgrundsätze verletzt sind. Im Wege der Auslegung des Vertragswillens ist auch festzustellen, ob Parteien, die in einem Vertrag ein Schiedsgericht vereinbart haben, auch eine spätere Neuordnung dieser vertraglichen Beziehungen unter dieses Schiedsgericht stellen wollten; das kann zB im Einzelfall bei der Umschaffung des Vertrags der Fall sein, braucht es aber selbst dann nicht, wenn der Vertrag nicht umgeschaffen wurde, BGH **40**, 325, vgl KTS **84**, 335.

17 C. **Die sachlich-rechtliche Wirksamkeit der Schiedsvereinbarung** bestimmt sich nach sachlichem Recht, s oben Rn 2 ff, bei einem ausländischen Schiedsvertrag nach dem dafür maßgeblichen Recht, oben Rn 3. Wird sie bemängelt, so kann das Schiedsgericht das Verfahren trotzdem fortsetzen (dann erfolgt eine spätere Prüfung der Gültigkeit des Schiedsvertrages durch das Staatsgericht, § 1059 II), bis das Staatsgericht über die Wirksamkeit aufgrund einer Feststellungsklage entschieden hat, die auch bei schwebendem Schiedsverfahren zulässig ist, BGH RR **86**, 1059. Nichtigkeit wird allerdings nur bei Mängeln anzunehmen sein, die den ganzen Schiedsvertrag ergreifen, zB bei Sittenwidrigkeit gemäß § 138 I BGB, BGH NJW **89**, 1477 mwN (zustm Walter JZ **89**, 590), oder Verstoß gegen zwingende Normen, BGH **29**, 125 (Verkürzung der Frist des § 612 HGB), bei Unbestimmtheit, BGH RIW **83**, 210 mwN (das zur Entscheidung berufene Schiedsgericht ist weder eindeutig bestimmt noch bestimmbar), bei fehlender Geschäftsfähigkeit oder erfolgreicher Anfechtung wegen Willensmängeln usw. Sonst wird nur die einzelne gesetzwidrige Bestimmung als unwirksam anzusehen sein (und durch die entsprechende gesetzliche Regelung ersetzt werden), SchwW 6 Rn 8. S dazu auch unten Rn 26 und 36. Nach sachlichem Recht ist der Schiedsvertrag auch auszulegen.

18 D. **Für das Verhältnis des Schiedsvertrags zum Hauptvertrag**, dh zu dem Vertrag, dessen Durchführung der Schiedsvertrag dient, gilt: **a)** Ist die **Schiedsklausel unwirksam**, so richtet sich oben Rn 11, die Wirksamkeit des Hauptvertrags nach § 139 BGB. **b)** Ist der **Hauptvertrag unwirksam**, ist § 139 BGB unanwendbar, § 1040 I 2, vgl zum bisherigen Recht Schütze IPrax **99**, 88 mwN, BGH NJW **91**, 2216 mwN.

19 4) **Wirkung der Schiedsvereinbarung**

A. **Sachlich-rechtliche Wirkung.** Der Schiedsvertrag verpflichtet die Parteien, zu seiner Durchführung nach Kräften mitzuwirken, LG Gießen RR **96**, 500. Sie müssen zB die Schiedsrichter, wie vorgesehen, ernennen, und ggf das ihrige tun, eine Einigung über deren Person herbeizuführen, BGH RR **86**, 1060, sowie auch sonst alles tun, um die Fällung des Schiedsspruchs zu ermöglichen, BGH aaO (dazu kann auch die Anerkennung einer Änderung der Schiedsgerichtsordnung im anhängigen Verf gehören), und deshalb auch den Schiedsrichtern die verlangten angemessenen Vorschüsse zahlen, Oldb NJW **71**, 1461 m Anm Breetzke NJW **71**, 2080. Eine Klage auf Erfüllung ist grundsätzlich zulässig, zB auf Zahlung des Vorschusses, versagt aber, wo die ZPO ein einfacheres Verfahren vorsieht, weil dann das Rechtsschutzbedürfnis fehlt, Grdz § 253 Rn 33 ff.

Abschnitt 2. Schiedsvereinbarung § 1029

B. Prozeßrechtliche Wirkung. Der Schiedsvertrag, auch der ausländische, gibt die Rüge der Unzuläs- 20
sigkeit der Klage. Greift die Rüge durch, ist die Klage durch Prozeßurteil abzuweisen. Näheres s § 1032.

C. Sachliche Erstreckung. Der Schiedsvertrag erstreckt sich auf die Abänderungsklage, § 323: Wer 21
künftig wiederkehrende Leistungen der Entscheidung des Schiedsgerichts unterbreitet, der tut das für die
endgültige Entscheidung, nicht nur für die praktisch vorläufige; das Schiedsgericht ist nach Maßgabe des
alten Vertrages neu zu bilden, jedoch dürfen die Schiedsrichter frei ablehnen, SchwW 21 Rn 10. Er erstreckt
sich weiter, falls sein Gegenstand künftige Rechtsstreitigkeiten aus einem bestimmten Vertragsverhältnis sind,
§ 1026, auch auf Schadenersatzansprüche aus unerlaubter Handlung, falls sich diese mit einer Vertragsverletzung deckt, BGH NJW **65**, 300. Zur Erstreckung auf die Vollstreckungsabwehrklage, § 767, s unten Rn 29.
Ob die Schiedsabrede auch Wechselforderung erfaßt, ist im Einzelfall nach dem Sinn der Vereinbarung zu
ermitteln, Mü RIW **90**, 585, Ffm NJW **86**, 2202 mwN; dabei ist idR (namentlich unter Kaufleuten) davon
auszugehen, daß der Wechselgläubiger nicht auf die Vorteile des staatlichen Verf verzichten will, BGH NJW
94, 136 mwN (dazu Kappus WiB **94**, 189) zu Hbg RIW **92**, 939, so daß die Auslegung naheliegt, der
Gläubiger dürfe vor dem staatlichen Gericht klagen, müsse aber das Nachverfahren vor dem Schiedsgericht
betreiben, BGH NJW **94**, 137 mwN zu Hbg RIW **92**, 939 mwN (zustm K. Schmidt RIW **93**, 639),
Czempiel/Kurth NJW **87**, 2118 mwN.

Streitig ist der Fall der Aufrechnung (Lüke F LG Saarbr, 1985, S 307): **a)** Auch die Aufrechnung 22
gegen einen dem Schiedsverfahren unterworfenen Anspruch mit einer nicht der Schiedsklausel unterworfenen Forderung unterliegt der Entscheidung des Schiedsgerichts: wer dem Schiedsgericht die Entscheidung
über einen Anspruch überträgt, überläßt ihm notwendig auch die über erhobene Einwendungen. Das
Schiedsgericht darf also selbst entscheiden, MüKoMa 26, RoSGo § 172 VI 1 a, SchwW 3 Rn 12 mwN, str,
aM Lüke aaO, StJSchl 37, Wiecz B I 5 d, ZöGei 34; es kann sich aber auch die Entscheidung über den
Klaganspruch beschränken und die über die Aufrechnung dem Staatsgericht vorbehalten, BGH **10**, 325, das
dann je nachdem den Schiedsspruch für vorbehaltlos erklären oder aber ihn aufheben und den Anspruch
abweisen muß, SchwW 3 Rn 14. **b)** Rechnet die Partei mit einer dem Schiedsvertrag unterworfenen
Forderung in einem Verf beim Staatsgericht auf, so wird im allgemeinen die Einrede des Schiedsvertrags
durchgreifen; denn in der Schiedsabrede liegt das vertragliche Verbot, sich von dem staatlichen Gericht auf
die Aufrechnung mit diesem Anspruch zu berufen, so daß die dem Schiedsgericht unterstellte Forderung vor
dem Staatsgericht überhaupt nicht geltend gemacht werden kann, BGH **60**, 89 u **38**, 257, Hamm RIW **83**,
698, Düss NJW **83**, 2149 mwN, RoSGo § 172 VI 1 a, StJSchl 37, SchwW 3 Rn 13, Schreiber ZZP **90**, 413,
hM. In einem solchen Fall ist aber zu prüfen, ob die Berufung auf die Schiedsabrede mit Treu und Glauben
vereinbar ist, und verneinendenfalls trotz der Schiedsklausel vom Staatsgericht auch über die zur Aufrechnung gestellte Forderung zu entscheiden, falls dies angezeigt und ohne weiteres möglich ist, BGH **23**, 22,
BGH WertpMitt **76**, 1333, Düss NJW **83**, 2149; dies gilt zB dann, wenn der Gegenanspruch aus einem
betrügerischen Verhalten des Klägers bei Vertragsschluß entstanden ist, oder wenn der Kläger entgegen der
Schiedsabrede das staatliche Gericht angerufen hatte, Mü MDR **81**, 766, zustm Habscheid KTS **84**, 56. Bei
wirksamer Berufung auf die Schiedsabrede muß das Verf bis zur Entscheidung des Schiedsgerichts über die
Gegenforderung ausgesetzt, § 148, und dabei eine Frist zur Erhebung der Schiedsklage gesetzt werden, weil
hier das gleiche gilt wie bei der Aufrechnung mit einem in einen anderen Rechtsweg gehörenden Anspruch,
§ 13 GVG Rn 18, abw Lüke S 308. Denkbar ist in diesem Fall statt dessen auch ein Vorbehaltsurteil mit der
Wirkung, daß bei Feststellung des Bestehens der Aufrechnungsforderung durch das Schiedsgericht das Staatsgericht dieses Urteil aufheben muß, SchwW 3 Rn 14.

Die Schiedsgerichtsabrede wirkt nicht gegenüber einer Insolvenzanfechtung, BGH JZ **57**, 95, da
der Schuldner nicht über das Anfechtungsrecht verfügen konnte; s im übrigen unten Rn 26.

D. Persönliche Wirkung. Der Vertrag wirkt zwischen den Parteien. Er wirkt auch gegen Dritte 23
(eingehend, auch zur internationalen Schiedspraxis, Busse SchiedsVZ **05**, 118), die im Vergleich der Parteien
bände oder die aus einem Vertrag zugunsten Dritter, §§ 328 ff BGB, Rechte herleiten könnten oder herleiten, vgl KG NJW **80**, 1342 mwN, aber nicht gegen den Streitverkündungsgegner, § 68, der nicht beitritt
und das Verfahren gegen sich gelten lassen will, BGH **LM** Nr 23. Ein Schiedsvertrag zwischen Miterben
über Streitigkeiten aus dem Nachlaß bindet den Testamentsvollstrecker nicht, BGH ZZP **73**, 118. Mitschuldner, Garanten oder Bürgen einer Vertragspartei sind nicht ohne weiteres an den Vertrag gebunden und
dürfen sich nicht auf ihn berufen, BGH VersR **83**, 776, Hbg VersR **82**, 1096; ebensowenig ist der vollmachtlose Vertreter an die Schiedsabrede in dem gescheiterten Vertrag gebunden, BGH **68**, 359 mwN.

Eine Gesamtrechtsnachfolge läßt die Bindung bestehen, BGH **68**, 356 mwN. Das gleiche gilt für eine 24
Einzelrechtsnachfolge, etwa durch Abtretung oder Vertragsübernahme, stRspr, BGH MDR **00**, 948 ü NJW
98, 371 mwN (dazu Perlau MDR **98**, 432), ferner bei Eintritt in einen Mietvertrag nach § 571 BGB, BGH
MDR **00**, 948; dies gilt nicht, wenn der Schiedsvertrag etwas anderes ergibt, zB wenn er bei besonderem
Vertrauen der Parteien abgestellt ist. Eine Bindung des Rechtsnachfolgers an die Schiedsklausel tritt ferner ein durch
Erwerb des Geschäftsanteils einer GmbH, BGH aaO u NJW **79**, 2567, oder durch Ausübung eines rechts-
geschäftlichen Eintrittsrechts, BGH NJW **80**, 1797 (in allen diesen Fällen ohne Beitritt in der Form des
§ 1031. Ob in solchen Fällen der bisherige Rechtsinhaber aus der Bindung entlassen ist, muß durch
Auslegung ermittelt werden, BGH RR **02**, 1462.

Der Schiedsvertrag wirkt auch gegen Pfändungsgläubiger, wenn ein solcher Vertrag zwischen dem Schuld- 25
ner, dessen Recht er geltend macht, und dem Drittschuldner besteht, BGH **LM** Nr 18, ferner gegen den
nach § 95 III HGB in Anspruch genommenen Makler, BGH **68**, 356. Gegen den Indossatar eines Orderpapiers kann der Schiedsvertrag nur wirken, wenn er sich aus der Urkunde ergibt, § 364 HGB. Der von einer
OHG mit einem Dritten geschlossene Schiedsvertrag bindet die Gesellschafter, ebenso bei der KG die
persönlich haftenden, BGH RR **91**, 424 mwN, SchwW 7 Rn 35 (dazu krit Weber/v. Schlabrendorff F
Glossner, 1994, S. 482 mwN, K. Schmidt DB **95**, 2318) und ebenso bei der Gesellschaft bürgerlichen
Rechts, BGH NJW **01**, 1056 (dazu Wiegand SchiedsVZ **03**, 52), ferner bei der Partenreederei alle Mit-
glieder, BGH aaO zu Hbg RIW **89**, 577, dazu Raeschke-Kessler JbPrSchdG **2**, 227, Bredow EWiR **89**, 934;

§§ 1029, 1030

diese Erstreckung gilt (nur) für Rechtsstreitigkeiten, in denen Ansprüche gegen die Gesellschaft erhoben werden und es um die gleichgerichtete Haftung des Gesellschafters geht (Passivprozesse), BGH RR **91**, 424, Köln NJW **61**, 1312, und umgekehrt für Prozesse des Gesellschafters, in denen er in dieser Eigenschaft Ansprüche der Gesellschaft erhebt oder sie von ihr herleitet (Aktivprozesse), BGH RR **91**, 424 (dazu Vollkommer IPrax **92**, 208, Raeschke-Kessler JbPrSchdG **4**, 236). Zwischen dem Verfrachter und konossementsmäßigen Empfängern wirkt die Schiedsklausel im Chartervertrag zwischen Verfrachter und Befrachter, wenn im Konossement auf die Bestimmungen des Chartervertrags Bezug genommen ist, BGH **29**, 123.

26 Insolvenz (Flötner, Auswirkungen des inländischen Insolvenzverfahrens auf Schiedsverfahren und Schiedsabrede, 2001). Sie unterbricht das Schiedsverfahren nicht, weil es nicht an die prozessualen Vorschriften der ZPO gebunden ist, RoSGo § 174 II 9, Hamm KTS **85**, 376, str, vgl Lüke ZZP **101**, 93 (Bespr von Jestaedt, Schiedsverfahren und Konkurs, 1985); der Insolvenzverwalter tritt geeignetenfalls ohne weiteres in das Verfahren und den Vertrag ein. Jedenfalls ist der Verwalter, abgesehen vom Fall der Anfechtungsklage, auch an die vor der Eröffnung getroffene Schiedsabrede gebunden, BGH **24**, 18.

Auch andere Unterbrechungsgründe versagen im Schiedsverfahren.

27 **5) Erlöschen der Schiedsvereinbarung.** Der Schiedsvertrag erlischt: **a)** mit einem äußerlich richtigen Schiedsspruch, § 1054 (er schafft Rechtskraft, § 1055, auch ohne daß er für vollstreckbar erklärt ist); wegen des Wiederauflebens im Fall der Aufhebung s § 1059 V; **b)** mit einem (auch unwirksamen) Vergleich, § 1053; **c)** mit rechtskräftiger Entscheidung des Staatsgerichts in derselben Sache; **d)** mit dem Verlust der Rüge der Unzulässigkeit der Klage; **e)** mit dem Eintritt seiner etwaigen auflösenden Bedingung oder Befristung; **f)** mit erfolgreicher Anfechtung nach bürgerlichem Recht; **g)** mit seiner vertraglichen Aufhebung. Sie ist jederzeit formlos, und auch stillschweigend, zulässig, auch noch nach Erlaß des Schiedsspruchs, nicht mehr nach Vollstreckbarerklärung, weil diese dem Schiedsspruch die volle Bedeutung eines rechtskräftigen staatlichen Urteils gibt; **h)** mit Rücktritt nach § 326 BGB, so wenn eine Partei durch Nichtmitwirkung das Verfahren vereitelt, abw Habscheid KTS **80**, 291, oder (auch in diesem Fall) durch Kündigung aus wichtigem Grund, dazu Raeschke-Kessler NJW **88**, 3044 mwN, Habscheid KTS **80**, 285: sie ist gerechtfertigt, wenn das Schiedsverfahren undurchführbar wird, § 1032 I, so daß der vertragstreuen Partei das Festhalten am Vertrag nicht mehr zugemutet werden kann, BGH NJW **86**, 2765 mwN; dies gilt zB dann, wenn mit einem effektiven Rechtsschutz nicht gerechnet werden kann, BGH NJW **92**, 3107 mwN, Hbg RIW **96**, 511, LG Kassel EuZW **92**, 582 (Kriegszustand im ehem Jugoslawien). Eine Kündigung ist zB dann zulässig, wenn einer Partei nicht zuzumuten ist, ohne anwaltliche Hilfe, die sie infolge inzwischen eingetretener Verarmung nicht bezahlen kann, sich auf das Verfahren einzulassen, BGH **51**, 79, oder wenn einer Partei ihr Schiedsrichter abspenstig gemacht wird, vorausgesetzt, daß sie dadurch in besonderem Maße materielle Nachteile hat, BGH **23**, 198; eine Kündigung ist dagegen nicht schon zulässig bei heftigen Auseinandersetzungen mit dem Vorwurf einer Verletzung der Wahrheitspflicht durch die andere Partei, BGH **23**, 201, oder aus Gründen, für die das Gesetz andere Behelfe (Ablehnung eines Schiedsrichters, Aufhebung des Schiedsspruchs oder Ablehnung der Vollstreckung) vorsieht, Habscheid KTS **80**, 285; keiner Kündigung bedarf es, wenn das Verfahren undurchführbar wird, BGH NJW **00**, 3721, mwN, weil eine Partei sich hartnäckig weigert, den vom Schiedsgericht verlangten Vorschuß zu leisten, BGH NJW **85**, 1904 mwN, oder diesen Vorschuß nicht aufbringen kann, BGH RR **94**, 1215 u NJW **88**, 1215 mwN, zustm Schlosser JbPrSchdG **2**, 248 u Habscheid KTS **84**, 55, und der Gegner nicht bereit ist, die vollen Kosten vorzuschießen, BGH aaO und **55**, 350 (er ist nicht verpflichtet, ein Verf gegen sich selbst zu finanzieren, u kann in einem solchen gegenüber dem Einwand aus § 1032 die Gegeneinrede der Arglist erheben, BGH NJW **88**, 1215), vgl dazu Jagenburg/Sturm JbPrSchdG **4**, 78 mwN. Es kommt nicht darauf an, ob das Schiedsverf bereits eingeleitet worden ist oder ob die Partei die Undurchführbarkeit selbst zu vertreten hat, BGH NJW **92**, 3107, oder schon bei Abschluß des Schiedsvertrages arm gewesen ist, wenn er erwarten konnte, aus der Durchführung des Hauptvertrages die erforderlichen Mittel zu erhalten, und ungewiß war, ob es überhaupt zu einem Streit kommen würde, BGH **77**, 65. **i)** bei Wegfall eines Schiedsrichters, wenn die Parteien dies vereinbaren, § 1039 Rn 2.

28 Das Erlöschen des Schiedsvertrages macht ohne weiteres das Staatsgericht zuständig. Behauptet eine Partei, es habe von Anfang an kein wirksamer Schiedsvertrag bestanden, so entscheidet darüber das Staatsgericht im Urteilsverfahren, § 1046, BGH **7**, 184. Behauptet die Partei das spätere Erlöschen des bestehenden Schiedsvertrags, so kann darüber nach § 1032 II entschieden werden, also im Beschlußverfahren nach Anhörung des Gegners mit Rechtskraftwirkung, SchwW 8 Rn 16.

29 **6) Form der Schiedsvereinbarung, II**

A. Allgemeines. Die Schiedsvereinbarung, I, kann in Form einer selbständigen Vereinbarung (Schiedsabrede) oder in Form einer Klausel im (Haupt-)Vertrag (Schiedsklausel) geschlossen werden. Ersteres wird oft bei Streit über ein nichtvertragliches Rechtsverhältnis der Fall sein, letzteres ist in der Regel bei Schiedsvereinbarungen im Handelsverkehr. Schiedsabrede und Schiedsklausel werden im 10. Buch gleich behandelt. Zur Unterwerfung unter ein Schiedsgericht in der Satzung eines Vereins oder einer Kapitalgesellschaft s § 1066 Rn 1. Wegen der Formvorschriften im einzelnen s § 1031.

30 **B. Schiedsvereinbarung und Hauptvertrag.** S § 1040 I 2, dort Rn 2.

31 **7) VwGO:** Entspr anzuwenden, Grdz § 1025 Rn 23 u 24.

1030 *Schiedsfähigkeit.* [I] [1]Jeder vermögensrechtliche Anspruch kann Gegenstand einer Schiedsvereinbarung sein. [2]Eine Schiedsvereinbarung über nichtvermögensrechtliche Ansprüche hat insoweit rechtliche Wirkung, als die Parteien berechtigt sind, über den Gegenstand des Streites einen Vergleich zu schließen.

[II] [1]Eine Schiedsvereinbarung über Rechtsstreitigkeiten, die den Bestand eines Mietverhältnisses über Wohnraum im Inland betreffen, ist unwirksam. [2]Dies gilt nicht, soweit es sich um Wohnraum der in § 549 Abs. 2 Nr. 1 bis 3 des Bürgerlichen Gesetzbuchs bestimmten Art handelt.

§ 1030

III Gesetzliche Vorschriften außerhalb dieses Buches, nach denen Streitigkeiten einem schiedsrichterlichen Verfahren nicht oder nur unter bestimmten Voraussetzungen unterworfen werden dürfen, bleiben unberührt.

Vorbem. Die Vorschrift, die durch Art. 3 Z 8 des Mietrechtsreformges v 19. 6. 01, BGBl 1149, mWv 1. 9. 01 redaktionell geändert worden ist, gilt nur bei inländischem Schiedsort, § 1025 I.

Schrifttum: *Papmehl,* Die Schiedsfähigkeit gesellschaftsrechtlicher Streitigkeiten, 2001; *K. Schmidt,* Schiedsklauseln u Schiedsverfahren im Gesellschaftsrecht, BB **01**, 1857; *Wagner,* Prozeßverträge, 1998, S 583 ff.

1) Regelungszweck. Die Bestimmungen in I und II regeln die Schiedsfähigkeit, dh die Grenzen der Zulässigkeit einer Schiedsvereinbarung iSv § 1029. Die Regelung ist nicht abschließend, III. 1

2) Schiedsfähigkeit, I 2

A. Vermögensrechtliche Ansprüche, I 1. Jeder vermögensrechtliche Anspruch, Grdz § 1 Rn 9 u 10, kann Gegenstand einer Schiedsvereinbarung iSv § 1029 sein. Das gilt unmittelbar für privatrechtliche Ansprüche und entspr für öff-rechtliche Ansprüche, Grdz § 1025 Rn 23 u 24. Deshalb sind vermögensrechtliche Ansprüche gegen den Staat und andere öff-rechtliche Institutionen, auch solche im Ausland, schiedsfähig, BegrRegEntw S 33.

Diese Regelung erweitert die Zulässigkeit einer Schiedsvereinbarung gegenüber dem bisherigen Recht erheblich, Trittmann ZGR **99**, 340, Berger DZWiR **98**, 48, Gottwald/Adolphsen DStR **98**, 1018, Voit JZ **97**, 124: für die Schiedsfähigkeit vermögensrechtlicher Ansprüche kommt es nicht mehr auf das Kriterium der Vergleichsfähigkeit an, § 1025 I aF. Vorschriften über Verfügungs-, Vergleichs- und Verzichtsverbote, zB nach § 312 BGB oder § 89 b HGB, §§ 50 u 302 AktG und §§ 9 b u 43 GmbH schließen also die Schiedsfähigkeit nicht aus, BegrRegEntw S 34. Auch die ausschließliche Zuständigkeit bestimmter staatlicher Gerichte steht der Schiedsfähigkeit nicht entgegen, was für vermögensrechtliche FamS wichtig ist. Ebenso hindert ein staatlicher Genehmigungsvorbehalt uä die Schiedsfähigkeit nicht. Die Schiedsfähigkeit gesellschaftsrechtlicher Anfechtungs- und Nichtigkeitsstreitigkeiten, vgl unten Rn 8, ist damit jedoch nicht ausgesprochen, weil sie davon abhängt, inwieweit ein Schiedsspruch für und gegen Dritte rechtsgestaltend wirken kann, BegrRegEntw S 35 u AusschBericht S 52; vgl dazu krit K. Schmidt ZHR **98**, 265 mwN. Schiedsfähig sind aber Streitigkeiten über Auskunfts- und Einsichtsrechte des GmbH-Gesellschafters nach §§ 51 a, 51 b GmbHG, hM, Hamm GmbHR **00**, 677 mwN (Anm Emde), ebenso Streitigkeiten über die Geschäftsführung bei einer BGB-Gesellschaft, Hamm NZG **99**, 1099 (Anm Ebbing) u Streitigkeiten zwischen einer GmbH und einem Gesellschafter wegen Leistung der Stammeinlage, BGH NJW **04**, 2898, Ffm SchiedsVZ **04**, 97.

Der Tendenz der Neufassung des 10. Buches entspricht es, den Begriff „vermögensrechtlicher Anspruch" weit auszulegen, Berger DZWiR **98**, 48. Hierher gehören zB auch Widerrufs- und Unterlassungsansprüche, wenn das Begehren auch der Wahrung wirtschaftlicher Belange dienen soll, BGH in stRspr zu § 546 aF. Vermögensrechtlich sind auch Ansprüche in den FamS nach § 621 I Z 4, 5, 6–9 u 11, Huber SchiedsVZ **04**, 280, Schumacher FamRZ **04**, 1677. Das gleiche gilt für Ansprüche, die mit der Drittwiderspruchs- oder Vollstreckungsabwehrklage, §§ 771 u 767, verfolgt werden (zum bisherigen Recht vgl 56. Aufl § 1025 Rn 29).

B. Nichtvermögensrechtliche Ansprüche, I 2 3

a) Grundsatz. Bei diesen Ansprüchen, Grdz § 1 Rn 9 u 10, hat eine Schiedsvereinbarung nur insoweit rechtliche Wirkung, als die Parteien berechtigt sind, über den Gegenstand des Streits einen Vergleich zu schließen. Subjektiv hängt die Fähigkeit, einen wirksamen Schiedsvertrag zu schließen, von der Vergleichsbefugnis nach materiellem Recht ab. Objektiv kommt es darauf an, ob die Parteien über den Streitgegenstand verfahrensrechtlich verfügen können; das ist nicht der Fall überall dort, wo das Verfahren dem staatlichen Gericht vorbehalten ist, also zB in Ehe- und Kindschaftssachen, in Sorgerechts-, Pflegschafts- und Betreuungssachen, BGH NJW **96**, 1754.

b) Beispiele: Nicht schiedsfähig sind Verfahren über den Bestand einer Ehe und sonstige der Parteidisposition entzogene Statusstreitigkeiten in Ehe- und KindschS, zB Entscheidung über das Sorgerecht, BayObLG **99**, 268, Huber aaO. Schiedsfähig sind Streitigkeiten aus dem Namensrecht, Ansprüche aus dem Persönlichkeitsrecht, zB auf Widerruf oder Gegendarstellung in den Medien, Streitigkeiten über den Ausschluß aus einem Idealverein. 4

3) Unwirksamkeit von Schiedsvereinbarungen über Mietstreitigkeiten, II. Eine Schiedsvereinbarung über Rechtsstreitigkeiten, die den Bestand eines Mietverhältnisses über Wohnraum im Inland betreffen, ist unwirksam (Ausnahme: II 2). Die Beschränkung auf Wohnraum im Inland beruht auf der Erwägung, daß der Schutz des Mieters im Ausland der dortigen Gesetzgebung unterliegt, BegrRegEntw S 35. 5

A. Grundsatz, II 1. § 29 a sieht im Interesse des gewöhnlich sozial schwächeren Mieters das AG, in dessen Bezirk sich der Wohnraum befindet, als ausschließlich zuständiges Gericht vor und schließt damit eine Parteivereinbarung über die Zuständigkeit aus. Nach II 1 sind auch Schiedsverträge unwirksam, um ein Ausweichen in die Schiedsgerichtsbarkeit zu verhindern. Jedoch decken sich § 29 a und § 1025 a nicht. Letzterer gilt nur für Rechtsstreitigkeiten, die den **Bestand eines Mietverhältnisses über Wohnraum** betreffen. Darunter fallen Klagen, die zum Gegenstand haben, ob der Mietvertrag noch besteht, ob er weiter besteht oder gekündigt ist, ferner solche, für die das Bestehen oder Nichtbestehen Vorfrage ist, wie Räumungs- und Herausgabeklagen. Das gilt auch für bestehende Mietverträge, die eine Schiedsklausel enthalten. Über andere Streitigkeiten kann ein Schiedsvertrag geschlossen werden, also zB über Leistungen aus dem Mietvertrag auf Zahlung des Mietzinses, Vornehmen von Schönheitsreparaturen oder Leistung von Schadensersatz, SchwW 4 Rn 8; auch über Streitigkeiten aus dem G zur Regelung der Miethöhe v 18. 12. 74 und ähnlichen Vorschriften ist ein Schiedsvertrag zulässig, StJSchl 4. 6

§§ 1030, 1031   Buch 10. Schiedsrichterliches Verfahren

B. Ausnahme, II 2. Kein Verbot gilt für Schiedsverträge bei **Vermietung zu vorübergehendem Gebrauch**, bei Vermietung möbilierter Räume in der Wohnung des Vermieters und bei Vermietung von Wohnraum an bestimmte **Organisationen zum Zweck der Unterbringung von Hilfsbedürftigen**, II 2 iVm § 549 II Z 1–3 BGB. Auf Schiedsgutachtenverträge, Grdz § 1025 Rn 12 ff, bezieht sich II nicht, AKRöhl 2.

7 **4) Weitere Beschränkungen der Schiedsgerichtsbarkeit, III.** I u II enthalten keine abschließende Regelung. Unberührt bleiben gesetzliche Vorschriften außerhalb des 10. Buches, nach denen Streitigkeiten einem schiedsrichterlichen Verfahren nicht oder nur unter bestimmten Voraussetzungen unterworfen werden dürfen.

8 Hierhin gehören: **a) Arbeitssachen**, Grdz § 1025 Rn 5, BAG NZA **98**, 220 u **96**, 942; **b)** Klagen auf Nichtigerklärung und Zurücknahme von **Patenten** sowie auf Erteilung von Zwangslizenzen, § 81 PatG, str, Pfaff F Nagel, 1987, S 286–293; **c)** Sachen vor einem **Börsenschiedsgericht**, BGH RIW **91**, 674, wenn nicht die besonderen Voraussetzungen des § 28 BörsenG vorliegen, Raeschke/Kessler WM **98**, 1205, Weber/Weber-Rey JbPrSchdG **3**, 149; **d)** Klagen, die auf den Betrieb einer **Zweigstelle** iSv § 53 I KWG Bezug haben, wenn die Zuständigkeit eines Schiedsgerichts vereinbart wird, das seinen Sitz an einem anderen Ort als dem der Zweigstelle hat, § 53 III KWG, str, vgl BGH NJW **80**, 2024; **e)** Schiedsverträge über **Börsentermingeschäfte** unter den Voraussetzungen der §§ 61, 53 BörsG, BGH WM **95**, 101, NJW **91**, 2215 u RR **91**, 757 mwN (dazu Samtleben IPrax **92**, 362), NJW **87**, 3193 (dazu Samtleben IPrax **89**, 152, Raeschke-Kessler WM **98**, 1205, Weber/Weber-Rey JbPrSchdG **3**, 149, Schlosser JbPrSchdG **2**, 242, Schütze JbPrSchdG **1**, 94, Raeschke-Kessler EuZW **90**, 149 u NJW **88**, 3045) u BGH NJW **84**, 2037, Düss RR **97**, 373 u WM **90**, 845, Ffm WertpMitt **86**, 701, zustm Engelhardt JZ **87**, 231; **f) Nichtigkeits- und Anfechtungsklagen** gegen Beschlüsse der Hauptversammlung einer AktGes, § 246 III 1 AktG, BGH NJW **96**, 1753 mwN, Gottwald/Adolphsen DStR **98**, 1018, oder derartige Klagen (nicht auch andere, BGH NJW **79**, 2567) gegen die Beschlüsse der Gesellschafter einer GmbH, weil ein Schiedsspruch ohne gesetzliche Grundlage nicht die notwendige Gestaltungswirkung haben kann, BGH NJW **96**, 1753 m Üb (den str Streitstand, dazu Emde GmbHR **00**, 678, Jäger LM § 248 AktG Nr 3, Schlosser JZ **96**, 1020, Bredow DStR **97**, 1653, Ebenroth/Bohne BB **96**, 1393, Petermann BB **96**, 277), sehr str, aM u a K. Schmidt BB **01**, 1857 u ZHR **98**, 265 mwN (eingehend), Timm ZIP **96**, 445, SchwW 4 Rn 4, StJSchl § 1025 Rn 27.

9 **5) VwGO:** Entspr anzuwenden sind I u III, Grdz § 1025 Rn 23 u 24.

1031 *Form der Schiedsvereinbarung.* ¹Die Schiedsvereinbarung muss entweder in einem von den Parteien unterzeichneten Dokument oder in zwischen ihnen gewechselten Schreiben, Fernkopien, Telegrammen oder anderen Formen der Nachrichtenübermittlung, die einen Nachweis der Vereinbarung sicherstellen, enthalten sein.

II Die Form des Absatzes 1 gilt auch dann als erfüllt, wenn die Schiedsvereinbarung in einem von der einen Partei der anderen Partei oder von einem Dritten beiden Parteien übermittelten Dokument enthalten ist und der Inhalt des Dokuments im Falle eines nicht rechtzeitig erfolgten Widerspruchs nach der Verkehrssitte als Vertragsinhalt angesehen wird.

III Nimmt ein den Formerfordernissen der Absätze 1 oder 2 entsprechender Vertrag auf ein Dokument Bezug, das eine Schiedsklausel enthält, so begründet dies eine Schiedsvereinbarung, wenn die Bezugnahme dergestalt ist, dass sie diese Klausel zu einem Bestandteil des Vertrages macht.

IV Eine Schiedsvereinbarung wird auch durch die Begebung eines Konnossements begründet, in dem ausdrücklich auf die in einem Chartervertrag enthaltene Schiedsklausel Bezug genommen wird.

V ¹Schiedsvereinbarungen, an denen ein Verbraucher beteiligt ist, müssen in einer von den Parteien eigenhändig unterzeichneten Urkunde enthalten sein. ²Die schriftliche Form nach Satz 1 kann durch die elektronische Form nach § 126 a des Bürgerlichen Gesetzbuchs ersetzt werden. ³Andere Vereinbarungen als solche, die sich auf das schiedsrichterliche Verfahren beziehen, darf die Urkunde oder das elektronische Dokument nicht enthalten; dies gilt nicht bei notarieller Beurkundung.

VI Der Mangel der Form wird durch die Einlassung auf die schiedsgerichtliche Verhandlung zur Hauptsache geheilt.

Vorbem. Die Vorschrift gilt für alle Schiedsverfahren, s unten Rn 2. V 2 eingefügt, dadch bisheriger V 2 zu V 3 dch Art 2 EGG v 14. 12. 01, BGBl 3721, in Kraft seit 21. 12. 01, Art 5 S 1 EGG, ÜbergangsR Einl 78.

1 **1) Regelungszweck.** Eine Erleichterung des Abschlusses von Schiedsvereinbarungen durch Lockerung der Formvorschriften namentlich für den gewerblichen Verkehr dient dazu, das Schiedsverfahren attraktiver zu machen und dadurch die staatlichen Gerichte zu entlasten.

2 **2) Inhalt.** Zum Schutz der schwächeren Partei und zur Klarstellung der Verfahrensvorschriften, die wesentlich Inhalt der Schiedsvereinbarung festgelegt werden, ist für diese im Grundsatz die Schriftform vorgeschrieben, **I 1. Alt.** Lockerungen für den gewerblichen Verkehr enthalten **I 2. Alt**, II–IV, eine Verschärfung im Interesse des Verbrauchers sieht V vor. In allen Fällen wird der Formmangel durch rügelose Einlassung geheilt, VI.

Die Geltung des § 1031 ist nicht auf Verfahren mit inländischem Schiedsort, § 1043, beschränkt. Die Formvorschriften des deutschen Rechts sind nicht anzuwenden, wenn internationale Übk eingreifen oder die Parteien die Vereinbarung einem anderen Recht unterstellt haben, § 1059 II Z 1 a. Im Geltungsbereich des Europäischen Übk, Schlußanh VI A 2, richten sich die Wirksamkeitserfordernisse allein nach dem Übk, Moller NZG **00**, 57, BGH NJW **80**, 2022, genügt also die Form des dortigen Art 1 II a, BGH RIW **83**, 210, Köln MDR **93**, 80. Das gleiche gilt bei Anwendbarkeit des UN-Übk, Schlußanh VI A 1, für die Form des dortigen Art 2 I u II BayObLG RR **99**, 645, Nolting IPrax **87**, 349 (zu AG Neuß IPrax **87**, 369). Einzelheiten s Schlußanh VI.

3) Form der Schiedsvereinbarung

A. Grundsätze, I–III. Die Schiedsvereinbarung, § 1029, muß in einer Form getroffen werden, die einen Nachweis ihres Inhalts ermöglicht, oben Rn 2. Dafür stellt das Gesetz verschiedene Möglichkeiten zur Verfügung:

a) Unterzeichnetes Schriftstück, I 1. Alt. Die Schiedsvereinbarung kann in einem von den Parteien unterzeichneten Schriftstück getroffen werden, vgl BGH NJW **94**, 2300 (zum bisherigen Recht). Die Urkunde muß von beiden Parteien eigenhändig durch Namensunterschrift oder mit gerichtlich oder notariell beglaubigtem Handzeichen unterzeichnet sein, auch wenn es sich um ein notarielles Protokoll des Hauptvertrages oder dessen Anlage, die ein wesentlicher Bestandteil des Notariatsaktes ist, handelt, BGH **38**, 165. Nötig ist die Unterzeichnung entweder auf derselben Urkunde oder, wenn die Parteien mehrere gleichlautende Urkunden herstellen, auf der für den Gegner bestimmten. Im letzteren Fall kommt unter Abwesenden ein wirksamer Schiedsvertrag nur zustande, wenn sowohl der Antrag als auch die Annahmeerklärung jeweils dem anderen Vertragspartner schriftlich zugegangen sind, Hbg KTS **84**, 171. Die Form ist gewahrt, wenn der Text nach Unterzeichnung mit Einverständnis der Parteien ergänzt wird, BGH NJW **94**, 2300 mwN. Wegen der stillschweigenden Zustimmung, II, s unten Rn 6. Das Schriftstück darf auch andere Vereinbarungen, zB den Hauptvertrag, enthalten, arg V 2. Die Form wird durch notarielle Beurkundung ersetzt, § 126 III BGB; vgl V 2. Die (eigenhändige) Unterzeichnung eines Schriftstücks ist in den Fällen, in denen ein Verbraucher beteiligt ist, die einzig zulässige Form, V.

b) Schriftwechsel, I 2. Alt. Abgesehen von den Fällen des V ist die Form auch dann gewahrt, wenn die Schiedsvereinbarung in von den Parteien gewechselten Schriften enthalten ist, dh in Schreiben, Fernkopien, Telegrammen oder anderen Formen der Nachrichtenübermittlung, die einen Nachweis der Vereinbarung sicherstellen, zB in gefaxten Erklärungen. Es genügt, daß sich die Schiedsvereinbarung aus dem Gesamtinhalt des Schriftwechsels ergibt. Die einzelnen Erklärungen müssen sicher erkennen lassen, daß sie von einer Vertragspartei herrühren; handelt für sie ein Vertreter, muß die Vollmacht diesen Erfordernissen genügen und der anderen Partei übermittelt werden.

c) Stillschweigende Zustimmung, II. Abgesehen von den in V genannten Fällen gilt die Form auch dann als gewahrt, wenn das Schweigen der Gegenpartei nach der Verkehrssitte als Zustimmung zu dem schriftlichen Abschlußangebot anzusehen ist. Hauptfall ist das Schweigen auf ein kaufmännisches Bestätigungsschreiben im Handelsverkehr, PalHeinr § 148 Rn 8–16.

d) Bezugnahme auf ein Schriftstück, III. Außerhalb des Anwendungsbereichs von V braucht ein nach I oder II formgerechter Vertrag die Schiedsvereinbarung nicht wiederzugeben: es genügt die Bezugnahme auf ein Schriftstück, das eine Schiedsklausel iSv § 1029 II enthält, sofern die Bezugnahme dergestalt ist, daß sie die Schiedsklausel zu einem Bestandteil des Vertrages macht (erst recht genügt unter dieser Voraussetzung die Bezugnahme auf eine Schiedsabrede iSv 1029 II, zB für eine umfassende Schiedsordnung). Hauptfall ist die im Handelsverkehr häufige Bezugnahme auf Allgemeine Geschäftsbedingungen, §§ 38 ff Rn 6 ff, die durch ihre Einbeziehung Vertragsbestandteil geworden sind; außerhalb des kaufmännischen Verkehrs sind Schiedsvereinbarungen in AGB unwirksam, § 9 AGB-G, Spieker ZIP **99**, 44. Ohne Bezugnahme iSv III kommt eine Schiedsvereinbarung nicht zustande; ein bloßer Handelsbrauch genügt also nicht.

B. Sonderregel für den Seehandel, IV. Eine Schiedsvereinbarung wird auch durch die Begebung eines Konnossements begründet, in dem ausdrücklich auf die in einem Chartervertrag enthaltene Schiedsklausel Bezug genommen wird, vgl Hbg VersR **83**, 1079, **82**, 894 (dazu Riehmer VersR **83**, 31) u **76**, 538.

4) Form der Schiedsvereinbarung bei Beteiligung eines Verbrauchers, V (SchwW 5 Rn 16 ff).

Eine Verschärfung der Formvorschriften sieht das Gesetz bei Beteiligung eines Verbrauchers iSv § 13 BGB (idF des Art 2 Z 1 G v. 27. 6. 00, BGBl 897) vor: In diesem Fall muß die Schiedsvereinbarung in einem von den Parteien eigenhändig unterzeichneten Urkunde enthalten sein, **V 1**, so daß die Unterzeichnung durch einen Bevollmächtigten nicht genügt, str, aM Lachmann SchiedsVZ **03**, 33 mwN. V 1 greift nicht zugunsten von sog Existenzgründern, da bei diesen Unternehmer- u nicht Verbraucherhandeln vorliegt, BGH NJW **05**, 1273, Düss NJW **04**, 3192. Ersetzt wird die Form des V 1 durch die elektronische Form nach § 126a BGB, **V 2**, vgl Erl zu § 130a. Die Urkunde oder das elektronische Dokument darf keine anderen Vereinbarungen enthalten als die, die sich auf das Schiedsverfahren beziehen, **V 3**, zB keinen Mietvertrag oder Gesellschaftsvertrag, Kblz RR **96**, 970 mwN. Wird die Schiedsabrede nicht auf ein besonderes Blatt; wird die Schiedsabrede im selben Schriftstück wie der Hauptvertrag niedergeschrieben, so muß sie sich eindeutig von ihm absetzen und besonders unterschrieben sein, BGH **38**, 163. Dies gilt nicht für notariell beurkundete Vereinbarungen, **V 3**, und auch nicht für gerichtliche Vergleiche, die die Form des § 1031 ersetzen, StJSchl 8, SchwW 5 Rn 18, offen gelassen Klh aaO, Karlsr RR **91**, 493 (dazu K. Schmidt DB **91**, 904).

5) Gemeinsamkeiten, I–V.

Die Formvorschriften sind zwingend und müssen strikt gehandhabt werden, Kblz RR **96**, 970 mwN (zum bisherigen Recht). Bei Wahrung der Form nach § 1031 ist keine zusätzliche Beurkundung in einer für den Hauptvertrag, zB nach § 313 BGB, vorgeschriebenen Form nötig, BGH NJW **78**, 212, hM, Lachmann SchiedsVZ **03**, 33 mwN.

Mündliche Nebenabreden sind unwirksam. Änderungen der Schiedsvereinbarung bedürfen der Form des § 1031, nicht aber nachträgliche Vereinbarungen über das Verfahren, BGH NJW **94**, 2156.

Bei der Abtretung eines Rechts aus einem Vertrag gehen idR auch die Rechte und Pflichten aus einem damit verbundenen Schiedsvertrag auf den Erwerber über, hM, BGH **68**, 359 mwN, ohne daß es seines Beitritts zum Schiedsvertrag in der Form des § 1031 bedarf, BGH NJW **78**, 1585, dazu Habscheid KTS **84**, 53; das gleiche gilt im Fall der Vertragsübernahme, BGH NJW **79**, 1166, bei einem Erwerb des Geschäftsan-

§§ 1031, 1032

teils einer GmbH, BGH NJW 79, 2567 m Anm Kornmeier DB **80**, 193, sowie bei Ausübung eines rechtsgeschäftlichen Rechts auf Eintritt in eine Handelsgesellschaft, BGH NJW **80**, 1797.

12 **Unnötig** ist die besondere Form bei Schiedsabreden in Satzungen, zB einer AktG oder GmbH, s § 1066 Rn 5; nicht dahin gehört eine Schiedsklausel in Gesellschaftsverträgen (oHG, KG), auch wenn es sich um eine Massen- oder Publikums-KG handelt, so daß insoweit § 1031 gilt, BGH NJW **80**, 1049, dazu Habscheid KTS **84**, 54, vgl (zT krit) K. Schmidt JZ **89**, 1081 u DB **89**, 2316 mwN, Becker ZZP **97**, 319 u Roth F Nagel, 1987, S 318. Auch für einen neu eintretenden Gesellschafter gilt I, BGH aaO, LG Wiesbaden KTS **83**, 335, wenn nicht II eingreift, weil alle Gesellschafter Vollkaufleute sind und der Vertragsschluß für sie Handelsgeschäft ist, unten Rn 10.

13 **6) Heilung von Formmängeln, VI.** Ein Verstoß gegen § 1031 I–V führt zur Nichtigkeit der Schiedsvereinbarung. Jedoch wird ein Mangel der Form durch die Einlassung auf die schiedsgerichtliche Verhandlung zur Hauptsache geheilt, und zwar rückwirkend; für die Heilung reicht die vorbehaltlose Einlassung zur Hauptsache in einem Schriftsatz aus, BGH RIW **83**, 212 mwN.

14 Dabei kommt es nicht darauf an, ob die Parteien sich bewußt waren, durch ihre Einlassung die Zuständigkeit des Schiedsgerichts anstelle des Staatsgerichts zu begründen, BGH **48**, 45 (offen gelassen für den Fall, daß vor der Einlassung überhaupt kein Schiedsvertrag bestand), K. Schmidt, F Nagel, 1987, S 377 mwN. Eine Heilung erfolgt nur im Umfang des Sachantrags, da durch ihn die Hauptsache abgegrenzt wird; sie erstreckt sich daher nicht auf weiteres auf Vorfragen, BGH **LM** Nr 5. Möglich ist aber, daß durch die Einlassung der Schiedsvertrag auf einen von ihm zunächst nicht erfaßten Streitgegenstand erstreckt wird, was der die Vollstreckung aus dem Schiedsspruch Begehrende zu beweisen hat. Für die Heilung kommt es auf die rügelose Einlassung zur Hauptsache an. Sie tritt ein, wenn eine Partei das Schiedsgericht anruft und der Gegner sich vor dem Schiedsgericht mündlich oder schriftlich vorbehaltlos zur Hauptsache einläßt, so daß die Einreichung eines entsprechenden Schriftsatzes vor der mündlichen Verhandlung ausreicht, BGH **48**, 45 u RIW **83**, 212 mwN.

Auf fehlende, unwirksame oder hinfällig gewordene Schiedsverträge ist VI nicht unmittelbar anzuwenden (K. Schmidt MDR **72**, 989 u F Nagel, 1987, S 778 ff, Wackenhuth KTS **85**, 428 mwN). Hier ist zu unterscheiden: Bei materiell unwirksamer oder hinfällig gewordener Schiedsabrede gilt VI entspr (Rügeverlust), so daß es auf ein Erklärungsbewußtsein nicht ankommt. Fehlte der Schiedsvertrag, so liegt in der Klagerhebung vor dem Schiedsgericht und der rügelosen Einlassung des Gegners (und erst recht in der ausdrücklichen Akzeptierung des Schiedsgerichts) idR der konkludente Abschluß eines Schiedsvertrages, BGH NJW **84**, 1356, der formfrei ist, aber Erklärungsbewußtsein der Parteien voraussetzt, Wackenhuth aaO S 431, ThP 2 c, Mü KTS **77**, 178, str, vgl dazu aM Hbg MDR **69**, 1019, ZIP **81**, 172 u RIW **82**, 285, LG Ffm NJW **83**, 762 (abl Vollkommer NJW **83**, 727); s auch K. Schmidt aaO, der auch in diesem Fall einen ohne Erklärungsbewußtsein eintretenden Rügeverlust befürwortet.

15 **7) VwGO:** Entspr anzuwenden, Grdz 1025 Rn 23 u 24.

1032

Schiedsvereinbarung und Klage vor Gericht. [I] Wird vor einem Gericht Klage in einer Angelegenheit erhoben, die Gegenstand einer Schiedsvereinbarung ist, so hat das Gericht die Klage als unzulässig abzuweisen, sofern der Beklagte dies vor Beginn der mündlichen Verhandlung zur Hauptsache rügt, es sei denn, das Gericht stellt fest, dass die Schiedsvereinbarung nichtig, unwirksam oder undurchführbar ist.

[II] Bei Gericht kann bis zur Bildung des Schiedsgerichts Antrag auf Feststellung der Zulässigkeit oder Unzulässigkeit eines schiedsrichterlichen Verfahrens gestellt werden.

[III] Ist ein Verfahren im Sinne der Absätze 1 oder 2 anhängig, kann ein schiedsrichterliches Verfahren gleichwohl eingeleitet oder fortgesetzt werden und ein Schiedsspruch ergehen.

Vorbem. Die Vorschrift gilt auch für ausländische Schiedsvereinbarungen, § 1025 II.

Schrifttum: *Kremer/Weimann* MDR **04**, 181; *Huber* SchiedsVZ **03**, 73.

1 **1) Regelungszweck.** Die Bedeutung einer Schiedsvereinbarung für ein Verfahren vor dem staatlichen Gericht in derselben Angelegenheit regelt § 1032 ähnlich wie die §§ 1027 a, 1037 und 1046 aF. II eröffnet die Möglichkeit, die Zulässigkeit oder Unzulässigkeit des Schiedsverfahrens durch das staatliche Gericht feststellen zu lassen. Das Verhältnis zwischen Schiedsverfahren und Gerichtsverfahren ist Gegenstand von III.

2 **2) Einrede der Schiedsvereinbarung, I**
A. Allgemeines. Vor dem staatlichen Gericht muß eine Klage in einer Angelegenheit, die Gegenstand einer Schiedsvereinbarung ist, erhoben worden sein; zur Prüfung der Reichweite einer Schiedsvereinbarung vgl BGH RR **02**, 387 mwN, BayObLG RR **02**, 321. Der Klage steht ein Antrag gleich, mit dem beim staatlichen Gericht ein Verfahren eingeleitet worden ist, das auf eine Streitentscheidung gerichtet ist, zB ein Verfahren nach der Hausratsverordnung oder eine (vermögensrechtliche) FolgeS im Verbund mit einer bereits anhängigen EheS, § 623. In Arrest- und Verfügungssachen versagt die Einrede der Schiedsvereinbarung, weil insoweit das Schiedsgericht und das staatliche Gericht gleichermaßen zuständig sind, §§ 1033 und 1041.

3 **B. Erhebung der Einrede.** Der Beklagte muß bei dem staatlichen Gericht vor Beginn der mündlichen Verhandlung zur Hauptsache, dh vor seiner Einlassung zur Sache rügen, daß die Angelegenheit Gegenstand einer Schiedsvereinbarung ist. Das Rügerecht ist verzichtbar, so daß die Schiedsabrede niemals vAw zu beachten ist, StJSchl 2, BGH RR **96**, 1150 mwN, BAG MDR **88**, 259. Darauf, ob der Beklagte auch materielle Einwendungen erhebt, kommt es nicht an, Düss MDR **77**, 762, Jagenburg/Sturm JbPrschdG **4**, 85 mwN. Die Beweislast trifft die Partei, die sich auf die Schiedsvereinbarung beruft, BGH NJW **86**, 2765. Die Berufung auf einen (auch das Urkundenrechtsverhältnis erfassenden) Schiedsvertrag muß schon im Vorbehaltsverf erfolgen und ist dort ohne Beschränkung der Beweismittel darzutun, BGH NJW **86**, 2765; dazu

Abschnitt 2. Schiedsvereinbarung § 1032

wann die Schiedsabrede eine Wechselforderung erfaßt, s § 1025 Rn 16. Für den Geltungsbereich des Europäischen Übk, Schlußanh VI A 2, s dessen Art 6 I.

C. Beschränkungen der Einrede. Die Einrede des Schiedsvertrags entfällt mit der Beendigung der **4** Tätigkeit des Schiedsgerichts; sie lebt im Zweifel mit der Aufhebung des Schiedsspruchs wieder auf, § 1059 V, SchwW 25 Rn 18. Die Rüge greift auch dann nicht durch, wenn das Schiedsgericht eine Entscheidung endgültig ablehnt oder der Schiedsvertrag, zB durch Kündigung, erlischt, BGH **51**, 79, oder undurchführbar wird, zB wegen Mittellosigkeit des Klägers, BGH NJW **00**, 3721 mwN (dazu Kremer/ Weimann MDR **04**, 181, Walter ZZP **01**, 99; Schlosser JZ **01**, 260); einer Küdigung bedarf es in diesem Fall nicht; vgl § 1029 Rn 27. Dagegen beendet ein bloß äußerlich unwirksamer Schiedsspruch, dem zB die Bekanntmachung fehlt, das Schiedsverfahren nicht, so daß die Rüge noch zulässig ist. Sie geht nicht verloren, wenn sich die Partei in einem Vorprozeß über einen anderen Anspruch nicht auf die Schiedsabrede berufen hat, vgl BGH NJW **78**, 1586.

Der Beklagte braucht die Einrede nicht innerhalb der Klagerwiderungsfrist vorzubringen, sondern darf damit bis zum Beginn der mündlichen Verhandlung warten; die Anwendung der allgemeinen Präklusionsvorschriften, §§ 276 I 2 iVm §§ 282 III 2 und 296 III, scheidet aus, weil § 1032 als Sonderregelung zu verstehen ist, BGH NJW **01**, 2176 mwN, ua MusVo 7, str, aM Sch/W Kap 7 Rn 1, Schütze Rn 123, u 59. Aufl.

Der Berufung auf die Schiedsabrede kann die Gegeneinrede der Arglist entgegenstehen, zB bei treuwidrigem Verstoß gegen eigenes Verhalten durch Geltendmachung der Zuständigkeit des Staatsgerichts im SchiedsVerf oder im Verf nach § 1062, BGH RR **87**, 1194 mwN, Ffm IPrax **99**, 250 (Anm Hau ebd 232) u RR **98**, 778 mwN, Köln JMBlNRW **85**, 261, Düss NJW **83**, 2149, oder bei Erhebung der Rüge aus § 1032, obwohl die Beklagten die Durchführung des Schiedsverfahrens unmöglich macht, BGH NJW **88**, 1215 (dazu Jagenburg/Sturm JbPrSchdG **4**, 76 mwN), oder bei Erheben der Rüge gegenüber der Widerklage, wenn der Rügende seinerseits das Staatsgericht angerufen hat, nicht aber schon dann, wenn der Beklagte den für das Schiedsverfahren verlangten Kostenvorschuß nicht gezahlt hat, Ffm RR **98**, 778.

D. Wirkungen der Einrede. Die rechtzeitig erhobene und auch sonst zulässige Rüge führt zur Abwei- **5** sung der Klage als unzulässig, es sei denn, das staatliche Gericht stellt fest, daß die Schiedsvereinbarung nichtig, unwirksam oder undurchführbar ist.

Über die Einrede kann in abgesonderter Verh entschieden werden, § 280; dann fällt die Sache dem **6** Rechtsmittelgericht nur in diesem Umfang an, BGH RR **86**, 62. Das gleiche gilt, wenn ohne besonderte Verh die Klage wegen der Einrede als unzulässig abgewiesen worden ist, BGH NJW **86**, 2765. Für die Gegeneinrede gelten §§ 296 III, 531 II nicht, Jagenburg/Sturm JbPrschdG **4**, 75, aM Schröder ZZP **91**, 305, § 282 Rn 17.

Wer mit der Rüge durchdringt, kann die Zuständigkeit des Schiedsgerichts nicht mehr bemängeln, weil **7** dessen Zuständigkeit dann feststeht. Hat das Schiedsgericht unangreifbar entschieden und seine Zuständigkeit bejaht, ist die Anrufung der staatlichen Gerichte durch die Rechtskraft ausgeschlossen, vgl Schlosser F Nagel, 1987, S 358. Hat umgekehrt das Staatsgericht die Rüge für unbegründet erklärt, darf kein Schiedsspruch mehr ergehen, § 1059 Rn 3. Hat sich das Schiedsgericht unangreifbar für unzuständig erklärt, haben die staatlichen Gerichte zu entscheiden, und zwar unter Bindung an die Erklärung, SchwW 7 Rn 11. Vgl iü § 282 Rn 21.

Die wirksame Berufung auf die Schiedsabrede gegenüber einer Gegenforderung macht die Aufrechnung **8** mit dieser Forderung im Verfahren vor dem staatlichen Gericht idR unzulässig, § 1029 Rn 22, str.

Für Schiedsgutachtenverträge, Grdz § 1025 Rn 12 ff, gilt § 1032 nicht, BGH NJW **82**, 1878, BGH **9**, 138.

3) Feststellung der Zulässigkeit oder Unzulässigkeit des schiedsrichterlichen Verfahrens, II (s **9** eingehend Schroeter SchiedsVZ **04**, 2887). Anknüpfend an § 1046 aF gewährt II beiden Parteien die Möglichkeit, durch das staatliche Gericht die Zulässigkeit oder Unzulässigkeit des Schiedsverfahrens feststellen zu lassen; dafür besteht aber kein Rechtsschutzbedürfnis, wenn bereits ein Hauptsacheverfahren vor einem staatlichen Gericht rechtshängig ist und dort die Schiedseinrede erhoben wurde, BayObLG RR **03**, 355 mwN, str, zustm Busse SchiedsVZ **03**, 189. Bisher ist nicht eindeutig geklärt, wie sich der Antrag nach II auf die Verjährung auswirkt, s Windhorst SchiedsVZ **04**, 230. Der Antrag muß bis zur Bildung des Schiedsgerichts, § 1035, erhoben werden, also ggf bis zur Annahme des Amtes als Obmann, BayObLG **99**, 263. Sein Gegenstand kann nur das Schiedsverfahren im Ganzen sein, Jena RR **03**, 1506 mwN; die Unzulässigkeit einzelner Verfahrenshandlungen kann nach § 1059 oder § 1060 bzw § 1061 geltend gemacht werden. Zuständig ist das OLG, § 1062 I Z 2, das durch Beschluß entscheidet, der ohne mündliche Verhandlung ergehen kann, § 1063 I 1, BayObLG RR **02**, 323 mwN.

Die Parteien haben grundsätzlich die Wahl, ob sie die Rüge der Unzulässigkeit des Schiedsverfahrens mit der Klage nach II vor dem staatlichen Gericht oder nach § 1040 vor dem Schiedsgericht erheben, BayObLG RR **03**, 355, zustm Busse SchiedsVZ **03**, 189. Nach Bildung des Schiedsgerichts steht ihnen nur der letztere Weg offen.

4) Einfluß des Verfahrens vor dem staatlichen Gericht auf das Schiedsverfahren, III. Die An- **10** hängigkeit eines Verfahrens nach I oder II steht der Einleitung oder Fortsetzung des Schiedsverfahrens nicht entgegen. Im Fall einer Klage vor dem staatlichen Gericht wird das Schiedsgericht sein Verfahren idR entspr § 148 aussetzen und es nur ausnahmsweise, zB wenn Beweismittel verlorengehen könnten, fortsetzen. Einen Schiedsspruch zu erlassen, verbietet sich immer dann, wenn ein Aufhebungsverfahren zu erwarten ist, weil die Unzulässigkeit des Schiedsverfahrens ein Aufhebungsgrund ist, § 1059 II Z 1 a, c und d.

5) VwGO: *Entspr anzuwenden, Grdz § 1025 Rn 23 u 24, BVerwG NVwZ* **93***, 585 aM RedOe § 40 Rn 79* **11** *mwN.*

Albers

§§ 1033, 1034

1033 *Schiedsvereinbarung und einstweilige gerichtliche Maßnahmen.* Eine Schiedsvereinbarung schließt nicht aus, dass ein Gericht vor oder nach Beginn des schiedsrichterlichen Verfahrens auf Antrag einer Partei eine vorläufige oder sichernde Maßnahme in Bezug auf den Streitgegenstand des schiedsrichterlichen Verfahrens anordnet.

Vorbem. Die Vorschrift gilt auch für Verfahren mit ausländischem Schiedsort, § 1025 II u IV.

Schrifttum: *Bandel,* Einstweiliger Rechtsschutz im Schiedsverfahren, 2000; *Schroth* SchiedsVZ **03**, 104; *Schütze,* BB **98**, 1650; *Wolf* DB **99**, 1101.

1   **1) Regelungszweck.** Die Vorschrift regelt die Zuständigkeit zum Erlaß einstw Maßnahmen während des schiedsrichterlichen Verfahrens, § 1044. Solche Maßnahmen darf auch das Schiedsgericht treffen, § 1041. Unabhängig davon sieht § 1033 eine ebenfalls originäre Zuständigkeit des staatlichen Gerichts vor.

2   **2) Einstweiliger Rechtsschutz durch das staatliche Gericht.** Eine Schiedsvereinbarung schließt nicht aus, daß das staatliche Gericht sowohl vor als auch nach Beginn des Schiedsverfahrens auf Antrag einer Partei vorläufige oder sichernde Maßnahmen trifft. Damit ist klargestellt, daß insoweit § 1032 I nicht gilt, also die Zuständigkeit des Staatsgerichts von den Parteien nicht abbedungen werden kann, Wolf DB **99**, 1103, str, vgl Mü LS RR **01**, 712 (red Anm).

3   Nach Bildung des Schiedsgerichts steht es der Partei frei, ob sie einen entspr Antrag nach § 1041 an das Schiedsgericht oder nach § 1033 an das staatliche Gericht stellt. Wenn es ihr auf schnelle Vollstreckung ankommt, wird sie im Hinblick auf § 1041 II u III den letzteren Weg einschlagen, vgl Schütze BB **98**, 1650. Vor Bildung des Schiedsgerichts steht ihr nur dieser Weg offen.

4   Welche vorläufigen oder sichernden Maßnahmen zulässig sind, bestimmt sich nach den allgemeinen Vorschriften, zB nach den §§ 485 ff, Kblz MDR **99**, 502, den §§ 916 ff, in bestimmten Fällen nach Sondervorschriften, zB in Unterhaltsstreitigkeiten nach § 644. Nach ihnen richten sich auch die Zuständigkeit und die Rechtsmittel; §§ 1062 ff gelten insoweit nicht.

5   Doppelentscheidungen sind danach nicht ausgeschlossen. Sie sollten aber vermieden werden, indem sowohl das Schiedsgericht nach § 1041 als auch das staatliche Gericht nach § 1033 iVm § 916 ff strenge Anforderungen an das Rechtsschutzbedürfnis stellen. Die Vollziehung einer Maßnahme des Schiedsgerichts darf außerdem nur zugelassen werden, wenn nicht schon eine entspr Regelung beim staatlichen Gericht beantragt worden ist, § 1041 II 1, s dort Rn 3.

6   **3) VwGO:** Entspr anzuwenden sind I u III, Grdz § 1025 Rn 23 u 24.

Abschnitt 3. Bildung des Schiedsgerichts

1034 *Zusammensetzung des Schiedsgerichts.* [I 1] Die Parteien können die Anzahl der Schiedsrichter vereinbaren. [2] Fehlt eine solche Vereinbarung, so ist die Zahl der Schiedsrichter drei.

[II 1] Gibt die Schiedsvereinbarung einer Partei bei der Zusammensetzung des Schiedsgerichts ein Übergewicht, das die andere Partei benachteiligt, so kann diese Partei bei Gericht beantragen, den oder die Schiedsrichter abweichend von der erfolgten Ernennung oder der vereinbarten Ernennungsregelung zu bestellen. [2] Der Antrag ist spätestens bis zum Ablauf von zwei Wochen, nachdem der Partei die Zusammensetzung des Schiedsgerichts bekannt geworden ist, zu stellen. [3] § 1032 Abs. 3 gilt entsprechend.

Vorbem. Die Vorschrift gilt auch vor der Bestimmung eines deutschen Schiedsortes, § 1025 III.

1   **1) Regelungszweck.** Die Zusammensetzung des Schiedsgerichts ist für seine Unabhängigkeit und Unparteilichkeit von größter Bedeutung, vgl § 1035 V u § 1036 I u II. Zur Gewährleistung dieser Grundvoraussetzung des Schiedsverfahrens sind in § 1034 II besondere Bestimmungen getroffen.

2   **2) Zahl der Schiedsrichter, I**

A. Grundsatz, I 1. Die Zahl der Schiedsrichter wird durch Parteivereinbarung nach Maßgabe der §§ 1029 u 1031 bestimmt. Die Parteien können sich demgemäß auf einen Einzelschiedsrichter oder auf ein Schiedsgericht mit zwei, drei oder mehr Schiedsrichtern einigen; sie können auch Näheres über die Bestimmung des Vorsitzenden (Obmanns) des Schiedsgerichts vereinbaren, § 1035 III. Vereinbaren sie ein institutionelles Schiedsgericht, gelten die Bestimmungen in dessen Verfahrensordnung (vgl Aden, Internationale Handelsschiedsgerichtsbarkeit, 2. Aufl 2003), zB diejenigen der Internationalen Handelskammer (ICC), SchiedsVZ **03**, 34 m Anm v. Schlabrendorff.

B. Ausnahme, I 2. Fehlt eine Vereinbarung der Parteien, besteht ein Schiedsgericht aus drei Personen (wegen des Vorsitzenden s § 1035 III 2). Das entspricht der Handhabung in den meisten internationalen und nationalen Schiedsfällen.

3   **3) Übergewicht einer Partei, II**

A. Allgemeines, II 1. Die nötige Unparteilichkeit und Unabhängigkeit eines Schiedsgerichts ist nur gewährleistet, wenn keine Partei bei der Zusammensetzung des Schiedsgerichts ein Übergewicht hat, das die andere Partei benachteiligt. In Fortschreibung des bisherigen Rechts, § 1025 II aF, regelt II diesen Fall (obwohl er systematisch zu § 1035 gehört). Er gibt der betroffenen Partei u auch dem Insolvenzverwalter bei Schiedsrichterbenennung durch den Gemeinschuldner, KG SchiedsVZ **05**, 100, das Recht, bei dem staatlichen Gericht zu beantragen, den oder die Schiedsrichter abweichend von der erfolgten Ernennung oder der vereinbarten Ernennungsregelung zu bestellen.

4   Dies gilt auch bei sog Mehrparteienschiedsverfahren, in denen auf einer Seite mehrere Beteiligte stehen: wenn sie sich nicht auf die Ernennung eines Schiedsrichters einigen, so soll nach hM eine Partei die

Ernennung des gesamten Schiedsgerichts beantragen können, um das drohende Ungleichgewicht zu verhindern, Berger DZWiR **98**, 50 mwN.

B. Verfahren, II 2 u 3 5
a) Antrag. Er ist spätestens bis zum Ablauf von zwei Wochen zu stellen, nachdem der Partei die Zusammensetzung des Schiedsgerichts bekannt geworden ist, **II 2**; dies entspricht der Frist für die Ablehnung eines Schiedsrichters, § 1037 II u dortige Rn 4.

b) Verfahren. Zuständig ist das OLG, § 1062 I Z 1. Sein Verfahren regelt § 1063; wegen des Anwalts- 6 zwanges s § 1063 IV. Für die Entscheidung gilt § 1035 V, für die Offenlegungspflicht des als Schiedsrichter in Aussicht Genommenen § 1036 I. Die Entscheidung des OLG ist unanfechtbar, § 1065 I 2, läßt aber die Ablehnung des Ernannten unberührt, §§ 1036 II u 1037.

c) Wirkung auf das Schiedsverfahren, II 3. Entspr § 1032 III kann während der Anhängigkeit eines 7 Verfahrens nach II das schiedsrichterliche Verfahren eingeleitet oder fortgesetzt werden sowie in ihm ein Schiedsspruch ergehen. Wird vom OLG ein anderer zum Schiedsrichter bestellt, muß das schiedsrichterliche Verfahren in neuer Besetzung von vorn beginnen; ein etwa ergangener Schiedsspruch unterliegt der Aufhebung, § 1059 II Z 1 d.

4) *VwGO:* Entspr anzuwenden, Grdz § 1025 Rn 23 u 24. 8

1035 *Bestellung der Schiedsrichter.* ¹ Die Parteien können das Verfahren zur Bestellung des Schiedsrichters oder der Schiedsrichter vereinbaren.

ᴵᴵ Sofern die Parteien nichts anderes vereinbart haben, ist eine Partei an die durch sie erfolgte Bestellung eines Schiedsrichters gebunden, sobald die andere Partei die Mitteilung über die Bestellung empfangen hat.

ᴵᴵᴵ ¹ Fehlt eine Vereinbarung der Parteien über die Bestellung der Schiedsrichter, wird ein Einzelschiedsrichter, wenn die Parteien sich über seine Bestellung nicht einigen können, auf Antrag einer Partei durch das Gericht bestellt. ² In schiedsrichterlichen Verfahren mit drei Schiedsrichtern bestellt jede Partei einen Schiedsrichter; diese beiden Schiedsrichter bestellen den dritten Schiedsrichter, der als Vorsitzender des Schiedsgerichts tätig wird. ³ Hat eine Partei den Schiedsrichter nicht innerhalb eines Monats nach Empfang einer entsprechenden Aufforderung durch die andere Partei bestellt oder können sich die beiden Schiedsrichter nicht binnen eines Monats nach ihrer Bestellung über den dritten Schiedsrichter einigen, so ist der Schiedsrichter auf Antrag einer Partei durch das Gericht zu bestellen.

ᴵⱽ Haben die Parteien ein Verfahren für die Bestellung vereinbart und handelt eine Partei nicht entsprechend diesem Verfahren oder können die Parteien oder die beiden Schiedsrichter eine Einigung entsprechend diesem Verfahren nicht erzielen oder erfüllt ein Dritter eine ihm nach diesem Verfahren übertragene Aufgabe nicht, so kann jede Partei bei Gericht die Anordnung der erforderlichen Maßnahmen beantragen, sofern das vereinbarte Bestellungsverfahren zur Sicherung der Bestellung nichts anderes vorsieht.

ⱽ ¹ Das Gericht hat bei der Bestellung eines Schiedsrichters alle nach der Parteivereinbarung für den Schiedsrichter vorgeschriebenen Voraussetzungen zu berücksichtigen und allen Gesichtspunkten Rechnung zu tragen, die die Bestellung eines unabhängigen und unparteiischen Schiedsrichters sicherstellen. ² Bei der Bestellung eines Einzelschiedsrichters oder eines dritten Schiedsrichters hat das Gericht auch die Zweckmäßigkeit der Bestellung eines Schiedsrichters mit einer anderen Staatsangehörigkeit als derjenigen der Parteien in Erwägung zu ziehen.

Vorbem. Die Vorschrift gilt auch vor der Bestimmung eines deutschen Schiedsortes, § 1025 III.

1) Regelungszweck. Die Zusammensetzung des Schiedsgerichts hat große Bedeutung für seine Unab- 1 hängigkeit und Unparteilichkeit, § 1034 Rn 1. Das bei der Bestellung der Schiedsrichter einzuhaltende Verfahren bestimmen grundsätzlich die Parteien, I, II u V. Fehlt eine Vereinbarung, ist die Bestellung Sache des staatlichen Gerichts, III u V.

2) Vereinbartes Verfahren für die Bestellung 2
A. Grundsatz, I. Die Parteien können das Verfahren für die Bestellung des Einzelschiedsrichters oder der Schiedsrichter frei vereinbaren, und zwar in der Form der §§ 1029 und 1031. Sie dürfen die Bestellung auch einem Dritten übertragen und bestimmte Anforderungen an die Qualifikation der Schiedsrichter festlegen, vgl V u § 1036 II. Beschränkt wird die Freiheit der Parteien insofern durch den Grundsatz, daß Unabhängigkeit und Unparteilichkeit des Schiedsgerichts gewährleistet sein müssen, und daß deshalb keine Partei ein die andere Partei benachteiligendes Übergewicht bei der Bestellung haben darf, § 1034 II. Wegen der Beschränkungen für die Berufung vgl im Einzelnen § 1029 Rn 4–6.

B. Bestellung durch die Parteien, II. Obliegt die Bestellung den Parteien, hat jede Partei der anderen 3 die von ihr vorgenommene(n) Bestellung(en) mitzuteilen. Nach Empfang dieser Mitteilung, dh nach ihrem Zugang bei der anderen Partei iSv § 130 BGB, ist die Partei an ihre Schiedsrichterbestellung gebunden. Um den Zugang sicherzustellen und nachweisen zu können, empfiehlt sich schon im Hinblick auf die Frist nach § 1034 II, den Zugang und den Nachweis des Empfangsdatums dadurch sicherzustellen, daß die Mitteilung durch Einschreibebrief gegen Rückschein erfolgt. Die Partei darf die Ernennung dem Gegner gegenüber widerrufen, bis sie diesem zugegangen ist, auch wenn der Schiedsrichter bereits angenommen hatte. Mit Zugang der Anzeige ist die Ernennung dem Gegner und dem Schiedsrichter gegenüber unwiderruflich.

Diese Regelung gilt nicht, wenn die Parteien etwas anderes vereinbart haben.

C. Bestellung durch einen Dritten. Der Vertrag kann die Ernennung einem Dritten überlassen, was zB 4 bei ständigen Schiedsgerichten üblich ist, vgl Sieg JZ **58**, 719. Dann ist zu prüfen, ob nicht der Dritte von einer Partei so abhängt, daß in Wahrheit die Partei ernennt. Ist der Dritte eine Behörde oder Personenmehrheit, so ernennt im Zweifel der Vorstand den Schiedsrichter. Unwirksam ist eine Vereinbarung, nach der alle Schiedsrichter oder der den Ausschlag gebende Obmann vom Vorstand oder dem Beauftragten eines Vereins ernannt werden, wenn nicht beide Parteien Mitglieder dieses Vereins sind, Mü KTS **83**, 166 u **85**, 156 mwN; dies gilt auch dann, wenn die Schiedsgerichtsvereinbarung nicht nach dem Eintritt des Konfliktfalles getroffen wird, aM Mü KTS **85**, 154 mwN. Eine Verpflichtung zur Ernennung hat der Dritte gesetzlich nie; die Ernennung ist immer eine rein private Handlung, Arnold NJW **68**, 781 mwN (zur Ernennung durch Richter). Der Dritte muß eindeutig bezeichnet sein. Zulässig ist auch die Vereinbarung, daß von jeder Partei zu benennende Dritte den oder die Schiedsrichter ernennen; die Benennung des Dritten kann durch Klage vor dem Staatsgericht erzwungen werden, StJSchl 3, LG Gießen RR **96**, 500.

5   **D. Erfolglosigkeit der Bestellung, IV u V.** Handelt eine der Parteien nicht entsprechend der Vereinbarung oder können die Parteien (oder die beiden Schiedsrichter) eine Einigung entspr diesem Verfahren nicht erzielen oder erfüllt ein Dritter eine ihm nach diesem Verfahren übertragene Aufgabe nicht, BayObLG **00**, 187, so kann jede Partei bei dem staatlichen Gericht die Anordnung der erforderlichen Maßnahmen beantragen, sofern das vereinbarte Verfahren zur Sicherung der Bestellung nichts anderes vorsieht, zB den Übergang der Befugnis auf einen Dritten. Hierhin gehört auch die Geltendmachung der Unwirksamkeit der Ernennung eines Schiedsrichters, Hamm SchiedsVZ **03**, 79 m Anm Kröll. Zuständig ist das OLG, § 1062 I Z 1; sein Verfahren richtet sich nach § 1063 (in der Regel kein Anwaltszwang, § 1063 IV). Was im Einzelfall „erforderlich" ist, entscheidet das OLG nach Ermessen unter Beachtung der zwingenden Vorschriften des 10. Buches: wenn es selbst einen Schiedsrichter ernennt, muß es nach § 1035 I verfahren und die in V gesetzten Maßstäbe beachten, s unten Rn 6. Der Antrag ist abzulehnen, wenn nach dem Parteivortrag offensichtlich kein wirksamer Schiedsvertrag vorliegt, BayObLG MDR **01**, 780 u BB **99**, 1785 mwN.

6   3) **Fehlende Parteivereinbarung, III u V.** In diesem Fall haben sich die Parteien über die Bestellung eines Einzelschiedsrichters zu einigen; gelingt dies nicht, wird der Einzelschiedsrichter durch das Gericht bestellt, **III** 1, vgl. auch oben Rn 4. Bei einem Dreierschiedsgericht, § 1034 I, bestellt jede Partei einen Schiedsrichter; die beiden Schiedsrichter bestellen den dritten Schiedsrichter, der als Vorsitzender (Obmann) tätig wird, **III** 2, falls die Parteien nicht etwas anderes bestimmt haben.

7   Bei Mehrparteien-Schiedsgerichten, Labes/Lörcher MDR **97**, 421, müssen die in Verwaltungs- und Verfügungsgemeinschaft oder in notwendiger Streitgenossenschaft stehenden Beteiligten einen gemeinsamen Schiedsrichter ernennen, Koussoulis ZZP **94**, 201 mwN; in allen anderen Fällen hat jeder Beteiligte das Recht, einen eigenen Schiedsrichter zu bestellen, K. H. Schwab F Habscheid, 1989, S 293. Können sich die erstgenannten nicht einigen, bestellt das Gericht auf Antrag einer Partei alle Schiedsrichter, vgl § 1034 Rn 4. Markort, Mehrparteien-Schiedsgerichtsbarkeit im deutschen und ausländischen Recht, 1994, S 98 ff; str, abw Schwab aaO: dann ist keine Streitgenossenschaft zulässig.

8   Für die Erfüllung dieser Verpflichtungen läuft jeweils eine Monatsfrist, nach deren Ablauf auf Antrag einer Partei das Gericht den Schiedsrichter bestellen kann, **III** 3.

9   Kommt eine Partei ihrer Verpflichtung nicht nach, ist eine **Aufforderung** durch die andere Partei nötig; eine Zustellung ist nicht erforderlich, aber ratsam. Die Aufforderung muß mangels abweichender Regelung des Schiedsvertrags enthalten: **a) Bezeichnung des Schiedsrichters** des Auffordernden so, daß seine Nämlichkeit feststeht u sich der Gegner nach ihm erkundigen kann, BGH NJW **60**, 1296 m zustm Anm Schwab ZZP **73**, 432. Der Schiedsrichter darf nicht ersichtlich untauglich sein, braucht aber weder angenommen zu haben noch auch nur über Annahme befragt zu sein. Fällt er weg oder lehnt er ab, so hat der Gegner das Aufforderungsrecht; **b) ausreichende Bezeichnung des Rechtsstreitigkeit**, Hbg OLG **33**, 139. Die genaue Angabe des Anspruchs ist unnötig; **c) Hinweis auf die Monatsfrist**. Er ist (anders als nach § 1029 aF) nicht nötig, BGH RR **02**, 934, abw 60. Aufl, aber zu empfehlen. Berechnung nach § 222, Beginn mit Zugang der Aufforderung. Verlängerung und Abkürzung durch Vereinbarung sind zulässig, weil kein schiedsrichterliches Verfahren vorliegt, SchwW 10 Rn 19.

Ungeachtet des Fristablaufs endet das Bestellungsrecht der Partei erst dann, wenn die andere Partei bei dem staatlichen Gericht einen Antrag auf Ersatzbestellung gestellt hat, vgl BGH RR **02**, 934 mwN; die Parteien können iü die Monatsfristen durch Vereinbarung abkürzen, BegrRegEntw S 40. Zur Zuständigkeit und zum Verfahren des OLG s oben Rn 4, zur Entscheidung, **V**, s unten Rn 6.

10   4) **Gerichtliche Entscheidung nach III 3 u IV.** Das OLG, oben Rn 4 u 5, hat bei der Bestellung eines Schiedsrichters alle nach der Parteivereinbarung für den Schiedsrichter vorgeschriebenen Voraussetzungen zu berücksichtigen und allen Gesichtspunkten Rechnung zu tragen, die die Bestellung eines unabhängigen und unparteiischen Schiedsrichters sicherstellen, **V** 1, dazu BayObLG RR **99**, 1085. Bei der Bestellung eines Einzelschiedsrichters oder dritten Schiedsrichters (Vorsitzenden) hat das OLG auch die Zweckmäßigkeit der Bestellung eines Schiedsrichters mit einer anderen Staatsangehörigkeit als derjenigen der Parteien in Erwägung zu ziehen, **V** 2. Dieser Gesichtspunkt hat vor allem in der internationalen Schiedsgerichtsbarkeit Bedeutung. Die in V genannten Maßstäbe können nicht durch Parteivereinbarung geändert werden.

11   5) **Schiedsrichtervertrag.** Der zwischen den Parteien und den Schiedsrichtern abzuschließende Vertrag ist im 10. Buch nicht geregelt. Zu den Einzelheiten s Anh § 1035.

12   6) *VwGO:* Entspr anzuwenden, Grdz § 1025 Rn 23 u 24.

Anhang nach § 1035 ZPO. Der Schiedsrichtervertrag

Gliederung

1) **Wesen und Abschluß** 1–3	2) **Inhalt** 4–9
A. Inhalt 1	A. Rechtsgrundlage 4
B. Maßgebliches Recht 2	B. Mitwirkung im Schiedsverfahren 5
C. Vertragsteile 3	C. Unabhängigkeit 6

Abschnitt 3. Bildung des Schiedsgerichts **Anh § 1035**

D. Höchstpersönliches Amt	7	C. Vorschuß	12
E. Weisungen beider Parteien	8	D. Nichtleistung des Vorschusses	13
F. Auskunft, Rechnungslegung, Herausgabe	9	4) **Erlöschen des Schiedsrichtervertrages**	14–16
3) **Vergütung des Schiedsrichters**	10–13	A. Erlöschensgründe	14
A. Anspruchsgrundlage	10	B. Kündigung	15
B. Auslagenersatz	11	C. Rechtsfolgen	16

1) **Wesen und Abschluß des Schiedsrichtervertrages** (SchwW Kap 11; v. Hoffmann F Glossner, **1** 1994, S 143; Glossner, F Quack, 1991, S 709; Calavros, F Habscheid, 1989, S 65; Strieder, Rechtliche Einordnung und Behandlung des Schiedsrichtervertrages, 1984; Real, Der Schiedsrichtervertrag, 1983; Schwab, F Schiedermair, 1976, S 499–515; zu den Begriffen Sareika ZZP **90**, 285).

A. Schiedsrichtervertrag ist der zwischen den Parteien und dem Schiedsrichter vereinbarte Vertrag. Er verpflichtet den Schiedsrichter gegen oder ohne Vergütung zur Ausübung des Schiedsrichteramts. Merkwürdigerweise ist er nach Wesen und Wirkung ganz streitig, obwohl die praktischen Unterschiede der verschiedenen Meinungen gering sind. Der Schiedsrichtervertrag ist jedenfalls ein privatrechtlicher Vertrag, BGH NJW **86**, 3077 mwN: er ist, wenn er kein Entgelt vorsieht, ein Auftrag und dort, wo er entgeltlich ist, ein Dienstvertrag mit Geschäftsbesorgung; so auch MüKoMa § 1028 Rn 5, ThP Vorbem § 1025 Rn 9 (abw SchwW 11 Rn 9: Prozeßvertrag, der auch dem bürgerlichen Recht untersteht, wieder anders BGH NJW **54**, 1763 u Hbg MDR **50**, 480: ein Vertrag besonderer Art; die Begründung des RG ist, wo sie eine Auskunfts- und Rechnungslegungspflicht leugnet, geradezu unhaltbar). Die überragende Stellung des Schiedsrichters im Verfahren beweist nichts dagegen. Sie hat auf seinem Gebiet auch der Arzt, der Anwalt, der Techniker, kurz jeder Sachkundige. Auch sie haben bei ihrer Tätigkeit keine fachlichen Weisungen entgegenzunehmen.

Richter und Beamte als Schiedsrichter bedürfen der Genehmigung ihrer Dienstbehörde, SchwW 9 Rn 2; s die Richter- u Beamtengesetze, insbesondere die Erläuterung zu § 40 DRiG (Schlußanh I A), dazu KG SchiedsVZ **03**, 185 (Anm Mecklenbrauck). Eine Erlaubnis nach dem RBerG ist nicht erforderlich, Art 1 § 2 RBerG.

B. Maßgebendes Recht. Für den Schiedsrichtervertrag gelten die Kollisionsnormen des deutschen IPR. **2** Danach ist in erster Linie der Parteiwille maßgeblich, Art 27 EGBGB, in zweiter Linie das Recht des gewöhnlichen Aufenthalts oder der Hauptniederlassung des Schiedsrichters, Art 28 II EGBGB, es sei denn, die engere Verbindung mit einem anderen Staat ergibt sich aus den Umständen, Art 28 V EGBGB, zB aus dem vereinbarten Schiedsort und dessen Maßgeblichkeit für die Schiedsabrede und das Schiedsverfahren (Basedow JbPrSchdG **1**, 21). Die Wirksamkeit des Schiedsrichtervertrags ist von der des Schiedsvertrags unabhängig, BGH **LM** § 1025 Nr. 5.

C. Vertragsteile sind immer einerseits der Schiedsrichter, andererseits beide Parteien, nicht nur **3** eine Partei, RG **94**, 211. Wer ernennt, bleibt gleich. Wo ersatzweise das Gericht ernennt, tut es das kraft gesetzlicher Ermächtigung für beide Parteien. Die Vertragsschluß geschieht formlos, die Annahme des Amts auch durch beliebige schlüssige Handlung; gilt die Annahme als erklärt, kommt der Schiedsrichtervertrag zustande, BGH NJW **53**, 303. Der Vertrag mit der nicht ernennenden Partei kommt aber erst zustande, wenn die Anzeige von der Ernennung dem Gegner zugeht, vgl § 1035 II u BGH **LM** § 1025 Nr 5. Erst damit ist der Schiedsrichtervertrag geschlossen; bis dahin liegt eine innere Angelegenheit des Ernennenden und des Schiedsrichters vor. Die Erklärung der Annahme oder Ablehnung ist, wenn sie schriftlich erfolgt, aus der Urkunde auszulegen. Ein abweichender innerer Wille ist neben ihr unbeachtlich.

2) **Inhalt des Schiedsrichtervertrags** **4**

A. Es gelten die **Vorschriften des sachlichen Rechts** mit den durch die Natur des Vertrags bedingten Abweichungen. §§ 615–619 BGB sind mit dem Schiedsrichtervertrag unvereinbar und darum unanwendbar.

B. Durch den Schiedsrichtervertrag wird der **Schiedsrichter verpflichtet, im Schiedsverfahren nach** **5** **besten Kräften mitzuwirken** und den Streitfall nach Maßgabe des Schiedsvertrags in einem geordneten, rechtsstaatlichen Verfahren einer alsbaldigen Erledigung zuzuführen, BGH NJW **86**, 3077 mwN; vgl Rn 15. Aus dem Vertrag ergibt sich die Ermächtigung, die erforderlichen Ermittlungen anzustellen, ua auch Sachverständige zu beauftragen, denen gegenüber damit die Parteien verpflichtet sind und umgekehrt, BGH **42**, 315. Weigert der Schiedsrichter sich, so gilt § 1038; eine Mitwirkung wäre auch entsprechend § 888 II nicht erzwingbar. Hat er aber mitgewirkt und ist der Schiedsspruch gefällt, so ist er verpflichtet zu unterzeichnen, auch wenn er überstimmt worden ist, denn der eine und der andere Schiedsrichter für parteiisch hält, da anderenfalls durch seine Kündigung das an sich fertige Ergebnis der bisherigen Arbeit rückwirkend zerstört würde. Eine hierauf gerichtete Klage ist zulässig, wenn es auf die Unterschrift nach § 1054 ankommt, für die Erzwingung gilt § 888 I; sehr str, ebenso MüKoMa § 1028 Rn 11, ThP § 1039 Rn 7, aM SchwW 12 Rn 1 ff mwN (Erlöschen des Schiedsrichtervertrages: daß dann das Hauptverfahren vor dem Staatsgericht neu beginnt, ist ein den Parteien schwerlich zumutbares Ergebnis).

Der Schiedsrichter verdankt seine Stellung ganz dem Parteiwillen; er übt keine staatlichen Befugnisse **6** aus. Er ist aber **von den Parteien völlig unabhängig.** Er hat unparteiisch zu handeln und nicht als Vertreter der Partei, die ihn ernannt hat. Bei Weigerung jeder Mitwirkung gelten §§ 627 II, 671 II BGB. Er verliert gegebenenfalls, § 628 BGB, seinen Anspruch auf Vergütung, muß die erhaltene zurückzahlen und für Verzögerungsschaden aufkommen. Für Verschulden beim Schiedsspruch bedingt die Natur der Sache dieselbe Haftungsbeschränkung wie sie für den urteilenden Staatsrichter besteht, § 839 II BGB; die Gründe, die dort zur Beschränkung geführt haben, gelten auch hier, BGH **15**, 12 u **42**, 313, SchwW 12 Rn 9 (zur Strafbarkeit des Schiedsrichters wegen Rechtsbeugung s Spendel in LK 10. Aufl, § 336 Rn 24 f mwN).

7   **D. Das Amt des Schiedsrichters ist höchstpersönlich,** §§ 613, 664 BGB. Der Eintritt eines Rechtsnachfolgers der Partei beendet den Schiedsrichtervertrag nicht, wenn sein Inhalt unberührt bleibt. Darum darf der Rechtsnachfolger auch nicht kündigen.

8   **E. Weisungen beider Parteien** (nicht einer Partei, BGH NJW **86**, 3077) binden den Schiedsrichter im Rahmen seiner Aufgabe, § 665 BGB, soweit sie mit dem Schiedsrichtervertrag vereinbar sind und nicht gegen zwingende Normen verstoßen, MüKoMa § 1028 Rn 13. Weisungen einer Partei sind höchstens pflichtmäßig zu wertende Anregungen. Der Schiedsrichter, der sich zum Schaden einer Partei nicht an das im Vertrag vorgesehene Recht hält, handelt treuwidrig; denn er hat eine ähnliche Stellung wie der Richter des Staatsgerichts und haftet deshalb ebenso wie dieser, oben Rn 6.

9   **F. Einzelpflichten.** Auskunft über den Stand des Verfahrens, Abrechnung über Vorschüsse, Herausgabe für die Parteien vereinnahmter Beträge und Verschwiegenheit sind selbstverständliche Pflichten, BGH NJW **86**, 3078 mwN. Der Schiedsrichter kann auch verpflichtet sein, bei der Klärung von Umständen mitzuwirken, die den Bestand des Schiedsspruchs in Frage stellen; das schließt aber nicht die Verpflichtung ein, sich bei begründeten Zweifeln an seinem Geisteszustand einer psychiatrischen Untersuchung zu unterziehen, BGH NJW **86**, 3077. Wegen des Verbots der Vorteilsannahme s §§ 331 ff StGB, namentlich § 335 a StGB.

10 **3) Vergütung des Schiedsrichters** (Buchwaldt NJW **94**, 638, Burchard ZfBR **89**, 131, Real S 175 ff, SchwW 12 Rn 10 ff, GSEM § 1 Rn 31).

A. Grundsätze. Ein Anspruch auf Vergütung besteht nur bei Dienstvertrag mit Geschäftsbesorgung, der aber im Zweifel vorliegt, nicht bei Auftrag. Maßgebend sind §§ 612, 614 BGB. Der Anspruch geht stets gegen beide Parteien als Gesamtschuldner, § 427 BGB, BGH **55**, 344. Über die Höhe entscheidet der Schiedsrichtervertrag; notfalls sollte er immer durch eine (der Form des § 1027 genügende) Zusatzvereinbarung in der ersten mündlichen Verhandlung ergänzt werden, um Streit zu vermeiden. Fehlt eine Vereinbarung, so ist die am Ort der Dienstleistung übliche Vergütung zu leisten. Das ist vielfach die Vergütung eines RA 2. Instanz, so zB nach der vom DtAnwVerein ausgearbeiteten Mustervereinbarung und nach der SchGO für das Bauwesen, Heiermann BB **74**, 1507, und zwar für jeden Schiedsrichter (meist mit Zuschlag für den Obmann), vgl Buchwaldt NJW **94**, 638 u Burchard ZfBR **89**, 131 mwN. Ist eine Berechnung nach BRAGO vereinbart, was sich empfiehlt, da dann auch die einzelnen Gebührentatbestände feststehen, so kann keine Partei die Unangemessenheit der entsprechend berechneten Gebühren rügen, vgl Schwytz BB **74**, 674 (mit praktisch wichtigen Fingerzeigen); zu den Auswirkungen einer vorzeitigen Beendigung des Verfahrens auf die Entstehung der Gebühren vgl Buchwaldt NJW **94**, 638. Ist eine übliche Vergütung nicht zu ermitteln, so bestimmt die Vergütung der Schiedsrichter nach billigem Ermessen, §§ 315 f BGB; über die Angemessenheit entscheidet notfalls das Staatsgericht im Prozeß. Richtigkeit und Rechtsbeständigkeit des Schiedsspruchs sind dabei ebenso wie Gültigkeit des Schiedsvertrages belanglos, BGH NJW **53**, 303; das Verfahren muß aber gesetzmäßig abgeschlossen sein. Erst dann ist die Vergütung fällig.

Das Schiedsgericht selbst darf die Vergütung seiner Mitglieder weder unmittelbar noch mittelbar selbst festsetzen, zB durch Entscheidung über den Streitwert des Schiedsverfahrens, BGH JZ **77**, 185, zustm Habscheid/Calavros KTS **79**, 7, BGH BB **78**, 327, und auch nicht im Schiedsspruch darüber entscheiden, BGH NJW **85**, 1904 mwN.

11 **B. Auslagenersatz ist nach § 670 BGB zu gewähren,** Auslagenvorschuß nach § 669 BGB, Real S 179. Die Vergütung schließt eine etwaige Umsatzsteuer (Mehrwertsteuer) ein, wenn die Parteien nichts anderes vereinbart haben.

12 **C. Die Schiedsrichter dürfen auch Vergütungsvorschuß verlangen,** Real S 178, SchwW 12 Rn 16–20, MüKoMa § 1028 Rn 20, BGH **55**, 347, und zwar in jeder Lage des Verfahrens, BGH NJW **85**, 1904. Fordern und Gewähren eines Vorschusses ist derart üblich, daß man von einem Gewohnheitsrecht reden kann. Dazu kommt, daß die Vergütung der Tätigkeit des Schiedsrichters, nicht diese selbst, der eines RA ähnelt, und daß man niemandem zumuten kann, eine derartige, regelmäßig längere Tätigkeit vorzuleisten, weil die unterliegende Partei, wenn nicht beide Parteien, nach Beendigung der Sache zuweilen Schwierigkeiten machen. Zu empfehlen ist immerhin, die Tätigkeit von vorheriger Vorschußleistung abhängig zu machen, was unstreitig zulässig ist. Vorschußpflichtig sind beide Parteien als Gesamtschuldner; sie sind zusammen „der Auftraggeber", vgl § 669 BGB. Im Innenverhältnis besteht mangels abweichender Vereinbarung eine Verpflichtung nur nach § 426 I BGB, BGH **55**, 344, dazu Breetzke NJW **71**, 1457, Habscheid KTS **72**, 213.

13 **D. Leistet eine Partei den Vorschuß nicht,** so kann der Schiedsrichter nicht klagen, wohl aber kann das die Gegenpartei, weil die Leistung des Vorschusses aus der Förderungspflicht der Parteien folgt, BGH NJW **85**, 1904 mwN; zuständig ist das staatliche Gericht, vgl Oldb NJW **71**, 1461 (betrifft die ausnahmsweise gegebene Zuständigkeit des Schiedsgerichts, dazu Breetzke NJW **71**, 2080 u Habscheid KTS **72**, 213). Niemals darf das Schiedsgericht über die Zahlung des von ihm verlangten Vorschusses selbst befinden, oben Rn 10. Ob die Partei leisten kann, bleibt gleich. Verzug gibt der Gegenpartei das Recht, vom Schiedsvertrag zurückzutreten, § 326 BGB, bzw aus wichtigem Grund kündigen, § 1029 Rn 27. Wer selbst keinen Vorschuß leisten kann, darf ihn nach Treu und Glauben nicht dem Gegner zumuten, BGH **55**, 349. Bleibt der Vorschuß aus, so dürfen die Schiedsrichter die Tätigkeit bis zur Zahlung einstellen, § 273 I BGB, BGH NJW **85**, 1904 mwN, ua BGH **77**, 65 u **55**, 347, SchwW 12 Rn 19; sie sind aber nicht berechtigt, wegen der Nichtzahlung des Vorschusses eine für erheblich gehaltene Beweisaufnahme zu unterlassen und ohne Verwertung des Beweismittels zu entscheiden, BGH NJW **85**, 1904, zustm Waldner JR **86**, 69. Die Schiedsrichter können den Vorschuß in jeder Lage des Verfahrens verlangen, BGH NJW **85**, 1904. Wenn Berechnung nach BRAGO vereinbart ist, oben Rn 10, so werden vielfach (so bei der umfangreichen Schiedsgerichtsbarkeit in Hamburg) als Vorschuß für jeden Schiedsrichter 2 Gebühren der Berufungsinstanz eingefordert.

Abschnitt 3. Bildung des Schiedsgerichts **Anh § 1035, § 1036**

4) Erlöschen des Schiedsrichtervertrags (Real S 181 ff). 14

A. Erlöschensgründe sind: a) Beendigung der Aufgabe, regelmäßig also Ergehen des Schiedsspruchs; **b)** Erlöschen des Schiedsvertrags, weil dann der Zweck nicht mehr erreicht werden kann, Strieder S 162; **c)** Tod des Schiedsrichters, oder sein Unfähigwerden zur Dienstleistung, § 1038; **d)** Kündigung der Parteien oder der Schiedsrichter, §§ 626, 627, 671 BGB, unten Rn 15. Kündigung der Parteien ist jederzeit zulässig und duldet keine Bedingung; sie muß von beiden Parteien ausgehen. Kündigung (Widerruf) einer Partei ist unbeachtlich. Rücktritt vom Vertrag kommt neben Kündigung nicht in Frage; **e)** erfolgreiche Ablehnung, §§ 1036, 1037, vgl Strieder S 161. Konkurs über das Vermögen einer Partei beendet das Vertragsverhältnis nicht, § 23 KO will nur die Masse sichern, Real S 186. Auch Konkurs des Schiedsrichters beendet nicht. Beide Fälle sind an sich auch kein Kündigungsgrund.

B. Kündigung seitens der Schiedsrichter ist jederzeit zulässig (Einschränkung oben Rn 5), wenn die 15 Schiedsgerichtsparteien zustimmen, also den Rücktritt genehmigen, BGH NJW **54**, 1605, oder wenn ein wichtiger Grund vorliegt, Real S 182, SchwW 13 Rn 9–13. Ein wichtiger Grund liegt zB vor: wo das Vertrauen gestört ist, wenn etwa eine Partei einen Schiedsrichter ernstlich beleidigt; wenn sie den erforderten, angemessenen Vorschuß nicht zahlt; wenn der Schiedsrichter mit den anderen Schiedsrichtern nicht mehr ersprießlich zusammenarbeiten kann, wozu bloße Parteilichkeit eines anderen Schiedsrichters nicht genügt; bei längerer Krankheit; bei Verziehen ins Ausland; nicht aber, wenn er überstimmt wird. Eine Kündigung ohne wichtigen Grund macht den Schiedsrichter für den entstehenden Schaden (vgl oben Rn 6) ersatzpflichtig. Wegen Vergütung und Ersatz bei Kündigung s § 628 BGB. Den Kündigungsgrund muß der Schiedsrichter beweisen.

C. Rechtsfolgen. Wegen der Vergütung des Schiedsrichters, § 628 BGB, s oben Rn 10, dazu Buchwaldt 16 NJW **94**, 638.

1036 *Ablehnung eines Schiedsrichters.* ¹¹ Eine Person, der ein Schiedsrichteramt angetragen wird, hat alle Umstände offen zu legen, die Zweifel an ihrer Unparteilichkeit oder Unabhängigkeit wecken können. ² Ein Schiedsrichter ist auch nach seiner Bestellung bis zum Ende des schiedsrichterlichen Verfahrens verpflichtet, solche Umstände den Parteien unverzüglich offen zu legen, wenn er sie ihnen nicht schon vorher mitgeteilt hat.

II ¹ Ein Schiedsrichter kann nur abgelehnt werden, wenn Umstände vorliegen, die berechtigte Zweifel an seiner Unparteilichkeit oder Unabhängigkeit aufkommen lassen, oder wenn er die zwischen den Parteien vereinbarten Voraussetzungen nicht erfüllt. ² Eine Partei kann einen Schiedsrichter, den sie bestellt oder an dessen Bestellung sie mitgewirkt hat, nur aus Gründen ablehnen, die ihr erst nach der Bestellung bekannt geworden sind.

Schrifttum: *Kröll* ZZP 116, 195; *Mankowsi* SchiedsVZ 04, 304.

1) Regelungszweck. Die Vorschrift soll sicherstellen, daß die unverzichtbare Unabhängigkeit und Un- 1 parteilichkeit des Schiedsgerichts, §§ 1034 II u 1035 V, gewahrt ist. Sie legt den Schiedsrichtern deshalb eine Offenlegungspflicht auf, I, und regelt ihre Ablehnung, II.

2) Offenlegungspflicht, I (Weigel MDR **99**, 1360). Jede Person, der ein Schiedsrichteramt angetragen 2 wird (auch im gerichtlichen Bestellungsverfahren, § 1035), hat den Parteien (und ggf dem staatlichen Gericht) alle Umstände offenzulegen, die Zweifel an ihrer Unparteilichkeit oder Unabhängigkeit wecken können, I 1. Hierauf sollten die Parteien bzw das Gericht bei der entspr Anfrage ausdrücklich hinweisen. Die Offenlegungspflicht besteht für den Schiedsrichter nach seiner Bestellung bis zum Ende des Schiedsverfahrens, § 1056, fort: er muß die genannten Umstände beiden Parteien unverzüglich, dh ohne schuldhaftes Zögern, offenlegen, wenn er sie ihnen nicht schon vorher mitgeteilt hat, **I 2.**

Ein Verstoß gegen die Verpflichtung nach I kann zur Kündigung des Schiedsrichtervertrages durch die Parteien führen, Anh § 1035 Rn 15. Er ist im Ablehnungsverfahren, II, zuungunsten des Schiedsrichters zu berücksichtigen, vgl BGH NJW **99**, 2370 zu §§ 1032, 1042 aF; dazu Schlosser **LM** §§ 1032 Nr 9, Weigel MDR **99**, 1360 mwN.

3) Ablehnung eines Schiedsrichters, II 3

A. Voraussetzungen, II 1. Ein Schiedsrichter kann nur abgelehnt werden, wenn Umstände vorliegen, die berechtigte Zweifel iSv I aufkommen lassen, oder wenn er die zwischen den Parteien vereinbarten Voraussetzungen nicht erfüllt, zB hinsichtlich des Alters, des Berufs oder der Qualifikation. Andere Gründe scheiden aus, zB die in § 1032 III aF genannten Umstände. Die für den staatlichen Richter bestehenden Ausschließungs- und Ablehnungsgründe, §§ 41 u 42, werden idR „berechtigte Zweifel" iSv I 1 aufkommen lassen, Naumb SchiedsVZ **03**, 134 (Anm Kröll/Mallmann), Schiedsspruch SchiedsVZ **03**, 95, zB immer das Tätigwerden in eigener Sache, BGH NJW **79**, 109 (was im weitesten Sinn zu verstehen ist); solche Zweifel können aber auch agrd anderer Umstände begründet sein.

Beispiele (vgl Mankowski SchiedsVZ **04**, 308, SchwW 14 Rn 8, MüKoMa 4): Befangenheit liegt zB vor 4 bei Übergewicht einer Partei bei der Bildung des Schiedsgerichts, LG Bonn NJW **96**, 2169 mwN, ebenso bei einem RA als Schiedsrichter, der der regelmäßige Rechtsbeistand der Partei ist (namentlich, wenn er sie in gleichliegender Sache vertreten hat, Hbg JZ **56**, 226), Gruber ZRP **97**, 216, abw Hbg SchiedsVZ **03**, 192; bei (jetziger oder auch früherer) Verflechtung einer Partei mit allen oder einzelnen Schiedsrichtern, zumal wenn das Schiedsgericht darüber irreführende Angaben macht, Karlsr bei Raeschke-Kessler JbPrSchdG **2**, 234; wenn der Alleinschiedsrichter als von einer Partei bestellter Beisitzer in einem anderen Schiedsverfahren tätig wird, BGH NJW **72**, 827 (betr Schiedsgutachter); wenn der Schiedsrichter in einer gleichliegenden Sache gegen die Partei entschieden hat, SchwW 14 Rn 7, offen LG Bonn NJW **96**, 2169; wenn er einer Partei in einseitiger Besprechung vor der Ernennung recht gegeben hat, Hbg OLG **31**, 16;

§§ 1036, 1037

wenn ein Einzelschiedsrichter eine Schiedspartei in einem Prozess vor den staatlichen Gerichten vertritt, in dem die andere Schiedspartei auf der Gegenseite steht, Dresd SchiedsVZ **05**, 159; wenn ein Schiedsrichter mit einer Partei allein eine Ortsbesichtigung vorgenommen hat, Hbg OLG **15**, 298; wenn er ein Privatgutachten für die Partei erstattet hat oder an einem solchen Privatgutachten beteiligt war; wenn er als RA den Bevollmächtigten einer Schiedspartei zuvor in einem anderen Rechtsstreit persönlich angegriffen hat, LG Duisburg ZIP **82**, 229; wenn der Schiedsspruch ohne Beratung im Umlaufwege gefällt wird und der Obmann nicht als letzter unterschreibt, LG Ffm BauR **88**, 637. Dagegen genügt nicht, wenn ihm, um ihm einen Überblick zu geben, vor Übernahme des Amtes eine kurze Sachdarstellung von einer Partei gegeben wird, Neustadt MDR **55**, 616, es sei denn, daß besondere Umstände hinzu kommen, zB kostspielige Bewirtung, vgl Mü BB **71**, 886. **Siehe iü bei § 42**; dabei kann als Faustregel gelten, daß die eine Ablehnung des staatlichen Richters rechtfertigenden Gründe erst recht auf den Schiedsrichter zutreffen, wenn es sich nicht um die normale Verbundenheit mit „seiner" Partei handelt.

5   Die Anforderungen, die hinsichtlich der Unparteilichkeit und Unabhängigkeit an einen Schiedsrichter zu stellen sind, müssen für alle Schiedsrichter gleich sein, so daß es nicht darauf ankommt, ob es sich um einen Einzelschiedsrichter oder den Vorsitzenden des Schiedsgerichts handelt: hier gilt das gleiche wie im Verfahren vor einem staatlichen Gericht, SchwW Kap 9 Rn 4 ff.

6   **B. Beschränkungen, II 2.** Ein Ablehnungsrecht steht einer Partei, die den Schiedsrichter bestellt oder an seiner Bestellung mitgewirkt hat (zB durch einen Vorschlag im Verfahren nach § 1035 III u IV), nur aus Gründen zu, die ihr erst nach der Bestellung bekannt geworden sind. Dies hat die Partei im Ablehnungsverfahren, § 1037, darzulegen. II 2 ist entspr anzuwenden, wenn die Partei sich rügelos auf eine Verhandlung eingelassen hat: der in § 43 zum Ausdruck kommende allg Grundsatz, daß das Ablehnungsrecht kein Instrument zur Verzögerung des Verfahrens sein darf, gilt auch und erst recht im Schiedsverfahren.

7   **C. Ablehnungsverfahren.** Einzelheiten bei § 1037.

8   **4) VwGO:** Entspr anzuwenden, Grdz § 1025 Rn 23 u 24.

1037

Ablehnungsverfahren. **¹Die Parteien können vorbehaltlich des Absatzes 3 ein Verfahren für die Ablehnung eines Schiedsrichters vereinbaren.**

II ¹Fehlt eine solche Vereinbarung, so hat die Partei, die einen Schiedsrichter ablehnen will, innerhalb von zwei Wochen, nachdem ihr die Zusammensetzung des Schiedsgerichts oder ein Umstand im Sinne des § 1036 Abs. 2 bekannt geworden ist, dem Schiedsgericht schriftlich die Ablehnungsgründe darzulegen. ²Tritt der abgelehnte Schiedsrichter von seinem Amt nicht zurück oder stimmt die andere Partei der Ablehnung nicht zu, so entscheidet das Schiedsgericht über die Ablehnung.

III ¹Bleibt die Ablehnung nach dem von den Parteien vereinbarten Verfahren oder nach dem in Absatz 2 vorgesehenen Verfahren erfolglos, so kann die ablehnende Partei innerhalb eines Monats, nachdem sie von der Entscheidung, mit der die Ablehnung verweigert wurde, Kenntnis erlangt hat, bei Gericht eine Entscheidung über die Ablehnung beantragen; die Parteien können eine andere Frist vereinbaren. ²Während ein solcher Antrag anhängig ist, kann das Schiedsgericht einschließlich des abgelehnten Schiedsrichters das schiedsrichterliche Verfahren fortsetzen und einen Schiedsspruch erlassen.

Vorbem. Die Vorschrift gilt auch vor der Bestimmung eines deutschen Schiedsortes, § 1025 III.

Schrifttum: *Kröll* ZZP 116, 195; *Mankowski* SchiedsVZ **04**, 304.

1   **1) Regelungszweck.** § 1037 gibt den Parteien die Befugnis, das Ablehnungsverfahren weitgehend selbst zu vereinbaren, I, und regelt das beim Fehlen einer Vereinbarung zu befolgende Verfahren, II. Einziger Rechtsbehelf bei Erfolglosigkeit des Gesuchs im Verfahren nach I oder II ist die Anrufung des staatlichen Gerichts.

2   **2) Parteivereinbarung, I.** In der Regelung des Ablehnungsverfahrens sind die Parteien vorbehaltlich der Einschaltung des staatlichen Gerichts, III, völlig frei. Sie können zB vereinbaren, daß über die Ablehnung ein unbeteiligter Dritter entscheidet. Die Kontrolle der Vereinbarung obliegt im Fall einer erfolglosen Ablehnung dem staatlichen Gericht, III.

3   **3) Fehlende Parteivereinbarung, II.** Wenn die Parteien das Verfahren nicht einvernehmlich geregelt haben, muß die Partei innerhalb von zwei Wochen dem Schiedsgericht die Ablehnungsgründe schriftlich mitteilen; die Frist beginnt mit dem Tage, an dem der Partei die Zusammensetzung des Schiedsgerichts oder ein Umstand iSv § 1036 II bekannt geworden ist, **II 1**. Das Schiedsgericht hat von der Mitteilung der anderen Partei bekanntzugeben, § 1047 III. Tritt daraufhin der abgelehnte Schiedsrichter von seinem Amt nicht zurück oder stimmt die andere Partei der Ablehnung nicht zu, entscheidet das Schiedsgericht über die Ablehnung, **II 2**, und zwar unter Einschluß des abgelehnten Schiedsrichters, vgl BT-Drs 13/9124 S 57, Mankowski SchiedsVZ **04**, 305. Die Entscheidung ergeht durch Beschluß, für den § 1052 gilt (§ 1054 I, II u IV sind entspr anzuwenden). Bei Ablehnung eines Einzelschiedsrichters gilt sein Rücktritt als Ablehnung, bei einem Dreierschiedsgericht gilt die Nichtübereinstimmung der beiden verbleibenden Schiedsrichter als Ablehnung, § 1052 I. In beiden Fällen sind die Parteien zu unterrichten. Bei erfolgreicher Ablehnung endet das Amt des Abgelehnten; die Folgen regelt § 1039. Nach stRspr kommt nach Erlaß des Schiedsspruchs kein isoliertes Ablehnungsverfahren in Betracht, es kann aber die Aufhebung des Schiedsspruchs nach § 1059 erreicht werden, stRspr, BGH NJW **99**, 2370, Stuttg RR **03**, 495 = SchiedsVZ **03**, 87 m Anm Nacimiento/Geimer.

4   **4) Gerichtliche Entscheidung, III**

A. Allgemeines. Bleibt die Ablehnung nach dem vereinbarten Verfahren, I, oder nach II erfolglos, so kann die ablehnende Partei die Entscheidung des staatlichen Gerichts beantragen, und zwar innerhalb eines

Abschnitt 3. Bildung des Schiedsgerichts **§§ 1037, 1038**

Monats ab Kenntnis von der die Ablehnung verweigernden Entscheidung, sofern die Parteien keine andere Frist vereinbart haben, **III 1**. Über den Antrag entscheidet das OLG, § 1062 I Z 1, im Verfahren nach § 1063 (Anwaltszwang erst nach AnO einer mdl Verh, § 1063 IV) durch Beschluß. Die Entscheidung ist unanfechtbar, § 1065 I 2. Erklärt das OLG die Ablehnung für begründet, so endet damit das Amt des Schiedsrichters; die Folgen regelt § 1039.

B. Einfluß auf das Schiedsverfahren. Während der Anhängigkeit des gerichtlichen Verfahrens kann das Schiedsgericht einschließlich des abgelehnten Schiedsrichters das Verfahren fortsetzen und einen Schiedsspruch erlassen, **III 2**. Wird nach Ergehen des Schiedsspruchs dem Antrag vom OLG stattgegeben, so greift § 1059 II Z 1 d ein (Aufhebung des Schiedsspruchs bzw Ablehnung der Vollstreckbarerklärung nach Maßgabe von § 1060 II). Deshalb sollte ein Schiedsspruch während des Verfahrens vor dem OLG nur in besonderen Ausnahmefällen ergehen. 5

Ergeht der Schiedsspruch nach der Zustellung des Beschlusses, daß die Ablehnung erfolglos bleibt, steht einer erneuten Ablehnung aus denselben Gründen die Rechtskraft des Beschlusses entgegen; sie schließt auch die Geltendmachung dieser Gründe im Aufhebungs- und Vollstreckbarerklärungsverfahren aus. Das gleiche gilt für den Fall, daß die Partei davon absieht, einen Antrag nach III zu stellen; denn „kann" bedeutet die Einräumung der Befugnis zur Einlegung des einzigen Rechtsbehelfs zur Nachprüfung von Ablehnungsgründen, BegrRegEntw S 42. Ob für die (absoluten) Ablehnungsgrund des Tätigwerdens in eigener Sache etwas anderes gilt, BGH NJW **79**, 109 zu § 1041 I Z 1 aF, ist zweifelhaft, aber angesichts der strikten Regelung des § 1037 wohl zu verneinen. Dagegen schließt III es nicht aus, daß Ablehnungsgründe, die erst nach dem Ergehen des Schiedsspruchs bekannt werden, im Verfahren nach § 1059 oder § 1060 geltend gemacht werden, vgl § 1059 Rn 7. 6

5) VwGO: *Entspr anzuwenden, Grdz § 1025 Rn 23 u 24.* 7

1038 *Untätigkeit oder Unmöglichkeit der Aufgabenerfüllung.* **¹ ¹** Ist ein Schiedsrichter rechtlich oder tatsächlich außerstande, seine Aufgaben zu erfüllen, oder kommt er aus anderen Gründen seinen Aufgaben in angemessener Frist nicht nach, so endet sein Amt, wenn er zurücktritt oder wenn die Parteien die Beendigung seines Amtes vereinbaren. **²** Tritt der Schiedsrichter von seinem Amt nicht zurück oder können sich die Parteien über dessen Beendigung nicht einigen, kann jede Partei bei Gericht eine Entscheidung über die Beendigung des Amtes beantragen.

II Tritt ein Schiedsrichter in den Fällen des Absatzes 1 oder des § 1037 Abs. 2 zurück oder stimmt eine Partei der Beendigung des Schiedsrichteramtes zu, so bedeutet dies nicht die Anerkennung der in Absatz 1 oder § 1036 Abs. 2 genannten Rücktrittsgründe.

Vorbem. Die Vorschrift gilt auch vor der Bestimmung eines deutschen Schiedsortes, § 1025 III.

1) Regelungszweck. Die Bestimmung regelt (über die Überschrift hinausgehend) die wichtigsten Gründe für die Beendigung des Amtes eines Schiedsrichters. 1

2) Ende des Schiedsrichteramtes, I. Das Amt endet außer im Fall des Rücktritts nach § 1037 II auch durch Rücktritt des Schiedsrichters oder Parteivereinbarung aus den in I 1 genannten Gründen. Darüber hinaus endet das Amt des Schiedsrichters durch den Rücktritt aus anderen Gründen oder eine auf einen solchen Grund gestützte Parteivereinbarung (Kündigung), vgl § 1039, unabhängig davon, welche Folgen sich daraus aus dem Schiedsrichtervertrag, Anh § 1035, ergeben. Wegen weiterer Fälle der Beendigung des Amtes s Anh § 1035 Rn 14 u 15. 2

Die Voraussetzungen des I 1 sind entweder rechtliche oder tatsächliche Unmöglichkeit, die Pflichten eines Schiedsrichters zu erfüllen (Verlust der Geschäftsfähigkeit oder schwere Krankheit) oder eine Pflichtverletzung des Schiedsrichters, nämlich die Nichterfüllung seiner Aufgaben in angemessener Frist. Dabei kommt es in erster Linie auf den Schiedsrichtervertrag an, ferner auf die von den Parteien vorausgesetzte Qualifikation des Schiedsrichters sowie den Umfang und die Schwierigkeit des Falles, BegrRegEntw S 42. 3

Tritt in diesen Fällen der Schiedsrichter nicht zurück oder können sich die Parteien über die Beendigung seines Amtes, also seine Abberufung, nicht einigen, so kann jede Partei beim staatlichen Gericht eine Entscheidung über die Beendigung des Amtes beantragen, **I 2**. Zuständig ist das OLG, § 1062 I Z 1; wegen des Verfahrens s § 1063 (Anwaltszwang nur nach Maßgabe des § 1063 IV). Die Entscheidung des OLG ist unanfechtbar, § 1065 I 2. Die Parteien können nicht etwas anderes vereinbaren, weil der gerichtliche Rechtsschutz nur bei einem ausdrücklichen gesetzlichen Vorbehalt eingeschränkt werden kann, abw BegrRegEntw S 42.

3) Erleichterung der gütlichen Beendigung des Amtes, II. Die Beendigung des Amtes durch Rücktritt oder Parteivereinbarung nach §§ 1037 I oder 1038 I 1 wird dadurch erleichtert, daß eine solche Beendigung des Amtes nicht die Anerkennung der in § 1036 II oder § 1038 genannten Gründe bedeutet. Ob ein solcher Grund vorgelegen hat, ist im Streitfall von dem dafür zuständigen Gericht frei nachzuprüfen, falls über die nach dem Schiedsrichtervertrag eintretenden Folgen Streit entsteht, unten Rn 5. 4

4) Folgen der Beendigung des Schiedsrichteramtes. Für den ausscheidenden Schiedsrichter ist ein Ersatzschiedsrichter zu bestellen, § 1039. Etwaige Ansprüche aus dem Schiedsrichtervertrag, Anh § 1035, sind außerhalb des Schiedsverfahrens bei dem dafür zuständigen staatlichen Gericht (oder bei einem dafür vorgesehenen Schiedsgericht) geltend zu machen. 5

5) VwGO: *Entspr anzuwenden, Grdz § 1025 Rn 23 u 24.* 6

§§ 1039, 1040

1039 *Bestellung eines Ersatzschiedsrichters.* ¹ ¹Endet das Amt eines Schiedsrichters nach den §§ 1037, 1038 oder wegen seines Rücktritts vom Amt aus einem anderen Grund oder wegen der Aufhebung seines Amtes durch Vereinbarung der Parteien, so ist ein Ersatzschiedsrichter zu bestellen. ²Die Bestellung erfolgt nach den Regeln, die auf die Bestellung des zu ersetzenden Schiedsrichters anzuwenden waren.

II Die Parteien können eine abweichende Vereinbarung treffen.

1 **1) Regelungszweck.** Scheidet ein Schiedsrichter aus, darf der Ablauf des Schiedsverfahrens dadurch nicht beeinträchtigt werden. Deshalb ist die Bestellung eines Ersatzschiedsrichters vorgesehen, I, sofern die Parteien keine abweichende Vereinbarung treffen, II.

2 **2) Folgen des Ausscheidens eines Schiedsrichters**
   A. Vereinbarung der Parteien, II. Eine von der gesetzlichen Regel, I, abweichende Bestimmung können die Parteien vereinbaren. Sie können sich in der Schiedsvereinbarung oder später darauf einigen, daß zB die Schiedsvereinbarung bei Wegfall eines Schiedsrichters erlischt, oder daß in diesem Fall der Vorsitzende als Einzelschiedsrichter entscheidet u dgl.

3 **B. Ersatzschiedsrichter, I.** Fehlt eine Parteivereinbarung, so ist in allen Fällen der Beendigung des Schiedsrichteramtes nach den §§ 1037, 1038 oder wegen Rücktritts aus einem anderen Grunde oder wegen der Aufhebung des Amtes durch Parteivereinbarung ein Ersatzschiedsrichter zu bestellen, **I 1**. Für seine Bestellung gelten die Bestimmungen, die auf die Bestellung des zu ersetzenden Schiedsrichters anzuwenden waren, **I 2**; vgl § 1035 und die dortigen Erl. Dies gilt auch bei Wegfall eines in der Schiedsvereinbarung ernannten Schiedsrichters.

4 **3) VwGO:** Entspr anzuwenden, Grdz § 1025 Rn 23 u 24.

Abschnitt 4. Zuständigkeit des Schiedsgerichts

1040 *Befugnis des Schiedsgerichts zur Entscheidung über die eigene Zuständigkeit.* ¹ ¹Das Schiedsgericht kann über die eigene Zuständigkeit und im Zusammenhang hiermit über das Bestehen oder die Gültigkeit der Schiedsvereinbarung entscheiden. ²Hierbei ist eine Schiedsklausel als eine von den übrigen Vertragsbestimmungen unabhängige Vereinbarung zu behandeln.

II ¹ Die Rüge der Unzuständigkeit des Schiedsgerichts ist spätestens mit der Klagebeantwortung vorzubringen. ² Von der Erhebung einer solchen Rüge ist eine Partei nicht dadurch ausgeschlossen, dass sie einen Schiedsrichter bestellt oder an der Bestellung eines Schiedsrichters mitgewirkt hat. ³Die Rüge, das Schiedsgericht überschreite seine Befugnisse, ist zu erheben, sobald die Angelegenheit, von der dies behauptet wird, im schiedsrichterlichen Verfahren zur Erörterung kommt. ⁴Das Schiedsgericht kann in beiden Fällen eine spätere Rüge zulassen, wenn die Partei die Verspätung genügend entschuldigt.

III ¹ Hält das Schiedsgericht sich für zuständig, so entscheidet es über eine Rüge nach Absatz 2 in der Regel durch Zwischenentscheid. ²In diesem Fall kann jede Partei innerhalb eines Monats nach schriftlicher Mitteilung des Entscheids eine gerichtliche Entscheidung beantragen. ³Während ein solcher Antrag anhängig ist, kann das Schiedsgericht das schiedsrichterliche Verfahren fortsetzen und einen Schiedsspruch erlassen.

1 **1) Regelungszweck.** Die sog Kompetenz-Kompetenz eines Schiedsgerichts war im früheren Recht nicht geregelt und demgemäß umstritten, s 56. Aufl § 1025 aF Rn 11. Dieses für die Praxis wichtige Problem wird durch § 1040 gelöst; die Zuständigkeitsbeurteilung durch das Schiedsgericht bindet die staatlichen Gerichte nicht, s III 2 und BGH NJW 05, 1125.

2 **2) Befugnisse des Schiedsgerichts, I.** Das Schiedsgericht darf, unabhängig von der jeweiligen Schiedsvereinbarung, über seine eigene Zuständigkeit und im Zusammenhang hiermit über die Gültigkeit der Schiedsvereinbarung entscheiden, **I 1**. Dabei sind der Hauptvertrag und die Schiedsvereinbarung, § 1029, als zwei voneinander unabhängige Verträge zu behandeln, und zwar auch dann, wenn es sich um eine Schiedsklausel, § 1029 II, handelt, **I 2** (insofern kommt es auf die maßgebliche Rechtsordnung, zB § 139 BGB, nicht an). Ist der Hauptvertrag unwirksam, aber die Schiedsvereinbarung wirksam, darf das Schiedsgericht über Rückabwicklungsansprüche entscheiden, BegrRegEntw S 43.
Die Gültigkeit der Schiedsvereinbarung ist nach dem dafür maßgeblichen Recht, ggf nach den Kollisionsregeln § 1059 II Z 1 a und Z 2 a, zu beurteilen, s die dortigen Erl.

3 **3) Rüge der Unzuständigkeit des Schiedsgerichts, II u III**
   A. Voraussetzungen, II. Als Sondervorschrift geht II der Grundregel in § 1027 und den sonstigen Vorschriften des Verfahrensrechts vor. Die Rüge der Unzuständigkeit ist danach spätestens mit der Klagebeantwortung vorzubringen, **II 1**. Der Partei steht es frei, ob sie die Unzuständigkeit rügen will. Sie wird daran nicht dadurch gehindert, daß sie sich an der Bestellung eines Schiedsrichters beteiligt hat, **II 2**. Will eine Partei während des Schiedsverfahrens rügen, das Schiedsgericht überschreite seine Befugnisse (vgl § 1059 II Z 1 c), so muß sie dies tun, sobald die Angelegenheit, von der dies behauptet wird, im schiedsrichterlichen Verfahren zur Erörterung kommt, **II 3**; zur Auslegung des Begriffs „Überschreitung der Befugnisse" s Erl zu Art V EuÜbkHSch, Schlußanh VI A 2. Für die Beurteilung ist das Schiedsvertragsstatut maßgeblich, § 1059 II Z 1 a, BegrRegEntw S 43.
Eine nach II 1 oder II 3 verspätete Rüge kann das Schiedsgericht zulassen, wenn die Partei die Verspätung genügend entschuldigt, **II 4**, vgl § 296 Rn 53 ff. Wird die Frist unentschuldigt versäumt, ist die Partei

Abschnitt 4. Zuständigkeit des Schiedsgerichts §§ 1040, 1041

sowohl im schiedsrichterlichen Verfahren als auch im Aufhebungs- und Vollstreckbarkeitsverfahren, §§ 1059 ff, mit der Rüge ausgeschlossen, BegrRegEntw S 44.

B. Verfahren, III. a) Entscheidung. Hält das Schiedsgericht sich für unzuständig, so spricht es dies in 4 einem (Prozeß-)Schiedsspruch iSv § 1054 aus, ggf in einem Teilprozeßschiedsspruch; die Entscheidung ist ausschließlich im Aufhebungsverfahren, § 1059, angreifbar, BGH NJW **02**, 3032 mwN, dazu Münch SchiedsVZ **03**, 41 u Huber SchiedsVZ **03**, 74. Bejaht das Schiedsgericht seine Zuständigkeit, so entscheidet es über die Rüge idR in einem Zwischenentscheid, III 1. Ausnahmsweise kann es davon absehen und die positive Entscheidung erst im Schlußschiedsspruch treffen, nämlich dann, wenn eine sonst drohende Verzögerung des Verfahrens verhindert werden soll, BegrRegEntw S 44. Für die Zwischenentscheidung gelten §§ 1052 u 1054 entspr, dh sie muß begründet werden, § 1054 Rn 3 u 4.

b) Rechtsmittel. Gegen eine Zwischenentscheidung kann jede Partei innerhalb eines Monats nach ihrer 5 schriftlichen Mitteilung (§ 1054 IV entspr) die Entscheidung des staatlichen Gerichts beantragen, III 2. Zuständig ist das OLG, § 1062 I Z 2; wegen des Verfahrens s § 1063 (Anwaltszwang erst nach AnO der mdl Verh, § 1063 IV). Rechtsmittel: § 1065. Stellt keine Partei einen Antrag auf gerichtliche Entscheidung, so wird der Zwischenentscheid mit Ablauf der Monatsfrist verbindlich; er schließt den Einwand der Ungültigkeit der Schiedsvereinbarung, § 1059 II Z 1 a, für das Schiedsverfahren und für das Aufhebungs- und Vollstreckungsverfahren aus, BGH MDR **03**, 890 = SchiedsVZ **03**, 133. Der Antrag kann im Aufhebungs- und Vollstreckungsverfahren, §§ 1059 ff, nicht nachgeholt werden.

c) Fortsetzung des Schiedsverfahrens, III 3: Die Anhängigkeit eines Verfahrens vor dem staatlichen 6 Gericht steht einer Fortsetzung des Schiedsverfahrens und dem Erlaß eines Schiedsspruchs nicht entgegen, III 3. Da der Schiedsspruch ggf aufgehoben werden müßte, § 1059 II Z 1 a u 1 d, wird ein Schiedsgericht idR das Verfahren entspr § 148 aussetzen, vgl § 1032 Rn 6 u § 1037 Rn 5.

5) VwGO: *Entspr anzuwenden, Grdz § 1025 Rn 23 u 24.* 7

1041 *Maßnahmen des einstweiligen Rechtsschutzes.* ¹ ¹ Haben die Parteien nichts anderes vereinbart, so kann das Schiedsgericht auf Antrag einer Partei vorläufige oder sichernde Maßnahmen anordnen, die es in Bezug auf den Streitgegenstand für erforderlich hält. ² Das Schiedsgericht kann von jeder Partei im Zusammenhang mit einer solchen Maßnahme angemessene Sicherheit verlangen.

II ¹ Das Gericht kann auf Antrag einer Partei die Vollziehung einer Maßnahme nach Absatz 1 zulassen, sofern nicht schon eine entsprechende Maßnahme des einstweiligen Rechtsschutzes bei einem Gericht beantragt worden ist. ² Es kann die Anordnung abweichend fassen, wenn dies zur Vollziehung der Maßnahme notwendig ist.

III Auf Antrag kann das Gericht den Beschluss nach Absatz 2 aufheben oder ändern.

IV ¹ Erweist sich die Anordnung einer Maßnahme nach Absatz 1 als von Anfang an ungerechtfertigt, so ist die Partei, welche ihre Vollziehung erwirkt hat, verpflichtet, dem Gegner den Schaden zu ersetzen, der ihm aus der Vollziehung der Maßnahme oder dadurch entsteht, dass er Sicherheit leistet, um die Vollziehung abzuwenden. ² Der Anspruch kann im anhängigen schiedsrichterlichen Verfahren geltend gemacht werden.

Schrifttum: *Leitzen,* Die Anordnung nach § 1041 ZPO, 2002; *Bandel,* Einstweiliger Rechtsschutz im Schiedsverfahren, 2000; *Schroth* SchiedsVZ **03**, 102; *Wolf* DB **99**, 1101; *Schütze* BB **98**, 1650; *derselbe* Rn 234–240; *Gottwald/Adolphsen* DStR **98**, 1020; *Thümmel* DZWiR **97**, 133; *Schütze* BB **98**, 1650.

1) Regelungszweck. Nach früherem Recht war es sehr str, ob ein Schiedsgericht einstweiligen Rechts- 1 schutz gewähren darf, vgl 56. Aufl § 1034 aF Rn 8, oder ob dies den staatlichen Gerichten vorbehalten bleibt. § 1041 entscheidet die Frage zugunsten der Schiedsgerichtsbarkeit, wenn die Parteien nichts anderes vereinbart haben. Nicht zu den nach § 1041 zulässigen Maßnahmen dürfte eine Entscheidung im Urkundenprozeß, §§ 592 ff, gehören, weil dort nur Maßnahmen des einstweiligen Rechtsschutzes gemeint sind; das schließt nicht aus, daß die Parteien iRv §§ 1042 III u IV ein solches Schiedsverfahren vereinbaren, Wolf DB **99**, 1106.

2) Vorläufige oder sichernde Maßnahmen, I. Vorbehaltlich einer abw Vereinbarung der Parteien darf 2 das Schiedsgericht auf Antrag einer Partei einstweilige Maßnahmen anordnen, die es in Bezug auf den Streitgegenstand für erforderlich hält, **I 1**. Diese Befugnis steht gleichrangig neben der Zuständigkeit des staatlichen Gerichts nach § 1033, so daß die Partei ein Wahlrecht hat, dazu Gottwald/Adolphsen DStR **98**, 1020. „Kann" bedeutet Ermessen sowohl hinsichtlich des Grundes als auch hinsichtlich der erforderlichen Maßnahmen. Im Schiedsverfahren zulässig sind vorläufige oder sichernde Maßnahmen aller Art, Berger DZWiR **98**, 51, nicht nur einstw Verfügungen oder Arreste iSv § 916 ff, Arreste allerdings wegen ihrer weitreichenden Auswirkungen nur ausnahmsweise, BegrRegEntw S 45, krit Thümmel DZWiR **97**, 135; ausgeschlossen sind gegenüber Dritten wirkende Verfügungsverbote iSv §§ 135, 136 BGB, Wolf DB **99**, 1102. Stets darf das Schiedsgericht im Zusammenhang mit einer einstw Maßnahme angemessene Sicherheit verlangen, **I 2**, vgl § 921 II 2 iVm § 936.

Für das Verfahren gelten §§ 1042 ff. Die Entscheidung ergeht nicht durch Schiedsspruch, § 1054, sondern durch Beschluß, der rechtliches Gehör der Beteiligten voraussetzt, § 1042 I 2, Wolf aaO, und unanfechtbar ist.

3) Vollziehung einstweiliger Maßnahmen, II u III. Zwangsmittel darf das Schiedsgericht weder 3 verhängen noch androhen. Jede Vollziehungsmaßnahme setzt voraus, daß das staatliche Gericht die Vollziehung auf Antrag der Partei durch Beschluß zuläßt. Ein solcher Beschluß darf nicht ergehen, wenn schon eine entspr Maßnahme bei dem staatlichen Gericht, § 1033, beantragt worden ist, **II 1**; da dort nur einstw

§§ 1041, 1042   Buch 10. Schiedsrichterliches Verfahren

Verfügungen und Anordnungen sowie Arreste zulässig sind, gilt diese Beschränkung nur dann, wenn das Schiedsgericht eine entspr Maßnahme getroffen hat.

4   Über den Vollziehungsantrag entscheidet das Gericht nach pflichtgemäßem Ermessen unter Abwägung aller Umstände, BegrRegEntw S 45; es prüft, ob das Schiedsgericht eine einstw Regelung treffen durfte (zB ob die Schiedsvereinbarung dem entgegensteht, im Hinblick auf § 1040 nicht aber, ob die Vereinbarung wirksam ist) und ob dem Schiedsgericht offensichtliche Ermessensfehler unterlaufen sind, Ffm RR **01**, 1078, Jena OLG-NL **00**, 16 (abw Wolf DB **99**, 1102: Befugnis zur Prüfung von Aufhebungsgründen, § 1059). Das Staatsgericht kann in seiner Entscheidung die AnO des Schiedsgerichts abweichend fassen, wenn dies zu ihrer Vollziehung notwendig ist, **II 2**, zB wenn sie nicht bestimmt genug gefaßt war, vgl Thümmel DZWiR **97**, 136. Es darf die Vollziehung zur Sicherung des streitigen Anspruchs auch dann anordnen, wenn dies zu dessen Erfüllung führen wird, Ffm aaO.

5   Zuständig ist das OLG, § 1062 I Z 3; wegen des Verfahrens s § 1063 (Anwaltszwang erst nach AnO der mdl Verh, § 1063 IV). Das Gericht kann auf Antrag einer Partei den von ihm erlassenen Beschluß aufheben oder ändern, **III**; anders als nach § 927 ist eine Veränderung der Umstände nicht notwendige Voraussetzung, so daß jeder sachliche Grund genügt, zB die Änderung der Rechtsauffassung, vgl § 620b Rn 1. Im Verfahren nach II u III gibt es kein Rechtsmittel gegen die Entscheidung des Gerichts, § 1065 I 2.
Die Anwendung von § 929 II ist nicht vorgesehen.

6   **4) Schadensersatzpflicht, IV.** Die Schadensersatzpflicht der Partei, die die Vollziehung einer von Anfang an ungerechtfertigten einstw Maßnahme erwirkt hat, regelt **IV 1** entspr § 945, s die dortigen Erl. Anders als nach § 945 genügt das Erwirken der einstw Maßnahme nicht. Der Schadensersatzanspruch kann im anhängigen Schiedsverfahren geltend gemacht werden, **IV 2**. Das Schiedsgericht entscheidet über ihn durch Schiedsspruch, § 1054.

7   **5) *VwGO*:** *Entspr anzuwenden*, Grdz § 1025 Rn 23 u 24.

Abschnitt 5. Durchführung des schiedsrichterlichen Verfahrens

1042 *Allgemeine Verfahrensregeln.* I 1 Die Parteien sind gleich zu behandeln. ² Jeder Partei ist rechtliches Gehör zu gewähren.

II Rechtsanwälte dürfen als Bevollmächtigte nicht ausgeschlossen werden.

III Im Übrigen können die Parteien vorbehaltlich der zwingenden Vorschriften dieses Buches das Verfahren selbst oder durch Bezugnahme auf eine schiedsrichterliche Verfahrensordnung regeln.

IV ¹ Soweit eine Vereinbarung der Parteien nicht vorliegt und dieses Buch keine Regelung enthält, werden die Verfahrensregeln vom Schiedsgericht nach freiem Ermessen bestimmt. ² Das Schiedsgericht ist berechtigt, über die Zulässigkeit einer Beweiserhebung zu entscheiden, diese durchzuführen und das Ergebnis frei zu würdigen.

1   **1) Regelungszweck.** Anders als das bisherige Recht, § 1034 II aF, enthält der 5. Abschnitt Regeln für das schiedsrichterliche Verfahren. Nicht alle sind zwingendes Recht. Vielmehr bleiben weite Freiräume für eine Parteivereinbarung. Danach sind für das Verfahren maßgeblich, Berger DZWiR **98**, 51: Zwingende Vorschriften des nach § 1025 I maßgeblichen Rechts, vereinbarte Verfahrensregeln, nichtzwingende Vorschriften des genannten Rechts, vom Schiedsgericht festgelegte Verfahrensregeln.

2   **2) Gleichbehandlung und rechtliches Gehör, I.** Diese Grundregeln sind Eckpfeiler des schiedsrichterlichen Verfahrens, § 1034 Rn 1. Sie sind in jedem Stadium des schiedsrichterlichen Verfahrens als zwingendes Recht zu beachten. Ihre Verletzung führt zur Aufhebung des Schiedsspruchs, § 1059 II Z 1 b, 1 d u Z 2 b, und schließt seine Anerkennung und Vollstreckbarkeit aus.

3   Deshalb ist peinliche Beachtung dieser Gebote unerläßlich. Es empfiehlt sich, die Parteien in der Schlußverhandlung zu befragen, ob sie Beanstandungen in dieser Richtung erheben wollen; verneinen sie die Frage, wird dies im Protokoll vermerkt, andernfalls geht das Schiedsgericht den Beanstandungen nach und behebt etwaige Fehler.

A. Gleichbehandlung, Einl III vor § 1 Rn 21. Zu ihr gehört nicht nur die unparteiische und gleichmäßige Handhabung der Verfahrensregeln, sondern auch die Beachtung des Gebots der Waffengleichheit und des Verbots der Willkür.

4   **B. Anhörung,** Einl III vor § 1 Rn 16 ff. Dieser Eckstein auch des schiedsrichterlichen Verfahrens muß sorgfältig beachtet werden, nach dem Grundsatz „besser zuviel als zuwenig".
Einzelheiten (MüKoMa § 1034 Rn 5 ff): Die Anhörungspflicht des Schiedsgerichts geht ebenso weit wie die der staatlichen Gerichte, BGH **85**, 291 mwN. Es genügt also nicht, daß die Parteien einmal ihre Behauptungen vorbringen konnten; sie sind vielmehr zu hören, so oft es die Sach- und Prozeßlage verlangt, s SchwW 15 Rn 2, RoSGo § 174 I 1a, also zu allen Tatsachen und Beweismitteln, die das Schiedsgericht seiner Entscheidung zugrunde legen will, BGH **31**, 45, s § 1047 II u III. Zu jeder Beweisaufnahme sind die Parteien nicht nur hinzuzuziehen, § 1047 II, sondern auch zu hören, außer wenn der Zeuge nichts Sachdienliches gesagt hat und der Nichtgehörte das auch einräumt, BGH **3**, 218; konnte eine Partei einer Beweisaufnahme nicht beiwohnen, ist ihr das Ergebnis schriftlich mitzuteilen. Eine Anhörung am Schluß des Verfahrens ist nicht unbedingt nötig, aber dringend zu empfehlen. Ist der Termin ausdrücklich nur zur Verhandlung über bestimmte Punkte bestimmt, so darf das Schiedsgericht in Abwesenheit der Parteien nichts anderes behandeln. Werden durch die Entscheidung rechtliche Interessen Dritter berührt oder gar unmittelbar betroffen, sind auch sie zu hören, vgl Rn 14 („Streithilfe").

Abschnitt 5. Durchführung des schiedsrichterlichen Verfahrens § 1042

Gehör ist versagt, wo das Schiedsgericht bei einer Partei den Eindruck erweckt hat, eine Frage werde in 5
ihrem Sinne entschieden, dann aber im Schiedsspruch ohne weiteres Gehör entgegengesetzt entscheidet,
BGH NJW **83**, 868, Ffm LS BB **77**, 17; das Schiedsgericht braucht aber den Parteien seine Rechtsansicht
nicht mitzuteilen und sie zur Äußerung hierzu aufzufordern, BGH **31**, 46, NJW **90**, 3211. Nichtbeachtung
der Grundsätze der §§ 139 u 278 III ist noch keine Verletzung des Anspruchs auf rechtliches Gehör, wenn
die Geltung dieser Vorschriften von den Schiedsparteien nicht vereinbart worden ist, BGH NJW **83**, 868 u
WertpMitt **59**, 1375.

3) Vertretung vor dem Schiedsgericht, II. Weder inländische noch ausländische Rechtsanwälte dürfen 6
als Bevollmächtigte ausgeschlossen werden, vgl § 1034 I 2 1. Halbsatz aF. Die Vorschrift ist zwingend; sie
erfaßt auch die Schiedsvereinbarung, § 1029. Ob im Verfahren § 157 entspr angewendet werden darf,
§ 1034 I 3 aF, kann das Schiedsgericht nach Ermessen entscheiden, BegrRegEntw S 46, wenn die Parteien
nichts anderes bestimmen.

4) Parteivereinbarung, II (Ahlers AnwBl **99**, 308). Soweit nicht zwingende Vorschriften entgegen- 7
stehen, können die Parteien das Verfahren selbständig oder durch Bezugnahme auf eine Schiedsgerichtsordnung regeln, zB diejenigen des ICC in Paris, abgedr SchwW Anh B 1, dazu Schütze Rn 18, Weigand
NJW **98**, 2081, oder die „Platzusancen für den hamburgischen Warenhandel", abgedr SchwW Anh B 5,
dazu Vogel in „Recht und Juristen in Hbg" Bd II, 1999, S 219. Zwingend sind nicht nur I und II, sondern
alle Vorschriften, die nicht unter dem Vorbehalt einer anderweiten Vereinbarung stehen; dies sind insbesondere die §§ 1046 I, 1047 II u III, 1048 IV 1 u 1049 III.

5) Ermessen des Schiedsgerichts, IV. Soweit eine gesetzliche Regelung oder eine Parteivereinbarung 8
fehlt, bestimmt das Schiedsgericht sein Verfahren nach freiem Ermessen, **IV 1**. Es ist insbesondere berechtigt,
über die Zulässigkeit einer Beweisaufnahme zu entscheiden, sie durchzuführen und ihr Ergebnis frei zu
würdigen, wie es der deutschen ZPO entspricht; das wird in **IV 2** klargestellt.

6) Einzelheiten des Verfahrens: 9
Ablehnung eines Schiedsrichters s §§ 1036 u 1037.
Anträge. Nicht notwendig schriftlich, auch stillschweigend, Verlesung unnötig, RG **149**, 49. Grundsätzlich
binden die Anträge, das Schiedsgericht muß sie aber so auslegen, daß es den Streit wirtschaftlich zweckmä-
ßig entscheidet. In diesem Sinn darf es dem Parteiwillen gemäß sogar über den abgefaßten Antrag hinausgehen. Bestimmte Klageanträge sind wie nach § 253 II Z 2 erforderlich; möglich ist auch die Vereinba-
rung, daß das Schiedsgericht über die Gestaltung von Rechtsbeziehungen der Parteien entscheiden soll,
BGH **LM** § 1025 Nr 14.
Arrest und einstwVfg. S §§ 1033 u 1041, vgl SchwW Kap 17 a.
Ausländersicherheit. § 110 ist anwendbar, wenn die Parteien das deutsche Verfahrensrecht als Schiedsstatut
vereinbart haben, hM, Haase BB **95**, 1252 mwN (auch zur rechtsmißbräuchlich erhobenen Einrede),
Rabe TranspR **88**, 184, SchwW 16 Rn 23.
Aussetzung im Sinn des § 250 ist ausgeschlossen, weil keine Aufnahme möglich ist. Aussetzung mit
Wirkung einer Vertagung ist nach Lage des Falls zulässig; die Parteien können jederzeitige Fortführung
verlangen. Zur Aussetzung nach Art 234 EGV, Anh § 1 GVG, ist ein Schiedsgericht nicht befugt, EuGH
EuZW **05**, 319, NJW **82**, 1207 (dazu Habscheid KTS **84**, 62, Rengeling/Jakobs DÖV **83**, 375, Hepting
IPrax **83**, 101 u EuR **82**, 315), aM Kornblum JbPrSchdG **2**, 105, auch nicht zur Aussetzung nach Art 100
GG, § 1 GVG Rn 7 ff; hier hilft § 1050, Raeschke-Kessler EuZW **90**, 147.
Beratung und Abstimmung s § 1052 (auch zum Beratungsgeheimnis). 10
Beweiserhebung s §§ 1049 u 1050. Ein selbständiges Beweisverfahren, §§ 485 ff, vor dem Schiedsgericht
ist möglich, wenn die Hauptsache bei ihm anhängig ist (daneben bleibt das Staatsgericht zuständig),
SchwW 15 Rn 27, Schütze 111, Nicklisch AWD **78**, 640.
Einstweilige Verfügung s Arrest.
Eintritt einer neuen Partei durch Einmischungsklage oder Benennung des Urhebers, §§ 64, 75–77, ist
nur mit Zustimmung der Parteien und des Schiedsgerichts möglich; sie enthält die Unterwerfung unter
das Schiedsverfahren, SchwW 16 Rn 16.
Entscheidung. Siehe über den Schiedsspruch § 1054. Beschlüsse werden erst mit ihrer Mitteilung an die
Parteien wirksam.
Ermittlungen. Das Schiedsgericht hat das Sachverhältnis im Rahmen des Nötigen von sich aus zu
ermitteln, § 1042 IV 2, BGH NJW **64**, 593, SchwW 15 Rn 7–26 (eingehend). Damit ist nicht der
Untersuchungsgrundsatz vorgeschrieben, Lionnet F Glossner, 1994, S 209 (eingehend). Es besteht aber
die Aufklärungspflicht entsprechend § 139 hier in verstärktem Maß. Unterläßt das Schiedsgericht Ermittlungen, so begründet das die Aufhebungsklage nicht, BGH NJW **66**, 549 u **92**, 2299, es sei denn, es
steht fest, daß das Schiedsgericht die Aufklärung selbst für nötig gehalten hat, str, aM SchwW 15 Rn 9
mwN.

Das Schiedsgericht darf wie die KfH die (allgemeinen) Fachkenntnisse seiner Mitglieder verwerten,
ebenso (konkrete) private Kenntnisse bezüglich streitiger Tatsachen, muß aber dazu die Parteien natürlich
hören, BGH NJW **64**, 593, Maier 259, SchwW 15 Rn 8, abw Koutsouradis KTS **84**, 573 (nur offenkundige oder gerichtsbekannte Tatsachen). Beweis ist zu erheben, soweit das Schiedsgericht dies für
erforderlich hält; an die Beweismittel der ZPO oder einen Beweisantritt ist das Schiedsgericht nicht
gebunden. Wenn eine Partei sich weigert, den angeforderten Vergütungsvorschuß, Anh § 1035 Rn 13, an
die Schiedsrichter zu zahlen, darf das Schiedsgericht nicht deswegen von einer für erheblich gehaltenen
Beweisaufnahme absehen und ohne Verwertung des Beweismittels entscheiden, BGH NJW **85**, 1903. Die
Parteien können wirksam die Beweismittel beschränken, zB andere als Urkunden ausschließen, Holland/
Hantke Festschrift Bülow, 1981, S 75, oder wegen der Sachkunde des Schiedsrichter den Beweis durch
Sachverständige ausschließen, Nagel Festschrift Firsching, 1985, S 199. Wegen eidlicher Vernehmungen s
§ 1050 Rn 1. Dritte können von den Parteien zur Vorlegung von Urkunden nur im Prozeßweg ange-
halten werden. Das Schiedsgericht kann die Beweiserhebung beliebig einem Mitglied anvertrauen, sollte

§ 1042

Buch 10. Schiedsrichterliches Verfahren

das aber nur im Notfall tun. Konnten die Parteien einer Beweisaufnahme nicht beiwohnen, so ist ihnen das Ergebnis schriftlich mitzuteilen; sie müssen sich dazu äußern können, oben Rn 4. Soweit den Schiedsrichtern durch das Verfahren bare Auslagen erwachsen, haben sie die Parteien vorzuschießen, Anh § 1035 Rn 11.

Exterritorialität. Im Abschluß einer Schiedsvereinbarung liegt idR ein Verzicht auf die Immunität, Einf §§ 18–20 GVG Rn 3, vgl Ebenroth/Parche RIW **90**, 343.

11 **Fristen.** Vertragliche und vom Schiedsgericht gesetzte Fristen sind nach vermutlichem Parteiwillen gemäß § 222 zu berechnen. Abweichende Regelung ist ebenso zulässig wie Verlängerung oder Verkürzung durch die Parteien. Die Parteien können auch die Anwendung der Präklusionsvorschriften, §§ 296 u 296 a, bei Versäumung schiedsrichterlicher Fristen vereinbaren, Schütze 112.

Grundentscheidung. Für eine Vorabentscheidung über den Grund, § 304, besteht im Schiedsverfahren kein Bedürfnis, Maier Rn 405. Eine solche Entscheidung ist für sich allein kein Schiedsspruch iSv § 1055, es sei denn, die Tätigkeit des Schiedsgerichts beschränkt sich auf die Feststellung der Berechtigung dem Grunde nach, SchwW 18 Rn 12.

Hinweis- und Aufklärungspflichten. Die §§ 139, 278 III sind agrd ausdrücklicher Vereinbarung anwendbar, sonst nur iRv 1027.

Klage. Keine Bindung an Formen und Arten. Keine Einlassungsfrist. Das Schiedsgericht schreibt zweckmäßig eine Frist zur Klagbeantwortung vor. Freie Klagänderung im Rahmen des Schiedsverfahrens unter den Voraussetzungen der §§ 263, 264 ist möglich, Klagrücknahme ausnahmslos nur mit Einwilligung des Beklagten, SchwW 16 Rn 30. Bei Veräußerung der Streitsache ist ein Antrag auf Leistung an den Dritten möglich. Siehe auch „Rechtshängigkeit". Verzögert die Partei die Klage ungebührlich, so kann das Schiedsgericht die Klagerhebung nicht erzwingen. Dagegen kann die Gegenpartei vom Schiedsvertrag zurücktreten, die Schiedsrichter können den Schiedsrichtervertrag kündigen.

Kosten. S § 1057.

12 **Ladung** formlos, aber wegen des rechtlichen Gehörs ist Sicherstellung (und Nachweis) des Zugangs zweckmäßig, s unter „Zustellung". Eine Ladungsfrist ist nicht vorgeschrieben; nötig ist die Einhaltung einer angemessenen Frist.

Mündlichkeit. Sie ist anzuordnen, wenn die Parteien sie vereinbart haben oder übereinstimmend beantragen, BGH NJW **94**, 2155 (nachträglicher Verzicht ist möglich); i ü genügt rechtliches Gehör beliebiger Art, s oben Rn 4. Gleichzeitige Anhörung der Parteien nicht geboten, aber durchaus anzuraten. War Erklärungsfrist zu knapp, so ist rechtliches Gehör verweigert. Wo eine mündliche Verhandlung stattfindet, darf sie frei gestaltet werden, sofern nichts anderes vereinbart ist.

Öffentlichkeit. Grundsätzlich besteht keine Öffentlichkeit iSv § 169 GVG, da das regelmäßig nicht im Interesse der Parteien liegt. Das Schiedsgericht darf im (auch stillschweigenden) Einverständnis der Parteien Ausnahmen machen, nicht aber ohne solches.

Partei- und Prozeßfähigkeit, §§ 50–53, sind vAw zu prüfen und wesentlich. Im Vollstreckbarkeitsverfahren kann keine Heilung eintreten. Bestellung eines gesetzlichen Vertreters nur durch das Staatsgericht des § 1050.

13 **Protokoll** ist nicht vorgeschrieben, aber durchaus zweckmäßig, ja nötig, hat aber nicht die Beweiskraft des § 165, BGH ZZP **89**, 431. Es sollte von den Parteien, ihren Prozeßbevollmächtigten und allen Schiedsrichtern unterschrieben sein. Ein Protokollführer ist nach Ermessen des Schiedsgerichts zuzuziehen. Protokollierung aller für das Verfahren wesentlichen Punkte ist idR zu empfehlen, vgl dazu SchwW 16 Rn 40 u 41; wenn nötig, ist dabei die Form des § 1031 I einzuhalten.

Präklusion. S „Verfahrensrügen".

Prozeßkostenhilfe. Sie darf für Schiedsgerichtsverfahren nicht bewilligt werden, Stgt BauR **83**, 486, LAG Düss LS KTS **87**, 692.

Prozeßvollmacht. Für sie gelten §§ 80 ff entspr.

Rechtliches Gehör. Oben Rn 4.

Rechtshängigkeit. S „Schiedshängigkeit".

Rechtsmittel. Kein Instanzenzug zwischen Schiedsgericht und Staatsgericht, hM. Der Schiedsvertrag kann aber ein Oberschiedsgericht vorsehen, ganz hM, SchwW Kap 22; es ist im Zweifel Tatsacheninstanz. Beschwer ist nötig. Die Berufungsfrist ist vertraglich zu bestimmen; im Zweifel angemessen ist die Monatsfrist des § 517. Das Verfahren kann nach Maßgabe des Schiedsvertrags frei geregelt werden. Der ergehende Schiedsspruch ist im Sinn der ZPO „der" Schiedsspruch, § 1055; das gilt auch für die Entscheidung, daß das Rechtsmittel unzulässig sei, Hbg RR **00**, 806. Anschlußrechtsmittel sind entsprechend Vertrag oder Verfahrensordnung zulässig.

Rechtsweg. Zulässigkeit iSv § 13 GVG ist vAw zu prüfen. Fehlt sie, ist kein Schiedsvertrag möglich, also auch kein Schiedsverfahren. Wegen öff-rechtlicher Schiedsgerichte s Grdz § 1025 Rn 23 u 24.

Rüge der Unzulässigkeit des Schiedsverfahrens. S § 1040. Vgl auch Art 5 des Europäischen Übk, Schlußanh VI A 2.

Schiedshängigkeit. S § 1044 Rn 3.

Sprache. S § 1045.

14 **Streitgenossenschaft** ist statthaft, Markfort, Mehrparteien-Schiedsgerichtsbarkeit im deutschen und ausländischen Recht, 1994; Schwab F Habscheid, 1989, S 285; Laschet F Bülow S 92; Koussoulis ZZP **94**, 195 mwN. Bei Notwendigkeit gemeinsamer Rechtsverfolgung, § 62 Rn 12 ff, müssen sämtliche Streitgenossen dem Schiedsgericht unterstehen, ist die Schiedsabrede durch nur einen notwendigen Streitgenossen also unwirksam, vgl KG JZ **61**, 175 (krit Pohle), SchwW 16 Rn 15–17. Wegen der Ernennung der Schiedsrichter in diesem Fall s § 1035 Rn 7.

Streithilfe iSv §§ 66, 69 (Markfort, s o). Sie ist denkbar, BGH **85**, 290, zB durch nicht unmittelbar von der Entscheidung betroffene Gesellschafter, Becker ZZP **97**, 320, K. Schmidt ZGR **88**, 533 (Auflösungsklage nach § 61 GmbHG). Voraussetzung des Beitritts ist die Zustimmung der Parteien und des Schiedsgerichts, Stuttg RR **03**, 495 = SchiedsVZ **03**, 86 m Anm Nacimiento/Geimer, die im Hinblick auf das Gebot des

Abschnitt 5. Durchführung des schiedsrichterlichen Verfahrens **§§ 1042, 1043**

rechtlichen Gehörs, oben Rn 4, erteilt werden muß, wenn die Entscheidung unmittelbar in die Rechte des Dritten eingreift. Nie tritt Streithilfewirkung aus § 68 ein, wenn diese Wirkung vom Beitretenden nicht ausdrücklich übernommen wird, BGH **LM** § 68 Nr 2.

Streitverkündung, § 72 (Elsing SchiedsVZ **04**, 88; Markfort, s o). Sie ist immer zulässig, aber ohne die Streithilfewirkung der §§ 74, 68, da der Schiedsvertrag und seine Abwicklung im Schiedsverfahren auf Dritte keine Wirkung haben kann, SchwW 16 Rn 19, Laschet F Bülow S 92. Anders, wenn der, dem der Streit verkündet ist, beitritt und sich der Wirkung ausdrücklich unterworfen hat, BGH **LM** § 68 Nr 2 (MüKoMa § 1034 Rn 39 läßt stillschweigendes Einverständnis, zB durch rügelose Mitwirkung, genügen).

Teilschiedssprüche sind zulässig, soweit im Verf der staatlichen Gerichte ein Teilurteil ergehen darf, § 301, SchwW 18 Rn 6, Maier Rn 402 u 403. Wenn sie in sich vollständig und nicht mehr abänderbar sind, sind sie Schiedssprüche iSv § 1055 und können für vollstreckbar erklärt werden, §§ 1060 u 1061. **15**

Unterbrechung tritt nie ein; s oben „Aussetzung".

Urkunden darf das Schiedsgericht als Beweismittel verwenden. Es kann sie (notfalls mit Hilfe des Staatsgerichts, § 1050) von Beteiligten und Dritten anfordern, SchwW 15 Rn 22.

Urkundenprozeß. Ein Schiedsverfahren in der Gestaltung des Urkundenprozesses, §§ 592 ff, dürfte nach § 1042 III u IV zulässig sein, Wolf DB **99**, 1106.

Veräußerung des Streitgegenstandes. § 265 gilt entsprechend, Hamm RIW **83**, 698.

Verfahrensrügen. S § 1027.

Vergleich. S § 1053.

Versäumnisverfahren. S § 1048.

Vertretung. Oben Rn 6.

Wahrheitspflicht. § 138 I gilt zwingend, weil er einen sittlichen Grundsatz der Prozeßführung ausspricht, dem sich niemand entziehen kann; Verletzung gibt aber kein Lossagungsrecht vom Schiedsvertrag. **16**

Wechsel- und Scheckprozeß. Die Schiedsabrede kann sich auf Ansprüche aus Wechseln und Schecks erstrecken, jedoch ist im Wechsel- oder Scheckprozeß, §§ 602 ff, im Schiedsverfahren nicht zulässig, BGH NJW **94**, 136, dazu Wolf DB **99**, 1104.

Widerklage ist im Rahmen des Schiedsvertrags immer zulässig, § 1046 III. Bei Zusammenhang mit der Klage können Schiedsrichter nicht ablehnen, wenn nicht für die Widerklage ein anderes (Schieds-) Gericht zuständig ist, Hbg MDR **65**, 54; für die Widerklage entsteht eine neue Vorschußpflicht.

Wiederaufnahme, §§ 578 ff, ist weder vorm Schiedsgericht noch vorm Staatsgericht möglich, an ihre Stelle tritt die Aufhebungsklage, § 1059.

Wiedereinsetzung ist nur bei notfristartigen Fristen denkbar, etwa einer vereinbarten Berufungsfrist. Insoweit ist § 233 entsprechend anwendbar. Iü freie Zulassung der verspäteten Prozeßhandlung.

Zuständigkeit. S § 1040. **17**

Zustellung ist gesetzlich nicht vorgeschrieben, kann aber von den Parteien vereinbart werden. Sonst genügt jede Art der Bekanntmachung; aber Einschreibebrief mit Rückschein ist bei wichtigeren Schriftsätzen dringend zu empfehlen, weil sonst kein Empfangsnachweis möglich ist. So namentlich bei Klagerhebung wegen der sachlich-rechtlichen Folgen und bei Aufforderung zur Äußerung wegen der Gewährung rechtlichen Gehörs.

Zwischenentscheidungen zB über die Zuständigkeit sind zulässig, § 1040 III. Sie sind aber keine Schiedssprüche iSv § 1055 und können nicht für vollstreckbar erklärt werden, BGH **10**, 327. Soweit nichts anderes bestimmt ist, zB in § 1040 III, sind sie nur zusammen mit der Endentscheidung vom staatlichen Gericht zu überprüfen; vgl dazu Laschet, Rechtsmittel gegen schiedsgerichtliche Zwischenentscheidungen, F Nagel, 1987, S 167–188.

7) VwGO: § 1042 ist entsprechend anzuwenden, Grdz § 1025 Rn 23 u 24, mit der Maßgabe, daß Richtschnur für das Verfahren, Rn 6 ff, statt ZPO in erster Linie VwGO ist, SchGerUrt OVG Bln AS **16**, 260. **18**

1043
Ort des schiedsrichterlichen Verfahrens. **I** ¹Die Parteien können eine Vereinbarung über den Ort des schiedsrichterlichen Verfahrens treffen. ²Fehlt eine solche Vereinbarung, so wird der Ort des schiedsrichterlichen Verfahrens vom Schiedsgericht bestimmt. ³Dabei sind die Umstände des Falles einschließlich der Eignung des Ortes für die Parteien zu berücksichtigen.

II Haben die Parteien nichts anderes vereinbart, so kann das Schiedsgericht ungeachtet des Absatzes 1 an jedem ihm geeignet erscheinenden Ort zu einer mündlichen Verhandlung, zur Vernehmung von Zeugen, Sachverständigen oder der Parteien, zur Beratung zwischen seinen Mitgliedern, zur Besichtigung von Sachen oder zur Einsichtnahme in Schriftstücke zusammentreten.

1) Regelungszweck. Der Ort des schiedsrichterlichen Verfahrens (Schiedsort) ist für mehrere Fragen von Bedeutung. Nach ihm bestimmen sich das anzuwendende Verfahrensrecht, § 1025 I, die Qualifizierung als inländischer oder ausländischer Schiedsspruch, § 1061 I, und die örtliche Zuständigkeit des staatlichen Gerichts, § 1062 I. Der Schiedsort ist im Schiedsspruch anzugeben, § 1054 III. **1**

2) Bestimmung des Schiedsortes, I. Er wird in erster Linie von den Parteien bestimmt, **I 1**; das kann sowohl in der Schiedsvereinbarung, § 1029, als auch in einer besonderen Übereinkunft geschehen, die nicht der Form des § 1031 bedarf. Die Wahl „Hamburger Freundschaftliche Arbitrage" bedenkt die Bestimmung Hamburgs zum Schiedsort, SchiedsG RR **99**, 781. Treffen die Parteien keine Bestimmung, so wird der Schiedsort vom Schiedsgericht bestimmt, **I 2**; dabei sind die Umstände des Falles einschließlich der rechtlichen und tatsächlichen Eignung des Ortes für die Parteien zu berücksichtigen, **I 3**. Das Schiedsgericht hat bei seiner Ermessensentscheidung vor allem die Belange der Schiedsrichter und der Beteiligten zu beachten, **2**

im internationalen Verkehr aber auch die Eignung der durch den Schiedsort bestimmten Verfahrensordnung und die Auswirkungen auf die Anerkennung und Vollstreckbarkeit des Schiedsspruchs. Der Schiedsort braucht, wie II zeigt, nicht der reale Ort der Tätigkeit des Schiedsgerichts zu sein. Seine Festlegung ist keine „einzelne Angelegenheit" iSv § 1052 III.

3   **3) Ort der Tätigkeit des Schiedsgerichts, II.** In der Regel wird das Schiedsgericht am Schiedsort auch tätig sein. Dies ist aber nicht vorgeschrieben. Wenn die Parteien nichts anderes vereinbart haben, kann das Schiedsgericht an jedem ihm geeignet erscheinenden Ort zu einer mündlichen Verhandlung, zur Vernehmung von Zeugen, Sachverständigen und Parteien, zur Besichtigung von Sachen oder zur Einsichtnahme in Schriftstücke zusammentreten, II. Da es allein auf die Ansicht der Schiedsrichter ankommt, darf die Eignung des Ortes vom staatlichen Gericht nicht nachgeprüft werden.

4   **4) VwGO:** Entspr anzuwenden, Grdz § 1025 Rn 23 u 24.

1044 *Beginn des schiedsrichterlichen Verfahrens.* [1] Haben die Parteien nichts anderes vereinbart, so beginnt das schiedsrichterliche Verfahren über eine bestimmte Streitigkeit mit dem Tag, an dem der Beklagte den Antrag, die Streitigkeit einem Schiedsgericht vorzulegen, empfangen hat. [2] Der Antrag muss die Bezeichnung der Parteien, die Angabe des Streitgegenstandes und einen Hinweis auf die Schiedsvereinbarung enthalten.

1   **1) Regelungszweck.** Der Beginn des schiedsrichterlichen Verfahrens ist für verschiedene Fragen von Bedeutung, namentlich für den Eintritt der Schiedshängigkeit, unten Rn 3. Den Zeitpunkt festzulegen, ist in erster Linie Sache der Parteien. Ergänzend greift § 1044 ein.

2   **2) Beginn des Schiedsverfahrens.** Wenn die Parteien nichts anderes vereinbart haben, beginnt das schiedsrichterliche Verfahren über eine bestimmte Streitigkeit an dem Tage, an dem der Beklagte den Antrag, die Streitigkeit einem Schiedsgericht vorzulegen, empfangen hat, S 1 (die Notwendigkeit der Schriftlichkeit ergibt sich aus dem Wortlaut, der den „Empfang" voraussetzt, und aus Gründen der Rechtssicherheit). Den Nachweis des Empfangs durch geeignete Mittel (zB Einschreiben gegen Rückschein, oder förmliche Zustellung) sicherzustellen, ist Sache des Klägers, wenn die Schiedsvereinbarung dazu schweigt. Das schiedsrichterliche Verfahren beginnt zu diesem Zeitpunkt nur dann, wenn der Antrag den in S 2 genannten Anforderungen entspricht; anders als in der Schiedsklage, § 1046 I, brauchen die den Anspruch begründenden Tatsachen nicht angegeben zu werden, wohl aber muß das Begehren deutlich dargestellt werden, weil eine Angabe des Streitgegenstandes sonst kaum möglich ist.

3   **3) Wirkungen.** Mit dem Beginn des schiedsrichterlichen Verfahrens, nicht erst mit dem Zugang der Schiedsklage beim Gegner tritt die **Schiedshängigkeit** ein, weil die Bildung des Schiedsgerichts und die Eröffnung des Streitverfahrens oft von Umständen abhängt, auf die der Schiedskläger keinen Einfluß hat. Dieser Zeitpunkt ist vor allem für die Verjährung von Bedeutung, § 204 I Z 11 BGB, s Hauck, Schiedshängigkeit u Verjährungsunterbrechung, 1996. Stellen mehrere Beteiligte in derselben Sache einen Antrag iSv I, so entscheidet mangels einer entgegenstehenden Parteiabrede der früheste Zugang über den Beginn des schiedsrichterlichen Verfahrens. Die Schiedshängigkeit begründet entspr § 261 III Z 1 gegenüber einem später anhängig gemachten Schiedsverfahren in gleicher Sache die Einrede der Schiedshängigkeit, SchwW 16 Nr 4, str.

4   **4) VwGO:** Entspr anzuwenden, Grdz § 1025 Rn 23 u 24.

1045 *Verfahrenssprache.* [I] [1] Die Parteien können die Sprache oder die Sprachen, die im schiedsrichterlichen Verfahren zu verwenden sind, vereinbaren. [2] Fehlt eine solche Vereinbarung, so bestimmt hierüber das Schiedsgericht. [3] Die Vereinbarung der Parteien oder die Bestimmung des Schiedsgerichts ist, sofern darin nichts anderes vorgesehen wird, für schriftliche Erklärungen einer Partei, mündliche Verhandlungen, Schiedssprüche, sonstige Entscheidungen und andere Mitteilungen des Schiedsgerichts maßgebend.

[II] Das Schiedsgericht kann anordnen, dass schriftliche Beweismittel mit einer Übersetzung in die Sprache oder die Sprachen versehen sein müssen, die zwischen den Parteien vereinbart oder vom Schiedsgericht bestimmt worden sind.

1   **1) Regelungszweck.** Die Verfahrenssprache ist im internationalen Schiedsverkehr von erheblicher Bedeutung. Sie muß für das Schiedsverfahren geregelt werden, weil § 184 GVG hierfür nicht gilt.

2   **2) Bestimmung der Verfahrenssprache, I.** In erster Linie ist es Sache der Parteien, die im Schiedsverfahren zu benutzende Sprache oder Sprachen festzulegen, I 1. Fehlt eine entspr Vereinbarung, so bestimmt das Schiedsgericht die Verfahrenssprache(n), I 2. Maßgeblich hierfür sind die Interessen des Schiedsgerichts und der Parteien; auf die Amtssprache am tatsächlichen oder rechtlichen Schiedsort, § 1043, kommt es nicht an. Die Verfahrenssprache(n) ist (sind) bei Fehlen einer entspr Regelung durch die Parteien bzw das Schiedsgericht für schriftliche Erklärungen der Parteien, mündliche Verhandlungen, Schiedssprüche sowie sonstige Entscheidungen und andere Mitteilungen des Schiedsgerichts maßgebend, I 3.

3   **3) Übersetzungen, II.** Das Schiedsgericht kann anordnen, daß schriftliche Beweismittel, zB Urkunden oder Gutachten, mit einer Übersetzung in die Verfahrenssprache versehen sein müssen. Wird die Anordnung nicht befolgt, ist das Beweismittel als ungeeignet zurückzuweisen. Die Kosten einer nach II notwendigen Übersetzung sind notwendige Kosten iSv § 1057 I.

4   **4) VwGO:** Entspr anzuwenden, Grdz § 1025 Rn 23 u 24.

Abschnitt 5. Durchführung des schiedsrichterlichen Verfahrens §§ 1046, 1047

1046 *Klage und Klagebeantwortung.* ¹ ¹ Innerhalb der von den Parteien vereinbarten oder vom Schiedsgericht bestimmten Frist hat der Kläger seinen Anspruch und die Tatsachen, auf die sich dieser Anspruch stützt, darzulegen und der Beklagte hierzu Stellung zu nehmen. ² Die Parteien können dabei alle ihnen erheblich erscheinenden Schriftstücke vorlegen oder andere Beweismittel bezeichnen, derer sie sich bedienen wollen.

II Haben die Parteien nichts anderes vereinbart, so kann jede Partei im Laufe des schiedsrichterlichen Verfahrens ihre Klage oder ihre Angriffs- und Verteidigungsmittel ändern oder ergänzen, es sei denn, das Schiedsgericht läßt dies wegen Verspätung, die nicht genügend entschuldigt wird, nicht zu.

III Absätze 1 und 2 gelten für die Widerklage entsprechend.

1) **Regelungszweck.** Die Vorschrift regelt das schriftliche Verfahren vor dem Schiedsgericht in Anlehnung an das Prozeßrecht im staatlichen Bereich mit dem Ziel, das Verfahren zügig und umfassend durchzuführen. 1

2) **Klage und Klagebeantwortung, I** 2
A. **Klage.** Die Schiedsklage muß, was sich von selbst versteht, die genaue Bezeichnung der Parteien und einen bestimmten Antrag enthalten, vgl § 253 II. Außerdem hat der Kläger seinen Anspruch und die Tatsachen darzulegen, auf die er diesen Anspruch stützt, I 1; dadurch wird der Streitgegenstand des Schiedsverfahrens bestimmt. Diese Vorschriften sind zwingend iSv § 1042 III. Wegen der Folgen eines Verstoßes s unten Rn 5.

B. **Klagebeantwortung.** Mit ihr hat der Beklagte zu der Klage, vor allem zum Tatsachenvortrag des 3 Klägers, Stellung zu nehmen, I 1; vgl § 276.

C. **Gemeinsame Vorschriften, I 1 u 2.** Sowohl für die Klage als auch für die Klagebeantwortung sind 4 Fristen einzuhalten, die durch die Vereinbarung der Parteien oder durch das Schiedsgericht bestimmt werden, I 1. Für den Fristenlauf gilt mangels anderer Bestimmung § 222 entspr; das Schiedsgericht kann eine Frist verlängern, vgl § 224 II u III. Beide Parteien können innerhalb der Fristen alle ihnen erheblich erscheinenden Schriftstücke vorzulegen oder andere Beweismittel zu bezeichnen, derer sie sich bedienen wollen, I 2. Die Vorlage von Abschriften genügt. Da die Klage und die Klagebeantwortung ebenso wie alle sonstigen Schriftstücke der Gegenpartei zur Kenntnis zu bringen sind, § 1047 III, müssen sie in der jeweils erforderlichen Stückzahl eingereicht werden, vgl § 253 V.

D. **Verstöße.** Versäumt der Kläger bzw der Beklagte die nach I gesetzten Fristen, ergeben sich die Folgen 5 aus § 1048, s die dortigen Erl. Entspricht die Klage nicht den inhaltlichen Anforderungen, ist das Verfahren nach Fristablauf durch durch Beschluß zu beenden, § 1048 Rn 2.

3) **Klagänderung, II.** Wenn die Parteien nichts anderes vereinbart haben, darf jede Verfahrenspartei im 6 Lauf des Schiedsverfahrens ihre Anträge oder ihre Angriffs- bzw Verteidigungsmittel ändern oder ergänzen; Zum Begriff „Angriffs- und Verteidigungsmittel" s Einl III vor § 1 Rn 70. Die Parteien unterliegen dabei keinen Beschränkungen. Im Fall der Verspätung kommt es auf das Verhalten der Gegenpartei an: willigt sie ein, ist das neue Vorbringen ohne weiteres zulässig, vgl § 263; widerspricht sie, darf das Schiedsgericht das neue Vorbringen zurückweisen, es sei denn, die Verspätung wird von der Partei genügend entschuldigt, § 1048 IV.

4) **Widerklage und Aufrechnung, III.** Für die Widerklage gelten I u II entspr. Sie ist nur dann zulässig, 7 wenn ihr Gegenstand von der Schiedsvereinbarung umfaßt wird, was auch für die Aufrechnung mit einer Gegenforderung gilt, vgl § 1029 Rn 22. Fehlt es daran, kann eine Widerklage oder Aufrechnung nur dann berücksichtigt werden, wenn die Gegenpartei nicht widerspricht: darin liegt eine stillschweigende Erweiterung der Schiedsvereinbarung, § 1031 VI.

5) *VwGO:* *Entspr anzuwenden, Grdz § 1025 Rn 23 u 24.* 8

1047 *Mündliche Verhandlung und schriftliches Verfahren.* ¹ ¹ Vorbehaltlich einer Vereinbarung der Parteien entscheidet das Schiedsgericht, ob mündlich verhandelt werden soll oder ob das Verfahren auf der Grundlage von Dokumenten und anderen Unterlagen durchzuführen ist. ² Haben die Parteien die mündliche Verhandlung nicht ausgeschlossen, hat das Schiedsgericht eine solche Verhandlung in einem geeigneten Abschnitt des Verfahrens durchzuführen, wenn eine Partei es beantragt.

II Die Parteien sind von jeder Verhandlung und jedem Zusammentreffen des Schiedsgerichts zu Zwecken der Beweisaufnahme rechtzeitig in Kenntnis zu setzen.

III Alle Schriftsätze, Dokumente und sonstigen Mitteilungen, die dem Schiedsgericht von einer Partei vorgelegt werden, sind der anderen Partei, Gutachten und andere schriftliche Beweismittel, auf die sich das Schiedsgericht bei seiner Entscheidung stützen kann, sind beiden Parteien zur Kenntnis zu bringen.

1) **Regelungszweck.** Die Vorschrift konkretisiert den Anspruch auf rechtliches Gehör, § 1042 I 2. Sie 1 regelt das Verfahren des Schiedsgerichts unter diesem Gesichtspunkt durch einige Grundbestimmungen.

2) **Mündliches oder schriftliches Verfahren, I.** Hierüber entscheidet in erster Linie die Parteiverein- 2 barung. Fehlt es daran, bestimmt das Schiedsgericht, ob mündlich verhandelt oder ein schriftliches Verfahren durchgeführt wird, I 1. Die Parteien können aber eine mündliche Verhandlung ausschließen. Ist das nicht geschehen, muß das Schiedsgericht eine solche Verhandlung in einem geeigneten Verfahrensabschnitt durchführen, wenn eine Partei dies beantragt, I 2. Fälle, in denen ein vereinbarter Ausschluß der mündlichen

§§ 1047–1049 Buch 10. Schiedsrichterliches Verfahren

Verhandlung nach dem übergeordneten Grundsatz des rechtlichen Gehörs, § 1042 I 2, nicht zu beachten ist, sind denkbar, BegrRegEntw S 49.

3   **3) Benachrichtigung von Sitzungen des Schiedsgerichts, II.** Das Schiedsgericht hat die Parteien von jeder Verhandlung und von jedem Zusammentreffen der Schiedsrichter zu Zwecken der Beweisaufnahme rechtzeitig in Kenntnis zu setzen, um den Beteiligten Gelegenheit zu geben, an der Verhandlung teilzunehmen bzw dem Schiedsgericht (und der Gegenpartei) neues Vorbringen mitzuteilen. „Rechtzeitig" ist hier ebenso zu verstehen wie in Art 27 Z 2 EuGVÜ, Schlußanh V C 1, Rn 2. Die Vorschrift ist zwingend.

4   **4) Mitteilung schriftlicher Äußerungen, III.** Daß alle von einer Partei vorgelegten Schriftstücke der anderen Partei und alle schriftlichen Beweismittel (namentlich Gutachten), auf die sich das Schiedsgericht stützen kann, beiden Parteien zur Kenntnis zu bringen sind, versteht sich im Hinblick auf § 1042 I von selbst. Ohne daß dies ausdrücklich bestimmt zu werden braucht, hat das Schiedsgericht auch seine eigenen Entscheidungen, Verfügungen und Mitteilungen beiden Parteien zur Kenntnis zu bringen, vgl § 1054 IV. Die Vorschrift ist zwingend.

5   5) *VwGO*: *Entspr anzuwenden, Grdz § 1025 Rn 23 u 24.*

1048 *Säumnis einer Partei.* [1] Versäumt es der Kläger, seine Klage nach § 1046 Abs. 1 einzureichen, so beendet das Schiedsgericht das Verfahren.

II Versäumt es der Beklagte, die Klage nach § 1046 Abs. 1 zu beantworten, so setzt das Schiedsgericht das Verfahren fort, ohne die Säumnis als solche als Zugeständnis der Behauptungen des Klägers zu behandeln.

III Versäumt es eine Partei, zu einer mündlichen Verhandlung zu erscheinen oder innerhalb einer festgelegten Frist ein Schriftstück zum Beweis vorzulegen, so kann das Schiedsgericht das Verfahren fortsetzen und den Schiedsspruch nach den vorliegenden Erkenntnissen erlassen.

IV [1] Wird die Säumnis nach Überzeugung des Schiedsgerichts genügend entschuldigt, bleibt sie außer Betracht. [2] Im Übrigen können die Parteien über die Folgen der Säumnis etwas anderes vereinbaren.

1   **1) Regelungszweck.** Die Folgen einer prozessualen Säumnis regelt § 1048 abschließend. Vorbehaltlich IV 1 können die Parteien etwas anderes vereinbaren.

2   **2) Versäumnis der Klagefrist, I.** Wird die Frist nach § 1046 I vom Kläger versäumt, so beendet das Schiedsgericht das Verfahren durch Beschluß, § 1056 II Z 1. Dies gilt nicht, wenn die Säumnis nach Überzeugung des Schiedsgerichts genügend entschuldigt wird, **IV 1**; i ü können die Parteien etwas anderes vereinbaren, **IV 2**.

3   **3) Versäumnis der Klagebeantwortungsfrist, II.** Hält der Beklagte die Frist, § 1046 I, nicht ein, so setzt das Schiedsgericht das Verfahren fort, ohne die Säumnis als Zugeständnis der Behauptungen des Klägers zu behandeln. Das Schiedsgericht hat vielmehr zu prüfen, ob die Säumnis vom Beklagten genügend entschuldigt wird, **IV 1**. Geschieht dies nicht, hat es die Wahl, ob es dem Beklagten eine neue Frist setzen oder aber nach den Umständen des Falles ein Geständnis des Beklagten annehmen und einen Schiedsspruch in der Sache erlassen will. Dies gilt nicht, wenn die Parteien etwas anderes vereinbaren, **IV 2**, zB eine Sanktion ausschließen.

4   **4) Andere Fälle der Säumnis, III.** Versäumt es die Partei, zur mündlichen Verhandlung (§ 1047) zu erscheinen oder innerhalb einer festgelegten Frist ein Schriftstück zum Beweis vorzulegen (§ 1046 I 2), so kann das Schiedsgericht das Verfahren fortsetzen und den Schiedsspruch nach der vorliegenden Erkenntnisse erlassen, SchdG RR **99**, 781, wenn nicht die Säumnis nach der Überzeugung des Schiedsgerichts genügend entschuldigt wird, IV 1. Die Ladung zur mündlichen Verhandlung muß rechtzeitig iSv § 1047 II bzw die gesetzte Frist angemessen gewesen sein. Die Parteien können von III abweichende Vereinbarungen treffen, **IV 2**; sie müssen dabei den Grundsatz des **IV 1** beachten.

5   In § 1048 nicht genannte Fälle der Versäumung einer von den Parteien oder vom Schiedsgericht gesetzten Frist bleiben folgenlos, wenn nicht die Parteien dafür Sanktionen (etwa entspr § 296) vereinbaren. Sie müssen dabei den Grundsatz beachten, daß eine genügend entschuldigte Säumnis außer Betracht zu bleiben hat, **IV 1**.

6   5) *VwGO*: *Entspr anzuwenden, Grdz § 1025 Rn 23 u 24.*

1049 *Vom Schiedsgericht bestellter Sachverständiger.* I [1] Haben die Parteien nichts anderes vereinbart, so kann das Schiedsgericht einen oder mehrere Sachverständige zur Erstattung eines Gutachtens über bestimmte vom Schiedsgericht festzulegende Fragen bestellen. [2] Es kann ferner eine Partei auffordern, dem Sachverständigen jede sachdienliche Auskunft zu erteilen oder alle für das Verfahren erheblichen Dokumente oder Sachen zur Besichtigung vorzulegen oder zugänglich zu machen.

II [1] Haben die Parteien nichts anderes vereinbart, so hat der Sachverständige, wenn eine Partei dies beantragt oder das Schiedsgericht es für erforderlich hält, nach Erstattung seines schriftlichen oder mündlichen Gutachtens an einer mündlichen Verhandlung teilzunehmen. [2] Bei der Verhandlung können die Parteien dem Sachverständigen Fragen stellen und eigene Sachverständige zu den streitigen Fragen aussagen lassen.

III Auf den vom Schiedsgericht bestellten Sachverständigen sind die §§ 1036, 1037 Abs. 1 und 2 entsprechend anzuwenden.

Abschnitt 5. Durchführung des schiedsrichterlichen Verfahrens **§§ 1049, 1050**

1) Regelungszweck. Das Schiedsgericht hat den Sachverhalt zu ermitteln, s § 1042 Rn 10 („Ermittlungen"). Den Umfang einer Beweisaufnahme bestimmt grundsätzlich die Parteivereinbarung; zur Beteiligung der Parteien vgl § 1047 II. Das Schiedsgericht kann Zeugen und Beteiligte uneidlich vernehmen, allerdings ohne Zwangsgewalt, vgl § 1050. Wegen der Bedeutung, die Sachverständige für viele Schiedsverfahren haben, bedarf es dafür einer Regelung. Sie überläßt das Gesetz grundsätzlich den Parteien. Hilfsweise gelten die Vorschriften in § 1049. 1

2) Bestellung von Sachverständigen, I. Wenn die Parteien nichts anderes vereinbart haben, ist das Schiedsgericht berechtigt (und beim Fehlen eigener Sachkunde ggf auch verpflichtet), einen oder mehrere Sachverständige zur Erstattung eines Gutachtens über bestimmte, vom Schiedsgericht festzulegende Fragen zu bestellen, **I 1**. Die Parteien sind also nicht gehindert, andere Regeln aufzustellen, zB die Bestellung von Sachverständigen auszuschließen oder sie den Parteien zu überlassen, BegrRegEntw S 50. Ist der Sachverständige von ihm bestellt worden, kann das Schiedsgericht von einer Partei (oder beiden Parteien) auffordern, dem Sachverständigen jede sachdienliche Auskunft zu erteilen oder alle für das Verfahren erheblichen Schriftstücke oder Sachen zur Besichtigung vorzulegen oder zugänglich zu machen, **I 2**; kommt die Partei einer solchen Aufforderung nicht nach, kann das Schiedsgericht dies frei würdigen. 2

3) Mündliche Verhandlung in Gegenwart der Parteien, II. Wenn die Parteien nichts anderes vereinbart haben, muß der vom Schiedsgericht bestellte Sachverständige auf Antrag einer Partei oder agrd einer vom Schiedsgericht ohne Antrag erlassenen Anordnung nach Erstattung seines (schriftlichen oder mündlichen) Gutachtens an einer mündlichen Verhandlung teilnehmen, **II 1**. Bei dieser Verhandlung können die Parteien dem Sachverständigen Fragen stellen und/oder eigene Sachverständige zu den streitigen Fragen aussagen lassen, **II 2**; vgl § 411 III u IV. Die Erstattung von Gegengutachten ist den Parteisachverständigen also verwehrt; trotzdem vorgelegte oder vorgetragene Gegengutachten sind unbeachtlich. 3

4) Ablehnung von Sachverständigen, III. Da nur der vom Schiedsgericht bestellte Sachverständige unparteiisch und unabhängig sein muß, gelten für ihn § 1036 und § 1037 I u II entsprechend; vgl dazu die dortigen Erl. Bei erfolgloser Ablehnung gibt es keinen Rechtsbehelf, weil § 1037 III nicht anzuwenden ist (insofern sind Einwendungen im Aufhebungs- und Vollstreckbarkeitsverfahren, §§ 1059 ff, geltend zu machen). Diese Bestimmungen sind zwingend. Äußerungen von Parteisachverständigen hat das Schiedsgericht entgegenzunehmen und frei zu würdigen. 4

5) VwGO: *Entspr anzuwenden, Grdz § 1025 Rn 23 u 24.* 5

1050 *Gerichtliche Unterstützung bei der Beweisaufnahme und sonstige richterliche Handlungen.* ¹Das Schiedsgericht oder eine Partei mit Zustimmung des Schiedsgerichts kann bei Gericht Unterstützung bei der Beweisaufnahme oder die Vornahme sonstiger richterlicher Handlungen, zu denen das Schiedsgericht nicht befugt ist, beantragen. ²Das Gericht erledigt den Antrag, sofern es ihn nicht für unzulässig hält, nach seinen für die Beweisaufnahme oder die sonstige richterliche Handlung geltenden Verfahrensvorschriften. ³Die Schiedsrichter sind berechtigt, an einer gerichtlichen Beweisaufnahme teilzunehmen und Fragen zu stellen.

Vorbem. § 1050 gilt auch für Verfahren mit ausländischem Schiedsort iSv § 1043, § 1025 II u IV, und für die Zeit vor Bestimmung des Schiedsortes, § 1025 III.

1) Regelungszweck. Die Vorschrift entspricht inhaltlich den §§ 1035 und 1036 aF. Sie greift nur ein, wenn das Schiedsgericht zur Vornahme einer Handlung nicht befugt ist. Beispiele: Zustellung im Ausland oder öff Zustellung; Bestellung eines Vertreters nach § 57; Ersuchen um amtliche Auskünfte, Üb § 373 Rn 32; Erscheinenszwang für Zeugen, Sachverständige und Parteien; Beeidigung; Einholung der Genehmigung für die Aussage von Beamten, Richtern und Soldaten; Ersuchen an eine Behörde um Vorlage einer Urkunde; Einholung einer Entscheidung nach Art 100 GG, § 1 GVG Rn 8, oder nach Art 177 EGV, Anh § 1 GVG. 1

2) Unterstützung durch das staatliche Gericht 2

A. Allgemeines. Nur das Schiedsgericht oder mit seiner Zustimmung eine Partei kann in den in Frage kommenden Fällen, Rn 1, beim staatlichen Gericht Unterstützung beantragen, **S 1**. Das Schiedsgericht darf seine Zustimmung versagen, wenn es die Handlung für unzulässig oder für unerheblich hält; einen Rechtsbehelf sieht das Gesetz nicht vor. Der Antrag ist an das nach § 1062 IV zuständige AG zu richten. Ihm ist der Schiedsvertrag (und ggf die Zustimmung des Schiedsgerichts zu dem Antrag) beizufügen.

B. Verfahren. Das AG darf den Antrag ablehnen, wenn es ihn für unzulässig hält, **S 2**; die Entscheidung ist unanfechtbar, § 1065 I 2. Es hat vAw zu prüfen: **a)** das Vorliegen der allgemeinen Prozeßvoraussetzungen, Grdz § 253 Rn 13 ff; **b)** das Vorliegen des Antrags; **c)** die Notwendigkeit der Unterstützung (hier sind keine großen Anforderungen zu stellen: Es genügt die Wahrscheinlichkeit, daß ein Zeuge nicht vorm Schiedsgericht erscheinen werde, Mü OLG 27, 196); **d)** die Zulässigkeit der Handlung nach ZPO, vgl Erl zu § 158 II GVG. Die Nützlichkeit oder Erheblichkeit ist nicht nachzuprüfen. 3 4

Ist das Ersuchen zulässig, hat das AG nach § 1063 I u IV iVm seinen für die beantragte Handlung geltenden Verfahrensvorschriften zu verfahren, **S 2**. Es ordnet die Maßnahme nach Anhörung der Parteien (bzw der Gegenpartei) durch Beschluß an. Für die Beweisaufnahme gelten die §§ 379 ff. Prozeßkostenhilfe ist nach allgemeinen Grundsätzen zulässig. Zeugen sind, wenn nicht das Schiedsgericht ihre Beeidigung angeordnet hat, uneidlich zu vernehmen, iRv §§ 391–393 durch das AG zu vereidigen, SchwW 17 Rn 15 u 16. Hat das Schiedsgericht Bedenken gegen die Glaubwürdigkeit, so kann es gleich um Beeidigung ersuchen. Unzulässig wäre ein Ersuchen um Beeidigung beider Parteien oder einer Partei und eines Zeugen bei Widersprüchen. Das AG darf (und wird regelmäßig) einen Zeugen, den es nur beeidigen soll, immer ganz neu vernehmen, hat ihn dann freilich zu beeidigen. Die Schiedsrichter (und natürlich die Parteien) sind berechtigt, an einer gerichtlichen Beweisaufnahme teilzunehmen und Fragen zu stellen, **S 3**; sie sind deshalb zu benachrichtigen, vgl § 1047 II.

Entscheidungen des AG sind nach den dafür geltenden Vorschriften anfechtbar, § 1062 Rn 3.

5   3) *VwGO:* Entspr anzuwenden, Grdz § 1025 Rn 23 u 24. Zuständig ist das VG, s § 1062 Rn 4.

Abschnitt 6. Schiedsspruch und Beendigung des Verfahrens

1051 *Anwendbares Recht.* I 1 **Das Schiedsgericht hat die Streitigkeit in Übereinstimmung mit den Rechtsvorschriften zu entscheiden, die von den Parteien als auf den Inhalt des Rechtsstreits anwendbar bezeichnet worden sind.** ² **Die Bezeichnung des Rechts oder der Rechtsordnung eines bestimmten Staates ist, sofern die Parteien nicht ausdrücklich etwas anderes vereinbart haben, als unmittelbare Verweisung auf die Sachvorschriften dieses Staates und nicht auf sein Kollisionsrecht zu verstehen.**

II **Haben die Parteien die anzuwendenden Rechtsvorschriften nicht bestimmt, so hat das Schiedsgericht das Recht des Staates anzuwenden, mit dem der Gegenstand des Verfahrens die engsten Verbindungen aufweist.**

III 1 **Das Schiedsgericht hat nur dann nach Billigkeit zu entscheiden, wenn die Parteien es ausdrücklich dazu ermächtigt haben.** ² **Die Ermächtigung kann bis zur Entscheidung des Schiedsgerichts erteilt werden.**

IV **In allen Fällen hat das Schiedsgericht in Übereinstimmung mit den Bestimmungen des Vertrages zu entscheiden und dabei bestehende Handelsbräuche zu berücksichtigen.**

Schrifttum: *Wagner,* Rechtswahlfreiheit im Schiedsverfahren, F Schumann, 2001, S 535.

1   **1) Regelungszweck.** Anders als das bisherige Recht regelt § 1051 die Frage, welches materielle Recht der Entscheidung des Schiedsgerichts zugrunde zu legen ist. Es handelt sich um Sonder-Kollisionsrecht, das unter Beachtung des EG-Übk v 19. 6. 80 über das auf vertragliche Schuldverhältnisse anwendbare Recht, BGBl 86 II 809, die Art 27 ff EGBGB modifiziert; dazu Solomon RIW **97**, 981 (eingehend).

2   **2) Vereinbarung der Parteien, I.** In erster Linie entscheidet über das vom Schiedsgericht anzuwendende materielle Recht die Vereinbarung der Parteien, **I 1**, vgl Art 27 I 1 EGBGB. Die Bestimmung eines inländischen Schiedsorts, § 1043, läßt auf die Wahl des inländischen Rechts schließen, SchdG R R **99**, 781 mwN. Die Parteien können nicht nur die Gesamtrechtsordnung eines Staates oder Teilgebiets wählen, sondern auch einzelne Bestimmungen einer Rechtsordnung oder eine Kombination von Vorschriften verschiedener (nationaler oder internationaler) Herkunft, vgl Voit JZ **97**, 122, Solomon RIW **97**, 982. Ob sich Schranken der Rechtswahl aus Art 27 ff EGBGB ergeben, ist zweifelhaft, bejahend Wagner F Schumann (2001) S 535; jedenfalls ergeben sich Beschränkungen aus § 1059 II Z 2. Da I die „Bezeichnung" des anwendbaren Rechts verlangt, dürfte abw von Art 27 EGBGB eine konkludente Rechtswahl nicht ausreichen. Allerdings wird davon auszugehen sein, daß Schiedsvereinbarungen zwischen Deutschen über einen inländischen Gegenstand die Anwendung des deutschen Rechts vorschreiben, falls sich aus ihnen nichts anderes ergibt.

Wenn die Parteien nicht etwas anderes vereinbart haben, ist die Bezeichnung des Rechts eines bestimmten Staates (abw von Art 27 I 1 EGBGB) als unmittelbare Verweisung auf dessen materielles Recht und nicht auf dessen Kollisionsrecht zu verstehen, **I 2**. Den Parteien steht es frei, ein bestimmtes Kollisionsrecht zu wählen, nach dem sich das anzuwendende materielle Recht bestimmt.

3   **3) Fehlende Parteivereinbarung, II.** Hilfsweise hat das Schiedsgericht das Recht des Staates anzuwenden, mit dem der Gegenstand des Verfahrens die engste Verbindung aufweist, Berger DZWiR **98**, 52; damit übernimmt der Gesetzgeber die Formulierung des Art 28 I 1 EGBGB, vgl dazu PalHeldr Art 28 EGBGB Rn 2ff. Wegen der damit verbundenen, zT streitigen Fragen (Solomon RIW **97**, 983) empfiehlt es sich dringend, in der Schiedsvereinbarung eine ausdrückliche Rechtswahl vorzunehmen.

4   **4) Billigkeitsentscheidung, III.** Grundsätzlich hat das Schiedsgericht ebenso wie das staatliche Gericht nach Recht und Gesetz zu entscheiden. Das gilt nur dann nicht, wenn die Parteien es ausdrücklich zu einer Billigkeitsentscheidung ermächtigen, **III 1**. Dies kann bis zur Entscheidung des Schiedsgerichts geschehen, **III 2**, braucht also nicht Bestandteil der Schiedsvereinbarung, § 1029, zu sein. Zulässig ist auch die Vereinbarung über eine Entscheidung nach kaufmännischem Gewohnheitsrecht (lex mercatoria), Labes/Lörcher MDR **97**, 424 mwN, Sprickhoff RabelsZ **92**, 134, Ehricke JuS **90**, 967; vgl Stein, lex mercatoria, 1995 (Bespr Kappus NJW **96**, 2920). Zur Anwendung von IV s Rn 5.

5   **5) Bindung an den Vertrag, Berücksichtigung von Handelsbräuchen, IV.** Wenn bei der Bestimmung des anzuwendenden Rechts an eine bestimmte Rechtsordnung angeknüpft wird, haben deren zwingende Vorschriften Vorrang vor dem zwischen den Parteien bestehenden Vertrag und etwaigen Handelsbräuchen. Daran ändert IV nichts, krit Solomon RIW **97**, 985. Die Vorschrift, die Art VII Abs 1 S 3 EuÜbkHSch (Schlußanh VI A 2) entspricht, hat demgemäß Bedeutung vor allem für den Fall, daß die Parteien eine Billigkeitsentscheidung vereinbart haben, BegrRegEntw S 53, oder einzelne Bestimmungen einer Rechtsordnung als anwendbar bezeichnet haben.

6   **6) Verstöße.** Ist die Anwendung des sachlichen Rechts vereinbart, aber keine Rechtsentscheidung ergangen, so ist der Schiedsspruch agrd einer Rüge der beschwerten Partei aufzuheben, § 1059 II Z 1 c, BGH NJW **86**, 1437 (Anm Sandrock JZ **86**, 373), SchwW 19 Rn 15. Das gleiche gilt bei Anwendung eines anderen als des vereinbarten Rechts. Kein Aufhebungsgrund liegt vor, wenn die Schiedsrichter, die nach Billigkeit entscheiden sollten, eine Rechtsentscheidung gefällt haben, Gottwald F Nagel, 1987, S 61.

7   **7) *VwGO:*** Entspr anzuwenden, Grdz § 1025 Rn 23 u 24.

Abschnitt 6. Schiedsspruch und Beendigung des Verfahrens § 1052

1052 *Entscheidung durch ein Schiedsrichterkollegium.* ¹ Haben die Parteien nichts anderes vereinbart, so ist in schiedsrichterlichen Verfahren mit mehr als einem Schiedsrichter jede Entscheidung des Schiedsgerichts mit Mehrheit der Stimmen aller Mitglieder zu treffen.

II ¹ Verweigert ein Schiedsrichter die Teilnahme an einer Abstimmung, können die übrigen Schiedsrichter ohne ihn entscheiden, sofern die Parteien nichts anderes vereinbart haben. ² Die Absicht, ohne den verweigernden Schiedsrichter über den Schiedsspruch abzustimmen, ist den Parteien vorher mitzuteilen. ³ Bei anderen Entscheidungen sind die Parteien von der Abstimmungsverweigerung nachträglich in Kenntnis zu setzen.

III Über einzelne Verfahrensfragen kann der vorsitzende Schiedsrichter allein entscheiden, wenn die Parteien oder die anderen Mitglieder des Schiedsgerichts ihn dazu ermächtigt haben.

1) Regelungszweck. Für den häufigen Fall, daß das Schiedsgericht aus mehreren Personen besteht, § 1034, regelt § 1052 die Entscheidungsfindung und die Stellung des Vorsitzenden. 1

2) Entscheidungsfindung, I. Wenn die Parteien nichts anderes vereinbart haben, ist in Verfahren mit mehr als einem Schiedsrichter jede Entscheidung mit Mehrheit der Stimmen aller Mitglieder zu treffen, also mit absoluter Mehrheit, vgl § 196 I GVG. Ein Stichentscheid des Vorsitzenden ist nicht vorgesehen, kann aber, auch im Hinblick auf II 1, von den Parteien vereinbart werden, BegrRegEntw S 54. Bei der Entscheidung über Summen gilt § 196 II GVG entspr. Über die Reihenfolge der Stimmabgabe schweigt das Gesetz; mangels einer Abrede der Parteien bietet sich die entspr Anwendung von § 197 GVG an (die Schiedsrichter nach dem Lebensalter, der jüngste zuerst, der Vorsitzende zuletzt). 2

Über die Leistung der Beratung und Abstimmung schweigt § 1052; aus der Natur der Sache folgt die entspr Anwendung von § 194 GVG, wenn die Parteien nichts anderes vereinbart haben. 3

Die Beratung kann aber auch schriftlich geschehen, Hbg MDR **65**, 54; wenn der Schiedsvertrag nicht entgegensteht, genügt die Unterzeichnung des mit Gründen versehenen Schiedsspruchs im Umlaufwege, wenn der Obmann als letzter unterzeichnet, vgl Köln BauR **88**, 637. Rechtsgutachten, die sich ein Schiedsrichter beschafft hat, darf er in der Beratung verwenden, BGH **LM** § 1041 Nr 8. Das Schiedsgericht darf jedenfalls dann, wenn der Schiedsvertrag es zuläßt, Berater hinzuziehen (u einem solchen die Formulierung der vom Schiedsgericht beschlossenen Entscheidungsgründe überlassen), BGH NJW **90**, 2199 mwN, u a Düss BB **76**, 251, dazu SchwW 19 Rn 3, MüKoMa 9 (einschränkend), StJSchl § 1034 Rn 7, Habscheid/Calavros KTS **79**, 6, einschränkend BGH WertpMitt **57**, 932, dazu Sieg JZ **58**, 723. Die Gefahr der Beeinflussung ist da geringer, als wenn der einzelne Schiedsrichter sich vorher mit einem Sachverständigen bespricht; in jedem Fall empfiehlt es sich, das Einverständnis der Parteien mit dem beabsichtigten Verfahren einzuholen. 4

Das Beratungsgeheimnis ist zu wahren, wenn nichts anderes vereinbart ist, Prütting, F Schwab, 1990, S 409 ff mwN, Schlosser JbPrSchdG **2**, 250, Gleiss/Helm MDR **69**, 93, da der Grundgedanke des § 43 DRiG auch hier zutrifft. Deshalb gibt es keinen Anspruch auf Einsicht in die schriftlichen Grundlagen der Meinungsbildung des Schiedsgerichts. Ebenso sind Schiedsrichter nicht zur Auslegung ihres Schiedsspruchs als Zeugen zu vernehmen, selbst wenn sich beide Parteien auf sie berufen, BGH **23**, 138; denn das Beratungsgeheimnis besteht auch im Interesse der Schiedsrichter, so daß eine Vernehmung auch ihren Verzicht auf diesen Schutz voraussetzt, SchwW 19 Rn 5. 5

3) Weigerung eines Schiedsrichters, II. Verweigert ein Mitglied des Schiedsgerichts die Teilnahme an einer Abstimmung, so können die übrigen Mitglieder ohne es entscheiden, sofern die Parteien nichts anderes vereinbart haben, **II 1**; eine Entscheidung kommt nicht zustande, wenn die absolute Mehrheit nicht erreicht wird, I 1. Der Schiedsrichter „verweigert" seine Mitwirkung nur dann, wenn er ohne zwingenden Grund an der Abstimmung nicht teilnimmt; das muß zur Überzeugung der anderen Schiedsrichter feststehen. 6

Die Absicht des Schiedsgerichts, ohne den sich weigernden Schiedsrichter über den Schiedsspruch abzustimmen, ist den Parteien vor der Abstimmung mitzuteilen, **II 2**, um ihnen Gelegenheit zu geben, auf den Schiedsrichter einzuwirken oder andere Konsequenzen zu ziehen; zwischen der Mitteilung und der Abstimmung muß ein den Umständen entsprechender, angemessener Zeitraum liegen. Handelt es sich nicht um den Schiedsspruch, darf das Schiedsgericht ohne den sich Weigernden abstimmen, muß aber die Parteien nachträglich von der Abstimmungsverweigerung unterrichten, **II 3**, was unverzüglich geschehen sollte (aber nicht muß). 7

Verstöße gegen II führen zur Aufhebung des Schiedsspruchs, sofern sie sich ausgewirkt haben, § 1059 II Z 1 d, Saarbr SchiedsVZ **03**, 93.

4) Befugnisse des Vorsitzenden, III (Schlosser SchiedsVZ **03**, 1). Der Vorsitzende, § 1035 III 2, ist auch beim Schiedsgericht „primus inter pares", wenn die Parteien nichts anderes vereinbaren. Er darf über einzelne Verfahrensfragen selbst entscheiden, wenn die Parteien oder (beim Fehlen einer Parteivereinbarung) die anderen Mitglieder des Schiedsgerichts ihn dazu ermächtigt haben. „Einzelne Verfahrensfragen" iSv III sind die Anberaumung eines Termins, dessen Vorbereitung durch Auflagen an die Parteien, die Festsetzung von Fristen u dgl, nicht aber Entscheidungen über die Verfahrenssprache, § 1045, die Wahl zwischen schriftlichem und mündlichem Verfahren, § 1047, oder die Zuziehung von Sachverständigen, § 1049, aM BegrRegEntw S 54. Daß der Vorsitzende die Geschäfte des Schiedsgerichts leitet, also zB den Schriftwechsel mit den Parteien führt oder die Auswahl der Räumlichkeiten für eine Zusammenkunft trifft, ist ebenso selbstverständlich wie seine Hauptaufgabe, die Leitung der mündlichen Verhandlung, oben Rn 3. 8

5) *VwGO:* Entspr anzuwenden, Grdz § 1025 Rn 23 u 24. 9

§ 1053

1053 *Vergleich.* [I] [1] Vergleichen sich die Parteien während des schiedsrichterlichen Verfahrens über die Streitigkeit, so beendet das Schiedsgericht das Verfahren. [2] Auf Antrag der Parteien hält es den Vergleich in der Form eines Schiedsspruchs mit vereinbartem Wortlaut fest, sofern der Inhalt des Vergleichs nicht gegen die öffentliche Ordnung (ordre public) verstößt.

[II] [1] Ein Schiedsspruch mit vereinbartem Wortlaut ist gemäß § 1054 zu erlassen und muss angeben, dass es sich um einen Schiedsspruch handelt. [2] Ein solcher Schiedsspruch hat dieselbe Wirkung wie jeder andere Schiedsspruch zur Sache.

[III] Soweit die Wirksamkeit von Erklärungen eine notarielle Beurkundung erfordert, wird diese bei einem Schiedsspruch mit vereinbartem Wortlaut durch die Aufnahme der Erklärungen der Parteien in den Schiedsspruch ersetzt.

[IV] [1] Mit Zustimmung der Parteien kann ein Schiedsspruch mit vereinbartem Wortlaut auch von einem Notar, der seinen Amtssitz im Bezirk des nach § 1062 Abs. 1, 2 für die Vollstreckbarerklärung zuständigen Gerichts hat, für vollstreckbar erklärt werden. [2] Der Notar lehnt die Vollstreckbarerklärung ab, wenn die Voraussetzungen des Absatzes 1 Satz 2 nicht vorliegen.

Schrifttum: *Gottwald* in: Konsensuale Streitbeilegung, 2001, S 31; *Mankowski* ZZP **114**, 37 mwN; *Saenger* MDR **99**, 662 (zur Vollstr); *Grziwotz* MDR **01**, 305 u G. *Lörcher* DB **99**, 789 (zur Verwendung bei der Mediation).

1 **1) Regelungszweck.** Die Vorschrift setzt an die Stelle des bisherigen Schiedsvergleichs, § 1044a aF, den Schiedsspruch mit vereinbartem Wortlaut, BegrRegEntw S 54 (wegen der Behandlung der nach bisherigem Recht geschlossenen Schiedsvergleiche s Saenger MDR **99**, 663). Dadurch erübrigen sich besondere Bestimmungen über die Zulässigkeit und die Vollstreckbarkeit (die nach dem UN-ÜbkSchdG, vgl § 1061, nicht gegeben wäre), so daß mit § 1053 ein weltweit anerkannter Vollstreckungstitel geschaffen wird.

2 **2) Vergleich, I.** Vergleichen sich die Parteien während des Verfahrens, Anh § 307, so beendet das Schiedsgericht das Verfahren, **I 1**, und zwar durch Beschluß, § 1056 II Z 2. Ein solcher Vergleich ist ein Vollstreckungstitel, wenn die Voraussetzungen des § 794 I Z 1 oder Z 5 bzw der §§ 796a oder 796c (idF des SchiedsVfG) erfüllt. Andere Vergleiche im Schiedsverfahren werden nur dadurch zu Vollstreckungstiteln, daß das Schiedsgericht sie in der Form eines Schiedsspruchs mit vereinbartem Wortlaut festhält, **I 2**.

3 **3) Schiedsspruch mit vereinbartem Wortlaut, I 2, II–IV**

A. Allgemeines, I 2. Das Schiedsgericht erläßt im Fall des Vergleichs auf Antrag einen Schiedsspruch mit vereinbartem Wortlaut, wenn der Inhalt des Vergleichs nicht gegen die öff Ordnung (ordre public) verstößt. Vgl dazu § 1059 II Z 2 b und die dortigen Erl (krit Mankowski ZZP 114, 44); ein Verstoß gegen den ordre public liegt auch dann vor, wenn der Vergleichsgegenstand nach § 1030 nicht schiedsfähig ist, § 1059 II Z 2, BegrRegEntw S 55.

4 **B. Form und Wirkung, II.** Für Form und Inhalt des Schiedsspruchs mit vereinbartem Wortlaut gilt § 1054; in ihm muß angegeben werden, daß es sich um einen Schiedsspruch handelt, **II 1**. Ein solcher Schiedsspruch hat dieselbe Wirkung wie jeder andere Schiedsspruch, **II 2**: er hat unter den Parteien die Wirkungen eines rechtskräftigen Urteils, § 1055, beendet das Schiedsverfahren, § 1056 I, unterliegt nur wegen Verstoßes gegen die öffentliche Ordnung, I 2, der Aufhebung, § 1059 (dazu unten Rn 9), und bedarf der Vollstreckbarerklärung durch das OLG, §§ 1060 u 1061, für die die allgemeinen Vorschriften gelten, BGH NJW **01**, 373.

5 **C. Anderweitige Formvorschriften, III.** Der Schiedsspruch iSv § 1053 ersetzt nicht jede andere, zwingend vorgeschriebene Form. Soweit für die Wirksamkeit von Erklärungen eine notarielle Beurkundung erforderlich ist, wird sie dadurch ersetzt, daß die Erklärungen der Parteien wörtlich in den Schiedsspruch aufgenommen werden, vgl § 127a BGB. Für Eintragungen in das Grundbuch und andere öff Register ist die Vollstreckbarerklärung des Schiedsspruchs, §§ 1060 u 1061, nötig, Saenger MDR **99**, 663.

6 **4) Notarielle Vollstreckbarerklärung, IV.** Die Beteiligten haben die Möglichkeit, das gerichtliche Verfahren der Vollstreckbarerklärung, § 1061, dadurch zu ersetzen, daß sie sich auf die Vollstreckbarerklärung des Schiedsspruchs mit vereinbartem Wortlaut durch einen Notar einigen. Eine ähnliche Regelung gilt für Anwaltsvergleiche, § 796c.

7 **A. Voraussetzungen, IV 1.** Die Parteien müssen der Vollstreckbarerklärung durch den Notar zustimmen. Nötig ist die Zustimmung aller am Schiedsverfahren Beteiligten; sie kann im vereinbarten Wortlaut des Schiedsspruchs oder auf andere Weise erklärt werden, nämlich in schriftlicher Form oder gegenüber dem Notar. Die einmal erklärte Zustimmung ist unwiderruflich.

8 **B. Zuständigkeit, IV 1.** Der Notar kann von den Parteien gewählt werden, muß aber seinen Amtssitz im Bezirk des nach § 1062 I, II für die Vollstreckbarerklärung zuständigen OLG haben, s dortige Erl (eine Zuständigkeitskonzentration nach § 1062 V bleibt außer Betracht). Mangelnde Zuständigkeit macht die Vollstreckbarerklärung nicht unwirksam, § 796c Rn 4, str.

9 **C. Verfahren.** Der von den Parteien berufene Notar hat auf Antrag einer Partei den Schiedsspruch für vollstreckbar zu erklären, wenn er zuständig ist, Rn 8, die Zustimmung aller am Schiedsverfahren Beteiligten vorliegt, Rn 7, die formalen Voraussetzungen gegeben sind, II 1 u § 1054, Rn 4, und aus I 2 keine Bedenken gegen seine Wirksamkeit folgen, Rn 3 (sonstige Unwirksamkeitsgründe sind nicht zu prüfen, ThP 5). Die Erklärung ist den Beteiligten zuzustellen, § 20 I 2 BNotO, § 329 III. Der Notar erteilt auch die vollstreckbare Ausfertigung.

Die Vollstreckbarerklärung hat die **Wirkung**, daß ein Aufhebungsantrag, § 1059, nicht mehr gestellt werden kann; § 1059 III 4, dort Rn 12, ist entspr anzuwenden, aM MusVo § 1059 Rn 1 aE: aber als Aufhebungsgrund kommt ohnehin nur § 1059 II Z 2b in Frage, I 2, der vom Notar geprüft werden muß.

Abschnitt 6. Schiedsspruch und Beendigung des Verfahrens **§§ 1053–1055**

D. Rechtsmittel. Lehnt der Notar die Vollstreckbarerklärung ab, kann die dadurch beschwerte Partei sie beim zuständigen OLG beantragen, § 1062 I Z 4, §§ 1063–1065. Die Vollstreckbarerklärung durch den Notar ist unanfechtbar; eine entspr Anwendung von § 1065 I 1, ZöGei 20, scheidet aus, weil es sich um eine die Grundregel des § 1065 I 2 durchbrechende Sondervorschrift handelt. 10

E. Gebühren. Notar § 148 a KostO, RA § 46 BRAGO.

5) VwGO: Entspr anzuwenden, Grdz § 1025 Rn 23 u 24. 11

1054 *Form und Inhalt des Schiedsspruchs.* I ¹ Der Schiedsspruch ist schriftlich zu erlassen und durch den Schiedsrichter oder die Schiedsrichter zu unterschreiben. ² In schiedsrichterlichen Verfahren mit mehr als einem Schiedsrichter genügen die Unterschriften der Mehrheit aller Mitglieder des Schiedsgerichts, sofern der Grund für eine fehlende Unterschrift angegeben wird.

II Der Schiedsspruch ist zu begründen, es sei denn, die Parteien haben vereinbart, dass keine Begründung gegeben werden muss, oder es handelt sich um einen Schiedsspruch mit vereinbartem Wortlaut im Sinne des § 1053.

III ¹ Im Schiedsspruch sind der Tag, an dem er erlassen wurde, und der nach § 1043 Abs. 1 bestimmte Ort des schiedsrichterlichen Verfahrens anzugeben. ² Der Schiedsspruch gilt als an diesem Tag und diesem Ort erlassen.

IV Jeder Partei ist ein von den Schiedsrichtern unterschriebener Schiedsspruch zu übermitteln.

1) Regelungszweck. Da der Schiedsspruch die Wirkungen eines rechtskräftigen Urteils hat, § 1055, und Vollstreckungstitel werden kann, §§ 1060 u 1061, muß er bestimmten Formvorschriften genügen. Schiedsspruch in diesem Sinne ist auch die (End-)Entscheidung, daß die Klage als unzulässig abgewiesen werde, ebenso die (End-)Entscheidung eines Oberschiedsgerichts, daß das Rechtsmittel unzulässig sei, Hbg RR **00**, 806. 1

2) Schriftform, I. Der Schiedsspruch ist schriftlich zu erlassen, und zwar in der Verfahrenssprache, § 1045; er muß von dem Einzelschiedsrichter bzw von den Schiedsrichtern unterschrieben werden, **I 1**. In Verfahren mit mehr als einem Schiedsrichter genügen die Unterschriften der Mehrheit aller Schiedsrichter, sofern der Grund für die fehlende Unterschrift angegeben wird, **I 2**; vgl § 315 I 2. Ein Grund kann zB die Weigerung eines Schiedsrichters sein, auch diejenige des Vorsitzenden, BegrRegEntw S 56. Die Vorschriften in I sind zwingend, so daß das Erfordernis der absoluten Mehrheit, **I 2**, auch dann gilt, wenn die Parteivereinbarung für die Abstimmung etwas anderes bestimmt, § 1052 I. 2

3) Inhalt des Schiedsspruchs, II u III 3

A. Begründung, II. Die Parteien können vereinbaren, daß der Schiedsspruch keiner Begründung bedarf. Eine solche Vereinbarung kann auch in der Klausel liegen, daß jede gerichtliche Nachprüfung ausgeschlossen ist, vgl BGH NJW **86**, 1437, aM SchwW 19 Rn 13.

Sonst muß er mit einer Begründung versehen werden, es sei denn, es handelt sich um einen Schiedsspruch mit vereinbartem Wortlaut, § 1053. Dazu gehören die genaue Bezeichnung der Parteien, vgl § 313 Rn 3 ff, und eine möglichst genaue formulierte Wiedergabe der Entscheidung, am besten in einer Entscheidungsformel, § 313 Rn 10 ff. Ein gesonderter Tatbestand, § 313 Rn 14 ff, ist nicht vorgeschrieben, aber oft zweckmäßig.

An die Begründung, namentlich wenn sie von nicht Rechtskundigen herrührt, ist nicht der an ein Urteil anzulegende Maßstab gültig: es genügt, daß sie gewissen Mindestanforderungen entspricht, BGH NJW **86**, 1437. Wenn auch zu jedem wesentlichen Angriffs- und Verteidigungsmittel Stellung zu nehmen ist, BGH WertpMitt **83**, 1207, so genügt es, daß insofern überhaupt eine Begründung gegeben ist, wenn auch eine lückenhafte oder falsche, SchwW 19 Rn 11. Inhaltsleere Wendungen sind keine Gründe; die Begründung darf auch nicht offenbar widersinnig sein oder im Widerspruch zur Entscheidung stehen, BGH NJW **86**, 1437. 4

Ob dem Schiedsspruch ein Sondervotum („abweichende Meinung") beigefügt werden darf, war nach bisherigem Recht str, Schütze F Nakamura, 1996, S 525. Da § 1054 dazu schweigt, ist es Sache der Parteien, die Frage durch Vereinbarung zu regeln.

B. Sonstige Angaben, III. Im Schiedsspruch anzugeben ist der Tag, an dem er erlassen wurde, ferner der Schiedsort iSv § 1043, **III 1**. Er gilt als an diesem Tag und diesem Ort erlassen, **III 2**, so daß es nicht darauf ankommt, ob die Angaben mit der Wirklichkeit übereinstimmen. Die Vorschriften in III sind zwingend. Das Fehlen der dort genannten Angaben berührt die Wirksamkeit des Schiedsspruchs nicht, weil es sich um eine lediglich der Identifizierung dienende Ordnungsvorschrift handelt, SchwW 20 Rn 13, Stgt RR **03**, 1438. 5

4) Bekanntmachung des Schiedsspruchs, IV. Jeder Partei ist ein von den Schiedsrichtern bzw dem Einzelschiedsrichter unterzeichneter Schiedsspruch zu übersenden, dh keine Ausfertigung oder Abschrift, BegrRegEntw S 56. Eine förmliche Zustellung ist nicht vorgeschrieben, str, offen BGH NJW **01**, 3788 mwN; sie ist aber schon deshalb zu empfehlen, weil sie das sicherste Mittel ist, den Tag des Empfangs festzustellen, der für die Aufhebungsfrist, § 1059 III 2, und für die Präklusion von Aufhebungsgründen, § 1060 II 3 von Bedeutung ist. Den Anforderungen von IV genügt aber die Übersendung durch die Post, am besten durch Einschreiben gegen Rückschein, um den Tag des Empfangs einwandfrei feststellen zu können, vgl § 1058 II. 6

5) VwGO: Entspr anzuwenden, Grdz § 1025 Rn 23 u 24. 7

1055 *Wirkungen des Schiedsspruchs.* Der Schiedsspruch hat unter den Parteien die Wirkungen eines rechtskräftigen gerichtlichen Urteils.

1) Regelungszweck. Entspr § 1040 aF hat der Schiedsspruch unter den Parteien die Wirkungen eines rechtskräftigen Urteils mit Ausnahme der Vollstreckbarkeit, §§ 1060 u 1061. 1

2) Wirkung des Schiedsspruchs. Mit der Erfüllung sämtlicher wesentlicher Voraussetzungen des 2
§ 1054 erlangt der Schiedsspruch unter den Parteien die Wirkung eines rechtskräftigen gerichtlichen Urteils,
BGH RR **86**, 61 mwN, ua NJW **80**, 1284. Dazu, welche Voraussetzungen wesentlich (zwingend) sind, vgl
§ 1054 Rn 2 ff. Zum Begriff des Schiedsspruchs s § 1054 Rn 1.

A. Äußere Rechtskraft. Der endgültige Schiedsspruch beendet das Schiedsverfahren, § 1056 I; endgültig ist ein Schiedsspruch, wenn er nach der Schiedsvereinbarung keiner Prüfung bzw Bestätigung durch eine andere Person oder Stelle, zB ein Oberschiedsgericht, unterliegt. Seine formelle Rechtskraft tritt dann mit der Erfüllung der in § 1054 vorgesehenen Förmlichkeiten ein. Ist eine höhere schiedsrichterliche Instanz vereinbart, so wird der Schiedsspruch erst mit deren Schiedsspruch rechtskräftig. Bei ausländischen Schiedssprüchen bestimmt sich die Rechtskraft nach ausländischem Recht, Loritz ZZP **105**, 2; ob eine Vollstreckbarerklärung ergehen kann, bleibt gleich.

B. Innere Rechtskraft (Loritz ZZP **105**, 2 ff). Sie kann nur in Frage kommen, wo nicht eine Zwischen- 3
entscheidung vorliegt, sondern ein Schiedsspruch mit äußerer Rechtskraft, bei Teilschiedsspruch also nur, soweit entschieden ist. Eine Zwischenentscheidung über den Grund des Anspruchs ist als Schiedsspruch zulässig und wird rechtskräftig; denn in ihr liegt die Feststellung des Anspruchs iSv § 256. Rechtskraftwirkung äußert auch ein unbedingter Schiedsspruch auf eine bedingte Leistung. Der Umfang der Rechtskraft ist gleich dem beim Urteil; die Entscheidungsgründe sind zur Auslegung heranzuziehen. Die Vollstreckbarerklärung hat mit der Rechtskraft nichts zu tun. Über ausländische Schiedssprüche s oben Rn 2 aE.

§ 1055 legt dem Schiedsspruch die Wirkungen eines rechtskräftigen gerichtlichen Urteils bei. Das ist nur bedingt richtig. Zwar gilt für den inländischen Schiedsspruch grundsätzlich § 322 I u II; aber die Rechtskraftwirkung bleibt beim Schiedsspruch hinter derjenigen des Urteils zurück:

a) Die Rechtskraft des Schiedsspruchs ist, ebenso wie die Rechtshängigkeit vor dem Schiedsgericht, nicht 4
vAw zu beachten, sondern nur auf **Einrede**, hM, Maier Rn 433, BGH **41**, 107 u NJW **58**, 950, BayObLG MDR **84**, 496, str (vgl Walter F Schwab, 1990, S 550 mwN), aM Bosch S 82 ff, Loritz ZZP **105**, 12, SchwW 21 Rn 6, StJSchl 6, ZöGei 5, Wiecz B II a 4, Walter RIW **88**, 946 mwN: aber der Schiedsspruch ist kein Hoheitsakt, so daß das öff Interesse fehlt. Darum dürfen die Parteien auch durch Vereinbarung die Rechtskraftwirkung des Schiedsspruchs beseitigen, BayObLG MDR **84**, 496, Bre NJW **57**, 1035, str, aM Loritz ZZP **105**, 13, Walter F Schwab, 1990, S 550, SchwW 21 Rn 7 mwN. Belassen sie es beim Schiedsspruch, so sind sie auch ohne Vollstreckbarerklärung schuldrechtlich an den Spruch gebunden, BGH BB **61**, 264. Ein etwa (auch) beim Staatsgericht anhängiges Verf über denselben Streitgegenstand wird durch den Schiedsspruch nur dann unzulässig, wenn in diesem Verf die Einrede nach § 1032 rechtzeitig erhoben worden ist und diese noch nicht (durch Zwischenurteil nach § 280 I) für unbegründet erklärt worden ist, Schlosser F Nagel, 1987, S 358–361.

b) Während sich ein rechtskräftiges Urteil im allgemeinen nur durch Wiederaufnahmeklage beseitigen 5
läßt, unterliegt der Schiedsspruch der **Aufhebung** auf Aufhebungsklage und im Vollstreckbarkeitsverfahren, §§ 1059 ff.

c) Der Schiedsspruch wirkt gegen **Dritte** nicht nach § 325, sondern allein nach dem Schiedsvertrag, 6
BGH BB **75**, 583, reicht also nur so weit, wie der Schiedsvertrag wirkt, zB gegen Erben oder vertragliche Rechtsnachfolger; denn die öff-rechtlichen Erwägungen, die dem § 325 zugrunde liegen (Rücksicht auf die Stetigkeit der Rechtspflege und deren Ansehen), versagen hier, Maier Rn 435, ZöGei 4, str, Loritz ZZP **105**, 14 ff (differenzierend), vgl Walter F Schwab, 1990, S 550 alle mwN. Auch außerhalb des § 325 ist die Bindungswirkung des Schiedsspruchs gegenüber Dritten geringer als die eines Urteils, § 1042 Rn 14 „Streithilfe" (§ 68). Vgl zu der str Frage der Bindung des Haftpflichtversicherers Sieg VersR **84**, 501 mwN.

d) Der Schiedsspruch hat **nicht alle Wirkungen** eines gerichtlichen Urteils. So bildet nicht der Schieds- 7
spruch, sondern erst die Vollstreckbarerklärung nach § 894 einen Ersatz für die Abgabe einer Willenserklärung, SchwW 28 Rn 18, MüKoMa § 1042 Rn 2, Walter F Schwab, 1990, S 556 mwN, aM Loritz ZZP **105**, 18. Ebenso schafft er auch nicht ohne weiteres die Grundlage für Eintragungen in das Grundbuch oder ein anderes öffentliches Register, § 895: auch hierzu bedarf es vielmehr der Vollstreckbarerklärung, § 1060, StJSchl § 1042 Rn 2, aM Loritz ZZP **105**, 18, SchwW 28 Rn 19, Walter aaO S 555 mwN. Entsprechendes dürfte für Schiedssprüche mit Gestaltungswirkung gelten, BayObLG MDR **84**, 496 (abl Vollmer BB **84**, 1774), Wiecz § 1042 Anm A II b 2, Wieser ZZP **102**, 270, K. Schmidt ZGR **88**, 536, abw SchwW 21 Rn 12, Walter aaO S 552 mwN, ua StJSchl § 1042 Rn 2, Walter RIW **88**, 947. Über die Vollstreckungsabwehrklage, § 767, s § 1060 Rn 10.

C. Zwangsvollstreckung. Sie ist nur nach Vollstreckbarerklärung, § 1060, möglich. Eine Klage auf 8
Erfüllung des Schiedsspruchs ist in demselben Umfang zulässig wie bei einem Urteil, so angesichts des § 1061 auch bei ausländischem Schiedsspruch. Wo eine Vollstreckbarerklärung möglich ist, versagt die Erfüllungsklage schon wegen der Gefahr eines doppelten Titels, RG **117**, 387.

3) *VwGO*: Entsprechend anzuwenden, Grdz § 1025 Rn 23 u 24. Eine Zwangsvollstreckung, Rn 8, findet auch 9
nach § 168 I Nr 5 VwGO nur aus Schiedssprüchen statt, die für vollstreckbar erklärt worden sind.

1056 *Beendigung des schiedsrichterlichen Verfahrens.* ¹ Das schiedsrichterliche Verfahren wird mit dem endgültigen Schiedsspruch oder mit einem Beschluss des Schiedsgerichts nach Absatz 2 beendet.

II Das Schiedsgericht stellt durch Beschluss die Beendigung des schiedsrichterlichen Verfahrens fest, wenn

1. der Kläger
   a) es versäumt, seine Klage nach § 1046 Abs. 1 einzureichen und kein Fall des § 1048 Abs. 4 vorliegt, oder

Abschnitt 6. Schiedsspruch und Beendigung des Verfahrens **§§ 1056, 1057**

    b) seine Klage zurücknimmt, es sei denn, daß der Beklagte dem widerspricht und das Schiedsgericht ein berechtigtes Interesse des Beklagten an der endgültigen Beilegung der Streitigkeit anerkennt; oder
2. die Parteien die Beendigung des Verfahrens vereinbaren; oder
3. die Parteien das schiedsrichterliche Verfahren trotz Aufforderung des Schiedsgerichts nicht weiter betreiben oder die Fortsetzung des Verfahrens aus einem anderen Grund unmöglich geworden ist.

III Vorbehaltlich des § 1057 Abs. 2 und der §§ 1058, 1059 Abs. 4 endet das Amt des Schiedsgerichts mit der Beendigung des schiedsrichterlichen Verfahrens.

1) Regelungszweck. Die Vorschrift bestimmt die Fälle, in denen das schiedsrichterliche Verfahren endet, **1**
und regelt die daran geknüpften Folgen. Wegen der Folgen der Aufhebung eines Schiedsspruchs s § 1059 V.

2) Beendigung des Schiedsverfahrens, I   **2**
A. Schiedsspruch. Das Schiedsverfahren wird mit dem endgültigen Schiedsspruch beendet. Endgültig ist ein Schiedsspruch, der eine abschließende Entscheidung trifft und nach der Schiedsvereinbarung keiner Nachprüfung unterliegt, § 1055 Rn 1. Die Beendigung tritt mit der Erfüllung der Voraussetzungen des § 1054 ein, dh mit der Mitteilung des Schiedsspruchs an die Parteien.
B. Beschluß. Das Verfahren endet ferner durch das Ergehen eines Beschlusses iSv II.

3) Beendigung durch Beschluß, II   **3**
A. Allgemeines. Das Schiedsgericht stellt in folgenden Fällen durch Beschluß die Beendigung des Schiedsverfahrens fest.
a) Säumnis des Klägers, II Z 1 a. Die Beendigung muß festgestellt werden, wenn der Kläger es versäumt, seine Klage formgerecht nach § 1046 I einzureichen. Voraussetzung ist der fruchtlose Ablauf einer Frist, die die Parteien oder das Schiedsgericht für die Einreichung festgesetzt haben. Die Rechtsfolge tritt nicht ein, wenn die Säumnis genügend entschuldigt wird, § 1048 IV 1, oder die Parteien die Folgen der Versäumung anders geregelt haben, § 1048 IV 2.
b) Rücknahme der Schiedsklage, II Z 1 b. Die Rücknahme führt zur Beendigung des Verfahrens, **4**
wenn nicht der Beklagte widerspricht und das Schiedsgericht sein berechtigtes Interesse an der endgültigen Beilegung der Streitigkeit anerkennt. Anders als nach § 269 kommt es auf den Zeitpunkt der Rücknahme nicht an. Darüber, ob ein berechtigtes Interesse des Beklagten gegeben ist, entscheidet das Schiedsgericht unter Berücksichtigung aller Umstände des Falles durch Beschluß oder durch Schiedsspruch bzw. Zwischenentscheid, wenn es das berechtigte Interesse anerkennt, sonst durch Beschluß.
c) Vereinbarung der Parteien, II Z 2. Da die Parteien die Herrschaft über das Verfahren haben, **5**
können sie dessen Beendigung vereinbaren. Aus welchen Gründen und in welcher Form dies geschieht, ist für die Feststellung der Beendigung durch Beschluß ohne Bedeutung.
d) Nichtbetreiben des Verfahrens oder Unmöglichkeit seiner Fortsetzung, II Z 3. Die Beendi- **6**
gung des Verfahrens ist festzustellen, wenn die Parteien es trotz Aufforderung nicht weiter betreiben oder seine Fortsetzung aus einem anderen Grunde unmöglich geworden ist, zB wegen Erlöschens der Schiedsvereinbarung oder Stimmengleichheit bei der Abstimmung über den Schiedsspruch. Die Unmöglichkeit muß zur Überzeugung des Schiedsgerichts feststehen. Im Fall des Nichtbetreibens hat es aufzuklären, ob darin nur ein vorübergehender Stillstand, zB ein Ruhen des Verfahrens iSv § 251, zum Ausdruck kommt.
B. Verfahren. Das Schiedsgericht hat vor seiner Entscheidung die Parteien zu dem von ihm beabsich- **7**
tigten Beschluß zu hören, § 1042 I, und ggf den Sachverhalt aufzuklären, oben Rn 6. Für den Beschluß nach I gelten die für den Schiedsspruch geltenden §§ 1052 und 1054 entspr. Über die Kosten ist nicht zu entscheiden; vielmehr ist darüber ein besonderer Kostenschiedsspruch zu erlassen, § 1057 I 2, vgl BegrRegEntw S 58. Der Beschluß nach I ist unanfechtbar. Er steht einer Erneuerung des Verfahrens nicht entgegen, sofern die Schiedsvereinbarung nichts anderes bestimmt.

4) Ende des Amtes der Schiedsrichter, III. Vorbehaltlich des § 1057 II und der §§ 1058, 1059 IV **8**
endet das Amt des Schiedsgerichts, dh der Schiedsrichter, mit der Beendigung des Verfahrens iSv I, also mit dem Ergehen des Schiedsspruchs bzw des Beschlusses nach II. Die Vorschrift ist zwingend. Im Fall der Beendigung durch Beschluß steht es den Parteien frei, ein neues Schiedsverfahren über den Streitgegenstand zu vereinbaren.

5) *VwGO:* *Entspr anzuwenden, Grdz § 1025 Rn 23 u 24.*   **9**

1057 *Entscheidung über die Kosten.* **I** ¹Sofern die Parteien nichts anderes vereinbart haben, hat das Schiedsgericht in einem Schiedsspruch darüber zu entscheiden, zu welchem Anteil die Parteien die Kosten des schiedsrichterlichen Verfahrens einschließlich der den Parteien erwachsenen und zur zweckentsprechenden Rechtsverfolgung notwendigen Kosten zu tragen haben. ²Hierbei entscheidet das Schiedsgericht nach pflichtgemäßem Ermessen unter Berücksichtigung der Umstände des Einzelfalles, insbesondere des Ausgangs des Verfahrens.

II ¹Soweit die Kosten des schiedsrichterlichen Verfahrens feststehen, hat das Schiedsgericht auch darüber zu entscheiden, in welcher Höhe die Parteien diese zu tragen haben. ²Ist die Festsetzung der Kosten unterblieben oder erst nach Beendigung des schiedsrichterlichen Verfahrens möglich, wird hierüber in einem gesonderten Schiedsspruch entschieden.

1) Regelungszweck: Über die Verteilung der Kosten des Schiedsgerichts und ihre Erstattung können die **1**
Parteien eine Vereinbarung treffen. Für den häufigen Fall, daß dies nicht geschieht, enthält § 1057 (anders als das bisherige Recht, BGH RR **98**, 233, SchdG HK Hbg NJW **97**, 613) eine Regelung.

2   **2) Grundentscheidung über die Kosten, I.** Mangels einer Parteivereinbarung hat das Schiedsgericht in einem Schiedsspruch darüber zu entscheiden, zu welchem Anteil die Parteien die Kosten einschließlich der notwendigen Parteiaufwendungen zu tragen haben, **I 1**. Hierüber entscheidet das Schiedsgericht nach pflichtgemäßem Ermessen unter Berücksichtigung der Umstände des Einzelfalles, insbesondere des Ausgangs des Verfahrens, **I 2.** Die Parteien können anderes, etwa die entspr Anwendung der §§ 91 ff, vereinbaren, BegrRegEntw S 57. Sonst ist das Schiedsgericht frei, so daß zB die Kosten eines RA nicht immer zu erstatten sind. Daß es sich an die in §§ 91 ff festgelegten Grundsätze hält, dürfte die Regel sein.

3   Die Kostenentscheidung ergeht in „einem" Schiedsspruch. Regelmäßig ist dies der das Verfahren beendende Spruch, § 1056 I (auch ein Prozeßschiedsspruch, § 1040 Rn 4, BGH NJW 02, 3032). Kommt es nicht zu einem solchen Schiedsspruch, zB in den Fällen des § 1056 II, oder ist die Kostenentscheidung unterblieben, muß das Schiedsgericht entspr II 2 einen gesonderten Schiedsspruch über die Kosten erlassen, BegrRegEntw S 58; dieser ist in den Fällen des § 1056 II mit dem Beschluß nach § 1056 I zu verbinden und unterliegt den für Schiedssprüche geltenden Regeln, insbes den §§ 1054, 1058, 1059 und 1060, 1061.

4   **3) Kostenfestsetzung, II.** Das Schiedsgericht hat auch darüber zu entscheiden, in welcher Höhe die Parteien die bei Beendigung des Verfahrens, § 1056 I, feststehenden Kosten zu tragen haben, **II 1**. Soweit es sich um Vergütung und Auslagen der Schiedsrichter handelt, müssen sie bei Beendigung des Verfahrens vorschußweise gezahlt worden sein, weil das Schiedsgericht sonst in eigener Sache entscheiden würde, BegrRegEntw S 58. Ein etwaiger Streit über zuviel gezahlte Vorschüsse ist außerhalb des Schiedsverfahrens auszutragen. Welche Kosten bei Beendigung des Verfahrens feststehen, ist für die eigenen Kosten der Parteien nach deren belegten Aufwendungen und für die Kosten der RAe (zu Auswirkungen aGrd des am 1. 7. 04 in Kraft getretenen RVG: Bischof SchiedsVZ 04, 252), nach deren (gesetzlichen) Gebühren und Auslagen zu beurteilen; dabei darf das Schiedsgericht den Gegenstandswert, §§ 22 ff RVG festsetzen, wenn nicht die Vergütung der Schiedsrichter von ihm abhängt, Anh § 1035 Rn 10.

5   Die Festsetzung erfolgt in einem Schiedsspruch, oben Rn 3. Ist die Festsetzung erst nach Beendigung des Verfahrens möglich oder aus einem anderen Grunde unterblieben, wird hierüber in einem gesonderten Schiedsspruch entschieden, II 2, zB in einem Auslegungs- oder Ergänzungsschiedsspruch iSv § 1058 I Z 2 u 3.

6   **4) VwGO:** Entspr anzuwenden, Grdz § 1025 Rn 23 u 24.

1058 Berichtigung, Auslegung und Ergänzung des Schiedsspruchs. [1]Jede Partei kann beim Schiedsgericht beantragen,

1. Rechen-, Schreib- und Druckfehler oder Fehler ähnlicher Art im Schiedsspruch zu berichtigen;
2. bestimmte Teile des Schiedsspruchs auszulegen;
3. einen ergänzenden Schiedsspruch über solche Ansprüche zu erlassen, die im schiedsrichterlichen Verfahren zwar geltend gemacht, im Schiedsspruch aber nicht behandelt worden sind.

II Sofern die Parteien keine andere Frist vereinbart haben, ist der Antrag innerhalb eines Monats nach Empfang des Schiedsspruchs zu stellen.

III Das Schiedsgericht soll über die Berichtigung oder Auslegung des Schiedsspruchs innerhalb eines Monats und über die Ergänzung des Schiedsspruchs innerhalb von zwei Monaten entscheiden.

IV Eine Berichtigung des Schiedsspruchs kann das Schiedsgericht auch ohne Antrag vornehmen.

V § 1054 ist auf die Berichtigung, Auslegung oder Ergänzung des Schiedsspruchs anzuwenden.

1   **1) Regelungszweck.** Über die für die staatlichen Gerichte geltenden §§ 319 ff hinaus eröffnet die Vorschrift dem Schiedsgericht die Möglichkeit, Nachbesserungen seines Schiedsspruchs vorzunehmen und bestimmte Teile des Schiedsspruchs auszulegen.

2   **2) Nachbesserung und Auslegung eines Schiedsspruchs, I u IV**

A. Fälle, I: Das Schiedsgericht kann, ohne daß eine abweichende Parteivereinbarung zulässig wäre, bei jedem von ihm erlassenen Schiedsspruch

a) Rechen-, Schreib- und Druckfehler sowie Fehler ähnlicher Art (auch wenn sie nicht offensichtlich sind) berichtigen, und zwar auf Antrag einer Partei, **I Z 1**, oder vAw, **IV**;

b) bestimmte Teile des Schiedsspruchs auf Antrag einer Partei auslegen, **I Z 2**, dh solche Teile klarstellen, um Mißverständnisse auszuräumen; diese Befugnis umfaßt alle Teile des Schiedsspruchs, nicht nur den Tenor;

c) auf Antrag einer Partei über geltend gemachte, aber in der Entscheidung übergangene Ansprüche einen ergänzenden Schiedsspruch erlassen, **I Z 3**, zB über die Höhe der Kosten § 1057 Rn 5.

3   **B. Verfahren, II–V.** Für das Verfahren gelten die Regeln, die sich aus einer Parteivereinbarung und hilfsweise aus dem Gesetz ergeben, §§ 1042 ff. Abgesehen von der Berichtigung, IV, ist stets ein Antrag erforderlich, den jede Partei stellen darf. Sofern die Parteien keine andere Frist vereinbart haben, muß der Antrag innerhalb eines Monats nach Empfang des Schiedsspruchs, § 1054 Rn 5, beim Schiedsgericht eingehen, II. Eine Frist gilt auch für die Entscheidung über den Antrag, nämlich ein Monat bei Berichtigung oder Auslegung und zwei Monate bei Ergänzung, III. Diese Fristen beginnen mit dem Eingang des Antrags beim Schiedsgericht; es handelt sich um eine Sollvorschrift, so daß die Überschreitung der Frist keine Rechtsfolgen hat. Für die Berichtigung von Amts wegen, IV, laufen keine Fristen.

4   Das Schiedsgericht entscheidet in allen Fällen durch Schiedsspruch, für den § 1054 gilt, V; wegen der Kosten ist § 1057 anwendbar. Dieser nachträgliche Schiedsspruch ist ein Bestandteil des ursprünglichen

Schiedspruchs, also nur zusammen mit diesem anfechtbar, § 1059, und vollstreckbar, § 1060; dies gilt nicht für den Ergänzungsschiedspruch, I Z 3, der den ursprünglichen Schiedspruch zu einem Teilspruch macht und ebenso wie jener selbständig angefochten und für vollstreckbar erklärt werden kann, BegrRegEntw S 58.

3) **VwGO:** Entspr anzuwenden, Grdz § 1025 Rn 23 u 24.

Abschnitt 7. Rechtsbehelf gegen den Schiedspruch

Grundzüge

1) **Zulässige Rechtsbehelfe.** Eine Partei hat folgende Möglichkeiten, einen Schiedspruch zu Fall zu bringen; a) sie kann ihre Einwendungen im **Vollstreckbarkeitsverfahren vorbringen**, § 1060 II. Bringt die Partei die Einwendungen nicht vor, so ist sie mit ihnen ausgeschlossen. b) sie kann den **Antrag auf Aufhebung** stellen, § 1059 I, soweit der Schiedspruch nicht für vollstreckbar erklärt ist, § 1059 II 4; c) Solange die Voraussetzungen des § 1054 nicht erfüllt sind, ist **Klage auf Feststellung des Nichtbestehens eines Schiedsvertrags zulässig,** RG HRR 31, 793. Eine Klage auf Feststellung der Wirksamkeit des Schiedspruchs ist mangels Rechtsschutzbedürfnisses angesichts des § 1060 unzulässig und durch Prozeßurteil, Üb § 300 Rn 5, abzuweisen, die Klage auf Feststellung der Unwirksamkeit idR als Aufhebungsklage zu verstehen, SchwW 24 Rn 2.

2) **Verfahren.** In den oben und unter a) und b) genannten Fällen ist das gesamte Verfahren nachzuprüfen, nicht bloß ein Ausschnitt, RG 159, 97. Eine Gegeneinrede aus dem Anfechtungsgrund gegenüber der Einrede der Rechtskraft des Schiedspruchs ist abzulehnen, denn der Schiedspruch ist bis zur Aufhebung rechtsbeständig, SeuffW 2. Hat der Schuldner die Aufhebungsgründe im Vollstreckbarkeitsverfahren vorgebracht, § 1060, so fehlt ein Rechtsschutzbedürfnis für die Aufhebungsklage. War sie schon erhoben, so kann das Gericht aussetzen, § 148. Der rechtskräftige Ausspruch der Wirksamkeit oder Unwirksamkeit im Vollstreckbarkeitsverfahren erledigt den Aufhebungsprozeß. Die rechtskräftige Aufhebung im Aufhebungsprozeß bindet im Vollstreckungsverfahren. Im Verhältnis von Aufhebungs- und Vollstreckungsverfahren versagt die Berufung auf die Rechtshängigkeit, weil die Verfahren verschiedene Ziele haben.

3) **Arbeitsgerichtsbarkeit.** Vgl Grdz § 1025 Rn 5; zur Aufhebung, § 110 ArbGG, s BAG **AP** Nr 3, dazu Röckrath NZA **94**, 678.

1059 *Aufhebungsantrag.* ¹ Gegen einen Schiedspruch kann nur der Antrag auf gerichtliche Aufhebung nach den Absätzen 2 und 3 gestellt werden.

II Ein Schiedspruch kann nur aufgehoben werden,
1. wenn der Antragsteller begründet geltend macht, dass
   a) eine der Parteien, die eine Schiedsvereinbarung nach den §§ 1029, 1031 geschlossen haben, nach dem Recht, das für sie persönlich maßgebend ist, hierzu nicht fähig war, oder dass die Schiedsvereinbarung nach dem Recht, dem die Parteien sie unterstellt haben oder, falls die Parteien hierüber nichts bestimmt haben, nach deutschem Recht ungültig ist oder
   b) er von der Bestellung eines Schiedsrichters oder von dem schiedsrichterlichen Verfahren nicht gehörig in Kenntnis gesetzt worden ist oder dass er aus einem anderen Grund seine Angriffs- oder Verteidigungsmittel nicht hat geltend machen können oder
   c) der Schiedspruch eine Streitigkeit betrifft, die in der Schiedsabrede nicht erwähnt ist oder nicht unter die Bestimmungen der Schiedsklausel fällt, oder dass er Entscheidungen enthält, welche die Grenzen der Schiedsvereinbarung überschreiten; kann jedoch der Teil des Schiedspruchs, der sich auf Streitpunkte bezieht, die dem schiedsrichterlichen Verfahren unterworfen waren, von dem Teil, der Streitpunkte betrifft, die ihm nicht unterworfen waren, getrennt werden, so kann nur der letztgenannte Teil des Schiedspruchs aufgehoben werden; oder
   d) die Bildung des Schiedsgerichts oder das schiedsrichterliche Verfahren einer Bestimmung dieses Buches oder einer zulässigen Vereinbarung der Parteien nicht entsprochen hat und anzunehmen ist, dass sich dies auf den Schiedspruch ausgewirkt hat; oder
2. wenn das Gericht feststellt, dass
   a) der Gegenstand des Streites nach deutschem Recht nicht schiedsfähig ist oder
   b) die Anerkennung oder Vollstreckung des Schiedspruchs zu einem Ergebnis führt, das der öffentlichen Ordnung (ordre public) widerspricht.

III ¹ Sofern die Parteien nichts anderes vereinbaren, muss der Aufhebungsantrag innerhalb einer Frist von drei Monaten bei Gericht eingereicht werden. ² Die Frist beginnt mit dem Tag, an dem der Antragsteller den Schiedspruch empfangen hat. ³ Ist ein Antrag nach § 1058 gestellt worden, verlängert sich die Frist um höchstens einen Monat nach Empfang der Entscheidung über diesen Antrag. ⁴ Der Antrag auf Aufhebung des Schiedspruchs kann nicht mehr gestellt werden, wenn der Schiedspruch von einem deutschen Gericht für vollstreckbar erklärt worden ist.

IV Ist die Aufhebung beantragt worden, so kann das Gericht in geeigneten Fällen auf Antrag einer Partei unter Aufhebung des Schiedspruchs die Sache an das Schiedsgericht zurückverweisen.

V Die Aufhebung des Schiedspruchs hat im Zweifel zur Folge, dass wegen des Streitgegenstandes die Schiedsvereinbarung wieder auflebt.

Schrifttum: *Gottwald/Adolphsen* DStR **98**, 1023.

§ 1059   Buch 10. Schiedsrichterliches Verfahren

Gliederung

1) Regelungszweck 1	5) Verfahren, III 12, 13
2) Aufhebung des Schiedsspruchs, I 2	A. Antrag 12
3) Antragsvoraussetzungen 3, 4	B. Weiteres Verfahren 13
A. Rechtskräftiger Schiedsspruch 3	6) Aufhebung des Schiedsspruchs, IV u V 14, 15
B. Angabe des Aufhebungsgrundes 4	A. Entscheidung, IV 14
4) Voraussetzungen der Aufhebung, II ... 5–11	B. Wirkung, V 15
A. Auf Rüge zu prüfende Gründe, II Z 1 5–9	7) VwGO 16
B. Von Amts wegen zu prüfende Gründe, II Z 2 .... 10, 11	

1   **1) Regelungszweck.** Als einzigen Rechtsbehelf gegen einen Schiedsspruch sieht § 1059 den Antrag auf gerichtliche Aufhebung vor. Das entspricht im Grundsatz dem bisherigen Recht, § 1042 aF. Die Regelung ist zwingend, also einer Parteivereinbarung nicht zugänglich. Sie steht mit Art 5 EGV in Einklang, Weitbrecht/Fabis EWS 97, 1.

2   **2) Aufhebung des Schiedsspruchs, I.** Gegen einen Schiedsspruch, § 1054 Rn 1 (auch einen gesonderten Schiedsspruch, § 1057 Rn 3 u 5, und einen Prozeßschiedsspruch, § 1040 Rn 4) und einen Ergänzungsschiedsspruch, § 1058 Rn 3, gibt es als Rechtsbehelf nur den Antrag auf Aufhebung durch das staatliche Gericht. Die Voraussetzungen der Aufhebung bestimmt II abschließend. Der Aufhebungsgrund muß vollständig festgestellt werden, BGH 30, 94, und für den Schiedsspruch ursächlich gewesen sein.

Auf den Aufhebungsantrag im Ganzen kann nicht im Voraus wirksam verzichtet werden, BGH NJW 86, 1436, sondern erst nach Erlaß des Schiedsspruchs und bei Kenntnis des (bereits vorhandenen) Aufhebungsgrundes, Ffm NJW 84, 2768, zustm Geimer. Anders liegt es beim Verzicht auf die Geltendmachung einzelner Gründe, wie II Z 1 zeigt: soweit der Aufhebungsgrund allein dem Schutz der Partei dient, kann diese zu jeder Zeit darauf verzichten, ihn geltend zu machen, ZöGei 23 u 24, Geimer aaO.

3   **3) Antragsvoraussetzungen**

A. Sachentscheidungsvoraussetzung ist das Vorliegen eines äußerlich wirksamen (rechtskräftigen) Schiedsspruchs nach § 1054, dh eines im schiedsrichterlichen Verfahren iSv §§ 1025 ff ergangenen inländischen Schiedsspruchs, BGH SchiedsVZ 04, 205 mwN. Ob diese Voraussetzung vorliegt, ist vAw auch in der Revisionsinstanz zu prüfen, BGH aaO (verneint für sog Vereins- und Verbandsgerichte). Der Antrag auf Vollstreckbarerklärung zwingt zur Anhörung des Gegners; er erhält also immer Kenntnis. Dann ist ein schwebendes Aufhebungsverfahren zweckmäßig auszusetzen. Ein rechtskräftiges Urteil auf Aufhebung beendet das Vollstreckbarkeitsverfahren, ebenso die rechtskräftige Vollstreckbarerklärung den Aufhebungsprozeß, SchwW 25 Rn 6. Einer Beschwer bedarf es nicht; nötig ist aber, wie stets, ein Rechtsschutzbedürfnis. Es fehlt aber nicht deshalb, weil der Schiedsspruch der Partei ihren Anspruch voll zubilligt; denn ein anfechtbarer Schiedsspruch ist kein zuverlässiger Titel.

4   **B. Der Antrag muß den geltend gemachten Aufhebungsgrund angeben,** BGH NJW 02, 3032. Der Übergang zu einem anderen Grund ist Klageänderung, die stets sachdienlich sein wird, § 263. Beklagter ist der, den der Schiedsspruch berechtigt, uU also ein Dritter. Bei Rechtsnachfolge kann die Klage auch gegen den Rechtsnachfolger gerichtet werden, SchwW 25 Rn 8 (nach StJSchl 3 muß sie es). Der Antrag geht auf Aufhebung des Schiedsspruchs. Neues tatsächliches Vorbringen ist keine Klageänderung.

5   **4) Voraussetzung der Aufhebung, II.** Ein Schiedsspruch kann nur dann aufgehoben werden, wenn einer der in II genannten Gründe gegeben ist. Bei den Gründen wird zwischen Umständen, die die Partei vorbringen muß, **II Z 1,** und Umständen, die von Amts wegen zu beachten sind, **II Z 2,** unterschieden, dazu BGH NJW 01, 373 mwN und NJW 99, 2975 (Anm Schlosser **LM** § 1065 Nr 1/2). Eine darüber hinausgehende Inhaltskontrolle des Schiedsspruchs ist ausgeschlossen.

A. Auf Rüge zu prüfende Aufhebungsgründe, II Z 1

a) Eine der Parteien, die die Schiedsvereinbarung geschlossen haben, war nach dem Recht, das für sie persönlich maßgebend ist, hierzu nicht fähig, vgl BGH NJW 98, 2452 (zustm Schütze IPrax 99, 87), oder die Schiedsvereinbarung ist nach dem Recht, dem die Parteien sie unterstellt haben (§ 1025 I), hilfsweise nach deutschem Recht ungültig, **II Z 1 a.** Der Fall der Ungültigkeit der Schiedsvereinbarung wegen fehlender Schiedsfähigkeit ihres Gegenstandes gehört nicht hierher; er ist in II Z 2 a geregelt. Die Gültigkeit der Schiedsvereinbarung ist nicht zu prüfen, wenn das Schiedsgericht über sie entschieden hat, § 1040.

Darauf, ob der Mangel im Schiedsverfahren gerügt worden ist, kommt es nicht an, StJSchl 12. Anders liegt es, wenn ein formlos wirksamer Schiedsvertrag während des Schiedsverfahrens ausdrücklich oder stillschweigend nachgeschoben worden ist, BGH 88, 318, Mü BB 77, 865, LG Ffm NJW 83, 762. Gegen Treu und Glauben verstößt die Rüge der Unzulässigkeit des Schiedsverfahrens, wenn man dieses Verfahren selbst herbeigeführt hat, zB dadurch, daß man sich vorprozessual nachdrücklich und uneingeschränkt auf die Schiedsabrede berufen hat, BGH RR 87, 1195.

b) Eine Partei ist von der Bestellung eines Schiedsrichters, § 1035, oder von dem Schiedsverfahren nicht gehörig in Kenntnis gesetzt worden, §§ 1044 u 1047 II u III, oder war aus anderen Gründen gehindert, ihre Angriffs- und Verteidigungsmittel geltend zu machen, **II Z 1 b.** Wegen des Begriffs „Angriffs- und Verteidigungsmittel" s Einl III Rn 70.

6   **c)** Der Schiedsspruch betrifft eine Streitigkeit, die von der Schiedsvereinbarung nicht erfaßt wird, oder enthält Entscheidungen, die die Grenzen der Schiedsvereinbarung überschreiten, **II Z 1 c Halbs 1.** Wenn sich die von Mangel betroffenen Teile von den anderen Teilen trennen lassen, können nur die betroffenen Teile aufgehoben werden, **II Z 2 c Halbs 2.** Der Fall der unberechtigten Unzuständigkeitserklärung, § 1040 Rn 4, gehört nicht hierher, BGH NJW 02, 3032.

d) Die Bildung des Schiedsgerichts, §§ 1034 ff, oder das Schiedsverfahren, §§ 1042 ff, hat einer zwingenden Bestimmung des 10. Buches oder einer zulässigen Parteivereinbarung nicht entsprochen; ein solcher

Abschnitt 7. Rechtsbehelf gegen den Schiedsspruch **§ 1059**

Fehler führt nur dann zur Aufhebung des Schiedsspruchs, wenn anzunehmen ist, daß er sich auf den Schiedsspruch ausgewirkt hat, **II Z 1 d**; es muß wenigstens die Möglichkeit gegeben sein, dass die Entscheidung ohne den Verfahrensverstoß anders ausgefallen wäre, Saarbr SchiedsVZ **03**, 94 mwN. Diese Beschränkung verhindert die Aufhebung aus rein formalen Gründen und die dann nötige Durchführung eines weiteren Verfahrens mit voraussichtlich gleichem Ergebnis. Aus § 1027 folgt außerdem, daß eine solche Rüge während des Schiedsverfahrens rechtzeitig, aber vergeblich beim Schiedsgericht erhoben worden sein muß. Zu den Aufhebungsgründen gehört auch ein Verstoß gegen § 1054 II, der naturgemäß nicht im Verfahren gerügt werden kann.

Beispiele für Verstöße bei der Bildung des Schiedsgerichts: Hauptfall ist die Entscheidung durch andere 7 als die vertraglich bestimmten Schiedsrichter. Haben die Parteien im Schiedsvertrag die Schiedsgerichtsordnung eines institutionellen Schiedsgerichts in Bezug genommen, so ist eine spätere Änderung der Schiedsgerichtsordnung mangels Vereinbarung idR nicht Bestandteil der Schiedsabrede, Hbg KTS **83**, 499, wenn dadurch der Spruchkörper eine grundlegende Änderung erfährt, wohl aber dann, wenn insoweit bestehende Mängel durch die Änderung behoben werden, BGH RR **86**, 1060. Unvorschriftsmäßige Besetzung liegt auch dann vor, wenn der Schiedsrichter geschäftsunfähig ist (eine bloße Minderung der geistigen Kräfte, die noch durch das Bestimmungsrecht der Parteien gedeckt ist, reicht nicht aus, mag aber eine Ablehnung rechtfertigen), BGH NJW **86**, 3079.

Die Ablehnung eines Schiedsrichters, § 1036, gibt einen Aufhebungsgrund nur, wenn sie das Staatsgericht vor oder nach dem Schiedsspruch für begründet erklärt hat, und auch dann, wenn es einer Partei nicht möglich oder zumutbar war, das Gesuch vor Beendigung des Schiedsverfahrens beim Staatsgericht anzubringen, vgl BGH RR **01**, 1060 mwN (zum bisherigen Recht). Ein beim Staatsgericht anhängiges Ablehnungsverfahren, § 1037 III, ist auch dann fortzusetzen, wenn der Schiedsspruch ergeht; hat das Staatsgericht die Ablehnung für unbegründet erklärt, kann auf diese der Aufhebungsantrag nicht mehr gestützt werden, BGH **40**, 342. Die Mitwirkung eines „ausgeschlossenen" Schiedsrichters, etwa der Partei oder eines Parteivertreters, begründet die Aufhebung trotz Versäumung der Ablehnungsfrist, vgl BGH MDR **99**, 755. Ob der Verstoß gegen § 40 I 2 DRiG die Aufhebung herbeiführt, ist str; offen gelassen in BGH **55**, 320 m Anm Rietschel **LM** § 1039 Nr 3, dazu Breetzke NJW **71**, 1458, Habscheid KTS **72**, 210, vgl § 40 DRiG Rn 4 mwN.

Beispiele für ein unzulässiges Verfahren. Das Verfahren war unzulässig, wenn das Schiedsgericht zu ihm 8 nach den Vereinbarungen der Parteien oder den ergänzend eingreifenden gesetzlichen Bestimmungen nicht befugt war, BGH NJW **94**, 2155, **86**, 1437. Zu den das Verf bestimmenden Vorschriften gehören auch die Regelungen einer institutionellen VerfOrdnung, der die Parteien sich unterworfen haben, BGH aaO mwN. Beispiele für unzulässiges Verf: Entscheidung über eine fremde Sache, zB über die Vergütung der Schiedsrichter, BGH NJW **85**, 1904; Überschreitung der Zuständigkeit; mangelnde Parteifähigkeit; Verurteilung eines Dritten; Entscheidung durch einen nicht unabhängigen Alleinschiedsrichter, BGH NJW **73**, 98, vgl BGH NJW **86**, 3027; Zusprechen über die Anträge hinaus, StJSchl 18, vgl BGH NJW **59**, 1493 (s aber dazu § 1042 Rn 8 („Anträge"); Abnahme von Eiden durch das Schiedsgericht; Entscheidung ohne Beweisaufnahme wegen Nichtzahlung des Vorschusses für die Schiedsrichter, BGH NJW **85**, 1904 (anders bei Anwendung einer vereinbarten Rechtzeitigkeitsklausel, Hbg RR **00**, 806); willkürliche Bestellung eines Sachverständigen oder Verwertung des Gutachtens eines Sachverständigen, dessen mangelnde Sachkunde dem Schiedsgericht nachgewiesen war; Mitwirkung desselben Beraters in beiden schiedsgerichtlichen Instanzen, Düss BB **76**, 251 (unschädlich in einer Instanz, § 1038 Rn 3); Billigkeitsentscheidung statt Entscheidung nach positivem Recht, wie im Schiedsvertrag vorgeschrieben, BGH NJW **86**, 1437 mwN (krit Sandrock JZ **86**, 373), Spickhoff RabelsZ **92**, 137, oder Entscheidung nach einem als dem von den Parteien vereinbarten Recht, BGH aaO (krit Sandrock aaO, Gottwald F Nagel, 1987, S 62); Ffm RIW **84**, 400 (dazu Aden RIW **84**, 934), wenn das Schiedsgericht sich also in Widerspruch zum Schiedsvertrag gesetzt hat; Verhängen einer Buße strafrechtlicher Natur (anders, wenn sie als Ersatz gemeint und dem Geschädigten zu leisten ist); Fehlen von Gründen im Schiedsspruch, § 1054 Rn 4. Nicht hierhin gehört: Widerspruch zwischen Kostenbestimmung des Schiedsvertrags und Kostenentscheidung des Schiedsspruchs, BGH JZ **57**, 630, aM SchwW 24 Rn 26, ebenso ein Verstoß des Staatsgerichts bei Aushilfe nach § 1050.

Weiter fallen unter Z 1 d Verstöße gegen verfahrensrechtliche Grundrechte, namentlich gegen die Pflicht, 9 rechtliches Gehör zu gewähren, § 1042 I. Der Anspruch auf rechtliches Gehör erschöpft sich nicht darin, den Parteien Gelegenheit zum Vortrag zu geben, das Schiedsgericht muß das Vorbringen auch zur Kenntnis nehmen und in Erwägung ziehen, BGH NJW **92**, 2299 mwN. Deshalb darf es das (eindeutige) Bestreiten einer Behauptung nicht übergehen, BGH aaO (krit Sandrock JZ **86**, 377). Dagegen ist das Übergehen eines Beweisantrages idR noch keine Versagung, BGH RR **93**, 445 u NJW **92**, 2299 mwN (dazu Aden NJW **93**, 1964), StJSchl § 1034 Rn 12, aM Walter JbPrSchdG **3**, 140, SchwW 15 Rn 9. Auch ein Verstoß gegen § 139 oder § 278 III gehört nicht hierher, BGH **31**, 46, NJW **90**, 3211. Dagegen kann in der Ablehnung einer Terminsverlegung die Versagung des rechtlichen Gehörs liegen, BGH EWiR § 1041 1/89 S 311.

Voraussetzung der Aufhebungsklage ist die Benachteiligung der Partei durch die Versagung des rechtlichen Gehörs; sie entfällt also, wenn die Partei erklärt, nicht mehr mitwirken zu wollen, BGH BB **61**, 302. Es genügt, wenn der Schiedsspruch auf dem Verstoß beruhen kann, BGH RR **93**, 444 u NJW **92**, 2299 mwN. Kein Verstoß liegt darin, daß sich ein Schiedsrichter ein Rechtsgutachten beschafft, BGH **LM** Nr 8. Beweispflichtig für die Versagung und dafür, daß der Spruch auf einem solchen Verstoß beruhen kann, ist der, der die Aufhebung verlangt, BGH **31**, 43; anders liegt es nur, wo der Beklagte die Beweisführung vereitelt hat. Aufzuheben ist nur, soweit das Verfahren von dem Mangel betroffen ist, vorausgesetzt, daß bezüglich des bestehenbleibenden Teils ein Teilurteil möglich ist, BGH NJW **86**, 1438 mwN, jedoch nicht, wenn einwandfrei feststeht, daß das Ergebnis auch bei Anhörung der Partei nicht anders wäre, BGH **31**, 43.

Die Unzulässigkeit des Verfahrens kann sich (ausnahmsweise) auch aus Art 6 I MRK ergeben, dazu Habscheid F Henckel, 1995, S 342–352, Matscher F Nagel, 1987, S 227–245, ders IPrax **92**, 335, Schlosser JbPrSchdG **2**, 255.

§ 1059

10 B. Von Amts wegen zu prüfende Aufhebungsgründe, II Z 2. Sie sind im Verfahren der Vollstreckbarkeitserklärung, § 1060, auch nach Ablauf der Antragsfrist, III, zu berücksichtigen, BGH NJW 01, 373 mwN. Gründe, die zwingend zur Aufhebung des Schiedsspruchs führen:
  a) Der Gegenstand des Streites ist nach deutschem Recht **nicht schiedsfähig**, § 1030, **II Z 2 a** (vgl Art 5 UN-ÜbkSchdG, Schlußanh VI A 1). Es handelt sich um einen Unterfall einer Ungültigkeit der Schiedsvereinbarung, der wegen seiner Bedeutung aus der allgemeinen Regelung in II Z 1 a herausgenommen wird. II Z 2 a gilt auch dann, wenn die Parteien die Schiedsvereinbarung einem anderen als dem deutschen Recht unterstellt haben.
  b) Die Anerkennung oder Vollstreckung des Schiedsspruchs führt zu einem **Ergebnis, das der öff Ordnung (ordre public) widerspricht, II Z 2 b** (Bruns JZ 99, 278). Dabei handelt es sich um die öff Ordnung der Bundesrepublik, die den sog ordre public international umfaßt. Zur öff Ordnung gehört die Beachtung der Grundrechte, aber auch der Restitutionsgründe des § 1044 I Z 6 aF, BGH NJW 01, 374, Stuttg RR 03, 495 = SchiedsVZ 03, 88 m Anm Nacimiento/Geimer, also die Fälle des § 580 Z 1–6, s die dortigen Erl. Da es für die Anwendung der Z 2 b allein auf das Ergebnis ankommt, § 328 Rn 34, ist nur zu prüfen, ob der Schiedsspruch als solcher dem ordre public widerspricht, was auch der Fall sein kann, wenn er auf einem nach Z 1 d zu mißbilligenden Verf beruht. Bei Z 2 b ist das Gericht hinsichtlich der tatsächlichen Feststellungen, der Vertragsauslegung und der Beurteilung der Rechtsfolgen an den Schiedsspruch nicht gebunden, BGH in stRspr, NJW 73, 98 mwN, ebensowenig an die Rechtsauffassung des Schiedsgerichts oder das nach IPR für den Vertrag oder das Verf maßgebliche Recht, BGH 27, 254. Unerheblich ist auch, ob die zur öff Ordnung gehörenden Normen Gegenstand des SchiedsVerf waren, BGH MDR 72, 1018. Immer muß der Schiedsspruch auf dem Verstoß beruhen. Später entstandene Einwendungen sind im VollstrVerf geltend zu machen, § 1060 Rn 10.

11 Einzelheiten (vgl auch Bem zu Art 5 II UN-ÜbkSchdG, Schlußanh VI A 1, u § 328 Rn 30–45): Der Verstoß gegen die öff Ordnung iSv Z 2 b kann im entscheidenden Teil des Schiedsspruchs liegen, zB darin, daß er zu einer verbotenen oder offensichtlich sittenwidrigen Handlung verurteilt, oder im Anspruch selbst, dem er stattgibt, zB der Erfüllung eines offensichtlich nach § 138 BGB nichtigen Vertrages, BGH NJW 73, 98. Beispiele: Mitwirkung eines kraft Gesetzes ausgeschlossenen Schiedsrichters; Verstoß gegen zwingende Kartellbestimmungen, EuGH EuZW 99, 565 (Anm Spiegel) zu Art 81 EGV, BGH 88, 319 u 46, 367 mwN, K. Schmidt, F Pfeiffer, 1987, S 770 ff; Verstoß gegen Art 85 EG-Vertrag, BGH NJW 69, 978, dazu Raescke-Kessler EuZW 90, 147 u Habscheid ZZP 84, 208, ferner BGH NJW 72, 2180, dazu Habscheid KTS 73, 234, Kornblum ZZP 86, 216; Erwirkung des Schiedsspruchs durch Betrug, BGH NJW 01, 373 (mit den Einschränkungen des § 581), oder durch eine andere sittenwidrige Handlung iSv § 826 BGB, Stuttg RR 03, 495 = SchiedsVZ 03, 88 m (krit) Anm Nacimiento/Geimer; widersinnige oder gänzlich unverständliche Schiedssprüche, wenn auch die Gründe keine Klarheit bringen (SchwW 24 Rn 42 wollen eine Erläuterung durch das Schiedsgericht zulassen); Verstoß gegen das Gebot überparteilicher Rechtspflege, BGH NJW 86, 3027; Verletzung einer sonstigen Norm, die die Grundlagen des staatlichen oder wirtschaftlichen Lebens regelt, oder unerträgbarer Widerspruch zu inländischen Gerechtigkeitsvorstellungen, BGH NJW 98, 2358 mwN (Termin- bzw Differenzeinwand), Schumann NJW 92, 2065. **Nicht** hierhin gehören: Verurteilung zu einer der Zwangsvollstr entzogenen Leistung, zB von Diensten; offenbare Unbilligkeit des Schiedsspruchs; Verletzung einer Vorschrift des materiellen Rechts unterhalb der Ebene der Grundrechte (anders § 110 I Z 2 ArbGG), weil über Z 2 b hinaus die Richtigkeit der Sachentscheidung durch das Staatsgericht nicht zu prüfen ist, BGH NJW 90, 3211, 86, 1437.

12 5) Verfahren, III
  A. Antrag. Er ist stets nötig, oben Rn 4. Der Antrag, der an das nach § 1062 zuständige OLG zu richten ist, unterliegt bis zur AnO der mündlichen Verhandlung nicht dem Anwaltszwang, § 1063 IV. In ihm müssen die in II Z 2 genannten Aufhebungsgründe, auf die der Antrag gestützt wird, genannt werden; der Hinweis auf einen oder mehrere Gründe iSv Z 2 ist ratsam.
  Die Antragsfrist beträgt drei Monate, **III 1,** wenn die Parteien nichts anderes vereinbaren, was bis zum Ende der drei Monate geschehen kann, BT-Drs 13/9124 S 59. Die Frist beginnt mit dem Tag, an dem der Antragsteller den Schiedsspruch empfangen hat, § 1054 IV, **III 2.** Die Antragsfrist verlängert sich, wenn eine Partei nach Zustellung des Schiedsspruchs einen Antrag nach § 1058 stellt: sie läuft dann frühestens einen Monat nach Empfang der Entscheidung über diesen Antrag ab, so daß sie sich um höchstens einen Monat verlängern kann, nämlich dann, wenn der Zugang am Tag des Ablaufs der Dreimonatsfrist erfolgt, **III 3,** BegrRegEntw S 60.
  Der Antrag, I, kann nicht mehr gestellt werden, wenn der Schiedsspruch von einem deutschen Gericht für vollstreckbar erklärt worden ist, **III 4.** Läuft die Antragsfrist ab, ohne daß ein Aufhebungsantrag gestellt wird, sind die Aufhebungsgründe iSv II Z 1 auch im Vollstreckbarkeitsverfahren nicht zu berücksichtigen, § 1060 II 3, wohl aber die Aufhebungsgründe iSv II Z 2, BGH NJW 01, 373.

13 B. Weiteres Verfahren. Das Verfahren des OLG richtet sich nach §§ 1062 und 1063. Wegen der **Rechtsmittel** s § 1065.

14 6) Aufhebung des Schiedsspruchs, IV u V
  A. Entscheidung, IV. Liegt ein Aufhebungsgrund, II Z 1 u 2, vor, spricht das OLG die Aufhebung des Schiedsspruchs aus. Der Beschluß lautet auf Zurückweisung oder Aufhebung, nie auf Abänderung. Betrifft der Aufhebungsgrund nur einen Teil des Schiedsspruchs, so ist bloß dieser Teil aufzuheben, falls eine in sich abgeschlossene, einem Teilurteils fähige Entscheidung übrigbleibt, BGH NJW 86, 1438 mwN, KG NJW 76, 1357, StJSchl 5. Die Entscheidung über einen Aufhebungsgrund schafft keine Rechtskraft für andere Gründe, SchwW 25 Rn 14. In geeigneten Fällen kann es auf Antrag einer Partei die Sache unter Aufhebung des Schiedsspruchs an das Schiedsgericht zurückverweisen. Das Schiedsgericht hat dann unter Bindung an die Gründe, die für die Aufhebung maßgeblich waren, erneut einen Schiedsspruch zu erlassen; vgl die Erl zu § 563.

B. Wirkung, V. Die Aufhebung hat im Zweifel, also beim Fehlen einer Parteivereinbarung, die Wirkung, **15** daß wegen des Streitgegenstandes die Schiedsvereinbarung wieder auflebt; die Parteien brauchen in diesem Fall also keine neue Vereinbarung zu treffen. Da das Amt des Schiedsgerichts mit Beendigung des Verfahrens durch den Schiedsspruch erloschen ist, § 1056 III, muß es allerdings neu gebildet werden. V ist nicht anwendbar, wenn die Aufhebung darauf beruht, daß die Schiedsvereinbarung ungültig ist, II Z 1 a.

7) **VwGO:** Entspr anzuwenden, Grdz § 1025 Rn 23 u 24. **16**

Abschnitt 8
Voraussetzungen der Anerkennung und Vollstreckung von Schiedssprüchen

1060 *Inländische Schiedssprüche.* ¹ Die Zwangsvollstreckung findet statt, wenn der Schiedsspruch für vollstreckbar erklärt ist.

II ¹ Der Antrag auf Vollstreckbarerklärung ist unter Aufhebung des Schiedsspruchs abzulehnen, wenn einer der in § 1059 Abs. 2 bezeichneten Aufhebungsgründe vorliegt. ² Aufhebungsgründe sind nicht zu berücksichtigen, soweit im Zeitpunkt der Zustellung des Antrags auf Vollstreckbarerklärung ein auf sie gestützter Aufhebungsantrag rechtskräftig abgewiesen ist. ³ Aufhebungsgründe nach § 1059 Abs. 2 Nr. 1 sind auch dann nicht zu berücksichtigen, wenn die in § 1059 Abs. 3 bestimmten Fristen abgelaufen sind, ohne dass der Antragsgegner einen Antrag auf Aufhebung des Schiedsspruchs gestellt hat.

Gliederung

1) Regelungszweck	1	C. Einwendungen	9
2) Allgemeines	2	D. Später entstandene Einreden	10
3) Zwangsvollstreckung	3–5	E. Entscheidung	11
A. Schiedsspruch	3, 4	5) Ablehnung, II	12–14
B. Vollstreckung	5	A. Grundsatz, II 1	12
4) Vollstreckbarerklärunge, I	6–11	B. Beschränkungen, II 2	13
A. Verfahren	6, 7	C. Entscheidung	14
B. Prüfungsumfang	8	6) VwGO	15

1) Regelungszweck. Die Vollstreckung aus einem Schiedsspruch setzt voraus, daß der Schiedsspruch für **1** vollstreckbar erklärt worden ist, § 794 I Z 4 a idF v Art 1 Z 1 SchiedsVfG. Dies gilt für alle Schiedssprüche unabhängig von ihrem Inhalt. § 1060 regelt die Vollstreckbarkeit inländischer Schiedssprüche. Ob es sich um einen inländischen Schiedsspruch handelt, bestimmt sich nach § 1025 I, dort Rn 3, BGH NJW **01**, 1730. Danach werden alle in Deutschland ergehenden Schiedssprüche als inländische angesehen. Wegen der Vollstreckbarkeit ausländischer Schiedssprüche s § 1061.

2) Allgemeines. Der Schiedsspruch ist nicht, wie das Urteil, ein Vollstreckungstitel. Er enthält praktisch **2** nur eine Feststellung; erst ein staatlicher Ausspruch fügt die Vollstreckbarkeit hinzu, macht den Feststellungsausspruch zum vollstreckbaren Leistungsausspruch. Nur auf Grund der Vollstreckbarerklärung gilt eine Willenserklärung als abgegeben, § 894, oder sind Eintragungen in öffentliche Register zulässig, § 895. Eine Leistungsklage trotz Schiedsspruch ist ausgeschlossen, soweit das Verfahren aus §§ 1060, 1061 zum selben Ergebnis führt (aM Schlosser, F Schwab, 1990, S 435 ff, für Klagen agrd des Schiedsspruchs im Urkundenprozeß, § 592). Zulässig kann die Klage sein, wo es eine Klage trotz Vollstreckungstitel ist, uUmst auch für und gegen Rechtsnachfolger.

3) Zwangsvollstreckung, I   **3**

A. Schiedsspruch. § 1060 setzt einen Schiedsspruch voraus, der allen Anforderungen des § 1054 genügt; nötig sind also namentlich ein endgültiger Ausspruch eines Schiedsgerichts, BayObLG MDR **03**, 1132 (Anm Plaßmeier SchiedsVZ **04**, 234), der das Verfahren ganz oder zu einem abtrennbaren Teil urteilsmäßig abschließt, BGH **10**, 325; wegen der Vollstreckung einstweiliger Maßnahmen s § 1041. Der Schiedsspruch muß auch insofern endgültig sein, als er nicht der Nachprüfung einer höheren Instanz, zB eines Oberschiedsgerichts, unterliegen darf.

Das Vorliegen dieser Voraussetzungen hat im Vollstreckbarkeitsverfahren der Antragsteller nachzuweisen, **4** BGH WertpMitt **79**, 1006, BayObLG MDR **03**, 1132. Es genügt, daß sie in dem für die Entscheidung maßgebenden Zeitpunkt vorliegen, also bei mündlicher Verhandlung. Fehlende förmliche Voraussetzungen sind also nachzuholen. Es ist Anstandspflicht des Richters, auf die Nachholung hinzuwirken. Die Kosten, § 1057, wird der Antragsgegner freilich auch dann zu tragen haben, wenn der Antragsteller sofort nachholt; denn er brauchte es überhaupt nicht zum Vollstreckungsverfahren kommen zu lassen, wenn die Vollstreckung nur von einem nachholbaren Formerfordernis abhängig war.

B. Vollstreckbarerklärung. Sie ist Voraussetzung der Zwangsvollstreckung, nicht aber umgekehrt. Die **5** Bedeutung der Vollstreckbarerklärung liegt nicht nur in der Ermöglichung einer Vollstreckung, sondern ganz wesentlich auch darin, daß sie, wenn sie rechtskräftig ist, die Unanfechtbarkeit, also die volle Rechtswirksamkeit des Schiedsspruchs feststellt, BGH JZ **62**, 287. Darum braucht auch der Schiedsspruch keinen vollstreckbaren Ausspruch zu enthalten, BayObLG RR **03**, 503 nwN; es genügt zB ein Feststellungsausspruch oder die Feststellung der Zahlungsverpflichtung dem Grunde nach, Hbg MDR **64**, 853. Der Schiedsspruch läßt alle Vollstreckungswirkungen eintreten, die sich an ein rechtskräftiges Urteil knüpfen, wenn er für vollstreckbar erklärt ist; denn erst dann liegt eine vollstreckbare Entscheidung vor. Das gilt auch für die Unterstellung der Willenserklärung, § 894, für die Bewilligung einer Grundbucheintragung, § 895, u dgl.

§§ 1060, 1061   Buch 10. Schiedsrichterliches Verfahren

Wieser ZZP **102**, 270. Bedeutung hat die Vollstreckbarerklärung auch für die Zwangsvollstreckung wegen der Kosten, § 1057. Sie ist auch nur für die Kosten zulässig; freilich hat das Gericht trotzdem die Wirksamkeit in der Hauptsache zu prüfen, denn von ihr hängt die der Kostenentscheidung ab.

6   **4) Vollstreckbarerklärung, I**
   A. Wegen des Verfahrens s §§ **1062–1065**; Streitverkündung und Beitritt als Streitgehilfe sind möglich, Schlesw SchlHA **60**, 343. Nötig ist der Antrag einer wenigstens teilweise siegreichen Partei, s II; möglich ist also auch die Vollstreckbarerklärung eines klagabweisenden Schiedsspruchs, BGH BB **60**, 302, da der Beklagte Interesse an der Feststellung der Unanfechtbarkeit des Schiedsspruchs haben kann, ebenso die Vollstreckbarerklärung eines nur eine Feststellung enthaltenden Spruchs, oben Rn 5.

7   Der **Antrag** ist unbefristet zulässig und an das zuständige OLG, § 1062, zu richten (kein Anwaltszwang bis zur AnO der mündl Verh, § 1063 IV). Zur **Form** des Antrags s § 1064 I, zum **Verfahren** s § 1063.

8   **B. Das Gericht prüft vAw a) die allgemeinen Prozeßvoraussetzungen,** Grdz § 253 Rn 13 ff, namentlich Partei- und Prozeßfähigkeit, Zulässigkeit des Rechtswegs, Zuständigkeit, vgl § 1063 Rn 2; **b) die besonderen Voraussetzungen dieses Verfahrens,** dh Ordnungsmäßigkeit des Schiedsspruchs und des Antrags, Rn 3 u 7. Fehlt a oder b, so bedarf es der Anhörung des Gegners nur, wo der Mangel behebbar ist, SchwW 27 Rn 7; **c) die Aufhebungsgründe nach § 1059 II 1,** soweit sie nach II 2 zu berücksichtigen sind, Rn 12 u 13.

9   **C. Die Einwendungen des Gegners können betreffen a) die Zulässigkeit einer Vollstreckbarerklärung.** Fehlt sie, so ist der Antrag zu verwerfen. Fehlt die Zuständigkeit, so ist auf Antrag zu verweisen, § 281; **b) den Bestand des Schiedsspruchs als solchen,** wenn nämlich der Gegner nicht nach II ausgeschlossene Aufhebungsgründe vorbringt, unten Rn 12.

10 **Einwendungen gegen den Anspruch selbst** hat die stRspr zum bisherigen Recht insoweit zugelassen, als sie die Partei nicht im Schiedsverfahren geltend machen konnte, weil sie erst später entstanden sind (was im Einzelfall zu entscheiden ist), § 767 II, BGH RR **97**, 1289 mwN, ua NJW **90**, 3211, SchwW 27 Rn 12 u 13 mwN. Daran ist festzuhalten, SchwW 27 Rn 12, ZöGei 4 u § 1061 Rn 21, Hamm JR **01**, 1361, **aM** ThP 3, BayObLG RR **00**, 1360 u JZ **00**, 1170, Stgt MDR **01**, 595 im Hinblick darauf, daß das jetzt vorgeschriebene einstufige Beschlußverfahren vor dem OLG nicht dazu bestimmt sei, Tatfragen und Fragen des materiellen Rechts zu klären, so daß solche Einwendungen allein nach § 767 geltend zu machen seien, dazu Borris/Schmidt SchiedsVZ **04**, 273 (eingehend), ZöGei **00**, 1171, Weigel MDR **00**, 969. Eine Aufrechnung ist abgeschnitten, wo der Beklagte im Schiedsverfahren aufrechnen konnte; anders liegt es, wenn die Gründe, auf denen der Einwand beruht, erst später entstanden sind, BGH RR **97**, 1289 mwN. Aber § 767 greift ein, wenn das Schiedsgericht die Aufrechnung nicht beurteilt hatte, weil es sich für nicht zuständig hielt, BGH **38**, 265. Erfüllung kann gegenüber einem Auskunftsanspruch nicht eingewendet werden, wenn inzwischen nur über einen Teil der Abschlüsse oder gewisser Gruppen Auskunft erteilt worden ist, da es nicht Sache des Staatsgerichts ist, einer solchen Teilerfüllung nachzugehen, BGH NJW **57**, 793. Für Umstände, die das Schiedsgericht nur zur Beurteilung der Höhe des Anspruchs herangezogen hat, ist die Vollstreckungsabwehrklage nicht gegeben. Die Klage geht an das nach allgemeinen Vorschriften zuständige Staatsgericht, der Schiedsvertrag ist durch den Schiedsspruch endgültig erledigt; etwas anderes gilt jedoch, wenn die mit der Klage geltend gemachte Einwendung der Schiedsabrede unterliegt, BGH NJW **87**, 651 (dazu Schütze EWiR **87**, 305, K. Schmidt JuS **87**, 748), str. Einstellung ist § 769 ist zulässig.

11 **D. Entscheidung.** Über die Vollstreckbarerklärung wird durch Beschluß entschieden, § 1063 I. Er ist ohne Sicherheit für vorläufig vollstreckbar zu erklären, § 1064 II, dort Rn 3. Rechtsmittel: § 1065.

12 **5) Aufhebung des Schiedsspruchs, II**
   A. Grundsatz, II 1. Liegt ein nach II zu berücksichtigender Aufhebungsgrund nach § 1059 II vor, so ist die Vollstreckbarerklärung abzulehnen und der Schiedsspruch auch ohne Antrag aufzuheben. Betrifft ein Aufhebungsgrund einen Teil des Schiedsspruchs, so steht das der Vollstreckbarerklärung eines anderen Teils, dessentwegen ein Teilurteil möglich wäre, § 301, nicht entgegen, BGH **LM** § 1025 Nr 16. Aufhebungsgründe sind aber erst nach Erledigung der in Rn 5 genannten Voraussetzungen zu prüfen, und zwar vAw. Die Vollstreckbarerklärung ist ferner dann als unzulässig abzulehnen, wenn der Schiedsspruch wirkungslos ist, weil er undurchführbar ist, BGH JZ **62**, 287, oder wenn es an den Voraussetzungen, oben Rn 3 u 8, fehlt.

13 **B. Beschränkungen, II 2 u 3.** Aufhebungsgründe gemäß § 1059 II sind nicht zu berücksichtigen, soweit im Zeitpunkt der Zustellung des Antrags, ein auf sie gestützter Aufhebungsantrag rechtskräftig abgewiesen worden ist, II 2. Aufhebungsgründe nach § 1059 II sind außerdem nicht zu berücksichtigen, wenn die in § 1059 III bezeichneten Fristen abgelaufen sind, ohne daß der Antragsgegner einen Aufhebungsantrag gestellt hat, **II 3.** Diese Präklusion greift also, anders als der Ausschluß nach II 2, nicht bei den von Amts wegen zu berücksichtigenden Aufhebungsgründen nach § 1059 II Z 2 ein; dies hat vor allem Bedeutung für die Geltendmachung von Restitutionsgründen iSv § 578, die erst nach Ablauf der Fristen des § 1059 III bekannt werden, wenn diese Gründe einen Verstoß gegen den ordre public, § 1059 II Z 2, begründen, zB der Einwand aus § 826 BGB greift, BGH NJW **01**, 373.

14 **C. Entscheidung.** Sie ergeht durch Beschluß, § 1063 I. Rechtsmittel: § 1065.

15 **6) VwGO:** Entsprechend anzuwenden, Grdz § 1025 Rn 23 u 24; I wird in § 168 I Nr 5 VwGO wiederholt.

1061 *Ausländische Schiedssprüche.* [1]Die Anerkennung und Vollstreckung ausländischer Schiedssprüche richtet sich nach dem Übereinkommen vom 10. Juni 1958 über die Anerkennung und Vollstreckung ausländischer Schiedssprüche (BGBl. 1961 II S. 121). [2]Die Vorschriften in anderen Staatsverträgen über die Anerkennung und Vollstreckung von Schiedssprüchen bleiben unberührt.

Abschnitt 9. Gerichtliches Verfahren §§ 1061, 1062

II Ist die Vollstreckbarerklärung abzulehnen, stellt das Gericht fest, dass der Schiedsspruch im Inland nicht anzuerkennen ist.

III Wird der Schiedsspruch, nachdem er für vollstreckbar erklärt worden ist, im Ausland aufgehoben, so kann die Aufhebung der Vollstreckbarerklärung beantragt werden.

Schrifttum: *Schmidt-Diemitz* DB **99**, 369 (Statistik).

1) Regelungszweck. Die Vorschrift regelt die Anerkennung und Vollstreckung ausländischer Schiedssprüche. Ob es sich um einen ausländischen Schiedspruch handelt, bestimmt sich nach § 1025 I, § 1060 Rn 1, BGH NJW **01**, 1730. Im Ausland nach deutschem Recht ergehende Schiedssprüche müssen nach § 1025 als ausländische Schiedssprüche angesehen werden; dementspr ist Art 2 des Zustimmungsgesetzes zum UN-ÜbkSchdG, Schlußanh VI A 1, Art 1 Rn 1, aufgehoben worden (BGBl 99 II 7), Art 2 § 2 SchiedsVfG, vgl BegrRegEntw S 62. 1

2) Anwendung des UN-ÜbkSchdG, I 2

A. Grundsatz, I 1. Die Anerkennung und Vollstreckung aller ausländischen Schiedssprüche, oben Rn 1, richtet sich nach den einschlägigen Vorschriften (Art 3–6) des UN-ÜbkSchdG ohne Rücksicht darauf, ob der Schiedsort in einem Mitgliedstaat liegt. Damit sind diese Bestimmungen des Übk als innerstaatliches Recht auch dann anzuwenden, wenn es sich um einen Schiedsspruch handelt, für den das Übk als zwischenstaatliches Recht nicht gilt, Art I I 1 u 2, III 1, s dort Rn 1. Demgemäß ist der deutsche Vorbehalt nach Art 1 III 1 des Übk zurückgezogen worden, Bek v 3. 12. 98, BGBl 99 II 7. Wegen der Bestimmungen in den **Art 3–6** des **UN-ÜbkSchdG** im Einzelnen s **Schlußanh VI A 1.**

B. Ausnahmefälle, I 2. Die einschlägigen Vorschriften in anderen Staatsverträgen über die Anerkennung 3 und Vollstreckung von Schiedssprüchen bleiben unberührt, vgl Art VII 1 des UN-Übk. Soweit sie fortbestehen, gilt im Verhältnis der bilateralen Verträge zum UN-Übk das Meistbegünstigungsprinzip, nach dem die für Anerkennung und Vollstreckung günstigere Norm maßgebend ist, s Art VII UN-Übk Rn 1. Das gilt auch im Verhältnis des UN-Übk zu dem EuÜbkHSch, Schlußanh VI A 2, und zum Genfer Protokoll, vgl Einl IV Rn 11 u 12 (auch wegen der Vertragsstaaten), Moller NZG **00**, 57 zum EuÜbk. Von den bilateralen Verträgen, s Art 2 §§ 3 ff SchiedsVfG, kommen die Abkommen mit Belgien, Griechenland, Großbritannien, Italien, Österreich, der Schweiz und Tunesien in Betracht, s Schlußanh V B, ferner die Verträge mit den USA und den Staaten der GUS, Schlußanh VI B 1 u 2. Das EuGVÜ und das LuganoÜbk, Schlußanh V C u D, gelten nach ihrem Art 1 II Z 4 nicht für die Schiedsgerichtsbarkeit.

3) Verfahren, II–III 4

A. Allgemeines. Zuständig für die Vollstreckbarerklärung ist das OLG, § 1062 I Z 4. Wegen des erforderlichen Antrags und des Verfahrens s §§ 1064 III u 1063 (Anwaltszwang erst nach AnO einer mündlichen Verhandlung) sowie Art 7 UN-Übk, Schlußanh VI A 1. Wegen der Einwendungen gegen den materiellen Anspruch s § 1060 Rn 9.

B. Entscheidung. Sie ergeht durch Beschluß, § 1063 I, der ohne Sicherheit für vorläufig vollstreckbar zu 5 erklären ist, § 1064 II. Die Entscheidung lautet auf Vollstreckbarerklärung oder Ablehnung wie bei einem inländischen Schiedsspruch, § 1060.

Wird der Vollstreckbarerklärung abgelehnt, stellt das OLG fest, daß der Schiedsspruch nicht anzuerkennen ist, II, BayObLG **99**, 57; ihm wird damit für das Inland die Wirkung eines rechtskräftigen Urteils, § 1055, versagt. Wird der für vollstreckbar erklärte Schiedsspruch später im Ausland aufgehoben, kann die Aufhebung der Vollstreckbarerklärung beantragt werden, III; für das Verfahren gilt das in Rn 4 Gesagte. Das OLG hat nur zu prüfen, ob nach dem maßgeblichen Recht eine rechtskräftige Aufhebung vorliegt, SchwW **30** Rn 32; jede weitergehende Nachprüfung ist unzulässig. Die Aufhebung der Vollstreckbarerklärung nimmt dem Schiedsspruch für das Inland die Vollstreckbarkeit, § 1060 Rn 1.

C. Rechtsmittel: § 1065.

4) *VwGO:* *Unanwendbar, weil der Verwaltungsprozeß keine ausländischen Entscheidungen zur Vollstreckung zuläßt.* 6

Abschnitt 9. Gerichtliches Verfahren

1062 *Zuständigkeit.* I Das Oberlandesgericht, das in der Schiedsvereinbarung bezeichnet ist oder, wenn eine solche Bezeichnung fehlt, in dessen Bezirk der Ort des schiedsrichterlichen Verfahrens liegt, ist zuständig für Entscheidungen über Anträge betreffend

1. die Bestellung eines Schiedsrichters (§§ 1034, 1035), die Ablehnung eines Schiedsrichters (§ 1037) oder die Beendigung des Schiedsrichteramtes (§ 1038);
2. die Feststellung der Zulässigkeit oder Unzulässigkeit eines schiedsrichterlichen Verfahrens (§ 1032) oder die Entscheidung eines Schiedsgerichts, in der dieses seine Zuständigkeit in einem Zwischenentscheid bejaht hat (§ 1040);
3. die Vollziehung, Aufhebung oder Änderung der Anordnung vorläufiger oder sichernder Maßnahmen des Schiedsgerichts (§ 1041);
4. die Aufhebung (§ 1059) oder die Vollstreckbarerklärung des Schiedsspruchs (§§ 1060 ff.) oder die Aufhebung der Vollstreckbarerklärung (§ 1061).

II Besteht in den Fällen des Absatzes 1 Nr. 2 erste Alternative, Nr. 3 oder Nr. 4 kein deutscher Schiedsort, so ist für die Entscheidungen das Oberlandesgericht zuständig, in dessen Bezirk der Antragsgegner seinen Sitz oder gewöhnlichen Aufenthalt hat oder sich Vermögen des Antragsgegners oder der mit der Schiedsklage in Anspruch genommene oder von der Maßnahme betroffene Gegenstand befindet, hilfsweise das Kammergericht.

§§ 1062, 1063 — Buch 10. Schiedsrichterliches Verfahren

III In den Fällen des § 1025 Abs. 3 ist für die Entscheidung das Oberlandesgericht zuständig, in dessen Bezirk der Kläger oder der Beklagte seinen Sitz oder seinen gewöhnlichen Aufenthalt hat.

IV Für die Unterstützung bei der Beweisaufnahme und sonstige richterliche Handlungen (§ 1050) ist das Amtsgericht zuständig, in dessen Bezirk die richterliche Handlung vorzunehmen ist.

V [1] Sind in einem Land mehrere Oberlandesgerichte errichtet, so kann die Zuständigkeit von der Landesregierung durch Rechtsverordnung einem Oberlandesgericht oder dem obersten Landesgericht übertragen werden; die Landesregierung kann die Ermächtigung durch Rechtsverordnung auf die Landesjustizverwaltung übertragen. [2] Mehrere Länder können die Zuständigkeit eines Oberlandesgerichts über die Ländergrenzen hinaus vereinbaren.

1 **1) Regelungszweck.** Die Vorschrift regelt die Zuständigkeit der staatlichen Gerichte in den Fällen, in denen sie nach dem 10. Buch angerufen werden können, § 1026. Geregelt sind sowohl die sachliche als auch die örtliche Zuständigkeit. Sachlich zuständig ist grundsätzlich das OLG, nur im Fall des § 1050 (Unterstützungshandlungen) das AG. Die örtliche Zuständigkeit ergibt sich aus I u IV. Wegen des Verfahrens s §§ 1063 u 1064, wegen der Rechtsmittel s § 1065. Die Vorschriften sind zwingend, BayObLG RR **02**, 934.

2 **2) Zuständigkeit des OLG, I–III u V.** Für die Entscheidung in den I Z 1–4 genannten Fällen (das sind alle in Frage kommenden Fälle außer § 1050) ist das OLG zuständig, **I.** Örtlich zuständig ist das in der Schiedsvereinbarung bezeichnete OLG (das konkret zu bestimmen ist, BayObLG RR **02**, 934), bei fehlender Bezeichnung das OLG, in dessen Bezirk der Schiedsort (§ 1043) liegt, bei Fehlen eines inländischen Schiedsortes in den Fällen nach I Z 2, 3 oder 4 das in **II** bezeichnete OLG hilfsweise das KG, II, in den Fällen des § 1025 III das in **III** bezeichnete OLG (wegen „Sitz" und „gewöhnlichem Aufenthalt" s § 1025 Rn 7). Die Zuständigkeit ist nicht ausschließlich, sie kann durch rügelose Einlassung begründet werden, Stuttg RR **03**, 495 = **03**, 85 m Anm Nacimiento/Geimer. Die Länder sind ermächtigt, die Zuständigkeit bei dem Obersten Landesgericht (vgl § 6 a BayZustkVO Justiz) oder einem bestimmten OLG nach Maßgabe des **V 1** zu konzentrieren, auch über die Landesgrenzen hinweg (durch Staatsvertrag), **V 2.** Eine solche Konzentrierung dient dazu, die Kenntnisse und Erfahrungen nutzbar zu machen, die Richter an Zentren der Schiedsgerichtsbarkeit gesammelt haben, vgl Schumann RIW **93**, 701.

Wegen des Verfahrens des OLG und der Rechtsmittel s Rn 1.

3 **3) Zuständigkeit des AG, IV.** Für die Unterstützung bei der Beweisaufnahme und sonstigen richterlichen Handlungen, § 1050, ist das AG zuständig, in dessen Bezirk die richterliche Handlung vorzunehmen ist, vgl § 157 GVG und die dortigen Erl. Das Verfahren des AG und die Rechtsmittel richten sich nach den für die richterliche Handlung geltenden Vorschriften, § 1050 S 2 u 3.

4 **4) VwGO:** Entspr anzuwenden, § 173 S 1 VwGO, nach Maßgabe des § 173 S 2 VwGO idF des Art 2 § 13 SchiedsVfG; danach tritt das zuständige VG an die Stelle des OLG (und des AG), während das OVG das Gericht iSv § 1065 ist, s dort Rn 4. Die Entscheidung des OVG ist unanfechtbar, § 152 VwGO.

1063 Allgemeine Vorschriften.

[1] [1] Das Gericht entscheidet durch Beschluss. [2] Vor der Entscheidung ist der Gegner zu hören.

II Das Gericht hat die mündliche Verhandlung anzuordnen, wenn die Aufhebung des Schiedsspruchs beantragt wird oder wenn bei einem Antrag auf Anerkennung oder Vollstreckbarerklärung des Schiedsspruchs Aufhebungsgründe nach § 1059 Abs. 2 in Betracht kommen.

III [1] Der Vorsitzende des Zivilsenats kann ohne vorherige Anhörung des Gegners anordnen, dass der Antragsteller bis zur Entscheidung über den Antrag die Zwangsvollstreckung aus dem Schiedsspruch betreiben oder die vorläufige oder sichernde Maßnahme des Schiedsgerichts nach § 1041 vollziehen darf. [2] Die Zwangsvollstreckung aus dem Schiedsspruch darf nicht über Maßnahmen zur Sicherung hinausgehen. [3] Der Antragsgegner ist befugt, die Zwangsvollstreckung durch Leistung einer Sicherheit in Höhe des Betrages, wegen dessen der Antragsteller vollstrecken kann, abzuwenden.

IV Solange eine mündliche Verhandlung nicht angeordnet ist, können zu Protokoll der Geschäftsstelle Anträge gestellt und Erklärungen abgegeben werden.

Vorbem. I 1 mWv 1. 1. 02 geänd durch Art 2 I Z 104 ZPO-RG.

1 **1) Regelungszweck.** Die Vorschrift enthält Bestimmungen für das Verfahren der staatlichen Gerichte nach § 1062. Davon gelten I u IV für OLG und AG, II u III allein für das OLG. Ergänzende Bestimmungen für die Vollstreckbarerklärung durch das OLG enthält § 1064; die Rechtsmittel regelt § 1065. Die Verfahrensvorschriften für die staatlichen Gerichte sind zwingend.

2 **2) Entscheidung, I.** Sie ergeht in allen Fällen des § 1062 durch Beschluß, **I 1.** Vor der Entscheidung ist der Gegner zu hören, **I 2;** eine mündliche Verhandlung ist nur nach II vorgeschrieben, kann aber auch sonst angeordnet werden, vgl IV. Im übrigen hat das OLG die Vorschriften der ZPO über das Verfahren erster Instanz anzuwenden, also das 1. und 2. Buch, BGH RR **02**, 933 mwN (zu §§ 80 ff); dies gilt nicht, sofern II–IV und § 1064 besondere Vorschriften enthalten. In den Fällen, in denen § 1065 II die Rechtsbeschwerde vorsieht, muß im Hinblick auf § 559, § 1065 II, die Entscheidung die für die Beurteilung erforderlichen tatsächlichen Feststellungen enthalten, BGH NJW **99**, 2974 (Anm Schlosser **LM** Nr 1/2). Für das Verfahren vor dem AG gilt neben I u IV die Regelung in § 1050, s dort. Wegen der Rechtsmittel vgl § 1065.

3 **3) Mündliche Verhandlung, II.** Das OLG hat sie anzuordnen, wenn in dem dafür vorgesehenen Verfahren die Aufhebung des Schiedsspruchs beantragt wird, § 1059, oder wenn im Verfahren der Voll-

Abschnitt 9. Gerichtliches Verfahren §§ 1063–1065

streckbarerklärung, §§ 1060 u 1061, Aufhebungsgründe nach § 1059 II in Betracht kommen, s § 1059 II Z 1 u 2, BGH aaO, BayObLG RR **00**, 807. Im Hinblick auf Art 6 I 2 MRK wird das OLG sie allerdings in beiden Verfahren vorsorglich immer anordnen, BegrRegEntw S 65, sonst je nach Lage des Falles.

4) Vorzeitige Vollstreckung, III. Ihre Zulassung durch das OLG in den Fällen des § 1062 I Z 3 u 4 **4** entspricht einem praktischen Bedürfnis vor allem im internationalen Schiedsverkehr, vgl Art 39 EuGVÜ, Schlußanh V C 1; das gilt auch und gerade für die Vollziehung einstw Maßnahmen des Schiedsgerichts nach § 1041, III 1. Zuständig ist der Vorsitzende des Zivilsenats; er kann auf Antrag einer Partei nach seinem Ermessen anordnen, daß der Antragsteller bis zur Entscheidung die Zwangsvollstreckung aus dem Schiedsspruch betreiben oder eine Maßnahme des Schiedsgerichts vollziehen darf; die Anordnung kann auch ohne Anhörung des Gegners ergehen; sie ist unanfechtbar. Die Vollstreckung aus dem Schiedsspruch darf nicht über Maßnahmen der Sicherung hinausgehen, **III 2.** Der Antragsgegner kann sie durch Sicherheitsleistung (§§ 108, 109 u 113) abwenden, **III 2.**

5) Anträge zu Protokoll der Geschäftsstelle, IV. Die Vorschrift bezieht sich vor allem auf Verfahren **5** vor dem OLG, für die sie den Anwaltszwang mildern soll, BegrRegEntw S 65. Der Anwaltszwang wird dadurch gemildert, daß alle Anträge und Erklärungen bis zur Anordnung der mündlichen Verhandlung zu Protokoll der Geschäftsstelle abgegeben werden dürfen und damit nicht dem Anwaltszwang unterliegen, § 78 III. Die AnO der mündlichen Verhandlung, I, dh die Terminsbestimmung, läßt für das weitere Verfahren uneingeschränkt den Anwaltszwang eintreten, § 78 I; für die Verfahren vor dem AG, § 1062 IV, gilt dies im Verfahren der Rechtsmittelinstanz, § 78 I. Wegen des Nachweises der Bevollmächtigung s BGH BB **02**, 963, Kröll NJW **03**, 796.

6) *VwGO: Entspr anzuwenden, Grdz § 1025 Rn 23 u 24, vgl § 1062 Rn 4.* **6**

1064 *Besonderheiten bei der Vollstreckbarerklärung von Schiedssprüchen.* **I** ¹ Mit dem Antrag auf Vollstreckbarerklärung eines Schiedsspruchs ist der Schiedsspruch oder eine beglaubigte Abschrift des Schiedsspruchs vorzulegen. ² Die Beglaubigung kann auch von dem für das gerichtliche Verfahren bevollmächtigten Rechtsanwalt vorgenommen werden.

II Der Beschluss, durch den ein Schiedsspruch für vollstreckbar erklärt wird, ist für vorläufig vollstreckbar zu erklären.

III Auf ausländische Schiedssprüche sind die Absätze 1 und 2 anzuwenden, soweit Staatsverträge nicht ein anderes bestimmen.

1) Regelungszweck. Die Vorschrift ergänzt § 1063 durch besondere Bestimmungen über das Verfahren **1** der Vollstreckbarerklärung, § 1060 I u II, bei ausländischen Schiedssprüchen mit dem Vorbehalt, daß Staatsverträge nicht entgegenstehen, III.

2) Antrag auf Vollstreckbarerklärung, I. Soweit nicht III eingreift, ist in den Fällen der §§ 1060 und **2** 1061 mit dem erforderlichen Antrag, der nicht dem Anwaltszwang unterliegt, § 1063 IV, der Schiedsspruch iSv 1054 IV oder eine beglaubigte Abschrift des Schiedsspruchs einzureichen, **I 1.** Eine bestimmte Form der Beglaubigung ist nicht vorgeschrieben; sie muß jedoch die Unterschriften der Schiedsrichter umfassen und von den in § 170 II genannten Personen vorgenommen werden. Daß auch der bevollmächtigte RA dazu befugt ist, **I 2**, ist vor allem für ausländische Schiedssprüche von Bedeutung. Die Beifügung einer Übersetzung ist nicht erforderlich, I 1 geht nach dem Günstigkeitsprinzip des Art VII 1 UNÜ als nationale Regelung Art IV UNÜ vor, BGH NJW-RR **04**, 1504, Köln SchiedsVZ **05**, 163.

3) Vollstreckbarerklärung, II. Der Schiedsspruch als solcher enthält praktisch nur eine Feststellung; erst **3** die staatliche Vollstreckbarerklärung, §§ 1060 u 1061, fügt die Vollstreckbarkeit hinzu. Da der Beschluß darüber, § 1063 I, der Rechtsbeschwerde unterliegt, § 1065, ist er für vorläufig vollstreckbar zu erklären, soweit nicht III eingreift. Eine Sicherheit ist nicht festzusetzen; auch i ü sind die Bestimmungen der §§ 708 ff im Verfahren vor dem OLG nicht anzuwenden, weil eine § 1065 II 2 entspr Vorschrift fehlt.

4) Vorbehalt für abweichende Regelungen, III. Ebenso wie bisheriges Recht, § 1044 I aF, sind **4** auf ausländische Schiedssprüche I und II nur insoweit anzuwenden, als Staatsverträge nichts anderes bestimmen. Vgl. dazu § 1061 Rn 3. Zu Art IV UN-Ü, Schlußanh VI A 1, s dortige Erl.

5) *VwGO: Entspr anzuwenden, Grdz § 1025 Rn 23 u 24, im Verfahren vor dem VG (und dem OVG), § 1062* **5** *Rn 4.*

1065 *Rechtsmittel.* **I** ¹ Gegen die in § 1062 Abs. 1 Nr. 2 und 4 genannten Entscheidungen findet die Rechtsbeschwerde statt. ² Im Übrigen sind die Entscheidungen in den in § 1062 Abs. 1 bezeichneten Verfahren unanfechtbar.

II ¹ **Die Rechtsbeschwerde kann auch darauf gestützt werden, dass die Entscheidung auf einer Verletzung eines Staatsvertrages beruht.** ² **Die §§ 707, 717 sind entsprechend anzuwenden.**

Vorbem. § 1065 ist mWv 1. 1. 02 neu gefaßt durch Art 2 I Z 105 ZPO-RG (BT-Drs 14/4722 S 122). Übergangsrecht: § 26 Z 10 EGZPO, s dort.

1) Regelungszweck. Im Interesse einer Beschleunigung und Vereinfachung des Verfahrens beschränkt **1** § 1065 die Rechtsmittel gegen Beschlüsse des OLG. Sie sind schlechthin unanfechtbar, wenn es sich nicht um Entscheidungen in Verfahren nach § 1062 I Z 2 u 4 handelt: in diesen Fällen ist die Rechtsbeschwerde an den BGH gegeben. Für Entscheidungen des AG, § 1062 IV, gilt § 1065 nicht; sie sind nach den jeweils für sie geltenden Vorschriften, § 1050, anfechtbar, also nach GVG, s § 159, bzw ZPO.

Albers

§§ 1065, 1066

2) Anfechtbarkeit, I. Die Rechtsbeschwerde gegen Entscheidungen des OLG nach § 1062 I Z 2 u 4 ist statthaft, § 574 I Z 1, wenn die Voraussetzungen des § 574 II vorliegen, **I 1**; anfechtbar sind nicht nur Endentscheidungen, sondern auch ihnen gleichstehende Zwischenentscheidungen, zB nach § 280, BGH NJW **01**, 3787. Zur Frist, Form und Begründung gilt § 575. Zur Anschlußrechtsbeschwerde, s § 574 IV.

Alle anderen Entscheidungen in einem der in § 1062 I genannten Verfahren sind unanfechtbar, **I 2**. Dies gilt sowohl für alle Entscheidungen in den Fällen des § 1062 I Z 1 u 3 als auch für Zwischen- und Nebenentscheidungen in den Fällen des § 1062 I Z 2 u 4, soweit sie nicht den Endentscheidungen gleichstehen.

3) Rechtsbeschwerde, II. Die Rechtsbeschwerde ist ein der Revision nachgebildetes Rechtsmittel. Sie kann nur darauf gestützt werden, daß die Entscheidung auf einer Verletzung der in § 576 I genannten Vorschriften und/oder eines Staatsvertrages beruht, **I 1**, vgl BGH NJW **99**, 2974 m Anm Schlosser **LM** Nr 1/2. Für sie gelten i ü die §§ 576 II u III und 577. Neue Tatsachen sind nur in Ausnahmefällen zu berücksichtigen, BGH NJW **01**, 1730 mwN (Entscheidung im Erlaßstaat über die Verbindlichkeit des Schiedsspruchs). Entspr anwendbar auf die Rechtsbeschwerde sind die in **II 2** genannten Vollstreckungsregelungen in den §§ 707 und 717. Wegen der Einzelheiten s die Erl zu diesen Vorschriften. Der Kostenansatz richtet sich nach Nr 1921 KV (keine Ermäßigung bei Rücknahme der Rechtsbeschwerde, BGH MDR **02**, 969, krit Schumacher SchiedsVZ **03**, 43).

4) VwGO: *Entspr anzuwenden auf Beschlüsse des VG, vgl § 1062 Rn 4. An die Stelle des BGH tritt das OVG, § 173 S 2 VwGO (idF des Art 2 § 13 SchiedsVfG); da die VwGO keine Rechtsbeschwerde kennt, ist Rechtsmittel iSv § 1065 die Beschwerde nach den §§ 146 ff VwGO; vgl BT-Drs 13/9124 S 60. Die Entscheidung des OVG ist unanfechtbar, § 152 VwGO.*

Abschnitt 10. Außervertragliche Schiedsgerichte

1066 *Entsprechende Anwendung der Vorschriften des Zehnten Buches.* **Für Schiedsgerichte, die in gesetzlich statthafter Weise durch letztwillige oder andere nicht auf Vereinbarung beruhende Verfügungen angeordnet werden, gelten die Vorschriften dieses Buches entsprechend.**

1) Regelungszweck. Die ZPO läßt außervertragliche Schiedsgerichte zu, wo das sachliche Recht, auch ein ausländisches, sie erlaubt. Bei den sie anordnenden Schiedsverfügungen, Sareika ZZP **90**, 285, handelt es sich um Privatrechtsgeschäfte. § 1066 ordnet für sie die entspr Anwendung des 10. Buches an. Wegen der durch Rechtsvorschrift eingerichteten sog unechten Schiedsgerichte, Grdz § 1025 Rn 1 u 24, s unten Rn 8; zur Abgrenzung vgl Düss RR **03**, 142.

2) Letztwillig angeordnete Schiedsgerichte (Schulze MDR **00**, 314). Ob ihre Zulässigkeit schon aus dem BGB folgt, ist zweifelhaft; sie ist aber unbedenklich zu bejahen. Statthaft ist die Einsetzung eines Schiedsgerichts (zur Regelung der Streitigkeiten zwischen den Erben oder zwischen ihnen und anderen Begünstigten) durch eine letztwillige Verfügung iSv § 1937 BGB; dagegen gelten für die an einem Erbvertrag Beteiligten die §§ 1025 ff unmittelbar, also auch § 1031, Schulze aaO, Schütze RIW **92**, 1880, Hamm RR **91**, 455. Statthafter Zweck ist etwa die Erbauseinandersetzung; unzulässig ist die Einsetzung eines Schiedsgerichts für Streitigkeiten über die Entlassung des Testamentsvollstreckers. Die Bestellung des Testamentsvollstreckers zum Schiedsrichter ist zulässig; er handelt dann bei der Testamentsauslegung an Stelle eines Richters und ist nicht Partei. Da derartige Anordnungen ganz selten sind, sind sie nicht leicht im Auslegungsweg zu bejahen. Ein Recht zur authentischen Auslegung verstieße gegen § 2065 BGB, SchwW 32 Rn 26.

3) Andere nicht vertragliche Schiedsgerichte (Wolf § 2 IV 5 b bb; Kissel GVG § 13 Rn 200 ff; SchwW 32 Rn 4–24; Ebbing NZG **98**, 281; K. Schmidt ZHR **98**, 265 u JZ **89**, 1077; Hilpert, Verbandsschiedsgerichte, BayVBl **88**, 161; Vollmer, Unternehmensverfassungsrechtliche Schiedsgerichte, Ztschr f Untern- u Gesellschaftsrecht **82**, 15; Westermann, Gesellschaftsrechtliche Schiedsgerichte, Festschrift Fischer, 1979, S 853).

Sie mögen auf Vereins-, Verbands- oder Stiftungssatzung beruhen: immer muß es sich um ein Schiedsgericht iS der §§ 1025 ff handeln. Zulässig ist zB die satzungsmäßige Einsetzung eines Schiedsgerichts zur Entscheidung über Streitigkeiten zwischen einem Verein und seinen Mitgliedern über die Rechte und Pflichten aus der Mitgliedschaft, BGH NJW **00**, 1713 mwN. Die Satzung oder Gesellschaftsverträge können eine Schiedsgerichtsbarkeit nur für Streitigkeiten über Rechtsverhältnisse anordnen, die Gegenstand statutarischer Bindung sind, nicht für solche über als Individualrecht ausgestaltete Rechte, BGH **38**, 161, K. Schmidt JZ **89**, 1083 mwN. Sollen nach der Satzung einer Aktiengesellschaft alle Streitigkeiten zwischen Aktionären und der Gesellschaft durch ein Schiedsgericht geregelt werden (zur Wirksamkeit einer solchen Bestimmung vgl K. Schmidt BB **01**, 1860 mwN), so fällt die Anfechtungs- und Nichtigkeitsklage gegen Hauptversammlungsbeschlüsse nicht hierunter, BGH in stRspr, § 1030 Rn 8; das gleiche gilt für die Anfechtung von Gesellschafterbeschlüssen in einer GmbH, BGH in stRspr, NJW **96**, 1753, dazu Bork ZHG **96**, 374 u K. Schmidt ZHR **98**, 269 mwN, str. Wer sich als Dritter einem Verbandsschiedsgericht stillschweigend unterwirft, muß bei Vertragsschluß die Vertragsbedingungen und die Verbandszugehörigkeit des Gegners gekannt haben, dazu Kissel § 13 Rn 206.

A. Voraussetzungen. Notwendig ist die Regelung des Schiedsverfahrens in der Verfassungsurkunde **(Satzung).** Die Gültigkeit einer satzungsmäßigen Schiedsklausel richtet sich nach den für die Satzung maßgeblichen Vorschriften, also zB nach den zwingenden Bestimmungen des BGB über Vereine, so daß die Einreichung beim Registergericht erforderlich ist, Mü KTS **77**, 178. Da die Satzung eines rechtsfähigen Vereins sämtliche das Vereinsleben bestimmenden Leitprinzipien und Grundsatzregelungen enthalten muß,

Abschnitt 10. Außervertragliche Schiedsgerichte § 1066

soweit sie nicht gesetzlich festgelegt sind, ist eine in der Satzung enthaltene Schiedsklausel nur verbindlich, wenn sie die wesentlichen Punkte unmittelbar regelt, namentlich die Zusammensetzung des Schiedsgerichts und die Regeln über die Auswahl und Bestellung der Schiedsrichter, BGH NJW **84**, 1355, Hamm RR **93**, 1535 mwN. Die Kompetenz einer Haupt- oder Gesellschafterversammlung unterliegt uU betriebsverfassungsrechtlichen Beschränkungen, Raiser BB **77**, 1463. Die wirksame Schiedsklausel gilt für alle Mitglieder oder Gesellschafter; sie kann auf dem dafür vorgesehenen Wege mit Wirkung ex nunc eingeführt oder geändert werden, K. Schmidt JZ **89**, 1082 mwN, und zwar in Vereinen ohne Aufnahmepflicht auch gegenüber einer überstimmten Minderheit, BGH NJW **67**, 2057, K. Schmidt aaO, aM StJSchl 10, SchwW 32 Rn 16, vgl Roth F Nagel, 1987 S 327; wenn aber der Austritt aus dem Verein dem überstimmten Mitglied nicht zuzumuten ist, kann ihm die Schiedsklausel nicht entgegengehalten werden, BGH NJW **00**, 1713, dazu K. Schmidt BB **01**, 1861 mwN. Ist die Schiedsklausel unwirksam, können die Parteien dadurch, daß sie sich bewußt und gewollt dem Schiedsverfahren unterwerfen und dies erklären, einen (Einzel-)Schiedsvertrag schließen, für dessen Wirksamkeit § 1031 VI gilt, vgl BGH NJW **84**, 1356.

Schiedsgerichtsregelungen in der schriftlichen Satzung eines rechtsfähigen Vereins, BGH NJW **00**, 1713 **5** (dazu Haas ZGR **00**, 325), eines nichtrechtsfähigen Vereins, BGH NJW **80**, 1049, einer Aktiengesellschaft, BGH MDR **51**, 674, oder GmbH, BGH **38**, 159, Hamm OLGZ **90**, 453 (dazu Raeschke-Kessler JbPrSchdG **4**, 231), LG Mönchengladbach RR **87**, 224, v. Trotha DB **88**, 1367 (eingehend), bedürfen nicht der Form des § 1031 (abw für die Satzung einer Aktiengesellschaft EuGH NJW **92**, 1671: vertragliche Regelung), wohl aber die Schiedsklausel im Gesellschaftsvertrag einer Personengesellschaft auch in der Gestalt einer sog Massen-KG, BGH NJW **80**, 1049, dazu mwN K. Schmidt BB **80**, 1855 mwN, Roth F Nagel, 1987, S 318–328; kritisch zum Grundsatz Kissel § 13 Rn 200, StJSchl 9–13, Kleinmann BB **70**, 1076, KG NJW **77**, 57. Um so schärfer ist die Frage der Sittenwidrigkeit zu prüfen. Die Satzungen des Verbands unterwerfen die Mitglieder dem Schiedsverfahren oft durch mittelbaren Zwang. Lehnt das Mitglied ab, so verliert es alle Rechte und Möglichkeiten, die die Zugehörigkeit zum Verband gewährt. Darin kann eine unzulässige Knebelung liegen, die die Schiedsgerichtsbestimmung im Einzelfall entsprechend unwirksam macht, SchwW 32 Rn 13, MüKoMa § 1048 12. Daß einer Partei überwiegender Einfluß auf die Bildung des Schiedsgerichts eingeräumt ist, kann unzulässig sein, s § 1034 Rn 3 u 4. Ein außerhalb des Verbands stehender Rechtsnachfolger untersteht dem Verbandsschiedsgericht regelmäßig nicht, s § 1025 Rn 23, StJ § 1025 VI 2.

B. Einzelfälle. Die **Sportgerichtsbarkeit** ist weitgehend Verbandsschiedsgerichten und im Verhältnis zu **6** Außenstehenden Vertragsschiedsgerichten übertragen, vgl dazu Adolphsen SchiedsVZ **04**, 169, Haas/Hauptmann SchiedsVZ **04**, 175, Haug SchiedsVZ **04**, 190, Gottwald/Adolphsen DStR **98**, 1019, Vieweg NJW **91**, 1513 (betr Verbandsstrafen), Deutsch VersR **90**, 2 mwN, Elten SchlHA **85**, 33, Vollkommer RdA **82**, 17. Zur Wirksamkeit der Regelungen im Bereich des Deutschen Fußballbundes Stuttg RR **03**, 495 u Ffm RR **03**, 498, LG Ffm ZIP **89**, 599 (teilw krit Schlosser EWiR § 1025 Nr 1/89), vgl auch BGH SchiedsVZ **04**, 206.

Die aufgrund des § 14 PtG durch Satzung eingerichteten **Schiedsgerichte der politischen Parteien** (dazu K. Arndt) können echte Schiedsgerichte, Grdz § 1025 Rn 1, sein, eingehend Vollkommer F Nagel, 1987, S 474–502, str, für den Einzelfall verneint v Düss RR **03**, 142, Köln NVwZ **91**, 1116 mwN, KG NJW **88**, 3159 (Anm Vollkommer), Ffm NJW **70**, 2250. Notwendig ist die dem 10. Buch entsprechende Ausgestaltung dieser Schiedsgerichte. Voraussetzung ist die Schiedsfähigkeit, § 1030, des Verfahrensgegenstandes; sie dürfte bei Verfahren über den Parteiausschluß, dazu Hasenritter ZRP **82**, 94, und Ordnungsmaßnahmen grundsätzlich gegeben sein, nicht dagegen bei Verfahren über eine Wahlanfechtung, Vollkommer NJW **88**, 3161 u F Nagel S 497–501. Einschränkend aus verfassungsrechtlichen Gründen Schiedermair AöR **104**, 210 mwN.

Bei der Schiedsgerichtsbarkeit der **Versorgungsanstalt** des Bundes und der Länder (VBL) handelt es sich um Privatrecht, BVerfG RR **95**, 232, BGH NVwZ **88**, 104.

Zu den **Schiedsgerichten der Religionsgemeinschaften** s Ffm NJW **99**, 3720, § 13 GVG Rn 46.

4) Anwendbarkeit der Vorschriften des 10. Buchs. Grundsätzlich sind diese Vorschriften entspre- **7** chend anwendbar, Hamm RR **87**, 1319 mwN. Eine Einschränkung gilt natürlich für die Vorschriften über den Schiedsvertrag, Vollkommer NJW **88**, 3161. Dazu vgl aber auch Rn 5.

5) VwGO: *Entsprechend anzuwenden, Grdz § 1025 Rn 23; jedoch scheidet eine Anordnung durch letztwillige* **8** *Verfügung im öff Recht aus. Wegen der durch Rechtsvorschrift eingesetzten (unechten) Schiedsgerichte, § 187 I VwGO, Grdz § 1025 Rn 1 u 24, s RedOe § 40 Anm 78; hierhin gehören die Schiedsstellen, zB nach § 78 b KHG u § 94 BSHG nF, die dem VerwStreitverfahren vorgeschaltet sind, vgl BVerwG NJW* **94**, *2435, die Schiedsgerichte religiöser Gemeinschaften, vgl OVG Lüneb NJW* **99**, *1882, VG Neustadt NVwZ* **99**, *797, und die Schiedsstelle nach § 24 ENeuOG, die endgültig entscheidet. Ein Verbandsschiedsgericht, für welches das 10. Buch entspr gilt, sieht § 71 WasserverbandG vor, dazu Rapsch NVwZ* **93**, *534. Einen Sonderfall regelt § 187 I VwGO, KoppSch § 187 Rn 4.*

Buch 11
Justizielle Zusammenarbeit in der Europäischen Union

Bearbeiter: Dr. Dr. Hartmann

Grundzüge

Schrifttum: *Junker,* Das Internationale Privat- und Verfahrensrecht im Zugriff der Europäischen Union, Festschrift für *Sonnenberger* (2004) 417; *Schmidt,* Europäisches Zivilprozessrecht in der Praxis (Das 11. Buch der ZPO), 2004.

1   **1) Systematik.** Im internationalen Rechtsverkehr gewinnen seit Jahren zunehmend die Rechtssetzungen der EU mit unterschiedlich unmittelbarer Geltung in Deutschland an Bedeutung. Drei Verordnungen gaben den Ausschlag zur Schaffung und zum alsbaldigen Ausbau eines Buchs 11 der ZPO. Es handelt sich um die in Einf 1 vor § 1067 genannte VO (EG) Nr 1348/2000, die sog Zustellungsverordnung, ferner um die in Einf 1 vor § 1072 genannte VO (EG) Nr 1206/2000, die sog Beweisaufnahmeverordnung, und sodann um die in Einf 1 vor § 1079 genannte VO (EG) Nr 805/2004, die sog Vollstreckungstitelverordnung. Alle drei bedurften klarstellender oder ergänzender deutscher Ausführungsbestimmungen. Der Bundesgesetzgeber hat sie nur teilweise selbst ausformuliert und die Restregelungen den Bundesländern überlassen.

Vorrang des EU-Rechts bleibt systematisch ein eindeutiges Kennzeichen der Gesamtregelung. Anwendbarkeit des für innerdeutsche Beweisaufnahmen geltenden Rechts bleibt ein weiteres Hauptmerkmal zur Ausfüllung des etwa noch Fehlenden und zur Anwendung im Zweifelsfall.

2   **2) Regelungszweck.** Natürlich bezwecken §§ 1067 ff eine Vereinfachung, Vereinheitlichung und auch Beschleunigung der jeweiligen Vorgänge innerhalb des aus- oder inländischen Prozesses. Dabei vermerken Rn 2 der jeweiligen Anmerkungen zu den einzelnen Vorschriften diejenigen Gesichtspunkte, die man zusätzlich zur eben skizzierten Gesamtrichtung beachten sollte. Eine großzügige Auslegung zugunsten möglichst praktikabler Handhabung fördert die Brauchbarkeit der deutschen Durchführungsbestimmungen am ehesten.

3   **3) Geltungsbereich.** Buch 11 gilt vor den ordentlichen Gerichten und nach § 13 a ArbGG auch vor den Gerichten für Arbeitssachen.

Abschnitt 1. Zustellung nach der Verordnung (EG) Nr. 1348/2000

Einführung

Schrifttum: Tabellenübersicht NJW **02**, 2451 (je:); *Heß* NJW **02**, 2417 (je:); *Jastrow* IPRax **04**, 11 (je:); *Lindacher* ZZP **114**, 179 (je:); *Schack* (vor Rn 1) 931 (je:); *Stadler* IPRax **01**, 514 (je: Üb).

1   **1) Systematik.** Seit 31. 5. 01 gilt in der *EU* die VO (EG) Nr 1348/2000 des Rates v 29. 5. 00 über die Zustellung gerichtlicher und außergerichtlicher Schriftstücke in Zivil- oder Handelssachen in den Mitgliedstaaten, ABl EG L 160, 37 v 30. 6. 00, abgedruckt in Rn 3. Sie hat nach ihrem nachstehend mitabgedruckten Art 20 I grundsätzlich (Ausnahmen Art 20 II) Vorrang vor den einschlägigen älteren Bestimmungen in Staatsverträgen. Dazu galt bis zum 31. 12. 03 das EG-Zustellungsdurchführungsgesetz (ZustDG) v 9. 7. 01, BGBl 1536, abgedruckt zuletzt in der 61. Aufl im Anhang nach § 183. Das EG-ZustDG ist zum 1. 1. 04 außer Kraft getreten, Art 2 Hs 2 des EG-Beweisaufnahmedurchführungsgesetzes v 4. 11. 03, BGBl 2166. Die VO (EG) Nr 1348/2000 ist von der in Einf 3 vor § 1079 abgedruckten VO (EG) Nr 805/2004 über einen europäischen Vollstreckungstitel für unbestrittene Forderungen nach deren Art 28 unberührt geblieben.

Wegen der *übrigen* Auslandszustellung § 183, Anh § 183.

2   **2) Regelungszweck.** Er liegt wie bei der Auslandszustellung in die nicht zur EU gehörigen Staaten in einer Vereinfachung, Vereinheitlichung und Beschleunigung. So ist die ganze Regelung auslegbar.

3   **3) Verordnung (EG) Nr 1448/2000** (ohne ihre amtlichen Erwägungen).

Kapitel I. Allgemeine Bedingungen

VO (EG) Art 1. Anwendungsbereich. [I] Diese Verordnung ist in Zivil- oder Handelssachen anzuwenden, in denen ein gerichtliches oder außergerichtliches Schriftstück von einem in einen anderen Mitgliedstaat zum Zwecke der Zustellung zu übermitteln ist.

[II] Diese Verordnung gilt nicht, wenn die Anschrift des Empfängers des Schriftstücks unbekannt ist.

VO (EG) Art 2. Übermittlungs- und Empfangsstellen. [I] Jeder Mitgliedstaat benennt die Behörden, Amtspersonen oder sonstigen Personen, die für die Übermittlung gerichtlicher und außergerichtlicher Schriftstücke, die in einem anderen Mitgliedstaat zuzustellen sind, zuständig sind, im folgenden „Übermittlungsstellen" genannt.

[II] Jeder Mitgliedstaat benennt die Behörden, Amtspersonen oder sonstigen Personen, die für die Entgegennahme gerichtlicher und außergerichtlicher Schriftstücke aus einem anderen Mitgliedstaat zuständig sind, im folgenden „Empfangsstellen" genannt.

III ¹Die Mitgliedstaaten können entweder eine Übermittlungsstelle und eine Empfangsstelle oder eine Stelle für beide Aufgaben benennen. ²Bundesstaaten, Staaten mit mehreren Rechtssystemen oder Staaten mit autonomen Gebietskörperschaften können mehrere derartige Stellen benennen. ³Diese Benennung ist für einen Zeitraum von fünf Jahren gültig und kann alle fünf Jahre erneuert werden.

IV ¹Jeder Mitgliedstaat teilt der Kommission folgende Angaben mit:
a) die Namen und Anschriften der Empfangsstellen nach den Absätzen 2 und 3,
b) den Bereich, für den diese örtlich zuständig sind,
c) die ihnen zur Verfügung stehenden Möglichkeiten für den Empfang von Schriftstücken und
d) die Sprachen, in denen das Formblatt im Anhang ausgefüllt werden darf.

²Die Mitgliedstaaten teilen der Kommission jede Änderung dieser Angaben mit.

VO (EG) Art 3. Zentralstelle. ¹Jeder Mitgliedstaat benennt eine Zentralstelle, die
a) den Übermittlungsstellen Auskünfte erteilt;
b) nach Lösungswegen sucht, wenn bei der Übermittlung von Schriftstücken zum Zwecke der Zustellung Schwierigkeiten auftreten;
c) in Ausnahmefällen auf Ersuchen einer Übermittlungsstelle einen Zustellungsantrag an die zuständige Empfangsstelle weiterleitet.

²Bundesstaaten, Staaten mit mehreren Rechtssystemen oder Staaten mit autonomen Gebietskörperschaften können mehrere Zentralstellen benennen.

Bem. Zentalstelle: *Bre* VO v 14. 8. 01, GBl 261.

Kapitel II. Gerichtliche Schriftstücke

Abschnitt 1. Übermittlung und Zustellung von gerichtlichen Schriftstücken

VO (EG) Art 4. Übermittlung von Schriftstücken. ¹Gerichtliche Schriftstücke sind zwischen den nach Artikel 2 benannten Stellen unmittelbar und so schnell wie möglich zu übermitteln.

II Die Übermittlung von Schriftstücken, Anträgen, Zeugnissen, Empfangsbestätigungen, Bescheinigungen und sonstigen Dokumenten zwischen den Übermittlungs- und Empfangsstellen kann auf jedem geeigneten Übermittlungsweg erfolgen, sofern das empfangene Dokument mit dem versandten Dokument inhaltlich genau übereinstimmt und alle darin enthaltenen Angaben mühelos lesbar sind.

III ¹Dem zu übermittelnden Schriftstück ist ein Antrag beizufügen, der nach dem Formblatt im Anhang erstellt wird. ²Das Formblatt ist in der Amtssprache des Empfangsmitgliedstaats oder, wenn es in diesem Mitgliedstaat mehrere Amtssprachen gibt, der Amtssprache oder einer der Amtssprachen des Ortes, an dem die Zustellung erfolgen soll, oder in einer sonstigen Sprache, die der Empfangsmitgliedstaat zugelassen hat, auszufüllen. ³Jeder Mitgliedstaat hat die Amtssprache oder die Amtssprachen der Europäischen Union anzugeben, die er außer seiner oder seinen eigenen für die Ausfüllung des Formblatts zuläßt.

IV Die Schriftstücke sowie alle Dokumente, die übermittelt werden, bedürfen weder der Beglaubigung noch einer anderen gleichwertigen Formalität.

V Wünscht die Übermittlungsstelle die Rücksendung einer Abschrift des Schriftstücks zusammen mit der Bescheinigung nach Artikel 10, so übermittelt sie das betreffende Schriftstück in zweifacher Ausfertigung.

VO (EG) Art 5. Übersetzung der Schriftstücke. ¹Der Verfahrensbeteiligte wird von der Übermittlungsstelle, der er das Schriftstück zum Zweck der Übermittlung übergibt, davon in Kenntnis gesetzt, daß der Empfänger die Annahme des Schriftstücks verweigern darf, wenn es nicht in einer der in Artikel 8 genannten Sprachen abgefaßt ist.

II Der Verfahrensbeteiligte trägt etwaige vor der Übermittlung des Schriftstücks anfallende Übersetzungskosten unbeschadet einer etwaigen späteren Kostenentscheidung des zuständigen Gerichts oder der zuständigen Behörde.

VO (EG) Art 6. Entgegennahme der Schriftstücke durch die Empfangsstelle. ¹Nach Erhalt des Schriftstücks übersendet die Empfangsstelle der Übermittlungsstelle auf schnellstmöglichem Wege und so bald wie möglich, auf jeden Fall aber innerhalb von sieben Tagen nach Erhalt des Schriftstücks, eine Empfangsbestätigung unter Verwendung des Formblatts im Anhang.

II Kann der Zustellungsantrag aufgrund der übermittelten Angaben oder Dokumente nicht erledigt werden, so nimmt die Empfangsstelle auf schnellstmöglichem Wege Verbindung zu der Übermittlungsstelle auf, um die fehlenden Angaben oder Schriftstücke zu beschaffen.

III Fällt der Zustellungsantrag offenkundig nicht in den Anwendungsbereich dieser Verordnung oder ist die Zustellung wegen Nichtbeachtung der erforderlichen Formvorschriften nicht möglich, sind der Zustellungsantrag und die übermittelten Schriftstücke sofort nach Erhalt zusammen mit dem Formblatt im Anhang für die Benachrichtigung über Rücksendung an die Übermittlungsstelle zurückzusenden.

IV ¹Eine Empfangsstelle, die ein Schriftstück erhält, für dessen Zustellung sie örtlich nicht zuständig ist, leitet dieses Schriftstück zusammen mit dem Zustellungsantrag an die örtlich zuständige Empfangsstelle in demselben Mitgliedstaat weiter, sofern der Antrag den Voraussetzungen in Artikel 4 Absatz 3 entspricht; sie setzt die Übermittlungsstelle unter Verwendung des Formblatts im Anhang davon in Kenntnis. ²Die örtlich zuständige Empfangsstelle teilt der Übermittlungsstelle gemäß Absatz 1 den Eingang des Schriftstücks mit.

VO (EG) Art 7. Zustellung der Schriftstücke. ¹Die Zustellung des Schriftstücks wird von der Empfangsstelle bewirkt oder veranlaßt, und zwar entweder nach dem Recht des Empfangsmitgliedstaats oder in einer von der Übermittlungsstelle gewünschten besonderen Form, sofern dieses Verfahren mit dem Recht des Empfangsmitgliedstaats vereinbar ist.

II ¹Alle für die Zustellung erforderlichen Schritte sind so bald wie möglich vorzunehmen. ²Konnte die Zustellung nicht binnen einem Monat nach Eingang des Schriftstücks vorgenommen werden, teilt die Empfangsstelle dies der Übermittlungsstelle unter Verwendung der Bescheinigung mit, die in dem Formblatt im Anhang vorgesehen und gemäß Artikel 10 Absatz 2 auszustellen ist. ³Die Frist wird nach dem Recht des Empfangsmitgliedstaats berechnet.

VO (EG) Art 8. Verweigerung der Annahme eines Schriftstücks. ¹Die Empfangsstelle setzt den Empfänger davon in Kenntnis, daß er die Annahme des zuzustellenden Schriftstücks verweigern darf, wenn dieses in einer anderen als den folgenden Sprachen abgefaßt ist:
a) der Amtssprache des Empfangsmitgliedstaats oder, wenn es im Empfangsmitgliedstaat mehrere Amtssprachen gibt, der Amtssprache oder einer der Amtssprachen des Ortes, an dem die Zustellung erfolgen soll, oder
b) einer Sprache des Übermittlungsmitgliedstaats, die der Empfänger versteht.

II Wird der Empfangsstelle mitgeteilt, daß der Empfänger die Annahme des Schriftstücks gemäß Absatz 1 verweigert, setzt sie die Übermittlungsstelle unter Verwendung der Bescheinigung nach Artikel 10 unverzüglich davon in Kenntnis und sendet den Antrag sowie die Schriftstücke, um deren Übersetzung ersucht wird, zurück.

VO (EG) Art 9. Datum der Zustellung. ¹Unbeschadet des Artikels 8 ist für das Datum der nach Artikel 7 erfolgten Zustellung eines Schriftstücks das Recht des Empfangsmitgliedstaats maßgeblich.

II Wenn jedoch die Zustellung eines Schriftstücks im Rahmen eines im Übermittlungsmitgliedstaat einzuleitenden oder anhängigen Verfahrens innerhalb einer bestimmten Frist zu erfolgen hat, ist im Verhältnis zum Antragsteller als Datum der Zustellung der Tag maßgeblich, der sich aus dem Recht des Übermittlungsmitgliedstaats ergibt.

III ¹Ein Mitgliedstaat kann aus angemessenen Gründen während eines Übergangszeitraums von fünf Jahren von den Absätzen 1 und 2 abweichen. ²Dieser Übergangszeitraum kann von einem Mitgliedstaat aus Gründen, die sich aus seinem Rechtssystem ergeben, in Abständen von fünf Jahren erneuert werden. ³Der Mitgliedstaat teilt der Kommission den Inhalt der Abweichung und die konkreten Einzelheiten mit.

VO (EG) Art 10. Bescheinigung über die Zustellung und Abschrift des zugestellten Schriftstücks.
I ¹Nach Erledigung der für die Zustellung des Schriftstücks vorzunehmenden Schritte wird nach dem Formblatt im Anhang eine entsprechende Bescheinigung ausgestellt, die der Übermittlungsstelle übersandt wird. ²Bei Anwendung von Artikel 4 Absatz 5 wird der Bescheinigung eine Abschrift des zugestellten Schriftstücks beigefügt.

II ¹Die Bescheinigung ist in der Amtssprache oder in einer der Amtssprachen des Übermittlungsmitgliedstaats oder in einer sonstigen Sprache, die der Übermittlungsmitgliedstaat zugelassen hat, auszufüllen. ²Jeder Mitgliedstaat hat die Amtssprache oder die Amtssprachen der Europäischen Union anzugeben, die er außer seiner oder seinen eigenen für die Ausfüllung des Formblatts zuläßt.

VO (EG) Art 11. Kosten der Zustellung. ¹Für die Zustellung gerichtlicher Schriftstücke aus einem anderen Mitgliedstaat darf keine Zahlung oder Erstattung von Gebühren und Auslagen für die Tätigkeit des Empfangsmitgliedstaats verlangt werden.

II Der Verfahrensbeteiligte hat jedoch die Auslagen zu zahlen oder zu erstatten, die dadurch entstehen,
a) daß bei der Zustellung eine Amtsperson oder eine andere nach dem Recht des Empfangsmitgliedstaats zuständige Person mitwirkt;
b) daß eine besondere Form der Zustellung eingehalten wird.

Abschnitt 2. Andere Arten der Übermittlung und Zustellung gerichtlicher Schriftstücke

VO (EG) Art 12. Übermittlung auf konsularischem oder diplomatischem Weg. Jedem Mitgliedstaat steht es in Ausnahmefällen frei, den nach Artikel 2 oder Artikel 3 benannten Stellen eines anderen Mitgliedstaats gerichtliche Schriftstücke zum Zweck der Zustellung auf konsularischem oder diplomatischem Weg zu übermitteln.

VO (EG) Art 13. Zustellung von Schriftstücken durch die diplomatischen oder konsularischen Vertretungen. ¹Jedem Mitgliedstaat steht es frei, Personen, die ihren Wohnsitz in einem anderen Mitgliedstaat haben, gerichtliche Schriftstücke unmittelbar durch seine diplomatischen oder konsularischen Vertretungen ohne Anwendung von Zwang zustellen zu lassen.

II Jeder Mitgliedstaat kann nach Artikel 23 Absatz 1 mitteilen, daß er eine solche Zustellung in seinem Hoheitsgebiet nicht zuläßt, außer wenn das Schriftstück einem Staatsangehörigen des Übermittlungsmitgliedstaats zuzustellen ist.

VO (EG) Art 14. *Zustellung durch die Post.* I Jedem Mitgliedstaat steht es frei, Personen, die ihren Wohnsitz in einem anderen Mitgliedstaat haben, gerichtliche Schriftstücke unmittelbar durch die Post zustellen zu lassen.

II Jeder Mitgliedstaat kann nach Artikel 23 Absatz 1 die Bedingungen bekanntgeben, unter denen er eine Zustellung gerichtlicher Schriftstücke durch die Post zuläßt.

1) **Berechtigter.** Eine Zustellung nach Art 14 ist nur einem Mitgliedstaat erlaubt, nicht auch den Parteien oder ihren ProzBev, Emde NJW **04**, 1834. Natürlich ist auch das vom Mitgliedstaat bestimmte Organ berechtigt, also zB das Gericht, Emde NJW **04**, 1834. Das gilt für alle Zustellungen im EU-Raum, Emde NJW **04**, 1834. **1**

VO (EG) Art 15. *Unmittelbare Zustellung.* I Diese Verordnung schließt nicht aus, daß jeder an einem gerichtlichen Verfahren Beteiligte gerichtliche Schriftstücke unmittelbar durch Amtspersonen, Beamte oder sonstige zuständige Personen des Empfangsmitgliedstaats zustellen lassen kann.

II Jeder Mitgliedstaat kann nach Artikel 23 Absatz 1 erklären, daß er die Zustellung gerichtlicher Schriftstücke nach Absatz 1 in seinem Hoheitsgebiet nicht zuläßt.

Kapitel III. Außergerichtliche Schriftstücke

VO (EG) Art 16. *Übermittlung.* Außergerichtliche Schriftstücke können zum Zweck der Zustellung in einem anderen Mitgliedstaat nach Maßgabe dieser Verordnung übermittelt werden.

Kapitel IV. Schlußbestimmungen

VO (EG) Art 17. *Durchführungsbestimmungen.* Die zur Durchführung dieser Verordnung erforderlichen Maßnahmen in bezug auf die nachstehenden Sachbereiche sind nach dem Beratungsverfahren des Artikels 18 Absatz 2 zu erlassen:
a) die Erstellung und jährliche Aktualisierung eines Handbuchs mit den von den Mitgliedstaaten nach Artikel 2 Absatz 4 mitgeteilten Angaben;
b) die Erstellung eines Glossars in den Amtssprachen der Europäischen Union über die Schriftstücke, die nach Maßgabe dieser Verordnung zugestellt werden können;
c) die Aktualisierung oder technischen Anpassungen des Formblatts im Anhang.

VO (EG) Art 18. *Ausschuß.* I Die Kommission wird von einem Ausschuß unterstützt.

II Wird auf diesen Absatzes Bezug genommen, so gelten die Artikel 3 und 7 des Beschlusses 1999/468/EG.

III Der Ausschuß gibt sich eine Geschäftsordnung.

VO (EG) Art 19. *Nichteinlassung des Beklagten.* I War ein verfahrenseinleitendes Schriftstück oder ein gleichwertiges Schriftstück nach dieser Verordnung zum Zweck der Zustellung in einen anderen Mitgliedstaat zu übermitteln und hat sich der Beklagte nicht auf das Verfahren eingelassen, so hat das Gericht das Verfahren auszusetzen, bis festgestellt ist,
a) daß das Schriftstück in einer Form zugestellt worden ist, die das Recht des Empfangsmitgliedstaats für die Zustellung der in seinem Hoheitsgebiet ausgestellten Schriftstücke an dort befindliche Personen vorschreibt, oder
b) daß das Schriftstück tatsächlich entweder dem Beklagten persönlich ausgehändigt oder nach einem anderen in dieser Verordnung vorgesehenen Verfahren in seiner Wohnung abgegeben worden ist,

und daß in jedem dieser Fälle das Schriftstück so rechtzeitig ausgehändigt bzw. abgegeben worden ist, daß der Beklagte sich hätte verteidigen können.

II Jeder Mitgliedstaat kann nach Artikel 23 Absatz 1 mitteilen, daß seine Gerichte ungeachtet des Absatzes 1 den Rechtsstreit entscheiden können, auch wenn keine Bescheinigung über die Zustellung oder die Aushändigung bzw. Abgabe eingegangen ist, sofern folgende Voraussetzungen gegeben sind:
a) Das Schriftstück ist nach einem in dieser Verordnung vorgesehenen Verfahren übermittelt worden.
b) Seit der Absendung des Schriftstücks ist eine Frist von mindestens sechs Monaten verstrichen, die das Gericht nach den Umständen des Falles als angemessen erachtet.
c) Trotz aller zumutbaren Schritte bei den zuständigen Behörden oder Stellen des Empfangsmitgliedstaats war eine Bescheinigung nicht zu erlangen.

III Unbeschadet der Absätze 1 und 2 kann das Gericht in dringenden Fällen einstweilige Maßnahmen oder Sicherungsmaßnahmen anordnen.

IV ¹ War ein verfahrenseinleitendes Schriftstück oder ein gleichwertiges Schriftstück nach dieser Verordnung zum Zweck der Zustellung in einen anderen Mitgliedstaat zu übermitteln

und ist eine Entscheidung gegen einen Beklagten ergangen, der sich nicht auf das Verfahren eingelassen hat, so kann ihm das Gericht in bezug auf Rechtsmittelfristen die Wiedereinsetzung in den vorigen Stand bewilligen, sofern
- a) der Beklagte ohne sein Verschulden nicht so rechtzeitig Kenntnis von dem Schriftstück erlangt hat, daß er sich hätte verteidigen können, und nicht so rechtzeitig Kenntnis von der Entscheidung erlangt hat, daß er sie hätte anfechten können, und
- b) die Verteidigung des Beklagten nicht von vornherein aussichtslos scheint.

² Ein Antrag auf Wiedereinsetzung in den vorigen Stand kann nur innerhalb einer angemessenen Frist, nachdem der Beklagte von der Entscheidung Kenntnis erhalten hat, gestellt werden. ³ Jeder Mitgliedstaat kann nach Artikel 23 Absatz 1 erklären, daß dieser Antrag nach Ablauf einer in seiner Mitteilung anzugebenden Frist unzulässig ist; diese Frist muß jedoch mindestens ein Jahr ab Erlaß der Entscheidung betragen.

ⱽ Absatz 4 gilt nicht für Entscheidungen, die den Personenstand betreffen.

VO (EG) Art 20. Verhältnis zu Übereinkünften oder Vereinbarungen, die die Mitgliedstaaten abgeschlossen haben. ¹ Die Verordnung hat in ihrem Anwendungsbereich Vorrang vor den Bestimmungen, die in den von den Mitgliedstaaten geschlossenen bilateralen oder multilateralen Übereinkünften oder Vereinbarungen enthalten sind, insbesondere vor Artikel IV des Protokolls zum Brüsseler Übereinkommen von 1968 und vor dem Haager Übereinkommen vom 15. November 1956.

ᴵᴵ Die Verordnung hindert einzelne Mitgliedstaaten nicht daran, Übereinkünfte oder Vereinbarungen zur weiteren Beschleunigung oder Vereinfachung der Übermittlung von Schriftstücken beizubehalten oder zu schließen, sofern sie mit dieser Verordnung vereinbar sind.

ᴵᴵᴵ Die Mitgliedstaaten übermitteln der Kommission
- a) eine Abschrift der zwischen den Mitgliedstaaten geschlossenen Übereinkünfte oder Vereinbarungen nach Absatz 2 sowie Entwürfe dieser von ihnen geplanten Übereinkünfte oder Vereinbarungen sowie
- b) jede Kündigung oder Änderung dieser Übereinkünfte oder Vereinbarungen.

VO (EG) Art 21. Prozeßkostenhilfe. Artikel 23 des Abkommens über den Zivilprozeß vom 17. Juli 1905, Artikel 24 des Übereinkommens über den Zivilprozeß vom 1. März 1954 und Artikel 13 des Abkommens über die Erleichterung des internationalen Zugangs zu den Gerichten vom 25. Oktober 1980 bleiben im Verhältnis zwischen den Mitgliedstaaten, die Vertragspartei dieser Übereinkünfte sind, von dieser Verordnung unberührt.

VO (EG) Art 22. Datenschutz. ¹ Die Empfangsstelle darf die nach dieser Verordnung übermittelten Informationen – einschließlich personenbezogener Daten – nur zu dem Zweck verwenden, zu dem sie übermittelt wurden.

ᴵᴵ Die Empfangsstelle stellt die Vertraulichkeit derartiger Informationen nach Maßgabe ihres nationalen Rechts sicher.

ᴵᴵᴵ Die Absätze 1 und 2 berühren nicht das Auskunftsrecht von Betroffenen über die Verwendung der nach dieser Verordnung übermittelten Informationen, das ihnen nach dem einschlägigen nationalen Recht zusteht.

ᴵⱽ Die Richtlinien 95/46/EG und 97/66/EG bleiben von dieser Verordnung unberührt.

VO (EG) Art 23. Mitteilung und Veröffentlichung. ¹ Die Mitgliedstaaten teilen der Kommission die Angaben nach den Artikeln 2, 3, 4, 9, 10, 13, 14 und 15, Artikel 17 Buchstabe a) und Artikel 19 mit.

ᴵᴵ Die Kommission veröffentlicht die Angaben nach Absatz 1 im Amtsblatt der Europäischen Gemeinschaften.

VO (EG) Art 24. Überprüfung. ¹ Die Kommission legt dem Europäischen Parlament, dem Rat und dem Wirtschafts- und Sozialausschuß spätestens am 1. Juni 2004 und danach alle fünf Jahre einen Bericht über die Anwendung dieser Verordnung vor, wobei sie insbesondere auf die Effizienz der in Artikel 2 benannten Stellen und auf die praktische Anwendung von Artikel 3 Buchstabe c) und Artikel 9 achtet. ² Diesem Bericht werden erforderlichenfalls Vorschläge zur Anpassung dieser Verordnung an die Entwicklung der Zustellungssysteme beigefügt.

VO (EG) Art 25. Inkrafttreten. Diese Verordnung tritt am 31. Mai 2001 in Kraft.

VO (EG) Anhang. (Nicht mit abgedruckte Formblätter des Zustellungsantrags usw.)

1067 *Zustellung durch diplomatische oder konsularische Vertretungen.* Eine Zustellung nach Artikel 13 Abs. 1 der Verordnung (EG) Nr. 1348/2000 des Rates vom 29. Mai 2000 über die Zustellung gerichtlicher und außergerichtlicher Schriftstücke in Zivil- oder Handelssachen in den Mitgliedstaaten (ABl. EG Nr. L 160 S. 37), die in der Bundesrepublik Deutschland bewirkt werden soll, ist nur zulässig, wenn der Adressat des zuzustellenden Schriftstücks Staatsangehöriger des Übermittlungsmitgliedstaats ist.

Vorbem. Fassg Art 1 Z 5 G v 4. 11. 03, BGBl 2166, in Kraft seit 1. 1. 04, Art 2 Hs 1 G, ÜbergangsR Einl III 78. Bisher § 1 ZustDG.

Abschnitt. 1. Zustellung nach der VO (EG) Nr. 1348/2000 §§ 1067, 1068

1) Systematik. Art 13 I VO (EG) stellt es jedem Mitgliedstaat frei, den dort genannten Personen ein gerichtliches Schriftstück unmittelbar durch seine diplomatischen oder konsularischen Vertretungen ohne Anwendung von Zwang zustellen zu lassen. Das würde auch eine solche Art von Zustellung in Deutschland erlauben. Das entspräche den Möglichkeiten einer Zustellung außerhalb Deutschlands nach § 183 I Z 2 Hs 2. § 1067 schränkt die Möglichkeit einer aus der EU kommenden Zustellung in Deutschland ein. Das ist zulässig. Denn die vom Verfahren der VO (EG) abweichende Zustellungsart steht Deutschland eben nur „frei" und stellt für Deutschland eben keine Pflicht dar.

2) Regelungszweck. Eine aus der EU kommende Zustellung durch den in Deutschland residierenden EU-Diplomaten oder Konsul soll begrenzt werden, um zum einen die EU-Auslandsvertretung zu entlasten und zum anderen eine möglichst große staatliche Restregie zu behalten. Das sind durchaus unterschiedliche Ziele. Ihre Überzeugungskraft läßt sich unterschiedlich beurteilen. Sie stehen im gewissen Gegensatz zu dem in Einf 2 vor § 1067 genannten Hauptzweck der ganzen EU-Regelung. Man muß diesen gewissen Widerspruch aber respektieren. Man sollte ihn nicht durch Auslegung unterlaufen. Immerhin mag § 1067 die Rechtssicherheit stärken, Einl III 43. Das muß man mitbeachten.

3) Sachlicher Geltungsbereich. Die Vorschrift erfaßt nur die in Rn 1 genannte Zustellungsart, nicht zB diejenige andere „auf jedem geeigneten Übermittlungsweg" im Sinn von Art 4 II VO (EG), also nicht etwa eine Zustellung nach § 183 I Z 1 durch Einschreiben mit Rückschein.

4) Persönlicher Geltungsbereich. Die Vorschrift erlaubt die Zustellung durch eine diplomatische oder konsularische Auslandsvertretung in Deutschland nur an einen solchen Adressaten, der Staatsangehöriger des Übermittlungsmitgliedstaats ist. In der Fachsprache der VO (EG) unterscheidet man zwischen der Übermittlung durch Übermittlungsstellen und der Entgegennahme durch Empfangsstellen, zB Art 2 I. Folglich versteht § 1067 unter dem Begriff des Übermittlungsmitgliedstaats den Absendestaat. Die hier genannte Zustellungsart setzt also voraus, daß der in Deutschland befindliche Adressat einem anderen EU-Staat angehört, und zwar gerade auch oder nur demjenigen, von dem das zuzustellende Schriftstück kommt.

Verboten ist jede andere personelle Situation, etwa eine konsularische Zustellung von Italien an einen in Deutschland lebenden Franzosen, Deutschen oder Amerikaner. Denn sie alle sind nicht Angehörige gerade des EU-Übermittlungsstaats. Erst recht reicht nicht die Staatenlosigkeit des hier Befindlichen.

5) Verstoß. Es gelten die innerdeutschen Regeln, zB § 189 oder § 295. Trotz der gewissen Großzügigkeit, die man auch in diesem Teil zwischenstaatlicher Vorgänge beachten darf, ist doch gerade bei einer Zustellung die Einhaltung der Form an sich wesentlich für die Wirksamkeit. Das muß man auch hier mitbedenken.

6) Rechtsmittel. Es gelten die normalen innerdeutschen Regeln, zB §§ 252, 567 ff.

1068 *Zustellung durch die Post.*

I ¹Eine Zustellung nach Artikel 14 Abs. 1 der Verordnung (EG) Nr. 1348/2000 in einem anderen Mitgliedstaat der Europäischen Union ist unbeschadet weiterer Bedingungen des jeweiligen Empfangsmitgliedstaats nur in der Versandform des Einschreibens mit Rückschein zulässig. ²Zum Nachweis der Zustellung genügt der Rückschein.

II ¹Eine Zustellung nach Artikel 14 Abs. 1 der Verordnung (EG) Nr. 1348/2000, die in der Bundesrepublik Deutschland bewirkt werden soll, ist nur in der Versandform des Einschreiben mit Rückschein zulässig. ²Hierbei muss das zuzustellende Schriftstück in einer der folgenden Sprachen abgefasst oder es muss ihm eine Übersetzung in eine dieser Sprachen beigefügt sein:
1. Deutsch oder
2. die Amtssprache oder eine der Amtssprachen des Übermittlungsmitgliedstaats, sofern der Adressat Staatsangehöriger dieses Mitgliedstaats ist.

III Ein Schriftstück, dessen Zustellung eine deutsche Empfangsstelle im Rahmen von Artikel 7 der Verordnung (EG) Nr. 1348/2000 zu bewirken oder zu veranlassen hat, kann ebenfalls durch Einschreiben mit Rückschein zugestellt werden.

Vorbem. Fassg Art 1 Z 5 G v 4. 11. 03, BGBl 2166, in Kraft seit 1. 1. 04, Art 2 Hs 1 G, ÜbergangsR Einl III 78. I bisher § 183 III 2, 3 ZPO. II, III bisher § 2 ZustDG.

Schrifttum: *Schmidt* IPRax **04**, 14 (Üb).

Gliederung

1) Systematik, I–III ... 1	5) Zustellung in Deutschland, II ... 8, 9
2) Regelungszweck, I–III ... 2	A. Versandform Einschreiben mit Rückschein, II 1 ... 8
3) Geltungsbereich, I–III ... 3	B. Sprachbedingungen, II 2 ... 9
4) Zustellung im EU-Ausland ... 4–7	6) Zustellung mithilfe deutscher Empfangsstelle, III ... 10
A. Versandform Einschreiben mit Rückschein, I 1 ... 5	7) Maßgeblicher Zeitpunkt: Handlung der deutschen Stelle, I–III ... 11
B. Beachtlichkeit etwaiger weiterer Bedingungen des Empfangsstaats, I 1 ... 6	8) Verstoß, I–III ... 12
C. Rückschein als Zustellungsnachweis, I 2 ... 7	9) Rechtsmittel, I–III ... 13

1) Systematik, I–III. Die in der Praxis wohl meist einfachste, billigste und schnellste Zustellung durch die Post erhält in I–III jeweils eine gemeinsame Einschränkung wegen der Form (Einschreiben mit Rückschein). Im übrigen regelt I eine Zustellung in ein EU-Ausland, II–III regeln eine Zustellung in Deutsch-

§ 1068

Buch 11. Justizielle Zusammenarbeit in der Europäischen Union

land. Ob überhaupt eine Zustellung durch die Post erlaubt ist, läßt sich nicht aus § 1068 ableiten, sondern nur aus §§ 1067, 1069–1071 und aus der VO (EG) Nr 1348/2000, nachdem das EG-ZustDG zum 1. 1. 04 außer Kraft getreten ist, Einf 1 vor § 1067.

Das *Sprachenproblem* wird im übrigen in § 1070 nur für eine Zustellung im EU-Ausland geregelt. Beide Vorschriften überschneiden sich daher nicht, II 2.

2 **2) Regelungszweck, I–III.** Die Einschränkung der Postzustellung auf das Einschreiben mit Rückschein dient der Rechtssicherheit, Einl III 43. Das erfordert eine strenge Auslegung. Dasselbe gilt für die zusätzliche Anforderung an die Sprache des zuzustellenden Schriftstücks in II 2. Dieses Erfordernis soll außerdem der Arbeitserleichterung der deutschen Justiz dienen, zumal die Gerichtssprache nach § 184 GVG deutsch ist. II 2 dient auch der Verbilligung des deutschen Verfahrens. Auch diese Gesichtspunkte erfordern eine gewisse Strenge der Handhabung. Natürlich darf und muß man im Zweifel auch einmal etwa zusätzlich bei einem Übersetzer oder einem Fachbuch Rat einholen, wenn das zeitlich und organisatorisch sowie finanziell vertretbar ist, bevor man due Zustellung als formfehlerhaft und daher unwirksam beurteilen darf.

3 **3) Geltungsbereich, I–III.** Die Vorschrift erfaßt die nach Art 14 I VO (EG) jedem Mitgliedstaat freistehende Möglichkeit der Zustellung eines gerichtlichen Schriftstücks unmittelbar durch die Post. Sie nennt die zugehörigen Bedingungen solcher Zustellung. Dazu ist der deutsche Gesetzgeber nach Art 14 II VO (EG) berechtigt. § 1068 ist also Durchführungsvorschrift zu Art 14 II VO (EG).

4 **4) Zustellung im EU-Ausland, I.** Die Befugnis nach Art 14 II VO (EG) erstreckt sich zugunsten eines jeden Mitgliedstaats auch auf eine Zustellung im EU-Ausland. Daher ist I mit dem EU-Recht vereinbar. Auf dieser Grundlage gelten drei Voraussetzungen der Wirksamkeit einer aus Deutschland hinausgehenden Zustellung ins EU-Ausland.

5 **A. Versandform Einschreiben mit Rückschein, I 1,** dazu *Schmidt* IPRax **04**, 17 (ausf): Die Zustellung ist nur in der Form des Einschreibens mit Rückschein zulässig. Gemeint ist diese Form nach dem deutschen Recht. Denn es handelt sich um eine deutsche Bestimmung. Diese Zustellungsform ist nicht nur im Amtsbetrieb erlaubt, Hess NJW **04**, 3302, aM Emde NJW **04**, 1830. Sie ist nicht so teuer und dauert nicht so lang, hat aber ihre Tücken, Hess NJW **04**, 3303. Man darf und sollte sie daher im Zweifel durch eine Zustellung nach Artt 3 ff VO (EG) ergänzen, Hess NJW **04**, 3303.

Einschreiben ist die vom Empfänger oder einem anderen Empfangsberechtigten dokumentierte Übergabe der Sendung bei einem Brief, einer Postkarte, einer Blindensendung und einer sog Blindensendung Schwer. *Rückschein* bedeutet: Die Ablieferung der Sendung wird dem Absender auf einem vorbereiteten Rückschein bestätigt, und zwar gegen Zusatzporto. Von diesen beiden nach I 1 allein zulässigen Versandformen muß man eine dritte zumindest innerdeutsch technisch mögliche Versandform unterscheiden, nämlich das „Einschreiben Einwurf", also einen von der Post dokumentierten Einwurf in einen Briefkasten oder ein Postfach des Empfängers. Er ist demnach bei I 1 unzulässig.

6 **B. Beachtlichkeit etwaiger weiterer Bedingungen des Empfangsstaats, I 1.** Die Versandform Rn 4, 5 mag noch nicht zur Wirksamkeit der Zustellung ausreichen, soweit der Empfangsmitgliedstaat weitere Bedingungen der Zulässigkeit der Zustellung durch die Post nach *seinem* Recht gemäß Art 14 II VO (EG) setzt. Man muß also auch das zugehörige ausländische Recht beachten. Dadurch kann diese Zustellungsart praktisch erheblich erschwert werden.

7 **C. Rückschein als Zustellungsnachweis, I 2.** Nach deutschem Recht ist grundsätzlich der Absender für den Zugang eines einfachen Briefs und auch eines Einschreibens ohne Rückschein beweispflichtig, Anh § 286 Rn 153, 154. Ob ein Einschreibe-Rückschein als öffentliche Urkunde nach § 418 innerdeutsch Beweis für den Zugang und vor allem auch für den Inhalt der Sendung erbringt, ist zweifelhaft. Deshalb schafft I 2 eine Klarstellung. Danach genügt der Rückschein für den Nachweis der Zustellung. Er ist für ihren Nachweis aber weder erforderlich noch das einzig brauchbare Beweismittel. Auch das stellt I 2 mit dem Wort „genügt" statt der Wörter „ist erforderlich" klar. Grundsätzlich genügt auch jedes andere nach deutschem Recht zulässige Beweismittel. Ob man die etwaige Beweiskraft nach I 2 nur nach § 419 entkräften kann, hängt davon ab, ob der Rückschein eine öffentliche Urkunde nach § 418 I ist. Er ist jedenfalls keine Zustellungsurkunde nach § 182. Zum Problem § 418 Rn 5 „Post".

8 **5) Zustellung in Deutschland, II.** Eine Zustellung durch die Post an einen Adressaten in Deutschland unterliegt zwei Bedingungen. Diese müssen zusammentreffen, um die Zustellung wirksam zu machen.

A. Versandform Einschreiben mit Rückschein, II 1. Auch diese Zustellung ist ebenso wie diejenige in EU-Ausland nur in der Form des Einschreibens mit Rückschein zulässig. Auch hier stellt das Gesetz aus denselben Gründen wie Rn 5 auf das deutsche Recht ab. Es gelten daher auch hier die dort erläuterten Begriffe und Probleme. Nicht etwa gilt das Recht des ausländischen EU-Staats.

9 **B. Sprachbedingungen, II 2,** dazu *Schmidt* IPRax **04**, 18 (ausf): Entweder das zuzustellende Schriftstück oder eine beigefügte Übersetzung muß in deutscher Sprache oder in der einzigen bzw in mehreren amtlichen Sprachen des Übermittlungsmitgliedstaats abgefaßt sein. Diese letzteren fremdsprachlichen Möglichkeiten gelten freilich nur dann, wenn der Adressat Angehöriger dieses Übermittlungsmitgliedstaats ist. Zum Begriff des Übermittlungsmitgliedstaats § 1067 Rn 4. Eine mögliche Übersetzung ist nach England nicht nötig, Celle NJW **04**, 2315.

10 **6) Zustellung mithilfe deutscher Empfangsstelle, III.** Die Vorschrift erfaßt einen Unterfall von Rn 8, 9. Es geht nämlich hier um eine Zustellung, die nach Art 7 VO (EG) mithilfe einer deutschen Empfangsstelle erfolgen muß. Art 7 VO (EG) ist in Einf 3 vor § 1067 mitabgedruckt. III stellt klar, das die deutsche Empfangsstelle die Zustellung auf dem Postweg bewirken darf und veranlassen muß. Das stellt „kann" klar. Gemeint ist dabei ausdrücklich die Versandform des Einschreibens mit Rückschein nach Rn 5–7.

Das gilt nach dem Wortlaut von III selbst dann, wenn die EU-Auslands-Übermittlungsstelle nach *Art 7 I VO (EG)* eine „besondere Form" gewünscht hat. Denn dieselbe Vorschrift schränkt einen solchen ausländischen Wunsch dahin ein, daß die besondere Form auch „mit dem Recht des Empfangsmitgliedstaats

Abschnitt. 1. Zustellung nach der VO (EG) Nr. 1348/2000 §§ 1068, 1069

vereinbar" ist. Freilich wäre auch eine förmliche Zustellungsurkunde nach § 182 eine nach Art 7 I VO (EG) besondere und mit deutschem Recht vereinbare Form. Soweit die EU-Auslands-Übermittlungsstelle also direkt eine Zustellungsurkunde deutschen Rechts wünscht, dürfte dieser Wunsch wegen des Vorrangs der VO (EG) vor §§ 1067 ff trotz III verbindlich sein.

7) Maßgeblicher Zeitpunkt: Handlung der deutschen Stelle, I–III. In allen Fällen des § 1068   11
kommt es grundsätzlich auf die Verhältnisse im Zeitpunkt der Anordnung, Bewirkung oder Veranlassung der jeweils berufenen deutschen Stelle an. Das gilt sowohl für die Versandform als auch für die Staatsangehörigkeit und für die Sprache usw. Denn nur diese Handlungszeit entspricht einer halbwegs prozeßwirtschaftlichen Behandlung, Grdz 14 nach § 128. Allenfalls könnte man im Ausnahmefall etwa auf den Zugangszeitpunkt abstellen, wenn zB der Adressat inzwischen eine andere Staatsangehörigkeit hat. Denn sonst würde der Sinn gerade für ihn infrage gestellt.

8) Verstoß, I–III. Es gelten dieselben Erwägungen wie bei § 1067 Rn 5. 12

9) Rechtsmittel, I–III. Es gelten dieselben Erwägungen wie bei § 1067 Rn 6. 13

1069 *Zuständigkeiten nach der Verordnung (EG) Nr. 1348/2000.* ¹Für Zustellungen im Ausland sind als deutsche Übermittlungsstelle im Sinne von Artikel 2 Abs. 1 der Verordnung (EG) Nr. 1348/2000 zuständig:
1. für gerichtliche Schriftstücke das die Zustellung betreibende Gericht und
2. für außergerichtliche Schriftstücke dasjenige Amtsgericht, in dessen Bezirk die Person, welche die Zustellung betreibt, ihren Wohnsitz oder gewöhnlichen Aufenthalt hat; bei notariellen Urkunden auch dasjenige Amtsgericht, in dessen Bezirk der beurkundende Notar seinen Amtssitz hat; bei juristischen Personen tritt an die Stelle des Wohnsitzes oder des gewöhnlichen Aufenthalts der Sitz; die Landesregierungen können die Aufgaben der Übermittlungsstelle einem Amtsgericht für die Bezirke mehrerer Amtsgerichte durch Rechtsverordnung zuweisen.

II ¹Für Zustellungen in der Bundesrepublik Deutschland ist als deutsche Empfangsstelle im Sinne von Artikel 2 Abs. 2 der Verordnung (EG) Nr. 1348/2000 dasjenige Amtsgericht zuständig, in dessen Bezirk das Schriftstück zugestellt werden soll. ²Die Landesregierungen können die Aufgaben der Empfangsstelle einem Amtsgericht für die Bezirke mehrerer Amtsgerichte durch Rechtsverordnung zuweisen.

III ¹Die Landesregierungen bestimmen durch Rechtsverordnung die Stelle, die in dem jeweiligen Land als deutsche Zentralstelle im Sinne von Artikel 3 Satz 1 der Verordnung (EG) Nr. 1348/2000 zuständig ist. ²Die Aufgaben der Zentralstelle können in jedem Land nur einer Stelle zugewiesen werden.

IV Die Landesregierungen können die Befugnis zum Erlass einer Rechtsverordnung nach Absatz 1 Nr. 2, Absatz 2 Satz 2 und Absatz 3 Satz 1 einer obersten Landesbehörde übertragen.

Vorbem. Fassg Art 1 Z 5 G v 4. 11. 03, BGBl 2166, in Kraft seit 1. 1. 04, Art 2 Hs 1 G, ÜbergangsR Einl III 78. Bisher § 4 ZustDG.

1) Systematik, I–IV. Die Vorschrift regelt die sachliche und die örtliche Zuständigkeit der beteiligten 1
Stellen in Durchführung der deutschen Befugnisse nach Artt 2, 3 VO (EG). Diese letzteren vorrangigen Vorschriften geben auch im Zweifelsfall die Grenzen der Gültigkeit von § 1069 an.

2) Regelungszweck, I–IV. Zuständigkeitsregeln dienen stets der Rechtssicherheit, Einl III 43. Das er- 2
fordert eine strengere Auslegung. Sie dienen meist auch der Zweckmäßigkeit. Das mag im Einzelfall eine großzügigere Handhabung erlauben. Eine vernünftige Abwägung auf der ersteren Basis ermöglicht eine prozeßwirtschaftliche Anwendung, Grdz 14 nach § 128.

3) Geltungsbereich, I–IV. I gilt für eine deutsche Übermittlungsstelle. II gilt für eine deutsche Emp- 3
fangsstelle. III, IV wenden sich an die deutsche Landesregierung mit Anweisung oder Ermächtigung zur Durchführung der Aufgaben nach I, II.

4) Deutsche Übermittlungsstelle, I. Für sämtliche Begriffe in I Z 1, 2 gelten die entsprechenden 4
innerdeutschen Vorschriften, soweit nicht Artt 2, 3 VO (EG) vorrangige Sonderregeln enthalten. Vgl daher zB wegen eines Wohnsitzes nach Z 2 den § 13 ZPO, wegen eines notariellen Amtssitzes § 10 BNotO, wegen des Sitzes einer GmbH § 4 a GmbHG.

5) Deutsche Empfangsstelle, II. Die Vorschrift verweist auf den Zustellort. Gemeint ist die zunächst 5
vorgesehene Zustellung. Erweist er sich als verfehlt, mag das zunächst angegangene AG an das jetzt örtlich zuständig gewordene AG abgeben oder verweisen dürfen und müssen, und zwar in entsprechender Anwendung nach den einschlägigen innerdeutschen Regeln, soweit nicht Artt 2, 3 VO (EG) vorrangige Sonderregeln enthalten.

6) Rechtsverordnungen, I Z 2 Hs 3, II 2, III, IV. Es sind folgende Ländervorschriften ergangen. 6
Baden-Württemberg:
Bayern:
Berlin:
Brandenburg:
Bremen: VO v 14. 8. 01, GBl 261 (noch zum entsprechenden § 4 ZustDG);
Hamburg:
Hessen:
Mecklenburg-Vorpommern:
Niedersachsen:

§§ 1069, 1070   Buch 11. Justizielle Zusammenarbeit in der Europäischen Union

Nordrhein-Westfalen:
Rheinland-Pfalz: VO v 20. 1. 04, GVBl 52;
Saarland:
Sachsen:
Sachsen-Anhalt:
Schleswig-Holstein:
Thüringen:

7 7) **Verstoß, I–IV.** Es gelten die innerdeutschen Regeln zur örtlichen bzw sachlichen Unzuständigkeit und zur Fehlerhaftigkeit einer Verordnung wie sonst.

8 8) **Rechtsmittel, I–IV.** Es gelten die normalen innerdeutschen Regeln, zB §§ 252, 567 ff.

1070 Annahmeverweigerung auf Grund der verwendeten Sprache.
¹Für Zustellungen im Ausland beträgt die Frist zur Erklärung der Annahmeverweigerung durch den Adressaten nach Artikel 8 Abs. 1 der Verordnung (EG) Nr. 1348/2000 zwei Wochen. ²Sie ist eine Notfrist und beginnt mit der Zustellung des Schriftstücks. ³Der Adressat ist auf diese Frist hinzuweisen.

Vorbem. Fassg Art 1 Z 5 G v 4. 11. 03, BGBl 2166, in Kraft seit 1. 1. 04, Art 2 Hs 1 G, ÜbergangsR Einl III 78. Neu.

Gliederung

1) Systematik, S 1–3	1	5) Hinweispflicht, S 3	6
2) Regelungszweck, S 1–3	2	6) Verstoß, S 1–3	7
3) Geltungsbereich: Auslandszustellung, S 1–3	3	7) Rechtsmittel, S 1–3	8
4) Zweiwochen-Notfrist, S 1, 2	4, 5		

1 **1) Systematik, S 1–3.** Art 8 VO (EG) nennt für die dort angeordneten Schritte des Gerichts und des Adressaten keine Fristen. § 1070 schließt einen Teil dieser Regelungslücken. Das ist ohne ausdrückliche Ermächtigung erfolgt. Es läßt sich nicht verkennen, daß insofern durch die deutsche Durchführungsvorschrift eine gewisse zeitliche Einengung des Verweigerungsrechts des Art 8 VO (EG) stattfindet. Sie ist allerdings praktisch kaum vermeidbar. Daher läßt sich die Zulässigkeit solcher innerstaatlichen Einengung des supranationalen Rechts bei einer dem letzteren konformen Auslegung wohl grundsätzlich bejahen.

Ob die Zweiwochenfrist freilich *lang genug* ist, mag man durchaus bezweifeln dürfen. Gerade im internationalen Rechtsverkehr gelten meist schon praktisch wesentlich längere Zeiträume. Möglicherweise muß man den Gedanken des § 274 III 2 mit seiner zumindest möglichen richterlichen Bestimmung einer längeren als der dortigen normalen Einlassungsfrist zur Systematik des § 1070 im Kern hinzurechnen. Das kann freilich wegen seines S 2 Probleme bringen. Das Sprachenproblem wird im übrigen in § 1068 II 2 nur für eine Zustellung in Deutschland geregelt. Beide Vorschriften überschneiden sich daher nicht.

2 **2) Regelungszweck, S. 1–3.** Die Zustellung eines Schriftstücks kann für den Empfänger erhebliche Rechtsnachteile zur Folge haben. Schon deshalb muß es sicher sein, daß er den Inhalt wenigstens sprachlich verstehen kann. Soweit diese Sicherheit nicht besteht, muß er die möglichen Rechtsnachteile durch eine Annahmeverweigerung abwenden können. Das soll wenigstens im zwischenstaatlichen Rechtsverkehr gewährleistet sein. Es darf aber keine zeitliche Ungewißheit darüber bestehen, ob und wann der Empfänger solchen Notbehelf ausübt. § 1070 soll für alle Beteiligten zeitliche Klarheit ermöglichen. Die Vorschrift dient also der Rechtssicherheit, Einl III 43. Eine derartige Regelung erfordert wie alle Fristvorschriften ungeachtet der Probleme nach Rn 1 doch eine strikte Auslegung.

3 **3) Geltungsbereich: Auslandszustellung, S 1–3.** Die Vorschrift gilt nur für den Fall einer von Deutschland ausgehenden Zustellung in einem EU-Ausland, nicht umgekehrt. Freilich verlangt Art 8 VO (EG) auch von jedem ausländischen EU-Absender die Beachtung der dort genannten Formalien. Man muß es aber jedem dieser EU-Auslandsstaaten überlassen, ob, wann und wie er eine dem § 1070 entsprechende Durchführungsvorschrift für zulässig hält und auch erläßt. Soweit das nicht geschehen ist, mag man eine in Deutschland erfolgende sprachlich problematische Zustellung in Anlehnung an § 1070 mitbeurteilen dürfen und müssen.

4 **4) Zweiwochen – Notfrist, S 1, 2.** Der im EU-Ausland befindliche Adressat kann eine Annahmeverweigerung nach Art 8 I VO (EG) wegen eines dort genannten Sprachverstoßes nur binnen zwei Wochen seit der gesetzmäßigen Zustellung erklären. Die Erklärung muß grundsätzlich wohl gegenüber der ausländischen Empfangsstelle erfolgen. Das ergibt sich aus der Sache heraus. Denn die Empfangsstelle bewirkt und veranlaßt nach Art 7 I VO (EG) die Zustellung. Daher geht auch Art 8 II VO (EG) ersichtlich davon aus, daß der Adressat seine Annahmeverweigerung der Empfangsstelle mitteilt. Wenn freilich die Zustellung nach § 1068 I 1 direkt durch Einschreiben mit Rückschein ohne Einschaltung der ausländischen Empfangsstelle erfolgte oder versucht wurde, muß auch eine Erklärung der Annahmeverweigerung gegenüber der deutschen Übermittlungsstelle ausreichen. Natürlich zeigt Art 8 I VO (EG) aber auch, daß sich der Adressat in Fall des Zustellungsversuchs nach Art 14 II VO (EG) auch mit der Verweigerungserklärung an seine Empfangsstelle wenden kann.

Technisch erfolgt die Verweigerung der Annahme einen Einschreibbriefs ohnehin wohl oft schon gegenüber dem Postboten. Es muß aber natürlich auch eine Erklärung erst nach Öffnung des Briefs und vergeblichem Versuch des sprachlichen Verstehens noch rechtlich zulässig bleiben. Sonst würde man den Sinn der Vorschrift mißachten.

Notfrist ist dasselbe wie bei § 224 I 2. Es treten dieselben Rechtsfolgen wie dort ein. Auch §§ 233 ff sind direkt anwendbar. Eine wegen Fehlerhaftigkeit unwirksame Zustellung setzt die Notfrist nicht in Lauf.

5) Hinweispflicht, S 3. Die deutsche Absendestelle muß den im EU-Ausland befindlichen Adressaten auf die Notfrist hinweisen. Das kann formularmäßig erfolgen. Eine solche Belehrung wird in die ZRHO aufgenommen werden. Steht fest, daß der Adressat deutsch voll versteht, so mag eine Belehrung oder ein Hinweis als reine Förmelei ungeachtet einer grundsätzlichen Fürsorgepflicht doch nach deren Grenzen im Sinn von Einl III 29 entfallen können, Jastrow IPRax **04**, 11.

6) Verstoß, S 1–3. Ein Verstoß bei der Bemessung der Notfrist, bei der Zustellung oder bei der Belehrung hat dieselben Rechtsfolgen wie bei einem vergleichbaren innerdeutschen Verstoß.

7) Rechtsmittel, S 1–3. Es gelten dieselben Erwägungen wie bei § 1067 Rn 6. Wegen der Rechtsbehelfe im Fall eines Wiedereinsetzungsverfahrens vgl § 238 Rn 12–14.

1071 *Parteizustellung aus dem Ausland.* Eine Zustellung nach Artikel 15 Abs. 1 der Verordnung (EG) Nr. 1348/2000 ist in der Bundesrepublik Deutschland unzulässig.

Vorbem. Fassg Art 1 Z 5 G v 4. 11. 03, BGBl 2166, in Kraft seit 1. 1. 04, Art 2 Hs 1 G, ÜbergangsR Einl III 78. Bisher § 3 ZustDG.

1) Systematik. Es handelt sich um eine Durchführungsvorschrift zu Art 15 I VO (EG). Diese ist nach Art 15 II VO (EG) ausdrücklich im hier erfolgten Umfang zulässig.

2) Regelungszweck. Die in Art 15 I VO (EG) jedem Mitgliedstaat lediglich freigestellte Art einer unmittelbaren Zustellung durch Amtspersonen, Beamte oder sonstige zuständige Personen des Empfangsmitgliedstaats mag zwar im Einzelfall zweckmäßig sein. Sie bringt aber weitere Varianten in das ohnehin komplizierte internationale Zustellungswesen. Solche etwaigen zusätzlichen Zustellwege können auch zusätzliche Probleme bringen. Diese sollen in Deutschland unterbleiben. Das Verbot des § 1071 hängt auch nach Art 15 IV VO (EG) nicht von bestimmten weiteren Voraussetzungen ab. Es ist daher zulässig.

3) Geltungsbereich: Parteizustellung aus dem Ausland. Widerspruchsfrei ist auch die Anführung solcher Personen, die natürlich auch bei einer der nach Artt 1–14 VO (EG) und daher nach §§ 1067–1070 statthaften Zustellungsart amtieren können. Denn ersichtlich soll Art 15 VO (EG) nur auf die gerade nicht nach Artt 1–14 VO (EG) zulässigen Zustellungswege anwendbar sein.

Abschnitt 2. Beweisaufnahme nach der Verordnung (EG) Nr. 1206/2001

Einführung

Schrifttum: *Alio* NJW **04**, 2706 (Üb); *Müller,* Grenzüberschreitende Beweisaufnahme im Europäischen Justizraum, 2004.

1) Systematik. Im *EU-Raum* gilt seit 1. 1. 2004 die in Rn 3 abgedruckte VO (EG) Nr 1206/2001 vom 28. 5. 01, ABl (EG) L 174 vom 27. 6. 01. Sie ist formell nach ihrem Art 24 I bereits am 1. 7. 01 in Kraft getreten. Der ebenfalls formell seither geltende Art 21 I legt den Vorrang vor allen inhaltlich kollidierenden bisherigen multi- oder bilateralen Übereinkünften fest. Man darf diese letzteren Übereinkünfte, abgedruckt im Anh § 363, daher seit 1. 7. 01 nur noch EU-konform auslegen.

Das ist jedenfalls der *Hauptsinn* der für deutsche Leser eigenartig formulierten Artt 21, 24 I, II VO (EG). Danach ist die VO zwar schon am 1. 7. 01 „in Kraft getreten" (Art 24 I). Aber sie „gilt" erst seit 1. 1. 2004 (Art 24 II Hs 1), „mit Ausnahme" unter anderem des Art 21. Dieser letztere Artikel verdeutlicht (also bereits seit 1. 7. 01) den Vorrang der bis 31. 12. 03 noch gar nicht „geltenden" VO vor den noch bestehenden bilateralen und multilateralen Verträgen. Das kann nur auf eine Auslegungs- und Anwendungsanweisung bereits seit 1. 7. 01 hinauslaufen.

2) Regelungszweck. Er besteht in der Vereinfachung, Vereinheitlichung und Beschleunigung. So ist die ganze Regelung auslegbar.

3) Verordnung (EG) Nr 1206/2001 (ohne ihre amtlichen Erwägungen)

Kapitel I. Allgemeine Bestimmungen

VO (EG) Art 1. Anwendungsbereich. ¹ Diese Verordnung ist in Zivil- oder Handelssachen anzuwenden, wenn das Gericht eines Mitgliedstaats nach seinen innerstaatlichen Rechtsvorschriften
 a) das zuständige Gericht eines anderen Mitgliedstaats um Beweisaufnahme ersucht, oder
 b) darum ersucht, in einem anderen Mitgliedstaat unmittelbar Beweis erheben zu dürfen.
 ᴵᴵ Um Beweisaufnahme darf nicht ersucht werden, wenn die Beweise nicht zur Verwendung in einem bereits eingeleiteten oder zu eröffnenden gerichtlichen Verfahren bestimmt sind.
 ᴵᴵᴵ Im Sinne dieser Verordnung bezeichnet der Ausdruck „Mitgliedstaat" die Mitgliedstaaten mit Ausnahme Dänemarks.

VO (EG) Art 2. Unmittelbarer Geschäftsverkehr zwischen den Gerichten. ¹ Ersuchen nach Artikel 1 Absatz 1 Buchstabe a) (nachstehend „Ersuchen" genannt) sind von dem Gericht, bei dem das Verfahren eingeleitet wurde oder eröffnet werden soll (nachstehend „ersuchendes Gericht" genannt), unmittelbar dem zuständigen Gericht eines anderen Mitgliedstaats (nachstehend „ersuchtes Gericht" genannt) zur Durchführung der Beweisaufnahme zu übersenden.

II ¹Jeder Mitgliedstaat erstellt eine Liste der für die Durchführung von Beweisaufnahmen nach dieser Verordnung zuständigen Gerichte. ²In dieser Liste ist auch der örtliche Zuständigkeitsbereich und gegebenenfalls die besondere fachliche Zuständigkeit dieser Gerichte anzugeben.

VO (EG) Art 3. Zentralstelle. ¹Jeder Mitgliedstaat bestimmt eine Zentralstelle, die
a) den Gerichten Auskünfte erteilt;
b) nach Lösungswegen sucht, wenn bei einem Ersuchen Schwierigkeiten auftreten;
c) in Ausnahmefällen auf Ersuchen eines ersuchenden Gerichts ein Ersuchen an das zuständige Gericht weiterleitet.

II Bundesstaaten, Staaten mit mehreren Rechtssystemen oder Staaten mit autonomen Gebietskörperschaften können mehrere Zentralstellen bestimmen.

III Jeder Mitgliedstaat benennt ferner die in Absatz 1 genannte Zentralstelle oder eine oder mehrere zuständige Behörden als verantwortliche Stellen für Entscheidungen über Ersuchen nach Artikel 17.

Kapitel II. Übermittlung und Erledigung der Ersuchen

Abschnitt 1. Übermittlung des Ersuchens

VO (EG) Art 4. Form und Inhalt des Ersuchens. I ¹Das Ersuchen wird unter Verwendung des im Anhang enthaltenen Formblattes A oder gegebenenfalls des Formblattes I gestellt. ²Es enthält folgende Angaben:
a) das ersuchende und gegebenenfalls das ersuchte Gericht;
b) den Namen und die Anschrift der Parteien und gegebenenfalls ihrer Vertreter;
c) die Art und den Gegenstand der Rechtssache sowie eine gedrängte Darstellung des Sachverhalts;
d) die Bezeichnung der durchzuführenden Beweisaufnahme;
e) bei einem Ersuchen um Vernehmung einer Person:
 – Name und Anschrift der zu vernehmenden Personen;
 – die Fragen, welche an die zu vernehmenden Personen gerichtet werden sollen, oder den Sachverhalt, über den sie vernommen werden sollen;
 – gegebenenfalls einen Hinweis auf ein nach dem Recht des Mitgliedstaats des ersuchenden Gerichts bestehendes Zeugnisverweigerungsrecht;
 – gegebenenfalls den Antrag, die Vernehmung unter Eid oder eidesstattlicher Versicherung durchzuführen, und gegebenenfalls die dabei zu verwendende Formel;
 – gegebenenfalls alle anderen Informationen, die das ersuchende Gericht für erforderlich hält;
f) bei einem Ersuchen um eine sonstige Beweisaufnahme die Urkunden oder die anderen Gegenstände, die geprüft werden sollen;
g) gegebenenfalls Anträge nach Artikel 10 Absätze 3 und 4, Artikel 11 und Artikel 12 und für die Anwendung dieser Bestimmungen erforderliche Erläuterungen.

II Die Ersuchen sowie alle dem Ersuchen beigefügten Unterlagen bedürfen weder der Beglaubigung noch einer anderen gleichwertigen Formalität.

III Schriftstücke, deren Beifügung das ersuchende Gericht für die Erledigung des Ersuchens für notwendig hält, sind mit einer Übersetzung in die Sprache zu versehen, in der das Ersuchen abgefasst wurde.

VO (EG) Art 5. Sprachen. ¹Das Ersuchen und die aufgrund dieser Verordnung gemachten Mitteilungen sind in der Amtssprache des ersuchten Mitgliedstaats oder, wenn es in diesem Mitgliedstaat mehrere Amtssprachen gibt, in der Amtssprache oder einer der Amtssprachen des Ortes, an dem die beantragte Beweisaufnahme durchgeführt werden soll, oder in einer anderen Sprache, die der ersuchte Mitgliedstaat zugelassen hat, abzufassen. ²Jeder Mitgliedstaat hat die Amtssprache bzw. die Amtssprachen der Organe der Europäischen Gemeinschaft anzugeben, die er außer seiner bzw. seinen eigenen für die Ausfüllung des Formblatts zulässt.

VO (EG) Art 6. Übermittlung der Ersuchen und der sonstigen Mitteilungen. ¹Ersuchen und Mitteilungen nach dieser Verordnung werden auf dem schnellstmöglichen Wege übermittelt, mit dem der ersuchte Mitgliedstaat sich einverstanden erklärt hat. ²Die Übermittlung kann auf jedem geeigneten Übermittlungsweg erfolgen, sofern das empfangene Dokument mit dem versandten Dokument inhaltlich genau übereinstimmt und alle darin enthaltenen Angaben lesbar sind.

Abschnitt 2. Entgegennahme des Ersuchens

VO (EG) Art 7. Entgegennahme des Ersuchens. ¹Das ersuchte zuständige Gericht übersendet dem ersuchenden Gericht innerhalb von sieben Tagen nach Eingang des Ersuchens eine Empfangsbestätigung unter Verwendung des Formblatts B im Anhang; entspricht das Ersuchen nicht den Bedingungen der Artikel 5 und 6, so bringt das ersuchte Gericht einen entsprechenden Vermerk in der Empfangsbestätigung an.

II Fällt die Erledigung eines unter Verwendung des Formblatts A im Anhang gestellten Ersuchens, das die Bedingungen nach Artikel 5 erfüllt, nicht in die Zuständigkeit des Gerichts, an

Abschnitt 2. Beweisaufnahme nach der VO (EG) Nr. 1206/2001   Einf § 1072

das es übermittelt wurde, so leitet dieses das Ersuchen an das zuständige Gericht seines Mitgliedstaats weiter und unterrichtet das ersuchende Gericht unter Verwendung des Formblatts A im Anhang hiervon.

VO (EG) Art 8. Unvollständiges Ersuchen. ¹ Kann ein Ersuchen nicht erledigt werden, weil es nicht alle erforderlichen Angaben gemäß Artikel 4 enthält, so setzt das ersuchte Gericht unverzüglich, spätestens aber innerhalb von 30 Tagen nach Eingang des Ersuchens das ersuchende Gericht unter Verwendung des Formblatts C im Anhang davon in Kenntnis und ersucht es, ihm die fehlenden Angaben, die in möglichst genauer Weise zu bezeichnen sind, zu übermitteln.

II ¹ Kann ein Ersuchen nicht erledigt werden, weil eine Kaution oder ein Vorschuss nach Artikel 18 Absatz 3 erforderlich ist, teilt das ersuchte Gericht dem ersuchenden Gericht dies unverzüglich, spätestens 30 Tage nach Eingang des Ersuchens unter Verwendung des Formblatts C im Anhang mit; es teilt dem ersuchenden Gericht ferner mit, wie die Kaution oder der Vorschuss geleistet werden sollten. ² Das ersuchte Gericht bestätigt den Eingang der Kaution oder des Vorschusses unverzüglich, spätestens innerhalb von 10 Tagen nach Erhalt der Kaution oder des Vorschusses unter Verwendung des Formblatts D.

VO (EG) Art 9. Vervollständigung des Ersuchens. ¹ Hat das ersuchte Gericht gemäß Artikel 7 Absatz 1 auf der Empfangsbestätigung vermerkt, dass das Ersuchen nicht die Bedingungen der Artikel 5 und Artikel 6 erfüllt, oder hat es das ersuchende Gericht gemäß Artikel 8 davon unterrichtet, dass das Ersuchen nicht erledigt werden kann, weil es nicht alle erforderlichen Angaben nach Artikel 4 enthält, beginnt die Frist nach Artikel 10 Absatz 1 erst mit dem Eingang des ordnungsgemäß ausgefüllten Ersuchens beim ersuchten Gericht zu laufen.

II Sofern das ersuchte Gericht gemäß Artikel 18 Absatz 3 um eine Kaution oder einen Vorschuss gebeten hat, beginnt diese Frist erst mit der Hinterlegung der Kaution oder dem Eingang des Vorschusses.

Abschnitt 3. Beweisaufnahme durch das ersuchte Gericht

VO (EG) Art 10. Allgemeine Bestimmungen über die Erledigung des Ersuchens. ¹ Das ersuchte Gericht erledigt das Ersuchen unverzüglich, spätestens aber innerhalb von 90 Tagen nach Eingang des Ersuchens.

II Das ersuchte Gericht erledigt das Ersuchen nach Maßgabe des Rechts seines Mitgliedstaats.

III ¹ Das ersuchende Gericht kann unter Verwendung des Formblatts A im Anhang beantragen, dass das Ersuchen nach einer besonderen Form erledigt wird, die das Recht seines Mitgliedstaats vorsieht. ² Das ersuchte Gericht entspricht einem solchen Antrag, es sei denn, dass diese Form mit dem Recht des Mitgliedstaats des ersuchten Gerichts unvereinbar oder wegen erheblicher tatsächlicher Schwierigkeiten unmöglich ist. ³ Entspricht das ersuchte Gericht aus einem der oben genannten Gründe nicht dem Antrag, so unterrichtet es das ersuchende Gericht unter Verwendung des Formblatts E im Anhang hiervon.

IV ¹ Das ersuchende Gericht kann das ersuchte Gericht bitten, die Beweisaufnahme unter Verwendung von Kommunikationstechnologien, insbesondere im Wege der Videokonferenz und der Telekonferenz, durchzuführen. ² Das ersuchte Gericht entspricht einem solchen Antrag, es sei denn, dass dies mit dem Recht des Mitgliedstaats des ersuchten Gerichts unvereinbar oder wegen erheblicher tatsächlicher Schwierigkeiten unmöglich ist. ³ Entspricht das ersuchte Gericht aus einem dieser Gründe dem Antrag nicht, so unterrichtet es das ersuchende Gericht unter Verwendung des Formblatts E im Anhang hiervon. ⁴ Hat das ersuchende oder das ersuchte Gericht keinen Zugang zu den oben genannten technischen Mitteln, können diese von den Gerichten im gegenseitigen Einvernehmen zur Verfügung gestellt werden.

VO (EG) Art 11. Erledigung in Anwesenheit und unter Beteiligung der Parteien. ¹ Sofern im Recht des Mitgliedstaats des ersuchenden Gerichts vorgesehen, haben die Parteien und gegebenenfalls ihre Vertreter das Recht, bei der Beweisaufnahme durch das ersuchte Gericht zugegen zu sein.

II ¹ Das ersuchende Gericht teilt in seinem Ersuchen unter Verwendung des Formblatts A im Anhang dem ersuchten Gericht mit, dass die Parteien und gegebenenfalls ihre Vertreter zugegen sein werden und dass gegebenenfalls ihre Beteiligung beantragt wird. ² Diese Mitteilung kann auch zu jedem anderen geeigneten Zeitpunkt erfolgen.

III Wird die Beteiligung der Parteien und gegebenenfalls ihrer Vertreter an der Durchführung der Beweisaufnahme beantragt, so legt das ersuchte Gericht nach Artikel 10 die Bedingungen für ihre Teilnahme fest.

IV Das ersuchte Gericht teilt den Parteien und gegebenenfalls ihren Vertretern unter Verwendung des Formblatts F im Anhang Ort und Zeitpunkt der Verhandlung und gegebenenfalls die Bedingungen mit, unter denen sie teilnehmen können.

V Die Absätze 1 bis 4 lassen die Möglichkeit des ersuchten Gerichts unberührt, die Parteien und gegebenenfalls ihre Vertreter zu bitten, der Beweisaufnahme beizuwohnen oder sich daran zu beteiligen, wenn das Recht des Mitgliedstaats des ersuchenden Gerichts dies vorsieht.

VO (EG) Art 12. Erledigung in Anwesenheit und unter Beteiligung von Beauftragten des ersuchenden Gerichts. ¹ Sofern mit dem Recht des Mitgliedstaats des ersuchenden Gerichts vereinbar, haben die Beauftragten des ersuchenden Gerichts das Recht, bei der Beweisaufnahme durch das ersuchte Gericht zugegen zu sein.

II ¹ Der Begriff „Beauftragte" im Sinne dieses Artikels umfasst vom ersuchenden Gericht nach Maßgabe des Rechts seines Mitgliedstaats bestimmte Gerichtsangehörige. ² Das ersuchende Gericht kann nach Maßgabe des Rechts seines Mitgliedstaats auch andere Personen wie etwa Sachverständige bestimmen.

III ¹ Das ersuchende Gericht teilt in seinem Ersuchen unter Verwendung des Formblatts A im Anhang dem ersuchten Gericht mit, dass seine Beauftragten zugegen sein werden und gegebenenfalls, dass ihre Beteiligung beantragt wird. ² Diese Mitteilung kann auch zu jedem anderen geeigneten Zeitpunkt erfolgen.

IV Wird die Beteiligung der Beauftragten des ersuchenden Gerichts an der Beweisaufnahme beantragt, legt das ersuchte Gericht nach Artikel 10 die Bedingungen für ihre Teilnahme fest.

V Das ersuchte Gericht teilt dem ersuchenden Gericht unter Verwendung des Formblatts F im Anhang Ort und Zeitpunkt der Verhandlung und gegebenenfalls die Bedingungen mit, unter denen die Beauftragten daran teilnehmen können.

VO (EG) Art 13. Zwangsmaßnahmen. Soweit erforderlich, wendet das ersuchte Gericht bei der Erledigung des Ersuchens geeignete Zwangsmaßnahmen in den Fällen und in dem Umfang an, wie sie das Recht des Mitgliedstaats des ersuchten Gerichts für die Erledigung eines zum gleichen Zweck gestellten Ersuchens inländischer Behörden oder einer beteiligten Partei vorsieht.

VO (EG) Art 14. Ablehnung der Erledigung. ¹ Ein Ersuchen um Vernehmung einer Person wird nicht erledigt, wenn sich die betreffende Person auf ein Recht zur Aussageverweigerung oder auf ein Aussageverbot beruft,
a) das nach dem Recht des Mitgliedstaats des ersuchten Gerichts vorgesehen ist oder
b) das nach dem Recht des Mitgliedstaats des ersuchenden Gerichts vorgesehen und im Ersuchen bezeichnet oder erforderlichenfalls auf Verlangen des ersuchten Gerichts von dem ersuchenden Gericht bestätigt worden ist.

II Die Erledigung eines Ersuchens kann über die in Absatz 1 genannten Gründe hinaus nur insoweit abgelehnt werden, als
a) das Ersuchen nicht in den Anwendungsbereich dieser Verordnung nach Artikel 1 fällt oder
b) die Erledigung des Ersuchens nach dem Recht des Mitgliedstaats des ersuchten Gerichts nicht in den Bereich der Gerichtsgewalt fällt oder
c) das ersuchende Gericht der Aufforderung des ersuchten Gerichts auf Ergänzung des Ersuchens gemäß Artikel 8 nicht innerhalb von 30 Tagen, nachdem das ersuchte Gericht das ersuchende Gericht um Ergänzung des Ersuchens gebeten hat, nachkommt oder
d) eine Kaution oder ein Vorschuss, die gemäß Artikel 18 Absatz 3 verlangt wurden, nicht innerhalb von 60 Tagen nach dem entsprechenden Verlangen des ersuchten Gerichts hinterlegt bzw. einbezahlt werden.

III Die Erledigung darf durch das ersuchte Gericht nicht allein aus dem Grund abgelehnt werden, dass nach dem Recht seines Mitgliedstaats ein Gericht dieses Mitgliedstaats eine ausschließliche Zuständigkeit für die Sache in Anspruch nimmt oder das Recht jenes Mitgliedstaats ein Verfahren nicht kennt, das dem entspricht, für welches das Ersuchen gestellt wird.

IV Wird die Erledigung des Ersuchens aus einem der in Absatz 2 genannten Gründen abgelehnt, so setzt das ersuchte Gericht unter Verwendung des Formblatts H im Anhang das ersuchende Gericht innerhalb von 60 Tagen nach Eingang des Ersuchens bei dem ersuchten Gericht davon in Kenntnis.

VO (EG) Art 15. Mitteilung über Verzögerungen. ¹ Ist das ersuchte Gericht nicht in der Lage, das Ersuchen innerhalb von 90 Tagen nach Eingang zu erledigen, setzt es das ersuchende Gericht unter Verwendung des Formblatts G im Anhang hiervon in Kenntnis. ² Dabei sind die Gründe für die Verzögerung anzugeben sowie der Zeitraum, der nach Einschätzung des ersuchten Gerichts für die Erledigung des Ersuchens voraussichtlich benötigt wird.

VO (EG) Art 16. Verfahren nach Erledigung des Ersuchens. ¹ Das ersuchte Gericht übermittelt dem ersuchenden Gericht unverzüglich die Schriftstücke, aus denen sich die Erledigung des Ersuchens ergibt, und sendet gegebenenfalls die Schriftstücke, die ihm von dem ersuchenden Gericht zugegangen sind, zurück. ² Den Schriftstücken ist eine Erledigungsbestätigung unter Verwendung des Formblatts H im Anhang beizufügen.

Abschnitt 4. Unmittelbare Beweisaufnahme durch das ersuchende Gericht

VO (EG) Art 17. ¹ Beabsichtigt ein Gericht eine unmittelbare Beweisaufnahme in einem anderen Mitgliedstaat, so übermittelt es der nach Artikel 3 Absatz 3 bestimmten Zentralstelle oder zuständigen Behörde in diesem Staat unter Verwendung des Formblatts J im Anhang ein entsprechendes Ersuchen.

II ¹ Die unmittelbare Beweisaufnahme ist nur statthaft, wenn sie auf freiwilliger Grundlage und ohne Zwangsmaßnahmen erfolgen kann. ² Macht die unmittelbare Beweisaufnahme die Vernehmung einer Person erforderlich, so teilt das ersuchende Gericht dieser Person mit, dass die Vernehmung auf freiwilliger Grundlage erfolgt.

III Die Beweisaufnahme wird von einem nach Maßgabe des Rechts des Mitgliedstaats des ersuchenden Gerichts bestimmten Gerichtsangehörigen oder von einer anderen Person wie etwa einem Sachverständigen durchgeführt.

IV ¹ Die genannte Zentralstelle oder die zuständige Behörde des ersuchten Mitgliedstaats teilt dem ersuchenden Gericht unter Verwendung des Formblatts J im Anhang innerhalb von 30 Tagen nach Eingang des Ersuchens mit, ob dem Ersuchen stattgegeben werden kann und, soweit erforderlich, unter welchen Bedingungen nach Maßgabe des Rechts ihres Mitgliedstaats die betreffende Handlung vorzunehmen ist. ² Die Zentralstelle oder die zuständige Behörde kann insbesondere ein Gericht ihres Mitgliedstaats bestimmen, das an der Beweisaufnahme teilnimmt, um sicherzustellen, dass dieser Artikel ordnungsgemäß angewandt wird und die festgelegten Bedingungen eingehalten werden. ³ Die Zentralstelle oder die zuständige Behörde fördert den Einsatz von Kommunikationstechnologie, wie Video- und Telekonferenzen.

V Die Zentralstelle oder die zuständige Stelle kann die unmittelbare Beweisaufnahme nur insoweit ablehnen, als
a) das Ersuchen nicht in den Anwendungsbereich dieser Verordnung nach Artikel 1 fällt,
b) das Ersuchen nicht alle nach Artikel 4 erforderlichen Angaben enthält oder
c) die beantragte unmittelbare Beweisaufnahme wesentlichen Rechtsgrundsätzen ihres Mitgliedstaats zuwiderläuft.

VI Unbeschadet der nach Absatz 4 festgelegten Bedingungen erledigt das ersuchende Gericht das Ersuchen nach Maßgabe des Rechts seines Mitgliedstaats.

Abschnitt 5. Kosten

VO (EG) Art 18. ¹ Für die Erledigung des Ersuchens nach Artikel 10 darf die Erstattung von Gebühren oder Auslagen nicht verlangt werden.

II ¹ Falls jedoch das ersuchte Gericht dies verlangt, stellt das ersuchende Gericht unverzüglich die Erstattung folgender Beträge sicher:
– der Aufwendungen für Sachverständige und Dolmetscher und
– der Auslagen, die durch die Anwendung von Artikel 10 Absätze 3 und 4 entstanden sind.
² Die Pflicht der Parteien, diese Aufwendungen und Auslagen zu tragen, unterliegt dem Recht des Mitgliedstaats des ersuchenden Gerichts.

III ¹ Wird die Stellungnahme eines Sachverständigen verlangt, kann das ersuchte Gericht vor der Erledigung des Ersuchens das ersuchende Gericht um eine angemessene Kaution oder einen angemessenen Vorschuss für die Sachverständigenkosten bitten. ² In allen übrigen Fällen darf die Erledigung eines Ersuchens nicht von einer Kaution oder einem Vorschuss abhängig gemacht werden. ³ Die Kaution oder der Vorschuss wird von den Parteien hinterlegt bzw. einbezahlt, falls dies im Recht des Mitgliedstaats des ersuchenden Gerichts vorgesehen ist.

Kapitel III. Schlussbestimmungen

VO (EG) Art 19. Durchführungsbestimmungen. ¹ Die Kommission sorgt für die Erstellung und regelmäßige Aktualisierung eines Handbuchs, das auch in elektronischer Form bereit gestellt wird und die von den Mitgliedstaaten nach Artikel 22 mitgeteilten Angaben sowie die in Kraft befindlichen Übereinkünfte oder Vereinbarungen nach Artikel 21 enthält.

II Die Aktualisierung oder technische Anpassung der im Anhang wiedergegebenen Formblätter erfolgt nach dem Beratungsverfahren gemäß Artikel 20 Absatz 2.

VO (EG) Art 20. Ausschuss. ¹ Die Kommission wird von einem Ausschuss unterstützt.

II Wird auf diesen Absatz Bezug genommen, so gelten die Artikel 3 und 7 des Beschlusses 1999/468/EG.

III Der Ausschuss gibt sich eine Geschäftsordnung.

VO (EG) Art 21. Verhältnis zu bestehenden oder künftigen Übereinkünften oder Vereinbarungen zwischen Mitgliedstaaten. ¹ In den Beziehungen zwischen den Mitgliedstaaten, die Vertragsparteien einschlägiger, von den Mitgliedstaaten geschlossener bilateraler oder multilateraler Übereinkünfte oder Vereinbarungen sind, insbesondere des Haager Übereinkommens vom 1. März 1954 über den Zivilprozess und des Haager Übereinkommens vom 18. März 1970 über die Beweisaufnahme im Ausland in Zivil- oder Handelssachen, hat diese Verordnung in ihrem Anwendungsbereich Vorrang vor den Bestimmungen, die in den genannten Übereinkünften oder Vereinbarungen enthalten sind.

II Diese Verordnung hindert die Mitgliedstaaten nicht daran, dass zwei oder mehr von ihnen untereinander Übereinkünfte oder Vereinbarungen zur weiteren Vereinfachung der Beweisaufnahme schließen oder beibehalten, sofern sie mit dieser Verordnung vereinbar sind.

III Die Mitgliedstaaten übermitteln der Kommission
a) zum 1. Juli 2003 eine Abschrift der zwischen den Mitgliedstaaten beibehaltenen angeführten Übereinkünfte oder Vereinbarungen nach Absatz 2,
b) eine Abschrift der zwischen den Mitgliedstaaten geschlossenen Übereinkünfte oder Vereinbarungen nach Absatz 2 und den Entwurf von ihnen geplanter Übereinkünfte oder Vereinbarungen sowie
c) jede Kündigung oder Änderung dieser Übereinkünfte oder Vereinbarungen.

Einf § 1072, § 1072 Buch 11. Justizielle Zusammenarbeit in der Europäischen Union

VO (EG) Art 22. Mitteilungen. ¹Jeder Mitgliedstaat teilt der Kommission bis zum 1. Juli 2003 Folgendes mit:
1. die Liste nach Artikel 2 Absatz 2 sowie eine Angabe des örtlichen und gegebenenfalls fachlichen Zuständigkeitsbereichs der Gerichte;
2. den Namen und die Anschrift der Zentralstellen und zuständigen Behörden nach Artikel 3 unter Angabe ihres örtlichen Zuständigkeitsbereichs;
3. die technischen Mittel, über die die in der Liste nach Artikel 2 Absatz 2 aufgeführten Gerichte für die Entgegennahme von Ersuchen verfügen;
4. die Sprachen, die für die Ersuchen nach Artikel 5 zugelassen sind.

²Die Mitgliedstaaten teilen der Kommission alle späteren Änderungen dieser Angaben mit.

VO (EG) Art 23. Überprüfung. Bis zum 1. Januar 2007 und danach alle fünf Jahre legt die Kommission dem Europäischen Parlament, dem Rat und dem Wirtschafts- und Sozialausschuss einen Bericht über die Anwendung dieser Verordnung vor, wobei sie insbesondere auf die praktische Anwendung des Artikels 3 Absatz 1 Buchstabe c) und Absatz 3 und der Artikel 17 und 18 achtet.

VO (EG) Art 24. Inkrafttreten. ¹Diese Verordnung tritt am 1. Juli 2001 in Kraft.

II Diese Verordnung gilt ab dem 1. Januar 2004, mit Ausnahme der Artikel 19, 21 und 22, die ab dem 1. Juli 2001 gelten.

Formblätter sind hier nicht abgedruckt.

1072 *Beweisaufnahme in den Mitgliedstaaten der Europäischen Union.* Soll die Beweisaufnahme nach der Verordnung (EG) Nr. 1206/2001 des Rates vom 28. Mai 2001 über die Zusammenarbeit zwischen den Gerichten der Mitgliedstaaten auf dem Gebiet der Beweisaufnahme in Zivil- oder Handelssachen (ABl. EG Nr. L 174 S. 1) erfolgen, so kann das Gericht
1. unmittelbar das zuständige Gericht eines anderen Mitgliedstaats um Aufnahme des Beweises ersuchen, oder
2. unter den Voraussetzungen des Artikels 17 der Verordnung (EG) Nr. 1206/2001 eine unmittelbare Beweisaufnahme in einem anderen Mitgliedstaat beantragen.

Vorbem. Fassg Art 1 Z 5 G v 4. 11. 03, BGBl 2166, in Kraft seit 1. 1. 04, Art 2 Hs 1 G, ÜbergangsR Einl III 78.

Gliederung

1) Systematik, Z 1, 2	1	6) Kosten, Z 1, 2		6
2) Regelungszweck, Z 1, 2	2	7) Verwertbarkeit, Z 1, 2		7
3) Geltungsbereich, Z 1, 2	3	8) Wechsel von Z 1 zu Z 2 oder umgekehrt		8
4) Unmittelbares Beweisersuchen, Z 1	4	9) Verstoß, Z 1, 2		9
5) Eigene ausländische Beweisaufnahme, Z 2	5	10) Rechtsmittel, Z 1, 2		10

1 **1) Systematik, Z 1, 2.** Die Vorschrift regelt in Durchführung von Art 2 VO (EG) zusammen mit § 1073 eine Beweisaufnahme für ein deutsches Gericht in einem anderen EU-Staat. Sie hat Vorrang vor anderen zwischenstaatlichen oder deutschen Regelungen, Einf 1 vor § 1072. Demgegenüber regeln §§ 1074, 1075 eine Beweisaufnahme für ein ausländisches EU-Gericht in Deutschland, also das Gegenstück zu §§ 1072, 1073. Soweit sich eine Beweisaufnahme auch in einem Nicht-EU-Auslandsstaat abspielen soll, gelten die bei §§ 363 ff erläuterten Regeln mit den dort genannten Staatsverträgen.

2 **2) Regelungszweck, Z 1, 2.** Die Vorschrift bezweckt eine ganz erhebliche Vereinfachung, Vereinheitlichung und Beschleunigung einer ausländischen Beweisaufnahme gegenüber den bisherigen Möglichkeiten, soweit nicht schon bisher seit 1. 7. 01 im EU-Raum die den §§ 1072 ff zugrunde liegende VO (EG) Nr 1206/2001 bereits zumindest zu der in Einf 1 vor § 1072 genannten EU-konformen Auslegung führen mußte. In jedem Fall war und bleibt eine möglichst großzügige Ermöglichung der ausländischen Beweisaufnahme im Interesse der Prozeßwirtschaftlichkeit geboten, Grdz 14 vor § 128. Das darf und muß man bei der Auslegung entschieden mitbeachten.

3 **3) Geltungsbereich, Z 1, 2.** Die Vorschrift gilt für ein beliebiges zivilprozessuales Beweisfahren der §§ 355 ff. Sie gilt auch für ein selbständiges Beweisverfahren nach §§ 485 ff. Das gilt auch dann, wenn derzeit noch kein Hauptprozeß anhängig ist. Denn auch das isolierte Verfahren nach §§ 485 ff ist ein Beweisverfahren. Das gilt schon wegen der vollen Verwertbarkeit seiner Ergebnisse im etwaigen späteren Hauptprozeß nach § 493. § 1072 gilt auch im Kleinverfahren nach § 495 a. Die Vorschrift gilt auch im Urkundenprozeß usw nach §§ 492 ff.

4 **4) Unmittelbares Beweisersuchen, Z 1.** Das deutsche Gericht darf nach seinem pflichtgemäßen Ermessen unmittelbar das zuständige Gericht eines anderen EU-Mitgliedstaats um Aufnahme des Beweises ersuchen. In solchem Fall darf und muß das ausländische Gericht die Beweisaufnahme verantwortlich anordnen, durchführen und abwickeln. Das ersuchende Gericht darf unter den Voraussetzungen des § 1073 anwesend und beteiligt sein, ohne die Leitung der Beweisaufnahme zu übernehmen.

Ersuchen heißt auch hier die Form der Bitte oder Aufforderung des deutschen Gerichts. Die Einzelheiten ergeben sich aus Art 2 ff VO (EG), abgedruckt in Einf 3 vor § 1072.

Abschnitt 2. Beweisaufnahme nach der VO (EG) Nr. 1206/2001   **§§ 1072, 1073**

5) Eigene ausländische Beweisaufnahme, Z 2. Art 17 VO (EG) erlaubt dem deutschen Prozeßgericht **5** unter den dortigen Voraussetzungen auch die eigene verantwortliche Beweisaufnahme im EU-Ausland. Z 2 hebt überflüssigerweise diese bereits supranationale Möglichkeit auch innerdeutsch bekräftigend hervor. Bei einer eigenen Beweisaufnahme amtiert das Prozeßgericht im EU-Ausland im einzelnen nach den Regeln des Art 17 VO (EG) auf der Basis einer freiwilligen Teilnahme der übrigen Prozeßbeteiligten ohne Zwangsmaßnahmen, wie Art 17 I 1 VO (EG) betont und wie es selbstverständlich ist. Ein ausländisches EU-Gericht ist jedenfalls nicht auch nur mitleitend beteiligt.

6) Kosten, Z 1, 2. Sie richten sich nach Art 18 VO (EG).   **6**

7) Verwertbarkeit, Z 1, 2. Die Ergebnisse sind sowohl im Fall Z 1 als auch bei Z 2 nach den Regeln des **7** deutschen Prozeßrechts verwertbar.

8) Wechsel von Z 1 zu Z 2 oder umgekehrt. Er ist weder nach der VO (EG) noch nach § 1072 **8** verboten. Er kann sich im Einzelfall durchaus als sinnvoll oder gar notwendig ergeben, etwa auf Grund einer zunächst im EU-Ausland oder sonstwo begonnenen, dann in Deutschland fortgesetzten und dann erst erkennbar ausweitungsbedürftigen nochmaligen Fortsetzung im EU-Ausland. Für jeden Abschnitt solcher Gesamt-Beweisaufnahme gelten dann die jeweils für ihn geschaffenen Vorschriften.

9) Verstoß, Z 1, 2. Es gelten dieselben Regeln wie bei einer innerdeutschen Beweisaufnahme.   **9**

10) Rechtsmittel, Z 1, 2. Auch insofern gelten dieselben Vorschriften wie nach einer innerdeutschen **10** Beweisaufnahme oder deren Unterlassung, zB §§ 252, 511 ff, 567 ff.

1073 *Teilnahmerechte.* I 1 Das ersuchende deutsche Gericht oder ein von diesem beauftragtes Mitglied darf im Geltungsbereich der Verordnung (EG) Nr. 1206/2001 bei der Erledigung des Ersuchens auf Beweisaufnahme durch das ersuchte ausländische Gericht anwesend sein und beteiligt sein. ²Parteien, deren Vertreter sowie Sachverständige können sich hierbei in dem Umfang beteiligen, in dem sie in dem betreffenden Verfahren an einer inländischen Beweisaufnahme beteiligt werden dürfen.

II Eine unmittelbare Beweisaufnahme im Ausland nach Artikel 17 Abs. 3 der Verordnung (EG) Nr. 1206/2001 dürfen Mitglieder des Gerichts sowie von diesem beauftragte Sachverständige durchführen.

Vorbem. Fassg Art 1 Z 5 G v 4. 11. 03, BGBl 2166, in Kraft seit 1. 1. 04, Art 2 Hs 1 G, ÜbergangsR Einl III 78.

Gliederung

1) Systematik, I, II 1	D. Beteiligungsumfang: Wie im deutschen Prozeß 12
2) Regelungszweck, I, II 2	6) Unmittelbare deutsche Beweisaufnahme, II 13–15
3) Geltungsbereich, I, II 3	A. Ausführung durch Gericht 14
4) Teilnahme des Prozeßgerichts, I 1 4–6	B. Ausführung durch gerichtlichen Sachverständigen 15
A. Gericht oder beauftragtes Mitglied 5	
B. Anwesenheit, Beteiligung 6	
5) Teilnahme anderer Personen, I 2 7–12	7) Kosten, I, II 16
A. Parteien 8	8) Verstoß, I, II 17
B. Parteivertreter 9	9) Rechtsmittel, I, II 18
C. Sachverständiger 10, 11	

1) Systematik, I, II. Die Vorschrift regelt als Ergänzung zu § 1072 einen Teil der im Kern bereits in **1** Artt 11 I, 12 I, 17 III VO (EG) genannten Teilnahmerechte im Beweisverfahren vor dem ausländischen EU-Gericht. Insoweit hat § 1073 nur bekräftigende Bedeutung, keine rechtsbegründemde Wirkung. Jedenfalls gibt die Vorschrift auch innerdeutsche prozessuale Klarstellungen. Diese erleichtern die Beurteilung, ob und inwieweit das ersuchte ausländische Gericht seine Beweisaufnahme bis zur vollen Verwertbarkeit im deutschen Hauptprozeß durchgeführt hat. Die Teilnahmerechte lassen sich dabei systematisch in Anwesenheit und weitergehende Beteiligung untergliedern.

2) Regelungszweck, I, II. Schon die ausdrückliche bekräftigende Aufnahme der Teilnahmerechte auch in die **2** ZPO verdeutlicht zusätzlich die Einflußmöglichkeiten der deutschen Prozeßbeteiligten auf eine Durchführung des Beweisersuchens durch das ausländische EU-Gericht. Sie können sämtlichen Beteiligten und nicht zuletzt dem ersuchten Gericht die Arbeit praktisch entscheidend erleichtern. Andererseits darf man die Vorschrift auch nicht zu übertriebenen Verhaltensweisen bis hin zum ständigen besserwisserischen Dazwischenreden im ausländischen Beweistermin oder -verfahren mißbrauchen, Einl III 54. Eine zwar im Prinzip großzügige, aber auch besonnene und gegenüber dem ersuchten Gericht verständnis- und rücksichtsvolle Handhabung führt am ehesten zur uneingeschränkten Verwendbarkeit der Ergebnisse bei der Beweiswürdigung vor dem deutschen Prozeßgericht.

3) Geltungsbereich, I, II. Es gelten dieselben Erwägungen wie in § 1072 Rn 3.   **3**

4) Teilnahme des Prozeßgerichts, I 1. Das ersuchende deutsche Gericht kann bei der Beweisaufnahme **4** vor dem ersuchten ausländischen Gericht nicht nur anwesend sein und zuhören sowie zuschauen. Es kann sich auch darüber hinaus an der Beweisaufnahme aktiv beteiligen. Beides stellt I 1 ausdrücklich klar. Damit erfüllt die Vorschrift eine Bedingung in Art 12 I VO (EG).

A. Gericht oder beauftragtes Mitglied. Art 12 I, IV VO (EG) spricht zwar nur von den Beauftragten **5** des ersuchenden Gerichts. Damit ist aber natürlich vernünftigerweise auch das volle deutsche Prozeßgericht

§ 1073   Buch 11. Justizielle Zusammenarbeit in der Europäischen Union

gemeint, also das etwa zuständige Kollegium und nicht nur sein originärer oder obligatorischem Einzelrichter. Insoweit ist der weitergehende § 1073 mit der VO voll vereinbar. Natürlich meint I 1 auch den nach § 375 beauftragten Richter mit. Dasselbe gilt für den sog Berichterstatter.

6   **B. Anwesenheit, Beteiligung.** Art 12 III VO (EG) regelt die formellen Bedingungen dieser Teilnahmerechte. Freilich verlangt diese Bestimmung nur den Antrag, *„dass"* eine Beteiligung stattfinde. Nicht muß das ersuchende Gericht auch im einzelnen vorweg mitteilen oder gar eine Zustimmung dazu erbitten, wie weit die Beteiligung im einzelnen gehen solle. Dazu gibt es in der VO (EG) manche weiteren, verstreuten Regeln über den Ablauf vor dem ersuchten Gericht. Kern sollte bei der Auslegung auch von I 1 eine vernünftige Handhabung wie vor einem deutschen Prozeßgericht sein. Das ersuchende Gericht leitet die ausländische Beweisaufnahme ja gerade nicht. Mag es notfalls nach Erledigung des Ersuchens nach § 1072 Rn 8 wechseln. Höflichkeit, Selbstbeherrschung, Vertrauen in den ausländischen Richter sollten selbstverständliche Begleitumstände jeder Beteiligung nach I 1 bleiben. Natürlich darf der deutsche Richter als wirklich Beteiligter auch in der Sache deutlich das ihm wichtige zu klären versuchen. Fingerspitzengefühl wird zum brauchbaren Ergebnis verhelfen.

7   **5) Teilnahme anderer Personen, I 2.** Auch die Parteien, deren Vertreter und Sachverständige können sich an der ausländischen Beweisaufnahme beteiligen. Auch das stellt I klar, jetzt in I 2. Damit erfüllt die Vorschrift eine Bedingung in Art 11 I VO (EG) wegen der Anwesenheit und eine Bedingung in Art 11 I, IV VO (EG) wegen Anwesenheit und weitergehender Beteiligung.

8   **A. Parteien.** Das sind nicht nur der Kläger bzw Antragsteller und der Bekl bzw Antragsgegner, sondern verständigerweise auch der Streithelfer. Denn er darf in den Grenzen des § 67 „alle Prozeßhandlungen wirksam vornehmen". Das gilt natürlich erst recht für den streitgenössischen Streithelfer nach § 69. Auch der Streitverkündete hat das Recht der Teilnahme ab seinem Beitritt, § 74 I. Auch der Widerkläger oder -bekl zählt zu den teilnahmeberechtigten Personen, ebenso die Partei kraft Amts, Grdz 8 vor § 50.

9   **B. Parteivertreter.** Das ist sowohl der gesetzliche als auch der rechtsgeschäftliche Vertreter, insbesondere der ProzBev.

10   **C. Sachverständiger.** Das ist natürlich zunächst ein vom deutschen Prozeßgericht bestellter deutscher oder ausländischer Sachverständiger im Sinn von §§ 402 ff. Er mag sich im Zeitpunkt der ausländischen Beweisaufnahme an sich in Deutschland oder im EU-Ausland des ersuchten Gerichts oder in einem Drittstaat innerhalb oder außerhalb der EU aufhalten oder wohnen oder residieren. Er mag Deutscher oder Angehöriger des EU-Auslands des ersuchten Gerichts oder eines Drittstaats sein. Er mag natürliche Person oder Beauftragter einer juristischen Personen sein.

11   Ein *Parteisachverständiger* sollte verständigerweise möglichst ebenfalls zugelassen sein, obwohl er nicht im engeren Sinn Parteivertreter nach Rn 9 zu sein braucht. Natürlich hat er nicht dieselbe Rechtsstellung wie ein Gerichtssachverständiger. Er mag aber durchaus sehr hilfreich sein können.

12   **D. Beteiligungsumfang: Wie im deutschen Prozeß.** I 2 stellt klar, daß sich der Umfang der Beteiligung nach den Möglichkeiten einer inländischen Beweisaufnahme richtet. Das gilt in jeder zeitlichen, räumlichen und artmäßigen Hinsicht. Es gilt wegen der Kosten zunächst nach Art 18 VO (EG) und hilfsweise nach der ZPO und dem JVEG. Letzthin bestimmt das ersuchte Gericht, welche Fragen, Ausführungen, Anträge und sonstige Verhaltensweisen es zuläßt. Das ergibt sich aus Art 11 IV (EG) und aus Art 12 IV VO (EG).

13   **6) Unmittelbare deutsche Beweisaufnahme, II.** Nach Art 17 VO (EG) kann auch das deutsche Prozeßgericht unter den dort genannten Voraussetzungen die Beweisaufnahme selbst oder durch einen von ihm beauftragten Sachverständigen im EU-Ausland ausführen. Dazu stellt Art 17 III VO (EG) auf das Recht des ersuchenden Mitgliedsstaats ab. Das ist die Grundlage für die Ermächtigung in III.

14   **A. Ausführung durch Gericht.** Die Vorschrift beschränkt die nach Art 17 III VO (EG) eröffneten Möglichkeiten auf Mitglieder des Gerichts und gerichtlich beauftragte Sachverständige. Sie nennt also anders als nach der VO an sich mögliche „anderen Personen" nicht mit. Sie ermöglicht also anders als im Fall Rn 11 nicht auch einen Parteisachverständigen.

Mitglied des Prozeßgerichts muß derjenige sein, der nach II die ausländische Beweisaufnahme leitet. Es kann sich um den Vorsitzenden oder ein kompetentes weiteres Mitglied des Spruchkörpers handeln, um den Berichterstatter oder einen vom Kollegium sonstwie zB nach §§ 361, 375, beauftragten Richter. Nicht hierher gehört der nach § 362 ersuchte Richter „eines anderen Gerichts".

15   **B. Ausführung durch gerichtlichen Sachverständigen.** Die ausländische Beweisaufnahme kann auch unter Leitung eines vom Prozeßgericht bestellten Sachverständigen erfolgen. Er kann unter solcher Bedingung jeder der in in Rn 10 (nicht Rn 11) Genannten amtieren. Die Beauftragung muß gerade zum Sachverständigen erfolgt sein. Ein sachverständiger Zeuge nach § 414 reicht solange nicht, wie er noch nicht gerade vom Prozeßgericht nun auch zum Sachverständigen gemacht wurde. Dazu darf er sich nicht selbst ernennen. Ob eine formlose nachträgliche Erweiterung der Beauftragung im Einzelfall annehmbar ist und sogar stillschweigend erfolgte, läßt sich nur bei Kenntnis der Gesamtumstände beantworten.

Gericht *und* Sachverständiger können auch *gemeinsam* amtieren, wie etwa im innerdeutschen Prozeß allgemein üblich. Die Rollen mögen auch während der Beweisaufnahme wechseln.

16   **7) Kosten, I, II.** Sie richten sich nach Art 18 VO (EG) und dann nach dem innerdeutschen Recht der ZPO und des JVEG.

17   **8) Verstoß, I, II.** Es gelten dieselben Regeln wie bei einer innerdeutschen Beweisaufnahme.

18   **9) Rechtsmittel, I, II.** Auch insofern gelten dieselben Vorschriften wie nach einer innerdeutschen Beweisaufnahme oder deren Unterlassung, zB §§ 252, 511 ff, 567 ff.

Abschnitt 2. Beweisaufnahme nach der VO (EG) Nr. 1206/2001 **§ 1074**

1074 *Zuständigkeiten nach der Verordnung (EG) Nr. 1206/2001.* ¹Für Beweisaufnahmen in der Bundesrepublik Deutschland ist als ersuchtes Gericht im Sinne von Artikel 2 Abs. 1 der Verordnung (EG) Nr. 1206/2001 dasjenige Amtsgericht zuständig, in dessen Bezirk die Verfahrenshandlung durchgeführt werden soll.

II Die Landesregierungen können die Aufgaben des ersuchten Gerichts einem Amtsgericht für die Bezirke mehrerer Amtsgerichte durch Rechtsverordnung zuweisen.

III ¹ Die Landesregierungen bestimmen durch Rechtsverordnung die Stelle, die in dem jeweiligen Land
1. als deutsche Zentralstelle im Sinne von Artikel 3 Abs. 1 der Verordnung (EG) Nr. 1206/2001 zuständig ist,
2. als zuständige Stelle Ersuchen auf unmittelbare Beweisaufnahme im Sinne von Artikel 17 Abs. 1 der Verordnung (EG) Nr. 1206/2001 entgegennimmt.

²Die Aufgaben nach den Nummern 1 und 2 können in jedem Land nur jeweils einer Stelle zugewiesen werden.

IV Die Landesregierungen können die Befugnis zum Erlass einer Rechtsverordnung nach den Absätzen 2 und 3 Satz 1 einer obersten Landesbehörde übertragen.

Vorbem. Fassg Art 1 Z 5 G v 4. 11. 03, BGBl 2166, in kraft seit 1. 1. 04, Art 2 Hs 1 G, ÜbergangsR Einl III 78.

Gliederung

1) Systematik, I–IV 1	6) Deutsche Zentralstelle, III 1 Z 1 und S 2, IV 7
2) Regelungszweck, I–IV 2	
3) Geltungsbereich, I–IV 3	7) Deutsche Übermittlungsstelle, III 1 Z 2 und S 2, IV 8
4) Amtsgericht der Verfahrenshandlung, I 4, 5	
5) Zentrales Amtsgericht, II, IV 6	8) Länderübersicht der Rechtsverordnungen, II–IV 9

1) Systematik, I–IV. § 1074 regelt zusammen mit § 1075 die Durchführung der VO (EG) Nr 1206/ **1** 2001 im Fall der Erledigung eines Ersuchens eines ausländischen EU-Gerichts auf Beweisaufnahme in Deutschland, also das Gegenstück zu §§ 1072, 1073. Dabei bleibt es im Grundsatz bei den ja schon ins einzelne gehenden Vorschriften der VO (EG). Zu ihnen tritt § 1074 nur ergänzend hinzu.

2) Regelungszweck, I–IV. Die Vorschrift dient der erforderlichen innerstaatlichen Vervollständigung der **2** VO (EG), soweit letztere die Klärung aus Zweckmäßigkeitsgründen eben auch Deutschland überlassen hat. Bei der Auslegung muß man dieses Vorrangverhältnis der VO (EG) mitbeachten und darf keine ihrem Sinn widersprechende Auslegung vornehmen, andererseits aber im Zweifel eine möglichst elegante, billige und schnelle Durchführung ermöglichen.

3) Geltungsbereich, I–IV. Es gelten dieselben Erwägungen wie bei § 1072 Rn 3. **3**

4) Amtsgericht der Verfahrenshandlung, I. Sachlich und örtlich ist dasjenige deutsche AG zuständig, **4** in dessen Bezirk die Verfahrenshandlung durchgeführt werden soll. Es ist nämlich das „ersuchte" Gericht im Sinn von Art 2 I VO (EG), auf den § 1074 I direkt Bezug nimmt. Dabei klärt I nur die sachliche Zuständigkeit abschließend. Die örtliche Zuständigkeit findet in I eine nur grundsätzliche Regelung und in II eine mögliche Ergänzung.

Die *funktionelle* Zuständigkeit ergibt sich nicht aus § 1074. Sie wird überhaupt in der ganzen VO (EG) nur mit dem Begriff „Gericht" für deutsche Verhältnisse zu ungenau umschrieben. Indessen ergibt sich insgesamt doch eindeutig, daß für die Beweisaufnahme in Deutschland nicht nur die deutsche Sprache maßgeblich ist, sondern auch grundsätzlich das deutsche Recht. Folglich ist das deutsche RPflG anwendbar, Anh § 153 GVG. Es überträgt dem Rpfl in § 3 Z 4a RPflG nur die in § 29 RPflG abschließend aufgezählten Geschäfte im internationalen Rechtsverkehr. Dazu zählt die Durchführung eines ausländischen Beweisaufnahmeersuchens nicht mit. Folglich ist der Amtsrichter funktionell zuständig.

Ein *Proberichter* darf in demselben Umfang amtieren wie bei einer innerdeutschen Beweisaufnahme. § 348 **5** I 2 (Grenzen des Proberichters als originärer Einzelrichter beim LG) ist nicht einmal entsprechend anwendbar.

Entgegennahme und Erledigung gehören hier grundsätzlich gleichermaßen zum Aufgabenkreis des Amtsrichters. Freilich tritt ergänzend auf Grund des Art 3 I VO (EG) die nach § 1074 III Z 1 vorgesehene Zentralstelle in Funktion, Rn 6.

Verfahrenshandlung ist jede Maßnahme von der Kenntnisnahme bis zur abschließenden Abverfügung des ersuchten deutschen Amtsrichters. Sie umfaßt sämtliche Vorbereitungshandlungen, Begleitanordnungen, Zwischenverfügungen und sonstigen Entscheidungen.

5) Zentrales Amtsgericht, II, IV. Die jeweilige Landesregierung kann für ihren Bereich ein oder **6** mehrere Amtsgericht(e) durch Rechtsverordnung bestimmen, die ihrerseits für die Bezirke mehrerer AGe nach I zentral zuständig sind. Grundlage für diese Möglichkeit der Konzentration ist wie bei I Art 2 I VO (EG). Man darf diese Konzentration nicht mit der in III 1 Z 1 geregelten sog Zentralstelle im Sinn von Art 3 I VO (EG) verwechseln. Nach IV kann eine Landesregierung die Befugnis zum Erlaß einer Rechtsverordnung nach II einer obersten Landesbehörde übertragen, faktisch also der Landesjustizbehörde (Ministerium, Senat). Vgl dazu die Länderübersicht in Rn 9.

6) Deutsche Zentralstelle, III 1 Z 1 und S 2, IV. Jede Landesregierung darf und muß durch Rechts- **7** verordnung diejenige Stelle bestimmen, die in ihrem Land als deutsche Zentralstelle im Sinn von Art 3 I VO (EG) zuständig ist. Es darf je Bundesland nur *eine* solche Stelle entstehen. Vgl dazu die Länderübersicht in Rn 9.

Hartmann

2693

§§ 1074, 1075, Einf § 1076   Buch 11. Justizielle Zusammenarbeit in der EU

8   **7) Deutsche Übermittlungsstelle, III 1 Z 2 und S 2, IV.** Die Befugnis und Pflicht Rn 7 gilt ebenso für die Bestimmung der nach Art 17 I VO (EG) erforderlichen Übermittlungsstelle eines ausländischen Ersuchens auf eine unmittelbare Beweisaufnahme in Deutschland. Auch insoweit darf je Bundesland nur *eine* solche Stelle entstehen.

9   **8) Länderübersicht der Rechtsverordnungen, II–IV.** Die Bundesländer haben die folgenden Rechtsverordnungen erlassen:
Baden-Württemberg:
Bayern:
Berlin: VO v 11. 5. 04, GVBl 207;
Brandenburg:
Bremen:
Hamburg: VO v 10. 2. 04, GVBl 61: Ermächtigung zur Weiterübertragung;
Hessen:
Mecklenburg-Vorpommern:
Niedersachsen:
Nordrhein-Westfalen:
Rheinland-Pfalz: VO v 20. 1. 04, GVBl 52: Zentralstelle nach Art 3 S 1 VO (EG) 1348/00, nach Art 3 I VO (EG) 1206/01 und zuständige Stelle zur Entgegennahme nach Art 17 VO (EG) 1206/01 ist das Justizministerium;
Saarland:
Sachsen:
Sachsen-Anhalt:
Schleswig-Holstein:
Thüringen:

1075 *Sprache eingehender Ersuchen.* Aus dem Ausland eingehende Ersuchen auf Beweisaufnahme sowie Mitteilungen nach der Verordnung (EG) Nr. 1206/2001 müssen in deutscher Sprache abgefasst oder von einer Übersetzung in die deutsche Sprache begleitet sein.

Vorbem. Fassg Art 1 Z 5 G v 4. 11. 03, BGBl 2166, in Kraft seit 1. 1. 04, Art 2 Hs 1 G, ÜbergangsR Einl III 78.

1   **1) Systematik.** Art 5 S 1 VO (EG) ordnet die Abfassung des Beweisaufnahmeersuchens und aller zugehörigen Mitteilungen in der Amtssprache des ersuchten Mitgliedstaats oder in einer anderen vom ersuchten Mitgliedstaat etwa zugelassenen Amtssprache an. § 1075 stellt klar, daß Deutschland keine solche Zulassung einer anderen Sprache als deutsch vornimmt. Es gestattet nur durch Zulassung einer bloßen Übersetzung *neben* dem fremdsprachigen Original eine Erleichterung. Im Ergebnis bleibt es beim Grundsatz, daß die Gerichtssprache vor dem deutschen Gericht auch dann nach § 184 GVG deutsch ist, wenn dieses Gericht im internationalen Rechtsverkehr ersucht wird. Die MRK ist dadurch weder supranational noch national verletzt.

2   **2) Regelungszweck.** Natürlich ist auch bei der Durchführung des Ersuchens eines ausländischen Gerichts die Benutzung zumindest auch *seiner* Sprache erlaubt, soweit sämtliche derzeit Beteiligten sprachlich mühelos folgen können. Es ist ein Gebot der Höflichkeit und Gebildetheit, schon rein terminologisch wenn möglich beim Sprachgebrauch des ersuchenden Gerichts zu bleiben. Solches Entgegenkommen sollte nicht an einer allzu strengen Auslegung von § 1075 scheitern.

Deutsch bleibt aber *maßgeblich.* Das ist das klare Mindestgebot. Es dient der Rechtssicherheit auch dann, wenn das ausländische materielle oder prozessuale Recht vom deutschen abweicht. Ob das ausländische Prozeßgericht das auf deutsch verfaßte Ergebnis voll verwerten kann, ist eine nicht nach § 1075 zu beantwortende Frage.

3   **3) Geltungsbereich.** Es gelten dieselben Regeln wie bei § 1072 Rn 3.
4   **4) Kosten.** Sie richten sich nach Art 18 VO (EG).
5   **5) Verstoß.** Es gelten dieselben Regeln wie bei einer innerdeutschen Beweisaufnahme.

Abschnitt 3. Prozesskostenhilfe nach der Richtlinie 2003/8/EG

Einführung

1   **1) Systematik.** Im EU-Raum gilt seit dem 1. 2. 2003 die in Rn 3 abgedruckte Richtlinie 2003/8/EG des Rates vom 27. 1. 2003 – EG-Prozesskostenhilferichtlinie –, ABl (EG) Nr L 26 vom 31. 1. 03, S 41, berichtigt im ABl (EG) Nr L 32 vom 7. 2. 03, S 15. Nach ihrem Art 21 setzten die Mitgliedstaaten die erforderlichen Rechts- und Verwaltungsvorschriften grundsätzlich bis zum 30. 11. 2004 in Kraft. Das geschah in Deutschland durch das Gesetz zur Umsetzung gemeinschaftsrechtlicher Vorschriften über die grenzüberschreitende Prozesskostenhilfe in Zivil- und Handelssachen in den Mitgliedstaaten (EG-Prozesskostenhilfegesetz) vom 15. 12. 04, BGBl 3392. Dieses hat nach seinem Art 9 am 21. 12. 04 in Kraft getreten.

2   *Anpassungen* der ZPO, des RPflG und des BerHG sowie weiterer vier Gesetze erfüllen die innerstaatlich notwendigen Aufgaben der Ergänzung bei der praktischen Handhabung der EU-Richtlinie. Vgl dazu die Vorbem und Rn 1 zu §§ 114 und 116 ZPO, den im Anh nach § 127 ZPO abgedruckten § 10 BerHG und die im Anh nach § 153 GVG abgedruckten §§ 20 Z 6 sowie 24 a I Z 1 RPflG.

2) Regelungszweck. Er besteht in der Vereinfachung, Vereinheitlichung, Vervollständigung und Beschleunigung. So ist die ganze Regelung auslegbar. 3

3) Richtlinie (EG) Nr. 2003/8 für Prozesskostenhilfe in grenzüberschreitenden Streitsachen. Vgl dazu 4 zunächst Rn 1 sowie Jastrow MDR **04**, 75 (Üb).

Kapitel I. Anwendungsbereich und Begriffsbestimmungen

Art. 1. Ziele und Anwendungsbereich. ^{I} Ziel dieser Richtlinie ist die Verbesserung des Zugangs zum Recht bei Streitsachen mit grenzüberschreitendem Bezug durch Festlegung gemeinsamer Mindestvorschriften für die Prozesskostenhilfe in derartigen Streitsachen.

^{II} ^{1}Diese Richtlinie gilt für Streitsachen mit grenzüberschreitendem Bezug in Zivil- und Handelssachen, ohne dass es auf die Art der Gerichtsbarkeit ankommt. ^{2}Sie erfasst insbesondere keine Steuer- und Zollsachen und keine verwaltungsrechtlichen Angelegenheiten.

^{III} Im Sinne dieser Richtlinie bezeichnet der Ausdruck „Mitgliedstaat" alle Mitgliedstaaten mit Ausnahme Dänemarks.

Art. 2. Grenzüberschreitende Streitsachen. ^{I} Eine grenzüberschreitende Streitigkeit im Sinne dieser Richtlinie liegt vor, wenn die im Rahmen dieser Richtlinie Prozesskostenhilfe beantragende Partei ihren Wohnsitz oder gewöhnlichen Aufenthalt in einem anderen Mitgliedstaat als dem Mitgliedstaat des Gerichtsstands oder dem Vollstreckungsmitgliedstaat hat.

^{II} Der Wohnsitzmitgliedstaat einer Prozesspartei wird gem. Art. 59 Verordnung (EG) Nr. 44/2001 des Rates vom 22. 12. 2000 über die gerichtliche Zuständigkeit und die Anerkennung und Vollstreckung von Entscheidungen in Zivil- und Handelssachen bestimmt.

^{III} Der maßgebliche Augenblick zur Feststellung, ob eine Streitsache mit grenzüberschreitendem Bezug vorliegt, ist der Zeitpunkt, zu dem der Antrag gemäß dieser Richtlinie eingereicht wird.

Kapitel II. Anspruch auf Prozesskostenhilfe

Art. 3. Anspruch auf Prozesskostenhilfe. ^{I} An einer Streitsache im Sinne dieser Richtlinie beteiligte natürliche Personen haben Anspruch auf eine angemessene Prozesskostenhilfe, damit ihr effektiver Zugang zum Recht nach Maßgabe dieser Richtlinie gewährleistet ist.

^{II} ^{1}Die Prozesskostenhilfe gilt als angemessen, wenn sie Folgendes sicherstellt:
a) eine vorprozessuale Rechtsberatung im Hinblick auf eine außergerichtliche Streitbeilegung;
b) den Rechtsbeistand und die rechtliche Vertretung vor Gericht sowie eine Befreiung von den Gerichtskosten oder eine Unterstützung bei den Gerichtskosten des Empfängers, einschließlich der in Art. 7 genannten Kosten und der Kosten für Personen, die vom Gericht mit der Wahrnehmung von Aufgaben während des Prozesses beauftragt werden.

^{2}In Mitgliedstaaten, in denen die unterliegende Partei die Kosten der Gegenpartei übernehmen muss, umfasst die Prozesskostenhilfe im Falle einer Prozessniederlage des Empfängers auch die Kosten der Gegenpartei, sofern sie diese Kosten umfasst hätte, wenn der Empfänger seinen Wohnsitz oder gewöhnlichen Aufenthalt im Mitgliedstaat des Gerichtsstands gehabt hätte.

^{III} Die Mitgliedstaaten sind nicht verpflichtet, einen Rechtsbeistand oder eine rechtliche Vertretung vor Gericht bei Verfahren vorzusehen, die speziell darauf ausgerichtet sind, den Prozessparteien zu ermöglichen, sich selbst zu vertreten; dies gilt nicht, wenn das Gericht oder eine andere zuständige Behörde etwas anderes zur Gewährleistung der Gleichheit der Parteien oder in Anbetracht der Komplexität der Sache beschließt.

^{IV} Die Mitgliedstaaten können verlangen, dass sich die Empfänger der Prozesskostenhilfe angemessen an den Prozesskosten beteiligen, wobei die Voraussetzungen nach Art. 5 zu berücksichtigen sind.

^{V} Die Mitgliedstaaten können vorsehen, dass die zuständige Behörde die Prozesskostenhilfe von den Empfängern ganz oder teilweise zurückverlangen kann, wenn sich ihre finanziellen Verhältnisse wesentlich verbessert haben, oder wenn die Entscheidung zur Gewährung der Prozesskostenhilfe auf Grund falscher Angaben des Empfängers getroffen wurde.

Art. 4. Diskriminierungsverbot. Die Mitgliedstaaten gewähren Unionsbürgern und Drittstaatsangehörigen, die sich rechtmäßig in einem Mitgliedstaat aufhalten, die Prozesskostenhilfe ohne jede Diskriminierung.

Kapitel III. Voraussetzungen und Umfang der Prozesskostenhilfe

Art. 5. Voraussetzungen für die finanziellen Verhältnisse. ^{I} Die Mitgliedstaaten gewähren den in Art. 3 I genannten Personen, die auf Grund ihrer persönlichen wirtschaftlichen Lage teilweise oder vollständig außer Stande sind, die Prozesskosten nach Art. 3 II zu tragen, Prozesskostenhilfe zur Gewährleistung ihres effektiven Zugangs zum Recht.

^{II} Die wirtschaftliche Lage einer Person wird von der zuständigen Behörde des Mitgliedstaats des Gerichtsstands unter Berücksichtigung verschiedener objektiver Faktoren wie des Einkommens, des Vermögens oder der familiären Situation einschließlich einer Beurteilung der wirtschaftlichen Ressourcen von Personen, die vom Antragsteller finanziell abhängig sind, bewertet.

III ¹ Die Mitgliedstaaten können Schwellenwerte festsetzen, bei deren Überschreiten davon ausgegangen wird, dass der Antragsteller die Prozesskosten nach Art. 3 II teilweise oder vollständig tragen kann. ²Diese Schwellenwerte werden nach den in Absatz 2 des vorliegenden Artikels genannten Kriterien festgelegt.

IV Die gemäß Absatz 3 des vorliegenden Artikels festgelegten Schwellenwerte dürfen nicht verhindern, dass Antragstellern, die die Schwellenwerte überschreiten, Prozesskostenhilfe gewährt wird, wenn sie den Nachweis erbringen, dass sie wegen der unterschiedlich hohen Lebenshaltungskosten im Mitgliedstaat ihres Wohnsitzes oder gewöhnlichen Aufenthalts und im Mitgliedstaat des Gerichtsstands die Prozesskosten nach Art. 3 II nicht tragen können.

V Prozesskostenhilfe muss nicht gewährt werden, wenn die Antragsteller im konkreten Fall effektiven Zugang zu anderen Regelungen haben, die die Prozesskosten gem. Art. 3 II decken.

Art. 6. Voraussetzungen für den Inhalt der Streitsache. I Die Mitgliedstaaten können vorsehen, dass Anträge auf Prozesskostenhilfe für offensichtlich unbegründete Verfahren von den zuständigen Behörden abgelehnt werden können.

II Wird vorprozessuale Rechtsberatung angeboten, so kann die Gewährung weiterer Prozesskostenhilfe aus Gründen, die mit dem Wesen, insbesondere den Erfolgsaussichten der Sache zusammenhängen, abgelehnt oder eingestellt werden, sofern der Zugang zum Recht gewährleistet ist.

III Bei der Entscheidung über das Wesen, insbesondere die Erfolgsaussichten, eines Antrags berücksichtigen die Mitgliedstaaten unbeschadet des Art. 5 die Bedeutung der betreffenden Rechtssache für den Antragsteller, wobei sie jedoch auch der Art der Rechtssache Rechnung tragen können, wenn der Antragsteller eine Rufschädigung geltend macht, jedoch keinen materiellen oder finanziellen Schaden erlitten hat, oder wenn der Antrag einen Rechtsanspruch betrifft, der in unmittelbarem Zusammenhang mit dem Geschäft oder der selbstständigen Erwerbstätigkeit des Antragstellers entstanden ist.

Art. 7. Durch den grenzüberschreitenden Charakter der Streitsache bedingte Kosten. Die im Mitgliedstaat des Gerichtsstands gewährte Prozesskostenhilfe umfasst folgende unmittelbar mit dem grenzüberschreitenden Charakter der Streitsache verbundenen Kosten:
a) Dolmetschleistungen;
b) Übersetzung der vom Gericht oder von der zuständigen Behörde verlangten und vom Empfänger vorgelegten Schriftstücke, die für die Entscheidung des Rechtsstreits erforderlich sind; und
c) Reisekosten, die vom Antragsteller zu tragen sind, wenn das Gesetz oder das Gericht dieses Mitgliedstaats die Anwesenheit der mit der Darlegung des Falls des Antragstellers befassten Personen bei Gericht verlangen und das Gericht entscheidet, dass die betreffenden Personen nicht auf andere Weise zur Zufriedenheit des Gerichts gehört werden können.

Art. 8. Vom Mitgliedstaat des Wohnsitzes oder des gewöhnlichen Aufenthalts zu übernehmende Kosten. Der Mitgliedstaat, in dem die Person, die Prozesskostenhilfe beantragt hat, ihren Wohnsitz oder gewöhnlichen Aufenthalt hat, gewährt die erforderliche Prozesskostenhilfe gem. Art. 3 II zur Deckung:
a) der Kosten für die Unterstützung durch einen örtlichen Rechtsanwalt oder eine andere gesetzlich zur Rechtsberatung ermächtigte Person in diesem Mitgliedstaat, bis der Antrag auf Prozesskostenhilfe gemäß dieser Richtlinie im Mitgliedstaat des Gerichtsstands eingegangen ist;
b) der Kosten für die Übersetzung des Antrags und der erforderlichen Anlagen, wenn der Antrag auf Prozesskostenhilfe bei den Behörden dieses Mitgliedstaats eingereicht wird.

Art. 9. Weitergewährung der Prozesskostenhilfe. I Die Prozesskostenhilfe wird den Empfängern in vollem Umfang oder teilweise weitergewährt, um die Kosten für die Vollstreckung eines Urteils im Mitgliedstaat des Gerichtsstands zu decken.

II Ein Empfänger, dem im Mitgliedstaat des Gerichtsstands Prozesskostenhilfe gewährt wurde, erhält Prozesskostenhilfe gemäß dem Recht des Mitgliedstaats, in dem die Anerkennung oder Vollstreckung beantragt wird.

III Vorbehaltlich der Art. 5 und 6 wird Prozesskostenhilfe weiter gewährt, wenn ein Rechtsbehelf gegen den oder vom Empfänger eingelegt wird.

IV Die Mitgliedstaaten können in jeder Phase des Verfahrens auf der Grundlage der Art. 3 III und V, Art. 5 und Art. 6 eine neuerliche Prüfung des Antrags auf Prozesskostenhilfe vorsehen; dies gilt auch für Verfahren nach den Absätzen 1 bis 3 des vorliegenden Artikels.

Art. 10. Außergerichtliche Verfahren. Die Prozesskostenhilfe ist unter den in dieser Richtlinie festgelegten Voraussetzungen auf außergerichtliche Verfahren auszudehnen, wenn die Parteien gesetzlich verpflichtet sind, diese anzuwenden, oder die Streitparteien vom Gericht aufgetragen wird, diese in Anspruch zu nehmen.

Art. 11. Öffentliche Urkunden. Für die Vollstreckung öffentlicher Urkunden in einem anderen Mitgliedstaat wird unter den in dieser Richtlinie festgelegten Voraussetzungen Prozesskostenhilfe gewährt.

Kapitel IV. Verfahren

Art. 12. Für die Gewährung der Prozesskostenhilfe zuständige Behörde. Unbeschadet des Art. 8 wird die Prozesskostenhilfe von der zuständigen Behörde des Mitgliedstaats des Gerichtsstands gewährt oder verweigert.

Art. 13. Einreichung und Übermittlung der Anträge auf Prozesskostenhilfe. [I] Anträge auf Prozesskostenhilfe können eingereicht werden: entweder

a) bei der zuständigen Behörde des Mitgliedstaats, in dem der Antragsteller seinen Wohnsitz oder seinen gewöhnlichen Aufenthalt hat (Übermittlungsbehörde), oder
b) bei der zuständigen Behörde des Mitgliedstaats des Gerichtsstands oder des Vollstreckungsmitgliedstaats (Empfangsbehörde).

[II] Anträge auf Prozesskostenhilfe sind auszufüllen und die beigefügten Anlagen zu übersetzen

a) in der bzw. die Amtssprache oder einer bzw. eine der Amtssprachen des Mitgliedstaats der zuständigen Empfangsbehörde, die zugleich einer der Amtssprachen der Europäischen Gemeinschaft entspricht; oder
b) in einer anderen bzw. eine andere Sprache, mit deren Verwendung sich dieser Mitgliedstaat gem. Art. 14 III einverstanden erklärt hat.

[III] [1] Die zuständigen Übermittlungsbehörden können entscheiden, die Übermittlung eines Antrags abzulehnen, wenn dieser offensichtlich

a) unbegründet ist oder
b) nicht in den Anwendungsbereich dieser Richtlinie fällt.

[2] Art. 15 II und III findet auf solche Entscheidungen Anwendung.

[IV] [1] Die zuständige Übermittlungsbehörde unterstützt den Antragsteller, indem sie dafür Sorge trägt, dass dem Antrag alle Anlagen beigefügt werden, die ihres Wissens zur Entscheidung über den Antrag erforderlich sind. [2] Ferner unterstützt sie den Antragsteller gem. Art. 8 lit. b bei der Beschaffung der erforderlichen Übersetzung der Anlagen. [3] Die zuständige Übermittlungsbehörde leitet der zuständigen Empfangsbehörde in dem anderen Mitgliedstaat den Antrag innerhalb von 15 Tagen nach Erhalt des in einer der Amtssprachen gemäß Absatz 2 ordnungsgemäß ausgefüllten Antrags und der beigefügten, erforderlichenfalls in eine dieser Amtssprachen übersetzten Anlagen zu.

[V] Die nach Maßgabe dieser Richtlinie übermittelten Schriftstücke sind von der Legalisation und gleichwertigen Formalitäten befreit.

[VI] [1] Für die nach Absatz 4 erbrachten Leistungen dürfen die Mitgliedstaaten kein Entgelt verlangen. [2] Die Mitgliedstaaten, in denen die Person, die Prozesskostenhilfe beantragt hat, ihren Wohnsitz oder gewöhnlichen Aufenthalt hat, können festlegen, dass der Antragsteller die von der zuständigen Übermittlungsbehörde übernommenen Übersetzungskosten zurückzahlen muss, wenn der Antrag auf Prozesskostenhilfe von der zuständigen Behörde abgelehnt wird.

Art. 14. Zuständige Behörden und Sprachen. [I] Die Mitgliedstaaten bezeichnen die für die Übermittlung des Antrags („Übermittlungsbehörden") bzw. den Empfang des Antrags („Empfangsbehörden") zuständige Behörde oder Behörden.

[II] Jeder Mitgliedstaat übermittelt der Kommission folgende Angaben:
– Name und Anschrift der zuständigen Empfangsbehörden oder Übermittlungsbehörden nach Absatz 1;
– räumlicher Zuständigkeitsbereich dieser Behörden;
– verfügbare Kommunikationsmittel dieser Behörden zum Empfang der Anträge; und
– Sprachen, in denen der Antrag ausgefüllt werden kann.

[III] Die Mitgliedstaaten teilen der Kommission mit, welche Amtssprache(n) der Europäischen Gemeinschaft außer ihrer bzw. ihren eigenen Amtssprache(n) beim Ausfüllen der gemäß dieser Richtlinie eingehenden Anträge auf Prozesskostenhilfe für die zuständige Empfangsbehörde akzeptabel ist bzw. sind.

[IV] [1] Die Mitgliedstaaten übermitteln der Kommission die Angaben gemäß den Absätzen 2 und 3 vor dem 30. 11. 2004. [2] Jede Änderung dieser Angaben wird der Kommission spätestens zwei Monate, bevor die Änderung in dem betreffenden Mitgliedstaat wirksam wird, mitgeteilt.

[V] Die Angaben gemäß den Absätzen 2 und 3 werden im Amtsblatt der Europäischen Gemeinschaften veröffentlicht.

Art. 15. Bearbeitung der Anträge. [I] Die für die Entscheidung über die Anträge auf Prozesskostenhilfe zuständigen einzelstaatlichen Behörden tragen dafür Sorge, dass der Antragsteller in vollem Umfang über die Bearbeitung des Antrags unterrichtet wird.

[II] Die vollständige oder teilweise Ablehnung der Anträge ist zu begründen.

[III] [1] Die Mitgliedstaaten sehen einen Rechtsbehelf gegen Entscheidungen vor, mit denen Anträge auf Prozesskostenhilfe abgelehnt werden. [2] Die Mitgliedstaaten können Fälle ausnehmen, bei denen ein Antrag auf Prozesskostenhilfe entweder von einem Berufungsgericht oder von einem Gericht abgelehnt wird, gegen dessen Entscheidung in der Hauptsache nach nationalem Recht kein Rechtsbehelf möglich ist.

[IV] Ist ein Rechtsbehelf gegen eine Entscheidung über die Ablehnung oder Einstellung der Prozesskostenhilfe auf Grund von Art. 6 verwaltungsrechtlicher Art, so unterliegt er in allen Fällen der gerichtlichen Überprüfung.

Einf § 1076, § 1076   Buch 11. Justizielle Zusammenarbeit in der Europäischen Union

Art. 16. Standardformular. ¹ Zur Erleichterung der Übermittlung der Anträge wird nach dem in Art. 17 II genannten Verfahren ein Standardformular für Anträge auf Prozesskostenhilfe und für die Übermittlung dieser Anträge erstellt.

II ¹ Das Standardformular für die Übermittlung von Anträgen auf Prozesskostenhilfe wird spätestens am 30. 5. 2003 erstellt. ² Das Standardformular für Anträge auf Prozesskostenhilfe wird spätestens am 30. 11. 2004 erstellt.

Kapitel V. Schlussbestimmungen

Art. 17. Ausschuss. ¹ Die Kommission wird von einem Ausschuss unterstützt.

II Wird auf diesen Absatz Bezug genommen, so gelten die Art. 3 und 7 des Beschlusses 1999/468/EG.

III Der Ausschuss gibt sich eine Geschäftsordnung.

Art. 18. Information. Die zuständigen einzelstaatlichen Behörden arbeiten zusammen, um die Information der Öffentlichkeit und der Fachkreise über die verschiedenen Systeme der Prozesskostenhilfe, insbesondere über das gemäß der Entscheidung 2001/470/EG eingerichtete Europäische Justizielle Netz zu gewährleisten.

Art. 19. Günstigere Bestimmungen. Diese Richtlinie hindert die Mitgliedstaaten nicht daran, günstigere Bestimmungen für Antragsteller und Empfänger von Prozesskostenhilfe vorzusehen.

Art. 20. Verhältnis zu anderen Übereinkünften. Diese Richtlinie hat zwischen den Mitgliedstaaten in ihrem Anwendungsbereich Vorrang vor den Bestimmungen, die in den von den Mitgliedstaaten geschlossenen bilateralen und multilateralen Übereinkünften enthalten sind, einschließlich
a) des am 27. 1. 1977 in Straßburg unterzeichneten Europäischen Übereinkommens über die Übermittlung von Anträgen auf Bewilligung der Prozesskostenhilfe, geändert durch das 2001 in Moskau unterzeichnete Zusatzprotokoll zum Europäischen Übereinkommen über die Übermittlung von Anträgen auf Bewilligung der Prozesskostenhilfe;
b) des Haager Abkommens vom 25. 10. 1980 über die Erleichterung des internationalen Zugangs zu den Gerichten.

Art. 21. Umsetzung in innerstaatliches Recht. ¹ ¹ Die Mitgliedstaaten setzen die Rechts- und Verwaltungsvorschriften in Kraft, die erforderlich sind, um dieser Richtlinie spätestens am 30. 11. 2004 nachzukommen; dies gilt jedoch nicht für Art. 3 II lit. a, dessen Umsetzung in nationales Recht spätestens am 30. 5. 2006 erfolgt. Sie setzen die Kommission unverzüglich davon in Kenntnis. ² Wenn die Mitgliedstaaten diese Vorschriften erlassen, nehmen sie in den Vorschriften selbst oder durch einen Hinweis bei der amtlichen Veröffentlichung auf diese Richtlinie Bezug. ³ Die Mitgliedstaaten regeln die Einzelheiten der Bezugnahme.

II Die Mitgliedstaaten teilen der Kommission den Wortlaut der wichtigsten innerstaatlichen Rechtsvorschriften mit, die sie auf dem unter diese Richtlinie fallenden Gebiet erlassen.

Art. 22. In-Kraft-Treten. Diese Richtlinie tritt am Tag ihrer Veröffentlichung im Amtsblatt der Europäischen Gemeinschaften in Kraft.

Bem. Die Richtlinie ist im ABl (EG) Nr L 26 vom 31. 1. 03, S 41, veröffentlicht und im ABl (EG) Nr L 32 vom 7. 2. 03, S 15, berichtigt worden.

Art. 23. Adressaten. Diese Richtlinie ist gemäß dem EG-Vertrag an die Mitgliedstaaten gerichtet.

1076 *Anwendbare Vorschriften.* Für die grenzüberschreitende Prozesskostenhilfe innerhalb der Europäischen Union nach der Richtlinie 2003/8/EG des Rates vom 27. Januar 2003 zur Verbesserung des Zugangs zum Recht bei Streitsachen mit grenzüberschreitendem Bezug durch Festlegung gemeinsamer Mindestvorschriften für die Prozesskostenhilfe in derartigen Streitsachen (ABl. EG Nr. L 26 S. 41, ABl. EU Nr. L 32 S. 15) gelten die §§ 114 bis 127 a, soweit nachfolgend nichts Abweichendes bestimmt ist.

Vorbem. Angefügt dch Art 1 Z 4 EG-ProzesskostenhilfeG v 15. 12. 04, BGBl 3392, in Kraft seit 21. 12. 04, Art 9 G, ÜbergangsR Einl III 78.

1   **1) Systematik.** Die Vorschrift steht in ihrem Geltungsbereich nach Rn 3 selbständig neben §§ 114–127 a. Erst § 1076 macht die §§ 114 ff bedingt anwendbar.

2   **2) Regelungszweck.** Die Vorschrift dient mit ihrer Verweisungstechnik in Hs 1 der Vereinfachung und damit der Prozeßwirtschaftlichkeit nach Grdz 14 vor § 128. Daher darf und muß man §§ 114 ff im Bereich des § 1076 großzügig zugunsten des Antragstellers auslegen und dabei die in Einf 3 vor § 1076 abgedruckte EU-Richtlinie mit ihrer Zielsetzung durchaus mitbeachten. Hs 2 klärt den Vorrang von §§ 1077, 1078 und damit die Hilfsfunktion von Hs 1.

3) **Geltungsbereich.** Er ergibt sich aus der in Einf 3 vor § 1076 abgedruckten EU-Richtlinie. § 1076 **3** klärt, daß dort nur die Mindestvorschriften EU-weit geregelt sind. Das innerdeutsche Ausführungsrecht erlaubt daher weitere Vorschriften zugunsten, aber nicht zu Lasten des Antragstellers.

4) **Verweisungen.** Vgl Rn 1, 2. **4**

1077 *Ausgehende Ersuchen.* I ¹ Für die Entgegennahme und Übermittlung von Anträgen natürlicher Personen auf grenzüberschreitende Prozesskostenhilfe ist das Amtsgericht zuständig, in dessen Bezirk der Antragsteller seinen Wohnsitz oder gewöhnlichen Aufenthalt hat (Übermittlungsstelle). ² Die Landesregierungen können die Aufgaben der Übermittlungsstelle einem Amtsgericht für die Bezirke mehrerer Amtsgerichte durch Rechtsverordnung zuweisen. ³ Sie können die Ermächtigung durch Rechtsverordnung auf die Landesjustizverwaltungen übertragen.

II ¹ Das Bundesministerium der Justiz wird ermächtigt, durch Rechtsverordnung mit Zustimmung des Bundesrates die in Artikel 16 Abs. 1 der Richtlinie 2003/8/EG vorgesehenen Standardformulare für Anträge auf grenzüberschreitende Prozesskostenhilfe und für deren Übermittlung einzuführen. ² Soweit Standardformulare für Anträge auf grenzüberschreitende Prozesskostenhilfe und für deren Übermittlung eingeführt sind, müssen sich der Antragsteller und die Übermittlungsstelle ihrer bedienen.

III ¹ Die Übermittlungsstelle kann die Übermittlung durch Beschluss vollständig oder teilweise ablehnen, wenn der Antrag offensichtlich unbegründet ist oder offensichtlich nicht in den Anwendungsbereich der Richtlinie 2003/8/EG fällt. ² Sie kann von Amts wegen Übersetzungen von dem Antrag beigefügten fremdsprachigen Anlagen fertigen, soweit dies zur Vorbereitung einer Entscheidung nach Satz 1 erforderlich ist. ³ Gegen die ablehnende Entscheidung findet die sofortige Beschwerde nach Maßgabe des § 127 Abs. 2 Satz 2 und 3 statt.

IV ¹ Die Übermittlungsstelle fertigt von Amts wegen Übersetzungen der Eintragungen im Standardformular für Anträge auf Prozesskostenhilfe sowie der beizufügenden Anlagen
a) in eine der Amtssprachen des Mitgliedstaats der zuständigen Empfangsstelle, die zugleich einer der Amtssprachen der Europäischen Union entspricht, oder
b) in eine andere von diesem Mitgliedstaat zugelassene Sprache.
² Die Übermittlungsstelle prüft die Vollständigkeit des Antrags und wirkt darauf hin, dass Anlagen, die nach ihrer Kenntnis zur Entscheidung über den Antrag erforderlich sind, beigefügt werden.

V ¹ Die Übermittlungsstelle übersendet den Antrag und die beizufügenden Anlagen ohne Legalisation oder gleichwertige Förmlichkeit an die zuständige Empfangsstelle des Mitgliedstaats des Gerichtsstands oder des Vollstreckungsmitgliedstaats. ² Die Übermittlung erfolgt innerhalb von 14 Tagen nach Vorliegen der gemäß Absatz 4 zu fertigenden Übersetzungen.

VI ¹ Hat die zuständige Stelle des anderen Mitgliedstaats das Ersuchen um Prozesskostenhilfe auf Grund der persönlichen und wirtschaftlichen Verhältnisse des Antragstellers abgelehnt oder eine Ablehnung angekündigt, so stellt die Übermittlungsstelle auf Antrag eine Bescheinigung der Bedürftigkeit aus, wenn der Antragsteller in einem entsprechenden deutschen Verfahren nach § 115 Abs. 1 und 2 als bedürftig anzusehen wäre. ² Absatz 4 Satz 1 gilt für die Übersetzung der Bescheinigung entsprechend. ³ Die Übermittlungsstelle übersendet der Empfangsstelle des anderen Mitgliedstaats die Bescheinigung der Bedürftigkeit zwecks Ergänzung des ursprünglichen Ersuchens um grenzüberschreitende Prozesskostenhilfe.

Vorbem. Angefügt dch Art 1 Z 4 EG-ProzesskostenhilfeG v 15. 12. 04, BGBl 3392, in Kraft seit 21. 12. 04, Art 9 G, ÜbergangsR Einl III 78.

Gliederung

1) Systematik, I–VI	1	A. Vollständigkeit des Antrags, IV 2	8
2) Regelungszweck, I–VI	2	B. Offensichtliche Unzulässigkeit oder Unbegründetheit, III 1, 3	9–12
3) Geltungsbereich, I–VI	3	7) Übersetzungen, III 2, IV, VI 2	13, 14
4) Zuständigkeit, I	4–6	8) Übermittlung, V	15, 16
5) Standardformular, II	7	9) Bedürftigkeitsbescheinigung, VI	17
6) Prüfung, III, IV	8–12		

1) **Systematik, I–VI.** Die Vorschrift regelt ein sog Ausgehendes Ersuchen von Deutschland ins EU- **1** Ausland. Demgegenüber behandelt § 1078 ein sog Eingehendes Ersuchen vom EU-Gebiet nach Deutschland. Beide Vorschriften stehen also gleichrangig nebeneinander.

2) **Regelungszweck, I–VI.** Die deutsche Übermittlungsstelle soll möglichst klare und einfache Weisungen zur Durchführung des Ersuchens erhalten, damit es vor der ausländischen Entscheidungsstelle einigermaßen Erfolg verspricht. Klarheit und Einfachheit heißt gerade auch für zwischenstaatlich natürlich auch: Genauigkeit. Daher muß zB die etwa notwendige Bedürftigkeitsbescheinigung nach VI mit aller Sorgfalt erstellt werden. Zumindest die 14-Tage-Frist nach V 1 zwingt zugleich zu erheblichem Arbeitstempo. Damit stellt die Vorschrift an den Rpfl des AG als Übermittlungsstelle hohe Anforderungen. Man darf sie im Interesse der Funktionsfähigkeit des Ersuchens nicht verwässern. Man darf sie aber auch nicht von vornherein überspannen. Bei einer Ablehnungsankündigung nach VI 1 kann der Rpfl ja in der Bedürftigkeitsbescheinigung usw notfalls nachbessern.

3) **Geltungsbereich, I–VI.** Die Vorschrift gilt unmittelbar nur für ein deutsches Ersuchen gegenüber **3** einem EU-Mitgliedstaat und dabei nicht gegenüber Dänemark, Erwägung XXXIV der Richtlinie, wohl

§ 1077　Buch 11. Justizielle Zusammenarbeit in der Europäischen Union

aber voraussichtlich gegenüber dem Vereinigten Königreich und Irland, Erwägung XXXIII der Richtlinie. Eine entsprechende Handhabung zumindest gegenüber weiteren EU-Beitrittskandidaten mag praktikabel sein.

4　**4) Zuständigkeit, I.** Ähnlich wie § 10 des G zur Ausführung des Haager Zivilprozeßübereinkommens (HZPrÜbk) gegenüber anderen Staaten ist auch nach I 1 grundsätzlich das AG zuständig, in dessen Bezirk der Antragsteller seinen Wohnsitz nach § 13 oder seinen gewöhnlichen Aufenthalt nach § 16 Hs 1 hat. Bei einer juristischen Person gilt § 17. Das AG wird nach § 20 Z 6 RPflG, Anh § 153 GVG, grundsätzlich durch den Rpfl und nur im dort genannten Ausnahmefall des § 1078 durch den Richter tätig, Rellermeyer Rpfleger 05, 61 (Üb).

5　*I 2* erlaubt den Landesregierungen eine Zuweisung der Aufgaben an ein einzelnes AG für mehrere Bezirke. Sie ist bisher nicht erfolgt. I 3 erlaubt der Landesregierung die Übertragung der Ermächtigung zur Rechtsverordnung auf die Landesjustizverwaltung. Auch diese ist bisher nicht erfolgt.

6　*Art 13 V Richtlinie* mit seiner Befreiung von irgendwelchen Formalien des Verfahrens läßt freilich auch einen direkten Antrag an die EU-ausländische Empfangsstelle zu, Jastrow MDR 04, 76.

7　**5) Standardformular, II.** Die Vorschrift setzt Art 16 Richtlinie um. II 1 enthält eine Ermächtigung zur Einführung. II 2 enthält ab Einführung einen Benutzungszwang. Dazu ist die EG-Prozeßkostenhilfevordruckverordnung – EG-PKHVV – vom 21. 12. 04, BGBl 3538, ergangen und hat den Vordruckzwang in ihrem § 1 eingeführt, in Kraft seit 23. 12. 04, § 2 VO. Vom Abdruck dieses Vordrucks wird hier abgesehen. Ergänzend gelten über die Verweisung in § 1076 die Vorschriften des § 117 III, IV direkt, nicht nur entsprechend. Vgl daher dort Rn 30–34. Dagegen gilt trotz der Anwendbarkeit auch des § 117 II die innerdeutsche PKHVV, abgedruckt in § 117 Rn 30, nur hilfsweise.

8　**6) Prüfung, III, IV.** Die Systematik ist ziemlich verunglückt. Man hält sich am besten an die folgende Methode.

　A. Vollständigkeit des Antrags, IV 2. Zunächst prüft der Rpfl wegen Art 13 IV 1 Richtlinie von Amts wegen die formelle Vollständigkeit des Antrags und der notwendigen Anlagen. Er wirkt auf deren Beifügung hin und setzt dazu eine wegen V 2 nur ganz kurze Frist von höchstens etwa 10 Tagen, damit er innerhalb der ihm genannten 14 Tage nach Vorliegen der Übersetzungen den Antrag absenden kann.

9　**B. Offensichtliche Unzulässigkeit oder Unbegründetheit, III 1, 3.** Im Anschluß an die Prüfung Rn 8 darf und muß der deutsche Rpfl wegen Art 13 III 1 Richtlinie prüfen, ob der Antrag ganz oder teilweise offensichtlich nicht in den Anwendungsbereich nach Rn 3 fällt oder ob er jedenfalls offensichtlich unbegründet ist. In jedem dieser Fälle darf und muß der Rpfl nämlich schon die bloße Übermittlung entsprechend ablehnen. Dadurch soll schon er jeden Rechtsmißbrauch im Sinn von Einl III 54 von vornherein verhindern. „Kann" bedeutet daher die Zuständigkeit, kein Ermessen zum Wie, sondern allenfalls ein solches zum Ob solcher Voraussetzungen. Es ist keine mündliche Verhandlung notwendig, § 128 IV. Der Rpfl muß den Antragsteller aber anhören.

10　*Überforderung* ist bei diesem Prüfschritt die Hauptgefahr. Der deutsche Rpfl kann kaum auch nur vorläufig die Erfolgsaussicht und das nach deutschem Recht notwendige Fehlen von Mutwillen für das ausländische Verfahren auch nur halbwegs abschätzen. Er kann allenfalls zur Bedürftigkeit mehr erkennen. Daher ist Großzügigkeit geboten. Erst bei unzweifelhaft haltlosem Antrag ist dessen Ablehnung nach III 1 erlaubt und dann freilich auch zwingend geboten.

11　*Beschluß* ist die wegen Artt 13 III 2, 15 II, III Richtlinie nach III 1 vorgeschriebene Ablehnungsform. Der Rpfl muß seinen Beschluß begründen, § 329 Rn 4. Der Beschluß muß über die Kosten mitentscheiden, Art 8 Richtlinie, §§ 91 ff entsprechend. Wegen der Auslagen gelten § 28 III GKG, 46 II 3 RVG. Wegen III 3 muß der Rpfl die ablehnende Entscheidung dem Antragsteller nach § 329 III Hs 1 in Verbindung mit § 127 II, 2, 3 förmlich zustellen lassen.

12　*Sofortige Beschwerde* ist ja nach III 3 stets statthaft, § 127 II 2 Hs 2. Die Notfrist dazu beträgt wegen der Verweisung in III 3 auch auf § 127 II 3 einen Monat seit Zustellung. Wiedereinsetzung ist statthaft, §§ 127 II 3, 233. Kostenerstattung ist auch im Beschwerdeverfahren möglich. Denn III 3 verweist nicht auch auf § 127 IV.

13　**7) Übersetzungen, III 2, IV, VI 2.** Der Rpfl darf und muß wegen Art 13 II, IV 1, 2, VI 1 Richtlinie von Amts wegen stets Übersetzungen der Eintragungen im Standardformular nach Rn 7 und dessen beizufügender Anlagen nach IV anfertigen lassen. Er kann nach III 2 ebenfalls von Amts wegen auch von einer dem Antrag beigefügten fremdsprachigen Anlage eine Übersetzung herstellen lassen, soweit er sie zur Vorbereitung einer Antragsablehnung nach III 1 braucht. Im letzteren Fall ist der Antragsteller nach § 28 III Alt 2 GKG Kostenschuldner. Im übrigen bleiben die Übersetzungskosten nach Art 8 a, b Richtlinie beim Wohnsitzstaat.

14　*Unanwendbar* wird diese Regelung natürlich, soweit der Antragsteller selbst bereits ausreichend Übersetzungen miteingereicht hat und soweit er nicht etwa der Empfangsstelle nach VI Bedenken gegen die Brauchbarkeit geltend macht oder der deutsche Rpfl erkennt, daß die Übersetzung nicht ausreicht. Eine Beglaubigung ist nicht nötig.

15　**8) Übermittlung, V.** Nach Erledigung von Rn 8–14 und mangels Ablehnung nach Rn 9–12 darf und muß der Rpfl wegen Art 13 IV 3 Richtlinie den Antrag nebst Anlagen binnen 14 Tagen nach Vorliegen der vom Antragsteller nach Rn 14 eingereichten oder von Amts wegen beschafften Übersetzungen an die zuständige Empfangsstelle des Mitgliedstaats des Gerichtsstands oder des Vollstreckungsmitgliedstaats übersenden.

　Empfangsstelle wird wie bei den VOen (EG) Nr 1348/2000, Einf 3 vor § 1067, und Nr 1206/2001, Einf 3 vor § 1072, diejenige Stelle sein, die man einem Handbuch der Europäischen Kommission auch im Internet wird entnehmen können, ferner einem europaweiten Gerichtsverzeichnis in einem Europäischen Justitiellen Atlas, Jastrow MDR 04, 76.

Abschnitt 3. Prozesskostenhilfe nach der Richtlinie 2003/8/EG §§ 1077, 1078

Keinerlei Förmlichkeit ist nach V 1 dabei erlaubt, insbesondere ist keinerlei Legalisation im Sinn von § 438 Rn 4 notwendig. **16**

9) **Bedürftigkeitsbescheinigung, VI.** Nach Art 5 IV Richtlinie muß das ausländische EU-Land dem Antragsteller evtl auch dann Prozeßkostenhilfe gewähren, wenn seine Bedürftigkeit nach deutschem Recht vorliegt, aber nach dortigem Recht fehlt. In solcher Lage darf sich der Antragsteller erneut in derselben Sache an die deutsche Übermittlungsstelle mit dem Antrag auf Ausstellung einer Bescheinigung seiner Bedürftigkeit wenden. VI regelt dieses Verfahren. Dabei stellt der Rpfl auf die Entscheidungsreife über diesen Ergänzungsantrag ab. **17**

1078 *Eingehende Ersuchen.* I ¹ Für eingehende Ersuchen um grenzüberschreitende Prozesskostenhilfe ist das Prozessgericht oder das Vollstreckungsgericht zuständig. ² Die Anträge müssen in deutscher Sprache ausgefüllt und die Anlagen von einer Übersetzung in die deutsche Sprache begleitet sein. ³ Eine Legalisation oder gleichwertige Förmlichkeiten dürfen nicht verlangt werden.

II ¹ Das Gericht entscheidet über das Ersuchen nach Maßgabe der §§ 114 bis 116. ² Es übersendet der übermittelnden Stelle eine Abschrift seiner Entscheidung.

III Der Antragsteller erhält auch dann grenzüberschreitende Prozesskostenhilfe, wenn er nachweist, dass er wegen unterschiedlich hoher Lebenshaltungskosten im Mitgliedstaat seines Wohnsitzes oder gewöhnlichen Aufenthalts einerseits und im Geltungsbereich dieses Gesetzes andererseits die Kosten der Prozessführung nicht, nur zum Teil oder nur in Raten aufbringen kann.

IV ¹ Wurde grenzüberschreitende Prozesskostenhilfe bewilligt, so gilt für jeden weiteren Rechtszug, der von dem Antragsteller oder dem Gegner eingeleitet wird, ein neuerliches Ersuchen um grenzüberschreitende Prozesskostenhilfe als gestellt. ² Das Gericht hat dahin zu wirken, dass der Antragsteller die Voraussetzungen für die Bewilligung der grenzüberschreitenden Prozesskostenhilfe für den jeweiligen Rechtszug darlegt.

Vorbem. Angefügt dch Art 1 Z 4 EG-ProzesskostenhilfeG v 15. 12. 04, BGBl 3392, in Kraft seit 21. 12. 04, Art 9 G, ÜbergangsR Einl III 78.

Gliederung

1) Systematik, I–IV	1	5) Prüfung, II 1, III	5, 6
2) Regelungszweck, I–IV	2	6) Entscheidung, Rechtsmittel, II, III	7
3) Zuständigkeit, I 1	3	7) Weiterer Rechtszug, IV	8, 9
4) Deutsche Amtssprache, keinerlei Förmlichkeit, I 2, 3	4	8) Kosten, I–IV	10

1) **Systematik, I–IV.** Vgl § 1077 Rn 1. **1**

2) **Regelungszweck, I–IV.** Es gelten dieselben Erwägungen wie bei § 1077 Rn 2. **2**

3) **Zuständigkeit, I 1.** Die Vorschrift setzt Art 14 I Richtlinie um. Zur Prüfung und Entscheidung beim Ersuchen aus einem EU-Ausland um grenzüberschreitende Prozeßkostenhilfe ist dasjenige deutsche Gericht zuständig, das in der zugehörigen Hauptsache entscheiden soll, also im Erkenntnisverfahren das Prozeßgericht, in der Zwangsvollstreckung ab ihrem Beginn nach Grdz 51 vor § 704 bis zu ihrem Ende nach Grdz 52 vor § 704 das nach § 802 ausschließlich zuständige Vollstreckungsgericht nach § 764. Diese Gerichte handeln grundsätzlich durch den Rpfl, § 20 Z 6 RPflG, Anh § 153 GVG (dort auch zu dem ausnahmsweise zuständigen Richter). Das AG ist also nur insoweit zuständig, als es Prozeß- bzw Vollstreckungsgericht ist. Anders als nach § 1077 I 2 sieht § 1078 keine Konzentration auf ein Gericht für mehrere Bezirke vor. Ebensowenig kommt es bei I 1 von vornherein auf Wohnsitz oder Aufenthaltsort an, soweit diese nicht schon die Zuständigkeit eben des Prozeß- bzw Vollstreckungsgerichts bestimmt haben. **3**

4) **Deutsche Amtssprache, keinerlei Förmlichkeit, I 2, 3.** Wegen Art 13 II a Richtlinie muß der Antrag nach I 2 in deutsch vorliegen, wie es innerdeutsch ja auch § 184 GVG fordert. Wegen Art 13 V Richtlinie darf das deutsche Gericht nach I 3 weder eine Legalisation im Sinn von § 438 Rn 4 noch irgendeine andere Förmlichkeit verlangen, wie bei § 1077 V 1. **4**

5) **Prüfung, II 1, III.** Die Vorschrift wiederholt den schon in § 1076 genannten Grundsatz. Danach darf und muß der Rpfl §§ 114 ff direkt anwenden. Darüber hinaus muß er III beachten. Im Prinzip gelten alle innerdeutschen Regeln uneingeschränkt zur Erfolgsaussicht und zum Fehlen von Mutwillen. Zur Frage der Bedürftigkeit muß der Rpfl zwar zunächst ebenfalls von den innerdeutschen Regeln ausgehen. Er darf und muß aber wegen Art 5 IV Richtlinie bei dem Ausgehenden Gesuch im Fall des § 1077 VII die unterschiedlichen Lebenshaltungskosten im ausländischen Mitgliedstaat des Wohnsitzes odes des gewöhnlichen Aufenthaltsorts des Antragstellers einerseits und in Deutschland andererseits nach III mitbeachten. **5**

Das kann dazu führen, die *Bedürftigkeit* auch dann zu bejahen, wenn sie im EU-Ausland nicht bestehen würde. Der Rpfl darf und muß also ohne genaue Kenntnis der ausländischen Verhältnisse evtl großzügig zugunsten des Antragstellers vorgehen. Natürlich darf er es auch hier ebensowenig einen Rechtsmißbrauch dulden, Einl III 54. Er darf sich aber erst recht derjenigen vorläufigen Prüfung bedienen, die schon im innerdeutschen Verfahren stets erlaubt ist. Im Zweifel zugunsten des Antragstellers. Allerdings setzt das alles zumindest auch einen wirklichen Nachweis des Antragstellers im Sinn von III voraus. An *diesem* Punkt ist also im Zweifel keine Entscheidung zugunsten des Antragstellers erlaubt. Im Ergebnis bleibt es daher doch oft bei derselben Abwägung wie im innerdeutschen Verfahren. **6**

§ 1078, Einf § 1079   Buch 11. Justizielle Zusammenarbeit in der Europäischen Union

7 **6) Entscheidung, Rechtsmittel, II, III.** Die Verweisung in II 1 auf §§ 114–116 bedeutet wegen § 1076 keineswegs eine Beschränkung auf die erstgenannten Vorschriften. Vielmehr gelten natürlich auch für die Entscheidung §§ 114–127 direkt. Vgl daher zu alledem dort. Lediglich klarstellend schreibt II 2 die Übersendung einer Abschrift der Entscheidung an die übermittelnde Stelle vor. Die Vorschrift schreibt keine Übersetzung dieser Abschrift vor.

8 **7) Weiterer Rechtszug, IV.** Wegen Art 9 IV Richtlinie bleibt grundsätzlich § 119 I 1 anwendbar. Indessen gibt § 1078 IV 1 eine Erleichterung nach einer vorinstanzlichen Bewilligung von Prozeßkostenhilfe zugunsten jedes Rechtsmittelführers: Es gilt ein „neuerliches" Ersuchen als gestellt. Ist der erstinstanzliche Prozeßgegner jetzt Rechtsmittelführer, so mag er vorinstanzlich gar keine Prozeßkostenhilfe beantragt haben. Dann könnte man auch nicht ein neuerliches Gesuch bei ihm unterstellen. Im übrigen mag der erstinstanzliche Antragsteller oder -gegner im Inland gewohnt haben usw. Daher darf man IV 1 nur dann anwenden, wenn das Gesuch nicht nur ein „neuerliches" ist, sondern auch gerade ein solches um „grenzüberschreitende" Prozeßkostenhilfe. Sie liegt nicht schon deshalb vor, weil der Gegner sie braucht, man selbst aber nicht.

9 IV 2 verpflichtet den Rpfl in Anlehnung an § 139 dazu, auf eine ausreichende *Darlegung* der Voraussetzungen für grenzüberschreitende Prozeßkostenhilfe für den weiteren Rechtszug zu sorgen. Diese Vorschrift steht in demselben Absatz wie IV 1 und bezieht sich trotz des mißverständlichen Worts „jeweiligen" daher nur auf jeden „weiteren" Rechtszug.

10 **8) Kosten, I–IV.** Maßgeblich sind zunächst Artt 7, 8 Richtlinie. Ergänzend gelten das GKG, evtl die KostO und stets das JVEG und das RVG.

Abschnitt 4. Europäische Vollstreckungstitel nach der Verordnung (EG) Nr. 805/2004

Einführung

Schrifttum: Rellermeyer Rpfleger 05, 389; Stein EuZW 04, 679; Wagner IPRax 05, 189 und NJW 05, 1157 (je: Üb).

1) Systematik. Seit 21. 10. 05 gilt in der EU die VO (EG) Nr 805/2004 des Europäischen Parlaments und des Rates zur Einführung eines europäischen Vollstreckungstitels für unbestrittene Forderungen, ABl EG L 143, 15 v 21. 4. 04, berichtigt am 15. 4. 05, ABl EG L 97, 64, abgedruckt in Rn 3. Die Verordnung läßt nach ihrem nachstehend mitabgedruckten Art 27 nicht die Möglichkeit einer Anerkennung und Vollstreckung nach der VO (EG) Nr 44/2001 und läßt nach ihrem ebenfalls mitabgedruckten Art 28 die VO (EG) Nr 1348/2000, ihrerseits abgedruckt in Einf 3 vor § 1067, unberührt.

2) Regelungszweck. Er liegt in einer Vereinfachung, Vereinheitlichung und Beschleunigung. So ist die ganze Regelung auslegbar.

3) Verordnung (EG) Nr 805/2004 (ohne ihre amtlichen Erwägungen).

Kapitel I. Gegenstand, Anwendungsbereich und Begriffsbestimmungen

VO (EG) Art. 1. Gegenstand. Mit dieser Verordnung wird ein Europäischer Vollstreckungstitel für unbestrittene Forderungen eingeführt, um durch die Festlegung von Mindestvorschriften den freien Verkehr von Entscheidungen, gerichtlichen Vergleichen und öffentlichen Urkunden in allen Mitgliedstaaten zu ermöglichen, ohne dass im Vollstreckungsmitgliedstaat ein Zwischenverfahren vor der Anerkennung und Vollstreckung angestrengt werden muss.

VO (EG) Art. 2. Anwendungsbereich. I [1] Diese Verordnung ist in Zivil- und Handelssachen anzuwenden, ohne dass es auf die Art der Gerichtsbarkeit ankommt. [2] Sie erfasst insbesondere nicht Steuer- und Zollsachen, verwaltungsrechtliche Angelegenheiten sowie die Haftung des Staates für Handlungen oder Unterlassungen im Rahmen der Ausübung hoheitlicher Rechte („acta jure imperii").

II Diese Verordnung ist nicht anzuwenden auf

a) den Personenstand, die Rechts- und Handlungsfähigkeit sowie die gesetzliche Vertretung von natürlichen Personen, die ehelichen Güterstände, das Gebiet des Erbrechts einschließlich des Testamentsrechts;
b) Konkurse, Vergleiche und ähnliche Verfahren;
c) die soziale Sicherheit;
d) die Schiedsgerichtsbarkeit.

III In dieser Verordnung bedeutet der Begriff „Mitgliedstaaten" die Mitgliedstaaten mit Ausnahme Dänemarks.

VO (EG) Art. 3. Vollstreckungstitel, die als Europäischer Vollstreckungstitel bestätigt werden. I [1] Diese Verordnung gilt für Entscheidungen, gerichtliche Vergleiche und öffentliche Urkunden über unbestrittene Forderungen. [2] Eine Forderung gilt als „unbestritten", wenn

a) der Schuldner ihr im gerichtlichen Verfahren ausdrücklich durch Anerkenntnis oder durch einen von einem Gericht gebilligten oder vor einem Gericht im Laufe eines Verfahrens geschlossenen Vergleich zugestimmt hat oder
b) der Schuldner ihr im gerichtlichen Verfahren zu keiner Zeit nach den maßgeblichen Verfahrensvorschriften des Rechts des Ursprungsmitgliedstaats widersprochen hat oder

c) der Schuldner zu einer Gerichtsverhandlung über die Forderung nicht erschienen oder dabei nicht vertreten worden ist, nachdem er zuvor im gerichtlichen Verfahren der Forderung widersprochen hatte, sofern ein solches Verhalten nach dem Recht des Ursprungsmitgliedstaats als stillschweigendes Zugeständnis der Forderung oder des vom Gläubiger behaupteten Sachverhalts anzusehen ist oder
d) der Schuldner die Forderung ausdrücklich in einer öffentlichen Urkunde anerkannt hat.

II Diese Verordnung gilt auch für Entscheidungen, die nach Anfechtung von als Europäischer Vollstreckungstitel bestätigten Entscheidungen, gerichtlichen Vergleichen oder öffentlichen Urkunden ergangen sind.

VO (EG) Art. 4. Begriffsbestimmungen. Im Sinne dieser Verordnung gelten folgende Begriffsbestimmungen:
1. „Entscheidung": jede von einem Gericht eines Mitgliedstaats erlassene Entscheidung ohne Rücksicht auf ihre Bezeichnung wie Urteil, Beschluss, Zahlungsbefehl oder Vollstreckungsbescheid, einschließlich des Kostenfestsetzungsbeschlusses eines Gerichtsbediensteten.
2. „Forderung": eine Forderung auf Zahlung einer bestimmten Geldsumme, die fällig ist oder deren Fälligkeitsdatum in der Entscheidung, dem gerichtlichen Vergleich oder der öffentlichen Urkunde angegeben ist.
3. „Öffentliche Urkunde":
   a) ein Schriftstück, das als öffentliche Urkunde aufgenommen oder registriert worden ist, wobei die Beurkundung
      i) sich auf die Unterschrift und den Inhalt der Urkunde bezieht und
      ii) von einer Behörde oder einer anderen von dem Ursprungsmitgliedstaat hierzu ermächtigten Stelle vorgenommen worden ist;
      oder
   b) eine vor einer Verwaltungsbehörde geschlossene oder von ihr beurkundete Unterhaltsvereinbarung oder -verpflichtung.
4. „Ursprungsmitgliedstaat": der Mitgliedstaat, in dem eine Entscheidung ergangen ist, ein gerichtlicher Vergleich gebilligt oder geschlossen oder eine öffentliche Urkunde ausgestellt wurde und in dem diese als Europäischer Vollstreckungstitel zu bestätigen sind.
5. „Vollstreckungsmitgliedstaat": der Mitgliedstaat, in dem die Vollstreckung der/des als Europäischer Vollstreckungstitel bestätigten Entscheidung, gerichtlichen Vergleichs oder öffentlichen Urkunde betrieben wird.
6. „Ursprungsgericht": das Gericht, das mit dem Verfahren zum Zeitpunkt der Erfüllung der Voraussetzungen nach Artikel 3 Absatz 1 Buchstaben a), b), und c) befasst war.
7. Bei den summarischen Mahnverfahren in Schweden (betalningsföreläggande) umfasst der Begriff „Gericht" auch die schwedische kronofogdemyndighet (Amt für Beitreibung).

Kapitel II. Der europäische Vollstreckungstitel

VO (EG) Art. 5. Abschaffung des Vollstreckbarerklärungsverfahrens. Eine Entscheidung, die im Ursprungsmitgliedstaat als Europäischer Vollstreckungstitel bestätigt worden ist, wird in den anderen Mitgliedstaaten anerkannt und vollstreckt, ohne dass es einer Vollstreckbarerklärung bedarf und ohne dass die Anerkennung angefochten werden kann.

VO (EG) Art. 6. Voraussetzungen für die Bestätigung als Europäischer Vollstreckungstitel. I Eine in einem Mitgliedstaat über eine unbestrittene Forderung ergangene Entscheidung wird auf jederzeitigen Antrag an das Ursprungsgericht als Europäischer Vollstreckungstitel bestätigt, wenn
a) die Entscheidung im Ursprungsmitgliedstaat vollstreckbar ist, und
b) die Entscheidung nicht im Widerspruch zu den Zuständigkeitsregeln in Kapitel II Abschnitte 3 und 6 der Verordnung (EG) Nr. 44/2001 steht, und
c) das gerichtliche Verfahren im Ursprungsmitgliedstaat im Fall einer unbestrittenen Forderung im Sinne von Artikel 3 Absatz 1 Buchstabe b) oder c) den Voraussetzungen des Kapitels III entsprochen hat, und
d) die Entscheidung in dem Mitgliedstaat ergangen ist, in dem der Schuldner seinen Wohnsitz im Sinne von Artikel 59 der Verordnung (EG) Nr. 44/2001 hat, sofern
   – die Forderung unbestritten im Sinne von Artikel 3 Absatz 1 Buchstabe b) oder c) ist,
   – sie einen Vertrag betrifft, den eine Person, der Verbraucher, zu einem Zweck geschlossen hat, der nicht der beruflichen oder gewerblichen Tätigkeit dieser Person zugerechnet werden kann und
   – der Schuldner der Verbraucher ist.

II Ist eine als Europäischer Vollstreckungstitel bestätigte Entscheidung nicht mehr vollstreckbar oder wurde ihre Vollstreckbarkeit ausgesetzt oder eingeschränkt, so wird auf jederzeitigen Antrag an das Ursprungsgericht unter Verwendung des Formblatts in Anhang IV eine Bestätigung der Nichtvollstreckbarkeit bzw. der Beschränkung der Vollstreckbarkeit ausgestellt.

III Ist nach Anfechtung einer Entscheidung, die als Europäischer Vollstreckungstitel gemäß Absatz 1 bestätigt worden ist, eine Entscheidung ergangen, so wird auf jederzeitigen Antrag unter Verwendung des Formblatts in Anhang V eine Ersatzbestätigung ausgestellt, wenn diese Entscheidung im Ursprungsmitgliedstaat vollstreckbar ist; Artikel 12 Absatz 2 bleibt davon unberührt.

VO (EG) Art. 7. Kosten in Verbindung mit dem gerichtlichen Verfahren. Umfasst eine vollstreckbare Entscheidung eine Entscheidung über die Höhe der mit dem gerichtlichen Verfahren verbundenen Kosten, einschließlich Zinsen, wird sie auch hinsichtlich dieser Kosten als Europäischer Vollstreckungstitel bestätigt, es sei denn, der Schuldner hat im gerichtlichen Verfahren nach den Rechtsvorschriften des Ursprungsmitgliedstaats der Verpflichtung zum Kostenersatz ausdrücklich widersprochen.

VO (EG) Art. 8. Teilbarkeit der Bestätigung als Europäischer Vollstreckungstitel. Wenn die Entscheidung die Voraussetzungen dieser Verordnung nur in Teilen erfüllt, so wird die Bestätigung als Europäischer Vollstreckungstitel nur für diese Teile ausgestellt.

VO (EG) Art. 9. Ausstellung der Bestätigung als Europäischer Vollstreckungstitel. I Die Bestätigung als Europäischer Vollstreckungstitel wird unter Verwendung des Formblatts in Anhang I ausgestellt.

II Die Bestätigung als Europäischer Vollstreckungstitel wird in der Sprache ausgestellt, in der die Entscheidung abgefasst ist.

VO (EG) Art. 10. Berichtigung oder Widerruf der Bestätigung als Europäischer Vollstreckungstitel. I Die Bestätigung als Europäischer Vollstreckungstitel wird auf Antrag an das Ursprungsgericht

a) berichtigt, wenn die Entscheidung und die Bestätigung aufgrund eines materiellen Fehlers voneinander abweichen;
b) widerrufen, wenn sie hinsichtlich der in dieser Verordnung festgelegten Voraussetzungen eindeutig zu Unrecht erteilt wurde.

II Für die Berichtigung oder den Widerruf der Bestätigung als Europäischer Vollstreckungstitel ist das Recht des Ursprungsmitgliedstaats maßgebend.

III Die Berichtigung oder der Widerruf der Bestätigung als Europäischer Vollstreckungstitel können unter Verwendung des Formblatts in Anhang VI beantragt werden.

IV Gegen die Ausstellung einer Bestätigung als Europäischer Vollstreckungstitel ist kein Rechtsbehelf möglich.

VO (EG) Art. 11. Wirkung der Bestätigung als Europäischer Vollstreckungstitel. Die Bestätigung als Europäischer Vollstreckungstitel entfaltet Wirkung nur im Rahmen der Vollstreckbarkeit der Entscheidung.

Kapitel III. Mindestvorschriften für Verfahren über unbestrittene Forderungen

VO (EG) Art. 12. Anwendungsbereich der Mindestvorschriften. I Eine Entscheidung über eine unbestrittene Forderung im Sinne von Artikel 3 Absatz 1 Buchstabe b) oder c) kann nur dann als Europäischer Vollstreckungstitel bestätigt werden, wenn das gerichtliche Verfahren im Ursprungsmitgliedstaat den verfahrensrechtlichen Erfordernissen nach diesem Kapitel genügt hat.

II Dieselben Erfordernisse gelten auch für die Ausstellung der Bestätigung als Europäischer Vollstreckungstitel oder einer Ersatzbestätigung im Sinne des Artikels 6 Absatz 3 für eine Entscheidung, die nach Anfechtung einer Entscheidung ergangen ist, wenn zum Zeitpunkt dieser Entscheidung die Bedingungen nach Artikel 3 Absatz 1 Buchstabe b) oder c) erfüllt sind.

VO (EG) Art. 13. Zustellung mit Nachweis des Empfangs durch den Schuldner. I Das verfahrenseinleitende Schriftstück oder ein gleichwertiges Schriftstück kann dem Schuldner wie folgt zugestellt worden sein:

a) durch persönliche Zustellung, bei der der Schuldner eine Empfangsbestätigung unter Angabe des Empfangsdatums unterzeichnet, oder
b) durch persönliche Zustellung, bei der die zuständige Person, die die Zustellung vorgenommen hat, ein Dokument unterzeichnet, in dem angegeben ist, dass der Schuldner das Schriftstück erhalten hat oder dessen Annahme unberechtigt verweigert hat und an welchem Datum die Zustellung erfolgt ist, oder
c) durch postalische Zustellung, bei der der Schuldner die Empfangsbestätigung unter Angabe des Empfangsdatums unterzeichnet und zurückschickt, oder
d) durch elektronische Zustellung wie beispielsweise per Fax oder E-Mail, bei der der Schuldner eine Empfangsbestätigung unter Angabe des Empfangsdatums unterzeichnet und zurückschickt.

II Eine Ladung zu einer Gerichtsverhandlung kann dem Schuldner gemäß Absatz 1 zugestellt oder mündlich in einer vorausgehenden Verhandlung über dieselbe Forderung bekannt gemacht worden sein, wobei dies im Protokoll dieser Verhandlung festgehalten sein muss.

VO (EG) Art. 14. Zustellung ohne Nachweis des Empfangs durch den Schuldner. I Das verfahrenseinleitende Schriftstück oder ein gleichwertiges Schriftstück sowie eine Ladung zu einer Gerichtsverhandlung kann dem Schuldner auch in einer der folgenden Formen zugestellt worden sein:

a) persönliche Zustellung unter der Privatanschrift des Schuldners an eine in derselben Wohnung wie der Schuldner lebende Person oder an eine dort angestellte Person;
b) wenn der Schuldner Selbstständiger oder eine juristische Person ist, persönliche Zustellung in den Geschäftsräumen des Schuldners an eine Person, die vom Schuldner beschäftigt wird;

c) Hinterlegung des Schriftstücks im Briefkasten des Schuldners;
d) Hinterlegung des Schriftstücks beim Postamt oder bei den zuständigen Behörden mit entsprechender schriftlicher Benachrichtigung im Briefkasten des Schuldners, sofern in der schriftlichen Benachrichtigung das Schriftstück eindeutig als gerichtliches Schriftstück bezeichnet oder darauf hingewiesen wird, dass die Zustellung durch die Benachrichtigung als erfolgt gilt und damit Fristen zu laufen beginnen;
e) postalisch ohne Nachweis gemäß Absatz 3, wenn der Schuldner seine Anschrift im Ursprungsmitgliedstaat hat;
f) elektronisch, mit automatisch erstellter Sendebestätigung, sofern sich der Schuldner vorab ausdrücklich mit dieser Art der Zustellung einverstanden erklärt hat.

II Für die Zwecke dieser Verordnung ist eine Zustellung gemäß Absatz 1 nicht zulässig, wenn die Anschrift des Schuldners nicht mit Sicherheit ermittelt werden kann.

III Die Zustellung nach Absatz 1 Buchstaben a) bis d) wird bescheinigt durch
a) ein von der zuständigen Person, die die Zustellung vorgenommen hat, unterzeichnetes Schriftstück mit den folgenden Angaben:
　i) die gewählte Form der Zustellung und
　ii) das Datum der Zustellung sowie,
　iii) falls das Schriftstück einer anderen Person als dem Schuldner zugestellt wurde, der Name dieser Person und die Angabe ihres Verhältnisses zum Schuldner,
oder
b) eine Empfangsbestätigung der Person, der das Schriftstück zugestellt wurde, für die Zwecke von Absatz 1 Buchstaben a) und b).

VO (EG) Art. 15. Zustellung an die Vertreter des Schuldners. Die Zustellung gemäß Artikel 13 oder Artikel 14 kann auch an den Vertreter des Schuldners bewirkt worden sein.

VO (EG) Art. 16. Ordnungsgemäße Unterrichtung des Schuldners über die Forderung. Um sicherzustellen, dass der Schuldner ordnungsgemäß über die Forderung unterrichtet worden ist, muss das verfahrenseinleitende Schriftstück oder das gleichwertige Schriftstück folgende Angaben enthalten haben:
a) den Namen und die Anschrift der Parteien;
b) die Höhe der Forderung;
c) wenn Zinsen gefordert werden, den Zinssatz und den Zeitraum, für den Zinsen gefordert werden, es sei denn, die Rechtsvorschriften des Ursprungsmitgliedstaats sehen vor, dass auf die Hauptforderung automatisch ein gesetzlicher Zinssatz angerechnet wird;
d) die Bezeichnung des Forderungsgrundes.

VO (EG) Art. 17. Ordnungsgemäße Unterrichtung des Schuldners über die Verfahrensschritte zum Bestreiten der Forderung. In dem verfahrenseinleitenden Schriftstück, einem gleichwertigen Schriftstück oder einer Ladung zu einer Gerichtsverhandlung oder in einer zusammen mit diesem Schriftstück oder dieser Ladung zugestellten Belehrung muss deutlich auf Folgendes hingewiesen worden sein:
a) auf die verfahrensrechtlichen Erfordernisse für das Bestreiten der Forderung; dazu gehören insbesondere die Frist, innerhalb deren die Forderung schriftlich bestritten werden kann bzw. gegebenenfalls der Termin der Gerichtsverhandlung, die Bezeichnung und die Anschrift der Stelle, an die die Antwort zu richten bzw. vor der gegebenenfalls zu erscheinen ist, sowie die Information darüber, ob die Vertretung durch einen Rechtsanwalt vorgeschrieben ist;
b) auf die Konsequenzen des Nichtbestreitens oder des Nichterscheinens, insbesondere die etwaige Möglichkeit einer Entscheidung oder ihrer Vollstreckung gegen den Schuldner und der Verpflichtung zum Kostenersatz.

VO (EG) Art. 18. Heilung der Nichteinhaltung von Mindestvorschriften. I Genügte das Verfahren im Ursprungsmitgliedstaat nicht den in den Artikeln 13 bis 17 festgelegten verfahrensrechtlichen Erfordernissen, so sind eine Heilung der Verfahrensmängel und eine Bestätigung der Entscheidung als Europäischer Vollstreckungstitel möglich, wenn
a) die Entscheidung dem Schuldner unter Einhaltung der verfahrensrechtlichen Erfordernisse nach Artikel 13 oder Artikel 14 zugestellt worden ist, und
b) der Schuldner die Möglichkeit hatte, einen eine uneingeschränkte Überprüfung umfassenden Rechtsbehelf gegen die Entscheidung einzulegen, und er in oder zusammen mit der Entscheidung ordnungsgemäß über die verfahrensrechtlichen Erfordernisse für die Einlegung eines solchen Rechtsbehelfs, einschließlich der Bezeichnung und der Anschrift der Stelle, bei der der Rechtsbehelf einzulegen ist, und gegebenenfalls der Frist unterrichtet wurde, und
c) der Schuldner es versäumt hat, einen Rechtsbehelf gegen die Entscheidung gemäß den einschlägigen verfahrensrechtlichen Erfordernissen einzulegen.

II Genügte das Verfahren im Ursprungsmitgliedstaat nicht den verfahrensrechtlichen Erfordernissen nach Artikel 13 oder Artikel 14, so ist eine Heilung dieser Verfahrensmängel möglich, wenn durch das Verhalten des Schuldners im gerichtlichen Verfahren nachgewiesen ist, dass er das zuzustellende Schriftstück so rechtzeitig persönlich bekommen hat, dass er Vorkehrungen für seine Verteidigung treffen konnte.

Einf § 1079   Buch 11. Justizielle Zusammenarbeit in der Europäischen Union

VO (EG) Art. 19. Mindestvorschriften für eine Überprüfung in Ausnahmefällen. I Ergänzend zu den Artikeln 13 bis 18 kann eine Entscheidung nur dann als Europäischer Vollstreckungstitel bestätigt werden, wenn der Schuldner nach dem Recht des Ursprungsmitgliedstaats berechtigt ist, eine Überprüfung der Entscheidung zu beantragen, falls
a) i) das verfahrenseinleitende oder ein gleichwertiges Schriftstück oder gegebenenfalls die Ladung zu einer Gerichtsverhandlung in einer der in Artikel 14 genannten Formen zugestellt wurden, und
ii) die Zustellung ohne Verschulden des Schuldners nicht so rechtzeitig erfolgt ist, dass er Vorkehrungen für seine Verteidigung hätte treffen können,
oder
b) der Schuldner aufgrund höherer Gewalt oder aufgrund außergewöhnlicher Umstände ohne eigenes Verschulden der Forderung nicht widersprechen konnte,
wobei in beiden Fällen jeweils vorausgesetzt wird, dass er unverzüglich tätig wird.
II Dieser Artikel berührt nicht die Möglichkeit der Mitgliedstaaten, eine Überprüfung der Entscheidung unter großzügigeren Bedingungen als nach Absatz 1 zu ermöglichen.

Kapitel IV. Vollstreckung

VO (EG) Art. 20. Vollstreckungsverfahren. I ¹ Unbeschadet der Bestimmungen dieses Kapitels gilt für das Vollstreckungsverfahren das Recht des Vollstreckungsmitgliedstaats. ² Eine als Europäischer Vollstreckungstitel bestätigte Entscheidung wird unter den gleichen Bedingungen vollstreckt wie eine im Vollstreckungsmitgliedstaat ergangene Entscheidung.

II Der Gläubiger ist verpflichtet, den zuständigen Vollstreckungsbehörden des Vollstreckungsmitgliedstaats Folgendes zu übermitteln:
a) eine Ausfertigung der Entscheidung, die die für ihre Beweiskraft erforderlichen Voraussetzungen erfüllt, und
b) eine Ausfertigung der Bestätigung als Europäischer Vollstreckungstitel, die die für ihre Beweiskraft erforderlichen Voraussetzungen erfüllt, und
c) ¹ gegebenenfalls eine Transkription der Bestätigung als Europäischer Vollstreckungstitel oder eine Übersetzung dieser Bestätigung in die Amtssprache des Vollstreckungsmitgliedstaats oder – falls es in diesem Mitgliedstaat mehrere Amtssprachen gibt – nach Maßgabe der Rechtsvorschriften dieses Mitgliedstaats in die Verfahrenssprache oder eine der Verfahrenssprachen des Ortes, an dem die Vollstreckung betrieben wird, oder in eine sonstige Sprache, die der Vollstreckungsmitgliedstaat zulässt. ² Jeder Mitgliedstaat kann angeben, welche Amtssprache oder Amtssprachen der Organe der Europäischen Gemeinschaft er neben seiner oder seinen eigenen für die Ausstellung der Bestätigung zulässt. ³ Die Übersetzung ist von einer hierzu in einem der Mitgliedstaaten befugten Person zu beglaubigen.

III Der Partei, die in einem Mitgliedstaat eine Entscheidung vollstrecken will, die in einem anderen Mitgliedstaat als Europäischer Vollstreckungstitel bestätigt wurde, darf wegen ihrer Eigenschaft als Ausländer oder wegen Fehlens eines inländischen Wohnsitzes oder Aufenthaltsorts eine Sicherheitsleistung oder Hinterlegung, unter welcher Bezeichnung es auch sei, nicht auferlegt werden.

VO (EG) Art. 21. Verweigerung der Vollstreckung. I Auf Antrag des Schuldners wird die Vollstreckung vom zuständigen Gericht im Vollstreckungsmitgliedstaat verweigert, wenn die als Europäischer Vollstreckungstitel bestätigte Entscheidung mit einer früheren Entscheidung unvereinbar ist, die in einem Mitgliedstaat oder einem Drittland ergangen ist, sofern
a) die frühere Entscheidung zwischen denselben Parteien wegen desselben Streitgegenstands ergangen ist und
b) die frühere Entscheidung im Vollstreckungsmitgliedstaat ergangen ist oder die notwendigen Voraussetzungen für ihre Anerkennung im Vollstreckungsmitgliedstaat erfüllt und
c) die Unvereinbarkeit im gerichtlichen Verfahren des Ursprungsmitgliedstaats nicht geltend gemacht worden ist und nicht geltend gemacht werden konnte.

II Weder die Entscheidung noch ihre Bestätigung als Europäischer Vollstreckungstitel dürfen im Vollstreckungsmitgliedstaat in der Sache selbst nachgeprüft werden.

VO (EG) Art. 22. Vereinbarungen mit Drittländern. ¹ Diese Verordnung lässt Vereinbarungen unberührt, durch die sich Mitgliedstaaten vor Inkrafttreten der Verordnung (EG) Nr. 44/2001 im Einklang mit Artikel 59 des Brüsseler Übereinkommens über die gerichtliche Zuständigkeit und die Vollstreckung gerichtlicher Entscheidungen in Zivil- und Handelssachen verpflichtet haben. ² Entscheidungen insbesondere der Gerichte eines anderen Vertragsstaats des genannten Übereinkommens gegen Beklagte, die ihren Wohnsitz oder gewöhnlichen Aufenthalt im Hoheitsgebiet eines Drittlands haben, *sind* nicht anzuerkennen, wenn die Entscheidungen in den Fällen des Artikels 4 des genannten Übereinkommens nur in einem der in Artikel 3 Absatz 2 des genannten Übereinkommens angeführten Gerichtsstände ergehen können.

VO (EG) Art. 23. Aussetzung oder Beschränkung der Vollstreckung. Hat der Schuldner
– einen Rechtsbehelf gegen eine als Europäischer Vollstreckungstitel bestätigte Entscheidung eingelegt, wozu auch ein Antrag auf Überprüfung im Sinne des Artikels 19 gehört, oder
– die Berichtigung oder den Widerruf einer Bestätigung als Europäischer Vollstreckungstitel gemäß Artikel 10 beantragt,

so kann das zuständige Gericht oder die befugte Stelle im Vollstreckungsmitgliedstaat auf Antrag des Schuldners
a) das Vollstreckungsverfahren auf Sicherungsmaßnahmen beschränken oder
b) die Vollstreckung von der Leistung einer von dem Gericht oder der befugten Stelle zu bestimmenden Sicherheit abhängig machen oder
c) unter außergewöhnlichen Umständen das Vollstreckungsverfahren aussetzen.

Kapitel V. Gerichtliche Vergleiche und öffentliche Urkunden

VO (EG) Art. 24. Gerichtliche Vergleiche. I Ein Vergleich über eine Forderung im Sinne von Artikel 4 Nummer 2, der von einem Gericht gebilligt oder vor einem Gericht im Laufe eines Verfahrens geschlossen wurde, und der in dem Mitgliedstaat, in dem er gebilligt oder geschlossen wurde, vollstreckbar ist, wird auf Antrag an das Gericht, das ihn gebilligt hat oder vor dem er geschlossen wurde, unter Verwendung des Formblatts in Anhang II als Europäischer Vollstreckungstitel bestätigt.

II Ein Vergleich, der im Ursprungsmitgliedstaat als Europäischer Vollstreckungstitel bestätigt worden ist, wird in den anderen Mitgliedstaaten vollstreckt, ohne dass es einer Vollstreckbarerklärung bedarf und ohne dass seine Vollstreckbarkeit angefochten werden kann.

III Die Bestimmungen von Kapitel II (mit Ausnahme von Artikel 5, Artikel 6 Absatz 1 und Artikel 9 Absatz 1) sowie von Kapitel IV (mit Ausnahme von Artikel 21 Absatz 1 und Artikel 22) finden entsprechende Anwendung.

VO (EG) Art. 25. Öffentliche Urkunden. I Eine öffentliche Urkunde über eine Forderung im Sinne von Artikel 4 Absatz 2, die in einem Mitgliedstaat vollstreckbar ist, wird auf Antrag an die vom Ursprungsmitgliedstaat bestimmte Stelle unter Verwendung des Formblatts in Anhang III als Europäischer Vollstreckungstitel bestätigt.

II Eine öffentliche Urkunde, die im Ursprungsmitgliedstaat als Europäischer Vollstreckungstitel bestätigt worden ist, wird in den anderen Mitgliedstaaten vollstreckt, ohne dass es einer Vollstreckbarerklärung bedarf und ohne dass ihre Vollstreckbarkeit angefochten werden kann.

III Die Bestimmungen von Kapitel II (mit Ausnahme von Artikel 5, Artikel 6 Absatz 1 und Artikel 9 Absatz 1) sowie von Kapitel IV (mit Ausnahme von Artikel 21 Absatz 1 und Artikel 22) finden entsprechende Anwendung.

Kapitel VI. Übergangsbestimmung

VO (EG) Art. 26. Übergangsbestimmung. Diese Verordnung gilt nur für nach ihrem Inkrafttreten ergangene Entscheidungen, gerichtlich gebilligte oder geschlossene Vergleiche und aufgenommene oder registrierte öffentliche Urkunden.

Kapitel VII. Verhältnis zu anderen Rechtsakten der Gemeinschaft

VO (EG) Art. 27. Verhältnis zur Verordnung (EG) Nr. 44/2001. Diese Verordnung berührt nicht die Möglichkeit, die Anerkennung und Vollstreckung einer Entscheidung über eine unbestrittene Forderung, eines gerichtlichen Vergleichs oder einer öffentlichen Urkunde gemäß der Verordnung (EG) Nr. 44/2001 zu betreiben.

VO (EG) Art. 28. Verhältnis zur Verordnung (EG) Nr. 1348/2000. Diese Verordnung lässt die Anwendung der Verordnung (EG) Nr. 1348/2000 unberührt.

Kapitel VIII. Allgemeine und Schlussbestimmungen

VO (EG) Art. 29. Informationen über Vollstreckungsverfahren und -behörden. Die Mitgliedstaaten arbeiten zusammen, um der Öffentlichkeit und den Fachkreisen folgende Informationen zur Verfügung zu stellen:
a) Informationen über die Vollstreckungsverfahren und -methoden in den Mitgliedstaaten und
b) Informationen über die zuständigen Vollstreckungsbehörden in den Mitgliedstaaten,

insbesondere über das mit der Entscheidung 2001/470/EG des Rates[1] eingerichtete Europäische Justizielle Netz für Zivil- und Handelssachen.

VO (EG) Art. 30. Angaben zu den Rechtsbehelfen, Sprachen und Stellen. I Die Mitgliedstaaten teilen der Kommission Folgendes mit:
a) das in Artikel 10 Absatz 2 genannte Berichtigungs- und Widerrufsverfahren sowie das in Artikel 19 Absatz 1 genannte Überprüfungsverfahren;
b) die gemäß Artikel 20 Absatz 2 Buchstabe c) zugelassenen Sprachen;
c) die Listen der in Artikel 25 genannten Stellen;
sowie alle nachfolgenden Änderungen.

---

[1] ABl. L 174 vom 27. 6. 2001, S. 25.

Einf § 1079, Übers § 1079, § 1079 Buch 11. Justizielle Zusammenarbeit in der EU

II Die Kommission macht die nach Absatz 1 mitgeteilten Informationen durch Veröffentlichung im *Amtsblatt der Europäischen Union* und durch andere geeignete Mittel öffentlich zugänglich.

VO (EG) Art. 31. Änderungen der Anhänge. Änderungen der Formblätter in den Anhängen werden gemäß dem in Artikel 32 Absatz 2 genannten Beratungsverfahren beschlossen.

VO (EG) Art. 32. Ausschuss. I Die Kommission wird von dem in Artikel 75 der Verordnung (EG) Nr. 44/2001 vorgesehenen Ausschuss unterstützt.

II Wird auf diesen Absatz Bezug genommen, so gelten die Artikel 3 und 7 des Beschlusses 1999/468/EG unter Beachtung von dessen Artikel 8.

III Der Ausschuss gibt sich eine Geschäftsordnung.

VO (EG) Art. 33. Inkrafttreten. ¹Diese Verordnung tritt am 21. Januar 2005 in Kraft. ²Sie gilt ab dem 21. Oktober 2005 mit Ausnahme der Artikel 30, 31 und 32, die ab dem 21. Januar 2005 gelten.

VO (EG) Anhang. (Nicht mit abgedruckte Formblätter des Vollstreckungsverfahrens usw.)

Titel 1. Bestätigung inländischer Titel als Europäische Vollstreckungstitel

Übersicht

1 **1) Systematik.** Titel 1 enthält mit seinen §§ 1079–1081 Ergänzungsvorschriften zu dem Zentralvorgang der Bestätigung eines Vollstreckungstitels im Ursprungsland als Ersatz eines bisher notwendigen Vollstreckungsurteils des Vollstreckungslands.

2 **2) Regelungszweck.** Es geht hier also um die nach Art 5 VO (EG) Nr 805/2004 bezweckte Abschaffung des Vollstreckbarerklärungsverfahrens im Vollstreckungsland. Ob das ausländische Bestätigungsverfahren in der Praxis nun so viel rascher, billiger und einfacher ablaufen kann als das inländische Verfahren einer Vollstreckbarerklärung, bleibt durchaus abzuwarten. Die Bedingungen einer ausländischen Bestätigung ähneln ohnehin den ja schon wegen Nicht-EU-Fällen fortgeltenden Bedingungen der §§ 328, 722, 723 vielfach zumindest im Ergebnis deutlich.

3 **3) Geltungsbereich.** Ihn legt Art 2 VO (EG) Nr 805/2004 sowohl sachlich als auch personell fest. Hinzu treten die Bedingungen des Art 12 VO (EG) Nr 805/2004. Erst in diesem Rahmen gelten §§ 1079–1081.

1079 *Zuständigkeit.* Für die Ausstellung der Bestätigungen nach
1. Artikel 9 Abs. 1, Artikel 24 Abs. 1, Artikel 25 Abs. 1 und
2. Artikel 6 Abs. 2 und 3

der Verordnung (EG) Nr. 805/2004 des Europäischen Parlaments und des Rates vom 21. April 2004 zur Einführung eines Europäischen Vollstreckungstitels für unbestrittene Forderungen (ABl. EU Nr. L 143 S. 15) sind die Gerichte, Behörden oder Notare zuständig, denen die Erteilung einer vollstreckbaren Ausfertigung des Titels obliegt.

Vorbem. Angefügt dch Art 1 Z 8 G v 18. 8. 05, BGBl 2477, in Kraft seit 21. 10. 05, Art 3 S 1 G, ÜbergangsR Einl III 78.

1 **1) Systematik.** § 1079 regelt zusammen mit § 1080 deutsche Einzelheiten des Verfahrens der Ausstellung einer Bestätigung als Europäischer Vollstreckungstitel durch eine deutsche Stelle zwecks Vollstreckung im EU-Ausland. Berichtigung oder Widerruf unterfallen § 1081.

2 **2) Regelungszweck.** Die Zuständigkeit für das Bestätigungsverfahren ist in Art 6 I VO (EG) Nr 805/2004 nur knapp mit dem Wort Ursprungsgericht angedeutet. § 1079 dient mit seiner Klärung der notwendigen Rechtssicherheit. Man sollte die Vorschrift daher praktisch brauchbar, aber im Zweifel eher streng auslegen.

3 **3) Geltungsbereich.** Es geht um fünf unterschiedliche Situationen.

A. Bestätigung einer Entscheidung, Z 1, Art 9 I VO. Hier geht es um die Ausstellung einer Bestätigung nach Art 9 I VO (EG) Nr 805/2004. Diese letztere Vorschrift meint zunächst eine Entscheidung. Das ergibt der offensichtliche Zusammenhang mit Artt 6, 7 VO, wo man den Begriff Entscheidung findet. Diesen Begriff bestimmt Art 4 Z 1 VO. Er erfaßt also jede Art gerichtlicher Entscheidung einschließlich Kosten und deren Festsetzung ohne Rücksicht auf ihre Bezeichnung.

4 **B. Bestätigung eines Prozeßvergleichs, Z 1, Art 24 I VO.** Es geht auch um die Ausstellung einer Bestätigung nach Art 24 I VO (EG) Nr 805/2004. Diese letztere Vorschrift erfaßt schon nach ihrer amtlichen Überschrift, aber auch nach dem Text von ihrem I nur einen solchen „gerichtlichen" Vergleich, den entweder ein Gericht gebilligt hat oder den die Parteien mit oder ohne einen Dritten gerade „im Laufe eines Verfahrens" (gemeint: vor diesem Gericht) geschlossen haben, also einen Prozeßvergleich im Sinn von Anh 1–5 nach § 307.

Ein *außergerichtlicher* Vergleich gehört *nicht* hierher.

5 **C. Bestätigung einer öffentlichen Urkunde, Z 1, Art 25 I VO.** Es geht ferner um die Ausstellung einer Bestätigung nach Art 25 I VO (EG) Nr 805/2004. Diese letztere Vorschrift erfaßt eine solche öffentliche Urkunde, die zum einen über eine Forderung im Sinn von „Art 4 II-VO" lautet und die zum anderen

auch in einem Mitgliedstaat vollstreckbar ist. Art 4 hat nun aber gar keinen Absatz 2. Gemeint ist daher in der deutschen Fassung der VO ersichtlich § 4 Z 2 mit seiner amtlichen Bestimmung des Forderungsbegriffs. Mit öffentlicher Urkunde meint Art 25 I VO die amtliche Begriffsbestimmung in Art 4 Z 3 a, b VO.

D. Bestätigung der Nichtvollstreckbarkeit oder einer Beschränkung der Vollstreckbarkeit, Z 2, Art 6 II VO. Es geht ferner um die Ausstellung einer Bestätigung nach Art 6 II VO (EG) Nr 805/2004. Diese letztere Vorschrift erfaßt die Fälle, daß eine als Europäischer Vollstreckungstitel bestätigte Entscheidung entweder nicht mehr vollstreckbar ist oder daß ihre Vollstreckbarkeit ausgesetzt oder eingeschränkt wurde. **6**

E. Ersatzbestätigung, Z 2, Art 6 III VO. Es geht schließlich um die Ausstellung einer sog Ersatzbestätigung nach Art 6 III VO (EG) Nr 805/2004. Diese letztere Vorschrift erfaßt eine Entscheidung, die nach der Anfechtung einer bestätigten früheren Entscheidung (gemeint natürlich: zu derselben Sache) ergangen ist und die durch Anfechtung praktisch wertlos gewordene frühere Bestätigung nun durch Ersatzbestätigung erneut wirksam macht. **7**

4) Zuständigkeit. Sie hängt von der deutschen Zuständigkeit für die Erteilung einer vollstreckbaren Ausfertigung des deutschen Vollstreckungstitels ab. Vgl dazu also §§ 724 ff, 795 ff usw. Das gilt auch wegen der jeweiligen funktionellen Zuständigkeit des Rpfl, Reichel NZA 05, 1098. Nach § 60 S 3 Z 1, 2 SGB VIII idF Art 2 VI G v 18. 8. 05, BGBl 2477, ist dasjenige Jugendamt zuständig, dem die Beurkundung der Verpflichtungserlassung übertragen ist. **8**

5) Verstoß. Es gelten die für die Zuständigkeitsverstöße gegen §§ 724 ff, 795 ff usw bestehenden deutschen Regeln. **9**

6) VwGO: Die VO (EG) Nr 805/2004 ist gemäß Art 2 I 2 in verwaltungsrechtlichen Angelegenheiten nicht anwendbar. **10**

1080 *Entscheidung.* ¹ ¹ Bestätigungen nach Artikel 9 Abs. 1, Artikel 24 Abs. 1, Artikel 25 Abs. 1 und Artikel 6 Abs. 3 der Verordnung (EG) Nr. 805/2004 sind ohne Anhörung des Schuldners auszustellen. ² Eine Ausfertigung der Bestätigung ist dem Schuldner von Amts wegen zuzustellen.

II Wird der Antrag auf Ausstellung einer Bestätigung zurückgewiesen, so sind die Vorschriften über die Anfechtung der Entscheidung über die Erteilung einer Vollstreckungsklausel entsprechend anzuwenden.

Vorbem. Angefügt dch Art 1 Z 8 G v 18. 8. 05, BGBl 2477, in Kraft seit 21. 10. 05, Art 3 S 1 G, ÜbergangsR Einl III 78.

1) Systematik, I, II. Die Vorschrift regelt das Verfahren vor der nach § 1079 zuständigen Stelle bis zur Bestätigung oder deren Ablehnung in Ergänzung zu Artt 12 ff VO der VO (EG) Nr 805/2004. **1**

2) Regelungszweck, I, II. I 1 dient der Beschleunigung und Vereinfachung. I 2 dient der Rechtssicherheit. II soll durch seine Verweisung wiederum eine Vereinfachung herbeiführen. **2**

3) Geltungsbereich, I, II. Er ist fast derselbe wie bei § 1079. Lediglich der Fall des dort mitgenannten Art 6 III VO (EG) Nr 805/2004 fehlt in § 1080. Vgl daher im einzelnen bei § 1079 Rn 3–5, 7. **3**

4) Anhörungsverbot, I 1. Die Vorschrift ist zB mit § 834 vergleichbar. Dabei ist dem deutschen Gesetzgeber in I 1 durch das Verbot einer Anhörung des Schuldners vor der Ausstellung einer Bestätigung nur scheinbar ein glatter und schwerer Verstoß gegen das vorrangige EU-Recht unterlaufen: Nach Art 12 I VO darf eine Bestätigung nur dann erfolgen, wenn das gerichtliche Verfahren den Artt 13 ff genügte. Gemeint ist hier aber bei genauer Betrachtung nicht etwa das Bestätigungsverfahren, sondern nur das vorangegangene Erkenntnisverfahren zur Erlangung desjenigen Vollstreckungstitels, der es jetzt als Europäischen zu bestätigen gilt. Nur dort mußte die nach I 1 verbotene Anhörung stattfinden, zB nach Art 17 VO. **4**

5) Amtszustellung, I 2. Die Bestätigungsstelle muß jedem Schuldner von Amts wegen eine vollständige Ausfertigung der Bestätigung zustellen. Die Bestätigung selbst erfolgt nach Art 9 II VO (EG) Nr 805/2004 unter Verwendung des Formblatts im Anh I der VO. Soweit der Schuldner im Erkenntnisverfahren einen gesetzlichen Vertreter oder einen ProzBev hatte, muß man prüfen, ob diese Personen auch jetzt noch diese Eigenschaft haben. Das richtet sich nach dem deutschen Recht zB des BGB und der ZPO wie sonst. **5**

6) Rechtsmittel, II. Die Vorschrift regelt nur eine Anfechtung der Zurückweisung einer Bestätigung. Auf sie sind die Vorschriften einer Anfechtung der Entscheidung über eine Verweigerung der Vollstreckungsklausel entsprechend anwendbar. Vgl also zB § 724 Rn 13, § 731, § 733 Rn 9, § 766 usw. **6**

Die *Bestätigung* ist nach Art 10 IV VO (EG) Nr 805/2004 unanfechtbar, Reichel NZA 05, 1099.

7) VwGO: s § 1079 Rn 6. **7**

1081 *Berichtigung und Widerruf.* ¹ ¹ Ein Antrag nach Artikel 10 Abs. 1 der Verordnung (EG) Nr. 805/2004 auf Berichtigung oder Widerruf einer gerichtlichen Bestätigung ist bei dem Gericht zu stellen, das die Bestätigung ausgestellt hat. ² Über den Antrag entscheidet dieses Gericht. ³ Ein Antrag auf Berichtigung oder Widerruf einer notariellen oder behördlichen Bestätigung ist an die Stelle zu richten, die die Bestätigung ausgestellt hat. ⁴ Die Notare oder Behörden leiten den Antrag unverzüglich dem Amtsgericht, in dessen Bezirk sie ihren Sitz haben, zur Entscheidung zu.

§ 1081, Übers § 1082 Buch 11. Justizielle Zusammenarbeit in der Europäischen Union

II ¹ Der Antrag auf Widerruf durch den Schuldner ist nur binnen einer Frist von einem Monat zulässig. ² Ist die Bestätigung im Ausland zuzustellen, beträgt die Frist zwei Monate. ³ Sie ist eine Notfrist und beginnt mit der Zustellung der Bestätigung, jedoch frühestens mit der Zustellung des Titels, auf den sich die Bestätigung bezieht. ⁴ In dem Antrag auf Widerruf sind die Gründe darzulegen, weshalb die Bestätigung eindeutig zu Unrecht erteilt worden ist.

III § 319 Abs. 2 und 3 ist auf die Berichtigung und den Widerruf entsprechend anzuwenden.

Vorbem. Angefügt dch Art 1 Z 8 G v 18. 8. 05, BGBl 2477, in Kraft seit 21. 10. 05, Art 3 S 1 G, ÜbergangsR Einl III 78.

1 **1) Systematik, I–III.** Die Vorschrift beendet die deutsche Ergänzungsregelung zum Bestätigungsverfahren. I nennt die Zuständigkeit, II die Fristen, III die Form und die Rechtsmittel. Alles basiert auf Art 10 VO (EG) Nr 805/2004.

2 **8) Regelungszweck, I–III.** Die Vorschrift dient der nach Art 10 II VO dem deutschen Recht überlassenen Klärung notwendiger Verfahrensfragen und damit der Rechtssicherheit. Als Ausnahme vom Grundsatz der Bestands- bzw Rechtskraft muß man I–III streng auslegen.

3 **3) Geltungsbereich, I–III.** Es geht um zwei ganz unterschiedliche Arten von Veränderungen einer Bestätigung als Europäischen Vollstreckungstitels. Sowohl eine Berichtigung als auch ein Widerruf können nebeneinander infragekommen. Erstere setzt voraus, daß die zugrunde liegende Entscheidung und ihre Bestätigung auf Grund eines sachlichrechtlichen Fehlers voneinander abweichen, Art 10 I a VO. Letzterer setzt voraus, daß sich herausstellt, daß die Bestätigung wegen einer in der VO festgelegten Bedingung eindeutig zu Unrecht ergangen ist, Art 10 I b VO. Die letzteren Bedingungen ergeben sich im wesentlichen aus Art 6 I a–d VO, aber auch aus Artt 7–9 VO.

4 **4) Zuständigkeit, I.** Man muß zwei Stadien des Berichtigungs- oder Widerrufsverfahrens unterscheiden. Der *Antrag* als Bedingung der Einleitung dieses Verfahrens gehört zunächst vor diejenige Stelle, die die Bestätigung ausgestellt hatte, also nach I 1 vor das Gericht, nach I 3 vor den Notar oder die Behörde.

Die *Entscheidung* über den Berichtigungs- oder Widerrufsantrag erfolgt nach einer gerichtlichen Bestätigung gemäß I 2 durch eben dieses Gericht und dort durch den Rpfl, Reichel NZA 05, 1099. Nach einer notariellen oder behördlichen Bestätigung erfolgt sie gemäß I 4 durch das AG des Sitzes dieser jeweiligen Bestätigungsstelle. Deshalb muß sie den bei ihr eingegangenen Antrag nach I 4 dem AG ihres Sitzes zur Entscheidung zuleiten, und zwar natürlich unverzüglich im Sinn von § 121 I 1 BGB, also ohne vorwerfbares Zögern.

5 **5) Fristen, II 1–4.** Sie gelten nicht beim Berichtigungsantrag, Reichel NZA 05, 1099, sondern nur beim Widerrufsantrag, II 1, 3. Auch dann gelten sie nur für einen solchen des Schuldners, nicht für den etwaigen Antrag des Gläubigers, der ja mindestens theoretisch denkbar ist.

Bei einer *Inlandszustellung* beträgt die Antragsfrist einen Monat, bei einer *Auslandszustellung* zwei Monate, II 1. Beide Fristen laufen nach II 2 als Notfristen im Sinn von § 224 I ab Zustellung der Bestätigung, aber frühestens ab Zustellung des der Bestätigung zugrunde liegenden Titels. Fristberechnungen im übrigen: §§ 222 ZPO, 187 ff BGB.

6 **6) Antragsinhalt, II 4.** (Nur) im Widerrufsantrag muß man die Gründe darlegen, weshalb die Bestätigung im Sinn von Art 10 I b VO Nr 805/2004 eindeutig zu Unrecht ergangen sein soll. Eine Glaubhaftmachung ist nach II 4 nicht vorgeschrieben, aber wohl schon wegen des Wortes „eindeutig" ratsam. Ein Beweisantritt mag unvermeidbar sein.

7 **7) Vermerk, III.** Die Vorschrift gilt schon nach ihrem Wortlaut sowohl bei einer Berichtigung als auch bei einem Widerruf der Bestätigung. Jeder solche Beschluß wird nach dem entsprechend anwendbaren § 319 II auf der Bestätigung zugrunde liegenden Entscheidung und allen ihren Ausfertigungen von Amts wegen vermerkt, § 319 Rn 34.

8 **8) Rechtsmittel, III.** Auch diese Vorschrift gilt schon nach ihrem Wortlaut bei Berichtigung wie Widerruf. Infolge der Verweisung auf § 319 III ist ein den Eintrag zurückweisender Beschluß unanfechtbar, ein Berichtigungs- oder Widerrufsbeschluß der Rpfl mit befristeter Erinnerung nach § 11 RpflG anfechtbar, § 319 Rn 35, 36, Reichel NZA 05, 1099. Die Unanfechtbarkeit nach Art 10 IV VO (EG) Nr 805/2004 erfaßt ja nur die ursprüngliche Bestätigung, nicht einen Beschluß nach III.

9 **9) VwGO:** s 1079 Rn 6.

Titel 2. Zwangsvollstreckung aus Europäischen Vollstreckungstiteln im Inland

Übersicht

1 **1) Systematik.** Titel 2 enthält mit seinen §§ 1082–1086 Ergänzungsvorschriften zu Artt 20–23 VO (EG) Nr 805/2004 für das eigentliche Ziel des Bestätigungsverfahrens, nämlich die Zwangsvollstreckung des ausländischen EU-Titels in Deutschland. Für diese Vollstreckung gelten natürlich außerdem die §§ 704 ff. Das ergibt sich auch aus Art 20 I VO.

2 **2) Regelungszweck.** Die wenigen Ergänzungsregeln der §§ 1082 ff bezwecken eigentlich nur die Klärung von Zuständigkeiten und anderen Formalien. Das dient der Rechtssicherheit. Die Auslegung sollte stets das Hauptziel der ganzen VO (EG) Nr 805/2004 mitbeachten, nämlich die Vereinfachung, Vereinheitlichung und Beschleunigung der internationalen Vollstreckung.

3 **3) Geltungsbereich.** Es gilt dasselbe wie in Üb 3 vor § 1079.

Abschnitt 4. Europ. Vollstreckungstitel nach der VO (EG) Nr. 805/2004 §§ 1082–1084

1082 *Vollstreckungstitel.* **Aus einem Titel, der in einem anderen Mitgliedstaat der Europäischen Union nach der Verordnung (EG) Nr. 805/2004 als Europäischer Vollstreckungstitel bestätigt worden ist, findet die Zwangsvollstreckung im Inland statt, ohne dass es einer Vollstreckungsklausel bedarf.**

Vorbem. Angefügt dch Art 1 Z 8 G v 18. 8. 05, BGBl 2477, in Kraft seit 21. 10. 05, Art 3 S 1 G, ÜbergangsR Einl III 78.

1) Systematik. Aus einem deutschen Vollstreckungstitel findet die Vollstreckung grundsätzlich nur auf 1 Grund einer mit Vollstreckungsklausel nach §§ 724 ff versehenen Ausfertigung, der sog vollstreckbaren Ausfertigung. Aus einem ausländischen Titel findet eine Vollstreckung grundsätzlich nur auf Grund eines nach §§ 722, 723 ergangenen deutschen Vollstreckungsurteils statt. Aus einem als Europäischem Vollstreckungstitel nach der VO Nr 805/2004 wirksam bestätigten ausländischen EU-Titel findet die Vollstreckung in Deutschland ohne Vollstreckungsklausel oder Vollstreckungsurteil statt.

Dieses *Hauptziel* bestätigt § 1082 in einer sogar noch über Art 20 I 2 VO hinausgehenden Weise. Denn dort befindet sich nur die Anordnung einer Vollstreckbarkeit unter den „gleichen Bedingungen" wie bei einem deutschen Titel. Dann aber wäre ja wenigstens eine Klausel eben nach §§ 724 ff eigentlich nötig.

2) Regelungszweck. Diese nach Rn 1 übereilfertige deutsche Durchführungsbestimmung dient demsel- 2 ben Zweck der Vereinfachung, Vereinheitlichung und Beschleunigung wie der ganze Abschnitt 4 mit den §§ 1079 ff. Man sollte § 1082 deshalb großzügig auslegen. Die Voraussetzungen einer Bestätigung nach Art 6 VO (EG) Nr 805/2004 sind bei genauer Prüfung ja keineswegs geringer als diejenigen der §§ 722, 723. Das gilt vor allem, wenn man die Mindestanforderungen der Artt 12 ff VO mit denjenigen des § 328 vergleicht.

3) Geltungsbereich. Er ist derselbe wie in § 1079 Rn 3–7 dargestellt. Es genügt also auch eine sog 3 Ersatzbestätigung. Die Wirksamkeit der Bestätigung im Zeitpunkt des Beginns einer Zwangsvollstreckung ist selbstverständliche Voraussetzung. Mit dem Wegfall des Erfordernisses einer Vollstreckungsklausel entfallen auch die diesbezüglichen Probleme eines deutschen Vollstreckungstitels nach §§ 724 ff.

4) Verstoß. Es gelten dieselben Regeln wie dann, wenn ein deutscher Vollstreckungstitel nicht wirksam 4 erlassen wurde. Nicht etwa kommen auf solchem Umweg die deutschen Regeln zu den Folgen bloß mangelhafter Vollstreckungsklauseln zur Anwendung. Denn eine Klausel ist ja eben ab wirksamer Bestätigung ganz entbehrlich und vor wirksamer Bestätigung nicht etwa als deren Ersatz ausreichend.

5) *VwGO: s 1079 Rn 6.* 5

1083 *Übersetzung.* **Hat der Gläubiger nach Artikel 20 Abs. 2 Buchstabe c der Verordnung (EG) Nr. 805/2004 eine Übersetzung vorzulegen, so ist diese in deutscher Sprache zu verfassen und von einer hierzu in einem der Mitgliedstaaten der Europäischen Union befugten Person zu beglaubigen.**

Vorbem. Angefügt dch Art 1 Z 8 G v 18. 8. 05, BGBl 2477, in Kraft seit 21. 10. 05, Art 3 S 1 G, ÜbergangsR Einl III 78.

1) Systematik. Nach Art 30 I b VO (EG) Nr 805/2004 in Verbindung mit Art 20 II c VO stellt § 1083 1 die erforderliche deutsche Regelung der zugelassenen Sprache her.

2) Regelungszweck. Die Erschwerung beim ausländischen EU-Gläubiger bezweckt eine Erleichterung 2 beim deutschen Schuldner und allen übrigen an der Vollstreckung in Deutschland Beteiligten. Diese Interessenabwägung ist als Teil der VO (EG) Nr 805/2004 zulässig. Man sollte sie nicht durch zu lasche Handhabung aushöhlen.

3) Geltungsbereich. § 1083 gilt nur, soweit der Gläubiger gerade nach Art 20 II c VO (EG) Nr 805/ 3 2004 entweder eine Übersetzung der Bestätigung oder eine Übersetzung der weiteren dort genannten Art vorlegen muß.

4) Deutsche Fassung nebst Beglaubigung. Der Gläubiger muß die gesamte Urkunde ins Deutsche 4 übersetzen lassen. Fachausdrücke sind nicht etwa in mundartlichen Sonderfassungen nötig. Die zusätzlich notwendige Beglaubigung nicht etwa nur einer Unterschrift, sondern der gesamten Urkunde kann nur durch eine solche Person wirksam erfolgen, die in irgendeinem EU-Mitgliedstaat dazu nach dem dortigen Recht befugt ist. Ob das der Fall ist, muß man notfalls durch Ermittlung von Amts wegen klären, zB nach § 293 Rn 7.

5) Verstoß. Es gilt dasselbe wie bei § 1082 Rn 4. 5
6) *VwGO: s 1079 Rn 6.* 6

1084 *Anträge nach den Artikeln 21 und 23 der Verordnung (EG) Nr. 805/2004.* **I ¹Für Anträge auf Verweigerung, Aussetzung oder Beschränkung der Zwangsvollstreckung nach den Artikeln 21 und 23 der Verordnung (EG) Nr. 805/2004 ist das Amtsgericht als Vollstreckungsgericht zuständig. ²Die Vorschriften des Buches 8 über die örtliche Zuständigkeit des Vollstreckungsgerichts sind entsprechend anzuwenden. ³Zuständigkeit nach den Sätzen 1 und 2 ist ausschließlich.**

II ¹Die Entscheidung über den Antrag nach Artikel 21 der Verordnung (EG) Nr. 805/2004 ergeht durch Beschluss. ²Auf die Einstellung der Zwangsvollstreckung und die Aufhebung der bereits getroffenen Vollstreckungsmaßregeln sind § 769 Abs. 1 und 3 sowie § 770 entsprechend

§§ 1084–1086   Buch 11. Justizielle Zusammenarbeit in der Europäischen Union

anzuwenden. ³Die Aufhebung einer Vollstreckungsmaßregel ist auch ohne Sicherheitsleistung zulässig.

III ¹Über den Antrag auf Aussetzung oder Beschränkung der Vollstreckung nach Artikel 23 der Verordnung (EG) Nr. 805/2004 wird durch einstweilige Anordnung entschieden. ²Die Entscheidung ist unanfechtbar.

Vorbem. Angefügt dch Art 1 Z 8 G v 18. 8. 05, BGBl 2477, in Kraft seit 21. 10. 05, Art 3 S 1 G, ÜbergangsR Einl III 78.

1   **1) Systematik, I–III.** Trotz einer wirksamen Bestätigung als Europäischen Vollstreckungstitels kann es nach Art 21 VO (EG) Nr 805/2004 unter den dortigen ziemlich komplizierten Voraussetzungen nötig werden, die Vollstreckung zu verweigern. Es kann auch nach Art 23 VO infragekommen, die Vollstreckung auf Sicherungsmaßnahmen zu beschränken oder von einer Sicherheit abhängig zu machen oder das Vollstreckungsverfahren unter außergewöhnlichen Umständen ganz oder teilweise auszusetzen. § 1084 klärt die Einzelheiten der Zuständigkeit, der Form der deutschen Entscheidung und ihres Inhalts.

2   **2) Regelungszweck, I–III.** Die Vorschrift regelt nicht die Voraussetzungen, sondern nur die Folgen eines Schuldnerantrags nach Artt 21, 23 VO (EG) Nr 805/2004. Sie dient damit im wesentlichen „nur" der Rechtssicherheit eines solchen Verfahrens und ist entsprechend streng auslegbar.

3   **3) Zuständigkeit, I.** Für das nur auf Schuldnerantrag stattfindende jeweilige Verfahren ist nach I 1 das AG als Vollstreckungsgericht ausschließlich zuständig, § 764 Rn 3–5, Reichel NZA 05, 1099 (Ausnahme: § 930). Die funktionelle Zuständigkeit liegt grundsätzlich beim Rpfl, § 20 Z 17 S 1 RPflG, § 764 Rn 6, Anh nach § 153 GVG. Das folgt auch aus der Verweisung in I 2 auf Buch 8. Sie ergibt direkt zugleich die örtliche Zuständigkeit nach § 764 II bei demjenigen AG, in dessen Bezirk das Vollstreckungsverfahren stattfinden soll oder stattgefunden hat. Alle Zuständigkeiten sind nach I 3 in Übereinstimmung mit § 802 ausschließlich.

4   **4) Entscheidung über Verweigerungsantrag, II.** Sie ergeht nach II 1 durch einen Beschluß. Der Rpfl muß ihn wegen der Anfechtbarkeit begründen, § 329 Rn 4. Soweit er die Vollstreckung einstellt oder eine schon getroffene Vollstreckungsmaßregel aufhebt, kommt nach II 2 auf Antrag entsprechend §§ 769 I, III, 770 eine einstweilige Anordnung infrage. I 3 stellt klar, daß auch eine Aufhebung einer Vollstreckungsmaßregel, nicht der ganzen Vollstreckung, ohne Sicherheitsleistung statthaft ist. Jede Entscheidung bedarf der Verkündung bzw Zustellung an alle Beteiligten wie sonst.

5   **5) Einstweilige Anordnung über Aussetzung oder Beschränkung, III.** Sie erhegt nach III 1 durch eine einstweilige Anordnung. Sie erfolgt mangels Verweisung auch von III 1 auf §§ 769, 770 ebenfalls durch den Rpfl und nicht etwa durch das Prozeßgericht (es gibt ja hier gar kein deutsches). Man kann auch nicht etwa der Amtsrichter für funktionell zuständig erklären. Denn auch die einstweilige Anordnung ist ein Geschäft im Zwangsvollstreckungsverfahren nach § 20 Z 17 S 1 RPflG, Anh § 153 GVG. Freilich gilt die in I 3 genannte Unanfechtbarkeit deshalb nur mit den Einschränkungen des § 11 II 1 RPflG. En Wahrheit ist daher die befristete Erinnerung statthaft usw, § 11 II 2–4 RPflG.

6   **6) Verstoß, I–III.** Es gelten die innerdeutschen Regeln.

7   **7) VwGO:** s § 1079 Rn 6.

1085 *Einstellung der Zwangsvollstreckung.* Die Zwangsvollstreckung ist entsprechend den §§ 775 und 776 auch dann einzustellen oder zu beschränken, wenn die Ausfertigung einer Bestätigung über die Nichtvollstreckbarkeit oder über die Beschränkung der Vollstreckbarkeit nach Artikel 6 Abs. 2 der Verordnung (EG) Nr. 805/2004 vorgelegt wird.

Vorbem. Angefügt dch Art 1 Z 8 G v 18. 8. 05, BGBl 2477, in Kraft seit 21. 10. 05, Art 3 S 1 G, ÜbergangsR Einl III 78.

1   **1) Systematik.** Die Vorschrift ergänzt Art 6 II VO (EG) Nr 805/2004. Auf andere Arten von Einstellung der Zwangsvollstreckung ist sie entgegen ihrer scheinbar umfassenden amtlichen Überschrift nicht anwendbar, insbesondere nicht auf eine Einstellung nach § 1084 II 2. Denn dort geht es nur um einen Antrag nach Art 21 VO.

2   **2) Regelungszweck.** Eine Bestätigung der Nicht(mehr)vollstreckbarkeit oder nur (noch) beschränkten Vollstreckbarkeit eines Europäischen Titels muß sich praktisch durchsetzen lassen. Diesem Zweck dient § 1084. Die Vorschrift dient also der Gerechtigkeit. Als Folge einer den Ursprungstitel ja schon ganz oder teilweise beseitigenden anderen Entscheidung darf man § 1085 daher nicht zu streng auslegen.

3   **3) Einstellung oder Beschränkung der Zwangsvollstreckung.** Es kommen die nach §§ 775, 776 zulässigen Maßnahmen in Betracht. Vgl daher dort zu den Einzelheiten.

4   **4) VwGO:** s § 1079 Rn 6.

1086 *Vollstreckungsabwehrklage.* ¹¹Für Klagen nach § 767 ist das Gericht ausschließlich örtlich zuständig, in dessen Bezirk der Schuldner seinen Wohnsitz hat, oder, wenn er im Inland keinen Wohnsitz hat, das Gericht, in dessen Bezirk die Zwangsvollstreckung stattfinden soll oder stattgefunden hat. ²Der Sitz von Gesellschaften oder juristischen Personen steht dem Wohnsitz gleich.

II § 767 Abs. 2 ist entsprechend auf gerichtliche Vergleiche und öffentliche Urkunden anzuwenden.

Abschnitt 4. Europ. Vollstreckungstitel nach der VO (EG) Nr. 805/2004 § 1086

Vorbem. Angefügt dch Art 1 Z 8 G v 18. 8. 05, BGBl 2477, in Kraft seit 21. 10. 05, Art 3 S 1 G, ÜbergangsR Einl III 78.

1) **Systematik, I, II.** Nach Art 20 I 2 VO (EG) Nr 805/2004 erfolgt die Vollstreckung aus einem Europäischen Vollstreckungstitel unter denselben Bedingungen wie eine Vollstreckung aus einem Inlandstitel. § 1086 klärt daher zur danach auch möglichen Vollstreckungsabwehrklage nach § 767 in I nur die örtliche Zuständigkeit und in II nur die sog Präklusionswirkung des § 767 II auch für gerichtliche Vergleiche und öffentliche Urkunden. **1**

2) **Regelungszweck, I, II.** Die Vorschrift dient der Rechtssicherheit. Das gilt insbesondere bei der Klarstellung nach II. Man sollte die Regelung deshalb durchaus strikt auslegen. **2**

3) **Zuständigkeit, I.** Sie ist ausschließlich, § 802. Nach I 1 liegt der Gerichtsstand beim Prozeßgericht zunächst des Schuldnerwohnsitzes, § 13, hilfsweise mangels inländischen Wohnsitzes bei demjenigen Gericht, in dessen Bezirk die Vollstreckung stattfinden soll oder stattgefunden hat. Nach I 2 steht dem Wohnsitz bei einer Gesellschaft oder juristischen Person der (Haupt-)Sitz gleich, § 17. Vgl daher dort. **3**

4) **Beschränkung der Klagegründe, II.** Die sog Präklusion gilt nach § 767 II direkt bei der Abwehr eines Urteils. Sie gilt nach II entsprechend auch bei einem solchen Europäischen Vollstreckungstitel, der in Form eines Prozeßvergleichs im Sinn von Anh § 307 Rn 3 ff oder in Form einer öffentlichen Urkunde im Sinn des Art 4 Z 3 a VO (EG) Nr 805/2004 ergangen ist, soweit die dortige Begriffsbestimmung überhaupt von derjenigen der §§ 415, 417, 418 abweicht. Zwar ist die Verwendung des Begriffs in II Teil desselben deutschen Gesetzes, das diesen Begriff eben auch an der eben genannten anderen Stelle verwendet. Es geht aber bei § 1086 als einem bloßen Durchführungsgesetz der VO (EG) Nr 805/2004 ersichtlich in der Sache um diejenigen Urkunden, die in der VO aufgeführt sind. Das sollte den Ausschlag geben. **4**

5) **Verstoß, I, II.** Es gelten die bei §§ 767 ff genannten Erwägungen entsprechend. **5**

6) *VwGO:* s § 1079 Rn 6. **6**

Gesetz, betreffend die Einführung der Zivilprozeßordnung

Vom 30. Januar 1877 (RGBl S 244)
(BGBl III 310-2)
zuletzt geändert durch Art 2 a G v 16. 8. 05, BGBl 2437
Bearbeiter: Dr. Albers

1 *Inkrafttreten.* Die Zivilprozeßordnung tritt im ganzen Umfange des Reichs gleichzeitig mit dem Gerichtsverfassungsgesetz in Kraft.

1   1) *Erläuterung.* ZPO und GVG gelten seit dem 3. 10. 90 im gesamten Bundesgebiet einschließlich der früheren DDR und Ost-Berlins, Art 8 EV, mit den (zT gegenstandslos gewordenen) Maßgaben der Anl I Kap III Sachgeb A Abschn III und IV, vgl S XXIX und die Erläuterungen zu den einzelnen Vorschriften.

2 *Kostenwesen.* Das Kostenwesen in bürgerlichen Rechtsstreitigkeiten wird für den ganzen Umfang des Reichs durch eine Gebührenordnung geregelt.

1   1) *Erläuterung.* Das Kostenwesen für den Zivilprozeß regeln GKG, JVEG, RVG, GVollzKG und § 12 ArbGG. S im übrigen Hartmann, Kostengesetze.

3 *Geltungsbereich der ZPO.* I Die Zivilprozeßordnung findet auf alle bürgerlichen Rechtsstreitigkeiten Anwendung, welche vor die ordentlichen Gerichte gehören.
II Insoweit die Gerichtsbarkeit in bürgerlichen Rechtsstreitigkeiten, für welche besondere Gerichte zugelassen sind, durch die Landesgesetzgebung den ordentlichen Gerichten übertragen wird, kann dieselbe ein abweichendes Verfahren gestatten.

1   1) *Erläuterung.* Bürgerliche Rechtsstreitigkeiten, die vor die ordentlichen Gerichte gehören, sind nach § 13 GVG alle, für die nicht durch Bundes- oder Landesrecht die Zuständigkeit von (allgemeinen oder besonderen) Verwaltungsgerichten begründet oder bundesrechtlich Sondergerichte bestellt oder zugelassen sind. Weist Landesrecht den ordentlichen Gerichten Prozesse als bürgerliche zu, so darf es das Verfahren nach ZPO nicht ausschließen; Ausnahmen: §§ 3 II, 11, 15. Wegen der Sondergerichte vgl §§ 14 GVG, 3 EGGVG. Mangels Anordnung nach II gilt für das Verfahren die ZPO.

4 *Zulässigkeit des Rechtswegs.* Für bürgerliche Rechtsstreitigkeiten, für welche nach dem Gegenstand oder der Art des Anspruchs der Rechtsweg zulässig ist, darf aus dem Grunde, weil als Partei der Fiskus, eine Gemeinde oder eine andere öffentliche Korporation beteiligt ist, der Rechtsweg durch die Landesgesetzgebung nicht ausgeschlossen werden.

1   1) *Erläuterung.* § 4 schränkt den § 13 GVG ein, nach dem die Landesgesetzgebung Zivilprozesse Verwaltungsgerichten (nach Art 92 GG nicht mehr Verwaltungsbehörden, § 13 GVG Rn 4) übertragen darf. Eine solche Übertragung ist unzulässig **a)** für Ansprüche aus Amtspflichtverletzung eines Beamten, Art 34 GG, und auf Enteignungsentschädigung, Art 14 III GG; **b)** nur wegen der Person einer Partei im Rahmen des § 4. Auch die Beschränkung des ordentlichen Rechtswegs für gewisse Fälle ist verboten, wenn sie praktisch dem Ausschluß gleichkommt, RG **106**, 40. Dagegen ist eine Erschwerung durch das Erfordernis eines vorherigen Verwaltungsbescheids zulässig, vgl BGH **4**, 51; dagegen bestehen auch keine verfassungsrechtlichen Bedenken, BVerfG **8**, 246, RoSGo § 14 II 3. Wegen der Rechtslage in kirchlichen Rechtsangelegenheiten s § 13 GVG Rn 46.

5, 6 (gegenstandslos)

7 *Oberstes Landesgericht.* I ¹ Ist in einem Land auf Grund des § 8 des Einführungsgesetzes zum Gerichtsverfassungsgesetz für bürgerliche Rechtsstreitigkeiten ein oberstes Landesgericht eingerichtet, so entscheidet das Berufungsgericht, wenn es die Revision zulässt, oder das Gericht, das die Rechtsbeschwerde zulässt, gleichzeitig über die Zuständigkeit für die Verhandlung und Entscheidung über das Rechtsmittel. ² Die Entscheidung ist für das oberste Landesgericht und den Bundesgerichtshof bindend.
II ¹ Die Nichtzulassungsbeschwerde, der Antrag auf Zulassung der Sprungrevision oder die Rechtsbeschwerde im Falle des § 574 Abs. 1 Nr. 1 der Zivilprozessordnung ist bei dem Bundes-

gerichtshof einzureichen. ²Betreffen die Gründe für die Zulassung der Revision oder der Rechtsbeschwerde im Wesentlichen Rechtsnormen, die in den Landesgesetzen enthalten sind, so erklärt sich der Bundesgerichtshof durch Beschluss zur Entscheidung über die Beschwerde oder den Antrag für unzuständig und übersendet dem obersten Landesgericht die Prozessakten. ³Das oberste Landesgericht ist an die Entscheidung des Bundesgerichtshofes über die Zuständigkeit gebunden. ⁴Es gibt Gelegenheit zu einer Änderung oder Ergänzung der Begründung der Beschwerde oder des Antrags.

Vorbem. Neu gefaßt mWv 1. 1. 02 durch Art 3 Z 1 ZPO-RG v 27. 7. 01, BGBl 1887 (Material: RegEntw BT-Drs 14/4722 S 124). Übergangsrecht: § 26 Z 7–9, s unten Rn 6.

1) Oberstes Landesgericht (*Herbst* u *Tilch,* F *Odersky,* 1996). 1
Ein solches Gericht, dessen Zuständigkeit § 8 EGGVG bestimmt, ist nur in Bayern errichtet worden, Abschnitt I Art 1 ff BayAGGVG; durch G v 20. 10. 04, GVBl 400, ist jedoch dessen Auflösung mit Ablauf des 30. 6. 06 angeordnet worden, s Schlußanh I B. Das Verfahren bei der Einlegung eines Rechtsmittels, für dessen Entscheidung das ObLG zuständig sein kann, regelt § 7.

2) Zuständigkeit für zulassungsbedürftige Rechtsmittel, I. Das bayerische OLG, das nach § 543 2 ZPO die Revision zuläßt, oder das bayerische Gericht, das die Rechtsbeschwerde nach § 574 zuläßt, entscheidet gleichzeitig darüber, ob der BGH oder das BayObLG für die Verhandlung und Entscheidung über das Rechtsmittel zuständig ist, **I 1.** Diese Entscheidung ist unanfechtbar und für das darin bestimmte Gericht bindend, **I 2.**
Die Entscheidung wird idR in den Tenor aufgenommen, kann aber auch in den Gründen enthalten sein. 3 Ist die Bestimmung des zuständigen Gerichts unterblieben, kann sie im Wege der Berichtigung oder Ergänzung, §§ 319 bzw 321 ZPO, nachgeholt werden, vgl BGH NJW **98**, 3571 (aber nicht mehr nach dem 1. 1. 05, soweit es um das BayObLG geht, BGR RR **05**, 717). Sie ist wirksam, wenn die Revision der Zulassung bedarf, BGH RR **87**, 125. Die Revision ist demgemäß bei dem auf diese Weise bestimmten Gericht einzulegen, die bei dem anderen Gericht eingelegte Revision ist unzulässig, BGH RR **87**, 125; bei fehlender Bestimmung kann sie beim ObLG oder beim BGH eingelegt werden, BGH RR **03**, 489, NJW **98**, 3571 mwN. Beim ObLG müssen die Parteien sich durch einen bei einem OLG zugelassenen RA vertreten lassen, § 78 I 3 ZPO. Wird im Wege der Berichtigung oder Ergänzung nachträglich der BGH bestimmt, so ist diese Entscheidung für das weitere Verfahren bindend; die zuvor beim ObLG vorgenommenen Prozeßhandlungen behalten aber ihre Wirksamkeit, BGH aaO mwN.

3) Zuständigkeit für zulassungsfreie Rechtsmittel, II. Die Nichtzulassungsbeschwerde, § 544 ZPO, 4 der Antrag auf Zulassung der Sprungrevision, § 566 ZPO, oder die Rechtsbeschwerde im Fall des § 574 I Z 1 ZPO sind abweichend von I stets beim BGH einzulegen, **II 1**, so daß die Einlegung beim ObLG die Einlegungsfrist nicht wahrt. Bis zu Entscheidung des BGH gilt das gleiche für alle weiteren Prozeßhandlungen, zB Wiedereinsetzungsanträge, Begründungen, PKH-Gesuche, Anträge auf Einstellung der Zwangsvollstreckung und Anschlußrechtsmittel. Die Parteien müssen sich durch einen beim BGH zugelassenen RA vertreten lassen, § 78 I 4 ZPO.
Betreffen die Gründe für die Zulassung der Revision oder der Rechtsbeschwerde im Wesentlichen 5 Normen des bayerischen **Landesrechts**, vgl § 8 II EGGVG, so erklärt sich der BGH durch **Beschluß** für unzuständig und übersendet die Prozeßakten dem ObLG, **II 2**. Dieses ist an die Entscheidung des BGH über die Zuständigkeit gebunden, **II 3**. Es muß den Parteien Gelegenheit zu einer Änderung oder Ergänzung der Begründung der Beschwerde bzw des Antrags geben, **II 4**, so daß der Ablauf der Begründungsfrist unschädlich ist. Die vorher beim BGH vorgenommenen Prozeßhandlungen bleiben wirksam.

In **Familiensachen** finden die Bestimmungen über die Nichtzulassungsbeschwerde (§§ 543 I Z 2, § 544 6 u 621 e II 1 Z 2) für vor dem 1. 1. 07 ergehende Entscheidungen **keine Anwendung**, § 26 Z 9.

8 (aufgehoben mWv 1. 1. 02 durch Art 3 Z 2 ZPO-RG v 27. 7. 01, BGBl 1887).

9 *Bestimmung des zuständigen Gerichts.* Das oberste Landesgericht für bürgerliche Rechtsstreitigkeiten bestimmt das zuständige Gericht auch dann, wenn nach § 36 Abs. 2 der Zivilprozeßordnung ein in seinem Bezirk gelegenes Oberlandesgericht zu entscheiden hätte.

Vorbem. Neu gefaßt durch Art 2 § 19 SchiedsVfG v 22. 12. 97, BGBl 3224, in Kraft ab 1. 4. 98, Art 5 II SchiedsVfG; zum Übergangsrecht BGH NJW **98**, 2830 (Materialien: AusschBer BT-Drs 13/9124 S 63).

1) Erläuterung (Kemper NJW **98**, 3551; Kappus NJW **98**, 582). § 9 aF sah die Zuständigkeit des BGH 1 für die Entscheidung nach § 36 ZPO für den Fall vor, daß ein Streit zwischen den Gerichten verschiedener Bundesländer bestand, vgl 56. Aufl § 9 aF Rn 1. Die Neufassung regelt die Zuständigkeit des (nur in Bayern bestehenden, durch G v 20. 10. 04 GVBl 400, allerdings zur Auflösung bestimmten) obersten Landesgerichts, § 7, anstelle des nach § 36 II ZPO nF zuständigen OLG, vgl § 36 ZPO nF Rn 10 ff, BGH RR **99**, 1010, BayObLG **99**, 80. Im Zusammenhang mit dieser Änderung ist durch Art 2 § 30 SchiedsVfG mWv 1. 4. 98 das G betr die Zuständigkeit des Reichsgerichts v 22. 5. 10, BGBl III 310-3, aufgehoben worden (dieses G ist in der 56. Aufl in § 9 aF Rn 1 abgedruckt). Übergangsrecht: Art 4 § 2 SchiedsVfG, abgedr Vorbem § 36 ZPO nF.

10 (gegenstandslos)

Albers

11 *Aufgebotsverfahren.* Die Landesgesetze können bei Aufgeboten, deren Zulässigkeit auf landesgesetzlichen Vorschriften beruht, die Anwendung der Bestimmungen der Zivilprozeßordnung über das Aufgebotsverfahren ausschließen oder diese Bestimmungen durch andere Vorschriften ersetzen.

12 *Gesetz.* Gesetz im Sinne der Zivilprozeßordnung und dieses Gesetzes ist jede Rechtsnorm.

1   1) **Erläuterung.** Über den Begriff „Gesetz" s § 545 ZPO und § 1 GVG.

13 *Verhältnis zu Reichsgesetzen.* I Die prozeßrechtlichen Vorschriften der Reichsgesetze werden durch die Zivilprozeßordnung nicht berührt.
II (hebt einige Vorschriften besonders auf)
III, IV (fortgefallen)

1   1) **Erläuterung.** Prozeßrechtliche Vorschriften der Reichsgesetze aus der Zeit vor Inkrafttreten der ZPO gelten fort. Spätere Gesetze enthalten vielfach prozeßrechtliche Vorschriften, so zB AktG, GenG, PatG, WZG, AGBG usw.

14 *Verhältnis zu den Landesgesetzen.* I Die prozeßrechtlichen Vorschriften der Landesgesetze treten für alle bürgerlichen Rechtsstreitigkeiten, deren Entscheidung in Gemäßheit des § 3 nach den Vorschriften der Zivilprozeßordnung zu erfolgen hat, außer Kraft, soweit nicht in der Zivilprozeßordnung auf sie verwiesen oder soweit nicht bestimmt ist, daß sie nicht berührt werden.
II Außer Kraft treten insbesondere:
1. die Vorschriften über die bindende Kraft des strafgerichtlichen Urteils für den Zivilrichter;
2. die Vorschriften, welche in Ansehung gewisser Rechtsverhältnisse einzelne Arten von Beweismitteln ausschließen oder nur unter Beschränkungen zulassen;
3. die Vorschriften, nach welchen unter bestimmten Voraussetzungen eine Tatsache als mehr oder minder wahrscheinlich anzunehmen ist;
4. die Vorschriften über die Bewilligung von Moratorien, über die Urteilsfristen und über die Befugnisse des Gerichts, dem Schuldner bei der Verurteilung Zahlungsfristen zu gewähren;
5. die Vorschriften, nach welchen eine Nebenforderung als aberkannt gilt, wenn über dieselbe nicht entschieden ist.

1   1) **Erläuterung.** § 14 enthält eine abschließende bundesgesetzliche Regelung, die dem Landesgesetzgeber (abgesehen von den Ausnahmen in § 15 u § 15a) keine Regelungskompetenz beläßt. Ob es sich um eine prozeßrechtliche Vorschrift eines Landesgesetzes handelt, richtet sich nicht nach der heutigen Auffassung, sondern nach der der ZPO von 1877. Aufgehoben sind prozessuale Vorschriften jeder Art, namentlich auch solche über Ungebühr außerhalb der Sitzung (aM Hbg ZZP **52**, 220). Auf Zivilprozesse, die nicht vor die ordentlichen Gerichte gehören, bezieht sich § 14 nicht; insofern sind aber die landesrechtlichen Bestimmungen durch späteres Reichs- bzw Bundesrecht aufgehoben worden.
Ein **Strafurteil** ist für den Zivilrichter nicht bindend, **II Z 1**, MüKoWo 4. Vielmehr darf (und muß) er es als Beweismittel verwerten, stRspr, BGH WertpMitt **73**, 561, BAG NJW **99**, 82 (zu § 580 Z 7b), Köln FamRZ **91**, 580 mwN; er hat die darin getroffenen Feststellungen also zu würdigen (und wird ihnen idR folgen), StJLeip 2, Köln aaO, Kblz AnwBl **90**, 216 mwN. In der Entscheidung ist der Zivilrichter an ein Strafurteil nicht gebunden, darf also auch gegenteilig entscheiden; dies gilt zB im Fall des § 580 Z 3 ZPO, BGH NJW **83**, 230. Anders liegt es dort, wo das Strafurteil Tatbestandsvoraussetzung des Anspruchs ist.

15 *Landesrechtliche Vorbehalte.* Unberührt bleiben:
1. die landesgesetzlichen Vorschriften über die Einstellung des Verfahrens für den Fall, daß ein Kompetenzkonflikt zwischen den Gerichten und den Verwaltungsbehörden oder Verwaltungsgerichten entsteht;
2. die landesgesetzlichen Vorschriften über das Verfahren bei Streitigkeiten, welche die Zwangsenteignung und die Entschädigung wegen derselben betreffen;
3. die landesgesetzlichen Vorschriften über die Zwangsvollstreckung wegen Geldforderungen gegen einen Gemeindeverband oder eine Gemeinde, soweit nicht dingliche Rechte verfolgt werden;
4. die landesgesetzlichen Vorschriften, nach welchen auf die Zwangsvollstreckung gegen einen Rechtsnachfolger des Schuldners, soweit sie in das zu einem Lehen, mit Einschluß eines allodifizierten Lehens, zu einem Stammgute, Familienfideikommiß oder Anerbengute gehörende Vermögen stattfinden soll, die Vorschriften über die Zwangsvollstreckung gegen einen Erben des Schuldners entsprechende Anwendung finden.

1   1) **Erläuterung zu Z 1, 2.** Soweit die Vorschriften unberührt bleiben, darf die Landesgesetzgebung auch neue Vorschriften erlassen, BGH NJW **80**, 583. Die Möglichkeit, dabei das Verfahren selbständig zu ordnen und die letztinstanzliche Zuständigkeit dem BGH zu übertragen, eröffnet § 3 EGGVG, s die dortigen Erläuterungen. Über den Zuständigkeitsstreit (Kompetenzkonflikt), **Z 1**, s bei § 17 GVG. Eine landesgesetz-

liche Regelung ist nur im Rahmen von § 17a GVG möglich, s dort. Über die Höhe der Entschädigung bei landesrechtlicher Enteignung, Z 2 (vgl Art 109 EGBGB), müssen nach Art 14 III GG die Zivilgerichte entscheiden. Die Landesgesetzgebung kann das Verfahren im übrigen beliebig regeln, soweit es nur die Gewähr des ordentlichen Rechtswegs gibt, also auch das Rechtsmittelverfahren, insbesondere den Rechtsmittelzug, abweichend von GVG und ZPO ordnen, BGH NJW 80, 583 (zum hbg Enteignungsgesetz).

2) Zwangsvollstreckung gegen Gemeindeverband oder Gemeinde, Z 3. Sie war in § 116 Gemein- **2** deO vom 30. 1. 35, RGBl I 49, reichsrechtlich geregelt; die Vorschrift ist jetzt durch neue Gesetze ersetzt, idR durch die jeweilige GemeindeO, zB in BadWürtt durch § 127 der GemeindeO idF vom 22. 12. 75, GBl 76, 1. Z 3 trifft nur die Zwangsvollstreckung wegen Geldforderungen, soweit sie keine dinglichen Rechte verwirklicht, also zB nicht aus §§ 883 ff ZPO. Die allgemeinen Vorschriften über die Zwangsvollstreckung bleiben unberührt, so die über Verfahren und Zuständigkeit. Wegen der Zwangsvollstreckung gegen sonstige Personen des öffentlichen Rechts s § 882a, dem für Gemeinden die landesrechtlichen Bestimmungen vorgehen, Kblz MDR **90**, 733, dazu Schmitt-Timmermanns/Schäfer BayVBl **89**, 489 mwN (zu § 77 BayGemO). Nichts mit Z 3 zu tun hat der Ausspruch der vorläufigen Vollstreckbarkeit, s Einf § 708 Rn 5 aE. Z 3 kann nicht entsprechend auf andere jur Personen angewendet werden; für den Fall des Konkurses vgl Art IV EGÄndGKO v 17. 5. 98, RGBl 248, und die darin enthaltene (statische) Verweisung auf Z 3 in deren ursprünglicher Fassung, dazu BVerfG **60**, 155 = NJW **82**, 2859 (aufrechterhalten durch BVerfG **65**, 377 = NVwZ **84**, 641), Renck BayVBl **82**, 300.

3) VwGO: § 15 ist unanwendbar; statt Z 3 gilt § 170 VwGO, RedOe § 170 Anm 3. **3**

15a *Obligatorisches Güteverfahren.* ¹ ¹ Durch Landesgesetz kann bestimmt werden, dass die Erhebung der Klage erst zulässig ist, nachdem von einer durch die Landesjustizverwaltung eingerichteten oder anerkannten Gütestelle versucht worden ist, die Streitigkeit einvernehmlich beizulegen

1. in vermögensrechtlichen Streitigkeiten vor dem Amtsgericht über Ansprüche, deren Gegenstand an Geld oder Geldeswert die Summe von 750 Euro nicht übersteigt,
2. in Streitigkeiten über Ansprüche aus dem Nachbarrecht nach den §§ 910, 911, 923 des Bürgerlichen Gesetzbuchs und nach § 906 des Bürgerlichen Gesetzbuchs sowie nach den landesgesetzlichen Vorschriften im Sinne des Artikels 124 des Einführungsgesetzes zum Bürgerlichen Gesetzbuche, sofern es sich nicht um Einwirkungen von einem gewerblichen Betrieb handelt,
3. in Streitigkeiten über Ansprüche wegen Verletzung der persönlichen Ehre, die nicht in Presse oder Rundfunk begangen worden sind.

² Der Kläger hat eine von der Gütestelle ausgestellte Bescheinigung über einen erfolglosen Einigungsversuch mit der Klage einzureichen. ³ Diese Bescheinigung ist ihm auf Antrag auch auszustellen, wenn binnen einer Frist von drei Monaten das von ihm beantragte Einigungsverfahren nicht durchgeführt worden ist.

II ¹ Absatz 1 findet keine Anwendung auf

1. Klagen nach den §§ 323, 324, 328 der Zivilprozessordnung, Widerklagen und Klagen, die binnen einer gesetzlichen oder gerichtlich angeordneten Frist zu erheben sind,
2. Streitigkeiten in Familiensachen,
3. Wiederaufnahmeverfahren,
4. Ansprüche, die im Urkunden- oder Wechselprozess geltend gemacht werden,
5. die Durchführung des streitigen Verfahrens, wenn ein Anspruch im Mahnverfahren geltend gemacht worden ist,
6. Klagen wegen vollstreckungsrechtlicher Maßnahmen, insbesondere nach dem Achten Buch der Zivilprozessordnung.

² Das gleiche gilt, wenn die Parteien nicht in demselben Land wohnen oder ihren Sitz oder eine Niederlassung haben.

III ¹ Das Erfordernis eines Einigungsversuchs vor einer von der Landesjustizverwaltung eingerichteten oder anerkannten Gütestelle entfällt, wenn die Parteien einvernehmlich einen Einigungsversuch vor einer sonstigen Gütestelle, die Streitbeilegungen betreibt, unternommen haben. ² Das Einvernehmen nach Satz 1 wird unwiderleglich vermutet, wenn der Verbraucher eine branchengebundene Gütestelle, eine Gütestelle der Industrie- und Handelskammer, der Handwerkskammer oder der Innung angerufen hat. ³ Absatz 1 Satz 2 gilt entsprechend.

IV Zu den Kosten des Rechtsstreits im Sinne des § 91 Abs. 1, 2 der Zivilprozessordnung gehören die Kosten der Gütestelle, die durch das Einigungsverfahren nach Absatz 1 entstanden sind.

V Das Nähere regelt das Landesrecht; es kann auch den Anwendungsbereich des Absatzes 1 einschränken, die Ausschlussgründe des Absatzes 2 erweitern und bestimmen, dass die Gütestelle ihre Tätigkeit von der Einzahlung eines angemessenen Kostenvorschusses abhängig machen und gegen eine im Gütetermin nicht erschienene Partei ein Ordnungsgeld festsetzen darf.

VI ¹ Gütestellen im Sinne dieser Bestimmung können auch durch Landesrecht anerkannt werden. ² Die vor diesen Gütestellen geschlossenen Vergleiche gelten als Vergleiche im Sinne des § 794 Abs. 1 Nr. 1 der Zivilprozessordnung.

Vorbem. Eingefügt durch Art 1 des Ges zur Förderung der außergerichtlichen Streitbeilegung v 15. 12. **1** 99, BGBl 2400, das am 1. 1. 2000 in Kraft getreten ist, Art 4 des Ges; Gesetzesmaterialien: Entwurf BT-Drs 14/980, Plenarprotokoll 14/45, Bericht des Rechtsausschusses BT-Drs 14/1306, Plenarprotokoll 14/53. I 1 Z 1 mWv 1. 1. 02 idF des Ges zur Einführung des Euro v 13. 12. 01, BGBl 3574.

EGZPO § 15a

Schrifttum (Auswahl): Prütting, Außergerichtliche Streitschlichtung, 2003; Wolfram-Korn/Schmarsli, Außergerichtliche Streitschlichtung in Deutschland, 2001; Bitter NJW **05**, 1235, Greger Schieds VZ **05**, 76, Friedrich MDR **04**, 481, NJW **03**, 3534, NJW **02**, 3223 u JR **02**, 397; Lauer NJW **04**, 1280; Wesche ZRP **04**, 49 u MDR **03**, 1029 (krit); Rüssel JuS **03**, 380; Stickelbrock JZ **02**, 633; Schneeweiß DRiZ **02**, 107; Wetekamp NZM **03**, 614; Schneider AnwBl **01**, 327; Wagner NJW **01**, 182; Rüssel NJW **00**, 2800; Unberath JR **01**, 355; 2800; Dieckmann NJW **00**, 2802; Hartmann NJW **99**, 3745; Wassermann NJW **99**, 2646 u **98**, 1685; Wolfsteiner ZRP **99**, 264.

2 **1) Regelungszweck.** Die Einführung eines obligatorischen Güteverfahrens als Zulässigkeitsvoraussetzung für bestimmte Klagen soll zur Entlastung der Zivilgerichte beitragen. Dafür gibt § 15 a Rahmenvorschriften; es ist Sache der Landesgesetzgebung, über das Ob und das Wie eines solchen Vorverfahrens im Einzelnen zu entscheiden, vgl DRiZ **01**, 184 (Rheinland-Pfalz). Das Ziel einer spürbaren Entlastung der Gerichte wird diese Regelung nur dann erreichen, wenn das obligatorische Güteverfahren in einer nennenswerten Zahl von Fällen zu einer einvernehmlichen Lösung führt. Deshalb kommt es entscheidend darauf an, daß die Landesgesetze das Güteverfahren so attraktiv gestalten, daß die Parteien es als eine wirkliche Chance der Streitbeilegung akzeptieren. Dazu gehört eine möglichst einheitliche Gesetzgebung, die einer Zersplitterung der Regeln vorbeugt und damit den Umgang mit dem Güteverfahren erleichtert, vgl Hartmann NJW **99**, 3746. Jedenfalls ist es dringend erforderlich, die Gütestellen mit qualifizierten Kräften zu besetzen, ihr Verfahren auf zügige Erledigung auszurichten und die Kosten niedrig zu halten.

3 **2) Gütestellen, I u VI.** Das obligatorische Güteverfahren muß von einer durch die Landesjustizverwaltung eingerichteten oder anerkannten **Gütestelle** durchgeführt werden, **I 1**, vgl § 794 ZPO Rn 4. Gütestellen iSv I können auch unmittelbar durch das Landesgesetzgebung anerkannt werden, **VI 1**. Das Nähere zu bestimmen, ist Sache des Landesrechts, zB über die Besetzung, das Verfahren und die Kosten, s u Rn 25.

4 **Rechtsbehelfe** gegen Maßnahmen der Gütestelle sieht § 15 a nicht vor; sie zuzulassen, würde dem Zweck der Regelung zuwiderlaufen. Deshalb muß das Verfahren so ausgestaltet werden, daß ein Rechtsschutz, Art 19 IV GG, nicht gewährt werden muß. Kommt es dennoch zu einer Rechtsverletzung, zB bei Verhängung eines Ordnungsgeldes, unten Rn 20, gelten etwaige Bestimmungen des Landesrechts, s zB § 9 GüSchlG NRW, notfalls die §§ 23 ff EGGVG, s dort.

5 **3) Umfang der Ermächtigung für die Landesgesetzgebung, I 1 u II.**

A. Zulässigkeit des obligatorischen Güteverfahrens, I 1. Die Landesgesetzgebung darf ein Güteverfahren für die in I 1 genannten Klagen vorschreiben, sofern dies nicht nach II ausgeschlossen ist (sie darf den Anwendungsbereich des I auch einschränken, V 1). Streitigkeiten, die nicht durch die Erhebung einer Klage eingeleitet werden, fallen nicht unter § 15a, zB das Mahnverfahren, die Verfahren des einstweiligen Rechtsschutzes und sonstige selbständige Beschlußverfahren. Das Schlichtungsverfahren entfällt bei Klagen aus nur zT schlichtungsbedürftigen Ansprüchen, LG Aachen MDR **02**, 906 mwN. Zulässig ist das obligatorische Güteverfahren in folgenden Fällen, sofern kein Ausschlußgrund nach II vorliegt:

6 **a) Klagen vor dem AG in vermögensrechtlichen Streitigkeiten über Ansprüche, deren Gegenstand an Geld oder Geldeswert die Summe von 750 Euro nicht übersteigt, I 1 Z 1.** Zur Abgrenzung der vermögensrechtlichen von den nichtvermögensrechtlichen Ansprüchen s Grdz § 1 ZPO Rn 11–17, zur Bemessung des Gegenstandswertes s §§ 2ff ZPO und die dortigen Erl. Maßgeblich ist der Gegenstandswert im Zeitpunkt der Zustellung der Klagschrift, § 253 I ZPO, LG Mü I MDR **03**, 1313 (Anm Friedrich), LG Aachen MDR **02**, 906, LG Baden-Baden RR **02**, 935. Eine Klagänderung oder -erweiterung, die dem Zweck dient, das Schlichtungsverfahren zu umgehen, ist rechtsmißbräuchlich AG Mü RR **03**, 515, AG Brakel RR **02**, 935, LG Baden-Baden WM **01**, 560, aM ThP, Friedrich NJW **02**, 3223, LG Kassel NJW **02**, 2256. Eine im Verlauf des Rechtsstreits erfolgte zulässige Klagerweiterung oder -änderung erfordert aber keinen erneuten Schlichtungsversuch im Güteverfahren, BGH MDR **05**, 265.

7 **b) Klagen vor dem LG oder AG in Streitigkeiten über Ansprüche aus dem Nachbarrecht nach den §§ 910, 911, 923 BGB und nach § 906 BGB sowie nach den landesgesetzlichen Vorschriften iSv Art 124 EGBGB, sofern es sich nicht um Einwirkungen von einem gewerblichen Betrieb handelt, I 1 Z 2.** Auf den Gegenstandswert kommt es nicht an. Die von einem gewerblichen Betrieb ausgehenden Einwirkungen sind ausgenommen, weil es in diesen Fällen an persönlich geprägten nachbarlichen Beziehungen fehlt und die Verfahren häufig tatsächlich und rechtlich schwierig sind, BT-Drs 140/980 S 6.

8 **c) Klagen vor dem LG oder AG in Streitigkeiten über Ansprüche wegen Verletzung der persönlichen Ehre, die nicht in Presse oder Rundfunk begangen worden sind, I 1 Z 3.** Auf den Gegenstandswert kommt es nicht an. In Presse oder Rundfunk (einschließlich Fernsehen) begangen sind alle Ehrverletzungen, die durch diese Medien verbreitet worden sind, vgl dazu Hartmann NJW **99**, 3747.

9 **B. Unzulässigkeit des obligatorischen Güteverfahrens, II.** Die Landesgesetzgebung darf das Güteverfahren nicht nach I 1 anordnen, wenn es sich um folgende Fälle handelt (weitere Ausnahmen darf sie zulassen, V 1):

a) Klagen nach den §§ 323, 324, 328 ZPO, Widerklagen und Klagen, die binnen einer gesetzlichen oder gerichtlich angeordneten Frist zu erheben sind, II 1 Z 1. Der Ausschluß des Güteverfahrens gilt für alle Fälle, auch die in I 1 genannten. Klagfristen müssen gesetzlich oder gerichtlich angeordnet sein; hierhin gehören zB die Fälle der §§ 494a, 878 und 926 ZPO, BT-Drs 14/980 S 7. Vertraglich vereinbarte Klagefristen stehen einem Güteverfahren nach dem klaren Wortlaut des Gesetzes nicht entgegen, aM Hartmann NJW **99**, 3747; wird die Frist wegen des Güteverfahrens versäumt, so ist ein vereinbarter Verlust des Klagerechts als unwirksam anzusehen.

10 **b) Streitigkeiten in Familiensachen, II 1 Z 2.** Wegen der Abgrenzung der FamS iSv § 23 b GVG s die Erl zu § 621 ZPO. Danach entfällt ein obligatorisches Güteverfahren zB in allen familienrechtlichen Unterhaltssachen.

11 **c) Wiederaufnahmeverfahren, II 1 Z 3.** Hierhin gehören alle Verfahren nach den §§ 578ff ZPO.

d) Ansprüche, die im Urkunden- oder Wechselprozeß geltend gemacht werden, II 1 Z 4. Hierhin gehören alle Verfahren nach den §§ 592 ff ZPO, also auch Scheckprozesse, BT-Drs 14/980 S 7. 12

e) Die Durchführung des streitigen Verfahrens, wenn ein Anspruch im Mahnverfahren geltend 13 **gemacht worden ist, II 1 Z 5.** Vgl §§ 696 ff ZPO. Für das Mahnverfahren ist die Einführung des obligatorischen Güteverfahrens nach I 1 ausgeschlossen, oben Rn 5; zu den Konsequenzen (Unterlaufen des Güteverfahrens) vgl Hartmann NJW **99**, 3748. II 1 Z 5 greift nur ein, wenn das Mahnverfahren iSv § 688 ZPO zulässig war, AG Rosenheim NJW **01**, 2030, zustm Friedrich NJW **02**, 799. In diesem Fall ist das Güteverfahren auch für Erweiterungen der Klage nicht erforderlich, AG Halle (Westfalen) NJW **01**, 2099.

f) Klagen wegen vollstreckungsrechtlicher Maßnahmen, insbesondere nach dem 8. Buch der 14 **ZPO, II 1 Z 6.** Hierhin gehören namentlich die Klagen nach den §§ 722, 767, 768, 771, 805 und 945 ZPO, aber auch andere die Vollstreckung betreffende Klagen, zB nach § 826 BGB.

g) Streitigkeiten, deren Parteien nicht in demselben Land wohnen oder ihren Sitz oder eine 15 **Niederlassung haben, II 2.** Die Regelung beruht auf der Erwägung, daß es den Parteien möglich sein muß, ohne größeren zeitlichen und finanziellen Aufwand vor der Gütestelle zu erscheinen. Sie erfaßt alle Fälle, in denen Parteien in verschiedenen Bundesländern wohnen (ihren Wohnsitz oder tatsächlichen Aufenthalt haben, BT-Drs 14/980 S 7) oder ihren Sitz bzw eine Niederlassung haben, §§ 17 ff u 21 ZPO. Eine **Beschränkung** auf kleinere räumliche Bereiche wie den Regierungs-, Landgerichts- oder Gemeindebezirk bleibt der Landesgesetzgebung vorbehalten, V, zB § 10 NRWGüSchG, LG Essen MDR **05**, 351, AG Lüdenscheid NJW **02**, 1279. Hat eine Partei ihre Wohnung bzw ihren Geschäftssitz im Ausland, findet das obligatorische Güteverfahren ebenfalls nicht statt; das gleiche gilt, wenn der Aufenthalt des Gegners unbekannt ist, krit Jaekel AnwBl **01**, 168.

C. Entfallen des obligatorischen Güteverfahrens, III. Das Güteverfahren entfällt, **wenn die Parteien** 16 **einvernehmlich einen Einigungsversuch vor einer sonstigen Gütestelle, die Streitbeilegungen betreibt, unternommen haben, III 1,** vgl Grdz § 1025 ZPO Rn 10 u 11 („Schlichtung"); dabei kommen nur Stellen in Betracht, die nicht nur einmalig, sondern dauerhaft mit Streitschlichtung befaßt sind, BT-Drs 14/980 S 7. Das nötige Einvernehmen wird unwiderleglich vermutet, wenn ein **Verbraucher** (iSv § 13 BGB) Partei ist und eine branchengebundene Gütestelle, die Gütestelle der Industrie- und Handelskammer, der Handwerkskammer oder der Innung angerufen hat, **III 2,** zB der Ombudsmann der Banken oder die Schlichtungsstellen der Ärztekammer, BT-Drs 14/980 S 8.

Das **Verfahren** der in III genannten Stellen richtet sich nach den dafür jeweils geltenden Bestimmungen. 17 Bundesrechtlich ist lediglich vorgeschrieben, daß dem als Kläger in Frage kommenden Beteiligten eine **Bescheinigung** über einen erfolglosen Einigungsversuch auszustellen ist, III 3 iVm I 2; die Verweisung auf I 3 ist offenbar infolge eines Redaktionsversehens unterblieben, weil das Scheitern des Güteverfahrens infolge Fristablaufs auch und gerade für die Fälle des III gelten muß, um eine unabsehbare Verzögerung des Güteversuchs auszuschließen.

Einen **Verzicht** der Parteien auf das obligatorische Güteverfahren sieht § 15 a nicht vor. Im Hinblick auf den 18 Zweck der Regelung, die Gerichte zu entlasten, darf auch der Landesgesetzgeber einen Verzicht nicht zulassen.

4) Verfahren der Gütestelle, I u V 19

A. Grundsatz, V. Das Nähere über das Verfahren der Gütestelle regelt der **Landesgesetzgeber,** wenn er das obligatorische Güteverfahren einführt. Er kann den Anwendungsbereich von I einschränken, die Ausschlußgründe des II erweitern und bestimmen, daß die Gütestelle ihre Tätigkeit von der Einzahlung eines angemessenen Kostenvorschusses abhängig machen darf und gegen eine im Gütetermin nicht erschienene Partei ein Ordnungsgeld festsetzen darf, dazu unten Rn 20. Der Landesgesetzgeber hat davon auszugehen, daß die Gütestelle eine **Bescheinigung** über den erfolglosen Einigungsversuch auszustellen hat, I 2 u 3, und muß das Nähere regeln, s unten Rn 23. Im übrigen hat er weitgehende Gestaltungsfreiheit.

B. Einzelheiten 20
a) Organisation der Gütestelle: Die Landesgesetzgebung regelt die Einrichtung, die Besetzung und die örtliche Zuständigkeit.

b) Verfahren der Gütestelle: Die Landesgesetzgebung regelt das Nähere über Formen und Fristen, den Ablauf des Gütetermins und die Mitteilung von Ladungen und Verfügungen. Die **Vertretung** durch RAe darf sie nicht ausschließen oder beschränken, § 3 II BRAO; Beistände muß sie entspr § 90 ZPO zulassen, Hartmann NJW **99**, 3749.

Über die Verhängung eines **Ordnungsgeldes** gegen eine im Gütetermin nicht erschienene Partei bestimmt der Landesgesetzgeber. Gegenüber anderen Personen, zB Zeugen, können keine Ordnungsmittel festgesetzt werden; auch gegen die säumige Partei darf keine Ordnungshaft verhängt werden, Hartmann NJW **99**, 3749. Wegen der Rechtsbehelfe s oben Rn 4.

c) Kosten: Das Nähere über die Erhebung von Kosten bestimmt die **Landesgesetzgebung,** vgl unten 21 Rn 25. Der Bundesgesetzgeber beschränkt sich auf die Anrechnungsvorschriften in IV.

5) Abschluß des Güteverfahrens, I 2 u 3, VI 22

A. Erfolgreiches Güteverfahren, VI. Der vor der Gütestelle iSv I 1 geschlossene Vergleich ist **Vollstreckungstitel,** § 794 I Z 1 ZPO, der Vergleich vor einer Gütestelle iSv VI *1* ist ihm gleichgestellt, VI *2*; vgl § 794 ZPO Rn 4.

B. Erfolgloses oder fehlendes Güteverfahren, I 2 u 3 23
a) Scheitert die einvernehmliche Regelung des Streits, hat die Gütestelle dem Kläger darüber eine **Bescheinigung** auszustellen, I 2; dies gilt auf Antrag des Klägers auch dann, wenn binnen einer Frist von drei Monaten das Einigungsverfahren nicht durchgeführt worden ist, **I 3;** darauf ist in der Bescheinigung hinzuweisen. Den Inhalt der Bescheinigung legt das **Landesrecht** fest, BT-Drs 14/1306 S 3.

Die **Bescheinigung** hat der Kläger **mit der Klage dem Gericht einzureichen, I 2.** Wird eine Klage ohne das erforderliche Güteverfahren erhoben, so ist sie als zZt unzulässig abzuweisen, BGH NJW **05**, 437, dazu Jordans MDR **05**, 286, LG Ellwangen RR **02**, 936, AG Nürnb RR **02**, 430 u NJW **01**, 3489, Fricke

VersR **00**, 1195, Schläger ZMR **00**, 506, **aM** (für Nachholung im Prozeß) Hannes JR **01**, 355 u Friedrich NJW **03**, 3534 u **02**, 798 mwN, ua ZöGei 25, Schmidt DAR **01**, 481, Unberath JR **01**, 356, Hamm MDR **03**, 387, LG Mü RR **03**, 355, AG Königstein NJW **03**, 1354: aber der klare Wortlaut von I 2 und die Gesetzesbegründung in BT-Drs 14/980 S 6 stehen entgegen, vgl BGH aaO und oben Rn 6. Im Berufungsverf kann die unterbliebene Schlichtung aber nicht mehr gerügt werden, LG Marburg NJW **05**, 2866.

Lehnt die Gütestelle die Ausstellung der Bescheinigung ab oder bleibt ein entsprechender Antrag unbeschieden, zB wegen Verhinderung des Schlichters, so gebietet es der Sinn der Regelung in § 15 a, daß die Klage in diesem Fall nach Ablauf der Dreimonatsfrist, I 3, ohne weiteres zulässig ist, vgl Hartmann NJW **99**, 3749; die Voraussetzungen hat der Kläger darzutun.

24   b) **Lehnt die Gütestelle den Antrag auf Einleitung des Güteverfahrens ab** (zB wegen einer fehlenden Voraussetzung), so ist diese Entscheidung unanfechtbar; im Hinblick auf I 2 ist sie aber den Parteien schriftlich mitzuteilen. Sie bindet auch das Gericht im anschließenden Prozeß: der Sinn des obligatorischen Güteverfahrens verbietet es, daß es auf dem Rücken der Parteien zu einem unauflösbaren Konflikt zwischen dem Gericht und der Gütestelle kommt, vgl Hartmann NJW **99**, 3748.

25   **6) Kosten**
A. **Güteverfahren, V.** Inwieweit für das Güteverfahren Kosten erhoben werden, bestimmt das **Landesrecht** (zu Art 17 BaySchlG BayObLG RR **05**, 724). Es kann die Tätigkeit der Gütestelle von der Einzahlung eines angemessenen **Kostenvorschusses** abhängig machen; dabei sollte bedacht werden, daß eine solche Regelung nicht als Mittel zur Umgehung des Güteverfahrens mißbraucht werden darf.
Der RA erhält für das Güteverfahren **Gebühren** nach § 17 Z 7 RVG, VV 1000, 2403.

26   B. **Prozeß, IV.** Zu den Kosten des Rechtsstreits iSv § 91 I u II ZPO gehören auch die Kosten der Gütestelle, die durch das Einigungsverfahren entstanden sind, IV; dazu vgl § 91 ZPO Rn 143 u 286.

Anhang nach § 15 a

Landesgesetzliche Regelungen

(Schönfelder Ergänzungsband Nr 104 ff; Zietsch/Roschmann, Beilage NJW 51/01)

Baden-Württemberg: Schlichtungsgesetz v 28. 6. 00, GVBl 470 (vgl Wolfram-Korn/Schmarsli, Außergerichtliche Streitschlichtung in Deutschland, 2001, Kothe/Anger, Schlichtungsges BaWü, 2001, Heck AnwBl **00**, 596)
Bayern: Schlichtungsgesetz v 25. 4. 00, GVBl 268 (vgl Schwarzmann/Walz, Bay Schlichtungsges, 2000, Wetekamp NZM **01**, 614)
Brandenburg: Schlichtungsgesetz v 5. 10. 00, GVBl I 134
Hessen: Gesetz zur Ausführung des § 15 a EGZPO v 6. 2. 01, GVBl 98
Nordrhein-Westfalen: Gütestellen- und Schlichtungsgesetz v 9. 5. 00, GVBl 321 (vgl Lauer NJW **04**, 1280, Jaekel AnwBl **01**, 168, Dieckmann NJW **00**, 2802, Böhm AnwBl **00**, 516)
Saarland: Landesschlichtungsgesetz v 21. 2. 01, ABl 532
Sachsen-Anhalt: Schiedsstellengesetz idF v 22. 6. 01, GVBl 214
Schleswig-Holstein: Landesschlichtungsgesetz v 11. 12. 01, GVBl 361.

16 *Aufrechterhaltung sachlich-rechtlicher Vorschriften.* Unberührt bleiben:
1. die Vorschriften des bürgerlichen Rechts über die Beweiskraft der Beurkundung des bürgerlichen Standes in Ansehung der Erklärungen, welche über Geburten und Sterbefälle von den zur Anzeige gesetzlich verpflichteten Personen abgegeben werden;
2. die Vorschriften des bürgerlichen Rechts über die Verpflichtung zur Abgabe einer eidesstattlichen Versicherung;
3. die Vorschriften des bürgerlichen Rechts, nach welchen in bestimmten Fällen einstweilige Verfügungen erlassen werden können.

17 *Beweiskraft von Urkunden.* I Die Beweiskraft eines Schuldscheins oder einer Quittung ist an den Ablauf einer Zeitfrist nicht gebunden.
II Abweichende Vorschriften des bürgerlichen Rechts über die zur Eintragung in das Grund- und Hypothekenbuch bestimmten Schuldurkunden bleiben unberührt, soweit sie die Verfolgung des dinglichen Rechts betreffen.

18 (gegenstandslos)

19 *Begriff der Rechtskraft; ordentliche Rechtsmittel.* I Rechtskräftig im Sinne dieses Gesetzes sind Endurteile, welche mit einem ordentlichen Rechtsmittel nicht mehr angefochten werden können.
II Als ordentliche Rechtsmittel im Sinne des vorstehenden Absatzes sind diejenigen Rechtsmittel anzusehen, welche an eine von dem Tage der Verkündung oder Zustellung des Urteils laufende Notfrist gebunden sind.

Einführungsgesetz zur Zivilprozeßordnung §§ 20–26 EGZPO

20 *Übergangsvorschriften zum 7. Gesetz zur Änderung der Pfändungsfreigrenzen.* I 1 Für eine vor dem 1. Januar 2002 ausgebrachte Pfändung sind hinsichtlich der nach diesem Zeitpunkt fälligen Leistungen die Vorschriften des § 850a Nr. 4, § 850b Abs. 1 Nr. 4, § 850c und § 850f Abs. 3 der Zivilprozessordnung in der ab diesem Zeitpunkt geltenden Fassung anzuwenden. ² Auf Antrag des Gläubigers, des Schuldners oder des Drittschuldners hat das Vollstreckungsgericht den Pfändungsbeschluss entsprechend zu berichtigen. ³ Der Drittschuldner kann nach dem Inhalt des früheren Pfändungsbeschlusses mit befreiender Wirkung leisten, bis ihm der Berichtigungsbeschluss zugestellt wird.

II 1 Soweit die Wirksamkeit einer Verfügung über Arbeitseinkommen davon abhängt, dass die Forderung der Pfändung unterworfen ist, sind die Vorschriften des § 850a Nr. 4, § 850b Abs. 1 Nr. 4, § 850c und § 850f Abs. 3 der Zivilprozessordnung in der ab dem 1. Januar 2002 geltenden Fassung hinsichtlich der Leistungen, die nach diesem Zeitpunkt fällig werden, auch anzuwenden, wenn die Verfügung vor diesem Zeitpunkt erfolgt ist. ² Der Drittschuldner kann nach den bis zum 1. Januar 2002 geltenden Vorschriften so lange mit befreiender Wirkung leisten, bis ihm eine entgegenstehende vollstreckbare gerichtliche Entscheidung zugestellt wird oder eine Verzichtserklärung desjenigen zugeht, an den der Schuldner nach den ab diesem Zeitpunkt geltenden Vorschriften weniger zu leisten hat.

Vorbem. Eingefügt dch Art 4 des 7. G zur Änderung der Pfändungsfreigrenzen, v 13. 12. 01, BGBl 3638, in Kraft seit 1. 1. 02 (RegEntw BR-Drs 310/01); vgl dazu Vorbem § 850c ZPO.

Erläuterung. Die in § 20 enthaltenen Übergangsvorschriften entsprechen der Übergangsregelung zum 6. Ges zur Änderung der Pfändungsfreigrenzen v 1. 4. 92, BGBl 745. Nach I 1 tritt die Beschränkung der früheren Pfändungen ohne weiteres ein. Im Interesse der Rechtssicherheit nach I 2 der neue Umfang der Pfändung jedoch auf Antrag von dem Vollstreckungsgericht auszusprechen. Durch die Regelung in I 3 soll der Drittschuldner geschützt werden. II sieht eine I entsprechende Regelung in I 3 für die Wirksamkeit rechtsgeschäftlicher Verfügungen aus der Zeit vor dem Inkrafttreten des Ges vor.

21-23 (gegenstandslos)

24 *Übergangsvorschrift zum Mietrechtsreformgesetz.* Auf einen Räumungsrechtsstreit, der vor dem 1. September 2001 rechtshängig geworden ist, finden § 93b Abs. 1 und 2, § 721 Abs. 7 sowie § 794a Abs. 5 der Zivilprozeßordnung in der bis zu diesem Zeitpunkt geltenden Fassung Anwendung.

Erläuterung. Das Mietrechtsreformgesetz v 19. 6. 01, BGBl 1149, ist nach seinem Art 11 am 1. 9. 01 in Kraft getreten. Die im Hinblick auf die §§ 93b I u II, 721 VII und 794a V ZPO erforderliche Übergangsvorschrift enthält der durch Art 4 des Ges eingefügte § 24.

24a *Zustellungsvordrucke.* Das Bundesministerium der Justiz wird ermächtigt, durch Rechtsverordnung mit Zustimmung des Bundesrates Vordrucke zur Vereinfachung und Vereinheitlichung der Zustellung nach den Vorschriften der Zivilprozessordnung in der durch Gesetz vom 25. Juni 2001 (BGBl. I S. 1206) geänderten Fassung einzuführen.

Vorbem. Eingefügt dch Art 5 II Z 1 G zur Modernisierung des Schuldrechts v 26. 11. 01, BGBl 3138, in Kraft seit 30. 11. 01, Art 9 I 1 G, und außer Kraft getreten am 1. 7. 02, Art 9 II G (Ersatz: § 190).

1) Vordruckverordnung. Sie ist am 12. 2. 02 ergangen, BGBl 671, 1019, und am 1. 7. 02 in Kraft **1** getreten.

25 *Gleichstellung der sog. Kammerrechtsbeistände.* Der in die Rechtsanwaltskammer gemäß § 209 der Bundesrechtsanwaltsordnung aufgenommene Erlaubnisinhaber steht im Sinne der § 88 Abs. 2, § 121 Abs. 2, § 133 Abs. 2, §§ 135, 157 Abs. 1 Satz 1 und Abs. 2 Satz 1, § 169 Abs. 2, §§ 174, 178 Abs. 1 Nr. 2, §§ 195, 317 Abs. 4 Satz 2, § 397 Abs. 2, § 811 Nr. 7 der Zivilprozeßordnung einem Rechtsanwalt gleich.

Bem. Eingefügt mWv 8. 9. 98 durch Art 6 G v 31. 8. 98, BGBl 2585 (Materialien: RegEntw BT-Drs 13/4184; AusschBer BT-Drs 13/11034); die Ersetzung der Angabe „§ 170 Abs. 2, § 183 Abs. 2, §§ 198, 212a" durch „*§ 169 Abs. 2, §§ 174, 178 Abs. 1 Nr. 2, §§ 195*" nach Art 2 VII ZustRG v 25. 6. 01, BGBl 1206, trat am 1. 7. 02 in Kraft, Art 4 des Ges, vgl Anh § 213a ZPO. Zu den sog Kammerrechtsbeiständen, § 209 BRAO, s Anh II § 155 GVG Rn 2, BGH NJW **99**, 1116.

26 *Übergangsvorschriften zum ZPO-RG.* Für das Gesetz zur Reform des Zivilprozesses vom 27. Juli 2001 gelten folgende Übergangsvorschriften:
1. § 78 der Zivilprozessordnung ist in Berufungen und Beschwerden gegen Entscheidungen der Amtsgerichte, die vor dem 1. Januar 2008 eingelegt werden und nicht familiengerichtliche

EGZPO § 26

Entscheidungen zum Gegenstand haben, mit der Maßgabe anzuwenden, dass ein bei einem Landgericht zugelassener Rechtsanwalt bei dem Oberlandesgericht als zugelassen gilt.

2. ¹Für am 1. Januar 2002 anhängige Verfahren finden die §§ 23, 105 Abs. 3 des Gerichtsverfassungsgesetzes und § 92 Abs. 2, §§ 128, 269 Abs. 3, §§ 278, 313 a, 495 a der Zivilprozessordnung sowie die Vorschriften über das Verfahren im ersten Rechtszug vor dem Einzelrichter in der am 31. Dezember 2001 geltenden Fassung weiter Anwendung. ²Für das Ordnungsgeld gilt § 178 des Gerichtsverfassungsgesetzes in der am 31. Dezember 2001 geltenden Fassung, wenn der Beschluss, der es festsetzt, vor dem 1. Januar 2002 verkündet oder, soweit eine Verkündung nicht stattgefunden hat, der Geschäftsstelle übergeben worden ist.
3. Das Bundesministerium der Justiz gibt die nach § 115 Abs. 3 Nr. 2 Satz 1 vom Einkommen abzusetzenden Beträge für die Zeit vom 1. Januar 2002 bis zum 30. Juni 2002 neu bekannt. Die Prozesskostenhilfebekanntmachung 2001 ist insoweit nicht mehr anzuwenden.
4. Ist die Prozesskostenhilfe vor dem 1. Januar 2002 bewilligt worden, gilt § 115 Abs. 1 Satz 4 der Zivilprozessordnung für den Rechtszug in der im Zeitpunkt der Bewilligung geltenden Fassung weiter.
5. ¹Für die Berufung gelten die am 31. Dezember 2001 geltenden Vorschriften weiter, wenn die mündliche Verhandlung, auf die das anzufechtende Urteil ergeht, vor dem 1. Januar 2002 geschlossen worden ist. ²In schriftlichen Verfahren tritt an die Stelle des Schlusses der mündlichen Verhandlung der Zeitpunkt, bis zu dem Schriftsätze eingereicht werden können.
6. § 541 der Zivilprozessordnung in der am 31. Dezember 2001 geltenden Fassung ist nur noch anzuwenden, soweit nach Nummer 5 Satz 1 über die Berufung nach den bisherigen Vorschriften zu entscheiden ist, am 1. Januar 2002 Rechtsfragen zur Vorabentscheidung dem übergeordneten Oberlandesgericht oder dem Bundesgerichtshof vorliegen oder nach diesem Zeitpunkt noch vorzulegen sind.
7. ¹Für die Revision gelten die am 31. Dezember 2001 geltenden Vorschriften weiter, wenn die mündliche Verhandlung auf die das anzufechtende Urteil ergeht, vor dem 1. Januar 2002 geschlossen worden ist. ²In schriftlichen Verfahren tritt an die Stelle des Schlusses der mündlichen Verhandlung der Zeitpunkt, bis zu dem Schriftsätze eingereicht werden können.
8. § 544 der Zivilprozessordnung in der Fassung des Gesetzes zur Reform des Zivilprozesses vom 27. Juli 2001 (BGBl. I S. 1887) ist bis einschließlich 31. Dezember 2006 mit der Maßgabe anzuwenden, dass die Beschwerde gegen die Nichtzulassung der Revision durch das Berufungsgericht nur zulässig ist, wenn der Wert der mit der Revision geltend zu machenden Beschwer zwanzigtausend Euro übersteigt. Dies gilt nicht, wenn das Berufungsgericht die Berufung verworfen hat.
9. In Familiensachen finden die Bestimmungen über die Nichtzulassungsbeschwerde (§ 543 Abs. 1 Nr. 2, §§ 544, 621e Abs. 2 Satz 1 Nr. 2 der Zivilprozessordnung in der Fassung des Gesetzes zur Reform des Zivilprozesses vom 27. Juli 2001, BGBl. I S. 1887) keine Anwendung, soweit die anzufechtende Entscheidung vor dem 1. Januar 2007 verkündet oder einem Beteiligten zugestellt oder sonst bekannt gemacht worden ist. Dies gilt nicht, wenn das Berufungsgericht die Berufung verworfen hat.
10. Für Beschwerden und für die Erinnerung finden die am 31. Dezember 2001 geltenden Vorschriften weiter Anwendung, wenn die anzufechtende Entscheidung vor dem 1. Januar 2002 verkündet oder, soweit eine Verkündung nicht stattgefunden hat, der Geschäftsstelle übergeben worden ist.
11. Soweit nach den Nummern 2 bis 5, 7 und 9 in der vor dem 1. Januar 2002 geltenden Fassung Vorschriften weiter anzuwenden sind, die auf Geldbeträge in Deutscher Mark Bezug nehmen, sind diese Vorschriften vom 1. Januar 2002 an mit der Maßgabe anzuwenden, dass die Beträge nach dem Umrechnungskurs 1 Euro = 1,95583 Deutsche Mark und den Rundungsregeln der Verordnung (EG) Nr. 1103/97 des Rates vom 17. Juni 1997 über bestimmte Vorschriften im Zusammenhang mit der Einführung des Euro (ABl. EG Nr. L 162 S. 1) in die Euro-Einheit umgerechnet werden.

Vorbem. 1) Eingefügt mWv 1. 1. 02 durch Art 3 Z 3 ZPO-RG v. 27. 7. 01, BGBl 1887 (Materialien: RegEntw BT-Drs 14/4722: Bericht des Rechtsausschusses BT-Drs 14/6036). Z 8 idF Art 5 I a Z 3 G zur Modernisierung des Schuldrechts v 26. 11. 01, BGBl 3138, in Kraft seit (praktisch) 1. 1. 02, da dann erst das ZPO-RG insofern in Kraft trat, idF Art 53 Z 3 ZPO-RG, so daß das formell nach Art 9 I 1 G frühere Inkrafttreten (am Tag nach der Verkündung dieses G) leerläuft.

2) Z 8 u Z 9 ab 1. 9. 04; idF des Art 2 Z 1 des 1. JuMoG v 24. 8. 04, BGBl 2198.

1 **1) Regelungszweck.** Das ZPO-RG tritt nach seinem Art 53 am 1. 1. 02 in Kraft, soweit nicht in Art 53 Z 1 für die Art 2 Z 13 (§ 104 ZPO) und Art 6 u 7 (Vordruck-Verordnungen) etwas anderes bestimmt ist, Art 53 Z 1. Die nötigen Übergangsvorschriften enthält § 26; dies gilt namentlich für Gerichtsverfahren, die am 1. 1. 02 anhängig waren.

2 **2) Einzelheiten (BT-Drs 14/4722 S 125). Z 1 (Postulationsfähigkeit):** Die Vorschrift sieht für die Zeit bis zum 31. 12. 07 die Postulationsfähigkeit jedes bei einem LG zugelassenen RA in Rechtsmittelverfahren gegen Entscheidungen des AG vor dem OLG vor, soweit sie nicht familienrechtliche Entscheidungen zum Gegenstand haben, also für Berufungen und Beschwerden nach **§ 119 I 1 b u c GVG** sowie nach **§ 119 II GVG**. Vgl § 78 ZPO Rn 10. – **Z 2 (anhängige Verfahren):** Satz 1 regelt die Weitergeltung der dort genannten Bestimmungen in den am 1. 1. 02 anhängigen Verfahren; Satz 2 enthält die Sonderbestimmung für das Ordnungsgeld nach § 178 GVG, s die dortigen Erl. Vgl auch Z 11. – **Z 3 (PKH):** die hier vorgesehene Bek v 13. 6. 01, BGBl 1204, regelt die vom Einkommen nach § 115 III Z 2 S 1 abzusetzenden Beträge (auch) für die Zeit v 1. 1. bis 30. 6. 02. Vgl auch Z 11. – **Z 4 (PKH):**

Einführungsgesetz zur Zivilprozeßordnung §§ 26–29 EGZPO

hier wird die Fortgeltung des § 115 I 4 ZPO aF bei Bewilligungen vor dem 1. 1. 02 angeordnet; vgl auch Z 11. – **Z 5 (Berufung):** die Vorschrift regelt allgemein die übergangsweise Weitergeltung der bisherigen Bestimmungen; vgl auch Z 11. Bei der Bestimmung nach Z 5 Satz 1 ist es für die Frage, wann die mündliche Verhandlung geschlossen worden ist, ohne Bedeutung, dass einem Beteiligten ein Schriftsatzrecht, § 283 ZPO eingeräumt worden ist, BGH RR 03, 1649 mwN. – **Z 6 (Rechtsentscheid in Mietsachen):** Im ZPO-RG ist § 541 aF ZPO ersatzlos aufgehoben worden, weil die Vorschrift im Hinblick auf die Neugestaltung des Rechtsmittelrechts für entbehrlich gehalten wurde, BT-Drs 14/4722 S 105. Z 6 bringt die nötige Übergangsregelung. – **Z 7 (Revision):** die Bestimmung regelt die übergangsweise Weitergeltung des bisherigen Rechts in den am 1. 1. 02 anhängigen Verfahren. Vgl auch Z 11. – **Z 8 (Beschränkung der Nichtzulassungsbeschwerde für die Zeit bis zum 31. 12. 06):** vgl § 544 Rn 3–5 (nach S 2 nicht anzuwenden, wenn das Berufungsgericht die Berufung als unzulässig verworfen hat, BT-Drs 15/1508 S 22). Zur Bestimmung des Beschwerdewertes s BGH MDR 05, 345, RR 05, 326 u 74, NJW 05, 224, RR 04, 714, 638 u 102 sowie 03, 1694, FamRZ 04, 864, MDR 04, 813 u 406, NJW 02, 2720. An eine Wertfestsetzung im Berufungsurteil ist das Revisionsgericht nicht gebunden, da es seit dem 1. 1. 02 selbst über die Höhe der Beschwer entscheidet, BGH RR 05, 224. – **Z 9 (Ausschluß der Nichtzulassungsbeschwerde in FamS für die Zeit bis zum 31. 12. 06):** vgl § 544 Rn 2 (nach S 2 nicht anzuwenden, wenn das Berufungsgericht die Berufung verworfen hat, BT-Drs 15/1508 S 22). – **Z 10 (Beschwerde und Erinnerung):** die Vorschrift enthält das Übergangsrecht für die vor dem 1. 1. 02 ergangenen Entscheidungen; läßt sich der Tag der Übergabe an die Geschäftsstelle nicht feststellen, gilt das Meistbegünstigungsprinzip, BGH NJW 02, 2106. – **Z 11 (Umstellung auf Euro):** die Bestimmung regelt die Umstellung auf Euro in den nach Z 2–5, 7 u 9 weitergeltenden Vorschriften.

27 *(Übergangsvorschrift beim Unterhalt Minderjähriger).* Auf vereinfachte Verfahren über den Unterhalt Minderjähriger (§§ 645 bis 660 der Zivilprozessordnung), in denen der Antrag auf Festsetzung von Unterhalt vor dem 1. Januar 2002 eingereicht wurde, finden die Vorschriften über das vereinfachte Verfahren über den Unterhalt Minderjähriger in der am 31. Dezember 2001 geltenden Fassung weiter Anwendung.

Vorbem. Eingefügt dch Art 8 Z 2 G zur Einführung des Euro usw v 13. 12. 01, BGBl 3574, in Kraft seit 1. 1. 02, Art 36 I G.

1) Erläuterung. Die Übergangsvorschrift gilt für die §§ 645, 646, 647, 649, 651 u 652, van Els Rpfleger **1** 02, 247; s die dortigen Erläuterungen.

28 *(Übergangsvorschrift für Verbraucherkreditverträge).* I Das Mahnverfahren findet nicht statt für Ansprüche eines Unternehmers aus einem Vertrag, für den das Verbraucherkreditgesetz gilt, wenn der nach dem Verbraucherkreditgesetz anzugebende effektive oder anfängliche effektive Jahreszins den bei Vertragsschluss geltenden Basiszinssatz nach § 247 des Bürgerlichen Gesetzbuchs um mehr als zwölf Prozentpunkte übersteigt.

II § 690 Abs. 1 Nr. 3 der Zivilprozessordnung findet auf Verträge, für die das Verbraucherkreditgesetz gilt, mit der Maßgabe Anwendung, dass an die Stelle der Angabe des nach den §§ 492, 502 des Bürgerlichen Gesetzbuchs anzugebenden effektiven oder anfänglichen effektiven Jahreszinses die Angabe des nach dem Verbraucherkreditgesetz anzugebenden effektiven oder anfänglichen effektiven Jahreszinses tritt.

Vorbem. Angefügt dch Art 5 II a Z 2 G zur Modernisierung des Schuldrechts v 26. 11. 01, BGBl 3138, in Kraft seit 1. 1. 02, Art 9 I 3 G. I geänd durch Art 3 III Z 1 VO v 5. 4. 02, BGBl 1250.

1) Erläuterung. Auf Verbraucherkreditverträge, die vor dem 1. 1. 02 geschlossen worden sind, ist das **1** durch G v 26. 11. 01 aufgehobene Verbraucherkreditgesetz weiterhin anzuwenden, Art 229 § 5 EGBGB. Hinsichtlich des Mahnverfahrens enthält § 28 für diese Verträge eine Übergangsregelung, die die Fortgeltung der früheren Fassung der §§ 688 II Z 1 und 690 I Z 3 ZPO anordnet, vgl § 688 Rn 7 u § 690 Rn 6.

29 *(Übergangsbestimmungen zum 1. JuMoG).* Für das Erste Gesetz zur Modernisierung der Justiz vom 24. 8. 04 (BGBl. I S. 2198) gelten folgende Übergangsvorschriften:
1. Auf Verfahren, die am 1. 9. 04 anhängig sind, findet § 91 a der Zivilprozessordnung in der vor dem 1. 9. 04 geltenden Fassung Anwendung.
2. § 91 in der seit dem 1. 9. 04 geltenden Fassung ist auch auf Verfahren anzuwenden, die zu diesem Zeitpunkt anhängig oder rechtskräftig abgeschlossen worden sind; einer Kostenrückfestsetzung steht nicht entgegen, dass sie vor dem 1. 9. 04 abgelehnt worden ist. Haben die Parteien etwas anderes vereinbart, bleibt es dabei.
3. Auf Verfahren, die am 1. 9. 04 anhängig sind, findet § 411 a der Zivilprozessordnung keine Anwendung.

Vorbem. § 29 angefügt durch Art 2 Z 2 des 1. JuMoG mWv 1. 9. 04, Art 14 S 1 des Gesetzes.

1) Allgemeines. Die Vorschrift trifft Regelungen für die Übergangszeit. Sie sollen gewährleisten, dass **1** sich die Gerichte in der Gestaltung des Prozessablaufs und die Parteien in ihrer Prozessführung der geänder-

EGZPO §§ 29–31 Einführungsgesetz zur Zivilprozeßordnung

ten Rechtslage anpassen können. Soweit die Vorschrift keine Bestimmung trifft, ist die durch das 1. JuMoG herbeigeführte neue Rechtslage auch in laufenden Verfahren anwendbar, BTDrs 15/1508 S 22.

2 2) **Einzelvorschriften, Z 1–3.** Zur Erläuterung wird auf die Anmerkungen zu den §§ 91 a, 91 u 411 a verwiesen.

30 ¹ Für Artikel 1 Nr. 2 a und 3 a des Justizkommunikationsgesetzes vom 22. März 2005 (BGBl. I S. 837) gilt folgende Übergangsvorschrift:
² Ist einer Partei vor dem Inkrafttreten dieses Gesetzes für einen Rechtszug Prozesskostenhilfe bewilligt worden, so ist für diesen Rechtszug insoweit das bisherige Recht anzuwenden. ³ Maßgebend ist das Datum des Bewilligungsbeschlusses. ⁴ Eine Maßnahme der Zwangsvollstreckung gilt als besonderer Rechtszug.

31 ¹ Für das Gesetz zur Einführung von Kapitalanleger-Musterverfahren vom 16. August 2005 (BGBl. I S. 2437) gilt folgende Übergangsvorschrift:
² Auf Verfahren, die nach dem 31. Oktober 2005 anhängig werden, findet § 32 b der Zivilprozessordnung keine Anwendung, wenn zu diesem Zeitpunkt bereits einem anderen Gericht mindestens zehn Verfahren anhängig sind, in denen die Voraussetzungen für ein Musterverfahren ebenso wie bei dem neu anhängig werdenden Verfahren vorliegen. ³ In den Verfahren nach Satz 1 richtet sich die Zuständigkeit der Gerichte nach den bisher geltenden Vorschriften.

Gerichtsverfassungsgesetz

(BGBl III 300-2)

idF der Bek v 9. 5. 1975, BGBl 1077, zuletzt geändert durch Art 3 G v 16. 8. 05, BGBl 2437

Bearbeiter: Dr. Albers

Grundzüge

1) Aufgabe und Inhalt des GVG. A. Die rechtsprechende Gewalt wird durch das BVerfG, durch die im GG vorgesehenen obersten Bundesgerichte und durch die Gerichte der Länder ausgeübt, Art 92 GG. Den Aufbau der Gerichtsorganisation für die ordentlichen Gerichte, § 2 EGGVG, und die zugehörigen Einrichtungen (Staatsanwaltschaft, Geschäftsstelle, Zustellungs- und Vollstreckungsbeamte) gibt das GVG, §§ 12, 21 a–155, §§ 8, 9 EGGVG. Es bestimmt gleichzeitig die sachliche Zuständigkeit dieser Gerichte im Rahmen der ordentlichen Gerichtsbarkeit, §§ 23 ff, 71 ff, 80 ff, 119 ff, 132–138, und enthält damit eine Ergänzung von ZPO und StPO, dort jeweils § 1. Das GVG ordnet außerdem die Besetzung und die Art der Geschäftsverteilung der ordentlichen Gerichte. Ergänzt werden diese Titel des GVG durch die **GVVO** v 20. 3. 35, RGBl 403 (BGBl III 300-5), die zT (einige Bestimmungen sind aufgehoben) weitergilt, vgl Holch DRiZ **76**, 135 (wegen des Abdrucks s Anh § 21 sowie Gesetzesnachweis), und die an ihre Stelle getretenen Landesgesetze, Schönfelder vor § 1 GVG. 1

B. Die Abgrenzung der ordentlichen von den anderen Gerichtsbarkeiten **(Rechtsweg)** enthält § 13, der durch § 40 VwGO hinsichtlich des Verwaltungsrechtswegs deutlicher geworden ist und durch §§ 17, 17 a (Rechtswegverweisung) ergänzt wird. Die **Schranken der deutschen Gerichtsbarkeit** (Immunität, Exterritoriale) ergeben sich aus den §§ 18–20. **Besondere Zivilgerichte** sind die Schiffahrtsgerichte, § 14, und nach der Neuregelung in den §§ 17–17 b GVG, 48 ArbGG auch die Arbeitsgerichte, § 14 Rn 6. 2

C. Außerdem enthält das GVG einige **Vorschriften allgemeiner Art**, die die Tätigkeit der Gerichte betreffen, wie Rechtshilfe, §§ 156–168, Öffentlichkeit und Sitzungspolizei, §§ 169–183, Gerichtssprache, §§ 184–191, Beratung und Abstimmung, §§ 192–197. 3

D. Das GVG enthält keine Vorschriften über den Aufbau und die Tätigkeit der **Justizverwaltung** und die gerichtliche Verwaltung; s zu beiden Anh § 21. Jedoch ist der Rechtsweg gegen Maßnahmen der Justizverwaltung auf den ihr eigentümlichen Gebieten durch §§ 23 ff EGGVG geordnet. 4

E. Ergänzt wird das GVG durch das RechtspflegerG v 5. 11. 69, BGBl 2065 (zT abgedruckt Anh § 153), Teile der BRAO (zT abgedr Anh § 155) und solche des DRiG (zT abgedr Schlußanh I A); s dort Einl § 1 Rn 4 und wegen der Umgestaltung des 1. Titels Üb § 1. 5

2) Sachliche Geltung. Das GVG gilt für die ordentliche streitige Gerichtsbarkeit, § 2 EGGVG. Obwohl § 2 EGGVG nur von dieser spricht, gilt das GVG aber auch für die Freiwillige Gerichtsbarkeit, vgl auch § 30 FGG, BGH **9**, 32. Zudem wird durch das FGG auf einige Bestimmungen des GVG ausdrücklich Bezug genommen, zB in §§ 2, 8 FGG. 6

Für die Arbeitsgerichtsbarkeit enthält das ArbGG in seinem 1. und 2. Teil eine eigenständige Regelung der Gerichtsverfassung. Jedoch wird dabei auf zahlreiche Vorschriften des GVG verwiesen, zB in den §§ 6 a, 9 I 2 u II, 13, 45 III u 52 ArbGG.

Ferner bestehen als besondere Gerichtszweige die Verwaltungs-, Sozial- und Finanzgerichtsbarkeit, die selbständig geordnet sind. Für das Verwaltungsgerichtsverfahren gelten §§ 21 a–21 c, 169, 171 a–197 entsprechend, §§ 4 u 55 VwGO; wegen einer in Betracht kommenden entsprechenden Anwendung vgl die jeweils letzten Anm, soweit sie kursiv gesetzt sind. Gleichartige Verweisungen enthalten SGG und FGO.

3) Räumliche Geltung. Das GVG und seine Ergänzungen gelten seit dem 3. 10. 90 auch in der früheren DDR und in Ost-Berlin, Art 8 EV. Wegen der Maßgaben, EV Anl I Kap III Sachgeb A Abschn III u IV (dazu Brachmann DtZ **90**, 298 u **91**, 189, Errens AnwBl **90**, 599, Gottwald FamRZ **90**, 1177), und wegen der sie zT ersetzenden Vorschriften der §§ 14 ff RpflEntlG s bei den einzelnen Vorschriften. 7

Erster Titel. Gerichtsbarkeit

Übersicht

1) Allgemeines. Der Titel enthielt früher einige Bestimmungen über das Richteramt. Dieses ist durch das DRiG, Schlußanh I A, neu gestaltet worden. Demgemäß wurden §§ 2 bis 9 und 11 aufgehoben und § 10 geändert, § 85 DRiG. Durch G v 26. 5. 72, BGBl 841, ist der Titel mit Wirkung vom 1. 10. 72 unter neuer Überschrift mit den §§ 12–21 zusammengefaßt worden. 1

2) Gerichtsbarkeit. A. Im weiteren Sinn, Justizhoheit, ist sie **die auf Verwirklichung der bestehenden Rechtsordnung gerichtete Tätigkeit des Staates.** Sie steht dem Bunde und den Ländern zu. Die Gerichtsbarkeit im weiteren Sinne zerfällt in **a)** Justizverwaltung, s Anh § 21; **b)** Gerichtsbarkeit im engeren Sinn, dh die Tätigkeit der Gerichte bei der Rechtsanwendung im Einzelfall, die „richterliche Gewalt" des § 1, die „rechtsprechende Gewalt" iSv Art 92 GG. Die bundesrechtlichen Prozeßgesetze regeln nur sie, und auch das nur für die ordentliche streitige Gerichtsbarkeit, § 2 EGGVG. 2

GVG Übers § 1, § 1   Gerichtsverfassungsgesetz

3 **B. Die Gerichtsbarkeit im engeren Sinne kann fehlen**, weil die Justizhoheit, die Gerichtsbarkeit im weiteren Sinne, fehlt. Das kann zutreffen **a)** örtlich, wo nämlich keine deutsche örtliche Zuständigkeit begründet ist. Eine etwa trotzdem ergangene gerichtliche Entsch ist auf Rechtsbehelf aufzuheben; praktisch wird sie meist wirkungslos sein. **b)** Persönlich. Aus völkerrechtlichen Gründen ist eine Reihe von Personen der inländischen Gerichtsbarkeit entzogen, Exterritoriale oder Eximierte, §§ 18 ff, s auch den Überleitungsvertrag und dazu BGH NJW 60, 1299. Eine trotzdem gesetzwidrig erlassene Entscheidung ist schlechthin nichtig. Wegen der Angehörigen der ausländischen Streitkräfte s Truppenstatut Art 9 ff, abgedr Schlußanh III.

4 **C. Die Gerichtsbarkeit im engeren Sinne kann weiter fehlen**, weil die Justizhoheit zwar besteht, aber die Anrufung der ordentlichen Gerichte verwehrt ist. Der Grund kann in der Zuständigkeit von Sondergerichten, Grdz Rn 2, oder von Verwaltungsgerichten liegen. In diesen Fällen spricht man vom Ausschluß des ordentlichen Rechtswegs; die ordentliche Gerichtsbarkeit und damit der ordentliche Rechtsweg stehen im Gegensatz zu dem Rechtsweg zu Gerichten anderer Rechtszweige, Einf § 13 Rn 1, dh dem zu den Verwaltungs-, Finanz- und Sozialgerichten, Art 96 I, 19 IV GG; wegen des Verhältnisses der ordentlichen zu den Arbeitsgerichten s § 14 Rn 6. Eine trotz Ausschluß des ordentlichen Rechtswegs ergehende Entscheidung ist fehlerhaft, aber nicht nichtig. Wird sie nicht im Instanzenzug beseitigt, so bleibt sie voll wirksam.

5 **3) Zuständigkeit und Rechtsweg.** Von der Frage der Zulässigkeit des Rechtsweg ist die der Zuständigkeit, dh der Befugnis zur Rechtsprechung im Einzelfall, streng zu trennen; siehe über sie Grdz § 1 ZPO. Die Frage, ob ein ordentliches Gericht oder ein Sondergericht zuständig ist, betrifft idR die Zulässigkeit des Rechtswegs, mag ein Sondergericht auch eine ordentliche streitige Gerichtsbarkeit ausüben. Wegen der Verweisungsmöglichkeiten vgl § 17 a. Während die ordentlichen Gerichte die Gerichtsbarkeit grundsätzlich in vollem Umfang haben, ist das Sondergericht nur in den Grenzen des ihm Zugeteilten zuständig. Darum sind Entscheidungen der Sondergerichte, die die gesteckten Grenzen überschreiten, aber nicht etwa wirkungslos und sehr wohl der inneren Rechtskraft fähig.

§ 1 *Unabhängigkeit der Gerichte.* **Die richterliche Gewalt wird durch unabhängige, nur dem Gesetz unterworfene Gerichte ausgeübt.**

Vorbem. *Art 97 I GG* bestimmt:

Die Richter sind unabhängig und nur dem Gesetz unterworfen.

Eine dem § 1 entsprechende Bestimmung enthalten alle Landesverfassungen: *BaWü* Art 65 II, *Bay* Art 85, *Berlin* Art 63 I, *Bra* Art 106 I, *Bre* Art 135 I, *Hbg* Art 62 S 1, *Hess* Art 126 II, *Meckl-Vorp* Art 76 I, *Nds* Art 39 III, *NRW* Art III, *RhldPf* Art 121, *Saarld* Art 113, *Sa* Art 77 II, *Sa-Anh* Art 83 II, *SchlH* Art 36 I.

Gliederung

1) Allgemeines 1	B. Bindung an das gültige Gesetz 4
2) Unabhängigkeit 2	C. Nachprüfungsrecht des Richters 5–17
A. Unterwerfung unter das Gesetz 2	a) Besatzungsrecht 5
B. Gesetzesbegriff 2	b) Bundesrecht und Landesrecht (Bundesverfassungsgericht) 6–17
3) Bindung des Richters durch das Gesetz 3–17	4) VwGO 18
A. Grundsatz und Grenzen 3	

1 **1) Allgemeines. A.** § 1 enthält **a)** die **Bindung des Richters** an rechtmäßige Äußerungen der gesetzgebenden Gewalt, **b)** seine Loslösung von Einflüssen und Betätigungen anderer Organe und Personen (**richterliche Unabhängigkeit**), siehe auch Vorbem; eine solche Loslösung erfordert Weisungsfreiheit des Richters (gegenüber Weisungen also keine Gehorsamspflicht), aber auch lebenslängliche Anstellung und grundsätzliche Unabsetzbarkeit (persönliche Unabhängigkeit im rechtlichen und tatsächlichen Sinne); **c)** den Ausspruch, daß **nur die Gerichte die richterliche Gewalt ausüben dürfen**; s auch §§ 16, 151.

B. § 1 bezieht sich nur auf **die ordentliche streitige Gerichtsbarkeit**, § 2 EGGVG, nicht auf den Gerichten etwa übertragene andere Arten der Gerichtsbarkeit oder der Justizverwaltung, § 4 EGGVG. Er gilt aber auch für die Rpfl, § 9 S 1 RPflG, abgedruckt Anh § 153 GVG. Soweit ein Gericht als Organ der Justizverwaltung tätig geworden ist, kann die Dienstaufsichtsbehörde die getroffene Entscheidung abändern. Dienstaufsicht und Disziplinarrecht widersprechen der Unabhängigkeit nicht; diese hat ihre Stütze überhaupt mehr im Charakter des Richters als in Verwaltungsvorschriften.

2 **2) Unabhängigkeit** (Wolf §§ 18–21; Rudolph F Salger 1995; Wassermann, Die richterliche Gewalt, 1985; Schreiber, F Jescheck 1985, S 757; Haberland DRiZ **02**, 301; Sendler NJW **95**, 2464; Papier NJW **90**, 8; Achterberg NJW **85**, 3041; Dütz JuS **85**, 745; Stürner BRAK-Mitt **03**, 214). Ihrer Sicherung dienen **§§ 25–37 DRiG**, vgl Schlußanh I A. Sie findet ihre **Begrenzung und Rechtfertigung in der Bindung des Richters an das Gesetz**.

A. Der Richter ist nur dem Gesetz unterworfen, dh jedem Rechtssatz, § 12 EGZPO sinngemäß, richtiger nur dem Recht. Denn es bleibt gleich, welcher Quelle dieses Recht entfließt, wenn sie nur gültiges Recht schaffen kann.

B. „**Gesetz" im Sinne von § 1** sind nach § 12 EGZPO alle Rechtsnormen, vgl § 545 ZPO, gleichgültig, ob die Vorschrift privatrechtlichen, öffentlich-rechtlichen, sachlich-rechtlichen oder prozessualen Inhalt hat. Hierhin gehören die Bundesgesetze (Reichsgesetze), das Recht der EG, EuZW **96**, 542, die ratifizierten Staatsverträge; Gewohnheitsrecht, die anerkannten Regeln des Völkerrechts, vgl zB Art 25 GG (bei Zweifel, ob eine derartige Regel Bestandteil des Bundesrechts ist, ist die Entscheidung des BVerfG einzuholen, Art 100 II GG). Gesetze iSv § 1 sind weiterhin: die Proklamationen, Gesetze, Befehle und Direktiven des Kontrollrats und der MilReg, soweit sie nicht seit dem 5. 5. 55 aufgehoben sind, ferner die Gesetze, Verordnungen und Rechtsanordnungen der Länder (vorher der Provinzialverwaltungen und Provinzialregierungen) sowie in den *Ländern der früheren amerikanischen Zone* die von den Ministerpräsidenten in ihrer Gesamtheit beschlossenen Länderratsgesetze, in den *Ländern der früheren britischen Zone* die Verordnungen des Präsidenten des Zentral-Justizamts (vorher der OLG-Präsidenten), im *Saarland* das bisherige Recht, § 3 EingliederungsG v 23. 12. 56, BGBl 1011, sowie das Recht der früheren DDR, soweit es fortgilt; schließlich gehört hierhin auch örtlich begrenztes Recht wie Polizeiverordnungen und Ortssatzungen.

Kein „Gesetz" sind Handelsbräuche oder Börsenbräuche (Usancen), § 346 HGB; sie sind kein Gewohnheitsrecht, sondern dienen nur der Ergänzung und Auslegung von Verträgen. Kein „Gesetz" sind auch Verwaltungsanordnungen wie Richtlinien, Allgemeine Verfügungen, Ausführungsanweisungen usw (hier tritt eine von Gerichten zu beachtende Selbstbindung der Verwaltung über Art 3 GG ein). Ebenso ist eine ständige Rspr kein „Gesetz", BGH MDR **96**, 811.

3) Bindung des Richters durch das Gesetz (Merten DVBl **75**, 677). 3

A. Grundsatz und Grenzen. Nur diese Bindung verbürgt die Rechtssicherheit; es gibt also kein „richterliches Billigkeitsrecht", BAG MDR **62**, 249. Rechtsbeugung steht unter schwerer Strafe, § 339 StGB. Es ist nicht Sache des Richters, ein Gesetz außer Kraft zu setzen. Nur bei unvorhergesehenen Anwendungsfällen, die der Gesetzgeber aller Voraussicht nach anders geregelt hätte, oder bei grundlegender Veränderung der dem Gesetz zugrunde liegenden Verhältnisse darf das Gesetz nach seinen eigenen Grundgedanken und Zwecken unter Berücksichtigung der anerkannten Grundsätze richterlicher Rechtsfindung fortentwickelt werden, freilich auch dann unter Beachtung der Erfordernisse der Rechtssicherheit; zu den Problemen des Richterrechts vgl Sendler DVBl **88**, 828, Picker JZ **88**, 1 u 62, zu seinen Grenzen BVerfG NJW **86**, 2242 u **85**, 2402, jeweils mwN. Wegen der Nachprüfung der Verfassungsmäßigkeit s unten Rn 7 ff. Die Auslegung des Gesetzes steht dem Richter frei, wobei er sich an die allgemein anerkannten Auslegungsregeln zu halten hat, Einl III Rn 35 ff. Auslegungsbindungen im Rahmen der anhängigen Sache enthalten §§ 138 I 3 GVG, 563 II, 538 f, 577 IV ZPO.

B. Nur das gültige Gesetz bindet den Richter. Die Bundesgesetze ebenso wie die RechtsVOen des 4
Bundes (letztere werden im BGBl oder BAnz verkündet) sollen den Tag des Inkrafttretens bestimmen; andernfalls treten sie mit dem 14. Tage nach Ablauf des Tages in Kraft, an dem das BGBl ausgegeben wird, Art 82 II GG, BG vom 30. 1. 50, BGBl 23. „Ausgegeben" ist das Gesetzblatt, wenn das 1. Stück in Verkehr gebracht ist; wie dies geschieht, ist bedeutungslos, BVerfG NJW **63**, 1443. Entsprechendes gilt für das Landesrecht.

C. Das Nachprüfungsrecht des Richters (inzidente Normenkontrolle). Die vor dem Inkrafttreten 5
des GG bestehenden Beschränkungen auf die Prüfung des formellen Zustandekommens und andere weitgehende Einschränkungen sind mit dem Wesen des Rechtsstaats nicht vereinbar. Immerhin besteht kein uneingeschränktes Nachprüfungsrecht der Gerichte.

a) Besatzungsrecht. Im Hinblick auf Art 1 ÜberlVertrag haben Gerichte auch Besatzungsrecht auf seine Vereinbarkeit mit dem GG nachzuprüfen und ggf eine Entscheidung des BVerfG nach Art 100 GG einzuholen. Dieses hat keine Verwerfungskompetenz, muß aber bei Unvereinbarkeit die zuständigen Verfassungs-Organe verpflichten, Besatzungsrecht außer Kraft zu setzen, BVerfG NJW **63**, 947 (betr einfaches Recht), NJW **74**, 545 (betr Kontrollratsrecht). Die Bindung der Gerichte an frühere Bescheide der Besatzungsmacht über den Inhalt ihrer AnOen ist seit dem 5. 5. 55 entfallen, soweit nicht etwa nach Art 2 ÜberlVertrag Rechte und Verpflichtungen seinen Inhalt festgestellt waren, BGH NJW 19, 253.

b) Das Bundesverfassungsgericht ist zuständig für die Nachprüfung der Verfassungsmäßigkeit der 6
Gesetze sowie die Vereinbarkeit von Landesrecht mit Bundesrecht (Schrifttum außer den Kommentaren zum GG: *Ehlers* in Sch/SchmA/P Anh § 40 VwGO S 1–26). Es gilt **Art 100 GG** (s auch § 80 BVerfGG) u *Kissel* § 12 Rn 18 ff:

^{I 1} **Hält ein Gericht ein Gesetz, auf dessen Gültigkeit es bei der Entscheidung ankommt, für verfassungswidrig, so ist das Verfahren auszusetzen und, wenn es sich um die Verletzung der Verfassung eines Landes handelt, die Entscheidung des für Verfassungsstreitigkeiten zuständigen Gerichtes des Landes, wenn es sich um die Verletzung dieses Grundgesetzes handelt, die Entscheidung des Bundesverfassungsgerichtes einzuholen.** ² **Dies gilt auch, wenn es sich um die Verletzung dieses Grundgesetzes durch Landesrecht oder um die Unvereinbarkeit eines Landesgesetzes mit einem Bundesgesetze handelt.**

^{II} **Ist in einem Rechtsstreite zweifelhaft, ob eine Regel des Völkerrechtes Bestandteil des Bundesrechtes ist und ob sie unmittelbar Rechte und Pflichten für den Einzelnen erzeugt (Art. 25), so hat das Gericht die Entscheidung des Bundesverfassungsgerichtes einzuholen.**

(III bei Abweichungen eines Landesverfassungsgerichts bei Auslegung des GG von Verfassungsgerichtsentscheidungen.)

aa) Die Feststellung der **Verfassungswidrigkeit von Gesetzen** (im Hinblick auf das GG und, bei 7
Landesrecht, auf die Landesverfassung) und der **Unvereinbarkeit von Landesgesetzen mit dem Bundesrecht** ist also dem Prozeßgericht entzogen und dem BVerfG übertragen. Diese Beschränkung gilt nur für Gesetze im förmlichen Sinne (einschließlich der Zustimmungsgesetze nach Art 59 II GG), BVerfG **56**, 1, nicht aber für HaushaltsG, BVerfG **38**, 125, völkerrechtliche Verträge, BVerfG **29**, 358, satzungsvertretende Landesgesetze, BVerfG NJW **85**, 2315, und für RVOen, und auch nicht für vorkonstitutionelle Gesetze, es sei denn, der Bundesgesetzgeber hat sie in seinen Willen aufgenommen, BVerfG **63**, 181, **64**, 217 mwN. Das Entscheidungsmonopol des BVerfG erstreckt sich auch nicht auf die Frage, ob ein Landesgesetz mit späterem

GVG § 1 Gerichtsverfassungsgesetz

Bundesrecht unvereinbar ist, BVerfG **65**, 359 mwN. Prüfungsmaßstab ist bei Landesgesetzen das gesamte Bundesrecht einschließlich der RVOen, BVerfG **1**, 292, bei Bundesgesetzen nur das GG.

8 Ist ein Gericht aufgrund dieser Prüfung von der Ungültigkeit der anzuwendenden Norm überzeugt, BVerfG **68**, 343 (bloße Bedenken oder Zweifel genügen nicht, BVerfG NJW **52**, 497, auch nicht, wenn die Verfassungswidrigkeit nur für möglich gehalten wird, BVerfG NJW **63**, 1347), hat es vAw, § 80 III BVerfGG, das **Verfahren auszusetzen** und unmittelbar die **Entscheidung des BVerfG einzuholen**, § 80 I BVerfGG (auch dann, wenn vorher ein LVerfG über die Vereinbarkeit mit der LVerfassung entschieden hat, BVerfG JZ **64**, 288; kommt auch die Vorlage an den EuGH, Anh § 1, oder ein LVerfG in Frage, hat das Gericht die Wahl, BVerfG NJW **85**, 2522 mwN); vgl Pestalozza, Verfassungsprozeßrecht, § 15; Aretz JZ **84**, 918; Geiger EuGRZ **84**, 409; Gerontas DVBl **81**, 1089. Eine Vorlage kommt idR nur im Hinblick auf eine Endentscheidung in Frage, ausnahmsweise aber auch dann, wenn sie sich für eine Zwischenentscheidung als unerläßlich erweist, BVerfG NVwZ **83**, 537; Entscheidung iSv Art 100 I GG ist auch eine gerichtliche Bekanntmachung, BVerfG JZ **88**, 555. Voraussetzung ist, daß **die Entscheidungsformel der zu treffenden Endentscheidung von der Gültigkeit oder Ungültigkeit der Norm abhängt**, stRspr, BVerfG **58**, 300, NJW **79**, 757 mwN (ausnahmsweise auch Abhängigkeit der Begründung, sofern sie für Inhalt und Wirkung der Entscheidung rechtliche Bedeutung hat, BVerfG **44**, 300); die Abhängigkeit fehlt, wenn die Klage unzulässig ist, BVerfG NJW **84**, 1805 (dazu Aretz JZ **84**, 922, Geiger EuGRZ **84**, 409), oder wenn das vorlegende Gericht auch ohne verfassungsrechtliche Überprüfung der Norm nicht gehindert ist, einen gesetzlich vorgesehenen Anspruch zuzusprechen, etwa weil im Verf nicht Ansprüche der benachteiligten Personengruppe streitig sind, BVerfG **66**, 100 (dazu Aretz JZ **84**, 918), oder weil durch die Norm lediglich am Verf nicht beteiligte Dritte in ihren Grundrechten beeinträchtigt werden, BVerfG **67**, 239. Zur Zulässigkeit einer Vorlage wegen des sog gleichheitswidrigen Begünstigungsausschlusses, BVerfG **8**, 35 u **64**, 167, vgl Völlmeke NJW **92**, 1346. Das Verf nach Art 100 I GG dient nicht dazu, eine vom vorlegenden Gericht für verfassungswidrig gehaltene Auslegung durch ein übergeordnetes Gericht prüfen zu lassen, BVerfG NJW **88**, 1902 (dazu Lippold DVBl **89**, 140).

9 Sind die Voraussetzungen der Vorlage gegeben, ist jede **andere den Prozeß weiterführende Entscheidung** ausgeschlossen, BVerfG NJW **73**, 1319, auch die Vorlage an den BGH wegen derselben Frage, BVerfG NJW **60**, 1115, oder die Anrufung des GrSen durch das Revisionsgericht, BVerfG NJW **57**, 625 (zur weiteren Aufklärung des Sachverhalts s unten). Ob eine „schlichte" **Aussetzung** des Verfahrens bei Anhängigkeit eines einschlägigen Normenprüfungsverfahrens zulässig ist, ist str, § 148 ZPO Rn 29 mwN; jedenfalls ist das Ruhen des Verf, § 251 ZPO, zweckmäßig. Die Vorlage schließt aber eine anderweitige **Erledigung des Prozesses**, zB durch Vergleich oder Klag- bzw Rechtsmittelrücknahme, ebensowenig aus wie Zwischenentscheidungen, die die Verfassungsfrage nicht berühren, zB über die Abkoppelung nach § 628 ZPO, Ffm FamRZ **80**, 178. Das Prozeßgericht ist auch befugt, vor der Vorlage **vorläufigen Rechtsschutz** zu gewähren, wenn dies im Interesse eines effektiven Rechtsschutzes als geboten erscheint und die Hauptsache dadurch nicht vorweggenommen wird, BVerfG NJW **92**, 2749, vgl OVG Münst NVwZ **92**, 1227.

10 **Eine Norm**, die das BVerfG bereits für gültig erklärt hat, darf nur unter bestimmten Voraussetzungen nochmals zur Prüfung gestellt werden, BVerfG NJW **86**, 422 mwN; umgekehrt ist nicht vorzulegen, wenn eine Norm bindend für ungültig erklärt worden ist, zB von einem LVerfG wegen Verstoßes gegen die LVerf, oder soweit das BVerfG eine bestimmte Auslegung als verfassungswidrig qualifiziert hat, BVerfG NJW **40**, 94, **42**, 260. Das Unterlassen der Vorlage kann einen Verstoß gegen Art 101 GG darstellen, BVerfG **64**, 12, BayVerfGH BayVBl **85**, 363, beide mwN.

11 **Aussetzung und Einholung der Entscheidung des BVerfG erfolgen durch das Gericht** (nicht durch den Rpfl, BVerfG NJW **82**, 2178 mwN, krit Meyer-Stolte Rpfleger **81**, 54) in der Besetzung, in der es die von der Gültigkeit der Norm abhängende Entscheidung zu treffen hat, BVerfG **54**, 159 (ggf also durch den Einzelrichter oder den Vorsitzenden, wenn es um seine Alleinentscheidung geht, nicht aber durch den Berichterstatter, § 79 FGO, BVerfG NJW **99**, 274). Erforderlich ist ein Beschluß, der wie die von der Vorlage abhängende Entscheidung unterzeichnet sein muß, BVerfG **34**, 260. Das vorlegende Gericht darf und muß den Sachverhalt so weit aufklären, daß die Entscheidungserheblichkeit feststeht, BVerfG **25**, 276, und die Vorlage deshalb unerläßlich ist, BVerfG **58**, 157, **42**, 50. Eine mündliche Verhandlung ist idR nötig, wenn sie im Verfahrensrecht vorgesehen ist, sofern nicht die Entscheidungserheblichkeit der Norm von vornherein fest, BVerfG FamRZ **89**, 256. Die Vorlage ist auch in **Eilverfahren** (einstw Vfg u ä) jedenfalls dann zulässig, wenn die Regelung die Entscheidung in der Hauptsache weitgehend vorwegnehmen würde, BVerfG **46**, 51 u **63**, 141 (zustm Kübler JZ **83**, 494), OVG Münst NWVBl **91**, 48, aber auch sonst, Urban NVwZ **89**, 433 (zu BVerfG NJW **89**, 827) mwN, str, vgl Huba JuS **90**, 991, Hbg JZ **83**, 67, VGH Mü FamRZ **82**, 1246, differenzierend Pestalozza NJW **79**, 1341 mwN; zur Gewährung vorläufigen Rechtsschutzes in der Hauptsache vor der Vorlage s Rn 9.

12

13 **In der Begründung ist anzugeben**, inwiefern von der Gültigkeit der Rechtsvorschrift die Entscheidung des Gerichts abhängt und mit welcher übergeordneten Rechtsnorm sie unvereinbar ist, § 80 II BVerfGG. Da der Beschluß aus sich heraus verständlich sein muß, ist eine Verweisung auf andere Entscheidungen grundsätzlich unzulässig, BVerfG NJW **69**, 1953 (wegen Ausnahmen s BVerfG **26**, 307). Zu einer ordnungsmäßigen Begründung gehören, BVerfG NJW **94**, 509 mwN: Die erschöpfende Wiedergabe des für die rechtliche Beurteilung wesentlichen Sach- und Streitstands nach dem Verhältnissen zZt der Vorlage, BVerfG **65**, 314 mwN, ferner die hinreichende Bezeichnung der für verfassungswidrig gehaltenen Norm, BVerfG **53**, 257, und eingehende Ausführungen über ihre Auslegung, BVerfG FamRZ **03**, 835 mwN (auch hinsichtlich der Verneinung einer sog verfassungskonformen Auslegung, BVerfG NJW **97**, 2230 mwN **92**, 1951; vgl Seetzen NJW **76**, 1997), und die nachvollziehbare, erschöpfende Darlegung, aus welchen Gründen sie mit einer (genau zu bezeichnenden) höheren Norm unvereinbar ist, BVerfG NJW **97**, 573, RR **95**, 1291, NJW **91**, 2413, **88**, 2294 mwN, schließlich Ausführungen zur Entscheidungserheblichkeit (bei deren Prüfung ein strenger Maßstab anzulegen ist, BVerfG **78**, 165, dazu Berkemann JR **88**, 455), also eingehende, die Auffassung von Rspr und Lehre berücksichtigende Ausführungen darüber, mit welcher Begründung das

1. Titel. Gerichtsbarkeit   **§ 1, Anh § 1 GVG**

vorlegende Gericht im Fall ihrer Gültigkeit zu einem anderen Ergebnis kommen würde als im Fall ihrer Ungültigkeit, stRspr, BVerfG FamRZ **03**, 836, NJW **97**, 791, FamRZ **92**, 1036, NJW **91**, 1877 u **89**, 893, alle mwN, so daß darzulegen ist, daß die Klage (und ggf auch das Rechtsmittel) nicht aus anderen Gründen, etwa wegen Unzulässigkeit, erfolglos ist (für Vorlagen der Revisionsgerichte gelten insoweit Erleichterungen, BVerfG **41**, 269, krit dazu Scholler/Bross AöR **78**, 153); dabei sind weitere Normen, die zusammen mit der zur Prüfung gestellten Vorschrift die entscheidungserhebliche Regelung bilden, in die rechtlichen Erwägungen einzubeziehen, BVerfG FamRZ **92**, 781. Räumt die fragliche Norm ein Ermessen ein, muß dargelegt werden, zu welchem Ergebnis das Gericht bei der Auslegung der Ermessensvorschrift kommt und auf welchen Erwägungen dieses Ergebnis beruht, BVerfG **57**, 315. Die erforderliche Entscheidungserheblichkeit fehlt auch dann, wenn das Prozeßgericht hinsichtlich der Gültigkeit der Norm an die Rechtsauffassung des Rechtsmittelgerichts, zB nach § 563 II ZPO, gebunden ist, BVerfG **42**, 94 mwN, oder wenn die Unanwendbarkeit der Norm aus anderen Gründen feststeht, zB agrd einer Vorabentscheidung des EuGH, unten Rn 19 ff, vgl BVerfG NJW **92**, 964, **52**, 187. Kann bei angenommener Gültigkeit der Norm eine Beweisaufnahme zu demselben Ergebnis führen, das aus ihrer Ungültigkeit folgen würde, darf ohne Beweisaufnahme nicht vorgelegt werden, BVerfG NVwZ **95**, 158 mwN, es sei denn, die Vorlagefrage ist von allgemeiner und grundsätzlicher Bedeutung für das Gemeinwohl und ihre Entscheidung deshalb dringlich, BVerfG NJW **78**, 1151. Entfällt die Entscheidungserheblichkeit, ist der Beschluß aufzuheben, BVerwG LS NJW **88**, 1927. Wird die Entscheidungserheblichkeit infolge nachträglich eingetretener Umstände zweifelhaft, muß das vorlegende Gericht die Ungewißheit innerhalb angemessener Frist beseitigen; geschieht dies nicht, wird die Vorlage unzulässig, BVerfG NJW **79**, 1649.

Das BVerfG ist bei der Beurteilung der **Entscheidungserheblichkeit** an die Rechtsauffassung des **14** vorlegenden Gerichts gebunden, sofern sie nicht auf offensichtlich unhaltbaren rechtlichen Überlegungen oder tatsächlichen Würdigungen beruht, BVerfG stRspr, BVerfG NJW **97**, 2230 mwN, und zwar auch hinsichtlich der Auslegung von Verfahrensrecht. Verfassungsrechtliche Erwägungen des vorlegenden Gerichts zur Entscheidungserheblichkeit hat das BVerfG dagegen umfassend nachzuprüfen, BVerfG NJW **84**, 1805 mwN (zur Zulässigkeit der Klage); es darf aber im Einzelfall aus Zweckmäßigkeitsgründen von der Beurteilung dieses Gerichts ausgehen, BVerfG **63**, 1.

Gegen Beschlüsse, die eine Vorlage nach Art 100 GG anordnen oder ablehnen, ist **kein Rechtsmittel** **15** zulässig, hM, Düss NJW **93**, 411 mwN. Jedoch kann das Gericht seinen Beschluß von sich aus ändern, BVerfG **7**, 271, und auch ganz aufheben, wenn er gegenstandslos wird, zB durch eine Prozeßhandlung der Parteien, aufgrund neuer Tatsachen oder infolge einer Entscheidung oder eines Hinweises des BVerfG, OVG Münst NVwZ **92**, 1227, vgl Lechner zu § 80 II BVerfGG (eine Aufhebung ist auch dann zulässig, wenn das vorlegende Gericht seine Rechtsauffassung ändert, BVerfG NVwZ **95**, 158 mwN). Dann ist zunächst der Aussetzungsbeschluß aufzuheben, im weiteren Verfahren auch der Vorlagebeschluß, BGH **49**, 215.

Wird fraglich, ob **früheres Recht als Bundesrecht fortgilt**, Art 126 GG („Meinungsverschiedenhei- **16** ten"), oder ob, nachdem die Unvereinbarkeit einer Bestimmung mit einer anderen festgestellt ist, diese letztere Bundesrecht ist, BGH **5**, 218, oder ist in einem Rechtsstreit zweifelhaft, ob **eine Regel des Völkerrechts Bestandteil des Bundesrechts** ist und welchen Umfang und welche Tragweite sie hat, Art 100 II, 25 GG, so ist bereits dann vorzulegen, BVerfG **64**, 1 (auch zu den Begriffen des Rechtsstreits und des Zweifels und zur Rechtsnatur der Regel iSv Art 100 II GG; Vollstreckungsverfahren, §§ 828 ff, 766, 793 ZPO, sind danach ein „Rechtsstreit", BVerfG **64**, 13). In diesen Fällen ist also weder eine bejahende noch eine verneinende Entscheidung zulässig, vgl Ffm RIW **82**, 439 (zum Verfahren s §§ 86 ff bzw 83, 84 BVerfGG). Ein Beweisbeschluß ist jedenfalls dann eine solche Entscheidung, wenn die vorgesehene Beweisaufnahme die Gefahr einer Völkerrechtsverletzung ggü dem fremden Staat in sich birgt, BVerfG NJW **78**, 485. Unter Art 126 GG fällt nicht der Streit, ob früheres Recht noch fortgilt; die Entscheidung hierüber ist vielmehr Sache des Prozeßgerichts, BVerfG MDR **52**, 345. Durch Unterlassen der nötigen Vorlage kann Art. 101 GG verletzt werden, BVerfG **64**, 12.

bb) Fast alle **Länder** haben im Rahmen von Art 100 I GG die Nachprüfung der Verfassungsmäßigkeit **17** von Normen besonderen Verfassungsgerichten zugewiesen, deren Entscheidung das Prozeßgericht dann einzuholen hat (zT über Art 100 GG hinsichtlich des LRechts hinausgehend): **BaWü** Art 68; **Bay** Art 92, 98; **Bra** Art 113; **Bre** Art 142; **Hbg** Art 64; **Hess** Art 133; **Meckl-Vorp** Art 53; **Nds** Art 42; **NRW** Art 75; **RhldPf** Art 130; **Saarld** Art 99; **Sa** Art 81; **Sa-Anh** Art 75.

4) *VwGO:* Die Beschränkungen der Normenkontrolle, Rn 7 ff, gelten auch hier. **18**

Anhang nach § 1 GVG. Vorabentscheidung durch den Europäischen Gerichtshof

Schrifttum: *Callies/Ruppert,* Kommentar zu EU-Vertrag u EG-Vertrag, 2. Aufl, 2002; *Dauses,* Das Vorabentscheidungsverfahren nach Art 177 EGV, 2. Aufl 1995; *ders,* 60. DJT I D 118, 1994; *ders,* F Everling, 1995, S 223; *Everling,* Das Vorabentscheidungsverfahren vor dem EuGH, 1986; *Geiger,* EGV, 2. Aufl 1995; *Grabitz/Hilf,* EUV/EGV, Losebl 1983 ff; *v der Groeben/Thiesing/Ehlermann,* EUV/EGV, 5. Aufl 1997; *Gündisch/Wienhues,* Rechtsschutz in der Europäischen Gemeinschaft, 2. Aufl 2003; *Hailbronner,* Handkommentar zum EGV, Losebl 1991 ff; *Iglesias* NJW **00**, 1880; *Koenig/Sander,* Einführung in das EG-Prozeßrecht, 1997; *Groth* EuZW **02**, 460; *Hakenberg* DRiZ **00**, 345; *Kenntner* VBlBW **00**, 303; *Wägenbaur* EuZW **00**, 37; *Pache/Knauff* NVwZ **04**, 16; *Malferrari,* Zurückweisung von Vorabentscheidungsersuchen durch den EuGH, 2003; *Streinz* EUV/EGV, 2003.

EG Art. 234. [1] **Der Gerichtshof entscheidet im Wege der Vorabentscheidung**
  a) über die Auslegung dieses Vertrags,
  b) über die Gültigkeit und die Auslegung der Handlungen der Organe der Gemeinschaft und der EZB,

c) über die Auslegung der Satzungen der durch den Rat geschaffenen Einrichtungen, soweit diese Satzungen dies vorsehen.

II Wird eine derartige Frage einem Gericht eines Mitgliedstaates gestellt und hält dieses Gericht eine Entscheidung darüber zum Erlaß seines Urteils für erforderlich, so kann es diese Frage dem Gerichtshof zur Entscheidung vorlegen.

III Wird eine derartige Frage in einem schwebenden Verfahren bei einem einzelstaatlichen Gericht gestellt, dessen Entscheidungen selbst nicht mehr mit Rechtsmitteln des innerstaatlichen Rechts angefochten werden können, so ist dieses Gericht zur Anrufung des Gerichtshofs verpflichtet.

1 **1) Regelungszweck.** Wenn Recht der EG als Entscheidungsgrundlage relevant ist, ergibt sich eine Beschränkung der Entscheidungskompetenz der nationalen Gerichte aus Art 234 EG. Die Bestimmung soll in erster Linie die einheitliche Auslegung des Gemeinschaftsrechts gewährleisten, EuGH JZ **99**, 196 (Anm v. Danwitz), Slg **97**, I-6013. Eine **Sonderregel** gilt nach Art 68 EG für Rechtsetzungsakte der EG: danach sind nur letztinstanzliche Gerichte iSv Art 234 III zur Vorlage berechtigt (und verpflichtet), Art 68 I, dazu Piekenbrock/Schulze IPrax **03**, 4; außerdem können der Rat und die Kommission sowie die Mitgliedstaaten den EuGH anrufen, Art 68 III. Dies gilt zB für den Bereich der Verordnungen des Rates, Einl IV vor § 1 ZPO.

2 **2) Allgemeines**
A. Gerichtsbegriff. „Gericht" iSv Art 234 EGV ist eine unabhängige, durch Ges oder aGrd eines Ges eingerichtete Instanz, die im Rahmen einer obligatorischen Zuständigkeit Rechtsstreitigkeiten unter Anwendung von Rechtsnormen bindend entscheidet, Koenig/Sander Rn 469, EuGH NJW **97**, 3365 (Anm Boesen NJW **97**, 3350) = EuZW **97**, 625 (Anm Byok), **96**, 47, **94**, 408, **90**, 319. Nicht als Gericht in diesem Sinne, sondern materiell als Verwaltungsbehörde handelt ein Registergericht im FGG-Verf, EuGH NJW **01**, 3179 mwN (zustm Abele). Kein Gericht iSv Art 234 ist ein vertraglich vereinbartes Schiedsgericht, EuGH EuZW **94**, 408, wohl aber ein Schiedsgericht, dessen Zuständigkeit gesetzlich geregelt ist, zB Tarifschiedsgerichte, EuGH EuZW **90**, 319. Ob Verbandsgerichte unter Art 234 EGV fallen, ist offen, aber wohl zu bejahen, Koenig/Sander Rn 474.

3 **B. Vorlagegegenstand, I.** Vorlagegegenstand sind (nur) Fragen nach der Auslegung primären Gemeinschaftsrechts, I a, nach der Auslegung und Gültigkeit von Handlungen der Gemeinschaftsorgane, I b, und der Auslegung von Satzungen bestimmter europäischer Einrichtungen, I c. Nicht vorlagefähig sind Fragen nach der Auslegung des nationalen Rechts oder dessen Vereinbarkeit mit dem Gemeinschaftsrecht, zB EuGH NJW **97**, 1271, Slg **95**, I-1883 u **93**, I-363. Auch die Subsumtion des konkreten Sachverhalts unter eine Norm des Gemeinschaftsrechts ist als solche nicht vorlagefähig, ebensowenig andere Fragen der Rechtsanwendung, die Sache des nationalen Gerichts ist, Groh DStR **96**, 1208, Dauses F Everling 1995 S 230. Völkerrechtliche Verträge sind kein Gemeinschaftsrecht; für das EuGVÜ gilt die Sonderregelung in Art 3 des Protokolls, Schlußanh V C 2.

4 **3) Vorlagepflicht letztinstanzlicher Gerichte, III**
A. Letztinstanzlichkeit. Sie ist gegeben, wenn die konkrete Entscheidung nicht mit Rechtsmitteln angegriffen werden kann, BVerfG NJW **97**, 2512, BGH NJW **87**, 3096, Hbg EuZW **93**, 264. Hierhin gehören nicht nur die obersten Bundesgerichte, sondern zB auch das LG als Berufungsinstanz, das OLG bei nichtrevisiblen Urteilen, wenn auch bei nicht berufungsfähigen Urteilen, Rabe F Redeker 1993 S 203. Hängen Rechtsmittel von einer Zulassung ab und besteht die Möglichkeit der Nichtzulassungsbeschwerde, so ist das Gericht nicht vorlagepflichtig, EuGH EuZW **02**, 476, dazu Groth EuZW **02**, 460. Vielmehr trifft die Vorlagepflicht das Gericht, das über die Beschwerde entscheiden muß, BVerwG NVwZ **05**, 598, BVerfG NJW **97**, 2512 u NVwZ **93**, 883, BVerwG NVwZ **97**, 178 u EuZW **93**, 262, vgl Petzold NJW **98**, 124. Die Verfassungsbeschwerde ist kein Rechtsmittel iSv III.

5 **B. Entscheidungserheblichkeit** (vgl § 1 Rn 13). Sie ist am vorlegenden Gericht zu prüfen, vgl § 1 Rn 8 u 13, EuGH Slg **97**, I-4161 u I-4291; es muß den nationalen Rechtsrahmen angeben, dessentwegen die Vorlage erheblich ist, stRspr, EuGH Slg **99**, I-2969 mwN. Eine Entscheidung nach I lehnt der EuGH ab, wenn die Entscheidungserheblichkeit offensichtlich fehlt, zB die vorgelegte Frage für die Entscheidung ohne Bedeutung ist, EuGH Slg **97**, I-195, NJW **96**, 447, ZIP **92**, 1076 (Anm Frey), vgl Ress F Jahr 1993 S 357. Entfällt die Entscheidungserheblichkeit, ist der Vorlagebeschluß aufzuheben.

6 **C. Ausnahmen der Vorlagepflicht.** Sie besteht nicht, wenn die richtige Auslegung so offenkundig ist, daß kein Zweifel an der Antwort auf die zu stellende Frage bleibt, EuGH NJW **83**, 1257, BGH **110**, 47. Dieser Grundsatz ist aber restriktiv zu handhaben, EuGH NJW **96**, 34 gg BGH NJW **93**, 2573, BGH **129**, 361, BAG EuZW **92**, 739; auf keinen Fall darf er dazu benutzt werden, sich der Vorlagepflicht zu entziehen, Clausnitzer NJW **89**, 641, Kindler NJW **93**, 3120, Heß ZZP **108**, 81.
Keine Vorlagepflicht besteht auch dann, wenn der EuGH die Frage schon entschieden hat, EuGH Slg **63**, 63; das gilt auch dann, wenn er dabei seine bisherige Rspr geändert hat, EuGH NJW **97**, 2512. Anders liegt es, wenn das vorlegende Gericht von einer solchen Rspr abweichen will, zB weil sich das Gemeinschaftsrecht geändert hat.
Im Verfahren des **einstw Rechtsschutzes** ist das insoweit letztinstanzliche Gericht nicht zur Vorlage wegen einer Frage verpflichtet, die in einem späteren Hauptsacheverfahren endgültig geklärt werden kann, EuGH NJW **83**, 2751 u 77, 1585, KG EuZW **94**, 544, abw Ffm RR **90**, 190 u NJW **85**, 2901. Fragen, die den Arrestgrund betreffen, müssen demgemäß vorgelegt werden, Mankowski JR **93**, 405.

7 **D. Verstoß gegen die Vorlagepflicht.** Er führt nach Gemeinschaftsrecht allenfalls zu **Schadensersatzansprüchen** gegen den Mitgliedstaat, vgl Beul EuZW **96**, 748 mwN, EuGH Slg **91**, I-5357 (Anm ua Pieper NJW **92**, 2454), EuZW **94**, 182 (Anm Bröhmer), Slg **96**, I-1029 (Anm ua Streinz EuZW **96**, 201), **96**,

1. Titel. Gerichtsbarkeit **Anh § 1 GVG**

I-4845 (Anm ua Huff NJW **96**, 3190), EuGH NJW **03**, 3539 (Anm Kremer NJW **04**, 480 u Hakenberg DRiZ **04**, 113).

Die **Nichtvorlage verstößt gegen Art 101 2 GG**, weil der EuGH in den Fällen der Vorlagepflicht nach III gesetzlicher Richter ist, BVerfG in stRspr seit NJW **87**, 577, Schneider MDR **00**, 10. Zu den Voraussetzungen einer deswegen erfolgreichen Verfassungsbeschwerde (Willkür, zB grundsätzliche Verkennung der Vorlagepflicht oder bewußtes Abweichen ohne Vorlagebereitschaft), s BVerfG NJW **02**, 1487 u **01**, 1267 mwN (dazu Nowak NVwZ **02**, 688), FamRZ **00**, 350, Sensburg NJW **01**, 1259 mwN, Mayer EuZW **05**, 225.

4) Vorlageberechtigung anderer Gerichte, II 8

A. Grundsatz. Gerichte, die nicht letztinstanzlich zuständig sind, trifft keine Vorlagepflicht, es sei denn, sie wollen die Gültigkeit eines Gemeinschaftsaktes verneinen, unten Rn 11. Sie haben nach **Ermessen** darüber zu entscheiden, ob und in welchem Stadium des Verfahrens sie eine Auslegungsfrage vorlegen, EuGH in stRspr, Slg **94**, I-711 (gegen eine Beschränkung der Vorlagebewilligung Pache/Knauff NVwZ **04**, 16). Nach Abschluß der Instanz ist eine Vorlage ausgeschlossen, EuGH DVBl **89**, 608. Voraussetzung für die Vorlage ist auch hier die **Entscheidungserheblichkeit** der Frage, oben Rn 5, EuGH EuZW **98**, 220; innerstaatliche Fragen sind grundsätzlich vorweg zu klären, EuGH Slg **92**, I-4673 u I-4871.

B. Ermessensrichtlinien. Zweifel an der richtigen Auslegung allein zwingen nicht zur Vorlage, BFH 9 EuZW **96**, 670 (Anm Reiche). Widerstreitende Meinungen in Rspr und Schrifttum sind ein Grund zur Vorlage, wenn es sich nicht um einen kaum wiederkehrenden Einzelfall handelt, Gutachten Jacobs Slg **97**, I-6502. Je größer die allgemeine Bedeutung der Frage, desto eher ist die Vorlage angebracht; umgekehrt ist die Vorlage zu unterlassen, wenn für denselben oder doch vergleichbaren Fall eine gefestigte Rspr des EuGH vorliegt. Die zu erwartende Dauer des Vorlageverfahrens, Borchardt EuZW **98**, 257, kann dazu führen, daß schon die erste Instanz die Sache vorlegt, AG Köln FamRZ **98**, 483. Auf Anträge der Prozeßbeteiligten kommt es nicht an; Parteiabreden sind unbeachtlich, EuGH Slg **78**, 2203.

Im Fall der **Zurückverweisung** hindert die Bindungswirkung des zurückverweisenden Urteils, zB nach § 563 II ZPO, das untere Gericht nicht daran, die Frage der Vorlegung nach II zu prüfen, EuGH NJW **74**, 440, str, vgl ua Mankowski JR **96**, 375, Reiche EuZW **95**, 570 u **96**, 671 mwN.

C. Einstweiliger Rechtsschutz. Wegen der Eilbedürftigkeit der Entscheidung scheidet eine Vorlage 10 nach II idR aus, KG EuZW **94**, 544, es sei denn, daß beide Parteien oder doch die durch eine längere Verfahrensdauer benachteiligte Partei darauf hinwirken, Mankowski JR **93**, 406. Eine Vorlage kommt auch nach dem Erlaß einer einstw Maßnahme in Betracht, solange der Richter des Eilverfahrens mit der Sache befaßt ist, EuGH Slg **88**, 2041 u **86**, 2071, Dauses F Everling 1995 S 229.

5) Vorlageverpflichtung bei Angriff gegen Gemeinschaftsrechtsakte. Unabhängig von Art 177 11 EGV besteht in solchen Fällen für alle Gerichte eine Vorlagepflicht, weil allein der EuGH Rechtsakte der Gemeinschaft verwerfen kann, EuGH Slg **97**, I-1847, **87**, 4199. Diese Pflicht besteht auch in Verfahren des einstw Rechtsschutzes, EuGH NJW **96**, 1333, JZ **92**, 36 (krit Gornig), Koch NJW **95**, 2332, krit Dänzer-Vanotti BB **91**, 1016, Schlemmer-Schulte EuZW **91**, 308.

6) Verfahren (Verfahrensordnung EuGH: EG-ABl C 34 v 1. 2. 01; Hinweise des EuGH zum Vorlagever- 12 fahren: Beilage AnwBl 7/99).

A. Vorlagebeschluß. Das Verfahren richtet sich nach nationalem Recht. Die Entscheidung, die Rechtsfrage dem EuGH vorzulegen, ergeht durch Beschluß. Für seinen Inhalt gilt entsprechendes wie für den Vorlagebeschluß nach Art 100 GG, § 1 Rn 13. Zugleich ist das Verfahren entspr § 148 ZPO auszusetzen, LG Bonn EuZW **96**, 160, vgl K. Schmidt F Lüke 1997 S 726. Will das vorlegende Gericht seinen Beschluß ändern oder ergänzen, so erläßt er einen weiteren Vorlagebeschluß.

Gleichzeitig mit dem Vorlagebeschluß erläßt das Gericht entspr § 148 ZPO einen **Aussetzungsbeschluß**, LG Bonn EuZW **96**, 160. Die Parteien des Rechtsstreits sind nicht gehindert, das Verfahren durch Anerkenntnis oder Verzicht zu beenden. Andere Gerichte, von denen dieselbe Rechtsfrage zu entscheiden ist, können im Verfahren entspr § 148 ZPO aussetzen, BVerwG NVwZ **01**, 319, VGH Mannh NVwZ-RR **02**, 236 mwN, Düss NJW **93**, 1661, LG Bonn aaO, K. Schmidt aaO S 732, krit Heß ZZP **108**, 95, Mü BB **00**, 1061, vgl § 148 ZPO Rn 29; sie sollten dies dem EuGH formlos anzeigen, ABlEG 93 C 39/6, K. Schmidt aaO. In solchen Fällen ist das Gericht aber auch befugt, seinerseits die Sache nach Art 234 EGV dem EuGH vorzulegen.

Das vorlegende Gericht muß die Vorlage **zurücknehmen**, wenn der EuGH zwischenzeitlich dieselbe Frage beantwortet hat oder das Grundverfahren beendet worden ist, zB durch Vergleich, Anerkenntnis oder Verzicht, EuGH NJW **96**, 447. Eine Rücknahme der Vorlage ist auch sonst zulässig, zB wenn neue Umstände eintreten oder das Gericht seine Rechtsansicht ändert, vgl § 1 Rn 15.

Die **Kostenerstattung** bestimmt sich ausschließlich nach nationalem Recht, EuGH EuZW **02**, 95; dazu VGH Mannh NVwZ-RR **02**, 236.

B. Rechtsmittel. Gegen den Vorlage- und Aussetzungsbeschluß ist entspr § 252 ZPO die Beschwerde 13 nach Maßgabe der §§ 567 ff ZPO statthaft, Pfeiffer NJW **94**, 2001, str, vgl BGH MDR **98**, 732, aM ua BFH EuZW **96**, 670 (Anm Reiche), Dauses S 95, Everling DRiZ **93**, 12; s auch § 1 Rn 15. Art 234 II steht einer etwa nötigen Zulassung der Beschwerde nicht entgegen, EuGH EuZW **97**, 632.

7) Bindungswirkung der Entscheidung nach Art 234 EG. Die Entscheidung des EuGH bindet in 14 derselben Sache die Gerichte aller Instanzen, also auch das Erstgericht nach Zurückverweisung, BFH **124**, 268, und selbst das BVerfG bei einer Verfassungsbeschwerde in derselben Sache, BVerfG EuGRZ **79**, 551. Wenn die Entscheidung dem vorlegenden Gericht keine sichere Grundlage für seine Entscheidung verschafft oder wenn sich neue Gesichtspunkte ergeben (oder wenn das Gericht den EuGH zu einem nochmaligen Überdenken der Problematik bewegen will, BAG NJW **94**, 683), kann es eine weitere Vorlage an den EuGH beschließen, vgl EuGH EuZW **96**, 375 (Anm Schlachter). Eine erneute Vorlage derselben Frage durch dasselbe Gericht in demselben Verfahren ist dagegen unzulässig, EuGH Slg **77**, 163, Heß ZZP **108**, 69.

GVG Anh § 1, §§ 2–10 Gerichtsverfassungsgesetz

Andere Gerichte sind nicht gebunden, müssen aber die Entscheidung beachten und dann, wenn sie abweichen wollen, die Frage dem EuGH erneut vorlegen, BGH NJW **94**, 2607, vgl EuGH NJW **83**, 1257.

15   **8)** *VwGO* (Kenntner VBlBW **00**, 303): Für das Verfahren der Verwaltungsgerichte gelten die vorstehenden Ausführungen, vgl Ehlers Sch/SchmA/P Anh II § 40. Wegen der zur Vorlage verpflichteten Gerichte, Ehlers Rn 36–41, s oben Rn 4. In den Fällen der Zulassungsberufung, OVG Münst NVwZ-RR **03**, 616, ist auch das OVG nicht letztinstanzliches Gericht iSv III, vgl Petzold NJW **98**, 124; falls eine Vorlage nach Art 234 in Betracht kommt, wird die Berufung (ebenso wie die Revision) stets zuzulassen sein, vgl Ehlers Rn 38.

2–9 (aufgehoben durch § 85 Z 1 DRiG, Üb 1 § 1 GVG)

10 *Wahrnehmung richterlicher Geschäfte durch Referendare.* [1] Unter Aufsicht des Richters können Referendare Rechtshilfeersuchen erledigen und außer in Strafsachen Verfahrensbeteiligte anhören, Beweise erheben und die mündliche Verhandlung leiten. [2] Referendare sind nicht befugt, eine Beeidigung anzuordnen oder einen Eid abzunehmen.

Vorbem. In der **Arbeitsgerichtsbarkeit** gilt § 10 in allen Rechtszügen entsprechend, § 9 II ArbGG.

Schrifttum: *Oexmann* JuS **76**, 36.

1   **1) Referendare.** Referendare, dh im **Vorbereitungsdienst** nach § 5a DRiG Stehende (wegen der einstufigen Ausbildung, § 5b DRiG, s unten), können mit der Wahrnehmung von Rechtshilfeersuchen, §§ 156 ff, insbesondere im Rahmen der landesrechtlichen Ausbildungsordnungen, § 5 DRiG Rn 8, betraut werden, ferner in Zivilsachen mit der Anhörung von Verfahrensbeteiligten, zB nach § 141 ZPO, mit jeglicher Art der Beweiserhebung und mit der Leitung der mündlichen Verhandlung, Emde Jura **95**, 205, alles dies aber nur **unter Aufsicht des Richters**, Köln JMBlNRW **73**, 282, dh in dessen ständiger Anwesenheit, KG NJW **74**, 2094 mwN, aM Hahn NJW **73**, 1782 (gerade weil der Referendar auch die Ordnungsbefugnisse des Gerichts ausübt, ist aber die Anwesenheit des Richters unerläßlich, im Grundsatz ebenso Katholnigg 2). Da eine Übertragung nur im Einzelfall zulässig ist und der Richter nach pflichtgemäßem Ermessen die Eignung des Referendars prüfen muß, kommt es auf die bereits zurückgelegte Zeit des Vorbereitungsdienstes nicht an. Bei **einstufiger Ausbildung** ist ausdrücklich zur Voraussetzung gemacht, daß der für die jeweilige Tätigkeit erforderliche Ausbildungsstand erreicht ist, § 5b II DRiG, was der Richter prüfen muß. In allen Fällen **ausgenommen** sind Anordnung und Durchführung einer Beeidigung, ferner wegen § 28 I 2 DRiG die Leitung der mündlichen Verhandlung vor einem Kollegialgericht, aM Franzki JuS **72**, 615. Erledigt ein Referendar richterliche Aufgaben, die ihm nicht übertragen werden durften, sind seine Maßnahmen unwirksam, Kissel 18, abw Ffm NJW **54**, 207.

Wegen der Tätigkeit von Referendaren in Strafsachen vgl § 142 III, dazu Landau/Globuschütz NStZ **92**, 68.

2   **2) Gleichgestellte.** Im Hinblick auf die besonderen Verhältnisse, die sich aus der Vereinigung Deutschlands ergeben haben, werden den Referendaren, Rn 1, bestimmte Personengruppen gleichgestellt. Das nähere bestimmt die folgende, am 1. 7. 92 in Kraft getretene Regelung (dazu Rieß DtZ **92**, 229):

RpflAnpG § 8. Befugnisse von Rechtspraktikanten im Vorbereitungsdienst, Richter- und Staatsanwaltschaftsassistenten und einzuarbeitenden Diplomjuristen. [1] Auf Rechtspraktikanten aus dem in Artikel 3 des Einigungsvertrages genannten Gebiet finden die für Referendare geltenden Vorschriften in §§ 10 und 142 Abs. 3 des Gerichtsverfassungsgesetzes, § 2 Abs. 5 des Rechtspflegergesetzes, § 53 Abs. 4 Satz 2 der Bundesrechtsanwaltsordnung sowie §§ 139 und 142 Abs. 2 der Strafprozeßordnung entsprechende Anwendung.

II [1] Richterassistenten, Staatsanwaltsassistenten und Diplomjuristen, die nach Anlage I Kapitel III Sachgebiet A Abschnitt III Nr. 8 Buchstabe y Doppelbuchstabe ff des Einigungsvertrages vom 31. August 1990 in Verbindung mit Artikel 1 des Gesetzes vom 23. September 1990 (BGBl. 1990 II S. 885, 931) bei einem Gericht oder bei einer Staatsanwaltschaft eingearbeitet werden, können Aufgaben nach § 10 und 142 Abs. 3 des Gerichtsverfassungsgesetzes sowie nach § 2 Abs. 5 des Rechtspflegergesetzes, Rechtsanwaltsassistenten können Aufgaben nach §§ 139 und 142 Abs. 2 der Strafprozeßordnung und § 53 Abs. 4 Satz 2 der Bundesrechtsanwaltsordnung übertragen werden, wenn sie den Ausbildungsstand erreicht haben, der für die jeweilige Tätigkeit erforderlich ist. [2] In Beziehung auf diese Tätigkeit haben die in Satz 1 genannten Personen die Rechte und Pflichten eines Referendars.

3   **A. Rechtspraktikanten, I.** Die Teilnehmer am besonderen Vorbereitungsdienst, EV Anl I Kap III Sachgeb A Abschn III Z 8 Buchst y (ii), werden nicht als Referendare im Beamtenverhältnis auf Widerruf, sondern als Rechtspraktikanten eingestellt; die gleiche rechtliche Gestaltung ist für den Fall denkbar, daß die neuen Länder zusätzlich einen Vorbereitungsdienst nach § 5b DRiG einrichten, vgl BT-Drs 12/2168 S 23. Um ihnen eine vollwertige Ausbildung zu sichern, gelten für sie die auf Referendare zugeschnittenen Vorschriften, Rn 1, entsprechend. Die Regelung gilt für das Bundesgebiet.

4   **B. Assistenten und Diplomjuristen, II.** Eine vergleichbare Regelung gilt im ganzen Bundesgebiet für die weiteren, in II genannten Personengruppen. Die Anwendbarkeit des § 53 IV 2 BRAO hat Bedeutung nur für die Altländer und Berlin, weil in den neuen Ländern bereits eine entspr Regelung, § 53 IV 2 DDR-RAG besteht, BT-Drs 12/2168 S 24.

5   **3)** *VwGO:* § 10 ist entspr anwendbar, § 173 VwGO; § 8 RpflAnpG gilt unmittelbar für alle Gerichtszweige.

§§ 11, 12, Einf §§ 13–17b, § 13 GVG

11 (aufgehoben durch § 85 Z 3 DRiG)

12 *Gliederung der Gerichte.* Die ordentliche streitige Gerichtsbarkeit wird durch Amtsgerichte, Landgerichte, Oberlandesgerichte und durch den Bundesgerichtshof (den obersten Gerichtshof des Bundes für das Gebiet der ordentlichen Gerichtsbarkeit) ausgeübt.

Vorbem. Für alle Gerichtsbarkeiten gilt

GG Art. 92. Die rechtsprechende Gewalt ist den Richtern anvertraut; sie wird durch das Bundesverfassungsgericht, durch die in diesem Grundgesetze vorgesehenen Bundesgerichte und durch die Gerichte der Länder ausgeübt.

1) Gliederung. Die Gliederung des § 12 GVG gilt auch in Justizverwaltungssachen und allen Angelegenheiten, die damit zusammenhängen; vgl auch Anh § 21 GVG. Wegen der Errichtung oberster Landesgerichte s § 8 EGGVG. In den neuen Bundesländern besteht die bisherige Gliederung mit bestimmten Maßgaben fort, EV Anl I Kap III Abschn III Z 1, solange die Gliederung des § 12 noch nicht eingeführt ist; sobald dies geschieht, gelten §§ 14–25 RpflAnpG. Näheres bei den einzelnen Vorschriften. 1

2) Errichtung, Aufhebung, Sitzverlegung, Änderungen der Bezirksgrenzen regelt § 1 GVVO vom 20.3. 35, RGBl I 403 = BGBl III 300–5, bzw die an seine Stelle getretenen Vorschriften des Landesrechts: 2

I Die Errichtung und Aufhebung eines Gerichts und die Verlegung eines Gerichtssitzes wird durch Reichsgesetz angeordnet.

II (gegenstandslos, vgl BVerfG 2, 307).

III Stadt- und Landgemeinden, die mit ihrem ganzen Gebiet einheitlich einem Amtsgericht zugeteilt sind, gehören dem Bezirk dieses Gerichts mit ihrem jeweiligen Gebietsumfang an.

Durch G v 1. 7. 60, BGBl 481, sind auf dem Gebiet des GVG und der bürgerlichen Rechtspflege einschließlich der Arbeitsgerichtsbarkeit, der Strafrechtspflege und des Bußgeldverfahrens die Landesregierungen zum Erlaß von RechtsVOen ermächtigt, soweit die auf diesen Gebieten geltenden Gesetze solche RechtsVOen vorsehen. Sie können die Ermächtigung auf oberste Landesbehörden übertragen. Dazu **Bay** VO v 12. 7. 60, GVBl 131, **Berlin** VO v 4. 8. 60, GVBl 823, **Bre** AGGVG v 11. 10. 60, GBl 123, **Hess** VO v 9. 8. 60, GVBl 153, **Nds** VO v 27. 7. 60, GVBl 217, **NRW** VO v 15. 7. 60, GVBl 288, **RhldPf** LVO v 12. 7. 60, GVBl 139, **SchlH** VO v 12. 7. 60, GVBl 136, vgl Schönfelder vor § 1 GVG.

Einführung zu §§ 13–17 b. Rechtsweg

1) Während es zur Zeit der Entstehung des GVG nur einen ordentlichen Rechtsweg, nämlich den zu den Gerichten für Zivil- und Strafsachen gab, ist heute der durch das GG gegebene Rechtszustand ein ganz anderer. Dieses gilt allgemein, Art 19 IV 1, 93 I Z 4, u stellt neben die ordentliche der Verwaltungs-, Finanz-, Arbeits- und Sozialgerichtsbarkeit, Art 96 I. Es gibt also **verschiedene gleichwertige Rechtswege**; wenn der Rechtsweg vor den „ordentlichen Gerichten" als solcher herausgehoben scheint, so ist das durch Art 92, 96 I GG überholt. Ob der eine oder andere Rechtsweg gegeben ist, entscheidet sich nach dem Gegenstand des Anspruchs, vgl die Erläuterungen zu § 13. Steht kein anderer Rechtsweg zur Verfügung, so bleibt allerdings hilfsweise der ordentliche, Art 19 IV 2 GG. 1

2) **§ 13 gibt an, wann der Zivilrechtsweg, der ordentliche Rechtsweg, gegeben ist.** Er hat sein Gegenstück in § 40 VwGO (unten abgedr) und den entsprechenden Vorschriften in § 33 FGO und § 51 SGG. Alle zusammen lassen erst, mag auch noch vieles streitig bleiben, deutlicher erkennen, wann der ordentliche und wann der (allgemeine oder besondere) VerwRechtsweg gegeben ist. Gegenüber § 13 ist also erst durch die Generalklausel des § 40 VwGO („alle öffentlich-rechtlichen Streitigkeiten nicht verfassungsrechtlicher Art") und das Erfordernis einer ausdrücklichen bundesgesetzlichen Zuweisung dieser Sachen an andere als an VerwGerichte eine schärfere Grenzziehung erfolgt, so daß alle älteren Entscheidungen auf diesem Gebiet stets unter diesem neuen Gesichtspunkt nachgeprüft werden müssen. Ob der eine oder andere Rechtsweg gegeben ist, ist Prozeßvoraussetzung für den eingeschlagenen Rechtsweg, § 13 Rn 2, der sich dann als zulässig oder unzulässig erweist. Ist der eingeschlagene Rechtsweg nicht gegeben, so besteht die uneingeschränkte Möglichkeit der **Verweisung von einem Rechtsweg in den anderen**, § 17 a II, eine Maßregel der Zweckmäßigkeit sowohl im Hinblick auf die oft gegebene Schwierigkeit der Unterscheidung als auch auf die Fristwahrung, § 17 b I. 2

3) § 14 grenzt die ordentliche Gerichtsbarkeit von der der zugelassenen Sondergerichte ab. Im Verhältnis zu diesen handelt es sich um die Zulässigkeit des Rechtsweges, was also vAw zu berücksichtigen ist, RG 156, 291. Auch die Arbeitsgerichte sind Sondergerichte. Im Verhältnis zwischen ihnen und den ordentlichen Gerichten handelt es sich ebenfalls um die Frage der Zulässigkeit des Rechtsweges, Vorbem zu §§ 17–17 b. 3

13 *Rechtsweg zu den ordentlichen Gerichten.* Vor die ordentlichen Gerichte gehören alle bürgerlichen Rechtsstreitigkeiten und Strafsachen, für die nicht entweder die Zuständigkeit von Verwaltungsbehörden oder Verwaltungsgerichten begründet ist oder auf Grund von Vorschriften des Bundesrechts besondere Gerichte bestellt oder zugelassen sind.

Vorbem. Für die Zulässigkeit des Verwaltungsrechtsweges gilt

GVG § 13

VwGO § 40. **I** [1] Der Verwaltungsrechtsweg ist in allen öffentlichen-rechtlichen Streitigkeiten nichtverfassungsrechtlicher Art gegeben, soweit die Streitigkeiten nicht durch Bundesgesetz einem anderen Gericht ausdrücklich zugewiesen sind. [2] Öffentlich-rechtliche Streitigkeiten auf dem Gebiete des Landesrechts können einem anderen Gericht auch durch Landesgesetz zugewiesen werden.

II [1] Für vermögensrechtliche Ansprüche aus Aufopferung für das gemeine Wohl und aus öffentlich-rechtlicher Verwahrung sowie für Schadensersatzansprüche aus der Verletzung öffentlich-rechtlicher Pflichten, die nicht auf einem öffentlich-rechtlichen Vertrag beruhen, ist der ordentliche Rechtsweg gegeben; dies gilt nicht für Streitigkeiten über das Bestehen und die Höhe eines Ausgleichsanspruchs im Rahmen des Artikels 14 Abs. 1 Satz 2 des Grundgesetzes. [2] Die besonderen Vorschriften des Beamtenrechts sowie über den Rechtsweg bei Ansprüchen von Vermögensnachteilen wegen Rücknahme rechtswidriger Verwaltungsakte bleiben unberührt.

Vorbem. II 1 2. Halbsatz eingefügt durch Art 1 Z 4 RmBereinVpG v 20. 12. 01, BGBl 3987, mWv 1. 1. 02, Art 7 I des Ges; vgl Kienemund NJW **02**, 1236, Lotz BayVBl **02**, 354.

Schrifttum (in Auswahl): *MüKoWo* Erl zu § 13 GVG; *StJSchumann* Einl 339 ff vor § 1 ZPO; *RoSGo* §§ 13–18; *Ule* VerwProzeßR § 8; Kommentare zur VwGO von *Eyermann, Redeker-v. Oertzen, Schunck-De Clerck* und *KoppSch*, jeweils zu § 40; *Broß*, Rechtswegprobleme zwischen den Zivil- und Verwaltungsgerichten, VerwArch **87**, 91; *Tiedau*, Juristische Grenzprobleme, 1981; *Lüke*, Zweifelsfragen zu typischen Rechtswegproblemen, Gedächtnisschrift Bruns, 1980, S 129 ff; *Stich*, Die öff-rechtlichen Zuständigkeiten der Zivilgerichte, in: Staatsbürger und Staatsgewalt, 1963, Bd. II S 387 ff.

Gliederung

1) **Allgemeines**	1, 2	6) **Zivilprozeßsachen kraft Zuweisung**	19–29
A. Grundsatz	1	A. Aufopferungsansprüche	19
B. Prozeßvoraussetzung	2	B. Ansprüche aus öff-rechtlicher Verwahrung	20
2) **Grundsätzliches**	3–6	C. Schadensersatzansprüche aus der Verletzung öff-rechtlicher Pflichten	21
A. Abgrenzung	3	D. Entscheidung über Justizverwaltungsakte	22
B. Zuweisung an andere Gerichte	4–6	E. Ansprüche auf Enteignungsentschädigung	23
3) **Bürgerliche und öff-rechtliche Streitigkeiten**	7–9	F. Anfechtung von Verwaltungsakten nach BBauG	24
4) **Bürgerlich-rechtliche Rechtsstreitigkeit**	10–14	G. Kartellsachen	25
A. Grundsatz	10, 11	H. Entscheidung in Anwaltsstreitigkeiten	26
B. Einzelfragen	12–14	I. Rechtsweg nach Art 19 IV 2 GG	27
5) **Öff-rechtliche Fragen in bürgerlichen Rechtsstreitigkeiten**	15–18	K. Verfahrensfragen	28, 29
A. Allgemeines	15	7) **Rechtsprechungsübersicht in Auswahl**	30–74
B. Einzelfragen	16		
C. Anspruchskonkurrenz	17		
D. Aufrechnung	18		

1) Allgemeines

1 **A. Grundsatz.** § 13 und die von ihm ausgesprochene Abgrenzung gegen andere Gerichte („vor die ordentlichen Gerichte gehören") ist zwingenden Rechts. Ist der Rechtsweg zu ihnen eröffnet, kann nur ein Gesetz oder ein Schiedsvertrag ihn ausschließen; umgekehrt kann er nicht durch Vereinbarung eröffnet werden, zB der ordentliche Rechtsweg für eine kraft Gesetzes in einen anderen Rechtsweg gehörende Streitigkeit. Das schließt nicht aus, daß ein Rechtsverhältnis insgesamt vertraglich geregelt wird und dann der für den Vertrag maßgebliche Rechtsweg gilt, vgl BVerwG NJW **90**, 1929. Die Abtretung eines öffentlich-rechtlichen Anspruchs an einen Privaten eröffnet nicht den Rechtsweg zu den ordentlichen Gerichten, RG **143**, 94.

2 **B. Die Zulässigkeit des Rechtsweges ist Prozeßvoraussetzung**, Grdz § 253 ZPO Rn 13 u 22. Sie kann durch Parteivereinbarung nicht begründet werden und ist in 1. Instanz vAw zu prüfen, § 17 Rn 2 u § 17 a Rn 7, BVerfG NJW **92**, 360. Erweist sich der zu den ordentlichen Gerichten eingeschlagene Rechtsweg als nicht gegeben, so ist der Rechtsstreit zu verweisen, § 17 a II u IV. Dahingestellt darf die Frage der Zulässigkeit des Rechtswegs nicht bleiben. Sie ist in 2. und 3. Instanz in der Hauptsache nicht zu prüfen, § 17 a V.

3 **2) Grundsätzliches**

A. Alle bürgerlichen Rechtsstreitigkeiten und Strafsachen gehören vor die ordentlichen Gerichte, alle öff-rechtlichen Streitigkeiten nichtverfassungsrechtlicher Art vor die (allgemeinen oder besonderen) Verwaltungsgerichte. Diese grundsätzliche Abgrenzung, die aber die Frage, was bürgerliche und was öff-rechtliche Streitigkeiten sind, offen läßt, wird in § 13 insofern durchbrochen, als dort die Möglichkeit der Begründung der „Zuständigkeit" von VerwGerichten oder der bundesrechtlichen Zuweisung an Sondergerichte, § 14, eröffnet ist, ebenso wie das durch § 40 I VwGO für solche öff-rechtlichen Streitigkeiten, die ausdrücklich durch Bundesgesetz (oder auf dem Gebiet des Landesrechts durch ein Landesgesetz, § 71 III GVG) einem anderen Gericht zugewiesen werden, ferner in § 40 II VwGO durch Zuweisung der dort genannten vermögensrechtlichen Ansprüche öff-rechtlicher Art an die ordentlichen Gerichte geschieht. Aus der Generalklausel des § 40 I VwGO und der deutlichen Umgrenzung ihrer Ausnahmen ergibt sich aber gleichzeitig, daß nur für solche öff-rechtlichen Streitigkeiten der ordentliche Rechtsweg offensteht, **die einem ordentlichen Gericht ausdrücklich durch Bundesgesetz** (das auch ein vorkonstitutionelles sein kann, BVerwG **37**, 369) oder, soweit es sich um Landesrecht handelt, durch ein

1. Titel. Gerichtsbarkeit § 13 GVG

Landesgesetz zugewiesen sind. Gesetzesregelungen, nach denen „die gerichtliche Klage" gegeben oder „der Rechtsweg" eröffnet ist, enthalten keine ausdrückliche Zuweisung in diesem Sinne, GmS NJW 71, 1606, BVerfG DVBl 82, 590 mwN. Demgemäß entfällt der ordentliche Rechtsweg für alle Sachen, in denen früher eine Zuweisung kraft Überlieferung oder wegen Sachzusammenhangs angenommen worden war. Ist die **Zuweisung einer landesrechtlichen Sache durch Landesgesetz** schon vor Inkrafttreten der VwGO (1. 4. 60) erfolgt, so verbleibt es dabei, wenn das Gesetz in dem jeweiligen AGVwGO ausdrücklich aufrechterhalten worden ist, RedOe § 40 Anm 37 mwN, sonst dagegen nicht, hM. Verweist das Landesrecht eine bürgerliche Rechtsstreitigkeit in den VerwRechtsweg, was § 13 offen- und § 4 EGGVG zuläßt, so wirkt das nur für das Land, also nur, wenn der Kläger den Rechtsstreit dort anhängig macht, vgl RG **109**, 9; für das Revisionsgericht gehört eine solche Verweisung nach Maßgabe des § 545 I ZPO zum revisiblen Recht, vgl BGH **21**, 217.

B. Bürgerliche Rechtsstreitigkeiten können zugewiesen werden a) an Verwaltungsgerichte, die **4** ebenso wie die ordentlichen Gerichte Organe der Rechtspflege sind, Einf § 13 Rn 1; zu ihnen gehören auch die Sozial- und Finanzgerichte als besondere VerwGerichte. Eine bundesgesetzliche Zuweisung von bürgerlichen Rechtsstreitigkeiten an die Sozialgerichte enthält § 51 II SGG (idF des 6. SGGÄndG v 17. 8. 01, BGBl 2144; dazu Meyer-Ladewig § 51 Rn 20 ff u 38 ff):

SGG § 51. II ¹ **Die Gerichte der Sozialgerichtsbarkeit entscheiden auch über privatrechtliche Streitigkeiten in Angelegenheiten der gesetzlichen Krankenversicherung, auch soweit durch diese Angelegenheiten Dritte betroffen werden.** ² **Die §§ 87 und 96 des Gesetzes gegen Wettbewerbsbeschränkungen finden keine Anwendung.** ³ **Satz 1 gilt für die soziale Pflegeversicherung und die private Pflegeversicherung (Elftes Buch Sozialgesetzbuch) entsprechend.**

Die Vorschrift beschränkt sich auf die gerichtliche Überprüfung von Maßnahmen, die unmittelbar der Erfüllung der für den Krankenkassen und den kassenärztlichen Vereinigungen nach dem SGB V obliegenden öffrechtlichen Aufgaben dienen, BGH NJW 03, 1193 u 00, 874. Zur Auslegung von § 51 II s BGH RR **04**, 1119.

Soweit eine Zuweisung landesgesetzlich geschehen ist oder geschieht, müssen die durch Bundesrecht gegebenen Grenzen eingehalten sein, oben Rn 3. Eine Zuweisung von bürgerlichen Rechtsstreitigkeiten an VerwBehörden kann wegen Art 92 GG nicht mehr geschehen. Das schließt aber nicht aus, daß zunächst eine VerwBehörde entscheiden muß, gegen deren Entscheidung dann das ordentliche Gericht angerufen werden kann, RoSGo § 14 II 3, MüKoWo 18, Preibisch, Außergerichtliche Vorverfahren in Streitigkeiten der Zivilgerichtsbarkeit, 1979; dies gilt auch für Ansprüche gegen die öff Hand, BVerfG **8**, 246, **35**, 73 u **40**, 250, VHG Mü AS **34**, 42, ferner nach den §§ 3 V HO, 10 und 13 des Ges über die Entsch für Strafverfolgungsmaßnahmen v 8. 3. 71, BGBl 157. Ein solches **Vorschaltverfahren** ist verfassungsrechtlich zulässig, BVerfG **4**, 409 u **8**, 246, BGH **85**, 106, zweifelnd Hüttenhofer NJW **89**, 699 (zu Art 22 BayAGGVG). Welche Bedeutung die Vorschaltung hat, insbesondere ob es sich um eine Sachurteilsvoraussetzung handelt, ist der jeweiligen Norm zu entnehmen, BGH **85**, 106 u NJW **76**, 1264. Handelt es sich um eine Sachurteilsvoraussetzung und wird die VerwBehörde übergangen, also sofort geklagt, so ist die Klage als „zZt unzulässig" abzuweisen, BGH NVwZ-RR **92**, 393, StJSchu Einl 413, Walchshöfer F Schwab, 1990, S 523. Der Rechtsweg kann aber trotzdem sofort beschritten werden, wenn die VerwBehörde eine Entscheidung wegen angenommener Unzuständigkeit ablehnt, RG JW **25**, 55, oder für unzulässig hält und eine verwaltungsgerichtliche Klage aussichtslos erscheint, BGH **32**, 345. Auch kann manchen Gesetzen entnommen werden, daß die Einigung der Parteien dahin möglich ist, auf die vorherige Entscheidung der VerwBehörde zu verzichten, BGH **32**, 7.

b) Die gesetzliche Verweisung einer Sache in die **Freiwillige Gerichtsbarkeit** ist eine solche an **5** unabhängige Gerichte, die rechtspflegerische Geschäfte besonderer Art wahrnehmen, Üb Anh 21; vgl auch StJSchu III vor § 1 ZPO. Mag es sich dabei öfters auch um rechtsstreitähnliche Vorgänge handeln, zB vor den Landwirtschaftsgerichten und in Hausratssachen, so greift § 13 hier überhaupt nicht ein, § 2 EGGVG. Wird in diesen Fällen der ordentliche Rechtsweg vor den Zivilgerichten beschritten, so ist er unzulässig. Doch gibt es auch Übergänge durch Abgabe oder Verweisung, zB § 18 HausratsVO, Anh I § 281 ZPO, § 12 LwVG.

c) Bundesrechtliche Bestellung von Sondergerichten, vgl § 14 und Einf § 13 Rn 3.

d) Die bürgerlichen Rechtsstreitigkeiten kann aber auch **der ordentliche Rechtsweg gesetzlich aus- 6 geschlossen** sein; so bei Festsetzung der gesetzlichen Vergütung des RA gegenüber seinem Auftraggeber durch den RPfl, § 19 I BRAGO. Eine dahingehende Klage wäre unzulässig, da ein anderer Rechtsweg zur Verfügung steht; vgl aber auch § 19 IV BRAGO. Im gleichen Verfahren wird auch über den öff-rechtlichen Anspruch des im Wege der Prozeßkostenhilfe beigeordneten RA gegen die Staatskasse entschieden, § 128 BRAGO, so daß auch hier eine Klage unzulässig wäre. Niemals aber darf der Rechtsweg gänzlich ausgeschlossen werden, Art 19 IV GG.

3) Bürgerliche und öff-rechtliche Rechtsstreitigkeiten (Schenke JZ **96**, 998). Die bürgerlichen **7** Rechtsstreitigkeiten stehen im Gegensatz zu den öff-rechtlichen Streitigkeiten. Diesen liegt ein Verhältnis zugrunde, aus dem nur der Staat oder andere Träger öff Gewalt, also auch Gemeinden und Gemeindeverbände, öff Anstalten, Körperschaften, Stiftungen, Kirchen berechtigt und verpflichtet werden, die ihre Anordnungen idR zwangsweise durchsetzen können, denen also der einzelne als Gewaltunterworfener gegenübersteht, Wolff ArchöffR **76**, 205, so daß jene als Hoheitsträger diesem mit Befehl und Verbot entgegentreten, GmS NJW **86**, 2359, BGH **14**, 225, BSG NJW **90**, 342. Auch Rechtsbeziehungen aus dem Völkerrecht sind öff-rechtlich, BGH **34**, 353. **Bürgerliche Rechtsstreitigkeiten** sind solche über Rechtsverhältnisse, bei denen die Beteiligten einander gleichberechtigt und nicht in einem Verhältnis der Über- und Unterordnung gegenüberstehen, BGH **14**, 225, stRspr, Mü OLGZ **87**, 244 mwN, es sei denn, daß die diese Rechtsverhältnisse beherrschenden Normen überwiegend den Interessen der Gesamtheit dienen, BGH DÖV **60**, 1344, BVerwG **5**, 325, vgl RedOe § 40 Anm 6–10; sind an einem Rechtsverhältnis ausschließlich

Privatrechtssubjekte beteiligt, von denen keines als ein mit öff-rechtl Befugnissen Ausgestattetes gehandelt hat, so handelt es sich nicht um eine öff-rechtl Streitigkeit, BGH NJW **00**, 1042 mwN. Nicht entscheidend ist, daß auch öff Recht anzuwenden ist (wie auch nicht das Umgekehrte bei öff-rechtlichen Streitigkeiten gilt). Die Tätigkeit einer Hoheitsverwaltung muß nicht immer schon in Ausübung öff Gewalt geschehen und obrigkeitliches Gepräge haben. Sie kann sich auch auf den Boden des Privatrechtsverkehrs begeben, BGH **33**, 253, wofür freilich besondere Umstände sprechen müssen, BGH NJW **52**, 466; denn es kann nicht davon ausgegangen werden können, daß Personen öff Rechts ihre öff-rechtlichen Aufgaben mit Mitteln des öff Rechts wahren, BGH **34**, 88 (Vertrag zwischen Eisenbahnfiskus und Stadt wegen Bahnanschluß zum Hafen). Jedenfalls macht ein öff-rechtliches Interesse an der Abhaltung von Veranstaltungen die Rechtsform, in der sie betrieben werden, nicht schon zu einer öff-rechtlichen, BGH **41**, 267.

8   **Ob ein öff-rechtlicher oder privatrechtlicher Vertrag vorliegt**, ist nach Gegenstand und Zweck des Vertrages im Einzelfall zu beurteilen (vgl §§ 54–62 VwVfG, 53–61 SGB-X, dazu Gusy DVBl **83**, 1222, Martens NVwZ **83**, 722, Lange NVwZ **83**, 314 u Gern VerwArch **70**, 219 mwN). Entscheidend ist, ob sich die Vereinbarung auf einen von der gesetzlichen Ordnung öff-rechtlich oder privatrechtlich geregelten Gegenstand bezieht, GmS NJW **86**, 2359, BGH NJW **92**, 1238 mwN, BVerwG **22**, 138, Hamm NVwZ **92**, 205 u RR **91**, 640 mwN, bei Mischverträgen, wo der Schwerpunkt liegt, BGH **76**, 16, NJW **88**, 337, WertpMitt **83**, 623 (abw BVerwG **42**, 331 u ZfBR **81**, 241, vgl Frank DVBl **77**, 690: öff-rechtlich, wenn eine einzelne Vertragsverpflichtung dem öff Recht zuzuordnen ist). Der Gegenstand ist dem öff Recht zuzurechnen, wenn sich aus dem Vertrag Rechte und Pflichten ergeben, deren Träger notwendigerweise nur eine Stelle der öff Verwaltung sein kann, OVG Münst NJW **91**, 61 (verneint für Einrichtungen der Kranken- und Altenpflege), oder wenn der Vertrag in engem und unlösbarem Zusammenhang mit einem öff-rechtlichen Verf steht, BVerwG NJW **76**, 2360, Hamm RR **91**, 640 mwN. Betreibt die öff Hand ein wirtschaftliches Unternehmen, das sowohl in öff- wie privatrechtlichen Formen geführt werden kann, so ist nicht Art der Errichtung oder Zielsetzung entscheidend, sondern ob es im Verhältnis zu den Benutzern privatrechtlich organisiert oder in Ausübung der öff Gewalt betrieben wird, worüber die Körperschaft entscheiden kann, die dann aber ihren Willen, das wirtschaftliche Unternehmen hoheitlich zu führen, gegenüber der Allgemeinheit ausdrücklich und deutlich kundgeben muß, BGH JZ **62**, 217.

9   Ein **Rechtsverhältnis** ist aber nicht schon dann öff-rechtlich, wenn es durch VerwAkt begründet worden ist; entscheidend ist vielmehr die Natur des Rechtsverhältnisses, aus dem der Anspruch hergeleitet wird, GmS NJW **86**, 2359 mwN, BGH **20**, 80 (Kaufvertrag), BGH **24**, 390 (Eigentumsstreit um ein als beamteneigen zugewiesenes Kfz). Handelt es sich um die fiskalische Beschaffung von Sachgütern durch Abschluß bürgerl-rechtlicher Verträge, so gehören dem Privatrecht auch die Aufhebung behördlicher Maßnahmen gegen einen dabei tätigen Handelsvertreter an, mögen diese auch auf innerdienstlichen AOen beruhen, BGH NJW **67**, 1911. Als dem Privatrecht zugehörig sind ferner angesehen worden: der Verkauf von städtischen Grundstücken durch die fiskalische Verwaltung, das Überlassen von gewerblichen Nutzungsrechten, BGH NJW **85**, 337 (krit Melullis WRP **88**, 229), die Tätigkeit öff Kranken- oder Kreditanstalten sowie Sparkassen im Verhältnis zu ihren Benutzern und Kunden, BGH **9**, 145, die entsprechende Tätigkeit bei öff Versorgungsbetrieben, zB des städtischen Elektrizitätswerks, BGH NJW **54**, 1323, Konzessionsabgaben an eine Gemeinde als Wegeeigentümerin, BGH **15**, 115, beim Freibad der Gemeinde, VGH Mannh DVBl **55**, 745, Eislieferung an einen städtischen Schlachthof, BGH JZ **62**, 217, Lieferung von Leitungswasser durch die Stadt, BGH NJW **79**, 2615, **LM** Nr 89 u 101, aM EF § 40 VwGO Anm 49 ff, Bauverpflichtung aus einem mit einer Gemeinde abgeschlossenen Grundstückskaufvertrag, BGH NVwZ **04**, 253. Öff-rechtliche Verbände können auch im Verkehr untereinander öff-rechtliche Angelegenheiten durch Abschluß von Verträgen privatrechtlichen Charakters ordnen, BGH **6**, 296.

Überhaupt kann für die Frage, ob ein Vertrag dem öff oder privaten Recht zuzurechnen ist, **nicht entscheidend** sein, ob die am Vertrag beteiligten Rechtssubjekte solche öff oder privaten Rechts sind, BGH **32**, 215, ebensowenig, ob der Anspruch ein vermögensrechtlicher ist, da es auch solche aus öff Recht gibt, RG **103**, 50. Auch ist es möglich, daß im Rahmen eines Vertrages, der öff-rechtlich ist, zusätzlich eine private Rechtspflicht übernommen wird, zB der Anlieger übernimmt privatrechtlich die Reinigung des Gehweges; dann ist insoweit der ordentliche Rechtsweg zulässig, weil bei öff- und privatrechtlichen Verträgen die Entscheidung vom Vertragsgegenstand her im Einzelfall zu treffen ist, BGH **32**, 216. Für den Anspruch auf Rückgewähr einer Leistung, die aufgrund eines Vertrages erbracht worden ist, steht derselbe Rechtsweg wie für den vertraglichen Leistungsanspruch zur Verfügung, BGH **56**, 367, vgl auch BGH NVwZ **84**, 266 mwN, u a BGH **72**, 57 u **71**, 182. Zum Rechtsweg für Ansprüche aus Geschäftsführung ohne Auftrag s Hamm FamRZ **97**, 1409.

10   **4) Vorliegen einer bürgerlich-rechtlichen Rechtsstreitigkeit**

A. Grundsatz. Ob das der Fall ist oder nicht, bestimmt sich zunächst nach dem **Antrag:** Richtet er sich gegenüber einem Träger der öff Verwaltung auf Vornahme, Unterlassung oder Rückgängigmachung eines hoheitlichen Aktes oder eines schlichthoheitlichen Handelns (bzw auf eine entspr Feststellung) oder würde seine Vollstreckung darauf hinauslaufen, so liegt keine bürgerlichrechtliche Streitigkeit vor, mag der Antrag auch auf einen privatrechtlichen Sachvortrag gestützt werden; denn den Zivilgerichten fehlt die Befugnis zu einer solchen Entscheidung, KoppSch § 40 VwGO Rn 7 mwN, BGH NJW **84**, 1242 mwN, BayObLG BayVBl **82**, 218, abw BGH GRUR **87**, 179 u RR **87**, 485, BVerwG NVwZ **91**, 774, dagegen zutr Melullis WRP **88**, 230.

11   Läßt der Antrag eine Entscheidung durch das Zivilgericht zu, ist die wirkliche **Natur des Rechtsverhältnisses** maßgeblich, wenn aus dem Klageanspruch hergeleitet wird, und zwar so, wie sich das Rechtsverhältnis nach dem Sachvortrag der klagenden Partei darstellt, ohne daß es auf die rechtliche Qualifizierung durch den Kläger ankommt, GmS NJW **90**, 1527 u **88**, 2295 mwN, BGH NJW **92**, 1238 u **91**, 1687 mwN, BAG NJW **96**, 2948 mwN, BayObLG BayVBl **82**, 218, Köln NJW **97**, 470, VGH Mü NVwZ-RR **95**, 121 mwN. Die Begründung der Klage muß mindestens die Möglichkeit eines bürgerlich-rechtlichen, vor die ordentlichen Gerichte gehörenden Anspruchs ergeben, wobei die hilfsweise Stützung etwa auf Amtspflicht-

1. Titel. Gerichtsbarkeit　　　　　　　　　　　　　　　　　　　　　　　　　　　　**§ 13 GVG**

verletzung genügt, BGH NJW 79, 2615. Bei der Beurteilung ist das Revisionsgericht nicht an die Auffassung des Berufungsgerichts gebunden, BGH **35**, 69. **Es entscheidet das tatsächliche Klagevorbringen, so wie** **12** **es der Gegenstand oder die Art des Anspruchs, § 4 EGZPO, ergibt**, BGH **5**, 82, **31**, 121, BAG NJW **96**, 2948 mwN, BVerwG NVwZ **93**, 358, gegebenenfalls nach erfragter Ergänzung, § 139, nicht also der Rechtsauffassung des Klägers, BGH **29**, 189, VGH Mü NVwZ-RR **95**, 121, auch nicht der Wortlaut des Antrags, sondern sein Wesen und Zweck, die Rechtssätze, nach denen das Klagebegehren seinem wirklichen inneren Gehalt nach zu würdigen ist und die den Sachverhalt prägen, BGH **49**, 285, **LM** Nr 84, Mü OLGZ **87**, 244 mwN. Auf den Rechtscharakter der Einwendungen des Beklagten kommt es nicht an, BGH **72**, 57, NJW **84**, 1623, Köln NJW **97**, 470, Hamm NVwZ **92**, 205; möglich ist jedoch, daß sich die wahre Natur des Anspruchs erst aus dem Vorbringen des Beklagten ergibt, Bötticher DVBl **50**, 324 u JZ **62**, 317 gegen BAG JZ **62**, 316. **Das Klagevorbringen muß den behaupteten Rechtsweg schlüssig ergeben,** BGH **12** NJW **96**, 3012 (Anm Preuß JZ **97**, 202), KG RR **02**, 1510; es ist für die Bestimmung des Rechtsweges auch dann maßgeblich, wenn es bestritten wird, hM, BAG NJW **96**, 2948, offen BAG NZA **97**, 674 mwN, Köln NJW **97**, 470, str, aM Kissel NZA **95**, 353 mwN, BAG NJW **94**, 604 u 1172, dazu Kluth NZA **00**, 463 (zu BVerfG NZA **99**, 1234) u NJW **99**, 342 mwN, KG RR **02**, 1510. Das Vorbringen des Beklagten ist nur bei einer negativen Feststellungsklage, GmS NJW **88**, 2295, und bei einem vermutlich vorgeschobenem Klagvorbringen zu berücksichtigen, BGH NVwZ **90**, 1104, BVerwG NVwZ **93**, 358. Der Rechtsweg ist unzulässig, wenn zwar ein privatrechtlicher Anspruch behauptet ist, der Antrag oder die Begründung aber zeigt, daß in Wahrheit die Vornahme, Unterlassung oder Rückgängigmachung eines staatlichen Hoheitsaktes verlangt wird, s o. Ist die Leistungsklage unzulässig, so ist es auch die Feststellungsklage, RG **130**, 291. Umgekehrt ergibt sich aus der Zulässigkeit des Rechtswegs für eine Klage auch die Zulässigkeit für die Abänderungs- oder Vollstreckungsklage, die Klage auf Unzulässigkeit der Vollstreckungsklausel und das Wiederaufnahmeverfahren, so daß für diese Anhangverfahren ein Vorbescheid der VerwBehörde, wenn er für die Klage notwendig war, nicht erneut eingeholt zu werden braucht, RG **153**, 217.

B. Einzelfragen. Mithin macht kein Umweg über eine bürgerlich-rechtliche Klage den Rechtsweg **13** zulässig, wo er tatsächlich verschlossen ist, BGH **14**, 297, **24**, 305: der Rechtsweg zu den ordentlichen Gerichten kann nicht erschlichen werden. Als derartige Umwege werden manchmal mißbraucht die Abwehrklage, RG **170**, 40, die Behauptung eines Schadensersatzanspruchs, BGH **49**, 287, oder eines solchen aus Bereicherung, RG **144**, 230; s auch unten Rn 42. Auch über Amtspflichtverletzung, Art 34 GG, kann der ordentliche Rechtsweg nicht erzwungen werden, indem zB nur der Form nach das Verschulden eines Amtsträgers bei Ausübung eines Staatshoheitsrechtes behauptet wird, in Wirklichkeit aber ein VerwAkt rückgängig gemacht werden soll, BGH NJW **51**, 441, also etwa Steuerbeträge mit Klage aus unerlaubter Handlung zurückverlangt werden; s auch unten Rn 31. Wohl aber könnte (auch hilfsweise, oben Rn 11) geltend gemacht werden, daß ein bestimmter Beamter seine Amtspflicht dem Kläger gegenüber durch bestimmte Handlungen, die angegeben und deren Unvereinbarkeit mit der Amtspflicht dargetan werden muß, verletzt hat, BGH **13**, 152; der Anspruch geht aber dann auf Geld, BGH GZS **34**, 105, nicht auf Naturalrestitution, zu der der Beamte nicht befugt wäre, BGH **LM** Nr 70 (Rechtsweg zu den Zivilgerichten ist unzulässig für die Rücknahme dienstlicher Äußerungen, **LM** Nr 88); es genügt also nicht die Behauptung einer Amtspflichtverletzung als solcher, BGH **49**, 282, BayObLG BayVBl **82**, 218. Wegen des besonderen Falles nach Art 19 IV GG vgl unten Rn 27.

Anders liegt es bei Auswirkungen des VerwAktes auf ein privates Recht, wenn nunmehr die Rechte aus **14** dem privaten Recht geltend gemacht werden, BGH NJW **51**, 358, NJW **52**, 622, zB aus Eigentum, Besitz, Leihe, insbesondere wenn es sich um die Geltendmachung solcher Rechte gegenüber Dritten handelt, an die der Gegenstand durch VerwAkt gelangt ist. Zulässig ist auch die Klage gegen eine Anstalt öffentlichen Rechts, soweit diese privatrechtlicher Rechtsgeschäfte bedient hat, um auf dem Gebiet des öff Rechts liegende Zwecke zu erreichen, BGH **20**, 77, vgl auch oben Rn 9, ebenso, wenn unter dem Deckmantel der Ausübung hoheitlicher Gewalt eine privatrechtliche Betätigung erfolgt; unzulässig wird der Rechtsweg aber dann, wenn die Betätigung sowohl hoheits- wie privatrechtlich ist.

5) Öffentlich-rechtliche Fragen in bürgerlichen Rechtsstreitigkeiten　　　　　　　　　　　　**15**

A. Allgemeines. In einem bürgerlichen Rechtsstreit können auf mannigfache Weise Fragen auftauchen, für die, würden sie selbständiger Gegenstand eines Rechtsstreites sein, der Rechtsweg zu den ordentlichen Gerichten unzulässig wäre.

B. Öff-rechtliche Vorfragen (KoppSch § 40 VwGO Rn 42–44). Über sie darf der Zivilrichter ent- **16** scheiden, BGH NJW **51**, 358, BVerwG MDR **60**, 527, ebenso wie der VerwRichter zivilrechtliche Vorfragen selbständig entscheidet. Ist die Frage durch bestandskräftigen VerwAkt entschieden, so ist das ordentliche Gericht hieran mit der sich aus Rn 17 ergebenden Ausnahmen gebunden, BGH NJW **91**, 701 u 1168 mwN, ebenso wie der VerwRichter an eine Entscheidung des ordentlichen Gerichts in den Grenzen von dessen Rechtskraft gebunden ist (wegen der Ausnahme für Amtshaftungs- und Entschädigungsprozesse s u). Das ordentliche Gericht entscheidet also zB, ob es sich um privates oder öff Eigentum handelt, auch ob der frühere Eigentümer durch eine Kontrollratsbestimmung betroffen wurde, BGH JR **61**, 176. Die Vorfrage gehört zur Untersuchung, ob die Klage begründet ist. Für eine Klage gegen die öff Körperschaft wegen Ungültigkeit des VerwAktes, auch in verschleierter Form, etwa im Wege des Schadensersatzes, um dadurch seine Beseitigung zu erreichen, Rn 13, wäre hingegen der Rechtsweg zu den ordentlichen Gerichten nicht gegeben, da es sich um die Hauptfrage handelt, außer wenn die öff Körperschaft, die selbst durch den VerwAkt den Besitz erlangt hat, vom Eigentümer in Anspruch genommen wird, BGH **5**, 69.

Die Entscheidung der Vorfrage hängt oft davon ab, ob und in welchem Umfang die ordentlichen Gerichte Gültigkeit und **Wirksamkeit von VerwAkten nachprüfen** dürfen. Das hat mit der Zulässigkeit des Rechtswegs nichts zu tun, OGHBrZ NJW **49**, 545 mwN. Der Zivilrichter hat zu prüfen, ob der VerwAkt überhaupt gültig ist. Ist der VerwAkt nichtig, so ist er nicht vorhanden, BGH **4**, 304, Bötticher DVBl **50**, 326. Hierhin gehören die Fälle des § 44 VwVerfG, zB die absolute Unzuständigkeit der Behörde und andere schwerwiegende Fehler, nicht aber Willkürakte, mag der Mißgriff auch noch so grob sein. Der nur fehlerhafte, also der rechtswidrige VerwAkt ist stets so lange vom Zivilrichter als bestehend anzusehen, wie er nicht aufgehoben ist („Tatbestandswirkung"), BGH NJW **98**, 3055, **91**, 701 u 1168, Köln OLGZ **94**, 475 mwN, Jeromin NVwZ **91**, 543; uUmst ist das Verfahren auszusetzen, § 148 ZPO, falls die Partei Klage vor dem VerwGericht erhebt. Auch an den Widerruf eines VerwAktes sind die ordentlichen Gerichte gebunden, BGH NJW **51**, 359. Im Amtshaftungs- oder Entschädigungsprozeß können jedoch nach der Rspr des BGH auch bestandskräftige VerwAkte (nicht dagegen verwaltungsgerichtliche Entscheidungen) auf ihre Rechtmäßigkeit überprüft werden, BGH NJW **91**, 701 und 1168 mwN, krit Jeromin NVwZ **91**, 543 u Berkemann JZ **92**, 18, ferner Nierhaus JZ **92**, 209, Broß VerwArch **91**, 593, Schröder DVBl **91**, 751. Eine solche Überprüfung scheidet aber jedenfalls dann aus, wenn der VerwAkt in einem besonders ausgestalteten Verf ergeht und umfassende gestaltende Wirkung hat, zB ein Planfeststellungsbeschluß, Broß VerwArch **87**, 110 (offen BGH NJW **91**, 1170 unter Hinweis auf BGH NJW **87**, 493), oder die Entscheidung über das Vorliegen eines Dienstunfalls, BGH NJW **93**, 1790.

Dagegen ist das Zivilgericht ohne Nachprüfungsmöglichkeit an **Entscheidungen der Verwaltungs-, Finanz- und Sozialgerichte** im Rahmen der Rechtskraft dieser Entscheidungen gebunden, sofern es sich um einen Zivilrechtsstreit zwischen denselben Beteiligten handelt, Rinne/Schlick NVwZ-Beilage I/00 S 29 mwN, BGH in stRspr, vgl NJW **98**, 1398, NVwZ **97**, 1243 u 714, NVwZ **95**, 412, NJW **95**, 2293, **94**, 1950 u FamRZ **91**, 1415 mwN, NJW **91**, 1169. Dies gilt zB dann, wenn das Gericht die Nichtigkeit eines VerwAktes verneint hatte, Hbg MDR **54**, 319, und namentlich dann, wenn es einen VerwAkt nach § 113 I VwGO aufgehoben, BGH **20**, 382 mwN, oder die Klage auf Aufhebung eines VerwAktes, § 113 IV VwGO, abgewiesen hatte, BGH FamRZ **91**, 1415, **95**, 33 (dazu Broß VerwArch **87**, 110), Mü NVwZ **95**, 198. Bindend sind auch Entscheidungen über die Wirksamkeit einer Vorschrift nach § 47 VwGO, BGH NVwZ **95**, 412; wird eine Norm für nichtig erklärt, so ist dies allgemein verbindlich, § 47 V 2 VwGO, dazu KoppSch Rn 99 ff. Auch eine rechtskräftige Entscheidung nach § 28 EGGVG hat bindende Wirkung, BGH NJW **94**, 1850. Dagegen haben Entscheidungen im Eilverfahren, § 80 VwGO, keine Bindungswirkung, BGH NVwZ **01**, 353.

Besonders geregelt ist die Entscheidung über verfassungsrechtliche Vorfragen, vgl § 1 Rn 6 ff.

17 C. **Anspruchskonkurrenz.** Können aus einem Rechtsverhältnis sowohl öff-rechtliche wie bürgerlich-rechtliche Ansprüche entstehen, so gilt der Grundsatz, daß dieselbe Handlung nicht gleichzeitig privat- und öff-rechtlich sein oder die einheitliche öff-rechtliche Aufgabe je nach Betätigung in öff- und privatrechtlich aufgespalten werden kann, BGH **2**, 37, **16**, 111. Wird der Rechtsweg zu den ordentlichen Gerichten beschritten, so ist von dem angerufenen Gericht über alle Rechtsgrundlagen zu entscheiden, sofern es sich um einen einheitlichen Anspruch handelt, vgl § 17 II. Handelt es sich um eine Mehrheit von prozessualen Ansprüchen, so gilt das in § 17 Rn 6 Gesagte.

18 D. **Aufrechnung.** Wird eine öff-rechtliche Forderung zur Aufrechnung gestellt, so darf das Zivilgericht auch darüber entscheiden, § 17 Rn 6, Kopp § 40 VwGO Rn 45–47 a, str.

19 6) **Zivilprozeßsachen kraft Zuweisung** (Schoch, F Menger, 1985, S 305–338; KoppSch § 40 Rn 48 ff). Da öff-rechtliche Streitigkeiten durch die Generalklausel des § 40 I VwGO den VerwGerichten zugewiesen sind, kommen nur diejenigen dieser Streitigkeiten vor die Zivilgerichte, die ihnen ausdrücklich durch Bundesgesetz oder, soweit es sich um Landesrecht handelt, durch ein Landesgesetz zugewiesen sind, oben Rn 3. § 40 II VwGO enthält eine derartige Zuweisung; auch andere Gesetze sprechen solche Zuweisungen aus, ohne daß aber im folgenden alle aufgezählt werden könnten. Es handelt sich im wesentlichen um folgende Fälle:

A. **Vermögensrechtliche Aufopferungsansprüche**, § 40 II 1 1. Halbs VwGO, wegen der Aufgabe privater Rechte zum allgemeinen Besten, s Art 14 III 4 GG. Dies gilt nicht für Streitigkeiten über das Bestehen oder die Höhe eines **Ausgleichsanspruchs** iRv Art 14 I 2 GG; damit sind die Voraussetzungen für einen – der Rspr des BVerfG, NJW **99**, 2877, entsprechenden einheitlichen verwaltungsgerichtlichen Rechtsschutz bei Eigentumsbeschränkungen und Ausgleich geschaffen, Kienemund NJW **02**, 1236, Kuhla/Hüttenbrink DVBl **02**, 86, KoppSch § 40 Rn 61. So ist der VTWeg gegeben. Bei Streit um Entschädigung wegen Einbußen durch Straßenarbeiten, VGH Mannh VBlBW **05**, 276.

20 B. **Ansprüche aus öff-rechtlicher Verwahrung**, § 40 II 1 1. Halbs VwGO, dh nur solche gegen die öff Hand, so daß für Ansprüche gegen den Bürger der VerwRechtsweg gegeben ist, VGH Mannh BaWüV-Praxis **78**, 150 mwN.

21 C. **Schadensersatzansprüche aus der Verletzung öff-rechtlicher Pflichten**, § 40 II 1 1. Halbs VwGO, dh nur solche gegen die öff Hand, BGH **43**, 269 (zB Anspruch des Wasseranliegers nach § 30 III WHG, BVerwG DVBl **87**, 693), namentlich wegen Amtspflichtverletzung, Art 34 GG iVm § 839 BGB (auch wenn die Klage zusätzlich auf § 826 BGB gestützt und mit der Verletzung spezifisch verwaltungsrechtlicher Normen begründet wird), SG Hann RR **88**, 614. Die Verletzung braucht nicht schuldhaft zu sein, vgl auch Art 34 GG. Hierhin gehört nicht der Rückgriffsanspruch des Staates oder der Gemeinde gegen den Verletzer, ebensowenig der Rückgriff des Amtsträgers gegen den Dienstherrn für seine Schadensersatzleistungen: Für sie gilt der für das Rechtsverhältnis maßgebliche Rechtsweg, vgl für Beamte § 126 BRRG. Die Klage kann nur auf Schadensersatz gehen, nicht auf Rückgängigmachung der Amtshandlung, Rn 13. **Nicht** hierher gehören Ansprüche aus der Verletzung öff-rechtlicher Verträge, § 40 II 1 VwGO idF des § 97 Z 1 VwVfG, vgl Kopp NJW **76**, 1966; anders liegt es, wenn der Anspruch auch auf Amtspflichtverletzung gestützt wird, § 17 Rn 5. Ob Ansprüche aus **culpa in contrahendo** hierher gehören, ist str, s unten Rn 68.

22 D. **Entscheidungen über die Rechtmäßigkeit von Justizverwaltungsakten**; s dazu §§ 23 ff EGGVG und Übersicht davor, ferner § 328 Rn 68.

23 E. **Ansprüche auf Enteignungsentschädigung** nach Art 14 III 4 GG hinsichtlich der Höhe, aber auch deren Art, BGH **9**, 250; zur Frage der Höhe gehört auch die nach dem Grund des Entschädigungsanspruchs, so daß die ordentlichen Gerichte auch dann zu entscheiden haben, wenn eine Enteignungsentschädigung abgelehnt ist, BVerwG NJW **54**, 525, Bachof SJZ **50**, 167. Die Enteignung als solche kann nur vor den

1. Titel. Gerichtsbarkeit **§ 13 GVG**

VerwGerichten angefochten werden, wenn nichts anderes bestimmt ist, zB für Baulandsachen, in denen das ordentliche Gericht auch über die Enteignung selbst entscheidet. Ob eine Enteignung vorliegt, ist im Entschädigungsrechtstreit als Vorfrage von den ordentlichen Gerichten zu entscheiden, BGH **15**, 270. Die Zivilgerichte sind auch zuständig für Enteignungsansprüche aus §§ 59, 17 ff LandbeschaffgsG v 23. 2. 57, BGBl 990, nach § 28 IV LuftschutzG v 9. 10. 57, BGBl 1696, nach § 25 SchutzbereichG v 7. 12. 56, BGBl 899, nach §§ 58 ff BundesleistgsG idF v 27. 9. 61, BGBl 1769, 1920.

Auch Ansprüche auf Entschädigung wegen enteignungsgleichen oder enteignenden Eingriffs, dazu BVerfG **58**, 300 = NJW **82**, 745, gehören wegen § 40 II VwGO vor die Zivilgerichte, Papier NVwZ **83**, 260 gegen Schwerdtfeger JuS **83**, 110.

F. Anfechtung von VerwAkten nach dem BauGB bei Umlegung, Grenzregelung und Enteig- 24
nung sowie den weiterhin in § 217 I BauGB (früher § 157 I BBauG) genannten VerwAkten, BVerwG NVwZ-RR **99**, 485 mwN. Hier kann durch das ordentliche Gericht der VerwAkt selbst nachgeprüft werden, auch der Enteignungsbeschluß als solcher, was mit dem GG vereinbar ist, BVerfG NJW **56**, 625. Wegen der erweiterten Besetzung der Kammern und Senate für Baulandsachen vgl §§ 71 Rn 1, 119 Rn 11.

G. Beschwerde gegen den Einspruchsbescheid der Kartellbehörde und gegen Verfügungen des 25
Bundesministers für Wirtschaft, wenn dieser ein Preiskartell erlaubt, § 62 GWB. Über die Beschwerde entscheidet das OLG; dagegen findet Rechtsbeschwerde an den BGH statt, § 73 GWB. Das ordentliche Gericht darf hier auch jeden fehlsamen Gebrauch des Ermessens nachprüfen, § 70 IV GWB.

H. Entscheidungen in Anwaltsstreitigkeiten (Zulassung eines RA, Nichtigkeit von Wahlen und 26 Beschlüssen des Vorstandes, des Präsidiums oder der Versammlung, §§ 42 V, VI, 91 VI, VII BRAO) sind in letzter Instanz, die entsprechenden bei der RAschaft beim BGH, §§ 162, 163 BRAO, diesem überhaupt zugewiesen, ebenso bei Anfechtung von VerwAkten, § 223 BRAO, vgl BGH NJW **71**, 705.

I. Um Zivilprozeßsachen kraft Zuweisung handelt es sich auch bei der **Zulässigkeit des ordentlichen** 27 **Rechtswegs nach Art 19 IV 2 GG.** Diese greift nur bei Fehlen jedes anderen Rechtswegs ein, ist also nur subsidiär gegeben, was bei dem Ausbau der Verw-, Soz- und Finanzgerichtsbarkeit praktisch Unanwendbarkeit bedeutet, hM, RedOe § 40 Anm 2. Art 19 IV 2 GG bewirkt keine Erweiterung der Zuständigkeit der Zivilgerichte in Amtshaftungsprozessen zur Aufhebung oder Vornahme eines VerwAktes, BGH **14**, 222, Hbg MDR **51**, 51. Die Vorschrift greift auch nicht ein, wenn die Frist für die VerwKlage verstrichen ist, BGH **22**, 32, Schlesw DVBl **50**, 124, Hbg MDR **54**, 51.

K. Für das **Verfahren in den Zivilprozeßsachen kraft Zuweisung**, zu denen auch die nach § 17a 28 fehlerhaft an ein Zivilgericht verwiesenen öff-rechtlichen Streitigkeiten zu rechnen sind, fehlt eine allgemeine gesetzliche Regelung. Naturgemäß ist die ZPO überall dort anzuwenden, wo es um eine Geldforderung, zB als Entschädigung oder Schadensersatz, oder um die Feststellung des Bestehens oder Nichtbestehens eines öff Rechtsverhältnisses geht. Problematisch ist dagegen das Verfahren in anderen Fällen.

Regelungen finden sich in §§ 221–231 BauGB (Anwendung der ZPO mit Sonderbestimmungen für bestimmte Fälle), ferner in den genannten Bestimmungen der BRAO, bei der Anfechtung von Justizverwaltungsakten, §§ 23 ff EGGVG (da auch FGG lückenfüllend, § 29 II EGGVG) und in §§ 208 ff BEntschG, lückenhaft zB im GWB (§§ 62 ff); in anderen Bereichen fehlen sie ganz. Bemerkenswert ist, daß § 221 BauGB allgemein die für Klagen in bürgerlichen Rechtsstreitigkeiten geltenden Vorschriften für entsprechend anwendbar erklärt, soweit das Gesetz nicht Sondervorschriften enthält, während § 72 GWB nur bestimmt genannte Vorschriften des GVG und der ZPO angewendet wissen will. BGH **5**, 46 (Unterbringung Geisteskranker) wendet FGG, KG NJW **57**, 1407 (Aufhebung eines VerwAktes) die für das VerwStreitverfahren geltenden Vorschriften entsprechend an; auch Friesenhahn DV **49**, 483 und ihm folgend Maunz-Dürig Art 19 IV GG Anm 63 empfehlen, Klageschrift und Urteilsformel entsprechend dem Verfahren bei den VerwGerichten zu gestalten, ebenso Bettermann Grundrechte S 809.

Tatsächlich läßt sich aus der Zuweisung als solcher nichts über die Verfahrensnormen folgern, da sie nur 29 die Kompetenz regelt. Mit Baumgärtel ZZP **73**, 387 ff, wird davon auszugehen sein, daß der Gesetzgeber jedem Gerichtszweig entsprechend seiner Funktion ein bestimmtes Verfahren zugewiesen hat, von dem der Richter schon aus Gründen der Rechtssicherheit und Übersehbarkeit seines Handelns durch den Rechtsuchenden nicht abgehen darf. Eine Anpassung an den Streitgegenstand ermöglichen zudem die verschiedenen Verfahrensarten, die die ZPO zur Verfügung stellt. Es wird also bei Anfechtungs- und Verpflichtungsklagen die Inquisitionsmaxime (6. Buch der ZPO) zu gelten haben: Versäumnisverfahren ist unzulässig, Anerkenntnis, Verzicht und Vergleich sind nur insoweit zulässig, als die Partei über den Streitgegenstand verfügen kann, s dazu OVG Hbg NJW **77**, 214 mwN. Dritte können sich als streitgenössische Nebenintervenienten beteiligen. Der Urteilstenor ist den Gegebenheiten anzupassen. Ähnliches findet sich auch in den Verfahrensvorschriften des BauGB und GWB; vgl wegen der Entscheidung auf Anfechtungs- und Verpflichtungsklagen §§ 226 II u III BauGB, 70 II u III GWB.

Entsprechendes gilt umgekehrt für das Verfahren, das irrig von einem Zivilgericht an das Gericht eines anderen Gerichtszweiges verwiesen worden ist, Kopp § 41 VwGO Rn 15, Krause DÖV **70**, 695, BVerwG **27**, 175.

7) Rechtsprechungsübersicht in Auswahl (vgl MüKoWo 30–192, Kissel 301–509, Ehlers in Sch/ 30 SchmA/P § 40 Rn 730 ff).

Im folgenden werden folgende Abkürzungen verwendet: ZRweg = Rechtsweg zu den ordentlichen (Zivil-)Gerichten, VRweg = Rechtsweg zu den Verwaltungsgerichten, SRweg = Rechtsweg zu den Sozialgerichten, FRweg = Rechtsweg zu den Finanzgerichten.

Abwehrklage, §§ 1004, 894 BGB. Kein ZRweg, wenn der abzuwehrende Eingriff auf Grund der Herrschaftsgewalt des Staates stattgefunden hat, BGH **41**, 266, so wenn in Erfüll öff Aufgaben dch Beseitigung der städtischen Abwässer (vgl auch „Wasserstreit") fremdes Eigentum beeinträchtigt wird, RG **170**, 40, vgl Anm 4 A; kein ZRweg auch für die Abwehr v Geräuschimmissionen eines Kinderspielplatzes, der aGrd eines Bebauungsplanes von der Gemeinde eingerichtet u gewidmet worden ist, BGH NJW **76**, 570 mwN, ebenso im Falle eines von der Gemeinde als Unterkunft für Asylbewerber angemieteten Hauses, Köln VersR **92**, 255. Anders wenn die hoheitsrechtl Beziehungen ihr Ende gefunden haben, BGH **18**, 263, so daß ZRweg offen wg Beeinträchtigung dch eine aufgegebene u verfallene frühere Luftschutzanlage, da Zweckbestimmung entfallen, BGH MDR **65**, 985, oder wenn dch Anlagen, die die StadtVerw angelegt hat (Fontänenanlage), Dritte belästigt werden, BGH MDR **68**, 312. ZRweg auch für Klage gegen Privatperson (AktG) auf Herausgabe eines Grundstücks mit der Begr, daß der staatl Hoheitsakt, auf Grund dessen sie als Eigentümern im Grundbuch eingetragen ist, unwirksam sei, da das nur Vorfrage ist, BGH **5**, 81, vgl auch oben Rn 16.

31 **Amtspflichtverletzung.** Nach Art 34 S 3 GG ZRweg für Ansprüche auf Geldersatz einschließlich des Auskunftsanspruchs, BGH **78**, 274. Gilt auch bei Gemeindebeamten, OHGZ NJW **50**, 261. ZRweg auch wg Schäden dch Vorbereitung einer staatl Hoheitshandlung, RG **145**, 140, wg unsachgemäßer Durchführung eines Hoheitsaktes, Celle JR **48**, 320, für die Ausgleichsansprüche mehrerer öff-rechtl gesamtschuldnerisch verurteilter Körperschaften, BGH **9**, 65, für den Schadensersatzanspruch aus Nichterfüllung einer Zusicherung, VGH Mannh DVBl **81**, 265; kein ZRweg für Schadensersatzansprüche aus Verletzung eines öff-rechtl Vertrages, § 40 II VwGO. Aber ZRweg auch, falls ganz ausnahmsweise von einem Beamten persönlich Widerruf ehrkränkender Behauptungen, die er bei seiner Amtsführung aufgestellt hat, zu verlangen ist, BGH **LM** Nr 70, od über eine innerdienstl AnO zu entscheiden ist, die einen Bürger vom privat-rechtl Geschäftsverkehr in ehrkränkender Weise ausschließt, BGH NJW **67**, 1911; dies gilt, obwohl grundsätzlich nur Schadensersatz in Geld verlangt werden kann, BGH GSZ **34**, 105, **LM** Nr 88. ZRweg auch für Unterlassungsansprüche wg ehrverletzender Äußerungen eines Stadtratmitgliedes in einem Parteigremium, BGH **LM** Nr 74, dagegen VRWeg für den Streit um Äußerungen über VerwAngelegenheiten in der Vertretungskörperschaft, Oldb GRUR **80**, 1020. ZRweg für den Rückgriff des Dienstherrn gegen den Beamten, Art 34 S 3 GG, BayObLG BayVBl **84**, 374. Siehe auch oben Rn 21.

Anfechtungsgesetz. Für den gesetzlichen Rückgewähranspruch des § 7 AnfG ZRweg auch dann, wenn er von einer Finanzbehörde zum Zweck der Befriedigung einer Steuerforderung geltend gemacht wird, BGH NJW **91**, 1062 mwN. S auch unten „Konkurs".

Arbeitsförderung. Bei geförderten Umschulungsmaßnahmen ZRweg für Streit zwischen Umschüler und privatem Berufsförderungszentrum, BayLSG LS NZA **90**, 712.

32 **Arbeitsverhältnis.** Zum Rechtsweg nach ArbGG s § 14 GVG Rn 6, BGH NJW **98**, 2745 u 2057. ZRweg für Streitigkeiten über Werkwohnungen, § 23 Rn 8 u § 29a ZPO Rn 2 u 7. Ebenso für selbständig geltend gemachte Auskunft- und Ersatzansprüche des Gläubigers gegen den Arbeitgeber, § 840 I u II ZPO, BAG NJW **85**, 1181, GMP § 3 Rn 9, str, s § 840 ZPO Rn 3. ZRweg zulässig für Schadensersatzansprüche, wenn der Streik Verwirklichung einer Forderung der organisierten Arbeitnehmerschaft dch den Gesetzgeber herbeiführen soll, BGH **14**, 347, da das kein Arbeitskampf im Sinne von § 2 I Z 2 ArbGG ist. ZRweg auch für Ansprüche auf Darlehnsrückzahlung der Bundesanstalt für Arbeitslosenvermittlung u ArbeitslosenVers, das zur Förderung der ganzjährigen Beschäftigung in der Bauwirtsch gegeben ist, BGH NJW **69**, 1434. Kein ZRweg, soweit nach § 51 SGG der SRweg gegeben ist (wg Versicherungsanstalten, Kriegsopferversorgung, Kassenarztrecht s bei diesen Stichworten).

Atomrecht. Vgl VG Köln NJW **88**, 1995 (VRweg für Ersatzansprüche agrd der Ausgleichsrichtlinie) u OVG Münst NJW **90**, 8226 gg VG Köln NJW **88**, 1996 (VRweg für Ausgleichsansprüche agrd § 38 II AtomG).

Aufopferungsanspruch wegen Aufgabe privater Rechte zum allg Besten. ZRweg wg vermögensrechtl Ansprüche, § 40 II VwGO u oben Rn 19. Vgl auch „Amtspflichtverletzung" und „Enteignung".

Auftrag, öff-rechtl. Durch das VgRÄG (BGBl 98, 2512) bes Regelungen in §§ 97 ff GWB geschaffen, vgl KoppSch § 40 Rn 25b mwN: Nachprüfung der Entscheidungen zunächst durch Vergabekammer, § 102 I GWB, dagegen sof Beschwerde zum OLG (Vergabesenat), § 116 III GWB, also ZRweg. Str ist der Rechtsweg wenn der Auftragswert unter der Schwelle des § 100 I GWB liegt oder Aufträge iSv § 100 II betrifft, für ZRweg KoppSch aaO, für VRweg OVG Kblz DVBl = 5, 988 mit krit Anm Schneider/Häfner.

Ausgleichsansprüche im Rahmen der Inhaltsbestimmung des Eigentums. ZRweg, Schenke NJW **95**, 3145 mwN, BGH NJW **95**, 964, **94**, 3283, aM BVerwG NJW **93**, 2849, Lege NJW **95**, 2749, Schoch JZ **95**, 768.

Ausgleichsleistungsgesetz v 27. 9. 94, BGBl 2628. ZRweg, BGH NJW **96**, 1147, s unten „Enteignung".

33 **Baugesetzbuch** (früher Bundesbaugesetz). ZRweg im Rahmen des § 217 I BauGB (§ 157 I BBauG), vgl oben Rn 24 (auch für Nichtigkeitsklagen gegen Enteignungsbeschlüsse, BVerwG NJW **86**, 2845, und in Nebenpunkten, zB Kostenerstattung im Enteignungsverf, BGH **56**, 221). VRweg für die Klage gegen die Ausübung des Vorkaufsrechts, §§ 24 ff BauGB, 3 I WoBauErlG, hM, BVerwG NJW **89**, 1626, VGH Kassel NVwZ **83**, 556, VG Ffm NJW **88**, 92 (aM u a Martens/Horn DVBl **79**, 146, Ffm NVwZ **82**, 580), dagegen ZRweg (§ 217 I BauGB) für die Klage gegen VerwAkte nach § 28 III u VI BauGB. Für Ansprüche aus einem Erschließungsvertrag VRweg, BGH **54**, 287, Saarbr NVwZ-RR **05**, 662. – Für die neuen Bundesländer s § 246 a I Z 17 BauGB u § 13 RpflAnpG, dazu Rieß DtZ **92**, 229.

Baupolizeiliche Auflage. Für Erstattung von Aufwendungen kein ZRweg, Hbg MDR **54**, 51. Zum „Anbauvertrag" (idR öff-rechtl, also VRweg für daraus hergeleitete Ansprüche) BVerwG **22**, 138, BGH **56**, 365 (eingehend).

34 **Beamte** (Kissel 326). Für alle Klagen der Beamten, Ruhestandsbeamten, früheren Beamten u ihrer Hinterbliebenen aus dem Beamtenverhältnis ist der VRweg gegeben, ebenso für Klagen des Dienstherrn, § 126 BRRG, auf den auch § 172 BBG verweist. Darunter fallen nicht nur Klagen auf Feststellung eines Beamtenverhältnisses, wg Feststellung des Besoldungsdienstalters u dergl, sondern auch solche wegen vermögensrechtl Ansprüche wie Gehaltsklagen, Klagen wg unrichtiger Einstufung od Verletzung der Fürsorgepflicht, BVerwG **13**, 17, **15**, 3, auf Abschluß eines Arbeitsvertrages, BAG NZA **99**, 1008, wg Rückforderung von Dienstbezügen (auch agrd eines entspr Schuldanerkenntnisses, BGH MDR **88**, 385) und Beihilfen, die zu Lebzeiten eines Beamten gezahlt worden sind, VGH Mü NJW **90**, 934 mwN, und

1. Titel. Gerichtsbarkeit   § 13 GVG

ebenso die Rückforderung einer fehlgeleiteten Zahlung von einem Dritten oder einer nach dem Tode des Beamten geleisteten Beihilfe von den Erben, BVerwG DVBl **90**, 870, aM VGH Mü aaO; nicht hierunter fällt der Schmerzensgeldanspruch bei Dienstunfall, BVerwG NJW **65**, 929 (ZRweg). VRweg auch für die Klage des Gläubigers gegen den Drittschuldner bei Pfändung des Anspruchs auf Dienst- bzw Versorgungsbezüge, VGH Kassel NJW **92**, 1253 mwN. Dagegen auch im Rahmen des Beamtenrechts ZRweg für Ansprüche aus Staatshaftung und die sich dabei ergebenden Vorfragen, zB wegen schuldhafter Nichteinhaltung einer Zusicherung auf Einstellung als Beamter, BGH **23**, 46 (vgl § 71 II Z 2). Vgl im übrigen oben „Amtspflichtverletzung" u oben Rn 21. VRweg gemäß § 126 BRRG auch für Ansprüche der **Richter**, §§ 46 u 71 III DRiG. S auch unter „Vorbereitungsdienst".
Beförderung (unentgeltliche) von Behinderten im Nahverkehr nach §§ 57ff SchwbG (G v 9. 7. 79, BGBl 989). ZRweg für Streitigkeiten aus dem Beförderungsvertrag, BGH DVBl **70**, 172, dagegen VRweg bei Streit um Inhalt der öff-rechtl Verpflichtung des Unternehmens, BVerwG **37**, 243 (zum entspr G v 27. 8. 65, BGBl 978).
Beitrittsgebiet. ZRweg für Klagen einer Bank der früheren DDR auf Rückzahlung von Beträgen, BGH DtZ **94**, 30. S „Treuhandanstalt" u „Vermögensgesetz".
Bereicherungsklage. Für die Klage eines Dritten gegen ZwVGläub nach Beendigung der ZwV steht der 35 ZRweg offen. Das gleiche gilt für sonstige Rückforderungsansprüche, wenn der Leistungsanspruch im ZRweg zu verfolgen wäre, BGH NVwZ **84**, 266 mwN, u a BGH **72**, 57 u **71**, 182. Deshalb ZRweg für die Rückabwicklung von Zahlungen an den Steuerfiskus, die aufgrund privatrechtlicher Abmachung auf die Steuerschuld eines Dritten geleistet worden sind, BGH NVwZ **84**, 266 mwN, desgleichen bei Bereicherungsansprüchen des öff-rechtl Versicherungsträgers, vgl unter „Sozialversicherung" (keine Zuständigkeit des SozGer), ebenso bei Wegfall der öff-rechtl Widmung, BayObLG NJW **67**, 1664. Aber kein ZRweg für Klagen aus öff-rechtl ungerechtfertigter Bereicherung, BGH **LM** Nr 84, insbesondere auf Rückgewähr aufgrund eines öff-rechtl Vertrages, BGH **56**, 367, BVerwG NJW **80**, 2538, Kblz NVwZ **88**, 1038 mwN: hierfür steht derselbe Rweg offen wie für den vertraglichen Leistungsanspruch.
Berge- u Hilfslohn. Siehe §§ 36 ff StrandungsO, BGH **74**, 73, **24** I 667; regelmäßig ist die Vorentscheidung der Aufsichtsbehörde des Strandamts erforderlich.
Berufsgenossenschaft. ZRweg für Rückgriffsansprüche gg Unternehmer, BGH NJW **57**, 384, da § 51 SGG nicht eingreift u auch ArbG nicht zuständig ist, BGH NJW **68**, 1429. Streitigkeiten mit der Post wegen Erstattung ihrer Aufwendungen bei der Auszahlung von Unfallversicherungsrenten gehören dagegen in den SRweg, BGH NJW **67**, 781.
Beschlagnahme. ZRweg für Klagen im Zusammenhang mit der Herausgabe nach StPO beschlagnahmter Gegenstände, KG RR **95**, 63, Schlesw SchlHG **95**, 15.
Binnenschiffsverkehr. ZRweg für Ansprüche der Bundesrep auf Zahlung des Unterschieds zwischen 36 festgesetztem u vereinbartem Entgelt nach § 31 III BinnSchVG, BGH **64**, 159, BVerwG **17**, 242. Das gleiche gilt für Ansprüche aus der Verletzung der Verkehrssicherungspflicht nach § 2 III BinnSchVerfG, oben Rn 21.
Bürgschaft. ZRweg für Klage aus Bürgschaftsvertrag, auch wenn die Hauptforderung öff-rechtlich ist, BGH NJW **84**, 1622, Ffm NVwZ **85**, 373, VGH Mü BayVBl **90**, 722. Vgl auch unter „Sozialversicherung" und „Subventionen".
BundesleistungsG. ZRweg wegen Festsetzung der Entschädigung od Ersatzleistung; zuständig LG ohne Rücksicht auf Streitwert, § 58 BLeistG. Das gleiche gilt für Rückforderungen von Überzahlungen, § 62 ebda.
Bundesseuchengesetz. ZRweg für Entschädigungsansprüche und für Erstattungsansprüche, § 61 I idF v 18. 12. 79, BGBl 2263, BGH NJW **83**, 2029.
Bundeswehr. Für Streitigkeiten zwischen einem Arzt und der BRep aus der Beteiligung eines Kassenarztes an der ärztlichen Versorgung der Bwehr gilt der SRweg, BGH **67**, 92.
Datenschutz. ZRWeg für den Auskunftsanspruch nach BDSG, dazu Sasse/Abel NJW **79**, 352, gegen eine 37 private Auskunftei, OVG Münst NJW **81**, 1285.
Denkmalschutz. Für Ausgleichsansprüche ZRweg, Rinne DVBl **94**, 23 mwN (str), ebenso für Ansprüche des Eigentümers, soweit das behördliche Verf nach dem PreußEnteignungsG durchgeführt worden ist, BGH WertpMitt **90**, 1892.
Deutsche Bahn. Der Betrieb der Bahn ist zivilrechtl geordnet, vgl DBGrG, Art 2 ENeuOG v 27. 12. 93, BGBl 2378. Deshalb ZRweg für Ansprüche gegen die Bahn, auch für Immissionsabwehransprüche, BGH NJW **97**, 744 m red Anm NVwZ **97**, 515 (vgl Rn 43), und für Unterlassungsansprüche eines Privaten gegen die Bahn aus UWG, Hbg OLGZ **94**, 246. Dagg VRweg für Streitigkeiten nach § 31 I Z 2 DBGrG, BVerwG NVwZ **93**, 371 (offen BVerwG NVwZ **94**, 370 für einen Sonderfall), ebenso VRweg für vertragliche Ansprüche gegen eine Gemeinde wegen Umbenennung eines Bahnhofs, BGH DVBl **76**, 77. Zur Übertragung von Liegenschaften s Art 1 § 24 ENeuOG. Für Klagen der Beamten aus dem Beamtenverhältnis VRweg, BAG NZA **98**, 165; zur Abgrenzung VGH Mannh NVwZ-RR **96**, 540. Wegen des Rechtsweges in den ArbG s BAG NZA **98**, 165.
Dienstwohnung. VRweg auch für Streitigkeiten aus der Benutzung, AG Grevenbroich NJW **90**, 1305 mwN. Zu entsprechenden Streitigkeiten im kirchlichen Bereich vgl Weber NJW **89**, 2218.
Doktoranden. ZRweg für Ansprüche aus dem Doktorandenverhältnis, VGH Mannh VBlBW **81**, 360.
Durchsuchungsanordnung, Art 13 II GG. Vgl § 758 ZPO Rn 4 ff. Zuständig für die Anordnung ist das Gericht, das zur Kontrolle des Vollstreckungsaktes berufen ist, § 758 ZPO Rn 27. Nach § 287 IV AO ist das AG zur Entscheidung berufen, Rößler NJW **81**, 25; zum Verf KG NJW **82**, 2326.
Enteignung, Kissel 345, s auch oben Rn 23. Enteignung iSv Art 14 GG umfaßt nicht nur Eigentumsent- 38 ziehung, sondern auch beschränkte Eingriffe („zur Benutzung"), VGH Mannh JZ **51**, 86, Hbg NJW **50**, 839, MDR **51**, 122, 124, str. BGH beschränkt Schutz des Eigentums, Art 14 GG, nicht auf Eigentum, sondern erstreckt ihn auf alle vermögenswerten Rechte, BGH **6**, 270, also auch zB auf Pfandrecht, BGH **27**, 73. In jedem Falle verlangt Enteignung aber ein Sonderopfer, BGH **31**, 56. ZRweg für Höhe der

GVG § 13 — Gerichtsverfassungsgesetz

Entschädigung, GG 14 III, ist auch dann gegeben, wenn Entschädigungspflichtiger (Kl) statt der ihm auferlegten Landabgabe Festsetzung in Geld beantragt, BGH **9**, 242, oder für Ansprüche auf Entschädigung wegen Rückenteignung, BGH **76**, 365. ZRweg auch für Streit um die Erstattung der im Enteignungsverfahren entstandenen RA-Kosten, BVerwG **40**, 254. Wegen der Enteignung selbst ist der ZRweg meist ausgeschlossen; ob eine solche vorliegt, ist aber ggf im Entschädigungsprozeß als Vorfrage vom Zivilgericht zu entscheiden, BGH **15**, 270, BVerwG NJW **72**, 1433. – Kein ZRweg bei Requisitionen der Besatzungsmacht, BGH **13**, 148, ebensowenig für Enteignung zu Reparationszwecken, BGH NJW **57**, 271, und auch nicht für andere Enteignungen auf besatzungsrechtlicher oder besatzungshoheitlicher Grundlage, BGH NJW **96**, 592 (wohl aber ZRweg für Ansprüche agrd des AusglLeistG v 27. 9. 94, BGBl 2628, BGH NJW **96**, 1147).

Enteignungsgleicher Eingriff. ZRweg, vgl oben Rn 23, aM Lege NJW **95**, 2745.

Entschädigung nach den Entschädigungsgesetzen. Obwohl öff-rechtl Anspruch, ist gg das Land od die öff-rechtl Körperschaft dch die EntschädigungsG der ZRweg eröffnet, zB § 208 BEG. Umsiedlerschäden sind Vertreibungsschäden, so daß LAG eingreift u damit VRweg gilt, auch wenn das Reich den Gegenwert erhalten hat, BGH **22**, 286. Ist keine Zuständigkeit von Bundesbehörden gegeben, so ZRweg, BGH **LM** Nr 47.

Entschädigungsansprüche aus Finanzvertrag (wg der dch ausld Streitkräfte verursachten Schäden). Im Streitfall ZRweg zulässig. Klage binnen 2 Monate gg BRep zu erheben (prozessuale Ausschlußfrist, BGH **33**, 360, die aber auch durch Einreichung beim örtlich und sachlich unzuständigen Gericht, selbst bei ausschließlicher Zuständigkeit, gewahrt wird, BGH **34**, 230; **35**, 374).

Erstattung von öff-rechtl Leistungen. Der Rweg entspricht spiegelbildlich dem Rweg für den Streit um die Gewährung, also je nachdem VRweg, SRweg oder FRweg, BVerwG **55**, 339, VGH Mannh NVwZ **91**, 583; s unter „Bereicherungsklage".

39 **Fehlbestandsverfahren (Defektenverf).** Gg den Erstattungsbeschl ist für Arbeiter u Angestellte Rechtsweg zu den ArbG zulässig, BVerwG **38**, 1 (dazu Bettermann DVBl **72**, 85). Bei Erstattungsansprüchen gegen Beamte hingegen VRweg, EF § 40 VwGO Rdz 83.

Fernmelderecht. Siehe unter „Post".

Fideikommißrecht. ZRweg, BGH RR **91**, 57.

Flurbereinigung. Zuständig sind die Flurbereinigungsgerichte, § 140 FlurbG, BGH **35**, 175; s auch „Umlegungsverf". VRweg ist wegen des Wertes der Abfindung eröffnet, BVerwG NVwZ **89**, 869; dagegen gehören Ansprüche aus einem iRv § 52 FlurbG geschlossenen Vertrag in den ZRweg, BGH NVwZ-RR **90**, 222, ebenso Streitigkeiten über Inhalt, Umfang u Ausübung einer im Plan, § 58 FlurbG, geschaffenen Grunddienstbarkeit, BVerwG NVwZ-RR **90**, 443.

Freiheitsentziehung. Rweg zum AG nach G v 29. 6. 56, BGBl 599, bei Anfechtung aller Maßnahmen von Verwaltungsbehörden, die eine Freiheitsentziehung darstellen, BVerwG **62**, 317. Das gleiche gilt nach den PsychKG der Länder.

Friedhofsbenutzung. ZRweg, wenn das Betriebsverhältnis privatrechtlich ausgestaltet ist, VGH Mü NVwZ-RR **04**, 392 u **95**, 60 mwN, oder wenn eine besondere privatrechtl Befugnis behauptet wird, so durch Bestattungsunternehmen, BGH **14**, 294; kein ZRweg, wo die Befugnis aus öff Recht hergeleitet wird, RG HRR **32**, 66, zB bei Streit um die Benutzung eines kirchl Friedhofs, BVerwG **25**, 364, NJW **90**, 2079, OVG Bre NVwZ **95**, 805, VGH Mü NVwZ **91**, 795 mwN, Hbg HbgJVBl **83**, 103 (s unter „Kirche"). Für Streitigkeiten zwischen Angehörigen über eine Umbettung ZRweg, LG Mü FamRZ **82**, 849.

40 **Gemeindebetriebe.** ZRweg, wenn Gemeinde die Benutzung ihrer Einrichtungen dem Privatrecht unterstellt, was auch dann geschehen kann, wenn für die Einrichtung Anschluß- oder Benutzungszwang besteht, BGH NVwZ **91**, 607 mwN. Privatrechtliche Organisation ist denkbar zB bei Krankenhäusern, BGH **9**, 145, Freibad, BadVGH DVBl **55**, 745, Wasserversorgung und Abwasserbeseitigung, BGH NJW **91**, 1686 u NVwZ **91**, 607, Straßenreinigung, BGH NVwZ **86**, 963 u NVwZ-RR **92**, 223, KG KStZ **84**, 15, Kanalanschluß, Kblz OLGZ **88**, 374, Bestattungsanstalt, VGH Mü NVwZ-RR **04**, 392. ZRweg auch bei Streit um eine Vereinbarung über die Verlegung eines Kanals in einem privaten Grundstück, VGH Mü NVwZ-RR **96**, 343, bei Streit mit Abnehmer wegen Kostenerstattungspflicht für den Hausanschluß, BGH NJW **54**, 1323, bei Schadensanspruch wg Lieferung schlechten Leitungswassers, BGH **17**, 193, NJW **72**, 2300 (dazu v Mutius YearArch **64**, 305), desgl bei Streit über Konzessionsabgaben der Elektrizitätsversorgungsunternehmen an Gemeinden, BGH **15**, 115. Vgl auch Rn 9. Im übrigen siehe unter „Immissionsabwehr" und „öff-rechtl Einrichtungen".

Genossenschaft. Da das Rechtsverhältnis zwischen Prüfungsverband u der um Aufnahme nachsuchenden Genossenschaft bürgerl-rechtl Natur ist, ist für den Anspruch auf Aufnahme der ZRweg gegeben, BGH **37**, 160.

Güterfernverkehr. Die ordentl Gerichte haben bei Erlaß eines Überleitungsbescheides, § 23 Güterkraftverkehr G, auch den vorsätzl Tarifverstoß nachzuprüfen, gleichgültig, ob der Bescheid vor dem VerwGer angegriffen ist od nicht, BGH **31**, 88.

41 **Hausverbot,** behördliches. ZRweg nur dann, wenn es sich um eine privatrechtl Willenserklärung handelt, was je nach den besonderen Umständen des Falles u dem Zweck des Verbots zu entscheiden ist; bejaht bei Zusammenhang mit arbeitsrechtl Kündigung VGH Mannh NJW **94**, 2500, Ausschluß von der Vermittlung von Lieferungsaufträgen, BGH NJW **67**, 1911, u mit Abbruch von Verhandlungen über Forschungs- u Entwicklungsaufträge, BVerwG **35**, 103 (dazu Stürner JZ **71**, 97 u Knemeyer DÖV **71**, 303), verneint für Benutzungsverbot für eine öff Bibliothek, OVG Münst NVwZ-RR **89**, 318 mwN. Zur Abgrenzung zwischen privatrechtl und öff-rechtl Verbot BVerwG NVwZ **87**, 677, krit Erichsen DVBl **87**, 1203, BGH NJW **61**, 308, OVG Münst NJW **95**, 1572, OVG Bre NJW **90**, 932.

Hebammengebühren aus § 376 a RVO: SRweg, BGH **31**, 24.

Hochschule. VRweg, auch für die Klage gegen Verleihung eines akademischen Grades, BVerwG NJW **98**, 546.

1. Titel. Gerichtsbarkeit **§ 13 GVG**

Hofveräußerung. Für den Anspruch auf Ergänzung der Abfindungen, § 13 I HöfeO idF G v 29. 3. 76, BGBl 881, gegen die Hoferben ist das LwGericht ausschl zuständig, § 1 II HöfeVfO v 29. 3. 76, BGBl 885. Das ordentl Gericht ist jedoch zuständig, wenn von dem, an den der Hof veräußert ist, seitens der Miterben Ergänzung ihrer Abfindungen verlangt wird, § 419 BGB, BGH **39**, 276.

Hoheitsrechte. Kein ZRweg gg Ausübung von Hoheitsrechten, also für Klage auf Aufhebung eines **42** Hoheitsaktes, auch nicht, wenn sich Kl dagg auf Besitzschutz beruft, BGH **48**, 240; vgl oben Rn 10. So kein ZRweg für Klage, durch die einer öff-Körperschaft in Zukunft ein bestimmtes Handeln vorgeschrieben od verboten werden soll, BGH NJW **56**, 711 (abw aber BGH GRUR **87**, 178 u RR **87**, 485, abl Melullis WRP **88**, 229). Kein ZRweg bei nichtobrigkeitlichen öff-rechtl Handlungen (zB Anregungen u Empfehlen der Handelskammern), jedenfalls dann nicht, wenn der VRweg eröffnet ist, BGH LM § 549 Nr 29, s auch unter „Kammer". Kein ZRweg für Klagen aus Verträgen, die der Staat kraft Hoheitsrechts schließt u nicht wie ein Privater zur Förderung seiner Unternehmens, vgl auch Rn 8. Dagg ZRweg gegeben bei Wegnahme des Besitzes zur Sicherstellung angeblichen Eigentums, BGH NJW **51**, 441, ferner bei in Ausübung von Hoheitsrechten auf Privateigentum errichteten Anlagen nach Lösung der hoheitsrechtl Beziehungen für Ansprüche auf Beseitigung, falls kein öff Eigentum an den Anlagen u nicht deren Erhaltung aus hoheitsrechtl Belangen beansprucht wird, BGH **LM** Nr 51, so bei Entfernung von Bunkertrümmern, BGH **LM** Nr 48. ZRweg für Klage auf Entschädigung für Beeinträchtigungen von Patentrechten dch Hoheitsrecht, desgl wg Unterbringung städtischen Reisebüros in Paßstelle, BGH GRUR **56**, 227. Kein ZRweg für Klage auf Unterlassung dieser Beeinträchtigung, ebenso nicht auf Löschung des Pfändsvermerks für eine Grundschuld, der auf Veranlassung des FinAmts wg rückständiger Steuern eingetragen wurde, wenn die Klage auf Nichtentstehung oder Tilgung der Steuerschuld gestützt wird, BGH NJW **67**, 563. S auch „Amtspflichtverletzung", „Schlichtverwaltende Tätigkeit".

Immissionsabwehr. Grundsätzlich ZRweg gegenüber Immissionen Privater und der öff Hand als Fiskus, **43** OVG Münst NJW **84**, 1982; zu Lärmschutzansprüchen gegen die Deutsche Bahn BGH NJW **97**, 344 (ZRweg) und VGH Mü NVwZ-RR **97**, 159 (VRweg in Übergangsfällen). ZRweg auch für eine Klage auf Verlegung der Haltestelle eines privatrechtlich betriebenen Omnibusunternehmens, die nur mit behördlicher Genehmigung oder Zustimmung möglich ist, BGH NJW **84**, 1242, zustm Bettermann DVBl **84**, 473, ebenso für Ansprüche einer Gemeinde auf Stillegung einer privatrechtlich betriebenen Abfalldeponie, VGH Mannh NVwZ **85**, 437 mwN, oder für Ansprüche auf Unterlassung einer genehmigten Sportveranstaltung, Mü RR **89**, 1245. Dagegen VRweg, wenn die Beeinträchtigungen von (öff-rechtl organisierten) Anlagen oder Veranstaltungen des Staates in Ausübung (schlicht-)hoheitlicher VerwTätigkeit ausgehen und mit ihr hinreichend eng zusammenhängen, BVerwG NJW **88**, 2396 zu VGH Mü BayVBl **86**, 690 (Feuersirene), OVG Münst u VGH Mannh aaO, VGH Mannh NJW **85**, 2352 (Telefonzelle), Kblz NVwZ **87**, 1021 mwN (Sportanlagen), Karlsr NVwZ **86**, 964 (Spielplatz). VRweg auch für die Klage eines Nachbarn gegen liturgisches Glockengeläute einer als Körperschaft des öff Rechts anerkannten Kirche, BVerwG NJW **84**, 989 (s unter „Kirche"). Die Abwehr von Immissionen, die ihren Grund in der Nutzung eines gemeindeeigenen Grundstücks haben, ist nur insoweit eine öff-rechtliche Streitigkeit, als die Bestimmung über die Nutzung in öff-rechtlichen Formen erfolgt und eine Urt-Vollstr zur Aufhebung oder Änderung einer hoheitsrechtlichen Maßnahme führen würde, BGH **41**, 264 (daher ZRweg für Abwehrklage wegen Geräusch aus Kirmesveranstaltung auf öffentlichen Platz). Entschädigungsansprüche aus Eigentum gehören in den ZRweg, BGH JZ **84**, 741.

Insolvenzverfahren: Für die Feststellung des Vorrechts öff-rechtlicher Forderungen ist derjenige Rweg eröffnet, in dem über die Forderung nach Grund und Höhe zu entscheiden ist, bei Steuerforderungen also FRweg, BGH **60**, 64, BFH NJW **73**, 295 (zustm Oswald JR **73**, 321, abl Dietrich NJW **73**, 295), bei Sozialversicherungsbeiträgen SRweg, BGH **55**, 224 (Aufgabe der früheren Rspr, vgl BGH **52**, 158), BSG SGb **71**, 174 (dazu krit Glücklich SGb **71**, 175 u 409), bei der Ausgleichsabgabe nach SchwbG VRweg, OVG Hbg ZIP **82**, 473. Aber ZRweg für Feststellung der Höhe und des Vorrechts der auf den Zollbürgen übergegangenen Abgabenforderung, BGH NJW **73**, 1077 m krit Anm André NJW **73**, 1495. ZRweg auch für Streit über die Konkursbefangenheit einer öff-rechtl Forderung, BGH NJW **85**, 976, ebenso für Streit über Anfechtung der Rechtshandlung eines öff-rechtlichen Gläubigers, BGH NJW **91**, 2148, Hamm RR **03**, 1692.

Investitionen. ZRweg für den Anspruch aus einer Haftungserklärung im Rahmen eines gewährten Investitionszuschusses, VGH Mü NJW **90**, 1006 (zustm Arndt).

Jagdpachtvertrag, §§ 11 BJagdG. ZRweg, VGH Kassel NJW **96**, 475.

Jugendhilfe. Für Streitigkeiten nach SGB VIII ist grundsätzlich der VRweg offen, vgl Art 17 KJHG, jedoch **44** sind für Streitigkeiten zwischen Trägern Schiedsgerichte vorgesehen, § 89 h I 1 SGB VIII, dazu BVerwG DVBl **96**, 873. ZRweg für übergegangene oder übergeleitete Unterhaltsforderungen, vgl § 94 III KJHG, s bei „Sozialhilfe". ZRweg auch für Klagen gegen das Jugendamt als Beistand, OVG Münst NJW **02**, 458.

Kammer. Vielfach gelten Sondervorschriften, zB § 223 BRAO, § 53 I PatAnwO, VGH Mü NJW **95**, 674. **45** Außerhalb dieser Vorschriften zB kein ZRweg für Streitigkeiten zwischen dem Mitglied einer Kammer (RA, Arzt, Apotheker) und der Kammer wegen der Einleitung oder Androhung eines Berufsgerichtsverfahrens, Mü WRP **80**, 171, Kblz WRP **80**, 224, zB wegen für unzulässig gehaltener Werbemaßnahmen, BayObLG BayVBl **82**, 218; dazu Hitzler GRUR **82**, 474; das gleiche gilt für Klagen Dritter auf Unterlassen von berufsrechtlichen Maßnahmen, Stgt RR **92**, 551, aM BGH GRUR **87**, 178 u RR **87**, 485, dagegen zutr Melullis WRP **88**, 229. Ebenfalls kein ZRweg für Klagen gegen eine Handwerkskammer wegen Unterlassung von Äußerungen über ein Mitglied, LG Konstanz NVwZ **88**, 94, zustm Melullis WRP **88**, 231. S auch unter „Wettbewerb".

Kartellsachen. Aus § 87 I GWB ergibt sich nicht nur die sachliche Zuständigkeit, sondern auch der ZRweg, so daß dieser Zuweisung etwaige sonstige Zuweisungen weichen müssen, BGH NJW **92**, 2964 mwN (krit Plagemann NJW **92**, 1302), nicht aber bei solchen öff-rechtl Streitigkeiten zwischen einer Körperschaft des öff Rechts u ihrer staatl Aufsichtsbehörde, BGH **41**, 194. Ob agrd des GWB der ZRweg auch gegenüber einer Betätigung iSv § 51 II SGG offensteht, war zweifelhaft, BGH NJW 95, 2353, ist aber ab 1. 1. 00 zu verneinen, BGH NJW 00, 2749, s o Rn 4.

Kassenärzte. Maßgeblich ist § 51 I Z 2 u II SGG; danach ist der SRweg vorgeschrieben, s o Rn 4, KG NJW 02, 1505. Honorarklagen gegen die kassenärztl Vereinigung gehören in den SRweg, BGH **LM** § 51 SGG Nr 1 = ZZP 69, 307, ebenso Honorarklagen gegen den Kassenpatienten, sofern nicht die Behandlung als Privatpatient vereinbart worden ist, AG Köln NJW 90, 2939. Das gleiche gilt für Streitigkeiten zwischen dem Kassenzahnarzt und der Krankenkasse wegen der Honorierung seiner Leistungen im Zusammenhang mit Zahnersatz, Schimmelpfeng-Schütte NJW 81, 2505 mwN, Wiethardt NJW 79, 1940, aM Hasselwander NJW 81, 1305 mwN, LG Ffm NJW 79, 1940. SRweg für Klagen des Kassenarztes wegen Überprüfung seiner Abrechnungsunterlagen, BGH NJW 99, 1786. Dagegen ZRweg für Ansprüche aus Amtspflichtverletzung, Ffm MedR 90, 88. S auch „Bundeswehr".

46 Kirche (KoppSch § 40 VwGO Rn 38 ff; Heckel F Lerche, 1993, S 214; Weber F Sendler, 1991, S 552; Schliemann NJW 05, 392, Weber NJW 03, 2067; Magen NVwZ 02, 897; Renck NVwZ 91, 1038; Petermann DÖV 91, 17; Steiner NVwZ 89, 410; Ehlers JuS 89, 364; Sachs DVBl 89, 487; Listl DÖV 89, 409). Jede Religionsgemeinschaft verwaltet ihre Angelegenheiten selbständig innerhalb der Schranken der für alle geltenden Ges u verleiht ihre Ämter ohne Mitwirkung des Staates od der bürgerl Gemeinden, Art 140 GG, 137 III WRV. Der staatlichen Gerichtsbarkeit sind also Eingriffe in den innerkirchlichen Bereich verwehrt, BVerfG NJW 99, 349 u 350, daher insoweit auch keine Nachprüfung durch staatliche Gerichte, Art 19 IV insoweit nicht anwendbar, BVerfG aaO, BGH 12, 321, BVerwG NJW 84, 2580 mwN (krit Steiner NJW 84, 2560). Deshalb keine Nachprüfung oder Feststellung, daß jemand Geistlicher ist, BGH NJW 03, 2097 (dazu Weber NJW 03, 2069), und welchen Status er hat, BVerwG NJW 03, 2112 m Anm Weber NJW 03, 2069, NJW 83, 2580 zu OVG Münst NJW 78, 2711 (dazu BVerfG NJW 83, 2569), zustm Listl DÖV 84, 587, krit Steiner NJW 83, 2560, OVG Kblz DÖV 86, 115, ob Vergütungsansprüche bestehen, BAG NJW 90, 2083 (dazu Petermann DÖV 91, 19), VG Bln NVwZ 95, 512, ob anderweitige Einkünfte anzurechnen sind, Verf- u VerwGericht der VELKD NVwZ-RR 01, 348, ob Ansprüche nach den Ostpfarrer-RiL der EKD gegeben sind, OVG Lüneb NVwZ 91, 796, ob ein Unterrichtsauftrag wirksam aufgehoben worden ist, VGH Mannh NVwZ-RR 94, 422, ob eine Entlassung aus dem Vorbereitungsdienst rechtmäßig ist, VG Stgt NVwZ-RR 01, 242, ob eine kirchl DisziplinarVfg rechtmäßig, BVerfG bei Berkemann EuGRZ 86, 307, OVG Münst DVBl 78, 925, oder die Wahl eines Amtsträgers wirksam ist, BVerwG NVwZ 93, 672, VG Neustadt NVwZ 99, 796 mwN; auch sonst kein Rweg zu staatl Gerichten für Streitigkeiten über innerkirchliches VerwHandeln, BGH NJW 81, 2811, zB üb die Befugnis zur Amtsausübung, VGH Mü DVBl 85, 1073, oder wegen der Ausbildung zur Katechetin, VG Stgt NVwZ 85, 138 mwN.

Der kirchl Gerichtsbarkeit können Streitsachen wg Mitgliedschaft zur Kirche, Benutzung kirchl Einrichtungen, ferner die Rechtsverhältnisse ihrer Beamten u Seelsorger in vermögensrechtl Hinsicht unterworfen werden. Jedoch darf die Kirche ihre Angelegenheiten nur „innerhalb der Schranken des für alle geltenden Rechtes regeln", Weber NJW 54, 1284, also innerhalb der durch Art 34, 14, 19 IV GG gegebenen Grenzen, so daß, wenn eine kirchl Gerichtsbarkeit nicht eingerichtet ist, ein Rechtsweg zu staatl Gerichten gegeben ist, zB bei Verstößen gegen das Willkürverbot (Art 3 I GG), die guten Sitten (§ 138 BGB) oder den ordre public (Art 6 EGBGB), BGH NJW 03, 2099 mwN (dazu Weber NJW 03, 2069). Obwohl aber BRRG für öff Religionsgesellschaften u ihre Verbände nicht gilt (§ 135 BRRG), können sie für ihre Beamten u Seelsorger § 126 BRRG (VRweg) für anwendbar erklären, dazu VG Göttingen NVwZ 99, 794. So wird das gemäß KirchenG üb Besoldg u Versorgg der Kirchenbeamten der evang Kirche, in Kraft ab 1. 4. 54, für diese Ansprüche angenommen, BGH **LM** Nr 85, BVerwG NJW 94, 3367 (zur Abgrenzung von Status-Klagen); sie sind innerhalb der Union der evang Kirche durch die VO zur Erweiterung der kirchl VerwGerichte v 2. 2./12. 7. 60, ABl EKD 321, kirchl Gerichten zugewiesen, BGH 34, 372; dazu Maurer DVBl 61, 625. Jedoch kann die Kirche nicht alle Sachen, an denen sie beteiligt ist, vor ihre Gerichte ziehen, da das dem entspr anzuwendenden § 4 EGZPO widersprechen würde. Privatrechtl Ansprüche bleiben den ordentl Gerichten, so Ansprüche auf Unterlassung aus BGB gegen ein Mitglied, BGH NJW 00, 1555 mwN (dazu Maurer JZ 00, 1111, Nolte NJW 00, 1844, Kästner NVwZ 00, 889), Ansprüche aus UWG, BGH NJW 81, 2811, auf Ergänzung der Einkünfte aus Patronatsrecht (preuß ALR), BGH NJW 55, 1756, aus privatrechtl Eigentumsübergang, Düss NJW 54, 1767, Amtspflichtverletzung kirchl Beamter, BGH 22, 283, wegen Herausgabe eines Kirchengebäudes nach § 985 BGB, BayObLG BayVBl 81, 438, und wegen Sitzplatzvorrechten, Köln NJW 88, 1736, nicht dagegen für das Begehren nach Beendigung der Widmung eines Kirchengebäudes, BVerwG NVwZ 91, 774 (VRweg). Zur Rechtsnatur des Sachgebrauchs einer sog res sacra vgl allgemein Renck NVwZ 90, 38 einerseits, Müller-Volbehr NVwZ 91, 142 andererseits.

Dies alles gilt für den Kernbereich der innerkirchlichen Angelegenheiten. Außerhalb dieses Kernbereichs unterliegen auch die Kirchen der staatlichen Gerichtsbarkeit (BVerfG NJW 86, 367, BGH NJW 00, 1555, BVerwG NJW 84, 989). In den VerwRweg gehört die Durchsetzung vermögensrechtlicher Ansprüche eines ehemaligen Kirchenbediensteten, die nicht von Statusfragen abhängen, OVG Kblz NVwZ 97, 803 u OVG Münst NJW 94, 3368 mwN, str. Entsprechendes gilt für die Klage wegen der (nicht privatrechtlich geordneten) Benutzung eines kirchlichen Friedhofs, insbesondere der Gebühren (VRweg), BVerwG NJW 90, 2080, OVG Bre NVwZ 95, 805, VGH Mü NVwZ 91, 795 mwN, ebenso die Klage gegen Lärm von einem kirchlichen Spielplatz, VGH Mü DVBl 04, 839, ebenso die Klage eines Nachbarn gegen liturgisches Glockengeläute einer als Körperschaft des öff Rechts anerkannten Kirche, BVerwG NJW 84, 989, OVG Lüneb NVwZ 91, 801, Ffm RR 86, 735 (zustm Müssig DVBl 85, 837, abl Schatzschneider, krit auch Goerlich JZ 84, 221), aM VGH Mü BayVBl 80, 563, zustm Schatzschneider BayVBl 80, 564 mwN, ebenso die Klage der Kirche gegen heranrückende Wohnbebauung, VG Freiburg NVwZ 99, 798; für Streitigkeiten wegen des Schlagens einer Kirchturmuhr bestimmt sich der Rechtsweg nach dem Zweck des Läutens, BVerwG NJW 94, 956 (ZRweg) u NJW 92, 2779 zu OVG Saarl NVwZ 92, 72 (VRweg), vgl dazu Lorenz JuS 95, 492, LG Aschaffenburg NVwZ 00, 965. VRweg für Streiti-

1. Titel. Gerichtsbarkeit **§ 13 GVG**

keiten um Kirchenbaulasten u vermögensrechtl Ansprüche eines Geistlichen ggüb seiner Kirche, BVerwG **25**, 226, BGH **31**, 121, OVG Münst DVBl **78**, 926 mwN, str, s oben bei „Status". Den innerkirchl Bereich berührt auch nicht die Feststellung, daß jemand nicht Mitglied der Landeskirche ist, so daß insoweit ZRweg offen steht, Brschwg FamRZ **65**, 228. ZRweg auch für Ansprüche Dritter aus Persönlichkeitsrechten, BGH NJW **01**, 3537, Düss NVwZ **01**, 1449, OVG Bre NVwZ **01**, 957 mwN gg VGH Mü NVwZ **94**, 787, ferner für den Streit um Aufnahme in einen kirchlichen Kindergarten, OVG Münst NVwZ **96**, 813, und für den Streit um ein Hausverbot, VGH Mü BayVBl **86**, 271, sowie überall dort, wo sich die Kirche privatrechtl Gestaltungsformen bedient, Weber NVwZ **86**, 363 (Ausbildungsdarlehen). S auch unter „Friedhofsbenutzung".

Zum Rweg für den Zugang zu kichlichen (Fach-)Hochschulen s Krölls NVwZ **96**, 10, VGH Mü NVwZ **92**, 1225.

An die Entscheidung von Vorfragen durch ein Schiedsgericht der Religionsgemeinschaft sind die staatlichen Gerichte gebunden, BGH NJW **00**, 1555.

Kraftfahrzeugkennzeichen. Für Streit wg des Verkaufs ZRweg, BGH DVBl **75**, 655. **47**

Krankenhaus. ZRweg für die auf stationäre Behandlung eines Kassenpatienten gerichteten Vereinbarungen zwischen Krankenhaus und Krankenkasse, BGH NJW **84**, 1820 mwN, dagegen SRweg für Streitigkeiten im Abrechnungsverhältnis zwischen Krankenhausträger und Krankenkasse wegen einer solchen Behandlung, BGH NJW **84**, 1820, dazu Broß VerwArch **88**, 102. VRweg wegen der behördlichen Festsetzung der Pflegesätze, BGH VerwRspr **30**, 786. ZRweg für Streit über die Kosten der freiwilligen Unterbringung in Krankenhäusern im öff Hand einschließlich der Erstattungsansprüche wegen Minderleistungen, Schlesw SchlHA **94**, 171. SRweg für Ansprüche auf Kostenübernahme gegen einen SozVersTräger, BSG ZfSH **82**, 345. ZRweg für Streit über die Entsendung von Delegierten in die Schiedsstelle, § 18 a KHG, BVerwG LS NJW **95**, 1628.

Krankenkasse. Vgl oben Rn 4 (§ 51 SGG) sowie unter „Kassenärzte" und „Krankenhaus". Die Zuführung **48** eines Krankenversicherten zu der notwendigen ärztlichen Hilfe ist Geschäftsführung ohne Auftrag für die Krankenkasse, so daß bei einer dabei erlittenen Gesundheitsschädigung im ZRweg von dieser Schadensersatz verlangt werden kann, BGH **33**, 251. Weiter auch für Ansprüche aus § 368 d IV RVO, Tiemann NJW **85**, 2169 mwN, str, aM BSG NJW **84**, 1422 (abl Plagemann NJW **84**, 1377). Hingegen hat das Eintreten einer Krankenkasse öff-rechtl Charakter, dafür also SRweg, § 51 SGG, BSozG NJW **58**, 886, auch für öff-rechtl Geschäftsführung ohne Auftrag, BGH NJW **97**, 1636 mwN. Das gleiche gilt für die Zulassung eines Arztes zur Abrechnung, Mayer-Ladewig § 51 Rdz 25, aM für die Zulassung eines Masseurs LG Köln LS VersR **84**, 271. SRweg auch für Zulassung zur Belieferung von Versicherten mit Heilmitteln aufgrund eines Vertrages, BGH NJW **00**, 2749, ebenso für Zulassung eines privaten Unternehmens zur häuslichen Krankenpflege, BSG LS NZA **88**, 558. SRweg für den Streit zwischen Krankenkassen- und Apothekenverbänden über die Aufhebung eines Vertrages über die Lieferung von Hilfsmitteln, §§ 126 ff SGB V, BGH NJW **98**, 825, ebenso für den Streit über die Abrechnung der Attestierung eines Therapieerfordernisses, BGH NJW **98**, 827. Ebenfalls SRweg, § 51 SGG, für den Streit zwischen Ersatzkasse und gesetzl Krankenkasse aus Mitgliederwerbung, BGH NJW **98**, 2743 mwN, und für die Klage gegen eine Krankenkasse auf Unterlassung einer Handlung, BGH NJW **03**, 1194 u **01**, 1791, oder Äußerung, BGH NJW **00**, 1874, Zweibr RR **99**, 1739. SRweg auch für kartellrechtliche Streitigkeiten dieser Art, BGH NJW **00**, 2749. ZRweg für den Streit zwischen der Krankenversicherung der Bundesbahn und ihren Mitgliedern über tarifliche Leistungen, BGH **79**, 320. S auch unter „Kartellsachen", „Sozialversicherung" und „Wettbewerb".

Kunstausstellung. ZRweg für Streitigk zw Künstler u staatl Kunsthalle wg einer Jury-Entsch, VGH Mannh DVBl **76**, 951.

Lastenausgleich. Kein ZRweg wg Weiterzahlung der auf die bisherigen Umstellungsgrundschulden zu **49** erbringenden Leistungen, BGH LM Nr 35. Aber Feststellgklage zwischen geschiedenen Ehegatten im ZRweg möglich, um Eigentumsverhältnisse u damit Legitimation für Entschädigungsansprüche zu klären, BGH **27**, 190. S auch unter „Entschädigung".

Markt. Der Streit um Zulassung zu einem nach GewO festgesetzten Markt kann privatrechtlich sein, OVG **50** Kblz NVwZ **87**, 519 mwN; umgekehrt kann der Zulassungsanspruch eines Schaustellers zu einem Markt, dessen Ausrichtung die Gemeinde einem Privaten übertragen hat, in den VRweg gehören, VGH Mü BayVBl **89**, 148 mwN.

Marktordnung. ZRweg für einen Anspruch der Bundesanstalt für landwirtschaftliche Marktordnung auf Zahlung eines zu ihren Gunsten vereinbarten Betrages wegen Nichteinhaltung der Absatzbedingungen, BGH RIW **83**, 278.

Mauergrundstücksgesetz (v 15. 7. 96, BGBl 980). ZRweg, § 7 des Ges.

Mitbestimmung. ZRweg für Streitigkeiten üb Mitbestimmung nach § 98 II 2 AktG einschl Entsch üb Konzernabhängigkeit, ArbG Herne BB **77**, 950. Vgl iü Wiesner DB **77**, 1747.

Namensschutz. ZRweg aus § 12 BGB auch gg Behörden wg Störung im amtl Verkehr, soweit nicht **51** ausschließl in Ausübung öff-rechtl Befugnisse begründet, RG **147**, 254. ZRweg wg Führung adligen Namens, wenn politische Partei zur Unterlassung einer von ihr gebrauchten Abkürzung ihres Namens in Anspruch genommen wird, BGH **43**, 245.

Naturschutz. ZRweg für Ausgleichsansprüche, Rinne DVBl **94**, 23 mwN, str, insbesondere für Ansprüche auf Entschädigung nach bayNatSchG, BGH NJW **95**, 964, abw BVerwG NJW **94**, 2949.

Notar. ZRweg für Schadensersatzansprüche nach § 19 I–IV NotO, § 19 V NotO, und für Ansprüche gegen die Kammer, bei der Schadensregulierung, § 67 NotO, mitzuwirken, BGH MDR **92**, 185. Kein ZRweg für Kostenansprüche, § 155 KostO, und für das Verbot an den Notar, von ihm verwahrtes Geld auszuzahlen, Düss DNotZ **83**, 703 (FGG-Verf nach § 15 I 2 BNotO).

Nutzungsverträge über landwirtschaftlichen Grundbesitz in der ehem DDR: ZRweg, BGH DZZ **95**, 130 mwN, überwM.

Öffentliche Körperschaften. ZRweg für Mitgliederbeiträge, wo Pflicht durch privatrechtl Vertrag begründet, RG **142**, 166. Ebenfalls ZRweg für Streit um Ausscheiden einer öff Körperschaft aus einer

GVG § 13 Gerichtsverfassungsgesetz

Gesellschaft wg unlauteren Wettbewerbs, mag auch der Beitritt durch VerwAkt begründet worden sein, BGH DVBl **64**, 475.

52 **Öffentlich-rechtliche Einrichtungen.** Für Streit über das „Ob" der Benutzung VRweg, auch wenn sich das auf Grund der Zulassung begründete Benutzungsverhältnis nach privatem Recht richtet, OVG Lüneb NJW **85**, 2347, OVG Münst NJW **69**, 1077, VG Berlin JZ **72**, 86 (vgl Pappermann JZ **69**, 485), insbesondere die Einrichtung von einer jur Person des Privatrechts betrieben wird, BVerwG NJW **90**, 134. Dagegen in diesem Fall ZRweg für Streit über das „Wie" der Benutzung, BVerwG NVwZ **91**, 59 mwN. S im übrigen unter „Gemeindebetrieb".
Opfer von Gewalttaten. Kein ZRweg für Ansprüche aus dem Opferentschädigungsgesetz idF v 7. 1. 85, BGBl 1, § 7 des Gesetzes.

53 **Pfändung und Überweisung.** Bei Klage des Gläubigers gegen den Drittschuldner steht der Rweg offen, der für die Klage des Schuldners gegeben wäre, VGH Kassel NJW **92**, 1253 mwN.
Pflegeversicherung. Auch für Streitigkeiten aus einer privaten Pflegeversicherung; § 23 SGB XI, SRweg, § 51 I Z 2 u II SGG, BSG NZS **00**, 523. VRweg für Streit um eine Zuwendung nach AltPflegeVO, BVerwG NVwZ-RR **99**, 316, OVG Magdeb NVwZ-RR **02**, 466.
Politische Partei. ZRweg für Kl gg politische Partei aus Namensrecht auf Unterlassg einer Namensabkürzung, BGH **43**, 248, auch nach Inkrafttreten des Parteiengesetzes, BGH **79**, 265, ebenso bei Streit über Aufnahme in eine Partei, VGH Mannh NJW **77**, 72, oder über Ausschluß aus einer Partei, aM Schiedermair AöR **104**, 200, und auch für die Klage eines Mitglieds auf Feststellung der Ungültigkeit einer Wahl, KG NJW **88**, 3159 (Anm Vollkommer). Ob dies auch für die Klage gegen den Ausschluß aus einer Fraktion gilt, bejahend VGH Mü NJW **88**, 2755 mwN, ist zweifelhaft. ZRweg auch für Streitigkeiten zwischen zwei Parteien wegen Unterlassung oder Widerruf, Mü RR **90**, 1191 mwN. VRweg für Streit mit Sparkasse über Eröffnung eines Girokontos, wenn Anspruch auf § 5 I 1 PartG gestützt wird, OVG Münst NVwZ-RR **04**, 795, OVG Hbg NordÖR **03**, 67.
Polizei. Zur Frage, ob der ZRweg im Verhältnis zwischen dem Blutentnahmearzt u der Polizei gilt, vgl Mü NJW **79**, 608. Für Feststellungsklagen wegen einer polizeilichen Festnahme VRweg, wenn nicht das Landesrecht etwas anderes bestimmt, zB § 17 II 1 BayPAG, BVerwG NJW **89**, 1049, VGH Mü BayVBl **88**, 246.

54 **Post.** Mit dem PostStruktG v 8. 6. 89, BGBl 1026, wurde die Deutsche Bundespost in die drei Teilbereiche Postdienst, Postbank und Telekom aufgeteilt und die privatrechtliche Ausgestaltung der bisher als hoheitlich angesehenen Tätigkeiten geregelt, § 7 PostG und § 9 FAG idF der Art 2 Z 6 und 3 Z 7 PostStruktG, vgl Gramlich NJW **94**, 985, Schatzschneider NJW **89**, 2373. Diese Vorschriften gelten jedoch nach **§ 65 I 1 und III PostVerfG** (Art 1 PostStruktG) erst seit der Aufhebung der agrd der §§ 14 und 35 PostG erlassenen Rechtsverordnungen, also seit 1. 7. 91, Nürnb MDR **93**, 127. Nach § 7 PostG nF und § 9 FAG nF sind die Rechtsbeziehungen zu den Kunden seitdem privatrechtlicher Natur (Ausnahmen: § 7 S 2 u § 16 PostG), LG Köln MDR **99**, 117, und zwar auch insofern, als sie bis zum 30. 6. 91 öff-rechtlich waren, § 65 III 2 PostVerfG, LG Köln aaO, vgl § 1 PostV u § 1 TKV v 24. 6. 91, BGBl 1372 u 1376; für in diesem Zeitraum entstandene Ansprüche bleibt es aber beim bisherigen Rweg, BGH NJW **95**, 2296, BVerwG NJW **96**, 1010. Für die neuen Bundesländer ist der Stichtag der 1. 1. 92, EV Anl I Kap XIII Sachgeb A Abschn III Z 1 b. Die Unternehmen der Deutschen Bundespost sind sodann agrd des § 1 PostUmwG (Art 3 § 1 PtNeuOG v 14. 9. 94, BGBl 2325, 2340) in Aktiengesellschaften umgewandelt worden. Für deren Streitigkeiten ist **mWv 1. 1. 95 der ZRweg eröffnet**, BGH NJW **95**, 2295. Das gilt auch für Haftungsprozesse wegen einer förmlichen Zustellung, § 35 PostG v 22. 12. 97, BGBl 3294, iVm Art 34 GG; gegen Maßnahmen der Regulierungsbehörde ist dagegen der VRweg gegeben, §§ 2 ff PostG.
Für die vorangehende Zeit gilt das Folgende, wobei § 17 I 1 zu beachten ist, OVG Hbg NJW **93**, 278 (wegen der Rechtslage vom 1. 7. 91 s 54. Aufl): **a) Postdienst.** Seit 1. 7. 91 gemäß § 7 S 1 PostG idF v 3. 7. 89, BGBl 1450, ZRweg für Streitigkeiten aus Rechtsbeziehungen zu den Benutzern, KG RR **91**, 1007, Müssig NJW **91**, 472, auch hinsichtlich der Zulassung zur Inanspruchnahme von Leistungen, § 8 I PostG nF, BGH NJW **95**, 875 (Postzeitungsdienst), Gramlich NJW **94**, 985 mwN, Ffm NJW **94**, 1226 u **93**, 2945, aM VG Ffm NJW **93**, 2067. ZRweg auch für Schadensersatzansprüche aus der hoheitlichen Tätigkeit im Postauftragsdienst, §§ 7 S 2, 16 I PostG nF, und im Postbeförderungsdienst, Mü RR **94**, 1442. ZRweg für Klagen gegen Dritte aus § 2 PostG, BGH NJW **95**, 2295. **b) Postbank.** Seit 1. 7. 91 ZRweg gemäß § S 1 PostG nF, Müssig NJW **91**, 472, also zB für Ansprüche aus dem Giroverkehr, wie für Streitigkeiten über die Zulassung zur Inanspruchnahme, § 8 I PostG nF, Müssig aaO. **c) Telekom.** Seit 1. 7. 91 ZRweg für Streitigkeiten aus den Rechtsbeziehungen zu den Benutzern, zB wegen des Entgelts, und über die Zulassung zur Benutzung, § 9 I FAG nF, ebenso für Streitigkeiten aus der Vollstr nach § 9 IV FAG nF, dagegen VRweg für Streit über Rweg § 9 II u III FAG nF, Schwonke NVwZ **97**, 149, also wie für die Vollstr nach § 9 II FAG nF Aldag NJW **90**, 2865. Diese Regelungen gelten auch für vor dem 1. 7. 91 entstandene Ansprüche, AG Dortm RR **92**, 957. – S auch unter „Telegrafenwegegesetz".
Prüfingenieur. ZRweg für Vergütungsanspruch gegen die beauftragende Behörde, Hamm NVwZ **89**, 502.
Rechtsanwalt. ZRweg für eine Gebührenklage, auch wenn für den zugrundeliegenden Rechtsstreit ein anderer Rweg gilt, BAG **AP** ArbGG § 2 Nr 55.
Rehabilitierung. ZRweg für Ansprüche gegen einen Dritten, dem agrd des aufgehobenen Urteils eines Gerichts der DDR Beträge zugeflossen sind, BGH DtZ **97**, 60.

55 **Religionsgemeinschaft.** Siehe unter „Kirche".
Rückerstattung. ZRw zulässig für Rückgriff des Erstattungspflichtigen gg Rechtsvorgänger, BGH **8**, 193, für den Anspruch aus einem außergerichtl Vgl eines Rückerstattgsberechtigten im Proz gg einen Rückerstattgsverpfl, RzW **64**, 500, für Ansprüche des Rückerstattgsberechtigten aus Art 14 u 34 GG, BVerwG MDR **75**, 170. Aber kein ZRweg für Rückzahlung öff Leistungen, wenn der Empfänger seine Verpflichtung in besonderer Urkunde anerkannt hat, BGH NJW **94**, 2620 mwN, BVerwG NJW **95**, 1105 u **94**, 2909; anders bei Rückforderung von Förderungsmitteln, die von einer juristischen Person des Privatrechts nach Maßgabe der Haushaltsvorschriften zugesagt und ausgezahlt wurden, KG RR **05**, 512.

1. Titel. Gerichtsbarkeit **§ 13 GVG**

Rücknahme eines rechtswidrigen VerwAktes, § 48 VwVfG: Für Ausgleichsanspruch VRweg, jedoch ZRweg, wenn daneben ein Entschädigungsanspruch in Betracht kommt, § 48 VI VwVfG, Düss NJW **87**, 1336.

Rundfunk. Vgl Kopp BayVBl **88**, 193 mwN, Lerche Festschrift Löffler, 1980, S 217. VRweg für Streitigkeiten über die Gebühren, allgM, BVerwG **29**, 240, VGH Kassel AS **29**, 190 mwN, AG Köln NVwZ-RR **01**, 166, ebenso für die Klage auf Überlassung von Programmübersichten, VG Hbg NJW **79**, 2325 mwN. VRweg auch für Streit über Vergabe von Sendezeit, wenn es sich um Wahlwerbung handelt, BVerwG DVBl **87**, 307, und jedenfalls dann, wenn das Begehren ausschließlich auf Gründe des allg Interesses gestützt wird, VG Mainz NVwZ **85**, 136, aber auch bei kommerzieller Werbung, Kopp aaO, str. ZRweg auch für Leistungs- und Unterlassungsklagen wegen des Inhalts einer Sendung, BGH NJW **76**, 1198, BVerwG NJW **94**, 2500 mwN, zustm Hoffmann-Riem JZ **95**, 401. Zum Rweg für Streitigkeiten wegen der Rundfunkversorgung durch Breitbandkabel s OVG Saarlouis NVwZ **94**, 1228. **56**

Sachenrechtsänderungsgesetz (v 21. 9. 94, BGBl 2457). ZRweg, §§ 103–108 des Ges.

Schlichtverwaltende Tätigkeit, also eine solche nicht obrigkeitl, aber gleichwohl hoheitl Natur, BGH NJW **87**, 711, mag es sich um eine Körperschaft des öff Rechts od auch eine juristische Person bürgerl Rechts als Träger öff-rechtl Aufgaben handeln, vgl auch BGH JW **62**, 217. In diesem Fall kein ZRweg für Unterlassungsklagen wg Warnungen u ähnl Einwirkungen auf die Mitglieder der Vereinigung, BGH **LM** § 549 ZPO Nr 29 (Handelskammer), BGH **LM** Nr 55 (Landesvereinigungen für Milch- u Fettwirtschaft), auch nicht für Schutz vor Überschwemmungen dch Änderung der Kanalisation, BGH MDR **61**, 918. S unter „Kammer", ferner Rn 1. **57**

Schulwesen. Für Streitigkeiten zwischen Eltern und einer genehmigten Privatschule ZRweg zulässig, BGH MDR **61**, 845, BVerwG DÖV **74**, 496, OVG Münst NJW **98**, 1580; iü VRweg (auch für Streitigkeiten mit einer anerkannten Privatschule in Ba-Wü, wenn die für die Schulpflicht geltenden Bestimmungen im Streit sind, VGH Mannh LS NVwZ-RR **90**, 607; anders dagegen in Bay, VGH Mü NVwZ **82**, 562 mwN: ZRweg). VRweg bei Ausschluß aus einer städtischen Musikschule, VGH Mannh NVwZ **87**, 701. ZRweg für Rückgabe von Schulbüchern, VG Würzb BayVBl **94**, 539 (zustm Kriener).

Seuchenrecht. Gemäß § 68 I SeuchNeuG v. 20. 7. 00, BGBl 1045, ZRweg für Streitigkeiten über Entschädigungsansprüche, §§ 56 u 65 des Ges, und für Streitigkeiten über Erstattungsansprüche, §§ 56 IV 2, 57 I 3 u III sowie 58 S 1 des Ges; SRweg für öff-rechtl Streitigkeiten der §§ 60 bis 63 I des Ges.

Soldaten. Für Klagen der Soldaten, auch solcher im Ruhestand, der früheren Soldaten und der Hinterbliebenen aus dem Wehrdienstverhältnis VRweg, soweit nicht ein anderer Rweg gesetzlich vorgeschrieben ist, § 59 I SoldatenG idF v 19. 8. 75, BGBl 2273.

Sozialhilfe (beachte ab 1. 1. 05 das G zur Einordnung des Sozialhilferechts in das Sozialhilfegesetzbuch v 27. 12. 03, BGBl 3022) ZRweg zulässig für Klage des Trägers der SozHilfe aus dem auf ihn übergeleiteten oder übergegangenen Unterhaltsanspruch, §§ 90 u 91 BSHG, gegen den Pflichtigen, Künkel FamRZ **94**, 548, und zwar auch hinsichtl der öff-rechtl Vorfragen, zB der Zuständigkeit des Trägers der SozHilfe, der Vertriebeneneigenschaft u dgl, BVerwG MDR **60**, 527; ebenso ZRweg für Bereicherungsansprüche des Pflichtigen, § 90 BSHG, gegen den Sozialhilfeträger, BGH NJW **93**, 1788 u **81**, 48. Ansprüche gegen den Sozialhilfeträger aus einer Mietgarantie, § 554 II Z 2 Satz 1 (2. Alt) BGB, gehören in den ZRweg, BVerwG NJW **94**, 2969 mwN. VRweg für Ansprüche auf Rückgewähr einer ohne Rechtsgrund erbrachten Hilfeleistung, BGH NVwZ **88**, 92, oder aus Darlehnsverträgen, § 89 BSHG, Schlesw NVwZ **88**, 761 mwN, oder aus Geschäftsführung ohne Auftrag für den Sozialhilfeträger, Hamm FamRZ **97**, 1409, oder zwischen Behörde und Privatem über den Abschluß einer Pflegesatzvereinbarung, § 93 BSHG, BGH NJW **92**, 1238 mwN, ebenso wie solche Streitigkeiten über die Erfüllung einer Kostenzusage bzw die Erstattung gezahlter Beträge, Oldb RR **93**, 256, und für Streitigkeiten zwischen Trägern, § 113 a I 1, II BSHG, dazu BVerwG DVBl **90**, 873. Dagegen ZRweg, § 87 GWB, für die Klage gegen den Träger der Sozialhilfe auf Unterlassung der Verwendung einer Klausel in einer Pflegesatzvereinbarung, BGH MDR **93**, 525, s unten Rn 71, und für Klagen aus einer Rahmenvereinbarung über die Belieferung von Patienten mit Arzneimitteln, die zwischen einem Verein von Apothekern und Trägern der Sozialhilfe, § 37 BSHG, geschlossen worden ist, BGH NJW **00**, 872 mwN. **58**

Sozialversicherung. Für Streit um Beiträge SRweg, auch für die Klage des Arbeitnehmers gegen den Arbeitgeber auf Zuschuß nach § 405 RVO, GmS NJW **74**, 2087, abl Merten VerwArch **75**, 387 (ArbGer). Kein ZRweg auch für Inanspruchnahme eines Alleingesellschafters im Wege des sog Durchgriffs, BGH NJW **72**, 1237, und für die Erstattung zu Unrecht empfangener Leistungen, BGH NJW **88**, 1731 mwN, u a BGH **72**, 56 m zustm Anm Roidl SGb **79**, 354, Ffm RR **97**, 1088 mwN (zu § 116 VII 1 SGB X), str. Dagegen ZRweg für Ansprüche aus einer Bürgschaft für Sozialversicherungsbeiträge, BGH NJW **84**, 1622 (zu KG NVwZ **83**, 572), dazu v. Einem SGb **86**, 42, Ffm NVwZ **83**, 573, Kraushaar/Häuser NVwZ **84**, 217 mwN, dazu Zuleeg JuS **85**, 106. ZRweg auch für den Streit über die Konkursbefangenheit einer sozialversicherungsrechtl Forderung, BGH NJW **85**, 976. Hat der Arbeitgeber die ihm nach SozVersGes obliegenden Pflichten auf nicht bei ihm angestellten Bevollmächtigten übertragen, so ZRweg für Schadensersatzklage gegen diesen wegen Nichtabführung einbehaltener Beitragsanteile der Arbeitnehmer, BGH **LM** Nr 83; desgl für Schadensersatzforderung der Krankenkasse, die wegen Nichtabmeldung des Arbeitnehmers seitens des Arbeitgebers noch Versicherungsleistungen erbracht hat, RG **73**, 211. ZRweg bei Rückgriffsanspruch des SozialversTrägers gg Unternehmer u Betriebsangehörige gemäß § 640 RVO, BVerwG VersR **76**, 466, NJW **72**, 107 u **68**, 1429 (aber SRweg für Erlaß nach § 76 II Z 3 SGB IV, NJW **90**, 343 zu LSG Celle NdsRpfl **89**, 243, BGH NJW **84**, 240, dazu Ahrens NJW **89**, 1704). ZRweg auch für Schadensersatzansprüche gegen den Geschäftsführer eines Sozialversicherungsträgers aus der Zeit nach Inkrafttreten des SGB IV, BGH NJW **85**, 2194 (anders für die Zeit vorher, BSG **33**, 209). Ebenso ZRweg für Kl auf Rückzahlung von versehentlich an einen Dritten überwiesenen Leistungen, BGH NJW **79**, 763 mwN, BSG DVBl **87**, 849, zustm Broß VerwArch **88**, 104, Kblz NVwZ **89**, 93 (zustm v. Einem SGb **88**, 484, abl Wolber SozVers **89**, 85), und für die Rückforderung von nach dem Tode des Berechtigten gezahlter Rente, BGH **71**, 180 m abl Anm Bethge NJW **78**, 1801 und Birk SGb **79**, 302 mwN sowie **59**

GVG § 13 Gerichtsverfassungsgesetz

zustm Bespr v Heinz SGb **81**, 163, Karlsr NJW **88**, 1920 mwN, aM (SozRweg) Meyer-Ladewig § 51 Rn 24, Dörr NZS **93**, 149, wie BGH BVerwG BayVBl **90**, 475 (Wohngeld), VGH Mü NJW **90**, 934 (Beihilfe), Kblz NVwZ **88**, 1038 (Beihilfe), Hamm NJW **86**, 2769, AG Ettenheim m zustm Anm Haueisen NJW **77**, 441. ZRweg wg Gesundheitsschäden, die bei der Zufuhrung eines Versicherten zur ärztl Behandlung entstanden sind, BGH **33**, 251. ZRweg für Streit zweier SozVersTräger über nach § 1542 RVO übergegangene Ansprüche, BGH NJW **85**, 2756, zustm Broß VerwArch **88**, 105. SRweg für Kl gg Empfehlung einer Krankenkasse zur Verschreibung eines preisgünstigeren Medikaments, BGH NJW **64**, 2208. Vgl auch unter „Kassenärzte", „Konkursvorrecht" und „Wettbewerb".

60 **Staatshaftung in den neuen Bundesländern** (Lörler DtZ **92**, 135). Nach Abschluß des Verwaltungsvorverfahrens, oben Rn 4, ZRweg, §§ 5–6 a DDR-StHG, Ossenbühl NJW **91**, 1208 (dazu Sträßler NJW **91**, 2467), Christoph NVwZ **91**, 539. Zuständig ist das Kreisgericht, nach Errichtung der im GVG vorgesehenen Gerichte das Landgericht, § 16 RpflAnpG.

61 **Steuer.** Kein ZRweg für Steuern jeder Art und Form sowie alle damit zusammenhängenden Fragen; nie ist zu prüfen, ob Heranziehung zur Steuer rechtmäßig ist, da insofern das FinGer zuständig ist; dies gilt auch für Ansprüche des FinAmtes auf Rückzahlung eines Steuererstattungsbetrages, Hamm RR **93**, 64, und für Ansprüche gegen das FinAmt auf Auszahlung eines Steuererstattungsbetrages an den Abtretungsnehmer, BFH **144**, 94, oder an den VollstrGläubiger, BFH NJW **88**, 1407. Dagegen ist der ZRweg für die Inanspruchnahme aus einer Steuer- und oder Zollbürgschaft zulässig, Kraushaar/Häuser NVwZ **84**, 217, ferner auch dann, wenn die Steuerschuld eines Dritten privatrechtlich von einem am Steuerrechtsverhältnis nicht beteiligten Dritten übernommen oder bezahlt worden ist, BGH MDR **84**, 649 mwN, oder wenn über die Wirksamkeit einer zur Abwendung der Beitreibung vorgenommenen Hypotheken-Abtretung gestritten wird, BFH BStBl **79** II 442; der ZRweg ist auch gegeben für den Streit um Rückforderung einer vom Schuldübernehmer bezahlten Schuld, RG **129**, 97, für die für Geltendmachung kraft Gesetzes übergegangener Abgabenansprüche, BGH NJW **73**, 1077, abl Rimmelspacher JZ **75**, 165, zustm Stolterfoth JZ **75**, 658, für die Insolvenzanfechtung einer Steuerzahlung des Schuldners an die Finanzbehörden durch den Insolvenzverwalter, Hamm RR **03**, 1692, für Schadenersatzansprüche wegen ungerechtfertigten Steuerarrests, BGH **63**, 277 mwN, aM (FRweg) Schwarz NJW **76**, 215, ferner für die Klage auf Ausstellung einer Rechnung nach § 14 I UStG, BGH NJW **75**, 310. Auch für die Klage gegen ein Auskunftsersuchen, das die Steuerfahndung an einen Dritten richtet, ist der ZRweg gegeben, BFH ZIP **83**, 988. S auch unter „Insolvenzverfahren".

Stiftungen. ZRweg für Klagen von Destinatären, Mankowski FamRZ **95**, 851 (zu Hbg ZIP **94**, 2950 m Anm Rawert), für Ansprüche gegen jur Personen des Privatrechts auch dann, wenn der Staat sich ihrer zur Erbringung von Leistungen an den Bürger bedient, es sei denn, sie sei gesetzlich mit öff-rechtlichen Befugnissen ausgestattet, BVerwG JZ **90**, 446. VRweg für Klagen gegen Maßnahmen der Stiftungsaufsicht, soweit es sich um eine VerwBehörde handelt, OVG Münst NRWVBl **95**, 318, s § 23 EGGVG Rn 4.

Strafverfolgungsmaßnahmen. Für Anspruch auf Entschädigung ZRweg mit ausschließl Zuständigkeit des LG, § 13 StrEG.

Strafvollzug. Zuständig sind die ordentlichen Gerichte. ZRweg für Klage der Behörde auf Ersatz der Aufwendungen für Wiederherstellung der Gesundheit, § 93 III StVollzG (ebenso bei Untersuchungsgefangenen, BGH NJW **90**, 1604).

62 **Straßenrecht.** Streit um Entgelt für Sondernutzung gehört vor die VerwGer, es sei denn, der Anspruch wird auf Privateigentum am Straßenland gestützt, KG OLGZ **77**, 497, ebenso der Streit um planerische Ausweisung (einschließlich der Ausgleichsansprüche nach § 17 IV BFernstrG), Wahl NVwZ **90**, 440 u 923. Dagg ZRweg bei Streit zw Straßenbaubehörde u Versorgungsunternehmen üb die Kosten einer durch Straßenausbau erforderl gewordenen Neuverlegung, BGH LKV **01**, 335 (LS NJW **01**, 3059), vgl auch § 8 X BFernstrG. Herstellung u Erhaltung der Verkehrswege ist Aufgabe des Staates, die hoheitl bewältigt wird, also VRweg, Ffm NVwZ **92**, 917; kommt aber ein Dritter infolge des schlechten Straßenzustandes zu Schaden, so ZRweg, BGH **21**, 48. Kein ZRweg bei Benutzung einer dem allg Verkehr zur Vfg gestellten Straße, auch wenn sie noch im Privateigentum einer Wohnungsgesellschaft der Gemeinde steht, OVG Lüneb DVBl **64**, 365, ebensowenig, wenn bei wirksamer Widmung der Gemeinde ein Grundstückseigentümer Herausgabe eines Grundstücksteils verlangt, üb den ohne seine Zustimmung ein Weg gelegt worden ist, BGH **48**, 239, desgl nicht, wenn ein Notweganspruch üb ein städtisches Grundstück, das der Feuerwehr dient, durchgesetzt werden soll, BGH NJW **69**, 1437. S auch unter „Wegestreitigkeiten".

63 **Studienförderung.** Für Rückzahlungsanspruch (gg Beamte u Soldaten) VRweg, BVerwG **30**, 65, BGH MDR **72**, 589, ebenso bei Anspruch auf Rückzahlung des während der Ausbildung für die Beamtenlaufbahn gezahlten Arbeitsentgelts, BAG NJW **91**, 943, zT krit Kopp JZ **91**, 564 mwN. VRweg auch bei Rückforderung von Leistungen nach dem „Honnefer Modell", BVerwG **32**, 283, oder nach BAföG, ebenso für Rückzahlung eines danach gewährten Darlehns, Ffm DVBl **80**, 381 gegen Köln NJW **67**, 737.

Subventionierung. VRweg bei Streit darüber, ob Subvention gewährt (auch bei Streit um Ermäßigung v Abschöpfungssätzen, BVerwG DVBl **73**, 412), od zurückgefordert werden soll, BGH NJW **97**, 328 mwN; VRweg bei einstufiger öff-rechtl Regelung auch dann, wenn die Auszahlung durch ein Kreditinstitut bewirkt wird, BGH NVwZ **85**, 517 mwN. Dagg kommt es bei zweistufiger Regelung darauf an, ob die Durchführung öff-rechtlich oder zivilrechtlich erfolgt, BGH NJW **97**, 328 mwN, krit Ehlers JZ **90**, 594, Naumb NVwZ **01**, 355; im letzteren Fall ZRweg, zB für den Streit über den Abschluß des durchführenden Vertrages, krit Dawin NVwZ **83**, 400, und für Streitigkeiten aus seiner Durchführung, zB wg Rückforderung einer Bürgerleistung, BGH aaO, Rückzahlung eines Darlehns, BVerwG DVBl **73**, 416, od seiner Ablösung, BVerwG ZMR **72**, 194, ebenso wg der Zinsenhöhe für ein Aufbaudarlehen, BVerwG DVBl **59**, 665, Zinsherabsetzung od Zinserlaß bei öff Wohnungsbaudarlehen, BVerwG NJW **62**, 170, ferner bei Rückzahlungsanspruch aus Darlehnsvertrag, BGH **57**, 130. ZRweg für Rechtsschutz gegen den Verkauf von Interventionsware, VGH Kassel NJW **85**, 2100. Der Rechtsweg für die Inanspruchnahme

1. Titel. Gerichtsbarkeit **§ 13 GVG**

eines Bürgen hängt davon ab, ob dessen Verpflichtung privatrechtlich oder öff-rechtlich begründet ist, BVerwG **35**, 172, LG Ffm NVwZ **84**, 267.

Telegrafenwegegesetz (aufgehoben durch § 100 III TKG v 25. 7. 96, BGBl 1120). Bis zum 31. 7. 96. **64** VRweg, OVG Münst NJW **85**, 1916, auch für Klagen gegen die vorläufige Festsetzung von Entschädigungen nach § 13 II 2 iVm § 6 V G v 18. 12. 99, RGBl 705, BVerwG DVBl **82**, 590 (BGH **36**, 217 u DVBl **74**, 284 ist aufgegeben), ebenso für Ersatzansprüche nach § 2 III 2, BGH **85**, 121 mwN (ZRweg nur für daneben in Betracht kommende Ansprüche aus Amtshaftung oder Verletzung der Verkehrssicherungspflicht).

Telekommunikationsgesetz (v 25. 7. 96, BGBl 1120) (Scherer NJW **96**, 2953). Grds VRweg, in bürgerlichen Rechtsstreitigkeiten ZRweg entspr § 90 I u II GWB, § 80 des Ges.

Testamentsvollstrecker. Das ProzGer prüft nach, ob das TestVollstrAmt mit Rücksicht auf die Ausführung aller Aufgaben beendet ist, auch wenn TestVollstrecker vom Nachlaßgericht ernannt ist; es hingg an die TestAuslegung des Nachlaßgerichts gebunden, wenn die Möglichk einer noch nicht erfüllten TestVollstreckeraufgabe besteht, BGH **41**, 23.

Tierseuchengesetz. VRweg für Entschädigungsansprüche, § 72 b des Ges idF v 11. 4. 01, BGBl 507.

Tierzuchtgesetz. ZRweg für Klage auf Eintragung in das Zuchtbuch nach G v 20. 4. 76, BGBl 1045, BVerwG NJW **81**, 2482 m krit Anm Steiner NJW **81**, 2452. Dagegen VRweg für Klage gegen einen Körbescheid, OVG Lüneb AS **34**, 357 mwN.

Treuhandanstalt, Art 25 I 2 EV. Klagen gegen die Treuhandanstalt wegen der Veräußerung von früherem **65** Volkseigentum gehören in den ZRweg, Stein ZIP **92**, 896, Weimar DÖV **91**, 813, Weides JuS **91**, 818 mwN, ebenso OVG Bln NJW **91**, 715, KG DtZ **94**, 229 mwN, ua NJW **91**, 2299, BezG Dresden ZIP **92**, 281 = DtZ **92**, 220, VG Bln NJW **91**, 1970, str, aM Fahrenbach DtZ **90**, 268, 13, KG NJW **91**, 360. ZRweg auch für zivilrechtliche Ansprüche der Treuhandstelle gegen ein Unternehmen, KG NJW **94**, 2701. Dagegen VRweg, wenn es sich um Vermögen der Parteien usw handelt, Stein aaO, VG Bln NJW **91**, 1970. Siehe unter „Vermögensgesetz" u „Vermögenszuordnungsgesetz".

Umlegungsverfahren. Rweg zu den BaulandGer, § 217 BauGB. ZRweg für Streit aus einem Austausch- **66** vertrag zwischen Gemeinde und Grundeigentümer, Bbg BayVBl **86**, 285.

Unterbringung psychisch Kranker. Seit dem Inkrafttreten des BtG (1. 1. 92) gelten bundeseinheitlich §§ 70 ff FGG, LG Ffm NJW **92**, 986.

Urheberrechtsstreitigkeiten. Für Rechtsstreitigkeiten, dch die ein Anspruch aus einem der im UrhRG geregelten Rechtsverhältnissen geltend gemacht wird, ist der ZRweg gegeben. Handelt es sich um Urheberrechtsstreitsachen aus Arbeits- od Dienstverhältnissen, die ausschl Ansprüche auf Leistung einer vereinbarten Vergütung zum Gegenstand haben, so Rweg zu den ArbGer bzw. VerwGer, § 104 UrhRG, § 2 II 2 b ArbGG.

Verein. ZRweg, wenn ein privatrechtl (Sport-)Verein Hindernisse für die berufl Betätigung seiner Mit- **67** glieder in seinem Bereich aufstellt, BVerwG DÖV **77**, 784 m Anm Wüst u Pelhak.

Vermessungsingenieur. ZRweg für den Streit über die Vergütung eines öff bestellten Ingenieurs, Dresden RR **00**, 1042 mwN, str, aM Düss RR **86**, 269; ZRweg für Wettbewerbsstreitigkeiten mit einem staatlichen Vermessungsamt, BGH NJW **93**, 1659 mwN.

Vermögensgesetz idF v 20. 10. 98, BGBl 3180 (v. Falkenhausen DtZ **95**, 317; Haas JZ **94**, 572; Wax NJW **94**, 2331; Messerschmidt NJW **95**, 2667, **94**, 2519 u **93**, 2490), dazu eingehend BGH NJW **01**, 683 mwN. Ansprüche auf Rückgabe von Grundeigentum in der früheren DDR gehören in den VRweg (keine zivilrechtliche Anfechtung von Verträgen), BGH MDR **97**, 492, NJW **96**, 591, NJW **93**, 2541 u **92**, 1757 (krit Grün ZIP **93**, 170) u 2158. Dagegen ZRweg für Eigentümeransprüche gegen den früheren Eigentümer bzw den bisherigen staatl Verwalter, BGH **02**, 2246 mwN u **00**, 437, DtZ **96**, 182, NJW **95**, 729, BVerwG NJW **01**, 2416 mwN (zu § 13 VermG) u BGH NJW **94**, 2488, ebenso für Streitigkeiten über Verträge, die schon nach dem Recht der DDR nichtig gewesen sind, BGH NJW **94**, 1284 (Anm Haas JZ **94**, 572), **93**, 388 u 389 (Bespr Leipold JZ **93**, 703), ferner für Sicherungsansprüche gegen Verfügungsberechtigte, BGH NJW **94**, 457 u 1723, BezG Dresden ZIP **92**, 733 mwN, u OVG Bln NJW **91**, 715 u VG Bln NJW **91**, 1969 (dazu Stein ZIP **92**, 896 mwN, Weides JuS **91**, 818), desgleichen ZRweg für Streitigkeiten aus gütlicher Einigung nach § 31 V VermG, OVG Greifsw NVwZ **03**, 498. Der ZRweg wegen Ansprüchen aus Enteignung nach dem DDR-BaulandG ist durch das VermG nicht ausgeschlossen, BGH NJW **93**, 1833, ebensowenig für Ansprüche aus einem bei der Ausreise geschlossenen verdeckten Treuhandvertrag, BGH DtZ **96**, 138 (Anm Weber **LM** Nr 206), aM BVerwG NJW **95**, 1506. S unter „Treuhandanstalt".

Vermögenszuordnungsgesetz (Messerschmidt NJW **94**, 2520). VRweg, § 6 des Ges.

Veröffentlichungen. ZRweg für den Streit über die Veröffentlichung oder Nichtveröffentlichung privater Beiträge in einem von einer Behörde herausgegebenen Blatt, BVerwG DVBl **82**, 636. VRweg für den Streit über die Veröffentlichung von Gerichtsentscheidungen, OVG Lüneb MDR **96**, 817 mwN (zu VG Hann NJW **93**, 3282).

Versicherungsanstalten, öffentliche. ZRweg zulässig für Ansprüche aus dem Versicherungsverhältnis gg öff-rechtl Feuerversicherungsanstalt im Geltungsbereich des preuß G v 25. 7. 10, preuß GS 141, BGH RR **88**, 339 mwN; ZRweg für Streitigkeiten zwischen Zusatzversorgungsanstalten des Bundes bzw der Länder u den Versicherten, BGH **48**, 37, BVerwG **6**, 200, BSG NJW **72**, 2151, Hamm RR **88**, 155 mwN. Siehe auch „Arbeitsverhältnis" u „Sozialversicherung".

Vertrag. Ob eine Vereinbarung dem öff od privaten Recht zuzuordnen ist, entscheidet sich nach ihrem **68** Gegenstand, oben Rn 8 (zur Abgrenzung des öff-rechtlichen Vertrages, §§ 54 ff VwVfG, vom privatrechtlichen Vertrag Lange NVwZ **83**, 314). Davon hängt der Rweg ab, vgl zB BGH WertpMitt **83**, 622 (Grundstückstauschvertrag); bei gemischten Verträgen kommt es darauf an, welcher Teil dem Vertrag das entscheidende Gepräge gibt, hM BGH NVwZ **04**, 253, Schlesw NJW **04**, 1052 mwN. VRweg für Streitigkeiten aus sog Erschließungsverträgen, BGH NVwZ-RR **00**, 845 mwN, und aus Verträgen über die Ablösung der Stellplatzverpflichtung, BVerwG NJW **80**, 1294, aM BGH **35**, 69 (zweifelnd BGH NJW

GVG § 13 Gerichtsverfassungsgesetz

79, 642). Für Schadensersatzansprüche aus öff-rechtl Verträgen VRweg, § 40 II 1 VwGO idF des § 97 Z 1 VwVfG, BGH VersR **83**, 750, BVerwG NJW **80**, 2538, OVG Münst aaO, auch für solche aus Verschulden bei Vertragsschluß, KoppSch § 40 Rn 71 mwN (aber ZRweg, wenn die Gründe typischerweise auch Gegenstand eines Amtshaftungsanspruchs sein können, BGH NJW **86**, 1109, BVerwG NJW **02**, 2894, krit Dötsch NJW **03**, 1430 u Ehlers JZ **03**, 209) und aus Nichterfüllung einer Zusicherung, VGH Mannh DVBl **81**, 265; dagegen ZRweg für Erstattung von Aufwendungen durch Private, aM LG Hann MDR **81**, 942, und bei (auch nur hilfsweiser) Stützung auf Amtspflichtverletzung, BGH NJW **79**, 642. ZRweg auch für den Streit über die Vergabe von Standplätzen für ein gemeindliches Volksfest im Wege der Vereinbarung, Kblz NVwZ **82**, 379. Siehe auch „Bereicherungsklage".

Verwahrungsverhältnis, öffentlich-rechtliches. ZRweg zulässig, § 40 II 1 VwGO, oben Rn 20.

Viehseuchengesetz. S „Tierseuchengesetz".

Vollstreckung. Der Rweg richtet sich nach der Rechtsnatur des Titels, aus dem vollstreckt wird, gleichgültig, ob der zu vollstreckende Anspruch dem öff oder dem privaten Recht zuzuordnen ist, hM, VGH Mü BayVBl **83**, 375 mwN, aM Bettermann NJW **53**, 1007, Renck NVwZ **83**, 375.

Vollstreckung ausländischer Entscheidungen. Auch wenn sie dort in einem Verfahren der freiwilligen Gerichtsbarkeit ergangen sind, ist ZRweg zulässig, BGH **LM** § 722 ZPO Nr 1.

Vorbereitungsdienst. ArbGweg für Ansprüche aus dem Vorbereitungsdienst, der nicht in einem öff-rechtl Ausbildungsverhältnis abgeleistet wird, BAG LS NZA **88**, 132, BVerwG Buchholz 310 § 40 VwGO Nr 195, VGH Mannh Just **88**, 37, andernfalls VRweg, BAG NJW **90**, 663 (Hessen), BVerwG NVwZ **92**, 1208 zu OVG Münst NVwZ **90**, 889 (NRW). VRweg auch für Klage auf Abschluß eines Arbeitsvertrages wegen rechtswidrig verzögerter Ausbildung im Beamtenverhältnis, BAG NJW **89**, 2909.

Vorkaufsrecht. Vgl unter „Baugesetzbuch".

69 **Wasserstreit.** Kein ZRweg für Streit zwischen Wasserverband u seinen Mitgliedern, außer für Schadensersatzansprüche, BGH VersR **87**, 768, auch nicht für die Klage auf Aufhebung eines Bescheides über das Bestehen einer wasserrechtlichen Entschädigungspflicht, OVG Saarl NVwZ-RR **90**, 666. ZRweg gegeben wegen unerlaubter Handlung (Verletzung der Instandhaltungspflicht), BGH MDR **94**, 207 mwN, nicht aber für ordnungsmäßige Kanalisation, BGH **LM** Nr 81, ebensowenig auf Herstellg von Schutzeinrichtungen gg Störungen, die von der Abwassereinleitung aus der Kanalisationsanlage einer Gemeinde verursacht werden, wenn eine wesentl Änderung der Anlage od Gesamtplanung verlangt wird, BGH MDR **65**, 196, DVBl **69**, 623. ZRweg für Inanspruchnahme von Anlandungen als Eigentum sowie darüber, ob das Neuland dch Anlandung entstanden ist, nicht aber für Anspruch des Anliegers auf Zustimmung des für den Wasserlauf Unterhaltspflichtigen zur Inbesitznahme, OGHZ NJW **49**, 546 (preuß WasserG). ZRweg für den Streit über die Höhe der Entschädigung nach § 20 II WHG, BGH NJW **87**, 2747, für Schadensersatzanspruch des Wasseranliegers nach § 30 III WHG, BVerwG NJW **87**, 2758, und für Ausgleichsanspruch gemäß § 96 PrWassG zwischen 2 Unterhaltspflichtigen, BGH NJW **65**, 1595, ebenso für Klage auf Anschluß gegen Mitglieder einer Wassergemeinschaft, BGH RR **89**, 347 mwN. Wegen des Bezugs von Leitungswasser s oben Rn 9 u BGH MDR **78**, 298 (ZRweg für SchadErsAnspr) m Anm Grave DVBl **78**, 450, und NJW **79**, 2615 (ZRweg für Ansprüche aus vertraglich vereinbarter unentgeltlicher Wasserbelieferung) m abl Anm Bickel DÖV **80**, 173.

70 **Wegestreitigkeiten.** Streitigkeiten um einen öff Weg, zB wegen Gemeingebrauchs oder Sondernutzung, gehören in den VRweg. Das gleiche gilt für den Anspruch des Bürgers auf Mitbenutzung eines Weges, der zu einer anderen Gemeinde gehört, Kblz MDR **81**, 671. Dagegen ist der entgegengesetzte Unterlassungsanspruch der Gemeinde gegen den Bürger im ZRweg zu verfolgen, BGH **33**, 230. S auch unter „Straßenrecht".

71 **Werkwohnung.** ZRweg für Streit über die Miethöhe, BAG NZA **90**, 539. S auch „Dienstwohnung".

Wettbewerb (Kopp GewArch **88**, 383; Melullis WRP **88**, 228; Broß VerwArch **88**, 107). Für Ansprüche Privater auf Unterlassung aus UWG oder GWB gg Körperschaften des öff Rechts und Amtsträger **ZRweg,** wenn u soweit die Parteien sich auf dem Boden der Gleichordnung gegenüberstehen und das VerwHandeln nach dem Vorbringen des Kl ihm gegenüber wettbewerbswidrig ist, BGH GrZS NJW **76**, 1794 u 1941, BGH NJW **93**, 1659 mwN (Vermessungsamt, krit Schliesky DÖV **94**, 114), MDR **93**, 525 (Pflegesatzvereinbarung), MDR **91**, 611, GRUR **87**, 178 u RR **87**, 485 (Apothekerkammer), krit Melullis WRP **88**, 229, MDR **87**, 470 (Handwerkskammer), NJW **82**, 2117 u 2126 mwN, Saarbr WRP **88**, 328, Karlsr LS WRP **88**, 272 (Handwerkskammer), KG NJW **86**, 201 (betr GVz), KG WRP **86**, 207, Celle MedR **88**, 257 (Zahnärztekammer) u NdsRpfl **84**, 119, Kblz WRP **83**, 225; dazu grundsätzlich Schliesky DÖV **94**, 114, Melullis WRP **88**, 229 (jedenfalls dürfen die Zivilgerichte einen Träger der öff Gewalt nicht zu einem Tun oder Unterlassen auf dem Gebiet des öff Rechts verurteilen, oben Rn 10), ferner (überw krit) Bettermann DVBl **77**, 180, Scholz NJW **78**, 16 mwN, Meyer-Ladewig SGb **79**, 401, zu einer entspr Verbandsklage Stgt RR **92**, 551 (dazu Kramm WRP **92**, 365). Dagegen gehören Wettbewerbsstreitigkeiten zwischen öff-rechtl Krankenkassen in den **SozRweg,** GmS NJW **90**, 1527, BGH NJW **98**, 2743, ebenso solche Streitigkeiten zwischen einem Dritten und einer Krankenkasse, § 51 II SGG, s o Rn 4, BGH NJW **00**, 2749, KG NJW **02**, 1505. In den **ZRweg** gehören Ansprüche dieser Art gegen kirchliche Einrichtungen, BGH NJW **81**, 2811, und Wettbewerbsstreitigkeiten zw privaten u öff Bestattungsunternehmen, wenn nicht mit der Kl in hoheitl Bereich eingegriffen wird, BayKompKonflGH MDR **75**, 587 mwN. Vgl für KonkurrentenKl auch BGH **LM** § 1004 BGB Nr 25 (Unterbringung von Paßamt u städt Reisebüro in demselben Gebäude), Mü GRUR **87**, 550, Stgt WRP **84**, 440 (Unterbringung von städtischem Bestattungsbetrieb u entspr Behörden in demselben Gebäude), OVG Münst VerwArch **79**, 258 (Unterbringg von Straßenverkehrsamt u privatem Verkauf von Kfz-Kennzeichen in demselben Gebäude), Ffm NJW **97**, 2391 (Zuschuß einer Gemeinde): ZRweg. Dagg VRweg für sonstige (nicht auf UWG gestützte) Abwehrklagen gg öff-rechtl Körperschaften, BVerwG **58**, 167, BayObLG BayVBl **82**, 218, Ffm OLGZ **88**, 456, VGH Mü GewArch **76**, 326.

72 **Widerruf.** ZRweg unzul bei Klage auf Widerruf der Äußerungen eines Zeugen vor dem VerwGer, BGH NJW **65**, 1803, ebenso bei Klage auf Widerruf einer ehrkränkenden dienstl Äußerung in öff Sitzung, ggü

1. Titel. Gerichtsbarkeit **§§ 13–14 GVG**

der Presse uä, OVG Bln DtZ **96**, 252, VGH Kassel NJW **88**, 1683, OVG Münst NJW **88**, 2636 (Ehrverletzung durch einen Richter), dazu Hager NJW **89**, 885, Kblz OLGZ **88**, 370 (Äußerung eines Bürgermeisters), desgleichen bei herabsetzenden Äußerungen von einer Verwaltungsbehörde, Düss NVwZ **98**, 435, ZRweg aber dann, wenn ein enger Zusammenhang mit bloßer fiskalischer Tätigkeit besteht, BGH – GS – **34**, 99, BGH NJW **78**, 1860 mwN, BVerwG NJW **88**, 2399, VGH Mannh LS NVwZ **98**, 413. ZRweg auch dann, wenn nur eine von dem Beamten selbst abgegebene Erklärung geeignet ist, die Ehre des Kl wiederherzustellen, Zweibr NVwZ **82**, 332. Stets ZRweg für Klagen auf Persönlichkeits- u Ehrenschutz gegen Äußerungen von Mitgliedern einer Vertretungskörperschaft, BGH NJW **80**, 780 u **61**, 1625, Ffm NVwZ-RR **99**, 814, VGH Mannh NJW **90**, 1808, VG Ffm NVwZ **92**, 87.
Wirtschaftslenkung. VRweg für Ausgleichsabgaben, VGH Kassel NJW **72**, 2062 mwN. ZRWeg für Ansprüche der Bundesanstalt für landwirtschaftliche Marktordnung auf Vertragsstrafen, BGH NJW **83**, 519.
Wirtschaftsverband. Für Erzwingung der Aufnahme in einen solchen ZRweg zulässig, auch wenn er Berufsinteressen der Unternehmen eines bestimmten Gewerbe- od Handelszweiges vertritt, da privatrechtl Streitigkeit, BGH **21**, 1.
Wohngeld. ZRweg für Anspruch auf Erstattung von versehentlich an den Erben gelangten Zahlungen, BVerwG BayVBl **90**, 475.
Wohnungsbau- und FamilienheimG (II. WoBauG). ZRweg für Streitigkeiten über Ansprüche aus den **73** auf Grund der Bewilligung öff Mittel geschlossenen Verträgen, übernommenen Bürgschaften u Gewährleistungen, für Streitigkeiten zwischen Bauherrn u einem Bewerber aus einer Vorkaufspflichtung sowie solchen zwischen einem Bauherrn u einem Betreuungsunternehmen, § 102 II Ges, ebso für Streitigkeiten üb den Verkauf von Grundstücken im Rahmen des § 89 II Ges, BVerwG **38**, 281, u üb die Ablösung eines Darlehns nach § 69 Ges, BGH MDR **72**, 308; hingegen VRweg bei Bewilligungen, Bürgschaften u Gewährleistungen sowie Zulassung eines Betreuungsunternehmens, § 102 I Ges. S auch unter „Subventionierung".
WohnungsbindungsG. ZRweg für Ansprüche auf zusätzl Leistungen nach § 25 I, BGH **61**, 296, BVerwG DÖV **72**, 382.
Wohnungseigentum. Für Streit von Eigentümern untereinander, auch Beseitigung von Störungen, gilt Verf nach FGG, BayObLG NJW **64**, 47. Ist ein Wohnungseigentümer vor Rechtshängigk aus der Wohnungseigentümergemeinschaft ausgeschieden, müssen Streitigkeiten aus der früheren Beteiligung vor dem ProzGer ausgetragen werden; Abgabe nach § 46 WEG kommt nicht in Betracht, BGH **44**, 43 (zur Abgabe vgl Anh II § 281 ZPO). Desgl bei Streit zw Wohnungseigentümer u Baubetreuer üb vor Bildung der Gemeinschaft verwendete Gelder, BGH BB **76**, 1153 im Anschluß an BGH **59**, 58.
Zinsen. Grundsätzl gilt derselbe Rweg wie für die Hauptforderung, auch wenn nur die Zinsen Gegenstand **74** sind, BVerwG **37**, 231, BGH NJW **72**, 212. Aber ZRweg dann, wenn ein Anspruch auf Ersatz eines Verzugsschadens aus nichtvertraglichem öff-rechtl Verhältnis in Zusammenhang mit möglichen Amtshaftungsansprüchen steht, BVerwG **37**, 231.
Zivildienst. ZRweg für Schadensersatzansprüche des Bundes gegen eine Beschäftigungsstelle, BGH MDR **91**, 227, ebenso für Schadensersatzansprüche einer Zivildienststelle gegen einen Zivildienstleistenden, VG Darmstadt NVwZ **86**, 331.

Vorbem. II 1 2. Halbsatz eingefügt durch Art 1 Z 4 RmBereinVpG v 20. 12. 01, BGBl 3987, mWv 1. 1. 02, Art 7 I des Ges, vgl Kienemund NJW **02**, 1236.

13a *Friedensgerichte* (aufgehoben durch Art 1 Z 11 VereinhG)

14 *Besondere Gerichte.* **Als besondere Gerichte werden Gerichte der Schiffahrt für die in den Staatsverträgen bezeichneten Angelegenheiten zugelassen.**

1) Besondere Gerichte (Sondergerichte) sind Gerichte, denen die Ausübung der Gerichtsbarkeit für **1** einen begrenzten Ausschnitt des Rechtsgebietes obliegt und die keine ordentlichen Gerichte sind, also nicht unter § 12 fallen; s auch Einf § 13 Rn 3. Sie sind **nur zulässig, soweit sie bundesgesetzlich bestellt oder bundesgesetzlich zugelassen sind**, § 14 (anders die Ausnahmegerichte, § 16). Zu den Sondergerichten gehören auch das Patentgericht und die Arbeitsgerichte (wegen deren Zuständigkeit s Rn 6). § 14 behandelt die durch das GVG zugelassenen Sondergerichte. Die Landesgesetzgebung darf keine neuen Sondergerichte begründen, wohl aber die ordentlichen Gerichte auch in den Fällen des § 14 zuständig machen, § 3 EGZPO, 3 EGGVG. Ob die Zuständigkeit der Sondergerichte ausschließlich ist, bestimmt das betreffende Gesetz. Die Wiedergutmachungskammern nach den Rückerstattungsgesetzen, die Entschädigungsgerichte, die Gerichte nach dem Ges üb das Verfahren in Landwirtschaftssachen v 21. 7. 53, BGBl 667, gehören den ordentlichen Gerichten an, BGH **12**, 257, desgl die Kammern für Baulandsachen, § 71 Rn 5, und die entsprechenden Senate, § 119 Rn 11 (wenn auch beide in besonderer Besetzung), ebenso die Kartellsenate beim OLG und BGH, § 119 Rn 11 u § 133 Rn 3.

2) Staatsvertragliche Schiffahrtsgerichte. § 14 betrifft nur die **Rheinschiffahrtsgerichte**, vgl **2** Rn 4. Ihre Tätigkeit richtet sich nach dem Gesetz über das gerichtliche Verfahren in Binnenschiffahrts- und Rheinschiffahrtssachen vom 27. 9. 52, BGBl 641 (gilt auch in Berlin, v 12. 12. 52, GVBl 1051), wobei die allgemeinen Verfahrensvorschriften dieses Gesetzes nur insoweit anwendbar sind, als sich nicht aus der revidierten Rheinschiffahrtsakte vom 17. 10. 1868 (Bek der Neufassung v 11. 3. 69, BGBl II 597, zuletzt geändert durch die Zusatzprotokolle Nr 2, BGBl **80** II 871, und Nr 3, BGBl **80** II 876; sonstige Vertrags-

GVG § 14 Gerichtsverfassungsgesetz

staaten sind Belgien, Frankreich, Niederlande, Schweiz und Vereinigtes Königreich, Bek v 12. 6. 67, BGBl II 2000, Zusatzprotokoll v 25. 10. 72, BGBl 74 II 1385, in Kraft 27. 2. 75, BGBl II 743) und den besonderen Bestimmungen des Gesetzes etwas anderes ergibt, vgl BBGS E 5. Nur Klagen der in Art 34bis (Art 3 G v 6. 7. 66, BGBl II 560) der revidierten RhSchiffAkte genannten Art sind Rheinschiffahrtssachen; eine bei einem Rheinschiffahrtsgericht anhängige andere Binnenschiffahrtssache ist an das vereinbarte oder zustän-
3 dige Gericht zu verweisen, BGH **45**, 237. Die **örtliche Zuständigkeit** der Rheinschiffahrtsgerichte ist aber keine ausschließliche, so daß durch entsprechende Parteivereinbarung für Schadensersatzansprüche aus Schiffszusammenstößen auf nichtdeutschem Gebiet auch die örtliche Zuständigkeit eines deutschen Gerichts und damit die deutsche Gerichtsbarkeit begründet werden kann, BGH **42**, 387. **Rechtsmittelgericht** gegen Entscheidungen von Schiffahrtsgerichten in BaWü: OLG Stgt mit Sitz in Karlsr, in Hessen: OLG Ffm, in RhldPf: OLG Kblz, in NRW: OLG Köln, jeweils als Rheinschiffahrtsobergericht, wahlweise in allen Fällen Rheinzentralkommission in Straßburg, VV Art 355, in letzterem Fall mit Vorbehalt nach Mannheimer Konvention (VerfO der BfgsKammer v 23. 10. 69, Bek v 23. 1. 70, BGBl II 37); Rechtsmittel sind auch in Hinblick auf den Tatbestand zulässig. Nur die Zentralkommission ist Sondergericht, während die Rheinschiffahrtsgerichte besondere Abteilungen oder Senate des ordentlichen Gerichts sind. Durch *Abkommen vom 8. 2. 54, SaBl 861,* haben **BaWü, Hess, NRW, RhldPf** die Gliederung der Schiffahrtsgerichtsbezirke geregelt; danach sind Berufungs- und Beschwerdegericht nur Karlsr und Köln. Gegen Urteile dieser Gerichte ist in Sachen, die nach Inkrafttreten des Gesetzes vom 27. 9. 52 anhängig geworden sind, Revision an den BGH zulässig, BGH **18**, 267. – Die Vollstreckbarkeit von Entscheidungen außerdeutscher Rheinschiffahrtsgerichte richtet sich nach Art 40 Rev RheinschiffAkte, die VollstrKlausel, § 724 ZPO, erteilt das Rheinschiffahrtsobergericht, § 21 des G üb das gerichtl Verf in Binnenschiffahrtssachen, vgl Wolff Rdz 513–542.

4 **3) Gerichte für die sonstige Binnenschiffahrt.** Diese Gerichte sind keine Sondergerichte, sondern Gerichte der ordentlichen Gerichtsbarkeit mit besonderer Bezeichnung, RG **167**, 307, und besonderer Regelung der sachlichen Zuständigkeit, § 2 des G üb das gerichtliche Verfahren in Binnenschiffahrtssachen, BGBl III 310–5, zuletzt geänd durch Art 8 ZPO-RG v 27. 7. 01, BGBl 1887 (abgedr Beck'sche Textausgabe „ZPO"). Nach dem BinnenschiffartsG sind Schiffahrtssachen Streitigkeiten über bestimmte Ansprüche, die mit der Benutzung von Binnengewässern durch Schiffahrt und Flößerei zusammenhängen, wie Ersatzansprüche aus Schiffsunfällen u dgl, Ansprüche auf Lotsenvergütung, aus Bergung und Hilfeleistung, auch aus Verletzung der Verkehrssicherungspflicht; vgl auch § 13 Anm 6 C. Schiffahrtsgerichte sind die AGe; sie haben sich auch als Schiffahrtsgerichte in Schiffahrtssachen zu bezeichnen; entsprechend das OLG als Schiffahrtsobergericht, BGH **51**, 1. Eine Vereinbarung der Zuständigkeit ist zulässig, BGH **3**, 302; vgl aber auch §§ 6, 14 II G. Die Berufung ist ohne Rücksicht auf den Streitwert zulässig, § 9. Die Landesregierungen können einem Schiffahrtsgericht oder Schiffahrtsobergericht Sachen bestimmter Gewässer oder aus Abschnitten solcher zuweisen; so für **Berlin** AGe Charlottenburg und Tiergarten, *VO vom 26. 4. 54, GVBl 217;* für **Bay** AG Würzb den bayer Teil des Mains mit Nebenflüssen auf die Großschiffahrtsstraße zwischen Main und Nürnb einschließlich Nürnb Hafen, AG Regensbg für Donau und Nebenflüsse einschließlich Donau-Main-Kanal, AG Starnberg für die bayer Seen, AG Lindau für den bayer Teil des Bodensees und seiner Zuflüsse, Schiffahrtsobergericht ist Nürnb, *VO v 29. 5. 67, GVBl 371;* für **Saarld** AG Saarbrücken für die Saar, *VO v 27. 3. 58, ABl 321.* Die Länder können auch Vereinbarungen dahingehend treffen, daß Binnenschiffahrtssachen eines Landes ganz oder teilweise den Gerichten des anderen Landes zugewiesen werden, § 4 G: Abkommen **Hess** u **NRW** *vom 15. 3. 54* (SaBl 682) bezüglich der hess Binnenschiffahrtssachen im Stromgebiet der Weser, Werra, Fulda, ratifiziert *Hess G vom 1. 6. 54, GVBl 97.* **Nds, SchlH, Bre** u **Hbg:** Staatsvertrag *v 24. 6., 3. 8., 24. 8. u 11. 8. 83, Hbg GVBl 84,* 16, bezüglich Weser, Elbe, Ems und zugehöriger Kanäle. Revision gegen das Urt des Schiffahrtsobergerichtes ist zulässig, BGH **3**, 308. Für die **Moselschiffahrt** auch auf Grund des Vertrages zwischen der BRep, Frankreich u Luxemburg v 27. 10. 56, BGBl II 1838 iVm §§ 4, 18 a BinnSchG für Mosellauf, auf dem deutsche Gerichtsbarkeit ausgeübt wird, im 1. Rechtszug AG St. Goar, im 2. Rechtszug OLG Köln, *Abk NRW, RhldPf, Saarld v 1. 2./25. 2./9. 3. 66, RhldPfGVBl 115, ABl Saar 301, NRWGVBl 294.*

5 **4) Gemeindegerichte.** Sie gab es bis 1. 4. 74 nur in *BaWü, G v 7. 3. 60, GVBl 73,* mit einer besonderen Verfahrensordnung, die sich eng an die ZPO anlehnte. Näheres s 31. Aufl.

6 **5) Arbeitsgerichte.** Auch im Verhältnis zu den ordentlichen Gerichten handelt es sich der Sache nach um die Zulässigkeit des Rechtswegs, § 48 I ArbGG (Text bei § 281 ZPO), hM, MüKoWo § 17 a Rn 2, GMP § 48 Rn 3, BAG in stRspr, NJW **96**, 2949 mwN, Köln RR **95**, 319, Kissel NZA **95**, 346 mwN, Mayerhofer NJW **92**, 1602, abw Vollkommer F Kissel, 1994, S 1183 mwN, Schwab NZA **91**, 663, Krasshöfer-Pidde/Molkenbur NZA **91**, 623. Die Verweisung erfolgt nach § 17 a, s die dortigen Erläuterungen. Die Zuständigkeit der Arbeitsgerichte regeln §§ 2, 2a, 3 u 5 ArbGG (zur Abgrenzung zum ZRweg BGH NJW **90**, 218 u 648, BAG NZA **97**, 674 u NJW **96**, 2948 mwN, zur Zulässigkeit einer Wahlfeststellung BAG NJW **97**, 1724).

> *ArbGG § 2. Zuständigkeit im Urteilsverfahren.* ¹Die Gerichte für Arbeitssachen sind ausschließlich zuständig für
> 1. bürgerliche Rechtsstreitigkeiten zwischen Tarifvertragsparteien oder zwischen diesen und Dritten aus Tarifverträgen oder über das Bestehen oder Nichtbestehen von Tarifverträgen;
> 2. bürgerliche Rechtsstreitigkeiten zwischen tariffähigen Parteien oder zwischen diesen und Dritten aus unerlaubten Handlungen, soweit es sich um Maßnahmen zum Zwecke des Arbeitskampfes oder um Fragen der Vereinigungsfreiheit einschließlich des hiermit im Zusammenhang stehenden Betätigungsrechts der Vereinigungen handelt;
> 3. bürgerliche Rechtsstreitigkeiten zwischen Arbeitnehmern und Arbeitgebern
>   a) aus dem Arbeitsverhältnis;
>   b) über das Bestehen oder Nichtbestehen eines Arbeitsverhältnisses;

1. Titel. Gerichtsbarkeit § 14 GVG

    c) aus Verhandlungen über die Eingehung eines Arbeitsverhältnisses und aus dessen Nachwirkungen;
    d) aus unerlaubten Handlungen, soweit diese mit dem Arbeitsverhältnis im Zusammenhang stehen;
    e) über Arbeitspapiere;
4. bürgerliche Rechtsstreitigkeiten zwischen Arbeitnehmern oder ihren Hinterbliebenen und
    a) Arbeitgebern über Ansprüche, die mit dem Arbeitsverhältnis in rechtlichem oder unmittelbar wirtschaftlichem Zusammenhang stehen;
    b) gemeinsamen Einrichtungen der Tarifvertragsparteien oder Sozialeinrichtungen des privaten Rechts über Ansprüche aus dem Arbeitsverhältnis oder Ansprüche, die mit dem Arbeitsverhältnis in rechtlichem oder unmittelbar wirtschaftlichem Zusammenhang stehen,
    soweit nicht die ausschließliche Zuständigkeit eines anderen Gerichts gegeben ist;
5. bürgerliche Rechtsstreitigkeiten zwischen Arbeitnehmern oder ihren Hinterbliebenen und dem Träger der Insolvenzsicherung über Ansprüche auf Leistungen der Insolvenzsicherung nach dem Vierten Abschnitt des Ersten Teils des Gesetzes zur Verbesserung der betrieblichen Altersversorgung;
6. bürgerliche Rechtsstreitigkeiten zwischen Arbeitgebern und Einrichtungen nach Nummer 4 Buchstabe b und Nummer 5 sowie zwischen diesen Einrichtungen, soweit nicht die ausschließliche Zuständigkeit eines anderen Gerichts gegeben ist;
7. bürgerliche Rechtsstreitigkeiten zwischen Entwicklungshelfern und Trägern des Entwicklungsdienstes nach dem Entwicklungshelfergesetz;
8. bürgerliche Rechtsstreitigkeiten zwischen den Trägern des freiwilligen sozialen Jahres und Helfern nach dem Gesetz zur Förderung eines freiwilligen sozialen Jahres und bürgerliche Rechtsstreitigkeiten zwischen den Trägern des freiwilligen ökologischen Jahres und Teilnehmern nach dem Gesetz zur Förderung eines freiwilligen ökologischen Jahres;
9. bürgerliche Rechtsstreitigkeiten zwischen Arbeitnehmern aus gemeinsamer Arbeit und aus unerlaubten Handlungen, soweit diese mit dem Arbeitsverhältnis im Zusammenhang stehen;
10. bürgerliche Rechtsstreitigkeiten zwischen behinderten Menschen im Arbeitsbereich von Werkstätten für behinderte Menschen und den Trägern der Werkstätten aus den in § 138 des Neunten Buches Sozialgesetzbuch geregelten arbeitnehmerähnlichen Rechtsverhältnissen.

II Die Gerichte für Arbeitssachen sind auch zuständig für bürgerliche Rechtsstreitigkeiten zwischen Arbeitnehmern und Arbeitgebern,
a) die ausschließlich Ansprüche auf Leistung einer festgestellten oder festgesetzten Vergütung für eine Arbeitnehmererfindung oder für einen technischen Verbesserungsvorschlag nach § 20 Abs. 1 des Gesetzes über Arbeitnehmererfindungen zum Gegenstand haben;
b) die als Urheberrechtsstreitsachen aus Arbeitsverhältnissen ausschließlich Ansprüche auf Leistung einer vereinbarten Vergütung zum Gegenstand haben.

III Vor die Gerichte für Arbeitssachen können auch nicht unter die Absätze 1 und 2 fallende Rechtsstreitigkeiten gebracht werden, wenn der Anspruch mit einer bei einem Arbeitsgericht anhängigen oder gleichzeitig anhängig werdenden bürgerlichen Rechtsstreitigkeit der in den Absätzen 1 und 2 bezeichneten Art in rechtlichem oder unmittelbar wirtschaftlichem Zusammenhang steht und für seine Geltendmachung nicht die ausschließliche Zuständigkeit eines anderen Gerichts gegeben ist.

IV Auf Grund einer Vereinbarung können auch bürgerliche Rechtsstreitigkeiten zwischen juristischen Personen des Privatrechts und Personen, die kraft Gesetzes allein oder als Mitglieder des Vertretungsorgans der juristischen Person zu deren Vertretung berufen sind, vor die Gerichte für Arbeitssachen gebracht werden.

V In Rechtsstreitigkeiten nach diesen Vorschriften findet das Urteilsverfahren statt.

Bem. Zum Begriff des Arbeitnehmers, I Z 3 ff u II, s § 5 ArbGG.

ArbGG § 2 a. Zuständigkeit im Beschlußverfahren. I Die Gerichte für Arbeitssachen sind ferner ausschließlich zuständig für

1. Angelegenheiten aus dem Betriebsverfassungsgesetz, soweit nicht für Maßnahmen nach seinen §§ 119 bis 121 die Zuständigkeit eines anderen Gerichts gegeben ist;
2. Angelegenheiten aus dem Sprecherausschußgesetz, soweit nicht für Maßnahmen nach seinen §§ 34 bis 36 die Zuständigkeit eines anderen Gerichts gegeben ist;
3. Angelegenheiten aus dem Mitbestimmungsgesetz, dem Mitbestimmungsergänzungsgesetz und dem Betriebsverfassungsgesetz 1952, soweit über die Wahl von Vertretern der Arbeitnehmer in den Aufsichtsrat und über ihre Abberufung mit Ausnahme der Abberufung nach § 103 Abs. 3 des Aktiengesetzes zu entscheiden ist;
3 a. Angelegenheiten aus den §§ 94, 95, 139 des Neunten Buches Sozialgesetzbuch;
3 b. Angelegenheiten aus dem Gesetz über Europäische Betriebsräte, soweit nicht für Maßnahmen nach seinen §§ 43 bis 45 die Zuständigkeit eines anderen Gerichts gegeben ist;
3 c. Angelegenheiten aus § 18 a des Berufsbildungsgesetzes;
4. die Entscheidung über die Tariffähigkeit und die Tarifzuständigkeit einer Vereinigung.

II In Streitigkeiten nach diesen Vorschriften findet das Beschlußverfahren statt.

ArbGG § 3. Zuständigkeit in sonstigen Fällen. Die in den §§ 2 und 2 a begründete Zuständigkeit besteht auch in den Fällen, in denen der Rechtsstreit durch einen Rechtsnachfolger oder durch eine Person geführt wird, die kraft Gesetzes an Stelle des sachlich Berechtigten oder Verpflichteten hierzu befugt ist.

ArbGG § 5. Begriff des Arbeitnehmers. I [1] Arbeitnehmer im Sinne dieses Gesetzes sind Arbeiter und Angestellte sowie die zu ihrer Berufsausbildung Beschäftigten. [2] Als Arbeitnehmer gelten auch die in Heimarbeit Beschäftigten und die ihnen Gleichgestellten (§ 1 des Heimarbeitsgesetzes vom 14. März 1951 – Bundesgesetzbl. I S 191 –) sowie sonstige Personen, die wegen ihrer wirtschaftlichen Unselbständigkeit als arbeitnehmerähnliche Personen anzusehen sind. [3] Als Arbeitnehmer gelten nicht in Betrieben einer juristischen Person oder einer Personengesamtheit Personen, die kraft Gesetzes, Satzung oder Gesellschaftsvertrags allein oder als Mitglieder des Vertretungsorgans zur Vertretung der juristischen Person oder der Personengesamtheit berufen sind.

II Beamte sind als solche keine Arbeitnehmer.

III [1] Handelsvertreter gelten nur dann als Arbeitnehmer im Sinne dieses Gesetzes, wenn sie zu dem Personenkreis gehören, für den nach § 92 a des Handelsgesetzbuchs die untere Grenze der vertraglichen Leistungen des Unternehmers festgesetzt werden kann, und wenn sie während der letzten sechs Monate des Vertragsverhältnisses, bei kürzerer Vertragsdauer während dieser, im Durchschnitt monatlich nicht mehr als 1000 Euro auf Grund des Vertragsverhältnisses an Vergütung einschließlich Provision und Ersatz für im regelmäßigen Geschäftsbetrieb entstandene Aufwendungen bezogen haben. [2] Der Bundesminister für Wirtschaft und Arbeit und der Bundesminister der Justiz können die in Satz 1 bestimmte Vergütungsgrenze durch Rechtsverordnung, die nicht der Zustimmung des Bundesrates bedarf, den jeweiligen Lohn- und Preisverhältnissen anpassen.

15 (aufgehoben durch Art 1 Z 13 VereinhG)

16 *Ausnahmegerichte.* [1] Ausnahmegerichte sind unstatthaft. [2] Niemand darf seinem gesetzlichen Richter entzogen werden.

Schrifttum: *Wolf* § 7; *Baer,* Die Unabhängigkeit der Richter in der Bundesrepublik Deutschland und in der DDR, 1999 (Bespr Höland DRiZ **00**, 99); *Bettermann,* Die Unabhängigkeit der Gerichte und der gesetzliche Richter, im Handbuch „Die Grundrechte"; *Schorn-Stanicki,* Präsidialverfassung usw, S 117 ff; *Henkel,* Der gesetzliche Richter, 1968; *Marx,* Der gesetzliche Richter iSv Art 101 I 2 GG, 1969; ferner die Kommentare zum GG bei Art 101.

1   1) Die verfassungsrechtliche Verankerung der Vorschrift enthält **Art 101 GG**:

I [1] Ausnahmegerichte sind unzulässig. [2] Niemand darf seinem gesetzlichen Richter entzogen werden.

II Gerichte für besondere Sachgebiete können nur durch Gesetz errichtet werden.

Regelungen entspr I 2 enthalten auch mehrere LVerf, zB Bra Art 52 I, Sa Art 78 I u Sa-Anh Art 21 II, III.

2   2) **Unstatthafte Ausnahmegerichte, S 1.** Dies sind solche Gerichte, die in Abweichung von der gesetzlichen Zuständigkeit gebildet und zur Entscheidung einzelner konkreter und individuell bestimmter Fälle berufen werden, BVerfG **10**, 212, BayVerfGH NJW **84**, 2813. Nicht darunter fällt demgemäß die Zuweisung einer bestimmten Fallgruppe an einen anderen Zweig der Gerichtsbarkeit, zB von Notarsachen an das Zivilgericht, BGH NJW **63**, 446. Auch ein einzelner Spruchkörper kann ein unzulässiges Ausnahmegericht sein, wenn ihm durch die Geschäftsverteilung ein Einzelfall oder eine Gruppe von Einzelfällen zugewiesen wird, Kissel 14; dagegen wird ein zulässiger Spezialspruchkörper gebildet, wenn ihm abstrakt bestimmte Sachgebiete zugewiesen werden, zB im Hinblick auf § 40 II 1 VwGO alle Rechtsstreitigkeiten, an denen jur Personen des öff Rechts beteiligt sind, BayVerfGH NJW **84**, 2813.

3   3) **Gesetzlicher Richter, S 2** (Eser F Salger, 1995). Die Vorschrift besagt, daß man niemanden vor einen gesetzlich nicht für ihn zuständigen Richter ziehen darf, dazu BVerfG NJW **97**, 1497 (Plenum). Fälle: Ein Verstoß gegen S 2 kann darin liegen, daß die Zulassung eines Rechtsmittels, zB der Revision, unterbleibt, obwohl die Voraussetzungen gegeben sind, Proske NJW **97**, 352 mwN. Auch durch willkürliches Unterlassen einer durch das Gesetz gebotenen **Vorlage,** zB nach § 132, § 29 EGGVG oder § 28 II FGG, kann der Betroffene seinem gesetzlichen Richter entzogen werden, Schneider MDR **00**, 10 u Leisner NJW **89**, 2446 mwN. Dies gilt insbesondere im Fall des Art 100 I GG, BVerfG **67**, 95 (stRspr), BayVerfGH BayVBl **85**, 363, beide mwN, ebenso im Fall des Art 177 III EGV, Rabe F Redeker, 1993, S 201, BVerfG NJW **97**, 2512, **94**, 2017, stRspr (dazu Sack EuZW **91**, 246 u Meier EuZW **91**, 13, Clausnitzer NJW **89**, 642, Rodi DÖV **89**, 750, Kloepfer JZ **88**, 1094), vgl BVerwG RIW **90**, 676, NJW **86**, 1448, BayVerfGH NJW **85**, 2894. Das Unterlassen der an sich gebotenen Einholung eines Rechtsentscheids, § 541 ZPO, gehört gleichfalls hierher, BVerfG NJW **95**, 582 mwN.

4   Mit gesetzlichem Richter ist nicht nur das Gericht als organisatorische Einheit oder das erkennende Gericht als Spruchkörper gemeint, sondern auch **der im Einzelfall zur Entscheidung berufene Richter**,

1. Titel. Gerichtsbarkeit §§ 16, 17 GVG

BVerfG (Plenum) NJW 97, 1498 mwN, ergangen auf Vorlage des I. Senats, NJW 95, 2703. Von Verfassungs wegen müssen also abstrakte Regelungen darüber bestehen, welches Gericht, welcher Spruchkörper und welcher Richter zur Entscheidung des jeweiligen Einzelfalles berufen ist, was sich nicht nur aus den Prozeßgesetzen, sondern auch aus der Geschäftsverteilung und bei Kollegialgerichten aus dem Mitwirkungsplan für den Spruchkörper ergeben muß, BVerfG aaO, BAG NZA 97, 333 (zur Geschäftsverteilung s § 21 e, zum Mitwirkungsplan § 21 g). Das Recht auf den gesetzlichen Richter kann auch dadurch verletzt werden, daß eine frei gewordene Vorsitzendenstelle nicht in angemessener Zeit wieder besetzt wird, BVerfG NJW 65, 1223 u 83, 1541. Jedes Gericht hat, soweit Anlaß zu Zweifeln besteht, seine eigene ordnungsgemäße Besetzung zu prüfen und durch Beschluß festzustellen bzw für Abhilfe zu sorgen, BVerfG EuGRZ 83, 500, 46, 34, Saarl VerfGH NJW 87, 3247 u 3248, BayVerfGH AS 31, 190, VGH Kassel AS 33, 111, LSG Darmstadt NJW 85, 2356.

Entzogen wird eine Sache nicht schon durch eine objektiv unzutreffende Abgabe an eine andere **5** Kammer, BGH 6, 181. Eine Entziehung iSv Art 101 I 2 GG bzw § 16 ist nur gegeben, wenn die Entscheidung von willkürlichen Erwägungen bestimmt ist, BVerfG 29, 48 mwN, dh wenn sie auf unsachlichen oder nicht mehr zu rechtfertigenden Erwägungen beruht, BGH 85, 116 mwN, BSG NZA 90, 664 mwN, BFH DRiZ 89, 380, BayVerfGH NJW 84, 2813 mwN, und natürlich bei jeder Manipulation, BVerfG NJW 64, 1020. Demgemäß liegt keine Entziehung vor bei Annahme der Zuständigkeit nach sorgfältiger Prüfung, BGH NJW 58, 429, und überhaupt bei bloß irrtümlicher Handhabung, BVerfG in stRspr, ua BVerfG 29, 48, BGH in st Rspr, 85, 116 mwN, NStZ 84, 181, NJW 76, 1688 mwN, BVerwG NJW 83, 896; deshalb ist als zu weitgehend abzulehnen BAG AP Art 101 GG Nr 7 (Terminsbestimmung durch einen anderen Richter), abl auch Bötticher ebenda, desgl BGH 37, 128. Bei der Prüfung der Willkür kommt es nicht auf die vom Gericht für seine Zuständigkeit gegebene Begründung an, sondern darauf, ob sich die Annahme der Zuständigkeit bei objektiver Betrachtung als unhaltbar erweist, BGH 85, 116. Das Verbot des S 2 erstreckt sich nicht nur auf die Spruchtätigkeit, sondern auch auf die diese vorbereitenden Handlungen, BVerfG NJW 56, 545.

Der Grundsatz steht aber **nicht entgegen**, daß bestimmte im Sachzusammenhang mit einer besonderen **6** Rechtsmaterie stehende Streitsachen nicht den VerwGerichten überlassen, sondern, um eine einheitliche Beurteilung zu erzielen, bei den ordentlichen Gerichten zusammengefaßt werden, BGH 38, 209 (standes- und disziplinarrechtliche Streitigkeiten). Einzelnen ist es nicht verwehrt, zulässige Gerichtsstandsvereinbarungen oder Schiedsabreden zu treffen. Entscheidet eine Kammer für Baulandsachen über Sachen mit, die nicht unter das BauGB fallen, so liegt darin kein unverzichtbarer Mangel, § 295, BGH 40, 148.

Der Grundsatz schließt auch eine **Überbesetzung** nicht aus, dh er fordert nicht, daß Kammern und **7** Senate der Kollegialgerichte nur so stark besetzt werden dürfen, daß alle Richter bei der Entscheidung mitwirken, BVerfG NJW 95, 2704 (Anm Zärban MDR 95, 1203), BGH 20, 355, BFH NJW 92, 1061 u 1062, Katholnigg NJW 92, 2256 mwN, str, ab Atzler DRiZ 92, 341. Der Kammer und dem Senat dürfen also so viele Richter angehören, wie erforderlich sind, um die jenen geschäftsordnungsmäßig zugeteilten Aufgaben zu bewältigen, § 59 Rn 3; andererseits dürfen nicht so viele Aufgaben zugeteilt werden, daß der Vorsitzende nicht mehr überall seinen Aufgaben, § 21 f Rn 4, nachkommen kann; s Johannsen **LM** § 51 Z 1 Nr 5. Eine Überbesetzung verletzt den Grundsatz und damit Art 101 I 2, wenn die Zahl der Mitglieder gestattet, daß der Spruchkörper in 2 personell verschiedenen Sitzgruppen gleichzeitig Recht spricht oder daß der Vorsitzende 3 Sitzgruppen mit je verschiedenen Beisitzern bildet, Katholnigg NJW 92, 2258, BVerfG 17, 301, **18**, 70 u 350, **19**, 147, **22**, 285, BGH NJW 85, 2840 mwN, BFH NJW 92, 1061 u 1063; dabei bleibt die Mitwirkung eines nur nebenamtlich tätigen Universitätsprofessors außer Betracht, BGH NJW 66, 1458, BVerwG NJW 68, 811, krit Kissel 35 u § 21 e Rn 129 ff. Demgemäß ist eine Besetzung mit 5 vollamtlich tätigen Beisitzern als unbedenklich anzusehen, soweit es sich um BGH und BFH handelt, BFH aaO, und ebenso bei LG und OLG eine Besetzung mit 4 Beisitzern, BVerfG 2. Senat – NJW 65, 1219 mit abl Anm A. Arndt und zustm Anm Dinslage, BGH NJW 85, 2840 mwN. Aber auch eine stärkere Überbesetzung verletzt das Recht auf den gesetzlichen Richter dann nicht, wenn der **Mitwirkungsplan, § 21 g II**, entspr dem Gesetz von vornherein nach abstrakten Merkmalen eindeutig bestimmt, welche Richter im Einzelfall zur Mitwirkung berufen sind, und sicherstellt, daß der Vorsitzende seinen Aufgaben, § 21 f Rn 4, nachkommen kann, BVerfG NJW 04, 3482 u (Plenum) NJW 97, 1497 (dazu Berkemann u Katholnigg JR 97, 281 u 284), ergangen auf Vorlage des I. Senats NJW 95, 2704 (dazu Mößlang EuZW 96, 69, Zärban MDR 95, 1202), BGH ZIP 94, 1479 (zu § 106 II BRAO), aM Katholnigg aaO, Wolf § 14 II 2 a; denn dann ist jede Manipulation ausgeschlossen; es liegt hier nicht anders als bei der Betrauung eines Vorsitzenden mit dem Vorsitz in mehreren Spruchkörpern, die zulässig ist, vgl BGH NJW 68, 1242. Vgl iü **§ 21 e Rn 3 ff**, **§ 21 g Rn 4 ff, § 59 Rn 4.**

Wegen der Folgen eines **Verstoßes** gegen Satz 2 s § 551 ZPO Rn 8, vgl MüKoDeu § 348 ZPO Rn 65. **8**

17 *Zulässigkeit des Rechtsweges.* [I] [1] Die Zulässigkeit des beschrittenen Rechtsweges wird durch eine nach Rechtshängigkeit eintretende Veränderung der sie begründenden Umstände nicht berührt. [2] Während der Rechtshängigkeit kann die Sache von keiner Partei anderweit anhängig gemacht werden.

[II] [1] Das Gericht des zulässigen Rechtsweges entscheidet den Rechtsstreit unter allen in Betracht kommenden rechtlichen Gesichtspunkten. [2] Artikel 14 Abs. 3 Satz 4 und Artikel 34 Satz 3 des Grundgesetzes bleiben unberührt.

Vorbem. § 17 gilt in der **Arbeitsgerichtsbarkeit** entspr, § 48 I ArbGG abgedr bei § 281, für den **1** Rechtsweg (auch im Verhältnis zu den ordentlichen Gerichten, BAG NZA 92, 954 u 93, 524, s § 14 Rn 6), außerdem I auch für die sachliche und örtliche Zuständigkeit, dazu Kissel NZA 95, 345 mwN.

GVG § 17

Gerichtsverfassungsgesetz

Schrifttum: *MüKoWolf* §§ 17 GVG ff; *GMP* § 48 Rn 12 ff; *Grunsky* ArbGG § 48 Rn 3 ff; *Ehlers* in Sch/SchmA/P § 41; *Ey Rennert* § 41 VwGO Rn 2–45; *Windel* ZZP **111**, 3; *Kissel* NZA **95**, 345 u NJW **91**, 947; *Hoffmann* ZZP **107**, 3; *Hager* F Kissel, 1994, S 327; *Vollkommer* ebd S 1183; *Schaub* BB **93**, 1666; *Schwab* NZA **91**, 662; *Kopp* NJW **91**, 527; *Stelkens* NVwZ **91**, 218; *Pagenkopf* DVBl **91**, 295.

2   **1) Allgemeines.** Die Zulässigkeit des Rechtsweges ist Prozeßvoraussetzung, § 13 Rn 2. Sie ist vom Gericht erster Instanz in jeder Lage des Verf vAw zu prüfen, nicht dagegen in der Berufungs- und Revisionsinstanz, § 17 a V. Bei Unzulässigkeit des Rechtsweges ist der Rechtsstreit durch anfechtbaren Beschluß in einem Vorabverfahren mit bindender Wirkung zu verweisen, § 17 a II u IV. Zu den Prüfungsmaßstäben s § 13 Rn 10 ff.

3   **2) Rechtshängigkeit, I**

A. Fortdauer der Zulässigkeit des Rechtsweges, I 1. Die Zulässigkeit des in einer Sache beschrittenen Rechtsweges wird **durch eine nach Rechtshängigkeit eintretende Veränderung der sie begründenden Umstände nicht berührt**, so daß zB eine Rechtsänderung außer Betracht bleibt, wenn eine Übergangsvorschrift nichts anderes bestimmt, allgM, BGH NJW **02**, 1351 mwN (ua Kissel NJW **91**, 948 u Piekenbrock NJW **00**, 3476), OVG Hbg NJW **93**, 278. Entsprechendes gilt nach § 261 III Z 2 ZPO für die Zuständigkeit des Prozeßgerichts (perpetuatio fori). Wegen der Einzelheiten s § 261 ZPO Rn 28–30.

Umkehren läßt sich diese Regel nicht, § 261 ZPO Rn 31–33: es genügt, wenn die Zulässigkeit des beschrittenen Rechtsweges **bis zur letzten Tatsachenverhandlung eingetreten** ist; dabei ist es ohne Bedeutung, ob dies auf einer Veränderung der Verhältnisse, einer Umstellung des Klagebegehrens oder einer Änderung der maßgeblichen Rechtvorschriften beruht, BGH NJW **92**, 1757 mwN, u a Kissel NJW **91**, 948. Hierher gehört auch die Beibringung der für die Eröffnung des Rechtsweges nötigen Vorentscheidung einer VerwStelle, zB nach §§ 173 ff, 210 ff BEG, §§ 49 ff, 81 BLeistG, Art 22 BayAGGVG, vgl § 13 Rn 4.

4   **B. Rechtswegsperre, I 2.** Während der Rechtshängigkeit iSv § 261 ZPO **kann dieselbe Sache von keiner Partei anderweitig anhängig gemacht werden.** Auch das entspricht der im Zivilprozeß für die Zuständigkeit geltenden Regelung, § 261 III Z 1, so daß wegen der Einzelheiten auf § 261 ZPO Rn 5 ff verwiesen werden kann. Das später angerufene Gericht muß die Klage wegen dieses Prozeßhindernisses als unzulässig abweisen ohne Rücksicht darauf, daß der Rechtsweg zu diesem Gericht nicht gegeben ist, hM, Kissel 15, ZöGu 3, BGH NJW **98**, 231, Münster NJW **98**, 1581, VGH Mannh NJW **96**, 1299. Ob dies auch bei Rechtshängigkeit im Ausland gilt, Grdz § 261 ZPO Rn 25, ist zweifelhaft; im Geltungsbereich von EuGVÜ und des LugÜbk würde jedenfalls deren Art 21, Schlußanh V C 1, Vorrang vor I 2 haben.

5   **3) Umfang der Sachprüfung, II** (Windel ZZP **111**, 3; Hoffmann ZZP **107**, 3; Hager F Kissel, 2994, S 327; Lüke ebd S 709).

A. Grundsatz, II 1. Das Gericht des zulässigen Rechtsweges, dh des in erster Instanz für gegeben angesehenen oder nach § 17 a II, III festgestellten Rechtsweges, **entscheidet den Rechtsstreit unter allen in Betracht kommenden rechtlichen Gesichtspunkten**, ohne Rücksicht darauf, welchem Rechtsgebiet die Norm angehört. Damit wird dem angerufenen Gericht die Pflicht auferlegt, in den Fällen, in denen für den Klaganspruch (nach dem Klagantrag und dem zu seiner Begründung vorgetragenen Sachverhalt, BGH NJW **85**, 2756) mehrere, verschiedenen Rechtswegen zugeordnete (auch tatsächlich und rechtlich selbständige) Grundlagen in Betracht kommen, über sämtliche Klaggründe zu entscheiden, sofern der beschrittene Rechtsweg für einen von ihnen gegeben ist, BGH NJW **91**, 1686, BVerwG NJW **95**, 2939, BSG RR **95**, 1277, VGH Mü NVwZ-RR **97**, 160, LAG Mü NZA **00**, 155; dazu Kluth NJW **99**, 342 u NZA **00**, 463 m Beisp. Dabei bleiben geltend gemachte, aber offensichtlich nicht gegebene Anspruchsgrundlagen außer Betracht, BGH NVwZ **90**, 1104, BVerwG NVwZ **93**, 359. Hängt die Zulässigkeit des Rechtsweges von streitigen Tatsachen ab, ist darüber Beweis zu erheben, Windel ZZP **111**, 3 ff.

6   Die Regelung in II ändert nichts daran, daß das angerufene Gericht bei einer **Mehrheit von prozessualen Ansprüchen** für einen oder mehrere von ihnen die Zulässigkeit des zu ihm beschrittenen Rechtsweges gegebenenfalls zu verneinen, BGH NJW **98**, 828 mwN, ua NJW **91**, 1686 (zustm Hoffmann JZ **92**, 110, Schilken ZZP **105**, 90), BSG MDR **95**, 508, VGH Mannh NJW **93**, 3344, OVG Münst NVwZ **93**, 591 u NVwZ-RR **93**, 517, und insoweit nach § 17 a zu verfahren hat, s dort Rn 7, Schenke/Ruthig NJW **92**, 2510, Kissel NJW **91**, 951; dies gilt namentlich bei Klage und **Widerklage**, Schenke/Ruthig aaO, Schwab NZA **91**, 663. § 36 Z ZPO eröffnet nicht die Möglichkeit, einen gemeinsamen Rechtsweg für Klagen gegen mehrere Personen zu eröffnen, BGH MDR **95**, 524. II gilt nur eingeschränkt für **Klaggründe, die sich aus hilfsweisem Vorbringen ergeben:** In diesen Fällen bestimmt sich der zulässige Rechtsweg nach dem aus dem Hauptvorbringen folgenden Klaggrund; steht für ihn der beschrittene Rechtsweg nicht offen, ist nach § 17 a II zu verfahren; ist dagegen das angerufene Gericht für den Hauptgrund rechtswegzuständig, darf (und muß) es (vorbehaltlich II 2) auch über die Hilfsgründe entscheiden, Schilken ZZP **105**, 89 (anders die frühere Rspr, s 50. Aufl). Entsprechendes gilt für eine **Zwischenfeststellungsklage**, MüKo Wolf 13. Wird eine Forderung, über die in einem anderen Rechtsweg zu entscheiden ist, zur **Aufrechnung** gestellt, gilt II, so daß das für die Hauptforderung zuständige Gericht (vorbehaltlich II 2) auch über die rechtswegfremde Gegenforderung zu entscheiden hat, Hartmann, Die Aufrechnung im VerwRecht, 1996, S 229, Gaa NJW **97**, 3343 mwN, Mankowski DVBl **96**, 879, Kissel NZA **95**, 354, Hager F Kissel, 1994, S 343, Hoffmann ZZP **107**, 22, Schenke/Ruthig NJW **92**, 2505 u **93**, 1374 mwN, Schilken ZZP **105**, 90, Drygala NZA **92**, 294, VGH Kassel NJW **95**, 1107 mwN, LAG Mü MDR **98**, 783, offen BVerwG NJW **94**, 2696 u **93**, 2255, BFH NVwZ-RR **98**, 791 (Anhängigkeit des Prozesses über die Gegenforderung), aM MüKoPe § 145 Rn 34, ZöGu 10, Windel ZZP **111**, 31, Leipold ZZP **107**, 219 mwN, Rupp NJW **92**, 3274, BAG NJW **02**, 317 mwN, BVerwG NJW **99**, 160, OVG Lüneb NVwZ **04**, 1513, Dresden VIZ **00**, 54, diff Lüke F Kissel, 1994, S 721, Vollkommer ebd S 1201. Das Erfordernis der internationalen Zuständigkeit, Üb § 12 ZPO Rn 5–10, bleibt unberührt, BGH NJW **96**, 1413 (Anm Mankowski IPrax **97**, 173) u NJW **93**, 2754, krit Leipold ZZP **107**, 216 mwN.

Ob eine **entspr Anwendung** von II im Falle der örtlichen Zuständigkeit verschiedener Gerichte in Frage kommt, ist zweifelhaft, vgl BGH NJW **96**, 1413 mwN (Anm Mankowski IPrax **97**, 173), verneinend Hartmann § 32 Rn 14 Köln MDR **00**, 170, bejahend ZöVo § 12 Rn 21; Schneider MDR **98**, 71 u **00**, 599, KG MDR **00**, 413 (zustm Peglau MDR **00**, 723), alle mwN.

B. Ausnahmen, II 2. Im Hinblick auf die verfassungsrechtliche **Rechtswegregelung in Art 14 III 4 und Art 34 Satz 3 GG** gilt der Grundsatz der **umfassenden Prüfung aller Klaggründe nicht für Klagen**, die auch auf diese Artikel gestützt werden, also auf Enteignung und/oder Amtspflichtverletzung, Gaa NJW **97**, 3346 mwN. In diesen Fällen darf das Begehren nur von den sog ordentlichen Gerichten, nicht aber von dem Gericht eines anderen Zweiges unter diesen Gesichtspunkten geprüft und beschieden werden. Reichen bei diesem Gericht die übrigen Klaggründe für ein stattgebendes Urteil nicht aus, so muß es die Klage als unbegründet abweisen, vgl BGH **13**, 153, ohne daß eine Verweisung möglich wäre, oben Rn 5. Wird bei dem Gericht eines anderen Zweiges eine unter II 2 fallende Forderung zur **Aufrechnung** gestellt, gilt das in § 302 ZPO Rn 19 Gesagte, BVerwG NJW **99**, 161 u **93**, 2255, BFH NVwZ-RR **98**, 791 mwN, VGH Mü NJW **97**, 3394, vgl Hartmann (Rn 6) S 246, Gaa NJW **97**, 3346, Schenke/Ruthig NJW **92**, 2513.

4) *VwGO: Entspr anzuwenden, § 173 VwGO, I auch hinsichtlich der sachlichen und örtlichen Zuständigkeit, § 83 Satz 1 VwGO, vgl Pagenkopf DVBl 91, 295. Zur Anwendung von I 2 s BVerwG NVwZ-RR 96, 403, zu II s Rn 6 u 7, KoppSch § 41 Rn 4ff, zu II 2 Rn 7.* 8

17a *Entscheidung über den Rechtsweg.* ¹ Hat ein Gericht den zu ihm beschrittenen Rechtsweg rechtskräftig für zulässig erklärt, sind andere Gerichte an diese Entscheidung gebunden.

II ¹ Ist der beschrittene Rechtsweg unzulässig, spricht das Gericht dies nach Anhörung der Parteien von Amts wegen aus und verweist den Rechtsstreit zugleich an das zuständige Gericht des zulässigen Rechtsweges. ² Sind mehrere Gerichte zuständig, wird an das vom Kläger oder Antragsteller auszuwählende Gericht verwiesen oder, wenn die Wahl unterbleibt, an das vom Gericht bestimmte. ³ Der Beschluß ist für das Gericht, an das der Rechtsstreit verwiesen worden ist, hinsichtlich des Rechtsweges bindend.

III ¹ Ist der beschrittene Rechtsweg zulässig, kann das Gericht dies vorab aussprechen. ² Es hat vorab zu entscheiden, wenn eine Partei die Zulässigkeit des Rechtsweges rügt.

IV ¹ Der Beschluß nach den Absätzen 2 und 3 kann ohne mündliche Verhandlung ergehen. ² Er ist zu begründen. ³ Gegen den Beschluß ist die sofortige Beschwerde nach den Vorschriften der jeweils anzuwendenden Verfahrensordnung gegeben. ⁴ Den Beteiligten steht die Beschwerde gegen einen Beschluß des oberen Landesgerichts an den obersten Gerichtshof des Bundes nur zu, wenn sie in dem Beschluß zugelassen worden ist. ⁵ Die Beschwerde ist zuzulassen, wenn die Rechtsfrage grundsätzliche Bedeutung hat oder wenn das Gericht von der Entscheidung eines obersten Gerichtshofes des Bundes oder des Gemeinsamen Senats der obersten Gerichtshöfe des Bundes abweicht. ⁶ Der oberste Gerichtshof des Bundes ist an die Zulassung der Beschwerde gebunden.

V Das Gericht, das über ein Rechtsmittel gegen eine Entscheidung in der Hauptsache entscheidet, prüft nicht, ob der beschrittene Rechtsweg zulässig ist.

Gliederung

Vorbemerkung	1	C. Verfahren und Rechtsmittel, IV	12, 13
1) Allgemeines	2, 3	a) Vorabentscheidung, II u III	12
2) Geltungsbereich	4, 5	b) Rechtsmittel, IV	13
3) Bindung an rechtskräftige Entscheidungen, I u II	6	D. Wirkungen des Verweisungsbeschlusses	14
4) Rechtswegentscheidung, II–IV	7–14	5) Keine Prüfung des Rechtswegs in höheren Instanzen, V	15, 16
A. Unzulässigkeit des Rechtswegs, II	7–10	6) VwGO	17
B. Zulässigkeit des Rechtswegs, III	11		

Vorbem. § 17 a gilt in der **Arbeitsgerichtsbarkeit** entspr, und zwar nicht nur für die Entscheidung über den Rechtsweg, § 17 Rn 1, BAG NZA **99**, 391, NJW **95**, 2310 u **93**, 752, NZA **93**, 523, sondern auch für die Verweisung wegen fehlender Zuständigkeit, §§ 48 I (abgedr bei § 281 ZPO) und 80 III ArbGG, dazu Kissel NZA **95**, 345. Der Beschluß, II und III, ergeht stets durch die Kammer, § 48 I Z 2 ArbGG, dazu Kissel NZA **95**, 347. Wegen der Rechtsmittel im allgemeinen s §§ 65 u 73 II ArbGG, wegen der Beschwerde, IV, s §§ 70, 78 II und 88 ArbGG (zum Fristbeginn entspr §§ 516 u 552 ZPO s BAG NJW **97**, 343); eine Nichtzulassungsbeschwerde ist nicht vorgesehen, BAG NJW **94**, 2110. BAG u LAG entscheiden über Beschwerden, IV, außerhalb der mdl Verh ohne ehrenamtliche Richter, BAG NJW **94**, 1172, stRspr. 1

Schrifttum: *Windel* ZZP **111**, 3; *Kissel* NZA **95**, 345; *Ressler* JZ **94**, 1035 (krit); *Wax* NJW **94**, 2331 (Rspr-Üb); *Leipold* JZ **93**, 703; siehe iü § 17 Rn 1.

1) Allgemeines. Nach dem bis zum 31. 12. 90 geltenden Recht war die Zulässigkeit des **Rechtsweges iSv § 13** in allen Instanzen vAw zu prüfen und über die (von einem Antrag des Klägers abhängige) Verweisung in einen anderen Rechtsweg grundsätzlich durch Urteil zu entscheiden, das nach hM eine Weiterverweisung in einen anderen Rechtsweg ausschloß, § 17 aF; demgemäß kam es vor, daß die Unzulässigkeit des Rechtsweges erst in der Revisionsinstanz festgestellt wurde, was zwangsläufig zu einer Verweisung des Rechtsstreits in die erste Instanz des anderen Rechtsweges führte und damit erneut den vollen Instanzenzug eröffnete, ohne daß damit der Streit um den Rechtsweg abgeschlossen gewesen wäre, vgl 48. Aufl. 2

GVG § 17a   Gerichtsverfassungsgesetz

3   Die **Neuregelung durch das 4. VwGOÄndG** hat diesen allseits als unbefriedigend empfundenen Rechtszustand beseitigt (vgl schon VwPO-E, BT-Drs 9/1851 u 10/3437): die Rechtswegfrage wird in erster Instanz mit bindender Wirkung für die Rechtsmittelinstanzen entschieden, und zwar idR in einem Vorabverfahren, BT-Drs 11/7030 S 36 ff. Diese Neuregelung, §§ 17 a und 17 b, gilt außerdem nicht nur für die sog ordentlichen Gerichte, sondern kraft Verweisung **für alle Gerichtszweige** und verwirklicht dadurch ein Stück des immer noch fehlenden Allgemeinen Gerichtsverfassungsrechts. Die Zulässigkeit des Rechtsweges wird dadurch im Ergebnis der sachlichen und örtlichen Zuständigkeit gleichgestellt, was angesichts der Gleichwertigkeit aller Zweige der Gerichtsbarkeit sachgerecht ist und auch darin zum Ausdruck kommt, daß die §§ 17 a und 17 b in den anderen Gerichtszweigen entspr für die Zuständigkeit gelten, §§ 48 ArbGG, 83 VwGO, 98 SGG und 70 FGO. **Unanwendbar** ist § 17 a im Verhältnis zur Verfassungsgerichtsbarkeit, OVG Bln DtZ **96**, 252, und auf das Verhältnis von staatlicher und nichtstaatlicher Gerichtsbarkeit, VGH Mü NJW **99**, 378 mwN.

4   2) **Geltungsbereich.** Die Regelung gilt unmittelbar für das **Verfahren der sog ordentlichen Gerichte**, § 2 EGGVG. Sie regelt die Verweisung in einen anderen Rechtsweg, also an ein Arbeits-, Verwaltungs-, Sozial- oder Finanzgericht (auch im FGG-Verf, Hamm NJW **92**, 2643). **Entspr anzuwenden** ist sie auf eine Verweisung vom Zivilgericht an ein FGG-Gericht (zB nach § 46 WEG) und umgekehrt, BGH MDR **03**, 649 mwN, BayObLG RR **04**, 2 mwN, Hamm RR **00**, 1023 mwN, KG RR **98**, 1229 u **94**, 208 mwN, Köln RR **99**, 1440, ebenso auf die Verweisung vom Strafgericht an ein FGG-Gericht, Ffm RR **94**, 448 mwN, ferner bei Streit um den Rechtsweg im Verfahren nach §§ 23 EGGVG, BGH NJW **01**, 1077, KG RR **95**, 638, Karlsr MDR **95**, 88, OVG Kblz NJW **94**, 2108, ebenso im Verhältnis zum Landwirtschaftsgericht, BGH WM **96**, 1198, sowie im Verhältnis zur Disziplinargerichtsbarkeit, BVerwG NVwZ **95**, 85, und zur Anwaltsgerichtsbarkeit, § 223 BRAO, OVG Münst NJW **95**, 3403. § 17 a **gilt nicht** für die Verweisung von einem Spruchkörper an einen Spezialspruchkörper desselben Gerichts, zB an die Kammer für Baulandsachen beim LG, Mü NJW **64**, 1282, vgl § 71 Rn 5, ebensowenig im Verhältnis staatlicher und kirchlicher Gerichte, Verf- u VerwGericht der VELKD NVwZ-RR **01**, 348. Wegen der Abgabe in Hausrats- und Wohnungseigentumssachen vgl Anh I u II zu § 281 ZPO.

Kraft ausdrücklicher Verweisung ist § 17 a entspr in der **Arbeitsgerichtsbarkeit** anzuwenden, § 48 ArbGG, oben Rn 1, ebenso in der **Verwaltungs-, Sozial- und Finanzgerichtsbarkeit**, §§ 173 VwGO, 202 SGG und 155 FGO. Wegen der Allgemeingültigkeit ist die Fassung nicht nur auf das Zivilverfahren zugeschnitten, sondern abstrakt gehalten, was besonders in IV und V zum Ausdruck kommt.

5   In seinem gesamten Geltungsbereich gilt § 17 a nicht nur für das eigentliche Streitverfahren, sondern mindestens entspr für alle selbständigen Verfahren, namentlich auch für Verfahren des Arrests und der einstwVfg sowie andere **Verfahren des vorläufigen Rechtsschutzes;** das entsprach schon vor der Neuregelung der überwiegenden Meinung zu § 17 aF und entspricht der Tendenz der Neuregelung, ein einheitliches Verfahren für alle Rechtswegentscheidungen vorzusehen (mit Grund wird in II 2 neben dem Kläger auch der Antragsteller genannt), Kissel NZA **95**, 352, GMP § 48 Rn 19 ff, ZöGu **18**, BGH RR **05**, 142, NJW **03**, 1194, **01**, 2182 u **99**, 3785, BAG NJW **00**, 2524, KG NJW **02**, 1504, VGH Kassel NVwZ **03**, 2 u OVG Greifsw NVwZ **01**, 446 mwN (keine Anwendung von IV 4–6, in Eilfällen auch kein Vorabverfahren nach III), OVG Hbg NVwZ-RR **00**, 842 mwN, VGH Mü BayVBl **03**, 246, VGH Mannh NVwZ-RR **03**, 159, OVG Münster NJW **98**, 1580, Bln NVwZ-RR **98**, 464, Köln NJW **94**, 56, OVG Weimar NVwZ-RR **97**, 138 mwN, VGH Kassel NJW **97**, 211 u **96**, 475, OVG Kblz DVBl **05**, 988, **offen** OVG Münst NJW **01**, 698 mwN, **diff** Ehlers Sch/SchmA/P § 41 Rn 14 ff, **aM** KoppSch § 41 Rn 2 a, Sennekamp NVwZ **97**, 642 mwN, Hbg OLGZ **94**, 366, VGH Kassel NJW **95**, 1170 u NVwZ-RR **94**, 512, OVG Kblz NVwZ-RR **93**, 381 mwN, VG Köln NVwZ **00**, 315 mwN: die Worte „Entscheidung in der Hauptsache", V, stehen nicht entgegen, weil sie im Sinne von Sachentscheidung zu verstehen sind, OVG Bln NVwZ **92**, 686, VGH Mannh NJW **93**, 2194 u BaWüVPraxis **91**, 162. Zum Sonderfall der Verweisung eines einstwVfg-Verfahrens an das nach § 15 I 2 BNotO zuständige Gericht vgl Düss DNotZ **83**, 703. Dagegen scheidet die Anwendung des § 17 a im **PKH-Verfahren** aus, weil die Sache in diesem Verfahren nicht anhängig wird, eine (erweiterte) Bindungswirkung nicht eintritt, BGH FamRZ **91**, 1172, und außerdem das Vorabverfahren, II–IV, nicht paßt, Kissel § 17 Rn 6, Sennekamp NVwZ **97**, 645 mwN, KoppSch § 41 Rn 26, VGH Mannh NJW **95**, 1916 mwN, OVG Münst NVwZ **93**, 2766 mwN, aM Gsell/Mehring NJW **02**, 1991 mwN, OVG Bautzen VIZ **98**, 702 (anders NJW **94**, 1020), VGH Mannh NJW **92**, 708, offen BAG NJW **93**, 752 (das eine Bindung für das Hauptsacheverfahren ebenfalls verneint).

6   3) **Bindung an rechtskräftige Entscheidungen, I u II.** Hat ein Gericht den zu ihm beschrittenen **Rechtsweg rechtskräftig für zulässig erklärt, sind andere Gerichte an diese Entscheidung gebunden.** Die Regelung betrifft jede Entscheidung, durch die die Zulässigkeit des Rechtswegs bejaht worden ist, sei es im Vorabverfahren, II u III, sei es (auch stillschweigend) in einer zur Hauptsache ergangenen Endentscheidung (Urteil oder Beschluß), sofern diese Entscheidung formell rechtskräftig geworden ist, Einf §§ 322–327 ZPO Rn 1, BGH FamRZ **04**, 434 (auch bei gesetzwidriger Verweisung; für Rechtswegbestimmung nach § 36 ist dann kein Raum), BGH RR **04**, 645. Eine Zwischenentscheidung genügt nicht, VGH Kassel NJW **94**, 475. Eine in derselben Sache in einem anderen Rechtsweg erhobene Klage muß als unzulässig abgewiesen werden. Das gilt auch dann, wenn die Sache gleichzeitig bei Gerichten verschiedener Zweige anhängig wurde und die Rechtswegentscheidung in einer dieser Sachen rechtskräftig wird.

Hat umgekehrt ein Gericht den zu ihm beschrittenen **Rechtsweg rechtskräftig für unzulässig erklärt**, so gilt folgendes: da in diesem Fall zwingend an das zuständige Gericht des zulässigen Rechtswegs verwiesen werden muß und diese Verweisung für das Adressatgericht bindend ist, II 1 u 3, stellt sich die Frage der Bindung nur für ein drittes Gericht, sofern es früher oder gleichzeitig angerufen worden ist (sonst greift § 17 I 2 ein). Für dieses Gericht ergibt sich die Bindung aus der inneren Rechtskraft, die eine gegenläufige Rechtswegentscheidung ausschließt. Für die vor dem 1. 1. 91 ergangenen rechtskräftigen Entscheidungen folgt diese Bindungswirkung unmittelbar aus § 17 II aF.

Wegen der Rechtsfolgen eines **Verstoßes** gegen III 2 s unten Rn 16.

1. Titel. Gerichtsbarkeit § 17a GVG

4) Rechtswegentscheidung, II–IV. Das Gericht erster Instanz hat die Zulässigkeit des zu ihm beschrit- 7
tenen Rechtswegs in jeder Lage des Verfahrens vAw zu prüfen. Je nach dem Ausgang dieser Prüfung muß es
wie folgt verfahren:

A. Unzulässigkeit des Rechtsweges, II
a) **Feststellung und Verweisung, II 1.** Ist (aufgrund einer bindenden Entscheidung nach I oder nach
der Rechtsauffassung des Gerichts) der Rechtsweg unzulässig, so **spricht das Gericht** dies nach Anhörung
der Parteien von Amts wegen **vorab durch Beschluß aus und verweist den Rechtsstreit zugleich an
das zuständige Gericht des zulässigen Rechtsweges, II 1;** „vorab" bedeutet vor der Entscheidung in
der Hauptsache, Schwab NZA **91,** 662. Die Verweisung setzt die fortbestehende Rechtshängigkeit der Sache
voraus, LAG Mü MDR **94,** 834. Sie ist nur dann zulässig und geboten, wenn der beschrittene Rechtsweg
schlechthin, dh für alle Teile des Klaganspruch mit allen in Betracht kommenden Klagegründen, unzulässig ist, vgl
§ 17 Rn 5, BVerwG NVwZ **93,** 358. Eine andersartige Entscheidung über den Rechtsweg ist ausgeschlossen, insbesondere kommt eine Abweisung der Klage als unzulässig wegen Fehlens des Rechtsweges nicht in
Betracht, Naumb RR **02,** 792; § 36 Z 3 ZPO eröffnet nicht die Möglichkeit, einen gemeinsamen Rechtsweg für Klagen gegen Personen zu eröffnen, gegen die verschiedenen Rechtswegen zugeordnete Ansprüche
verfolgt werden, BGH NJW **94,** 2082. Jede Vorabentscheidung nach II muß die Verweisung des Rechtsstreits
aussprechen, auch dann, wenn eine andere prozessuale Voraussetzung für ein Verfahren vor diesem Gericht
nicht gegeben sind, BVerwG NJW **01,** 1513 mwN (wegen der Ausnahme bei anderweitiger Rechtshängigkeit s § 17 Rn 4). Selbst im Falle eines Rechtswegsmißbrauchs, zB zur Wahrung einer materiellrechtlichen
Frist, ist die Klage in den richtigen Rechtsweg zu verweisen und darf nicht als unzulässig abgewiesen werden,
LSG Schleswig-H FamRZ **03,** 46 mit Anm Kogel FamRZ **04,** 1583. Das Gericht muß sich vergewissern,
welches Gericht innerhalb des von ihm als richtig angesehenen Rechtsweges sachlich und örtlich zuständig
ist, und dieses Gericht in dem Beschluß genau bezeichnen, § 17b I, um eine insoweit unzulässige Weiterverweisung, I 3, möglichst zu vermeiden. **Sind mehrere Gerichte in diesem Rechtsweg zuständig,**
wird an das vom Kläger oder Antragsteller auszuwählende Gericht verwiesen oder, wenn die Wahl unterbleibt, an das vom Gericht bestimmte, **II 2;** die Wahl setzt voraus, daß nach Ansicht des Gerichts eine
Mehrfachzuständigkeit besteht, Jauernig NZA **95,** 13. Sie ist endgültig und unwiderruflich, vgl § 35 ZPO,
dazu BayObLG RR **91,** 188; verletzt die Verweisungsentscheidung das Wahlrecht, so ist dagegen die
Beschwerde nach IV gegeben, OVG Hbg NVwZ-RR **01,** 204). Das gleiche gilt dann, wenn für das
Klagebegehren mehrere Rechtswege (außer dem aus § 13) in Frage kommen, was auf der Grundlage des
Klageantrags und der zu seiner Begründung vorgetragenen Sachverhalts zu prüfen ist, BGH NJW **85,** 2756
(dabei sind offensichtlich nicht gegebene Anspruchsgrundlagen nicht zu berücksichtigen, BGH NVwZ **90,**
1104, BVerwG NVwZ **93,** 358, s § 13 Rn 12). **Von einer Verweisung absehen** darf das Gericht ausnahmsweise dann, wenn das Verwaltungsverfahren nach dem VermG noch nicht abgeschlossen ist, BGH
NJW **93,** 333, nicht aber sonst; beschränkt sich das Gericht auf die Feststellung seiner Unzuständigkeit, so
tritt gleichwohl die „abdrängende" Wirkung ein, Rn 8, VGH Mü BayVBl **00,** 665.

Eine **teilweise Feststellung und Verweisung** kommt nicht in Betracht, § 17 Rn 6. Sind in einer Klage
mehrere selbständige Ansprüche zusammengefaßt, so kann für einzelne von ihnen nach II nur nach deren
vorheriger Trennung, § 145 ZPO, verfahren werden, vgl BGH NJW **98,** 828 mwN; das gleiche gilt für
Klage und Widerklage. Erst recht scheidet eine auf einzelne Klaggründe beschränkte Feststellung und
Verweisung aus, wenn dem Gericht die Prüfung dieser Gründe verwehrt ist, BGH aaO, vgl § 17 Rn 7.
Vielmehr muß der von der Prüfung ausgeschlossene Teil oder Klaggrund in einem neuen Verfahren vor das
dafür zuständige Gericht des zulässigen Rechtsweges gebracht werden. Nur wenn ein Anspruch aus sachlichen Gründen durch Teilurteil abgewiesen wird, darf der andere, rechtswegfremde Anspruch verwiesen
werden, vgl VGH Mannh NJW **93,** 3344.

Wegen des **Verfahrens** s unten Rn 12, wegen der **Bindungswirkung** s unten Rn 8.

b) **Bindungswirkung, II 3.** Ein formell rechtskräftiger **Beschluß nach II ist für das Gericht, an das** 8
verwiesen worden ist, hinsichtlich des Rechtsweges bindend. Dies gilt für den Rechtsstreit, dh das
konkrete Verf, das verwiesen worden ist; auf andere Verf in derselben Sache erstreckt sich die Bindungswirkung nicht, auch wenn es sich um Folgeverfahren handelt, zB die Klage nach verweisenem Verf der
einstwVfg, BFH NVwZ **91,** 103 mwN, aM BAG LS NJW **82,** 960. Ist im PKH-Verfahren, oben Rn 5 aE,
unanfechtbar verwiesen worden, gilt die Bindung hinsichtlich des Rechtsweges nur für das PKH-Verfahren,
BAG NJW **93,** 752. Eine nur die Unzuständigkeit aussprechender Beschluß hat lediglich „abdrängende"
Wirkung, VGH Mü BayVBl **00,** 665. Dagegen hat der Verweisungsbeschluß **„aufdrängende Wirkung",**
soweit es sich um den Rechtsweg handelt: **Dem Gericht, das in dem Beschluß bezeichnet worden ist,
ist es verwehrt, den Rechtsweg zu ihm zu verneinen und an das Gericht eines dritten Rechtsweges
weiterzuverweisen,** Kissel NJW **91,** 949. Das gilt auch dann, wenn der Beschluß offensichtlich unrichtig
ist oder aufgrund eines fehlerhaften Verfahrens zustandegekommen ist: anders als bei einer Verweisung nach
§ 281 ZPO können (und müssen) auch schwerwiegende Irrtümer und Fehler des Gerichts im Wege der
Anfechtung, IV, behoben werden; geschieht dies nicht, ist die Entscheidung hinzunehmen, weil es gerade
der Sinn der Neuregelung ist, zeitraubende Streitigkeiten über den Rechtsweg auszuschließen, BGH RR **04,**
645 u NJW **02,** 2475 mwN (anders nur bei extremen Verstößen), Schaub BB **93,** 1667, diff ZöGu 13, aM
Kissel NZA **95,** 348 mwN, BAG NZA **98,** 1191, **94,** 478 u 959, BVerwG NVwZ **04,** 1124, Buchholz 300
§ 17a Nr 16, BayObLG RR **92,** 598 u **91,** 1358. Eine Ausnahme gilt dann, wenn sich das Gericht, an das
verwiesen ist, zuvor rechtskräftig für unzuständig erklärt hatte, Meyer-Ladewig § 51 Rn 59, VGH Mü NJW
99, 3211, aM BGH NJW **01,** 3633 u **00,** 1343 (Anm Kaiser LM Nr 34, Hoffmann JR **01** 27 u Schneider
MDR **00,** 599) für den Fall, daß auch der weitere (Rück-)Verweisungsbeschluß rechtskräftig geworden ist;
die unanfechtbare Verweisung innerhalb eines Rechtswegs schließt die Weiterverweisung in einen anderen
Rechtsweg nicht aus, BAG NJW **93,** 1878. Kommt es zu einem negativen Kompetenzkonflikt, entscheidet
entspr § 36 I Z 6 ZPO das entspr § 36 II ZPO zuständige Gericht, § 36 Rn 12, dazu BGH NJW **02,** 2475
mwN, ua NJW **01,** 3632 mwN u RR **02,** 713, BAG NZA **99,** 392 mwN, offen BVerwG NVwZ **95,** 372,

Albers 2759

GVG § 17a

Gerichtsverfassungsgesetz

BayObLG **99**, 81. Wird nach der Verweisung durch eine zulässige Klagänderung ein neuer Streitgegenstand geschaffen, ist eine (Zurück-)Verweisung in den dann gegebenen Rechtsweg zulässig, BGH NJW **90**, 54, Hamm FamRZ **88**, 1293, OVG Bre LS DÖV **88**, 90.

9   **Hinsichtlich der sachlichen und örtlichen Zuständigkeit bindet die Entscheidung dagegen nicht**, so daß insofern innerhalb desselben Rechtsweges eine Weiterverweisung nach § 281 ZPO zulässig ist, BAG NJW **96**, 742 mwN, NZA **94**, 478 (dazu Jauernig NZA **95**, 12), KG RR **95**, 638, Karlsr MDR **95**, 88, OVG Hbg NVwZ-RR **01**, 203 mwN, LAG Düss MDR **94**, 282, zB wenn fälschlich das AG als zuständiges Gericht angesehen oder die ausschließliche Zuständigkeit eines anderen Gerichts übersehen worden ist. Demgemäß ist bei Verweisung eines Rechtsstreits an das Zivilgericht eine Weiterverweisung an das nach FGG berufene Gericht zulässig, BGH **40**, 6. Das gleiche gilt auch bei Verstößen gegen die funktionelle Zuständigkeit, so daß zB das OLG die Sache an das zuständige erstinstanzliche Gericht abgeben darf (und muß).

10   c) **Sonstige Wirkungen.** Vgl § 17b I und wegen der Kosten § 17b II. **Zum weiteren Verfahren** in den an ein Zivilgericht abgegebenen Sachen s § 13 Rn 28 u 29.

11   **B. Zulässigkeit des Rechtsweges, III.** Hält das erstinstanzliche Gericht den Rechtsweg zu ihm für zulässig, so braucht es darüber nicht gesondert zu entscheiden. Dies **kann es vorab aussprechen, III** 1, wenn es dies nach pflichtgemäß ausgeübtem Ermessen für zweckmäßig hält, was immer zu bejahen sein wird, wenn die Rechtslage objektiv zweifelhaft ist (abw Boin NJW **98**, 3748: bei Zweifeln immer Vorabentscheidung); Formel: „Der Rechtsweg zu dem ordentlichen Gericht ist zulässig". **Das Gericht hat vorab zu entscheiden, wenn eine Partei die Zulässigkeit des Rechtsweges rügt, III** 2. Diese Bestimmung ist das notwendige Korrelat dazu, daß die Parteien das später ergehende Urteil nicht mit der Begründung anfechten dürfen, der Rechtsweg sei nicht zulässig, BT-Drs 11/7030 S 37. Die Rüge muß ausdrücklich (in den Fällen des Anwaltszwangs durch einen RA) und innerhalb der Frist des § 282 III ZPO erhoben werden, Köln NJW **95**, 3319, vgl § 282 Rn 17. Unterbleibt sie und trifft auch das Gericht nicht vAw eine Vorabentscheidung, so befindet es über den Rechtsweg in der Endentscheidung, was auch stillschweigend durch Sachentscheidung geschehen kann. Wegen der Folgen eines **Verstoßes** gegen III 2 s unten Rn 15. Ob im Verfahren des vorläufigen Rechtsschutzes, oben Rn 5, in besonders eiligen Verfahren eine Vorabentscheidung entfällt, so OVG Greifsw NVwZ **01**, 446, ist zweifelhaft.

Wegen des **Verfahrens** s Rn 12.

12   **C. Verfahren und Rechtsmittel, IV**
a) **Vorabentscheidung des Gerichts erster Instanz, II u III.** Ein Antrag ist nicht erforderlich; mit ihm kann jedoch eine den Rechtsweg bejahende Vorabentscheidung erzwungen werden, III 2. Die Entscheidung ergeht durch **Beschluß** ohne notwendige mündliche Verhandlung, IV 1; eine solche wird aber anzuberaumen sein, wenn die Vorabentscheidung schwierige, mit den Parteien zu erörternde Fragen aufwirft, BT-Drs 11/3621 S 37 zu § 281. Schon nach Art 103 I GG ist den Parteien vorher **rechtliches Gehör** zu gewähren (für den Fall der Verweisung ist dies in II ausdrücklich vorgeschrieben), wozu schriftliche Anhörung genügt. Kommen für die Verweisung mehrere Gerichte in Frage, muß der Kläger oder Antragsteller aufgefordert werden, von seinem Wahlrecht, II 2, Gebrauch zu machen. Bei Unzulässigkeit des Rechtsweges hat das angerufene Gericht idR (Ausnahme: BGH NJW **93**, 2542) nicht die Befugnis, über die Zulässigkeit der Klage im übrigen zu entscheiden, BVerwG DVBl **01**, 919 mwN. Der Beschluß nach II u III ist **zu begründen**, IV 2, vgl § 329 ZPO Rn 4ff, und den Parteien **zuzustellen**, § 329 III ZPO, BAG NZA **98**, 1191. Über die **Kosten** ist in einem Verweisungsbeschluß, II, nicht zu entscheiden, § 17b II, wohl aber in einem den Rechtsweg bejahenden Beschluß, III, BGH NJW **93**, 2542, KG NJW **94**, 2702. Gebühren: Gericht § 9 GKG, RA § 14 BRAGO. Der Beschluß wird (mit Bindungswirkung nach I) rechtskräftig, wenn gegen ihn kein Rechtsmittel eingelegt wird, BAG NZA **93**, 618.

13   b) **Rechtsmittel, IV. aa) Beschwerde.** Gegen den Beschluß des AG oder LG nach II oder III ist die **sofortige Beschwerde nach der jeweiligen Verfahrensordnung** vorgesehen, IV 3, in Zivilsachen also nach § 567 (Beschwerdegericht ist das LG oder das OLG), in FGG-Sachen nach FGG, BayObLG MDR **96**, 95; die sofortige Beschwerde an den BGH ist zulässig, wenn das OLG erstmalig eine Vorabentscheidung getroffen und die Beschwerde zugelassen hat, BGH NJW **00**, 1042, **98**, 2058 u **96**, 591. Die Beschwerde ist **auch dann statthaft**, wenn sie in Sondergesetzen für den Fall nicht vorgesehen oder allgemein ausgeschlossen ist; das zeigen die auf diesem Grundsatz beruhenden Änderungen solcher Gesetze durch die Art 11–17 des 4. VwGOÄndG. Für die Beschwerde gelten die allgemeinen Vorschriften, so daß eine Beschwer durch die angefochtene Entscheidung nötig ist, Köln RR **96**, 60, LAG Köln NZA-RR **96**, 29. Wegen des **Beschwerdeverfahrens** in Zivilsachen, namentlich wegen der Frist, dazu BAG NJW **94**, 605 u **93**, 1878, und wegen des Anwaltszwangs beim OLG, dazu Saarbr RR **98**, 1612 mwN, s die Erläuterungen zu den §§ 567 ff ZPO, wegen der Kosten s oben Rn 12 aE. Das Verf in der Hauptsache ist bis zur Erledigung der Beschwerde (und ggf der weiteren Beschwerde) auszusetzen, § 148 ZPO, Kissel NJW **95**, 347 mwN; auf jeden Fall muß der Ablauf der Beschwerdefrist abgewartet werden, Schwab NZA **91**, 662. **bb) Weitere Beschwerde.** Auch für sie gilt an sich die jeweilige Verfahrensordnung. Die weitere Beschwerde ist aber nur (in allen Verfahrensarten, abw BayObLG MDR **69**, 95) für den Fall vorgesehen, dass daß das **OLG (oder ein anderes oberes Landesgericht) Beschwerdegericht** ist, Kissel § 17 Rn 25, BGH NJW **93**, 388; diese Absicht des Gesetzgebers, BT-Drs 11/7030538 hat in IV Ausdruck gefunden; aM jetzt BGH NJW **03**, 2913 (auch LG als Beschwerdegericht ausreichend): aber der Gesetzgeber hat in § 17a das Verfahren in Rechtswegstreitigkeiten abschließend geregelt (und zwar, wie die Wortwahl zeigt, für alle Gerichtszweige) und dabei eindeutig bestimmt, daß Beschwerdeentscheidungen des LG unanfechtbar sind. Die weitere Beschwerde ist seit dem 1. 1. 02 in der Zivil- und Arbeitsgerichtsbarkeit als **Rechtsbeschwerde** zu werten, BGH NJW **03**, 1192 und 433, BAG NJW **02**, 3725. Auf sie sind deshalb die §§ 574 ff ZPO anzuwenden, sofern nicht in IV abweichendes bestimmt ist. Daraus folgt, dass die Rechtsbeschwerde auch in einem Verfahren des vorläufigen Rechtsschutzes statthaft ist, BGH RR **05**, 142, NJW **05**, 1194, VGH Mannh NVwZ-RR **03**, 159, aM VGH Kassel NVwZ **03**, 238, OVG Münst NJW **01**, 3805 u OVG Greifsw NVwZ **01**, 447 mwN. Sie ist auch dann gegeben, wenn wegen eines Verfahrensfehlers der 1. Instanz erstmals das

1. Titel. Gerichtsbarkeit **§ 17a GVG**

OLG über die Zulässigkeit des Rechtsweges zu entscheiden hat, BGH NJW 03, 433 u 00, 1042 mwN. Die **Zulassungsvoraussetzungen** ergeben sich aus IV 5, die Bindung des BGH (und des BAG) an die Zulassung folgt aus IV 6. Im übrigen ist auf die Erläuterungen zu den §§ 574 ff ZPO zu verweisen. Eine Nichtzulassungsbeschwerde ist nicht vorgesehen, BAG NJW 94, 2110, BVerwG NVwZ 94, 782, BSG NZA 94, 192 mwN. Über die weitere Beschwerde **entscheidet der BGH**; für die Überprüfung von Landesrecht gilt § 545 I ZPO entspr, BGH NJW 96, 3012; Gesetzesänderungen im Lauf des Verfahrens sind zu berücksichtigen, BGH NJW 00, 2749 (krit Pickenbrock NJW 00, 3476). **cc) Entscheidung.** Bejaht das Beschwerdegericht im Gegensatz zur Vorinstanz den Rechtsweg, hebt es die entgegenstehende(n) Entscheidung(en) auf und verweist die Sache zurück, BGH NJW 93, 471. Verneint es erstmals den Rechtsweg, so verweist es seinerseits unter Aufhebung der Vorentscheidungen den Rechtsstreit an das zuständige erstinstanzliche Gericht, II (eine Zurückverweisung an die Vorinstanz wird idR nicht in Betracht kommen). Wird der Rechtsweg nachträglich begründet, kann die Beschwerde für erledigt erklärt werden, BGH RR 01, 1007. **dd) Kosten.** Im Rechtsmittelverfahren ist über die Kosten nach den **§§ 91 ff ZPO** zu entscheiden; § 17 b II gilt insofern nicht, BGH NJW 95, 2297 u 93, 2542, BSG MDR 97, 1066 mwN (auch zur Nachholung der Kostenentscheidung), Ffm RR 98, 1565, KG NJW 94, 2702 (für Kostenteilung bei Erfolg beiderseitiger Rechtsmittel entspr §§ 93 a u 93 c ZPO). Der **Streitwert** ist auf einen Bruchteil des Hauptsachewerts festzusetzen, idR auf ¹/₃–¹/₅, BGH NJW 98, 910, LG Bln NZA-RR 99, 212.

D. Wirkungen des Beschlusses, II u III. Wegen der Wirkungen des Verweisungsbeschlusses, II, s § 17 b **14** I. Er stellt ebenso wie der den Rechtsweg bejahende Beschluß, III, mit Eintritt seiner Rechtskraft für alle Instanzen und für andere, mit derselben Sache befaßte Gerichte den zulässigen Rechtsweg fest, s oben Rn 8.

5) Keine Prüfung des Rechtswegs in höheren Instanzen, V. Über die Zulässigkeit des Rechtsweges **15** wird allein in erster Instanz entschieden, nämlich entweder im Vorabverfahren, II u III, oder bei Bejahung (auch stillschweigend) in der Entscheidung in der Hauptsache, BGH NJW 93, 390, Düss NVwZ 93, 405. Demgemäß darf das **Gericht, das über ein Rechtsmittel gegen eine Entscheidung in der Hauptsache entscheidet, nicht prüfen, ob der beschrittene Rechtsweg** zulässig ist. Diese Beschränkung gilt für alle Rechtsmittelverfahren, also sowohl für das Berufungs- und Revisionsverfahren als auch für das eine Sachentscheidung betreffende Beschwerdeverfahren, zB im einstweiligen Rechtsschutz, oben Rn 5, BGH RR 05, 143, OVG Bre NVwZ 95, 793, Köln NJW 94, 56 mwN, VGH Mannh NJW 93, 2194, aM VGH Kassel NJW 95, 1171 mwN, ebenso in selbständigen Nebenverfahren und in den Fällen des § 621 e ZPO: wenn ein Vorabverfahren, IV, nicht geboten war, hat jedes Rechtsmittelgericht die (ausdrückliche oder stillschweigende) Bejahung der Zulässigkeit des Rechtsweges in einer Entscheidung in der Hauptsache als bindend hinzunehmen, mag sie von der ersten oder zweiten Instanz ausgesprochen worden sein, BGH NJW 94, 387 u NJW 93, 390 (Anm Leipold JZ 93, 707), BAG NJW 96, 3430, und auch dann, wenn die Entscheidung gegen § 17 II 2 verstieß, BAG/NZA 99, 391, BSG NVwZ-RR 04, 463. Eine Entscheidung in der Hauptsache liegt immer dann vor, wenn das Gericht in der Sache entschieden, BGH NJW 98, 232 u 94, 387, oder die Zulässigkeit der Klage aus anderen Gründen als dem der Unzulässigkeit des Rechtsweges verneint hat, MüKoWo 25, BGH NJW 98, 232 mwN, ua NJW 93, 471 (Anm Wieser ZZP 106, 529), OVG Münst NVwZ 94, 179 (zur Abweisung wegen falschen Rechtswegs s Rn 16 aE); hat die 1. Instanz (fehlerhaft) nur über eines von mehreren Begehren entschieden, so gilt die Bindung nur für dieses Begehren, VGH Kassel NVwZ-RR 99, 41. Für den Rechtsweg gilt damit in allen Gerichtsbarkeiten das gleiche wie für die Zuständigkeit, vgl §§ 10, 12, 512 a und 549 II ZPO. Die Bejahung des Rechtswegs in erster Instanz bindet im Fall der Zurückverweisung auch das **erstinstanzliche Gericht** selbst, ArbG Hanau RR 97, 766.

Der **Ausschluß der Prüfung gilt nicht**, wenn die erste Instanz **unter Verstoß gegen III 2**, also trotz **16** zulässiger Rüge durch eine Partei, Rn 11, in der Hauptsache entschieden und dabei (ausdrücklich oder stillschweigend) den zu ihm beschrittenen Rechtsweg bejaht hat, allgM, Boin NJW 98, 603 (eingehend), BGH NJW 99, 651 mwN, BAG NZA 96, 1342 u NJW 93, 2459 mwN, BVerwG BayVBl 98, 603, NJW 94, 956 u NVwZ 92, 661, BSG NVwZ-RR 00, 648, BayObLG NZM 00, 665 u RR 96, 913, Ffm RR 98, 1565 mwN (hat aber das Gericht die Rüge zutreffend als verspätet zurückgewiesen, gilt V uneingeschränkt, § 528 III ZPO, LAG Bln LS NZA 94, 912; das gleiche gilt, wenn die Rüge in der Rechtsmittelinstanz nicht aufrechterhalten wird, BVerwG NJW 97, 956, VGH Mü NJW 97, 1251; Bindung nach V für den Sonderfall einer Konkurrenz zwischen Beschwerde und Berufung, Boin NJW 98, 3748). Zwar hat das Gericht in diesem Fall nicht etwa eine Entscheidung iSv III fälschlich im Gewand einer Endentscheidung erlassen, sondern über die Hauptsache in der richtigen Form entschieden, aM BAG aaO; diese Entscheidung beruht aber auf einem unzulässigen Verfahren, BGH aaO, das den dadurch Beschwerten berechtigt, das dafür gegebene Rechtsmittel einzulegen. Das für das Rechtsmittel zuständige Gericht hat dann wie folgt zu verfahren, vgl Kissel NZA 95, 351, Haas JZ 93, 1012: Ist es ein **OLG bzw LAG**, muß es über den Rechtsweg vorab durch Beschluß entscheiden (und die Sache ggf an das „richtige" Rechtsmittelgericht verweisen, Kissel § 17 Rn 28 ff), und über die Zulassung der Beschwerde an den BGH bzw das BAG befinden; in der Sache selbst darf es (nur dann) durch Urteil entscheiden, wenn es den Rechtsweg bejaht und im Fall der Vorabentscheidung keinen Anlaß hätte, die Beschwerde an den BGH bzw das BAG zuzulassen, vgl BGH NJW 99, 651 mwN, BAG aaO, BVerwG NJW 94, 956, Düss NVwZ 98, 773, Ffm NJW 97, 2391. Ist Rechtsmittelgericht das **LG,** wäre die Nachholung des Vorabverfahrens ein nutzloser Umweg, weil es gegen seine Rechtswegentscheidung keine Beschwerde gibt, ThP 19, LG Fulda NJW 96, 266, LG Gießen RR 96, 189. Das LG darf (und muß) vielmehr ebenso wie das OLG, wenn es die Beschwerde nicht zuläßt, in der Endentscheidung auch über den Rechtsweg entscheiden, dh entweder durch Beschluß (unter Aufhebung des angefochtenen Urteils) an das zuständige Gericht des richtigen Rechtswegs verweisen, BGH NJW 98, 2058, Ffm RR 98, 1565, Saarbr NJW 95, 1562, VGH Mannh NVwZ-RR 97, 326, VGH Mü BayVBl 95, 310, oder durch Urteil in der Sache befinden, Düss NVwZ 98, 773, oder unter einer Entscheidung der Rechtswegfrage zurückverweisen, § 538 ZPO, vgl BGH JZ 93, 728, LG Fulda u LG Gießen aaO, VGH Mannh NVwZ-RR 93, 516, VGH Mü NVwZ-RR 93, 668 (abw verlangt das BAG aaO in jedem Fall eine Entscheidung vorab durch Beschluß). Für das **Revisionsverfahren** gelten die allgemeinen Regeln, §§ 562 ff

GVG §§ 17a, 17b   Gerichtsverfassungsgesetz

ZPO; hier ist bei Verstoß gegen III 2 Zurückverweisung an das Berufungsgericht geboten, BGH NJW **99**, 652 mwN (ausnahmsweise Zurückverweisung an die 1. Instanz, BSG NZA **94**, 192).

Hat die erste Instanz die Sache **entgegen II durch Endentscheidung** in einen anderen Rechtsweg **verwiesen**, besteht ebenfalls keine Bindung, V: das gegen diese formfehlerhafte Entscheidung nach dem Meistbegünstigungsgrundsatz zulässige Rechtsmittel der Berufung ist als Beschwerde iSv IV 3 zu behandeln, Grdz § 511 Rn 28 ff, und i ü nach dem soeben Gesagten verfahren (Entscheidung durch Urteil); im Fall der Sprungrevision ist Zurückverweisung an das Berufungsgericht geboten, BSG NZA **94**, 191. Entsprechendes gilt für den Fall, daß die erste Instanz die Klage mit der Begründung, sie gehöre in einen anderen Rechtsweg, fehlerhaft **als unzulässig abgewiesen** hat, BGH NJW **93**, 388 (dazu Leipold JZ **93**, 706), Saarbr NJW **93**, 1562 (krit Jestaedt NJW **95**, 1527), Naumb RR **02**, 792 mwN, OVG Kblz NVwZ-RR **93**, 669, OVG Münst NVwZ-RR **93**, 517 u 670, OVG Schlesw SchlHA **93**, 152, LG Trier RR **92**, 1533, LAG Hamm NZA **92**, 136 (zu § 48 ArbGG), vgl Kissel NZA **95**, 351, abw Bra VIZ **00**, 180 (Verweisung an das „richtige" Gericht 1. Instanz). Erläßt in diesen Fällen das Berufungsgericht ein Sachurteil, in dem es den Rechtsweg bejaht, gilt V, oben Rn. 15.

17 6) *VwGO*: § 17 a gilt entspr, § 173 *VwGO*, auch hinsichtlich der sachlichen und örtlichen Zuständigkeit, § 83 Satz 1 *VwGO*, dazu BGH NVwZ **03**, 1141 u OVG Hbg NordÖR **01**, 26, ferner der instanziellen Zuständigkeit, BVerwG BayVBl **03**, 158. Zur Anwendung im Eilverfahren s oben Rn 5 u 13. Sofortige Beschwerde iSv IV ist die Beschwerde nach §§ 146 ff *VwGO*, so daß für die Frist § 147 *VwGO* gilt (nicht aber § 148 *VwGO*, vgl BSG RR **95**, 1276) und auch für die Beschwerde nach IV 3 Vertretungszwang, § 67 I 2 *VwGO*, besteht, OVG Kblz NVwZ-RR **04**, 543, OVG Münst NVwZ **02**, 885, früher str, aM OVG Hbg NVwZ-RR **00**, 842 u **01**, 204 mwN, VGH Mü NJW **99**, 378 mwN (Zulassung in Sachen nach dem VermG erforderlich, BVerwG JZ **00**, 205, zustm Ehlers, nicht aber sonst, OVG Hbg aaO). Die Beschwerde ist auch dann statthaft, wenn sie durch ein Gesetz sonst ausgeschlossen ist (vgl die entspr Änderungen der einschlägigen Gesetze durch Art 11–17 des 4. VwGOÄndG u § 37 II VermG), so daß § 146 III u IV *VwGO* nicht anzuwenden ist, oben Rn 13. Die Beschwerde gegen die Entscheidung des OVG (auch gegen dessen Beschwerdeentscheidung, Rn 13) wird durch § 152 I *VwGO* nF eröffnet, aM für Eilverfahren OVG Münst NJW **01**, 3803, OVG Bln NJW **91**, 716; sie bedarf nach § 17 a IV 4 stets der Zulassung, BVerwG Buchholz 300 § 17 a GVG Nr 1, 9 u 11 (keine Nichtzulassungsbeschwerde, BVerwG NVwZ **94**, 782). Wegen des Verf s insbesondere Rn 16; zur Erledigung der Hauptsache OVG Weimar NVwZ-RR **99**, 278. Unanwendbar ist § 17 a im Verhältnis zur Verfassungsgerichtsbarkeit, Ule VPrR § 9 III, anwendbar dagegen im Verhältnis zur Disziplinargerichtsbarkeit, BVerwG NVwZ **95**, 85.

17b Wirkungen der Verweisung.

¹ ¹ Nach Eintritt der Rechtskraft des Verweisungsbeschlusses wird der Rechtsstreit mit Eingang der Akten bei dem im Beschluß bezeichneten Gericht anhängig. ² Die Wirkungen der Rechtshängigkeit bleiben bestehen.

II ¹ Wird ein Rechtsstreit an ein anderes Gericht verwiesen, so werden die Kosten im Verfahren vor dem angegangenen Gericht als Teil der Kosten behandelt, die bei dem Gericht erwachsen, an das der Rechtsstreit verwiesen wurde. ² Dem Kläger sind die entstandenen Mehrkosten auch dann aufzuerlegen, wenn er in der Hauptsache obsiegt.

1 **Vorbem.** § 17 b gilt entspr in der **Arbeitsgerichtsbarkeit**, § 48 ArbGG, abgedr bei § 281 ZPO, und zwar nicht nur für die Rechtswegverweisung, sondern auch für die Verweisung wegen fehlender sachlicher oder örtlicher Zuständigkeit, § 17 Rn 1; dazu Kissel NZA **95**, 345. Eigene Kostenregelung in § 12 a I 3 ArbGG, BAG NJW **05**, 1301 (eingehend).

Schrifttum: S § 17 Rn 1.

2 **1) Wirkungen der Verweisung.** Der Verweisungsbeschluß nach § 17 a II stellt für das Adressatgericht und alle Instanzen den zulässigen Rechtsweg fest, § 17 a Rn 8. Außerdem treten folgende Wirkungen ein:

A. Anhängigkeit, I 1. Nach Eintritt der formellen Rechtskraft des Beschlusses, § 705 ZPO, sind die Akten abzugeben, nicht vorher, BAG MDR **93**, 57, Kissel NJW **91**, 950. **Mit Eingang der Akten bei dem in dem Beschluß bezeichneten Gericht wird der Rechtsstreit dort anhängig**, auch wenn die Verweisung sachlich falsch ist, § 17 a Rn 8.

3 **B. Rechtshängigkeit, I 2.** Ihre **Wirkungen bleiben bestehen:** der Rechtsstreit wird bei dem Gericht, an das er verwiesen worden ist, so anhängig, als ab er bei ihm von Anfang an rechtshängig gewesen wäre, Kissel § 17 Rdz 43. Darauf folgt: **a)** Die **Zulässigkeit des Rechtsweges** wird durch eine nach der Verweisung eintretende Veränderung der sie begründenden Umstände nicht berührt, § 17 I; das gleiche gilt für die **Zuständigkeit**, § 261 III Z 2 ZPO. Ändert sich der Streitgegenstand, so ist der Rechtsweg (und die Zuständigkeit) neu zu prüfen, Hamm FamRZ **88**, 1293, OVG Bre LS DÖV **88**, 90. **b) Maßnahmen des verweisenden Gerichts**, zB die Zulassung eines Drittbeteiligten, bleiben bestehen; das gilt auch für die Bewilligung der PKH, Düss RR **91**, 63 (entspr § 119 Satz 2 ZPO), aM Krause ZZP **83**, 323, ZöGu § 17 Rdz 18. **c) Fristen.** Sofern durch die Klagerhebung eine Frist gewahrt werden sollte, kommt es dafür auf den Eintritt der Rechtshängigkeit bei dem verweisenden Gericht an, OVG Münst NJW **96**, 334. Beim Zivilgericht genügt die Einreichung, sofern die Zustellung demnächst erfolgt, § 270 III ZPO; dies gilt auch dann, wenn das angerufene Gericht die Sache vor Zustellung der Klage an den Gegner verweist (was wegen der vorgeschriebenen Anhörung beider Parteien, § 17 a II, praktisch nicht vorkommen kann). Wenn **an ein Zivilgericht verwiesen** wird, gelten die für das verweisende Gericht geltenden Regeln fort, also auch diejenigen, nach denen die Rechtshängigkeit schon mit der Einreichung der Klage eintritt, zB § 90 I VwGO, Jauernig NJW **86**, 35, Schneider MDR **86**, 459 (insbesondere zum Fall des Rechtsmißbrauchs), vgl auch Hagelstein FamRZ **00**, 340 zu Kogel FamRZ **99**, 1252). Bei Verweisung wahrt auch die versehentlich (nicht aber rechtsmißbräuchlich) bei einem sachlich oder örtlich unzuständigen Gericht eingereichte Klage die Frist, OVG Kblz NJW **81**, 1005, vgl VGH Mü BayVBl **00**, 699, aM BVerwG NJW **02**, 768.

1. Titel. Gerichtsbarkeit § 17b, Einf §§ 18–20 GVG

C. Weiteres Verfahren. Es richtet sich nach den Vorschriften, die für das im Verweisungsbeschluß 4
bezeichnete Gericht gelten, § 13 Rn 28 u 29. Dies gilt auch dann, wenn zu Unrecht verwiesen worden ist.
Dann muß das zur Entscheidung berufene Gericht im Rahmen der für dieses Gericht maßgeblichen
Vorschriften die der Sache am besten entsprechende Verfahrensart bestimmen und danach verfahren, BGH
NJW 90, 1795, BVerwG NJW 67, 2128.

2) Kosten, II (eigene Regelung in § 12a I 3 ArbGG, LAG Kassel MDR 99, 1144). Die Regelung 5
entspricht § 281 III ZPO, s die dortigen Erläuterungen; sie gilt in Verfahren nach dem FGG entspr,
BayObLG FGGPrax 95, 211, Hamm RR 00, 1023 mwN (§ 54 BeurkG). Zur Entscheidung über die Kosten
(und den Streitwert) ist allein das Gericht berufen, an das verwiesen worden ist, Hamm aaO, VGH Mannh
NVwZ-RR 92, 165. Für die Kosten einer Beschwerde, § 17a IV, bzw einer Berufung, § 17a Rn 16, gilt II
nicht; über sie entscheidet das Rechtsmittelgericht nach den §§ 91ff ZPO, ZöGu 4, BGH NJW 93, 2541,
OVG Hbg NVwZ-RR 00, 842 mwN, OVG Münst NVwZ-RR 93, 670 mwN, auch bei Erfolg des
Rechtsmittels, aM Köln RR 93, 640, BezG Dresden ZIP 92, 283. Beschwerdewert ist der Wert der
Hauptsache, Köln RR 93, 639. Die Gerichtskosten der Rechtsmittelinstanz sind niederzuschlagen, § 8 I 1
GKG, OVG Münst aaO.

3) VwGO: § 17b ist entspr anzuwenden, § 173 *VwGO*, auch hinsichtlich der sachlichen und örtlichen Zuständig- 6
keit, § 83 Satz 1 *VwGO*, OVG Münst NJW 96, 334 (zur Fristwahrung, Rn 3). Zum Fortbestand der Wirkungen der
Rechtshängigkeit s o Rn 3. Als Sondervorschrift geht § 155 V *VwGO* der Regelung in II 2 vor, BT-Drs 11/7030 S 38.

Einführung zu §§ 18–20. Exterritorialität

Schrifttum: *Schack,* Internationales Zivilverfahrensrecht, 1991, § 6; *Linke,* Internationales Zivilprozeßrecht, 1990, § 3; *Geimer,* Internationales Zivilprozeßrecht, 1987; *Damian,* Staatenimmunität und Gerichts-
zwang, 1985; *Nagel,* Internationales Zivilprozeßrecht, 3. Aufl 1990; *Rüping* F Kleinknecht, S 397; *Riedinger,*
Staatenimmunität gegenüber Zwangsgewalt, RabelsZ 81, 448; *Schaumann-Habscheid,* Die Immunität ausländischer Staaten nach VölkerR u deutschem ZivilprozeßR (Heft 8 der dt Gesellsch f VölkerR, 1968);
Dahm, Völkerrechtl Grenzen der inld Gerichtsbark gegenüber ausld Staaten, Festschrift Nikisch S 156; StJ
vor § 1 V B u D; RoS § 20.

1) Allgemeines. §§ 18–20 sind durch G v 25. 3. 74, BGBl 761, mit Wirkung v 1. 4. 74 neu gefaßt, dazu 1
Fliedner ZRP 73, 263; hinzugekommen ist mit Wirkung vom 1. 8. 84 die ergänzende Bestimmung des
§ 20 I. Diese Vorschriften regeln die persönliche Exterritorialität (Exemtion, Immunität) für diplomatische
Missionen und konsularische Vertretungen durch Übernahme der sog Wiener Übk sowie für andere
Personen durch eine Sonderbestimmung für Gäste der Bundesrepublik und i ü durch Verweisung auf völkerrechtliche Regelungen; zu letzteren vgl den Überblick bei Steinmann MDR 65, 706 u 795. Weitere Fälle
der Exterritorialität: § 20 Rn 2ff.

2) Immunität (Kissel § 18 Rn 1–9; Schack, Rn 137–139; Staudinger/Spellenberg Rn 1–13). 2
A. Grundsatz. Die Immunität (Exterritorialität) bedeutet die Befreiung von der deutschen Gerichtsbarkeit, RG 157, 394, und ist als VerfHindernis in jeder Lage des Verfahrens vAw zu beachten, BVerfG 46, 342,
BGH 18, 1, BGH(St) NJW 86, 2204, BAG NZA 01, 684, BayObLG NJW 92, 641. Deshalb darf das Gericht
keinen Termin in der Hauptsache anberaumen, Hbg MDR 53, 109, keinen Arrest und keine einstw Vfg
erlassen, Ffm NJW 82, 2650, Exterritoriale nicht als Beteiligte eines Streitverfahrens anhören, vgl Köln NJW
92, 320 zu LG Bonn FamRZ 91, 1329 (Anm Kimminich), Zeugen oder Sachverständige laden, BVerwG NJW
89, 679 mwN, u dgl (s jedoch die zT abweichenden Bestimmungen des Nato-Truppenstatuts, Schlußanh III).
Zulässig ist aber die Zustellung der Klage (auf diplomatischem Wege) und die Anberaumung eines Termins zur
abgesonderten Verhandlung über die Immunität, wenn darüber nicht nach Aktenlage entschieden werden
kann, LG Hbg NJW 86, 3034 mwN, dazu Hess RIW 89, 254 (eingehend), Mann NJW 90, 618, aM Hartmann
§ 17 Rn 4, ZöSt § 216 Rdz 4 u 7 (Verfahrenshindernis). Über Zustellung vgl § 200 ZPO; in exterritorialen
Räumen darf keine Zustellung stattfinden, notfalls ist öff Zustellung geboten. Zulässig dürfte auch eine Bitte
um Auskunft sein, Mann NJW 90, 619. Ein Streit über die Befreiung ist durch Urteil zu entscheiden, bei
Bejahung durch abweisendes Prozeßurteil, bei Verneinung entsprechend § 280 ZPO durch Zwischenurteil,
BAG NZA 01, 684 mwN. Die **Nichtbeachtung der Exterritorialität** macht jede gerichtliche Handlung
völlig wirkungslos, so daß Entscheidungen nichtig ohne denkbare innere Rechtskraft sind; das gilt für verurteilende Entscheidungen, hM (abw Schlosser ZZP 79, 164), ebenso wie für sachlich abweisende, str, aM StJ vor
§ 578 I 2 b aa. Selbsthilferechte von Privatpersonen werden durch die §§ 18–20 nicht ausgeschlossen, Kissel
§ 18 Rn 8, MüKoWo Vorbem §§ 18–20 Rn 5, Bongartz NJW 95, 780, Köln NJW 96, 473.

B. Ausnahmen. Ausnahmsweise besteht Gerichtsbarkeit über Exterritoriale **a)** in den durch **völker-** 3
rechtliche Vereinbarung vorgesehenen Ausnahmefällen, s bei §§ 18–20, **b)** vorbehaltlich abweichender
Regelung in solcher Vereinbarung **bei freiwilliger Unterwerfung** unter die deutsche Gerichtsbarkeit, die
der Zustimmung der hierfür zuständigen Organe des Absendestaats bedarf. Stillschweigende Unterwerfung
ist zulässig, liegt aber nicht schon im Betreiben eines inländischen Gewerbebetriebs, RG 103, 278, wohl aber
im Abschluß einer Schiedsvereinbarung (Langkeit, Staatenimmunität und Schiedsgerichtsbarkeit, 1989, Herdegen RIW 89, 336, Ebenroth/Parche RIW 90, 343), in Prorogationsabreden, v. Schönfeld NJW 86, 2983,
und erst recht in der Erhebung einer Klage, vgl Art 1–3 des Übk v 16. 5. 72, § 20 Rn 2, BVerwG NJW 96,
2744 mwN. Dann ist der Beklagte zu jeder Art der Verteidigung berechtigt, RoS § 20 II 1, zB zur bloß
abwehrenden Widerklage, RG 111, 149, und zu Rechtsmitteln, aber auch zu abwehrenden Zusammen-
hangsklagen wie Änderungsklage, § 323, Vollstreckungsklage, §§ 767 u 771, Wiederaufnahmeklage u dgl,
RoS § 20 II 2 b. Auch bei Unterwerfung bleibt die **Befreiung von der gerichtlichen Zwangsgewalt**
bestehen, also ist keine Ladung zur Vernehmung als Partei, Zeuge oder Sachverständiger u auch keine
Zwangsvollstreckung ohne besondere Unterwerfung statthaft, hM, die aber bei gewerblicher Betätigung im
Inland als erklärt angesehen werden muß, StJ V B 5 vor § 1 ZPO.

GVG §§ 18, 19

18 Diplomatische Missionen. ¹Die Mitglieder der im Geltungsbereich dieses Gesetzes errichteten diplomatischen Missionen, ihre Familienmitglieder und ihre privaten Hausangestellten sind nach Maßgabe des Wiener Übereinkommens über diplomatische Beziehungen vom 18. April 1961 (Bundesgesetzbl. 1964 II S. 957 ff.) von der deutschen Gerichtsbarkeit befreit. ²Dies gilt auch, wenn ihr Entsendestaat nicht Vertragspartei dieses Übereinkommens ist; in diesem Falle findet Artikel 2 des Gesetzes vom 6. August 1964 zu dem Wiener Übereinkommen vom 18. April 1961 über diplomatische Beziehungen (Bundesgesetzbl. 1964 II S. 957) entsprechende Anwendung.

1 1) **Allgemeines.** Für die Befreiung von der deutschen Gerichtsbarkeit (Exemtion, Immunität), Einf Rn 2, soweit es sich um Mitglieder diplomatischer Missionen sowie ihre Familienmitglieder und privaten Hausangestellten handelt, sind die Bestimmungen des **Wiener Übk über diplomatische Beziehungen** (WÜD) maßgeblich, **S 1** (dazu BVerfG NJW **98**, 50) und zwar auch dann, wenn der Entsendestaat nicht Vertragspartei dieses Übk ist, **S 2 1. Halbs;** in diesem Fall gilt die in Art 2 G v 6. 8. 64 enthaltene Ermächtigung, Vorrechte und Befreiungen durch RechtsVO zu erweitern oder einzuschränken (bisher nicht praktisch geworden), **S 2 2. Halbs.**

2 2) **Einzelheiten** (RS des Ausw Amtes v 17. 8. 93, GMBl 591, abgedr Katholnigg von § 18 Rn 3).

A. **Immunität genießen a) Diplomaten,** dh die Missionschefs und die in diplomatischem Rang stehenden Mitglieder des diplomatischen Personals, Art 1 e WÜD, in allen Fällen, ausgenommen dingliche Klagen bezüglich privater Grundstücke, Klagen in bestimmten Nachlaßsachen und Klagen im Zusammenhang mit freiberuflicher oder gewerblicher Tätigkeit, Art 31 I WÜD; **b)** in gleichem Umfang die zum Haushalt eines Diplomaten gehörenden **Familienmitglieder,** Art 37 I WÜD; **c) Mitglieder des Verwaltungs- und technischen Personals** und die zu ihrem Haushalt gehörenden **Familienmitglieder sowie Mitglieder des Hauspersonals** nur für die in Ausübung ihrer dienstlichen Tätigkeit vorgenommenen Handlungen, Art 37 II, III WÜD.

3 B. **Keine Immunität genießen a) Diplomaten bei ausdrücklichem Verzicht** durch den Entsendestaat, der für die Zwangsvollstreckung besonders erklärt werden muß, Art 32 I, II u IV WÜD, ferner, wenn sie Kläger sind, für die Klage, Wengler IPrax **92**, 224, OVG Münst NJW **92**, 2043, und für unmittelbar damit zusammenhängende **Widerklagen,** Art 32 III WÜD, **b) sonstige bei A genannte Personen,** wenn sie **Deutsche** im Sinne des GG sind oder, in den bei A c genannten Fällen, ständig **in der Bundesrepublik ansässig** sind, Art 37 I–IV, 38 II WÜD, **c) private Hausangestellte,** Art 37 IV WÜD. Wegen der Sonderbotschafter vgl § 20 Rn 5.

4 C. **Unabhängig von der persönlichen Immunität** sind unverletzlich die Räumlichkeiten der Mission mit den darin befindlichen Gegenständen, sowie ihre Beförderungsmittel, Archive und Schriftstücke, Korrespondenz und Gepäck sowie die Privatwohnung des Diplomaten, Art 22 III, 24, 27, 30 WÜD; vgl zum früheren Rechtszustand BVerfG **15**, 25.

5 3) *VwGO: Entsprechend anzuwenden,* § 173 *VwGO, da im WÜD Zivil- und VerwProzesse hinsichtlich der Immunität gleichgestellt werden.*

19 Konsularische Vertretungen. ¹ ¹Die Mitglieder der im Geltungsbereich dieses Gesetzes errichteten konsularischen Vertretungen einschließlich der Wahlkonsularbeamten sind nach Maßgabe des Wiener Übereinkommens über konsularische Beziehungen vom 24. April 1963 (Bundesgesetzbl. 1969 II S. 1585 ff.) von der deutschen Gerichtsbarkeit befreit. ²Dies gilt auch, wenn ihr Entsendestaat nicht Vertragspartei dieses Übereinkommens ist; in diesem Falle findet Artikel 2 des Gesetzes vom 26. August 1969 zu dem Wiener Übereinkommen vom 24. April 1963 über konsularische Beziehungen (Bundesgesetzbl. 1969 II S. 1585) entsprechende Anwendung.
II Besondere völkerrechtliche Vereinbarungen über die Befreiung der in Absatz 1 genannten Personen von der deutschen Gerichtsbarkeit bleiben unberührt.

1 1) **Allgemeines.** Für die Befreiung von der deutschen Gerichtsbarkeit (Immunität), Einf § 18 Rn 2, hinsichtlich der konsularischen Vertretungen einschließlich der Wahlkonsulate sind die Bestimmungen des **Wiener Übk über konsularische Beziehungen** (WÜK) – Bülow/Böckstiegel F I Anh – auch dann maßgeblich, wenn der Entsendestaat nicht Vertragspartei dieses Übk ist, dazu Üb § 373 Rn 28. In allen Fällen gilt die in Art 2 G v 26. 8. 69 enthaltene Ermächtigung, Vorrechte und Befreiungen durch RechtsVO zu erweitern oder einzuschränken (bisher nicht praktisch geworden).

2 2) **Einzelheiten,** s Steinmann MDR **65**, 708, Abschn IV RS BMI v 14. 3. 75, GMBl 337, 518, 629.

A. **Konsularbeamte,** Art 1 I d WÜK, **und Bedienstete des Verwaltungs- oder technischen Personals,** Art 1 I e WÜK, **genießen Immunität nur** wegen der Handlungen, die sie **in Wahrnehmung konsularischer Aufgaben** vorgenommen haben, Art 43 I WÜK, dazu **BAG NZA 02**, 1416, Karlsruhe NJW **04**, 3273, BayObLG NJW **92**, 641 u **74**, 431, Hbg NJW **88**, 2191, und auch in diesen Fällen **nicht** gegenüber Klagen aus Verträgen, bei denen sie nicht ausdrücklich oder erkennbar für den Entsendestaat gehandelt haben, dazu 1416, LG Hbg NJW **85**, 3034, und gegenüber Schadensersatzklagen aus Verkehrsunfällen, Art 43 II WÜK. Entsprechendes gilt für **Wahlkonsularbeamte,** Art 85 II WÜK, auch wenn sie Deutsche sind, Art 71 I WÜK.

B. **Keine Immunität** besteht bei Verzicht und bei bestimmten Widerklagen, Art 45 WÜK, vgl § 18 Rn 3, und überhaupt nicht für sonstiges Personal und Familienangehörige von Konsularbeamten.

C. **Unverletzlich sind die konsularischen Räumlichkeiten,** Art 31 WÜK (dazu BGH NJW **90**, 1800), ferner Archive und Schriftstücke sowie Korrespondenz und mit Einschränkung Kuriergepäck, Art 33

1. Titel. Gerichtsbarkeit §§ 19, 20 GVG

und 35 WÜK. Beschränkungen der persönlichen Freiheit eines Konsularbeamten sind nur in bestimmten Fällen statthaft, Art 41 WÜK. Wegen der Zeugnispflicht s Art 44 WÜK, vgl auch Üb § 373 ZPO Rn 27.

3) Besondere völkerrechtliche Vereinbarungen bleiben unberührt, II. Wegen der Konsularverträge mit Großbritannien, Iran, Irland, Japan, Jemen, Saudiarabien, Spanien, Thailand, Türkei, UdSSR und USA vgl Steinmann MDR **65**, 708 (keine weitergehenden Befreiungen als nach WÜK).

4) VwGO: *Entsprechend anzuwenden, § 173 VwGO, da im WÜK Zivil- und VerwProzesse gleichgestellt werden.*

20 Sonstige Exterritoriale.

¹ Die deutsche Gerichtsbarkeit erstreckt sich auch nicht auf Repräsentanten anderer Staaten und deren Begleitung, die sich auf amtliche Einladung der Bundesrepublik Deutschland im Geltungsbereich dieses Gesetzes aufhalten.

II Im übrigen erstreckt sich die Deutsche Gerichtsbarkeit auch nicht auf andere als die in Absatz 1 und in den §§ 18 und 19 genannten Personen, soweit sie nach den allgemeinen Regeln des Völkerrechts, auf Grund völkerrechtlicher Vereinbarungen oder sonstiger Rechtsvorschriften von ihr befreit sind.

Schrifttum: *Schack* § 6 IV; *Langkeit,* Staatenimmunität und Schiedsgerichtbarkeit, 1989; *Vischer* IPrax **91**, 209; *Chrocziel/Westin,* Die Vollstreckbarkeit ausländischer Urteile und Schiedssprüche, ZVglRWiss **88**, 180; *Riedinger,* Staatenimmunität gegenüber Zwangsgewalt, RabelsZ **81**, 448; *Seidl-Hohenveldern,* Neue Entwicklungen im Recht der Staatenimmunität, Festschrift Beitzke, 1979, S. 1081; *StJSchumann* Einl Rdz 660.

1) Exterritorialität von Staatsgästen, I. Persönliche Immunität, Einf § 18 Rn 2, genießen Repräsentanten anderer Staaten und deren Begleitung, die sich auf amtliche Einladung der Bundesrepublik Deutschland hier aufhalten. Auf die Staatsangehörigkeit kommt es nicht an, so daß die Genannten auch dann von der deutschen Gerichtsbarkeit befreit sind, wenn sie (auch) deutsche Staatsangehörige sind.

Repräsentanten anderer Staaten sind nur solche Personen, die kraft ihrer Stellung, zB als Mitglieder der Regierung, oder aufgrund einer Sonderermächtigung zur Vertretung des anderen Staates in seiner Gesamtheit berufen sind. Die amtliche Einladung der Bundesrepublik muß von einer staatlichen Stelle ausgehen, die zur Vertretung der Bundesrepublik in ihrer Gesamtheit befugt ist; die Befugnis zur Vertretung eines Landes oder einer sonstigen Körperschaft reicht nicht aus. Begleitung der Repräsentanten sind die auf der vom Gastland akzeptierten Delegationsliste genannten Begleitpersonen.

Die Befreiung gilt kraft innerstaatlichen Rechts. Sie ist unabhängig von den allgemeinen Regeln des Völkerrechts, dazu unten Rn 5.

2) Sonstige persönliche Exterritorialität, II. Persönliche Immunität, Einf § 18 Rn 2, genießen außer den in I sowie in den §§ 18 und 19 Genannten:

A. Nach den allgemeinen Regeln des Völkerrechts, Art 25 GG: **a) Ausländische Staaten** und die für sie handelnden Organe, BVerwG NJW **89**, 679 mwN, BGH NJW **79**, 1101, v. Schönfeld NJW **86**, 2980. **aa)** Maßgeblich ist im Verhältnis zu den Vertragsstaaten das **Europäische Übk über Staatenimmunität** v 16. 5. 72, BGBl 90 II 35, mit AusfG v 22. 1. 90, BGBl II 34; das Übk ist für die BRep am 16. 8. 90 in Kraft getreten, Bek v 24. 10. 90, BGBl II 1400 (dort auch die Zusatzerklärungen zu Art 21 IV u 24 des Übk, Zusatzerklärung zu Art 28 II v 5. 6. 92 s BGBl II 1066). Vertragsstaaten: Belgien, Luxemburg, Niederlande (für das Königreich in Europa), Österreich, Schweiz, Vereinigtes Königreich und Zypern (Bek v 24. 10. 90, dort auch die Zusatzerklärungen).

Das Übk enthält Bestimmungen über die Immunität von der Gerichtsbarkeit, Art 1–15 u 24, Verfahrensvorschriften, Art 16–19, Vorschriften über die Wirkungen der gegen einen Vertragstaat ergangenen Entscheidungen und Vergleiche, Art 20–22, sowie die Voraussetzungen der Zwangsvollstreckung, Art 23 u 26, ferner ergänzende und allgemeine Bestimmungen, Art 25 ff; vgl im einzelnen BBGS I 1 951. Für die Feststellung, ob die BRep oder ein Bundesland die Entscheidung eines Gerichts eines anderen Vertragsstaates nach Art 20 oder Art 25 oder einen Vergleich nach Art 22 des Übk zu erfüllen hat, ist das LG zuständig, Art 2 AusfG v 22. 1. 90, BGBl II 34.

Vgl dazu im einzelnen: BBGS I 1 951; Schack § 6 IV; Linke IZRP Rn 73; Geimer IZPR Rn 555–755; Seidl-Hohenveldern IPrax **93**, 190; Karczewski RabelsZ **90**, 533; Kronke IPrax **91**, 141.

bb) Sofern das Übk v 16. 5. 72 und andere völkerrechtliche Verträge nichts abweichendes bestimmen, besteht nach den **allgemeine Regeln** des Völkerrechts iSv Art 25 GG Immunität grds nur im **Bereich hoheitlicher Tätigkeit** (was nach deutschem Recht zu prüfen ist), BVerfG NJW **83**, 2766 mwN, BGH NJW **79**, 1101 mwN, BAG NZA 02, 1416 u 640, 01, 684 mwN, LAG Bln MDR **01**, 1423 mwN, AG Bonn NJW **88**, 473 (dazu Gündling IPrax **88**, 338); vgl Steinberger, F Carstens II, 1984, S 889, Geiger NJW **87**, 1124, v. Schönfeld NJW **86**, 2890 (eingehend), Magiera NJW **85**, 1745, Gramlich RabelsZ **81**, 577. **Keine Immunität** genießen dagegen Staaten für den Bereich des nichthoheitlichen Handelns im Bereich des allgemeinen Wirtschaftslebens und demgemäß auch nicht auslandsrechtliche jur Personen einschließlich privatwirtschaftlich tätiger Unternehmen eines Staates, denen dieser die Stellung einer selbständigen jur Person verliehen hat, BGH **18**, 1, Ffm NJW **81**, 2650 mwN, zB eine staatliche Ölgesellschaft, Ffm RIW **82**, 439, dazu Albert IPrax **83**, 55, Gramlich NJW **81**, 2618 u Hausmann IPrax **82**, 54 zu Ffm IPrax **82**, 71 u NJW **81**, 2650, oder eine staatliche Notenbank, LG Ffm NJW **76**, 1045, dazu Schumann ZZP **93**, 412, Krauskopf WertpMitt **86**, 89 (eingehend), vgl hierzu Esser RzW **84**, 577 mwN (auch rechtsvergleichend).

Ist gegen einen ausländischen Staat über ein nicht-hoheitliches Verhalten ein Vollstreckungstitel ergangen, so ist die **Zwangsvollstreckung** durch den Gerichtsstaat in Gegenstände des ausländischen Staates, die sich im Hoheitsbereich des Gerichtsstaates befinden oder dort belegen sind, nach den allgemeinen Regeln des Völkerrechts iSv Art 25 GG ohne Zustimmung des ausländischen Staates unzulässig, soweit diese Gegenstände im

GVG 21, Anh § 21   Gerichtsverfassungsgesetz

Zeitpunkt des Beginns der Vollstreckungsmaßnahme (nach deutschem Recht) hoheitlichen Zwecken dieses Staates dienen, BVerfG **46**, 342 u **64**, 1, BGH RR **03**, 1219 u Köln SchiedsVZ **04**, 100 sowie KG SchiedsVZ **04**, 105 mwN, vgl v. Schönfeld NJW **86**, 2985 (eingehend), Riedinger RabelsZ **81**, 448 (betr Unzulässigkeit der Zwangsvollstreckung in Forderungen aus einem laufenden, allgemeinen Bankkonto einer diplomatischen Vertretung, das zur Deckung der Ausgaben und Kosten dieser Vertretung bestimmt ist), BVerfG **64**, 1, dazu Esser RIW **84**, 577, Stein IPrax **84**, 179, Seidl-Hohenveldern RIW **83**, 613, Gramlich NJW **81**, 2619 (betr Zulässigkeit der Zwangsvollstreckung in Konten einer staatlichen Ölgesellschaft), LG Hbg RIW **81**, 712 (betr Zwangsvollstreckung in Konten eines ausländischen Instituts mit nichthoheitlichen Aufgaben).

Zur **Beweislast** in diesen Fällen v. Schönfeld NJW **86**, 2982, Walter RIW **84**, 9. Wegen des **Verzichts** auf die Immunität, zB durch Erhebung einer Klage oder Abschluß einer Schiedsvereinbarung, Art 1–3 des Übk v 16. 5. 72, vgl van Hecke IPrax **92**, 205, Vischer Iprax **91**, 209, Einf § 18 Rn 3.

5   b) **Staatsoberhäupter**, bei amtlichen Besuchen auch ihr Gefolge, genießen persönliche Immunität kraft Völkerrechts.

c) **Ausländische Regierungsmitglieder** bei amtlichen Besuchen und Delegierte bei zwischenstaatlichen Tagungen sind kraft Völkerrechts persönlich exterritorial, soweit nicht für sie und ihre Begleitung schon Immunität nach I besteht.

d) **Diplomaten** und ihre Familienangehörigen auf der Durchreise, Art 40 WÜK, genießen Immunität, grundsätzlich auch Sonderbotschafter, BGH NJW **84**, 2048 (krit Bockslaff/Koch NJW **84**, 2742 mwN, zustm Oehler JR **85**, 79) zu LG Düss EuGRZ **83**, 440, Düss EuGRZ **83**, 160 (krit Zuck), Engel JZ **83**, 627, Wolf EuGRZ **83**, 401, jedoch endet die Immunität mit dem Status als Sonderbotschafter, Düss NStZ **87**, 87 (Anm Jakobs).

e) **Fremde Truppen**, die befugt deutschen Boden betreten, ebenso Personen an Bord von Kriegsschiffen, die sich rechtmäßig in deutschen Küstengewässern aufhalten, Mössner NJW **82**, 1197, sind persönlich exterritorial kraft Völkerrechts, soweit sie sich hoheitlich betätigen, Sennekamp NJW **83**, 2731 (wegen ihrer Rechtsstellung nach Sonderverträgen vgl unten Rn 6).

6   B. **Auf Grund völkerrechtlicher Vereinbarung oder sonstiger Rechtsvorschriften genießen Immunität**, MüKoWo 16, Katholnigg 4–8:

a) **Zwischenstaatliche Organisationen und ihre Angehörigen** (Kunz-Hallstein NJW **92**, 3069; Wenckstern NJW **87**, 1113, insbesondere zur Umsetzung völkerrechtlicher Abkommen in innerstaatliches Recht). Hierhin gehören zB die Vereinten Nationen, BGBl 80 II 141, die EWG, BGBl 57 II 1182, Euratom, BGBl 57 II 1212, Europarat, BGBl 54 II 493, Sonderorganisationen der UNO, BGBl 54 II 639, 57 II 469, 64 II 187, 85 II 837 (dazu VO v 16. 6. 70, BGBl II 689, u 18. 3. 71, BGBl II 129); ferner: Internationaler Seegerichtshof, VO v 10. 10. 96, BGBl II 2517; Europäische Patentorganisation, BGBl 76 II 649, 826; Europäische Weltraumorganisation, BGBl 80 II 766; Atomenergiekommission, BGBl 60 II 1993, BayObLG FamRZ **72**, 212 m Anm Habscheid; Eurocontrol, Übk v 13. 12. 60, BGBl 62 II 2274, dazu BVerwG **54**, 291 und BVerfG **58**, 1 m krit Anm Gramlich JZ **82**, 149 u BVerfG **59**, 63 m zustm Anm Busch DVBl **82**, 579 u Gramlich DÖV **82**, 407 (zu VGH Mannh NJW **80**, 540 m Anm Gramlich DVBl **80**, 459), vgl Magiera NJW **85**, 1744, Gramlich JR **85**, 221, Schwarze EuGRZ **83**, 117, VGH Kassel NJW **84**, 2055; Naturkautschukorganisation, BGBl **89** II 107; vgl iü das Verzeichnis in Sartorius II, Anh zu Nr 3. Immunität genießen auch Personen, die an Verfahren vor der Europäischen Kommission oder dem Gerichtshof für Menschenrechte teilnehmen, BGBl 77 II 1445;

b) **Angehörige der NATO-Streitkräfte**, s Schlußanh III, Sennekamp NJW **83**, 2733, VGH Kassel NJW **84**, 2055;

7   3) **Gegenständliche Beschränkung.** Sie gilt für die deutsche Gerichtsbarkeit außerdem ua bei Kriegsschiffen, oben Rn 5, und bei Staatsschiffen gemäß Abk v 10. 4. 26, RGBl 27 II 483, und Zusatzprotokoll v 24. 5. 34, RGBl 36 II 303, dazu RG **157**, 398, StJ V B 4 vor § 1 (Vertragstaaten: Ägypten, Argentinien, Belgien, Brasilien, Chile, Dänemark, Frankreich, Griechenland, Italien, Madagaskar, Niederlande, Norwegen, Polen, Portugal, Schweden, Schweiz, Syrien, Türkei, Ungarn, Uruguay, Vereinigtes Königreich mit Ausnahme bestimmter Gebiete, Zaire, Zypern). Eine gegenständliche Beschränkung besteht ferner bei Räumlichkeiten, Gebäuden und Archiven zwischenstaatlicher Organisationen, oben Rn 2.

8   4) *VwGO:* Entsprechend anzuwenden, § 173 *VwGO; zur Immunität von zwischenstaatlichen Einrichtungen s BVerwG NJW **93**, 1409.*

21 (betrifft Strafsachen)

Anhang nach § 21 GVG. I. Justizverwaltung und Rechtspflege

Schrifttum: *Piller/Hermann,* Justizverwaltungsvorschriften, 4. Aufl 1998.

Justizverwaltung heißt der die Angelegenheiten der Rechtspflege betreffende Teil der Staatsverwaltung, vgl Wolf § 6, Kissel § 12 Rdz 88 ff (mit zT abweichender Terminologie). Man weist ihr regelmäßig alles zu, was nicht zur Rechtsprechung gehört. Das trifft nicht zu. Die Rechtspflege zerfällt vielmehr in Rechtsprechung, Justizverwaltung und gewisse rechtspflegerische Geschäfte, die damit unter die Garantie des unabhängigen Richters gestellt sind; diese haben ganz verschiedenen Charakter, zB fürsorgerischen wie die Prozeßkostenhilfe (Bischof DÖD **86**, 3, Karlsr FamRZ **86**, 347), viele Geschäfte der freiwilligen Gerichtsbarkeit, die aber auch zT Streitsachen in sich schließt (Regelungsstreitigkeiten, Bötticher Festschrift Lent, 1957, S 89 ff), wie ua die Hausratsverteilung und die Vertragshilfe, ferner VerwGeschäfte wie die Geschäftsverteilung, § 21 e GVG, auch die Bestimmung des zuständigen Gerichts, § 36 ZPO. Zur Justizverwaltung gehören namentlich Dienstaufsicht, ferner Justizhaushalt, Sach-, Personal- und Kassenverwaltung, Erstattung gerichtli-

1. Titel. Gerichtsbarkeit **Anh § 21 GVG**

cher Gutachten, Rechtshilfeverkehr mit dem Ausland, vgl BGH NJW **87**, 1199; s auch § 4 DRiG Rn 3. Im einzelnen entscheidet nicht die Bezeichnung im Gesetz, sondern der Charakter der dem Gericht zugewiesenen Tätigkeit. Die Justizverwaltung ist, soweit es sich nicht um den BGH handelt, Sache der Länder. **Justizverwaltungsakte**, soweit sie nicht unter § 23 I EGGVG fallen, unterliegen der Anfechtung vor den allgem Verwaltungsgerichten, § 40 VwGO, also zB die Zulassung von Rechtsbeiständen oder die Entscheidung des Justizprüfungsamtes, § 23 EGGVG Rn 2. Justizverwaltungsakt ist auch die Entscheidung über die Anerkennung ausländischer Entscheidungen in Ehesachen; sie unterliegt der Nachprüfung auf ihre Rechtmäßigkeit durch das OLG, Üb 2 § 23 EGGVG Rn 2. – Der **Rechtspfleger** wirkt als Richter, § 9 S 1 RpflG; seine Tätigkeit fällt, anders als die des Urkundsbeamten, nicht unter die Justizverwaltung. Es ist aber möglich, daß ihm außer den Aufgaben als RPfl auch andere Dienstgeschäfte, insbesondere die des Urkundsbeamten der Geschäftsstelle, übertragen werden, so daß er insofern dann den Vorschriften für diese Geschäfte und damit der Justizverwaltung untersteht, § 27 RPflG, abgedr Anh § 153 GVG. – Die Verwaltung der **Arbeitsgerichtsbarkeit** ist in den §§ 15, 34 und 40 ArbGG (idF des G v 26. 6. 90, BGBl 1206) geregelt.

II. Aufbau der Justizverwaltung, §§ 13–18 GVVO vom 20. 3. 35, RGBl 403 (= BGBl III 300–5)

Vorbem. Da die Angelegenheiten der Justizverwaltung nicht zur konkurrierenden Gesetzgebung gehören, ist die GVVO **kein Bundesrecht** geworden, Art 125 GG, Bülow/Butteweg S 184. Sie gilt landesgesetzlich weiter und ist zT verändert oder aufgehoben, vgl Schönfelder GVG S 1 und Weber NJW **98**, 1673 (betr Sachsen). Die GVVO ist mit Fußnoten zur Fortgeltung der einzelnen Vorschriften vollständig abgedruckt bei Kissel, Anh nach § 39 EGGVG, u bei Katholnigg S 465–469. An die Stelle des RJM sind die Landesjustizminister (Senatoren) getreten. Zur Frage der Zusammenlegung von Innen- und Justizministerium s NRWVerfG NJW **99**, 1243 (dazu Sendler u Böckenförde NJW **99**, 1232 bzw 1235).

§ 13. ¹**Die Präsidenten der Gerichte, die aufsichtführenden Amtsrichter, …, die Leiter der Staatsanwaltschaften und die Vorsteher der Gefangenenanstalten haben nach näherer Anordnung** des Reichsministers der Justiz **die ihnen zugewiesenen Geschäfte der Justizverwaltung zu erledigen.** ²Sie . . . . . . können die ihrer Dienstaufsicht unterstellten Beamten zu den Geschäften der Justizverwaltung heranziehen.

§ 14. ¹**Die Dienstaufsicht üben aus**
1. der Reichsminister der Justiz über sämtliche Gerichte, Staatsanwaltschaften und Gefangenenanstalten,
2. (weggefallen),
3. der Oberlandesgerichtspräsident und der Landgerichtspräsident über die Gerichte ihres Bezirks,
4. der aufsichtführende Amtsrichter über das Amtsgericht,
5. (gegenstandslos),
6. der Generalstaatsanwalt beim Oberlandesgericht und der Oberstaatsanwalt beim Landgericht über die Staatsanwaltschaften, der Generalstaatsanwalt auch über die Gefangenenanstalten des Bezirks,
7. der Vorsteher des badischen Notariats, der Leiter der Amtsanwaltschaft und der Vorsteher der Gefangenenanstalt über die unterstellte Behörde.

II Dem Landgerichtspräsidenten steht die Dienstaufsicht über ein mit einem Präsidenten besetztes Amtsgericht nicht zu.

III Der Reichsminister der Justiz bestimmt, bei welchen Amtsgerichten der Präsident die Dienstaufsicht über andere zum Bezirk des übergeordneten Landgerichts gehörigen Amtsgerichte an Stelle des Landgerichtspräsidenten ausübt.

§ 15. ¹**Die Dienstaufsicht über eine Behörde erstreckt sich zugleich auf die bei ihr angestellten oder beschäftigten Beamten, Angestellten und Arbeiter.** ²Die Dienstaufsicht des aufsichtführenden Amtsrichters beschränkt sich jedoch, wenn ihm nicht die Zuständigkeit für die im § 5 Abs. 1 bezeichneten Anordnungen übertragen worden ist, auf die bei dem Amtsgericht angestellten oder beschäftigten nichtrichterlichen Beamten, die Angestellten und Arbeiter; die Dienstaufsicht des Leiters der Amtsanwaltschaft, sofern er nicht Oberstaatsanwalt ist, beschränkt sich auf die nicht dem höheren oder dem Amtsanwaltsdienst angehörigen Beamten.

Bem. Der Halbsatz „wenn ihm nicht . . . . . . übertragen worden ist", ist durch die Aufhebung von § 5 **1** durch Art 8 II Z 7 VereinheitlG gegenstandslos geworden, vgl Weist DRiZ **68**, 48.

§ 16. ¹ Wer die Dienstaufsicht über einen Beamten ausübt, ist Dienstvorgesetzter des Beamten.

II In der Dienstaufsicht liegt die Befugnis, die ordnungswidrige Ausführung eines Amtsgeschäfts zu rügen und zu seiner sachgemäßen Erledigung zu ermahnen.

§ 17. ¹ Beschwerden in Angelegenheiten der Justizverwaltung werden im Dienstaufsichtswege erledigt.

II Über Aufsichtsbeschwerden, die sich gegen einen im ersten Rechtszuge vom Präsidenten eines Amtsgerichts erlassenen Bescheid richten, entscheidet der Oberlandesgerichtspräsident endgültig, wenn für Beschwerden dieser Art bestimmt ist, daß die Entscheidung des Landgerichtspräsidenten endgültig ist.

§ 18. Der Reichsminister der Justiz **kann die Ausübung der ihm in dieser Verordnung übertragenen Befugnisse auf die ihm unmittelbar nachgeordneten Präsidenten der Gerichte und Leiter der Staatsanwaltschaften übertragen.**

GVG Übers § 21a

Gerichtsverfassungsgesetz

Zweiter Titel. Allgemeine Vorschriften über das Präsidium und die Geschäftsverteilung

Übersicht

Schrifttum: *Kissel* NJW 00, 460; *Niewerth* DRiZ 00, 4.

1) Gesetzesgeschichte

A) Frühere Fassung (Arndt DRiZ 72, 41). Der Titel ist durch G v 26. 8. 72, BGBl 841, eingefügt worden (Materialien: RegEntw BT-Drs 6/557, Ausschußbericht BT-Drs 6/2903). Er enthält die einheitlich für alle Gerichte der ordentlichen streitigen Gerichtsbarkeiten, iSv § 2 EGGVG, s dortige Erläuterungen, geltenden Vorschriften für die Präsidialverfassung, die für die kleineren AGe durch Sondervorschriften ergänzt werden.

Die wesentlichen Grundsätze dieser Regelung: **a) Präsidien** bestehen **bei allen Gerichten,** auch bei den AGen, sofern es sich nicht um Kleinstgerichte handelt; **b)** mit Ausnahme des den Vorsitz führenden Präsidenten oder aufsichtführenden Richters werden **alle Mitglieder gewählt,** wenn nicht ohnehin alle Richter dem Präsidium angehören oder bestimmte Mitglieder als gewählt gelten; **c)** die Präsidien entscheiden über alle Fragen der Geschäftsverteilung, auch über die Verteilung des Vorsitzes in den Spruchkörpern **(Allzuständigkeit des Präsidiums),** die Justizverwaltung nimmt nur wenige Aufgaben auf diesem Gebiet wahr; **d)** das Recht auf den **gesetzlichen Richter** wird auch innerhalb des Spruchkörpers gewährleistet.

B. Jetzige Fassung (Kissel NJW 00, 460). Änderungen brachte das G zur Stärkung der Unabhängigkeit der Richter und Gerichte v 22. 12. 99, BGBl 2598 (Materialien: BR-Entw BT-Drs 14/597, Entw der Fraktionen SPD u Bündnis 90/Die Grünen BT-Drs 14/979; Bericht des Rechtsausschusses BT-Drs 14/1875; Beschluß des BR BT-Drs 14/2330; Beschlußempfehlung VermAussch BT-Drs 14/2367). Darin wurde namentlich die seit 1972 geltende paritätische Besetzung der Präsidien der LGe und OLGe sowie des BGH mit vorsitzenden und beisitzenden Richtern beseitigt, vgl § 21 a Rn 5. Das G ist (mit Ausnahme der Änderung des RpflAnpG, Art 3 Z 1, die am 1. 1. 2000 in Kraft getreten ist) am 30. 12. 99 in Kraft getreten, Art 6; es enthält folgende **Übergangsvorschrift** (vgl BT-Drs 14/2330, dazu Kissel NJW 00, 463):

Art. 5 a G v 22. 12. 99, BGBl 2598. Übergangsvorschrift. **Die Vorschriften des Artikels 1 Nr. 1, 2 und 4 finden erstmalig Anwendung auf Präsidien, deren Mitglieder gemäß § 21 b Abs. 4 Satz 2 des Gerichtsverfassungsgesetzes frühestens drei Monate nach dem Inkrafttreten dieses Gesetzes neu gewählt werden. Bei dieser Wahl sind abweichend von § 21 b Abs. 4 Satz 1 und 2 des Gerichtsverfassungsgesetzes alle Mitglieder des Präsidiums neu zu wählen. § 21 b Abs. 4 Satz 3 des Gerichtsverfassungsgesetzes gilt entsprechend.**

2) Sachlicher Geltungsbereich. Der 2. Titel gilt entsprechend für alle anderen Zweige der Gerichtsbarkeit, nämlich für die Freiwillige Gerichtsbarkeit, § 2 EGGVG Rn 1, die Verwaltungsgerichtsbarkeit (§ 4 VwGO), die Finanzgerichtsbarkeit (§ 4 FGG) und die Disziplinargerichtsbarkeit des Bundes (§ 47 BDO), ferner mit bestimmten Abweichungen für die Patentgerichtsbarkeit (§ 68 PatG), die Sozialgerichtsbarkeit (§ 6 SGG) und die **Arbeitsgerichtsbarkeit.** Für diese gilt folgendes:

§ 6 a ArbGG. *Allgemeine Vorschriften über das Präsidium und die Geschäftsverteilung.* **Für die Gerichte für Arbeitssachen gelten die Vorschriften des Zweiten Titels des Gerichtsverfassungsgesetzes nach Maßgabe der folgenden Vorschriften entsprechend:**

1. **Bei einem Arbeitsgericht mit weniger als drei Richterplanstellen werden die Aufgaben des Präsidiums durch den Vorsitzenden oder, wenn zwei Vorsitzende bestellt sind, im Einvernehmen der Vorsitzenden wahrgenommen. Einigen sich die Vorsitzenden nicht, so entscheidet das Präsidium des Landesarbeitsgerichts oder, soweit ein solches nicht besteht, der Präsident dieses Gerichts.**
2. **Bei einem Landesarbeitsgericht mit weniger als drei Richterplanstellen werden die Aufgaben des Präsidiums durch den Präsidenten, soweit ein zweiter Vorsitzender vorhanden ist, im Benehmen mit diesem wahrgenommen.**
3. **Der aufsichtführende Richter bestimmt, welche richterlichen Aufgaben er wahrnimmt.**
4. **Jeder ehrenamtliche Richter kann mehreren Spruchkörpern angehören.**
5. **Den Vorsitz in den Kammern der Arbeitsgerichte führen die Berufsrichter.**

Wegen der Mitwirkung des Ausschusses für die ehrenamtlichen Richter s § 29 II ArbGG.

3) Örtlicher Geltungsbereich

A. Allgemeines. Der 2. Titel galt in den **neuen Bundesländern** mit den Maßgaben, die sich aus EV Anl I Kap III Sachgeb A Abschnitt III Z 1 G ergaben, vgl 50. Aufl. Diese Bestimmungen sind (mit Ausnahme v Z 1 II 2, Halbs, s bei § 22 a) mWv 1. 7. 92 aufgehoben worden, § 31 I Z 1 a RpflAnpG. Seitdem gelten die Vorschriften des § 10 RpflAnpG (s dazu Rieß DtZ 92, 229), der durch Art 2 b des 3. ÄndGRpflG v. 6. 8. 98, BGBl 2030 und zuletzt durch Art 3 Z 2 G v 22. 12. 99, BGBl 2598, mWv 30. 12. 99 geändert worden ist:

RpflAnpG § 10. Präsidium und Geschäftsverteilung. [I] [1] **Für das am 1. Januar 2000 beginnende Geschäftsjahr sind in den in Artikel 1 Abs. 1 des Einigungsvertrages genannten Ländern die Präsidien nach § 21 a Abs. 2 Nr. 1 bis 4 des Gerichtsverfassungsgesetzes neu zu wählen.** [2] **Bis dahin gelten die besonderen Vorschriften in den folgenden Absätzen 2 bis 3.**

[II] **Abweichend von § 21 b Abs. 1 Satz 2 des Gerichtsverfassungsgesetzes sind alle nach § 21 b Abs. 1 Satz 1 des Gerichtsverfassungsgesetzes wahlberechtigten Richter wählbar.**

[III] (aufgehoben)

2. Titel. Präsidium und Geschäftsverteilung **Übers § 21a, § 21a GVG**

IV ¹ Abweichend von § 21 f Abs. 1 des Gerichtsverfassungsgesetzes können bis zum Ablauf des am 31. Dezember 2004 endenden Geschäftsjahres neben Vorsitzenden Richtern auch andere Richter auf Lebenszeit den Vorsitz führen. ² Diese Vorsitzenden bestimmt das Präsidium.

V Abweichend von Absatz 4 darf in den in Artikel 1 Abs. 1 des Einigungsvertrages genannten Ländern bis zum Ablauf des 31. Dezember 1996 bei den Landgerichten auch ein Richter auf Probe oder kraft Auftrags ein Jahr nach seiner Ernennung den Vorsitz in einer mit einem Richter besetzten Kammer führen oder in anderen Kammern den Vorsitzenden vertreten.

B. Errichtung von Gerichten. Vgl § 30 RpflAnpG (jetzt idF des Art 3 Z 3 G v. 22. 12. 99, BGBl **6** 2598); s dazu 58. Aufl Üb § 21 a Rn 4.

4) *VwGO:* S oben Rn 4 *(Kronisch NordÖR **01**, 11).* **7**

21a *Zusammensetzung des Präsidiums.* ¹ Bei jedem Gericht wird ein Präsidium gebildet.

II ¹ Das Präsidium besteht aus dem Präsidenten oder aufsichtführenden Richter als Vorsitzenden und
1. bei Gerichten mit mindestens achtzig Richterplanstellen aus zehn gewählten Richtern,
2. bei Gerichten mit mindestens vierzig Richterplanstellen aus acht gewählten Richtern,
3. bei Gerichten mit mindestens zwanzig Richterplanstellen aus sechs gewählten Richtern,
4. bei Gerichten mit mindestens acht Richterplanstellen aus vier gewählten Richtern,
5. bei den anderen Gerichten aus den nach § 21 b Abs. 1 wählbaren Richtern.

Schrifttum: *Kissel* NJW **00**, 460.

Vorbem. *A.* II mWv 30. 12. 99 neu gefaßt durch Art 1 Z 1 G v 28. 12. 99, BGBl 2598 (Übergangsvor- **1** schrift in Art 5 a des Ges, Üb § 21 a Rn 3, dazu Kissel NJW **00**, 463).
B. § 21 gilt entspr in der Arbeitsgerichtsbarkeit nach Maßgabe des § 6 a ArbGG, Üb § 21 a Rn 4; dazu GMP § 6 a Rn 8–11.

1) **Bei jedem Gericht wird ein Präsidium gebildet, I**, auch bei kleineren AGen. **Ausnahmen** gelten **2** für AGe mit nur einer Richterplanstelle, vgl § 22 b I, und für ArbGe und LArbGe mit weniger als drei Richterplanstellen, § 6 a Z 1 u 2 ArbGG. Die Aufgaben des Präsidiums ergeben sich aus § 21 e, s dortige Erl.

2) **Vorsitz, II.** -Geborenes Mitglied des Präsidiums ist der **Präsident oder aufsichtführende Richter 3** als Vorsitzender, II 1. Ob ein AG mit einem Präsidenten besetzt wird, ist Sache der Landesgesetzgebung bzw -verwaltung; im übrigen bestimmt die Justizverwaltung den Aufsichtführenden Richter des AG, vgl § 14 II, III VO v 20. 3. 35, abgedr Anh II § 21. Bei AGen mit weniger als 8 Planstellen, II Z 4 u 5, gehört neben dem Aufsichtsrichter auch der Präsident des die Dienstaufsicht führenden LG bzw AG dem Präsidium an, und zwar als Vorsitzender, § 22 a. Die Vertretung des Vorsitzenden regelt § 21 c.

3) **Zusammensetzung, II** **4**
A. **Das Präsidium bilden im übrigen Richter des Gerichts,** nämlich **a)** bei Gerichten mit weniger als 8 Planstellen alle nach § 21 b I wählbaren Richter, **II Z 5, b)** bei Gerichten mit 8 bis 19 Planstellen 4 gewählte Richter, II Z 4, c) bei Gerichten mit 20–39 Planstellen 6 gewählte Richter, II Z 3, d) bei Gerichten mit 40–79 Planstellen 8 gewählte Richter, II Z 2, und e) bei Gerichten mit mindestens 80 Planstellen 10 gewählte Richter, II Z 1. Damit ist sichergestellt, daß alle Richter an den Selbstverwaltungsaufgaben ihres Gerichts beteiligt sind, entweder unmittelbar oder mittelbar durch die von ihnen gewählten Vertreter (Plenar- bzw Repräsentativsystem). Für die Größe des Präsidiums kommt es allein auf die Zahl der durch den Haushaltsplan dem Gericht zugewiesenen Richterplanstellen an, § 21 d I, gleichgültig, ob sie besetzt sind und ob der Inhaber richterliche oder andere Aufgaben wahrnimmt, Kblz DRiZ **96**, 329 mwN; wegen des maßgeblichen Zeitpunktes und wegen der Folgen einer Änderung der Planstellenzahl vgl § 21 d.

B. Das für alle Gerichte mit mindestens 8 Richterplanstellen geltende **Repräsentativsystem** soll durch **5** Beschränkung der Zahl der Mitglieder die Arbeitsfähigkeit des Präsidiums gewährleisten; daß das ungewählte Präsidium, II Z 5, eines kleinen Gerichts danach größer sein kann als das insgesamt (nur) 5 Mitgliedern bestehende Präsidium eines mittleren Gerichts, wird in Kauf genommen, damit bei einem kleineren Gericht nicht etwa nur 1 Richter außerhalb des Präsidiums bleiben muß. Bei den **Kollegialgerichten** (LG, OLG, und BGH, ebenso beim BAG) mußte bis 1999 die Hälfte der gewählten Richter Vorsitzende Richter iSv § 19 a DRiG sein, II 2 aF. Diese Regelung wurde im RegEnt v 19. 3. 70 wie folgt begründet (BT-Drs VI/557 S 16 u 17): „Die Arbeit im Präsidium erfordert neben der fachlichen Befähigung insbesondere Personalkenntnisse und Erfahrung. Beides ist am ehesten bei den Vorsitzenden der Spruchkörper zu erwarten. ... Absatz 2 Satz 2 soll gewährleisten, daß die besondere Sachkunde und Erfahrung der Vorsitzenden Richter in angemessenem Umfang bei der Arbeit zur Geltung kommen kann." Daß diese ausgewogene Regelung sich seit ihrem Inkrafttreten 1972 nicht bewährt habe, ist nicht ersichtlich; die Abschaffung des Vorsitzenden-Quorums wird vielmehr allein damit begründet, daß die Eigenständigkeit und Unabhängigkeit der Rechtsprechung unterstrichen und zugleich die Motivation und richterliche Selbstverantwortung gestärkt würden, wenn die überkommene, sachlich nicht mehr gerechtfertigte „Privilegierung" der Vorsitzenden Richter zugunsten der Gleichrangigkeit der Richter überwunden werde, vgl BT-Drs 14/597, 14/979 u 14/1875 (neu). Nach der Neufassung des § 21 a durch die Novelle 1999 entscheidet über die Zusammensetzung des Präsidiums demgemäß allein die Mehrheit der wahlberechtigten Richter; ob dadurch die Unabhängigkeit, Motivation und Selbstverantwortung der von Präsidiumsbeschlüssen betroffenen Richter wirklich gestärkt werden, dürfte mindestens zweifelhaft sein.

Die Wahl der Richter regelt § 21 b mit der dazu ergangenen Wahlordnung v 19. 9. 72, das Nachrücken **6** § 21 c II; ist ein danach Nächstberufener nicht mehr vorhanden, ist eine Nachwahl, § 14 WahlO, auch dann

GVG §§ 21a, 21b Gerichtsverfassungsgesetz

erforderlich, wenn in der Gruppe der Vorsitzenden Richter nur noch ein wählbarer Kandidat vorhanden ist, VGH Kassel AS **30**, 15. Vertreten werden die gewählten Mitglieder des Präsidiums nicht, § 21 c I 3.

7   **4) VwGO:** *§ 21 a gilt entsprechend, § 4 VwGO (Kronisch NordÖR **01**, 12). Den Vorsitz führt stets der Präsident des Gerichts, weil es in der VerwGerichtsbarkeit kein Gericht ohne Präsidenten gibt, §§ 5, 9 u 10 VwGO.*

21b *Wahl des Präsidiums.* I ¹ Wahlberechtigt sind die Richter auf Lebenszeit und die Richter auf Zeit, denen bei dem Gericht ein Richteramt übertragen ist, sowie die bei dem Gericht tätigen Richter auf Probe, die Richter kraft Auftrags und die für eine Dauer von mindestens drei Monaten abgeordneten Richter, die Aufgaben der Rechtsprechung wahrnehmen. ² Wählbar sind die Richter auf Lebenszeit und die Richter auf Zeit, denen bei dem Gericht ein Richteramt übertragen ist. ³ Nicht wahlberechtigt und nicht wählbar sind Richter, die für mehr als drei Monate an ein anderes Gericht abgeordnet, für mehr als drei Monate beurlaubt oder an eine Verwaltungsbehörde abgeordnet sind.

II Jeder Wahlberechtigte wählt höchstens die vorgeschriebene Zahl von Richtern.

III ¹ Die Wahl ist unmittelbar und geheim. ² Gewählt ist, wer die meisten Stimmen auf sich vereint. ³ Durch Landesgesetz können andere Wahlverfahren für die Wahl zum Präsidium bestimmt werden; in diesem Fall erlässt die Landesregierung durch Rechtsverordnung die erforderlichen Wahlordnungsvorschriften; sie kann die Ermächtigung hierzu auf die Landesjustizverwaltung übertragen. ⁴ Bei Stimmengleichheit entscheidet das Los.

IV ¹ Die Mitglieder werden für vier Jahre gewählt. ² Alle zwei Jahre scheidet die Hälfte aus. ³ Die zum ersten Mal ausscheidenden Mitglieder werden durch das Los bestimmt.

V Das Wahlverfahren wird durch eine Rechtsverordnung geregelt, die von der Bundesregierung mit Zustimmung des Bundesrates erlassen wird.

VI ¹ Ist bei der Wahl ein Gesetz verletzt worden, so kann die Wahl von den in Absatz 1 Satz 1 bezeichneten Richtern angefochten werden. ² Über die Wahlanfechtung entscheidet ein Senat des zuständigen Oberlandesgerichts, bei dem Bundesgerichtshof ein Senat dieses Gerichts. ³ Wird die Anfechtung für begründet erklärt, so kann ein Rechtsmittel gegen eine gerichtliche Entscheidung nicht darauf gestützt werden, das Präsidium sei deswegen nicht ordnungsgemäß zusammengesetzt gewesen. ⁴ Im übrigen sind auf das Verfahren die Vorschriften des Gesetzes über die Angelegenheiten der freiwilligen Gerichtsbarkeit sinngemäß anzuwenden.

1   **Vorbem. A.** I geändert und II u III neu gefaßt mWv 30. 12. 99 durch Art 1 Z 2 G v 28. 12. 99, BGBl 2598 (**Übergangsvorschrift** in Art 5 a des Ges, vgl Üb § 21 a Rn 3, dazu Kissel NJW **00**, 463).

B. § 21 b gilt entspr in der **Arbeitsgerichtsbarkeit** nach Maßgabe des § 6 a ArbGG, Üb § 21 a Rn 4; dazu GPM § 6 a Rn 8–11.

2   **1) Allgemeines.** Bei allen Gerichten mit mindestens 8 Richterplanstellen, § 21 a II, gehören dem Präsidium neben den Präsidenten bzw Aufsichtsrichter nur gewählte (oder als gewählt geltende, § 21 a II Z 5) Mitglieder an. Die für die Wahl notwendigen Vorschriften enthält § 21 b, der durch die Wahlordnung, abgedr Anh § 21 b, ergänzt wird.

3   **2) Wahlrecht, I. Maßgeblich** für das aktive und passive Wahlrecht ist **der jeweilige Wahltag**, § 2 I 3 WahlO.

A. Wahlberechtigt, I 1. Wahlberechtigt sind **a)** die Richter auf Lebenszeit und die Richter auf Zeit, § 11 DRiG, denen bei dem Gericht ein Richteramt übertragen ist, § 27 I DRiG (im Fall der Übertragung eines weiteren Richteramts bei einem anderen Gericht, § 27 II DRiG, besteht Wahlrecht bei beiden Gerichten, so zB im Fall des § 22 II GVG), gleichgültig, ob sie bei dem Gericht nur VerwAufgaben wahrnehmen; nicht wahlberechtigt sind die in Baulandsachen tätigen VerwRichter, BGH DRiZ **77**, 280, hM; **b)** die bei dem Gericht tätigen Richter auf Probe, § 12 DRiG, Richter kraft Auftrags, § 14 DRiG, und die für die Dauer von mindestens 3 Monaten an das Gericht abgeordneten Richter, § 37 DRiG, die Aufgaben der Rechtsprechung wahrnehmen, also nicht nur in der Verwaltung des Gerichts tätig sind. Wahlberechtigt ist auch der Präsident bzw Aufsichtsrichter, Stanicki DRiZ **72**, 417, und ebenso sein ständiger Vertreter, § 21 h.

B. Wählbar, I 2, sind nur die unter a) genannten Richter auf Lebenszeit oder auf Zeit, nicht dagegen die unter b) aufgeführten Richter. Nicht wählbar ist ferner der Präsident bzw Aufsichtsrichter, weil er dem Präsidium kraft Amtes als Vorsitzender angehört, § 21 a II, wählbar aber ihre ständigen Vertreter, vgl § 21 c I 2.

C. Ausnahmen, I 3: Weder wahlberechtigt noch wählbar bei ihren Heimatgerichten sind Richter, die für mehr als 3 Monate an ein anderes Gericht abgeordnet oder beurlaubt sind, ferner Richter, die (auch für kürzere Zeit) an eine Verwaltungsbehörde abgeordnet sind. Sie dürfen bei dem anderen Gericht wählen, wenn sie dort Rechtsprechungsaufgaben wahrnehmen. Die früheren Streitfragen wegen der Beurlaubung, Heusch ZRP **98**, 255 mwN, sind durch die Novelle 1999 geklärt worden.

4   **3) Wahlpflicht, II**

A. Mit der Fassung, jeder Wahlberechtigte „wählt" die vorgeschriebene Zahl von Richtern, ist klargestellt, daß er **dienstlich verpflichtet ist, sich an der Wahl zu beteiligen,** BVerwG DVBl **75**, 728 mwN (krit Schickedanz DRiZ **96**, 328): Das Wahlrecht ist den Richtern nicht zur Wahrnehmung ihrer persönlichen Belange anvertraut, sondern zur Gewähr einer geordneten, unabhängigen Rechtspflege. Die Verletzung der Wahlpflicht kann Maßnahmen der Dienstaufsicht, § 26 DRiG, auslösen.

B. Jeder Wahlberechtigte wählt höchstens die vorgeschriebene Zahl der Richter, dh so viele Richter, wie in das Präsidium gewählt werden müssen. Stimmenhäufung ist unzulässig. Die Stimme ist demgemäß ungültig, wenn der Wähler mehr Richter wählt, § 8 III Z 5 WahlO. **Wieviele Richter zu**

2. Titel. Präsidium und Geschäftsverteilung **§ 21b, Anh § 21b GVG**

wählen sind, hängt von der Größe des Gerichts sowie davon ab, ob es sich um eine Erstwahl, § 21 a, eine Teilwahl, § 21 b IV, oder um eine Wahl nach § 21 d II u III handelt; im Fall einer Nachwahl, § 21 d Rn 3, ist möglicherweise nur ein Richter zu wählen.

4) Wahlvorgang, III, und Wahlverfahren, V 5
A. Wahlvorgang. Die Wahl ist unmittelbar und geheim, III 1, vgl §§ 5 I, II u 6 WahlO. Briefwahl ist zulässig, § 7 WahlO, dazu Vallendar DRiZ **73**, 21. Das Wahlrecht darf nur durch Abgabe jeweils eines Stimmzettels ausgeübt werden, § 5 I u III WahlO; hierzu und zu den Folgen eines Verstoßes gegen § 8 III Z 1 WahlO vgl LSG Nds LS SGb **80**, 88. Gewählt ist, wer die meisten Stimmen auf sich vereinigt, III 2. Statt des damit geltenden Mehrheitswahlrechts kann durch Landesrecht ein anderes Wahlverfahren, zB das Verhältniswahlrecht, bestimmt werden, um kleineren Gruppierungen den Zugang zum Präsidium zu ermöglichen, BT-Drs 14/979 S 4, Kissel NJW **00**, 461, krit DRB DRiZ **99**, 464. In jedem Fall entscheidet bei Stimmengleichheit das Los, III 4, das der Wahlvorstand, § 1 WahlO, zieht, § 8 IV WahlO. Der danach gewählte Richter darf die Wahl nicht ablehnen, BVerwG DVBl **75**, 728, so daß er nach Feststellung des Wahlergebnisses lediglich von seiner Wahl zu benachrichtigen ist, § 10 WahlO.

B. Verfahren. Das Wahlverfahren wird iü durch die aufgrund von **V** erlassene **Wahlordnung für die Präsidien der Gerichte** v 19. 9. 72, BGBl 1821, geregelt, abgedr **Anh § 21 b**. Zum Rechtsschutz gegen die Abberufung eines Wahlvorstands, § 1, und zur Bestimmung des Wahltages, § 3 S 1, s VGH Kassel NJW **87**, 1219 (keine entspr Anwendung von VI 2), teilweise krit Stanicki DRiZ **89**, 58, ferner LSG Celle NdsRpfl **91**, 183 (keine Verschiebung des Wahltages wegen einer bevorstehenden Ernennung zum Vorsitzenden Richter).

5) Amtszeit, IV (wegen der neuen Bundesländer s § 10 I RpflAnpG, abgedr Üb § 21 a Rn 5). Die 6
Mitglieder werden für 4 Jahre gewählt, IV 1. Die Amtszeit begann für die 1972 gewählten gemäß Art XIII § 5 II G v 26. 5. 72 mit dem ersten Tag des darauf folgenden Geschäftsjahres, in aller Regel also mit dem 1. 1. 73. Danach bestimmt sich der Beginn der Amtszeit für die Nachfolger. Maßgeblich ist also nicht das Kalenderjahr, sondern das Geschäftsjahr, vgl §§ 1 II 2, 3 WahlO. Um die Repräsentierung der Gesamtrichterschaft des Gerichts durch die Gewählten sicherzustellen, ohne die Kontinuität zu beeinträchtigen, scheidet alle 2 Jahre die Hälfte aus, IV 2; zum ersten Mal ausscheidende Mitglieder werden durch das Los bestimmt, IV 3, das der Wahlvorstand, § 1 WahlO, in einer für die Richter öff Sitzung zieht, § 2 III u IV WahlO. Die Nachfolger werden durch Teilwahl bestimmt, für die das in Rn 3–5 Gesagte gilt. Wiederwahl ist zulässig, vgl § 2 II WahlO. Wegen der Amtszeit bei **Eintritt eines Nachfolgers** vgl § 21c Rn 4, bei **Änderung der Planstellenzahl** vgl § 21 d Rn 3. Das amtierende Präsidium hat die Geschäfte bis zur Neubzw Nachwahl fortzuführen, VGH Kassel AS **30**, 15.

6) Wahlanfechtung, VI. Ist bei der Wahl ein Gesetz, § 1 Rn 2, verletzt worden, so kann die Wahl 7
von jedem Wahlberechtigten, I 1, angefochten werden, VI 1, ohne daß dafür eine Frist bestimmt ist, OVG Münst NJW **88**, 723 (zur Anfechtung der Abberufung eines Wahlvorstands im VerwRechtsweg s VGH Kassel NJW **87**, 1219). Die Anfechtung ist auch zulässig, wenn eine gesetzlich vorgeschriebene Wahl nicht durchgeführt worden ist, Kblz DRiZ **96**, 329. Eine Beeinträchtigung eigener Rechte ist nicht erforderlich, die Begründung braucht nur die Möglichkeit objektiver Gesetzesverletzung zu ergeben, BVerwG DVBl **75**, 727; „Gesetz" ist auch die WahlO, OVG Münst aaO, VGH Kassel AS **30**, 15 mwN, LSG Celle NdsRpfl **79**, 129 (zur Briefwahl, §§ 5 u 8 WahlO). Am Verfahren beteiligt ist das aus der Wahl hervorgegangene Präsidium, BVerwG DÖV **74**, 96.

Über die Anfechtung einer Wahl bei einem AG, LG oder OLG entscheidet ein Senat des OLG und über 8
eine Wahl beim BGH ein Senat dieses Gerichts, VI 2, und zwar in einem Verfahren, auf das die Vorschriften des FGG sinngemäß anzuwenden sind, VI 4 (auch § 13 a FGG, dazu OVG Münst NJW **88**, 724). Da die Verweisung sich auch nicht auf die Anfechtung einer Entscheidung bezieht, kann ein Beschluß des OLG nicht mit der Beschwerde, § 19 I FGG, angefochten werden, BGH NJW **83**, 2945 mwN, hM; entsprechendes gilt für die Anfechtung der Beschlüsse des OVG, LSG und FG, OVG Münst aaO mwN, aM VGH Kassel AS **30**, 20. Die Verweisung umfaßt dagegen § 28 II FGG, so daß das OLG die Sache dem BGH vorlegen muß, wenn es von einem anderen OLG oder dem BGH abweichen will, BGH NJW **91**, 1183 mwN.

Erfolg hat die Anfechtung nur dann, wenn der Verstoß für das Wahlergebnis bedeutsam gewesen sein 9
kann, OVG Münst NJW **88**, 724, LSG Celle NdsRpfl **79**, 129; davon ist bei schweren Rechtsverletzungen auszugehen, OVG Münst aaO mwN (zum Verstoß gegen § 5 II WahlO). Wird die Anfechtung der Wahl für begründet erklärt, so kann ein Rechtsmittel gegen eine gerichtliche Entscheidung nicht darauf gestützt werden, das Präsidium sei deswegen nicht ordnungsgemäß zusammengesetzt gewesen, IV 3, vgl BGH NJW **76**, 432. Erst recht gilt dies, wenn die Wahl überhaupt nicht angefochten oder über eine Anfechtung noch nicht entschieden ist, so daß **Fehler bei der Bildung des Präsidiums die Gültigkeit der von ihm erlassenen Anordnungen in keinem Fall berühren.**

7) VwGO: Die Bestimmungen des § 21 b gelten entsprechend, § 4 VwGO, diejenigen der WahlO unmittelbar 10
(Kronisch NordÖR **01**, 12). Über eine Wahlanfechtung, VI, entscheidet ein Senat des OVG bzw BVerwG, vgl BVerwG DÖV **74**, 96, OVG Münst NJW **88**, 723; auch im ersteren Fall ist der Beschluß unanfechtbar, Rn 8.

Anhang nach § 21 b GVG. Wahlordnung für die Präsidien der Gerichte

vom 19. September 1972, BGBl 1821

Vorbem. Die Wahlordnung gilt ab 30. 12. 99 idF der Art 2 G v 22. 12. 99, BGBl 2598; wegen des 1
Übergangsrechts s Üb § 21 a Rn 3.

§ 1. Wahlvorstand. I ¹ **Der Wahlvorstand sorgt für die ordnungsmäßige Durchführung der Wahl der Mitglieder des Präsidiums.** ² **Er faßt seine Beschlüsse mit Stimmenmehrheit.**

II ¹ **Der Wahlvorstand besteht aus mindestens drei wahlberechtigten Mitgliedern des Gerichts.**
² **Das amtierende Präsidium bestellt die erforderliche Zahl von Mitgliedern des Wahlvorstandes**

GVG Anh § 21b Gerichtsverfassungsgesetz

spätestens zwei Monate vor Ablauf des Geschäftsjahres, in dem eine Wahl stattfindet. ³ Es besteht zugleich eine angemessene Zahl von Ersatzmitgliedern und legt fest, in welcher Reihenfolge sie bei Verhinderung oder Ausscheiden von Mitgliedern des Wahlvorstandes nachrücken.

III Das amtierende Präsidium gibt die Namen der Mitglieder und der Ersatzmitglieder des Wahlvorstandes unverzüglich durch Aushang bekannt.

1   Bem. Zur Abberufung des Wahlvorstands s VGH Kassel NJW **87**, 1219.

§ 2. *Wahlverzeichnis.* I ¹ Der Wahlvorstand erstellt ein Verzeichnis der wahlberechtigten und ein Verzeichnis der wählbaren Mitglieder des Gerichts. ² Die Verzeichnisse sind bis zum Wahltag auf dem laufenden zu halten.

II In das Verzeichnis der wählbaren Mitglieder des Gerichts sind auch die jeweils wegen Ablaufs ihrer Amtszeit oder durch Los ausscheidenden Mitglieder des Präsidiums aufzunehmen, sofern sie noch die Voraussetzungen des § 21 b Abs. 1 des Gerichtsverfassungsgesetzes erfüllen.

III In den Fällen des § 21 b Abs. 4 Satz 3 und des § 21 d Abs. 2 und 3 des Gerichtsverfassungsgesetzes nimmt der Wahlvorstand zuvor die Auslosung der ausscheidenden Mitglieder des Präsidiums vor.

IV ¹ Die Auslosung ist für die Richter öffentlich. ² Zeitpunkt und Ort der Auslosung gibt der Wahlvorstand unverzüglich nach seiner Bestellung durch Aushang bekannt.

V ¹ Über die Auslosung fertigt der Wahlvorstand eine Niederschrift, die von sämtlichen Mitgliedern des Wahlvorstandes zu unterzeichnen ist. ² Sie muß das Ergebnis der Auslosung enthalten. ³ Besondere Vorkommnisse bei der Auslosung sind in der Niederschrift zu vermerken.

Bem. I u III mWv 30. 12. 99 geändert durch Art 2 Z 1 G v 28. 12. 99, BGBl 2598.

§ 3. *Wahltag, Wahlzeit, Wahlraum.* ¹ Die Wahl soll mindestens zwei Wochen vor Ablauf des Geschäftsjahres stattfinden. ² Der Wahlvorstand bestimmt einen Arbeitstag als Wahltag, die Wahlzeit und den Wahlraum. ³ Bei entsprechendem Bedürfnis kann bestimmt werden, daß an zwei aufeinander folgenden Arbeitstagen und in mehreren Wahlräumen gewählt wird. ⁴ Die Wahlzeit muß sich über mindestens zwei Stunden erstrecken.

1   Bem. Zur Bestimmung des Wahltages s VGH Kassel NJW **87**, 1219, LSG Celle NdsRpfl **91**, 183.

§ 4. *Wahlbekanntmachung.* I ¹ Der Wahlvorstand gibt spätestens einen Monat vor dem Wahltag durch Aushang bekannt:
1. das Verzeichnis der wahlberechtigten und das Verzeichnis der wählbaren Mitglieder des Gerichts,
2. das Ergebnis der Auslosung nach § 21 b Abs. 4 Satz 3 und § 21 d Abs. 2 und 3 des Gerichtsverfassungsgesetzes,
3. den Wahltag, die Wahlzeit und den Wahlraum,
4. die Anzahl der zu wählenden Richter,
5. die Voraussetzungen, unter denen eine Briefwahl stattfinden kann,
6. den Hinweis auf das Einspruchsrecht nach Absatz 3.

² Bestehen Zweigstellen oder auswärtige Spruchkörper, so sind die Wahlbekanntmachungen auch dort auszuhängen.

II Auf den Wahlbekanntmachungen ist der erste Tag des Aushangs zu vermerken.

III ¹ Jedes wahlberechtigte Mitglied des Gerichts kann gegen die Richtigkeit der Wahlverzeichnisse binnen einer Woche seit ihrer Bekanntmachung oder der Bekanntmachung einer Änderung schriftlich bei dem Wahlvorstand Einspruch einlegen. ² Der Wahlvorstand hat über den Einspruch unverzüglich zu entscheiden und bei begründetem Einspruch die Wahlverzeichnisse zu berichtigen. ³ Die Entscheidung des Wahlvorstandes ist dem Mitglied des Gerichts, das den Einspruch eingelegt hat, schriftlich mitzuteilen. ⁴ Sie muß ihm spätestens am Tage vor der Wahl zugehen.

Bem. I Z 4 mWv 30. 12. 99 geändert durch Art 3 Z 2 G v 28. 12. 99, BGBl 2598.

§ 5. *Wahlhandlung.* I Das Wahlrecht wird durch Abgabe eines Stimmzettels in einem Wahlumschlag ausgeübt.

II ¹ Auf dem Stimmzettel sind die Anzahl der zu wählenden Richter sowie die Namen der wählbaren Richter in alphabetischer Reihenfolge untereinander aufzuführen. ² Nicht aufzuführen sind die Namen Richter, die dem Präsidium angehören und deren Amtszeit noch nicht abläuft.

III Der Wähler gibt seine Stimme ab, indem er auf dem Stimmzettel einen oder mehrere Namen von Richtern ankreuzt und den Stimmzettel im verschlossenen Wahlumschlag in die Wahlurne legt.

Bem. II u III mWv 30. 12. 99 geändert durch Art 3 Z 3 G v 28. 12. 99, BGBl 2598. III idF des Art 23 G v 23. 7. 02, BGBl 2850, in Kraft ab 1. 8. 02, Art 34 des Ges.

§ 6. *Ordnung im Wahlraum.* I Die Richter können während der gesamten Wahlzeit im Wahlraum anwesend sein.

II ¹ Der Wahlvorstand trifft Vorkehrungen, daß der Wähler den Stimmzettel im Wahlraum unbeobachtet kennzeichnet und in den Wahlumschlag legt. ² Für die Aufnahme der Umschläge ist eine Wahlurne zu verwenden. ³ Vor Beginn der Stimmabgabe hat der Wahlvorstand festzustellen, daß die Wahlurne leer ist, und sie zu verschließen. ⁴ Sie muß so eingerichtet sein, daß die eingelegten Umschläge nicht entnommen werden können, ohne daß die Urne geöffnet wird.

III Solange der Wahlraum zur Stimmabgabe geöffnet ist, müssen mindestens zwei Mitglieder des Wahlvorstandes im Wahlraum anwesend sein.

IV ¹ Stimmzettel und Wahlumschlag werden dem Wähler von dem Wahlvorstand im Wahlraum ausgehändigt. ² Vor dem Einlegen des Wahlumschlages in die Wahlurne stellt ein Mitglied des Wahlvorstandes fest, ob der Wähler im Wählerverzeichnis eingetragen ist. ³ Die Teilnahme an der Wahl ist im Wählerverzeichnis zu vermerken.

V ¹ Wird die Wahlhandlung unterbrochen oder wird das Wahlergebnis nicht unmittelbar nach Abschluß der Stimmabgabe festgestellt, so hat der Wahlvorstand für die Zwischenzeit die Wahlurne so zu verschließen und aufzubewahren, daß das Einlegen oder die Entnahme von Stimmzetteln ohne Beschädigung des Verschlusses unmöglich ist. ² Bei Wiedereröffnung der Wahl oder bei Entnahme der Stimmzettel zur Stimmzählung hat sich der Wahlvorstand davon zu überzeugen, daß der Verschluß unversehrt ist.

VI ¹ Nach Ablauf der Wahlzeit dürfen nur noch diejenigen Wahlberechtigte abstimmen, die sich in diesem Zeitpunkt im Wahlraum befinden. ² Sodann erklärt der Wahlvorstand die Wahlhandlung für beendet.

§ 7. Briefwahl. I ¹ Den wahlberechtigten Mitglieder des Gerichts, die
1. einem auswärtigen Spruchkörper oder einer Zweigstelle des Gerichts angehören oder für nicht mehr als drei Monate an ein anderes Gericht abgeordnet sind,
2. aus sonstigen Gründen an einer Stimmabgabe nach § 5 Abs. 3 verhindert sind und dies dem Wahlvorstand rechtzeitig anzeigen,

leitet der Wahlvorstand einen Stimmzettel und einen Wahlumschlag sowie einen größeren Freiumschlag zu, der die Anschrift des Wahlvorstandes und als Absender die Anschrift des wahlberechtigten Mitglieds des Gerichts sowie den Vermerk „Schriftliche Stimmabgabe zur Wahl des Präsidiums" trägt. ² Er übersendet außerdem eine vorgedruckte, vom Wähler abzugebende Erklärung, in der dieser dem Wahlvorstand gegenüber versichert, daß er den Stimmzettel persönlich gekennzeichnet hat. ³ Die Absendung ist in der Wählerliste zu vermerken.

II In einem besonderen Schreiben ist zugleich anzugeben, bis zu welchem Zeitpunkt spätestens der Stimmzettel bei dem Wahlvorstand eingegangen sein muß.

III ¹ Der Wähler gibt seine Stimme ab, indem er auf dem Stimmzettel einen oder mehrere Namen von Richtern ankreuzt und den Stimmzettel in dem verschlossenen Wahlumschlag unter Verwendung des Freiumschlages und Beifügung der von ihm unterzeichneten vorgedruckten Erklärung dem Wahlvorstand übermittelt. ² Die Stimmabgabe kann vor dem Wahltag erfolgen.

IV ¹ Während der Wahlzeit vermerkt ein Mitglied des Wahlvorstandes die Absender der bei dem Wahlvorstand eingegangenen Briefe im Wählerverzeichnis, entnimmt den Briefen die Wahlumschläge und legt diese ungeöffnet in die Wahlurne. ² Die vorgedruckten Erklärungen sind zu den Wahlunterlagen zu nehmen. ³ Briefe, die ohne die vorgedruckte Erklärung bei dem Wahlvorstand eingehen, sind mit dem darin enthaltenen Wahlumschlag sowie mit einem entsprechenden Vermerk des Wahlvorstandes zu den Wahlunterlagen zu nehmen. ⁴ Nach Ablauf der Wahlzeit eingehende Briefe sind unter Vermerk des Eingangszeitpunktes ungeöffnet zu den Wahlunterlagen zu nehmen.

Bem. III 1 mWv 30. 12. 99 idF des Art 3 Z 4 G v 28. 12. 99, BGBl 2598.

§ 8. Feststellung des Wahlergebnisses. I ¹ Unverzüglich nach Ablauf der Wahlzeit stellt der Wahlvorstand das Wahlergebnis fest. ² Die Richter können bei der Feststellung des Wahlergebnisses anwesend sein.

II ¹ Der Wahlvorstand öffnet die Wahlurne und entnimmt den darin befindlichen Wahlumschlägen die Stimmzettel. ² Er prüft deren Gültigkeit und zählt sodann die auf jedes wählbare Mitglied des Gerichts entfallenden gültigen Stimmen zusammen.

III Ungültig sind Stimmzettel,
1. die nicht in einem Wahlumschlag abgegeben sind,
2. die nicht von dem Wahlvorstand ausgegeben sind,
3. aus denen sich der Wille des Wählers nicht zweifelsfrei ergibt,
4. die einen Zusatz oder Vorbehalt enthalten.

IV Bei Stimmengleichheit zwischen zwei oder mehreren wählbaren Mitgliedern des Gerichts stellt der Wahlvorstand durch Auslosung fest, wer als gewählt gilt und wer in den Fällen des § 21 c Abs. 2 des Gerichtsverfassungsgesetzes als Nächstberufener nachrückt.

Bem. III mWv 30. 12. 99 idF des Art 3 Z 5 G v 28. 12. 99, BGBl 2598.

§ 9. Wahlniederschrift. I ¹ Über das Wahlergebnis fertigt der Wahlvorstand eine Niederschrift, die von sämtlichen Mitgliedern des Wahlvorstandes zu unterzeichnen ist. ² Die Niederschrift muß enthalten:
1. die Zahl der abgegebenen Stimmzettel,
2. die Zahl der gültigen Stimmzettel,
3. die Zahl der ungültigen Stimmzettel,

4. die für die Gültigkeit oder Ungültigkeit zweifelhafter Stimmzettel maßgebenden Gründe,
5. die Angabe, wie viele Stimmen auf jeden der wählbaren Richter entfallen sind,
6. die Namen der gewählten Richter,
7. das Ergebnis einer etwaigen Auslosung nach § 8 Abs. 4.

II Besondere Vorkommnisse bei der Wahlhandlung oder der Feststellung des Wahlergebnisses sind in der Niederschrift zu vermerken.

Bem. I Z 5 u 6 mWv 30. 12. 99 idF des Art 3 Z 6 G v 28. 12. 99, BGBl 2598.

§ 10. *Benachrichtigung der gewählten Richter.* Der Wahlvorstand benachrichtigt unverzüglich die in das Präsidium gewählten Mitglieder des Gerichts schriftlich von ihrer Wahl.

§ 11. *Bekanntgabe des Wahlergebnisses.* Der Wahlvorstand gibt das Wahlergebnis unverzüglich durch Aushang bekannt.

§ 12. *Berichtigung des Wahlergebnisses.* [1] Offenbare Unrichtigkeiten des bekanntgemachten Wahlergebnisses, insbesondere Schreib- und Rechenfehler, kann der Wahlvorstand von Amts wegen oder auf Antrag berichtigen. [2] Die Berichtigung ist gleichfalls durch Aushang bekannt zu machen.

§ 13. *Aufbewahrung der Wahlunterlagen.* Die Wahlunterlagen (Aushänge, Niederschriften, Stimmzettel, verspätet oder ohne vorgedruckte Erklärung eingegangene Wahlbriefe usw.) werden von dem Präsidium mindestens vier Jahre aufbewahrt; die Frist beginnt mit dem auf die Wahl folgenden Geschäftsjahr.

§ 14. *Nachwahl.* Ist in den Fällen des § 21 c Abs. 2 des Gerichtsverfassungsgesetzes eine Nachwahl durchzuführen, weil kein Nächstberufener vorhanden ist, so gelten für die Durchführung der Nachwahl die Vorschriften dieser Verordnung entsprechend.

§§ 15–17. *Übergangs- und Schlußvorschriften* (nicht abgedruckt)

21c *Vertretung und Wechsel im Präsidium.* [1] [1] Bei einer Verhinderung des Präsidenten oder aufsichtführenden Richters tritt sein Vertreter (§ 21 h) an seine Stelle. [2] Ist der Präsident oder aufsichtführende Richter anwesend, so kann sein Vertreter, wenn er nicht selbst gewählt ist, an den Sitzungen des Präsidiums mit beratender Stimme teilnehmen. [3] Die gewählten Mitglieder des Präsidiums werden nicht vertreten.

II Scheidet ein gewähltes Mitglied des Präsidiums aus dem Gericht aus, wird es für mehr als drei Monate an ein anderes Gericht abgeordnet oder für mehr als drei Monate beurlaubt, wird es an eine Verwaltungsbehörde abgeordnet oder wird es kraft Gesetzes Mitglied des Präsidiums, so tritt an seine Stelle der durch die letzte Wahl Nächstberufene.

1 **Vorbem. A.** II mWv 30. 12. 99 neu gefaßt durch Art 1 Z 3 G v 28. 12. 99, BGBl 2598 (**Übergangsrecht** in Art 5 a des Ges, Üb § 21 a Rn 3, dazu Kissel NJW **00**, 463).

B. § 21 c gilt entspr in der **Arbeitsgerichtsbarkeit** nach Maßgabe des § 6 a ArbGG, Üb § 21 a Rn 4; dazu GMP § 6 a Rn 8–11.

2 **1) Vertretung, I.** Wenn der Präsident oder aufsichtführende Richter verhindert ist, den Vorsitz im Präsidium zu führen, tritt sein Vertreter, § 21 h, an seine Stelle, I 1; das gilt auch im Falle des § 22 a. Der Vertreter kann im übrigen, wenn er nicht gewähltes (oder im Falle des § 21 a II 1 Z 3 geborenes) Mitglied des Präsidiums ist, an jeder Sitzung mit beratender Stimme teilnehmen, I 2; er soll dadurch einen umfassenden Überblick über die Arbeit des Präsidiums gewinnen, um im Vertretungsfall den Vorsitz sachgerecht führen zu können, und zugleich mit seinen Kenntnissen und Erfahrungen die Beratungen fördern. Die gewählten Mitglieder des Präsidiums werden im Verhinderungsfall nicht vertreten, I 3, so daß die Zahl der Mitwirkenden bis auf die Hälfte, § 21 i I, sinken kann.

3 **2) Wechsel im Präsidium, II**

A. Nachrücken. Der durch die Wahl Nächstberufene rückt nach, wenn **ein gewähltes Mitglied die Zugehörigkeit zum Präsidium verliert,** nämlich **a)** aus dem Gericht ausscheidet, **b)** an eine Verwaltungsbehörde oder für mehr als 3 Monate beurlaubt oder an ein anderes Gericht abgeordnet wird, **c)** kraft Gesetzes Mitglied des Präsidiums, also Präsident oder Aufsichtsrichter wird. – In allen diesen Fällen tritt **der durch die letzte Wahl Nächstberufene** an die Stelle des Ausgeschiedenen, dh derjenige in derselben Wahlgruppe nicht gewählte Richter, der bei der zeitlich letzten Wahl die meisten Stimmen erhalten hat, vgl BGH NJW **91**, 1184 mwN (zur früheren Fassung), dazu Humborg NWVBl **99**, 298. Gehört der danach Nächstberufene dem Gericht nicht mehr an oder ist er aus sonstigen Gründen nicht (mehr) wählbar, so tritt der dann folgende an seine Stelle. Das Los entscheidet, § 21 b III 3, wenn die jetzt Nächstberufenen folgenden Kandidaten die gleiche Stimmenzahl erhalten haben, vgl § 8 IV WahlO, Anh § 21 b. Ist **kein danach Nächstberufener vorhanden**, weil bei der maßgeblichen Wahl keiner der Folgenden eine Stimme erhalten hat oder die Liste erschöpft ist (etwa wegen Ausscheidens der folgenden Kandidaten), so findet eine Nachwahl statt, § 14 WahlO, Anh § 21 b, VGH Kassel AS **30**, 15.

4 **In allen Fällen tritt der Nachfolger an die Stelle des Ausgeschiedenen,** so daß er auch in seine Amtszeit eintritt, § 21 b IV, BGH NJW **91**, 1185; scheiden gleichzeitig mehrere Präsidiumsmitglieder mit gleicher Amtszeit aus, so entscheidet das Los darüber, wer von den Nächstberufenen für welches Mitglied

2. Titel. Präsidium und Geschäftsverteilung §§ 21c–21e GVG

nachrückt, BGH NJW **91**, 1185. Der Ausgeschiedene verliert seinen Sitz im Präsidium endgültig; das gilt auch für den Fall der Abordnung, hM, s Driehaus DRiZ **75**, 43 gg Rehbein DRiZ **74**, 257. Sonstige Gründe für ein Ausscheiden kennt das Gesetz nicht, namentlich nicht den Verzicht. Auch längere Erkrankung führt nicht zum Ausscheiden, aM Schorn-Stanicki S 34. Bei Beschlußunfähigkeit gilt § 21 i II. Scheidet ein Richter aus den in Rn 3 zu a)–c) genannten Gründen aus einem nicht gewählten Präsidium, § 21 a II Z 3, aus, so bleibt sein Platz (auch im Fall b) für die Amtszeit unbesetzt.

B. Verfahren. Wer Nächstberufener ist, entscheidet nicht der letzte Wahlvorstand, sondern das Präsi- **5** dium, BGH NJW **91**, 1184 mwN (entgegen der bis dahin wohl hM, vgl 49. Aufl). Sein Beschluß kann nach § 21 b VI beim OLG angefochten werden, BGH NJW **91**, 1183; die Entscheidung des OLG unterliegt nicht der Beschwerde, BGH LS MDR **84**, 1008. Wegen des Verfahrens s § 21 b Rn 7–9.

3) *VwGO:* *§ 21c gilt entsprechend, § 4 VwGO (Kronisch NordÖR **01**, 12).* **6**

21d *Größe des Präsidiums.* [I] Für die Größe des Präsidiums ist die Zahl der Richterplanstellen am Ablauf des Tages maßgebend, der dem Tage, an dem das Geschäftsjahr beginnt, um sechs Monate vorhergeht.

[II] [1] Ist die Zahl der Richterplanstellen bei einem Gericht mit einem Präsidium nach § 21 a Abs. 2 Nr. 1 bis 3 unter die jeweils genannte Mindestzahl gefallen, so ist bei der nächsten Wahl, die nach § 21 b Abs. 4 stattfindet, die folgende Zahl von Richtern zu wählen:
1. bei einem Gericht mit einem Präsidium nach § 21 a Abs. 2 Nr. 1 vier Richter,
2. bei einem Gericht mit einem Präsidium nach § 21 a Abs. 2 Nr. 2 drei Richter,
3. bei einem Gericht mit einem Präsidium nach § 21 a Abs. 2 Nr. 3 zwei Richter.

[2] Neben den nach § 21 b Abs. 4 ausscheidenden Mitgliedern scheidet jeweils ein weiteres Mitglied, das durch das Los bestimmt wird, aus.

[III] [1] Ist die Zahl der Richterplanstellen bei einem Gericht mit einem Präsidium nach § 21 a Abs. 2 Nr. 2 bis 4 über die für die bisherige Größe des Präsidiums maßgebende Höchstzahl gestiegen, so ist bei der nächsten Wahl, die nach § 21 b Abs. 4 stattfindet, die folgende Zahl von Richtern zu wählen:
1. bei einem Gericht mit einem Präsidium nach § 21 a Abs. 2 Nr. 2 sechs Richter,
2. bei einem Gericht mit einem Präsidium nach § 21 a Abs. 2 Nr. 3 fünf Richter,
3. bei einem Gericht mit einem Präsidium nach § 21 a Abs. 2 Nr. 4 vier Richter.

[2] Hiervon scheidet jeweils ein Mitglied, das durch das Los bestimmt wird, nach zwei Jahren aus.

Vorbem. II u III mWv 30. 12. 99 neugefaßt durch Art 1 Z 4 G v 28. 12. 99, BGBl 2598 (**Übergangs-** **1** **vorschrift** in § 5 a des Ges, Üb § 21 a Rn 3, dazu Kissel NJW **00**, 463).

B. § 21 c gilt entspr in der **Arbeitsgerichtsbarkeit** nach Maßgabe des § 6 a ArbGG, Üb § 21 a Rn 4, dazu GMP § 6 a Rn 8–11.

1) Maßgeblich für die Größe des Präsidiums ist die Zahl der Richterplanstellen, § 21 a Rn 4, **am** **2** **Stichtag, I,** der an den Beginn des Geschäftsjahres anknüpft. Geschäftsjahr ist in aller Regel das Kalenderjahr, braucht es aber nicht zu sein, vgl Art XIII § 5 II G v 26. 5. 72. Soweit keine landesrechtlichen Bestimmungen über das Geschäftsjahr bestehen, kann das Präsidium es festlegen, Stanicki DRiZ **72**, 415, aM Kissel 9.

2) Ändert sich die Zahl der Präsidiumsmitglieder infolge Erhöhung oder Verringerung der **3** **Planstellen,** so bleibt die Größe des Präsidiums bis zur nächsten Teilwahl, § 21 b IV, unverändert; der Änderung ist bei dieser Wahl Rechnung zu tragen, **II u III**, dazu § 2 III u IV WahlO, Anh § 21 b. Ungeregelt ist der Fall, daß bei einem Gericht die Zahl der Planstellen erstmalig unter 8 sinkt, § 21 a II Z 4. In diesem Fall endet die Amtszeit des gewählten Präsidiums (abweichend von § 21 b IV) nach dem Stichtagsprinzip mit dem Ende entweder des laufenden oder erst des nächsten Geschäftsjahres.

3) *VwGO:* *§ 21d gilt entsprechend, § 4 VwGO (Kronisch NordÖR **01**, 12).* **4**

21e *Aufgaben und Verfahren des Präsidiums.* [I] [1] Das Präsidium bestimmt die Besetzung der Spruchkörper, bestellt die Ermittlungsrichter, regelt die Vertretung und verteilt die Geschäfte. [2] Es trifft diese Anordnungen vor dem Beginn des Geschäftsjahres für dessen Dauer. [3] Der Präsident bestimmt, welche richterlichen Aufgaben er wahrnimmt. [4] Jeder Richter kann mehreren Spruchkörpern angehören.

[II] Vor der Geschäftsverteilung ist den Richtern, die nicht Mitglieder des Präsidiums sind, Gelegenheit zur Äußerung zu geben.

[III] [1] Die Anordnungen nach Absatz 1 dürfen im Laufe des Geschäftsjahres nur geändert werden, wenn dies wegen Überlastung oder ungenügender Auslastung eines Richters oder Spruchkörpers oder infolge Wechsels oder dauernder Verhinderung einzelner Richter nötig wird. [2] Vor der Änderung ist den Vorsitzenden Richtern, deren Spruchkörper von der Änderung der Geschäftsverteilung berührt wird, Gelegenheit zu einer Äußerung zu geben.

[IV] Das Präsidium kann anordnen, daß ein Richter oder Spruchkörper, der in einer Sache tätig geworden ist, für diese nach einer Änderung der Geschäftsverteilung zuständig bleibt.

[V] Soll ein Richter einem anderen Spruchkörper zugeteilt oder soll sein Zuständigkeitsbereich geändert werden, so ist ihm, außer in Eilfällen, vorher Gelegenheit zu einer Äußerung zu geben.

GVG § 21e   Gerichtsverfassungsgesetz

VI Soll ein Richter für Aufgaben der Justizverwaltung ganz oder teilweise freigestellt werden, so ist das Präsidium vorher zu hören.

VII [1] Das Präsidium entscheidet mit Stimmenmehrheit. [2] § 21 i Abs. 2 gilt entsprechend.

VIII [1] Das Präsidium kann beschließen, daß Richter des Gerichts bei den Beratungen und Abstimmungen des Präsidiums für die gesamte Dauer oder zeitweise zugegen sein können. [2] § 171 b gilt entsprechend.

IX Der Geschäftsverteilungsplan des Gerichts ist in der von dem Präsidenten oder aufsichtführenden Richter bestimmten Geschäftsstelle des Gerichts zur Einsichtnahme aufzulegen; einer Veröffentlichung bedarf es nicht.

1   **Vorbem. A.** II u VII neugefaßt und VIII eingefügt durch Art 1 Z 5 G v. 28. 12. 99, BGBl 2598, mWv 30. 12. 99, Üb § 21 a Rn 3, dazu Kissel NJW 00, 463.

B. § 21 e gilt entspr in der **Arbeitsgerichtsbarkeit** nach Maßgabe der §§ 6 a, 19 u 39 ArbGG, Üb § 21 a Rn 4 u unten Rn 7; dazu GMP § 6 a Rn 8–11.

Gliederung

1) Allgemeines	2	4) Verfahren des Präsidiums, II, V, VII u VIII	19–21
2) Aufgaben des Präsidiums, I	3–14	A. Beschlußfassung	19
A. Besetzung der Spruchkörper	3, 4	B. Anhörungspflicht	20
B. Bestellung der Ermittlungsrichter	5	C. Sonstiges	21
C. Regelung der Vertretung	6, 7	5) Geschäftsverteilungsplan, IX	22
D. Verteilung der Geschäfte	8–12	6) Anhörung des Präsidiums, VI	23
E. Entscheidung über Meinungsverschiedenheiten	13	7) Nachprüfung von Anordnungen des Präsidiums	24–27
F. Sonstige Aufgaben	14	A. Anfechtung	24–26
3) Anordnungen des Präsidiums, I, III u IV	15–18	B. Folgen eines Verstoßes	27
A. Allgemeines	15	8) *VwGO*	28
B. Änderungen	16–18		

2   **1) Allgemeines.** Das unmittelbar oder mittelbar (durch Wahl) von der Gesamtheit der Richter eines Gerichts gebildete **Präsidium ist ein mit voller richterlicher Unabhängigkeit ausgestattetes, richterliches Selbstverwaltungsorgan**, BVerfG 17, 252, Kissel 7. Sein Aufgabenbereich umfaßt alle Maßnahmen, die der Bestimmung des gesetzlichen Richters, Art 101 GG, dienen. In diese Zuständigkeit darf keine andere Stelle eingreifen, BGH **46**, 147, Papier NJW **90**, 9. Die Dienstaufsicht unterliegt auch insoweit den Beschränkungen des § 26 DRiG, BGH NJW **91**, 424 mwN; der Kernbereich der Tätigkeit des Präsidiums ist der Dienstaufsicht überhaupt nicht zugänglich, § 26 DRiG Rn 7 u 8, BGH NJW **95**, 2494 (Ausnahme: offensichtliche Fehlgriffe), Piorreck DRiZ **93**, 213, abw Schaffer DÖD **82**, 10, zT auch Kissel 20 u Papier NJW **90**, 13. Einwirkungen der dienstaufsichtführenden Stelle auf Beschlußfassungen des Präsidiums können Maßnahmen der Dienstaufsicht iSv § 26 III DRiG und als solche anfechtbar sein, BGH NJW **91**, 424 (Bitte um Entlassung eines Richters), DRiZ **81**, 426 (Anregungen dieser Stelle als oberster Verwaltungsbehörde für die Gestaltung der Geschäftsordnung des BSozG). In diesem Fall kann auch das Präsidium als solches die Entscheidung des Dienstgerichts herbeiführen, aM BGH Dresden RR **00**, 942.

Der Präsident bzw Aufsichtsrichter ist als **Vorsitzender des Präsidiums**, § 21 a II, wie auch sonst bei seiner richterlichen Tätigkeit nur primus inter pares. Als Organ der Justizverwaltung hat er innerhalb des dem Präsidium zugewiesenen Aufgabenbereichs lediglich eine Ersatzzuständigkeit, § 21 i II, bei der zudem die Genehmigung durch das Präsidium vorgeschrieben ist.

Diese Grundsätze gelten für **alle Zweige der Gerichtsbarkeit**, vgl Üb § 21 a Rn 4 sowie Rn 1 u 28.

3   **2) Aufgaben des Präsidiums, I.** Die Aufzählung nennt die wichtigsten Geschäfte, ist aber nicht erschöpfend, vgl unten Rn 14.

A. Besetzung der Spruchkörper, I 1. Während es landesrechtlich Sache der Justizverwaltung ist, innerhalb der Gesetze (Haushaltsplan) die Zahl der Spruchkörper zu bestimmen, Üb § 59 Rn 2 und Üb § 115 Rn 1, entscheidet allein das Präsidium, welche Richter einem jeden Spruchkörper zugeteilt werden. Dazu gehört auch die Zuweisung der ehrenamtlichen Richter, zB nach § 105 (KfH), und der Ergänzungsrichter, BGH NJW **76**, 1547; bei Zuweisung eines Richters im Nebenamt, zB eines Hochschullehrers, muß das Präsidium das Maß der Verhinderung durch das Hauptamt festlegen, BGH NJW **74**, 109. Gesetzliche Vorgaben, zB § 23 b und § 29 DRiG, sind zu beachten. Das Präsidium bestimmt über die **Verteilung des Vorsitzes**; es bestellt auch die ständigen Vertreter der Vorsitzenden, § 21 f II (für die neuen Bundesländer s § 10 IV 2 u V RpflAnpG, abgedr Üb § 21 a Rn 5). Jedem Vorsitzenden Richter, § 21 f I, hat das Präsidium den Vorsitz in einem Spruchkörper (oder auch mehreren Spruchkörpern) zu übertragen; daneben kann ein solcher Richter auch als Beisitzer in einem anderen Spruchkörper verwendet werden, BGH NJW **84**, 130 mwN. Ihre Grenze findet seine Heranziehung zu einem weiteren richterlichen Amt allerdings dort, wo sie ihn im praktischen Ergebnis daran hindern würde, seinen Aufgaben als Vorsitzender „seines" Spruchkörpers, § 21 f Rn 4, nachzukommen, BGH aaO. Bei unvermeidbarer Vakanz der vorhandenen oder neu bewilligten Stelle eines Vorsitzenden Richters darf das Präsidium diese Stelle mit „NN" besetzen, wenn die endgültige Besetzung in Kürze zu erwarten ist, BGH NJW **79**, 1052, Katholnigg JR **85**, 38, str. Nicht nur ein Vorsitzender, sondern jeder **Richter darf mehreren Spruchkörpern angehören**, I 4 (auch ehrenamtliche Richter, zB bei den KfH und nach § 6 a Z 4 ArbGG, Üb § 21 a Rn 4). In diesem Fall muß das Rangverhältnis der verschiedenen Dienstgeschäfte vom Präsidium festgelegt werden, BGH NJW **73**, 1291.

4   Durch die Anordnung über die Besetzung soll von vornherein so eindeutig wie möglich nach abstrakten Merkmalen bestimmt werden, welche Richter zur **Entscheidung im Einzelfall** berufen sind, BVerfG

2. Titel. Präsidium und Geschäftsverteilung § 21e GVG

(Plenum) NJW **97**, 1498 (dazu Berkemann u Katholnigg JR **97**, 281 u 284). Danach dürfen Richter mehreren Spruchkörpern zugeteilt werden, um eine ordnungsmäßige Besetzung zu gewährleisten, nicht aber ohne diese Voraussetzung allen Spruchkörpern oder einem Teil von ihnen zugewiesen werden dürfen, BVerfG NJW **64**, 1020. Richter, die mit Verwaltungsaufgaben voll ausgelastet sind (zB Ausbildungsleiter), brauchen keinem Spruchkörper anzugehören, RGSt **46**, 254. Sonst sind alle Richter zuzuweisen, auch wenn ihre bevorstehende längere Verhinderung oder ihr Ausscheiden feststeht, Kissel 81; unzulässig ist der Ausschluß eines bei dem Gericht planmäßig und endgültig angestellten Richters von seiner richterlichen Tätigkeit, BVerfG **17**, 252. Wegen der sog Überbesetzung vgl § 16 Rn 7.

Der **Präsident des Gerichts bestimmt selbst**, welche richterlichen Aufgaben er wahrnimmt, I 3, vgl § 21 f Rn 3, ebenso der aufsichtführende Richter eines ArbG, § 6 a Z 3 ArbGG.

B. Bestellung der Ermittlungsrichter, I 1 (betrifft Strafsachen). 5

C. Regelung der Vertretung, I 1. Das Präsidium hat zu regeln: **a)** die **ständige Vertretung des** 6 **Vorsitzenden** eines Spruchkörpers, § 21 f II 1; **b)** die **regelmäßige Vertretung** durch Mitglieder eines anderen Spruchkörpers bei LG, OLG und BGH bzw durch einen anderen Richter beim AG, bei einem kleinen AG nach Maßgabe des § 22 b (die Vertretung innerhalb des Spruchkörpers wird nach § 21 g geregelt); dabei ist auch die Reihenfolge des Eintretens der Vertreter zu bestimmen, BVerwG DÖV **76**, 747 mwN, und eine möglichst lückenlose Regelung anzustreben, die für alle voraussehbaren Fälle sicherstellt, daß auch bei Verhinderung eines Vertreters wiederum ein Vertreter zur Verfügung steht (zB durch sog Ringvertretung), BGH NJW **88**, 1922, NStZ **91**, 196; auch bei der Errichtung eines Hilfsspruchkörpers ist die Vertretung der ihm angehörenden Richter zu regeln, Hamm JMBlNRW **82**, 45; **c)** die **zeitweilige Vertretung** durch das Mitglied eines anderen Spruchkörpers zur Behebung vorübergehender Schwierigkeiten, zB bei Verhinderung aller Richter der Vertretungskette, BGH NStZ **91**, 195, BGH NJW **77**, 1696 m Anm Holch JR **78**, 37 u P. Müller NJW **78**, 899 (krit), weil III die Bestellung von Vertretern nicht abschließend regelt, vgl §§ 21 i II, 22 b II, aM Katholnigg 5; entsprechend dieser Vorschrift darf die Regelung aber nur für längstens 2 Monate ergehen, Holch JR **78**, 37; sie ist unzulässig, wenn die Verhinderung bei Aufstellung des Geschäftsverteilungsplanes voraussehbar war, BGH NJW **88**, 1922 mwN (dann ist der GVPlan entspr zu ergänzen). Wenn eine Vertretung durch Richter desselben Gerichts nicht möglich ist, etwa wegen allgemeiner Überlastung, hat das Präsidium einen Antrag nach den §§ 70, 117 zu stellen (dazu Priepke DRiZ **85**, 293) bzw nach § 22 b zu verfahren.

Jede Vertretung setzt die Verhinderung des eigentlich Berufenen voraus, und zwar eine solche, die 7 als vorübergehend erscheint, BayVerfGH NJW **86**, 1328 mwN, zB Krankheit, BGH NJW **89**, 844, Urlaub, Dienstbefreiung, kurzfristige Abordnung, Inanspruchnahme durch andere Dienstgeschäfte, BGH NJW **74**, 1572, oder eine Lehrveranstaltung, BGH DRiZ **83**, 234, Unmöglichkeit der erforderlichen Vorbereitung, LG Ffm (Dienstgericht) DRiZ **80**, 311, rechtliche Unmöglichkeit der Amtsausübung, Kissel 146, VGH Kassel AS **32**, 306. Ein Richter ist für die Teilnahme an einer nur für einen Tag anberaumten, aber möglicherweise länger dauernden Verhandlung nicht dadurch verhindert, daß er am folgenden Tag an der Sitzung eines anderen Spruchkörpers teilnehmen muß, BayObLG MDR **80**, 426.

Die dauernde Verhinderung durch Tod, Ausscheiden, schwere Krankheit u dgl löst den Vertretungsfall bis zur Entscheidung des Präsidiums nach III aus, vgl § 21 f Rn 5. Eine ausdrückliche Feststellung der Verhinderung ist bei Offenkundigkeit nicht nötig, BGH StrVert **89**, 338, BGH NJW **88**, 1922 mwN, aber stets ratsam. Sonst **entscheidet** darüber, ob eine Verhinderung vorliegt, wenn deswegen die Vertretung durch einen nicht demselben Spruchkörper angehörenden Richter nötig wird, der Präsident oder Aufsichtsrichter, hM, Kissel 148 mwN, Ibach in stRspr, StrVert **89**, 338, NJW **88**, 1922 mwN, VGH Kassel AS **32**, 306, str, abw Schorn-Stanicki S 102, zT auch Schrader StrVert **91**, 542. Das gilt auch im Kollisionsfall bei Zugehörigkeit zu mehreren Spruchkörpern, BGH in stRspr, Holtz MDR **88**, 629 mwN (Entscheidung durch den Präsidenten, von welcher Aufgabe der Richter zu befreien ist), dagegen P. Müller NJW **74**, 1665. Entsprechend ist beim nicht offenkundigen Wegfall einer früher festgestellten Verhinderung zu verfahren, BGH NJW **88**, 1922. Dagegen ist es Sache des jeweils zur Entscheidung berufenen Gerichts, darüber zu entscheiden, ob die Verhinderung nur eine vorübergehende ist, BGH NJW **89**, 844.

Die Vertretung **innerhalb des Spruchkörpers** ist, wenn sie sich nicht aus dem Geschäftsverteilungsplan ergibt, im Mitwirkungsplan zu regeln, § 21 g Rn 3.

Das Gesagte gilt entsprechend für die **Arbeitsgerichtsbarkeit.** Jedoch trifft § 19 ArbGG besondere Bestimmungen für die Bestellung des ständigen Vertreters an einem nur mit einem Vorsitzenden besetzten ArbG und für die vorübergehende Vertretung eines Richters am ArbG durch den Richter eines anderen Gerichts. Wegen der Heranziehung der ehrenamtlichen Richter nach Liste s § 39 ArbGG, BAG NZA **97**, 333; im Fall der Verhinderung ist der nächste zur Mitwirkung berufen, im Fall unvorhergesehener Verhinderung ggf ein Richter aus der Hilfsliste.

D. Verteilung der Geschäfte unter die einzelnen Spruchkörper bzw Richter beim AG, I 1 8 (wegen der Geschäftsverteilung innerhalb der Spruchkörper s § 21g). Auch insoweit handelt das Präsidium in richterlicher Unabhängigkeit, BGH NJW **91**, 424, LAG Ffm LS NZA **91**, 188, vgl Rn 2. Für jedes Geschäftsjahr sind die Geschäfte unter Berücksichtigung aller Umstände zu verteilen, dh es müssen sowohl die neu eingehenden als auch die anhängigen Sachen zugewiesen werden, BVerfG NJW **03**, 345 mwN. Eine gesetzliche Bindung besteht nur ausnahmsweise, zB nach §§ 23 b II, 119 II u §§ 94, 95. Sonst ist das Präsidium in der **Wahl des Verteilungsschlüssels** nach Sachgebieten, Anfangsbuchstaben, räumlichen Bereichen, zB in Betreuungssachen, Coeppicus ZRP **96**, 330, oder nach der Reihenfolge des Eingangs, unten Rn 9, vgl Katholnigg NJW **92**, 2256) im Rahmen pflichtgemäßer Ermessensausübung frei, BVerfG (Plenum) NJW **97**, 1498, BGH NJW **94**, 1735, Kissel 134–138; es darf aus sachlichen Gründen für bestimmte Komplexe abweichende Verteilungsschlüssel vorsehen, LG Ffm RR **89**, 563 u NJW **88**, 70.

Die Aufteilung nach Sachgebieten steht im Ermessen des Präsidiums. Sie ist auch dann zulässig, wenn davon notwendigerweise nur ein bestimmter Personenkreis berührt wird, BVerfG NJW **69**, 2192; unbedenk-

GVG § 21e   Gerichtsverfassungsgesetz

lich ist deshalb im Hinblick auf § 40 II 1 VwGO die Zuweisung aller Rechtsstreitigkeiten, an denen jur Personen des öff Rechts beteiligt sind, BayVerfGH NJW **84**, 2813. Bei der Prüfung, ob Spezialkammern beim LG gebildet werden sollen, ist zu beachten, daß dadurch der Einsatz des originären Einzelrichters eingeschränkt wird, § 348 I 2 Z 2 ZPO, Hartmann NJW **01**, 2578, vgl die Begründung des ZPO-RG, BT-Drs 14/4722 S 87. Wenn keine Zuweisung nach Sachgebieten erfolgt, wie sie zB für Miet- und Bausachen üblich und zweckmäßig ist, vgl Meyer DRiZ **87**, 417, wird idR an den Namen des Beklagten angeknüpft, weil dies sachgerecht ist; Ausnahmen, etwa die Verteilung bestimmter Komplexe nach den Namen des Klägers, bedürfen eines zureichenden, dem Zweck der Geschäftsverteilung entsprechenden Grundes und müssen Manipulationsmöglichkeiten ausschließen, LG Ffm RR **89**, 563 u NJW **88**, 70, dazu Recken NJW **88**, 679, der aber zu Unrecht annimmt, es bestehe eine Pflicht zur Bildung von Spezialkammern, vgl Gloria NJW **89**, 446. Das Präsidium kann sachlich begründete Sonderregelungen treffen, zB für Parallelsachen, BAG NZA **92**, 516, und für zusammenhängende Sachen. Zulässig ist auch ein „rollierendes System", dh der Wechsel der Zuständigkeit nach einer vom Präsidium festgelegten Zahl von Eingängen aus einem Sachgebiet, BGH NStZ **90**, 138 (vgl Holtz MDR **90**, 297).

9   Immer muß wegen Art 101 I 2 GG die Verteilung „blind", dh **ohne Ansehen der einzelnen Sache**, vorgenommen werden (sog Abstraktionsprinzip), Kissel 94, BVerfG NJW **03**, 345 mwN, BVerwG NJW **91**, 1371; unzulässig ist daher die Zuweisung von Einzelfällen, BVerwG NJW **87**, 2031 u **84**, 2961, oder einer bestimmten Gruppe von Einzelfällen. Bei einer Umverteilung dürfen die davon betroffenen anhängigen Sachen in gewissem Umfang konkret bestimmt werden, BVerwG DVBl **85**, 576. Außerdem ist sicherzustellen, daß **auf die Verteilung kein Einfluß** genommen werden kann, auch nicht durch die Geschäftsstelle. Bestimmt sich die Verteilung nach der Reihenfolge des Eingangs, so ist dafür zu sorgen, daß solche Einflüsse ausgeschlossen werden, zB durch Feststellung der Uhrzeit und eine Regelung für die Behandlung gleichzeitig eingehender Sachen, vgl BGH **40**, 91, BVerwG NJW **83**, 2154, Buchholz 310 § 133 VwGO Nr 14, OVG Bln NJW **99**, 595 mwN.

10   Das Präsidium kann bei der Verteilung der Geschäfte anordnen, daß ein Richter oder Spruchkörper, der in einer Sache tätig geworden ist, für diese Sache auch nach einer Änderung der Geschäftsverteilung **zuständig bleibt**, IV, dazu BVerwG NJW **87**, 2031; es kann aber auch den Übergang der anhängigen Sachen anordnen, ohne daß dadurch das Recht auf den gesetzlichen Richter verletzt würde, BVerwG NJW **79**, 1374 (LS). Das Abstraktionsprinzip wird dadurch nicht verletzt, auch wenn es sich um nur wenige Sachen handelt, BVerwG NJW **91**, 1371.

11   Das Präsidium muß **alle Geschäfte verteilen**, auch wenn ihre Erledigung in angemessener Zeit nicht gewährleistet ist, hM, Kissel 92 mwN, KG JR **82**, 433, Karlsr MDR **80**, 690, Feiber NJW **75**, 2005 mwN (sog Vollständigkeitsprinzip). Im Geschäftsverteilungsplan berücksichtigt und einem Richter zugewiesen werden müssen auch die Geschäfte der gerichtlichen Selbstverwaltung, die in richterlicher Eigenschaft wahrzunehmen sind, BGH NJW **80**, 2365 (betr Vorsitz im Schöffenwahlausschuß). Auch die Regelung eines richterlichen Bereitschaftsdienstes, etwa in Form einer „Rufbereitschaft", ist Teil der Geschäftsverteilung und damit Aufgabe des Präsidiums, BGH NJW **87**, 1198. Ergibt sich im Laufe des Geschäftsjahres die Notwendigkeit einer Ergänzung, zB wegen gesetzlicher Zuweisung neuer Aufgaben oder wegen Fehlens einer Regelung für die an einen anderen Spruchkörper zurückverwiesenen Sachen, hat das Präsidium die Geschäftsverteilung durch eine nachträgliche generelle Bestimmung für den Rest des Geschäftsjahres zu ergänzen, Oldb DRiZ **85**, 220, dazu Rieß NStZ **85**, 473.

12   Soweit das Präsidium nicht durch gesetzliche Vorschriften gebunden ist, zB durch § 23 b oder § 29 S 1 DRiG (vgl iü Kissel 78 ff), verteilt es die Aufgaben in richterlicher Unabhängigkeit nach **pflichtgemäßem Ermessen**, BVerwG NJW **88**, 1160, **85**, 2779 (§ 43 SchwbG ist unanwendbar), VG Mü DÖD **87**, 83: das Präsidium hat in den verfassungsrechtlichen Grenzen – namentlich unter Beachtung des Gleichbehandlungsgebots gegenüber den Rechtsuchenden und den Richtern und der Unabhängigkeitsgarantie für die Richter – und den Schranken des § 21 e auf die möglichst optimale Erledigung der Geschäfte Bedacht zu nehmen und jede Manipulation auszuschließen, BVerfG (Plenum) NJW **97**, 1498, BGH NJW **94**, 1735 Kissel 74, vgl Gloria NJW **89**, 445 u Recken NJW **88**, 679 (beide zu LG Ffm NJW **88**, 70). Dabei muß es nicht nur die Interessen des Publikums, sondern auch die berechtigten Interessen des einzelnen Richters berücksichtigen, zB eine Behinderung, BVerwG NJW **85**, 2779, oder eine Tätigkeit im Richterrat, BVerwG NJW **87**, 1215, und allgemein den zumutbaren Arbeitsaufwand, BVerwG NJW **83**, 62.

Der für das Geschäftsjahr beschlossene Geschäftsverteilungsplan tritt an dessen Ende ohne weiteres **außer Kraft**, BGH NJW **99**, 797, BVerwG NJW **91**, 1370 mwN.

13   **E. Meinungsverschiedenheiten über die Auslegung und Anwendung der Geschäftsverteilung**, die zwischen mehreren Spruchkörpern derselben Art bzw Richtern beim AG bestehen, entscheidet das Präsidium, Kissel 117, BGH NJW **00**, 81 mwN, BFH BStBl **86** II 357, zB die Zuständigkeit für eine bestimmte Sache, Kissel 118, oder die Übernahme einer Vertretung, oben Rn 6, nach pflichtgemäßem Ermessen, BGH NJW **75**, 1424, krit Heintzmann DRiZ **75**, 320, Müller JZ **76**, 587, Weitl DRiZ **77**, 112 (ein entspr Vorbehalt im Plan ist unnötig, Kissel 117, Oldb MDR **89**, 649). Dagegen entscheidet der angegangene Spruchkörper, wenn seine Zuständigkeit von einer Auslegung des Gesetzes abhängt, BGH NJW **00**, 81 mwN (zB diejenige der KfH, der Baulandkammer oder des FamGer), notfalls das übergeordnete Gericht entsprechend § 36 I Z 6 ZPO, BGH NJW **00**, 81 mwN, Oldb MDR **89**, 649 u **77**, 497, Brschw NJW **79**, 223, Schlesw SchlHA **79**, 74, Kblz NJW **77**, 1735 u 1736, Nürnb NJW **75**, 2345, § 36 Rn 24 ff. Für die Auslegung des Geschäftsverteilungsplans hat die „gewachsene Übung" des Gerichts maßgebliche Bedeutung, BVerwG **44**, 218, DÖV **76**, 747 mwN, BFH BStBl **81** II 400. Eine ausdehnende Auslegung von Präsidiumsbeschlüssen ist zulässig, BGH DRiZ **80**, 147.

Die Entscheidung des Präsidiums ist für die beteiligten Richter (Spruchkörper) verbindlich, bis ihre Rechtswidrigkeit festgestellt ist, vgl BGH DRiZ **78**, 249. Ob dies auch bei offensichtlicher Unhaltbarkeit (zB Willkür) gilt, ist im Hinblick auf die Rspr zu § 281 ZPO fraglich, vgl BFH BStBl **86** II 357, aber kaum von praktischer Bedeutung; notfalls wird (ebenso wie beim Streit über eine gesetzliche Zuständigkeit, s o)

2. Titel. Präsidium und Geschäftsverteilung § 21e GVG

§ 36 I Z 6 ZPO entspr anzuwenden sein, Sangmeister MDR **88**, 191, abw StJSchu § 36 ZPO Rn 20. Wegen der Nachprüfung der Entscheidung des Präsidiums s i ü Rn 24 ff.

F. Sonstige Aufgaben: a) Regelung der **Vertretung beim kleinen AG**, § 22 a, **b)** Regelung des **14 gemeinsamen Bereitschaftsdienstes** für mehrere AGe, § 22 c; **c)** Antrag auf **Zuweisung eines Richters an das LG**, § 70 I, **d)** Bestellung der **Mitglieder der Großen Senate beim BGH**, § 132 VI, **e)** in **Strafsachen**, vgl § 83, Mitwirkung des OLGPräsidiums bei Bestimmung der Zuständigkeit für Wiederaufnahmeverfahren, § 140 a.

3) Anordnungen des Präsidiums, I, III u IV   **15**

A. Allgemeines. Die in Rn 3–12 u 14 genannten Aufgaben erfüllt das Präsidium durch Anordnungen. Es trifft sie grundsätzlich **vor dem Beginn des Geschäftsjahres**, § 21 d Rn 1, **für dessen Dauer, I 2** BGH MDR **85**, 779, so daß die Anordnungen mit Ablauf des Jahres ohne weiteres außer Kraft treten (sog Jährlichkeitsprinzip), BVerwG NJW **91**, 1370, BayVerfGH BayVBl **83**, 270; dies gilt auch für die Änderungen, III, so daß eine etwaige Fehlerhaftigkeit mit Ablauf des Geschäftsjahres ihre Bedeutung verliert, BVerwG DVBl **85**, 574. Die Festlegung für ein Jahr gilt nicht für die Bildung von Feriensspruchkörpern, § 201, und auch nicht für die Bestellung eines zeitweiligen Vertreters, Rn 6, und für die Entscheidung bei Meinungsverschiedenheiten, Rn 13. Die Anordnungen werden schriftlich im sog Geschäftsverteilungsplan, unten Rn 22, niedergelegt. Für das nächste Geschäftsjahr sind die Anordnungen hinsichtlich aller Punkte, namentlich der Verteilung der Geschäfte, unter Berücksichtigung aller Umstände neu zu treffen, BVerwG DVBl **85**, 576.

B. Änderungen der nach I getroffenen Anordnungen **im Laufe des Geschäftsjahres, III, sind 16 zulässig** (eng auszulegen, BGH NJW **76**, 2029), wenn sich ihre Notwendigkeit ergibt **a) wegen Überlastung oder ungenügender Auslastung** eines Richters oder Spruchkörpers; in diesem Fall kann zur Übernahme eines wesentlichen Teils der Verfahren ein neuer Spruchkörper gebildet und entsprechend besetzt werden, BGH NJW **76**, 60, auch ein Hilfsspruchkörper für das Geschäftsjahr, BGH NJW **67**, 1868, BAG NZA **99**, 107 (die für die Abgabe der Sachen maßgeblichen Kriterien bestimmt das Präsidium, oben Rn 8 ff, aber die Abgabe ausgesuchter Verfahren ist unzulässig, BGH DRiZ **80**, 147); die Feststellung der Überlastung eines Richters oder Spruchkörpers obliegt der pflichtgemäßen Beurteilung des Präsidiums, BGH NJW **77**, 965, die nur bei Willkür vom Revisionsgericht nachgeprüft werden darf, BGHSt **22**, 239; **b) infolge Wechsels** (zB durch Ausscheiden, Versetzung, Beförderung oder Abordnung, § 37 DRiG), also Hinzutretens und/oder Wegfalls eines Richters, BVerwG NJW **01**, 3493, **oder dauernder Verhinderung** einzelner Richter (zB durch schwere Erkrankung, langen Urlaub), nicht aber bei nur vorübergehender Verhinderung, zB wegen Vorbereitung einer außergewöhnlich umfangreichen Sache, BGH NJW **86**, 1884; dagegen ist eine Änderung nur aus Gründen der Ausbildung richterlichen Nachwuchses unzulässig, BGH NJW **76**, 2029, BVerwG LS NJW **85**, 2491; **c) aus anderen Gründen.** Zulässig ist die Ergänzung oder Änderung, wenn sie bloß dem Nachbessern von Fehlern oder Auslassungen dient, Kissel 109, sowie dann, wenn sie aus anderen Gründen zur Aufrechterhaltung einer geordneten Rechtspflege unabweisbar nötig ist, zB wegen der Einrichtung eines neuen Spruchkörpers oder wegen des Wegfalls bzw Hinzutretens von Rechtsprechungsaufgaben, OVG Hbg NJW **87**, 1216, oder wegen des Eintritts anderer unvorhersehbarer Umstände, BGH NStZ **86**, 469. Dazu gehört nicht die Belastung der kollegialen Zusammenarbeit durch disziplinarische Maßnahmen gegen einen Richter, OVG Hbg aaO, erst recht nicht die öffentliche Kritik an Entscheidungen eines Spruchkörpers, vgl Herr DRiZ **94**, 408, Rudolph DRiZ **94**, 390, Sendler ZRP **94**, 379, wohl aber eine Maßnahme nach § 31 DRiG, Katholnigg 9.

Aus einem dieser Gründe kann das Präsidium **alle Maßnahmen** treffen, die der Gewährleistung einer **17** geordneten Rechtspflege dienen; dabei dürfen Aus- und Fortbildungsgesichtspunkte insoweit berücksichtigt werden, als sie mit dem Anlaß der Änderung in vertretbarem personellem oder sachlichem Zusammenhang stehen, BVerwG LS NJW **85**, 2491, BGH NJW **78**, 1444 (eine Beschränkung der Maßnahme auf die vom Wechsel betroffene Stelle besteht nicht). Die Befugnis zur Änderung ist nicht auf künftig eingehende Sachen beschränkt, wie IV zeigt, BGH NJW **99**, 155 mwN, muß sich bei anhängigen Sachen aber in den unten aufgezeigten Grenzen halten. Eine Änderung, die sachlich nicht durch einen der oben genannten Gründe veranlaßt wird, ist unzulässig, Kröger DRiZ **78**, 109, OVG Hbg NJW **87**, 1216. Die Änderung gilt ebenfalls für das jeweilige Geschäftsjahr und tritt mit seinem Ablauf außer Kraft, Kissel 108, BVerwG DVBl **85**, 575; es ist aber auch zulässig, sie für einen fest bestimmten Zeitraum anzuordnen und danach wieder die alte Geschäftsverteilung gelten zu lassen, BGH NJW **82**, 1622.

Das Präsidium entscheidet nach **pflichtgemäßem Ermessen** darüber, was zur Änderung der Geschäfts- **18** verteilung nötig ist, BGH NJW **68**, 2388. Es darf Anordnungen nicht nur dann treffen, wenn sie zwingend im Sinne eines „nur so und nicht anders denkbar" geboten sind, BVerwG NJW **82**, 2274. Die Anordnungen müssen den Grundsätzen für die Geschäftsverteilung, oben Rn 8 ff, entsprechen; insbesondere dürfen nicht einzelne ausgesuchte Sachen, die nicht nach allgemeinen, jederzeit ohne weiteres nachprüfbaren Merkmalen bestimmt sind, einem anderen Spruchkörper bzw Richter zugewiesen werden, BGH NJW **99**, 155 mwN, BVerwG NJW **87**, 2031 u **84**, 2961, LG Wiesbaden MDR **84**, 676 (zustm Feiber). Bei einer Änderung der Geschäftsverteilung hat das Präsidium darauf zu achten, daß eine effektive Weiterbearbeitung von **Eilverfahren** sichergestellt ist; wechselt die Zuständigkeit innerhalb des Gerichts, ist den Verfahren des einstweiligen Rechtsschutzes Vorrang einzuräumen, BVerfG NVwZ-RR **02**, 694.

Das Präsidium kann bei der Änderung die **Fortdauer der Zuständigkeit** im Rahmen von IV anordnen, oben Rn 10, braucht es aber nicht; dadurch wird das Recht auf den gesetzlichen Richter nicht verletzt, BVerwG NJW **79**, 1374 (LS). Die Regelung darf nicht für eine konkret bestimmte Streitsache durchbrochen werden, BVerwG NJW **87**, 2031. Maßnahmen nach IV setzen eine Änderung der Geschäftsverteilung voraus; sie sind hinsichtlich von Verfahren innerhalb einer durch die Änderung betroffenen Sachgruppe zulässig, die einem anderen Spruchkörper zugeteilt werden, BGH NJW **82**, 1470.

GVG § 21e

19   4) Verfahren des Präsidiums

A. Beschlußfassung. Das Präsidium trifft seine Anordnungen und sonstigen Entscheidungen grundsätzlich in Sitzungen, wie §§ 21 c I 2, 21 i I ergeben, so daß Abstimmungen durch mündliche Einzelbefragung unzulässig sind, allgM; das gleiche gilt für Abstimmungen im Umlaufwege, wenn nicht alle mitwirkungsberechtigten und nicht im Einzelfall verhinderten Mitglieder damit einverstanden sind, so daß auf Wunsch auch nur eines Mitgliedes eine Beratung stattfinden muß, BVerwG NJW **92,** 255 mwN, ua ZöGu § 21 i Rn 3, ebenso Kopp § 4 Rn 4, str, aM MüKoWo 51, Kissel 36–39 mwN, GMP § 6 a Rn 83, ThP 6 (Ausschluß des Umlaufweges). Vorsitz: §§ 21 a, 21 h; Beschlußfähigkeit: § 21 i I. Ist ein statthafter Antrag auch nur von einem Mitglied gestellt, muß der Vorsitzende das Präsidium einberufen und den Antrag behandeln lassen, VGH Mannh DÖV **80,** 573. Für die Mitglieder des Präsidiums gelten die Vorschriften über Ausschließung und Ablehnung nicht, Kissel 68, hinsichtlich der Ablehnung aM Wömpner DRiZ **82,** 404. Für die Beratungen gelten §§ 192 ff nicht, Fischer DRiZ **78,** 114 mwN. Die Entscheidung ergeht mit **Stimmenmehrheit,** VII 1. Bei **Stimmengleichheit** gibt es keinen Stichentscheid, vielmehr **gilt § 21 i II entspr, VII 2,** dh daß weitere Sitzungen stattfinden müssen, bis sich eine Mehrheit bildet, und daß in etwaigen Eilfällen die nötigen Anordnungen vom Präsidenten oder Aufsichtsrichter getroffen werden müssen, Kissel NJW **00,** 461 (eine wenig praktikable Lösung). Eine **Stimmenthaltung** ist unzulässig, vgl § 195, Kissel 72, GMP § 6 a Rdz 42, Fischer DRiZ **78,** 174, str.

19 a   Richteröffentlichkeit der Präsidiumssitzungen, VIII (Kissel NJW **00,** 462; DRB DRiZ **00,** 3 u 99, 464). Der Streit um die (Richter-)Öffentlichkeit der Präsidiumssitzungen, 58. Aufl Rn 19, ist durch die vom Vermittlungsausschuß vorgeschlagene Lösung entschieden worden, BT-Drs 14/2367 u 14/2330 iVm BT-Drs 14/597. Danach sind die Sitzungen grundsätzlich nicht öffentlich, dh die Anwesenheit von anderen Personen (nicht des Vertreters des Vorsitzenden, § 21 c I 2) bei den Beratungen und Abstimmungen des Präsidiums ist unstatthaft. **Das Präsidium kann** jedoch **beschließen,** daß Richter des Gerichts bei den Beratungen und Abstimmungen für die gesamte Dauer oder zeitweise zugegen sein können, **VIII 1.** Es kann auch beschließen, daß andere Personen als Richter des Gerichts außerhalb der Beratung und Abstimmung als Zuhörer anwesend sein dürfen, Arndt DRiZ 76, 43 gg Knoche DRiZ 75, 404. Über die Zulassung (aller oder bestimmter) Richter des Gerichts nach VIII 1 entscheidet das Präsidium generell, OVG Weimar DVBl **05,** 324, oder im Einzelfall nach pflichtgemäßem Ermessen. Die **Schranken des Ermessens** ergeben sich aus **§ 171 b GVG,** der entspr anwendbar ist, **VIII 2.** Im Vordergrund steht demgemäß der Schutz des einzelnen Richters gegen eine Erörterung von Umständen aus seinem persönlichen Lebensbereich. Dabei ist zu berücksichtigen, daß § 171 b dem Ziel dient, den Ausschluß der grundsätzlich bestehenden Öffentlichkeit zu regeln, während es bei VIII darum geht, eine grundsätzlich nicht gegebene Öffentlichkeit herzustellen. Da das Präsidium (bei der Geschäftsverteilung, aber auch sonst) häufig Umstände aus dem persönlichen Lebensbereich eines Richters (Krankheit, familiäre Verhältnisse, Leistungsschwächen usw) erörtern muß und nicht abzusehen ist, ob solche Umstände zur Sprache kommen werden, führt die entspr Anwendung von § 171 b dazu, daß die Richteröffentlichkeit für Erörterungen von Personalangelegenheiten in aller Regel nicht hergestellt werden darf: die Erwartung, daß die Erörterung in angemessener, sachlicher und schonender Weise geschehen kann, BT-Drs 14/597 S 5, genügt schwerlich als Schutz des Betroffenen. In anderen als Personalangelegenheiten ist dagegen nach den jeweiligen Umständen abzuwägen, ob der Schutz der Privatsphäre oder die Sicherung der freien Meinungsbildung dem Bedürfnis nach Transparenz vorgehen. Dabei ist Behutsamkeit geboten, weil die Zulassung der Richteröffentlichkeit irreversible Folgen haben kann, zumal sie dazu führt, daß das Schweigegebot für alle Anwesenden entfällt, Kissel NJW **00,** 462. Wegen der Anfechtung der Beschlüsse nach VIII s unten Rn 24 u 25.

19 b   Wird die Richteröffentlichkeit nicht hergestellt, ergibt sich die **Verschwiegenheitspflicht** aller Anwesenden aus § 43 DRiG, Kissel 22 mwN, bzw aus § 46 DRiG iVm §§ 61 BBG od 39 BRRG, Fischer DRiZ **79,** 203, str. **Beschlüsse des Präsidiums** sind aufzuzeichnen, regelmäßig in Form eines vom Vorsitzenden und mindestens einem weiteren Mitglied zu unterzeichnenden Ergebnisprotokolls, BVerwG NJW **84,** 2961, Kissel 68. **Unzulässig ist die Übertragung der Entscheidungsbefugnis** des Präsidiums auf den Vorsitzenden oder einzelne Mitglieder (Kommissionen); vorbereitende Arbeiten dürfen dagegen in dieser Weise delegiert werden, Kissel 9.

20   B. Anhörungspflicht (Kissel NJW **00,** 461). Das Präsidium muß Gelegenheit zur Äußerung geben (schriftliche Äußerung genügt, Anhörung in der Sitzung wird sich zumeist empfehlen) **a) vor der jährlichen Geschäftsverteilung, I,** allen Richtern, die nicht Mitglieder des Präsidiums sind, **II,** in den neuen Bundesländern auch anderen den ständigen Vorsitz führenden Richtern, § 10 IV 3 RpflAnpG (abgedr Üb § 21 a Rn 5), **b) vor jeder Änderung einer Anordnung, III 1,** denjenigen Vorsitzenden Richtern, deren Spruchkörper von der Änderung der Geschäftsverteilung berührt wird, III 2 (wegen der neuen Bundesländer s bei a), **c) in beiden Fällen** (auch) demjenigen Richter, der einem anderen Spruchkörper zugeteilt oder dessen Zuständigkeitsbereich geändert werden soll, ausgenommen Eilfälle, **V;** damit soll der betroffene Richter seine Auffassung darlegen können, um eine gerechte Abwägung des Für und Wider zu ermöglichen, **d) außerdem** in beiden Fällen der Schwerbehindertenvertretung auf Antrag eines schwerbehinderten Richters, § 25 IV 4 SchwbG; sie muß sich äußern, den anderen Anhörungsberechtigten steht dies frei. **e)** Anzuhören ist der **Richterrat,** wenn er im Interesse und mit dem Einverständnis eines Richters zu einer bestimmten, diesen Richter belastenden Maßnahme nach § 52 DRiG iVm §§ 67 u 68 BPersVG (bzw den Ländergesetzen) eine Gelegenheit zur Äußerung erbittet, vgl Pentz DRiZ **75,** 46. Daneben bestehen allgemeine Überwachungs- und Initiativrechte des Richterrats auch gegenüber den Präsidien, Priepke DRiZ **85,** 290 (eingehend). Eine allgemeine Mitwirkung oder gar Mitbestimmung des Richterrats bei der Geschäftsverteilung kommt nicht in Betracht, BVerwG NJW **87,** 1215, OVG Schlesw ZBR **93,** 31 (offen hinsichtl der Staatsanwaltschaft). – Ein **Verstoß** gegen die Anhörungspflicht kann von dem Betroffenen nach Maßgabe des in Rn 24 Gesagten gerügt werden, jedoch nicht mehr nach Ablauf des Geschäftsjahres, BVerwG DÖD **86,** 218 (krit Sangmeister).

2. Titel. Präsidium und Geschäftsverteilung   **§ 21e GVG**

C. Im übrigen bestimmt das Präsidium sein Verfahren selbst nach pflichtgemäßem Ermessen, **21** BGH NJW **95**, 2494, BVerwG NJW **92**, 254. Es ist nicht gehindert, sich eine Geschäftsordnung zu geben, MüKoWo 50, VGH Mannh DRiZ **80**, 147, zustm Frauendorf DÖV **80**, 556 mwN, str (aber eine interne Regelung ist ebenso nötig wie bei Richtervertretungen, § 58 I DRiG). Zu den Aufgaben des Richterrats gegenüber dem Präsidium vgl Pentz DRiZ **75**, 46.

5) Geschäftsverteilungsplan, IX. Die Anordnungen des Präsidiums iSv I (Geschäftsverteilungsplan) **22** müssen schriftlich festgehalten werden; eine Begründung ist nicht erforderlich, VGH Mü BayVBl **78**, 337, auch die Überlastung braucht im Falle einer Änderung, III, im Plan nicht festgestellt zu werden, BGH DRiZ **80**, 147. Der Geschäftsverteilungsplan ist in der vom Präsidenten oder Aufsichtsrichter bestimmten Geschäftsstelle des Gerichts zur Einsichtnahme aufzulegen, damit jedermann von seinem Inhalt Kenntnis nehmen kann (Zweck oder Interesse braucht nicht dargelegt zu werden); einer Veröffentlichung bedarf es nicht, vgl BVerfG NJW **98**, 370. Das gilt sowohl für den jährlichen Geschäftsverteilungsplan, I, als auch für dessen Änderungen, III, und Anordnungen nach § 21 i II und § 22 b, weil der Einsichtnehmende sich vollständig über die jeweils geltende Geschäftsverteilung unterrichten können muß, Kissel 75. Einem Verfahrensbeteiligten, dem Einsicht nicht möglich oder zumutbar ist, muß auf Antrag über den ihn betreffenden Inhalt des Plans Auskunft erteilt werden, BVerfG NJW **98**, 370. Die schriftlichen Unterlagen für die Bestellung zeitweiliger Vertreter, oben Rn 6, und für die Entscheidung von Meinungsverschiedenheiten, oben Rn 13, brauchen nicht zur Einsichtnahme ausgelegt zu werden; es kann jedoch in Ausnahmefällen nach Art 103 GG geboten sein, die Parteien auf eine vom Geschäftsverteilungsplan abweichende Besetzung hinzuweisen, BVerfG NJW **98**, 370. Bei Glaubhaftmachung eines berechtigten Interesses sind sie den Beteiligten an einem davon berührten Rechtsstreit bekanntzugeben, vgl BVerwG NJW **61**, 1989; ein Streit darüber ist ggf im Verfahren nach § 23 EGGVG zu entscheiden, aM für das Strafverfahren im Hinblick auf § 222 a StPO Hamm NJW **80**, 1009 (LS).

Der Geschäftsverteilungsplan ist keine Rechtsvorschrift und kein Justizverwaltungsakt, sondern ein Justizhoheitsakt besonderer Art, der sowohl generelle Regelungen als auch (hinsichtlich der Richter) Einzelfallregelungen enthält, Wolf § 14 III, Kissel 102 ff, vgl Gloria NJW **89**, 445 u BayVerfGH NJW **86**, 1673, beide m Übers üb den Streitstand. Wegen seiner Anfechtung s unten Rn 24.

6) Anhörung des Präsidiums, VI. Soll ein **Richter für Aufgaben der Justizverwaltung** (bei einem **23** Gericht oder einer Behörde) ganz oder teilweise freigestellt werden, so hat die für den Verwaltungseinsatz zuständige Stelle das Präsidium vorher zu hören. Ein weitergehendes Mitspracherecht steht ihm nicht zu.

7) Nachprüfung von Anordnungen des Präsidiums (Voßkuhle, Rechtsschutz gegen Richter, 1993; **24** Kolb, Diss Erlangen 1986).

A. Anfechtung. Anordnungen des Präsidiums, I–IV, insbesondere der Geschäftsverteilungsplan und die auf seiner Grundlage getroffenen Einzelentscheidungen, sind der Anfechtung durch die an einem Rechtsstreit Beteiligten entzogen, Wolf § 14 IV, BayVerfGH NJW **86**, 1673.

Diese Anordnungen sind keine Maßnahmen der Dienstaufsicht iSv § 26 DRiG, BGH NJW **91**, 425 mwN, so daß eine Nachprüfung auf Antrag eines Richters entspr § 26 III DRiG nicht in Frage kommt (anders ganz ausnahmsweise bei einem offensichtlich rechtswidrigen Eingriff in die richterliche Unabhängigkeit, BGH NJW **85**, 1084 und wohl auch MDR **90**, 718). Im übrigen können Maßnahmen des Präsidiums (auch solche des Präsidenten, VGH Mannh DÖV **80**, 573) von einem dadurch betroffenen Richter (nicht von anderen Richtern, VGH Kassel AS **28**, 223, wohl aber auch von einem betroffenen ehrenamtlichen Richter, VGH Kassel AS **32**, 303) im **VerwRechtsweg** angegriffen werden, zwar nicht mit der Anfechtungsklage, aM VG Schlesw NVwZ-RR **92**, 112 mwN, wohl aber mit der allgemeinen Feststellungsklage, sofern daran ein berechtigtes Interesse, § 43 VwGO, besteht, BGH NJW **91**, 425 mwN, BVerwG DÖD **86**, 218 (Anm Sangmeister), BVerwG NJW **76**, 1224, VGH Kassel DÖD **87**, 80 u DRiZ **84**, 62, VGH Mü NJW **94**, 2308, VG Trier DRiZ **93**, 401 mwN, str, Kissel 109 mwN, Katholnigg 15. Das Feststellungsinteresse entfällt mit Ablauf des Geschäftsjahres, wenn nicht der Fehler fortwirkt, zB ein dienstrechtliches Verf gegen den Richter schwebt, BVerwG DÖD **86**, 218 (krit Sangmeister), VGH Kassel DÖD **87**, 80 (krit Sangmeister).

Gegen wen die Klage zu richten ist, ergibt § 78 VwGO, OVG Hbg NJW **87**, 1215, OVG Münst RiA **80**, **25** 200 = DÖD **81**, 46, VGH Mannh DRiZ **73**, 320, VG Trier DRiZ **93**, 401, VG Schlesw NVwZ-RR **92**, 112 (Bund bzw Land, nach LandesR auch das Gericht), abw VGH Kassel DÖD **87**, 80 u DRiZ **84**, 62, VG Hann NJW **90**, 3227 (Präsidium als Vereinigung iSv § 61 Z 2 VwGO). Notwendige Voraussetzung ist eine Beeinträchtigung eigener Rechte des Richters, die im Falle einer Umsetzung idR gegeben sein wird, OVG Hbg aaO. Eines vorherigen Widerspruchsverfahrens bedarf es nicht, weil § 71 III DRiG iVm § 126 BRRG nicht eingreift, sehr str, aM Pentz DRiZ **77**, 179, ThP 1 c dd, vgl Sangmeister DÖD **87**, 85. Soweit es sich nicht um Verfahrensfehler handelt, ist das Gericht darauf beschränkt, die Maßnahme des Präsidiums auf Ermessensfehler, § 114 VwGO, zu überprüfen, dazu VG Mü DÖD **87**, 83.

Vorläufiger Rechtsschutz kann durch einstw AnO gewährt werden, BVerwG DÖD **86**, 219, OVG Hbg **26** aaO mwN, VGH Kassel DRiZ **84**, 62, VGH Mü BayVBl **78**, 337, VG Hann NJW **90**, 3227. Aufschiebende Wirkung, § 80 VwGO, hat eine Feststellungsklage, § 43 VwGO, nicht; deshalb ist jede AnO des Präsidiums für den Richter verbindlich, bis ihre Rechtswidrigkeit festgestellt wird, BGH **85**, 1534 u DRiZ **88**, 249, oder eine einstweilige Anordnung sie vorläufig außer Kraft setzt, BVerwG NJW **76**, 1224, VGH Mü NJW **94**, 2308.

Ein Geschäftsverteilungsplan, der die Verteilung von Geschäften zwischen Hauptgericht und Zweigstelle regelt, kann insoweit eine landesrechtliche Vorschrift sein, die der **Normenkontrolle**, § 47 VwGO, unterliegt, BayVerfGH NJW **78**, 1515, nicht jedoch in anderen Fällen, BayVerfGH NJW **86**, 1673 (keine Popularklage), OVG Lüneb NJW **84**, 627 mwN (krit Renck NJW **84**, 2928), offen gelassen vom BayVerfGH BayVBl **83**, 270. Der Plan kann nicht auf Antrag eines Prozeßbeteiligten der Normenkontrolle unterzogen werden, VGH Mü NJW **79**, 1471.

Albers

GVG §§ 21e, 21f   Gerichtsverfassungsgesetz

27   **B. Rechtsfolgen eines Verstoßes.** Wird bei Erlaß einer Anordnung, namentlich des Geschäftsverteilungsplanes, oder bei ihrer Auslegung und Anwendung gegen ein Gesetz verstoßen, so berührt dies die Wirksamkeit der darauf beruhenden richterlichen Entscheidungen nicht, arg § 22 d, BGH **37**, 125 Hbg NZG **99**, 1211. Der Verstoß kann aber zu einer Verletzung des Rechts auf den gesetzlichen Richter führen, § 16 Rn 5, und damit ein Rechtsmittel gegen eine gerichtliche Entscheidung begründen, BGH **40**, 93, BVerwG NJW **82**, 900, BSG NZA **90**, 664, Hbg aaO, OVG Lüneb NJW **84**, 627, LG Wiesbaden MDR **84**, 676, Gloria NJW **89**, 445, Kornblum Festschrift Schiedermair S 331 mwN, Kissel 108. Versehentliche Abweichungen vom Geschäftsverteilungsplan sind unschädlich, BGH NStZ **84**, 181. Bei Ermessensentscheidungen ist die Nachprüfung auf Ermessensfehler beschränkt, BGH NJW **75**, 1424, wobei nur offensichtliche und schwerwiegende Fehler ins Gewicht fallen, LAG Ffm LS NZA **92**, 188. Das Rechtsmittel hat Erfolg, wenn der Verstoß auf Willkür beruht, BFH NVwZ **96**, 102, BVerwG NJW **88**, 1339, Gloria NJW **89**, 446, zB wenn das Abstraktionsprinzip, oben Rn 9, verletzt wird, BVerwG NJW **87**, 2031 u **84**, 2961. Ein Verstoß kann auch die Verletzung einer Amtspflicht gegenüber dem einzelnen Rechtsuchenden bedeuten, Kissel 26, BGH DRiZ **78**, 183, dazu P. Müller DRiZ **78**, 271. Ein einzelner Richter kann aber idR nicht den ganzen Geschäftsverteilungsplan unwirksam machen, Katholnigg NJW **92**, 2257 GG Felix BB **91**, 2193.

28   8) *VwGO:* Gilt entsprechend, § 4 VwGO (vgl *Kronisch* NordÖR **01**, 13), ergänzt durch § 30 VwGO (Heranziehung der ehrenamtlichen Richter); dazu BVerwG NVwZ-RR **00**, 474, NVwZ **84**, 579, VGH Kassel AS **32**, 303, BSG NZA **90**, 664, BFH DRiZ **89**, 380 (betr ehrenamtliche Richter).

21f *Vorsitz im Spruchkörper.* [I] Den Vorsitz in den Spruchkörpern bei den Landgerichten, bei den Oberlandesgerichten sowie bei dem Bundesgerichtshof führen der Präsident und die Vorsitzenden Richter.

[II] [1] Bei Verhinderung des Vorsitzenden führt den Vorsitz das vom Präsidium bestimmte Mitglied des Spruchkörpers. [2] Ist auch dieser Vertreter verhindert, führt das dienstälteste, bei gleichem Dienstalter das lebensälteste Mitglied des Spruchkörpers den Vorsitz.

1   **Vorbem. A.** Gilt in der **Arbeitsgerichtsbarkeit** entspr für LAG und BAG, § 6 a ArbGG, Üb § 21 a Rn 4. Vorsitz in den Kammern des ArbG: § 6 a Z 5 ArbGG; Vertretung: § 19 ArbGG.
   B. In den **neuen Bundesländern** gelten seit dem 1. 7. 92 die Bestimmungen in **§ 10 IV u V RpflAnpG**, abgedr Üb § 21 a Rn 5, und in **§ 3 RpflAnpG**, abgedr Vorbem § 28 DRiG.

2   1) **Allgemeines.** Die Vorschrift regelt die Fragen, wer den Vorsitz in den Spruchkörpern der Kollegialgerichte führt, I, und wie er vertreten wird, II. Die Aufgaben und Befugnisse des Vorsitzenden ergeben sich aus den dafür maßgeblichen Bestimmungen des GVG, zB den §§ 176 ff u 194 ff, und der ZPO, zB den §§ 216, 273, 361 f u 944; vgl unten Rn 4.

3   2) **Vorsitz, I.** Den **Vorsitz in den Spruchkörpern** bei LG, OLG und BGH **führen der Präsident und die Vorsitzenden Richter** iSv § 19 a DRiG, I; den Vorsitz in Spruchkörpern können in den **neuen Bundesländern** bis zum 31. 12. 2004 auch andere Richter führen, die das Präsidium bestimmt, § 10 IV u V RpflAnpG, abgedr Üb § 21 a Rn 5. Für das übrige Bundesgebiet gilt: Die erforderlichen Planstellen hat der Haushaltgeber bereitzustellen, § 59 Rn 3; ihre Zahl muß mit der Zahl der benötigten Spruchkörper abgestimmt sein, Katholnigg JR **85**, 38. Der Präsident bestimmt selbst, welche richterlichen Aufgaben er wahrnimmt; im übrigen verteilt das Präsidium den Vorsitz, § 21 e I 1 u 3.
   A. Ordentliche Vorsitzende können nur der Präsident und die Vorsitzenden Richter sein, ausgenommen bei einer auswärtigen KfH, § 106, und bei einer Hilfsstrafkammer, BGH NJW **83**, 2952, mwN, dazu Katholnigg JR **83**, 520, abl Frisch NStZ **84**, 88. Wird ein anderer Richter nicht bloß vorübergehend mit dem Vorsitz betraut, so ist das Gericht nicht ordnungsgemäß besetzt, BGH **10**, 134; dies gilt auch dann, wenn die Beförderung dieses Richters in das Amt eines Vorsitzenden Richters nur wegen einer allgemeinen Beförderungssperre nicht ausgesprochen werden kann, BGH NJW **85**, 2336 mwN, ua Hbg MDR **84**, 868 (insoweit zustm Katholnigg, JR **85**, 37). Präsident und Vorsitzender Richter können aber gleichzeitig mehreren Kammern vorsitzen, von denen jede eine eigene geschäftsplanmäßige Zuständigkeit hat, BGH NJW **84**, 131, NJW **67**, 1297, VG MüDRiZ **00**, 101. Ein Vorsitzender Richter kann auch einem Spruchkörper als Vorsitzender und einem anderen als Beisitzer zugeteilt werden, BGH NJW **84**, 130. Unzulässig ist es, neben dem dauernd behinderten Vorsitzenden eine weiteren Vorsitzenden zu bestimmen, BGH **15**, 137, vgl auch BSG RiA **76**, 54.

4   **B. Der Vorsitzende muß auf Grund seiner Sachkunde und Erfahrung einen richtunggebenden Einfluß auf die Rechtsprechung des Spruchkörpers ausüben**, BGH NJW **92**, 47 mwN, NJW **84**, 129 (krit LG Ffm RR **03**, 215, Sangmeister NJW **98**, 728), und damit vor allem deren Stetigkeit und Zusammenhang sichern, Kissel § 59 Rn 7, aber auch dafür sorgen, daß die Entscheidungsentwürfe das Beratungsergebnis richtig und vollständig wiedergeben und (auch äußerlich) den Anforderungen entsprechen, vgl BGH NJW **92**, 47. Dagegen fällt ihm bei der Rechtsfindung im Einzelfall nicht eine höherwertige Leistung und Verantwortung zu, BGH NJW **91**, 427, DRiZ **89**, 462, vgl BVerfG NJW **69**, 2191, dazu Sangmeister ZRP **95**, 274, Meyke DRiZ **90**, 289, Wolf § 13 II 1 e, Kissel § 59 Rn 9 mwN. Dirigismus und Lenkung hat der Vorsitzende zu vermeiden, erst recht Eingriffe in die Tätigkeit des Einzelrichters; die ihm obliegende Einflußnahme kann und muß er agrd seiner Sachkunde, seiner Erfahrung und seiner Menschenkenntnis durch geistige Überzeugungskraft ausüben, BVerfG NJW **96**, 2151.
   Zur Erfüllung seiner Aufgaben ist es nötig, daß der Vorsitzende neben der Geschäftsleitung (Verteilung der Sachen, Terminsansetzung) an den Entscheidungen im wesentlichen mitwirkt, wenn es auch nicht unzulässig ist, bei einem kleinen Teil ihm nicht wichtig erscheinender Sachen den Vorsitz einem Beisitzer zu überlassen, BGH **20**, 362. Das gilt auch, wenn der Vorsitzende zwei Spruchkörpern angehört, BGH **9**, 291. Die Besetzung ist nicht mehr ordnungsgemäß, wenn der Vorsitzende (auch der ständige Vertreter des Präsidenten)

2. Titel. Präsidium und Geschäftsverteilung §§ 21f, 21g GVG

trotz sonstiger vollständiger Leitung nur etwa 20 vH der Sachen, die ihm bedeutsam erscheinen, selbst verhandelt, BGH **28**, 338 (vgl auch die Zusammenstellung bei Johannsen **LM** § 551 ZPO Z 1 Nr 28 u BGH DRiZ **73**, 25 betr Strafsachen). Erforderlich ist vielmehr, daß der Vorsitzende mindestens 75 vH der Aufgaben eines Vorsitzenden selbst wahrnimmt, BGH (GrS) **37**, 210, NJW **84**, 131. Er darf innerhalb dieses Rahmens nicht einen sachlich abgegrenzten Teil seiner Aufgaben seinem Vertreter überlassen, BGH **9**, 291, wohl aber sich von vornherein in jeder 4. Sitzung wegen vorauszusehender Überlastung vertreten lassen, BGH NJW **70**, 901 gg Ffm NJW **69**, 2214. Für den **Präsidenten des Gerichts**, dessen besondere Aufgaben hat, gilt grundsätzlich das gleiche, BGH **49**, 64, so daß die Wahrnehmung von monatlich nur einer Sitzung nicht ausreicht, BGH NJW **52**, 395. Dafür, daß der Präsident seinen Aufgaben als Vorsitzender nach den vorstehenden Grundsätzen nachkommen kann, muß das Präsidium ggf durch eine geringere Bemessung der Geschäfte sorgen, BGH (GrS) **49**, 67.

3) Vertretung, II   5
A. Verhinderung des ordentlichen Vorsitzenden. Bei dauernder Verhinderung ist es Sache des Präsidiums, die Vertretung zu regeln, § 21 e Rn 6 u 7, BGH NJW **88**, 843 mwN. Das von ihm bestimmte Mitglied führt den Vorsitz auch bei vorübergehender Verhinderung, II, dh eine solche, die im Verhinderungszeitpunkt als vorübergehend erscheinen.

Jede tatsächliche oder rechtliche Behinderung des Mitwirkens des ordentlichen Vorsitzenden genügt, RGSt **54**, 298. Beispiele: Krankheit (auch eine länger andauernde Erkrankung), BGH NJW **89**, 844, Urlaub, BGH NJW **62**, 1166, Ablehnung, Überlastung, BGHSt **LM** § 67 GVG (StS) Nr 4, auch durch erst nachträglich zur Verhandlung angesetzte Sachen, BGH NJW **61**, 1076, oder durch eine sich länger hinziehende Verhandlung in einer Sache, BayObLG MDR **62**, 498, für die Zeit bis zur Entscheidung des Präsidiums nach § 21 e III 1 auch eine unvermeidbare Vakanz nach Ausscheiden des Vorsitzenden aus dem Dienst, BGH NJW **66**, 1458, BVerwG NJW **01**, 3493 u **86**, 1366, BFH NJW **89**, 3240, oder nach Schaffung einer neuen Stelle, BGH NJW **60**, 542, ebenso Unmöglichkeit der Vorbereitung, Ffm DRiZ **86**, 420, aber auch unbegründetes Wegbleiben aus dem Dienst. Keine nur vorübergehende Verhinderung ist die Auslastung durch ein weiteres Richteramt, vgl BGH DRiZ **73**, 25, oder das vermeidbare Hinauszögern der Besetzung der freien Stelle, BVerfG **18**, 426, Ridder NJW **72**, 1689, BSG DRiZ **75**, 377, dazu BVerfG NJW **83**, 1541, BVerwG NJW **86**, 1367, BFH LS NVwZ **00**, 838, zB das Unterbleiben der Beförderung des dafür vorgesehenen Richters wegen einer allgemeinen Beförderungssperre, BGH NJW **86**, 1350 u **85**, 2336 u 2337 mwN, ua Hbg MDR **84**, 868 (insoweit zustm Katholnigg JR **85**, 37), dazu auch BayVerfGH NJW **86**, 1326.

Im Zweifel entscheidet darüber, ob eine Verhinderung vorliegt, also auch über Überlastung, BGH   6
DRiZ **66**, 93, der Präsident, § 21 e Rn 7, Ffm DRiZ **80**, 430, und zwar bevor der Vertreter das Amtsgeschäft wahrnimmt, Hamm JMBl NRW **68**, 43. Jedoch ist bei offenkundiger Verhinderung des Vorsitzenden, zB durch Abordnung, Urlaub oder Krankheit, eine ausdrückliche Feststellung nicht erforderlich, BGH RR **93**, 1406 mwN, BVerwG NJW **79**, 1374 mwN, ebensowenig, wenn die Verhinderung ihren Grund in den anfallenden Rechtsprechungsaufgaben hat und sich das auf die übrigen Spruchkörper nicht auswirkt, BGH NJW **95**, 335 mwN (zur Festlegung in den Mitwirkungsgrundsätzen, § 21 g II). Ist der Präsident verhindert, so gilt das gleiche; danach entscheidet er selbst, welche Aufgaben den Vorrang haben, Kissel 14. Dagegen entscheidet darüber, ob die Verhinderung nur vorübergehend ist, der mit der Sache befaßte Spruchkörper, BGH NJW **89**, 844 mwN.

B. Vertretung des Vorsitzenden. Vertreten wird der Vorsitzende in erster Linie durch das bei der   7
Geschäftsverteilung, § 21 e, vom Präsidium zum regelmäßigen Vertreter bestellte Mitglied, um für diesen Fall den Vorsitz durch das tüchtigste Mitglied, das nicht immer das älteste zu sein braucht, sicherzustellen, **II 1**. Nur dann, wenn ein solcher regelmäßiger Vertreter nicht bestellt oder auch er verhindert ist, ist das dienstälteste Mitglied berufen, auch wenn es (bei Überbesetzung) an der Sitzung nicht teilnähme, **II 2**; denn der Spruchkörper ist eine Einheit (der älteste muß also zunächst verhindert sein, wenn der zweitälteste vorsitzen soll). Ist der Vorsitzende nur im Vorsitz behindert, nicht aber an der Teilnahme, zB durch Heiserkeit, so kann er Beisitzer sein, während der Vertreter vorsitzt, Katholnigg 3. Der Vertreter muß ordentliches Mitglied, dh dem Spruchkörper zur ständigen Dienstleistung zugewiesen sein, BGHSt NJW **65**, 58. Wenn nur noch ein ständiges Mitglied vorhanden ist, führt dieses den Vorsitz, mögen auch die mitwirkenden Vertreter aus anderen Spruchkörpern dienstälter sein. Sind der Vorsitzende und sämtliche ständigen Mitglieder verhindert (abgelehnt), so hat der dienstälteste Vertreter den Vorsitz, BGH NJW **59**, 1141, BGH NJW **66**, 941. Durch den notwendigen Eintritt eines nach der Geschäftsverteilung dazu berufenen „Ersatzvertreters" als Vorsitzender wird die ordnungsmäßige Besetzung nicht berührt, BVerwG VerwRspr **29**, 749. Nur ein **Richter auf Lebenszeit** kann den Vorsitz führen, § 28 II 2 DRiG, also nicht ein Richter auf Probe oder kraft Auftrag (anders in den neuen Bundesländern bis zum 31. 12. 95, § 3 RpflAnpG); jedoch ist ein gerichtlicher Vergleich, der unter einem solchen Vorsitzenden beurkundet wird, nicht deshalb nichtig, BGH **35**, 309. Das Dienstalter bestimmt sich nach § 20 DRiG. Bei gleichem Dienstalter entscheidet das Lebensalter.

4) Verstoß. Ein Verstoß gegen I oder II begründet Rechtsmittel, ist auch absoluter Revisionsgrund,   8
§ 551 Rn 3, und gibt außerdem die Nichtigkeitsklage, § 579 Z 1. Dabei kommt es auf die Besetzung zZt der letzten mündlichen Verhandlung an, BGH **10**, 130. Ein Gericht ist in diesem Sinne nicht ordnungsgemäß besetzt, wenn die Vertretung des Vorsitzenden seinem Vertreter nicht nur vorübergehend, oben Rn 5, überlassen wird, BFH NJW **89**, 3240 mwN.

5) VwGO: Gilt entsprechend, § 4 VwGO (Kronisch NordÖR **01**, 11).   9

21g *Geschäftsverteilung im Spruchkörper.* [1] [1] Innerhalb des mit mehreren Richtern besetzten Spruchkörpers werden die Geschäfte durch Beschluss aller dem Spruchkörper angehörenden Berufsrichter auf die Mitglieder verteilt. [2] Bei Stimmengleichheit entscheidet das Präsidium.

GVG § 21g
Gerichtsverfassungsgesetz

II Der Beschluss bestimmt vor Beginn des Geschäftsjahres für dessen Dauer, nach welchen Grundsätzen die Mitglieder an den Verfahren mitwirken; er kann nur geändert werden, wenn es wegen Überlastung, ungenügender Auslastung, Wechsels oder dauernder Verhinderung einzelner Mitglieder des Spruchkörpers nötig wird.

III Absatz 2 gilt entsprechend, soweit nach den Vorschriften der Prozessordnungen die Verfahren durch den Spruchkörper einem seiner Mitglieder zur Entscheidung als Einzelrichter übertragen werden können.

IV Ist ein Berufsrichter an der Beschlussfassung verhindert, tritt der durch den Geschäftsverteilungsplan bestimmte Vertreter an seine Stelle.

V § 21 i Abs. 2 findet mit der Massgabe entsprechende Anwendung, daß die Bestimmung durch den Vorsitzenden getroffen wird.

VI Vor der Beschlussfassung ist den Berufsrichtern, die von dem Beschluss betroffen werden, Gelegenheit zur Äußerung zu geben.

VII § 21 e Abs. 9 findet entsprechende Anwendung.

Schrifttum: *Kissel* NJW 00, 462.

1 **Vorbem. A.** § 21 g mWv 30. 12. 99 neugefaßt durch Art 1 Z 6 G v 28. 12. 99, BGBl 2598, dazu Kissel NJW 00, 462 f.

B. § 21 g gilt entspr in der **Arbeitsgerichtsbarkeit** für das BAG nach Maßgabe des § 6 a ArbGG, Üb § 21 a Rn 4; dazu GMP § 6 a Rn 8–11.

2 **1) Allgemeines. Die Geschäftsverteilung innerhalb eines mit mehreren Richtern besetzten Spruchkörpers** (Kammer, Senat) ist Sache der ihm angehörenden Berufsrichter, I, die darüber durch Beschluß entscheiden, II–VII (sog Mitwirkungsplan). Im Rahmen diese Planes nimmt der Vorsitzende seine Befugnisse wahr, § 21 f Rn 4. Er bestimmt zB den beauftragten Richter, § 273 ZPO, und namentlich den Berichterstatter; ihn kann der Vorsitzende, sofern er nicht nach II oder III gebunden ist, aus den zur Mitwirkung berufenen Mitgliedern frei wählen, was zu sachgemäßer Erledigung der Geschäfte unerläßlich ist, unten Rn 6 aE. Der Vorsitzende darf auch die Protokollführung zuweisen, wenn er keinen Urkundsbeamten zuzieht, § 159 I 2 ZPO.

3 **2) Mitwirkungsplan, II–VII.** Der **Mitwirkungsplan** ist eine interne Geschäftsverteilung, II, für die der strenge Regelungsmaßstab des § 21 e, dort Rn 8 ff, gilt, BGH 00, 371, Kissel NJW 00, 463 mwN. Der Plan muß von jeder LG Kammer aufgestellt werden, die mit mehreren Berufsrichtern besetzt ist, wie III ergibt; bei OLG und BGH gilt das gleiche, es sei denn, der Senate wäre nicht überbesetzt. Ein Mitwirkungsplan braucht auch dann nicht aufgestellt zu werden, wenn ein Spruchkörper in der Geschäftsverteilung, § 21 e, in zwei (ihrerseits nicht überbesetzte) Gruppen mit demselben Vorsitzenden aufgeteilt wird, vgl BGH NJW **68**, 1242.

A. Zweck. Welcher Richter innerhalb eines Spruchkörpers, dem nach der Geschäftsverteilung, § 21 e, mehr Richter angehören, als dies für die Mitwirkung bei Entscheidungen vorgeschrieben ist, an dem einzelnen Verf mitwirkt, braucht nach Art 101 I 2 GG nicht im voraus festgelegt zu werden, BVerfG – 2. Senat – in stRspr seit NJW **65**, 1219 (vgl aber Vorlagebeschluß des 1. Senats des BVerfG, NJW **95**, 2703). § 21 g soll sicherstellen, daß auch insofern der gesetzliche Richter von vornherein feststeht, damit die Besetzung nicht willkürlich manipuliert werden kann und der Vorsitzende seine Aufgaben, § 21 f Rn 4, zu erfüllen vermag, vgl § 16 Rn 7, BGH (VGrS) NJW **94**, 1738 mwN.

4 **B. Inhalt des Mitwirkungsplans, II u III.**
a) Der Plan bestimmt die **Grundsätze, nach denen die Mitglieder in den Verfahren mitwirken**, also für Urteils-, Beschluß- u sonstige Verfahren, so daß auch die Mitwirkung bei verringerter Besetzung zu regeln ist, Seide NJW **73**, 265. Welche Anforderungen das Gesetz an den **Inhalt des Mitwirkungsplanes** stellt, ergibt sich daraus, daß der Plan das letzte Glied in der Kette der Bestimmung des gesetzlichen Richters iSv Art 101 GG ist, BVerfG NJW **05**, 2540, (Plenum) NJW **97**, 1498 (dazu Sangmeister NJW **98**, 721, Berkemann u Katholnigg JR **97**, 281 u 284), ergangen auf Vorlage NJW **95**, 2703 (dazu Sangmeister NJW **98**, 724). Danach gilt folgendes, vgl auch BGH (VGrS) NJW **94**, 1735 u **99**, 797, OVG Hbg NVwZ **99**, 210 mwN: Der Plan ist eine den Spruchkörper und seine Mitglieder bindende Regelung. Sie muß aufgrund abstrakter Merkmale festlegen, welche Richter an der betreffenden Entscheidung mitwirken, und ein System in der Weise regeln, daß sich die Besetzung im Einzelfall im Regelfall aus der Anordnung ableiten läßt (dabei gelten für die bisherigen Mitwirkungspläne geringere Anforderungen). Der Spruchkörper hat bei der Aufstellung des Planes die Wahl zwischen verschiedenen Systemen, zB Festlegung von Sitzgruppen, Verteilung der Richter auf die Sitzungstage uam., jedoch muß er immer sicherstellen, daß die Zusammensetzung der Sitzgruppe aus abstrakt ableitbar ist, also nicht offen bleibt, aus welchen Gründen gerade sie tätig wird, vgl BGH NJW **00**, 371 (dazu Roth NJW **00**, 3692). Bei der Ausgestaltung im einzelnen bleibt dem Spruchkörper eine gewisse Freiheit: er darf Gesichtspunkte wie den Sachzusammenhang, die Eilbedürftigkeit oder die frühere Befassung mit der Sache ebenso berücksichtigen wie die besondere Sachkunde einzelner Richter. Um ein Höchstmaß an Vorhersehbarkeit zu gewährleisten, wird sich in den meisten Fällen eine Sitzgruppenbildung an Hand starrer Merkmale wie Aktenzeichen, Anfangsbuchstaben, Herkunft der Sache oder Zeitpunkt des Eingangs (mit sachgerechten Modifikationen für Parallelsachen, zusammenhängende Sachen und Rückläufer) empfehlen. Im Einzelfall aus einem bestimmten besonderen Grund vom Mitwirkungsplan abzuweichen, ist unzulässig, unten Rn 7.

5 Der Mitwirkungsplan hat auch die **Vertretung** innerhalb des Spruchkörpers zu regeln, sofern sie nicht aus § 21 f II und dem Geschäftsverteilungsplan folgt, § 21 e I; sie muß sich unmittelbar aus dem Plan ergeben, eine Bestimmung von Fall zu Fall ist unzulässig, BVerfG NJW **97**, 1498. Ob ein Richter verhindert ist, stellt der Vorsitzende fest (auch für sich selbst, BGH RR **93**, 1406), solange eine Vertretung innerhalb des

2. Titel. Präsidium und Geschäftsverteilung § 21g GVG

Spruchkörpers möglich ist, BGH DRiZ 83, 234; dies gilt nicht für den Fall, in dem die Verhinderung darauf beruht, daß der Richter gleichzeitig Aufgaben in mehreren Spruchkörpern erfüllen muß, § 21 e Rn 7. Ordnet der Mitwirkungsplan an, daß der Spruchkörper in Sachen mit bestimmter Endziffer ohne ihn entscheidet, so liegt darin idR die (zulässige und grundsätzlich verbindliche) Feststellung, daß er wegen Überlastung mit Rechtsprechungsaufgaben an der Mitwirkung in allen Sachen verhindert sei, BGH NJW **95**, 335, § 21 f Rn 6. Der Plan darf auch anordnen, daß die wegen der Verhinderung des Vorsitzenden bzw eines Richters in anderer Besetzung tätig gewordene Sitzgruppe auch für die weitere Bearbeitung zuständig bleibt, vgl § 21 e IV, BGH RR **93**, 1406, NJW **87**, 124, BAG NZA **97**, 333. Für Hochschullehrer als Richter muß das Maß ihrer Verhinderung durch das Hauptamt schon im Geschäftsverteilungsplan, § 21 e, festgelegt werden, BGH NJW **74**, 109. Den Vertretungsfall in den Akten festzuhalten, ist nicht nötig, aber ratsam, BGH DRiZ **83**, 234.

b) Einzelrichterbestellung, III. II gilt entsprechend, soweit nach den Vorschriften der Prozeßordnungen die Verfahren durch den Spruchkörper einem seiner Mitglieder zur Entscheidung als Einzelrichter übertragen werden können, also für die Bestellung zum **streitentscheidenden Einzelrichter;** diese Möglichkeit besteht iRv § 2 EGGVG sowohl beim LG, §§ 348 a, 526 u 568 ZPO, als auch beim OLG, § 526 u 568 ZPO (daß von „Prozeßordnungen" gesprochen wird, steht nicht entgegen). Welchem Richter das Verfahren übertragen werden darf, muß im **Mitwirkungsplan im Voraus** festgelegt werden, und zwar durch Bestimmung des Richters (und seines Vertreters) aus der danach zuständigen Sitzgruppe, BVerfG (Plenum) NJW **96**, 1498 (zustm Berkemann u Katholnigg JR **97**, 281 u 284), vgl OVG Hbg NJW **94**, 274 (zu § 6 VwGO). Für die **Änderung des Plans** gilt II 2. Das Gericht darf vom Mitwirkungsplan nicht abweichen; wenn sie den danach berufenen Richter als Einzelrichter ablehnt, muß es von der Übertragung absehen, vgl VGH Kassel DRiZ **00**, 185 mwN. 6

Obwohl hier keine Übertragung durch den Spruchkörper erfolgt, gilt III auch für die Bestimmung des **originären Einzelrichters** nach § 348 ZPO, weil auch (und gerade) insofern der gesetzliche Richter iSv Art 101 GG festgelegt werden muß.

Welcher der nach den Grundsätzen zur Mitwirkung berufenen Richter zum **Berichterstatter** und/oder **beauftragten Richter** bestellt wird, braucht nicht im voraus festgelegt zu werden, es sei denn, daß nach dem Mitwirkungsplan der jeweilige Berichterstatter Einzelrichter iSv § 348 a bzw §§ 526 u 568 ZPO sein soll, BVerfG (Plenum) NJW **96**, 1498 (krit Katholnigg JR **97**, 284), Kissel 41 aM ZöGu 4 mit Hinweis darauf, daß der Beschluß, I, insoweit nur Grundsätze, II, zu enthalten braucht, die eine flexible Regelung vorsehen können, ThP 5. Dem Vorsitzenden darf vielmehr die Bestimmung für den Einzelfall vorbehalten bleiben, vgl BVerfG **69**, 121, und er darf sie jederzeit ändern, wenn nicht die Besetzung der Richterbank davon abhängt, BGH NJW **94**, 1738 (VGrS) u **95**, 403.

C. Geltungsdauer u Änderung, II. Die Grundsätze müssen **vor Beginn des Geschäftsjahres für dessen Dauer** bestimmt werden, vgl § 21 e I 2. Abweichungen im Einzelfall (außerhalb der Vertretungsfälle) sind unzulässig; da § 21 g den gesetzlichen Richter auch innerhalb des Spruchkörpers gewährleisten soll, oben Rn 4, kann es dem Vorsitzenden bzw dem Spruchkörper nicht gestattet sein, vom Mitwirkungsplan aus jedem sachlichen Grund abzuweichen, auch nicht dann, wenn seine Einhaltung zu Verzögerungen, teilweisem Leerlauf, ungleichmäßiger Auslastung seiner Mitglieder oder vermeidbarem doppeltem Arbeitsaufwand führen würde, Kissel NJW **00**, 461. Solchen Schwierigkeiten wird idR durch eine überlegte Terminplanung vorgebeugt werden können. 7

Der Plan darf nur unter den in II (2. Halbsatz) genannten Voraussetzungen geändert werden, vgl § 21 e Rn 16. Im Fall der Änderung darf entspr § 21 e IV angeordnet werden, daß ein Richter in bestimmten Sachen weiterhin mitwirkt, BGH NJW **77**, 965.

Am Ende des Geschäftsjahres tritt der Mitwirkungsplan ohne weiteres außer Kraft, BGH NJW **99**, 797 mwN, OVG Hbg NVwZ **99**, 210. Die Sachen dürfen für das kommende Jahr im neuen Mitwirkungsplan unter Wahrung der Grundsätze, oben Rn 4, neu verteilt werden, OVG Hbg aaO.

D. Verfahren, I u III–VI. 8
a) Allgemeines. Erlassen wird der Mitwirkungsplan durch Beschluß aller dem Spruchkörper angehörenden Berufsrichter, I; entspr § 194 I leitet der Vorsitzende oder sein Vertreter, § 21 f, die Beratung und Abstimmung. Es entscheidet die Mehrheit, Stimmenthaltung ist unzulässig, vgl § 21 e Rn 19. Bei Stimmengleichheit entscheidet nicht der Vorsitzende, sondern das Präsidium, **I 2** (eine mit der Gleichwertigkeit aller Richterämter begründete, BT-Drs 14/979 S 5, wenig praktikable Regelung). Das gleiche gilt für eine Änderung des Plans, **II 2**. Eine Verfügung des Vorsitzenden kann nicht als entsprechender Beschluß ausgelegt werden, wenn sie den Beisitzern nur zur Kenntnis vorgelegt wurde, BGH NJW **04**, 2992.

b) Vertretung, IV. Ist ein Berufsrichter an der Beschlußfassung verhindert, tritt der durch den Geschäftsverteilungsplan bestimmte Vertreter an seine Stelle, vgl § 21 e Rn 7.

c) Eilmaßnahmen, V. § 21 i II gilt entspr mit der Maßgabe, daß die Bestimmung durch den Vorsitzenden getroffen wird; vgl § 21 i Rn 3 ff.

d) Anhörung, VI. Vor der Beschlußfassung ist den vom Beschluß betroffenen Richtern Gelegenheit zur Äußerung zu geben. Da der Beschluß von allen Berufsrichtern gefaßt werden muß, brauchen nur die Richter besonders angehört zu werden, die daran nicht teilnehmen, also die verhinderten Richter und die Richter, die erst im neuen Geschäftsjahr dem Spruchkörper angehören, BT-Drs 14/1875 (neu) S 13.

e) Form, VII. Der Mitwirkungsplan muß entspr § 21 e IX vollständig schriftlich festgehalten, BVerfG NVwZ **00**, 665 mwN, und auf der Geschäftsstelle des Spruchkörpers niedergelegt werden, ebenso jede Änderung während des Geschäftsjahres. Im einzelnen vgl § 21 e Rn 22.

III gilt auch für die Tätigkeit des **Vorsitzenden als Einzelrichter,** § 348 ZPO. Dabei kann erwartet werden, daß er je nach der Praxis seiner Kammer bei der Anwendung des § 348 ZPO, ZöGu 17, ein Viertel bis ein Drittel der durchschnittlich auf einen Beisitzer entfallenden Einzelrichtersachen übernimmt, Kissel NJW **93**, 490. Seine sonstigen Aufgaben, § 21 f Rn 4 u oben Rn 4, verbleiben dem Vorsitzenden.

9 **4) Verstoß gegen I–IV od VI** oder Abweichung von den Mitwirkungsgrundsätzen im Einzelfall rechtfertigt die Rüge der nicht ordnungsgemäßen Besetzung des Gerichts nur dann, wenn die Bestimmungen aus Willkür oder sonst mißbräuchlich nicht eingehalten worden sind, BGH (VGrS) NJW **94**, 1736 mwN, s § 21 e Rn 27. Das gilt auch für einen Verstoß gegen III (dadurch wird nicht stets Art 101 I 2 GG verletzt, weil es sich um eine Übertragung durch eine gerichtliche Entscheidung handelt), OVG Schlesw SchlHA **92**, 45. Eine Klage vor dem Verwaltungsgericht auf Feststellung der Rechtswidrigkeit des Mitwirkungsplanes ist unzulässig, BVerwG NJW **82**, 900. Greift das Präsidium dadurch, daß es einer Richter dem Spruchkörper nur für bestimmte Sachgebiete zuweist, mittelbar in die Zuständigkeit des Spruchkörpers nach I ein, so kann deswegen die Besetzung des Gerichts nicht mit Erfolg gerügt werden, BVerwG NJW **88**, 1339.

10 **5) VwGO: I u II, IV–VI** gelten entsprechend, § 4 VwGO, Kronisch NordÖR **01**, 13, OVG Hbg NVwZ **99**, 210 mwN, **III** ist entspr auf die Bestellung des Einzelrichters nach § 6 VwGO bzw § 76 AsylVfG anzuwenden, Schnellenbach DVBl **93**, 233, VGH Kassel NVwZ-RR **00**, 547 mwN, VGH Mannh Justiz **01**, 91, OVG Frankfurt/Oder NVwZ-RR **01**, 202, OVG Hbg NordÖR **00**, 238 u NJW **94**, 274, OVG Schlesw SchlHA **92**, 45, Üb § 348 ZPO Rn 4. Für eine entspr Anwendung auf die Bestellung des Berichterstatters beim VG wegen § 87 a III VwGO Ortloff Sch/SchmA/P § 87 a Rn 48, KoppSch § 87 a Rn 10 u NJW **91**, 1264, Geiger BayVBl **04**, 419, Fichte SGb **96**, 93 (zum SGG), Stelkens NVwZ **91**, 215, aM OVG Hbg aaO, VGH Mü NVwZ **91**, 897, Zeihe SGb **97**, 68 (zum SGG).

21h *Vertretung des Vorsitzenden des Präsidiums.*

¹ Der Präsident oder aufsichtführende Richter wird in seinen durch dieses Gesetz bestimmten Geschäften, die nicht durch das Präsidium zu verteilen sind, durch seinen ständigen Vertreter, bei mehreren ständigen Vertretern durch den dienstältesten, bei gleichem Dienstalter durch den lebensältesten von ihnen vertreten. ² Ist ein ständiger Vertreter nicht bestellt oder ist er verhindert, wird der Präsident oder aufsichtführende Richter durch den dienstältesten, bei gleichem Dienstalter durch den lebensältesten Richter vertreten.

1 **Vorbem. A.** Gilt entspr für die **Arbeitsgerichtsbarkeit**, § 6 a ArbGG, Üb § 21 a Rn 4.
   B. Wegen der Anwendung in den **neuen Bundesländern** s Üb § 21 a Rn 5.

2 **1) Anwendungsbereich.** Die Vorschrift regelt die Vertretung des Präsidenten oder des aufsichtführenden Richters nur für die Geschäfte, die ihnen nach GVG in richterlicher Unabhängigkeit als sog justizförmige Verwaltungstätigkeit obliegen, nicht dagegen für andere Verwaltungstätigkeiten, BGH NJW **74**, 509; sie ist anwendbar vor allem auf die Vertretung bei der Führung des Vorsitzes im Präsidium und die damit zusammenhängenden Aufgaben, zB nach § 21 i II, auch in den Fällen des § 22 a. Als Vorsitzende eines Spruchkörpers werden sie durch ihre vom Präsidium bestellten Vertreter vertreten, §§ 21 e, 21 f.

3 **2) Vertreter.** Vertreten werden die genannten im Rahmen der Anm 1 in erster Linie durch den ständigen Vertreter, den die Justizverwaltung nach Maßgabe des Landesrechts bestellt, vgl § 7 I VO v 20. 3. 35, bei Bestellung mehrerer ständiger Vertreter durch den dienstältesten (§ 20 DRiG), notfalls durch den lebensältesten. Voraussetzung ist Verhinderung des Präsidenten oder Aufsichtsrichters durch Krankheit, Urlaub oder sonstige Abwesenheit, Abhaltung durch eine länger dauernde Sitzung u dgl, vgl § 21 f Rn 5 (nicht aber Überlastung durch andere Geschäfte); auch nach Ausscheiden aus dem Dienst tritt bis zur Ernennung des Nachfolgers der Vertreter ein. Ist ein ständiger Vertreter nicht bestellt oder ist er seinerseits verhindert, so wird der Präsident durch den dienstältesten (§ 20 DRiG), bei gleichem Dienstalter durch den lebensältesten Richter vertreten. Wenn der ständige oder berufene Vertreter (gewähltes) Mitglied des Präsidiums ist, so wird er seinerseits nicht vertreten, § 21 c I 2.

4 **3) VwGO:** Gilt entsprechend, § 4 VwGO.

21i *Beschlußfähigkeit des Präsidiums und Ersatzanordnungen.*

¹ Das Präsidium ist beschlußfähig, wenn mindestens die Hälfte seiner gewählten Mitglieder anwesend ist.
II ¹ Sofern eine Entscheidung des Präsidiums nicht rechtzeitig ergehen kann, werden die in § 21 e bezeichneten Anordnungen von dem Präsidenten oder aufsichtführenden Richter getroffen. ² Die Gründe für die getroffene Anordnung sind schriftlich niederzulegen. ³ Die Anordnung ist dem Präsidium unverzüglich zur Genehmigung vorzulegen. ⁴ Sie bleibt in Kraft, solange das Präsidium nicht anderweit beschließt.

1 **Vorbem. A.** Gilt entspr für die **Arbeitsgerichtsbarkeit**, § 6 a ArbGG, Üb § 21 a Rn 4.
   B. Wegen der Anwendung in den **neuen Bundesländern** s Üb § 21 a Rn 5.

2 **1) Beschlußfähig ist das Präsidium, wenn mindestens die Hälfte seiner gewählten Mitglieder anwesend ist,** I, einschließlich des als gewählt geltenden, § 21 a II, also bei Anwesenheit von 4 bzw 2 Mitgliedern. Bei Plenarpräsidien, § 21 a II Z 5, besteht das Quorum aus der Hälfte seiner Mitglieder (ohne Präsident bzw Aufsichtsrichter, Grunsky ArbGG § 6 a Rn 9 a, dessen Anwesenheit für die Beschlußfähigkeit ohne Bedeutung ist, aM Kissel § 21 e Rn 69, GMP § 6 a Rn 83). Daß I Anwesenheit vorschreibt, schließt eine Beschlußfassung im Umlauf von I, wohl aber eine Beschlußfassung durch Einzelbefragung, § 21 e Rn 19. Rechtsfolge eines Verstoßes: § 21 e Rn 27.

3 **2) Die in § 21 e bezeichneten Anordnungen werden durch den Präsidenten** oder aufsichtführenden Richter getroffen, bei ihrer Verhinderung durch ihren Vertreter, § 21 h, **sofern eine Entscheidung des Präsidiums nicht rechtzeitig ergehen kann,** II. Die Vorschrift ist mit Art 101 I 2 GG vereinbar, BVerfG **31**, 163, NJW **82**, 29 mwN. Abgesehen von unaufschiebbaren Eilfällen wird diese Voraussetzung nur dann

erfüllt sein, wenn es sich als unmöglich erweist, vor der in Betracht kommenden Amtshandlung ein beschlußfähiges Präsidium zusammenzurufen.

A. Die Ersatzzuständigkeit erstreckt sich auf alle in § 21 e bezeichneten Anordnungen, § 21 e I–IV, also im Notfall auf den gesamten Geschäftsverteilungsplan. Der Präsident (Aufsichtsrichter) tritt insoweit an die Stelle des Präsidiums. Er hat demgemäß auch die für dieses geltenden Verfahrensvorschriften zu beachten (Anhörung nach § 21 e II, III u V), entscheidet aber nach seinem pflichtgemäßen Ermessen, BVerfG EuGRZ **81**, 508, und in eigener Verantwortung, vgl Holtz MDR **77**, 461.

B. Die Anordnung selbst und ihre Gründe sind schriftlich niederzulegen, II 2, dh mit einer 4 Begründung für die Zulässigkeit der Ersatzanordnung und ihre inhaltliche Rechtfertigung (zB Angabe der Überlastung und ihrer Gründe). Sie ist sodann unverzüglich, § 121 BGB, dem **Präsidium zur Genehmigung vorzulegen**, II 3. Solange das Präsidium nicht anderweit beschließt, **bleibt die Anordnung in Kraft**, II 4; sie kann also nur durch ausdrücklichen Beschluß des Präsidiums ex nunc beseitigt werden und hat bis dahin alle Wirkungen, die eine vom Präsidium selbst getroffene Anordnung haben würde.

C. Verstöße gegen II führen zur Anfechtbarkeit der AnO im Rechtsmittelzug, § 21 e Rn 27; die Über- 5 prüfung erstreckt sich aber nur auf Ermessensfehler, vgl Holtz MDR **77**, 461. Wenn das Präsidium die AnO ausdrücklich genehmigt (ex tunc, § 184 BGB), kann das Fehlen der Voraussetzung, II 1, oder ein Verstoß gegen die besonderen Verfahrensbestimmungen, II 2 u 3, nicht mehr erfolgreich gerügt werden.

3) Entsprechende Anwendung. II gilt entspr bei Stimmengleichheit im Präsidium, § 21 e VII 2, und 6 im Spruchkörper, § 21 g V (hier ferner auch in Eilfällen).

4) VwGO: *Gilt entsprechend, § 4 VwGO.* 7

Dritter Titel. Amtsgerichte

Übersicht

1) Titel 3 regelt Aufbau und sachliche Zuständigkeit der AGe (Schöffengerichte in Titel 4), die §§ 22 a– 1 d die auch für die AGe durchgeführte Präsidialverfassung; eine Ergänzung gibt § 3 GVVO v 20. 3. 35, RGBl I 403, abgedr bei § 22. Über Errichtung und Aufhebung vgl § 12 Rn 2; wegen der KfH am Sitz des AG s §§ 93 II, 106.

2) In den **neuen Bundesländern** gelten für das AG die Vorschriften des 3. Titels unmittelbar nach 2 Maßgabe der §§ 14 ff RpflAnpG. Unabhängig davon gilt für die **Übertragung eines weiteren Richteramtes** folgende, alle Richter umfassende, auch inhaltlich über § 22 II hinausgehende Regelung (dazu Rieß DtZ **92**, 228), die jetzt idF des ÄndG v 7. 12. 95, BGBl 1590, gilt:

RpflAnpG § 7. Übertragung eines weiteren Richteramtes. [1] *In den in Artikel 1 Abs. 1 des Einigungsvertrages genannten Ländern kann bis zum 31. Dezember 1999 einem Richter mit seinem Einverständnis ein weiteres Richteramt bei einem anderen Gericht, auch eines anderen Gerichtszweiges, übertragen werden.* [2] *Das weitere Richteramt kann ihm auch auf Zeit übertragen werden.*

22
Richter beim Amtsgericht. [1] *Den Amtsgerichten stehen Einzelrichter vor.*

II *Einem Richter beim Amtsgericht kann zugleich ein weiteres Richteramt bei einem anderen Amtsgericht oder bei einem Landgericht übertragen werden.*

III [1] *Die allgemeine Dienstaufsicht kann von der Landesjustizverwaltung dem Präsidenten des übergeordneten Landgerichts übertragen werden.* [2] *Geschieht dies nicht, so ist, wenn das Amtsgericht mit mehreren Richtern besetzt ist, einem von ihnen von der Landesjustizverwaltung die allgemeine Dienstaufsicht zu übertragen.*

IV *Jeder Richter beim Amtsgericht erledigt die ihm obliegenden Geschäfte, soweit dieses Gesetz nichts anderes bestimmt, als Einzelrichter.*

V *Es können Richter kraft Auftrags verwendet werden. Richter auf Probe können verwendet werden, soweit sich aus Absatz 6, § 23 b Abs. 3 Satz 2 oder § 29 Abs. 1 Satz 2 nichts anderes ergibt.*

VI *Ein Richter auf Probe darf im ersten Jahr nach seiner Ernennung Geschäfte in Insolvenzsachen nicht wahrnehmen.*

GVVO vom 20. 3. 35 § 3. Der Reichsminister der Justiz kann anordnen, daß außerhalb des Sitzes eines Amtsgerichts Zweigstellen errichtet oder Gerichtstage abgehalten werden.

Vorbem. § 3 GVVO gilt weiter, vgl BGBl III 300–5, soweit die Länder nichts abweichendes bestimmt 1 haben, Kissel 2. § 3 VO ist in **Nds** aufgehoben durch das *Ges üb die Organisation der ordentl Gerichte v 16. 7. 62, GVBl 85*; zur Fortgeltung in **Bay** vgl BayVerfGH AS **28**, 1. Anstelle des RJM ist überall die Landesjustizverwaltung getreten.

1) Alleinrichter, I u IV. Der Grundsatz, daß die Amtsrichter als Alleinrichter tätig werden, ist durch- 2 brochen beim Schöffengericht, Jugendgericht und in Landwirtschaftssachen. Die Amtshandlung eines nach der Geschäftsverteilung nicht berufenen Amtsrichters ist wirksam, aber ggf anfechtbar, § 22 d Rn 1. Die Verteilung kann sachlich oder örtlich, etwa nach den Gemeinden, geschehen.

2) Richter beim Amtsgericht, II, V u VI. Dies können nicht nur Richter auf Lebenszeit, sondern 3 auch Richter auf Probe, § 12 DRiG, und kraft Auftrags, § 14 DRiG, sein, soweit sich aus VI sowie aus

GVG §§ 22–22b Gerichtsverfassungsgesetz

§ 23 b III 2 und § 29 I 2 nichts anderes ergibt, **I.** Richter auf Probe dürfen also im ersten Jahr nach ihrer Ernennung in Insolvenzsachen, VI, in FamS, § 23 b III 2, und in bestimmten Strafsachen, § 29 I 2, nicht wahrnehmen. Die Richter auf Probe und kraft Auftrags müssen im Geschäftsverteilungsplan, § 21 e, als solche erkennbar sein, § 29 S 2 DRiG (nicht in der Entscheidung). Auch abgeordnete Richter, § 37 DRiG, können bei einem AG verwendet werden. Jedoch dürfen im Verhältnis zu den mit Richtern auf Lebenszeit (Richtern am Amtsgericht, § 19 a I DRiG) besetzten Stellen nicht übermäßig viele andere Richter eingesetzt werden, Kissel 8, VGH Kassel AS **33**, 10 mwN.

Einem Richter auf Lebenszeit kann nach II zugleich **ein weiteres Richteramt** übertragen werden, § 27 II DRiG, jedoch nur **bei einem anderen AG oder bei einem LG** (in den neuen Bundesländern kann einem Richter mit seinem Einverständnis ein weiteres Richteramt bei jedem anderen Gericht übertragen werden, Üb § 22 Rn 2); wegen der Voraussetzungen und der Anfechtbarkeit s § 27 DRiG Rn 3 ff. Über Amtsrichter als Vorsitzende einer KfH s § 106. Wahlberechtigt und wählbar für das Präsidium, § 21 b I, sind solche Richter bei beiden Gerichten.

4   3) **Dienstaufsicht, III.** Soweit sie nicht dem Präsidenten des übergeordneten LG übertragen ist, führt sie der von der LJV dazu bestellte Präsident oder aufsichtführende Richter des AG. Die LJV kann sie auch dem Präsidenten eines anderen AG oder (Kreisgerichts) übertragen, s §§ 22 a, 22 b IV. Die Vertretung des die Dienstaufsicht führenden Richters regelt § 21 h für die ihm durch das GVG zugewiesenen Aufgaben.

22a *Präsidium des Amtsgerichts.* **Bei Amtsgerichten mit einem aus allen wählbaren Richtern bestehenden Präsidium (§ 21 a Abs. 2 Nr. 5) gehört der Präsident des übergeordneten Landgerichts oder, wenn der Präsident eines anderen Amtsgerichts die Dienstaufsicht ausübt, dieser Präsident dem Präsidium als Vorsitzender an.**

1   **Vorbem.** Fassung nach Art 1 Z 7 G v 28. 12. 99, BGBl 2598 (berichtigt BGBl 00, 1415), mWv 30. 12. 99 (redaktionelle Anpassung an § 21 a II nF), s Üb § 21 a Rn 3.

2   **1) Vorsitz im Präsidium.** Während bei den größeren AGen der Präsident oder dienstaufsichtführende Richter Vorssitzender ist, § 21 a II, trifft § 22 a für die AGe mit weniger als 8 Richterplanstellen eine Sonderregelung. Ihrem Präsidium, das aus allen nach § 21 b I wählbaren Richtern besteht, § 21 a II Z 5, sitzt der Präsident des übergeordneten LG bzw der die Dienstaufsicht ausübende Präsident eines anderen AG vor. Der Präsident führt den Vorsitz auch dann, wenn ein aufsichtführender Richter ernannt ist. Die Regelung bezweckt, bei kleinen AGen stets einem dem Gericht nicht angehörenden „neutralen Dritten" mit dem Vorsitz zu betrauen. Vertretung des Präsidenten: § 21 c.

22b *Vertretung beim Amtsgericht.* **¹ Ist ein Amtsgericht nur mit einem Richter besetzt, so beauftragt das Präsidium des Landgerichts einen Richter seines Bezirks mit der ständigen Vertretung dieses Richters.**

II Wird an einem Amtsgericht die vorübergehende Vertretung durch einen Richter eines anderen Gerichts nötig, so beauftragt das Präsidium des Landgerichts einen Richter seines Bezirks längstens für zwei Monate mit der Vertretung.

III ¹ In Eilfällen kann der Präsident des Landgerichts einen zeitweiligen Vertreter bestellen. ² Die Gründe für die getroffene Anordnung sind schriftlich niederzulegen.

IV Bei Amtsgerichten, über die der Präsident eines anderen Amtsgerichts die Dienstaufsicht ausübt, ist in den Fällen der Absätze 1 und 2 das Präsidium des anderen Amtsgerichts und im Falle des Absatzes 3 dessen Präsident zuständig.

1   **Vorbem. A.** Für **Arbeitsgerichte** mit nur einem Vorsitzenden bestimmt § 19 I ArbGG entspr I–III die Zuständigkeit des Präsidiums bzw des Präsidenten des LArbG, vgl GMP § 19 Rdz 3–11.

B. In den **neuen Bundesländern** vor § 22 b auf die Kreisgerichte, Üb § 22 Rn 2, mit der Maßgabe anzuwenden, daß an die Stelle des LG das Bezirksgericht trat, EV Anl I Kap III Sachgeb A Abschn III Z 1 b. Nach Errichtung von AGen gilt § 22 b, §§ 14 ff RpflAnpG.

2   **1) Allgemeines.** Die Vertretung eines Richters regelt sich auch bei einem AG grundsätzlich nach § 21 e. Sonderbestimmungen sind für kleine AGe erforderlich. Für bestimmte Fälle begründet § 22 b die Zuständigkeit des Präsidiums des übergeordneten LG, I, bzw in Eilfällen diejenige seines Präsidenten, II–III. Übt der Präsident eines anderen AG die Dienstaufsicht aus, so sind wegen ihrer Sachnähe das Präsidium bzw der Präsident jenes AG zuständig, IV.

3   **2) Ständige Vertretung bei Einmanngerichten, I.** Den Vertreter bestellt das Präsidium des LG bzw AG, oben 1.

4   **3) Vorübergehende Vertretung, II u III.** Wird bei einem AG die Vertretung durch den Richter eines anderen Gerichts nötig, weil ein durch die Geschäftsverteilung oder nach I berufener Vertreter nicht zur Verfügung steht (auch wegen eigener vorübergehender Verhinderung an der Vertretung, GMP § 19 Rn 6), so beauftragt das Präsidium des LG einen Richter seines Bezirks, also uU auch einen (Vorsitzenden) Richter des LG, bzw nach IV das Präsidium des AG einen Richter dieses Gerichts mit der Vertretung für längstens 2 Monate, II. Dem Richter ist vorher Gelegenheit zur Äußerung zu geben, § 21 e V. In **Eilfällen** bestellt der Präsident des LG bzw AG, oben Rn 1, einen zeitweiligen Vertreter, III, für eine idR kürzere Zeit, höchstens aber ebenfalls für 2 Monate. Die Gründe für die Anordnung müssen schriftlich niedergelegt werden, vgl § 21 i II; eine Genehmigung durch das Präsidium ist für den Fall des III nicht erforderlich, aM Kissel 7, GMP § 19 Rn 11. Die Anhörung des Richters ist geboten, aber nicht vorgeschrieben, weil es sich

3. Titel. Amtsgerichte §§ 22b–23 GVG

um einen Eilfall handelt, § 21 e V. Für die Nachprüfung gilt das in Rn 24–26 zu § 21 e Gesagte, VGH Mü NJW **94**, 2308 (dazu jetzt § 22 c).

4) **Bereitschaftsdienst.** Sonderregelung in § 22 c. 5

22c *Bereitschaftsdienst.* ¹ ¹ Die Landesregierungen werden ermächtigt, durch Rechtsverordnung zu bestimmen, dass für mehrere Amtsgerichte im Bezirk eines Landgerichts ein gemeinsamer Bereitschaftsdienstplan aufgestellt wird oder ein Amtsgericht Geschäfte des Bereitschaftsdienstes ganz oder teilweise wahrnimmt, wenn dies zur Sicherstellung einer gleichmäßigeren Belastung der Richter mit Bereitschaftsdiensten angezeigt ist. ² Zu dem Bereitschaftsdienst sind die Richter der in Satz 1 bezeichneten Amtsgerichte heranzuziehen. ³ In der Verordnung nach Satz 1 kann bestimmt werden, dass auch die Richter des Landgerichts heranzuziehen sind. ⁴ Über die Verteilung der Geschäfte des Bereitschaftsdienstes beschließt nach Maßgabe des § 21 e das Präsidium des Landgerichts im Einvernehmen mit den Präsidien der betroffenen Amtsgerichte. ⁵ Kommt eine Einigung nicht zustande, obliegt die Beschlussfassung dem Präsidium des Oberlandesgerichts, zu dessen Bezirk das Landgericht gehört.

II Die Landesregierungen können die Ermächtigung nach Absatz 1 auf die Landesjustizverwaltungen übertragen.

Vorbem. I idF des Art 20 G v 23. 7. 02, BGBl 2850, in Kraft ab 1. 8. 02, Art 34 des Ges (Bericht des Rechtsausschusses BT-Drs 14/9266 S 62).

1) **Erläuterung.** Die Vorschrift ermöglicht es, die Wahrnehmung des Bereitschaftsdienstes an dienstfreien 1 Tagen für mehrere AGe bei einem AG zu konzentrieren. Im Hinblick auf die Entscheidung des BVerfG v 20. 2. 01, NJW **01**, 1121, sieht I in der Neufassung eine Regelung des Bereitschaftsdienstes nicht nur für dienstfreie Tage, sondern auch für dienstfreie Zeiten an Werktagen vor und ermöglicht erforderlichenfalls die Heranziehung des Richter des LG. Maßnahmen des Bereitschaftsrichters sind solche des in der Sache zuständigen AG. Zur Problematik in der Praxis: Schulte-Kellinghaus *Justiz* **03**, 170 u NJW **04**, 477; Edinger *DRiZ* **04**, 65 u 162; Herrmann *DRiZ* **04**, 316 (kein Verstoß gegen richterliche Unabhängigkeit).

22d *Nach der Geschäftsverteilung unzuständiger Richter.* Die Gültigkeit der Handlung eines Richters beim Amtsgericht wird nicht dadurch berührt, daß die Handlung nach der Geschäftsverteilung von einem anderen Richter wahrzunehmen gewesen wäre.

Vorbem. Galt in den **neuen Bundesländern** seit dem 3. 10. 90 für die Kreisgerichte, Üb § 22 Rn 2, 1 nach der Errichtung von AGen für diese, § 14 RpflAnpG.

1) **Erläuterung.** Die Vorschrift enthält eine Regelung für den Fall der Verletzung des ordnungsgemäß erlassenen Geschäftsverteilungsplans beim Amtsgericht; ist der Plan fehlerhaft zustandegekommen, gilt das in § 21 e Rn 27 Gesagte. Mit Rücksicht auf Art 101 GG bedeutet § 22 d heute nur, daß die von einem anderen Richter als dem zuständigen vorgenommene Handlung nicht ohne weiteres unwirksam ist, BGH **37**, 127, obwohl nur der im Einzelfall berufene Richter der gesetzliche Richter ist, vgl auch § 16 Rn 5 (BGH NJW **80**, 2365 läßt die Frage der heutigen Bedeutung des § 22 d offen). Dagegen schließt § 22 d die Anfechtung einer amtsrichterlichen Handlung wegen Verstoßes gegen die Geschäftsverteilung nicht aus: soweit es das Gesetz zuläßt, kann sie aus diesem Grunde mit Rechtsmitteln angegriffen werden, BGH **37**, 127, MüKoWo 4, Kissel 2 u 3 mwN, ua Bre NJW **65**, 1447, abw wohl LG Wiesbaden MDR **84**, 676.

23 *Sachliche Zuständigkeit in Zivilsachen.* Die Zuständigkeit der Amtsgerichte umfaßt in bürgerlichen Rechtsstreitigkeiten, soweit sie nicht ohne Rücksicht auf den Wert des Streitgegenstandes den Landgerichten zugewiesen sind:

1. Streitigkeiten über Ansprüche, deren Gegenstand an Geld oder Geldeswert die Summe von fünftausend Euro nicht übersteigt;
2. ohne Rücksicht auf den Wert des Streitgegenstandes:
    a) Streitigkeiten über Ansprüche aus einem Mietverhältnis über Wohnraum oder über den Bestand eines solchen Mietverhältnisses; diese Zuständigkeit ist ausschließlich;
    b) Streitigkeiten zwischen Reisenden und Wirten, Fuhrleuten, Schiffern oder Auswanderungsexpedienten in den Einschiffungshäfen, die über Wirtszechen, Fuhrlohn, Überfahrtsgelder, Beförderung der Reisenden und ihrer Habe und über Verlust und Beschädigung der letzteren, sowie Streitigkeiten zwischen Reisenden und Handwerkern, die aus Anlaß der Reise entstanden sind;
    c) (weggefallen)
    d) Streitigkeiten wegen Wildschadens;
    e) und f) weggefallen
    g) Ansprüche aus einem mit der Überlassung eines Grundstücks in Verbindung stehenden Leibgedings-, Leibzucht-, Altenteils- oder Auszugsvertrag;
    h) das Aufgebotsverfahren.

Vorbem. Z 1 mWv 1. 1. 02 geändert durch Art 1 Z 1 ZPO-RG v 27. 7. 01, BGBl 1887. Z 2 c 1 (Viehmängel) gestrichen dch Art 5 1 G zur Modernisierung des Schuldrechts v 26. 11. 01, BGBl 3138, in Kraft seit 1. 1. 02, Art 9 I 3 G, ÜbergangsR Einl III 78.

GVG § 23 — Gerichtsverfassungsgesetz

2 1) Sachliche Zuständigkeit. § 23 betrifft nur die sachliche Zuständigkeit; über die örtliche s §§ 12 ff ZPO. Das AG ist sachlich zuständig: **a)** bei Ansprüchen bis zum Streitwert von 10 000 DM, Z 1, unten Rn 3; **b)** in den Fällen der Z 2 a)–h) ohne Rücksicht auf den Streitwert, unten Rn 4–13, krit zu Z 2 b–h Lange DRiZ **89**, 47. Zu diesen Fällen treten hinzu die Klagen aus § 111 GenG (Anfechtungsklage gegen die für vollstreckbar erklärte Vorschuß-, Zusatz- und Nachschußberechnung des Konkursverwalters im Genossenschaftskonkurs; bei Streitwert über 10 000 DM ist Verweisung möglich, § 112 GenG), aus §§ 51, 52 WohnungseigentumsG vom 15. 3. 51, BGBl I 175, u in Binnenschiffahrtssachen, § 2 G v 27. 9. 52, s 14 GVG Rn 4. Eine **Ausnahme** von § 23 machen § 71 II, III sowie Sondergesetze, die dem LG Sachen ohne Rücksicht auf den Streitwert zuweisen, § 71 Rn 3–5. Wegen der Zuständigkeit bei Zerlegung eines Anspruchs in mehrere Teilklagen s § 2 ZPO Rn 7.

Außerdem ist das AG (ohne Rücksicht auf Wertgrenzen) zuständig als Rechtshilfegericht, für das selbständige Beweisverfahren, Mahnverfahren, Vollstreckungsverfahren, außer wenn das Prozeßgericht 1. Instanz zuständig ist, ferner außer dem Gericht der Hauptsache für Verfahren über Arrest und einstwVfg, §§ 919, 936, 942, für die Vollstreckbarerklärung rechtskräftiger Entscheidungen aus internationalen Verträgen, Anh § 723, für Konkurs- und Vergleichsverfahren, nach FGG und nach Sondergesetzen, zB über die Unterbringung psychisch Kranker oder über Rechtsverhältnisse iSv § 1 SchuldRÄndG, s Vorwort.

3 2) Streitwertabhängige Zuständigkeit, Z 1. Abweichend vom früheren Recht kommt es nicht darauf an, ob die Streitigkeit vermögensrechtlich oder nichtvermögensrechtlich ist, dazu Grdz § 1 ZPO Rn 10, 11, § 546 ZPO Rn 5 u 5 a. Auch im letzteren Fall ist das AG, sofern sich seine Zuständigkeit nicht schon aus Z 2 oder den §§ 23 a, 23 b ergibt, immer dann sachlich zuständig, wenn der Wert des Streitgegenstands 10 000 DM nicht übersteigt (das ist trotz des mißverständlichen Wortlauts „an Geld und Geldeswert" mit der Neufassung gemeint, ZöGu 3). Diese Voraussetzung wird zB in Streitigkeiten über Ehrverletzungen oder Belästigungen sowie in vereinsrechtlichen Streitigkeiten häufiger erfüllt sein, BT-Drs 12/1217 S 4, wie der insoweit entspr anzuwendende § 12 II GKG, § 3 ZPO Rn 85 u § 511 a ZPO Rn 4, zeigt, krit Lappe NJW **94**, 1190 u **93**, 2786. Wegen der Berechnung des Wertes im Einzelfall s die Erläuterungen zu §§ 3–9 ZPO.

Im Mahnverfahren bestimmt sich der Gegenstandswert für das Streitverfahren nach dem Betrag, der in diesem (noch) geltendgemacht wird, Ffm RR **92**, 1342 mwN. Werden in einer Klage mehrere Ansprüche geltend gemacht, so sind sie zusammenzurechnen, s aber unten 3. Unberührt bleiben §§ 708 Z 11, 866 III ZPO.

Z 1 gilt nicht für Streitigkeiten, die ohne Rücksicht auf den Wert des Streitgegenstandes dem LG zugewiesen sind; das ist in zahlreichen Einzelgesetzen des Bundes und aufgrund des § 71 III in Landesgesetzen geschehen; vgl § 71 Rn 5.

4 3) Streitwertunabhängige Zuständigkeit, Z 2. Grundsatz: Z 2 begründet für die dort aufgezählten Sachen eine Zuständigkeit ohne Rücksicht auf den Streitwert (krit Lange DRiZ **89**, 46). Sie ist **abgesehen von Z 2 a nicht ausschließlich:** auch Z 2 läßt in den anderen Fällen eine Vereinbarung auf das LG zu. Sind andere Ansprüche bis zu 10 000 DM mit Ansprüchen nach Z 2 verbunden, so ändert das nichts an der Zuständigkeit. Bei Verbindung von Ansprüchen über 10 000 DM mit solchen nach Z 2 sind sie abzutrennen und auf Antrag des Klägers ans LG zu verweisen, § 281. Bei fehlendem Antrag erfolgt Abtrennung und Abweisung wegen sachlicher Unzuständigkeit, weil der Kläger die Zuständigkeitsgrenze durch Verbindung nicht erhöhen kann. Siehe auch § 260 Rn 16 ff ZPO.

5 4) Mietstreitigkeiten, Z 2 a

A. Allgemeines. Die Neufassung regelt die (ausschließliche) sachliche Zuständigkeit für alle Streitigkeiten über Ansprüche aus einem Mietverhältnis über Wohnraum oder über den Bestand eines solchen Mietverhältnisses. Für Streitigkeiten über Ansprüche aus anderen Mietverhältnissen, zB über Geschäftsräume, und aus Pachtverhältnissen gilt Z 1.

6 B. Anwendungsbereich. a) Streitigkeiten aus Mietverhältnissen. Hierhin gehören sowohl Haupt- wie Untermietverhältnisse, nicht aber Pachtverhältnisse, s Rn 7. Z 2 a erfaßt alle Ansprüche aus dem Mietverhältnis während seines Bestehens und bei seiner Abwicklung; ein faktisches Mietverhältnis genügt, so daß es auf die Gültigkeit des Mietvertrages für die Zuständigkeit nicht ankommt, MüKoWo Sonderheft S 30. Auch Feststellungsklagen fallen unter Z 2 a. Vgl l üb die Erl zu § 29 a ZPO.

b) Mietverhältnis über Wohnraum. Z 2 a bezieht sich auf Wohnraum im Sinne des Mietrechts des BGB, BGH NJW **81**, 1377, der zumindest auch als solcher genutzt wird. Abweichend von § 29 a II ZPO fallen hierunter auch Wohnräume zum vorübergehenden Gebrauch, möblierte Zimmer für Einzelmieter, Häuser und Räume für Ferienzwecke, nicht jedoch Hotelzimmer oder die Urlaubswohnung, weil sie nicht zum dauernden Aufenthalt bestimmt sind, MüKoWo Sonderheft S 31. Wohnraum iSv Z 2 a können auch Wohnwagen, Wohnschiffe und Behelfsheime sein, MüKoWo aaO. Bei Mischmietverhältnisse kommt es darauf an, die Wohnnutzung überwiegt.

7 c) Werkwohnungen. Das AG ist zuständig für Streitigkeiten über Werkmietwohnungen, § 565 b BGB, hM, und über Werkdienstwohnungen, § 565 e BGB, str, aM BAG NZA **90**, 539 (ArbGer, § 2 III ArbGG).

8 C. Pachtsachen. Sie fallen nicht unter Z 2 a, sondern unter Z 1. Eine besondere Zuständigkeit des AG für Landpachtsachen begründet das G über das gerichtliche Verfahren in Landwirtschaftssachen v 21. 7. 53, BGBl 667 (m Änd).

9 5) Reisende usw, Z 2 b. Es braucht sich nicht um eine Klage während der Reise zu handeln, aM Kissel 30. Die Vorschrift gilt nicht für Klagen wegen Zurückbehaltung von Sachen und auch nicht für Klagen auf entgangenen Gewinn wegen abgesagter Gasthofsmiete, Ffm (LG) BB **65**, 268.

10 6) Wildschaden, Z 2 d. Es gilt das BundesjagdG idF v 29. 9. 76, BGBl 2849 (m Änd): Nach § 35 können die Länder ein Vorverfahren vorschreiben, in dem, falls es nicht zum Anerkenntnis oder Vergleich kommt, ein Vorbescheid erlassen wird, Lange DRiZ **89**, 47; wegen der in Betracht kommenden Landesgesetze vgl Schönfelder, Fußnote zu § 1 VI BundesjagdG.

3. Titel. Amtsgerichte §§ 23–23b GVG

7) Leibgedingsverträge usw, Z 2 g. Es handelt sich dabei um Verträge, durch die der Übergeber bei Überlassung eines Grundstücks sich oder Dritten Nutzungen oder wiederkehrende Leistungen ausbedingt, dazu BGH **53**, 41, BayObLGZ **96**, 26, **93**, 194 u **94**, 19, Bbg RR **95**, 258, Zweibr RR **94**, 209, LG Köln FamRZ **97**, 137, alle mwN. 11

8) Aufgebotsverf, Z 2 h. Siehe §§ 946 ff ZPO, auch § 11 EGZPO. 12

23a *Weitere sachliche Zuständigkeit.* Die Amtsgerichte sind in bürgerlichen Rechtsstreitigkeiten ferner zuständig für
1. Streitigkeiten in Kindschaftssachen;
2. Streitigkeiten, die eine durch Ehe oder Verwandtschaft begründete gesetzliche Unterhaltspflicht betreffen;
3. Ansprüche nach den §§ 1615 l, 1615 m des Bürgerlichen Gesetzbuchs;
4. Ehesachen;
5. Streitigkeiten über Ansprüche aus dem ehelichen Güterrecht, auch wenn Dritte am Verfahren beteiligt sind;
6. Lebenspartnerschaftssachen;
7. Streitigkeiten nach dem Gewaltschutzgesetz, wenn die Parteien einen auf Dauer angelegten gemeinsamen Haushalt führen oder innerhalb von sechs Monaten vor der Antragstellung geführt haben.

Vorbem. Z 6 mWv 1. 8. 01 angefügt durch Art 3 § 12 G v 16. 2. 01, BGBl 266; vgl Einf § 606 Rn 14. Z 7 angefügt dch Art 3 Z 1 G v 11. 12. 01, BGBl 3513, in Kraft seit 1. 1. 02, Art 13 II G, ÜbergangsR Einl III 78; vgl Einf § 606 Rn 15.

1) Allgemeines. Seit der EheRReform 1976 sind dem AG nicht nur KindschS und Unterhaltsstreitigkeiten aller Art zugewiesen, sondern auch alle EheS und die damit zusammenhängenden Angelegenheiten. Wegen der Zusammenfassung der **FamS** beim FamGer s § 23 b. 1

2) Streitigkeiten in KindschS, Z 1. Näheres s § 640 Rn 1 ff. 2

3) Streitigkeiten, die eine durch Ehe oder Verwandtschaft begründete gesetzliche Unterhalts- 3
pflicht betreffen, Z 2. Hierher gehören alle Unterhaltsprozesse zwischen Eheleuten (auch bei geschiedener, für nichtig erklärter oder aufgehobener Ehe) einschließlich der Klagen wegen Prozeßkostenvorschuß nach § 1360 a IV BGB und zwischen Verwandten auf- und absteigender Linie, namentlich (aber nicht nur) des Kindes gegen seine Eltern, aber auch Ansprüche eines Dritten, der an Stelle der Eltern gezahlt hat, Bre FamRZ **84**, 511 mwN. Unter Z 2 fallen auch übergegangene oder übergeleitete Ansprüche auf Unterhalt, zB nach § 94 III KJHG, § 7 UVG oder § 91 BSHG, Künkel FamRZ **94**, 548, vgl OVG Münster FamRZ **94**, 595. Die Zuständigkeit gilt für Prozesse wegen der Zahlungspflicht wie wegen Nebenpflichten, zB wegen Auskunft nach §§ 1581, 1605 BGB. Vor das AG gehört auch ein Unterhaltsanspruch aus Vertrag, wenn er an Stelle des gesetzlichen tritt und der Grund des Anspruchs zweifelsfrei ist, sowie ein Anspruch auf Unterhalt aus § 826 BGB wegen Vermögensverschiebung, Celle NdsRPfl **58**, 235; anders aber, wenn im Vertrag nicht nur der Unterhalt geregelt ist, sondern auch die Vermögensauseinandersetzung, Nürnb FamRZ **67**, 157, oder eine vorweggenommene Erbfolge, BGH NJW **79**, 2518, Oldb FamRZ **98**, 1120 mwN. Unerheblich ist in jedem Fall, ob auf Rente oder auf Abfindung geklagt wird. Nicht alle diese Unterhaltsstreitigkeiten sind FamS iSv § 23 b I Z 5 u 6; wegen der Zuständigkeit dieser **FamGer** s § 621 I Z 4 u 5 und Erl dazu. **Nicht** hierher gehören Ansprüche aus unerlaubter Handlung und aus § 1300 BGB.

4) Ansprüche aus §§ 1615 l, 1615 m BGB, Z 3. Diese Ansprüche sind solche auf Unterhalt der Mutter 4
vor oder nach der Geburt, Unterhalt des Vaters nach § 1615 l V BGB und Beerdigungskosten für die Mutter. Das AG bleibt zuständig, wenn ein Rechtsnachfolger Partei ist. Das Verfahren nach § 1615 o II BGB (einstwVfg der Mutter) gehört ebenfalls hierher, Büdenbender FamRZ **83**, 306.

5) Ehesachen, Z 4. Einzelheiten s § 606 Rn 2 ff. EheS sind FamS, § 23 b I Z 1, und gehören vor das 5
FamGer.

6) Streitigkeiten über Ansprüche aus dem ehelichen Güterrecht, auch wenn Dritte am Verfah- 6
ren beteiligt sind, Z 5. Es handelt sich um Ansprüche nach §§ 1363–1518 BGB. Z 5 gilt auch für Prozesse zwischen Dritten und einem Ehegatten. Nicht hierher gehören sonstige vermögensrechtliche Ansprüche der Eheleute gegeneinander (wegen Unterhaltsansprüchen s Z 2). Die Streitigkeiten nach Z 5 sind FamS, § 23 b I Z 9, und gehören vor das **FamGer**, § 621 ZPO Rn 1 ff.

7) Lebenspartnerschaftssachen, Z 6. Vgl Einf § 606 Rn 14. Die Streitigkeiten sind FamS, § 23 b I 7
Z 15, und gehören vor das **FamGer**, § 621 ZPO.

8) Streitigkeiten nach dem Gewaltschutzgesetz, wenn die Parteien einen auf Dauer angelegten 8
gemeinsamen Haushalt führen oder innerhalb von sechs Monaten vor der Antragstellung geführt haben, Z 7. Vgl Einf § 606 Rn 15 u § 621 Rn 28 a. Die Streitigkeiten sind FamS und gehören vor das **FamGer**, § 23 b I Z 8 a.

23b *Familiengericht.* ¹Bei den Amtsgerichten werden Abteilungen für Familiensachen (Familiengerichte) gebildet. ²Familiensachen sind:
1. Ehesachen;
2. Verfahren betreffend die elterliche Sorge für ein Kind, soweit nach den Vorschriften des Bürgerlichen Gesetzbuchs hierfür das Familiengericht zuständig ist;

GVG § 23 b

3. Verfahren über die Regelung des Umgangs mit einem Kind, soweit nach den Vorschriften des Bürgerlichen Gesetzbuchs hierfür das Familiengericht zuständig ist;
4. Verfahren über die Herausgabe eines Kindes, für das die elterliche Sorge besteht;
5. Streitigkeiten, die die durch Verwandtschaft begründete gesetzliche Unterhaltspflicht betreffen;
6. Streitigkeiten, die die durch Ehe begründete gesetzliche Unterhaltspflicht betreffen;
7. Verfahren, die den Versorgungsausgleich betreffen;
8. Verfahren über Regelungen nach der Verordnung über die Behandlung der Ehewohnung und des Hausrats;
8 a. Verfahren nach dem Gewaltschutzgesetz, wenn die Beteiligten einen auf Dauer angelegten gemeinsamen Haushalt führen oder innerhalb von sechs Monaten vor der Antragstellung geführt haben;
9. Streitigkeiten über Ansprüche aus dem ehelichen Güterrecht, auch wenn Dritte am Verfahren beteiligt sind;
10. Verfahren nach den §§ 1382 und 1383 des Bürgerlichen Gesetzbuchs;
11. Verfahren nach den §§ 10 bis 12 sowie nach § 47 des Internationalen Familienrechtsverfahrensgesetzes vom 26. Januar 2005 (BGBl. I S. 162);
12. Kindschaftssachen;
13. Streitigkeiten über Ansprüche nach den §§ 1615 l, 1615 m des Bürgerlichen Gesetzbuchs;
14. Verfahren nach § 1303 Abs. 2 bis 4, § 1308 Abs. 2 und § 1315 Abs. 1 Satz 1 Nr. 1, Satz 3 des Bürgerlichen Gesetzbuchs;
15. Lebenspartnerschaftssachen.

II [1] Sind wegen des Umfangs der Geschäfte oder wegen der Zuweisung von Vormundschafts-, Betreuungs- und Unterbringungssachen mehrere Abteilungen für Familiensachen zu bilden, so sollen alle Familiensachen, die denselben Personenkreis betreffen, derselben Abteilung zugewiesen werden. [2] Wird eine Ehesache rechtshängig, während eine andere Familiensache nach Absatz 1 Satz 2 Nr. 6 bis 10 bei einer anderen Abteilung im ersten Rechtszug anhängig ist, so ist diese von Amts wegen an die Abteilung der Ehesache abzugeben; für andere Familiensachen nach Absatz 1 Satz 2 Nr. 2 bis 5 gilt dies nur, soweit sie betreffen

1. in den Fällen der Nummer 2 die elterliche Sorge für ein gemeinschaftliches Kind einschließlich der Übertragung der elterlichen Sorge oder eines Teils der elterlichen Sorge wegen Gefährdung des Kindeswohls auf einen Elternteil, Vormund oder Pfleger,
2. in den Fällen der Nummer 3 die Regelung des Umgangs mit einem gemeinschaftlichen Kind der Ehegatten nach den §§ 1684 und 1685 des Bürgerlichen Gesetzbuchs oder des Umgangs des Ehegatten mit einem Kind des anderen Ehegatten nach § 1685 Abs. 2 des Bürgerlichen Gesetzbuchs,
3. in den Fällen der Nummer 4 die Herausgabe eines Kindes an den anderen Elternteil,
4. in den Fällen der Nummer 5 die Unterhaltspflicht gegenüber einem gemeinschaftlichen Kind.

[3] Wird bei einer Abteilung ein Antrag in einem Verfahren nach den §§ 10 bis 12 des Internationalen Familienrechtsverfahrensgesetzes vom 26. Januar 2005 (BGBl. I S. 162) anhängig, während eine Familiensache nach Absatz 1 Satz 2 Nr. 2 bis 4 bei einer anderen Abteilung im ersten Rechtszug anhängig ist, so ist diese von Amts wegen an die erstgenannte Abteilung abzugeben; dies gilt nicht, wenn der Antrag offensichtlich unzulässig ist. [4] Auf übereinstimmenden Antrag beider Elternteile sind die Regelungen des Satzes 3 auch auf andere Familiensachen anzuwenden, an denen diese beteiligt sind.

III [1] Die Abteilungen für Familiensachen werden mit Familienrichtern besetzt. [2] Ein Richter auf Probe darf im ersten Jahr nach seiner Ernennung Geschäfte des Familienrichters nicht wahrnehmen.

FGG § 64. [1] Für die dem Familiengericht obliegenden Verrichtungen sind die Amtsgerichte zuständig.

1 **Vorbem.** I 2 Z 15 mWv 1. 8. 01 angefügt durch Art 3 § 12 LPartG, s Einf § 606 Rn 14. II 2 geänd u II 3 u 4 mWv 1. 3. 01 angefügt durch Art 2 II Z 1 u 2 G v 16. 2. 01, BGBl 288. I 2 Z 8 a angefügt dch Art 3 Z 2 a, b G v 11. 12. 01, BGBl 3513, in Kraft seit 1. 1. 02, Art 13 II G, ÜbergangsR Einl III 78.

Schrifttum: *Peschel-Gutzeit* NJW 02, 2737; *Wilutzki,* F Henrich, S 645; Übersicht (Auswahl) in Grdz § 606 ZPO.

2 **1) Allgemeines.** Die Vorschrift ist mit dem GG vereinbar, BVerfG NJW **80**, 697. Die darin angeordnete Einrichtung eines **FamGer,** bei dem die Entscheidungen in EheS und in familienbezogenen Verfahren (FamS) zusammengefaßt werden, ist ein Kernstück der EheRReform 1976. Diese Zusammenfassung (mit der sie ergänzenden Regelung in § 621 ZPO) ermöglicht, daß alle von einem bestimmten FamGer zu entscheidenden Sachen einer Familie vor demselben Richter gelangen, und schafft damit die Voraussetzung für den EntschVerbund in Scheidungs- und FolgeS, § 623 ZPO. Einen großen Schritt in Richtung auf das sog **große FamGer,** Wever FamRZ **01**, 268, bedeuteten die Reformgesetze 1998 (KindRG u KindUG), die den Kreis der FamS wesentlich erweiterten, vgl Einf § 606 ZPO Rn 11 u 12.

Der Sache nach sind die dem FamGer zugewiesenen **FamS** teils bürgerliche Rechtsstreitigkeiten, I 2 Z 1, 5, 6, 9, 12 u 13, die § 23 a Z 2, 4 u 5 dem AG zuweist, teils Verfahren der freiwilligen Gerichtsbarkeit, I 2 Z 2–4, 7, 8, 10 u 14; die letzteren weist § 64 I FGG, wie bisher, dem AG zu und ermöglicht dadurch ihre Zusammenfassung mit den übrigen FamS in der Hand des Familienrichters. FGG-Sachen sind auch die FamS iSv I Z 11, vgl § 64 a FGG. Insofern ändert § 23 b den Grundsatz des § 2 EGGVG ab, dazu Brügge-

3. Titel. Amtsgerichte   § 23b GVG

mann FamRZ 77, 3. Hinsichtlich des **Verfahrens in FamS** bleibt es bei ZPO bzw FGG mit den sich aus
§§ 621 ff ZPO ergebenden Besonderheiten, s Erl zu § 621 a ZPO; im Fall von I Z 11 richtet sich das
Verfahren nach § 64 a FGG u dem SorgeRÜbkAG, s Schlußanh V A 3. Der Rechtszug in FamS geht an das
OLG, §§ 119 I Z 1.

   2) **Familiengericht, I.** Bei den AG werden besondere **Abteilungen für FamS** gebildet, **I 1.** Ihnen sind 3
im Wege der gesetzlichen Geschäftsverteilung, Bergerfurth DRiZ 78, 230, alle FamS zugewiesen, **I 2,** und
zwar mit der sich aus § 621 ZPO ergebenden Folge, daß diese Zuweisung zwingend, dh der Verfügung des
Präsidiums entzogen ist, BGH NJW 78, 1531, abw Jauernig FamRZ 77, 681 u 761.
   A. FamS sind: a) EheS, § 606 I ZPO, s dort Rn 2–9, **I 2 Z 1; b)** Verfahren über die **elterliche Sorge**
für ein Kind, soweit nach BB dafür das FamGer zuständig ist, § 621 ZPO Rn 9, **I 2 Z 2; c)** Verfahren über
die Regelung des **Umgangs mit einem Kind,** soweit nach BGB hierfür das FamGer zuständig ist, § 621
ZPO Rn 11, **I 2 Z 3; d)** Verfahren über die **Herausgabe eines Kindes, für das die elterliche Sorge
besteht,** § 621 ZPO Rn 12, **I 2 Z 4; e)** Streitigkeiten, die die **durch Verwandtschaft begründete
gesetzliche Unterhaltspflicht** betreffen, § 621 ZPO Rn 13, **I 2 Z 5; f)** Streitigkeiten, die die **durch
die Ehe begründete gesetzliche Unterhaltspflicht** betreffen, § 621 ZPO Rn 16, **I 2 Z 6; g)** Verfahren,
die den **Versorgungsausgleich** betreffen, § 621 ZPO Rn 19, **I 2 Z 7; h)** Verfahren über Regelungen
nach der Verordnung über die Behandlung der **Ehewohnung und des Hausrats,** § 621 ZPO Rn 20, **I 2
Z 8; i)** Verfahren nach dem **Gewaltschutzgesetz,** wenn die Beteiligten einen auf Dauer angelegten
gemeinsamen Haushalt führen oder innerhalb von sechs Monaten vor der Antragstellung geführt haben,
§ 621 ZPO Rn 28 a; j) Streitigkeiten über Ansprüche aus dem **ehelichen Güterrecht,** auch wenn Dritte
am Verfahren beteiligt sind, § 621 ZPO Rn 23, **I 2 Z 9; k)** Verfahren nach den **§§ 1382 und 1383
BGB,** § 621 ZPO Rn 27, **I 2 Z 10; l)** Verfahren nach den §§ 10–12, 47 IntFamRVG v 26. 1. 05, Anh II
§ 606 a; m) **Kindschaftssachen,** § 640 II ZPO, s dort Rn 28, **I 2 Z 12; n)** Streitigkeiten über Ansprüche
nach den **§§ 1615 l, 1615 m BGB,** § 621 ZPO Rn 28, **I 2 Z 13; o)** Verfahren nach **§§ 1303 II–IV,
1308 II und 1315 I 1 Z 3, S 3 BGB,** § 621 ZPO Rn 28, **I 2 Z 14; p)** Verfahren in **Lebenspartnerschaftssachen,** § 621 ZPO u § 661 ZPO, **I 2 Z 15.**
   B. Die **sachliche Zuständigkeit** des FamGer ergibt sich für EheS aus § 23 a Z 4, für andere FamS aus 4
§ 23 a Z 1–3, 5 u 6, § 64 I FGG, § 11 I, II HausratsVO, BGH NJW 78, 1531, für die FamS des I Z 11 aus
§ 5 SorgeRÜbkAG, Schlußanh V A 3. Für die **örtliche** Zuständigkeit sind §§ 606, 621 ZPO und die
jeweiligen Vorschriften des FGG bzw der HausratsVO oder des SorgeRÜbkAG maßgeblich. **Ausgeschlos-
sen** wird die Zuständigkeit des FamGer durch vorrangige Normen, zB Art 32 EuGVÜ, Schlußanh V C 1,
Düss IPrax 84, 217.
   Der **Zuständigkeitsstreit** zwischen den FamGer verschiedener AGe ist nach § 36 I Z 6 zu entscheiden, 5
BGH NJW 78, 1531 mwN, Stgt FamRZ 84, 716, und zwar auch auf Vorlage vAw durch eines dieser
Gerichte, BGH RR 91, 767, Bischof MDR 78, 717 mwN; das gleiche gilt für den Streit zwischen der
Prozeßabteilung eines AG und einem FamGer, BGH 71, 17, und für den Streit zwischen einem LG und
einem FamGer, Ffm RR 88, 772 u FamRZ 89, 76, sowie für den Streit zwischen einem FamGer und einem
Gericht der (allgemeinen) Freiwilligen Gerichtsbarkeit über das Vorliegen einer FamS, BGH 78, 108,
FamRZ 82, 785, RR 91, 253; vgl ü § 36 ZPO Rn 31 ff. Wegen der Abgabe innerhalb des FamGer s unten
Rn 7. **Verweist** das LG eine Nichtfamiliensache an das AG, so ist nur das AG als solches, dort aber nicht
das FamGer an die Verweisung gebunden, BGH FamRZ 80, 557, Ffm FamRZ 89, 76 (das bei Verneinung
einer FamS die Abgabe an die Zivilabteilung für nötig hält, insoweit abl Patzina FamRZ 89, 294 mwN),
Düss Rpfleger 81, 239, Hbg FamRZ 82, 941, aM Köln FamRZ 82, 944 mwN, Kissel 32, Jauernig § 91
VII 1; umgekehrt bindet grundsätzlich ein verfahrensrechtlich wirksamer Verweisungsbeschluß des AG
(Prozeßabteilung oder FamGer) das LG nach § 281 II ZPO, BGH FamRZ 90, 147, so daß das LG gehindert
ist, an eine andere Abteilung des AG zu verweisen, BGH RR 89, 1343, NJW 79, 2517, Ffm RR 88, 772.
Zwischen einem FamGer und einem Gericht der allgemeinen freiwilligen Gerichtsbarkeit ist eine bindende
Verweisung entspr § 281 ZPO nicht möglich, BGH RR 90, 707 mwN.
   C. Die **Abteilung für FamS (FamGer) und die sonstigen Abteilungen des AG** sind nicht verschie- 6
dene Gerichte, sondern verschiedene Spruchkörper desselben Gerichts, BGH NJW 78, 1531, aM Jauernig
FamRZ 89, 2, 77, 681 u 761. Die Stellung des FamGer innerhalb des AG weist trotzdem Besonderheiten
auf, die sich aus den unterschiedlichen Rechtsmittelzug, § 119, der Einbeziehung der FG-Sachen,
§§ 621 ff ZPO, und der Ausgestaltung des Verfahrens ergeben. **a)** Ein **Zuständigkeitsstreit** zwischen dem
FamGer und anderen Abteilungen ist entsprechend § 36 I Z 6 ZPO zu entscheiden, hM, STr 14, BGH 71,
264 mwN. Die Anrufung des OLG, § 119 I, ist auch vAw zulässig, Bergerfurth DRiZ 78, 230. Meinungsverschiedenheiten zwischen mehreren Abteilungen für FamS entscheidet das Präsidium, § 21 e
Rn 13, STr 12. **b) Verweisung bzw Abgabe an das Gericht der EheS, II 2.** Sie ist hier für die Abgabe 7
von einer FamAbt an eine andere FamAbt desselben AG in gleicher Weise geregelt wie die Verweisung oder
Abgabe durch das Gericht der FamS an ein anderes FamGer in § 621 ZPO, s dort Rn 34. **c) Verweisung
bzw Abgabe zwischen Abteilungen desselben Gerichts, II 3–5.** Im Verhältnis einer FamAbt zu einer
anderen Abt desselben Gerichts gilt folgendes: Eine Verweisung nach § 281 ZPO ist nicht zulässig, BGH 71,
264 mwN, Bbg FamRZ 90, 180 (krit Ewers FamRZ 90, 1373 wegen § 18 HausrVO), str. Vielmehr ist die
Sache ggf vAw formlos an die andere Abteilung zu verweisen bzw abzugeben, vgl § 281 ZPO Rn 9 ff, Ffm
FamRZ 96, 949, aM Jauernig § 91 V u FamRZ 89, 5, Bergerfurth DRiZ 78, 230: entsprechend § 621 III
ZPO, § 23 b II 2 förmliche Verweisung bzw Abgabe mit Bindungswirkung. Ein nach § 23 c gebildetes
FamGer hat das Verf ggf an das zuständige AG in seinem Bezirk abzugeben, weil es insoweit als Teil dieses
AG (und der anderen AGe) anzusehen ist, STr 7 mwN. Ist bei mehrfacher Klagebegründung das FamGer nur
für einen sekundär geltend gemachten Grund zuständig, so darf der Richter der allgemeinen Abteilung nur
über den primären Grund entscheiden, eine Verweisung wegen des sekundären Grundes scheidet aus, Ffm
FamRZ 79, 607. Werden (unzulässigerweise) NichtFamS und FamS im Verhältnis von Haupt- und Hilfsantrag geltend gemacht, so hat zunächst die für den Hauptantrag zuständige Abteilung zu entscheiden; erst

GVG §§ 23b, 23c

wenn und soweit der Hauptantrag abgewiesen wird, kann das Verf wegen des Hilfsanspruchs abgegeben werden, BGH FamRZ **80**, 554, NJW **81**, 2417. Für den **Sonderfall des I 2 Z 11** trifft II 3 u 4 iVm § 64a FGG (idF des Art 2 II Z 2b des G v 19. 2. 01, BGBl 288) eine Sonderregelung. **d)** Die **Wirksamkeit** der Entscheidung wird durch das Tätigwerden der „falschen" Abteilung nicht berührt, vgl Bergerfurth DRiZ **78**, 230, hat aber uU Folgen bei ihrer Anfechtung. Dazu s § 119 3 ff. **e)** Die Zuständigkeit des FamGer ist in 1. u. 2. Instanz **in jeder Lage des Verf zu prüfen;** für die Berufungsinstanz gilt jedoch § 529 III ZPO (Prüfung nur auf Rüge, die grundsätzlich schon beim FamGer erhoben sein muß). In der Revisionsinstanz ist jede Prüfung ausgeschlossen, § 549 II ZPO.

8 **3) Bildung des FamGer, II**
   A. Grundsatz. Aus I ergibt sich, daß bei jedem AG eine Abteilung für FamS gebildet werden muß, wenn nicht die FamS nach § 23c einem anderen AG zugewiesen sind (dann notfalls vAw Verweisung oder Abgabe nach § 621 III ZPO, Bergerfurth Rn 160). Die nötigen AnOen über Besetzung und Zuteilung von Geschäften, § 21 e, trifft das Präsidium. Es kann dem FamGer bei ungenügender Auslastung auch andere Verfahren zuteilen, namentlich sonstige Vormundschaftssachen, Vogel FamRZ **76**, 488 (aM Kissel DRiZ **77**, 113: Zulässig nur Zuweisung von Vormundschaftssachen an das FamGer oder Bestellung des nicht voll ausgelasteten FamRichters zum Vorsitzenden einer weiteren Abteilung); solche Sachen werden dadurch nicht zu FamS, unterliegen also dem für sie maßgeblichen Verfahrensrecht.

9 **B. Mehrere Abteilungen für FamS, II 1,** darf das Präsidium nur dann bilden, wenn dies wegen des Umfangs der Geschäfte (in FamS) oder wegen der Zuweisung von Vormundschafts-, Betreuungs- und Unterbringungssachen iSv §§ 35 ff FGG erforderlich ist, nicht aus anderen Gründen, zB der Zuteilung sonstiger Verfahren an die Abteilung für FamS. In diesem Fall sollen FamS, die denselben Personenkreis betreffen, derselben Abteilung zugeteilt werden, damit die EntschKonzentration, oben 2, sichergestellt bleibt. Nur ausnahmsweise, wenn eine andere Geschäftsverteilung wegen besonderer Umstände sachgerechter ist, darf das Präsidium von dieser Regellösung abweichen, Begr RAussch, also etwa bestimmte FamS einer einzigen Abteilung zuteilen. Hat das Präsidium mehrere Abteilungen für FamS gebildet, so sind die bei einer anderen Abteilung anhängigen FamS an die Abteilung der EheS abzugeben, sobald die EheS rechtshängig wird, II 2, damit der Verfahrensverbund, § 623 ZPO, durchgeführt werden kann. Demgemäß muß das Präsidium in jedem Fall alle FolgeS, § 621 ZPO, der für die EheS zuständigen Abteilung zuweisen.

10 **4) Besetzung des FamGer, III.** Die Abteilung für FamS wird durch das Präsidium, § 21 e I, mit FamRichtern besetzt, **III 1,** dh mit je einem Berufsrichter, der bei der Erledigung von FamS als FamRichter bezeichnet wird; er kann Richter auf Lebenszeit, auf Probe, auf Zeit oder kraft Auftrags sein, § 22 V. Abgesehen von den neuen Bundesländern (dort keine Anwendung bis zum Ablauf des 31. 12. 99, § 3 RpflAnpG) darf ein **Richter auf Probe,** § 12 DRiG, Geschäfte des FamRichters im ersten Jahr nach seiner Ernennung nicht wahrnehmen, **III 2,** auch nicht vertretungsweise (Verstoß ist schwerer Verfahrensmangel iSv § 539 ZPO, s Bergerfurth DRiZ **78**, 232), wohl aber in späteren Jahren und auch im ersten Jahr als ersuchter Richter, aM Stgt FamRZ **84**, 716, StR 20, Kissel **89**, Bergerfurth FamRZ **82**, 564: aber der Richter nach § 156 braucht auch sonst nicht die Qualifikation des ersuchenden Richters zu haben; i ü gilt § 22. Von der Möglichkeit, Richter auf Probe nach Ablauf des ersten Jahres unbeschränkt als FamRichter einzusetzen, sollte angesichts der Bedeutung und der häufigen Schwierigkeit der FamS in den alten Bundesländern nur bei dringendem Bedarf Gebrauch gemacht werden, Hansens NJW **93**, 494, vgl Schnitzler FamRZ **92**, 507 u Kleinz FamRZ **92**, 1390. Denn das Präsidium wird hierbei (wie auch sonst) berücksichtigen müssen, daß das FamGer seine besonderen Aufgaben nur dann erfüllen kann, wenn es mit lebenserfahrenen, menschlich und fachlich qualifizierten Richtern besetzt wird, vgl Schnitzler FamRZ **92**, 507, Thalmann FamRZ **84**, 634, Strecker DRiZ **83**, 175, einschränkend Kleinz FamRZ **92**, 1390.

Über die Ablehnung eines FamRichters entscheidet nach § 45 II ZPO das OLG, nicht das LG. Zur Organisation des Familiengerichts und zum Geschäftsgang vgl Thalmann DRiZ **83**, 548 u **82**, 445, zur Beteiligung von Psychologen und Psychiatern als Sachverständige Puls ZBlJugR **84**, 8.

23c *Familiengericht für mehrere AG-Bezirke.* ¹Die Landesregierungen werden ermächtigt, durch Rechtsverordnung einem Amtsgericht für die Bezirke mehrerer Amtsgerichte die **Familiensachen sowie ganz oder teilweise die Vormundschafts-, Betreuungs-, Unterbringungs- und Handelssachen zuzuweisen, sofern die Zusammenfassung der sachlichen Förderung der Verfahren dient oder zur Sicherung einer einheitlichen Rechtsprechung geboten erscheint.** ²Die **Landesregierungen können die Ermächtigungen auf die Landesjustizverwaltungen übertragen.**

1 **Vorbem.** In den **neuen Bundesländern** gilt die (umfassende) Ermächtigung durch EV Anl I Kap III Sachgeb A Abschn III Z 1 n (unter Aufrechterhaltung der nach bisherigem Recht vorgenommenen Konzentrationen), Brachmann DtZ **90**, 304. Diese Ermächtigung besteht auch nach Errichtung von AGen fort, Rieß DtZ **92**, 231. § 23 c ist zuletzt geändert durch G v 21. 06. 05, BGBl 1666.

Schrifttum: *Walter,* Der Prozeß in Familiensachen, 1985; *Keller,* Die Einrichtung des FamGer in BaWü, VerwArch **81**, 240.

2 **1) Erläuterung.** Die Zusammenfassung der dem FamGer übertragenen Verfahren bei einem AG für mehrere AG-Bezirke erleichtert die Besetzung mit qualifizierten Richter und fördert die Herausbildung einheitlicher Grundsätze der Rspr. Deshalb ermächtigt § 23 c die Landesregierungen, **durch VO einem AG für mehrere Bezirke Geschäfte des FamGer zuzuweisen, S 1;** sie können diese Ermächtigung **auf die Landesjustizverwaltungen übertragen, S 2** (wegen der Länder-VOen s Schönfelder FN 2 bei § 23 c). Diese Konzentration der Zuständigkeit für mehrere Gerichtsbezirke ist verfassungsrechtlich unbedenklich, BVerfG NJW **80**, 697. Auf diese Weise bei einem AG konzentriert werden dürfen sämtliche FamS iSv § 23 b (nicht dagegen nur einzelne von ihnen) und entweder alle oder einzelne Vormundschafts-,

5. Titel. Landgerichte **§§ 23c–58, Übers § 59 GVG**

Betreuungs- und Unterbringungssachen iSv §§ 35 ff FGG, nicht dagegen auch die Erledigung von Rechtshilfeersuchen in FamS, weil insoweit allein § 157 gilt, Stgt FamRZ **84**, 716. Zulässig ist die Konzentration, sofern sie der sachlichen Förderung der Verfahren dient oder zur Sicherung einer einheitlichen Rspr geboten erscheint; diese Voraussetzung haben die Länder bei Erlaß der VO festzustellen. Die Grenzen der OLG-Bezirke brauchen bei der Konzentration nicht eingehalten zu werden; bei Überschreitung dieser Grenzen bestimmt der Sitz des FamGer das Rechtsmittelgericht, STr 3. Die VO unterliegt nicht der Überprüfung nach § 47 VwGO, VGH Kassel NJW **77**, 1895; zur Prüfungskompetenz eines Landesverfassungsgerichts vgl HessStGH AS **29**, 207. Bei der Zusammenfassung von FamS aus verschiedenen LG-Bezirken bei einem FamGer gilt für die Zulassung der RAe § 24 BRAO entsprechend, BGH NJW **79**, 929.

Eine besondere Ermächtigung zur Zuständigkeitskonzentration für das **vereinfachte Unterhaltsverfahren**, §§ 645 ff ZPO, enthält § 660 ZPO, s dortige Erl. **3**

24–26 (betreffen Strafsachen)

27 *Sonstige Zuständigkeit des AG.* Im übrigen wird die Zuständigkeit und der Geschäftskreis der Amtsgerichte durch die Vorschriften dieses Gesetzes und der Prozeßordnungen bestimmt.

Vorbem. Galt in den **neuen Bundesländern** seit dem 3. 10. 90 für die Kreisgerichte, Üb § 22 Rn 2, und gilt nach der Errichtung von AGen für diese, §§ 14 ff RpflAnpG.

1) Sonstige Zuständigkeit der Amtsgerichte: GVG § 157 (Rechtshilfe); das AG ist auch Einreichungsstelle für Gesuche betreffend den Anspruch auf Unterhalt nach dem UN-Übk über die Geltendmachung von Unterhaltsansprüchen im Ausland, AusfG § 3, abgedr Anh III § 168 GVG. – **ZPO** §§ 486 (selbständiges Beweisverfahren); 188, 761 (Gestattung der Zustellung und Zwangsvollstreckung); 689 (Mahnverfahren); 764 (Vollstreckungsgericht); 797 III (Vollstreckbare Ausfertigung vollstreckbarer Urkunden); 899 (Verfahren wegen eidesstattlicher Versicherung); 919, 936, 942 (Arrest und einstw Vfg); 1045 (Niederlegung des Schiedsspruchs). – **Ferner** obliegen dem AG: das Konkursverfahren und Vergleichsverfahren zur Konkursabwendung; die Zwangsvollstreckung ins unbewegliche Vermögen; die Vollstreckbarerklärung von Kostenentscheidungen aus Art 18 Haager ZPrÜbk sowie die Vollstreckbarerklärung von Entscheidungen nach HaagÜbk betr die Unterhaltspflicht gegenüber Kindern, ferner solchen nach verschiedenen VollstrAbk, Schlußanh V B (s darüber Anh § 723: für die Vollstreckbarerklärung nach dem deutsch-britischen Abk ist das LG zuständig; für Streitigkeiten aus dem SchuldRAnpG v 21. 9. 94 (BGBl 2538), § 55 des Ges, Messerschmidt NJW **94**, 2648. **1**

Vierter Titel. Schöffengerichte

28–58 (betreffen Strafsachen)

Fünfter Titel. Landgerichte

Übersicht

1) Der Titel regelt den Aufbau und die sachliche Zuständigkeit der LGe, die StrafvollstrKammer ordnet Titel 5a (Titel 6 ist weggefallen), die KfH Titel 7. Über die Bildung der Gerichte für Patent- und Warenzeichensachen s §§ 51 PatG, 19 GebrMG u 32 WZG (Anh § 78 b). Wegen der Errichtung und Aufhebung eines LGs § 12 Rn 2. **1**

2) Den Titel 5 ergänzt **2**

§ **7 GVVO vom 20. 3. 35** (vgl Anh II § 21):

I (gegenstandslos)

II **Die Zahl der Zivil- und Strafkammern bei den Landgerichten bestimmt der Landgerichtspräsident; der Oberlandesgerichtspräsident kann ihm Weisungen hierfür erteilen.**

III (gegenstandslos)

IV (aufgehoben durch § 87 DRiG)

V (betr Strafkammern).

Nach § 7 II ist die Bestimmung der Zahl der Kammern Justizverwaltungssache, ebenso nach den entsprechenden Landesbestimmungen, Kissel § 60 Rn 2–9 mwN, Holch DRiZ **76**, 135 gg Stanicki DRiZ **76**, 80, P. Müller DRiZ **76**, 315 (Aufgabe des Präsidiums). Zur landesrechtlich vorgesehenen Beteiligung des Präsidiums vgl Buschmann DRiZ **83**, 473 (betr RhPf).

3) In den neuen Bundesländern trat an die Stelle des LG als erster Instanz das Kreisgericht, als Rechtsmittelinstanz das Bezirksgericht, EV Anl I Kap III Sachgeb A Abschn III Z 1 e und h. Seitdem in allen Ländern der Gerichtsaufbau des GVG eingeführt worden ist, gilt der 5. Titel unmittelbar nach Maßgabe der **3**

§§ 14–25 RpflAnpG. Wegen der über § 59 II hinausgehenden Möglichkeit, einem Richter ein **weiteres Richteramt** zu übertragen, s § 7 RpflAnpG, abgedr Üb § 22 Rn 2, wegen des **Wegfalls von Beschränkungen** für nicht auf Lebenszeit berufene Richter s § 3 RpflAnpG, abgedr Vorbem § 28 DRiG, dazu Rieß DtZ **92**, 228 (zur früheren Fassung).

59 Besetzung des Landgerichts.
I Die Landgerichte werden mit einem Präsidenten sowie mit Vorsitzenden Richtern und weiteren Richtern besetzt.

II Den Richtern kann gleichzeitig ein weiteres Richteramt bei einem Amtsgericht übertragen werden.

III Es können Richter auf Probe und Richter kraft Auftrags verwendet werden.

1 **Vorbem.** In den **neuen Bundesländern** gilt nach der Errichtung von LGen bis zum 31. 12. 99 § 59 iVm §§ 3 u 7 RpflAnpG (idF der ÄndG v 7. 12. 95, BGBl 1590).

2 **1) Besetzung, I u III.** Das LG ist mit Berufsrichtern besetzt; hinzu treten Handelsrichter, §§ 105 ff, und agrd von Spezialgesetzen andere ehrenamtliche Richter.

A. Allgemeines. a) Der **Präsident** des LG hat eine Doppelfunktion: Er nimmt sowohl richterliche Aufgaben als Vorsitzender einer Kammer, § 21 f I, als auch Verwaltungsaufgaben wahr, nämlich in der gerichtlichen Selbstverwaltung (§§ 21 a ff) und in der eigentlichen Justizverwaltung (zB § 299 III ZPO, RBerG, EheG usf). Namentlich führt er die Dienstaufsicht über die Richter (und Beamten) des LG und der AGe des Bezirks, sofern nicht ein AG mit einem Präsidenten besetzt ist, Anh II § 21. Seine Vertretung in der richterlichen Tätigkeit regelt § 21 f II, diejenige in der gerichtlichen Selbstverwaltung § 21 h. **b) Vorsitzende Richter** sind Richter auf Lebenszeit, § 19 a I DRiG. Sie führen den Vorsitz in den Kammern, § 21 f I, nicht notwendig in der KfH, § 106. Vorsitzende Richter können aber auch als Beisitzer tätig sein, ferner als Richter beim AG, II. Ihre Vertretung ergibt sich aus § 21 f II. **c) Weitere Richter** sind Richter am Landgericht (Richter auf Lebenszeit, § 19 a I DRG), ferner Richter auf Probe, § 12 DRiG, Richter kraft Auftrags, § 14 DRiG, III, sowie abgeordnete Richter, § 37 DRiG. Wegen ihrer Beiordnung s § 70 II. Richter auf Probe und Richter kraft Auftrags müssen im Geschäftsverteilungsplan als solche kenntlich gemacht werden, § 29 S 2 DRiG. Sie dürfen nicht den Vorsitz führen, § 28 II DRiG, und deshalb nicht in einer KfH eingesetzt werden. Ihre Verwendung als Beisitzer bei einer gerichtlichen Entscheidung, § 75, ist beschränkt, weil immer 2 Richter auf Lebenszeit mitwirken müssen, § 29 S 1 DRiG.

3 **B. Besetzung des Gerichts.** Unter „besetzt werden" ist die Schaffung von Planstellen zu verstehen, BGH NJW **85**, 2336 mwN. Sie obliegt dem Haushaltgeber, der dabei im Hinblick auf den grundrechtlich verbürgten Anspruch auf Justizgewährung den Bedürfnissen einer geordneten Rechtspflege zu befriedigen hat, BayVerfGH NJW **86**, 1327. Über die Abordnung von Richtern eines anderen Gerichts entscheidet die LJV, § 70, § 37 DRiG. Sie ist unzulässig, wenn die Arbeitslast deswegen nicht bewältigt werden kann, weil das Gericht unzureichend mit Planstellen ausgestattet ist oder weil die LJV es versäumt hat, offene Planstellen binnen angemessener Frist zu besetzen, § 70 Rn 1, BVerfG **14**, 164, BGH NJW **85**, 2337 mwN, VGH Kassel AS **33**, 10; das gleiche gilt, wenn eine vorhandene Planstelle nur wegen einer allgemeinen Beförderungssperre nicht alsbald besetzt wird, BGH aaO, Katholnigg JR **85**, 38.

4 Wegen § 75 müssen jeder Kammer mindestens 3 Richter angehören; eine funktionsgerechte Ausstattung fordert jedenfalls bei einer auf ein Sachgebiet spezialisierten Kammer idR die Besetzung mit 4 Richtern. Eine Überbesetzung ist unter den in § 16 Rn 7 genannten Voraussetzungen zulässig; unzulässig ist aber die Bildung von 2 Abteilungen einer Kammer, BVerfG NJW **65**, 1219 (dazu Arndt und Dinslage ebenda), andererseits ist es zulässig, wenn eine zunächst überbesetzte Kammer in 2 selbständige Kammern mit demselben Vorsitzenden geteilt wird, BGH NJW **67**, 1279, vgl auch BGH NJW **68**, 1242. **Vgl auch § 16 Rn 7.**

5 **2) Weiteres Richteramt, II.** Den Vorsitzenden Richtern und den Richtern am LG (Richtern auf Lebenszeit) kann gleichzeitig ein weiteres Richteramt bei einem Amtsgericht übertragen werden, § 27 II DRiG. Wahlberechtigt und wählbar für das Präsidium, § 21 b I, sind diese Richter bei beiden Gerichten. Umgekehrt kann auch einem Richter am Amtsgericht zugleich ein weiteres Richteramt beim LG übertragen werden, § 32 II. In den neuen Bundesländern gilt das gleiche im Verhältnis Bezirksgericht/Kreisgericht, Üb § 59 Rn 3; hier kann einem Richter mit seinem Einverständnis ein weiteres Richteramt bei jedem anderen Gericht übertragen werden, § 7 RpflAnpG, abgedr Üb § 22 Rn 2.

60 Gliederung.
Bei den Landgerichten werden Zivil- und Strafkammern gebildet.

1 **Vorbem.** In den **neuen Bundesländern** gilt § 60 nach der Errichtung von LGen, § 15 RpflAnpG.

2 **1) Erläuterung.** § 60 gebraucht den Ausdruck ZivK anders als sonst; er umfaßt hier auch die KfH, vgl §§ 71 I u 72. Die Zahl der Kammern bestimmt der LGPräsident, § 7 II VO vom 20. 3. 35, abgedr Üb § 59. Die Entschädigungskammern sind keine besonderen Gerichte, sondern Spruchabteilungen des LG, BGH LM § 71 GVG Nr 12. Hilfskammern wegen Überlastung werden vom Präsidium, § 21 e, gebildet, BGH NJW **67**, 1868.

61–69
(weggefallen ab 1. 10. 72 nach Art II Z 14 G vom 26. 5. 72, BGBl 841)

5. Titel. Landgerichte **§§ 70, 71 GVG**

70 *Hilfsrichter.* ¹ Soweit die Vertretung eines Mitgliedes nicht durch ein Mitglied desselben Gerichts möglich ist, wird sie auf den Antrag des Präsidiums durch die Landesjustizverwaltung geordnet.

 ᴵᴵ Die Beiordnung eines Richters auf Probe oder eines Richters kraft Auftrags ist auf eine bestimmte Zeit auszusprechen und darf vor Ablauf dieser Zeit nicht widerrufen werden.

 ᴵᴵᴵ Unberührt bleiben die landesgesetzlichen Vorschriften, nach denen richterliche Geschäfte nur von auf Lebenszeit ernannten Richtern wahrgenommen werden können, sowie die, welche die Vertretung durch auf Lebenszeit ernannte Richter regeln.

Schrifttum: *Müller* DRiZ 63, 37 (kritisch).

1) Regelungsinhalt, I–III. § 70 betrifft die Vertretung, die nicht durch Mitglieder des LG geschehen **1** kann. Wegen der Voraussetzung s § 21e Rn 6, wegen der Abordnung eines Richters auf Lebenszeit § 37 DRiG, vgl aber auch § 29 DRiG. Hilfsrichter dürfen außer zu Fortbildungs- und Erprobungszwecken, BGH NJW **66**, 352, nur zur Behebung eines vorübergehenden Bedürfnisses herangezogen werden, nicht wegen einer als dauernd erkennbaren Geschäftsbelastung, BVerfG **14**, 164; denn sie dürfen nicht mit dauernd vorhandenen richterlichen Aufgaben der Kammer betraut werden, BGH GrSSt **14**, 327. Das ist nicht der Fall bei Zuweisung besonderer Gebiete, mag sich ihre Erledigung zeitlich auch nicht genau bestimmen lassen, wie Wiedergutmachungs- und Entschädigungssachen, BGH GrSSt aaO; Hilfsrichter sind aber unzulässig bei dauerndem Gesundheitsschaden eines Planrichters, BGH **34**, 260. Stellt sich also heraus, daß die Arbeitslast deswegen nicht bewältigt werden konnte, weil das Gericht unzureichend mit Planstellen ausgestattet war oder weil die LJV es versäumt hatte, offene Planstellen binnen angemessener Frist zu besetzen, so ist die Verwendung von Hilfsrichtern gesetzwidrig, BVerfG **14**, 164, BGH NJW **85**, 2336 mwN, VGH Kassel AS **33**, 10; das gleiche gilt, wenn eine vorhandene Planstelle nur wegen einer allgemeinen Beförderungssperre nicht alsbald besetzt wird, BGH aaO, Katholnigg JR **85**, 38. Die Unzulässigkeit kann aber auch bereits bei Überweisung eines Hilfsrichters gegeben sein, BGH NJW **55**, 1185; denn die Zahl der Planrichter muß dem Umfang der als Daueraufgaben erkennbaren Aufgaben des Gerichts entsprechen; werden also Hilfsrichter verwendet, obwohl es sich um ein dauerndes Bedürfnis handelt, so macht die Mitwirkung eines jeden aus Anlaß des allgemeinen Geschäftsumfangs zugewiesenen Hilfsrichters das Gericht unvorschriftsmäßig besetzt, BGH **22**, 142; vgl auch § 551 Rn 4. Erforderlich ist deshalb die Angabe des Grundes der Einberufung in jedem einzelnen Falle, BGH NJW **66**, 352. Danach ist es zulässig, wenn einer von mehreren Hilfsrichtern wegen einer bestimmten Geschäftsbelastung vorübergehender Art bis zu ihrer Behebung herangezogen wird, BGH NJW **62**, 1153. Werden Hilfsrichter infolge Geschäftshäufung einberufen, so darf mithin deren Zahl nicht außer Verhältnis zur Geschäftshäufung stehen, BGH **LM** § 373 ZPO Nr 3, vgl auch BGH **34**, 263. Unzulässig ist die grundlose Beurlaubung eines ordentlichen Richters der Kammer oder die Übertragung anderer Aufgaben ohne triftigen Grund und ein Ersatz durch Hilfsrichter, BGH JR **55**, 424.

Die Beiordnung eines Vertreters erfolgt auf Antrag des Präsidiums, I, vgl Priepke DRiZ **85**, 293. Seine Auswahl obliegt allein der Landesjustizverwaltung, RGSt **57**, 270. Der beigeordnete Hilfsrichter ist Mitglied des LG, RG HRR **27**, 93, und kann auch als Einzelrichter verwendet werden, § 29 Rn 2 DRiG; seine Zuweisung ist Richterwechsel iSv § 21e III, BGH NJW **59**, 1093. Die Verwendung regelt das Präsidium; sie braucht nicht an der Stelle des vertretenen Richters stattzufinden, vgl § 21e Rn 17. Die Zuteilung des Hilfsrichters durch das Präsidium wirkt nicht über das Geschäftsjahr hinaus; für das neue Geschäftsjahr ist eine neue Zuteilung nötig, BGH **LM** § 63 (StS) Nr 21.

2) Beiordnung von Richtern auf Probe und kraft Auftrags insbesondere, II. Sie darf nur auf **2** bestimmte Zeit ausgesprochen werden; dafür ist keine Form erforderlich. Die Beiordnung darf nicht vorzeitig widerrufen werden, auch nicht mit Zustimmung des Richters: die Vorschrift soll Eingriffe der Justizverwaltung in die Besetzung eines Spruchkörpers ausschließen, in dem sie die Stellung des Richters während seiner Beiordnung der eines Lebenszeitrichters annähert, BGH MDR **61**, 617, Schmidt-Räntsch § 13 Rn 5, ebenso BGH Dresden RR **00**, 941. II steht aber nicht einer Entlassung des Richters aus richterrechtlichen Gründen entgegen, BGH **LM** (StS) Nr 13. Ist die Zeit, für die eine Beiordnung erforderlich war, abgelaufen, so ist ein neuer Präsidialbeschluß bei weiterer Verwendung erforderlich, BGH **LM** § 551 Z 1 ZPO Nr 27. Zur Beschränkung der Mitwirkung beigeordneter Richter im Einzelfall s § 29 DRiG.

71 *Sachliche Zuständigkeit in 1. Instanz.* ᴵ Vor die Zivilkammern, einschließlich der Kammern für Handelssachen, gehören alle bürgerlichen Rechtsstreitigkeiten, die nicht den Amtsgerichten zugewiesen sind.

 ᴵᴵ Die Landgerichte sind ohne Rücksicht auf den Wert des Streitgegenstandes ausschließlich zuständig

1. für die Ansprüche, die auf Grund der Beamtengesetze gegen den Fiskus erhoben werden;
2. für die Ansprüche gegen Richter und Beamte wegen Überschreitung ihrer amtlichen Befugnisse oder wegen pflichtwidriger Unterlassung von Amtshandlungen;
3. für Schadensersatzansprüche auf Grund falscher, irreführender oder unterlassener öffentlicher Kapitalmarktinformationen.

 ᴵᴵᴵ Der Landesgesetzgebung bleibt überlassen, Ansprüche gegen den Staat oder eine Körperschaft des öffentlichen Rechts wegen Verfügungen der Verwaltungsbehörden sowie Ansprüche wegen öffentlicher Abgaben ohne Rücksicht auf den Wert des Streitgegenstandes den Landgerichten ausschließlich zuzuweisen.

Vorbem. In den **neuen Bundesländern** entschied anstelle des LG in 1. Instanz das Kreisgericht, EV Anl I Kap III Sachgeb A Abschn III Z 1 e, solange dort noch kein LG errichtet war. Von da an gilt auch hier § 71 iVm §§ 14 ff RpflAnpG.

GVG § 71

1) Allgemeines

A. Zivilkammern (einschließlich KfH). Die durch § 71 I geordneten Zuständigkeiten sind teils ausschließlich, teils nicht, die in II, III geordneten sind nur ausschließlich. Wegen des Begriffs der bürgerlichen Rechtsstreitigkeiten s § 13 Rn 7. Es entscheidet der Anspruch der Klage oder Widerklage, § 506 ZPO; ein nur aufrechnungsweise geltend gemachter Gegenanspruch begründet keine Zuständigkeit des LG, RG HRR 27, 1476.

B. Die **Entschädigungskammern** der LGe sind Spruchkammern des LG, die auch über andere bei ihnen anhängig gewordene Ansprüche zu entscheiden haben, BGH **LM** BEG 1956 § 208 Nr 4.

C. Die **Kammern für Baulandsachen** sind solche des LG, BGH **40**, 152, die in der Besetzung mit zwei Richtern des LG (einschließlich des Vorsitzenden) und einem hauptamtlichen Richter eines VerwGerichts entscheiden, § 220 BauGB. Ihre Zuständigkeit ist nur dann gegeben, wenn ein VerwAkt nach § 217 I BauGB angefochten wird, Mü NJW **64**, 1282; jedoch ist eine Zuständigkeitsüberschreitung kein unverzichtbarer Mangel, BGH **40**, 155.

D. Wegen der **Patentkammern** s Anh I § 78 b.

2) Grundsatz, I. Das LG ist zuständig, wo nicht nach §§ 23–27 das AG zuständig ist, also namentlich für alle nicht von den §§ 23 Z 2, 23 a u 23 b erfaßten Streitigkeiten, deren Gegenstand 10 000 DM übersteigt, mögen sie vermögensrechtlich oder nichtvermögensrechtlich sein. Die Zuständigkeit ist ausschließlich nur für nichtvermögensrechtliche Sachen, nicht für andere, § 40 II ZPO. Das LG kann außerdem überall da, wo keine ausschließliche Zuständigkeit des AG besteht, durch Vereinbarung zuständig werden, §§ 38–40 ZPO; s dazu § 23 Rn 4.

3) Ausschließliche Zuständigkeit, II (krit Lange DRiZ **89**, 42). II u III bezwecken die Herbeiführung einer gleichmäßigen Rechtsprechung über die dort genannten Ansprüche im öff Interesse. Die Voraussetzungen sind aufgrund des tatsächlichen Vorbringens des Klägers nachzuprüfen, BGH **16**, 275. Über den Umfang des Zivilrechtsweges sagt II nichts, sondern nur über die ausschließliche Zuteilung bestimmter Sachen an das LG, BGH **9**, 322.

A. Ansprüche aufgrund der Beamtengesetze gegen den Fiskus, Z 1. Die Vorschrift hat ihre Bedeutung verloren, weil gemäß § 126 BRRG für alle Klagen der Beamten, Ruhestandsbeamten, früheren Beamten und der Hinterbliebenen aus dem Beamtenverhältnis der Weg der Verwaltungsrechtsweg gegeben ist. Das gilt auch für die entsprechenden Ansprüche der Richter und ihrer Hinterbliebenen, §§ 46 u 71 III DRiG.

B. Ansprüche gegen Richter und Beamte aus Amtspflichtverletzung, Z 2. Es muß sich um Ansprüche gegen Richter und Beamte aus Amtspflichtverletzung handeln, also auch um solche gegen Gemeindebeamte, vgl OGHZ NJW **50**, 261. Der Wortlaut des Textes ist zu eng; er umfaßt alle Ansprüche aus Amtspflichtverletzungen von Richtern, Beamten und Soldaten, auch wenn sie gegen den Dienstherrn gerichtet sind, Art 34 GG. Nicht hierhin gehören Ansprüche aus anderen Rechtsgründen, zB gegen den Fiskus wegen seiner Haftung als Halter eines Kfz (ZöGu 5), oder gegen Amtsträger wegen privatrechtlicher Betätigung. S auch § 13 Rn 31. Notare sind nicht Beamte, sondern unabhängige Träger eines öff Amts, § 1 BNotO.

C. Schadensersatzansprüche aGrd falscher, irreführender oder unterlassener öffentl. Kapitalmarktinformationen, Z 3.

4) Zuständigkeit, III. Das LG ist kraft landesrechtlicher Zuweisung ausschließlich zuständig in zwei Fällen: a) Ansprüche wegen Verfügungen einer Verwaltungsbehörde fallen unter III nur, soweit der Zivilrechtsweg offen steht (worüber § 13) und soweit sich der Anspruch gerade gegen den Staat als den Urheber jener Verfügung herleitet, ebenso gegen eine Körperschaft des öff Rechts. Soweit die Landesgesetzgebung früher von ihrem Zuweisungsrecht Gebrauch gemacht hatte, erstreckt sich diese Zuweisung nicht ohne weiteres auch auf die in III genannten Ansprüche gegen andere Körperschaften des öff Rechts, die erst durch das VereinhG der Zuweisungsbefugnis der Länder unterstellt wurden, BGH **15**, 221. In **Bay**, wo Art 9 Z 1 AGGVG (Schlußanh I B), fallen auch Ansprüche wegen Verfügungen von VerwBehörden gegen alle Körperschaften des öff Rechts unter III (Enteignungsansprüche). **b) Öff Abgaben sind die an öff Verbände zu entrichtenden Steuern, Gebühren und Beiträge;** der Begriff der öff Abgaben ist dabei weit auszulegen, Kissel 14. Dahin gehören: Leistungen an gewerbliche Innungen; Zinsen von Abgaben; Gebühren des Gerichts u dgl. Die Zulässigkeit des Zivilrechtswegs ist auch hier Voraussetzung; sie ist selten gegeben. III gilt auch für die Klage auf Feststellung oder Rückgewähr.

5) Weitere bundesrechtliche Zuständigkeiten des LG. a) Anfechtungs- und Nichtigkeitsklagen gegen Hauptversammlungsbeschlüsse einer AktGes oder KommanditG auf Aktien, einer Genossenschaft oder eines Versicherungsvereins auf Gegenseitigkeit, §§ 246, 249 AktG, 51 GenG, 36 VAG, sowie für Klagen auf Nichtigerklärung einer AktGes oder Genossenschaft; §§ 275 AktG, 96 GenG; **b)** Auflösungs- und Anfechtungsklagen gegen eine GmbH, §§ 61, 75 GmbH, BGH NJW **59**, 1873, aM LG Mü RR **97**, 291; **c)** Ersatzklagen gegen den Emittenten von Wertpapieren, § 49 BörsenG; **d)** Entschädigungsklagen wegen Strafverfolgungsmaßnahmen, § 13 G vom 8. 3. 71, BGBl 157; **e)** gegen den Bund aus § 3 ReichshaftgsG vom 22. 5. 10; **f)** gegen den Fiskus auf Herausgabe hinterlegter Gegenstände, § 3 V Hinterlegungsordnung vom 10. 3. 37; **g)** für Patent- und Gebrauchsmusterstreitsachen, §§ 143 PatG, 27 GebrMG, s Anh I § 78 b; **h)** Streitigkeiten zwischen Notar und Notarvertreter oder Notarkammer und Notarverweser, welche die Vergütung, bei letzteren auch die Abrechnung, ferner welche die Haftung für Amtspflichtverletzung betreffen, §§ 42, 62 NotO; **i)** Antrag auf Entscheidung in Baulandsachen, §§ 217 ff BauGB, oben Rn 1; **k)** Klagen auf Festsetzung der Entschädigung oder Ersatzleistung nach § 58 BLeistungsG v 19. 10. 56, BGBl 815; **l)** Klagen auf Entschädigung oder Ausgleichszahlung nach § 59 Landbeschaffungsg v 23. 2. 57, BGBl 990, desgl auf Entschädigung nach § 28 IV LuftschutzG v 9. 10. 57, BGBl 1696; **m)** Klage auf Festsetzung der Entschädigung nach § 25 SchutzbereichG v 7. 12. 56, BGBl 899; **n)** Verfahren vor den Entschädigungsgerichten nach BEG v 29. 6. 56, BGBl 559; **o)** Ansprüche auf Unterlassung und Widerruf, § 6 UKlaG, Anh I § 29 ZPO; **p)** Rechtsstreitigkeiten in Kartellsachen, § 87 GWB, dazu v Winterfeld NJW **85**, 1816; **q)** Schadensersatzan-

5. Titel. Landgerichte **§§ 71–78b, Anh § 78b GVG**

sprüche gegen einen Notar, § 19 V NotO; **r)** Entscheidungen nach AVAG, Schlußanh V D; **s)** Feststellungen nach Art 20, 22 u 25 des EuÜbk über Staatenimmunität, Art 2 AusfG v 22. 1. 90, BGBl II 34; vgl § 20 Rn 2; **t)** in den neuen Bundesländern Streitigkeiten in Staatshaftungssachen, § 16 RpflAnpG; **u)** Streitigkeiten über soziale Ausgleichsleistungen nach dem 1. SED-UnBerG v 29. 10. 92, BGBl 1814, § 25 iVm §§ 8 u 9 des Gesetzes; **v)** Streitigkeiten nach dem Spruchverfahrensgesetz, Art 1 G v 12. 6. 03, BGBl 838, vgl § 95 Rn 9 aE. – **Alle diese Zuständigkeiten sind ausschließlich.**

72 *Sachliche Zuständigkeit in 2. Instanz.* Die Zivilkammern, einschließlich der Kammern für Handelssachen, sind die Berufungs- und Beschwerdegerichte in den vor den Amtsgerichten verhandelten bürgerlichen Rechtsstreitigkeiten, soweit nicht die Zuständigkeit der Oberlandesgerichte begründet ist.

Vorbem. Neufassung mWv 1. 1. 02 durch Art 1 Z 1 ZPO-RG v 27. 7. 01, BGBl 1887 Übergangsrecht: § 26 Z 5 u 10 EGZPO, s dort.

1) Erläuterung. Als 2. Instanz nach dem AG sind (außer in den vor die OLGe gehörenden Sachen) die ZivK zuständig, soweit es nicht die KfH sind, §§ 94ff. Die ZivK ist auch Beschwerdericht in Insolvenz-, Vergleichs- und Zwangsversteigerungssachen. Das LG bestimmt das zuständige AG gemäß § 36 ZPO. Beschwerden wegen Rechtshilfe und Maßnahmen der Sitzungspolizei gehen regelwidrig ans OLG, §§ 159, 181. Wegen der Entscheidung über die Ablehnung eines Amtsrichters vgl bei §§ 45, 48 ZPO. Wegen der Zuständigkeit nach FGG s dort § 30, dazu BayObLG RR **97**, 869. 1

Die Zuständigkeit des OLG als Berufungs- und Beschwerdeinstanz ist in den in § 119 genannten Streitigkeiten begründet; s den dortigen Erläuterungen. 2

73–74e (betreffen Strafsachen)

75 *Besetzung der Zivilkammern.* Die Zivilkammern sind, soweit nicht nach den Vorschriften der Prozeßgesetze an Stelle der Kammer der Einzelrichter zu entscheiden hat, mit drei Mitgliedern einschließlich des Vorsitzenden besetzt.

1) Allgemeines. § 75 regelt nur die Zahl der jeweils beratenden und entscheidenden Mitglieder. Diese beträgt 3 Mitglieder einschließlich des Vorsitzenden. Eine Ausnahme ist der Einzelrichter, § 348 ZPO. Wegen der Besetzung im allgemeinen s § 59 Rn 3 (auch zur Überbesetzung). Das **Arbeitsgericht** ist mit 1 Vorsitzenden mit Richterbefähigung und 2 ehrenamtlichen Richtern besetzt, § 16 II ArbGG. 1

76–78b (betreffen Strafsachen)

Anhang nach § 78 b GVG. I. Zuständigkeit in Patent-, Gebrauchsmuster- und Geschmacksmustersachen sowie in Markenstreitsachen

PatG § 143. I Für alle Klagen, durch die ein Anspruch aus einem der in diesem Gesetz geregelten Rechtsverhältnis geltend gemacht wird (Patentstreitsachen), sind die Zivilkammern der Landgerichte ohne Rücksicht auf den Streitwert ausschließlich zuständig.

II 1 Die Landesregierungen werden ermächtigt, durch Rechtsverordnung die Patentstreitsachen für die Bezirke mehrerer Landgerichte einem von ihnen zuzuweisen. 2 Die Landesregierungen können diese Ermächtigungen auf die Landesjustizverwaltungen übertragen. 3 Die Länder können außerdem durch Verordnung den Gerichten eines Landes obliegende Aufgaben insgesamt oder teilweise dem zuständigen Gericht eines anderen Landes übertragen.

III Von den Kosten, die durch die Mitwirkung eines Patentanwalts in dem Rechtsstreit entstehen, sind die Gebühren nach § 13 des Rechtsanwaltsvergütungsgesetzes und außerdem die notwendigen Auslagen des Patentanwalts zu erstatten.

1) Patentstreitsachen. I. Das sind alle Sachen, bei denen es sich nach dem Klagvorbringen um eine bei Eintritt der Rechtshängigkeit im Inland patentfähige Erfindung oder Ansprüche aus einer solchen oder deren Überlassung handelt oder die sonstwie mit einer Erfindung eng verknüpft sind, mag das Patent erteilt sein oder nicht, BGH **8**, 16, auch Erfindungen, die nicht patentfähig sind, soweit nicht etwa die Sonderregelung von § 19 GebrMG eingreift, BGH **14**, 80; also ist weite Auslegung geboten, KG GRUR **58**, 392. Ausscheiden Erfindungen, die nur musterschutzfähig oder nur im Ausland patentiert oder patentfähig sind, vgl RG GRUR **38**, 325. Mit der Klage können auch nichtvermögensrechtliche Interessen wahrgenommen werden, BGH **14**, 81 (unter Aufgabe von BGH **8**, 20 insoweit). Das Gericht muß, ohne Bindung für das PatAmt, nachprüfen, ob Patentfähigkeit nach den Klagebehauptungen vorliegen kann. Will der Kläger keinen Patentschutz nachsuchen, so liegt keine PatStreitsache vor. 1

2) Zuständigkeit, II. Die Konzentration für mehrere Gerichtsbezirke ist verfassungsrechtlich unbedenklich, vgl BVerfG **4**, 408. Zuweisungen für **BaWü:** LG Mannh (Staatsvertrag v 9. 3. 51, ua RegBl Wü-Ba 2

GVG Anh § 78 b, §§ 79–92, Übers § 93 Gerichtsverfassungsgesetz

19), **Bay:** für OLG-Bez Mü LG Mü, für OLG-Bez Nürnb und Bambg LG Nürnb-Fürth (VO v 19. 1. 53, BS III 208), **Bre, Hbg u SchlH:** LG Hbg (Staatsvertrag v 1. 10. 49, BreGBl 50, 17, SchlHGVBl 221), **Hess:** LG Ffm (VO v 26. 8. 60, GVBl 175), **Nds:** LG Brschwg (VO v 23. 1. 50, GVBl 8), **NRW:** LG Düss (VO v 26. 9. 49, GS 533, m § 7 VO v 15. 7. 60, GVBl 288), **Rhld-Pf:** LG Ffm (Staatsvertr v 4. 8. 50, RhPfGVBl 316). Die Zuständigkeit dieser LGe ist ausschließlich. Eine Nachprüfung in der Berufungs- und Revisionsinstanz ist aber nicht mehr möglich, wenn der Beklagte vor dem LG, das nicht PatGer ist, rügelos verhandelt, BGH **8**, 16. Hinsichtlich der PatGerichte ist eine Vereinbarung der Parteien möglich, BGH **8**, 16. Die Verweisung von OLG zu OLG ist im Berufungsverfahren bei Konzentration, II, zulässig, vgl für KartellS BGH **49**, 38, Celle NdsRpfl **77**, 187 (auch zur Fristwahrung in solchen Fällen), s auch BGH **71**, 367 m Anm K. Schmidt BB **78**, 1538. Hat das nach II zuständige LG entschieden, so hat über die Berufung das allgemein übergeordnete OLG zu entscheiden, auch dann, wenn es sich sachlich nicht um eine PatSache handelt, BGH **72**, 1. Zum Revisionsverfahren vgl Ullmann GRUR **77**, 527.

3 **3) Für Sachen, bei denen es sich um Ansprüche aus dem GebrauchsmusterG handelt**, enthält § 27 GebrMG eine § 143 PatG entsprechende Regelung. Das Gleiche gilt für § 52 des **GeschmacksmusterG**.

4 **4) Markenstreitsachen** können einem LG für die Bezirke mehrerer LGe zugewiesen werden; dann ist ein in einem anderen Bezirk anhängiger Streit auf Antrag des Beklagten, der nur vor seiner Verh zur Hauptsache zulässig ist, dorthin zu verweisen, § 140 MarkenG.

5 **5) Einigungsverfahren.** In Bürgerlichen Rechtsstreitigkeiten, die sich aus dem Zusammentreffen von auf die neuen Bundesländer oder umgekehrt erstreckten gewerblichen Schutzrechten und Benutzungsrechten (ua Patente, Gebrauchsmuster und Marken) ergeben, sieht das Erstreckungsgesetz v 23. 4. 92, BGBl 938, ein Einigungsverfahren vor, §§ 39–46 ErstrG.

II. Zuständigkeit in Arbeitnehmererfindungssachen

Ges § 39. I ¹ Für alle Rechtsstreitigkeiten über Erfindungen eines Arbeitnehmers sind die für Patentstreitsachen zuständigen Gerichte (§ 143 des Patentgesetzes) ohne Rücksicht auf den Streitwert ausschließlich zuständig. ² Die Vorschriften über das Verfahren in Patentstreitsachen sind anzuwenden.

II Ausgenommen von der Regelung des Absatzes 1 sind Rechtsstreitigkeiten, die ausschließlich Ansprüche auf Leistung einer festgestellten oder festgesetzten Vergütung für eine Erfindung zum Gegenstand haben.

1 **Bem.** Das Ges über Arbeitnehmererfindungen v. 25. 7. 57, BGBl 756, hat die Erfindungen und technischen Verbesserungsvorschläge von Arbeitnehmern im privaten und im öff Dienst, von Beamten und Soldaten zum Gegenstand. Grundsätzlich ist Klageerhebung erst nach Schiedsverfahren zulässig. Ausschließlich zuständig sind die LGe, auch die aufgrund staatsvertraglicher Vereinbarung zuständigen, Anh I Rn 2.

III. Zuständigkeit in Sachen des Verbraucherschutzes

1 Mit der Aufhebung des AGBG ist mWv 1. 1. 02 dessen § 14 entfallen, Art 6 Z 4 des Gesetzes zur Modernisierung des Schuldrechts v 26. 11. 01, BGBl 3138. An seine Stelle ist mWv 1. 1. 02 der im Anh I nach § 29 ZPO abgedruckte **§ 6 des Gesetzes über Unterlassungklagen bei Verbraucherschutz und anderen Verstößen** getreten, Art 3 des Gesetzes zur Modernisierung des Schuldrechts. Übergangsrecht: § 16 UKlaG, abgedruckt in Grdz 30 vor § 253 ZPO.

Sechster Titel. Schwurgerichte

79–92 (aufgehoben dch Art 2 Z 25 1. StVRG v 9. 12. 74, BGBl 3393)

Siebenter Titel. Kammern für Handelssachen

Übersicht

1 **1)** ZivK und KfH sind zivilprozessuale Kammern desselben Gerichts. Daher betrifft die Abgrenzung beider gegeneinander nicht die örtliche Zuständigkeit (Ausnahme: die auswärtige KfH). Sie betrifft die sachliche Zuständigkeit jedenfalls nicht im Sinn der ZPO; vielmehr enthalten §§ 95 ff Sondervorschriften; s darüber bei § 97. Soweit die ZivK ausschließlich zuständig ist, kommen §§ 95 ff nicht in Betracht; die KfH muß eine derartige Klage ohne weiteres vAw an die ZivK abgeben. Nach dem Sprachgebrauch des Titels 7 schließen ZivK und KfH einander aus; anders bisweilen in Titel 5. Für die Bestellung und Vertretung des Vorsitzenden und die Verteilung der Geschäfte gilt § 21 e, da § 68 und § 7 IV VO v 20. 3. 35 aufgehoben worden sind.

2 **2)** In den neuen Bundesländern galt der 7. Titel mit bestimmten Maßgaben, dazu Grüneberg DtZ **92**, 320, Brachmann DtZ **90**, 300, Errens AnwBl **90**, 599, Tischendorf DtZ **90**, 266, solange dort keine LGe errichtet worden waren, s §§ 14 ff RpflAnpG.

7. Titel. Kammern für Handelssachen **§§ 93–95 GVG**

93
Einrichtung. ¹ Soweit die Landesjustizverwaltung ein Bedürfnis als vorhanden annimmt, können bei den Landgerichten für deren Bezirke oder für örtlich abgegrenzte Teile davon Kammern für Handelssachen gebildet werden.

II Solche Kammern können ihren Sitz innerhalb des Landgerichtsbezirks auch an Orten haben, an denen das Landgericht seinen Sitz nicht hat.

1) Erläuterung. Ob ein Bedürfnis zur Bildung von KfH vorliegt, entscheidet die Landesjustizverwaltung. 1 Je nach Bedarf können abgetrennte, „auswärtige" KfH gebildet werden; vgl auch das ErmächtigungsG v 1. 7. 60, BGBl 481, § 12 GVG Rn 2. Ihr Bezirk kann sich auf einen Teil des LGsprengels beschränken, nie aber ihn überschreiten. Die KfH gelten als besondere Gerichtskörper, so daß die KfH am Sitz des LG für den Bezirk der auswärtigen KfH örtlich unzuständig ist. Vorsitzender kann ein Amtsrichter sein, § 106, nie ein Richter auf Probe oder kraft Auftrags, § 28 II 2 DRiG, abgedr Schlußanh I A.

94
Sachliche Zuständigkeit. Ist bei einem Landgericht eine Kammer für Handelssachen gebildet, so tritt für Handelssachen diese Kammer an die Stelle der Zivilkammern nach Maßgabe der folgenden Vorschriften.

1) Erläuterung. Die KfH tritt im Rahmen ihrer sachlichen Zuständigkeit voll an die Stelle der ZivK, 1 auch im Fall der Ablehnung eines Amtsrichters, § 45 ZPO Rn 9. Das gilt, soweit sie für den Hauptanspruch zuständig ist, auch für Arrest- und VfgSachen und auch vor Rechtshängigkeit des Anspruchs, aber in allen Fällen nur eingeschränkt, s § 96 Rn 2. Wegen der Verweisung an die ZivK und umgekehrt s §§ 97–102, 104.

95
Begriff der Handelssachen. ¹ Handelssachen im Sinne dieses Gesetzes sind die bürgerlichen Rechtsstreitigkeiten, in denen durch die Klage ein Anspruch geltend gemacht wird:
1. gegen einen Kaufmann im Sinne des Handelsgesetzbuches, sofern er in das Handelsregister oder Genossenschaftsregister eingetragen ist oder auf Grund einer gesetzlichen Sonderregelung für juristische Personen des öffentlichen Rechts nicht eingetragen zu werden braucht, aus Geschäften, die für beide Teile Handelsgeschäfte sind;
2. aus einem Wechsel im Sinne des Wechselgesetzes oder aus einer der im § 363 des Handelsgesetzbuchs bezeichneten Urkunden;
3. auf Grund des Scheckgesetzes;
4. aus einem der nachstehend bezeichneten Rechtsverhältnisse:
    a) aus dem Rechtsverhältnis zwischen den Mitgliedern einer Handelsgesellschaft oder zwischen dieser und ihren Mitgliedern oder zwischen dem stillen Gesellschafter und dem Inhaber des Handelsgeschäfts, sowohl während des Bestehens als auch nach Auflösung des Gesellschaftsverhältnisses, und aus dem Rechtsverhältnis zwischen dem Vorstehern oder den Liquidatoren einer Handelsgesellschaft und der Gesellschaft oder deren Mitgliedern;
    b) aus dem Rechtsverhältnis, welches das Recht zum Gebrauch der Handelsfirma betrifft;
    c) aus den Rechtsverhältnissen, die sich auf den Schutz der Marken und sonstigen Kennzeichen sowie der Geschmacksmuster beziehen;
    d) aus dem Rechtsverhältnis, das durch den Erwerb eines bestehenden Handelsgeschäfts unter Lebenden zwischen dem bisherigen Inhaber und dem Erwerber entsteht;
    e) aus dem Rechtsverhältnis zwischen einem Dritten und dem, der wegen mangelnden Nachweises der Prokura oder Handlungsvollmacht haftet;
    f) aus den Rechtsverhältnissen des Seerechts, insbesondere aus denen, die sich auf die Reederei, auf die Rechte und Pflichten des Reeders oder Schiffseigners, des Korrespondentreeders und der Schiffsbesatzung, auf und die Haverei, auf den Schadensersatz im Falle des Zusammenstoßes von Schiffen, auf die Bergung und auf die Ansprüche der Schiffsgläubiger beziehen;
5. auf Grund des Gesetzes gegen den unlauteren Wettbewerb;
6. aus den §§ 44 bis 47 des Börsengesetzes.

II Handelssachen im Sinne dieses Gesetzes sind ferner die Rechtsstreitigkeiten, in denen sich die Zuständigkeit des Landgerichts nach § 246 Abs. 3 Satz 1 oder § 396 Abs. 1 Satz 2 des Aktiengesetzes sowie nach § 10 des Umwandlungsgesetzes und § 2 des Spruchverfahrensgesetzes richtet.

Vorbem. I Z 4 c durch G v 12. 3. 04, BGBl 390, geändert; I Z 4 f seit dem 8. 10. 02 idF des Art 6 G v 1 16. 5. 01, II seit 1. 9. 03 idF des Art 6 G v 12. 6. 03, BGBl 838; Übergangsrecht: § 17 II SpruchG; Z 5 idF v § 20 II UWG v 3. 7. 04, BGBl 1414.

1) Allgemeines. § 95 regelt die sachliche Zuständigkeit der KfH. Eine Vereinbarung kann zwar die ZivK 2 in Handelssachen zuständig machen, nicht aber die KfH in anderen Sachen, Gaul JZ **84**, 58; die KfH ist ein selbständiges „Gericht", § 38 ZPO. Ist der Hauptprozeß vor der KfH geführt worden, gehört auch die im Gerichtsstand des § 34 erhobene Gebührenklage vor die KfH, str, vgl BGH NJW **86**, 1179 mwN.

2) Fälle 3

A. Beiderseitiges Handelsgeschäft, Z 1. Es muß a) **Beklagter bei Klagerhebung**, nicht bloß bei Entstehung des Anspruchs, **Kaufmann im Sinne des Handelsgesetzbuchs** sein, der in das **Handelsregister oder Genossenschaftsregister eingetragen** ist **oder** agrd einer gesetzlichen Sonderregelung für

GVG § 95

juristische Personen des öff Rechts **nicht eingetragen zu werden braucht.** Darauf, ob Beklagte materiell Kaufmann iSv § 1 II HGB ist, kommt es seit der Neufassung der Z 1 durch das HRefG nicht mehr an, Nürnb RR **00**, 568; wegen des Übergangsrechts s Vorbem. Kraft besonderer gesetzlicher Bestimmungen von der Eintragungspflicht ausgenommen sind (vgl § 36 HGB aF) ua kommunale Versorgungs- und Verkehrsbetriebe, kommunale Sparkassen und bestimmten Banken wie die Deutsche Bundesbank, die Kreditanstalt für Wiederaufbau ua, BT-Drs 13/8444 S 83 iVm S 57 ff. Sämtliche Beklagte müssen in diesem Sinne Kaufmann sein, sonst ist für alle die ZivKammer zuständig, Düss MDR **96**, 524, Ffm NJW **92**, 2900 mwN. Z 1 greift auch ein, wenn der Konkursverwalter eines dort genannten Kaufmanns in Anspruch genommen wird, LG Hbg MDR **73**, 507. Wird ein Nichtkaufmann als Bürge eines Kaufmanns verklagt, gilt Z 1 nicht, Düss MDR **96**, 524, Gaul JZ **84**, 59. Handelt es sich um einen ausländischen Beklagten, so kommt es auf das Recht an seinem Sitz an, hilfsweise auf die §§ 1 ff HGB, vgl Jayme IPrax **83**, 243, Mü IPrax **89**, 43. Es muß sich außerdem **b) die Klage auf ein beiderseitiges Handelsgeschäft stützen**, und zwar gegenüber allen Beklagten, Gaul JZ **84**, 59. Das Geschäft muß also für beide Vertragsteile, wenn auch nicht für beide Prozeßteile, Handelsgeschäft sein, §§ 343, 344 HGB. Darum ist die KfH immer für den Rechtsnachfolger zuständig, nicht immer gegen ihn. Keine Zuständigkeit der KfH besteht für Ansprüche des Verkäufers gegen Dritte aufgrund verlängerten Eigentumsvorbehalts, LG Hann NJW **77**, 1246 (vollst NdsRpfl **77**, 83), es sei denn, ein Kaufmann verfolgt den Kaufpreisanspruch seines Kunden gegen dessen Abnehmer, der selbst Kaufmann ist, LG Bre MDR **94**, 97. Über eine Widerklage aus einem nicht unter § 95 fallenden Anspruch s §§ 97 II, 99. Handelssachen sind auch Arreste, die sich auf beiderseitige Handelsgeschäfte beziehen, LG Oldenb RR **02**, 1724.

4 **B. Wechsel, Z 2.** Jede Klage aus einem Wechsel im Sinn des WG oder einem Orderpapier des § 363 HGB gehört vor die KfH, ohne Rücksicht auf Prozeßart und Kaufmannseigenschaft. Hierher gehören kaufmännische Anweisungen und Verpflichtungsscheine, Konnossemente und Ladescheine, Orderlagerscheine, Beförderungsversicherungsscheine.

5 **C. Scheck, Z 3.** Es gilt das zu B Gesagte entsprechend.

6 **D. Streitigkeiten aus folgenden Rechtsverhältnissen, Z 4: a) Gesellschaftsprozesse.** Handelsgesellschaften sind die OHG, Kommanditgesellschaft, AktG, Kommanditgesellschaft auf Aktien und die GmbH, nicht aber Genossenschaften (LG Mainz NZG **03**, 235, hM, krit Kießling NZG **03**, 209), Versicherungsvereine auf Gegenseitigkeit u Vereinigungen zum Betrieb eines Kleingewerbes, obwohl sie Kaufleute sind. Die stille Gesellschaft ist keine Handelsgesellschaft, aber einbezogen. Hierher gehören auch Klagen aus §§ 199, 201 AktG. Die Klage des Gesellschafters einer Handelsgesellschaft gegen einen Mitgesellschafter aus einem der Gesellschaft gewährten Darlehn ist Handelssache, LG Osnabr MDR **83**, 588. Faktische Organmitgliedschaft reicht für Zuständigkeit der KfH aus, Stuttgart MDR **05**, 289. **b) Firmenstreit**, §§ 17ff HGB. Der Rechtsgrund des Anspruchs ist belanglos. **c) Zeichen- u Musterschutz** nach WZG, GeschmacksmusterG (idF des G v 12. 3. 04, BGBl 390), Pariser Übereinkunft und MarkenG idF des G v 19. 7. 96, BGBl 1014 (wegen der neuen Bundesländer s oben 1). Streitigkeiten aus dem GebrauchsmusterG, dessen § 18, gehören vor die ZivK, soweit nicht das AG zuständig ist, ebenso alle Patentstreitsachen nach § 143 I PatG, Anh I § 78 b. **d) Streit zwischen Veräußerer und Erwerber eines Handelsgeschäfts**, §§ 2, 25 HGB. **e) Streit zwischen Drittem und angeblichem Prokuristen oder Handlungsbevollmächtigten**, § 179 BGB; hierin gehört auch die Klage aus § 11 II GmbHG gegen die vor Eintragung der GmbH im Namen der Gesellschaft handelnden, persönlich haftenden Personen, Hannover (LG) NJW **68**, 56, aM Berkenbrock JZ **80**, 21 (nur dann, wenn das Rechtsgeschäft auch für den anderen Teil ein Handelsgeschäft ist); **f) Streit nach Seerecht**, §§ 474ff HGB, SeemannsG vom 26. 7. 57, BGBl II 713 (m Änd), soweit hier nicht die ArbG oder Tarifschiedsgerichte zuständig sind, StrandungsO vom 15. 7. 54, RGBl 73 (m Änd), Gesetz vom 1.5. 30, RGBl II 12, zum Übk über die Heimschaffung von Seeleuten (wegen der neuen Bundesländer s oben 1). Wegen der Binnenschiffahrtssachen s § 14 GVG Rn 4: 1. Instanz AG, 2. Instanz OLG.

7 **E. Wettbewerbsstreitigkeiten aufgrund des UWG** (idF des G v 3. 7. 04, BGBl 1414), **Z 5.** Hierzu gehören alle Ansprüche aus dem Gesetz, § 27 I UWG; es genügt Mitverletzung der Generalklausel des § 1 UWG, so daß der Streit vor die KfH gebracht werden kann, wenn der Anspruch auch auf andere Normen gestützt wird, Kissel 21. Vor die KfH gehören ferner bürgerliche Rechtsstreitigkeiten aus **GWB**, aus Kartellverträgen und Kartellbeschlüssen, § 87 II GWB (zur Zuständigkeitsverteilung zwischen allgemeinen Zivilgerichten und Kartellgerichten vgl v. Winterfeld NJW **85**, 1816).

8 **F. Börsenstreit** nach §§ 44–47 BörsenG, **Z 6**, also über die Haftpflicht des Emittenten. Hier ist das LG ausschließlich zuständig, § 71 Rn 5.

9 **G. Weitere Fälle, II.** Nach dem **Aktiengesetz** gehören die Nichtigkeits- und Anfechtungsklage gegenüber Hauptversammlungsbeschlüssen vor die KfH. Für die Klage ist das LG, in dessen Bezirk die Gesellschaft ihren Sitz hat, ausschließlich zuständig, §§ 246 III, 249, ebenso für die Anfechtung der Wahl von Aufsichtsratsmitgliedern, § 251 III, die Anfechtung des Beschlusses über die Verwendung des Bilanzgewinnes, § 254 II, oder des Beschlusses einer Kapitalerhöhung gegen Einlagen, § 255, der Feststellung des Jahresabschlusses durch die Hauptversammlung, § 257, und die Klage auf Nichtigkeit der Gesellschaft, 275 IV, ferner die entsprechenden Klagen bei einer KGaA, § 278 III, schließlich die Klage auf Auflösung infolge Gefährdung des Gemeindewohles auf Antrag der zuständigen obersten Landesbehörde, § 396. Ebenso gehören nach dem **Umwandlungsgesetz** (Art 1 UmwBerG v 28. 10. 94, BGBl 3210) Anträge auf gerichtliche Entscheidung in bestimmten Fällen vor die KfH, § 10 II iVm 10 I des Ges, vgl Kallmeyer ZIP **94**, 1746. Gleiches gilt nach § 2 des **Spruchverfahrensgesetzes**, Art 1 G v 12. 6. 03, BGBl 838, für die in § 1 des Ges genannten Verfahren nach §§ 304, 305, 320 b u 327 a–327 f AktG sowie §§ 15, 34, 176–181, 184, 186, 196 oder 212 UmwandlG (Übergangsrecht s § 17 II SpruchG), dazu Tomson/Hammerschmidt NJW **03**, 2572.

7. Titel. Kammern für Handelssachen   §§ 96, 97 GVG

96 *Antrag auf Verhandlung vor KfH.* ¹ Der Rechtsstreit wird vor der Kammer für Handelssachen verhandelt, wenn der Kläger dies in der Klageschrift beantragt hat.

II Ist ein Rechtsstreit nach den Vorschriften der §§ 281, 506 der Zivilprozeßordnung vom Amtsgericht an das Landgericht zu verweisen, so hat der Kläger den Antrag auf Verhandlung vor der Kammer für Handelssachen vor dem Amtsgericht zu stellen.

Vorbem. In den **neuen Bundesländern** ist § 96 anwendbar, seitdem dort LGe errichtet sind, vgl Üb § 59 Rn 3.   1

1) Antrag, I. Der Antrag auf Verhandlung vor der KfH ist in der Klagschrift zu stellen (oder in   2
einem gleichzeitig eingereichten sonstigen Schriftsatz, Bra MDR **00**, 1029 mwN); es genügt, daß der Kläger seinen Wunsch eindeutig zum Ausdruck bringt, zB durch Adressierung der Klagschrift, Bra aaO, oder auf andere Weise, Brschw RR **01**, 430 mwN. Der Kläger hat zunächst die freie Wahl zwischen ZivK und KfH, denn die ZivK hat grundsätzlich die unbeschränkte Zuständigkeit. Hat er die Wahl getroffen, so ist er daran gebunden; der Antrag ist nicht nachholbar, Bra aaO. Das gilt entsprechend für den Widerkläger, Gaul JZ **84**, 63, Karlsr MDR **98**, 558. Nach Anhängigkeit der Hauptsache bei der ZivK kann der Antrag auf Erlaß einer einstwVfg zulässigerweise nicht mehr bei der KfH gestellt werden, Zweibr JZ **89**, 103. Wird die Klage bei einem LG ohne KfH erhoben und der Rechtsstreit nach mündlicher Verhandlung an ein LG mit KfH verwiesen, ist der Antrag entsprechend II spätestens in dieser mündlichen Verhandlung zu stellen, Freiburg (LG) NJW **72**, 1902.

2) Verweisung, II   3
A. Hat das AG den Rechtsstreit wegen Unzuständigkeit an das LG zu verweisen, §§ 281, 506 ZPO, so muß der Kläger den Antrag auf Verhandlung vor der KfH vor dem AG stellen, und zwar gemäß § 281 II 1 u 2 (der Antrag braucht nicht, wie nach dem bis zum 31. 3. 91 geltenden Recht, schon in der mündlichen Verhandlung gestellt zu werden). Im schriftlichen Verfahren, § 128 ZPO, muß der Antrag bis zu dem Gericht bestimmten Zeitpunkt vorliegen, bis zu dem Schriftsätze eingereicht werden können, § 128 II 2, Bergerfurth JZ **79**, 145. Im Mahnverfahren ist er grundsätzlich im Mahngesuch zu stellen, aber auch später zulässig, Brschw NJW **79**, 223, nämlich im Antrag nach § 696 I 1 ZPO und auch noch in der Anspruchsbegründung, § 697 I u II ZPO, Düss RR **88**, 1472, Ffm NJW **80**, 2202 mwN, vgl LG Köln NJW **96**, 2738 mwN, aber spätestens bis zum Ablauf der Zweiwochenfrist des § 697 I 1, hM, Nürnb Rpfleger **95**, 369, Düss RR **88**, 1472 mwN, aM LG Offenb Just **95**, 224 (vgl auch oben § 690 ZPO Rn 11).

B. Liegt der Antrag vor, so verweist das AG an die KfH, ohne ihre Zuständigkeit zu prüfen.   4
Die Verhandlung findet vor der KfH statt. Gebunden, §§ 281, 506 II ZPO, ist diese aber nur als LG, nicht als KfH, und örtlich, § 281 ZPO Rn 30, und nur im Fall des § 93 II auch im Verhältnis zur ZivK, vgl § 93 Rn 2 (anders nach § 696 V ZPO: keine Bindung), nicht im übrigen, weil die Zuständigkeit das Verhältnis von KfH zu ZivK nicht ergreift, Üb § 93 Rn 1. Beantragt der Kläger nur Verweisung ans LG, so ist an die ZivK zu verweisen. Diese kann ihrerseits nur nach § 98 verweisen. Die Benennung einer bestimmten KfH im Antrag oder Verweisungsbeschluß ist bedeutungslos; es entscheidet die Geschäftsverteilung, § 21 e.

97 *Verweisung an ZivK wegen ursprünglicher Unzuständigkeit.* ¹ Wird vor der Kammer für Handelssachen eine nicht vor sie gehörige Klage zur Verhandlung gebracht, so ist der Rechtsstreit auf Antrag des Beklagten an die Zivilkammer zu verweisen.

II ¹ Gehört die Klage oder die im Falle des § 506 der Zivilprozeßordnung erhobene Widerklage als Klage nicht vor die Kammer für Handelssachen, so ist diese auch von Amts wegen befugt, den Rechtsstreit an die Zivilkammer zu verweisen, solange nicht eine Verhandlung zur Hauptsache erfolgt und darauf ein Beschluß verkündet ist. ² Die Verweisung von Amts wegen kann nicht aus dem Grunde erfolgen, daß der Beklagte nicht Kaufmann ist.

Vorbem. In den **neuen Bundesländern** ist § 97 uneingeschränkt anwendbar, nachdem dort LGe   1
errichtet sind, § 14 RpflAnpG, vgl Üb § 59 Rn 3.

1) Vorbemerkung zu §§ 97–101   2
A. Allgemeines. Das Verhältnis von ZivK zu KfH ist nicht sehr durchsichtig. Soviel aber ist sicher, daß die ZivK die ursprüngliche Zuständigkeit hat; die der KfH geht immer auf einen besonderen Antrag zurück. Darum handelt es sich nicht um sachliche Zuständigkeit iS der ZPO, BGH **63**, 217, sondern um eine gesetzliche Geschäftsverteilung, Mertins DRiZ **85**, 348 mwN, die aber dem Willen der Beteiligten in besonderer Weise Rechnung trägt, Gaul JZ **84**, 58. **Über die Zuständigkeit ist vor der Entscheidung über die Zuständigkeit des Gerichts zu verhandeln**, ZZP **38**, 424; ist die Zuständigkeit ZivK/KfH untrennbar mit der sachlichen Zuständigkeit ZivGer/ArbGer verknüpft, darf die erstentscheidende Kammer über beide Zuständigkeitsfragen befinden, BGH **63**, 214. Haben sich KfH und ZivK durch Verweisung und Rückverweisung für unzuständig erklärt, so gilt § 36 I 6 ZPO entsprechend, BGH NJW **78**, 1532 mwN, Nürnb RR **00**, 568, Brschw RR **95**, 1535 mwN, allgM, vgl § 36 ZPO Rn 35; zum Fall der Streitgenossenschaft s BayObLG **99**, 1010.

B. Die Zuständigkeit begründet a) ein Antrag des Klägers, §§ 96, 100, oder **b)** eine Verweisung. Diese   3
kann stattfinden aa) auf Antrag des Beklagten von der ZivK an die KfH, §§ 98, 100, oder von der KfH an die ZivK, §§ 97, 99, 100, bb) vAw, aber nur von der KfH an die ZivK, nicht umgekehrt, §§ 97, 98 III, 99 II, 100. Alle diese Prozeßhandlungen sind zeitlich begrenzt: der Antrag des Klägers durch § 96, der Antrag des Beklagten durch den Beginn der Verhandlung zur Sache, § 101, die Verweisung vAw durch den Beginn der Verhandlung zur Hauptsache und die darauf folgende Beschlußverkündung, §§ 97 II, 99 II. Die Verweisung

GVG §§ 97, 98

vAw ist bei ursprünglicher nachträglicher oder nachträglichen Zuständigkeit der KfH möglich, §§ 97, 99. Eine Verweisung ist auch im Verfahren wegen Prozeßkostenhilfe zulässig, Hbg MDR **67**, 409, vgl auch § 281 ZPO Rn 3.

4   **2) Verweisung auf Antrag, I** (wegen der neuen Bundesländer s oben 1). Ist die KfH nicht für alle Beklagten und sämtliche Ansprüche beider Parteien zuständig, so ist die Verweisung an die ZivK zulässig. Den Antrag kann jeder Beklagte stellen, für den die KfH nicht zuständig ist; dann ist abzutrennen, Kissel 3 u 4: eine Prozeßtrennung für die Ansprüche, für die die Zuständigkeit fehlt, ist im Rahmen des § 145 ZPO erlaubt, Ffm NJW **92**, 2901 mwN (das für diesen Fall auf Antrag des Klägers eine Bestimmung der ZivK als insgesamt zuständiges Gericht, § 36 Z 3 ZPO, für zulässig hält). Ist die Trennung nicht möglich, muß der Gesamtrechtsstreit verwiesen werden. Das gilt auch bei mehrfacher Begründung desselben Anspruchs, wenn nur eine dieser Begründungen keine Handelssache ist, aM Kissel 4, Brandi-Dohrn NJW **81**, 2453 (Zuständigkeit der KfH für alle Anspruchsgrundlagen). **Das Wahlrecht des Klägers zwischen ZivK und KfH erlischt mit Ablauf der Fristen,** § 96 Rn 2, 3. Nunmehr nützt es dem Kläger nichts mehr, wenn die Sache keine Handelssache ist; nur der Beklagte darf jetzt Verweisung beantragen, und zwar bis zum Beginn der Sachverhandlung, § 101, vgl Ffm NJW **92**, 2901 mwN. Eine Verweisung vAw erfolgt nur in den Fällen des II, unten Rn 5. Dem Antrag ist zutreffendfalls zu entsprechen. Die Entscheidung ist grundsätzlich unanfechtbar, § 102.

5   **3) Verweisung von Amts wegen, II 1.** Die Vorschrift trifft zwei Fälle: **a) schon die Klage gehört nicht vor die KfH, b) das AG hat wegen einer Widerklage nach § 506 ZPO an die KfH verwiesen, obwohl diese für die Widerklage unzuständig ist.** In beiden Fällen darf die KfH nach freiem Ermessen an die ZivK verweisen, aber nur unter folgenden Voraussetzungen: **a)** es darf nicht zur Hauptsache verhandelt sein (Begriff § 39 Rn 6 ZPO). Somit macht die Verhandlung über die Zulässigkeit der Klage, etwa über die Zuständigkeit des LG (nicht der KfH), zwar nicht die Amtsverweisung unstatthaft, beseitigt aber das Antragsrecht des Beklagten, § 101; **b)** es darf auf diese Verhandlung zur Hauptsache kein Beschluß verkündet sein. Es genügt jeder beliebige die Hauptsache betreffende Beschluß, wenn er das Ergebnis der Verhandlung ist, also zB ein Vertagungsbeschluß, nicht ein Wertfestsetzungsbeschluß. Die Vorschriften der ZPO über das Rügerecht, § 295, sind hier bedeutungslos.

6   **Ausnahme, II 2:** Die Verweisung nach II 1 kann nicht aus dem Grunde erfolgen, daß der Beklagte nicht Kaufmann sei (wohl aber deswegen, weil er nicht im Handelsregister eingetragen ist, § 95 I Z 1, Nürnb RR **00**, 568, aM Düss RR **01**, 1220, Hbg TransportR **99**, 127).

7   Die Entscheidung ist **unanfechtbar,** § 102 Rn 3.

98 *Verweisung an Kammer für Handelssachen.* ^I¹Wird vor der Zivilkammer eine vor die Kammer für Handelssachen gehörige Klage zur Verhandlung gebracht, so ist der Rechtsstreit auf Antrag des Beklagten an die Kammer für Handelssachen zu verweisen. ²Ein Beklagter, der nicht in das Handelsregister oder Genossenschaftsregister eingetragen ist, kann den Antrag nicht darauf stützen, daß er Kaufmann ist.

II Der Antrag ist zurückzuweisen, wenn die im Falle des § 506 der Zivilprozeßordnung erhobene Widerklage als Klage vor die Kammer für Handelssachen nicht gehören würde.

III Zu einer Verweisung von Amts wegen ist die Zivilkammer nicht befugt.

IV Die Zivilkammer ist zur Verwerfung des Antrags auch dann befugt, wenn der Kläger ihm zugestimmt hat.

1   **Vorbem.** In den **neuen Bundesländern** ist § 98 anwendbar, seitdem dort LGe errichtet sind, § 14 RpflAnpG, vgl Üb § 59 Rn 3.

2   **1) Erläuterung.** Zum Verständnis des § 98 s § 97 Rn 2. **A. Die ZivK darf nie vAw an die KfH verweisen und nie auf Antrag des Klägers;** dieser hat sein Wahlrecht durch Versäumung des Antrags aus § 96 eingebüßt. I 2 ist auch in der Berufungsinstanz nur auf den Beklagten anzuwenden, Hbg (LG) NJW **69**, 1259. Die Parteien können in einer Handelssache die Zuständigkeit einer ZivK frei vereinbaren, nicht aber in einer Nichthandelssache die Zuständigkeit der KfH, Gaul JZ **84**, 58.

3   **B. Gehört die Sache nicht vor die ZivK, so kann der Beklagte die Verweisung an die KfH beantragen.** Voraussetzung ist, daß die Eigenschaft als Handelssache für die ganze Streitsache gegeben ist, also für alle Beklagten und alle Ansprüche; eine Teilverweisung ist ausgeschlossen, ebenso eine zum Zweck der Verweisung vorgenommene Trennung nach § 145 ZPO, Gaul JZ **84**, 61 (anders nach § 97). Der Antrag ist kein Sachantrag und bedarf keiner Verlesung; die Rüge der Unzuständigkeit der Zivilkammer allein genügt nicht, ZöGu 2, aM van den Hövel NJW **01**, 345. Er ist zulässig bis zu dem durch § 101 I bestimmten Zeitpunkt, § 101 Rn 2, Gaul JZ **84**, 60. Der Antrag ist gegenüber § 95 Z 1 dadurch beschränkt, daß der Beklagte, was er nachzuweisen hat, ins Handelsregister oder ins Genossenschaftsregister eingetragen sein muß (Nachweis durch Registerauszug, auch durch fernmündliche Anfrage beim Registergericht). § 98 II bezieht sich auf den Fall, daß das AG wegen der Widerklage nach § 506 an das LG verwiesen hat, § 97 Rn 5. Wird eine handelsrechtliche Widerklage vor der ZivK erhoben, so kommt eine Verweisung an die KfH nicht in Betracht und ebensowenig eine zu diesem Zweck vorgenommene Trennung nach § 145 II ZPO, Gaul JZ **84**, 62 mwN. **IV** besagt nicht, daß die ZivK den Antrag nach ihrem Ermessen ablehnen könne, sondern stellt nur das Versagen der Parteiverfügung klar, Schneider MDR **00**, 725; das zeigt I: „so ist zu verweisen". Gegen die Entscheidung gibt es grundsätzlich keinen Rechtsbehelf, § 102 S 1 (auch dann nicht, wenn das verweisende Gericht die Einrede des unrichtigen Rechtswegs geprüft und für unbegründet gehalten hat, BGH **63**, 214). Die Verweisung ist bindend, § 102 S 2; s dort Rn 3.

Titel 7. Kammern für Handelssachen §§ 99–101 GVG

99 *Verweisung an ZivK wegen nachträglicher Unzuständigkeit.* ¹ Wird in einem bei der Kammer für Handelssachen anhängigen Rechtsstreit die Klage nach § 256 Abs. 2 der Zivilprozeßordnung durch den Antrag auf Feststellung eines Rechtsverhältnisses erweitert oder eine Widerklage erhoben und gehört die erweiterte Klage oder die Widerklage als Klage nicht vor die Kammer für Handelssachen, so ist der Rechtsstreit auf Antrag des Gegners an die Zivilkammer zu verweisen.

II ¹ Unter der Beschränkung des § 97 Abs. 2 ist die Kammer zu der Verweisung auch von Amts wegen befugt. ² Diese Befugnis tritt auch dann ein, wenn durch eine Klageänderung ein Anspruch geltend gemacht wird, der nicht vor die Kammer für Handelssachen gehört.

Vorbem. In den **neuen Bundesländern** ist § 99 anwendbar, seitdem dort LGe errichtet sind, vgl Üb § 59 Rn 3.   1

1) Antragsverweisung, I. Eine Partei kann einen neuen Anspruch in den Prozeß einbeziehen **a)** durch   2
Klagänderung. Diese liegt nicht im Nachschieben eines Anspruchs wegen eingetretener Veränderung, § 264 Z 3 ZPO; **b)** durch Zwischenfeststellungsklage, § 256 II ZPO; **c)** durch Widerklage oder Zwischenfeststellungswiderklage. Für deren Zulässigkeit gilt bei der KfH nichts Besonderes. Trotz seinem zu engen Wortlaut trifft § 99 alle drei Fälle, allgM. Wird die KfH also irgendwie teilweise unzuständig, so ist der gesamte Prozeß auf Antrag des Gegners (im Fall der Widerklage also des Klägers, RoSGo § 33 II 2 b 2) an die ZivK zu verweisen, sofern das Gericht keine Prozeßtrennung, § 145 ZPO, vornimmt. Über die Zulassung der Klagänderung hat die KfH nicht zu befinden.

2) Amtsverweisung, II. Obgleich hier ein sachlicher Unterschied zu I fehlt, erwähnt II die Klagänderung besonders. Die Verweisung steht im freien Ermessen des Gerichts; auch sie ist unanfechtbar, § 102.   3
Über die Beschränkung des § 97 II s dort Rn 5. Vgl auch § 97 Rn 3.

100 *Zuständigkeit in der Berufungsinstanz.* Die §§ 96 bis 99 sind auf das Verfahren im zweiten Rechtszuge vor den Kammern für Handelssachen entsprechend anzuwenden.

Vorbem. In den **neuen Bundesländern** ist § 100 uneingeschränkt anwendbar, seitdem dort LGe errichtet sind, § 14 RpflAnpG, vgl Üb § 59 Rn 3.   1

1) Erläuterung (Schumann Rn 9–23). § 100 macht auf das Verfahren in der Berufungsinstanz die §§ 96–   2
99 entsprechend anwendbar, vgl § 527 III Z 1. Die Natur der Sache ergibt aber die Anwendbarkeit von §§ 101, 102, allgM. Ein Verweisungsantrag ist daher nach Beginn der Sachverhandlung unzulässig, die Entscheidung ist unanfechtbar. Die entsprechende Anwendung der §§ 96–99 besagt: Den Antrag auf Verhandlung vor der KfH muß die Berufungsschrift enthalten, nicht erst die Begründung oder ein späterer Schriftsatz, hM, Kissel 4, ZöGu 1, Brandenbg MDR 05, 231, aM LG Köln NJW 96, 2737 (abl Schneider NJW **97**, 992).

Verfahren: a) Verweisung an die ZivK auf Antrag des Berufungsbeklagten, nicht des Beklagten als solchen; vor der Verhandlung zur Hauptsache und Beschlußverkündung auch vAw. Entsprechendes gilt bei Widerklage oder Zwischenfeststellungsklage gemäß § 99. **b)** Verweisung an die KfH nur auf Antrag des Berufungsbeklagten, nie vAw. Legt die eine Partei bei der ZivK Berufung ein, die andere bei der KfH, so entscheidet die zeitlich erste Berufung, weil sie den ganzen Prozeß der 2. Instanz anfallen läßt, s Grdz § 511 Rn 3; bei gleichzeitigem Eingang gebührt der KfH der Sachvorrang, Schumann Rn 16. Handelt es sich nicht um eine Handelssache, darf die KfH die Sache vAw an die ZivK verweisen, § 97 II 1, Schumann Rn 17. Stellt eine Partei (oder beide) einen Verweisungsantrag, so gilt für die Entscheidung das oben Gesagte; vgl im einzelnen Schumann Rn 18–21.

101 *Antrag auf Verweisung.* I ¹ Der Antrag auf Verweisung des Rechtsstreits an eine andere Kammer ist nur vor der Verhandlung des Antragstellers zur Sache zulässig. ² Ist dem Antragsteller vor der mündlichen Verhandlung eine Frist zur Klageerwiderung oder Berufungserwiderung gesetzt, so hat er den Antrag innerhalb der Frist zu stellen. ³ § 296 Abs. 3 der Zivilprozeßordnung gilt entsprechend; der Entschuldigungsgrund ist auf Verlangen des Gerichts glaubhaft zu machen.

II ¹ Über den Antrag ist vorab zu entscheiden. ² Die Entscheidung kann ohne mündliche Verhandlung ergehen.

Vorbem. Die Vorschrift ist in den **neuen Bundesländern** uneingeschränkt anwendbar, seitdem dort   1
LGe errichtet sind, vgl Üb § 59 Rn 3.

1) Erläuterung   2
A. Antrag, I. Er ist nur **vor der Verhandlung des Antragstellers zur Sache** zulässig, **I 1.** Verhandlung zur Sache ist nicht dasselbe wie Verhandlung zur Hauptsache, §§ 97 II GVG, 282 III 1 ZPO ua, s § 39 Rn 1 ff ZPO. Es ist jede Verhandlung, die sich nicht nur auf Prozeßförmlichkeiten und -vorfragen erstreckt, sondern die Prozeßerledigung, wenn auch durch eine rein prozessuale Entscheidung, fördern soll, somit auch die Verhandlung über die Zulässigkeit der Klage oder über die Zulässigkeit der Berufung, nicht aber über Vertagungs- und Ablehnungsanträge u dgl, Gaul JZ **84**, 60. Der Beginn der Verhandlung genügt, um den Antrag auszuschließen. Das Verlesen der Anträge leitet die Verhandlung ein, § 137 I ZPO, ist aber nicht der Beginn der Verhandlung; dazu bedarf es einer Sacherörterung. Anders ist es nur beim Widerklageantrag, der bereits eine sachliche Stellungnahme enthält.

Ist dem Beklagten (Antragsteller) **vorher eine Frist zur Klageerwiderung oder Berufungserwiderung** gesetzt worden, muß er den Verweisungsantrag schon innerhalb der Frist stellen, **I 2.** Maßgeblich ist die erste Erwiderungsfrist, so daß eine erneute Fristsetzung außer Betracht bleibt, LG Heilbronn MDR **03**, 231 (zustm Willmerdinger), LG Bonn MDR **00**, 725 (zustm Schneider); aA LG Düsseldorf MDR **05**, 709. **Versäumt der Antragsteller die Frist**, ist der Antrag entspr § 296 III ZPO nur zuzulassen, wenn der Antragsteller die Verspätung genügend entschuldigt, **I 3 1. Halbs**; der Entschuldigungsgrund ist entspr § 296 IV auf Verlangen des Gerichts glaubhaft zu machen, **I 3 2. Halbs**.

3 **B. Entscheidung, II.** Über den Verweisungsantrag ist **vorab zu entscheiden**, also vor der Verhandlung über die Zulässigkeitsvoraussetzungen isV § 280 ZPO, Gaul JZ **84**, 59 mwN, **II 1**. Die Entscheidung kann **ohne mündliche Verhandlung** ergehen, **II 2**. Zu entscheiden ist ausnahmslos durch Beschluß, auch nach streitiger Verhandlung, wie bei sämtlichen Verweisungen des Zivilprozesses, §§ 281, 506 ZPO, Kissel 8. Der Beschluß kann auch durch den Vorsitzenden der KfH allein erlassen werden, § 349 II Z 1 ZPO. Die Entscheidung ist grundsätzlich unanfechtbar, § 102 S 1. Zur Bindungswirkung s § 101 Rn 2.

102 *Unanfechtbarkeit der Verweisung.* ¹Die Entscheidung über Verweisung eines Rechtsstreits an die Zivilkammer oder an die Kammer für Handelssachen ist nicht anfechtbar. ²Erfolgt die Verweisung an eine andere Kammer, so ist diese Entscheidung für die Kammer, an die der Rechtsstreit verwiesen wird, bindend. ³Der Termin zur weiteren mündlichen Verhandlung wird von Amts wegen bestimmt und den Parteien bekanntgemacht.

1 **Vorbem.** Die Vorschrift ist in den **neuen Bundesländern** uneingeschränkt anwendbar, seitdem dort LGe errichtet sind.

2 **1) Allgemeines.** § 102 betrifft nur die Verweisung aus §§ 97–100. Die Verweisung vom AG an die KfH, § 96 II, wirkt ganz nach §§ 281, 506, s § 96 Rn 3.

3 **2) Unanfechtbarkeit, S 1, u Bindung, S 2.** Jede Entscheidung über einen Verweisungsantrag ist grundsätzlich jeglicher Anfechtung entzogen, die stattgebende und die ablehnende, ohne Rücksicht auf ihre Gesetzmäßigkeit, Mü IPrax **89**, 43, also auch die eine Verweisung wieder aufhebende Entscheidung, Nürnb MDR **73**, 507. Die Verweisung an eine andere Kammer ist für diese bindend und unanfechtbar nicht nur hinsichtlich derjenigen Zuständigkeitsfrage, derentwegen verwiesen worden ist, sondern auch hinsichtlich sonstiger Zuständigkeitsfragen, soweit das verweisende Gericht die Zuständigkeit auch in dieser Hinsicht geprüft und bejaht hat, BGH **63**, 217 u RR **98**, 1219, BayObLG RR **03**, 357 mwN. Das Gesetz will Zuständigkeitsstreitigkeiten möglichst vermeiden und abkürzen. Gegen diese Regelung bestehen für den Regelfall keine verfassungsrechtlichen Bedenken, Ffm RR **02**, 426. Ist dagegen bei der Entscheidung Art 101 I 2 (zB durch Verstoß gegen § 98 III) oder Art 103 I GG oder das Willkürverbot verletzt worden, so entfällt die Bindungswirkung, Düss RR **01**, 1220, Bra RR **01**, 63 mwN, 112, Mü IPrax **89**, 43, Gaul JZ **84**, 64 mwN (ein Verstoß gegen die Befristung des Antrags, § 101 I, reicht aber nicht aus, Bra aaO, Brschw RR **95**, 1535, aM Fischer MDR **02**, 1404, Ffm OLG-Report **01**, 242, Karlsr MDR **98**, 558, Nürnb NJW **93**, 3208, ebenso sonstige Verfahrensfehler, zB ein Verstoß gegen § 96 I, aM Karlsr MDR **98**, 558 u RR **95**, 1536); das Rügerecht entspr § 306 a ZPO erlischt, wenn der Betroffene nach der Entscheidung rügelos zur Sache verhandelt, arg § 101 I. Die Verweisung schließt eine Weiterverweisung in einen anderen Rechtsweg nicht aus, BAG NZA **93**, 524. Neue Umstände, zB eine Klagänderung, können eine Zurückverweisung an die ZivK zulassen. Ergehen gegensätzliche Verweisungsbeschlüsse, ist entsprechend § 36 I Z 6 das OLG zu entscheiden, Düss RR **01**, 1220, Mü RR **01**, 63 mwN, Nürnb RR **00**, 568 Karlsr MDR **98**, 558, Brschw RR **95**, 1535, Gaul JZ **84**, 65, § 97 Rn 2. Hat die ZivK oder die KfH zu Unrecht in der Sache erkannt, so ist das Urteil aus diesem Grund nicht anfechtbar; etwas anderes gilt, wenn die Verweisung objektiv willkürlich (etwa unter Verstoß gegen § 98 III) erfolgt ist, Hamm RR **93**, 287, Kissel 6, Gaul JZ **84**, 65 u 563, aM Herr JZ **84**, 318, und keine Heilung durch rügelose Verhandlung zur Sache eingetreten ist, arg § 101 I.

4 Der **Termin zur mündlichen Verhandlung, S 3**, ist vAw zu bestimmen. Vor der Verweisung gesetzte Fristen bleiben wirksam, Ffm RR **93**, 1084.

103 *Einmischungsklage.* Bei der Kammer für Handelssachen kann ein Anspruch nach § 64 der Zivilprozeßordnung nur dann geltend gemacht werden, wenn der Rechtsstreit nach den Vorschriften der §§ 94, 95 vor die Kammer für Handelssachen gehört.

1 **Vorbem.** Wegen der **neuen Bundesländer** s § 95 Rn 1.

2 **1) Erläuterung.** § 103 verschiebt die sachliche Zuständigkeit bei der Einmischungsklage (Hauptintervention, § 64), zum Nachteil der KfH. Für sie gilt, wenn die Einmischung eine Handelssache betrifft, folgendes: **a) der Erstprozeß schwebt bei der KfH**: diese ist zuständig; **b) er schwebt bei der ZivK**: diese ist zuständig. Eine Verweisung aus § 98 ist ausgeschlossen, falls sie nicht noch für den Erstprozeß zulässig ist und ausgesprochen wird; die gemeinsame Zuständigkeit für Erst- und Einmischungsprozeß soll möglichst erhalten bleiben, str.

104 *Verweisung in Beschwerdesachen.* ¹¹Wird die Kammer für Handelssachen als Beschwerdegericht mit einer vor sie nicht gehörenden Beschwerde befaßt, so ist die Beschwerde von Amts wegen an die Zivilkammer zu verweisen. ²Ebenso hat die Zivilkammer, wenn sie als Beschwerdegericht in einer Handelssache mit einer Beschwerde befaßt wird, diese von Amts wegen an die Kammer für Handelssachen zu verweisen. ³Die Vorschriften des § 102 Satz 1, 2 sind entsprechend anzuwenden.

Titel 7. Kammern für Handelssachen §§ 104–107 GVG

II Eine Beschwerde kann nicht an eine andere Kammer verwiesen werden, wenn bei der Kammer, die mit der Beschwerde befaßt wird, die Hauptsache anhängig ist oder diese Kammer bereits eine Entscheidung in der Hauptsache erlassen hat.

Vorbem. Wegen der Rechtslage in den **neuen Bundesländern** s Vorbem § 100.

1) Allgemeines. Üb die Zuständigkeit der KfH in Beschwerdesachen s § 94 Rn 1; der Ausdruck des § 104 „Beschwerdegericht in einer Handelssache" ist entsprechend zu verstehen. Ein Parteiantrag ist hier für die Zuständigkeit belanglos. Sie richtet sich nach dem Gesetz und ist vAw zu prüfen; eine besondere Entscheidung darüber ist unnötig. Entscheidet die ZivK oder die KfH vorschriftswidrig, so gibt das allein keine weitere Beschwerde (anders in der freiwilligen Gerichtsbarkeit nach KGJ **49**, 242).

2) Gebotene Verweisung, I. Die KfH hat an die ZivK und umgekehrt vAw zu verweisen, wenn sie unzuständigerweise mit einer Beschwerde „befaßt" ist, dh sobald ihr die Beschwerdesache nach der Geschäftsverteilung vorliegt. Gleich bleibt, ob die Beschwerde beim AG oder beim LG eingelegt ist und ob sie eine Kammer benennt. Entsprechende Anwendung von § 102 heißt: Gegen die Verweisung gibt es keinen Rechtsbehelf; sie bindet schlechthin.

3) Verbotene Verweisung, II. Eine Verweisung ist verboten, **a)** wenn bei der mit der Beschwerde befaßten Kammer die Hauptsache schwebt, **b)** wenn die Kammer schon eine Entscheidung in der Hauptsache erlassen hat. Der Zweck ist die Wahrung der Einheitlichkeit der Beurteilung. Darum ist der Text zu eng. Es ist nicht nur eine Verweisung ausgeschlossen, sondern es ist auch die betreffende Kammer zuständig, ohne daß sie befaßt wäre. Wird also eine andere Kammer zu Unrecht befaßt, so hat sie an die nach II berufene zu verweisen; s auch § 94 Rn 1.

105 *Besetzung.* I Die Kammern für Handelssachen entscheiden in der Besetzung mit einem Mitglied des Landgerichts als Vorsitzenden und zwei ehrenamtlichen Richtern, **soweit nicht nach den Vorschriften der Prozeßgesetze an Stelle der Kammer der Vorsitzende zu entscheiden hat.**

II Sämtliche Mitglieder der Kammer für Handelssachen haben gleiches Stimmrecht.

Vorbem. III mWv 1. 1. 02 aufgehoben durch Art 1 Z 5 ZPO-RG v 27. 7. 01 BGBl 1887; Übergangsrecht: § 26 Z 2 EGZPO. Ohne daß §§ 105 ff entsprechend geändert worden sind, führen die ehrenamtlichen Richter bei der KfH nach § 45a DRiG iDf des Art 1 Z 2 G v 22. 12. 75, BGBl 3176, jetzt (wieder) die Bezeichnung **Handelsrichter**.

Schrifttum: *Weil*, Der Handelsrichter und sein Amt, 1981 (Bespr: Wolf ZZP **97**, 364); *Lindloh*, Die KfH des LG Hbg, in: Recht und Juristen in Hbg, Bd II 1999 S 107–120.

1) Besetzung der KfH. Die Einrichtung der KfH steht der Landesjustizverwaltung zu.

A. Die Vorsitzenden und die regelmäßigen Vertreter bestimmt das Präsidium, § 21e. Der Vorsitzende kann nur ein Vorsitzender Richter am LG sein, § 21f I; über die auswärtige KfH s § 106. Ein Richter auf Probe oder kraft Auftrags kann wegen § 28 II 2 DRiG nicht Mitglied sein, auch nicht vertreten. Die besonderen Befugnisse des Vorsitzenden ergeben sich aus § 349 I–III ZPO; eine Übertragung auf den Einzelrichter nach § 348 ZPO ist ausgeschlossen, § 349 IV ZPO. Entscheidet der Vorsitzende anstelle der KfH, so begründet dies die Rüge der unvorschriftsmäßigen Besetzung, BayOLGZ **95**, 92, Ffm LS NJW **83**, 2335, so daß eine Zurückverweisung, § 538, in Betracht kommt; § 350 ZPO Rn 2.

B. Die Handelsrichter werden nach § 108 bestellt und müssen die in § 109 genannten Voraussetzungen erfüllen; sie bringen den Sachverstand des Handelsstandes unmittelbar auf die Richterbank, vgl § 114, Sendler NJW **86**, 2911. Die Handelsrichter teilt das Präsidium den einzelnen Kammern zu, § 21 e. Sie wirken außerhalb der in § 349 ZPO geregelten Fälle an den Entscheidungen mit. Geschieht dies nicht, so ist die Entscheidung nicht deshalb nichtig, sondern wegen unrichtiger Besetzung anfechtbar; in diesem Fall ist eine Zurückverweisung, § 539 ZPO, idR geboten, BayObLG DRiZ **80**, 72. Eine Überbesetzung mit Handelsrichtern ist unbedenklich, Kissel § 94 Rn 13, MüKoWolf Rn 8, BGH RR **98**, 700 mwN.

106 *Auswärtige Kammer für Handelssachen.* Im Falle des § 93 Abs. 2 kann ein Richter beim Amtsgericht Vorsitzender der Kammer für Handelssachen sein.

Vorbem. Die Vorschrift ist in den **neuen Bundesländern** anzuwenden, seitdem dort AGe errichtet sind.

1) Erläuterung. Der auswärtigen KfH kann ein Amtsrichter vorsitzen, nicht notwendig einer des Sitzes. Es muß aber wegen § 28 II 2 DRiG ein auf Lebenszeit ernannter Richter sein (Richter am AG, § 19a DRiG).

107 *Vergütung der Handelsrichter.* I Die ehrenamtlichen Richter, **die weder ihren Wohnsitz noch ihre gewerbliche Niederlassung am Sitz der Kammer für Handelssachen haben,** erhalten Tage- und Übernachtungsgelder nach den für Richter am Landgericht geltenden Vorschriften.

II Den ehrenamtlichen Richtern werden die Fahrtkosten in entsprechender Anwendung des § 5 des Justizvergütungs- und -entschädigungsgesetzes ersetzt.

Vorbem. II idF des Art 4 XVI KostRMoG v. 5. 5. 04, BGBl 718, in Kraft seit 1. 7. 04.

Albers

GVG §§ 107–109 Gerichtsverfassungsgesetz

2   **1) Erläuterung.** Die Handelsrichter, Vorbem § 105 Rn 1, sind Richter, § 112. Eine andere Vergütung als die von § 107 vorgesehene Aufwandsentschädigung dürfen sie nicht erhalten; zu dieser vgl einerseits Weil DRiZ **76**, 351, andererseits Vereinigung Berliner Handelsrichter DRiZ **77**, 24. Nach I gelten die landesrechtlichen Vorschriften über Tage- und Übernachtungsgelder für die am LG tätigen Richter. II verweist wegen der Fahrtkosten auf § 5 des Justizvergütungs- und -entschädigungsgesetzes. Wegen der Einzelheiten s Hartmann KostenG Teil V.
  Die Entschädigung wird vAw durch die Justizverwaltung gewährt. Die Festsetzung kann durch Antrag auf gerichtliche Entscheidung angefochten werden, über den das AG entscheidet, Art XI § 1 KostÄndG. Vgl dazu Hartmann KostG Teil XII.

108 Ernennung der Handelsrichter.
Die ehrenamtlichen Richter **werden auf gutachtlichen Vorschlag der Industrie- und Handelskammern für die Dauer von fünf Jahren ernannt; eine wiederholte Ernennung ist nicht ausgeschlossen.**

1   **Vorbem. A. Fassung:** Durch Art 2 Z 7 RpflVereinfG ist das Wort „drei" durch das Wort „vier" ersetzt worden, und zwar mWv 1. 1. 92, Art 11 I RpflVereinfG. **Übergangsrecht:** § 6 II EGGVG, s dort.
  B. In den **neuen Bundesländern** galt die Übergangsvorschrift in EV Anl I Kap III Sachgeb A Abschn III Z 1 p (1).

2   **1) Gemeinsames zu §§ 108–110** (vgl Berger-Delhey DRiZ **89**, 247). Wie bei Berufsrichtern ist bei Handelsrichtern, Vorbem § 105, zu unterscheiden zwischen den staatsrechtlichen Voraussetzungen ihrer Bestellung und den prozessualen Voraussetzungen ihrer Tätigkeit im Einzelfall. §§ 108–110 betreffen die staatsrechtlichen Voraussetzungen. Von ihnen sind §§ 108, 109 I u III, 110 zwingend, § 109 II nicht zwingend. Das DRiG ist mit Ausnahme der §§ 44 (Bestellung und Abberufung) und 45 (Unabhängigkeit und besondere Pflichten) sowie 45 a (Bezeichnung) unanwendbar. Für etwaige Änderungen der Vorschriften über die Berufung der Handelsrichter gilt § 6 EGGVG, s dort.

3   **2) Erläuterung des § 108.** Zuständig für die Ernennung ist die Landesjustizverwaltung, vgl die anstelle der VO v 20. 3. 35, Anh II § 21, getretenen landesrechtlichen Vorschriften, zB Art 4 BayAGGVG. Sie bestimmt, soweit nicht Rechtsvorschriften eingreifen, die Zahl der zu Ernennenden, Berger-Delhey aaO S 248. Der Vorschlag der Industrie- und Handelskammer und die Bereitschaft des Vorgeschlagenen zur Annahme des Amtes sind dem Vorschlag des Gerichtspräsidenten beizufügen. Da es sich um einen „gutachtlichen" Vorschlag handelt, ist die Landesjustizverwaltung nicht an die Reihenfolge der Vorgeschlagenen und andere Abstufungen gebunden, aM Berger-Delhey aaO S 251. Für den Vorgeschlagenen besteht kein Annahmezwang. Die Handelsrichter werden ab 1. 1. 92, s oben 1, ebenso wie andere ehrenamtliche Richter für die Dauer von 4 Jahren ernannt; für die vorher ernannten bleibt es bei der in der Ernennungsurkunde ausgesprochenen Ernennung auf drei Jahre (keine automatische Verlängerung der Amtszeit). Eine wiederholte Ernennung auf wiederholten Vorschlag ist zulässig und bei Eignung idR geboten. Über die Form der Ernennung bestimmt das Landesrecht (§ 17 DRiG ist unanwendbar, aM Kissel 2). Zur Frage der gerichtlichen Kontrolle der Ernennung vgl Berger-Delhey aaO S 252. Auf Mängel des Verfahrens bei der Berufung eines Handelsrichters kann ein Rechtsmittel nur gestützt werden, wenn das Fehlen so gewichtig ist, daß er zur Nichtigkeit der Bestellung führt, § 551 ZPO Rn 4.

109 Befähigung zum Handelsrichter.
¹ **Zum** ehrenamtlichen Richter **kann ernannt werden, wer**
1. **Deutscher ist,**
2. **das dreißigste Lebensjahr vollendet hat und**
3. **als Kaufmann, Vorstandsmitglied oder Geschäftsführer einer juristischen Person oder als Prokurist in das Handelsregister oder das Genossenschaftsregister eingetragen ist oder eingetragen war oder als Vorstandsmitglied einer juristischen Person des öffentlichen Rechts aufgrund einer gesetzlichen Sonderregelung für diese juristische Person nicht eingetragen zu werden braucht.**

II ¹ **Wer diese Voraussetzungen erfüllt, soll nur ernannt werden, wenn er**
1. **in dem Bezirk der Kammer für Handelssachen wohnt oder**
2. **in diesem Bezirk eine Handelsniederlassung hat oder**
3. **einem Unternehmen angehört, das in diesem Bezirk seinen Sitz oder seine Niederlassung hat.**

² **Darüber hinaus soll nur ernannt werden**
1. **ein Prokurist, wenn er im Unternehmen eine der eigenverantwortlichen Tätigkeit des Unternehmers vergleichbare selbständige Stellung einnimmt,**
2. **ein Vorstandsmitglied einer Genossenschaft, wenn es hauptberuflich in einer Genossenschaft tätig ist, die in ähnlicher Weise wie eine Handelsgesellschaft am Handelsverkehr teilnimmt.**

III ¹ **Zum** ehrenamtlichen Richter **kann nicht ernannt werden, wer zu dem Amt eines Schöffen unfähig ist oder nach § 33 Nr. 4 zu dem Amt eines Schöffen nicht berufen werden soll.** ² **Zum ehrenamtlichen Richter soll nicht ernannt werden, wer nach § 33 Nr. 5 zu dem Amt eines Schöffen nicht berufen werden soll.**

1   **Vorbem.** I Z 3 mWv 1. 7. 98 geänd durch Art 16 HRefG v 22. 6. 98, BGBl 1474 (vgl Lieb NJW **99**, 35 mwN). III 2 mWv 1. 1. 99 eingefügt durch Art 12 Z 4 EGInsO v 5. 10. 94, BGBl 2911, Art 110 I des Ges. Übergangsrecht: § 6 I EGGVG.

Titel 7. Kammern für Handelssachen § 109 GVG

1) Allgemeines. § 109 legt die **Voraussetzungen der Ernennung der Handelsrichter** fest, § 105 **2** Rn 1. Die Neufassung durch das RpflVereinfG, Vorbem A, erweitert den Kreis der zum Handelsrichter Befähigten um Prokuristen und im Genossenschaftsregister eingetragene Personen sowie um Vorstandsmitglieder und Geschäftsführer von Unternehmen öff Körperschaften, I Z 3; I wird iü ergänzt durch § 110. Im Interesse einer einheitlichen rechtlichen Regelung sind ferner die Ausschlußgründe durch die Bezugnahme auf die für Schöffen geltende Regelung erweitert worden, III.

2) Zwingende Voraussetzungen, I u III. Eine besondere Bildung oder Ausbildung verlangt das Gesetz **3** ebensowenig wie eine bestimmte Zeit praktischer Tätigkeit. Daß ein Handelsrichter die für das Amt erforderliche Sachkunde und Berufserfahrung besitzt, hat die Industrie- und Handelskammer bei ihrem gutachtlichen Vorschlag, § 108, festzustellen.

A. Positive Voraussetzungen, I. Zum Handelsrichter kann (nur) ernannt werden, wer **a) Deutscher** **4** **ist**, Z 1, dh Deutscher iSv Art 116 GG, weil insoweit nichts anderes gelten kann als für Berufsrichter, § 9 Z 1 DRiG; **b) das dreißigste Lebensjahr vollendet hat**, Z 2 (ein Höchstalter ist nicht vorgeschrieben), und **c) als Kaufmann oder als Vorstandsmitglied oder Geschäftsführer einer juristischen Person oder als Prokurist in das Handelsregister oder das Genossenschaftsregister eingetragen ist oder eingetragen war oder als Vorstandsmitglied einer juristischen Person aufgrund einer gesetzlichen Sonderregelung für diese juristische Person nicht eingetragen zu werden braucht**, Z 3 (Lieb NJW 99, 35). „Kaufmann" ist auch der persönlich haftende Gesellschafter einer Personalgesellschaft, nicht aber (mangels Eintragung) der Kommanditist oder Handlungsbevollmächtigte; ebensowenig darf das stellvertretende Vorstandsmitglied einer eingetragenen juristischen Person zum Handelsrichter berufen werden, Kissel 8, aM ZöGu 2, Berger-Delhey DRiZ 89, 248 (alle zur aF). Bei den nicht eingetragenen Vorstandsgliedern juristischer Personen, Z 3 aE, handelt es sich um die Vorstände von Unternehmen öff Körperschaften, zB Sparkassen, Mineralquellen, gemeindliche Kraftwerke und Verkehrsbetriebe u dgl, vgl § 95 Rn 3. Ferner können Handelsrichter **d) an Seeplätzen auch aus dem Kreis der Schiffahrtskundigen ernannt werden**, § 110, s die dortigen Erläuterungen.

B. Negative Voraussetzungen, III. Zum Handelsrichter kann **nicht** ernannt werden, **a) wer zu dem 5 Amt eines Schöffen unfähig ist**, § 32, also Personen, die **aa)** infolge Richterspruchs die Fähigkeit zur Bekleidung öff Ämter nicht besitzen oder wegen einer vorsätzlichen Tat zu einer Freiheitsstrafe von mehr als sechs Monaten verurteilt worden sind, § 32 Z 1, in beiden Fällen unter der Voraussetzung der Rechtskraft der Verurteilung, Kissel 3 u § 32 Rn 3–6, ferner Personen, **bb)** gegen die ein Ermittlungsverfahren wegen einer Tat schwebt, die den Verlust der Fähigkeit zur Bekleidung öff Ämter zur Folge haben kann, § 32 Z 2, Kissel § 32 Rn 7–10, schließlich Personen, **cc)** die infolge gerichtlicher Anordnung in der Verfügung über ihr Vermögen beschränkt sind, § 32 Z 3, zB nach §§ 6, 106 KO oder 58, 59 VerglO, und zwar ein persönlich haftender Gesellschafter auch dann, wenn sich die Maßnahme gegen die Gesellschaft richtet, Kissel § 32 Rn 11, zweifelnd Berger-Delhey DRiZ 89, 249 (zur aF); schließlich kann nicht zum Handelsrichter ernannt werden, **b) wer nach § 33 Z 4 zum Amt eines Schöffen nicht berufen werden soll**, dh Personen, die wegen geistiger oder körperlicher Gebrechen zu dem Amt eines Handelsrichters nicht geeignet sind, dazu Kissel § 33 Rn 5, **c) wer nicht prozeßfähig ist**, MüKoWo 14, Kissel 4.

C. Folgen eines Verstoßes. Wird bei der Ernennung eines Handelsrichters gegen I oder III verstoßen, **6** ist die Ernennung gleichwohl zunächst rechtswirksam. Jedoch ist in diesem Fall der Handelsrichter **nach § 113 seines Amtes zu entheben;** das gleiche gilt, wenn der Handelsrichter nachträglich die Befähigung nach I oder II verliert. Bis zur Entscheidung des Gerichts nach § 113 II (oder dem Ergehen einer entspr einstwAnO) ist der Ernannte zur Mitwirkung berufen, so daß eine Besetzungsrüge nicht durchgreift, § 113 Rn 3.

3) Nichtzwingende Voraussetzungen, II u III **7**

A. Positive Voraussetzungen, II 1 u 2. Wer nach I u II zum Handelsrichter ernannt werden darf, soll nur ernannt werden, wenn er **a) in dem Bezirk der Kammer für Handelssachen wohnt**, II 1 Z 1, oder **b) in diesem Bezirk eine Handelsniederlassung hat**, II 1 Z 2 (was sich im Hinblick auf Z 3 nur auf Einzelkaufleute bezieht), oder **c) einem Unternehmen angehört, das in diesem Bezirk seinen Sitz oder seine Niederlassung hat**, II 1 Z 3, wobei eine Zweigniederlassung genügt.
Sondervorschriften, II 2: Daß die Erfordernisse nach S 1 vorliegen, genügt nicht in jedem Fall: über sie **8** hinaus soll nur ernannt werden **a) ein Prokurist**, wenn er im Unternehmen eine der eigenverantwortlichen Tätigkeit des Unternehmers vergleichbare Stellung einnimmt, II 2 Z 1, und **b) ein Vorstandsmitglied einer Genossenschaft**, wenn es hauptberuflich in einer Genossenschaft tätig ist, die in ähnlicher Weise wie eine Handelsgesellschaft am Handelsverkehr teilnimmt, II 2 Z 2. Die nach II 1 und 2 erforderlichen Feststellungen hat die Industrie- und Handelskammer in ihrem gutachtlichen Vorschlag, § 108, zu treffen.

B. Negative Voraussetzung, III 2. Zum Handelsrichter soll nicht berufen werden, wer nach § 33 Z 5 zu dem Amt eines Schöffen nicht berufen werden soll, dh **Personen, die in Vermögensverfall geraten sind.** Gemeint sind Personen, gegen die das Insolvenzverfahren eröffnet worden ist.

C. Folgen eines Verstoßes. Da es sich um Sollvorschriften handelt, berührt ein Verstoß die Wirksamkeit **9** der Ernennung nicht. Auch eine Amtsenthebung nach § 113 I kommt nicht in Betracht, wie von der in § 52 I für Schöffen getroffenen Regelung abweichende Fassung des § 113 I zeigt. Lediglich bei einem Verstoß gegen III 2 soll nach § 113 II eine Amtsenthebung erfolgen.

4) Weitere Voraussetzungen. Mit Rücksicht auf die Verhältnisse in der ehemaligen DDR soll ein **10** ehrenamtlicher Richter im ganzen Bundesgebiet nicht berufen werden, wenn er gegen die Grundsätze der Menschlichkeit oder der Rechtsstaatlichkeit verstoßen hat oder wegen seiner Stasi-Verstrickung für das Amt nicht geeignet ist, § 9 G v 24. 7. 92, BGBl 1386; wenn nachträglich solche Umstände bekannt werden, ist der ehrenamtliche Richter von seinem Amt abzuberufen, § 10 des Ges. Wegen der Einzelheiten wird auf den Abdruck der §§ 9–11 des Gesetzes in **Anh § 44 DRiG** und die dortigen Erläuterungen verwiesen.

Albers

110 *Handelsrichter an Seeplätzen.* **An Seeplätzen können** ehrenamtliche Richter **auch aus dem Kreise der Schiffahrtskundigen ernannt werden.**

1   **1) Erläuterung.** Siehe § 2 SeemannsG vom 26. 7. 57, BGBl II 713. § 110 geht § 109 II vor, soweit es sich um die Berufsstellung handelt, Berger-Delhey DRiZ **89**, 249.

111 (aufgehoben dch Art 5 Z 1 G v 20. 12. 74, BGBl 3686; s jetzt § 45 DRiG)

112 *Dienststellung der Handelsrichter.* **Die** ehrenamtlichen Richter **haben während der Dauer ihres Amts in Beziehung auf dasselbe alle Rechte und Pflichten eines Richters.**

1   **1) Erläuterung.** Die Handelsrichter, § 105 Rn 1, haben alle Rechte und Pflichten der Richter; § 1 ist auf sie voll anwendbar. Für ihre Ausschließung und Ablehnung gelten die §§ 41 ff ZPO, Stgt ZIP **94**, 778 (dazu Pfeiffer ZIP **94**, 769). Die Handelsrichter unterstehen dienstlich und außerdienstlich den für Richter geltenden Dienstvorschriften (Sonderfall: § 113). Ergänzend gelten §§ 44 und 45 DRiG, für die Amtsbezeichnung § 45 a DRiG. Vorsitzender oder Einzelrichter sein kann der Handelsrichter nicht, § 349 IV ZPO. Beauftragter Richter kann er sein, zB für einen Güteversuch, § 279 I ZPO, BGH **42**, 175, s § 349 Rn 1 u 2. Für die Unterzeichnung durch ihn gilt § 315 I ZPO. Daß der Handelsrichter die Akten eines unter seiner Mitwirkung zu entscheidenden Verfahrens einsehen darf, ist selbstverständlich; die Bedenken, die bei anderen ehrenamtlichen Richtern dagegen erhoben werden, bestehen jedenfalls beim Handelsrichter nicht, vgl iü Atzler DRiZ **91**, 207, Reim DRiZ **92**, 141.

113 *Abberufung der Handelsrichter.* [I] **Ein** ehrenamtlicher Richter **ist seines Amtes zu entheben, wenn er**
1. eine der für seine Ernennung erforderlichen Eigenschaften verliert oder Umstände eintreten oder nachträglich bekanntwerden, die einer Ernennung nach § 109 entgegenstehen, oder
2. seine Amtspflichten gröblich verletzt hat.

[II] Ein ehrenamtlicher Richter soll seines Amtes enthoben werden, wenn Umstände eintreten oder bekannt werden, bei deren Vorhandensein eine Ernennung nach § 109 Abs. 3 Satz 2 nicht erfolgen soll.

[III] [1] **Die Entscheidung trifft der erste Zivilsenat des Oberlandesgerichts durch Beschluß nach Anhörung des Beteiligten.** [2] **Sie ist unanfechtbar.**

[IV] **Beantragt der ehrenamtliche Richter selbst die Entbindung von seinem Amt, so trifft die Entscheidung die Landesjustizverwaltung.**

Vorbem. II mWv 1. 1. 99 eingefügt durch Art 12 Z 5 EGInsO v 5. 10. 94, BGBl 2911. Übergangsrecht: § 6 I EGGVG.

1   **1) Allgemeines** (Berger-Delhey DRiZ **89**, 252). Die Vorschrift regelt die **Abberufung eines Handelsrichters**, § 44 II DRiG. Sie unterscheidet demgemäß zwischen der der Dienstenthebung (Abberufung gegen den Willen des Richters), I–II, und der Entbindung des Richters von seinem Amt, IV (Abberufung mit seiner Zustimmung). Parallelvorschriften: §§ 21 V, VI u 27 ArbGG, 24 VwGO, 21 FGO und 22 SGG.

2   **2) Dienstenthebung, I u II**
A. **Voraussetzungen, a)** Die Enthebung nach § 113 I setzt voraus entweder, **Z 1**, den Verlust der für die Ernennung erforderlichen Eigenschaften, §§ 109 I und 110, oder Eintreten oder nachträgliches Bekanntwerden von Umständen, die einer Ernennung nach § 109 III entgegenstehen (ein Verstoß gegen § 109 II gehört nicht hierher, wie die von § 52 I abweichende Fassung zeigt), oder, **Z 2, c)** gröbliche Verletzung der Amtspflichten, I **Z 2**, zB durch Verweigerung der Eidesleistung, § 45 DRiG, wiederholtes unentschuldigtes Ausbleiben oder Bruch des Beratungsgeheimnisses, § 43 DRiG, aber auch durch schwerwiegende Verstöße außerhalb des Amtes, wenn sie Bezug zur richterlichen Tätigkeit haben, vgl GMP § 27 ArbGG Rn 7 mwN, Berger-Delhey BB **88**, 1669, OVG Lüneb DVBl **62**, 914; nötig ist schuldhaftes Handeln, wobei leichte Fahrlässigkeit jedenfalls bei wiederholten Verstößen ausreicht, vgl GMP § 27 ArbGG Rn 9. Abgesehen von schweren Pflichtverletzungen kommt eine Dienstenthebung idR erst nach erfolgloser Abmahnung in Betracht, vgl Albers MDR **84**, 889 zu § 24 VwGO.
b) Die Enthebung nach § 113 II setzt voraus, daß der Vermögensverfall des Ernannten eintritt oder schon vorher bestand, aber erst nachträglich bekannt wird. Da es sich, anders als nach I, um eine Sollvorschrift handelt, kann das zur Entscheidung berufene OLG, III, aus besonderen Gründen, zB wegen dauernder Dienstunfähigkeit des Handelsrichters oder des bevorstehenden Ablaufs der Amtszeit, von einer Abberufung nach II absehen.
c) Die Regelung in I u II ist abschließend, so daß (abgesehen von dem G v 24. 7. 92, Anh § 44 DRiG) andere Gründe eine Enthebung vom Amt nicht rechtfertigen, vgl LAG Hamm MDR **93**, 55 (zu § 21 V ArbGG).

3   **B. Entscheidung, III.** Die Dienstenthebung erfolgt in allen Fällen durch Beschluß des 1. ZivS des OLG, **III 1**, und zwar auf Antrag der Ernennungsstelle, Kissel 6, ZöGu 1,9, vgl §§ 20 u 27 Satz 1 ArbGG. Die vorgeschriebene Anhörung kann auch schriftlich vorgenommen werden. Die Entscheidung des OLG ist unanfechtbar, **III 2**. Bis zur Amtsenthebung bzw einer einstwAnO des OLG ist der Handelsrichter zur Mitwirkung berufen, es sei denn, die Ernennung war ungültig, MüKoWo 2, Kissel 9, aM Berger-Delhey

aaO S 258, vgl auch § 44 DRiG Rn 2 u 3. Als Gegenstandswert, § 8 II BRAGO, sind idR 8000 DM anzusetzen.

3) Entbindung vom Amt, IV. Beantragt der Handelsrichter selbst die Entbindung vom Amt, dh verlangt er seine Abberufung (gleich aus welchem Grunde), so entscheidet die **Landesjustizverwaltung** als Ernennungsbehörde, vgl § 44 DRiG Rn 3. Gegen eine Ablehnung des Antrags steht dem Handelsrichter der Rechtsweg nach §§ 23 ff EGGVG offen. 4

4) Abberufung aus besonderen Gründen. Vgl § 109 Rn 4 und Anh § 44 DRiG. 5

114 Sachkunde der Kammer für Handelssachen.
Über Gegenstände, zu deren Beurteilung eine kaufmännische Begutachtung genügt, sowie über das Bestehen von Handelsgebräuchen kann die Kammer für Handelssachen auf Grund eigener Sachkunde und Wissenschaft entscheiden.

1) Erläuterung. § 114 steht an falscher Stelle; mit der Gerichtsverfassung hat er nichts zu tun. **In 1. und 2. Instanz** darf die KfH aus eigener Sachkunde entscheiden, wo a) eine **kaufmännische Begutachtung genügt**, dh das sachverständige Gutachten eines Kaufmanns, nicht notwendig eines solchen aus dem Geschäftszweig des Handelsrichters, oder b) **Bestehen und Inhalt eines Handelsbrauchs in Frage stehen.** Handelsbrauch sind die im Handelsverkehr geltenden Gewohnheiten und Gebräuche, § 346 HGB, dh die Verkehrssitte, § 242 BGB, des Handels; vgl zu ihrer Feststellung Baumbach-Duden-Hopt § 346 HGB Anm 2 b, Wagner NJW **69**, 1282, Heldrich AcP **186**, 92 mwN. 1

Die KfH darf in 2. Instanz von erstinstanzlichen Gutachten abweichen. Hat sie als erste Instanz erstmals ein Gutachten eingeholt, kann sie agrd eigenen Sachkunde Einwendungen gegen das Gutachten zurückweisen, darf sich aber nicht ohne weiteres von ihm lösen, offen BVerfG NJW **98**, 2274. Hat die KfH agrd eigener Sachkunde entschieden, darf ihr iRv § 114 das OLG als Berufungsgericht folgen und daraufhin SachverstBeweis ablehnen, RG **110**, 49, braucht dies jedoch nicht, muß sich dann aber mit dem Gutachten im Urteil auseinandersetzen. Die „eigene Sachkunde und Wissenschaft" eines Handelsrichters, zB eines Kakaoimporteurs, kann genügen, BGH NJW **58**, 1596, LG Hann IPrax **87**, 312; ob dies der Fall ist, entscheidet die KfH durch Mehrheitsbeschluß, § 196, so daß bei Bejahung ein Sachverständigenbeweis entfällt. Wenn die KfH aus eigener Sachkunde entscheiden will, hat sie die Parteien darauf nach § 139 ZPO hinzuweisen, Kissel 6, BVerfG NJW **98**, 2274.

Achter Titel. Oberlandesgerichte

Übersicht

1) Der Titel regelt den Aufbau und die sachliche Zuständigkeit der OLGe. Ihre Errichtung und Aufhebung geschieht durch Gesetz, § 1 GVVO, abgedr § 12 GVG Rn 2. Das OLG Berlin führt den Namen KG; es ist, wie alle Berliner Gerichte, zuständig für ganz Berlin, EV Anl I Kap III A Abschn IV Z 3. Den 8. Titel ergänzt § 8 II GVVO (§ 8 I ist gegenstandslos, soweit er nicht durch den Landesgesetzgeber dem G v 26. 5. 72, BGBl 841, angepaßt wird): 1

GVVO vom 20. 3. 35 § 8. II Die Zahl der Zivil- und Strafsenate bei den Oberlandesgerichten bestimmt der Oberlandesgerichtspräsident; der Reichsminister der Justiz kann ihm hierfür Weisungen erteilen.

An Stelle des RJM sind die Landesjustizverwaltungen getreten. Wegen der Fortgeltung dieser Bestimmung s Üb § 59 Rn 2.

2) Die Oberlandesgerichte sind in Zivilsachen Berufungs- und Beschwerdegerichte. An ihre Stelle trat in den **neuen Bundesländern** als Rechtsmittelgericht für Entscheidungen des Kreisgerichts das Bezirksgericht, soweit nicht die Zuständigkeit des Besonderen Senats bei diesem Gericht begründet ist, EV Anl I Kap III Sachgeb A Abschn III Z 1 h (1). Seitdem sind OLGe errichtet worden und, damit gilt der 8. Titel mit den Maßgaben der §§ 15–25 RpflAnpG, dazu Bra OLG-NL **95**, 261. Wegen der Möglichkeit, einem Richter ein **weiteres Richteramt** zu übertragen, s § 7 RpflAnpG, abgedr Üb § 22 Rn 2. Näheres bei den einzelnen Vorschriften. 2

3) Arbeitsgerichtsbarkeit. Berufungsgerichte und Beschwerdegerichte sind die Landesarbeitsgerichte, § 8 II u IV ArbGG. 3

115 Besetzung des Oberlandesgerichts.
Die Oberlandesgerichte werden mit einem Präsidenten sowie mit Vorsitzenden Richtern und weiteren Richtern besetzt.

Vorbem. In den **neuen Bundesländern** gilt bis zum 31. 12. 99 § 115 iVm § 3 II RpflAnpG idF des ÄndG v 7. 12. 95, BGBl 1590 (abgedr Vorbem § 28 DRiG). 1

1) Erläuterung. Zur Stellung des Präsidenten gilt das in § 59 Rn 2 Gesagte entsprechend. Neben ihm muß mindestens ein Vorsitzender Richter vorhanden sein; zu dessen Aufgaben s § 21 f Rn 4. Hinsichtlich der Besetzung gilt iü das in § 59 Rn 3 Gesagte; zur Überbesetzung s § 16 Rn 7. Abgesehen von den neuen Bundesländern, Rn 1, können nur Richter auf Lebenszeit am OLG Richter sein, auch Hilfsrichter, § 28 I DRiG, also nicht Richter auf Probe oder kraft Auftrags, weil eine § 22 V bzw § 59 III entsprechende Bestimmung fehlt, wohl aber abgeordnete Richter, § 37 DRiG, die aber nur mit der sich aus § 29 DRiG ergebenden Beschränkung und nur ausnahmsweise aus zwingenden Gründen verwendet werden dürfen, 2

BGH NJW **85**, 2336 mwN. Ihre Bestellung erfolgt nach § 117. Wegen der Fälle einer unzulässigen Bestellung von Hilfsrichtern siehe § 59 Rn 2; unzulässig ist die Mitwirkung auch dann, wenn der Hilfsrichter zur Beförderung vorgesehen ist und nur wegen einer allgemeinen Beförderungssperre nicht in die Planstelle eingewiesen werden kann, BGH aaO, vgl auch Katholnigg JR **85**, 38.

115a (weggefallen)

116 Gliederung.

I 1 Bei den Oberlandesgerichten werden Zivil- und Strafsenate gebildet. ² Bei den nach § 120 zuständigen Oberlandesgerichten werden Ermittlungsrichter bestellt; zum Ermittlungsrichter kann auch jedes Mitglied eines anderen Oberlandesgerichts, das in dem in § 120 bezeichneten Gebiet seinen Sitz hat, bestellt werden.

II 1 Durch Anordnung der Landesjustizverwaltung können außerhalb des Sitzes des Oberlandesgerichts für den Bezirk eines oder mehrerer Landgerichte Zivil- oder Strafsenate gebildet und ihnen für diesen Bezirk die gesamte Tätigkeit des Zivil- oder Strafsenats des Oberlandesgerichts oder ein Teil dieser Tätigkeit zugewiesen werden. ² Ein auswärtiger Senat für Familiensachen kann für die Bezirke mehrerer Familiengerichte gebildet werden.

1 **Vorbem.** In den **neuen Bundesländern** konnten auch über II hinaus auswärtige Senate gebildet werden, EV Anl I Kap III Sachgeb A Abschn III Z 1 n. Vgl iü Üb § 115 Rn 2.

2 **1) Senate, I.** Die Zahl der Senate bestimmt der OLGPräsident, dem der Landesjustizminister dafür Weisungen geben kann, § 8 VO vom 20. 3. 35, abgedruckt Üb § 115, bzw die an deren Stelle getretenen landesrechtlichen Vorschriften, zB JustAG Sachsen, Weber NJW **98**, 1673.

3 **2) Auswärtige Senate, II.** Ihre Bildung erfolgt auf AnO der Landesjustizverwaltung; vgl auch § 1 VO vom 20. 3. 35, abgedruckt § 12 GVG Rn 2, sowie ErmächtigungsG vom 1. 7. 60, BGBl 481, § 12 GVG Rn 2 (wegen der Vorschriften der Länder s Schönfelder FN zu § 116 II). Die Außensenate sind Teil des Stammgerichts. Der Eingang eines Schriftsatzes bei letzterem wahrt die Frist für ein vom Außensenat zu entscheidendes Rechtsmittel, ebenso genügt umgekehrt der Eingang eines für das Stammgericht bestimmten Schriftsatzes bei einem Außensenat, Karlsr NJW **84**, 744, § 518 ZPO Rn 6. Ist vereinbart, daß ein Vergleich mit einem bei dem auswärtigen Senat eingehenden Schriftsatz widerrufen werden darf, wahrt der Eingang beim Stammgericht die Widerrufsfrist nicht, BGH NJW **80**, 1753. Bei der Bildung **auswärtiger Senate für Familiensachen** ist nicht auf den Landgerichtsbezirk, sondern auf die Bezirke mehrerer Familiengerichte abzustellen, II 2 (vgl BT-Drs 11/4155 S 14 u 11/8283 zu Art 2 Z 9a). Für die Entscheidung eines negativen Kompetenzkonflikts gilt § 36 Z 6 ZPO, dazu BayObLGZ **94**, 119.

117 Vertretung. Die Vorschrift des § 70 Abs. 1 ist entsprechend anzuwenden.

1 **Vorbem.** Wegen der Rechtslage in den **neuen Bundesländern** s Vorbem § 70. Hier dürfen abw von § 70 II auch nicht auf Lebenszeit berufene Richter zugewiesen werden, EV Anl I Kap III Sachgeb A Abschn III Z 1 d bzw § 3 RpflAnpG.

2 **1) Erläuterung.** § 70 I ist entsprechend anwendbar, dh die Vertretung durch Zuweisung eines Richters wird auch beim OLG (BezG) von der Landesjustizverwaltung geregelt, vgl § 70 Rn 1. Da eine Bestimmung in der Art des § 70 II fehlt, dürfen Richter auf Probe oder kraft Auftrags dem OLG (BezG) nicht zugewiesen werden, § 115 Rn 2.

118 [Zuständigkeit in Musterverfahren]

Die Oberlandesgerichte sind in bürgerlichen Rechtsstreitigkeiten im ersten Rechtszug zuständig für die Verhandlung und Entscheidung über Musterverfahren nach dem Kapitalanleger-Musterverfahrensgesetz.

Vorbem. § 118 mWv 1. 1. 05 idF des Art 3 G v 16. 8. 05, BGBl 2437.

119 Zuständigkeit in Zivilsachen.

I Die Oberlandesgerichte sind in bürgerlichen Rechtsstreitigkeiten ferner zuständig für die Verhandlung und Entscheidung über die Rechtsmittel:
1. der Berufung und der Beschwerde gegen Entscheidungen der Amtsgerichte
   a) in von den Familiengerichten entschiedenen Sachen;
   b) in Streitigkeiten über Ansprüche, die von einer oder gegen eine Partei erhoben werden, die ihren allgemeinen Gerichtsstand im Zeitpunkt der Rechtshängigkeit in erster Instanz außerhalb des Geltungsbereiches dieses Gesetzes hatte;
   c) in denen das Amtsgericht ausländisches Recht angewendet und dies in den Entscheidungsgründen ausdrücklich festgestellt hat;
2. der Berufung und der Beschwerde gegen Entscheidungen der Landgerichte.

II § 23 b Abs. 1 und 2 gilt entsprechend.

8. Titel. Oberlandesgerichte   § 119 GVG

III ¹ Durch Landesgesetz kann bestimmt werden, dass die Oberlandesgerichte über Absatz 1 hinaus für alle Berufungen und Beschwerden gegen amtsgerichtliche Entscheidungen zuständig sind. ² Das Nähere regelt das Landesrecht; es kann von der Befugnis nach Satz 1 in beschränktem Umfang Gebrauch machen, insbesondere die Bestimmung auf die Entscheidungen einzelner Amtsgerichte oder bestimmter Sachen beschränken.

IV Soweit eine Bestimmung nach Absatz 3 Satz 1 getroffen wird, hat das Landesgesetz zugleich Regelungen zu treffen, die eine Belehrung über das zuständige Rechtsmittelgericht in der angefochtenen Entscheidung sicherstellen.

V Bestimmungen nach Absatz 3 gelten nur für Berufungen und Beschwerden, die vor dem 1. Januar 2008 eingelegt werden.

VI ¹ Die Bundesregierung unterrichtet den Deutschen Bundestag zum 1. Januar 2004 und zum 1. Januar 2006 über Erfahrungen und wissenschaftliche Erkenntnisse, welche die Länder, die von der Ermächtigung nach Absatz 3 Gebrauch gemacht haben, gewonnen haben. ² Die Unterrichtung dient dem Zweck, dem Deutschen Bundestag die Prüfung zu ermöglichen, welche bundeseinheitliche Gerichtsstruktur die insgesamt sachgerechteste ist, weil sie den Bedürfnissen und Anforderungen des Rechtsverkehrs am besten entspricht.

Vorbem. § 119 mWv 1. 1. 02 idF des Art 1 Z 6 ZPO-RG v 27. 7. 01, BGBl 1887 (dazu BT-Drs 14/6036 S 118). Übergangsrecht: § 26 Z 5 u 10 EGZPO, s dort.

Gliederung

1) Funktionelle Zuständigkeit 1	3) Entscheidungen des Landgerichts, I Z 2 11
2) Entscheidungen des Amtsgerichts, I Z 1 2–10	4) Weitere Zuständigkeiten des OLG 12
A. Entscheidungen des Familiengerichts, I Z 1 a, II 3–8	5) Experimentierklausel, III–VI 13–14
B. Entscheidungen für oder gegen Personen im Ausland, I Z 1 b 9	A. Allgemeines 13
C. Entscheidungen nach ausländischem Recht, I Z 1 c 10	B. Einzelheiten 14

1) Funktionelle Zuständigkeit. Das OLG ist – mit Ausn der Zuständigkeit nach § 118 – ausschließlich **1** Rechtsmittelgericht. Für das jeweilige Rechtsmittel gelten die Vorschriften der Prozeßordnung, §§ 511 ff u 567 ff ZPO. Nach ihnen regelt sich die Zulässigkeit des Rechtsmittels im Einzelfall. Für den **Anwaltszwang** gilt bis zum 31. 12. 07 die Sonderregelung in **§ 26 Z 1 EGZPO**, s dort. Danach ist § 78 ZPO auf Berufungen und Beschwerden gegen Entscheidungen der AGe, die nicht familiengerichtliche Entscheidungen zum Gegenstand haben, mit der Maßgabe anzuwenden, daß ein bei einem LG zugelassener RA bei dem OLG als zugelassen gilt. Diese Regelung ist auf Rechtsmittel nach I Z 1 b und c, I Z 2 und III anzuwenden, Hartmann NJW **01**, 2597. Vgl iü § 78 ZPO Rn 10.

2) Berufung und Beschwerde gegen Entscheidungen des Amtsgerichts, I Z 1. Die OLGe sind **2** insoweit Rechtsmittelinstanz in folgenden Fällen:

A. Entscheidungen des Familiengerichts. I Z 1 a. Dies sind die in § 23 b genannten Streitigkeiten. **3** Hierin gehören auch die Kindschaftssachen, § 640 II ZPO.

a) Maßgeblich ist die sog **formelle Anknüpfung**. Danach ist immer dann, wenn das AG als FamGer **4** (Abteilung für FamS) entschieden hat, das übergeordnete OLG als Berufungsgericht zuständig, BGH FamRZ **92**, 665, NJW **91**, 232; eine Berichtigung, § 319 ZPO, ändert daran in aller Regel nichts, BGH FamRZ **94**, 1520 u NJW **93**, 1400. Bestehen Zweifel, ob das AG als FamGer entschieden hat, kann die Partei nach dem Grundsatz der Meistbegünstigung, Grdz § 511 Rn 28, das Urteil sowohl beim LG als beim OLG anfechten, BGH RR **95**, 379 u 380, Schlesw SchlHA **97**, 112 (auch zur Verweisung von Rechtsmittelgericht an Rechtsmittelgericht). Zugleich bestimmt die „formelle Anknüpfung" auch darüber, ob beim OLG der FamSenat oder der allgemeine Zivilsenat zur Entscheidung berufen ist, § 119 II iVm § 23 b I 1, BGH FamRZ **89**, 166.

Hat das AG bzw das LG seine **Zuständigkeit zu Unrecht** angenommen, kann die Berufung darauf **5** nicht gestützt werden, § 513 II ZPO – Zuständigkeit in diesem Sinne gehört auch die Frage, ob es sich um ein **FamS** handelt, § 513 ZPO Rn 2. Deshalb ist diese Frage vom **OLG** nur dann zu prüfen, wenn das AG bzw das LG die Klage abgewiesen hat, weil es nicht zuständig iSv § 513 ZPO sei. Teilt das OLG diese Auffassung nicht, hat es die angefochtene Entscheidung aufzuheben und die Sache ggf zurückzuverweisen, § 538 I Z 3 ZPO. Diese Entscheidung kann mit der Revision nicht erfolgreich angefochten werden, weil **6** der **BGH** nach § 545 II bzw 576 II ZPO nicht prüfen darf, ob ein FamS vorliegt oder nicht, § 545 ZPO Rn 22.

b) Entscheidungen iSv I Z 1 a sind zunächst die Endurteile und Endentscheidungen im Beschlußwege, **7** § 621 e. Beschwerdeinstanz ist das OLG auch für Beschlüsse in allen Nebenverfahren und Nebenentscheidungen des FamGer, zB in Kostensachen (nicht aber für Kosten der Beratungshilfe, BGH NJW **85**, 2537). Der in § 119 I Z 1 a geregelte Instanzenzug gilt auch in Angelegenheiten, die nach FGG vor das FamGer gehören, § 64 k III (abgedr bei § 621 e ZPO), und dies auch unabhänig von einer EheS anhängigen FamS iSv § 23 b Z 4, 7, 8 u 12, vgl BayObLG **00**, 216.

c) Familiensenat, II. Für die Entscheidung über Rechtsmittel iSv I a ist beim OLG entspr § 23 b **8** mindestens ein FamSenat zu bilden, und zwar nach Maßgabe des § 23 b II. Die Zuweisung anderer Geschäfte an den FamSenat ist zulässig. Für die Abgabe von FamS bei Bildung mehrerer FamSenate gilt § 23 b II 2 entspr, näheres s dort Rn 9.

Werden (unzulässigerweise) **NichtFamS und FamS** im Verhältnis von Haupt- und Hilfsantrag geltend gemacht, so hat zunächst der für den Hauptantrag zuständige Senat zu entscheiden; erst wenn und soweit der Hauptantrag abgewiesen ist, kann das Verf wegen des Hilfsantrags abgegeben werden, BGH NJW **81**, 2417 mwN.

Ein Streit zwischen **FamSenat und ZivSenat** ist entspr § 36 I Z 6 ZPO zu entscheiden, s dort Rn 24 ff.

9 **B.** Zuständig für die Verhandlung und Entscheidung über Rechtsmittel gegen Entscheidungen des Amtsgerichts sind die OLGe ferner in **Streitigkeiten über Ansprüche, die von einer oder gegen eine Partei erhoben werden, die ihren allgemeinen Gerichtsstand im Zeitpunkt der Rechtshängigkeit in erster Instanz außerhalb Deutschlands hatte, I Z 1 b.**

In diesem Fall ist zu vermuten, daß internationales Privat- und/oder Prozeßrecht anzuwenden ist, so daß es geboten ist, durch die Konzentration der Rechtsmittel beim OLG (und die mögliche Anrufung des BGH) Rechtssicherheit zu gewährleisten, BT-Drs 14/6036 S 118 f, krit Brand/Karpenstein NJW **05**, 1319 mwN. Angeknüpft wird dabei an den allgemeinen Gerichtsstand im Zeitpunkt der Rechtshängigkeit, § 261 ZPO, BGH NJW **03**, 2687, wobei es auf die zeitlich erste Anhängigmachung ankommt. Im Berufungsverfahren ist idR der im Verfahren erster Instanz unangegriffen gebliebene Gerichtsstand zugrunde zu legen, BGH RR **04**, 1073 u 1505, „Allgemeiner Gerichtsstand" ist iSv §§ 12–18 ZPO zu verstehen. I 1 b findet aber auch bei Mietstreitigkeiten Anwendung, BGH NJW **03**, 3278. Bei einer Mehrzahl von Klägern oder Beklagten genügt es, daß die Voraussetzungen bei einem von ihnen erfüllt sind, BGH aaO, Köln RR **03**, 283.

Die Zuständigkeit des OLG hängt nicht davon ab, dass es im Einzelfall auf internationales Recht ankommt, BGH FamRZ **04**, 1018 u NJW **03**, 1672 (sie gilt aber nicht in Zwangsvollstreckungssachen, in denen stets deutsches Recht anzuwenden ist, Oldenburg RR **04**, 499). Bei Einlegung der Berufung beim LG kann nach Ablauf der Berufungsfrist auch eine Weiterleitung oder Verweisung dem Berufungskläger nicht nützen, BGH aaO, Köln aaO.

10 **C.** Die Zuständigkeit des OLG für Rechtsmittel ist ferner gegeben in **Streitigkeiten,** in denen das Amtsgericht **ausländisches Recht angewendet und dies in den Entscheidungsgründen ausdrücklich festgestellt hat, I Z 1 c.**

Auch in diesem Fall fordert die Rechtssicherheit die Konzentration der Rechtsmittel beim OLG, s oben Rn 9. „Ausländisches Recht" ist dahin zu verstehen, daß es sich um das von einem ausländischen Staat gesetzte Recht handeln muß, so daß die Anwendung europäischen Gemeinschaftsrechtes, des Völkerrechts oder sonstigen in Deutschland geltenden internationalen Rechts, zB zwischenstaatlicher Übereinkommen, nicht genügt, BT Drs 14/6036 S 119. Nötig ist außerdem die ausdrückliche Feststellung der Anwendung ausländischen Rechts in den Entscheidungsgründen; darauf, ob die Anwendung richtig war, kommt es nicht an.

11 **3) Berufungen und Beschwerden gegen Entscheidungen des Landgerichts, I Z 2.** Das OLG ist Rechtsmittelgericht für erstinstanzliche Entscheidungen, Rn 7, des LG. Berufungsentscheidungen des LG, § 72, sind mit der Revision anfechtbar, § 543 ZPO.

12 **4) Weitere Zuständigkeiten des OLG** (Auswahl): **a)** Bestimmung des zuständigen Gerichts, § 36 ZPO; **b)** Entscheidung über die Ablehnung eines Richters, wenn das LG beschlußunfähig wird, § 45 I ZPO; **c)** (entfallen) **d)** Entscheidung über die Beschwerden gegen Verweigerung der Rechtshilfe, § 159; **e)** Entscheidung über die Beschwerden bei sitzungspolizeilichen Ordnungsmitteln, § 181 III; **f)** Entscheidung über die weitere Beschwerde in Konkurs- und Zwangsversteigerungssachen; **g)** Abberufung eines Handelsrichters, § 113 II; **h)** weitere Beschwerde in FGGSachen, § 28 FGG; **i)** Entscheidung über Rechtsmittel gegen Entscheidungen der LandwirtschGerichte, § 2 LwVG, BGH RR **92**, 1152; **k)** Entscheidung über sämtliche Beschwerden in Vertragshilfesachen, sofern das LG in 1. Instanz entschieden hatte, § 18 II VertragshilfeG vom 26. 3. 52, BGBl 198; **l)** 2. Instanz in Binnenschiffahrtssachen, § 11 Gesetz vom 27. 9. 52, BGBl 641; **m)** gerichtliche Entscheidung über die Rechtmäßigkeit von Justizverwaltungsakten im Rahmen von § 23 EGGVG, s dort; **n)** in Entschädigungssachen, § 208 BEG; **o)** Entscheidung über sofortige Beschwerden gegen Entscheidungen der Kammer für Wertpapierbereinigung im Einspruchsverfahren, § 34 I WertpapierbereinigungsG vom 19. 8. 49, WiGBl 295, ÄndG v 29. 3. 51, BGBl 211; **p)** Entscheidung über sofortige Beschwerden gemäß § 58 III DM-BilanzG; **q)** Entscheidung über sofortige weitere Beschwerden nach § 6 III der 40. DVO UmstellungsG; **r)** Berufungsinstanz in Baulandsachen, § 229 BauGB (Senat für Baulandsachen); Besetzung mit zwei Richtern des OLG (einschließlich des Vorsitzenden) und einem hauptamtlichen Richter eines OVG, § 229 I 1 BauGB, auch in Beschwerdesachen; die Landesregierungen können die Entscheidung einem OLG für mehrere OLG-Bezirke zuweisen, § 229 II BauGB; **s)** Beschwerde (auch gegen Einspruchsentscheid der Kartellbehörde), Festsetzung einer Geldbuße, Berufung in bürgerlichen Streitigkeiten nach GWB, vorbei die Entscheidung durch den Kartellsenat ergeht, § 92 GWB. Kartellsachen, in denen die OLGe ausschließlich zuständig sind, können die Landesregierungen einem OLG zuweisen, § 93 GWB, so **Bay** VO v 16. 12. 57, GVBl 324, **NRW** VO v 7. 1. 58, GVBl 17, **Nds** VO v 15. 2. 58, GVBl, **SchlH** VO v 11. 2. 58, GVBl 118, **BaWü** VO v 17. 3. 58, GVBl 102, **RhldPf** LVO v 22. 10. 59, GVBl 215; wegen der Voraussetzungen für die Zuständigkeit des gemeinsamen OLG in diesen Fällen s BGH **49**, 33, Celle MDR **73**, 146 und NdsRpfl **77**, 187, Mü LS MDR **82**, 62; **t)** Beschwerdeinstanz nach § 12 AVAG, Schlußanh V D; **u)** Entscheidung nach § 4 AusfG zum EuSorgeRÜbk, Schlußanh V A 3.

13 **5) Experimentierklausel, III–VI** (BT-Drs 14/6036 S 115 u 119).

A. Allgemeines (krit Hartmann NJW **01**, 2588). Die im Zug der ZPO-Reform eingeführte Ermächtigung der Länder, eine **Konzentration aller Berufungs- und Beschwerdeverfahren bei den OLGen** einzuführen und zu erproben, dient der Prüfung, welche bundeseinheitliche Regelung des Instanzenzuges die insgesamt größten Vorteile bietet, BT-Drs 14/6036 S 119. Der Gesetzgeber hat als Erprobungszeit die Zeit vom 1. 1. 02 bis 1. 1. 08 festgelegt, V, und zum 1. 1. 04 und 1. 1. 06 Berichte der Bundesregierung an den Bundestag vorgeschrieben, die auf den Erfahrungen und Erkenntnissen der Länder beruhen, VI. Die damit ermöglichte Konzentration bei einem OLG (oder mehreren OLGen) führt zu einer Personalvermehrung, deren Probleme im Hinblick auf die Besetzung, § 21 f I u 115 sowie § 29 DRiG, nur der Bundesgesetzgeber lösen kann.

B. Einzelheiten. Der Landesgesetzgeber kann von der Konzentrationsermächtigung, III 1, auch in **14** beschränktem Umfang Gebrauch machen, zB die Bestimmung auf die Entscheidungen einzelner Amtsgerichte oder bestimmter Sachen beschränken, III 2. Macht der Landesgesetzgeber von der Ermächtigung Gebrauch, muß er gleichzeitig Regelungen über eine Rechtsmittelbelehrung treffen, IV.

120, 121 (betreffen Strafsachen)

122 Besetzung der Senate.
¹ Die Senate der Oberlandesgerichte entscheiden, soweit nicht nach den Vorschriften der Prozeßgesetze an Stelle des Senats der Einzelrichter zu entscheiden hat, in der Besetzung von drei Mitgliedern mit Einschluß des Vorsitzenden.

II (betrifft Strafsachen).

Vorbem. In den **neuen Bundesländern** entschied, solange dort keine OLGe bestanden (Üb § 115 **1** Rn 2), die Zivilsenate des Bezirksgerichts in Handelssachen durch einen Richter und zwei ehrenamtliche Richter, soweit nach GVG/ZPO das AG erste Instanz wäre, im übrigen durch drei Richter, EV Anl I Kap III Sachgeb A Abschn III Z 1 j (2) u (3).

1) Besetzung. Die Zahl der Senatsmitglieder, die sämtlich Richter auf Lebenszeit sein müssen, § 115 **2** Rn 2, ist auf mindestens 3 festgelegt; über ihre Heranziehung befindet der Vorsitzende, § 21 g. Es dürfen aber nicht mehrere selbständige Abteilungen gebildet werden, § 59 Rn 4. § 122 betrifft nur die Beratung und Entscheidung. Wird eine Entscheidung, ob nun in Gestalt eines förmlichen Beschlusses oder der Entschließung über eine Gegenvorstellung (soweit diese statthaft ist, Üb § 567 ZPO Rn 4–6, zB mit dem Ziel, den Streitwert herabzusetzen), nur von 2 Mitgliedern getroffen, so liegt darin eine Amtspflichtverletzung, BGH **36**, 153. Der Vorsitzende muß einen richtunggebenden Einfluß ausüben, er muß also mindestens 75% der Aufgaben eines Vorsitzenden und erheblich mehr als 50% der rein richterlichen Spruchtätigkeit selbst wahrnehmen; daran kann auch die Zuweisung weiterer Dienstaufgaben (zB als Vorsitzender eines Prüfungsamts) nichts ändern, BGH GZS **37**, 210. Das gilt auch für den OLGPräsidenten, der sich einem Senat angeschlossen hat, BGH **49**, 64. Iü s wegen der sog Überbesetzung § 16 Rn 7, § 59 Rn 3. Über den Einzelrichter s § 524 ZPO. Bei den **Landesarbeitsgerichten** entscheiden der Vorsitzende und 2 ehrenamtliche Richter, § 35 II ArbGG.

Neunter Titel. Bundesgerichtshof

Einführung

1) Bundesgerichtshof ist der Name des in Art 96 Abs I GG vorgesehenen Obersten Gerichts- **1** hofs des Bundes für das Gebiet der ordentlichen Gerichtsbarkeit. Er ist die Revisionsinstanz gegen Urteile, soweit diese revisionsfähig sind, § 133 GVG. Beschwerdegericht ist er nur ausnahmsweise, § 574 ZPO, § 17 a IV GVG, §§ 41 p, 42 m PatG, § 7 InsO, §§ 17 ff AVAG. Eine landesgesetzliche Beeinflussung der Zuständigkeit des BGH kann aufgrund von § 3 EGGVG stattfinden, vgl § 15 EGZPO; eine allgemeine Möglichkeit besteht aufgrund des Art 99 GG, vgl auch BGH NJW **62**, 2162 (für § 28 FGG). Wegen des Gemeinsamen Senats der obersten Gerichtshöfe s das Gesetz vom 19. 6. 68, BGBl 661, Anh § 140.

Die Hauptaufgabe des BGH als Rechtsmittelgericht besteht darin, für die Rechtseinheit und die Voraussehbarkeit der Rechtsanwendung zu sorgen. An seine Entscheidungen sind die Gerichte, abgesehen von Zurückverweisungen, Entscheidungen auf Vorlage u dgl, nicht gebunden. Die Rechtssicherheit gebietet es jedoch, der Rspr des BGH zu folgen, wenn nicht gegen sie schwerwiegende rechtliche Bedenken bestehen, vgl LAG Mainz NZA **87**, 535.

2) Revisionsgericht ist auch das **Bayerische Oberste Landesgericht**, falls für die Entscheidung nicht **2** Bundesrecht in Betracht kommt, § 8 EGGVG, Art 21 BayAGGVG, abgedr Schlußanh I B. Das Verfahren regelt § 7 EGZPO.

3) Das **Bundesarbeitsgericht** ist Revisionsgericht, §§ 8 III u 72 ArbGG, sowie Rechtsbeschwerdege- **3** richt, §§ 8 V u 92 ArbGG; sein Sitz ist Kassel, § 40 I ArbGG.

123 Sitz. Sitz des Bundesgerichtshofes ist Karlsruhe.

1) Erläuterung (vgl Pfeiffer NJW **99**, 2617). Der Sitz des BGH ist durch einfaches Gesetz (Art 1 Z 52 **1** VereinhG) bestimmt worden, kann also auf dem gleichen Wege geändert werden. Zum Sitz des BGH im vereinten Deutschland s Wassermann NJW **90**, 2530; ein Strafsenat ist seit 1997 in Leipzig tätig.

124 Besetzung des Bundesgerichtshofes.
Der Bundesgerichtshof wird mit einem Präsidenten sowie mit Vorsitzenden Richtern und weiteren Richtern besetzt.

1) Erläuterung. Die Vorschrift entspricht der Regelung für LG und OLG, §§ 59 I u 115. Wegen der **1** Vertretung des Präsidenten vgl § 21 h. Die entsprechende Regelung für das **Bundesarbeitsgericht**, das unter Mitwirkung von ehrenamtlichen Richtern entscheidet, trifft § 41 ArbGG.

125 *Ernennung der Mitglieder des Bundesgerichtshofes.* I Die Mitglieder des Bundesgerichtshofes werden durch den Bundesminister der Justiz gemeinsam mit dem Richterwahlausschuß gemäß dem Richterwahlgesetz berufen und vom Bundespräsidenten ernannt.

II Zum Mitglied des Bundesgerichtshofes kann nur berufen werden, wer das fünfunddreißigste Lebensjahr vollendet hat.

1   1) **Voraussetzung der Berufung, II**, ist außer denen für eine Richterberufung überhaupt, § 9 DRiG, die Vollendung des 35. Lebensjahres. Die Befähigung zum Richteramt kann in jedem deutschen Land erworben sein, § 6 II DRiG. Im Zeitpunkt der Wahl braucht ein Richteramt nicht bekleidet zu sein.

2   2) **Berufung, I**. Das Nähere regelt das Richterwahlgesetz vom 25. 8. 50, BGBl 368. Danach haben sowohl der BJM wie die Mitglieder des Richterwahlausschusses, der aus den Landesjustizministern und außerdem aus Bundestagsabgeordneten besteht, ein Vorschlagsrecht, § 10 des Gesetzes. Stimmt der BJM der Wahl zu, so hat er die Ernennung beim Bundespräsidenten zu beantragen, § 13 des Gesetzes.

3   3) **Ernennung, I**. Sie erfolgt durch den Bundespräsidenten, Art 60 I GG, der aber durch die Berufung nicht gebunden ist, andererseits auch keinen nicht Berufenen ernennen darf. Der BJM muß gegenzeichnen, Art 58 GG.

4   4) **Entlassung**. Wegen des Eintritts in den Ruhestand s § 48 DRiG, abgedr Schlußanh I A. Wegen zwangsweiser Entlassung, zwangsweiser Versetzung in den Ruhestand und der Versetzung in ein anderes Amt vgl Art 98 II GG.

5   5) Für die Richter am **Bundesarbeitsgericht** gilt das gleiche, § 42 ArbGG; zuständiger Minister ist der Bundesminister für Arbeit, der im Benehmen mit dem BJM entscheidet.

126–129 (weggefallen)

130 *Senate des Bundesgerichtshofes.* I 1 Bei dem Bundesgerichtshof werden Zivil- und Strafsenate gebildet und Ermittlungsrichter bestellt. 2 Ihre Zahl bestimmt der Bundesminister der Justiz.

II Der Bundesminister der Justiz wird ermächtigt, Zivil- und Strafsenate auch außerhalb des Sitzes des Bundesgerichtshofes zu bilden.

1   1) **Erläuterung** (Pfeiffer NJW **99**, 2617). Der BGH hat zZt 12 Zivilsenate, 5 Strafsenate, einer davon in Leipzig, den Kartellsenat, das Dienstgericht des Bundes sowie 6 Sondersenate, nämlich für Anwalts-, Notar-, Patentanwalts-, Landwirtschafts-, Wirtschaftsprüfer- und Steuerberatersachen; das BArbG hat zZt 10 Senate.

131 (aufgehoben durch Art II Z 39 G vom 26. 5. 72, BGBl 841)

132 *Große Senate. Vereinigte Große Senate.* I 1 Beim Bundesgerichtshof werden ein Großer Senat für Zivilsachen und ein Großer Senat für Strafsachen gebildet. 2 Die Großen Senate bilden die Vereinigten Großen Senate.

II Will ein Senat in einer Rechtsfrage von der Entscheidung eines anderen Senats abweichen, so entscheiden der Große Senat für Zivilsachen, wenn ein Zivilsenat von einem anderen Zivilsenat oder von dem Großen Zivilsenat, der Große Senat für Strafsachen, wenn ein Strafsenat von einem anderen Strafsenat oder von dem Großen Senat für Strafsachen, die Vereinigten Großen Senate, wenn ein Zivilsenat von einem Strafsenat oder von dem Großen Senat für Strafsachen oder ein Strafsenat von einem Zivilsenat oder von dem Großen Senat für Zivilsachen oder ein Senat von den Vereinigten Großen Senaten abweichen will.

III 1 Eine Vorlage an den Großen Senat oder die Vereinigten Großen Senate ist nur zulässig, wenn der Senat, von dessen Entscheidung abgewichen werden soll, auf Anfrage des erkennenden Senats erklärt hat, daß er an seiner Rechtsauffassung festhält. 2 Kann der Senat, von dessen Entscheidung abgewichen werden soll, wegen einer Änderung des Geschäftsverteilungsplanes mit der Rechtsfrage nicht mehr befaßt werden, tritt der Senat an seine Stelle, der nach dem Geschäftsverteilungsplan für den Fall, in dem abweichend entschieden wurde, zuständig wäre. 3 Über die Anfrage und die Antwort entscheidet der jeweilige Senat durch Beschluß in der für Urteile erforderlichen Besetzung; § 97 Abs. 2 Satz 1 des Steuerberatungsgesetzes und § 74 Abs. 2 Satz 1 der Wirtschaftsprüferordnung bleiben unberührt.

IV Der erkennende Senat kann eine Frage von grundsätzlicher Bedeutung dem Großen Senat zur Entscheidung vorlegen, wenn das nach seiner Auffassung zur Fortbildung des Rechts oder zur Sicherung einer einheitlichen Rechtsprechung erforderlich ist.

V 1 Der Große Senat für Zivilsachen besteht aus dem Präsidenten und je einem Mitglied der Zivilsenate, der Große Senat für Strafsachen aus dem Präsidenten und je zwei Mitgliedern der Strafsenate. 2 Legt ein anderer Senat vor oder soll von dessen Entscheidung abgewichen werden,

9. Titel. Bundesgerichtshof § 132 GVG

ist auch ein Mitglied dieses Senats im Großen Senat vertreten. ³ Die Vereinigten Großen Senate bestehen aus dem Präsidenten und den Mitgliedern der Großen Senate.

VI ¹ Die Mitglieder und die Vertreter werden durch das Präsidium für ein Geschäftsjahr bestellt. ² Dies gilt auch für das Mitglied eines anderen Senats nach Absatz 5 Satz 2 und für seinen Vertreter. ³ Den Vorsitz in den Großen Senaten und den Vereinigten Großen Senaten führt der Präsident, bei Verhinderung das dienstälteste Mitglied. ⁴ Bei Stimmengleichheit gibt die Stimme des Vorsitzenden den Ausschlag.

Vorbem. A. Neufassung durch Art 2 Z 11 RpflVereinfG, in Kraft ab 1. 1. 92, Art 11 I des Gesetzes **1** (Begr: BT-Drs 11/3621 S 29 u S 54). Sie gilt auch für anhängige Verf, BSG NZS **92**, 39.

B. In der **Arbeitsgerichtsbarkeit** gilt für den Großen Senat des BAG § 45 ArbGG idF des Art 3 Z 1 RpflVereinfG, in Kraft ab 1. 1. 92, Art 11 I des Gesetzes.

1) Allgemeines. Bei allen obersten Bundesgerichten bestehen **Große Senate**, um die Einheitlichkeit der **2** Rspr zu sichern und für die Rechtsfortbildung innerhalb des Gerichts zu sorgen. Die jeweils maßgeblichen Regelungen unterschieden sich bis zum 31. 12. 91 voneinander. Das RpflVereinfG hat diese Unterschiede, soweit sie nicht von der Sache her geboten sind (zB wegen der Mitwirkung ehrenamtlicher Richter), beseitigt und zugleich Unklarheiten und Unzulänglichkeiten der bisherigen Vorschriften behoben. Seit dem 1. 1. 92 gelten demgemäß für alle Gerichtszweige im wesentlichen übereinstimmende Vorschriften über die Großen Senate (§§ 132 GVG, 45 ArbGG, 11 VwGO, 11 FGO, 42 SGG), vgl Kissel NJW **91**, 951.

Die **Regelung für den BGH**, §§ 132 und 138, faßt die bisherigen Bestimmungen zusammen, so daß die **3** §§ 136 und 137 aufgehoben worden sind. Sie trägt der Besonderheit Rechnung, daß beim BGH sowohl Zivilsenate als auch Strafsenate bestehen, § 130. Dementsprechend werden ein Großer Senat für Zivilsachen und ein Großer Senat für Strafsachen gebildet, I 1; die beiden Großen Senate bilden die Vereinigten Großen Senate, I 2, die die Aufgaben des Großen Senats bei Beteiligung sowohl von Zivil- als auch von Strafsenaten wahrnehmen. Die Zuständigkeiten und das Verfahren sind in II–IV sowie in § 138 geregelt.

2) Vorlage bei Abweichung, II u III **4**
A. Voraussetzungen, II. Will ein Senat des BGH in einer Rechtsfrage von der Entscheidung eines anderen abweichen, so hat er die **Entscheidung des Großen Senats oder der Vereinigten Großen Senate** einzuholen, je nachdem, von welchem Senat abgewichen werden soll. „Senat" in diesem Sinne sind auch die Großen Senate und die Vereinigten Großen Senate. Für die Vorlagepflicht ist es ohne Bedeutung, ob die andere Entscheidung ein Urteil oder ein Beschluß war.

Eine **Abweichung** liegt nicht nur bei der Auslegung derselben Gesetzesstelle, sondern auch dann vor, **5** wenn der gleiche Rechtssatz, der in mehreren Vorschriften niedergelegt ist, unterschiedlich ausgelegt wird, BGH **9**, 179. Die Abweichung muß für die frühere und die beabsichtigte Entscheidung (nicht notwendigerweise für das Ergebnis) entscheidungserheblich sein, BGH (VGrS) NJW **87**, 1735 mwN. Keine Abweichung iSv II liegt vor, wenn derselbe Senat seine Ansicht wechseln will oder der andere Senat seine Ansicht aufgegeben hat, RGSt **53**, 190, oder nicht mehr besteht, BGH (GrS) NJW **86**, 1766 mwN; das gleiche gilt, wenn er seine Ansicht nur beiläufig geäußert hat, BGH NJW **00**, 1156 (dann ggf Vorlage nach IV), oder wenn ein anderer Senat für das betreffende Sachgebiet zuständig geworden ist und nun abweichen will, auch wenn ihre Art nach auch einmal bei Sachen eines anderen Senats von Bedeutung sein kann, was nie auszuschließen ist, BGH **28**, 29. Wohl aber besteht die Vorlagepflicht dann, wenn ein Senat von der Ansicht eines anderen ohne Vorlegung abgewichen ist und nunmehr ein dritter Senat sich der Ansicht des ersten anschließen will, da auch dann zwei Ansichten bestehen bleiben, BGH JZ **56**, 331, und ebenso dann, wenn der dritte Senat dem abgewichenen Senat folgen will, BFH BStBl **77** II 247. Eine **Vorlage entfällt**, wenn der Gesetzgeber den Inhalt einer zunächst unterschiedlich ausgelegten Norm durch einen neuen Gesetzgebungsakt klargestellt hat, BGH NZA **00**, 558 mwN (zu § 121 II), wenn ein Senat sich (abweichend von der früher ergangenen Entscheidung eines anderen Senats) dem GmS, Anh § 140, anschließen will, Müller-Helle NJW **73**, 1063, ferner dann, wenn der Senat in der Auslegung einer Norm des Gemeinschaftsrecht dem EuGH folgen will, BSG NJW **74**, 1063.

Das Unterlassen einer gebotenen Vorlage kann Art 101 I 2 GG verletzen, § 16 Rn 5, Schneider MDR **00**, 10 mwN, Leisner NJW **89**, 2446, Kothe DÖV **88**, 284.

B. Verfahren, III. a) Anfrage. Bei einer beabsichtigten Abweichung ist eine **Vorlage nach II** (nicht **6** eine Vorlage wegen Grundsätzlichkeit, IV, BGH GSZ NJW **95**, 664) **nur zulässig, wenn der Senat, von dessen Entscheidung abgewichen werden soll, auf Anfrage des erkennenden Senats erklärt hat, daß er an seiner Rechtsauffassung festhält,** III 1. Handelt es sich um eine Abweichung von der Rspr mehrerer Senate, sind alle zu befragen, BT-Drs 11/3621 S 54. Kann der andere Senat (bzw einer von mehreren zu befragenden Senaten) **mit der Rechtsfrage nicht mehr befaßt werden, weil er wegen einer Änderung des Geschäftsverteilungsplanes für das betreffende Sachgebiet nicht mehr zuständig ist,** so tritt an seine Stelle der jetzt dafür zuständige Senat, III 2. Bei Zweifeln über die Zuständigkeit entscheidet das zur Auslegung der Geschäftsverteilung berufene Präsidium, BT-Drs 11/3621 S 54, § 21 e Rn 13. **b) Einzelheiten.** Über die Anfrage und die Antwort darauf entscheidet der jeweilige Senat durch **Beschluß in der für Urteile erforderlichen Besetzung,** III 3 1. Halbsatz. Sondervorschriften gelten für den Senat für Steuerberater- und Steuerbevollmächtigtensachen, § 97 II 1 SteuerberatungsG, und für den Senat für Wirtschaftsprüfersachen, § 74 II 1 WirtschaftsprüferO, s **III 3 2. Halbsatz.** Gibt der befragte Senat seine Rechtsauffassung auf, darf der erkennende Senat ohne Vorlage über die Rechtsfrage in seinem Sinne entscheiden. Hält der befragte Senat an seiner Ansicht fest, hat der erkennende Senat die Sache dem zuständigen Großen Senat vorzulegen. Bis zur Vorlage an den GrS sind die anderen Senate nicht gehindert, an ihrer Rspr festzuhalten, BGH RR **94**, 1092, und auch nicht verpflichtet, dort anhängige Verf zu derselben Rechtsfrage auszusetzen, BGH NJW **94**, 2299.

GVG §§ 132–135 Gerichtsverfassungsgesetz

7   3) **Vorlage wegen grundsätzlicher Bedeutung, IV.** Der erkennende Senat kann eine Frage von grundsätzlicher Bedeutung dem für ihn zuständigen Großen Senat vorlegen, wenn dies nach seiner Auffassung zur Fortbildung des Rechts oder zur Sicherung einer einheitlichen Rspr erforderlich ist. Die Vorlage steht im Ermessen des Senats, Kissel 38, Katholnigg 14, aM Prütting ZZP **92**, 278. Es muß sich um eine **Rechtsfrage** handeln, die **für die Entscheidung der Sache erheblich ist**, BGH (VGS) NJW **94**, 1735, GmS NJW **84**, 1027 u NJW **00**, 1185 mwN. Dazu, wann eine Frage grundsätzliche Bedeutung hat, s § 543 Rn 4. Eine Vorlage nach IV kommt nicht in Betracht, wenn schon eine Vorlage nach II geboten ist, BGH NJW **00**, 1186 mwN (Anm Schauwienold/Otto MDR **00**, 532).

Ob die Vorlage aus den im Gesetz genannten Gründen erforderlich ist, **entscheidet der erkennende Senat** („nach seiner Auffassung"), ohne daß der Große Senat dies nachzuprüfen hätte, Kissel 38, str, Katholnigg 15 mwN (auch eine Überprüfung auf Ermessensfehler scheidet aus, aM Kissel u Katholnigg aaO, BAG GS NZA **92**, 749); das gleiche gilt für die Entscheidungserheblichkeit der Frage, Bettermann DVBl **82**, 955, aM BGH NJW **00**, 1185, MDR **93**, 777. Dagegen wird durch die jetzige, gegenüber § 137 aF veränderte Fassung („kann ... vorlegen" statt „kann ... herbeiführen") klargestellt, daß der **Große Senat selbständig nachprüft**, ob es sich um eine Frage von grundsätzlicher Bedeutung handelt, BT-Drs 11/3621 S 54, Kissel 38 mwN, str. Verneint er diese Frage, lehnt er die Entscheidung ab. Kommt er zu dem Ergebnis, daß eine Abweichung iSv II vorliegt, gilt das gleiche, da dann das besondere Verfahren nach II u III durchzuführen ist, BGH (GrS) NJW **86**, 1765. Entfällt die Entscheidungserheblichkeit, zB durch prozessuale Ereignisse wie ein Anerkenntnis iSv § 307, endet seine Zuständigkeit, BAG NJW **88**, 990.

8   Die Vorlage nach III (mit der Bindungswirkung für den erkennenden Senat, § 138 I 3) verstößt nicht gegen die Unabhängigkeit des Richters, Art 97 GG, BGH **3**, 315. Mit Rücksicht auf die Bindungswirkung, die dem erkennenden Senat den unmittelbaren Weg zum BVerfG verschließen würde, ist **keine Vorlage an den Großen Senat über Fragen der Vereinbarkeit einer Vorschrift mit dem GG** zulässig, BVerfG NJW **57**, 625, BVerwG NJW **62**, 459.

9   **4) Besetzung und Bestellung der Mitglieder**
A. **Besetzung der Großen Senate und der Vereinigten Großen Senate, V.** Die vom bisherigen Recht zT abweichende Regelung stellt sicher, daß alle Senate in den Großen Senaten vertreten sind, Kissel NJW **91**, 951. Kraft Amtes gehört ihnen der Präsident des BGH an; er wird durch das dienstälteste Mitglied vertreten, VI 3. Für jedes sonstige Mitglied wird ein **Vertreter** bestellt, VI 2.
B. **Bestellung der Mitglieder, VI.** Die Mitglieder und ihre Vertreter werden entspr Art 101 I 2 GG vom **Präsidium** des BGH für jeweils ein Geschäftsjahr bestellt, VI 1; ergänzend gilt § 21 e III u VIII entspr, s die dortigen Erläuterungen.

10 **5) Verfahren.** Den **Vorsitz** in jedem der Großen Senate führt der Präsident des BGH, bei seiner Verhinderung das dienstälteste Mitglied des jeweiligen Großen Senats, VI 3. Bei **Stimmengleichheit** gibt die Stimme des Vorsitzenden den Ausschlag, VI 4. Das Verfahren ist iü **in § 138 geregelt**, s die dortigen Erläuterungen.

133 *Zuständigkeit in Zivilsachen.* In bürgerlichen Rechtsstreitigkeiten ist der Bundesgerichtshof zuständig für die Verhandlung und Entscheidung über die Rechtsmittel der Revision, der Sprungrevision und der Rechtsbeschwerde.

Vorbem. Neu gefaßt mWv 1. 1. 02 durch Art 1 Z 7 ZPO-RG v 27. 7. 01 BGBl 1887.

1   **1) Zuständigkeit** (zur bisherigen Fassung Pfeiffer NJW **99**, 2617). Die Vorschrift benennt die regelmäßigen Zuständigkeiten des BGH in bürgerlichen Rechtsstreitigkeiten: Verhandlung und Entscheidung über die Rechtsmittel der **Revision**, §§ 542–565 ZPO, der **Sprungrevision**, § 566 ZPO, und der **Rechtsbeschwerde**, §§ 574–577 ZPO. Gericht der Rechtsbeschwerde ist der BGH auch in **FGG-FamS**, s §§ 621 a und 621 e ZPO. Wegen der Zuständigkeit des BayObLG s die Erläuterungen zu § 7 EGZPO.

2   **2) Weitere Zuständigkeiten. a)** Entscheidung nach § 17 a IV; **b)** Entscheidung bei Verweigerung der Rechtshilfe gemäß § 159; **c)** Bestimmung des zuständigen Gerichts gemäß § 36 III ZPO; **d)** Entscheidung über die Ablehnung eines Richters des OLG, wenn dieses beschlußunfähig ist, § 45 I ZPO; **e)** in Patentsachen für die Entscheidung über Berufungen gegen Entscheidung des Patentgerichts in Patentnichtigkeitssachen, § 42 PatG, desgleichen im Rechtsbeschwerdeverfahren gegen Beschlüsse der Beschwerdesenate des Patentgerichts, § 41 p, und im Beschwerdeverfahren gegen die Urteile des Patentgerichts über den Erlaß einstw Vfgen im Zwangslizenzerteilungsverfahren, § 42 m PatG. Zuständigkeiten des BGH bestehen ferner **f)** auf dem Gebiet der freiwilligen Gerichtsbarkeit, §§ 28, 30 FGG, **g)** für die Rechtsbeschwerde in Landwirtschaftssachen, Gesetz vom 21. 7. 53, BGBl 667, § 24, **h)** für die Revision in Binnenschiffahrtssachen, § 9 II des Gesetzes vom 27. 9. 52, BGBl 641; **i)** in Baulandsachen, § 230 BauGB, **k)** in Kartellsachen, § 95 GWB; **l)** in Entschädigungssachen, § 208 BEG; **m)** in Anwaltssachen (Anwaltssenat) nach BRAO, vgl BGH **34**, 382; **n)** Rechtsbeschwerdeinstanz nach § 18 AVAG, Schlußanh V E.

3   Wegen der Möglichkeit der **Übertragung von Zuständigkeiten** durch die Landesgesetzgebung s § 3 EGGVG.

134, 134a (aufgehoben)

135 (betrifft Strafsachen)

9. Titel. Bundesgerichtshof §§ 136–140, Anh § 140 GVG

136, 137 (aufgehoben)

138 Verfahren vor den Großen Senaten.
I ¹Die Großen Senate und die Vereinigten Großen Senate entscheiden nur über die Rechtsfrage. ²Sie können ohne mündliche Verhandlung entscheiden. ³Die Entscheidung ist in der vorliegenden Sache für den erkennenden Senat bindend.

II ¹Vor der Entscheidung des Großen Senats für Strafsachen oder der Vereinigten Großen Senate und in Rechtsstreitigkeiten, welche die Anfechtung einer Todeserklärung zum Gegenstand haben, ist der Generalbundesanwalt zu hören. ²Der Generalbundesanwalt kann auch in der Sitzung seine Auffassung darlegen.

III Erfordert die Entscheidung der Sache eine erneute mündliche Verhandlung vor dem erkennenden Senat, so sind die Beteiligten unter Mitteilung der ergangenen Entscheidung der Rechtsfrage zu der Verhandlung zu laden.

Vorbem. A. Fassung: II idF des Art 3 § 12 Z 3 LPartG, Einf § 606 Rn 14. 1

B. Für das Verf des Großen Senats beim **Bundesarbeitsgericht** gilt § 45 ArbGG idF des Art 3 Z 1 RpflVereinfG.

1) **Erläuterung.** Wegen des Verfahrens s auch § 132. Die **Entscheidung ergeht nur über die Rechts-** 2 **frage**, I 1, BGH NJW **86**, 1764, BAG NJW **88**, 990. Zu prüfen ist, ob der vorlegende Senat der gesetzliche Richter iSv Art 101 I 2 GG ist; hierüber und auch sonst über die Zulässigkeit der Vorlage kann gesondert vorab entschieden werden, BGH **LM** § 110 ZPO Nr 8, BAG (GrS) MDR **84**, 522. Ein Großer Senat darf die Sache bei Eintritt neuer Rechtstatsachen, zB bei Ergehen einer Entscheidung des BVerfG mit Bindungswirkung, Art 31 I BVerfGG, nicht zurückgeben, damit die Parteien dazu Stellung nehmen können; er hat den Parteien vielmehr selbst rechtliches Gehör durch schriftliche Anhörung zu gewähren, BGH (GrZS) **13**, 270. Die in I genannten Senate **können ohne mündliche Verhandlung entscheiden**, I 2; die mündliche Verhandlung soll aber die Regel sein, BT-Drs 11/3621 S 55. Die Senate entscheiden durch begründeten Beschluß, Kissel 12. Die **Entscheidung ist in der vorliegenden Sache für den erkennenden Senat bindend**, I 3; das gleiche gilt im Falle einer Zurückverweisung für die Gerichte, an die verwiesen wird, §§ 565 II, 566 a IV ZPO. Diese Bindung verstößt nicht gegen Art 97 GG, BGH **3**, 315. Im übrigen werden der erkennende Senat und die anderen Senate nur in der Weise gebunden, daß sie bei einer beabsichtigten Abweichung nach § 132 II verfahren müssen. Gegen die Entscheidung eines Großen Senats findet eine Verfassungsbeschwerde statt, BVerfG **31**, 55, Oswald DVBl **74**, 191; ihr unterliegt aber ggf die Entscheidung in der Sache, in der der Beschluß ergangen ist.

Die **Beteiligung des Generalbundesanwalts** ist in II abschließend geregelt. III regelt das **weitere Verf** des erkennenden Senats. Vgl ü § 9 GO BGH, § 140.

139 Besetzung der Senate.
¹Die Senate des Bundesgerichtshofes entscheiden in der Besetzung von fünf Mitgliedern einschließlich des Vorsitzenden.

II (betrifft Strafsachen)

Erläuterung. Die Vorschrift gilt auch für Beschlußsachen. Das **Bundesarbeitsgericht** entscheidet durch 1
5 Mitglieder, von denen 2 ehrenamtliche Richter sind, § 41 II ArbGG.

140 Geschäftsordnung.
Der Geschäftsgang wird durch eine Geschäftsordnung geregelt, die das Plenum beschließt; sie bedarf der Bestätigung durch den Bundesrat.

1) **Zuständig für die Regelung der Geschäftsordnung** ist das Plenum. Es hat die Geschäftsordnung v 1
3. 3. 52, BAnz Nr 83, zuletzt geändert durch Bek v 21. 6. 71, BAnz Nr 114, erlassen. Die Geschäftsordnung des **Bundesarbeitsgerichts** beschließt dessen Präsidium; sie bedarf der Bestätigung durch den BRat, § 44 II ArbGG (vgl Geschäftsordnung idF v 8. 4. 1960, BAnz Nr 76, mit Änderungen, abgedr bei Grunsky ArbGG Anh 5).

Anhang nach § 140 GVG. Gesetz zur Wahrung der Einheitlichkeit der Rechtsprechung der Obersten Gerichtshöfe des Bundes

Vom 19. 6. 1968, BGBl 661

Übersicht

Schrifttum: *Katholnigg* S 441–457; *Späth* BB **77**, 153; *Miebach,* Der Gemeinsame Senat der obersten Gerichtshöfe des Bundes, 1971; *Maetzel* MDR **68**, 797.

Wegen der Einheitlichkeit der Rechtsprechung der 5 Obersten Gerichtshöfe schreibt Art 95 III GG (idF 1 des G v 18. 6. 68, BGBl 657) anstelle des ursprünglich vorgesehenen Obersten Bundesgerichts die Bildung eines **Gemeinsamen Senats** vor. Dieser Senat ist mWv 1. 7. 68 in Karlsruhe errichtet worden, § 1. **Er entscheidet**, wenn ein oberster Gerichtshof in einer für seine Entscheidung erheblichen Rechtsfrage von der Entscheidung eines anderen obersten Gerichtshofs bzw des GmS abweichen will, § 2 I (auch dann, wenn diese Entscheidung vor dem Inkrafttreten des Gesetzes erlassen ist, GmS NJW 72, 1411, jedoch in diesem Fall nicht, wenn inzwischen abw Entscheidungen des eigenen oder eines anderen obersten Gerichtshofs ergangen sind, BVerwG NJW 83, 2154), und ihm die Frage mit begründetem Beschluß vorgelegt wird, § 11 (Entscheidung iSv § 2 I ist nicht der Vorlagebeschluß eines anderen obersten Gerichtshofs, BVerwG NJW 76, 1420). Die Rechtsfrage muß sowohl für den erkennenden Senat in der anhängigen Sache als auch für den divergierenden Senat in der entschiedenen Sache entscheidungserheblich sein, BGH NJW 02, 1208 mwN. Die Zuständigkeit des GmS ist auch dann gegeben, wenn die abweichende Rechtsauffassung eine in mehreren Gesetzen in gleicher Weise auftauchende Rechtsfrage betrifft, die abweichende Entscheidung aber zu einem anderen Gesetz ergangen ist, GmS ZIP 93, 1342, NJW 84, 1027, NJW 73, 1273. Eine Abweichung ist nicht gegeben, wenn die Rechtsauffassungen zum selben Ergebnis führen, BGH NJW 99, 2600. Will ein Senat eines Obersten Gerichtshofs von der Rspr eines anderen Senats seines Gerichtshofes und gleichzeitig von einer Entscheidung eines anderen Obersten Gerichtshofes abweichen, so ist zunächst der Große Senat seines Gerichtshofes, gegebenenfalls dessen Vereinigter Großer Senat anzurufen, § 132 GVG, so daß der GmS erst anzurufen ist, wenn sich auch dann noch eine Abweichung von der Rspr eines anderen Obersten Gerichts ergibt, § 2 II, wobei dann der Große Senat die Vorlegungspflicht hat und beteiligter Senat es, wenn der Senat eines Obersten Gerichtshofes, von dessen Entscheidung abgewichen werden soll, sich durch Beschluß innerhalb eines Monats der Ansicht des vorlegenden Senats anschließt, § 14. Eine Anrufung des GmS entfällt, wenn das Oberste Bundesgericht nicht in der Sache selbst entscheidet, BVerwG Buchholz 310 § 40 VwGO Nr 202. Die **Zusammensetzung**, § 3, stellt sicher, daß die Obersten Gerichtshöfe angemessen vertreten sind, Z 1, und durch die Teilnahme von Richtern der beteiligten Senate auch die erforderliche besondere Sachkunde für die jeweils zu entscheidende Sache vorhanden ist, Z 2 u 3. Zu § 4 („beteiligte Senate") s GmS ZIP 93, 1342 mwN.

2   Es handelt sich bei der Herbeiführung einer Entscheidung des GmS **nicht um eine weitere Instanz** für die am Verfahren Beteiligten. Da der GmS nicht den Interessen der Beteiligten dient, sondern der Einheitlichkeit der Rspr, haben jene keine Möglichkeit, ihrerseits den GmS anzurufen, vgl § 132 GVG. Sie bleiben aber am Verfahren des GmS beteiligt, §§ 11 I, 12 III, 13 I, so daß sie bei der grundsätzlich stattfindenden mündlichen Verhandlung, vgl auch § 5 S 2, Gelegenheit haben, ihre Ansicht zu der Rechtsfrage vorzutragen, § 15 I 1. Sind beide Parteien einverstanden, kann aber auch ohne solche Verhandlung entschieden werden, wobei den Beteiligten dann die Möglichkeit einer schriftlichen Äußerung zur Rechtsfrage gegeben werden muß, § 15 I 2, 3. Außergerichtliche **Kosten** werden nicht erstattet, § 17 II.

3   **Verfahrensmäßig** gelten bis auf die Besonderheit der §§ 11 ff die für den vorlegenden Senat maßgebenden Vorschriften, § 10. Der GmS entscheidet nicht in der Sache, aus der sich die Rechtsfrage ergeben hat, sondern nur über diese, § 15 I 1, und zwar mit Bindung für das erkennende Gericht in der vorliegenden Sache, § 16, das für die Entscheidung in der Sache selbst zuständig bleibt. Gesetzeskraft hat ein solcher Beschluß nicht. Tatsächlich hat die Entscheidung des GmS aber deshalb weitergehende Wirkungen, weil jeder Senat eines Obersten Gerichtshofes, der abweichen will, vorlegen muß, § 2 I. Außerdem ergibt sich bei Abweichung von einer Entscheidung des GmS ein Zulassungszwang für das OLG, § 546 I 2 Z 2 ZPO, und ebenso für das LArbG, § 72 II Z 2 ArbGG; soweit dieser Zulassungsgrund in anderen Verfahrensordnungen fehlt, zB in § 132 II VwGO, gilt das gleiche nach § 18 G v 19. 6. 68, BGBl 661, abgedr Anh § 546 ZPO.

Das Gesetz gilt seit dem 3. 10. 90 im **gesamten Bundesgebiet**, Art 8 EV.

Erster Abschnitt. Gemeinsamer Senat der obersten Gerichtshöfe

§ 1. Bildung des Gemeinsamen Senats. I Zur Wahrung der Einheitlichkeit der Rechtsprechung der in Artikel 95 Abs. 1 des Grundgesetzes genannten obersten Gerichtshöfe des Bundes wird ein Gemeinsamer Senat dieser obersten Gerichtshöfe gebildet.

II Der Gemeinsame Senat hat seinen Sitz in Karlsruhe.

§ 2. Zuständigkeit. I Der Gemeinsame Senat entscheidet, wenn ein oberster Gerichtshof in einer Rechtsfrage von der Entscheidung eines anderen obersten Gerichtshofs oder des Gemeinsamen Senats abweichen will.

II Sind nach den Gerichtsverfassungs- oder Verfahrensgesetzen der Große Senat oder die Vereinigten Großen Senate eines obersten Gerichtshofes anzurufen, so entscheidet der Gemeinsame Senat erst, wenn der Große Senat oder die Vereinigten Großen Senate von der Entscheidung eines anderen obersten Gerichtshofs oder des Gemeinsamen Senats abweichen wollen.

§ 3. Zusammensetzung. I Der Gemeinsame Senat besteht aus
1. den Präsidenten der obersten Gerichtshöfe,
2. den Vorsitzenden Richtern der beteiligten Senate und
3. je einem weiteren Richter der beteiligten Senate.

II Führt der Präsident eines obersten Gerichtshofs den Vorsitz in einem beteiligten Senat, so wirken außer ihm zwei weitere Richter des beteiligten Senats in dem Gemeinsamen Senat mit.

III Bei Verhinderung der Präsidenten eines obersten Gerichtshofs tritt sein Vertreter im Großen Senat, bei Verhinderung des Präsidenten eines beteiligten Senats sein Vertreter an seine Stelle.

IV Die zu entsendenden Richter (Absatz 1 Nr. 3 und Absatz 2) und ihre Vertreter werden von den Präsidien der obersten Gerichtshöfe für die Dauer von zwei Geschäftsjahren bestimmt.

§ 4. *Beteiligte Senate.* ¹ ¹ Beteiligt sind der vorlegende Senat und der Senat des obersten Gerichtshofs, von dessen Entscheidung der vorlegende Senat abweichen will. ² Ist der Senat des anderen obersten Gerichtshofs bei Eingang des Vorlegungsbeschlusses für die Rechtsfrage nicht mehr zuständig, so tritt der nach der Geschäftsverteilung nunmehr zuständige Senat an seine Stelle. ³ Haben mehrere Senate des anderen obersten Gerichtshofs über die Rechtsfrage abweichend entschieden, so ist der Senat beteiligt, der als letzter entschieden hat, sofern nach der Geschäftsverteilung nicht ein anderer Senat bestimmt ist.

II ¹ Wird die Rechtsfrage von dem Großen Senat eines obersten Gerichtshofs vorgelegt oder will der vorlegende Senat von der Entscheidung des Großen Senats eines anderen obersten Gerichtshofs abweichen, so ist der Große Senat der beteiligte Senat. ² Entsprechendes gilt für die Vereinigten Großen Senate eines obersten Gerichtshofs.

§ 5. *Vorsitz.* ¹ Den Vorsitz führt der lebensälteste Präsident der nichtbeteiligten obersten Gerichtshöfe. ² Er wird bei der Leitung der mündlichen Verhandlung sowie der Beratung und Abstimmung durch den lebensältesten der anwesenden Präsidenten der anderen obersten Gerichtshöfe, bei den übrigen Geschäften des Vorsitzenden durch seinen Vertreter im Großen Senat vertreten.

§ 6. *Abstimmung.* Der Gemeinsame Senat entscheidet mit der Mehrheit der Stimmen seiner Mitglieder.

§ 7. *Vorrang der Amtsgeschäfte im Gemeinsamen Senat.* Die Tätigkeit im Gemeinsamen Senat geht der Tätigkeit an dem obersten Gerichtshof vor.

§ 8. *Geschäftsstelle.* ¹ Für den Gemeinsamen Senat wird eine Geschäftsstelle eingerichtet. ² Das Nähere bestimmt der Bundesminister der Justiz.

§ 9. *Rechts- und Amtshilfe.* Alle Gerichte und Verwaltungsbehörden leisten dem Gemeinsamen Senat Rechts- und Amtshilfe.

Zweiter Abschnitt. Verfahrensvorschriften

§ 10. *Grundsatz.* Soweit in den §§ 11 bis 17 nichts anderes bestimmt ist, gelten für das Verfahren vor dem Gemeinsamen Senat die Vorschriften für das Verfahren vor dem vorlegenden Senat entsprechend.

§ 11. *Vorlegungsverfahren.* ¹ ¹ Das Verfahren vor dem Gemeinsamen Senat wird durch einen Vorlegungsbeschluß eingeleitet. ² In diesem ist die Entscheidung des obersten Gerichtshofs, von der der vorlegende Senat abweichen will, zu bezeichnen. ³ Der Beschluß ist zu begründen und den am Verfahren Beteiligten zuzustellen.

II ¹ Die Senate, die Großen Senate oder die Vereinigten Großen Senate der obersten Gerichtshöfe holen die Entscheidung des Gemeinsamen Senats unmittelbar ein. ² Gleichzeitig ist das Verfahren vor dem vorlegenden Senat auszusetzen.

§ 12. *Stellungnahme der obersten Gerichtshöfe.* ¹ ¹ Der Vorsitzende des Gemeinsamen Senats gibt den obersten Gerichtshöfen von dem Vorlegungsbeschluß Kenntnis. ² Die obersten Gerichtshöfe teilen dem Gemeinsamen Senat mit, ob, mit welchem Ergebnis und mit welcher Begründung sie die streitige Rechtsfrage bisher entschieden haben und welche damit zusammenhängenden Rechtsfragen zur Entscheidung anstehen.

II ¹ Der Gemeinsame Senat kann einen obersten Gerichtshof ersuchen, seine Auffassung zu einer für die Entscheidung erheblichen Rechtsfrage darzulegen. ² Der ersuchte oberste Gerichtshof legt eine Äußerung des Senats vor, der nach der Geschäftsverteilung zur Entscheidung über die streitige Rechtsfrage zuständig ist oder, wenn nach der Geschäftsverteilung kein bestimmter Senat zuständig ist, vom Präsidium bestimmt wird. ³ Auch ohne Ersuchen kann ein oberster Gerichtshof dem Gemeinsamen Senat eine Äußerung seines zuständigen Senats zu der Rechtsfrage vorlegen.

III Der Vorsitzende des Gemeinsamen Senats teilt die eingegangenen Äußerungen den am Verfahren Beteiligten mit.

§ 13. *Beteiligte am Verfahren.* ¹ ¹ Die am Verfahren vor dem vorlegenden Senat Beteiligten sind auch am Verfahren vor dem Gemeinsamen Senat beteiligt. ² Sie sind in dem Vorlegungsbeschluß zu bezeichnen.

II ¹ Der Generalbundesanwalt beim Bundesgerichtshof kann sich am Verfahren auch beteiligen, wenn er nach den für einen beteiligten Senat geltenden Verfahrensvorschriften berechtigt ist, am Verfahren mitzuwirken. ² Der Vorsitzende des Gemeinsamen Senats gibt dem Generalbundesanwalt von solchen Verfahren Kenntnis.

III ¹ Der Vorsitzende des Gemeinsamen Senats soll dem Generalbundesanwalt, auch wenn er am Verfahren nicht beteiligt ist, Gelegenheit zur Äußerung geben, wenn die vorgelegte Rechtsfrage für das Rechtsgebiet, für das der Generalbundesanwalt zuständig ist, Bedeutung hat. ² Die Äußerung ist den am Verfahren Beteiligten mitzuteilen.

IV Die Absätze 2 und 3 gelten für den Vertreter des Bundesinteresses beim Bundesverwaltungsgericht und den Bundeswehrdisziplinaranwalt entsprechend.

§ 14. Aufgabe der früheren Rechtsprechung. ¹ Schließt sich der Senat des obersten Gerichtshofs, von dessen Entscheidung abgewichen werden soll, innerhalb eines Monats durch Beschluß der Rechtsauffassung des vorlegenden Senats an, so ist das Verfahren einzustellen. ² Die Frist beginnt mit dem Eingang des Vorlegungsbeschlusses bei dem obersten Gerichtshof, von dessen Entscheidung abgewichen werden soll. ³ Sie kann von dem Vorsitzenden des Gemeinsamen Senats verlängert werden.

§ 15. Gegenstand der Entscheidung. ᴵ ¹ Der Gemeinsame Senat entscheidet auf Grund mündlicher Verhandlung nur über die Rechtsfrage. ² Mit Einverständnis der Beteiligten kann der Gemeinsame Senat ohne mündliche Verhandlung entscheiden. ³ Findet keine mündliche Verhandlung statt, so ist vor der Entscheidung den am Verfahren Beteiligten Gelegenheit zur Äußerung zu geben.

ᴵᴵ Die Entscheidung ist zu begründen und den Beteiligten zuzustellen.

§ 16. Wirkung der Entscheidung. Die Entscheidung des Gemeinsamen Senats ist in der vorliegenden Sache für das erkennende Gericht bindend.

§ 17. Kosten. ᴵ Das Verfahren vor dem Gemeinsamen Senat ist kostenfrei.

ᴵᴵ Außergerichtliche Kosten werden nicht erstattet.

§ 18. (abgedruckt Anh § 546 ZPO)

9 a. Titel. Zuständigkeit für Wiederaufnahmeverfahren in Strafsachen
(nicht abgedruckt)

140a (betrifft Strafsachen)

Zehnter Titel. Staatsanwaltschaft

Einführung

1 **1) Allgemeines** (*Wolf* § 32, *Katholnigg* vor § 141; *Hellebrand*, Die Staatsanwaltschaft, 1999; *Heghmanns*, Das Arbeitsgebiet des Staatsanwalts, 2. Aufl 1997; *Hannich*, DRiZ **03**, 249; *Günter*, DRiZ **02**, 55; *Schaefer* NJW **01**, 1396). Die Staatsanwaltschaft ist eine Verwaltungsbehörde, aber der Sache nach ein der Dritten Gewalt zugeordnetes Organ der Rechtspflege, Kleinknecht Vorbem 2, vgl dazu die Kontroverse Ulrich DRiZ **88**, 368 u Kintzi DRiZ **87**, 458 einerseits, Zuberbier DRiZ **88**, 254 andererseits. Sie untersteht der jeweiligen Landesjustizverwaltung. Bei jedem Gericht soll eine StA bestehen, § 141; über die StAen bei BGH, OLG, LG und AG s § 142. Die Staatsanwälte sind weisungsgebunden, § 146; das Recht zur Aufsicht und Leitung ist in § 147 geregelt.

Nach den insoweit maßgeblichen landesrechtlichen Bestimmungen sind die Beamten der Staatsanwaltschaft beim LG u OLG nichtrichterliche Beamte (ebenso für den Generalbundesanwalt und die Bundesanwälte § 148 GVG). § 122 DRiG stellt dem richterlichen Dienst, der die Vorstufe für die Ernennung zum Richter auf Lebenszeit ist, die staatsanwaltliche Tätigkeit gleich; nur zum Richteramt Befähigte können zum Staatsanwalt ernannt werden.

2 **2) In Zivilsachen** wirkt der Staatsanwalt nach der Beseitigung der Entmündigung und der Änderung der §§ 631 ff ZPO durch das EheschlRG, Einf § 606 Rn 13, nicht mehr mit.

141–152 (nicht abgedruckt)

Elfter Titel. Geschäftsstelle

Übersicht

1 **1) Allgemeines.** Das GVG beschränkt sich auf die Anordnung des § 153, daß jedes Gericht eine Geschäftsstelle haben muß. Die ZPO regelt nur die prozessuale Tätigkeit der Geschäftsstelle. Ausbildung, Befähigung zum Amt, Titel, Besoldung und die Übertragung anderer Geschäfte, etwa der Kassenführung, sind anderweit, und nicht durchweg einheitlich, geregelt.

2 **2) Schriftgut.** Für seine Verwaltung gilt einheitlich die als VerwAnO erlassene **AktenO**, die einen Allgemeinen Teil (§§ 1–10) und besondere Teile für AGe (ZivS §§ 12–17), LGe u OLGe (ZivS §§ 38–40) enthält, mit Zusatzbestimmungen der einzelnen Länder. Danach sind Akten wegzulegen bzw an die 1. Instanz zurückzusenden, wenn die Angelegenheit 6 Monate lang nicht betrieben worden ist, §§ 7 Z 3 S 2, 39 Z 4 S 2; diese Maßnahme hat auf die Anhängigkeit der Sache keinen Einfluß.

3 **3) Urkundsbeamter. A.** Er ist ein Beamter der Justizverwaltung. Seine prozessuale Tätigkeit ist sehr verschiedenartig. Der als UrkB eingesetzte Beamte handelt **a) als Urkundsperson**, „mit öff Glauben

versehene Person", § 415 ZPO, so, wenn er Anträge und Erklärungen zu Protokoll nimmt, das Sitzungsprotokoll führt, Ausfertigungen und Abschriften erteilt, den Tag der Urteilsverkündung vermerkt; **b) als Bürobeamter**, insofern er Akten wesen, Register- und Listenführung besorgt, Zustellungen und Ladungen vornimmt; **c) als Vermittler des Parteiauftrags**, richtiger -antrags, an den Gerichtsvollzieher, §§ 166 II, 753 ZPO, und entsprechender Aufträge von Gerichten und Behörden, § 161; **d) als Rechtspflegeorgan** bei der Erteilung und Versagung der Vollstreckungsklausel, § 724 II ZPO; **e) als Dolmetscher**, § 190.

B. Der Urkundsbeamte als solcher ist nicht Rechtspfleger; beider Zuständigkeiten sind durch das **4** RPflG gegeneinander abgegrenzt. Dabei hat der Urkundsbeamte seine bisherige, in der ZPO verankerte Zuständigkeit im allgemeinen behalten; wegen Ausnahmen vgl die in § 26 RPflG, abgedr Anh § 153 GVG, genannten Fälle. Über Anträge auf Änderung der Entscheidung eines Urkundsbeamten entscheidet der Richter, § 4 II Z 3 RPflG, vgl auch § 577 IV. Die Rechtsbehelfe gegen Entscheidungen des Rpfl regelt §§ 11, 21 II RPflG (befristete oder unbefristete Erinnerung, auf die die Beschwerdevorschriften sinngemäß anzuwenden sind, und Beschwerde gegen Gerichtsentscheidungen). Die Trennung der Aufgaben des Rpfl von denen des Urkundsbeamten schließt aber nicht aus, daß dem als Rpfl tätigen Beamten auch die Dienstgeschäfte eines Urkundsbeamten übertragen werden; dann hat er insofern nur die Stellung eines Urkundsbeamten der Geschäftsstelle, § 27 RPflG, untersteht also für die Ausführung dieser Geschäfte der Justizverwaltung, Anh I § 21 Rn 1 GVG, und handelt nicht als Rpfl (unscharf insoweit BGH NJW **81**, 2345, vgl Meyer-Stolte Rpfleger **81**, 394, u BayObLG Rpfleger **81**, 433, vgl DRPflZ **82**, 22).

C. Amtspflichtverletzungen des Urkundsbeamten geben einen Ersatzanspruch gegen das Land, in **5** dessen Diensten der Beamte steht, Art 34 GG. Er muß bei Aufnahme einer Klage die Partei sachgemäß beraten, RG HRR **33**, 651.

153 *Einrichtung der Geschäftsstelle.* ¹ Bei jedem Gericht und jeder Staatsanwaltschaft wird eine Geschäftsstelle eingerichtet, die mit der erforderlichen Zahl von Urkundsbeamten besetzt wird.

II ¹ Mit den Aufgaben eines Urkundsbeamten der Geschäftsstelle kann betraut werden, wer einen Vorbereitungsdienst von zwei Jahren abgeleistet und die Prüfung für den mittleren Justizdienst oder für den mittleren Dienst bei der Arbeitsgerichtsbarkeit bestanden hat. ² Sechs Monate des Vorbereitungsdienstes sollen auf einen Fachlehrgang entfallen.

III Mit den Aufgaben eines Urkundsbeamten der Geschäftsstelle kann auch betraut werden,
1. wer die Rechtspflegerprüfung oder die Prüfung für den gehobenen Dienst bei der Arbeitsgerichtsbarkeit bestanden hat,
2. wer nach den Vorschriften über den Laufbahnwechsel die Befähigung für die Laufbahn des mittleren Justizdienstes erhalten hat,
3. wer als anderer Bewerber (§ 4 Abs. 3 des Rahmengesetzes zur Vereinheitlichung des Beamtenrechts) nach den landesrechtlichen Vorschriften in die Laufbahn des mittleren Justizdienstes übernommen worden ist.

IV ¹ Die näheren Vorschriften zur Ausführung der Absätze 1 bis 3 erlassen der Bund und die Länder für ihren Bereich. ² Sie können auch bestimmen, ob und inwieweit Zeiten einer dem Ausbildungsziel förderlichen sonstigen Ausbildung oder Tätigkeit auf den Vorbereitungsdienst angerechnet werden können.

V Der Bund und die Länder können ferner bestimmen, daß mit Aufgaben eines Urkundsbeamten der Geschäftsstelle auch betraut werden kann, wer auf dem Sachgebiet, das ihm übertragen werden soll, einen Wissens- und Leistungsstand aufweist, der dem durch die Ausbildung nach Absatz 2 vermittelten Stand gleichwertig ist.

Vorbem. A. In der **Arbeitsgerichtsbarkeit** gilt § 7 ArbGG; jedoch ist § 153 II–V auch hier anzuwen- **1** den, GMP § 7 Rdz 12–15.

B. In den **neuen Bundesländern** und dem früheren Ost-Berlin waren II u III nicht zwingend, EV Anl I Kap III Sachgeb A Abschn III Z 1 q (1) bzw Abschn IV Z 3 a dd, solange dort der Gerichtsaufbau nach GVG nicht durchgeführt worden war, vgl §§ 14 ff RpflAnpG; die Betrauung mit den Aufgaben des UrkB genügte, vgl BGH DtZ **93**, 55.

Schrifttum: *Wolf* § 30 II; *Buhrow* NJW **81**, 907; *Niederée* DRPflZ **80**, 2 (m Dokumentation **80**, 7).

1) Erläuterung. Bei jedem Gericht muß eine Geschäftsstelle bestehen; das Nähere wird im Verwal- **2** tungswege geregelt, Kissel 3–5 (vgl die AnO über die Einrichtung der Geschäftsstelle beim BGH v 10. 12. 80, BAnz Nr 239 S 2), soweit nicht Rechtsvorschriften darüber bestehen, zB in Bay die VO v 6. 5. 82, GVBl 271. Die Geschäftsstelle ist als eine einheitliche anzusehen, mag sie auch aus mehreren räumlich getrennten Abteilungen bestehen, zB bei Außensenaten iSv § 116 II, Karlsr NJW **84**, 744. Sie wird mit der erforderlichen Zahl von Urkundsbeamten besetzt; ihr gehören außerdem Schreibkräfte usw an. Die Geschäftsstelle darf auch für andere staatliche Aufgaben verwendet werden. Bei einer derartigen Doppelstellung, etwa als Urkundsbeamter des AG und des ArbG, hat der Urkundsbeamte nach außen klar zum Ausdruck zu bringen, in welcher Eigenschaft er handelt. „Bei" dem Gericht erfordert nicht eine enge räumliche Verbindung, Schlesw SchlHA **63**, 278 (Ministerialbeamter gleichzeitig Urkundsbeamter der Geschäftsstelle). Entsprechendes gilt für die **Arbeitsgerichtsbarkeit**, § 7 I ArbGG. § 153 ist im Bereich der Verw-, Fin- und Sozialgerichtsbarkeit nicht anzuwenden, Art 3 II G v 19. 12. 79.

Der Urkundsbeamte ist Organ der Rechtspflege, Kissel 25; seine Aufgaben sind namentlich Beurkun- **3** dungen wie Protokollführung (§ 159 ZPO), Aufnahme von Erklärungen (zB §§ 117, 129 II, 129 a, 496, 569 II ZPO), Erteilung von Ausfertigungen (zB §§ 317 III, 724 u 725 ZPO), Bewirken der Niederlegung eines Schiedsspruchs, § 1039 ZPO, wobei er keinen Weisungen unterworfen ist, Kissel 25. Dem als UrkB eingesetzten Beamten obliegt daneben die Mitwirkung im Prozeßbetrieb wie die Ausführung von Verfügungen zur Vorbereitung des Termins sowie von Ladungen und Zustellungen, das Anlegen und Führen von Registern und Akten usw, Üb § 153 Rn 3.

Wer als UrkB eingesetzt werden darf, regeln II und III iVm den nach IV zu erlassenden AusfVorschriften. Auch ein Gerichtsvollzieher, der die Voraussetzungen des II erfüllt und angewiesen worden ist, wieder im mittleren Justizdienst tätig zu sein, darf UrkB sein, Hamm VRS **83**, 445. Angestellte dürfen als UrkB eingesetzt werden, auch solche, die nicht deutsche Staatsangehörige sind.

Bestimmte Aufgaben in dem eigentlichen Bereich des UrkB sind dem Rechtspfleger übertragen, § 20 Z 12 (vollstreckbare Ausfertigung), § 21 I Z 1 u 2 (Festsetzungsverfahren) und § 24 (Aufnahme von Erklärungen) RPflG, Anh § 153; im übrigen bleibt die Zuständigkeit des UrkB nach Maßgabe der gesetzlichen Vorschriften unberührt, § 26 RPflG. Bei Streit oder Ungewißheit über die Zuständigkeit entscheidet entspr § 7 RPflG der Rpfl.

Die Betrauung anderer Pesonen, zB eines Referendars, mit den Aufgaben des UrkB, V, richtet sich nach Bundes- bzw Landesrecht. Dieses bestimmt, ob eine Betrauung zulässig ist und wer sie aussprechen darf, BGH NStZ **84**, 327, Hamm MDR **85**, 862, Kblz Rpfleger **85**, 77. Die Betrauung setzt eine Überprüfung des Wissens- und Leistungsstandes voraus. Die sie aussprechende Verfügung muß vor Beginn der Tätigkeit als UrkB ergangen sein, Hbg MDR **84**, 337.

4 **Gegen die Entscheidungen des UrkB**, die im Wesentlichen nur in seinem Bereich als Organ der Rechtspflege vorkommen, gibt es die Erinnerung an das Gericht, dem er angehört, § 576.

5 **2)** *VwGO:* Es gilt § 13 VwGO, der § 153 I entspricht und die nähere Regelung dem Landesrecht oder der Regelung durch Verwaltungsvorschrift überläßt, s zB Art 7 BayAGVwGO. Rechtsbehelf ist nach § 151 VwGO der befristete Antrag auf Entscheidung des Gerichts.

Anhang nach § 153 GVG. Rechtspfleger

Schrifttum: *Wolf* § 30 I; *ders,* Richter und Rechtspfleger im Zivilverfahren, ZZP **99**, 361; *H. M. Ule,* Der Rechtspfleger und sein Richter, 1983; *Kunz,* Erinnerung und Beschwerde, ein Beitrag zum Rechtsschutz in der zivilprozessualen Zwangsvollstreckung, 1980.

Kommentare: *Arnold/Meyer-Stolte/Hermann/Hansens/Rellermeyer,* 6. Aufl 2002; *Bassenge/Herbst,* 9. Aufl 2002.

Übersicht

1 **1) Die gesetzliche Grundlage** für die Stellung des Rechtspflegers und seiner Aufgaben ist das RpflG vom 5. 11. 1969, BGBl I 2065. Es überträgt dem RPfl eine Reihe von Geschäften, § 3, zT in vollem Umfange, § 3 I, zT unter Vorbehalt von Ausnahmen, § 3 II, oder es überträgt nur einzelne Geschäfte, § 3 II u III. Ganz allgemein wird für einige Geschäfte, die sich bei der Abwicklung der übertragenen Geschäfte ergeben können, zB Eid und Freiheitsentziehungen, dem RPfl eine Befugnis nicht gegeben, § 4 II.

Das Gesetz gilt ferner entsprechend für die **Arbeitsgerichte** in allen Rechtszügen, § 9 III ArbGG, vgl GMP § 9 Rdz 12–15. Für die **Verwaltungs-, Finanz- und Sozialgerichte** ist es dagegen **unanwendbar,** hM; es gilt hier auch nicht insoweit, als bei ihnen die Festsetzung von Kosten, § 21 I Z 1 RpflG, nach den §§ 103 ff ZPO oder die Festsetzung von RA-Gebühren nach § 19 BRAGO, § 21 I Z 2 RpflG, zu erfolgen hat, Arnold/Meyer-Stolte § 21 Anm 21, Hansens NJW **89**, 1133, OVG Hbg FamRZ **90**, 81 u MDR **80**, 258 (anders beim BVerfG, vgl NJW **77**, 145).

2 **2) Der Rechtspfleger ist ein besonderes Organ der Rechtspflege,** dessen Stellung durch das RpflG gerichtsverfassungsrechtlich verankert ist, § 1 RpflG. Der Rpfl ist kein Richter, sondern ein Beamter, dem richterliche Aufgaben übertragen sind, Bernhard DRiZ **81**, 361, vgl Rn 3. Mit den Geschäften eines RPfl kann nur ein Justizbeamter nach einem Vorbereitungsdienst von mindestens drei Jahren und einer Prüfung für den gehobenen Justizdienst betraut werden (entsprechend bei den ArbGer, § 9 III 2 ArbGG). Auch wer die 2. juristische Staatsprüfung bestanden hat, kann betraut werden, mit der zeitweiligen Wahrnehmung der Geschäfte auch ein Referendar nach einem Vorbereitungsdienst von mindestens 6 Monaten, § 2 RpflG. Die weitere Regelung, insbesondere der Erlaß von Ausbildungsordnungen, ist Ländersache. Wegen der Übertragung von Rechtspflegeraufgaben auf den Urkundsbeamten der Geschäftsstelle s § 36 b RpflG.

3 **3) Die Stellung des Rechtspflegers ist richterähnlich.** Er entscheidet unabhängig und ist nur dem Gesetz unterworfen, § 9 RpflG. Daß ein Rpfl entschieden hat, ist kenntlich zu machen, § 12 RpflG. Für seine Ausschließung und Ablehnung gelten dieselben Vorschriften wie für den Richter; über ihre Berechtigung entscheidet der Richter. Trotz seiner sachlichen Unabhängigkeit ist der Rpfl an Arbeitszeitregelungen gebunden, OVG Lüneb NdsRpfl **97**, 90 mwN.

4 **4) Befugnisse des Rechtspflegers.** Soweit das Gesetz Geschäfte dem Rpfl übertragen hat, trifft er alle zur Erledigung des Geschäftes erforderlichen Maßnahmen, entscheidet zB auch über das gleichzeitig mit dem Gesuch auf Erlaß eines Mahnbescheides eingereichte Gesuch um Prozeßkostenhilfe, § 4 I RpflG; er kann Zeugen vernehmen und auch Ordnungsmittel in Geld anwenden. Jedoch ist er **nicht befugt** zur AnO oder Abnahme eines Eides, zur Androhung oder Verhängung von Freiheitsentziehungen sowie zum Erlaß eines Haftbefehls mit den sich aus § 4 II Z 2 a–c ergebenden Ausnahmen. In diesen Fällen hat er die Sache dem Richter zur Entscheidung vorzulegen, § 4 III RpflG. Eine **Vorlagepflicht** besteht ferner, wenn die Entscheidung eines Verfassungsgerichts einzuholen ist (das gleiche dürfte für die Entscheidung des EuGH, Anh § 1 GVG, gelten) oder wenn ein enger Zusammenhang mit einem vom Richter zu bearbeitenden Geschäft besteht, § 5 I (dazu s § 6). Wenn die Anwendung ausländischen Rechts in Betracht kommt, kann

11. Titel. Geschäftsstelle   Anh § 153 GVG

der Rpfl die Sache dem Richter vorlegen, § 5 II. Wegen der Bearbeitung bzw der Rückgabe der Sache an den Rpfl (mit Bindungswirkung) s § 5 III.

5) Überschreitet der Rechtspfleger seine Befugnisse, ordnet er zB eine Ordnungshaft an, so ist diese 5 AnO unwirksam. Das ist hingegen nicht der Fall, wenn er eine Sache gegen die ihm bekannte Stellungnahme des Richters entscheidet, falls die Bearbeitung der Sache in seinen Aufgabenkreis fällt und er lediglich seiner Vorlagepflicht („hat") nicht genügt hat, § 8 III RpflG. Nimmt der Richter dem RPfl übertragene Geschäfte wahr, so wird dadurch die Wirksamkeit des Geschäfts nicht berührt, § 8 I RpflG.

6) Rechtsbehelfe gegen Entscheidungen des Rechtspflegers. Nach Art 19 IV GG muß ein Betroffe- 6 ner die Möglichkeit haben, Entscheidungen des Rpfl der Prüfung durch den Richter zu unterziehen, BVerfG NJW **00**, 1709 u RR **01**, 1077. Anders als nach früherem Recht, das die sog Durchgriffserinnerung vorsah, s 56. Aufl, gilt nach § 11 nF folgendes: Gegen Entscheidungen des Rpfl ist grundsätzlich das **Rechtsmittel** gegeben, das nach den allgemeinen verfahrensrechtlichen Vorschriften zulässig ist, § 11 I, also Erinnerung oder Beschwerde; für diese gelten die allgemeinen Bestimmungen, §§ 567–573 ZPO, soweit keine Sonderregelung abweichendes bestimmt (sehr str, Schneider Rpfleger **98**, 499, vgl § 104 ZPO Rn 57 ff). Ist ein solches Rechtsmittel nicht gegeben, zB bei Nichterreichen der Beschwerdesumme oder Ausschluß eines Rechtsmittels, findet gegen die Entscheidung des Rpfl die fristgebundene **Erinnerung** statt, § 11 II, BVerfG RR **01**, 1077 mwN, sofern sie nicht ausgeschlossen ist, § 11 III; das Erinnerungsverfahren ist in 573 ZPO geregelt, s dort (Abhilfe gemäß § 573 I 3 iVm § 572); es ist gerichtsgebührenfrei, § 11 IV. In Patentsachen gilt die Sonderbestimmung in § 23 II; s § 104 ZPO Rn 69 ff.

7) Wegen der Abgrenzung der Geschäfte des Rechtspflegers und des Urkundsbeamten vgl Üb 7 § 153 Rn 4.

8) Geltungsbereich. Das RpflG gilt seit dem 3. 10. 90 auch in den **neuen Bundesländern**, Art 8 EV, 8 jedoch zunächst mit den Maßgaben des EV Anl I Kap III Sachgeb A Abschn III Z 3, die den Einsatz sog Bereichsrechtspfleger ermöglichen, Staats DtZ **94**, 271. Diese Maßgabe ist ab 1. 1. 97 nicht mehr anzuwenden, jedoch dürfen BereichsRpfl auch danach tätig bleiben, §§ 34 u 34 a RpflG idF des G v 24. 6. 94, BGBl 1374, vgl Staats aaO.

Rechtspflegergesetz (RPflG)

vom 5. November 1969, BGBl 2065, zuletzt geändert durch Art 9 1. JuMoG v 24. 8. 04, BGBl 2198

(Auszug)

Vorbem. Änderungen. Das Dritte Änderungsgesetz zum RPflG v 6. 8. 99, BGBl 2030 (Materialien: RegEntw BT-Drs 13/10424, AusschBer BT-Drs 13/10871) ist am 1. 10. 98 in Kraft getreten, Art 3 des Ges, Rellermeyer Rpfleger **98**, 309. Weitere Änderungen enthalten Art 2 III des G v 19. 2. 01, BGBl 288, 436, s Schlußanh V E, und Art 3 Z 13 des G v 16. 2. 01, BGBl 266, s Einf § 606 Rn 14. Wegen weiterer Änderungen s bei den einzelnen Vorschriften. **Übergangsvorschrift:** § 39 RpflG.

Erster Abschnitt. Aufgaben und Stellung des Rechtspflegers

RPflG 1. *Allgemeine Stellung des Rechtspflegers.* **Der Rechtspfleger nimmt die ihm durch dieses Gesetz übertragenen Aufgaben der Rechtspflege wahr.**

RPflG 2. *Voraussetzungen für die Tätigkeit als Rechtspfleger.* **I [1] Mit den Aufgaben eines Rechtspflegers kann ein Beamter des Justizdienstes betraut werden, der einen Vorbereitungsdienst von drei Jahren abgeleistet und die Rechtspflegerprüfung bestanden hat. [2] Der Vorbereitungsdienst vermittelt in einem Studiengang einer Fachhochschule oder in einem gleichstehenden Studiengang dem Beamten die wissenschaftlichen Erkenntnisse und Methoden sowie die berufspraktischen Fähigkeiten und Kenntnisse, die zur Erfüllung der Aufgaben eines Rechtspflegers erforderlich sind. [3] Der Vorbereitungsdienst besteht aus Fachstudien von mindestens achtzehnmonatiger Dauer und berufspraktischen Studienzeiten. [4] Die berufspraktischen Studienzeiten umfassen die Ausbildung in den Schwerpunktbereichen der Aufgaben eines Rechtspflegers; die praktische Ausbildung darf die Dauer von einem Jahr nicht unterschreiten.**

II [1] Zum Vorbereitungsdienst kann zugelassen werden, wer eine zu einem Hochschulstudium berechtigende Schulbildung besitzt oder einen als gleichwertig anerkannten Bildungsstand nachweist. [2] Beamte des mittleren Justizdienstes können zur Rechtspflegerausbildung zugelassen werden, wenn sie nach der Laufbahnprüfung mindestens drei Jahre im mittleren Justizdienst tätig waren und nach ihrer Persönlichkeit sowie ihren bisherigen Leistungen für den Dienst als Rechtspfleger geeignet erscheinen. [3] Die Länder können bestimmen, daß die Zeit der Tätigkeit im mittleren Justizdienst bis zu einer Dauer von sechs Monaten auf die berufspraktischen Studienzeiten angerechnet werden kann.

III Mit den Aufgaben eines Rechtspflegers kann auf seinen Antrag auch betraut werden, wer die Befähigung zum Richteramt besitzt.

IV [1] Auf den Vorbereitungsdienst können ein erfolgreich abgeschlossenes Studium der Rechtswissenschaft bis zur Dauer von zwölf Monaten und ein Vorbereitungsdienst nach § 5 b des Deutschen Richtergesetzes bis zur Dauer von sechs Monaten angerechnet werden. [2] Auf Teilnehmer einer Ausbildung nach § 5 b des Deutschen Richtergesetzes in der Fassung des Gesetzes vom 10. September 1971 (BGBl. I S. 1557) ist Satz 1 entsprechend anzuwenden.

V Referendare können mit der zeitweiligen Wahrnehmung der Geschäfte eines Rechtspflegers beauftragt werden.

VI Die Länder erlassen die näheren Vorschriften.

1   **Bem.** Wegen der Ländervorschriften, § 2 VI, s die Übersicht bei Schönfelder, Fußnote zu § 2.

RPflG 3. Übertragene Geschäfte. Dem Rechtspfleger werden folgende Geschäfte übertragen:
1. in vollem Umfange die nach den gesetzlichen Vorschriften vom Richter wahrzunehmenden Geschäfte des Amtsgerichts in
   a)–h) ...
   i) Verfahren nach dem Gesetz über die Zwangsversteigerung und die Zwangsverwaltung,
   k) Verteilungsverfahren, die außerhalb der Zwangsvollstreckung nach den Vorschriften der Zivilprozeßordnung über das Verteilungsverfahren durchzuführen sind,
   l)–m) ...
2. vorbehaltlich der in den §§ 14 bis 19 b dieses Gesetzes aufgeführten Ausnahmen die nach den gesetzlichen Vorschriften vom Richter wahrzunehmenden Geschäfte des Amtsgerichts in
   a) Vormundschafts-, Familien- und Betreuungssachen im Sinne des Zweiten Abschnitts des Gesetzes über die Angelegenheiten der freiwilligen Gerichtsbarkeit und Angelegenheiten, die im Bürgerlichen Gesetzbuch und im Lebenspartnerschaftsgesetz dem Familiengericht übertragen sind;
   b) (aufgehoben)
   c)–f) ...
   g) Verfahren nach der Verordnung (EG) Nr. 1346/2000 des Rates vom 29. Mai 2000 über Insolvenzverfahren (ABl. EG Nr. L 160 S. 1) und nach Artikel 102 des Einführungsgesetzes zur Insolvenzordnung,
   h) ...
3. die in den §§ 20 bis 24 a dieses Gesetzes einzeln aufgeführten Geschäfte
   a) in Verfahren nach der Zivilprozeßordnung und dem Mieterschutzgesetz,
   b) in Festsetzungsverfahren,
   c), d) ...
   e) auf dem Gebiet der Aufnahme von Erklärungen,
   f) auf dem Gebiet der Beratungshilfe;
4. die in den §§ 29 bis 31 dieses Gesetzes einzeln aufgeführten Geschäfte
   a) im internationalen Rechtsverkehr,
   b) in Hinterlegungssachen,
   c) ... der Vollstreckung in Straf- und Bußgeldsachen sowie von Ordnungs- und Zwangsmitteln.

RPflG 4. Umfang der Übertragung. **I** Der Rechtspfleger trifft alle Maßnahmen, die zur Erledigung der ihm übertragenen Geschäfte erforderlich sind.

II Der Rechtspfleger ist nicht befugt,
1. eine Beeidigung anzuordnen oder einen Eid abzunehmen,
2. Freiheitsentziehungen anzudrohen oder anzuordnen, sofern es sich nicht um Maßnahmen zur Vollstreckung
   a) einer Freiheitsstrafe nach § 457 der Strafprozeßordnung oder einer Ordnungshaft nach § 890 der Zivilprozeßordnung,
   b), c) ...
handelt,

III Hält der Rechtspfleger Maßnahmen für geboten, zu denen er nach Absatz 2 Nr. 1 und 2 nicht befugt ist, so legt er deswegen die Sache dem Richter zur Entscheidung vor.

RPflG 5. Vorlage an den Richter. **I** Der Rechtspfleger hat ihm übertragene Geschäfte dem Richter vorzulegen, wenn
1. sich bei der Bearbeitung der Sache ergibt, daß eine Entscheidung des Bundesverfassungsgerichts oder eines für Verfassungsstreitigkeiten zuständigen Gerichts eines Landes nach Artikel 100 des Grundgesetzes einzuholen ist;
2. zwischen dem übertragenen Geschäft und einem vom Richter wahrzunehmenden Geschäft ein so enger Zusammenhang besteht, daß eine getrennte Behandlung nicht sachdienlich ist.

II Der Rechtspfleger kann ihm übertragene Geschäfte dem Richter vorlegen, wenn die Anwendung ausländischen Rechts in Betracht kommt.

III [1] Die vorgelegten Sachen bearbeitet der Richter, solange er es für erforderlich hält. [2] Er kann die Sachen dem Rechtspfleger zurückgeben. [3] Gibt der Richter eine Sache an den Rechtspfleger zurück, so ist dieser an eine von dem Richter mitgeteilte Rechtsauffassung gebunden.

RPflG 6. Bearbeitung übertragener Sachen durch den Richter. Steht ein übertragenes Geschäft mit einem vom Richter wahrzunehmenden Geschäft in einem so engen Zusammenhang, daß eine getrennte Bearbeitung nicht sachdienlich wäre, so soll der Richter die gesamte Angelegenheit bearbeiten.

RPflG 7. Bestimmung des zuständigen Organs der Rechtspflege. [1] Bei Streit oder Ungewißheit darüber, ob ein Geschäft von dem Richter oder dem Rechtspfleger zu bearbeiten ist, entscheidet der Richter über die Zuständigkeit durch Beschluß. [2] Der Beschluß ist unanfechtbar.

11. Titel. Geschäftsstelle   **Anh § 153 GVG**

RPflG 8. Gültigkeit von Geschäften. ¹Hat der Richter ein Geschäft wahrgenommen, das dem Rechtspfleger übertragen ist, so wird die Wirksamkeit des Geschäfts hierdurch nicht berührt.

II Hat der Rechtspfleger ein Geschäft wahrgenommen, das ihm der Richter nach diesem Gesetz übertragen kann, so ist das Geschäft nicht deshalb unwirksam, weil die Übertragung unterblieben ist oder die Voraussetzungen für die Übertragung im Einzelfalle nicht gegeben waren.

III Ein Geschäft ist nicht deshalb unwirksam, weil es der Rechtspfleger entgegen § 5 Abs. 1 dem Richter nicht vorgelegt hat.

IV ¹Hat der Rechtspfleger ein Geschäft des Richters wahrgenommen, das ihm nach diesem Gesetz weder übertragen ist noch übertragen werden kann, so ist das Geschäft unwirksam. ²Das gilt nicht, wenn das Geschäft dem Rechtspfleger durch eine Entscheidung nach § 7 zugewiesen worden war.

V Hat der Rechtspfleger ein Geschäft des Urkundsbeamten der Geschäftsstelle wahrgenommen, so wird die Wirksamkeit des Geschäfts hierdurch nicht berührt.

RPflG 9. Weisungsfreiheit des Rechtspflegers. Der Rechtspfleger ist sachlich unabhängig und nur an Recht und Gesetz gebunden.

RPflG 10. Ausschließung und Ablehnung des Rechtspflegers. ¹Für die Ausschließung und Ablehnung des Rechtspflegers sind die für den Richter geltenden Vorschriften entsprechend anzuwenden. ²Über die Ablehnung des Rechtspflegers entscheidet der Richter.

Bem. Über ein missbräuchl gestelltes Ablehnungsgesuch kann der Rpfl selbst entscheiden, BGH MDR 1 05, 943 mwN.

RPflG 11. Rechtsbehelfe. ¹Gegen die Entscheidungen des Rechtspflegers ist das Rechtsmittel gegeben, das nach den allgemeinen verfahrensrechtlichen Vorschriften zulässig ist.

II ¹Ist gegen die Entscheidung nach den allgemeinen verfahrensrechtlichen Vorschriften ein Rechtsmittel nicht gegeben, so findet binnen der für die sofortige Beschwerde geltenden Frist die Erinnerung statt. ²Der Rechtspfleger kann der Erinnerung abhelfen. ³Erinnerungen, denen er nicht abhilft, legt er dem Richter zur Entscheidung vor. ⁴Auf die Erinnerung sind im übrigen die Vorschriften über die Beschwerde sinngemäß anzuwenden.

III ¹Gerichtliche Verfügungen, die nach den Vorschriften der Grundbuchordnung, der Schiffsregisterordnung, des Gesetzes über die Angelegenheiten der freiwilligen Gerichtsbarkeit und den für den Erbschein geltenden Bestimmungen wirksam geworden sind und nicht mehr geändert werden können, sind mit der Erinnerung nicht anfechtbar. ²Die Erinnerung ist ferner in den Fällen der §§ 694, 700 der Zivilprozeßordnung und gegen Entscheidungen über die Gewährung eines Stimmrechts (§§ 77, 237 und 238 der Insolvenzordnung) ausgeschlossen.

IV Das Erinnerungsverfahren ist gerichtsgebührenfrei.

Bem. Seit 1. 1. 99 idF des Art 14 Z 2 EGInsO v 5. 10. 94, BGBl 2911. Wegen des Begründungszwanges 1 s KG MDR 99, 1152, wegen des Verfahrens iü s Üb § 1 Rn 6 u § 104 ZPO Rn 41 ff.

RPflG 12. Bezeichnung des Rechtspflegers. Im Schriftverkehr und bei der Aufnahme von Urkunden in übertragenen Angelegenheiten hat der Rechtspfleger seiner Unterschrift das Wort „Rechtspfleger" beizufügen.

RPflG 13. Ausschluß des Anwaltszwangs. § 78 Abs. 1 der Zivilprozeßordnung ist auf Verfahren vor dem Rechtspfleger nicht anzuwenden.

Bem. Vgl § 78 ZPO Rn 39 u § 104 ZPO Rn 41 ff.   1

Zweiter Abschnitt. Dem Richter vorbehaltene Geschäfte ...

RPflG 14. Vormundschaftssachen. ¹Von den Angelegenheiten, die dem Vormundschaftsgericht und im Bürgerlichen Gesetzbuch und Lebenspartnerschaftsgesetz dem Familiengericht übertragen sind, bleiben dem Richter vorbehalten
1. ...
2. die Entscheidung über die Stundung der Ausgleichsforderung im Falle des § 1382 Abs. 5 des Bürgerlichen Gesetzbuchs sowie die Übertragung bestimmter Vermögensgegenstände unter Anrechnung auf die Ausgleichsforderung im Falle des § 1383 Abs. 3 des Bürgerlichen Gesetzbuchs, jeweils auch in Verbindung mit § 6 Satz 2 des Lebenspartnerschaftsgesetzes;
2 a. der Versorgungsausgleich mit Ausnahme
    a) des Festsetzungsverfahrens nach § 53 e Abs. 2, 3 des Gesetzes über die Angelegenheiten der freiwilligen Gerichtsbarkeit und
    b) der Entscheidung über Anträge nach § 1587 d des Bürgerlichen Gesetzbuchs, sofern ein Verfahren nach §§ 1587 b, 1587 f des Bürgerlichen Gesetzbuchs nicht anhängig ist;
3. die Geschäfte, welche
    a) die Feststellung oder Anfechtung der Vaterschaft nach dem Tod des Mannes oder des Kindes (§ 1600 e Abs. 2 des Bürgerlichen Gesetzbuchs), ...
    b)–f) ...
   betreffen, soweit sie eine richterliche Entscheidung enthalten.
4.–6. ...
7. die Entscheidung über den Anspruch auf Herausgabe eines Kindes nach § 1632 Abs. 1 des Bürgerlichen Gesetzbuchs und der zu dem persönlichen Gebrauch bestimmten Sachen

nach § 50 d des Gesetzes über die Angelegenheiten der freiwilligen Gerichtsbarkeit sowie die Entscheidung über den Verbleib des Kindes bei der Pflegeperson nach § 1632 Abs. 4 oder bei dem Ehegatten oder Umgangsberechtigten nach § 1682 des Bürgerlichen Gesetzbuchs;

8.–12. ....
13. (aufgehoben)
14. die Genehmigung für den Antrag auf Scheidung oder Aufhebung der Ehe durch den gesetzlichen Vertreter eines geschäftsunfähigen Ehegatten (§ 607 Abs. 2 Satz 2 der Zivilprozeßordnung);
15. die Übertragung der elterlichen Sorge nach den §§ 1671, 1672, 1678 Abs. 2, § 1680 Abs. 2 und 3, § 1681 Abs. 1 und 2 des Bürgerlichen Gesetzbuchs;
16. die Regelung des persönlichen Umgangs zwischen Eltern und Kindern sowie Kindern und Dritten nach § 1684 Abs. 3 und 4, § 1685 Abs. 3 des Bürgerlichen Gesetzbuchs, die Entscheidung über die Beschränkung oder den Ausschluß des Rechts zur alleinigen Entscheidung in Angelegenheiten des täglichen Lebens nach den §§ 1687, 1687 a des Bürgerlichen Gesetzbuchs sowie über Streitigkeiten, die eine Angelegenheit nach § 1632 Abs. 2 des Bürgerlichen Gesetzbuchs betreffen;
17. (aufgehoben)
18.–22. ....

II Die Maßnahmen und Anordnungen nach den §§ 5 bis 10 des Sorgerechtsübereinkommens-Ausführungsgesetzes vom 5. April 1990 (BGBl. I S. 701), das zuletzt durch Artikel 2 Abs. 6 des Gesetzes vom 19. Februar 2001 (BGBl. I S. 288) geändert worden ist, und nach den §§ 8, 10 und 25 bis 29 des Anerkennungs- und Vollstreckungsausführungsgesetzes vom 19. Februar 2001 (BGBl. I S. 288), soweit diese dem Familiengericht obliegen, bleiben dem Richter vorbehalten.

RPflG 15 (aufgehoben)

RPflG 16–19 b (nicht abgedruckt)

Dritter Abschnitt. Dem Rechtspfleger übertragene Geschäfte in bürgerlichen Rechtsstreitigkeiten, in Festsetzungsverfahren, Verfahren bei gerichtlichen Entscheidungen in Straf- und Bußgeldverfahren, Verfahren vor dem Patentgericht, auf dem Gebiet der Aufnahme von Erklärungen und der Beratungshilfe.

RPflG 20. Bürgerliche Rechtsstreitigkeiten. Folgende Geschäfte im Verfahren nach der Zivilprozeßordnung und dem Mieterschutzgesetz werden dem Rechtspfleger übertragen:
1. das Mahnverfahren im Sinne des Siebenten Buchs der Zivilprozeßordnung einschließlich der Bestimmung der Einspruchsfrist nach § 700 Abs. 1 in Verbindung mit § 339 Abs. 2 der Zivilprozeßordnung sowie der Abgabe an das für das streitige Verfahren als zuständig bezeichnete Gericht, auch soweit das Mahnverfahren maschinell bearbeitet wird; jedoch bleibt das Streitverfahren dem Richter vorbehalten;
2. das Aufgebotsverfahren mit Ausnahme der Wahrnehmung des Aufgebotstermins und der darin ergehenden Entscheidungen sowie des Anfechtungsverfahrens (§§ 946 ff. der Zivilprozeßordnung);
3. die nach den §§ 109, 715 der Zivilprozeßordnung zu treffenden Entscheidungen bei der Rückerstattung von Sicherheiten;
4. im Verfahren über die Prozeßkostenhilfe
    a) die in § 118 Abs. 2 der Zivilprozeßordnung bezeichneten Maßnahmen einschließlich der Beurkundung von Vergleichen nach § 118 Abs. 1 Satz 3 zweiter Halbsatz, wenn der Vorsitzende den Rechtspfleger damit beauftragt;
    b) die Bestimmung des Zeitpunktes für die Einstellung und eine Wiederaufnahme der Zahlungen nach § 120 Abs. 3 der Zivilprozeßordnung;
    c) die Änderung und die Aufhebung der Bewilligung der Prozeßkostenhilfe nach § 120 Abs. 4, § 124 Nr. 2, 3 und 4 der Zivilprozeßordnung;
5. das Verfahren über die Bewilligung der Prozeßkostenhilfe in den Fällen, in denen außerhalb oder nach Abschluß eines gerichtlichen Verfahrens die Bewilligung der Prozeßkostenhilfe lediglich für die Zwangsvollstreckung beantragt wird; jedoch bleibt dem Richter das Verfahren über die Bewilligung der Prozeßkostenhilfe in den Fällen vorbehalten, in welchen dem Prozeßgericht die Vollstreckung obliegt oder in welchen die Prozeßkostenhilfe für eine Rechtsverfolgung oder Rechtsverteidigung beantragt wird, die eine sonstige richterliche Handlung erfordert;
6. im Verfahren über die grenzüberschreitende Prozesskostenhilfe innerhalb der Europäischen Union die in § 1077 der Zivilprozessordnung bezeichneten Maßnahmen sowie die dem Vollstreckungsgericht nach § 1078 der Zivilprozessordnung obliegenden Entscheidungen; wird Prozesskostenhilfe für eine Rechtsverfolgung oder Rechtsverteidigung beantragt, die eine richterliche Handlung erfordert, bleibt die Entscheidung nach § 1078 der Zivilprozessordnung dem Richter vorbehalten;
7.–9. (aufgehoben)
10. die Verfahren zur
    a) Festsetzung von Unterhalt nach den §§ 645 bis 650 der Zivilprozeßordnung;

11. Titel. Geschäftsstelle   **Anh § 153 GVG**

b) Abänderung von Vollstreckungstiteln nach § 655 Abs. 1 bis 4 und 6 der Zivilprozeßordnung;
c) Festsetzung von Unterhalt und Abänderung von Unterhaltstiteln nach Artikel 5 §§ 2 und 3 des Kindesunterhaltsgesetzes;
11. die Bezifferung eines Unterhaltstitels nach § 790 der Zivilprozessordnung sowie die Ausstellung, die Berichtigung und der Widerruf einer Bestätigung nach den §§ 1079 bis 1081 der Zivilprozessordnung;
12. die Erteilung der vollstreckbaren Ausfertigungen in den Fällen des § 726 Abs. 1, der §§ 727 bis 729, 733, 738, 742, 744, 745 Abs. 2 sowie des § 749 der Zivilprozeßordnung;
13. die Erteilung von weiteren vollstreckbaren Ausfertigungen gerichtlicher Urkunden und die Entscheidung über den Antrag auf Erteilung weiterer vollstreckbarer Ausfertigungen notarieller Urkunden nach § 797 Abs. 3 der Zivilprozeßordnung und § 49 Abs. 2 Nr. 2 des Gesetzes für Jugendwohlfahrt;
14. die Anordnung, daß die Partei, welche einen Arrestbefehl oder eine einstweilige Verfügung erwirkt hat, binnen einer zu bestimmenden Frist Klage zu erheben habe (§ 926 Abs. 1, § 936 der Zivilprozeßordnung);
15. die Entscheidung über Anträge auf Aufhebung eines vollzogenen Arrestes gegen Hinterlegung des in dem Arrestbefehl festgelegten Geldbetrages (§ 934 Abs. 1 der Zivilprozeßordnung);
16. die Pfändung von Forderungen sowie die Anordnung der Pfändung von eingetragenen Schiffen oder Schiffsbauwerken aus einem Arrestbefehl, soweit der Arrestbefehl nicht zugleich den Pfändungsbeschluß oder die Anordnung der Pfändung enthält;
16 a. die Anordnung, daß die Sache versteigert und der Erlös hinterlegt werde, nach § 21 des Anerkennungs- und Vollstreckungsausführungsgesetzes vom 19. Februar 2001 (BGBl. I S. 288, 436);
17. die Geschäfte im Zwangsvollstreckungsverfahren nach dem Achten Buche der Zivilprozeßordnung, soweit sie von dem Vollstreckungsgericht, einem von diesem ersuchten Gericht oder in den Fällen der §§ 848, 854, 855 der Zivilprozeßordnung von einem anderen Amtsgericht oder dem Verteilungsgericht (§ 873 der Zivilprozeßordnung) zu erledigen sind. Jedoch bleiben dem Richter die Entscheidungen nach § 766 der Zivilprozeßordnung vorbehalten.

Bem. Z 7 mWv 1. 7. 02 aufgehoben durch Art 3 IV Z 1 ZustRG v 25. 6. 01, BGBl 1206.   1

RPflG 21. Festsetzungsverfahren. Folgende Geschäfte im Festsetzungsverfahren werden dem Rechtspfleger übertragen:
1. die Festsetzung der Kosten in den Fällen, in denen die §§ 103 ff. der Zivilprozeßordnung anzuwenden sind;
2. die Festsetzung der Vergütung des Rechtsanwalts nach § 11 des Rechtsanwaltsvergütungsgesetzes;
3. die Festsetzung der Gerichtskosten nach den Gesetzen und Verordnungen zur Ausführung von Verträgen mit ausländischen Staaten über die Rechtshilfe sowie die Anerkennung und Vollstreckung gerichtlicher Entscheidungen und anderer Schuldtitel in Zivil- und Handelssachen.

RPflG 22–23 (nicht abgedruckt)

RPflG 24. Aufnahme von Erklärungen. I Folgende Geschäfte der Geschäftsstelle werden dem Rechtspfleger übertragen:
1. die Aufnahme von Erklärungen über die Einlegung und Begründung
   a) der Rechtsbeschwerde und der weiteren Beschwerde,
   b) der Revision in Strafsachen;
2. die Aufnahme eines Antrags auf Wiederaufnahme des Verfahrens (§ 366 Abs. 2 der Strafprozeßordnung, § 85 des Gesetzes über Ordnungswidrigkeiten).

II Ferner soll der Rechtspfleger aufnehmen:
1. sonstige Rechtsbehelfe, soweit sie gleichzeitig begründet werden;
2. Klagen und Klageerwiderungen;
3. andere Anträge und Erklärungen, die zur Niederschrift der Geschäftsstelle abgegeben werden können, soweit sie nach Schwierigkeit und Bedeutung den in den Nummern 1 und 2 genannten Geschäften vergleichbar sind.

III § 5 ist nicht anzuwenden.

Bem. Gemäß § 36 a RPflG gilt II in Hbg mit der Maßgabe, daß der RPfl die dort bezeichneten Anträge 1
und Erklärungen nur dann aufnehmen soll, wenn dies wegen des Zusammenhangs mit einem von ihm
wahrzunehmenden Geschäft, wegen rechtlicher Schwierigkeiten oder aus sonstigen Gründen geboten ist.

RPflG 24 a. Beratungshilfe. I Folgende Geschäfte werden dem Rechtspfleger übertragen:
1. die Entscheidung über Anträge auf Gewährung von Beratungshilfe einschließlich der grenzüberschreitenden Beratungshilfe nach § 10 Abs. 4 des Beratungshilfegesetzes;
2. die dem Amtsgericht nach § 3 Abs. 2 des Beratungshilfegesetzes zugewiesenen Geschäfte.

II § 11 Abs. 2 Satz 1 und Abs. 3 ist nicht anzuwenden.

RPflG 24 b (nicht abgedruckt)

GVG Anh § 153

Vierter Abschnitt. Sonstige Vorschriften auf dem Gebiet der Gerichtsverfassung

RPflG 25 (aufgehoben)

RPflG 26. Verhältnis des Rechtspflegers zum Urkundsbeamten der Geschäftsstelle. Die Zuständigkeit des Urkundsbeamten der Geschäftsstelle nach Maßgabe der gesetzlichen Vorschriften bleibt unberührt, soweit sich nicht aus § 20 Satz 1 Nr. 12 (zu den §§ 726 ff. der Zivilprozeßordnung), aus § 21 Nr. 1 (Festsetzungsverfahren) und aus § 24 (Aufnahme von Erklärungen) etwas anderes ergibt.

RPflG 27. Pflicht zur Wahrnehmung sonstiger Dienstgeschäfte. I Durch die Beschäftigung eines Beamten als Rechtspfleger wird seine Pflicht, andere Dienstgeschäfte einschließlich der Geschäfte des Urkundsbeamten der Geschäftsstelle wahrzunehmen, nicht berührt.

II Die Vorschriften dieses Gesetzes sind auf die sonstigen Dienstgeschäfte eines mit den Aufgaben des Rechtspflegers betrauten Beamten nicht anzuwenden.

RPflG 28. Zuständiger Richter. Soweit mit Angelegenheiten, die dem Rechtspfleger zur selbständigen Wahrnehmung übertragen sind, nach diesem Gesetz der Richter befaßt wird, ist hierfür das nach den allgemeinen Verfahrensvorschriften zu bestimmende Gericht in der für die jeweilige Amtshandlung vorgeschriebenen Besetzung zuständig.

Fünfter Abschnitt. Dem Rechtspfleger übertragene Geschäfte in anderen Bereichen

RPflG 29. Geschäfte im internationalen Rechtsverkehr. Die der Geschäftsstelle des Amtsgerichts gesetzlich zugewiesene Ausführung ausländischer Zustellungsanträge und die Entgegennahme eines Gesuchs, mit dem ein Anspruch auf Gewährung von Unterhalt nach dem Übereinkommen vom 20. Juni 1956 über die Geltendmachung von Unterhaltsansprüchen im Ausland in Verbindung mit dem Gesetz vom 26. Februar 1959 (BGBl. II S. 149) oder nach dem Auslandsunterhaltsgesetz vom 19. Dezember 1986 (BGBl. I S. 2563) geltend gemacht werden soll, sowie die Entgegennahme von Anträgen nach § 42 Abs. 1 und die Entscheidung über Anträge nach § 5 Abs. 2 des Internationalen Familienrechtsverfahrensgesetzes vom 26. Januar 2005 (BGBl. I S. 162) werden dem Rechtspfleger übertragen.

RPflG 30, 31 (nicht abgedruckt)

RPflG 32. Nicht anzuwendende Vorschriften. Auf die nach den §§ 29 bis 31 dem Rechtspfleger übertragenen Geschäfte sind die §§ 5 bis 11 nicht anzuwenden.

Sechster Abschnitt. Schlußvorschriften

RPflG 33–36 a (nicht abgedruckt)

RPflG 36 b. Übertragung von Rechtspflegeraufgaben auf den Urkundsbeamten der Geschäftsstelle. I 1 Die Landesregierungen werden ermächtigt, durch Rechtsverordnung folgende nach diesem Gesetz vom Rechtspfleger wahrzunehmende Geschäfte ganz oder teilweise dem Urkundsbeamten der Geschäftsstelle zu übertragen:

1. die Geschäfte bei der Annahme von Testamenten und Erbverträgen zur amtlichen Verwahrung nach den §§ 2258 b und 2300 des Bürgerlichen Gesetzbuchs (§ 3 Nr. 2 Buchstabe c);
2. das Mahnverfahren im Sinne des Siebenten Buchs der Zivilprozeßordnung einschließlich der Bestimmung der Einspruchsfrist nach § 700 Abs. 1 in Verbindung mit § 339 Abs. 2 der Zivilprozeßordnung sowie der Abgabe an das für das streitige Verfahren als zuständig bezeichnete Gericht, auch soweit das Mahnverfahren maschinell bearbeitet wird (§ 20 Nr. 1);
3. die Erteilung einer weiteren vollstreckbaren Ausfertigung in den Fällen des § 733 der Zivilprozeßordnung (§ 20 Nr. 12);
4. die Erteilung von weiteren vollstreckbaren Ausfertigungen gerichtlicher Urkunden nach § 797 Abs. 3 der Zivilprozeßordung (§ 20 Nr. 13);
5. (betrifft Strafsachen);

2 Die Landesregierungen können die Ermächtigung auf die Landesjustizverwaltungen übertragen.

II 1 Der Urkundsbeamte der Geschäftsstelle trifft alle Maßnahmen, die zur Erledigung der ihm übertragenen Geschäfte erforderlich sind. 2 Die Vorschriften über die Vorlage einzelner Geschäfte durch den Rechtspfleger an den Richter oder Staatsanwalt (§§ 5, 28, 31 Abs. 2 a und 2 b) gelten entsprechend.

III Bei der Wahrnehmung von Geschäften nach Absatz 1 Satz 1 Nr. 2 kann in den Fällen der §§ 694, 696 Abs. 1, § 700 Abs. 3 der Zivilprozeßordnung eine Entscheidung des Prozeßgerichts zur Änderung einer Entscheidung des Urkundsbeamten der Geschäftsstelle (§ 573 der Zivilprozeßordnung) nicht nachgesucht werden.

IV (betrifft Strafsachen).

1 **Vorbem.** Abs. 2 Satz 2 und Abs. 3 in der Fassung des Art. 9 1. JuMoG v 24. 8. 04, BGBl 2198.

RPflG 37 u. 38 (nicht abgedruckt)

12. Titel. Zustellungs- und Vollstreckungsbeamte **Anh § 153, Übers § 154 GVG**

RPflG 39. Überleitungsvorschrift. Für die Anfechtung von Entscheidungen des Rechtspflegers gelten die §§ 11 und 23 Abs. 2 in der vor dem 1. Oktober 1998 geltenden Fassung, wenn die anzufechtende Entscheidung vor diesem Datum verkündet oder, wenn eine Verkündung nicht stattgefunden hat, der Geschäftsstelle übergeben worden ist.

Bem. Vgl dazu § 104 ZPO Rn 41.   1

RPflG 40 (nicht abgedruckt)

Zwölfter Titel. Zustellungs- und Vollstreckungsbeamte

Übersicht

1) Allgemeines (Wolf § 30 III). Die Prozeßgesetze begnügen sich damit, eine Reihe von Amtspflichten 1 des Gerichtsvollziehers zu umgrenzen. Die Regelung ihrer Dienst- und Geschäftsverhältnisse ist Sache der Landesjustizverwaltungen, § 154. Die Dienstverhältnisse der Gerichtsvollzieher, ihre Zuständigkeit und Dienstführung sind in der von den Ländern übereinstimmend erlassenen Gerichtsvollzieherordnung geregelt, zu der die Länder Ergänzungsbestimmungen erlassen haben. Sie sind idR selbständige Beamte mit eigenem Bezirk, die außer ihren festen Bezügen Anteile an den vereinnahmten Gebühren und Anspruch auf Auslagenersatz haben. Die Aufträge können dem Gerichtsvollzieher unmittelbar übermittelt oder durch die Verteilungsstelle zugeteilt werden.

Der Gerichtsvollzieher ist ein selbständiges Organ der Rechtspflege, § 753 ZPO Rn 1 ff, VG Bln DGVZ **90**, 6, dem aber keine Unabhängigkeit zukommt, BVerwG NJW **83**, 896, und das keine Rechtsbeugung begehen kann, Düss NJW **97**, 2125. Der Gerichtsvollzieher hat sich allen Beteiligten gegenüber neutral zu verhalten, Kissel § 154 Rn 3, Pawlowski ZZP **90**, 358.

2) Tätigkeit des Gerichtsvollziehers. A. Nach den Prozeßgesetzen sind ihm zugewiesen: **a)** Zu- 2 stellungen im Parteibetrieb, die nur noch verhältnismäßig selten stattfinden; **b)** Vornahme der Zwangsvollstreckung, soweit sie nicht dem Vollstreckungs- oder Prozeßgericht vorbehalten ist; **c)** Vorführungen und Verhaftungen. Vereinzelt ist der Gerichtsvollzieher auch im Privatrecht zuständig, vgl §§ 132, 383, 1233 ff BGB; es können ihm auch Vollstreckungsaufgaben in Justizkassensachen aus den JBeitrO, Hartmann Teil IX A, übertragen werden, BVerwG NJW **83**, 898. Er ist öff Urkundsperson im Sinn des § 415 ZPO.

Die örtliche Zuständigkeit regeln §§ 20 ff GVollzO und landesrechtliche Ergänzungsbestimmungen. Welche Dienstverrichtungen dem Gerichtsvollzieher obliegen und welches Verfahren er dabei zu beachten hat, regelt die GVGA bundeseinheitlich. Ihre Beachtung gehört zu den Amtspflichten des Gerichtsvollziehers.

B. Immer handelt der Gerichtsvollzieher als Beamter, für den die allgemeinen beamtenrechtlichen 3 Regelungen gelten, zB die Bindung an allgemeine Weisungen, Kissel § 154 Rn 4, OVG Bln DRpflZ **82**, 9, und die Möglichkeit der Versetzung in den Innendienst, BVerwG DVBl **82**, 1186. Als Beamter untersteht er der Dienstaufsicht und Weisungsbefugnis seines Vorgesetzten, Gaul ZZP **87**, 241; dies gilt uneingeschränkt für die Einziehung von Kosten, BVerwG DÖD **87**, 137, NJW **83**, 896 u DVBl **82**, 1188. Bei der konkreten Durchführung der ihm gesetzlich übertragenen Aufgaben handelt er aber im Einzelfall selbständig und eigenverantwortlich, dazu BVerwG NJW **83**, 896, so daß ihm hier keine Einzelweisungen erteilt werden dürfen, Kissel 4, str, zweifelnd BVerwG aaO mwN. Nie handelt der Gerichtsvollzieher kraft privatrechtlichen Auftrags, Dienst- oder Werkvertrags. Wenn die Prozeßgesetze von einem „Auftrag" der Partei sprechen, so ist dieser Auftrag nach heutiger Erkenntnis nur als Antrag auf Vornahme der Amtshandlung zu verstehen. Nie, auch nicht im Fall des § 840 ZPO, ist der Gerichtsvollzieher Vertreter des Gläubigers, RG **156**, 395, Kissel 17 (wäre er es, dann handelte er auch da als Beamter). Wieweit er Gehilfen für den inneren Dienst zuziehen darf, richtet sich nach der GVollzO. Jedenfalls darf er es nicht nach außen, zB für die Übergabe zuzustellender Schriftstücke, auch nicht an die Post, § 49 Z 2 GVollzO. Der GVollz erhebt **Kosten** nach dem GVKostG v 26. 7. 57, BGBl 887; s Hartmann Teil XI.

C. Aus **Amtspflichtverletzung des Gerichtsvollziehers haftet das Land**, in dessen Dienst er steht, 4 Art 34 GG; vgl § 13 Rn 31 „Amtspflichtverletzung". Er haftet bei Maßnahmen der Zwangsvollstreckung auch dem Schuldner, dem Eigentümer der Pfandstücke und dem Bieter in der Zwangsversteigerung, RG **129**, 23, noch nicht aber dem Antragsteller rechtsgeschäftlich bei Nichterfüllung der Vollstreckungsschuld haftet, RG **140**, 45; vgl auch BGH BB **57**, 163 (Haftung bei Verletzung von Rechten Dritter). Er haftet zB auch bei nicht gehöriger Kenntlichmachung der Pfändung, BGH NJW **59**, 1775, oder dann, wenn er die Zustellung nicht persönlich vorgenommen hat, RG JW **34**, 34. Ist dem Gerichtsvollzieher die Auslegung des Pfändungsbeschlusses zweifelhaft, muß er sich an das Vollstreckungsgericht wenden, RG HRR **31**, 220. Dem Gläubiger ist Verschulden des Gerichtsvollziehers nur zuzurechnen, soweit ihn ein eigenes Verschulden trifft. Vgl dazu Pal-Thomas § 839 Rn 101 und oben § 753 ZPO Rn 10.

3) Eine Amtshandlung, die der Gerichtsvollzieher unter Verletzung der sachlichen Zuständig- 5 **keit vornimmt, ist ganz unwirksam; die Verletzung der örtlichen Zuständigkeit berührt die Wirksamkeit nicht**, § 753 Rn 10, 11, s auch § 20 Z 2 GVollzO. Da der Gerichtsvollzieher Beamter ist, oben 3, müssen die staatsrechtlichen Voraussetzungen seines Amts vorliegen, dh er muß unter Wahrung der geltenden Vorschriften ernannt sein. Fehlt indessen eine Vorbedingung der Ernennung, so wird man, anders als beim Richter, die Wirksamkeit der Amtshandlung davon nicht abhängig machen dürfen. Die prozessualen Voraussetzungen der Tätigkeit des Gerichtsvollziehers enthält § 155. Über die schwierige Frage, inwieweit fehlerhafte Amtshandlungen des zuständigen Gerichtsvollziehers wirksam sind, s Grdz § 704 Rn 56.

4) *VwGO: Der Gerichtsvollzieher kann nach den §§ 167 ff VwGO mit Vollstreckungsmaßnahmen beauftragt* 6 *werden*, RedOe § 167 Anm 4, KoppSch § 169 Rn 6.

GVG §§ 154, 155, Anh I § 155   Gerichtsverfassungsgesetz

154 *Dienst- und Geschäftsverhältnisse.* Die Dienst- und Geschäftsverhältnisse der mit den Zustellungen, Ladungen und Vollstreckungen zu betrauenden Beamten (Gerichtsvollzieher) werden bei dem Bundesgerichtshof durch den Bundesminister der Justiz, bei den Landesgerichten durch die Landesjustizverwaltung bestimmt.

Vorbem. § 154 gilt in der **Arbeitsgerichtsbarkeit** entspr, § 9 II ArbGG.

1 **1) Erläuterung.** Die Vorschrift umschreibt die Aufgaben des Gerichtsvollziehers zT unzutreffend, zT unvollständig, vgl Eich ZRP **88**, 454. Gegen ihre Gültigkeit als Ermächtigungsnorm bestehen verfassungsrechtliche Bedenken, Grawert DGVZ **89**, 97. Wegen der Rechtsstellung des Gerichtsvollziehers vgl Üb B Rn 3 und § 753 ZPO Rn 1. Die Regelung der Dienst- und Geschäftsverhältnisse findet sich in der GVollzO und in der GVGA idF v 1. 4. 80, Kissel 8 u 9. Zur Pflicht des Gerichtsvollziehers, gespeicherte personenbezogene Daten den Betroffenen bekanntzugeben, vgl VGH Kassel RR **99**, 857.

2 **2) VwGO:** § 153 Rn 6.

155 *Ausschließung.* Der Gerichtsvollzieher ist von der Ausübung seines Amts kraft Gesetzes ausgeschlossen:
I. in bürgerlichen Rechtsstreitigkeiten:
  1. wenn er selbst Partei oder gesetzlicher Vertreter einer Partei ist oder zu einer Partei in dem Verhältnis eines Mitberechtigten, Mitverpflichteten oder Schadensersatzpflichtigen steht;
  2. wenn sein Ehegatte oder Lebenspartner Partei ist, auch wenn die Ehe oder Lebenspartnerschaft nicht mehr besteht;
  3. wenn eine Person Partei ist, mit der er in gerader Linie verwandt oder verschwägert, in der Seitenlinie bis zum dritten Grad verwandt oder bis zum zweiten Grad verschwägert ist oder war;
II. in Strafsachen . . . .

Vorbem. Fassung durch Art 3 § 12 LPartG, Einf § 606 Rn 14. Bei den **Arbeitsgerichten** ist § 155 entsprechend anwendbar, § 9 II ArbGG.

1 **1) Erläuterung.** § 155 I ist dem § 41 ZPO nachgebildet; s die Erläuterungen zu diesem. Eine Ablehnung des Gerichtsvollziehers wegen Besorgnis der Befangenheit scheidet aus, BGH MDR **05**, 169 mwN, LG Köln MDR **01**, 649, LG Coburg DGVZ **90**, 89; auch ein Landesgesetz kann sie nicht vorsehen. In den Fällen des § 155 tritt der nach Landesrecht zuständige Vertreter an die Stelle des Ausgeschlossenen. Ein Verstoß gegen § 155 macht nach hier vertretener Auffassung die Amtshandlung ganz unwirksam, ZöGu 1, Wieczorek Anm A, während ein Verstoß nach der Gegenmeinung nur zur Anfechtbarkeit führt, MüKoWo 3, Kissel 4: Im Licht der neuen Verfahrensgesetze für die Verwaltung (und im Hinblick auf § 41 ZPO, dort Rn 5) wird idR lediglich Rechtswidrigkeit der Maßnahme anzunehmen sein, vgl §§ 20 u 44 III Z 2 VwVfG, 82 u 125 III Z 2 AO, 16 u 40 III Z 2 SGB X; danach ist eine fehlerhafte Zustellung unwirksam, während Vollstreckungsmaßnahmen anfechtbar sind, RoSgo § 27 II 4. Ein Verstoß gegen § 155 bedeutet stets eine Verletzung der Amtspflicht. Über den Ausschluß des Gerichtsvollziehers und seiner Gehilfen vom Mitbieten beim Verkauf in der Zwangsvollstreckung s §§ 456 ff BGB (Haftung für Kosten und Mindererlös).

2 **2) VwGO:** § 153 Rn 6.

Anhang nach § 155. Andere Organe der Rechtspflege

I. Rechtsanwälte

1 **1) Allgemeines** (Schrifttum: *Feuerich/Weyland*, BRAO, 6. Aufl 2003; *Henssler/Prütting*, BRAO, 2. Aufl 2004; *Jessnitzer/Blumberg*, BRAO, Komm 9. Aufl 2000; *Kleine-Cosack*, BRAO, 4. Aufl 2003)
A. Die **BRAO v 1. 8. 59**, BGBl III 303–8 (m Änd), regelt das Berufsrecht der RAe umfassend. Sie galt mit einigen Maßgaben auch im früheren Ost-Berlin, EV Anl I Kap III Sachgeb A Abschn IV Z 1 a. Dagegen war sie in den **neuen Bundesländern** nicht in Kraft gesetzt worden, EV Anl I Kap III Sachgeb A Abschn I Z 7; hier galt das RAG v 13. 9. 90, GBl 1504 (Schönfelder II Nr 325), mit bestimmten Maßgaben fort, EV Anl I Kap III Sachgeb A Abschn III Z 1, dazu Busse F Redeker, 1993, S 571 u NJW **93**, 2009, Kaiser AnwBl **91**, 133, Wasmuth BRAK-Mitt **90**, 194, Koch/Bach AnwBl **90**, 596; sofern dort in einem Land die im GVG vorgesehenen Gerichte und Staatsanwaltschaften errichtet worden sind, galten das RAG idF des § 23 RpflAnpG (Übergangsvorschrift: § 27 RpflAnpG), ferner für den Anwaltsprozeß §§ 22 u 26 RpflAnpG, abgedr Vorbem § 78 ZPO, dazu Rieß AnwBl **92**, 151. Nach Art 21 I G v 2. 9. 94, BGBl 2278, tritt an die Stelle des gleichzeitig aufgehobenen RAG mWv 9. 9. 94, Art 22 I, die BRAO (mit bestimmten Abweichungen, Art 21 I 4, VI); nach dem RAG zugelassene RAe sind nach der BRAO zugelassen, Zulassungen bei Gerichten wirken fort, Art 21 II des Ges. Wegen des Widerrufs und der Rücknahme von Zulassungen in den neuen Bundesländern vgl §§ 1–4 G v 24. 7. 92, BGBl 1386.
Wegen der **EG-Niederlassungsrichtlinie** für RAe s Lörcher BRAK-Mitt **98**, 9.

2 B. Die **Stellung der Rechtsanwälte** ist gesetzlich eingehend geregelt. Grundlegendes für die Stellung nach außen enthält auch die ZPO, vgl namentlich §§ 78 ff. Die Stellung nach innen, das Verhältnis zum Auftraggeber, richtet sich wesentlich nach BGB; es liegt im allgemeinen ein Dienstvertrag vor, der eine Geschäftsbesorgung zum Gegenstand hat, §§ 627, 675 BGB, nur in vereinzelten Fällen (Gutachten) ein Werkvertrag, weil der RA idR keine Gewährleistung für den Erfolg übernimmt, und auch bei Beauftragung mit Vermittlung kein Maklervertrag, es sei denn, die Gewährung rechtlichen Beistands ist völlig nebensäch-

12. Titel. Zustellungs- und Vollstreckungsbeamte **Anh I § 155 GVG**

lich, BGH **18**, 340; vgl Hartmann Grdz § 1 BRAGO Rn 12 ff. Für Rechtsanwaltsgesellschaften gelten §§ 59 c ff BRAO.

Aufgrund der BRAO hat die Satzungsversammlung der BRAK eine **Berufs- und eine Fachanwaltsordnung** beschlossen, die (mit Ausnahme der vom BJM aufgehobenen Bestimmungen) am 11. 3. 97 in Kraft getreten sind, Hartung/Holl, Kommentar, 2. Aufl 2001, Busse NJW **99**, 3017, Kleine-Cosack NJW **97**, 1257, Zuck MDR **97**, 325, BGH MDR **99**, 1159, AnwG RhPf NJW **99**, 66. Die beiden Satzungen sind in der Beilage zu Heft 19/97 der NJW abgedruckt. Die Wirksamkeit der BORA war umstritten, bejahend BGH NJW **99**, 2678 (Anm Kilian BRAK-Mitt **99**, 247); Schlosser NJW **98**, 2794, Haas NJW **98**, 2721 mwN verneinend Hartung MDR **98**, 1059 u 866, Römermann NJW **98**, 2249, AnwG Düss NJW **98**, 2296; die Frage ist durch das BVerfG (NJW **00**, 347) bejahend entschieden worden, als § 13 BORA aus anderen Gründen aufgehoben wurde.

C. Der Rechtsanwalt ist kein Gewerbetreibender. Er ist **der berufene, unabhängige Berater und** **3** **Vertreter in allen Rechtsangelegenheiten.** Richter und RAe haben im Rechtsleben zwar eine verschiedene Stellung, aber das gemeinsame Ziel, dem richtigen Recht zum Siege zu verhelfen. Die gebührenrechtlichen Ansprüche des RA sind einheitlich und abschließend in der BRAGO v 26. 7. 57, BGBl I 907, geregelt. Wegen der Vereinbarung eines Erfolgshonorars (quota litis) s Hartmann § 3 BRAGO Rn 36.

D. Wegen der Tätigkeit von Rechtsanwälten aus anderen Staaten s unten Rn 8 (§§ 206 u 207 BRAO) und Schlußanh VII.

2) Die wichtigsten Vorschriften der BRAO für den Zivilprozeß sind außer § 1, dass der RA ein **4** **unabhängiges Organ der Rechtspflege** ist, die allg ihres 1. Teils, die §§ 30–36 des 2. Teils und die §§ 43–59 im 3. Teil. Dabei ist Grundlage des G v 2. 9. 94, BGBl 2278. Die BRAO ist seither wiederholt geändert worden, zuletzt durch G zur Vereinf u Vereinheitlichung d VerfVorschriften z Wahl u Berufung ehrenamtl Richter v 21. 12. 04, BGBl 3599.

3) Zulassung und Löschung. Jeder Rechtsanwalt bedarf der Zulassung, die auf Antrag erteilt wird, **5** § 6 I. Über den Antrag auf Zulassung zur Rechtsanwaltschaft entscheidet nach Einholung eines Gutachtens der RAKammer, in deren Bezirk der Bewerber zugelassen werden will, § 18, die Landesjustizverwaltung, § 8 (zur Übertragung auf die RA-Kammern s § 224 a BRAO). Die Zulassung zur Rechtsanwaltschaft wird wirksam mit Aushändigung der Zulassungsurkunde, § 12 II. Jeder RA muß außerdem bei einem bestimmten Gericht der ordentlichen Gerichtsbarkeit zugelassen sein, § 18 I; auch diese Zulassung wird nur auf Antrag (verbunden mit dem Antrag auf Zulassung überhaupt, sonst bei Wechsel des Gerichtsbezirks) und nach Anhörung des Vorstandes der RAKammer durch die Landesjustizverwaltung ausgesprochen. Auf Antrag ist der bei einem AG zugelassene RA auch beim LG, in dessen Bezirk das AG seinen Sitz hat, zuzulassen, § 23. Für eine Simultanzulassung bei LG u OLG galt bislang 25, der mit dem GG unvereinbar war, BVerfG NJW **01**, 353 (Tenor BGBl **01**, 891; Anm Schramm MDR **01**, 551 u Härting MDR **01**, 177); wegen der bisherigen Übergangsbestimmung für bestehende Simultanzulassungen und wegen der Ausnahmen für 8 Länder s § 226, dazu krit Kleine-Cosack NJW **94**, 2251 mwN (§ 226 II ist mit dem GG vereinbar, BVerfG NJW **01**, 1561). Eine Simultanzulassung bei mehreren Landgerichten ist nach wie vor ausgeschlossen, BGH NJW **04**, 1172. Vgl iü § 78 ZPO Rn 2 ff.

Der RA hat an dem Ort des Gerichts, bei dem er zugelassen ist, eine **Kanzlei einzurichten**, § 27 eine Pflicht, von der er nur ausnahmsweise befreit werden kann, § 29. Ist der RA von der Pflicht, eine Kanzlei zu unterhalten, befreit, so muß er einen Zustellungsbevollmächtigten bestellen:

§ 30. Zustellungsbevollmächtigter. **I** **Ist der Rechtsanwalt von der Pflicht, eine Kanzlei zu unterhalten, befreit, so muß er am Ort des Gerichts, bei dem er zugelassen ist, einen dort wohnhaften ständigen Zustellungsbevollmächtigten bestellen; ist der Rechtsanwalt gleichzeitig bei mehreren Gerichten, die ihren Sitz an verschiedenen Orten haben, zugelassen, so muß er den Zustellungsbevollmächtigten am Ort des Gerichts, an dem die Kanzlei einzurichten wäre (§ 27 Abs. 1 Satz 1), bestellen.**

II **An den Zustellungsbevollmächtigten kann auch von Anwalt zu Anwalt (§§ 198, 212 a der Zivilprozeßordnung) wie an den Rechtsanwalt selbst zugestellt werden.**

III **Ist ein Zustellungsbevollmächtigter entgegen Absatz 1 nicht bestellt, so kann die Zustellung durch Aufgabe zur Post bewirkt werden (§§ 175, 192, 213 der Zivilprozeßordnung). Das gleiche gilt, wenn eine Zustellung an den Zustellungsbevollmächtigten am Ort des Gerichts nicht ausführbar ist.**

Der RA wird bei dem Gericht, bei dem er zugelassen ist, in eine Liste, in der auch seine Kanzlei vermerkt ist, eingetragen, § 31. Er erhält damit die Befugnis, die Anwaltstätigkeit auszuüben, ohne daß aber dadurch die rechtliche Wirksamkeit von Handlungen, die er vorher vorgenommen hat, berührt wird, § 32. Da der RA freizügig ist – auch zwischen den Ländern –, §§ 5, 43 III, kann er auch die Zulassung wechseln, muß dann aber auf die Zulassung bei dem bisherigen Gericht verzichten, § 33, und eine solche bei dem neuen Gericht beantragen, vgl BGH NJW **04**, 1172 (§ 33 enthält abschließende Regelung und ist verfassungsrechtlich unbedenklich). Bei Änderung der Gerichtsbezirke ist der RA ohne weiteres bei dem für seine Kanzlei zuständigen Gericht zugelassen, § 33 a.

Die Zulassung erlischt, wenn durch rechtskräftiges Urteil des Anwaltsgerichts auf Ausschließung aus der **6** Rechtsanwaltschaft erkannt ist, § 13. Der Verurteilte wird aufgrund des rechtskräftigen Urteils in der Liste der RAe gelöscht, § 204 I 2. Die Zulassung zur Rechtsanwaltschaft erlischt ferner durch ihre Zurücknahme, §§ 14–16, vgl auch § 34, die durch die Landesjustizverwaltung verfügt wird, wogegen der RA innerhalb eines Monats Antrag auf gerichtliche Entscheidung beim Anwaltsgerichtshof stellen kann, § 16. Durch die Landesjustizverwaltung kann auch aus den in § 35 genannten Gründen die Zulassung bei einem Gericht zurückgenommen werden, wogegen der RA ebenfalls den Anwaltsgerichtshof anrufen kann. Auch im Falle der Zurücknahme – wie auch dem des Todes – wird der RA in der Liste der bei dem Gericht zugelassenen

Rechtsanwälte, § 31 (vgl oben), gelöscht. Bezüglich seiner eigenen und der ihm gegenüber vorgenommenen Rechtshandlungen besagt § 36 Abs. 2:

II ¹ Rechtshandlungen, die der Rechtsanwalt vor seiner Löschung noch vorgenommen hat, sind nicht deshalb unwirksam, weil er zur Zeit der Vornahme der Handlung die Anwaltstätigkeit nicht mehr ausüben oder vor dem Gericht nicht mehr auftreten durfte. ²Das gleiche gilt für Rechtshandlungen, die vor der Löschung des Rechtsanwalts ihm gegenüber noch vorgenommen worden sind.

Wegen des Widerrufs und der Rücknahme der Zulassung in den **neuen Bundesländern** s §§ 1–4 G v 23. 7. 92, BGBl 1386.

7   **4) Vertretung.** S dazu §§ 52–55 Bem. **a)** Zu § 53 III: Der Urlaubsvertreter ist Vertreter der Partei iSv § 85 II ZPO, Stgt MDR **01**, 238. Den Referendaren, IV 2, sind durch § 8 RpflAnpG bestimmte Personengruppen gleichgestellt, vgl § 10 GVG Rn 2.

b) Zu § 55 II 3 vgl Karlsr MDR **01**, 239.

8   **5) Rechtsanwälte aus anderen Staaten.** Für sie gelten die Sondervorschriften im 12. Teil der BRAO, dazu Zuck NJW **90**, 1026:

Bem. Fassung durch Art 2 Z 4 G v 9. 3. 00, BGBl 182, in Kraft seit 14. 3. 00. Wegen der DVO zu I v 18. 7. 02, BGBl 2886, vgl Schlußanh VII. Die DVO zu II v 29. 1. 95, BGBl 142, ist gleichzeitig außer Kraft getreten.

9   **6) Berufspflichten** (Prütting AnwBl **99**, 361).

A. Die Partei darf in jeder Prozeßsache einen RA bevollmächtigen, auch wenn eine Vertretung durch Anwälte nicht geboten ist, § 79 ZPO Rn 1. Prozeßvollmacht für die Vertretung vor einem Land- oder höheren Gericht kann die Partei aber nur dem bei dem Prozeßgericht zugelassenen RA erteilen, § 78 ZPO. Regelmäßig ist der RA zur Übernahme einer Vertretung nicht verpflichtet, wohl aber zur unverzüglichen Erklärung, daß er den Auftrag ablehnt, § 44 BRAO (oben abgedruckt).

10 **B.** Ausnahmsweise muß der RA die Vertretung übernehmen (§§ 48, 49a BRAO): **a)** als vom Vorsitzenden im Rahmen der **Prozeßkostenhilfe** bestellter RA, § 121 ZPO; **b)** als **Notanwalt**, §§ 78 b, 78 c ZPO; **c)** als **Beistand**, § 625 ZPO; **d)** in der **Beratungshilfe**, Anh § 127 ZPO.

11 **C.** Der RA hat **Anspruch auf Gebühren und Auslagen nach RVG.** Er darf außer in Sachen der Prozeßkostenhilfe einen angemessenen Vorschuß verlangen, § 9 RVG. Über den Ersatz seiner Kosten aus der Staatskasse im Falle der Gewährung von Prozeßkostenhilfe vgl §§ 45 ff RVG. S zu diesen Fragen Hartmann KostG Teil X.

12 **7) Berufs- u Vertretungsverbot.** Nach Einleitung eines anwaltsgerichtlichen Verfahrens kann, falls Ausschließung aus der Rechtsanwaltschaft zu erwarten ist, gegen den RA ein Berufs- oder Vertretungsverbot verhängt werden, § 150. Ist es verhängt, so darf der RA nicht vor einem Gericht, vor Behörden oder einem Schiedsrichter in Person auftreten, Vollmachten od Untervollmachten erteilen und mit Gerichten, Behörden, Schiedsgerichten und mit anderen Personen schriftlich verkehren, § 155 III. Ausgenommen sind lediglich eigene Sachen, die seines Ehegatten und seiner minderjährigen Kinder, soweit keine Anwaltsvertretung geboten ist, § 155 IV. Auch hier, vgl oben 6, wird aber die Wirksamkeit der Rechtshandlungen des RAs und der ihm gegenüber vorgenommenen geschützt, § 155 V. Zuwiderhandlungen gegen das Verbot haben die Ausschließung aus der Rechtsanwaltschaft zur Folge, § 156.

13 **8) Die Rechtsanwaltschaft beim BGH** (dazu Droeger NJW **02**, 175, Messer AnwBl **01**, 23, Brändel ZRP **01**, 112). Sie nimmt eine Sonderstellung ein, was verfassungsrechtlich unbedenklich ist, BGH NJW **02**, 1725 mwN (Anm Römermann MDR **02**, 727). Der RA beim BGH wird nach Benennung durch den hierfür vorgesehenen Wahlausschuß durch den BJM ernannt, §§ 164 ff, dazu Tilmann BRAK-Mitt **94**, 118 mwN, ua Hartung JZ **94**, 117 u 403. Der RA darf nicht zugleich bei einem anderen Gericht zugelassen werden, § 171; er darf außer beim BGH nur bei den anderen Obersten Bundesgerichten, dem Gemeinsamen Senat der obersten Gerichtshöfe und dem BVerfG auftreten, außer wenn es sich um Ersuchen dieser Gerichte an andere Gerichte handelt, § 172. Ein Vertreter bestellt er bis zur Dauer von einem Monat selbst, wenn ein anderer RA beim BGH dazu bereit ist. Sonst erfolgt die Bestellung durch den BJM, ebenso wie die eines Abwicklers, § 173. Rechtsanwälte beim BGH dürfen nur untereinander eine Sozietät eingehen, die lediglich zwei Rechtsanwälte umfassen darf, § 172a. Es besteht die RAKammer beim BGH, § 174.

II. Andere Prozeßvertreter

1   **1) Allgemeines** (Wolf § 35). **Die geschäftsmäßige Besorgung fremder Rechtsangelegenheiten einschließlich der Rechtsberatung** und der Einziehung fremder oder zur Einziehung abgetretener Forderungen ist bei Strafe allen verboten, denen nicht von der zuständigen Behörde die Erlaubnis dazu erteilt ist, Art 1 § 1 RBerG, BGBl III 303–12, zuletzt geänd durch Art 3 G v 31. 8. 98, BGBl 2025. S dazu AusfVO v 13. 12. 35, RGBl 1481, 3. 4. 36 RGBl I 359, 25. 6. 36 RGBl I 514; jedoch ist § 1 I 1 mit I 2 nr. 1. AVO nichtig, soweit dadurch die Erlaubnis örtlich begrenzt wird, BVerfG NJW **76**, 1349. Zu Reformüberlegungen vgl Prütting/Rottleuthner, Rechtsberatung zwischen Deregulierung und Verbraucherschutz, Gutachten G + H zum 65. Deutschen Juristentag, Bonn 2004, Koch ZRP **04**, 158. Ausgenommen sind die Erstattung wissenschaftlich begründeter Gutachten und die Tätigkeit als Schiedsrichter, § 2; ferner berührt das Gesetz eine Reihe von Personen nicht, die § 3 aufzählt, namentlich nicht die RAe, Notare, Patentanwälte, Zwangs- oder Konkursverwalter, Nachlaßpfleger u dgl, ferner nicht die Prozeßagenten und die mit öff Mitteln geförderten Verbraucherzentralen.

13. Titel. Rechtshilfe **Anh II, III § 155, Übers § 156 GVG**

2) Prozeßagenten, Rechtsbeistände. Prozeßagenten läßt der LGPräs (AGPräs) zum mündlichen Ver- 2 handeln vor Gericht zu, falls ein Bedürfnis besteht, regelmäßig für ein bestimmtes AG, und zwar jederzeit widerruflich; vgl dazu die Erläuterungen zu § 157 ZPO. Voraussetzung für die Zulassung ist die Erlaubnis nach dem RBerG. Die vor dem 27. 8. 80 zugelassenen Rechtsbeistände mit uneingeschränkter (oder unter Ausschluß nur des Sozialrechts erteilter) Erlaubnis sind auf Antrag in die zuständige Rechtsanwaltskammer aufzunehmen (sog Kammerrechtsbeistände); sie erhalten dadurch praktisch die Rechtsstellung eines Rechtsanwalts, § 209 BRAO idF des Art 2 V G v 18. 8. 80, BGBl 1503, § 25 EGZPO; vgl BVerfG NVwZ **98**, 837 u NJW **89**, 2611. Neue Rechtsbeistände mit Vollerlaubnis dürfen seit dem 27. 8. 80 nicht mehr zugelassen werden, sondern nur solche für bestimmte Sachbereiche, Art 1 § 1 I RBerG idF des Art 2 VI G v 18. 8. 80 (Übergangsrecht: Art 3); diese Regelung hält Obermayer DÖV **81**, 621 für verfassungswidrig. Wegen des Rechtswegs bei Nichtzulassung eines Bewerbers s § 23 EGGVG Rn 2. Über die Gebühren eines Rechtsbeistands bei der Erstattung vgl Art IX KostÄndG idF des Art 2 I G v 18. 8. 80, BGBl 1503, in Kraft ab 1. 1. 81, dazu Hartmann Teil XII. Vor dem **Arbeitsgericht** sind mit Ausnahme der RAe Personen, die die Besorgung fremder Rechtsangelegenheiten vor Gericht geschäftsmäßig betreiben, als Bevollmächtigte und Beistände in der mündlichen Verhandlung ausgeschlossen, § 11 III ArbGG idF des Art 2 VII G v 18. 8. 80, BGBl 1503.

III. Unterbeamte

Die Stellung der Unterbeamten ist fast ganz landesrechtlich geregelt. Als Organ des Gerichts kommt der 1 **Gerichtswachtmeister** in Betracht, wenn er bei der Amtszustellung nach §§ 211 ff ZPO die Tätigkeit des Postbediensteten übernimmt. Er ist insoweit auch öff Urkundsperson im Sinn des § 415 ZPO. Die Vorschriften über Ausschließung, § 155, sind auf ihn unanwendbar, weil er vom Inhalt des zuzustellenden Schriftstücks keine Kenntnis hat. Dem Vorsitzenden steht der Gerichtswachtmeister für den Sitzungsdienst, insbesondere die Ausübung der Sitzungspolizei zur Verfügung. Weitere Amtsaufgaben können ihm durch Landesrecht übertragen werden. Dieses überträgt oft die Befugnis zur Wahrnehmung gewisser Geschäfte des Urkundsbeamten, etwa der Protokollführung, auf **Kanzleipersonal;** insoweit hat der Kanzlist nach außen die Stellung eines Urkundsbeamten.

Dreizehnter Titel. Rechtshilfe

Übersicht

1) Allgemeines. Nicht jede Behörde kann alle Amtshandlungen, die die Erledigung ihrer Dienstgeschäfte 1 mit sich bringt, selbst vornehmen. Der Vornahme können Entfernung, mangelnde sachliche Zuständigk oder das Fehlen der nötigen Hilfsmittel entgegenstehen, und zwar sowohl bei Gerichten als auch bei Verwaltungsbehörden. Zwar erstreckt sich die Gerichtsbarkeit der Gerichte auf das ganze Bundesgebiet und verpflichtet sie, alle gerichtlichen Handlungen der Zwangsvollstreckung, Zustellung und Ladung überall selbst vorzunehmen, § 160; aber andererseits soll das Gericht nur innerhalb seines Bezirks tätig werden, § 166. Im Notfall helfen Rechts- und Amtshilfe.

Verfassungsrechtliche Grundlage ist **Art 35 I GG: Alle Behörden des Bundes und der Länder leisten sich gegenseitig Rechts- und Amtshilfe.** Unter „Behörden" sind auch Gerichte zu verstehen, hM, vgl Maunz-Dürig GG Art 35 Anm 3. Die Bedeutung dieser Vorschrift erschöpft sich darin, auf dem Gebiet der Rechts- und Amtshilfe die Einheit der Staatsgewalt im Bundesstaat herzustellen; sie sagt aber nichts über Inhalt und Umfang der Rechts- und Amtshilfe aus, vielmehr werden diese durch das für die beteiligten Behörden geltende Recht bestimmt, BVerwG **38**, 340, Becker NJW **70**, 1075.

Zur Zulässigkeit des Rechtshilfeersuchens eines nationalen Gerichts an den **EuGH** vgl dessen Entscheidung NJW **91**, 2409.

2) Rechtshilfe und Amtshilfe. Rechtshilfe im eigentlichen Sinn liegt nur vor, wenn die ersuchende 2 Behörde die Amtshandlung ihrer sachlichen Zuständigkeit nach selbst vornehmen könnte und nur die Zweckmäßigkeit für die Vornahme durch die ersuchte spricht, BGH NJW **90**, 2936 mwN. Es muß sich um eine richterliche Handlung handeln, Celle NJW **67**, 393. In Betracht kommen also Beweisaufnahmen, Güteversuch, § 279, Entgegennahme von Parteierklärungen aus Anlaß des persönlichen Erscheinens in Ehe-, Kindschafts- und Entmündigungssachen, §§ 613, 640, 654 II, 671, ferner Gewährung von Akteneinsicht, Ffm NStZ **81**, 191, niemals ist solche Sachen, die die Partei selbst bei einem auswärtigen Gericht zu veranlassen hat, vgl § 160. Das Prozeßgericht kann auch nicht das Gericht der freiwilligen Gerichtsbarkeit um die Bestellung eines Abwesenheitspflegers ersuchen, Brschw NdsRpfl **64**, 62. **Amtshilfe** steht in Frage, wenn die ersuchte Stelle darüber hinaus die Erreichung des Ziels der ersuchenden unterstützen soll, zB durch Aktenübersendung, Brschw NdsRpfl **87**, 252 (vgl Kissel § 156 Rn 4; Schlink, Die Amtshilfe, 1982; Dreher, Die Amtshilfe, 1959; Wilde, Amtshilfe u Datenschutz, BayVBl **86**, 230; Simitis, Von der Amtshilfe zur Informationshilfe, NJW **86**, 2795; Schnapp, Zum Anwendungsbereich der Amtshilfevorschriften, DVBl **87**, 561). Der Unterschied ist kein rein sprachlicher, weil Titel 13 nur die Rechtshilfe betrifft; insbesondere ist der Beschwerdeweg des § 159 bei Amtshilfe nicht gegeben, § 159 Rn 1. Die neueren Gesetze gebrauchen aber die Fachausdrücke unsorgfältig; es ist immer zu prüfen, was sachlich vorliegt. Amtshilfe ist zB die Einräumung eines Amtszimmers und das Stellen eines Protokollführers, RG Recht **27**, 1257. Keine Rechts- und keine Amtshilfe liegt vor, wo eine Amtshandlung auf Ersuchen einer Partei vorzunehmen ist. Dem arbeitsgerichtlichen Schiedsgericht ist Rechtshilfe zu leisten, § 106 II ArbGG.

3) Rechtshilfe 3

A. Titel 13 behandelt nur die Rechtshilfe **unter Gerichten der ordentlichen streitigen Gerichtsbarkeit,** § 2 EGGVG. Das Gesetz kann ihn auch darüber hinaus anwendbar machen und hat das vielfach getan.

GVG Übers § 156, §§ 156, 157

B. Rechtshilfe ist zu leisten zB: **a)** in den bundesrechtlich den Gerichten übertragenen Angelegenheiten der Freiwilligen Gerichtsbarkeit, §§ 2, 194 FGG; **b)** den Arbeitsgerichten, soweit es sich um Amtshandlungen außerhalb des Sitzes eines Arbeitsgerichtes handelt, § 13 I 2 ArbGG, ebenso den arbeitsgerichtlichen Schiedsgerichten, soweit das Schiedsgericht aus Gründen der örtlichen Lage das AG dem ArbG vorzieht, § 106 ArbGG (siehe auch oben Rn 2 aE); **c)** dem Patentamt und dem Patentgericht, § 128 PatG, RG **102**, 369; **d)** den Anwaltsgerichten, §§ 99 II, 137 BRAO, der Handwerkskammer, § 108 HandwerksO v 17. 9. 53, BGBl 1411, dem Börsenehrengericht, § 26 Gesetz vom 27. 5. 08, RGBl 215, den Berufsgerichten der Ärzte, § 63 RÄrzteO vom 13. 12. 35, RGBl 1433, bzw entsprechende Bestimmungen des Landesrechts, und der Tierärzte, § 63 RTierärzteO vom 3. 4. 36, RGBl 347, bzw entsprechende Bestimmungen des Landesrechts; **e)** im Verhältnis zu den Verwaltungs-, Finanz- und Sozialgerichten, s §§ 14 VwGO, 13 FGO, 5 I SGG.

C. Über Rechtshilfeverkehr mit dem Ausland s Anh § 168, dazu auch MüKoWo vor § 156 Rn 9 u 10.

4 **4) Amtshilfe**
A. Für die Amtshilfe fehlen vielfach besondere Vorschriften. Geregelt ist sie ua in den §§ 4–8 VwVfG (und den entsprechenden Gesetzen der Länder), den §§ 111 bis 115 AO und den §§ 3–7 SGB X, soweit es sich um Amtshilfe zwischen Behörden handelt, vgl Schnapp/Friebe NJW **82**, 1422 (zur Prüfungskompetenz und zum Rechtsschutz). Diese Grundsätze sind idR auch im Verhältnis der Behörden zu den Gerichten und der Gerichte untereinander entsprechend anwendbar. Amtshilfegericht ist das AG. Der Instanzenzug regelt sich nach Landesrecht. Zeugen und Sachverständige sind nach den Prozeßordnungen zu vernehmen, vgl Kissel § 156 Rn 52 ff.

B. Amtshilfe ist zu leisten allen Gerichten (vgl auch §§ 14 VwGO, 13 FGO, 5 I SGG), ferner ua, vgl Kissel § 156 Rn 21: **a)** den Postbehörden, Art 35 I GG; **b)** den Bundesfinanzbehörden, §§ 111 ff AO 1977; **c)** den Einigungsämtern des Wettbewerbsrechts, § 27 a UWG; **d)** den Seeämtern und dem Oberseeamt, § 32 Gesetz v 28. 9. 35, RGBl 1183; **e)** dem Seemannsamt, § 125 SeemO vom 2. 6. 02, RGBl 175; **f)** den Standesbeamten, § 5 Bek vom 18. 1. 17, RGBl 55; **g)** mindestens nach Gewohnheitsrecht den Verwaltungsbehörden; **h)** einem im Verfahren nicht beteiligten Notar, BayObLG FamRZ **98**, 33 u **97**, 438. Dagegen können Versicherungsbehörden nur ein Sozialgericht um Amtshilfe ersuchen, § 1571 RVO.

C. Eingeschränkt wird die Amtshilfe von Behörden durch die Vorschriften, die eine Pflicht zur Geheimhaltung bestimmter Tatsachen begründen oder vor Weitergabe personenbezogener Daten schützen, zB §§ 5 II VwVfG, 30 AO, 35 SGB-AT und 67 ff SGB X, 9 KWG, 10 und 45 BDSG; vgl dazu MüKoWo vor § 156 Rn 8, Kissel § 156 Rn 60 u 61, Cosack/Thomerius NVwZ **93**, 841, Dörner NZA **89**, 950, Haus NJW **88**, 3126, Mallmann DRiZ **87**, 377, Schatzschneider MDR **82**, 6.

156
Grundsatz. **Die Gerichte haben sich in bürgerlichen Rechtsstreitigkeiten und in Strafsachen Rechtshilfe zu leisten.**

Vorbem. In der **Arbeitsgerichtsbarkeit** gilt § 13 I ArbGG.

Schrifttum: *Nagel*, Nationale und internationale Rechtshilfe im Zivilprozeß, 1971.

1 **1) Rechtshilfepflicht.** Die Gerichte haben sich Rechtshilfe zu leisten (Begriff Üb § 156 Rn 2). Eine Verpflichtung im Verhältnis von Gericht und Staatsanwaltschaft besteht an sich, abgesehen von §§ 162 u 163, nicht, s aber Üb § 156 Rn 4. Wegen anderer Behörden s Üb § 156 Rn 3 u 4. Die Gerichte sind berechtigt, nicht die Richter; darum dürfen auch Rpfl im Rahmen ihrer Befugnisse um Rechtshilfe ersuchen, § 4 I RPflG (Anh § 153). Ersucht wird das andere Gericht, das an den zuständigen Richtern oder Beamten abgibt; Ersuchen sind auch zwischen Hauptgericht und Zweigstelle möglich, Mü MDR **82**, 763. Ob eine bürgerliche Rechtsstreitigkeit vorliegt (Begriff § 13 Rn 7), bestimmt sich bei inländischem Ersuchen nicht nach der Rechtsnatur der Sache, sondern nach der Tätigkeit der ersuchenden Behörde; bei ordentlichen Gerichten schweben nur bürgerliche Rechtsstreitigkeiten in diesem Sinne. Anders liegt es beim Rechtshilfeverkehr mit dem Ausland, s Anh § 168 Rn 1. Einschränkung der Verpflichtung: § 158. Die Rechtshilfe überträgt die Amtshandlung dem ersuchten Gericht, Üb § 156 Rn 2; darum enthält ein Eintragungsersuchen aus § 941 ZPO kein Ersuchen um Rechtshilfe.

2 **2) *VwGO:*** Eine entsprechende Regelung, die sich auch auf Amtshilfe erstreckt, enthält *§ 14 VwGO, dazu Ganter NVwZ **85**, 173 (vgl auch §§ 13 FGO und 5 I SGG). Im einzelnen sind §§ 158 ff sinngemäß anzuwenden, § 173 VwGO, vgl BFH BStBl **84** II 836.*

157
Rechtshilfegericht. [I] **Das Ersuchen um Rechtshilfe ist an das Amtsgericht zu richten, in dessen Bezirk die Amtshandlung vorgenommen werden soll.**

[II 1] **Die Landesregierungen werden ermächtigt, durch Rechtsverordnung die Erledigung von Rechtshilfeersuchen für die Bezirke mehrerer Amtsgerichte einem von ihnen ganz oder teilweise zuzuweisen, sofern dadurch der Rechtshilfeverkehr erleichtert oder beschleunigt wird.** [2] **Die Landesregierungen können diese Ermächtigung durch Rechtsverordnung auf die Landesjustizverwaltungen übertragen.**

Vorbem. I gilt entspr in der **Arbeitsgerichtsbarkeit**, § 13 II ArbGG; an die Stelle des AG tritt das ArbG.

1 **1) Erläuterung.** Rechtshilfegericht ist immer ein AG, und zwar dasjenige, in dessen Bezirk die Amtshandlung vorzunehmen ist, I, oder das, dem die Erledigung durch RechtsVO zugewiesen ist, II. Diese Regelung gilt für Ersuchen in FamS auch dann, wenn FamS nach § 23 c bei einem AG konzentriert sind,

13. Titel. Rechtshilfe **§§ 157, 158 GVG**

Stgt FamRZ **84**, 716. Wo die Amtshandlung vorzunehmen ist, ergibt der Einzelfall. Örtlich zuständig für die Vernehmung eines Zeugen ist das Gericht an dessen Wohnsitz oder Aufenthalt, aus Zweckmäßigkeitsgründen (zB Gegenüberstellung, Vernehmung an Ort und Stelle, bei Beschäftigung an anderem Ort) auch ein anderes, Kissel 4 mwN, Hamm MDR **57**, 437. Sind mehrere Gerichte zuständig, so darf das ersuchende Gericht unter ihnen wählen. Den zuständigen Richter bestimmt die Geschäftsverteilung, § 21 e. Das ersuchte Gericht handelt nicht in Vertretung des ersuchenden, sondern kraft eigener, durch das Ersuchen begrenzter Amtsgewalt, KGJ **53** A 254. Besteht mit einem ausländischen Staat kein Rechtshilfeverkehr oder ist dieser besonders langwierig, so kann es notwendig sein, daß ein grenznahes Gericht Zeugen aus dem Nachbarland vernimmt, wenn das vor dem Prozeßgericht nicht möglich ist, Kissel 5, Mü NJW **62**, 56; weitergehend Schlesw NStZ **89**, 240, das mit guten Gründen auch in anderen Fällen das Ersuchen an ein grenznahes Gericht für zulässig hält, wenn der Zeuge dort zu erscheinen bereit ist.

2) VwGO: *Gilt auch für VerwGerichte, wenn nicht ein VerwGericht um Rechtshilfe ersucht wird, § 14 VwGO.* 2

158 *Ablehnung des Ersuchens.* I **Das Ersuchen darf nicht abgelehnt werden.**

II 1 **Das Ersuchen eines nicht im Rechtszuge vorgesetzten Gerichts ist jedoch abzulehnen, wenn die vorzunehmende Handlung nach dem Recht des ersuchten Gerichts verboten ist.** 2 **Ist das ersuchte Gericht örtlich nicht zuständig, so gibt es das Ersuchen an das zuständige Gericht ab.**

Vorbem. Gilt entspr in der **Arbeitsgerichtsbarkeit**, § 13 II ArbGG; ersucht werden darf ein AG nur dann, wenn sein Sitz kein ArbGer befindet, § 13 I ArbGG.

1) Regel, I. Das ersuchte Gericht darf grundsätzlich das Ersuchen **nicht ablehnen.** Das gilt 1 unbedingt, wenn ein übergeordnetes Gericht ersucht, dh ein im Instanzenzug allgemein, wenn auch nicht im Einzelfalle, übergeordnetes, also stets das OLG des Bezirks, stets das LArbG für ein ArbG seines Bezirks. Die örtliche Überordnung entscheidet; der Einzelrichter steht in Stelle des Kollegiums, LZ **25**, 455. Sollte das Ersuchen eines übergeordneten Gerichts rechtlich unzulässig sein, so darf das ersuchte Gericht nur darauf hinweisen. **Voraussetzung** der Bindung ist aber, daß das Ersuchen verständlich und ausführbar ist. Ein Ersuchen um Zeugenvernehmung muß die Beweisfrage klar ergeben und die aktuelle Anschrift des Zeugen enthalten: Es ist nicht Aufgabe des ersuchten Gerichts, sich das Nötige aus den Akten zusammenzustoppeln oder gar eigene Ermittlungen anzustellen; wegen der Vernehmung nach § 613 ZPO s dort Rn 6. Eine Verweisung auf einen ausreichenden Beweisbeschluß, der nicht seinerseits auf Schriftsätze verweist, genügt; das Beweisthema ist idR genügend deutlich bezeichnet, wenn „über den Hergang" eines Verkehrsunfalls (mit Zeit- und Ortsangaben) Beweis erhoben werden soll, Ffm RR **95**, 637 mwN § 359 ZPO Rn 3. Dem ersuchten Gericht ist nichts anzusinnen als eben die Erledigung des Ersuchens, Schickedanz MDR **84**, 551.

2) Ausnahmen, II. Die Regel der Nichtablehnung, I, gilt nur mit Einschränkungen, wenn ein anderes 2 als das vorgeordnete Gericht ersucht.

A. Fehlende Zuständigkeit, II 2. Das ersuchte Gericht darf das Ersuchen eines nicht übergeordneten Gerichts weitergeben wegen fehlender örtlicher Zuständigkeit, dh wenn die Amtshandlung nicht in seinem Bezirk vorzunehmen ist, § 157, s die dortige Erläuterung. Es genügt nicht, daß zu vernehmende Personen außerhalb des Bezirks wohnen, falls eine Gegenüberstellung stattfinden soll oder die Vernehmung der mehreren zweckmäßig an einem Ort des Sprengels geschieht. Bei Ersuchen um Ernennung eines Sachverständigen genügt, daß kein geeigneter im Bezirk vorhanden ist, OLG **25**, 271.

B. Rechtliche Unzulässigkeit, II 1. Das ersuchte Gericht darf (und muß) ein Ersuchen ablehnen wegen 3 rechtlicher Unzulässigkeit der Amtshandlung: **die vorzunehmende Handlung** muß entweder nach dem örtlichen Recht des ersuchten Gerichts oder nach dem gemeinsamen Recht beider Gerichte **verboten** sein, dh gegen Bundes- oder Landesrecht verstoßen, BAG NJW **91**, 1252. Die Vorschrift ist als Ausnahme von I eng auszulegen, Kissel 22, BAG NZA **01**, 744, Naumb RR **94**, 1551. Verboten ist eine Handlung nur dann, wenn sie schlechthin unzulässig ist, BGH NJW **90**, 2936 mwN, BAG aaO, krit Zender NJW **91**, 2947, Düss MDR **96**, 844, Ffm NVwZ-Beil **95**, 56, Naumb FamRZ **93**, 1099 mwN. Das ist immer der Fall, wenn die Vornahme der begehrten Handlung gegen das Grundgesetz verstoßen wurde, zB bei Verletzung des Gebots der Achtung der Intimsphäre (etwa durch Übersendung von Ehescheidungsakten), BVerfG NJW **70**, 555 und dazu Becker NJW **70**, 1075 (vgl auch BVerwG **35**, 227, Schick ZBR **71**, 203, München OLGZ **72**, 360); ebenso ist das Datenschutz zu beachten, Wilde BayVBl **86**, 230 (zu BVerfG **65**, 1), Bull DÖV **79**, 690, vgl auch Üb § 156 Rn 4.

Ob ein Verstoß vorliegt, hat das ersuchte Gericht selbständig zu prüfen. **Es hat nie zu prüfen**, ob das ersuchende Gericht eine Prozeßvorschrift, zB § 375 ZPO, richtig angewendet hat, BAG NJW **01**, 2196 mwN, BayObLG FamRZ **93**, 450, Ffm FamRZ **93**, 1222, krit Schickedanz MDR **84**, 550, auch nicht, ob Ermessen fehlerhaft ausgeübt worden ist, Ffm Rpfleger **79**, 426, Celle NdsRpfl **56**, 171 (abw bei offensichtlichem Ermessensfehlgebrauch Fischer MDR **93**, 838, Ffm FamRZ **84**, 1030, Köln GoldtArch **53**, 186), ferner nicht bei Ersuchen eines Schiedsgerichts, § 106 II ArbGG, ob die Beweisaufnahme wirklich „aus Gründen der örtlichen Lage" zweckmäßigerweise dem AG statt dem ArbG übertragen sein, BayObLG aaO, Düss MDR **96**, 844, Ffm MDR **93**, 764, NJW **04**, 962, auch nicht, daß das ersuchte Gericht einen unzulässigen Ausforschungsbeweis annimmt, Kissel 32, BAG NZA **00**, 792 mwN, Ffm RR **95**, 637 mwN, offen BGH JZ **53**, 230 und BAG NJW **91**, 1252 mwN: das ersuchte Gericht wird idR nicht beurteilen können, ob ein Ausforschungsbeweis vorliegt, so daß es im Zweifel dem Ersuchen zu entsprechen, RG **162**, 317, jedenfalls aber den nicht für unzulässig gehaltenen Teil des Ersuchens sofort auszuführen hat, vgl Mü OLGZ **67**, 50. Es ist auch nicht seine Sache, die Richtigkeit des Verfahrens nachzuprüfen, BayObLG FamRZ **93**, 450, Ffm

GVG §§ 158, 159

MDR **93**, 764, aM AG Höxter MDR **92**, 893; das kann nur durch Rechtsmittel in der Sache selbst geschehen, BGH aaO, vgl dazu BAG NJW **91**, 1252 mwN und unten Rn 5. Erst recht darf keine Ablehnung erfolgen, wenn das ersuchte Gericht das Verfahren für überflüssig oder unzweckmäßig hält, BayObLG FamRZ **94**, 640, oder in einer kontroversen Rechtsfrage anderer Ansicht ist, Mü OLGZ **76**, 252: bei zweifelhafter Rechtslage entscheidet die Ansicht des ersuchenden Richters, BayObLG FamRZ **93**, 450.

Ein Ersuchen kann unzulässig sein, wenn es offensichtlich nicht dem geltenden Recht entspricht und diese Handhabung zur ständigen Praxis des ersuchenden Gerichts werden soll, Jena MDR **00**, 1095, Schlesw MDR **95**, 607, Ffm FamRZ **84**, 1030. Das gleiche gilt bei offensichtlicher Willkür, AG Solingen MDR **96**, 629 (eng auszulegen), offen BayObLG MDR **00**, 278 mwN. Ein Ersuchen kann auch unzulässig werden bei verfahrensrechtlicher Überholung, BayObLG FamRZ **05**, 640.

Den Gerichten der Arbeitsgerichtsbarkeit ist Rechtshilfe nur zu leisten, sofern sich am Sitz des AG kein ArbG befindet, § 13 I ArbGG; andernfalls ist die Amtshandlung unzulässig.

4 C. Beispiele für verbotene Handlungen, vgl MüKoWo 6–9: Ein Fall der Rechtshilfe liegt überhaupt nicht vor, etwa im Fall des § 160. Vernehmung der Partei oder des gesetzlichen Vertreters als Zeugen (nicht in Ersuchen um Parteivernehmung umzudeuten). Vernehmung eines Minderjährigen über die Anerkennung der Vaterschaft ohne Zustimmung des gesetzlichen Vertreters, RG **87**, 426. Anhörung im Fall der (auch nur vorläufigen) Unterbringung nach § 1800 iVm § 1631 b BGB, § 64 a I 3 FGG, Bre FamRZ **80**, 934. Vernehmung eines Zeugen im PKH-Verfahren entgegen § 118 II 3 ZPO, Brschw NdsRpfl **87**, 251. Nochmalige Vernehmung eines Zeugen aus sachlichem Grund, weil darin ein Mißbrauch des Zeugniszwanges liegt; es muß ersichtlich sein, was der Zeuge jetzt voraussichtlich mehr bekunden wird, RG **114**, 2; s dazu auch § 398 ZPO Rn 1. Eidliche Vernehmung, wo kein gesetzlicher Fall vorliegt, HRR **39**, 1365. Fehlende sachliche Zuständigkeit, zB Ersuchen an ein LG. Ersuchen eines gemeinsamen Konkursgerichts an ein AG seines Bezirks um eine Maßnahme des materiellen Konkursrechts, Kblz MDR **77**, 59 (anders bei Ersuchen um prozessuale Handlungen, zB Anhörung, Düss JMBlNRW **68**, 115). Ersuchen um Beweisaufnahme bei Unbestimmtheit der vorzunehmenden Handlung, Karlsr Rpfleger **94**, 255, oder bei fehlender oder ungenügender Bezeichnung der streitigen Tatsachen, BAG NJW **91**, 1252, Ffm RR **95**, 637, KG RR **90**, 586, BFH BStBl **84** II 536, alle mwN; dabei reicht die Fassung „über den Hergang" eines bestimmten Unfalls mit Zeit- und Ortsangaben idR aus, Ffm RR **95**, 637 mwN (bei einem Ersuchen um Anhörung nach § 613 ZPO und § 621 a ZPO iVm § 50 b FGG brauchen die aufzuklärenden Punkte nicht bezeichnet zu werden, KG aaO).

5 D. Beispiele für nicht verbotene Handlungen: Vernehmung einer Partei zur Aufklärung auch außerhalb der Fälle der §§ 141, 613 ZPO, JW **30**, 1089. Zeugenvernehmung, wo das ersuchte Gericht eine Sachverständigenvernehmung für gegeben hält, weil es Sache des Prozeßgerichts ist zu entscheiden, als was der Dritte gehört werden soll, Köln OLGZ **66**, 188. Aufnahme eines Ausforschungsbeweises, oben Rn 3. Vernehmung von Ausländern, die sich zum Erscheinen vor einem grenznahen AG bereit erklärt haben, Schlesw NStZ **89**, 240. Eine Handlung, die das ersuchende Gericht ebensogut oder besser vornehmen könnte, Karlsr Just **86**, 50, aM Hamm JMBlNRW **64**, 53 (s aber § 160), so auch dann, wenn der Zeuge in dem nur 15 km entfernt liegenden Ort, der gute Verkehrsverbindungen hat, wohnt, Karlsr OLGZ **66**, 565. Durchführung einer vom Prozeßgericht angeordneten Blutgruppenuntersuchung, § 372 a ZPO, BGH NJW **90**, 2936, Naumb RR **94**, 1551. Vernehmung der Kindesmutter über Mehrverkehr, BGH JZ **53**, 230; das ersuchte Gericht ist nicht befugt, die Beeidigung der Kindesmutter von der vorherigen Einholung einer Blutgruppenuntersuchung durch das Prozeßgericht abhängig zu machen, Celle NdsRpfl **53**, 30; ebensowenig darf es verlangen, daß das ersuchende Gericht ein Sachverständigengutachten über die Aussagefähigkeit eines Zeugen beibringt, Düss NStZ **89**, 39.

6 3) VwGO: Gilt unmittelbar bei Ersuchen an AG und entsprechend, § 173 VwGO, bei Ersuchen an ein VerwGericht, § 14 VwGO, vgl BFH BStBl **84** II 836 (zu § 13 FGO).

159 *Beschwerde wegen Ablehnung.*

[1] [1] Wird das Ersuchen abgelehnt oder wird der Vorschrift des § 158 Abs. 2 zuwider dem Ersuchen stattgegeben, so entscheidet das Oberlandesgericht, zu dessen Bezirk das ersuchte Gericht gehört. [2] Die Entscheidung ist nur anfechtbar, wenn sie die Rechtshilfe für unzulässig erklärt und das ersuchende und das ersuchte Gericht den Bezirken verschiedener Oberlandesgerichte angehören. [3] Über die Beschwerde entscheidet der Bundesgerichtshof.

[II] Die Entscheidungen ergehen auf Antrag der Beteiligten oder des ersuchenden Gerichts ohne mündliche Verhandlung.

Vorbem. Gilt entspr in der **Arbeitsgerichtsbarkeit**, § 13 II ArbGG; ist ein ArbG ersuchtes Gericht, entscheidet das LAG, auf weitere Beschwerde das BAG, BAG NJW **91**, 1252.

1 1) Allgemeines. Das Gesetz vermeidet eine Benennung des durch § 159 gegebenen Rechtsbehelfs. Man kann ihn unbedenklich **Beschwerde** nennen, Kissel 1, Ffm FamRZ **84**, 1030. Freilich ist diese Beschwerde nicht die der §§ 567 ff ZPO. Was § 159 I 3 Beschwerde nennt, ist eigentlich eine weitere Beschwerde.

2 2) Anwendungsbereich. Nachzuprüfen sind nur die Voraussetzungen des § 158, Schlesw RIW **89**, 910. § 159 ist anwendbar auch bei Ablehnung des Ersuchens eines im Instanzenweg vorgesetzten Gerichts, weil es sonst keine Möglichkeit gäbe, die Erledigung zu erzwingen; unanwendbar ist § 159 dagegen bei Amtshilfe, JW **36**, 1391 (hier nur Dienstaufsichtsbeschw), str. Als Ablehnung genügt ein Streit über die Kosten der Rechtshilfe, denn er betrifft die Ausführung des Ersuchens, BGH NJW **58**, 1310. Kissel 4. Die teilweise Abweichung vom Ersuchen ist teilweise Ablehnung, Oldb NdsRpfl **90**, 173 mwN.

13. Titel. Rechtshilfe **§§ 159–163 GVG**

3) Verfahren. Beschwerdeberechtigt sind das ersuchende Gericht, die Parteien und die vom ersuchten 3
Gericht zu vernehmenden Personen, II. Geht das Ersuchen vom Rpfl aus, darf dieser selbst das OLG anrufen,
§ 4 I RpflG, BayObLG (GrS) ObLGZ **95**, 159 mwN. Einlegung erfolgt schriftlich oder zu Protokoll der
Geschäftsstelle des AG oder des OLG (in Bayern in FGG-Sachen des BayObLG, FamRZ **95**, 305). Das AG
darf abhelfen. Entscheidung des OLG durch Beschluß. Erklärt der Beschluß die Rechtshilfe für unzulässig,
so ist das Geschehene im Prozeß unbenutzbar.
Soweit der Rpfl Rechtshilfe gewähren soll, § 156 Rn 1, ist zunächst sein Gericht anzurufen und Beschwerde erst gegen dessen Entscheidung gegeben, § 11 I RpflG, abgedr Anh § 153, BayObLG – GrS –
FamRZ **97**, 306 mwN, aM ua Kissel 3, MüKoWo 2, Karlsr FamRZ **94**, 638. **Gebühren:** Gericht keine, RA
§ 118 BRAGO (str, ob statt dessen § 61 I 1 BRAGebO).
4) Weitere Beschwerde. Sie ist beim OLG oder BGH einzulegen; beschwerdeberechtigt sind die in II 4
Genannten, oben Rn 3. Das OLG darf abhelfen und erledigt damit die Beschwerde. Die Zuständigkeit des
BGH bei Ersuchen anderer Behörden als eines ordentlichen Gerichts kann nur ein Bundesgesetz, nicht eine
RechtsVO oder ein Landesgesetz begründen, RG **102**, 369. Da § 46 PatG von Rechtshilfe spricht, will es
offenbar Titel 13 anwendbar machen, RG **64**, 178. **Gebühren:** Rn 3.
5) *VwGO:* Unmittelbar bei Ersuchen ans AG, § *14 VwGO*, und entsprechend bei Ersuchen ans VG anzuwenden, 5
§ *173 VwGO;* in diesem Fall entscheidet das OVG (keine Beschwerde an BVerwG, § *152 I VwGO,* aM RedOe
§ *152 Anm 3).* Keine gerichtliche Entscheidung bei Ablehnung von Amtshilfe, hier nur Dienstaufsichtsbeschwerde, str,
vgl RedOe § *14 Anm 5.*

160 *Vollstreckungen. Ladungen. Zustellungen.* Vollstreckungen, Ladungen und Zustellungen
werden nach Vorschrift der Prozeßordnungen bewirkt ohne Rücksicht darauf, ob sie in
dem Land, dem das Prozeßgericht angehört, oder in einem anderen deutschen Land vorzunehmen sind.

Vorbem. Gilt entspr in der **Arbeitsgerichtsbarkeit**, § 13 II ArbGG.
1) Erläuterung. § 160 betrifft Fälle, in denen Handlungen der Gerichte oder anderer Stellen nur der 1
Vollziehung einer richterlichen AnO dienen. Da ist Rechtshilfe verboten, § 158 II, MüKoWo 1. Darum
haben die Beteiligten die Gerichtsvollzieher und Vollstreckungsgerichte unmittelbar anzugehen. Das gilt
auch für Vorführung und Verhaftung sowie die Vollstreckung zivilprozessualer Maßnahmen.
2) *VwGO: Vgl § 158 Rn 6.* 2

161 *Beauftragung eines Gerichtsvollziehers.* ¹Gerichte, Staatsanwaltschaften und Geschäftsstellen der Gerichte können wegen Erteilung eines Auftrags an einen Gerichtsvollzieher
die Mitwirkung der Geschäftsstelle des Amtsgerichts in Anspruch nehmen, in dessen Bezirk der
Auftrag ausgeführt werden soll. ²Der von der Geschäftsstelle beauftragte Gerichtsvollzieher gilt
als unmittelbar beauftragt.

Vorbem. Gilt entspr in der **Arbeitsgerichtsbarkeit**, § 13 II ArbGG; an die Stelle des AG tritt das ArbG.
1) Erläuterung. Gerichtsvollzieher gewähren keine Rechtshilfe, so daß §§ 158 und 159 unanwendbar 1
sind. Weigern sie die Tätigkeit, so steht Dienstaufsichtsbeschwerde offen.
2) *VwGO: Vgl § 158 Rn 6.* 2

162 *Strafvollstreckung.* Hält sich ein zu einer Freiheitsstrafe Verurteilter außerhalb des Bezirks der Strafvollstreckungsbehörde auf, so kann diese Behörde die Staatsanwaltschaft
des Landgerichts, in dessen Bezirk sich der Verurteilte befindet, um die Vollstreckung der Strafe
ersuchen.

1) Erläuterung. § 162 bezieht sich auch auf die nach §§ 380, 390, 888–890, 901 ZPO erkannte Haft 1
ohne Rücksicht auf ihre Natur, ebenso auf die Ordnungsmittel nach §§ 178, 179 GVG. Staatsangehörigkeit
und Wohnsitz des Verurteilten sind belanglos. Bei §§ 162, 163 hat die Staatsanwaltschaft Rechtshilfe zu
leisten. Dem Vollstreckungsersuchen ist eine beglaubigte Abschrift der Urteilsformel oder des Beschlusses
mit Bescheinigung der Vollstreckbarkeit beizufügen. Es gilt § 451 StPO sinngemäß. Rechtsbehelf bei
Ablehnung: Beschwerde der ersuchenden Behörde an den Generalstaatsanwalt beim OLG, § 157 (Dienstaufsichtsbeschwerde). Der Verurteilte selbst hat kein Recht auf Einhaltung des § 162.
2) *VwGO: Vgl § 158 Rn 6.* 2

163 *Strafvollstreckung.* Soll eine Freiheitsstrafe in dem Bezirk eines anderen Gerichts vollstreckt oder ein in dem Bezirk eines anderen Gerichts befindlicher Verurteilter zum
Zwecke der Strafverbüßung ergriffen und abgeliefert werden, so ist die Staatsanwaltschaft bei
dem Landgericht des Bezirks um die Ausführung zu ersuchen.

1) Erläuterung. Siehe die Erläuterung zu § 162. Ist das auswärtige Gefängnis das für das Gericht 1
bestimmte, so bedarf es keiner Rechtshilfe. Das gleiche gilt bei Vollstreckung von Geldstrafen, §§ 160 ff.
2) *VwGO: Vgl § 158 Rn 6.* 2

Albers

164 *Kosten.* ¹ Kosten und Auslagen der Rechtshilfe werden von der ersuchenden Behörde nicht erstattet.

ᴵᴵ Gebühren oder andere öffentliche Abgaben, denen die von der ersuchenden Behörde übersendeten Schriftstücke (Urkunden, Protokolle) nach dem Recht der ersuchten Behörde unterliegen, bleiben außer Ansatz.

Vorbem. Gilt entspr für die **Arbeitsgerichtsbarkeit,** § 13 II ArbGG.

1   **1) Kosten und Auslagen, I.** § 164 hat Bedeutung für die Rechtshilfe zwischen den Gerichten oder auf Ersuchen einer Behörde, §§ 162 u 163, enger Kissel 1. Für die ersuchende Stelle entstehen keine Gebühren; sie hat der ersuchten Stelle auch keine Kosten oder Auslagen, zB Gebühren nach ZSEG, zu erstatten, BGH NJW **58**, 1310.

Die Vorschrift gilt nicht, wo es sich nicht um eigentliche Rechtshilfe handelt, Üb § 156. So sind zB Kosten von Urteilsabschriften für fremde Amtsstellen zu ersetzen, soweit diesen nicht Kostenfreiheit zusteht, OLG **25**, 275. Bei Amtshilfe ist Landesrecht maßgebend.

2   **2) Abgaben für Schriftstücke, II.** Die Bestimmung ist gegenstandslos, Kissel 10.

3   **3) *VwGO:*** Vgl *§ 158 Rn 6.*

165 (außer Kraft gesetzt durch Art X § 2 Z 4 KostÄndErgG vom 26. 6. 57, BGBl 861; s ZSEG)

166 *Amtshandlungen außerhalb des Gerichtsbezirks.* Ein Gericht darf Amtshandlungen im Geltungsbereich dieses Gesetzes auch außerhalb seines Bezirks vornehmen.

Vorbem. Gilt entspr für die **Arbeitsgerichtsbarkeit,** § 13 II ArbGG, vgl Walker NZA **93**, 491.

1   **1) Erläuterung.** Die Befugnis zur Vornahme gerichtlicher Amtshandlungen ist nicht auf den Gerichtssprengel beschränkt, sondern erstreckt sich auf das gesamte Gebiet der BRep (anders nach § 166 aF, s 48. Aufl). Amtshandlung ist nicht nur die Rechtshilfetätigkeit, sondern auch zB die Abhaltung einer mündlichen Verhandlung. Eine Anzeige an das Gericht des Ortes ist nicht erforderlich; natürlich ist seine Mitwirkung bei der Bereitstellung von Räumen und Personal unerläßlich. Gerichte, deren Bezirk die ganze BRep umfaßt, betrifft § 166 nicht; auch für sie gilt aber § 219 ZPO, Walker NZA **93**, 491 (zu BAG NZA **93**, 237 = ZIP **93**, 230).

2   **2) *VwGO:*** Gilt entsprechend, § 173 *VwGO.*

167 *Verfolgung von Flüchtigen.* ¹ Die Polizeibeamten eines deutschen Landes sind ermächtigt, die Verfolgung eines Flüchtigen auf das Gebiet eines anderen deutschen Landes fortzusetzen und den Flüchtigen dort zu ergreifen.

ᴵᴵ Der Ergriffene ist unverzüglich an das nächste Gericht oder die nächste Polizeibehörde des Landes, in dem er ergriffen wurde, abzuführen.

1   **1) Erläuterung** (Heinrich NStZ **96**, 361). Zu den Polizeibeamten gehören alle Vollzugsbeamten, auch Strafanstaltsbeamte. Die Verfolgung muß im eigenen Land begonnen haben; dann kann sie auf dem Gebiet jedes anderen deutschen Landes fortgesetzt werden; vgl auch Hamm NJW **54**, 206. Eine nicht durch § 167 gedeckte Ergreifung ist wirksam, aber idR rechtswidrig, Kissel 9. Vgl im übrigen § 162 Rn 1.

168 *Mitteilung von Akten.* Die in einem deutschen Land bestehenden Vorschriften über die Mitteilung von Akten einer öffentlichen Behörde an ein Gericht dieses Landes sind auch dann anzuwenden, wenn das ersuchende Gericht einem anderen deutschen Land angehört.

Vorbem. Gilt entspr für die **Arbeitsgerichtsbarkeit,** § 13 II ArbGG.

1   **1) Erläuterung.** § 168 betrifft keine Rechtshilfe, sondern eine Amtshilfe, Üb § 156 Rn 2. Daher ist bei Versagung nicht Beschwerde aus § 159, sondern Dienstaufsichtsbeschwerde gegeben, Kissel 3. Aktenversendung ins Ausland ist den Gerichten verwehrt; sie ist Sache der Justizverwaltung.

2   **2) *VwGO:*** Vgl *§ 158 Rn 6.*

Anhang nach § 168 GVG. Zwischenstaatliche Rechtshilfe

Grundzüge

Schrifttum: *Pfennig,* Die internationale Zustellung in Zivil- und Handelssachen, 1988 (Bespr: *Schack* ZZP **103**, 241); *Nagel/Gottwald,* Internationales Zivilprozeßrecht, 4. Aufl 1997; *Bülow/Böckstiegel/Geimer/Schütze,* Internationaler Rechtsverkehr in Zivil- und Handelssachen, 1973 ff; *MüKoWo* vor § 156 Rn 9 u 10, MüKoGo IV.

1   **1) Der Rechtshilfeverkehr mit dem Ausland ist Verwaltungsangelegenheit.** Über Gewährung der Rechtshilfe oder Amtshilfe entscheidet die Justizverwaltung ebenso wie über die Weiterleitung ausgehender

Ersuchen, unten Rn 3. Dies gilt auch dort, wo unmittelbarer Verkehr besteht. Die Justizverwaltung trifft die Entscheidung bei eingehenden Ersuchen idR durch die dafür eingerichteten Prüfungsstellen. Im übrigen kommen vielfach Staatsverträge in Frage, vgl Einl IV vor § 1 ZPO, so namentlich die **Haager Übk** (s unten), namentlich auch das Haager BewAufnÜbk, Anh A § 363.

Bei der Vornahme des Rechtshilfegeschäfts handelt das ersuchte Gericht als Rechtsprechungskörper unter Anwendung der im Einzelfall maßgeblichen Verfahrensordnung, Vogler NJW 82, 469. Es hat entspr § 158 II zu prüfen, ob die Handlung nicht verboten ist. Zeugniszwang besteht nur dort, wo er durch Staatsvertrag vorgesehen ist, Lauterbach ZAk 42, 363.

Wegen der **Arbeitsgerichtsbarkeit** s die Gemeinsame AnO v 30. 12. 59, BAnZ Nr 9/60, vgl Grunsky ArbGG § 13 Rdz 1.

Für das gesamte Bundesgebiet gilt einheitlich seit 1. 4. 57 die Rechtshilfeordnung für Zivil- 2 **sachen vom 19. 10. 56 (ZRHO)** idF v 1976 m Änd (Text bei Bülow-Böckstiegel G 1 mit vielen Anm; vgl auch Bindseil NJW 91, 3071, Nagel IPrax 84, 240, Nehlert JR 58, 121, Arnold MDR 57, 385). Sie gilt nicht bei Rechtshilfeverkehr mit dem Gerichtshof der Europäischen Gemeinschaft für Kohle u Stahl, Art § 10 2 VerfO dieses Gerichtshofes vom 31. 3. 54, ABl der Europäischen Gemeinschaft 302, und mit den stationierten Truppen, vgl NatoTruppenStatut, Schlußanh III (dort besondere Regelung).

2) Durchführung der Rechtshilfe 3

A. Die Rechtshilfeordnung für Zivilsachen unterscheidet, § 5: a) Zustellungsanträge; darüber s Anh § 202 ZPO; die der Geschäftsstelle des AG zugewiesenen Ausführung ausländischer Zustellungsanträge erledigt der Rpfl, § 29 RpflG; **b)** Rechtshilfeersuchen im engeren Sinn, dh Ersuchen um Erhebung von Beweisen und dgl, s unten; **c)** Ersuchen um Vollstreckungshilfe, insbesondere bei Kosteneinziehung; **d)** Ersuchen um Verfahrensüberreichung (Abgabe oder Übernahme in der freiwilligen Gerichtsbarkeit); **e)** Ersuchen um Verfahrenshilfe, zB um Ermittlung, Auskunft, Aktenübersendung.

Zur Abfassung und Unterzeichnung des Ersuchens an eine ausländische Stelle vgl § 184 Rn 4. Die Justizverwaltung befindet darüber, ob ausgehende Rechtshilfeersuchen weiterzuleiten und ob eingehende zu erledigen sind, vgl BGH NJW 86, 664 u Junker DRiZ 85, 161 (betr Strafsachen), Arnold MDR 57, 385, was die richterliche Unabhängigkeit nicht verletzt, BGH NJW 86, 664, Geimer NJW 91, 1431, 89, 645, 2177 u 2205, 83, 2769, Nagel IPrax 84, 239, LG Bonn IPrax 87, 231, krit Puttfarken NJW 88, 2156; über die Ablehnungsgründe vgl Junker DRiZ 85, 161, Unterreitmayer Rpfleger 72, 122. Gegen die Entscheidung der Justizverwaltung ist **Anrufung des OLG** nach § 23 EGGVG gegeben, Ffm OLGZ 92, 89 (dazu Stadler IPrax 92, 147 mwN), Mü RIW 89, 483, Köln RIW 88, 55 u NJW 87, 1091 mwN, dazu Puttfarken NJW 88, 2155 (krit) u Nagel IPrax 82, 138.

B. Der Rechtshilfeverkehr ist a) unmittelbar, wo das ausdrücklich zugelassen ist; **b)** iü besteht 4 **konsularischer oder diplomatischer Verkehr,** wenn nicht ausnahmsweise **c) der ministerielle Weg** vorgesehen ist. Wegen der Staaten im einzelnen sowie in Betracht kommenden Auslandsvertretungen vgl den Länderteil der ZRHO.

3) *VwGO:* Vgl § 363 ZPO Rn 3. 5

I. Haager Zivilprozeßübereinkommen

Übersicht

Das HZPrÜbk v 1. 3. 54, BGBl 58 II 577 (BBGS A 1), wird hinsichtlich seiner Rechtshilfevor- 1 schriften abgelöst durch das **Haager Übk v 18. 3. 70** über die Beweisaufnahme, BGBl 77 II 1472, m ZustG v 22. 12. 77, BGBl II 1452, und AusfG v 22. 12. 77, BGBl 3105, Anh I § 363 ZPO; dazu BBGS A I 3, v. Hülsen RIW 82, 537, Böckstiegel/Schlafen NJW 78, 1073. Wegen der Vertragsstaaten vgl Einl V. Die Rechtshilfebestimmungen des HZPrÜbk gelten demgemäß noch im Verhältnis zu Ägypten, Japan, Jugoslawien, Libanon, Marokko, Polen, Rumänien, Schweiz, ehem Sowjetunion, Suriname, Türkei, Ungarn und Vatikanstaat. Für die der EU angehörenden Staaten gilt unmittelbar mit Vorrang vor dem Übk die **VO (EG) Nr 1206/2001,** Einf § 1072 ZPO mit den Ausführungsvorschriften in den §§ 1072–1075 ZPO.

Art. 8. In Zivil- oder Handelssachen kann das Gericht eines Vertragsstaates gemäß seinen innerstaatlichen Rechtsvorschriften die zuständige Behörde eines anderen Vertragsstaates ersuchen, eine Beweisaufnahme oder eine andere gerichtliche Handlung innerhalb ihrer Zuständigkeit vorzunehmen.

Bem. Wegen Entgegennahme der Ersuchen s § 1 AusfG, wegen der Zuständigkeit zur Erledigung s § 2 1 AusfG, abgedr Anh § 202 ZPO.

Art. 9. [I] [1] Die Rechtshilfeersuchen werden durch den Konsul des ersuchenden Staates der Behörde übermittelt, die von dem ersuchten Staat bezeichnet wird. [2] Diese Behörde hat dem Konsul die Urkunde zu übersenden, aus der sich die Erledigung des Ersuchens oder der Grund ergibt, aus dem das Ersuchen nicht hat erledigt werden können.

[II] Schwierigkeiten, die aus Anlaß der Übermittlung des Ersuchens entstehen, werden auf diplomatischem Wege geregelt.

[III] Jeder Vertragsstaat kann in einer an die anderen Vertragsstaaten gerichteten Mitteilung verlangen, daß die in seinem Hoheitsgebiet zu erledigenden Rechtshilfeersuchen ihm auf diplomatischem Wege übermittelt werden.

[IV] Die vorstehenden Bestimmungen hindern nicht, daß zwei Vertragsstaaten vereinbaren, für die Übermittlung von Rechtshilfeersuchen den unmittelbaren Verkehr zwischen ihren Behörden zuzulassen.

GVG Anh I, II § 168 (UN-UnterhÜbk) Gerichtsverfassungsgesetz

1   **Bem.** Zu I: Die Zuständigkeit zur Entgegennahme regelt § 1 AusfG, abgedr Anh § 202 ZPO. Einen Vorbehalt zu III haben Japan, Rumänien, die ehem Sowjetunion und der Vatikanstaat gemacht. Wegen des unmittelbaren Verkehrs s oben Grdz Rn 4.

Art. 10. Vorbehaltlich anderweitiger Vereinbarung muß das Rechtshilfeersuchen in der Sprache der ersuchten Behörde oder in der zwischen den beiden beteiligten Staaten vereinbarten Sprache abgefaßt oder aber von einer Übersetzung in eine dieser Sprachen begleitet sein, die durch einen diplomatischen oder konsularischen Vertreter des ersuchenden Staates oder einen beeidigten Übersetzer des ersuchten Staates beglaubigt ist.

1   **Bem.** Vereinbarungen über die Sprache bestehen mit Belgien und der Schweiz.

Art. 11. $^{I\,1}$ Das Gericht, an welches das Ersuchen gerichtet wird, ist verpflichtet, ihm zu entsprechen und dabei dieselben Zwangsmittel anzuwenden wie bei der Erledigung eines Ersuchens der Behörden des ersuchten Staates oder eines zum gleichen Zweck gestellten Antrags einer beteiligten Partei. ^{2} Diese Zwangsmittel brauchen nicht angewendet zu werden, wenn es sich um das persönliche Erscheinen der Parteien des Rechtsstreits handelt.

^{II} Die ersuchende Behörde ist auf ihr Verlangen von der Zeit und dem Ort der auf das Ersuchen vorzunehmenden Handlung zu benachrichtigen, damit die beteiligte Partei ihr beizuwohnen in der Lage ist.

^{III} Die Erledigung des Rechtshilfeersuchens kann nur abgelehnt werden:
1. wenn die Echtheit des Ersuchens nicht feststeht;
2. wenn die Erledigung des Ersuchens in dem ersuchten Staat nicht in den Bereich der Gerichtsgewalt fällt;
3. wenn der Staat, in dessen Hoheitsgebiet das Ersuchen durchgeführt werden soll, die Erledigung für geeignet hält, seine Hoheitsrechte oder seine Sicherheit zu gefährden.

1   **Bem.** Wegen Ersuchen um Rechtshilfe in Abstammungssachen s Hausmann FamRZ **77**, 302.

Art. 12. Ist die ersuchte Behörde nicht zuständig, so ist das Ersuchen von Amts wegen an das zuständige Gericht desselben Staates nach dessen Rechtsvorschriften abzugeben.

Art. 13. In allen Fällen, in denen das Ersuchen von der ersuchten Behörde nicht erledigt wird, hat diese die ersuchende Behörde hiervon unverzüglich zu benachrichtigen, und zwar im Falle des Artikels 11 unter Angabe der Gründe, aus denen die Erledigung des Ersuchens abgelehnt worden ist, und im Falle des Artikels 12 unter Bezeichnung der Behörde, an die das Ersuchen abgegeben wird.

Art. 14. ^{I} Das Gericht hat bei der Erledigung eines Ersuchens in den Formen zu verfahren, die nach seinen Rechtsvorschriften anzuwenden sind.

^{II} Jedoch ist dem Antrag der ersuchenden Behörde, nach einer besonderen Form zu verfahren, zu entsprechen, sofern diese Form den Rechtsvorschriften des ersuchten Staates nicht zuwiderläuft.

Art. 15. Die vorstehenden Artikel schließen es nicht aus, daß jeder Staat Ersuchen unmittelbar durch seine diplomatischen oder konsularischen Vertreter erledigen lassen darf, wenn Abkommen zwischen den beteiligten Staaten dies zulassen oder wenn der Staat, in dessen Hoheitsgebiet das Ersuchen erledigt werden soll, dem nicht widerspricht.

1   **Bem.** Erleichternde Zusatzvereinbarungen bestehen mit Belgien und Österreich. Vgl iü Bülow-Böckstiegel A I 1 b Anm 66 u 67.

Art. 16. ^{I} Für die Erledigung von Ersuchen dürfen Gebühren oder Auslagen irgendwelcher Art nicht erhoben werden.

^{II} Der ersuchte Staat ist jedoch vorbehaltlich anderweitiger Vereinbarung berechtigt, von dem ersuchenden Staat die Erstattung der an Zeugen oder Sachverständige gezahlten Entschädigungen sowie der Auslagen zu verlangen, die dadurch entstanden sind, daß wegen Nichterscheinens von Zeugen die Mitwirkung eines Gerichtsbeamten erforderlich war oder daß nach Artikel 14 Absatz 2 verfahren worden ist.

1   **Bem.** Zu II: Besondere Vereinbarungen bestehen mit Belgien, Österreich und der Schweiz. Wegen der Übermittlungsgebühr s § 3 AusfG, abgedr Anh § 202 ZPO.

II. Rechtshilfe nach dem UN-Übereinkommen über die Geltendmachung von Unterhaltsansprüchen im Ausland

vom 20. 6. 1956, BGBl 59 II 150

Übersicht

Schrifttum: *Piller/Hermann*, Justizverwaltungsvorschriften, 4. Aufl 1998; *Gottwald* MüKo IZPR Nr 3 c; *Nagel/Gottwald*, Internationales Zivilprozeßrecht, 4. Aufl 1997, § 13 II C; *Bülow/Arnold*, Internationaler Rechtsverkehr A III 3; *BBGS* E 5; *Lansky* FamRZ **59**, 193.

1   1) Bei dem Übk handelt es sich nicht um ein Anerkennungs- und Vollstreckungsabkommen in Unterhaltssachen; vgl aber auch Art 5. Bestehende bilaterale Abkommen über die Anerkennung und Vollstreckung

von Urteilen, Vergleichen und öff Urkunden werden dadurch nicht berührt, ebensowenig das Haager Übk betr Anerkennung und Vollstreckung von Entscheidungen über die Unterhaltspflicht gegenüber Kindern, abgedr SchlußAnh V; s dort auch Vorbem aE. Im UN-Übk wird im Wege eines multilateralen Abkommens ein anderer Weg beschritten, indem **auf administrativem Wege die Verfolgung von Unterhaltsansprüchen erleichtert wird.** Der Unterhaltsanspruch wird auf Veranlassung einer staatlichen Stelle des Staates, in dem sich der Berechtigte befindet und bei der er ein dahingehendes Gesuch einreichen kann, durch eine Stelle des Staates, in dem sich der Verpflichtete befindet, geltend gemacht, Art 3 I. Zu diesem Zwecke richten die Vertragsstaaten **Übermittlungs- und Empfangsstellen** ein, Art 2, die bekanntgemacht werden und unmittelbar miteinander verkehren können, Art 2 IV, wie auch sonst die Rechtshilfe, soweit es das Übk betrifft, erleichtert ist, Art 7, auch der Berechtigte in dem Lande, in dem ihr Anspruch geltend gemacht wird, hinsichtlich des Armenrechts (Prozeßkostenhilfe) und Befreiung von Gebühren und Auslagen sowie der Sicherheitsleistung für die Prozeßkosten einem Inländer gleichgestellt werden, Art 9.

Die **Übermittlungsstelle** im Lande des Berechtigten, an die dieser sich wegen der Durchsetzung seines Anspruchs wendet, sammelt die erforderlichen Unterlagen und unternimmt alles, um sicherzustellen, daß die Erfordernisse des im Staate der Empfangsstelle geltenden Rechts erfüllt werden, Art 3 III u IV. Die **Empfangsstelle,** der die Vorgänge von der Übermittlungsstelle übersandt sind, unternimmt im Rahmen der ihr vom Berechtigten erteilten Ermächtigung und in seiner Vertretung alle ihr geeigneten Schritte gegen den Verpflichteten, führt also ua äußerstenfalls die Klage und die Vollstreckung durch, Art 6 I, wobei bei allen sich hierbei ergebenden Fragen das im Staat der Empfangsstelle geltende Recht angewendet wird, Art 6 III. Damit sind nicht nur die Fragen der Qualifikation, sondern auch, da das Übk Begriffsbestimmungen nicht enthält, die Fragen hierzu ausgeschaltet, zB wer Unterhaltsansprüche geltend machen kann. Für alles kommt nur das Recht des Staates des Verpflichteten, dh des Staates, in dem dieser sich befindet, zur Anwendung. Liegen gerichtliche Titel irgendwelcher Art gegen den Verpflichteten vor, so kann auch von der Empfangsstelle die Anerkennung und Vollstreckung dieser Titel, die sich nach den zwischen den beteiligten Staaten bestehenden Abkommen, vgl oben, oder bei deren Fehlen nach dem Recht des Empfangsstaates richten, oder auch auf Grund dieser Titel eine Klage betrieben werden, Art 5 III. Das Übk umfaßt ferner die Abänderung ergangener Entscheidungen, Art 8. Die Überweisung von Unterhaltszahlungen soll devisenrechtlich möglichst erleichtert werden, Art 10.

2) Das Übk ist am 30. Tage nach der 3. Ratifikation, also **am 25. 5. 57 in Kraft getreten.** Die BRep ist mWv 19. 8. 59 beigetreten, Bek v 20. 11. 59, BGBl II 1377. **Vertragsstaaten** (zT mit Vorbehalten): Algerien, Argentinien, Australien, Barbados, Belgien, Bosnien, Brasilien, Burkina Faso, Chile, China (Taiwan), Dänemark, Ecuador, Estland, Finnland, Frankreich einschließlich eines Teiles der französischen Communauté, Griechenland, Guatemala, Haiti, Heiliger Stuhl, Irland, Israel, Italien, Jugoslawien, Kap Verde, Kasachstan, Kolumbien, Kroatien, Luxemburg, Marokko, Mazedonien, Mexico, Monaco, Neuseeland, Niederlande, Niger, Norwegen, Österreich, Pakistan, Philippinen, Polen, Portugal, Rumänien, Schweden, Schweiz, Slowakei, Slowenien, Spanien, Sri Lanka, Suriname, Tschechische Republik, Tunesien, Türkei, Ungarn, Uruguay, Vereinigtes Königreich (einschließlich Jersey), Weißrußland (Belarus), Zentralafrikanische Republik, Zypern.

Gemäß Art 12 erstreckt sich das Übk auch auf alle Hoheitsgebiete ohne Selbstregierung, Treuhandgebiete oder sonstige Hoheitsgebiete, für deren internationale Beziehungen eine Vertragspartei verantwortlich ist; bei Ratifikation oder Beitritt können nach Art 17 Vorbehalte gemacht werden und sind in vielen Fällen gemacht worden, vgl die Bekanntmachungen in den JMBl, zB Hbg JVBl **91,** 29.

Zu dem Übk ist das **AusfG** v 26. 2. 59, BGBl II 149 (unten abgedr) ergangen. Die Länder haben dazu die **bundeseinheitlichen Richtlinien** vom 1. 2. 65 erlassen. Erfahrungsbericht des Bundesverwaltungsamtes für 1994 in DAVorm **95,** 1123.

A.

Art. 1. Gegenstand des Übereinkommens. ¹ ¹Dieses Übereinkommen hat den Zweck, die Geltendmachung eines Unterhaltsanspruches zu erleichtern, den eine Person (im folgenden als **Berechtigter** bezeichnet), die sich im Hoheitsgebiet einer Vertragspartei befindet, gegen eine andere Person (im folgenden als **Verpflichteter** bezeichnet), die der Gerichtsbarkeit einer anderen Vertragspartei untersteht, erheben zu können glaubt. ²Dieser Zweck wird mit Hilfe von Stellen verwirklicht, die im folgenden als **Übermittlungs- und Empfangsstellen** bezeichnet werden.

II Die in diesem Übereinkommen vorgesehenen Möglichkeiten des Rechtsschutzes treten zu den Möglichkeiten, die nach nationalem oder internationalem Recht bestehen, hinzu; sie treten nicht an deren Stelle.

Bem. Auf den Wohnsitz oder die Staatsangehörigkeit kommt es nicht an; auch ein nicht einem der Vertragsstaaten Angehöriger kann Berechtigter oder Verpflichteter sein. Entscheidend ist nur, daß sich der Berechtigte im Hoheitsgebiet einer Vertragspartei befindet und der Verpflichtete der Gerichtsbarkeit einer anderen Vertragspartei untersteht, was von dieser zu beurteilen ist, wie auch, ob der Unterhaltsanspruch nach dem Übk geltend gemacht werden kann, s Üb Rn 1.

Art. 2. Bestimmung der Stellen. ¹Jede Vertragspartei bestimmt in dem Zeitpunkt, an dem sie ihre Ratifikations- oder Beitrittsurkunde hinterlegt, eine oder mehrere Gerichts- oder Verwaltungsbehörden, die in ihrem Hoheitsgebiet als Übermittlungsstellen tätig werden.

II Jede Vertragspartei bestimmt in dem Zeitpunkt, an dem sie ihre Ratifikations- oder Beitrittsurkunde hinterlegt, eine öffentliche oder private Stelle, die in ihrem Hoheitsgebiet als Empfangsstelle tätig wird.

GVG Anh II § 168 (UN-UnterhÜbk)

III Jede Vertragspartei unterrichtet den Generalsekretär der Vereinten Nationen unverzüglich über die Bestimmungen, die sie gemäß den Absätzen 1 und 2 getroffen hat, und über die Änderungen, die nachträglich in dieser Hinsicht eintreten.

IV Die Übermittlungs- und Empfangsstellen dürfen mit den Übermittlungs- und Empfangsstellen anderer Vertragsparteien unmittelbar verkehren.

1 Bem. In der BRep ist Übermittlungsstelle die Landesjustizverwaltung jedes Landes, Empfangsstelle das Bundesverwaltungsamt, Art 2 II AusfG idF des G v 4. 3. 71, BGBl II 105 (dazu Bek v 12. 8. 91, BGBl II 956, 16. 3. 93, BGBl II 741, 14. 10. 94, BGBl II 3658, 5. 4. 00, BGBl II 744, u v 10. 6. 02, BGBl II 1685). Die ausländischen Stellen werden in den JMBl bekanntgemacht, zB HbgJVBl **91**, 25.

Art. 3. Einreichung von Gesuchen bei der Übermittlungsstelle. **I** Befindet sich ein Berechtigter in dem Hoheitsgebiet einer Vertragspartei (im folgenden als Staat des Berechtigten bezeichnet) und untersteht der Verpflichtete der Gerichtsbarkeit einer anderen Vertragspartei (im folgenden als Staat des Verpflichteten bezeichnet), so kann der Berechtigte bei einer Übermittlungsstelle des Staates, in dem er sich befindet, ein Gesuch einreichen, mit dem er den Anspruch auf Gewährung des Unterhalts gegen den Verpflichteten geltend macht.

II Jede Vertragspartei teilt dem Generalsekretär mit, welche Beweise nach dem Recht des Staates der Empfangsstelle für den Nachweis von Unterhaltsansprüchen in der Regel erforderlich sind, wie diese Beweise beigebracht und welche anderen Erfordernisse nach diesem Recht erfüllt werden müssen.

III ¹Dem Gesuch sind alle erheblichen Urkunden beizufügen einschließlich einer etwa erforderlichen Vollmacht, welche die Empfangsstelle ermächtigt, in Vertretung des Berechtigten tätig zu werden oder eine andere Person hierfür zu bestellen. ²Ferner ist ein Lichtbild des Berechtigten und, falls verfügbar, auch ein Lichtbild des Verpflichteten beizufügen.

IV Die Übermittlungsstelle übernimmt alle geeigneten Schritte, um sicherzustellen, daß die Erfordernisse des in dem Staate der Empfangsstelle geltenden Rechts erfüllt werden; das Gesuch muß unter Berücksichtigung dieses Rechts mindestens folgendes enthalten:

a) den Namen und die Vornamen, die Anschrift, das Geburtsdatum, die Staatsangehörigkeit und den Beruf oder die Beschäftigung des Berechtigten sowie gegebenenfalls den Namen und die Anschrift seines gesetzlichen Vertreters;
b) den Namen und die Vornamen des Verpflichteten; ferner, soweit der Berechtigte hiervon Kenntnis hat, die Anschriften des Verpflichteten in den letzten fünf Jahren, sein Geburtsdatum, seine Staatsangehörigkeit und seinen Beruf oder seine Beschäftigung;
c) nähere Angaben über die Gründe, auf die der Anspruch gestützt wird, und über Art und Höhe des geforderten Unterhalts und sonstige erhebliche Angaben, wie zum Beispiel über die finanziellen und familiären Verhältnisse des Berechtigten und des Verpflichteten.

1 Bem. Der Berechtigte kann sein Gesuch beim AG seines Aufenthaltsortes einreichen, Art 3 AusfG. Die Gesuche, die auch die Art des Vorgehens im Empfangsstaat bestimmen können, vgl Art 6 I, und möglichst auch die Unterlagen für eine etwa notwendige Klage enthalten sollen, werden entsprechend den von den Landesjustizverwaltungen gegebenen Richtlinien, Üb Art 1 Rn 2, behandelt. Öff Urkunden müssen idR legalisiert sein.

Art. 4. Übersendung der Vorgänge. **I** Die Übermittlungsstelle übersendet die Vorgänge der Empfangsstelle des Staates des Verpflichteten, es sei denn, daß sie zu der Überzeugung gelangt, das Gesuch sei mutwillig gestellt.

II Bevor die Übermittlungsstelle die Vorgänge übersendet, überzeugt sie sich davon, daß die Schriftstücke in der Form dem Recht des Staates des Berechtigten entsprechen.

III Die Übermittlungsstelle kann für die Empfangsstelle eine Äußerung darüber beifügen, ob sie den Anspruch sachlich für begründet hält; sie kann auch empfehlen, dem Berechtigten das Armenrecht und die Befreiung von Kosten zu gewähren.

1 Bem. Bei Ablehnung der Übersendung ist der Antrag auf gerichtliche Entscheidung möglich, § 23 EGGVG, Stgt FamRZ **04**, 894. „Mutwillig" iSv I ist ein Gesuch, das keinen Unterhaltsanspruch betrifft, sondern den Erstattungsanspruch des Trägers der Sozialhilfe, Stgt aaO. Zur Prozeßkostenhilfe und zur Befreiung von den Kosten s Art 9.

Art. 5. Übersendung von Urteilen und anderen gerichtlichen Titeln. **I** Die Übermittlungsstelle übersendet gemäß Artikel 4 auf Antrag des Berechtigten endgültige oder vorläufige Entscheidungen und andere gerichtliche Titel, die der Berechtigte bei einem zuständigen Gericht einer Vertragspartei wegen der Leistung von Unterhalt erwirkt hat, und, falls notwendig und möglich, die Akten des Verfahrens, in dem die Entscheidung ergangen ist.

II Die in Absatz 1 erwähnten Entscheidungen und gerichtlichen Titel können an Stelle oder in Ergänzung der in Artikel 3 genannten Urkunden übersandt werden.

III Die in Artikel 6 vorgesehenen Verfahren können entsprechend dem Recht des Staates des Verpflichteten entweder Verfahren zum Zwecke der Vollstreckbarerklärung (Exequatur oder Registrierung) oder eine Klage umfassen, die auf einen gemäß Absatz 1 übersandten Titel gestützt wird.

1 Bem. Art 5 bezieht sich nur auf vor Gerichten der Vertragsstaaten errichtete Titel, nicht die anderer Staaten, Bülow-Arnold A III 3 a Anm 64. Israel übersendet gemäß seinem Vorbehalt nur in Israel errichtete Titel oder dort erwirkte Entscheidungen.

Art. 6. Aufgaben der Empfangsstelle. ¹ Die Empfangsstelle unternimmt im Rahmen der ihr von dem Berechtigten erteilten Ermächtigung und in seiner Vertretung alle geeigneten Schritte, um die Leistung von Unterhalt herbeizuführen; dazu gehört insbesondere eine Regelung des Anspruchs im Wege des Vergleichs und, falls erforderlich, die Erhebung und Verfolgung einer Unterhaltsklage sowie die Vollstreckung einer Entscheidung oder eines anderen gerichtlichen Titels auf Zahlung von Unterhalt.

II ¹ Die Empfangsstelle unterrichtet laufend die Übermittlungsstelle. ² Kann sie nicht tätig werden, so teilt sie der Übermittlungsstelle die Gründe hierfür mit und sendet die Vorgänge zurück.

III Ungeachtet der Vorschriften dieses Übereinkommens ist bei der Entscheidung aller Fragen, die sich bei einer Klage oder in einem Verfahren wegen Gewährung von Unterhalt ergeben, das Recht des Staates des Verpflichteten einschließlich des internationalen Privatrechts dieses Staates anzuwenden.

Bem. Die Empfangsstelle tritt nur im Rahmen der Ermächtigung des Berechtigten (Vollmacht Art 3 III) und für diesen auf; dieser ist Vergleichs- oder Klagepartei. Zu III: Nicht nur die Klage richtet sich nach der lex fori, sondern auch das Vollstreckungsverfahren, Üb Art 1 Rn 1. 1

Art. 7. Rechtshilfeersuchen. ¹ Kann nach dem Recht der beiden in Betracht kommenden Vertragsparteien um Rechtshilfe ersucht werden, so gilt folgendes:
a) Ein Gericht, bei dem eine Unterhaltsklage anhängig ist, kann Ersuchen um Erhebung weiterer Beweise, sei es durch Urkunden oder durch andere Beweismittel, entweder an das zuständige Gericht der anderen Vertragspartei oder an jede andere Behörde oder Stelle richten, welche die andere Vertragspartei, in deren Hoheitsgebiet das Ersuchen erledigt werden soll, bestimmt hat.
b) Um den Parteien die Anwesenheit oder Vertretung in dem Beweistermin zu ermöglichen, teilt die ersuchte Behörde der beteiligten Empfangs- und Übermittlungsstelle sowie dem Verpflichteten den Zeitpunkt und den Ort der Durchführung des Rechtshilfeersuchens mit.
c) Rechtshilfeersuchen werden mit möglichster Beschleunigung erledigt; ist ein Ersuchen nicht innerhalb von vier Monaten nach Eingang bei der ersuchten Behörde erledigt, so werden der ersuchenden Behörde die Gründe für die Nichterledigung oder Verzögerung mitgeteilt.
d) Für die Erledigung von Rechtshilfeersuchen werden Gebühren oder Kosten irgendwelcher Art nicht erstattet.
e) Die Erledigung eines Rechtshilfeersuchens darf nur abgelehnt werden:
   1. wenn die Echtheit des Ersuchens nicht feststeht;
   2. wenn die Vertragspartei, in deren Hoheitsgebiet das Ersuchen erledigt werden soll, dessen Ausführung für geeignet hält, ihre Hoheitsrechte oder ihre Sicherheit zu gefährden.

Bem. Die beiden Stellen verkehren unmittelbar miteinander, Art 2 IV. Art 7 bezieht sich auch auf das Vollstreckungsverfahren, Art 5 III. Zustellungsersuchen entfallen, da die Empfangsstelle dem Verpflichteten nach der lex fori zustellt. 1

Art. 8. Änderung von Entscheidungen. Dieses Übereinkommen gilt auch für Gesuche, mit denen eine Änderung von Unterhaltsentscheidungen begehrt wird.

Bem. Vgl §§ 323, 641 l, 642 a u b ZPO. 1

Art. 9. Befreiungen und Erleichterungen. ¹ In Verfahren, die auf Grund dieses Übereinkommens durchgeführt werden, genießen die Berechtigten die gleiche Behandlung und dieselben Befreiungen von der Zahlung von Gebühren und Auslagen wie die Bewohner oder Staatsangehörigen des Staates, in dem das Verfahren anhängig ist.

II Die Berechtigten sind nicht verpflichtet, wegen ihrer Eigenschaft als Ausländer oder wegen Fehlens eines inländischen Aufenthalts als Sicherheit für die Prozeßkosten oder andere Zwecke eine Garantieerklärung beizubringen oder Zahlungen oder Hinterlegungen vorzunehmen.

III Die Übermittlungs- und Empfangsstellen erheben für ihre Tätigkeit, die sie auf Grund dieses Übereinkommens leisten, keine Gebühren.

Bem. Es fehlt eine Bestimmung über die Vollstreckbarerklärung der Kostenentscheidung wie in Art 19 HZPrÜbk, Anh § 723 ZPO, so daß nur die sonstigen Vorschriften (Abkommen und Recht des Urteilsstaates) herangezogen werden können. Schweden hat für Verfahren in Schweden die Befreiungen und Erleichterungen auf Staatsangehörige eines Vertragsstaates, Staatenlose mit gewöhnlichem Aufenthalt in einem Vertragsstaat oder solche Personen beschränkt, die diese Vorteile ohnehin auf Grund eines Abkommens mit ihrem Heimatstaat genießen. 1

Art. 10. Überweisung von Geldbeträgen. Bestehen nach dem Recht einer Vertragspartei Beschränkungen für die Überweisung von Geldbeträgen in das Ausland, so gewährt diese Vertragspartei der Überweisung von Geldbeträgen, die zur Erfüllung von Unterhaltsansprüchen oder zur Deckung von Ausgaben für Verfahren nach diesem Übereinkommen bestimmt sind, den größtmöglichen Vorrang.

B.

Dazu aus dem AusfG v 26. 2. 1959, BGBl II 149, geändert durch G v 4. 3. 71, BGBl II 105:

Art. 2. I Die Aufgaben der Übermittlungsstellen im Sinne des Artikels 2 Abs. 1 des Übereinkommens nehmen die von den Landesregierungen bestimmten Stellen wahr.

II Die Aufgaben der Empfangsstelle im Sinne des Artikels 2 Abs 2 des Übereinkommens nimmt das Bundesverwaltungsamt in eigener Zuständigkeit wahr.

1 **Bem.** Übersicht über die Übermittlungs- und Empfangsstellen bei Bülow-Arnold, Internationaler Rechtsverkehr A III 3 a. Übermittlungsstellen sind in der BRep die Landesjustizverwaltungen.

Art. 3. I 1 Der Berechtigte kann das Gesuch, mit dem ein Anspruch auf Gewährung von Unterhalt in dem Gebiet einer anderen Vertragspartei geltend gemacht werden soll, bei dem Amtsgericht einreichen, in dessen Bezirk er seinen gewöhnlichen Aufenthalt hat. ² Steht ein Berechtigter unter Vormundschaft, so soll das Gesuch bei dem für die Vormundschaft zuständigen Amtsgericht eingereicht werden.

II Für die Tätigkeit der Amtsgerichte bei der Entgegennahme von Gesuchen der in Absatz 1 bezeichneten Art werden Gebühren nicht erhoben.

1 **Bem.** Vgl Art 3 Übk. Zuständig ist der RPfl, § 29 RPflG. Prozeßkostenhilfe kann für das Verf nach Art 3 nicht bewilligt werden, Ffm FamRZ **87**, 302.

III. Gesetz zur Geltendmachung von Unterhaltsansprüchen im Verkehr mit ausländischen Staaten (Auslandsunterhaltsgesetz – AUG)

vom 19. 12. 1986, BGBl 2563,
Zuletzt geändert durch G v 26. 1. 05, BGBl I 162

Übersicht

Gesetzesmaterialien: RegEntw BT-Drs 10/3662, Ausschußbericht BT-Drs 10/6351.

Schrifttum: *Gottwald* MüKo IZPR Nr 3 d; *Nagel/Gottwald*, IZPR, 4. Aufl 1997, § 12 I 4 u § 13 II D; *Bach* FamRZ **96**, 1250; *Reichel* FamRZ **90**, 1329; *Böhmer* IPrax **87**, 139; *Uhlig/Berard* NJW **87**, 1521.

1 Das am 1. 1. 87 in Kraft getretene AUG tritt neben das UN-Übk v 20. 6.56, Anh II. Unter der Voraussetzung, daß die Gegenseitigkeit verbürgt ist (§ 1 II), erleichtert es die Verfolgung und Durchsetzung von Unterhaltsansprüchen im Verhältnis zwischen der BRep und ausländischen Staaten ohne Rücksicht darauf, ob insofern ein völkerrechtlicher Vertrag besteht. Im Hauptteil (§§ 2–8) ist geregelt, daß die deutschen Gerichte und Behörden in ähnlicher Weise mit den ausländischen Gerichten und Behörden zusammenwirken, wie dies zwischen den Vertragsstaaten des UN-Übk der Fall ist. Besondere Vorschriften gelten dem dabei einzuhaltenden gerichtlichen Verfahren (§§ 9–11), insbesondere auch hinsichtlich der Prozeßkostenhilfe (§ 9) und der Vollstreckung (§ 10). Das Gesetz wird sich in erster Linie im Verhältnis zu den Vereinigten Staaten und zu Kanada bzw deren Gliedstaaten oder -provinzen auswirken, mit denen insoweit keine vertraglichen Vereinbarungen bestehen. In beiden Staaten gilt (weitgehend) die innerstaatliche Regelung, daß Unterhaltstitel in erleichterter Weise erlangt bzw vollstreckt werden können, wenn im anderen Staat ein im wesentlichen ähnliches Gesetz auf Gegenseitigkeit in Kraft ist; diese Voraussetzung wird durch das AUG geschaffen, Uhlig/Berard NJW **87**, 1522.
Das AUG läßt das materielle Recht unberührt. Bei eingehenden Gesuchen, §§ 7–11, bestimmt sich das anzuwendende Recht nach Art 18 iVm Art 4 EGBGB. Ausgehende Gesuche, §§ 3–6, werden allein nach deutschem materiellem Recht geprüft, Uhlig/Berard NJW **87**, 1522.
Das Gesetz gilt seit dem 3. 10. 90 auch in den neuen Bundesländern, Art 8 EV, Reichel FamRZ **90**, 1330.

Erster Teil. Allgemeines

§ 1. I Unterhaltsansprüche, die auf gesetzlicher Grundlage beruhen, können nach dem in diesem Gesetz vorgesehenen Verfahren geltend gemacht werden, wenn eine Partei im Geltungsbereich dieses Gesetzes und die andere Partei in einem Staat ihren gewöhnlichen Aufenthalt hat, mit dem die Gegenseitigkeit verbürgt ist.

II Mit Staaten, in denen ein diesem Gesetz entsprechendes Gesetz in Kraft ist, ist die Gegenseitigkeit im Sinne dieses Gesetzes verbürgt, wenn der Bundesminister der Justiz dies festgestellt und im Bundesgesetzblatt bekanntgemacht hat.

III Staaten im Sinne dieses Gesetzes sind auch Teilstaaten und Provinzen von Bundesstaaten.

1 **Bem. Auf gesetzlicher Grundlage, I, beruhen** alle Ansprüche aus Ehe und Verwandtschaft einschließlich der nach §§ 90, 91 BSHG, 94 KJHG und 37 BAföG übergeleiteten bzw übergegangenen Ansprüche. Andere Unterhaltspflichten werden nicht erfaßt; eine Vereinbarung fällt unter das AUG, wenn sie die gesetzliche Unterhaltspflicht nur festlegt oder abwandelt, Uhlig/Berard NJW **87**, 1523.
2 **Verbürgt ist die Gegenseitigkeit, II,** gegenüber folgenden (Teil-)Staaten bzw Provinzen, **III** (Bek v 14. 8. 92, BGBl 1585, 11. 5. 92, BGBl 991, 16. 12. 92, BGBl 43, 13. 4. 93, BGBl 928, 24. 11. 93, BGBl 2045, 8. 12. 94, BGBl 95, 25, 21. 2. 96, BGBl 476, 28. 10. 96, BGBl 1733, 7. 1. 97, BGBl 155 u 25. 2. 03,

BGBl 364) In **Kanada** gegenüber Alberta, Britisch Kolumbien, Manitoba, Neubraunschweig, Neufundland einschl Labrador, Neuschottland, Nordwest-Territorien, Ontario, Prinz-Eduard-Insel, Saskatschewan und Yukon Territorium; gegenüber **Südafrika;** in den **USA** gegenüber Alaska, Arizona, Arkansas, Colorado (f Kindesunterh), Connecticut, Delaware, Florida, Georgia, Hawaii, Idaho, Illinois, Indiana, Iowa (für Kindesunterhalt u zusammen mit ihm geltend gemachten Ehegattenunterhalt), Kalifornien, Kansas, Kentucky, Louisiana, Maine, Maryland, Massachusetts, Michigan, Minnesota, Missouri, Montana, Nebraska, Nevada, New Hampshire, New Jersey, New Mexico, New York, North Carolina, North Dakota, Ohio, Oklahoma, Oregon, Pennsylvania, Rhode Island, South Carolina (für Kindesunterhalt), South Dakota, Tennessee, Texas, Utah, Vermont, Virginia (für Kindesunterhalt u zusammen mit ihm geltend gemachten Ehegattenunterhalt), Washington, West Virginia, Wisconsin und Wyoming.

§ 2. I 1 Die gerichtliche und außergerichtliche Geltendmachung der Unterhaltsansprüche erfolgt über die Zentrale Behörde als Empfangs- und Übermittlungsbehörde. 2 Die Zentrale Behörde verkehrt unmittelbar mit den im Ausland dafür bestimmten Stellen und mit den im Geltungsbereich dieses Gesetzes zuständigen Behörden.

II Die Aufgaben der Zentralen Behörde nimmt der Generalbundesanwalt beim Bundesgerichtshof wahr.

Zweiter Teil. Ausgehende Gesuche

§ 3. I Für die Entgegennahme und Prüfung von Gesuchen unterhaltsberechtigter Personen ist das Amtsgericht als Justizverwaltungsbehörde zuständig, in dessen Bezirk der Berechtigte seinen gewöhnlichen Aufenthalt hat.

II 1 Das Gesuch soll alle Angaben enthalten, die für die Geltendmachung des Anspruchs von Bedeutung sein können. 2 Hierzu gehören:
1. der Familienname und die Vornamen, die Anschrift, der Tag der Geburt, die Staatsangehörigkeit und der Beruf oder die Beschäftigung des Berechtigten sowie gegebenenfalls der Name und die Anschrift seines gesetzlichen Vertreters,
2. der Familienname und die Vornamen des Verpflichteten; ferner, soweit der Berechtigte hiervon Kenntnis hat, die Anschriften des Verpflichteten in den letzten fünf Jahren, der Tag seiner Geburt, seine Staatsangehörigkeit und sein Beruf oder seine Beschäftigung,
3. nähere Angaben über die Gründe, auf die der Anspruch gestützt wird, über die Art und Höhe des geforderten Unterhalts und über die finanziellen und familiären Verhältnisse des Berechtigten und, soweit möglich, des Verpflichteten.

3 Die zugehörigen Personenstandsurkunden und anderen sachdienlichen Schriftstücke sollen beigefügt werden. 4 Das Gericht kann von Amts wegen alle erforderlichen Ermittlungen anstellen.

III 1 Das Gesuch ist vom Antragsteller, von dessen gesetzlichem Vertreter oder von einem Rechtsanwalt unter Beifügung einer Vollmacht zu unterschreiben; die Richtigkeit der Angaben ist vom Antragsteller oder von dessen gesetzlichem Vertreter eidesstattlich zu versichern. 2 Dem Gesuch nebst Anlagen sind von einem beeidigten Übersetzer beglaubigte Übersetzungen in die Sprache des zu ersuchenden Staates beizufügen. 3 Besonderen Anforderungen des zu ersuchenden Staates an Form und Inhalt des Gesuchs ist Rechnung zu tragen, soweit nicht zwingende Vorschriften des deutschen Rechts entgegenstehen.

Bem. Zuständig für die Entgegennahme, I, und etwaige Ermittlungen, II 3, ist der Rpfl, § 29 RPflG. **1** Welche Angaben außer den in II 2 genannten Mindestangaben für die Geltendmachung des Anspruchs von Bedeutung sein können, II 1, wird die Zentrale Behörde, § 2, den Amtsgerichten nach und nach mitzuteilen haben, Uhlig/Berard NJW **87,** 1523; dazu Bach FamRZ **96,** 1251. Das gleiche gilt für etwaige besondere Anforderungen, III 3. Für das Verfahren kann PKH nicht bewilligt werden, Zimmermann PKH in FamS Rn **93,** 70, zustm Böhmer IPrax **93,** 223.

§ 4. I Der Leiter des Amtsgerichts oder der im Rahmen der Verteilung der Justizverwaltungsgeschäfte bestimmte Richter prüft, ob die Rechtsverfolgung nach deutschem innerstaatlichen Recht hinreichende Aussicht auf Erfolg bieten würde.

II 1 Bejaht er die Erfolgsaussicht, so stellt er hierüber eine Bescheinigung aus, veranlaßt deren Übersetzung in die Sprache des zu ersuchenden Staates und übersendet die Bescheinigung sowie das Gesuch nebst Anlagen und Übersetzungen mit je drei beglaubigten Abschriften unmittelbar an die Zentrale Behörde. 2 Andernfalls lehnt er das Gesuch ab. 3 Die ablehnende Entscheidung ist zu begründen und dem Antragsteller mit einer Rechtsmittelbelehrung zuzustellen; sie ist nach § 23 des Einführungsgesetzes zum Gerichtsverfassungsgesetz anfechtbar.

Bem. Die richterliche Prüfung nach I hat sich auf das deutsche materielle Recht zu beschränken; sie **1** ist für die Zentrale Behörde bindend. Ablehnende Entscheidungen sind nach den §§ 23 ff EGGVG, s dort, anfechtbar, II 2 u 3, KG RR **93,** 70 (betr PKH-Ablehnung, s § 3 Rn 1), dazu Böhmer IPrax **93,** 223.

§ 5. I 1 Die Zentrale Behörde prüft, ob das Gesuch den förmlichen Anforderungen des einzuleitenden ausländischen Verfahrens genügt. 2 Sind diese erfüllt, so leitet sie das Gesuch zusammen mit einer Übersetzung des Auslandsunterhaltsgesetzes an die dafür im Ausland bestimmte Stelle weiter. ³ § 4 Abs. 2 Satz 2 und 3 ist entsprechend anzuwenden.

II Die Zentrale Behörde verfolgt die ordnungsmäßige Erledigung des Gesuchs.

1 **Bem.** Ablehnende Entscheidungen können nach den §§ 23 ff EGGVG, s dort, angefochten werden, § 5 I 3 iVm § 4 II 2 u 3.

§ 6. ¹ Liegt über den Unterhaltsanspruch bereits eine inländische gerichtliche Entscheidung oder ein sonstiger gerichtlicher Schuldtitel vor, so kann der Unterhaltsberechtigte unbeschadet des Gesuchs nach § 3 ein Gesuch auf Registrierung der Entscheidung im Ausland stellen. ² Die §§ 3, 4 und 5 sind entsprechend anzuwenden; eine Prüfung der Gesetzmäßigkeit des vorgelegten inländischen gerichtlichen Schuldtitels findet nicht statt.

1 **Bem.** Inländische gerichtliche Entscheidungen iSv § 6 sind rechtskräftige oder für vorläufig vollstreckbar erklärte Entscheidungen einschließlich derjenigen des Rpfl nach den §§ 641 l, 642 a ZPO und sonstige gerichtliche Titel iSv § 794 ZPO, dagegen nicht Urkunden der Jugendämter und notarielle Urkunden, Uhlig/Berard NJW **87**, 1524. Wegen der Erfahrungen im Rechtsverkehr mit den USA s Bach FamRZ **96**, 1252 f.

Dritter Teil. Eingehende Gesuche

Erster Abschnitt. Inhalt der Gesuche und Aufgaben der Zentralen Behörde

§ 7. I ¹ Das eingehende Gesuch soll alle Angaben enthalten, die für die Geltendmachung des Anspruchs von Bedeutung sein können. ² § 3 Abs. 2 Satz 2 ist entsprechend anzuwenden.

II ¹ Das Gesuch soll vom Antragsteller, von dessen gesetzlichem Vertreter oder von einem Rechtsanwalt unter Beifügung einer Vollmacht unterschrieben und mit einer Stellungnahme des ausländischen Gerichts versehen sein, das den Antrag entgegengenommen und geprüft hat. ² Die gerichtliche Stellungnahme soll sich auch darauf erstrecken, welcher Unterhaltsbetrag nach den Verhältnissen am Wohnort des Berechtigten erforderlich ist. ³ Das Gesuch und die Anlagen sollen in zwei Stücken übermittelt werden.

III ¹ Die zugehörigen Personenstandsurkunden, andere sachdienliche Schriftstücke sowie, falls verfügbar, ein Lichtbild des Verpflichteten sollen beigefügt und sonstige Beweismittel genau bezeichnet sein. ² Dem Gesuch nebst Anlagen sollen Übersetzungen in die deutsche Sprache beigefügt sein; die Zentrale Behörde kann im Verkehr mit bestimmten Staaten oder im Einzelfall von diesem Erfordernis absehen und die Übersetzung selbst besorgen.

Bem. Zu § 7 u § 8 vgl Bach FamRZ **96**, 1253.

§ 8. I ¹ Die Zentrale Behörde unternimmt alle geeigneten Schritte, um für den Berechtigten die Leistung von Unterhalt durchzusetzen. ² Sie hat hierbei die Interessen und den Willen des Berechtigten zu beachten.

II (abgedruckt in Üb § 78 ZPO Rn 8).

III Soweit zur Ermittlung des Aufenthalts des Schuldners erforderlich, darf die Zentrale Behörde bei dem Kraftfahrt-Bundesamt erforderliche Halterdaten nach § 33 Abs. 1 Satz 1 Nr. 2 des Straßenverkehrsgesetzes erheben.

Bem. Unter § 8 fällt auch eine Vaterschaftsklage als Voraussetzung für eine spätere Unterhaltsklage, Bach FamRZ **96**, 1253, Hbg MDR **03**, 458.

Zweiter Abschnitt. Besondere Vorschriften für das gerichtliche Verfahren

§ 9. (abgedruckt bei § 122 ZPO).

§ 10. (abgedruckt bei § 722 ZPO).

§ 11. ¹ Eine ausländische Entscheidung, die ohne Anhörung des Schuldners, vorläufig und vorbehaltlich der Bestätigung durch das ersuchte Gericht ergangen ist, gilt als Gesuch im Sinne des § 7. ² Die §§ 8 und 9 sind entsprechend anzuwenden.

1 **Bem.** Die Regelung gilt namentlich für „provisional maintenance orders" nach kanadischem Recht; die ausländische Entscheidung wird im Falle des § 11 nicht ausdrücklich nach § 10 (abgedruckt bei § 722 ZPO) bestätigt bzw abgeändert, Uhlig/Berard NJW **87**, 1525.

Vierter Teil. Kosten

§ 12. Für das außergerichtliche Verfahren einschließlich der Entgegennahme und Behandlung der Gesuche durch die Justizbehörden werden weder Gebühren erhoben noch wird die Erstattung von Auslagen verlangt.

1 **Bem.** Unberührt bleibt § 30 EGGVG für das Verfahren vor dem OLG in den Fällen der §§ 4, 5 und 6.

Vierzehnter Titel. Öffentlichkeit und Sitzungspolizei

Übersicht

1) Titel 14 regelt zwei Dinge, die zur Gerichtsbarkeit gehören, aber mit der Gerichtsverfassung nichts zu schaffen haben: **a)** die Öffentlichkeit des Verfahrens. Sie gilt nur für die Verhandlung vor dem erkennenden Gericht; sie soll das Vertrauen zur Rechtspflege stärken, also nach außen wirken, und ist einer der Leitgedanken des Prozeßrechts; **b)** die Sitzungspolizei. Während die Prozeßleitung, Üb § 128 ZPO Rn 5 ff, die innere Ordnung des Verfahrens sichert, will die Sitzungspolizei die äußere gewährleisten. Sie betrifft freilich nur die „Sitzung". Die Prozeßleitung berührt den Streitstoff selbst, die Sitzungspolizei nur die Form seiner Erörterung. Prozeßleitung und Sitzungspolizei übt teils der Vorsitzende, teils das Gericht aus. Die Vorschriften über die Öffentlichkeit und die Sitzungspolizei sind allgemeine Gesetze, die jedermann betreffen und dem Schutz vorrangiger Gemeinschaftsgüter dienen, BVerfG NJW **79**, 1400.

2) Öffentlichkeit (Wolf § 25). Die Öffentlichkeit ist zwar kein Verfassungsgrundsatz, BVerfG **15**, 307, aber ein auch in Art 6 I 1 MRK verankerter Leitgedanke der Prozeßgesetze, Kissel § 169 Rn 4, BVerwG DÖV **84**, 889; ihre Verletzung ist nach den Materialien zu § 547 Z 5 ZPO „von unberechenbarer Wirkung", vgl BGH NJW **00**, 2509. Das kann freilich in Zivilprozeßsachen nur beschränkt gelten: die Öffentlichkeit spielt dort praktisch nur eine große Rolle, wenn man von Sensationsprozessen absieht: sie ist weitgehend zur „Medienöffentlichkeit" geworden. Darum ist ein Verstoß gegen § 169 S 1 kein Grund zur Nichtigkeitsklage. Er ist aber, wenn er in der Schlußverhandlung begangen worden ist, ein wesentlicher Verfahrensmangel, § 539 ZPO, bzw ein unbedingter Revisionsgrund, § 547 Z 5 ZPO, BGH aaO mwN (nicht dagegen bei einem Verstoß gegen die Verkündung, BVerwG BayVBl **90**, 351 u DÖV **81**, 970, str, § 173 Rn 1, und auch nicht bei einem Verstoß gegen § 169 S 2, BGH NJW **89**, 1741, str, § 169 Rn 6), mit guten Gründen einschränkend MüKoWo § 169 Rn 68. Ein Verstoß kann (nur) durch Wiederholung des betroffenen Verfahrensabschnitts geheilt werden, MüKoWo § 169 Rn 70, BGH aaO, nicht aber durch bloße Unterlassung der Rüge, RG **157**, 347: Es kann nicht darauf ankommen, ob es sich praktisch im Einzelfall um eine belanglose Form handelt, sondern nur darauf, daß die Öffentlichkeit einer der leitenden Grundsätze des Prozeßrechts ist, vgl BVerwG VerwRspr **30**, 1018 mwN, der der Parteiverfügung entzogen sein muß, Kissel § 169 Rn 58, Köln RR **86**, 560, Ffm MDR **86**, 606, str, aM ZöGre § 295 Rn 5, BVerwG NVwZ **85**, 566, BFH BStBl **90** II 1032, dazu Kohlndorfer DVBl **88**, 477 (Art 6 I MRK läßt einen Verzicht zu, EuGMR NJW **82**, 2716). Über Fam- u Kindschaftssachen s § 170. Protokollierung: § 160 Z 5 ZPO.

3) Sitzungspolizei. Die Vorschriften über die Ordnungsgewalt (Sitzungspolizei) des Gerichts bzw des Vorsitzenden sind prozessualer Natur; eine ordnungsmäßige Prozeßführung ist undenkbar, wo dem Gericht die Machtmittel zur Aufrechterhaltung der Ordnung fehlen. Daher sind alle landesgesetzlichen Vorschriften aufgehoben, § 14 EGZPO (aM wegen Ungebühr in Schriftsätzen Hbg ZZP **52**, 220). Die Sitzungspolizei steht teils dem Vorsitzenden zu, § 176, teils dem Gericht, §§ 177 ff.

4) VwGO: §§ 169, 171a–183 sind entsprechend anzuwenden, § 55 VwGO; vgl Meissner Sch/SchmA/P, Erl zu § 55.

169

Öffentlichkeit. ¹Die Verhandlung vor dem erkennenden Gericht einschließlich der Verkündung der Urteile und Beschlüsse ist öffentlich. ²Ton- und Fernseh-Rundfunkaufnahmen sowie Ton- und Filmaufnahmen zum Zwecke der öffentlichen Vorführung oder Veröffentlichung ihres Inhalts sind unzulässig.

Vorbem. In der **Arbeitsgerichtsbarkeit** gilt anstelle von S 1 § 52 S 1 ArbGG; S 2 ist entspr anzuwenden, § 52 S 4 ArbGG.

Schrifttum: *Ranft* Jena **95**, 573; *Alwart* JZ **90**, 883; *Endemann* F Zeidler, 1987, S 410–417; *Zipf* 54. DJT I C, 1982; *Roxin*, Festschrift K. Peters, 1974; *Köbl*, Festschrift v. Carolsfeld, 1973.

1) Öffentlichkeit der Verhandlung, S 1 (vgl Üb 2).

A. Grundsatz. Nur die Verhandlung vor dem erkennenden Gericht ist öffentlich, nicht also die vor einem verordneten Richter, §§ 361 f, 357 I ZPO, vgl BVerwG DÖV **90**, 1061 u NVwZ-RR **89**, 167, wohl aber die Verhandlung vor dem Einzelrichter: er steht an Stelle des Kollegiums, Düss JMBlNRW **71**, 155 (zur Geltung des Grundsatzes für echte Streitsachen nach FGG s Wolf § 25 III 1, Hamm RR **88**, 849, für Wohnungseigentumssachen KG RR **90**, 456 mwN). Nur die mündliche Verhandlung ist öffentlich, sie aber voll, also einschließlich einer darin stattfindenden Beweisaufnahme. Der Grundsatz der Öffentlichkeit gilt im Fall einer **Video-Verhandlung**, § 128a ZPO, nur für den Sitzungsraum, nicht dagegen für Übertragungsräume, Schultzky NJW **03**, 317.

Am Verfahren Beteiligte, zB Streitgenossen, sind keine Öffentlichkeit iSv § 169, VGH Mannh VBlBW **99**, 184. **Öffentlich bedeutet** vielmehr, daß beliebige Zuhörer, wenn auch nur in begrenzter Zahl, die Möglichkeit haben, sich ohne besondere Schwierigkeit Kenntnis vom Ort und Zeit der Verhandlung zu verschaffen, und daß der Zutritt im Rahmen der tatsächlichen Gegebenheiten eröffnet ist, BVerfG NJW **02**, 814, BGH NStZ **82**, 476. Dazu gehört die Bekanntmachung der Verhandlung, soweit sie erforderlich ist, zB durch einen Anschlag vor dem Gerichtssaal oder Hinweistafeln im Gerichtsgebäude bei einer Verhandlung oder ihrer Fortsetzung außerhalb des Gerichtsgebäudes, BGH DRiZ **81**, 193, BayObLG NJW **80**, 2321, Köln StrVert **92**, 222, Düss NJW **83**, 2514 mwN (einschränkend für das Bußgeldverfahren, abw BVerwG in stRspr, NVwZ-RR **89**, 168 mwN (die Möglichkeit, sich im Gerichtsgebäude nach dem Ort einer auswärtigen Verhandlung zu erkundigen, genügt nicht, Celle StrVert **87**, 287); doch gilt dies nicht ausnahmslos, zB dann nicht, wenn es auf einen Hinweis im Gerichtsgebäude schlechterdings nicht ankommen konnte,

BGH DRiZ **81**, 193, wenn die Verhandlung (Ortsbesichtigung) auf offener Straße stattfindet, BVerwG NVwZ-RR **89**, 168, Hamm NJW **76**, 122, oder wenn das Gericht bei einer Ortsbesichtigung beschließt, an einem dritten Ort weiterzuverhandeln, BVerwG aaO, Köln JMBlNRW **84**, 116, Hamm MDR **81**, 518 mwN, oder wenn der Terminsort kurzfristig verlegt wird, BVerwG Buchholz 424.01 § 64 Nr 5, str. Nicht nötig ist aber eine an jedermann gerichtete Kundmachung, wann und wo die Verhandlung stattfindet, BGH NStZ **82**, 476, BVerwG NVwZ-RR **89**, 168, BFH BStBl **77** II 431, VGH Mü NVwZ-RR **02**, 799. Der Raum muß zugänglich, kenntlich gemacht und ohne besondere Schwierigkeit zu finden sein, zB auch durch Auskünfte des Pförtners, BGH NStZ **82**, 476, so daß auch die Eingangstür des Gerichtsgebäudes nicht verschlossen sein darf. Jedoch ist es unschädlich, wenn der Haupteingang des Gebäudes zeitweise verschlossen ist, Zuhörer sich aber mit Hilfe einer am Eingang angebrachten Klingel Einlaß verschaffen können, BVerwG NVwZ **00**, 1299 mwN; das gleiche gilt, wenn die Außentür des Sitzungsgebäudes versehentlich verschlossen wird oder ins Schloß fällt, so daß weitere Zuhörer nicht eintreten können, BGH NJW **66**, 1570, BVerwG DÖV **84**, 889, oder wenn der Gerichtswachtmeister irrtümlich der Zutritt verweigert, BGH NJW **69**, 756; § 169 ist aber verletzt, wenn das Gericht dies bemerkt oder bei Anwendung der gebotenen Sorgfalt hätte bemerken können, unten Rn 4.

2   **Die Öffentlichkeit ist gesetzwidrig beeinträchtigt**, wenn den Erfordernissen, s o, nicht genügt ist, aber auch dann, wenn im Sitzungsraum für Zuhörer weder Sitz- noch Stehplätze verbleiben, Köln NStZ **84**, 282, oder nur ein einziger Sitzplatz vorhanden ist, BayObLG NJW **82**, 395, wenn ein Zuhörer gegen seinen Willen ohne gesetzlichen Grund aus dem Sitzungssaal entfernt wird, BGH MDR **82**, 812 mwN (als Zeugen benannte oder in Frage kommende Zuhörer dürfen veranlaßt werden, den Saal zu verlassen, BAG RdA **88**, 128, BGH MDR **83**, 92), wenn ein Schild „Das Gericht ist freitags ab 13 Uhr geschlossen" am Haupteingang hängt, Zweibr NJW **95**, 3333, oder ein Schild an der Sitzungstür besagt „Sitzung, bitte nicht stören", Bre MDR **66**, 864, oder wenn bei einer Verhandlung in einer Strafanstalt nur das Vollzugspersonal Zutritt hat, BGH JR **79**, 261 m Anm Foth, oder wenn anläßlich einer Augenscheinseinnahme Zeugen ohne zwingende Notwendigkeit in einem so kleinen Raum vernommen werden, daß kein Unbeteiligter Zutritt hat, BGH NJW **54**, 281. Dagegen wird der Grundsatz **nicht** verletzt, wenn die Sache nicht ordnungsgemäß aufgerufen worden ist, BFH NVwZ **96**, 102, oder wenn das Gericht entgegen seiner Ankündigung die Verhandlung früher fortsetzt, BGH NStZ **84**, 134, und auch nicht dadurch, daß ein Anwesender der aus verständigem Grunde geäußerten Bitte, den Saal zu verlassen, freiwillig nachkommt, vgl BGH NJW **89**, 465 (krit Hassemer JuS **89**, 497, Schneiders StrVert **90**, 91, Sieg MDR **90**, 69), VGH Mannh NVwZ-Beil I 8/99 S 87, wohl aber dadurch, daß die Bitte an alle anwesenden Zuhörer gerichtet und von ihnen befolgt wird, BGH bei Holtz MDR **93**, 1041 mwN.

3   **Beschränkungen aus Gründen der Ordnung** sind zulässig und geboten: der Vorsitzende gestattet Zutritt zu anderen Teilen des Saals als dem Zuhörerraum nach seinem Ermessen, RGSt Recht **26**, 1798; der Vorsitzende kann bei Überfüllung die Türen schließen lassen, BGH NJW **66**, 1570, oder weitere Zuhörer abweisen lassen, BGH NJW **59**, 899; er kann einem unbestimmten Personenkreis Zutritt nur gegen Eintrittskarten erlauben, Karlsr NJW **75**, 2080 mwN; er kann einen Ausweis über die Person verlangen, BGH NJW **77**, 157. Hat das Gericht durch Kontrollmaßnahmen eine Verzögerung des Zutritts bewirkt, so muß es mit dem Beginn der Verhandlung warten, bis allen rechtzeitig Erschienenen der Zutritt ermöglicht worden ist, BGH NJW **95**, 3197, NJW **79**, 2622; zu der Frage, wann die Verhandlung in einem solchen Fall nach einer Unterbrechung sowie nach zeitweisem Ausschluß der Öffentlichkeit fortgesetzt werden darf, vgl BGH NJW **81**, 61. Der Vorsitzende darf betrunkenen oder anstößig auftretenden Personen den Zutritt verwehren, § 175, oder den Zugang zu einem Ortstermin wegen räumlicher Beschränkung begrenzen, BGH NJW **54**, 281, zB darf der Vorsitzende bei einer Verhandlung in dem Nebenraum eines Cafés nicht an der Verhandlung interessierte Personen in einen anderen Raum schicken, Düss JMBlNRW **66**, 23. Unzulässig ist die Zurückweisung „auf Verdacht", ebenso die gezielte Auswahl eines viel zu kleinen Saales, Roxin S 398, BayObLG NJW **82**, 395. Umgekehrt verletzt die unbefugte Erweiterung der Öffentlichkeit das Gesetz, zB die Wahl eines Riesensaales, Lautsprecherübertragung u dgl, Roxin S 400; ein Anspruch auf Bild- und Tonübertragung der Verhandlung in einen anderen Saal des Gerichts läßt sich auch aus Art 5 I 2 GG nicht herleiten, BVerfG NJW **93**, 915.

Verhandelt das Gericht **außerhalb des Justizgebäudes**, so wird durch Beschränkung des Zutritts der Grundsatz nicht verletzt, wenn der das Hausrecht Ausübende die Erlaubnis für Dritte versagt, BGH NJW **94**, 2773 (Anm Schmidt JuS **95**, 110), und die Verhandlung an einem anderen Ort nicht möglich ist, zB bei Ortsbesichtigungen oder bei Vernehmung eines transportunfähigen Zeugen in einem Privathaus, Foth JR **79**, 263. Bei Verhandlung in einer Wohnung genügen ein Hinweis an der Wohnungstür und die Möglichkeit, sich durch Klingeln oder Klopfen Einlaß zu verschaffen, Hamm VRS **83**, 451.

4   **B. Verstoß.** Eine Verletzung des Grundsatzes der Öffentlichkeit bei der Verhandlung (nicht dagegen nur bei der Verkündung) ist unbedingter Revisionsgrund, Üb § 169 Rn 2, dessen Kausalität unwiderlegbar vermutet wird, wenn der Mangel bis zur Entscheidung bestanden oder fortgewirkt hat, also nicht geheilt oder durch den weiteren Gang der Verhandlung überholt worden ist, BGH NJW **00**, 2508 u **85**, 1848, dazu Fezer StrVert **85**, 403, Schöch NStZ **85**, 422. Jedoch schadet jede unzulässige Beschränkung (wegen der Verkündung s § 173) nur dann, wenn sie **auf ein vorwerfbares Verhalten des Vorsitzenden zurückgeht**, Kissel 55–57, und nicht etwa nur auf einen Fehler des Gerichtswachtmeisters, der zB vergessen hat, die Türen zu öffnen, oder auf das Verhalten des Hausmeisters, der die Eingangstür zum Gerichtsgebäude verschlossen hat, stRspr, BVerwG NVwZ **82**, 43; doch liegt ein Verstoß vor, wenn das Gericht dies bemerkt hat oder bei Anwendung der gebotenen Sorgfalt hätte bemerken können, BGH MDR **90**, 1070, NJW **79**, 2622 u **70**, 1846, BVerwG NVwZ **00**, 1299 mwN, BFH NJW **92**, 3526, VGH Mannh BWVBl **90**, 257, VGH Kassel bei Melullis MDR **90**, 307. Die Öffentlichkeit kann aber ausnahmsweise auch dadurch beeinträchtigt werden, daß staatliche Organe außerhalb des Gerichts den Besuchern Nachteile androhen oder einen solchen Anschein erwecken, BGH NJW **80**, 249 (verneint für das Fotografieren von Teilnehmern durch die Polizei). Das gilt natürlich erst recht für Eingriffe der das Hausrecht ausübenden Stelle, wenn sie

14. Titel. Öffentlichkeit und Sitzungspolizei §§ 169, 170 GVG

etwa den Zutritt zum Sitzungssaal (unzulässigerweise, Celle DRiZ **79**, 376) verwehrt. Über die Entfernung einzelner Personen aus dem Saal s §§ 176 f. Die unzulässige **Erweiterung der Öffentlichkeit**, Kissel 59, ist ebenso wie das unzulässige Unterlassen des Ausschlusses stets schädlich, weil beides nur im Einverständnis mit dem Vorsitzenden denkbar ist, Wolf § 25 V 1. Zweifel über die Aussagekraft des an sich maßgeblichen Protokolls muß das Rechtsmittelgericht im Wege des Freibeweises klären, BayObLG NJW **95**, 976.

2) Rundfunkaufnahmen usw, S 2 (Schwarz AfP **95**, 353; (G. Wolf NJW **94**, 681 u ZRP **94**, 187; **5** Gerhardt ZRP **93**, 377).

Sowohl **Ton- wie Fernseh-Rundfunkaufnahmen** sind zum Schutz des Angeklagten bzw der Parteien sowie im Interesse der Wahrheitsfindung (möglich ist auch eine Verletzung von § 394 I ZPO) sowohl während der Verhandlung wie auch bei der Urteilsverkündung schlechthin verboten, Wolf NJW **94**, 681, zumal auch die in I vorgeschriebene Öffentlichkeit nicht bis ins Unbestimmte ausgedehnt werden darf. Diese Aufnahmen sind auch nicht mit Einverständnis der Parteien, des Angeklagten oder des Vorsitzenden zulässig, BGH NJW **68**, 804. Aus denselben Gründen sind unzulässig **Ton- u Filmaufnahmen** zum Zwecke der öff Vorführung oder Veröffentlichung ihres Inhalts; ein Recht zu solchen Aufnahmen für andere Zwecke folgt hieraus nicht, Köln FamRZ **83**, 750. Hier ist zu unterscheiden: Sind zulässig, weil das Gericht und alle Beteiligten (einschließlich des Sprechenden) zustimmen; läßt das Gericht für gerichtliche Zwecke Tonaufnahmen machen, so kommt es auf die Zustimmung der Beteiligten nicht an, wie § 160 a ZPO zeigt, Kissel 72–76 mwN, str; handelt es sich um Aufzeichnungen durch einen Verfahrensbeteiligten, zB für Zwecke der Verteidigung, so bedarf es neben der Zustimmung des Gerichts (das darüber nach Ermessen entscheidet, BGH NStZ **82**, 42, Düss NJW **96**, 1360) auch derjenigen der Beteiligten, BGHSt **19**, 194, str, aM Kissel 77 mwN.

Nicht betroffen durch diese Vorschrift sind Aufnahmen vor und nach der Verhandlung sowie in **6** Verhandlungspausen, BVerfG NJW **95**, 185 (in Strafsachen in Abwesenheit des Angeklagten, BGH NJW **70**, 63, dazu Eb. Schmidt JZ **70**, 108), ferner überhaupt die Wortberichterstattung durch die Presse sowie Zeichen- und Bildaufnahmen, die nicht Filmaufnahmen sind, Maul MDR **70**, 286. Diese unterliegen aber der Sitzungspolizei, § 176 GVG; dabei sind einerseits der Persönlichkeitsschutz (Recht am eigenen Bilde) und die Ordnung des Gerichtsverfahrens, andererseits die Presse- und Rundfunkfreiheit unter Beachtung des Grundsatzes der Verhältnismäßigkeit gegeneinander abzuwägen, BVerfG NJW **02**, 2021, **01**, 1633, **00**, 2896 u **95**, 184 mwN. Soweit Beteiligte (nur) ihre eigenen Erklärungen durch Tonaufnahmegeräte aufzeichnen, unterliegt dies nur der Sitzungspolizei, § 176 GVG, BGHSt **10**, 207, Kissel 81.

Ein **Verstoß** gegen S 2 ist kein absoluter Revisionsgrund, § 547 Z 5, BGH NJW **89**, 1741 mwN (zu § 338 Z 6 StPO), zustm Fezer StrVert **89**, 291, abl Alwart JZ **90**, 895, Meurer JR **90**, 391, Roxin NStZ **89**, 376 mwN, vgl auch Töpper DRiZ **89**, 389.

Zur **Verfassungsmäßigkeit** der Regelung vgl BVerfG NJW **01**, 1633 mwN (dazu Hain DÖV **01**, 589, Huff, Zuck u Ernst NJW **01**, 1622–1624; Schnorr/Wissing ZRP **01**, 143); NJW **99**, 1951 u **96**, 581 (Anm Huff NJW **96**, 571); zu der Frage, ob und inwieweit **Fernsehaufnahmen** aus dem Gerichtssaal künftig zugelassen werden sollten, Dieckmann NJW **01**, 2451, Gündisch NVwZ **01**, 1004, Gehring ZRP **00**, 197 mwN, Gündisch/Dany NJW **99**, 256, Walther JZ **98**, 1145, Huff DRiZ **97**, 216 u NJW **96**, 571, Koschorrek JABl **97**, 134, Hofmann ZRP **96**, 399, Dt Richterbund DRiZ **96**, 246, Knothe/Wanckel ZRP **96**, 106, Schwarz AfP **95**, 353, Zuck DRiZ **97**, 23 u NJW **95**, 2082, R. Hamm NJW **95**, 760, Gerhardt ZRP **93**, 381 (zum Gesetzentwurf der BReg s DRiZ **97**, 320).

Für das **Bundesverfassungsgericht** gilt die von § 169 S 2 abweichende Regelung in § 17 a BVerfGG idF des Art 1 G v 16. 7. 98, BGBl 1823, dazu Zuck NJW **98**, 3030, Sendler NJW **99**, 1524. Sie ist wegen ihres Ausnahmecharakters auf andere Gerichte nicht entsprechend anzuwenden, aM Gündisch/Dany NJW **99**, 256.

3) VwGO: *Entsprechend anzuwenden,* § *55 VwGO, KoppSch Rn 2–5 (auch zur Anwendung von Art 6 I* **7** *MRK). Nicht öffentlich sind also die Verhandlungen vor dem Vorsitzenden und dem beauftragten Richter,* §§ *87 S 2, 96 II VwGO, BVerwG Buchholz 237.1 Art 86 Nr 10 mwN. Zu den Erfordernissen der Öffentlichkeit s BVerwG ZBR* **01***, 134, BayVBl* **00***, 600, DVBl* **99***, 95 mwN, VBlBW* **85***, 16, DÖV* **84***, 889, VGH Mü BayVBl* **03***, 151, zum Rügeverzicht bei Nichteinhaltung der Öffentlichkeit BVerwG LS ZBR* **01***, 134, NVwZ* **85***, 566 (dazu Kohlndorfer DVBl* **88***, 474).*

170 **Nichtöffentlichkeit in FamS.** [1] **Die Verhandlung in Familiensachen ist nicht öffentlich.** [2] **Dies gilt nicht für die Familiensachen des § 23 b Abs. 1 Satz 2 Nr. 13 und für die Familiensachen des § 23 b Abs. 1 Satz 2 Nr. 5, 6, 9 nur, soweit sie mit einer der anderen Familiensachen verhandelt werden.**

Vorbem. Neugefaßt mWv 1. 7. 98 durch Art 4 Z 4 KindRG, Einf § 606 Rn 11.

Schrifttum: *Holzhauer* ZRP **01**, 87.

1) Nichtöffentlichkeit 1

A. Grundsatz. Zum Schutz der Privatsphäre sind Verhandlungen in **FamS**, § 23 b I 2, und in **Kindschaftssachen**, § 640 II ZPO, grundsätzlich nicht öffentlich, S 1, und zwar ohne Rücksicht darauf, ob es sich bei der FamS um ein Verfahren nach ZPO oder um ein Verfahren nach FGG handelt, § 23 b Rn 2. Da der Ausschluß der Öffentlichkeit in diesen Verfahren nicht gewährleistet werden kann, soweit es sich um Übertragungsräume handelt, kommt eine **Video-Verhandlung**, § 128 a ZPO, nicht in Betracht, vgl Schultzky NJW **03**, 317. Namentlich EheS sind in nichtöffentlicher Sitzung zu verhandeln. Jedoch gilt der Grundsatz bei den bürgerlichen Rechtsstreitigkeiten des § 23 b I 2 Z 5, 6 u 9 (**Unterhalts- und Güterrechtsstreitigkeiten**) nur insoweit, als sie mit einer anderen FamS verhandelt werden, also in Verbund mit einer ScheidungsS oder einer anderen FolgeS, § 623 ZPO. In abgetrennten FolgeS dieser Art ist danach die Verhandlung nach allgemeinen Grundsätzen öffentlich. Auch in FamS und Kindschaftssachen ist die Urteilsverkündung stets öffentlich, § 173; dies gilt nicht für Beschlüsse, auch wenn es sich um Endentscheidungen, § 621 e ZPO, handelt.

GVG §§ 170–171b

2 **B. Wirkung.** An der Verhandlung dürfen nur diejenigen Personen teilnehmen, deren Anwesenheit aufgrund ihrer Stellung im Verfahren oder aufgrund besonderer Vorschrift notwendig und erlaubt ist. Andere Personen können nur nach § 175 II zugelassen werden. Teilnahmeberechtigt sind: **a)** Die Verfahrensbeteiligten und ihre gesetzlichen Vertreter. Verfahrensbeteiligte sind nicht nur die eigentlichen Prozeßparteien, sondern auch Drittbeteiligte, zB Nebenintervenienten und Beigeladene im Kindschaftsverfahren sowie sonstige Beteiligte in FamS, zB ein Versorgungsträger, das Jugendamt usw. Diese sonstigen Beteiligten dürfen an der Verhandlung aber nur insoweit teilnehmen, als die betreffende FamS (mit)verhandelt wird, vgl § 624 IV ZPO, Kissel 7. Nicht beteiligt am Verfahren sind Pflegeeltern, doch sollte ihnen die Anwesenheit in dem das Kind betr Verfahren bzw Verfahrensteil gestattet werden, § 175 II, Schlesw SchlHA **83**, 31. **b)** Die Prozeßbevollmächtigten der Verfahrensbeteiligten, auch wenn sie nicht postulationsfähig sind, zB ein auswärtiger Verkehrsanwalt, Kblz RR **87**, 509 (zustm Bosch FamRZ **87**, 404), Bauer/Fröhlich FamRZ **83**, 122 zu Hamm FamRZ **82**, 1094 m abl Anm Bosch. Ferner Beistände der Verfahrensbeteiligten, zB nach § 625 ZPO, oder eines Zeugen, BVerfG NJW **75**, 103, während dessen Anwesenheit. **c)** Der Staatsanwalt, wenn er bei Scheidung ausländischer Ehegatten oder in Kindschaftssachen mitwirkt. **d)** Zeugen, Sachverständige usw, solange sie als solche vom Gericht benötigt werden. **e)** Dienstaufsichtführende nach § 175 III.

3 **C. Rechtsbehelf.** Die Nichtzulassung zur Verhandlung unterliegt keinem Rechtsbehelf, § 176 Rn 6. Dies gilt auch für den Ausschluß der in Rn 2 Genannten, Kblz RR **87**, 509 (krit Bosch FamRZ **87**, 404), während für ihre Entfernung aus dem Saal wegen Ungehorsams, § 177, entspr § 181 die Beschwerde gegeben ist, § 177 Rn 4.

4 **2) Verstoß.** § 170 ist zwingendes Recht, Köln RR **86**, 560. Seine Verletzung, dh die Teilnahme eines Unbefugten, ist ein unbedingter Revisionsgrund, § 547 Z 5 ZPO, bzw ein schwerer Verfahrensmangel, § 538 ZPO, der auch in der Berufungsinstanz die Zurückverweisung rechtfertigt, wenn Anhaltspunkte dafür bestehen, daß der Verstoß die Wahrheitsfindung beeinträchtigt oder das Vorbringen einer Partei beschnitten hat, Köln FamRZ **98**, 696.

171

(aufgehoben mWv 1. 1. 92 durch Art 2 Z 3 BtG; betrifft Entmündigungssachen, s 49. Aufl)

171a

Unterbringungssachen. Die Öffentlichkeit kann für die Hauptverhandlung oder für einen Teil davon ausgeschlossen werden, wenn das Verfahren die Unterbringung des Beschuldigten in einem psychiatrischen Krankenhaus oder einer Entziehungsanstalt, allein oder neben einer Strafe, zum Gegenstand hat.

Vorbem. Fassung des Art 3 Z 4 StVollzÄndG v 20. 12. 84, BGBl 1654; dazu Böhm NJW **85**, 1813, Jung JuS **85**, 248.

1 **VwGO:** *Die für Strafsachen geltende Vorschrift ist entsprechend anzuwenden, § 55 VwGO, sofern es im VerwProzeß um die Unterbringung oder Verwahrung in einer der in § 171a genannten Anstalten geht, RedOe § 55 Anm 2.*

171b

Schutz von Persönlichkeitsrechten. ¹¹ Die Öffentlichkeit kann ausgeschlossen werden, soweit Umstände aus dem persönlichen Lebensbereich eines Prozeßbeteiligten, Zeugen oder durch eine rechtswidrige Tat (§ 11 Abs. 1 Nr. 5 des Strafgesetzbuches) Verletzten zur Sprache kommen, deren öffentliche Erörterung schutzwürdige Interessen verletzen würde, soweit nicht das Interesse an der öffentlichen Erörterung dieser Umstände überwiegt. ²Dies gilt nicht, soweit die Personen, deren Lebensbereiche betroffen sind, in der Hauptverhandlung dem Ausschluß der Öffentlichkeit widersprechen.

II Die Öffentlichkeit ist auszuschließen, wenn die Voraussetzungen des Absatzes 1 Satz 1 vorliegen und der Ausschluß von der Person, deren Lebensbereich betroffen ist, beantragt wird.

III Die Entscheidungen nach den Absätzen 1 und 2 sind unanfechtbar.

Vorbem. § 171 b ist in der **Arbeitsgerichtsbarkeit** entspr anzuwenden, § 52 S 2 ArbGG.

Schrifttum: *Fenger* NJW **00**, 851 (Arzthaftpflichtsachen); *Odersky*, F Pfeiffer, 1988, S 328; *Rieß/Hilger* NStZ **87**, 145, 207; *Weigend* NJW **87**, 1172.

1 **1) Allgemeines.** Der Ausschluß der Öffentlichkeit zum Schutz des persönlichen Lebensbereichs war früher in § 172 Z 2 mitgeregelt. Das Opferschutzgesetz hat diese Regelung verselbständigt und den Schutz verstärkt, weil die eigentlich als Schutz der Prozeßbeteiligten gedachten Öffentlichkeit nicht selten zu einer Gefährdung durch Bloßstellung wurde, vgl BGH NJW **92**, 2436. Die Vorschrift ist auf das Strafverfahren zugeschnitten, vgl I 2, gilt aber für den ganzen Bereich des GVG und in der Arbeitsgerichtsbarkeit, § 52 S 2 ArbGG, sowie kraft Verweisung in den öff-rechtlichen Gerichtsbarkeiten, §§ 55 VwGO, 52 I FGO und 61 I SGG. Art 6 MRK steht als ältere Vorschrift der Neuregelung nicht entgegen, Wolf § 25 III 2 a, Schumann F Schwab, 1990, S 457.

2 **2) Voraussetzungen**
A. Geschützter Personenkreis. Ein Ausschluß der Öffentlichkeit ist zulässig, wenn Umstände aus dem persönlichen Lebensbereich folgender Personen zur Sprache kommen: **a) Prozeßbeteiligte,** also Parteien, Nebenintervenienten, Beigeladene in KindschaftsS, Drittbeteiligte in FamS usw; **b) Zeugen,** also Personen, die als Zeugen in Betracht kommen, Kleinknecht 2, Kissel 2, Mertens NJW **80**, 2687, nicht nur derjenige,

14. Titel. Öffentlichkeit und Sitzungspolizei   §§ 171b, 172 GVG

der in dem Verf tatsächlich als Zeuge vernommen wird, str, aM Sieg NJW **80**, 379 u **81**, 963 mwN; **c) Verletzte** durch eine rechtswidrige Tat (§ 11 I Z 5 StGB), nicht dagegen sonst Geschädigter; darauf, daß der Verletzte an dem Verf beteiligt ist, kommt es nicht an.

B. Sachliche Voraussetzungen. Es muß sich um die Erörterung von Umständen aus dem **persönlichen Lebensbereich** einer der unter A genannten Personen handeln, nicht um Umstände aus deren Berufs- und Erwerbsleben, vgl § 172 Z 2. Gemeint sind Vorgänge aus dem einem Dritten nicht zugänglichen und Schutz vor dem Einblick Außenstehender verdienenden privaten Bereich, BGH NJW **82**, 59; sie können persönliche, gesundheitliche, weltanschauliche oder familiäre Verhältnisse betreffen. Als Faustregel kann gelten, daß es Tatsachen sein müssen, nach denen üblicherweise in Sozialleben nicht gefragt wird und die im Privatbereich nicht spontan mitgeteilt werden, Rieß/Hilger NStZ **87**, 150. Die öff Erörterung solcher Umstände muß **schutzwürdige Interessen** verletzen. Daß sie dem Betroffenen peinlich ist, genügt nicht. Vielmehr muß die öff Erörterung darüber hinausgehende Nachteile für ihn haben, ihn also bloßstellen oder sein Ansehen herabwürdigen oder auch seine Ehe oder seine berufliche Stellung gefährden. Die Interessen des Betroffenen sind aber auch dann nicht schutzwürdig, wenn er selbst die Tatsachen in die Öffentlichkeit gebracht oder die Privatsphäre eines anderen zum Gegenstand einer öff Auseinandersetzung gemacht hat, Kleinknecht 4.

3) Ausschluß der Öffentlichkeit. A. Interessenabwägung. a) Allgemeines. Das Gericht hat die Interessen des Betroffenen und das Interesse an einer öff Erörterung der Umstände aus dem Privatbereich gegeneinander abzuwägen. Dabei hindert nur ein überwiegendes öff Interesse den Ausschluß; bei gleichwertigen Interessen muß die Öffentlichkeit (vorbehaltlich des Widerspruchs, unten b) ausgeschlossen werden. Als Faustregel kann gelten, daß das öff Interesse desto mehr zurücktreten muß, als sich die Erörterung dem innersten Kernbereich der Privatsphäre nähert, Kleinknecht 5. Bei der Abwägung hat das Gericht einen Beurteilungsspielraum. **b) Ausnahme, I 2.** Auch bei nicht überwiegendem öff Interesse darf die Öffentlichkeit nicht ausgeschlossen werden, soweit die betroffenen Personen in der Hauptverhandlung dem Ausschluß der Öffentlichkeit widersprechen. Diese Bestimmung ist auf das Strafverfahren zugeschnitten. Sie muß aber auch in anderen Verf gelten, weil auch hier zB ein Zeuge ein schützenswürdiges Interesse daran haben kann, daß der Vorgang in der Öffentlichkeit behandelt wird, vgl Weigend NJW **87**, 1172. Der Widerspruch ist in der mündl Verh zu erklären; er ist nur dann verbindlich, wenn er von allen Betroffenen erhoben wird, Rieß/Hilger NStZ **87**, 208, steht aber einem Ausschluß nach § 172 nicht entgegen, BGH NJW **92**, 2436. Widerspricht nur einer von mehreren Betroffenen oder widersprechen alle außerhalb der mündl Verh, so hat das Gericht diese Erklärungen bei der Abwägung ohne Bindung an sie zu würdigen. Für den Widerspruch besteht kein Anwaltszwang.

B. Verfahren. a) Allgemeines. Über den Ausschluß der Öffentlichkeit, der idR auf einen bestimmten Verfahrensabschnitt zu beschränken ist („soweit") und nur ausnahmsweise für die gesamte Beweisaufnahme angeordnet werden darf, BGH NStZ **89**, 483 (dazu Frommel StrVert **90**, 10), hat das Gericht von Amts wegen nach pflichtgemäßem Ermessen zu entscheiden, kann also davon absehen, auch wenn die Voraussetzungen erfüllt sind. Beantragt jedoch in diesem Fall jemand, dessen Lebensbereich betroffen ist, den Ausschluß, so muß das Gericht die Öffentlichkeit ausschließen, **II**. Für den Antrag besteht kein Anwaltszwang; über den Ausschluß der Öffentlichkeit ist stets in nichtöffentlicher Sitzung zu verhandeln, § 174 I. **b) Entscheidung.** Sie ergeht durch Beschluß nach Anhörung der von ihr Betroffenen, also zB auch des Verletzten oder einer als Zeuge in Frage kommenden Person, deren Lebensbereich betroffen ist. Der Beschluß ist öffentlich zu verkünden, § 174 I, und zu begründen, § 174 I 3; zur Bezugnahme auf einen in öff Verhandlung gestellten Antrag BGH NStZ **94**, 591. Wird die Öffentlichkeit für die Dauer der Vernehmung eines Zeugen ausgeschlossen, deckt der Beschluß auch eine Inaugenscheinnahme von Urkunden, deren Notwendigkeit sich unmittelbar aus der Vernehmung ergibt, BGH NStZ **88**, 190. **c) Rechtsmittel, III.** Die (negative oder positive) Entscheidung über den Ausschluß der Öffentlichkeit ist unanfechtbar. Nach dem Willen des Gesetzgebers, der das Strafverfahren im Auge hatte, soll auch die spätere Entscheidung in der Sache selbst nicht auf eine Verletzung des § 171 b gestützt werden können, BT-Drs 10/5305 S 23 u 24, vgl Rieß/Hilger NStZ **87**, 208, Weigend NJW **87**, 1172. Der gesetzgeberische Grund, dem Tatrichter für den Ausschluß der Öffentlichkeit Mut zu machen, gilt aber auch für andere Verf; deshalb wird III dahin auszulegen sein, daß ein Verstoß gegen § 171 b nicht ein Rechtsmittel begründet, also §§ 512 u 557 II ZPO anzuwenden sind, ZöGu 9, und § 547 Z 5 ZPO insoweit eingeschränkt wird. Jedoch kann ein Rechtsmittel darauf gestützt werden, daß der Beschluß über die Ausschließung nicht den Anforderungen des § 174 entspreche, BGH StrVert **90**, 10 (Anm Frommel). Ferner darf das Berufungsgericht bei der Würdigung einer Zeugenaussage in 1. Instanz berücksichtigen, daß die Öffentlichkeit hätte ausgeschlossen werden müssen.

4) Wirkungen des Ausschlusses. Sie sind dieselben wie nach § 172. Für die Urteilsverkündung gilt § 173 I mit der Einschränkung nach § 173 II. Das Gericht kann den bei der Verhandlung Anwesenden Geheimhaltung auferlegen, § 174 III; der dahingehende Beschluß ist anfechtbar, § 174 III 3. Der Ausschluss der Öffentlichkeit führt im Fall einer **Video-Verhandlung,** § 128 a ZPO, zu deren Abbruch, weil nicht gewährleistet werden kann, daß der Ausschluß in Übertragungsräumen durchgeführt werden kann, Schultzky NJW **03**, 317.

5) VwGO: *Die Vorschrift ist entsprechend anwendbar, § 55 VwGO, dazu Endemann F Zeidler, 1987, S 413.*

172 *Ausschließung der Öffentlichkeit.* **Das Gericht kann für die Verhandlung oder für einen Teil davon die Öffentlichkeit ausschließen, wenn**
1. **eine Gefährdung der Staatssicherheit, der öffentlichen Ordnung oder der Sittlichkeit zu besorgen ist,**
1 a. **eine Gefährdung des Lebens, des Leibes oder der Freiheit eines Zeugen oder einer anderen Person zu besorgen ist,**

GVG § 172 — Gerichtsverfassungsgesetz

2. ein wichtiges Geschäfts-, Betriebs-, Erfindungs- oder Steuergeheimnis zur Sprache kommt, durch dessen öffentliche Erörterung überwiegende schutzwürdige Interessen verletzt würden,
3. ein privates Geheimnis erörtert wird, dessen unbefugte Offenbarung durch den Zeugen oder Sachverständigen mit Strafe bedroht ist,
4. eine Person unter sechzehn Jahren vernommen wird.

Vorbem. Z 1 a mWv 22. 9. 92 eingefügt durch Art 4 OrgKG v 15. 7. 92, BGBl 1302 (Begr: BR-Drs 919/90; Ausschußbericht: BT-Drs 12/2720). In der **Arbeitsgerichtsbarkeit** gilt (teilweise abweichend) § 52 S 2 u 3 ArbGG; dazu GMP § 52 Rdz 14–23.

Schrifttum: *Wolf* § 25 III 2 a; *Stürner* JZ **85**, 453 (zu Z 2); *Rieß* 55. DJT I C Rdz 164–166, 1984; *Zipf* 54. DJT I C, 1982; *Kleinknecht* Festschrift Nüchterlein, 1978, S 173 ff.

1 1) Voraussetzungen
   A. Ausschluß der Öffentlichkeit aus Gründen des öffentlichen Interesses, Z 1. In allen Sachen kann das Gericht die Öffentlichkeit für die ganze Verhandlung oder einen Teil der Verhandlung auf Antrag oder von Amts wegen ausschließen **a) wegen Gefährdung der Staatssicherheit**, wenn die Preisgabe von Amtsgeheimnissen oder sonstigen Informationen zu besorgen ist, die der Sicherheit der BRep (oder eines verbündeten Staates, Art 38 ZusAbk z NTrStatut) schaden könnte, **b) wegen Gefährdung der öffentlichen Ordnung** durch die Zuhörerschaft, zB weil eine Fortsetzung von Störungen der Verhandlung durch Kundgebungen zu befürchten ist, BGH bei Kleinknecht Anm 3; **c) wegen Gefährdung der Sittlichkeit**, vgl Art 6 MRK, wenn in der Verhandlung sexuelle Vorgänge erörtert werden müssen, die geeignet sind, das Scham- und Sittlichkeitsgefühl Unbeteiligter erheblich zu verletzen, insbesondere Jugendliche sittlich zu gefährden, BGH NJW **86**, 200, zustm Böttcher JR **86**, 216.
   In allen diesen Fällen genügt eine nach objektiven Maßstäben begründete Befürchtung, daß eine Gefährdung eintreten würde. Dem Tatrichter steht bei der Wertung ein Beurteilungsspielraum zu, BGH NJW **92**, 2436 mwN; seine Entscheidung ist vom Rechtsmittelgericht deshalb nicht auf Ermessensfehler, sondern nur darauf zu prüfen, ob sie vertretbar war, BGH aaO, Düss MDR **81**, 427, Böttcher aaO. Die Verhandlung und eine etwaige Beweisaufnahme darüber geschehen idR unter Ausschluß der Öffentlichkeit, § 174 I.

2 B. Ausschluß der Öffentlichkeit aus Gründen des Personenschutzes, Z 1 a. Die Vorschrift, die durch Art 4 OrgKG eingefügt worden ist, dient in erster Linie der Bekämpfung des illegalen Rauschgifthandels und anderer Erscheinungsformen der organisierten Kriminalität. Personenschutz kann aber auch in anderen Verfahren erforderlich sein, um vollständige und wahrheitsgemäße Aussagen zu gewährleisten (vor 1992 wurde bei einer der in Z 1 a genannten Gefahren Z 1 angewendet, BGH NStZ **87**, 86 mwN, BGHSt **16**, 113). Ebenso wie in den Fällen der Z 1 genügt eine nach objektiven Maßstäben begründete Befürchtung, daß eine Gefährdung eintreten würde; bei dieser Wertung steht dem Tatrichter ein Beurteilungsspielraum zu, vgl Rn 1, wobei zum Schutz der Betroffenen eine weiterzige Anwendung geboten ist. Es genügt nicht, wenn ohne eine vergleichbare Gefahr mit einer Erschwerung der Wahrheitsfindung zu rechnen ist; zB wenn ein Zeuge erklärt, er wolle nur bei Ausschluß der Öffentlichkeit aussagen, BGH NJW **81**, 2825; dagegen dürfte ausreichen, wenn jemand mit Grund geltend macht, er werde durch eine Aussage in öff Verhandlung gesundheitliche Schäden erleiden, zB einen Herzanfall, abw BGH NStZ **87**, 86 zum bisherigen Recht. Die Verhandlung über den Ausschluß der Öffentlichkeit, unten Rn 7, sowie eine etwaige Beweisaufnahme werden fast immer unter Ausschluß der Öffentlichkeit zu geschehen haben, § 174 I. Wegen der Begründung des Ausschließungsbeschlusses s § 174 Rn 2.

3 C. Ausschluß der Öffentlichkeit zum Schutz der Privatsphäre, Z 2. Sie ist nach § 171 b sowie dann gerechtfertigt, wenn in der Verhandlung **bestimmte wichtige Geheimnisse** zur Sprache kommen, nämlich **a)** ein **Geschäfts- oder Betriebsgeheimnis**, vgl §§ 17, 19, 20 a UWG (dazu Lachmann NJW **87**, 2206), das seinen Schutz nicht durch Bekanntwerden in einem beschränkten Personenkreis verliert, RGSt **40**, 407 (Beispiele: Kalkulationen, Marktstrategien, Kundenlisten, Bilanzen, Fabrikationsdaten), oder **b)** ein **Erfindungsgeheimnis**, dh die eine (auch nicht geschützte) Erfindung betreffenden Umstände, an deren Geheimhaltung ein berechtigtes Interesse besteht, oder **c)** ein **Steuergeheimnis**, § 30 AO 1977, weil dies sonst eine Erörterung der etwa dem Finanzamt bekanntgewordenen Tatsachen in öff Verhandlung verbieten könnte, Seltmann NJW **68**, 869.
   In allen Fällen entscheidet das Gericht frei nach pflichtgemäßem Ermessen, ob der Ausschluß der Öffentlichkeit geboten ist; es wird sich dabei an die Erklärungen des Betroffenen halten und idR keinen Beweis darüber erheben. Die Verhandlung und eine etwaige Beweisaufnahme darüber geschehen regelmäßig unter Ausschluß der Öffentlichkeit, § 174 I. Bei seiner Entscheidung hat das Gericht abzuwägen: Ein Ausschluß der Öffentlichkeit ist nicht nur in Ausnahmefällen, sondern immer dann zulässig, wenn durch die öff Erörterung überwiegende schutzwürdige Interessen des Einzelnen verletzt würden, vgl § 171 b.

4 D. Ausschluß der Öffentlichkeit zum Schutz eines anvertrauten privaten Geheimnisses, Z 3. Die Verletzung von Privatgeheimnissen durch die Angehörigen bestimmter Berufsgruppen ist nach § 203 StGB und Einzelvorschriften (Anh § 172) mit Strafe bedroht. Im gerichtlichen Verfahren müssen aber solche anvertraute Geheimnisse von Zeugen und Sachverständigen uU offenbart werden, nämlich von Weigerungsberechtigten nach Entbindung von der Schweigepflicht und von anderen aufgrund der höherrangigen Aussagepflicht. In diesen Fällen soll das Anvertraute durch Ausschluß der Öffentlichkeit geschützt werden.

5 E. Ausschluß der Öffentlichkeit, wenn eine Person unter 16 Jahren vernommen wird, Z 4. Für kindliche Zeugen (oder Beteiligte) kann ein Auftreten vor zahlreichen Zuhörern eine schwere psychische Belastung darstellen.

6 F. Ausschluß der Öffentlichkeit aus anderen Gründen. Regelungen in besonderen Gesetzen bleiben unberührt. Ob die Erweiterung des Ausschlusses durch Art 6 I MRK unmittelbar geltendes Recht ist, ist str, bejahend Wolf § 25 III 2 a, verneinend BGH JZ **70**, 34: dies dürfte zutreffen, weil § 172 als die jüngere (abschließende) Regelung der MRK vorgeht, Schumann F Schwab, 1990, S 457.

14. Titel. Öffentlichkeit und Sitzungspolizei   § 172, Anh § 172 GVG

2) Verfahren. In allen Fällen steht es im pflichtgemäßen **Ermessen des Gerichts**, ob es die Öffentlich- 7
keit ausschließt, für welche Teile der Verhandlung und für welche Dauer dies geschieht, BGH NJW **86**, 200;
die Ausübung des Ermessens darf vom Revisionsgericht nur auf Fehler nachgeprüft werden, Böttcher JR **86**,
216 zu BGH aaO, Düss MDR **81**, 427. Dabei wird es auf das Gewicht der gefährdeten Interessen
ankommen, so daß der Ausschluß in den Fällen der Z 1, 1a, 2 u 4 fast immer anzuordnen sein wird. Aber
niemand hat einen Anspruch darauf, auch nicht nach Art 6 MRK, BGH JZ **70**, 34 mit Anm Eb. Schmidt,
aM Müller-Gindullis NJW **73**, 1218 mwN, Zipf JuS **73**, 350. Wegen der Bedeutung der Öffentlichkeit für
die Rechtspflege ist der Grundsatz der Verhältnismäßigkeit zu wahren: Deshalb darf kein Ausschluß angeordnet werden, wenn eine Maßnahme nach § 175 I genügt; die Dauer des Ausschlusses ist sorgfältig zu prüfen
(häufig wird ein Ausschluß für einen Teil der Verhandlung genügen); bei Wegfall des Grundes ist der
Ausschluß aufzuheben.

Stets ist eine **Verhandlung über den Ausschluß** nötig, § 174; den Ausschluß anregen kann jeder
Beteiligte, auch ein Zeuge, der sich dabei des Beistandes eines RA bedienen darf, vgl BVerfG **38**, 105. Die
Entscheidung ergeht durch Beschluß, § 174, nicht durch Entscheidung des Vorsitzenden. Der Ausschluß
endet mit der Aufhebung des Beschlusses oder dem Abschluß des Teils der Verhandlung, für den er
ausgesprochen ist, BGH StrVert **91**, 199. Der Ausschluß für die ganze Verhandlung endet von selbst vor der
Urteilsverkündung, § 173 I, ohne daß dazu ein Beschluß erforderlich ist, RG JW **26**, 2762, wenn nicht ein
Beschluß nach § 173 II ergeht. Der Ausschluß hat die **Wirkung**, daß nur die in § 170 Rn 2 genannten
Personen an der Verhandlung teilnehmen dürfen und andere Personen nur nach § 175 II zugelassen werden
können; eine **Video-Verhandlung**, § 128 a ZPO, ist abzubrechen, § 171 b Rn 6. **Geheimhaltungspflicht
bei Ausschluß**: § 174 II, III. Zu der Frage, ob ein Verstoß gegen Anordnungen nach § 172 als Hausfriedensbruch bestraft werden kann, vgl Oldb DRiZ **81**, 192 mwN.

3) Rechtsmittel. Der Beschluß über den Ausschluß ist unanfechtbar. Ein auf Verletzung von § 169 8
gestütztes Rechtsmittel, § 547 Z 5 ZPO, setzt voraus, daß der Verfahrensfehler Einfluß auf die Endentscheidung haben kann, BGH NJW **96**, 138.

4) *VwGO: Entsprechend anzuwenden, § 55 VwGO.*   9

Anhang nach § 172. Strafvorschriften wegen Verletzung von Privatgeheimnissen

1) *StGB § 203.* ¹ Wer unbefugt ein fremdes Geheimnis, namentlich ein zum persönlichen 1
Lebensbereich gehörendes Geheimnis oder ein Betriebs- oder Geschäftsgeheimnis, offenbart,
das ihm als

1. **Arzt, Zahnarzt, Tierarzt, Apotheker** oder **Angehörigen eines anderen Heilberufs**, der für die
   Berufsausübung oder die Führung der Berufsbezeichnung eine staatlich geregelte Ausbildung erfordert,
2. **Berufspsychologen** mit staatlich anerkannter wissenschaftlicher Abschlußprüfung,
3. **Rechtsanwalt, Patentanwalt, Notar, Verteidiger** in einem gesetzlich geordneten Verfahren,
   Wirtschaftsprüfer, vereidigtem Buchprüfer, Steuerberater, Steuerbevollmächtigten oder Organ oder Mitglied eines Organs einer Wirtschaftsprüfungs-, Buchprüfungs- oder Steuer-
   beratungsgesellschaft,
4. **Ehe-, Familien-, Erziehungs-** oder **Jugendberater** sowie **Berater für Suchtfragen** in einer
   Beratungsstelle, die von einer Behörde oder Körperschaft, Anstalt oder Stiftung des öffentlichen Rechts anerkannt ist,
4 a. **Mitglied** oder **Beauftragten einer anerkannten Beratungsstelle** nach den §§ 3 und 8 des
   Schwangerschaftskonfliktgesetzes,
5. staatlich anerkanntem **Sozialarbeiter** oder staatlich anerkanntem **Sozialpädagogen** oder
6. Angehörigen eines **Unternehmens der privaten Kranken-, Unfall- oder Lebensversicherung**
   oder einer **privatärztlichen Verrechnungsstelle**

anvertraut worden oder sonst bekanntgeworden ist, wird mit Freiheitsstrafe bis zu einem Jahr
oder mit Geldstrafe bestraft.

II ¹ Ebenso wird bestraft, wer unbefugt ein fremdes Geheimnis, namentlich ein zum persönlichen Lebensbereich gehörendes Geheimnis oder ein Betriebs- oder Geschäftsgeheimnis, offenbart, das ihm als

1. **Amtsträger**,
2. **für den öffentlichen Dienst besonders Verpflichteten**,
3. Person, die Aufgaben oder Befugnisse nach dem Personalvertretungsrecht wahrnimmt,
4. Mitglied eines für ein Gesetzgebungsorgan des Bundes oder eines Landes tätigen Untersu-
   chungsausschusses, sonstigen Ausschusses oder Rates, das nicht selbst Mitglied des Gesetz-
   gebungsorgans ist, oder als Hilfskraft eines solchen Ausschusses oder Rates,
5. öffentlich bestelltem **Sachverständigen**, der auf die gewissenhafte Erfüllung seiner Obliegenheiten auf Grund eines Gesetzes förmlich verpflichtet worden ist, oder
6. Person, die auf die gewissenhafte Erfüllung ihrer Geheimhaltungspflicht bei der Durchführung wissenschaftlicher Forschungsvorhaben auf Grund eines Gesetzes förmlich verpflichtet
   worden ist,

anvertraut worden oder sonst bekanntgeworden ist. ² Einem Geheimnis im Sinne des Satzes 1
stehen Einzelangaben über persönliche oder sachliche Verhältnisse eines anderen gleich, die für
Aufgaben der öffentlichen Verwaltung erfaßt worden sind; Satz 1 ist jedoch nicht anzuwenden,
soweit solche Einzelangaben anderen Behörden oder sonstigen Stellen für Aufgaben der öffentlichen Verwaltung bekanntgegeben werden und das Gesetz dies nicht untersagt.

III ¹ Den in Absatz 1 Genannten stehen ihre berufsmäßig tätigen Gehilfen und die Personen gleich, die bei ihnen zur Vorbereitung auf den Beruf tätig sind. ² Den in Absatz 1 und den in Satz 1 Genannten steht nach dem Tode des zur Wahrung des Geheimnisses Verpflichteten ferner gleich, wer das Geheimnis von dem Verstorbenen oder aus dessen Nachlaß erlangt hat.

IV Die Absätze 1 bis 3 sind auch anzuwenden, wenn der Täter das fremde Geheimnis nach dem Tode des Betroffenen unbefugt offenbart.

V Handelt der Täter gegen Entgelt oder in der Absicht, sich oder einen anderen zu bereichern oder einen anderen zu schädigen, so ist die Strafe Freiheitsstrafe bis zu zwei Jahren oder Geldstrafe.

II 1 Z 6 mWv 1. 11. 00 eingefügt durch Art 3 StVÄG v 2. 8. 00, BGBl 1253, Strafbarkeit der Verwertung: § 204. Wegen des Antragserfordernisses vgl § 205 StGB.

2   **2) Weitere Vorschriften.** Zu nennen sind namentlich § 110 BPersVG (Personen, die Aufgaben oder Befugnisse nach dem Personalvertretungsrecht wahrnehmen), §§ 26 VII u 52 SchwbG idF v 26. 8. 86, BGBl 1421 (Vertrauensmann und sonstige Personen nach §§ 24 ff SchwbG sowie bei der Durchführung des Gesetzes Tätige).

173 *Urteilsverkündung.*

¹ Die Verkündung des Urteils erfolgt in jedem Falle öffentlich.

II Durch einen besonderen Beschluß des Gerichts kann unter den Voraussetzungen der §§ 171 b und 172 auch für die Verkündung der Urteilsgründe oder eines Teiles davon die Öffentlichkeit ausgeschlossen werden.

Vorbem. § 173 gilt in der **Arbeitsgerichtsbarkeit** entspr, § 52 S 4 ArbGG.

1   **1) Erläuterung.** Das Urteil ist ausnahmslos öffentlich zu verkünden, nicht aber Beschlüsse, auch wenn es sich um Entscheidungen handelt. Das Sitzungsprotokoll muß die Wiederherstellung der Öffentlichkeit ergeben. Sie muß tatsächlich stattgefunden haben, ob mit oder ohne Gerichtsbeschluß, ist gleich, Recht **25**, 1766. Ein Verzicht ist unzulässig, ein Verstoß jedenfalls im isolierten Verkündungstermin § 310 II ZPO, jedoch kein unbedingter RevGrund, § 547 Z 5 ZPO, Üb § 169 Rn 2, aM BGHSt **4**, 281 (zu § 338 Z 6 StPO). Zulässig ist die Nachholung einer ordnungsmäßigen Verkündung. Der besondere Beschluß nach II darf nur auf erneute Verhandlung über die Ausschließung ergehen; er ist aus allen in den §§ 171 b und 172 genannten Ausschließungsgründen zulässig. Seine Verbindung mit dem erstmaligen Beschluß ist unstatthaft. Eine **Video-Verhandlung**, § 128 a ZPO, ist abzubrechen, § 171 b Rn 6.

2   **2) VwGO:** *Entsprechend anzuwenden, § 55 VwGO.*

174 *Verhandlung über Ausschließung der Öffentlichkeit.*

I ¹ Über die Ausschließung der Öffentlichkeit ist in nicht öffentlicher Sitzung zu verhandeln, wenn ein Beteiligter es beantragt oder das Gericht es für angemessen erachtet. ² Der Beschluß, der die Öffentlichkeit ausschließt, muß öffentlich verkündet werden; er kann in nicht öffentlicher Sitzung verkündet werden, wenn zu befürchten ist, daß seine öffentliche Verkündung eine erhebliche Störung der Ordnung in der Sitzung zur Folge haben würde. ³ Bei der Verkündung ist in den Fällen der §§ 171 b, 172 und 173 anzugeben, aus welchem Grund die Öffentlichkeit ausgeschlossen worden ist.

II Soweit die Öffentlichkeit wegen Gefährdung der Staatssicherheit ausgeschlossen wird, dürfen Presse, Rundfunk und Fernsehen keine Berichte über die Verhandlung und den Inhalt eines die Sache betreffenden amtlichen Schriftstücks veröffentlichen.

III ¹ Ist die Öffentlichkeit wegen Gefährdung der Staatssicherheit oder aus den in §§ 171 b und 172 Nr. 2 und 3 bezeichneten Gründen ausgeschlossen, so kann das Gericht den anwesenden Personen die Geheimhaltung von Tatsachen, die durch die Verhandlung oder durch ein die Sache betreffendes amtliches Schriftstück zu ihrer Kenntnis gelangen, zur Pflicht machen. ² Der Beschluß ist in das Sitzungsprotokoll aufzunehmen. ³ Er ist anfechtbar. ⁴ Die Beschwerde hat keine aufschiebende Wirkung.

Vorbem. § 174 gilt in der **Arbeitsgerichtsbarkeit** entspr, § 52 S 4 ArbGG.

1   **1) Verhandlung und Entscheidung, I**

A. Verhandlung, I 1. Über die Ausschließung der Öffentlichkeit ist zu verhandeln, dh die Beteiligten müssen Gelegenheit zur Äußerung haben, RGSt **57**, 26, wobei sich auch Zeugen des Beistandes eines RA bedienen können, vgl BVerfG **38**, 105. Die Nichtanhörung der Prozeßbeteiligten oder eines betroffenen Zeugen ist aber kein unbedingter Revisionsgrund, BGH **LM** Nr 3. Die Verhandlung muß nichtöffentlich sein, wenn auch nur ein Beteiligter es beantragt oder das Gericht nach freiem, nicht nachprüfbarem Ermessen für richtig hält, I 1. Eine **Video-Verhandlung**, § 128 a ZPO, ist abzubrechen, § 171 b Rn 6. Bei erneuter Vernehmung eines Zeugen während derselben Verhandlung ist über den Ausschluß der Öffentlichkeit erneut zu verhandeln und zu beschließen, BGH GoltdArch **81**, 320.

2   **B. Entscheidung.** Der Beschluß ist öffentlich zu verkünden, **I 2 (1. Halbs)**, und zwar auch dann, wenn die Öffentlichkeit nach zunächst nur vorübergehendem Ausschluß weiterhin ausgeschlossen wird, BGH NJW **80**, 2088. Ausnahmsweise findet keine öffentliche Verkündung statt, wenn zu befürchten ist, daß die Verkündung eine erhebliche Störung der Ordnung in der Sitzung (nicht in sonstiger Hinsicht) zur Folge haben würde, **I 2 (2. Halbs)**.

14. Titel. Öffentlichkeit und Sitzungspolizei §§ 174, 175 GVG

In dem Beschluß ist der **Grund der Ausschließung** mit ausreichender Bestimmtheit anzugeben, **I 3**, BGH NJW **99**, 3060 mwN, BVerwG NJW **83**, 2155, und diese Begründung zu protokollieren, § 160 III Z 7; sonst ist die Beobachtung der Form nicht nachweisbar, BVerwG aaO. Grundsätzlich gilt dies auch dann, wenn der Ausschlußgrund für Beteiligte und Zuhörer auf der Hand liegt, BGH NJW **99**, 3060 mwN, jedoch kann unter besonderen Umständen in einem solchen Fall ausnahmsweise eine Begründung entbehrlich sein, BGH aaO (krit Gössel NStZ **00**, 181). Zur Begründung genügt bei § 172 Z 1 a, BGH NJW **95**, 3195, und bei § 172 Z 4 der Hinweis auf diese Vorschrift, BGH **77**, 964, und bei einem Ausschluß nach § 171 b oder § 172 die Wiedergabe des Wortlauts der Vorschrift, ggf sogar die Angabe der Gesetzesstelle, BGH NJW **86**, 200 mwN (wenn sie nicht mehrere Alternativen aufweist, BGH NStZ **88**, 20 mwN, zB § 172 Z 1 u 2), zustm Böttcher JR **86**, 216; es genügt in diesen Fällen auch, daß der Ausschließungsgrund durch den sich aus dem Beschluß ergebenden Hinweis auf den Verfahrensabschnitt zweifelsfrei erkennbar ist, BGH NStZ **99**, 92. Die den Grund unzweifelhaft klarstellende, ausdrückliche Bezugnahme auf einen in derselben Verhandlung vorangegangenen Beschluß reicht aus, BGH NJW **82**, 948 mwN. Die Zurückweisung eines Antrages auf Wiederherstellung der Öffentlichkeit bedarf nicht der Form des I 3, BGH GoltdArch **83**, 361.

Das Fehlen der erforderlichen Gründe ist ein unheilbarer Verfahrensverstoß, BGHSt **2**, 56, stRspr, krit Miebach DRiZ **77**, 271. Wegen der Lückenhaftigkeit des Protokolls vgl § 165 ZPO Rn 5.

Der Beschluß ist nicht nur im Fall des § 171 b, sondern stets unanfechtbar, auch für einen davon betroffenen Zeugen, str. Außerhalb des Bereichs des § 171 b, s dort Rn 5, ist ein fehlerhafter Ausschluß der Öffentlichkeit ein unbedingter Revisionsgrund, § 547 Z 5 ZPO, und rechtfertigt eine fehlerhafte Zulassung der Öffentlichkeit eine Verfahrensrüge, wenn das Urteil darauf beruht. Derjenige Beteiligte, dessen Verf bei verbundenen Verf vom Verstoß nicht berührt wird, darf sich aber nicht darauf berufen, BVerwG Rpfleger **83**, 117.

2) **Veröffentlichungsverbot, II.** Bei Ausschließung wegen Gefährdung der Staatssicherheit, § 172 Z 1, **3** besteht für die Massenmedien ein absolutes Verbot, Berichte über die Verhandlung und den Inhalt eines die Sache betreffenden amtlichen Schriftstücks, zB der Anklageschrift, zu veröffentlichen. Eine darüber hinausgehende Geheimhaltungspflicht besteht nur nach III. Der Verstoß ist mit Strafe bedroht, § 353 d Z 1 StGB.

3) **Geheimhaltungspflicht, III.** Das Gericht kann sie nur den anwesenden Personen (auch Parteien u **4** Anwälten, vgl Leppin GRUR **84**, 697) nur bei Ausschließung wegen Gefährdung der Staatssicherheit, § 172 Z 1, oder wegen der Gefährdung der Privatsphäre oder eines privaten Geheimnisses, §§ 171 b und 172 Z 2 u 3, auferlegen (dazu Stadler NJW **89**, 1202, Lachmann NJW **87**, 2208, Stürner JZ **85**, 453), nicht also bei Ausschließung wegen der öff Ordnung oder der Sittlichkeit, § 172 Z 1, oder wegen der Vernehmung einer Person unter 16 Jahren, § 172 Z 4, und auch nicht wegen Vernehmung einer Person, § 172 Z 1 a, was angesichts des Schutzzweckes schwer verständlich ist (zu den Anforderungen an einen wirksamen Zeugenschutz de lege ferenda vgl Steinke ZRP **93**, 253). Zu entscheiden ist über die Auferlegung der Geheimhaltungspflicht nach pflichtgemäßem Ermessen unter Abwägung aller in Betracht kommenden Interessen. Der Verpflichtungsbeschluß ist ins Sitzungsprotokoll aufzunehmen, § 160 III Z 6 ZPO; ein Verstoß hiergegen nimmt dem Beschluß die Wirksamkeit. Gegen ihn ist auch im Fall des § 171 b die Beschwerde (ohne aufschiebende Wirkung) gegeben, soweit nach der jeweiligen Verfahrensordnung eine Beschwerde statthaft ist. Im Zivilverfahren nicht gegen Beschlüsse eines OLG. Ergeht ein Geheimhaltungsbeschluß, so hindert er die Mitteilung der Tatsachen an alle Nichtanwesenden, auch an einen am Rechtsstreit Beteiligten. Dies gilt jedoch nicht für die Unterrichtung einer Partei durch ihren Prozeßvertreter, MüKoWo 14, aM MüKoMu § 357 ZPO Rn 6, Lukas GRUR **84**, 697; in diesem Fall gilt die Geheimhaltungspflicht auch für die Partei. Der Verstoß gegen die Geheimhaltungspflicht ist mit Strafe bedroht, § 353 d Z 2 StGB. **Gebühren:** Gericht keine, RA § 118 BRAGO.

4) *VwGO:* Entsprechend anzuwenden, § 55 VwGO. Die Beschwerde, III 3, nach § 146 VwGO findet nur gegen **5** Beschlüsse des VG statt.

175 Beschränkung des Zutritts.

I Der Zutritt zu öffentlichen Verhandlungen kann unerwachsenen und solchen Personen versagt werden, die in einer der Würde des Gerichts nicht entsprechenden Weise erscheinen.

II 1 Zu nicht öffentlichen Verhandlungen kann der Zutritt einzelnen Personen vom Gericht gestattet werden. 2 In Strafsachen soll dem Verletzten der Zutritt gestattet werden. 3 Einer Anhörung der Beteiligten bedarf es nicht.

III Die Ausschließung der Öffentlichkeit steht der Anwesenheit der die Dienstaufsicht führenden Beamten der Justizverwaltung bei den Verhandlungen vor dem erkennenden Gericht nicht entgegen.

Vorbem. § 175 gilt in der **Arbeitsgerichtsbarkeit** entspr, § 52 S 4 ArbGG.

1) **Allgemeines. § 175 betrifft nur die Wahrung der Öffentlichkeit.** Eine Zurückweisung der **1** Parteien ist nicht zu; für sie gelten § 177 GVG u § 158 ZPO oder Ordnungsmittel u § 178.

2) **Verwehrung des Zutritts, I.** Der Vorsitzende darf nach freiem, nicht nachprüfbarem Ermessen **2** unerwachsenen oder unangemessen auftretenden Personen den Zutritt verwehren. Dafür, daß jemand unerwachsen ist, bietet der äußere Eindruck einen Anhalt, RGSt **47**, 375. Das Gericht hat dann die Frage des Alters zu klären. Alle Personen, die mindestens 18 Jahre alt sind, sind nicht unerwachsen. Der Würde des Gerichts widerspricht zB die Anwesenheit Betrunkener, schmutzig Gekleideter oder Verwahrloster, Kissel 7, Katholnigg 1.

3) **Gestattung des Zutritts, II.** Das Gericht (nicht der Vorsitzende) kann einzelnen Personen nach ganz **3** freiem Ermessen durch Beschluß den Zutritt zu einer nichtöffentlichen Verhandlung gestatten (in Strafsachen gilt außerdem II 2). Dies kann auch stillschweigend geschehen, zB gegenüber wartenden RAen.

GVG §§ 175, 176

4 **4) Recht des Zutritts, III.** Dienstaufsichtspersonen haben unbedingten Zutritt zu allen nichtöffentlichen Verhandlungen, auch zu denjenigen, die kraft Gesetzes nicht öffentlich sind, Kissel 19. Wegen der Frage, wer zu diesen Personen gehört, s Anh § 21.

5 **5) Rechtsbehelf.** Gegen Maßnahmen des Vorsitzenden bzw des Gerichts gibt es kein Rechtsmittel, vgl § 170 Rn 3 und § 176 Rn 6.

6 **6) VwGO:** *Entsprechend anzuwenden, § 55 VwGO.*

176 Sitzungspolizei. Die Aufrechterhaltung der Ordnung in der Sitzung obliegt dem Vorsitzenden.

Vorbem. § 176 gilt entspr in der **Arbeitsgerichtsbarkeit**, § 9 II ArbGG.

Schrifttum: *Greiser/Artkämper*, Die „gestörte" Hauptverhandlung, 2. Aufl 1997; *Kramer*, Die Zurückweisung von RAen und deren zwangsweise Entfernung aus dem Sitzungssaal, Diss 2000; *Scheuerle*, Festschrift Baur, 1981, S 595–613; *ders*, Vierzehn Tugenden für Vorsitzende Richter, 1983; *Roxin*, Festschrift K. Peters, 1974.

1 **1) Sitzung.** Über die Ordnungsgewalt (Sitzungspolizei) im allgemeinen s Üb § 169 Rn 3; § 176 ist verfassungsgemäß, BVerfG NJW 96, 310 u 95, 184. Sitzung bedeutet hier eine beliebige Verhandlung an beliebigem Ort, RGSt 47, 322, also auch die Ortsbesichtigung, Kissel 12. Die Sitzung beginnt mit der Bereitschaft des Gerichts zur amtlichen Tätigkeit, auch ohne Aufruf; sie endet mit ihrer Aufhebung durch den Vorsitzenden, Kissel 8 u 9, BVerfG NJW 96, 310, Hbg NJW 99, 2607 mwN. Zur Sitzung gehören auch die Beratung und eine Pause, falls das Gericht, wenn auch im Beratungszimmer, versammelt bleibt.

Im Fall einer **Video-Verhandlung**, § 128a ZPO, ist der Vorsitzende befugt, sitzungspolizeiliche Maßnahmen auch gegenüber den zugeschalteten Personen zu treffen, Schultzky NJW 03, 316, str. Zwangsmaßnahmen scheiden aus, soweit es sich um private Übertragungsräume handelt und dort kein Justizbeamter anwesend ist (was das Gericht anordnen darf), Schultzky aaO.

2 **2) Ordnungsgewalt des Vorsitzenden.** „Vorsitzender" ist auch der Einzelrichter, ebenso der verordnete Richter und im Rahmen seiner Befugnisse, § 4 RPflG, der eine Verhandlung leitende Rechtspfleger, ZöGu 1, Köln DRpflZ 90, 6. Nur der Vorsitzende übt in der Sitzung die Ordnungsgewalt aus; andere, wie RAe oder der Staatsanwalt, können nur Anregungen geben. Ausübung nach pflichtgemäßem Ermessen. Der Vorsitzende, der nicht für Ordnung sorgt, schädigt das Ansehen der Rechtspflege: wird die unbeeinflußte Wahrheitsfindung beeinträchtigt, muß er eingreifen, BGH NJW 62, 260, Zweibr DRiZ 88, 21 (krit zum Einzelfall Rudolph DRiZ 88, 155), Roxin S 407. Die Ordnungsgewalt erstreckt sich räumlich auf den Sitzungsraum, dessen Zugänge und die angrenzenden Räume, von denen Störungen ausgehen können, zB den Flur, BGH NJW 98, 1420 mwN, Stgt Just 93, 147 mwN, aM Kissel 10. Die Ordnung besteht in der Sicherung des ungestörten und würdigen Verlaufs der Sitzung, wozu auch der Schutz der Verfahrensbeteiligten, Rn 3, insbesondere der Zeugen gehört, BGH aaO. Ob sie gestört ist, entscheidet der Vorsitzende, der dabei sowohl übergroße Empfindlichkeit als auch Laxheit vermeiden sollte; zu weit geht Karlsr NJW 77, 311 (Maßnahme gegen einen an der Verhandlung nicht beteiligten StA wegen seiner Kleidung), zutr E. Schneider JB 77, 770. Zeitlich dauert die Ordnungsgewalt des Vorsitzenden bis zum tatsächlichen Ende der Verhandlung, also nach ihrer förmlichen Schließung bis zum Verlassen des Sitzungssaales (und der angrenzenden Räume, zB des Flurs) durch alle Verhandlungsbeteiligten, Rn 3.

Nichts mit der Ordnungsgewalt des Vorsitzenden zu tun haben Maßnahmen der Verwaltung aufgrund ihres Hausrechts; zu ihrer Zulässigkeit OVG Schlesw NJW 94, 340 mwN gg VGH Mü BayVBl 80, 723 m krit Anm Gerhardt BayVBl 80, 724. Das Hausrecht tritt aber hinter die Ordnungsgewalt des Vorsitzenden zurück, BGH NJW 72, 1144 (zustm Stürner JZ 72, 665), Celle DRiZ 79, 376, so daß der Hausrechtsinhaber nur außerhalb dieses Bereichs eingreifen darf (und ggf muß), Kissel 4 u 5.

3 **3) Einzelheiten. Der Ordnungsgewalt des Vorsitzenden unterliegen alle anwesenden Personen:** Parteien, Zeugen, Sachverständige, RAe, Richter, Staatsanwalt, Protokollführer, Zuhörer; sie erstreckt sich auf alle Räumlichkeiten, in denen oder von denen aus Störungen erfolgen können, vgl BVerfG NJW 96, 310, aM Kissel 10. Das Gericht hat nicht mitzureden, der Fall des § 176 ist von dem des § 177 zu sondern; freilich kann das Verhalten eines Störers unter beide Vorschriften fallen. Welche Mittel der Vorsitzende gebraucht, steht in seinem **pflichtgemäßen Ermessen**, BVerfG NJW 96, 310; eine Pflicht zum Handeln zum Schutz von Personen besteht nur dann, wenn konkrete Anhaltspunkte für eine Gewalttat bestehen, Köln RR 98, 1141 mwN. Jedes zur Erreichung des Zwecks geeignete Mittel steht ihm zu Gebote, soweit es nicht §§ 177ff der Gericht vorbehalten, vgl BVerfG NJW 98, 297. Besonnenheit und Klugheit müssen dem Vorsitzenden das Maß des Nötigen zeigen; oft hilft schon eine Unterbrechung der Sitzung.

4 **Zulässige Mittel** sind zB Räumung des Zuhörerraums (dabei ist aber anderen Zuhörern wegen § 169 der Zutritt zu gestatten) oder auch Aufhebung der Sitzung (eine unnötige Aufhebung verletzt die Amtspflicht). Zulässig ist auch das Gebot an den Störer, den Saal zu verlassen (zwangsweise Entfernung nach § 177, BGH NJW 72, 1144, zustm Stürner JZ 72, 666). Weitere zulässige Mittel: Rügen und Ermahnungen, etwa zur Sachlichkeit, Hamm RR 90, 1405; Entziehung des Wortes; Zurückweisung des RA, der entgegen gesetzlicher Vorschrift oder Gewohnheitsrecht ohne Robe auftritt, BVerfG 28, 21, BGHSt 27, 34, BayerVerfGH BayVBl 72, 337, Brschw NJW 95, 2113 mwN, Zuck NJW 97, 2092, Eylmann AnwBl 96, 190 u Braun BRAK-Mitt 96, 181 (inwieweit diese Rspr im Hinblick auf § 59b II Z 6c BRAO iVm § 20 BO aufrechterhalten werden kann, ist zweifelhaft, Hartung/Holl § 20 BO Rn 34ff, Kleine-Cosack NJW 97, 1260); Fotografierverbot (auch für die Presse), BVerfG NJW 96, 310, Beschlagnahme eines Films, BGH NJW 98, 1234; zur Beschränkung von Fernsehaufnahmen außerhalb der Verhandlung s § 169 Rn 6. Ferner sind vorbeugende Maßnahmen zulässig, wenn Störungen der Sitzung zu befürchten sind: Durchsuchung von Personen und andere Kontrollen, auch in den dem Gerichtssaal vorgelagerten Räumlichkeiten, BVerfG NJW 98, 297 (krit Staff JR 98, 406), BGH MDR 79, 589 u 77, 155, Hbg MDR 92, 799; Hinzuziehung von zwei

14. Titel. Öffentlichkeit und Sitzungspolizei §§ 176, 177 GVG

Polizeibeamten in Zivil, Molketin MDR **84**, 20; Postierung eines Polizeibeamten mit Funksprechgerät im Gerichtssaal, Schlesw MDR **77**, 775; die Anordnung zum Einnehmen bestimmter Plätze. Der Vorsitzende darf (und muß ggf) auch den äußeren Rahmen einer Zeugenvernehmung gestalten, insbesondere Maßnahmen zum Schutz eines Zeugen ergreifen, Rebmann/Schnarr NJW **89**, 1188 mwN, zB einen im Gerichtsflur aufgenommenen Film beschlagnahmen, BGH NJW **98**, 1420.

Die **Überschreitung des pflichtgemäßen Ermessens** kann die Ablehnung des Richters rechtfertigen, 5 Molketin MDR **84**, 20. Sie verletzt in vielen Fällen überdies die Vorschriften über die Öffentlichkeit, BGH NJW **62**, 1260, zB die Hinausweisung der Schreibhilfe des Verteidigers, BGH NJW **63**, 599, oder eines Zuhörers, dessen Verhalten die Verhandlung nicht beeinträchtigt (schweigende Überreichung eines Zettels, BGH NJW **62**, 1260), ebenso die Abweisung eines Pressevertreters wegen einer (bereits erfolgten oder zu erwartenden) diffamierenden Berichterstattung, BVerfG NJW **79**, 1400. S zur Frage der Entfernung auch § 177 Rn 2.

4) Rechtsmittel. Gegen die vom Vorsitzenden getroffenen Maßnahmen gibt es keinen Rechtsbehelf, vgl 6 § 181, auch nicht die Anrufung des Gerichts, Kissel 48 mwN, Hbg MDR **92**, 799, Zweibr LS MDR **87**, 1049, Kblz RR **87**, 509, krit Amelung NJW **79**, 1690, Krekeler NJW **79**, 185, zweifelnd BVerfG NJW **92**, 3288, offen BGH NJW **98**, 1420 mwN; es handelt sich nicht um einen Ausfluß der „Sachleitung", § 140 ZPO, allgM. Der fehlerhafte Ausschluß einer Partei oder ihres Vertreters kann aber nach Art 103 GG mit Rechtsmittel gegen die darauf ergangene Entscheidung gerügt werden. Das Eindringen in den Sitzungssaal entgegen einer Anordnung des Vorsitzenden kann als Hausfriedensbruch strafbar sein, BGH NJW **82**, 947.

5) VwGO: *Entsprechend anzuwenden, § 55 VwGO.* 7

177 *Ungehorsam.* ¹Parteien, Beschuldigte, Zeugen, Sachverständige oder bei der Verhandlung nicht beteiligte Personen, die den zur Aufrechterhaltung der Ordnung getroffenen Anordnungen nicht Folge leisten, können aus dem Sitzungszimmer entfernt sowie zur Ordnungshaft abgeführt und während einer zu bestimmenden Zeit, die vierundzwanzig Stunden nicht übersteigen darf, festgehalten werden. ²Über Maßnahmen nach Satz 1 entscheidet gegenüber Personen, die bei der Verhandlung nicht beteiligt sind, der Vorsitzende, in den übrigen Fällen das Gericht.

Vorbem. § 177 gilt in der **Arbeitsgerichtsbarkeit** entspr, § 9 II ArbGG.

Schrifttum: s Vorbem § 176.

1) Ungehorsam. § 177 regelt die Ausübung der **Ordnungsgewalt des Gerichts** bei Ungehorsam gegen 1 seine Anordnungen. Er gilt für **alle im Sitzungszimmer befindlichen Personen außer Richtern**, Staatsanwalt, Protokollführer, Rechtsanwälten und sonstigen zugelassenen Bevollmächtigten, zB Prozeßagenten, § 157 III ZPO (hinsichtlich der letzteren str, aM Kissel 15 mwN), wegen der Besonderheiten bei einer **Video-Verhandlung** s § 176 Rn 1. Der für einen Beteiligten auftretende Rechtsanwalt unterliegt nicht der Ordnungsgewalt des Gerichts, Kissel 14, auch nicht in Extremfällen, Hamm BRAK-Mitt **03**, 241; dies gilt auch für den Verkehrsanwalt, Bauer/Fröhlich FamRZ **83**, 123, Kblz RR **87**, 509 mwN (zustm Bosch FamRZ **87**, 404), und für einen in Untervollmacht für den RA auftretenden Referendar, Düss MDR **94**, 297, sowie für den RA, der als Beistand einer Partei, etwa nach § 625 ZPO, oder als Beistand eines Zeugen an der Verhandlung beteiligt ist, Krekeler NJW **80**, 980, str, aM Kleinknecht 4. „Parteien" umfaßt hier auch die gesetzlichen Vertreter und Beistände, die nicht Rechtsanwälte sind. An der Verhandlung nicht beteiligt sind Zuhörer (das Gericht darf ihnen nicht von vornherein den Zutritt verwehren, sondern sie erst bei Ungehorsam entfernen, RG Recht **31**, 57), ferner auch unbeteiligte RAe. Gegenüber Amtspersonen und beteiligten RAen bleibt nur die Unterbrechung der Sitzung und Anrufung der Dienstaufsicht, notfalls die Vertagung bis zum Eintritt eines Vertreters. § 177 verlangt Ungehorsam; er muß vorsätzlich, also zurechenbar sein.

2) Verfahren 2

A. Zulässige Maßnahmen: a) Entfernung aus dem Sitzungszimmer, nicht aus dem Gebäude; darum ist bei zu erwartendem Wiedereindringen Verhaftung vorzuziehen; findet die Sitzung außerhalb des Gerichtsgebäudes statt, dürfen Störer entspr § 177 aus dem Bereich der gerichtlichen Handlung entfernt werden, Kissel 2, jedoch kann die Erlaubnis zum Betreten eines Grundstücks nicht durch Ordnungsmittel erzwungen werden, vgl Schulte NJW **88**, 1006; **b) Abführung zur Ordnungshaft;** sie wird in einem beliebigen Raum durch einfache Freiheitsentziehung vollzogen. Die Dauer ist vorher zu bestimmen, sie endet idR mit dem Ende der Sitzung, spätestens mit Ablauf von 24 Stunden. Abführung und Festhaltung sind Ordnungsmaßnahmen. Sie sind unzulässig gegenüber Mitgliedern der Streitkräfte, Art 10 Truppenvertrag, Schlußakt III; wegen Ahndung des Ungehorsams s Art 12 ebda.

B. Die Anordnung ergeht gegenüber an der Verhandlung nicht Beteiligten durch den Vorsit- 3 zenden, in den übrigen Fällen durch Beschluß des Gerichts, stets nach Anhörung des Betroffenen. Eine wiederholte Verwarnung oder eine eindeutige Abmahnung kann eine erneute Anhörung überflüssig machen, BGH NJW **93**, 1343. Trifft der Vorsitzende anstelle des Gerichts eine Eilanordnung, muß sie alsbald vom Gericht bestätigt werden, BGH NStZ **88**, 85. Wird die Maßnahme anstelle des Vorsitzenden vom Gericht getroffen, so ist sie voll wirksam, Kissel 26, offen gelassen von BGH MDR **82**, 812 mwN. Ob eine Ordnungsmaßnahme ergeht, ist nach pflichtgemäßem Ermessen zu entscheiden; sie darf nur zur Aufrechterhaltung der Ordnung in der Sitzung, vgl § 176, verhängt werden, BVerfG NJW **79**, 1401. Auch das Ordnungsmittel ist nach pflichtgemäßem Ermessen auszuwählen, wobei der Grundsatz der Verhältnismäßigkeit gewahrt werden muß. Die AnO (Verfügung des Vorsitzenden oder Beschluß des Gerichts) ist dem Betroffenen zu verkünden oder zuzustellen; sie ist in das Protokoll aufzunehmen, § 182. Wegen der Vollstreckung vgl § 179. Derjenige, der die AnO erlassen hat, kann sie jederzeit aufheben oder ändern.

GVG §§ 177, 178

4 **C. Rechtsmittel.** Nach hM, Kissel 29 ff, Katholnigg 9, beide mwN, ZöGu 8, steht dem Betroffenen kein Rechtsbehelf zu, weil § 181 den § 177 nicht mitaufführt. Das ist eine förmelnde Auslegung, die wegen der prozessualen Folgen des § 158 ZPO unerträglich ist. Die Fälle der §§ 177, 178 liegen wesentlich gleichartig. Bei anderer Auffassung wäre auch die Protokollierung, § 182, zwecklos. Daher ist die entsprechende Anwendung des § 181 geboten, außer wo eine an der Verhandlung nicht beteiligte Person entfernt ist (s auch § 182), MüKoWo 12 (weitergehend), Kleinknecht 8, M. Wolf NJW 77, 1063 (auch dazu, daß eine offensichtlich fehlerhafte Maßnahme, zB die Hinausweisung eines RA, nicht Vorhalt oder Ermahnung nach § 26 II DRiG rechtfertigt, aM BGH 67, 184), Amelung NJW 79, 1690 mwN (der im Hinblick auf Art 19 IV GG stets die Beschwerde zulassen will).

5 3) *VwGO:* Entsprechend anzuwenden, § 55 VwGO, vgl Schulte NJW 88, 1006. Für den Vertreter des öff Interesses gilt § 177 nicht, Ey § 55 Rn 9. Rechtsbehelf, Rn 4, gegen Maßnahmen in 1. Instanz ist die Beschwerde nach §§ 146 ff VwGO (str, wie hier RedOe § 55 Anm 14 mwN), die keine aufschiebende Wirkung hat, § 149 I 1 VwGO.

178 Ungebühr.

¹¹Gegen Parteien, Beschuldigte, Zeugen, Sachverständige oder bei der Verhandlung nicht beteiligte Personen, die sich in der Sitzung einer Ungebühr schuldig machen, kann vorbehaltlich der strafgerichtlichen Verfolgung ein Ordnungsgeld bis zu eintausend Euro oder Ordnungshaft bis zu einer Woche festgesetzt und sofort vollstreckt werden. ²Bei der Festsetzung von Ordnungsgeld ist zugleich für den Fall, daß dieses nicht beigetrieben werden kann, zu bestimmen, in welchem Maße Ordnungshaft an seine Stelle tritt.

II Über die Festsetzung von Ordnungsmitteln entscheidet gegenüber Personen, die bei der Verhandlung nicht beteiligt sind, der Vorsitzende, in den übrigen Fällen das Gericht.

III Wird wegen derselben Tat später auf Strafe erkannt, so sind das Ordnungsgeld oder die Ordnungshaft auf die Strafe anzurechnen.

Vorbem. I 1 mWv 1. 1. 02 geändert durch Art 1 Z 8 ZPO-RG. Übergangsrecht: § 26 Z 2 Satz 2 EGZPO. § 178 gilt entspr in der **Arbeitsgerichtsbarkeit**, § 9 II ArbGG.

Schrifttum: *Greiser/Artkämper*, Die „gestörte" Hauptverhandlung, 2. Aufl 1997; *Schwind* JR 73, 173; *Rüping* ZZP 88, 212; *E. Schneider* MDR 75, 622 (zT abw von den folgenden Anm).

1 **1) Allgemeines.** Die Festsetzung von Ordnungsmitteln wegen Ungebühr ist ein äußerstes Mittel, das sparsam, dann aber wirkungsvoll angewendet werden sollte. Dieselbe Handlung kann folgende, voneinander unabhängige Folgen haben: Eingreifen des Vorsitzenden nach § 176, Maßnahme nach § 177, Ordnungsmittel nach § 178, Strafe nach StGB. Dabei ist stets der Grundsatz der Verhältnismäßigkeit zu wahren. So genügen bei geringfügigen Verstößen meist die erstgenannten Maßnahmen, zB eine ernsthafte Ermahnung.

2 **2) Ungebühr**
A. Personenkreis. Er ist derselbe wie in § 177, RAe (und sonstige zugelassene Bevollmächtigte) sind also auch hier ausgenommen; das gilt auch für einen in Untervollmacht für den RA auftretenden Referendar, Düss NJW 94, 297. Vertreter der Partei fallen unter § 178, JW 35, 2073.

3 **B. Ungebühr: a)** Sie muß **in der Sitzung** begangen sein, § 176 Rn 1, nicht in der Geschäftsstelle, Schlesw SchlHA 67, 152, oder in Schriftsätzen, vgl dazu Düss MDR 93, 462 mwN. „Sitzung" ist jede gerichtliche Verhandlung, auch die vor dem verordneten Richter und die außerhalb des Gerichtsgebäudes, Schulte NJW 88, 1006, § 176 Rn 1; sie erstreckt sich nicht auf den Sitzungsraum, § 176 Rn 1 (wegen der Besonderheiten der Video-Verhandlung s § 176 Rn 1); **b)** die Ungebühr setzt **Vorsatz** voraus, Schlesw SchlHA 62, 84, und besteht **c)** in einem **Verhalten, das sich gegen das Gericht oder einen Beteiligten wendet**, insbesondere die ihnen als Person (und Amtsträger) geschuldete Achtung verletzt, oder **Ruhe und Ordnung der Verhandlung empfindlich stört**. Die Übergänge sind fließend; ob Ungebühr vorliegt, läßt sich nur nach Lage des Einzelfalls beurteilen, Katholnigg Rdz 3, vgl Schwind JR 73, 133, E. Schneider MDR 75, 622 und Baur JZ 70, 247. Hierher gehört namentlich jedes gezielt gegen das Gericht oder einen Beteiligten gerichtete, vor allem provozierende Verhalten, das die Grenzen sachlicher Auseinandersetzung sprengt, LSG Schlesw MDR 84, 260. Handeln aus Unkenntnis oder Gleichgültigkeit genügt nicht; bei Zweifeln am Ungebührwillen ist zunächst eine Abmahnung geboten, Karlsr JR 77, 392. Eine einmalige, sofort bedauerte Entgleisung erfordert idR keine Ordnungsmaßnahme, Düss NStZ-RR 97, 370.

4 **C. Beispiele für Ungebühr:** Trotz Belehrung fortgesetztes Sitzenbleiben eines Beteiligten oder Zuhörers, wenn das Gericht und alle Beteiligten stehen, Kblz LS MDR 85, 696 w NStZ 84, 234 = Rpfleger 84, 198, aM Wolf § 26 III 2, Pardey DRiZ 90, 132; Aufstehen und Rückenzukehren, Köln NJW 85, 446; provozierendes Lesen (oder Essen) im Gerichtssaal, Karlsr JR 77, 392, aM Wolf aaO; Lärmen und Randalieren; gezielte Beifalls- oder Mißfallensäußerung im Wiederholungsfall, Kblz VRS 61, 356; wiederholte Nichtbefolgung einer Anordnung iSv § 176, wenn eine Maßnahme nach § 177 bereits angewendet worden war (ob die Anordnung eine rechtlich tragbare Grundlage hat, bleibt außer Betracht, aM Hamm JMBlNRW 90, 42); Erscheinen in provozierender Aufmachung, Kblz NJW 95, 976 mwN, krit Pardey DRiZ 90, 135, oder im verschuldeten Zustand der Trunkenheit, Düss NJW 89, 241 mwN, Kblz VRS 85, 48, Eb. Schmidt JR 69, 270 (nicht aber, wenn jemand vorgeführt werden muß und dann betrunken erscheint, Hamm MDR 66, 72, wohl aber, wenn ein Zeuge sich betrinkt und deshalb vernehmungsunfähig ist, Kaiser NJW 68, 188, Kleinknecht 3 mwN, aM Michel MDR 92, 544, Stgt MDR 89, 763); provozierendes Ausziehen der Stiefel, Köln DRpflZ 90, 67; ostentatives Zuschlagen der Tür des Gerichtssaals, Zweibrücken NJW 05, 611, Hamm JMBlNRW 75, 106; weisungswidrige Benutzung eines Handys, Hbg NJW 97, 3452 (anders Bra NJW 04, 451); herabsetzende Äußerungen, LSG Schlesw MDR 84, 260, oder gar Beschimpfung (durch Worte oder Gesten) oder Bedrohung des Richters oder eines an der Sitzung Beteiligten, zB eines Zeugen, Stgt Just 93, 147, auch Androhen eines Straf- oder Disziplinarverfahrens, Hamm NJW 69, 256; Vorwurf des Lügens

14. Titel. Öffentlichkeit und Sitzungspolizei   **§§ 178–180 GVG**

gegenüber einem RA, Hamm NJW 63, 1791; Gebrauch von Fäkalausdrücken, aM Düss NJW 86, 2516; anhaltende Störung der Verhandlung durch Lärm oder Gesten; Zeigen von Plakaten, Transparenten u dgl, vgl OVG Kblz AS 19, 297; heimliche Tonbandaufnahme, Schlesw SchlHA 62, 84; Tätlichkeiten aller Art, LG Saarbr NJW 68, 1686.

Keine Ungebühr: Bloßes Sitzenbleiben eines Beteiligten, E. Schneider MDR 75, 622, Stgt Just 86, 228; vereinzelte, spontane Beifalls- oder Mißfallensäußerungen, Saarbr NJW 61, 890 mit Anm A. Arndt NJW 61, 1615; eigenmächtiges Verlassen der Verhandlung, Schlesw OLGR 95, 12, Mü MDR 56, 503; Übergeben eines Zettels an das Gericht, BGH NJW 62, 1260; Erscheinen in Arbeits- oder Freizeitkleidung, Düss NJW 86, 1505 mwN, oder in verwahrlostem Zustand (anders, wenn eine Provokation beabsichtigt ist); offensichtliches Anlügen des Gerichts, JW 35, 3489; lautstarke oder heftige Äußerung eines Beteiligten (anders, wenn eine Abmahnung vorangegangen ist), insbesondere dann, wenn eine solche Reaktion auf eine Zeugenaussage sich als nichts anderes als die Betonung der eigenen Sachdarstellung erweist, Kblz GoldtArch 79, 470; Mitschreiben in der Verh, wenn nicht unzulässige Mitteilungen beabsichtigt sind, BGH MDR 82, 812 mwN, Hamm JMBlNRW 90, 42; Weigerung eines Zeugen, seine Privatanschrift anzugeben, Stgt NZA 91, 297; Lutschen eines Hustenbonbons durch einen erkälteten Zeugen, Schlesw LS NStZ 94, 199.

3) Zulässige Maßnahmen, I 1 (auch gegen Jugendliche, § 1 JGG). Wahlweise Ordnungsgeld bis zu 1000 Euro oder Ordnungshaft, mindestens 1 Tag, Art 6 II EGStGB, höchstens 1 Woche (zu den Grundsätzen für die Bemessung Winter NStZ 90, 373). Bei Verhängung von Ordnungsgeld ist für den Fall der Nichtbeitreibbarkeit Ordnungshaft festzusetzen (zwischen 1 und 3 Tagen, Art 6 II EGStGB), **I 2**; hierüber ist eine nachträgliche Entscheidung nicht zulässig, Art 8 EGStGB, Celle MDR 98, 679. Zum **EGStGB** s Vorbem § 380 ZPO (Abdruck der Art 6–9). Wegen der Vollstreckung vgl § 179. Wird wegen derselben Tat später auf Strafe erkannt, so sind Ordnungsgeld oder Ordnungshaft anzurechnen, III. Für bestimmte Fälle vorgesehene Ordnungsmaßnahmen, zB § 380 ZPO, schließen die Anwendung von § 178 aus.

4) Verfahren, II

A. Grundsätze. Die Festsetzung gegenüber Nichtbeteiligten erfolgt allein durch den Vorsitzenden, Kblz MDR 78, 693, iü durch das Gericht. Die Entsch ergeht nach Ermessen; bei geringer Schuld und sofortiger Entschuldigung kann von der Festsetzung abgesehen werden, Köln NJW 86, 2515. Bei mehrfachen Verstößen in derselben Sitzung ist die wiederholte Festsetzung jeweils bis zum Höchstmaß zulässig, Bre NJW 53, 598. Vorheriges rechtliches Gehör ist grundsätzlich notwendig, Hamm NStZ-RR 01, 116 mwN; Ausnahmen sind denkbar, zB wenn Hergang und Ungebührwille außer Zweifel stehen und bei einer Anhörung mit weiteren groben Ausfälligkeiten gerechnet werden muß, BGH NStZ 88, 238, Düss NStZ 88, 238 mwN, Kblz LS MDR 87, 433, oder der Täter nicht ansprechbar ist, Düss NJW 89, 241, Hamm JMBlNRW 77, 131, oder sich vor seiner Anhörung entfernt, Hamm MDR 78, 780. Bei leichteren Verstößen empfiehlt sich zunächst eine Abmahnung, weitergehend Schwind JR 73, 133.

B. Festsetzung. Sie erfolgt durch Verfügung des Vorsitzenden bzw Beschluß des Gerichts, oben Rn 7; in beiden Fällen ist Verkündung oder Zustellung an den Betroffenen nötig. Eine Festsetzung nach Schluß der Sitzung ist unzulässig, § 182 Rn 1, jedoch kann bei mehrtägiger Sitzung die Ordnungsmittel am folgenden Tag festgesetzt werden, Schlesw LS MDR 80, 76. Der von der Ungebühr betroffene Richter ist bei der Entscheidung nicht ausgeschlossen, § 22 Z 1 StPO ist unanwendbar. Protokollierung ist erforderlich, § 182. Nötig ist eine Begründung der Festsetzung, wofür die ausdrückliche oder stillschweigende Bezugnahme auf das Protokoll, § 182, ausreicht, wenn sich daraus für die Beteiligten das Nötige ergibt, BGH NStZ 88, 238, Kblz GoldtArch 89, 174 u VRS 87, 189. Eine Rechtsmittelbelehrung braucht nicht erteilt zu werden, Köln NJW 60, 2294, Schlesw NJW 71, 1321, wenn nicht die für das Verfahren maßgeblichen Vorschriften sie vorschreiben, zB § 9 V ArbGG, § 35 a StPO.

C. Rechtsbehelf: § 181. Hat über ein Ordnungsmittel gegen einen Nichtbeteiligten statt des Vorsitzenden das Gericht entschieden, so ist die Entscheidung (ersatzlos) aufzuheben, Kblz MDR 78, 693.

5) *VwGO: Entsprechend anzuwenden, § 55 VwGO, VGH Mü NVwZ 03, 884; wegen des Vertreters des öff Interesses s § 177 Rn 5. Rechtsbehelf: § 181 Rn 5; eine Belehrung darüber ist wegen § 58 I VwGO geboten.*

179 **Vollstreckung.** Die Vollstreckung der vorstehend bezeichneten Ordnungsmittel hat der Vorsitzende unmittelbar zu veranlassen.

Vorbem. Gilt entspr in der **Arbeitsgerichtsbarkeit**, § 9 II ArbGG.

1) Erläuterung. Die Vollstreckung veranlaßt der Vorsitzende ohne Mitwirkung der Staatsanwaltschaft, RGSt 15, 230. Vollzug der Ordnungshaft: §§ 171 ff StVollzG, dazu Winter NStZ 90, 373. Die Einziehung des Ordnungsgeldes erfolgt durch die Vollstreckungsbehörde nach JBeitrO, s dort §§ 1 I Z 3 u 2 idF des Art 119 EGStGB. Zahlungserleichterungen: Art 7 EGStGB; Unterbleiben der Haftvollstreckung: Art 8; Verjährung: Art 9 EGStGB. Siehe dazu Vorbem § 380 ZPO. Die rechtzeitige Haftentlassung hat der Vorsitzende zu überwachen.

2) *VwGO: Entsprechend anzuwenden, § 55 VwGO.*

180 **Ordnungsgewalt des einzelnen Richters.** Die in den §§ 176 bis 179 bezeichneten Befugnisse stehen auch einem einzelnen Richter bei der Vornahme von Amtshandlungen außerhalb der Sitzung zu.

Vorbem. Gilt entspr in der **Arbeitsgerichtsbarkeit**, § 9 II ArbGG.

1) Erläuterung. § 180 denkt in Zivilsachen an den verordneten Richter und den Vollstreckungsrichter. Der Amtsrichter als Prozeßrichter und der Einzelrichter bei Kollegialgerichten fallen schon unter §§ 176 bis

178. Auf eingereichte Schriftsätze ist § 180 unanwendbar, Rüping ZZP **88**, 212 mwN, s auch § 176 Rn 2, § 178 Rn 3.

2   **2) VwGO:** *Entsprechend anzuwenden, § 55 VwGO, auf den Vorsitzenden, §§ 87 u 169 VwGO, und den verordneten Richter, Schulte NJW **88**, 1007. Rechtsbehelf: Beschwerde, §§ 146 ff VwGO.*

181 *Rechtsbehelf gegen Ordnungsmittel.* ¹ Ist in den Fällen der §§ 178, 180 ein Ordnungsmittel festgesetzt, so kann gegen die Entscheidung binnen der Frist von einer Woche nach ihrer Bekanntmachung Beschwerde eingelegt werden, sofern sie nicht von dem Bundesgerichtshof oder einem Oberlandesgericht getroffen ist.

II **Die Beschwerde hat in dem Falle des § 178 keine aufschiebende Wirkung, in dem Falle des § 180 aufschiebende Wirkung.**

III Über die Beschwerde entscheidet das Oberlandesgericht.

Schrifttum: *Kaehne,* Die Anfechtung sitzungspolizeilicher Maßnahmen, 2000; *Voßkuhle,* Rechtsschutz gegen den Richter, 1993.

Vorbem. § 181 gilt entspr für die **Arbeitsgerichte**, § 9 II ArbGG. Beschwerdegericht ist das LAG, § 78 ArbGG.

1   **1) Anwendungsbereich.** § 181 ist nach hM nur auf die Fälle der §§ 178, 180 anwendbar, richtigerweise aber auch auf den Fall des § 177, s dort Rn 4, MüKoWo 2. Er trifft auch die Fälle, in denen gesetzwidrig der Vorsitzende allein entschieden hat; dort ist nur § 181 gegeben, nicht die Anrufung des Gerichts. Voraussetzung ist Festsetzung eines Ordnungsmittels; dazu gehört auch eine Entscheidung nach § 8 EGStGB, § 178 Rn 6, aM Celle MDR **98**, 680. Wird der Beschluß nach Haftentlassung aufgehoben, so ist eine Entschädigung nach G v 8. 3. 71, BGBl 157 zu gewähren, wenn festgestellt wird, daß kein Grund für die Verhängung eines Ordnungsmittels bestand, MüKoWo 2.

2   **2) Beschwerde**

A. Allgemeines. Beschwerdeberechtigt ist nur der Betroffene, auch der prozeßunfähige, aber strafmündige Jugendliche, Neustadt NJW **61**, 885; gegen die Versagung einer angeregten oder gegen eine zu milde Maßnahme gibt es keinen Rechtsbehelf. Der Rechtsbehelf ist bei dem erkennenden Gericht oder beim OLG schriftlich oder zu Protokoll der Geschäftsstelle einzulegen; die Bitte um Aufhebung der Maßnahme ist idR als Beschwerde zu behandeln, Düss MDR **77**, 413. Nimmt der UrkB die mündlich eingelegte Beschwerde in das Sitzungsprotokoll auf, so ist die Beschwerde wirksam eingelegt, Kblz VRS **61**, 356. **Beschwerdefrist:** 1 Woche ab Verkündung, bzw wenn sich der Betroffene vor Verkündung entfernt hatte, ab Zustellung. Aber auch die mündliche Bekanntmachung durch den vollstreckenden Beamten setzt die Frist in Lauf; „Bekanntmachung" ist hier nicht im Fachsinn gebraucht. Die WiedEins muß entsprechend dem sonstigen Verfahrensrecht als zulässig angesehen werden, Hbg NJW **99**, 2607; die Fristversäumung durch den Prozeßbevollmächtigten ist entsprechend den strafprozessualen Grundsätzen, die wegen des Charakters der Maßnahme hier in Betracht kommen, eine für den Betroffenen unverschuldete Verhinderung, Ffm NJW **67**, 1281. Die sofortige Vollstreckung erledigt die Beschwerde nicht; denn der Gemaßregelte hat ein Recht, seine Unschuld festgestellt zu sehen, Kblz VRS **68**, 48 mwN.

3   **B. Rechtsnatur.** Es liegt ein Rechtsbehelf eigener Art, eine befristete Beschwerde vor. Wegen der Einzelheiten des Verfahrens sind die Regelungen der einschlägigen Prozeßordnung heranzuziehen, in Zivilsachen also die §§ 567 ff ZPO. Danach ist der Erstrichter verpflichtet, der Beschwerde ggf abzuhelfen, § 572 I ZPO nF (dadurch hat sich die bisherige Streitfrage, dazu Schiemann NJW **02**, 113, erledigt). Das Beschwerdegericht übt eigenes Ermessen aus, Köln NJW **86**, 2515, kann also das Ordnungsmittel auch abmildern, Karlsr RR **98**, 144. Die Beschwerde wirkt grundsätzlich nicht aufschiebend; das Gericht kann aber die Vollstreckung aussetzen oder unterbrechen, Kissel 11. Der einzelne Richter, § 180, muß das tun.

4   **C. Beschwerdegericht.** Es entscheidet bei ordentlichen Gerichten immer das OLG. Hat der verordnete Richter erkannt, so ist das dem ersuchten Richter übergeordnete OLG zuständig, Schlesw SchlHA **62**, 84. Die Entscheidung ergeht durch Beschluß, der zuzustellen ist. Bei Aufhebung des angefochtenen Beschlusses kommt keine Zurückverweisung in Betracht, weil die sitzungspolizeiliche Gewalt mit Schluß der Sitzung endet, MüKoWo 12, Köln MDR **93**, 906 mwN. Die Entscheidung ergeht kostenfrei, da in § 1 GKG das GVG nicht genannt wird, aA Zweibrücken NJW **05**, 612. Eine weitere Beschwerde ist unstatthaft.

5   **3) VwGO:** *Rechtsbehelf ist die Beschwerde an das OVG nach §§ 146 ff VwGO (auch im Asylverfahren, VGH Mü NVwZ **03**, 884 mwN), so daß I u III gegenstandslos sind, Ey § 55 Rn 10; § 181 II bleibt unberührt, § 149 II VwGO, so daß die Beschwerde im Falle des § 178 abweichend von § 149 I VwGO keine aufschiebende Wirkung hat.*

182 *Beurkundung der Ordnungsmittel.* Ist ein Ordnungsmittel wegen Ungebühr festgesetzt oder eine Person zur Ordnungshaft abgeführt oder eine bei der Verhandlung beteiligte Person entfernt worden, so ist der Beschluß des Gerichts und dessen Veranlassung in das Protokoll aufzunehmen.

Vorbem. Gilt entspr in der **Arbeitsgerichtsbarkeit**, § 9 II ArbGG.

1   **1) Erläuterung.** § 182 will der Beschwerdeinstanz ausreichende Unterlagen für die Beurteilung des Vorfalls sichern, Karlsr RR **98**, 144. Er umfaßt die Fälle der §§ 177, 178, 180 mit Ausnahme der Entfernung eines an der Verhandlung nicht Beteiligten. Der Vorfall ist sofort zu protokollieren, desgleichen der verhängende Beschluß, der nicht erst nach der Sitzung ergehen darf (jedoch kann bei mehrtägiger Sitzung das Ordnungsmittel am folgenden Tag festgesetzt werden, Schlesw LS MDR **80**, 76).

15. Titel. Gerichtssprache §§ 182–184 GVG

Das **Protokoll** muß eine gesonderte Darstellung des Geschehensablaufs und den Beschluß mit Begründung enthalten, Karlsr RR **98**, 144, Hamm JMBlNRW **77**, 94, so daß eine Wiedergabe nur im Beschluß nicht genügt, Kissel 6 mwN, Stgt Just **93**, 147 mwN, KG JZ **82**, 73. Fehlt die Protokollierung, ist der Beschluß vom Beschwerdegericht aufzuheben (keine Zurückverweisung, § 181 Rn 4), Karlsr aaO mwN; eine spätere dienstliche Äußerung des Richters oder Urkundsbeamten ist nicht verwendbar, Hamm JMBlNRW **77**, 94. Die fehlende Protokollierung des Geschehensablaufs ist jedoch unschädlich, wenn das Protokoll nur den Ungebührvorwurf und die dazu etwa erhobenen Beweise enthält, weil der Vorgang vom Richter und vom Protokollführer nicht wahrgenommen werden konnte, zB im Vorraum stattgefunden hat, Stgt Just **93**, 147; eine Protokollierung ist ferner entbehrlich, wenn der Betroffene den Vorgang nicht bestreitet, sondern andere Einwendungen erhebt, Kissel 8, Karlsr RR **98**, 144 mwN, KG JZ **82**, 73. Das Beschwerdegericht ist an den protokollierten Sachverhalt nicht gebunden, sondern kann auch ihn nachprüfen, Bre JR **51**, 693, str, aA Zweibrücken JZ **88**, 612. Fehlt dem Beschluß die Begründung, so ist dies unschädlich, wenn sich alles Notwendige zweifelsfrei aus der Protokollierung des Vorfalls ergibt, Kissel 10, Kleinknecht 2, Düss NStZ **88**, 238 mwN.

2) *VwGO:* Entsprechend anzuwenden, § 55 VwGO, VGH Mü NVwZ **03**, 884. 2

183 *Straftat.* ¹ Wird eine Straftat in der Sitzung begangen, so hat das Gericht den Tatbestand festzustellen und der zuständigen Behörde das darüber aufgenommene Protokoll mitzuteilen. ² In geeigneten Fällen ist die vorläufige Festnahme des Täters zu verfügen.

Vorbem. Gilt entspr in der **Arbeitsgerichtsbarkeit**, § 9 II ArbGG.

1) Erläuterung (Nierwetberg NJW **96**, 432). Begriff der Sitzung s § 176 Rn 1. § 183 ist Mußvorschrift, 1 ebenso § 116 AO für Steuerstraftaten. „Straftat" ist eine Tat, die den Tatbestand eines Strafgesetzes verwirklicht, so daß die Vorschrift auf Ordnungswidrigkeiten nicht anzuwenden ist. Als „Feststellung" genügt die kurze Beurkundung der wesentlichen Vorgänge. Wegen vorläufiger Festnahme s § 127 StPO. Der Erlaß eines Haftbefehls ist unzulässig, Hamm NJW **49**, 191. Die Nichtzulassung rechtswidrig erlangter Beweismittel kann nicht auf die entspr Anwendung von § 183 gestützt werden, Werner NJW **88**, 1001 mwN.

2) *VwGO:* Entsprechend anzuwenden, § 55 VwGO. 2

Fünfzehnter Titel. Gerichtssprache

184 *Grundsatz.* Die Gerichtssprache ist deutsch.

Vorbem. Gilt entspr in der **Arbeitsgerichtsbarkeit**, § 9 II ArbGG.

Schrifttum: *Schack* § 12 VIII; *Ingerl,* Sprachrisiko im Verfahren, 1988; *Jessnitzer,* Dolmetscher, 1982, S 54 ff (Bespr Pieper ZZP **97**, 229, Stelkens NVwZ **82**, 552); *Lässig,* Deutsch als Gerichts- und Amtssprache, 1980 (Bespr Tomuschat NJW **81**, 1200); *Großfeld* JZ **97**, 633; *Kissel* NJW **97**, 1097; *Wassermann* BRAK-Mitt **97**, 108; *Jacob* VBlBW **91**, 205.

1) Erläuterung 1

A. Allgemeines. Die Vorschrift sichert die Verständlichkeit des Geschehens im Gericht (auch für Unbeteiligte), Paulus JuS **94**, 369. Sie ist verfassungsrechtlich unbedenklich, BVerfG NVwZ **87**, 785, und zwingend, also vAw zu beachten. Er gilt in allen Verfahren, für die das GVG maßgeblich ist, auch im Verfahren der Patentnichtigkeitsklage, BGH NJW **93**, 71. Die Vorschrift bezieht sich nicht nur auf Verhandlungen, Schriftsätze, Entscheidungen und sonstige Äußerungen des Gerichts und der Beteiligten und besagt, daß alle diese Äußerungen in deutscher Sprache abzugeben sind. **Deutsch** ist nach Oldb HRR **28**, 392 auch Plattdeutsch: das dürfte nur da richtig sein, wo alle Beteiligten Plattdeutsch verstehen; entsprechendes gilt für andere Volkssprachen wie Friesisch und für alle deutschen Mundarten, Jessnitzer S 54, Kissel 2, E. Schneider MDR **79**, 534. Demgemäß kann ein Beteiligter sich vor Gericht unter denselben Voraussetzungen einer Volkssprache oder deutschen Mundart bedienen, wie dies nach § 185 II in einer fremden Sprache geschehen kann.

Das **Recht der Sorben**, in ihren Heimatkreisen vor Gericht Sorbisch zu sprechen, wird durch § 184 nicht berührt, EV Anl I Kap III Sachgeb A Abschn III Z 1 r (vgl Erklärung zu Art 35 EV, BGBl **90** II 906); vgl dazu das sächsische G über die Rechte der Sorben v 31. 3. 99, GVBl 161. Darin liegt keine Bevorzugung, die nach Art 3 III GG unzulässig wäre.

Zum **Recht auf Gleichbehandlung** nach Art 6 EGV hinsichtlich des Gebrauchs einer anderen Sprache als der Hauptsprache eines EG-Landes s EuGH EuZW **99**, 82 (Anm Novak).

a) Gerichtliche Entscheidungen und Verfügungen (wegen des Strafverfahrens s BVerfG NJW **83**, 2 2762, zustm Rüping JZ **83**, 663, Düss JZ **85**, 200, LG Aachen LS NStZ **84**, 283, Katholnigg, Jessnitzer S 56 ff, Kleinknecht 3) sind nach § 184 nur in hochdeutscher Sprache abzufassen (also weder in einer Mundart noch in altertümlichem Deutsch, vgl Beaumont NJW **90**, 1970) und auch sprachunkundigen Beteiligten ohne Übersetzung zu übermitteln, hM, vgl BVerfG **42**, 120 u NJW **83**, 2762 mwN, BGH RR **96**, 387 = FamRZ **96**, 347, BayObLG NJW **77**, 1596 mwN, Stgt MDR **83**, 256 mwN, Rüping JZ **83**, 664, Vogler EuGRZ **78**, 640 mwN; str, aM ua StJK § 175 ZPO Rn 11, Bachmann FamRZ **96**, 1270 mwN (zu BGH RR **96**, 387 = FamRZ **96**, 347), Schlosser F Stiefel (1987) 693, dazu oben § 175 ZPO Rn 5. Jedoch ist es statthaft, im Rechtshilfeverkehr mit dem Ausland ausgehende Ersuchen in einer fremden Sprache abzufassen, aM BGH NJW **84**, 2050, dagegen Lichtenberger JR **85**, 77, Vogler NJW **85**, 1764. Die schriftlichen Äußerungen des Gerichts müssen in allen ihren Bestandteilen aus allgemein verständlichen Schrift- und Zahlzeichen der deutschen Sprache bestehen, VGH Kassel NJW **84**, 2429; auch wenn Erlasse der Verwaltung und andere Verlautbarungen ohne Normcharakter den Richter nicht binden, Kissel NJW **97**, 1097, Wassermann BRAK-

GVG §§ 184, 185

Mitt **97**, 108, beide mwN, ist es sein nobile officium, allgemein gebräuchliche Rechtschreibungs- und Zeichensetzungsregeln zu befolgen. Die argumentative Verwendung komplizierter mathematischer Formeln in gerichtlichen Entscheidungen wird durch § 184 nicht ausgeschlossen, abw Groh MDR **84**, 195; wenn dadurch das Verständnis auch für Sachkundige ausgeschlossen wird, können nur Rechtsmittel helfen, vgl § 551 Z 7 ZPO. Keine Bedenken bestehen auch gegen die Verwendung von sog Textbausteinen, vgl § 313 Rn 36, während die Verweisung auf außerhalb der gerichtlichen Äußerung befindliche Textbestandteile unzulässig ist, VGH Kassel NJW **84**, 2429. Durch Computer gefertigte Schreiben müssen den Anforderungen an eine klare und verständliche Sprache genügen, AG Hersbruck NJW **84**, 2426 (sehr weitgehend), wobei vom Leser aber angemessene Bemühungen um das richtige Verständnis erwartet werden dürfen.

3 **b) Schriftsätze und Eingaben** oder Ausführungen in fremder Sprache (oder in fremder Schrift) sind schlechthin unbeachtlich, können also nicht einmal als (unzulässiger) Antrag angesehen werden und wahren keine Frist, wenn keine Übersetzung beigefügt wird (sofern nichts anderes bestimmt ist, zB nach § 3 III AVAG, Schlußanm V D), BGH NJW **82**, 532 mwN (Übers über den Meinungsstand), BSG MDR **87**, 436, BayObLG RR **87**, 379, Hbg MDR **89**, 90, KG MDR **86**, 156, MüKoWo 6 u 7, Kissel 5 u Katholnigg 4 (beide mwN), ZöGu 3, sehr str, aM ua Schumann F Schwab, 1990, S 462 (unter Hinweis auf Art 6 III e MRK), Geimer NJW **89**, 2204, Schack Rn 576, Jessnitzer S 62 ff, Lässig S 100, Schneider MDR **79**, 534: aber die Entscheidung, ob eine Frist eingehalten ist, kann schon im Interesse der anderen Beteiligten weder von den Sprachkenntnissen des Gerichts oder seiner Möglichkeit, eine Übersetzung zu beschaffen, noch auch davon abhängen, daß der Verfasser nicht in der Lage ist, sich der deutschen Sprache zu bedienen oder für eine Übersetzung zu sorgen. Vielmehr bedarf es dafür einer gesetzlichen Regelung wie in den §§ 23 VwVfG, § 87 AO und 19 SGB X, die im Gerichtsverfahren nicht entsprechend anzuwenden sind, BSG MDR **87**, 436, und zwar auch nicht im Hinblick auf Art 103 I GG, weil der Zwang, sich der Gerichtssprache zu bedienen, jedenfalls dann nicht gegen diese Bestimmung verstößt, wenn das Gericht vAw eine Übersetzung einholt, sofern der Ausländer dartut, daß er sie nicht beibringen kann und daß das Schriftstück für das Verf bedeutsam ist, BVerfG NJW **87**, 3077, BVerwG NJW **96**, 1553. Demgemäß bestimmt § 126 PatG idF v 16. 12. 80, BGBl **81** S 1, ausdrücklich, daß Eingaben in anderer Sprache nicht berücksichtigt werden. Eine abweichende Auslegung des § 184 ist auch in Angelegenheiten des Rechts der EG nicht geboten, aM FG Saarld NJW **89**, 3112.

Einer solchen Auslegung oder einer Fortentwicklung der Vorschrift bedarf es um so weniger, als bei unverschuldeter **Fristversäumnis wegen Unkenntnis der deutschen Sprache** WiedEins in Betracht kommt, BGH NJW **82**, 532, zB wenn die Beschaffung einer Übersetzung oder die Inanspruchnahme eines Bevollmächtigten Schwierigkeiten bot, die mit einem nach den Umständen des Einzelfalles angemessenen Maß an Mühe, Sorgfalt und Aufwand nicht zu überwinden waren, vgl BVerfG NVwZ-RR **96**, 120 mwN (keine Überspannung der Anforderungen, stRspr), BGH RR **90**, 830 (aber keine WiedEins, wenn der Ausländer trotz entgegen stehender Rechtsmittelbelehrung die Klage nicht in deutscher Sprache abgefaßt hat, BVerwG NJW **90**, 3103). Das entbindet das Gericht nicht davon, sich im Rahmen des Möglichen Kenntnis vom Inhalt einer Eingabe zu verschaffen, um fürsorgerische Maßnahmen treffen zu können. Beim ersten Zugang zum Gericht, zB Mahnbescheid, ist gegenüber einem sprachunkundigen Ausländer eine ihm verständliche Rechtsbehelfsbelehrung beizufügen, sonst ist WiedEins geboten, BVerfG **40**, 100, es sei denn, der Ausländer steht der Wahrnehmung seiner Rechte mit vermeidbarer Gleichgültigkeit gegenüber, BVerfG **42**, 126. Wegen der Hinzuziehung eines Dolmetschers oder Übersetzers durch das Gericht vgl § 185.

4 **B. Anwendungsbereich.** Unanwendbar im Schiedsgerichtsverfahren, § 1045 ZPO. Nicht hierher gehört die Unterschrift; ein Ausländer darf deshalb auch eine Vollmacht in fremder Schrift unterzeichnen, VGH Mü NJW **78**, 510. Ebensowenig gilt § 184 für **Urkunden in fremder Sprache**, die ein Beteiligter vorlegt, zB Wechsel, BGH NJW **82**, 523: wie § 142 III ZPO zeigt, sind solche Urkunden erst dann unbeachtlich, wenn die angeordnete Übersetzung nicht vorgelegt wird, BGH NJW **89**, 1433 mwN, Zweibr NJWE-FER **98**, 280, BVerwG NJW **96**, 1553, § 142 ZPO Rn 17 ff. Das gleiche gilt für fremdsprachiges Entscheidungsmaterial, namentlich Urkunden als Beweismittel, Zweibr FamRZ **99**, 35; bei Amtsermittlung muß ggf das Gericht für eine Übersetzung sorgen, Jacob BWVBl **91**, 207. Selbstverständlich gilt § 184 auch nicht für aus dem Ausland eingehende Rechtshilfeersuchen, Vogler NJW **85**, 1764.

5 **2) VwGO:** Entsprechend anzuwenden, § 55 VwGO, vgl Jacob VBlBW **91**, 205 u BVerwG Buchholz 310 § 130 a Nr 48 (betr Asylprozeß), BVerwG NJW **96**, 1553 (betr fremdsprachliche Urkunden). Eine Rechtsmittelbelehrung, § 58 VwGO, in deutscher Sprache genügt, BVerwG MDR **78**, 786; bei Sprach- und Verständnisschwierigkeiten kommt ggf WiedEins in Frage, BVerwG aaO, VGH Mannh BaWüVPraxis **79**, 254, nicht aber bei bewußtem Verstoß gegen die Rechtsmittelbelehrung, BVerwG NJW **90**, 3103. Im Bereich der Sozialgerichtsbarkeit wird der Grundsatz des § 184 durch eine Reihe von über- und zwischenstaatlichen Regelungen eingeschränkt, Kirschner SGb **89**, 545 mwN.

185 *Verhandlung mit Fremdsprachigen.* [1] [1] Wird unter Beteiligung von Personen verhandelt, die der deutschen Sprache nicht mächtig sind, so ist ein Dolmetscher zuzuziehen. [2] Ein Nebenprotokoll in der fremden Sprache wird nicht geführt; jedoch sollen Aussagen und Erklärungen in fremder Sprache, wenn und soweit der Richter dies mit Rücksicht auf die Wichtigkeit der Sache für erforderlich erachtet, auch in der fremden Sprache in das Protokoll oder in eine Anlage niedergeschrieben werden. [3] In den dazu geeigneten Fällen soll dem Protokoll eine durch den Dolmetscher zu beglaubigende Übersetzung beigefügt werden.

II Die Zuziehung eines Dolmetschers kann unterbleiben, wenn die beteiligten Personen sämtlich der fremden Sprache mächtig sind.

Vorbem. Gilt entspr in der **Arbeitsgerichtsbarkeit**, § 9 II ArbGG.

Schrifttum: *Jessnitzer*, Dolmetscher, 1982, S 71 ff; *ders.*, Rpfleger **83**, 365.

15. Titel. Gerichtssprache § 185 GVG

1) Erläuterung 1

A. Hinzuziehung eines Dolmetschers. a) Allgemeines, I. Sind der deutschen Sprache nicht Mächtige an einer Verhandlung beteiligt, so muß das Gericht zur Gewährleistung eines fairen Verf, BVerfG NJW **83**, 2762 (zustm Rüping JZ **83**, 663), grundsätzlich einen Dolmetscher derjenigen Sprache zuziehen, die der Betroffene beherrscht, BayObLG DVBl **77**, 115, Düss RR **98**, 1695 (ebenso der Rpfl oder Urkundsbeamte bei der Aufnahme von Erklärungen zu Protokoll, BayObLG Rpfleger **77**, 133). Das Gebot richtet sich an das Gericht, die Beteiligten sind nicht verpflichtet, auf die Notwendigkeit der Zuziehung hinzuweisen, Hamm MDR **00**, 657, werden dies aber verständigerweise idR tun. Spricht der Betroffene mehrere Sprachen, liegt es im Ermessen des Gerichts, für welche Sprache(n) ein Dolmetscher zugezogen wird, BGH NStZ **90**, 228 mwN, VGH Kassel JB **89**, 645.

„Verhandlung" iSv I ist nicht nur die mdl Verh, sondern jeder Gerichtstermin, auch derjenige vor dem verordneten Richter, Kissel 2 mwN. Demgemäß ist auch bei der Erledigung eines ausländischen Rechtshilfeersuchens, zB nach dem Haager BewAufnÜbk (Anh § 363 ZPO), ein Dolmetscher hinzuziehen, wenn ein Richter des ersuchenden Gerichts, Art 8 Übk u 10 AusfG, und/oder eine Partei aus dem dortigen Rechtsstreits anwesend ist, sofern sie des Deutschen nicht mächtig sind, Martens RIW **81**, 732. Dagegen bezieht sich § 185 nicht auf schriftliche Äußerungen des Gerichts oder eines Beteiligten, vgl § 184 Rn 2 u 3, und auch nicht auf sonstige Urkunden, dies ist vielmehr Aufgabe eines Sachverständigen, BGH NStZ **98**, 1087. Vorbereitende Handlungen eines Beteiligten, zB Gespräch mit seinem RA, sind keine Verhandlung iSv § 185; auch eine entspr Anwendung scheidet aus, aM für Strafsachen Ffm StrVert **91**, 457, KG NStZ **90**, 403 u LG Bln NStZ **90**, 449, beide mwN, vgl Katholnigg Rn 7.

Alle an einer Verhandlung Beteiligten müssen so gut Deutsch können, daß sie der Verhandlung folgen und 2 ihre Rechte voll wahrnehmen können, sie müssen Deutsch nicht nur verstehen, sondern auch sprechen können, BVerfG NJW **83**, 2763 mwN, BVerwG NJW **90**, 3103 (Beherrschung der deutschen Sprache ist nicht erforderlich). Beteiligt sind (außer den Gerichtspersonen) Parteien und gesetzliche Vertreter auch im Anwaltsprozeß, Beistände sowie Zeugen und Sachverständige, die beiden letzten nur, soweit sie der Verhandlung folgen müssen. Das Protokoll ist stets deutsch. Die Entscheidung, ob ein Beteiligter genügend Deutsch kann oder welche Sprache er beherrscht, ist im Rahmen eines tatrichterlichen Beurteilungsspielraums zu treffen, BayObLG BayVBl **81**, 187 mwN. Gegebenenfalls hat sich das Gericht (idR durch Anfrage bei dem Beteiligten) zu vergewissern, wie es mit dessen Sprachkenntnissen steht und ob es etwa auf der Bestellung eines Dolmetschers besteht, Schneider **KR** § 8 GKG Nr 93. Wer wahrheitswidrig behauptet, nicht Deutsch zu können, ist zur Verhandlung nicht zuzulassen und als nicht erschienen, als Zeuge das Zeugnis weigernd anzusehen (sorgfältige Prüfung nötig).

Die Entscheidung des Gerichts hat die höhere Instanz nicht nachzuprüfen, LG Bln MDR **87**, 151, LAG Köln MDR **00**, 1337, ebensowenig, ob der Richter, wenn ein Beteiligter zT Deutsch kann, von seinem Ermessen, in welchem Umfang der Dolmetscher dann heranzuziehen ist, richtig Gebrauch gemacht hat, BGH NStZ **84**, 328, Düss RR **98**, 1695. Wohl aber ist nachzuprüfen, ob der Begriff der Sprachkundigkeit verkannt ist, Ffm NJW **52**, 1310, jedoch nur aufgrund eines Rechtsmittels gegen die Entscheidung selbst, nicht über § 567 ZPO, Stgt NJW **62**, 540. Der Begriff der Sprachkundigkeit ist bereits dann verkannt, wenn Zweifel bestehen, daß die Person der Verhandlung folgen kann, BSG NJW **57**, 1087, vgl VGH Kassel JB **89**, 645. Deshalb muß die Entscheidung, daß ein Dolmetscher nicht zuzuziehen sei, so begründet werden, daß eine Nachprüfung dieses Punktes möglich ist, BayObLG BayVBl **81**, 187.

b) Ausnahme, II. Die Zuziehung eines Dolmetschers kann unterbleiben, wenn alle Beteiligten der 3 anderen Sprache mächtig sind, also etwa diejenige des Zeugen verstehen und sprechen (zB Plattdeutsch, Friesisch oder Sorbisch, § 184 Rn 1); das Protokoll ist auch dann deutsch zu führen. Sich gegenüber Ausländern einer fremden Sprache zu bedienen, ist das Gericht weder berechtigt noch gar verpflichtet, BVerwG BayVBl **73**, 443 (die Zulassung von Verhandlungen in fremder Sprache befürwortet Gruber ZRP **90**, 172).

c) Verstoß. Ein Verstoß gegen I liegt nicht nur dann vor, wenn die gebotene Hinzuziehung eines 4 Dolmetschers unterbleibt, sondern auch dann, wenn seine Tätigkeit an erheblichen Mängeln leidet, BVerwG NVwZ **99**, 66, oder wenn der Dolmetscher zeitweilig abwesend ist, vgl BGH bei Holtz MDR **91**, 1025. Er ist kein unbedingter Revisionsgrund, § 551 ZPO; die Partei kann auf die Einhaltung des § 185 verzichten und auch ihr Rügerecht nach § 295 ZPO verlieren, BVerwG NVwZ **99**, 66 mwN. Ist das nicht der Fall, liegt ein Verfahrensmangel (Verletzung des Anspruchs auf rechtliches Gehör, Art 103 I GG) vor, der die Zurückverweisung, § 539 ZPO, rechtfertigt. Die Partei darf sich auf den Mangel aber nicht berufen, wenn sie ihre prozessuale Möglichkeit, Verhandlung mit Dolmetscher herbeizuführen (zB durch einen Antrag auf Vertagung) nicht ausgenutzt hat, BVerwG BayVBl **82**, 349.

B. Stellung des Dolmetschers. a) Auswahl. Der Dolmetscher ist Gehilfe des Gerichts und der 5 Beteiligten, wenn er nur zur mündlichen Übertragung des Verhandelten herangezogen wird; dann ist er kein Sachverständiger, BGHSt **1**, 4, wird aber in mancher Beziehung wie ein solcher behandelt, s § 191, BGHSt **4**, 154. Sofern er (nur oder auch) Übersetzer ist, dh mündlich oder schriftlich den Text einer außerhalb des Verfahrens entstandenen Urkunde übertragen hat, ist er dagegen insoweit Sachverständiger, BGH JR **51**, 90, NJW **65**, 643, Köln RIW **88**, 55 u NJW **87**, 1091. Seine Auswahl steht im Ermessen des Gerichts, Jessnitzer S 80, wobei die öffentlich bestellten bzw allgemein vereidigten Dolmetscher entspr § 404 I ZPO idR zu bevorzugen, Tormin ZRP **87**, 423, und etwaige besondere Umstände des Einzelfalles zu berücksichtigen sind, Jessnitzer S 84. Im übrigen darf das Gericht jede fachlich und persönlich geeignete Person für diesen Dienst heranziehen, Kissel 16, VGH Kassel JB **89**, 645 (auch zur Heranziehung bei Mehrsprachigkeit eines Beteiligten), also auch den Verwandten eines Beteiligten, BVerwG NJW **84**, 2055; wegen der Ablehnung des Dolmetschers s § 191. Der Dolmetscher kann zugleich Zeuge oder Sachverständiger sein und darf dann seine eigenen Aussagen übersetzen, Kissel § 191 Rn 6; vgl auch § 191 Rn 1 ff.

b) Aufgaben. Der Dolmetscher muß den Tenor aller Entscheidungen sowie die Auflagen und Fragen des 6 Gerichts, fremdsprachliche Beweisurkunden und Anträge oder sonst entscheidungserhebliche Erklärungen

Albers

GVG §§ 185–188

der Beteiligten wörtlich übersetzen, während i ü eine Übersetzung ihrem wesentlichen Inhalt nach genügt; bei Gutachten genügt die Wiedergabe des Ergebnisses, soweit nicht eine Gesamtübersetzung ausdrücklich verlangt wird, Kissel 10. Es handelt sich um eine zwingende öff-rechtliche Vorschrift; ein Verzicht ist nicht möglich. Das Protokoll muß den Grund der Zuziehung des Dolmetschers angeben, nicht notwendig die Einzelheiten der Zuziehung, RGSt **43**, 442. Es muß angeben, was übertragen ist, wenn auch nicht in alle Einzelheiten. Daß das geschehen ist, ist mit jedem Beweismittel, nicht nur dem Protokoll, zu beweisen. Wegen der Entschädigung des Dolmetschers und des Übersetzers vgl § 17 ZSEG, s Hartmann Teil V; als gerichtliche Auslage, KV 1904, ist sie in allen Fällen vom Kostenschuldner zu tragen, Bbg JB **76**, 644 m Anm Mümmler (anders in StrafS, KV 1904 II idF des Art 2 Z 1 G v 15. 6. 89, BGBl 1082, dazu Hartmann bei KV 1904).

7   **2)** *VwGO:* Entsprechend anzuwenden, § 55 VwGO; zum Rügeverlust bei anwaltlicher Vertretung BVerwG NVwZ **99**, 66, NJW **88**, 723 mwN.

186 *Hör- oder sprachbehinderte Personen.* I 1 Die Verständigung mit einer hör- oder sprachbehinderte Person in der Verhandlung erfolgt nach ihrer Wahl mündlich, schriftlich oder mit Hilfe einer die Verständigung ermöglichenden Person, die vom Gericht hinzuzuziehen ist. ² Für die mündliche und schriftliche Verständigung hat das Gericht die geeigneten technischen **Hilfsmittel** bereit zu stellen. ³ Die hör- oder sprachbehinderte Person ist auf ihr Wahlrecht hinzuweisen.

II Das Gericht kann eine schriftliche Verständigung verlangen oder die Hinzuziehung einer Person als Dolmetscher anordnen, wenn die hör- oder sprachbehinderte Person von ihrem Wahlrecht nach Absatz 1 keinen Gebrauch gemacht hat oder eine ausreichende Verständigung in der nach Absatz 1 gewählten Form nicht oder nur mit unverhältnismäßigem Aufwand möglich ist.

Vorbem. § 186 idF des Art 20 Z 3 G v 23 7. 02, BGBl 2850, mWv 1. 8. 02, Art 34 des Ges (Bericht des Rechtsausschusses BT-Drs 14/9266 S 69). Die Vorschrift gilt entspr in der **Arbeitsgerichtsbarkeit**, § 9 II ArbGG.

1   **1) Regelungszweck.** Die auf § 9 BGG zurückgehende Vorschrift regelt die Verständigung mit körperlich hör- oder sprachbehinderten Personen, die als Beteiligte oder Dritte, zB Zeugen, an der Verhandlung beteiligt sind. Sie bezieht sich nicht auf geistig Behinderte; insoweit ist das Gericht berechtigt und verpflichtet, nach pflichtgemäßem Ermessen darüber zu befinden, welche angemessenen Maßnahmen zu ergreifen sind, um eine sachgemäße und effektive Verständigung sicherzustellen, BGH NJW **97**, 2335. Die Regelung verpflichtet das Gericht, von der Möglichkeit einer direkten Verständigung, zB durch Zeichen- oder Gebärdensprache, vorrangig Gebrauch zu machen.

2   **2) Grundsatz, I.** Die behinderte Person hat ein Wahlrecht zwischen schriftlicher oder mündlicher Verständigung oder der Hinzuziehung einer die Verständigung ermöglichenden Person, **I 1**. Als Sprachmittler kommen nicht nur Gebärden-, Schrift- oder Oraldolmetscher in Betracht; vielmehr kann die Verständigung auch mit Hilfe anderer, dem behinderten Menschen vertrauten Personen erfolgen. Die behinderte Person hat einen Anspruch darauf, dass das Gericht die für die Verständigung zweckdienlichen **Hilfsmittel** bereitstellt, zB Tonübertragungseinrichtungen (Tonanlagen), **I 2**. Sie ist mündlich oder schriftlich darauf **hinzuweisen,** dass sie zwischen den verschiedenen Möglichkeiten frei wählen kann, **I 3**.

3   **3) Beschränkungen, II.** Das Gericht ist nicht darauf angewiesen, dass die behinderte Person von ihrem Wahlrecht Gebrauch macht. Geschieht dies nicht, kann das Gericht eine **schriftliche Verständigung** verlangen oder die Hinzuziehung einer Person als **Dolmetscher** anordnen. Dieselben Möglichkeiten hat das Gericht, wenn eine ausreichende Verständigung in der nach I gewählten Form nicht oder nur mit unverhältnismäßigem Aufwand möglich ist, zB die behinderte Person einer Zeichen- oder Gebärdensprache nicht oder nicht ausreichend mächtig ist.

4   **4) Verfahren.** Das Gericht entscheidet in den Fällen des II nach pflichtgemäßem Ermessen durch Beschluß, der unanfechtbar ist. Ordnet es die Hinzuziehung eines Dolmetschers an, so gilt für dessen Ablehnung § 191 und für dessen Beeidigung § 483 ZPO, s dort. Wegen der Kosten s § 185 Rn 6 aE.

5) *VwGO:* Entsprechend anzuwenden, § 55 VwGO.

187 (betrifft Strafsachen)

188 *Eidesleistungen.* Personen, die der deutschen Sprache nicht mächtig sind, leisten Eide in der ihnen geläufigen Sprache.

Vorbem. Gilt entspr in der **Arbeitsgerichtsbarkeit**, § 9 II ArbGG.

Schrifttum: *Jessnitzer,* Dolmetscher, 1982, S 76.

1   **1) Erläuterung.** Der Dolmetscher, § 185, hat die Eidesbelehrung in die fremde Sprache zu übertragen. Er spricht Eidesnorm und Eidesformel in dieser Sprache vor, ohne daß der Richter sie in deutscher Sprache vorgesprochen haben müßte, RGSt **45**, 304. Der fremdsprachige Teil der Vereidigung sollte zur Kontrolle immer ins Deutsche zurückübertragen werden, Jessnitzer S 76, str. Der Ausländer darf ihm vertraute Beteuerungsformeln zur Bekräftigung hinzufügen, Köln MDR **69**, 501.

2   **2)** *VwGO:* Entsprechend anzuwenden, § 55 VwGO.

15. Titel. Gerichtssprache §§ 189–191 GVG

189 *Dolmetscher.* I ¹ Der Dolmetscher hat einen Eid dahin zu leisten: daß er treu und gewissenhaft übertragen werde.
² Gibt der Dolmetscher an, daß er aus Glaubens- oder Gewissensgründen keinen Eid leisten wolle, so hat er eine Bekräftigung abzugeben. ³ Diese Bekräftigung steht dem Eid gleich; hierauf ist der Dolmetscher hinzuweisen.

II Ist der Dolmetscher für Übertragungen der betreffenden Art im allgemeinen beeidigt, so genügt die Berufung auf den geleisteten Eid.

Vorbem. Gilt entspr in der **Arbeitsgerichtsbarkeit**, § 9 II ArbGG.

Schrifttum: *Jessnitzer,* Dolmetscher, 1982, S 100–101.

1) Vereidigung, I. Der Dolmetscher ist in jeder Verhandlung, § 185 Rn 1, durch Voreid zu verpflichten, 1 I 1, BGH MDR **70**, 778; wegen der Bekräftigung, I 2 u 3, s § 484 ZPO. Die Eidesleistung braucht an späteren Sitzungstagen nicht wiederholt zu werden, BVerwG NJW **86**, 3154, BGH GoldtArch **79**, 272, Kissel 3; ebensowenig muß der Dolmetscher sich jeweils ausdrücklich auf den Eid berufen, BVerwG BayVBl **86**, 374. Bei wiederholter Vernehmung in derselben Sache genügt es, daß der Dolmetscher die Richtigkeit der Übertragung unter Berufung auf den zuvor geleisteten Eid versichert, BayObLG MDR **79**, 696; dies gilt nicht bei einer Vereidigung im Vorstadium des Verf, BGH StrVert **91**, 504, zB nur in PKH-Verf. Der für einen späteren Verhandlungstag geleistete Voreid bzw die Berufung auf den allgemein geleisteten Eid hat nicht ohne weiteres die Bedeutung eines Nacheides für den voraufgegangenen Tag, Hbg LS MDR **84**, 75.

Es handelt sich um eine zwingende unverzichtbare Vorschrift, BGH NJW **94**, 941 u **87**, 260 mwN; ein Verstoß ist aber kein absoluter Revisionsgrund iSv § 551 ZPO, vgl BGH NStZ **88**, 20, BSG MDR **93**, 173; insbesondere begründet ein vorschriftswidriger Nacheid nicht die Revision, Saarbr NJW **75**, 65, zweifelnd Hbg LS MDR **84**, 75. Ist die Beeidigung des Dolmetschers unterblieben, darf eine Zeugenaussage vom Berufungsgericht nicht ohne erneute Vernehmung verwertet werden, BGH NJW **94**, 941.

2) Allgemeiner Eid, II. Die Berufung auf den geleisteten allgemeinen Eid, über den das LandesR 2 bestimmt (Näheres bei Jessnitzer S 21 ff, Tormin ZRP **87**, 422, Ruderich BayVBl **85**, 169), genügt. Die allgemeine Beeidigung muß sich auf die Sprache beziehen, aus der bzw in die der Dolmetscher übersetzen soll, BGH bei Holtz MDR **80**, 456; für eine andere Sprache bedarf es der besonderen Vereidigung, BGH NJW **87**, 1033 (idR beruht das Urteil dann aber nicht auf dem Fehlen der Vereidigung). Nötig ist eine eigene Erklärung des Dolmetschers, daß er die Richtigkeit der Übertragung auf seinen Eid nehme, BGH MDR **82**, 685 mwN; seine Mitteilung, daß er allgemein vereidigt sei, genügt jedoch, BGH bei Holtz MDR **78**, 280. Die bloße Feststellung im Protokoll, daß er allgemein vereidigt sei, reicht nicht aus, BGH GoldtArch **80**, 184 m Anm Liemersdorf NStZ **81**, 69; zur Auslegung des den Angaben zur Person folgenden Protokollvermerks „allgemein vereidigt" vgl BGH NJW **82**, 2739. Ob das Urteil auf dem Unterlassen einer Berufung auf den allgemeinen Eid beruht, hängt von den Umständen des Einzelfalles ab, BGH NStZ **87**, 568. Beruft sich der Dolmetscher auf einen nicht ordnungsgemäß geleisteten Eid, so kann das Urteil auf diesem Fehler nicht beruhen, wenn sowohl der Tatrichter als auch der Dolmetscher irrig von der Ordnungsmäßigkeit des Eides ausgehen, BGH NStZ **84**, 328.

3) *VwGO:* Entsprechend anzuwenden, § 55 *VwGO.* 3

190 *Urkundsbeamter als Dolmetscher.* ¹ Der Dienst des Dolmetschers kann von dem Urkundsbeamten der Geschäftsstelle wahrgenommen werden. ² Einer besonderen Beeidigung bedarf es nicht.

Vorbem. Gilt entspr in der **Arbeitsgerichtsbarkeit**, § 9 II ArbGG.

1) Erläuterung. Die Heranziehung eines Dolmetschers ist entbehrlich, wenn der gerade **protokollie-** 1 **rende Urkundsbeamte** diese Aufgabe wahrnimmt (nicht ein mitwirkender Richter, Karlsr Just **62**, 93, Kissel § 191 Rn 6, oder ein am Verfahren Beteiligter). Die Beeidigung des Urkundsbeamten ist nicht erforderlich.

2) *VwGO:* Entsprechend anzuwenden, § 55 *VwGO.* 2

191 *Ausschließung und Ablehnung des Dolmetschers.* ¹ Auf den Dolmetscher sind die Vorschriften über Ausschließung und Ablehnung der Sachverständigen entsprechend anzuwenden. ² Es entscheidet das Gericht oder der Richter, von dem der Dolmetscher zugezogen ist.

Vorbem. Gilt entspr in der **Arbeitsgerichtsbarkeit**, § 9 II ArbGG.

Schrifttum: *Jessnitzer,* Dolmetscher, 1982, S 87–92.

1) Erläuterung. Entgegen dem offensichtlich auf einem Redaktionsversehen beruhenden Wortlaut gibt 1 es für den Dolmetscher ebenso wie für den Sachverständigen keine Ausschließung kraft Gesetzes, doch können die Gründe des § 41 ZPO (mit Ausnahme der Z 5) seine Ablehnung durch einen Beteiligten rechtfertigen, § 406 iVm § 42 ZPO, BVerwG NJW **84**, 2055 (zur Dolmetschertätigkeit des Verwandten eines Beteiligten); vgl auch Nürnb MDR **99**, 1513 u 823, Köln NJW **87**, 1091, VG Köln NJW **86**, 2207, LG Darmst StrVert **95**, 239, LG Bln StrVert **94**, 180 (Falschübersetzung). Ein mit Erfolg (nachträglich) abgelehnter Dolmetscher darf nicht weiter tätig werden, das Gericht muß die vorher von ihm vorgenommenen Übertragungen bei seiner Entscheidung außer Betracht lassen, BVerwG NJW **85**, 757 (ein Verstoß ist kein absoluter Revisionsgrund). Ein erfolgreich abgelehnter Dolmetscher darf als Zeuge oder sachverständiger Zeuge dazu gehört werden, was Gegenstand seiner sinnlichen Wahrnehmung war, also zB über die in seiner Gegenwart erfolgten Aussagen, BGH NJW 65, 1492, BayObLG NJW **98**, 1505. Wegen der Einzelheiten ist iü auf die Erläuterungen zu den §§ 406 und 42 ZPO zu verweisen.

Die sonstigen Vorschriften für Sachverständige sind gegenüber den Sondervorschriften des 15. Titels unanwendbar, also auch § 409 ZPO (Ordnungsmittel bei Ausbleiben), Jessnitzer S 143, Kissel § 189 Rn 10, LG Hildesheim NdsRpfl **90**, 232 mwN. Anders liegt es insoweit bei Übersetzern, § 185 Rn 6. Gegen beide können in der Sitzung Ordnungsmittel nach den §§ 177 u 178 verhängt werden, aM hinsichtlich § 178 Jessnitzer S 144 mwN (wegen Art 103 II GG).

2 2) *VwGO:* Entsprechend anzuwenden, § 55 VwGO, BVerwG NJW **85**, 757, **84**, 2055, VG Köln NJW **86**, 2207. Die Ablehnungsgründe werden durch § 54 II u III VwGO ergänzt, vgl § 406 ZPO Rn 35 (abw hinsichtlich § 54 II VG Köln aaO). Jedenfalls rechtfertigt die bloße Tätigkeit als Dolmetscher oder Übersetzer im Verwaltungsverf nicht die Ablehnung nach § 54 II VwGO, weil der Dolmetscher nicht auf die Entscheidung einwirkt, vgl BVerwG NJW **85**, 757, VG Köln aaO.

191a *Blinde oder sehbehinderte Personen.* [1]Eine blinde oder sehbehinderte Person kann nach Maßgabe der Rechtsverordnung nach Absatz 2 verlangen, dass ihr die für sie bestimmten gerichtlichen Dokumente auch in einer für sie wahrnehmbaren Form zugänglich gemacht werden, soweit dies zur Wahrnehmung ihrer Rechte im Verfahren erforderlich ist. [2]Hierfür werden Auslagen nicht erhoben.

II Das Bundesministerium der Justiz bestimmt durch Rechtsverordnung, die der Zustimmung des Bundesrates bedarf, unter welchen Voraussetzungen und in welcher Weise die in Absatz 1 genannten Dokumente und Dokumente, die von den Parteien zur Akte gereicht werden, einer blinden oder sehbehinderten Person zugänglich gemacht werden, sowie ob und wie diese Person bei der Wahrnehmung ihrer Rechte mitzuwirken hat.

Vorbem. Eingefügt durch Art 20 Z 5 G v 23. 7. 02, BGBl 2850, mWv 1. 8. 02, Art 34 des Ges (Bericht des Rechtsausschusses BT-Drs 14/9266 S 71).

Die Vorschrift gilt entspr in der **Arbeitsgerichtsbarkeit**, § 9 II ArbGG.

1 **1) Regelungszweck.** Die auf § 10 BGG zurückgehende Vorschrift stellt sicher, dass die Gerichte Schriftstücke Blinden und Sehbehinderten auch in einer für sie wahrnehmbaren Form übermitteln.

2 **2) Gerichtliche Schriftstücke, I u II.** Es muß sich um Schriftstücke handeln, die von einem Gericht erstellt und für die blinde oder sehbehinderte Person bestimmt sind, also Entscheidungen, Verfügungen und Mitteilungen. Solche Schriftstücke sind auf Antrag dem Blinden oder Sehbehinderten zusätzlich in einer für ihn wahrnehmbaren Form zugänglich zu machen, soweit dies zur Wahrnehmung seiner Rechte im Verfahren erforderlich ist, **I 1**. Dies kann zu verneinen sein, wenn der Antragsteller durch einen Prozeßbevollmächtigten vertreten ist. Im übrigen bestimmt sich der Umfang des Anspruchs nach den individuellen Fähigkeiten des Antragstellers. So kann die Übersendung in elektronischer Form ausreichen, wenn der Antragsteller über einen Internetzugang sowie über einen Computer mit Braille-Zeile oder Sprachausgabe verfügt, BT-Drs 14/9266 S 172.

3 Für die Zugänglichmachung werden **Auslagen** nicht erhoben, **I 2**. Alles weitere über die Voraussetzungen und die Art und Weise der Zugänglichmachung wird durch **Rechtsverordnung des Bundesministeriums der Justiz** bestimmt, **II**.

4 **3) Schriftstücke der Parteien.** Für sie gilt das gleiche, soweit dies in der Verordnung, II, bestimmt wird.

5 **4) Prozessuale Auswirkungen.** Die Vorschriften der Prozeßordnungen über Formen, Fristen und Zustellungen werden durch den Anspruch, I, und seine Verwirklichung nicht berührt.

6 **5)** *VwGO:* Entsprechend anzuwenden, § 55 VwGO.

Sechzehnter Titel. Beratung und Abstimmung

Übersicht

Schrifttum: *Michel* DRiZ **92**, 263.

1 **1) Allgemeines.** Ist sich der einzeln urteilende Richter über die Beurteilung des Streitstoffs klargeworden, so gibt er seine Entscheidung bekannt; damit erhält der innere Vorgang Leben nach außen, s § 329 ZPO Rn 24 ff. Beim Kollegium muß die Einigung der Richter über die Beurteilung vorangehen; sie ordnet Titel 16 (§§ 192–198). Beratung und Abstimmung sind also ein Vorgang des inneren Dienstes; sie sind ihrem Inhalt nach nach außen in keiner Weise ersichtlich zu machen. Das Gericht ist nach außen eine Einheit, eben „das Gericht". Es ist ganz unstatthaft, durch die Fassung der Entscheidungsgründe oder sonstwie anzudeuten, daß der Verkündende oder der Urteilsverfasser überstimmt ist. Es ist Amtspflicht der Richter, über den Hergang von Beratung und Abstimmung volles Schweigen zu bewahren, § 43 DRiG, s die dortigen Erl. Das Beratungsgeheimnis gilt auch für ehrenamtliche Richter, § 45 I 2 DRiG; wegen ausländischer Hospitanten s § 193 II–IV. Über die Vernehmung von Richtern usw über das Zustandekommen einer Entscheidung s § 383 Rn 20. Ob die geheime Beratung und Abstimmung immer und überall ein Vorteil ist, ist fraglich; für das BVerfG ist der Grundsatz durchbrochen, § 30 II BVerfGG.

2 **2) Haftpflicht des einzelnen Richters.** Sie kann immer nur auf seiner Abstimmung beruhen, nie auf der Entscheidung des Kollegiums. Ihm muß seine Abstimmung nachgewiesen werden; empfehlenswert ist

16. Titel. Beratung und Abstimmung **Übers § 192, §§ 192, 193 GVG**

trotzdem, wo eine Haftpflicht droht, die Niederlegung der abweichenden Meinung in einem geheimzuhaltenden Aktenvermerk.

192 *Mitwirkende.* ¹Bei Entscheidungen dürfen Richter nur in der gesetzlich bestimmten Anzahl mitwirken.

II Bei Verhandlungen von längerer Dauer kann der Vorsitzende die Zuziehung von Ergänzungsrichtern anordnen, die der Verhandlung beizuwohnen und im Falle der Verhinderung eines Richters für ihn einzutreten haben.

III (betr Strafsachen).

Vorbem. Gilt entspr in der **Arbeitsgerichtsbarkeit**, § 9 II ArbGG.

1) **Erläuterung.** I gibt eine zwingende öff-rechtliche Vorschrift; ein Verstoß ist ein unbedingter Revisions- und Nichtigkeitsgrund, §§ 547 Z 1, 579 Z 1 ZPO; eine abw Regelung enthält § 320 IV 2 u 3 ZPO (zu ihrer entspr Anwendung s BGH MDR **02**, 658). Die Zuziehung von Ergänzungsrichtern bei Mitwirkung von mehr als einem Berufsrichter, II, ordnet der Vorsitzende an, das Präsidium bestimmt sie (nicht notwendigerweise im Voraus für das Geschäftsjahr, aM Foth DRiZ **74**, 87). Es darf andere Richter als die Vertreter der Mitglieder wählen, RGSt **59**, 20. Sie haben das Fragerecht, RGSt **27**, 172, wirken aber an der Beratung und Abstimmung erst nach Eintritt mit, BGH NJW **63**, 1463. Über ihren Eintritt entscheidet der Vorsitzende, BGH NJW **91**, 51. 1

2) *VwGO: Entsprechend anzuwenden, § 55 VwGO.* 2

193 *Anwesenheit Dritter.* ¹Bei der Beratung und Abstimmung dürfen außer den zur Entscheidung berufenen Richtern nur die bei demselben Gericht zu ihrer juristischen Ausbildung beschäftigten Personen und die dort beschäftigten wissenschaftlichen Hilfskräfte zugegen sein, soweit der Vorsitzende deren Anwesenheit gestattet.

II ¹Ausländische Berufsrichter, Staatsanwälte und Anwälte, die einem Gericht zur Ableistung eines Studienaufenthaltes zugewiesen worden sind, können bei demselben Gericht bei der Beratung und Abstimmung zugegen sein, soweit der Vorsitzende deren Anwesenheit gestattet und sie gemäß den Absätzen 3 und 4 verpflichtet sind. ²Satz 1 gilt entsprechend für ausländische Juristen, die im Entsendestaat in einem Ausbildungsverhältnis stehen.

III ¹Die in Absatz 2 genannten Personen sind auf ihren Antrag zur Geheimhaltung besonders zu verpflichten. ²§ 1 Abs. 2 und 3 des Verpflichtungsgesetzes vom 2. März 1974 (BGBl. I S. 469, 547 – Artikel 42) gilt entsprechend. ³Personen, die nach Satz 1 besonders verpflichtet worden sind, stehen für die Anwendung der Vorschriften des Strafgesetzbuches über die Verletzung von Privatgeheimnissen (§ 203 Abs. 2 Satz 1 Nr. 2, Satz 2, Abs. 4 und 5, § 205), Verwertung fremder Geheimnisse (§§ 204, 205), Verletzung des Dienstgeheimnisses (§ 353 b Abs. 1 Satz 1 Nr. 2, Satz 2, Abs. 3 und 4) sowie Verletzung des Steuergeheimnisses (§ 355) den für den öffentlichen Dienst besonders Verpflichteten gleich.

IV ¹Die Verpflichtung wird vom Präsidenten oder vom aufsichtsführenden Richter des Gerichts vorgenommen. ²Er kann diese Befugnis auf den Vorsitzenden des Spruchkörpers oder auf den Richter übertragen, dem die in Absatz 2 genannten Personen zugewiesen sind. ³Einer erneuten Verpflichtung bedarf es während der Dauer des Studienaufenthaltes nicht. ⁴In den Fällen des § 355 des Strafgesetzbuches ist der Richter, der die Verpflichtung vorgenommen hat, neben dem Verletzten antragsberechtigt.

Vorbem. A. Neufassung durch Art 3 Z 2 G v 24. 6. 94, BGBl 1374, mWv 1. 7. 94, Art 11 des Ges (Materialien: RegEntw BT-Drs 12/6243, AusschußBer BT-Drs 12/7277).

B. Gilt entspr in der **Arbeitsgerichtsbarkeit**, § 9 II ArbGG.

1) **Allgemeines.** Jede Entscheidung eines Kollegialgerichts muß auf einer äußerlich erkennbaren Beratung und Abstimmung beruhen, RGSt **43**, 51. Das Aufsuchen des Beratungszimmers ist nicht unbedingt nötig. Ist eine Verhandlung wiedereröffnet worden, so genügt in der daraufhin stattfindenden Sitzung eine kurze Verständigung im Sitzungssaal, wenn wegen der Entscheidung einfacher Fragen rascheste Verständigung möglich ist, BGH NJW **92**, 3181 mwN (krit R. Hamm NJW **92**, 3147); ein entspr Vermerk im Protokoll ist ratsam, BGH NJW **92**, 3183 mwN. Unter der genannten Voraussetzung ist eine natürlich leise zu führende Beratung in dieser Form („am Richtertisch") auch sonst zulässig (und üblich), MüKoWo 2, Kissel 34. Eine bestimmte Dauer der Beratung ist dem Gericht nicht vorgeschrieben, BGH NJW **91**, 51 (dazu Rüping NStZ **91**, 193). 1

2) **Teilnahme, I u II.** Anwesend sein dürfen ausschließlich: **a) die beteiligten Richter**, nicht die noch nicht eingetretenen Ergänzungsrichter, BGH NJW **63**, 1463, I; b) die bei demselben Gericht, nicht notwendig gerade bei dieser Abteilung oder diesem Kollegium, beschäftigten **Referendare und Teilnehmer an der einstufigen Ausbildung**, vgl § 5 b DRiG, ferner die ihnen **gleichgestellten Personen**, § 8 RpflAnpG (abgedr § 10 Rn 2), soweit der Vorsitzende ihre Anwesenheit gestattet, **I**, nicht dagegen auch Rechtsstudenten, mögen sie auch bei Gericht ein vorgeschriebenes Praktikum ableisten, hM, BGH NJW **95**, 2645 mwN, aM ua Kissel 24 mwN, Bayreuther JuS **96**, 686, Seifert MDR **96**, 125, OVG Hbg NordÖR **99**, 114. Die Zeit der förmlichen Zuweisung des Referendars oder Ausbildungsteilnehmers an das Gericht darf noch nicht beendet sein, BVerwG NJW **82**, 1716; etwas anderes gilt allenfalls dann, wenn noch eine zur ordnungsmäßigen Ableistung des Vorbereitungsdienstes notwendige Arbeit nachzuho- 2

GVG §§ 193, 194

len ist, BGH GoldtArch 65, 93; c) die bei demselben Gericht beschäftigten **wissenschaftlichen Hilfskräfte**, soweit der Vorsitzende ihre Anwesenheit gestattet, **I** (mit ihrer Aufnahme in I ist die frühere Streitfrage, s 52. Aufl, erledigt); d) **ausländische Berufsrichter, Staatsanwälte und Anwälte**, die einem Gericht zur Ableistung eines **Studienaufenthaltes** zugewiesen worden sind, sowie **ausländische Juristen**, die im Entsendestaat in einem Ausbildungsverhältnis stehen, soweit der Vorsitzende diesen Personen die Anwesenheit gestattet und sie nach III u IV verpflichtet sind, **II.** Entgegen dem mißverständlichen Wortlaut sind die Hospitanten nicht nur auf Antrag zu verpflichten; gemeint ist, daß sie zu verpflichten sind, sobald sie den Antrag auf Teilnahme gestellt haben (und diesem Antrag stattgegeben worden ist), RegEntwBegr S 10. – Die Teilnahme der unter b–d Genannten ist nicht auf bloßes Zuhören beschränkt. Der Vorsitzende kann jedoch im Einzelfall die Anwesenheit auf eine passive Teilnahme beschränken, RegEntwBespr S 10.

Aufsichtspersonen dürfen ebensowenig teilnehmen wie der Protokollführer (daß der UrkBeamte außerhalb der Beratung Kenntnis von dem Votum erhält, ist unschädlich, BVerwG NVwZ 87, 127); fällt der Protokollführer unter b, so darf er bei der Beratung zugegen sein, RGSt 18, 161, OGHSt 2, 62. Zeugen, die unter b, c oder d fallen, dürfen nicht anwesend sein, RG Recht 32, 548.

3   3) **Verstoß, I–IV.** Zweck des § 193 ist die Vermeidung jeder Beeinflussung des Gerichts; die Parteien können auf die Wahrung des Beratungsgeheimnisses nicht wirksam verzichten, VGH Kassel NJW 81, 599. Ausnahmsweise schadet die unbefugte Anwesenheit Dritter nicht, falls eine Beeinflussung ausgeschlossen ist; dann beruht das Urteil nicht auf dem Verstoß, BAG NJW 67, 1581, MüKoWo 3, aM Kissel 35, VGH Kassel NJW 81, 599: unerlaubte Anwesenheit schadet immer. Bei einer Beratung in der Sitzung, oben Rn 1, scheidet die Möglichkeit der Beeinflussung regelmäßig aus, wenn sie so leise geschieht, daß die sonst Anwesenden nichts davon verstehen, BVerwG Buchholz 300 § 193 Nr 1 mwN.

Ein Verstoß gegen § 193 ist ein Verfahrensfehler, so daß die Zurückverweisung durch das Revisionsgericht nötig und durch das Berufungsgericht möglich ist, wenn das Urteil auf dem Verstoß beruht, Katholnigg 11 mwN, str.

4   4) *VwGO:* Entsprechend anzuwenden, § 55 VwGO.

194 **Hergang bei Beratung und Abstimmung.** I Der Vorsitzende leitet die Beratung, stellt die Fragen und sammelt die Stimmen.
II Meinungsverschiedenheiten über den Gegenstand, die Fassung und die Reihenfolge der Fragen oder über das Ergebnis der Abstimmung entscheidet das Gericht.

Vorbem. Gilt entspr in der **Arbeitsgerichtsbarkeit**, § 9 II ArbGG.

1   1) **Erläuterung.** Die Beratung braucht sich nicht unmittelbar an die Verhandlung anzuschließen, vielmehr bestimmt der Vorsitzende die ihm zweckmäßig scheinende Zeit. Die Beratung geschieht regelmäßig mündlich; in Ausnahmefällen steht einer Beratung und Abstimmung im Umlaufwege nichts entgegen, wenn alle Richter einverstanden sind, Kissel § 193 Rn 3 mwN, BVerwG NJW 92, 257 (vgl auch BVerwG NJW 92, 255). Unzulässig ist die mündliche oder fernmündliche Einholung der Stimmen außerhalb der Sitzung, BSG NJW 71, 2096. Wird die Beratung mit dem Vorbehalt beendet, wieder in sie einzutreten, falls sich für einen Richter ein neuer Gesichtspunkt ergeben sollte, ist eine erneute Verständigung der Richter nötig, Bbg NStZ 81, 191 (Unterzeichnung der Entscheidung durch alle genügt). Mit Mehrheit kann das Kollegium die Wiedereröffnung der Beratung beschließen, Kissel 5.

Die Ordnung der Beratung und Abstimmung ergibt sich nicht aus § 197, sondern unterliegt der pflichtgemäßen Bestimmung des Vorsitzenden; bei Meinungsverschiedenheiten entscheidet das Kollegium. Zweckmäßig erledigt das Gericht die einzelnen Fragen, deren Beantwortung das Endergebnis bestimmt, die „Elemente der Entscheidung", einzeln, weil die Gründe durchweg die Ansicht des Kollegiums wiedergeben haben; zu den sich daraus ergebenden Abstimmungsergebnissen Breetzke DRiZ 62, 5.

2   Die Beratung (und Abstimmung) ist im Zivilprozeß auch dann gesetzmäßig, wenn der Vorsitzende und der Berichterstatter die Akten durchgearbeitet haben und dem zweiten Beisitzer der Sach- und Streitstand entweder schriftlich (in Gestalt eines Votums) oder in dem erforderlichen Umfang sonst bekannt gemacht wird, was durch die Vorgänge in der mdl Verh und/oder in der Beratung geschehen kann, BVerfG NJW 87, 2219, BGH NJW 86, 2706; aM Däubler JZ 84, 355, v. Stackelberg MDR 83, 364, Doehring NJW 83, 851, die unter Berufung auf das Grundgesetz (Art 103 I, 101 I 2 u 97 I) die volle Aktenkenntnis aller Richter für erforderlich halten; dagegen mit Recht ZöGre 7 vor § 128, Wimmer DVBl 85, 779, Schneider DRiZ 84, 361, Herr DRiZ 84, 359, MDR 83, 634 u NJW 83, 2131, Schultz MDR 83, 633: grundsätzlich wird nicht nach Lage der Akten entschieden, vielmehr ist es Aufgabe der Beteiligten, dem Gericht alles erforderliche in der mdl Verh vorzutragen (§§ 137 II, 526 ZPO), und ihrer freien Entscheidung überlassen, ob sie sich mit einer Bezugnahme begnügen (§ 137 III ZPO), so daß eine (allein erwägenswerte) Verletzung des Art 103 I GG idR ausscheidet; sie kommt ohnehin nur in Betracht, wenn eine mangelnde Aktenkenntnis sich im Einzelfall dahin auswirkt, daß erhebliche Fragen nicht erörtert oder wesentlicher Parteivortrag nicht angemessen berücksichtigt wird, BVerfG NJW 87, 2219, BGH WertpMitt 83, 866, vgl auch BVerwG NJW 84, 251. Daß Schriftstücke, auf deren Wortlaut es ankommt, sowie Augenscheinsobjekte allen Richtern zugänglich gemacht werden, versteht sich von selbst. I ü können und werden die ehrenamtlichen Richter idR nur mündlich (in der mdl Verh oder in der Beratung) über die Sache unterrichtet werden, wenn es sich nicht um Handelsrichter handelt, denen häufig die Akten übersandt werden.

3   2) *VwGO:* Entsprechend anzuwenden, § 55 VwGO.

17. Titel. Gerichtsferien §§ 195–202 GVG

195 *Überstimmte.* Kein Richter oder Schöffe darf die Abstimmung über eine Frage verweigern, weil er bei der Abstimmung über eine vorhergehende Frage in der Minderheit geblieben ist.

Vorbem. Gilt entspr in der **Arbeitsgerichtsbarkeit**, § 9 II ArbGG.

1) Erläuterung. Der Richter (Berufsrichter oder ehrenamtlicher Richter), der die Abstimmung verweigert, versagt seine amtliche Tätigkeit und verletzt die Amtspflicht. Notfalls ist ein Ersatzrichter hinzuzuziehen und die Verhandlung zu wiederholen.

2) *VwGO: Entsprechend anzuwenden, § 55 VwGO.*

196 *Stimmenzählung.* ¹Das Gericht entscheidet, soweit das Gesetz nicht ein anderes bestimmt, mit der absoluten Mehrheit der Stimmen.
ᴵᴵ Bilden sich in Beziehung auf Summen, über die zu entscheiden ist, mehr als zwei Meinungen, deren keine die Mehrheit für sich hat, so werden die für die größte Summe abgegebenen Stimmen den für die zunächst geringere abgegebenen so lange hinzugerechnet, bis sich eine Mehrheit ergibt.
ᴵᴵᴵ, ᴵⱽ (betr Strafsachen).

Vorbem. Gilt entspr in der **Arbeitsgerichtsbarkeit**, § 9 II ArbGG.

1) Erläuterung. Absolute Stimmenmehrheit liegt vor, wenn sich **mehr als die Hälfte sämtlicher Stimmen** auf eine Meinung vereinigt (Gegensatz: relative Stimmenmehrheit, dh Vereinigung einer größeren Stimmenzahl als für die anderen Meinungen). Notfalls ist mehrmals abzustimmen; eine absolute Mehrheit gemäß II ist immer zu erzielen. Eine andere Art der Abstimmung tritt bei der Berichtigung des Tatbestands ein, s § 320 IV ZPO; § 522 II ZPO schreibt Einstimmigkeit vor. II gilt auch im Zivilprozeß, ganz gleich, was für eine Bedeutung die Summen haben. Ein Verstoß gegen die § 196 und 197 ist an sich ein Verfahrensfehler, Kissel 10. Er begründet jedoch nur dann eine Anfechtung des Urteils, wenn es auf dem Verstoß beruht und ihn erkennen läßt, RG **38**, 412. Eine Beweisaufnahme über die Stimmenzählung ist zulässig.

2) *VwGO: Entsprechend anzuwenden, § 55 VwGO.*

197 *Reihenfolge bei Abstimmung.* ¹Die Richter stimmen nach dem Dienstalter, bei gleichem Dienstalter nach dem Lebensalter, ehrenamtliche Richter **und Schöffen nach dem Lebensalter; der jüngere stimmt vor dem älteren.** ²Die Schöffen stimmen vor den Richtern. ³Wenn ein Berichterstatter ernannt ist, so stimmt er zuerst. ⁴Zuletzt stimmt der Vorsitzende.

Vorbem. Ohne daß § 197 entsprechend geändert worden wäre, führen die ehrenamtlichen Richter bei der KfH, auf die sich S 1 neben den Schöffen allein bezieht, jetzt wieder die Bezeichnung Handelsrichter, vgl § 105 Rn 1. – § 197 gilt entspr in der **Arbeitsgerichtsbarkeit**, § 9 II ArbGG.

1) Erläuterung. Das § 197 zugrunde liegende Prinzip der aufsteigenden Stimmfolge soll die Unabhängigkeit des Votums sichern; das Erststimmrecht des Berichterstatters beruht auf der Erwägung, daß das Votum des Richters, der sich mit dem Rechtsfall am intensivsten befaßt hat, besondere Bedeutung für die richtige Entscheidung hat, vgl Wacke JA **81**, 176. Diese Regelung gilt nur für die Abstimmung, nicht dagegen für die Beratung, § 194.
Das Dienstalter bestimmt sich nach § 20 DRiG, vgl die dortigen Erläuterungen. Wegen der Reihenfolge bei Richtern auf Probe und kraft Auftrags s DRiG § 20 Rn 2 (Schlußanh). Ist der Vorsitzende zugleich der Berichterstatter, so stimmt er nicht nach S 3 zuerst, sondern nach S 4 zuletzt ab, BVerwG VerwRspr **31**, 508.
Nach dem Lebensalter stimmen Handelsrichter, s Vorbem, und Schöffen ab, und zwar vor den (Berufs-)Richtern. Das gleiche gilt für andere ehrenamtliche Richter iSv § 45 a DRiG. In dem seltenen Sonderfall gleichen Lebensalters entscheidet das Los, Kissel 3.
Über die Bedeutung eines Verstoßes gegen § 197 vgl § 196 Rn 1 aE.

2) *VwGO: Entsprechend anzuwenden, § 55 VwGO. Die ehrenamtlichen Richter, §§ 19 ff VwGO, stimmen ebenso wie die Handelsrichter und Schöffen vor den (Berufs-)Richtern, Satz 2, Ey § 55 Rn 16.*

198 (betr Strafsachen; aufgehoben durch § 85 Z 13 DRiG)

Siebzehnter Titel. Gerichtsferien

199–202 (aufgehoben durch Art 1 G v 28. 10. 96, BGBl 1546, mWv 1. 1. 97; vgl Feiber NJW 97, 160)

Einführungsgesetz zum Gerichtsverfassungsgesetz

vom 27. 1. 1877 (RGBl 77)

(BGBl III 300-1)

idF des G v 12. 9. 50, BGBl 455, zuletzt geändert durch G v 22. 8. 02, BGBl 3390

Bearbeiter: Dr. Albers

Erster Abschnitt. Allgemeine Vorschriften

1 *Inkrafttreten.* Das Gerichtsverfassungsgesetz tritt im ganzen Umfange des Reichs an einem durch Kaiserliche Verordnung mit Zustimmung des Bundesrats festzusetzenden Tage, spätestens am 1. Oktober 1879, gleichzeitig mit der im § 2 des Einführungsgesetzes der Zivilprozeßordnung vorgesehenen Gebührenordnung in Kraft.

2 *Geltungsbereich.* Die Vorschriften des Gerichtsverfassungsgesetzes finden nur auf die ordentliche streitige Gerichtsbarkeit und deren Ausübung Anwendung.

1   **1) Erläuterung.** Über den Begriff der Gerichtsbarkeit s Üb § 12 GVG Rn 1. Die streitige Gerichtsbarkeit umfaßt Zivilprozeß, Strafprozeß und Verwaltungsstreit (auch vor Sozial- und Finanzgerichten). Die **ordentliche streitige Gerichtsbarkeit** umfaßt nur die beiden ersten, soweit sie den ordentlichen Gerichten (AG, LG, OLG, BGH) verbleiben und nicht Sondergerichten zugeteilt sind. Dabei ist die ordentliche streitige Gerichtsbarkeit im Umfang des § 13 GVG zu verstehen. Außerhalb des Geltungsbereichs der Prozeßgesetze liegen die freiwillige Gerichtsbarkeit, soweit sie nicht den Prozeßgerichten zugewiesen ist, Einl III 1; trotzdem ist das GVG auch in Sachen der freiwilligen Gerichtsbarkeit maßgeblich, soweit die ordentliche Gerichte als solche der nichtstreitigen Gerichtsbarkeit tätig werden, BGH **9**, 33, vgl auch § 23 b GVG Rn 2. Wo die Gesetzgebung den ordentlichen Gerichten Aufgaben der Sondergerichte übertragen hat, § 3, gilt das gleichfalls. Eine Reihe von Vorschriften des GVG gilt entsprechend sowohl in der Arbeitsgerichtsbarkeit, Grdz § 1 GVG Rn 6, als auch im Verwaltungsstreit, §§ 55 VwGO, 52 FGO, 61 SGG.

3 *Übertragung der Gerichtsbarkeit.* ¹ ¹ Die Gerichtsbarkeit in bürgerlichen Rechtsstreitigkeiten und Strafsachen, für welche besondere Gerichte zugelassen sind, kann den ordentlichen Landesgerichten durch die Landesgesetzgebung übertragen werden. ² Die Übertragung darf nach anderen als den durch das Gerichtsverfassungsgesetz vorgeschriebenen Zuständigkeitsnormen erfolgen.

II Auch kann die Gerichtsbarkeit letzter Instanz in den vorerwähnten Sachen auf Antrag des betreffenden Bundesstaates **mit Zustimmung des** Bundesrats durch kaiserliche Verordnung **dem Bundesgerichtshof übertragen werden.**

III Insoweit für bürgerliche Rechtsstreitigkeiten ein von den Vorschriften der Zivilprozeßordnung abweichendes Verfahren gestattet ist, kann die Zuständigkeit der ordentlichen Landesgerichte durch die Landesgesetzgebung nach anderen als den durch das Gerichtsverfassungsgesetz vorgeschriebenen Normen bestimmt werden.

1   **1) Übertragung:** Wegen des Begriffs der besonderen Gerichte s § 14 GVG Rn 1. Ordentliche Landesgerichte sind AG, LG, OLG, ObLG. An die Stelle des RG, II, ist der BGH getreten, Art 8 Z 88 VereinhG.

2   **2) Verfahren, III:** Soweit das Landesrecht von der ZPO abweichen darf, § 15 EGZPO, darf es auch die Zuständigkeit abweichend vom GVG regeln; das gilt auch für den Rechtsmittelzug, BGH NJW **80**, 583. Vgl auch § 3 EGZPO Rn 1. Mangels abweichender Regelung ist das Verfahren nach GVG und ZPO anzuwenden. Ein Sondergericht darf aufgrund des § 3 nicht bestimmt werden, Art 101 GG; es muß bundesrechtlich zugelassen sein.

4 *Ermächtigung zu weiterer Übertragung.* ¹ Durch die Vorschriften des Gerichtsverfassungsgesetzes über die Zuständigkeit der Behörden wird die Landesgesetzgebung nicht gehindert, den betreffenden Landesbehörden jede andere Art der Gerichtsbarkeit sowie Geschäfte der Justizverwaltung zu übertragen. ² Andere Gegenstände der Verwaltung dürfen den ordentlichen Gerichten nicht übertragen werden.

1   **1) Übertragung:** Als „Landesbehörden" des GVG kommen in Frage die ordentlichen Gerichte, die Staatsanwaltschaft, die Urkunds-, Zustellungs- und Vollstreckungsbeamten. Der Staatsanwaltschaft dürfen richterliche Geschäfte und die Dienstaufsicht über Richter nicht übertragen werden, § 151 GVG. Von der Ermächtigung haben die Landesgesetzgeber umfassend Gebrauch gemacht, idR in dem jeweiligen AGGVG, Schönfelder vor § 1 GVG (für Bayern s Schlußanh I B).

2   **2) Jede andere Art der Gerichtsbarkeit:** Sie darf also nicht bundesrechtlich geregelt sein und nicht zur ordentlichen Gerichtsbarkeit gehören.

3) Justizverwaltung: Sie ist an sich ein Teil der allgemeinen Verwaltung. Regelmäßig weist man ihr zu, **3** was nicht zur Rspr gehört. Das ist unrichtig. Die Rechtspflege zerfällt in **a)** Rechtsprechung, **b)** Justizverwaltung, **c)** gewisse Rechtspflegeakte, unter die viele Verwaltungsgeschäfte fallen, die den ordentlichen Gerichten obliegen und dabei die Garantien der richterlichen Unabhängigkeit genießen, wie zB die Bestimmung des zuständigen Gerichts, die Geschäftsverteilung, die freiwillige Gerichtsbarkeit, Anh § 21. Zur Justizverwaltung gehören namentlich Dienstaufsicht, Personal-, Sach- und Kassenverwaltung, vgl BGH NJW **87**, 1199, sowie die Erstattung gerichtlicher Gutachten und der Rechtshilfeverkehr mit dem Ausland. Im einzelnen entscheidet nicht die Bezeichnung im Gesetz, sondern der Charakter der dem Gericht zugewiesenen Tätigkeit.

4) Andere Gegenstände der Verwaltung dürfen den Gerichten nicht übertragen werden. Der einzelne **4** Richter darf die in § 4 II DRiG genannten Aufgaben wahrnehmen.

4a
Stadtstaatenklausel. I ¹ Die Länder Berlin und Hamburg bestimmen, welche Stellen die Aufgaben erfüllen, die im Gerichtsverfassungsgesetz den Landesbehörden, den Gemeinden oder den unteren Verwaltungsbezirken sowie deren Vertretungen zugewiesen sind. ² (betrifft Strafsachen)

II (betrifft Strafsachen)

1) Erläuterung. Da Vorschriften des Bundesrechts, die die Zuständigkeit von Verwaltungsbehörden **1** regeln, idR auf die Verhältnisse in den Flächenstaaten zugeschnitten sind (mehrstufiger Aufbau der Verwaltung, Gliederung in Gemeinden usw), enthalten sie vielfach sog Stadtstaatenklausel, die eine Anpassung der Regelung an die Verhältnisse in den Stadtstaaten ermöglichen (Beispiel: § 151 BSHG). § 4a stellt für den Bereich der Gerichtsverfassung allgemein klar, daß die Länder Berlin und Hamburg selbst bestimmen, welche Stellen die Aufgaben wahrnehmen, die das Bundesrecht den bei ihnen fehlenden Behörden oder Gebietskörperschaften zuweist. Für Bremen, wo die Verhältnisse anders liegen, bedarf es bei Bedarf einer besonderen Anpassungsbestimmung.

5
(gegenstandslos geworden)

6
Ehrenamtliche Richter. I Vorschriften über die Wahl oder Ernennung ehrenamtlicher Richter in der ordentlichen Gerichtsbarkeit einschließlich ihrer Vorbereitung, über die Voraussetzung hierfür, die Zuständigkeit und das dabei einzuschlagende Verfahren sowie über die allgemeinen Regeln über Auswahl und Zuziehung dieser ehrenamtlichen Richter zu den einzelnen Sitzungen sind erstmals auf die erste Amtsperiode der ehrenamtlichen Richter anzuwenden, die nicht früher als am ersten Tag des auf ihr Inkrafttreten folgenden zwölften Kalendermonats beginnt.

II Vorschriften über die Dauer der Amtsperiode ehrenamtlicher Richter in der ordentlichen Gerichtsbarkeit sind erstmals auf die erste nach ihrem Inkrafttreten beginnende Amtsperiode anzuwenden.

1) Erläuterung. Die durch Art 3 StVÄG 1987 eingefügte Vorschrift bezieht sich in erster Linie, aber **1** nicht nur auf ehrenamtliche Richter in der Strafjustiz (Schöffen), also zB auch auf Handelsrichter. Die damit geschaffenen allgemeinen Überleitungsvorschriften sollen den Erlaß von jeweils neuen Bestimmungen für jedes einzelne Änderungsgesetz entbehrlich machen, Meyer-Goßner NJW **87**, 1169.

7
(gegenstandslos geworden)

8
Oberstes Landesgericht. I Durch die Gesetzgebung eines Landes, in dem mehrere Oberlandesgerichte errichtet werden, kann die Verhandlung und Entscheidung der zur Zuständigkeit des Bundesgerichtshofes gehörenden Revisionen und Rechtsbeschwerden in bürgerlichen Rechtsstreitigkeiten einem obersten Landesgericht zugewiesen werden.

II Diese Vorschrift findet jedoch auf bürgerliche Rechtsstreitigkeiten, in denen für die Entscheidung Bundesrecht in Betracht kommt, keine Anwendung, es sei denn, daß es sich im wesentlichen um Rechtsnormen handelt, die in den Landesgesetzen enthalten sind.

Vorbem. I mWv 1. 1. 02 idF des Art 5 ZPO-RG.

1) Erläuterung. Nur Bayern hatte ein ObLG errichtet, das 1935 aufgehoben und durch bay Gesetz 124 **1** vom 27. 3. 48 (dieses ersetzt durch Abschnitt I Art 1 ff bayer AGGVG) wiedererrichtet wurde (zur **Abschaffung**, Schlussanh I B Einl, Kruis NJW **04**, 640, Hellgarth DRiZ **05**, 85). Ob für die Entscheidung einer Revision im Schwerpunkt Landesrecht maßgeblich ist, II, richtet sich nach dem Inhalt des Berufungsurteils und dem Vorbringen des Revisionsklägers, BayObLGZ **94**, 39; entsprechendes gilt für die Rechtsbeschwerde, §§ 574 ff ZPO. Vor den BGH gehören namentlich die Revisionen aus BGB, HGB, WechselG, Urheberrecht und gewerblichem Rechtsschutz, GmbHG, HaftpflichtG, BinnSchG, Genossenschaftsrecht, VersicherungsvertragsG, BörsenG, ScheckG, BauforderungsG, FlößereiG. Der BGH ist zuständig, wenn er auch nur für die Widerklage zuständig ist. Wegen des Verfahrens, insbesondere der Revisionseinlegung, s § 7 EGZPO.

EGGVG §§ 9–13

9 (betrifft Strafsachen)

10 *Besetzung und Verfassung des Obersten Landesgerichts.* ᴵ Die allgemeinen sowie die in § 116 Abs. 1 Satz 2, §§ 124, 130 Abs. 1 und 181 Abs. 1 enthaltenen besonderen Vorschriften des Gerichtsverfassungsgesetzes finden auf die obersten Landesgerichte der ordentlichen Gerichtsbarkeit entsprechende Anwendung; ferner sind die Vorschriften der §§ 132, 138 des Gerichtsverfassungsgesetzes mit der Maßgabe entsprechend anzuwenden, daß durch Landesgesetz die Zahl der Mitglieder der Großen Senate anderweitig geregelt oder über die Bildung eines einzigen Großen Senats angeordnet werden kann, der aus dem Präsidenten und mindestens acht Mitgliedern zu bestehen hat und an die Stelle der Großen Senate für Zivilsachen und für Strafsachen sowie der Vereinigten Großen Senate tritt.

ᴵᴵ (betr Straf- und Grundbuchsachen sowie Angelegenheiten der freiwilligen Gerichtsbarkeit)

1   **1) Bem.** Die (durch Art 7 I Z 2 RpflVereinfG mWv 1. 4. 91 geänderte) Vorschrift, die die am 1. 1. 92 in Kraft tretende Neufassung der §§ 132 ff GVG berücksichtigt, hat Bedeutung für das BayObLG, vgl § 8. Solange §§ 136 und 137 GVG galten, waren auch sie entsprechend anzuwenden.

11 *Verfolgung von Beamten.* ᴵ Die landesgesetzlichen Bestimmungen, durch welche die strafrechtliche oder zivilrechtliche Verfolgung öffentlicher Beamten wegen der in Ausübung oder in Veranlassung der Ausübung ihres Amtes vorgenommenen Handlungen an besondere Voraussetzungen gebunden ist, treten außer Kraft.

ᴵᴵ Unberührt bleiben die landesgesetzlichen Vorschriften, durch welche die Verfolgung der Beamten entweder im Falle des Verlangens einer vorgesetzten Behörde oder unbedingt an die Vorentscheidung einer besonderen Behörde gebunden ist, mit der Maßgabe:
1. daß die Vorentscheidung auf die Feststellung beschränkt ist, ob der Beamte sich einer Überschreitung seiner Amtsbefugnisse oder der Unterlassung einer ihm obliegenden Amtshandlung schuldig gemacht habe;
2. daß in den Bundesstaaten, in welchen ein oberster Verwaltungsgerichtshof besteht, die Vorentscheidung diesem, in den anderen Bundesstaaten dem Reichsgerichte zusteht.

1   **1) Erläuterung.** I bezog sich nur auf Landesbeamte; vgl iü § 13 GVG Rn 31. II ist gegenstandslos, Art 131 I 3 WeimVerf, dazu RG **106**, 34 (abgedr RGBl **23** I 292), und jetzt Art 34 S 3 GG.

Zweiter Abschnitt. Verfahrensübergreifende Mitteilungen von Amts wegen

Vorbem. Der 2. Abschnitt ist durch Art 1 JuMiG v 18. 6. 97, BGBl 1430, eingefügt und durch Art 25 Z 1 G v 16. 12. 97, BGBl 2970, geändert worden; er ist nach Art 37 I JuMiG am **1. 6. 98** in Kraft getreten, vgl Pätzel DRiZ **01**, 24 mwN, Wollweber SchlHA **99**, 69 u NJW **97**, 2488, Bryde JZ **98**, 115. **Gesetzesmaterialien:** RegEntw BT-Drs 13/4609; AusschBer BT-Drs 13/7489; BT-Prot v 24. 4. 97, vgl ZRP **96**, 73, 113, 116 u 273. **Ausführungsanordnung:** Neufassung der AnO über Mitteilungen in Zivilsachen (MiZi) v 29. 4. 98, abgedr Beilage zu NJW 38/98, Piller/Hermann, Justizverwaltungsvorschriften.

12 *Geltungsbereich; Erlaß von Verwaltungsvorschriften.* ᴵ¹ Die Vorschriften dieses Abschnitts gelten für die Übermittlung personenbezogener Daten von Amts wegen durch Gerichte der ordentlichen Gerichtsbarkeit und Staatsanwaltschaften an öffentliche Stellen des Bundes oder eines Landes für andere Zwecke als die des Verfahrens, für die die Daten erhoben worden sind. ² Besondere Rechtsvorschriften des Bundes oder, wenn die Daten aus einem landesrechtlich geregelten Verfahren übermittelt werden, eines Landes, die von den §§ 18 bis 22 abweichen, gehen diesen Vorschriften vor.

ᴵᴵ Absatz 1 gilt entsprechend für die Übermittlung personenbezogener Daten an Stellen der öffentlichrechtlichen Religionsgesellschaften, sofern sichergestellt ist, daß bei dem Empfänger ausreichende Datenschutzmaßnahmen getroffen werden.

ᴵᴵᴵ Eine Übermittlung unterbleibt, wenn ihr eine besondere bundes- oder entsprechende landesgesetzliche Verwendungsregelung entgegensteht.

ᴵⱽ Die Verantwortung für die Zulässigkeit der Übermittlung trägt die übermittelnde Stelle.

ⱽ Das Bundesministerium der Justiz kann mit Zustimmung des Bundesrates allgemeine Verwaltungsvorschriften zu den nach diesem Abschnitt zulässigen Mitteilungen erlassen. Ermächtigungen zum Erlaß von Verwaltungsvorschriften über Mitteilungen in besonderen Rechtsvorschriften bleiben unberührt.

13 *Übermittlung personenbezogener Daten.* ᴵ Gerichte und Staatsanwaltschaften dürfen personenbezogene Daten zur Erfüllung der in der Zuständigkeit des Empfängers liegenden Aufgaben übermitteln, wenn
1. eine besondere Rechtsvorschrift dies vorsieht oder zwingend voraussetzt,
2. der Betroffene eingewilligt hat,

EinfG zum Gerichtsverfassungsgesetz §§ 13–17 EGGVG

3. offensichtlich ist, daß die Übermittlung im Interesse des Betroffenen liegt, und kein Grund zu der Annahme besteht, daß er in Kenntnis dieses Zwecks seine Einwilligung verweigern würde,
4. die Daten auf Grund einer Rechtsvorschrift von Amts wegen öffentlich bekanntzumachen sind oder in ein von einem Gericht geführtes, für jedermann unbeschränkt einsehbares öffentliches Register einzutragen sind oder es sich um die Abweisung des Antrags auf Eröffnung des Insolvenzverfahrens mangels Masse handelt oder
5. auf Grund einer Entscheidung
   a) bestimmte Rechtsfolgen eingetreten sind, insbesondere der Verlust der Rechtsstellung aus einem öffentlich-rechtlichen Amts- oder Dienstverhältnis, der Ausschluß vom Wehr- oder Zivildienst, der Verlust des Wahlrechts oder der Wählbarkeit oder der Wegfall von Leistungen aus öffentlichen Kassen, und
   b) die Kenntnis der Daten aus der Sicht der übermittelnden Stelle für die Verwirklichung der Rechtsfolgen erforderlich ist;
dies gilt auch, wenn auf Grund der Entscheidung der Erlaß eines Verwaltungsaktes vorgeschrieben ist, ein Verwaltungsakt nicht erlassen werden darf oder wenn der Betroffene ihm durch Verwaltungsakt gewährte Rechte auch nur vorläufig nicht wahrnehmen darf.

II ¹ In anderen als den in Absatz 1 genannten Fällen dürfen Gerichte und Staatsanwaltschaften personenbezogene Daten zur Erfüllung der in der Zuständigkeit des Empfängers liegenden Aufgaben einschließlich der Wahrnehmung personalrechtlicher Befugnisse übermitteln, wenn eine Übermittlung nach den §§ 14 bis 17 zulässig ist und soweit nicht für die übermittelnde Stelle offensichtlich ist, daß schutzwürdige Interessen des Betroffenen an dem Ausschluß der Übermittlung überwiegen. ² Übermittelte Daten dürfen auch für die Wahrnehmung der Aufgaben nach dem Sicherheitsüberprüfungsgesetz oder einem entsprechenden Landesgesetz verwendet werden.

14 (betrifft Strafsachen)

15 *Datenübermittlung in Zivilsachen.* In Zivilsachen einschließlich der Angelegenheiten der freiwilligen Gerichtsbarkeit ist die Übermittlung personenbezogener Daten zulässig, wenn die Kenntnis der Daten aus der Sicht der übermittelnden Stelle erforderlich ist
1. zur Berichtigung oder Ergänzung des Grundbuchs oder eines von einem Gericht geführten Registers oder Verzeichnisses, dessen Führung durch eine Rechtsvorschrift angeordnet ist, und wenn die Daten Gegenstand des Verfahrens sind, oder
2. zur Führung des in § 2 Abs. 2 der Grundbuchordnung bezeichneten amtlichen Verzeichnisses und wenn Grenzstreitigkeiten Gegenstand eines Urteils, eines Vergleichs oder eines dem Gericht mitgeteilten außergerichtlichen Vergleichs sind.

Bem. Die §§ 12–22 gelten entspr in der Arbeitsgerichtsbarkeit, § 13 II ArbGG.

16 *Datenübermittlung an ausländische Stellen.* Werden personenbezogene Daten an ausländische öffentliche Stellen oder an über- oder zwischenstaatliche Stellen nach den hierfür geltenden Rechtsvorschriften übermittelt, so ist eine Übermittlung dieser Daten auch zulässig
1. an das Bundesministerium der Justiz und das Auswärtige Amt,
2. in Strafsachen gegen Mitglieder einer ausländischen konsularischen Vertretung zusätzlich an die Staats- oder Senatskanzlei des Landes, in dem die konsularische Vertretung ihren Sitz hat.

16a *Kontaktstellen.* ¹ Der Generalbundesanwalt beim Bundesgerichtshof nach Maßgabe des Absatzes 2 und die von den Landesregierungen bestimmten weiteren Stellen nehmen die Aufgaben der Kontaktstellen im Sinne des Artikels 2 der Entscheidung 2001/470/EG des Rates vom 28. Mai 2001 über die Einrichtung eines Europäischen Justiziellen Netzes für Zivil- und Handelssachen (ABl. EG Nr. L 174 S. 25) wahr.

II Der Generalbundesanwalt beim Bundesgerichtshof stellt die Koordinierung zwischen den Kontaktstellen sicher.

III ¹ Die Landesregierungen werden ermächtigt, durch Rechtsverordnung die Aufgaben der Kontaktstelle einer Landesbehörde zuzuweisen. ² Sie können die Befugnis zum Erlass einer Rechtsverordnung nach Absatz 1 einer obersten Landesbehörde übertragen.

Bem. Eingefügt durch Art 21 G v 23. 7. 02, BGBl 2850, mWv 1. 8. 02, Art 34 des Ges (Bericht des Rechtsausschusses BT-Drs 14/9266 S 72).

17 *Datenübermittlung in anderen Fällen.* Die Übermittlung personenbezogener Daten ist ferner zulässig, wenn die Kenntnis der Daten aus der Sicht der übermittelnden Stelle
1. zur Verfolgung von Straftaten oder Ordnungswidrigkeiten,
2. für ein Verfahren der internationalen Rechtshilfe,

3. zur Abwehr erheblicher Nachteile für das Gemeinwohl oder einer Gefahr für die öffentliche Sicherheit,
4. zur Abwehr einer schwerwiegenden Beeinträchtigung der Rechte einer anderen Person oder
5. zur Abwehr einer erheblichen Gefährdung Minderjähriger

erforderlich ist.

18 *Verbindung mit weiteren Daten.* I ¹ Sind mit personenbezogenen Daten, die nach diesem Abschnitt übermittelt werden dürfen, weitere personenbezogene Daten des Betroffenen oder eines Dritten so verbunden, daß eine Trennung nicht oder nur mit unvertretbarem Aufwand möglich ist, so ist die Übermittlung auch dieser Daten zulässig, soweit nicht berechtigte Interessen des Betroffenen oder eines Dritten an deren Geheimhaltung offensichtlich überwiegen. ² Eine Verwendung der Daten durch den Empfänger ist unzulässig; für Daten des Betroffenen gilt § 19 Abs. 1 Satz 2 entsprechend.

II ¹ Die übermittelnde Stelle bestimmt die Form der Übermittlung nach pflichtgemäßem Ermessen. ² Soweit dies nach der Art der zu übermittelnden Daten und der Organisation des Empfängers geboten ist, trifft sie angemessene Vorkehrungen, um sicherzustellen, daß die Daten unmittelbar den beim Empfänger funktionell zuständigen Bediensteten erreichen.

19 *Zweckbindung.* I ¹ Die übermittelten Daten dürfen nur zu dem Zweck verwendet werden, zu dessen Erfüllung sie übermittelt worden sind. ² Eine Verwendung für andere Zwecke ist zulässig, soweit die Daten auch dafür hätten übermittelt werden dürfen.

II ¹ Der Empfänger prüft, ob die übermittelten Daten für die in Absatz 1 genannten Zwecke erforderlich sind. ² Sind die Daten hierfür nicht erforderlich, so schickt er die Unterlagen an die übermittelnde Stelle zurück. ³ Ist der Empfänger nicht zuständig und ist ihm die für die Verwendung der Daten zuständige Stelle bekannt, so leitet er die übermittelten Unterlagen dorthin weiter und benachrichtigt hiervon die übermittelnde Stelle.

20 *Unterrichtung des Empfängers.* I ¹ Betreffen Daten, die vor Beendigung eines Verfahrens übermittelt worden sind, den Gegenstand dieses Verfahrens, so ist der Empfänger vom Ausgang des Verfahrens zu unterrichten; das gleiche gilt, wenn eine übermittelte Entscheidung abgeändert oder aufgehoben wird, das Verfahren, außer in den Fällen des § 153 a der Strafprozeßordnung, auch nur vorläufig eingestellt worden ist oder nach den Umständen angenommen werden kann, daß das Verfahren auch nur vorläufig nicht weiter betrieben wird. ² Der Empfänger ist über neue Erkenntnisse unverzüglich zu unterrichten, wenn dies erforderlich erscheint, um bis zu einer Unterrichtung nach Satz 1 drohende Nachteile für den Betroffenen zu vermeiden.

II ¹ Erweist sich, daß unrichtige Daten übermittelt worden sind, so ist der Empfänger unverzüglich zu unterrichten. ² Der Empfänger berichtigt die Daten oder vermerkt ihre Unrichtigkeit in den Akten.

III Die Unterrichtung nach Absatz 1 oder 2 Satz 1 kann unterbleiben, wenn sie erkennbar weder zur Wahrung der schutzwürdigen Interessen des Betroffenen noch zur Erfüllung der Aufgaben des Empfängers erforderlich ist.

21 *Auskunftserteilung und Unterrichtung.* I ¹ Dem Betroffenen ist auf Antrag Auskunft über die übermittelten Daten und deren Empfänger zu erteilen. ² Der Antrag ist schriftlich zu stellen. ³ Die Auskunft wird nur erteilt, soweit der Betroffene Angaben macht, die das Auffinden der Daten ermöglichen, und der für die Erteilung der Auskunft erforderliche Aufwand nicht außer Verhältnis zu dem geltend gemachten Informationsinteresse steht. ⁴ Die übermittelnde Stelle bestimmt das Verfahren, insbesondere die Form der Auskunftserteilung, nach pflichtgemäßem Ermessen.

II ¹ Ist der Betroffene bei Mitteilungen in Strafsachen nicht zugleich der Beschuldigte oder in Zivilsachen nicht zugleich Partei oder Beteiligter, ist er gleichzeitig mit der Übermittlung personenbezogener Daten über den Inhalt und den Empfänger zu unterrichten. ² Die Unterrichtung des gesetzlichen Vertreters eines Minderjährigen, des Bevollmächtigten oder Verteidigers reicht aus. ³ Die übermittelnde Stelle bestimmt die Form der Unterrichtung nach pflichtgemäßem Ermessen. ⁴ Eine Pflicht zur Unterrichtung besteht nicht, wenn die Anschrift des zu Unterrichtenden nur mit unvertretbarem Aufwand festgestellt werden kann.

III Bezieht sich die Auskunftserteilung oder die Unterrichtung auf die Übermittlung personenbezogener Daten an Verfassungsschutzbehörden, den Bundesnachrichtendienst, den Militärischen Abschirmdienst oder, soweit die Sicherheit des Bundes berührt wird, andere Behörden des Bundesministers der Verteidigung, ist sie nur mit Zustimmung dieser Stellen zulässig.

IV ¹ Die Auskunftserteilung und die Unterrichtung unterbleiben, soweit
1. sie die ordnungsgemäße Erfüllung der Aufgaben der übermittelnden Stelle oder des Empfängers gefährden würden,
2. sie die öffentliche Sicherheit oder Ordnung gefährden oder sonst dem Wohle des Bundes oder eines Landes Nachteile bereiten würden oder

3. die Daten oder die Tatsache ihrer Übermittlung nach einer Rechtsvorschrift oder ihrem Wesen nach, insbesondere wegen der überwiegenden berechtigten Interessen eines Dritten, geheimgehalten werden müssen

und deswegen das Interesse des Betroffenen an der Auskunftserteilung oder Unterrichtung zurücktreten muß. ²Die Unterrichtung des Betroffenen unterbleibt ferner, wenn erhebliche Nachteile für seine Gesundheit zu befürchten sind.

ᵛ Die Ablehnung der Auskunftserteilung bedarf keiner Begründung, soweit durch die Mitteilung der tatsächlichen und rechtlichen Gründe, auf die die Entscheidung gestützt wird, der mit der Auskunftsverweigerung verfolgte Zweck gefährdet würde.

22 *Überprüfung der Rechtmäßigkeit.* ¹ ¹Ist die Rechtsgrundlage für die Übermittlung personenbezogener Daten nicht in den Vorschriften enthalten, die das Verfahren der übermittelnden Stelle regeln, sind für die Überprüfung der Rechtmäßigkeit der Übermittlung die §§ 23 bis 30 nach Maßgabe der Absätze 2 und 3 anzuwenden. ²Hat der Empfänger auf Grund der übermittelten Daten eine Entscheidung oder andere Maßnahme getroffen und dies dem Betroffenen bekanntgegeben, bevor ein Antrag auf gerichtliche Entscheidung gestellt worden ist, so wird die Rechtmäßigkeit der Übermittlung ausschließlich von dem Gericht, das gegen die Entscheidung oder Maßnahme des Empfängers angerufen werden kann, in der dafür vorgesehenen Verfahrensart überprüft.

ᴵᴵ ¹ Wird ein Antrag auf gerichtliche Entscheidung gestellt, ist der Empfänger zu unterrichten. ²Dieser teilt dem nach § 25 zuständigen Gericht mit, ob die Voraussetzungen des Absatzes 1 Satz 2 vorliegen.

ᴵᴵᴵ ¹ War die Übermittlung rechtswidrig, so spricht das Gericht dies aus. ²Die Entscheidung ist auch für den Empfänger bindend und ist ihm bekanntzumachen. ³Die Verwendung der übermittelten Daten ist unzulässig, wenn die Rechtswidrigkeit der Übermittlung festgestellt worden ist.

Bem. II 2 idF der Berichtigung v 1. 12. 97, BGBl 2779. Vgl die Erl zu den §§ 23–30.

Dritter Abschnitt. Anfechtung von Justizverwaltungsakten

Übersicht

Schrifttum: *MüKoWo,* Komm; *Jansen,* FGG-Komm Bd I Anh I; *Kissel,* GVG-Komm; *Schäfer* in: Löwe-Rosenberg, StPO u GVG, 23. Aufl; *Ule* VPrR Anh § 32 zu IV.

1) §§ 23–30 befassen sich mit der **gerichtlichen Überprüfung von Maßnahmen der Justizverwaltung.** Die Regelung genügt Art 19 IV GG, weil das OLG nicht auf die Nachprüfung der Rechtsanwendung beschränkt ist, sondern den Sachverhalt selbst feststellen muß, BVerfG NJW **67,** 923. 1

2) Die Regelung der §§ 23 ff ist durch ihre **Generalklausel, § 23,** eine allgemeine, die eine besondere nicht ausschließt. Eine solche enthält Art 7 VI FamRÄndG, abgedr § 328 ZPO Rn 51; das Nachprüfungsverfahren, das durch den Antrag auf Nachprüfung durch das OLG in Gang gebracht werden kann, ist ein solches der freiwilligen Gerichtsbarkeit schlechthin, so daß die Anwendung der §§ 23 ff dafür entfällt; ebenso Mü NJW **64,** 983. In Zivilsachen (ohne Sachen der freiwilligen Gerichtsbarkeit) sind die §§ 23–30 nur in den in § 23 EGGVG Rn 3 genannten Angelegenheiten anwendbar. 2

3) Die Regelung gilt seit dem 3. 10. 90 in den **neuen Bundesländern** und dem früheren Ost-Berlin mit Maßgaben hinsichtlich der Zuständigkeit, s bei § 25. 3

23 *Rechtsweg gegen Maßnahmen der Justizbehörden.* ¹ ¹Über die Rechtmäßigkeit der Anordnungen, Verfügungen oder sonstigen Maßnahmen, die von den Justizbehörden zur Regelung einzelner Angelegenheiten auf den Gebieten des bürgerlichen Rechts einschließlich des Handelsrechts, des Zivilprozesses, der freiwilligen Gerichtsbarkeit und der Strafrechtspflege getroffen werden, entscheiden auf Antrag die ordentlichen Gerichte. ²Das gleiche gilt für Anordnungen, Verfügungen oder sonstige Maßnahmen der Vollzugsbehörden im Vollzug der Jugendstrafe, des Jugendarrests und der Untersuchungshaft sowie derjenigen Freiheitsstrafen und Maßregeln der Besserung und Sicherung, die außerhalb des Justizvollzuges vollzogen werden.

ᴵᴵ Mit dem Antrag auf gerichtliche Entscheidung kann auch die Verpflichtung der Justiz- oder Vollzugsbehörde zum Erlaß eines abgelehnten oder unterlassenen Verwaltungsaktes begehrt werden.

ᴵᴵᴵ Soweit die ordentlichen Gerichte bereits auf Grund anderer Vorschriften angerufen werden können, behält es hierbei sein Bewenden.

Vorbem. Entspr anwendbar auf die Überprüfung der Rechtmäßigkeit einer **Datenermittlung,** §§ 12 ff, nach Maßgabe des § 22, auch in der **ArbGerichtsbarkeit,** § 13 II ArbGG.

1) **Maßnahmen der Justizbehörden, I, II** 1

A. **Allgemeines.** Der gerichtlichen Entscheidung nach §§ 23 ff unterliegen nur Maßnahmen von Justizbehörden auf den in Rn 2 genannten Gebieten; dabei kommt es nicht auf die Organisation, sondern auf die Funktion der betreffenden Behörde als Justizbehörde an, Katholnigg Rdz 4 mwN, BGH NJW **79,** 882, BVerwG NJW **84,** 2234, Celle NJW **90,** 1802, KG RR **88,** 1531, hM. Immer muß es sich um Maßnahmen

EGGVG § 23 Einf G zum Gerichtsverfassungsgesetz

zur Regelung einzelner Angelegenheiten handeln; darauf, ob diese Maßnahme als Verwaltungsakt (iSv § 35 VwVfG) zu qualifizieren ist, kommt es nicht an, Kissel 29, BVerwG NJW **89**, 413 mwN, Dresden NJW **00**, 1503, KG NJW **87**, 197 mwN, Hamm NJW **81**, 356, Karlsr Just **80**, 450, VGH Kassel VerwRspr **28**, 1009, str, aM ua Strubel/Sprenger NJW **72**, 1735. Erforderlich und genügend ist es, daß von der Maßnahme eine unmittelbare rechtliche Wirkung ausgeht, KG FamRZ **86**, 806, Hamm NJW **72**, 2145, so daß bloße Wissenserklärungen nicht angefochten werden können, KG OLGZ **94**, 371. Die den Gerichten obliegenden rechtspflegerischen Akte scheiden hier aus, also vor allem das Gebiet der freiwilligen Gerichtsbarkeit, zB Grundbuchberichtigung, BezG Dresden DtZ **92**, 190, oder Einsicht in das Handelsregister, Mü Rpfleger **88**, 487, aber auch die Gewährung der Prozeßkostenhilfe, § 114 ZPO, die Zuweisung eines Anwalts, §§ 78 b, 78 c u ähnl, da sie nicht von einer Justizbehörde, sondern vom Gericht oder Richter (bzw Rpfl) getroffen werden; das gleiche gilt für Maßnahmen des Urkundsbeamten in einem anhängigen Verfahren, Ffm JB **76**, 1701. Nicht hierher gehören auch AnOen des Gerichts, wie Maßnahmen der Sitzungspolizei, § 176, Hbg MDR **92**, 799, die Ausschließung gewisser Bevollmächtigter und Beistände in der mündlichen Verhandlung, § 157 ZPO Rn 16 u 17 (auch wegen des Rechtsbehelfs). Es handelt sich dabei durchweg um Justizakte, dh solche, die seitens des unabhängigen Gerichts oder seiner Organe in den Formen eines gerichtlichen Verfahrens ergehen. Ist die Überprüfbarkeit fraglich, so hat darüber das Gericht zu entscheiden, das bei Bejahung sachlich zuständig ist, BVerwG NJW **76**, 305.

2 **B. Abgrenzung.** I ü ist von der Generalklausel des § 40 VwGO auszugehen; § 23 EGGVG, der ebenfalls eine Generalklausel enthält, ist die Ausnahme von 40 VwGO und als solche eng auszulegen. Es muß sich um eine AnO, Verfügung oder sonstige Maßnahme auf den Gebieten des bürgerlichen Rechts einschließlich des Handelsrechts, des Zivilprozesses, der freiwilligen Gerichtsbarkeit und der Strafrechtspflege zur Regelung einer einzelnen Angelegenheit handeln. Maßnahmen auf anderen Gebieten, zB im Rahmen der Arbeitsgerichtsbarkeit, gehören nicht hierher, Kissel 12, Oetker MDR **89**, 600 mwN, Willikonsky BB **87**, 2013, BGH NJW **03**, 2989 mwN, aM Schlesw NJW **89**, 110, auch nicht Maßnahmen iRv Verfahren vor dem Bundespatentgericht, Hirte MittDtPatentanw **93**, 300.

Unter § 23 fallen nicht die Zulassungen zu einem Beruf, zB von Rechtsbeiständen, BVerwG NJW **55**, 1532, Nikken SchlHA **61**, 134, auch nicht die als RAs als Rechtsbeistand, BVerwG NJW **59**, 547, wohl aber die Zulassung von Prozeßagenten bei einem AG, § 157 III, Kissel 140, ZöGu 4, BGH **77**, 206 u 211, BVerwG NJW **69**, 2218, Hamm NJW **80**, 960, nicht aber bei einem sonstigen Gericht, zB Sozialgericht, BVerwG NJW **63**, 2242, DÖV **72**, 792. Nicht in das Verf nach § 23 gehören die in III genannten Sachen, dazu unten Rn 7.

3 **C. Einzelfälle in Zivilsachen,** MüKoWo 24–54, Kissel 101–169 (ja = Rweg nach § 23, nein = kein Rweg nach § 23).

Allgemeine Geschäftsbedingungen. Eintragung und Löschung nach § 20 II AGB-G, ja, KG MDR **80**, 676.

Auskünfte. Über das Ergebnis von Ermittlungen zur Richtigkeit eines Eingangsstempels: nein, KG RR **94**, 571 mwN, über die Unterlagen für die Geschäftsverteilung, § 21 e GVG: ja, vgl Hamm LS NJW **80**, 1009 (verneint für das Strafverfahren wegen § 222 a StPO), über die Eröffnung des Insolvenzverfahrens: ja, Bra RR **01**, 1630.

Auslandsunterhalt. Ablehnung eines Gesuchs nach AUG: ja, § 4 II 3 AUG, Anh III § 168 GVG, KG RR **93**, 69.

Datenübermittlung nach §§ 12–21 EGGVG: ja, nach Maßgabe des § 22 EGGVG.

Dienstaufsicht über Richter. Maßnahmen iRv § 26 DRiG: nein, BGH NJW **89**, 588; Mitteilungen des Gerichts an die Aufsichtsbehörde: nein, Hamm NJW **72**, 2145.

Dolmetscher. Ablehnung der allgemeinen Vereidigung, § 189 GVG Rn 2: ja, Ffm RR **99**, 646 mwN, str, aM VG Stgt Just **79**, 411.

Eheangelegenheiten. Anerkennung ausländischer Entscheidungen: nein, Art 7 § 1 FamRÄndG, § 328 ZPO Rn 49 ff; Befreiung von der Beibringung des Ehefähigkeitszeugnisses für Ausländer, § 1309 II BGB, Barth/Wagenitz FamRZ **96**, 833, Hepting StAZ **96**, 257: ja, BGH **41**, 136, allgM, Dresden RR **01**, 1; Maßnahmen der Verwaltungsbehörde iRv §§ 631 u 632 ZPO: grds nein, Düss FamRZ **96**, 109 mwN, ZöGü 28.

Ehrverletzungen durch gerichtliche Entscheidungen: nein, VGH Mü NJW **95**, 2940 mwN, oben Rn 1.

Einsichtnahme. Entscheidungen des Gerichtsvorstandes nach § 299 ZPO II: ja, hM, BGH NJW **90**, 841, Bra RR **02**, 1419, Celle NdsRpfl **00**, 35, Düss RR **00**, 926, Hamm NJW **97**, 1489, Köln FamRZ **95**, 752 u NJW **94**, 1076, KG RR **91**, 1085 u NJW **89**, 534, § 299 Rn 30; Akteneinsicht in anderen Fällen: nein, OVG Münst NJW **01**, 3503 (wegen § 478 III StPO), KG RR **88**, 1531, Hbg MDR **82**, 775 mwN, OVG Kblz NVwZ **84**, 526; Einsicht in eine Entscheidungssammlung des Gerichts: ja, KG LS NJW **76**, 1326. S unter „Gerichtsakten", „Register" und „Schuldnerverzeichnis".

Gerichtsakten. Erteilung von Abschriften: ja, Celle NdsRpfl **83**, 144 (Antrag eines Dritten), sonst nein, oben Rn 1; Überlassung einer FGG-Akte an das Prozeßgericht: ja, Mü OLGZ **72**, 360. S unter „Einsichtnahme".

Gerichtspressestelle. Handlungen und Erklärungen zu einem konkreten Verfahren: ja, Kissel 36, Stgt NJW **01**, 3797, VGH Mannh u VG Karlsr Just **81**, 250, Hamm NJW **81**, 356, aM BVerwG NJW **89**, 412 (abl Wasmuth NStZ **90**, 138) und BGH NStZ **88**, 513 (für Strafsachen); sonstige Tätigkeiten, insbes Mitteilungen über Arbeits- und Verwaltungssachen: nein, BVerwG NJW **88**, 1746, Wasmuth NJW **88**, 1705 mwN, Willikonsky BB **87**, 2013.

Gerichtsvollzieher. Maßnahmen bei der Zwangsvollstreckung: nein, oben Rn 1, KG MDR **82**, 155, Karlsr MDR **80**, 76, § 766 ZPO Rn 9 aE; Tätigkeit außerhalb der Zwangsvollstreckung: ja, Karlsr MDR **74**, 54, str, aM KG MDR **84**, 956 mwN (Zustellungsverfahren).

Geschäftsstelle. Grundsätzlich nein bei Hilfsakten der Rspr, zB Übersendung unfrankierter Empfangsbekenntnisse, Hamm NJW **98**, 1253.

Geschäftsverteilung. Beschlüsse des Präsidiums nach § 21 e GVG: nein, s dort Rn 24.
Grundstücksrechte. Entscheidungen nach §§ 1059 a I Z 2 und 1092 II BGB, Bassenge NJW **96**, 2777: ja.
Gütestelle. Maßnahmen iRv § 794 I Z 1 ZPO, zB Ablehnung eines Gesuchs: ja, Hbg MDR **88**, 506 u HbgJVBl **80**, 69, ebenso Verhängung eines Ordnungsgeldes agrd v § 15 a V EGZPO, dort Rn 4; sonstige Maßnahmen, zB Verfahren bei Abschluß eines Vergleichs: nein, ZöGu 21 (Nachprüfung im Streitverfahren über die Wirksamkeit).
Handelsrichter. Ablehnung eines Antrags nach § 113 III GVG: ja, s dort Rn 4.   4
Hausverbot für Gerichtsgebäude: nein, § 176 GVG Rn 2 (VerwRweg).
Hinterlegung: Anfechtung der Annahmeanordnung: ja, Dresden MDR **01**, 172; Fristsetzung nach § 16 HinterlO: ja, Kblz MDR **76**, 234; Ablehnung der Herausgabe durch den Gerichtsvorstand: nein bei abschließender Entscheidung, § 3 III HinterlO, Saarbr RR **98**, 1612, dagegen ja bei Zwischenentscheidungen, Hamm RR **00**, 287 mwN, KG RR **99**, 863 mwN, Düss OLGZ **93**, 444.
Insolvenzverwalter. Bestellung: ja: Kblz RR **05**, 1075, Hamm NJW **05**, 834, Düss RR **96**, 1273 zu § 78 I KO; anders Vorauswahlverfahren, da ohne Verbindung zu konkretem Insolvenzverfahren und deshalb keine rechtsprechende Tätigkeit, BVerfG NJW **04**, 2725 mit Anm Graeber NJW **04**, 2715, Vallender NJW **04**, 3614.
Kostensachen. S unten Rn 7, deshalb nein für Streitigkeiten iVm Gebührenfreistempler, Karlsr Just **86**, 358.
Mitteilungen eines Richters an Dritte. Ja, § 22; vgl. auch Dresden NJW **00**, 1503 u 1505.
Protokollierung einer Erklärung. Ablehnung eines Antrags nach § 129 a ZPO: nein, KG RR **95**, 638, § 129 a ZPO Rn 20, oben Rn 1.
Prozeßagent: Zulassung nach § 157 III ZPO: ja, oben Rn 2, § 157 ZPO Rn 27.
Prüfungsangelegenheiten: nein (VerwRweg).
Rechtsbeistand. Ablehnung der Zulassung: nein, oben Rn 2 (VerwRweg).
Rechtshilfe. Maßnahmen im Rechtshilfeverkehr mit dem Ausland, Anh § 168 GVG: ja, allgM, Stadler IPrax **92**, 147 zu Ffm OLGZ **92**, 89 mwN, Stgt FamRZ **04**, 894, Ffm RR **02**, 357, Mü RIW **89**, 483, Köln RIW **88**, 55 u NJW **87**, 1091 mwN (krit Puttfarken NJW **88**, 2155), insbes Entscheidungen der Zentralen Behörde nach dem HZUstlÜbk, Anh § 202 ZPO, vgl BVerfG ZIP **95**, 70 u NJW **94**, 3281 (Anm Koch/Diedrich ZIP **94**, 1830) zu KG OLGZ **94**, 371, Düss EuZW **96**, 381 u NJW **92**, 3110, Mü NJW **92**, 3113.
Register. Vollständige Mikroverfilmung eines gerichtlichen Registers: ja, BGH NJW **89**, 2819. S unter „Einsichtnahme" u „Schuldnerverzeichnis".
Reisekosten. Entschädigung für mittellose Parteien: nein, BGH NJW **75**, 1124, LG Hechingen Just **92**, 158 (Teil der PKH), vgl § 127 ZPO Rn 55 aE.
Schiedsmann. Entscheidungen in Schiedsmann-Angelegenheiten, soweit sie den Einzelfall betreffen, zB Verhängung einer Ordnungsstrafe: ja, ZöGu 20. S unter „Gütestelle".
Schuldnerverzeichnis. Weitergabe von Eintragungen: nein, § 915 b ZPO.
Sitzungssaal: Behördeninterne Zuweisung an ein Gericht: ja, Hbg NJW **79**, 279 (krit Holch JR **79**, 349).
Stiftungsaufsicht: Maßnahmen einer Justizbehörde im funktionellen Sinne: ja, ZöGu 19, KG OLGZ **81**, 299 mwN; Maßnahmen einer Verwaltungsbehörde: nein, PalHeinrich Vorbem § 80 BGB Rn 13, BVerwG NJW **75**, 893, OVG Münst NVwZ-RR **96**, 425 u 427, VGH Mü BayVBl **90**, 719, allgM (VerwRweg).
Tonband. Herausgabe der Aufnahme einer Zeugenvernehmung: nein, Mü MDR **61**, 436, oben Rn 1.
Unterhaltssachen. Ablehnung der Übersendung von Unterlagen nach dem UN-UnterhÜbk, Anhang II § 168 GVG: ja, s dort Bem zu Art 4, Stgt FamRZ **04**, 894.
Vermögensverzeichnis. Einsicht in das Verzeichnis, § 807 ZPO Rn 47: ja, BGH NJW **90**, 841, KG NJW **89**, 540, Hamm NJW **89**, 533, abw Celle Rpfleger **83**, 324.
Veröffentlichung von Entscheidungen. Überlassung einer Urteilsabschrift zum Zweck der Veröffentlichung: ja, Celle NJW **90**, 2570 mwN; Entscheidung über die Veröffentlichung von Entscheidungen: nein (VerwRweg), hM, BVerwG NJW **93**, 675, OVG Lüneb MDR **96**, 817 zu VG Hann NJW **93**, 3282 (Anm Huff DRiZ **94**, 150), OVG Bln NJW **93**, 676, OVG Bre NJW **89**, 926 (Anm Hoffmann-Riem JZ **89**, 637).
Verwahrungsverhältnis. Herausgabe von Sachen, auch Geldleistungen, aus öffentlich-rechtlichem Verwahrungsverhältnis: ja, OVG Münster NVwZ-RR **05**, 512.

2) Verfahren   5

A. Anträge, I, II. Es kann sowohl ein Antrag auf Nachprüfung der Rechtmäßigkeit wie auch mit ihm zusammen, also insbesondere bei Ablehnung, ein solcher auf Erlaß des abgelehnten oder unterlassenen Maßnahme gestellt werden (auch II bezieht sich entgegen der zu engen Fassung nicht nur auf Justizverwaltungsakte, s Rn 1, KG FamRZ **86**, 806). Das entspricht etwa der verwaltungsgerichtlichen Aufhebungs- und Verpflichtungsklage, wobei zu berücksichtigen ist, daß die letztere die Aufhebung des ablehnenden Bescheides in sich schließt. Es kann auch ein Antrag auf gerichtliche Entscheidung bei Untätigkeit der Behörde gestellt werden; der Antrag auf Folgenbeseitigung, § 28 I 2 EGGVG, kommt nur bei VerwAkten der Vollzugsbehörden in Betracht. Wegen der Einreichung s § 26 I EGGVG. Antragsberechtigt ist der durch den Bescheid Verletzte, § 24 I EGGVG. Antragsfrist: § 26 EGGVG.
Im Antrag muß die Behörde, gegen die er sich richtet, genau bezeichnet werden, damit das Gericht die Behörde hören und die Akten heranziehen kann. Anträge, die sich in beleidigenden Äußerungen erschöpfen, können als unzulässig verworfen werden, KG NJW **69**, 151, zustm Eb. Schmidt JZ **69**, 268.
Mit der Einreichung des Antrags, § 26 I, wird die Sache rechtshängig, Stgt Just **80**, 359. Wird er bei einer unzuständigen Stelle eingereicht, wird er an das OLG abgegeben. Eine entsprechende Klage ist ggf entspr § 17 a GVG an das OLG zu verweisen, vgl BGH NJW **01**, 1077, Ffm NStZ-RR **01**, 44, Kblz MDR **84**, 1036.
Der Antrag hat keine aufschiebende Wirkung, Stadler IPrax **92**, 149. Das Gericht kann aber die Vollziehung nach § 29 II iVm § 24 III FGG aussetzen, § 29 Rn 4.

6 B. Weiteres Verfahren. Das Verfahren ist kein Klageverfahren, so daß §§ 81 ff VwGO unanwendbar bleiben. Es ähnelt dem der freiwilligen Gerichtsbarkeit, deren Vorschriften über das Beschwerdeverfahren auch ergänzend heranzuziehen sind, § 29 II; für das Verfahren gilt der Untersuchungsgrundsatz, § 12 FGG, § 28 Rn 1, Gottwald StAZ **80**, 240. Die Behörde ist Antragsgegner. Sie muß gehört werden und hat die Rechte eines am Verf Beteiligten, vgl § 111 StVollzG. Eine mündliche Verhandlung ist nicht vorgesehen. Vgl i ü § 29 Rn 3.

7 3) Andere Bestimmungen über die Nachprüfung durch die ordentlichen Gerichte, III. Diese werden aufrechterhalten. Eine dem § 23 ähnliche Vorschrift enthält Art XI § 1 KostÄndG für VerwAkte, die im Bereich der Justizverwaltung beim Vollzug der im gerichtlichen Verfahren oder im Verfahren der Justizverwaltung geltenden Kostenvorschriften ergangen sind; s dazu Hartmann Teil XII. § 23 I, II gelten auch nicht, wenn die Verwaltung Maßnahmen nach §§ 8 GKG, 16 KostO ablehnt; dann ist ein Antrag an das Gericht zu richten, bei dem die Kosten anzusetzen wären. Hierhin gehört auch § 478 III StPO, OVG Münst NJW **01**, 3803. Ferner entfällt der besondere Rechtsweg in Notarsachen (Verfahren nach § 111 BNotO), BGH NJW **74**, 108 u **92**, 2423, Dresden NJW **00**, 1505 mwN, und bei Entscheidungen in Notarkostensachen (wegen § 156 V KostO), Düss DNotZ **67**, 444. Nicht hierhin gehört § 5 VwVfG, wenn die Behörde als Justizbehörde iSv I handelt, Celle NJW **90**, 1802. Vgl auch oben Rn 4.

24 *Zulässigkeit des Antrags.* I Der Antrag auf gerichtliche Entscheidung ist nur zulässig, wenn der Antragsteller geltend macht, durch die Maßnahme oder ihre Ablehnung oder Unterlassung in seinen Rechten verletzt zu sein.

II Soweit Maßnahmen der Justiz oder Vollzugsbehörden der Beschwerde oder einem anderen förmlichen Rechtsbehelf im Verwaltungsverfahren unterliegen, kann der Antrag auf gerichtliche Entscheidung erst nach vorausgegangenem Beschwerdeverfahren gestellt werden.

Vorbem. S Vorbem § 23 (Datenübermittlung).

1 1) Allgemeines. § 24 enthält **Zulässigkeitsvoraussetzungen für einen gültigen Antrag**, aM Jansen 5 (Sachurteilsvoraussetzung; aber nur wenn der Antrag allen Voraussetzungen genügt, gültig ist, kann er Grundlage für eine Sachentscheidung sein). I stimmt fast wörtlich mit § 42 II VwGO überein. II macht den Antrag von der Erschöpfung des justizverwaltungsrechtlichen Beschwerdeverfahrens (förmlicher Rechtsbehelf) abhängig, ohne daß damit aber allgemein ein Vorverfahren wie in §§ 68 ff VwGO verlangt wird. Weitere Zulässigkeitsvoraussetzungen enthalten §§ 23, s dort Rn 1, und 26 EGGVG. Wegen der Zulässigkeit einer **einstwAnO** s § 29 Rn 4.

2 2) „In seinen Rechten verletzt", I (vgl § 42 II VwGO).
A. Begriff. Die bloße Behauptung einer Rechtsverletzung genügt nicht; der Antragsteller muß vielmehr einen Sachverhalt vortragen, aus dem sich die Möglichkeit ergibt, daß er durch die Maßnahme oder ihre Ablehnung oder Unterlassung in seinen Rechten verletzt sein könnte, Hamm MDR **83**, 602, nämlich dann, wenn die Maßnahme der Behörde, ihre Ablehnung oder Unterlassung sich als objektiv rechtswidrig erweist, Ule VPrR § 33 II. Ob der Antrag materiell begründet ist, gehört nicht zur Zulässigkeitsprüfung, unten Rn 5. Die Rechtswidrigkeit kann auch in der Verletzung von Formvorschriften liegen. Nicht ausreichend ist die Behauptung, daß der Antragsteller einen Antrag gestellt habe, dieser aber ablehnend oder gar nicht beschieden worden sei. Handelt es sich um eine Ermessensentscheidung, so genügt es für die Zulässigkeit, daß der Antragsteller Umstände darlegt, die eine Verletzung seines Rechts auf fehlerfreie Ermessensausübung, § 28 III EGGVG, ergeben können, Celle NJW **90**, 2571. Die Berufung auf die Verletzung der Rechte eines Dritten scheidet aus („in seinen Rechten").

3 B. I umgrenzt gleichzeitig den Kreis der Antragsberechtigten; wie sich aus dem Wortlaut ergibt, muß der Antragsteller durch die Maßnahme in seinen Rechten verletzt sein können. Das ist er aber dann nicht, wenn sich jene nicht auf ihn bezieht. Ein Eingriff in die Interessensphäre genügt nicht; die Rechtssphäre muß verletzt sein; s dazu Maunz/Dürig Anm 34, 35 zu Art 19 IV GG, Ule § 42 VwGO III 2. Nicht antragsberechtigt ist der Verein wegen Ablehnung der Zulassung seiner Vorstandsmitglieder als Prozeßagenten, Hamm MDR **67**, 137. Dagegen kann bei Entscheidungen im Rechtshilfeverkehr mit dem Ausland auch ein Zeuge antragsberechtigt sein, Mü JZ **81**, 540, dazu Martens RIW **81**, 731.

4 3) Vorverfahren, II. Eine Beschwerdemöglichkeit und andere förmliche Rechtsbehelfe sind zu erschöpfen, auch wenn sie nur durch VerwAnO, nicht durch eine Rechtsnorm vorgeschrieben sind, BVerfG NJW **76**, 34; sind sie nicht eingelegt, ist der Antrag auf gerichtliche Entscheidung unzulässig, ohne daß das Gericht gehalten ist, dem Antragsteller Gelegenheit zur Behebung des Mangels zu geben, Düss OLGZ **93**, 444 (zu § 3 II HO). Bei Versagung des Ehefähigkeitszeugnisses für Ausländer durch den OLGPräsidenten, § 10 EheG, ist zwar eine Beschwerde an den Justizminister denkbar, aber kein förmlicher Rechtsbehelf; ebenso liegt es bei Ablehnung der Akteneinsicht durch Dritte, § 299 II ZPO. Dienstaufsichtsbeschwerde ist kein förmlicher Rechtsbehelf, Celle NdsRpfl **65**, 103, vielmehr auf die Einwirkung der vorgesetzten auf die nachgeordnete Behörde gerichtet, BGH **42**, 390, so daß zB beschieden werden kann, daß zu Maßnahmen im Dienstaufsichtswege kein Anlaß besteht. Sie hemmt die Antragsfrist, § 26, nicht, hM; von einem förmlichen Rechtsbehelf kann nur bei sachlicher Prüfung und entsprechendem Bescheid die Rede sein.

Das Verfahren kann (nicht: muß) ebenso wie im Verwaltungsprozeß, Kopp § 68 Rn 4, gegebenenfalls ausgesetzt werden, um dem Antragsteller die Möglichkeit zu geben, das fehlende Rechtsbehelfsverfahren, II, nachzuholen, ZöGu 3, Jessen NJW **67**, 928, offen Düss OLGZ **93**, 444.

5 4) Zulässigkeit. Wie oben in Rn 1 gesagt, behandelt § 24 lediglich die Zulässigkeit. **Zu prüfen ist: a)** ob der Antrag nach Erschöpfung der Beschwerdemöglichkeiten gestellt wurde, § 24 II, **b)** ob die Form und Frist des § 26 I eingehalten ist und ob der Antrag den inhaltlichen Anforderungen genügt, oben Rn 2, **c)** ob überhaupt eine Maßnahme der in § 23 EGGVG genannten Art vorliegt, vgl dort, **d)** ob der Antragsteller geltend gemacht hat, in seinen Rechten verletzt zu sein, **e)** ob die Streitsache nicht anderweit, zB bei einem VG, anhängig ist, Stgt Just **80**, 359. Ist das hinreichend belegt, so ist der Antrag zulässig. Für über I hinausgehende Beschränkungen des Zugangs zum Gericht, zB unter dem Gesichtspunkt des Rechtsmißbrauchs, ist kein Raum, Ffm NJW **79**, 1613. Die Frage, ob der Antragsteller tatsächlich in seinen Rechten verletzt wurde und ob der VerwAkt rechtswidrig ist, gehört nicht zur Zulässigkeitsprüfung, sondern zur Entscheidung, ob der Antrag begründet ist, Lüke ArchÖffR **84**, 214. Tatsachen und Beweise, die gegenüber dem Vorbringen bei der Behörde neu sind, können vorgebracht werden, §§ 29 II EGGVG, 23 FGG. Fehlt eine der Antragsvoraussetzungen a) bis e), so ist der Antrag „als unzulässig" zurückzuweisen.

25 Zuständigkeit.
¹¹ Über den Antrag entscheidet ein Zivilsenat oder, wenn der Antrag eine Angelegenheit der Strafrechtspflege oder des Vollzugs betrifft, ein Strafsenat des Oberlandesgerichts, in dessen Bezirk die Justiz- oder Vollzugsbehörde ihren Sitz hat. ²Ist ein Beschwerdeverfahren (§ 24 Abs. 2) vorausgegangen, so ist das Oberlandesgericht zuständig, in dessen Bezirk die Beschwerdebehörde ihren Sitz hat.

II Ein Land, in dem mehrere Oberlandesgerichte errichtet sind, kann durch Gesetz die nach Absatz 1 zur Zuständigkeit des Zivilsenats oder des Strafsenats gehörenden Entscheidungen ausschließlich einem der Oberlandesgerichte oder dem Obersten Landesgericht zuweisen.

Vorbem. S Vorbem § 23 (Datenübermittlung); in der ArbGerichtsbarkeit ist insoweit das LAG zuständig, § 13 II ArbGG.

Bem. Der ausschließliche Gerichtsstand des § 25 gilt für alle Arten der Anträge, §§ 23, 27. Zu **1** unterscheiden ist, ob ein Vorverfahren stattgefunden hat, § 24 II, oder nicht. Das bei einem anderen Gericht anhängig gemachte Verf ist entspr § 17 a GVG mit Bindungswirkung zu verweisen, Hamm NStZ-RR **96**, 209, Kblz MDR **84**, 1036. Umgekehrt darf auch das OLG entspr § 17 a GVG an das zuständige Gericht verweisen, Karlsr NJW **88**, 84, KG GoltdArch **85**, 271, vgl BVerfG NJW **81**, 1154, BGH NJW **01**, 1077, § 17 a GVG Rn 4. Selbstverständlich kann nicht der OLGPräsident, von dem der VerwAkt ausgeht, bei der Entscheidung des OLG mitwirken, BGH FamRZ **63**, 556. Das OLG ist bei der Nachprüfung nicht auf die der Rechtsanwendung beschränkt, sondern hat den Sachverhalt selbst festzustellen, BVerfG NJW **67**, 923.

26 Antragsfrist und Wiedereinsetzung.
I Der Antrag auf gerichtliche Entscheidung muß innerhalb eines Monats nach Zustellung oder schriftlicher Bekanntgabe des Bescheides und, soweit ein Beschwerdeverfahren (§ 24 Abs. 2) vorausgegangen ist, nach Zustellung des Beschwerdebescheides schriftlich oder zur Niederschrift der Geschäftsstelle des Oberlandesgerichts oder eines Amtsgerichts gestellt werden.

II War der Antragsteller ohne Verschulden verhindert, die Frist einzuhalten, so ist ihm auf Antrag Wiedereinsetzung in den vorigen Stand zu gewähren.

III ¹ Der Antrag auf Wiedereinsetzung ist binnen zwei Wochen nach Wegfall des Hindernisses zu stellen. ²Die Tatsachen zur Begründung des Antrags sind bei der Antragstellung oder im Verfahren über den Antrag glaubhaft zu machen. ³Innerhalb der Antragsfrist ist die versäumte Rechtshandlung nachzuholen. ⁴Ist dies geschehen, so kann die Wiedereinsetzung auch ohne Antrag gewährt werden.

IV Nach einem Jahr seit dem Ende der versäumten Frist ist der Antrag auf Wiedereinsetzung unzulässig, außer wenn der Antrag vor Ablauf der Jahresfrist infolge höherer Gewalt unmöglich war.

Vorbem. S Vorbem § 23 (Datenübermittlung).

1) Allgemeines. § 26 bezieht sich nur auf den Antrag aus § 23 I u II, nicht auf den Antrag infolge **1** Untätigkeit der Behörde, § 27, der seine eigene fristmäßige Begrenzung hat, § 27 III. Auch hier handelt es sich um eine Zulässigkeitsvoraussetzung für den Antrag, § 24 Rn 4.

2) Frist, I. Der Antrag muß **innerhalb eines Monats seit Zustellung** des Bescheides der Justizverwal- **2** tungsbehörde, für die das VwZG maßgebend ist, gestellt werden. Bescheid in diesem Sinne ist ein solcher nach § 23 I oder II, so daß der Erlaß eines Realaktes die Frist nicht in Lauf setzt, Hamm MDR **84**, 165 mwN. Ist ein Beschwerdeverfahren erforderlich gewesen, § 24 II, wird die Frist nur durch die förmliche Zustellung des Beschwerdebescheides in Gang gesetzt. Kommt es dagegen auf den Bescheid der Justizverwaltungsbehörde an und ist dieser nicht zugestellt, so genügt für den Fristbeginn auch die einfache schriftliche, niemals aber eine mündliche Bekanntgabe des Bescheides, BGH NJW **63**, 1789, Hamm MDR **84**, 166 mwN. Eine Rechtsmittelbelehrung wie in § 58 VwGO ist nicht vorgesehen; die Frist läuft also auch ohne sie, BGH NJW **74**, 1335, Kissel 8 mwN. Die Frist beträgt einen Monat; wegen der Berechnung § 222 ZPO. Entscheidend ist allein der Eingang oder das Stellen des Antrags beim OLG oder einem AG; die Übersendung des Antrags an die ablehnende Behörde wahrt die Frist nicht. Ist keine Frist in Lauf gesetzt worden, kann das Anfechtungsrecht bei unangemessen später Ausübung verwirkt sein, Nürnb JVBl **63**, 61, wofür die Jahresfrist des § 58 II VwGO einen Anhaltspunkt gibt.

3) Form des Antrags, I. Er kann **a)** seitens des Antragstellers **schriftlich,** also auch von ihm eigenhändig **3** unterschrieben (weitherziger die hM, Kissel 19 mwN), oder durch einen Bevollmächtigten, auch einen RA gestellt werden, oder **b) zur Niederschrift der Geschäftsstelle** des OLG, das zur Entscheidung zuständig ist, § 25, oder jedes beliebigen ("eines") AG. Also besteht kein Anwaltszwang. Wegen des Inhalts des Antrags vgl § 23 Rn 5. Hat die vorgeordnete VerwBehörde auf Dienstaufsichtsbeschwerde entschieden, § 24 Rn 4, ist gegen diese Entscheidung der Antrag nur zu richten, wenn sie in der Sache selbst entschieden hat, nicht, wenn sie ablehnt oder die unterstellte Behörde anweist.

EGGVG §§ 26, 27

4 **4) Wiedereinsetzung, II–IV (vgl § 60 I–III VwGO)**
   A. Der Antragsteller muß **ohne Verschulden an der Einhaltung der Frist verhindert** gewesen sein, II, dh er muß die einem gewissenhaften Antragsteller gebotene und ihm nach den gesamten Umständen zumutbare Sorgfalt gewahrt haben. Obwohl in II eine § 22 II 2 FGG entspr Vorschrift fehlt, hat der Antragsteller das Verschulden des Bevollmächtigten, auch des RA, ebenso wie nach § 60 I VwGO, Kopp/Sch Rn 20 mwN, zu vertreten, Kissel 15; der RA wird also einen Fristkalender führen und besondere Sorgfalt wie bei Rechtsmittelsachen aufwenden müssen, § 233 ZPO Rn 51 ff, Hbg NJW **68**, 854. Abweichend will Stgt, NStZ **88**, 340, WiedEins trotz Vertreterverschuldens bewilligen, wenn es sich der Sache nach um ein Strafverfahren handelt, § 44 StPO.

5 **B. Der Antrag auf Wiedereinsetzung, III,** ist binnen zwei Wochen nach Wegfall des Hindernisses zu stellen; s dazu § 234 I u II ZPO und die Erläuterungen dazu. In dem Antrag müssen die Tatsachen angegeben sein, aus denen sich die Entschuldbarkeit der Fristversäumnis ergeben soll. Außerdem ist der versäumte Antrag, Rn 3, innerhalb der 2-Wochenfrist nachzuholen. Geschieht letzteres, so bedarf es eines ausdrücklichen Antrags auf Wiedereinsetzung nicht, III 4; wird die Frist versäumt, so muß der Antrag auf Wiedereinsetzung wegen Unzulässigkeit zurückgewiesen werden. Die Glaubhaftmachung, § 294 ZPO, der im Wiedereinsetzungsantrag enthaltenen Behauptungen für die Gewährung der Wiedereinsetzung kann in diesem selbst, aber auch später im Verfahren über den Antrag, also auf Erfordern des Gerichts, erfolgen. Die Entscheidung trifft das in § 25 genannte Gericht. Sie ist unanfechtbar, § 28.

6 **C.** IV setzt eine **Ausschlußfrist,** die mit dem Ende der versäumten Frist, also in den Fällen eines Antrags nach § 23 am Tage nach Ablauf der Monatsfrist gemäß I beginnt und ein Jahr beträgt. Ist dieses abgelaufen, so ist ein Wiedereinsetzungsantrag als unzulässig zurückzuweisen, es müßte denn dem Antragsteller während dieses Jahres infolge höherer Gewalt, also auch bei äußerster nach Lage der Sache von ihm zu erwartender Sorgfalt, die Antragstellung unmöglich gewesen sein. In diesem Fall muß der Antrag innerhalb der Frist des III gestellt werden; gegen ihre Versäumung ist WiedEins nach II zulässig, vgl dazu Kopp/Sch § 60 Rn 28.

27 *Antrag bei Untätigkeit der Behörde.* I 1 Ein Antrag auf gerichtliche Entscheidung kann auch gestellt werden, wenn über einen Antrag, eine Maßnahme zu treffen, oder über eine Beschwerde oder einen anderen förmlichen Rechtsbehelf ohne zureichenden Grund nicht innerhalb von drei Monaten entschieden ist. ²Das Gericht kann vor Ablauf dieser Frist angerufen werden, wenn dies wegen besonderer Umstände des Falles geboten ist.

II ¹Liegt ein zureichender Grund dafür vor, daß über die Beschwerde oder den förmlichen Rechtsbehelf noch nicht entschieden oder die beantragte Maßnahme noch nicht erlassen ist, so setzt das Gericht das Verfahren bis zum Ablauf einer von ihm bestimmten Frist, die verlängert werden kann, aus. ²Wird der Beschwerde innerhalb der vom Gericht gesetzten Frist stattgegeben oder der Verwaltungsakt innerhalb dieser Frist erlassen, so ist die Hauptsache für erledigt zu erklären.

III Der Antrag nach Absatz 1 ist nur bis zum Ablauf eines Jahres seit der Einlegung der Beschwerde oder seit dem Antrag auf Vornahme der Maßnahme zulässig, außer wenn die Antragstellung vor Ablauf der Jahresfrist infolge höherer Gewalt unmöglich war oder unter den besonderen Verhältnissen des Einzelfalles unterblieben ist.

Vorbem. S Vorbem § 23 (Datenübermittlung).

1 **1) Allgemeines.** Wie im verwaltungsgerichtlichen Verfahren, vgl § 75 VwGO, ist nicht nur ein gerichtlicher Rechtsbehelf für den Fall, daß eine Maßnahme vorliegt, vorgesehen, § 23, sondern auch dann, wenn die Behörde untätig geblieben ist oder zwar tätig ist, aber innerhalb von 3 Monaten noch nicht entschieden hat.

2 **2) Voraussetzungen für die Antragstellung, I** (vgl § 75 S 1 u 2 VwGO). Ist **innerhalb von 3 Monaten nicht entschieden,** gerechnet von dem Tage an, an dem in einer bestimmten Sache der Antrag gestellt oder eine Beschwerde oder ein anderer förmlicher Rechtsbehelf bei der hierfür zuständigen Behörde eingelegt ist, Düss OLGZ **93**, 444, kann, gleichgültig, ob die Behörde auf den bei ihr gestellten Antrag hin ein Verfahren eingeleitet hat oder nicht, Antrag auf gerichtliche Entscheidung gestellt werden, falls für die Verzögerung kein hinreichender Grund vorliegt. Letzteres kann der Fall sein, wenn die Aufklärung und Beschaffung der Unterlagen lange Zeit in Anspruch nimmt. Die Antragsvoraussetzung des § 24 II entfällt also. Wird der **Antrag vor Ablauf von 3 Monaten** gestellt, so ist er als unzulässig zurückzuweisen, was seine Wiederholung nach Ablauf der 3 Monate nicht hindert. Zulässig ist er vor dieser Frist nur, wenn das wegen besonderer Umstände geboten ist, I 2, also die Entscheidung für den Antragsteller besonders dringend ist, zB eine Ehe noch vor der Geburt des zu erwartenden Kindes geschlossen werden soll.

3 **3) Aussetzung des Verfahrens, II** (vgl § 75 S 3 u 4 VwGO). Ist nach 3 Monaten oder bei Vorliegen besonderer Umstände in einer angemessenen kürzeren Frist nicht entschieden, so gilt § 28 II. Kommt das Gericht aber zu dem Ergebnis, daß aus zureichendem Grunde bisher nicht entschieden werden konnte, so setzt es das Verfahren unter Fristsetzung aus, kann auch die Frist verlängern. Wird innerhalb der vom Gericht gesetzten Frist der beantragte VerwAkt erlassen oder der Beschwerde stattgegeben, so ist **die Hauptsache für erledigt zu erklären,** da der Beschwer weggefallen ist. Beiderseitige Erklärung ist dazu erforderlich (der Antragsteller kann aber statt dessen auch zum Antrag nach § 28 I 4 übergehen), bei einseitiger Erklärung ergeht die Entscheidung, daß erledigt ist. Im Fall der Erledigung werden Kosten in entsprechender Anwendung von §§ 130 V, 16 KostO nicht zu erheben sein. Bleibt dagegen eine Beschwer auch nach Bescheidung bestehen, wird das Verfahren fortgesetzt (dafür ist keine vorangehende Beschwerde, § 24 II, erforderlich, vgl RedOe § 75 Anm 8).

4 **4) Ausschlußfrist, III** (vgl früher § 76 VwGO). Der Antrag, Rn 2, kann **regelmäßig nur innerhalb eines Jahres,** gerechnet vom Tage der Antragstellung oder der Einlegung der Beschwerde an, gestellt werden. Spätere Anträge sind als unzulässig zurückzuweisen. Es bleibt dann nur eine nochmalige Antrag-

stellung bei der Behörde und ein Antrag auf gerichtliche Entscheidung nach 3 Monaten. Nur dann kann von der Einhaltung der Jahresfrist abgesehen werden, wenn die Antragstellung gemäß I **a)** infolge höherer Gewalt unmöglich war, s dazu § 26 Rn 6, oder **b)** unter den besonderen Umständen des Einzelfalles unterblieben ist, vgl dazu RedOe, § 76 Anm 4–6.

28 Entscheidung über den Antrag.

I ¹ Soweit die Maßnahme rechtswidrig und der Antragsteller dadurch in seinen Rechten verletzt ist, hebt das Gericht die Maßnahme und, soweit ein Beschwerdeverfahren (§ 24 Abs. 2) vorausgegangen ist, den Beschwerdebescheid auf. ²Ist die Maßnahme schon vollzogen, so kann das Gericht auf Antrag auch aussprechen, daß und wie die Justiz- oder Vollzugsbehörde die Vollziehung rückgängig zu machen hat. ³ Dieser Ausspruch ist nur zulässig, wenn die Behörde dazu in der Lage und diese Frage spruchreif ist. ⁴ Hat sich die Maßnahme vorher durch Zurücknahme oder anders erledigt, so spricht das Gericht auf Antrag aus, daß die Maßnahme rechtswidrig gewesen ist, wenn der Antragsteller ein berechtigtes Interesse an dieser Feststellung hat.

II ¹ Soweit die Ablehnung oder Unterlassung der Maßnahme rechtswidrig und der Antragsteller dadurch in seinen Rechten verletzt ist, spricht das Gericht die Verpflichtung der Justiz- oder Vollzugsbehörde aus, die beantragte Amtshandlung vorzunehmen, wenn die Sache spruchreif ist. ² Andernfalls spricht es die Verpflichtung aus, den Antragsteller unter Beachtung der Rechtsauffassung des Gerichts zu bescheiden.

III Soweit die Justiz- oder Vollzugsbehörde ermächtigt ist, nach ihrem Ermessen zu handeln, prüft das Gericht auch, ob die Maßnahme oder ihre Ablehnung oder Unterlassung rechtswidrig ist, weil die gesetzlichen Grenzen des Ermessens überschritten sind oder von dem Ermessen in einer dem Zweck der Ermächtigung nicht entsprechenden Weise Gebrauch gemacht ist.

Vorbem. S Vorbem § 23 (Datenübermittlung); Sondervorschrift in § 22 III.

1) Allgemeines. § 28 entspricht den §§ 113 I u IV, 114 VwGO. Er bestimmt die vom Gericht aufgrund **1** der Anträge nach §§ 23, 27 sachlich zu treffende Entscheidung. Die Vorschrift regelt aber nur die Entscheidung bei Rechtswidrigkeit der Maßnahme und bei Ablehnung oder Unterlassung einer solchen. Ergibt die Prüfung, daß eine Rechtswidrigkeit nicht vorliegt, so ist der Antrag als unbegründet zurückzuweisen; wegen des Unterschiedes zu der nach § 24 I zu treffenden Entscheidung der Unzulässigkeit und wegen der sonstigen Zurückweisung wegen Unzulässigkeit s § 24 Rn 5 und § 27 Rn 2 u 5.

Das OLG ist keine Revisionsinstanz, hat also auch den festgestellten Sachverhalt nachzuprüfen, gegebenenfalls auch Beweise zu erheben, BGH NJW **72**, 780 im Anschluß an BVerfG NJW **67**, 923; in dem Verfahren gilt der Untersuchungsgrundsatz, § 23 Rn 5. Über die Form einer etwaigen Beweiserhebung entscheidet das OLG nach pflichtgemäßem Ermessen, KG NJW **68**, 608. Eine Beiladung Dritter iSv § 65 VwGO ist nicht vorgesehen, Ffm NStZ-RR **01**, 46.

Ein allgemeiner Feststellungsantrag, § 43 VwGO, ist nicht vorgesehen, Hbg HbgJVBl **75**, 68, nur die nachträgliche Feststellung nach I 4.

Die Entscheidung nach § 28 erwächst in Rechtskraft und hat bindende Wirkung für einen nachfolgenden Amtshaftungsprozeß, § 13 GVG Rn 16, BGH NJW **94**, 1950 mwN.

2) Rechtswidrigkeit einer Maßnahme, I 1 (vgl § 113 I 1 VwGO). **2**

A. Grundsatz. Stellt das Gericht fest, daß die Maßnahme der Behörde rechtswidrig ist und der Antragsteller durch sie in seinen Rechten verletzt ist, § 24 Rn 2, so hebt es die Maßnahme auf. Das gleiche gilt, wenn der Antragsteller durch die Rechtswidrigkeit des Beschwerdebescheids verletzt ist, § 24 II. Welcher Zeitpunkt für die Beurteilung der Sach- und Rechtslage maßgeblich ist, ergibt das materielle Recht, BVerwG NVwZ **91**, 360 mwN; idR kommt es auf das Ergehen der letzten Verwaltungsentscheidung an, BVerwG in stRspr, DVBl **91**, 388, NVwZ **90**, 653 u 654 (dazu Klein NVwZ **90**, 933), Kleinlein VerwArch **90**, 149, RedOe § 108 Anm 17–21 a, Kopp/Sch § 113 Rn 29 ff. War der VerwAkt rechtswidrig, wird er aber durch den nach Antragstellung ergehenden Beschwerdebescheid aufgehoben oder richtiggestellt, so erledigt sich die Hauptsache, § 27 II 2 u dort Rn 3; zur Entscheidung, ob ein ursprünglich rechtswidriger VerwAkt durch eine Änderung der Sachlage rechtmäßig wird, vgl BVerwG NVwZ **90**, 653, RedOe § 108 Anm 21 a. Ist der VerwAkt oder der Beschwerdebescheid nur zT rechtswidrig, so erfolgt nur eine teilweise Aufhebung („soweit"). Doch wird dies höchst selten in Betracht kommen, da es idR um eine einheitliche Entscheidung handeln wird, die nur so, wie geschehen, sonst aber gar nicht erlassen werden wäre. Die Umwandlung des rechtswidrigen VerwAktes in einen, der nicht rechtswidrig ist, ist unzulässig: Er muß neu erlassen werden. Zu entscheiden hat darüber die VerwBehörde, deren Ermessen nicht durch ein gerichtliches ersetzt werden darf. Vgl aber auch unten Rn 7.

B. Vollzogene Justizverwaltungsmaßnahmen, I 2, 3 (vgl § 113 I 2, 3 VwGO). Die Vollziehung der **3** Maßnahme hindert bei Rechtswidrigkeit nicht ihre Aufhebung, sofern die Vollziehung nicht aus tatsächlichen oder rechtlichen Gründen irreversibel ist, Stadler IPrax **92**, 148 mwN zu Ffm RIW **91**, 417, KG RR **91**, 1085. Außerdem ist, falls ein dahingehender Antrag vorliegt, auf den gegebenenfalls hinzuwirken ist, auszusprechen, daß die Justiz- oder Vollzugsbehörde die Vollziehung rückgängig zu machen hat, wobei auch anzuordnen ist, wie diese Rückgängigmachung geschehen soll. Voraussetzung hierfür ist, daß die Rückgängigmachung möglich und überdies spruchreif ist, wie das zu geschehen hat, Kopp/Sch § 113 Rn 80 ff; andernfalls muß der Antragsteller, falls die Behörde die vorbereitenden Maßnahmen zur Rückgängigmachung und schließlich diese selbst nicht betreibt, gemäß § 27 vorgehen, EF § 113 Rn 38.

C. Zurücknahme oder anderweitige Erledigung der Maßnahme, I 4 (vgl § 113 I 4 VwGO). **4**
a) Zurücknahme kann nur durch die VerwBehörde erfolgen. **Erledigung** liegt zB vor, wenn bei vorheriger Untätigkeit die Behörde nach Fristsetzung durch das Gericht innerhalb dieser Frist entscheidet, § 27 II

EGGVG § 28

2, oder wenn eine Maßnahme irreversibel vollzogen wird, KG RR **91**, 1085. Die Erledigung muß vor der Entscheidung des Gerichts erfolgt sein. Ist sie schon vor Antragstellung erfolgt, so fehlt die Voraussetzung des § 24 I; vgl aber auch unten.

5 b) Hat sich die Maßnahme während des Gerichtsverfahrens erledigt, so kann der Antragsteller beantragen **festzustellen, daß die Maßnahme rechtswidrig gewesen ist,** vgl § 113 I 4 VwGO. Dies setzt jedoch ein dahingehendes berechtigtes Interesse voraus, BGH NJW **90**, 2759; andernfalls ist der Antrag mangels Rechtsschutzinteresses als unzulässig abzuweisen, ohne daß das Gericht sich über die Rechtswidrigkeit ausspricht, vgl Nürnb BayVBl **87**, 411 (Anm Niethammer). **Berechtigtes Interesse** ist weiter als das rechtliche Interesse des § 256 ZPO. Jenes kann rechtlicher, aber auch wirtschaftlicher oder ideeller Natur sein, liegt also insbesondere vor, wenn der Antragsteller aus der Rechtswidrigkeit Folgerungen ziehen will. Dafür genügt nicht ein Kosteninteresse (insofern § 30 II) und auch nicht die schlüssige Behauptung der Verletzung eines Grundrechts, BGH NJW **90**, 2759 (krit Sommermeyer JR **91**, 517), Karlsr NStZ **92**, 98, Hamm NStZ **89**, 85 (aM für Art 13 GG BVerfG NJW **97**, 2164 mwN, ferner Kblz NStZ-RR **99**, 80, Celle StrVert **85**, 139, Stgt NJW **72**, 2146, diff VGH Mü NVwZ-RR **93**, 621, OVG Münst DVBl **93**, 567, offen Köln NJW **94**, 1076). Wohl aber besteht idR (zu Ausnahmen VGH Mannh NVwZ **97**, 198 u Göpfert NVwZ **97**, 143, beide mwN) ein berechtigtes Interesse, wenn es in dem erledigten Antragsverfahren um eine öff-rechtliche Vorfrage ging, die Bedeutung für den Zivilprozeß hat, zB für einen nicht völlig aussichtslosen Amtshaftungsprozeß, stRspr des BVerwG, NVwZ **92**, 1092 u **91**, 568, NJW **88**, 927 mwN, vgl RedOe § 113 Anm 14 (aM Hbg HbgJVBl **78**, 36, einschränkend Hamm MDR **87**, 519: nur bei unmittelbarer Entscheidungsreife des Verf nach § 23 EGGVG). Ein berechtigtes Interesse ist auch dann gegeben, wenn die durch konkrete Tatsachen belegte Gefahr besteht, daß unter im wesentlichen unveränderten tatsächlichen und rechtlichen Umständen ein gleichartiger VerwAkt ergehen wird, BGH NJW **90**, 2759, BVerwG in stRspr, zB NVwZ **90**, 360, Köln NJW **94**, 1076, Celle NJW **92**, 253, VGH Mannh NJW **91**, 2437, Hamm NStZ **89**, 85, vgl RedOe § 113 Anm 15; ebenso kann in besonderen Fällen ein Rehabilitationsinteresse ausreichen, BGH NJW **90**, 2759, BVerwG MDR **92**, 1086 u DVBl **91**, 51, Celle aaO, Hamm aaO, RedOe aaO, VGH Mannh NVwZ **90**, 378 mwN.

6 Hatte sich die behördliche Maßnahme schon **vor Stellung des Antrags,** §§ 23 u 24, erledigt, so kann zwar durch das Gericht die Aufhebung der Maßnahme nicht mehr erfolgen, oben Rn 4, vielmehr darf nur ihre Rechtswidrigkeit bei berechtigtem Interesse festgestellt werden, KG RR **91**, 1085 mwN, vgl Ey § 113 VwGO Rn 51, wobei die Absicht, eine Amtshaftungsklage zu erheben, nicht genügt, BVerwG NJW **89**, 2486, Dresden RR **02**, 718 mwN, KG NStZ **97**, 563 u RR **91**, 1085 (in Vorverfahren, § 24 II, ist dann nicht erforderlich, vgl zu § 113 VwGO VGH Mü NVwZ RR **90**, 210 mwN, ua BVerwG NJW **78**, 1935, str, Kopp/Sch § 113 Rn 126 f).

c) Das alles gilt auch für die Erledigung eines **Verpflichtungsantrags,** II, RedOe § 113 Anm 18, und für die Erledigung eines **Leistungsantrags,** VGH Mannh NVwZ-RR **91**, 519. **Tenor:** „Der (näher zu bezeichnende) VerwAkt war rechtswidrig" bzw „Die (näher zu bezeichnende) Behörde war verpflichtet, ..." bzw „Es war rechtswidrig, die (näher zu bezeichnende) Leistung nicht zu erbringen" (oder ähnlich). Die **Kostenentscheidung** ergeht zu Lasten des Antragstellers, wenn er einen unberechtigten Antrag auf Feststellung der Rechtswidrigkeit gestellt hat, bei Erledigung sonst wie bei § 27 Rn 3.

7 3) **Rechtswidrige Ablehnung oder Unterlassung der Maßnahme,** II (vgl § 113 IV VwGO). Bei Verletzung der Rechte des Antragstellers, § 24 Rn 2, spricht das Gericht die **Verpflichtung der Justizverwaltungsbehörde zur Vornahme der beantragten Amtshandlung** aus, zB die Befreiung zu erteilen oder dgl; erreicht werden kann auch die Verpflichtung zu schlichtem Verwaltungshandeln, Hbg NJW **79**, 279, nicht nur zum Erlaß eines VerwAktes. Maßgeblicher Zeitpunkt für die Beurteilung der Sach- und Rechtslage ist idR der Zeitpunkt der mündlichen Verhandlung bzw der Beschlußfassung des Gerichts, RedOe § 108 Anm 22–25. Das Gericht entscheidet nicht selbst, hebt in diesem Falle aber die Entscheidung der Behörde aus Gründen der Klarstellung auf, vgl RedOe § 113 Anm 19. Voraussetzung für diesen Ausspruch ist, daß **die Sache spruchreif** ist; es müssen also die für eine Entscheidung der VerwBehörde notwendigen Unterlagen vorhanden, das Erforderliche geklärt sein. Ist die Sache nicht spruchreif, muß das Gericht sie spruchreif machen, sofern dies möglich ist, vgl RedOe § 113 Anm 20. Handelt es sich um eine Ermessensentscheidung, so ist die Sache nur dann spruchreif, wenn das Ermessen – ohne Fehler – nur in einer einzigen Richtung, nämlich dem Antrage gemäß, ausgeübt werden kann, Hamm NJW **89**, 533, EF § 113 Rn 62 b, Kopp § 114 Rn 6 mwN, nicht aber, wenn mehrere rechtlich einwandfreie Ermessensentscheidungen möglich sind oder die VerwBehörde ihr Ermessen überhaupt noch nicht ausgeübt hat; denn **keinesfalls kann das Gericht sein eigenes Ermessen an Stelle des Ermessens der Behörde setzen,** EF § 114 Rn 6. In diesem Falle hebt das Gericht die Entscheidung der Behörde auf und verpflichtet sie, den Antragsteller so zu bescheiden, wie es der in den Gründen niedergelegten Rechtsauffassung des Gerichts entspricht, II 2.

8 4) **Rechtswidriges Ermessen,** III (vgl § 114 VwGO).

A. Ob überhaupt eine Ermessensentscheidung zu treffen war, ist eine Rechtsfrage, kann also vom Gericht nachgeprüft werden. Sie liegt vor, wenn mehrere Verhaltensweisen denkbar sind, die dem Gesetz entsprechen. Die Ermessensausübung ist Sache der VerwBehörde, Rn 7. **Nachprüfbar bleibt, a)** ob die Behörde die gesetzlichen Grenzen des Ermessens überschritten hat **(Ermessensüberschreitung),** also zB die Behörde nach freiem Ermessen entschieden hat, während das Gesetz dem Ermessen Grenzen gesetzt hat, BGH **77**, 206 u 212, nicht aber bei nur unzweckmäßigem Gebrauch des Ermessens, zumal das zur Nachprüfung des Gebrauchs überhaupt führen müßte; **b)** ob vom Ermessen in einer dem Zweck der Ermächtigung nicht entsprechenden Weise Gebrauch gemacht ist **(Ermessensfehler).** Hier werden zwar die Grenzen des Ermessens nicht überschritten, fehlerhaft ist aber die Beurteilung der Grenzen (zu eng) oder der Voraussetzungen des Ermessens, die zB in der Abweichung von einer ständigen, ermessensfehlerfreien VerwÜbung im Einzelfall, sofern dies gegen den Gleichheitsgrundsatz verstößt, liegen kann (Selbstbindung der Verwaltung). Ob eine Ermessensentscheidung vorliegt oder die Anwendung eines **unbestimmten Rechtsbegriffs,** ist oft schwierig zu entscheiden, vgl GmS NJW **72**, 1411 m Anm Kloepfer, EF § 114 Rn 7–14. Unbestimmte Rechtsbegriffe können Beurteilungsermächtigungen enthalten, namentlich im Prüfungsrecht, aber auch bei anderen wertenden Entscheidungen der Verwaltungsbehörden, Kopp § 114 Rn 23 ff mwN. Zur Nachprüfung von Ermessensentscheidungen vgl iü EF § 114 VwGO Rn 15–28, Kopp § 114 Rn 4 ff mwN.

B. Ob ein Ermessensfehler vorliegt, ist nur nachprüfbar, wenn die **Ermessensentscheidung mit Gründen versehen** ist, die das Abwägen erkennen lassen. Ist sie nicht begründet worden, so verfällt sie der Aufhebung, da das eine gerichtliche, der Rechtsstaatlichkeit entsprechende Ermessenskontrolle unmöglich macht, Ffm NJW **66**, 465. Das Gericht ist hier nicht befugt, von sich aus Tatsachen zu ermitteln, die die Entsch der VerwBehörde begründen können; denn die Ausübung des Ermessens liegt in deren Bewertung, die allein der Behörde obliegt, Rn 7 u 8. Darauf, ob die Begründung den Anforderungen des VwVfG entspricht, kommt es nicht an, weil seine Vorschriften nicht anwendbar sind, § 2 III VwVfG, BGH **77**, 215.

29 Vorlagepflicht; ergänzende Verfahrensvorschriften; Prozeßkostenhilfe.

¹ ¹ Die Entscheidung des Oberlandesgerichts ist endgültig. ² Will ein Oberlandesgericht jedoch von einer auf Grund des § 23 ergangenen Entscheidung eines anderen Oberlandesgerichts oder des Bundesgerichtshofes abweichen, so legt es die Sache diesem vor. ³ Der Bundesgerichtshof entscheidet an Stelle des Oberlandesgerichts.

II Im übrigen sind auf das Verfahren vor dem Zivilsenat die Vorschriften des Reichsgesetzes über die Angelegenheiten der freiwilligen Gerichtsbarkeit über das Beschwerdeverfahren, auf das Verfahren vor dem Strafsenat die Vorschriften der Strafprozeßordnung über das Beschwerdeverfahren sinngemäß anzuwenden.

III Auf die Bewilligung der Prozeßkostenhilfe sind die Vorschriften der Zivilprozeßordnung entsprechend anzuwenden.

Vorbem. S Vorbem § 23 (Datenübermittlung); Sondervorschrift in § 22 I.

1) Unanfechtbarkeit, I 1. Grundsätzlich sind die **Entscheidungen des OLG endgültig**; es bleibt also bei einer Instanz. Beteiligte können den BGH nicht anrufen. Etwa eingelegte Rechtsmittel verwirft das OLG, Jansen 1.

2) Vorlagepflicht, I 2. Diese besteht, wenn ein OLG vor der Entscheidung eines anderen OLG (gleichgültig, ob die Entscheidung von einem Straf- oder Zivilsenat erlassen worden ist, BGH NJW **89**, 587) oder des BGH (oder des GmS, Anh § 546 ZPO) im Ergebnis abweichen will (die abweichende Begründung des Rechtsstandpunkts genügt nicht, BGH NJW **77**, 1014). Diese Entscheidung muß aufgrund von § 23 I oder II ergangen sein, vgl BGH **46**, 91; ferner muß sich die Abweichung auf Bundesrecht beziehen, vgl § 28 II FGG, Kissel 8 mwN, str, aM Katholnigg 1 mwN. Danach scheiden Entscheidungen aus, die etwa zu der Frage vor dem 1. 4. 60 oder auch später, aber nicht in einem Rechtmäßigkeitsprüfungsverfahren ergangen sind. Eine Vorlage entfällt auch, wenn sie zwar in einem solchen Verfahren, aber nicht aufgrund des § 23 ergangen sind, wie dies bei Entscheidungen des Gerichts über die Kostenfestsetzung, § 30 II 3 iVm § 104 III 1, und den Geschäftswert, § 30 III, der Fall ist. Ferner entfällt die Vorlagepflicht, wenn das andere OLG seine abweichende Rspr nachträglich aufgegeben hat, BGH NJW **90**, 2759. Wohl aber gilt die Vorlagepflicht für Fragen des gerichtlichen Verfahrens, §§ 24 ff, BGH **46**, 355, und bei Entscheidungen über die WiedEins, Jansen Rdz 2, und über die Rechtswidrigkeit, § 28, da sie als Unterart einer Entscheidung aus § 23 angesehen werden können. Ein Verstoß gegen die Vorlagepflicht verletzt Art 101 GG und kann im Fall der Willkür zur Aufhebung der Entscheidung durch das BVerfG führen, Schneider MDR **00**, 10, § 16 GVG Rn 3.

Der **BGH** entscheidet an Stelle des OLG. Er hat bei der Prüfung der Zulässigkeit der Vorlage, ebenso wie nach § 28 II FGG, von der Rechtsauffassung des OLG auszugehen, BGH NJW **89**, 2819 u 587 mwN. Der BGH hat aber selbst zu prüfen, ob tatsächlich ein Abweichungsfall vorliegt, BGH NJW **90**, 841, RR **89**, 73; die Rechtsauffassung, von der das OLG abweichen will, muß auf einer wirklichen Beurteilung der Rechtsfrage beruhen, BGH RR **94**, 570 mwN. Das OLG muß deshalb darlegen, daß die Befolgung der abweichenden, von ihm vertretenen Rechtsansicht zu einer anderen Fallentscheidung führen würde, BGH NJW **90**, 841.

3) Anwendung der Beschwerdevorschriften des FGG, II (zum Verf im allgemeinen s § 23 Rn 5, § 28 Rn 1). Diese Vorschriften können nur ergänzend herangezogen werden, soweit das Verfahren nicht durch die §§ 23 ff geordnet ist. So scheiden aus § 21 FGG wegen § 26 I EGGVG, § 22 FGG wegen § 26 I–IV, desgleichen § 24 FGG, bis auf dessen III, Jansen 7, Keidel MDR **63**, 590; es scheiden auch §§ 26–29 FGG aus, da das OLG unanfechtbar entscheidet, so daß seine Entscheidung sofort wirksam wird. Ohne Bedeutung ist § 30 FGG. Mithin sind in Zivilsachen nur anwendbar **§ 23 FGG,** der zuläßt, daß der Antrag beim OLG auf neue Tatsachen und Beweise gestützt wird, **§ 24 III FGG,** der eine Aussetzung des angegriffenen VerwAktes bis zur Entscheidung zuläßt (was verfassungsrechtlich geboten ist, BVerfG MDR **74**, 821), Stadler IPrax **92**, 149, und **§ 25 FGG,** der eine mit Gründen versehene Entscheidung verlangt, sowie für den **BGH § 30 II,** Kissel 14. Anzuwenden sind auch die an anderer Stelle des FGG geregelten Verfahrensgrundsätze, soweit sie für das Beschwerdeverfahren Bedeutung haben, Kissel 15, so daß eine Richterablehnung wegen Befangenheit, BVerfG **21**, 139, ebenso möglich ist wie die Selbstablehnung, KG FamRZ **64**, 164. Zwischenverfügungen können, wenn die endgültige Entscheidung ergangen ist, nicht mehr angefochten werden, KG FamRZ **68**, 466. II ergänzt die Verfahrensvorschriften der §§ 24 ff FGG nur „im übrigen". Da §§ 24 ff dem verwaltungsgerichtlichen Verfahren nachgebildet sind, sind auch Vorschriften der VwGO rechtsähnlich heranzuziehen, Jansen 4. Zur Geltung des Untersuchungsgrundsatzes vgl § 28 Rn 1.

Im Hinblick auf Art 19 IV GG sind in den Fällen des § 23 II, wenn eine Aussetzung des VerwAktes nach II iVm § 24 III FGG nicht zum Ziel führt, **einstweilige Anordnungen** zulässig, wenn nur dadurch Rechtsschutz gegen schwere und anders nicht abwendbare Nachteile gewährt werden kann, Stadler IPrax **92**, 149, MüKoWo 20 u 21, Kissel § 28 Rn 22 mwN, vgl BVerfG NJW **78**, 693, Karlsr NStZ **94**, 142, LSG Stgt NJW **78**, 727 (zum SGG), dazu v. Mutius VerwArch **79**, 359, aM Hamm GoldtArch **75**, 150, offen gelassen von Hbg

EGGVG §§ 29–39   EinfG zum Gerichtsverfassungsgesetz

MDR **77**, 688 mwN. Unter dieser Voraussetzung ist auch eine Vorwegnahme der endgültigen Regelung zulässig, wenn sonst ein schwerer, nicht wieder zu behebender Nachteil für den Antragsteller eintreten würde, vgl Hbg NJW **79**, 279. Das Verf ist entspr § 123 VwGO zu gestalten, vgl Meyer-Ladewig § 97 SGG Rn 22–24. Unzulässig ist ein Antrag, wenn damit in Wirklichkeit eine im Gesetz nicht vorgesehene vorbeugende Unterlassungsklage erhoben wird, Hamm NStZ-RR **96**, 209 (Anm Krack JR **96**, 257).

5   **4) Prozeßkostenhilfe, III.** Vgl §§ 114 ff ZPO.

30 **Kosten.** ¹¹ Für die Kosten des Verfahrens vor dem Oberlandesgericht gelten die Vorschriften der Kostenordnung entsprechend. ² Abweichend von § 130 der Kostenordnung wird jedoch ohne Begrenzung durch einen Höchstbetrag bei Zurückweisung das Doppelte der vollen Gebühr, bei Zurücknahme des Antrags eine volle Gebühr erhoben.

II ¹ Das Oberlandesgericht kann nach billigem Ermessen bestimmen, daß die außergerichtlichen Kosten des Antragstellers, die zur zweckentsprechenden Rechtsverfolgung notwendig waren, ganz oder teilweise aus der Staatskasse zu erstatten sind. ² Die Vorschriften des § 91 Abs. 1 Satz 2 und der §§ *102* bis 107 der Zivilprozeßordnung gelten entsprechend. ³ Die Entscheidung des Oberlandesgerichts kann nicht angefochten werden.

III ¹ Der Geschäftswert bestimmt sich nach § 30 Kostenordnung. ² Er wird von dem Oberlandesgericht durch unanfechtbaren Beschluß festgesetzt.

Vorbem. Vgl auch die Erläuterungen zu § 30 EGGVG bei Hartmann Anh § 161 KostO. In den **neuen Bundesländern** ermäßigt sich die Gebühr, I, um 20 vH, EV Anl I Kap III Sachgeb A Abschn III Z 20 a, abgedr Hartmann Vorbem § 32 KostO, dazu Busch Rpfleger **92**, 138 (ausf). Wegen der Sondervorschriften für die **Datenübermittlung** s Vorbem § 23.

1   **1) Entsprechende Anwendung der KostO, I.** Die Aufnahme des Antrags, § 26 I EGGVG, ist gebührenfrei, § 129 KostO. Auch der Antrag löst keine Gebühr aus, § 131 IV 3 KostO, wohl aber die Zurückweisung des Antrags das Doppelte der vollen Gebühr, wobei kein Unterschied gemacht wird, ob diese als unzulässig oder unbegründet erfolgt, ferner die Zurücknahme, bevor eine Entscheidung ergangen und zugestellt ist, Hartmann § 130 KostO Rn 12 ff, die volle Gebühr. Anders als in § 130 KostO besteht keine Höchstgrenze. Wird dem Antrag stattgegeben, so entfallen Gerichtskosten, § 16 KostO, Mü WertpMitt **89**, 1483, desgleichen, wenn die Hauptsache gemäß § 27 II 2 EGGVG für erledigt erklärt wird, dort Rn 3. Die Gebührenfreiheit des Antrags besagt aber mit Rücksicht auf die allgemeine Bezugnahme auf die KostO, I 1, nicht, daß kein Vorschuß zu zahlen ist, § 8 KostO; bei Stattgeben ist er dann zurückzuzahlen, Hbg Rpfleger **66**, 27, str, vgl Lappe KostRspr zu § 30 EGGVG.

2   **2) Erstattung außergerichtlicher Kosten, II.** Eine solche kann das OLG in vollem Umfang oder zum Teil nach billigem Ermessen anordnLl nach billigem Ermessen anordnen, und zwar auch noch nach dem Tode des Antragsteller, Hamm NJW **71**, 208, jedoch nicht zugunsten eines Dritten, der sich am Verfahren beteiligt hat, Hamm Rpfleger **74**, 228. Da es sich um eine Ausnahmeregelung handelt, genügt der Erfolg des Antrags für sich allein nicht für die Anordnung der Erstattung. Nötig ist vielmehr das Hinzutreten besonderer Umstände, zB ein offenbar fehlerhaftes Verhalten der Behörde, Kissel 5, oder eine erhebliche Bedeutung der Sache für den Antragsteller, vgl MüKoWo 6.

Zu den ggf zu erstattenden Kosten zählt auch die Entschädigung des Antragstellers für seine notwendigen Reisen und die durch die notwendige Wahrnehmung von Terminen entstandene Zeitversäumnis, ebenso die Entschädigung von Zeugen, § 91 I 2 ZPO. Die außergerichtlichen Kosten des Antragstellers müssen aber zur zweckentsprechenden Rechtsverfolgung notwendig gewesen sein, § 91 ZPO Rn 28 ff. Das gilt hier auch für die Anwaltskosten, da kein Anwaltszwang besteht und § 91 II 1 nicht für entsprechend anwendbar erklärt ist. Sofern eine Bestimmung nach II getroffen wird, gelten die Vorschriften über die Kostenfestsetzung, §§ 103 ff ZPO (§ 102 ist aufgehoben), § 21 RPflG. Auch diese Entscheidungen des OLG können nicht angefochten werden, § 29 Rn 1.

Iü besteht keine Erstattungspflicht zwischen den Beteiligten, Hamm Rpfleger **74**, 228, so daß die im vorausgegangenen Beschwerdeverfahren entstandenen Kosten nicht zu erstatten sind, Hamm MDR **84**, 606, Drischler MDR **75**, 551.

3   **3) Geschäftswert, III.** Es wird sich in aller Regel um eine nichtvermögensrechtliche Angelegenheit handeln, so daß als Ausgangsgeschäftswert 5000 DM in Betracht kommen, § 30 II, III KostO, Mü WertpMitt **89**, 1483, vgl dazu Hartmann § 30 KostO Rn 44 ff. Die Festsetzung durch das OLG ist unanfechtbar, III 2.

Vierter Abschnitt. Kontaktsperre

31–38 (nicht abgedruckt)

Fünfter Abschnitt. Insolvenzstatistik

39 (nicht abgedruckt)

Schlußanhang

I. A. Deutsches Richtergesetz

(BGBl III 301–1)
idF der Bek v 19. 4. 1972, BGBl 713, zuletzt geändert durch Art 15 b JKomG v 22. 3. 05, BGBl 837

Bearbeiter: Dr. Albers

Schrifttum: *Schmidt-Räntsch,* DRiG, 5. Aufl 1995; *Fürst* ua, Richtergesetz, 1992; *Barbey,* Der Status des Richters, in: Isensee/Kirchhof, Handbuch des Staatsrechts, Bd III § 74; *Thomas,* Richterrecht, 1986; *Plog-Wiedow-Beck,* BBG, Bd 3 (Loseblattausgabe); *Schäfer,* in: Löwe-Rosenberg, StPO u GVG, 23. Aufl (1979); *Schmidt-Jortzig,* Aufgabe, Stellung und Funktion des Richters im demokratischen Rechtsstaat, NJW **91**, 2377.

Einleitung

1) Das Gesetz ist im wesentlichen eine **Kodifizierung des für den Berufsrichter geltenden Rechts,** 1 § 2. Es gilt nicht nur für die Richter der ordentlichen Gerichtsbarkeit, sondern für die Richter aller Gerichtszweige, deren Verfahrensordnungen, soweit erforderlich, es dem DRiG entsprechend ändert, §§ 88 ff. Lediglich für die Richter des BVerfG gilt es nur beschränkt, §§ 69, 70. Es enthält die durch **Art 98 GG** angeordnete Regelung der Rechtsstellung der Bundesrichter und außerdem Rahmenvorschriften für die Rechtsstellung der Richter in den Ländern, Art 98 III GG. Die Länder haben demgemäß ihrerseits Richtergesetze erlassen, Vorbem § 71. Die **Stellung des ehrenamtlichen Richters** wird lediglich in den §§ 43, 44, 45 und 45 a berührt.

2) Stellung des Richters (Niebler DRiZ **81**, 281). Der Richter, dem durch Art 92 GG die **recht-** 2 **sprechende Gewalt anvertraut** ist, vgl auch § 1 Anm 1 u 2, wird hierdurch, aber auch durch die Bestimmung, daß andere nichtrichterliche Tätigkeiten mit der richterlichen unvereinbar sind, § 4 I, klar **dem Beamten gegenübergestellt;** denn den Richtern ist durch Art 19 IV, 100 I GG auch eine Kontrollfunktion gegeben, die nach dem Grundsatz der Gewaltenteilung weder die gleichzeitige amtliche Übertragung nichtrichterlicher Geschäfte auf Richter noch die nebenamtliche Tätigkeit eines Beamten als Richter zuläßt, § 4 Rn 1 u 3. Es gibt also keine richterlichen Beamten. Das schließt nicht aus, daß gewisse Bestimmungen des Beamtenrechts auch für Richter entsprechend gelten, soweit das DRiG nicht entgegensteht, §§ 46, 71 III. Vgl dazu Bettermann, Der Richter als Staatsdiener, 1967 (Veröffentlichungen der Gesellschaft Hbg Juristen Heft 7).

3) Das Gesetz enthält nicht nur Bestimmungen allgemeiner Art, die für sämtliche Richter gelten, 3 §§ 1 ff, sowie Bestimmungen für die Bundesrichter, §§ 46 ff, und Rahmenvorschriften für die Landesrichter, §§ 71 ff; es regelt auch die Dienstgerichtsbarkeit für die Bundesrichter, §§ 61 ff, und demgemäß diese rahmenrechtlich für die Landesrichter, § 77 ff. Ferner enthält es Bestimmungen über Richtervertretungen, §§ 49 ff, 72 ff, und schafft im Interesse der Unabhängigkeit der Rechtsprechung die Möglichkeit, Maßnahmen der Dienstaufsicht auf Antrag des Richters durch das Dienstgericht nachprüfen zu lassen, §§ 26 III, 62 I, Z 4 e, 78 Z 4 e.

4) Richtergesetz und GVG. Das Gesetz regelt zwar die Stellung des Richters, Rn 2. Es enthält aber 4 auch in die Gerichtsorganisation eingreifende, auf Art 74 Z 1 GG beruhende Bestimmungen, BGH NJW **91**, 422, zB über die Befähigung zum Richteramt, das Richterverhältnis, die Unabhängigkeit des Richters (dazu BGH DRiZ **91**, 20), betrifft also insofern das GVG (so insbesondere in den Abschnitten 1–5), dessen Vorschriften es zT aufgehoben bzw geändert hat, §§ 85–87 DRiG. Im folgenden wird daher der volle Gesetzeswortlaut außer den Übergangs-, Schluß- und Änderungsbestimmungen gebracht. Diese sind, soweit sie das GVG betreffen, bereits im Text berücksichtigt. **Erläutert werden nur die Vorschriften, die für die Gerichtsverfassung unmittelbar oder mittelbar von Bedeutung sein können.**

5) Rechtslage in den neuen Bundesländern. Das DRiG gilt seit dem 3. 10. 90 auch in den neuen 5 Bundesländern einschl der früheren Ost-Berlin, Art 8 EV, mit zahlreichen Maßgaben, EV Anl I Kap III Sachgeb A Abschn III u IV, auf die – idR – in den Vorbemerkungen – bei den einzelnen Vorschriften hingewiesen wird (vgl Schmidt-Räntsch DtZ **91**, 33, Brachmann DtZ **90**, 304). Diese Abweichungen beruhten vor allem darauf, daß in der früheren DDR alle Richterämter für jeweils eine Wahlperiode verliehen worden waren, so daß es dort keine Richter auf Lebenszeit gab; bei der Einführung des DRiG wurde für die Länder in der früheren DDR an die insofern fortgeltenden Regelungen des DDR-Richterrechts, EV Anl II Kap III Sachgeb A Abschn I Z 5–10, angeknüpft, nach denen zunächst nur Richterverhältnisse auf Zeit oder auf Probe begründet werden konnten, und ergänzend bestimmt, daß die am 3. 10. 90 amtierenden Richter bis dahin zur Ausübung der Rspr ermächtigt werden; dies ist verfassungsrechtlich unbedenklich, BVerfG DtZ **91**, 408 u **92**, 119. Für die Anwendung des DRiG waren grundlegend die in EV Anl I Kap III Sachgeb A Abschn III Z 8 enthaltenen Maßgaben (vgl 50. Aufl), dazu BVerwG DtZ **97**, 39, DRiZ **97**, 68, P. Stelkens DVBl **96**, 118, P. Stelkens DVBl **92**, 539 mwN, u a Roggemann NJW **91**, 458, Henrichs/Kremer/Hucke NJW **91**, 449, Schmidt-Räntsch DtZ **91**, 35, U. Stelkens JuS **91**, 991.

Für die Richter, die nach diesen Bestimmungen die Befähigung zum Berufsrichter besitzen, gelten §§ 5 u 6 des **Rechtspflege-Anpassungsgesetzes** v 26. 6. 92, BGBl 1147 (vgl dazu Rieß DtZ **92**, 228), m Ergänzung (§ 6a) durch Art 6 Z 2 G v 24. 6. 94, BGBl 1374, in Kraft seit 1. 7. 94 (dazu Staats DtZ **94**,

272): Das RpflAnpG gilt jetzt idF des Art 3 G v 22. 12. 99, BGBl 2598. Wegen § 3 s Vorbem § 28 DRiG, wegen § 7 s Üb § 22 GVG, wegen § 8 s § 10 GVG Rn 2 und wegen § 10 s Üb § 21 a GVG.

RpflAnpG § 5. Verwendung von Richtern und Staatsanwälten ohne Befähigung zum Richteramt im Gebiet der Bundesrepublik Deutschland nach dem Stand bis zum 3. Oktober 1990. ᴵ¹Ein Richter, der nach Anlage I Kapitel III Sachgebiet A Abschnitt III Nr. 8 des Einigungsvertrages vom 31. August 1990 in Verbindung mit Artikel 1 des Gesetzes vom 23. September 1990 (BGBl. 1990 II S. 885, 929) die Befähigung zum Berufsrichter besitzt, kann schon vor seiner Berufung in ein Richterverhältnis auf Lebenszeit im Gebiet der Bundesrepublik Deutschland nach dem Stand bis zum 3. Oktober 1990 bei einem Landgericht oder einem Verwaltungsgericht als beisitzender Richter und als Einzelrichter Aufgaben der Rechtsprechung wahrnehmen. ²Bei einer gerichtlichen Entscheidung darf nicht mehr als ein Richter mit der in Satz 1 bezeichneten Befähigung mitwirken; er muß als solcher im Geschäftsverteilungsplan kenntlich gemacht werden.

ᴵᴵ (betr Staatsanwälte)

RpflAnpG § 6. Versetzung, Abordnung und Verwendung von Richtern auf Probe. ᴵ¹Für Richter auf Probe, die nach Anlage I Kapitel III Sachgebiet A Abschnitt III Nr. 8 des Einigungsvertrages vom 31. August 1990 in Verbindung mit Artikel 1 des Gesetzes vom 23. September 1990 (BGBl. 1990 II S. 885, 929) die Befähigung zum Berufsrichter besitzen, gelten, wenn sie mindestens fünf Jahre im richterlichen Dienst tätig gewesen sind und das vierzigste Lebensjahr vollendet haben, die Vorschriften über Versetzung und Abordnung eines Richters auf Lebenszeit entsprechend. ² § 37 Abs. 3 des Deutschen Richtergesetzes gilt mit der Maßgabe, daß sie längstens für zusammen sechs Monate abgeordnet werden dürfen.

ᴵᴵ Für Richter auf Probe, die weniger als fünf Jahre im richterlichen Dienst tätig gewesen sind oder das vierzigste Lebensjahr noch nicht vollendet haben, gilt § 13 des Deutschen Richtergesetzes; Richter auf Probe, die nur die Befähigung zum Berufsrichter besitzen, dürfen jedoch nicht bei einer Staatsanwaltschaft, Staatsanwälte zur Anstellung, die nur die Befähigung zum Staatsanwalt besitzen, dürfen nicht bei einem Gericht verwendet werden.

RpflAnpG § 6a. Laufbahnwechsel. ᴵEin Richter, der nach Anlage I Kapitel III Sachgebiet A Abschnitt III Nr. 8 des Einigungsvertrages vom 31. August 1990 in Verbindung mit Artikel 1 des Gesetzes vom 23. September 1990 (BGBl. 1990 II S. 885) die Befähigung zum Berufsrichter besitzt, kann nach seiner Berufung in das Richterverhältnis auf Lebenszeit bei Eignung und Befähigung mit seiner schriftlichen Zustimmung unter Berufung in das Beamtenverhältnis auf Lebenszeit auch zum Staatsanwalt ernannt werden.

ᴵᴵ Die Eignung und Befähigung ist durch eine zweijährige Erprobung bei einer Staatsanwaltschaft nachzuweisen und in einer dienstlichen Beurteilung festzustellen.

ᴵᴵᴵ Wird in der dienstlichen Beurteilung nach Absatz 2 die Eignung und Befähigung nicht festgestellt, wird der Richter in dem ihm verliehenen Amt weiterverwendet.

ᴵⱽ ¹Die Absätze 1 bis 3 gelten für einen Staatsanwalt, der nach Anlage I Kapitel III Sachgebiet A Abschnitt III Nr. 8 Buchstabe z Doppelbuchstabe cc des Einigungsvertrages vom 31. August 1990 in Verbindung mit Artikel 1 des Gesetzes vom 23. September 1990 (BGBl. 1990 II S. 885) die Befähigung zum Staatsanwalt besitzt und unter Berufung in das Beamtenverhältnis auf Lebenszeit zum Staatsanwalt ernannt ist, für eine Ernennung zum Richter entsprechend. ²Während der Erprobung im staatsanwaltschaftlichen Dienst führen Richter die Bezeichnung „Staatsanwalt".

Erster Teil. Richteramt in Bund und Ländern

Grundzüge

1 1) **Personeller Geltungsbereich.** Der 1. Teil, §§ 1–45, gilt als unmittelbares Recht in Bund und Ländern. Er regelt im wesentlichen Berufsrichterrecht, § 2, und enthält nur in den §§ 43, 44, 45 u 45 a einige Bestimmungen für die ehrenamtlichen Richter, deren Wahl und Beteiligung an richterlichen Handlungen die gerichtsorganisatorischen Vorschriften der Verfahrensordnungen der einzelnen Gerichtszweige (GVG, ArbGG, VwGO, SGG und FGO) ordnen.

2 2) **Der 1. Teil enthält** nach einigen einleitenden Bestimmungen, §§ 1–4, solche über die Befähigung zum Richteramt, §§ 5–7, das Richterverhältnis, §§ 8–24, die Unabhängigkeit des Richters, §§ 25–37, über besondere Pflichten des Richters, §§ 38–43, und der ehrenamtlichen Richter, §§ 44–45 a. Damit gehören seine Vorschriften überwiegend zum Recht der Gerichtsverfassung.

3 3) **Räumlicher Geltungsbereich.** S o Einl Rn 5 u 6.

Erster Abschnitt. Einleitende Vorschriften

§ 1. Berufsrichter und ehrenamtliche Richter. Die rechtsprechende Gewalt wird durch Berufsrichter und durch ehrenamtliche Richter ausgeübt.

1 1) **Allgemeines. Art 92 GG** bestimmt: „Die rechtsprechende Gewalt ist den Richtern anvertraut." Er gibt damit also den Richtern das Rechtsprechungsmonopol. Nur sie, kein Beamter oder sonstiger

Staatsdiener, die ja auch an die gesetzlichen Vorschriften gebunden sind und sie handhaben, haben rechtsprechende Gewalt. Damit wird ihre alleinige Ausübung in Durchführung der Gewaltenteilung, Art 20 II 2 GG, und in Ausführung von Art 92 GG einem besonderen Stand, den Richtern, zugewiesen. Sie sind mithin die alleinigen verfassungsrechtlichen Organe der Dritten Gewalt.

2) Rechtsprechende Gewalt. Nicht jede richterliche Tätigkeit ist Rechtsprechung. Es scheiden auch die § 4 II genannten Aufgaben aus, also die Aufgaben der Gerichtsverwaltung und vor allem die der freiwilligen Gerichtsbarkeit, soweit sie nicht Streitentscheidung ist (so allerdings zB in Hausratssachen). Sie gehören zu dem gegenüber der Rechtsprechung weiteren Begriff der Rechtspflege.

3) Richter. Unterschieden werden Berufsrichter und ehrenamtliche Richter, die einander hinsichtlich der Ausübung der rechtsprechenden Gewalt gleichstehen, wie auch Art 92, 97 I, 98 I und III GG nur allgemein von Richtern sprechen.

A. Berufsrichter. Die Bezeichnung wird nur in den §§ 1, 2, 45 im Gegensatz zum ehrenamtlichen Richter gebraucht; sonst heißt es „Richter". Berufsrichter kann es nur in den in § 8 genannten 4 Formen geben. Formal sind sie durch eine Urkunde ausgewiesen, § 17 I. Mithin scheiden als Richter und damit auch als Personen, die rechtsprechende Gewalt haben können, Verwaltungsbeamte, Rechtspfleger, mögen sie auch bei ihren Entscheidungen eine gewisse Selbständigkeit haben, § 9 (aber auch §§ 4 II u 5) RPflG, und Staatsanwälte, § 122, aus.

B. Ehrenamtliche Richter sind zB die Handelsrichter, §§ 108 ff GVG, und die ehrenamtlichen Richter bei den Arbeitsgerichten, §§ 20 ff, 37, 43 ArbGG, SozGerichten, §§ 13 ff, 35, 45 ff SGG, VerwGerichten, §§ 19 ff VwGO, und FinGerichten, §§ 16 ff FGO, sowie die Schöffen, §§ 31 ff, 84 ff GVG.

§ 2. Geltung für Berufsrichter. Die Vorschriften dieses Gesetzes gelten, soweit dieses Gesetz nicht anderes bestimmt, nur für die Berufsrichter.

1) Anwendung des Gesetzes. Es ist grundsätzlich nur auf Berufsrichter anwendbar. Bestimmungen für die ehrenamtlichen Richter, § 1 Rn 4, enthalten nur die §§ 44, 45 u 45 a. Für andere in der Rechtspflege tätige Personen, zB Rechtspfleger, gilt das Gesetz auch nicht entsprechend, BVerwG DRpflZ 88, 86.

§ 3. Dienstherr. Die Richter stehen im Dienst des Bundes oder eines Landes.

1) Dienstherr kann nur der Staat sein (Bund oder Länder); eine Delegation, auch auf sonstige staatliche Körperschaften, wäre unzulässig. Möglich sind mehrere Dienstherren. Sind durch Staatsvertrag dem Gericht eines Landes bestimmte Sachen eines anderen übertragen, zB nach § 143 II PatG (Anh § 78 b GVG) oder nach § 14 GVG für das Gebiet der Rhein- und Binnenschiffahrt oder nach § 23 c GVG für FamS, so ändert sich dadurch am Dienstherrn nichts.

§ 4. Unvereinbare Aufgaben. ᴵ **Ein Richter darf Aufgaben der rechtsprechenden Gewalt und Aufgaben der gesetzgebenden oder der vollziehenden Gewalt nicht zugleich wahrnehmen.**

ᴵᴵ **Außer Aufgaben der rechtsprechenden Gewalt darf ein Richter jedoch wahrnehmen**
1. **Aufgaben der Gerichtsverwaltung,**
2. **andere Aufgaben, die auf Grund eines Gesetzes Gerichten oder Richtern zugewiesen sind,**
3. **Aufgaben der Forschung und Lehre an einer wissenschaftlichen Hochschule, öffentlichen Unterrichtsanstalt oder amtlichen Unterrichtseinrichtung,**
4. **Prüfungsangelegenheiten,**
5. **den Vorsitz in Einigungsstellen und entsprechenden unabhängigen Stellen im Sinne des § 104 Satz 2 des Bundespersonalvertretungsgesetzes.**

Schrifttum: *Staats* DRiZ 01, 103; *Lisken* DRiZ 75, 33; *Röper* DRiZ 75, 197.

1) Allgemeines. Die Vorschrift dient dazu, das in Art 20 II 2 GG verankerte Prinzip der Gewaltenteilung durchzuführen, BVerwG 25, 218. Dieses Prinzip und das den Richtern gegebene Rechtsprechungsmonopol, Einl § 1 Rn 2 und § 1 Rn 1, grenzen ihre Tätigkeit von anderen mit der ihrigen als unvereinbar ab: Ein Richter darf grundsätzlich nur Aufgaben der rechtsprechenden Gewalt wahrnehmen. Das schließt aber nicht aus, daß einem Richter, der ehrenamtlich, andere Tätigkeiten übertragen werden; dann kann er aber nicht gleichzeitig Richter sein. Diese Regelung verstößt nicht gegen die GG, BVerwG 25, 210, Weiß DRiZ 73, 187 (eingehend). Im Bereich des § 4 ist auch eine entsprechende Nebentätigkeit verboten, soweit es sich nicht um die der Ausnahmen des § 4 II handelt, während die Nebentätigkeit im nichtstaatlichen Bereich nur den Vorschriften der §§ 40–42 unterliegt, BVerwG DRiZ 84, 20. Die Ausnahmen von dem Grundsatz der Unvereinbarkeit, I, zählt II abschließend auf.

2) Wahrnehmung von Aufgaben der gesetzgebenden oder der vollziehenden Gewalt, I (Tsatsos DRiZ 64, 251; v. Münchhausen DRiZ 69, 3).

A. Gesetzgebung. Wird ein Richter in eine gesetzgebende Körperschaft (Bundestag, Landtag, Bürgerschaft) gewählt, so endeten mit der Annahme der Wahl das Recht und die Pflicht zur Wahrnehmung des Richteramts, § 36 II; s auch das (insoweit fortgeltende, § 46 AbgG v 18. 2. 77) Ges über die Rechtsstellung der in den Deutschen Bundestag gewählten Angehörigen des öff Dienstes v 4. 8. 53, BGBl 777, das bei der Wahl eines Richters in eine gesetzgebende Körperschaft eines Landes entsprechend gilt, § 121. Desgleichen findet Entlassung statt, wenn ein Richter zZt seiner Ernennung Mitglied des Bundes- oder eines Landtages war und nicht innerhalb einer ihm gesetzten Frist das Mandat niederlegt, § 21 II Z 2. § 4 steht nicht entgegen, daß Richter in einem Parlamentsausschuß angehört werden, wohl aber die Mitgliedschaft in einem Ausschuß, Staats DRiZ 01, 105.

DRiG §§ 4–5 a

3   **B. Verwaltung.** Aufgaben der vollziehenden Gewalt sind mangels einer erschöpfenden Definition alle staatlichen Tätigkeiten, die nicht Gesetzgebung oder Rechtsprechung sind, BVerwG NJW 03, 2263 mwN. Ein Richter darf also in keiner Weise, auch nicht nebenberuflich oder ehrenamtlich, BVerwG **41**, 195, in der unmittelbaren oder mittelbaren Verwaltung des Bundes oder eines Landes, in der Gemeindeverwaltung oder der der Gemeindeverbände, ebenso Weisbrodt DRiZ **95**, 260 mwN, oder in den Körperschaften des öff Rechts mitwirken, OVG Münst DRiZ **90**, 181, VG Ffm NVwZ-RR **90**, 383, wenn er nicht als Richter ausscheidet. Ob § 4 die Ausübung eines Kommunalmandats hindert, ist str; verneinend die hM, Schmidt-Räntsch 11, Weisbrodt aaO, StGH Bre DVBl **78**, 444 mwN, abw (und differenzierend) u a Staats DRiZ **01**, 105 (eingehend), GKÖD Rdz 19 mwN, Bettermann Festschrift Ule, 1977, S 265 ff und DVBl **78**, 448, offen gelassen BVerwG NVwZ **90**, 162, OVG Münst DRiZ **90**, 181, beide mwN. Zulässig bleibt eine beratende Tätigkeit (einer gutachtlichen würde § 41 entgegenstehen), sofern sie sich darauf beschränkt und für die Entschließung eines Verwaltungsorgans nicht bindend ist oder die Tätigkeit unter der Aufsicht einer Verwaltungsbehörde ausgeübt wird, Schmidt-Räntsch 9. Es kommt also immer auf den Aufgabenkreis und die Organisation der Verwaltungsbehörde an, so bei Tätigkeit des Richters in einer Vergleichs- und Schiedsstelle (unzulässig bei Aufsicht einer VerwBehörde, Schmidt-Räntsch 13, sofern sie nicht durch Gesetz ausdrücklich zugelassen ist), als Universitätsrichter (zulässig, wenn sich die Tätigkeit auf Beratung beschränkt, BTDrucks 2785 S 9). Unzulässig ist die Tätigkeit in Schiedsämtern, § 368 i RVO, und in Einigungsstellen, § 27 a UWG, da diese auch vollziehende Gewalt ausüben, ebenso als Justitiar und Urkundsbeamter der Landeszentralbank, Brschwg (VG) DVBl **63**, 560, im Berufungsausschuß für Zahnärzte, da Vorsitzender und Beisitzer aus wichtigem Grunde von einer VerwStelle abberufen werden können, BVerwG **25**, 210; unzulässig ist auch die Tätigkeit als ehrenamtliches Mitglied eines kommunalen Ausschusses, BVerwG LS NVwZ **00**, 1184, des VerwRates einer öff Sparkasse, BVerwG MDR **73**, 524. Zulässig ist die Ausübung des Ehrenamtes eines Wahlvorstandes, BVerwG NJW **02**, 2263.

4   **3) Ausnahmen, II.** Sie sind abschließend aufgezählt, so daß damit der Kreis der amtlichen Tätigkeit eines Richters geschlossen ist. Überschreitung ist Dienstvergehen. Daneben gelten §§ 41, 42. S auch VO über die Nebentätigkeit der Richter im Bundesdienst v 15. 10. 65, BGBl 1719, geänd dch VO v 12. 11. 87, BGBl 2373, Schmidt-Räntsch Teil E.

A. Aufgaben der Gerichtsverwaltung, Z 1. Ihre Wahrnehmung läßt schon § 4 EGGVG zu und ist vom BVerfG **4**, 331, 347, gebilligt. Der Ausdruck ist an Stelle des Ausdrucks Justizverwaltung im Hinblick auf die anderen Gerichtszweige gewählt worden; er ist zudem enger, da zB die Strafanstaltsverwaltung nicht darunter fällt, deren Zuweisung nur nach Z 2 zulässig ist, vgl § 451 III StPO (zur Verpflichtung, die Leitung eines Gerichtsgefängnisses zur übernehmen, BGH DRiZ **75**, 23). Über den Umfang der Justizverwaltung vgl § 4 EGGVG und Anh § 21 GVG. Hierher gehören alle den Gerichten bzw ihren Präsidenten übertragenen Aufgaben, die weder in unmittelbarem noch in mittelbarem Zusammenhang mit der Rechtsprechung und sonstigen Formen der individuellen Rechtspflege stehen, BGH NJW **87**, 1199, also zB die Intendanz der Gerichte und die Ausbildung des Nachwuchses, BGH DRiZ **89**, 462, ebenso wie die Erteilung von Genehmigungen, zB nach § 10 EheG, die Dienstaufsicht und der Rechtshilfeverkehr mit dem Ausland, Junker DRiZ **85**, 161, nicht aber Verwaltungsaufgaben des Ministeriums, also auch nicht die durch dieses erfolgende Anerkennung ausländischer Entscheidungen in Ehesachen, § 328 ZPO Rn 65 ff. Beauftragung und Widerruf erfolgen nach Ermessen des Dienstvorgesetzten, so daß die Nachprüfung, § 26 III DRiG, darauf beschränkt ist, BGH DRiZ **77**, 215.

5   **B. Durch Gesetz Gerichten oder Richtern zugewiesene Aufgaben, Z 2.** „Zuweisung" erfordert nur die Bestimmung der Art der Tätigkeit, nicht aber die Bezeichnung der Richter, die diese Tätigkeit ausüben dürfen, BVerwG NJW **85**, 1093. Auf gesetzlicher Zuweisung beruht die Tätigkeit in dem sonstigen Bereich der Rechtsprechung, zB in Angelegenheiten der freiwilligen Gerichtsbarkeit wie etwa der Grundbuch- und Registerführung, aber auch die Tätigkeit bei der Bestimmung des Gerichtsstandes, § 36 ZPO, in der Prozeßkostenhilfe, §§ 114 ff ZPO, oder bei der Geschäftsverteilung, § 21 e GVG. Hierin gehört ferner die durch Landesrecht geregelte Mitwirkung in Jugendhilfeausschüssen, § 71 SGB VIII, im Richterwahlausschuß, BVerwG NJW **85**, 1093, bei der Rechtsberatung Minderbemittelter, Ipsen ZRP **77**, 139, oder als Vorsitzender eines Seeamts oder Umlegungsausschusses, SchlH G v 24. 9. 74, GVBl 384, u dgl.

6   **C. Aufgaben der Forschung und Lehre, Z 3,** falls sie an einer Hochschule oder Unterrichtseinrichtung im öff Bereich wahrgenommen werden. Eine solche Tätigkeit an privaten Einrichtungen steht der richterlichen Tätigkeit nicht entgegen, da § 4 I nicht zutrifft, unterliegt aber als Nebentätigkeit der Genehmigung; s auch § 41.

D. Prüfungsangelegenheiten, Z 4. Hierin gehören derartige Aufgaben jeder Art.

E. Vorsitz in Einigungsstellen, vgl § 40 Rn 5, **und entsprechenden unabhängigen Stellen,** Z 5, iSv § 104 S 2 BPersVG.

Zweiter Abschnitt. Befähigung zum Richteramt

§ 5. Befähigung zum Richteramt. I Die Befähigung zum Richteramt erwirbt, wer ein rechtswissenschaftliches Studium an einer Universität mit der ersten Prüfung und einen anschließenden Vorbereitungsdienst mit der zweiten Staatsprüfung abschließt; die erste Prüfung besteht aus einer universitären Schwerpunktbereichsprüfung und einer staatlichen Pflichtfachprüfung.

II Studium und Vorbereitungsdienst sind inhaltlich aufeinander abzustimmen.

§ 5 a. Studium. I Die Studienzeit beträgt vier Jahre; diese Zeit kann unterschritten werden, sofern die jeweils für die Zulassung zur universitäten Schwerpunktsbereichsprüfung und zur staatlichen Pflichtfachprüfung erforderlichen Leistungen nachgewiesen sind.

II ¹ Gegenstand des Studiums sind Pflichtfächer und Schwerpunktbereiche mit Wahlmöglichkeiten. ² Außerdem ist der erfolgreiche Besuch einer fremdsprachigen rechtswissenschaftlichen Veranstaltung oder eines rechtswissenschaftlich ausgerichteten Sprachkurses nachzuweisen; das Landesrecht kann bestimmen, dass die Fremdsprachenkompetenz auch anderweitig nachgewiesen werden kann. ³ Pflichtfächer sind die Kernbereiche des Bürgerlichen Rechts, des Strafrechts, des Öffentlichen Rechts und des Verfahrensrechts einschließlich der europarechtlichen Bezüge, der rechtswissenschaftlichen Methoden und der philosophischen, geschichtlichen und gesellschaftlichen Grundlagen. ⁴ Die Schwerpunktbereiche dienen der Ergänzung des Studiums, der Vertiefung der mit ihnen zusammenhängenden Pflichtfächer sowie der Vermittlung interdisziplinärer und internationaler Bezüge des Rechts.

III ¹ Die Inhalte des Studiums berücksichtigen die rechtsprechende, verwaltende und rechtsberatende Praxis einschließlich der hierfür erforderlichen Schlüsselqualifikationen wie Verhandlungsmanagement, Gesprächsführung, Rhetorik, Streitschlichtung, Mediation, Vernehmungslehre und Kommunikationsfähigkeit. ² Während der vorlesungsfreien Zeit finden praktische Studienzeiten von insgesamt mindestens drei Monaten Dauer statt. ³ Das Landesrecht kann bestimmen, dass die praktische Studienzeit bei einer Stelle und zusammenhängend stattfindet.

IV Das Nähere regelt das Landesrecht.

§ 5 b. *Vorbereitungsdienst.* ¹ Der Vorbereitungsdienst dauert zwei Jahre.

II Die Ausbildung findet bei folgenden Pflichtstationen statt:
1. einem ordentlichen Gericht in Zivilsachen,
2. einer Staatsanwaltschaft oder einem Gericht in Strafsachen,
3. einer Verwaltungsbehörde,
4. einem Rechtsanwalt

sowie bei einer oder mehreren Wahlstationen, bei denen eine sachgerechte Ausbildung gewährleistet ist.

III ¹ Die Ausbildung kann in angemessenem Umfang bei überstaatlichen, zwischenstaatlichen oder ausländischen Ausbildungsstellen oder ausländischen Rechtsanwälten stattfinden. ² Eine Ausbildung an einer rechtswissenschaftlichen Fakultät sowie an der Deutschen Hochschule für Verwaltungswissenschaften Speyer kann angerechnet werden. ³ Das Landesrecht kann bestimmen, dass die Ausbildung nach Absatz 2 Nr. 1 zum Teil bei einem Gericht der Arbeitsgerichtsbarkeit, die Ausbildung nach Absatz 2 Nr. 3 zum Teil bei einem Gericht der Verwaltungs-, der Finanz- oder der Sozialgerichtsbarkeit stattfinden kann.

IV ¹ Eine Pflichtstation dauert mindestens drei Monate, die Pflichtstation bei einem Rechtsanwalt neun Monate; das Landesrecht kann bestimmen, dass die Ausbildung nach Absatz 2 Nr. 4 bis zu einer Dauer von drei Monaten bei einem Notar, einem Unternehmen, einem Verband oder bei einer sonstigen Ausbildungsstelle stattfinden kann, bei der eine sachgerechte rechtsberatende Ausbildung gewährleistet ist. ² Der Vorbereitungsdienst kann im Einzelfall aus zwingenden Gründen verlängert werden, nicht jedoch wegen unzureichender Leistungen.

V Während der Ausbildung können Ausbildungslehrgänge bis zu einer Gesamtdauer von drei Monaten vorgesehen werden.

VI Das Nähere regelt das Landesrecht.

§ 5 c. *Anrechnung einer Ausbildung für den gehobenen Dienst.* I ¹ Eine erfolgreich abgeschlossene Ausbildung für den gehobenen Justizdienst oder für den gehobenen nichttechnischen Verwaltungsdienst kann auf Antrag bis zur Dauer von 18 Monaten auf die Ausbildung angerechnet werden. ² Auf den Vorbereitungsdienst dürfen jedoch nicht mehr als sechs Monate angerechnet werden.

II Das Nähere regelt das Landesrecht.

§ 5 d. *Prüfungen.* I ¹ Staatliche und universitäre Prüfungen berücksichtigen die rechtsprechende, verwaltende und rechtsberatende Praxis einschließlich der hierfür erforderlichen Schlüsselqualifikationen nach § 5 a Abs. 3 Satz 1; unbeschadet des § 5 a Abs. 2 können die Prüfungen auch Fremdsprachenkompetenz berücksichtigen. ² Die Einheitlichkeit der Prüfungsanforderungen und der Leistungsbewertung ist zu gewährleisten. ³ Der Bundesminister der Justiz wird ermächtigt, durch Rechtsverordnung mit Zustimmung des Bundesrates eine Noten- und Punkteskala für die Einzel- und Gesamtnoten aller Prüfungen festzulegen.

II ¹ Der Stoff der universitären Schwerpunktbereichsprüfung und der staatlichen Pflichtfachprüfung ist so zu bemessen, dass das Studium nach viereinhalb Studienjahren abgeschlossen werden kann. ² In der universitären Schwerpunktbereichsprüfung ist mindestens eine schriftliche Leistung zu erbringen. ³ In der staatlichen Pflichtfachprüfung sind schriftliche und mündliche Leistungen zu erbringen; das Landesrecht kann bestimmen, dass Prüfungsleistungen während des Studiums erbracht werden, jedoch nicht vor Ablauf von zweieinhalb Studienjahren. ⁴ Das Zeugnis über die erste Prüfung weist die Ergebnisse der bestandenen universitären Schwerpunktbereichsprüfung und der bestandenen staatlichen Pflichtfachprüfung sowie zusätzlich eine Gesamtnote aus, in die das Ergebnis der bestandenen staatlichen Pflichtfachprüfung mit 70 vom Hundert und das Ergebnis der bestandenen universitären Schwerpunktbereichsprüfung mit 30 vom Hundert einfließt; es wird in dem Land erteilt, in dem die staatliche Pflichtfachprüfung bestanden wurde.

III ¹ Die schriftlichen Leistungen in der zweiten Staatsprüfung sind frühestens im 18. und spätestens im 21. Ausbildungsmonat zu erbringen. ² Sie beziehen sich mindestens auf die Aus-

DRiG Anh §§ 5–5 d   Deutsches Richtergesetz

bildung bei den Pflichtstationen. ³ Sieht das Landesrecht neben Aufsichtsarbeiten auch eine häusliche Arbeit vor, kann bestimmt werden, dass diese Leistung nach Beendigung der letzten Station erbracht werden muss. ⁴ Die mündlichen Leistungen beziehen sich auf die gesamte Ausbildung.

IV ¹ In den staatlichen Prüfungen kann das Prüfungsorgan bei seiner Entscheidung von der rechnerisch ermittelten Gesamtnote abweichen, wenn dies auf Grund des Gesamteindrucks den Leistungsstand des Kandidaten besser kennzeichnet und die Abweichung auf das Bestehen der Prüfung keinen Einfluss hat; hierbei sind bei der zweiten Staatsprüfung auch die Leistungen im Vorbereitungsdienst zu berücksichtigen. ² Die Abweichung darf ein Drittel des durchschnittlichen Umfangs einer Notenstufe nicht übersteigen. ³ Der Anteil der mündlichen Prüfungsleistungen an der Gesamtnote darf 40 vom Hundert nicht übersteigen. ⁴ Eine rechnerisch ermittelte Anrechnung von im Vorbereitungsdienst erteilten Noten auf die Gesamtnote der zweiten Staatsprüfung ist ausgeschlossen.

V ¹ Die staatliche Pflichtfachprüfung kann einmal wiederholt werden. ² Eine erfolglose staatliche Pflichtfachprüfung gilt als nicht unternommen, wenn der Bewerber sich frühzeitig zu dieser Prüfung gemeldet und die vorgesehenen Prüfungsleistungen vollständig erbracht hat. ³ Das Nähere, insbesondere den Ablauf der Meldefrist, die Anrechnung von Zeiten des Auslandsstudiums, der Erkrankung und der Beurlaubung auf die Studiendauer sowie die Folgen einer Prüfungsunterbrechung regelt das Landesrecht. ⁴ Das Landesrecht kann eine Wiederholung der staatlichen Prüfungen zur Notenverbesserung vorsehen.

VI Das Nähere regelt das Landesrecht.

Anhang. Gemeinsame Bemerkungen zu den §§ 5 bis 5 d

1   **Vorbem.** Die jetzige Fassung der §§ 5 a–d beruht auf Art 1 des Gesetzes zur Reform der Juristenausbildung v 11. 7. 02, BGBl 2592, das am 1. 7. 03 in Kraft getreten ist, Art 4 des Ges. Übergangsrecht:

Art 3. Übergangsvorschriften. I ¹ Für Studierende, die vor Inkrafttreten dieses Gesetzes das Studium aufgenommen haben, und sich bis zum 1. Juli 2006 zur ersten Staatsprüfung gemeldet haben, finden die bis zum Inkrafttreten dieses Gesetzes geltenden Vorschriften des Deutschen Richtergesetzes zum Studium und zur ersten Staatsprüfung Anwendung. ² Das Landesrecht kann den Studierenden freistellen, sich nach neuem Recht prüfen zu lassen.

II ¹ Für Referendare, die bis zum 1. Juli 2005 den Vorbereitungsdienst aufgenommen haben, findet § 5 b des Deutschen Richtergesetzes in der bisher geltenden Fassung Anwendung. ² Abweichend von Satz 1 kann das Landesrecht bestimmen, dass die dem Artikel 1 dieses Gesetzes entsprechenden landesrechtlichen Vorschriften für Referendare gelten, die nach dem Inkrafttreten dieses Gesetzes den Vorbereitungsdienst aufnehmen. ³ Wer den Vorbereitungsdienst nach § 5 b des Deutschen Richtergesetzes in der bisher geltenden Fassung aufgenommen hat, kann ihn bis zu einem durch das Landesrecht zu bestimmenden Zeitpunkt nach dem bisherigen Recht beenden.

III *§ 6 Abs. 2 des Deutschen Richtergesetzes gilt entsprechend.*

2   **Gesetzesmaterialien:** Entwurf der FDP BT-Drs 14/2666; Entwurf v SPD u Bündnis 90/Die Grünen BT-Drs 14/7176; Entwurf des Bundesrates BT-Drs 14/7463; Bericht des Rechtsausschusses BT-Drs 14/8629.

3   **Schrifttum** (in Auswahl): *Greßmann,* Die Reform der Juristenausbildung, 2002; *Schöbel* JuS **04**, 847; *Burgs* NJW **03**, 2804; *Stephan* NJW **03**, 2800; *Gilles/Fischer* NJW **03**, 707; *Kilger* NJW **03**, 711; *Ströbel* BRAK-Mitt **03**, 146; *Axmann* BRAK-Mitt **03**, 148; *Barton ua* BRAK-Mitt **03**, 151; *Quaas/Sieben* BRAK-Mitt **02**, 162; *Wassermann* NJW **01**, 3685; *Ahlers* BRAK-Mitt **01**, 200; *Hommelhoff/Teichmann* JuS **01**, 481; *Raiser* ZRP **01**, 418; *Bull* ZRP **01**, 425 u *Groll* ZRP **00**, 38 mwN; *Birkmann* ZRP **00**, 234; *Röper* ZRP **00**, 425, ferner Verh. des 62. DJT 1998, Teil E, dazu *Sauter* ZRP **99**, 273; *Reifner* ZRP **99**, 43; *Kramer* MDR **98**, 1013; *v. Münch* NJW **98**, 2324; *Schmidt-Jortzig* ZRP **98**, 289; *Braun* ZRP **98**, 41.

4   **Ausbildungsvorschriften der Länder.** Vgl Schönfelder Nr 97 Fußnote 3 zu § 5 DRiG.

§ 6. Anerkennung von Prüfungen. I ¹ Die Zulassung zum Vorbereitungsdienst darf einem Bewerber nicht deswegen versagt werden, weil er die universitäre Schwerpunktbereichsprüfung oder die staatliche Pflichtfachprüfung nach § 5 in einem anderen Land im Geltungsbereich dieses Gesetzes abgelegt hat. ² Die in einem Land im Geltungsbereich dieses Gesetzes auf den Vorbereitungsdienst verwendete Zeit ist in jedem deutschen Land anzurechnen.

II Wer im Geltungsbereich dieses Gesetzes die Befähigung zum Richteramt nach § 5 erworben hat, ist im Bund und in jedem deutschen Land zum Richteramt befähigt.

1   **Vorbem.** I 1 ab 1. 7. 03 idF des Art 1 Z 5 G v 11. 7. 02, BGBl 2592 (Übergangsrecht: Anh § 5 d Rn 1):

1) Allgemeines. § 6 ordnet die Anerkennung der Prüfungen durch die Länder untereinander an. Eine Übergangsvorschrift enthält § 113 auch insoweit, als Ausbildungsordnungen der Länder die in der DDR abgelegte erste Prüfung anerkannt haben; landesrechtlich bleibt auch weiterhin eine solche Anerkennung möglich. Ausländische Prüfungen verleihen ohne ausdrückliche Anerkennung nicht die Befähigung zum Richteramt, VGH Mü ZBR **79**, 84.

2   **2) Zulassung zum Vorbereitungsdienst, I 1.** Die Prüfung, die in einem Lande der Bundesrepublik abgelegt ist, muß auch in jedem anderen Lande anerkannt werden. Eine Versagung der Zulassung aus anderen

Gründen ist möglich, zB wegen Vorstrafen oder Verfassungsfeindschaft, soweit das Landesrecht dies vorsieht, vgl BVerfG **46**, 43, VGH Kassel AS **29**, 54.

3) Abgeleisteter Vorbereitungsdienst, I 2. Er ist in jedem deutschen Lande anzurechnen (kein Ermessen). 3

4) Anerkennung der zweiten Staatsprüfung, II. Sofern sie in einem deutschen Land abgelegt ist, gilt 4 die damit erlangte Befähigung zum Richteramt auch in jedem anderen deutschen Land.

§ 7. Universitätsprofessoren. Jeder ordentliche Professor der Rechte an einer Universität im Geltungsbereich dieses Gesetzes ist zum Richteramt befähigt.

1) Erläuterung (Schmidt-Jortzig, F Menger 1985, S 359–375). Nach dem Wortlaut haben nur „ordent- 1 liche Professoren" der Rechte die Befähigung zum Richteramt; heute sind darunter die sog C 4-Professoren iSv § 35 I BBesG zu verstehen (vgl BVerfG NJW **84**, 912), Schmidt-Jortzig S 365. Sie müssen an einer Universität, § 5 Rn 7, der Bundesrepublik einschließlich Berlins lehren. Das Lehren an einer Technischen Hochschule oder Technischen Universität genügt nicht, ebensowenig das Lehren an einer anderen Hochschule für einzelne Fachrichtungen oder an einer Fachhochschule, Schmidt-Jortzig S 366; vgl zu § 67 I VwGO BVerwG NJW **75**, 1899 (zustm Bieler NJW **75**, 2356, abl Wochner NJW **75**, 1899), bestätigt durch BVerfG NJW **75**, 2340, und BVerwG **56**, 336 (abl Brühl ZBR **85**, 187 mwN), ferner BVerfG NJW **84**, 912; eine Gesamthochschule ist dagegen als Universität iSv § 7 anzusehen, vgl § 35 III BBesG, aM OVG Münst NJW **80**, 1590 (abl Brühl aaO). Die Ableistung des Vorbereitungsdienstes, § 5 b, ist nicht Voraussetzung. Die Fähigkeit geht nicht dadurch verloren, daß der Professor das Hochschulamt nicht mehr bekleidet, RegEntwBegr § 7. Das Hochschulamt kann neben der richterlichen Tätigkeit bestehen, § 4 II Z 3. Der ordentliche Professor muß dann aber als Richter auf Lebenszeit, § 10, berufen werden, nebenamtlich kann er das Richteramt nicht bekleiden; wegen der Fortgeltung von § 16 VwGO s § 8 Rn 1.

Dritter Abschnitt. Richterverhältnis

Vorbemerkung

Richterverhältnis steht im Gegensatz zum Beamtenverhältnis. Es ist die dem Richter eigentümliche Form des öff-rechtlichen Dienstverhältnisses. Nur unter Berücksichtigung der Besonderheiten des Richterverhältnisses ist Beamtenrecht zur Ergänzung entsprechend anwendbar, §§ 46, 71.

§ 8. Rechtsformen des Richterdienstes. Richter können nur als Richter auf Lebenszeit, auf Zeit, auf Probe oder kraft Auftrags berufen werden.

1) Grundsatz. A. Richter können nur in einer der vier in § 8 genannten Formen berufen 1 werden. Die Besetzung mit Lebenszeitrichtern ist die Regel; die Verwendung anderer Richter ist auf das Notwendige zu beschränken, VGH Kassel AS **33**, 110. Ein Auftragsverhältnis, wie es § 7 der LaufbahnVO vom 16. 5. 39, RGBl 917, vorsah, ist nicht mehr möglich, ebensowenig (außerhalb der Verwaltungsgerichtsbarkeit) ein Richter im Nebenamt oder (überall) auf Widerruf für vorübergehende Zwecke. Als Sondervorschrift läßt § 16 VwGO die Ernennung von auf Lebenszeit ernannten Richtern anderer Gerichte und von ordentlichen Professoren des Rechts zu Richtern im Nebenamt bei VG und OVG auf bestimmte Zeit zu, RedOe § 16 Anm 1; zu seiner Weitergeltung s Sch/SchmA/P-Stelkens § 16 Rn 3 mwN.

B. Verletzung des Grundsatzes, dh Übertragung eines Richteramts in anderer Form, bedeutet nichtordnungsmäßige Besetzung des Gerichts, §§ 551 Z 1, 579 I Z 1 ZPO; gegebenenfalls handelt es sich um Scheinentscheidungen, Üb § 300 ZPO Rn 11.

2) Berufung des Richters (Teubner, Die Bestellung zum Berufsrichter in Bund u Ländern, 1984). 2 **Bundesrechtlich** ist nur bestimmt, daß der Richter durch Aushändigung einer Urkunde mit bestimmtem Inhalt ernannt wird, § 17, die Richter der Obersten Gerichtshöfe des Bundes nach gemeinsamer Berufung durch den zuständigen BMinister und den Richterwahlausschuß seitens des Bundespräsidenten, § 1 RichterwahlG v 25. 8. 50, BGBl 368, m Änderung durch G v 19. 6. 68, BGBl 661, und 30. 7. 68, BGBl 873, vgl § 19 I Z 2, Schmidt-Räntsch Teil F; dazu OVG Schlesw NJW **01**, 3495 (zu VG Schlesw NJW **01**, 3206, dazu Bertram NJW **01**, 3167 u Louvens ZRP **01**, 465). In den Ländern entscheidet Landesrecht, insbesondere also auch, ob ein **Richterwahlausschuß** mitzuwirken hat oder nicht, was Art 98 IV GG den Ländern freistellt, Pottschmidt NordÖR **02**, 397. Zum Umfang der gerichtlichen Nachprüfung der Entscheidung eines solchen Ausschusses s BVerfG **24**, 268, BGH **85**, 319, BVerwG DRiZ **98**, 237 u **85**, 218, VGH Mannh DRiZ **99**, 431, OVG Schlesw NVwZ-RR **03**, 321, NJW **01**, 3210, RR **00**, 854, DRiZ **99**, 305 u SchlHA **99**, 52 mwN, NVwZ **96**, 806 (krit Bull ZRP **96**, 335) u NVwZ **93**, 1222 (zu VG Schlesw NJW **92**, 2440), OVG Magdeb DRiZ **00**, 57, VGH Kassel DVBl **90**, 306 mwN (dazu Leiner DVBl **90**, 1242), VG Hbg DRiZ **01**, 270; vgl zu verfassungsrechtlichen Fragen auch Uhlitz DRiZ **70**, 219, K. Ipsen DÖV **71**, 469, Groß RiA **77**, 25, Kisker DRiZ **82**, 81 und Böckenförde, VerfFragen der RiWahl, 2. Aufl 1998. Richterwahlausschüsse sind bestellt beim **Bund** für die Berufung von Richtern an den obersten Bundesgerichte, RichterwahlG vom 25. 8. 50, BGBl 368, in **Berlin**, RichterwahlG v 27. 4. 70, GVBl 642, **Brandenb**, Art 109 Verf, **Bre**, Art 136 I Verf, RichterG v 15. 12. 64, GBl 187, **Hbg**, Art 63 Verf, RichterG v 15. 6. 64, GVBl 109, **Hess**, Art 127 III Verf, RichterG v 19. 10. 62, GVBl 455 (dazu StGH Hess ESVGH **27**, 15), **SchlH**, §§ 10 ff LandesrichterG v 27. 4. 81, GVBl 79, ferner (in besonderer Ausgestaltung), in **BaWü**, RichterG idF v 19. 7. 72, GBl 431, in **RhldPf**, LandesrichterG idF v 16. 3. 75, GVBl 117 (zur beabsichtigten Neuregelung DRiZ **04**, 11) und in **SaAnh**, RiG v 1. 4. 93, GVBl 170. In anderen Ländern und im Bund, soweit es sich da nicht um die Richter an den obersten Bundesgerichten handelt, erfolgt die Berufung durch die Verwaltung, dazu VGH Mannh NJW **96**, 2525 (Bewerberklage); zur Einführung des

Richterwahlausschusses s Gutachten DRiZ 90, 502 u Schimansky DRiZ 92, 142. Bundesrechtlich ist aber in jedem Falle die Mitwirkung von Präsidialräten angeordnet, §§ 49 Z 2, 55 ff, 75.

§ 9. Voraussetzungen für die Berufung. In das Richterverhältnis darf nur berufen werden, wer
1. **Deutscher im Sinne des Artikels 116 des Grundgesetzes ist,**
2. **die Gewähr dafür bietet, daß er jederzeit für die freiheitliche demokratische Grundordnung im Sinne des Grundgesetzes eintritt,**
3. **die Befähigung zum Richteramt besitzt (§§ 5 bis 7) und**
4. **über die erforderliche soziale Kompetenz verfügt.**

1 **Vorbem.** In den neuen Bundesländern, Einl § 1 Rn 5, kann die Befähigung zum Richteramt, Z 3, auch nach dem Richterrecht der früheren DDR erworben worden sein, EV Anl I Kap III Sachgeb A Abschn III Z 8 a, vgl § 5–5 d Rn 11, Schmidt-Räntsch DtZ 91, 35. Zur Verwendung dieser Richter in den Altländern s § 5 RpflAnpG, abgedr Einl § 1 Rn 5, dazu Rieß DtZ 92, 228.

1) **Allgemeines.** § 9, der § 7 I BBG und § 4 I BRRG entspricht, nennt nicht alle Voraussetzungen. Heranzuziehen sind noch §§ 18, 19. Es muß also **außerdem vorhanden sein a)** Geschäftsfähigkeit, andernfalls Nichtigkeit der Ernennung; das war bis zum 1. 1. 92 in § 18 II Z 2 für die Entmündigung ausdrücklich ausgesprochen, muß aber für den Fall der Geschäftsunfähigkeit wegen Geisteskrankheit auch danach gelten. Der zu Ernennende darf auch nicht sonst dienstunfähig sein, § 21 II Z 5; **b)** Fähigkeit zur Bekleidung öff Ämter; Wirkung wie zu a; **c)** Würdigkeit, ins Richterverhältnis berufen zu werden. Sie liegt nicht vor, wenn der zu Ernennende wegen eines Verbrechens oder Vergehens, dessen Begehung der Würdigkeit entgegensteht, rechtskräftig zu einer Strafe verurteilt ist oder wird. Folge: Rücknahme der Ernennung (gegebenenfalls auf Grund eines Disziplinarverfahrens, § 19 III), § 19 I Z 4, s auch §§ 19 II Z 2; **d)** die Altersgrenze, § 48, 76, darf nicht erreicht sein, § 21 II Z 3; **e)** der zu Ernennende darf nicht Mitglied des Bundes- oder eines Landtags sein, § 36, vgl auch § 21 II Z 2 sowie § 4 Rn 2; **f)** er darf nicht in einem öffrechtlichen Dienst- oder Amtsverhältnis zu einem anderen Diensthern stehen, soweit das nicht gesetzlich zugelassen ist, §§ 21 I Z 3, 4 I, wie das zB bei Berufung eines Hochschulprofessors der Fall ist, § 4 II Z 3; der zu Ernennende darf auch nicht Berufssoldat oder Soldat auf Zeit sein, § 21 I Z 4; **g)** Wohnsitz im Inland, § 21 I Z 3; **h)** Eignung für das Richteramt, §§ 22 II Z 1, wozu sich auch der Präsidialrat zu äußern hat, §§ 57 I, 75 I.

2 2) **Die Berufungsvoraussetzungen des § 9**
A. Deutscher iS von Art 116 GG; das ist weiter als Deutscher iS der deutschen Staatsangehörigkeitsgesetze, wie schon Art 116 I GG ergibt, BGH NJW 57, 100, auch Art 9 II Z 5 FamRÄndG vom 11. 8. 61, BGBl 1221, vgl Schmidt-Räntsch 3–8. Die Ernennung eines Nichtdeutschen im Sinne von Art 116 GG ist nichtig, § 18 II Z 1. Anders als in den Beamtengesetzen ist ein Absehen von dieser Voraussetzung nicht zulässig.

3 **B. Verfassungstreue.** Die Vorschrift entspricht § 4 I Z 2 BRRG, ist also ebenso wie diese verfassungsgemäß, BVerfG 39, 334. Zu den sich daraus ergebenden Fragen, namentlich zu der Frage, ob die Zugehörigkeit zu einer radikalen Partei die Ernennung ausschließt, s Schmidt-Räntsch 11 a–c, Priepke DRiZ 91, 4, Däubler RiA 85, 121, Kriele NJW 79, 1, und aus der Rechtsprechung BVerfG 39, 334, BVerwG NJW 81, 1386, 82, 779 u 784, 84, 813, 85, 503 (zustm Weiß ZBR 85, 70, krit Seuffert DVBl 84, 1218), 86, 3096 u 87, 2691, 89, 2554, BGH ZBR 79, 201 (zu § 6 BNotO), BAG NJW 76, 1708 u 78, 69, VGH Kassel DVBl 90, 308, OVG Kblz DÖD 86, 182. Ein auf Lebenszeit berufener Richter, der die Erwartung nicht erfüllt, kann nur im Disziplinarwege entlassen werden (abgelehnt wegen Art 21 GG bei bloßer Ausübung eines Parteiamts von Hbg ZBR 73, 22), vgl BVerwG NJW 82, 779, ZBR 84, 270 (zum Beamtenrecht).

4 **C. Befähigung zum Richteramt** iS der §§ 5–7; wegen Ausnahmen s § 5 Rn 5. Übergangsrecht: §§ 109 ff. Bei Fehlen dieser Voraussetzung ist die Ernennung zurückzunehmen, § 19 I Z 1.

5 **D. Soziale Kompetenz.** Der unbestimmte Rechtsbegriff ist gewählt worden, weil es schwierig ist, Einzelheiten gesetzlich festzulegen. Gedacht worden ist an Merkmale der Reife, der Persönlichkeit, der Menschenführung und Kollegialität.

§ 10. Ernennung auf Lebenszeit. I Zum Richter auf Lebenszeit kann ernannt werden, wer nach Erwerb der Befähigung zum Richteramt mindestens drei Jahre im richterlichen Dienst tätig gewesen ist.

II 1 **Auf die Zeit nach Absatz 1 können angerechnet werden Tätigkeiten**
1. als Beamter des höheren Dienstes,
2. im deutschen öffentlichen Dienst oder im Dienst einer zwischenstaatlichen oder überstaatlichen Einrichtung, wenn die Tätigkeit nach Art und Bedeutung der Tätigkeit in einem Amt des höheren Dienstes entsprochen hat,
3. als habilitierter Lehrer des Rechts an einer deutschen wissenschaftlichen Hochschule,
4. als Rechtsanwalt, Notar oder als Assessor bei einem Rechtsanwalt oder Notar,
5. in anderen Berufen, wenn die Tätigkeit nach Art und Bedeutung wie die unter den Nummern 1 bis 4 genannten Tätigkeiten geeignet war, Kenntnisse und Erfahrungen für die Ausübung des Richteramts zu vermitteln.

2 Die Anrechnung von mehr als zwei Jahren dieser Tätigkeiten setzt besondere Kenntnisse und Erfahrungen des zu Ernennenden voraus.

1 **Vorbem.** In den neuen Bundesländern rechnet die Dreijahresfrist, I, nicht ab Erwerb der Befähigung, sondern ab 3. 10. 90, EV Anl I Kap III Sachgeb A Abschn III Z 8 b. II gilt hier nicht für Tätigkeiten vor diesem Stichtag, EV aaO Z 8 c.

§§ 10–12 DRiG

1) Allgemeines. Die Ernennung eines Staatsdieners auf Lebenszeit setzt Erfahrung und Bewährung voraus, bei einem Richter, der unabsetzbar und unversetzbar ist, noch mehr als bei einem Beamten.

2) Mindestens dreijährige Vortätigkeit, I. Diese drei Jahre sind im Grundsatz im richterlichen Dienst abzuleisten, was dann nur als Richter auf Probe oder kraft Auftrags, übergangsrechtlich gemäß §§ 107, 111 I S 1 und 2, geschehen kann. Von der dreijährigen Tätigkeit kann nach Erwerb der richterlichen Befähigung nicht abgesehen werden, wohl aber dürfen gewisse berufliche Tätigkeiten darauf angerechnet werden. Richterlicher Dienst ist jede Tätigkeit in einem Richteramt, nicht aber im Strafvollzug, als wissenschaftlicher Hilfsarbeiter, der nur bei der Vorbereitung richterlicher Entscheidungen, aber nicht in eigener Verantwortung mitwirkt, Schmidt-Räntsch 6, Tätigkeit in der Gerichtsverwaltung, wenn diese allein ausgeübt wird oder überwiegt; vgl aber II Z 1. Dem richterlichen Dienst iS von I steht eine staatsanwaltliche Tätigkeit gleich, § 122 II. Durch die Ableistung des richterlichen Probedienstes wird ein Anspruch auf Ernennung noch nicht erworben. Es kann vielmehr dann und auch nach Ablauf eines weiteren Jahres Entlassung unter den Voraussetzungen des § 22 II stattfinden. Erst 5 Jahre nach seiner Ernennung hat der Richter auf Probe einen Anspruch auf Berufung zum Richter oder Staatsanwalt auf Lebenszeit, § 12 II.

3) Anrechnung anderer Tätigkeiten, II. Grundsätzlich soll eine solche nur bis zu 2 Jahren stattfinden. Ein Jahr (Richterjahr) soll im richterlichen Dienst abgeleistet werden; die Behörde wird also bei einem Richter auf Probe darauf sehen müssen, daß diese Voraussetzung erfüllt sein kann. Nur in Ausnahmefällen kann von diesem Erfordernis abgesehen werden, wenn sich der zu Ernennende besondere, also überdurchschnittliche Kenntnisse und Erfahrungen erworben hat, die seinem späteren Richterberuf zugute kommen. Damit kann RAen, Notaren, Verwaltungs- und Finanzjuristen der Übergang, Hochschullehrern die Übernahme einer Richterstelle, § 4 II Z 3, erleichtert werden. Für einen Richter auf Probe wird diese Ausnahme nie zutreffen; anders beim Richter kraft Auftrags.

A. Beamter des höheren Dienstes, Z 1. Die Zugehörigkeit ergibt sich aus den Beamtengesetzen. Referendare, Ehrenbeamte und Beamte im Dienst eines fremden Staates fallen nicht unter Z 1.

B. Entsprechende Tätigkeit im deutschen öff Dienst oder einer überstaatlichen Einrichtung, Z 2. Die Tätigkeit kann auch im Angestelltenverhältnis ausgeübt werden, nicht aber freiberuflich. Dies kann auch bei zwischen- oder überstaatlichen Einrichtungen, zB Montan-Union oder EWG, der Fall sein, wenn mit ihnen ein unmittelbares Rechtsverhältnis bestanden hat. Die Tätigkeit muß der in einem Amt des höheren Dienstes entsprochen haben, also sind akademisches Studium, akademische oder staatliche Abschlußprüfung, entsprechende Stellung mit entsprechender Verantwortung nötig; die Höhe des Gehalts ist nicht unbedingt entscheidend, Schmidt-Räntsch 13.

C. Habilitierte Lehrer des Rechts an einer deutschen wissenschaftlichen Hochschule, Z 3. Sind sie beamtet (Hochschulprofessoren), so gilt Z 1. Hier sind also nichtbeamtete Hochschullehrer gemeint. Eine Universität, § 5 Rn 7, braucht es nicht zu sein. Erforderlich ist aber die Habilitation als Lehrer des Rechts, dh Erteilung der venia legendi.

D. Rechtsanwalt, Notar, Assessor bei einem Rechtsanwalt oder Notar, Z 4. Entscheidend ist, ob eine Zulassung als RA nach der BRAO od ihren Vorläuferinnen, Anh § 155 GVG, oder eine Bestallung als Notar nach der BNotO idF v 24. 2. 61, BGBl 97 (m späteren Änderungen), oder ihrer früheren Fassung bestand. Den Anwaltsassessor (Probeassessor) kennt die BRAO nicht mehr, wohl aber die früheren RAOen; wegen des Notarassessors s § 7 BNotO. Die Assessorentätigkeit kann nur dann angerechnet werden, wenn sie hauptberuflich erfolgte.

E. Tätigkeit in anderen Berufen, Z 5. Sie muß nach Art und Bedeutung wie die Z 1–4 genannten geeignet gewesen sein, Kenntnisse und Erfahrungen für die Ausübung des Richteramts zu vermitteln. In Betracht dafür kommt eine juristische Tätigkeit als Syndikus, Justitiar, gehobener Rechtssachbearbeiter u dgl zB bei einer Körperschaft, einem Wirtschaftsunternehmen, einer Gewerkschaft, einem Arbeitgeberverband, gleichgültig, ob als Angestellter oder in freier Berufsausübung, Schmidt-Räntsch 16. Die Anrechnung soll es erleichtern, Bewerber, die sich zuvor in anderen Berufen bewährt haben, für das Richteramt zu gewinnen.

§ 11. Ernennung auf Zeit. Eine Ernennung zum Richter auf Zeit ist nur unter den durch Bundesgesetz bestimmten Voraussetzungen und nur für die bundesgesetzlich bestimmten Aufgaben zulässig.

Vorbem. In den neuen Bundesländern, Einl § 1 Rn 5, gilt ein vor dem 3. 10. 90 begründetes Richterverhältnis auf Zeit als auf 3 Jahre befristet, EV Anl I Kap III Sachgeb A Abschn III Z 8 g.

1) Richter auf Zeit. Sie gibt es, da nicht der deutschen Rechtstradition entsprechend, nur ganz ausnahmsweise, nämlich im BVerfG, § 4 BVerfGG (auf 12 Jahre), für dessen Richter ohnehin das DRiG nur beschränkt gilt, § 69. Der Hilfsrichter iS von § 17 II VwGO, hat sich infolge der Änderung durch § 89 Z 2 DRiG erledigt. Dieses Rechtsverhältnis ist also im wesentlichen auf Vorrat entwickelt worden, falls ein Bundesgesetz sich für irgendwelche Aufgaben seiner bedienen will, Schmidt-Räntsch 5. Der Richter auf Zeit erhält wie der Richter auf Lebenszeit ein Richteramt bei einem bestimmten Gericht, § 27. Das Dienstverhältnis endet ohne weiteres mit Zeitablauf; bis dahin gelten auch für ihn hinsichtlich der Entlassung, Versetzung und Amtsenthebung §§ 21 (dort III), 30 ff, 62 I Z 3, 78 Z 3.

§ 12. Ernennung auf Probe. [I] **Wer später als Richter auf Lebenszeit oder als Staatsanwalt verwendet werden soll, kann zum Richter auf Probe ernannt werden.**

[II] [1] **Spätestens fünf Jahre nach seiner Ernennung ist der Richter auf Probe zum Richter auf Lebenszeit oder unter Berufung in das Beamtenverhältnis auf Lebenszeit zum Staatsanwalt zu ernennen.** [2] **Die Frist verlängert sich um die Zeit einer Beurlaubung ohne Bezüge.**

1 **Vorbem.** In den neuen Bundesländern, Einl § 1 Rn 5, gilt eine II 1 entspr Regelung auch für die nach den fortgeltenden Vorschriften zum Richter auf Probe Ernannten; auf sie ist II 2 anzuwenden, EV Anl I Kap III Sachgeb A Abschn III Z 8 e. Die Rechtsstellung älterer Richter auf Probe ist derjenigen der Richter auf Lebenszeit angenähert, so daß die für letztere geltenden Bestimmungen über Versetzung und Abordnung auch auf sie anzuwenden sind, § 6 I RpflAnpG, abgedr Einl § 1 Rn 5; vgl dazu Rieß DtZ **92**, 228.

1) Allgemeines (Lippold NJW **91**, 2383). Die Ernennung zum Richter auf Probe dient der Erprobung von Anwärtern für eine Richterstelle auf Lebenszeit, vgl BVerwG ZBR **85**, 53; ähnlich ist das Richterverhältnis kraft Auftrags für einen Beamten auf Lebenszeit oder Zeit, § 14. Auf die Ernennung besteht kein Anspruch, VGH Kassel DVBl **74**, 877. Ein zum Richter auf Probe Ernannter kann auch als StA beschäftigt, später auch unter Berufung in das Beamtenverhältnis auf Lebenszeit zum StA ernannt werden. Bis dahin ist er Richter auf Probe, untersteht also dem DRiG, unterliegt aber Weisungen, § 146 GVG, und ist mangels Ausübung einer richterlichen Tätigkeit nicht unabhängig. Der staatsanwaltliche Dienst steht aber einer richterlichen Tätigkeit iS von § 10 I gleich, § 122 II. Er steht also nicht dem bei der StA verwendeten Beamten auf Probe (Staatsanwaltsassessor) gleich, für den die beamtenrechtlichen Vorschriften gelten, Schmidt-Räntsch 6. Soweit das DRiG keine Bestimmungen enthält, gelten für den Richter auf Probe die Vorschriften für Beamte auf Probe, §§ 46, 71 III.

2 **2) Rechtsstellung.** Die Übertragung eines bestimmten Richteramtes, § 27, findet beim Richter auf Probe nicht statt. Er darf ohne seine Zustimmung aber nur im Rahmen von § 13 verwendet werden, kann jedoch jederzeit auch mit dieser Beschränkung versetzt werden; Ausnahme: Beiordnung beim Landgericht, § 70 II GVG. Bezeichnung des Richters auf Probe (früher „Gerichtsassessor") jetzt „Richter", im staatsanwaltschaftlichen Dienst „Staatsanwalt", § 19 a III; er muß als Richter auf Probe im Geschäftsverteilungsplan kenntlich gemacht werden, § 29 S 2. Er kann in den ersten beiden Jahren seines Probedienstes ohne weiteres, auch aus nicht in seiner Person liegenden Gründen, zB mangels Nachwuchsbedarfs, entlassen werden, § 22 I. Seine Stellung wird dann fester; denn bis zum Ablauf des dritten oder vierten Jahres kann er nur noch wegen mangelnder Eignung, vgl auch §§ 57, 75, oder wegen Ablehnung durch den Richterwahlausschuß, soweit ein solcher besteht, § 8 Rn 2, entlassen werden. Nach Ablauf von vier Jahren gelten nur noch disziplinare Entlassungsgründe, also wenn ein Richter auf Lebenszeit im förmlichen Disziplinarverfahren mit einer Maßnahme belegt, mithin mindestens auf Geldbuße erkannt werden würde, §§ 64 I, 83, was durch Untersuchung festzustellen ist. Ergibt sie diese Voraussetzung, so erfolgt die Entlassung ohne Disziplinarverfahren; sie ist aber auf Antrag durch das Disziplinargericht zu überprüfen, §§ 62 I Z 4 c, 78 Z 4 c.

3 **3) Anspruch auf Ernennung, II.** Nach Ablauf von 5 Jahren (ggf zuzüglich der Zeit einer Beurlaubung ohne Bezüge, II 2) seit Ernennung zum Richter auf Probe, § 17, besteht ein Anspruch auf Ernennung zum Richter auf Lebenszeit, dem weder eine etwa jetzt erst erfolgende Ablehnung durch den Richterwahlausschuß oder eine Erklärung des Präsidialrats, daß der Betreffende nicht geeignet wäre, noch auch das Nichtvorhandensein einer Planstelle entgegengesetzt werden kann. Vorliegen müssen aber die Voraussetzungen der Berufung, § 9, und die dort in Rn 1 genannten weiteren Voraussetzungen mit Ausnahme derjenigen zu h. Eine Entlassung nach § 22 III ist ggf auch nach Fristablauf statthaft, BGH NJW **87**, 2516. Der Anspruch auf Ernennung ist beim Verwaltungsgericht einklagbar. Ein Anspruch auf Einweisung in ein von dem Richter gewünschtes Richteramt, § 27 I, besteht nicht.

§ 13. Verwendung eines Richters auf Probe. Ein Richter auf Probe kann ohne seine Zustimmung nur bei einem Gericht, bei einer Behörde der Gerichtsverwaltung oder bei einer Staatsanwaltschaft verwendet werden.

1 **Vorbem.** Für Richter auf Probe, die in den neuen Bundesländern die Befähigung zum Berufsrichter besitzen, gilt § 13 nach Maßgabe des § 6 II RpflAnpG, abgedr Einl § 1 Rn 5; vgl dazu Rieß DtZ **92**, 228.

1) Zur Rechtsstellung des Richters auf Probe vgl auch § 12 Rn 2. Er kann bei einem Gericht, auch AG, § 22 V GVG, einer Behörde der Gerichtsverwaltung und bei der StA verwendet werden, auch seine Verwendung an der einen Stelle widerrufen und er an einer anderen eingesetzt werden; Ausnahme bei Verwendung beim LG, § 12 Rn 2. Wegen der Besetzung des Gerichts bei Verwendung von Richtern auf Probe s § 29. Ein Ministerium hat auch andere Aufgaben als die der Gerichtsverwaltung, so daß die Zustimmung des Richters erforderlich ist. Eine Verwendung kann sowohl nur bei der Gerichtsverwaltung als auch außerdem bei einem Gericht erfolgen. Möglich ist auch die Abordnung zu einem anderen Dienstherrn im Rahmen des § 13. Soll das länger als ein Jahr erfolgen, ist je nach dem dann eingreifenden Beamtenrecht, §§ 45, 70 iVm §§ 27 I BBG, 17 I BRRG, die Zustimmung des Richters erforderlich, ebenso bei Abordnung an eine Verwaltungsstelle. Zur Nachprüfung der Verwendungsentscheidung der Justizverwaltung, die nach (weitem) Ermessen zu treffen ist, s BVerwG NJW **97**, 1248.

§ 14. Ernennung zum Richter kraft Auftrags. Ein Beamter auf Lebenszeit oder auf Zeit kann zum Richter kraft Auftrags ernannt werden, wenn er später als Richter auf Lebenszeit verwendet werden soll.

1 **1) Allgemeines.** Die Verwaltungs-, Finanz- und Sozialgerichte berufen zu erheblichem Teil ihren Richternachwuchs aus dem Kreise der Beamten, die vorher in den entsprechenden Ämtern tätig waren. Um das zu ermöglichen, ist das Richterverhältnis kraft Auftrags geschaffen worden, da meist nur so der Beamte die richterliche Erfahrung sammeln kann, vgl § 10.

2 **2) Personenkreis.** Richter kraft Auftrags kann nur ein Beamter auf Lebenszeit oder Zeit werden, und zwar im mittelbaren wie unmittelbaren Dienst, nicht aber ein Beamter auf Probe; insofern gilt § 12.

3 **3) Stellung.** Sie ähnelt der des Richters auf Probe, § 16 II. Er behält die bisherige Beamtenstellung, § 15, darf aber in ihr nicht tätig sein, §§ 4 I, 15 I 3. Im Amt führt er die Bezeichnung „Richter" mit einem das Gericht bezeichnenden Zusatz, § 19a II, muß aber im Geschäftsverteilungsplan als Richter kraft Auftrags kenntlich gemacht werden, § 29 S 2. Außerhalb des Dienstes trägt er seine bisherige Amtsbezeichnung. Wie dem Richter auf Probe wird ihm ein bestimmtes Richteramt nicht übertragen, § 16 II; vgl auch § 12 Rn 2. Seine Abordnung auf eine bestimmte Richterstelle kann jederzeit widerrufen und er an anderer Stelle eingesetzt werden; eine Ausnahme gilt jedoch bei seiner Verwendung beim LG, § 12 Rn 2, wo ebenso wie bei AGen Richter kraft Auftrags beschäftigt werden können, § 59 III GVG. Spätestens 2 Jahre nach Ernennung zum Richter kraft Auftrags, § 17, ist er zum Richter auf Lebenszeit zu ernennen oder dem Richterwahlausschuß, wo ein solcher besteht, § 8 Rn 2, zur Wahl vorzuschlagen; lehnt der Richter ab, so endet damit sein Richterverhältnis, § 16 I. Bis zu jenem Zeitpunkt ist eine Entlassung wegen mangelnder Eignung oder aus sonstigen Gründen, § 12 Rn 2, möglich, §§ 23, 22 I. Ein förmliches Disziplinarverfahren findet gegen einen Richter kraft Auftrags nicht statt, § 22 III, wohl aber ggf ein Prüfungsverfahren, § 12 Rn 2. Ist gegen ihn ein solches Verfahren vor dem Beamtendienstgericht anhängig, so bleibt es dort.

§ 15. Wirkungen auf das Beamtenverhältnis. I¹ Der Richter kraft Auftrags behält sein bisheriges Amt. Seine Besoldung und Versorgung bestimmen sich nach diesem Amt. ² Im übrigen ruhen für die Dauer des Richterverhältnisses kraft Auftrags die Rechte und Pflichten aus dem Beamtenverhältnis mit Ausnahme der Pflicht zur Amtsverschwiegenheit und des Verbots der Annahme von Geschenken.

II Wird das Richterverhältnis zu einem anderen Dienstherrn begründet, so ist auch dieser zur Zahlung der Dienstbezüge verpflichtet.

1) **Allgemeines.** Der Richter kraft Auftrags bleibt Beamter. Lehnt er die Ernennung zum Richter auf 1 Lebenszeit ab, tritt er ohne weiteres wieder in das Verhältnis zu seiner alten Behörde zurück, § 16 I 2.

2) **Richter- und Beamtenverhältnis.** Während der Zeit des Richterverhältnisses ruhen die Rechte und 2 Pflichten aus dem Beamtenverhältnis, § 14 Rn 3. Der Richter kraft Auftrags ist aber weiter aus seinem Beamtenverhältnis zur Amtsverschwiegenheit verpflichtet, es ist ihm auch die Annahme von Geschenken, desgl von Belohnungen, Schmidt-Räntsch 6, verboten. Besoldung und Versorgung erhält er aus seiner Beamtenstelle, I 2, wenn auch der neue Dienstherr ihm gegenüber zur Zahlung der Dienstbezüge verpflichtet ist, II. Bei einem Dienstunfall bei seiner Richtertätigkeit erhält er also Versorgung nach den Vorschriften für das Beamtenverhältnis, BegrRegEntw zu § 15; ist der Richter kraft Auftrags zum Richter auf Lebenszeit ernannt, § 16, so besteht sein Anspruch, den er aus einem früheren Dienstunfall gegen seinen bisherigen Dienstherrn hatte, nunmehr gegen den neuen, § 46 I 2 BeamtVG (früher § 151 I 2 BBG), BegrRegEntw zu § 16. Die im Beamtenverhältnis zurückgelegte Dienstzeit wird bei Ernennung zum Richter auf Lebenszeit ebenso angerechnet wie umgekehrt, §§ 46, 71 III iVm § 6 IV BeamtVG (früher § 111 IV BBG).

§ 16. Dauer der Verwendung als Richter kraft Auftrags. I¹ Spätestens zwei Jahre nach seiner Ernennung ist der Richter kraft Auftrags zum Richter auf Lebenszeit zu ernennen oder einem Richterwahlausschuß zur Wahl vorzuschlagen. ² Lehnt der Richter die Ernennung ab, so endet das Richterverhältnis kraft Auftrags.

II Für die Verwendung des Richters kraft Auftrags gelten die Vorschriften für Richter auf Probe entsprechend.

1) **Allgemeines.** Die Zeit, während der nicht die volle Unabhängigkeit gewährleistet sein kann, § 14 1 Rn 3, soll möglichst kurz bemessen werden. Anders als bei dem Richter auf Probe, § 12 II, genügt deshalb bei einem Beamten auf Lebenszeit oder Zeit, der ja schon eine gewisse Dienstzeit hinter sich hat und dem nur die Möglichkeit der richterlichen Einarbeitung gegeben werden soll, § 10, eine verhältnismäßig kurze Erprobungszeit.

2) **Höchstdauer der Verwendung als Richter kraft Auftrags, I.** Sie beträgt 2 Jahre. Dann besteht ein 2 Anspruch auf Ernennung bzw in Ländern, in denen ein Richterwahlausschuß besteht, § 8 Rn 2, ein Anspruch, diesem zur Wahl vorgeschlagen zu werden. Die Behörde muß sich also entsprechend den in § 22 I vorgesehenen Entlassungszeiten, die auch beim Richter kraft Auftrags gelten, § 23, bis zum 18. Monat schlüssig machen, ob sie den Richter behalten will. Erfolgt die Ernennung zum Richter auf Lebenszeit, so endet damit das Beamtenverhältnis, uUmst auch das bisherige Dienstherrenverhältnis, § 3. Wird die Ernennung abgelehnt, so endet das Richterverhältnis kraft Auftrags, der Betreffende ist nur noch Beamter, ohne daß es einer nochmaligen Ernennung bedürfte. Lehnt der Richterwahlausschuß ab, so kann, rechtzeitiger Vorschlag vorausgesetzt, die Entlassung auch nach dem 18. Monat erfolgen.

3) **Entsprechende Anwendung der Vorschriften für den Richter auf Probe, II.** Vgl dazu § 14 3 Rn 3.

§ 17. Ernennung durch Urkunde. I Der Richter wird durch Aushändigung einer Urkunde ernannt.

II Einer Ernennung bedarf es
1. zur Begründung des Richterverhältnisses,
2. zur Umwandlung des Richterverhältnisses in ein solches anderer Art (§ 8),
3. zur Verleihung eines anderen Amtes mit anderem Endgrundgehalt.

III ¹ In der Ernennungsurkunde müssen bei der Begründung des Richterverhältnisses die Worte „unter Berufung in das Richterverhältnis" mit dem Zusatz „auf Lebenszeit" „auf Zeit", „auf Probe" oder „kraft Auftrags" enthalten sein. ² Bei der Begründung eines Richterverhältnisses auf Zeit ist die Zeitdauer der Berufung in der Urkunde anzugeben.

IV Bei der Umwandlung eines Richterverhältnisses in ein Richterverhältnis anderer Art müssen in der Ernennungsurkunde die diese Art bestimmenden Worte nach Absatz 3 enthalten sein, bei der ersten Verleihung eines Amtes und bei der Verleihung eines anderen Amtes mit anderem Endgrundgehalt und anderer Amtsbezeichnung muß in der Ernennungsurkunde die Amtsbezeichnung dieses Amtes enthalten sein.

1 **1) Allgemeines.** § 17 enthält die inhaltlichen Erfordernisse der Urkunde, III u IV, und bestimmt ihre Funktion. Wann es einer Ernennung bedarf, ergibt sich aus II, so daß es eines Rückgriffs auf die beamtenrechtlichen Vorschriften, § 46 iVm § 6 BBG (Bundesrichter) und § 71 III iVm § 5 BRRG (Landesrichter), nicht mehr bedarf. S dort aber hinsichtlich der Rechtswirkungen einer fehlerhaften Ernennungsurkunde. Zur rückwirkenden Einweisung in eine Planstelle s BVerwG NJW 86, 1368.

2 **2) Aushändigung der Urkunde, I.** Mit der Aushändigung der Urkunde ist der Richter ernannt und damit das Richterverhältnis begründet. Die Aushändigung hat also konstitutive Wirkung. Ohne sie gibt es keine wirksame Ernennung; sie ist wichtig mithin auch dafür, ob das Gericht ordnungsgemäß besetzt ist. Lehnt der zu Ernennende die Entgegennahme der Urkunde ab, so fehlt es an einer Ernennung; wegen der besonderen Wirkung bei dem Richter kraft Auftrags vgl § 16 I 2. Die Urkunde muß unterzeichnet sein. Wer zu unterzeichnen hat, ergibt das Beamtenrecht; für die Bundesrichter die AnO über die Ernennung und Entlassung der Bundesbeamten und Richter im Bundesdienst v 14. 7. 75, BGBl 1915, geänd dch AnO v 21. 6. 78, BGBl 921 (Schmidt-Räntsch Anh 1), für die Landesrichter Landesrecht. Die Originalurkunde muß ausgehändigt werden, nicht eine Ausfertigung oder Abschrift. Da die Ernennung durch die Aushändigung erfolgt, bestimmt sich nach ihr der Zeitpunkt der Ernennung. Zur Übertragung eines weiteren Richteramtes, § 27 II, bedarf es keiner Urkundenaushändigung, da ein Richterverhältnis damit nicht begründet und an ihm auch nichts geändert wird.

3 **3) Notwendigkeit einer Ernennung und Inhalt der Urkunde, II, III u IV:**
A. Bei Begründung des Richterverhältnisses, II Z 1. Den Inhalt gibt III an. Fehlen die Worte „unter Berufung in das Richterverhältnis", so entsteht keines. Das gleiche gilt, wenn ohne die Angabe, in welche Art Richterverhältnis die Berufung erfolgt, fehlt („müssen", vgl auch §§ 6 II Z 1 BBG, 5 II Z 1 BRRG); die Landesgesetzgebung kann für ihre Richter diese Frage auch anders regeln.
B. Bei Umwandlung des Richterverhältnisses, II Z 2, in ein solches anderer Art, § 8, zB Ernennung eines Richters auf Zeit zum Richter auf Lebenszeit. Voraussetzung ist, daß ein Richterverhältnis rechtswirksam begründet wurde.
C. Bei Verleihung eines anderen Amtes mit anderem Endgrundgehalt, II Z 3. Hauptfall ist die Beförderung. Keine Ernennung ist demgemäß die Übertragung eines weiteren Richteramts, § 27 II.
D. Inhalt der Urkunde, IV, in den unter B u C genannten Fällen: Bei der Umwandlung, II Z 2, muß der maßgebliche Zusatz, III, darin enthalten sein, bei der ersten Verleihung eines Amtes und den in II Z 3 genannten Fällen die Amtsbezeichnung, § 19 a. Fehlt eine dieser Angaben, so liegt keine entsprechende Ernennung vor; jedoch ist landesrechtlich eine andere Regelung möglich, § 71 I iVm § 5 III 2 BRRG, Schmidt-Räntsch 15.

§ 17 a. Bewerbung um ein Mandat. Legt ein Richter sein Mandat nieder und bewirbt er sich zu diesem Zeitpunkt erneut um einen Sitz im Deutschen Bundestag, so ist die Übertragung eines anderen Amtes mit höherem Endgrundgehalt zulässig.

1 **1) Erläuterung.** Während der Bewerbung um ein Mandat darf der Richter nicht befördert werden; vgl für Beamte § 7 a BRRG und § 8 a BBG. Die trotzdem erfolgte Ernennung ist weder nichtig, § 18, noch rücknehmbar, § 19.

§ 18. Nichtigkeit der Ernennung. ^{I 1}Eine Ernennung ist nichtig, wenn sie von einer sachlich unzuständigen Behörde ausgesprochen wurde. ²Die Ernennung kann nicht rückwirkend bestätigt werden.

^{II} Eine Ernennung ist ferner nichtig, wenn der Ernannte im Zeitpunkt der Ernennung

1. nicht Deutscher im Sinne des Artikels 116 des Grundgesetzes war oder
2. (aufgehoben)
3. nicht die Fähigkeit zur Bekleidung öffentlicher Ämter hatte.

^{III} Die Nichtigkeit einer Ernennung zum Richter auf Lebenszeit oder zum Richter auf Zeit kann erst geltend gemacht werden, nachdem ein Gericht sie rechtskräftig festgestellt hat.

1 **1) Allgemeines.** § 18 entspricht §§ 11 BBG, 8 BRRG beide idF des Art 7 § 5 bzw § 4 BtG. Die Aufzählung der Nichtigkeitsgründe in einer erfolgten Ernennung ist erschöpfend; also tritt keine Nichtigkeit ein, wenn zB der Richterwahlausschuß nicht beteiligt war, vgl aber § 19 I Z 2, oder ein Verfahrensmangel bei der Richterwahl vorlag, BGH NJW 04, 3784. Von § 18 zu unterscheiden sind die Fälle, in denen wegen eines Fehlers bei der Ernennung eine solche nicht vorliegt, s § 17 Rn 3.

2 **2) Nichtigkeitsgründe: A. Ernennung durch eine unzuständige Behörde, I.** Wer die Ernennung vorzunehmen hat, bestimmt bundesrechtlich die AnO des BPräs vom 14. 7. 75, § 17 Anm 2, landesrechtlich das Landesrecht. **B. Fehlen der Eigenschaft als Deutscher im Sinn von Art 116 GG, II Z 1.** Vgl § 9 Rn 2. Entscheidend ist nur der Zeitpunkt der Ernennung. Ein späterer Verlust zieht die Entlassung nach sich, § 21 I Z 1. **C. Fehlen der Fähigkeit zur Bekleidung öffentlicher Ämter, II Z 3;** vgl §§ 45–45 b, 358 StGB, 39 II BVerfGG. **D. Geschäftsunfähigkeit** im Zeitpunkt der Ernennung, vgl § 9 Rn 1. Da die Entmündigung mit dem Inkrafttreten des BtG am 1. 1. 92 weggefallen ist, kommt die früher daraus folgende Nichtigkeit der Ernennung eines Richters oder Beamten nicht mehr in Betracht; die bisherige Z 2 ist demgemäß mWv 1. 1. 92 gestrichen worden, vgl BT-Drs 11/4528 S 190, 191.

3) Geltendmachung der Nichtigkeit. III. Bei Richtern auf Lebenszeit und auf Zeit kann sich niemand auf die Nichtigkeit berufen, ehe nicht die Nichtigkeit durch ein Dienstgericht, §§ 62 I Z 3a, 78 Z 3a, rechtskräftig festgestellt ist. Ein solches Verfahren ist auch dann erforderlich, wenn sich die Beteiligten einschließlich des Betroffenen über die Nichtigkeit einig sind. Das Dienstgericht kann dem Richter die Führung seiner Amtsgeschäfte vorläufig untersagen, § 35. Bei Richtern auf Probe oder kraft Auftrags, §§ 12, 14, die III nicht erwähnt, ist ein solches Verfahren nicht erforderlich. Die Nichtigkeit ihrer Ernennung wird durch Verfügung der hierfür bundes- oder landesrechtlich zuständigen Behörde (oberste Dienstbehörde) festgestellt, hat also für diese Richter Ähnlichkeit mit der Entlassung, § 19 Rn 2. Diese Verfügung kann der Richter vor dem Dienstgericht anfechten, §§ 62 I Z 4c, 78 Z 4c.

4) Wirkung der Nichtigkeit. Der Richter war von Anfang an nicht Richter. Die Richterbank war bei den Entscheidungen, bei denen er mitgewirkt hat, nicht richtig besetzt, §§ 547 Z 1, 579 I Z 1 ZPO. Die amtsrichterlichen Entscheidungen waren solche eines Nichtrichters, Üb § 300 ZPO Rn 11.

§ 19. Rücknahme der Ernennung. ¹ Eine Ernennung ist zurückzunehmen,
1. wenn der Ernannte nicht die Befähigung zum Richteramt besaß,
2. wenn die gesetzlich vorgeschriebene Beteiligung eines Richterwahlausschusses unterblieben war und der Richterwahlausschuß die nachträgliche Bestätigung abgelehnt hat,
3. wenn die Ernennung durch Zwang, arglistige Täuschung oder Bestechung herbeigeführt wurde oder
4. wenn nicht bekannt war, daß der Ernannte ein Verbrechen oder Vergehen begangen hatte, das ihn der Berufung in das Richterverhältnis unwürdig erscheinen läßt, und er deswegen rechtskräftig zu einer Strafe verurteilt war oder wird.

^{II} Eine Ernennung kann zurückgenommen werden, wenn nicht bekannt war, daß der Ernannte in einem gerichtlichen Verfahren aus dem Dienst oder Beruf entfernt oder zum Verlust der Versorgungsbezüge verurteilt worden war.

^{III} Die Ernennung zum Richter auf Lebenszeit oder zum Richter auf Zeit kann ohne schriftliche Zustimmung des Richters nur auf Grund rechtskräftiger richterlicher Entscheidung zurückgenommen werden.

Vorbem. In den neuen Bundesländern ist die nach bisherigem Recht erfolgte Ernennung oder Berufung eines Richters auf Probe oder auf Zeit, Einl § 1 Rn 5, auch dann zurückzunehmen, wenn nachträglich Tatsachen bekannt geworden sind, die seine Berufung nicht gerechtfertigt hätten, EV Anl I Kap III Sachgeb A Abschn III Z 8h. Das Verf bestimmt sich bis zur Neuregelung nach den vor dem 3. 10. 90 geltenden Vorschriften, EV aaO § 8 p.

1) Allgemeines. Die Aufzählung der Rücknahmegründe ist erschöpfend; das rechtswidrige Übergehen eines anderen Bewerbers bei Besetzung der Stelle ist kein Rücknahmegrund, VG Bln ZBR **83**, 103. Die Ernennung selbst wird zurückgenommen, so daß es so anzusehen ist, als ob der Richter nie ernannt worden wäre; vgl auch §§ 9 BRRG und 12 BBG sowie wegen der Wirkungen § 18 Rn 4.

2) Fälle, in denen eine Rücknahme zwingend vorgeschrieben ist, I: A. Fehlen der Befähigung zum Richteramt, Z 1. Entscheidend ist der Zeitpunkt der Ernennung, §§ 5–7. Nachträglicher Erwerb ändert daran nichts.

B. Unterbleiben der Beteiligung des Richterwahlausschusses, die gesetzlich vorgeschrieben war, **Z 2.** Dazu § 8 Rn 2. Auf Unterbleiben der Beteiligung des Präsidialrats, §§ 57, 75, ist Z 2 nicht anwendbar. Die Bestätigung des Richterwahlausschusses ist so rechtzeitig einzuholen, daß eine etwaige Ablehnung der nachträglichen Bestätigung durch den Richterwahlausschuß vor Ablauf der Frist, innerhalb deren nach den hier ergänzend eingreifenden Beamtengesetzen die Rücknahme erklärt werden muß (zB § 13 II BBG), vorliegt. Andernfalls entfällt dieser Entlassungsgrund.

C. Herbeiführung der Ernennung durch Zwang, arglistige Täuschung oder Bestechung, Z 3, zB Erlangung der Richterbefähigung durch Täuschung bei den Prüfungsarbeiten oder Verschweigen einer Behinderung, DG Schwerin DRiZ **97**, 322.

D. Unwürdigkeit für den Richterberuf, Z 4. Als Folge einer rechtskräftigen Verurteilung vor oder nach der Ernennung wegen eines vorher begangenen Verbrechens oder Vergehens, § 12 StGB, dh in den Fällen des § 24, aber auch leichter liegenden. Die Entscheidung ist eine Frage des Einzelfalles. Bei Vorliegen von § 24 endet das Richterverhältnis zwar von selbst; da die Rücknahme auf den Zeitpunkt der Ernennung zurückwirkt, Rn 2, ist eine solche auch nach einer derartigen Beendigung möglich.

3) Fall, in dem eine Rücknahme im Ermessen der Dienstbehörde liegt, II: Frühere schwere disziplinarrechtliche Verurteilung, die nicht bekannt war, aber zur Entfernung aus dem Beamten- oder Richterdienst oder zum Verlust der Versorgungsbezüge geführt hatte. In Betracht kommt also auch eine solche in einem anderen früheren Beruf, vgl § 10 II.

4) Verfahren, III. Gibt ein Richter auf Lebenszeit oder Zeit seine Zustimmung, so erfolgt die Rücknahme durch Verfügung der Dienstbehörde, die ernannt hat; willigen diese Richter nicht ein, so bedarf es eines Verfahrens vor dem Dienstgericht, §§ 62 I Z 3b, 78 Z 3b, das binnen der Frist, die sich aus den hier ergänzend eingreifenden Beamtengesetzen ergibt, §§ 46, 71 I, von der ernennenden Dienstbehörde einzuleiten ist. Vgl § 13 II 1 BBG. Das Gericht kann dann auf Antrag dem Richter die Führung seiner Amtsgeschäfte vorläufig untersagen, § 35. Bei Richtern auf Probe und kraft Auftrags verfügt die ernennende Dienstbehörde binnen dieser Frist die Rücknahme, die der Betroffene in einem dienstgerichtlichen Verfahren anfechten kann, §§ 62 I Z 4c, 78 Z 4c.

§ 19a. Amtsbezeichnungen. ¹Amtsbezeichnungen der Richter auf Lebenszeit und der Richter auf Zeit sind „Richter", „Vorsitzender Richter", „Direktor", „Vizepräsident" oder „Präsident" mit einem das Gericht bezeichnenden Zusatz („Richter am ...", „Vorsitzender Richter am ...", „Direktor des ...", „Vizepräsident des ...", „Präsident des ...").

II Richter kraft Auftrags führen im Dienst die Bezeichnung „Richter" mit einem das Gericht bezeichnenden Zusatz („Richter am ...").

III Richter auf Probe führen die Bezeichnung „Richter", im staatsanwaltschaftlichen Dienst die Bezeichnung „Staatsanwalt".

1 **Vorbem.** In den neuen Bundesländern führten die nach bisherigem Recht berufenen Richter auf Zeit, Einl § 1 Rn 5, die Amtsbezeichnungen Richter am KrGer bzw BezGer, Direktor des KrGer, Vizepräsident oder Präsident des BezGer, EV Anl I Kap III Sachgeb A Abschn III Z 8 i. Nach der Errichtung von AGen, LGen und OLGen gilt § 19 a, § 17 Z 1 e RpflAnpG.

1) Allgemeines. A. Anwendungsbereich. Die Regelung, die mit dem GG vereinbar ist, BVerfG NJW **74**, 1940, gilt unmittelbar für die Berufsrichter, § 1 Rn 3, im Bundes- und Landesdienst (wegen der ehrenamtlichen Richter s § 45 a). Für alle Zweige der Gerichtsbarkeit mit Ausnahme des BVerfG, § 120 a, und für alle Instanzen vereinheitlicht und vereinfacht sie die Bezeichnungen der Richter. Welche Amtsbezeichnung dem einzelnen Richteramt zugeordnet ist, ergeben die Besoldungsgesetze, Schmidt-Räntsch 3, also das für alle Richter geltende BBesG idF v 9. 3. 92, BGBl 409, m Änderungen, und seine Anlage III (BesO R).

B. Amtsbezeichnung. Die Vorschrift unterscheidet zwischen Amtsbezeichnungen, I, und Bezeichnungen, II u III. Ebenso wie im Beamtenrecht, vgl § 81 BBG, kennzeichnet die Amtsbezeichnung das durch Ernennung, § 17, übertragene Amt im statusrechtlichen Sinne, das für den Rechtsstand des Richters, besonders seine Besoldung, maßgeblich ist. Richter, die kein solches Amt bekleiden, aber richterliche Aufgaben wahrnehmen, führen demgemäß keine Amtsbezeichnung, sondern im Dienst eine besondere Bezeichnung.

2 **2) Richter auf Lebenszeit und auf Zeit, I. A. Amtsbezeichnung.** Ihre Amtsbezeichnung lautet bei allen Gerichten außer dem BVerfG einheitlich „Richter", „Vorsitzender Richter", „Direktor", „Vizepräsident" oder „Präsident" mit einem das Gericht bezeichnenden Zusatz, also „Richter am ... gericht", „Vorsitzender Richter am ... gericht" bzw „Präsident des ... gerichts". Das entspricht dem Gebot, Art 33 V GG, einer angemessenen Amtsbezeichnung, BVerfG NJW **74**, 1940, die Aufschluß über den Ort des Amtes im Gefüge des Gerichtsaufbaues geben muß. Deshalb lautet der Zusatz nur „am AG (LG, OLG bzw KG, VG, OVG bzw VGH, FG, SG, LSG usw)" ohne weitere Hinweise auf den Sitz u dgl, s BBesO R, oben Rn 1. Weibliche Richter führen die Amtsbezeichnung in der weiblichen Form („Richterin am ..."), Vorbem 1 BesO R. Maßgeblich für die Amtsbezeichnung ist die Ernennungsurkunde, § 17 IV, wie auch Art XIII § 1 G v 26. 5. 72 ergibt; Änderungen (Überleitungen) durch die Besoldungsgesetze sind zu beachten. Auf die Funktion des Richters kommt es nicht an; sie wird vom Gesetzgeber mit der Wendung „Richter beim ... gericht" bezeichnet, s etwa § 22 II GVG. Deshalb führt zB ein auf Lebenszeit ernannter Richter beim AG, dem ein weiteres Richteramt beim LG übertragen worden ist, auch in dieser Funktion seine Amtsbezeichnung „Richter am AG". Das gleiche gilt für den abgeordneten Richter, § 37.

3 **B. Frühere Regelungen.** Weggefallen sind alle sonstigen Bezeichnungen, die für die Berufsrichter, Rn 1, maßgeblich waren, zB „Oberamtsrichter" u dgl. Das gilt auch für die am 1. 10. 72 im Amt befindlichen Richter; wegen der Übergangsregelung s Art 3 G v 22. 12. 75, BGBl 3176, die BVerfG NJW **74**, 1940 Rechnung trägt. Auch außerdienstlich sind nur die neuen Amtsbezeichnungen zu führen, §§ 46 u 71 III BBG iVm BBG bzw BRRG. Für Richter im Ruhestand (vor dem 1. 10. 72) bleibt es bei den alten Amtsbezeichnungen.

4 **3) Andere Richter, II u III.** Richter kraft Auftrags, § 14, führen im Dienst die Bezeichnung „Richter am ... gericht", II, was nicht gegen Art 33 V GG verstößt, BVerfG NJW **74**, 1940; außerdienstlich führen sie die ihnen als Beamten zustehende Amtsbezeichnung, § 15. Da ihnen kein Richteramt bei einem bestimmten Gericht übertragen ist, kommt als anzuführendes Gericht nur dasjenige in Betracht, bei dem sie ein Richteramt wahrnehmen, vgl § 14 II aF. Richter auf Probe, § 12, führen nicht mehr die Bezeichnung „Gerichtsassessor", sondern die Bezeichnung „Richter" (ohne einen das Gericht bezeichnenden Zusatz), im staatsanwaltschaftlichen Dienst die Bezeichnung „Staatsanwalt", III. Richter kraft Auftrags und Richter auf Probe werden (nur) im Geschäftsverteilungsplan als solche kenntlich gemacht, um eine Prüfung der ordnungsmäßigen Besetzung des Gerichts zu ermöglichen, § 29 S 2.

§ 20. Allgemeines Dienstalter. ¹Das allgemeine Dienstalter eines Richters bestimmt sich nach dem Tag, an dem ihm sein Richteramt übertragen worden ist. ²Hat der Richter zuvor ein anderes Richteramt oder ein sonstiges Amt mit mindestens dem gleichen Anfangsgrundgehalt bekleidet, so bestimmt sich das allgemeine Dienstalter nach dem Tag der Übertragung dieses Amtes.

1 **Vorbem.** In den neuen Bundesländern tritt die Dauer der richterlichen Vortätigkeit an die Stelle des allgemeinen Dienstalters, EV Anl I Kap III Sachgeb A Abschn III Z 8 j.

Schrifttum: *Fähndrich* DRiZ **64**, 36; *Richter* DRiZ **63**, 145 u **66**, 80.

1) Bedeutung des allgemeinen Dienstalters nach GVG und ArbGG. Das allgemeine Dienstalter ist von Bedeutung für die Vertretung des Vorsitzenden, §§ 21f II, 21h GVG, die Mitwirkung im Präsidialrat, § 54 I 4, und die Reihenfolge der Stimmenabgabe, § 197 GVG, mittelbar auch für Entscheidungen über Beförderungen u ä. Vgl auch § 114, der Nachteile ausgleichen soll, und die dazu ergangene VO v 22. 6. 62, BGBl 423, mit Begr DRiZ **62**, 273, Schmidt-Räntsch Teil D.

2) Bestimmung des allgemeinen Dienstalters. Sie erfolgt bei Richtern auf Lebenszeit oder Zeit nach 2 dem Tag, an dem ihnen ihr Richteramt übertragen worden ist. Maßgeblich ist also der Zeitpunkt, zu dem sie ernannt worden sind, da hier anders als in § 27 I das abstrakte Richteramt gemeint ist, Schmidt-Räntsch Anm 4, dh das Amt im statusrechtlichen, nicht im funktionellen Sinne (Richter DRiZ **66**, 83, aM VGH Mannheim AS **19**, 173); im Falle einer Beförderung, § 17 Rn 3, kommt es auf den Tag an, an dem diese erfolgte, § 17 I. Richter auf Probe und kraft Auftrags haben noch kein richterliches Dienstalter, da ihnen kein Richteramt übertragen wird, §§ 12, Rn 2, 14, Rn 3; vgl auch § 29. Infolgedessen stimmen sie stets vor den auf Lebenszeit oder Zeit ernannten Richtern. Frühere Dienstzeiten als Richter oder Beamter (nicht als Angestellter, BVerwG **34**, 193) sind nur dann in das allgemeine Dienstalter einzurechnen (S 2), wenn diese Zeiten besoldungsmäßig mindestens gleichwertig, dazu BVerwG NVwZ-RR **93**, 419, und der Übertragung des jetzt bekleideten Richteramtes unmittelbar vorangegangen sind, BVerwG **34**, 193, OVG Hbg DÖV **66**, 141, Schmidt-Räntsch 7 ff.

3) Festsetzung. Sie ist nicht vorgeschrieben, aber zur Behebung von Zweifeln zulässig, allgM, Schmidt- 3 Räntsch 13. Die Festsetzung kann durch Klage vor dem VerwG angefochten werden, BVerwG **34**, 193. Zulässig ist auch eine Klage auf Feststellung des Dienstrangverhältnisses, VG Schleswig DRiZ **71**, 347.

§ 21. *Entlassung aus dem Dienstverhältnis.* [I] [1] **Der Richter ist entlassen,**
1. wenn er die Eigenschaft als Deutscher im Sinne des Artikels 116 des Grundgesetzes verliert,
2. wenn er in ein öffentlich-rechtliches Dienst- oder Amtsverhältnis zu einem anderen Dienstherrn tritt, sofern gesetzlich nichts anderes bestimmt ist, oder
3. wenn er zum Berufssoldaten oder Soldaten auf Zeit ernannt wird.

[2] In den Fällen der Nummer 2 kann die oberste Dienstbehörde im Einvernehmen mit dem neuen Dienstherrn und mit Zustimmung des Richters die Fortdauer des Richterverhältnisses neben dem neuen Dienst- oder Amtsverhältnis anordnen.

[II] **Der Richter ist zu entlassen,**
1. wenn er sich weigert, den Richtereid (§ 38) zu leisten,
2. wenn er zur Zeit der Ernennung Mitglied des Bundestages oder eines Landtages war und nicht innerhalb der von der obersten Dienstbehörde gesetzten angemessenen Frist sein Mandat niederlegt,
3. wenn er nach Erreichen der Altersgrenze berufen worden ist,
4. wenn er seine Entlassung schriftlich verlangt,
5. wenn er die Altersgrenze erreicht oder dienstunfähig ist und das Dienstverhältnis nicht durch Eintritt in den Ruhestand endet oder
6. wenn er ohne Genehmigung der obersten Dienstbehörde seinen Wohnsitz oder dauernden Aufenthalt im Ausland nimmt.

[III] [1] Ein Richter auf Lebenszeit oder ein Richter auf Zeit kann ohne seine schriftliche Zustimmung nur auf Grund rechtskräftiger richterlicher Entscheidung entlassen werden. [2] Die Entlassung eines Richters auf Lebenszeit oder eines Richters auf Zeit nach Absatz 1 kann erst geltend gemacht werden, nachdem ein Gericht sie rechtskräftig festgestellt hat.

Vorbem. In den neuen Bundesländern kann ein nach bisherigem Recht berufener Richter auf Zeit, Einl 1 § 1 Rn 5, auch wegen Nichteignung entlassen werden, EV Anl I Kap III Sachgeb A Abschn III Z 8 k (mit Regelung der Einzelheiten).

1) Allgemeines. § 19 I enthält die Gründe der Entlassung kraft Gesetzes entsprechend §§ 29 I und II 2 BBG, 22 I Z 1 und II, 125 BRRG, § 19 II die für Entlassung durch Verfügung der obersten Dienstbehörde entsprechend §§ 28 BBG, 23 I BRRG. Die Regelung ist abschließend. Die Gesetzgebung der Länder kann andere Entlassungsgründe nicht anordnen, die des Bundes nur in Abänderung des DRiG. Außerhalb des Gesetzes bleibt jedoch eine Entlassung wegen vorsätzlichen Verstoßes gegen Grundsätze des GG oder die verfassungsmäßige Ordnung eines Landes auf Grund einer Richteranklage möglich, über die das BVerfG zu entscheiden hat, § 98 II, V GG. Auch bei § 21 greift Beamtenrecht ergänzend ein.

2) Entlassung kraft Gesetzes, I. Sie tritt mit Erfüllung eines der Tatbestände zu I ein, ohne daß es einer 2 Entlassungsverfügung bedarf, Ffm NJW **88**, 1392. Die für Richter auf Lebenszeit und Zeit vorgesehene gerichtliche Feststellung, III 2, ist nur deklaratorisch, ändert also nichts am Zeitpunkt der Entlassung.

A. Verlust der Eigenschaft als Deutscher im Sinne von Art 116 GG, Z 1; s § 9 Rn 2, ferner die Verlustgründe nach RuStAG vom 22. 7. 13 in der jetzt geltenden Fassung. Vgl auch § 18 II Z 1.

B. Begründung eines anderen öff-rechtlichen Dienst- oder Amtsverhältnisses, Z 2, und zwar jeder Art, so zB bei Ernennung eines auf Lebenszeit ernannten Richters im Bundesdienst zum VerwGerPräs im Landesdienst; es erfolgt Feststellung durch das Dienstgericht des Bundes (unten Rn 4), BGH DRiZ **63**, 440. Ob ein Verhältnis zu einem anderen Dienstherrn eingegangen ist, entscheidet das für dieses Dienstverhältnis maßgebende Recht. Die Entlassung tritt nicht ein, wenn gesetzlich etwas anderes bestimmt ist, zB bei Ernennung zum Richter des BVerfG, § 101 I 2 BVerfGG, oder landesgesetzlich die gleichzeitige Bekleidung eines Professorenamtes zulässig ist, vgl § 4 II Z 3; in diesem Fall berührt der Wechsel des Dienstherrn im Professorenamt das Richteramt nicht, Ffm NJW **88**, 1392 (anders bei abw Regelung des Landesrechts). Eine Entlassung tritt ferner nicht ein, wenn die oberste Dienstbehörde des Richters im Einvernehmen mit dem neuen Dienstherrn die Fortdauer des Rechtsverhältnisses neben dem neuen Dienst- oder Amtsverhältnis anordnet, I 2. Diese AnO und die Zustimmung des Richters hierzu, für die eine besondere Form nicht vorgeschrieben ist, müssen vor Eintritt in das neue Dienst- oder Amtsverhältnis vorliegen. Eine nachträgliche AnO oder Zustimmung ändert an der kraft Gesetzes eingetretenen Entlassung nichts.

DRiG §§ 21, 22

C. **Ernennung zum Berufssoldaten oder Soldaten auf Zeit, Z 3.** Keine Entlassung bei Ableistung des Grundwehrdienstes oder Einberufung zu einer Wehrübung, § 9 ArbPlatzschutzG idF v 14. 4. 80, BGBl 425, wohl aber in den besonderen Fällen des § 7 V u VI 1 EignUbgG v 20. 1. 56, BGBl 13, m Änd.

3) Entlassung durch Verfügung der obersten Dienstbehörde, II. Sie muß bei Vorliegen von Z 1–6 erfolgen („ist zu entlassen"). Die Entlassung tritt hier erst auf Grund der Verfügung ein, vgl auch Rn 4.

A. **Verweigerung des Richtereides, Z 1.** Vgl § 38.

B. **Verweigerte Mandatsniederlegung, Z 2.** Wird ein Richter erst nach Ernennung Mitglied einer Volksvertretung, so enden bei Annahme des Mandats Recht und Pflicht zur Wahrnehmung des Richteramtes, § 36 II. War er zZt der Ernennung bereits Mitglied des Bundes- oder eines Landtages, so setzt ihm die oberste Dienstbehörde eine Frist zur Niederlegung des Mandats und muß ihn, falls er dem nicht nachkommt, entlassen. Die Zugehörigkeit zu einer anderen Vertretung steht nicht entgegen.

C. **Berufung nach Erreichung der Altersgrenze, Z 3;** vgl §§ 48, 76.

D. **Entlassung auf Antrag, Z 4.** Der Antrag muß schriftlich und vorbehaltlos gestellt werden, kann aber einen bestimmten Entlassungstag angeben; eine Antragstellung wegen Willensmängeln muß unverzüglich erklärt werden, BGH RR 00, 1227. Vgl auch wegen Rücknahme des Antrags § 30 I BBG (und die entspr Vorschriften des Landesrechts). Hinausschieben der Entlassung zur Aufarbeitung der Rückstände, § 30 II BBG (und die entspr Vorschriften des Landesrechts), ist nicht zulässig, da sonst der Exekutive Einflußnahme auf die Besetzung des Gerichts möglich wäre, Schmidt-Räntsch 25.

E. **Erreichung der Altersgrenze, Dienstunfähigkeit, Z 5.** Eine Versetzung in den Ruhestand ist bundesrechtlich mit diesen beiden Tatbeständen nicht verbunden, wenn der Richter noch keine fünfjährige Dienstzeit hinter sich hat, §§ 35 S 2 BBG, 4 I BeamtVG. Er ist dann zu entlassen. Dasselbe hat bei Richtern auf Probe zu geschehen, vgl § 12 II u § 22. Ob ein Landesrichter wegen Erreichens der Altersgrenze, § 76, oder wegen Dienstunfähigkeit in den Ruhestand tritt oder entlassen wird, entscheidet das Landesrecht.

F. **Verlegung des Wohnsitzes oder dauernden Aufenthaltes ins Ausland, Z 6.** Wohnsitz, § 7 BGB, wird nach deutschem Recht beurteilt, auf die ausländische Regelung kommt es nicht an. Ob dauernder Aufenthalt vorliegt, entscheidet das tatsächliche Verhalten. Der Entlassungsgrund liegt nicht vor, wenn die oberste Dienstbehörde der Verlegung des Wohnsitzes oder der Aufenthaltsnahme vorher zugestimmt hat; eine nachherige Zustimmung heilt, da die Entlassung nicht kraft Gesetzes eintritt.

4) Verfahren, III. A. Bei Richtern auf Lebenszeit oder auf Zeit bedarf es in den Fällen des I in jedem Falle, also auch bei Einwilligung des Richters, einer dienstgerichtlichen Feststellung der kraft Gesetzes eingetretenen Entlassung, §§ 62 I Z 3 c, 78 Z 3 c. Erst nach Rechtskraft dieses Urteils, das auch den Zeitpunkt zu enthalten hat, in dem der Entlassungsgrund und damit diese selbst eingetreten ist, kann sich jeder auf die Entlassung berufen, III 2. In den Fällen des II verfügt die oberste Dienstbehörde die Entlassung bei schriftlicher Zustimmung des Richters. Stimmt er nicht zu, so muß die Dienstbehörde beim Dienstgericht die Feststellung der Zulässigkeit der Entlassung beantragen; sie ist nach Rechtskraft des Urteils von der Dienstbehörde unter Bezugnahme auf dieses auszusprechen, III 1. Das Dienstgericht kann dem Richter in den Verfahren sowohl nach S 1 wie nach S 2 die Amtsausübung vorläufig untersagen, § 35.

B. **Bei Richtern auf Probe oder kraft Auftrags** erfolgt die Feststellung der Entlassung, I, oder die Entlassungsverfügung durch die oberste Dienstbehörde. Diese Verfügung kann vor dem Dienstgericht angefochten werden, §§ 62 I Z 4 c, 78 Z 4 c; dies gilt auch für die Feststellung ihrer Nichtigkeit, BGH 73, 312.

C. **Schwerbehinderte:** s § 50 SchwbG.

5) Wirkung der Entlassung. Der Richter verliert sein Amt, soweit ihm ein solches übertragen war, iü aber auch alle Rechte als solcher. Eine etwaige Mitwirkung bei gerichtlichen Entscheidungen auch nach dem Zeitpunkt der Entlassung, die in den Fällen zu I denkbar ist, bedeutet die nichtordnungsgemäße Besetzung des Gerichts mit ihren Folgen, §§ 551 Z 1, 579 I Z 1 ZPO, Jauernig DtZ 93, 173 mwN.

§ 22. Entlassung eines Richters auf Probe. [I] Ein Richter auf Probe kann zum Ablauf des sechsten, zwölften, achtzehnten oder vierundzwanzigsten Monats nach seiner Ernennung entlassen werden.

[II] Ein Richter auf Probe kann zum Ablauf des dritten oder vierten Jahres entlassen werden,
1. wenn er für das Richteramt nicht geeignet ist oder
2. wenn ein Richterwahlausschuß seine Übernahme in das Richterverhältnis auf Lebenszeit oder auf Zeit ablehnt.

[III] Ein Richter auf Probe kann ferner bei einem Verhalten, das bei Richtern auf Lebenszeit eine im gerichtlichen Disziplinarverfahren zu verhängende Disziplinarmaßnahme zur Folge hätte, entlassen werden.

[IV] Die Fristen der Absätze 1 und 2 verlängern sich um die Zeit einer Beurlaubung ohne Bezüge.

[V] In den Fällen der Absätze 1 und 2 ist die Entlassungsverfügung dem Richter mindestens sechs Wochen vor dem Entlassungstag mitzuteilen.

Vorbem. Gilt in den neuen Bundesländern auch für die nach bisherigem Recht berufenen Richter auf Probe, Einl § 1 Rn 5; s auch bei §§ 27, 31 und 32.

1) Allgemeines (Lippold NJW 91, 2383). Der Richter auf Probe hat seine Eignung für die Anstellung auf Lebenszeit noch zu beweisen, vgl BVerwG ZBR 85, 53. Für ihn gelten deshalb nicht nur die Entlassungsgründe des § 21, dort Rn 4, sondern auch die besonderen des § 22, die den für Beamte auf Probe geltenden ähneln, §§ 31 BBG, 23 II BRRG. Über die Entlassung nach § 22 entscheidet die zuständige Behörde nach pflichtgemäßem Ermessen, dessen Ausübung nur im Rahmen des § 114 VwGO nachprüfbar ist, BGH DRiZ **99**, 184 mwN, str, aM DGH Naumb RR **00**, 797 mwN.

2) Entlassung in den ersten zwei Jahren, I. Sie kann aus jedem sachlichen oder auch in der Person des Richters liegenden Grunde erfolgen (uU aber erst nach Abmahnung, DGH Rostock NJW **03**, 3282), zB wegen Zweifeln an der Dienstfähigkeit, BGH DRiZ **74**, 388, oder an der Eignung, BGH DRiZ **04**, 211, **97**, 68, DGH Naumb RR **00**, 795 mwN, BayDGH NVwZ-RR **91**, 155, jedoch nur zu den angegebenen Zeiten unter rechtzeitiger, V, Mitteilung der Entlassungsverfügung; vgl auch § 12 Rn 2. I stellt nicht auf den Kalendermonat ab, sondern auf das Ende des Tages des in Betracht kommenden Monats, der durch seine Zahl dem der Ernennung vorhergehenden Tage entspricht; ist dieser Termin versäumt, so schließt das nicht aus, daß eine Entlassung gemäß II Z 1 erfolgt, BGH **48**, 273. Die Frist verlängert sich ggf um die Zeit einer Beurlaubung ohne Bezüge, IV, entsprechend § 12 II 2. Durfte die Entlassung in der Frist aus Gründen des Mutterschutzes nicht ausgesprochen werden, so ist sie zu dem nach dessen Wegfall nächstmöglichen Zeitpunkt zulässig, BGH NJW **81**, 763. Für die Mitteilung der Entlassungsverfügung gilt in allen Fällen die Frist des V.

Eine vorläufige Dienstenthebung durch die Justizverwaltung ist möglich, wenn das anwendbare Beamtenrecht sie zuläßt, BGH DRiZ **74**, 388.

3) Entlassung nach dem 2. Jahr, II. Vgl § 12 Rn 2. Die Ablehnung durch den Richterwahlausschuß, dazu BGH **85**, 319, muß vor Ablauf des 4. Jahres vorliegen. Verlängerung der Frist: IV, Mitteilung der Entlassungsverfügung: V (zur Bedeutung des Mutterschutzes, Rn 2, auch für diesen Fall BGH **85**, 326). Zur Entlassung mangels Eignung, für deren Feststellung der Behörde ein Beurteilungsspielraum gewährt ist, vgl BGH DRiZ **04**, 211, NJW **03**, 570 u **99**, 2529; RR **99**, 426 mwN, DG Bay RR **91**, 154; zur vorläufigen Dienstenthebung Rn 2 aE.

4) Entlassung aus disziplinaren Gründen, III. Die Bestimmung verstößt trotz Schlechterstellung gegenüber einem Beamten auf Probe nicht gegen Art 3 GG, BGH MDR **67**, 490. Vgl im übrigen § 12 Rn 2. Die Entlassung ist an keine Zeit gebunden und ggf auch nach Ablauf der Frist des § 12 II statthaft, BGH NJW **87**, 2516; auch braucht die Sechswochenfrist des V nicht eingehalten zu werden. Die Vorschrift entspricht der im Beamtenrecht geltenden Regelung, §§ 23 II Z 1 BRRG, 31 I Z 1 BBG, vgl BGH aaO.

5) Verfahren und gerichtliche Nachprüfung. Das Verfahren richtet sich i ü, soweit nicht V eingreift, nach den Landesrichtergesetzen, den Beamtengesetzen, §§ 46 u 71 I DRiG, sowie nach dem VwVfG des Bundes bzw der Länder; vgl BGH DRiZ **97**, 504, DGH Naumb RR **00**, 794 (zur Zuständigkeit). Der Präsidialrat wirkt nicht mit, § 55 DRiG, BGH RR **99**, 1150, wenn sie nicht vom Landesrecht vorgesehen wird, BGH RR **99**, 426; für Schwerbehinderte gilt § 50 II SchwbG, vgl BGH aaO. Die Entlassung ist schriftlich auszusprechen und zu begründen, Schmidt-Räntsch 16. Die Unterzeichnung der bei den Akten verbleibenden Urschrift mit dem Handzeichen des zuständigen Beamten genügt, BGH NJW **84**, 2533. Die Entlassungsverfügung ist dem Richter (in den Fällen von I u II mindestens 6 Wochen vor dem Entlassungstag, V), ab nach Maßgabe der Landesgesetzgebung idR zuzustellen, BGH aaO.

Der Richter auf Probe kann im Wege der Anfechtung der Entlassungsverfügung, §§ 62 I Z 4 c, 78 Z 4 c, die Rechtmäßigkeit seiner Entlassung durch das Dienstgericht nachprüfen lassen, wobei im Fall einer Entlassung aus disziplinaren Gründen, III, auch nachgeprüft wird, ob sein Verhalten bei Richtern auf Lebenszeit eine den förmlichen Disziplinarmaßnahmen vorbehaltene Maßnahme, § 64 I (also mindestens Geldbuße), zur Folge gehabt hätte. Der Rechtsweg zum Dienstgericht ist auch für den Antrag gegeben, die Nichtigkeit der Entlassung festzustellen, BGH **73**, 312. Zum maßgebenden Zeitpunkt der Beurteilung und zum Prüfungsmaßstab BGH NJW **99**, 2529, RR **99**, 1150 u 426, DRiZ **96**, 454 u **97**, 67, zur (eingeschränkten) Prüfung etwaiger Verfahrensfehler einer mitwirkenden Richtervertretung vgl BGH SchlHA **75**, 14, zur Wiederherstellung der aufschiebenden Wirkung des Widerspruchs bzw der Klage BayDGH NVwZ-RR **91**, 154.

§ 23. Entlassung eines Richters kraft Auftrags. Für die Beendigung des Richterverhältnisses kraft Auftrags gelten die Vorschriften über die Beendigung des Richterverhältnisses auf Probe entsprechend.

1) Allgemeines. Seine Stellung ähnelt der des Richters auf Probe, § 14 Rn 3. Wegen weiterer Entlassungsgründe s § 21 und dort Rn 2 ff.

2) Entsprechende Anwendung des § 22. Der Richter kraft Auftrags hat einen Ernennungsanspruch zum Richter auf Lebenszeit nach 2 Jahren, § 16 I. Will die Behörde den Richter nicht behalten, so kann sie ihn also nur bis zum 18. Monat entlassen, da die Entlassungszeitpunkte des § 22 I auch hier gelten, muß sich also bis 6 Wochen vor diesem Zeitpunkt, § 22 V, darüber schlüssig werden, ob sie ihn behalten will oder nicht. Bejahendenfalls schlägt sie ihn in Ländern, in denen der Richterwahlausschuß zu beteiligen ist, diesem vor diesem Zeitpunkt vor, § 16 I 1, und kann den Richter bei Ablehnung auch nach diesem Zeitpunkt entlassen. Auch eine Entlassung entsprechend § 22 III ist nach den 2 Jahren noch möglich. Wegen der Anfechtung der Entlassungsverfügung vgl § 22 Rn 5.

§ 24. Beendigung des Dienstverhältnisses durch richterliche Entscheidung. Wird gegen einen Richter durch Urteil eines deutschen Gerichts im Geltungsbereich dieses Gesetzes erkannt auf
1. Freiheitsstrafe von mindestens einem Jahr wegen einer vorsätzlichen Tat,
2. Freiheitsstrafe wegen einer vorsätzlichen Tat, die nach den Vorschriften über Friedensverrat, Hochverrat, Gefährdung des demokratischen Rechtsstaates oder Landesverrat und Gefährdung der äußeren Sicherheit strafbar ist,
3. Aberkennung der Fähigkeit zur Bekleidung öffentlicher Ämter oder

DRiG §§ 24–26

4. Verwirkung eines Grundrechts gemäß Artikel 18 des Grundgesetzes, so endet das Richterverhältnis mit der Rechtskraft dieses Urteils, ohne daß es einer weiteren gerichtlichen Entscheidung bedarf.

1   1) **Das Richterverhältnis endet** mit Rechtskraft des Urteils, ohne daß es eines Ausspruchs des Dienstgerichts hierzu bedarf. Das gilt auch für Richter auf Lebenszeit oder Zeit. § 24 entspricht §§ 48 BBG, 24 I BRRG, jedoch zieht gemäß Z 2 jede Freiheitsstrafe in den dort genannten Fällen die Beendigung des Richterverhältnisses nach sich.

Vierter Abschnitt. Unabhängigkeit des Richters
Vorbemerkung

Art. 97 GG. I Die Richter sind unabhängig und nur dem Gesetze unterworfen.

II 1 Die hauptamtlich und planmäßig endgültig angestellten Richter können wider ihren Willen nur kraft richterlicher Entscheidung und nur aus Gründen und unter Formen, welche die Gesetze bestimmen, vor Ablauf ihrer Amtszeit entlassen oder dauernd oder zeitweise ihres Amtes enthoben oder an eine andere Stelle oder in den Ruhestand versetzt werden. 2 Die Gesetzgebung kann Altersgrenzen festsetzen, bei deren Erreichung auf Lebenszeit angestellte Richter in den Ruhestand treten. 3 Bei Veränderung der Einrichtung der Gerichte oder ihrer Bezirke können Richter an ein anderes Gericht versetzt oder aus dem Amte entfernt werden, jedoch nur unter Belassung des vollen Gehalts.

1   **Unabhängigkeit** muß sachlich (Weisungsfreiheit), § 26, und persönlich (Unabsetzbarkeit und Unversetzbarkeit) gegeben sein. Art 97 II GG umreißt deren Voraussetzungen: **a)** Entlassung vor Ablauf der Amtszeit wider Willen des Richters ist nur kraft richterlicher Entscheidung in den gesetzlichen Formen und aus den gesetzlichen Gründen zulässig, vgl auch §§ 18 III, 19 III, so daß es auch nicht möglich ist, einen Richter durch die Geschäftsverteilung auszuschalten, indem ihm keine Aufgaben zugeteilt werden, BVerfG NJW 64, 1019; **b)** das gleiche gilt für eine zeitweise oder dauernde Amtsenthebung, §§ 31 Z 2, 32 II, 35, 36; **c)** Unversetzbarkeit, §§ 27, 30, 31, 32 I, 37; **d)** Versetzung in den Ruhestand nur aus den im Gesetz vorgesehenen Gründen, §§ 31, 34. Eine Art 97 I GG entspr Regelung enthalten auch alle Landesverfassungen, § 1 GVG Rn 1.

§ 25. Grundsatz. Der Richter ist unabhängig und nur dem Gesetz unterworfen.

1   1) **Bem.** § 1 GVG weicht dem Wortlaut nach etwas ab: „Die richterliche Gewalt wird durch unabhängige, nur dem Gesetz unterworfene Gerichte ausgeübt." § 25 stellt auf den Richter selbst ab. Da die Gerichte nur durch Richter tätig werden können, besteht sachlich kein Unterschied. S daher Erl zu § 1 GVG, vgl § 26 Rn 7 sowie Kissel § 1 GVG in MüKoWo § 1 GVG Rn 19 ff, Haberland DRiZ 02, 301, Sendler NJW 01, 1256 u 1909; Papier NJW 01, 1089 u Redeker NJW 00, 2796. Die Unabhängigkeit gilt auch innerhalb der Gerichtsbarkeit und im Innenverhältnis eines Spruchkörpers, BVerfG NJW 96, 2149.

2   Zur **Richteranklage** in Bund und Ländern, Art 98 II u V GG (Entstehungsgeschichte: DRiZ 95, 69), s § 30 I Z 1, dazu Schmidt-Räntsch § 30 Rn 13, Kissel § 1 GVG Rn 204–207, Burmeister DRiZ 99, 518.

§ 26. Dienstaufsicht. I Der Richter untersteht einer Dienstaufsicht nur, soweit nicht seine Unabhängigkeit beeinträchtigt wird.

II Die Dienstaufsicht umfaßt vorbehaltlich des Absatzes 1 auch die Befugnis, die ordnungswidrige Art der Ausführung eines Amtsgeschäfts vorzuhalten und zu ordnungsgemäßer, unverzögerter Erledigung der Amtsgeschäfte zu ermahnen.

III Behauptet der Richter, daß eine Maßnahme der Dienstaufsicht seine Unabhängigkeit beeinträchtige, so entscheidet auf Antrag des Richters ein Gericht nach Maßgabe dieses Gesetzes.

Neueres Schrifttum (in Auswahl): *MüKoWo* § 1 GVG Rn 24; *Wolf* § 19; *Kissel* § 1 GVG Rn 46 ff u 164 ff; *Ruth Schmidt-Räntsch,* Dienstaufsicht über Richter, 1985; *Pfeiffer,* Festschrift Bengl, 1984; *Grimm,* Richterliche Unabhängigkeit u Dienstaufsicht in der Rspr des BGH, 1972. Einzelaufsätze: *Haberland* DRiZ **02**, 302; *Redeker* NJW **00**, 2796; *Sendler* NJW **83**, 1449; *Gilles* DRiZ **83**, 41; *Hieronimi* NJW **84**, 108; *Hohendorf* NJW **84**, 958; *Wandtke* DRiZ **84**, 430; *Buschmann* RiA **85**, 176; *Achterberg* NJW **85**, 3041 (Übers üb die Rspr), *Hager* DRiZ **88**, 325; *Papier* NJW **90**, 8 (dazu *Weber-Grellet* NJW **90**, 1777).

Gliederung

1) Allgemeines	1	B. Maßnahmen der Dienstaufsicht	6–11
2) Ausübung der Dienstaufsicht	2	a) Kernbereich	7, 8
3) Umfang der Dienstaufsicht, I, II	3–11	b) Sonstige richterliche Tätigkeit	9–11
A. Grundsatz	3–5	4) Dienstgerichtliche Nachprüfung	12–16

1   1) **Allgemeines.** „Den Richtern ist die Unabhängigkeit verliehen, um ihre Entscheidung von äußeren und außergesetzlichen Einflüssen freizuhalten. Ein Richter unterliegt also keinen Weisungen oder Empfehlungen und darf wegen des Inhalts einer Entscheidung nicht benachteiligt werden", Begr der RegVorl zu § 22 Entw. Andererseits ist auch das Richterverhältnis ein Dienstverhältnis des öffentlichen Rechts. Deshalb steht der Richter unter Dienstaufsicht, um sein pflichtgemäßes Handeln sicherzustellen. Die Unabhängigkeit schützt nicht menschliche Schwächen, die in der Art und Weise, wie die Dienstgeschäfte erledigt werden, auftreten und von der Amtsführung eines gewissenhaften Richters peinlich abweichen (so Ausschußbericht zu § 22 II). Diese Aufsicht muß aber in der Unabhängigkeit ihre Grenze finden.

§ 26 DRiG

2) Ausübung der Dienstaufsicht. Die Dienstaufsicht ist Sache der Gerichtsverwaltung. Die nähere Regelung enthalten für die ordentlichen Gerichte die landesrechtlichen Vorschriften und, soweit noch anwendbar, §§ 14 ff GVVO vom 20. 3. 35, RGBl 403 (BGBl III 300 – 5), abgedr Anh § 21 GVG, für die Arbeitsgerichtsbarkeit §§ 15, 34, 40 II ArbGG (jetzt idF des G v 26. 6. 90, BGBl 1206); vgl Schäfke ZRP **83**, 165, Stanicki DRiZ **86**, 329.

3) Umfang der Dienstaufsicht, I, II (Papier NJW **01**, 1091).

A. Grundsatz. Die Dienstaufsicht findet stets in der Wahrung der Unabhängigkeit des Richters ihre Grenze. Wird zweifelhaft, ob eine Maßnahme die richterliche Unabhängigkeit gefährdet, so ist sie zu unterlassen. Die Unabhängigkeit kann uU schon bei unerfreulichen Arbeitsbedingungen, BGH DRiZ **05**, 83, und allgemeinem Verhalten, vgl Schlett DVBl **50**, 394, beeinträchtigt werden, ferner durch dienstliche Beurteilungen, BGH NJW **84**, 2531, VGH Mannh NVwZ-RR **05**, 585, OVG Münst NVwZ-RR **04**, 874, stRspr, Schaffer DRiZ **92**, 292 mwN, oft auch bei der Einforderung von Berichten, zB durch das Verlangen, zu einer unschlüssigen Dienstaufsichtsbeschwerde gegen eine richterliche Maßnahme Stellung zu nehmen; eine Beeinträchtigung ist uU sogar bei falscher besoldungsmäßiger Einstufung nicht schlechthin ausgeschlossen, BGH **46**, 70. **Unzulässig** sind Weisungen an Mitglieder des Präsidiums oder sonstige Einwirkungen auf dessen Entscheidungen, BGH NJW **91**, 424. Unzulässig ist die Weisung, den Dienst außerhalb der Gerichtsstelle zu versehen, PräsFfm NJW **91**, 1903 (betr Haftrichter). Unzulässig ist der Erlaß des Ministers, daß ein Richter als Stellvertreter in einem Dienstgericht auf Grund einer Ansicht des Ministers tätig werden solle; denn ob die gesetzliche Grundlage für die Ausübung eines Richteramts gegeben ist, entscheidet der Richter, HessDienstG DRiZ **66**, 91. Unzulässig ist auch das Ersuchen, eine ganz bestimmte Verf aus dem Dezernat umgehend zu bearbeiten, BGH NJW **87**, 1197, oder sich zu einer Entscheidung dienstlich zu äußern, BGH NJW **87**, 2441. Seine Arbeitszeit darf der Richter frei bestimmen, vorausgesetzt, daß er Sitzungsstunden einhält und zu Beratungen sowie zur Dekretur zur Verfügung steht, vgl § 46 Anm 2, Schröder NJW **05**, 1160 (guter Überblick über aktuellen Diskussionsstand), Schott ZRP **05**, 103, BGH NJW **91**, 1104, OVG Kblz NJW **86**, 2724 mwN, BayDienstgerHof DRiZ **69**, 292 (betr Richter auf Probe ohne konkretes richterliches Amt). Unzulässig sind Beschränkungen des Zugangs zum Gerichtsgebäude, BGH NJW **03**, 282 zu HessDGH NJW **01**, 1061 (zu HessDG NJW **01**, 977). Unzulässig können auch technische Maßnahmen zur Beschränkung der Telefonbenutzung sein, BGH NJW **95**, 731; zur Zulässigkeit der Unterbringung einer staatlichen Schuldnerberatungsstelle im Gebäude eines Insolvenzgerichts, vgl Hbg DRiZ **01**, 21.

Keine Beeinträchtigung der Unabhängigkeit ist gegeben: durch allgemein gehaltene, vom Einzelfall losgelöste Hinweise, BGH RR **02**, 931 u DRiZ **04**, 144, durch Anordnungen über das Tragen der Amtstracht und ihre Beschaffung, OVG Lüneb DRiZ **74**, 389, BVerwG NJW **83**, 2589, Ffm NJW **87**, 1208 (das zu Recht darauf hinweist, daß Ausnahmen in einzelnen Fällen in den Bereich der Unabhängigkeit fallen können), ferner Anordnungen über die Ausbildung von Referendaren, DienstgerHof Hamm DRiZ **74**, 232; durch die Versagung der Genehmigung einer Auslandsdienstreise in einer Rechtssache, BGH NJW **86**, 664 mwN, ua NJW **78**, 1425 (aM HessDG DRiZ **75**, 151; es wird auf die Umstände des Einzelfalles ankommen), wogegen keine verfassungsrechtlichen Bedenken bestehen, BVerfGG DRiZ **79**, 219; durch die Anordnung, Rechtshilfeersuchen an ausländische Gerichte oder Behörden dem Justizminister zur Weiterleitung vorzulegen, BGH NJW **83**, 2769, zustm Nagel IPrax **84**, 239; durch die Androhung eines Disziplinarverfahrens bei unrechtmäßiger Weigerung, in einer Sache tätig zu werden, BGH DRiZ **78**, 249, oder bei Ankündigung der Konsequenzen aus der Nichtbefolgung des Geschäftsverteilungsplanes, BGH **85**, 154; durch Vorhaltung einer nicht dem Gesetz entsprechenden Terminierungspraxis, BGH NJW **85**, 1471 (krit Rudolph DRiZ **85**, 351); durch die Vornahme von Geschäftsprüfungen, sei es denn, daß sie ohne zureichenden Grund oder ohne Wissen des Richters erfolgt, BGH DRiZ **87**, 57 (auch zu den Grenzen) u **85**, 156, vgl Stanicki DRiZ **86**, 329, wobei routinemäßige Prüfungen nicht angekündigt zu werden brauchen, BGH NJW **88**, 418, vom Richter auch vorher Meldungen der überjährigen Verfahren verlangt werden dürfen, BGH NJW **91**, 421; durch das Verlangen einer Meldung über Rückstände mit Begründung für die Nichterledigung, BGH DRiZ **78**, 185; durch den Vergleich von Erledigungszahlen in einer Beurteilung, BGH NJW **78**, 760 (die Maßnahme kann aber aus anderen Gründen unzulässig sein); durch die listenmäßige Erfassung der Geldbußen aufgrund einer ministeriellen Anordnung, BGH NJW **84**, 2473; durch Weisungen im staatsanwaltschaftlichen Bereich für Berichte über Sitzungen, BGH **72**, 81; durch die nachträgliche Durchsicht der vom Richter verfaßten Entscheidungen durch den Dienstvorgesetzten oder dessen Beauftragten, BGH **85**, 163; durch die bloße Bekanntgabe von Erfahrungsberichten aus anderen Verfahren, BGH DRiZ **81**, 344; durch die Ablehnung des Dienstgesetzten, einem Richter Kenntnis von dem Inhalt des Berichts eines Richters über den Beratungshergang zu geben, BGH DRiZ **82**, 312; durch die Verweigerung eines unbezahlten Urlaubs, BGH **85**, 150, oder den Widerruf einer Urlaubsbewilligung zwecks fristgemäßer Absetzung von Urteilsgründen, BGH NJW **88**, 1094; durch die Heranziehung zur Referendarausbildung oder Zuweisung eines Referendars (wenn nicht besondere Umstände vorliegen), BGH NJW **91**, 427 mwN; durch unzumutbare Arbeitsbedingungen, DG Berlin DRiZ **04**, 81 (es kommt aber auf den Einzelfall an).

Die Unabhängigkeit betrifft an sich die richterliche Tätigkeit. Der Dienstaufsicht untersteht, soweit nicht auch da etwa I in Betracht kommt, aber auch das außerdienstliche richterliche Verhalten, insbesondere ob durch dieses die Unabhängigkeit gefährdet werden könnte, § 39; infolgedessen unterliegen der Nachprüfung durch die Dienstgerichte auch Maßnahmen der Dienstaufsicht, die dieses Gebiet betreffen, BGH **51**, 367. Von den einem Richter übertragenen Dienstgeschäften unterliegen der Dienstaufsicht voll die der Gerichts-(Justiz)Verwaltung, § 4 II Z 1, also auch die Beantwortung der für den Kostenansatz wegen § 16 ZSEG wichtigen Frage, ob der Sachverständige auftragsgemäß gearbeitet hat, BGH **51**, 148, hingegen nicht die der gerichtlichen Verwaltung, Üb im Anh § 21 GVG, und der Rechtspflege im weiteren Sinn wie etwa der freiwilligen Gerichtsbarkeit, Bewilligung der Prozeßkostenhilfe usw. Sie sind echte richterliche Tätigkeit.

B. Maßnahmen der Dienstaufsicht, II. Bei der Tätigkeit eines Richters hat die die Dienstaufsicht führende Stelle, also niemals eine Behörde als solche, sondern nur der Dienstvorgesetzte oder der mit seiner Vertretung beauftragte Beamte, BGH **47**, 284 (wird die Dienstaufsicht in der Ministerialinstanz ausgeübt, der

DRiG § 26

Minister oder sein Vertreter, allenfalls ein Ministerialbeamter mit ganz fester Weisung des Ministers, BGH DRiZ **84**, 282 mwN, krit Bengl DRiZ **83**, 343), vorbehaltlich I nur die **Befugnisse des II,** also Vorhalt und Ermahnung, sofern dadurch keine Beeinträchtigung der Unabhängigkeit eintritt; es dürfen also nur Tatsachen angeführt und sachbezogen gewertet werden, BGH DRiZ **97**, 467, unten Rn 10 u 11. Beanstandung, Mißbilligung oder Rüge (und erst recht natürlich Anweisung) sind ausgeschlossen, BGH NJW **84**, 2534 (krit Wandtke DRiZ **84**, 430, der darauf hinweist, daß der Ausschluß von Mißbilligungen zum Beschreiten des Disziplinarweges führt), ebenso das Erheben eines Schuldvorwurfs, BGH DRiZ **97**, 467 u **85**, 394, weil Vorhalt und Ermahnung keine Disziplinarmaßnahmen sind, BVerwG NJW **88**, 1748 mwN. Das alles gilt auch bei außerdienstlichen Vorgängen, BGH NJW **84**, 2534 (krit Hager NJW **89**, 886 mwN), bei dienstlichen Beurteilungen, und überhaupt bei allen Meinungsäußerungen einer die Dienstaufsicht führenden Stelle, die sich in irgendeiner Weise kritisch mit dem dienstlichen oder außerdienstlichen Verhalten des Richters befassen, BGH in stRspr, NJW **02**, 359, **87**, 2441 u 2442 mwN. Das etwas irreführende Wort „auch" stellt nur klar, daß außer der Befugnis im außerdienstlichen Bereich auch eine solche hinsichtlich der richterlichen Tätigkeit gegeben ist, Schmidt-Räntsch 22. Auch der Bescheid an eine beschwerdeführende Behörde, die eine richterliche Tätigkeit kritisiert, ist eine Maßnahme der Dienstaufsicht, die sich entsprechend II auf die Mitteilung von Vorhalt und Ermahnung beschränken muß, BGH **51**, 287. Weitere Einzelfälle s Rn 12 ff.

7 **a) Kernbereich der richterlichen Tätigkeit** (Papier NJW **90**, 10; Schneider ZIP **90**, 551). Völlig unzugänglich ist der Dienstaufsicht der Kernbereich der richterlichen Tätigkeit, also der eigentliche Rechtsspruch und alle Entscheidungen (Anordnungen, Regelungen), die der Rechtsfindung mittelbar dienen, etwa indem sie den Rechtsspruch vorbereiten oder ihm nachfolgen, BGH RR **02**, 575, DRiZ **97**, 467, NJW **87**, 2441 u **85**, 1472 mwN, Kissel § 1 GVG Rn 53, Schaffer DÖD **82**, 8 mwN. Dazu gehören zB die dienstliche Äußerung im Ablehnungsverfahren, BGH DRiZ **86**, 423 mwN, ebenso wie eine Äußerung des Richters in der Verhandlung über Zweifel eines Beteiligten an seiner Unbefangenheit, BGH DRiZ **82**, 389, ferner die Bestimmung der Zahl der wöchentlichen Sitzungstage, BGH NJW **88**, 423, und die Terminierung im Einzelfall, BGH RR **02**, 575 u NJW **95**, 2115 (stRspr), DG b KG DRiZ **95**, 438 mwN, insbesondere die Bestimmung der Reihenfolge, BGH NJW **87**, 1197 u **85**, 1472 (nicht aber das „Liegenlassen" ganzer Fallgruppen, s unten Rn 10), und der Inhalt der Terminsverfügung (nicht aber die Benutzung der Ladung zur Kritik an der Justizverwaltung, KG NJW **95**, 883, krit Rohr DRiZ **95**, 161), die Art der Vorbereitung der mündlichen Verhandlung, BGH NJW **84**, 2535, der Umgang mit den Parteien, OVG Bln NVwZ-RR **04**, 627, und die Gestaltung der Verhandlungsführung, BGH DRiZ **84**, 239, Hamm NVwZ **05**, 77 (dagegen unterliegen sachlich nicht gerechtfertigte abwertende oder gar beleidigende Äußerungen in der mündlichen Verhandlung der Dienstaufsicht, OVG Koblenz NVwZ-RR **05**, 2, Hager DRiZ **88**, 329), ferner gehören hierhin die Entscheidung über die Art der Protokollierung, §§ 159 I 2, 160 a I ZPO, BGH NJW **78**, 2509, DG Düss DRiZ **99**, 59 (dagegen hat die Justizverwaltung zu entscheiden, welcher Protokollführer dem Richter zur Verfügung gestellt wird, BGH NJW **88**, 417, dazu Rudolph DRiZ **88**, 74), und die richterliche Beweisanordnung, BGH NJW **80**, 1850, DRiZ **78**, 214, sowie die Tätigkeit des Richters im PKH-Verf, Bischof DÖD **86**, 3, oder im Rechtshilfeverfahren, Düss NStZ **89**, 39. Zu diesem Kernbereich gehört auch die mündliche und schriftliche Urteilsbegründung, die also hinsichtlich ihres Inhalts und ihrer Form, zB wegen der Wortwahl, nicht im Wege der Dienstaufsicht beanstandet werden darf, es sei denn, daß es sich um einen „verbalen Exzess" handelt, Oberlandesgericht Hamm RR NJW **99**, 1292 (zustm Schmiemann DRiZ **99**, 224), weitergehend BGH DRiZ **91**, 410, **70**, 1 (nur dann nicht, wenn sie sich im Rahmen tatsachenadäquater Wertung hält), dazu krit M. Wolf NJW **78**, 825, Feiber NJW **83**, 2927, Sendler NJW **84**, 691, diff Hager DRiZ **88**, 329 (m Beisp). Außerhalb der Dienstaufsicht steht auch der Inhalt richterlicher Maßnahmen auf verfahrensrechtlichem Gebiet, mögen sie nun durch Rechtsmittel anfechtbar sein oder nicht, zB der Erlaß eines Verweisungsbeschlusses, BGH DRiZ **91**, 369, oder eines Durchsuchungs- und Beschlagnahmebeschlusses, BGH MDR **88**, 51, die Maßnahmen der Sitzungspolizei, BGH DRiZ **77**, 56, Zweibr DRiZ **88**, 21, die Behandlung von Haftsachen, BGH DRiZ **96**, 371, die Einholung einer Erklärung der obersten VerwBehörde, BGH **47**, 288 (keine Verweisung auf den „Dienstweg"), und die Erteilung von Auskünften im Wege der Amtshilfe, BGH NJW **69**, 1302. Hierhin gehört auch die Entschließung, nach Verneinung der Zuständigkeit eine eilige Sache auf dem normalen Dienstweg weiterzuleiten, BGH DRiZ **84**, 195 zu Hamm DRpflZ **84**, 32 (zweifelhaft, da wohl zur äußeren Ordnung gehörend). Zum Kernbereich gehört auch die Entschließung, in einem sachlich begründeten Einzelfall keine Amtstracht anzulegen, Ffm NJW **87**, 1208 (Jugendstrafsache). Auch die Tätigkeit im Präsidium ist zum Kernbereich zu zählen, § 21 e GVG Rn 2, BGH NJW **95**, 2494, Piorreck DRiZ **93**, 213, ebenso die Aufstellung des Mitwirkungsplanes, § 21 g GVG, dort Rn 4.

8 Der Kernbereich ist Maßnahmen der Dienstaufsicht auch dann verschlossen, wenn es sich um einen offensichtlichen, jedem Zweifel entrückten **Fehlgriff** handelt, Kasten/Rapsch JR **85**, 314, Herrmann DRiZ **82**, 290 mwN, Wolf § 19 I 2 a sowie NJW **78**, 825 u 77, 1063, vgl auch Rudolph DRiZ **88**, 155, **84**, 139, **80**, 461 u NJW **79**, 97; **aM** BGH in stRspr, RR **01**, 499 mwN, vgl NJW **95**, 2115 mwN (betr sachfremde Umterminierung), DRiZ **86**, 423 (betr verbale Exzesse), DRiZ **84**, 195 zu Hamm DRpflZ **84**, 32 (betr Sachbehandlung in einem Eilfall), BGH DRiZ **91**, 369 (betr Verweisungsbeschluß), BGH DRiZ **91**, 410, **70**, 1 (betr Urteilsbegründung), BGH **67**, 184 mwN u Zweibr DRiZ **88**, 21 (betr Sitzungspolizei) und NJW **80**, 1851 mwN (betr Ermächtigung eines Sachverständigen) m krit Anm Rudolph DRiZ **80**, 461, zustm Friedrichs DRiZ **80**, 425, Louven DRiZ **80**, 429 (noch weitergehend) u Meyer DRiZ **81**, 23, im Ergebnis auch Kissel § 1 GVG Rn 60, diff Hager DRiZ **80**, 328: da die Grenzziehung schwierig ist, s zu richterlichen Äußerungen Hager aaO u Rudolph DRiZ **87**, 339–341, muß nach dem Grundsatz „wehret den Anfängen" die Unabhängigkeit des Richters im Kernbereich seines Amtes ausnahmslos geschützt werden, oben Rn 7, Sendler ZRP **94**, 378. Unzulässig ist deshalb etwa ein Hinweis auf die Benutzung von anerkannten Hilfsmitteln (für Zulässigkeit Schmidt-Räntsch 23), da das die Entscheidung selbst angeht, erst recht der Vorhalt, daß eine Entscheidung gegen das Gesetz verstoße, DienstGer Düss DRiZ **79**, 123, Hager DRiZ **88**, 329, oder daß wiederholt Entscheidungen eines Richters aus demselben Grund aufgehoben worden seien (dafür

Schmidt-Räntsch aaO): das kann allenfalls ein Zeichen eintretender Dienstunfähigkeit sein. Ein Richter braucht sich außerhalb der gesetzlichen Bindung an die Entscheidungen des BVerfG und des vorgeordneten Gerichts, §§ 538 u 563 II ZPO, der Meinung anderer Gerichte nicht zu beugen, wenn er sie für falsch hält, VG Karlsr RR **01**, 353; er muß sich auch nicht einer hM anschließen, solange sie nicht zu richterlichem Gewohnheitsrecht geworden ist, vgl BVerfG NJW **87**, 2067: er folgt dem Gesetz, wie er das nach bestem Wissen und Gewissen kann, nicht aber einer Meinung, weil sie von einem Vorgesetzen oder einem Gericht ausgesprochen wird; denn er steht nicht in einem Unterordnungsverhältnis zu anderen Stellen, BGH **47**, 288. Der Richter darf aber aus Gründen der Rechtsstaatlichkeit Meinungsverschiedenheiten mit dem vorgeordneten Gericht nicht auf dem Rücken des Bürgers austragen, BVerfG NZA **90**, 580, NJW **89**, 1147.

Zum Rechtsschutz des Einzelnen gegen Ehrverletzungen durch Richter auch im Kernbereich, sofern sie nicht durch die Garantie der richterlichen Unabhängigkeit gedeckt sind, vgl Hager NJW **89**, 885 (zu OVG Münst NJW **88**, 2636).

b) Sonstige richterliche Tätigkeit. Zulässig ist Dienstaufsicht überhaupt erst für die richterliche Amts- 9 führung, soweit es um die Sicherung eines ordnungsgemäßen Geschäftsablaufs, die äußere Form der Erledigung der Amtsgeschäfte oder um Fragen der äußeren Ordnung der richterlichen Tätigkeit geht, BGH RR **01**, 499 mwN. Eine Abgrenzung zu finden, ist schwierig, zumal auch zahlreiche richterliche Betätigungen, die der Rechtsfindung nur mittelbar dienen, unter der Unabhängigkeitsgarantie stehen, BGH **47**, 286; dahin gehört zB die Entscheidung, ob und wie in einem schwebenden Verfahren Amtshilfe zu gewähren ist, BGH **51**, 193.

aa) Vorhaltungen. Die Befugnis, dem Richter die ordnungswidrige Art der Ausführung eines Amtsge- 10 schäfts vorzuhalten, betrifft nur die äußere Form der Ausführung, nicht das Amtsgeschäft selbst; wie die Ausführung sachlich zu gestalten ist, kann wegen I nicht Gegenstand des Vorhalts sein: der Vorhalt darf zu dem Inhalt einer Entscheidung keine objektive Beziehung haben, da es sich dann bereits um eine Weisung in mehr oder minder versteckter Form handeln würde. Infolgedessen ist eine dahin zielende Beanstandung, da eine Mißbilligung andeutend, als Maßnahme der Dienstaufsicht unzulässig, und zwar auch dann, wenn sie nicht zur Kenntnisnahme des Richters bestimmt ist, er nur durch Zufall davon erfährt, BGH **47**, 283. Auch daß der Richter der Ansicht der dienstaufsichtführenden Stelle nicht zu folgen braucht, entscheidet nicht. Darum ist auch die Anregung, beim nächsten Vorkommen derselben Angelegenheit die Entscheidung in einem dann angegebenen Sinne zu überprüfen, eine unzulässige Einflußnahme, BGH **46**, 1511. Ebenso ist die Aufforderung zur Äußerung zu einer richterlichen Entscheidung unzulässig, BGH MDR **88**, 51, ferner das Ersuchen um Meldung des Veranlaßten, BGH **51**, 286, und erst recht das Ersuchen, ganz bestimmte Verfahren aus dem Dezernat umgehend zu bearbeiten, BGH NJW **87**, 1197. **Zulässig** sind außerhalb des Kernbereichs jedoch zB allgemein gehaltene rechtliche Hinweise und Empfehlungen, BGH RR **02**, 931, Vorhaltungen bezüglich angemessener Umgangsformen im Verkehr mit Beteiligten, der Schweigepflicht gegenüber der Presse, BGH DRiZ **73**, 281, des Tragens der Amtstracht, HessDGH MDR **86**, 464 (differenzierend), einer gesetzmäßigen Terminierungspraxis, BGH NJW **85**, 1471 (krit Rudolph DRiZ **85**, 351), Hamm DRiZ **92**, 226 mwN, des pünktlichen Abhaltens der Sitzungen, einer genügenden Sitzungstätigkeit, BGH **85**, 162 u DRiZ **71**, 317 (nicht dagegen, ob wöchentlich mehr als ein Sitzungstag vorzusehen ist, BGH NJW **88**, 423, und auch nicht, ob eine Sitzung überhaupt abzuhalten ist, auch dann, wenn ein Sitzungstag etwa frei bleibt), des „Liegenlassens" ganzer Fallgruppen wegen Überlastung, Papier NJW **90**, 8 (abw Weber-Grellet NJW **90**, 1777), der Beantwortung von Anträgen und Anregungen, Hamm DRiZ **89**, 341, der äußeren Form der Verkündung, vgl Harthun SGb **80**, 57, des fristgerechten Absetzens der Urteilsgründe, BGH DRiZ **85**, 394, der alsbaldigen Vorlage eines Antrags an das zuständige Gericht, BGH RR **01**, 499, der Benutzung von Vordrucken zur Geschäftserleichterung und der Behandlung des Gerichtspersonals. Die Vorbereitungsmaßnahmen für eine Entscheidung (Terminsbestimmung, Einzelrichterbestimmung, Art der Vernehmung von Zeugen und Sachverständigen) unterliegen dagegen allein dem richterlichen Ermessen, gegebenenfalls auch die Aktenübersendung und Aktenvorlage, BGH **47**, 285, ebenso die Auskunfterteilung aus den Akten schwebender Verfahren, so daß es unzulässig ist, Beamte oder Angestellte des Gerichts anzuweisen, solche Auskünfte zu erteilen, BGH **51**, 193. Das gleiche gilt für die Vereidigung eines ehrenamtlichen Richters, DienstGer Ffm DRiZ **80**, 469.

bb) Ermahnungen. Die Ermahnung zu ordnungsgemäßer, unverzögerter Erledigung der Amtsgeschäfte 11 kann sich auf einen Einzelfall, der ungebührlich verzögert worden ist, oder auch die Amtsführung überhaupt beziehen. Mit Rücksicht auf den Wortlaut („Amtsgeschäfte") und die Entstehungsgeschichte wird die Ermahnung auf „Fälle dieser Art", nicht so sehr auf den Einzelfall zu beziehen haben, mag ein solcher auch meist Anlaß zur Nachprüfung gegeben haben, Schmidt-Räntsch 25; vgl auch Richterdisziplinarsenat Essen NJW **55**, 1856. Eine sachliche Einwirkung würde auch hier die richterliche Unabhängigkeit verletzen, zB der Hinweis, die Verhandlungsführung könnte „etwas straffer" sein, BGH DRiZ **84**, 240, oder andere Einflußnahmen im Kernbereich, oben Rn 7. Zulässig ist aber zB die Ermahnung, Entscheidungen in angemessener Frist abzusetzen, BGH DRiZ **84**, 240, die Terminierung älterer Sachen nicht zu verzögern, BGH aaO, zu den Terminen pünktlich zu kommen und die Dekretur zügig zu erledigen, ebenso die Androhung eines Disziplinarverfahrens wegen Nichtbefolgung des Geschäftsverteilungsplanes, BGH **85**, 154, DRiZ **78**, 249.

4) Dienstgerichtliche Nachprüfung, III. Sie erfolgt, wenn der Richter behauptet, durch die Maß- 12 nahme einer Dienstaufsichtsbehörde in seiner Unabhängigkeit beeinträchtigt worden zu sein, BGH DRiZ **94**, 141 mwN, und die Maßnahme objektiv geeignet ist, die Unabhängigkeit zu beeinflussen (deshalb ist ohne solche Behauptung eine dienstliche Beurteilung im VerwRweg nachzuprüfen, BGH NJW **84**, 2531, BVerwG NJW **83**, 2589, DRiZ **77**, 117). Das genügt für die Zulässigkeit des Antrags, die also nicht von Art und Inhalt der angefochtenen Maßnahme abhängt, BGH DRiZ **77**, 151, **46**, 68, DGH Dresden RR **00**, 942, aM Stober DRiZ **76**, 71. Damit ist dem Richter, im Gegensatz zum Beamten, der das Risiko der Nichtbefolgung einer Anweisung seiner vorgesetzten Dienststelle trägt, im Interesse der Unabhängigkeit die Möglichkeit gegeben, die zwischen ihm und der Dienstaufsicht aufgetretene Verschiedenheit der Ansicht

DRiG § 26 Deutsches Richtergesetz

durch das Dienstgericht nachprüfen zu lassen, das also bei Streit über die Auslegung eines Gesetzes, auf das sich die AnO gründet, selbst auslegen muß, BGH **42**, 171, zB daß eine gesetzliche Grundlage dafür fehlt, daß der Vorsitzende von Bundesdisziplinarkammern zu Beisitzern bestellten Richtern die Fertigung von Urteilsentwürfen überträgt, BGH **42**, 172. Ein Nachprüfungsantrag ist auch nicht schon deshalb unbegründet, weil eine Beeinträchtigung nicht gewollt ist; wohl aber spricht dagegen, wenn die beanstandete Tätigkeit nicht zur unmittelbaren Aufsichtstätigkeit gehört, BGH NJW **05**, 905 (mangelhafte Ausstattung), BGH **46**, 71 (falsche besoldungsrechtliche Einstufung).

13 **Nicht** zu den Maßnahmen der Dienstaufsicht gehören Disziplinarmaßnahmen im Sinne der Disziplinarordnungen gegen einen Richter oder deren Vorbereitung, BGH **85**, 164 und NJW **81**, 1100 (nur bei Mißbrauch); eine nicht ausdrücklich als Verweis bezeichnete mißbilligende Äußerung ist keine solche Disziplinarmaßnahme und deshalb unzulässig, BGH NJW **84**, 2534 (krit Wandtke DRiZ **84**, 430). Keine Maßnahme der Dienstaufsicht iSv III ist auch die Einleitung eines Versetzungsverfahrens durch Vorlage von Berichten an den Präsidialrat, BGH **85**, 164. Ebensowenig sind Entscheidungen des Präsidiums über die Geschäftsverteilung Maßnahmen iSv III, BGH NJW **91**, 425.

14 Die **Abgrenzung** zwischen Maßnahmen der Dienstaufsicht und anderen Vorgängen ist oft schwierig. Nötig und ausreichend ist ein gegen einen Richter oder eine Gruppe von Richtern gerichtetes Verhalten, das einen konkreten Bezug zur Tätigkeit der Gruppe oder des Richters hat, BGH NJW **91**, 425 mwN. Eine für die Dienstaufsicht in Betracht kommende Stelle (in dieser Eigenschaft, nicht zB als oberste Verwaltungsbehörde, BGH DRiZ **82**, 426) muß entweder zu einem in der Vergangenheit liegenden Verhalten des Richters wertend Stellung genommen oder sich in einer Weise geäußert haben, die geeignet ist, sich auf die künftige Tätigkeit des Richters in bestimmter Richtung unmittelbar oder mittelbar auszuwirken, BGH NJW **91**, 1103, **85**, 1471, **84**, 2472 mwN. Das kann zB in einer dienstlichen Beurteilung geschehen, BGH RR **03**, 492 u **02**, 360, DRiZ **98**, 22 u **95**, 353, NJW **92**, 46 mwN u DRiZ **91**, 288, NJW **88**, 420, MDR **88**, 51, NJW **86**, 2707, **84**, 2531 u 2535, BGH **57**, 344, **52**, 287, OVG Bln NVwZ-RR **04**, 627, Zweibr DVBl **87**, 431. Eine Maßnahme der Dienstaufsicht kann auch in der Ablehnung des Dienstvorgesetzten liegen, einem Richter Kenntnis von dem Inhalt des Berichts eines anderen Richters über den Beratungshergang zu geben, BGH DRiZ **82**, 312, ferner in der AnO, ein Zeugnis oder einen Bericht zu den Personalakten zu nehmen, BGH **85**, 160, DRiZ **80**, 312 u **77**, 341, oder in der Weisung, die Arbeitsweise eines Spruchkörpers zu beobachten, BGH DRiZ **82**, 190, ebenso in einer allgemeiner Form gehaltenen Stellungnahme, wenn sie sich erkennbar gegen die Amtsführung richtet (BGH **61**, 374 ist nu eng, Baur JZ **74**, 390), auch gegen ein Verhalten im Präsidialrat, BGH DRiZ **77**, 151. Keine Maßnahme der Dienstaufsicht ist eine ministerielle Bekanntmachung über richterliche Pflichten, BGH NJW **84**, 2471 (zu § 39), ebensowenig die Äußerung einer abweichenden Ansicht zu einer von dem Richter angesprochenen Rechtsfrage, BGH **85**, 167 u **61**, 378, auch nicht die Unterrichtung über die vom Präsidium beabsichtigte Geschäftsverteilung, BGH NJW **83**, 889, oder die Aufforderung zur Befassung des Präsidiums mit einer bestimmten Geschäftsordnungsangelegenheit, BGH DRiZ **81**, 426, ebensowenig das Gespräch zwischen einem Bewerber um eine Beförderungsstelle und dem Gerichtspräsidenten, um das der Bewerber nachgesucht hat, BGH DRiZ **79**, 378; dagegen kann der Leserbrief eines Beamten des zuständigen Ministeriums eine Maßnahme der Dienstaufsicht sein, BGH DRiZ **81**, 265, ebenso eine kritische Äußerung des Ministers in einem Medium, HessDienstGer NJW **81**, 930 (das sogar das Schweigen auf eine kritische Frage ausreichen läßt).

15 Der Weg der **dienstgerichtlichen Nachprüfung** steht jedem Richter, § 8, offen (aber kein Rechtsschutzbedürfnis nach Eintritt in den Ruhestand, BGH DRiZ **76**, 149), kann sich also bei einem Richter auf Probe auch gegen den an sich jeder Zeit möglichen Abruf von einer Stelle richten, § 12 Rn 2, wenn er sich dadurch in seiner Unabhängigkeit verletzt glaubt, er also darin eine Einwirkung auf die sachliche Erledigung seiner richterlichen Tätigkeit sieht. Andere Personen sind nicht antragsberechtigt, auch nicht das Präsidium eines Gerichts, DGH Dresden RR **00**, 942. Für das Begehen nach Überprüfung muß ein Rechtsschutzbedürfnis bestehen, BGH DRiZ **82**, 190. Über den Antrag entscheidet das Dienstgericht, §§ 62 I Z 4 e, 78 Z 4 e, nachdem zuvor auf Antrag des Richters ein Vorverfahren eingeleitet worden ist, § 66 II u III, vgl die dortigen Erläuterungen. Die Entscheidung ergeht entweder auf Feststellung der Unzulässigkeit der durch die Dienstaufsicht getroffenen Maßnahme oder Zurückweisung des Antrags; unzulässig ist eine Maßnahme immer dann, wenn sie nicht von der für die Dienstaufsicht zuständigen Stelle ausgeht, BGH DRiZ **81**, 265. Zu anderen Maßnahmen sind die Dienstgerichte nicht befugt, zB die Aufsichtsbehörde zu einer Auskunft zu verpflichten oder eine solche Verpflichtung festzustellen, BGH DRiZ **82**, 189 u 190.

16 Das Dienstgericht ist **auf die Prüfung beschränkt,** ob die Maßnahme sich innerhalb der Grenzen von I und II hält, BGH in stRspr, NJW **02**, 359, **92**, 46 u **86**, 2707 mwN (Beurteilung), NJW **84**, 2534 (unzulässige Mißbilligung); ob die Maßnahme, zB eine Beurteilung, aus anderen Gründen rechtswidrig und deshalb unzulässig ist, hat nicht das Dienstgericht, sondern nach § 71 III DRiG iVm § 126 I BRRG das Verwaltungsgericht zu prüfen, BGH in stRspr, NJW **02**, 359, **88**, 1094 u 422, BVerwG NJW **83**, 2589 (zu VGH Kassel DRiZ **80**, 392), zustm Kremer DRiZ **84**, 15, GKÖD 81 ff (krit im einzelnen), DG Düss DRiZ **99**, 59 mwN, OVG Münst DRiZ **90**, 345, vgl Kissel § 1 GVG Rn 175 (die abw Entscheidungen Bay Dienstger DRiZ **83**, 195 u Nürnb DRiZ **82**, 110 sind überholt). Aus der Zweispurigkeit des Rechtsschutzes ergeben sich allerdings prozessuale Schwierigkeiten. Grundsätzlich richtet sich der zulässige Rechtsweg danach, auf welchen Klagegrund der Richter sein Begehren stützt, BVerwG DVBl **97**, 1180 mwN, OVG Lüneb NVwZ-RR **98**, 695 mwN. Wird dieselbe Maßnahme, zB eine Beurteilung, sowohl wegen Verletzung der Unabhängigkeit vor dem DienstGer als auch wegen anderer Fehler vor dem VerwGer angefochten, wird das VerwGer das Verf aussetzen und die Entscheidung des DienstGer abwarten müssen, obwohl dies durch § 68 nicht zwingend geboten ist, GKÖD 81; umgekehrt muß das DienstGer nur dann aussetzen, wenn für seine Entscheidung das Bestehen oder Nichtbestehen eines vom VerwGer zu prüfenden Rechtsverhältnisses vorgreiflich ist, § 68 I und II. Ist nur eines der beiden Gerichte angerufen und der Antrag hilfsweise auf einen vor das andere Gericht gehörenden Grund gestützt worden, so scheidet eine Verweisung aus, BGH NJW **86**, 2709 mwN, NJW **84**, 2533, aM GKÖD 79. Vielmehr hat das angerufene Gericht über alle Gründe zu entscheiden, § 17 II 1 GVG, s dort Rn 6.

§ 27. Übertragung eines Richteramts. ¹ Dem Richter auf Lebenszeit und dem Richter auf Zeit ist ein Richteramt bei einem bestimmten Gericht zu übertragen.

ᴵᴵ Ihm kann ein weiteres Richteramt bei einem anderen Gericht übertragen werden, soweit ein Gesetz dies zuläßt.

Vorbem. Galt in den neuen Bundesländern auch für die nach bisherigem Recht, Einl § 1 Rn 5, berufenen Richter auf Probe, EV Anl I Kap III Sachgeb A Abschn III Z 81. Die Übertragung eines weiteren Richteramtes (auch auf begrenzte Zeit) regelt jetzt bis 31. 12. 95 die (umfassende) Vorschrift des § 7 RpflAnpG, abgedr Üb § 22 GVG Rn 2, dazu Rieß DtZ **92**, 228.

1) Allgemeines. Die Unversetzbarkeit eines Richters, § 30, ist eine wesentliche Voraussetzung seiner Unabhängigkeit, Vorbem § 25. Der Durchführung dieses Grundsatzes dient die Übertragung eines bestimmten Richteramtes. Unversetzbar sind nur die hauptamtlich und planmäßig angestellten Richter. Demgemäß gilt § 27 nur für die Richter auf Lebenszeit und Zeit; die Richter auf Probe und kraft Auftrags sind versetzbar, §§ 12 Rn 2, 14 Rn 3.   **1**

2) Übertragung eines Richteramtes bei einem bestimmten Gericht, I (Gegensatz: Das durch die Ernennung verliehene abstrakte Richteramt, § 20 Rn 2). Durch die Ernennung zum Richter wird der Ernannte in das Richterverhältnis berufen, § 17. Bei seiner Ernennung zum Richter auf Lebenszeit oder Zeit, §§ 10, 11, muß ihm gleichzeitig ein Richteramt bei einem bestimmten Gericht übertragen werden. Die Einweisung in eine Planstelle genügt nicht, da diese auswechselbar ist und damit der vom Gesetz bezweckte Erfolg nicht erreicht würde. Ist ihm kein bestimmtes Richteramt übertragen worden, darf der Richter auf Lebenszeit oder Zeit nicht bei einem Gericht tätig sein („ist zu übertragen"), auch nicht bei Abordnung, widrigenfalls das Gericht nicht richtig besetzt wäre. Es gibt keine Richter, die nach Belieben der Justizverwaltung überall verwendet werden könnten.   **2**

3) Übertragung eines weiteren Richteramtes bei einem anderen Gericht, II. A. Grundsatz. Wie der Wortlaut ergibt, ist Voraussetzung, daß die Übertragung eines Richteramtes bei einem bestimmten Gericht, I, erfolgt ist oder das Richteramt bei einem bestimmten Gericht und zugleich ein weiteres bei einem anderen übertragen wird. Das weitere Richteramt ist ausdrücklich zu übertragen, zB auch eine Stelle bei einem Dienstgericht. Für die Übertragung dieses weiteren Richteramtes ist die Zustimmung des Richters nur dann erforderlich, wenn sie einer Versetzung gleichkommt, dh mehr als die Hälfte seiner Arbeitskraft dadurch in Anpruch genommen wird, BGH **67**, 159 u DRiZ **83**, 320. Die geschäftsverteilungsmäßige Zuweisung eines Richters an einen auswärtigen Spruchkörper, BGH NJW **85**, 1084, oder an mehrere Spruchkörper desselben Gerichts erfüllt den Tatbestand des II, ebensowenig die Heranziehung zum Bereitschaftsdienst nach § 22 c GVG, Kissel 16 (abw MüKo/Wolf Rn 3 u ZöGu Rn 6 zu § 22 c), und auch nicht die Bestellung eines VerwRichters zum Mitglied der Baulandkammer, BGH LS NJW **77**, 1821, Schmidt-Räntsch 17, str, vgl Schlichter-Stich-Tittel § 160 BBauG Rdz 7.   **3**

B. Zulässigkeit der Übertragung. An Stelle des Wortes „bestimmt" des RegEntw hat der Rechtsausschuß „zuläßt" gesetzt; daraus ergibt sich, daß eine besondere Bestimmung nicht erforderlich ist, die Zulässigkeit vielmehr als gegeben angesehen werden muß, wenn die gerichtsverfassungsrechtlichen Vorschriften die Übertragung nicht ausschließen, hM, Schmidt-Räntsch 15, BGH NJW **84**, 130. Innerhalb der Zivilgerichtsbarkeit ergibt sich eine derartige Zulässigkeit aus §§ 21 e, 22 II, 59 II, 78 II und 83 I GVG, ferner für die Baulandgerichte aus den §§ 220, 229 BauGB (vgl BGH NJW **77**, 1821, krit GÖKD 19 mwN), in der Arbeitsgerichtsbarkeit aus § 18 III ArbGG und in der Verwaltungsgerichtsbarkeit aus § 16 VwGO. Danach kann einem Vorsitzenden Richter das Nebenamt eines Beisitzers beim Disziplinargericht übertragen werden, BGH NJW **84**, 130. Ihre Grenze findet jede Übertragung eines weiteren Richteramtes dort, wo sie den Richter hindert, seinen Aufgaben bei dem ersten Gericht nachzukommen, BGH aaO.   **4**

C. Nachprüfung. Die Übertragung unterliegt entspr §§ 78 Z 4, 66 III, 67 III u 83 der Prüfung des Richterdienstgerichts, BGH NJW **85**, 1084. Dies gilt auch dann, wenn diese Prüfung im maßgeblichen Richtergesetz des Landes nicht vorgesehen ist, BGH **67**, 159.   **5**

§ 28. Besetzung der Gerichte mit Richtern auf Lebenszeit. ¹ Als Richter dürfen bei einem Gericht nur Richter auf Lebenszeit tätig werden, soweit nicht ein Bundesgesetz etwas anderes bestimmt.

ᴵᴵ ¹ Vorsitzender eines Gerichts darf nur ein Richter sein. ² Wird ein Gericht in einer Besetzung mit mehreren Richtern tätig, so muß ein Richter auf Lebenszeit den Vorsitz führen.

Vorbem. In den neuen Bundesländern durften bis zum Ablauf des 31. 12. 04 bzw 31. 12. 99 bei einem Gericht Richter auf Probe und Richter kraft Auftrags nach Maßgabe des § 3 I u II RpflAnpG, tätig sein und nach Maßgabe des § 10 IV u V RpflAnpG (idF des Art 2 b G v 6. 8. 98, BGBl 2030), den Vorsitz führen. Seit dem 1. 1. 00 gelten beide Vorschriften idF des Art 3 G v 22. 12. 99, BGBl 2598; s nachstehend bzw Üb § 21 a GVG.   **1**

RpflAnpG § 3. Verwendung von Richtern, die nicht Richter auf Lebenszeit bei dem Gericht sind, bei dem sie tätig werden. ¹ In den in Artikel 1 Abs. 1 des Einigungsvertrages genannten Ländern dürfen bei den Oberlandesgerichten und bei den Landessozialgerichten bis zum Ablauf des 31. Dezember 2004 abweichend von § 29 Satz 1 des Deutschen Richtergesetzes zwei abgeordnete Richter an einer gerichtlichen Entscheidung mitwirken.

ᴵᴵ ¹ In diesen Ländern dürfen bis zum Ablauf des 31. Dezember 1999 auch bei den Oberlandesgerichten, den Oberverwaltungsgerichten und den Landessozialgerichten Richter auf Probe und Richter kraft Auftrags verwendet werden. ² Bei diesen Gerichten darf bei einer gerichtlichen Entscheidung nicht mehr als ein Richter auf Probe oder Richter kraft Auftrags mitwirken.

III Abweichend von § 102 Abs. 1 Satz 1 der Bundesrechtsanwaltsordnung können in den in Artikel 1 Abs. 1 des Einigungsvertrages genannten Ländern bis zum Ablauf des 31. Dezember 1996 zu berufsrichterlichen Mitgliedern des Anwaltsgerichtshofes neben den ständigen Mitgliedern des Oberlandesgerichts auch andere Richter für die Dauer von vier Jahren bestellt werden.

Die Regelung ist verfassungsrechtlich nicht zu beanstanden, BVerfG DtZ **96**, 175 (zu § 3 II); die Notwendigkeit der Mitwirkung von zwei nicht auf Lebenszeit berufenen Richtern ist nicht nachzuprüfen, BVerwG **102**, 294, beide zum bisherigen Recht.

1) Allgemeines. I übernimmt inhaltlich § 6 GVG, der durch § 85 Z 1 aufgehoben worden ist. Im übrigen soll durch § 28 die Entscheidung durch unabhängige Richter weiter gesichert werden. Ergänzt wird § 28 durch § 29, der die Mitwirkung von Richtern, deren Unabhängigkeit nicht wie die von Richtern auf Lebenszeit in gleicher Weise gesichert ist, beschränkt.

2 **2) Besetzung der Gerichte mit Richtern auf Lebenszeit, I. A. Grundsatz.** Im Hinblick auf Art 97 II GG werden die Gerichte entspr der deutschen Rechtstradition grundsätzlich mit Richtern auf Lebenszeit besetzt, Schmidt-Räntsch 3, VGH Kassel AS **33**, 110. Daß dem Richter das Richteramt, in dem er tätig wird, übertragen ist, § 27 I, wird nicht verlangt. Es kann auch ein abgeordneter Richter, § 37, tätig sein, vorausgesetzt, daß er auf Lebenszeit ernannt und ihm ein anderes Richteramt übertragen ist, § 27 Rn 22. Wegen der ehrenamtlichen Richter s §§ 44–45 a.

B. Ausnahmen vom Grundsatz. Sie können nur durch Bundesgesetz bestimmt werden. Für die ordentliche Gerichtsbarkeit ist das durch §§ 22 V, 59 III GVG (Zulassung von Richtern auf Probe und kraft Auftrags bei Amts- und Landgerichten), für die Arbeitsgerichtsbarkeit durch § 18 VII ArbGG (entsprechend für ArbG und LAG), für das Bundespatentgericht durch § 71 I 1 PatG geschehen (vgl i ü §§ 17 VwGO, 11 III SGG, 15 FGO). Eine Begrenzung der Zahl der Richter auf Probe oder kraft Auftrags, die bei einer Entscheidung mitwirken dürfen, gibt § 29. Bei den OLGen können also nur Richter auf Lebenszeit, auch aufgrund einer Abordnung, § 37, verwendet werden.

3 **3) Vorsitz, II. A. Grundsatz, S 1.** Den Vorsitz eines Gerichts kann nur ein Richter haben, II 1, kein ehrenamtlicher Richter, für den ja § 28 nicht gilt, § 2, der also nicht Richter im Sinne dieser Vorschrift ist. Eine Ausnahme besteht nur für die Berufsgerichte der RAe, § 123 BRAO.

B. Kollegialgericht, S. 2. Den Vorsitz in einem Gericht, das mit mehreren Richtern besetzt ist (nicht ehrenamtlichen, oben Rn 2), kann nur ein Richter auf Lebenszeit führen, der aber nur nebenamtlich oder als abgeordneter Richter tätig zu sein braucht, BAG NJW **71**, 1631; bei dem Patentgericht ist auch der abgeordnete Richter als Vorsitzender ausgeschlossen, § 71 II PatG.

4 **4) Verstoß.** Eine Verletzung des § 28 hat zur Folge, daß das Gericht unrichtig besetzt ist, §§ 551 Z 1, 579 I Z 1 ZPO.

§ 29. Besetzung der Gerichte mit Richtern auf Probe, Richtern kraft Auftrags und abgeordneten Richtern.
¹Bei einer gerichtlichen Entscheidung darf nicht mehr als ein Richter auf Probe oder ein Richter kraft Auftrags oder ein abgeordneter Richter mitwirken. ²Er muß als solcher in dem Geschäftsverteilungsplan kenntlich gemacht werden.

Vorbem. § 29 galt in der Zeit vom 1. 3. 93 bis 28. 2. 98 idF des Art 5 und Art 15 III RpflEntlG v 11. 1. 93, BGBl 50; vgl dazu 56. Aufl, ferner BVerfG NJW **98**, 1053 mwN, VGH Kassel NVwZ-RR **98**, 269. Wegen der Anwendung in den **neuen Bundesländern** s § 3 RpflAnpG, Vorbem § 28.

1 **1) Allgemeines.** Ein Richter auf Probe oder kraft Auftrags genießt noch nicht die volle Unabhängigkeit, §§ 12 Rn 2, 14 Rn 3. Beim Patentgericht können Richter auf Probe überhaupt keine Verwendung finden, § 71 PatG; Beschränkungen gelten für das Familiengericht, § 23 b III 2 GVG für Insolvenzsachen, § 22 VI GVG, und für den Vorsitz im Schöffengericht, § 29 I 2 GVG. Im übrigen ist nach § 29 ihre Mitwirkung der Zahl nach beschränkt. Beschränkt ist auch die Zahl der von einem anderen Gericht abgeordneten Richter, obwohl es sich dabei um Richter auf Lebenszeit oder Zeit, § 37 I, handelt; hier kann uU auch eine zeitliche Beschränkung hinzukommen. § 37 III; vgl dazu VGH Kassel AS **33**, 110. Ob ein Bedürfnis für eine Abordnung vorliegt, wird im DRiG nicht geregelt, sondern im GVG, dort § 70 II. § 29 ergänzt § 28. Bei einer Verletzung von § 29 ist das Gericht fehlerhaft besetzt, §§ 551 Z 1, 579 I Z 1 ZPO.

2 **2) Mitwirkung.** Es darf immer nur ein Richter auf Probe oder kraft Auftrags oder ein abgeordneter Richter (früher Hilfsrichter) mitwirken, ohne daß daneben einem Berufsrichter Richter auf Probe und ein abgeordneter Richter. Bei einem Kollegialgericht müssen mithin immer zwei Richter auf Lebenszeit mitwirken; ist einer davon abgeordnet, so müssen die anderen beiden auf Lebenszeit berufene Richter des erkennenden Gerichts sein. Die Richter jeder der drei Arten können aber beim AG oder ArbG den Vorsitz haben und beim LG Einzelrichter sein, ebenso Löwisch DRiZ **64**, 164, aber nicht als Vorsitzender der KfH, Sommermeyer DRiZ **64**, 265. Auch bei Mitwirkung nur eines der in § 29 genannten Richter kann das Gericht nicht ordnungsgemäß besetzt sein, wenn kein seinen Einsatz rechtfertigender Grund vorliegt, BVerfG NJW **62**, 1495 u **98**, 1053, Kissel § 22 Rn 8 u 9; der Einsatz braucht nicht unumgänglich nötig zu sein, aM VGH Kassel AS **33**, 110.

Ein Verstoß gegen § 29 kann mit dem zulässigen Rechtsmittel gerügt werden. Er ist absoluter Revisionsgrund, § 551 Z 1 ZPO.

3 **3) Kenntlichmachung.** Sie ist nicht erforderlich in der Entscheidung, sondern nur im Geschäftsverteilungsplan, zB § 21 e GVG, damit trotz einheitlicher Bezeichnung als „Richter", § 19 a, die Einhaltung von § 29 nachgeprüft werden kann.

§ 30. *Versetzung und Amtsenthebung.* ⁱEin Richter auf Lebenszeit oder ein Richter auf Zeit kann ohne seine schriftliche Zustimmung nur
1. im Verfahren über die Richteranklage (Artikel 98 Abs. 2 und 5 des Grundgesetzes),
2. im gerichtlichen Disziplinarverfahren,
3. im Interesse der Rechtspflege (§ 31),
4. bei Veränderung der Gerichtsorganisation (§ 32)in ein anderes Amt versetzt oder seines Amtes enthoben werden.

ⁱⁱ Die Versetzung oder Amtsenthebung kann – außer im Fall des Absatzes 1 Nr. 4 – nur auf Grund rechtskräftiger richterlicher Entscheidung ausgesprochen werden.

ⁱⁱⁱ Der Versetzung steht es gleich, wenn ein Richter, der mehrere Richterämter innehat, eines Amtes enthoben wird.

1) Allgemeines

A. Versetzung und Amtsenthebung. Auch § 30 dient der Sicherung der Unabhängigkeit, Vorbem § 25, indem er die Versetzbarkeit und Amtsenthebung ohne Zustimmung an abschließend aufgezählte Tatbestände knüpft und sie grundsätzlich nur auf Grund richterlicher Entscheidung eintreten läßt, so daß eine Amtsenthebung durch Nichtzuteilung von richterlichen Aufgaben im Wege der Geschäftsverteilung unzulässig ist, BVerfG NJW 64, 1019. § 30 gilt nur für Richter auf Lebenszeit oder Richter auf Zeit, also die Richter, denen ein Richteramt bei einem bestimmten Gericht übertragen ist, § 27, von dem sie versetzt oder dessen sie enthoben werden sollen, ohne daß sie dadurch ihre Eigenschaft als Richter, §§ 11, 17, verlieren. § 30 ist also im Zusammenhang mit § 27 zu verstehen.

Versetzt wird ein Richter, dem unter gleichzeitigem Verlust seines bisherigen Richteramts ein solches bei einem anderen Gericht übertragen wird, Schmidt-Räntsch 4. Die Zuteilung anderer Geschäfte bei demselben Gericht ist keine Versetzung und wird vom Präsidium geregelt, ebenso die Zuteilung an einen detachierten Spruchkörper, BGH NJW **85**, 1084, GKÖD 4, Schmidt-Räntsch 5, aM Ule Komm VwGO § 3 IV und DVBl **63**, 566, EF § 15 VwGO Rn 1 mwN, die die weitere Zugehörigkeit zu demselben Gericht nicht ausreichen lassen wollen. Die Versetzung eines Richters in dem Sinne, daß er als Richter überhaupt ausscheidet und zB nunmehr als Verwaltungsbeamter tätig wird, gehört nicht hierher.

Amtsenthoben wird ein Richter, dem sein Richteramt, § 27, genommen wird, ohne daß er ein anderes erhält. Da er ohne Richteramt ist, wäre eine gerichtliche Entscheidung, an der er dennoch mitgewirkt hat, in nicht ordnungsgemäßer Besetzung ergangen. Auch eine Abordnung, § 37, ist nicht möglich, da diese das Innehaben eines Richteramts voraussetzt, § 27 Rn 2. Wegen der Richter auf Probe und kraft Auftrags s §§ 22, 23.

B. Versetzung mit richterlicher Zustimmung, die schriftlich und bestimmt sein muß, ist jederzeit möglich; es bedarf dann auch keiner gerichtlichen Entscheidung. In den Fällen des I Z 1 und 2 wäre eine Zustimmung jedoch unerheblich, wird also von einem Verfahren nicht abgesehen werden können, wohl aber bei Z 3 (§ 31), außer, wenn eine Versetzung in den Ruhestand erfolgen soll, Schmidt-Räntsch 12). Bei Amtsenthebung ist der Sache nach die Zustimmung ohne Bedeutung.

2) Die Fälle der Versetzung und Amtsenthebung, I.
a) Richteranklage. Das BVerfG, vgl § 58 BVerfGG, kann unmittelbar auf Entlassung, Versetzung in ein anderes Amt oder den Ruhestand erkennen, s dazu Kissel § 1 GVG Rn 204–207. **b)** Gerichtliches Disziplinarverfahren, §§ 63, 83 iVm dem BDisziplinarG (Amtsenthebung findet danach nicht statt, sondern nur eine vorläufige Dienstenthebung) oder den entsprechenden landesrechtlichen Gesetzen, vgl BVerfG NJW **96**, 2149. Zur Verletzung des Rechts auf ein faires disziplinargerichtl Verfahren BVerfG **05**, 2576. Auch das Dienstgericht erkennt selbst. **c)** Versetzung im Interesse der Rechtspflege, § 31. **d)** Versetzung oder Amtsenthebung wegen Veränderung der Gerichtsorganisation, § 32.

3) Mehrere Richterämter, III.
Auch insofern besteht der Schutz, Rn 1. Die Versetzung aus dem zusätzlichen Richteramt, § 27 II, in ein anderes zusätzliches folgt den Grundsätzen von I und II. III trifft den Fall, daß der Richter des zweiten Amtes enthoben wird, ohne daß ihm also ein weiteres übertragen werden soll; dass sie unter denselben Rechtsgarantien wie eine Versetzung.

4) Verfahren, II.
Außer in den Fällen der rechtserheblichen Zustimmung, Rn 1, kann eine Versetzung oder Amtsenthebung nur aufgrund rechtskräftiger gerichtlicher Entscheidung des Dienstgerichts erfolgen. Bei Versetzung oder Amtsenthebung im Falle der Veränderung der Gerichtsorganisation, I Z 4, ist seine Entscheidung nicht erforderlich; jedoch kann die Verfügung der Dienstbehörde gemäß §§ 62 I Z 4a, 78 Z 4a beim Dienstgericht angefochten werden, das sie dann nachprüft, § 66 I, und die Maßnahme aufhebt oder den Antrag zurückweist, § 67 III.

---

§ 31. *Versetzung im Interesse der Rechtspflege.* Ein Richter auf Lebenszeit oder ein Richter auf Zeit kann
1. in ein anderes Richteramt mit gleichem Endgrundgehalt,
2. in den einstweiligen Ruhestand oder
3. in den Ruhestand

versetzt werden, wenn Tatsachen außerhalb seiner richterlichen Tätigkeit eine Maßnahme dieser Art zwingend gebieten, um eine schwere Beeinträchtigung der Rechtspflege abzuwenden.

Vorbem. In den neuen Bundesländern gilt Z 1 entspr für ältere Richter auf Probe, § 6 I RpflAnpG, abgedr Einl § 1 Rn 5.

1) Allgemeines.
Die Versetzung im Interesse der Rechtspflege ist zwar ein Eingriff in die Unversetzbarkeit des Richters, Vorbem § 25, § 30 Rn 1; sie muß hier aber weichen, um die Rechtspflege an dem Ort ungestört zu erhalten, BGH NJW **95**, 2495 mwN. Immerhin ergibt sich aus diesem Durchbrechen des Grundsatzes eine enge Auslegung, BGH aaO. § 31, der nähere Voraussetzungen für § 30 I Z 3 gibt, bezieht sich wie dieser nur auf Richter auf Lebenszeit oder Zeit. Für Richter auf Probe oder kraft Auftrags gelten §§ 22, 23.

2 **2) Voraussetzungen.** Es darf sich nur um Tatsachen außerhalb der richterlichen Tätigkeit handeln, zB persönlichen Verkehr in der Freizeit, Kriminalität in der Familie oder Verheiratung der Tochter des Amtsrichters mit dem dortigen Rechtsanwalt (Begr RegEntw). Ob die Tatsachen verschuldet oder unverschuldet sind, ist unerheblich, ebenso, ob eine Beeinträchtigung von längerer Dauer zu erwarten ist, wenn auch bei baldiger Behebung des Zustandes Maßnahmen im Sinne von § 31 nicht mehr zwingend geboten sein werden. Eine schwere Beeinträchtigung der Rechtspflege muß objektiv feststellbar sein. Sie ist gegeben, wenn das Vertrauen in den Richter in so hohem Maße Schaden genommen hat, daß seine Rspr nicht mehr glaubwürdig erscheint und durch sein Verbleiben im Amt zugleich das öff Vertrauen in eine unabhängige und unvoreingenommene Rechtspflege erschüttert würde, BGH NJW **95**, 2495 mwN. Der Maßstab dafür kann bei sonst gleichem Tatbestand im einzelnen Fall örtlich verschieden sein (größere Stadt, kleiner Ort).

3 **3) Die drei Maßnahmen.** Liegen die obigen Voraussetzungen vor, ist zunächst zu prüfen, ob überhaupt, und bejahendenfalls, ob gerade das Ergreifen der Maßnahme der in Aussicht genommenen Art zwingend geboten ist, also ob nicht eine der weniger eingreifenden genügt, BGH NJW **95**, 2496. **a)** Die **Versetzung in ein anderes Richteramt** kann selbst dann noch ausreichen, wenn zB der Richter im gesamten LGBezirk nicht mehr tragbar wäre, wohl aber in einem anderen ein Richteramt versehen könnte, vorausgesetzt, daß dieses das gleiche Endgrundgehalt hat. **b)** **Versetzung in den einstweiligen Ruhestand** unterscheidet sich vor allem dadurch von der endgültigen Überführung in diesen, daß im ersten Fall der Richter, der zunächst ausscheidet, von neuem in das Richterverhältnis auf Lebenszeit berufen werden kann, § 46 iVm § 39 BBG, § 71 I iVm §§ 32 I 3, 29 II BRRG. Die vollen Bezüge sind hier nicht mehr gewährleistet. Eine solche Versetzung wird in Betracht kommen, falls nach einiger, wenn auch längerer Zeit der Grund für die Beeinträchtigung der Rechtspflege entfallen kann oder das Freimachen einer geeigneten Stelle zZt unmöglich ist. **c) Versetzung in den Ruhestand.**

4 **4) Verfahren.** Dieses wird dadurch eingeleitet, daß die oberste Dienstbehörde eine der drei Maßnahmen beim Dienstgericht, §§ 62 I Z 2, 78 Z 2, beantragt, bei der Versetzung unter genauer Bezeichnung des in Aussicht genommenen Richteramtes. Für das Versetzungsverfahren gelten die Vorschriften der VwGO, § 65 I. Das Einverständnis des Richters macht das Verfahren nicht unnötig, § 30 II; die oberste Dienstbehörde kann aber von der Feststellung des Tatbestandes absehen und mit Einwilligung des Richters ihn versetzen. Das Dienstgericht erkennt auf Zulässigkeit der Maßnahme oder weist den Antrag ab, § 65 III. Im ersten Fall spricht darauf die oberste Dienstbehörde die Maßnahme aus.

§ 32. Veränderung der Gerichtsorganisation. [I] [1] Bei einer Veränderung in der Einrichtung der Gerichte oder ihrer Bezirke kann einem auf Lebenszeit oder auf Zeit ernannten Richter dieser Gerichte ein anderes Richteramt übertragen werden. [2] Ist eine Verwendung in einem Richteramt mit gleichem Endgrundgehalt nicht möglich, so kann ihm ein Richteramt mit geringerem Endgrundgehalt übertragen werden.

II [1] Ist die Übertragung eines anderen Richteramts nicht möglich, so kann der Richter seines Amtes enthoben werden. [2] Ihm kann jederzeit ein neues Richteramt, auch mit geringerem Endgrundgehalt, übertragen werden.

III Die Übertragung eines anderen Richteramts (Absatz 1) und die Amtsenthebung (Absatz 2 Satz 1) können nicht später als drei Monate nach Inkrafttreten der Veränderung ausgesprochen werden.

1 **Vorbem.** In den neuen Bundesländern galt I 1 entspr für die nach bisherigem Recht, Einl § 1 Rn 5, berufenen Richter auf Probe, EV Anl I Kap III Sachgeb A Abschn III Z 8 l. Vgl jetzt § 7 RpflAnpG.

1) Allgemeines. § 32, einer der Fälle der Versetzung oder Amtsenthebung, § 30 I Z 4 und Rn 1 dort, ist die Ausführung von Art 97 II 3 GG. Als Eingriff in die Unversetzbarkeit, Vorbem § 25, ist er eng auszulegen (zu angestrebten gesetzlichen Erweiterungen krit Arenhövel DRiZ **04**, 306). Er bezieht sich nur auf Richter auf Lebenszeit oder Zeit. Wegen der Richter auf Probe und kraft Auftrags vgl §§ 22, 23.

2 **2) Voraussetzung** ist die Veränderung in der Einrichtung der Gerichte oder ihrer Bezirke, also insbesondere Zusammenlegung von Gerichten oder Aufhebung eines Gerichts, aber wohl auch Strukturänderungen wie zB die Bildung von FamGerichten, § 23 b GVG. Eine Einsparung von Richterkräften als solche bei unveränderter Organisation genügt ebensowenig wie ein geringerer Geschäftsanfall. Unter den durch Zusammenlegung überflüssig gewordenen Kräften hat die oberste Dienstbehörde die Auswahl; daß gerade das Dezernat des Ausgewählten betroffen ist, ist nicht erforderlich („einem Richter dieser Gerichte"). Wegen Versetzung und Amtsenthebung vgl § 30 Rn 1.

3 **3) Maßnahmen. A. Zulässigkeit.** Da es sich um einen Eingriff in die richterliche Unabhängigkeit handelt, ist nur die Maßnahme gerechtfertigt, die genügt, um der Umorganisation gerecht zu werden, also I 1 vor I 2, erst dann II: **a)** Übertragung eines anderen Richteramtes mit gleichem Endgrundgehalt, I 1, iSv § 27 I, oder **b)** mit geringerem Endgrundgehalt, I 2, jedoch unter Belassung seines vollen Gehalts, § 33. **c)** Falls auch ein solches Amt nicht vorhanden oder zwar vorhanden ist, der Richter aber seinen persönlichen Fähigkeiten nach zur Ausfüllung dieses Amtes nicht in der Lage ist (insbesondere wegen mangelnder Vorkenntnisse – wird freilich selten vorkommen, da jeder Richter auf jeder Stelle sich einzuarbeiten in der Lage sein muß), kann er seines Amtes enthoben werden; er bleibt trotzdem Richter, § 30 Rn 1, so daß ihm jederzeit ein neues Richteramt, auch mit geringerem Endgrundgehalt, übertragen werden kann. Wegen der Bezüge des amtsenthobenen Richters vgl § 33 II.

B. Verfahren. Die Verfügung der obersten Dienstbehörde ergeht ohne vorheriges dienstgerichtliches Verfahren, § 30 II. Jedoch ist die Anfechtung der Verfügung möglich, §§ 62 I Z 4a, 78 Z 4a. Die Verfügung braucht nicht zusammen mit der Veränderung der Gerichtsorganisation zu erfolgen, sondern spätestens 3 Monate nach deren Inkrafttreten, III.

§ 33. Belassung des vollen Gehalts. [1] [1] In den Fällen des § 32 erhält der Richter sein bisheriges Grundgehalt einschließlich ruhegehaltfähiger oder unwiderruflicher Stellenzulagen und steigt in den Dienstaltersstufen seiner bisherigen Besoldungsgruppe weiter auf. [2] Im übrigen richten sich die Dienstbezüge nach den allgemeinen besoldungsrechtlichen Vorschriften. [3] Soweit ihrer Höhe durch den dienstlichen Wohnsitz bestimmt ist, ist bei Amtsenthebung (§ 32 Abs. 2 Satz 1) der letzte dienstliche Wohnsitz maßgebend.

[II] Der seines Amtes enthobene Richter gilt für die Anwendung der Vorschriften über das Ruhen der Versorgungsbezüge und über das Zusammentreffen mehrerer Versorgungsbezüge als Richter im Ruhestand.

Bem. § 33 dient der Ausführung von Art 97 II 3 GG; II bezieht sich auf § 32 II. 1

§ 34. Versetzung in den Ruhestand wegen Dienstunfähigkeit. [1] Ein Richter auf Lebenszeit oder ein Richter auf Zeit kann ohne seine schriftliche Zustimmung nur auf Grund rechtskräftiger richterlicher Entscheidung wegen Dienstunfähigkeit in den Ruhestand versetzt werden. [2] Für Entscheidungen über eine begrenzte Dienstfähigkeit gilt Satz 1 entsprechend.

Vorbem. S 2 mWv 1. 1. 99 angefügt durch Art 9 Z 1 VReformG v 29. 6. 98, BGBl 1666.

1) Allgemeines. § 34 ergänzt die durch das Gesetz fest bestimmten und abschließend aufgezählten Fälle 1 der Versetzung in den Ruhestand, §§ 30–32, 48, 76, für den Fall der Dienstunfähigkeit. § 34 bezieht sich nur auf Richter auf Lebenszeit oder Zeit. Bei Richtern auf Probe entscheidet Beamtenrecht, §§ 46 iVm § 46 BBG, 71 I iVm § 27 BRRG; jedoch kann der Richter die Verfügung der Dienstbehörde, durch die er in den Ruhestand versetzt wird, bei dem Dienstgericht anfechten, §§ 62 I Z 4 c, 66 I, II, 67 III, 78 Z 4 c, 83, 79 II.

2) Dienstunfähigkeit, S 1. Sie liegt vor, wenn der Richter infolge eines körperlichen Gebrechens oder 2 wegen Schwäche seiner körperlichen oder geistigen Kräfte zur Erfüllung seiner Dienstpflichten dauernd unfähig ist, §§ 42 I 1 BBG, 26 I 1 BRRG. Das ist nicht nur bei organisch bedingten Leiden möglich, sondern auch bei einem Nachlassen der geistigen Kräfte, die die Willensbildung nachhaltig und auf die Dauer so beeinträchtigen, daß sie die Möglichkeit geistiger Fehlleistungen nicht ausschließen, Schlesw SchlHA 63, 63. Der Zustand ist durch ein amtsärztliches Gutachten festzustellen. Vgl auch Arndt DRiZ 62, 269.

3) Verfahren. Für Richter auf Lebenszeit oder Zeit im Bundesdienst trifft der unmittelbare Dienstvorge- 3 setzte die Feststellung, daß er den Richter nach pflichtgemäßem Ermessen für unfähig hält, seine Amtspflichten zu erfüllen, § 43 I BBG. Für die Landesrichter gilt Landesrecht. Erklärt der Richter oder sein gesetzlicher Vertreter schriftlich sein Einverständnis (daß keine Einwendungen erhoben werden, genügt nicht, BGH 48, 284), so erfolgt die Versetzung in den Ruhestand ohne weiteres im VerwVerfahren; andernfalls ist die Feststellung durch das Dienstgericht nötig, §§ 62 I Z 3 d, 66 III, 78 Z 3 d, 83, 79 II, das die Versetzung in den Ruhestand für zulässig erklärt oder den Antrag zurückweist, § 67 II. Bei Feststellung der Zulässigkeit spricht die oberste Dienstbehörde die Versetzung in den Ruhestand aus.

4) Entspr Anwendung, S 2. Für Entscheidungen über eine begrenzte Dienstfähigkeit gilt S 1 entspr, s 4 oben Rn 2 u 3. Vgl dazu § 26 a BRRG u § 42 a BBG sowie §§ 62 u 78.

§ 35. Vorläufige Untersagung der Amtsgeschäfte. In einem Verfahren nach § 18 Abs. 3, § 19 Abs. 3, § 21 Abs 3, §§ 30 und 34 kann das Gericht auf Antrag dem Richter die Führung seiner Amtsgeschäfte vorläufig untersagen.

1) Bem. Es handelt sich um dienstgerichtliche Verfahren gegen Richter auf Lebenszeit oder Zeit. Die 1 vorläufige Untersagung der Führung der Amtsgeschäfte kann nur durch gerichtliche Entscheidung erfolgen. Die Aufzählung ist abschließend. Das Gericht entscheidet auf Antrag der Behörde agrd einer Abwägung der widerstreitenden persönlichen und dienstlichen Interessen, Kblz RR 94, 315. Dagegen ist Beschwerde zulässig, §§ 65 u 66 iVm § 146 VwGO, soweit die Entscheidung nicht in der Bundesinstanz ergeht.

Entsprechend anwendbar ist § 35 in einem Verfahren, das auf Entlassung eines ehrenamtlichen Richters gerichtet ist, RedOe Anm 4 u Kopp Rn 4 zu § 24 VwGO, aM Berger-Delhey DRiZ 89, 257. Vgl § 21 V 5 ArbGG und § 10 III 1 G v 24. 7. 92, Anh § 44.

§ 36. Mitgliedschaft in einer Volksvertretung oder Regierung. [1] Stimmt ein Richter seiner Aufstellung als Bewerber für die Wahl zum Deutschen Bundestag oder zu der gesetzgebenden Körperschaft eines Landes zu, ist ihm auf Antrag innerhalb der letzten zwei Monate vor dem Wahltag der zur Vorbereitung seiner Wahl erforderliche Urlaub unter Wegfall der Dienstbezüge zu gewähren.

[II] Nimmt ein Richter die Wahl in den Deutschen Bundestag oder in die gesetzgebende Körperschaft eines Landes an oder wird ein Richter mit seiner Zustimmung zum Mitglied der Bundesregierung oder der Regierung eines Landes ernannt, so enden das Recht und die Pflicht zur Wahrnehmung des Richteramts ohne gerichtliche Entscheidung nach näherer Bestimmung der Gesetze.

1) Allgemeines. Ein Richter darf nicht gleichzeitig auch Aufgaben der gesetzgebenden oder vollziehen- 1 den Gewalt wahrnehmen, § 4 I, dort Rn 2 u 3. Dem trägt § 36 Rechnung, dazu Lisken DRiZ 75, 33. § 36 betrifft jeden Richter, § 8. War der Richter zZt seiner Ernennung bereits Mitglied des Bundes- oder eines Landtages, so muß er innerhalb einer ihm zu setzenden Frist das Mandat niederlegen; andernfalls ist er zu entlassen, § 21 II Z 2. Zur Frage der Ausübung eines Kommunalmandats s § 4 Rn 3.

2) Aufstellung zur Wahl, I. In Betracht kommt die Bewerbung als Abgeordneter des Bundestages oder 2 der gesetzgebenden Körperschaft eines Landes. Die Zustimmung zur Aufstellung richtet sich nach den

Wahlgesetzen. Sie gibt dem Richter das Recht, sich innerhalb der letzten 2 Monate vor dem Wahltag den zur Vorbereitung seiner Wahl erforderlichen Urlaub gewähren zu lassen; für die Zeit der Beurlaubung entfällt sein Anspruch auf Dienstbezüge (entsprechend der Regelung für Beamte in § 33 I BRRG). Während dieser Zeit darf der Richter, der seine bisherige Stellung und sein Amt behält, seinen Dienst nicht ausüben (andernfalls ist das Gericht nicht ordnungsmäßig besetzt), hat aber die allgemeinen, sich aus dem Richterberuf ergebenden Pflichten, insbesondere darf er nicht durch sein Verhalten im Wahlkampf seine Unabhängigkeit gefährden, § 39.

3 **3) Annahme der Wahl, II.** Nimmt der Richter seine Wahl in den Bundestag oder in die gesetzgebende Körperschaft eines Landes an oder wird er mit seiner Zustimmung **zum Mitglied der Bundes- oder einer Landesregierung ernannt,** so enden damit von Gesetzes wegen sein Recht und seine Pflicht zur Wahrnehmung des Richteramtes ohne gerichtliche Entscheidung. Seine weitere Rechtsstellung aufgrund seiner bisherigen Stellung als Richter ergibt sich bundesgesetzlich aus dem Gesetz zur Neuregelung der Rechtsverhältnisse der Mitglieder des Deutschen Bundestages v 18. 2. 77, BGBl 297, sowie § 18 BMinG idF v 27. 7. 71, BGBl 1166, mit späteren Änderungen, landesrechtlich aus den entsprechenden Landesgesetzen.

§ 37. *Abordnung.* **¹ Ein Richter auf Lebenszeit oder ein Richter auf Zeit darf nur mit seiner Zustimmung abgeordnet werden.**

II Die Abordnung ist auf eine bestimmte Zeit auszusprechen.

III Zur Vertretung eines Richters darf ein Richter auf Lebenszeit oder ein Richter auf Zeit ohne seine Zustimmung längstens für zusammen drei Monate innerhalb eines Geschäftsjahres an andere Gerichte desselben Gerichtszweigs abgeordnet werden.

1 **Vorbem.** In den neuen Bundesländern gilt III (auch für die nach bisherigem Recht, Einl § 1 Rn 5, berufenen Richter auf Probe) mit der Maßgabe, daß sie längstens für zusammen 6 Monate abgeordnet werden dürfen, § 6 I 2 RpflAnpG, abgedr Einl § 1 Rn 5.

1) Allgemeines. § 37 regelt nur die Abordnung eines Richters auf Lebenszeit oder Zeit. Wegen des Richters auf Probe und kraft Auftrags s §§ 13, 16 II. Der abgeordnete Richter tut zwar Dienst an einer anderen Stelle, untersteht aber weiter seinem Disziplinargericht. Wird er an ein Gericht abgeordnet, ist seine Verwendung eingeschränkt, § 29. Ob die Verwendung eines abgeordneten Richters nach den Grundsätzen für eine ordnungsmäßige Besetzung zulässig ist, bestimmt nicht das DRiG, sondern das GVG, s dort §§ 22 V, 59 III, 70 I, 117. Die Abordnung verfügt die oberste Dienstbehörde der abgebenden Stelle, §§ 46 u 71 III iVm § 123 III BRRG, Schmidt-Räntsch 14.

2 **2) Abordnung mit Zustimmung, I, II.** § 37 setzt einen Richter voraus, dem ein bestimmtes Richteramt übertragen worden ist, § 27 I. Durch die Abordnung wird daran nichts geändert, er wird aber vorübergehend an anderer Stelle eingesetzt, was dann zur Folge hat, daß er die Tätigkeit an seinem bisherigen Richteramt nicht ausüben darf; andernfalls käme nur die Übertragung eines weiteren Richteramts in Betracht, § 27 II. Eine Versetzung liegt nicht vor, da der Richter durch diese sein bisheriges Richteramt verliert, um ein neues zu erhalten, § 30 Rn 1. Eine Abordnung an eine andere Stelle, die auch ein anderer Gerichtszweig oder eine Verwaltungsstelle sein kann, ist nur mit seiner Zustimmung möglich, muß auch für eine bestimmte Zeit ausgesprochen sein, da andernfalls sowohl die Stelle, an die abgeordnet ist, als auch die abordnende eine Einwirkung auf die Besetzung haben könnte, Begr RegEntw zu § 35. Eine Höchstdauer ist nicht vorgesehen. Ist die Abordnungszeit abgelaufen, tritt der Richter ohne weiteres wieder in seine eigentliche Stelle zurück. Während der Abordnung ist das Hauptamt im Sinne des Nebentätigkeitsrechts das bei der Beschäftigungsdienststelle wahrgenommene konkrete Amt, BVerwG VerwRspr **24**, 315.

3 **3) Abordnung ohne Zustimmung des Richters, III,** zur Vertretung ist zulässig längstens auf insgesamt drei Monate innerhalb eines Geschäftsjahres und nur an andere Gerichte desselben Gerichtszweiges. Vertretungsgrund ist jede tatsächliche oder rechtliche Verhinderung eines Richters, VGH Mü NJW **94**, 2308, vorausgesetzt, daß die Stelle schon einmal besetzt war. Zuständig ist grundsätzlich die oberste Dienstbehörde, vgl § 70 I GVG; die Übertragung bedarf eindeutiger Regelung, BGH DRiZ **75**, 22. Die Abordnung kann beim Dienstgericht im verwaltungsgerichtlichen Verfahren angefochten werden, §§ 62 I Z 4 b, 78 Z 4 b.

Fünfter Abschnitt. Besondere Pflichten des Richters

Vorbemerkung

Der 5. Abschnitt enthält die besonderen Pflichten des Richters. Er wird ergänzt durch entsprechende beamtenrechtliche Bestimmungen, §§ 46, 71 I, dh für die Richter im Bundesdienst durch §§ 52–92 BBG und für die im Landesdienst durch §§ 35–58 BRRG.

§ 38. *Richtereid.* **¹ Der Richter hat folgenden Eid in öffentlicher Sitzung eines Gerichts zu leisten: „Ich schwöre, das Richteramt getreu dem Grundgesetz für die Bundesrepublik Deutschland und getreu dem Gesetz auszuüben, nach bestem Wissen und Gewissen ohne Ansehen der Person zu urteilen und nur der Wahrheit und Gerechtigkeit zu dienen, so wahr mir Gott helfe."**

II Der Eid kann ohne die Worte „so wahr mir Gott helfe" geleistet werden.

III Der Eid kann für Richter im Landesdienst eine Verpflichtung auf die Landesverfassung enthalten und statt vor einem Gericht in anderer Weise öffentlich geleistet werden.

1 **Bem.** Die Eidesformel ist für alle Richter gleich, soweit III nicht eine Besonderheit bringt. Gesetz ist jede Rechtsnorm. Die Verweigerung der Eidesleistung, die auch darin zu sehen wäre, daß Teile des Wortlauts, vorbehaltlich II, weggelassen werden, hat die Entlassung zur Folge, § 21 II Z 1.

Schlußanhang I A **§ 39 DRiG**

§ 39. Wahrung der Unabhängigkeit. **Der Richter hat sich innerhalb und außerhalb seines Amtes, auch bei politischer Betätigung, so zu verhalten, daß das Vertrauen in seine Unabhängigkeit nicht gefährdet wird.**

Schrifttum: *Wolf* § 22 II 2 e; *Hager* Diss Konstanz 1987; *Rudolf,* GedSchr W. Martens, 1987; *Benda* F Zeidler, 1987; *Thomas,* Richterrecht, S 136 ff; *Habscheid* NJW 99, 2230; *v. Münch* NJW 98, 2571; *Wassermann* NJW **01**, 1470 u 95, 1654; *Roellecke* DRiZ **94**, 81; *Sendler* DRiZ **89**, 453 (zu *Zapka* DRiZ **89**, 214) u NJW **88**, 689; *Hager* NJW **88**, 1694 u DRiZ **88**, 325; *Rudolph* DRiZ **87**, 337; *Rottmann* DRiZ **87**, 317; *Wipfelder* DRiZ **87**, 117; *Schmidt-Jortzig* NJW **84**, 2057 u **91**, 2382 mwN.

1) Allgemeines. Auch für die Richter gelten nach den §§ 46 bzw 71 zunächst die Vorschriften über die 1 Pflichten der Beamten, §§ 52 ff BBG und 35 ff BRRG, die dadurch etwa berührte Grundrechte nach Art 33 V GG wirksam einschränken, BayVerfGH **37**, 140, VGH Mannh NJW **83**, 1215. An ihnen hat sich das Verhalten des Richters innerhalb und außerhalb des Dienstes auszurichten. Als Sicherung des Vertrauens in die rechtsprechende Gewalt, Art 92 GG, und als Kehrseite der dem Richter garantierten Unabhängigkeit, Art 97 I GG und § 25, mit deren besonderem Schutz gegen Eingriffe der Dienstaufsicht, § 26, verpflichtet § 39 den Richter dazu, durch sein Verhalten innerhalb und außerhalb des Dienstes das Vertrauen in seine Unabhängigkeit nicht zu gefährden, BVerwG NJW **88**, 1748: Er muß auch den bösen Schein vermeiden, daß er innerlich nicht frei und vorurteilslos ist. Diese besondere Verpflichtung tritt neben die allgemeinen Pflichten, vgl VG Schlesw NJW **85**, 1098; die insoweit für Beamte geltenden Regelungen, §§ 53 BBG und 35 II BRRG, können daneben ergänzend herangezogen werden, Schmidt-Räntsch 8.

Die Bindung durch § 39 gilt auch im Kernbereich richterlicher Tätigkeit, § 26 Rn 7; daß dieser Bereich Maßnahmen der Dienstaufsicht entzogen ist, ändert daran nichts. Die schuldhafte Verletzung der Pflicht ist ein Dienstvergehen, das zu Disziplinarmaßnahmen führen kann.

Welchen Inhalt die in § 39 ausgesprochene Richterpflicht hat, läßt sich nicht abstrakt bestimmen. Es kommt immer auf die Umstände des Einzelfalles an. Maßstab kann etwa sein, daß der Richter alles zu unterlassen hat, was ihn in einem damit zusammenhängenden Rechtsstreit der Ablehnung wegen der Besorgnis der Befangenheit, § 42 ZPO, aussetzen würde, Gilles DRiZ **83**, 45.

Daß der Richter keine rechtswidrigen Handlungen vornehmen und also erst recht keine Straftaten oder Ordnungswidrigkeiten begehen darf, ergibt sich schon aus den allgemeinen Pflichten der Richter und Beamten. Bereits diese Pflichten schließen auch jede Handlung aus, die sich gegen die freiheitliche demokratische Grundordnung richtet, § 9 Rn 2.

2) Politische Betätigung. Der Richter darf sich politisch betätigen, insbesondere auch politischen 2 Parteien und Vereinigungen beitreten und in ihnen Ämter bekleiden; er hat dabei, wie auch sonst, das Recht zur freien Meinungsäußerung, Art 5 I GG, BVerwG NJW **88**, 1749, Habscheid NJW **99**, 2230, Hager NJW **88**, 1694, ders, Diss Konstanz 1987 (Bespr: Redeker NJW **88**, 1712), Zerndt SGb **88**, 327, Rudolph DRiZ **87**, 337, Sendler NJW **84**, 689, Gilles DRiZ **83**, 44. Das gilt auch für die Zugehörigkeit zu Gewerkschaften, Art 9 GG, §§ 91 I BBG u 57 I BRRG, vgl BVerfG NJW **84**, 1874 (krit zum Einzelfall Rüthers DB **84**, 1620). Neben die sich aus den §§ 53 BBG und 35 II BRRG ergebenden Pflichten tritt für den Richter auch insofern das besondere Gebot der Zurückhaltung und Mäßigung, § 39, vgl VG Schlesw NJW **85**, 1098. Aus der ihm garantierten Unabhängigkeit folgt für ihn die Verpflichtung, sich auch bei politischer Betätigung stets so zu verhalten, daß das Vertrauen der Rechtsuchenden in eine unabhängige, von persönlichen, namentlich politischen und weltanschaulichen Wertungen freie, vorurteilslose und allein an der jeweiligen Sach- und Rechtslage ausgerichtete Rechtsprechung erhalten und gefestigt wird; Meinungsäußerungen des Richters in der Öffentlichkeit sind danach nur dann durch **Art 5 I GG** geschützt, wenn sie mit dieser aus der besonderen Stellung der Richter folgenden, durch Art 33 V GG geforderten Pflicht zur Zurückhaltung vereinbar sind, BVerfG NJW **83**, 2691, zustm Broß RiA **84**, 2, Schultz MDR **84**, 192, BVerwG NJW **88**, 1749 (dazu BVerfG NJW **89**, 93). Auch für die politische Betätigung der Richter gilt danach als Faustregel der Maßstab, daß er alles unterlassen muß, was ihn in einem etwaigen Rechtsstreit über einschlägige Fragen einer berechtigten Ablehnung aussetzen könnte, Rn 1.

Danach steht es dem Richter in aller Regel **frei:** sich nach Form und Inhalt sachlich in der Öffentlichkeit 3 frei zu allen politischen Fragen zu äußern, Sendler NJW **84**, 696, und dabei seine Berufsbezeichnung zu verwenden, Rudolph DRiZ **84**, 142, vgl DRiZ **84**, 116; öffentlich in angemessener Form (auch scharfe, aber nicht herabsetzende) Kritik an Entscheidungen anderer Gerichte und an Handlungen sonstiger Stellen und Personen zu üben, DienstGer Karlsr DRiZ **83**, 322; innerhalb von Vereinigungen an Arbeitskreisen auch dann teilzunehmen, wenn dabei die Entscheidung anstehender Rechtsfragen erörtert wird (es sei denn, dies geschieht mit dem Ziel der Festlegung auf bestimmte politische Vorstellungen); in sachlicher Weise am Wahlkampf zu beteiligen usw. Dagegen ist es dem Richter nach § 39 **verwehrt:** zum Ungehorsam gegen Gesetze oder formell rechtmäßige Verwaltungsentscheidungen aufzufordern, vgl DRiZ **84**, 116; sich an rechtswidrigen Aktionen zu beteiligen, zB an einer verbotenen Versammlung oder Demonstration, Präs KG bei Lindemann SchlHA **90**, 170; rechtswidrige politische oder andere Handlungen öffentlich zu billigen, Nds DienstGerHof NJW **90**, 1497; zu versuchen, durch eine öffentliche Äußerung Einfluß auf ein anhängiges oder bevorstehendes Gerichtsverfahren zu nehmen, DienstGer Celle DRiZ **82**, 429 (dazu BVerfG NJW **83**, 2691); plakativ das Amt als Richter bei öffentlichen Meinungsäußerungen herauszustellen, zB durch Tragen der Amtstracht oder gezielte Ausnutzung des richterlichen Amtsbonus in der Erklärung, vgl dazu Hager NJW **88**, 1696, Dütz JuS **85**, 751, Sendler NJW **84**, 697, Schmidt-Jortzig NJW **84**, 2062, BVerwG NJW **88**, 1748 zu OVG Lüneb NJW **86**, 1126 (gg VG Schlesw NJW **85**, 1098), dazu BVerfG NJW **89**, 93 (krit Paehler DRiZ **89**, 373, Zapka DRiZ **85** u 214, P. M. DRiZ **88**, 305, zustm Hager NJW **88**, 1698), VGH Kassel NJW **85**, 1105. Auch außerhalb einer politischen Betätigung ist es nach § 39 dem Richter verwehrt, öffentlich entstellende Kritik an anderen zu üben, zB durch unrichtige Darstellung des Sachverhalts oder verkürzte Wiedergabe der Rechtslage, VGH Mannh NJW **83**, 1217; in öffentlichen Äußerungen Stellen oder Personen herabzusetzen oder zu diffamieren oder andere gegen sie aufzuhetzen,

DRiG §§ 39, 40

Rudolph DRiZ **82**, 142, Redeker NJW **93**, 1034, Sendler NJW **84**, 698; öffentlich eine persönlich gefärbte Kritik an der Entscheidung des eigenen Spruchkörpers zu üben, Sendler NJW **84**, 695, vgl DRiZ **84**, 116, abw Habscheid NJW **99**, 2230 mwN.

4   Grundsätzlich sollte der Richter die rechtlichen Möglichkeiten der freien Meinungsäußerung nicht bis zur äußersten Grenze in Anspruch nehmen, v. Münch NJW **98**, 2571, Sendler NJW **84**, 698, zustm Wassermann NJW **87**, 419. Äußerungen und sonstige Handlungen, mit denen die Grenzen der Strafbarkeit oder Ordnungswidrigkeit ausgelotet werden sollen, sind das Gegenteil der den Richter auferlegten Mäßigung.

5   **Ablehnung im Einzelfall**, § 42 ZPO. Sie ist stets besonders zu prüfen, Wassermann DRiZ **87**, 144, Dütz JuS **85**, 752; vgl dazu § 42 ZPO Rn 35 mwN, MüKoFei § 42 ZPO Rn 22. Ihre Beantwortung hängt nicht davon ab, ob der Richter § 39 verletzt hat, VGH Mannh NJW **86**, 2068, Göbel NJW **85**, 1057 (krit zu VGH Kassel NJW **85**, 1105), Wassermann NJW **87**, 418, vgl ArbG Ffm NJW **84**, 142 u dazu BVerfG NJW **84**, 1874 (krit Rüthers DB **84**, 1620, Schmidt-Jortzig NJW **84**, 2061), sowie die darauf bezügliche Kontroverse zwischen Berglar ZRP **84**, 4 und Strecker ZRP **84**, 122, dazu Moll ZRP **85**, 244 mwN u ZRP **86**, 31.

§ 40. Schiedsrichter und Schlichter. I ¹Eine Nebentätigkeit als Schiedsrichter oder Schiedsgutachter darf dem Richter nur genehmigt werden, wenn die Parteien des Schiedsvertrags ihn gemeinsam beauftragen oder wenn er von einer unbeteiligten Stelle benannt ist. ²Die Genehmigung ist zu versagen, wenn der Richter zur Zeit der Entscheidung über die Erteilung der Genehmigung mit der Sache befaßt ist oder nach der Geschäftsverteilung befaßt werden kann.

II Auf eine Nebentätigkeit als Schlichter in Streitigkeiten zwischen Vereinigungen oder zwischen diesen und Dritten ist Absatz 1 entsprechend anzuwenden.

Schrifttum: *Timm* ZRP **95**, 328, *Coeppicus* ZRP **95**, 203 (dazu *Meyer ter Vehn* ZRP **96**, 244 u *Gruber* ZRP **97**, 216); *Heile*, Berufsrichter als Schiedsrichter im Deckungsstreit der Rechtsschutzversicherung?, DRiZ **93**, 142; *Heimann-Trosien*, Ehrengabe für Bruno Heusinger S 271 ff.

1   **1) Allgemeines.** Wegen der Notwendigkeit einer Genehmigung für eine Nebentätigkeit bei Bundesrichtern s § 46 iVm §§ 65, 66 BBG, bei Richtern im Landesdienst § 71 I iVm § 42 BRRG und dem in Betracht kommenden Landesrecht, soweit es nicht durch die §§ 40, 41 abgeändert ist, BVerwG DRiZ **84**, 20. § 40 steht der Ernennung von Schiedsrichtern durch einen Richter (Gerichtspräsidenten) nicht entgegen, Arnold NJW **68**, 782.

2   **2) Nebentätigkeit als Schiedsrichter oder Schiedsgutachter, I.** Vgl zum Schiedsverfahren Grdz § 1025 Rn 3 ff, § 1025 Rn 1 ff, zum Schiedsgutachter Grdz § 1025 ZPO Rn 12 ff. Wird nur ein Schiedsrichter oder Schiedsgutachter tätig, so werden die Verträge regelmäßig vorsehen, daß beide Parteien ihn ernennen oder die Ernennung durch eine unbeteiligte Stelle erfolgt. Besteht jedoch ein Schiedsgericht oder eine Schiedsrichterstelle aus mehreren Mitgliedern, so ernennt regelmäßig jede Partei ein oder mehrere Mitglieder. Diese werden also nicht vom Vertrauen beider Parteien getragen und können deshalb als Fürsprecher einer Partei angesehen werden. Ein Richter darf aber seine Kenntnisse und seine Autorität nicht einer Interessenvertretung zur Verfügung stellen. Er darf deshalb ein einseitigen, also nicht von beiden Parteien ausgehenden Auftrag zur Mitwirkung in einem Schiedsgericht nicht annehmen, Begr RegEntw (zu § 39 I). Auch hier handelt es sich um die Wahrung seiner Unabhängigkeit und des Vertrauens des rechtsuchenden Publikums in diese. Die Erteilung der Genehmigung ist also davon abhängig, daß entweder beide Parteien den Richter beauftragen oder eine unbeteiligte Stelle, dh auch nicht mittelbar damit befaßte oder abhängige, sei es eine Behörde oder eine andere Stelle, zB die Handelskammer. Der Richter kann dann als Obmann (etwa von dritter Seite ernannt, oder wenn jede Partei einen Schiedsrichter ernennt und diese sich für die Parteien auf den Obmann einigen) oder auch als beisitzender Schiedsrichter tätig werden. Sind diese Voraussetzungen nicht erfüllt, muß die Genehmigung versagt werden („darf nur"), I 1.

3   Das gleiche gilt, wenn der Richter mit der Sache befaßt ist oder befaßt werden könnte, I 2, um zu vermeiden, daß der Richter abgelehnt werden könnte, § 41 Z 6 ZPO. Ein enger Zusammenhang mit der Schiedsgerichtssache genügt, Heile DRiZ **93**, 145. Befaßt ist ein Richter mit einer Sache auch, wenn er Nebenverfahren bearbeitet (zB einstwVfg, BGH **55**, 319) oder wenn er bei Nebenentscheidungen mitwirkt, §§ 1032, 1045, natürlich auch, wenn er für die Vollstreckbarkeitserklärung zuständig wäre, Stuttg RR **03**, 495 = SchiedsVZ **03**, 87 m Anm Nacimiento/Geimer. Maßgeblich ist der Geschäftsverteilungsplan im Zeitpunkt der Entscheidung über die Nebentätigkeitsgenehmigung, Stuttg aaO, BVerwG DRiZ **84**, 20 mwN, Hbg VersR **83**, 787. Nach ihm ist also zu beurteilen, ob der Richter befaßt ist oder befaßt werden kann, wobei die abstrakte Möglichkeit einer Befassung (als Vertreter oder in der Rechtsmittelinstanz) nicht ausreicht, weil I 2 nur einer aktuellen Konfliktsituation vorbeugen soll, Timm ZRP **95**, 329, Hbg aaO; daß der Richter vorher befaßt gewesen ist, reicht aus, Schmidt-Räntsch 4 (ist aber eine Sache verwiesen, ohne daß eine Entscheidung in der Sache ergangen wäre, so ist der Richter nicht damit befaßt worden).

4   Liegen die Versagungsgründe von I nicht vor, so kann trotzdem eine Versagung aus dem allgemeinen Grund der Beeinträchtigung dienstlicher Interessen erfolgen, vgl § 46 iVm § 65 II BBG (Bundesregelung) u die entspr Länderregelungen, Timm ZRP **95**, 330 (krit zur Praxis der Justizverwaltungen, dazu Meyer ter Vehn ZRP **96**, 244 u Gruber ZRP **97**, 216), Coeppicus ZRP **95**, 203, Heile DRiZ **93**, 146.

Zu der Frage, ob und ggf wie ein Verstoß gegen § 40 I sich auf das Schiedsverfahren auswirkt, vgl BGH NJW **71**, 757 m Anm Rietschel **LM** § 1039 Nr 3 (ohne Bedeutung für Schiedsvergleich), dazu Breetzke NJW **71**, 1458 und Habscheid KTS **72**, 210, s auch § 1029 ZPO Rn 4. Fehlt die erforderliche Genehmigung und kann sie auch nachträglich nicht herbeigeführt werden, sind Schiedsrichterbestellung und Schiedsrichtervertrag nach § 134 BGB nichtig, SchwW 9 Rn 3, und das Schiedsgerichtsverfahren undurchführbar, KG SchiedsVZ **03**, 186 (Anm Mecklenbrauck), str, aM StJSchl § 1032 Rn 1. Eine zu Unrecht erteilte Genehmigung wird dagegen idR von dem zur Nachprüfung berufenen Staatsgericht als wirksam anzusehen

sein, weil sie nur anfechtbar, nicht nichtig ist, vgl Stuttg RR **03**, 495 = SchiedsVZ **03**, 87 m Anm Nacimiento/Geimer.
Zur Abführung eines Teils der Schiedsrichtervergütung an die Staatskasse s Timm ZRP **95**, 330 u Coeppicus ZRP **95**, 203.

3) Nebentätigkeit als Schlichter, II. Schlichter werden besonders im Arbeitsrecht tätig, zB in Einigungsstellen nach § 76 BetrVG: Auf einer oder beiden Seiten stehen Vereinigungen (zB Gewerkschaften, Arbeitgeberverbände, kassenärztliche Vereinigungen und dgl), zu denen auch die Organe der Betriebsverfassung, die Betriebsräte, zählen, BVerwG DRiZ **84**, 20. Aufgabe des Schlichters ist nicht nur das Eingreifen bei Streitigkeiten, sondern auch die Aufstellung von Normen, insbesondere bei Tarifvertragsänderungen. Als Schlichter iSv II ist auch der Vorsitzende einer Einigungsstelle nach § 71 BPersVG bzw den Ländervorschriften anzusehen. Für die Tätigkeit derartiger Schlichter gilt I. Die Genehmigung zur Mitwirkung darf einem Richter nicht deshalb versagt werden, weil die Schlichtungsstelle ihren Sitz im Bezirk seines Gerichts hat, sondern nur aus den in I genannten Gründen. Schlichtung ist auch auf anderen Rechtsgebieten denkbar, zB in Mieteangelegenheiten, vgl Grdz § 1025 ZPO Rn 11. Auch dann ist II anwendbar, wenn mindestens auf einer Seite eine Vereinigung steht. Sonst wird meist I unmittelbar anwendbar sein.

4) Rechtsschutz. Gegen die Versagung oder den Widerruf der Genehmigung steht dem Richter der Verwaltungsrechtsweg offen, §§ 40 VwGO, 126 BRRG u 172 BBG iVm §§ 46 u 71; möglich, wenn auch kaum jemals praktisch werdend, ist im Rahmen des § 26 III die Anrufung des Dienstgerichts, vgl GKÖD 6.

§ 41. *Rechtsgutachten*. ¹Ein Richter darf weder außerdienstlich Rechtsgutachten erstatten, noch entgeltlich Rechtsauskünfte erteilen.

II ¹Ein beamteter Professor der Rechte oder der politischen Wissenschaften, der gleichzeitig Richter ist, darf mit Genehmigung der obersten Dienstbehörde der Gerichtsverwaltung Rechtsgutachten erstatten und Rechtsauskünfte erteilen. ²Die Genehmigung darf allgemein oder für den Einzelfall nur erteilt werden, wenn die richterliche Tätigkeit des Professors nicht über den Umfang einer Nebentätigkeit hinausgeht und nicht zu besorgen ist, daß dienstliche Interessen beeinträchtigt werden.

1) Allgemeines. Kein Richter darf seine juristischen Kenntnisse und Erfahrungen einer Privatperson entgeltlich zur Verfügung stellen. Die Würde des Amtes verbietet das. Stellte ein Richter einem Interessenten ein Rechtsgutachten zur Verfügung, so würde unvermeidlich der Name dieses Richters, möglicherweise das Ansehen seines Amtes, für private Zwecke benutzt. Dieser Gefahr darf sich kein Richter aussetzen, Begr RegEntw. Dieser Besonderheit der Stellung des Richters trägt Schröder RdA **61**, 305 zu wenig Rechnung, wenn er § 41 nicht mit Art 2 und 3 GG für vereinbar hält; dagegen auch Schmidt-Räntsch 2. Neben § 41 gilt auch für Richter das RBerG v 13. 12. 35, BGBl III 303–12, mit AusfVOen.

2) Rechtsgutachten und Rechtsauskünfte, I

A. Unter **Rechtsgutachten** sind tiefer gehende Arbeiten mit wissenschaftlichem Apparat zu verstehen, die eine Frage behandeln, nicht immer entscheiden, und dem Leser ermöglichen sollen, selbst in eine Prüfung der behandelten Fragen einzutreten. Auch das ausnahmsweise mündlich erstattete Gutachten fällt hierunter. Die Erstattung von Rechtsgutachten ist schlechthin, gleichgültig also, ob entgeltlich oder nicht, verboten. Kein Verbot besteht bzgl der Veröffentlichung von juristischen Meinungen in Aufsatz- und Buchform. Erlaubt ist die Erstattung von Rechtsgutachten für den Dienstbetrieb, insbesondere bei Veranlassung der Behörde, nicht aber zur Stützung einer Rechtsmeinung in einem Rechtsstreit des Fiskus (Bericht des Rechtsausschusses zu § 40).

B. Rechtsauskünfte sind die meist mündlich erteilten zusammenfassenden Meinungsäußerungen zu einer Rechtsfrage. Dem Richter sind sie untersagt, soweit sie entgeltlich gegeben werden, also immer dann, wenn ein Vorteil irgendwie wirtschaftlicher Art als Gegenleistung damit verbunden ist. Unentgeltlich dürfen Verwandte oder Bekannte beraten werden.

3) Gutachten der beamteten Professoren der Rechte, II. Um solchen Professoren, zu deren Hochschultätigkeit regelmäßig die Gutachtenerstattung gehört, die Mitwirkung bei der praktischen Rechtsausübung zu ermöglichen, besteht für sie eine Sonderregelung. Sie greift nur ein, wenn es sich um einen beamteten Professor der Rechte oder der politischen Wissenschaften handelt (ordentlicher oder außerordentlicher Professor, nicht Privatdozent) und seine richterliche Tätigkeit, in die er auf Lebenszeit berufen ist, §§ 10, 4 II Z 3, nicht über den Umfang einer Nebentätigkeit hinausgeht, die richterliche Tätigkeit also hinter der Hochschultätigkeit zurücktritt. Nicht hierunter fallen deshalb die außerordentlichen Professoren, die im Hauptamt Richter sind und die die Hochschultätigkeit im Nebenamt ausüben; dann gilt I. Auch die in II genannten Professoren bedürfen für Rechtsgutachten und entgeltliche Rechtsauskünfte der Genehmigung, die von der obersten Dienstbehörde der Gerichtsverwaltung erteilt wird und allgemein oder für den Einzelfall erteilt werden kann. Versagt werden kann sie nur bei Beeinträchtigung von dienstlichen Interessen, zB im Fall der beabsichtigten Vorlage bei dem Gericht, bei dem der Professor als Richter tätig ist, nicht aber aus anderen Gründen, insbesondere nicht den allgemeinen beamtenrechtlichen, Schmidt-Räntsch 10. Bei Versagung ist Klage beim VerwGericht möglich.

§ 42. *Nebentätigkeiten in der Rechtspflege*. Ein Richter ist zu einer Nebentätigkeit (Nebenamt, Nebenbeschäftigung) nur in der Rechtspflege und in der Gerichtsverwaltung verpflichtet.

1) Allgemeines. § 4 II bestimmt, welche amtlichen Nebentätigkeiten ein Richter übernehmen kann, § 42 hingegen, welche amtlichen Nebentätigkeiten er übernehmen muß; jedoch ist § 42 enger, da er sich nur auf Nebentätigkeiten in der Rechtspflege und Gerichtsverwaltung erstreckt, also nicht zB auf Prüfungsangelegenheiten. § 42 bedeutet eine Einschränkung der nach § 64 BBG und den entsprechenden landes-

DRiG §§ 42–44   Deutsches Richtergesetz

rechtlichen Bestimmungen bestehenden Verpflichtung, §§ 46 bzw 71. Soll einem Richter eine Tätigkeit außerhalb der Rechtspflege oder Gerichtsverwaltung übertragen werden, so bedarf es seiner Zustimmung; er kann aber, soweit nicht § 4 II vorliegt, eine richterliche Tätigkeit solange nicht ausüben. Die Übertragung eines richterlichen Nebenamtes ist nur unter den Voraussetzungen des § 27 II statthaft, BGH NJW 84, 130. Der richterliche Bereitschaftsdienst auch in Form einer Rufbereitschaft ist keine Nebentätigkeit, sondern eine zusätzliche Aufgabe im Rahmen des Hauptamtes, BGH NJW 87, 1198 (zuständig ist das Präsidium).

2   **2) Verpflichtung zur Übernahme einer Nebentätigkeit.** Es kann sich um ein Nebenamt in der Rechtspflege, also ein Richteramt zB beim Dienstgericht (§ 27 II), oder in der Gerichtsverwaltung, § 4 Rn 4, oder auch um eine Nebenbeschäftigung, also auch eine solche außerhalb des Dienstes handeln. Zulässig ist danach die Verpflichtung, sich im VerwVerfahren nach § 16 ZSEG zu äußern, BGH 51, 154, oder zu einer abstrakten Rechtsfrage, zB im Gesetzgebungsverfahren, Stellung zu nehmen, DienstGer Zweibr DRiZ 86, 461, ebenso die Heranziehung zur Ausbildung des Nachwuchses, BGH NJW 91, 424 u 427, DRiZ 89, 462, vgl Piorreck DRiZ 88, 154 u Lerch DRiZ 88, 255, nicht aber die Heranziehung zur Beaufsichtigung von Klausuren im ersten Staatsexamen, NdsDGH DRiZ 97, 63. Zur Frage, ob der Strafvollzug (Leitung eines Gerichtsgefängnisses) zur Gerichtsverwaltung gehört, vgl BGH DRiZ 75, 23. Stets muß es aber eine Nebentätigkeit sein; andernfalls ist die Zustimmung des Richters erforderlich, die jedoch angenommen werden kann, wenn ein Richter die Stelle eines Gerichtsvorstandes, der regelmäßig in der Gerichtsverwaltung hauptamtlich tätig sein muß, annimmt. Auch in den Fällen des § 42 besteht keine Verpflichtung, wenn die Nebentätigkeit ihn über Gebühr in Anspruch nimmt oder (ausnahmsweise) nicht seiner Vorbildung oder Berufsausbildung entspricht, § 64 BBG, vgl Rn 1. Falls der Richter die Nebentätigkeit, die ihn seinem Richteramt, § 27, nicht entfremden darf, nicht annehmen will oder seiner Ansicht nach nicht kann, so entscheidet hierüber auf seinen Antrag das Dienstgericht im Prüfungsverfahren, §§ 62 I Z 4 d, 66 III (Bundesrichter), § 78 Z 4 d (Landesrichter).

3   **3) Sonstige Nebentätigkeiten** (Rudolph NJW 97, 2928). Für sie gilt das jeweilige Beamtenrecht, §§ 46 u 71, dazu DRiZ 97; 221 u 225. Näheres s § 46 Rn 2. Wegen der Nebentätigkeit bei Beurlaubung aus Arbeitsmarktgründen oder bei Teilzeitbeschäftigung s §§ 48 b II 2, 76 a, 76 b II 1 Z 3 u 76 c II 1 Z 4.

§ 43. Beratungsgeheimnis. Der Richter hat über den Hergang bei der Beratung und Abstimmung auch nach Beendigung seines Dienstverhältnisses zu schweigen.

     Schrifttum: *MüKoWo* vor § 192 GVG Rn 2; *Lamprecht* DRiZ 96, 233; *Faller* DVBl 95, 985; *Kissel* § 193 GVG Rn 4 ff; *Lüderitz* AcP 168, 330; *Zierlein* DÖV 81, 83 (zum Sondervotum beim BVerfG).

1   **1) Allgemeines.** Die Wahrung des Beratungsgeheimnisses dient nicht nur dem Schutze der Unabhängigkeit des Richters, sondern vor allem dem Zweck, im Interesse der Autorität des Richterspruchs etwaige Meinungsverschiedenheiten nicht nach außen dringen zu lassen, Wolf § 16 IV 1 d, BGH NJW 95, 2645, str. Die Vorschrift gilt auch für ehrenamtliche Richter, § 45 I 2. Ob sie entsprechend auf die Vorgänge im Präsidium, anzuwenden ist, ist str, s § 21 e GVG Rn 19; die für Mitglieder der Richtervertretungen geltende Schweigepflicht geht weniger weit, § 58 III DRiG iVm § 10 BPersVG. Neben § 43 gelten die beamtenrechtlichen Vorschriften über die Amtsverschwiegenheit, §§ 46 u 71 I, § 46 Rn 2. Wegen der ausländischen Hospitanten s § 193 III u IV GVG (u die dortigen Erl).

2   **2) Umfang des Beratungsgeheimnisses.** Es besteht gegenüber jedermann, auch gegenüber den Dienstvorgesetzten. Das Beratungsgeheimnis erstreckt sich nicht auf die Voten der Richter (so daß es nicht schadet, wenn der UrkB vom Votum Kenntnis erhält, BVerwG NVwZ 87, 127), wohl aber auf den Hergang der Beratung einschließlich der Abstimmung. Jedoch muß es dem Richter gestattet sein, ein Separatvotum verschlossen zu seinen Personal- oder Senatsakten zu geben, aus GeschOrdng des BGH v 3. 3. 52, BAnz Nr 89 S 9, des BAG v 12. 4. 57, BAnz Nr 79 S 1 (Sonderregelung für das BVerfG: § 30 II BVerfGG u VerfO v 9. 2. 71, BGBl 99; vgl allgemein zum Problem der „dissenting opinion", Lamprecht DRiZ 96, 233 u Faller DVBl 95, 988, beide mwN, u a Zweigert, Friesenhahn u Pehle 47. DJT, I D u II R). Zulässig ist es, bei der Begründung der Entscheidung, für deren Endergebnis zwar eine Mehrheit gegeben war, nicht aber für die Art seiner Begründung, das Stimmenverhältnis für die eine und die andere Art der Begründung anzugeben, vgl RGSt 60, 296.
    In ganz besonders gelagerten Fällen hat aber der Richter auch über die Beratung und Abstimmung Auskunft zu geben, so insbesondere bei strafbaren Handlungen und Pflichtwidrigkeiten von Richtern in den deshalb angestrengten Gerichtsverfahren sowie in den Fällen des § 839 BGB, Schmidt-Räntsch 12 (Ermittlungs- und Verwaltungsverfahren gehören nicht hierher). Eine Entbindung von dem Beratungsgeheimnis durch den Dienstvorgesetzten ist nicht statthaft, weil es sich um eine besondere Pflicht handelt, die auch gegenüber diesem besteht, es zudem ein Eingriff der Verwaltung in die Ausübung der Rechtsprechung wäre. Entscheiden muß der Richter selbst, wobei er aufs strengste nach Lage des Einzelfalles zu prüfen hat. Ein Beweisbeschluß allein kann nicht genügen, so RG ständig (aM Schmidt-Räntsch 13, der meint, daß dem Richter dadurch die Entscheidung über die Wahrung abgenommen ist; damit wird sie aber einer anderen Stelle übertragen).

3   **3) Verletzung des Beratungsgeheimnisses.** Sie ist Dienstvergehen, Schmidt-Räntsch 14, aber nicht nach § 353 b oder § 357 StGB strafbar, Düss DRiZ 81, 68. Wegen der ausländischen Hospitanten s § 193 III GVG.

Sechster Abschnitt. Ehrenamtliche Richter

§ 44. Bestellung und Abberufung des ehrenamtlichen Richters. [1] Ehrenamtliche Richter dürfen bei einem Gericht nur auf Grund eines Gesetzes und unter den gesetzlich bestimmten Voraussetzungen tätig werden.

Schlußanhang I A § 44, Anh § 44 DRiG

Ia In den Verfahren zur Wahl, Ernennung oder Berufung ehrenamtlicher Richter sollen Frauen und Männer angemessen berücksichtigt werden.

II Ein ehrenamtlicher Richter kann vor Ablauf seiner Amtszeit nur unter den gesetzlich bestimmten Voraussetzungen und gegen seinen Willen nur durch Entscheidung eines Gerichts abberufen werden.

Vorbem. Der vom Bundesrat eingebrachte Entwurf eines Gesetzes zur Vereinfachung und Vereinheitlichung der Verfahrensvorschriften zur Wahl und Berufung ehrenamtlicher Richter, BT-Drs 15/411, ist am 21. 12. 04 vom Bundestag beschlossen worden, BGBl 3599. Dadurch wurden § 44 Ia u § 45 Ia in das DRiG eingefügt. 1

Schrifttum: *Wolf* § 23; *Klausa*, Ehrenamtliche Richter, 1972; *Schiffmann*, SchrReihe der Hochschule Speyer Bd. 53, 1974 (betr VerwGerichte); *Wassermann*, Der Laienrichter im Justizsystem der BRep, 1982; *Wagner* DRiZ 05, 118; *Kramer*, DRiZ 02, 150; *Röper* DRiZ 98, 195; *Sommer* DRiZ 92, 135; *Reim* DRiZ 92, 139; *Berger-Delhey* RdA 88, 15 (betr Arb- u SozGerichtsbarkeit) u DRiZ 89, 246 (betr Handelsrichter).

1) Allgemeines. Das DRiG gilt grundsätzlich nur für die Berufsrichter, § 2, und enthält nur in den §§ 44, 45 Vorschriften für die ehrenamtlichen Richter (Bezeichnung der beim Richteranspruch mitwirkenden Personen, die nicht Berufsrichter sind, § 45 a), um deren Unabhängigkeit sicherzustellen.

2) Tätigwerden der ehrenamtlichen Richter, I. Ob überhaupt solche Richter zugezogen werden können, bestimmen die Verfahrensgesetze, zB §§ 105 ff GVG, 6, 16, 35, 41 ArbGG, 4 und 9 VwGO, 4 FGO, 12, 33 und 38 SGG. Sie regeln auch die Voraussetzungen und das Verfahren ihrer Bestellung sowie Sanktionen bei Pflichtverletzungen, §§ 108–111 GVG, 20–24, 37, 43 ArbGG, 20 ff VwGO, 17 ff FGO, 13 ff und 45–47 SGG; s dazu Wolf § 23 II. Die ungültige Berufung kann zur Aufhebung der Entscheidung, an der der Richter mitgewirkt hat, im Rechtsmittelwege führen, BVerfG NJW 85, 125, BGH NJW 85, 926, BVerwG NJW 88, 219 u NVwZ 88, 724 mwN, BFH DRiZ 89, 380 (anders nach §§ 65 u 73 II ArbGG). Bundeseinheitlich geltende Sondervorschriften enthält § 9 G v 24. 7. 92, BGBl 1386; s **Anh § 44.** 2

3) Abberufung, II. Wie lange die Amtszeit eines ehrenamtlichen Richters dauert, bestimmen die einschlägigen Gesetze, Rn 2. Mit seiner Zustimmung ist eine Abberufung jederzeit möglich, so daß auch einem entsprechenden Antrag stattgegeben werden muß, es sei denn, daß eine Verpflichtung zum Verbleiben besteht (zB nach § 24 VwGO). Gegen seinen Willen ist sie nur aufgrund der für ihn geltenden Vorschriften durch Entscheidung des Gerichts möglich, zB nach § 113 GVG (Handelsrichter) und §§ 21 V u VI, 27 ArbGG (Arbeitsrichter) sowie § 24 VwGO (dazu Albers MDR **84**, 888), vgl LAG Hamm NZA **94**, 45 u **93**, 476, Frehse NZA **93**, 915, OVG Münst NVwZ **01**, 234. Es entscheidet nicht das Dienstgericht, sondern das Gericht, das in den die ehrenamtlichen Richter betreffenden Vorschriften vorgesehen ist, Wolf § 23 III 2, s §§ 113 II GVG, 27 ArbGG, 24 VwGO, 21 FGO, 18, 35 und 47 SGG. Dabei gilt § 35 entsprechend, dort Rn 1 aE, LAG Hamm NZA **93**, 479. § 44 regelt nur die Abberufung, läßt also die Vorschriften über das Erlöschen des Amtes kraft Gesetzes unberührt, Schmidt-Räntsch. Auch hier bedarf es aber einer (feststellenden) Entscheidung des Gerichts, dem der ehrenamtliche Richter angehört (Rechtsgedanke der §§ 52 u 113 GVG, 21 ArbGG, 24 VwGO, 21 FGO, 18 SGG, 84 BPersVG, 7 LwVG). Eine zeitweilige Entbindung des Richters von seinem Amt sieht das Gesetz nicht vor, Keil NZA **93**, 913, ebensowenig eine Entbindung für bestimmte Fälle, zB aus Gewissensgründen, Karlsr NJW **96**, 606, vgl OVG Greifsw NVwZ-RR **98**, 784. Bundeseinheitlich geltende Sondervorschriften enthält § 10 G v 24. 7. 92, BGBl 1386; s Anh § 44.

Anhang nach § 44. Sondervorschriften

Bundeseinheitlich für alle Gerichtszweige geltende Sondervorschriften über die Berufung und Abberufung ehrenamtlicher Richter enthält das am 1. 8. 92 in Kraft getretene **Gesetz zur Prüfung von Rechtsanwaltszulassungen, Notarbestellungen und Berufungen ehrenamtlicher Richter v 24. 7. 92, BGBl 1386** (Materialien: BT-Drs 12/2169 S 10; BT-Drs 12/2670). Zur Vereinbarkeit mit dem GG vgl BVerfG NJW **96**, 709 (zu dem RA betreffenden § 1 I des Ges).

§ 9. **I** Zu dem Amt eines ehrenamtlichen Richters soll nicht berufen werden, wer
1. gegen die Grundsätze der Menschlichkeit oder der Rechtsstaatlichkeit verstoßen hat oder
2. wegen einer Tätigkeit als hauptamtlicher oder inoffizieller Mitarbeiter des Staatssicherheitsdienstes der ehemaligen Deutschen Demokratischen Republik im Sinne des § 6 Abs. 4 des Stasi-Unterlagen-Gesetzes vom 20. Dezember 1991 (BGBl. I S. 2272) oder als diesen Mitarbeitern nach § 6 Abs. 5 des Stasi-Unterlagen-Gesetzes gleichgestellte Person für das Amt eines ehrenamtlichen Richters nicht geeignet ist.

II Die für die Berufung zuständige Stelle kann zu diesem Zweck von dem Vorgeschlagenen eine schriftliche Erklärung verlangen, daß bei ihm die Voraussetzungen des Absatzes 1 nicht vorliegen.

§ 10. **I** Ein ehrenamtlicher Richter ist von seinem Amt abzuberufen, wenn nachträglich in § 9 Abs. 1 bezeichnete Umstände bekannt werden.

II Das Verfahren richtet sich nach den Vorschriften, die im übrigen für die Abberufung eines ehrenamtlichen Richters der jeweiligen Art gelten, soweit in den Absätzen 3 und 4 nichts anderes bestimmt ist.

III Wenn ein Antrag auf Abberufung gestellt oder ein Abberufungsverfahren von Amts wegen eingeleitet worden ist und der dringende Verdacht besteht, daß die Voraussetzungen des § 9 Abs. 1 vorliegen, kann das für die Abberufung zuständige Gericht anordnen, daß der ehrenamtliche Richter bis zur Entscheidung über die Abberufung das Amt nicht ausüben darf. Die Anordnung ist unanfechtbar.

IV [1] Die Entscheidung über die Abberufung ist unanfechtbar. [2] Der abberufene ehrenamtliche Richter kann binnen eines Jahres nach Wirksamwerden der Entscheidung die Feststellung beantragen, daß die Voraussetzungen des § 9 Abs. 1 nicht vorgelegen haben. [3] Über den Antrag entscheidet das nächsthöhere Gericht durch unanfechtbaren Beschluß. [4] Ist das nächsthöhere Gericht ein oberstes Bundesgericht oder ist die Entscheidung von einem obersten Bundesgericht getroffen worden, entscheidet ein anderer Spruchkörper des Gerichts, das die Entscheidung getroffen hat. [5] Ergibt sich nach den Sätzen 3 und 4 kein zuständiges Gericht, so entscheidet das Oberlandesgericht, in dessen Bezirk die Entscheidung getroffen worden ist; in den Ländern Brandenburg, Mecklenburg-Vorpommern, Sachsen, Sachsen-Anhalt und Thüringen tritt an die Stelle des Oberlandesgerichts der besondere Senat des Bezirksgerichts, soweit noch kein Oberlandesgericht besteht.

§ 11. Die §§ 9 und 10 gelten auch für ehrenamtliche Richter, die gewählt oder berufen werden oder worden sind nach der Ordnung zur Wahl und Berufung ehrenamtlicher Richter vom 1. September 1990 (GBl. I Nr. 62 S. 1553), die nach Anlage II Kapitel III Sachgebiet A Abschnitt I Nr. 8 des Einigungsvertrages vom 31. August 1990 (BGBl. 1990 II S. 885, 1153) fortgilt, in Verbindung mit Anlage I Kapitel III Sachgebiet A Abschnitt III Nr. 1 Buchstabe p des Einigungsvertrages vom 31. August 1990 (BGBl. 1990 II S. 885, 925) und § 37 des Richtergesetzes der Deutschen Demokratischen Republik vom 5. Juli 1990 (GBl. I Nr. 42 S. 637).

Erläuterungen zu den §§ 9–11 (Cremer DRiZ 92, 342):

1 1) **Allgemeines.** Die in der ehemaligen DDR früher herrschenden besonderen Verhältnisse haben den Bundesgesetzgeber veranlaßt, Sondervorschriften für die Berufung und Abberufung ehrenamtlicher Richter zu schaffen, BT-Drs 12/2169 S 10. Sie sind unmittelbar geltendes Bundesrecht; ihr Geltungsbereich erstreckt sich über die neuen Bundesländer hinaus auf das **ganze Bundesgebiet**, wie § 10 IV 4 u 5 und § 11 zeigen, BT-Drs 12/2169 S 13.

2 2) **Berufung ehrenamtlicher Richter, § 9.** Die Bestimmung schließt die Berufung für bestimmte Fallgruppen aus, **I**. Daß sie eine Sollvorschrift ist, gestattet der zuständigen Stelle nicht, aus besonderen Gründen eine nach I belastete Person zu berufen; damit wird lediglich klargestellt, daß eine entgegen I erfolgte Berufung nicht unwirksam, sondern bis zur Abberufung, § 10, gültig ist, um eine etwaige spätere Aufhebung von Entscheidungen auszuschließen, BT-Drs 12/2169 S 11, Cremer DRiZ **92**, 343.
Die Regelung in **II** schließt bei konkreten Verdachtsmomenten weitere Ermittlungen nicht aus, BT-Drs 12/2169 S 12.

3 3) **Abberufung ehrenamtlicher Richter, § 10.** I ist auch dann anzuwenden, wenn Umstände bekannt werden, die schon vorher bekannte Tatsachen in einem anderen Licht erscheinen lassen.
Das auf Antrag einer dazu berufenen Stelle oder vAw einzuleitende Verfahren richtet sich nach den jeweiligen Vorschriften, **II**, s § 44 Rn 3, soweit in III u IV nichts anderes bestimmt ist; für Handelsrichter ist also § 113 GVG maßgeblich. **III** ermöglicht den Erlaß einer einstwAnO, **IV** regelt den Rechtsschutz einheitlich für alle Gerichtszweige; ein Erfolg des Antrags, IV 2, berührt die Wirksamkeit der Abberufung nicht, Cremer DRiZ **92**, 344.

4 4) **Geltungsbereich, § 11.** Die Vorschrift soll gewährleisten, daß im gesamten Bundesgebiet ein einheitlicher Rechtszustand besteht, BT-Drs 12/2169 S 13. Sie stellt deshalb klar, daß die §§ 9 u 10 auch für ehrenamtliche Richter gelten, die in den neuen Bundesländern nach den am 3. 10. 90 dort maßgeblichen und nach dem EV fortgeltenden Bestimmungen gewählt oder berufen worden sind. Die Vorschriften des § 36 a DDR-RiG und der §§ 8 II und 16 II der Ordnung zur Wahl und Berufung ehrenamtlicher Richter der DDR v 1. 9. 90 sind danach nicht mehr anwendbar.

§ 45. *Unabhängigkeit und besondere Pflichten des ehrenamtlichen Richters.* **I** [1] Der ehrenamtliche Richter ist in gleichem Maße wie ein Berufsrichter unabhängig. [2] Er hat das Beratungsgeheimnis zu wahren (§ 43).

Ia [1] Niemand darf in der Übernahme oder Ausübung des Amtes als ehrenamtlicher Richter beschränkt oder wegen der Übernahme oder der Ausübung des Amtes benachteiligt werden. [2] Ehrenamtliche Richter sind für die Zeit ihrer Amtstätigkeit von ihrem Arbeitgeber von der Arbeitsleistung freizustellen. [3] Die Kündigung eines Arbeitsverhältnisses wegen der Übernahme oder der Ausübung des Amtes ist unzulässig. [4] Weitergehende landesrechtliche Regelungen bleiben unberührt.

II [1] Der ehrenamtliche Richter ist vor seiner ersten Dienstleistung in öffentlicher Sitzung des Gerichts durch den Vorsitzenden zu vereidigen. [2] Die Vereidigung gilt für die Dauer des Amtes, bei erneuter Bestellung auch für die sich unmittelbar anschließende Amtszeit. [3] Der Schwörende soll bei der Eidesleistung die rechte Hand erheben.

III [1] Der ehrenamtliche Richter leistet den Eid, indem er die Worte spricht:
„Ich schwöre, die Pflichten eines ehrenamtlichen Richters getreu dem Grundgesetz für die Bundesrepublik Deutschland und getreu dem Gesetz zu erfüllen, nach bestem Wissen und Gewissen ohne Ansehen der Person zu urteilen und nur der Wahrheit und Gerechtigkeit zu dienen, so wahr mir Gott helfe."
[2] Der Eid kann ohne die Worte „so wahr mir Gott helfe" geleistet werden. [3] Hierüber ist der Schwörende vor der Eidesleistung durch den Vorsitzenden zu belehren.

IV [1] Gibt ein ehrenamtlicher Richter an, daß er aus Glaubens- oder Gewissensgründen keinen Eid leisten wolle, so spricht er die Worte:

„Ich gelobe, die Pflichten eines ehrenamtlichen Richters getreu dem Grundgesetz für die Bundesrepublik Deutschland und getreu dem Gesetz zu erfüllen, nach bestem Wissen und Gewissen ohne Ansehen der Person zu urteilen und nur der Wahrheit und Gerechtigkeit zu dienen."
² Das Gelöbnis steht dem Eid gleich.

ᵛ Gibt ein ehrenamtlicher Richter an, daß er als Mitglied einer Religions- oder Bekenntnisgemeinschaft eine Beteuerungsformel dieser Gemeinschaft verwenden wolle, so kann er diese dem Eid oder dem Gelöbnis anfügen.

ᵛᴵ ¹ Die ehrenamtlichen Richter in der Finanzgerichtsbarkeit leisten den Eid dahin, die Pflichten eines ehrenamtlichen Richters getreu dem Grundgesetz für die Bundesrepublik Deutschland und getreu dem Gesetz zu erfüllen, das Steuergeheimnis zu wahren, nach bestem Wissen und Gewissen ohne Ansehen der Person zu urteilen und nur der Wahrheit und Gerechtigkeit zu dienen.
² Dies gilt für das Gelöbnis entsprechend.

ᵛᴵᴵ Für ehrenamtliche Richter bei den Gerichten der Länder können der Eid und das Gelöbnis eine zusätzliche Verpflichtung auf die Landesverfassung enthalten.

ᵛᴵᴵᴵ Über die Verpflichtung des ehrenamtlichen Richters auf sein Amt wird ein Protokoll aufgenommen.

ᴵˣ Im übrigen bestimmen sich die Rechte und Pflichten der ehrenamtlichen Richter nach den für die einzelnen Gerichtszweige geltenden Vorschriften.

Schrifttum: *Wolf* § 23 III; s auch bei § 44.

1) Rechte und Pflichten der ehrenamtlichen Richter.
A. Allgemeines, I. Einheitlich für alle Gerichtszweige gilt: **a)** Sie sind in gleichem Maße wie ein Berufsrichter **unabhängig, I,** s § 25; insbesondere sind sie keinerlei Weisungen unterworfen und dürfen auch nicht die Interessen derjenigen Gruppen vertreten, aus denen sie ausgewählt sind; **b)** sie haben das **Beratungsgeheimnis** zu wahren, **I,** s § 43; **c)** auch für sie gelten das **Steuergeheimnis,** § 30 AO, §§ 355, 11 I Z 2 u 3 StGB, wie in VI besonders hervorgehoben wird, die **Geheimhaltungspflicht,** § 174 III GVG (iVm den Verweisungsvorschriften der anderen Verfahrensordnungen), § 353 d StGB; **d)** wegen ihres Anspruchs auf **Entschädigung** s §§ 15–18 JVEG, Hartmann Teil V. Zum Benachteiligungsverbot des § 45 Ia Schmidt-Räntsch NVwZ 05, 166.
B. Sonstiges, IX. Im übrigen bestimmen sich Rechte und Pflichten der ehrenamtlichen Richter nach den für die einzelnen Gerichtszweige geltenden Vorschriften, vgl § 44 Rn 2 und 3.

2) Verpflichtung auf das Amt, II–VIII. Es handelt sich um eine einheitliche Regelung für die ehrenamtlichen Richter aller Gerichtszweige.
A. Der Inhalt, III u IV, entspricht dem Eid der Berufsrichter, § 38; eine Erweiterung auf die Wahrung des Steuergeheimnisses, Anm 1, gilt für die ehrenamtlichen Richter beim FinGericht, **VI.** Eine zusätzliche Verpflichtung auf die Landesverfassung ist zulässig, **VII**; dazu ist ein LandesG erforderlich (das Form und Verfahren jedoch nicht abweichend von § 45 regeln darf).
B. Formen: Eid, III, mit oder ohne Anrufung Gottes, und **Gelöbnis, IV;** die Anfügung besonderer Beteuerungsformeln ist zulässig, **V.**
C. Verfahren: Einzelnahme vor der ersten Dienstleistung in öffentlicher Sitzung, regelmäßig in unmittelbarem Zusammenhang mit der anschließenden Verhandlung, durch den Vorsitzenden, **II 1,** mit Sonderregelung für den Fall, daß dieser selbst ehrenamtlicher Richter ist, § 123 S 2 DRiG. Über die Verpflichtung ist ein Protokoll aufzunehmen, **VIII**; Aufnahme des Wortlauts der Verpflichtung und Unterschrift des ehrenamtlichen Richters sind nicht erforderlich.
D. Dauer der Verpflichtung: Sie gilt für die Dauer des Amtes, also bis zum Ausscheiden (zB nach § 13 II SGG), bei erneuter Bestellung auch für die sich unmittelbar anschließende Amtszeit, **II 2** (durch die Einfügung des zweiten Halbsatzes durch G v 26. 6. 90, BGBl 1206, ist die frühere Streitfrage, s 48. Aufl, entschieden worden). Wechselt der ehrenamtliche Richter an ein höheres Gericht, ist eine erneute Verpflichtung nötig, Schwab NZA **91,** 658.
E. Verstöße gegen II–VIII: Ist die Verpflichtung unterblieben, so hat ein Nichtrichter mitgewirkt; das Gericht war dann nicht ordnungsgemäß besetzt, BVerfG **31,** 184, BGHSt **3,** 175, **4,** 158, BVerwG NVwZ **05,** 231 mwN, stRspr. Formfehler wie die Vereidigung im Beratungszimmer, das Unterlassen der Protokollierung oder das Nichterheben der rechten Hand erfordern nicht die Aufhebung der angefochtenen Entscheidung, BVerwG **73,** 78 u NJW **81,** 1110, Berger-Delhey RdA **88,** 22.

---

§ 45 a. Bezeichnungen der ehrenamtlichen Richter. Die ehrenamtlichen Richter in der Strafgerichtsbarkeit führen die Bezeichnung „Schöffe", die ehrenamtlichen Richter bei den Kammern für Handelssachen die Bezeichnung „Handelsrichter" und die anderen ehrenamtlichen Richter die Bezeichnung „ehrenamtlicher Richter".

1) Bem. Ebenso wie bei den Berufsrichtern, § 19 a, sind die Bezeichnungen der ehrenamtlichen Richter in allen Zweigen der Gerichtsbarkeit vereinheitlicht. Mit Ausnahme der Laienbeisitzer in der Strafgerichtsbarkeit, die alle „Schöffen" heißen, und der kaufmännischen Beisitzer bei den KfH, §§ 105 ff GVG, die die traditionelle Bezeichnung „Handelsrichter" führen, gilt für sie die Bezeichnung „ehrenamtlicher Richter"; damit wird die Gleichwertigkeit des von juristischen Laien ausgeübten Richteramtes betont, C. Arndt DRiZ **72,** 42.

Zweiter Teil. Richter im Bundesdienst

Grundzüge

1 **1) Richter im Bundesdienst** sind die Richter bei einem Gericht des Bundes, also bei obersten Bundesgerichten, Bundespatentgericht, Bundesdisziplinargericht, Truppendienstgerichten. Die Mitglieder dieser Gerichte ernennt der Bundespräsident, Art 66 I GG. Wegen des Bundesverfassungsgerichts s §§ 69, 70.

2 **2) Für die Richter im Bundesdienst gelten** die Bestimmungen des 1. Teils, die durch einige allgemeine Bestimmungen, §§ 46–48, und die Vorschriften die über die Richtervertretungen, §§ 49–60, sowie das Dienstgericht beim Bund, §§ 61–68, ergänzt werden.

Erster Abschnitt. Allgemeine Vorschriften

§ 46. Geltung des Bundesbeamtenrechts. Soweit dieses Gesetz nichts anderes bestimmt, gelten für die Rechtsverhältnisse der Richter im Bundesdienst bis zu einer besonderen Regelung die Vorschriften für Bundesbeamte entsprechend.

1 **1) Allgemeines.** Die besonderen für die Richter des Bundes geltenden Bestimmungen sind die des 1. und 2. Teiles, die durch einige Überleitungsbestimmungen, §§ 105 ff, ergänzt werden. Für Richter im Landesdienst gilt der 3. Teil, §§ 71 ff.

2 **2) Entsprechende Anwendung der Vorschriften für die Bundesbeamten** (verfassungsrechtlich unbedenklich, BVerfG **26**, 141). Damit ist nicht gesagt, daß es sich bei den Richtern um richterliche Beamte handelt, weil sich das Gegenteil aus den §§ 8 ff ergibt. Stets ist zu prüfen, inwieweit das DRiG eine abschließende Regelung trifft, wie zB bei der Befähigung zum Richteramt, §§ 5 ff, den Rechtsformen des Richterdienstes, §§ 8 ff, der Unabhängigkeit des Richters, §§ 25 ff, wozu auch die abschließend geregelten Gründe für eine Entfernung eines Richters aus dem Amt wider seinen Willen, §§ 18 ff, zu rechnen sind. Fehlt eine abschließende Regelung, so ist zu untersuchen, ob eine besondere Regelung getroffen ist, die die im BBG enthaltene Vorschrift ausschließt. **Entsprechendes gilt für Richter im Landesdienst,** deren Rechtsverhältnisse nach bestimmten Vorschriften des BRRG, die denen des BBG weitgehend entsprechen, zu regeln sind, § 71.
Im übrigen ist bei Anwendung jeder Vorschrift zu prüfen, ob sie mit der dem Richter eigentümlichen Stellung, wie sie sich aus dem GG und dem DRiG ergibt, vereinbar ist oder ob sie nur mit einer sich daraus ergebenden Maßgabe anwendbar ist, BVerwG DÖD **72**, 142. Die **Arbeitszeitvorschriften** gelten nicht für Richter, so daß sie nicht an bestimmte Dienststunden gebunden sind, BGH NJW **91**, 1104, BVerwG NJW **88**, 1160 mwN, DÖV **81**, 632, VG Köln DÖD **72**, 213, Schröder NJW **05**, 1160, Kissel § 1 GVG Rn 154, GKÖD § 26 Anm 58 (dazu Jaeger MDR **93**, 944 u Ponschab MDR **93**, 945), vgl auch § 26 Rn 3; wohl aber darf die von einem Richter aufzubringende Arbeitszeit pauschaliert an dem Arbeitserfolg vergleichbarer Richter in der regelmäßigen wöchentlichen Arbeitszeit der Beamten gemessen werden, BVerwG NJW **83**, 62 (dazu Hieronimi NJW **84**, 108 u Hohendorf NJW **84**, 959). Zur zeitlichen Begrenzung des Zugangs zum Gerichtsgebäude für Richter s VG Ffm DRiZ **00**, 182. Anwendbar ist dagegen § 76 BBG mit den darauf gestützten Anordnungen über die **Amtstracht**, Schmidt-Räntsch 44, vgl (auch zum Landesrecht) BVerwG NJW **83**, 2589 (zu VGH Kassel DRiZ **80**, 392), Ffm NJW **87**, 1208; es besteht aber kein Anspruch auf unentgeltliche Gestellung, weil § 17 BBesG entgegensteht, BVerwG aaO, OVG Lüneb DRiZ **74**, 389; zum Tragen religiöser Symbole oder solcher Kleidung s Röger DRiZ **95**, 471 mwN. Anwendbar ist § 90 S 1 BBG (Einsichtsrecht hinsichtlich der Personalakten), dazu BVerwG NVwZ **84**, 445. Zur Genehmigung einer **Nebentätigkeit** BVerwG NJW **88**, 1159 (zu OVG Kblz NJW **86**, 2723) u VG Regensburg DRiZ **88**, 220, zur Bewilligung von Erholungsurlaub VGH Mannh NJW **91**, 2437, zum Tätigwerden eines im Ruhestande lebenden Richters als RA VGH Mü NJW **88**, 1406. Neben § 43 sind entspr anwendbar die Vorschriften über die **Amtsverschwiegenheit** des Beamten, § 61 BBG bzw § 39 BRRG, Schmidt-Räntsch § 46 Rn 37 und § 71 Rn 20.

3 **Entsprechend anzuwenden** für Richter im Bundesdienst ist das BBG idF v 31. 3. 99, BGBl 675 (m späteren Änd), nebst allen auf Grund dieses Gesetzes erlassenen Vorschriften (Übers bei Schmidt-Räntsch 13 ff); **unmittelbar anzuwenden** ist die VO über die Nebentätigkeit der Richter im Bundesdienst v 15. 10. 65, BGBl 1719, idF der VO v 28. 8. 74, BGBl 2115, m späterer Änd, Schmidt-Räntsch Teil E, vgl DRiZ **97**, 224. Für die **Besoldung der Richter** des Bundes und der Länder gilt das Bundesbesoldungsgesetz (idF v 6. 8. 02, BGBl 3020) unmittelbar, § 1 I Z 2 BBesG, ebenso für die **Versorgung** nach Maßgabe des DRiG das Beamtenversorgungsgesetz idF v 16. 3. 99 (BGBl 322, 847 u 2033) m Änd, und das Gesetz über die Gewährung eines Kindererziehungszuschlages (KEZG), Art 16 des BeamtVGÄndG v 18. 12. 89, BGBl 2218 (dazu DRiZ **91**, 459).

§ 47. Bundespersonalausschuß in Angelegenheiten der Richter. [1] In Angelegenheiten der Richter im Bundesdienst wirkt im Bundespersonalausschuß als weiteres ständiges ordentliches Mitglied der Leiter der Personalabteilung des Bundesministeriums der Justiz mit, dessen Stellvertreter ein anderer Beamter des Bundesministeriums der Justiz ist. [2] Nichtständige ordentliche Mitglieder sind vier Richter; sie und ihre Stellvertreter müssen Richter auf Lebenszeit im Bundesdienst sein. [3] Der Beamte des Bundesministerums der Justiz und die Richter werden vom Bundesminister der Justiz im Einvernehmen mit den beteiligten Bundesministern vorgeschlagen, davon drei Richter und ihre Stellvertreter auf Grund einer Benennung durch die Spitzenorganisationen der Berufsverbände der Richter.

§§ 48–48 c DRiG

§ 48. Eintritt in den Ruhestand. [I] Die Richter auf Lebenszeit treten mit dem Ende des Monats in den Ruhestand, in dem sie das fünfundsechzigste Lebensjahr vollenden.

[II] Der Eintritt in den Ruhestand kann nicht hinausgeschoben werden.

[III] Ein Richter auf Lebenszeit ist auf seinen Antrag in den Ruhestand zu versetzen
1. frühestens mit Vollendung des dreiundsechzigsten Lebensjahres oder
2. als schwerbehinderter Mensch im Sinne des § 2 Abs. 2 des Neunten Buches Sozialgesetzbuch frühestens mit Vollendung des sechzigsten Lebensjahres.

Bem. III Z 2 idF des Art 22 SGB IX v 19. 6. 01, BGBl 1046; zur Versetzung in den Ruhestand auf eigenen Antrag BVerwG DRiZ **97**, 108. Vgl i ü Schultz MDR **86**, 108, Otto DRiZ **85**, 464, Girisch DRiZ **85**, 99 u 465.   1

§ 48 a. Teilzeitbeschäftigung und Beurlaubung aus familiären Gründen. [I] Einem Richter ist auf Antrag
1. Teilzeitbeschäftigung bis zur Hälfte des regelmäßigen Dienstes,
2. ein Urlaub ohne Dienstbezüge bis zur Dauer von drei Jahren mit der Möglichkeit der Verlängerung

zu bewilligen, wenn er
  a) mindestens ein Kind unter achtzehn Jahren oder
  b) einen nach ärztlichem Gutachten pflegebedürftigen sonstigen Angehörigen
tatsächlich betreut oder pflegt.

[II] [1] Die Dauer des Urlaubs im Sinne des Absatzes 1 darf auch in Verbindung mit Urlaub nach § 48 b Abs. 1 zwölf Jahre nicht überschreiten. [2] Der Antrag auf Verlängerung einer Teilzeitbeschäftigung oder eines Urlaubs ist spätestens sechs Monate vor Ablauf der genehmigten Freistellung zu stellen.

[III] [1] Anträge nach Absatz 1 Nr. 1 sind nur zu genehmigen, wenn der Richter zugleich zustimmt, mit Beginn oder bei Änderung der Teilzeitbeschäftigung und beim Übergang zur Vollzeitbeschäftigung auch in einem anderen Gericht desselben Gerichtszweiges verwendet zu werden. [2] Anträge nach Absatz 1 Nr. 2 sind nur dann zu genehmigen, wenn der Richter zugleich einer Verwendung auch in einem anderen Richteramt desselben Gerichtszweiges zustimmt.

[IV] Während einer Freistellung vom Dienst nach Absatz 1 dürfen nur solche Nebentätigkeiten genehmigt werden, die dem Zweck der Freistellung nicht zuwiderlaufen.

[V] [1] Über eine Änderung des Umfangs der Teilzeitbeschäftigung oder den Übergang zur Vollzeitbeschäftigung während der Dauer des Bewilligungszeitraumes entscheidet auf Antrag die zuständige Dienstbehörde. [2] Sie soll in besonderen Härtefällen eine Änderung des Umfangs der Teilzeitbeschäftigung oder den Übergang zur Vollzeitbeschäftigung zulassen, wenn dem Richter die Teilzeitbeschäftigung im bisherigen Umfang nicht zugemutet werden kann. [3] Die zuständige Dienstbehörde kann in besonderen Härtefällen eine Rückkehr aus dem Urlaub zulassen, wenn dem Richter eine Fortsetzung des Urlaubs nicht zugemutet werden kann. [4] Absatz 2 Satz 2 gilt entsprechend.

[VI] [1] Während der Dauer des Urlaubs nach Absatz 1 Nr. 2 in Verbindung mit Absatz 2 Satz 1 besteht ein Anspruch auf Leistungen der Krankheitsfürsorge in entsprechender Anwendung der Beihilferegelungen für Richter mit Dienstbezügen. [2] Dies gilt nicht, wenn der Richter berücksichtigungsfähiger Angehöriger eines Beihilfeberechtigten wird oder Anspruch auf Familienhilfe nach § 10 des Fünften Buches Sozialgesetzbuch hat.

§ 48 b. Beurlaubung aus Arbeitsmarktgründen. [I] Einem Richter ist in einer Arbeitsmarktsituation, in der ein außergewöhnlicher Bewerberüberhang besteht und deshalb ein dringendes öffentliches Interesse daran gegeben ist, verstärkt Bewerber im öffentlichen Dienst zu beschäftigen, nach Vollendung des fünfundzwanzigsten Lebensjahres auf Antrag, der sich auf die Zeit bis zum Beginn des Ruhestandes erstrecken muß, Urlaub ohne Dienstbezüge zu bewilligen.

[II] [1] Dem Antrag darf nur entsprochen werden, wenn der Richter erklärt, während des Urlaubs auf die Ausübung entgeltlicher Nebentätigkeiten zu verzichten und entgeltliche Tätigkeiten nach § 46 dieses Gesetzes in Verbindung mit § 66 Abs. 1 des Bundesbeamtengesetzes nur in dem Umfang auszuüben, wie er bei Vollzeitbeschäftigung ohne Verletzung dienstlicher Pflichten ausüben könnte. [2] Wird diese Verpflichtung schuldhaft verletzt, ist die Bewilligung zu widerrufen. [3] Die zuständige Dienstbehörde darf trotz der Erklärung des Richters nach Satz 1 Nebentätigkeiten genehmigen, soweit sie dem Zweck der Bewilligung des Urlaubs nicht zuwiderlaufen. [4] Die zuständige Dienstbehörde kann in besonderen Härtefällen eine Rückkehr aus dem Urlaub zulassen, wenn dem Richter die Fortsetzung des Urlaubs nicht zugemutet werden kann.

[III] Wenn vor dem 1. Juli 1997 Urlaub nach Absatz 1 bewilligt worden ist, gilt für die Bestimmungen des Beginns des Ruhestandes im Sinne dieser Vorschrift § 48 Abs. 3 Satz 1 Nr. 1 in der bis zum 30. Juni 1997 geltenden Fassung fort.

[IV] Bis zum 31. Dezember 2004 ist einem Richter Urlaub nach Absatz 1 bereits nach Vollendung des fünfzigsten Lebensjahres zu bewilligen. In Verbindung mit Urlaub nach § 48 a Abs. 1 darf die Dauer des Urlaubs fünfzehn Jahre nicht überschreiten.

Bem. IV mWv 1. 1. 99 eingefügt durch Art 7 Z 2 iVm Art 14 II BBVAnpG 98 v 6. 8. 98, BGBl 2026.   1

§ 48 c. Teilzeitbeschäftigung. Einem Richter ist nach einer Teilzeitbeschäftigung von mindestens fünfzehn Jahren und nach Vollendung des fünfzigsten Lebensjahres auf Antrag Teilzeitbeschäftigung bis auf drei Viertel des regelmäßigen Dienstes zu bewilligen, wenn die Voraussetzungen des § 48 a Abs. 1 nicht vorliegen und es dem Richter nicht mehr zuzumuten ist, zur Vollzeitbeschäftigung zurückzukehren.

§ 48 d. *Teilzeitbeschäftigung, Beurlaubung und berufliches Fortkommen.* Teilzeitbeschäftigung und Beurlaubung nach den § 48 a oder § 48 c dürfen das berufliche Fortkommen nicht beeinträchtigen; eine unterschiedliche Behandlung von Richtern mit Teilzeitbeschäftigung gegenüber Richtern mit Vollzeitbeschäftigung ist nur zulässig, wenn zwingende sachliche Gründe sie rechtfertigen.

Bem. §§ 48 c und 48 d eingefügt durch Art 6 Z 4 G v 24. 2. 97, BGBl 322, mWv 1. 7. 97, Art 15 § 3 des Ges, § 48 d mWv 1. 1. 99 geänd durch Art 9 Z 2 VReformG v 29. 6. 98, BGBl 1666.

Zweiter Abschnitt. Richtervertretungen

Zusammenfassung

1 1) **Allgemeines.** Das DRiG hat für die Richter des Bundes und der Länder zwei Richtervertretungen eingeführt (Schrifttum: Görnert DRiZ **72**, 297; Pentz DRiZ **75**, 45; Kühne DRiZ **84**, 145; Schaffer DRiZ **85**, 48, Priepke DRiZ **86**, 319), die auch besondere Aufgaben nach dem SchwbG haben, § 23 SchwbG (wegen der Schwerbehindertenvertretungen s §§ 24 ff SchwbG). Es sind:
 a) **Richterräte** für die Beteiligung an allgemeinen und sozialen Angelegenheiten, § 49 Z 1, für deren Befugnisse und Pflichten die in § 52 genannten Vorschriften des BPersVG sinngemäß gelten (dazu eingehend Priepke DRiZ **85**, 282). Die Zusammensetzung des Richterrats, der von den Richtern des betreffenden Gerichts geheim und unmittelbar gewählt wird, § 51, ist bei den 8 in § 50 genannten Gerichten des Bundes verschieden; die Regelung ist abschließend.
 b) **Präsidialräte** für die Beteiligung bei der Ernennung eines Richters, §§ 49 Z 2, 55–57, BVerwG NJW **93**, 2455, Buschmann RiA **82**, 44. Sie bestehen aus dem Gerichtspräsidenten, Mitgliedern des Präsidiums und solchen, die von den Richtern gewählt werden, § 54.

2 2) **Rechtsstreitigkeiten** aus der Bildung oder Tätigkeit der Rechtsvertretungen werden im Verwaltungsrechtsweg entschieden, § 60, zB bei Abbruch der Beteiligung, OVG Kblz DVBl **91**, 719, oder bei einer Wahlanfechtung, VG Hann DVBl **74**, 372.

3 3) **Vertretungen der Richter im Landesdienst:** §§ 72–75.

§ 49. *Richterrat und Präsidialrat.* Bei den Gerichten des Bundes werden als Richtervertretungen errichtet
1. Richterräte für die Beteiligung an allgemeinen und sozialen Angelegenheiten,
2. Präsidialräte für die Beteiligung an der Ernennung eines Richters.

§ 50. *Zusammensetzung des Richterrats.* ¹Der Richterrat besteht bei dem
1. Bundesgerichtshof und Bundespatentgericht aus je fünf gewählten Richtern,
2. Bundesverwaltungsgericht, Bundesfinanzhof, Bundesarbeitsgericht und Bundessozialgericht aus je drei gewählten Richtern,
II ¹ Für die Richter der Truppendienstgerichte wird ein Richterrat aus drei gewählten Richtern errichtet. ² Der Richterrat bestimmt seinen Sitz bei einem Truppendienstgericht.
III Der Präsident des Gerichts und sein ständiger Vertreter können dem Richterrat nicht angehören.

Bem. I Z 2 idF des Art 10 G v 9. 7. 01, BGBl 1510.

§ 51. *Wahl des Richterrats.* ¹Die Mitglieder des Richterrats und eine gleiche Anzahl von Stellvertretern werden auf jeweils vier Jahre geheim und unmittelbar gewählt.
II ¹ Zur Vorbereitung der Wahl beruft der Präsident des Gerichts, bei den Truppendienstgerichten der lebensälteste Richter, eine Versammlung der Richter ein. ² Die Versammlung beschließt unter dem Vorsitz des lebensältesten Richters das Wahlverfahren.

§ 52. *Aufgaben des Richterrats.* Für die Befugnisse und Pflichten des Richterrats gelten § 2 Abs. 1, §§ 66 bis 74, 75 Abs. 2 und 3 Nr. 1 bis 5 und 11 bis 16, § 76 Abs. 2, § 78 Abs. 1 Nr. 1, 2 und Abs. 2 bis 4, §§ 80 und 81 des Bundespersonalvertretungsgesetzes vom 15. März 1974 (Bundesgesetzbl. I S. 693) sinngemäß.

§ 53. *Gemeinsame Aufgaben von Richterrat und Personalvertretung.* ¹ Sind an einer Angelegenheit sowohl der Richterrat als auch die Personalvertretung beteiligt, so entsendet der Richterrat für die gemeinsame Beschlußfassung Mitglieder in die Personalvertretung.
II ¹ Die Zahl der entsandten Mitglieder des Richterrats muß zur Zahl der Richter im gleichen Verhältnis stehen wie die Zahl der Mitglieder der Personalvertretung zur Zahl der Beamten, Angestellten und Arbeiter. ² Jedoch entsendet der Richterrat mindestens die in § 17 Abs. 3 und Abs. 5 Satz 1 des Bundespersonalvertretungsgesetzes bestimmte Zahl von Mitgliedern.

1 **Bem.** Vgl dazu Fertig DRiZ **77**, 147.

§ 54. Bildung des Präsidialrats. [I] [1] Bei jedem obersten Gerichtshof des Bundes wird ein Präsidialrat errichtet. [2] Der Präsidialrat beim Bundesverwaltungsgericht ist zugleich für die Truppendienstgerichte zuständig. [3] Er besteht bei
1. dem Bundesgerichtshof aus dem Präsidenten als Vorsitzendem, seinem ständigen Vertreter, zwei vom Präsidium aus seiner Mitte gewählten Mitgliedern und drei weiteren Mitgliedern,
2. den anderen obersten Gerichtshöfen des Bundes aus dem Präsidenten als Vorsitzendem, seinem ständigen Vertreter, einem vom Präsidium aus seiner Mitte gewählten Mitglied und zwei weiteren Mitgliedern.

[4] Ist kein ständiger Vertreter ernannt, so wirkt an seiner Stelle der dienstälteste, bei gleichem Dienstalter der lebensälteste Vorsitzende Richter mit. [5] Die weiteren Mitglieder werden von den Richtern des Gerichts, bei dem der Präsidialrat errichtet ist, geheim und unmittelbar gewählt. § 51 Abs. 2 gilt entsprechend.

[II] An die Stelle der beiden von den Richtern des Bundesverwaltungsgerichts gewählten Mitglieder treten in Angelegenheiten der Richter der Truppendienstgerichte zwei von den Richtern dieser Gerichte gewählte Mitglieder; Absatz 1 Satz 5 und 6 gilt entsprechend.

[III] [1] Für die Richter des Bundespatentgerichts wird ein Präsidialrat errichtet; er besteht aus dem Präsidenten als Vorsitzendem, seinem ständigen Vertreter, zwei vom Präsidium aus seiner Mitte gewählten Mitgliedern und drei weiteren Mitgliedern. [2] Absatz 1 Satz 5 und 6 gilt entsprechend.

[IV] Die Amtszeit des Präsidialrats beträgt vier Jahre.

§ 55. Aufgabe des Präsidialrats. [1] Vor jeder Ernennung oder Wahl eines Richters ist der Präsidialrat des Gerichts, bei dem der Richter verwendet werden soll, zu beteiligen. [2] Das gleiche gilt, wenn einem Richter ein Richteramt an einem Gericht eines anderen Gerichtszweigs übertragen werden soll.

Bem. Vgl dazu BVerfG DRiZ **76**, 120, BVerwG NJW **93**, 2455 (keine Mitbestimmung des Personalrates), **1** OVG Münst DRiZ **99**, 422, VG Düss DRiZ **96**, 149, ferner Pentz DÖD **80**, 221, Buschmann RiA **82**, 44. Zum Verfahren s §§ 56 u 57.

§ 56. Einleitung der Beteiligung. [I] [1] Die oberste Dienstbehörde beantragt die Stellungnahme des Präsidialrats. [2] Dem Antrag sind die Bewerbungsunterlagen und die Personal- und Befähigungsnachweise beizufügen. [3] Personalakten dürfen nur mit Zustimmung des Bewerbers oder Richters vorgelegt werden.

[II] Auf Ersuchen eines Mitglieds eines Richterwahlausschusses hat die oberste Dienstbehörde die Stellungnahme zu beantragen.

§ 57. Stellungnahme des Präsidialrats. [I] [1] Der Präsidialrat gibt eine schriftlich begründete Stellungnahme ab über die persönliche und fachliche Eignung des Bewerbers oder Richters. [2] Die Stellungnahme ist zu den Personalakten zu nehmen.

[II] Der Präsidialrat hat seine Stellungnahme binnen eines Monats abzugeben.

[III] Ein Richter darf erst ernannt oder gewählt werden, wenn die Stellungnahme des Präsidialrats vorliegt oder die Frist des Absatzes 2 verstrichen ist.

Bem. Die Vorschrift regelt die Befugnisse des Präsidialrats abschließend. Er kann sich einer Stellungnahme **1** enthalten, wie II und III zeigen. Andernfalls äußert er sich zur Eignung des von der Verwaltung (oder vom Richterwahlausschuß) Vorgeschlagenen, §§ 55 und 56; sind mehrere, darf er eine Abstufung der Eignung vornehmen. Ein Recht zu Gegenvorschlägen hat der Präsidialrat nicht, Begr RegEntw zu § 56. Ist die Stelle ausgeschrieben worden, sind ihm aber die übrigen Bewerber bekanntzugeben, Philipp DRiZ **64**, 253. Die Ernennung eines Richters ohne Beteiligung des Präsidialrats bleibt wirksam, da die §§ 18 und 19 diesen Fall nicht erwähnen, Schmidt-Räntsch 10, GKÖD 5.

§ 58. Geschäftsführung, Rechtsstellung der Mitglieder. [I] Die Richtervertretungen regeln ihre Beschlußfassung und Geschäftsführung in einer Geschäftsordnung.

[II] [1] Die Kosten der Richtervertretungen fallen dem Haushalt der Gerichte zur Last. [2] Die Gerichtsverwaltung stellt Räume und Geschäftsbedarf zur Verfügung.

[III] [1] Die Mitgliedschaft in der Richtervertretung ist ein Ehrenamt. [2] Für die Rechte und Pflichten der Mitglieder gelten die §§ 8 bis 11, 46 Abs. 3 bis 7, § 47 Abs. 2 des Bundespersonalvertretungsgesetzes sinngemäß.

Bem. Der Hauptvertrauensmann der schwerbehinderten Richter darf in Ausübung seines Rechts nach **1** § 22 IV 1 SchwBG an der Sitzung auch während der Abstimmung teilnehmen.

§ 59. Abgeordnete Richter. [I] [1] Ein an ein Gericht des Bundes abgeordneter Richter wird zum Richterrat dieses Gerichts wahlberechtigt, sobald die Abordnung länger als drei Monate gedauert hat. [2] Wird ein Richter im Bundesdienst an ein anderes Gericht oder an eine Verwaltungsbehörde abgeordnet, so verliert er sein Wahlrecht zum Richterrat bei dem bisherigen Gericht nach Ablauf von drei Monaten.

[II] [1] Ein abgeordneter Richter kann dem Präsidialrat für das Gericht des Bundes, an das er abgeordnet ist, nicht angehören; er ist für diesen Präsidialrat nicht wahlberechtigt. [2] Ein Richter im Bundesdienst scheidet mit Beginn der Abordnung aus dem Präsidialrat seines bisherigen Gerichts aus; seine Wahlberechtigung bleibt jedoch unberührt.

§ 60. Rechtsweg in Angelegenheiten der Richtervertretungen. ¹Für Rechtsstreitigkeiten aus der Bildung oder Tätigkeit der Richtervertretungen steht der Rechtsweg zu den Verwaltungsgerichten offen. ²Das Verwaltungsgericht entscheidet bei Rechtsstreitigkeiten aus der gemeinsamen Beteiligung von Richterrat und Personalvertretung (§ 53 Abs. 1) nach den Verfahrensvorschriften und in der Besetzung des § 83 Abs. 2 und § 84 des Bundespersonalvertretungsgesetzes.

1 **Bem.** Zu S 1 vgl OVG Kblz DVBl **91**, 719.

Dritter Abschnitt. Dienstgericht des Bundes
Zusammenfassung

1 Dienstgericht ist für die im Dienst des Bundes stehenden Richter aller Gerichtszweige ein **besonderer Senat des BGH**, § 61 I, der auch Revisionssenat für Urteile der Dienstgerichte der Länder ist, §§ 62 II, 79 III; s dazu Kern DRiZ **62**, 147. Das Dienstgericht am BGH gilt als Zivilsenat, § 61 IV. Zusammensetzung des Dienstgerichts: § 61 II.

§ 61. Verfassung des Dienstgerichts. ¹Für die Richter im Bundesdienst wird als Dienstgericht des Bundes ein besonderer Senat des Bundesgerichtshofs gebildet.

II ¹Das Dienstgericht des Bundes verhandelt und entscheidet in der Besetzung mit einem Vorsitzenden, zwei ständigen Beisitzern und zwei nichtständigen Beisitzern. ²Der Vorsitzende und die ständigen Beisitzer müssen dem Bundesgerichtshof, die nichtständigen Beisitzer als Richter auf Lebenszeit dem Gerichtszweig des betroffenen Richters angehören. ³Der Präsident eines Gerichts und sein ständiger Vertreter können nicht Mitglied des Dienstgerichts sein.

III ¹Das Präsidium des Bundesgerichtshofs bestimmt den Vorsitzenden und die Beisitzer sowie deren Vertreter für fünf Geschäftsjahre. ²Bei der Hinzuziehung der nichtständigen Beisitzer ist es an die Reihenfolge in den Vorschlagslisten gebunden, die von den Präsidien der obersten Gerichtshöfe des Bundes aufgestellt werden.

IV Das Dienstgericht gilt als Zivilsenat im Sinne des § 132 des Gerichtsverfassungsgesetzes.

Bem. IV mWv 1. 1. 02 neu gefaßt durch Art 10 G v 9. 7. 01, BGBl 1510.

§ 62. Zuständigkeit des Dienstgerichts. ¹Das Dienstgericht des Bundes entscheidet endgültig
1. in Disziplinarsachen, auch der Richter im Ruhestand;
2. über die Versetzung im Interesse der Rechtspflege;
3. bei Richtern auf Lebenszeit oder auf Zeit über die
    a) Nichtigkeit einer Ernennung,
    b) Rücknahme einer Ernennung,
    c) Entlassung,
    d) Versetzung in den Ruhestand wegen Dienstunfähigkeit,
    e) eingeschränkte Verwendung wegen begrenzter Dienstfähigkeit;
4. bei Anfechtung
    a) einer Maßnahme wegen Veränderung der Gerichtsorganisation,
    b) der Abordnung eines Richters gemäß § 37 Abs. 3,
    c) einer Verfügung, durch die ein Richter auf Probe oder kraft Auftrags entlassen, durch die seine Ernennung zurückgenommen oder die Nichtigkeit seiner Ernennung festgestellt oder durch die er wegen Dienstunfähigkeit in den Ruhestand versetzt wird,
    d) der Heranziehung zu einer Nebentätigkeit,
    e) einer Maßnahme der Dienstaufsicht aus den Gründen des § 26 Abs. 3,
    f) einer Verfügung über Ermäßigung des Dienstes oder Beurlaubung nach §§ 48 a bis 48 c.

II Das Dienstgericht des Bundes entscheidet auch über die Revision gegen Urteile der Dienstgerichte der Länder (§ 79).

1 **Bem.** I Z 3 e eingefügt und I Z 4 f mWv 1. 1. 99 geänd durch Art 9 Z 3 VReformG v 29. 6. 98, BGBl 1666; vgl dazu § 34 und die §§ 26 a BRRG, 42 a BBG. Unter Z 3 d fällt auch die Nachprüfung einer in diesem Zusammenhang erlassenen Untersuchungsanordnung, BGH NJW **81**, 2011.

§ 63. Disziplinarverfahren. ¹Für das Verfahren in Disziplinarsachen gelten die Vorschriften des Bundesdisziplinargesetzes sinngemäß.

II ¹Über die vorläufige Dienstenthebung und die Einbehaltung von Dienstbezügen sowie über die Aufhebung dieser Maßnahmen entscheidet auf Antrag der obersten Dienstbehörde das Dienstgericht durch Beschluss. ²Der Beschluss ist der obersten Dienstbehörde und dem Richter zuzustellen.

Bem. I u II 1 mWv 1. 1. 02 idF des Art 10 G v 9. 7. 01, BGBl 1510 (III aF aufgehoben).

§ 64. Disziplinarmaßnahmen. ¹Durch Disziplinarverfügung kann nur ein Verweis ausgesprochen werden.

II Gegen einen Richter bei einem obersten Gerichtshof des Bundes kann nur Verweis, Geldbuße oder Entfernung aus dem Dienst verhängt werden.

§ 65. *Versetzungsverfahren.* **I** Für das Verfahren bei Versetzung im Interesse der Rechtspflege (Versetzungsverfahren) gelten die Vorschriften der Verwaltungsgerichtsordnung sinngemäß.

II ¹ Das Verfahren wird durch einen Antrag der obersten Dienstbehörde eingeleitet. ² Ein Vorverfahren findet nicht statt. ³ Der Vertreter des Bundesinteresses beim Bundesverwaltungsgericht wirkt an dem Verfahren nicht mit.

III Das Gericht erklärt eine der in § 31 vorgesehenen Maßnahmen für zulässig oder weist den Antrag zurück.

§ 66. *Prüfungsverfahren.* **I** ¹ Für das Verfahren in den Fällen des § 62 Abs. 1 Nr. 3 und 4 (Prüfungsverfahren) gelten die Vorschriften der Verwaltungsgerichtsordnung sinngemäß. ² Der Vertreter des Bundesinteresses beim Bundesverwaltungsgericht wirkt an dem Verfahren nicht mit.

II Ein Vorverfahren findet nur in den Fällen des § 62 Abs. 1 Nr. 4 statt.

III Das Verfahren wird in den Fällen des § 62 Abs. 1 Nr. 3 durch einen Antrag der obersten Dienstbehörde, in den Fällen der Nummer 4 durch einen Antrag des Richters eingeleitet.

Bem. Nach I gilt auch § 80 V, VI VwGO, BGH DRiZ **76**, 85 nicht dagegen §§ 124 ff VwGO (Zulassungsberufung), BGH NJW **00**, 3786 mwN. Auch § 67 I VwGO gilt nicht sinngemäß (keine Anwendung von § 78 b ZPO), BGH MDR **89**, 257 u **84**, 489; s auch Bem zu § 80 DRiG. Der Streitwert ist entspr § 13 GKG zu bemessen, BGH **KR** § 13 Nr 462.   1

§ 67. *Urteilsformel im Prüfungsverfahren.* **I** In dem Fall des § 62 Abs. 1 Nr. 3 Buchstabe a stellt das Gericht die Nichtigkeit fest oder weist den Antrag zurück.

II In den Fällen des § 62 Abs. 1 Nr. 3 Buchstaben b bis d stellt das Gericht die Zulässigkeit der Maßnahme oder die Entlassung fest oder weist den Antrag zurück.

III In den Fällen des § 62 Abs. 1 Nr. 4 Buchstaben a bis d hebt das Gericht die angefochtene Maßnahme auf oder weist den Antrag zurück.

IV In dem Fall des § 62 Abs. 1 Nr. 4 Buchstabe e stellt das Gericht die Unzulässigkeit der Maßnahme fest oder weist den Antrag zurück.

Bem. III muß entsprechend auch für den (später eingefügten) Fall des § 62 I Z 4 f gelten, ebenso Schmidt-Räntsch 7; in allen Fällen des III ist ggf auch die Verpflichtung auszusprechen, dem Begehren stattzugeben. IV läßt über den Wortlaut hinaus zu, zB die Vernichtung eines Zeugnisses anzuordnen (BGH **52**, 296 läßt dies offen).   1

§ 68. *Aussetzung von Verfahren.* **I** ¹ Ist eine Maßnahme der Dienstaufsicht aus den Gründen des § 26 Abs. 3 angefochten und hängt die Entscheidung hierüber von dem Bestehen oder Nichtbestehen eines Rechtsverhältnisses ab, das den Gegenstand eines anderen Verfahrens bildet oder bilden kann, so hat das Dienstgericht die Verhandlung bis zur Erledigung des anderen Verfahrens auszusetzen. ² Der Aussetzungsbeschluß ist zu begründen.

II ¹ Ist das Verfahren bei dem anderen Gericht noch nicht anhängig, so setzt das Dienstgericht in dem Aussetzungsbeschluß eine angemessene Frist zur Einleitung des Verfahrens. ² Nach fruchtlosem Ablauf der Frist weist es den Antrag ohne weitere Sachprüfung zurück.

III ¹ Hängt die Entscheidung eines anderen Gerichts als eines Dienstgerichts davon ab, ob eine Maßnahme der Dienstaufsicht aus den Gründen des § 26 Abs. 3 unzulässig ist, so hat das Gericht die Verhandlung bis zur Erledigung des Verfahrens vor dem Dienstgericht auszusetzen. ² Der Aussetzungsbeschluß ist zu begründen. ³ Absatz 2 gilt sinngemäß.

Bem. Vgl hierzu § 26 Rn 16.   1

Vierter Abschnitt. Richter des Bundesverfassungsgerichts

§ 69. *Beschränkte Geltung dieses Gesetzes.* Für die Richter des Bundesverfassungsgerichts gelten die Vorschriften dieses Gesetzes nur, soweit sie mit der besonderen Rechtsstellung dieser Richter nach dem Grundgesetz und nach dem Gesetz über das Bundesverfassungsgericht vereinbar sind.

Schrifttum: Geck, Wahl und Amtsrecht der Verfassungsrichter, 1986.

Bem. Das DRiG ist nur im Grundsatz auf die Richter des BVerfG anwendbar. Für sie kommen zunächst Art 94 GG und das BVerfGG idF v 11. 8. 93, BGBl 1473, in Betracht. Eine Liste der anwendbaren Vorschriften des DRiG bei Schmidt-Räntsch 5.   1

§ 70. *Bundesrichter als Richter des Bundesverfassungsgerichts.* **I** Die Rechte und Pflichten eines Richters an den obersten Gerichtshöfen des Bundes ruhen, solange er Mitglied des Bundesverfassungsgerichts ist.

II Er ist auf seinen Antrag auch als Richter an einem obersten Gerichtshof des Bundes zu dem Zeitpunkt in den Ruhestand zu versetzen, zu dem sein Amt als Richter des Bundesverfassungsgerichts nach Maßgabe des § 98 des Gesetzes über das Bundesverfassungsgericht endet.

Dritter Teil. Richter im Landesdienst
Vorbemerkung

1 **1) Rahmenvorschriften.** Der 3. Teil enthält im wesentlichen Rahmenvorschriften, was Art 98 III 2 GG zuläßt, also Anweisungen an den Landesgesetzgeber. Landesrichtergesetze (Änderungen sind Schönfelder Fußnote bei § 71 DRiG verzeichnet): **Baden-Württemberg** LRiG idF v 22. 5. 00, GBl 503, **Bayern** RiG idF v 11. 1. 77, GVBl 27, **Berlin** RiG idF v 27. 4. 70, GVBl 642, **Brandenburg** RiG v 22. 11. 96, GVBl I 322, **Bremen** RiG v 15. 12. 64, GBl 187, **Hamburg** RiG v 2. 5. 91, GVBl 169, **Hessen** RiG idR v 11. 3. 91, GVBl 54, **Mecklenburg-Vorpommern**, LRiG v 7. 6. 91, GVBl 159, **Niedersachsen** RiG v 14. 12. 62, GVBl 265, **Nordrhein-Westfalen** RiG v 29. 3. 66, GVBl 217, **Rheinland-Pfalz** LRiG idF v 16. 3. 75, GVBl 117, **Saarland** RiG idF v 1. 4. 75, ABl 566, **Sachsen** idF v 13. 2. 97, GVBl 117, **Sachsen-Anhalt**, LRiG v 1. 4. 93, GVBl 170, **Schleswig-Holstein** RiG idF v 23. 1. 92, GVBl 46, **Thüringen** RiG v 17. 5. 94, GVBl 485. Innerhalb der rahmenrechtlichen Bindung ist der Landesgesetzgeber (nur) durch den allgemeinen Gleichheitssatz beschränkt, BVerfG DRiZ **76**, 118 (betr Bildung des Präsidialrats, § 74, dazu BayVerfGH DRiZ **75**, 344).

2 **2) Unmittelbar geltendes Recht enthalten** §§ 71 III, 80–82.

3 **3) Ergänzt** wird der 3. Teil durch die Vorschriften des 1. Teils nebst den sich auf dessen Vorschriften beziehenden Überleitungsbestimmungen, §§ 105 ff. Auch diese Vorschriften gelten unmittelbar. Das gleiche gilt für das Bundesbesoldungsgesetz, § 1 I 1 Z 2 BBesG, und im Rahmen des DRiG für das Beamtenversorgungsgesetz, § 1 II BeamtVG, vgl § 46 Rn 3.

4 **4) In den neuen Bundesländern** galt der 3. Teil mit bestimmten Maßgaben. Übergangsvorschrift für Bezüge, Versorgung, Mutterschutz, Urlaub, Reise- und Umzugskosten sowie Trennungsgeld: EV Anl I Kap III Sachgeb A Abschn III Z 8 w. Wegen der seit dem 3. 10. 90 dort erlassenen Landesrichtergesetze s oben Rn 1.

§ 71. Bindung an Rahmenvorschriften. ¹Die Länder sind verpflichtet, die Rechtsverhältnisse der Richter gemäß den §§ 72 bis 84 und, soweit dieses Gesetz nicht anderes bestimmt, auf der Grundlage des Kapitels I des Beamtenrechtsrahmengesetzes zu regeln. ²Sie haben dabei die gemeinsamen Interessen von Bund und Ländern zu berücksichtigen.

II Soweit die unabhängige Stelle (§§ 61, 62 des Beamtenrechtsrahmengesetzes) für Angelegenheiten der Richter zuständig ist, muß mindestens die Hälfte ihrer Mitglieder Richter sein.

III Für die Richter im Landesdienst gelten §§ 123 bis 132 des Beamtenrechtsrahmengesetzes entsprechend, soweit dieses Gesetz nicht anderes bestimmt.

1 **Bem.** Zu I u II s Vorbem Rn 1. Zu III: Das Beamtenrechtsrahmengesetz gilt idF v 31 3. 99, BGBl 654, m späteren Änd. Wichtig sind vor allem auch die Bestimmungen in den §§ 126 u 127 BRRG über den Verwaltungsrechtsweg, das Vorverfahren und die Erweiterung der Revision. Vgl i ü § 46 Rn 2 u § 78 Rn 1.

§ 71 a. Anwendung des Beamtenversorgungsgesetzes. Die Abschnitte I bis XIII des Beamtenversorgungsgesetzes gelten entsprechend für die Versorgung der Richter im Landesdienst, soweit dieses Gesetz nichts anders bestimmt.

1 **Bem.** Vgl BeamtVG idF v 16. 3. 99, BGBl 322 u 847, m späteren Änd. Jedoch bleibt es für die vor dem Inkrafttreten eingetretenen Versorgungsfälle bei dem bisherigen Recht (mit einigen Maßgaben), § 69 BeamtVG. Übergangsvorschrift für die neuen Bundesländer: Vorbem § 71 Rn 4.

§ 72. Bildung des Richterrats. ¹In den Ländern sind Richterräte zu bilden. ²Ihre Mitglieder werden durch die Richter unmittelbar und geheim aus ihrer Mitte gewählt.

1 **Bem.** Vgl Mackenroth/Wilke DRiZ **01**, 148.

§ 73. Aufgaben des Richterrats. Der Richterrat hat mindestens folgende Aufgaben:
1. Beteiligung an allgemeinen und sozialen Angelegenheiten der Richter,
2. gemeinsame Beteiligung mit der Personalvertretung an allgemeinen und sozialen Angelegenheiten, die sowohl Richter als auch Bedienstete des Gerichts betreffen.

Bem. S bei § 72.

§ 74. Bildung des Präsidialrats. ¹¹Für jeden Gerichtszweig ist ein Präsidialrat zu bilden. ²Für mehrere Gerichtszweige kann durch Gesetz die Bildung eines gemeinsamen Präsidialrats vorgeschrieben werden.

II Der Präsidialrat besteht aus dem Präsidenten eines Gerichts als Vorsitzendem und aus Richtern, von denen mindestens die Hälfte durch die Richter zu wählen sind.

1 **Bem.** Vgl Mackenroth/Wilke DRiZ **01**, 148, Schnellenbach NWVBl **89**, 329, Buschmann RiA **82**, 44.

§ 75. Aufgaben des Präsidialrats. ¹¹Der Präsidialrat ist an der Ernennung eines Richters für ein Amt mit höherem Endgrundgehalt als dem eines Eingangsamts zu beteiligen. ²Er gibt eine schriftlich begründete Stellungnahme ab über die persönliche und fachliche Eignung des Richters.

II Dem Präsidialrat können weitere Aufgaben übertragen werden.

Bem. Vgl Bem zu § 74; zu I 2 s die Erläuterung zu § 57, zum Vorschlagsrecht des Präsidialrates Priepke 1 DRiZ **89**, 409. Rechtsschutz des Präsidialrats im VerwRweg, OVG Kblz NVwZ-RR **91**, 36 = DVBl **91**, 719 (betr einstwAnO).

§ 76. Altersgrenze. ^I Die Altersgrenze der Richter ist durch Gesetz zu bestimmen.

^{II} Der Eintritt in den Ruhestand kann nicht hinausgeschoben werden.

^{III} Durch Gesetz kann bestimmt werden, daß entsprechend § 48 Abs. 3 ein Richter auf seinen Antrag vorzeitig in den Ruhestand zu versetzen ist.

Bem. Altersgrenze ist allgemein die Vollendung des 65. Lebensjahres. In den neuen Bundesländern 1 richtete sie sich bis zu der inzwischen erfolgten Neuregelung nach den vor dem 3. 10. 90 geltenden Vorschriften, EV Anl I Kap III Sachgeb A Abschn III Z 8 t. Jetzige Regelungen: Bra G v 10. 7. 91, GVBl I 288; Meckl-Vorpom § 5 LRiG; Sa § 61 X LRiG; Sa-Anh: G v 31. 7. 91, GVBl 224; Thür G v 11. 6. 91, GVBl 109. III eingefügt durch Art 6 Z 5 G v 24. 2. 97, BGBl 322, mWv 1. 7. 97, Art 15 § 3 des Ges.

§ 76 a. Teilzeitbeschäftigung und Beurlaubung aus familiären Gründen. Teilzeitbeschäftigung und Beurlaubung aus familiären Gründen sind entsprechend § 48a Abs. 1 bis 5 zu regeln.

§ 76 b. Beurlaubung aus Arbeitsmarktgründen. ^I Durch Gesetz kann bestimmt werden, daß einem Richter wegen der Arbeitsmarktsituation, in der ein außergewöhnlicher Bewerberüberhang besteht und deshalb ein dringendes öffentliches Interesse daran gegeben ist, verstärkt Bewerber im öffentlichen Dienst zu beschäftigen,
1. auf Antrag Urlaub ohne Dienstbezüge bis zur Dauer von insgesamt sechs Jahren, mindestens von einem Jahr,
2. nach Vollendung des fünfundfünfzigsten Lebensjahres auf Antrag, der sich auf die Dauer bis zum Beginn des Ruhestandes erstrecken muß, Urlaub ohne Dienstbezüge

zu bewilligen ist.

^{II} ¹ Einem Antrag nach Absatz 1 darf nur entsprochen werden, wenn
1. zwingende dienstliche Gründe nicht entgegenstehen,
2. der Richter zugleich der Verwendung auch in einem anderen Richteramt zustimmt,
3. der Richter erklärt, während der Dauer des Bewilligungszeitraumes auf die Ausübung entgeltlicher Nebentätigkeiten zu verzichten und entgeltliche Tätigkeiten nach § 71 dieses Gesetzes in Verbindung mit § 42 Abs. 1 Satz 3 des Beamtenrechtsrahmengesetzes nur in dem Umfang auszuüben, wie er sie bei Vollzeitbeschäftigung ohne Verletzung dienstlicher Pflichten ausüben könnte.

² Wird die Verpflichtung nach Satz 1 Nr. 3 schuldhaft verletzt, ist die Bewilligung zu widerrufen.
³ Die zuständige Dienstbehörde darf trotz der Erklärung des Richters nach Satz 1 Nr. 3 Nebentätigkeiten genehmigen, soweit sie dem Zweck der Bewilligung des Urlaubs nicht zuwiderlaufen.
⁴ Die zuständige Dienstbehörde kann in besonderen Härtefällen eine Rückkehr aus dem Urlaub zulassen, wenn dem Richter die Fortsetzung des Urlaubs nicht zugemutet werden kann.

^{III} ¹ Der Urlaub darf eine Dauer von zwölf Jahren nicht überschreiten. ² Urlaub nach Absatz 1 sowie Urlaub nach § 76 a dürfen zusammen eine Dauer von zwölf Jahren nicht überschreiten. ³ Im Falle des Absatzes 1 Nr. 2 finden die Sätze 1 und 2 keine Anwendung, wenn es dem Richter nicht mehr zuzumuten ist, zu einer Voll- oder Teilzeitbeschäftigung zurückzukehren.

^{IV} Durch Gesetz ist vorzusehen, daß für die Bestimmung des Beginns des Ruhestandes im Sinne des Absatzes 1 Nr. 2 die bis zum 30. Juni 1997 geltenden Vorschriften über den Eintritt in den Ruhestand fortgelten, wenn vor dem 1. Juli 1997 Teilzeitbeschäftigung oder Urlaub nach § 76a Abs. 2 Satz 1 Nr. 2 oder Nr. 4 in der bis zum 30. Juni 1997 geltenden Fassung dieses Gesetzes bewilligt worden ist.

^V ¹ Durch Gesetz kann bestimmt werden, daß einem Richter Urlaub nach Absatz 1 Nr. 2 bereits nach Vollendung des fünfzigsten Lebensjahres zu bewilligen ist. ² Absatz 3 Satz 1 und 2 ist mit der Maßgabe anzuwenden, daß die Dauer des Urlaubs fünfzehn Jahre nicht überschreiten darf.

Bem. Neufassung durch Art 6 Z 7 G v 24. 2. 97, BGBl 322, mWv 1. 7. 97, Art 15 § 3 des Ges. V mWv 1 1. 1. 99 angefügt durch Art 9 Z 4 VReformG v 29. 6. 98, BGBl 1666.

§ 76 c. Teilzeitbeschäftigung. ^I ¹ Durch Gesetz kann bestimmt werden, daß einem Richter auf Antrag Teilzeitbeschäftigung bis zur Hälfte des regelmäßigen Dienstes und bis zur jeweils beantragten Dauer zu bewilligen ist. ² Teilzeitbeschäftigung kann auch so geregelt werden, daß auch in einem voraus festgelegten Abfolge Phasen einer vollen dienstlichen Inanspruchnahme mit Phasen einer vollständigen oder teilweisen Freistellung vom regelmäßigen Dienst wechseln.

^{II} ¹ Einem Antrag nach Absatz 1 darf nur entsprochen werden, wenn
1. das Aufgabengebiet des richterlichen Amtes Teilzeitbeschäftigung zuläßt,
2. zwingende dienstliche Gründe nicht entgegenstehen,
3. der Richter zugleich zustimmt, mit Beginn oder bei Änderung der Teilzeitbeschäftigung und beim Übergang zur Vollzeitbeschäftigung auch in einem anderen Richteramt desselben Gerichtszweiges verwendet zu werden,

4. der Richter sich verpflichtet, während der Dauer des Bewilligungszeitraumes außerhalb des Richterverhältnisses berufliche Verpflichtungen nur in dem Umfang einzugehen, in dem nach § 71 dieses Gesetzes in Verbindung mit § 42 des Beamtenrechtsrahmengesetzes Richtern die Ausübung von Nebentätigkeiten gestattet ist.

²Ausnahmen von der Verpflichtung nach Nummer 4 sind nur zulässig, soweit dies mit dem Richterverhältnis vereinbar ist. ³§ 71 dieses Gesetzes in Verbindung mit § 42 Abs. 2 Satz 3 des Beamtenrechtsrahmengesetzes gilt mit der Maßgabe, daß von der regelmäßigen wöchentlichen Arbeitszeit ohne Rücksicht auf die Bewilligung von Teilzeitbeschäftigung auszugehen ist. ⁴Wird die Verpflichtung nach Satz 1 Nr. 4 schuldhaft verletzt, ist die Bewilligung zu widerrufen.

III ¹Über eine Änderung des Umfanges der Teilzeitbeschäftigung oder den Übergang zur Vollzeitbeschäftigung während der Dauer des Bewilligungszeitraumes entscheidet auf Antrag die zuständige Dienstbehörde. ²Sie soll in besonderen Härtefällen eine Änderung des Umfangs der Teilzeitbeschäftigung oder den Übergang zur Vollzeitbeschäftigung zulassen, wenn dem Richter die Teilzeitbeschäftigung im bisherigen Umfang nicht mehr zugemutet werden kann.

1 **Bem.** Eingefügt durch Art 6 Z 8 G v 24. 2. 97, BGBl 322, mWv 1. 7. 97, Art 15 § 3 des Ges; I 2 angefügt durch Art 1 G v 16. 7. 98, BGBl 1826, mWv 23. 7. 98.

§ 76 d. Freistellungen und berufliches Fortkommen. Teilzeitbeschäftigung und Beurlaubung nach § 76 a oder § 76 c dürfen das berufliche Fortkommen nicht beeinträchtigen; eine unterschiedliche Behandlung von Richtern mit Teilzeitbeschäftigung gegenüber Richtern mit Vollzeitbeschäftigung ist nur zulässig, wenn zwingende sachliche Gründe sie rechtfertigen.

1 **Bem.** Eingefügt durch Art 6 Z 9 G v 24. 2. 97, BGBl 322, mWv 1. 7. 97, Art 15 § 3 des Ges.

§ 76 e. Altersteilzeit. I ¹Durch Gesetz kann bestimmt werden, dass einem Richter auf Antrag, der sich auf die Zeit bis zum Beginn des Ruhestandes erstrecken muss, Teilzeitbeschäftigung als Altersteilzeit mit der Hälfte des bisherigen Dienstes, höchstens der Hälfte des in den letzten zwei Jahren vor Beginn der Altersteilzeit regelmäßigen Dienstes zu bewilligen ist, wenn
1. das Aufgabengebiet des richterlichen Amtes Altersteilzeit zulässt,
2. der Richter das 55. Lebensjahr vollendet hat,
3. er in den letzten fünf Jahren vor Beginn der Altersteilzeit drei Jahre mindestens teilzeitbeschäftigt war,
4. die Altersteilzeit vor dem 1. Januar 2010 beginnt und
5. zwingende dienstliche Gründe nicht entgegenstehen.

²Ein Antrag auf Altersteilzeit mit weniger als der Hälfte der regelmäßigen Dienstzeit ist nur zulässig, wenn die Zeiten der Freistellung vom Dienst in der Weise zusammengefasst werden, dass der Richter zuvor Dienst mit mindestens der Hälfte des regelmäßigen Dienstes leistet; dabei bleiben Teilzeitbeschäftigungen mit geringfügig verringerter Dienstzeit außer Betracht. ³Eine Regelung nach Satz 1 kann auf bestimmte Bereiche beschränkt werden.

II § 76 c Abs. 2 Satz 1 Nr. 4, Sätze 2 bis 4 gilt entsprechend.

Bem (Grotheer DRiZ **01**, 298). Eingefügt mWv 14. 8. 98 durch Art 7 Z 3 iVm Art 14 I BBVAnpG 98 v 6. 8. 98, BGBl 2026. I neu gefaßt mWv 1. 7. 00 durch Art 9 BBVAnpG 2000 v 19. 4. 01, BGBl 618.

§ 77. Errichtung von Dienstgerichten. I In den Ländern sind Dienstgerichte zu bilden.

II ¹Die Dienstgerichte entscheiden in der Besetzung mit einem Vorsitzenden und je zur Hälfte mit ständigen und nichtständigen Beisitzern. ²Alle Mitglieder müssen auf Lebenszeit ernannte Richter sein. ³Die nichtständigen Mitglieder sollen dem Gerichtszweig des betroffenen Richters angehören.

III ¹Die Mitglieder der Dienstgerichte werden von dem Präsidium des Gerichts bestimmt, bei dem das Dienstgericht errichtet ist. ²Die Landesgesetzgebung kann das Präsidium an Vorschlagslisten, die von den Präsidien anderer Gerichte aufgestellt werden, binden. ³Der Präsident eines Gerichts oder sein ständiger Vertreter kann nicht Mitglied eines Dienstgerichts sein.

IV ¹Durch Landesgesetz kann abweichend von Absatz 2 Satz 2 bestimmt werden, dass ehrenamtliche Richter aus der Rechtsanwaltschaft als ständige Beisitzer mitwirken. ²Zum Mitglied des Dienstgerichts kann nur ein Rechtsanwalt ernannt werden, der in den Vorstand der Rechtsanwaltskammer gewählt werden kann. ³Die Mitglieder des Dienstgerichts dürfen nicht gleichzeitig dem Vorstand der Rechtsanwaltskammer oder der Satzungsversammlung oder bei der Rechtsanwaltskammer oder der Satzungsversammlung im Haupt- oder Nebenberuf tätig sein. ⁴Die anwaltlichen Mitglieder werden von dem Präsidium des Gerichts, bei dem das Dienstgericht errichtet ist, für die Dauer von fünf Jahren berufen; sie können nach Ablauf ihrer Amtszeit wieder berufen werden. ⁵Das Präsidium ist bei der Hinzuziehung der ständigen Beisitzer aus der Rechtsanwaltschaft an die Vorschlagslisten gebunden, die der Vorstand der Rechtsanwaltskammer aufstellt. ⁶Bestehen im Zuständigkeitsbereich des Dienstgerichts mehrere Rechtsanwaltskammern, soll die Zahl der anwaltlichen Mitglieder verhältnismäßig der Mitgliederzahl der einzelnen Rechtsanwaltskammern entsprechen. ⁷Das Präsidium bestimmt die erforderliche Zahl von anwaltlichen Mitgliedern. ⁸Die Vorschlagslisten müssen mindestens das Eineinhalbfache der erforderlichen Anzahl von Rechtsanwälten enthalten. ⁹Das weitere Verfahren zur Bestellung der anwaltlichen Mitglieder des Dienstgerichts bestimmt sich nach Landesrecht.

Vorbem. IV angefügt durch Art 1 des Vierten ÄndG v 7. 6. 04, BGBl 1054 (Gesetzesinitiative des Bundesrates: BT-Drs 15/1471).
Bem. Zu III s BGH DRiZ **98**, 21. Zu IV s ZRP **03**, 341 u Wittreck NJW **04**, 3011.

§ 78. *Zuständigkeit des Dienstgerichts.* Das Dienstgericht entscheidet
1. in Disziplinarsachen, auch der Richter im Ruhestand;
2. über die Versetzung im Interesse der Rechtspflege;
3. bei Richtern auf Lebenszeit oder auf Zeit über die
    a) Nichtigkeit einer Ernennung,
    b) Rücknahme einer Ernennung,
    c) Entlassung,
    d) Versetzung in den Ruhestand wegen Dienstunfähigkeit,
    e) eingeschränkte Verwendung wegen begrenzter Dienstunfähigkeit;
4. bei Anfechtung
    a) einer Maßnahme wegen Veränderung der Gerichtsorganisation,
    b) der Abordnung eines Richters gemäß § 37 Abs. 3,
    c) einer Verfügung, durch die ein Richter auf Probe oder kraft Auftrags entlassen, durch die seine Ernennung zurückgenommen oder die Nichtigkeit seiner Ernennung festgestellt oder durch die er wegen Dienstunfähigkeit in den Ruhestand versetzt wird,
    d) der Heranziehung zu einer Nebentätigkeit,
    e) einer Maßnahme der Dienstaufsicht aus den Gründen des § 26 Abs. 3,
    f) einer Verfügung über Ermäßigung des Dienstes oder Beurlaubung nach den §§ 76 a bis 76 c.

Bem. Z 3 e eingefügt und Z 4 f geänd mWv 1. 1. 99 durch Art 9 Z 5 VReformG v 29. 6. 98, BGBl 1666; vgl dazu §§ 34 u 62 sowie § 26 a BRRG u § 42 a BBG. Der Zuständigkeitskatalog darf durch die Landesgesetzgebung nur insoweit erweitert werden, als es sich um Verfahren handelt, die in engem sachlichem Zusammenhang mit den in § 78 genannten Verfahren stehen, BVerfG DtZ **93**, 20 mwN. In den Angelegenheiten des § 78 entfällt jeder andere Rechtsweg, auch für den vorläufigen Rechtsschutz, VGH Kassel AS **29**, 6. Zu 1: Die nötigen Disziplinarvorschriften werden von den Ländern erlassen; in den neuen Bundesländern war bis zur Neuregelung die Disziplinarordnung v 1. 8. 90, DDR-GBl I 1061 (Schönfelder II Nr 310 b) anzuwenden, EV Anl I Kap III Sachgeb A Abschn II Z 8 v. Unter Z 3 d fällt auch die Nachprüfung einer in diesem Zusammenhang erlassenen Untersuchungsanordnung, BGH NJW **81**, 2011. Zu Z 4 c s BayDGH NVwZ-RR **91**, 154 (betr sofortige Vollziehung). Z 4 gilt entsprechend für die Übertragung eines weiteren Richteramtes nach § 27 II bzw § 22 II GVG, BGH **67**, 162, NJW **85**, 1084.

§ 79. *Rechtszug.* ᴵ Das Verfahren vor den Dienstgerichten besteht aus mindestens zwei Rechtszügen.

ᴵᴵ In den Fällen des § 78 Nr. 2, 3 und 4 steht den Beteiligten die Revision an das Dienstgericht des Bundes nach Maßgabe des § 80 zu.

ᴵᴵᴵ Die Landesgesetzgebung kann in den Fällen des § 78 Nr. 1 die Revision an das Dienstgericht des Bundes vorsehen.

Bem. Aus § 79 II und § 80 folgt, daß der Landesgesetzgeber in den in II genannten Fällen als Abschluß des landesrechtlichen Verfahrens eine der Revision zugängliche Entscheidung vorsehen muß. Die Berufung muß zulassungsfrei sein (keine entspr Anwendung von § 124 VwGO), BGH NJW **00**, 3786, s Bem zu § 66.

§ 80. *Revision im Versetzungsverfahren und im Prüfungsverfahren.* ᴵ ¹ Für die Revision im Versetzungsverfahren und im Prüfungsverfahren gelten die Vorschriften der Verwaltungsgerichtsordnung sinngemäß. ² Der Vertreter des Bundesinteresses beim Bundesverwaltungsgericht wirkt an dem Verfahren nicht mit.

ᴵᴵ Die Revision ist stets zuzulassen.

ᴵᴵᴵ Die Revision kann nur darauf gestützt werden, daß das Urteil auf der Nichtanwendung oder unrichtigen Anwendung einer Rechtsnorm beruht.

Bem. Im Revisionsverfahren besteht kein Anwaltszwang, weil § 67 I VwGO nicht sinngemäß anzuwenden ist, BGH MDR **89**, 257 u **84**, 489 mwN. Zur Revisionsbegründung s BGH DRiZ **98**, 21. § 561 ZPO gilt entspr, BGH NJW **86**, 2705.

§ 81. *Zulässigkeit der Revision im Disziplinarverfahren.* ᴵ ¹ Soweit die Landesgesetzgebung im Disziplinarverfahren die Revision an das Dienstgericht des Bundes vorgesehen hat (§ 79 Abs. 3), kann die Revision vorbehaltlich des Absatzes 3 nur eingelegt werden, wenn sie von dem Dienstgericht des Landes zugelassen worden ist. ² Sie ist nur zuzulassen, wenn
1. die Rechtssache grundsätzliche Bedeutung hat oder
2. das Urteil von einer Entscheidung des Dienstgerichts des Bundes abweicht und auf dieser Abweichung beruht.

ᴵᴵ ¹ Die Nichtzulassung der Revision kann selbständig durch Beschwerde innerhalb zweier Wochen nach Zustellung des Urteils angefochten werden. ² Die Beschwerde ist bei dem Gericht einzulegen, dessen Entscheidung angefochten werden soll. ³ In der Beschwerdeschrift muß die grundsätzliche Bedeutung der Rechtssache dargelegt oder die Entscheidung des Dienstgerichts des Bundes, von dem das angefochtene Urteil abweicht, bezeichnet werden. ⁴ Die Einlegung der

Beschwerde hemmt die Rechtskraft des Urteils. [5] Wird der Beschwerde nicht abgeholfen, so entscheidet das Dienstgericht des Bundes durch Beschluß. [6] Der Beschluß bedarf keiner Begründung, wenn die Beschwerde einstimmig verworfen oder zurückgewiesen wird. [7] Mit Ablehnung der Beschwerde durch das Dienstgericht des Bundes wird das Urteil rechtskräftig. [8] Wird der Beschwerde stattgegeben, so beginnt mit Zustellung des Beschwerdebescheides die Revisionsfrist.

III Einer Zulassung bedarf es nicht, wenn als wesentliche Mängel des Verfahrens gerügt werden, daß
1. das erkennende Gericht nicht vorschriftsmäßig besetzt war,
2. bei der Entscheidung ein Richter mitgewirkt hat, der von der Ausübung des Richteramts kraft Gesetzes ausgeschlossen oder wegen Besorgnis der Befangenheit mit Erfolg abgelehnt war, oder
3. die Entscheidung nicht mit Gründen versehen ist.

1   **Bem.** Zur Zulassung der Revision BGH DRiZ 84, 195; vgl auch § 546 ZPO aF (übereinstimmend mit I).

§ 82. *Revisionsverfahren im Disziplinarverfahren.* I [1] Die Revision ist bei dem Gericht, dessen Urteil angefochten wird, innerhalb zweier Wochen nach Zustellung des Urteils oder nach Zustellung des Beschlusses über die Zulassung der Revision schriftlich oder durch schriftlich aufzunehmende Erklärung vor der Geschäftsstelle einzulegen und spätestens innerhalb zweier weiterer Wochen zu begründen. [2] In der Begründung ist anzugeben, inwieweit das Urteil angefochten wird, welche Änderungen des Urteils beantragt und wie diese Anträge begründet werden. [3] § 80 Abs. 3 gilt entsprechend.

II Das Dienstgericht des Bundes ist an die in dem angefochtenen Urteil getroffenen tatsächlichen Feststellungen gebunden, es sei denn, daß zulässige und begründete Revisionsgründe gegen diese Feststellungen vorgebracht sind.

III [1] § 144 Abs. 1 und § 158 Abs. 1 der Verwaltungsgerichtsordnung gelten sinngemäß. [2] Das Urteil kann nur auf Zurückweisung der Revision oder auf Aufhebung des angefochtenen Urteils lauten.

Bem. III 1 mWv 1. 1. 02 idF des Art 10 G v 9. 7. 01, BGBl 1510. Zur Berichtigung des Schuldspruchs s BGH NJW 02, 834.

§ 83. *Verfahrensvorschriften.* Disziplinarverfahren, Versetzungsverfahren und Prüfungsverfahren sind entsprechend § 63 Abs. 2, § 64 Abs. 1, §§ 65 bis 68 zu regeln.

§ 84. *Verfassungsrichter.* Das Landesrecht bestimmt, wieweit dieses Gesetz für die Mitglieder des Verfassungsgerichts eines Landes gilt.

§§ 85–108 (nicht abgedruckt)

Vierter Teil. Übergangs- und Schlußvorschriften

§ 109. *Befähigung zum Richteramt.* Wer am 16. September 1984 im Geltungsbereich dieses Gesetzes zum Richteramt befähigt ist, behält diese Befähigung.

Vorbem. Ab 1. 7. 03 idF des Art 1 Z 7 G v 11. 7. 02, BGBl 2592:

Befähigung zum Richteramt. Wer am 1. Juli 2003 zum Richteramt befähigt ist, behält diese Befähigung.

1   **Bem.** Die Vorschrift ist durch Art 1 Z 2 des 3. ÄndG v 25. 7. 84, BGBl 995, neu gefaßt worden. Im Hinblick auf die seinerzeitige, mWv 16. 9. 84 in Kraft getretene Änderung des § 5 wahrt sie den Besitzstand für diejenigen, die nach den bis zu diesem Tage geltenden Bestimmungen die Befähigung zum Richteramt erlangt haben, ohne eine zweistufige Ausbildung durchlaufen zu haben; vgl die Erläuterungen zu den §§ 5–5 d.

§§ 110–126 (nicht abgedruckt)

I. B. Bayerisches Gesetz zur Ausführung des Gerichtsverfassungsgesetzes und von Verfahrensgesetzen des Bundes (AGGVG)

vom 23. 6. 81, BayRS 300–1–1–J, zuletzt geändert durch G v 25. 10. 04 (GVBl 400)

Bearbeiter: Dr. Albers

Schrifttum: *Herbst,* F Odersky 1996 S 561; *derselbe,* Das BayObLG – Geschichte und Gegenwart, 1993; *Sprau,* Justizgesetze in Bayern, 1988; *Ostler,* Bayerische Justizgesetze, 4. Aufl 1986.

Hinweis: Die Bayerische Staatsregierung hat beim Landtag einen Gesetzentwurf zur Auflösung des Bayerischen Obersten Landesgerichts (Gerichtsauflösungsgesetz – BayObLGAuflG) – Drucksache 15/1061 – eingebracht, dazu Kruis NJW **04**, 640, der inzwischen mit nur marginalen Änderungen beschlossen u am 25. 10. 04 verkündet worden ist. Danach wird das BayObLG mit Ablauf des 30. 6. 06 aufgelöst. Die Zuständigkeit für neu eingehende Sachen ist bereits ab 1. 1. 05 beendet. Seitdem sind in Bayern für die weiteren Beschwerden in Angelegenheiten der Freiw. Gerichtsbarkeit das OLG München (vgl Mü MDR **05**, 646) u für die Rechtsbeschwerden in Ordnungswidrigkeiten das OLG Bamberg zuständig. Für Revisionen in Strafsachen sind jetzt alle drei bayrischen OLGe in ihren jeweiligen Gerichtsbezirken zuständig. Die Zuständigkeit des BayObLG beschränkt sich bis zu seiner Auflösung auf Verfahren, die bis zum 31. 12. 04 bei dem Gericht anhängig geworden sind. S ü Zö-Gu § 8 EGGVG Rn 1–3.

II. Erlaß über Zustellungen, Ladungen, Vorführungen und Zwangsvollstreckungen bezüglich Soldaten der Bundeswehr

Neufassung v 23. 7. 98, VMBl 246, geändert dch Erlaß v 10. 3. 03, VMBl 95

(berücksichtigt bei den in Betracht kommenden Vorschriften; vgl im übrigen schon LG Münst MDR **78**, 427)

Bearbeiter: Dr. Dr. Hartmann

A. Zustellungen an Soldaten

1. Für Zustellungen an Soldaten in gerichtlichen Verfahren gelten dieselben Bestimmungen wie für Zustellungen an andere Personen.

Bem. Vgl Mü RR **91**, 1470 (Privatwohnung als Zustellort).

2. Will ein mit der Zustellung Beauftragter (z. B. Gerichtsvollzieher, Post- oder Behördenbediensteter, Gerichtswachtmeister) in einer Truppenunterkunft einem Soldaten zustellen, so ist er von der Wache in das Geschäftszimmer der Einheit des Soldaten zu verweisen.
3. Ist der Soldat, dem zugestellt werden soll, sogleich zu erreichen, hat ihn der Kompaniefeldwebel auf das Geschäftszimmer zu rufen.
4. Ist der Soldat nicht sogleich erreichbar, hat der Kompaniefeldwebel dies dem mit der Zustellung Beauftragten mitzuteilen. Handelt es sich um einen in Gemeinschaftsunterkunft wohnenden Soldaten, kann der Beauftragte auf Grund von 178 Abs. 1 Nr. 3 der Zivilprozeßordnung (ZPO) oder der entsprechenden Vorschriften der Verwaltungszustellungsgesetze eine Ersatzzustellung an den Kompaniefeldwebel – in dessen Abwesenheit an seinen Stellvertreter – durchführen. Der Kompaniefeldwebel ist im Sinne dieser Vorschriften zur Entgegennahme der Zustellung ermächtigter Vertreter. Die genannten Vorschriften sehen ihrem Wortlaut nach zwar nur eine Ersatzzustellung an den Hauswirt oder Vermieter vor, diesen ist der Kompaniefeldwebel nach seinen dienstlichen Aufgaben jedoch gleichzustellen.
5. Wird der Soldat, dem zugestellt werden soll, voraussichtlich längere Zeit abwesend sein, z. B. auf Grund eines mehrmonatigen Auslandseinsatzes, hat der Kompaniefeldwebel die Annahme des zuzustellenden Schriftstückes abzulehnen. Er hat dabei, sofern nicht Gründe der militärischen Geheimhaltung entgegenstehen, dem mit der Zustellung Beauftragten die Anschrift mitzuteilen, unter der der Zustellungsadressat zu erreichen ist.
6. Eine Ersatzzustellung an den Kompaniefeldwebel ist nicht zulässig, wenn der Soldat, dem zugestellt werden soll, innerhalb des Kasernenbereichs eine besondere Wohnung hat oder außerhalb des Kasernenbereichs wohnt. In diesen Fällen hat der Kompaniefeldwebel dem mit der Zustellung Beauftragten die Wohnung des Soldaten anzugeben.
7. Der Kompaniefeldwebel darf nicht gegen den Willen des Soldaten von dem Inhalt des zugestellten Schriftstückes Kenntnis nehmen oder den Soldaten auffordern, ihm den Inhalt mitzuteilen.
8. Der Kompaniefeldwebel hat Schriftstücke, die ihm bei der Ersatzzustellung übergeben worden sind, dem Adressaten sogleich nach dessen Rückkehr auszuhändigen. Über die Aushändigung hat er einen Vermerk zu fertigen, der nach einem Jahr zu vernichten ist.
9. Bei eingeschifften Soldaten ist der Wachtmeister eines Schiffes bzw. der Kommandant eines Bootes – in dessen Abwesenheit sein Stellvertreter – im Sinne des § 178 Abs. 1 Nr. 3 ZPO an Bord zur Entgegennahme von Ersatzzustellungen befugt.
10. Diese Vorschriften gelten auch, wenn im gerichtlichen Disziplinarverfahren ein Soldat eine Zustellung auszuführen hat (vgl. § 85 Abs. 1 und 2 der Wehrdisziplinarordnung).

B. Ladungen von Soldaten

a. Verfahren vor den Wehrdienstgerichten (hier nicht abgedruckt)

b. Verfahren vor sonstigen deutschen Gerichten

18. In Verfahren vor sonstigen deutschen Gerichten werden Soldaten als Parteien, Beschuldigte, Zeugen oder Sachverständige in derselben Weise wie andere Personen geladen. Die Ladung wird ihnen also auf Veranlassung des Gerichtes oder der Staatsanwaltschaft zugestellt oder übersandt.

19. In Strafverfahren haben auch der Angeklagte, der Nebenkläger und der Privatkläger das Recht, Zeugen oder Sachverständige unmittelbar laden zu lassen. Ein Soldat, der eine solche Ladung erhält, braucht ihr jedoch nur dann zu folgen, wenn ihm bei der Ladung die gesetzliche Entschädigung, insbesondere für Reisekosten, bar angeboten oder deren Hinterlegung bei der Geschäftsstelle des Gerichts nachgewiesen wird.

20. Erhalten Soldaten eine Ladung zu einem Gerichtstermin, ist ihnen der erforderliche Sonderurlaub gemäß § 9 der Soldatenurlaubsverordnung – SUV – (ZDv 14/5 F 501) in Verbindung mit Nummer 72 der Ausführungsbestimmungen zur SUV (ZDv 14/5 F 511) zu gewähren.

21. Fahrkarten im Dienstreiseverkehr der Bundeswehr oder Reisekostenerstattung erhalten die geladenen Soldaten nicht.

22. Soldaten, die von einem Gericht oder einer Justizbehörde als Zeugen oder Sachverständige geladen worden sind, erhalten von der Stelle, die sie vernommen hat, Zeugen- oder Sachverständigenentschädigung einschließlich Reisekosten. Sind Soldaten nicht in der Lage, die Reisekosten aufzubringen, können sie bei der Stelle, die sie geladen hat, die Zahlung eines Vorschusses beantragen.

23. Auch Soldaten, die als Parteien oder Beschuldigte in einem Zivil- oder Strafgerichtsverfahren geladen sind, können unter gewissen Voraussetzungen von der Stelle, die sie geladen hat, auf Antrag Reisekostenersatz und notfalls einen Vorschuß erhalten, wenn sie die Kosten der Reise zum Gericht nicht aufbringen können.

24. Kann die Entscheidung nach Nummern 22 und 23 zuständigen Stellen wegen der Kürze der Zeit nicht mehr rechtzeitig herbeigeführt werden, ist, wenn ein Gericht der Zivil- oder Strafgerichtsbarkeit oder eine Justizbehörde die Ladung veranlaßt hat, auch das für den Wohn- oder Aufenthaltsort des Geladenen zuständige Amtsgericht zur Bewilligung des Vorschusses zuständig.

25. Ist mit der Möglichkeit zu rechnen, daß bei der Vernehmung dienstliche Angelegenheiten berührt werden, ist der Soldat bei Erteilung des Urlaubs über die Verschwiegenheitspflicht nach § 14 Abs. 1 und 2 des Soldatengesetzes (ZDv 14/5 B 101) zu belehren. Die Einholung einer etwa erforderlichen Aussagengenehmigung ist Sache des Gerichtes (vgl. § 376 Abs. 3 ZPO).

c. Verfahren vor Gerichten der Stationierungsstreitkräfte

26. Deutsche Soldaten werden ebenso wie andere Deutsche vor Gerichte der Stationierungsstreitkräfte über die zuständigen deutschen Staatsanwaltschaften geladen.

27. Soldaten, die als Zeugen oder Sachverständige vor Gerichte der Stationierungsstreitkräfte geladen werden, erhalten Zeugen- oder Sachverständigengebühren. Ein Anspruch auf Bewilligung eines Vorschusses durch deutsche Behörden oder Behörden der Stationierungsstreitkräfte besteht jedoch nicht.

28. Im übrigen gilt die Regelung nach Nummern 20, 21 und 25 entsprechend.

C. Vorführungen von Soldaten

29. Soldaten, deren Vorführung von einem Gericht angeordnet worden ist, werden diesem nicht durch eine militärische Dienststelle, sondern durch die allgemeinen Behörden vorgeführt.

D. Zwangsvollstreckungen gegen Soldaten

30. Zwangsvollstreckungen, auf die die Zivilprozeßordnung Anwendung findet, werden durch den dafür zuständigen Vollstreckungsbeamten, regelmäßig den Gerichtsvollzieher, auch gegen Soldaten nach den allgemeinen Vorschriften durchgeführt. Eine vorherige Anzeige an die militärische Dienststelle ist erforderlich, auch im Interesse einer reibungslosen Durchführung der Vollstreckung.

31. Auch Vollstreckungen gegen Soldaten im Verwaltungszwangsverfahren, die der Vollziehungsbeamte der Verwaltungsbehörde vornimmt, werden nach den allgemeinen Vorschriften durchgeführt. Nummer 30 Satz 2 (vorherige Anzeige an die militärische Dienststelle) gilt auch hier.

32. Der Vollstreckungsbeamte ist befugt, in Sachen zu vollstrecken, die sich im Alleingewahrsam, d. h. in der alleinigen tatsächlichen Gewalt des Schuldners, befinden. Dies ist ihm zu ermöglichen.

33. Ein Soldat, der in der Gemeinschaftsunterkunft wohnt, hat Alleingewahrsam an ihm gehörenden Sachen, die sich in dem ihm zugewiesenen Wohnraum befinden. Der Vollstreckungsbeamte kann daher verlangen, daß ihm Zutritt zu dem Wohnraum des Soldaten gewährt wird, gegen den vollstreckt werden soll. Zur Durchsuchung benötigt der Vollstreckungsbeamte die Erlaubnis des zuständigen Amtsgerichts, es sei denn, der Schuldner willigt ein oder es besteht Gefahr im Verzug.

34. Dagegen hat ein Soldat regelmäßig keinen Alleingewahrsam an ihm gehörenden Sachen, die sich in anderen militärischen Räumen befinden. Anders liegt es nur, wenn der Soldat diese Sachen so aufbewahrt, daß sie nur seinem Zugriff unterliegen. Das würde z. B. zutreffen, wenn ein für die Waffenkammer zuständiger Soldat dort eigene Sachen in einem besonderen Spind verwahrt, zu dem nur er den Schlüssel hat. Nur wenn ein solcher Ausnahmefall vorliegt, kann der Vollstreckungsbeamte Zutritt zu anderen Räumen als dem Wohnraum des Soldaten verlangen.

35. Soweit Außenstehenden das Betreten von Räumen, Anlagen, Schiffen oder sonstigen Fahrzeugen aus Gründen des Geheimnisschutzes grundsätzlich untersagt ist, ist auch dem Vollstreckungsbeamten der Zutritt zu versagen, wenn Gründe der Geheimhaltung dies erfordern und es nicht möglich ist, durch besondere Vorkehrungen einen Geheimnisschutz zu erreichen.

36. Muß dem Vollstreckungsbeamten aus Gründen des Geheimnisschutzes das Betreten von Räumen, Anlagen, Schiffen oder sonstigen Fahrzeugen verweigert werden, hat der nächste Disziplinarvorgesetzte (oder ein von ihm beauftragter Dritter) dafür zu sorgen, daß die Vollstreckung trotzdem durchgeführt werden kann. Beispielsweise kann der Vorgesetzte veranlassen, daß die gesamte Habe des Soldaten dem Vollstreckungsbeamten an einem Ort zur Durchführung der Vollstreckung vorgelegt wird, den er betreten darf.

37. Bei jeder Zwangsvollstreckung, die in militärischen Räumen oder an Bord stattfindet, hat der Disziplinarvorgesetzte (oder ein von ihm beauftragter Dritter) des Schuldners anwesend zu sein. Er hat darauf hinzuwirken, daß durch die Zwangsvollstreckung kein besonderes Aufsehen erregt wird. Will der Vollstreckungsbeamte in Sachen des Bundes vollstrecken, hat der Vorgesetzte des Schuldners den Vollstreckungsbeamten auf die Eigentumsverhältnisse aufmerksam machen; er soll dies auch tun bei Sachen, die im Eigentum eines anderen Soldaten stehen. Zu Anweisungen an den Vollstreckungsbeamten ist der Vorgesetzte nicht befugt.

E. Erzwingungshaft gegen Soldaten

38. Gemäß § 901 ZPO kann vom Zivilgericht gegen den Schuldner – auch bei Soldaten – Haft angeordnet werden, um die Abgabe einer eidesstattlichen Versicherung (§§ 807, 883 Abs. 2 ZPO) zu erzwingen. Die Verhaftung erfolgt durch den Gerichtsvollzieher auf Grund richterlichen Haftbefehls, der dem Schuldner bei der Verhaftung in beglaubigter Abschrift zu übergeben ist.

39. Nach § 910 ZPO hat der Gerichtsvollzieher vor der Verhaftung eines Beamten der vorgesetzten Dienstbehörde Mitteilung zu machen. Die Verhaftung darf erst erfolgen, nachdem für eine Vertretung gesorgt ist. Diese Vorschrift ist auf Soldaten entsprechend anzuwenden.

40. Zeigt ein Gerichtsvollzieher die bevorstehende Verhaftung eines Soldaten an, hat der zuständige Vorgesetzte ohne Verzug für dessen Vertretung zu sorgen und den Gerichtsvollzieher zu benachrichtigen, sobald sie sichergestellt ist.

41. Will ein Gerichtsvollzieher einen Soldaten ohne vorherige Benachrichtigung von dessen Vorgesetzten verhaften, weil er eine entsprechende Anwendung des § 910 ZPO nicht für gerechtfertigt hält, ist die Vertretung sicherzustellen und über den Vorgang zu berichten.

42. Für Angehörige der Besatzung eines Schiffes oder Bootes der Marine findet darüber hinaus § 904 Nr. 3 ZPO Anwendung, wonach die Erzwingungshaft gegen die zur Besatzung eines Seeschiffes gehörenden Personen unstatthaft ist, wenn sich das Schiff auf der Reise befindet und nicht in einem Hafen liegt.

Die Reise ist angetreten, wenn das Schiff oder Boot mit dem Ablegen begonnen hat. Lehnt es ein Gerichtsvollzieher ab, § 904 Nr. 3 ZPO anzuwenden, gilt Nr. 41 entsprechend.

43. Die vorstehenden Regelungen gelten auch für den Sicherheitsarrest nach § 933 ZPO sowie sonstige Haft, auf die die Erzwingungshaftbestimmungen der Zivilprozeßordnung anzuwenden sind (z. B. bei der Vollstreckung nach § 6 Abs. 1 Nr. 1 der Justizbeitreibungsordnung, nach § 85 des Arbeitsgerichtsgesetzes, nach § 167 der Verwaltungsgerichtsordnung, nach §§ 198 und 200 des Sozialgerichtsgesetzes sowie nach §§ 284, 315 und § 334 Abs. 3 der Abgabenordnung), sowie für die Ersatzzwangshaft nach § 16 Abs. 3 des Verwaltungsvollstreckungsgesetzes des Bundes und den entsprechenden Vorschriften des Landesrechts. Sie gelten nicht für den Vollzug anderer, insbesondere strafprozessualer Haftbefehle.

III. Zusatzabkommen zum NATO-Truppenstatut

vom 3. 8. 1959, BGBl 61 II 1218, zuletzt geändert durch das ÄndAbk vom 18. 3. 93, BGBl 94 II 2598

nebst Gesetz zum NATO-Truppenstatut und zu den Zusatzvereinbarungen (NTrStatutG)

vom 18. 8. 1961, BGBl II 1183, zuletzt geändert durch Art 12 g IX des 1. JuMoG v 24. 8. 04, BGBl 2198, in Kraft seit 1. 9. 04, Art. 14 S 1 des 1. JuMoG

(auszugsweise)

Bearbeiter: Dr. Dr. Hartmann

ZAbkNTrSt Art 1 Zusatzabkommen zum NATO-Truppenstatut

Schrifttum: *Burkhardt/Granow* NJW 95, 424, *Schwenk* NJW 76, 1562, *Sennekamp* NJW 83, 2733; StJ vor § 1 V C 3. Vgl ferner die Mitteilung in NJW 87, 1126 und 2136 (Zuständigkeitsbereiche der Services Liaison Officers für die britischen Streitkräfte).

Einleitung

1 **1) Entwicklung.** Mit dem 5. 5. 55 ist das AHKG 13, das die deutsche Gerichtsbarkeit beschränkte, vgl 23. Aufl SchlAnh IV A, durch den Art 3 des AHKG A–37 v 5. 5. 55, AHKBl 3267, aufgehoben worden. Auch die in den damaligen westlichen Besatzungszonen ergangenen Ausführungsbestimmungen und Anordnungen wurden aufgehoben. Durch die Bonner Verträge wurde die deutsche Gerichtsbarkeit in Zivilsachen in vollem Umfang wiederhergestellt. Gleichzeitig wurde eine Regelung für die in der BRep verbleibenden Truppen getroffen. Das Nähere regelte der Truppenvertrag Art 9 ff. Er enthielt auch eine Reihe von allgemeinen Bestimmungen im Interesse der Durchführung von solchen Verfahren, an denen Mitglieder der ausländischen Streitkräfte in der BRep beteiligt waren, Art 11–16. Das *EU-Truppenstatut* v 17. 11. 03, BGBl 05 II 19, nebst ZustimmungsG v 18. 1. 05, BGBl II 18, hat keine vergleichbaren Einzelregelungen, sondern den Immunitätsgrundsatz mit Ausnahmemöglichkeiten, Art 8 EU-Truppenstatut.

2 **2) NATO-Truppenstatut.** Die BRep ist der NATO, für die das Abkommen über die Rechtsstellung ihrer Truppen v 19. 6. 51, BGBl II 1190, als völkerrechtlicher Vertrag gilt, BGH 87, 326, und zu der ihre Partner ein Zusatzabkommen v 3. 8. 59, BGBl 61 II 1218, zuletzt geändert durch das ÄndAbk v 18. 3. 93, BGBl 94 II, 2598, dazu G v 28. 9. 94, BGBl II 2594, im Hinblick auf den Beitritt der BRep geschlossen haben, durch das G v 18. 8. 61, BGBl II 1183, beigetreten, zuletzt geändert durch Art 2 a G v 25. 6. 05, BGBl 1860. Die BRep ist damit auch dem Zusatzabkommen und dem zugehörigen Unterzeichnungsprotokoll v 3. 8. 59, BGBl 61 II 1313 (zuletzt geändert durch Art 28 des ÄndAbk v 18. 3. 93, BGBl 94 II 2598), Art 1 I NTrStG, beigetreten. Infolge des Beitritts und der vom Bundestag erteilten Zustimmung ist unter anderem auch der Truppenvertrag außer Kraft getreten, Art 1 II NTrStG. Die Neuregelung ist für die BRep am 1. 7. 63 in Kraft getreten, Bek v 16. 6. 63, BGBl II 745, BGBl I 428. Wegen der vorher verursachten Schäden vgl zB BGH VersR 73, 54 und 156. Das Gesetz ist zuletzt durch Art 1 G v 19. 9. 02, BGBl II 2482, geändert worden. Das Zusatzabkommen gilt für die BRep (dazu die Länderverordnungen wegen der Zuständigkeit, zB Nordrhein-Westfalen v 13. 2. 73, GVBl 62), ferner für Belgien, Frankreich, Kanada, die Niederlande, das Vereinigte Königreich und die Vereinigten Staaten von Nordamerika. Vgl ferner zB den Beschaffungsvertrag zwischen den USA und der BRep, BGBl 61 II 1382. Wegen der anderen an der „Partnerschaft für den Frieden" teilnehmenden Staaten vgl das Übk v 19. 6. 95, BGBl 98 II 1340.

3 **3) Zusatzabkommen.** Das Zusatzabkommen, das für die BRep durch die in Rn 2 dargestellten Vorgänge zum Gesetz geworden ist, enthält Bestimmungen über den Anspruch der betroffenen Personen auf Zustellungen an die betroffenen Personen, über eine Vollstreckung ihnen gegenüber, über ihre Ladung, über ihr Erscheinen vor Gericht, über eine Aussagegenehmigung, über den Ausschluß der Öffentlichkeit. Das Gesetz zum NATO-Truppenstatut und zu den Zusatzvereinbarungen enthält teilweise die zugehörigen Ausführungsbestimmungen. Das Unterzeichnungsprotokoll zum Zusatzabkommen enthält Ergänzungsvorschriften zum Abkommen und Anpassungsvorschriften an das NATO-Truppenstatut, das die Grundlage bildet. Ein Unterzeichnungsprotokoll, zuletzt geändert durch das Abkommen vom 16. 5. 94, BGBl II 3712, dazu Gesetz vom 23. 11. 94, BGBl II 3710, enthält einige hier nicht einschlägige Einzelheiten. Dasselbe gilt von einem Notenwechsel zum NATO-Truppenstatut, zuletzt geändert am 12. 9. 94, BGBl II 3716, dazu Gesetz vom 23. 11. 94, BGBl II 3714 (die Protokollnotiz zu Nr 3 des Notenwechsels, BGBl 94 II 3719, legt fest, daß ein möglichst großzügiger Maßstab anzulegen ist).

4 **4) Stationierungsschäden.** Das NATO-Truppenstatut, das Zusatzabkommen nebst seinem Unterzeichnungsprotokoll sowie das deutsche Gesetz zum NATO-Truppenstatut und zu den Zusatzvereinbarungen enthalten ferner Bestimmungen über Stationierungsschäden, dazu Geißler NJW 80, 2615 (ausf), einschließlich solcher zu einem Schadensersatz verpflichtenden Handlungen oder Unterlassungen im Aufnahmestaat, die nicht in der Ausübung des Dienstes begangen worden sind, Art VIII NTrST, Art 41 ZusAbk, dazu Schwenk Beilage 4 zu BB 72, Heft 13 (hier nicht berücksichtigt). Die Regelung des NATO-Truppenstatuts ist aber nicht ausdehnend auslegbar, BGH 87, 327. Wegen etwaiger Besatzungsschäden aus der Kriegszeit und aus der ersten Nachkriegszeit BVerfG 27, 253.

NTruppStatut Art 1. Begriffsbestimmungen. [1] In diesem Abkommen bedeutet der Ausdruck

a) „Truppe" das zu den Land-, See- oder Luftstreitkräften gehörende Personal einer Vertragspartei, wenn es sich im Zusammenhang mit seinen Dienstobliegenheiten in dem Hoheitsgebiet einer anderen Vertragspartei innerhalb des Gebietes des Nordatlantikvertrages befindet, mit der Maßgabe jedoch, daß die beiden beteiligten Vertragsparteien vereinbaren können, daß gewisse Personen, Einheiten oder Verbände nicht als eine „Truppe" im Sinne dieses Abkommens oder als deren Bestandteil anzusehen sind.

b) „Ziviles Gefolge" das die Truppe einer Vertragspartei begleitende Zivilpersonal, das bei den Streitkräften dieser Vertragspartei beschäftigt ist, soweit es sich nicht um Staatenlose handelt oder um Staatsangehörige eines Staates, der nicht Partei des Nordatlantikvertrages ist, oder um Staatsangehörige des Staates, in welchem die Truppe stationiert ist, oder um Personen, die dort ihren gewöhnlichen Aufenthalt haben.

c) „Angehöriger" den Ehegatten eines Mitgliedes einer Truppe oder eines zivilen Gefolges, sowie ein dem Mitglied gegenüber unterhaltsberechtigtes Kind,

d) „Entsendestaat" die Vertragspartei, der die Truppe angehört,

e) „Aufnahmestaat" die Vertragspartei, in deren Hoheitsgebiet sich die Truppe oder das zivile Gefolge befinden, sei es, daß sie dort stationiert oder auf der Durchreise sind,
f) „Militärbehörden des Entsendestaates" diejenigen Behörden eines Entsendestaates, die nach dessen Recht befugt sind, das Militärrecht dieses Staates auf die Mitglieder seiner Truppen oder zivilen Gefolge anzuwenden,
g) „Nordatlantikrat" den gemäß Artikel 9 des Nordatlantikvertrags errichteten Rat oder die zum Handeln in seinem Namen befugten nachgeordneten Stellen.

II ...

1) Betroffener Personenkreis. Durch das Unterzeichnungsprotokoll, Einl 2, wird zu Art I Abs 1 a noch festgestellt, daß die BRep entsprechend Art 1 III G v 23. 10. 54, BGBl 55 II 253, auch solche Streitkräfte als Truppe ansieht, die sich vorübergehend in der BRep aufhalten. Unter a–c fallen ferner die Mitglieder der in Berlin befindlichen Streitkräfte, ferner deren ziviles Gefolge und deren Angehörige, solange sie sich als Urlauber im Bundesgebiet aufhalten. Bestandteil der Truppe sind auch die amerikanischen Stellen der EES, AFEX, AFN, Stars and Stripes. Nicht zur Truppe gehören Militärattachés, Mitglieder ihrer Stäbe und sonstige Militärpersonen, die sich auf Grund diplomatischer Mission oder aus einem anderen besonderen Grund in der BRep aufhalten.

Als ein *Angehöriger* im Sinne von c gilt auch ein naher Verwandter des Mitglieds einer Truppe oder eines zivilen Gefolges, der von diesem Mitglied aus wirtschaftlichen oder gesundheitlichen Gründen abhängig ist, von ihm unterhalten wird, seine Wohnung teilt und sich mit einer Genehmigung der Truppe im Bundesgebiet aufhält, Art 2 II a ZusAbk. Die Eigenschaft als ein Angehöriger behält eine Person nach dem Tod oder nach der Versetzung des Truppenmitglieds noch für die Dauer von 90 Tagen, sofern sie sich weiter im Bundesgebiet aufhält, Art 2 II b ZusAbk.

Art. 31. Keine Sicherheitsleistung für Prozeßkosten. ¹Die Mitglieder einer Truppe oder eines zivilen Gefolges genießen hinsichtlich der Befreiung von der Sicherheitsleistung für Prozeßkosten die Rechte, die in den auf diesem Gebiet zwischen der Bundesrepublik und dem betreffenden Entsendestaat geltenden Abkommen festgesetzt sind. ²Die dienstliche Anwesenheit der genannten Personen im Bundesgebiet gilt für die Anwendung dieser Abkommen als ständiger Aufenthalt.

1) Geltungsbereich. Angehörige werden nicht genannt. Das Unterzeichnungsprotokoll zu Art 31 nennt für das Verhältnis zu Frankreich noch Art 17–24 HZPrAbk v 1905. Inzwischen gilt zwischen beiden Staaten das HZPrÜbk, Einl IV. Wegen der übrigen Vertragsstaaten § 110 Anh.

Art. 32. Zustellungen. ¹(a) Deutsche Gerichte und Behörden können in nicht strafrechtlichen Verfahren eine Verbindungsstelle, die von jedem Entsendestaat errichtet oder bestimmt wird, um die Durchführung der Zustellung von Schriftstücken an Mitglieder einer Truppe, eines zivilen Gefolges oder an Angehörige ersuchen.

(b) ¹Die Verbindungsstelle bestätigt unverzüglich den Eingang jedes Zustellungsersuchens, das ihr von einem deutschen Gericht oder einer deutschen Behörde übermittelt wird. ²Die Zustellung ist bewirkt, wenn das zuzustellende Schriftstück dem Zustellungsempfänger von dem Führer seiner Einheit oder einem Beauftragten der Verbindungsstelle übergeben wird. ³Das deutsche Gericht oder die deutsche Behörde erhält unverzüglich eine Urkunde über die vollzogene Zustellung.

(c) (i) ¹Kann die Zustellung nicht erfolgen, so teilt die Verbindungsstelle dem deutschen Gericht oder der deutschen Behörde schriftlich die Gründe hierfür mit und nach Möglichkeit den Tag, an dem die Zustellung erfolgen kann. ²Die Zustellung gilt als bewirkt, wenn das deutsche Gericht oder die deutsche Behörde binnen einundzwanzig Tagen, gerechnet vom Datum des Eingangs bei der Verbindungsstelle an, weder eine Urkunde über die vollzogene Zustellung nach Buchstabe (b) noch eine Mitteilung erhalten hat, daß die Zustellung nicht erfolgen konnte.

(ii) Die Zustellung ist jedoch nicht als bewirkt anzusehen, wenn vor Ablauf der Frist von einundzwanzig Tagen die Verbindungsstelle dem deutschen Gericht oder der deutschen Behörde mitteilt, daß die Zustellung nicht erfolgen konnte.

(ii^{bis}) Hat die Person, an die die Zustellung erfolgen soll, die Bundesrepublik auf Dauer verlassen, so teilt die Verbindungsstelle dies dem deutschen Gericht oder der deutschen Behörde umgehend mit und leistet dem deutschen Gericht oder der deutschen Behörde unter Berücksichtigung des Artikels 3 Absatz (3) alle in ihrer Macht liegende Unterstützung.

(iii) ¹In dem unter Ziffer (ii) vorgesehenen Fall kann die Verbindungsstelle auch bei dem deutschen Gericht oder der deutschen Behörde unter Angabe der Gründe eine Fristverlängerung beantragen. ²Entspricht das deutsche Gericht oder die deutsche Behörde diesem Verlängerungsantrag, so finden die Ziffern (i) und (ii) auf die verlängerte Frist entsprechende Anwendung.

II ¹Wird durch deutsche Zusteller eine Klageschrift oder eine andere Schrift oder gerichtliche Verfügung, die ein nichtstrafrechtliches Verfahren vor einem deutschen Gericht oder einer deutschen Behörde einleitet, unmittelbar zugestellt, ist dies durch das deutsche Gericht oder die deutsche Behörde vor oder unverzüglich bei Vornahme der Zustellung der Verbindungsstelle schriftlich anzuzeigen. ²Der Inhalt der schriftlichen Anzeige richtet sich nach § 205 Zivilprozeßordnung, bei Angehörigen im rechtlich zulässigen Rahmen.

III ¹Stellt ein deutsches Gericht oder eine deutsche Behörde ein Urteil oder eine Rechtsmittelschrift zu, so wird, falls der betreffende Entsendestaat im Einzelfall oder allgemein darum ersucht, die Verbindungsstelle dieses Staates unverzüglich im rechtlich zulässigen Umfang unterrichtet, es sei denn die Verbindungsstelle selbst wird um die Zustellung ersucht oder der Zustellungsadressat oder ein anderer Verfahrensbeteiligter widerspricht der Unterrichtung. ² Das deutsche Gericht oder die deutsche Behörde unterrichtet die Verbindungsstelle über die Tatsache des Widerspruchs.

1   **1) Systematik, I, II.** Art 32 tritt (nur in seinem Geltungsbereich, AG Ffm DGVZ **93**, 157) an die Stelle der sonst geltenden Vorschriften der ZPO, BGH **65**, 298, LG Aachen RR **90**, 1344, sofern nicht das deutsche Gericht oder die deutsche Behörde die Zustellung eines Urteils (und daher auch eines anderen Vollstreckungstitels, AG Ffm DGVZ **93**, 158, einschließlich eines Prozeßvergleichs, wohl auch eines Mahnbescheids) selbst vornimmt, II. In diesen letzteren Fällen bleibt eine Zustellung nach § 172 ZPO zulässig und kann notwendig sein, LG Aachen RR **90**, 1344, AG Vilbel DGVZ **85**, 122. Eine öffentliche Zustellung findet nur nach Maßgabe des Art 36 I ZusAbk statt. Wegen der 2-Monats-Klagefrist, Art 12 III NTrStG, BGH NJW **75**, 1601.

2   **2) Zustellung durch die Verbindungsstelle des Entsendestaats, I,** dazu *Auerbach* NJW **69**, 729: Jeder Entsendestaat errichtet oder bestimmt eine solche Verbindungsstelle. Wegen ihrer Anschriften *Schwenk* NJW **76**, 1564 FN 25. Diese Zustellungsart ist zulässig, aber nicht (mehr) zwingend. Sie gilt für alle Schriftstücke an Mitglieder einer Truppe, eines zivilen Gefolges oder an Angehörige, die ein Verfahren vor einem deutschen Gericht oder vor einer deutschen Behörde betreffen. Diese Zustellungsart gilt also auch für eine Widerklage, die dann nur durch die Einreichung eines Schriftsatzes erhoben werden kann, Anh § 253 Rn 16, sowie für einen Mahnbescheid, nicht aber für ein Gesuch auf den Erlaß eines Arrests oder einer einstweiligen Verfügung, wenn ein solches Gesuch nicht zugestellt wird, falls das Gericht dem Antrag ohne eine mündliche Verhandlung stattgibt.

Wenn das Gericht die vorstehenden Vorschriften *nicht beachtet,* ist die Vollstreckungshilfe gefährdet, obwohl das Gericht unter den Voraussetzungen des § 189 ZPO über die Mängel einer Zustellung hinweggehen und die ausländische Partei auf solche Mängel verzichten könnte, § 295.

Eine Zustellung durch die Verbindungsstelle ist bei einem *Urteil* und bei einer *Rechtsmittelschrift nicht* erforderlich, III. Doch kann sich das Gericht oder die deutsche Behörde auch für eine solche Zustellung und für sonstige Zustellungen der Verbindungsstelle bedienen, I 2. Wegen des Personenkreises s oben Art I NTrStatut. Wegen der Zustellung durch die Verbindungsstelle und wegen der Bewirkung der Zustellung vgl I a–c. Die Verbindungsstelle hat auch die Möglichkeit, eine Fristverlängerung zu beantragen. Wegen der Anschrift der Verbindungsstelle für die USA-Streitkräfte und deren ziviles Gefolge vgl AnwBl **77**, 499.

3   **3) Zustellung durch deutsche Zusteller, II.** Soweit ein verfahrenseinleitendes Schriftstück durch deutsche Zusteller zugestellt wird, muß das Gericht das der Verbindungsstelle anzeigen.

4   **4) Zustellung von Urteil oder Rechtsmittelschrift, III.** Diese Zustellung erfolgt nach den Vorschriften der ZPO, im allgemeinen also von Amts wegen. Über diese deutsche Zustellung eines Urteils oder einer Rechtsmittelschrift ist die Verbindungsstelle, soweit rechtlich zulässig, zu unterrichten, solange nicht der Adressat oder ein anderer Verfahrensbeteiligter widersprechen. Letzterer Widerspruch ist der Verbindungsbehörde als Tatsache, also nicht auch inhaltlich, mitzuteilen. Wenn der deutsche Zustellungsbeamte das Schriftstück in dem Gelände einer Truppe zustellen muß, dann leistet die für die Verwaltung des Geländes zuständige Truppenbehörde eine Zustellungshilfe, Art 36 II ZusAbk, AG Vilbel DGVZ **85**, 122. Diese Hilfe ist insbesondere zur genauen Ermittlung der Unterbringungsstelle in dem regelmäßig weitläufigen Gelände notwendig.

Das Gericht kann aber, statt selbst für die Zustellung zu sorgen, auch die *Verbindungsstelle* um die Zustellung des Schriftstücks ersuchen, Art 32 I a S 2 ZusAbk. Die Verbindungsstelle führt dann die Zustellung wie diejenige durch, die bei einem Schriftstück erforderlich ist, das ein Verfahren einleitet, Art 32 I b und c. Dieser Weg kann auch wegen Art 32 I c i) nützlich sein. Die sonst erforderliche Übermittlung der Abschrift eines Urteils oder einer Rechtsmittelschrift an die Vermittlungsstelle entfällt natürlich, III letzter Hs. Wegen der Ladungen Art 37 ZusAbk.

Art. 33. Schutz bei dienstlicher Abwesenheit. ¹ Sind Mitglieder einer Truppe, eines zivilen Gefolges oder Angehörige vorübergehend in nichtstrafrechtlichen Verfahren, an denen sie beteiligt sind, am Erscheinen verhindert und wird dies dem zuständigen deutschen Gericht oder der zuständigen deutschen Behörde ohne schuldhaften Aufschub mitgeteilt, so wird hierauf gebührend Rücksicht genommen, damit ihnen hieraus keine rechtlichen Nachteile entstehen. ² Eine solche Mitteilung kann auch durch die Verbindungsstelle erfolgen.

1   **1) Geltungsbereich.** Nach dem Truppenvertrag war die Verhinderung durch eine dienstliche Bescheinigung nachzuweisen. Jedenfalls ist eine Verhinderung auch jetzt glaubhaft zu machen. Äußerstenfalls wird das Verfahren ausgesetzt. Die Aussetzung darf aber nicht für eine allzu lange Zeit erfolgen, wie die Worte „vorübergehend verhindert" zeigen. Andernfalls kann das Gericht zB die Frist verlängern. Die Vorschrift ist auch im Fall eines Wiedereinsetzungsgesuchs zu beachten. Wenn das Truppenmitglied usw durch einen ProzBev vertreten ist, dann liegt eine Benachteiligung nur für den Fall vor, daß das Truppenmitglied daran verhindert ist, dem ProzBev die erforderliche Information zu erteilen.

Art. 34. Vollstreckungshilfe. ¹ Die Militärbehörden gewähren bei der Durchsetzung vollstreckbarer Titel in nicht strafrechtlichen Verfahren deutscher Gerichte und Behörden alle in ihrer Macht liegende Unterstützung.

II (a) ¹ In einem nichtstrafrechtlichen Verfahren kann eine Haft gegen Mitglieder einer Truppe oder eines zivilen Gefolges oder gegen Angehörige von deutschen Behörden und Gerichten nur angeordnet werden, um eine Mißachtung des Gerichts zu ahnden oder um die Erfüllung einer gerichtlichen oder behördlichen Entscheidung oder Anordnung zu gewährleisten, die der Betreffende schuldhaft nicht befolgt hat oder nicht befolgt. ²Wegen einer Handlung oder Unterlassung in Ausübung des Dienstes darf eine Haft nicht angeordnet werden. ³Eine Bescheinigung der höchsten zuständigen Behörde des Entsendestaates, daß die Handlung oder Unterlassung in Ausübung des Dienstes erfolgte, ist für deutsche Stellen verbindlich. ⁴In anderen Fällen berücksichtigen die zuständigen deutschen Stellen das Vorbringen der höchsten zuständigen Behörde des Entsendestaates, daß zwingende Interessen einer Haft entgegenstehen, in gebührender Weise.

(b) ¹Eine Verhaftung nach diesem Absatz kann nur vorgenommen werden, nachdem die Militärbehörden, für die Ersetzung der betroffenen Person gesorgt haben, sofern sie dies für erforderlich halten. ²Die Militärbehörden ergreifen unverzüglich alle zu diesem Zweck erforderlichen zumutbaren Maßnahmen und gewähren den für die Durchsetzung einer Anordnung oder Entscheidung im Einklang mit diesem Absatz verantwortlichen deutschen Behörden alle in ihrer Macht liegende Unterstützung.

(c) ¹Ist eine Verhaftung innerhalb einer der Truppe oder dem zivilen Gefolge zur ausschließlichen Benutzung überlassenen Liegenschaft im Einklang mit diesem Absatz vorzunehmen, so kann der Entsendestaat, nachdem er sich mit dem deutschen Gericht oder der deutschen Behörde über die Einzelheiten ins Benehmen gesetzt hat, diese Maßnahme durch seine eigene Polizei durchführen lassen. ²In diesem Fall wird die Verhaftung unverzüglich und, soweit die deutsche Seite dies wünscht, in Gegenwart von Vertretern des deutschen Gerichts oder der deutschen Behörde vorgenommen.

III ¹Bezüge, die einem Mitglied einer Truppe oder eines zivilen Gefolges von seiner Regierung zustehen, unterliegen der Pfändung, dem Zahlungsverbot oder einer anderen Form der Zwangsvollstreckung auf Anordnung eines deutschen Gerichts oder einer deutschen Behörde, soweit das auf dem Gebiet des Entsendestaates anwendbare Recht die Zwangsvollstreckung gestattet. ²Die Unterstützung nach Absatz (1) schließt auch Hinweise auf Vollstreckungsmöglichkeiten in den bereits zur Auszahlung gelangten Sold ein.

IV Ist die Vollstreckung eines vollstreckbaren Titels in nichtstrafrechtlichen Verfahren deutscher Gerichte und Behörden innerhalb der Anlage einer Truppe durchzuführen, so wird sie durch den deutschen Vollstreckungsbeamten im Beisein eines Beauftragten der Truppe vollzogen.

1) **Systematik, I–IV.** Die Vollstreckung erfolgt nach dem deutschen Recht. Infolgedessen enthält Art 34 nur einige ergänzende Bestimmungen dazu. Art 34 regelt die Vollstreckung eines Mitglieds der Truppe, Art 35 diejenige eines bei der Truppe Beschäftigten, LG Stgt NJW **86**, 1442. Art 35 regelt die Vollstreckung auf Grund eines Zahlungsanspruchs. Das Recht der USA gestattet eine Zwangsvollstreckung, III, erst nach einer Zahlung oder einer Gutschrift auf ein Schuldnerkonto, Rn 4.

2) **Vollstreckungshilfe, I–IV.** Die Militärbehörden des Entsendestaats, dem das Truppenmitglied usw angehört, leisten den deutschen Stellen bei der Durchsetzung eines vollstreckbaren Titels in einem nicht strafrechtlichen Verfahren eines deutschen Gerichts eine Vollstreckungshilfe, I. Die Militärbehörden prüfen den Inhalt des vollstreckbaren Titels nicht nach. Sie prüfen aber unter Umständen nach, ob die Vorschriften des ZusAbk eingehalten wurden, also vor allem die Vorschriften über die Zustellung. Die ordnungsgemäße Zustellung ist erforderlichenfalls der Militärbehörde nachzuweisen, Art 32 ZusAbk Rn 2 ff. Eine Vollstreckung innerhalb des Geländes der Truppe erfolgt im Beisein eines Beauftragten der Truppe, IV. Das gilt auch dann, wenn sich die Vollstreckung gegen einen deutschen Arbeiter auf dem Gelände richtet. Der *Gerichtsvollzieher* muß selbstverständlich die Regeln der ZPO einhalten. Das gilt insbesondere auch wegen der Regeln zur Unpfändbarkeit. Der Gerichtsvollzieher darf daher zB Dienstkleidungs- oder Ausrüstungsgegenstände nicht pfänden, auch wenn sie im Eigentum des Schuldners stehen, § 811 I Z 7.

3) **Haft, II.** Eine Haft darf nur unter den in II genannten Voraussetzungen angeordnet werden. Das gilt sowohl in einem Vollstreckungsverfahren nach §§ 888 oder 890 als auch in einem Verfahren zur Ableistung der eidesstattlichen Versicherung zwecks Offenbarung, § 901, oder aus einem sonstigen Grund, § 177 GVG. Die Vorschrift schützt auch die Angehörigen, so schon LG Hagen DGVZ **76**, 138 (zum alten Recht).

4) **Pfändungsgrenzen, III.** Es entscheidet in erster Linie das Recht des Entsendestaats. Ein amerikanischer Militärsold ist also daher doch nur beschränkt pfändbar, Schreiben des US-Hauptquartiers AnwBl **77**, 499, Auerbach NJW **69**, 729, Schwenk NJW **76**, 1565. Dasselbe gilt für eine entsprechende Witwenrente, LG Stgt NJW **86**, 1442. Wegen Großbritannien LG Dortm NJW **62**, 1519. Natürlich müssen die Vollstreckungsorgane im Bereich der Pfändbarkeit auch die §§ 850 ff ZPO berücksichtigen.

Art. 35. Vollstreckung in Zahlungsansprüche. Soll aus einem vollstreckbaren Titel deutscher Gerichte und Behörden gegen einen Schuldner vollstreckt werden, dem aus der Beschäftigung bei einer Truppe oder einem zivilen Gefolge gemäß Artikel 56 oder aus unmittelbaren Lieferungen oder sonstigen Leistungen an eine Truppe oder ein ziviles Gefolge ein Zahlungsanspruch zusteht, so gilt folgendes:

(a) Erfolgt die Zahlung durch Vermittlung einer deutschen Behörde und wird diese von einem Vollstreckungsorgan ersucht, nicht an den Schuldner, sondern an den Pfändungsgläubiger zu zahlen, so ist die deutsche Behörde berechtigt, diesem Ersuchen im Rahmen der Vorschriften des deutschen Rechts zu entsprechen.

(b) (i) ¹Erfolgt die Zahlung nicht durch Vermittlung einer deutschen Behörde, so hinterlegen die Behörden der Truppe oder des zivilen Gefolges, sofern das Recht des Entsendestaates dies nicht verbietet, auf Ersuchen eines Vollstreckungsorgans von der Summe, die sie anerkennen, dem Vollstreckungsschuldner zu schulden, den in dem Ersuchen genannten Betrag bei der zuständigen Stelle. ²Die Hinterlegung befreit die Truppe oder das zivile Gefolge in Höhe des hinterlegten Betrages von ihrer Schuld gegenüber dem Schuldner.

(ii) Soweit das Recht des betroffenen Entsendestaates die unter Ziffer (i) genannte Zahlung verbietet, treffen die Behörden der Truppe und des zivilen Gefolges alle geeigneten Maßnahmen, um das Vollstreckungsorgan bei der Durchsetzung des in Frage stehenden Vollstreckungstitels zu unterstützen.

NTrStatutG Art 4c. Ausführungsbestimmungen zu Art 35 ZusAbk. [1] [1] Bei Zustellungen an Angehörige von Mitgliedern einer Truppe oder eines zivilen Gefolges müssen in der in Artikel 32 Abs. 2 des Zusatzabkommens vorgesehenen schriftlichen Anzeige bezeichnet werden

1. das Prozessgericht, die Parteien und der Gegenstand des Prozesses,
2. ein in dem zuzustellenden Schriftstück enthaltener Antrag,
3. die Formel einer zuzustellenden Entscheidung,
4. bei der Zustellung einer Ladung deren Zweck und die Zeit, zu welcher der Geladene erscheinen soll,
5. bei der Zustellung einer Aufforderung nach § 276 Abs. 1 Satz 1, Abs. 2 der Zivilprozessordnung der Inhalt der Aufforderung und die vorgeschriebene Belehrung.

[2] Ist erkennbar, daß überwiegende schutzwürdige Interessen des Angehörigen der Übermittlung dieser Angaben entgegenstehen oder der Angehörige einer Unterstützung durch die Militärbehörden nicht bedarf, wird die Verbindungsstelle lediglich über die Tatsache der Zustellung unter Benennung des Zustellungsadressaten und des Gerichts oder der Behörde unterrichtet, welche die Zustellung veranlaßt hat.

II [1] Die Unterrichtung der Verbindungsstelle durch ein deutsches Gericht oder eine deutsche Behörde nach Artikel 32 Abs. 3 des Zusatzabkommens setzt voraus, daß der Zustellungsadressat und alle anderen Verfahrensbeteiligten zuvor schriftlich oder in der mündlichen Verhandlung über das ihnen zustehende Widerspruchsrecht belehrt worden sind und ihnen eine Frist von mindestens zwei Wochen zur Ausübung dieses Rechts eingeräumt worden ist. [2] Belehrung und Fristsetzung sind bereits vor Erlaß eines Urteils zulässig. [3] Die Verbindungsstelle wird durch Übersendung einer Abschrift des Urteils oder der Rechtsmittelschrift unterrichtet. [4] Hat ein Verfahrensbeteiligter sich nur mit einer eingeschränkten Information der Verbindungsstelle einverstanden erklärt oder stehen überwiegende Interessen einer Person oder öffentliche Belange der Übersendung einer Abschrift entgegen, beschränkt sich die Unterrichtung auf die in Absatz 1 Satz 1 genannten Angaben.

NTrStatutG Art 5. Ausführungsbestimmungen zu Art 35 ZusAbk. [1] [1] Bei der Zwangsvollstreckung aus einem privatrechtlichen Vollstreckungstitel kann das Ersuchen in den Fällen des Artikels 35 des Zusatzabkommens nur von dem Vollstreckungsgericht ausgehen; Vollstreckungsgericht ist das Amtsgericht, bei dem der Schuldner seinen allgemeinen Gerichtsstand hat, und sonst das Amtsgericht, in dessen Bezirk die zu ersuchende Stelle sich befindet. [2] Zugleich mit dem Ersuchen hat das Gericht an den Schuldner das Gebot zu erlassen, sich jeder Verfügung über die Forderung, insbesondere ihrer Einziehung, zu enthalten.

II [1] In den Fällen des Artikels 35 Buchstabe a des Zusatzabkommens ist das Ersuchen der deutschen Behörde von Amts wegen zuzustellen. [2] Mit der Zustellung ist die Forderung gepfändet und dem Pfändungsgläubiger überwiesen. [3] Die Vorschriften der Zivilprozeßordnung über die Zwangsvollstreckung in Geldforderungen gelten im übrigen entsprechend. [4] § 845 der Zivilprozeßordnung ist nicht anzuwenden.

III [1] Bei der Zwangsvollstreckung wegen öffentlich-rechtlicher Geldforderungen geht das Ersuchen in den Fällen des Artikels 35 des Zusatzabkommens von der zuständigen Vollstreckungsbehörde aus. [2] Auf das weitere Verfahren finden in den Fällen des Artikels 35 Buchstabe a des Zusatzabkommens die Vorschriften des in Betracht kommenden Verwaltungszwangsverfahrens über die Pfändung und Einziehung von Forderungen entsprechend Anwendung.

Vorbem. I 1, II idF Art 2 XXIX Z 1, 2 ZustRG v 25. 6. 01, BGBl 1206, in Kraft seit 1. 7. 02, Art 4 ZustRG, ÜbergangsR Einl III 78.

1 **1) Systematik.** Art 35 ZusAbk wird durch Artt 4 c, 5 NTrStG ergänzt. Sonderbestimmungen für die Vollstreckung in einen Zahlungsanspruch einer Person jeder Art, auch eines Deutschen, auf Grund einer Beschäftigung bei der Truppe oder bei einem zivilen Gefolge enthält Art 56 ZusAbk idF v 21. 10. 71, BGBl 73 II 1022. Das gilt auch dann, wenn die Vollstreckung auf Grund einer unmittelbaren Lieferung oder sonstigen Leistung an eine Truppe oder an ein ziviles Gefolge erfolgt. Insofern weicht die Regelung von §§ 829, 835 ab. Im übrigen sind die deutschen Vorschriften zu beachten, insbesondere also bei Lohnpfändungen die §§ 850 ff.

2 **2) Zahlung durch Vermittlung einer deutschen Stelle.** Gemeint ist das Amt für Verteidigungslasten.

A. Privatrechtlicher Titel. Wenn es sich um einen privatrechtlichen Vollstreckungstitel handelt, dann ersucht dasjenige AG, bei dem der Schuldner seinen allgemeinen Gerichtsstand hat, § 13, und sonst dasjenige AG, in dessen Bezirk die zu ersuchende Stelle liegt, also das Amt für Verteidigungslasten. Das Ersuchen geht dahin, nicht an den Schuldner, sondern an den Pfändungsgläubiger zu zahlen. Außerdem ergeht das Verbot an den Schuldner, über die Forderung zu verfügen, insbesondere sie einzuziehen. Das Ersuchen wird der deutschen Stelle von Amts wegen zugestellt. Mit der Zustellung ist die Forderung gepfändet und gleichzeitig dem Pfändungsgläubiger überwiesen. Im übrigen gilt die ZPO. Jedoch ist eine Vorpfändung nach § 845 ausgeschlossen, Art 5 I und II NTrStatutG.

3 **B. Öffentlichrechtlicher Titel.** Wenn es sich um eine Zwangsvollstreckung wegen einer öffentlichrechtlichen Geldforderung handelt, dann erfolgt die Pfändung und die Einziehung der Forderung durch die zuständige Vollstreckungsbehörde nach den Vorschriften des Verwaltungszwangsverfahrens.

3) Zahlung durch Vermittlung einer nichtdeutschen Stelle, Art 35 ZusAbk Buchst b. In einem solchen Fall richtet das AG als Vollstreckungsgericht dann, wenn es sich um einen privatrechtlichen Vollstreckungstitel handelt, gleichzeitig mit dem Gebot an den Schuldner, sich jeder Verfügung über die Forderung zu enthalten, insbesondere sie nicht einzuziehen, Art 5 I NTrStG, an die Behörde der Truppe oder des zivilen Gefolges das Ersuchen (also keine zugestellte Aufforderung), den in Betracht kommenden Betrag zugunsten des Pfändungsgläubigers zu hinterlegen. Soweit diese Behörde ihre Schuld gegenüber dem Pfändungsschuldner anerkennt, hinterlegt sie den Betrag, falls ihr innerstaatliches Recht das zuläßt, also das Recht des Entsendestaats.

Durch die *Hinterlegung*, die deshalb auch nicht widerruflich ist, Schwenk NJW **64**, 1003, wird die Truppe oder das zivile Gefolge in Höhe des hinterlegten Betrags von der Schuld gegenüber dem Schuldner frei, Art 35 b (i) S 2. Nach amerikanischem und kanadischem Recht ist eine Hinterlegung zu Gunsten des Gläubigers unzulässig, Schwenk NJW **64**, 1003, Wussow DRiZ **58**, 175. Dann treffen die Behörden der Truppe und des zivilen Gefolges alle geeigneten Maßnahmen zur Unterstützung des Vollstreckungsorgans bei der Durchsetzung des Vollstreckungstitels, Art 35 b ii) ZusAbk. Die Behörden der Truppe und des zivilen Gefolges halten also den Schuldner zur Zahlung an oder geben dem Gläubiger an, wann eine Zahlung oder Überweisung an den Schuldner erfolgt.

Art. 36. Durchführung von Zustellungen. **I Zur öffentlichen Zustellung an Mitglieder einer Truppe oder eines zivilen Gefolges oder an Angehörige bedarf es zusätzlich der Veröffentlichung eines Auszugs des zuzustellenden Schriftstückes in der Sprache des Entsendestaates in einem von diesem zu bezeichnenden Blatt oder, wenn der Entsendestaat dies bestimmt, durch Aushang in der zuständigen Verbindungsstelle.**

II Hat ein deutscher Zustellungsbeamter einer Person, die sich in der Anlage einer Truppe befindet, ein Schriftstück zuzustellen, so trifft die für die Verwaltung der Anlage zuständige Behörde der Truppe alle Maßnahmen, die erforderlich sind, damit der deutsche Zustellungsbeamte die Zustellung durchführen kann.

1) Geltungsbereich, I, II. Vgl Art 32 Rn 1, 4. II gilt nicht nur für die Zustellung an ein Mitglied der Truppe usw, sondern auch für andere Menschen, die im Gelände einer Truppe arbeiten, also auch für einen Deutschen.

Art. 37. Ladungen; Erscheinen vor Gericht. **I a) ¹ Bei Ladungen von Mitgliedern einer Truppe, eines zivilen Gefolges oder von Angehörigen vor deutsche Gerichte und Behörden ergreifen die Militärbehörden, sofern nicht dringende militärische Erfordernisse dem entgegenstehen, alle im Rahmen ihrer Befugnisse liegenden Maßnahmen, um sicherzustellen, daß der Ladung Folge geleistet wird, soweit nach deutschem Recht das Erscheinen erzwingbar ist. ² Falls die Ladung nicht über die Verbindungsstelle zugestellt worden ist, wird diese unverzüglich von dem deutschen Gericht oder der deutschen Behörde über die Ladung unter Angabe des Adressaten und seiner Anschrift sowie der Zeit und des Ortes der anstehenden Verhandlung oder Beweisaufnahme unterrichtet; dies gilt bei Angehörigen nicht, wenn die Militärbehörden die Befolgung der Ladung nicht wirksam unterstützen können.**

b) Buchstabe a) gilt entsprechend für Angehörige, soweit die Militärbehörden ihr Erscheinen sicherstellen können; anderenfalls werden Angehörige nach deutschem Recht geladen.

II Werden Personen, deren Erscheinen die Militärbehörden nicht sicherstellen können, vor einem Gericht oder einer Militärbehörde eines Entsendestaates als Zeugen oder Sachverständige benötigt, so tragen die deutschen Gerichte und Behörden im Einklang mit dem deutschen Recht dafür Sorge, daß diese Personen vor dem Gericht oder der Militärbehörde dieses Staates erscheinen.

1) Ladungshilfe, I, II. Wenn es sich um die Ladung des Mitglieds einer Truppe, eines zivilen Gefolges oder eines Angehörigen handelt, dann haben die Militärbehörden mangels entgegenstehender, dringender Militärerfordernisse das ihnen Mögliche zu tun, um sicherzustellen, daß der zu Ladende der Ladung Folge leistet, falls die Ladung nach dem deutschen Recht erzwingbar ist. Das ist bei einer Partei, deren persönliches Erscheinen angeordnet ist, und bei einem Zeugen der Fall, §§ 141, 273, 380 ZPO. Die Regelung gilt auch dann, wenn eine Person, deren Erscheinen die Militärbehörde nicht sicherstellen kann, vor einem deutschen Gericht oder einer Militärbehörde des Entsendestaats als ein Zeuge oder als ein Sachverständiger benötigt wird. Das deutsche Gericht lädt diese Person mit einer entsprechenden Androhung vor. Zwangsmaßnahmen erfolgen nur bei II.

Art. 38. Aussagegenehmigung; Ausschluß der Öffentlichkeit. **I ¹ Ergibt sich im Verlauf eines strafrechtlichen oder nichtstrafrechtlichen Verfahrens oder einer Vernehmung vor einem Gericht oder einer Behörde einer Truppe oder der Bundesrepublik, daß ein Amtsgeheimnis eines der beteiligten Staaten oder beider oder eine Information, die die Sicherheit eines der beteiligten Staaten oder beider schaden würde, preisgegeben werden könnte, so holt das Gericht oder die Behörde vorher die schriftliche Einwilligung der zuständigen Behörde dazu ein, daß das Amtsgeheimnis oder die Information preisgegeben werden darf. ² Erhebt die zuständige Behörde Einwendungen gegen die Preisgabe, so trifft das Gericht oder die Behörde alle in ihrer Macht stehenden Maßnahmen, einschließlich derjenigen, auf die sich Absatz 2 bezieht, um die Preisgabe zu verhüten, vorausgesetzt, daß die verfassungsmäßigen Rechte einer beteiligten Partei dadurch nicht verletzt werden.**

II Die Vorschriften des deutschen Gerichtsverfassungsgesetzes (§§ 172 bis 175) über den Ausschluß der Öffentlichkeit von Verhandlungen in strafrechtlichen und nichtstrafrechtlichen Verfahren und die Vorschriften der deutschen Strafprozeßordnung (§ 15) über die Möglichkeit der

Übertragung von Strafverfahren an das Gericht eines anderen Bezirks werden in Verfahren vor deutschen Gerichten und Behörden, in denen eine Gefährdung der Sicherheit einer Truppe oder eines zivilen Gefolges zu besorgen ist, entsprechend angewendet.

1   1) **Geltungsbereich, I, II.** I gilt für Gerichte und Behörden der BRep oder einer Truppe. Die Einwilligung wird von Amts wegen eingeholt. Eine Preisgabe erfolgt bei einer Einwendung der Behörde nur, falls andernfalls ein verfassungsmäßiges Recht verletzt würde. Wenn diese Gefahr nicht droht, muß alles dasjenige geschehen, was zur Geheimhaltung erforderlich ist, einschließlich des Ausschlusses der Öffentlichkeit, §§ 172–175 GVG.

Art. 39. Zeugen und Sachverständige. [1] Die Rechte und Vorrechte der Zeugen, Verletzten und Sachverständigen bestimmen sich nach dem Recht der Gerichte oder der Behörden, vor denen sie erscheinen. [2] Das Gericht oder die Behörde berücksichtigt jedoch die Rechte und Vorrechte angemessen, welche Zeugen, Verletzte und Sachverständige, wenn sie Mitglieder einer Truppe, eines zivilen Gefolges oder Angehörige sind, vor einem Gericht des Entsendestaates, und, wenn sie nicht zu diesem Personenkreis gehören, vor einem deutschen Gericht haben würden.

1   1) **Geltungsbereich, S 1, 2.** Bei dem Erscheinen vor einem deutschen Gericht haben ein Zeuge, ein Verletzter und ein Sachverständiger einen Anspruch auf eine Entschädigung nach dem ZSEG, dazu Hartmann V.

IV. Wirtschaftsrechtliche Beschränkungen

Bearbeiter: Dr. Dr. Hartmann

Außenwirtschaftsgesetz

Einleitung

Schrifttum: *Bieneck* (Hrsg), Handbuch des Außenwirtschaftsrechts, 2. Aufl 2005; *Hailbronner/Biervagen*, Neuere Entwicklungen im Außenwirtschaftsrecht der Europäischen Gemeinschaften, NJW **89**, 1385.

1   1) **Systematik.** Das AWG v 28. 4. 61, BGBl 481 (zuletzt geändert durch Art 36 G v 21. 6. 05, BGBl 1818, sowie die AWV v 22. 11. 93, BGBl 1937, berichtigt 2493, zuletzt geändert durch Art 2 G v 23. 7. 04, BGBl 1859, betreffen den Waren-, Dienstleistungs-, Kapital-, Zahlungs- und sonstigen Wirtschaftsverkehr mit fremden Wirtschaftsgebieten. Als Gebietsfremde im Sinne des § 4 I Z 4 gelten auch diejenigen, die sich nur vorübergehend ohne einen Wohnsitz, gewöhnlichen Aufenthalt oder Sitz im Wirtschaftsgebiet aufhalten.

2   Das AWG *betrifft ferner* den Verkehr mit Auslandswerten und mit Geld zwischen Gebietsansässigen, § 1 I. Fremde Wirtschaftsgebiete im Sinne des Gesetzes sind alle Gebiete außerhalb des Geltungsbereichs des Gesetzes mit Ausnahme der früheren DDR, des früheren Ost-Berlins, § 4 I Z 2. Auf die letztgenannten Gebiete findet das AWG keine Anwendung. Daher waren im Verhältnis zur DDR und zu Ost-Berlin auch die genannten Bestimmungen des MRG 52 und MRG 53 weiter anzuwenden. Das Gesetz galt vor dem Beitritt der DDR zur BRep auch in West-Berlin mit den Ausnahmen und Maßgaben, die sich aus § 51 ergaben.

3   2) **Regelungszweck.** Es gelten die folgenden Regeln.

A. Grundsatz: Möglichkeit der Beschränkung. Die Regelung des AWG geht dahin, daß der Außenwirtschaftsverkehr grundsätzlich frei ist, § 1 I. Er kann jedoch durch das Gesetz oder durch eine Rechtsverordnung, die auf Grund dieses Gesetzes ergeht, beschränkt werden. Durch solche Bestimmungen können Rechtsgeschäfte und Handlungen einer Genehmigung unterworfen werden oder sie können verboten werden, § 2 I. Beschränkungen sind möglich als allgemeine Beschränkungen zwecks Erfüllung zwischenstaatlicher Interessen, zwecks Abwehr schädigender Einwirkungen aus fremden Wirtschaftsgebieten und zum Schutz der Sicherheit und der auswärtigen Interessen, §§ 5–7, ferner als besondere Einwirkungen für die in Anm 1 genannten Wirtschaftsgebiete. Für diese gibt das Gesetz außer für die Wareneinfuhr den Umfang und den Zweck der Beschränkungen an. Das Gesetz ermöglicht Rechtsverordnungen, die eine Beschränkung und genauere Angaben in dem durch das Gesetz gegebenen Rahmen enthalten können. Eine Ausnahme von dieser Systematik besteht in der Einfuhrliste des § 10 AWG. Hier kann man für jede Warenart ablesen, ob ihre Einfuhr genehmigungsfrei ist oder nicht.

4   **B. Genehmigung.** Soweit eine Genehmigung erforderlich ist, ist im Bereich des Kapitalverkehrs, § 22 I AWG, und des Zahlungsverkehrs sowie im Bereich des Verkehrs mit Auslandswerten und mit Geld die Deutsche Bundesbank ausschließlich zuständig. Im Bereich des Kapitalverkehrs ist im übrigen das Bundesministerium für Wirtschaft ausschließlich zuständig. Im übrigen können besondere Bestimmungen über die Zuständigkeit der jeweiligen Behörden getroffen werden. Über den Inhalt der Genehmigungen § 30.

5   **C. Fehlen einer Genehmigung.** Wenn ein Rechtsgeschäft ohne die erforderliche Genehmigung abgeschlossen worden ist, so ist es schwebend unwirksam, § 31. Die Parteien machen sich schadensersatzpflichtig, wenn sie sich nicht um die Genehmigung bemühen, BGH **LM** MRG 53 Nr 3.

6   **D. Prozeßrechtlich** bestimmt

AWG § 32. Urteil und Zwangsvollstreckung. [I] [1] Ist zur Leistung des Schuldners eine Genehmigung erforderlich, so kann das Urteil vor Erteilung der Genehmigung ergehen, wenn in die Urteilsformel ein Vorbehalt aufgenommen wird, daß die Leistung oder Zwangsvollstreckung erst erfolgen darf, wenn die Genehmigung erteilt ist. [2] Entsprechendes gilt für andere Vollstreckungstitel, wenn die Vollstreckung nur auf Grund einer vollstreckbaren Ausfertigung des Titels durchgeführt werden kann. [3] Arreste und einstweilige Verfügungen, die lediglich der Sicherung des zugrunde liegenden Anspruchs dienen, können ohne Vorbehalt ergehen.

[II] [1] Ist zur Leistung des Schuldners eine Genehmigung erforderlich, so ist die Zwangsvollstreckung nur zulässig, wenn und soweit die Genehmigung erteilt ist. [2] Soweit Vermögenswerte nur mit Genehmigung erworben oder veräußert werden dürfen, gilt dies auch für den Erwerb und die Veräußerung im Wege der Zwangsvollstreckung.

V. Zwischenstaatliche Anerkennungs- und Vollstreckungsabkommen

Bearbeiter: Dr. Albers

Übersicht

Schrifttum: *Bülow/Böckstiegel/Geimer/Schütze,* Der internationale Rechtsverkehr in Zivil- u Handelssachen, 3. Aufl, ab 1983; *Geimer/Schütze,* Europäisches Zivilverfahrensrecht, 2. Aufl 2004; *Geimer,* Anerkennung ausländischer Entscheidungen in Deutschland, 1995; *Gottwald,* Internationales Zivilprozeßrecht, in MüKo (Schlußanh), 2. Aufl 2001, ErgBd 2002; *Geimer,* Internationales Zivilprozeßrecht, 5. Aufl 2005; *Geimer/Schütze,* Internationaler Rechtsverkehr in Zivil- und Handelssachen, Bd I–V, Stand 2005; *Gottwald,* Grundfragen der Anerkennung und Vollstr ausländischer Entscheidungen in Zivilsachen, ZZP **103**, 257; *ders,* Die internationale Zwangsvollstr, IPrax **91**, 285; *Handbuch* des internationalen Zivilverfahrensrechts, hrsg v Max-Planck-Institut, Bd I 1982, Bd III 1 1984 u III 2 1984; *Jayme/Hausmann,* Internationales Privat- u Verfahrensrecht, 12. Aufl 2004; *Linke,* Internationales Zivilprozeßrecht, 3. Aufl 2001; *Nagel/Gottwald,* Internationales Zivilprozeßrecht 5. Aufl 2002, §§ 11–14; *Schack* §§ 17–19; *Schütze,* Rechtsverfolgung im Ausland, 3. Aufl 2002.

1) Die außerhalb der Grenzen Deutschlands von 1937 in der Zeit bis 1945 ergangenen Urteile 1 deutscher Gerichte sind deutsche Urteile und deswegen wie solche zu behandeln. Also kann aus Urteilen von Gerichten, die in der Zeit vom 13. 3. 38 bis 26. 4. 45 in Österreich ergangen sind, ohne Verfahren nach § 722 vollstreckt werden, wenn die Voraussetzungen des § 2 II VO v. 16. 1. 40, RGBl I S 176, erfüllt sind, dh die Vollstreckungsklausel durch das dafür zuständige Gericht in Österreich in jener Zeit erteilt war. Dem entspricht auch die Praxis in Österreich, vgl Bundesgesetz 70 v 28. 2. 47, österreichisches Bundesgesetzblatt 452.

2) Folgende **Staatsverträge** regeln die Vollstreckbarkeit ausländischer Urteile abweichend von §§ 722 f: **2 a)** Art 18, 19 HZPrÜbk, unten A 1 (wegen HZPrAbk s 25. u fr Aufl); **b)** HaagÜbk über die Anerkennung u Vollstr von Entsch auf dem Gebiet der Unterhaltspflicht gegenüber Kindern v 15. 4. 58, BGBl **61** II 1006, unten A 2; **c)** EuSorgeRÜbk v 20. 5. 80, BGBl **90** II 220, unten A 3; **d)** dt-schweizerisches Abk v 28. 7. 30, unten B 1; **e)** dt-italienisches Abk v 9. 3. 36, unten B 2; **f)** dt-österr Abk v 6. 6. 59, unten B 3; **g)** dt-belgisches Abk v 30. 6. 58, unten B 4; **h)** dt-britisches Abk v 14. 7. 60, unten B 5; **i)** dt-griechisches Abk v 4. 11. 61, Art 6 ff, BGBl **63** II 109, unten B 6; **k)** dt-türkisches Abk v 28. 5. 29, RGBl **30** II 7, **31** II 537, 539; **l)** dt-niederländischer Vertrag v 30. 8. 62, BGBl **65** II 27, unten B 7; **m)** dt-tunesischer Vertrag v 19. 7. 66, BGBl **69** II 889, unten B 8; **n)** dt-israelischer Vertrag v 20. 7. 77, BGBl **80** II 926, unten B 9; **o)** dt-norwegischer Vertrag v 17. 6. 77, BGBl **81** II 341, unten B 10; **p)** dt-spanischer Vertrag v 14. 11. 83, BGBl **87** II 35, unten B 11. Die Abk und k betreffen nur Kostenentscheidungen und lassen insoweit statt eines Vollstreckungsurteils einen Beschluß des AG zu. S auch Einl V vor § 1 Rn 7 u 8.

Im Verhältnis zu den **neuen Bundesländern** gelten diese (und andere) Staatsverträge seit dem 3. 10. 90 auch dort, Art 11 EV, dazu Stern, EV u Wahlvertrag, Einl I A, Andrae IPrax **94**, 224 mwN, u a Siehr RabelsZ **91**, 243, Mansel JR **90**, 441, Hailbronner JZ **90**, 453, Rauschning DVBl **90**, 402, v. Heinegg RIW 7/90 (Beilage), OGH Wien IPrax **92**, 104; jedoch beziehen sich die Staatsverträge nicht auf die vor dem 3. 10. 90 dort ergangenen Entscheidungen, OGH Wien IPrax **94**, 219, diff nach den intertemporalen Bestimmungen der jeweiligen Abkommen Andrae IPrax **94**, 226. Zum Erlöschen der von der früheren DDR abgeschlossenen Staatsverträge, Art 12 EV, s Andrae IPrax **94**, 229 mwN (differenzierend, m Übers üb die VollstrAbk), Drobnig DtZ **91**, 76, Leible FamRZ **91**, 1245, Siehr aaO 245, Stern u Mansel aaO; danach dürften die über § 328 ZPO hinausgehenden Abk am 3. 10. 90 erloschen sein, v. Hoffmann IPrax **91**, 9.[1] Soweit Übk fortgelten, sind sie nur von den Gerichten (und Behörden) der neuen Bundesländer zu beachten, Leible aaO.

---

[1] Nach Art 12 II EV legt Deutschland seine Haltung zum Übergang völkerrechtlicher Verträge der DDR nach Konsultationen mit den jeweiligen Vertragspartnern fest. Wegen der Bekanntmachungen über das Erlöschen solcher Übereinkünfte vgl das Verzeichnis im Fundstellennachweis B zum BGBl II für 1999 S 648. Wegen des Erlöschens der Übk über die Aufnahme diplomatischer oder konsularischer Beziehungen s die Sammelbekanntmachung v 24. 4. 92, BGBl II 383.

AnerkVollstrAbk

Schlußanhang V A 1

3 3) **Die der EG angehörenden Staaten** haben am 27. 9. 68 das Übereinkommen über die gerichtliche Zuständigkeit und die Vollstreckung gerichtlicher Entsch in Zivil- und Handelssachen (EuGVÜ) gezeichnet. Das Übk, BGBl **72** II 774, ist durch G v 24. 7. 72, BGBl II 773, ratifiziert worden; es ist zusammen mit dem AusfG v 29. 7. 72, BGBl 1328, u dem G v 17. 8. 72 zu dem Protokoll v 3. 6. 71 betr der Auslegung des Übk, BGBl II 845, auszugsweise im **Schlußanhang V C** abgedruckt. Das Übk ist am 1. 2. 73 in Kraft getreten, BGBl **73** II 60 u I 26 (Geltungsbereich: Üb Art 1). Es gilt seit dem 3. 10. 90 auch für die neuen Bundesländer. Zwischen den EG-Staaten und den **EFTA-Staaten** besteht das sog Lugano-Übk v 16. 9. 88, BGBl 94 II 2660, das nur geringfügig vom EuGVÜ abweicht (Geltungsbereich: Üb 3 Art 1); wegen der Einzelheiten s **Schlußanh V D**. Am 1. 3. 2001 ist die **Verordnung (EG) Nr 1347/2000 des Rates v 29. 5. 00** über die Zuständigkeit und die Anerkennung und Vollstreckung von Entscheidungen **in Ehesachen und in Verfahren betreffend die elterliche Verantwortung für die gemeinsamen Kinder der Ehegatten** (ABlEG L 160/19) in Kraft getreten, abgedr und erläutert im Anh I § 606 a ZPO. Die **Verordnung (EG) Nr 44/2001** v 22. 12. 00 über die gerichtliche Zuständigkeit und die Anerkennung und Vollstreckung in Zivil- und Handelssachen, ABlEG 01 L 12 1, ist am 1. 3. 02 in Kraft getreten, Micklitz/Rott EuZW **01**, 325, vgl Schlußanh V C (A). Diese VOen gelten für alle Staaten der EU außer Dänemark.

4 4) **Anerkennungs- und Vollstreckungsausführungsgesetz (AVAG).** Das Gesetz, dessen Anwendungsbereich sich aus seinem § 1 ergibt, ist im Schlußanh V E abgedruckt und erläutert.

A. Kollektivverträge

1. Vollstreckbarerklärung nach Haager Zivilprozeßübereinkommen vom 1. 3. 1954, BGBl 58 II 576

Geltungsbereich: Einl V vor § 1 ZPO Rn 3. **Schrifttum:** *MüKoGo* Schlußanh Nr 4; *BBGS* 100 u 101; *Nagel/Gottwald*, IZPR, 5. Aufl 2002 § 13 IV; *Wolff* Rn 347–399; *Bülow* Rpfleger **55**, 301 u **59**, 141.

Art. 18. ^{I} War der Kläger oder Intervenient von der Sicherheitsleistung, der Hinterlegung oder der Vorschußpflicht auf Grund des Artikels 17 Absatz 1 und 2 oder der im Staate der Klageerhebung geltenden Rechtsvorschriften befreit, so wird eine Entscheidung über die Kosten des Prozesses, die in einem Vertragsstaat gegen ihn ergangen ist, gemäß einem auf diplomatischem Wege zu stellenden Antrag in jedem anderen Vertragsstaat durch die zuständige Behörde kostenfrei für vollstreckbar erklärt.

^{II} Das gleiche gilt für gerichtliche Entscheidungen, durch die der Betrag der Kosten des Prozesses später festgesetzt wird.

^{III} Die vorstehenden Bestimmungen hindern nicht, daß zwei Vertragsstaaten vereinbaren, die beteiligte Partei selbst dürfe den Antrag auf Vollstreckbarerklärung unmittelbar stellen.

Bem. S §§ 4 ff AusfG (anschließend abgedr). Art 18, 19 schaffen den Ausgleich für den Beklagten, der einem von der Ausländersicherheit befreiten Kläger gegenübersteht, durch Vollstreckungsmöglichkeit der gegen den Kläger erzielten Kostenentscheidung, Art 17 HZPrÜbk (abgedr Anh § 110 ZPO Rn 2). Art 18 ist aber auch dann anwendbar, wenn der Kläger (Intervenient) nach den Gesetzen des Staates der Klageerhebung eine Sicherheit nicht zu leisten braucht, weil diese Gesetze eine solche nicht kennen. Der Kläger muß für den Urteilsstaat Ausländer sein (*Wolff* Rdz 361, Ffm IPrax **84**, 32 mwN; zustm Pauckstadt IPrax **84**, 17, aM StJ § 328 Anh A I 1 FN 44) und Wohnsitz oder Aufenthalt im Geltungsbereich des Übk haben, Art 17 HZPrÜbk. Es muß eine Entscheidung vorliegen, in der BRep also immer der auf Grund des Urteil ergangene Kostenfestsetzungsbeschluß, §§ 104 ff ZPO, 8 I AusfG. Kosten des Prozesses (frais et dépens) sind auch die außergerichtlichen, ObGH Zürich JW **31**, 167, auch die einer höheren Instanz. Zum Antrag auf Vollstreckbarerklärung *Wolff* Rdz 371–374, *Bülow* Rpfleger **55**, 301. Ein unmittelbarer Antrag auf Vollstreckbarerklärung ist auf Grund von Zusatzvereinbarungen, Einl IV vor § 1 ZPO Rn 5, im Verhältnis zu Belgien, Frankreich, Italien, den Niederlanden, Österreich und der Schweiz zulässig. Soweit die Vollstreckbarerklärung nach einem Einzelvertrag in Frage kommt, hat das Haager Übk Vorrang, wenn der Einzelvertrag strengere Anforderungen stellt, Pauckstadt IPrax **84**, 19, str. Wegen des Verhältnisses zum EuGVÜ s dessen Art 57, Schlußanh V C (auch wegen des LuganoÜbk).

Art. 19. ^{I} Die Kostenentscheidungen werden ohne Anhörung der Parteien gemäß den Rechtsvorschriften des Landes, in dem die Vollstreckung betrieben werden soll, unbeschadet eines späteren Rekurses der verurteilten Partei für vollstreckbar erklärt.

^{II} Die für die Entscheidung über den Antrag auf Vollstreckbarerklärung zuständige Behörde hat ihre Prüfung darauf zu beschränken:

1. ob die Ausfertigung der Kostenentscheidung nach den Rechtsvorschriften des Landes, in dem sie ergangen ist, die für ihre Beweiskraft erforderlichen Voraussetzungen erfüllt;
2. ob die Entscheidung nach diesen Rechtsvorschriften die Rechtskraft erlangt hat;
3. ob der entscheidende Teil der Entscheidung in der Sprache der ersuchten Behörde oder in der zwischen den beiden beteiligten Staaten vereinbarten Sprache abgefaßt oder aber von einer Übersetzung in eine dieser Sprachen begleitet ist, die vorbehaltlich anderweitiger Vereinbarung durch einen diplomatischen oder konsularischen Vertreter des ersuchenden Staates oder einen beeidigten Übersetzer des ersuchten Staates beglaubigt ist.

^{III} ^{1} Den Erfordernissen des Absatzes 2 Nr. 1 und 2 wird genügt entweder durch eine Erklärung der zuständigen Behörde des ersuchenden Staates, daß die Entscheidung die Rechtskraft erlangt hat, oder durch die Vorlegung ordnungsmäßig beglaubigter Urkunden, aus denen sich ergibt, daß die Entscheidung die Rechtskraft erlangt hat. ²Die Zuständigkeit dieser Behörde ist vorbehaltlich anderweitiger Vereinbarung durch den höchsten Justizverwaltungsbeamten des ersuchenden Staates zu bescheinigen. ³Die Erklärung und die Bescheinigung, die vorstehend erwähnt sind, müssen gemäß Absatz 2 Nr. 3 abgefaßt oder übersetzt sein.

IV ¹Die für die Entscheidung über den Antrag auf Vollstreckbarerklärung zuständige Behörde hat, sofern die Polizei dies gleichzeitig beantragt, den Betrag der in Absatz 2 Nr. 3 erwähnten Kosten der Bescheinigung, der Übersetzung und der Beglaubigung bei der Vollstreckbarerklärung zu berücksichtigen. ²Diese Kosten gelten als Kosten des Prozesses.

Bem. Die Entscheidung ohne Anhörung ist keine Verletzung des Anspruchs auf rechtliches Gehör, BBGS A I 1 a FN 135, vgl auch Celle OLGZ 69, 53. Im Wege des Rekurses, I, dh der Beschwerde nach § 6 AusfG, können auch materielle Einwendungen, zB Erfüllung, geltend gemacht werden, BBGS A I 1 b FN 96, str. II schließt die Berücksichtigung des ordre public hinsichtlich der Kostenentscheidung nicht aus, BBGS A I 1 a FN 142, wohl aber hinsichtlich der Sachentscheidung, Wolff Rdz 368. Wegen der Sprache s Art 4 dt-luxemburg Zusatzvereinbarung, Einl V vor § 1 ZPO Rn 5. Hinsichtlich der Beglaubigung gelten Zusatzvereinbarungen mit Belgien, Dänemark, Frankreich, den Niederlanden und Schweden. Im Verkehr mit Belgien, Frankreich, den Niederlanden, Österreich und der Schweiz ist durch Zusatzvereinbarung auf die Bescheinigung des höchsten Verwaltungsbeamten verzichtet.

Ausführungsgesetz vom 18. 12. 58, BGBl I 939
Vollstreckbarerklärung von Kostenentscheidungen

(Artikel 18 und 19 des Übereinkommens)

§ 4. ¹Kostenentscheidungen, die gegen einen Kläger ergangen sind (Artikel 18 des Übereinkommens), werden ohne mündliche Verhandlung durch Beschluß des Amtsgerichts für vollstreckbar erklärt.

II Örtlich zuständig ist das Amtsgericht, bei dem der Kostenschuldner seinen allgemeinen Gerichtsstand hat, und beim Fehlen eines solchen das Amtsgericht, in dessen Bezirk sich Vermögen des Kostenschuldners befindet oder die Zwangsvollstreckung durchgeführt werden soll.

Bem. Wegen des Kl s Bem zu Art 18. Für die Zuständigkeit scheidet § 23 Z 1 GVG hier aus. Gebühren des Gerichts § 11 I GKG u KV 1430–1435, des RA § 47 BRAGO.

§ 5. I ¹Ist der Antrag, die Kostenentscheidung für vollstreckbar zu erklären, auf diplomatischem Wege gestellt (Artikel 18 Abs. 1 und 2 des Übereinkommens), so hat das Amtsgericht eine von Amts wegen zu erteilende Ausfertigung seines Beschlusses der Landesjustizverwaltung einzureichen. ²Die Ausfertigung ist, falls dem Antrag stattgegeben wird, mit der Vollstreckungsklausel zu versehen. ³Dem Kostenschuldner wird der Beschluß nur auf Betreiben des Kostengläubigers zugestellt.

II Hat der Kostengläubiger selbst den Antrag auf Vollstreckbarerklärung bei dem Amtsgericht unmittelbar gestellt (Artikel 18 Abs. 3), so ist der Beschluß diesem und dem Kostenschuldner von Amts wegen zuzustellen.

Bem. Wegen unmittelbarer Antragstellung s Bem zu Art. 19. I ü vgl Bülow Rpfleger 55, 301.

§ 6. ¹Gegen den Beschluss, durch den die Kostenentscheidung für vollstreckbar erklärt wird, steht dem Kostenschuldner die Beschwerde nach den §§ 567 bis 577 der Zivilprozessordnung zu.

II ¹Der Beschluß, durch den der Antrag auf Vollstreckbarerklärung abgelehnt wird, unterliegt der Beschwerde nach den §§ 567 bis 577 der Zivilprozeßordnung. ²Die Beschwerde steht, sofern der Antrag auf diplomatischem Wege gestellt ist, dem Staatsanwalt zu. ³Hat der Kostengläubiger selbst den Antrag bei dem Amtsgericht unmittelbar gestellt, so ist er berechtigt, die Beschwerde einzulegen.

Bem. (I neu gefaßt und II geändert durch Art 21 ZPO-RG, in Kraft ab 1. 1. 02). Die Beschwerde geht an das LG. Dieses hat dem Gegner rechtliches Gehör zu gewähren, Wolff Rdz 378. Es entscheidet durch Beschluß. Wegen der Zulassung der Rechtsbeschwerde s § 574 I Z 2 u III ZPO.

§ 7. Aus der für vollstreckbar erklärten Kostenentscheidung findet die Zwangsvollstreckung nach der Zivilprozeßordnung statt; § 798 der Zivilprozeßordnung ist entsprechend anzuwenden.

§ 8. I ¹Sollen von einem Kläger, gegen den eine Kostenentscheidung ergangen ist (Artikel 18 des Übereinkommens), in einem Vertragsstaat Gerichtskosten eingezogen werden, so ist deren Betrag für ein Verfahren der Vollstreckbarerklärung (Artikel 18 Abs. 2) von dem Gericht der Instanz ohne mündliche Verhandlung durch Beschluß festzusetzen. ²Die Entscheidung ergeht auf Antrag der für die Betreibung der Gerichtskosten zuständigen Behörde.

Albers

AnerkVollstrAbk

II ¹ Der Beschluss, durch den der Betrag der Gerichtskosten festgesetzt wird, unterliegt der Beschwerde nach den §§ 567 bis 577 der Zivilprozessordnung. ² Die sofortige Beschwerde kann durch Erklärung zu Protokoll der Geschäftsstelle oder schriftlich ohne Mitwirkung eines Rechtsanwalts eingelegt werden.

Bem. (s Bem zu § 6). Zuständig ist der Rechtspfleger, § 21 I Z 3 RPflG.

2. Haager Übereinkommen über die Anerkennung und Vollstreckung von Unterhaltsentscheidungen vom 2. 10. 73, BGBl 86 II 826

Gesetzgebungsmaterialien: RegEntw BT-Drs 10/258, Ausschußbericht BT-Drs 10/5633.

Schrifttum: *MüKoGo* Schlußanh Nr 3 a; *BBGS* 795; *Baumann*, Die Anerkennung und Vollstreckung ausländischer Entscheidungen in Unterhaltssachen, 1989; *Galster* IPrax **90**, 146; *Martiny* Rdz 325–385 u *Wolff* Rdz 474–509; *Nagel/Gottwald*, IZPR, 5. Aufl 2002, § 13 II A; *Rahm/Künkel* VIII 270 ff.

Übersicht

1 **1) Allgemeines.** Das Übk 1973 löst das Übk v 15. 4. 58 ab, das für die BRep seit dem 1. 1. 62 galt, BGBl 61 II 1005 (vgl MüKoGo Schlußanh Nr 3 b, Martiny Rn 265 ff, Wolff Rn 400 ff, Baumann § 3). Das alte Übk wird im Verhältnis zu den Staaten, die das neue Übk ratifizieren, durch dieses ersetzt, vgl dessen Art 29; wegen der Vertragsstaaten des alten Übk, für die dieses weitergilt, s Einl IV vor § 1 ZPO Rn 7. Es ist zusammen mit dem dazu ergangenen AusfG v 18. 7. 61, BGBl 1033 (m abw durch Art 7 Z 14 G v 3. 12. 76, BGBl 3281), in der 45. Aufl abgedruckt und erläutert (seitdem geänd durch Art 2 § 8 SchiedsVfG v 22. 12. 97, BGBl 3224), vgl auch österrOGH IPrax **94**, 219 (Anm Andrae IPrax **94**, 223), Köln FamRZ **95**, 1430, LG Hbg FamRZ **93**, 981.

Das Übk 1973 ist für die BRep am 1. 4. 87 in Kraft getreten, Bek v 25. 3. 87, BGBl II 220, ebenso das dazu ergangene AusfG v 25. 7. 86, BGBl 1156, vgl Bek v 16. 3. 87, BGBl 944. Es gilt seit dem 3. 10. 90 auch in den neuen Bundesländern, Üb Schlußanh V Rn 2; für die vorher dort ergangenen Entscheidungen gilt Art 24 II entspr, Andrae IPrax **94**, 227, abw OGH Wien IPrax **94**, 219: unanwendbar. Wegen der Vertragsstaaten s Einl V vor § 1 ZPO Rn 7. Übk und AusfG sind im folgenden abgedruckt und zT erläutert.

2 **2) Grundzüge.** Das Übk 1973 erleichtert ebenso wie das Übk 1958 die Anerkennung und Vollstreckung von Unterhaltsentscheidungen. Über das Übk 1958 hinaus gilt es auch für Entscheidungen über Erwachsenenunterhalt und für Entscheidungen von Verwaltungsbehörden sowie für vor diesen geschlossene Vergleiche. Es erfaßt auch Erstattungsansprüche einer öff Aufgaben wahrnehmenden Einrichtung. Das Übk ist unabhängig von der Staatsangehörigkeit und dem Aufenthalt der Parteien anzuwenden. Wegen seiner zeitlichen Geltung s Art 24.

Sachlich-rechtlich wird die Geltendmachung von Unterhaltsansprüchen durch das am 1. 4. 87 für die BRep in Kraft getretene Haager Übk über das auf Unterhaltspflichten anzuwendende Recht v 2. 10. 73, BGBl 86 II 837, erleichtert (vgl Pal-Heldrich Anh 2 Art 18 EGBGB). Das Übk gilt nicht nur im Verhältnis zwischen den Vertragsstaaten, sondern bestimmt das Unterhaltsstatut allgemein. Es ersetzt das entsprechende Haager Übk v 24. 10. 56, BGBl 61 II 1013, vgl Pal-Heldrich Anh 1 Art 18 EGBGB.

3 **3) Verhältnis zu anderen Vorschriften.** Das UN-Übk über die Geltendmachung von Unterhaltsansprüchen, Anh II § 168 GVG, ist ein Rechtshilfeabkommen, das sowohl die Geltendmachung von Unterhaltsansprüchen als auch die Vollstreckung auf andere Weise löst und gemäß Art 23 Übk unberührt bleibt. Das AUG, Anh III § 168 GVG, befaßt sich nur mit der Geltendmachung solcher Ansprüche.

Das EuGVÜ, Schlußanh V C 1, ist in seinem räumlichen Geltungsbereich auf Unterhaltstitel anwendbar, vgl seinen Art 5. Nach Art 57 I EuGÜbk haben Sonderabkommen grundsätzlich Vorrang; nach Art 57 II b EuGVÜ kann aber der Berechtigte zwischen dem in mancher Hinsicht für ihn günstigeren EuGVÜ und dem Haager Übk wählen, Kblz EuZW **90**, 486, Geimer IPrax **92**, 7, Sonnenberger IPrax **85**, 240, Martiny Rdz 381, Wolff Rdz 505 u 467–469. Letzteres Übk steht dem nicht entgegen, Art 23. Entspr gilt für das LuganoÜbk, Schlußanh V D. Wegen der VO (EG) Nr 44/2000 (EuGVVO) s deren Art 69–72, Schlußanh V C (A).

Sofern sie einer Vollstreckung günstiger sind, dürfen auch Bestimmungen bilateraler Verträge, Schlußanh V B, ebenso wie solche des nichtvertraglichen Rechts des Vollstreckungsstaates angewendet werden, Art 23, Wolff Rdz 506 u 507, 370.

Kapitel I. Anwendungsbereich des Übereinkommens

Art. 1. ¹ Dieses Übereinkommen ist anzuwenden auf Entscheidungen über Unterhaltspflichten aus Beziehungen der Familie, Verwandtschaft, Ehe oder Schwägerschaft, einschließlich der Unterhaltspflicht gegenüber einem nichtehelichen Kind, die von Gerichten oder Verwaltungsbehörden eines Vertragsstaats erlassen worden sind entweder
1. zwischen einem Unterhaltsberechtigten und einem Unterhaltsverpflichteten oder
2. zwischen einem Unterhaltsverpflichteten und einer öffentliche Aufgaben wahrnehmenden Einrichtung, die die Erstattung der einem Unterhaltsberechtigten erbrachten Leistung verlangt.

II Es ist auch anzuwenden auf Vergleiche auf diesem Gebiet, die vor diesen Behörden und zwischen diesen Personen geschlossen worden sind.

Bem. Zu den Unterhaltspflichten gehört auch der Anspruch auf Prozeßkostenvorschuß, KG FamRZ **88**, 167, zustm v. Bar IPrax **88**, 220, Jayme FamRZ **88**, 793 (zweifelnd hinsichtl der FolgeS). Entscheidungen iSv Art 1 sind auch solche von Verwaltungsbehörden, Rahm VIII 273; diese müssen zur Entscheidung über den Unterhalt zuständig sein (vgl Art 7), bloße Vermerke oder generelle Bestätigungen genügen nicht, LG Hbg DAVorm **84**, 605. Wegen der Titel mit gesetzlicher Indexierung vgl Bem zu Art 5. Ergänzende Bestimmungen für die Vollstr zugunsten von Einrichtungen, die öff Aufgaben wahrnehmen, enthalten Art 18–20.

Art. 2. ᴵ Das Übereinkommen ist auf Entscheidungen und Vergleiche ohne Rücksicht auf ihre Bezeichnung anzuwenden.

ᴵᴵ Es ist auch auf Entscheidungen oder Vergleiche anzuwenden, durch die eine frühere Entscheidung oder ein früherer Vergleich geändert worden ist, selbst wenn diese Entscheidung oder dieser Vergleich aus einem Nichtvertragsstaat stammt.

ᴵᴵᴵ Es ist ohne Rücksicht darauf, ob der Unterhaltsanspruch international oder innerstaatlich ist, und unabhängig von der Staatsangehörigkeit oder dem gewöhnlichen Aufenthalt der Parteien anzuwenden.

Bem. Wegen öff Urkunden s Art 25.

Art. 3. Betrifft die Entscheidung oder der Vergleich nicht nur die Unterhaltspflicht, so bleibt die Wirkung des Übereinkommens auf die Unterhaltspflicht beschränkt.

Kapitel II. Voraussetzungen der Anerkennung und Vollstreckung von Entscheidungen

Art. 4. ᴵ Die in einem Vertragsstaat ergangene Entscheidung ist in einem anderen Vertragsstaat anzuerkennen oder für vollstreckbar zu erklären/zu vollstrecken,

1. wenn sie von einer Behörde erlassen worden ist, die nach Artikel 7 oder 8 als zuständig anzusehen ist, und
2. wenn gegen sie im Ursprungsstaat kein ordentliches Rechtsmittel mehr zulässig ist.

ᴵᴵ Vorläufig vollstreckbare Entscheidungen und einstweilige Maßnahmen sind, obwohl gegen sie ein ordentliches Rechtsmittel zulässig ist, im Vollstreckungsstaat anzuerkennen oder für vollstreckbar zu erklären/zu vollstrecken, wenn dort gleichartige Entscheidungen erlassen und vollstreckt werden können.

Bem. Zu I Z 2 vgl BGH NJW **90**, 2197 (maßgeblich ist das Recht des Ursprungsstaates), zu II Karlsr FamRZ **01**, 1623 (zur englischen „freezing order"), Düss FamRZ **95**, 1482.

Art. 5. Die Anerkennung oder Vollstreckung der Entscheidung darf jedoch versagt werden,
1. wenn die Anerkennung oder Vollstreckung mit der öffentlichen Ordnung des Vollstreckungsstaats offensichtlich unvereinbar ist oder
2. wenn die Entscheidung das Ergebnis betrügerischer Machenschaften im Verfahren ist oder
3. wenn in demselben Gegenstand betreffendes Verfahren zwischen denselben Parteien vor einer Behörde des Vollstreckungsstaats anhängig und als erstes eingeleitet worden ist oder
4. wenn die Entscheidung unvereinbar ist mit einer Entscheidung, die zwischen denselben Parteien über denselben Gegenstand entweder in dem Vollstreckungsstaat oder in einem anderen Staat ergangen ist, im letztgenannten Fall jedoch nur, sofern diese Entscheidung die für die Anerkennung und Vollstreckung im Vollstreckungsstaat erforderlichen Voraussetzungen erfüllt.

Bem. Art. 4 u 5 regeln die Voraussetzungen für Anerkennung und Vollstreckung abschließend, vgl Art 12; bei der Vollstreckbarerklärung eines Unterhaltsurteils zugunsten eines nichtehelichen Kindes ist inzident zu prüfen, ob eine vorgreifliche Statusentscheidung anzuerkennen ist, Hamm FamRZ **04**, 719 mwN, str. Z 1 greift nur in Ausnahmefällen ein, vgl BGH NJW **90**, 2198 mwN (betr devisenrechtliche Beschränkungen), dazu Geimer ZZP **103**, 477, sowie Düss NJWE-FER **98**, 113 (betr Polen); zu Z 3 s KG FamRZ **93**, 977 (das einen zwingenden Versagungsgrund annimmt, MüKoGo 6, aM BBGS IV 4a). Der VollstrBehörde ist unter der Ergänzung oder sonstige inhaltliche Auffüllung der Entscheidung verwehrt; so eine Umrechnung des Betrages s § 3 AVAG, Schlußanh V E, KG IPrax **94**, 457 (Anm Baumann IPrax **94**, 435). Jedoch können sog indexierte Titel, die sich nach ausländischem Recht ohne Umschreibung kraft Gesetzes erhöhen, auch wegen dieser Erhöhung für vollstreckbar erklärt werden, Schack 938, Rahm VIII 293, Martiny Rdz 348 u 284, Roth IPrax **93**, 14 mwN, Stgt DAVorm **90**, 715 (Schweiz), vgl BGH NJW **86**, 1440, Düss NJWE-FER **01**, 220 u FamRZ **94**, 1482, Schlesw FamRZ **94**, 53 u Hbg FamRZ **83**, 1157 (Finnland), zustm Dopffel DAVorm **84**, 231 mwN (eingehend) u Gross DAVorm **84**, 549, vgl BGH NJW **90**, 3084, RR **89**, 319 u **86**, 1440 (Schweiz), dazu Stürner/Münch JZ **87**, 184 u Dopffel IPrax **86**, 277, s auch Art 31 EuGVÜ Rn 2; dabei dürfen zur Ermittlung der Erhöhungsbeträge amtliche Bescheinigungen der Behörden, die im Urteilsstaat für die Zwangsvollstreckung von Unterhaltstiteln zuständig sind, zugrunde gelegt werden, Dopffel aaO 234, Gross aaO, aM Düss FamRZ **82**, 630, LG Hbg DAVorm **84**, 605, notfalls auch andere Beweismittel, § 6 AVAG, Schlußanh V D. Die Voraussetzungen des Art 2 gelten auch für abändernde Entscheidungen, Art 2 II.

Art. 6. Eine Versäumnisentscheidung wird nur anerkannt oder für vollstreckbar erklärt/vollstreckt, wenn das das Verfahren einleitende Schriftstück mit den wesentlichen Klagegründen der säumigen Partei nach dem Recht des Ursprungsstaats zugestellt worden ist und wenn diese Partei eine nach den Umständen ausreichende Frist zu ihrer Verteidigung hatte; Artikel 5 bleibt unberührt.

AnerkVollstrAbk

Art. 7. Eine Behörde des Ursprungsstaats ist als zuständig im Sinn des Übereinkommens anzusehen,
1. wenn der Unterhaltsverpflichtete oder der Unterhaltsberechtigte zur Zeit der Einleitung des Verfahrens seinen gewöhnlichen Aufenthalt im Ursprungsstaat hatte oder
2. wenn der Unterhaltsverpflichtete und der Unterhaltsberechtigte zur Zeit der Einleitung des Verfahrens Staatsangehörige des Ursprungsstaats waren oder
3. wenn sich der Beklagte der Zuständigkeit dieser Behörde entweder ausdrücklich oder dadurch unterworfen hat, daß er sich, ohne die Unzuständigkeit geltend zu machen, auf das Verfahren in der Sache selbst eingelassen hat.

Bem. Art 7 u 8 ergänzen Art 4 I Z 1, bestimmen also näheres darüber, wann die ausländische Behörde als zuständig anzusehen ist; sie begründen dagegen keine internationale Zuständigkeit für inländische Stellen, BGH NJW **86**, 662, Henrich IPrax **85**, 208 gegen BGH NJW **85**, 552 (zum Übk 1958).

Art. 8. Die Behörden eines Vertragsstaats, die über eine Unterhaltsklage entschieden haben, sind als zuständig im Sinn des Übereinkommens anzusehen, wenn der Unterhalt infolge einer von einer Behörde dieses Staats ausgesprochenen Scheidung, Trennung ohne Auflösung des Ehebandes, Nichtigkeit oder Ungültigkeit der Ehe geschuldet und wenn die diesbezügliche Zuständigkeit der Behörde nach dem Recht des Vollstreckungsstaats anerkannt wird; Artikel 7 bleibt unberührt.

Bem. Zur Reformbedürfigkeit Schwarz/Scherpe FamRZ **04**, 665.

Art. 9. Die Behörde des Vollstreckungsstaats ist an die tatsächlichen Feststellungen gebunden, auf die die Behörde des Ursprungsstaats ihre Zuständigkeit gestützt hat.

Art. 10. Betrifft die Entscheidung mehrere Ansprüche in einer Unterhaltsklage und kann die Anerkennung oder Vollstreckung nicht für alle Ansprüche bewilligt werden, so hat die Behörde des Vollstreckungsstaats das Übereinkommen auf denjenigen Teil der Entscheidung anzuwenden, der anerkannt oder für vollstreckbar erklärt/vollstreckt werden kann.

Art. 11. Ist in der Entscheidung die Unterhaltsleistung durch regelmäßig wiederkehrende Zahlungen angeordnet, so ist die Vollstreckung sowohl für die bereits fälligen als auch für die künftig fällig werdenden Zahlungen zu bewilligen.

Art. 12. Die Behörde des Vollstreckungsstaats darf die Entscheidung auf ihre Gesetzmäßigkeit nicht nachprüfen, sofern das Übereinkommen nicht etwas anderes bestimmt.

Bem. Die Versagungsgründe sind in Art 4 und 5 abschließend aufgezählt, Bbg DAVorm **89**, 889.

Kapitel III. Verfahren der Anerkennung und Vollstreckung von Entscheidungen

Art. 13. Das Verfahren der Anerkennung oder Vollstreckung der Entscheidung richtet sich nach dem Recht des Vollstreckungsstaats, sofern das Übereinkommen nicht etwas anderes bestimmt.

Bem. Vgl dazu §§ 3 ff u §§ 39–41 AVAG. Das Vereinigte Königreich hat die zur Entgegennahme der Anträge bestimmten Behörden bekanntgemacht (Bek v 25. 3. 87, BGBl II 223, 224). Zur Frage, ob statt des Vollstreckbarkeitsverfahrens eine neue Leistungsklage erhoben werden kann, s Gottwald FamRZ **99**, 310 (zu Karlsr RR **99**, 83). Im Verfahren nach AVAG richtet sich die Aktivlegitimation nach dem im Unterhaltstitel zugrunde gelegten Recht, Stgt FamRZ **99**, 313.

Art. 14. Es kann auch die teilweise Anerkennung oder Vollstreckung einer Entscheidung beantragt werden.

Art. 15. Der Unterhaltsberechtigte, der im Ursprungsstaat ganz oder teilweise Prozeßkostenhilfe oder Befreiung von Verfahrenskosten genossen hat, genießt in jedem Anerkennungs- oder Vollstreckungsverfahren die günstigste Prozeßkostenhilfe oder die weitestgehende Befreiung, die im Recht des Vollstreckungsstaats vorgesehen ist.

Art. 16. In den durch das Übereinkommen erfaßten Verfahren braucht für die Zahlung der Verfahrenskosten keine Sicherheit oder Hinterlegung, unter welcher Bezeichnung auch immer, geleistet zu werden.

Art. 17. [1] Die Partei, die die Anerkennung einer Entscheidung geltend macht oder ihre Vollstreckung beantragt, hat folgende Unterlagen beizubringen:
1. eine vollständige, mit der Urschrift übereinstimmende Ausfertigung der Entscheidung;
2. die Urkunden, aus denen sich ergibt, daß gegen die Entscheidung im Ursprungsstaat kein ordentliches Rechtsmittel mehr zulässig ist und, gegebenenfalls, daß die Entscheidung dort vollstreckbar ist;
3. wenn es sich um eine Versäumnisentscheidung handelt, die Urschrift oder eine beglaubigte Abschrift der Urkunde, aus der sich ergibt, daß das das Verfahren einleitende Schriftstück mit den wesentlichen Klagegründen der säumigen Partei nach dem Recht des Ursprungsstaats ordnungsgemäß zugestellt worden ist;
4. gegebenenfalls jedes Schriftstück, aus dem sich ergibt, daß die Partei im Ursprungsstaat Prozeßkostenhilfe oder Befreiung von Verfahrenskosten erhalten hat;
5. eine beglaubigte Übersetzung der genannten Urkunden, wenn die Behörde des Vollstreckungsstaats nicht darauf verzichtet.

II Werden die genannten Urkunden nicht vorgelegt oder ermöglicht es der Inhalt der Entscheidung der Behörde des Vollstreckungsstaats nicht, nachzuprüfen, ob die Voraussetzungen dieses Übereinkommens erfüllt sind, so setzt sie eine Frist für die Vorlegung aller erforderlichen Urkunden.

III Eine Legalisation oder ähnliche Förmlichkeit darf nicht verlangt werden.

Bem. Die Vorlage der mit Rechtskraftbescheinigung versehenen Entscheidung, I Z 1 u 2, genügt, wenn das Recht des Urteilsstaates eine Vollstreckbarkeitsbescheinigung nicht kennt, Stgt DAVorm **90**, 255 (betr CSFR) u **90**, 714 (betr Schweiz).

Kapitel IV. Ergänzende Bestimmungen über öffentliche Aufgaben wahrnehmende Einrichtungen

Art. 18. Ist die Entscheidung gegen einen Unterhaltsverpflichteten auf Antrag einer öffentliche Aufgaben wahrnehmenden Einrichtung ergangen, welche die Erstattung der einem Unterhaltsberechtigten erbrachten Leistungen verlangt, so ist diese Entscheidung nach dem Übereinkommen anzuerkennen und für vollstreckbar zu erklären/zu vollstrecken,
1. wenn die Einrichtung nach dem Recht, dem sie untersteht, die Erstattung verlangen kann;
2. wenn das nach dem Internationalen Privatrecht des Vollstreckungsstaats anzuwendende innerstaatliche Recht eine Unterhaltspflicht zwischen dem Unterhaltsberechtigten und dem Unterhaltsverpflichteten vorsieht.

Bem. Die Vorschrift gilt zB für Ersatz-Forderungen nach §§ 92 ff BSHG.

Art. 19. Eine öffentliche Aufgaben wahrnehmende Einrichtung darf, soweit sie dem Unterhaltsberechtigten Leistungen erbracht hat, die Anerkennung oder Vollstreckung einer zwischen dem Unterhaltsberechtigten und dem Unterhaltsverpflichteten ergangenen Entscheidung verlangen, wenn sie nach dem Recht, dem sie untersteht, kraft Gesetzes berechtigt ist, an Stelle des Unterhaltsberechtigten die Anerkennung der Entscheidung geltend zu machen oder ihre Vollstreckung zu beantragen.

Bem. Hierhin gehört die Rechtsnachfolge kraft gesetzlichen Forderungsübergangs, zB auf den BSHG- oder BAföG-Träger; zur Vollstreckung übergeleiteter Titel vgl Galster IPrax **90**, 146.

Art. 20. Die öffentliche Aufgaben wahrnehmende Einrichtung, welche die Anerkennung geltend macht oder die Vollstreckung beantragt, hat die Urkunden vorzulegen, aus denen sich ergibt, daß sie die in Artikel 18 Nummer 1 oder Artikel 19 genannten Voraussetzungen erfüllt und daß die Leistungen dem Unterhaltsberechtigten erbracht worden sind; Artikel 17 bleibt unberührt.

Kapitel V. Vergleiche

Art. 21. Die im Ursprungsstaat vollstreckbaren Vergleiche sind unter denselben Voraussetzungen wie Entscheidungen anzuerkennen und für vollstreckbar zu erklären/zu vollstrecken, soweit diese Voraussetzungen auf sie anwendbar sind.

Kapitel VI. Verschiedene Bestimmungen

Art. 22. Bestehen nach dem Recht eines Vertragsstaats Beschränkungen für die Überweisung von Geldbeträgen, so hat dieser Vertragsstaat der Überweisung von Geldbeträgen, die zur Erfüllung von Unterhaltsansprüchen oder zur Deckung von Kosten für Verfahren nach diesem Übereinkommen bestimmt sind, den größtmöglichen Vorrang zu gewähren.

Art. 23. Dieses Übereinkommen schließt nicht aus, daß eine andere internationale Übereinkunft zwischen dem Ursprungsstaat und dem Vollstreckungsstaat oder das nichtvertragliche Recht des Vollstreckungsstaats angewendet wird, um die Anerkennung oder Vollstreckung einer Entscheidung oder eines Vergleichs zu erwirken.

Bem. Die Vorschrift ermöglicht die Anerkennung und Vollstr nach dem EuGVÜ, Art 5 Z 2, bzw dem (günstigeren) autonomen Recht des Vollstreckungsstaates, Geimer IPrax **92**, 7 mwN, Üb Art 1 Rn 3.

Art. 24. I Dieses Übereinkommen ist unabhängig von dem Zeitpunkt anzuwenden, in dem die Entscheidung ergangen ist.

II Ist die Entscheidung ergangen, bevor dieses Übereinkommen zwischen dem Ursprungsstaat und dem Vollstreckungsstaat in Kraft getreten ist, so ist sie im letztgenannten Staat nur hinsichtlich der nach diesem Inkrafttreten fällig werdenden Zahlungen für vollstreckbar zu erklären/zu vollstrecken.

Bem. In Altfällen, II, sind ggf Einzelverträge, Düss FamRZ **94**, 1481, bzw das Übk v 1958, Üb Art 1 Rn 1, maßgeblich. Wegen der in der DDR ergangenen Entscheidungen s Üb Art 1 Rn 1.

Art. 25. Jeder Vertragsstaat kann jederzeit erklären, daß er in seinen Beziehungen zu den Staaten, die dieselbe Erklärung abgegeben haben, alle vor einer Behörde oder einer Urkundsperson errichteten öffentlichen Urkunden, die im Ursprungsstaat aufgenommen und vollstreckbar sind, in das Übereinkommen einbeziehen, soweit sich dessen Bestimmungen auf solche Urkunden anwenden lassen.

Bem. Eine Erklärung haben abgegeben: die BRep, die Niederlande und Schweden, Bek v 25. 3. 87, BGBl II 220. Vgl § 39 I AVAG, Schlußanh V E.

Art. 26. I Jeder Vertragsstaat kann sich nach Artikel 34 das Recht vorbehalten, weder anzuerkennen noch für vollstreckbar zu erklären/zu vollstrecken:
1. Entscheidungen und Vergleiche über Unterhaltsleistungen, die ein Unterhaltsverpflichteter, der nicht der Ehegatte oder der frühere Ehegatte des Unterhaltsberechtigten ist, für die Zeit nach der Eheschließung oder nach dem vollendeten einundzwanzigsten Lebensjahr des Unterhaltsberechtigten schuldet;
2. Entscheidungen und Vergleiche in Unterhaltssachen
   a) zwischen Verwandten in der Seitenlinie;
   b) zwischen Verschwägerten;
3. Entscheidungen und Vergleiche, die die Unterhaltsleistung nicht durch regelmäßig wiederkehrende Zahlungen vorsehen.

II Ein Vertragsstaat, der einen Vorbehalt gemacht hat, kann nicht verlangen, daß das Übereinkommen auf Entscheidungen und Vergleiche angewendet wird, die er durch seinen Vorbehalt ausgeschlossen hat.

Bem. Die BRep hat folgende Erklärung abgegeben (Bek v 25. 3. 87, BGBl II 220):

Die Bundesrepublik Deutschland erklärt gemäß Artikel 26 Nr. 2 des Übereinkommens, daß sie Entscheidungen und Vergleiche in Unterhaltssachen
a) zwischen Verwandten in der Seitenlinie und
b) zwischen Verschwägerten
weder anerkennen noch für vollstreckbar erklären/vollstrecken wird.

Ungeachtet dieses Vorbehalts wird die Bundesrepublik Deutschland gemäß ihrem innerstaatlichen Recht wie folgt verfahren: Sie wird auch Entscheidungen und Vergleiche aus einem anderen Vertragsstaat in Unterhaltssachen zwischen Verwandten in der Seitenlinie und zwischen Verschwägerten nach den Vorschriften des Übereinkommens anerkennen und für vollstreckbar erklären/vollstrecken; jedoch wird sie die Anerkennung und Vollstreckung solcher Entscheidungen auf Verlangen des Unterhaltsverpflichteten versagen, wenn nach den innerstaatlichen Vorschriften des Staates, dem der Verpflichtete und der Berechtigte angehören, oder, mangels einer gemeinsamen Staatsangehörigkeit, des am gewöhnlichen Aufenthalt des Verpflichteten geltenden Rechts eine Unterhaltspflicht nicht besteht.

Bem. Ferner haben Vorbehalte gemacht (Bek v 25. 3. 87, BGBl II 220): Finnland (Z 1 u 2), Italien (Z 3), Luxemburg (Z 2 u 3), Niederlande (Z 2 a), Norwegen (Z 2), Polen (Z 3), Portugal (Z 1 u 2), Schweden (Z 1 u 2), Tschechoslowakei (Z 2), Türkei (Z 2 u 3) und das Vereinigte Königreich, auch für die Insel Man (Z 2 u 3); die Schweiz hat ihren Vorbehalt zu Art 26 Z 2 mWv 1. 6. 93 zurückgenommen, BGBl 93 II 1008. Vgl dazu auch § 39 II AVAG, Schlußanh V E.

Art. 27. Sieht das Recht eines Vertragsstaats in Unterhaltssachen zwei oder mehr Rechtsordnungen vor, die für verschiedene Personenkreise gelten, so ist eine Verweisung auf das Recht dieses Staates als Verweisung auf die Rechtsordnung zu verstehen, die nach dem Recht dieses Staates für einen bestimmten Personenkreis gilt.

Art. 28. I Besteht ein Vertragsstaat aus zwei oder mehr Gebietseinheiten, in denen verschiedene Rechtsordnungen für die Anerkennung und Vollstreckung von Unterhaltsentscheidungen gelten, so ist
1. eine Verweisung auf das Recht, das Verfahren oder die Behörde des Ursprungsstaats als Verweisung auf das Recht, das Verfahren oder die Behörde der Gebietseinheit zu verstehen, in der die Entscheidung ergangen ist,
2. eine Verweisung auf das Recht, das Verfahren oder die Behörde des Vollstreckungsstaats als Verweisung auf das Recht, das Verfahren oder die Behörde der Gebietseinheit zu verstehen, in der die Anerkennung oder Vollstreckung beantragt wird,
3. eine Verweisung nach den Nummern 1 und 2 auf das Recht oder das Verfahren des Ursprungsstaats oder des Vollstreckungsstaats in dem Sinn zu verstehen, daß auch auf die einschlägigen Rechtsvorschriften und -grundsätze des Vertragsstaats, die für dessen Gebietseinheiten gelten, verwiesen ist;
4. eine Verweisung auf den gewöhnlichen Aufenthalt des Unterhaltsberechtigten oder des Unterhaltsverpflichteten im Ursprungsstaat als Verweisung auf den gewöhnlichen Aufenthalt in der Gebietseinheit zu verstehen, in der die Entscheidung ergangen ist.

II Jeder Vertragsstaat kann jederzeit erklären, daß er eine oder mehrere dieser Vorschriften auf eine oder mehrere Bestimmungen dieses Übereinkommens nicht anwenden wird.

Art. 29. Dieses Übereinkommen ersetzt in den Beziehungen zwischen den Staaten, die Vertragsparteien sind, das Haager Übereinkommen vom 15. April 1958 über die Anerkennung und Vollstreckung von Entscheidungen auf dem Gebiet der Unterhaltspflicht gegenüber Kindern.

Bem. Vgl Üb Art 1 Rn 1.

Europäisches Sorgerechtsübereinkommen

Kapitel VII. Schlußbestimmungen
(nicht abgedruckt)

Unterhaltsvollstreckungs-Übereinkommens-Ausführungsgesetz
vom 25. 7. 86, BGBl 1156

Das AusfG ist mWv 8. 6. 88 durch das AVAG, abgedruckt und erläutert im Schlußanh V E, ersetzt worden. Dieses Gesetz enthält in den §§ 37–39 Sondervorschriften für die Ausführung des Haager UnterhVollstrÜbk. Für Fälle, die ganz oder teilweise unter das Haager UnterhVollstrÜbk 1958 fallen, Üb 1 vor Art 1 des Übk 1973, gilt insoweit weiterhin das AusfG v 18. 7. 61 (s Bem zu § 37 AVAG), das in der 45. Aufl abgedruckt und erläutert ist und die Zuständigkeit des AG (FamG) vorsah, Hamm FamRZ **89**, 1199 (dazu Gottwald FamRZ **90**, 179), Ffm u Stgt DAVorm **89**, 102, 103.

3. Haager Übereinkommen vom 25. 10. 1980 über die zivilrechtlichen Aspekte internationaler Kindesentführung und Europäisches Übereinkommen vom 20. 5. 1980 über die Anerkennung und Vollstreckung von Entscheidungen über das Sorgerecht für Kinder und die Wiederherstellung des Sorgeverhältnisses, BGBl 90 II 207

Übersicht

1) Allgemeines (Pal/Diederichsen Anh Art 24 EGBGB; MüKoSiehr Anh II Art 19 EGBGB; BBGS 797; Vomberg/Nehls, Rechtsfragen der internationalen Kindesentführung, 2002; Ehrle, Anwendungsprobleme des Haager Übk ... v 25. 10. 80 in der Rspr, 2000; Bach/Gildenast, Internationale Kindesentführung, 1999; Jorzik, Das neue zivilrechtliche Kindesentführungsrecht, 1995; Schulz FamRZ **03**, 339; Masch FamRZ **02**, 1069; Schulz FamRZ **01**, 1420; Lowe/Perry FamRZ **98**, 1073; Bach FamRZ **97**, 1051; Baetge/Baetge IPrax **95**, 191; Rausch NJW **94**, 2124; Bruch FamRZ **93**, 745; Hüßtege IPrax **92**, 369; Mansel NJW **90**, 2176; Rahm/Schneider III 580 ff). Beiden Übk ist durch G v 5. 4. 90, BGBl II 206, zugestimmt worden (Materialien: Reg.Vorlage BT-Drs 11/5314 m Denkschrift u erläuternden Berichten; Ausschußbericht BT-Drs 11/6329; Gesetzesbeschluß BR-Drs 113/90). Das **Haager Übk v 25. 10. 80**, BGBl 90 II 207, ist für Deutschland am 1. 12. 90 in Kraft getreten, Bek v 11. 12. 90, BGBl 91 II 329; Vertragsstaaten, zT mit Vorbehalten: Argentinien, Australien, Bahamas, Belgien, Belize, Bosnien-Herzegowina, Brasilien, Burkina Faso, Chile, Dänemark, Ecuador, El Salvador, Finnland, Frankreich, Georgien, Griechenland, Guatemala, Honduras, Irland, Island, Israel, Italien, Jugoslawien, Kanada, Kolumbien, Kroatien, Lettland, Luxemburg, Malta, Mauritius, Mexiko, Monaco, Neuseeland, Niederlande, Norwegen, Österreich, Panama, Polen, Portugal einschl Macau, Rumänien, Schweden, Schweiz, Simbabwe, Slowenien, Spanien, Sri Lanka, St. Kitts u Nevis, Südafrika, Tschechische Republik, Turkmenistan, Ungarn, Venezuela, Vereinigtes Königreich einschl Bermuda, Kaiman-Inseln, Montserrat, Falklandinseln u Insel Man, Vereinigte Staaten, Weißrußland, Zypern. Deutschland hat einen Vorbehalt nach Art 26 III des Abk gemacht; Zentrale Behörde iSv Art 6 I ist der Generalbundesanwalt, BGBl 02 II 2535. Das **EuÜbk v 20. 5. 80**, BGBl 90 II 206, 220, ist für Deutschland am 1. 2. 91 in Kraft getreten, Bek v 19. 12. 90, BGBl 91 II 392 (Vertragsstaaten: Belgien, Dänemark, Estland, Finnland, Frankreich, Griechenland, Irland, Island, Italien, Liechtenstein, Litauen, Luxemburg, Mazedonien, Niederlande, Norwegen, Österreich, Polen, Portugal, Schweden, Schweiz, Slowakei, Spanien, Tschechien, Türkei, Vereinigtes Königreich einschl Insel Man u Falklandinseln, Zypern). Deutschland hat von den Vorbehalten nach Art 6 III und 17 I Gebrauch gemacht; Vorbehalte haben auch die meisten anderen Vertragsstaaten gemacht.

2) Grundzüge (Vomberg/Nehls, Rechtsfragen der internationalen Kindesentführung, 2002; Bach/Gildenast, Internationale Kindesentführung, 1999; Jorzik, Das neue zivilrechtliche Kindesentführungsrecht, 1995; Weber NJW **00**, 267; Krüger MDR **98**, 694). Die Übk gehören inhaltlich zusammen: Das **Haager Übk v 25. 10. 80** (abgedr u erl Pal-Heldr Anh Art 24 EGBGB Rn 54 ff) soll die sofortige Rückgabe widerrechtlich in einen Vertragsstaat verbrachter oder dort zurückgehaltener Kinder sicherstellen und gewährleisten, daß das in einem Vertragsstaat bestehende Sorge- und Umgangsrecht in den anderen Vertragsstaaten tatsächlich beachtet wird, vgl BVerfG NJW **99**, 85, 631, 641, 642, 3621 u 3622, **97**, 3301, BVerwG FamRZ **97**, 1269, Coester-Waltjen JZ **99**, 462, Finger ZBlJugR **99**, 15, Holl IPrax **99**, 185, Bach FamRZ **97**, 1051, Oelkers FamRZ **97**, 783 u **95**, 1105, Dörr/Hansen NJW **96**, 2703, Baetge/Papathoma-Baetge IPrax **96**, 294, Baetge IPrax **96**, 62, Bruch FamRZ **93**, 745. Dagegen dient das **EuÜbk v 20. 5. 80** (unten abgedr u erl) dazu, Sorgerechtsentscheidungen eines Vertragsstaates in den anderen Vertragsstaaten durchzusetzen. Anerkennung und Vollstreckung solcher Entscheidungen können nur in engen Grenzen versagt werden. Das Verfahren wird durch einen Antrag eingeleitet; es ist als einfaches und beschleunigtes Verfahren auszugestalten; Einzelheiten sind im AusfG (§§ 5 ff) geregelt, s u. Zuständig ist das FamGer, § 23 b I Z 11 GVG, das nach **FGG** entscheidet.

Europäisches Übereinkommen über die Anerkennung und Vollstreckung von Entscheidungen über das Sorgerecht für Kinder und die Wiederherstellung des Sorgeverhältnisses
vom 20. 5. 80, BGBl 90 II 220

Materialien: RegVorlage BT-Drs 11/5314; Ausschußbericht BT-Drs 11/6329; Gesetzesbeschluß BR-Drs 113/90.

Vertragsstaaten: Üb Rn 1 u Einl V von § 1 ZPO Rn 15 ff.

AnerkVollstrAbk

Schrifttum: *MüKoSiehr* Anh II Art 19 EGBGB; *Staud/Pirrung* Vorbem Art 19 EGBGB; *Rahm/Schneider* III 589 ff; *Pal/Diederichsen* Anh Art 24 EGBGB; *Weber* NJW **00**, 267; *Imbrock* FamRZ **99**, 1631; *Pirrung* IPrax **97**, 182; *Mansel* NJW **90**, 2176.

Vorbem. Seit dem 1. 3. 01 gilt in allen EG-Staaten (außer Dänemark) die **VO (EG) Nr 1347/2000 des Rates v 29. 5. 2000** über die Zuständigkeit und die Anerkennung und Vollstreckung von Entscheidungen in Ehesachen und in Verfahren betr die elterliche Verantwortung für die gemeinsamen Kinder der Ehegatten (ABlEG L 160/19) in Kraft, abgedr und erläutert im Anh I zu § 606 a ZPO. Sie gilt für die in ihrem Art 1 bezeichneten Sorgerechtsverfahren, die nach dem 1. 3. 01 eingeleitet werden, Art 42 I, und mit bestimmten Maßgaben für die nach diesem Stichtag ergehenden Entscheidungen in vorher eingeleiteten Verfahren, Art 42 II. Die VO hat für ihren Geltungsbereich Vorrang von dem Übk v 20. 5. 80, Art 37. Für ihre Ausführung gilt das **AVAG**, Schlußanh V E, vgl §§ 1 I Z 2 u II sowie 50 bis 54 AVAG.

Art. 1. Im Sinn dieses Übereinkommens bedeutet:
a) Kind eine Person gleich welcher Staatsangehörigkeit, die das 16. Lebensjahr noch nicht vollendet hat und noch nicht berechtigt ist, nach dem Recht ihres gewöhnlichen Aufenthalts, dem Recht des Staates, dem sie angehört, oder dem innerstaatlichen Recht des ersuchten Staates ihren eigenen Aufenthalt zu bestimmen;
b) Behörde ein Gericht oder eine Verwaltungsbehörde;
c) Sorgerechtsentscheidung die Entscheidung einer Behörde, soweit sie die Sorge für die Person des Kindes, einschließlich des Rechts auf Bestimmung seines Aufenthalts oder des Rechts zum persönlichen Umgang mit ihm, betrifft;
d) unzulässiges Verbringen das Verbringen eines Kindes über eine internationale Grenze, wenn dadurch eine Sorgerechtsentscheidung verletzt wird, die in einem Vertragsstaat ergangen und in einem solchen Staat vollstreckbar ist; als unzulässiges Verbringen gilt auch der Fall, in dem
  i) das Kind am Ende einer Besuchszeit oder eines sonstigen vorübergehenden Aufenthalts in einem anderen Hoheitsgebiet als dem, in dem das Sorgerecht ausgeübt wird, nicht über eine internationale Grenze zurückgebracht wird;
  ii) das Verbringen nachträglich nach Artikel 12 für widerrechtlich erklärt wird.

Teil I. Zentrale Behörden

Art. 2. [I] Jeder Vertragsstaat bestimmt eine zentrale Behörde, welche die in diesem Übereinkommen vorgesehenen Aufgaben wahrnimmt.

[II] Bundesstaaten und Staaten mit mehreren Rechtssystemen steht es frei, mehrere zentrale Behörden zu bestimmen; sie legen deren Zuständigkeit fest.

[III] Jede Bezeichnung nach diesem Artikel wird dem Generalsekretär des Europarats notifiziert.

Bem. Die Aufgaben der Zentralen Behörde nimmt der Generalbundesanwalt wahr, Erklärung v 5. 10. 90, BGBl 91 II 392, vgl § 1 AusfG. Wegen der Zentralen Behörden der anderen Vertragsstaaten s Bek v 19. 12. 90, BGBl 91 II 392, und v 4. 7. 91, BGBl II 832.

Art. 3. [I] [1] Die zentralen Behörden der Vertragsstaaten arbeiten zusammen und fördern die Zusammenarbeit der zuständigen Behörden ihrer Staaten. [2] Sie haben mit aller gebotenen Eile zu handeln.

[II] Um die Durchführung dieses Übereinkommens zu erleichtern, werden die zentralen Behörden der Vertragsstaaten
a) die Übermittlung von Auskunftsersuchen sicherstellen, die von zuständigen Behörden ausgehen und sich auf Rechts- oder Tatsachenfragen in anhängigen Verfahren beziehen;
b) einander auf Ersuchen Auskünfte über ihr Recht auf dem Gebiet des Sorgerechts für Kinder und über dessen Änderungen erteilen;
c) einander über alle Schwierigkeiten unterrichten, die bei der Anwendung des Übereinkommens auftreten können, und Hindernisse, die seiner Anwendung entgegenstehen, soweit wie möglich ausräumen.

Art. 4. [I] Wer in einem Vertragsstaat eine Sorgerechtsentscheidung erwirkt hat und sie in einem anderen Vertragsstaat anerkennen oder vollstrecken lassen will, kann zu diesem Zweck einen Antrag an die zentrale Behörde jedes beliebigen Vertragsstaats richten.

[II] Dem Antrag sind die in Artikel 13 genannten Schriftstücke beizufügen.

[III] Ist die zentrale Behörde, bei der der Antrag eingeht, nicht die zentrale Behörde des ersuchten Staates, so übermittelt sie die Schriftstücke unmittelbar und unverzüglich der letztgenannten Behörde.

[IV] Die zentrale Behörde, bei der der Antrag eingeht, kann es ablehnen, tätig zu werden, wenn die Voraussetzungen nach diesem Übereinkommen offensichtlich nicht erfüllt sind.

[V] Die zentrale Behörde, bei der der Antrag eingeht, unterrichtet den Antragsteller unverzüglich über den Fortgang seines Antrags.

Art. 5. [I] Die zentrale Behörde des ersuchten Staates trifft oder veranlaßt unverzüglich alle Vorkehrungen, die sie für geeignet hält, und leitet erforderlichenfalls ein Verfahren vor dessen zuständigen Behörden ein, um
a) den Aufenthaltsort des Kindes ausfindig zu machen;

b) zu vermeiden, insbesondere durch alle erforderlichen vorläufigen Maßnahmen, daß die Interessen des Kindes oder des Antragstellers beeinträchtigt werden;
c) die Anerkennung oder Vollstreckung der Entscheidung sicherzustellen;
d) die Rückgabe des Kindes an den Antragsteller sicherzustellen, wenn die Vollstreckung der Entscheidung bewilligt wird;
e) die ersuchende Behörde über die getroffenen Maßnahmen und deren Ergebnisse zu unterrichten.

II Hat die zentrale Behörde des ersuchten Staates Grund zu der Annahme, daß sich das Kind im Hoheitsgebiet eines anderen Vertragsstaats befindet, so übermittelt sie die Schriftstücke unmittelbar und unverzüglich der zentralen Behörde dieses Staates.

III Jeder Vertragsstaat verpflichtet sich, vom Antragsteller keine Zahlungen für Maßnahmen zu verlangen, die für den Antragsteller aufgrund des Absatzes 1 von der zentralen Behörde des betreffenden Staates getroffen werden; darunter fallen auch die Verfahrenskosten und gegebenenfalls die Kosten für einen Rechtsanwalt, nicht aber die Kosten für die Rückführung des Kindes.

IV Wird die Anerkennung oder Vollstreckung versagt und ist die zentrale Behörde des ersuchten Staates der Auffassung, daß sie dem Ersuchen des Antragstellers stattgeben sollte, in diesem Staat eine Entscheidung in der Sache selbst herbeizuführen, so bemüht sich diese Behörde nach besten Kräften, die Vertretung des Antragstellers in dem Verfahren unter Bedingungen sicherzustellen, die nicht weniger günstig sind als für eine Person, die in diesem Staat ansässig ist und dessen Staatsangehörigkeit besitzt; zu diesem Zweck kann sie insbesondere ein Verfahren vor dessen zuständigen Behörden einleiten.

Bem. Die Niederlande haben hinsichtlich der Genehmigung zur Zwangsrückgabe einen Vorbehalt gemacht, Bek v 19. 12. 90, BGBl 91 II 393.

Art. 6. I Vorbehaltlich besonderer Vereinbarungen zwischen den beteiligten zentralen Behörden und der Bestimmungen des Absatzes 3

a) müssen Mitteilungen an die zentrale Behörde des ersuchten Staates in der Amtssprache oder einer der Amtssprachen dieses Staates abgefaßt oder von einer Übersetzung in diese Sprache begleitet sein;
b) muß die zentrale Behörde des ersuchten Staates aber auch Mitteilungen annehmen, die in englischer oder französischer Sprache abgefaßt oder von einer Übersetzung in eine dieser Sprachen begleitet sind.

II Mitteilungen, die von der zentralen Behörde des ersuchten Staates ausgehen, einschließlich der Ergebnisse von Ermittlungen, können in der Amtssprache oder einer der Amtssprachen dieses Staates oder in englischer oder französischer Sprache abgefaßt sein.

III Ein Vertragsstaat kann die Anwendung des Absatzes 1 Buchstabe b ganz oder teilweise ausschließen. Hat ein Vertragsstaat diesen Vorbehalt angebracht, so kann jeder andere Vertragsstaat ihm gegenüber den Vorbehalt auch anwenden.

Bem. Vorbehalt der BRep gemäß Art 27 I Übk, Bek v 19. 12. 90, BGBl 91 II 392:

Sie erklärt in Übereinstimmung mit Artikel 6 Abs. 3, daß sie die Anwendung von Artikel 6 Abs. 1 Buchstabe b ausschließt, auch in den Fällen des Art. 13 Abs. 2: Die zentrale Behörde kann es ablehnen, tätig zu werden, solange Mitteilungen oder beizufügende Schriftstücke nicht in deutscher Sprache abgefaßt oder von einer Übersetzung in diese Sprache begleitet sind.

Vorbehalte haben auch Norwegen und Spanien gemacht, Bek v 19. 12. 90 aaO, ebenso Dänemark, Bek v 4. 7. 91, BGBl II 832.

Teil II. Anerkennung und Vollstreckung von Entscheidungen und Wiederherstellung des Sorgeverhältnisses

Art. 7. Sorgerechtsentscheidungen, die in einem Vertragsstaat ergangen sind, werden in jedem anderen Vertragsstaat anerkannt und, wenn sie im Ursprungsstaat vollstreckbar sind, für vollstreckbar erklärt.

Bem. „Sorgerechtsentscheidungen" sind solche iSv Art 1 lit c Übk. Vollstreckbarerklärung in Deutschland, Kblz FamRZ **98**, 966: AusfG, s u. Wegen der Sorgerechtsfolgesachen, § 623 ZPO, s VO (EG) Nr 2201-2003 (Anh I § 606 a ZPO) und AVAG Schlußanh V E.

Art. 8. I Im Fall eines unzulässigen Verbringens hat die zentrale Behörde des ersuchten Staates umgehend die Wiederherstellung des Sorgeverhältnisses zu veranlassen, wenn

a) zur Zeit der Einleitung des Verfahrens in dem Staat, in dem die Entscheidung ergangen ist, oder zur Zeit des unzulässigen Verbringens, falls dieses früher erfolgte, das Kind und seine Eltern nur Angehörige dieses Staates waren und das Kind seinen gewöhnlichen Aufenthalt im Hoheitsgebiet dieses Staates hatte, und
b) der Antrag auf Wiederherstellung innerhalb von sechs Monaten nach dem unzulässigen Verbringen bei einer zentralen Behörde gestellt worden ist.

II Können nach dem Recht des ersuchten Staates die Voraussetzungen des Absatzes 1 nicht ohne ein gerichtliches Verfahren erfüllt werden, so finden in diesem Verfahren die in dem Übereinkommen genannten Versagungsgründe keine Anwendung.

AnerkVollstrAbk

III [1] Ist in einer von einer zuständigen Behörde genehmigten Vereinbarung zwischen dem Sorgeberechtigten und einem Dritten diesem das Recht zum persönlichen Umgang eingeräumt worden und ist das ins Ausland gebrachte Kind am Ende der vereinbarten Zeit dem Sorgeberechtigten nicht zurückgegeben worden, so wird das Sorgeverhältnis nach Absatz 1 Buchstabe b und Absatz 2 wiederhergestellt. [2] Dasselbe gilt, wenn durch Entscheidung der zuständigen Behörde ein solches Recht einer Person zuerkannt wird, die nicht sorgeberechtigt ist.

Bem. Wegen der Vorbehalte der BRep (und anderen Vertragsstaaten) gemäß Art 17 I Übk s dort. Wegen des Vorbehalts der Niederlande s Bem zu Art 5. – Zum Verhältnis des Art 8 Übk zu § 12 HaagerÜbk s § 12 AusfG. Zur Wahrung der Frist, I b, genügt der Eingang bei der zentralen Behörde, Art 2, Ffm FamRZ 95, 1372. Abgesehen von der Sonderregelung in I a kommt es auf die Staatsangehörigkeit der Beteiligten nicht an, Ffm aaO.

Art. 9. [1] Ist in anderen als den in Artikel 8 genannten Fällen eines unzulässigen Verbringens ein Antrag innerhalb von sechs Monaten nach dem Verbringen bei einer zentralen Behörde gestellt worden, so können die Anerkennung und Vollstreckung nur in folgenden Fällen versagt werden:
a) wenn bei einer Entscheidung, die in Abwesenheit des Beklagten oder seines gesetzlichen Vertreters ergangen ist, dem Beklagten das das Verfahren einleitende Schriftstück oder ein gleichwertiges Schriftstück weder ordnungsgemäß noch so rechtzeitig zugestellt worden ist, daß er sich verteidigen konnte; die Nichtzustellung kann jedoch dann kein Grund für die Versagung der Anerkennung oder Vollstreckung sein, wenn die Zustellung deswegen nicht bewirkt worden ist, weil der Beklagte seinen Aufenthaltsort der Person verheimlicht hat, die das Verfahren im Ursprungsstaat eingeleitet hatte;
b) wenn bei einer Entscheidung, die in Abwesenheit des Beklagten oder seines gesetzlichen Vertreters ergangen ist, die Zuständigkeit der die Entscheidung treffenden Behörde nicht gegründet war auf
  i) den gewöhnlichen Aufenthalt des Beklagten,
  ii) den letzten gemeinsamen gewöhnlichen Aufenthalt der Eltern des Kindes, sofern wenigstens ein Elternteil seinen gewöhnlichen Aufenthalt noch dort hat, oder
  iii) den gewöhnlichen Aufenthalt des Kindes;
c) wenn die Entscheidung mit einer Sorgerechtsentscheidung unvereinbar ist, die im ersuchten Staat vor dem Verbringen des Kindes vollstreckbar wurde, es sei denn, das Kind habe während des Jahres vor seinem Verbringen den gewöhnlichen Aufenthalt im Hoheitsgebiet des ersuchenden Staates gehabt.

II Ist kein Antrag bei einer zentralen Behörde gestellt worden, so findet Absatz 1 auch dann Anwendung, wenn innerhalb von sechs Monaten nach dem unzulässigen Verbringen die Anerkennung und Vollstreckung beantragt wird.

III Auf keinen Fall darf die ausländische Entscheidung inhaltlich nachgeprüft werden.

Bem. Wegen der Vorbehalte der BRep (und anderer Vertragsstaaten) nach Art 17 I Übk s dort. Zu I a vgl Bem zu Art 27 Z 2 EuGVÜ, Schlußanh V C 1, zu I b (u III) BGH u Kblz NJWE-FER 98, 161 bzw 160 (keine verfassungsrechtlichen Bedenken), Celle FamRZ 98, 111.

Art. 10. [1] In anderen als den in den Artikeln 8 und 9 genannten Fällen können die Anerkennung und Vollstreckung nicht nur aus den in Artikel 9 vorgesehenen, sondern auch aus einem der folgenden Gründe versagt werden:
a) wenn die Wirkungen der Entscheidung mit den Grundwerten des Familien- und Kindschaftsrechts im ersuchten Staat offensichtlich unvereinbar sind;
b) wenn aufgrund einer Änderung der Verhältnisse – dazu zählt auch der Zeitablauf, nicht aber der bloße Wechsel des Aufenthaltsorts des Kindes infolge eines unzulässigen Verbringens – die Wirkungen der ursprünglichen Entscheidung offensichtlich nicht mehr dem Wohl des Kindes entsprechen;
c) wenn zur Zeit der Einleitung des Verfahrens im Ursprungsstaat
  i) das Kind Angehöriger des ersuchten Staates war oder dort seinen gewöhnlichen Aufenthalt hatte und keine solche Beziehung zum Ursprungsstaat bestand;
  ii) das Kind sowohl Angehöriger des Ursprungsstaats als auch des ersuchten Staates war und seinen gewöhnlichen Aufenthalt im ersuchten Staat hatte;
d) wenn die Entscheidung mit einer im ersuchten Staat ergangenen oder mit einer dort vollstreckbaren Entscheidung eines Drittstaats unvereinbar ist; die Entscheidung muß in einem Verfahren ergangen sein, das eingeleitet wurde, bevor der Antrag auf Anerkennung oder Vollstreckung gestellt wurde, und die Versagung muß dem Wohl des Kindes entsprechen.

II In diesen Fällen können Verfahren auf Anerkennung oder Vollstreckung aus einem der folgenden Gründe ausgesetzt werden:
a) wenn gegen die ursprüngliche Entscheidung ein ordentliches Rechtsmittel eingelegt worden ist;
b) wenn im ersuchten Staat ein Verfahren über das Sorgerecht für das Kind anhängig ist und dieses Verfahren vor Einleitung des Verfahrens im Ursprungsstaat eingeleitet wurde;
c) wenn eine andere Entscheidung über das Sorgerecht für das Kind Gegenstand eines Verfahrens auf Vollstreckung oder eines anderen Verfahrens auf Anerkennung der Entscheidung ist.

Bem. Zum Vorbehalt der Bundesrepublik zu I a und I b s Bem zu Art 17, zu § 7 AusfG s dort. I b muß eng ausgelegt werden, Karlsr FamRZ 99, 947, Ffm RR 96, 5; zu I c (ii) Brschw FamRZ 97, 191 (zu beiden Entscheidungen Pirrung IPrax 97, 182), Celle FamRZ 98, 111.

Art. 11. ¹ Die Entscheidungen über das Recht zum persönlichen Umgang mit dem Kind und die in Sorgerechtsentscheidungen enthaltenen Regelungen über das Recht zum persönlichen Umgang werden unter den gleichen Bedingungen wie andere Sorgerechtsentscheidungen anerkannt und vollstreckt.

ᴵᴵ Die zuständige Behörde des ersuchten Staates kann jedoch die Bedingungen für die Durchführung und Ausübung des Rechts zum persönlichen Umgang festlegen; dabei werden insbesondere die von den Parteien eingegangenen diesbezüglichen Verpflichtungen berücksichtigt.

ᴵᴵᴵ Ist keine Entscheidung über das Recht zum persönlichen Umgang ergangen oder ist die Anerkennung oder Vollstreckung der Sorgerechtsentscheidung versagt worden, so kann sich die zentrale Behörde des ersuchten Staates auf Antrag der Person, die das Recht zum persönlichen Umgang beansprucht, an die zuständige Behörde ihres Staates wenden, um eine solche Entscheidung zu erwirken.

Art. 12. Liegt zu dem Zeitpunkt, in dem das Kind über eine internationale Grenze verbracht wird, keine in einem Vertragsstaat ergangene vollstreckbare Sorgerechtsentscheidung vor, so ist dieses Übereinkommen auf jede spätere in einem Vertragsstaat ergangene Entscheidung anzuwenden, mit der das Verbringen auf Antrag eines Beteiligten für widerrechtlich erklärt wird.

Bem. Wegen des zu Art 12 zulässigen Vorbehalts s Bem zu Art 18.

Teil III. Verfahren

Art. 13. ¹ Dem Antrag auf Anerkennung oder Vollstreckung einer Sorgerechtsentscheidung in einem anderen Vertragsstaat sind beizufügen

a) ein Schriftstück, in dem die zentrale Behörde des ersuchten Staates ermächtigt wird, für den Antragsteller tätig zu werden oder einen anderen Vertreter für diesen Zweck zu bestimmen;
b) eine Ausfertigung der Entscheidung, welche die für ihre Beweiskraft erforderlichen Voraussetzungen erfüllt;
c) im Fall einer in Abwesenheit des Beklagten oder seines gesetzlichen Vertreters ergangenen Entscheidung ein Schriftstück, aus dem sich ergibt, daß das Schriftstück, mit dem das Verfahren eingeleitet wurde, oder ein gleichwertiges Schriftstück dem Beklagten ordnungsgemäß zugestellt worden ist;
d) gegebenenfalls ein Schriftstück, aus dem sich ergibt, daß die Entscheidung nach dem Recht des Ursprungsstaats vollstreckbar ist;
e) wenn möglich eine Angabe über den Aufenthaltsort oder den wahrscheinlichen Aufenthaltsort des Kindes im ersuchten Staat;
f) Vorschläge dafür, wie das Sorgeverhältnis zu dem Kind wiederhergestellt werden soll.

ᴵᴵ Den obengenannten Schriftstücken ist erforderlichenfalls eine Übersetzung nach Maßgabe des Artikels 6 beizufügen.

Bem. Zu I c Celle FamRZ **98**, 110. Zu II vgl Bem zu Art 6.

Art. 14. ¹ Jeder Vertragsstaat wendet für die Anerkennung und Vollstreckung von Sorgerechtsentscheidungen ein einfaches und beschleunigtes Verfahren an. ² Zu diesem Zweck stellt er sicher, daß die Vollstreckbarerklärung in Form eines einfachen Antrags begehrt werden kann.

Bem. Wegen des AusfG v 5. 4. 90 s u.

Art. 15. ¹ Bevor die Behörde des ersuchten Staates eine Entscheidung nach Artikel 10 Absatz 1 Buchstabe b trifft,

a) muß sie die Meinung des Kindes feststellen, sofern dies nicht insbesondere wegen seines Alters und Auffassungsvermögens undurchführbar ist;
b) kann sie verlangen, daß geeignete Ermittlungen durchgeführt werden.

ᴵᴵ Die Kosten für die in einem Vertragsstaat durchgeführten Ermittlungen werden von den Behörden des Staates getragen, in dem sie durchgeführt wurden.

ᴵᴵᴵ Ermittlungsersuchen und die Ergebnisse der Ermittlungen können der ersuchenden Behörde über die zentralen Behörden mitgeteilt werden.

Art. 16. Für die Zwecke dieses Übereinkommens darf keine Legalisation oder ähnliche Förmlichkeit verlangt werden.

Teil IV. Vorbehalte

Art. 17. ¹ Jeder Vertragsstaat kann sich vorbehalten, daß in den von den Artikeln 8 und 9 oder von einem dieser Artikel erfaßten Fällen die Anerkennung und Vollstreckung von Sorgerechtsentscheidungen aus denjenigen der in Artikel 10 vorgesehenen Gründe versagt werden kann, die in dem Vorbehalt bezeichnet sind.

ᴵᴵ Die Anerkennung und Vollstreckung von Entscheidungen, die in einem Vertragsstaat ergangen sind, der den in Absatz 1 vorgesehenen Vorbehalt angebracht hat, können in jedem anderen Vertragsstaat aus einem der in diesem Vorbehalt bezeichneten zusätzlichen Gründen versagt werden.

Bem. Vorbehalt der BRep gemäß I, Bek v 19. 12. 90, BGBl 91 II 392:

AnerkVollstrAbk

Schlußanhang V A 4

Die Bundesrepublik Deutschland erklärt in Übereinstimmung mit Artikel 17 Abs. 1, daß in den von Artikel 8 und 9 erfaßten Fällen die Anerkennung und Vollstreckung von Sorgerechtsentscheidungen ausgeschlossen ist, wenn die in Artikel 10 Abs. 1 Buchstabe a oder b vorgesehenen Gründe vorliegen.

Vgl Art 10 Rn 1. Entspr Vorbehalte haben Norwegen, Schweden, die Schweiz, Spanien und das Vereinigte Königreich gemacht, Bek v 19. 12. 90 aaO, ebenso Dänemark, Bek v 4. 7. 91, BGBl II 832. Spanien hat seinen Vorbehalt mWv 28. 7. 95 zurückgenommen, Bek v 15. 1. 96, BGBl II 268.

Art. 18. Jeder Vertragsstaat kann sich vorbehalten, durch Artikel 12 nicht gebunden zu sein. Auf die in Artikel 12 genannten Entscheidungen, die in einem Vertragsstaat ergangen sind, der einen solchen Vorbehalt angebracht hat, ist dieses Übereinkommen nicht anwendbar.

Bem. Seinen Vorbehalt, Bek v 19. 12. 90, BGBl 91 II 395, hat Spanien zurückgenommen, Bek v 28. 3. 91, BGBl II 668.

Teil V. Andere Übereinkünfte

Art. 19. Dieses Übereinkommen schließt nicht aus, daß eine andere internationale Übereinkunft zwischen dem Ursprungsstaat und dem ersuchten Staat oder das nichtvertragliche Recht des ersuchten Staates angewendet wird, um die Anerkennung oder Vollstreckung einer Entscheidung zu erwirken.

Art. 20. [I] Dieses Übereinkommen läßt Verpflichtungen unberührt, die ein Vertragsstaat gegenüber einem Nichtvertragsstaat aufgrund einer internationalen Übereinkunft hat, die sich auf in diesem Übereinkommen geregelte Angelegenheiten erstreckt.

[II] [1] Haben zwei oder mehr Vertragsstaaten auf dem Gebiet des Sorgerechts für Kinder einheitliche Rechtsvorschriften erlassen oder ein besonderes System zur Anerkennung oder Vollstreckung von Entscheidungen auf diesem Gebiet geschaffen oder werden sie dies in Zukunft tun, so steht es ihnen frei, anstelle des Übereinkommens oder eines Teiles davon diese Rechtsvorschriften oder dieses System untereinander anzuwenden. [2] Um von dieser Bestimmung Gebrauch machen zu können, müssen diese Staaten ihre Entscheidung dem Generalsekretär des Europarats notifizieren. [3] Jede Änderung oder Aufhebung dieser Entscheidung ist ebenfalls zu notifizieren.

Bem. Vorbehalte nach II haben Norwegen und Schweden gemacht, eine Erklärung zu I hat das Vereinigte Königreich abgegeben, Bek v 19. 12. 90, BGBl 91 II 392; wegen des Vorbehalts Dänemarks nach II s Bek v 4. 7. 91, BGBl II 832.

Art. 21–30 (nicht abgedruckt)

Nach Art 3 des IntFamRVG v 31. Januar 2005, s Anh II zu § 606 a, tritt das Sorgerechtsübereinkommens-AusführungsG v 5. April 1990 außer Kraft. Es gilt aber **§ 56** IntFamRVG als Übergangsvorschrift.

Für Verfahren nach dem Haager Kindesentführungsübereinkommen und dem Europäischen Sorgerechtsübereinkommen, die vor Inkrafttreten dieses Gesetzes eingeleitet wurden, finden die Vorschriften des Sorgerechtsübereinkommens-Ausführungsgesetzes vom 5. April 1990 (BGBl I S. 701), zuletzt geändert durch Artikel 2 Abs 6 des Gesetzes vom 19. Februar 2001 (BGBl I S. 288, 436), weiter Anwendung. Für die Zwangsvollstreckung sind jedoch die Vorschriften dieses Gesetzes anzuwenden. Hat ein Gericht die Zwangsvollstreckung bereits eingeleitet, so bleibt seine funktionelle Zuständigkeit unberührt.

4. Seerechtsübereinkommen der Vereinten Nationen vom 10. 12. 1982, BGBl 94 II 1798, und Übereinkommen vom 28. 7. 1994 zur Durchführung des Teils XI jenes Übereinkommens

Übersicht

Schrifttum (Auswahl): *Seidel,* Zuständigkeit und Verfahren des internationalen Seegerichtshofs in Angelegenheiten der Schiffahrt, 1986; *Wasum,* Der Internationale Seegerichtshof im System der obligatorischen Streitbeilegungsverfahren der Seerechtskonvention, 1984.

1 1) **Allgemeines.** Das **Seerechtsübereinkommen** der Vereinten Nationen vom 10. 12. 1982, BGBl 94 II 1798, sieht in seinem Teil XI die Entscheidung von Streitfragen durch einen Internationalen Seegerichtshof vor; zu diesem Teil des Übk ist ein **DurchführungsÜbk** v 28. 7. 94, BGBl 94 II 2566, 3796 u 97 II 1327, 1402, abgeschlossen worden. Das SeerechtsÜbk ist am 16. 11. 94 in Kraft getreten, Art 3 des ZustimmungsG v 2. 9. 94, BGBl II 1798, iVm Z I der Bek v 15. 5. 95, BGBl II 602 (Zusatzerklärungen: Z I u III; Liste der Vertragsstaaten: Z II. Das DurchfÜbk wird nach seinem Art 7 I (b) von Deutschland ab dem 16. 11. 1994 vorläufig angewandt, Art 2 II VO v 4. 10. 94, BGBl II 2565, iVm der Bek v 15. 5. 95, BGBl II 479 (dort auch Liste der Vertragsstaaten), und ist am 28. 7. 96 für Deutschland in Kraft getreten, Bek v 10. 9. 96, BGBl II 2511. Vertragsstaaten: Fundstellennachweis B des BGBl für 2003, ferner Kanada u Litauen, BGBl 04 II 573.

Das SeerechtsÜbk enthält in seiner Anlage VI das **Statut des Internationalen Seegerichtshofs** (*Schillhorn* NJW **98**, 2955). Es ordnet in Art 39 dieser Anlage und in Art 21 II der Anlage III an, daß Entscheidungen der Kammer für Meeresbodenstreitigkeiten in den Hoheitsgebieten der Vertragsstaaten ebenso vollstreckbar sind wie Urteile oder Verfügungen des höchsten Gerichts des Vertragsstaates, in dessen Hoheitsgebiet die Vollstreckung angestrebt wird. Ergänzend sieht Art 136 des abschließenden Entwurfs einer

Verfahrensordnung des Gerichtshofs vor, daß der Kanzler des Gerichts auf Antrag einer Streitpartei zum Zwecke der Vollstreckung einer solchen Entscheidung eine beglaubigte Kopie des Titels an die Regierung der Vertragspartei übermittelt, in deren Gebiet die Vollstreckung angestrebt wird.

2) Ausführungsgesetz (§ 2 II idF des Art 2 VII G v 19. 2. 01, BGBl 288). Zur Ausführung der **2** genannten beiden Übk ist das AusfG SeerechtsÜbk 1982/1994 v 6. 6. 95, BGBl 778, ergangen, das in seinem Art 14 das **Seegerichtsvollstreckungsgesetz (SeeGVG)** enthält und am 15. 6. 95 in Kraft getreten ist, Art 15 des Ges (Materialien: Ausschußbericht BT-Drs 13/696). Das Gesetz regelt die Vollstreckung der in Rn 1 genannten Titel für das Gebiet Deutschlands. **Vollstreckungsorgan** ist das OLG am Sitz des Seegerichtshofes, also das Hanseatische OLG in Hbg, Art 1 II der Anlage VI zum SeerechtsÜbk. Der Gerichtshof hat seine Tätigkeit im Oktober 1996 aufgenommen; wegen der für ihn geltenden Vorrechte und Immunitäten s VO v 10. 10. 96, BGBl II 2517.

Gesetz über die Vollstreckung von Entscheidungen internationaler Gerichte auf dem Gebiet des Seerechts – SeeGVG – v 6. 6. 95, BGBl 786

§ 1. Vollstreckbarkeit. [1] Entscheidungen der Kammer für Meeresbodenstreitigkeiten des Internationalen Seegerichtshofs (Artikel 39 der Anlage VI zum Seerechtsübereinkommen der Vereinten Nationen vom 10. Dezember 1982) und endgültige Entscheidungen eines auf Grund dieses Übereinkommens zuständigen Gerichtshofs betreffend die Rechte und Pflichten der Behörde und des Vertragsnehmers (Artikel 21 Abs 2 der Anlage III zum Seerechtsübereinkommen) sind vollstreckbare Titel. [2] Die Zwangsvollstreckung erfolgt nach den Vorschriften des Zivilverfahrensrechts mit den nachfolgenden Maßgaben.

§ 2. Vollstreckungsklausel. [I 1] Eine mit der Vollstreckungsklausel versehene Ausfertigung des Titels wird auf Antrag dem in der Entscheidung bezeichneten Gläubiger nach Prüfung der Wirksamkeit des Titels, seiner Vollstreckbarkeit nach § 1 Satz 1 und seiner Eignung zur Zwangsvollstreckung erteilt. [2] Zuständig für die Erteilung der Vollstreckungsklausel ist das Oberlandesgericht am Sitz des Seegerichtshofs.

[II 1] Die Bundesregierung übermittelt die ihr vom Internantionalen Seegerichtshof übersandte Ausfertigung der Entscheidung an das Oberlandesgericht. [2] Sie setzt den Antragsteller hiervon in Kenntnis und fordert ihn auf, einen Zustellungsbevollmächtigten im Inland zu benennen. [3] § 5 des Anerkennungs- und Vollstreckungsausführungsgesetzes vom 19. Februar 2001 (BGBl I S. 288) findet entsprechende Anwendung.

[III] Vor der Erteilung der Klausel ist der Schuldner zu hören.

[IV 1] Das Gericht entscheidet durch unanfechtbaren Beschluß. [2] Auf Grund entsprechender Anordnung in dem Beschluß erteilt der Urkundsbeamte der Geschäftsstelle die Vollstreckungsklausel in folgender Form: „Gemäß dem Beschluß des . . . . . (Bezeichnung des Senats des Oberlandesgerichts und des Beschlusses) ist die Zwangsvollstreckung aus . . . . . (Bezeichnung des Schuldtitels) zugunsten des . . . . . (Bezeichnung des Gläubigers) gegen den . . . . . (Bezeichnung des Schuldners) zulässig. Die zu vollstreckende Verpflichtung lautet: . . . . . (Angabe der Entscheidungsformel in deutscher Sprache, die aus dem Beschluß des Senats zu übernehmen ist)."

Bem. II 3 idF Art 2 II G v 30. 1. 02, BGBl 564; wegen des § 5 AVAG s Schlußanh V E.

§ 3. Zuständigkeit des Oberlandesgerichts als Vollstreckungsorgan. [1] Soweit das Prozeßgericht des ersten Rechtszuges als Vollstreckungsorgan bestimmt ist, nimmt diese Aufgabe das Oberlandesgericht am Sitz des Seegerichtshofs wahr. [2] Es entscheidet durch unanfechtbaren Beschluß. [3] Vor der Entscheidung ist der Schuldner zu hören.

§ 4. Rechtsbehelfe in der Zwangsvollstreckung. Einwendungen, die den durch die Entscheidung des Seegerichtshofs festgestellten Anspruch betreffen, können vor inländischen Gerichten nicht geltend gemacht werden.

B. Bilaterale Anerkennungs- und Vollstreckungsabkommen

1. Das deutsch-schweizerische Abkommen über die gegenseitige Anerkennung und Vollstreckung von gerichtlichen Entscheidungen und Schiedssprüchen vom 2. 11. 29, RGBl 30 II 1066

Vorbem. Mit Wirkung vom 1. 3. 1995 ist das Abk **durch das LuganoÜbk** nach Maßgabe von dessen Art 54 **ersetzt worden**, Art 55 des Übk, s Schlußanh V D 1; es **behält seine Wirksamkeit** für die Rechtsgebiete, auf die sich das LuganoÜbk nicht bezieht, Art 56 I iVm Art 1 des Übk. **Zeitlich** bestimmt sich seine Anwendung nach Art 54, der Art 54 EuGVÜ entspricht, s dort, sowie nach Art 56 II, Dietze/Schnichels NJW **95**, 2276, Ffm FamRZ **98**, 385 (m red Anm), Kblz RR **97**, 638.

AnerkVollstrAbk

Schrifttum: *MüKoGo* Schlußanh Nr 5 i; *BBGS* 660–662 (erläutert v *Gerd Müller*, 1978); *David/Meier*, Die Vollstr von gerichtlichen Entscheidungen und Schiedssprüchen im Verh zwischen der BRep und der Schweiz, 1970; *Nagel/Gottwald*, Internationales Zivilprozeßrecht, 5. Aufl 2002, § 13 V 9; *StJSchl* Rn 54 vor § 1044 (betr Schiedsgerichtsbarkeit); *SchwW* 59 Rn 1–3; *Egli* RIW **91**, 977; *Hauser/Tobler* JR **87**, 353 (Übers üb die schweizerische Rspr); *Vortisch* AWD **63**, 75.

1 Das Abkommen bezieht sich auf vermögensrechtliche und nichtvermögensrechtliche Entscheidungen, Art 1, 3, jedoch mit Ausnahme von Arresten und einstwVfgen, ferner auf gerichtliche Vergleiche, Art 8, und Schiedssprüche, Art 9, für die auf das Genfer Abk v 26. 9. 27 Bezug genommen ist. Inzwischen ist die Schweiz dem UN-Übk v 10. 6. 58 beigetreten, Einl V vor § 1 ZPO Rn 10).

Art. 1. Die im Prozeßverfahren über vermögensrechtliche Ansprüche ergangenen rechtskräftigen Entscheidungen der bürgerlichen Gerichte des einen Staates werden ohne Unterschied ihrer Benennung (Urteile, Beschlüsse, Vollstreckungsbefehle), jedoch mit Ausnahme der Arreste und einstweiligen Verfügungen, und ohne Rücksicht auf die Staatsangehörigkeit der an dem Rechtsstreit beteiligten Parteien im Gebiete des anderen Staates anerkannt, wenn für die Gerichte des Staates, in dessen Gebiet die Entscheidung gefällt wurde, eine Zuständigkeit nach Maßgabe des Artikel 2 begründet war und nicht nach dem Rechte des Staates, in dessen Gebiet die Entscheidung geltend gemacht wird, für dessen Gerichte eine ausschließliche Zuständigkeit besteht.

Bem. Das Abk gilt nicht für Arreste, dazu Vortisch AWD **63**, 75, und einstweilige Verfügungen, Egli RIW **91**, 980 (wohl auch nicht für einstweilige Anordnungen, Pauckstadt IPrax **84**, 18 mwN, offen Düss FamRZ **94**, 1481) und auch nicht für Entscheidungen in Konkursverfahren, BGH NJW **93**, 2316 mwN (was eine Vollstrbarerklärung, § 722 ZPO, nicht ausschließt). Es ist auch auf Entscheidungen im Verf der Freiwilligen Gerichtsbarkeit nicht anzuwenden, Stgt IPrax **90**, 233 mwN. Unter das Abk fallen dagegen Entscheidungen über Prozeßkosten, Ffm IPrax **84**, 32, zustm Pauckstadt aaO, ebenso wie solche im Mahnverfahren nach §§ 688 ff ZPO, Egli RIW **91**, 982, Hauser/Tobler JR **87**, 355; zum Verhältnis zum Haager ZPrÜbk, Schlußanh V A 1, s Bem zu Art 18 dieses Übk, zum Verhältnis Haager UnterhÜbk, Schlußanh V A 2, s Bem zu Art 24, Düss FamRZ **94**, 1481.

2 **Art. 2.** Die Zuständigkeit der Gerichte des Staates, in dem die Entscheidung gefällt wurde, ist im Sinne des Artikel 1 begründet, wenn sie in einer staatsvertraglichen Bestimmung vorgesehen oder eine der folgenden Voraussetzungen erfüllt ist:
1. wenn der Beklagte zur Zeit der Klageerhebung oder zur Zeit der Erlassung der Entscheidung seinen Wohnsitz oder die beklagte juristische Person ihren Sitz in diesem Staate hatte;
2. wenn sich der Beklagte einer ausdrücklichen Vereinbarung der Zuständigkeit des Gerichts, das die Entscheidung gefällt hat, unterworfen hatte;
3. wenn der Beklagte sich vorbehaltlos auf den Rechtsstreit eingelassen hatte;
4. wenn der Beklagte am Orte seiner geschäftlichen Niederlassung oder Zweigniederlassung für Ansprüche aus dem Betriebe dieser Niederlassung belangt worden ist;
5. für eine Widerklage, wenn der Gegenanspruch mit dem in der Klage geltend gemachten Anspruch oder mit den gegen diesen vorgebrachten Verteidigungsmitteln in rechtlichem Zusammenhang steht.

Bem. Die Vorschrift regelt nur die internationale Anerkennungszuständigkeit, BGH NJW **97**, 398. Ständiger Aufenthalt ersetzt den Wohnsitz, **Z 1**, nicht. „Wohnsitz" besteht nach schweizerischem Recht, Art 23 ZGB, an dem Ort, an dem sich jemand mit der Absicht dauernden Verbleibens aufhält; mehrere Wohnsitze sind nicht möglich (anders mehrere geschäftliche Niederlassungen). Die Vorschriften in **Z 2** u **Z 3** werden durch Art 5 LugÜbk verdrängt, dazu eingehend Handschin/Werner NJW **02**, 3001.

3 **Art. 3.** ¹ Die in nicht vermögensrechtlichen Streitigkeiten zwischen Angehörigen eines der beiden Staaten oder beider Staaten ergangenen rechtskräftigen Entscheidungen der bürgerlichen Gerichte des einen Staates werden im Gebiete des anderen Staates anerkannt, es sei denn, daß an dem Rechtsstreit ein Angehöriger des Staates, in dem die Entscheidung geltend gemacht wird, beteiligt war und nach dem Rechte dieses Staates die Zuständigkeit eines Gerichts des anderen Staates nicht begründet war. ² Dies gilt auch insoweit, als die in einer nicht vermögensrechtlichen Streitigkeit ergangene Entscheidung sich auf einen vermögensrechtlichen Anspruch miterstreckt, der von dem in ihr festgestellten Rechtsverhältnis abhängt.

Bem. Nicht nötig ist die Zuständigkeit gerade des urteilenden Gerichts. Für die Anerkennung ist aber zu prüfen sowohl nach dem Abk als auch, wenn § 328 günstiger ist, nach diesem, ob eine nach der deutschen ZPO geltende Zuständigkeit in der Schweiz begründet gewesen wäre, BGH NJW **87**, 3084 mwN (Anm Geimer), zustm Hauser JR **88**, 24. Dafür, daß einstwVfg von nicht (auch nicht Arreste) in nichtvermögensrechtlichen Sachen entgegen Art 1 an der Anerkennung teilnehmen, H. Kaufmann in Bd. 27 S. 89 (1969) der Mémoires der rechtswissenschaftlichen Fakultät von Genf; vgl auch Bem zu Art 1. Zur Anerkennung einer Ehescheidungskonvention, die Bestandteil des schweizerischen Urteils ist, s BGH NJW **86**, 1440, dazu Stürner/Münch JZ **87**, 178 (vgl Bem zu Art 6). Anerkannt werden auch vermögensrechtliche Teile einer Verbundentscheidung nach §§ 623, 629 ZPO, Stürner/Münch JZ **87**, 179.

4 **Art. 4.** ¹ Die Anerkennung ist zu versagen, wenn durch die Entscheidung ein Rechtsverhältnis zur Verwirklichung gelangen soll, dem im Gebiete des Staates, wo die Entscheidung geltend gemacht wird, aus Rücksichten der öffentlichen Ordnung oder der Sittlichkeit die Gültigkeit, Verfolgbarkeit oder Klagbarkeit versagt ist.

II Sie ist ferner zugunsten eines inländischen Beteiligten zu versagen, wenn in der Entscheidung bei Beurteilung seiner Handlungsfähigkeit oder seiner gesetzlichen Vertretung oder bei Beurteilung eines für den Anspruch maßgebenden familien- oder erbrechtlichen Verhältnisses oder der dafür maßgebenden Feststellungen des Todes einer Person zu seinem Nachteil andere als die nach dem Rechte des Staates, wo die Entscheidung geltend gemacht wird, anzuwendenden Gesetze zugrunde gelegt sind.

III Hat sich der Beklagte auf den Rechtsstreit nicht eingelassen, so ist die Anerkennung zu versagen, wenn die Zustellung der den Rechtsstreit einleitenden Ladung oder Verfügung an den Beklagten oder seinen zur Empfangnahme berechtigten Vertreter nicht rechtzeitig oder lediglich im Wege der öffentlichen Zustellung oder im Auslande auf einem anderen Wege als dem der Rechtshilfe bewirkt worden ist.

Bem. Art. 4 bezieht sich auf Art 1–3, läßt aber anerkennungsfreudigeres autonomes Recht unberührt, BGH NJW **87**, 3084, zustm Siehr IPrax **89**, 95, Geimer u Hauser JR **88**, 24, vgl Hauser/Tobler JR **87**, 354. Die Anerkennung von Kostenentscheidungen richtet sich nach der Anerkennungsfähigkeit der Hauptentscheidung, Ffm IPrax **84**, 33. Der ordre public, I, wird auch durch den Verstoß gegen unabdingbare Voraussetzungen eines geordneten rechtsstaatlichen Verf verletzt, Pauckstadt IPrax **84**, 18. Es genügt, daß die Verfolgbarkeit usw unter den obwaltenden Umständen versagt ist, zB gegen den Gemeinschuldner. Für den Nachweis der Rechtskraft ist das Recht des Urteilsstaates maßgeblich, SchwBG JW **34**, 384. Zu II vgl BGH NJW **86**, 1442.

Art. 5. ¹ Das Gericht des Staates, wo die Entscheidung geltend gemacht wird, ist bei der Prüfung der die Zuständigkeit eines Gerichts des anderen Staates begründenden Tatsachen und der Versagungsgründe an die tatsächlichen Feststellungen der Entscheidung nicht gebunden. ² Eine weitere Nachprüfung der Gesetzmäßigkeit der Entscheidung findet nicht statt.

Art. 6. I ¹ Die Entscheidungen der Gerichte des einen Staates, die nach den vorstehenden Bestimmungen im Gebiete des anderen Staates anzuerkennen sind, werden auf Antrag einer Partei von der zuständigen Behörde dieses Staates für vollstreckbar erklärt. ² Vor der Entscheidung ist der Gegner zu hören. ³ Die Vollstreckbarerklärung hat in einem möglichst einfachen und schleunigen Verfahren zu erfolgen.

II Die Vollziehung der für vollstreckbar erklärten Entscheidung bestimmt sich nach dem Rechte des Staates, in dem die Vollstreckung beantragt wird.

Bem. Siehe AusführungsVO (unten). Zur Berücksichtigung der Erhöhung einer Rente, die durch Vereinbarung der Parteien oder Richterspruch an den Lebenshaltungsindex geknüpft ist, s BGH NJW **86**, 1440, dazu Stürner/Münch JZ **87**, 178, Dopffel IPrax **86**, 281, Wolff RIW **86**, 728, Stgt DAVorm **90**, 715.

Art. 7. I Die Partei, die für eine Entscheidung die Vollstreckbarerklärung nachsucht, hat beizubringen:
1. eine vollständige Ausfertigung der Entscheidung; die Rechtskraft der Entscheidung ist, soweit sie sich nicht schon aus der Ausfertigung ergibt, durch öffentliche Urkunden nachzuweisen;
2. die Urschrift oder eine beglaubigte Abschrift der Urkunden, aus denen sich die der Vorschrift des Artikel 4 Abs. 3 entsprechende Ladung der nicht erschienenen Partei ergibt.

II ¹ Auf Verlangen der Behörde, bei der die Vollstreckbarerklärung beantragt wird, ist eine Übersetzung der im Abs. 1 bezeichneten Urkunden in die amtliche Sprache dieser Behörde beizubringen. ² Diese Übersetzung muß von einem diplomatischen oder konsularischen Vertreter oder einem beeidigten Dolmetscher eines der beiden Staaten als richtig bescheinigt sein.

Art. 8. Die in einem gerichtlichen Güteverfahren (Sühneverfahren) oder nach Erhebung der Klage vor einem bürgerlichen Gericht abgeschlossenen oder vor einem solchen bestätigten Vergleiche stehen, vorbehaltlich der Bestimmung des Artikel 4 Abs. 1, hinsichtlich ihrer Vollstreckbarkeit anzuerkennenden gerichtlichen Entscheidungen im Sinne der Artikel 6 und 7 gleich.

Bem. Zur Vollstreckbarkeit einer Ehescheidungskonvention nach schweizerischem Recht s BGH NJW **86**, 1440.

Art. 9. I Hinsichtlich der Anerkennung und Vollstreckung von Schiedssprüchen gilt im Verhältnis zwischen den beiden Staaten das in Genf zur Zeichnung aufgelegte Abkommen zur Vollstreckung ausländischer Schiedssprüche vom 26. September 1927 mit der Maßgabe, daß es ohne Rücksicht auf die im Artikel 1 Abs. 1 daselbst enthaltenen Beschränkungen auf alle in einem der beiden Staaten ergangenen Schiedssprüche Anwendung findet.

II Zum Nachweis, daß der Schiedsspruch eine endgültige Entscheidung im Sinne des Artikel 1 Abs. 2 lit. d des vorbezeichneten Abkommens darstellt, genügt in Deutschland eine Bescheinigung der Geschäftsstelle des Gerichts, bei dem der Schiedsspruch niedergelegt ist, in der Schweiz eine Bescheinigung der zuständigen Behörde des Kantons, in dem der Schiedsspruch ergangen ist.

III Vor einem Schiedsgericht abgeschlossene Vergleiche werden in derselben Weise wie Schiedssprüche vollstreckt.

Bem. An die Stelle des GenfAbk, I, ist das UN-ÜbkSchdG, Schlußanh VI A 1, getreten, SchwW **59** Rdz 1. Die Bescheinigung nach II hat Bedeutung für die Entkräftung der Einrede aus Art V 1 e UN-ÜbkSchdG, Walter RIW **82**, 694. Sie ist kein Akt der Zwangsvollstreckung, sondern dient ihrer Vorbereitung; sie erteilt das nach Art 1 AusfVO zuständige AG, weil deutsche Schiedssprüche nicht mehr bei Gericht niedergelegt werden. Beschwerde ist daher nur nach Art 2 IV AusfVO gegeben. Schiedsvergleiche werden nach UN-ÜbkSchdG vollstreckt, III; für Anwaltsvergleiche, § 796a ZPO, scheidet eine Vollstreckung aus, Geimer DNotZ **91**, 285.

7   Dazu AusführungsVO vom 23. 8. 30, BGBl III 319-5-1:

Art. 1. [1] Für die Vollstreckbarerklärung der im Artikel 1 des deutsch-schweizerischen Abkommens bezeichneten gerichtlichen Entscheidungen sowie der im Artikel 8 daselbst bezeichneten Vergleiche ist das Amtsgericht zuständig, bei dem der Verpflichtete seinen allgemeinen Gerichtsstand hat, und in Ermangelung eines solchen das Amtsgericht, in dessen Bezirk sich Vermögen des Verpflichteten befindet oder die Vollstreckungshandlung vorzunehmen ist. [2] Das gleiche gilt für die gerichtlichen Entscheidungen der im Artikel 3 daselbst bezeichneten Art, soweit die Entscheidung der Vollstreckbarerklärung bedarf.

Art. 2. [1] Auf das Verfahren sind § 1063 Abs. 1, § 1064 Abs. 2 sowie § 794 Abs. 1 Nr. 4a der Zivilprozeßordnung entsprechend anzuwenden.

II Dem Antrag soll die für die Zustellung erforderliche Zahl von Abschriften beigefügt werden.

III Wird die mündliche Verhandlung angeordnet, so ist der Termin den Parteien von Amts wegen bekanntzumachen.

IV [1] Der Beschluß unterliegt der Beschwerde nach den §§ 567 bis 577. [2] Die §§ 707, 717 der Zivilprozeßordnung sind entsprechend anzuwenden.

Bem. IV mWv 1. 1. 02 neu gefaßt und V aufgehoben durch Art 18 ZPO-RG. Wegen der Zulassung der Rechtsbeschwerde s § 574 I Z 2 u III ZPO.

Art. 3. [1] Hängt die Vollstreckung der Entscheidung oder des Vergleichs nach deren Inhalt von dem Ablauf einer Frist oder von dem Eintritt einer anderen Tatsache ab oder wird die Vollstreckbarerklärung zugunsten eines anderen als des in der Entscheidung oder dem Vergleiche bezeichneten Gläubigers oder gegen einen anderen als den dort bezeichneten Verpflichteten nachgesucht, so bestimmt sich die Frage, inwieweit die Vollstreckbarerklärung von dem Nachweis besonderer Voraussetzungen abhängig ist oder ob die Entscheidung für oder gegen den anderen vollstreckbar ist, nach schweizerischem Rechte. [2] Die danach erforderlichen Nachweise sind, sofern nicht die nachzuweisenden Tatsachen bei dem über den Antrag entscheidenden Gericht offenkundig sind, durch öffentliche oder öffentlich beglaubigte Urkunde zu führen. [3] Kann ein solcher Nachweis nicht erbracht werden, so ist mündliche Verhandlung anzuordnen.

Bem. Zur Vollstreckung indexierter Ansprüche s Erl zu Schlußanh V A 2 Art 5 u V C 1 Art 31, Düss FamRZ **94**, 1482.

Art. 4. [1] Im Wege der Beschwerde kann der Verpflichtete auch Einwendungen gegen den Anspruch geltend machen, soweit diese nach schweizerischem Rechte gegenüber der Entscheidung oder dem Vergleiche zulässig sind. [2] Ebenso können Einwendungen gegen die Zulässigkeit der Vollstreckungsklausel im Wege der Beschwerde geltend gemacht werden. [3] Der Verpflichtete ist hierdurch nicht gehindert, solche Einwendungen in dem in den §§ 767, 732, 768 der Zivilprozeßordnung vorgesehenen Verfahren geltend zu machen.

Bem. Geänd mWv 1. 1. 98 durch Art 2 § 3 Z 2 SchiedsVfG v 22. 12. 97, BGBl 3224.

2. Das deutsch-italienische Abkommen über die gegenseitige Anerkennung und Vollstreckung gerichtlicher Entscheidungen in Zivil- und Handelssachen vom 9. 3. 36, RGBl 37 II 145

Schrifttum: *MüKoGo* Nr 5e; *BBGS* 630; *Luther,* Das dt-ital VollstrAbk u seine zukünftige Gestaltung, 1966; *Nagel/Gottwald,* Internationales Zivilprozeßrecht, 5. Aufl 2002, § 13 V 5; *StJSchl* Rdz 54 vor § 1044 (betr Schiedsgerichtsbarkeit); *SchwW* 59 Rn 4–6; *Grunsky* RIW **77**, 1.

1   **Vorbem.** Das Abk wird **durch das EuGVÜ** nach Maßgabe von dessen Art 55 **ersetzt**, vgl Schlußanh V C; es **behielt seine Wirksamkeit** für die Rechtsgebiete, auf die sich das EuGVÜ nicht bezieht, Art 56 iVm Art 1, vgl BGH FamRZ **83**, 366, NJW **83**, 2776, BayObLG RR **90**, 843. Seit dem 1. 3. 01 gilt in allen EG-Staaten (außer Dänemark) die **VO (EG) Nr 1347/2000 des Rates v 29. 5. 2000** über die Zuständigkeit und die Anerkennung und Vollstreckung von Entscheidungen in Ehesachen und in Verfahren betr die elterliche Verantwortung für die gemeinsamen Kinder der Ehegatten (AblEG L 160/19), abgedr u erläutert im Anh I zu § 606a ZPO. Sie gilt für die in Art 1 bezeichneten Verfahren, die nach dem 1. 3. 01 eingeleitet werden, Art 42 I, und mit bestimmten Maßgaben für die nach diesem Stichtag ergehenden Entscheidungen in vorher eingeleiteten Verfahren, Art 42 II. Die VO ersetzt nach Maßgabe ihres Art 36 die Einzelabkommen. Die am 1. 3. 02 in Kraft getretene **VO (EG) Nr 44/2001 des Rates v 22. 12. 2000** über die gerichtliche Zuständigkeit und die Anerkennung u Vollstreckung von Entscheidungen in Zivil- u Handelssachen (AblEG Nr L 12 S 1) tritt an die Stelle des EuGVÜ, Art 68, und ersetzt nach Maßgabe der Art 66 II u 70 das Abk, Art 69, s Schlußanh V C (A). Es bleibt danach im wesentlichen **anwendbar** in den in Art 1 II der VO genannten Angelegenheiten, soweit sie nicht unter die VO (EG) Nr 1347/2000 fallen.

2   Das **Abk bezieht sich auf** die in Zivil- und Handelssachen ergangenen rechtskräftigen Entscheidungen, Art 1, desgleichen auf gerichtliche Vergleiche und Schiedssprüche und Schiedsvergleiche, Art 8, jedoch nicht auf Arreste und einstw Vfgen sowie auf die in einem Strafverfahren und auf die in einem Konkurs- oder Vergleichsverfahren ergangenen Entscheidungen, Art 12. Es gilt (ebenso wie die Verträge mit den Niederlanden, Österreich und Belgien) auch für die Anerkennung und Vollstreckung von Entscheidungen auf dem Gebiet der freiwilligen Gerichtsbarkeit, soweit es sich um echte Streitverfahren handelt, zB nach der

HausratsVO, nicht aber insoweit, als es um fürsorgliche Maßnahmen geht, zB auf dem Gebiet der elterlichen Sorge, BGH NJW **83**, 2776. In jedem Fall muß die Entscheidung Rechtskraft nach italienischem Recht erlangt haben, Art 1, dh es darf kein Rechtsbehelf zur Anfechtung innerhalb des italienischen Verf (mehr) statthaft sein, BGH RR **90**, 843. Für die Anerkennung von Kostenentscheidungen verbleibt es beim HZPrÜbk (oben V A 1); sie werden im Gebiet des anderen Staates auch auf unmittelbaren Antrag einer Partei kostenlos für vollstreckbar erklärt, Art 15. Eine Vollstreckungsklage wird durch das Abk nicht ausgeschlossen, AG Garmisch-Partenkirchen NJW **71**, 2135 (VollstrUrteil bei italienischer Säumnisentscheidung abgelehnt), dazu Geimer NJW **72**, 1010; zur Vollstreckung italienischer Urteile vgl iü Ffm AWD **76**, 107, LG Regensbg NJW **78**, 1117 (Vaterschaftsfeststellung).

Die **Anerkennung von Entscheidungen** hängt ua davon ab, daß im Urteilsstaat eine Zuständigkeit nach 3 den Bestimmungen des Abkommens begründet war, Art 1 I, wobei für vermögensrechtliche Streitigkeiten im allgemeinen der Wohnsitz des Beklagten, für nicht vermögensrechtliche Streitigkeiten die Staatsangehörigkeit oder der Wohnsitz der Parteien, Art 3, wesentlich ist. Das Abk gibt daher an, was es unter Wohnsitz versteht, Art 13, s unten. Im übrigen stimmt es (desgl die AusfVO) im wesentlichen mit dem deutsch-schweizerischen Abkommen, oben V B 1, überein. Demgemäß können nach Art 4 AusfVO im Wege des Widerspruchs außer den dort genannten Einwendungen der ZPO seitens des Verpflichteten nur solche Einwendungen geltend gemacht werden, die nach italienischem Recht zulässig sind, dh nach Art 615 ital C proc civ solche, die nach Urteilserlaß entstanden sind, LG Mü NJW **64**, 985.

Für die Anerkennung und Vollstreckung von **Schiedssprüchen** gilt nach Art 8 I dasselbe wie nach Art 9 4 dt-schweiz Abk; die Verweisung auf das Genfer Abk von 1927 ist jedoch durch den Beitritt beider Staaten zum UN-Übk, Schlußanh VI A 1, gegenstandslos geworden, s Bem zu Art 9 dt-schweiz Abk, Schlußanh V B 1. Art 8 II (zum Nachweis, daß der Schiedsspruch eine endgültige Entscheidung ist, genügt eine Bescheinigung der zuständigen Behörde, deren Zuständigkeit durch das Justizministerium ihres Staates bescheinigt wird) gilt neben dem UN-Übk fort, Walter RIW **82**, 694 mwN, str. Für Schiedsvergleiche behält Art 8 seine eigenständige Bedeutung, weil sich die multilateralen Übk nicht darauf erstrecken; eine Vollstreckung aus Anwaltsvergleichen, §§ 796 a–c ZPO, scheidet aus, Geimer DNotZ **91**, 285.

Zu dem Abkommen ist die **AusführungsVO** v 18. 5. 97, BGBl III 319-7, ergangen, die durch Art 19 ZPO-RG mWv 1. 1. 02 geändert worden ist (Art 2 nF entspricht Art 2 AVO zum dt-schweizerischen Abk, Schlußanh V B 1, s dort).

***Art. 3.** In nicht vermögensrechtlichen Streitigkeiten sind die Gerichte des Staates, in dem die* 5 *Entscheidung gefällt wurde, im Sinne des Artikels 1 zuständig, wenn die Parteien Angehörige dieses Staates waren oder dort ihren Wohnsitz hatten.*

Bem. Das Fehlen der internationalen Zuständigkeit nach Art 3 führt dazu, daß die Entscheidung im anderen Staat nicht nach Art 1 anerkannt wird, BGH FamRZ **83**, 366. Die Anerkennung nach dem Abk hängt davon ab, daß beide Parteien Angehörige des Urteilsstaates waren oder dort ihren Wohnsitz iSv Art 13 hatten, was mit ausreichender Sicherheit feststehen muß, BayObLG RR **92**, 1355, Celle FamRZ **93**, 1216 mwN. Das Abk schließt aber die Anwendung anerkennungsfreundlicherer inländischer Normen nicht aus, BayObLG u Celle aaO, vgl Jayme JuS **89**, 389, IPrax **88**, 250, **87**, 250 u **81**, 143, vgl Anh II § 606 a ZPO Rn 7.

Art. 4. **¹ *Die Anerkennung ist zu versagen, wenn die Entscheidung Bestimmungen enthält, die*** 6 ***gegen die guten Sitten oder die öffentliche Ordnung verstoßen.***

II ¹ ***Sie ist ferner zu versagen, wenn in der Entscheidung hinsichtlich eines Angehörigen des angerufenen Staates bei Beurteilung der Handlungsfähigkeit oder der gesetzlichen Vertretung oder bei Beurteilung eines für den Anspruch maßgebenden familien- oder erbrechtlichen Verhältnisses oder der dafür maßgebenden Abwesenheits- oder Todeserklärung andere als die Gesetze zugrunde gelegt sind, die nach dem Rechte dieses Staates anzuwenden wären.*** ² ***Die Entscheidung ist jedoch anzuerkennen, wenn sie auch bei Anwendung dieser Gesetze begründet wäre.***

III ***Hat sich der Beklagte auf den Rechtsstreit nicht eingelassen, so ist die Anerkennung zu versagen, wenn die Zustellung der den Rechtsstreit einleitenden Ladung oder Verfügung an den Beklagten oder seinen zur Empfangnahme berechtigten Vertreter nicht rechtzeitig oder lediglich im Wege der öffentlichen Zustellung oder im Ausland auf einem anderen Wege als dem der gegenseitigen Rechtshilfe bewirkt worden ist.***

IV ***Die Anerkennung ist auch zu versagen, wenn die Entscheidung mit einer über denselben Anspruch ergangenen Entscheidung eines Gerichts des angerufenen Staates im Widerspruch steht.***

Bem. Die Versagungsgründe haben Bedeutung für die Fälle, die nicht unter das EuGVÜ fallen, namentlich für EheS. **Zu I:** Zur Frage, ob in Statussachen ein Urteil anerkannt wird, das auf einer rechtswidrigen inländischen Beweisaufnahme oder deren Fehlschlagen beruht, vgl Stürner JZ **87**, 45 (verneinend). Ob Italien im Verfahrensrecht die Einhaltung der Bestimmungen über den Versöhnungsversuch und die Mitwirkung des Staatsanwalts in EheS zur öff Ordnung rechnet, AG Besigheim Just **83**, 52 mwN, ist zweifelhaft, abl Dessauer IPrax **85**, 330, offen gelassen BGH NJW **86**, 3033. **Zu II:** Eine überlange Dauer des Verf in Italien infolge Anwendung des dortigen Rechts braucht der deutsche Ehegatte nicht hinzunehmen, BGH FamRZ **83**, 368. **Zu III:** Italien und die BRep sind Vertragsstaaten des Haager ZustlÜbk, Anh § 203 ZPO.

***Art. 11.** Die Gerichte jedes der beiden Staaten haben auf Antrag einer Partei die Entscheidung* 7 *über Ansprüche abzulehnen, wegen deren vor einem nach diesem Abkommen zuständigen Gericht des anderen Staates bereits ein Verfahren anhängig ist.*

AnerkVollstrAbk Schlußanhang V B 3

Bem. Anhängigkeit wird hier (wie auch sonst in Staatsverträgen) iSv Rechtshängigkeit gebraucht, Köln AWD **73**, 340; danach hat dasjenige Verf den Vorrang, in dem der einleitende Antrag zuerst zugestellt worden ist, § 261 III ZPO, BGH FamRZ **83**, 366 mwN. Die Rechtshängigkeitssperre entfällt bei unzumutbarer Beeinträchtigung des Rechtsschutzes, zB durch überlange Dauer des Verf infolge Anwendung italienischen Rechts, die der deutsche Ehegatte nach Art 4 II nicht hinzunehmen braucht, BGH aaO.

8 *Art. 13.* Unter „Wohnsitz" im Sinne dieses Abkommens ist zu verstehen:
1. für den geschäftsfähigen Volljährigen, für den mündig Erklärten und für den Volljährigen, der bloß zur Vornahme gewisser Handlungen der Mitwirkung eines Beistandes bedarf, der Ort, an dem er sich in einem der beiden Staaten in der Absicht ständiger Niederlassung aufhält, oder in Ermangelung eines solchen Ortes der Ort in einem der beiden Staaten, an dem sich der hauptsächliche Sitz seiner Interessen befindet;
2. für eine Person, die unter elterlicher Gewalt oder unter Vormundschaft steht, der Ort des Wohnsitzes des gesetzlichen Vertreters;
3. für die Ehefrau der Ort des Wohnsitzes des Ehemannes; ist jedoch der Wohnsitz des Ehemannes unbekannt oder ist die Ehefrau von Tisch und Bett getrennt oder ist sie berechtigt, einen selbständigen Wohnsitz zu haben, so bestimmt sich der Wohnsitz der Ehefrau nach Maßgabe der Nr. 1;
4. für Gesellschaften und juristische Personen der in der Satzung bestimmte Sitz oder in Ermangelung eines solchen der Ort, an dem ihre Verwaltung geführt wird.

Bem. Zu Z 3 vgl Jayme JuS **89**, 389, FamRZ **76**, 352 u IPRax **81**, 143 sowie Luther NJW **81**, 2606: Die italienische Ehefrau teilt seit 1975 nicht mehr kraft Gesetzes den Wohnsitz des Mannes, sondern kann einen eigenen Wohnsitz begründen.

3. Der deutsch-österreichische Vertrag über die gegenseitige Anerkennung und Vollstreckung von gerichtlichen Entscheidungen, Vergleichen und öffentlichen Urkunden in Zivil- und Handelssachen v 6. 6. 59, BGBl 60 II 1246

1 **Vorbem.** Mit Wirkung vom 1. 9. 96 ist der Vertrag **durch das LuganoÜbk** nach Maßgabe von dessen Art 54 **ersetzt** worden, Art 55 des Übk; s Schlußanh V D 1, Üb Art 1 Rn 1. Er **behält seine Wirksamkeit** für die Rechtsgebiete, auf die sich das LuganoÜbk nicht bezieht, Art 56 iVm Art 1 des Übk. Wegen der **zeitlichen Grenzen** für die Anwendung des LuganoÜbk s dessen Art 54, der Art 54 EuGVÜ entspricht, s dort, Dietze/Schnickels NJW **95**, 2276, Kblz RR **97**, 638. – Das durch G v 16. 7. 98, BGBl II 1411, ratifizierte **Übk v 29. 11. 96** über den Beitritt Österreichs (sowie Finnlands und Schwedens) zum **EuGVÜ**, BGBl 98 II 1412, ist am **1. 1. 99** für Deutschland und am **1. 12. 98** für Österreich in Kraft getreten, Bek v 5. 12. 98, BGBl 99 II 419, vgl Üb Art 1 EuGVÜ Rn 4. Es ersetzt ebenfalls den dt-österr Vertrag von 1959 mit der Maßgabe des Art 56 EuGVÜ, s dort. Zum Verhältnis der beiden Übk zueinander vgl Art 54 b LuganoÜbk. Seit dem 1. 3. 01 gilt in allen EG-Staaten (außer Dänemark) die **VO (EG) Nr 1347/2000 des Rates v 29. 5. 2000** über die Zuständigkeit und die Anerkennung und Vollstreckung von Entscheidungen in Ehesachen und in Verfahren betr die elterliche Verantwortung für die gemeinsamen Kinder der Ehegatten (ABlEG L 160/19) abgedr u erläutert im Anh I zu § 606 a ZPO. Sie gilt für die in Art 1 bezeichneten Verfahren, die nach dem 1. 3. 01 eingeleitet werden, Art 42 I, und mit bestimmten Maßgaben für die nach diesem Stichtag ergehenden Entscheidungen in vorher eingeleiteten Verfahren, Art 42 II. Die VO ersetzt nach Maßgabe ihres Art 36 die bestehenden Übereinkünfte. Die am 1. 3. 02 in Kraft getretene **VO (EG) Nr 44/2001 des Rates v 22. 12. 2000** über die gerichtliche Zuständigkeit u die Anerkennung u Vollstreckung von Entscheidungen in Zivil- u Handelssachen (ABlEG Nr L 12 S 1) tritt an die Stelle des EuGVÜ, Art 68, und ersetzt nach Maßgabe der Art 66 II u 70 den Vertrag, Art 69, s Schlußanh V C (A). Er bleibt danach im wesentlichen **anwendbar** in den in Art 1 II der VO genannten Angelegenheiten, soweit sie nicht unter die VO (EG) Nr 1347/2000 fallen.

2 Der Vertrag **bezieht sich auf** gerichtliche Entscheidungen (einschließlich der börsenschiedsgerichtlichen innerhalb ihrer Zuständigkeit, Art 15) gleich welcher Art, also auch solche der Freiwilligen Gerichtsbarkeit, nicht nur rechtskräftige, sondern auch vorläufig vollstreckbare, Art 1 I u II, 5, 6, 8 ff, **jedoch nicht** auf Entscheidungen in Ehe- und anderen Familienstandssachen, im Konkurs- und Vergleichsverf, auf Arreste, einstw Verfügungen und Anordnungen, insofern jedoch mit Ausnahme derer, die auf Leistung des Unterhalts oder auf eine andere Geldleistung, zB nach § 620 ZPO lauten, Art 14 (dort näheres zum dt-österr Vertrag auf dem Gebiet des Konkursrechts v 25. 5. 79). Der Vertrag läßt die **Bestimmungen anderer Verträge** zwischen der BRep u Österreich unberührt, Art 18, also auch das zwischen beiden geltende HZPrÜbk nebst der Zusatzvereinbarung v 1. 3. 54 und das HUnterhVollstrÜbk 1958, Böhmer IPrax **91**, 90, s Einl V vor § 1 ZPO Rn 3 u 7. Der Vertrag enthält ferner Bestimmungen über die Anerkennung und Vollstreckung von gerichtlichen Vergleichen und öff Urkunden sowie von Schiedssprüchen, Art 12 u 15. Zeitlicher Anwendungsbereich: Art 19. Einrede der Rechtshängigkeit: Art 17.

Zu dem Vertrag ist das AusfG v 8. 3. 60, BGBl I 169, ergangen, das unten abgedruckt ist.

Erster Abschnitt. Anerkennung gerichtlicher Entscheidungen

3 *Art. 1.* [1] Die in Zivil- oder Handelssachen ergangenen Entscheidungen der Gerichte des einen Staates, durch die in einem Verfahren der streitigen oder der freiwilligen Gerichtsbarkeit (im streitigen Verfahren oder im Verfahren außer Streitsachen) über Ansprüche der Parteien erkannt wird, werden im anderen Staat anerkannt, auch wenn sie noch nicht rechtskräftig sind. [2] Als Entscheidungen in Zivil- und Handelssachen sind auch Urteile anzusehen, die in einem gerichtli-

chen Strafverfahren über Ansprüche aus einem Rechtsverhältnis des Zivil- oder Handelsrechtes ergangen sind.

II Für die Anerkennung ist es ohne Bedeutung, ob die Entscheidung als Urteil, Beschluß, Zahlungsbefehl, Zahlungsauftrag, Vollstreckungsbefehl oder sonstwie benannt ist.

Bem. Eine Entscheidung iSv Art 1 ist u a ein im Mahnverfahren nach österr Recht ergangener Zahlungsbefehl, Düss RR **97**, 124. Auch Versäumnisurteile, die iSv § 477 Z 9 ÖZPO nichtig sind, können der Anerkennung fähig sein, Hamm RR **93**, 896. Wegen der vor dem 3. 10. 90 in der ehem DDR ergangenen Entscheidungen s Üb Rn 1.

Art. 2. Die Anerkennung darf nur versagt werden, 4
1. wenn sie der öffentlichen Ordnung des Staates, in dem die Entscheidung geltend gemacht wird, widerspricht; oder
2. wenn die unterlegene Partei sich auf das Verfahren nicht eingelassen hat,
    a) sofern ihr die Ladung oder die Verfügung, durch die das Verfahren eingeleitet worden war, nicht nach dem Rechte des Staates, in dem die Entscheidung ergangen ist, zugestellt worden war, oder
    b) sofern sie nachweist, daß sie von der Ladung oder der Verfügung nicht so zeitgerecht Kenntnis nehmen konnte, um sich auf das Verfahren einlassen zu können; oder
3. wenn nach dem Rechte des Staates, in dem die Entscheidung geltend gemacht wird, die Gerichte dieses oder eines dritten Staates kraft Gesetzes ausschließlich zuständig waren; oder
4. wenn für die Entscheidung lediglich der Gerichtsstand des Vermögens gegeben war und die unterlegene Partei
    a) entweder sich auf den Rechtsstreit nicht eingelassen oder
    b) vor Einlassung zur Hauptsache erklärt hat, sich auf den Rechtsstreit nur im Hinblick auf das Vermögen einzulassen, das sich im Staate des angerufenen Gerichtes befindet; oder
5. wenn für die Entscheidung lediglich der Gerichtsstand des Erfüllungsortes nach § 88 Absatz 2 der österreichischen Jurisdiktionsnorm – Fakturengerichtsstand – gegeben war und die unterlegene Partei sich auf den Rechtsstreit nicht eingelassen hat.

Bem. Der Katalog der Versagungsgründe ist abschließend, BGH NJW **98**, 2358, Karlsr RIW **87**, 56 (Anm Klötzel), LG Hbg IPrax **92**, 251 (Anm Bungert S 225); jedoch ist im Konkursfall agrd des Art 15 des dt-österr Vertrages v 25. 5. 79, BGBl 85 II 411, iVm § 237 KO die Anerkennung eines österr Titels, der vor Konkurseröffnung errichtet worden ist, zu versagen, Karlsr RR **87**, 1407. Zu **Nr 1** gelten die allgemeinen Regeln über den (prozessualen) ordre public, BGH NJW **98**, 2358 mwN, NJW **93**, 1272. Nach **Nr 2** genügt entweder Einlassung oder Ladung, Hamm RIW **78**, 689, LG Hbg aaO. Zu **Nr 2 b** (Rechtzeitigkeit) s Hamm RR **93**, 895, dazu Schütze IPrax **94**, 266; Nr 2 b steht der Anerkennung eines durch ein österr Handelsgericht für vollstreckbar erklärten Wechselzahlungsauftrags entgegen, KG NJW **77**, 1016. Nach **Nr 3** kommt es lediglich darauf an, ob im Streitfall nach deutschem Recht eine ausschließliche internationale Zuständigkeit außerhalb des Urteilsstaates begründet war, BGH NJW **93**, 1272, Düss RR **97**, 124 mwN (zu § 689 ZPO). Zum Begriff der Einlassung in **Nr 5** vgl Hamm RIW **78**, 689 mwN. Unter Nr 5 fällt nicht der Gerichtsstand für Warenforderungen nach § 87 a JN, Karlsr RIW **87**, 56 (abl Klötzel), Schoibl öAnwBl **89**, 121 mwN, Geimer IPrax **87**, 143.

Art. 3. I Die Anerkennung darf nicht allein deshalb versagt werden, weil das Gericht, das die 5 Entscheidung erlassen hat, nach den Regeln seines internationalen Privatrechts andere Gesetze angewendet hat, als sie nach dem internationalen Privatrecht des Staates, in dem die Entscheidung geltend gemacht wird, anzuwenden gewesen wären.

II Die Anerkennung darf jedoch aus dem in Absatz 1 genannten Grunde versagt werden, wenn die Entscheidung auf der Beurteilung eines familienrechtlichen oder eines erbrechtlichen Verhältnisses, der Rechts- oder Handlungsfähigkeit, der gesetzlichen Vertretung oder der Todeserklärung eines Angehörigen des Staates, in dem die Entscheidung geltend gemacht wird, beruht, es sei denn, daß sie auch bei Anwendung des internationalen Privatrechtes des Staates, in dem sie geltend gemacht wird, gerechtfertigt wäre.

Art. 4. I Die in einem Staat ergangene Entscheidung, die in dem anderen Staate geltend gemacht wird, darf nur daraufhin geprüft werden, ob einer der im Artikel 2 oder im Artikel 3 Absatz 2 genannten Versagungsgründe vorliegt. II Darüber hinaus darf die Entscheidung nicht nachgeprüft werden.

Bem: Der Ausschluß einer weiteren Nachprüfung setzt voraus, daß die Entscheidung nach dem Recht des Ursprungsstaates wirksam ist, LG Hbg IPrax **92**, 254, zustm Bungert IPrax **92**, 225.

Zweiter Abschnitt. Vollstreckung gerichtlicher Entscheidungen

I. Allgemeines

Art. 5. I Rechtskräftige gerichtliche Entscheidungen, die in einem Staate vollstreckbar und in 6 dem anderen Staate anzuerkennen sind, werden in diesem Staate nach Maßgabe der Artikel 6 und 7 vollstreckt.

II Vorläufig vollstreckbare Entscheidungen von Gerichten in der Bundesrepublik Deutschland, die auf eine Geldleistung lauten, und Entscheidungen österreichischer Gerichte, auf Grund deren in der Republik Österreich Exekution zur Sicherstellung bewilligt werden könnte, werden, sofern sie in dem anderen Staat anzuerkennen sind, in diesem Staate nach Maßgabe der Artikel 6, 8 bis 10 vollstreckt.

Art. 6. Die Vollstreckbarerklärung (die Bewilligung der Exekution) und die Durchführung der Zwangsvollstreckung richten sich, soweit im folgenden nichts anderes bestimmt wird, nach dem Rechte des Staates, in dem vollstreckt werden soll.

Bem. Vgl das AusfG v 8. 3. 60, abgedr nach Art 20. Zur Anerkennung eines österr Versäumnisurteils s Hamm RR **93**, 895.

II. Vollstreckung rechtskräftiger Entscheidungen

Art. 7. ^{I} Der betreibende Gläubiger hat dem Antrag auf Vollstreckbarerklärung (Bewilligung der Exekution) beizufügen
1. eine mit amtlichen Siegel oder Stempel versehene Ausfertigung der Entscheidung, die auch die Gründe enthalten muß, es sei denn, daß solche nach dem Rechte des Staates, in dem die Entscheidung ergangen ist, nicht erforderlich waren;
2. den Nachweis, daß die Entscheidung rechtskräftig und vollstreckbar ist; dieser Nachweis ist zu erbringen
    a) bei Entscheidungen von Gerichten in der Bundesrepublik Deutschland durch das Zeugnis über die Rechtskraft und durch die Vollstreckungsklausel,
    b) bei Entscheidungen österreichischer Gerichte durch die Bestätigung der Rechtskraft und Vollstreckbarkeit.

^{II} Hat die unterlegene Partei sich auf das Verfahren nicht eingelassen, so hat der betreibende Gläubiger außerdem nachzuweisen, daß die das Verfahren einleitende Ladung oder Verfügung der unterlegenen Partei ordnungsgemäß zugestellt worden ist; dieser Nachweis ist durch eine beglaubigte Abschrift der Zustellungsurkunde oder durch eine gerichtliche Bestätigung über den Zustellungsvorgang zu erbringen.

III. Vollstreckung noch nicht rechtskräftiger Entscheidungen

7 **Art. 8.** $^{I\,1}$ Soll die Entscheidung eines österreichischen Gerichtes, auf Grund deren in der Republik Österreich Exekution zur Sicherstellung bewilligt werden könnte, in der Bundesrepublik Deutschland vollstreckt werden, so hat das Gericht, das die Entscheidung erlassen hat, auf Antrag des betreibenden Gläubigers unter sinngemäßer Anwendung der österreichischen Exekutionsordnung darüber zu beschließen, ob und für welchen Zeitraum die Exekution zur Sicherstellung zulässig ist; eine bestimmte Exekutionshandlung hat es jedoch nicht zu bewilligen. ^{2} Ist die Zulässigkeit der Exekution von der Leistung einer Sicherheit abhängig, so ist diese beim österreichischen Gericht zu erlegen.

^{II} Der Antrag des betreibenden Gläubigers, die Entscheidung des österreichischen Gerichtes für vollstreckbar zu erklären, kann von dem Gericht in der Bundesrepublik Deutschland nicht deshalb abgelehnt werden, weil der im Absatz 1 genannte Beschluß, mit dem die Exekution zur Sicherstellung für zulässig erklärt wurde, noch nicht rechtskräftig ist.

Art. 9. ^{I} Der betreibende Gläubiger hat dem Antrag auf Vollstreckbarerklärung (Bewilligung der Exekution zur Sicherstellung) beizufügen
1. eine Ausfertigung der Entscheidung, die den Erfordernissen des Artikels 7 Absatz 1 Z. 1 entspricht;
2. den Nachweis, daß die Entscheidung der unterlegenen Partei ordnungsgemäß zugestellt worden ist; dieser Nachweis ist durch eine beglaubigte Abschrift der Zustellungsurkunde oder durch eine gerichtliche Bestätigung über den Zustellungsvorgang zu erbringen;
3. den Nachweis, daß die Entscheidung vollstreckbar ist; dieser Nachweis ist zu erbringen
    a) bei Entscheidungen österreichischer Gerichte durch eine mit dem amtlichen Siegel versehehene Ausfertigung des im Artikel 8 Absatz 1 genannten Beschlusses über die Zulässigkeit der Exekution zur Sicherstellung und, falls eine Sicherheit zu leisten war, durch eine gerichtliche Bestätigung über deren Erlag,
    b) bei Entscheidungen von Gerichten in der Bundesrepublik Deutschland durch die Vollstreckungsklausel und, falls die Vollstreckung von einer Sicherheitsleistung abhängig ist, durch eine öffentliche oder öffentlich beglaubigte Urkunde, aus der sich ergibt, daß die Sicherheit geleistet wurde.

^{II} Hat die unterlegene Partei sich auf das Verfahren nicht eingelassen, so hat der betreibende Gläubiger außerdem den im Artikel 7 Absatz 2 geforderten Nachweis zu erbringen.

Art. 10. $^{I\,1}$ In der Republik Österreich ist auf Grund der im Artikel 5 Absatz 2 genannten Entscheidungen von Gerichten in der Bundesrepublik Deutschland nur die Exekution zur Sicherstellung zulässig. ^{2} Einer Glaubhaftmachung der Gefährdung bedarf es jedoch nicht, wenn der betreibende Gläubiger die in der Entscheidung geforderte Sicherheit geleistet hat (Artikel 9 Absatz 1 Z. 3 Buchst. b).

^{II} In der Bundesrepublik Deutschland sind in Vollziehung der Vollstreckbarerklärung der im Artikel 5 Absatz 2 genannten Entscheidungen österreichischer Gerichte nur solche Maßnahmen zulässig, die der Sicherung des betreibenden Gläubigers dienen.

Dritter Abschnitt
Gerichtliche Vergleiche, Schiedssprüche und öffentliche Urkunden

Art. 11. ^I Gerichtliche Vergleiche werden den rechtskräftigen gerichtlichen Entscheidungen gleichgestellt.

^{II} Der betreibende Gläubiger hat dem Antrag auf Vollstreckbarerklärung (Bewilligung der Exekution) eine mit der Bestätigung der Vollstreckbarkeit (der Vollstreckungsklausel) und dem amtlichen Siegel oder Stempel versehene Ausfertigung des Vergleichs beizufügen.

Art. 12. ^I Die Anerkennung und die Vollstreckung von Schiedssprüchen bestimmen sich nach dem Übereinkommen, das zwischen beiden Staaten jeweils in Kraft ist.

^{II} Vor einem Schiedsgericht abgeschlossene Vergleiche werden den Schiedssprüchen gleichgestellt.

Bem. Maßgeblich, I, sind das UN-ÜbkSchdG und das Eu-ÜbkHSchdG, Schlußanh VI A 1 u 2, und zwar auch für Schiedsvergleiche, II. Nicht unter II fallen Anwaltsvergleiche, § 796 a ZPO, Geimer DNotZ **91**, 285.

Art. 13. ^{I 1} Öffentliche Urkunden, die in einem Staat errichtet und dort vollstreckbar sind, werden in dem anderen Staate wie rechtskräftige gerichtliche Entscheidungen vollstreckt. ² Zu diesen Urkunden gehören insbesondere gerichtliche oder notarielle Urkunden und die in Unterhaltssachen von einer Verwaltungsbehörde – Jugendamt – aufgenommenen Verpflichtungserklärungen und Vergleiche.

^{II} Der betreibende Gläubiger hat dem Antrag auf Vollstreckbarerklärung (Bewilligung der Exekution) eine mit amtlichem Siegel oder Stempel versehene Ausfertigung der öffentlichen Urkunde beizufügen.

Bem. Vgl ÖsterrOGH IPrax **96**, 274 (Anm Knoche ebd 279).

Vierter Abschnitt. Besondere Bestimmungen

Art. 14. ^I Dieser Vertrag ist nicht anzuwenden
1. auf Entscheidungen in Ehesachen und in anderen Familienstandssachen;
2. auf Entscheidungen in Konkursverfahren und in Vergleichsverfahren (Ausgleichsverfahren);
3. auf einstweilige Verfügungen oder einstweilige Anordnungen und auf Arreste.

^{II 1} Dieser Vertrag ist jedoch anzuwenden auf solche einstweilige Verfügungen oder einstweilige Anordnungen, die auf Leistung des Unterhaltes oder auf eine andere Geldleistung lauten. ² Diese Titel werden wie rechtskräftige gerichtliche Entscheidungen vollstreckt.

Bem. Die Anerkennung und Vollstreckung von Entscheidungen auf den in I Z 2 genannten Gebieten regeln Art 20–25 des dt-österr Vertrages v 25. 5. 79, BGBl 85 II 411, und § 19 des AusfG v 8. 5. 85, BGBl 535, iVm den §§ 1–16 des AusfG zum dt-niederl Vertrag, unten V B 7.

Art. 15. Die österreichische Börsenschiedsgerichte sind Gerichte im Sinne dieses Vertrages in den Streitigkeiten, in denen sie ohne Rücksicht auf einen Schiedsvertrag zur Entscheidung zuständig sind. Soweit ihre Zuständigkeit auf einem Schiedsvertrag beruht, sind sie als Schiedsgerichte anzusehen.

Bem. Vgl KG NJW **61**, 417 (dazu Habscheid KTS **62**, 11).

Art. 16. Der betreibende Gläubiger, dem von dem Gericht des Staates, in dem die Entscheidung ergangen ist, das Armenrecht bewilligt worden ist, genießt ohne weiteres das Armenrecht auch für die Vollstreckung im anderen Staate.

Art. 17. Ist eine Sache vor dem Gericht eines Staates rechtshängig (streitanhängig) und wird die Entscheidung in dieser Sache in dem anderen Staat anzuerkennen sein, so hat ein Gericht dieses Staates in einem Verfahren, das bei ihm wegen desselben Gegenstandes und zwischen denselben Parteien später anhängig wird, die Entscheidung abzulehnen.

Art. 18. Dieser Vertrag berührt nicht die Bestimmungen anderer Verträge, die zwischen beiden Staaten gelten oder gelten werden und die für besondere Rechtsgebiete die Anerkennung und Vollstreckung von gerichtlichen Entscheidungen, Schiedssprüchen oder öffentlichen Urkunden regeln.

Art. 19. ^I Dieser Vertrag ist nur auf Schuldtitel (Exekutionstitel) anzuwenden, die nach dem 31. Dezember 1959 entstanden sind.

^{II} Auf Schuldtitel (Exekutionstitel), die eine Verpflichtung zur Leistung eines gesetzlichen Unterhaltes zum Gegenstand haben, ist dieser Vertrag für die nach dem 31. Dezember 1959 fällig werdenden Leistungen auch dann anzuwenden, wenn der Schuldtitel (Exekutionstitel) in der Zeit vom 1. Mai 1945 bis zum 31. Dezember 1959 entstanden ist.

Art. 20. Soweit in anderen Verträgen hinsichtlich der Vollstreckung von Schuldtiteln (Exekutionstiteln) auf den Vertrag über Rechtsschutz und Rechtshilfe vom 21. Juni 1923 verwiesen wird, treten die entsprechenden Bestimmungen dieses Vertrages an dessen Stelle.

AnerkVollstrAbk

Ausführungsgesetz vom 8. 3. 60, BGBl III 319-12

(§§ 2, 3 u 7 mWv 1. 1. 02 idF des ZPO-RG)

Schrifttum: *MüKoGo* Nr 5 h; *BBGS* 651; *Geimer/Schütze* Bd II A 2.

Vorbem. Soweit das LuganoÜbk bzw die VO (EG) Nr 1347/2000 eingreift, Vorbem Art 1 des Vertrages, gilt das AVAG, Schlußanh V E.

Erster Abschnitt
Vollstreckbarerklärung von gerichtlichen Entscheidungen, Vergleichen und öffentlichen Urkunden

§ 1. ¹ Für die Vollstreckbarerklärung gerichtlicher Entscheidungen (Artikel 1, 5 ff., 14 Abs. 2, Artikel 15 Satz 1 des Vertrages), gerichtlicher Vergleiche (Artikel 11 des Vertrages) und öffentlicher Urkunden (Art. 13 des Vertrages) ist sachlich das Amtsgericht oder das Landgericht zuständig, das für die gerichtliche Geltendmachung des Anspruchs zuständig sein würde.

II Örtlich zuständig ist das Gericht, bei dem der Schuldner seinen allgemeinen Gerichtsstand hat, und beim Fehlen eines solchen das Gericht, in dessen Bezirk sich Vermögen des Schuldners befindet oder die Zwangsvollstreckung durchgeführt werden soll.

Bem. Zur Frage der Notwendigkeit besonderer Beziehungen zum Inland iRv II s LG Heilbronn IPrax 96, 123 (Anm Munz IPrax 96, 89). Das nach II zuständige Gericht ist ggf nach § 36 Z 3 ZPO zu bestimmen, BayObLG NJW 88, 2184.

§ 2. ¹ Für die Vollstreckbarerklärung der in § 1 Abs. 1 genannten Schuldtitel gelten § 1063 Abs. 1 und § 1064 Abs. 2 der Zivilprozeßordnung entsprechend, soweit nicht in § 3 etwas Besonderes bestimmt ist.

II Dem Antrag soll die für die Zustellung erforderliche Zahl von Abschriften beigefügt werden.

III ¹ Wird die mündliche Verhandlung angeordnet, so ist der Termin den Parteien von Amts wegen bekanntzumachen. ² Im Verfahren vor den Landgerichten soll die Bekanntmachung die Aufforderung gemäß § 215 der Zivilprozeßordnung enthalten.

IV ¹ Der Beschluß unterliegt der Beschwerde nach den §§ 567 bis 577 der Zivilprozeßordnung. ² Die §§ 707, 717 der Zivilprozeßordnung gelten entsprechend.

Bem. Zu I vgl BGH NJW 98, 2358. Kosten des Gerichts § 11 GKG u KV 1430–1435, des RA § 47 I u II BRAGO.

§ 3. ¹ Ist eine noch nicht rechtskräftige Entscheidung eines österreichischen Gerichts, hinsichtlich deren die Exekution zur Sicherstellung für zulässig erklärt worden ist, für vollstreckbar zu erklären (Artikel 8, 9 des Vertrages), so ist in dem Beschluß auszusprechen, daß die Entscheidung nur zur Sicherung der Zwangsvollstreckung für vollstreckbar erklärt wird.

II ¹ Erlangt die Entscheidung des österreichischen Gerichts, die nach Absatz 1 zur Sicherung der Zwangsvollstreckung für vollstreckbar erklärt worden ist, später die Rechtskraft, so ist der Beschluß über die Vollstreckbarerklärung auf Antrag des Gläubigers dahin zu ändern, daß die Entscheidung ohne Beschränkung für vollstreckbar erklärt wird. ² Das gleiche gilt für den Fall, daß die Entscheidung des österreichischen Gerichts bereits die Rechtskraft erlangt hat, bevor der Beschluß über die Vollstreckbarerklärung erlassen wird, sofern der Eintritt der Rechtskraft in dem Verfahren nicht geltend gemacht worden ist. ³ Über den Antrag ist ohne mündliche Verhandlung zu entscheiden; vor der Entscheidung ist der Gegner zu hören. ⁴ Für das Verfahren gelten im übrigen § 1064 Abs. 2 der Zivilprozeßordnung und § 2 Abs. 2, 4 und 5 entsprechend.

§ 4. ¹ Hängt die Vollstreckung nach dem Inhalt der gerichtlichen Entscheidung, des gerichtlichen Vergleichs oder der öffentlichen Urkunde von dem Ablauf einer Frist oder von dem Eintritt einer anderen Tatsache als einer dem Gläubiger obliegenden Sicherheitsleistung ab oder wird die Vollstreckbarerklärung zugunsten eines anderen als des in der gerichtlichen Entscheidung, dem gerichtlichen Vergleich oder der öffentlichen Urkunde bezeichneten Gläubigers oder gegen einen anderen als den darin bezeichneten Schuldner nachgesucht, so ist die Frage, inwieweit die Vollstreckbarerklärung von dem Nachweis besonderer Voraussetzungen abhängig oder ob der Schuldtitel für oder gegen den anderen vollstreckbar ist, nach österreichischem Recht zu entscheiden. ² Ein solcher Nachweis ist durch öffentliche oder öffentlich beglaubigte Urkunden zu führen, sofern nicht die nachzuweisenden Tatsachen bei dem Gericht offenkundig sind. ³ Kann er in dieser Form nicht erbracht werden, so ist mündliche Verhandlung anzuordnen.

§ 5. ¹ In dem Verfahren der Vollstreckbarerklärung einer gerichtlichen Entscheidung kann der Schuldner auch Einwendungen gegen den Anspruch selbst insoweit geltend machen, als die Gründe, auf denen sie beruhen, erst nach dem Erlaß der gerichtlichen Entscheidung entstanden sind.

II In dem Verfahren der Vollstreckbarerklärung eines gerichtlichen Vergleichs oder einer öffentlichen Urkunde kann der Schuldner Einwendungen gegen den Anspruch selbst ungeachtet der in Absatz 1 enthaltenen Beschränkung geltend machen.

III Ist eine gerichtliche Entscheidung, ein gerichtlicher Vergleich oder eine öffentliche Urkunde für vollstreckbar erklärt, so kann der Schuldner Einwendungen gegen den Anspruch selbst in einem Verfahren nach § 767 der Zivilprozeßordnung nur geltend machen, wenn die Gründe, auf denen sie beruhen, erst
1. nach Ablauf der Frist, innerhalb derer er Beschwerde hätte einlegen können, oder
2. falls die Beschwerde eingelegt worden ist, nach Beendigung dieses Verfahrens
entstanden sind.

Bem. Unter I fallen Einwendungen iSv § 767 I ZPO, die nach Schluß der mündlichen Verhandlung des Urteilsgerichts entstanden sind, BGH NJW **93**, 1271, nicht aber das Verlangen nach einer Änderung nach § 323 ZPO, BGH NJW **90**, 1419, dazu Gottwald FamRZ **90**, 1377 u Böhmer IPrax **91**, 90 (krit). Das Durchgreifen von Einwendungen iSv I hat keinen Einfluß auf die Gesetzmäßigkeit und Anerkennungsfähigkeit der Erstentscheidung, hindert also nicht die Vollstreckbarerklärung der Kostenentscheidung, BGH NJW **93**, 1271.

§ 6. I Aus den für vollstreckbar erklärten Schuldtiteln findet die Zwangsvollstreckung statt, sofern die Entscheidung über die Vollstreckbarkeit rechtskräftig oder für vorläufig vollstreckbar erklärt ist.

II ¹ Im Falle des § 3 Abs. 1 gelten für die Zwangsvollstreckung §§ 928, 930 bis 932 der Zivilprozeßordnung sowie § 99 Abs. 2 und § 106 Abs. 3 des Gesetzes über Rechte an Luftfahrzeugen vom 26. Februar 1959 (Bundesgesetzbl. I S. 57) über die Vollziehung eines Arrestes entsprechend. ² Soll eine Sicherungshypothek eingetragen werden, so ist der um 20 vom Hundert erhöhte Betrag der Forderung als der Höchstbetrag zu bezeichnen, für den das Grundstück oder die Berechtigung haftet. ³ Das gleiche gilt für den Höchstbetrag des Pfandrechts oder des Registerpfandrechts, das in das Schiffsregister, in das Schiffsbauregister oder in das Register für Pfandrechte an Luftfahrzeugen eingetragen werden soll.

Zweiter Abschnitt
Aufhebung oder Abänderung der Vollstreckbarerklärung

§ 7. I Wird eine gerichtliche Entscheidung, ein gerichtlicher Vergleich oder eine öffentliche Urkunde nach der Vollstreckbarerklärung in Österreich aufgehoben oder abgeändert und kann der Schuldner diese Tatsache in dem Verfahren der Vollstreckbarerklärung nicht mehr geltend machen, so kann er die Aufhebung oder Abänderung der Vollstreckbarerklärung in einem besonderen Verfahren beantragen.

II ¹ Für die Entscheidung über den Antrag ist das Gericht ausschließlich zuständig, das in dem Verfahren der Vollstreckbarerklärung im ersten Rechtszug entschieden hat. ² Über den Antrag kann ohne mündliche Verhandlung entschieden werden; vor der Entscheidung ist der Gläubiger zu hören. ³ Die Entscheidung ergeht durch Beschluß, der dem Gläubiger und dem Schuldner von Amts wegen zuzustellen ist. ⁴ Der Beschluß unterliegt der sofortigen Beschwerde.

III ¹ Für die Einstellung der Zwangsvollstreckung und die Aufhebung bereits getroffener Vollstreckungsmaßregeln gelten §§ 769, 770 der Zivilprozeßordnung entsprechend. ² Die Aufhebung einer Vollstreckungsmaßregel ist auch ohne Sicherheitsleistung zulässig.

§ 8. Wird die Vollstreckbarerklärung einer noch nicht rechtskräftigen Entscheidung eines österreichischen Gerichts, hinsichtlich deren die Exekution zur Sicherstellung für zulässig erklärt worden war, nach § 7 aufgehoben oder abgeändert, so ist der Gläubiger zum Ersatz des Schadens verpflichtet, der dem Schuldner durch die Vollstreckung der für vollstreckbar erklärten gerichtlichen Entscheidung oder durch eine zur Abwendung der Vollstreckung gemachte Leistung entstanden ist.

Dritter Abschnitt
Besondere Vorschriften für deutsche gerichtliche Entscheidungen

§ 9. Vollstreckungsbescheide und einstweilige Verfügungen, auf Grund deren ein Gläubiger die Bewilligung der Exekution in Österreich beantragen will (Artikel 14 Abs. 2 des Vertrages), sind auch dann mit der Vollstreckungsklausel zu versehen, wenn dies für eine Zwangsvollstreckung im Inland nach § 796 Abs. 1, §§ 936, 929 Abs. 1 der Zivilprozeßordnung nicht erforderlich wäre.

AnerkVollstrAbk

4. Das deutsch-belgische Abkommen über die gegenseitige Anerkennung und Vollstreckung von gerichtlichen Entscheidungen, Schiedssprüchen und öffentlichen Urkunden in Zivil- und Handelssachen vom 30. 6. 58, BGBl 59 II 766

Schrifttum: *MüKoZPO* Schlußanh Nr 5 a; *BBGS* 610 u 611; *Geimer/Schütze* Bd II S 251 ff; *Nagel/Gottwald*, Internationales Zivilprozeßrecht, 5. Aufl 2002, § 13 V 1; *StJSchl* Rdz 57 vor § 1044 (betr Schiedsgerichtsbarkeit); *SchwW* 59 Rn 17–22; *Hoffmann* AnwBl **00**, 114; *Matscher* ZZP **86**, 429; *Nagel* NJW **60**, 987; *Harries* RabelsZ **61**, 629.

1 **Vorbem.** Das Abk wird **durch das EuGVÜ** nach Maßgabe von dessen Art 55 **ersetzt**, vgl Schlußanh V C; es **behielt seine Wirksamkeit** für die Rechtsgebiete, auf die sich das EuGVÜ nicht bezieht, Art 56 iVm Art 1, vgl BGH NJW **78**, 1113, Celle FamRZ **93**, 440. Seit dem 1. 3. 01 gilt in allen EG-Staaten (außer Dänemark) die **VO (EG) Nr 1347/2000 des Rates v 29. 5. 2000** über die Zuständigkeit und die Anerkennung und Vollstreckung von Entscheidungen in Ehesachen und in Verfahren betr die elterliche Verantwortung für die gemeinsamen Kinder der Ehegatten (ABlEG L 160/19), abgedr u erläutert im Anh I zu § 606c ZPO. Sie gilt für die in Art 1 bezeichneten Verfahren, die nach dem 1. 3. 01 eingeleitet werden, Art 42 I, und mit bestimmten Maßgaben für die nach diesem Stichtag ergehenden Entscheidungen in vorher eingeleiteten Verfahren, Art 42 II. Die VO ersetzt nach Maßgabe ihres Art 36 die Einzelabkommen. Die am 1. 3. 02 in Kraft getretene **VO (EG) Nr 44/2001 des Rates v 22. 12. 2000** über die gerichtliche Zuständigkeit und die Anerkennung u Vollstreckung von Entscheidungen in Zivil- u Handelssachen (ABlEG Nr L 12 S 1) tritt an die Stelle des EuGVÜ, Art 68, und ersetzt nach Maßgabe der Art 66 II u 70 das Abk, Art 69, s Schlußanh V C (A). Es bleibt danach im wesentlichen **anwendbar** in den in Art 1 II der VO genannten Angelegenheiten, soweit sie nicht unter die VO (EG) Nr 1347/2000 fallen.

2 Das Abkommen, das die Anerkennung und Vollstreckbarerklärung zum Gegenstand hat, **bezieht sich** auf alle gerichtlichen Entscheidungen der streitigen oder freiwilligen Gerichtsbarkeit in Zivil- und Handelssachen, gleichgültig, wie sie benannt sind, und einschließlich der auf eine Geldleistung lautenden einstweiligen Anordnungen sowie der in einem strafrechtlichen Adhäsionsverfahren ergangenen Entscheidungen auf diesen Gebieten, Art 1 II u III. Jedoch ist es nicht anzuwenden auf Entscheidungen im Konkurs- und Vergleichsverfahren. Für vollstreckbar erklärt werden können auch solche Entscheidungen, die im Urteilsstaat noch mit einem ordentlichen Rechtsbehelf angefochten werden können, Art 6 II; allerdings kann dann das Verfahren der Vollstreckbarerklärung ausgesetzt werden, Art 10 II. Das Abk läßt andere Verträge, die zwischen den beiden Staaten gelten, unberührt, Art 16, also insbesondere das HZPrÜbk (Vollstreckung von Kostenentscheidungen). Anwendbar ist das Abk nur auf solche gerichtlichen Entscheidungen usw, die nach seinem Inkrafttreten erlassen oder errichtet sind, Art 17. Zu dem Abk ist das **AusfG** v 26. 6. 59, BGBl III 319-11, ergangen, dessen §§ 2, 3 und 6 mWv 1. 1. 02 durch Art 22 ZPO-RG geändert worden sind (§ 2 entspricht Art 2 AVO zum dt-schweiz Abk, Schlußanh V B 1, s dort).

Abkommen und AusfG gleichen sehr dem deutsch-österreichischen Vertrag, s oben V B 3. Erhebliche Abweichungen enthält insbesondere Art 3 (Zuständigkeit), der die Zuständigkeitsvoraussetzungen für die Anerkennung des Art 2 I Z 3 ausfüllt.

3 Das Abk regelt die Vollstreckbarerklärung von **Schiedssprüchen und öffentlichen Urkunden.** Außerdem gilt im Verhältnis beider Staaten das UN-ÜbkSchdG, Schlußanh VI A 1; nach dessen Art VII kann sich ein Antragsteller auf günstigere Bestimmungen des bilateralen Abk und des nationalen Rechts berufen, BGH NJW **88**, 3091 u **78**, 1007. Umgekehrt enthält auch Art 16 des Abk eine derartige Meistbegünstigungsklausel.

Art. 13. **¹** Schiedssprüche, die in dem Hoheitsgebiet des einen Staates ergangen sind, werden in dem Hoheitsgebiet des anderen Staates anerkannt und vollstreckt, wenn sie in dem Staate, in dessen Hoheitsgebiet sie ergangen sind, vollstreckbar sind, wenn ihre Anerkennung nicht der öffentlichen Ordnung des Staates, in dessen Hoheitsgebiet sie geltend gemacht werden, zuwiderläuft und wenn die vorgelegte Ausfertigung des Schiedsspruchs die für ihre Beweiskraft erforderlichen Voraussetzungen erfüllt.

II Vergleiche, die vor einem Schiedsgericht abgeschlossen sind, werden wie Schiedssprüche behandelt.

III Für die Vollstreckbarerklärung ist zuständig
in der Bundesrepublik Deutschland das Amts- oder Landgericht, das für die gerichtliche Geltendmachung des Anspruchs zuständig wäre,
in Belgien der Präsident des Zivilgerichts erster Instanz, in dessen Bezirk die Zwangsvollstreckung betrieben werden soll.

IV Das Verfahren der Vollstreckbarerklärung richtet sich nach dem Recht des Staates, in dessen Hoheitsgebiet die Vollstreckbarerklärung beantragt wird.

Art 13 I schränkt die Versagungsgründe des § 1061 ZPO ein, setzt aber voraus, daß der belgische Schiedsspruch in Belgien für vollstreckbar erklärt worden ist, vgl BGH NJW **78**, 1744, ferner BGH NJW **88**, 3091 zu Stgt ZIP **87**, 1213, Köln KTS **72**, 222 (dazu Habscheid KTS **72**, 217). Das Verf richtet sich nach den §§ 1061 I u II, 1063 u 1064 ZPO, ferner nach § 1062 mit der Maßgabe, daß an die Stelle des OLG das AG oder LG tritt, § 3 AusfG. Nicht unter das Abk fallen Anwaltsvergleiche, §§ 796a I u 796b ZPO, Geimer DNotZ **91**, 285, wohl aber Schiedssprüche mit vereinbartem Inhalt, § 1053 ZPO.

4 **Art. 14.** **¹** Öffentliche Urkunden, die in dem Hoheitsgebiet des einen Staates errichtet und dort vollstreckbar sind, werden in dem Hoheitsgebiet des anderen Staates für vollstreckbar erklärt.
² Für die Anwendung dieses Abkommens werden die belgischen Behörden Vergleiche, die in dem Hoheitsgebiet der Bundesrepublik Deutschland vor einem Gericht abgeschlossen und dort vollstreckbar sind, wie öffentliche Urkunden behandeln.

II Das Gericht des Staates, in dessen Hoheitsgebiet die Vollstreckbarerklärung beantragt wird, hat sich auf die Prüfung zu beschränken, ob die Ausfertigung der öffentlichen Urkunde die für ihre Beweiskraft erforderlichen Voraussetzungen nach dem Recht des Staates erfüllt, in dessen Hoheitsgebiet die Urkunde errichtet worden ist, und ob die Vollstreckbarerklärung nicht der öffentlichen Ordnung des Staates zuwiderläuft, in dessen Hoheitsgebiet die Vollstreckbarerklärung beantragt wird.

Für Streitigkeiten, die nicht der VO (EG) Nr 44/2001 oder der VO (EG) Nr 1347/2000, sondern nur dem Abk unterfallen, hat die **Regelung der Rechtshängigkeit** weiterhin Bedeutung (trotz des Wortlauts kommt es nicht auf die Anhängigkeit, sondern auf die Rechtshängigkeit iSv § 261 ZPO an, Ffm IPrax **82**, 243, dazu Linke S 229, vgl BGH FamRZ **83**, 366); wann sie eintritt, ist nach der ausländischen Rechtsordnung zu beurteilen, ob sie zu beachten ist, nach der inländischen, Linke aaO: 5

Art. 15. ¹ Die Gerichte eines jeden der beiden Staaten haben auf Antrag einer Prozeßpartei die Entscheidung in einer Sache abzulehnen, wenn wegen desselben Gegenstands und unter denselben Parteien bereits ein Verfahren vor einem Gericht des anderen Staates anhängig ist, für das eine Zuständigkeit im Sinne dieses Abkommens gegeben ist, und wenn in diesem Verfahren eine Entscheidung ergehen kann, die in dem Hoheitsgebiet des anderen Staates anzuerkennen wäre.

II Jedoch können die zuständigen Behörden eines jeden der beiden Staaten in Eilfällen die in ihrem innerstaatlichen Recht vorgesehenen einstweiligen Maßnahmen anordnen, einschließlich solcher, die auf eine Sicherung gerichtet sind, und zwar ohne Rücksicht darauf, welches Gericht mit der Hauptsache befaßt ist.

5. Das deutsch-britische Abkommen über die gegenseitige Anerkennung und Vollstreckung von gerichtlichen Entscheidungen in Zivil- und Handelssachen vom 14. 7. 60, BGBl 61 II 301

Schrifttum: *MüKoGo* Schlußanh 5 c; *BBGS* 701–704; *Geimer/Schütze* Bd II S 353 ff; *Nagel/Gotwald*, Internationales Zivilprozeßrecht, 5. Aufl 2002, § 13 V 2; *Chroziel/Westin* ZVglRWiss **88**, 152; *Matscher* ZZP **86**, 437; *Schütze* RIW **80**, 171; *Meister*, Anerkennung deutscher Ehescheidungsurteile im UK, FamRZ **77**, 108; *Ganske* AWD **61**, 172; *Lipstein* in Leske-Loewenfeld, Eherecht der europäischen u außereuropäischen Staaten: England S 457 f.

Vorbem. Das Abk wurde **durch das EuGVÜ** nach Maßgabe von dessen Art 55 **ersetzt**, vgl Schlußanh V C; es **behielt seine Wirksamkeit** für die Rechtsgebiete, auf die sich das EuGVÜ nicht bezieht, Art 56 iVm Art 1, nicht jedoch für die Fälle, für die das Abk günstiger als das EuGVÜ ist, BGH EuZW **93**, 581. Seit dem 1. 3. 01 gilt in allen EG-Staaten (außer Dänemark) die **VO (EG) Nr 1347/2000 des Rates v 29. 5. 2000** über die Zuständigkeit und die Anerkennung und Vollstreckung von Entscheidungen in Ehesachen und in Verfahren betreffend die elterliche Verantwortung für die gemeinsamen Kinder der Ehegatten (ABlEG L 160/19), abgedr u erläutert im Anh I zu § 606 a ZPO. Sie gilt für die in Art 1 bezeichneten Verfahren, die nach dem 1. 3. 01 eingeleitet werden, Art 42 I, und mit bestimmten Maßgaben für die nach diesem Stichtag ergehenden Entscheidungen in vorher eingeleiteten Verfahren, Art 42 II. Die VO ersetzt nach Maßgabe ihres Art 36 die Einzelabkommen. Die am 1. 3. 02 in Kraft getretene **VO (EG) Nr 44/2001 des Rates v 22. 12. 2000** über die gerichtliche Zuständigkeit und die Anerkennung u Vollstreckung von Entscheidungen in Zivil- u Handelssachen (ABlEG Nr L 12 S 1) tritt an die Stelle des EuGVÜ, Art 68, und ersetzt nach Maßgabe des Art 66 II u 70 das Abk, Art 69, s Schlußanh V C (A). Es bleibt danach im wesentlichen **anwendbar** in den in Art 1 II der VO genannten Angelegenheiten, soweit sie nicht unter die VO (EG) Nr 1347/2000 fallen.

Das Abk betrifft Zivil- (einschließlich der Statussachen) und Handelssachen, und zwar sowohl die Anerkennung von Entscheidungen wie ihre Vollstreckbarkeit. Es kann seitens der britischen Regierung durch Notifizierung auf jedes Hoheitsgebiet ausgedehnt werden, für dessen internationale Beziehungen sie verantwortlich ist, Art 12. Zur Erstreckung auf Hongkong Arnold AWD **74**, 135; keine Erstreckung auf Jersey, BGH NJW **95**, 264.

Art. 1. Für die Anwendung dieses Abkommens gilt folgendes:
¹ ....

II Als „oberes Gericht" sind anzusehen
a) für die Bundesrepublik Deutschland die Landgerichte,
 die Oberlandesgerichte,
 das Bayerische Oberste Landesgericht und
 der Bundesgerichtshof;
b) für das Vereinigte Königreich
 das House of Lords und
 für England und Wales
  der Supreme Court of Judicature (Court of Appeal and High Court of Justice) und die
  Courts of Chancery of the Counties Palatine of Lancaster and Durham,
 für Schottland
  der Court of Session und die Sheriff Courts,
 für Nordirland
  der Supreme Court of Judicature.

AnerkVollstrAbk Schlußanhang V B 5

Alle anderen Gerichte in diesen Hoheitsgebieten sind im Sinne dieses Abkommens „untere Gerichte".

III [1] Unter „gerichtlichen Entscheidungen" sind alle Entscheidungen eines Gerichts ohne Rücksicht auf ihre Benennung (Urteile, Beschlüsse und dergleichen) zu verstehen, durch die über die Ansprüche der Parteien endgültig erkannt ist; hierzu zählen auch die gerichtlichen Vergleiche, ausgenommen sind jedoch die Entscheidungen zum Zwecke einer vorweggenommenen Zwangsvollstreckung (Arrestbefehle) oder andere Entscheidungen, durch die nur eine vorläufige Sicherung eines Anspruchs erreicht wird, oder Zwischenentscheidungen. [2] Die Entscheidung über die Ansprüche der Parteien wird als endgültig angesehen, auch wenn gegen sie vor den Gerichten des Urteilsstaates ein Rechtsbehelf eingelegt ist oder noch eingelegt werden kann.

IV „Gericht des Urteilsstaates" bedeutet in bezug auf eine Entscheidung das Gericht, das die zur Anerkennung oder Vollstreckung vorgelegte Entscheidung erlassen hat; unter „Gericht oder Behörde des Anerkennungs- oder Vollstreckungsstaates" sind Gerichte oder Behörden zu verstehen, vor denen die Anerkennung der Entscheidung nachgesucht oder ihre Vollstreckbarerklärung beantragt wird.

V ....

VI Der Begriff „Entscheidungen in Zivil- und Handelssachen" schließt nicht Urteile ein, die in Verfahren zwecks Beitreibung von Abgaben (Staats- oder Gemeindeabgaben) oder Strafen ergehen; er umfaßt jedoch Entscheidungen, die ein Gericht in einem Strafverfahren in Ansehung der Zahlung eines Geldbetrages als Entschädigung oder Schadensersatz zugunsten einer verletzten Partei erlassen hat.

VII Unter „Rechtsbehelf" ist jedes Verfahren zu verstehen, das auf eine Änderung oder Aufhebung einer Entscheidung gerichtet ist, sowie ein Antrag, den Rechtsstreit neu zu verhandeln oder die Zwangsvollstreckung einzustellen.

VIII Als „Klagen oder Anträge auf Erlaß einer Entscheidung, die nur unter den Prozeßparteien wirkt" (action in personam) sind nicht anzusehen Klagen in Familienstands- oder Statussachen (einschließlich der Scheidungs- oder anderer Ehesachen) oder Verfahren in Erbschaftsangelegenheiten oder wegen Verwaltung des Nachlasses verstorbener Personen.

Bem. Wegen des Geltungsgebiets vgl oben vor Art 1. **Zu II:** „Untere Gerichte" sind die AGe, aber auch die LGe, soweit sie Berufungsgerichte sind, Art 2 I. Da die AGe keine „oberen Gerichte" sind, können ihre Urteile in FamS nicht nach Art 3 anerkannt werden. Sonstige Gerichte, zB die Arbeitsgerichte, fallen nicht unter das Abk. **Zu III:** „Endgültig" bedeutet nicht rechtskräftig, S 2. Eine Regelung nach § 620 ZPO ist eine endgültige Regelung während des Ehestreits. „Zwischenentscheidungen" sind solche mit vorläufigem Charakter, zB Eilentscheidungen in Sorgerechtssachen, Karlsr FamRZ **84**, 819. **Zu VI:** Darunter fallen auch Festsetzungen nach §§ 888, 890 ZPO und Entscheidungen nach §§ 406, 406 d StPO. **Zu VII:** Er gilt auch für Klagen aus § 767 ZPO. Deutsche Klagen aus § 323 ZPO werden idR nicht in Betracht kommen, da Unterhaltsstreitigkeiten vor die AGe, also vor „untere Gerichte" gehören. **Zu VIII:** Wegen der Fam- und Statussachen s Art 4 c.

Art. 2. [1] Die von einem oberen Gericht in dem Hoheitsgebiet der einen Hohen Vertragspartei erlassenen Entscheidungen, mit Ausnahme derjenigen, die auf einen Rechtsbehelf gegen Entscheidungen unterer Gerichte ergangen sind, werden in dem Hoheitsgebiet der anderen Hohen Vertragspartei in den Fällen und unter den Voraussetzungen, die in den Artikeln III bis IX geregelt sind, ohne Rücksicht auf die Staatsangehörigkeit des Gläubigers oder des Schuldners anerkannt und vollstreckt.

[2] Dieses Abkommen gilt jedoch nicht für Entscheidungen, die in einem Konkurs- oder Vergleichsverfahren oder in einem Verfahren zwecks Auflösung von Gesellschaften oder anderen Körperschaften ergangen sind.

[3] Durch dieses Abkommen wird nicht ausgeschlossen, daß eine in dem Hoheitsgebiet der einen Hohen Vertragspartei ergangenen gerichtliche Entscheidung, für die dieses Abkommen nicht gilt oder die nach diesem Abkommen nicht anerkannt oder vollstreckt werden kann, in dem Hoheitsgebiet der anderen Hohen Vertragspartei auf Grund des innerstaatlichen Rechts anerkannt und vollstreckt wird.

Bem. Wie III klarstellt, schließt das Abk die Anerkennung oder Vollstreckung einer Entscheidung, die nicht unter das Abk fällt, nach innerstaatlichem Recht nicht aus, Karlsr FamRZ **84**, 819 (Sorgerechtsregelung).

Art. 3. [1] Entscheidungen in Zivil- und Handelssachen, die ein oberes Gericht in dem Hoheitsgebiet der einen Hohen Vertragspartei nach dem Inkrafttreten dieses Abkommens erlassen hat, werden in dem Hoheitsgebiet der anderen Hohen Vertragspartei in allen Fällen anerkannt, sofern nicht die Entscheidung über die Anerkennung nach Absatz 2 ausgesetzt wird oder sofern nicht in Ansehung der Entscheidung ein Versagungsgrund vorliegt; letzteres ist der Fall:

a) wenn in der betreffenden Sache eine Zuständigkeit des Gerichts des Urteilsstaates nach Artikel IV nicht gegeben ist;
b) wenn die Entscheidung auf Grund der Säumnis des Schuldners erlassen ist, sofern dieser sich auf den Rechtsstreit nicht eingelassen hat und dem Gericht oder der Behörde des Anerkennungsstaates nachweist, daß er von dem Verfahren nicht zeitig genug Kenntnis erlangt hat, um sich verteidigen zu können. Jedoch ist in allen Fällen, in denen feststeht, daß die einleitende Ladung oder Verfügung dem Beklagten nach Artikel 3 oder 5 des zwischen Deutschland und

dem Vereinigten Königreich abgeschlossenen Abkommens vom 20. März 1928 ordnungsmäßig zugestellt worden ist, als festgestellt anzusehen ist, daß der Beklagte von dem Verfahren Kenntnis erlangt hat;
c) wenn die Entscheidung von dem Gericht oder der Behörde des Anerkennungsstaates aus Gründen der öffentlichen Ordnung nicht anerkannt werden kann, einschließlich der Fälle,
   1. in denen die Entscheidung über einen Anspruch ergangen ist, der bereits in dem Zeitpunkt, in dem das Gericht des Urteilsstaates seine Entscheidung erlassen hat, zwischen denselben Parteien Gegenstand einer anderen Entscheidung war, die nach dem innerstaatlichen Recht des Anerkennungsstaates als endgültig anzusehen ist;
   2. in denen das Gericht oder die Behörde des Anerkennungsstaates zu der Überzeugung gelangt, daß die Entscheidung durch betrügerische Machenschaften erwirkt ist;
   3. in denen das Gericht oder die Behörde des Anerkennungsstaates zu der Überzeugung gelangt, daß der Beklagte, gegen den die Entscheidung ergangen ist, nach dem Völkerrecht der Gerichtsbarkeit des Urteilsstaates nicht unterlegen ist und sich ihr auch nicht unterworfen hat;
   4. in denen die Entscheidung gegen eine Person geltend gemacht wird, die nach dem Völkerrecht der Gerichtsbarkeit des Anerkennungsstaates nicht unterliegt.

II Weist der Schuldner dem Gericht oder der Behörde des Anerkennungsstaates nach, daß er in dem Urteilsstaat gegen diese Entscheidung einen Rechtsbehelf eingelegt hat oder daß er zwar einen solchen Rechtsbehelf noch nicht eingelegt hat, daß aber die Frist hierfür nach dem Recht des Urteilsstaates noch nicht abgelaufen ist, so kann das Gericht oder die Behörde des Anerkennungsstaates die Entscheidung gleichwohl anerkennen oder die Anerkennung versagen oder auch auf Antrag des Schuldners die Entschließung über die Anerkennung der Entscheidung zurückstellen, um dem Schuldner Gelegenheit zu geben, das Verfahren auf Grund des Rechtsbehelfs durchzuführen oder den Rechtsbehelf einzulegen.

III Die Anerkennung der Entscheidung darf nicht allein deshalb versagt werden, weil das Gericht des Urteilsstaates bei der Bestimmung der auf den Fall anzuwendenden Gesetze andere Regeln des internationalen Privatrechts angewendet hat, als sie nach dem Recht des Anerkennungsstaates anzuwenden gewesen wären.

IV Die Anerkennung einer Entscheidung hat zur Folge, daß die Entscheidung, soweit in ihr über den Anspruch erkannt ist, für einen weiteren Rechtsstreit zwischen denselben Parteien (dem Gläubiger und dem Schuldner) als endgültig angesehen wird und daß sie in einem weiteren Rechtsstreit zwischen ihnen wegen desselben Streitgegenstandes insoweit eine Einrede begründet.

Bem. Art 3 betrifft die Anerkennung von Entscheidungen in Zivil- und Handelssachen und enthält die Versagungsgründe; da die AGe keine oberen Gerichte iSv Art 1 II a sind, können ihre Urteile in FamS nicht nach Art 3 anerkannt werden. Liegt kein Versagungsgrund vor, so ist anzuerkennen; ein gewisses Ermessen räumt allerdings Art 4 II u III durch Nichtanerkennung der Zuständigkeit ein. Die Anerkennung hat die Wirkung, daß die Entscheidung zwischen Gläubiger und Schuldner, dazu Art 1 V, als endgültig angesehen wird und den Einwand der Rechtskraft gibt, IV. **Zu I:** Vgl wegen der Zuständigkeit, I a, Art 4, wegen Art 3 u 6 (Zustellungsvorschriften) des Abk v 20. 3. 28, Einl IV vor § 1 ZPO Rn 6, I b, vgl Kondring IPrax **97**, 158 mwN, wegen betrügerischer Machenschaften, I c 2, Pal-Heldrich Vorbem 8 Art 7 EGBGB, wegen I c 3 u 4 § 18 GVG. Wird der Beklagte wegen Nichtbefolgung einer gerichtlichen Anordnung von der Teilnahme am weiteren Verf ausgeschlossen, ihm also kein Gehör gewährt, § 328 ZPO Rn 31 ff, so steht das der Anerkennung nicht entgegen, BGH **48**, 327, dazu Wengler JZ **68**, 596, Geimer JZ **69**, 12; das gleiche gilt für das summarische Verf nach Order 14, BGH **53**, 357, dazu Cohn NJW **70**, 1506. Überhaupt kann bei der Frage, ob ein Verstoß gegen die öff Ordnung vorliegt, nicht ein Vergleich zwischen dem britischen und dem deutschen VerfRecht vorgenommen werden: es kommt vielmehr auf die durch Art 103 I GG geschützten Grundwerte an; deshalb scheidet ein Verstoß aus, wenn der Beteiligte es unterlassen hat, auf das fremde Verf den ihm zustehenden Einfluß zu nehmen, oder wenn ihm wegen der dort geltenden strengeren Regelung nicht Prozeßkostenhilfe bewilligt worden ist, BGH NJW **78**, 1114. **Zu II:** Ob die Anerkennung zurückgestellt wird oder nicht, liegt im Ermessen des Gerichts oder der Behörde des Anerkennungsstaates. Die Fristsetzung in § 5 II AusfG bezieht sich nur auf die Vollstreckbarerklärung; das schließt nicht aus, daß sich eine entspr Fristsetzung empfehlen wird. **Zu III:** Eine Ausnahme zugunsten eines betroffenen deutschen Staatsangehörigen in Fam- und Statussachen enthält das Unterzeichnungsprotokoll (unten abgedr).

Art. 4. I Die Gerichte des Urteilsstaates sind im Sinne des Artikels III Absatz 1 Buchstabe a zuständig:
a) in Ansehung einer auf eine Klage oder auf einen Antrag ergangenen Entscheidung, die nur unter den Prozeßparteien wirkt: ....
b) ....
c) ....
   II ....

III Die Zuständigkeit des Gerichts des Urteilsstaates braucht in den Fällen des Absatzes 1 Buchstabe a) Nr. 4 und 5 und Buchstabe b) nicht anerkannt zu werden, wenn der Schuldner dem Gericht oder der Behörde des Anerkennungsstaates nachweist, daß die Einleitung des Verfahrens vor dem Gericht des Urteilsstaates in Widerspruch stand zu einer zwischen den Parteien getroffenen Vereinbarung, nach der die in Frage stehende Streitigkeit auf einem anderen Weg als durch ein Verfahren vor den Gerichten des Urteilsstaates zu entscheiden war.

AnerkVollstrAbk

IV Die Anerkennung der Zuständigkeit des Gerichts des Urteilsstaates darf nicht deshalb versagt werden, weil dieses Gericht nach dem Recht des Urteilsstaates nicht zuständig gewesen ist, sofern die Entscheidung nach dem Recht des Urteilsstaates endgültig und ein für einen solchen Fall vorgesehenes Verfahren mit dem Ziel, die Entscheidung zur Aufhebung zu bringen, nicht eingeleitet worden ist.

Bem. Art 4 behandelt die Zuständigkeit, die die Voraussetzung sowohl für die Anerkennung, Art 3 I a, wie für die Vollstreckbarerklärung, Art 5 II d, ist und deren fehlerhafte Annahme durch das Gericht des Urteilsstaates zur Versagung führt, außer wenn IV vorliegt. **Zu I:** Unterschieden werden: **a)** Entscheidungen auf Klagen (Anträge), die nur zwischen den Prozeßparteien wirken (action in personam), vgl Art 1 VIII, dazu LG Hbg RIW 76, 42, **b)** Entscheidungen auf eine Klage wegen unbeweglichen Vermögens oder solche wegen beweglichen Vermögens, die gegen alle wirken, vgl Art 1 VIII, **c)** Entscheidungen auf sonstige Klagen, namentlich Familienstands- und Statusentscheidungen, für die jetzt die VO (EG) Nr 1347/2000 gilt, s Anh § 606a ZPO. **Zu III:** Zur Unzuständigkeit und damit zur Versagung kann auch die Vereinbarung eines Schiedsgerichts führen; zwischen Großbritannien und der BRep gilt insofern das UN-ÜbkSchdG, Schlußanh VI A 1. Die Zuständigkeit kann auch durch andere Vereinbarungen ausgeschlossen werden, zB durch einen Zwischenvergleich, BGH MDR 82, 828. – Vgl zu Art 4 auch Kratzer RIW 77, 720.

Art. 5. I 1 Entscheidungen im Sinne dieses Artikels, die von einem oberen Gericht in dem Hoheitsgebiet der einen Hohen Vertragspartei erlassen sind, werden von den Gerichten in dem Hoheitsgebiet der anderen Hohen Vertragspartei auf die in Artikel VI bis IX bezeichnete Weise und unter den dort erwähnten Voraussetzungen vollstreckt. 2 Weist der Schuldner dem Gericht des Vollstreckungsstaates nach, daß er in dem Urteilsstaat gegen die Entscheidung einen Rechtsbehelf eingelegt hat oder daß er zwar einen solchen Rechtsbehelf noch nicht eingelegt hat, daß aber die Frist hierfür nach dem Recht des Urteilsstaates noch nicht abgelaufen ist, so braucht eine solche Entscheidung nicht vollstreckt zu werden; das Gericht des Vollstreckungsstaates kann in einem solchen Fall nach seinem Ermessen die Maßnahmen treffen, die nach seinem innerstaatlichen Recht zulässig sind.

II Entscheidungen im Sinne dieses Artikels sind diejenigen:
a) die in Zivil- oder Handelssachen nach dem Inkrafttreten dieses Abkommens ergangen sind;
b) die in dem Urteilsstaat vollstreckbar sind;
c) die auf Zahlung einer bestimmten Geldsumme lauten, einschließlich der Kostenentscheidungen, die in Zivil- oder Handelssachen ergangen sind;
d) deren Anerkennung keiner der in Artikel III in Verbindung mit Artikel IV bezeichneten Versagungsgründe entgegensteht.

III Ist der Betrag der Kosten, der auf Grund der Entscheidung zu zahlen ist, nicht in der Entscheidung selbst, sondern durch einen besonderen Beschluß festgesetzt, so ist dieser Beschluß für die Anwendung dieses Abkommens als Teil der Entscheidung anzusehen.

Bem. Vollstreckbar sind nur die in II genannten Entscheidungen einschließlich der Kostenfestsetzungsbeschlüsse, III; insoweit ist die Vorlage einer zusätzlichen Urkunde nach Art 7 II b nicht erforderlich, BGH NJW 78, 1114. Die Entscheidungen müssen auf Zahlung einer bestimmten Geldsumme lauten; ihnen darf kein Grund entgegenstehen, der zur Versagung der Anerkennung führen könnte, Art 3 u 4, II d, Tatbestände des Art 8 dürfen nicht vorliegen. Zur Ermittlung der Identität des Verurteilten mit dem in Anspruch genommenen Vollstr-Schuldner durch Auslegung Hbg VersR 87, 471. Vgl auch Art 9 I.

Art. 6. I Bevor eine Entscheidung, die von einem Gericht im Hoheitsgebiet der Bundesrepublik Deutschland erlassen ist, in dem Vereinigten Königreich vollstreckt werden kann, muß der Gläubiger ihre Registrierung nach Maßgabe der Vorschriften des Gerichts, vor dem die Entscheidung geltend gemacht wird, beantragen, und zwar
a) in England und Wales bei dem High Court of Justice,
b) in Schottland bei dem Court of Session,
c) in Nordirland bei dem Supreme Court of Judicature.

II Dem Antrag auf Registrierung sind beizufügen:
a) eine von dem Gericht des Urteilsstaates hergestellte beglaubigte Abschrift der Entscheidung mit Gründen; falls die Entscheidung nicht mit Gründen versehen ist, ist ihr eine von dem Gericht des Urteilsstaates auszustellende Urkunde anzuschließen, die nähere Angaben über das Verfahren und die Gründe enthält, auf denen die Entscheidung beruht;
b) eine von einem Beamten des Gerichts des Urteilsstaates ausgestellte Bescheinigung, daß die Entscheidung in dem Urteilsstaat vollstreckbar ist.

III Das Gericht des Vollstreckungsstaates ist nicht berechtigt, die Legalisierung der in Absatz 2 erwähnten beglaubigten Abschrift und der Bescheinigung zu fordern; jedoch sind Übersetzungen dieser Urkunden beizubringen, die von einem allgemein beeidigten Übersetzer oder von einem Übersetzer, der die Richtigkeit seiner Übersetzung unter Eid versichert hat, oder von einem diplomatischen oder konsularischen Vertreter einer der beiden Hohen Vertragsparteien beglaubigt sein müssen.

Bem. Die Registrierung erfolgt aufgrund des Teils I der Foreign Judgments (Reciprocal Enforcement) Act 1933 iVm der Order in Council v 26. 6. 61, abgedr bei Bülow-Böckstiegel B II 704. Eine Entscheidung wird nur registriert, wenn sie mit Gründen versehen ist, die ersehen lassen, daß kein Versagungsgrund vorliegt, Art 9 I; ein deutsches VersUrt ist deshalb sofort oder nachträglich zu begründen, §§ 8, 9 AusfG. Die Entscheidung muß mit der Vollstreckungsklausel versehen sein, II, § 3 AusfG.

Das deutsch-britische Abkommen **AnerkVollstrAbk**

Art. 7. ¹ Bevor eine Entscheidung, die von einem Gericht im Hoheitsgebiet Ihrer Majestät der Königin erlassen ist, in dem Hoheitsgebiet der Bundesrepublik Deutschland vollstreckt werden kann, ist in der Bundesrepublik Deutschland bei dem Landgericht, in dessen Bezirk der Schuldner seinen gewöhnlichen Aufenthalt hat oder Vermögen besitzt, gemäß den innerstaatlichen Vorschriften ein Antrag auf Vollstreckbarerklärung zu stellen.

II Dem Antrag auf Vollstreckbarerklärung sind beizufügen:
a) eine von dem Gericht des Urteilsstaates hergestellte beglaubigte Abschrift der Entscheidung;
b) eine von dem Gericht des Urteilsstaates auszustellende Urkunde, die nähere Angaben über das Verfahren und die Gründe enthält, auf denen die Entscheidung beruht.

III Hat das Gericht des Urteilsstaates eine beglaubigte Abschrift der Entscheidung erteilt, so ist anzunehmen, daß die Entscheidung in dem Urteilsstaate zu der Zeit, als die Abschrift erteilt wurde, vollstreckbar war.

IV Das Gericht des Vollstreckungsstaates ist nicht berechtigt, die Legalisierung der in Absatz 2 erwähnten beglaubigten Abschrift und der Bescheinigung zu fordern; jedoch sind Übersetzungen dieser Urkunden beizubringen, die von einem allgemein beeidigten Übersetzer oder von einem Übersetzer, der die Richtigkeit seiner Übersetzung unter Eid versichert hat, oder von einem diplomatischen oder konsularischen Vertreter einer der beiden Hohen Vertragsparteien beglaubigt sein müssen.

Bem. Zur Zuständigkeit, I, s § 1 AusfG, zum Verf (entspr der Vollstreckbarerklärung von Schiedssprüchen) s § 2 AusfG; vgl auch Art 9 II. Bei Erteilung einer beglaubigten Abschrift der Entscheidung durch das britische Gericht, II a, ist anzunehmen, daß sie von diesem Zeitpunkt an vollstreckbar war, was für die Verzinsung, Art 9 III, wichtig ist. Die Abschrift braucht nicht von einem Richter unterzeichnet zu sein, Oldb RIW 86, 555. Der Inhalt der Urkunde, II b, ist nicht vorgeschrieben; sie muß dem deutschen Gericht die Prüfung ermöglichen, ob nach dem Abk Versagungsgründe vorliegen, BGH NJW 78, 1114, Oldb RIW 86, 555. Für Kostenfestsetzungsbeschlüsse, Art 5 III, ist eine zusätzliche Urkunde nicht erforderlich, BGH aaO.

Art. 8. (betr Ablehnung oder Aufhebung der Registrierung bzw Vollstreckbarerklärung)

Art. 9. ¹ Das Gericht des Vollstreckungsstaates darf einen ordnungsgemäß gestellten Antrag, eine Entscheidung nach Artikel 6 zu registrieren oder sie nach Artikel 7 für vollstreckbar zu erklären, nur aus den in Artikel 5 in Verbindung mit den Artikeln 3 und 4 angeführten oder aus den in Artikel 8 besonders erwähnten Gründen ablehnen; es hat dem Antrag stattzugeben, wenn keiner der genannten Gründe vorliegt.

II ¹ Für die Registrierung einer Entscheidung nach Artikel 6 und für die Vollstreckbarerklärung nach Artikel 7 soll ein einfaches und beschleunigtes Verfahren vorgesehen werden. ² Demjenigen, der eine Registrierung oder Vollstreckbarerklärung beantragt, darf eine Sicherheitsleistung für die Prozeßkosten nicht auferlegt werden. ³ Die Frist, innerhalb deren der Antrag auf Registrierung oder Vollstreckbarerklärung gestellt werden kann, muß mindestens 6 Jahre betragen; der Lauf dieser Frist beginnt, falls gegen die Entscheidung des Gerichts des Urteilsstaates ein Rechtsbehelf an ein höheres Gericht nicht eingelegt worden ist, mit dem Zeitpunkt, in dem die Entscheidung ergangen ist, und, falls ein Rechtsbehelf eingelegt worden ist, mit dem Zeitpunkt, in dem das höchste Gericht die Entscheidung erlassen hat.

III (betr Verzinsung)

IV Ist eine Entscheidung von einem Gericht in dem Hoheitsgebiet Ihrer Majestät der Königin nach Artikel 6 registriert oder ist sie nach Artikel 7 für vollstreckbar erklärt, so ist sie vom Tage der Registrierung oder Vollstreckbarerklärung an in dem Vollstreckungsstaat hinsichtlich der Zwangsvollstreckung in jeder Beziehung so zu behandeln, wie wenn sie das Gericht des Vollstreckungsstaates selbst erlassen hätte.

V (betr Umrechnung einer Geldforderung)

Bem. Ist eine britische Entscheidung rechtskräftig für vollstreckbar erklärt, so findet die Zwangsvollstreckung nach der deutschen VerfOrdnung statt, § 6 AusfG; das gleiche gilt im umgekehrten Fall, IV. **Zu I:** Die Regelung stellt klar, daß eine Versagung der Registrierung oder Vollstreckbarerklärung nur aus den dort genannten Gründen erfolgen darf. Vorliegen müssen die allgemeinen Prozeßvoraussetzungen, zB die Prozeßführungsbefugnis für das Antragsverfahren, Hbg RIW 96, 863. **Zu III:** Nach englischem Recht wird die Zinspflicht im Urteil selbst nicht ausgesprochen, sondern es wird auf Antrag darüber eine besondere Bescheinigung ausgestellt, vgl dazu Hbg RIW 92, 940, LG Hbg RIW 76, 42. **Zu IV:** Vorläufige Vollstreckbarkeit der Vollstreckbarerklärung genügt, § 6 AusfG. **Zu V:** Maßgebend für die Umrechnung sind die Währungs- und Devisenvorschriften des Vollstreckungsstaates.

Unterzeichnungsprotokoll

Bei der Unterzeichnung des Abkommens über die gegenseitige Anerkennung und Vollstreckung von gerichtlichen Entscheidungen in Zivil- und Handelssachen vom heutigen Tage zwischen dem Präsidenten der Bundesrepublik Deutschland und Ihrer Majestät der Königin des Vereinigten Königreichs Großbritannien und Nordirland und ihrer anderen Reiche und Gebiete, Haupt des Commonwealth, erklären die hierzu gehörig bevollmächtigten Unterzeichneten, sie seien dahin übereingekommen, daß durch dieses Abkommen in den besonderen Fällen des § 328 Absatz 1 Nr. 3 der deutschen Zivilprozeßordnung ein Gericht oder eine Behörde im Hoheitsge-

AnerkVollstrAbk Schlußanhang V B 6

biet der Bundesrepublik Deutschland nicht daran gehindert wird, die Anerkennung oder Vollstreckung einer Entscheidung, die gegen einen Deutschen ergangen ist, zu versagen, wenn sie zum Nachteil des Deutschen nicht auf den Gesetzen beruht, die nach deutschem internationalem Privatrecht anzuwenden gewesen wären, in Ansehung:
  a) der Eingehung einer Ehe, wenn einer der Verlobten Deutscher ist (Artikel 13 Absatz 1 des Einführungsgesetzes zum Bürgerlichen Gesetzbuch) oder wenn das Heimatrecht eines Verlobten auf das deutsche Recht verweist (Artikel 27 des Einführungsgesetzes zum Bürgerlichen Gesetzbuch);
  b) der Form einer Ehe, die in der Bundesrepublik Deutschland geschlossen ist (Artikel 13 Absatz 3 des Einführungsgesetzes zum Bürgerlichen Gesetzbuch);
  c) der Ehescheidung (Artikel 17 des Einführungsgesetzes zum Bürgerlichen Gesetzbuch);
  d) der ehelichen Abstammung eines Kindes (Artikel 18 des Einführungsgesetzes zum Bürgerlichen Gesetzbuch);
  e) der Legitimation eines unehelichen Kindes (Artikel 22 des Einführungsgesetzes zum Bürgerlichen Gesetzbuch);
  f) der Annahme an Kindes Statt (Artikel 22 des Einführungsgesetzes zum Bürgerlichen Gesetzbuch).

Das gleiche gilt für die Anerkennung oder Vollstreckung einer Entscheidung, wenn in ihr die erneute Eheschließung der deutschen oder ehemals deutschen Ehefrau eines für tot erklärten Ausländers deshalb nicht als gültig betrachtet wird, weil die in der Bundesrepublik Deutschland erfolgte Todeserklärung nicht anerkannt wird (§ 12 Abs. 3 des Verschollenheitsgesetzes vom 15. Januar 1951 in Verbindung mit Artikel 13 Abs. 2 des Einführungsgesetzes zum Bürgerlichen Gesetzbuch).

Bem. Die Regelung enthält eine Einschränkung des Art 3 III zugunsten deutscher Staatsangehöriger. An die Stelle der in a) bis f) genannten Bestimmungen traten die entspr Regelungen des IPRG (Übergangsrecht: Art 220 EGBGB).

Ausführungsgesetz vom 28. März 1961, BGBl III 319-14

Schrifttum: *BBGS* 703; *Geimer/Schütze* Bd II C 2.

Das AusfG, dessen §§ 2 u 7 durch Art 24 ZPO-RG mWv 1. 1. 02 geändert worden sind, ist in der 45. Aufl auszugsweise abgedruckt. Nach seinem § 1 ist für die Vollstreckbarerklärung, Art 7 Abk, das Landgericht zuständig, in dessen Bezirk der Schuldner seinen gewöhnlichen Aufenthalt hat oder sich Vermögen des Schuldners befindet; für das Verf gelten nach § 2 und § 7 die §§ 567 bis 577 ZPO. Wenn die Vollstreckung von einer Sicherheitsleistung oder dergleichen abhängt, greift § 3 ein. Die Geltendmachung von Einwendungen, die erst nach der zu vollstreckenden Entscheidung entstanden sind (vgl Art 8 Abk), regelt § 4, das Verf ist geschehener oder noch möglicher Einlegung von Rechtsmitteln gegen die Entscheidung, Art 3 II Abk, ergibt sich aus § 5. Nach § 6 findet die Zwangsvollstr statt, sofern die Entscheidung über die Vollstreckbarkeit rechtskräftig oder für vorläufig vollstreckbar erklärt worden ist, vgl Art 9 IV Abk. Näheres über die Aufhebung bzw Änderung der Vollstreckbarerklärung bei nachträglicher Aufhebung der Entscheidung, Art 8 Abk, ergibt sich aus § 7. Besondere Vorschriften über deutsche Versäumnisentscheidungen, Art 6 II Abk, enthält § 9.

6. Der deutsch-griechische Vertrag über die gegenseitige Anerkennung und Vollstreckung von gerichtlichen Entscheidungen, Vergleichen und öffentlichen Urkunden in Zivil- und Handelssachen vom 4. 11. 61, BGBl 63 II 109

Schrifttum: *MüKoGo* Schlußanh 5 b; *BBGS* 620; *Nagel/Gottwald*, Internationales Zivilprozeßrecht, 5. Aufl 2002, § 13 V 3; *StJSchl* Rdz 56 vor § 1044 (betr Schiedsgerichtsbarkeit); *SchwW* 59 Rn 26–28; *Pouliadis*, Die Bedeutung des ... Vertrages ... für die Anerk u Vollstr deutschen Entscheidungen in der griechischen Praxis, IPrax 85, 357; *Yession-Faltsi*, Die Anerkennung u Vollstreckung deutscher Gerichtsurteile in Griechenland aus der Sicht eines griechischen Juristen, ZZP 96, 67; *Schlösser* NJW 86, 485; *Ganske* AWD 62, 194.

1 Der Vertrag wurde **durch das EuGVÜ** nach Maßgabe von dessen Art 55 **ersetzt**, vgl Üb 3 Schlußanh V C; er **behielt seine Wirksamkeit** für die Rechtsgebiete, auf die sich das EuGVÜ nicht bezieht, Art 56 iVm Art 1. Seit dem 1. 3. 01 gilt in allen EG-Staaten (außer Dänemark) die **VO (EG) Nr 1347/2000 des Rates v 29. 5. 2000** über die Zuständigkeit und die Anerkennung und Vollstreckung von Entscheidungen in Ehesachen und in Verfahren betr die elterliche Verantwortung für die gemeinsamen Kinder der Ehegatten (ABlEG L 160/19), abgedr u erläutert im Anh I zu § 606a ZPO. Sie gilt für die in Art 1 bezeichneten Verfahren, die nach dem 1. 3. 01 eingeleitet werden, Art 42 I, und mit bestimmten Maßgaben für die nach diesem Stichtag ergehenden Entscheidungen in vorher eingeleiteten Verfahren, Art 42 II. Die VO ersetzt nach Maßgabe ihres Art 36 die Einzelabkommen. Die am 1. 3. 02 in Kraft getretene **VO (EG) Nr 44/2001 des Rates v 22. 12. 2000** über die gerichtliche Zuständigkeit und die Anerkennung u Vollstreckung von Entscheidungen in Zivil- u Handelssachen (ABlEG Nr L 12 S 1) tritt an die Stelle des EuGVÜ, Art 68, und ersetzt nach Maßgabe der Art 66 II u 70 den Vertrag das Abk, Art 69, s Schlußanh V C (A). Er bleibt danach im wesentlichen **anwendbar** in den in Art 1 II der VO genannten Angelegenheiten, soweit sie nicht unter die VO (EG) Nr 1347/2000 fallen.

Der deutsch-niederländische Vertrag   **AnerkVollstrAbk**

Der Vertrag ähnelt sehr den österr und belg Abk, oben Nr 3 u 4 (zT wörtlich). Anerkannt werden alle in Zivil- und Handelssachen ergangenen Entscheidungen der Gerichte, gleichgültig, wie sie benannt sind, durch die in einem Verfahren der streitigen oder freiwilligen Gerichtsbarkeit endgültig erkannt worden ist, auch wenn sie noch nicht rechtskräftig sind, desgleichen die Entscheidungen in einem strafrechtlichen Adhäsionsverfahren auf diesen Gebieten, Art 1 (vgl LG Athen DAVorm **84**, 734 zur Anerkennung eines Beschlusses auf Kindesherausgabe). Nicht anwendbar ist es auf Entscheidungen in Konkurs- und Vergleichsverfahren und auf Arreste und einstwVfgen in AnOen, sofern diese beiden letzteren nicht auf Unterhalts- oder andere Geldleistungen gehen, Art 17 (entspricht Art 1 I belg Abk); als Verstoß gegen die öff Ordnung wird insbesondere angesehen, wenn es sich um einen Anspruch handelt, über den im Entscheidungszeitpunkt in dem Staat, in dem die Entscheidung geltend gemacht wird, zwischen denselben Parteien bereits endgültig entschieden war, **Art 3 Z 1**. Bei schwebendem Verfahren gibt Art 18 die Einrede der Rechtshängigkeit (Art 18 = Art 15 BelgAbk). Aus Gründen der Zuständigkeit findet die Versagung nur bei ausschließlicher Zuständigkeit des Anerkennungsstaates, Mü RR **97**, 572, oder dann statt, wenn lediglich ein Gerichtsstand des Vermögens gegeben war, der Beklagte sich aber nicht oder nur hinsichtlich seines Vermögens im Urteilsstaat eingelassen u das vor Einlassung zur Hauptsache erklärt hat, **Art 3 Z 3 u 4**.

Besonderes gilt in **Ehe- und Familienstandssachen**, Art 2 u 4 II. Diese Bestimmungen haben insofern 2 ihre Bedeutung verloren, weil seit dem 1. 3. 01 in allen EG-Staaten (außer Dänemark) die **VO (EG) Nr 1347/2000 des Rates** v 29. 5. 2000 über die Zuständigkeit und die Anerkennung und Vollstreckung von Entscheidungen in Ehesachen und in Verfahren betr die elterliche Verantwortung für die gemeinsamen Kinder der Ehegatten (ABlEG L 160/19) Vorrang hat, abgedr u erläutert im Anh I zu § 606a ZPO. Sie gilt für die in Art 1 bezeichneten Verfahren, die nach dem 1. 3. 01 eingeleitet werden, Art 42 I, und mit bestimmten Maßgaben für die nach diesem Stichtag ergehenden Entscheidungen in vorher eingeleiteten Verfahren, Art 42 II. Die VO ersetzt nach Maßgabe ihres Art 36 die bestehenden Übereinkünfte.

Die Vollstreckung aus rechtskräftigen oder vorläufig vollstreckbaren Entscheidungen, soweit sie anzuer- 3 kennen sind, findet nach Vollstreckbarerklärung im Vollstreckungsstaat statt, Art. 6. Diese und die Durchführung der Vollstreckung richten sich nach der lex fori, Art 7. Geprüft wird lediglich, ob die Urkunden des Art 9 (entspricht Art 9 belgAbk) beigebracht sind und etwa ein Versagungsgrund des Art 3 vorliegt, keinesfalls aber in anderer Weise, Art 10. Handelt es sich um die Vollstreckung einer noch nicht rechtskräftigen Entscheidung, ist Aussetzung oder Fristsetzung zur Einlegung des Rechtsbehelfs vorgesehen, Art 10 II (entspricht 10 II belgAbk), auch kann die Entscheidung die Vollstreckbarerklärung bei Nachweis des Schuldners, daß die Voraussetzungen hierfür vorliegen, eingestellt werden, Art 10 III (entspricht Art 10 III belg Abk). Möglich ist auch eine Vollstreckung zum Teil, Art 11. Gerichtliche Vergleiche stehen den gerichtlichen Entscheidungen gleich, Art 13, desgleichen vollstreckbare öff Urkunden; dazu gehören insbesondere gerichtliche oder notarielle Urkunden und die in Unterhaltssachen von einer VerwBehörde (Jugendamt) aufgenommenen Verpflichtungserklärungen und Vergleiche. Bei der Vollstreckbarkeit im Vollstreckungsstaat werden lediglich die ordnungsmäßige Erteilung der Ausfertigung entsprechend dem Recht des Errichtungsstaates und Gesichtspunkte der öff Ordnung geprüft, Art 15 (entspricht Art 14 belg Abk). Für Schiedssprüche und Schiedsvergleiche gelten die Abk, die jeweils zwischen den beiden Vertragsstaaten in Kraft sind, Art 14, so daß insoweit das UN-ÜbkSchdG, Schlußanh VI A 1, maßgeblich ist.

Durch den Vertrag werden sonstige Abk ähnlicher Art nicht berührt, Art 19, zB der Vertrag v 11. 5. 38, 4 Einl IV Anm 3 A b vor § 1. Entsprechend dieser Ähnlichkeit der Abk gleicht auch das **AusfG** v 5. 2. 63, BGBl III 319-16, dem vom belgischen Abk erlassenen, dessen §§ 2 und 6 durch Art 26 ZPO-RG mWv 1. 1. 02 geändert worden sind (§ 2 entspr im wesentlichen Art 2 AVO zum dt-schweiz Abk, Schlußanh V B 1, s dort).

7. Der deutsch-niederländische Vertrag über die gegenseitige Anerkennung und Vollstreckung gerichtlicher Entscheidungen und anderer Schuldtitel in Zivil- und Handelssachen vom 30. 8. 62, BGBl 65 II 27

Schrifttum: *MüKoGo* Schlußanh 5 f; *BBGS* 640; *Nagel/Gottwald*, Internationales Zivilprozeßrecht, 5. Aufl 2002, § 13 V 6; *StJSchl* Rdz 56 vor § 1044 (betr Schiedsgerichtsbarkeit); *Ganske* AWD **64**, 348; *Gotzen* AWD **67**, 136 u **69**, 54.

Der Vertrag ähnelt besonders dem dt-belg Abk, oben V B 4 (räumlicher Geltungsbereich: Art 21, 22). 1 Der Vertrag wurde **durch das EuGVÜ** nach Maßgabe von dessen Art **55 ersetzt**, vgl Schlußanh V C; er **behielt seine Wirksamkeit** für die Rechtsgebiete, auf die sich das EuGVÜ nicht bezieht, Art 56 iVm Art 1. Seit dem 1. 3. 01 gilt in allen EG-Staaten (außer Dänemark) die **VO (EG) Nr 1347/2000 des Rates v 29. 5. 2000** über die Zuständigkeit und die Anerkennung und Vollstreckung von Entscheidungen in Ehesachen und in Verfahren betr die elterliche Verantwortung für die gemeinsamen Kinder der Ehegatten (ABlEG L 160/19), abgedr u erläutert im Anh I zu § 606a ZPO. Sie gilt für die in Art 1 bezeichneten Verfahren, die nach dem 1. 3. 01 eingeleitet werden, Art 42 I, und mit bestimmten Maßgaben für die nach diesem Stichtag ergehenden Entscheidungen in vorher eingeleiteten Verfahren, Art 42 II. Die VO ersetzt nach Maßgabe ihres Art 36 die bestehenden Übereinkünfte. Die am 1. 3. 02 in Kraft getretene **VO (EG) Nr 44/2001 des Rates v 22. 12. 2000** über die gerichtliche Zuständigkeit und die Anerkennung u Vollstreckung von Entscheidungen in Zivil- u Handelssachen (ABlEG Nr L 12 S 1) tritt an die Stelle des EuGVÜ, Art 68, und ersetzt nach Maßgabe der Art 66 II u 70 den Vertrag, Art 69, s Schlußanh V C (A). Er bleibt danach nur **anwendbar** in den in Art 1 II der VO genannten Angelegenheiten, soweit sie nicht unter die VO (EG) Nr 1347/2000 fallen.

Der erste Teil hat die **Anerkennung gerichtlicher Entscheidungen in Zivil- u Handelssachen der streitigen und freiwilligen Gerichtsbarkeit** zum Gegenstand, auch wenn sie noch nicht rechtskräftig sind, Art 1 I. Unter den Vertrag fallen alle Entscheidungen ohne Rücksicht auf ihre Benennung, also Urteile,

AnerkVollstrAbk Schlußanhang V B 8

Beschlüsse, Vollstreckungsbescheide, Arreste und einstwVfgen sowie ihre niederländischen Gegenstücke, ferner Entscheidungen, durch die die Kosten des Prozesses später festgesetzt werden, Art 1 II. **Nicht** unter den Vertrag fallen Schiedssprüche (nach Art 17 ist das UN-ÜbkSchdg, Schlußanh VI A 1, anwendbar, BGH WM **91**, 576), ferner Urteile der Strafgerichte über Ansprüche aus einem Rechtsverhältnis des Zivil- oder Handelsrechtes, §§ 403 ff StPO, Entscheidungen in Ehe- oder anderen Familienstandssachen, Entscheidungen in Konkurs- u Vergleichssachen sowie solche im Zahlungsaufschubverf, Art 1 III. Art 2 und 3 (Versagung der Anerkennung) sowie 4 (Anerkennung der Zuständigkeit) entsprechen Art 2, 3 dt-belg Vertrag, hier mit der Abweichung, daß der dt-niederl Vertrag den Gerichtsstand der Erfüllung nicht und den der unerlaubten Hdlung nur insofern enthält, als hier lediglich der des Verkehrsunfalls und des Schiffszusammenstoßes anerkannt wird; anerkannt wird auch die Zuständigkeit der Gerichte des anderen Staates, wenn dort über einen Schadensersatz- oder Herausgabeanspruch entschieden worden ist, der auf Grund einer Entscheidung, die dann aufgehoben oder geändert worden ist, entstanden war. Der Umfang der Nachprüfung ist der gleiche wie im dt-belg Abk, Art 5 (gleichlautend). Der 2. Teil, der die **Vollstreckung gerichtlicher Entscheidungen** behandelt, enthält als Besonderheit:

Art. 7. Soweit die Entscheidung eines niederländischen Gerichts eine Verurteilung des Schuldners zur Zahlung einer Zwangssumme an den Gläubiger für den Fall enthält, daß der Schuldner der Verpflichtung, eine Handlung vorzunehmen oder zu unterlassen, zuwiderhandelt, wird in der Bundesrepublik Deutschland die Vollstreckungsklausel erst erteilt, wenn die verwirkte Zwangssumme durch eine weitere Entscheidung des niederländischen Gerichts festgesetzt ist.

2   Im übrigen gleichen sich die VollstrBestimmungen beider Verträge. Der dt-niederl hebt noch hervor, daß die ZwV erst nach Zustellung der mit der VollstrKlausel versehenen Entscheidung beginnen darf, wobei sich die Zustellung nach dem Recht des VollstrStaates richtet, Art 13, das auch über das Verfahren bei Einwendungen entscheidet, Art 14 II. An Einwendungen stehen nur zur Verfügung, daß die VollstrKlausel nicht habe erteilt werden dürfen, daß ein Versagungsgrund vorliege, weil dem Beklagten die Ladung oder die das Verfahren einleitende Verfügung nicht oder nicht so zeitig, daß er sich habe verteidigen können, nach dem Recht des Entscheidungsstaates zugestellt worden sei, schließlich Einwendungen, die erst nach Erlaß der gerichtlichen Entscheidung entstanden sind, Art 14. Die Prozeßkostenhilfe des einen Landes wirkt auch für das andere, Art 15. Ausdrücklich festgestellt ist, daß die Anerkennung und Vollstreckung von Schiedssprüchen sich nach den zwischen beiden Staaten geltenden Verträgen richtet, Art 17, dh also nach dem UN-ÜbkSchdG, Schlußanh VI A 1. Wie rechtskräftige gerichtliche Entsch werden vollstreckt gerichtliche Vergleiche, andere öff Urkunden, insbesondere gerichtliche und notarielle, sowie Verpflichtungserklärungen u Vergleiche in Unterhaltssachen, die von einer VerwBehörde aufgenommen worden, Eintragungen in die Konkurstabelle und gerichtlich bestätigte Vergleiche in einem Konkurs-, Vergleichs- oder einem Verfahren des Zahlungsaufschubs, Art 16 I. Die Einrede der Rechtshängigkeit, Art 18, ist wie nach dem dt-belg Abk möglich. Wenn die Entscheidung eines Staates im anderen auch nur in ganz beschränktem Umfange nachgeprüft werden kann, Art 5, so kann das doch nur auf Grund einer begründeten Entscheidung geschehen, so daß §§ 17–19 des AusfG (gleichlautend mit §§ 8–10 AusfG dt-belg Abk) für diesen Fall Urteile in abgekürzter Form, § 313 b ZPO, verbieten und ihre Vervollständigung, falls es sich um frühere Entscheidungen handelt, anordnen, desgleichen eine Begründung für Arrestbefehle, einstwAnOen oder Vfgen, ferner daß Vollstreckungsbescheide, Arrestbefehle u einstw Vfgen auch dann mit der VollstrKlausel für eine Vollstreckung in den Niederlanden zu versehen sind, wenn sie nach deutschem Recht entbehrlich wäre.

3   Zu dem Vertrag ist das **Ausführungsgesetz** v 15. 1. 65, BGBl I 17, ergangen, dessen §§ 6, 11 u 15 mWv 1. 1. 02 durch das ZPO-RG geändert worden sind (Rechtsmittel: Beschwerde nach den §§ 567 bis 577 ZPO).

8. Der deutsch-tunesische Vertrag über Rechtsschutz und Rechtshilfe, die Anerkennung und Vollstreckung gerichtlicher Entscheidungen in Zivil- und Handelssachen sowie über die Handelsschiedsgerichtsbarkeit vom 19. 7. 66, BGBl 69 II 889

Schrifttum: *MüKoGo* Schlußanh 5 l; *BBGS* 670; *Nagel/Gottwald,* Internationales Zivilprozeßrecht, 5. Aufl 2002, § 13 V 11; *StJSchl* Rdz 58 vor § 1044 (betr Schiedsgerichtsbarkeit); *SchwW* 59 Rn 29–35; *Arnold* NJW **70**, 1478; *Ganske* AWD **70**, 145.

1   1) Der Vertrag ist die erste umfassende Übereinkunft der BRep mit einem außereuropäischen Staat. Er enthält Vorschriften über den Rechtsschutz in Zivil- und Handelssachen, Art 1–7, die Rechtshilfe in diesen Angelegenheiten, Art 8–26, und die Anerkennung und Vollstreckung gerichtlicher Entscheidungen, Art 27–46, sowie Bestimmungen über Schiedsvereinbarungen und Schiedssprüchen in Handelssachen, Art 47–53.
Nach Art 27 werden in Zivil- und Handelssachen alle rechtskräftigen Entscheidungen der Gerichte in Verfahren der streitigen und der freiwilligen Gerichtsbarkeit (also auch Arbeitsgerichtsbarkeit) ohne Rücksicht auf ihre Benennung anerkannt; als gerichtliche Entscheidungen gelten auch Kostenfestsetzungsbeschlüsse. Nicht anerkannt werden Arreste und einstw Verfügungen, Schütze WertpMitt **80**, 1442; dagegen werden einstw Anordnungen, wenn sie auf eine Geldleistung lauten, anerkannt, auch wenn sie noch nicht rechtskräftig sind, Art 27 IV. Entscheidungen in Ehe- und Unterhaltssachen fallen ebenso unter den Vertrag, Art 28, weiterhin Prozeßvergleiche und öff Urkunden, Art 42, 43. **Nicht anwendbar** ist er auf Entscheidungen in Konkurs- und Vergleichsverfahren sowie in Angelegenheiten der sozialen Sicherheit, Art 28.

2   Die **Anerkennung** einer gerichtlichen Entscheidung darf nur versagt werden, Art 29, bei fehlender Zuständigkeit iSv Art 31, 32 (I Z 1), bei Verletzung des ordre public des Anerkennungsstaates (I Z 2), bei Erwirkung der Entscheidung durch betrügerische Machenschaften (I Z 3), bei vorangehender Rechtshängigkeit im Anerkennungsstaat (I Z 4) oder bei Unvereinbarkeit mit einer im Anerkennungsstaat ergangenen

rechtskräftigen Entscheidung (I Z 5), ferner im Falle der Nichteinlassung bei nicht ordnungsgemäßer oder nicht rechtzeitiger Zustellung der Klage usw, II, bei Kostenentscheidungen gegen den Kläger nur im Falle der Verletzung des ordre public, III. Wegen Versagung der Anerkennung im Hinblick auf die Anwendung anderer Gesetze, als sie nach dem IPR des Anerkennungsstaates anzuwenden gewesen wären, in bestimmten Angelegenheiten, vgl Art 30.

Die Vorschriften über die Anerkennung und Vollstreckung gelten nach Art 28 I in Ehe- und Familienstandssachen nur für Entscheidungen in Ehe- oder Unterhaltssachen. Nach Art 29 I Z 1 setzt die Anerkennung voraus, daß für das Gericht des Entscheidungsstaates eine Zuständigkeit iSv Art 31 oder 32 bestand. Eine **Sondervorschrift für Ehesachen** enthält **Art 32** (dazu Jayme IPrax **81**, 10 u **84**, 101):

I In Ehesachen sind die Gerichte des Entscheidungsstaates im Sinne dieses Titels zuständig, wenn beide Ehegatten nicht die Staatsangehörigkeit des Anerkennungsstaates besitzen; gehören beide Ehegatten einem dritten Staate an, so wird die Zuständigkeit der Gerichte des Entscheidungsstaates nicht anerkannt, wenn die Entscheidung nicht in dem dritten Staate anerkannt würde.

II Besaß auch nur einer der beiden Ehegatten die Staatsangehörigkeit des Anerkennungsstaates, so sind die Gerichte des Entscheidungsstaates im Sinne dieses Titels zuständig, wenn der Beklagte zur Zeit der Einleitung des Verfahrens seinen gewöhnlichen Aufenthalt im Entscheidungsstaat hatte oder wenn die Ehegatten ihren letzten gemeinsamen gewöhnlichen Aufenthalt im Entscheidungsstaat hatten und einer der Ehegatten zur Zeit der Einleitung des Verfahrens sich im Entscheidungsstaat aufhielt.

Für die Anerkennung ist Art 30 II zu beachten; danach darf sie versagt werden, wenn das Gericht nach den Regeln seines IPR andere Gesetze angewendet hat, als sie nach dem IPR des Anerkennungsstaates anzuwenden gewesen wären, es sei denn, daß die Entscheidung auch bei Anwendung dieses IPR gerechtfertigt gewesen wäre.

Das Verfahren der **Vollstreckbarkeitserklärung** gerichtlicher Entscheidungen ist in den Art 34–41 geregelt (mit Sondervorschriften für gerichtliche Vergleiche und öff Urkunden in den Art 42 u 43).

Mit der **Anerkennung von Schiedsvereinbarungen und der Anerkennung und Vollstreckung von Schiedssprüchen** befassen sich die Art 47–53. Diese Bestimmungen gelten nur für Schiedsgerichtsverfahren in Handelssachen, Art 47 III Z 1, hier aber auch für tunesische Unternehmen, an denen der Staat beteiligt ist, Z 5 des Zusatzprotokolls:

Art. 47. I Jeder der beiden Staaten erkennt eine schriftliche Vereinbarung an, durch die sich die Parteien verpflichten, einem schiedsrichterlichen Verfahren alle oder einzelne Streitigkeiten zu unterwerfen, die zwischen ihnen aus einem bestimmten Rechtsverhältnis bereits entstanden sind oder etwa künftig entstehen werden, und zwar ohne Rücksicht darauf, ob das Rechtsverhältnis vertraglicher oder nichtvertraglicher Art ist.

II Unter einer schriftlichen Vereinbarung im Sinne des vorstehenden Absatzes ist eine Schiedsabrede oder eine Schiedsklausel zu verstehen, sofern die Abrede oder die Klausel von den Parteien unterzeichnet oder in Briefen, Telegrammen oder Fernschreiben, welche die Parteien gewechselt haben, oder in einer Niederschrift des Schiedsgerichts enthalten ist.

III Die Schiedsvereinbarung ist nur anzuerkennen:
1. wenn das Rechtsverhältnis, aus dem die Streitigkeit entsteht, nach dem Recht des Anerkennungsstaates als Handelssache anzusehen ist;
2. wenn die Vereinbarung zwischen Personen getroffen worden ist, von denen bei Abschluß der Vereinbarung die eine Partei ihren Wohnsitz oder gewöhnlichen Aufenthalt oder, falls es sich um eine juristische Person oder eine Gesellschaft handelt, ihren Sitz oder ihre Hauptniederlassung in dem einen Staat und die andere Partei in dem anderen Staat hatte;
3. wenn die Streitigkeit nach dem Recht des Anerkennungsstaates auf schiedsrichterlichem Wege geregelt werden kann.

Art. 48. In schiedsrichterlichen Verfahren, die auf einer Vereinbarung im Sinne des Artikels 47 beruhen, können Angehörige eines der beiden Staaten oder eines dritten Staates zu Schiedsrichtern bestellt werden.

Art. 49. I Den Parteien einer Schiedsvereinbarung steht es frei zu bestimmen:
1. daß der oder die Schiedsrichter einer Liste zu entnehmen sind, die eine von den Parteien namentlich zu bezeichnende internationale Organisation für die Schiedsgerichtsbarkeit führt;
2. daß jede Partei einen Schiedsrichter ernennt und die beiden Schiedsrichter ihrerseits einen dritten Schiedsrichter ernennen; der dritte Schiedsrichter muß entweder in der Schiedsvereinbarung bestimmt oder auf Grund der Schiedsvereinbarung bestimmbar sein, insbesondere durch Angaben über seine Fähigkeiten, sein Fachgebiet, seinen Wohnsitz oder seine Staatsangehörigkeit.

II Den Parteien steht es ferner frei:
1. den Ort festzulegen, an dem das schiedsrichterliche Verfahren durchgeführt werden soll;
2. die Verfahrensregeln zu bestimmen, die von dem oder den Schiedsrichtern eingehalten werden sollen;
3. vorbehaltlich zwingender Rechtsvorschriften das Recht zu bestimmen, das die Schiedsrichter in der Sache anwenden sollen.

AnerkVollstrAbk   Schlußanhang V B 9

Art. 50. Wird ein Gericht eines der beiden Staaten wegen einer Streitigkeit angerufen, hinsichtlich deren die Parteien eine Vereinbarung im Sinne des Artikels 47 getroffen haben, so hat das Gericht die Parteien auf Antrag einer von ihnen auf das schiedsrichterliche Verfahren zu verweisen, sofern es nicht feststellt, daß die Vereinbarung hinfällig, unwirksam oder nicht erfüllbar ist.

Art. 51. Schiedssprüche, die auf Grund einer nach Artikel 47 anzuerkennenden Schiedsvereinbarung ergangen sind, werden in jedem der beiden Staaten anerkannt und vollstreckt.

Art. 52. I Die Anerkennung oder Vollstreckung des Schiedspruchs darf nur versagt werden:
1. wenn die Anerkennung oder Vollstreckung des Schiedspruchs der öffentlichen Ordnung des Anerkennungsstaates widerspricht;
2. wenn die Streitigkeit nach dem Recht des Anerkennungsstaates nicht auf schiedsrichterlichem Wege geregelt werden kann;
3. wenn eine gültige Schiedsvereinbarung nicht vorliegt; dieser Versagungsgrund ist jedoch nicht zu berücksichtigen, wenn die Partei, die sich auf ihn beruft, ihn während der Dauer des Schiedsverfahrens, auf das sie sich eingelassen hat, zwar gekannt, aber nicht geltend gemacht hat oder wenn ein Gericht des Staates, in dessen Hoheitsgebiet oder nach dessen Recht der Schiedsspruch ergangen ist, eine auf diesen Grund gestützte Aufhebungsklage abgewiesen hat;
4. wenn der Schiedsspruch durch betrügerische Machenschaften erwirkt worden ist;
5. wenn der Partei, gegen die der Schiedsspruch geltend gemacht wird, das rechtliche Gehör nicht gewährt wurde.

II Vergleiche, die vor einem Schiedsgericht geschlossen worden sind, stehen Schiedssprüchen gleich.

Art. 53. Das Verfahren und die Wirkungen der Vollstreckbarerklärung richten sich nach den Artikeln 35 ff.

6   2) Da beide Staaten dem UN-ÜbkSchdG, Schlußanh VI A 2, beigetreten sind, gilt die Meistbegünstigungsklausel in dessen Art VII, SchwW 59 Rdz 29. Zu den Versagungsgründen in beiden Abk vgl SchwW 59 Rdz 31. Zu dem Vertrag ist das **Ausführungsgesetz v 29. 4. 69, BGBl 333**, ergangen, dessen §§ 5, 9 u 11 durch Art 28 ZPO-RG mWv 1. 1. 02 geändert worden sind. Das AusfG enthält in seinem Dritten Abschnitt (§§ 5–15) Bestimmungen über die Vollstreckung gerichtlicher Entscheidungen und anderer Schuldtitel. Danach gelten §§ 567–577 ZPO, jedoch beträgt die Beschwerdefrist einen Monat, § 5 IV 1, die Rechtsbeschwerde an den BGH ist entspr § 1065 ZPO statthaft, § 5 IV 2. Sondervorschriften enthalten §§ 6–10. Ferner gelten für deutsche gerichtliche Entscheidungen Besonderheiten, nämlich für die Festsetzung von Gerichtskosten, § 11, die Form von Anerkenntnis- und Versäumnisurteilen, §§ 12 u 13, und von einstwAnOen und einstwVfgen, § 14, sowie für die Vollstreckungsklausel bei diesen, § 15.

9. Der deutsch-israelische Vertrag über die gegenseitige Anerkennung und Vollstreckung gerichtlicher Entscheidungen in Zivil- und Handelssachen vom 20. 7. 77, BGBl 80 II 926

Material: Denkschrift BT-Drs 8/3866.

Schrifttum: *MüKoGo* Schlußanh 5 d; *BBGS* 625; *Nagel/Gottwald*, Internationales Zivilprozeßrecht, 5. Aufl 2002, § 13 V 4; *Siehr* RIW 88, 909 mwN u RabelsZ **86**, 586; *Roth* RIW 87, 814; *Müller/Hök* JB **86**, 801 (betr Mahnverf); *Pirrung* IPrax **82**, 130.

1   1) Der Vertrag, der am 1. 1. 81 in Kraft getreten ist (Bek v 19. 12. 80, BGBl II 2354), regelt die **Anerkennung und Vollstreckung gerichtlicher Entscheidungen** (aller Art) der streitigen und der freiwilligen Gerichtsbarkeit einschließlich der gerichtlichen Vergleiche, Art 2, und der Entscheidungen religiöser Gerichte, Siehr RabelsZ **86**, 592, in Zivil- und Handelssachen. Er ist nicht anzuwenden auf die in Art 4 I genannten Entscheidungen, jedoch ungeachtet dieser Vorschriften auf alle Entscheidungen, die Unterhaltspflichten zum Gegenstand haben, Art 4 II; für deren Zulassung zur Zwangsvollstreckung gilt Art 20. Zeitlich gilt der Vertrag nur für Titel, die nach seinem Inkrafttreten errichtet worden sind und Sachverhalte zum Gegenstand haben, die nach dem 1. 1. 66 entstanden sind, Art 26. Für Schiedssprüche gelten weiterhin die bestehenden multilateralen Übk, die auch sonst durch den Vertrag nicht berührt werden, Art 25. Unberührt bleibt auch Art 24 des dt-israelischen Abk über soziale Sicherheit v 17. 12. 73, BGBl 75 II 246, 443.

2   *Art. 1.* In Zivil- und Handelssachen werden Entscheidungen der Gerichte in einem Vertragsstaat im anderen Vertragsstaat unter den in diesem Vertrag vorgesehenen Bedingungen anerkannt und vollstreckt.

Art. 2. I 1 Unter Entscheidungen im Sinne dieses Vertrages sind alle gerichtlichen Entscheidungen ohne Rücksicht auf ihre Benennung (Urteile, Beschlüsse, Vollstreckungsbefehle) und ohne Rücksicht darauf zu verstehen, ob sie in einem Verfahren der streitigen oder der freiwilligen Gerichtsbarkeit ergangen sind; hierzu zählen auch die gerichtlichen Vergleiche. 2 Ausgenommen sind jedoch diejenigen Entscheidungen der freiwilligen Gerichtsbarkeit, die in einem einseitigen Verfahren erlassen sind.

II Gerichtliche Entscheidungen sind insbesondere auch
1. die Beschlüsse eines Rechtspflegers, durch die der Betrag des für ein Kind zu leistenden Unterhalts festgesetzt wird, die Beschlüsse eines Urkundsbeamten oder eines Rechtspflegers, durch die der Betrag der Kosten des Verfahrens später festgesetzt wird, und Vollstreckungsbefehle;

2. Entscheidungen des Registrars im Versäumnisverfahren, im Urkundenprozeß, in Kostensachen und in arbeitsrechtlichen Angelegenheiten.

Art. 4. ¹ Die Bestimmungen dieses Vertrages finden keine Anwendung:
1. auf Entscheidungen in Ehesachen oder anderen Familienstandssachen und auf Entscheidungen, die den Personenstand oder die Handlungsfähigkeit von Personen zum Gegenstand haben, sowie auf Entscheidungen in Angelegenheiten des ehelichen Güterrechts;
2. auf Entscheidungen auf dem Gebiet des Erbrechts;
3. auf Entscheidungen, die in einem gerichtlichen Strafverfahren über Ansprüche aus einem Rechtsverhältnis des Zivil- und Handelsrechts ergangen sind;
4. auf Entscheidungen, die in einem Konkursverfahren, einem Vergleichsverfahren zur Abwendung des Konkurses oder einem entsprechenden Verfahren ergangen sind, einschließlich der Entscheidungen, durch die für ein solches Verfahren über die Wirksamkeit von Rechtshandlungen gegenüber den Gläubigern erkannt wird;
5. auf Entscheidungen in Angelegenheiten der sozialen Sicherheit;
6. auf Entscheidungen in Atomhaftungssachen;
7. auf einstweilige Verfügungen oder Anordnungen und auf Arreste.

II Ungeachtet der Vorschriften des Absatzes 1 ist dieser Vertrag auf Entscheidungen anzuwenden, die Unterhaltspflichten zum Gegenstand haben.

Soweit der Vertrag nicht anwendbar ist, kommt eine Anerkennung (und Vollstr) nach innerdeutschem Recht, namentlich § 328 ZPO u Art 7 § 1 FamRÄndG, in Betracht, vgl Siehr RabelsZ **86**, 599. I ü bleiben multilaterale Übk unberührt, Art 25, dergleichen günstigere Regelungen des innerstaatlichen Rechts, Siehr RabelsZ **86**, 589.

Die Gründe, die nach dem Vertrag eine **Versagung der Anerkennung** rechtfertigen, ergeben sich aus den Art 5–7, Siehr RabelsZ **86**, 593 (eingehend); notwendig ist namentlich die Zuständigkeit iSv Art 7 oder aufgrund eines Übk, dem beide Staaten angehören, Art 5 I Z 1, BGH RR **02**, 1357; zur Zustellung des verfahrenseinleitenden Schriftstücks, Art 5 II, nach dem HZustlÜbk, Anh § 202 ZPO, vgl Köln IPrax **97**, 175 (krit Kondring IPrax **97**, 158). Ein besonderes Anerkennungsverfahren ist nicht nötig, aber möglich, Art 9. Die **Vollstreckung** ist in den Art 10–21 geregelt; für die Zulassung der Zwangsvollstreckung ist in der Bundesrepublik das LG zuständig, Art 14, und zwar ausschließlich, §§ 2 u 50 AVAG (Schlußanh V E), während Zulassungsanträge in Israel abw von Art 14 I Z 2 bei jedem zuständigen Gericht gestellt werden können, Bek v 21. 11. 89, BGBl 90 II 8.

Die Auswirkungen der **Rechtshängigkeit** sind besonders geregelt:

Art. 22. ¹ Die Gerichte in dem einen Staat werden auf Antrag einer Prozeßpartei die Klage zurückweisen oder, falls sie es für zweckmäßig erachten, das Verfahren aussetzen, wenn ein Verfahren zwischen denselben Parteien und wegen desselben Gegenstandes in dem anderen Staat bereits anhängig ist und in diesem Verfahren eine Entscheidung ergehen kann, die in ihrem Staat nach den Vorschriften dieses Vertrages anzuerkennen sein wird. **3**

II Jedoch können in Eilfällen die Gerichte eines jeden Staates die in ihrem Recht vorgesehenen einstweiligen Maßnahmen, einschließlich solcher, die auf eine Sicherung gerichtet sind, anordnen, und zwar ohne Rücksicht darauf, welches Gericht mit der Hauptsache befaßt ist.

2) Zu dem Vertrag ist das **AusfG v 13. 8. 80**, BGBl 1301, ergangen. Es ist mWv 8. 6. 88 durch das AVAG, abgedruckt und erläutert im Schlußanh V E, ersetzt worden, § 58 I AVAG. Dieses Gesetz enthält in den §§ 45–49 Sondervorschriften für die Ausführung des dt-israel Vertrages.

10. Der deutsch-norwegische Vertrag über die gegenseitige Anerkennung und Vollstreckung gerichtlicher Entscheidungen und anderer Schuldtitel in Zivil- und Handelssachen vom 17. 6. 77, BGBl 81 II 342

Vorbem. Mit Wirkung vom 1. 3. 95 ist der Vertrag **durch das LuganoÜbk** nach Maßgabe von dessen Art 54 **ersetzt** worden, Art 55 des Übk, s Schlußanh V D 1; er behält seine Wirksamkeit für die Rechtsgebiete, auf die sich das LuganoÜbk nicht bezieht, Art 56 iVm Art 1 des Übk.

Schrifttum: *MüKoGo* Schlußanh 5 g; *BBGS* 645; *Nagel/Gottwald,* Internationales Zivilprozeßrecht, 5. Aufl 2002, § 13 V 7; *Roth* RIW **87**, 814; *Pirrung* IPrax **82**, 130.

Der Vertrag, der am 3. 10. 81 zusammen mit dem AusfG in Kraft getreten ist (Bek v 8. 9. 81, BGBl 947), **1** regelt die **Anerkennung und Vollstreckung gerichtlicher Entscheidungen** (aller Art) der Zivilgerichte, durch die über Ansprüche aus einem Rechtsverhältnis des Zivil- oder Handelsrechts erkannt worden ist, Art 1 I u III; ihnen stehen Entscheidungen der Strafgerichte über Ansprüche des Verletzten aus einem solchen Rechtsverhältnis gleich, Art 1 II. Der Vertrag ist ferner auf bestimmte arbeitsrechtliche Streitigkeiten anzuwenden, Art 2. Nicht anwendbar ist er nach seinem Art 3 auf Entscheidungen in Ehe-, anderen Familien- und Personenstandssachen, über Haftung für Atomschäden, auf Entscheidungen in Konkurs- und Vergleichsverfahren sowie auf einstwVfgen, einstwAnOen und Arreste; der Vertrag ist auch nicht auf Unterhaltssachen anzuwenden, Art 4 I; hierfür gilt jetzt das Haager Übk v 2. 10. 73, oben V A 2, so daß die Regelung für die Unterhaltsansprüche von Kindern, die das 21. Lebensjahr vollendet haben, sowie von Ehegatten oder früheren Ehegatten, Art 4 II, nicht mehr anwendbar ist, Rahm VIII 271. Zeitlich gilt der Vertrag nur für Entscheidungen und andere Schuldtitel, die nach seinem Inkrafttreten entstanden sind, Art 24. Die Anerkennung und Vollstreckung von Schiedssprüchen bestimmt sich nach den zwischen beiden Staaten bestehenden Übk, Art 19.

AnerkVollstrAbk Schlußanhang V B 11

Die Gründe, die eine **Versagung der Anerkennung** rechtfertigen, ergeben sich aus den Art 5–8, die Nachprüfung durch die Gerichte des anderen Staates regelt Art 9. Die **Vollstreckung** ist in den Art 10–17 geregelt (Art 18 betrifft Vergleiche). Für die Zulassung der Zwangsvollstreckung ist in der Bundesrepublik das LG zuständig, Art 13, und zwar ausschließlich, § 1 AusfG.

2   **Besondere Bestimmungen:** Art 20 beschränkt den Gerichtsstand des Vermögens, § 23 ZPO; Art 21 regelt die Beachtung anhängiger Verfahren; Art 22 bestimmt, daß Übk für besondere Rechtsgebiete unberührt bleiben; Art 23 regelt die Anerkennung und Vollstreckung von Entscheidungen eines dritten Staates gegen Personen mit Wohnsitz bzw Niederlassung in einer der Vertragsstaaten.

3   Zu dem Vertrag ist das **AusfG v 10. 6. 81, BGBl 514**, ergangen. Dieses Gesetz ist mWv 8. 6. 88 durch das **AVAG**, abgedruckt und erläutert im Schlußanh V E, ersetzt worden. Es enthält in den §§ 40–44 Sondervorschriften für die Ausführung des dt-norweg Vertrages.

11. Der deutsch-spanische Vertrag über die Anerkennung und Vollstreckung von gerichtlichen Entscheidungen und Vergleichen sowie vollstreckbaren öffentlichen Urkunden in Zivil- und Handelssachen vom 14. 11. 83, BGBl 87 II 35

Material: RegEntw mit Begr des ZustimmungsG, BT-Drs 10/5415; Beschlußempfehlung u Bericht des Rechtsausschusses, BT-Drs 10/6140.

Schrifttum: BBGS II 663 (Karl); *MüKoGo* Schlußanh 5 k; *Löber*, Abk Deutschland/Spanien etc, 1988; *Nagel/Gottwald*, Internationales Zivilprozeßrecht, 5. Aufl 2002, § 13 V 10; *Böhmer* IPrax **88**, 334; *Löber* RIW **87**, 429.

1   **1) Allgemeines.** Der Vertrag, der am 18. 4. 88 in Kraft getreten ist (Bek v 28. 1. 88, BGBl II 207, ber durch Bek v 23. 3. 88, BGBl II 375), wurde mit Inkrafttreten des BeitrÜbk v 26. 5. 89 **mWv 1. 12. 94 durch das EuGVÜ** nach Maßgabe von dessen Art 54 **ersetzt**, BGH EuZW **97**, 413, u IPrax **97**, 188 (Anm Mankowski ebd 174); vgl Üb Art 1 EuGVÜ Rn 3. Er **behielt seine Wirksamkeit** für die Rechtsgebiete, auf die sich das EuGVÜ nicht bezieht, Art 56 iVm Art 1 (Übergangsbestimmungen: Üb Art 1 EuGVÜ Rn 3). Seit dem 1. 3. 01 gilt in allen EG-Staaten (außer Dänemark) die **VO (EG) Nr 1347/2000 des Rates v 29. 5. 2000** über die Zuständigkeit und die Anerkennung und Vollstreckung von Entscheidungen in Ehesachen und in Verfahren betr die elterliche Verantwortung für die gemeinsamen Kinder der Ehegaten (ABlEG L 160/19), abgedr u erläutert im Anh I zu § 606a ZPO. Sie gilt für die in Art 1 bezeichneten Verfahren, die nach dem 1. 3. 01 eingeleitet werden, Art 42 I, und mit bestimmten Maßgaben für die nach diesem Stichtag ergehenden Entscheidungen in vorher eingeleiteten Verfahren, Art 42 II. Die VO ersetzt nach Maßgabe ihres Art 36 die Einzelabkommen. Die am 1. 3. 02 in Kraft getretene **VO (EG) Nr 44/2001 des Rates v 22. 12. 2000** über die gerichtliche Zuständigkeit und die Anerkennung u Vollstreckung von Entscheidungen in Zivil- u Handelssachen (ABlEG Nr L 12 S 1) tritt an die Stelle des EuGVÜ, Art 68, und ersetzt nach Maßgabe der Art 66 II u 70 den Vertrag, Art 69, s Schlußanh V C (A). Er bleibt danach im wesentlichen **anwendbar** in den in Art 1 II der VO genannten Angelegenheiten, soweit sie nicht unter die VO (EG) Nr 1347/2000 fallen.

Der Vertrag lehnt sich an das EuGVÜ und an andere VollstrAbk an, Borchmann NJW **88**, 599. Ausgenommen sind Entscheidungen usw auf bestimmten Rechtsgebieten, Art 3. Zeitlich gilt der Vertrag grundsätzlich nur für Titel, die nach seinem Inkrafttreten rechtskräftig geworden bzw errichtet worden sind, Art 24 I, jedoch auch für vorher rechtskräftig gewordene Entscheidungen über den Ehe- und Familienstand, sofern sie nicht in Abwesenheit des Bekl ergangen sind, Art 24 II. Der Vertrag berührt nicht die Bestimmungen anderer zwischen Spanien und der BRep geltender Übereinkünfte, die für besondere Rechtsgebiete die Anerkennung und Vollstreckung regeln, zB des HZPrÜbk, des HUnterhVollstrÜbk und der Übk über die internationale Schiedsgerichtsbarkeit, Schlußanh VI, Art 23 I; günstigere Bestimmungen des innerstaatlichen Rechts gehen dem Vertrag ebenfalls vor, Art 23 II.

Art 1. I **In Zivil- und Handelssachen werden Entscheidungen der Gerichte des einen Vertragsstaates, durch die über Ansprüche der Parteien in einem Verfahren der streitigen oder freiwilligen Gerichtsbarkeit erkannt wird, in dem anderen Vertragsstaat unter den in diesem Vertrag vorgesehenen Bedingungen anerkannt und vollstreckt.**

II **Gerichtlichen Entscheidungen stehen gerichtliche Vergleiche und vollstreckbare öffentliche Urkunden gleich.**

III **Entscheidungen in Zivil- und Handelssachen, die in einem Strafverfahren ergehen, fallen in den Anwendungsbereich dieses Vertrages.**

Bem. Es muß sich um die Entscheidung eines staatlichen Gerichts handeln, vgl Art 2 u 3; hierunter fallen auch die Entscheidungen des Rpfl, zB nach den §§ 104 ff ZPO, Löber RIW **88**, 312. Entscheidungen geistlicher Gerichte, zB über die Trennung oder Nichtigkeit einer kanonischen Ehe, können nach dem Vertrag nicht anerkannt werden; im Fall ihrer Bestätigung durch den zuständigen spanischen Zivilrichter nach Art 80 CCE (StAZ **82**, 86) werden sie zu einer gerichtlichen Entscheidung iSv Art 1, Begr S 15. Zu den vollstreckbaren Urkunden, II, gehören auch die in Unterhaltssachen vor einer VerwBehörde abgegebenen Erklärungen, zB nach § 59 SGB VIII.

2   *Art 2.* Es bedeuten im Sinne dieses Vertrages

1. „Entscheidung":
   a) jede gerichtliche Entscheidung ohne Rücksicht auf ihre Benennung,
   b) die Beschlüsse eines Rechtspflegers (funcionario competente, judicial o coadyuvante de los tribunales), durch die der Betrag des zu leistenden Unterhalts festgesetzt wird, und von ihm erlassene rechtskräftige Vollstreckungsbescheide,

c) die Beschlüsse der Gerichte oder anderer zuständiger Behörden eines der Vertragsstaaten, durch die der Betrag der Kosten des Verfahrens später festgesetzt wird, sofern sie auf Entscheidungen beruhen, die auf Grund dieses Vertrages anerkannt oder vollstreckt werden können, und sofern die Beschlüsse über die Prozeßkosten mit einem Rechtsbehelf vor einem Gericht angefochten werden können;
2. „Ursprungsstaat": der Staat, in dessen Hoheitsgebiet die Ursprungsbehörde ihren Sitz hat oder vor dessen Gerichten oder Behörden die vollstreckbare Urkunde errichtet wird;
3. „Ursprungsbehörde": dasjenige Gericht oder diejenige Behörde, die die Entscheidung erlassen hat, oder vor der der Vergleich geschlossen wurde, deren Anerkennung in Betracht kommt oder deren Vollstreckung beantragt wird;
4. „ersuchter Staat": derjenige Staat, in dessen Hoheitsgebiet die Anerkennung in Betracht kommt oder die Vollstreckung beantragt wird;
5. „ersuchte Behörde": dasjenige Gericht oder diejenige Behörde, bei der die Anerkennung oder Vollstreckung der Entscheidung, des Vergleichs oder der vollstreckbaren Urkunde beantragt wird.

Bem. Zu Z 1 a vgl Bem zu Art 1. „Gerichtliche Entscheidungen" sind Urteile und Beschlüsse, auch solche des Rpfl außerhalb der Z 1 b, Bem zu Art 1. Unter Z 1 b fallen Beschlüsse nach den §§ 641 p und 642 a ZPO sowie VollstrBescheide nach § 699 ZPO. Z 1 c ermöglicht die Anerkennung und Vollstreckung von Kostenfestsetzungsbeschlüssen, § 104 ZPO. Auch Versäumnisentscheidungen sind anerkennungs- und vollstreckungsfähig, Art 16 I Z 4, Löber RIW **87**, 431. Wegen der Ausnahme s Art 3.

Art 3. Dieser Vertrag ist nicht anzuwenden:
1. auf Entscheidungen, die in einem Konkursverfahren, einem Vergleichsverfahren zur Abwendung des Konkurses oder einem entsprechenden Verfahren ergangen sind, einschließlich der Entscheidungen, durch die für ein solches Verfahren über die Wirksamkeit von Rechtshandlungen, welche die Gläubiger benachteiligen, erkannt wird;
2. auf Entscheidungen in Angelegenheiten der sozialen Sicherheit;
3. auf Entscheidungen in Atomhaftungssachen;
4. auf die Schiedsgerichtsbarkeit;
5. auf einstweilige Verfügungen, einstweilige Anordnungen und Arreste.

Bem. Art 3 greift nur dann ein, wenn Fragen aus den dort genannten Rechtsgebieten den unmittelbaren Gegenstand der Entscheidung bilden, also nicht nur eine Vorfrage betreffen, Begr S 16. Zu Z 4: Spanien ist Vertragsstaat des UN-ÜbkSchG u des EuÜbkHSch, Schlußanh VI A, vgl dazu Cremades JbPrSchdG **2**, 28, Bühring-Uhle ZVglRWiss **88**, 297.

2) **Anerkennung** (Löber RIW **87**, 433). Titel werden grundsätzlich anerkannt, wenn sie iSv Art 2 Z 2 **3** Rechtskraft erlangt haben und die Zuständigkeit des dortigen Gerichts anzuerkennen ist, Art 4. Für diese Anerkennung der Zuständigkeit gelten die Voraussetzungen des Art 7 I; auch in diesen Fällen wird die Zuständigkeit jedoch dann nicht anerkannt, wenn nach dem Recht des ersuchten Staates iSv Art 2 Z 4 die Gerichte dieses oder eines dritten Staates für die Klage, die zu der Entscheidung geführt hat, ausschließlich zuständig sind, Art 7 II. **Für FamS und ähnliche Verfahren gelten besondere Bestimmungen:** Sie werden am 1. 3. 01 durch die **VO (EG) Nr 1347/2000 des Rates v 29. 5. 2000** über die Zuständigkeit und die Anerkennung und Vollstreckung von Entscheidungen in Ehesachen und in Verfahren betr die elterliche Verantwortung für die gemeinsamen Kinder der Ehegatten (ABlEG L 160/19) ersetzt, vgl den Abdruck in Anh § 606 a ZPO. Diese gilt für die in Art 1 bezeichneten Verfahren, die nach dem 1. 3. 01 eingeleitet werden, Art 42 I, und mit bestimmten Maßgaben für die nach diesem Stichtag ergehenden Entscheidungen in vorher eingeleiteten Verfahren, Art 42 II.

Art. 8. ¹ In allen den Ehe- oder Familienstand, die Rechts- oder Handlungsfähigkeit oder die gesetzliche Vertretung betreffenden Angelegenheiten, an denen ein Angehöriger eines der beiden Vertragsstaaten beteiligt ist, wird die Zuständigkeit der Gerichte des Ursprungsstaates im Sinne des Artikels 4 Nummer 1 anerkannt, wenn der Beklagte zur Zeit der Einleitung des Verfahrens die Staatsangehörigkeit dieses Staates besaß oder dort seinen Wohnsitz oder gewöhnlichen Aufenthalt hatte.

II In Ehesachen wird die Zuständigkeit ferner anerkannt, wenn zur Zeit der Einleitung des Verfahrens eine der beiden Parteien die Staatsangehörigkeit eines der beiden Vertragsstaaten besaß und wenn außerdem die beiden Parteien ihren letzten gemeinsamen gewöhnlichen Aufenthalt im Ursprungsstaat hatten und der Kläger zur Zeit der Einleitung des Verfahrens in diesem Staat seinen gewöhnlichen Aufenthalt hatte.

III In Ehesachen wird die Zuständigkeit der Gerichte des Ursprungsstaates ferner anerkannt, wenn die Ehegatten ihren gewöhnlichen Aufenthalt in einem dritten Staat hatten und wenn der Kläger im Zeitpunkt der Einleitung des Verfahrens die Staatsangehörigkeit des Ursprungsstaates und der Beklagte die Staatsangehörigkeit eines anderen als des ersuchten Staates besaß.

Bem. Die Bestimmung ist Art 4 des dt-belgischen Abk, Schlußanh V B 4, nachgebildet worden. Durch sie wird die Anerkennung umfassend sichergestellt, Begr S 19.

Die allgemeinen Gründe, die zur Versagung der Anerkennung führen, ergeben sich aus Art. 5; dazu gehört ua die offensichtliche Unvereinbarkeit mit der öff Ordnung des ersuchten Staates, vgl Art 27 EuGVÜ, Schlußanh V C 1. Darüber hinaus darf der Titel nicht nachgeprüft werden, Art 9, soweit nicht Art 6 eingreift:

Art. 6. ¹ Die Anerkennung darf nicht allein deshalb versagt werden, weil das Gericht, das die Entscheidung erlassen hat, andere Gesetze angewendet hat, als sie nach dem internationalen Privatrecht des ersuchten Staates anzuwenden gewesen wären.

AnerkVollstrAbk

II ¹ Jedoch darf die Anerkennung aus diesem Grunde versagt werden, wenn die Entscheidung auf der Beurteilung des Ehe- oder Familienstandes, eines güterrechtlichen oder erbrechtlichen Verhältnisses, der Rechts- oder Handlungsfähigkeit, der gesetzlichen Vertretung oder der Abwesenheits- oder Todeserklärung eines Angehörigen des ersuchten Staates beruht, es sei denn, daß sie auch bei Anwendung des internationalen Privatrechts des ersuchten Staates zum gleichen Ergebnis geführt hätte. ² Das gleiche gilt für eine Entscheidung in bezug auf die Rechts- oder Handlungsfähigkeit einer juristischen Person oder Gesellschaft, die ihren Sitz oder ihre Hauptniederlassung im ersuchten Staat hat.

Bem. II betrifft auch solche Entscheidungen, für die die personenrechtliche Frage nur als Vorfrage erheblich ist, Begr S 17.

Eines besonderen Anerkennungsverfahrens bedarf es nicht, Art 10 I–III. Dessen ungeachtet kann jeder der beiden Staaten in Ehe- und Familienstandssachen ein besonderes vereinfachtes Anerkennungsverfahren vorsehen, in dem der Antragsteller nicht schlechter gestellt sein darf als nach den Art 13 u 14, Art 10 IV; es bleibt also im Verhältnis zu Spanien bei der Regelung des Art 7 § 1 FamRÄndG, § 328 ZPO Rn 51 ff, vgl § 33 AVAG, Schlußanh V E. Deutsche Scheidungsurteile werden in Spanien anerkannt, wenn die Voraussetzungen des Art 8 vorliegen und kein Versagungsgrund, Art 5 u 6 II, eingreift, Vestweber IPrax **92**, 268.

4 **3) Vollstreckung** (Löber RIW **87**, 433). Sie wird für gerichtliche Entscheidungen in den Art 11–19 und für Vergleiche und vollstreckbare Urkunden in Art 20 geregelt.

4) Besondere Bestimmungen. Art 21 regelt die Beachtung der Rechtshängigkeit in dem anderen Vertragsstaat; ob die ausländische Rechtshängigkeit vAw oder auf Einrede zu beachten ist, ist nicht geregelt und damit dem nationalen Recht überlassen worden, Begr S 22; vgl § 261 ZPO Rn 9. Der Transfer beigetriebener Beträge ist nach Art 22 zu erleichtern, dazu Löber RIW **87**, 433.

5) Ausführungsgesetz. Es gilt das **AVAG**, abgedruckt und erläutert im Schlußanh V E, das in seinem § 33 eine Sondervorschrift enthält, vgl Anm 2 aE.

C. Übereinkommen der Europäischen Gemeinschaft über die gerichtliche Zuständigkeit und die Vollstreckung gerichtlicher Entscheidungen in Zivil- und Handelssachen

Übersicht

Schrifttum: Einl V Rn 1. – **RsprÜbersicht:** *Dietze/Schnichels* EuZW **05**, 552, **04**, 717, **03**, 581, **02**, 626, **01**, 581, **99**, 549, **98**, 485, **97**, 459, **96**, 455, **95**, 359 u **94**, 366; *Kaum*, WiB **96**, 513; *Pfeiffer* NJW **94**, 1455 u 1634; *Jayme/Kohler* IPrax **96**, 382, **95**, 343, **94**, 409, **93**, 357 u **92**, 346; *Linke* RIW **85**, 1, RIW **91**, Beil Nr 5 S 1. Bericht des Sachverständigenausschusses: BBGS B I I a.

1 **1) Allgemeines** (Jayme/Kohler IPrax **85**, 65). Das **EuGVÜ v 27. 9. 68**, BGBl **72** II 774, das durch G v 24. 7. 72, BGBl II 773, ratifiziert worden ist, sowie das AusfG v 29. 7. 72, BGBl 1328, sind am 1. 2. 73 in Kraft getreten, Bek v 12. 1. 73, BGBl II 60 u I 126. Das durch G v 7. 8. 72, BGBl II 845, ratifizierte Protokoll v 3. 6. 71 betr die Auslegung des Übk, BGBl II 846, ist am 1. 9 75 in Kraft getreten, Bek v 21. 7. 75, BGBl II 1138.

Wegen des **Beitritts-ÜbK 1978, 1982, 1989 und 1996** wird auf die 61. Auflage verwiesen.

2 **2) Geltungsbereich. Räumlich** galt das EuGVÜ für die Bundesrepublik in ihrem jetzigen Umfang (Art 10 u 11 EV, dazu Stern, EV u Wahlvertrag, Hailbronner DtZ **91**, 322, Mansel JR **90**, 446, Grabitz/v. Bogdandy NJW **90**, 1076, Rauschning/Hach EuZW **90**, 344, Jayme/Kohler IPrax **90**, 354) und für die anderen 5 ursprünglichen EWG-Staaten Belgien, Frankreich (einschließlich überseeischer Départements und überseeischer Gebiete, Art 60 I), Italien, Luxemburg und die Niederlande (und Suriname sowie Aruba) sowie für die später beigetretenen Mitgliedstaaten Dänemark, Finnland, Griechenland, Großbritannien (einschließlich Gibraltar), Irland, Österreich, Portugal, Schweden und Spanien, s Rn 2–4, vgl Art 63. **Zeitlich** gelten die Vorschriften des Übk für Klagen und öff Urkunden, die nach seinem Inkrafttreten erhoben bzw aufgenommen worden sind, Art 54 I; für die Anerkennung und Vollstreckung gilt Art 54 II (wegen des Übergangsrechts für die Neufassungen 1978, 1982 u 1989 s Rn 1–3). In der früheren DDR vor dem 3. 10. 90 ergangene Entscheidungen fallen nicht unter das Übk, Andrae IPrax **94**, 228 mwN, ua Mansel JR **90**, 446. **Sachlich** war das Übk in allen Zivil- und Handelssachen ohne Rücksicht auf die Art der Gerichtsbarkeit anzuwenden, nicht jedoch auf die in Art 1 besonders genannten Sachen, namentlich Schiedsgerichtssachen. Entsprechendes gilt für das **Protokoll** betr die Auslegung des Übk, abgedruckt Schlußanh V C 3.

3 **3) Verhältnis zu anderen Verträgen.** Soweit das Übk danach anwendbar war, ersetzte es unbeschadet der Art 54 II u 56 die **bilateralen Verträge**, Art 55 iVm Art 54 II u 56, u a das dt-italienische Abk v 9. 3. 36, Schlußanh V B 2, den dt-österr Vertrag, Schlußanh V B 3, das dt-belgische Abk v 30. 6. 58, Schlußanh V B 4, das dt-britische Abk v 14. 7. 60, Schlußanh V B 5, den dt-griechischen Vertrag v 4. 11. 61, Schlußanh V B 6, und den dt-niederl Vertrag v 30. 8. 62, Schlußanh V B 7, sowie den dt-spanischen Vertrag v 14. 11. 83, Schlußanh V B 11, Art 55; entspr gilt für einschlägige Verträge der früheren DDR, ÜbSchlußanh V Rn 2. Wegen der **multilateralen Übk** s Art 57.

4 Neben das EuGVÜ ist das sog **LuganoÜbk** getreten, das die Vertragsstaaten jenes Übk am 16. 9. 88 mit den EFTA-Staaten abgeschlossen haben, BGBl **94** II 2658, und das für Deutschland am 1. 3. 95 in Kraft getreten ist, BGBl **95** II 221, s Schlußanh V D 1. Es gilt zZt im Verhältnis der EuGVÜ-Staaten zu Island, Norwegen und der Schweiz. Wegen des Verhältnisses zum EuGVÜ s Art 54 b LuganoÜbk.

Wegen der **VOen (EG) Nr 2201/2003 und Nr 1348/2000** s Anh I § 606 a ZPO bzw Vorbem § 1067 ZPO.

4) Anwendungsgrundsätze. Das EuGVÜ verdrängte in seinem Geltungsbereich das nationale Recht, **5** soweit es nicht selbst Vorbehalte machte, allgM, EuGH RIW **84**, 483 u **80**, 285, MüKoGo Art 1 Rn 14, vgl Art 2 u 5 Rn 1. Es verdrängte insoweit auch das nationale IPR und IZPR, Geimer/Schütze Einl Rn 53.

Das EuGVÜ ist grundsätzlich übereinkommensautonom, dh aus sich selbst auszulegen; der Rückgriff auf Auslegungsmaßstäbe des nationalen Rechts ist ausgeschlossen, dazu Geimer/Schütze Einl Rn 55 ff, MüKoGo Art 1 Rn 15 ff. Erstrangige Quellen der Auslegung sind die Berichte von Jenard, BT-Drs 6/1973 S 52 ff, und Schlosser, BT-Drs 10/61 S 31 ff. Die teleologische Auslegung sollte integrationsfreundlich und dynamisch erfolgen, Kropholler Einl Rn 38 mwN. Die Rspr des EuGH stellt eine verbindliche Auslegungsdirektive dar; anderenfalls würde der mit dem Auslegungsprotokoll, Schlußanh V C 3, verfolgte Zweck verfehlt.

5) Die **Ausführung des EuGVÜ** richtet sich nach dem **AVAG**, Schlußanh V E. **6**

6) Rechtslage ab 1. 3. 02: An diesem Tage ist die **VO (EG) Nr 44/2001** des Rates v 22. 12. 00 über die **7** gerichtliche Zuständigkeit und die Anerkennung und Vollstreckung von Entscheidungen in Zivil- und Handelssachen (ABlEG L 12 v 16. 1. 01) in Kraft getreten, vgl Schlußanh V C 4. Diese VO ersetzt das EuGVÜ im Verhältnis zu allen EG-Staaten (auch den am 1. 5. 04 beigetretenen, Wagner NJW **04**, 1837) außer Dänemark. Das **EuGVÜ** hat neben ihr nur noch Bedeutung im Verhältnis zu Dänemark, zu den außereuropäischen Gebieten der Mitgliedstaaten iSv Art 299 EG, für die es in Kraft gesetzt worden ist, und für Altfälle iSv Art 66 II der VO. Das **LugÜbk,** oben Rn 4, gilt weiter im Verhältnis zur Schweiz und zu Norwegen und Island.

Zum Einfluss des Rechts der EG auf das nationale Zivilprozessrecht vgl Rörig EuZW **04**, 18.

1. Wortlaut des EuGVÜ v 27. 9. 68, BGBl 72 II 774, idF des Beitritts-Übk v 29. 11. 96, BGBl 98 II 1412

Titel I. Anwendungsbereich

Art. 1. $^{I\,1}$ Dieses Übereinkommen ist in Zivil- und Handelssachen anzuwenden, ohne daß es auf die Art der Gerichtsbarkeit ankommt. ^{2} Es erfaßt insbesondere nicht Steuer- und Zollsachen sowie verwaltungsrechtliche Angelegenheiten.

^{II} Es ist nicht anzuwenden auf:
1. den Personenstand, die Rechts- und Handlungsfähigkeit sowie die gesetzliche Vertretung von natürlichen Personen, die ehelichen Güterstände, das Gebiet des Erbrechts einschließlich des Testamentsrechts;
2. Konkurse, Vergleiche und ähnliche Verfahren;
3. die soziale Sicherheit;
4. die Schiedsgerichtsbarkeit.

Titel II. Zuständigkeit

1. Abschnitt. Allgemeine Vorschriften

Art. 2. ^{I} Vorbehaltlich der Vorschriften dieses Übereinkommens sind Personen, die ihren Wohnsitz in dem Hoheitsgebiet eines Vertragsstaats haben, ohne Rücksicht auf ihre Staatsangehörigkeit vor den Gerichten dieses Staates zu verklagen.

^{II} Auf Personen, die nicht dem Staate, in dem sie ihren Wohnsitz haben, angehören, sind die für Inländer maßgebenden Zuständigkeitsvorschriften anzuwenden.

Art. 3. ^{I} Personen, die ihren Wohnsitz in dem Hoheitsgebiet eines Vertragsstaats haben, können vor den Gerichten eines anderen Vertragsstaats nur gemäß den Vorschriften des 2. bis 6. Abschnitts verklagt werden.

^{II} Insbesondere können gegen diese Personen nicht geltend gemacht werden:
– in Belgien: Artikel 15 des Zivilgesetzbuches (Code civil – Burgerlijk Wetboek) sowie Artikel 638 der Zivilprozeßordnung (Code judiciaire – Gerechtelijk Wetboek);
– in Dänemark: Artikel 246 Absätze 2 und 3 der Zivilprozeßordnung (Lov om rettens pleje) und Kapitel 3 Artikel 3 der Zivilprozeßordnung für Grönland (Lov for Grønland om rettens pleje);
– in der Bundesrepublik Deutschland: § 23 der Zivilprozeßordnung;
– in Griechenland: Artikel 40 der Zivilprozeßordnung (Κώδικας Πολιτικής Δικονομίας);
– in Frankreich: Artikel 14 und 15 des Zivilgesetzbuches (Code civil);
– in Irland: Vorschriften, nach denen die Zuständigkeit durch Zustellung eines das Verfahren einleitenden Schriftstücks an den Beklagten während dessen vorübergehender Anwesenheit in Irland begründet wird;
– in Italien: Artikel 2, Artikel 4 Nummern 1 und 2 der Zivilprozeßordnung (Codice di procedura civile);
– in Luxemburg: Artikel 14 und 15 des Zivilgesetzbuches (Code civil);
– in den Niederlanden: Artikel 126 Absatz 3 und Artikel 127 der Zivilprozeßordnung (Wetboek van Burgerlijke Rechtsvordering);
– in Österreich: § 99 der Jurisdiktionsnorm;
– in Portugal: Artikel 65 Absatz 1 Buchstabe c), Artikel 65 Absatz 2 und Artikel 65 a Buchstabe c) der Zivilprozeßordnung (Código de Processo Civil) und Artikel 11 der Arbeitsprozeßordnung (Código de Processo de Trabalho);

AnerkVollstrAbk

- in Finnland: Kapitel 10 § 1 Absatz 1 Sätze 2, 3 und 4 der Prozeßordnung (oiikeudenkäymis-kaari/rättegångsbalken);
- in Schweden: Kapitel 10 § 3 Absatz 1 Satz 1 der Prozeßordnung (rättegångsbalken);
- im Vereinigten Königreich: Vorschriften, nach denen die Zuständigkeit begründet wird durch
   a) die Zustellung eines das Verfahren einleitenden Schriftstücks an den Beklagten während dessen vorübergehender Anwesenheit im Vereinigten Königreich;
   b) das Vorhandensein von Vermögenswerten des Beklagten im Vereinigten Königreich oder
   c) die Beschlagnahme von Vermögen im Vereinigten Königreich durch den Kläger.

Bem. In Spanien gelten keine sog exorbitanten Gerichtsstände. **Art 3 LuganoÜbk**, Üb Art 1 Rn 4, enthält Ergänzungen für Island (Art 97 ZivProzO), Norwegen (§ 32 ZivProzO), Schweiz (Art 4 IPRG), Finnland (Kap 10 § 1 S 2, 3 u 4 ProzO) und Schweden (Kap 10 Art 3 S 1 ProzO); vgl dazu Bericht Rn 24–30, BT-Drs 12/6838.

Art. 4. ¹ Hat der Beklagte keinen Wohnsitz in dem Hoheitsgebiet eines Vertragsstaats, so bestimmt sich, vorbehaltlich des Artikels 16, die Zuständigkeit der Gerichte eines jeden Vertragsstaats nach seinen eigenen Gesetzen.

II Gegenüber einem Beklagten, der keinen Wohnsitz in dem Hoheitsgebiet eines Vertragsstaats hat, kann sich jede Person, die ihren Wohnsitz in dem Hoheitsgebiet eines Vertragsstaats hat, in diesem Staat auf die dort geltenden Zuständigkeitsvorschriften, insbesondere auf die in Artikel 3 Absatz 2 angeführten Vorschriften, wie ein Inländer berufen, ohne daß es auf ihre Staatsangehörigkeit ankommt.

2. Abschnitt. Besondere Zuständigkeiten

Art. 5. Eine Person, die ihren Wohnsitz in dem Hoheitsgebiet eines Vertragsstaats hat, kann in einem anderen Vertragsstaat verklagt werden:
1. wenn ein Vertrag oder Ansprüche aus einem Vertrag den Gegenstand des Verfahrens bilden, vor dem Gericht des Ortes, an dem die Verpflichtung erfüllt worden ist oder zu erfüllen wäre; wenn ein individueller Arbeitsvertrag oder Ansprüche aus einem individuellen Arbeitsvertrag den Gegenstand des Verfahrens bilden, vor dem Gericht des Ortes, an dem der Arbeitnehmer gewöhnlich seine Arbeit verrichtet; verrichtet der Arbeitnehmer seine Arbeit gewöhnlich nicht in ein und demselben Staat, so kann der Arbeitgeber auch vor dem Gericht des Ortes verklagt werden, in dem sich die Niederlassung, die den Arbeitnehmer eingestellt hat, befindet bzw. befand;
2. wenn es sich um eine Unterhaltssache handelt, vor dem Gericht des Ortes, an dem der Unterhaltsberechtigte seinen Wohnsitz oder seinen gewöhnlichen Aufenthalt hat, oder im Falle einer Unterhaltssache, über die im Zusammenhang mit einem Verfahren in bezug auf den Personenstand zu entscheiden ist, vor dem nach seinem Recht für dieses Verfahren zuständigen Gericht, es sei denn, diese Zuständigkeit beruht lediglich auf der Staatsangehörigkeit einer der Parteien;
3. wenn eine unerlaubte Handlung oder eine Handlung, die einer unerlaubten Handlung gleichgestellt ist, oder wenn Ansprüche aus einer solchen Handlung den Gegenstand des Verfahrens bilden, vor dem Gericht des Ortes, an dem das schädigende Ereignis eingetreten ist;
4. wenn es sich um eine Klage auf Schadensersatz oder auf Wiederherstellung des früheren Zustandes handelt, die auf eine mit Strafe bedrohte Handlung gestützt wird, vor dem Strafgericht, bei dem die öffentliche Klage erhoben ist, soweit dieses Gericht nach seinem Recht über zivilrechtliche Ansprüche erkennen kann;
5. wenn es sich um Streitigkeiten aus dem Betrieb einer Zweigniederlassung, einer Agentur oder einer sonstigen Niederlassung handelt, vor dem Gericht des Ortes, an dem sich diese befindet;
6. wenn sie in ihrer Eigenschaft als Begründer, *trustee* oder Begünstigter eines *trust* in Anspruch genommen wird, der aufgrund eines Gesetzes oder durch schriftlich vorgenommenes oder schriftlich bestätigtes Rechtsgeschäft errichtet worden ist, vor den Gerichten des Vertragsstaats, auf dessen Hoheitsgebiet der *trust* seinen Sitz hat;
7. wenn es sich um eine Streitigkeit wegen der Zahlung von Berge- und Hilfslohn handelt, der für Bergungs- und Hilfeleistungsarbeiten gefordert wird, die zugunsten einer Ladung oder einer Frachtforderung erbracht worden sind, vor dem Gericht, in dessen Zuständigkeitsbereich diese Ladung oder die entsprechende Frachtforderung
   a) mit Arrest belegt worden ist, um die Zahlung zu gewährleisten, oder
   b) mit Arrest hätte belegt werden können, jedoch dafür eine Bürgschaft oder eine andere Sicherheit geleistet worden ist;

diese Vorschrift ist nur anzuwenden, wenn behauptet wird, daß der Beklagte Rechte an der Ladung oder an der Frachtforderung hat oder zur Zeit der Bergungs- oder Hilfeleistungsarbeiten hatte.

Bem. Art 5 Z 1 LuganoÜbk, Üb Art 1 Rn 4, weicht insofern ab, als es nach den Worten „in ein und demselben Staat" heißt: „vor dem Gericht des Ortes, an dem sich die Niederlassung befindet, die den Arbeitnehmer eingestellt hat," vgl dazu Bericht Rn 40, BT-Drs 12/6838. Abw von Art 5 EuGVÜ kann also auch der Arbeitgeber in diesem Gerichtsstand klagen, MüKoGo Rn 11, Dietze/Schnichels NJW **95**, 2275. Vgl zu Z 1 ferner den Vorbehalt der Schweiz.

Rspr: EuGH EuZW 04, 351 (zu Z 1) u FamRZ 04, 513 (zu Z 2) u NJW 04, 2441 (zu 3), BGH NJW 04, 1456, RR 03, 1582 (zu Z 1), BGH ZZP 04, 87 m Anm Oberhammer (zu Z 3), BAG NZA 04, 58 u 02, 3196, Oldb RR 03, 1564.

Art. 6. Eine Person, die ihren Wohnsitz in dem Hoheitsgebiet eines Vertragsstaats hat, kann auch verklagt werden:
1. wenn mehrere Personen zusammen verklagt werden, vor dem Gericht, in dessen Bezirk einer der Beklagten seinen Wohnsitz hat;
2. wenn es sich um eine Klage auf Gewährleistung oder um eine Interventionsklage handelt, vor dem Gericht des Hauptprozesses, es sei denn, daß diese Klage nur erhoben worden ist, um diese Person dem für sie zuständigen Gericht zu entziehen;
3. wenn es sich um eine Widerklage handelt, die auf denselben Vertrag oder Sachverhalt wie die Klage selbst gestützt wird, vor dem Gericht, bei dem die Klage selbst anhängig ist;
4. wenn ein Vertrag oder Ansprüche aus einem Vertrag den Gegenstand des Verfahrens bilden und die Klage mit einer Klage wegen dinglicher Rechte an unbeweglichen Sachen gegen denselben Beklagten verbunden werden kann, vor dem Gericht des Vertragsstaats, in dem die unbewegliche Sache belegen ist.

Bem. Im Bereich des **LuganoÜbk**, Üb Art 1 Rn 4, gilt Z 2 mit der Einschränkung nach Art V Protokoll Nr 1, Schlußanh V D 2.

Art. 6a. Ist ein Gericht eines Vertragsstaats nach diesem Übereinkommen zur Entscheidung in Verfahren wegen einer Haftpflicht aufgrund der Verwendung oder des Betriebs eines Schiffes zuständig, so entscheidet dieses oder ein anderes, an seiner Stelle durch das Recht dieses Staates bestimmtes Gericht auch über Klagen auf Beschränkung dieser Haftung.

3. Abschnitt. Zuständigkeit für Versicherungssachen

Art. 7. Für Klagen in Versicherungssachen bestimmt sich die Zuständigkeit vorbehaltlich des Artikels 4 und des Artikels 5 Nr. 5 nach diesem Abschnitt.

Art. 8. ¹ Der Versicherer, der seinen Wohnsitz in dem Hoheitsgebiet eines Vertragsstaats hat, kann verklagt werden:
1. vor den Gerichten des Staates, in dem er seinen Wohnsitz hat,
2. in einem anderen Vertragsstaat vor dem Gericht des Bezirks, in dem der Versicherungsnehmer seinen Wohnsitz hat, oder
3. falls es sich um einen Mitversicherer handelt, vor dem Gericht eines Vertragsstaats, bei dem der federführende Versicherer verklagt wird.

ⁱⁱ Hat ein Versicherer in dem Hoheitsgebiet eines Vertragsstaats keinen Wohnsitz, besitzt er aber in einem Vertragsstaat eine Zweigniederlassung, Agentur oder sonstige Niederlassung, so wird er für Streitigkeiten aus ihrem Betrieb so behandelt, wie wenn er seinen Wohnsitz in dem Hoheitsgebiet dieses Staates hätte.

Art. 9. ¹ Bei der Haftpflichtversicherung oder bei der Versicherung von unbeweglichen Sachen kann der Versicherer außerdem vor dem Gericht des Ortes, an dem das schädigende Ereignis eingetreten ist, verklagt werden. ² Das gleiche gilt, wenn sowohl bewegliche als auch unbewegliche Sachen in ein und demselben Versicherungsvertrag versichert und von demselben Schadensfall betroffen sind.

Art. 10. ¹ Bei der Haftpflichtversicherung kann der Versicherer auch vor das Gericht, bei dem die Klage des Geschädigten gegen den Versicherten anhängig ist, geladen werden, sofern dies nach dem Recht des angerufenen Gerichts zulässig ist.

ⁱⁱ Auf eine Klage, die der Verletzte unmittelbar gegen den Versicherer erhebt, sind die Artikel 7 bis 9 anzuwenden, sofern eine solche unmittelbare Klage zulässig ist.

ⁱⁱⁱ Sieht das für die unmittelbare Klage maßgebliche Recht die Streitverkündung gegen den Versicherungsnehmer oder den Versicherten vor, so ist dasselbe Gericht auch für diese Person zuständig.

Art. 11. ¹ Vorbehaltlich der Bestimmungen des Artikels 10 Absatz 3 kann der Versicherer nur vor den Gerichten des Vertragsstaats klagen, in dessen Hoheitsgebiet der Beklagte seinen Wohnsitz hat, ohne Rücksicht darauf, ob dieser Versicherungsnehmer, Versicherter oder Begünstigter ist.

ⁱⁱ Die Vorschriften dieses Abschnitts lassen das Recht unberührt, eine Widerklage vor dem Gericht zu erheben, bei dem die Klage selbst gemäß den Bestimmungen dieses Abschnitts anhängig ist.

Art. 12. Von den Vorschriften dieses Abschnitts kann im Wege der Vereinbarung nur abgewichen werden:
1. wenn die Vereinbarung nach der Entstehung der Streitigkeit getroffen wird,
2. wenn sie dem Versicherungsnehmer, Versicherten oder Begünstigten die Befugnis einräumt, andere als die in diesem Abschnitt angeführten Gerichte anzurufen,
3. wenn sie zwischen einem Versicherungsnehmer und einem Versicherer, die zum Zeitpunkt des Vertragsabschlusses ihren Wohnsitz oder gewöhnlichen Aufenthalt in demselben Vertragsstaat haben, getroffen ist, um die Zuständigkeit der Gerichte dieses Staates auch für den Fall zu begründen, daß das schädigende Ereignis im Ausland eingetreten ist, es sei denn, daß eine solche Vereinbarung nach dem Recht dieses Staates nicht zulässig ist,

4. wenn sie von einem Versicherungsnehmer abgeschlossen ist, der seinen Wohnsitz nicht in einem Vertragsstaat hat, ausgenommen soweit sie eine Versicherung, zu deren Abschluß eine gesetzliche Verpflichtung besteht, oder die Versicherung von unbeweglichen Sachen in einem Vertragsstaat betrifft, oder
5. wenn sie einen Versicherungsvertrag betrifft, soweit dieser eines oder mehrere der in Artikel 12 a aufgeführten Risiken deckt.

Art. 12 a. Die in Artikel 12 Nummer 5 erwähnten Risiken sind die folgenden:
1. sämtliche Schäden
   a) an Seeschiffen, Anlagen vor der Küste und auf hoher See oder Luftfahrzeugen aus Gefahren, die mit ihrer Verwendung zu gewerblichen Zwecken verbunden sind,
   b) an Transportgütern, ausgenommen Reisegepäck der Passagiere, wenn diese Güter ausschließlich oder zum Teil mit diesen Schiffen oder Luftfahrzeugen befördert werden,
2. Haftpflicht aller Art, mit Ausnahme der Haftung für Personenschäden an Passagieren oder Schäden an deren Reisegepäck,
   a) aus der Verwendung oder dem Betrieb von Seeschiffen, Anlagen oder Luftfahrzeugen gemäß Nummer 1 Buchstabe a, es sei denn, daß nach den Rechtsvorschriften des Vertragsstaats, in dem das Luftfahrzeug eingetragen ist, Gerichtsstandsvereinbarungen für die Versicherung solcher Risiken untersagt sind,
   b) für Schäden, die durch Transportgüter während einer Beförderung im Sinne der Nummer 1 Buchstabe b verursacht werden,
3. finanzielle Verluste in Zusammenhang mit der Verwendung oder dem Betrieb von Seeschiffen, Anlagen oder Luftfahrzeugen gemäß Nummer 1 Buchstabe a, insbesondere Fracht- oder Charterverlust;
4. irgendein zusätzliches Risiko, das mit einem der unter Nummern 1 bis 3 genannten Risiken in Zusammenhang steht.

4. Abschnitt. Zuständigkeit für Verbrauchersachen

Art. 13. ¹ Für Klagen aus einem Vertrag, den eine Person zu einem Zweck abgeschlossen hat, der nicht der beruflichen oder gewerblichen Tätigkeit dieser Person (Verbraucher) zugerechnet werden kann, bestimmt sich die Zuständigkeit, unbeschadet des Artikels 4 und des Artikels 5 Nummer 5, nach diesem Abschnitt,
1. wenn es sich um den Kauf beweglicher Sachen auf Teilzahlung handelt,
2. wenn es sich um ein in Raten zurückzuzahlendes Darlehen oder ein anderes Kreditgeschäft handelt, das zur Finanzierung eines Kaufs derartiger Sachen bestimmt ist, oder
3. für andere Verträge, wenn sie die Erbringung einer Dienstleistung oder die Lieferung beweglicher Sachen zum Gegenstand haben, sofern
   a) dem Vertragsabschluß in dem Staat des Wohnsitzes des Verbrauchers ein ausdrückliches Angebot oder eine Werbung vorausgegangen ist und
   b) der Verbraucher in diesem Staat die zum Abschluß des Vertrages erforderlichen Rechtshandlungen vorgenommen hat.

II Hat der Vertragspartner des Verbrauchers in dem Hoheitsgebiet eines Vertragsstaats keinen Wohnsitz, besitzt er aber in einem Vertragsstaat eine Zweigniederlassung, Agentur oder sonstige Niederlassung, so wird er für Streitigkeiten aus ihrem Betrieb so behandelt, wie wenn er seinen Wohnsitz in dem Hoheitsgebiet dieses Staates hätte.

III Dieser Abschnitt ist nicht auf Beförderungsverträge anzuwenden.

Bem. Zu Z 1 s BGH ZZP, 117 S 87 (Anm Oberhammer).

Art. 14. ¹ Die Klage eines Verbrauchers gegen den anderen Vertragspartner kann entweder vor den Gerichten des Vertragsstaats erhoben werden, in dessen Hoheitsgebiet dieser Vertragspartner seinen Wohnsitz hat, oder vor den Gerichten des Vertragsstaats, in dessen Hoheitsgebiet der Verbraucher seinen Wohnsitz hat.

II Die Klage des anderen Vertragspartners gegen den Verbraucher kann nur vor den Gerichten des Vertragsstaats erhoben werden, in dessen Hoheitsgebiet der Verbraucher seinen Wohnsitz hat.

III Diese Vorschriften lassen das Recht unberührt, eine Widerklage vor dem Gericht zu erheben, bei dem die Klage selbst gemäß den Bestimmungen dieses Abschnitts anhängig ist.

Art. 15. Von den Vorschriften dieses Abschnitts kann im Wege der Vereinbarung nur abgewichen werden:
1. wenn die Vereinbarung nach der Entstehung der Streitigkeit getroffen wird,
2. wenn sie dem Verbraucher die Befugnis einräumt, andere als die in diesem Abschnitt angeführten Gerichte anzurufen, oder
3. wenn sie zwischen einem Verbraucher und seinem Vertragspartner getroffen ist, die zum Zeitpunkt des Vertragsabschlusses ihren Wohnsitz oder gewöhnlichen Aufenthalt in demselben Vertragsstaat haben, und die Zuständigkeit der Gerichte dieses Staates begründet, es sei denn, daß eine solche Vereinbarung nach dem Recht dieses Staates nicht zulässig ist.

5. Abschnitt. Ausschließliche Zuständigkeiten

Art. 16. Ohne Rücksicht auf den Wohnsitz sind ausschließlich zuständig:
1. a) für Klagen, welche dingliche Rechte an unbeweglichen Sachen sowie die Miete oder Pacht von unbeweglichen Sachen zum Gegenstand haben, die Gerichte des Vertragsstaats, in dem die unbewegliche Sache belegen ist;
   b) für Klagen betreffend die Miete oder Pacht unbeweglicher Sachen zum vorübergehenden privaten Gebrauch für höchstens sechs aufeinanderfolgende Monate sind jedoch auch die Gerichte des Vertragsstaats zuständig, in dem der Beklagte seinen Wohnsitz hat, sofern der Eigentümer und der Mieter oder Pächter natürliche Personen sind und ihren Wohnsitz in demselben Vertragsstaat haben;
2. für Klagen, welche die Gültigkeit, die Nichtigkeit oder die Auflösung einer Gesellschaft oder juristischen Person oder der Beschlüsse ihrer Organe zum Gegenstand haben, die Gerichte des Vertragsstaats, in dessen Hoheitsgebiet die Gesellschaft oder juristische Person ihren Sitz hat;
3. für Klagen, welche die Gültigkeit von Eintragungen in öffentliche Register zum Gegenstand haben, die Gerichte des Vertragsstaats, in dessen Hoheitsgebiet die Register geführt werden;
4. für Klagen, welche die Eintragung oder die Gültigkeit von Patenten, Warenzeichen, Mustern und Modellen sowie ähnlicher Rechte, die einer Hinterlegung oder Registrierung bedürfen, zum Gegenstand haben, die Gerichte des Vertragsstaats, in dessen Hoheitsgebiet die Hinterlegung oder Registrierung beantragt oder vorgenommen worden ist oder auf Grund eines zwischenstaatlichen Übereinkommens als vorgenommen gilt;
5. für Verfahren, welche die Zwangsvollstreckung aus Entscheidungen zum Gegenstand haben, die Gerichte des Vertragsstaats, in dessen Hoheitsgebiet die Zwangsvollstreckung durchgeführt werden soll oder durchgeführt worden ist.

Bem. Art 16 LuganoÜbk, Üb Art 1 Rn 4, weicht insofern ab, als es in Z 1 b am Schluß heißt „sofern es sich bei dem Mieter oder Pächter um eine natürliche Person handelt und weder die eine noch die andere Partei ihren Wohnsitz in dem Vertragsstaat hat, in dem die unbewegliche Sache belegen ist"; vgl dazu MüKoGo 12, Dietze/Schnichels NJW **95**, 2275.

6. Abschnitt. Vereinbarung über die Zuständigkeit

Art. 17. $^{I\,1}$ Haben die Parteien, von denen mindestens eine ihren Wohnsitz in dem Hoheitsgebiet eines Vertragsstaats hat, vereinbart, daß ein Gericht oder die Gerichte eines Vertragsstaats über eine bereits entstandene Rechtsstreitigkeit oder über eine künftige aus einem bestimmten Rechtsverhältnis entspringende Rechtsstreitigkeit entscheiden sollen, so sind dieses Gericht oder die Gerichte dieses Staates ausschließlich zuständig. ^{2} Eine solche Gerichtsstandsvereinbarung muß geschlossen werden

a) schriftlich oder mündlich mit schriftlicher Bestätigung,
b) in einer Form, welche den Gepflogenheiten entspricht, die zwischen den Parteien entstanden sind, oder
c) im internationalen Handel in einer Form, die einem Handelsbrauch entspricht, den die Parteien kannten oder kennen mußten und den Parteien von Verträgen dieser Art in dem betreffenden Geschäftszweig allgemein kennen und regelmäßig beachten.

^{3} Wenn eine solche Vereinbarung von Parteien geschlossen wurde, die beide ihren Wohnsitz nicht im Hoheitsgebiet eines Vertragsstaats haben, so können die Gerichte der anderen Vertragsstaaten nicht entscheiden, es sei denn, das vereinbarte Gericht oder die vereinbarten Gerichte haben sich rechtskräftig für unzuständig erklärt.

^{II} Ist in schriftlich niedergelegten *trust*-Bedingungen bestimmt, daß über Klagen gegen einen Begründer, *trustee* oder Begünstigten eines *trust* ein Gericht oder die Gerichte eines Vertragsstaats entscheiden sollen, so ist dieses Gericht oder sind diese Gerichte ausschließlich zuständig, wenn es sich um Beziehungen zwischen diesen Personen oder ihre Rechte oder Pflichten im Rahmen des *trust* handelt.

^{III} Gerichtsstandsvereinbarungen und entsprechende Bestimmungen in *trust*-Bedingungen haben keine rechtliche Wirkung, wenn sie den Vorschriften der Artikel 12 oder 15 zuwiderlaufen oder wenn die Gerichte, deren Zuständigkeit abbedungen wird, aufgrund des Artikels 16 ausschließlich zuständig sind.

^{IV} Ist eine Gerichtsstandsvereinbarung nur zugunsten einer der Parteien getroffen worden, so behält diese das Recht, jedes andere Gericht anzurufen, das aufgrund dieses Übereinkommens zuständig ist.

^{V} Bei individuellen Arbeitsverträgen haben Gerichtsstandsvereinbarungen nur dann rechtliche Wirkung, wenn sie nach der Entstehung der Streitigkeit getroffen werden oder wenn der Arbeitnehmer sie geltend macht, um ein anderes Gericht als das am Wohnsitz des Beklagten oder das in Artikel 5 Nummer 1 bezeichnete anzurufen.

Bem. Art 17 V LuganoÜbk, Üb Art 1 Rn 4, weicht insofern ab, als dort der letzte Halbsatz „oder wenn der Arbeitnehmer sie geltend macht, um ein anderes Gericht als das am Wohnsitz des Beklagten oder das in Artikel 5 Nummer 1 bezeichnete anzurufen" fehlt; dazu MüKoGo 45, Dietze/Schnichels NJW **95**, 2275. Rspr zum Bereich des LuganoÜbk: BGH MDR **01**, 798 mwN, Celle RR **04**, 575, Mü NJW **96**, 401 (Anm Trunk IPrax **96**, 249).

Art. 18. ¹ Sofern das Gericht eines Vertragsstaats nicht bereits nach anderen Vorschriften dieses Übereinkommens zuständig ist, wird es zuständig, wenn sich der Beklagte vor ihm auf das Verfahren einläßt. ² Dies gilt nicht, wenn der Beklagte sich nur einläßt, um den Mangel der Zuständigkeit geltend zu machen, oder wenn ein anderes Gericht auf Grund des Artikels 16 ausschließlich zuständig ist.

7. Abschnitt. Prüfung der Zuständigkeit und der Zulässigkeit des Verfahrens

Art. 19. Das Gericht eines Vertragsstaats hat sich von Amts wegen für unzuständig zu erklären, wenn es wegen einer Streitigkeit angerufen wird, für die das Gericht eines anderen Vertragsstaats auf Grund des Artikels 16 ausschließlich zuständig ist.

Art. 20. ¹ Läßt sich der Beklagte, der seinen Wohnsitz in dem Hoheitsgebiet eines Vertragsstaats hat und der vor den Gerichten eines anderen Vertragsstaats verklagt wird, auf das Verfahren nicht ein, so hat sich das Gericht von Amts wegen für unzuständig zu erklären, wenn seine Zuständigkeit nicht auf Grund der Bestimmungen dieses Übereinkommens begründet ist.

II Das Gericht hat die Entscheidung so lange auszusetzen, bis festgestellt ist, daß es dem Beklagten möglich war, das den Rechtsstreit einleitende Schriftstück oder ein gleichwertiges Schriftstück so rechtzeitig zu empfangen, daß er sich verteidigen konnte, oder daß alle hierzu erforderlichen Maßnahmen getroffen worden sind.

III An die Stelle des vorstehenden Absatzes tritt Artikel 15 des Haager Übereinkommens vom 15. November 1965 über die Zustellung gerichtlicher und außergerichtlicher Schriftstücke im Ausland in Zivil- und Handelssachen, wenn das den Rechtsstreit einleitende Schriftstück gemäß dem erwähnten Übereinkommen zu übermitteln war.

8. Abschnitt. Rechtshängigkeit und im Zusammenhang stehende Verfahren

Art. 21. ¹ Werden bei Gerichten verschiedener Vertragsstaaten Klagen wegen desselben Anspruchs zwischen denselben Parteien anhängig gemacht, so setzt das später angerufene Gericht das Verfahren von Amts wegen aus, bis die Zuständigkeit des zuerst angerufenen Gerichts feststeht.

II Sobald die Zuständigkeit des zuerst angerufenen Gerichts feststeht, erklärt sich das später angerufene Gericht zugunsten dieses Gerichts für unzuständig.

Bem. Zur Auslegung vgl EuGH EuZW 04, 188 mwN.

Art. 22. ¹ Werden bei Gerichten verschiedener Vertragsstaaten Klagen, die im Zusammenhang stehen, erhoben, so kann das später angerufene Gericht das Verfahren aussetzen, solange beide Klagen im ersten Rechtszug anhängig sind.

II Das später angerufene Gericht kann sich auf Antrag einer Partei auch für unzuständig erklären, wenn die Verbindung im Zusammenhang stehender Verfahren nach seinem Recht zulässig ist und das zuerst angerufene Gericht für beide Klagen zuständig ist.

III Klagen stehen im Sinne dieses Artikels im Zusammenhang, wenn zwischen ihnen eine so enge Beziehung gegeben ist, daß eine gemeinsame Verhandlung und Entscheidung geboten erscheint, um zu vermeiden, daß in getrennten Verfahren widersprechende Entscheidungen ergehen könnten.

Art. 23. Ist für die Klagen die ausschließliche Zuständigkeit mehrerer Gerichte gegeben, so hat sich das zuletzt angerufene Gericht zugunsten des zuerst angerufenen Gerichts für unzuständig zu erklären.

9. Abschnitt. Einstweilige Maßnahmen einschließlich solcher, die auf eine Sicherung gerichtet sind

Art. 24. Die in dem Recht eines Vertragsstaats vorgesehenen einstweiligen Maßnahmen einschließlich solcher, die auf eine Sicherung gerichtet sind, können bei den Gerichten dieses Staates auch dann beantragt werden, wenn für die Entscheidung in der Hauptsache das Gericht eines anderen Vertragsstaats auf Grund dieses Übereinkommens zuständig ist.

Titel III. Anerkennung und Vollstreckung

Art. 25. Unter „Entscheidung" im Sinne dieses Übereinkommens ist jede von einem Gericht eines Vertragsstaats erlassene Entscheidung zu verstehen, ohne Rücksicht auf ihre Bezeichnung wie Urteil, Beschluß oder Vollstreckungsbefehl, einschließlich des Kostenfestsetzungsbeschlusses eines Urkundsbeamten.

Bem. In Unterhaltssachen ist „Gericht" auch die zuständige dänische VerwBehörde, Art V a Prot, Schlußanh V C 2.

1. Abschnitt. Anerkennung

Art. 26. ¹ Die in einem Vertragsstaat ergangenen Entscheidungen werden in den anderen Vertragsstaaten anerkannt, ohne daß es hierfür eines besonderen Verfahrens bedarf.

II Bildet die Frage, ob eine Entscheidung anzuerkennen ist, als solche den Gegenstand eines Streites, so kann jede Partei, welche die Anerkennung geltend macht, in dem Verfahren nach dem 2. und 3. Abschnitt dieses Titels die Feststellung beantragen, daß die Entscheidung anzuerkennen ist.

III Wird die Anerkennung in einem Rechtsstreit vor dem Gericht eines Vertragsstaats, dessen Entscheidung von der Anerkennung abhängt, verlangt, so kann dieses Gericht über die Anerkennung entscheiden.

Art. 27. Eine Entscheidung wird nicht anerkannt:
1. wenn die Anerkennung der öffentlichen Ordnung des Staates, in dem sie geltend gemacht wird, widersprechen würde;
2. wenn dem Beklagten, der sich auf das Verfahren nicht eingelassen hat, das dieses Verfahren einleitende Schriftstück oder ein gleichwertiges Schriftstück nicht ordnungsgemäß und nicht so rechtzeitig zugestellt worden ist, daß er sich verteidigen konnte;
3. wenn die Entscheidung mit einer Entscheidung unvereinbar ist, die zwischen denselben Parteien in dem Staat, in dem die Anerkennung geltend gemacht wird, ergangen ist;
4. wenn das Gericht des Ursprungsstaats bei seiner Entscheidung hinsichtlich einer Vorfrage, die den Personenstand, die Rechts- und Handlungsfähigkeit sowie die gesetzliche Vertretung einer natürlichen Person, die ehelichen Güterstände oder das Gebiet des Erbrechts einschließlich des Testamentsrechts betrifft, sich in Widerspruch zu einer Vorschrift des internationalen Privatrechts des Staates, in dem die Anerkennung geltend gemacht wird, gesetzt hat, es sei denn, daß die Entscheidung nicht zu einem anderen Ergebnis geführt hätte, wenn die Vorschriften des internationalen Privatrechts dieses Staates angewandt worden wären.
5. wenn die Entscheidung mit einer früheren Entscheidung unvereinbar ist, die in einem Nichtvertragsstaat zwischen denselben Parteien in einem Rechtsstreit wegen desselben Anspruchs ergangen ist, sofern diese Entscheidung die notwendigen Voraussetzungen für ihre Anerkennung in dem Staat erfüllt, in dem die Anerkennung geltend gemacht wird.

Bem. Zu Z 2 vgl BGH NJW **04**, 2986.

Art. 28. I Eine Entscheidung wird ferner nicht anerkannt, wenn die Vorschriften des 3., 4. und 5. Abschnitts des Titels II verletzt worden sind oder wenn ein Fall des Artikels 59 vorliegt.

II Das Gericht oder die Behörde des Staates, in dem die Anerkennung geltend gemacht wird, ist bei der Prüfung, ob eine der im vorstehenden Absatz angeführten Zuständigkeiten gegeben ist, an die tatsächlichen Feststellungen gebunden, auf Grund deren das Gericht des Ursprungsstaates seine Zuständigkeit angenommen hat.

III Die Zuständigkeit der Gerichte des Ursprungsstaats darf, unbeschadet der Bestimmungen des ersten Absatzes, nicht nachgeprüft werden; die Vorschriften über die Zuständigkeit gehören nicht zur öffentlichen Ordnung im Sinne des Artikels 27 Nr. 1.

Bem. Art 28 LuganoÜbk, Üb Art 1 Rn 4, weicht insofern ab, als dort Abs 2 lautet: „Des weiteren kann die Anerkennung einer Entscheidung versagt werden, wenn ein Fall des Artikels 54 b Absatz 3 bzw des Artikels 57 Absatz 4 vorliegt", und dementsprechend Abs 2 u 3 zu Abs 3 u 4 werden und in Abs 4 statt „des ersten Absatzes" gesagt wird „der Absätze 1 und 2"; vgl dazu MüKoGo 18, Dietze/Schnichels NJW **95**, 2276. Weitere Anerkennungshindernisse ergeben sich aus dem **Protokoll Nr 1**, Schlußanh V D 2, Art I a u I b.

Art. 29. Die ausländische Entscheidung darf keinesfalls in der Sache selbst nachgeprüft werden.

Art. 30. I Das Gericht eines Vertragsstaats, in dem die Anerkennung einer in einem anderen Vertragsstaat ergangenen Entscheidung geltend gemacht wird, kann das Verfahren aussetzen, wenn gegen die Entscheidung ein ordentlicher Rechtsbehelf eingelegt worden ist.

II Das Gericht eines Vertragsstaats, vor dem die Anerkennung einer in Irland oder im Vereinigten Königreich ergangenen Entscheidung geltend gemacht wird, kann das Verfahren aussetzen, wenn die Vollstreckung der Entscheidung im Ursprungsstaat wegen der Einlegung eines Rechtsbehelfs einstweilen eingestellt ist.

2. Abschnitt. Vollstreckung

Art. 31. I Die in einem Vertragsstaat ergangenen Entscheidungen, die in diesem Staat vollstreckbar sind, werden in einem anderen Vertragsstaat vollstreckt, wenn sie dort auf Antrag eines Berechtigten für vollstreckbar erklärt worden sind.

II Im Vereinigten Königreich wird eine derartige Entscheidung jedoch in England und Wales, in Schottland oder in Nordirland vollstreckt, wenn sie auf Antrag eines Berechtigten zur Vollstreckung in dem betreffenden Teil des Vereinigten Königreichs registriert worden ist.

Art. 32. I Der Antrag ist zu richten:
– in Belgien an das ‚tribunal de première instance' oder an die ‚rechtbank van eerste aanleg';
– in Dänemark an das ‚byret';
– in der Bundesrepublik Deutschland an den Vorsitzenden einer Kammer des Landgerichts;
– in Griechenland an das μονομελές πρωτοδικείο;
– in Spanien an das ‚Juzgado de Prima Instancia';
– in Frankreich an den Präsidenten des ‚tribunal de grande instance';
– in Irland an den ‚High Court';
– in Italien an die ‚corte d'appello';

AnerkVollstrAbk

- in Luxemburg an den Präsidenten des ‚tribunal d'arrondissement';
- in den Niederlanden an den Präsidenten der ‚arrondissementsrechtbank';
- in Österreich an das Bezirksgericht;
- in Portugal an das ‚Tribunal Judicial de Circulo';
- in Finnland an das „käräjäoikeus/tingsrätt";
- in Schweden an das „Svea hovrätt";
- im Vereinigten Königreich:
    1. in England und Wales an den „High Court of Justice" oder für Entscheidungen in Unterhaltssachen an den „Magistrates' Court" über den „Lord Chancellor";
    2. in Schottland an den „Court of Session" oder für Entscheidungen in Unterhaltssachen an den „Sheriff Court" über den „Secretary of State";
    3. in Nordirland an den „High Court of Justice" oder für Entscheidungen in Unterhaltssachen an den „Magistrates' Court" über den „Lord Chancellor".

II Die örtliche Zuständigkeit wird durch den Wohnsitz des Schuldners bestimmt. Hat dieser keinen Wohnsitz im Hoheitsgebiet des Vollstreckungsstaats, so ist das Gericht zuständig, in dessen Bezirk die Zwangsvollstreckung durchgeführt werden soll.

Bem. Das **LuganoÜbk**, Üb Art 1 Rn 4, enthält zusätzlich Zuständigkeitsvorschriften für Island, Norwegen, Österreich, Schweiz, Finnland und Schweden.

Art. 33. I Für die Stellung des Antrags ist das Recht des Vollstreckungsstaats maßgebend.

II 1 Der Antragsteller hat im Bezirk des angerufenen Gerichts ein Wahldomizil zu begründen. 2 Ist das Wahldomizil im Recht des Vollstreckungsstaats nicht vorgesehen, so hat der Antragsteller einen Zustellungsbevollmächtigten zu benennen.

III Dem Antrag sind die in den Artikeln 46 und 47 angeführten Urkunden beizufügen.

Art. 34. I Das mit dem Antrag befaßte Gericht erläßt seine Entscheidung unverzüglich, ohne daß der Schuldner in diesem Abschnitt des Verfahrens Gelegenheit erhält, eine Erklärung abzugeben.

II Der Antrag kann nur aus einem der in den Artikeln 27 und 28 angeführten Gründe abgelehnt werden.

III Die ausländische Entscheidung darf keinesfalls in der Sache selbst nachgeprüft werden.

Art. 35. Die Entscheidung, die über den Antrag ergangen ist, teilt der Urkundsbeamte der Geschäftsstelle dem Antragsteller unverzüglich in der Form mit, die das Recht des Vollstreckungsstaats vorsieht.

Art. 36. I Wird die Zwangsvollstreckung zugelassen, so kann der Schuldner gegen die Entscheidung innerhalb eines Monats nach ihrer Zustellung einen Rechtsbehelf einlegen.

II 1 Hat der Schuldner seinen Wohnsitz in einem anderen Vertragsstaat als dem, in dem die Entscheidung über die Zulassung der Zwangsvollstreckung ergangen ist, so beträgt die Frist für den Rechtsbehelf zwei Monate und beginnt von dem Tage an zu laufen, an dem die Entscheidung dem Schuldner entweder in Person oder in seiner Wohnung zugestellt worden ist. 2 Eine Verlängerung dieser Frist wegen weiter Entfernung ist ausgeschlossen.

Art. 37. I Der Rechtsbehelf wird nach den Vorschriften, die für das streitige Verfahren maßgebend sind, eingelegt: . . . .
- in Dänemark bei dem ‚landsret';
- in der Bundesrepublik Deutschland bei dem Oberlandesgericht; . . . .

II Gegen die Entscheidung, die über den Rechtsbehelf ergangen ist, finden nur statt: . . . .
- in Dänemark: ein Verfahren vor dem ‚højesteret' mit Zustimmung des ‚Procesbevillingsnaevnet';
- in der Bundesrepublik Deutschland: die Rechtsbeschwerde . . . .

Bem. Das **LuganoÜbk**, Üb Art 1 Rn 4, enthält in beiden Absätzen zusätzliche Zuständigkeitsvorschriften für Island, Norwegen, Österreich, Schweiz, Finnland und Schweden.

Art. 38. I Das mit dem Rechtsbehelf befaßte Gericht kann auf Antrag der Partei, die ihn eingelegt hat, das Verfahren aussetzen, wenn gegen die Entscheidung im Ursprungsstaat ein ordentlicher Rechtsbehelf eingelegt oder die Frist für einen solchen Rechtsbehelf noch nicht verstrichen ist; in letzterem Falle kann das Gericht eine Frist bestimmen, innerhalb deren der Rechtsbehelf einzulegen ist.

II Ist eine gerichtliche Entscheidung in Irland oder im Vereinigten Königreich erlassen worden, so gilt jeder im Ursprungsstaat statthafte Rechtsbehelf als ordentlicher Rechtsbehelf im Sinne von Absatz 1.

III Das Gericht kann auch die Zwangsvollstreckung von der Leistung einer Sicherheit, die es bestimmt, abhängig machen.

Art. 39. I Solange die in Artikel 36 vorgesehene Frist für den Rechtsbehelf läuft und solange über den Rechtsbehelf nicht entschieden ist, darf die Zwangsvollstreckung in das Vermögen des Schuldners nicht über Maßnahmen zur Sicherung hinausgehen.

II Die Entscheidung, durch welche die Zwangsvollstreckung zugelassen wird, gibt die Befugnis, solche Maßnahmen zu betreiben.

Art. 40. ¹ Wird der Antrag abgelehnt, so kann der Antragsteller einen Rechtsbehelf einlegen: ....
– in Dänemark bei dem ‚landsret';
– in der Bundesrepublik Deutschland bei dem Oberlandesgericht; ....

 ¹¹ ¹ Das mit dem Rechtsbehelf befaßte Gericht hat den Schuldner zu hören. ² Läßt dieser sich auf das Verfahren nicht ein, so ist Artikel 20 Absätze 2 und 3 auch dann anzuwenden, wenn der Schuldner seinen Wohnsitz nicht in dem Hoheitsgebiet eines Vertragsstaats hat.

Bem. Das **LuganoÜbk**, Üb Art 1 Rn 4, enthält zusätzliche Zuständigkeitvorschriften für Island, Norwegen, Österreich, Schweiz, Finnland und Schweden.

Art. 41. Gegen die Entscheidung, die über den in Artikel 40 vorgesehenen Rechtsbehelf ergangen ist, finden nur statt: ....
– in Dänemark: ein Verfahren vor dem ‚højesteret' mit Zustimmung des ‚Procesbevillingsnaevnet';
– in der Bundesrepublik Deutschland: die Rechtsbeschwerde. ....

Art. 42. ¹ Ist durch die ausländische Entscheidung über mehrere mit der Klage geltend gemachte Ansprüche erkannt und kann die Entscheidung nicht im vollen Umfang zur Zwangsvollstreckung zugelassen werden, so läßt das Gericht sie für einen oder mehrere dieser Ansprüche zu.

 ¹¹ Der Antragsteller kann beantragen, daß die Zwangsvollstreckung nur für einen Teil des Gegenstands der Verurteilung zugelassen wird.

Art. 43. Ausländische Entscheidungen, die auf Zahlung eines Zwangsgeldes lauten, sind in dem Vollstreckungsstaat nur vollstreckbar, wenn die Höhe des Zwangsgelds durch die Gerichte des Ursprungsstaats endgültig festgesetzt ist.

Art. 44. ¹ Ist dem Antragsteller im Ursprungsstaat ganz oder teilweise Prozeßkostenhilfe oder Kosten- und Gebührenbefreiung gewährt worden, so genießt er in dem Verfahren nach den Artikeln 32 bis 35 hinsichtlich der Prozeßkostenhilfe oder der Kosten- und Gebührenbefreiung die günstigste Behandlung, die das Recht des Vollstreckungsstaats vorsieht.

 ¹¹ Der Antragsteller, welcher die Vollstreckung einer Entscheidung einer Verwaltungsbehörde begehrt, die in Dänemark in Unterhaltssachen ergangen ist, kann im Vollstreckungsstaat Anspruch auf die in Absatz genannten Vorteile erheben, wenn er eine Erklärung des dänischen Justizministeriums darüber vorlegt, daß er die wirtschaftlichen Voraussetzungen für die vollständige oder teilweise Bewilligung der Prozeßkostenhilfe oder für die Kosten- und Gebührenbefreiung erfüllt.

Bem. Das **LuganoÜbk**, Üb Art 1 Rn 4, erstreckt die Regelung in Abs 2 auf Island.

Art. 45. Der Partei, die in einem Vertragsstaat eine in einem anderen Vertragsstaat ergangene Entscheidung vollstrecken will, darf wegen ihrer Eigenschaft als Ausländer oder wegen Fehlens eines inländischen Wohnsitzes oder Aufenthalts eine Sicherheitsleistung oder Hinterlegung, unter welcher Beziehung es auch sei, nicht auferlegt werden.

3. Abschnitt. Gemeinsame Vorschriften

Art. 46. Die Partei, welche Anerkennung einer Entscheidung geltend macht oder die Zwangsvollstreckung betreiben will, hat vorzulegen:
1. eine Ausfertigung der Entscheidung, welche die für ihre Beweiskraft erforderlichen Voraussetzungen erfüllt;
2. bei einer im Versäumnisverfahren ergangenen Entscheidung die Urschrift oder eine beglaubigte Abschrift der Urkunde, aus der sich ergibt, daß das den Rechtsstreit einleitende Schriftstück oder ein gleichwertiges Schriftstück der säumigen Partei zugestellt worden ist.

Art. 47. Die Partei, welche die Zwangsvollstreckung betreiben will, hat ferner vorzulegen:
1. die Urkunden, aus denen sich ergibt, daß die Entscheidung nach dem Recht des Ursprungsstaats vollstreckbar ist und daß sie zugestellt worden ist;
2. gegebenenfalls eine Urkunde, durch die nachgewiesen wird, daß der Antragsteller Prozeßkostenhilfe im Ursprungsstaat erhält.

Art. 48. ¹ Werden die in Artikel 46 Nr. 2 und in Artikel 47 Nr. 2 angeführten Urkunden nicht vorgelegt, so kann das Gericht eine Frist bestimmen, innerhalb deren die Urkunden vorzulegen sind, oder sich mit gleichwertigen Urkunden begnügen oder von der Vorlage der Urkunden befreien, wenn es eine weitere Klärung nicht für erforderlich hält.

 ¹¹ Auf Verlangen des Gerichts ist eine Übersetzung der Urkunden vorzulegen; die Übersetzung ist von einer hierzu in einem der Vertragsstaaten befugten Person zu beglaubigen.

Art. 49. Die in den Artikeln 46, 47 und in Artikel 48 Absatz 2 angeführten Urkunden sowie die Urkunde über die Prozeßvollmacht, falls eine solche erteilt wird, bedürfen weder der Legalisation noch einer ähnlichen Förmlichkeit.

AnerkVollstrAbk

Schlußanhang V C 1

Titel IV. Öffentliche Urkunden und Prozeßvergleiche

Art. 50. [I] [1] Öffentliche Urkunden, die in einem Vertragsstaat aufgenommen und vollstreckbar sind, werden in einem anderen Vertragsstaat auf Antrag in den Verfahren nach den Artikeln 31 ff für vollstreckbar erklärt. [2] Der Antrag kann nur abgelehnt werden, wenn die Zwangsvollstreckung aus der Urkunde der öffentlichen Ordnung des Vollstreckungsstaats widersprechen würde.

[II] Die vorgelegte Urkunde muß die Voraussetzungen für ihre Beweiskraft erfüllen, die in dem Staate, in dem sie aufgenommen wurde, erforderlich sind.

[III] Die Vorschriften des 3. Abschnitts des Titels III sind sinngemäß anzuwenden.

Art. 51. Vergleiche, die vor einem Richter im Laufe eines Verfahrens abgeschlossen und in dem Staat, in dem sie errichtet wurden, vollstreckbar sind, werden in dem Vollstreckungsstaat unter denselben Bedingungen wie öffentliche Urkunden vollstreckt.

Titel V. Allgemeine Vorschriften

Art. 52. [I] Ist zu entscheiden, ob eine Partei im Hoheitsgebiet des Vertragsstaats, dessen Gerichte angerufen sind, einen Wohnsitz hat, so wendet das Gericht sein Recht an.

[II] Hat eine Partei keinen Wohnsitz in dem Staate, dessen Gerichte angerufen sind, so wendet das Gericht, wenn es zu entscheiden hat, ob die Partei einen Wohnsitz in einem anderen Vertragsstaat hat, das Recht dieses Staates an.

Art. 53. [I] [1] Der Sitz von Gesellschaften und juristischen Personen steht für die Anwendung dieses Übereinkommens dem Wohnsitz gleich. [2] Jedoch hat das Gericht bei der Entscheidung darüber, wo der Sitz sich befindet, die Vorschriften seines internationalen Privatrechts anzuwenden.

[II] Um zu bestimmen, ob ein *trust* seinen Sitz in dem Vertragsstaat hat, bei dessen Gerichten die Klage anhängig ist, wendet das Gericht sein Internationales Privatrecht an.

Titel VI. Übergangsvorschriften

Art. 54. [I] Die Vorschriften dieses Übereinkommens sind nur auf solche Klagen und öffentlichen Urkunden anzuwenden, die erhoben oder aufgenommen worden sind, nachdem dieses Übereinkommen im Ursprungsstaat und, wenn die Anerkennung oder Vollstreckung einer Entscheidung oder Urkunde geltend gemacht wird, im ersuchten Staat in Kraft getreten ist.

[II] Entscheidungen, die nach dem Inkrafttreten dieses Übereinkommens zwischen dem Ursprungsstaat und dem ersuchten Staat aufgrund einer vor diesem Inkrafttreten erhobenen Klage ergangen sind, werden nach Maßgabe des Titels III anerkannt und zur Zwangsvollstreckung zugelassen, vorausgesetzt, daß das Gericht aufgrund von Vorschriften zuständig war, die mit den Zuständigkeitsvorschriften des Titels II oder eines Abkommens übereinstimmen, das im Zeitpunkt der Klageerhebung zwischen dem Ursprungsstaat und dem Staat, in dem die Entscheidung geltend gemacht wird, in Kraft war.

[III] Ist zwischen den Parteien eines Rechtsstreits über einen Vertrag bereits vor dem 1. Juni 1988 im Fall Irlands und vor dem 1. Januar 1987 im Fall des Vereinigten Königreichs eine schriftliche Vereinbarung getroffen worden, auf diesen Vertrag die Rechtsvorschriften Irlands oder eines Teils des Vereinigten Königreichs anzuwenden, so sind die Gerichte in Irland oder in diesem Teil des Vereinigten Königreichs weiterhin befugt, über diesen Streitfall zu entscheiden.

Bem. Zu den entspr Vorschriften des **LuganoÜbk**, Schlußanh V D 1, vgl Dietze/Schnichels NJW **95**, 2276, Wagner ZIP **94**, 81.

Art. 54 a (infolge Zeitablaufs gegenstandslos)

Titel VII. Verhältnis zu anderen Abkommen

Art. 55 (nicht abgedruckt; vgl Üb Art 1 Rn 3 u 4)

Art. 56. [I] Die in Artikel 55 angeführten Abkommen und Verträge behalten ihre Wirksamkeit für die Rechtsgebiete, auf die dieses Übereinkommen nicht anzuwenden ist.

[II] Sie bleiben auch weiterhin für die Entscheidungen und die öffentlichen Urkunden wirksam, die vor Inkrafttreten dieses Übereinkommens ergangen oder aufgenommen sind.

Art. 57. [I] Dieses Übereinkommen läßt Übereinkommen unberührt, denen die Vertragsstaaten angehören oder angehören werden und die für besondere Rechtsgebiete die gerichtliche Zuständigkeit, die Anerkennung oder die Vollstreckung von Entscheidungen regeln.

[II] [1] Um eine einheitliche Auslegung des Absatzes 1 zu sichern, wird dieser Absatz in folgender Weise angewandt:

a) Dieses Übereinkommen schließt nicht aus, daß ein Gericht eines Vertragsstaats, der Vertragspartei eines Übereinkommens über ein besonderes Rechtsgebiet ist, seine Zuständigkeit auf ein solches Übereinkommen stützt, und zwar auch dann, wenn der Beklagte seinen Wohnsitz in dem Hoheitsgebiet eines Vertragsstaats hat, der nicht Vertragspartei eines solchen Übereinkommens ist. In jedem Fall wendet dieses Gericht Artikel 20 des vorliegenden Übereinkommens an;

b) Entscheidungen, die in einem Vertragsstaat von einem Gericht erlassen worden sind, das seine Zuständigkeit auf ein Übereinkommen über ein besonderes Rechtsgebiet gestützt hat, werden in den anderen Vertragsstaaten nach dem vorliegenden Übereinkommen anerkannt und vollstreckt.

²Sind der Ursprungsstaat und der ersuchte Staat Vertragsparteien eines Übereinkommens über ein besonderes Rechtsgebiet, welches die Voraussetzungen für die Anerkennung und Vollstreckung von Entscheidungen regelt, so gelten diese Voraussetzungen. ³In jedem Fall können die Bestimmungen des vorliegenden Übereinkommens über das Verfahren zur Anerkennung und Vollstreckung von Entscheidungen angewandt werden.

III Dieses Übereinkommen berührt nicht die Anwendung der Bestimmungen, die für besondere Rechtsgebiete die gerichtliche Zuständigkeit oder die Anerkennung oder Vollstreckung von Entscheidungen regeln und in Rechtsakten der Organe der Europäischen Gemeinschaften oder in dem in Ausführung dieser Akte harmonisierten einzelstaatlichen Recht enthalten sind.

Bem. Zu Art 31 CMR vgl BGH RR **04**, 497 u **03**, 1347.

Art. 58 (nicht abgedruckt)

Art. 59. ¹Dieses Übereinkommen hindert einen Vertragsstaat nicht, sich gegenüber einem dritten Staat im Rahmen eines Abkommens über die Anerkennung und Vollstreckung von Urteilen zu verpflichten, Entscheidungen der Gerichte eines anderen Vertragsstaats gegen Beklagte, die ihren Wohnsitz oder gewöhnlichen Aufenthalt in dem Hoheitsgebiet des dritten Staates haben, nicht anzuerkennen, wenn die Entscheidungen in den Fällen des Artikels 4 nur in einem der in Artikel 3 Absatz 2 angeführten Gerichtsstände ergehen können.

II Kein Vertragsstaat kann sich jedoch gegenüber einem dritten Staat verpflichten, eine Entscheidung nicht anzuerkennen, die in einem anderen Vertragsstaat durch ein Gericht gefällt wurde, dessen Zuständigkeit auf das Vorhandensein von Vermögenswerten des Beklagten in diesem Staat oder die Beschlagnahme von dort vorhandenem Vermögen durch den Kläger gegründet ist,
1. wenn die Klage erhoben wird, um Eigentums- oder Inhaberrechte hinsichtlich dieses Vermögens festzustellen oder anzumelden oder um Verfügungsgewalt darüber zu erhalten, oder wenn die Klage sich aus einer anderen Streitsache im Zusammenhang mit diesem Vermögen ergibt, oder
2. wenn das Vermögen die Sicherheit für einen Anspruch darstellt, der Gegenstand des Verfahrens ist.

Art. 60 (aufgehoben)

Art. 61ff (nicht abgedruckt)

2.

Ergänzende und teilweise abweichende Bestimmungen enthält das dem Übk beigefügte **Protokoll v 27. 9. 68, BGBl 72 II 808,** idF der Art 8–10 der 4. Beitritts-Übk v 29. 11. 96, BGBl 98 II 1412 (vgl Üb Art 1 **EuGVÜ** Rn 4). Mit diesem Protokoll stimmt das Protokoll Nr 1 zum **LuganoÜbk** weitgehend überein; s Schlußanh V D 2.

Art. I. Jede Person, die ihren Wohnsitz in Luxemburg hat und vor dem Gericht eines anderen Vertragsstaats auf Grund des Artikels 5 Nr. 1 verklagt wird, kann die Unzuständigkeit dieses Gerichts geltend machen. Läßt sich der Beklagte auf das Verfahren nicht ein, so erklärt sich das Gericht von Amts wegen für unzuständig.

Jede Gerichtsstandsvereinbarung im Sinne des Artikels 17 ist für eine Person, die ihren Wohnsitz in Luxemburg hat, nur dann wirksam, wenn diese sie ausdrücklich und besonders angenommen hat.

Bem. Zur Anwendung von I s BGH NJW **03**, 2609, Auslegung von II („ausdrücklich und besonders 1 angenommen") EuGH RIW **81**, 58.

Art. II. (nicht abgedruckt)

Art. III. In dem Vollstreckungsstaat dürfen in dem Verfahren auf Erteilung der Vollstreckungsklausel keine nach dem Streitwert abgestuften Stempelabgaben oder Gebühren erhoben werden.

Art. IV. Gerichtliche und außergerichtliche Schriftstücke, die in einem Vertragsstaat ausgefertigt sind und einer in dem Hoheitsgebiet eines anderen Vertragsstaats befindlichen Person zugestellt werden sollen, werden nach den zwischen den Vertragsstaaten geltenden Übereinkommen oder Vereinbarungen übermittelt.

Sofern der Staat, in dessen Hoheitsgebiet die Zustellung bewirkt werden soll, nicht durch eine Erklärung, die an den Generalsekretär des Rates der Europäischen Gemeinschaften zu richten ist, widersprochen hat, können diese Schriftstücke auch von den gerichtlichen Amtspersonen des Staates, in dem sie angefertigt worden sind, unmittelbar den gerichtlichen Amtspersonen des Staates übersandt werden, in dessen Hoheitsgebiet sich die Person befindet, für welche das Schriftstück bestimmt ist. In diesem Fall übersendet die gerichtliche Amtsperson des Ursprungsstaats eine Abschrift des Schriftstücks der gerichtlichen Amtsperson des Bestimmungslands, die für die Übermittlung an den Empfänger zuständig ist. Diese Übermittlung wird in den Formen vorgenommen, die das Recht des Bestimmungslands vorsieht. Sie wird durch ein

Zeugnis festgestellt, das der gerichtlichen Amtsperson des Ursprungsstaates unmittelbar zugesandt wird.

1   **Bem.** Die Bundesrep hat Widerspruch, II, eingelegt, Art 1 G v 24. 7. 72, BGBl II 773. Für die Zustellung gilt (mit Vorrang vor IV) die VO (EG) Nr 1348/2000 v 29. 5. 00, Anh § 202 ZPO.

Art. V. Die in Artikel 6 Nummer 2 und Artikel 10 für eine Gewährleistungs- oder Interventionsklage vorgesehene Zuständigkeit kann weder in der Bundesrepublik Deutschland noch in Österreich geltend gemacht werden. Jede Person, die ihren Wohnsitz in einem anderen Vertragsstaat hat, kann vor Gericht geladen werden
- in der Bundesrepublik Deutschland nach den §§ 68 und 72 bis 74 der Zivilprozeßordnung, die für die Streitverkündung gelten,
- in Österreich nach § 21 der Zivilprozeßordnung, der für die Streitverkündung gilt.

Entscheidungen, die in den anderen Vertragsstaaten aufgrund des Artikels 6 Nummer 2 und des Artikels 10 ergangen sind, werden in der Bundesrepublik Deutschland und in Österreich nach Titel III anerkannt und vollstreckt. Die Wirkungen, welche die in diesen Staaten ergangenen Entscheidungen nach Absatz 1 gegenüber Dritten haben, werden auch in den anderen Vertragsstaaten anerkannt.

Art. V a.-d. (nicht abgedruckt)

Art. V e. Als öffentliche Urkunden im Sinne des Artikels 50 Absatz 1 des Übereinkommens werden auch vor Verwaltungsbehörden geschlossene oder von ihnen beurkundete Unterhaltsvereinbarungen oder -verpflichtungen angesehen.

Art. VI. (nicht abgedruckt)

3.

Protokoll v 3. 6. 71 betr die Auslegung des EuGVÜ, BGBl 72 II 846, idF v 25. 10. 82, BGBl 88 II 454 (vgl Üb Art 1 EuGVÜ Rn 3).

Schrifttum: *MüKoGo* Schlußanh Nr 1 c; *BBGS* 602 (m Bericht des Sachverständigenausschusses); *Arnold* NJW 72, 977; *Schlosser* AWD 75, 534 u NJW 77, 457; *Linke* RIW 85, 1 (Rspr-Übers).

1   Durch das Protokoll werden dem EuGH Zuständigkeiten übertragen, um zwischen den Vertragsstaaten die einheitliche Auslegung des Übk sicherzustellen. Soweit im Protokoll nichts anderes bestimmt, gelten die Vorschriften des Vertrags zur Gründung der EWG und die einschlägigen Bestimmungen der Satzung des EuGH, Art 5. Das Protokoll ist am 1. 9. 75 in Kraft getreten, Bek v 21. 7. 75, BGBl II 1138. Für die Auslegung und Anwendung des **LuganoÜbk** entfällt die Zuständigkeit des EuGH; da beide Übk einheitlich ausgelegt werden müssen, sieht das Protokoll Nr 2 zum LuganoÜbk eine Kooperation der Vertragsstaaten vor, Schlußanh V D 3.

Art. 1. [I] Der Gerichtshof der Europäischen Gemeinschaften entscheidet über die Auslegung des am 27. September 1968 in Brüssel unterzeichneten Übereinkommens über die gerichtliche Zuständigkeit und die Vollstreckung gerichtlicher Entscheidungen in Zivil- und Handelssachen, des dem Übereinkommen beigefügten, am selben Tag und am selben Ort unterzeichneten Protokolls und über die Auslegung des vorliegenden Protokolls.

[II bis V] (nicht abgedruckt)

1   **Bem.** Der Gerichtshof der Europäischen Gemeinschaften entscheidet nach Abs 2–5 ebenfalls über die Auslegung der Beitritts-Übk 1978, 1982, 1989 u 1996, Üb Art 1 EuGVÜ Rn 1–4. Zur Unzuständigkeit für die Frage nationalen Rechts EuGH IPrax 96, 190 (Anm Holl IPrax 96, 174), zur fehlenden Zuständigkeit zur Auslegung nationalen; dem EuGVÜ inhaltlich entspr Rechts s Dietze/Schnichels EuZW 96, 455.

Art. 2. Folgende Gerichte können dem Gerichtshof eine Auslegungsfrage zur Vorabentscheidung vorlegen:
1. ... in der Bundesrepublik Deutschland: die obersten Gerichtshöfe des Bundes, ...
2. die Gerichte der Vertragsstaaten, sofern sie als Rechtsmittelinstanz entscheiden;
3. in den in Artikel 37 des Übereinkommens vorgesehenen Fällen die in dem genannten Artikel angeführten Gerichte.

1   **Bem.** Es besteht keine Vorlagepflicht; die Vorlage setzt voraus, daß vernünftige Zweifel bestehen, Mü EuZW 94, 511.

Art. 3. [I] Wird eine Frage zur Auslegung des Übereinkommens oder einer anderen in Artikel 1 genannten Übereinkunft in einem schwebenden Verfahren bei einem der in Artikel 2 Nr. 1 angeführten Gerichte gestellt und hält dieses Gericht eine Entscheidung darüber zum Erlaß seines Urteils für erforderlich, so ist es verpflichtet, diese Frage dem Gerichtshof zur Entscheidung vorzulegen.

[II] Wird eine derartige Frage einem der in Artikel 2 Nr. 2 und 3 angeführten Gerichte gestellt, so kann dieses Gericht unter den in Absatz 1 festgelegten Voraussetzungen diese Frage dem Gerichtshof zur Entscheidung vorlegen.

1   **Bem.** Für die Vorlagepflicht gelten die vom EuGH zu Art 234 III EGV entwickelten Grundsätze, BGH NJW 90, 318, Taupitz ZZP 105, 219; vgl Anh § 1 GVG. Nach **Art 2 des G v 7. 8. 72, BGBl II 845**, ist in dem Beschluß, mit dem die Auslegungsfrage dem EuGH zur Vorabentscheidung vorgelegt wird, die auszulegende Vorschrift zu bezeichnen sowie die zu klärende Auslegungsfrage darzulegen, ferner ist der Sach- und Streitstand, soweit dies zur Beurteilung der Auslegungsfrage erforderlich ist, in gedrängter Form darzustellen.

VO (EG) Nr 44/2001 **EuGVVO**

Art. 4. ¹¹ Die zuständige Stelle eines Vertragsstaates kann bei dem Gerichtshof beantragen, daß er zu einer Auslegungsfrage, die das Übereinkommen oder eine andere in Artikel 1 genannte Übereinkunft betrifft, Stellung nimmt, wenn Entscheidungen von Gerichten dieses Staates der Auslegung widersprechen, die vom Gerichtshof oder in einer Entscheidung eines der in Artikel 2 Nr. 1 und 2 angeführten Gerichte eines anderen Vertragsstaats gegeben wurde. ²Dieser Absatz gilt nur für rechtskräftige Entscheidungen.

II Die vom Gerichtshof auf einem derartigen Antrag gegebene Auslegung hat keine Wirkung auf die Entscheidungen, die den Anlaß für den Antrag auf Auslegung bildeten.

III Den Gerichtshof können um eine Auslegung nach Absatz 1 die Generalstaatsanwälte bei den Kassationsgerichtshöfen der Vertragsstaaten oder jede andere von einem Vertragsstaat benannte Stelle ersuchen.

IV Der Kanzler des Gerichtshofs stellt den Antrag den Vertragsstaaten, der Kommission und dem Rat der Europäischen Gemeinschaften zu, die binnen zwei Monaten nach dieser Zustellung beim Gerichtshof Schriftsätze einreichen oder schriftliche Erklärungen abgeben können.

V In dem in diesem Artikel vorgesehenen Verfahren werden Kosten weder erhoben noch erstattet.

Art. 5–14 (hier nicht abgedruckt, Art 6 u 10 gestrichen)

4. Verordnung (EG) Nr. 44/2001 des Rates vom 22. Dezember 2000, ABl EG L 12 v 16. 1. 01 über die gerichtliche Zuständigkeit und die Anerkennung und Vollstreckung von Entscheidungen in Zivil- und Handelssachen

Übersicht

Schrifttum: *Geimer/Schütze,* Europäisches Zivilverfahrensrecht, 2. Aufl 2004, Teil A 1; *Kropholler,* Europäisches Zivilprozeßrecht, 7. Aufl 2002; *Kropholler/von Hinden,* GedSchrift Alexander Lüdertz, 2000, S 401; *Kohler* u *Stadler* in: Gottwald (Hrsg), Revision des EuGVÜ/Neues Schiedsverfahrensrecht, 2000; *Dietze/Schnichels* EuZW **05,** 552; *Piltz* NJW **02,** 789; *Micklitz/Rott* EuZW **02,** 15 u **01,** 325; *Finger* MDR **01,** 1394; *Heß* JZ **01,** 573; *Hau* IPrax **00,** 354.

Materialien: Ursprünglicher Vorschlag ABl EG **98** C 33/20; Entwurf mit Begründung BR-Drs 534/99; Entwurf ABl EG **99** C 376/12 u IPrax **00,** 41.

1) Zeitlicher und internationaler Anwendungsbereich. Die EuGVVO ist am **1. 3. 02** in Kraft **1** getreten, Art 76. Sie ersetzt im Verhältnis zu allen EG-Staaten (außer Dänemark) das EuGVÜ, Art 58, und gilt für alle nach dem 28. 2. 02 erhobenen Klagen, Art 66 I.

Das **EuGVÜ** hat demgemäß ab 1. 3. 02 nur noch Bedeutung im Verhältnis zu Dänemark und zu außereuropäischen Gebieten der Mitgliedstaaten (für die es in Kraft gesetzt worden ist) sowie für Altfälle. Dagegen verdrängt die EuGVVO nicht das **LugÜ** (Schlußanh V D) im Verhältnis zu Nichtmitgliedstaaten der EU; das LugÜ regelt also weiterhin das Verhältnis zur Schweiz, zu Polen, Norwegen und Island. Entscheidungen, die vor dem 1. 3. 02 in EU-Mitgliedstaaten ergangen sind, werden nach dem 1. 3. 02 gemäß der EuGVVO anerkannt und vollstreckt, wenn im Zeitpunkt der Klageerhebung zwischen dem Ursprungs- und dem Vollstreckungsstaat das EuGVÜ, das LugÜ oder ein anderer Staatsvertrag in Kraft war, Art 66 II.

Das Verhältnis des EuGVVO zu bilateralen und multilateralen **Abkommen** und **Verträgen** regeln Art 69–72.

2) Wichtigste Änderungen gegenüber dem EuGVÜ. Die EuGVVO übernimmt System und Aufbau **2** des EuGVÜ. Der sachliche Anwendungsbereich bleibt der gleiche; auch die besonderen Gerichtsstände wurden nur wenig verändert. Grundsätzlich sind daher die zum EuGVÜ nach Art 234 EG ergangenen Entscheidungen des EuGH weiterhin zu beachten, ebenso die offiziellen Berichte zum EuGVÜ, namentlich die Berichte von *Jenard* u *Schlosser* ABl EG **79** C 59. Die für die Praxis wichtigsten Unterschiede zwischen EuGVÜ und EuGVVO werden im folgenden kurz dargestellt.

A. Internationale Zuständigkeit. a) Den für die Ausfüllung des Allgemeinen Gerichtsstandes wichti- **3** gen **Begriff des Gesellschaftssitzes** definiert die EuGVVO in ihrem Art 60: anders als nach Art 53 I EuGVÜ erfolgt kein Rückgriff auf den Sitzbegriff im Internationalen Gesellschaftsrecht des Forumstaates, vielmehr wird der Sitzbegriff des Art 48 I EG übernommen, Micklitz/Rott EuZW **01,** 327. Satzungssitz, effektiver Verwaltungssitz und Hauptniederlassung begründen danach gleichermaßen einen „Sitz", was die Gefahr eines mehrfachen Allgemeinen Gerichtsstandes mit sich bringt.

b) Beim **Gerichtsstand des Erfüllungsortes** gilt für Verträge über Warenlieferungen und Dienstleistun- **4** gen nach Art 5 Z 1 b EuGVVO ein autonomer Begriff des Erfüllungsortes; für diese Verträge erfolgt kein Rückgriff auf den materiellrechtlichen Begriff des Erfüllungsortes nach dem in der Sache anwendbaren Recht, Art 5 EuGVÜ. Ein solcher Rückgriff ist vielmehr nur bei anderen Verträgen vorgesehen, Art 5 Z 1 a und c EuGVVO. Ebenfalls aufgegeben ist für die Vertragskategorien des Art 5 Z 1 b EugVVO die Aufspaltung in die Erfüllungsorte für einzelne Verpflichtungen; dort ist vielmehr ein einheitlicher Erfüllungsort für den Geldleistungsgläubiger anzunehmen, an dem auch der Geldleistungsgläubiger einen besonderen Gerichtsstand für die Zahlungsklage hat. Vgl dazu Hau IPrax **00,** 354 u Kropholler/von Hinden GS Lüderitz, 2000, S 401; zu der Frage, ob auch Kreditverträge zu den Verträgen über Dienstleistungen zählen, vgl Micklitz/Rott EuZW **01,** 328 u Leipold GS Lüderitz S 446 einerseits und Hau IPrax **00,** 359 andererseits.

EuGVVO

5 **B. Internationales Verbraucherprozeßrecht. a)** Sein sachlicher **Anwendungsbereich** ist in Art 15 EuGVVO erheblich erweitert worden. Er umfaßt nun alle Vertragskategorien; die Beschränkungen in Art 13 I Z 3 EuGVÜ sind entfallen. Miterfaßt werden allgemeine Kreditverträge und Verträge über die Lieferung immaterieller Güter zwischen Unternehmern und Verbrauchern; ebenso Time-sharing-Verträge, BR-Drs 534/99 S 16.

6 **b)** Wesentlich erweitert ist auch der **Zuständigkeitsbereich** des internationalen Verbraucherprozeßrechts. Nach Art 15 EuGVVO reicht bereits jede auf den Aufenthaltsstaat des Verbrauchers ausgerichtete kommerzielle Tätigkeit des Unternehmers aus; sie umfaßt insbesondere die Werbung über Internet-Websites. Entfallen ist demgemäß das Erfordernis gemäß Art 13 I Z 3 b EuGVÜ.

7 **C. Internationales Arbeitsprozeßrecht.** Es ist in der EuGVVO in einem eigenen Abschnitt, **Art 18–21**, geregelt. Besondere Gerichtsstände stehen den Parteien – abgesehen von Art 5 Z 5 und Art 6 Z 3 – nicht mehr zu Verfügung. Außerdem kann der Arbeitgeber den Arbeitnehmer nicht mehr am gewöhnlichen Arbeitsort verklagen, Art 20 I EuGVVO.

8 **D. Internationales Versicherungsprozeßrecht.** Hier besteht ein eigener Klägergerichtsstand nach Art 9 I b EuGVVO nun auch für einen nicht mit dem Versicherungsnehmer identischen Versicherten oder Begünstigten, abw Art 8 I Z 2 EuGVÜ.

9 **E. Elektronisch abgeschlossene Gerichtsstandsvereinbarung.** Nach Art 23 II EuGVVO wird sie als formgültig anerkannt, sofern die Art der Übermittlung eine dauerhafte Aufzeichnung der Vereinbarung erlaubt, was für e-mail zu bejahen ist.

10 **F. Anerkennung und Vollstreckbarerklärung.** Die **Versagungsgründe** sind, anders als nach Art 27 EuGVÜ, nicht mehr als vAw in jedem Verfahren zu beachtende Anerkennungshindernisse ausgestaltet. Zwar sind sie noch bei der Inzidentanerkennung zu beachten, jedoch nicht mehr im einseitigen **Vollstreckbarerklärungsverfahren** erster Instanz. Vielmehr verlagert Art 41 S 1 EuGVVO sie in die Rechtsbehelfsinstanz, vgl Art 45 I EuGVVO; sinnwidrigerweise soll dies sogar für den zweitstaatlichen ordre public des Art 34 Z 1 EuGVVO gelten. Gemäß **Art 38–40** EuGVVO beschränken sich in erster Instanz die Voraussetzungen der Vollstreckbarkeit auf die Vollstreckbarkeit der Ausgangsentscheidung im Erststaat, das Beifügen der in Art 53 EuGVVO aufgeführten Urkunden und das Begründen eines Wahldomizils bzw das Benennen eines Zustellungsbevollmächtigten im Zweitstaat. Für die Zukunft ist ein **einheitlicher europäischer Titel** unter vollständiger Abschaffung des Exequaturverfahrens geplant, Maßnahmenprogramm des Rates ABl EG 01 C 12/1, 7.

11 **3) Vorlage von Auslegungsfragen nach Art 234 EG.** Anders als nach dem Protokoll zum EuGVÜ, Schlußanh V C 3, haben Instanzgerichte nicht das Recht, Auslegungsfragen zur EuGVVO dem EuGH vorzulegen. Zur Vorlage berechtigt (und verpflichtet) sind nach Art 68 EG nur die **letztinstanzlichen Gerichte**. Dieser Begriff stimmt mit demjenigen in Art 234 III EG überein, vgl Anh § 1 GVG Rn 4.

12 **4) Durchführung der EuGVVO.** Die Durchführung richtet sich (ebenso wie diejenige des EuGVÜ und der EheGVVO) nach dem **AVAG**, s Schlußanh V E.

DER RAT DER EUROPÄISCHEN UNION –

gestützt auf den Vertrag zur Gründung der Europäischen Gemeinschaft, insbesondere auf Artikel 61 Buchstabe c und Artikel 67 Absatz 1,
auf Vorschlag der Kommission,
nach Stellungnahme des Europäischen Parlaments,
nach Stellungnahme des Wirtschafts- und Sozialausschusses,
in Erwägung nachstehender Gründe:
  (1) Die Gemeinschaft hat sich zum Ziel gesetzt, einen Raum der Freiheit, der Sicherheit und des Rechts, in dem der freie Personenverkehr gewährleistet ist, zu erhalten und weiterzuentwickeln. Zum schrittweisen Aufbau dieses Raums hat die Gemeinschaft unter anderem im Bereich der justiziellen Zusammenarbeit in Zivilsachen die für das reibungslose Funktionieren des Binnenmarkts erforderlichen Maßnahmen zu erlassen.
  (2) Die Unterschiede zwischen bestimmten einzelstaatlichen Vorschriften über die gerichtliche Zuständigkeit und die Anerkennung von Entscheidungen erschweren das reibungslose Funktionieren des Binnenmarkts. Es ist daher unerlässlich, Bestimmungen zu erlassen; um die Vorschriften über die internationale Zuständigkeit in Zivil- und Handelssachen zu vereinheitlichen und die Formalitäten im Hinblick auf eine rasche und unkomplizierte Anerkennung und Vollstreckung von Entscheidungen aus den durch diese Verordnung gebundenen Mitgliedstaaten zu vereinfachen.
  (3) Dieser Bereich fällt unter die justizielle Zusammenarbeit in Zivilsachen im Sinne von Artikel 65 des Vertrags.
  (4) Nach dem in Artikel 5 des Vertrags niedergelegten Subsidiaritäts- und Verhältnismäßigkeitsprinzip können die Ziele dieser Verordnung auf der Ebene der Mitgliedstaaten nicht ausreichend erreicht werden; sie können daher besser auf Gemeinschaftsebene erreicht werden. Diese Verordnung beschränkt sich auf das zur Erreichung dieser Ziele notwendige Mindestmaß und geht nicht über das dazu Erforderliche hinaus.
  (5) Am 27. September 1968 schlossen die Mitgliedstaaten auf der Grundlage von Artikel 293 vierter Gedankenstrich des Vertrags das Übereinkommen von Brüssel über die gerichtliche Zuständigkeit und die Vollstreckung gerichtlicher Entscheidungen in Zivil- und Handelssachen, dessen Fassung durch die Übereinkommen über den Beitritt der neuen Mitgliedstaaten zu diesem Übereinkommen geändert wurde (nachstehend „Brüsseler Übereinkommen" genannt). Am 16. September 1988 schlossen die Mitgliedstaaten und die EFTA-Staaten das Übereinkommen von Lugano über die gerichtliche Zuständigkeit und die Vollstreckung gerichtlicher Entscheidungen in Zivil- und Handelssachen, das ein Parallelübereinkommen zu dem Brüsseler Übereinkommen von 1968 darstellt. Diese Übereinkommen waren inzwischen Gegenstand einer Revision;

VO (EG) Nr 44/2001

der Rat hat dem Inhalt des überarbeiteten Textes zugestimmt. Die bei dieser Revision erzielten Ergebnisse sollten gewahrt werden.

(6) Um den freien Verkehr der Entscheidungen in Zivil- und Handelssachen zu gewährleisten, ist es erforderlich und angemessen, dass die Vorschriften über die gerichtliche Zuständigkeit und die Anerkennung und Vollstreckung von Entscheidungen im Wege eines Gemeinschaftsrechtsakts festgelegt werden, der verbindlich und unmittelbar anwendbar ist.

(7) Der sachliche Anwendungsbereich dieser Verordnung sollte sich, von einigen genau festgelegten Rechtsgebieten abgesehen, auf den wesentlichen Teil des Zivil- und Handelsrechts erstrecken.

(8) Rechtsstreitigkeiten, die unter diese Verordnung fallen, müssen einen Anknüpfungspunkt an das Hoheitsgebiet eines der Mitgliedstaaten aufweisen, die durch diese Verordnung gebunden sind. Gemeinsame Zuständigkeitsvorschriften sollten demnach grundsätzlich dann Anwendung finden, wenn der Beklagte seinen Wohnsitz in einem dieser Mitgliedstaaten hat.

(9) Beklagte ohne Wohnsitz in einem Mitgliedstaat unterliegen im Allgemeinen den nationalen Zuständigkeitsvorschriften, die im Hoheitsgebiet des Mitgliedstaats gelten, in dem sich das angerufene Gericht befindet, während Beklagte mit Wohnsitz in einem Mitgliedstaat, der durch diese Verordnung nicht gebunden ist, weiterhin dem Brüsseler Übereinkommen unterliegen.

(10) Um den freien Verkehr gerichtlicher Entscheidungen zu gewährleisten, sollten die in einem durch diese Verordnung gebundenen Mitgliedstaat ergangenen Entscheidungen in einem anderen durch diese Verordnung gebundenen Mitgliedstaat anerkannt und vollstreckt werden, und zwar auch dann, wenn der Vollstreckungsschuldner seinen Wohnsitz in einem Drittstaat hat.

(11) Die Zuständigkeitsvorschriften müssen in hohem Maße vorhersehbar sein und sich grundsätzlich nach dem Wohnsitz des Beklagten richten, und diese Zuständigkeit muss stets gegeben sein außer in einigen genau festgelegten Fällen, in denen aufgrund des Streitgegenstands oder der Vertragsfreiheit der Parteien ein anderes Anknüpfungskriterium gerechtfertigt ist. Der Sitz juristischer Personen muss in der Verordnung selbst definiert sein, um die Transparenz der gemeinsamen Vorschriften zu stärken und Kompetenzkonflikte zu vermeiden.

(12) Der Gerichtsstand des Wohnsitzes des Beklagten muss durch alternative Gerichtsstände ergänzt werden, die entweder aufgrund der engen Verbindung zwischen Gericht und Rechtsstreit oder im Interesse einer geordneten Rechtspflege zuzulassen sind.

(13) Bei Versicherungs-, Verbraucher- und Arbeitssachen sollte die schwächere Partei durch Zuständigkeitsvorschriften geschützt werden, die für sie günstiger sind als die allgemeine Regelung.

(14) Vorbehaltlich der in dieser Verordnung festgelegten ausschließlichen Zuständigkeiten muss die Vertragsfreiheit der Parteien hinsichtlich der Wahl des Gerichtsstands, außer bei Versicherungs-, Verbraucher- und Arbeitssachen, wo nur eine begrenztere Vertragsfreiheit zulässig ist, gewahrt werden.

(15) Im Interesse einer abgestimmten Rechtspflege müssen Parallelverfahren so weit wie möglich vermieden werden, damit nicht in zwei Mitgliedstaaten miteinander unvereinbare Entscheidungen ergehen. Es sollte eine klare und wirksame Regelung zur Klärung von Fragen der Rechtshängigkeit und der im Zusammenhang stehenden Verfahren sowie zur Verhinderung von Problemen vorgesehen werden, die sich aus der einzelstaatlich unterschiedlichen Festlegung des Zeitpunkts ergeben, von dem an ein Verfahren als rechtshängig gilt. Für die Zwecke dieser Verordnung sollte dieser Zeitpunkt autonom festgelegt werden.

(16) Das gegenseitige Vertrauen in die Justiz im Rahmen der Gemeinschaft rechtfertigt, dass die in einem Mitgliedstaat ergangenen Entscheidungen, außer im Falle der Anfechtung von Rechts wegen, ohne ein besonderes Verfahren, anerkannt werden.

(17) Aufgrund dieses gegenseitigen Vertrauens ist es auch gerechtfertigt, dass das Verfahren, mit dem eine in einem anderen Mitgliedstaat ergangene Entscheidung für vollstreckbar erklärt wird, rasch und effizient vonstatten geht. Die Vollstreckbarerklärung einer Entscheidung muss daher fast automatisch nach einer einfachen formalen Prüfung der vorgelegten Schriftstücke erfolgen, ohne dass das Gericht die Möglichkeit hat, von Amts wegen eines der in dieser Verordnung vorgesehenen Vollstreckungshindernisse aufzugreifen.

(18) Zur Wahrung seiner Verteidigungsrechte muss der Schuldner jedoch gegen die Vollstreckbarerklärung einen Rechtsbehelf im Wege eines Verfahrens mit beiderseitigem rechtlichen Gehör einlegen können, wenn er der Ansicht ist, dass einer der Gründe für die Versagung der Vollstreckung vorliegt. Die Möglichkeit eines Rechtsbehelfs muss auch für den Antragsteller gegeben sein, falls sein Antrag auf Vollstreckbarerklärung abgelehnt worden ist.

(19) Um die Kontinuität zwischen dem Brüsseler Übereinkommen und dieser Verordnung zu wahren, sollten Übergangsvorschriften vorgesehen werden. Dies gilt auch für die Auslegung der Bestimmungen des Brüsseler Übereinkommens durch den Gerichtshof der Europäischen Gemeinschaften. Ebenso sollte das Protokoll von 1971 auf Verfahren, die zum Zeitpunkt des Inkrafttretens dieser Verordnung bereits anhängig sind, anwendbar bleiben.

(20) Das Vereinigte Königreich und Irland haben gemäß Artikel 3 des dem Vertrag über die Europäische Union und dem Vertrag zur Gründung der Europäischen Gemeinschaft beigefügten Protokolls über die Position des Vereinigten Königreichs und Irlands schriftlich mitgeteilt, dass sie sich an der Annahme und Anwendung dieser Verordnung beteiligen möchten.

(21) Dänemark beteiligt sich gemäß den Artikeln 1 und 2 des dem Vertrag über die Europäische Union und dem Vertrag zur Gründung der Europäischen Gemeinschaft beigefügten Protokolls über die Position Dänemarks nicht an der Annahme dieser Verordnung, die daher für Dänemark nicht bindend und ihm gegenüber nicht anwendbar ist.

(22) Da in den Beziehungen zwischen Dänemark und den durch diese Verordnung gebundenen Mitgliedstaaten das Brüsseler Übereinkommen in Geltung ist, ist dieses sowie das Protokoll von 1971 im Verhältnis zwischen Dänemark und den durch diese Verordnung gebundenen Mitgliedstaaten weiterhin anzuwenden.

EuGVVO

(23) Das Brüsseler Übereinkommen gilt auch weiter hinsichtlich der Hoheitsgebiete der Mitgliedstaaten, die in seinen territorialen Anwendungsbereich fallen und die aufgrund der Anwendung von Artikel 299 des Vertrags von der vorliegenden Verordnung ausgeschlossen sind.

(24) Im Interesse der Kohärenz ist ferner vorzusehen, dass die in spezifischen Gemeinschaftsrechtsakten enthaltenen Vorschriften über die Zuständigkeit und die Anerkennung von Entscheidungen durch diese Verordnung nicht berührt werden.

(25) Um die internationalen Verpflichtungen, die die Mitgliedstaaten eingegangen sind, zu wahren, darf sich diese Verordnung nicht auf von den Mitgliedstaaten geschlossene Übereinkommen in besonderen Rechtsgebieten auswirken.

(26) Um den verfahrensrechtlichen Besonderheiten einiger Mitgliedstaaten Rechnung zu tragen, sollten die in dieser Verordnung vorgesehenen Grundregeln, soweit erforderlich, gelockert werden. Hierzu sollten bestimmte Vorschriften aus dem Protokoll zum Brüsseler Übereinkommen in die Verordnung übernommen werden.

(27) Um in einigen Bereichen, für die in dem Protokoll zum Brüsseler Übereinkommen Sonderbestimmungen enthalten waren, einen reibungslosen Übergang zu ermöglichen, sind in dieser Verordnung für einen Übergangszeitraum Bestimmungen vorgesehen, die der besonderen Situation in einigen Mitgliedstaaten Rechnung tragen.

(28) Spätestens fünf Jahre nach dem Inkrafttreten dieser Verordnung unterbreitet die Kommission einen Bericht über deren Anwendung. Dabei kann sie erforderlichenfalls auch Anpassungsvorschläge vorlegen.

(29) Die Anhänge I bis IV betreffend die innerstaatlichen Zuständigkeitsvorschriften, die Gerichte oder sonst befugten Stellen und die Rechtsbehelfe sind von der Kommission anhand der von dem betreffenden Mitgliedstaat mitgeteilten Änderungen zu ändern. Änderungen der Anhänge V und VI sind gemäß dem Beschluss 1999/468/EG des Rates vom 28. Juni 1999 zur Festlegung der Modalitäten für die Ausübung der der Kommission übertragenen Durchführungsbefugnisse zu beschließen. –

Kapitel I. Anwendungsbereich

Art. 1. [I] [1] Diese Verordnung ist in Zivil- und Handelssachen anzuwenden, ohne dass es auf die Art der Gerichtsbarkeit ankommt. [2] Sie erfasst insbesondere nicht Steuer- und Zollsachen sowie verwaltungsrechtliche Angelegenheiten.

[II] Sie ist nicht anzuwenden auf:
a) den Personenstand, die Rechts- und Handlungsfähigkeit sowie die gesetzliche Vertretung von natürlichen Personen, die ehelichen Güterstände, das Gebiet des Erbrechts einschließlich des Testamentsrechts;
b) Konkurse, Vergleiche und ähnliche Verfahren;
c) die soziale Sicherheit;
d) die Schiedsgerichtsbarkeit.

[III] In dieser Verordnung bedeutet der Begriff „Mitgliedstaat" jeden Mitgliedstaat mit Ausnahme des Königreichs Dänemark.

1 **1) Allgemeines.** Art I bestimmt den Anwendungsbereich der VO, und zwar sowohl den sachlichen, I u II, als den internationalen, III, vgl Üb Rn 1.

2 **2) Zivil- und Handelssachen, I 1.** Die VO gilt grundsätzlich für alle Zivilsachen einschließlich der Handelssachen; auf die Art der Gerichtsbarkeit kommt es nicht an. Eine ZivilS iSd VO kann also vor einem Arbeits- oder Strafgericht verhandelt werden, s Art 5 Z 4. Eine Zivilsache kann auch eine FGG-Sache sein oder eine Streitigkeit wegen privatrechtlicher Betätigung der öff Hand, Geimer NJW 76, 441. Der Begriff der Zivil- und Handelssache ist autonom auszufüllen, dh maßgeblich sind Zielsetzung und Systematik sowie die sich aus der Gesamtheit der mitgliedstaatlichen Prozeßordnungen ergebenden Grundsätze, EuGH in stRspr seit NJW 77, 489 (Anm Geimer), zB NJW 93, 2091. Auf die Staatsangehörigkeit der Verfahrensbeteiligten kommt es nicht an, Ffm FamRZ 82, 528.

3 **3) Öffentlich-rechtliche Sachen, I 2.** Nicht unter die VO fallen öff-rechtliche Streitigkeiten, von denen einige in I 2 besonders genannt werden. Daß eine Behörde handelt, führt nicht automatisch zur Nichtanwendung der VO, EuGH in stRspr, s NJW 93, 2091 mwN. Es kommt vielmehr darauf an, ob der Klaganspruch seinen Ursprung in einer hoheitlichen Tätigkeit hat, EuGH IPrax 81, 169 (Anm Schlosser ebd S 154). Ob Einwendungen öff-rechtlicher Natur sind, ist unerheblich, EuGH IPrax 03, 528 (Geimer 512). Handlungen, die beliebige Private nicht vornehmen können, sind niemals Zivilsachen, EuGH aaO, Heß IPrax **94**, 12, zB einseitige Festsetzung von Gebühren staatlicher Stellen, EuGH NJW **77**, 489 (Anm Geimer) und Kostenfestsetzungen der Notare, Kropholler 7, während Honoraransprüche von RAen auch dann Zivilsachen sind, LG Paderborn EWS **95**, 248, wenn es sich um Pflichtverteidigungen handelt. Amtshaftungsansprüche unterfallen dann nicht der VO, wenn sie aus hoheitlichem Handeln abgeleitet werden, EuGH NJW **93**, 2091. Die Einordnung als öff-rechtliches Handeln nach dem Recht des Staates, dem die handelnde Stelle angehört, ist dabei ohne Bedeutung, ebenso das Bestehen einer öff-rechtlichen Versicherung für ihr Handeln, EuGH aaO. Das Handeln staatseigener Wirtschaftsbetriebe ist idR privatrechtlich, wiederum unabhängig davon, wie das jeweilige nationale Recht es qualifiziert, Kropholler 10. Regress des Staates aus übergangenem Recht Privater ist nicht öff-rechtlich, EuGH FamRZ **03**, 85.

4 **4) Ausnahmen, II.** Nicht anzuwenden ist die VO auf die in II genannten Gegenstände auch dann, wenn es sich um Zivilsachen iSv I handelt. Es muß sich um den **Hauptgegenstand des Verfahrens** handeln, so daß Verfahren, in denen es um eine Vorfrage aus diesen Gebieten geht, der VO unterfallen. Bei Anspruchs-

konkurrenz ist jeder Anspruch für sich zu betrachten, Geimer/Schütze EuZRV 53, str, abw ua Kropholler 19, Schlosser 13, Weller IPrax **99**, 20 (einheitliche Qualifikation). Bei alternativen Ansprüchen hängt die Anwendung der VO davon ab, auf welchen Klaganspruch das Gericht seine Entscheidung stützt, Grunsky JZ **73**, 644, Kropholler 20.

A. **Ausnahmen nach II Z 1** (*Stolz*, Zur Anwendbarkeit des EuGVÜ auf familienrechtliche Ansprüche, 1995). Die Vorschrift nimmt **Statussachen** aus. Dies betrifft vor allem EheS (BGH RR **92**, 642 mwN, BayObLG RR **90**, 842) und Kindschaftssachen, vorrangig SorgeRSachen, BGH **88**, 113. Für EheS und mit ihnen verbundene SorgeRSachen gilt ab 1. 3. 01 die **VO (EG) Nr 1347/2000 des Rates v 29. 5. 00** über die Zuständigkeit und die Anerkennung und Vollstreckung von Entscheidungen in EheS und in Verfahren betr die elterliche Verantwortung für die gemeinsamen Kinder der Ehegatten, ABlEG 00 L 160/19, seit 1. 3. 05 ersetzt durch die **VO (EG) Nr 2001/2003**, Anh I § 606 a.

Nicht alle **Familiensachen** sind von der Anwendung der VO ausgenommen, zB nicht Unterhaltsachen, Art 5 Z 2 (zur Abgrenzung von Güterrechtssachen s EuGH EuZW **97**, 242). Unter die VO fallen auch Ansprüche aus Verlöbnisbruch, Geimer/Schütze EuZRV 79, Mankowski IPrax **97**, 174, abw BGH NJW **96**, 1411. Dagegen dürfte II Z 1 entspr für Streitigkeiten zwischen den Partnern nichtehelicher Lebensgemeinschaften gelten, aM Geimer/Schütze EuZVR 79.

Zu den **erbrechtlichen** Streitigkeiten zählen insbesondere Ansprüche von Erben und Vermächtnisnehmern gegen den Nachlaß oder gegeneinander, ferner alle die Testamentsvollstreckung betreffenden Verfahren. Dagegen fallen unter die VO Klagen des Nachlasses oder der Erben gegen Dritte.

B. **Ausnahmen nach II Z 2**. Insolvenzrechtliche Verfahren fallen nicht unter die VO. Für sie gilt ab 31. 5. 02 die **VO (EG) Nr 1346/2000 des Rates v 29. 5. 00** über Insolvenzverfahren (ABlEG 00 L 160/1).

Insolvenzverfahren sind alle Gesamtverfahren, die auf der Zahlungseinstellung, der Zahlungsunfähigkeit oder der Krediterschütterung des Schuldners beruhen und ein Eingreifen des Gerichts beinhalten, die entweder in eine zwangsweise kollektive Liquidation der Vermögenswerte des Schuldners oder zumindest in eine gerichtliche Kontrolle mündet, EuGH RIW **79**, 273. Insolvenzrechtlich sind alle Verfahren, die mit gleichem Klagziel ohne die Verfahrenseröffnung nicht entstehen könnten und unmittelbar der Verwirklichung des Insolvenzverfahrenszieles dienen, Lüke F Schütze, 1999, S 483 u ZZP **111**, 295.

Zivilsachen iSv I sind alle Aktivprozesse des Insolvenzverwalters, Kblz ZIP **89**, 1328, Düss ZIP **93**, 1019, auch wenn mit ihnen Haftungsansprüche geltend gemacht werden, für die die Insolvenzeröffnung Tatbestandsmerkmal ist, aM Hamm EuZW **93**, 19. Keine Insolvenzsachen sind auch Haftungsansprüche aus §§ 32 a ff GmbHG oder entspr §§ 302 ff AktG, Köln ZIP **98**, 74, Bre RIW **98**, 63, Jena ZIP **98**, 1496, Mankowski NZI **99**, 56. Das gleiche gilt für Ansprüche aus Verträgen, die der Insolvenzverwalter abgeschlossen hat, Kropholler 36, krit Zweibr EuZW **93**, 165. Nicht unter II Z 2 fallen ferner Aussonderungs- und Absonderungsklagen, Schlosser 21. Dagegen dürften Klagen auf Feststellung einer Forderung zur Insolvenztabelle, zB nach §§ 179 ff InsO, unter II Z 2 fallen, Mankowski ZIP **94**, 158, ebenso der Streit, ob eine Forderung Masse- oder Insolvenzforderung ist, Geimer/Schütze EuZVR 90. Die bloße Zuweisung eines Verfahrens an das Insolvenzgericht macht es nicht automatisch zu einem insolvenzrechtlichen, Lüle F Schütze 1999 S 477, Ebenroth/Kieser KTS **88**, 42.

C. **Ausnahmen nach II Z 3**. Der Ausschluß von Streitigkeiten über die **soziale Sicherheit,** dazu Haas ZZP **108**, 223, sollte iSv Art 42 EG und der (EWG) Nr 1408/71, jetzt der VO (EG) Nr 885/2004, Schlußanh VIII, verstanden werden. Hierhin gehören vor allem Streitigkeiten zwischen Trägern der Sozialversicherung und dem Berechtigten, vgl Kropholler 38, einschließlich der Rückgewähransprüche, BSGE **54**, 250, Köln EuZW **91**, 64 und der Regreßklagen von Sozialversicherungsträgern, Geimer/Schütze EuZVR 96 mwN, sowie der Klage eines Arbeitnehmers gegen den Arbeitgeber auf Zahlung von Beiträgen an den Sozialversicherungsträger, Kropholler 38 ff mwN. Dagegen werden Ansprüche gegen den Arbeitgeber aus Arbeitsunfällen, auf Zahlung von Urlaubsgeld oder besonderen Entschädigungen u dgl von der VO erfaßt.

D. **Ausnahmen nach II Z 4** (Weigand EuZW **92**, 529). Der Ausschluß der **Schiedsgerichtsbarkeit** beruht wesentlich auf Rücksichtnahme auf die insoweit bestehenden multilateralen Übk, vgl Schlußanh VI A. Ausgenommen sind nicht nur die Verfahren vor einem Schiedsgericht, sondern auch alle Neben- und Anschlußverfahren vor einem staatlichen Gericht, zB Verfahren zur Ernennung von Schiedsrichtern, EuGH NJW **93**, 189, zur Aufhebung eines Schiedsspruchs, Stgt RIW **88**, 480, oder zu dessen Anerkennung oder Vollstreckbarkeit, BGH WM **88**, 1179, teilw abw Hbg RIW **92**, 939. Dagegen fallen Klagen aus einem Schiedsspruch nicht unter die VO, Schlosser IPrax **85**, 142, ebenso einstweilige Maßnahmen zur Sicherung eines Anspruchs aus einem Rechtsverhältnis, das einer Schiedsvereinbarung unterliegt, EuGH RIW **99**, 776, Mü RIW **00**, 465. Ob ausländische Urteile, die einen Schiedsspruch für vollstreckbar erklären, nach der VO anzuerkennen sind, ist str, dafür Schlosser 24, dagegen MüKoGo 41, Stgt RIW **88**, 480, LG Hbg RIW **79**, 493: wenn sie nicht von II Z 4 erfaßt werden, fehlt es an anerkennungsfähigen Wirkungen, weil solche Urteile lediglich Geltung für den Urteilsstaat beanspruchen.

Eine Sache fällt nicht schon dann aus dem Anwendungsbereich der VO heraus, wenn der Beklagte die **Schiedseinrede** erhebt: diese Vorfrage zu beantworten, ist Sache des für die Sache zuständigen Gerichts. Die VO erfaßt auch die Entscheidung eines staatlichen Gerichts, bei der es eine Schiedsvereinbarung mißachtet hat: eine solche Entscheidung ist anzuerkennen, weil keiner der Versagungsgründe eingreift, Hbg IPrax **95**, 391 (Anm Mansel ebd S 362), Celle RIW **79**, 191.

Internationaler Anwendungsbereich, III. Die VO gilt in allen Mitgliedstaaten der EG mit Ausnahme Dänemarks, so dass insoweit das EuGVÜ und das Protokoll von 1971, Abschnitt V C 1 u 3, weiter anzuwenden sind, Präambel Z 21 u 22.

EuGVVO

Schlußanhang V C 4

Kapitel II. Zuständigkeit

Übersicht

1   **1) Allgemeines.** Kapitel II regelt unmittelbar die internationale Zuständigkeit für Streitigkeiten, die in seinen Anwendungsbereich fallen. Diese Regelung ist abschließend, so daß nationale Vorschriften über die **internationale Zuständigkeit** nicht zu prüfen sind, soweit es das Übk nicht ausdrücklich gestattet, BGH NJW **99**, 2442, KG FamRZ **93**, 976, Hamm FamRZ **89**, 1331 (dazu Henrich IPrax **90**, 59), Henrich IPrax **88**, 115 mwN. Unberührt bleiben Bestimmungen über die sachliche und die funktionale Zuständigkeit. Die örtliche Zuständigkeit bestimmt sich nach nationalem Recht, also den §§ 12 ff ZPO, wenn sich die internationale Zuständigkeit aus Art 2 ergibt; dagegen regeln Art 5 und 6 auch die örtliche Zuständigkeit.

2   **2) Zuständigkeitsbegründende Tatsachen.** Sie muß grundsätzlich der Kläger beibringen. Ihn trifft insoweit die Darlegungs- und die Beweislast. Jedoch genügt die schlüssige Behauptung, wenn die Tatsache auch für die Begründetheit der Klage relevant ist, EuGH JZ **98**, 896; BGH GRUR **05**, 432; LG Tübingen NJW **05**, 1513.

3   **3) Anwendungsbereich der Art 2–31.** Grundvoraussetzung ist der Umstand, daß der Beklagte seinen Wohnsitz bzw Sitz in einem Mitglied-Staat hat (anders nach Art 16 u 17); ist dies der Fall, gilt Kapitel II auch dann, wenn der Kläger in einem Drittstaat ansässig ist (es sei denn, die VO bestimmt ausdrücklich etwas anderes), EuGH NJW **00**, 3121. Daher sind auch Sachverhalte, die ihre Internationalität nur aus ihrem Drittstaatenbezug gewinnen, von Art 2 erfaßt, Coester-Waltjen F Nakamura, 1996, 106, Kropholler 8, Hamm IPRspr **88** Nt 203, str, aM BGH NJW **90**, 317.

4   **4) Annexzuständigkeit.** Die Zuständigkeitstatbestände des Kapitels II begründen auch die Zuständigkeit für Annexverfahren, zB für unterstützende Auskunftsklagen und für das folgende Kostenfestsetzungsverfahren, Kblz IPrax **87**, 24, aber auch für Eilverfahren zur Sicherung des Hauptverfahrens, s bei Art 24. Zwangsvollstreckungsverfahren gehören nicht hierher, s Art 16 Z 5.

Abschnitt 1. Allgemeine Vorschriften

Art. 2. ^{I} Vorbehaltlich der Vorschriften dieses Übereinkommens sind Personen, die ihren Wohnsitz in dem Hoheitsgebiet eines Mitgliedstaats haben, ohne Rücksicht auf ihre Staatsangehörigkeit vor den Gerichten dieses Mitgliedstaats zu verklagen.

^{II} Auf Personen, die nicht dem Mitgliedstaat, in dem sie ihren Wohnsitz haben, angehören, sind die für Inländer maßgebenden Zuständigkeitsvorschriften anzuwenden.

1   **1) Grundregel, I.** Allgemeiner Gerichtsstand ist der **Wohnsitz** bzw Sitz des Beklagten unabhängig davon, ob der Kläger in einem Drittland ansässig ist, EuGH NJW **00**, 3121 m Anm Staudinger IPrax **00**, 483. Die Staatsangehörigkeit des Beklagten ist für die internationale Zuständigkeit ohne Bedeutung, ebenso die Klageart (also keine Umkehrung der Verhältnisse bei einer negativen Feststellungsklage). Die materielle Position als Gläubiger oder Schuldner ist unerheblich; es kommt allein auf die formale Parteirolle im Prozeß an, BGH NJW **97**, 871.

2   Zur **Bestimmung des Wohnsitzes** s Art 59–61. Vor deutschen Gerichten beantwortet sich die Frage, ob der Beklagte seinen Wohnsitz in Deutschland hat, nach Art 59 I iVm §§ 7 ff BGB, die Frage, ob sein Wohnsitz zB in England liegt, nach Art 59 II iVm Civil Jurisdiction and Judgments Act. Bei mehreren Wohnsitzen genügt es, daß einer von ihnen im Gerichtsstaat liegt.

3   **2) Sonderregel, II.** Sie gebietet Inländergleichbehandlung von Ausländern bei der örtlichen Zuständigkeit und hat für deutsche Verfahren keine Bedeutung, weil die Zuständigkeit insofern nicht von der Staatsangehörigkeit abhängt.

Art. 3. ^{I} Personen, die ihren Wohnsitz im Hoheitsgebiet eines Mitgliedstaats haben, können vor den Gerichten eines anderen Mitgliedstaats nur gemäß den Vorschriften der Abschnitte 2 bis 7 dieses Kapitels verklagt werden.

^{II} Gegen diese Personen können insbesondere nicht die in Anhang I aufgeführten innerstaatlichen Zuständigkeitsvorschriften geltend gemacht werden.

1   **1) Grundsatz, I.** Die Vorschrift enthält einen numerus clausus der besonderen Gerichtsstände und garantiert dadurch einen Mindestschutz des Beklagten, der seinen Wohnsitz in einem Mitgliedstaat hat, Art 1 Rn 1. Sie bestätigt, daß die Gerichtsstände der VO das nationale Zuständigkeitsrecht verdrängten, Üb Art 2 Rn 1.

2   **2) Ausschlüsse, II.** Die Bestimmung schließt die klägerfreundlichen Gerichtsstände des nationalen Rechts ausdrücklich aus, indem sie iVm Anh I die wichtigsten sog exorbitanten Zuständigkeiten nennt, so für Deutschland § 23 ZPO. Der Ausschluss gilt nicht, wenn der Beklagte keinen Wohnsitz im Hoheitsgebiet eines Mitgliedstaates hat, Art 4, es sei denn, Art 22 greift ein. Auch für Eilverfahren gilt II nicht: hier sind auch die besonders genannten Gerichtsstände eröffnet, sofern der Sachverhalt eine reale Beziehung zum Gerichtsstand des Eilverfahrens hat, vgl. EuGH IPrax **99**, 243, Heß/Vollkommer IPrax **99**, 222. Zum Arrestgrund des § 917 II 1 s § 917 II 2 ZPO.

Art. 4. ^{I} Hat der Beklagte keinen Wohnsitz im Hoheitsgebiet eines Mitgliedstaats, so bestimmt sich vorbehaltlich der Artikel 22 und 23 die Zuständigkeit der Gerichte eines jeden Mitgliedstaats nach dessen eigenen Gesetzen.

^{II} Gegenüber einem Beklagten, der keinen Wohnsitz im Hoheitsgebiet eines Mitgliedstaats hat, kann sich jede Person, die ihren Wohnsitz im Hoheitsgebiet eines Mitgliedstaats hat, in diesem

Staat auf die dort geltenden Zuständigkeitsvorschriften, insbesondere auf die in Anhang I aufgeführten Vorschriften, wie ein Inländer berufen, ohne daß es auf ihre Staatsangehörigkeit ankommt.

1) Zuständigkeit bei Wohnsitz im Drittstaat: Regel, I. Abgesehen von Art 22 und 23 gelten hierfür nicht die Zuständigkeitsvorschriften der VO, sondern diejenigen des nationalen Rechts über die internationale Zuständigkeit, Üb Art 2 Rn 1. Insbesondere sind in diesem Fall auch die nach Art 3 II ausgeschlossenen Gerichtsstände gegeben, BGH RR **88**, 173.

2) Sonderregel, II. Ähnlich wie Art 2 II gewährleistet die Vorschrift Inländergleichbehandlung, indem sie Differenzierungen nach der Staatsangehörigkeit ausschließt. Danach stehen Klägergerichtsstände des nationalen Rechts, die an sich nur Angehörigen des eigenen Staates offenstehen, allen in diesem Staat ansässigen Ausländern zur Verfügung.

Abschnitt 2. Besondere Zuständigkeiten

Art. 5. Eine Person, die ihren Wohnsitz im Hoheitsgebiet eines Mitgliedstaats hat, kann in einem anderen Mitgliedstaat verklagt werden:

1. a) wenn ein Vertrag oder Ansprüche aus einem Vertrag den Gegenstand des Verfahrens bilden, vor dem Gericht des Ortes, an dem die Verpflichtung erfüllt worden ist oder zu erfüllen wäre;
   b) im Sinne dieser Vorschrift – und sofern nichts anderes vereinbart worden ist – ist der Erfüllungsort der Verpflichtung
   – für den Verkauf beweglicher Sachen der Ort in einem Mitgliedstaat, an dem sie nach dem Vertrag geliefert worden sind oder hätten geliefert werden müssen;
   – für die Erbringung von Dienstleistungen der Ort in einem Mitgliedstaat, an dem sie nach dem Vertrag erbracht worden sind oder hätten erbracht werden müssen;
   c) ist Buchstabe b) nicht anwendbar, so gilt Buchstabe a);
2. wenn es sich um eine Unterhaltssache handelt, vor dem Gericht des Ortes, an dem der Unterhaltsberechtigte seinen Wohnsitz oder seinen gewöhnlichen Aufenthalt hat, oder im Falle einer Unterhaltssache, über die im Zusammenhang mit einem Verfahren in Bezug auf den Personenstand zu entscheiden ist, vor dem nach seinem Recht für dieses Verfahren zuständigen Gericht, es sei denn, diese Zuständigkeit beruht lediglich auf der Staatsangehörigkeit einer der Parteien;
3. wenn eine unerlaubte Handlung oder eine Handlung, die einer unerlaubten Handlung gleichgestellt ist, oder wenn Ansprüche aus einer solchen Handlung den Gegenstand des Verfahrens bilden, vor dem Gericht des Ortes, an dem das schädigende Ereignis eingetreten ist oder einzutreten droht;
4. wenn es sich um eine Klage auf Schadensersatz oder auf Wiederherstellung des früheren Zustands handelt, die auf eine mit Strafe bedrohte Handlung gestützt wird, vor dem Strafgericht, bei dem die öffentliche Klage erhoben ist, soweit dieses Gericht nach seinem Recht über zivilrechtliche Ansprüche erkennen kann;
5. wenn es sich um Streitigkeiten aus dem Betrieb einer Zweigniederlassung, einer Agentur oder einer sonstigen Niederlassung handelt, vor dem Gericht des Ortes, an dem sich diese befindet;
6. wenn sie in ihrer Eigenschaft als Begründer, trustee oder Begünstigter eines trust in Anspruch genommen wird, der aufgrund eines Gesetzes oder durch schriftlich vorgenommenes oder schriftlich bestätigtes Rechtsgeschäft errichtet worden ist, vor den Gerichten des Mitgliedstaats, in dessen Hoheitsgebiet der trust seinen Sitz hat;
7. wenn es sich um eine Streitigkeit wegen der Zahlung von Berge- und Hilfslohn handelt, der für Bergungs- oder Hilfeleistungsarbeiten gefordert wird, die zugunsten einer Ladung oder einer Frachtforderung erbracht worden sind, vor dem Gericht, in dessen Zuständigkeitsbereich diese Ladung oder die entsprechende Frachtforderung
   a) mit Arrest belegt worden ist, um die Zahlung zu gewährleisten, oder
   b) mit Arrest hätte belegt werden können, jedoch dafür eine Bürgschaft oder eine andere Sicherheit geleistet worden ist;
diese Vorschrift ist nur anzuwenden, wenn behauptet wird, dass der Beklagte Rechte an der Ladung oder an der Frachtforderung hat oder zur Zeit der Bergungs- oder Hilfeleistungsarbeiten hatte.

1) Allgemeines.

A. Regelungsinhalt. Art 5 (ergänzt durch Art 6) enthält den wichtigen Katalog der besonderen Zuständigkeiten. Grundvoraussetzung für seine Anwendung ist der Wohnsitz, Art 52, bzw Sitz des Beklagten in einem Vertragsstaat. Die besonderen Zuständigkeiten nach Art 5 sind fakultativ. Sie bestehen nur in anderen Staaten als jenen, in dem der Beklagte seinen allgemeinen Gerichtsstand hat und werden durch die ausschließlichen Zuständigkeiten nach Art 22 u 23 verdrängt. In Verbraucher- und Versicherungssachen ist nur Z 5 anwendbar.

B. Internationale und örtliche Zuständigkeit. Mit Ausnahme von Z 6 regelt Art 5 nicht nur die internationale, sondern auch die örtliche Zuständigkeit. In ihrem jeweiligen Anwendungsbereich verdrängen Z 1–5 u 7 auch die nationalen Regelungen, zB §§ 12 ff ZPO.

C. Beschränkte Zuständigkeit. Nach Art 5 sind die Gerichte nur zur Entscheidung über die dem jeweiligen Gerichtsstand zugeordneten Ansprüche befugt; eine **Annexzuständigkeit** für etwaige konkurrierende Ansprüche besteht nicht. Im Vertragsgerichtsstand, Z 1, können demgemäß keine deliktischen Ansprüche geltend gemacht werden, ebensowenig im Deliktgerichtsstand, Z 3, umgekehrt vertragliche

EuGVVO Schlußanhang V C 4

Ansprüche, EuGH NJW **88**, 3088 (Anm Geiger), IPrax **84**, 85 (Anm Schlosser ebd S 65), BGH RR **05**, 583, Gottwald IPrax **89**, 272.

3   **2) Gerichtsstand des Erfüllungsorts, Z 1.**
   A. Vertragliche Ansprüche. Der Begriff ist autonom auszulegen, EuGH RIW **99**, 57, NJW **89**, 1424, IPrax **84**, 85 (Anm Schlosser ebd S 65). Ein **Vertrag** ist jedes freiwillige Eingehen einer Verpflichtung gegenüber einer anderen Person, EuGH NJW **05**, 652, RIW **99**, 57, JZ **95**, 90 (Anm Peifer); er setzt im Normalfall eine bindende Übereinkunft der Beteiligten voraus, aus der Rechte und Pflichten erwachsen. Z 1 greift auch dann ein, wenn der Beklagte das Bestehen eines Vertrages schlichtweg bestreitet, EuGH IPrax **83**, 31 (Anm Gottwald ebd S 13), vgl BGH NJW **96**, 1820 u **94**, 2699. Daß nach dem nationalen Recht ein vertraglicher Anspruch vorliegt, ist iRv Z 1 ohne Bedeutung, EuGH JZ **95**, 90 (Anm Peifer). Keinen vertraglichen, sondern deliktischen Charakter haben zB Klagen des Endverbrauchers gegen den Hersteller aus Produkthaftung, EuGH JZ **95**, 90, und Klagen wegen Transportschäden aus einem Konnossement, das den Beklagten nicht als Verfrachter ausweist, EuGH RIW **99**, 57.

4   **Vertraglichen Charakter** haben sowohl die Primäransprüche aus einem Vertrag (auch einem Vorvertrag) als auch die Sekundäransprüche aus seiner Verletzung, EuGH NJW **89**, 1424, dazu Schlosser RIW **89**, 139, Mezger IPrax **89**, 207, ebenso Ansprüche aus Nebenpflichten und auf die Gestellung von Sicherheiten, Auskunft oder Rechnungslegung. Ansprüche auf Abschluß, Aufhebung oder Änderung eines Vertrages fallen unter Z 1, wenn sie auf einen Vertrag zurückzuführen sind, nicht aber dann, wenn sie auf einem deliktischen Handeln beruhen. Die von einem Vertragspartner begangene culpa in contrahendo fällt unter Z 1, sofern es sich um die Verletzung von Aufklärungs- oder Beratungspflichten handelt, nicht dagegen, soweit es um die Verletzung von Verkehrs- und Schutzpflichten geht, Mankowski IPrax **03**, 127; aA ohne Differenzierung EuGH NJW **02**, 3159. Gewinnzusagen fallen unter den weiten Vertragsbegriff, der nicht auf gegenseitige Verträge beschränkt ist, EuGH NJW **05**, 653. In Bürgschaftsfällen soll es in Verkennung von Bürgschaft wie Legalzession auf eine Ermächtigung des Bürgen durch den Hauptschuldner ankommen, EuGH RIW **04**, 386.

5   Streitigkeiten, deren Gegenstand die **Wirksamkeit eines Vertrages** ist, fallen unter Z 1, nicht dagegen ein als Vorfrage zu entscheidender Streit um die Wirksamkeit in einem Verfahren mit anderem Hauptziel, EuGH IPrax **83**, 31 (Anm Gottwald ebd S 13). Z 1 greift auch ein, wenn Gegenstand des Streits **Kondiktionsansprüche** aus einem unwirksamen Vertrag sind, Holl IPrax **98**, 122, Schlosser IPrax **84**, 66, str, aM ua MüKoGo 5.

6   Z 1 greift auch ein, wenn Gegenstand des Rechtsstreits Ansprüche aus der **Mitgliedschaft in einem Verein** sind, mögen sie auf der Vereinssatzung oder auf Handlungen eines Vereinsorgans beruhen, EuGH IPrax **84**, 85 (Anm Schlosser ebd S 65). Das gleiche gilt für Haftungsansprüche gegen **Gesellschafter**, soweit sie aus dem Gesellschaftsvertrag oder ihn ergänzenden Normen erwachsen, Brödermann ZIP **96**, 481, und für Innenhaftungsklagen gegen Organpersonen, Mü ZIP **99**, 1558 (zustm Haubold IPrax **00**, 375), Celle NZG **00**, 595 (zustm Bous), wenn kein Arbeitsvertrag vorliegt, Mankowski EWiR **99**, 949. Nicht unter Z 1 fallen wechselrechtliche Regreßansprüche, LG Ffm IPrax **97**, 174, LG Bayreuth IPrax **89**, 230 (Anm Furtak ebd S 212), diff Bachmann IPrax **97**, 152.

7   **B. Verträge über den Verkauf beweglicher Sachen und über das Erbringen von Dienstleistungen (lit b).** Z 1 differenziert zwischen Verträgen über den Verkauf beweglicher Sachen und über das Erbringen von Dienstleistungen einerseits und sonstigen Verträgen andererseits. Für die ersten beiden Kategorien verwirklicht Z 1 lit b abweichend von der Lage unter Art 5 Z 1 1. Halbs EuGVÜ/LugÜ einen autonomen Ansatz ohne Rückgriff auf das anwendbare materielle Recht und mit einem einheitlichen Erfüllungsort für alle Verpflichtungen aus dem betreffenden Vertrag, also auch für die Zahlungsklage des Geldleistungsgläubigers, Begr der Kommission zum VO-Vorschlag, BR-Drs 534/99 S 14; Kropholler 38. Der Verkäufer muß also Zahlungsklage am Lieferungsort erheben. Eine Differenzierung nach den einzelnen Leistungsbeziehungen erfolgt unter Z 1 lit b nicht mehr. Die für den Vertrag charakteristische Verpflichtung regiert hinsichtlich des Erfüllungsortes über alle anderen Verpflichtungen, die Gegenleistungsverpflichtung wie alle Nebenpflichten.

8   **a) Sachlicher Anwendungsbereich.** Ein Vertrag über den **Verkauf beweglicher Sachen** ist jeder Kaufvertrag über Mobilien. Richtigerweise sollte man den Begriff aber weitergehend verstehen, nämlich als Vertrag über die Lieferung beweglicher Sachen. Dies schließt also alle Werk- und Werklieferungsverträge (iSv § 651 BGB aF) ein, bei denen der Lieferungsaspekt im Vordergrund steht. Nicht erfaßt sind jedenfalls Immobilienkaufverträge, Forderungs- und Rechtskauf sowie der Erwerb anderer immaterieller Güter, zB Informationen.

9   Ein Vertrag über die **Erbringung von Dienstleistungen** ist ebenso zu verstehen wie in Art 13 I Z 3 EuGVÜ, Leipold GS Lüderitz S 446; Hau IPRax **00**, 359. Der Ort der Dienstleistung orientiert sich daher am primärrechtlichen Begriff der Dienstleistungsfreiheit, SchwBG BGE 121 III 340, OGH ÖJZ **04**, 390, Düss IHR **04**, 110, Cour d'appel Colmar ZIP **99**, 1209, Thorn IPrax **95**, 298. Zu den Verträgen über Dienstleistungen zählen im Kern Werk-, Werklieferungs- und Geschäftsbesorgungsverträge sowie solche Dienstverträge, die keine Arbeitsverträge sind, AG Hbg VuR **98**, 347. Gemeinsames Merkmal ist, daß eine tätigkeitsbezogene Leistung an den Verbraucher erbracht wird, BGHZ **123**, 385, Düss RiW **96**, 683, und keine Veräußerung oder Gebrauchsüberlassung von Gegenständen im Vordergrund steht, v Hoffmann IPR, 7. Aufl 2002, § 10 Rn 67. Ob Kreditverträge erfaßt sind, ist str, vgl Micklitz/Rott EuZW **01**, 328, Hau IPRax **00**, 359, Mankowski EWiR **99**, 1171, Leipold GS Lüderitz S 446 einerseits u S Neumann IPRax **01**, 257 andererseits.

10   **b) Lieferungs- bzw Erbringungsort.** Für Verträge über die Lieferung beweglicher Sachen liegt der Erfüllungsort dort, wo die Ware nach dem Vertrag geliefert worden ist oder geliefert werden sollte. Bei (zu empfehlender) vertraglicher Festlegung des Lieferungsortes ergeben sich keine Probleme. Im übrigen ist nach Maßgabe der Umstände des Einzelfalls und des Gesamtbildes der Vertragsbedingungen zu ermitteln, wo der **Lieferungsort** nach den Vorstellungen der Parteien liegen soll. Nicht gelöst ist der

Fall, daß Teillieferungen in verschiedene Mitgliedstaaten erfolgen sollen, zu Lösungsvorschlägen Kropholler 42.

Nach vergleichbaren Regeln ist der **Erbringungsort** bei Verträgen über Dienstleistungen zu ermitteln. 11
Wieder ist vorrangig nach einer vertraglichen Festlegung zu suchen. Indes können sich bei einer rein faktischen Bestimmung hier Probleme ergeben, insbes im Zusammenhang mit elektronisch erbrachten Dienstleistungen.

Liegt der **Lieferungs- oder Erbringungsort** unter den für lit b geltenden Maßstäben **in einem Nicht-** 12
Mitgliedstaat der EG oder in Dänemark, so greift lit b nicht. Vielmehr ist für diese Fälle lit c als Auffangregel geschaffen worden. Lit c verweist auf lit a.

C. Sonstige Verträge (lit a). Für sonstige Verträge übernimmt Z 1 lit a wörtlich Art 5 Z 1 1. Halbs 13
EuGVÜ. Z 1 insgesamt hat den Charakter eines Kompromisses zwischen Befürwortern des status quo und Veränderungswilligen, Kropholler/v Hinden GS Lüderitz S 409, Hausmann ELF 1-00/01, 44. Soweit eine gemeinschaftsautonome Bestimmung des Erfüllungsortes, also ein eigener prozessualer Erfüllungsortbegriff, gewollt ist, findet man diese in Z 1 lit b, Fricke VersR **99**, 1057. Für den Bereich des lit a ist aber ein Umkehrschluß aus lit b zu ziehen, noch bekräftigt durch lit c. Soweit keine ausdrückliche Veränderung erfolgt ist, war keine Veränderung bezweckt. In den Materialien ist für lit c vielmehr genau gegenteilig besagt, daß unter diesem der Erfüllungsort sich nach dem anwendbaren materiellen Recht richte und das Internationale Privatrecht des angerufenen Gerichts zwischenzuschalten sei, Begr der Kommission zum VO-Vorschlag, BR-Drs 534/99, S 14. Daher ist unter Z 1 lit a die bisherige Rechtsprechung des EuGH fortzuschreiben, Stgt RIW **04**, 712, Ffm RIW **04**, 865, Kropholler/v Hinden GS Lüderitz S 408 f; Leipold GS Lüderitz S 445, 451. Indes zeigen sich gerade in dieser Rechtsprechung gewisse Auflösungserscheinungen, EuGH EuZW **02**, 217, deren Einordnung zwiefelhaft ist, Mankowski EWiR **02**, 520. Lit c weist zurück zu lit a, wenn lit b einen Erfüllungsort außerhalb der EU bezeichnet, Düss IHR **04**, 110, Ffm RIW **04**, 864.

D. Bestimmung des Erfüllungsortes. Der nach Z 1 maßgebliche Erfüllungsort ist dem materiellen 14
Recht zu entnehmen, das nach dem IPR des jeweiligen Forums auf die durch den Streitgegenstand bestimmte Verpflichtung anzuwenden ist, EuGH NJW **00**, 719 mwN, u a NJW **95**, 183 (Anm Geimer JZ **95**, 244), BGH MDR **03**, 1007, str. Maßgeblich kann danach auch das von dem Gerichtsstaat ratifizierte internationale Vertragsrecht sein, zB das UN-Übk über den Warenkauf, EuGH aaO. Sind zwei sich aus dem Vertrag ergebende, gleichrangige Verpflichtungen nach dem maßgeblichen Recht in verschiedenen Vertragsstaaten zu erfüllen, ist nicht ein und dasselbe Gericht dafür zuständig, insgesamt zu entscheiden, EuGH NJW **00**, 721.

Sonderfälle: Zum Erfüllungsort nach einer Zession der Klagforderung Celle IPrax **99**, 456, Gebauer 15
IPrax **99**, 492; vgl auch § 29 ZPO Rn 18 ff. Art 5 Z 1 begründet für die Klage aus einem Scheck, der zur Begleichung einer Kaufpreisforderung hingegeben wurde, keinen Gerichtsstand am Erfüllungsort der Kaufpreisforderung, BGH NJW **04**, 1456.

Eine **Erfüllungsortvereinbarung** ist für die Zuständigkeit nach Z 1 nur maßgeblich, wenn sie nach dem 16
anwendbaren materiellen Recht zulässig ist, EuGH WM **80**, 720 (Anm Schüze), und wenn sie eine objektive Beziehung zu dem vertraglichen Leistungsaustausch hat; sie kann auch mündlich getroffen werden. „Abstrakte" Erfüllungsortvereinbarungen, die nur den Zweck haben, die gerichtliche Zuständigkeit zu beeinflussen, sind als Gerichtsstandvereinbarungen zu behandeln und müssen den Anforderungen des Art 17 genügen, EuGH NJW **97**, 1431 (Anm Dietze/Schnichels EuZW **98**, 486, Holl RIW **97**, 418), BGH RR **98**, 755, Köln NJW **88**, 2183, Schack IPrax **96**, 248. Eine solche abstrakte Vereinbarung liegt aber nicht schon dann vor, wenn die Parteien überhaupt von dem gesetzlichen Erfüllungsort der lex causae abweichen wollten, EuGH aaO. Die Beweislast dafür, daß keine abstrakte Vereinbarung vorliegt, trägt der Kläger, Rauscher ZZP **104**, 306, Kropholler 23.

Wenn der **Erfüllungsort** bei einer Vielzahl von Erfüllungsorten **nicht bestimmt** werden kann, ist Z 1 nicht anwendbar, EuGH NJW **02**, 1407.

3) Sonderregel für Luxemburg. Gegen Beklagte mit Wohnsitz oder Sitz in Luxemburg gilt Z 1 nur 17
eingeschränkt, nämlich dann, wenn sich der Beklagte zur Sache einläßt und nicht die internationale Unzuständigkeit rügt, Art 63 I. Vgl die Erl zu Art 63.

4) Klägergerichtsstand für Unterhaltssachen, Z 2. 18

A. Allgemeines. Wegen der besonderen Schutzwürdigkeit des potentiell Unterhaltsberechtigten begründet Z 2 für ihn einen Klägergerichtsstand, EuGH IPrax **98**, 354 (Anm Fuchs S 327), Jacobs Slg **97**, I–1150, der auch für Antragsteller im Verfahren des einstw Rechtsschutzes gilt, zB nach § 644 ZPO, gilt. „**Unterhalt**" ist dabei weit zu verstehen; es bietet sich an, den Begriff nach dem Muster des Haager Übk über das auf Unterhaltspflichten anwendbare Recht v 23. 10. 73, BGBl 86 II 825 u 87 II 225, auszulegen. Unterhalt kann auch eine einmalige Pauschalleistung sein, EuGH EuZW **98**, 242 (Anm Dietze/Schnichels EuZW **98**, 485), Karlsr FamRZ **02**, 839. Unter den Begriff fallen auch Prozeßkostenvorschüsse, zB nach § 127 a und § 621 f ZPO. Mit „Unterhalt" ist der gesetzlich geschuldete Unterhalt gemeint. Bei Unterhaltsvereinbarungen kommt es darauf an, ob darin gesetzliche Pflichten bekräftigt oder modifiziert werden; andere Verträge fallen nicht unter Z 2, sondern unter Z 1.

B. Einzelheiten. Die Zuständigkeit nach Z 2 besteht für jeden, der auf Unterhalt klagt, also sowohl für 19
Erstklagen als auch für Änderungsklagen, EuGH IPrax **98**, 354 (Anm Fuchs S 327), Jena FamRZ **00**, 681. „Wohnsitz" bestimmt sich nach Art 59, s dort; „gewöhnlicher Aufenthalt" ist iSv Art 4 des Haager UnterhÜbk, oben Rn 14, zu verstehen, vgl § 606 ZPO Rn 10, Hamm FamRZ **92**, 657 u **91**, 1466. Z 2 gilt nicht für Klagen von Behörden oder sonstigen Körperschaften, auf die der Unterhaltsanspruch übergegangen ist, zB nach § 91 BSHG oder § 7 UVG, EuGH JZ **04**, 407 m Anm Schlosser. Ob gleiches für private Zessionare gilt, ist str, Kropholler 12, vgl zu Art 13 EuGH NJW **93**, 1251.

C. Verbundzuständigkeit. Für im Verbund, zB nach § 623 ZPO geltend gemachte Unterhaltsansprüche 20
gilt der Gerichtsstand der EheS nach nationalem Recht, vgl § 606 ZPO; dies gilt nicht, wenn diese Zustän-

digkeit lediglich auf der Staatsangehörigkeit einer der Parteien beruht. Da Z 2 eine Verfahrenskonzentration bezweckt, ist diese Regelung auch auf die Klage auf Trennungsunterhalt während des Scheidungsverfahrens anzuwenden, aM KG RR **98**, 580.

21 **5) Tatortsgerichtsstand für Deliktsklagen, Z 3** (Schwarz, Der Gerichtsstand der unerlaubten Handlung nach deutschem und internationalem Zivilprozeßrecht, 1991; Heinrichs, Die Bestimmung der gerichtlichen Zuständigkeit nach dem Begehungsort im nationalen und internationalen Zivilprozeßrecht, Diss Freiburg 1984).

A. Allgemeines. Der Begriff „unerlaubte Handlung" ist autonom auszulegen, EuGH RIW **99**, 57, NJW **88**, 3088 (Anm Geimer), dazu Schlosser RIW **88**, 987, Gottwald IPrax **89**, 272, EuGH EuZW **92**, 447. Danach muß es sich um Ansprüche handeln, mit denen eine Schadenshaftung geltend gemacht wird und die nicht an einen Vertrag anknüpfen. **Beispiele:** Produkthaftungsansprüche, EuGH JZ **95**, 90 (Anm Peifer), Umwelthaftungsansprüche, EuGH NJW **77**, 493, Ansprüche aus unlauterem Wettbewerb, BGH NJW **88**, 1466, Mü RR **94**, 190, Ansprüche wegen Persönlichkeitsverletzung, zB durch die Presse, EuGH NJW **95**, 1881, Verletzung von Schutzgesetzen, BGH **98**, 273, Ansprüche aus Konzernhaftung, zB nach § 317 AktG, Maul NZG **99**, 744, oder Unterkapitalisierung, Kln ZIP **05**, 323, sofern man sie nicht vertragsrechtlich einordnet. Geschütztes Rechtsgut kann auch das Vermögen sein, Kiethe NJW **94**, 223. Unter Z 3 fallen auch Ansprüche aus Gefährdungshaftung, Lorenz IPrax **93**, 45, abw Goette DStR **97**, 505. Hierhin gehören auch Ansprüche wegen ungerechtfertigter Vollstreckung von Titeln, zB nach §§ 717 II oder 945 ZPO, Rohe IPrax **97**, 14, ebenso Ansprüche auf Gegendarstellung in Medien, Stadler JZ **94**, 648, ferner vorbeugende Verbraucherschutzklagen, EuGH EuZW **02**, 657 (Anm Michailidou IPRax **03**, 223), sowie Ansprüche aus culpa in contrahendo, EuGH NJW **02**, 3159 (Anm Mankowski IPRax **03**, 127). – Nicht von Z 3 erfaßt werden dagegen Bereicherungsansprüche, Lorenz IPrax **93**, 46, Kropholler 51, und Anfechtungsklagen eines Gläubigers, EuGH IPrax **93**, 26 (Anm Schlosser ebd S 17).

22 **B. Ort des schädigenden Ereignisses.** Dies kann sowohl der Handlungsort als auch der Erfolgsort sein, EuGH in stRspr seit NJW **77**, 493. Bei mehreren Beteiligten sind Handlungen einzelner den anderen zuzurechnen, Vollkommer IPrax **92**, 211, zT abw Weller IPrax **00**, 207.

a) Handlungsort. Es handelt sich um den Ort, an dem der potentielle Täter die zum Schaden führende Handlung vorgenommen hat oder an dem vom Täter benutzte Hilfsmittel eine Schadensursache setzen; Vorbereitungshandlungen bleiben außer Betracht, Hohloch IPrax **97**, 312. Bei Pressedelikten ist Handlungsort der Ort, an dem der Herausgeber sich niedergelassen hat, EuGH NJW **95**, 1881.

23 **b) Erfolgsort.** Dies ist der Ort, an dem die Verletzung des primär geschützten Rechtsgutes eintritt, EuGH NJW **95**, 1881. Immaterielle Rechtsgüter werden überall dort verletzt, wo das Medium bestimmungsgemäß verbreitet wird, EuGH aaO. Der Ort, an dem sich der Schaden im Vermögen des Geschädigten auswirkt, ist dagegen grundsätzlich ohne Bedeutung, wenn primär geschütztes Rechtsgut nicht das Vermögen ist, EuGH RIW **99**, 57, NJW **91**, 631, EuZW **95**, 765 (Anm Holl), dazu Hohloch IPrax **97**, 312, Geimer JZ **95**, 1108, bei Vermögensdelikten ist der Vermögensschaden Primärschaden, Kiethe NJW **94**, 225, Ahrens IPrax **90**, 132 (zu Lokalisierungsfragen bei Anlagebetrug Stgt RIW **98**, 809, Mankowski EWiR **98**, 1086). Der Erfolgsort ist nicht automatisch identisch mit dem Ort der Schadensentdeckung, EuGH IPrax **00**, 210 (dazu Koch ebd 188). Ist der Schaden in mehreren Staaten eingetreten, so sind die Gerichte der einzelnen Erfolgsorte nur für die Entscheidung über jene Schäden zuständig, die in ihrem Sitzstaat eingetreten sind, EuGH NJW **95**, 1881, krit Kreuzer/Klötgen IPrax **97**, 90. Der Ort des Klägerwohnsitzes scheidet aus, selbst wenn der Verlust von Vermögensteilen in einem anderen Vertragsstaat eingetreten ist, EuGH EuZW **04**, 477. Auch beim Bestreiten eines Seeschiffs kommt es nicht auf das Schiff, sondern auf die geschädigte Vermögensmasse an, EuGH RIW **04**, 543.

24 **C. Vorbeugende Unterlassungsklage.** Für sie gilt Z 3 („einzutreten droht"). Geht es darum, eine Wiederholungstat zu verhindern, sind Handlungs- und Erfolgsort des zuvor begangenen Delikts heranzuziehen, Müller-Feldhammer EWS **98**, 170; andernfalls sind insofern die Grundsätze zu berücksichtigen, die die nationalen Rechte der Mitgliedstaaten dazu entwickelt haben, Mankowski EWS **94**, 305. Maßgeblich ist als Erfolgsort der Ort der drohenden Rechtsgutverletzung, vgl auch EuGH NJW **02**, 3617.

25 **6) Gerichtsstand für Adhäsionsverfahren vor Strafgerichten, Z 4** (Kohler, in: Will, Schadensersatz im Strafverfahren, 1990, S 74).

Der Gerichtsstand hängt davon ab, daß die Adhäsionsklage des Verletzten nach dem jeweiligen nationalen Recht zulässig ist, in Deutschland also nach den §§ 403 ff StPO. Voraussetzung ist ein anhängiges Strafverfahren.

26 **7) Gerichtsstand der Niederlassung, Z 5.**

A. Allgemeines. In Anlehnung an § 21 ZPO begründet Z 5 einen Gerichtsstand der Niederlassung für Klagen gegen deren Träger, nicht auch für dessen Klagen. Zum Begriff der Niederlassung s EuGH RIW **79**, 56, NJW **88**, 625, dazu Geimer RIW **88**, 220, Kronke IPrax **89**, 81. Entscheidend sind die Leitung durch ein Stammhaus, eine hinreichende Ausstattung und die Kompetenz zum Auftreten nach außen. Maßgebend dafür ist der für Dritte erweckte Rechtsschein, dh die unternehmensexterne Perspektive eines objektiven Beobachters, EuGH NJW **88**, 625. Auf die rechtliche Unselbständigkeit der Niederlassung kommt es nicht an, so daß auch formellrechtlich selbständige Tochtergesellschaften Niederlassungen iSv Z 5 sind, Geimer RIW **92**, 60, Mankowski RIW **96**, 1004, aM Mü RR **93**, 701, Schlesw WM **97**, 991. Unerheblich ist auch die Eintragung der Niederlassung in ein örtliches Register, Kropholler 81. Abzustellen ist vielmehr auf die Unterordnung für die Zwecke des konkreten Vertrages, so daß im Einzelfall sogar die Muttergesellschaft als Niederlassung ihrer Tochtergesellschaft anzusehen sein kann, EuGH NJW **88**, 625. Z 5 gilt nicht nur für Gesellschaften oder Einzelkaufleute, sondern auch für freie Berufe, Geimer WM **76**, 148. Maßgeblicher Zeitpunkt für das Bestehen einer Niederlassung ist die Klagerhebung, MüKoGo 45, aM Saarbr RIW **80**, 796 (Schluß der mündl Verh).

Beispiele: Nicht unter Z 5 fallen ein Alleinvertriebshändler, EuGH NJW 77, 1477, und ein Handelsvertreter, der seine Tätigkeit frei gestalten kann, EuGH IPrax **82**, 64 (Anm Linke ebd S 46), dazu MüKoGo 41; jedoch kann agrd des Eindrucks, den ein objektiver Beobachter empfängt, oben Rn 22, etwas anderes gelten, zB kann ein Abschlußvertreter oder Vertragshändler gegenüber dem Kunden als Teil der Vertriebsorganisation des Herstellers erscheinen, Mankowski RIW **96**, 1005. 27

B. Voraussetzungen. Die Klagforderung muß aus dem Betrieb der Niederlassung herrühren, so daß Forderungen aus einem unmittelbaren Kontakt mit dem Stammhaus oder einer anderen Niederlassung nicht am Ort der Niederlassung verfolgt werden können. Der Erfüllungsort einer im Betrieb der Niederlassung begründeten Forderung braucht nicht am Ort der Niederlassung zu liegen, EuGH RIW **95**, 585; die Gerichtsstände nach Z 5 und Z 1 1. Halbs können nebeneinander in demselben Staat oder in verschiedenen Staaten bestehen. Z 5 gilt nicht nur für vertragliche Forderungen, sondern auch für deliktische und sonstige gesetzliche Forderungen, sofern sie ihren Grund im Betrieb der Niederlassung haben. 28

8) Trust-Klagen, Z 6. Die Bestimmung betrifft die im angelsächsischen Rechtsbereich vorgesehenen trust-Klagen, vgl dazu MüKoGo 46 ff, Kropholler 85 ff. Sie gilt nur im Innenverhältnis des trust. 29

9) Arrestforum für Ansprüche auf Berge- und Hilfslohn, Z 7 (Kropholler RIW **86**, 931). Die Regelung steht in Zusammenhang mit Art 7 I e des Brüsseler Übk über den Arrest in Seeschiffe v 10. 5. 52, BGBl 72 II 655, und der seerechtlichen Haftung von Schiff und Ladung für Berge- und Hilfslohn, §§ 740 ff HGB. Wegen der Einzelheiten s MüKoGo 52 ff, Kropholler 95 ff. Hat der Reeder einen Berge- oder Hilfevertrag geschlossen, fällt der Streit nicht unter Z 7, sondern unter Z 1 1. Halbs, oben Rn 3 ff. 30

Art. 6. Eine Person, die ihren Wohnsitz im Hoheitsgebiet eines Mitgliedstaats hat, kann auch verklagt werden:
1. wenn mehrere Personen zusammen verklagt werden, vor dem Gericht des Ortes, an dem einer der Beklagten seinen Wohnsitz hat, sofern zwischen den Klagen eine so enge Beziehung gegeben ist, dass eine gemeinsame Verhandlung und Entscheidung geboten erscheint, um zu vermeiden, dass in getrennten Verfahren widersprechende Entscheidungen ergehen könnten;
2. wenn es sich um eine Klage auf Gewährleistung oder um eine Interventionsklage handelt, vor dem Gericht des Hauptprozesses, es sei denn, dass die Klage nur erhoben worden ist, um diese Person dem für sie zuständigen Gericht zu entziehen;
3. wenn es sich um eine Widerklage handelt, die auf denselben Vertrag oder Sachverhalt wie die Klage selbst gestützt wird, vor dem Gericht, bei dem die Klage selbst anhängig ist;
4. wenn ein Vertrag oder Ansprüche aus einem Vertrag den Gegenstand des Verfahrens bilden und die Klage mit einer Klage wegen dinglicher Rechte an unbeweglichen Sachen gegen denselben Beklagten verbunden werden kann, vor dem Gericht des Mitgliedstaats, in dessen Hoheitsgebiet die unbewegliche Sache belegen ist.

Bem. Nach Z 1 muß im Zeitpunkt des Anhängigwerdens zwischen den verschiedenen Klagen eines Klägers gegen mehrere Beklagte ein Zusammenhang bestehen, der eine gemeinsame Entscheidung als geboten erscheinen läßt, EuGH EuZW **99**, 59, NJW **88**, 3088 (Anm Gottwald IPrax **89**, 272, Schlosser RIW **88**, 987) zu BGH WertpMitt **87**, 883 (Vorlagebeschluß), zustm Geimer NJW **88**, 3089, Düss RIW **96**, 681 (dazu Thorn IPrax **97**, 98); an dem erforderlichen Zusammenhang fehlt es, wenn das Klagebegehren gegen den einen Beklagten auf Deliktrecht, das gegen den anderen Beklagten auf Vertrags- oder Bezeichnungsrecht gestützt wird, BGH RR **02**, 1149 mwN. Z 1 ist auch dann anwendbar, wenn mehrere Beklagte ihren Wohnsitz in demselben Staat haben, KG IPrax **02**, 515 (Anm. Brand/Scherber ebd 500). 1

Die Zuständigkeit nach **Z 2** (dazu EuGH NJW **91**, 2621, zustm Coester-Waltjen IPrax **92**, 290) kann in der BRep nicht geltend gemacht werden, Art 65 I; Entscheidungen, die in anderen Vertragsstaaten ergehen, werden aber nach Titel III anerkannt und vollstreckt, Art 65 II. Die Annexzuständigkeit birgt also für den deutschen Beklagten nicht unerhebliche Gefahren. Zum Verhältnis von Z 1 u 2 zu Art 17 vgl BGH NJW **88**, 646 (Art 17 I geht Z 1 vor), Mezger IPrax **84**, 331. 2

Die in **Z 3** enthaltene Regelung geht nicht über § 33 ZPO hinaus, vgl BGH NJW **81**, 2645 mwN, krit Geimer NJW **88**, 2993, zustm v. Falkenhausen RIW **82**, 389, abw Kropholler Rdz 19; zur Zuständigkeit nach Z 3 für eine Widerklage, die im Nachverf eines Scheckprozesses erhoben wird, vgl AG Mainz LS IPrax **83**, 299, zustm Jayme, u LG Mainz IPrax **84**, 100, abl Jayme. Z 3 gilt nicht für die verteidigungsmäßige Geltendmachung einer Gegenforderung, EuGH NJW **96**, 42 (Anm Philip IPrax **97**, 97, Bacher NJW **96**, 2140, Geimer EuZW **95**, 640, Mankowski ZZP **109**, 376, Gebauer IPrax **98**, 76), diff Wagner IPrax **99**, 65, dazu BGH NJW **02**, 2183 mwN, (analoge Anwendung von § 33 ZPO bei Aufrechnung mit konnexem Gegenanspruch). 3

Z 4 ist nur anwendbar, wenn nach dem Recht des Belegenheitsstaates die schuldrechtliche Klage mit der dinglichen Klage verbunden werden kann, für das deutsche Recht also in den Fällen des § 25 ZPO. 4

Art. 7. Ist ein Gericht eines Mitgliedstaats nach dieser Verordnung zur Entscheidung in Verfahren wegen einer Haftpflicht aufgrund der Verwendung oder des Betriebs eines Schiffes zuständig, so entscheidet dieses oder ein anderes an seiner Stelle durch das Recht dieses Mitgliedstaats bestimmtes Gericht auch über Klagen auf Beschränkung dieser Haftung.

Bem. Vgl Kropholler RIW **86**, 931 (zu § 6a EuGVÜ). 1

Abschnitt 3. Zuständigkeit für Versicherungssachen

Art. 8. Für Klagen in Versicherungssachen bestimmt sich die Zuständigkeit unbeschadet des Artikels 4 und des Artikels 5 Nummer 5 nach diesem Abschnitt.

EuGVVO

1 **Bem.** Zu Art 8–14 vgl Geimer RIW **80**, 305, Fricke VersR **97**, 100, Loschelder IPrax **98**, 86. Diese Sondervorschriften gelten nicht für Streitigkeiten zwischen Rückversicherer und Rückversichertem im Rahmen eines Rückversicherungsvertrages, EuGH NJW **00**, 312.

Art. 9. I Ein Versicherer, der seinen Wohnsitz im Hoheitsgebiet eines Mitgliedstaats hat, kann verklagt werden:
a) vor den Gerichten des Mitgliedstaats, in dem er seinen Wohnsitz hat,
b) in einem anderen Mitgliedstaat bei Klagen des Versicherungsnehmers, des Versicherten oder des Begünstigten vor dem Gericht des Ortes, an dem der Kläger seinen Wohnsitz hat, oder
c) falls es sich um einen Mitversicherer handelt, vor dem Gericht eines Mitgliedstaats, bei dem der federführende Versicherer verklagt wird.

II Hat der Versicherer im Hoheitsgebiet eines Mitgliedstaats keinen Wohnsitz, besitzt er aber in einem Mitgliedstaat eine Zweigniederlassung, Agentur oder sonstige Niederlassung, so wird er für Streitigkeiten aus ihrem Betrieb so behandelt, wie wenn er seinen Wohnsitz im Hoheitsgebiet dieses Mitgliedstaats hätte.

1 **Bem.** Vgl dazu Üb Art 1 Rn 8; zu Art 9 I b s Düss RR **03**, 1610.

Art. 10. I Bei der Haftpflichtversicherung oder bei der Versicherung von unbeweglichen Sachen kann der Versicherer außerdem vor dem Gericht des Ortes, an dem das schädigende Ereignis eingetreten ist, verklagt werden. ² Das Gleiche gilt, wenn sowohl bewegliche als auch unbewegliche Sachen in ein und demselben Versicherungsvertrag versichert und von demselben Schadensfall betroffen sind.

1 **Bem.** Vgl Art 9 EuGVÜ.

Art. 11. I Bei der Haftpflichtversicherung kann der Versicherer auch vor das Gericht, bei dem die Klage des Geschädigten gegen den Versicherten anhängig ist, geladen werden, sofern dies nach dem Recht des angerufenen Gerichts zulässig ist.

II Auf eine Klage, die der Geschädigte unmittelbar gegen den Versicherer erhebt, sind die Artikel 8, 9 und 10 anzuwenden, sofern eine solche unmittelbare Klage zulässig ist.

III Sieht das für die unmittelbare Klage maßgebliche Recht die Streitverkündung gegen den Versicherungsnehmer oder den Versicherten vor, so ist dasselbe Gericht auch für diese Personen zuständig.

1 **Bem.** Beachte dazu die Sondervorschrift in Art 65.

Art. 12. I Vorbehaltlich der Bestimmungen des Artikels 11 Absatz 3 kann der Versicherer nur vor den Gerichten des Mitgliedstaats klagen, in dessen Hoheitsgebiet der Beklagte seinen Wohnsitz hat, ohne Rücksicht darauf, ob dieser Versicherungsnehmer, Versicherter oder Begünstigter ist.

II Die Vorschriften dieses Abschnitts lassen das Recht unberührt, eine Widerklage vor dem Gericht zu erheben, bei dem die Klage selbst gemäß den Bestimmungen dieses Abschnitts anhängig ist.

1 **Bem.** Vgl Art 11 EuGVÜ.

Art. 13. Von den Vorschriften dieses Abschnitts kann im Wege der Vereinbarung nur abgewichen werden:
1. wenn die Vereinbarung nach der Entstehung der Streitigkeit getroffen wird,
2. wenn sie dem Versicherungsnehmer, Versicherten oder Begünstigten die Befugnis einräumt, andere als die in diesem Abschnitt angeführten Gerichte anzurufen,
3. wenn sie zwischen einem Versicherungsnehmer und einem Versicherer, die zum Zeitpunkt des Vertragsabschlusses ihren Wohnsitz oder gewöhnlichen Aufenthalt in demselben Mitgliedstaat haben, getroffen ist, um die Zuständigkeit der Gerichte dieses Staates auch für den Fall zu begründen, dass das schädigende Ereignis im Ausland eintritt, es sei denn, dass eine solche Vereinbarung nach dem Recht dieses Staates nicht zulässig ist,
4. wenn sie von einem Versicherungsnehmer geschlossen ist, der seinen Wohnsitz nicht in einem Mitgliedstaat hat, ausgenommen soweit sie eine Versicherung, zu deren Abschluss eine gesetzliche Verpflichtung besteht, oder die Versicherung von unbeweglichen Sachen in einem Mitgliedstaat betrifft, oder
5. wenn sie einen Versicherungsvertrag betrifft, soweit dieser eines oder mehrere der in Artikel 14 aufgeführten Risiken deckt.

1 **Bem.** Zur Formgültigkeit von Gerichtsstandsvereinbarungen zugunsten Begünstigter, Z 2, vgl EuGH RIW **84**, 62 (dazu Geimer NJW **85**, 533, Hübner IPrax **84**, 238). Zu Z 3–5 vgl Kohler IPrax **87**, 203.

Art. 14. Die in Artikel 13 Nummer 5 erwähnten Risiken sind die folgenden:
1. sämtliche Schäden
   a) an Seeschiffen, Anlagen vor der Küste und auf hoher See oder Luftfahrzeugen aus Gefahren, die mit ihrer Verwendung zu gewerblichen Zwecken verbunden sind,
   b) an Transportgütern, ausgenommen Reisegepäck der Passagiere, wenn diese Güter ausschließlich oder zum Teil mit diesen Schiffen oder Luftfahrzeugen befördert werden;
2. Haftpflicht aller Art, mit Ausnahme der Haftung für Personenschäden an Passagieren oder Schäden an deren Reisegepäck,

a) aus der Verwendung oder dem Betrieb von Seeschiffen, Anlagen oder Luftfahrzeugen gemäß Nummer 1 Buchstabe a), es sei denn, dass – was die letztgenannten betrifft – nach den Rechtsvorschriften des Mitgliedstaats, in dem das Luftfahrzeug eingetragen ist, Gerichtsstandsvereinbarungen für die Versicherung solcher Risiken untersagt sind,
b) für Schäden, die durch Transportgüter während einer Beförderung im Sinne von Nummer 1 Buchstabe b) verursacht werden;
3. finanzielle Verluste im Zusammenhang mit der Verwendung oder dem Betrieb von Seeschiffen, Anlagen oder Luftfahrzeugen gemäß Nummer 1 Buchstabe a), insbesondere Fracht- oder Charterverlust;
4. irgendein zusätzliches Risiko, das mit einem der unter den Nummern 1 bis 3 genannten Risiken in Zusammenhang steht;
5. unbeschadet der Nummern 1 bis 4 alle „Großrisiken" entsprechend der Begriffsbestimmung in der Richtlinie 73/239/EWG des Rates, geändert durch die Richtlinie 88/357/EWG und die Richtlinie 90/618/EWG, in der jeweils geltenden Fassung.

Bem. Vgl Art 12 a EuGVÜ. 1

Abschnitt 4. Zuständigkeit bei Verbrauchersachen

Art. 15. ^I Bilden ein Vertrag oder Ansprüche aus einem Vertrag, den eine Person, der Verbraucher, zu einem Zweck geschlossen hat, der nicht der beruflichen oder gewerblichen Tätigkeit dieser Person zugerechnet werden kann, den Gegenstand des Verfahrens, so bestimmt sich die Zuständigkeit unbeschadet des Artikels 4 und des Artikels 5 Nummer 5 nach diesem Abschnitt,
a) wenn es sich um den Kauf beweglicher Sachen auf Teilzahlung handelt,
b) wenn es sich um ein in Raten zurückzuzahlendes Darlehen oder ein anderes Kreditgeschäft handelt, das zur Finanzierung eines Kaufs derartiger Sachen bestimmt ist, oder
c) in allen anderen Fällen, wenn der andere Vertragspartner in dem Mitgliedstaat, in dessen Hoheitsgebiet der Verbraucher seinen Wohnsitz hat, eine berufliche oder gewerbliche Tätigkeit ausübt oder eine solche auf irgend einem Wege auf diesen Mitgliedstaat oder auf mehrere Staaten, einschließlich dieses Mitgliedstaats, ausrichtet und der Vertrag in den Bereich dieser Tätigkeit fällt.

^{II} Hat der Vertragspartner des Verbrauchers im Hoheitsgebiet eines Mitgliedstaats keinen Wohnsitz, besitzt er aber in einem Mitgliedstaat eine Zweigniederlassung, Agentur oder sonstige Niederlassung, so wird er für Streitigkeiten aus ihrem Betrieb so behandelt, wie wenn er seinen Wohnsitz im Hoheitsgebiet dieses Staates hätte.

^{III} Dieser Abschnitt ist nicht auf Beförderungsverträge mit Ausnahme von Reiseverträgen, die für einen Pauschalpreis kombinierte Beförderungs- und Unterbringungsleistungen vorsehen, anzuwenden.

Bem. Vgl Üb Art 1 Rn 5 u 6. Die besonderen Zuständigkeitsregeln der Art 15 u 16 enthalten, abgesehen 1 von dem Vorbehalt der Art 4 und 5 Z 5, eine abschließende Zuständigkeitsregelung, Mankowski RIW **96**, 1005 mwN. Sie gelten nur dann, wenn die andere Vertragspartei ihren Wohnsitz in einem Mitgliedstaat hat oder II eingreift, EuGH EuZW **94**, 766 (Anm Rainer WiB **94**, 882) zu BGH EuZW **93**, 518, BGH NJW **95**, 1225.

Zu I: Begriff des Verbrauchers: § 13 BGB. Einem Kläger, der nicht selbst der an einem der in I 2 aufgeführten Verträge beteiligte Verbraucher ist (zB dem Zessionar), kommen die besonderen Zuständigkeitsregeln nicht zugute, EuGH NJW **93**, 1251 (zu BGH NJW **91**, 1632), BGH NJW **93**, 2684, dazu Koch IPrax **95**, 71 u Schnichels/Dietze EuZW **94**, 368. Ein auf künftige Geschäftstätigkeit gerichteter Vertrag gehört nicht hierhin, EuGH JZ **98**, 896 (Anm Mankowski), dazu Dietze/Schnichels EuZW **98**, 487. Begriff des Teilzahlungskaufs, I lit a: EuGH EuZW **99**, 727 (Anm Wolf EuZW **00**, 11, Heß IPrax **00**, 370, Mankowski EWiR **99**, 743); Begriff des Kaufs beweglicher Sachen, I **lit a und b:** EuGH aaO, BGH NJW **97**, 2685 u **98**, 666 (dazu Kappus NJW **92**, 2653), LG Darmst RR **94**, 684. **Zu I lit c:** Kontrakte mit Brokern über Börsentermingeschäfte gehören idR hierhin, EuGH NJW **93**, 1251 u ZIP **94**, 1632, BGH WM **91**, 360, ebenso Klagen aus einer vertraglichen Gewinnzusage, EuGH NJW **02**, 2697, Ffm MDR **02**, 1023. Gemischte Verträge sind nur erfasst, wenn der gewerbliche Anteil von ganz untergeordneter Natur ist, EuGH NJW **05**, 653.

Lit c erfaßt grds alle Verträge über alle denkbaren Vertragsgegenstände, soweit sie nicht unter Art 22 3 fallen. Die Beschränkung des Art 13 I Z 3 EuGVÜ auf Verträge über die Lieferung von Waren oder das Erbringen von Dienstleistungen ist entfallen und wird nicht fortgeführt, sodaß lit c zB auch auf allgemeine, nicht zweckgebundene Verträge anwendbar ist (indes wegen Art 22 Z 1 weiterhin nicht auf Timesharingverträge, soweit diese kein der Nutzungsüberlassung ungefähr gleichgewichtiges Dienstleistungselement enthalten, ungenau Begr der Kommission BR-Drs 534/99 S 16). Gleichermaßen gibt es das Erfordernis nicht mehr, daß der Verbraucher seine Vertragserklärung in seinem Wohnsitzstaat abgegeben haben müsste. Vielmehr reicht unter I lit c eine Ausrichtung irgendeiner kommerziellen Betätigung des Unternehmers auf den Wohnsitzstaat des Verbrauchers. Der Unternehmer muß in irgendeiner Form auf dem Vertragsabschlußmarkt in diesem Staat tätig geworden sein. Dies geschieht zuvörderst durch Werbung oder Repräsentanten in diesem Staat. Insoweit lassen sich die Merkmale des Art 13 I Z 3 lit a EuGVÜ als konkretisierende Beispielsfälle fortführen. Intermediäre und arbeitsteilig eingesetzte Personen sind zuzurechnen, Hbg RIW **04**, 710. Internet-Werbung im Wohnsitzstaat des Verbrauchers reicht aus; OLG Dresden 15. 12. 04 – 8 U 1855/04; Differenzierungen nach der Art der Website (aktiv oder passiv) sind nicht anzustellen, Mankowski in: Internet und Recht, 2002, S 198–200; **aA** Begr der Kommission

BR-Drs 534/99 S 16. Disclaimer, daß die Website nicht auf den Wohnsitzstaat des Verbrauchers ausgerichtet sei, schützen den Unternehmer nur, wenn er sich an sie hält und tatsächlich keine Verträge mit Interessenten aus diesem Staat abschließt, Mankowski MMR-Beil 7/2000 S 24 ff, Mü RR **93**, 701 (Anm Geimer RIW **94**, 59).

4   **Zu II:** Drittstaatunternehmen mit Zweigniederlassung in der EG werden als in der EG ansässig fingiert, wenn die Klage Bezug zu jener Niederlassung hat. Auch rechtlich selbständige Unternehmen können Niederlassungen sein, LG Darmstadt ZIP **04**, 1924; LG Bad Kreuznach EWiR **05**, 251.

5   **Zu III:** Jayme IPrax **93**, 43; Pauschalreiseverträge fallen unter I Z 3, Karlsr RR **00**, 353 mwN, LG Konstanz RR **93**, 638, zustm Thorn IPrax **94**, 426.

Art. 16. ¹ **Die Klage eines Verbrauchers gegen den anderen Vertragspartner kann entweder vor den Gerichten des Mitgliedstaats erhoben werden, in dessen Hoheitsgebiet dieser Vertragspartner seinen Wohnsitz hat, oder vor dem Gericht des Ortes, an dem der Verbraucher seinen Wohnsitz hat.**

II **Die Klage des anderen Vertragspartners gegen den Verbraucher kann nur vor den Gerichten des Mitgliedstaats erhoben werden, in dessen Hoheitsgebiet der Verbraucher seinen Wohnsitz hat.**

III **Die Vorschriften dieses Artikels lassen das Recht unberührt, eine Widerklage vor dem Gericht zu erheben, bei dem die Klage selbst gemäß den Bestimmungen dieses Abschnitts anhängig ist.**

1   **Bem.** S Art 15 Rn 1. Bei einer in Deutschland erhobenen Klage richtet sich die örtliche Zuständigkeit nach deutschem Recht, BGH NJW **95**, 1225, Mü RR **93**, 702 (Anm Geimer RIW **94**, 59), LG Konstanz RR **93**, 638 (dazu Thorn IPrax **94**, 428); zur Frage, wie eine Regelungslücke des deutschen Rechts zu schließen ist, s KG NJW **00**, 2284. Zu I (2. Alt) s EuGH EuZW **94**, 766 zu BGH EuZW **93**, 518.

Art. 17. **Von den Vorschriften dieses Abschnitts kann im Wege der Vereinbarung nur abgewichen werden:**
1. **wenn die Vereinbarung nach der Entstehung der Streitigkeit getroffen wird,**
2. **wenn sie dem Verbraucher die Befugnis einräumt, andere als die in diesem Abschnitt angeführten Gerichte anzurufen, oder**
3. **wenn sie zwischen einem Verbraucher und seinem Vertragspartner, die zum Zeitpunkt des Vertragsabschlusses ihren Wohnsitz oder gewöhnlichen Aufenthalt in demselben Mitgliedstaat haben, getroffen ist und die Zuständigkeit der Gerichte dieses Mitgliedstaats begründet, es sei denn, dass eine solche Vereinbarung nach dem Recht dieses Mitgliedstaats nicht zulässig ist.**

Bem. Vgl Art 15 EuGVÜ.

Abschnitt 5. Zuständigkeit für individuelle Arbeitsverträge

Art. 18. ¹ **Bilden ein individueller Arbeitsvertrag oder Ansprüche aus einem individuellen Arbeitsvertrag den Gegenstand des Verfahrens, so bestimmt sich die Zuständigkeit unbeschadet des Artikels 4 und des Artikels 5 Nummer 5 nach diesem Abschnitt.**

II **Hat der Arbeitgeber, mit dem der Arbeitnehmer einen individuellen Arbeitsvertrag geschlossen hat, im Hoheitsgebiet eines Mitgliedstaats keinen Wohnsitz, besitzt er aber in einem Mitgliedstaat eine Zweigniederlassung, Agentur oder sonstige Niederlassung, so wird er für Streitigkeiten aus ihrem Betrieb so behandelt, wie wenn er seinen Wohnsitz im Hoheitsgebiet dieses Mitgliedstaats hätte.**

1   **1) Allgemeines** (Däubler NZA **03**, 1297). Parallel zu Art 15–17 für Verbrauchersachen schaffen die Art 18–21 ein eigenes Regime für Arbeitssachen. Dieses Regime ist grds abschließend. Vorbehalten sind nur die in I ausdrücklich genannten Art 4 u Art 5 Z 5 sowie (wg Art 20 II) Art 6 Z 3. Außerdem enthält § 7 AEntG (BGBl **97** I 2970) eine nach Art 67 vorrangige Regelung für den speziellen Bereich der vom AEntG geregelten Fragen. Gegenüber Art 5 Z 1 Hs 2, 3 EuGVÜ bzw LugÜ hat sich ein Qualitätswechsel der Gerichtsstandsregeln vollzogen: die Art 19 u 20 begründen ausschließliche Gerichtsstände.

2   **2) Einzelheiten, I. Individuelle Arbeitsverträge** sind (in Übereinstimmung mit dem Arbeitnehmerbegriff des Art 48 EGV wie dem kollisionsrechtlichen Begriff aus Art 6 EVÜ) Verträge, bei denen folgende Voraussetzungen erfüllt sind, Mankowski BB **97**, 469, EuGH NJW **87**, 1131 m Anm Geimer, ArbG Münster TranspR **01**, 273: Eine Partei, der eigene unternehmerische Entscheidungsfreiheit und eigenes unternehmerisches Risiko fehlen, erbringt gegen Vergütung Dienstleistungen; sie ist in die Organisation des Dienstnehmers eingebunden, und der Dienstnehmer hat ein Weisungsrecht; die zur Dienstleistung verpflichtete Partei ist wirtschaftlich abhängig und daher sozial schwächer, woraus ihre besondere Schutzbedürftigkeit folgt. Kann der Dienstleistende seine Tätigkeit im wesentlichen frei gestalten und ist sozial wie wirtschaftlich nicht abhängig, liegt kein Arbeitsvertrag vor, ArbG Münster TranspR **01**, 273, ThPHüßtege 1, Kropholler 2. Sog Rumpfarbeitsverhältnisse bleiben Arbeitsverträge; zu sog komplexen Arbeitsverhältnissen mit Rumpf- und lokalem Arbeitsverhältnis in Konzernen EuGH RIW **03**, 619; Organpersonen von Gesellschaften können Arbeitnehmer sein, aber um so weniger, je mehr sie Gesellschafter sind, Mankowski RIW **04**, 169.

3   **3) Fehlender Wohnsitz des Arbeitgebers in der EU.** Die Vorschrift erweitert den internationalen Anwendungsbereich der EuGVVO über Art 2 hinaus; sie ist eine Parallelnorm zu Art 15 II. Für die Zwecke der Art 18–21 wird ein Arbeitgeber, der zwar seinen Wohnsitz bzw Sitz in einem Nicht-EU-Staat, aber eine Niederlassung (Begriff wie Art 5 Z 5) im EU-Gebiet hat, so behandelt, als hätte er seinen Wohnsitz bzw Sitz

am Ort dieser Niederlassung in der EU, soweit es um Arbeitsstreitigkeiten mit Bezug auf diese Niederlassung geht.

Art. 19. Ein Arbeitgeber, der seinen Wohnsitz im Hoheitsgebiet eines Mitgliedstaats hat, kann verklagt werden:
1. vor den Gerichten des Mitgliedstaats, in dem er seinen Wohnsitz hat, oder
2. in einem anderen Mitgliedstaat
   a) vor dem Gericht des Ortes, an dem der Arbeitnehmer gewöhnlich seine Arbeit verrichtet oder zuletzt gewöhnlich verrichtet hat, oder
   b) wenn der Arbeitnehmer seine Arbeit gewöhnlich nicht in ein und demselben Staat verrichtet oder verrichtet hat, vor dem Gericht des Ortes, an dem sich die Niederlassung, die den Arbeitnehmer eingestellt hat, befindet bzw. befand.

1) Allgemeines (Däubler NZA 03, 1297). Art 19 regelt abschließend den Gerichtsstand für Klagen gegen den Arbeitgeber. Vorausgesetzt ist, daß der Arbeitgeber nach Art 2 iVm Art 59, 60 seinen Wohnsitz bzw Sitz im EU-Gebiet hat oder nach Art 18 II so behandelt wird, als hätte er dies. Neben Art 19 kann gegen den Arbeitgeber der in Art 18 I vorbehaltene Art 5 Z 5 eine kleine Rolle spielen. 1

2) Gericht des Wohnsitzes, Z 1. Der Arbeitnehmer kann den Arbeitgeber zunächst an dessen Wohnsitz bzw Sitz verklagen (Z 1). Der Begriff des Wohnsitzes beurteilt sich nach Art 59, jener des Sitzes nach Art 60. Gegenüber Art 2 besteht nur die erweiternde Besonderheit des Art 18 II. 2

3) Anderes Gericht, Z 2. Zu differenzieren ist zwischen Z 2 lit a und lit b danach, ob der Arbeitnehmer einen **gewöhnlichen Arbeitsort** in einem Staat hat oder nicht. Hat der Arbeitnehmer einen gewöhnlichen Arbeitsort in einem Staat, begründet **Z 2 lit a** einen Gerichtsstand an diesem gewöhnlichen Arbeitsort. Eine vorübergehende Entsendung des Arbeitnehmers in einen anderen Staat schadet nicht; insoweit ist der Rechtsgedanke des Art 6 II 1. Gedankenstrich aE EVÜ, BGBl 86 II 810 = ABl EG 80 L 266/1, in konventionsvergleichender Auslegung zu übertragen. Dafür, ob eine Entsendung vorübergehender Natur ist, lassen sich keine festen Zeitgrenzen aufstellen (allerdings sollten faustformelmäßig drei Jahre eine Art Obergrenze sein); maßgeblich sind vielmehr der Rückkehrwille des Arbeitnehmers, der Rückrufwille des Arbeitgebers und die Absicht, den Arbeitnehmer nach der Rückkehr im Stammbetrieb weiterzuverwenden. Hat der Arbeitnehmer einen gewöhnlichen Arbeitsort in einem Staat, kommt **Z 2 lit b** zur Anwendung. Dieser umfaßt mehrere Konstellationen: mehrere gewöhnliche Arbeitsorte in verschiedenen Staaten, vgl. EuGH Slg 89, 341 = IPRax 90, 173 (Rauscher 152), gewöhnlicher Arbeitsort in staatsfreiem Gebiet (Bsp: Bohrinsel auf hoher See) und Fehlen eines gewöhnlichen Arbeitsortes (Bspe: Zugbegleitpersonal in internationalen Zügen; international eingesetzter trouble shooter). Festlandssockel u anschließende Wirtschaftszone gehören zum Staatsgebiet des Küstenstaates, EuGH IPRax 03, 45 (Anm Mankowski 21). 3

Maßgebliches Kriterium für die **Abgrenzung** zwischen Z 2 lit a und lit b wie für den Gerichtsstand nach Z 2 lit a ist der **gewöhnliche Arbeitsort**. Der EuGH setzt den gewöhnlichen Arbeitsort dem hauptsächlichen Arbeitsort gleich, EuGH Slg 97, I-57 = EuZW 97, 143 in Fortführung von EuGH Slg 93, I-4075 = IPRax 97, 110 (Holl 88) (die frühere Entscheidung erging noch zur Fassung des Art 5 Z 1 EuGVÜ vor dem Inkrafttreten des 3. BeitrittsÜbk, mit dem Art 5 Z 1 Hse 2 und 3 EuGVÜ eingefügt wurden). Dies raubt Z 2 lit b den Anwendungsbereich und ist deshalb abzulehnen, Mankowski, EWiR 97, 222 u IPRax 99, 333. Gewöhnlicher Arbeitsort ist vielmehr ein gewöhnlicher Einsatz- oder Tätigkeitsort, wo der Arbeitnehmer tatsächlich seine Arbeitsleistung erbringt, Behr IPRax 89, 323, regelmäßig bestimmt durch den Betrieb, in welchen der Arbeitnehmer organisatorisch eingegliedert ist, R Birk RabelsZ 46, 392, MüKoBGB/Martiny, Bd 10 EGBGB, 3. Aufl 1998, Art 30 EGBGB Rn 31. Als Faustformel erscheint geeignet, daß der Arbeitnehmer dort mindestens 60% seiner Arbeitszeit verbringt, Mankowski IPRax 99, 336. Ein nur relatives Übergewicht im Vergleich mit anderen Tätigkeitsorten erhebt einen Arbeitsort noch nicht zum gewöhnlichen Arbeitsort. 4

Hat ein entsandter Arbeitnehmer ein **zweites Arbeitsverhältnis** mit einem lokalen Arbeitgeber und läßt er sein fortbestehendes Arbeitsverhältnis mit dem entsendenden Arbeitgeber ruhen, so ändert sich der gewöhnliche Arbeitsort unter letzterem nicht. Eine Interessenabwägung, inwieweit sich der entsendende die Interessen des lokalen Arbeitgebers zu eigen mache, der EuGH EWS 93, 177, ist abzulehnen. Abzulehnen ist auch eine Gesamtschau des Arbeitsverhältnisses ex post, dafür aber EuGH Slg 02, I-2013 = IPRax 03, 45. Es geht nicht zwingend um einen Schwerpunkt für das gesamte Arbeitsverhältnis, sondern darum, ob es einen jeweils aktuellen Schwerpunkt von hinreichendem Gewicht gibt; der Arbeitnehmer kann so sukzessive mehrere gewöhnliche Arbeitsorte haben, Mankowski IPRax 03, 24. 5

Einstellende Niederlassung iSv Z 2 lit b ist diejenige Niederlassung, zu diesem Begriff Art 5 Z 5, hier jedoch anzuwenden im Verhältnis Arbeitgeber/Arbeitnehmer, der als organisatorischer Einheit der Arbeitnehmer zuzurechnen ist, Gamillscheg ZfA 83, 334, Däubler RIW 87, 251, Behr IPRax 89, 323, Junker Internationales Arbeitsrecht im Konzern, 1992, S 185; MüKoBGB/Martiny Bd 10 EGBGB, 3. Aufl 1998, Art 30 EGBGB Rn 42. Maßgeblich sind die Wahrnehmung von Leitungs- und Aufsichtsfunktionen und die Betreuungspflichten gegenüber dem Arbeitnehmer, wichtige Indizien dafür die steuerliche und buchhalterische Betreuung der Gehaltszahlung wie der Weg, auf dem arbeitsrechtliche Weisungsbefugnisse ausgeübt werden, Mankowski Arbeitsrecht-Blattei Entscheidungssammlung 920 Nr 4 S 11. Auf den Ort des Vertragsschlusses kommt es dagegen nicht an, aA Hickl NZA 87 Beil 1 S 13, Magnus IPRax 90, 144. 6

Art. 20. ¹Die Klage des Arbeitgebers kann nur vor den Gerichten des Mitgliedstaats erhoben werden, in dessen Hoheitsgebiet der Arbeitnehmer seinen Wohnsitz hat.

EuGVVO

Schlußanhang V C 4

II Die Vorschriften dieses Abschnitts lassen das Recht unberührt, eine Widerklage vor dem Gericht zu erheben, bei dem die Klage selbst gemäß den Bestimmungen dieses Abschnitts anhängig ist.

1   **1) Klage des Arbeitgebers, I.** Der Arbeitgeber kann den Arbeitnehmer grundsätzlich nur an dessen Wohnsitz verklagen. Der Wohnsitz bestimmt sich nach Art 59. Maßgeblich ist der Wohnsitz des Arbeitnehmers zum Zeitpunkt der Klagerhebung, ThPHüßtege 1. Dies gilt auch dann, wenn der Wohnsitz des Arbeitnehmers nicht mit dem gewöhnlichen Arbeitsort identisch ist. Grenzgänger muß ihr Arbeitgeber am Wohnort verklagen u kann sie nicht am Arbeitsort gerichtspflichtig machen.

2   **2) Widerklage, II.** Eine Ausnahme gilt nur für eine Widerklage des von seinem Arbeitnehmer verklagten Arbeitgebers. Diese Widerklage kann der Arbeitgeber vor dem Prozeßgericht der Klage erheben: der Arbeitnehmer hat dieses Forum gewählt u muß dort auch den Gegenangriff des Arbeitgebers hinnehmen. II ist eine Parallelnorm zu Art 16 II.

Art. 21. **Von den Vorschriften dieses Abschnitts kann im Wege der Vereinbarung nur abgewichen werden,**
1. wenn die Vereinbarung nach der Entstehung der Streitigkeit getroffen wird oder
2. wenn sie dem Arbeitnehmer die Befugnis einräumt, andere als die in diesem Abschnitt angeführten Gerichte anzurufen.

1   **1) Grundsatz.** Zum Schutz des Arbeitnehmers ist das Gerichtsstandssystem der Art 19 u 20 derogationsfest: es kann nicht durch Gerichtsstandsvereinbarungen abbedungen werden. Art 23 V stellt dies zusätzlich klar u hat keine eigene Bedeutung. Soweit Gerichtsstandsvereinbarungen ausnamsweise statthaft sind, gelten für sie die Formanforderungen in Art 23 I u II.

2   **2) Einzelheiten.** Parallel zu Art 17 Z 1 läßt **Z 1** eine Gerichtsstandsvereinbarung nach Entstehung der Streitigkeit zu. Die Meinungsdivergenz der Parteien liegt offen zutage, u der Arbeitnehmer ist hinreichend mißtrauisch, um seine Interessen wahrzunehmen. Der Arbeitgeber hat zudem keine Möglichkeit, die Gerichtsstandsvereinbarung als eine von mehreren Klauseln in einem Vertrag zu verstecken, sondern muß ein isoliertes Angebot machen.

3   **Z 2** erlaubt eine Gerichtsstandsvereinbarung, die dem Arbeitnehmer für seine Klagen neben den gesetzlich garantierten Gerichtsständen des Art 19 weitere Gerichtsstände als Option eröffnet. Solche Gerichtsstandsvereinbarungen sind für den Arbeitnehmer nur günstig u deshalb zulässig. Sie versperren andererseits dem Arbeitgeber nicht den Gerichtsstand des Art 20 für seine Klagen.

Abschnitt 6. Ausschließliche Zuständigkeiten

Art. 22. **Ohne Rücksicht auf den Wohnsitz sind ausschließlich zuständig:**
1. für Klagen, welche dingliche Rechte an unbeweglichen Sachen sowie die Miete oder Pacht von unbeweglichen Sachen zum Gegenstand haben, die Gerichte des Mitgliedstaats, in dem die unbewegliche Sache belegen ist.
Jedoch sind für Klagen betreffend die Miete oder Pacht unbeweglicher Sachen zum vorübergehenden privaten Gebrauch für höchstens sechs aufeinander folgende Monate auch die Gerichte des Mitgliedstaats zuständig, in dem der Beklagte seinen Wohnsitz hat, sofern es sich bei dem Mieter oder Pächter um eine natürliche Person handelt und der Eigentümer sowie der Mieter oder Pächter ihren Wohnsitz in demselben Mitgliedstaat haben;
2. für Klagen, welche die Gültigkeit, die Nichtigkeit oder die Auflösung einer Gesellschaft oder juristischen Person oder die Gültigkeit der Beschlüsse ihrer Organe zum Gegenstand haben, die Gerichte des Mitgliedstaats, in dessen Hoheitsgebiet die Gesellschaft oder juristische Person ihren Sitz hat. ²Bei der Entscheidung darüber, wo der Sitz sich befindet, wendet das Gericht die Vorschriften seines Internationalen Privatrechts an;
3. für Klagen, welche die Gültigkeit von Eintragungen in öffentliche Register zum Gegenstand haben, die Gerichte des Mitgliedstaats, in dessen Hoheitsgebiet die Register geführt werden;
4. für Klagen, welche die Eintragung oder die Gültigkeit von Patenten, Marken, Mustern und Modellen sowie ähnlicher Rechte, die einer Hinterlegung oder Registrierung bedürfen, zum Gegenstand haben, die Gerichte des Mitgliedstaats, in dessen Hoheitsgebiet die Hinterlegung oder Registrierung beantragt oder vorgenommen worden ist oder aufgrund eines Gemeinschaftsrechtsakts oder eines zwischenstaatlichen Übereinkommens als vorgenommen gilt.
Unbeschadet der Zuständigkeit des Europäischen Patentamts nach dem am 5. Oktober 1973 in München unterzeichneten Übereinkommen über die Erteilung europäischer Patente sind die Gerichte eines jeden Mitgliedstaats ohne Rücksicht auf den Wohnsitz der Parteien für alle Verfahren ausschließlich zuständig, welche die Erteilung oder die Gültigkeit eines europäischen Patents zum Gegenstand haben, das für diesen Staat erteilt wurde;
5. für Verfahren, welche die Zwangsvollstreckung aus Entscheidungen zum Gegenstand haben, die Gerichte des Mitgliedstaats, in dessen Hoheitsgebiet die Zwangsvollstreckung durchgeführt werden soll oder durchgeführt worden ist.

1   **Bem. 1) Z 1** gilt nur dann, wenn die unbewegliche Sache in dem Hoheitsgebiet eines Vertragsstaates liegt. In diesem Fall sind keine Vereinbarungen möglich, dazu Mü RR **88**, 1023; ebenso ist der allgemeine Gerichtsstand des Beklagten ausgeschlossen, so daß der Rechtsstreit ohne Rücksicht auf den Wohnsitz der Parteien und den Ort des Vertragsschlusses vor dem Gericht der Belegenheit der Sache zu führen ist, Mankowski EuZW **96**, 177 (zu LG Darmstadt EuZW **96**, 191), LG Aachen NJW **84**, 1308 mwN, wenn nicht Z 1 b eingreift. Ist Art 16 nicht anwendbar, bleibt es bei Art 2, BGH NJW **90**, 318, zustm Nagel EuZW **90**, 38. Löschungsansprüche sind persönlich, nicht dinglich, BGH RR **05**, 72.

Unter Z 1 fallen alle Rechtsstreitigkeiten, die aus einem Miet- oder Pachtverhältnis herrühren, zB auch über Zahlungsansprüche, EuGH NJW **85**, 905, zustm Rauscher NJW **85**, 892, Mü RR **88**, 1023, krit Geimer RIW **86**, 136, ohne Rücksicht darauf, auf welche Anspruchsgrundlage die Kl gestützt wird, LG Bochum RIW **86**, 135, zustm Geimer; etwas anderes gilt für eine Klage auf Entschädigung für gezogene Nutzungen einer Wohnung nach der Eigentumsübertragung, EuGH NJW **95**, 37 (Anm Ulmer IPrax **95**, 72), und für Rechtsstreitigkeiten, die sich nur mittelbar auf die Nutzung der Mietsache beziehen, zB wegen entgangener Urlaubsfreude, EuGH NJW **85**, 905. Bezieht sich der Vertrag auf mehrere, in verschiedenen Vertragsstaaten belegene Grundstücke, sind die Gerichte dieser Staaten jeweils für den in deren Hoheitsgebiet liegenden Teil zuständig, EuGH IPrax **91**, 44, krit Kreuzer IPrax **91**, 25. Für Verbandsklagen nach §§ 13 ff AGB-G gilt Z 1 nicht, BGH NJW **90**, 318, zustm Nagel EuZW **90**, 38 u Lorenz IPrax **90**, 292, krit Jayme/Kohler IPrax **90**, 355. Das gleiche gilt für die Gläubigeranfechtung hinsichtlich der Verfügung über ein dingliches Recht, EuGH EuZW **90**, 134, zustm Schlosser IPrax **91**, 29. Zur Frage, ob Z 1 für gezogene Nutzungen einer Wohnung nach gescheiterter Eigentumsübertragung gilt, s Ffm EuZW **93**, 776 (Vorlagebeschluß). Nicht unter Z 1 fällt der Streit über die Rückübertragung des Eigentums an einem Grundstück, LG Bonn IPrax **97**, 184, und den Streit aus einem Vertrag über die Verpachtung eines Ladengeschäfts, das in einer vom Verpächter von einem Dritten gemieteten unbeweglichen Sache betrieben wird, EuGH LS NJW **78**, 1107 (dazu Rauscher NJW **85**, 897), wobei offen ist, ob das gleiche allgemein für den Streit über die (Unter-)Pacht eines Ladengeschäfts gilt, Düss JR **91**, 244.

Dagegen gilt Z 1 auch für den Streit aus der Vermietung einer Ferienwohnung, EuGH NJW **85**, 905, **2** krit Rauscher NJW **85**, 892, ferner Kreuzer IPrax **86**, 75 sowie Busl ZMR **91**, 167 u EuZW **90**, 456, Hüßtege NJW **90**, 622, LG Darmstadt EuZW **96**, 191 m Anm Jayme IPrax **96**, 87 u Mankowski EuZW **96**, 177 (Timesharing-Vertrag); dies gilt auch für eine Schadensersatzklage des Reiseveranstalters aus abgetretenem Recht, EuGH NJW **90**, 2009. Zur internationalen Zuständigkeit der Gerichte von Drittstaaten in diesen Fällen s Mankowski aaO, Grundmann IPrax **85**, 249, offen gelassen BGH NJW **90**, 318. Jedoch schafft Z 1 S 2 für solche Streitigkeiten einen zusätzlichen Gerichtsstand am Wohnsitz des Beklagten, wenn die dort genannten Voraussetzungen erfüllt sind, vgl Schnichels/Dietze EuZW **94**, 369. Nicht unter Z 1 fällt die Feststellung, daß jemand eine unbewegliche Sache als „trustee" hält, EuGH EuZW **94**, 634.

2) Zur Auslegung des Begriffs des Rechtsstreits, der „die Eintragung oder die Gültigkeit von Patenten ... **3** zum Gegenstand (hat)", Z **4**, vgl EuGH RIW **84**, 483, dazu Stauder IPrax **85**, 76, Stgt RIW **01**, 141.

3) Z 5 gilt auch für Klagen nach § 767 ZPO, und die Vollstreckung aus einer Urkunde, Hbg IPrax **99**, **4** 168, jedoch darf vor dem danach zuständigen Gericht nicht die Aufrechnung mit einer Forderung geltend gemacht werden, für deren selbständige Geltendmachung die Gerichte dieses Vertragsstaates nicht zuständig wären, EuGH NJW **85**, 2892, dazu Geimer IPrax **86**, 208. Nicht unter Z 5 fällt eine Gläubigeranfechtungsklage, EuGH EuZW **92**, 447, dazu Schlosser IPrax **93**, 17, wohl aber eine VollstrAbwehrklage, Hbg IPrax **99**, 168, dazu Geimer ebd 152.

Abschnitt 7. Vereinbarung über die Zuständigkeit

Art. 23. [I 1] Haben die Parteien, von denen mindestens eine ihren Wohnsitz im Hoheitsgebiet eines Mitgliedstaats hat, vereinbart, dass ein Gericht oder die Gerichte eines Mitgliedstaats über eine bereits entstandene Rechtsstreitigkeit oder über eine künftige aus einem bestimmten Rechtsverhältnis entspringende Rechtsstreitigkeit entscheiden sollen, so sind dieses Gericht oder die Gerichte dieses Mitgliedstaats zuständig. [2] Dieses Gericht oder die Gerichte dieses Mitgliedstaats sind ausschließlich zuständig, sofern die Parteien nichts anderes vereinbart haben. [3] Eine solche Gerichtsstandsvereinbarung muss geschlossen werden

a) schriftlich oder mündlich mit schriftlicher Bestätigung,
b) in einer Form, welche den Gepflogenheiten entspricht, die zwischen den Parteien entstanden sind, oder
c) im internationalen Handel in einer Form, die einem Handelsbrauch entspricht, den die Parteien kannten oder kennen mussten und den Parteien von Verträgen dieser Art in dem betreffenden Geschäftszweig allgemein kennen und regelmäßig beachten.

[II] Elektronische Übermittlungen, die eine dauerhafte Aufzeichnung der Vereinbarung ermöglichen, sind der Schriftform gleichgestellt.

[III] Wenn eine solche Vereinbarung von Parteien geschlossen wurde, die beide ihren Wohnsitz nicht im Hoheitsgebiet eines Mitgliedstaats haben, so können die Gerichte der anderen Mitgliedstaaten nicht entscheiden, es sei denn, das vereinbarte Gericht oder die vereinbarten Gerichte haben sich rechtskräftig für unzuständig erklärt.

[IV] Ist in schriftlich niedergelegten trust-Bedingungen bestimmt, dass über Klagen gegen einen Begründer, trustee oder Begünstigten eines trust ein Gericht oder die Gerichte eines Mitgliedstaats entscheiden sollen, so ist dieses Gericht oder sind diese Gerichte ausschließlich zuständig, wenn es sich um Beziehungen zwischen diesen Personen oder ihre Rechte oder Pflichten im Rahmen des trust handelt.

[V] Gerichtsstandsvereinbarungen und entsprechende Bestimmungen in trust-Bedingungen haben keine rechtliche Wirkung, wenn sie den Vorschriften der Artikel 13, 17 und 21 zuwiderlaufen oder wenn die Gerichte, deren Zuständigkeit abbedungen wird, aufgrund des Artikels 22 ausschließlich zuständig sind.

1) **Anwendungsbereich.** Art 23 ist die für den internationalen Handelsverkehr wichtigste Bestimmung **1** der VO, weil sie die Vereinbarung des maßgeblichen Gerichtsstandes regelt.

2) **Voraussetzungen, I u III.** **2**

A. Wohnsitz einer Partei. Mindestens eine Partei muß ihren Wohnsitz in einem Mitgliedstaat haben, Düss RR **98**, 1146. Die spätere Parteirolle im Prozeß ist ohne Bedeutung, Mü RIW **89**, 902. Reine Inlandsfälle sind nicht erfasst, OGH ÖJZ **04**, 105.

Von dieser Grundregel läßt III eine **Ausnahme** zu: wenn die Wohnsitzvoraussetzung nicht erfüllt ist und die Parteien trotzdem die Zuständigkeit eines Gerichts in einem Mitgliedstaat vereinbart haben, hat das prorogierte Gericht die ausschließliche Kompetenz, über die Wirksamkeit dieser Abrede zu entscheiden. Bis zu einer Verwerfung ihrer Gültigkeit durch das vorgesehene Gericht bindet die Abrede alle Gerichte in jedem Mitgliedstaat, MüKoGo 9.

3   **B. Inhalt der Vereinbarung.** Art 23 gilt nur dann, wenn die Abrede die Zuständigkeit eines Gerichts in einem Mitgliedstaat begründet, BGH NJW **89**, 1431 u **86**, 1438 (Anm Geimer), Mü NJW **87**, 2168, krit ua Schack IPrax **90**, 20, Geimer aaO.

4   **C. Bezug zum EU-Gebiet.** Die hM verlangt über den Wortlaut des Art 23 hinaus einen solchen Bezug, BGH NJW **93**, 1071, WM **92**, 88 (dazu Heß IPrax **92**, 358, Bork ZZP **105**, 336), Saarbr NJW **00**, 670, Hamm IPrax **99**, 244, Düss RR **98**, 1146, Karlr RR **93**, 568, Mü EuZW **91**, 61. Überwiegend wird ein solcher Bezug darin gesehen, daß die Zuständigkeit eines Gerichts in einem anderen Mitgliedstaat als demjenigen des prorogierten Gerichts abbedungen wird, Kohler IPrax **83**, 266. Wohl im Vordringen ist die Meinung, die das genannte ungeschriebene Tatbestandsmerkmal ablehnt, MüKoGo 7, Geimer NJW **86**, 2992 u IPrax **91**, 31, Aull IPrax **99**, 226, Mü RIW **89**, 901.

5   **2) Abschließende Regelung.** Art 23 läßt Ausnahmen nur dann zu, wenn sie in der VO vorgesehen oder zugelassen sind, V iVm Art 13, 17, 21 u 22. Außerdem können sich Prorogationsbeschränkungen aus internationalen Abkommen ergeben, die der VO vorgehen. Dagegen sind andere Beschränkungen im nationalen Recht nicht anwendbar, Kropholler 19, Roth IPrax **92**, 68, Stgt EuZW **91**, 126, LG Darmstadt RR **94**, 686. Eine Inhaltskontrolle nach § 9 AGBG ist unzulässig, allgM, BGH NJW **80**, 2022, Prinzing IPrax **90**, 84, BayObLG RR **02**, 359 mwN.

Die Wirksamkeit der Gerichtsstandsvereinbarung ist unabhängig von derjenigen eines eventuellen Hauptvertrages zu beurteilen, EuGH WM **97**, 1549 (Anm Mankowski JZ **98**, 898). Das vereinbarte Gericht hat keine alleinige Kompetenz, vielmehr können auch andere Gerichte über die Wirksamkeit entscheiden, Mankowski aaO.

6   **3) Form der Vereinbarung, I 3.** Von den Tatbeständen braucht nur einer erfüllt zu sein, damit die Vereinbarung gültig ist. Nationale Formvorschriften sind unanwendbar. Maßgeblicher Zeitpunkt für die Beurteilung der Formwirksamkeit ist die Klagerhebung, Kblz RR **88**, 1335, Kölb NJW **88**, 2182, so daß eine ursprünglich unwirksame Vereinbarung durch Neuabschluß oder Bestätigung wirksam werden kann.

7   **A. Schriftliche Vereinbarung, I 3 a 1. Alt.** Schriftform bedeutet nicht eigenhändige Unterschrift (§ 126 II BGB gilt nicht), BGH NJW **01**, 1731 mwN, RIW **04**, 939 (zum LugÜbk). Ein Wechsel von Briefen, Fernschreiben und Telexen reicht aus, Samtleben NJW **74**, 1592, ebenso ein Austausch von Telefaxen und dergleichen, BGH aaO.

Für die **Einbeziehung beigefügter AGB** mit Gerichtsstandsklausel ist eine ausdrückliche Hinweisklausel im eigentlichen Vertragstext erforderlich, EuGH NJW **77**, 494, BayObLG RR **02**, 359, Kropholler 32 mwN. Erleichterungen können sich aus I 2 b ergeben, s unten Rn 10. Selbst die ausdrückliche Einbeziehung der AGB genügt nicht, wenn sie auf ein anderes, nicht beigefügtes Standardklauselwerk verweisen, das eine Gerichtsstandsklausel enthält, MüKoGo 19, Rauscher ZZP **104**, 288, aM IPrax **87**, 307 (Anm Rehbinder ebd S 288).

Eine erstmals auf einer Rechnung erscheinende Gerichtsstandsklausel genügt nicht. Anders verhält es sich aber, wenn solche Rechnungsformulare in einer laufenden Geschäftsbeziehung dauernd verwendet werden, unten Rn 10.

Elektronische Übermittlungen sind nach Maßgabe von II der Schriftform gleichgestellt.

8   **B. Mündliche Vereinbarung mit schriftlicher Bestätigung, I 3 a 2. Alt.** Die Formerleichterung setzt eine zumindest konkludente, Hbg EWS **96**, 365, mündliche Einigung über die Zuständigkeit eines bestimmten Gerichts voraus; AGB mit einer entsprechenden Klausel müssen dem Partner bei Vertragsschluß vorgelegen haben, Kropholler 37, Hamm NJW **90**, 652. Wird die Gerichtsstandsabrede ohne vorangegangene mündliche Einigung erstmals in ein Bestätigungsschreiben aufgenommen, so reicht dies nicht aus, EuGH NJW **77**, 495, BGH NJW **94**, 2099. Vielmehr muß der Empfänger in diesem Fall schriftlich zustimmen, EuGH aaO, oder I 2 c erfüllt sein.

Welche Partei die schriftliche Bestätigung ausgestellt hat, ist ohne Bedeutung, Kropholler 42, EuGH RIW **85**, 736, BGH NJW **86**, 2196. Die Bestätigung des gesamten Vertrages reicht aus. Ein Widerspruch gegen die Bestätigung schließt die Wahrung der Form nicht aus, kann aber ein Indiz für das Fehlen einer vorangegangenen Einigung sein, Kropholler 44. Eine bloße Rechnung ist keine Bestätigung, selbst wenn sie als solche bezeichnet ist, Hbg IPrax **85**, 281 (Anm Samtleben ebd S 261).

9   **C. Gepflogenheiten der Parteien, I 3 b.** Zwischen den Parteien eines Vertrages können sich bestimmte **Gepflogenheiten** entwickelt haben. Haben sie ihre Geschäfte immer in Übereinstimmung mit diesen Gepflogenheiten abgewickelt, verstieße diejenige Partei gegen Treu und Glauben, die sich auf einmal nicht mehr an die Gepflogenheiten gebunden fühlte, vgl BGH MDR **04**, 897. Voraussetzung ist eine länger dauernde Geschäftsbeziehung und eine gewisse vertrauensbegründende Dauer der Gepflogenheit, BGH RIW **04**, 939, Kropholler 45. Die Formerleichterung kann frühestens für das zweite konkrete Geschäft im Rahmen einer Geschäftsbeziehung gelten, Kölb RIW **88**, 557.

10   Soweit es sich um **AGB** handelt, kann die konkrete Vereinbarung ihrer Geltung ersetzt werden durch eine abstrakte Einbeziehung, wenn eine laufende Geschäftsbeziehung agrd der AGB stattfindet, LG Münster RIW **92**, 23, Kohler IPrax **91**, 301. Die laufende Geschäftsbeziehung hat Bedeutung auch ohne vorangegangenen (mündlichen) Vertragsschluß, EuGH RIW **84**, 909 (Anm Schlosser). Die Geltung der AGB muß

in der Anfangsphase mindestens einmal ausdrücklich vereinbart worden sein und die Parteien müssen sich in der Praxis nach ihnen gerichtet haben, Düss TranspR **81**, 26, Mankowski EWiR **94**, 986. Hat der Rechnungsschreiber nie auf die rückseitig aufgedruckten AGB hingewiesen, so verhilft auch die laufende Geschäftsverbindung nicht zur Wirksamkeit der Gerichtsstandklausel, BGH NJW **94**, 2099, Hbg IPrax **84**, 281 (Anm Samtleben ebd S 161), Hamm NJW **90**, 1012.

D. Internationaler Handelsbrauch, I 3 c. Gerichtsstandsvereinbarungen sind anzuerkennen, wenn ihre **11** Form einem internationalen Handelsbrauch entspricht, EuGH EuZW **99**, 441. Ein Handelsbrauch besteht, wenn die in dem betreffenden Geschäftszweig tätigen Kaufleute bei Abschluß einer bestimmten Art von Verträgen allgemein und regelmäßig ein bestimmtes Verhalten befolgen, EuGH RIW **97**, 418, Hbg TranspR **93**, 26. Der Handelsbrauch muß sich nicht spezifisch auf Gerichtsstandklauseln beziehen. Indessen können Gerichtsstandklauseln in einer Branche handelsbräuchlich sein, zB im Seehandel, Celle IPrax **97**, 418 (Anm Koch ebd S 405). Auf eine formelle Kaufmannseigenschaft, etwa nach HGB, kommt es nicht an. Handelt eine Partei als Privatmann, greift I 2 c nicht ein, und zwar unabhängig davon, ob ein Verbrauchervertrag iSv Art 13 I vorliegt.

Die Fassung von I 2 c lehnt sich an **Art 9 II CISG** (UN-Kaufrecht) an, Kohler EuZW **91**, 305, so daß bei **12** der Auslegung auf jene Bestimmung zurückgegriffen werden kann. Ein **Handelsbrauch** muß nicht weltweit bestehen, es genügt ein Bestehen in der Branche, in der sich die Parteien bei Vertragsschluß betätigen, EuGH EuZW **99**, 441. Die Abgrenzung kann im Einzelfall schwierig sein, Rauscher IPrax **92**, 145. Was branchenüblich ist, muß nach abstrakten Maßstäben, nicht nach den Vorstellungen der Parteien, beurteilt werden. Wichtig ist, daß der Brauch allgemeine Geltung hat, dh daß eine qualifizierte Mehrheit der beteiligten Verkehrskreise ihn praktiziert. Es kommt nicht darauf an, ob der Brauch im Sitzstaat einer Partei befolgt wird, aM Düss RIW **90**, 579, Köln NJW **88**, 2192, oder nach dem auf den Vertrag anzuwendenden Recht gilt, EuGH RIW **97**, 418 (Anm Holl), aM Rauscher ZZP **105**, 292; ebensowenig muß der Handelsbrauch für andere Staaten oder gar für alle EuGVÜ-Staaten nachgewiesen werden, EuGH EuZW **99**, 441. Ob in der betroffenen Branche ein entsprechender Handelsbrauch besteht, ist eine vom Prozeßgericht zu entscheidende Frage, EuGH EuZW **97**, 418 (Anm Holl). Die Behauptungslast für das Bestehen eines Handelsbrauchs und seinen Inhalt trifft denjenigen, der sich auf ihn beruft, Hbg IPrax **97**, 420 (Anm Koch ebd S 405).

Erforderlich ist weiter, daß die ursprünglichen Parteien des Rechtsverhältnisses den **Handelsbrauch** **13** **kannten oder kennen mußten.** Es wird unwiderleglich vermutet, daß dies der Fall ist, wenn die in dem betreffenden Geschäftszweig Tätigen schon zuvor miteinander oder mit anderen Partnern Geschäftsbeziehungen pflegten oder ein bestimmtes Verhalten bei Vertragsschluß in dieser Branche allgemein im Sinn einer ständigen Übung befolgt zu werden pflegt, EuGH EuZW **99**, 441 (Anm Girsberger IPrax **00**, 91) u RIW **97**, 418 (Anm Holl), Kropholler 51. Das Wissen eines Vertreters ist dem Prinzipal nach Maßgabe des Vollmachtstatuts zuzurechnen, LG Essen RIW **92**, 230.

Im Bereich von I 3 c kann das **Schweigen auf ein kaufmännisches Bestätigungsschreiben** eine **14** Gerichtsstandsvereinbarung begründen, EuGH RIW **97**, 418 (Anm Holl), BGH RR **98**, 755, Hbg IPrax **97**, 420, Köln RIW **88**, 555; dabei ist auch die Willenseinigung zu vermuten, wenn einem formwahrenden Handelsbrauch genügt worden ist. Zu Gerichtsstandklauseln in Konnosementen s Hbg TranspR **93**, 25, unten Rn 23, zu solchen Klauseln in internationalen Versteigerungsbedingungen s Mankowski EWiR **96**, 740.

4) Zustandekommen einer Gerichtsstandsvereinbarung. **15**

A. Konsens. Art 23 regelt auch Konsensfragen; er verlangt das tatsächliche **Bestehen einer Willenseinigung** und verdrängt insofern die nationalen Bestimmungen über das Zustandekommen von Vereinbarungen. Daher ist eine Einbeziehungskontrolle von Gerichtsstandsklauseln in AGB bei deutschem Vertragsstatut ausgeschlossen, BGH NJW **96**, 1820, Mü WM **89**, 605, LG Essen RIW **92**, 220, Kropholler 18. Sind die Voraussetzungen von I 3 erfüllt, wird der Konsens der Parteien vermutet, EuGH EuZW **99**, 441. Die Bestätigung der Kenntnisnahme ist noch keine Zustimmung, BGH RIW **04**, 939.

Legt eine Partei in ihrer Muttersprache abgefaßte **AGB** vor und ist die Gegenpartei dieser Sprache nicht mächtig, so genügt es für den erforderlichen Konsens, wenn die Gegenpartei eine auf die AGB hinweisende Annahmeerklärung unterschreibt, BGH IPrax **91**, 326, Hamm IPrax **91**, 325 (Anm Geimer) u RR **95**, 188, offen BGH EuZW **92**, 517 (Anm Geimer), vgl Mankowski EWiR **94**, 1190. Allerdings ist dafür nötig, daß die Gegenpartei mindestens den Hinweis auf die AGB verstehen konnte, Kohler IPrax **91**, 301.

B. Rückgriff auf das anwendbare materielle Recht. Das Vertragsstatut regelt die Folgen eines **16** Willensmangels, Kropholler 26 mwN, die Verlängerung befristeter Verträge, EuGH NJW **87**, 2155, die Wirksamkeit von Mehrparteienabreden, etwa von Gesellschaftsverträgen, EuGH IPrax **93**, 32 (Anm Koch ebd S 19), die Regelung der Nachfolgefrage, EuGH RIW **84**, 909 (Anm Schlosser), die Frage, wer eigentlich Partei der Vereinbarung ist, Saarbr NJW **92**, 988, Düss RR **89**, 1332, ferner Vertretungsfragen, LG Essen RIW **92**, 239, Kropholler 26, und andere Beziehungen zu Dritten, etwa die Zulässigkeit eines Vertrages zugunsten Dritter, Mankowski IPrax **96**, 430. Zu einer Kenntnisnahmeklausel s BGH NJW **96**, 1820, abl Mankowski EWiR **96**, 740.

C. Bestimmtheitserfordernis. Art 23 I verlangt, daß sich die Gerichtsstandsvereinbarung auf eine **17** bereits entstandene oder auf künftige, aus einem bestimmten Rechtsverhältnis entspringende Rechtsstreitigkeiten bezieht, EuGH NJW **92**, 1671. Eine Gerichtsstandsvereinbarung in einem Rahmenvertrag erfaßt im Zweifel alle Streitigkeiten über einzelne Teillieferungen, Oldb IPrax **99**, 459 (Anm Kindler/Haneke ebd 436). Bestimmt sein muß auch die Bezeichnung des gewählten Gerichts; dafür reicht aus, daß sich das Gericht aus dem gesamten Vertrag und den Umständen des Vertragsschlusses, EuGH NJW **01**, 501, oder aus dem auf den Vertrag anwendbaren materiellen Recht ergibt; das ist zB der Fall, wenn nur die internationale

Zuständigkeit geregelt ist, weil sich dann die örtliche Zuständigkeit aus dem nationalen Recht ergibt, Kohler IPrax **83**, 268, Kropholler 68, str.

18 Dem Bestimmtheitsgebot wird auch durch sog **reziproke Gerichtsstandsvereinbarungen** („Gerichtsstand ist der Sitz des jeweiligen Klägers") genügt, EuGH RIW **78**, 814, BGH NJW **79**, 2477, Kblz RIW **93**, 934, LG Ffm RIW **86**, 453, Schnyder RabelsZ **47**, 340. Ausreichend ist auch die Prorogation des Gerichts am Erfüllungsort, Mü RIW **89**, 901 (Anm Schmidt ZZP **103**, 91). Nicht ausreichend ist eine Vereinbarung, die die Bestimmung einer Partei überläßt, oder eine Abrede, daß eine Partei auch noch andere Gerichte anrufen könne, Köln IPrax **91**, 146, es sei denn, daß damit nur gesagt werden soll, daß der vereinbarte Gerichtsstand kein ausschließlicher sein solle.

19 **5) Sonderfälle, V.**
A. Gerichtsstandsvereinbarungen in Arbeitsverträgen, Art 21. Vor Entstehung der konkreten Streitigkeit getroffene Gerichtsstandsvereinbarungen entfalten gegenüber dem Arbeitnehmer keine Wirkung, es sei denn, sie eröffnen ihm einen zusätzlichen Gerichtsstand. Nach der Entstehung der konkreten Streitigkeit getroffene Gerichtsstandsvereinbarungen haben volle Wirkung.

20 **B. Gerichtsstandsvereinbarungen in Verbraucher- und Versicherungsverträgen, Art 17.** S die dortigen Erl.

21 **C. Gerichtsstandsvereinbarungen in trust-Bedingungen, IV.** Die Vorschrift erweitert I für Streitigkeiten, die das Innenverhältnis eines trust des angelsächsischen Rechtskreises betreffen. Sie bindet auch Dritte, nämlich die trust-Begünstigten, und erklärt die für die Fälle des I nötige materielle Willenseinigung für entbehrlich, Kropholler 27.

22 **D. Gerichtsstandsklauseln in Gesellschaftsverträgen und -satzungen.** Der EuGH hat auch eine Gerichtsstandsvereinbarung in einer schriftlichen Gesellschaftssatzung als den Anforderungen des Art 23 genügend angesehen, EuGH EuZW **92**, 252 (Anm Karrée-Abermann ZEuP **94**, 138 u Koch IPrax **93**, 19). Sie soll auch die Rechtsnachfolger der ursprünglichen Gesellschafter binden und von diesen sogar jene, die die Klausel abgelehnt haben, Koch aaO. Durch Auslegung ist zu klären, inwieweit solche Bestimmungen auch Klagen der Gesellschafter gegen die Gesellschaft oder Streitigkeiten der Gesellschafter untereinander erfassen, BGH NJW **94**, 51, Kblz RIW **93**, 141.

23 **E. Gerichtsstandsvereinbarungen in Konnossementen** (Mankowski, Seerechtliche Vertragsverhältnisse im IPR, 1995, S 282).
Nach hM soll I 2 c die Geltung solcher Klauseln auch im Verhältnis zwischen dem konnossementsmäßigen Verfrachter und dem späteren Konnossementsberechtigten sicherstellen, EuGH NJW **01**, 501, MüKoGo 34, Kropholler 54; ob I 2 c über eine bloße Formvorschrift hinausgeht, ist gleichwohl fraglich, vgl EuGH RIW **84**, 909 (Anm Schlosser) = IPrax **85**, 152 (Anm Basedow ebd S 133). Für die Bindung des Drittinhabers ist weiterhin maßgeblich, daß dieser nach Maßgabe des anwendbaren materiellen Rechts Rechtsnachfolger der ursprünglichen Konnossementspartei geworden ist, EuGH EuZW **99**, 441 (Anm Girsberger IPrax **00**, 91).

24 **F. Sonderregelung für Luxemburg, Art 63.** S die dortigen Erl.

25 **6) Inhalt einer Gerichtsstandsvereinbarung.** Die sachliche Reichweite der Vereinbarung ist durch Auslegung zu ermitteln. Nach deutschem Verständnis sind konkurrierende, vor allem deliktische Ansprüche miterfaßt, Stgt EuZW **91**, 326 (Anm Roth IPrax **92**, 67). Die Vereinbarung kann sich auch auf eine Widerklage erstrecken, etwa den Gerichtsstand der Widerklage ausschließen, Kropholler 104. Die Abrede kann auch Maßnahmen des einstweiligen Rechtsschutzes umfassen (Eilers, Maßnahmen des einstw Rechtsschutzes im europäischen Zivilrechtsverkehr, 1991); im Zweifel soll das vereinbarte Gericht befugt sein, Eilmaßnahmen zu treffen, MüKoGo 61, ThPHüßtege 28. Zur Zuständigkeit in selbständigen Eilverfahren vgl Art 24.

26 Durch Auslegung ist auch zu ermitteln, ob die Gerichtsstandsvereinbarung auch das Verbot enthält, die **Aufrechnung** mit einer vor ein anderes Gericht gehörenden Forderung zu erklären, Leipold ZZP **107**, 217, Mankowski ZZP **109**, 378. Die Auslegung muß klären, ob eine Beschränkung der Aufrechnung auf bestimmte Modalitäten gewollt ist, EuGH NJW **79**, 1100, BGH NJW **79**, 2478, v. Falkenhausen RIW **82**, 388, Gottwald IPrax **86**, 12. Die Auslegungsmaßstäbe dafür sind dem auf die Aufrechnung anzuwendenden materiellen Recht zu entnehmen. BGH aaO, Kropholler 102, Mansel ZZP **109**, 75, sofern das IPR Aufrechnung und Aufrechnungsbeschränkungen materiellrechtlich qualifiziert, Mankowski ZZP **109**, 378, Gebauer IPrax **98**, 81. Aufrechnungsstatut ist nach deutschem IPR das Statut der Forderung, gegen die aufgerechnet wird, BGH NJW **94**, 1416, Stgt RIW **95**, 944, Düss RR **94**, 508, Kblz RIW **93**, 937. Dies gilt auch für das Erfordernis der Konnexität, EuGH NJW **85**, 2893, dazu Rauscher RIW **85**, 887, Gottwald IPrax **86**, 10. Zu den Erwägungen bei der Auslegung vgl LG Bln IPrax **98**, 99 mwN (Anm Gebauer ebd S 82).

27 **7) Wirkungen gegenüber Dritten.** Der aus einem Vertrag zu seinen Gunsten berechtigte **Dritte** kann sich auf eine Gerichtsstandsvereinbarung berufen, EuGH IPrax **84**, 259 (Anm Hübner ebd S 237), Geimer NJW **85**, 533. Andererseits muß er die Abrede auch gegen sich gelten lassen, Mankowski IPrax **96**, 431. Gleiches gilt für den Rechtsnachfolger, EuGH RIW **84**, 909 (Anm Schlosser); die Rechtsnachfolge bestimmt sich nach dem anwendbaren materiellen Recht. Voraussetzung für diese Wirkung ist jeweils, daß die Abrede im Verhältnis der Vertragsparteien wirksam, insbesondere formgerecht, zustandegekommen ist, EuGH IPrax **84**, 259, s oben.
Art 23 gilt nicht für die Derogation von **Streitverkündungen**. Insofern ist das Recht des jeweils angerufenen Gerichts maßgeblich, Mansel ZZP **109**, 61, MüKoGo 60, Kropholler 108, abw v. Hoffmann/Hau RIW **97**, 89.

28 **8) Maßgeblicher Zeitpunkt.** Genügt die Gerichtsstandsvereinbarung im Zeitpunkt der Klagerhebung den Anforderungen des Art 23, ist sie in dem Verfahren in jedem Fall wirksam, EuGH RIW **80**, 285, Hamm

IPrax **91**, 325, Köln NJW **88**, 2182, LG Bochum RIW **00**, 383. War sie bei ihrem Zustandekommen nach nationalem Recht wirksam, so gilt Vertrauensschutz, Trunk IPrax **95**, 251 gg LG Mü IPrax **95**, 267.

Art. 24. ¹ Sofern das Gericht eines Mitgliedstaats nicht bereits nach anderen Vorschriften dieser Verordnung zuständig ist, wird es zuständig, wenn sich der Beklagte vor ihm auf das Verfahren einlässt. ² Dies gilt nicht, wenn der Beklagte sich einlässt, um den Mangel der Zuständigkeit geltend zu machen oder wenn ein anderes Gericht aufgrund des Artikels 22 ausschließlich zuständig ist.

Bem. Art 24 ist nicht anwendbar, wenn allein der Kläger in einem Mitgliedstaat wohnt und ein Auslandsbezug nur zu anderen Staaten besteht, BGH in stRspr, NJW **97**, 398 mwN. Die Bestimmung greift in diesem Rahmen auch dann ein, wenn die Parteien eine Zuständigkeitsvereinbarung iSv Art 23 getroffen haben, EuGH in stRspr, zB NJW **85**, 2893 u **82**, 1213, vgl Kblz RR **88**, 1334 mwN, LG Giessen RR **95**, 438. Gerügt werden muß der Sache nach die fehlende internationale Zuständigkeit, BGH NJW **88**, 1466; darüber, bis wann diese Rüge wirksam erhoben werden kann, entscheidet das innerstaatliche Verfahrensrecht, EuGH RIW **81**, 709, dazu Düss RIW **90**, 670. Die rügelose Einlassung des Beklagten (auch) zur Sache, S 2, ist unschädlich, wenn die Zuständigkeitsrüge vorher erhoben worden ist, EuGH RIW **81**, 709, oder die Einlassung zur Sache nur hilfsweise erfolgt, EuGH IPrax **83**, 77, dazu Sauvepanne IPrax **83**, 65, vgl EuGH NJW **84**, 2760 mwN, zustm Hübner IPrax **84**, 239, BGH NJW **87**, 593, Saarbr NJW **92**, 987, Hamm NJW **90**, 653 mwN, Kblz RR **88**, 1335. S auch Erl zu § 39 ZPO, Saarbr RIW **94**, 478. S 1 setzt nicht eine Einlassung zur Hauptsache voraus, so daß das Vorbringen von Einreden zum Verf (außer der Bemängelung der Zuständigkeit, S 2) genügt. Die Zuständigkeit ist gegeben, wenn der Kl sich rügelos auf eine Aufrechnungsforderung eingelassen hat, die nicht auf demselben Vertrag oder Sachvortrag wie die Klagforderung beruht u für die nicht nach Art 23 wirksam die ausschließliche Zuständigkeit eines anderen Vertragsstaates vereinbart wurde, EuGH NJW **85**, 2893 (zu Kblz RIW **84**, 396), dazu Gottwald IPrax **86**, 10, BGH NJW **93**, 1399, vgl Stgt IPrax **96**, 139. Die bloße Anzeige der Verteidigungsbereitschaft des Beklagten, § 276 I ZPO, ist keine Einlassung iSv Art 24, LG Darmst RR **94**, 684, LG Ffm EuZW **90**, 581 (zustm Mittelstaedt).

Abschnitt 8. Prüfung der Zuständigkeit und der Zulässigkeit des Verfahrens

Art. 25. Das Gericht eines Mitgliedstaats hat sich von Amts wegen für unzuständig zu erklären, wenn es wegen einer Streitigkeit angerufen wird, für die das Gericht eines anderen Mitgliedstaats aufgrund des Artikels 22 ausschließlich zuständig ist.

1) **Prüfung der Zuständigkeit nach Art 22.** Bestehen Anhaltspunkte für die ausschließliche Zuständig- 1 keit eines Gerichts in einem anderen Mitgliedstaat nach Art 22, hat das angerufene Gericht seine eigene Zuständigkeit und die mögliche Zuständigkeit eines anderen Gerichts nach Art 22 vAw zu prüfen, BGH NJW **90**, 318. Stellt es fest, daß ein anderes Gericht international zuständig ist, so hat es sich vAw für unzuständig zu erklären, unten Rn 3 ff. Dies gilt nicht, wenn es selbst ebenfalls nach Art 22 zuständig ist. Es gilt auch nicht, wenn der Streitpunkt, aus dem sich die Zuständigkeit des anderen Gerichts ergibt, im konkreten Verfahren sich nur als Vorfrage stellt, Kropholler 1.

Art 25 ist in allen Instanzen zu beachten. Er verdrängt nationale Vorschriften, die eine Prüfung der 2 internationalen Zuständigkeit in der Revisions- bzw Kassationsinstanz ausschließen oder von einer Rüge der Parteien abhängig machen, EuGH IPrax **85**, 92 (Anm Stauder ebd S 76), BGH **109**, 31.

2) **Verfahren.** Im Gegensatz zu Art 26 setzt Art 25 keine Einlassung oder Einlassungsmöglichkeit für den 3 Beklagten voraus, Schlosser 2. Das angerufene Gericht kann also ohne weiteres nach Eingang der Klage entscheiden. Wenn eine ausschließliche Zuständigkeit nach Art 23 vereinbart ist, gilt Art 26 I, nicht Art 25.

Die Prüfung vAw erstreckt sich auf die Rechtsfrage. Das angerufene Gericht braucht also nicht vAw 4 zu ermitteln, ob Tatsachen vorhanden sind, die für eine ausschließliche Zuständigkeit nach Art 22 sprechen. Ob es solche Tatsachen ermitteln darf oder muß, bestimmt sich vielmehr nach nationalem Recht.

Das entgegen Art 22 angerufene Gericht kann nur sich selbst für unzuständig erklären. Die Form richtet 5 sich nach nationalem Recht, Schoibl F Schütze, 1999, S 787, so daß nach deutschem Recht die Klage als unzulässig abzuweisen ist. Eine Verweisung an das nach Art 22 zuständige Gericht eines anderen Mitgliedstaates scheidet aus, vgl Kindler/Hancke IPrax **99**, 437, Rüßmann IPrax **96**, 402 (keine Anwendung des § 281 ZPO).

Art. 26. ¹ Lässt sich der Beklagte, der seinen Wohnsitz im Hoheitsgebiet eines Mitgliedstaats hat und der vor den Gerichten eines anderen Mitgliedstaats verklagt wird, auf das Verfahren nicht ein, so hat sich das Gericht von Amts wegen für unzuständig zu erklären, wenn seine Zuständigkeit nicht nach dieser Verordnung begründet ist.

II Das Gericht hat das Verfahren so lange auszusetzen, bis festgestellt ist, dass es dem Beklagten möglich war, das verfahrenseinleitende Schriftstück oder ein gleichwertiges Schriftstück so rechtzeitig zu empfangen, dass er sich verteidigen konnte oder dass alle hierzu erforderlichen Maßnahmen getroffen worden sind.

III An die Stelle von Absatz 2 tritt Artikel 19 der Verordnung (EG) Nr. 1348/2000 des Rates vom 29. Mai 2000 über die Zustellung gerichtlicher und außergerichtlicher Schriftstücke in Zivil- oder Handelssachen in den Mitgliedstaaten, wenn das verfahrenseinleitende Schriftstück oder ein gleichwertiges Schriftstück nach der genannten Verordnung von einem Mitgliedstaat in einen anderen zu übermitteln war.

IV Sind die Bestimmungen der Verordnung (EG) Nr. 1348/2000 nicht anwendbar, so gilt Artikel 15 des Haager Übereinkommens vom 15. November 1965 über die Zustellung gerichtlicher und außergerichtlicher Schriftstücke im Ausland in Zivil- und Handelssachen, wenn das verfahrenseinleitende Schriftstück oder ein gleichwertiges Schriftstück nach dem genannten Übereinkommen zu übermitteln war.

1 **1) Nichteinlassung des Beklagten, I.** Zum Schutz des Beklagten, der seinen Wohnsitz in einem Mitgliedstaat hat, entbindet I ihn davon, sich nur wegen der Zuständigkeitsrüge auf ein ausländisches Verfahren einzulassen, Haubold IPrax **00**, 94 mwN: ohne seine Einlassung hat das angerufene Gericht sich vAw für unzuständig zu erklären, wenn seine Zuständigkeit nicht aufgrund der Bestimmungen der VO begründet ist.

2 Die Entscheidung ergeht in Deutschland durch Endurteil, allerdings ist auch ein Zwischenurteil denkbar, Geimer WM **86**, 120. Auszusprechende Rechtsfolge ist die Klagabweisung durch Prozeßurteil. Allerdings hat das Gericht zuvor die Klage dem Beklagten zuzustellen und ihm die Chance zur rügelosen Einlassung zu geben, vgl II, Schoibl F Schütze, 1999, S 796.

3 Ein Verstoß gegen I macht das ergehende Urteil nicht unwirksam; es ist in den anderen Mitgliedstaaten anzuerkennen, Hbg IPRspr **92**, Nr 230 b, Schlosser 3. Der Beklagte muß es mit den Rechtsbehelfen des nationalen Rechts im Erststaat angreifen, Geimer WM **76**, 832.

4 **2) Zuständigkeitsbegründende Tatsachen, I.** Sie muß grundsätzlich der Kläger beibringen. Diese Last wird durch die Beachtung doppelrelevanter Tatsachen gemildert, Mankowski EWiR **98**, 1086. Ist für die Zuständigkeit eine Tatsache von Bedeutung, die auch für die Begründetheit der Klage erheblich ist, so genügt es, daß der Kläger diese Tatsache schlüssig behauptet: er ist dann für die Zuständigkeitsfrage nicht zum vollen Beweis dieser Tatsache verpflichtet, selbst wenn der Beklagte sie bestreitet, vgl EuGH JZ **98**, 896 (Anm Mankowski), RIW **82**, 280.

5 Art 26 verhindert, daß im Fall der Säumnis des Beklagten die vom Kläger zur Zuständigkeit vorgebrachten Tatsachen als zugestanden gelten dürfen, Grunsky JZ **73**, 645, v. Hoffmann AWD **73**, 63, Kropholler Art 19 Rn 5. § 331 I 2 ZPO ist daher konventionskonform zu reduzieren, Geimer/Schütze EuZVR 9.

6 Die Prüfungspflicht des Gerichts nach Art 26 bezieht sich auf die gesetzlichen Zuständigkeiten nach Art 2–16; die Zuständigkeit „nach dieser Verordnung" kann sich auch aus einem nach Art 71 anwendbaren Abkommen ergeben, BGH MDR **03**, 1069 mwN. Gerichtsstandsvereinbarungen und die daraus folgende Prorogation oder Derogation müssen die Parteien vorbringen.

7 **3) Aussetzung des Verfahrens, II–IV.** Zum Schutz des Beklagten hat das Gericht die Entscheidung sd lange auszusetzen, bis feststeht, daß es dem Beklagten aufgrund einer rechtzeitigen Zustellung möglich war, sich zu verteidigen, II. An die Stelle von II tritt Art 19 der VO (EG) Nr 1348/2000, abgedr vor § 1067 ZPO, wenn das maßgebliche Schriftstück nach dieser VO von einem Mitgliedstaat in einen anderen Mitgliedstaat zu übermitteln war, III. Ist diese VO nicht anwendbar, so gilt Art 15 Haager ZustÜbk, abgedr Anh II § 202 ZPO, wenn das Schriftstück nach diesem Übk zu übermitteln war, IV. Eine Aussetzung kommt nicht in Betracht, wenn sich der Beklagte auf das Verfahren eingelassen hat, BGH NJW **87**, 593.

Abschnitt 9. Rechtshängigkeit und im Zusammenhang stehende Verfahren

Art. 27. **I** Werden bei Gerichten verschiedener Mitgliedstaaten Klagen wegen desselben Anspruchs zwischen denselben Parteien anhängig gemacht, so setzt das später angerufene Gericht das Verfahren von Amts wegen aus, bis die Zuständigkeit des zuerst angerufenen Gerichts feststeht.

II Sobald die Zuständigkeit des zuerst angerufenen Gerichts feststeht, erklärt sich das später angerufene Gericht zugunsten dieses Gerichts für unzuständig.

1 **Bem.** (Bäumer, Die ausländische Rechtshängigkeit u ihre Auswirkungen auf das internationale Zivilverfahrensrecht, 1999). Vgl Wolf/Lange RIW **03**, 55, Jegher IPrax **00**, 143 (zu Art 21 LugGVÜ), Krusche MDR **00**, 677, Hau IPrax **96**, 46, Hackspiel IPrax **96**, 214.

Art 27 ist unabhängig vom Wohnsitz der Parteien der beiden Verfahren anzuwenden, EuGH NJW **92**, 3221; er gilt nicht für Verfahren in Mitgliedstaaten, die die Anerkennung und Vollstreckung von Urteilen aus Drittstaaten betreffen, EuGH EuZW **94**, 278 (zustm Karl). Nach Art 27 gilt streng das Prioritätsprinzip; es gilt auch im Verhältnis der negativen Feststellungsklage zur später erhobenen Leistungsklage, EuGH NJW **95**, 1883, BGH NJW **97**, 870 (Anm Grunsky LM § 256 ZPO Nr 195). Zum Begriff „desselben Anspruchs", der weit auszulegen ist, so daß es nicht auf die Identität der Anträge, sondern auf den Kernpunkt beider Verfahren ankommt, s EuGH NJW **03**, 2596, ferner EuZW **98**, 443 (dazu Dietze/Schnichels EuZW **99**, 550), NJW **95**, 1883 (dazu Schack IPrax **96**, 80, Huber JZ **95**, 603, Wolf EuZW **95**, 365) u NJW **89**, 665 (dazu E. J. IPrax **92**, 389, Schack IPrax **89**, 139, Linke RIW **88**, 822), ferner BGH NJW **02**, 2795 mwN, ua NJW **97**, 870 u **95**, 1759 mwN (Anm Geimer EuZW **95**, 379 u Hau IPrax **96**, 177), Hamm IPrax **95**, 104 (Anm Rüßmann IPrax **95**, 76), Mü EuZW **94**, 511, zustm Jayme IPrax **94**, 308.

2 Als „zuerst angerufenes" Gericht ist dasjenige anzusehen, bei dem die Voraussetzungen des Art 30 zuerst vorliegen; s dort. Bei gleichzeitiger Anrufung greift Art 27 nicht ein, Kblz EuZW **91**, 160. Eine Aufrechnung macht die Aktivforderung nicht rechtshängig, EuGH IPrax **03**, 443.

3 Ob I auch dann gilt, wenn in dem anderen Staat kein ausreichender Rechtsschutz gewährt wird, ist zweifelhaft, offen gelassen BGH RIW **86**, 217. Wegen der angeblichen Verschleppung des Rechtsstreits kann sich der Kläger grundsätzlich nicht auf eine Unbeachtlichkeit der durch I begründeten Zuständigkeit des Erstgerichts berufen, EuGH RIW **04**, 292, BGH IPrax **86**, 293 zu Mü IPrax **85**, 338, krit Rauscher IPrax **86**, 274. Verstöße gegen Art 27 sind kein Grund für die Versagung der Anerkennung, Schlosser F Nagel (1987) S 357.

4 Das später angerufene Gericht ist verpflichtet, das Verfahren vAw auszusetzen, bis die Zuständigkeit des zuerst angerufenen Gerichts feststeht, I; dadurch wird vermieden, daß uUmst beide Klagen abgewiesen werden und gegenüber einer neuen Klage die Einrede der Verjährung erhoben wird (hat die 1. Instanz nicht ausgesetzt, muß das Berufungsgericht dies tun, BGH NJW **02**, 2795). Sobald die Zuständigkeit das zuerst angerufenen Gerichts feststeht, hat das später angerufene Gericht sich zugunsten jenes Gerichts für unzuständig zu erklären, II; nach deutschem Recht ist dann also die Klage als unzulässig abzuweisen, MüKoGo 11. Dies gilt bei Teilidentität der Parteien nur hinsichtlich der an beiden Verfahren beteiligten Parteien, EuGH EuZW 95, 309 (dazu Schack IPrax 96, 80, Huber JZ 95, 603, Wolf EuZW 95, 365).

Gerichtliche Verbote, in einem anderen Staat Klagen zu erheben, wie zB die anti-suit-injunctions des englischen Rechts, sind im EU-Raum unzulässig, EuGH RIW 04, 553. 5

Art. 28. I **Sind bei Gerichten verschiedener Mitgliedstaaten Klagen, die im Zusammenhang stehen, anhängig, so kann jedes später angerufene Gericht das Verfahren aussetzen.**

II **Sind diese Klagen in erster Instanz anhängig, so kann sich jedes später angerufene Gericht auf Antrag einer Partei auch für unzuständig erklären, wenn das zuerst angerufene Gericht für die betreffenden Klagen zuständig ist und die Verbindung der Klagen nach seinem Recht zulässig ist.**

III **Klagen stehen im Sinne dieses Artikels im Zusammenhang, wenn zwischen ihnen eine so enge Beziehung gegeben ist, dass eine gemeinsame Verhandlung und Entscheidung geboten erscheint, um zu vermeiden, dass in getrennten Verfahren widersprechende Entscheidungen ergehen könnten.**

Bem. Vgl Art 11 II u III EheGVVO, Anh § 606 a ZPO; wegen des Begriffs der Anrufung s Art 30. Die 1 Vorschrift enthält eine abschließende Regelung der Verfahrensaussetzung, Hbg IPrax 99, 168 (zum LugÜbk). Sie begründet keine Zuständigkeit, auch nicht wegen Sachzusammenhangs mit einer anhängigen Klage; sie ist vielmehr nur anzuwenden, wenn im Zusammenhang stehende Klagen bei Gerichten zweier oder mehrerer Mitgliedstaaten erhoben worden sind, EuGH RIW 81, 709, und in erster Instanz anhängig sind, Schack IPrax 89, 140. Sie ist nicht auf Verfahren anwendbar, die die Anerkennung und Vollstreckung von Urteilen aus Drittstaaten betreffen, EuGH EuZW 94, 278 (zustm Karl). Zur Aussetzung wegen Zusammenhangs s EuGH EuZW 95, 309 (dazu Wolf EuZW 95, 366), Ffm RR 01, 216; über sie hat das Gericht (anders als nach Art 27 II) nach Ermessen zu entscheiden, Ffm aaO, Isenburg-Epple IPrax 92, 69. Das Rechtsmittelgericht ist nicht zur Aussetzung befugt, Hamm IPrax 86, 233, kann aber ggf aufheben und zurückverweisen, Geimer IPrax 86, 216, abw MüKoGo 3. Da eine Prozeßverbindung nach § 147 ZPO nur für bei demselben Gericht anhängige Verfahren zulässig ist, läuft II in der Bundesrepublik leer, MüKoGo 5.

Art. 29. Ist für die Klagen die ausschließliche Zuständigkeit mehrerer Gerichte gegeben, so hat sich das zuletzt angerufene Gericht zugunsten des zuerst angerufenen Gerichts für unzuständig zu erklären.

Bem. Die Vorschrift setzt voraus, daß Parteien und Streitgegenstand identisch sind, str. Wegen des Begriffs der Anrufung s Art 30.

Art. 30. Für die Zwecke dieses Abschnitts gilt ein Gericht als angerufen:
1. **zu dem Zeitpunkt, zu dem das verfahrenseinleitende Schriftstück oder ein gleichwertiges Schriftstück bei Gericht eingereicht worden ist, vorausgesetzt, dass der Kläger es in der Folge nicht versäumt hat, die ihm obliegenden Maßnahmen zu treffen, um die Zustellung des Schriftstücks an den Beklagten zu bewirken, oder**
2. **falls die Zustellung an den Beklagten vor Einreichung des Schriftstücks bei Gericht zu bewirken ist, zu dem Zeitpunkt, zu dem die für die Zustellung verantwortliche Stelle das Schriftstück erhalten hat, vorausgesetzt, dass der Kläger es in der Folge nicht versäumt hat, die ihm obliegenden Maßnahmen zu treffen, um das Schriftstück bei Gericht einzureichen.**

1) Allgemeines. Art 30 trifft eine autonom-gemeinschaftsrechtliche Regelung, um den Zeitpunkt der 1 Rechtshängigkeit zu bestimmen, vgl § 11 IV EheGVVO (auch I § 606a ZPO). Dafür muß er auf die unterschiedlichen Ausgestaltungen der mitgliedstaatlichen Rechtsordnungen Rücksicht nehmen. Deshalb ist die getroffene Regelung zweigestalig: Läßt die Rechtsordnung des Forums (wie zB die deutsche) eine Klage mit Zustellung an den Beklagten rechtshängig werden, so gilt grds der Zeitpunkt der Übergabe an die Zustellungsstelle, sofern der Kläger eine eventuell fehlende Mitteilung an das Gericht nachholt (Z 2). Veranlaßt unter einem solchen System wie zB in Deutschland das Gericht die Zustellung, so bestehen keinerlei Probleme; allerdings ist dann Z 1 einschlägig und weicht der Rechtshängigkeitszeitpunkt unter der EuGVVO von jenem unter dem nationalen Recht ab. Läßt die Rechtsordnung des Forums eine Klage dagegen mit Registrierung beim Gericht rechtshängig werden (zB durch Eintragen in die sogenannte Gerichtsrolle in Frankreich) rechtshängig werden, so gilt der Zeitpunkt des Einreichens beim Gericht (Z 1), sofern der Kläger eine eventuelle fehlende Zustellung an den Beklagten nachholt.

Es gilt also jeweils das Zentralelement aus dem Prozeßrecht des Forums, ergänzt durch das in diesem noch 2 fehlende weitere Element: Ist zuerst das Gericht maßgeblich, so muß der Beklagte hinzutreten, ist zuerst der Beklagte maßgeblich, so muß das Gericht hinzutreten. Im Ergebnis müssen sowohl der Beklagte als auch das Gericht die Klage kennen und erfassen. Allerdings tritt an die Stelle des Beklagten im zweiten Modell die Zustellungsstelle. Der Kläger trägt, im Gleichklang mit seinen eigenen Interessen, die Verantwortung dafür, daß auch der zweite Betroffene formell informiert wird. Zusammengefaßt ist jeweils der Eingang im ersten zu beteiligenden Rechtspflegeorgan (Gericht oder Zustellungsorgan) maßgeblich, Kropholler 2. Art 30 geht damit einen Ungerechtigkeiten vermeidenden und relative Waffengleichheit gewährleistenden Mittelweg, Begr. Kommission BR-Drs 534/99 S 22; ThPHüßtege 1.

2) Einzelheiten. Der Begriff des **verfahrenseinleitenden oder gleichwertigen Schriftstücks** ist 3 ebenso zu verstehen wie bei Art 34 Z 2, Homann IPRax 02, 504. In Deutschland ist im Normalverfahren die Klagschrift maßgeblich, im Mahnverfahren der Antrag. Bei Klagänderungen gilt entsprechendes. Allerdings kann bei ihnen das Erheben in der mündlichen Verhandlung bei Anwesenheit oder ordnungsgemäßer Vertretung des Beklagten das Einreichen eines Schriftstücks ersetzen, wenn das Prozeßrecht des Forums dies zuläßt. **Einreichen bei Gericht** heißt Eingang des Schriftstücks in den Geschäftsbereich des Gerichts, ThPHüßtege 2. Eintragung in ein Register oder eine Gerichtsrolle sind nicht notwendig.

4   Die **vom Kläger zu treffenden Maßnahmen** beurteilen sich nach der jeweiligen lex fori. In Deutschland sind erforderlich: Angabe der richtigen Adresse des Beklagten: Einreichen der nötigen Zahl von Abschriften; auf Aufforderung Einzahlung des Kostenvorschusses nach § 65 GKG, insoweit aM Schlosser 1; ggf ordnungsgemäßer PKH-Antrag. Sind Angaben mangelhaft, so kommt es auf die Behebung des Mangels an, Gruber FamRZ **00**, 1133. Auch die einzuhaltenden Fristen richten sich nach dem Prozeßrecht des Forums, Schlosser 1. Versäumt der Kläger die Frist oder die erforderlichen Schritte insgesamt, so tritt unter Art 30 keine Rechtshängigkeit ein, Schlosser 1.

5   Unter Z 2 bestimmt sich nach der lex fori, welche **Stelle** für die Zustellung verantwortlich ist. Die Rechtshängigkeit tritt mit Eingang bei dieser Stelle, nicht erst mit der Zustellung selber ein. Der Kläger trägt also nicht das Risiko des Verfahrensgangs bei der Zustellungsstelle und der Dauer der Zustellung; wie lange die Zustellungsstelle braucht, ist unerheblich, Kropholler 2. Insgesamt bemüht sich die EuGVVO um einen frühen Eintritt der Rechtshängigkeit, um über Art 27 u 28 Verfahrenskollisionen möglichst frühzeitig begegnen zu können, Kropholler 2.

Abschnitt 10. Einstweilige Maßnahmen einschließlich solcher, die auf eine Sicherung gerichtet sind

Art. 31. **Die im Recht eines Mitgliedstaats vorgesehenen einstweiligen Maßnahmen einschließlich solcher, die auf eine Sicherung gerichtet sind, können bei den Gerichten dieses Staates auch dann beantragt werden, wenn für die Entscheidung in der Hauptsache das Gericht eines anderen Mitgliedstaats aufgrund dieser Verordnung zuständig ist.**

Bem. (Wolf/Lange RIW **03**, 55): Zum Begriff der einstw Maßnahmen s EuGH EuZW **99**, 414 (dazu Heß/Vollkommer IPrax **99**, 230, Dietze/Schnichels EuZW **99**, 551), und EuGH EuZW **99**, 727 (Anm Wolf EuZW **00**, 11) zum Vorlagebeschluß BGH NJW **97**, 2685 u **98**, 666 (dazu Kappus NJW **97**, 2653). Der besondere Gerichtsstand des Art 31 gilt auch für eine einstw Vfg, die zur Leistung verpflichtet, wenn die Rückgewähr gewährleistet ist, EuGH EuZW **99**, 414. Die Vorschrift läßt es nicht zu, einstw Maßnahmen auf nicht dem Anwendungsbereich der VO unterfallenden Rechtsgebieten in diesen einzubeziehen, so daß insofern allein das nationale Recht anzuwenden ist, EuGH IPrax **83**, 77, dazu Sauvepanne IPrax **83**, 65, Geimer NJW **86**, 2993; fällt die Sache in den Anwendungsbereich, kann eine Zuständigkeit nach Art 31 auch dann begründet sein, wenn das Verfahren in der Hauptsache vor einem Schiedsgericht stattfinden mußte, EuGH EuZW **99**, 414. Im Vollstreckungsverfahren wegen eines Arrestbefehls können Einwendungen, die vor seinem Erlaß entstanden sind, nicht berücksichtigt werden. Die Zuständigkeit des AG am Ort des Arrestgegenstands, § 919 ZPO, reicht zur Begründung der inländischen Gerichtsbarkeit aus, Thümmel NJW **96**, 1931 mwN, str; zur Zuständigkeit des Gerichts der Hauptsache Thümmel aaO mwN, vgl § 919 ZPO Rn 1 aE. Selbständige Beweisverfahren sollen nicht unter Art 31 fallen, EuGH EuZW **05**, 401.

Kapitel III. Anerkennung und Vollstreckung

Art. 32. **Unter „Entscheidung" im Sinne dieser Verordnung ist jede von einem Gericht eines Mitgliedstaats erlassene Entscheidung zu verstehen, ohne Rücksicht auf ihre Bezeichnung wie Urteil, Beschluss, Zahlungsbefehl oder Vollstreckungsbescheid, einschließlich des Kostenfestsetzungsbeschlusses eines Gerichtsbediensteten.**

1   Bem. Art 32 ff sind nicht auf Verfahren oder auf Streitpunkte anwendbar, die die Anerkennung und Vollstreckung von Urteilen aus Drittstaaten betreffen, EuZW **94**, 278 (zustm Karl). „Entscheidung" ist auch die gerichtliche Bestätigung einer sonstigen Maßnahme, wenn diese völlig in der Bestätigung aufgeht, zB bei der Festsetzung von RA-Honoraren, dazu Hamm IPrax **96**, 414 u Düss IPrax **96**, 415 (Anm Tepper IPrax **96**, 398), LG Karlsr EuZW **91**, 223 (zustm Reinmüller IPrax **92**, 73, Schmidt RIW **91**, 626), Reinmüller IPrax **89**, 143 zu LG Hbg IPrax **89**, 162; vgl zur Zulässigkeit des sog Doppelexequatur BGH NJW **84**, 2762, Hbg RR **92**, 568. Gerichtliche Entscheidungen, durch die einstweilige oder auf Sicherung gerichtete Maßnahmen angeordnet werden und die ohne Gehör der Gegenpartei ergangen sind oder ohne vorherige Zustellung vollstreckt werden sollen, können nicht im Verfahren nach Titel III anerkannt und vollstreckt werden, EuGH NJW **80**, 2016, dazu Hausmann IPrax **81**, 79, ebenso wohl EuGH RIW **85**, 235, dazu Gottwald ZZP **103**, 266 u MüKo 13, Schlosser IPrax **85**, 321; dagegen fallen vorläufige Entscheidungen, die agrd eines zweiseitig angelegten Verfahrens ergehen, unter Art 32, BGH NJW **99**, 2373 mwN, dazu Schulze IPrax **99**, 342, Dörner LM EGÜbk Nr 58. Keine Entscheidung iSv Art 32 ist eine Gerichtskostenrechnung, Schlesw RIW **97**, 513, auch nicht eine Zwischenentscheidung, soweit sie nur den weiteren Verfahrensgang gestaltet, zB im Beweissicherungsverfahren, Hbg MDR **00**, 53 mwN. Die Errichtung eines seerechtlichen Haftungsfonds ist Entscheidung, EuGH EuIf **04**, 285. Zum grenzüberschreitenden Mahnverfahren, § 688 III ZPO, s § 32 AVAG, zur Vollstr aus Vergleichen s Art 58. Die Anerkennung und Vollstreckung setzt nicht voraus, daß das Gericht das Zuständigkeitsrecht der VO angewendet hat, Geimer NJW **86**, 2994.

Abschnitt 1. Anerkennung

Art. 33. ⁱ **Die in einem Mitgliedstaat ergangenen Entscheidungen werden in den anderen Mitgliedstaaten anerkannt, ohne dass es hierfür eines besonderen Verfahrens bedarf.**

ⁱⁱ **Bildet die Frage, ob eine Entscheidung anzuerkennen ist, als solche den Gegenstand eines Streites, so kann jede Partei, welche die Anerkennung geltend macht, in dem Verfahren nach den**

Abschnitten 2 und 3 dieses Kapitels die Feststellung beantragen, dass die Entscheidung anzuerkennen ist.

III Wird die Anerkennung in einem Rechtsstreit vor dem Gericht eines Mitgliedstaats, dessen Entscheidung von der Anerkennung abhängt, verlangt, so kann dieses Gericht über die Anerkennung entscheiden.

Bem. Vgl §§ 25 und 26 AVAG; zum Verfahren ausführlich Martiny Rdz 215–259, Geimer JZ **77**, 145 u 213, teilweise abw Rahm VIII 287–289. Die erneute Klage einer Partei, die ein nach Art 38 vollstreckbares Urteil erzielt hat, in einem anderen Vertragsstaat ist unzulässig, EuGH NJW **77**, 495 m Anm Geimer NJW **77**, 2023, vgl Mü RR **97**, 571. Liegen die Voraussetzungen für die Klauselerteilung nicht vor, ist eine erneute Klage im Inland zulässig, Geimer NJW **80**, 1234 gegen LG Münst NJW **80**, 534. Die Rechtskraft einer (Teil-)Abweisung durch eine anzuerkennende ausländische Entscheidung schließt eine Einklagung oder Aufrechnung vor einem deutschen Gericht aus, Ffm MDR **85**, 331.

Art. 34. Eine Entscheidung wird nicht anerkannt, wenn
1. die Anerkennung der öffentlichen Ordnung (ordre public) des Mitgliedstaats, in dem sie geltend gemacht wird, offensichtlich widersprechen würde;
2. dem Beklagten, der sich auf das Verfahren nicht eingelassen hat, das verfahrenseinleitende Schriftstück oder ein gleichwertiges Schriftstück nicht so rechtzeitig und in einer Weise zugestellt worden ist, dass er sich verteidigen konnte, es sei denn, der Beklagte hat gegen die Entscheidung keinen Rechtsbehelf eingelegt, obwohl er die Möglichkeit dazu hatte;
3. sie mit einer Entscheidung unvereinbar ist, die zwischen denselben Parteien in dem Mitgliedstaat, in dem die Anerkennung geltend gemacht wird, ergangen ist;
4. sie mit einer früheren Entscheidung unvereinbar ist, die in einem anderen Mitgliedstaat oder in einem Drittstaat zwischen denselben Parteien in einem Rechtsstreit wegen desselben Anspruchs ergangen ist, sofern die frühere Entscheidung die notwendigen Voraussetzungen für ihre Anerkennung in dem Mitgliedstaat erfüllt, in dem die Anerkennung geltend gemacht wird.

Bem. Wegen der **Entscheidung** iSv Art 34 s Art 32. 1

Zu Z 1 (§ 328 ZPO Rn 30 ff; *Fählisch,* Der gemeineuropäische ordre public, 1997; *Völker,* zur Dogmatik des ordre public, 1998). Gemeint ist nur eine **offensichtliche Unvereinbarkeit**, BT-Drs 6/1973 S 88, vgl § 328 Rn 34, § 1059 Rn 10 u 11, § 1061 Rn 2. Zur Verletzung des ordre public vgl grundsätzlich: EuGH NJW **00**, 1853 (zu BGH EuZW **99**, 26), dazu Geimer ZIP **00**, 863 u v. Bar JZ **00**, 723, EuGH EWS **00**, 317. BGH NJW **99**, 2372 (dazu Roth JZ **99**, 1119, Staudinger JR **99**, 373, Schulze IPrax **99**, 342, Dörner **LM** EGÜbk Nr 58), NJW **93**, 1802 u 3270 (dazu Haas ZZP **108**, 224, Eichenhofer JZ **94**, 258) u NJW **92**, 3096 (Anm Krönke **LM** § 23 ZPO Nr 38), alle mwN, sowie NJW **90**, 2201 u **86**, 3028 (krit Kornblum NJW **87**, 1105, zustm v. Winterfeld NJW **87**, 3059), Düss RIW **97**, 572 u RIW **95**, 324, Köln RR **95**, 447, Hamm RR **95**, 190; die deutsche öff Ordnung ist zB verletzt, wenn ein durch Täuschung erschlichenes Urteil vollstreckt werden soll, BGH NJW **93**, 1272 u 1802, RR **87**, 377 (dazu Grunsky IPrax **87**, 219), oder wenn das ausländische Versäumnisurteil unter Verletzung des Grundrechts auf Gehör, Art 103 GG, zustande gekommen ist, BGH RR **02**, 1151 u NJW **00**, 3289 (dazu EuGH NJW **00**, 1853 auf Vorlage des BGH EuZW **99**, 26, Pickenbrock IPrax **00**, 364), oder wenn §§ 104, 105 SGB VII nicht beachtet worden sind, BGH NJW **93**, 3270 (krit Haas ZZP **108**, 224), nicht aber dann, wenn es sich um das Urteil eines nur mit Laien besetzten französischen Handelsgerichts handelt, Saarbr NJW **88**, 3100 (zustm Roth IPrax **89**, 17), oder wenn ein deutscher Schädiger im Ausland aufgrund der Klage eines deutschen Geschädigten zu höheren Schadensersatzleistungen verurteilt worden ist, als dies nach deutschem Recht möglich wäre, BGH NJW **84**, 568 (auch zur Nichtberücksichtigung des Forderungsübergangs nach § 116 SGB X), zustm Kropholler JZ **83**, 906, teilw krit Roth IPrax **84**, 183. Die Verurteilung zu Zinseszinsen durch ein britisches Gericht fällt nicht unter Z 1, Hbg RIW **92**, 139 ebensowenig die Anwendung von Vorschriften zum Schutz geistigen Eigentums, EuGH NJW **00**, 2185.

Zu Z 2 (Stürner JZ **92**, 325; Linke RIW **86**, 409; Schumacher IPrax **85**, 265; Geimer IPrax **92**, 10, 88, 2 271 u 85, 6): „**Einlassung**" ist jedes Handeln, aus dem sich ergibt, daß der Beklagte Kenntnis von dem Verf erlangt hat und daß er sich gegen den Angriff des Klägers verteidigen will, EuGH NJW **93**, 2091 (zu BGH EuZW **91**, 571), Hamm RR **95**, 190, es sei denn, sein Vorbringen beschränkt sich darauf, den Fortgang des Verf zu rügen, weil die Zustellung nicht ordnungsgemäß oder zu spät erfolgt sei, Köln IPrax **91**, 114 mwN. Keine Einlassung liegt darin, daß für den Beklagten ohne dessen Wissen ein beauftragter Vertreter erschienen ist, EuGH NJW **97**, 1061. „**Verfahreneinleitendes Schriftstück**" ist im Mahnverfahren der Mahnbescheid, nicht dagegen der Vollstreckungsbescheid, EuGH RIW **81**, 781; vgl auch EuGH EuZW **95**, 803 (Anm Grunsky IPrax **96**, 245) u EuZW **93**, 39 sowie den Vorlagebeschluß BGH NJW **91**, 2312. Es kommt nur auf die Zustellung des das Verf einleitenden Schriftstücks an, BGH NJW **90**, 2202 sowie NJW **02**, 1151 u RR **87**, 377 mwN (dazu krit Grunsky IPrax **87**, 219, der auch bei Klagerweiterung die Zustellung fordert, ebenso Stürner JZ **92**, 333). Das Eintreten einer Zustellungsfiktion genügt nicht, Köln RR **90**, 128 (Belgien), wohl aber eine öff Zustellung, Kblz EuZW **90**, 487 (Luxemburg), zustm Geimer IPrax **92**, 11 (betr „remise au parquet").

Z 2 verlangt abw von Art 27 Z 2 EuGVÜ/LugÜ nicht zwingend, daß die **Zustellung** formell ordnungs- 3 gemäß sein mußte, sondern orientiert sich daran, daß die Zustellung faktisch ihren Informationszweck erfüllt hat und dem **Beklagten eine sachgerechte Verteidigung** ermöglicht hat, Begründung der EG-Kommission zum VO-Vorschlag, BR-Drs 534/99 S 24; Kropholler 38. Allerdings jede Form der ordnungsgemäße Zustellung der von Z 2 geforderten Zustellungsweise; Kropholler 39. Sie ist der Praxis immer noch als der sicherste Weg zu empfehlen. Die Heilung von Zustellungsmängeln bei rechtzeitiger Zustellung richtet sich nach dem Recht des Urteilsstaates, EuGH EuZW **90**, 352 (Vorlagebeschluß BGH RIW **88**, 300), zustm Rauscher IPrax **91**, 155 mwN, krit Geimer EuZW **90**, 354, BGH WertpMitt **90**, 1938 (zu § 6 Satz 2 AusfG

EuGVVO Schlußanhang V C 4

HaagerZustlÜbk). Nach Z 2 genügt zur Heilung die Einlassung, dazu EuGH NJW 93, 2091, Hamm RIW 94, 244 mwN, Köln IPrax 91, 114 (dazu Linke IPrax 91, 92). War die Zustellung nicht ordnungsgemäß und hat sich der Beklagte auf das Verfahren nicht eingelassen, so wird ein Versäumnisurteil auch dann nicht anerkannt, wenn er später von dem Urteil Kenntnis erhalten und dagegen keinen nach dem Recht des Urteilsstaates zulässigen Rechtsbehelf eingelegt hat, EuGH EuZW 93, 39 (zu BGH EuZW 91, 445 m Anm Geimer), dazu Stürner JZ 93, 358, Rauscher IPrax 93, 376, BGH NJW 93, 2688 mwN (dazu Schnichels/Dietze EuZW 94, 371).

4 Abw von der Lage unter Art 27 Z 2 EuGVÜ/LugÜ, kann sich der Titelschuldner nicht auf Zustellungsmängel berufen, wenn er im Erststaat Rechtsbehelfe (Einspruch, Berufung, Beschwerde, Revision, aber auch Wiedereinsetzung, ThPHüßtege 13) gegen die Entscheidung hätte einlegen können und dies versäumt hat. Die prozessuale Entwicklung hat den Zustellungsfehler gleichsam überholt, Kropholler 42 mwN. Es ist sinnvoll, den Beklagten anzuhalten, die Entscheidung im Erststaat anzugreifen und aus der Welt zu schaffen, statt daß er sich auf die spätere Verteidigung in Zweitstaaten bei fortbestehender Ausgangsentscheidung verlegen könnte. Schädlich sind allerdings nur Rechtsbehelfe, die sich gerade auf die Zustellungsfehler gründen, nicht allgemein alle Rechtsbehelfe, Begründung der EG-Kommission zum VO-Vorschlag, BR-Drs 534/99 S 24, Kropholler 43. Der Ablauf der Einspruchsfrist gegen ein Versäumnisurteil im Erststaat schützt dessen Anerkennung im Zweitstaat gegen eine auf Z 2 gestützte Versagung, Kropholler 44.

5 „**Rechtzeitig**" ist eine Zustellung, wenn sie zur sachgerechten Verteidigung, dh zur Verhinderung einer nach dem Übk vollstreckbaren Säumnisentscheidung ausreicht, EuGH RIW 85, 967, BGH NJW 91, 641 mwN, Köln RR 90, 128, Kblz RIW 88, 476, Hamm RR 88, 446, krit Geimer IPrax 88, 271 (insbesondere zu der Frage, ob die Berufung auf die fehlende Rechtzeitigkeit ausscheidet, wenn der Beklagte kein Rechtsmittel gegen die Entscheidung eingelegt hat), dagg van Venrooy IPrax 89, 137. Die Rechtzeitigkeit muß das Gericht des VollstrStaates ohne Bindung an die Feststellungen in der Entscheidung und ohne Bindung an das autonome Recht prüfen, BGH NJW 91, 641, Köln RR 02, 360 mwN. Zur Rechtzeitigkeit s EuGH LS NJW 86, 1425 u RIW 81, 781 (Anm Nagel IPrax 82, 5), BGH NJW 92, 1239 (vom Bekl zu vertretendes Unbekanntsein seines Aufenthaltes), 90, 2201, NJW 86, 2197 u Walter IPrax 86, 349, Düss NJW 00, 3290 (Nichtwahrung der nach deutschem Recht geltenden Einlassungsfrist), Hamm RIW 93, 149 u RR 88, 446, Köln RR 95, 446 u RIW 93, 150, Kblz IPrax 92, 35, Geimer IPrax 92, 11, sowie wegen der Unschädlichkeit des Fehlens einer Übersetzung bei rechtzeitiger Zustellung Bbg RIW 87, 541, zustm Gerth mwN.

6 Die Voraussetzungen der Z 2 sind **vAw zu prüfen**, Stürner F Nagel S 452, Linke RIW 86, 410, BGH NJW 99, 2374 (dazu Schulze IPrax 99, 342, Dörner **LM** EGÜbk Nr 58), Köln RR 90, 128. Auf **sonstige Verfahrensmängel** bezieht Z 2 sich nicht; solche Mängel, auch hinsichtlich des rechtlichen Gehörs, können nur nach Z 1 die Nichtanerkennung rechtfertigen, BGH NJW 90, 2201, zustm Geimer IPrax 92, 13.

7 **Zu Z 3** (Wolf F Schwab, 1990, S 567): Auf ausländische Entscheidungen im Hauptverfahren, die mit einer inländischen Entscheidung im Eilverfahren unvereinbar sind, bezieht sich Z 3 nicht, Hamm RIW 88, 134, Mankowski EWiR 97, 792 mwN; sind in konkurrierenden Eilverfahren miteinander nicht zu vereinbarende Entscheidungen ergangen, ist die Anerkennung nach Z 3 abzulehnen, EuGH NJW 02, 2087 zu BGH WM 00, 635. Eine Entscheidung, durch die im Inland Prozeßkostenhilfe mangels Erfolgsaussicht versagt worden ist, steht der Anerkennung eines ausländischen Urteils in derselben Sache nicht entgegen, BGH NJW 84, 568, zustm Roth IPrax 84, 183, Kropholler JZ 83, 906; das gleiche gilt für einen deutschen Prozeßvergleich, EuGH IPrax 95, 241 (zu BGH EuZW 93, 195), zustm v. Hoffmann/Hau IPrax 95, 217. Dagegen greift Z 3 ein, wenn Trennungsunterhalt zuerkannt ist, aber die Ehe im Inland geschieden worden ist, EuGH NJW 89, 663, dazu Linke RIW 88, 822, krit Schack IPrax 89, 141.

8 **Zu Z 4:** Die Vorschrift tritt neben Z 3, dazu Kropholler 57, ThPHüßtege 19.

Art. 35. [I] Eine Entscheidung wird ferner nicht anerkannt, wenn die Vorschriften der Abschnitte 3, 4 und 6 des Kapitels II verletzt worden sind oder wenn ein Fall des Artikels 72 vorliegt.

[II] Das Gericht oder die sonst befugte Stelle des Mitgliedstaats, in dem die Anerkennung geltend gemacht wird, ist bei der Prüfung, ob eine der in Absatz 1 angeführten Zuständigkeiten gegeben ist, an die tatsächlichen Feststellungen gebunden, aufgrund deren das Gericht des Ursprungsmitgliedstaats seine Zuständigkeit angenommen hat.

[III] [1] Die Zuständigkeit der Gerichte des Ursprungsmitgliedstaats darf, unbeschadet der Bestimmungen des Absatzes 1, nicht nachgeprüft werden. [2] Die Vorschriften über die Zuständigkeit gehören nicht zur öffentlichen Ordnung (ordre public) im Sinne des Artikels 34 Nummer 1.

Bem. Vgl Art 17 EheGVVO, Anl I § 606a ZPO. Zu **I** s Stgt RR 01, 858 (zum LugÜbk). Zu **II:** Vorlagebeschluß BGH NJW 97, 2685 u 98, 666 (dazu Kappus NJW 97, 2653); nach II besteht keine Bindung an rechtliche Schlußfolgerungen, BGH 74, 248, dazu Geimer RIW 80, 305. III führt zur Anerkennung auch bei gröbsten Fehlern in der Bestimmung der Zuständigkeit, vgl aber EuGH NJW 00, 1853 auf Vorlage BGH EuZW 99, 269 (dazu Pickenbrock IPrax 00, 364).

Art. 36. **Die ausländische Entscheidung darf keinesfalls in der Sache selbst nachgeprüft werden.**

Bem. Vgl Art 19 EheGVVO, Anh I § 606a ZPO. Eine Prüfung auf rechtliche oder tatsächliche Fehler ist ausgeschlossen, wenn es sich nicht um Anerkennungshindernisse, Art 34 u 35, handelt oder wenn der Schuldner zum wehrlosen Objekt der Fremdbestimmung gemacht worden ist, BGH ZIP 99, 483, ThPHüßtege 1.

Art. 37. [I] Das Gericht eines Mitgliedstaats, vor dem die Anerkennung einer in einem anderen Mitgliedstaat ergangenen Entscheidung geltend gemacht wird, kann das Verfahren aussetzen, wenn gegen die Entscheidung ein ordentlicher Rechtsbehelf eingelegt worden ist.

II Das Gericht eines Mitgliedstaats, vor dem die Anerkennung einer in Irland oder im Vereinigten Königreich ergangenen Entscheidung geltend gemacht wird, kann das Verfahren aussetzen, wenn die Vollstreckung der Entscheidung im Ursprungsmitgliedstaat wegen der Einlegung eines Rechtsbehelfs einstweilen eingestellt ist.

Bem. Vgl Art 20 EheGVVO, Anh I § 606a ZPO. Der Begriff des ordentlichen Rechtsbehelfs ist autonom und weit auszulegen, EuGH LS NJW **78**, 1107. Zur Berücksichtigung einer Schutzschrift s LG Darmst IPrax **00**, 309 (Anm Mennicke ebd 294).

Abschnitt 2. Vollstreckung

Art. 38. I Die in einem Mitgliedstaat ergangenen Entscheidungen, die in diesem Staat vollstreckbar sind, werden in einem anderen Mitgliedstaat vollstreckt, wenn sie dort auf Antrag eines Berechtigten für vollstreckbar erklärt worden sind.

II Im Vereinigten Königreich jedoch wird eine derartige Entscheidung in England und Wales, in Schottland oder in Nordirland vollstreckt, wenn sie auf Antrag eines Berechtigten zur Vollstreckung in dem betreffenden Teil des Vereinigten Königreichs registriert worden ist.

Bem. Zu I vgl § 55 AVAG. Begriff der „Entscheidung": Art 32; „vollstreckbar" betrifft die Vollstreckbarkeit der Entscheidung in formeller Hinsicht, nicht die Voraussetzungen, unter denen sie im Urteilsstaat vollstreckt werden kann, EuGH IPrax **00**, 18 (dazu Linke ebd 8, Mankowski ZZPInt **99**, 276, Paulus EWiR **99**, 952). Gegner des Antrags ist der in der Entscheidung des Urteilsstaates bezeichnete Schuldner, Ffm Rpfleger **79**, 434. Die Entscheidung ergeht durch Beschluß, §§ 8 ff AVAG; bei Entscheidung durch Urteil ist Berufung zulässig, Hamm MDR **78**, 324. Die erneute Klage einer Partei, die ein vollstreckbares Urteil erzielt hat, in einem anderen Vertragsstaat ist unzulässig, EuGH NJW **77**, 495 m Anm Geimer NJW **77**, 2023 u NJW **80**, 1234. Die Pflicht zur Vollstreckung endet, wenn diese nach dem Recht des VollstrStaates aus Gründen, die außerhalb des Anwendungsbereichs der VO liegen, nicht mehr möglich ist, EuGH NJW **89**, 663, dazu Linke RIW **88**, 822. 1

Zur Notwendigkeit der Vollstreckungsfähigkeit des Titels s MüKoGo 7, BGH NJW **93**, 1802 mwN, ua Saarbr IPrax **90**, 232 (dazu Reinmüller IPrax **90**, 207) u NJW **88**, 3101 (dazu Roth IPrax **89**, 14); die Vollstreckung kann nur gegen die im Titel bezeichneten Personen oder ihre Rechtsnachfolger zugelassen werden, Köln RR **01**, 67 (keine Umdeutung). Hat der zu vollstreckende Titel nur gesetzliche Zinsen zugesprochen, darf das Gericht ihn im Wege der Auslegung (unter Anwendung des fremden Rechts) ergänzen, Schack 939, Geimer/Schütze § 152 II 1, Kropholler Rn 12, vgl dazu BGH NJW **93**, 1803 u **86**, 1440 mwN, zustm Dopffel IPrax **86**, 277, Wolf RIW **86**, 728, zT krit Stürner/Münch JZ **87**, 184, aM Mü IPrax **88**, 291 (abl Nagel IPrax **88**, 277 mwN u Münch RIW **89**, 18), LG Düss IPrax **85**, 160 (abl Nagel IPrax **85**, 144). Ist die VO unanwendbar, kann der Antrag nicht in eine Vollstreckungsklage, § 722 ZPO, umgedeutet werden, BGH NJW **79**, 2477. 2

Zur Umrechnung eines auf in fremde Währung lautenden Titels KG IPrax **94**, 457 (Anm Baumann IPrax **94**, 437). Umrechnungszeitpunkt für eine im Urteilsstaat in dortiger Währung zu zahlende Geldschuld ist nicht automatisch der Zeitpunkt der Rechtskraft, BGH IPrax **85**, 101, abw Nagel IPrax **85**, 83; zum Zeitpunkt bei Anwendung französischen Rechts BGH NJW **93**, 3085 u RR **87**, 378. Zur Aufklärungspflicht des Gerichts, welche Beträge nach der Entscheidung beigetrieben werden können, vgl BGH NJW **83**, 2773, dazu Prütting IPrax **85**, 137; zur Konkretisierung unklarer, insbesondere nach einem Index dynamisierter oder wegen der Zinsen auf verschiedene Zeiträume oder wechselnde Sätze verweisender Titel im VollstrVerf vgl BGH NJW **93**, 1802 mwN (Anm Roth IPrax **94**, 350), Köln Eulf **04**, 387, Rahm VIII 293, Roth IPrax **89**, 14, ferner Münch RIW **89**, 18 u Nagel IPrax **88**, 277 (zu Mü IPrax **88**, 291), Stürner/Münch JZ **87**, 178 (zu BGH NJW **86**, 1440), Düss RIW **96**, 1043, Schlesw DAVorm **93**, 463, Celle NJW **88**, 2183 mwN (Anm Laborde RIW **88**, 566), Stgt JZ **87**, 579 u DAVorm **90**, 715. 3

Zu II vgl Kropholler RIW **86**, 934. 4

Art. 39. I Der Antrag ist an das Gericht oder die sonst befugte Stelle zu richten, die in Anhang II aufgeführt ist.

II Die örtliche Zuständigkeit wird durch den Wohnsitz des Schuldners oder durch den Ort, an dem die Zwangsvollstreckung durchgeführt werden soll, bestimmt.

1) **Sachliche Zuständigkeit, I.** In Deutschland ist der Antrag an den **Vorsitzenden einer Kammer des Landgerichts** zu richten, Anh II. Die Zuständigkeit ist ausschließlich, geht also auch der Zuständigkeit der Arbeitsgerichte und der FamGer, § 23 b GVG, vor, Düss LS IPrax **84**, 217 (zustm Henrich).

Handelt es sich bei dem Titel um eine notarielle Urkunde, ist auch ein **Notar** zuständig, Anh II iVm § 55 III AVAG. 1

2) **Örtliche Zuständigkeit, II.** Sie wird durch den Wohnsitz des Schuldners, Art 59 u 60, bestimmt, dazu Zweibr RR **01**, 144 und bei nachträglichem Wegzug des Schuldners BGH EWiR **97**, 842 (Anm Mankowski, ferner Leutner ZZP **111**, 93). Zur Zuständigkeit agrd substantiierter Behauptung über den Ort der beabsichtigten Vollstr s LG Karlsr EuZW **91**, 223 mwN. 2

Art. 40. I Für die Stellung des Antrags ist das Recht des Vollstreckungsmitgliedstaats maßgebend.

II 1 Der Antragsteller hat im Bezirk des angerufenen Gerichts ein Wahldomizil zu begründen. 2 Ist das Wahldomizil im Recht des Vollstreckungsmitgliedstaats nicht vorgesehen, so hat der Antragsteller einen Zustellungsbevollmächtigten zu benennen.

III Dem Antrag sind die in Artikel 53 angeführten Urkunden beizufügen.

Bem. Die Begründung des Wahldomizils, II, hat mangels innerstaatlicher Regelung spätestens bei der Zustellung der Entscheidung zu erfolgen, mit der die Vollstr zugelassen wird, EuGH IPrax **87**, 229 m Anm

Jayme IPrax **87**, 209. Der Verstoß gegen III führt zur Ablehnung des Antrags, Kblz EuZW **91**, 157. Das Verf wird durch die Eröffnung des Insolvenzverfahrens unterbrochen, Zweibr RR **01**, 985 mwN, Mankowski ZIP **94**, 1579, str, aM Saarbr RR **94**, 636.

Art. 41. ¹ Sobald die in Artikel 53 vorgesehenen Förmlichkeiten erfüllt sind, wird die Entscheidung unverzüglich für vollstreckbar erklärt, ohne dass eine Prüfung nach den Artikeln 34 und 35 erfolgt. ² Der Schuldner erhält in diesem Abschnitt des Verfahrens keine Gelegenheit, eine Erklärung abzugeben.

1   **Bem. S 1** verkürzt den **Prüfungsumfang** im Vollstreckbarerklärungsverfahren erster Instanz beträchtlich. Das Gericht darf nur noch prüfen, ob die EuGVVO anwendbar ist, ob seine Zuständigkeit nach Art 39 gegeben ist und ob die Nachweise nach Artt 53, 54 (insbes das ausgefüllte Formblatt nach Anh V) vorliegen, ggf unter Anwendung von Art 55 I, ThPHüßtege 2. Dagegen darf es die **Anerkennungsversagungsgründe nach Art 34 nicht** prüfen. Ihm ist insoweit jede amtswegige Prüfung untersagt. Die Prüfung materieller Versagungsgründe erfolgt ausschließlich in einem eventuellen Rechtsbehelfsverfahren, Begründung der EG-Kommission zum VO-Vorschlag, BR-Drs 534/99 S 24. Die Vollstreckbarerklärung darf in erster Instanz sogar bei Verstoß gegen den zweitstaatlichen ordre public (Art 34 Z 1) nicht versagt werden. Insoweit bleiben in Deutschland bei Grundrechtsverstößen Zweifel an der verfassungsrechtlichen Statthaftigkeit von S 1.

2   Das **Vollstreckbarerklärungsverfahren** erster Instanz ist strikt einseitig, **S 2**. Der Gläubiger soll den vollen Überraschungseffekt genießen können. Der Schuldner wird nicht gehört. Eventuell vorsorglich eingereichte Schutzschriften sind unbeachtlich, s dazu Mennicke IPRax **00**, 294, und dürften angesichts des nur formellen Prüfungsbereichs sowieso kaum sinnvoll sein, Kropholler 10. Eine mündliche Verhandlung findet nicht statt, § 6 II 1 AVAG, ausnahmsweise zur Verfahrensbeschleunigung, aber nur mit dem Antragsteller, § 6 II 2 AVAG. Es besteht kein Anwaltszwang, § 6 I AVAG.

Art. 42. ¹ Die Entscheidung über den Antrag auf Vollstreckbarerklärung wird dem Antragsteller unverzüglich in der Form mitgeteilt, die das Recht des Vollstreckungsmitgliedstaats vorsieht.

II Die Vollstreckbarerklärung und, soweit dies noch nicht geschehen ist, die Entscheidung werden dem Schuldner zugestellt.

Bem. Die **Mitteilung der Entscheidung an den Antragsteller, I,** erfolgt nach den §§ 5, 8 und 10 AVAG, Schlußanh V E. Die **Mitteilung** der Vollstreckbarerkärung und ggf der Entscheidung **an den Schuldner, II,** richtet sich nach § 8 AVAG u § 329 III ZPO. Beide Mitteilungen ergehen vAw.

Art. 43. ¹ Gegen die Entscheidung über den Antrag auf Vollstreckbarerklärung kann jede Partei einen Rechtsbehelf einlegen.

II Der Rechtsbehelf wird bei dem in Anhang III aufgeführten Gericht eingelegt.

III Über den Rechtsbehelf wird nach den Vorschriften entschieden, die für Verfahren mit beiderseitigem rechtlichen Gehör maßgebend sind.

IV Lässt sich der Schuldner auf das Verfahren vor dem mit dem Rechtsbehelf des Antragstellers befassten Gericht nicht ein, so ist Artikel 26 Absätze 2 bis 4 auch dann anzuwenden, wenn der Schuldner seinen Wohnsitz nicht im Hoheitsgebiet eines Mitgliedstaats hat.

V ¹ Der Rechtsbehelf gegen die Vollstreckbarerklärung ist innerhalb eines Monats nach ihrer Zustellung einzulegen. ² Hat der Schuldner seinen Wohnsitz im Hoheitsgebiet eines anderen Mitgliedstaats als dem, in dem die Vollstreckbarerklärung ergangen ist, so beträgt die Frist für den Rechtsbehelf zwei Monate und beginnt von dem Tage an zu laufen, an dem die Vollstreckbarerklärung ihm entweder in Person oder in seiner Wohnung zugestellt worden ist. ³ Eine Verlängerung dieser Frist wegen weiter Entfernung ist ausgeschlossen.

1   1) **Allgemeines.** Gegen die Entscheidung über den Antrag auf Vollstreckbarerklärung kann jede Partei einen **Rechtsbehelf** einlegen, I, über den nach den Vorschriften über streitige Verfahren zu entscheiden ist, III. Rechtsbehelf in Deutschland ist die **Beschwerde nach §§ 11–13 AVAG**, Schlußanh V E, mit den sich aus § 55 AVAG ergebenden Maßgaben. Eingelegt wird die Beschwerde bei dem für das LG, Art 39, zuständigen **OLG, II** iVm Anh III.

2   2) **Einzelheiten.** Eine **Frist** für die Einlegung der Beschwerde ist nur für die Beschwerde gegen die Vollstreckbarkeit vorgeschrieben, **IV. Dritte** sind nicht beschwerdeberechtigt, EuGH NJW **93**, 2092. Es besteht kein **AnwZwang**, §§ 11 I 1 AVAG, 78 III ZPO, solange nicht eine mündliche Verhandlung anberaumt ist, § 13 II AVAG.

3   3) **Verfahren und Entscheidung.** Maßgeblich ist § 13 AVAG. Läßt sich der Schuldner auf das Verfahren über die Beschwerde des Antragstellers nicht ein, so ist **Art 26 II–IV** ohne Rücksicht auf den Wohnsitz des Schuldners anwendbar, **IV. Prüfungsumfang** des OLG: Art 45. **Beschränkung der Zwangsvollstreckung:** § 22 II AVAG. Entscheidung nicht durch den Einzelrichter, weil § 568 ZPO nicht anwendbar ist, ThPHüßtege 18. **Rechtsbehelf:** Art 44.

Art. 44. Gegen die Entscheidung, die über den Rechtsbehelf ergangen ist, kann nur ein Rechtsbehelf nach Anhang IV eingelegt werden.

1   1) **Allgemeines.** Gegen die Entscheidung über die Beschwerde, Art 43, kann jede Partei (nicht auch ein Dritter) den Rechtsbehelf nach Anh IV einlegen, in Deutschland also die **Rechtsbeschwerde**. Das nähere ergibt sich aus den §§ 15–17 AVAG, Schlußanh V E. **Statthaft** ist sie nach Maßgabe des § 574 I Z 1, II ZPO, § 15 I AVAG.

2) Einzelheiten. Die Rechtsbeschwerde wird durch Einreichen der **Beschwerdeschrift beim BGH** 2 eingelegt, § 16 I AVAG, also durch einen dort zugelassenen RA, und zwar innerhalb **eines Monats** ab Zustellung des Beschlusses nach § 13 III AVAG, § 15 II u III AVAG. Die Rechtsbeschwerde ist entspr § 575 II–IV ZPO zu **begründen**, § 16 II AVAG.

3) Verfahren und Entscheidung. Maßgebend ist **§ 17 AVAG. Prüfungsumfang:** Art 45 u § 17 I 3 AVAG. **Aussetzung:** Art 46. **Beschränkung der Zwangsvollstreckung:** § 22 III AVAG.

Art. 45. $^{I\,1}$ **Die Vollstreckbarerklärung darf von dem mit einem Rechtsbehelf nach Artikel 43 oder Artikel 44 befassten Gericht nur aus einem der in den Artikeln 34 und 35 aufgeführten Gründe versagt oder aufgehoben werden.** ^{2} **Das Gericht erlässt seine Entscheidung unverzüglich.**

^{II} **Die ausländische Entscheidung darf keinesfalls in der Sache selbst nachgeprüft werden.**

1) Allgemeines, I. Die Vorschrift bestimmt den **Prüfungsumfang** der Rechtsbehelfsgerichte, Art 43 u 1 44, **I 1**; daneben gilt für den BGH die Beschränkung durch § 17 I AVAG, Schlußanh V E. Versagt oder aufgehoben werden darf die Vollstreckbarerklärung nur aus einem der sich aus **Art 34 u 35** ergebenden Gründe, s die dortigen Erl. Alle sonstigen Rügen sind dem Schuldner verwehrt, Hub NJW **01**, 3147, ThPHüßtege 3. In jedem Fall hat das Gericht seine Entscheidung **unverzüglich** zu erlassen, **I 2**, ohne daß die VO Sanktionen für die Verletzung dieses Gebots vorsieht.

2) Nachprüfung der ausländischen Entscheidung, II. Das Verbot gilt in den Rechtsmittelinstanzen 2 ebenso wie in der ersten Instanz, Art 36.

Art. 46. ^{I} **Das nach Artikel 43 oder Artikel 44 mit dem Rechtsbehelf befasste Gericht kann auf Antrag des Schuldners das Verfahren aussetzen, wenn gegen die Entscheidung im Ursprungsmitgliedstaat ein ordentlicher Rechtsbehelf eingelegt oder die Frist für einen solchen Rechtsbehelf noch nicht verstrichen ist; in letzterem Fall kann das Gericht eine Frist bestimmen, innerhalb deren der Rechtsbehelf einzulegen ist.**

^{II} **Ist die Entscheidung in Irland oder im Vereinigten Königreich ergangen, so gilt jeder im Ursprungsmitgliedstaat statthafte Rechtsbehelf als ordentlicher Rechtsbehelf im Sinne von Absatz 1.**

^{III} **Das Gericht kann auch die Zwangsvollstreckung von der Leistung einer Sicherheit, die es bestimmt, abhängig machen.**

Bem. Zum Begriff des ordentlichen Rechtsbehelfs, **I,** vgl EuGH NJW **78**, 1107 (Linke RIW **85**, 238); 1 dazu gehört auch ein vAw durchzuführendes Bestätigungsverfahren zur Überprüfung eines Arrestbefehls, BGH NJW **86**, 3027 zu Hamm RIW **85**, 973 (Anm Linke), abl Linke RIW **85**, 997, nicht aber ein Schiedsgerichtsverfahren, Hamm RIW **94**, 245. Bei einer Entscheidung nach I darf das Beschwerdegericht nur Gründe berücksichtigen, die der Schuldner vor dem Gericht des Ursprungsstaates noch nicht geltend machen konnte, BGH NJW **94**, 2157 (Anm Grunsky u Stadler IPrax **95**, 218 u 220).

Die Befugnis nach **III,** dazu BGH NJW **94**, 2157 u 83, 1979, betrifft nur zukünftig vorzunehmende 2 VollstrMaßnahmen, nicht aber bereits geschehene; diese dürfen nur aufgehoben werden, wenn der Schuldner seinerseits die für ihn angeordnete Sicherheit geleistet hat, BGH NJW **83**, 1980. Eine Anordnung nach III ist erst bei der Entscheidung über die Beschwerde selbst, nicht auch als vorläufige Maßnahme während des Beschwerdeverfahrens zulässig, EuGH EuZW **95**, 800, dazu Hau IPrax **96**, 322 (zustm), Linke RIW **85**, 237 (krit), Schlosser IPrax **85**, 321 (zustm).

Die Wahl zwischen I u III ist unter Berücksichtigung aller Umstände des Falles nach Ermessen zu treffen, 3 dessen Ausübung in erster Linie vom Sicherheitsbedürfnis des Urteilsschuldners abhängt, BGH NJW **94**, 2157, Düss RR **97**, 572, Hamm RIW **94**, 246 mwN. Vgl auch § 22 AVAG, Schlußanh V E.

Art. 47. ^{I} **Ist eine Entscheidung nach dieser Verordnung anzuerkennen, so ist der Antragsteller nicht daran gehindert, einstweilige Maßnahmen einschließlich solcher, die auf eine Sicherung gerichtet sind, nach dem Recht des Vollstreckungsmitgliedstaats in Anspruch zu nehmen, ohne daß es einer Vollstreckbarerklärung nach Artikel 41 bedarf.**

^{II} **Die Vollstreckbarerklärung gibt die Befugnis, solche Maßnahmen zu veranlassen.**

^{III} **Solange die in Artikel 43 Absatz 5 vorgesehene Frist für den Rechtsbehelf gegen die Vollstreckbarerklärung läuft und solange über den Rechtsbehelf nicht entschieden ist, darf die Zwangsvollstreckung in das Vermögen des Schuldners nicht über Maßnahmen zur Sicherung hinausgehen.**

1) Vollstreckung ohne Vollstreckbarerklärung, I. Ohne Vollstreckbarerklärung nach Art 41 darf der 1 Gläubiger nach dem Recht des Vollstreckungsstaates zulässige einstweilige Vollstreckungsmaßnahmen einleiten, wenn die ausländische Entscheidung nach Art 1, 32, 34 u 35 der VO anzuerkennen ist. Diese Voraussetzungen hat das Vollstreckungsorgan selbständig zu prüfen. Eine Ausfertigung der ausländischen Entscheidung ist vorzulegen, Heß/Hub IPrax **03**, 98.

2) Vollstreckung nach Vollstreckbarerklärung, II u III. Die Erteilung der Klausel ermächtigt den 2 Gläubiger, Maßnahmen nach I zu treffen, II. III ermöglicht es ihm, innerhalb der dort genannten Fristen ohne besondere Ermächtigung oder Bestätigung Sicherungsmaßnahmen entspr §§ 928, 930 ff ZPO zu erwirken, EuGH RIW **86**, 300, dazu Pirrung IPrax **89**, 20. Vorpfändung nach § 845 ZPO u Sicherungsvollstreckung nach § 720 a ZPO sind zulässig, Heß/Hub IPrax **03**, 97. Die Beschränkung auf Sicherungsmaßnahmen endet mit der Entscheidung des Beschwerdegerichts, BGH NJW **83**, 1979; jedoch kann sowohl dieses als auch der BGH eine Anordnung nach § 22 II, III AVAG treffen, vgl BGH NJW **83**, 1980, vgl dazu Prütting IPrax **85**, 138. Zur Unzulässigkeit der Einstellung ohne Sicherheitsleistung und zur Abhängigmachung der über eine Sicherung hinausgehenden Zwangsvollstreckung von einer Sicherheitsleistung des Schuldners vgl Düss MDR **85**, 151, Hamm MDR **78**, 324, zur italienischen Rspr Luther IPrax **82**, 120.

Art. 48. I Ist durch die ausländische Entscheidung über mehrere mit der Klage geltend gemachte Ansprüche erkannt und kann die Vollstreckbarerklärung nicht für alle Ansprüche erteilt werden, so erteilt das Gericht oder die sonst befugte Stelle sie für einen oder mehrere dieser Ansprüche.

II Der Antragsteller kann beantragen, dass die Vollstreckbarerklärung nur für einen Teil des Gegenstands der Verurteilung erteilt wird.

Bem. Eine **Teilvollstreckungsklausel**, § 9 II AVAG, ist vAw zu erteilen, wenn die ausländische Entscheidung über mehrere Klaganspruche befunden hat und die Vollstreckbarerklärung nicht für alle Ansprüche erteilt werden kann, I; dies kann zB geschehen, wenn die VO für einen der Ansprüche nicht gilt, EuGH EuZW **97**, 242. Auch bei einheitlichen, jedoch teilbaren Klagansprüchen kann auf Antrag des Gläubigers eine Teilklausel erteilt werden, II.

Art. 49. Ausländische Entscheidungen, die auf Zahlung eines Zwangsgelds lauten, sind im Vollstreckungsmitgliedstaat nur vollstreckbar, wenn die Höhe des Zwangsgelds durch die Gerichte des Ursprungsmitgliedstaats endgültig festgesetzt ist.

Bem. (*Remien*, Rechtsverwirklichung durch Zwangsgeld, 1992). Das **Zwangsgeld** muß in der ausländischen Entscheidung zur Durchsetzung einer Verurteilung auferlegt worden sein. Die endgültige Festsetzung kann in der Entscheidung selbst oder im ausländischen Vollstreckungsverfahren erfolgt sein, ThPHüßtege 4. Zur vollstreckungsrechtlichen Bewehrung von Unterlassungstiteln nach dem Recht des Zweitstaates, wenn die erststaatliche Entscheidung keine Androhung von Zwangsmitteln enthält, s BGH WM **00**, 638 (Vorlagebeschluß). Zur niederländischen dwangsom Kln GRUR-RR **05**, 34; Old NJOZ **03**, 3201.

Art. 50. Ist dem Antragsteller im Ursprungsmitgliedstaat ganz oder teilweise Prozesskostenhilfe oder Kosten- und Gebührenbefreiung gewährt worden, so genießt er in dem Verfahren nach diesem Abschnitt hinsichtlich der Prozesskostenhilfe oder der Kosten- und Gebührenbefreiung die günstigste Behandlung, die das Recht des Vollstreckungsmitgliedstaats vorsieht.

Bem. Sind dem Antragsteller im Ursprungsstaat für das dortige Verfahren die in Art 50 genannten Vergünstigungen ganz oder teilweise gewährt worden, hat er im Verfahren nach dem 2. Abschnitt, dh in allen hierhin gehörenden Verfahren einschließlich der Rechtsbehelfsverfahren, das **Recht auf die günstigste Behandlung**, die das Recht des Vollstreckungsstaates vorsieht, ThPHüßtege 3. Demgemäß sind in Deutschland die dem Antragsteller günstigsten Bestimmungen der §§ 114 ff ZPO anzuwenden. Da die vom Antragsteller vorzulegende Bescheinigung, Art 53 II u Art 54, allein die Namen der Parteien enthalten muß, denen PKH bewilligt worden ist, und überdies nur mit dem Antrag auf Vollstreckbarerklärung vorzulegen ist, ist es angezeigt, vom Antragsteller ggf einen **Antrag auf Gewährung von PKH** nach Art 50 zu verlangen, aM ThPHüßtege 2.

Art. 51. Der Partei, die in einem Mitgliedstaat eine in einem anderen Mitgliedstaat ergangene Entscheidung vollstrecken will, darf wegen ihrer Eigenschaft als Ausländer oder wegen Fehlens eines inländischen Wohnsitzes oder Aufenthalts eine Sicherheitsleistung oder Hinterlegung, unter welcher Bezeichnung es auch sei, nicht auferlegt werden.

Bem. Einer Partei darf in den Verfahren nach Abschnitt 2 wegen ihrer Eigenschaft als Ausländer oder wegen Fehlens eines inländischen Wohnsitzes oder Aufenthalts eine **Sicherheit oder Hinterlegung** irgendwelcher Art nicht auferlegt werden, sodaß zB § 110 ZPO nicht anwendbar ist. Von einer Sicherheit oder Hinterlegung aus anderen Gründen ist die Partei nicht befreit.

Art. 52. Im Vollstreckungsmitgliedstaat dürfen im Vollstreckbarerklärungsverfahren keine nach dem Streitwert abgestuften Stempelabgaben oder Gebühren erhoben werden.

Bem. Im **Vollstreckbarerklärungsverfahren** dürfen keine nach dem Streitwert abgestuften **Gebühren** erhoben werden. Das Verbot gilt auch für die Gebühren im Fall des § 55 III AVAG.

Abschnitt 3. Gemeinsame Vorschriften

Art. 53. I Die Partei, die die Anerkennung einer Entscheidung geltend macht oder eine Vollstreckbarerklärung beantragt, hat eine Ausfertigung der Entscheidung vorzulegen, die die für ihre Beweiskraft erforderlichen Voraussetzungen erfüllt.

II Unbeschadet des Artikels 55 hat die Partei, die eine Vollstreckbarerklärung beantragt, ferner die Bescheinigung nach Artikel 54 vorzulegen.

1 **Bem.** Die Vorlage genügt, die **Ausfertigung, I,** braucht nicht bei den Akten zu bleiben, BGH **78**, 167. Die Ausfertigung kann in der Beschwerdeinstanz nachgereicht werden, Kblz EuZW **91**, 157, Köln RR **90**, 128 mWn.

2 Die **Bescheinigung** nach Art 54, **II,** entlastet das Gericht des Vollstreckungsstaates in Verfahren gemäß Art 39 von der Prüfung der Formalien. Im Fall eines Vergleichs ist die Ordnungsmäßigkeit und die Rechtzeitigkeit der Zustellung ggf im Rechtsbehelfsverfahren, Art 43, zu prüfen. Wegen der Einzelheiten vgl Art 54 u 55.

3 Eine **Legalisation** der vorzulegenden Urkunden ist nicht erforderlich, Art 56. Wegen der **Übersetzung** s Art 55 II.

Art. 54. Das Gericht oder die sonst befugte Stelle des Mitgliedstaats, in dem die Entscheidung ergangen ist, stellt auf Antrag die Bescheinigung unter Verwendung des Formblatts in Anhang V dieser Verordnung aus.

1) Allgemeines. Art 54 vereinfacht die Formalitäten in einleuchtender Weise, indem ein europaweit einheitliches Standardformular mit genormten Rubriken vorgegeben wird. Insbes überwindet dies Sprachbarrieren. Jedes Gericht und jeder Rechtsanwender kann aus der Stellung in einer bestimmten Rubrik entnehmen, wovon die betreffende Angabe handelt.

2) Einzelheiten. Die Bescheinigung wird im Erststaat auf **Antrag** ausgestellt. Antragsberechtigt ist nur der Titelgläubiger, nicht etwa auch das zweitstaatliche Gericht. Welche Stelle für das Ausstellen **zuständig** ist, regeln die Mitgliedstaaten in ihren nationalen Ausführungsvorschriften. In Deutschland wird die Bescheinigung von der in § 56 AVAG genannten Stelle erteilt. Dafür fällt eine Gebühr gemäß Nr 1422 KV an.

Inhalt und Aufbau der Bescheinigung sind durch Anh V zwingend vorgegeben. Die Rubriken erfordern jeweils einfache und eindeutige Angaben, welche auch einem nicht sprachkundigen Leser zumindest eine erste Orientierung ermöglichen. Besondere Bedeutung kann die Eintragung in Rubrik 4.4 über das Datum, an welchem das verfahrenseinleitende Schriftstück dem Beklagten zugestellt wurde, mit Blick auf Art 34 Z 2 gewinnen, Art 34 Rn 2.

Nachzuweisen ist nur die Vollstreckbarkeit im Erststaat, dagegen nicht eine formelle Rechtskraft. Unter der EuGVVO sind auch nicht formell rechtskräftige Entscheidungen vollstreckbarerklärungsfähig.

Art. 55. ^{I} Wird die Bescheinigung nach Artikel 54 nicht vorgelegt, so kann das Gericht oder die sonst befugte Stelle eine Frist bestimmen, innerhalb deren die Bescheinigung vorzulegen ist, oder sich mit einer gleichwertigen Urkunde begnügen oder von der Vorlage der Bescheinigung befreien, wenn es oder sie eine weitere Klärung nicht für erforderlich hält.

$^{II\;1}$ Auf Verlangen des Gerichts oder der sonst befugten Stelle ist eine Übersetzung der Urkunden vorzulegen. ^{2} Die Übersetzung ist von einer hierzu in einem der Mitgliedstaaten befugten Person zu beglaubigen.

1) Fristbestimmung, I. Wird die Bescheinigung, Art 54 II, nicht vorgelegt, entscheidet das Gericht nach pflichtgemäßem Ermessen, welche Maßnahme es ergreift. Führt die Fristsetzung nicht zum Ziel, ist der Antrag als unzulässig zurückzuweisen. Die Bescheinigung, Art 54 II, darf im Rechtsmittelverfahren nachgereicht werden, Kblz EuZW **90**, 486.

2) Übersetzung, II. Von allen Urkunden, die dem Gericht vorgelegt werden, kann es die Vorlage einer Übersetzung verlangen, II 1, die in einem Mitgliedstaat von einer dazu befugten Person beglaubigt sein muß, II 2.

Art. 56. Die in Artikel 53 und in Artikel 55 Absatz 2 angeführten Urkunden sowie die Urkunde über die Prozeßvollmacht, falls eine solche erteilt wird, bedürfen weder der Legalisation noch einer ähnlichen Förmlichkeit.

Kapitel IV. Öffentliche Urkunden und Prozeßvergleiche

Art. 57. $^{I\;1}$ Öffentliche Urkunden, die in einem Mitgliedstaat aufgenommen und vollstreckbar sind, werden in einem anderen Mitgliedstaat auf Antrag in dem Verfahren nach den Artikeln 38 ff. für vollstreckbar erklärt. ^{2} Die Vollstreckbarerklärung ist von dem mit einem Rechtsbehelf nach Artikel 43 oder Artikel 44 befaßten Gericht nur zu versagen oder aufzuheben, wenn die Zwangsvollstreckung aus der Urkunde der öffentlichen Ordnung (ordre public) des Vollstreckungsmitgliedstaats offensichtlich widersprechen würde.

^{II} Als öffentliche Urkunden im Sinne von Absatz 1 werden auch vor Verwaltungsbehörden geschlossene oder von ihnen beurkundete Unterhaltsvereinbarungen oder -verpflichtungen angesehen.

^{III} Die vorgelegte Urkunde muß die Voraussetzungen für ihre Beweiskraft erfüllen, die in dem Mitgliedstaat, in dem sie aufgenommen wurde, erforderlich sind.

$^{IV\;1}$ Die Vorschriften des Abschnitts 3 des Kapitels III sind sinngemäß anzuwenden. ^{2} Die befugte Stelle des Mitgliedstaats, in dem eine öffentliche Urkunde aufgenommen worden ist, stellt auf Antrag die Bescheinigung unter Verwendung des Formblatts in Anhang VI dieser Verordnung aus.

Schrifttum: *Leutner,* Die vollstreckbare Urkunde im Europäischen Rechtsverkehr, 1997.

1) Öffentliche Urkunde, I 1. Sie muß in einem Mitgliedstaat von einer Behörde oder von einem Notar aufgenommen worden sein, EuGH IPrax **00**, 409 (Anm Geimer 366) und Vorlagebeschluß BGH EWiR **97**, 847 (Anm Mankowski), und außerdem nach dem Recht dieses Mitgliedstaates vollstreckbar sein, **I 1.** Als öffentliche Urkunden werden auch vor Verwaltungsbehörden geschlossene oder von ihnen beurkundete **Unterhaltsvereinbarungen** oder -verpflichtungen angesehen, **II.**

Die Urkunde muß **vollstreckbar** sein, I, sie muß die Voraussetzungen für ihre **Beweiskraft** erfüllen, **III.**

2) Vollstreckbarerklärung, I 2 u IV. Für sie gelten die Art 38 ff, **IV 1.** Die Bescheinigung nach Art 53 u 54 stellt die befugte Stelle des Mitgliedstaates, in dem die Urkunde aufgenommen worden ist, auf Antrag unter Verwendung des Formblattes in Anh VI aus, **IV 2;** wegen der Ausstellung der Bescheinigung für eine in Deutschland errichtete öffentliche Urkunde s § 56 AVAG.

Der **Vorsitzende Richter des LG,** Art 39, prüft nur die Formalien, **I 2.** Das Rechtsbehelfsgericht, Art 43 u 44, darf die Vollstreckbarerklärung nur dann versagen oder aufheben, wenn entweder die formellen Voraussetzungen nicht gegeben sind oder die Zwangsvollstreckung aus der Urkunde der öffentlichen Ordnung offensichtlich widersprechen würde, **I 2,** vgl Art 34 Rn 1.

Wird die Urkunde aufgehoben, ist die Vollstreckbarerklärung aufzuheben, § 27 AVAG.

Art. 58. ¹Vergleiche, die vor einem Gericht im Laufe eines Verfahrens geschlossen und in dem Mitgliedstaat, in dem sie errichtet wurden, vollstreckbar sind, werden in dem Vollstreckungsmitgliedstaat unter denselben Bedingungen wie öffentliche Urkunden vollstreckt. ²Das Gericht oder die sonst befugte Stelle des Mitgliedstaats, in dem ein Prozeßvergleich geschlossen worden ist, stellt auf Antrag die Bescheinigung unter Verwendung des Formblatts in Anhang V dieser Verordnung aus.

Bem. **Prozeßvergleiche**, die in einem gerichtlichen Verfahren in einem Mitgliedstaat geschlossen worden sind, sind unter denselben Bedingungen wie öffentliche Urkunden vollstreckbar, **S 1**, vgl Art 57. Die **Bescheinigungen**, Art 53 bis 55, stellt das Gericht oder die sonst dazu befugte Stelle unter Verwendung des Formblattes in Anh V aus, **S 2**. Die Zuständigkeit in Deutschland ergibt sich aus § 56 AVAG.

Kapitel V. Allgemeine Vorschriften

Art. 59. ¹Ist zu entscheiden, ob eine Partei im Hoheitsgebiet des Mitgliedstaats, dessen Gerichte angerufen sind, einen Wohnsitz hat, so wendet das Gericht sein Recht an.

¹¹Hat eine Partei keinen Wohnsitz in dem Mitgliedstaat, dessen Gerichte angerufen sind, so wendet das Gericht, wenn es zu entscheiden hat, ob die Partei einen Wohnsitz in einem anderen Mitgliedstaat hat, das Recht dieses Mitgliedstaats an.

1   1) **Bestimmung des Wohnsitzes.** Ob eine Partei einen Wohnsitz im Gebiet des Mitgliedstaates hat, dessen Gerichte angerufen sind, bestimmt sich nach dem Recht ihres Staates, **I**. Fehlt es an einem inländischen Wohnsitz, so ist die Frage, ob die Partei einen Wohnsitz in einem anderen Mitgliedstaat hat, nach dem Recht dieses Staates zu entscheiden, **II**. In Deutschland sind also die §§ 7 ff BGB bzw Art 3 I 2 EGBGB anzuwenden.

Fehlt es an einem Wohnsitz in einem Mitgliedstaat, so regelt sich dessen **Zuständigkeit** nach Art 4.

Zum **Wohnsitz** vgl Hamm FamRZ **89**, 1331 (dazu D. H. IPrax **90**, 59); zum **Doppelwohnsitz** vgl Kblz IPrax **87**, 309, zustm Schwarz IPrax **87**, 292.

2   2) **Juristische Personen.** Für sie gilt Art 60.

Art. 60. ¹Gesellschaften und juristische Personen haben für die Anwendung dieser Verordnung ihren Wohnsitz an dem Ort, an dem sich

a) ihr satzungsmäßiger Sitz,
b) ihre Hauptverwaltung oder
c) ihre Hauptniederlassung

befindet.

¹¹Im Falle des Vereinigten Königreichs und Irlands ist unter dem Ausdruck „satzungsmäßiger Sitz" das registered office oder, wenn ein solches nirgendwo besteht, der place of incorporation (Ort der Erlangung der Rechtsfähigkeit) oder, wenn ein solcher nirgendwo besteht, der Ort, nach dessen Recht die formation (Gründung) erfolgt ist, zu verstehen.

¹¹¹Um zu bestimmen, ob ein trust seinen Sitz in dem Vertragsstaat hat, bei dessen Gerichten die Klage anhängig ist, wendet das Gericht sein Internationales Privatrecht an.

1   1) **„Wohnsitz"** von Gesellschaften und Juristischen Personen, **I.** Für die Genannten gelten als Wohnsitz die in I bestimmten Orte. Zwischen ihnen hat der Kläger die Wahl. Kommt es zur Rechtshängigkeit derselben Sache an mehreren Orten, so gelten die Art 27 ff.

2   2) **Sondervorschriften, II u III.** Im Falle des **Vereinigten Königreichs und Irlands** wird der in I verwendete Ausdruck „satzungsmäßiger Sitz" in II definiert. Hinsichtlich der Frage des Sitzes eines **„trust"** wird auf das für das Gericht maßgebliche internationale Privatrecht verwiesen, III; unter „Vertragsstaat" ist jeder Mitgliedstaat iSv Art 1 III zu verstehen.

Art. 61. ¹Unbeschadet günstigerer innerstaatlicher Vorschriften können Personen, die ihren Wohnsitz im Hoheitsgebiet eines Mitgliedstaats haben und die vor den Strafgerichten eines anderen Mitgliedstaats, dessen Staatsangehörigkeit sie nicht besitzen, wegen einer fahrlässig begangenen Straftat verfolgt werden, sich von hierzu befugten Personen vertreten lassen, selbst wenn sie persönlich nicht erscheinen. ²Das Gericht kann jedoch das persönliche Erscheinen anordnen; wird diese Anordnung nicht befolgt, so braucht die Entscheidung, die über den Anspruch aus einem Rechtsverhältnis des Zivilrechts ergangen ist, ohne dass sich der Angeklagte verteidigen konnte, in den anderen Mitgliedstaaten weder anerkannt noch vollstreckt zu werden.

1   Bem. Die Bestimmung betrifft das strafrechtliche Adhäsionsverfahren, Art 5 Z 4.

Art. 62. Bei den summarischen Verfahren betalningsföreläggande (Mahnverfahren) und handräckning (Beistandsverfahren) in Schweden umfasst der Begriff „Gericht" auch die schwedische kronofogdemyndighet (Amt für Beitreibung).

Art. 63. ¹Eine Person, die ihren Wohnsitz im Hoheitsgebiet Luxemburgs hat und vor dem Gericht eines anderen Mitgliedstaats aufgrund des Artikels 5 Nummer 1 verklagt wird, hat die Möglichkeit, die Unzuständigkeit dieses Gerichts geltend zu machen, wenn sich der Bestimmungsort für die Lieferung beweglicher Sachen oder die Erbringung von Dienstleistungen in Luxemburg befindet.

VO (EG) Nr 44/2001   EuGVVO

ᴵᴵ Befindet sich der Bestimmungsort für die Lieferung beweglicher Sachen oder die Erbringung von Dienstleistungen nach Absatz 1 in Luxemburg, so ist eine Gerichtsstandsvereinbarung nur rechtswirksam, wenn sie schriftlich oder mündlich mit schriftlicher Bestätigung im Sinne von Artikel 23 Absatz 1 Buchstabe a) angenommen wurde.

ᴵᴵᴵ Der vorliegende Artikel ist nicht anwendbar auf Verträge über Finanzdienstleistungen.

ᴵⱽ Dieser Artikel gilt für die Dauer von sechs Jahren ab Inkrafttreten dieser Verordnung.

Bem. Vgl Art 5 Rn 17.

Art. 64. (nicht abgedruckt)

Art. 65. ᴵ ¹Die in Artikel 6 Nummer 2 und Artikel 11 für eine Gewährleistungs- oder Interventionsklage vorgesehene Zuständigkeit kann weder in Deutschland noch in Österreich geltend gemacht werden. ²Jede Person, die ihren Wohnsitz in einem anderen Mitgliedstaat hat, kann vor Gericht geladen werden

a) in Deutschland nach den §§ 68 und 72 bis 74 der Zivilprozessordnung, die für die Streitverkündung gelten,

b) in Österreich nach § 21 der Zivilprozessordnung, der für die Streitverkündung gilt.

ᴵᴵ ¹Entscheidungen, die in den anderen Mitgliedstaaten aufgrund des Artikels 6 Nummer 2 und des Artikels 11 ergangen sind, werden in Deutschland und in Österreich nach Kapitel III anerkannt und vollstreckt. ²Die Wirkungen, welche die in diesen Staaten ergangenen Entscheidungen nach Absatz 1 gegenüber Dritten haben, werden auch in den anderen Mitgliedstaaten anerkannt.

Bem. Vgl Art 6 Rn 2 u Art 11 Rn 1 sowie Art V des Protokolls v 27. 9. 68 zum EuGVÜ, Schlußanh V C 2.

Kapitel VI. Übergangsvorschriften

Art. 66. ᴵ Die Vorschriften dieser Verordnung sind nur auf solche Klagen und öffentliche Urkunden anzuwenden, die erhoben bzw. aufgenommen worden sind, nachdem diese Verordnung in Kraft getreten ist.

ᴵᴵ Ist die Klage im Ursprungsmitgliedstaat vor dem Inkrafttreten dieser Verordnung erhoben worden, so werden nach diesem Zeitpunkt erlassene Entscheidungen nach Maßgabe des Kapitels III anerkannt und zur Vollstreckung zugelassen,

a) wenn die Klage im Ursprungsmitgliedstaat erhoben wurde, nachdem das Brüsseler Übereinkommen oder das Übereinkommen von Lugano sowohl im Ursprungsmitgliedstaat als auch in dem Mitgliedstaat, in dem die Entscheidung geltend gemacht wird, in Kraft getreten war;

b) in allen anderen Fällen, wenn das Gericht aufgrund von Vorschriften zuständig war, die mit den Zuständigkeitsvorschriften des Kapitels II oder eines Abkommens übereinstimmen, das im Zeitpunkt der Klageerhebung zwischen dem Ursprungsmitgliedstaat und dem Mitgliedstaat, in dem die Entscheidung geltend gemacht wird, in Kraft war.

1) Zeitlicher Anwendungsbereich, I. Die VO ist nur auf solche Klagen und öffentlichen Urkunden 1 anwendbar, die nach dem 28. 2. 02 erhoben bzw aufgenommen worden sind, Art 76. Das gleiche gilt für Prozeßvergleiche, Art 58, ThPHüßtege 2. Für die Klagerhebung ist in Deutschland die Klagezustellung maßgeblich, BGH WM **97**, 980, stRspr.

2) Sondervorschrift für Anerkennung und Vollstreckung, II. Ist die Klage im Ursprungsstaat vor 2 dem 1. 3. 02 erhoben worden, so gilt für später erlassene Entscheidungen Kap III der VO, ebenso für Prozeßvergleiche, Art 58, wenn folgende Voraussetzungen vorliegen:

a) Die Klage muß im Ursprungsstaat erhoben worden sein, nachdem sowohl dort als auch im Mitgliedstaat, in dem die Entscheidung geltend gemacht wird, das EuGVÜ oder das LugÜbk in Kraft getreten waren;

b) in allen anderen Fällen muß das Gericht aufgrund von Vorschriften zuständig gewesen sein, die mit den Zuständigkeitsvorschriften des Kap II oder eines bilateralen Abkommens übereinstimmen, das im Zeitpunkt der Klagerhebung zwischen dem Ursprungsstaat und dem Mitgliedstaat, in dem die Entscheidung geltend gemacht wird, in Kraft war, s dazu Art 69.

Kapitel VII. Verhältnis zu anderen Rechtsinstrumenten

Art. 67. Diese Verordnung berührt nicht die Anwendung der Bestimmungen, die für besondere Rechtsgebiete die gerichtliche Zuständigkeit oder die Anerkennung und Vollstreckung von Entscheidungen regeln und in gemeinschaftlichen Rechtsakten oder in dem in Ausführung dieser Akte harmonisierten einzelstaatlichen Recht enthalten sind.

1) Unberührt bleibende Vorschriften. Unberührt bleibt die Anwendung von Vorschriften für beson- 1 dere Rechtsgebiete, die in Rechtsakten der EG oder in dazu ergangenen Ausführungsvorschriften der Mitgliedstaaten enthalten sind. Nicht hierhin gehören die VO Nr 1347/2000, Anh I § 606 a ZPO, und die VO Nr 1346/2000 über das Insolvenzverfahren, weil insoweit die Anwendung der VO ausgeschlossen ist, Art 1 II a u b.

Art. 68. ᴵ Diese Verordnung tritt im Verhältnis zwischen den Mitgliedstaaten an die Stelle des Brüsseler Übereinkommens, außer hinsichtlich der Hoheitsgebiete der Mitgliedstaaten, die in den territorialen Anwendungsbereich dieses Übereinkommens fallen und aufgrund der Anwendung von Artikel 299 des Vertrags zur Gründung der Europäischen Gemeinschaft von der vorliegenden Verordnung ausgeschlossen sind.

II Soweit diese Verordnung die Bestimmungen des Brüsseler Übereinkommens zwischen den Mitgliedstaaten ersetzt, gelten Verweise auf dieses Übereinkommen als Verweise auf die vorliegende Verordnung.

1 1) **Verhältnis der VO zum EuGVÜ.** Die VO ersetzt im Verhältnis der Mitgliedstaaten (also nicht gegenüber Dänemark, Art 1 IV) das EuGVÜ; jedoch bleibt dies in Kraft im Verhältnis zu Dänemark u zu jenen Teilen der Mitgliedstaaten, in denen die VO gemäß Art 299 EGV nicht gilt, **I**, vgl Üb Art I Rn 1. Verweise auf das EuGVÜ gelten insoweit als Verweise auf die VO, **II**. Unberührt bleibt das **LugÜbk** im Verhältnis zu denjenigen Staaten, die nicht der EG angehören.

Art. 69. Diese Verordnung ersetzt unbeschadet des Artikels 66 Absatz 2 und des Artikels 70 im Verhältnis zwischen den Mitgliedstaaten die nachstehenden Abkommen und Verträge:

....

– das am 9. März 1936 in Rom unterzeichnete deutsch-italienische Abkommen über die Anerkennung und Vollstreckung gerichtlicher Entscheidungen in Zivil- und Handelssachen;

....

– das am 30. Juni 1958 in Bonn unterzeichnete deutsch-belgische Abkommen über die gegenseitige Anerkennung und Vollstreckung von gerichtlichen Entscheidungen, Schiedssprüchen und öffentlichen Urkunden in Zivil- und Handelssachen;

....

– den am 6. Juni 1959 in Wien unterzeichneten deutsch-österreichischen Vertrag über die gegenseitige Anerkennung und Vollstreckung von gerichtlichen Entscheidungen, Vergleichen und öffentlichen Urkunden in Zivil- und Handelssachen;

....

– das am 14. Juli 1960 in Bonn unterzeichnete deutsch-britische Abkommen über die gegenseitige Anerkennung und Vollstreckung von gerichtlichen Enscheidungen in Zivil- u Handelssachen;

....

– den am 4. November 1961 in Athen unterzeichneten Vertrag zwischen der Bundesrepublik Deutschland und dem Königreich Griechenland über die gegenseitige Anerkennung und Vollstreckung von gerichtlichen Entscheidungen, Vergleichen und öffentlichen Urkunden in Zivil- und Handelssachen;

....

– den am 30. August 1962 in Den Haag unterzeichneten deutsch-niederländischen Vertrag über gegenseitige Anerkennung und Vollstreckung gerichtlicher Entscheidungen und anderer Schuldtitel in Zivil- und Handelssachen;

....

– den am 14. November 1983 in Bonn unterzeichneten deutsch-spanischen Vertrag über die Anerkennung und Vollstreckung von gerichtlichen Entscheidungen und Vergleichen sowie vollstreckbaren öffentlichen Urkunden in Zivil- und Handelssachen.

Bem. Die Deutschland nicht betreffenden Abkommen sind nicht abgedruckt. Wegen der in Art 69 aufgezählten Verträge wird auf den Schlußanh V B verwiesen. Zu ihrer partiellen Weitergeltung s Art 70, zur Anerkennung u Vollstreckung von Entscheidungen, die im Einklang mit diesen Verträgen vor dem 1. 3. 02 ergangen sind, vgl Art 66 II u Art 70 II.

Art. 70. I Die in Artikel 69 angeführten Abkommen und Verträge behalten ihre Wirksamkeit für die Rechtsgebiete, auf die diese Verordnung nicht anzuwenden ist.

II Sie bleiben auch weiterhin für die Entscheidungen und die öffentlichen Urkunden wirksam, die vor Inkrafttreten dieser Verordnung ergangen oder aufgenommen sind.

1) **Weitergeltung zweiseitiger Abkommen.** Die in Art 69 angeführten Abk behalten ihre Wirksamkeit für die Rechtsgebiete, auf die die VO nicht anzuwenden ist, I. Daß ein an sich von der VO erfaßter Einzelfall nicht die tatbestandsmäßigen Voraussetzungen für eine in der VO enthaltene Norm erfüllt, genügt hierfür nicht, BGH NJW 93, 2689 mwN (Anm Rauscher IPrax 93, 376). Die Verträge bleiben für Entscheidungen u öffentliche Urkunden wirksam, die vor dem 1. 3. 02 ergangen oder aufgenommen worden sind, II.

Art. 71. I Diese Verordnung lässt Übereinkommen unberührt, denen die Mitgliedstaaten angehören und die für besondere Rechtsgebiete die gerichtliche Zuständigkeit, die Anerkennung oder die Vollstreckung von Entscheidungen regeln.

II Um eine einheitliche Auslegung des Absatzes 1 zu sichern, wird dieser Absatz in folgender Weise angewandt:

a) Diese Verordnung schließt nicht aus, dass ein Gericht eines Mitgliedstaats, der Vertragspartei eines Übereinkommens über ein besonderes Rechtsgebiet ist, seine Zuständigkeit auf ein solches Übereinkommen stützt, und zwar auch dann, wenn der Beklagte seinen Wohnsitz im Hoheitsgebiet eines Mitgliedstaats hat, der nicht Vertragspartei eines solchen Übereinkommens ist. In jedem Fall wendet dieses Gericht Artikel 26 dieser Verordnung an.

b) Entscheidungen, die in einem Mitgliedstaat von einem Gericht erlassen worden sind, das seine Zuständigkeit auf ein Übereinkommen über ein besonderes Rechtsgebiet gestützt hat, werden in den anderen Mitgliedstaaten nach dieser Verordnung anerkannt und vollstreckt.

² Sind der Ursprungsmitgliedstaat und der ersuchte Mitgliedstaat Vertragsparteien eines Übereinkommens über ein besonderes Rechtsgebiet, welches die Voraussetzungen für die Anerkennung und Vollstreckung von Entscheidungen regelt, so gelten diese Voraussetzungen. ³ In jedem Fall können die Bestimmungen dieser Verordnung über das Verfahren zur Anerkennung und Vollstreckung von Entscheidungen angewandt werden.

1) **Übereinkommen für besondere Rechtsgebiete, I.** Sie werden durch die VO nicht berührt. Hierhin gehören ua das Haager Übk über die Anerkennung u Vollstreckung von Entscheidungen auf dem Gebiet der Unterhaltspflicht gegenüber Kindern v 15. 4. 58 (Mü FamRZ **03**, 462) und das Haager Übk über die Anerkennung u Vollstreckung v Unterhaltsentscheidungen v 2. 10. 73, Schlußanh V A 2, sowie das Haager Übk über den Zivilprozeß v 1. 3. 54, Schlußanh V A 1. Die Gerichtsstände des Spezialabkommens werden gewissermaßen gleichsam integriert, deshalb erstreckt sich die Prüfung nach Art 26 EuGVVO auf sie, EuGH NJW **05**, 44.

2) **Einzelheiten, II.** Im Anschluß an Art 57 EuGVÜ regelt **II 1** das Verfahren bei einer Zuständigkeitskonkurrenz u stellt die Anerkennung u Vollstreckbarkeit sicher. **II 2** behandelt den Fall, daß beide Mitgliedstaaten auch Vertragsstaaten des Abkommens sind. In jedem Fall können die Bestimmungen der VO über das Verfahren zur Anerkennung und Vollstreckung von Entscheidungen angewandt werden, **II 3**.

Art. **72.** Diese Verordnung lässt Vereinbarungen unberührt, durch die sich die Mitgliedstaaten vor Inkrafttreten dieser Verordnung nach Artikel 59 des Brüsseler Übereinkommens verpflichtet haben, Entscheidungen der Gerichte eines anderen Vertragsstaats des genannten Übereinkommens gegen Beklagte, die ihren Wohnsitz oder gewöhnlichen Aufenthalt im Hoheitsgebiet eines dritten Staates haben, nicht anzuerkennen, wenn die Entscheidungen in den Fällen des Artikels 4 des genannten Übereinkommens nur in einem der in Artikel 3 Absatz 2 des genannten Übereinkommens angeführten Gerichtsstände ergehen können.

Bem. Die Vorschrift knüpft an Art 59 EuGVÜ an, der es den Vertragsstaaten ermöglichte, in bestimmten Fällen durch einen bilateralen Vertrag die Anerkennung u Vollstreckung von Entscheidungen auszuschließen, wenn der Beklagte seinen Wohnsitz außerhalb eines Vertragsstaates hatte. Solche Vertragsbestimmungen werden durch die VO nicht berührt. Anwendungsfälle sind nur zwei Abkommen Großbritanniens mit Kanada u Australien.

Kapitel VIII. Schlussvorschriften

Art. **73–75** (nicht abgedruckt)

Art. **76.** Diese Verordnung tritt am 1. März 2002 in Kraft.

EuGVVO   Schlußanhang V C 4

ANHANG V

Bescheinigung nach den Artikeln 54 und 58 der Verordnung betreffend gerichtliche Entscheidungen und Prozessvergleiche

(Deutsch, alemán, allemand, tedesco, ...)

1. Ursprungsmitgliedstaat

2. Gericht oder sonst befugte Stelle, das/die die vorliegende Bescheinigung ausgestellt hat

   2.1 Name

   2.2 Anschrift

   2.3 Tel./Fax/E-mail

3. Gericht, das die Entscheidung erlassen hat/vor dem der Prozessvergleich geschlossen wurde (*)

   3.1 Bezeichnung des Gerichts

   3.2 Gerichtsort

4. Entscheidung/Prozessvergleich (*)

   4.1 Datum

   4.2 Aktenzeichen

   4.3 Die Parteien der Entscheidung/des Prozessvergleichs (*)

      4.3.1 Name(n) des (der) Kläger(s)

      4.3.2 Name(n) des (der) Beklagten

      4.3.3 gegebenenfalls Name(n) (der) anderen(r) Partei(en)

   4.4 Datum der Zustellung des verfahrenseinleitenden Schriftstücks, wenn die Entscheidung in einem Verfahren erging, auf das sich der Beklagte nicht eingelassen hat

   4.5 Wortlaut des Urteilsspruchs/des Prozessvergleichs (*) in der Anlage zu dieser Bescheinigung

5. Namen der Parteien, denen Prozesskostenhilfe gewährt wurde

Die Entscheidung/der Prozessvergleich (*) ist im Ursprungsmitgliedstaat vollstreckbar (Artikel 38 und 58 der Verordnung) gegen:

Name:

Geschehen zu .... am ....

Unterschrift und/oder Dienstsiegel ....

———

(*) Nichtzutreffendes streichen.

VO (EG) Nr 44/2001   **EuGVVO**

ANHANG VI

Bescheinigung nach Artikel 57 Absatz 4 der Verordnung betreffend öffentliche Urkunden

(Deutsch, alemán, allemand, tedesco, ...)

1. Ursprungsmitgliedstaat

2. Befugte Stelle, die die vorliegende Bescheinigung ausgestellt hat

    2.1 Name

    2.2 Anschrift

    2.3 Tel./Fax/E-Mail

3. Befugte Stelle, aufgrund deren Mitwirkung eine öffentliche Urkunde vorliegt

    3.1 Stelle, die an der Aufnahme der öffentlichen Urkunde beteiligt war (falls zutreffend)

        3.1.1 Name und Bezeichnung dieser Stelle

        3.1.2 Sitz dieser Stelle

    3.2 Stelle, die die öffentliche Urkunde registriert hat (falls zutreffend)

        3.2.1 Art der Stelle

        3.2.2 Sitz dieser Stelle

4. Öffentliche Urkunde

    4.1 Bezeichnung der Urkunde

    4.2 Datum

        4.2.1 an dem die Urkunde aufgenommen wurde

        4.2.2 falls abweichend: an dem die Urkunde registriert wurde

    4.3 Aktenzeichen

    4.4 Die Parteien der Urkunde

        4.4.1 Name des Gläubigers

        4.4.2 Name des Schuldners

5. Wortlaut der vollstreckbaren Verpflichtung in der Anlage zu dieser Bescheinigung

Die öffentliche Urkunde ist im Ursprungsmitgliedstaat gegen den Schuldner vollstreckbar (Artikel 57 Absatz 1 der Verordnung).

Geschehen zu .... am ....

Unterschrift und/oder Dienstsiegel ....

D. Übereinkommen vom 16. 9. 1988 über die gerichtliche Zuständigkeit und die Vollstreckung gerichtlicher Entscheidungen in Zivil- und Handelssachen (sog Lugano-Übereinkommen)

Übersicht

Schrifttum (Auswahl): *Kropholler*, Europäisches Zivilprozeßrecht, 7. Aufl 2002; *Geimer/Schütze*, Europäisches Zivilverfahrensrecht, Kommentar, 1997; *MüKoGo* Schlußanh Nr 1a und 1g; *Nagel/Gottwald*, Internationales Zivilprozeßrecht, 1997; *Schmidt-Parzefall*, Die Auslegung des Parallelübereinkommens von Lugano, 1995; *Dietze/Schnichels* NJW **95**, 2274; *Kilias*, Gerichtsstandsvereinbarungen nach dem LuganoÜbk, 1993; *Jayme/ Kohler* IPrax **92**, 354; *Schmidt* RIW **92**, 173; *Jayme*, Ein internationales Zivilverfahrensrecht für Gesamteuropa, 1992; *Trunk*, Die Erweiterung des EuGVÜ-Systems am Vorabend des Europäischen Binnenmarkts, 1991; *Schwander*, Das LuganoÜbk, 1990. Rspr-Üb: *Volken* SZIER **93**, 335.

1 **1) Allgemeines.** Das sog LuganoÜbk zwischen den EG-Staaten und den EFTA-Staaten v 16. 9. 88, BGBl 94 II 2660, ist von Deutschland durch G v 30. 9. 94, BGBl II 2658 u 3772, ratifiziert worden (Gesetzesmaterialien: BT-Drs 12/6838, mit Denkschrift S 50 ff; Ausschuß-Ber BT-Drs 12/7881). Es ist für Deutschland am 1. 3. 95 in Kraft getreten, Bek v 8. 2. 95, BGBl II 221 (dort auch die Daten für die anderen Staaten, hinzugekommen sind Dänemark – ohne Faröer und Grönland – am 1. 3. 96, BGBl 96 II 377, und Island am 1. 12. 95, BGBl II 223, Österreich am 1. 9. 96, BGBl II 2520, sowie Belgien am 1. 10. 97, BGBl II 1825).

2 Das Übk ist bewußt als Parallelabkommen zum EuGVÜ bis zum Inkrafttreten der EuGVVO am 1. 3. 02 konzipiert und weicht deshalb nur geringfügig von diesem ab, Dietze/Schnickels NJW **95**, 2274. Es soll in dem Gebiet der 18 EG- und EFTA-Staaten mit mehr als 370 Millionen Einwohnern eine einheitliche Regelung der internationalen Zuständigkeit der Gerichte für zivil- und handelsrechtliche Streitigkeiten einführen und eine rasche Anerkennung und Vollstreckung ihrer Entscheidungen in allen Vertragsstaaten ermöglichen, ZRP **94**, 243.

3 **2) Geltungsbereich: Räumlich** galt das LuganoÜbk bis zum Inkrafttreten der EuGVVO am 1. 3. 02 im Verhältnis der Mitgliedstaaten des EuGVÜ zu Finnland, Island, Norwegen, Österreich, Schweden und der Schweiz (Deutschland, Österreich, Schweden und die Schweiz haben Widerspruch nach Art IV Abs 2 des Protokolls Nr 1, Schlußanh V D 2, eingelegt, die Schweiz außerdem einen Vorbehalt nach Art I a sowie Frankreich und Griechenland einen Vorbehalt nach Art I b dieses Protokolls gemacht); wegen des Beitritts Finnlands, Österreichs und Schwedens zum EuGVÜ s unten Rn 4. Beigetreten sind Polen am 1. 2. 00 mit Erklärungen und Vorbehalten BGBl 00 II 1246; Portugal hat am 10. 10. 99 eine Mitteilung nach Art VI des Protokolls Nr 1 notifiziert, BGBl 00 II 1247. **Zeitlich** gelten seine Vorschriften ab dem Zeitpunkt des Inkrafttretens nach Maßgabe des Art 54, s dort. **Sachlich** ist das Übk in allen Zivil- und Handelssachen ohne Rücksicht auf die Art der Gerichtsbarkeit anzuwenden, **nicht jedoch** auf die in Art 1 II genannten Sachen, vgl Erl zu Art 1 EuGVÜ.

4 **3) Verhältnis zu anderen Regelungen.** Soweit es anzuwenden ist, ersetzt das Übk unbeschadet des Art 56 die **bilateralen Verträge**, Art 55, also das dt-schweizerische Abk, Schlußanh V B 1, den dt-norwegischen Vertrag, Schlußanh V B 10, sowie den dt-österreichischen Vertrag, Schlußanh V B 3. Wegen der **multilateralen Übk** s Art 57. Das **Verhältnis des Übk zum EuGVÜ** ist in Art 54 b geregelt, s dortige Erl; zum **Beitritt** Finnlands, Österreichs und Schwedens zum EuGVÜ s dort Üb Art 1 Rn 4. Wegen der Folgen, die das Inkrafttreten der **VO (EG) Nr 44/2001** hat, s Üb Art 1 EuGVÜ Rn 10 u Schlußanh V C 4.

5 **4) Ausführung** des Übk. Für sie ist das **AVAG**, Schlußanh V E, maßgeblich.

1. Wortlaut des LuganoÜbk v 16. 9. 88, BGBl 94 II 2658:

Titel I–VI

Art. 1–54 a. (Vom Abdruck wird abgesehen, weil diese Artikel fast völlig mit den Parallelbestimmungen des EuGVÜ übereinstimmen und in den dortigen Erläuterungen auf Abweichungen hingewiesen wird).

Titel VII. Verhältnis zum Brüsseler Übereinkommen und zu anderen Abkommen

Art. 54 b. I Dieses Übereinkommen läßt die Anwendung des am 27. September 1968 in Brüssel unterzeichneten Übereinkommens über die gerichtliche Zuständigkeit und die Vollstreckung gerichtlicher Entscheidungen in Zivil- und Handelssachen und des am 3. Juni 1971 in Luxemburg unterzeichneten Protokolls über die Auslegung des genannten Übereinkommens durch den Gerichtshof in der Fassung der Übereinkommen, mit denen die neuen Mitgliedstaaten der Europäischen Gemeinschaften jenem Übereinkommen und jenem Protokoll beigetreten sind, durch die Mitgliedstaaten der Europäischen Gemeinschaften unberührt. Das genannte Übereinkommen und dessen Protokoll zusammen werden nachstehend als „Brüsseler Übereinkommen" bezeichnet.

II Dieses Übereinkommen wird jedoch in jedem Fall angewandt

a) in Fragen der gerichtlichen Zuständigkeit, wenn der Beklagte seinen Wohnsitz in dem Hoheitsgebiet eines Vertragsstaats hat, der nicht Mitglied der Europäischen Gemeinschaften ist, oder wenn die Gerichte eines solchen Vertragsstaats nach den Artikeln 16 oder 17 zuständig sind;

b) bei Rechtshängigkeit oder im Zusammenhang stehenden Verfahren im Sinne der Artikel 21 und 22, wenn Verfahren in einem den Europäischen Gemeinschaften nicht angehörenden und in einem den Europäischen Gemeinschaften angehörenden Vertragsstaat anhängig gemacht werden;

c) in Fragen der Anerkennung und Vollstreckung, wenn entweder der Ursprungsstaat oder der ersuchte Staat nicht Mitglied der Europäischen Gemeinschaften ist.

III Außer aus den in Titel III vorgesehenen Gründen kann die Anerkennung oder Vollstreckung versagt werden, wenn sich der der Entscheidung zugrunde liegende Zuständigkeitsgrund von demjenigen unterscheidet, der sich aus diesem Übereinkommen ergibt, und wenn die Anerkennung oder Vollstreckung gegen eine Partei geltend gemacht wird, die ihren Wohnsitz in einem nicht den Europäischen Gemeinschaften angehörenden Vertragsstaat hat, es sei denn, daß die Entscheidung anderweitig nach dem Recht des ersuchten Staates anerkannt oder vollstreckt werden kann.

Bem. Vgl MüKoGo S 1752, Jayme/Kohler IPrax 89, 341. Zur Sicherstellung eines Gleichklangs der Rspr s Bem zu Art 57 und das Protokoll Nr 3, Schlußanh V D 3.

Art. 55. Dieses Übereinkommen ersetzt unbeschadet der Vorschriften des Artikels 54 Absatz 2 und des Artikels 56 die nachstehenden zwischen zwei oder mehr Vertragsstaaten geschlossenen Abkommen:

....

– das am 2. November 1929 in Bern unterzeichnete deutsch-schweizerische Abkommen über die gegenseitige Anerkennung und Vollstreckung von gerichtlichen Entscheidungen und Schiedssprüchen;

....

– den am 6. Juni 1959 in Wien unterzeichneten deutsch-österreichischen Vertrag über die gegenseitige Anerkennung und Vollstreckung von gerichtlichen Entscheidungen, Vergleichen und öffentlichen Urkunden in Zivil- und Handelssachen;

....

– den am 17. Juni 1977 in Oslo unterzeichneten deutsch-norwegischen Vertrag über die gegenseitige Anerkennung und Vollstreckung gerichtlicher Entscheidungen und anderer Schuldtitel in Zivil- und Handelssachen;

....

Bem. Zu diesen Verträgen s Schlußanh V B 1, 3 und 10.

Art. 56. Die in Art 55 angeführten Abkommen und Verträge behalten ihre Wirksamkeit für die Rechtsgebiete, auf die dieses Übereinkommen nicht anzuwenden ist.

Sie bleiben auch weiterhin für die Entscheidungen und die öffentlichen Urkunden wirksam, die vor Inkrafttreten dieses Übereinkommens ergangen oder aufgenommen sind.

Art. 57. I Dieses Übereinkommen läßt Übereinkommen unberührt, denen die Vertragsstaaten angehören oder angehören werden und die für besondere Rechtsgebiete die gerichtliche Zuständigkeit, die Anerkennung oder die Vollstreckung von Entscheidungen regeln.

II Dieses Übereinkommen schließt nicht aus, daß ein Gericht eines Vertragsstaats, der Vertragspartei eines Übereinkommens nach Absatz 1 ist, seine Zuständigkeit auf ein solches Übereinkommen stützt, und zwar auch dann, wenn der Beklagte seinen Wohnsitz in dem Hoheitsgebiet eines Vertragsstaats hat, der nicht Vertragspartei eines solchen Übereinkommens ist. In jedem Fall wendet dieses Gericht Artikel 20 an.

III Entscheidungen, die in einem Vertragsstaat von einem Gericht erlassen worden sind, das seine Zuständigkeit auf ein in Absatz 1 bezeichnetes Übereinkommen gestützt hat, werden in den anderen Vertragsstaaten nach Titel III anerkannt und vollstreckt.

IV Außer aus den in Titel III vorgesehenen Gründen kann die Anerkennung oder Vollstreckung versagt werden, wenn der ersuchte Staat nicht Vertragspartei eines in Absatz 1 bezeichneten Übereinkommens ist und wenn die Person, gegen die die Anerkennung oder Vollstreckung geltend gemacht wird, ihren Wohnsitz in diesem Staat hat, es sei denn, daß die Entscheidung nach einer anderen Rechtsvorschrift des ersuchten Staates anerkannt oder vollstreckt werden kann.

V 1 Sind der Ursprungsstaat und der ersuchte Staat Vertragsparteien eines in Absatz 1 bezeichneten Übereinkommens, welches die Voraussetzungen für die Anerkennung und Vollstreckung von Entscheidungen regelt, so gelten diese Voraussetzungen. 2 In jedem Fall können die Bestimmungen des vorliegenden Übereinkommens über das Verfahren zur Anerkennung und Vollstreckung von Entscheidungen angewandt werden.

Bem. Die Vorschrift gilt ua für das Haager ZivPrÜbk, Schlußanh V A 1, das Haager UnterhVollstrÜbk, Schlußanh V A 2, sowie das Haager KindesEntfÜbk und das EuSorgeRÜbk, Schlußanh V A 3, ferner für die Haager BewAufn- und ZustellungsÜbk, Anh § 363 ZPO u Anh § 202 ZPO, und für sonstige internationale Verträge über Spezialmaterien. Wegen des EuGVÜ s Art 54b. Über die Anwendung des Art 57 s **Protokoll Nr 3** (mit Zusatzerklärung), Schlußanh V D 4.

Art. 58. (gegenstandslos)

Art. 59. Dieses Übereinkommen hindert einen Vertragsstaat nicht, sich gegenüber einem dritten Staat im Rahmen eines Abkommens über die Anerkennung und Vollstreckung von Urteilen zu verpflichten, Entscheidungen der Gerichte eines anderen Vertragsstaats gegen Beklagte, die ihren Wohnsitz oder gewöhnlichen Aufenthalt in dem Hoheitsgebiet des dritten Staates haben, nicht anzuerkennen, wenn die Entscheidungen in den Fällen des Artikels 4 nur in einem der in Artikel 3 Absatz 2 angeführten Gerichtsstände ergehen können.

Kein Vertragsstaat kann sich jedoch gegenüber einem dritten Staat verpflichten, eine Entscheidung nicht anzuerkennen, die in einem anderen Vertragsstaat durch ein Gericht gefällt wurde, dessen Zuständigkeit auf das Vorhandensein von Vermögenswerten des Beklagten in diesem Staat oder die Beschlagnahme von dort vorhandenem Vermögen durch den Kläger gegründet ist,

1. wenn die Klage erhoben wird, um Eigentums- oder Inhaberrechte hinsichtlich dieses Vermögens festzustellen oder anzumelden oder um Verfügungsgewalt darüber zu erhalten, oder wenn die Klage sich aus einer anderen Streitsache im Zusammenhang mit diesem Vermögen ergibt, oder
2. wenn das Vermögen die Sicherheit für einen Anspruch darstellt, der Gegenstand des Verfahrens ist.

Titel VIII. Schlußbestimmungen

Art. 60. Vertragsparteien dieses Übereinkommens können sein

a) die Staaten, die in dem Zeitpunkt, zu dem das Übereinkommen zur Unterzeichnung aufgelegt wird, Mitglieder der Europäischen Gemeinschaften oder der Europäischen Freihandelsassoziation sind;
b) die Staaten, die nach diesem Zeitpunkt Mitglieder der Europäischen Gemeinschaften oder der Europäischen Freihandelsassoziation werden;
c) die Staaten, die nach Artikel 62 Absatz 1 Buchstabe b zum Beitritt eingeladen werden.

Art. 61–64 (nicht abgedruckt)

Art. 65. Diesem Übereinkommen sind beigefügt:
– ein Protokoll Nr 1 über bestimmte Zuständigkeits-, Verfahrens- und Vollstreckungsfragen;
– ein Protokoll Nr 2 über die einheitliche Auslegung des Übereinkommens;
– ein Protokoll Nr 3 über die Anwendung von Artikel 57.
Diese Protokolle sind Bestandteil des Übereinkommens.

Art. 66–68 (nicht abgedruckt)

2. Protokoll Nr 1 über bestimmte Zuständigkeits-, Verfahrens- und Vollstreckungsfragen (BGBl 94 II 2693)

Art. I. (nicht abgedruckt, wortgleich mit Art I Prot z EuGVÜ, Schlußanh V C 2)

Art. I a. I Die Schweizerische Eidgenossenschaft behält sich das Recht vor, bei der Hinterlegung der Ratifikationsurkunde zu erklären, daß eine in einem anderen Vertragsstaat ergangene Entscheidung in der Schweiz nicht anerkannt oder vollstreckt wird, wenn

a) die Zuständigkeit des Gerichts, das die Entscheidung erlassen hat, sich nur auf Artikel 5 Nr 1 des Übereinkommens stützt;
b) der Beklagte zum Zeitpunkt der Einleitung des Verfahrens seinen Wohnsitz in der Schweiz hatte; im Sinne dieses Artikels hat eine Gesellschaft oder juristische Person ihren Sitz in der Schweiz, wenn ihr statuarischer Sitz und der tatsächliche Mittelpunkt ihrer Tätigkeit in der Schweiz liegen; und
c) der Beklagte gegen die Anerkennung oder die Vollstreckung der Entscheidung in der Schweiz Einspruch erhebt, sofern er nicht auf den Schutz der in diesem Absatz vorgesehenen Erklärung verzichtet hat.

II Dieser Vorbehalt ist nicht anzuwenden, soweit in dem Zeitpunkt, zu dem die Anerkennung oder Vollstreckung beantragt wird, eine Änderung von Artikel 59 der Schweizerischen Bundesverfassung stattgefunden hat. Der Schweizerische Bundesrat teilt solche Änderungen den Unterzeichnerstaaten und den beitretenden Staaten mit.

III Dieser Vorbehalt wird am 31. Dezember 1999 unwirksam. Er kann jederzeit zurückgezogen werden.

Bem. Der Vorbehalt, Bek v 8. 2. 95, BGBl II 221, ist unwirksam geworden, II u III, dazu Handschin/Werner NJW 02, 3001.

Art. I b. Jeder Vertragsstaat kann sich durch eine bei der Hinterlegung seiner Ratifikations- oder Beitrittsurkunde abgegebene Erklärung unbeschadet der Bestimmungen des Artikels 28 das Recht vorbehalten, in anderen Vertragsstaaten ergangene Entscheidungen nicht anzuerkennen und zu vollstrecken, wenn die Zuständigkeit des Gerichts des Ursprungsstaats nach Artikel 16 Nr 1 Buchstabe b ausschließlich dadurch begründet ist, daß der Beklagte seinen Wohnsitz in dem Ursprungsstaat hat und die unbewegliche Sache in dem Hoheitsgebiet des Staates belegen ist, der den Vorbehalt angebracht hat.

Bem. Einen entsprechenden Vorbehalt hat Frankreich erklärt, Bek v 8. 2. 95, BGBl II 221, ebenso Griechenland, Bek v 25. 11. 97, BGBl 98 II 56.

Art. **II u III** (nicht abgedruckt, weil wortgleich mit Art II u III des Prot z EuGVÜ, Schlußanh V C 2).

Art. **IV.** Gerichtliche und außergerichtliche Schriftstücke, die in einem Vertragsstaat ausgefertigt sind und einer in dem Hoheitsgebiet eines anderen Vertragsstaats befindlichen Person zugestellt werden sollen, werden nach den zwischen den Vertragsstaaten geltenden Übereinkommen oder Vereinbarungen übermittelt.

Sofern der Staat, in dessen Hoheitsgebiet die Zustellung bewirkt werden soll, nicht durch eine Erklärung, die an den Schweizerischen Bundesrat zu richten ist, widersprochen hat, können diese Schriftstücke auch von den gerichtlichen Amtspersonen des Staates, in dem sie angefertigt worden sind, unmittelbar den gerichtlichen Amtspersonen des Staates übersandt werden, in dessen Hoheitsgebiet sich die Person befindet, für welche das Schriftstück bestimmt ist. In diesem Fall übersendet die gerichtliche Amtsperson des Ursprungsstaats eine Abschrift des Schriftstücks der gerichtlichen Amtsperson des ersuchten Staates, die für die Übermittlung an den Empfänger zuständig ist. Diese Übermittlung wird in den Formen vorgenommen, die das Recht des ersuchten Staates vorsieht. Sie wird durch ein Zeugnis festgestellt, das der gerichtlichen Amtsperson des Ursprungsstaats unmittelbar zugesandt wird.

Bem. Widerspruch gemäß Art IV Abs 2 haben erklärt: Deutschland (Art 2 G v 30. 9. 94, BGBl II 2658), Österreich (Bek v 11. 9. 96, BGBl II 2520) sowie Schweden und die Schweiz (Bek v 8. 2. 95, BGBl II 221).

Art. **V.** Die in Artikel 6 Nr 2 und Artikel 10 für eine Gewährleistungs- oder Interventionsklage vorgesehene Zuständigkeit kann in der Bundesrepublik Deutschland, in Spanien, in Österreich und in der Schweiz nicht geltend gemacht werden. Jede Person, die ihren Wohnsitz in einem anderen Vertragsstaat hat, kann vor Gericht geladen werden
- in der Bundesrepublik Deutschland nach den §§ 68 und 72 bis 74 der Zivilprozeßordnung, die für die Streitverkündung gelten,
- in Spanien nach Artikel 1482 des Zivilgesetzbuches,
- in Österreich nach § 21 der Zivilprozeßordnung, der für die Streitverkündung gilt,
- in der Schweiz nach den einschlägigen Vorschriften der kantonalen Zivilprozeßordnungen über die Streitverkündung (litis denuntiatio).

Entscheidungen, die in den anderen Vertragsstaaten aufgrund des Artikels 6 Nr 2 und des Artikels 10 ergangen sind, werden in der Bundesrepublik Deutschland, in Spanien, in Österreich und in der Schweiz nach Titel III anerkannt und vollstreckt. Die Wirkungen, welche die in diesen Staaten ergangenen Entscheidungen nach Absatz 1 gegenüber Dritten haben, werden auch in den anderen Vertragsstaaten anerkannt.

Art. **V a.** In Unterhaltssachen umfaßt der Begriff „Gericht" auch dänische, isländische und norwegische Verwaltungsbehörden.

In Zivil- und Handelssachen umfaßt der Begriff „Gericht" auch das finnische „ulosotonhaltija/överexekutor".

Art. **V b.** Bei Streitigkeiten zwischen dem Kapitän und einem Mitglied der Mannschaft eines in Dänemark, in Griechenland, in Irland, in Island, in Norwegen, in Portugal oder in Schweden eingetragenen Seeschiffes über die Heuer oder sonstige Bedingungen des Dienstverhältnisses haben die Gerichte eines Vertragsstaats zu überprüfen, ob der für das Schiff zuständige diplomatische oder konsularische Vertreter von der Streitigkeit unterrichtet worden ist. Sie haben das Verfahren auszusetzen, solange dieser Vertreter nicht unterrichtet worden ist. Sie haben sich von Amts wegen für unzuständig zu erklären, wenn dieser Vertreter, nachdem er ordnungsgemäß unterrichtet worden ist, die Befugnisse ausgeübt hat, die ihm insoweit aufgrund eines Konsularabkommens zustehen, oder, falls ein derartiges Abkommen nicht besteht, innerhalb der festgesetzten Frist Einwände gegen die Zuständigkeit geltend gemacht hat.

Art. **V c.** (gegenstandslos)

Art. **V d.** Unbeschadet der Zuständigkeit des Europäischen Patentamts nach dem am 5. Oktober 1973 in München unterzeichneten Übereinkommen über die Erteilung europäischer Patente sind die Gerichte eines jeden Vertragsstaats ohne Rücksicht auf den Wohnsitz der Parteien für alle Verfahren ausschließlich zuständig, welche die Erteilung oder die Gültigkeit eines europäischen Patents zum Gegenstand haben, das für diesen Staat erteilt wurde und kein Gemeinschaftspatent nach Artikel 86 des am 15. Dezember 1975 in Luxemburg unterzeichneten Übereinkommens über das europäische Patent für den Gemeinsamen Markt ist.

Art. **VI** (nicht abgedruckt)

3. Protokoll Nr 2 über die einheitliche Auslegung des Übereinkommens (BGBl 94 II 2697)

Übersicht

Schrifttum (Auswahl): *MüKoGo* S 1756; *Schmidt-Parzefall,* Die Auslegung des Parallelübereinkommens von Lugano, 1995; *Dietze/Schnichels* NJW **95**, 2276; *Geimer* IZPR Rn 247 c; *Schack* ZZP **107**, 253.

1) Allgemeines. Wie die Präambel ergibt, sind die vor dem 16. 9. 88 ergangenen Entscheidungen des EuGH auch für die Auslegung und Anwendung des LuganoÜbk maßgeblich, MüKoGo S 1757. Die Aufgabe, auch künftig die nötige einheitliche Auslegung zu sichern, konnte dem EuGH nicht übertragen werden, weil das LuganoÜbk kein EG-Recht ist, Hbg IPrax **99**, 168. Die von den Vertragspartnern vereinbarte Kompromißlösung ergibt sich aus dem Protokoll Nr 2 und den dazu abgegebenen Zusatzerklärungen.

2) Einzelheiten. Nach der ersten Zusatzerklärung, BGBl 94 II 2701, soll der EuGH bei der Auslegung des EuGVÜ den Grundsätzen gebührend Rechnung tragen, die sich aus der Rspr zum LuganoÜbk ergeben. Umgekehrt sollen nach der zweiten Zusatzerklärung, BGBl 94 II 2702, die Gerichte der Einzelstaaten bei der Auslegung des LuganoÜbk den Grundsätzen gebührend Rechnung tragen, die sich aus der Rspr des EuGH und den Gerichten der EG-Staaten zu denjenigen Bestimmungen des EuGVÜ ergeben, die in ihrem wesentlichen Gehalt in das LuganoÜbk übernommen worden sind. Ob der EuGH in einem Fall nach diesem Übk angerufen werden darf, Art 234 EGV, wenn das vorlegende Gericht eine Bestimmung des LuganoÜbk genau so auslegen will wie die Parallelvorschrift im EuGVÜ, ist zweifelhaft, bejahend Geimer IZPR Rn 247 d mwN, abl Heerstrassen RIW **93**, 183. Eine Bindungswirkung kommt wohl den Entscheidungen des EuGH zu, die vor Abschluß des LuganoÜbk zu gleichlautenden Bestimmungen des EuGVÜ ergangen sind, Holl IPrax **96**, 176.

Art. 1. Die Gerichte jedes Vertragsstaates tragen bei der Anwendung und Auslegung der Bestimmungen dieses Übereinkommens den Grundsätzen gebührend Rechnung, die in maßgeblichen Entscheidungen von Gerichten der anderen Vertragsstaaten zu den Bestimmungen des genannten Übereinkommens entwickelt worden sind.

Art. 2. I 1 Die Vertragsparteien kommen überein, ein System für den Austausch von Informationen über die in Anwendung dieses Übereinkommens ergangenen Entscheidungen sowie über die in Anwendung des Brüsseler Übereinkommens ergangenen maßgeblichen Entscheidungen einzurichten. 2 Dieses System umfaßt
- die von den zuständigen Behörden vorzunehmende Übermittlung der Entscheidungen letztinstanzlicher Gerichte und des Gerichtshofs der Europäischen Gemeinschaften sowie anderer besonders wichtiger, rechtskräftig gewordener Entscheidungen, die in Anwendung dieses Übereinkommens oder des Brüsseler Übereinkommens ergangen sind, an eine Zentralstelle;
- die Klassifizierung dieser Entscheidungen durch die Zentralstelle, erforderlichenfalls einschließlich der Erstellung und Veröffentlichung von Übersetzungen und Zusammenfassungen;
- die von der Zentralstelle vorzunehmende Übermittlung der einschlägigen Dokumente an die zuständigen nationalen Behörden aller Unterzeichnerstaaten dieses Übereinkommens und aller beitretenden Staaten sowie an die Kommission der Europäischen Gemeinschaften.

II Zentralstelle ist der Kanzler des Gerichtshofs der Europäischen Gemeinschaften.

Art. 3. I Es wird ein Ständiger Ausschuß für die Zwecke dieses Protokolls eingesetzt.

II Der Ausschuß besteht aus Vertretern, die von jedem Unterzeichnerstaat und jedem beitretenden Staat bestellt werden.

III Die Europäischen Gemeinschaften (Kommission, Gerichtshof und Generalsekretariat des Rates) und die Europäische Freihandelsassoziation können an den Sitzungen als Beobachter teilnehmen.

Art. 4. I Auf Antrag einer Vertragspartei beruft der Depositarstaat dieses Übereinkommens Sitzungen des Ausschusses zu einem Meinungsaustausch über die Wirkungsweise des Übereinkommens ein, und zwar insbesondere über
- die Entwicklung der aufgrund von Artikel 2 Absatz 1 mitgeteilten Rechtsprechung und
- die Anwendung von Artikel 57 dieses Übereinkommens.

II Der Ausschuß kann im Lichte dieses Meinungsaustausches auch prüfen, ob eine Revision dieses Übereinkommens in Einzelpunkten angebracht ist, und entsprechende Empfehlungen abgeben.

4. Protokoll Nr 3 über die Anwendung von Artikel 57 (BGBl 94 II 2699)

Die Hohen Vertragsparteien sind wie folgt übereingekommen:
1. Für die Zwecke dieses Übereinkommens werden die Bestimmungen, die für besondere Rechtsgebiete die gerichtliche Zuständigkeit, die Anerkennung oder die Vollstreckung von Entscheidungen regeln und in Rechtsakten der Organe der Europäischen Gemeinschaften enthalten sind oder künftig darin enthalten sein werden, ebenso behandelt wie die in Artikel 57 Absatz 1 bezeichneten Übereinkommen.
2. Ist ein Vertragsstaat der Auffassung, daß eine Bestimmung eines Rechtsaktes der Organe der Europäischen Gemeinschaften mit dem Übereinkommen nicht vereinbar ist, so fassen die Vertragsstaaten unbeschadet der Anwendung des in Protokoll Nr 2 vorgesehenen Verfahrens unverzüglich eine Änderung entsprechend Artikel 66 ins Auge.

Erklärung der Vertreter der Regierungen der Unterzeichnerstaaten des Luganer Übereinkommens, die Mitglieder der Europäischen Gemeinschaften sind, zum Protokoll Nr 3 über die Anwendung von Artikel 57 des Übereinkommens (BGBl 94 II 2700)

Bei der Unterzeichnung des am 16. September 1988 in Lugano geschlossenen Übereinkommens über die gerichtliche Zuständigkeit und die Vollstreckung gerichtlicher Entscheidungen in Zivil- und Handelssachen

erklären die Vertreter der Regierungen der Mitgliedstaaten der Europäischen Gemeinschaften in Anbetracht der gegenüber den Mitgliedstaaten der Europäischen Freihandelsassoziation eingegangenen Verpflichtungen,

in dem Bestreben, die Einheit des mit dem Übereinkommen geschaffenen Rechtssystems nicht zu beeinträchtigen,

daß sie alles in ihrer Macht Stehende tun werden, um sicherzustellen, daß bei der Ausarbeitung gemeinschaftlicher Rechtsakte im Sinne der Nummer 1 des Protokolls Nr 3 über die Anwendung von Artikel 57 die in dem Übereinkommen niedergelegten Vorschriften über die gerichtliche Zuständigkeit sowie die Anerkennung und Vollstreckung von Entscheidungen beachtet werden.

E. Gesetz zur Ausführung zwischenstaatlicher Verträge und zur Durchführung von Verordnungen der Europäischen Gemeinschaft auf dem Gebiet der Anerkennung und Vollstreckung in Zivil- und Handelssachen (Anerkennungs- und Vollstreckungsausführungsgesetz – AVAG)

vom 19. 2. 01, BGBl 288 u 436, zuletzt geändert durch G v 26. 1. 05, BGBl 162

Übersicht

Gesetzestext: Wiedergegeben ist die ab 1. 3. 05 geltende Fassung durch das ÄndG v 26. 1. 05, BGBl 162; für die am 1. 1. 02 in Kraft getretenen Änderungen durch das ZPO-RG (§§ 16, 17, 27, 43, 48 u 50) gelten die Übergangsregelungen in § 26 EGZPO, s dort. Die redaktionellen Änderungen der §§ 5 und 32 durch das ZustRG v 25. 6. 01, BGBl 1206, sind am 1. 7. 02 in Kraft getreten. **1**

Gesetzesmaterialien (zum G v 30. 1. 02): RegEntw BT-Drs 14/7207; Bericht des Rechtsausschusses BT-Drs 14/7595.

Schrifttum: *MüKoGo* Schlußanh Nr 1 o.

1) **Allgemeines.** Das AVAG verfolgt das Ziel, durch eine rechtstechnische Vereinfachung die Zahl der Gesetze zu verringern, indem ein allgemeines Gesetz geschaffen wird, das Ausführungsgesetze zu den einzelnen zwischenstaatlichen Verträgen unnötig macht. Das AVAG in seiner ursprünglichen Fassung v 30. 5. 88, BGBl 662, trat am 8. 6. 88 in Kraft, s 59. Aufl. Anlaß zur Neufassung v 19. 2. 01, BGBl 288, war das Inkrafttreten der **VO (EG) Nr 1347/2000** am 1. 3. 01, s 63. Aufl Anh I zu § 606a ZPO, die als Rechtsakt der EG unmittelbar geltendes Recht gesetzt hat, für das Durchführungsbestimmungen erforderlich waren, dazu Hub NJW 01, 3145. Das ÄndG v 30. 1. 02, BGBl 564, berücksichtigt das Inkrafttreten der **VO (EG) Nr 44/2001** am 1. 3. 02, Schlußanh V C 4; vgl RegEntw BT-Drs 14/7207. **2**

2) **Anwendungsbereich.** Der sachliche Anwendungsbereich ergibt sich aus § 1. Für die dort nicht genannten zwischenstaatlichen Verträge bleibt es bei den für sie erlassenen Ausführungsgesetzen, s Schlußanh V A u B. **3**

3) **Inhaltsübersicht. Teil 1** (Allgemeines) umfaßt die §§ 1–34; die Vorschriften über die Rechtsmittel (Beschwerde u Rechtsbeschwerde) sind durch das ZPO-RG mWv 1. 1. 02 den §§ 567 bis 577 ZPO angeglichen worden, s Üb 1 vor § 1. **Teil 2** (Besonderes) enthält in den §§ 35 bis 56 Sondervorschriften für die einzelnen Verträge und die VO (EG) Nr 1347/2000 sowie die VO (EG) Nr 44/2001. **4**

Teil 1. Allgemeines

Abschnitt 1. Anwendungsbereich; Begriffsbestimmungen

§ 1. Anwendungsbereich. ¹ Diesem Gesetz unterliegen

1. die Ausführung folgender zwischenstaatlicher Verträge (Anerkennungs- und Vollstreckungsverträge):
   a) Übereinkommen vom 27. September 1968 über die gerichtliche Zuständigkeit und die Vollstreckung gerichtlicher Entscheidungen in Zivil- und Handelssachen (BGBl. 1972 II S. 773);
   b) Übereinkommen vom 16. September 1988 über die gerichtliche Zuständigkeit und die Vollstreckung gerichtlicher Entscheidungen in Zivil- und Handelssachen (BGBl. 1994 II S. 2658);
   c) Haager Übereinkommen vom 2. Oktober 1973 über die Anerkennung und Vollstreckung von Unterhaltsentscheidungen (BGBl. 1986 II S. 825);

d) Vertrag vom 17. Juni 1977 zwischen der Bundesrepublik Deutschland und dem Königreich Norwegen über die gegenseitige Anerkennung und Vollstreckung gerichtlicher Entscheidungen und anderer Schuldtitel in Zivil- und Handelssachen (BGBl. 1981 II S. 341);
e) Vertrag vom 20. Juli 1977 zwischen der Bundesrepublik Deutschland und dem Staat Israel über die gegenseitige Anerkennung und Vollstreckung gerichtlicher Entscheidungen in Zivil- und Handelssachen (BGBl. 1980 II S. 925);
f) Vertrag vom 14. November 1983 zwischen der Bundesrepublik Deutschland und Spanien über die Anerkennung und Vollstreckung von gerichtlichen Entscheidungen und Vergleichen sowie vollstreckbaren öffentlichen Urkunden in Zivil- und Handelssachen (BGBl. 1987 II S. 34);

die Durchführung folgender Verordnungen der europäischen Gemeinschaften:
2. die Durchführung der Verordnung (EG) Nr. 44/2001 des Rates vom 22. Dezember 2000 über die gerichtliche Zuständigkeit und die Anerkennung und Vollstreckung von Entscheidungen in Zivil- und Handelssachen (ABl. EG Nr. L 12 S. 1).

II ¹ Die Regelungen der in Absatz 1 Nr. 2 genannten Verordnung werden als unmittelbar geltendes Recht der Europäischen Gemeinschaft durch die Durchführungsbestimmungen dieses Gesetzes nicht berührt. ² Unberührt bleiben auch die Regelungen der zwischenstaatlichen Verträge; dies gilt insbesondere für die Regelungen über

1. den sachlichen Anwendungsbereich,
2. die Art der Entscheidungen und sonstigen Titel, die im Inland anerkannt oder zur Zwangsvollstreckung zugelassen werden können,
3. das Erfordernis der Rechtskraft der Entscheidungen,
4. die Art der Urkunden, die im Verfahren vorzulegen sind, und
5. die Gründe, die zur Versagung der Anerkennung oder Zulassung der Zwangsvollstreckung führen.

Bem. Zu I Z 2 s Üb § 1 Rn 2.

§ 2. Begriffsbestimmungen. Im Sinne dieses Gesetzes sind
1. unter Mitgliedstaaten die Mitgliedstaaten der Europäischen Union, in denen die in § 1 Abs. 1 Nr. 2 genannte Verordnung gilt, und
2. unter Titeln Entscheidungen, gerichtliche Vergleiche und öffentliche Urkunden, auf welche der jeweils auszuführende Anerkennungs- und Vollstreckungsvertrag oder die jeweils durchzuführende Verordnung Anwendung findet, zu verstehen.

1 Bem. Z 2 idF des Art 1 Z 1 G v 30. 1. 02, BGBl 564. Nur in Dänemark gelten die VO (EG) Nr 1347/2000 u die VO (EG) Nr 44/2001 nicht, Anh I zu § 606 a ZPO u Schlußanh V C (A).

Abschnitt 2. Zulassung der Zwangsvollstreckung aus ausländischen Titeln

§ 3. Zuständigkeit. ¹ Für die Vollstreckbarerklärung von Titeln aus einem anderen Staat ist das Landgericht ausschließlich zuständig.

II ¹ Örtlich zuständig ist ausschließlich das Gericht, in dessen Bezirk der Verpflichtete seinen Wohnsitz hat, oder, wenn er im Inland keinen Wohnsitz hat, das Gericht, in dessen Bezirk die Zwangsvollstreckung durchgeführt werden soll. ² Der Sitz von Gesellschaften und juristischen Personen steht dem Wohnsitz gleich.

III Über den Antrag auf Erteilung der Vollstreckungsklausel entscheidet der Vorsitzende einer Zivilkammer.

1 Bem. Vgl Art 32 EuGVÜ; gilt nicht iRv VO (EG) Nr 1347/2000, § 50 I. Die Zuständigkeit des LG ist ausschließlich, I, sie ist vom Beschwerdegericht, § 11, zu prüfen, Köln OLGZ 94, 370. Richtet sich der Titel gegen mehrere Personen mit Wohnsitzen in verschiedenen LG-Bezirken, dürfte Art 6 Z 1 EuGVÜ entspr anzuwenden sein, Roth RIW 87, 814 mwN, Geimer NJW 75, 1087, aM BayObLG NJW 88, 2184 (zum dt-österr Vertrag) u Mü NJW 87, 505 (entspr Anwendung von § 36 Z 3 ZPO), vgl Geimer NJW 88, 2158. Für die Bestimmung des Wohnsitzes, II, ist stets deutsches Recht maßgeblich, vgl Art 52 u 53 EuGVÜ. Bei unbekanntem Wohnsitz ist die Vollstreckbarerklärung unzulässig (keine Anwendung von § 16 ZPO), Saarbr RR 93, 190. Der Vorsitzende, III, ist nicht Einzelrichter iSv § 568 ZPO, Feskorn NJW 03, 857, Köln IPrax 03, 354 (dazu Geimer 337), vgl § 568 ZPO Rn 2.

§ 4. Antragstellung. ¹ Der in einem anderen Staat vollstreckbare Titel wird dadurch zur Zwangsvollstreckung zugelassen, dass er auf Antrag mit der Vollstreckungsklausel versehen wird.

II Der Antrag auf Erteilung der Vollstreckungsklausel kann bei dem zuständigen Gericht schriftlich eingereicht oder mündlich zu Protokoll der Geschäftsstelle erklärt werden.

III Ist der Antrag entgegen § 184 des Gerichtsverfassungsgesetzes nicht in deutscher Sprache abgefasst, so kann das Gericht dem Antragsteller aufgeben, eine Übersetzung des Antrags beizubringen deren Richtigkeit von einer
1. in einem Mitgliedstaat der Europäischen Union oder in einem anderen Vertragsstaat des Abkommens über den Europäischen Wirtschaftsraum oder
2. in einem Vertragsstaat des jeweils auszuführenden Anerkennungs- und Vollstreckungsvertrags hierzu befugten Personen bestätigt worden ist.

IV Der Ausfertigung des Titels, der mit der Vollstreckungsklausel versehen werden soll, und seiner Übersetzung, soweit eine solche vorgelegt wird, sollen zwei Abschriften beigefügt werden.

Bem. Vgl Art 31, 48 II, 50 u 51 EuGVÜ; zur Umrechnung eines Betrages in fremder Währung durch das Vollstreckungsorgan KG IPrax **94**, 755 (Anm Baumann IPrax **94**, 435). Für den Antrag gelten ergänzend die Erleichterungen des UN-Übk v 20. 6. 56 (Anh II § 168 GVG) nach dessen Art 5 III, weil sich die Geltungsbereiche decken. Kein Anwaltszwang, § 6 III; PKH richtet sich nach den Regelungen der Einzelverträge (Art 15 Haager UnterhVollstrÜbk 1973, Art 44 EuGVÜ, Art 12 dt-israel Vertrag, Art 16 I dt-span Vertrag), i ü nach §§ 114 ff ZPO. Prozeßkostensicherheit darf nicht verlangt werden, § 110 ZPO Rn 1. Eine Übersetzung, III, wird zu verlangen sein, wenn der zur Entscheidung berufene Vorsitzende, § 3 III, die fremde Sprache nicht beherrscht, und in der Rechtsmittelinstanz auch dann, wenn dies für den hier zu hörenden VollstrSchuldner gilt. Welche Urkunden dem Antrag beizufügen sind, ergibt sich aus dem jeweiligen Vertrag; immer muß der zu vollstreckende Titel (mit 2 Abschriften) vorgelegt werden, IV. Das Gericht hat auf ausreichend bestimmte Anträge hinzuwirken, BGH NJW **93**, 1802 mwN.

§ 5. *Erfordernis eines Zustellungsbevollmächtigten.* **I** Hat der Antragsteller in dem Antrag keinen Zustellungsbevollmächtigten benannt, so können bis zur nachträglichen Benennung eines Zustellungsbevollmächtigten alle Zustellungen an ihn durch Aufgabe zur Post (§§ 175, 192, 213 der Zivilprozessordnung) bewirkt werden.

II ¹ Zustellungsbevollmächtigter im Sinne des Absatzes 1 kann nur sein, wer im Bezirk des angerufenen Gerichts wohnt. ² Das Gericht kann die Bestellung einer Person mit einem anderen inländischen Wohnsitz zulassen.

III ¹ Absatz 1 gilt nicht, wenn der Antragsteller einen bei einem deutschen Gericht zugelassenen Rechtsanwalt oder eine andere Person zu seinem Bevollmächtigten für das Verfahren bestellt hat. ² Der Bevollmächtigte, der nicht bei einem deutschen Gericht zugelassener Rechtsanwalt ist, muss im Bezirk des angerufenen Gerichts wohnen; das Gericht kann von diesem Erfordernis absehen, wenn der Bevollmächtigte einen anderen Wohnsitz im Inland hat.

IV § 31 des Gesetzes über die Tätigkeit europäischer Rechtsanwälte in Deutschland vom 9. März 2000 (BGBl. I S. 182) bleibt unberührt.

Bem. Vgl Art 33 II, 46 u 47 EuGVÜ; Zu IV s Schlußanh VII. In I 2 wird mWv 1. 7. 02 auf § 184 I 2 u II ZPO verwiesen, Art 2 XVIII ZustRG v 25. 6. 01, BGBl 1206.

§ 6. *Verfahren.* ¹ Das Gericht entscheidet ohne Anhörung des Verpflichteten.

II ¹ Die Entscheidung ergeht ohne mündliche Verhandlung. ² Jedoch kann eine mündliche Erörterung mit dem Antragsteller oder seinem Bevollmächtigten stattfinden, wenn der Antragsteller oder der Bevollmächtigte hiermit einverstanden ist und die Erörterung der Beschleunigung dient.

III Im ersten Rechtszug ist die Vertretung durch einen Rechtsanwalt nicht erforderlich.

Bem. Vgl Art 32 I u 34 EuGVÜ; zur Verfassungsmäßigkeit s Bem zu Art 34 EuGVÜ u LG Darmst IPrax **1 00**, 309 (Anm Mennicke ebd 294).

§ 7. *Vollstreckbarkeit ausländischer Titel in Sonderfällen.* **I** ¹ Hängt die Zwangsvollstreckung nach dem Inhalt des Titels von einer dem Berechtigten obliegenden Sicherheitsleistung, dem Ablauf einer Frist oder dem Eintritt einer anderen Tatsache ab oder wird die Vollstreckungsklausel zugunsten eines anderen als des in dem Titel bezeichneten Berechtigten oder gegen einen anderen als den darin bezeichneten Verpflichteten beantragt, so ist die Frage, inwieweit die Zulassung der Zwangsvollstreckung von dem Nachweis besonderer Voraussetzungen abhängig oder ob der Titel für oder gegen den anderen vollstreckbar ist, nach dem Recht des Staates zu entscheiden, in dem der Titel errichtet ist. ² Der Nachweis ist durch Urkunden zu führen, es sei denn, dass die Tatsachen bei dem Gericht offenkundig sind.

II ¹ Kann der Nachweis durch Urkunden nicht geführt werden, so ist auf Antrag des Berechtigten der Verpflichtete zu hören. ² In diesem Falle sind alle Beweismittel zulässig. ³ Das Gericht kann auch die mündliche Verhandlung anordnen.

Bem. Zur Vollstreckung von Titeln mit Indexklausel s Art 5 HUnterhVÜbk Rn 1, zur Vollstreckung gegen einen Rechtsnachfolger Düss RIW **99**, 541, Hamm IPrax **98**, 203, Hbg RR **95**, 191. § 7 enthält keine Ermächtigung des Gerichts des Vollstreckbarkeitsverfahrens, anspruchsbegründende Tatsachen in Gestalt einer Bedingung zu überprüfen, Ffm FamRZ **02**, 1420.

§ 8. *Entscheidung.* **I** ¹ Ist die Zwangsvollstreckung aus dem Titel zuzulassen, so beschließt das Gericht, dass der Titel mit der Vollstreckungsklausel zu versehen ist. ² In dem Beschluss ist die zu vollstreckende Verpflichtung in deutscher Sprache wiederzugeben. ³ Zur Begründung des Beschlusses genügt in der Regel die Bezugnahme auf die durchzuführende Verordnung der Europäischen Gemeinschaft oder den auszuführenden Anerkennungs- und Vollstreckungsvertrag sowie auf von dem Antragsteller vorgelegte Urkunden. ⁴ Auf die Kosten des Verfahrens ist § 788 der Zivilprozessordnung entsprechend anzuwenden.

II ¹ Ist der Antrag nicht zulässig oder nicht begründet, so lehnt ihn das Gericht durch mit Gründen versehenen Beschluss ab. ² Die Kosten sind dem Antragsteller aufzuerlegen.

AnerkVollstrAbk

1 Bem. Rechtsmittel ist die Beschwerde, § 11. Zur Konkretisierung unklarer Titel s Roth IPrax **89**, 14 mwN u Bem zu Art 31 EuGVÜ. Für die Kostenfestsetzung nach I 4 ist das AG zuständig, Mü RR **02**, 431.

§ 9. Vollstreckungsklausel. [I 1] Auf Grund des Beschlusses nach § 8 Abs. 1 erteilt der Urkundsbeamte der Geschäftsstelle die Vollstreckungsklausel in folgender Form:
„Vollstreckungsklausel nach § 4 des Anerkennungs- und Vollstreckungsausführungsgesetzes vom 19. Februar 2001 (BGBl. I S. 288). Gemäß dem Beschluss des ... (Bezeichnung des Gerichts und des Beschlusses) ist die Zwangsvollstreckung aus ... (Bezeichnung des Titels) zugunsten ... (Bezeichnung des Berechtigten) gegen ... (Bezeichnung des Verpflichteten) zulässig.
Die zu vollstreckende Verpflichtung lautet: ...
(Angabe der dem Verpflichteten aus dem ausländischen Titel obliegenden Verpflichtung in deutscher Sprache; aus dem Beschluss nach § 8 Abs. 1 zu übernehmen). Die Zwangsvollstreckung darf über Maßregeln zur Sicherung nicht hinausgehen, bis der Gläubiger eine gerichtliche Anordnung oder ein Zeugnis vorlegt, dass die Zwangsvollstreckung unbeschränkt stattfinden darf."
[2] Lautet der Titel auf Leistung von Geld, so ist der Vollstreckungsklausel folgender Zusatz anzufügen:
„Solange die Zwangsvollstreckung über Maßregeln zur Sicherung nicht hinausgehen darf, kann der Schuldner die Zwangsvollstreckung durch Leistung einer Sicherheit in Höhe von (– Angabe des Betrages, wegen dessen der Berechtigte vollstrecken darf) abwenden."
II Wird die Zwangsvollstreckung nur für einen oder mehrere der durch die ausländische Entscheidung zuerkannten oder in einem anderen ausländischen Titel niedergelegten Ansprüche oder nur für einen Teil des Gegenstands der Verpflichtung zugelassen, so ist die Vollstreckungsklausel als „Teil-Vollstreckungsklausel nach § 4 des Anerkennungs- und Vollstreckungsausführungsgesetzes vom 19. Februar 2001 (BGBl. I S. 288)" zu bezeichnen.
III [1] Die Vollstreckungsklausel ist von dem Urkundsbeamten der Geschäftsstelle zu unterschreiben und mit dem Gerichtssiegel zu versehen. [2] Sie ist entweder auf die Ausfertigung des Titels oder auf ein damit zu verbindendes Blatt zu setzen. [3] Falls eine Übersetzung des Titels vorliegt, ist sie mit der Ausfertigung zu verbinden.

1 Bem. Wegen der Beschränkung auf Sicherungsmaßregeln, I, s §§ 18 ff. Ein Verstoß gegen III macht die Zustellung, § 10, unwirksam, BGH RR **98**, 141.

§ 10. Bekanntgabe der Entscheidung. [I] Im Falle des § 8 Abs. 1 sind dem Verpflichteten eine beglaubigte Abschrift des Beschlusses, eine beglaubigte Abschrift des mit der Vollstreckungsklausel versehenen Titels und gegebenenfalls seiner Übersetzung sowie der gemäß § 8 Abs. 1 Satz 3 in Bezug genommenen Urkunden von Amts wegen zuzustellen.
II [1] Muss die Zustellung an den Verpflichteten im Ausland oder durch öffentliche Bekanntmachung erfolgen und hält das Gericht die Beschwerdefrist nach § 11 Abs. 3 Satz 1 nicht für ausreichend, so bestimmt es in dem Beschluss nach § 8 Abs. 1 oder nachträglich durch besonderen Beschluss, der ohne mündliche Verhandlung ergeht, eine längere Beschwerdefrist. [2] Die Bestimmungen über den Beginn der Beschwerdefrist bleiben auch im Falle der nachträglichen Festsetzung unberührt.
III [1] Dem Antragsteller sind eine beglaubigte Abschrift des Beschlusses nach § 8, im Falle des § 8 Abs. 1 ferner die mit der Vollstreckungsklausel versehene Ausfertigung des Titels und eine Bescheinigung über die bewirkte Zustellung, zu übersenden. [2] In den Fällen des Absatzes 2 ist die festgesetzte Frist für die Einlegung der Beschwerde auf der Bescheinigung über die bewirkte Zustellung zu vermerken.

1 Bem. Die Übersendung an den Antragsteller, III, darf erst erfolgen, wenn die Zustellung an den Schuldner, I, bewirkt ist, Saarbr RR **94**, 639.

Abschnitt 3. Beschwerde, Vollstreckungsgegenklage

§ 11. Einlegung der Beschwerde; Beschwerdefrist. [I 1] Die Beschwerde gegen die im ersten Rechtszug ergangene Entscheidung über den Antrag auf Erteilung der Vollstreckungsklausel wird bei dem Beschwerdegericht durch Einreichen einer Beschwerdeschrift oder durch Erklärung zu Protokoll der Geschäftsstelle eingelegt. [2] Beschwerdegericht ist das Oberlandesgericht. [3] Der Beschwerdeschrift soll die für ihre Zustellung erforderliche Zahl von Abschriften beigefügt werden.
II Die Zulässigkeit der Beschwerde wird nicht dadurch berührt, dass sie statt bei dem Beschwerdegericht bei dem Gericht des ersten Rechtszuges eingelegt wird; die Beschwerde ist unverzüglich von Amts wegen an das Beschwerdegericht abzugeben.
III [1] Die Beschwerde des Verpflichteten gegen die Zulassung der Zwangsvollstreckung ist innerhalb eines Monats, im Falle des § 10 Abs. 2 Satz 1 innerhalb der nach dieser Vorschrift bestimmten längeren Frist einzulegen. [2] Die Beschwerdefrist beginnt mit der Zustellung nach § 10 Abs. 1. [3] Sie ist eine Notfrist.
IV Die Beschwerde ist dem Beschwerdegegner von Amts wegen zuzustellen.

1 Bem. Vgl Art 36 u 37 EuGVÜ. Die Beschwerde ist eine sofortige Beschwerde iSv §§ 567 ff ZPO (kein Anwaltszwang, § 78 V ZPO). Dritte haben kein Beschwerderecht, EuGH LS NJW **86**, 657.

§ 12. Einwendungen gegen den zu vollstreckenden Anspruch im Beschwerdeverfahren. ¹ Der Verpflichtete kann mit der Beschwerde, die sich gegen die Zulassung der Zwangsvollstreckung aus einer Entscheidung richtet, auch Einwendungen gegen den Anspruch selbst insoweit geltend machen, als die Gründe, auf denen sie beruhen, erst nach dem Erlass der Entscheidung entstanden sind.

II Mit der Beschwerde, die sich gegen die Zulassung der Zwangsvollstreckung aus einem gerichtlichen Vergleich oder einer öffentlichen Urkunde richtet, kann der Verpflichtete die Einwendungen gegen den Anspruch selbst ungeachtet der in Absatz 1 enthaltenen Beschränkung geltend machen.

Bem. Zu I vgl BGH NJW 83, 2773 (krit Schack 955), Hamm RIW 94, 245 (Aufrechnung), Kblz EuZW 91, 157, Bbg DAVorm 89, 889, krit Mankowski ZZPInt 99, 285; seine verminderte Leistungsfähigkeit kann der Schuldner nicht nach I, sondern nur in einem selbständigen Abänderungsverfahren geltend machen, Düss FamRZ 02, 1422 (Anm Gottwald), Schlesw FamRZ 94, 53, KG NJW 91, 644 (im Ergebnis zustm Gottwald FamRZ 90, 1377) mwN, u a BGH NJW 90, 1419 (zum dt-österr Vertrag). Zur Rüge fehlender Parteifähigkeit des Gläubigers s BGH NJW 92, 627.

§ 13. Verfahren und Entscheidung über die Beschwerde. I ¹ Das Beschwerdegericht entscheidet durch Beschluss, der mit Gründen zu versehen ist und ohne mündliche Verhandlung ergehen kann. ² Der Beschwerdegegner ist vor der Entscheidung zu hören.

II ¹ Solange eine mündliche Verhandlung nicht angeordnet ist, können zu Protokoll der Geschäftsstelle Anträge gestellt und Erklärungen abgegeben werden. ² Wird die mündliche Verhandlung angeordnet, so gilt für die Ladung § 215 der Zivilprozessordnung.

III Eine vollständige Ausfertigung des Beschlusses ist dem Berechtigten und dem Verpflichteten auch dann von Amts wegen zuzustellen, wenn der Beschluss verkündet worden ist.

IV ¹ Soweit nach dem Beschluss des Beschwerdegerichts die Zwangsvollstreckung aus dem Titel erstmals zuzulassen ist, erteilt der Urkundsbeamte der Geschäftsstelle des Beschwerdegerichts die Vollstreckungsklausel. ² § 8 Abs. 1 Satz 2 und 4, §§ 9 und 10 Abs. 1 und 3 Satz 1 sind entsprechend anzuwenden. ³ Ein Zusatz, dass die Zwangsvollstreckung über Maßregeln zur Sicherung nicht hinausgehen darf, ist nur aufzunehmen, wenn das Beschwerdegericht eine Anordnung nach diesem Gesetz (§ 22 Abs. 2, § 40 Abs. 1 Nr. 1 oder § 45 Abs. 1 Nr. 1) erlassen hat. ⁴ Der Inhalt des Zusatzes bestimmt sich nach dem Inhalt der Anordnung.

Bem. Vgl Art 40 II EuGVÜ. Ob eine mündl Verh anzuordnen ist, entscheidet das OLG nach seinem Ermessen, BGH IPrax 85, 101 u MDR 84, 934, krit Grunsky IPrax 85, 82 (zum AusfGEuGVÜ); nur in der mündl Verh besteht AnwZwang, KG FamRZ 90, 1376.

§ 14. Vollstreckungsgegenklage. ¹ Ist die Zwangsvollstreckung aus einem Titel zugelassen, so kann der Verpflichtete Einwendungen gegen den Anspruch selbst in einem Verfahren nach § 767 der Zivilprozessordnung auch geltend machen, wenn die Gründe, auf denen seine Einwendungen beruhen, erst
1. nach Ablauf der Frist, innerhalb deren er die Beschwerde hätte einlegen können, oder
2. falls die Beschwerde eingelegt worden ist, nach Beendigung dieses Verfahrens entstanden sind.

II ¹ Die Klage nach § 767 der Zivilprozessordnung ist bei dem Gericht zu erheben, das über den Antrag auf Erteilung der Vollstreckungsklausel entschieden hat. ² Soweit die Klage einen Unterhaltstitel zum Gegenstand hat, ist das Familiengericht zuständig; für die örtliche Zuständigkeit gelten die Vorschriften der Zivilprozessordnung für Unterhaltssachen.

Bem. Vgl Art 36 EuGVÜ.

Abschnitt 4. Rechtsbeschwerde

§ 15. Statthaftigkeit und Frist. ¹ Gegen den Beschluss des Beschwerdegerichts findet die Rechtsbeschwerde nach Maßgabe des § 574 Abs. 1 Nr. 1, Abs. 2 der Zivilprozessordnung statt.

II Die Rechtsbeschwerde ist innerhalb eines Monats einzulegen.

III Die Rechtsbeschwerdefrist ist eine Notfrist und beginnt mit der Zustellung des Beschlusses (§ 13 Abs. 3).

Bem. I mWv 1. 1. 02 geändert durch Art 29 Z 1 ZPO-RG. Vgl Art 41 EuGVÜ und Erl zu § 574 ZPO.

§ 16. Einlegung und Begründung. ¹ Die Rechtsbeschwerde wird durch Einreichen der Beschwerdeschrift bei dem Bundesgerichtshof eingelegt.

II ¹ Die Rechtsbeschwerde ist zu begründen. § 575 Abs. 2 bis 4 der Zivilprozessordnung ist entsprechend anzuwenden. ² Soweit die Rechtsbeschwerde darauf gestützt wird, dass das Beschwerdegericht von einer Entscheidung des Gerichtshofs der Europäischen Gemeinschaften abgewichen sei, muss die Entscheidung, von der der angefochtene Beschluss abweicht, bezeichnet werden.

III Mit der Beschwerdeschrift soll eine Ausfertigung oder beglaubigte Abschrift des Beschlusses, gegen den sich die Rechtsbeschwerde richtet, vorgelegt werden.

Bem. II 2 geändert und IV aufgehoben mWv 1. 1. 02 durch Art 29 Z 2 ZPO-RG. Die Rechtsbeschwerde muß von einem beim BGH zugelassenen RA eingelegt werden, BGH NJW 02, 2181 mwN, auch dann, wenn sie sich gegen den Beschluß eines bay OLG richtet, BGH RR 94, 320.

§ 17. *Verfahren und Entscheidung.* ¹ ¹ Der Bundesgerichtshof kann nur überprüfen, ob der Beschluss auf einer Verletzung des Rechts der Europäischen Gemeinschaft, eines Anerkennungs- und Vollstreckungsvertrags, sonstigen Bundesrechts oder einer anderen Vorschrift beruht, deren Geltungsbereich sich über den Bezirk eines Oberlandesgerichts hinaus erstreckt. ² Er darf nicht prüfen, ob das Gericht seine örtliche Zuständigkeit zu Unrecht angenommen hat.

II ¹ Der Bundesgerichtshof kann über die Rechtsbeschwerde ohne mündliche Verhandlung entscheiden. ² Auf das Verfahren über die Rechtsbeschwerde sind § 574 Abs. 4, § 576 Abs. 3 und § 577 der Zivilprozessordnung entsprechend anzuwenden.

III ¹ Soweit die Zwangsvollstreckung aus dem Titel erstmals durch den Bundesgerichtshof zugelassen wird, erteilt der Urkundsbeamte der Geschäftsstelle dieses Gerichts die Vollstreckungsklausel. ² § 8 Abs. 1 Satz 2 und 4, § 9 und § 10 Abs. 1 und 3 Satz 1 gelten entsprechend. ³ Ein Zusatz über die Beschränkung der Zwangsvollstreckung entfällt.

1 Bem. II mWv 1. 1. 02 neu gefaßt durch Art 29 Z 3 ZPO-RG. Vgl i ü die Erl zu den entspr anwendbaren ZPO-Vorschriften.

Abschnitt 5. Beschränkung der Zwangsvollstreckung auf Sicherungsmaßregeln und unbeschränkte Fortsetzung der Zwangsvollstreckung

§ 18. *Beschränkung kraft Gesetzes.* ¹ Die Zwangsvollstreckung ist auf Sicherungsmaßregeln beschränkt, solange die Frist zur Einlegung der Beschwerde noch läuft und solange über die Beschwerde noch nicht entschieden ist.

1 Bem. Vgl Art 39 EuGVÜ.

§ 19. *Prüfung der Beschränkung.* Einwendungen des Verpflichteten, dass bei der Zwangsvollstreckung die Beschränkung auf Sicherungsmaßregeln nach der durchzuführenden Verordnung der Europäischen Gemeinschaft, nach dem auszuführenden Anerkennungs- und Vollstreckungsvertrag, nach § 18 dieses Gesetzes oder auf Grund einer auf diesem Gesetz beruhenden Anordnung (§ 22 Abs. 2, §§ 40, 45) nicht eingehalten werde, oder Einwendungen des Berechtigten, dass eine bestimmte Maßnahme der Zwangsvollstreckung mit dieser Beschränkung vereinbar sei, sind im Wege der Erinnerung nach § 766 der Zivilprozessordnung bei dem Vollstreckungsgericht (§ 764 der Zivilprozessordnung) geltend zu machen.

§ 20. *Sicherheitsleistung durch den Verpflichteten.* ¹ Solange die Zwangsvollstreckung aus einem Titel der auf Leistung von Geld lautet, nicht über Maßregeln der Sicherung hinausgehen darf, ist der Verpflichtete befugt, die Zwangsvollstreckung durch Leistung einer Sicherheit in Höhe des Betrages abzuwenden, wegen dessen der Berechtigte vollstrecken darf.

II Die Zwangsvollstreckung ist einzustellen und bereits getroffene Vollstreckungsmaßregeln sind aufzuheben, wenn der Verpflichtete durch eine öffentliche Urkunde die zur Abwendung der Zwangsvollstreckung erforderliche Sicherheitsleistung nachweist.

§ 21. *Versteigerung beweglicher Sachen.* Ist eine bewegliche Sache gepfändet und darf die Zwangsvollstreckung nicht über Maßregeln zur Sicherung hinausgehen, so kann das Vollstreckungsgericht auf Antrag anordnen, dass die Sache versteigert und der Erlös hinterlegt werde, wenn sie der Gefahr einer beträchtlichen Wertminderung ausgesetzt ist oder wenn ihre Aufbewahrung unverhältnismäßige Kosten verursachen würde.

§ 22. *Unbeschränkte Fortsetzung der Zwangsvollstreckung; besondere gerichtliche Anordnungen.* ¹ Weist das Beschwerdegericht die Beschwerde des Verpflichteten gegen die Zulassung der Zwangsvollstreckung zurück oder lässt es auf die Beschwerde des Berechtigten die Zwangsvollstreckung aus dem Titel zu, so kann die Zwangsvollstreckung über Maßregeln zur Sicherung hinaus fortgesetzt werden.

II ¹ Auf Antrag des Verpflichteten kann das Beschwerdegericht anordnen, dass bis zum Ablauf der Frist zur Einlegung der Rechtsbeschwerde (§ 15) oder bis zur Entscheidung über diese Beschwerde die Zwangsvollstreckung nicht oder nur gegen Sicherheitsleistung über Maßregeln zur Sicherung hinausgehen darf. ² Die Anordnung darf nur erlassen werden, wenn glaubhaft gemacht wird, dass die weitergehende Vollstreckung dem Verpflichteten einen nicht zu ersetzenden Nachteil bringen würde. ³ § 713 der Zivilprozessordnung ist entsprechend anzuwenden.

III ¹ Wird Rechtsbeschwerde eingelegt, so kann der Bundesgerichtshof auf Antrag des Verpflichteten eine Anordnung nach Absatz 2 erlassen. ² Der Bundesgerichtshof kann auf Antrag des Berechtigten eine nach Absatz 2 erlassene Anordnung des Beschwerdegerichts abändern oder aufheben.

§ 23. *Unbeschränkte Fortsetzung der durch das Gericht des ersten Rechtszuges zugelassenen Zwangsvollstreckung.* ¹ Die Zwangsvollstreckung aus dem Titel, den der Urkundsbeamte der Geschäftsstelle des Gerichts des ersten Rechtszuges mit der Vollstreckungsklausel versehen hat, ist auf Antrag des Berechtigten über Maßregeln zur Sicherung hinaus fortzusetzen, wenn das Zeugnis des Urkundsbeamten der Geschäftsstelle dieses Gerichts vorgelegt wird, dass die Zwangsvollstreckung unbeschränkt stattfinden darf.

ᴵᴵ Das Zeugnis ist dem Berechtigten auf seinen Antrag zu erteilen,
1. wenn der Verpflichtete bis zum Ablauf der Beschwerdefrist keine Beschwerdeschrift eingereicht hat,
2. wenn das Beschwerdegericht die Beschwerde des Verpflichteten zurückgewiesen und keine Anordnung nach § 22 Abs. 2 erlassen hat,
3. wenn der Bundesgerichtshof die Anordnung des Beschwerdegerichts nach § 22 Abs. 2 aufgehoben hat (§ 22 Abs. 3 Satz 2) oder
4. wenn der Bundesgerichtshof den Titel zur Zwangsvollstreckung zugelassen hat.

ᴵᴵᴵ Aus dem Titel darf die Zwangsvollstreckung, selbst wenn sie auf Maßregeln der Sicherung beschränkt ist, nicht mehr stattfinden, sobald ein Beschluss des Beschwerdegerichts, dass der Titel zur Zwangsvollstreckung nicht zugelassen werde, verkündet oder zugestellt ist.

§ 24. *Unbeschränkte Fortsetzung der durch das Beschwerdegericht zugelassenen Zwangsvollstreckung.* ᴵ Die Zwangsvollstreckung aus dem Titel, zu dem der Urkundsbeamte der Geschäftsstelle des Beschwerdegerichts die Vollstreckungsklausel mit dem Zusatz erteilt hat, dass die Zwangsvollstreckung auf Grund der Anordnung des Gerichts nicht über Maßregeln zur Sicherung hinausgehen darf (§ 13 Abs. 4 Satz 3), ist auf Antrag des Berechtigten über Maßregeln zur Sicherung hinaus fortzusetzen, wenn das Zeugnis des Urkundsbeamten der Geschäftsstelle dieses Gerichts vorgelegt wird, dass die Zwangsvollstreckung unbeschränkt stattfinden darf.

ᴵᴵ Das Zeugnis ist dem Berechtigten auf seinen Antrag zu erteilen,
1. wenn der Verpflichtete bis zum Ablauf der Frist zur Einlegung der Rechtsbeschwerde (§ 15 Abs. 2) keine Beschwerdeschrift eingereicht hat,
2. wenn der Bundesgerichtshof die Anordnung des Beschwerdegerichts nach § 22 Abs. 2 aufgehoben hat (§ 22 Abs. 3 Satz 2) oder
3. wenn der Bundesgerichtshof die Rechtsbeschwerde des Verpflichteten zurückgewiesen hat.

Abschnitt 6. Feststellung der Anerkennung einer ausländischen Entscheidung

§ 25. *Verfahren und Entscheidung in der Hauptsache.* ᴵ Auf das Verfahren, das die Feststellung zum Gegenstand hat, ob eine Entscheidung aus einem anderen Staat anzuerkennen ist, sind die §§ 3 bis 6, § 8 Abs. 2, die §§ 10 bis 12, § 13 Abs. 1 bis 3, die §§ 15 und 16 sowie § 17 Abs. 1 bis 3 entsprechend anzuwenden.

ᴵᴵ Ist der Antrag auf Feststellung begründet, so beschließt das Gericht, dass die Entscheidung anzuerkennen ist.

Bem. Vgl Art 26 EuGVÜ. Ausschluß des Verfahrens nach §§ 39 u 44.

§ 26. *Kostenentscheidung.* ᴵ In den Fällen des § 25 Abs. 2 sind die Kosten dem Antragsgegner aufzuerlegen. ² Dieser kann die Beschwerde (§ 11) auf die Entscheidung über den Kostenpunkt beschränken. ³ In diesem Falle sind die Kosten dem Antragsteller aufzuerlegen, wenn der Antragsgegner nicht durch sein Verhalten zu dem Antrag auf Feststellung Veranlassung gegeben hat.

Abschnitt 7. Aufhebung oder Änderung der Beschlüsse über die Zulassung der Zwangsvollstreckung oder die Anerkennung

§ 27. *Verfahren nach Aufhebung oder Änderung des für vollstreckbar erklärten ausländischen Titels im Ursprungsland.* ᴵ Wird der Titel in dem Staat, in dem er errichtet worden ist, aufgehoben oder geändert und kann der Verpflichtete diese Tatsache in dem Verfahren der Zulassung der Zwangsvollstreckung nicht mehr geltend machen, so kann er die Aufhebung oder Änderung der Zulassung in einem besonderen Verfahren beantragen.

ᴵᴵ Für die Entscheidung über den Antrag ist das Gericht ausschließlich zuständig, das im ersten Rechtszug über den Antrag auf Erteilung der Vollstreckungsklausel entschieden hat.

ᴵᴵᴵ ¹ Der Antrag kann bei dem Gericht schriftlich oder durch Erklärung zu Protokoll der Geschäftsstelle gestellt werden. ² Über den Antrag kann ohne mündliche Verhandlung entschieden werden. ³ Vor der Entscheidung, die durch Beschluss ergeht, ist der Berechtigte zu hören. ⁴ § 13 Abs. 2 und 3 gilt entsprechend.

ᴵⱽ ¹ Der Beschluss unterliegt der Beschwerde nach den §§ 567 bis 577 der Zivilprozessordnung. ² Die Notfrist für die Einlegung der sofortigen Beschwerde beträgt einen Monat.

ⱽ ¹ Für die Einstellung der Zwangsvollstreckung und die Aufhebung bereits getroffener Vollstreckungsmaßregeln sind die §§ 769 und 770 der Zivilprozessordnung entsprechend anzuwenden. ² Die Aufhebung einer Vollstreckungsmaßregel ist auch ohne Sicherheitsleistung zulässig.

Bem. IV mWv 1. 1. 02 neu gefaßt durch Art 29 Z 4 ZPO-RG. Ausschluß der Regelung nach § 39.

§ 28. *Schadensersatz wegen ungerechtfertigter Vollstreckung.* ᴵᴵ ¹ Wird die Zulassung der Zwangsvollstreckung auf die Beschwerde (§ 11) oder die Rechtsbeschwerde (§ 15) aufgehoben oder abgeändert, so ist der Berechtigte zum Ersatz des Schadens verpflichtet, der dem Verpflichteten durch die Vollstreckung des Titels oder durch eine Leistung zur Abwendung der Vollstreckung entstanden ist. ²Das Gleiche gilt, wenn die Zulassung der Zwangsvollstreckung nach § 27 aufgehoben oder abgeändert wird, sofern die zur Zwangsvollstreckung zugelassene Entscheidung zum Zeitpunkt der Zulassung nach dem Recht des Staats, in dem sie ergangen ist, noch mit einem ordentlichen Rechtsmittel angefochten werden konnte.

II Für die Geltendmachung des Anspruchs ist das Gericht ausschließlich zuständig, das im ersten Rechtszug über den Antrag, den Titel mit der Vollstreckungsklausel zu versehen, entschieden hat.

§ 29. Aufhebung oder Änderung ausländischer Entscheidungen, deren Anerkennung festgestellt ist. ¹ Wird die Entscheidung in dem Staat, in dem sie ergangen ist, aufgehoben oder abgeändert und kann die davon begünstigte Partei diese Tatsache nicht mehr in dem Verfahren über den Antrag auf Feststellung der Anerkennung (§ 25) geltend machen, so ist § 27 Abs. 1 bis 4 entsprechend anzuwenden.

Abschnitt 8. Vorschriften für Entscheidungen deutscher Gerichte und für das Mahnverfahren

§ 30. Vervollständigung inländischer Entscheidungen zur Verwendung im Ausland. ¹ ¹ Will eine Partei ein Versäumnis- oder Anerkenntnisurteil, das nach § 313 b der Zivilprozessordnung in verkürzter Form abgefasst worden ist, in einem anderen Vertrags- oder Mitgliedstaat geltend machen, so ist das Urteil auf ihren Antrag zu vervollständigen. ²Der Antrag kann bei dem Gericht schriftlich oder durch Erklärung zu Protokoll der Geschäftsstelle gestellt werden. ³Über den Antrag wird ohne mündliche Verhandlung entschieden.

II Zur Vervollständigung des Urteils sind der Tatbestand und die Entscheidungsgründe nachträglich abzufassen, von den Richtern besonders zu unterschreiben und der Geschäftsstelle zu übergeben; der Tatbestand und die Entscheidungsgründe können auch von Richtern unterschrieben werden, die bei dem Urteil nicht mitgewirkt haben.

III ¹ Für die Berichtigung des nachträglich abgefassten Tatbestands gilt § 320 der Zivilprozessordnung entsprechend. ²Jedoch können bei der Entscheidung über einen Antrag auf Berichtigung auch solche Richter mitwirken, die bei dem Urteil oder der nachträglichen Anfertigung des Tatbestands nicht mitgewirkt haben.

IV Die vorstehenden Absätze gelten entsprechend für die Vervollständigung von Arrestbefehlen, einstweiligen Anordnungen und einstweiligen Verfügungen, die in einem anderen Vertrags- oder Mitgliedstaat geltend gemacht werden sollen und nicht mit einer Begründung versehen sind.

§ 31. Vollstreckungsklausel zur Verwendung im Ausland. Vollstreckungsbescheide, Arrestbefehle und einstweilige Verfügungen, deren Zwangsvollstreckung in einem anderen Vertrags- oder Mitgliedstaat betrieben werden soll, sind auch dann mit der Vollstreckungsklausel zu versehen, wenn dies für eine Zwangsvollstreckung im Inland nach § 796 Abs. 1, § 929 Abs. 1 und § 936 der Zivilprozessordnung nicht erforderlich wäre.

§ 32. Mahnverfahren mit Zustellung im Ausland. ¹ ¹ Das Mahnverfahren findet auch statt, wenn die Zustellung des Mahnbescheids in einem anderen Vertrags- oder Mitgliedstaat erfolgen muss. ²In diesem Falle kann der Anspruch auch zur Zahlung einer bestimmten Geldsumme in ausländischer Währung zum Gegenstand haben.

II Macht der Antragsteller geltend, dass das Gericht auf Grund einer Gerichtsstandsvereinbarung zuständig sei, so hat er dem Mahnantrag die erforderlichen Schriftstücke über die Vereinbarung beizufügen.

III ¹ Die Widerspruchsfrist (§ 692 Abs. 1 Nr. 3 der Zivilprozessordnung) beträgt einen Monat.

1 **Bem.** Vgl Art 25 EuGVÜ; das Mahnverfahren, I, findet auch in allen Fällen statt, in denen der Mahnbescheid in einem Vertragsstaat des LuganoÜbk zuzustellen ist. Zum grenzüberschreitenden Mahnverfahren, § 688 III ZPO, s Wagner RIW 95, 89, Hök MDR 88, 189, Müller/Hök JB 87, 1447. § 32 gilt nicht in Sachen nach dem Haager UnterhVollstrÜbk, § 41 II. III 2 u 3 sind mWv 1. 7. 02 aufgehoben worden. Art 2 XVIII ZustRG v 25. 6. 01, BGBl 1206.

Abschnitt 9. Verhältnis zu besonderen Anerkennungsverfahren; Konzentrationsermächtigung

§ 33. Verhältnis zu besonderen Anerkennungsverfahren. Soweit nicht anders bestimmt, bleibt Artikel 7 des Familienrechtsänderungsgesetzes vom 11. August 1961 (BGBl. I S. 1221), zuletzt geändert durch Artikel 3 § 5 des Gesetzes vom 25. Juni 1998 (BGBl. II S. 1580), unberührt.

§ 34. Konzentratonsermächtigung. ¹ ¹ Die Landesregierungen werden für die Ausführung von Anerkennungs- und Vollstreckungsverträgen nach diesem Gesetz und die Durchführung der Verordnung (EG) Nr. 44/2001 ermächtigt, durch Rechtsverordnung die Entscheidung über Anträge auf Erteilung der Vollstreckungsklausel zu ausländischen Titeln in Zivil- und Handelssachen, über Anträge auf Aufhebung oder Abänderung dieser Vollstreckungsklausel und über Anträge auf Feststellung der Anerkennung einer ausländischen Entscheidung für die Bezirke mehrerer Landgerichte einem von ihnen zuzuweisen, sofern dies der sachlichen Förderung oder schnelleren Erledigung der Verfahren dient. ²Die Ermächtigung kann für die Übereinkommen über die gerichtliche Zuständigkeit und die Vollstreckung gerichtlicher Entscheidungen in Zivil- und Handelssachen vom 27. September 1968 (BGBl. 1972 II S. 773) und vom 16. September 1988 (BGBl. 1994 II S. 2658) und die Verordnung (EG) Nr. 44/2001 jeweils allein ausgeübt werden.

II Die Landesregierungen können die Ermächtigung durch Rechtsverordnung auf die Landesjustizverwaltungen übertragen.

Teil 2. Besonderes

Abschnitt 1. Übereinkommen über die gerichtliche Zuständigkeit und die Vollstreckung gerichtlicher Entscheidungen in Zivil- und Handelssachen vom 27. September 1968 und vom 16. September 1988

§ 35. Sonderregelungen über die Beschwerdefrist. ¹Die Frist für die Beschwerde des Verpflichteten gegen die Entscheidung über die Zulassung der Zwangsvollstreckung beträgt zwei Monate und beginnt von dem Tage an zu laufen, an dem die Entscheidung dem Verpflichteten entweder in Person oder in seiner Wohnung zugestellt worden ist, wenn der Verpflichtete seinen Wohnsitz oder seinen Sitz in einem anderen Vertragsstaat dieser Übereinkommen hat. ²Eine Verlängerung dieser Frist wegen weiter Entfernung ist ausgeschlossen. ³§ 10 Abs. 2 und 3 Satz 2 sowie § 11 Abs. 3 Satz 1 und 2 finden in diesen Fällen keine Anwendung.

Bem. Für die Bemessung der Beschwerdefrist gelten iRv EuGVÜ, LugÜbk, VO (EG) Nr 1347/00 u VO (EG) Nr. 44/2001 die gleichen Maßstäbe. 1

§ 36. Aussetzung des Beschwerdeverfahrens. ¹¹Das Oberlandesgericht kann auf Antrag des Verpflichteten seine Entscheidung über die Beschwerde gegen die Zulassung der Zwangsvollstreckung aussetzen, wenn gegen die Entscheidung im Ursprungsstaat ein ordentliches Rechtsmittel eingelegt oder die Frist hierfür noch nicht verstrichen ist; im letzteren Falle kann das Oberlandesgericht eine Frist bestimmen, innerhalb deren das Rechtsmittel einzulegen ist. ²Das Gericht kann die Zwangsvollstreckung auch von einer Sicherheitsleistung abhängig machen.

II Absatz 1 ist im Verfahren auf Feststellung der Anerkennung einer Entscheidung (§§ 25 und 26) entsprechend anzuwenden.

Bem. Vgl Art 38 EuGVÜ u LugÜbk. 1

Abschnitt 2. Haager Übereinkommen vom 2. Oktober 1973 über die Anerkennung und Vollstreckung von Unterhaltsentscheidungen

§ 37. Einschränkungen der Anerkennung und Vollstreckung. ¹Die Anerkennung und Vollstreckung von öffentlichen Urkunden aus einem anderen Vertragsstaat findet nur statt, wenn der andere Vertragsstaat die Erklärung nach Artikel 25 des Übereinkommens abgegeben hat.

II Die Anerkennung und Vollstreckung von Entscheidungen aus einem anderen Vertragsstaat in Unterhaltssachen zwischen Verwandten in der Seitenlinie und zwischen Verschwägerten ist auf Verlangen des Verpflichteten zu versagen, wenn nach den Sachvorschriften des Rechts des Staates, dem der Verpflichtete und der Berechtigte angehören, eine Unterhaltspflicht nicht besteht; dasselbe gilt, wenn sie keine gemeinsame Staatsangehörigkeit haben und nach dem am gewöhnlichen Aufenthaltsort des Verpflichteten geltenden Recht eine Unterhaltspflicht nicht besteht.

Bem. Nach § 1 I Z 1 gilt das AVAG nicht für die Ausführung des Haager UnterhVollstrÜbk 1958, so daß 1 insofern das AusfG v 18. 7. 61 fortgilt, das die Zuständigkeit des AG und ein besonderes Verfahren vorsieht, Geimer NJW 00, 2159, Ffm u Stgt DAVorm 89, 102 f; vgl Üb 1 Schlußanh V A 2.

§ 38. Sonderregelungen für das Beschwerdeverfahren. ¹Die Frist für die Beschwerde des Verpflichteten gegen die Zulassung der Zwangsvollstreckung beträgt zwei Monate, wenn die Zustellung an den Verpflichteten im Ausland erfolgen muss.

II § 10 Abs. 2 Satz 1 ist nur auf die Zustellung durch öffentliche Bekanntmachung anzuwenden.

III Die Vorschriften über die Aussetzung des Verfahrens vor dem Oberlandesgericht und die Zulassung der Zwangsvollstreckung gegen Sicherheitsleistung (§ 36 Abs. 1) sind entsprechend anzuwenden.

§ 39. Weitere Sonderregelungen. Die Vorschriften über die Feststellung der Anerkennung einer Entscheidung (§§ 25 und 26), über die Aufhebung oder Änderung dieser Feststellung (§ 29 in Verbindung mit § 27) sowie über das Mahnverfahren (§ 32) finden keine Anwendung.

AnerkVollstrAbk

Schlußanhang V E

Abschnitt 3. Vertrag vom 17. Juni 1977 zwischen der Bundesrepublik Deutschland und dem Königreich Norwegen über die gegenseitige Anerkennung und Vollstreckung gerichtlicher Entscheidungen und anderer Schuldtitel in Zivil- und Handelssachen

§ 40. *Abweichungen von § 22.* I Weist das Oberlandesgericht die Beschwerde des Verpflichteten gegen die Zulassung der Zwangsvollstreckung zurück oder lässt es auf die Beschwrde des Berechtigten die Zwangsvollstreckung aus dem Titel zu, so entscheidet es abweichend von § 22 Abs. 1 zugleich darüber, ob die Zwangsvollstreckung über Maßregeln zur Sicherung hinaus fortgesetzt werden kann:
1. Ist bei einer auf eine bestimmte Geldsumme lautenden Entscheidung der Nachweis, dass die Entscheidung rechtskräftig ist, nicht geführt, so ordnet das Oberlandesgericht an, dass die Vollstreckung erst nach Vorlage einer norwegischen Rechtskraftbescheinigung nebst Übersetzung (Artikel 14 Abs. 1 Nr. 2 und 6 und Abs. 2 des Vertrags) unbeschränkt stattfinden kann.
2. Ist der Nachweis, dass die Entscheidung rechtskräftig ist, geführt oder ist der Titel ein gerichtlicher Vergleich, so ordnet das Oberlandesgericht an, dass die Zwangsvollstreckung unbeschränkt stattfinden darf.

II § 22 Abs. 2 und 3 bleibt unberührt.

§ 41. *Abweichungen von § 23.* I Die Zwangsvollstreckung aus dem Titel, den der Urkundsbeamte der Geschäftsstelle des Landgerichts mit der Vollstreckungsklausel versehen hat, ist auf Antrag des Berechtigten auch dann über Maßregeln zur Sicherung hinaus fortzusetzen (§ 23 Abs. 1), wenn eine gerichtliche Anordnung nach § 40 Abs. 1 Nr. 1 oder § 22 Abs. 2 und 3 vorgelegt wird und die darin bestimmten Voraussetzungen erfüllt sind.

II 1 Ein Zeugnis gemäß § 23 Abs. 1 ist dem Berechtigten auf seinen Antrag abweichend von § 23 Abs. 2 Nr. 2 nur zu erteilen, wenn der Verpflichtete bis zum Ablauf der Beschwerdefrist keine Beschwerdeschrift eingereicht hat und wenn
1. der Berechtigte bei einer auf eine bestimmte Geldsumme lautenden Entscheidung nachweist, dass die Entscheidung rechtskräftig ist (Artikel 14 Abs. 1 Nr. 2 und 6 und Abs. 2 des Vertrags),
2. die Entscheidung nicht auf eine bestimmte Geldsumme lautet oder
3. der Titel ein gerichtlicher Vergleich ist. ² § 23 Abs. 2 Nr. 2 bis 4 findet keine Anwendung.

III § 23 Abs. 3 bleibt unberührt.

§ 42. *Abweichungen von § 24.* I Die Zwangsvollstreckung aus dem Titel, zu dem der Urkundsbeamte der Geschäftsstelle des Oberlandesgerichts die Vollstreckungsklausel erteilt hat, ist abweichend von § 24 Abs. 1 auf Antrag des Berechtigten nur im Rahmen einer gerichtlichen Anordnung nach § 40 oder § 22 Abs. 2 und 3 fortzusetzen. ² Eines besonderen Zeugnisses des Urkundsbeamten der Geschäftsstelle bedarf es nicht.

§ 43. *Folgeregelungen für das Rechtsbeschwerdeverfahren.* I Auf das Verfahren über die Rechtsbeschwerde sind neben den in § 17 Abs. 2 Satz 2 aufgeführten Vorschriften auch die §§ 40 und 42 sinngemäß anzuwenden.

II 1 Hat der Bundesgerichtshof eine Anordnung nach Absatz 1 in Verbindung mit § 40 Abs. 1 Nr. 1 erlassen, so ist in Abweichung von § 17 Abs. 3 Satz 3 ein Zusatz aufzunehmen, dass die Zwangsvollstreckung über Maßregeln zur Sicherung nicht hinausgehen darf. ² Der Inhalt des Zusatzes bestimmt sich nach dem Inhalt der Anordnung.

Bem. I und II 1 mWv 1. 1. 02 redaktionell geändert durch Art 29 Z 5 ZPO-RG.

§ 44. *Weitere Sonderregelungen.* I Hat der Verpflichtete keinen Wohnsitz im Inland, so ist für die Vollstreckbarerklärung von Entscheidungen und gerichtlichen Vergleichen auch das Landgericht örtlich zuständig, in dessen Bezirk der Verpflichtete Vermögen hat.

II Ist die Entscheidung auf die Leistung einer bestimmten Geldsumme gerichtet, so bedarf es für die Zulassung zur Zwangsvollstreckung nicht des Nachweises, dass die Entscheidung rechtskräftig ist (Artikel 10 Abs. 2 und Artikel 17 Abs. 1 Satz 2 des Vertrags).

III 1 Auf das Verfahren über die Beschwerde des Verpflichteten gegen die Zulassung der Zwangsvollstreckung findet § 12 Abs. 2 keine Anwendung. ² § 12 Abs. 1 gilt für die Beschwerde, die sich gegen die Zulassung der Zwangsvollstreckung aus einem gerichtlichen Vergleich richtet, sinngemäß:

IV Die Vorschriften über die Feststellung der Anerkennung einer Entscheidung (§§ 25 und 26) und über die Aufhebung oder Änderung dieser Feststellung (§ 29 in Verbindung mit § 27) finden keine Anwendung.

Abschnitt 4. Vertrag vom 20. Juli 1977 zwischen der Bundesrepublik Deutschland und dem Staat Israel über die gegenseitige Anerkennung und Vollstreckung gerichtlicher Entscheidungen in Zivil- und Handelssachen

§ 45. *Abweichungen von § 22.* I Weist das Oberlandesgericht die Beschwerde des Verpflichteten gegen die Zulassung der Zwangsvollstreckung zurück oder lässt es auf die Beschwerde des

Berechtigten die Zwangsvollstreckung aus dem Titel zu, so entscheidet es abweichend von § 22 Abs. 1 zugleich darüber, ob die Zwangsvollstreckung über Maßregeln zur Sicherung hinaus fortgesetzt werden kann:
1. Ist der Nachweis, dass die Entscheidung rechtskräftig ist, nicht gefährdet, so ordnet das Oberlandesgericht an, dass die Vollstreckung erst nach Vorlage einer israelischen Rechtskraftbescheinigung nebst Übersetzung (Artikel 15 Abs. 1 Nr. 2 und 7 des Vertrags) unbeschränkt stattfinden darf.
2. Ist der Nachweis, dass die Entscheidung rechtskräftig ist, erbracht oder ist die Entscheidung eine Unterhaltspflicht zum Gegenstand oder ist der Titel ein gerichtlicher Vergleich, so ordnet das Oberlandesgericht an, dass die Zwangsvollstreckung unbeschränkt stattfinden darf.

II § 22 Abs. 2 und 3 bleibt unberührt.

§ 46. Abweichungen von § 23. I Die Zwangsvollstreckung aus dem Titel, den der Urkundsbeamte der Geschäftsstelle des Landgerichts mit der Vollstreckungsklausel versehen hat, ist auf Antrag des Berechtigten auch dann über Maßregeln zur Sicherung hinaus fortzusetzen (§ 23 Abs. 1), wenn eine gerichtliche Anordnung nach § 45 Abs. 1 Nr. 1 oder § 22 Abs. 2 und 3 vorgelegt wird und die darin bestimmten Voraussetzungen erfüllt sind.

II Ein Zeugnis gemäß § 23 Abs. 1 ist dem Berechtigten auf seinen Antrag abweichend von § 23 Abs. 2 Nr. 1 nur zu erteilen, wenn der Verpflichtete bis zum Ablauf der Beschwerdefrist keine Beschwerdeschrift eingereicht hat und wenn
1. der Berechtigte den Nachweis führt, dass die Entscheidung rechtskräftig ist (Artikel 21 des Vertrags),
2. die Entscheidung eine Unterhaltspflicht zum Gegenstand hat (Artikel 20 des Vertrags) oder
3. der Titel ein gerichtlicher Vergleich ist.
§ 23 Abs. 2 Nr. 2 bis 4 findet keine Anwendung.

III § 23 Abs. 3 bleibt unberührt.

§ 47. Abweichungen von § 24. I Die Zwangsvollstreckung aus dem Titel, zu dem der Urkundsbeamte der Geschäftsstelle des Oberlandesgerichts die Vollstreckungsklausel erteilt hat, ist abweichend von § 24 Abs. 1 auf Antrag des Berechtigten nur im Rahmen einer gerichtlichen Anordnung nach § 45 oder § 22 Abs. 2 und 3 fortzusetzen. 2 Eines besonderen Zeugnisses des Urkundsbeamten der Geschäftsstelle bedarf es nicht.

§ 48. Folgeregelungen für das Rechtsbeschwerdeverfahren. I Auf das Verfahren über die Rechtsbeschwerde sind neben den in § 17 Abs. 2 Satz 2 aufgeführten Vorschriften auch die §§ 45 und 47 sinngemäß anzuwenden.

II 1 Hat der Bundesgerichtshof eine Anordnung nach Absatz 1 in Verbindung mit § 45 Abs. 1 Nr. 1 erlassen, so ist in Abweichung von § 17 Abs. 3 Satz 3 ein Zusatz aufzunehmen, dass die Zwangsvollstreckung über Maßregeln zur Sicherung nicht hinausgehen darf. 2 Der Inhalt des Zusatzes bestimmt sich nach dem Inhalt der Anordnung.

Bem. I u II 1 mWv 1. 1. 02 redaktionell geändert durch Art 29 Z 5 ZPO-RG.

§ 49. Weitere Sonderregelungen. I Hat der Verpflichtete keinen Wohnsitz im Inland, so ist für die Vollstreckbarerklärung von Entscheidungen und gerichtlichen Vergleichen auch das Landgericht örtlich zuständig, in dem die Vollstreckung nicht gilt, oder in einem nicht der Europäischen Union ange

II 1 Auf das Verfahren über die Beschwerde des Verpflichteten gegen die Zulassung der Zwangsvollstreckung findet § 12 Abs. 2 keine Anwendung. 2 § 12 Abs. 1 gilt für die Beschwerde, die sich gegen die Zulassung der Zwangsvollstreckung aus einem gerichtlichen Vergleich richtet, sinngemäß.

Abschnitt 5. *(aufgehoben)*

Abschnitt 6. Verordnung (EG) Nr. 44/2001 des Rates
vom 22. Dezember 2000 über die gerichtliche Zuständigkeit
und die Anerkennung und Vollstreckung
von Entscheidungen in Zivil- und Handelssachen

§ 55. Abweichungen von Vorschriften des Allgemeinen Teils; ergänzende Regelungen. I Die §§ 3, 6 Abs. 1, § 7 Abs. 1 Satz 2 und Abs. 2, § 11 Abs. 1 Satz 2 und Abs. 3 Satz 1 erster Halbsatz und Satz 2 sowie § 18 finden keine Anwendung.

II 1 Artikel 43 Abs. 5 Satz 2 und 3 der Verordnung ist sinngemäß auch dann anzuwenden, wenn der Verpflichtete seinen Wohnsitz oder seinen Sitz in einem Mitgliedstaat der Europäischen Union, in dem die Verordnung nicht gilt, oder in einem nicht der Europäischen Union angehörenden Vertragsstaat des Übereinkommens vom 16. September 1988 über die gerichtliche Zuständigkeit und die Vollstreckung gerichtlicher Entscheidungen in Zivil- und Handelssachen (BGBl. 1994 II S. 2658) hat. 2 Dementsprechend finden § 10 Abs. 2 und 3 Satz 2 sowie § 11 Abs. 3 Satz 1 zweiter Halbsatz keine Anwendung, wenn der Verpflichtete seinen Wohnsitz oder seinen

IntSchG

Sitz in einem anderen Mitgliedstaat der Europäischen Union oder in einem anderen Vertragsstaat dieses Übereinkommens hat.

III ¹ In einem Verfahren, das die Vollstreckbarerklärung einer notariellen Urkunde zum Gegenstand hat, kann diese Urkunde auch von einem Notar für vollstreckbar erklärt werden. ² Die Vorschriften für das Verfahren der Vollstreckbarerklärung durch ein Gericht gelten sinngemäß.

1   **Bem.** Der durch Art 1 Z 6 G v 30. 1. 02, BGBl 564, angefügte Abschnitt 6 regelt die Durchführung der VO (EG) Nr. 44/2001, **Schlußanh V C 4**. Die Abweichungen beruhen darauf, dass die VO eigene Regelungen enthält. Wegen des in II genannten LugGVÜ v 16. 9. 88 und seiner Vertragsstaaten wird auf **Schlußanh V D** verwiesen. Zu II s Bem zu § 2.

§ 56. Bescheinigungen zu inländischen Titeln. ¹ ¹ Die Bescheinigungen nach den Artikeln 54, 57 und 58 der Verordnung werden von dem Gericht, der Behörde oder der mit öffentlichem Glauben versehenen Person ausgestellt, der die Erteilung einer vollstreckbaren Ausfertigung des Titels obliegt. ² Soweit danach für die Ausstellung der Bescheinigung Gerichte zuständig sind, wird diese von dem Gericht des ersten Rechtszuges und, wenn das Verfahren bei einem höheren Gericht anhängig ist, von diesem Gericht ausgestellt. ³ Funktionell zuständig ist die Stelle, der die Erteilung einer vollstreckbaren Ausfertigung des Titels obliegt. ⁴ Für die Anfechtbarkeit der Entscheidung über die Ausstellung der Bescheinigung gelten die Vorschriften über die Anfechtbarkeit der Entscheidung über die Erteilung der Vollstreckungsklausel sinngemäß.

VI. Internationale Schiedsgerichtsbarkeit

Übersicht

1   Folgende **Staatsverträge** regeln oder enthalten Bestimmungen über die Anerkennung und Vollstreckbarkeit von Schiedsverträgen, Schiedssprüchen und Schiedsvergleichen:
a) Das UN-Übk über die Anerkennung und Vollstreckung ausländischer Schiedssprüche v 10. 6. 58, unten A 1. Es ist für die BRep an die Stelle des Genfer Protokolls über Schiedsklauseln im Handelsverkehr v 24. 9. 23 und des Genfer Abkommens zur Vollstreckung ausländischer Schiedssprüche v 29. 9. 27 getreten, Art 7 II Übk. Protokoll und Abkommen (Text mit Erläuterungen s 25. Aufl) bestehen aber zwischen der BRep und einigen Staaten noch fort; vgl wegen der Vertragspartner dieser beiden Verträge Einl IV § 1 ZPO Rn 11, ferner BBGS C I 3 u kritisch Mezger RabelsZ **59**, 222.

2   **b)** Das Europäische Übereinkommen über die internationale Handelsschiedsgerichtsbarkeit v 21. 4. 61, abgedr unten A 2.

Während a und b Kollektivverträge sind, denen die BRep beigetreten ist (wegen der Mitgliedstaaten Einl IV vor § 1 ZPO Rn 10 u 12), sind auch in zahlreichen bilateralen Staatsverträgen der BRep Bestimmungen über das Schiedsgerichtswesen enthalten, nämlich in

c) dt-schweizerischen Abk v. 28. 7. 30, Art 9, s Schlußanh V B 1;
d) dt-italienischen Abk v 9. 3. 36, Art 8 s Schlußanhang V B 2;
e) dt-amerikanischen Freundschaft-, Handels- u Schiffahrtsabk v 29. 10. 54, Art VI Z 2, unten B 1;
f) dt-österreichischen Vertrag v 6. 59, Art 12, s Schlußanh V B 3;
g) dt-belgischen Abk v 30. 6. 58, Art 13, s Schlußanh V B 4;
h) dt-griechischen Vertrag v 4. 11. 61, Art 14, s Schlußanh V B 6;
i) dt-niederländischen Vertrag v 30. 8. 62, Art 17, s Schlußanh V B 7;
k) dt-sowjetischen Abk v 25. 4. 58, Art 8, unten B 2;
l) dt-tunesischen Vertrag v 19. 7. 66, Art 47–53, s Schlußanh V B 8.

Über das Verhältnis von § 1061 ZPO zu den staatsvertraglichen Regelungen vgl dort Rn 3.

A. Kollektivverträge

1. UN-Übereinkommen über die Anerkennung und Vollstreckung ausländischer Schiedssprüche vom 10. 6. 58, BGBl 61 II 122

Wegen des **Geltungsbereichs** vgl Einl V vor § 1 ZPO Rn 10. Dort auch näheres darüber, inwieweit GenfProt u GenfAbk noch in Kraft sind, vgl auch Art 7 II Übk. Das Übk, dem die DDR beigetreten war, gilt auch in den neuen Bundesländern in der 1960 von der BRep ratifizierten Fassung, v. Hoffmann IPrax **91**, 10. Zum zeitlichen Anwendungsbereich BGH NJW **82**, 1225, zum Verhältnis des Übk zu anderen völkerrechtlichen Verträgen und zum innerstaatlichen Recht s Art 7.

Nach **§ 1061 ZPO** idF des SchiedsVfG v 22. 12. 97, BGBl 3224, gilt das Übk als innerstaatliches Recht für alle ausländischen Schiedssprüche, wobei multilaterale und bilaterale Staatsverträge unberührt bleiben, § 1061 I 2, dazu Erl zu § 1061 ZPO u BT-Drs 13/5274 S 61 ff (Übergangsrecht: Art 4 § 1 SchiedsVfG, Einf § 1025 Rn 1).

Schrifttum: *MüKoGo* Schlußanh Nr 6 a; *BBGS* 714; *StJSchl* Anh § 1044 Rn 1–92; *SchwW* Kap 56–58; *Nagel/Gottwald*, Internationales Zivilprozeßrecht, 5. Aufl 2002, 16; *Bertheau*, Das ... Übk ... v 10. 6. 58, 1965; *Eisemann-Mezger-Schottelius*, Internationale Schiedsgerichtsbarkeit in Handelssachen; *Haas*, Die Anerk u Vollstr ausländischer u internat Schiedssprüche, 1991; *v. Hülsen*, Gültigkeit von internationalen Schiedsvereinbarungen nach Konventionsrecht ..., 1973; *H.J. Maier*, Europ Übk u UN-Übk über die Internationale Schiedsgerichtsbarkeit, 1966; *Bülow*, Das UN-Übk ..., KTS **59**, 1.

Art. 1. ^{I 1} Dieses Übereinkommen ist auf die Anerkennung und Vollstreckung von Schiedssprüchen anzuwenden, die in Rechtsstreitigkeiten zwischen natürlichen oder juristischen Personen in dem Hoheitsgebiet eines anderen Staates als desjenigen ergangen sind, in dem die Anerkennung und Vollstreckung nachgesucht wird. ² Es ist auch auf solche Schiedssprüche anzuwenden, die in dem Staat, in dem ihre Anerkennung und Vollstreckung nachgesucht wird, nicht als inländische anzusehen sind.

II Unter „Schiedssprüchen" sind nicht nur Schiedssprüche von Schiedsrichtern, die für eine bestimmte Sache bestellt worden sind, sondern auch solche eines ständigen Schiedsgerichtes, dem sich die Parteien unterworfen haben, zu verstehen.

III ¹ Jeder Staat, der dieses Übereinkommen unterzeichnet oder ratifiziert, ihm beitritt oder dessen Ausdehnung gemäß Artikel X notifiziert, kann gleichzeitig auf der Grundlage der Gegenseitigkeit erklären, daß er das Übereinkommen nur auf die Anerkennung und Vollstreckung solcher Schiedssprüche anwenden werde, die in dem Hoheitsgebiet eines anderen Vertragsstaates ergangen sind. ² Er kann auch erklären, daß er das Übereinkommen nur auf Streitigkeiten aus solchen Rechtsverhältnissen, sei es vertraglicher oder nicht vertraglicher Art, anwenden werde, die nach seinem innerstaatlichen Recht als Handelssachen angesehen werden.

Die **BRep** hat ihrem **Vorbehalt** gemäß Art 1 III, BGBl 62 II 102 (abgedr 57. Aufl) am 31. 8. 98 im Hinblick auf § 1061 ZPO (idF des SchiedsVfG) **zurückgenommen**, BGBl 99 II 7.

Bem. Zu I: Erfaßt werden durch I Schiedssprüche (nicht auch Schiedsvergleiche), die nicht im Hoheits- 1 gebiet des Anerkennungs- und Vollstreckungsstaates ergangen sind, mag der andere Staat auch ein Nicht-Vertragsstaat sein (jedoch ist ein Vorbehalt möglich, III 1, so für Bundesrepublik, Bulgarien, Frankreich, Indien, Japan, Marokko, Norwegen, Österreich, Polen, Rumänien, Tschechoslowakei, UdSSR, Ukraine, Ungarn, Weißrußland, Zentralafrikanische Republik; teilweise wenden diese Länder das Übk auch auf Nichtvertragsstaaten an, die Gegenseitigkeit gewähren), vgl Walter KTS **83**, 665 (abl zu Stgt KTS **83**, 663). „Ergangen" ist der Schiedsspruch in dem Land, in dem das Verfahren seinen örtlichen Schwerpunkt hat, MüKoGo 15, Berger RIW **93**, 8, uUmst dort, wo er unterzeichnet worden ist, Rensmann RIW **91**, 911 mwN, str. Auf die Staatsangehörigkeit der Parteien kommt es nicht an. Maßgeblich für die Qualifikation als Schiedsspruch ist nicht das nationale Recht; vielmehr ist das Übk aus sich heraus eigenständig auszulegen, hM, BGH NJW **82**, 1225. Danach ist Schiedsspruch iSv Art 1 nur eine Entscheidung, die einen Rechtsstreit mit Urteilswirkung beendet, was zB auf den „lodo di arbitrato irrituale" des italienischen Rechts nicht zutrifft, BGH NJW **82**, 1224 zu Hbg IPrax **82**, 146, zustm Wenger IPrax **82**, 135 u Walter RIW **82**, 697, ferner Habscheid KTS **84**, 63. Zwischen- oder Teilschiedssprüche, die sich nur mit prozessualen Fragen befassen, sind keine Schiedssprüche iSv Art 1, Laschet IPrax **84**, 74 (zu LG Köln IPrax **84**, 90). Anwendbar ist Art 1 auf Schiedssprüche ohne Rücksicht darauf, welcher Gerichtsbarkeit sich die Parteien unterworfen sind, und auch auf Schiedssprüche, die zwar im Anerkennungs- und Vollstreckungsstaat ergangen sind, dort aber nicht als inländische angesehen werden, weil das Verf nach ausländischem Verfahrensrecht durchgeführt ist, BGH WertpMitt **90**, 1127.

Zur Geltung des Übk für völkerrechtliche Schiedssprüche vgl Herdegen RIW **89**, 335.

Zu II: Einbezogen werden in das Anerkennungs- und VollstrVerfahren auch die Schiedssprüche ständiger 2 Schiedsgerichte, zB solche der Hamburger freundschaftlichen Arbitrage und nach den Waren-Vereins-Bedingungen, vgl BGH NJW **83**, 1268, zustm Habscheid KTS **84**, 61.

Zu III 2: Vorbehalte haben Frankreich, Indien, Polen, Rumänien, Ungarn, Zentralafrikanische Republik gemacht. Norwegen wendet das Übk nicht auf Streitigkeiten an, bei denen Liegenschaften in Norwegen oder Rechte an derartigen Liegenschaften Gegenstand des Verf sind.

Art. 2. ¹ Jeder Vertragsstaat erkennt eine schriftliche Vereinbarung an, durch die sich die Parteien verpflichten, alle oder einzelne Streitigkeiten, die zwischen ihnen aus einem bestimmten Rechtsverhältnis, sei es vertraglicher oder nichtvertraglicher Art, bereits entstanden sind oder etwa künftig entstehen, einem schiedsrichterlichen Verfahren zu unterwerfen, sofern der Gegenstand des Streites auf schiedsrichterlichem Wege geregelt werden kann.

II Unter einer „schriftlichen Vereinbarung" ist eine Schiedsklausel in einem Vertrag oder eine Schiedsabrede zu verstehen, sofern der Vertrag oder die Schiedsabrede von den Parteien unterzeichnet oder in Briefen oder Telegrammen enthalten ist, die sie gewechselt haben.

III Wird ein Gericht eines Vertragsstaates wegen eines Streitgegenstandes angerufen, hinsichtlich dessen die Parteien eine Vereinbarung im Sinne dieses Artikels getroffen haben, so hat das Gericht auf Antrag einer der Parteien sie auf das schiedsrichterliche Verfahren zu verweisen, sofern es nicht feststellt, daß die Vereinbarung hinfällig, unwirksam oder nicht erfüllbar ist.

Bem. Art 2 I u II gibt die formellen Voraussetzungen der Anerkennung von Schiedsverträgen als Grund- 1 lage der Anerkennung und Vollstreckung nach dem Übk; die Vorschrift ist eigenständig und ohne Zuhilfenahme des nationalen Rechts auszulegen, SchwW 44 Rn 7. Die Parteien können vereinbaren, welches Recht auf das Verfahren Anwendung finden soll; das braucht nicht in der Form des II zu geschehen, vgl Art 5 I d; jedoch muß die Regelung sich stets auf ein nationales Recht zurückführen lassen, also keine Loslösung von jedem nationalen Recht; fehlt eine solche Vereinbarung, so gilt Art 5 d, Bülow/Arnold Anm 55, 56. Materiellrechtlich ist für die Gültigkeit der von den Parteien geschlossenen Vereinbarung hinsichtlich der Fähigkeit hierzu das Personalstatut des Abschließenden, im übrigen das von den Parteien bestimmte Recht, hilfsweise das Recht des Landes, in dem der Schiedsspruch ergangen ist, von Bedeutung, Art V 1 a.

Wenn es sich um einen Schiedsspruch iSv Art 1 handelt, Nolting IPrax **87**, 350, muß der Schiedsvertrag 2 schriftlich geschlossen worden sein. Was nach dem Übk darunter zu verstehen ist, sagt **II**, dazu Lindacher, F Habscheid 1988 S 167, Wackenhuth ZZP **99**, 445, Walter RIW **82**, 698 mwN, Mezger RIW **79**, 488 (zu

LG Hbg RIW **78**, 124 u OLG Hbg RIW **79**, 482). II ist eine unmittelbar anwendbare einheitliche Sachnorm, Haas IPrax **93**, 383 mwN, die jetzt in §§ 1029 II und § 1031 I ZPO wiederkehrt; sie ist für die Formgültigkeit der Schiedsvereinbarung auch dann maßgebend, wenn diese agrd einer Schiedseinrede als Vorfrage in einem Verfahren von dem Staatsgericht zu klären ist. Danach ist die Wahrung der Form nach § 126 BGB nicht erforderlich: der Austausch von Briefen oder Telegrammen (auch von Fernschreiben) reicht aus, dazu BayObLG RR **03**, 719; das gleiche gilt für Telex und Telefax, SchwW 44 Rn 7, vgl § 519 ZPO Rn 9 u 10. Eine Schiedsklausel in AGB genügt, wenn diese in die den Anforderungen von II genügende Vertragsurkunde aufgenommen worden ist oder wenn im Vertragstext auf AGB verwiesen wird und diese als Anlage mit dem Vertrag verbunden und mitverschickt worden sind, BayObLG RR **99**, 645, Mü RR **96**, 1532 mwN, vgl BGH NJW **84**, 2763, zustm Schlosser IPrax **85**, 144, Mezger RIW **84**, 650, krit Lindacher aaO (enger wohl BGH NJW **76**, 1591). Dagegen reicht die einseitige schriftliche Bestätigung einer mündlichen Abrede nicht aus, BGH AWD **70**, 417. Die Formvorschrift gilt auch für Vollkaufleute. Die Heilung eines Formmangels durch rügelose Einlassung vor dem Schiedsgericht (§ 1031 VI ZPO) ist im Übk nicht vorgesehen, Düss DB **72**, 1060, aber nach Art 2 II wohl zulässig, SchwW 44 Rn 10, Wackenhuth RIW **85**, 568 mwN, str; wohl aber genügt der in einem Schriftwechsel bei Bestellung der Schiedsrichter beiderseitig erklärte Wille, daß das Schiedsgericht über den streitigen Anspruch entscheiden solle, Hbg RR **99**, 1738. Eine II nicht genügende Schiedsabrede ist nicht unwirksam, sondern steht nur der Anerkennung nach Art 2 entgegen, schließt also die Anerkennung nach günstigeren Normen nicht aus, Art 7 Rn 1, Bra IPrax **17**, 349 (Anm Otto 333), Köln RIW **93**, 499; die Wirksamkeit einer solchen Schiedsabrede bestimmt sich nach dem anzuwendenden materiellen Recht, BGH RR **93**, 1519 mwN.

III behandelt die Einrede des Schiedsvertrages, die zunächst die Prüfung seiner Gültigkeit durch das Staatsgericht herbeiführt, in der Bundesrepublik also unter Anwendung der §§ 280 I, 282 III, 296 III ZPO und gegebenenfalls Prozeßabweisung zur Folge hat. Zur Feststellung der Unwirksamkeit der Schiedsabrede s StJSchl Anh § 1044 Rn 22, Gehrlein ZIP **95**, 964.

3   Nach der Meistbegünstigungsklausel des Art 7 I kann sich jede Partei auf einen Schiedsspruch nach Maßgabe des innerstaatlichen Rechts oder der Verträge des Landes, in dem er geltend gemacht wird, berufen. In diesem Fall gilt nicht Art 2, sondern das günstigere Recht des Anerkennungsstaates. Unter dieser Voraussetzung kann bei Anwendbarkeit deutschen Verfahrensrechtes auch eine mündliche Schiedsabrede wirksam sein, zB nach § 1031 VI ZPO, vgl SchwW 44 Rn 12 mwN, Köln RIW **93**, 499, Düss RIW **72**, 478 (dazu Habscheid KTS **73**, 236).

Art. 3. ¹Jeder Vertragsstaat erkennt Schiedssprüche als wirksam an und läßt sie nach den Verfahrensvorschriften des Hoheitsgebietes, in dem der Schiedsspruch geltend gemacht wird, zur Vollstreckung zu, sofern die in den folgenden Artikeln festgelegten Voraussetzungen gegeben sind. ²Die Anerkennung oder Vollstreckung von Schiedssprüchen, auf die dieses Übereinkommen anzuwenden ist, darf weder wesentlich strengeren Verfahrensvorschriften noch wesentlich höheren Kosten unterliegen als die Anerkennung oder Vollstreckung inländischer Schiedssprüche.

1   **Bem.** Anerkannt werden muß auch ein Schiedsspruch, der nicht vollstreckbar ist, zB ein auf eine Feststellung lautender, Hbg MDR **64**, 854, Laschet IPrax **84**, 73 mwN. In der BRep erfolgt die Vollstreckbarerklärung nach § 1061 ZPO, s dortige Erl. Die Art 4 u 5 enthalten abschließend die Voraussetzungen für Anerkennung und Vollstreckung. Ebenso wie das EuÜbkHSch, Schlußanh VI A 2, nach seinem Art 6 IV steht das Übk Maßnahmen des einstweiligen Rechtsschutzes durch staatliche Gerichte nicht entgegen, str, vgl Weitz RIW **84**, 23.

Art. 4. ¹Zur Anerkennung und Vollstreckung, die im vorangehenden Artikel erwähnt wird, ist erforderlich, daß die Partei, welche die Anerkennung und Vollstreckung nachsucht, zugleich mit ihrem Antrag vorlegt:

a) die gehörig legalisierte (beglaubigte) Urschrift des Schiedsspruches oder eine Abschrift, deren Übereinstimmung mit einer solchen Urschrift ordnungsgemäß beglaubigt ist;

b) die Urschrift der Vereinbarung im Sinne des Artikels II oder eine Abschrift, deren Übereinstimmung mit einer solchen Urschrift ordnungsgemäß beglaubigt ist.

II ¹Ist der Schiedsspruch oder die Vereinbarung nicht in einer amtlichen Sprache des Landes abgefaßt, in dem der Schiedsspruch geltend gemacht wird, so hat die Partei, die seine Anerkennung und Vollstreckung nachsucht, eine Übersetzung der erwähnten Urkunden in diese Sprache beizubringen. ²Die Übersetzung muß von einem amtlichen oder beeidigten Übersetzer oder von einem diplomatischen oder konsularischen Vertreter beglaubigt sein.

1   **Bem** (Haas IPrax **00**, 432). Der Antrag ist in der Sprache des Anerkennungs- und VollstrStaates, die I a u b genannten Urkunden sind gegebenenfalls mit einer beglaubigten Übersetzung einzureichen. Die über § 1064 ZPO hinausgehenden Anforderungen sind im Hinblick auf Art 7 I keine Zulässigkeitsvoraussetzungen, BayObLG **00**, 233. Zum Erfordernis der Legalisierung s BGH RR **01**, 1059, NJW **01**, 1730 u **00**, 3651, BayObLG RR **03**, 503.

Art. 5. ¹Die Anerkennung und Vollstreckung des Schiedsspruches darf auf Antrag der Partei, gegen die er geltend gemacht wird, nur versagt werden, wenn diese Partei der zuständigen Behörde des Landes, in dem die Anerkennung und Vollstreckung nachgesucht wird, den Beweis erbringt,

a) daß die Parteien, die die Vereinbarung im Sinne des Artikels II geschlossen haben, nach dem Recht, das für sie persönlich maßgebend ist, in irgend einer Hinsicht hierzu nicht fähig waren, oder daß die Vereinbarung nach dem Recht, dem die Parteien sie unterstellt haben, oder falls die Parteien hierüber nichts bestimmt haben, nach dem Recht des Landes, in dem der Schiedsspruch ergangen ist, ungültig ist, oder

b) daß die Partei, gegen die der Schiedsspruch geltend gemacht wird, von der Bestellung des Schiedsrichters oder von dem schiedsrichterlichen Verfahren nicht gehörig in Kenntnis gesetzt worden ist oder daß sie aus einem anderen Grund ihre Angriffs- oder Verteidigungsmittel nicht hat geltend machen können, oder

c) daß der Schiedsspruch eine Streitigkeit betrifft, die in der Schiedsabrede nicht erwähnt ist oder nicht unter die Bestimmungen der Schiedsklausel fällt, oder daß er Entscheidungen enthält, welche die Grenzen der Schiedsabrede oder der Schiedsklausel überschreiten; kann jedoch der Teil des Schiedsspruches, der sich auf Streitpunkte bezieht, die dem schiedsrichterlichen Verfahren unterworfen waren, von dem Teil, der Streitpunkte betrifft, die ihm nicht unterworfen waren, getrennt werden, so kann der erstgenannte Teil des Schiedsspruches anerkannt und vollstreckt werden, oder

d) daß die Bildung des Schiedsgerichtes oder das schiedsrichterliche Verfahren der Vereinbarung der Parteien oder, mangels einer solchen Vereinbarung, dem Recht des Landes, in dem das schiedsrichterliche Verfahren stattfand, nicht entsprochen hat, oder

e) daß der Schiedsspruch für die Parteien noch nicht verbindlich geworden ist oder daß er von einer zuständigen Behörde des Landes, in dem oder nach dessen Recht er ergangen ist, aufgehoben oder in seinen Wirkungen einstweilen gehemmt worden ist.

II Die Anerkennung und Vollstreckung eines Schiedsspruches darf auch versagt werden, wenn die zuständige Behörde des Landes, in dem die Anerkennung und Vollstreckung nachgesucht wird, feststellt,

a) daß der Gegenstand des Streites nach dem Recht dieses Landes nicht auf schiedsrichterlichem Wege geregelt werden kann, oder

b) daß die Anerkennung oder Vollstreckung des Schiedsspruches der öffentlichen Ordnung dieses Landes widersprechen würde.

Bem. I enthält die nur auf Einrede (Beweislast hat die Partei, die sie geltend macht, BGH RR **01**, 1059 NJW **88**, 3091, Hbg KTS **83**, 504), II die von Amts wegen zu berücksichtigenden **Versagungsgründe**, SchwW Kap 57.

Zu I a: Hierunter fällt sowohl das Fehlen eines Schiedsvertrages, Schlosser F Nagel (1987) S 361, als auch die Einrede der materiellen Unwirksamkeit der Schiedsvereinbarung zB wegen Unbestimmtheit, vgl BGH NJW **83**, 1268 (Vorentscheidung: Hbg RIW **82**, 283), nach dem für die Beurteilung des Schiedsvertrages maßgeblichen Recht, BGH NJW **76**, 1591, ebenso wie die Einrede, daß der Schiedsvertrag nicht den formellen Voraussetzungen von Art II genügt. Zur Rechtswahl Basedow Jb f. d. Praxis der Schiedsgerichtsbarkeit Bd 1 – 1987 – S 13. **Zu I b:** Auch zu bejahen, wenn statt dem gesetzlichen Vertreter der beschränkt geschäftsfähigen Person selbst zugestellt ist, Bülow/Arnold Anm 51; zur Versagung rechtlichen Gehörs Aden NJW **93**, 1964, BGH WertpMitt **90**, 1128 u NJW **88**, 3092 (zu Stgt ZIP **87**, 1213), zustm Wenger IPrax **89**, 210 mwN, Raeschke-Kessler u Schlosser JbPrSchdG 2, 238 u 253, ferner Hbg RIW **91**, 154 (es genügt, daß das Oberschiedsgericht Gehör gewährt hat). Fehler bei der Sachverhaltsfeststellung oder Beweiswürdigung gehören nicht hierher, OGH Wien IPrax **92**, 331 (zustm Matscher S 335). Zum Rügeverlust s ObLG RR **01**, 431. **Zu I c:** Wegen Überschreitung der Entscheidungskompetenz bei zeitlicher Begrenzung (Befristung) dieser Kompetenz s BGH KTS **77**, 22. Vgl iü Eberl SchiedsVZ **03**, 109 (zu BayObLG RR **03**, 503). **Zu I d:** vgl Bem zu Art 2; hierin gehört zB die Überschreitung der Anträge durch das Schiedsgericht, Hbg KTS **83**, 504, nicht aber der Erlaß eines Schiedsspruchs durch einen in Übereinstimmung mit der maßgeblichen Rechtsordnung bestellten Alleinschiedsrichter, Hbg RIW **85**, 490. Zum Erlöschen des Schiedsrichteramtes nach der VerfO der IHK vgl BGH NJW **88**, 3091. **Zu I e:** „Noch nicht verbindlich" bedeutet sowohl, daß der Schiedsspruch noch nicht formell wirksam geworden ist, als auch, daß er noch durch ein Rechtsmittel oder einen Rechtsbehelf bei einem weiteren Schiedsgericht oder einem staatlichen Gericht angefochten werden kann, BGH WertpMitt **90**, 1127 mwN, vgl österr OGH IPrax **89**, 302 (dazu Heller IPrax **89**, 315). Der Schiedsspruch braucht dagegen nicht „endgültig" zu sein, dh er muß nicht im Ursprungsland für vollstreckbar erklärt worden zu sein; die Möglichkeit der Aufhebung steht der Verbindlichkeit nicht entgegen, BGH NJW **88**, 3091, BayObLG RR **03**, 503, auch nicht eine anhängige Aufhebungs- oder Anfechtungsklage, vgl Art 6, BGH NJW **78**, 1744, vgl Walter RIW **88**, 949 mwN. Die Frage der Verbindlichkeit, dazu BGH RIW **87**, 210, ist nach dem auf den Schiedsspruch anwendbaren Recht zu beurteilen, BGH WertpMitt **90**, 1127. Eine im Erlaßstaat ergangene Entscheidung über die Verbindlichkeit ist noch im Verfahren der Rechtsbeschwerde zu berücksichtigen, BGH NJW **01**, 1730. Zur Aufhebung zuständige Behörde ist die, die nach der Vereinbarung der Parteien über das Verf zuständig ist, sonst diejenige des Landes, in dem das Verf stattfand, Bülow/Arnold Anm 57–59. Im Verhältnis von Staaten, die auch Partner des EuÜbk, Schlußanh VI A 2, sind, nach Maßgabe von dessen Art 9 II.

Zu II: Die Beurteilung erfolgt nach dem Recht des Landes, dessen Behörden über Anerkennung und Vollstreckung entscheiden (haben die Parteien ihre Beziehungen ausländischem Recht unterstellt, so ist dieses Recht maßgeblich, Mü RIW **74**, 585 u BGH RIW **90**, 581). Das gilt sowohl für die Frage der Schiedsfähigkeit, II a, Hamm KTS **85**, 376 (dazu Gottwald F Nagel, 1987, S 60), als auch für II b: es kommt allein auf den ordre public des Landes an, in dem die Anerkennung und Vollstreckung nachgesucht wird, Walter KTS **83**, 665, vgl BGH WertpMitt **87**, 1155. Der maßgebliche sog internationale ordre public ist nur dann verletzt, wenn das Verf des Schiedsgerichts an einem so schwerwiegenden, die Grundlagen des staatlichen u wirtschaftlichen Lebens berührenden Mangel leidet, daß das Ergebnis nach deutscher Vorstellung untragbar erscheint, stRspr, BGH RR **01**, 1060, NJW **98**, 2358 mwN, BGH NJW **88**, 3092 u NJW **86**, 3028, krit Kornblum NJW **87**, 1105, zustm v. Winterfeld NJW **87**, 3059, Hbg RIW **91**, 153. Das Fehlen von Gründen ist kein Versagungsgrund, Walter RIW **82**, 702, ebensowenig die Entscheidung eines nach I d wirksam bestellten Alleinschiedsrichter, wenn die Bestellung nach deutschem Recht unwirksam wäre, BGH NJW **86**, 3028 zu Hbg RIW **85**, 490, zustm Walter JZ **87**, 156, abl Kornblum NJW **87**, 1105, auch nicht die maßgebliche Mitwirkung eines juristischen Beraters, BGH WertpMitt **90**, 1127 mwN, oder

IntSchG

das Absehen von einer Beweiserhebung, Köln RIW **93**, 501; zur Geltendmachung von Befangenheitsgründen s BGH RR **01**, 1060, zur Anwendung von II b, wenn der Termin- und Differenzeinwand nicht beachtet worden ist, vgl BGH NJW **98**, 2358 mwN (Aufgabe der bisherigen Rspr), oder wenn die anwaltlich vertretene Partei nicht zu einer ausdrücklichen Stellungnahme zu einer Fristverlängerung nach Art 18 VerfO der IHK aufgefordert worden ist, s BGH NJW **88**, 3091 (verneinend) zu Stgt IPrax **87**, 369 (ebenso Hermanns IPrax **87**, 353, abw Wackenhuth IPrax **87**, 355), ferner zur Anwendung auf den Fall, daß eine der Parteien während des Schiedsverfahrens unter außerordentliche Verwaltung nach italienischem Recht gestellt und ein Staatskommissar eingesetzt wurde, s Hamm KTS **85**, 375, krit Walter/Wackenhuth IPrax **85**, 200, weiter zur Anwendung bei Verurteilung zu 14 vH Zinsen Hbg RIW **91**, 154 (verneint für englischen Schiedsspruch), und bei Verurteilung zu sog punitive damages, Stein EuZW **94**, 21. Der Schiedsspruch darf auf seine sachliche Richtigkeit nachgeprüft werden, wenn davon die Entscheidung abhängt, ob seine Anerkennung gegen die öff Ordnung verstößt, BGH MDR **64**, 590 (zum Genfer Abk). Vgl iü § 1059 ZPO Rn 10 u 11.

Art. 6. Ist bei der Behörde, die im Sinne des Artikels V Absatz 1 Buchstabe e) zuständig ist, ein Antrag gestellt worden, den Schiedsspruch aufzuheben oder ihn in seinen Wirkungen einstweilen zu hemmen, so kann die Behörde, vor welcher der Schiedsspruch geltend gemacht wird, sofern sie es für angebracht hält, die Entscheidung über den Antrag, die Vollstreckung zuzulassen, aussetzen; sie kann aber auch auf Antrag der Partei, welcher die Vollstreckung des Schiedsspruches begehrt, der anderen Partei auferlegen, angemessene Sicherheit zu leisten.

1 **Bem.** Das um Anerkennung und Vollstreckung angegangene Gericht hat die Wahl, ob es die Entscheidung aussetzen oder den Schiedsspruch ungeachtet des anderen Verfahrens (gegen Sicherheit) für vollstreckbar erklären will, Laschet IPrax **84**, 74 (zu LG Köln IPrax **84**, 90), dazu Mezger IPrax **84**, 194.

Art. 7. I Die Bestimmungen dieses Übereinkommens lassen die Gültigkeit mehrseitiger oder zweiseitiger Verträge, welche die Vertragsstaaten über die Anerkennung und Vollstreckung von Schiedssprüchen geschlossen haben, unberührt und nehmen keiner beteiligten Partei das Recht, sich auf einen Schiedsspruch nach Maßgabe des innerstaatlichen Rechts oder der Verträge des Landes, in dem er geltend gemacht wird, zu berufen.

II Das Genfer Protokoll über die Schiedsklauseln von 1923 und das Genfer Abkommen zur Vollstreckung ausländischer Schiedssprüche von 1927 treten zwischen den Vertragsstaaten in dem Zeitpunkt und in dem Ausmaß außer Kraft, in dem dieses Übereinkommen für sie verbindlich wird.

1 **Bem. Zu I** (Schrifttum: Moller EWS **96**, 297). Die Bestimmung bezieht sich nicht nur auf Schiedssprüche, sondern auch auf Schiedsverträge, Art 2. Sie ermöglicht es der betreffenden Partei, von einer ihr günstigeren Regelung Gebrauch zu machen, Stgt ZIP **87**, 1214, zB vom innerstaatlichen Recht, BGH MDR **04**, 228, WM **91**, 576, NJW **84**, 2764 mwN, oder vom EuÜbkHSch, unten VI A 2, Köln RIW **93**, 500, von Art 13 des dt-belg Abk, oben V B 4, BGH NJW **78**, 1744, oder vom dt-amerik Abk, unten VI B 1, oder vom dt-sowjetischen Abk, unten VI B 2; vgl MüKoGo 5–12. Sie schließt demgemäß die Anwendung der günstigeren inländischen Bestimmungen über Anerkennung und Vollstreckung, zB § 1061 I 2 ZPO, nicht aus, vgl Bra IPrax **03**, 349 (Anm Otto 333), ferner (zum bisherigen Recht) BGH WM **91**, 576, NJW **84**, 2764 u 76, 1591 mwN, zustm MüKoMa § 1044 ZPO Rn 18 u 19, Schlosser IPrax **85**, 141, Habscheid/Calavros KTS **79**, 499, Ffm RIW **89**, 911.

2 **Zu II:** Wegen der Weitergeltung des GenfProt und GenfAbk (MüKoGo Schlußanh Nr 6 d; BBGS 710 u 712) vgl Einl IV vor § 1 ZPO Rn 11 und oben Üb Schlußanh VI Rn 1. Zur Frage der Einwirkung des UN-Übk auf Art 8 II des dt-ital Abk, Schlußanh V B 2, s Walter RIW **82**, 694.

2. Europäisches Übereinkommen über die internationale Handelsschiedsgerichtsbarkeit vom 21. 4. 61, BGBl 64 II 425

Übersicht

1 **Vorbem.** Das Übk ist in Kraft für die BRep seit 25. 1. 65, BGBl **65** II 107 (für die damalige DDR seit 21. 5. 75, BGBl **75** II 1133). Wegen der Vertragsstaaten vgl Einl IV vor § 1 Rn 12.

Schrifttum: *MüKoGo* Schlußanh Nr 6 b; *BBGS* 716; *StJSchl* Anh § 1044 Rn 94–135; *SchwW* Kap 56–58; *Nagel/Gottwald*, Internationales Zivilprozeßrecht, 4. Aufl 1997, § 16; *Haas*, Die Anerk u Vollstr ausländ u internat Schiedssprüche, 1991; *Kaiser*, Das EuÜbk, Zürich 1967; *Hans Jakob Maier*, Europ Übk u UN-Übk üb die Internationale Schiedsgerichtsbarkeit, 1966; *K. H. Schwab*, Festschrift Luther, 1976, S 163 ff; *Schlosser*, Das Recht der internationalen privaten Schiedsgerichtsbarkeit, Bd I, 1975; *ders*, NJW **79**, 2431 (zur Bedeutung des Übk im Ost-West-Handel); *Walter* RIW **82**, 693 (Schiedsverf im dt-ital Rechtsverkehr); *Mezger* RabelsZ **65**, 231.

1) Das EuÜbk tritt neben das UNÜbk, Schlußanh VI A 1 (das als innerstaatliches Recht für alle ausländischen Schiedssprüche gilt); durch Art 9 Abs II ändert es dieses Übk ab, Walter RIW **82**, 695, geht ihm als jüngeres auch vor, BGH WertpMitt **70**, 1050. Es läßt die Gültigkeit mehrseitiger oder zweiseitiger Verträge, die die Vertragsstaaten auf dem Gebiet der Schiedsgerichtsbarkeit geschlossen haben oder noch schließen, unberührt, Art X Abs 7. Soweit nicht diese unberührt bleibenden Abk oder das EuÜbk eingreifen, gilt das Recht des Landes, in dem der Spruch ergeht. Die besondere Bedeutung des Übk liegt, wie die Liste der Mitgliedsstaaten zeigt, auf dem Gebiet des Ost-West-Handels.

2 **2)** Der maßgebende Text des Übk ist englisch, französisch und russisch. Der im BGBl daneben gestellte deutsche Text ist eine Übersetzung.

Europäisches Übereinkommen über die Handelsschiedsgerichtsbarkeit — IntSchG

Anwendungsbereich des Übereinkommens

Art. 1. ᴵ Dieses Übereinkommen ist anzuwenden:
a) auf Schiedsvereinbarungen, die zum Zwecke der Regelung von bereits entstandenen oder künftig entstehenden Streitigkeiten aus internationalen Handelsgeschäften zwischen natürlichen oder juristischen Personen geschlossen werden, sofern diese bei Abschluß der Vereinbarung ihren gewöhnlichen Aufenthalt oder ihren Sitz in verschiedenen Vertragsstaaten haben;
b) auf schiedsrichterliche Verfahren und auf Schiedssprüche, die sich auf die in Absatz 1 Buchstabe a bezeichneten Vereinbarungen gründen.

ᴵᴵ Im Sinne dieses Übereinkommens bedeutet
a) „Schiedsvereinbarung" eine Schiedsklausel in einem Vertrag oder eine Schiedsabrede, sofern der Vertrag oder die Schiedsabrede von den Parteien unterzeichnet oder in Briefen, Telegrammen oder Fernschreiben, die sie gewechselt haben, enthalten ist und, im Verhältnis zwischen Staaten, die in ihrem Recht auf Schiedsvereinbarungen nicht die Schriftform fordern, jede Vereinbarung, die in den nach diesen Rechtsordnungen zulässigen Formen geschlossen ist;
b) „Regelung durch ein Schiedsgericht" die Regelung von Streitigkeiten nicht nur durch Schiedsrichter, die für eine bestimmte Sache bestellt werden (ad hoc-Schiedsgericht), sondern auch durch ein ständiges Schiedsgericht;
c) „Sitz" den Ort, an dem sich die Niederlassung befindet, welche die Schiedsvereinbarung geschlossen hat.

Bem. Art 1 enthält die Begriffsbestimmungen, II, u gleichzeitig, welchen Voraussetzungen die Schiedsvereinbarungen entsprechen müssen, um in den Anwendungsbereich des Übk zu fallen, I. Die Wirksamkeitserfordernisse bestimmen sich im Anwendungsbereich des Übk allein nach Art 1, nicht nach dem Recht der Einzelstaaten, BGH NJW **80**, 2022 m zustm Anm Samtleben IPrax **81**, 43. Er ist weiter als § 91 GWB, der sich nur auf künftige Streitigkeiten bezieht, weiter auch als § 1029 ZPO, wonach nur der Schiedsvertrag rechtliche Wirkung hat, der sich auf ein bestimmtes Rechtsverhältnis und die daraus entspringenden Rechtsstreitigkeiten bezieht, Mezger S 243. Immer muß die Schiedsvereinbarung genügend bestimmt sein; die Frage nach ihrer Wirksamkeit ist hier wie auch sonst nach dem Recht zu beurteilen, dessen Anwendung die Parteien vereinbart haben, SchwW 44 V, BGH NJW **83**, 1268. Was „Handelsgeschäfte", I a, sind, ist mangels näherer Begriffsbestimmung nach der lex fori zu bestimmen, Klein S 625, aM Maier Anm 2 (der internationale Begriff geht weiter, so daß nicht immer Kaufmannseigenschaft erforderlich ist, zB Einfuhrstelle, offen gelassen BGH NJW **80**, 2022). Jedenfalls ergibt sich aber, daß alle Streitigkeiten aus Verträgen, nicht auch aus nichtvertraglichen Rechtsverhältnissen unter das Übk fallen. „International" im Sinne des Übk sind sie nur dann, wenn die Abschließenden (natürliche wie jur Personen) im Zeitpunkt des Abschlusses des Vertrages in verschiedenen Vertragsstaaten ihren gewöhnlichen Aufenthalt oder Sitz haben, BGH NJW **80**, 2022. Schließt die Niederlassung eines Unternehmens mit Sitz in einem anderen Lande ab, so entscheidet insofern der Sitz der Niederlassung, II c. Auf die Staatsangehörigkeit der Abschließenden kommt es nicht an; ein Geschäft, das Ausländer verschiedener Staatsangehörigkeit in demselben Lande abschließen, fällt nicht unter das Übk. Als Schiedsvereinbarung wird eine Schiedsklausel oder eine Schiedsabrede nur dann angesehen, wenn die Schriftform gewahrt ist, worunter auch Briefwechsel, Telegramme u Fernschreiben verstanden werden (auch nachträgliche schriftliche Zustimmung, BGH NJW **83**, 1268, Köln EuZW **92**, 712), nicht dagegen die nachträgliche Erteilung von Schlußnoten eines Maklers, Hbg RIW **79**, 482 m Anm Mezger; genügt nach Landesrecht beider Staaten weniger, so fallen aber auch diese Schiedsvereinbarungen unter das Übk, BGH WertpMitt **70**, 1050 (betr Bestätigungsschreiben, dazu krit Mezger Rev crit d i p **71**, 37, Hbg RIW **79**, 482 m krit Anm Mezger. Das Schiedsgericht, auf das sich die Parteien einigen, kann sowohl ein solches für den bestimmten Fall wie ein ständiges sein, II b; es kann auch im dritten Lande liegen. Als Schiedsrichter können auch Ausländer bestellt werden, Art 3.

Schiedsfähigkeit der juristischen Personen des öffentlichen Rechts

Art. 2. ᴵ In den Fällen des Artikels I Abs. 1 haben die juristischen Personen, die nach dem für sie maßgebenden Recht „juristische Personen des öffentlichen Rechts" sind, die Fähigkeit, wirksam Schiedsvereinbarungen zu schließen.

ᴵᴵ Jeder Staat kann bei der Unterzeichnung oder Ratifizierung des Übereinkommens oder beim Beitritt erklären, daß er diese Fähigkeit in dem Ausmaße beschränkt, das in seiner Erklärung bestimmt ist.

Fähigkeit der Ausländer zum Schiedsrichteramt

Art. 3. Ausländer können in schiedsrichterlichen Verfahren, auf die dieses Übereinkommen anzuwenden ist, zu Schiedsrichtern bestellt werden.

Gestaltung des schiedsrichterlichen Verfahrens

Art. 4. ᴵ Den Parteien einer Schiedsvereinbarung steht es frei zu bestimmen,
a) daß ihre Streitigkeiten einem ständigen Schiedsgericht unterworfen werden; in diesem Fall wird das Verfahren nach der Schiedsgerichtsordnung des bezeichneten Schiedsgerichts durchgeführt;
oder

b) daß ihre Streitigkeiten einem ad hoc-Schiedsgericht unterworfen werden; in diesem Fall können die Parteien insbesondere
   1. die Schiedsrichter bestellen oder im einzelnen bestimmen, wie die Schiedsrichter bei Entstehen einer Streitigkeit bestellt werden;
   2. den Ort bestimmen, an dem das schiedsrichterliche Verfahren durchgeführt werden soll;
   3. die von den Schiedsrichtern einzuhaltenden Verfahrensregeln festlegen.

II Haben die Parteien vereinbart, die Regelung ihrer Streitigkeiten einem ad hoc-Schiedsgericht zu unterwerfen, und hat eine der Parteien innerhalb von 30 Tagen, nachdem der Antrag, mit dem das Schiedsgericht angerufen wird, dem Beklagten zugestellt worden ist, ihren Schiedsrichter nicht bestellt, so wird dieser Schiedsrichter, sofern nichts anderes vereinbart ist, auf Antrag der anderen Partei von dem Präsidenten der zuständigen Handelskammer des Staates bestellt, in dem die säumige Partei bei Stellung des Antrags, mit dem das Schiedsgericht angerufen wird, ihren gewöhnlichen Aufenthalt oder ihren Sitz hat. Dieser Absatz gilt auch für die Ersetzung von Schiedsrichtern, die von einer Partei oder von dem Präsidenten der obenbezeichneten Handelskammer bestellt worden sind.

III Haben die Parteien vereinbart, die Regelung ihrer Streitigkeiten einem ad hoc-Schiedsgericht, das aus einem Schiedsrichter oder aus mehreren Schiedsrichtern besteht, zu unterwerfen, und enthält die Schiedsvereinbarung keine Angaben über die Maßnahmen der in Absatz 1 bezeichneten Art, die zur Gestaltung des schiedsrichterlichen Verfahrens erforderlich sind, so werden diese Maßnahmen, wenn die Parteien sich hierüber nicht einigen und wenn nicht ein Fall des Absatzes 2 vorliegt, von den Schiedsrichtern getroffen, die bereits bestellt sind. Kommt zwischen den Parteien über die Bestellung des Einzelschiedsrichters oder zwischen den Schiedsrichtern über die zu treffenden Maßnahmen eine Einigung nicht zustande, so kann der Kläger, wenn die Parteien den Ort bestimmt haben, an dem das schiedsrichterliche Verfahren durchgeführt werden soll, sich zu dem Zweck, daß diese Maßnahmen getroffen werden, nach seiner Wahl entweder an den Präsidenten der zuständigen Handelskammer des Staates, in dem der von den Parteien bestimmte Ort liegt, oder an den Präsidenten der zuständigen Handelskammer des Staates wenden, in dem der Beklagte bei Stellung des Antrags, mit dem das Schiedsgericht angerufen wird, seinen gewöhnlichen Aufenthalt oder seinen Sitz hat; haben die Parteien den Ort, an dem das schiedsrichterliche Verfahren durchgeführt werden soll, nicht bestimmt, so kann sich der Kläger nach seiner Wahl entweder an den Präsidenten der zuständigen Handelskammer des Staates, in dem der Beklagte bei Stellung des Antrags, mit dem das Schiedsgericht angerufen wird, seinen gewöhnlichen Aufenthalt oder seinen Sitz hat, oder an das Besondere Komitee wenden, dessen Zusammensetzung und dessen Verfahren in der Anlage zu diesem Übereinkommen geregelt sind. Übt der Kläger die ihm in diesem Absatz eingeräumten Rechte nicht aus, so können sie von dem Beklagten oder von den Schiedsrichtern ausgeübt werden.

IV Der Präsident oder das Besondere Komitee kann, je nach den Umständen des ihm vorgelegten Falles, folgende Maßnahmen treffen:
a) den Einzelschiedsrichter, den Obmann des Schiedsgerichts, den Oberschiedsrichter oder den dritten Schiedsrichter bestellen;
b) einen oder mehrere Schiedsrichter ersetzen, die nach einem anderen als dem in Absatz 2 vorgesehenen Verfahren bestellt worden sind;
c) den Ort bestimmen, an dem das schiedsrichterliche Verfahren durchgeführt werden soll, jedoch können die Schiedsrichter einen anderen Ort wählen;
d) unmittelbar oder durch Verweisung auf die Schiedsgerichtsordnung eines ständigen Schiedsgerichts die von den Schiedsrichtern einzuhaltenden Verfahrensregeln festlegen, wenn nicht mangels einer Vereinbarung der Parteien über das Verfahren die Schiedsrichter dieses selbst festgelegt haben.

V Haben die Parteien vereinbart, die Regelung ihrer Streitigkeiten einem ständigen Schiedsgericht zu unterwerfen, ohne daß sie das ständige Schiedsgericht bestimmt haben, und einigen sie sich nicht über die Bestimmung des Schiedsgerichts, so kann der Kläger diese Bestimmung gemäß dem in Absatz 3 vorgesehenen Verfahren beantragen.

VI Enthält die Schiedsvereinbarung keine Angaben über die Art des Schiedsgerichts (ständiges Schiedsgericht oder ad hoc-Schiedsgericht), dem die Parteien ihre Streitigkeit zu unterwerfen beabsichtigt haben, und einigen sich die Parteien nicht über diese Frage, so kann der Kläger von dem in Absatz 3 vorgesehenen Verfahren Gebrauch machen. Der Präsident der zuständigen Handelskammer oder das Besondere Komitee kann die Parteien entweder an ein ständiges Schiedsgericht verweisen oder sie auffordern, ihre Schiedsrichter innerhalb einer von ihm festgesetzten Frist zu bestellen und sich innerhalb derselben Frist über die Maßnahmen zu einigen, die zur Durchführung des schiedsrichterlichen Verfahrens erforderlich sind. In diesem letzten Falle sind die Absätze 2, 3 und 4 anzuwenden.

VII Ist ein Antrag der in den Absätzen 2, 3, 4, 5 und 6 vorgesehenen Art von dem Präsidenten der in diesen Absätzen bezeichneten Handelskammer innerhalb von 60 Tagen nach Eingang des Antrags nicht erledigt worden, so kann sich der Antragsteller an das Besondere Komitee wenden, damit dieses die Aufgaben übernimmt, die nicht erfüllt worden sind.

1 1) **Das ständige Schiedsgericht, I a**, das besondere Bedeutung für den Ost-Westhandel hatte, führt das Verfahren, einschließlich der Zusammensetzung des Schiedsgerichts, nach seiner eigenen Schiedsgerichtsordnung durch, so daß also mit der Vereinbarung eines derartigen Schiedsgerichts der Gerichtsort, die richterliche Besetzung und die Verfahrensordnung festliegen, BGH NJW **83**, 1268 (betr Hamburger freund-

schaftliche Arbitrage und Schiedsverfahren nach Waren-Vereins-Bedingungen), zustm Habscheid KTS **84**, 61, Kornmeier AWD **80**, 381. Haben die Parteien ihre Streitigkeiten zwar einem ständigen Schiedsgericht unterstellt, dieses aber nicht bestimmt, so gilt insofern III, V; vgl auch VI, dazu auch VII.

2) Bei Unterwerfung unter ein ad hoc-Schiedsgericht sind die Parteien in der Bestimmung der Schiedsrichter oder des Verfahrens ihrer Bestellung, des Gerichtsorts, also auch in einem dritten Lande, u der Ausgestaltung des Verfahrens frei, **I b**. Diese Bestimmungen brauchen sich also nicht an eine nationale Gesetzgebung zu halten; sie sind selbst dann gültig, wenn eine Bestimmung des nationalen Rechts, auch eine zwingende, entgegensteht, BGH NJW **80**, 2022 (zu § 53 III KWG) m zustm Anm Samtleben IPRax **81**, 43, Mezger S 255, Klein S 635, Raeschke-Kessler NJW **88**, 3043. Gewisse Einschränkungen ergeben sich allerdings aus Art VI Abs II S 2, Art 9 Abs 1 a.

3) Die folgenden Absätze regeln (vgl dazu auch Rn 4):

a) das Verfahren bei Nichtbenennung seines Schiedsrichters durch den Bekl, nämlich die Bestellung durch den Handelskammerpräsidenten, **II**, oder, falls dieser dem Antrag nicht nachkommt, durch das Besondere Komitee, **VII**. Angaben darüber, wer die Aufgaben des Präsidenten der Handelskammer erfüllt, bei Maier Anm 9;

b) das Verfahren, wenn lediglich die Streitigkeiten einem ad hoc-Schiedsgericht unterstellt sind, das aus einem oder mehreren Schiedsrichtern besteht, ohne aber das Nähere entsprechend I b oder, falls das vorgesehen ist, hinsichtlich des Einzelschiedsrichters festzulegen. Einigen sich die Parteien oder bei einem kollegialen Schiedsgericht die bereits bestellten Schiedsrichter hierüber nicht, so kann der Kl, falls die Parteien den Ort des Schiedsgerichts bestimmt haben, sich an den für diesen Ort zuständigen Handelskammerpräsidenten oder auch an den des Ortes, in dem der Bekl zZt der Stellung des Antrags seinen gewöhnlichen Aufenthalt oder Sitz hat, wenden. Haben die Parteien auch den Ort des Schiedsgerichts nicht festgelegt, kann der Kl sich an den Handelskammerpräsidenten des gewöhnlichen Aufenthaltsortes des Bekl oder auch an das Besondere Komitee wenden, **III**, dessen Zusammensetzung in der Anl zu dem EuÜbk, BGBl 64 II 445, geregelt ist. Entsprechendes gilt für die Bestimmung des vereinbarten ständigen Schiedsgerichts, V, Hbg RIW **96**, 510;

c) die Befugnisse des Handelskammerpräsidenten oder des Besonderen Komitees, **IV**, insbesondere auch des letzteren, wenn der Handelskammerpräsident innerhalb von 60 Tagen den an ihn nach Art IV gestellten Anträgen nicht nachkommt;

d) das Verfahren, wenn die Schiedsvereinbarung zwar bestimmt, daß ein Schiedsgericht entscheiden soll, nicht aber, ob ein ständiges oder ein ad hoc-Schiedsgericht, **VI**.

4) Vereinbarung über die Anwendung des Übk v 17. 12. 62, BGBl **65** II 271; s auch Einl IV vor § 1 ZPO Rn 12. Diese Vereinbarung, in Kraft seit 25. 1. 65, gilt aber **nur für Belgien, Dänemark, Frankreich, Italien, Luxemburg und Österreich**. Art 1 dieser Vereinbarung ersetzt Art IV Abs 2–7 durch folgende Vorschrift (deutsche Übersetzung):

Enthält die Schiedsvereinbarung keine Angaben über die Gesamtheit oder einen Teil der in Artikel IV Abs. 1 des Europäischen Übereinkommens über die internationale Handelsschiedsgerichtsbarkeit bezeichneten Maßnahmen, so werden die bei der Bildung oder der Tätigkeit des Schiedsgerichts etwa entstehenden Schwierigkeiten auf Antrag einer Partei durch das zuständige staatliche Gericht behoben.

Einrede der Unzuständigkeit des Schiedsgerichts

Art. 5. **I** Will eine Partei die Einrede der Unzuständigkeit des Schiedsgerichts erheben, so hat sie die Einrede, wenn diese damit begründet wird, die Schiedsvereinbarung bestehe nicht, sei nichtig oder sei hinfällig geworden, in dem schiedsrichterlichen Verfahren spätestens gleichzeitig mit ihrer Einlassung zur Hauptsache vorzubringen; wird die Einrede damit begründet, der Streitpunkt überschreite die Befugnisse des Schiedsgerichts, so hat die Partei die Einrede vorzubringen, sobald der Streitpunkt, der die Befugnisse des Schiedsgerichts überschreiten soll, in dem schiedsrichterlichen Verfahren zur Erörterung kommt. Wird eine Einrede von den Parteien verspätet erhoben, so hat das Schiedsgericht die Einrede dennoch zuzulassen, wenn die Verspätung auf einem von dem Schiedsgericht für gerechtfertigt erachteten Grund beruht.

II Werden die in Absatz 1 bezeichneten Einreden der Unzuständigkeit nicht in den dort bestimmten zeitlichen Grenzen erhoben, so können sie, sofern es sich um Einreden handelt, die zu erheben den Parteien nach dem von dem Schiedsgericht anzuwendenden Recht überlassen ist, im weiteren Verlauf des schiedsrichterlichen Verfahrens nicht mehr erhoben werden; sie können auch später vor einem staatlichen Gericht in einem Verfahren in der Hauptsache oder über die Vollstreckung des Schiedsspruches nicht mehr geltend gemacht werden, sofern es sich um Einreden handelt, die zu erheben den Parteien nach dem Recht überlassen ist, welches das mit der Hauptsache oder mit der Vollstreckung des Schiedsspruches befaßte staatliche Gericht nach seinen Kollisionsnormen anzuwenden hat. Das staatliche Gericht kann jedoch die Entscheidung, mit der das Schiedsgericht die Verspätung der Einrede festgestellt hat, überprüfen.

III Vorbehaltlich einer dem staatlichen Gericht nach seinem Recht zustehenden späteren Überprüfung kann das Schiedsgericht, dessen Zuständigkeit bestritten wird, das Verfahren fortsetzen; es ist befugt, über seine eigene Zuständigkeit und über das Bestehen oder die Gültigkeit der Schiedsvereinbarung oder des Vertrages, in dem diese Vereinbarung enthalten ist, zu entscheiden.

1) Zulassung der Einreden, I, II (K. Schmidt F Nagel, 1987, S 379). Zulässig sind nur die Einreden, die Schiedsvereinbarung bestehe nicht, sei nichtig oder hinfällig geworden oder der Streitpunkt überschreite die Befugnisse des Schiedsgerichts (zB der Anspruch ergebe sich nicht aus Vertrag, sondern aus unerlaubter Handlung); es genügt nicht, daß die Zuständigkeit des Schiedsgerichts aus einem anderen Grunde bezweifelt wird, der mit der Gültigkeit des Schiedsvertrages nichts zu tun hat, BGH bei Raeschke-Kessler NJW **88**,

3048. Das Vorbringen ist an bestimmte Zeitpunkte gebunden. Erfolgt die Einlassung zur Hauptsache durch Schriftsatz, kommt es auf den Eingang dieser Stellungnahme beim Schiedsgericht an, BGH NJW 83, 1269 mwN. Das Schiedsgericht kann die Einrede aber zulassen, wenn es die Verspätung für gerechtfertigt hält, was das Staatsgericht nicht nachprüfen kann, I; bejahendenfalls muß zugelassen werden. Wegen Verspätung nicht zugelassene Einreden können im Verfahren vor dem Schiedsgericht nicht vorgebracht werden, wenn nach dem von diesem anzuwendenden Recht ihr Vorbringen oder Nichtvorbringen der Partei überlassen ist, II 1 Halbs 1. Das gilt auch für ein Verfahren vor dem Staatsgericht, falls nach dem von diesem anzuwendenden Recht das der Partei überlassen ist, also die Einreden nicht vAw zu berücksichtigende Mängel betreffen, was nach dem für das Schiedsverfahren maßgeblichen Recht zu entscheiden ist, II 1 Halbs 2, dazu Wackenhuth RIW 85, 9 (eingehend), Mezger RabelsZ 65, 265. Ob das Schiedsgericht die Einrede wegen Verspätung zu Recht zurückgewiesen hat, unterliegt stets der Nachprüfung durch das Staatsgericht, II. Sieht das Schiedsgericht von einer Entscheidung über die Zulässigkeit der Einrede ab, weil sie jedenfalls unbegründet sei, so fällt die Entscheidung dem staatlichen Gericht zu, BGH NJW 83, 1267.

2 **2) Nachprüfung durch das Staatsgericht, III.** Das Schiedsgericht entscheidet auch bei Bestreiten über seine eigene Zuständigkeit und das Bestehen der Schiedsvereinbarung, ferner über ihre Gültigkeit, desgleichen über das Bestehen und die Gültigkeit des Hauptvertrages, vgl § 1040. Jedoch kann die Richtigkeit der Entscheidung des Schiedsgerichts hinsichtlich seiner Zuständigkeit später durch das Staatsgericht nach dem für dieses maßgebenden Recht nachgeprüft werden, nicht aber die Entscheidung über Bestehen und Gültigkeit, vgl Mezger S 264, Maier Anm 13. Betraf die Rüge nur den Umfang der schiedsgerichtlichen Entscheidungskompetenz, kann das Fehlen eines wirksamen Schiedsvertrages mit der Anfechtungsklage nicht mehr geltend gemacht werden, BGH bei Raeschke-Kessler NJW 88, 3048.

Zuständigkeit der staatlichen Gerichte

Art. 6. I Der Beklagte kann die Einrede der Unzuständigkeit, die damit begründet wird, es liege eine Schiedsvereinbarung vor, in einem Verfahren vor einem staatlichen Gericht, das eine Partei der Schiedsvereinbarung angerufen hat, nur vor oder gleichzeitig mit seiner Einlassung zur Hauptsache erheben, je nachdem, ob die Einrede der Unzuständigkeit nach dem Recht des angerufenen staatlichen Gerichts verfahrensrechtlicher oder materiellrechtlicher Natur ist; anderenfalls ist die Einrede ausgeschlossen.

II Hat ein Gericht eines Vertragsstaates über das Bestehen oder die Gültigkeit einer Schiedsvereinbarung zu entscheiden, so hat es dabei die Fähigkeit der Parteien nach dem Recht, das für sie persönlich maßgebend ist, und sonstige Fragen wie folgt zu beurteilen:
a) nach dem Recht, dem die Parteien die Schiedsvereinbarung unterstellt haben;
b) falls die Parteien hierüber nichts bestimmt haben, nach dem Recht des Staates, in dem der Schiedsspruch ergehen soll;
c) falls die Parteien nichts darüber bestimmt haben, welchem Recht die Schiedsvereinbarung unterstellt wird, und falls im Zeitpunkt, in dem das staatliche Gericht mit der Frage befaßt wird, nicht vorausgesehen werden kann, in welchem Staat der Schiedsspruch ergehen wird, nach dem Recht, welches das angerufene Gericht nach seinen Kollisionsnormen anzuwenden hat.

Das angerufene Gericht kann einer Schiedsvereinbarung die Anerkennung versagen, wenn die Streitigkeit nach seinem Recht der Regelung durch ein Schiedsgericht nicht unterworfen werden kann.

III Ist ein schiedsrichterliches Verfahren vor der Anrufung eines staatlichen Gerichts eingeleitet worden, so hat das Gericht eines Vertragsstaates, das später mit einer Klage wegen derselben Streitigkeit zwischen denselben Parteien oder mit einer Klage auf Feststellung, daß die Schiedsvereinbarung nicht bestehe, nichtig oder hinfällig geworden sei, befaßt wird, die Entscheidung über die Zuständigkeit des Schiedsgerichts auszusetzen, bis der Schiedsspruch ergangen ist, es sei denn, daß ein wichtiger Grund dem entgegensteht.

IV Wird bei einem staatlichen Gericht ein Antrag gestellt, einstweilige Maßnahmen, einschließlich solcher, die auf eine Sicherung gerichtet sind, anzuordnen, so gilt dies weder als unvereinbar mit der Schiedsvereinbarung noch als Unterwerfung der Hauptsache unter die staatliche Gerichtsbarkeit.

1 **1) Die Einrede der Unzuständigkeit des Staatsgerichts,** I, daß eine Schiedsvereinbarung vorliegt, ist vor oder gleichzeitig mit der Einlassung zur Hauptsache vom Bekl vorzubringen, je nachdem, ob diese Einrede nach der lex fori verfahrens- oder materiellrechtlich ist. Ein späteres Vorbringen ist ausgeschlossen. Voraussetzung ist, daß noch kein Schiedsverfahren eingeleitet ist, sonst gilt III.

2 **2) Die Fähigkeit**, dh Geschäftsfähigkeit u Fähigkeit, **einen Schiedsvertrag abzuschließen**, beurteilt sich nach dem kollisionsrechtlich für das Staatsgericht maßgebendem Recht. II gibt das Recht an, nach dem das Staatsgericht das Bestehen oder die Gültigkeit einer Schiedsvereinbarung zu prüfen hat, dazu BGH NJW 98, 2452 (dazu Geimer **LM** § 1041 I Z 1 Nr 18, Schütze IPrax 99, 87), Hgb RIW 96, 510; dahin gehört auch die Prüfung, ob eine Schiedsabrede bestimmte Streitigkeiten mitumfaßt, Ffm NJW 86, 2202. Es handelt sich dabei um eine besondere kollisionsrechtliche Norm für die Nachprüfung, die der lex fori vorgeht; diese tritt nur äußerstenfalls ein (c). Sie hat nur insofern den Vorrang, wenn nach dem Recht des angerufenen Gerichts die Streitigkeit nicht durch ein Schiedsgericht entschieden werden kann, II 2, jedoch braucht das Staatsgericht trotzdem die Anerkennung, die nach II a oder b gegeben ist, nicht zu versagen (Kannvorschrift). § 53 III KWG ist keine Regelung iSv II 2, BGH NJW 80, 2022. Zur Anwendung auf Schiedssprüche, die ein Patent für nichtig erklären, Pfaff F Nagel (1987) S 278–293 mwN.

Europäisches Übereinkommen über die Handelsschiedsgerichtsbarkeit **IntSchG**

3) Die Einrede, daß bereits ein schiedsgerichtliches Verfahren eingeleitet ist, bewirkt, daß sich das 3
Staatsgericht der Entscheidung darüber, ob das Schiedsgericht zuständig ist, zu enthalten und auszusetzen
hat, bis der Schiedsspruch ergangen ist, vgl auch Art 5 III, außer bei wichtigem Grunde, **III**. Weist das
Schiedsgericht wegen Unzuständigkeit ab, Art V, so wird das Staatsgericht nunmehr entscheiden müssen;
ebenso ist die Klage durch das Staatsgericht sofort abzuweisen, falls die Einwendungen gegen die Schiedsvereinbarung
offensichtlich unbegründet sind, Mezger S 269. Hat sich das Schiedsgericht für zuständig gehalten,
so erfolgt eine Nachprüfung, Art 5 III.

4) Einstweilige Maßnahmen, IV, können vom Staatsgericht immer angeordnet werden, vgl Weitz RIW 4
84, 23. Wird es deshalb angerufen, so ist das keine Unterwerfung der Hauptsache unter dieses Gericht.

Anwendbares Recht

Art. 7. ¹ Den Parteien steht es frei, das Recht zu vereinbaren, welches das Schiedsgericht in der
Hauptsache anzuwenden hat. Haben die Parteien das anzuwendende Recht nicht bestimmt, so
hat das Schiedsgericht das Recht anzuwenden, auf das die Kollisionsnormen hinweisen, von
denen auszugehen das Schiedsgericht jeweils für richtig erachtet. In beiden Fällen hat das
Schiedsgericht die Bestimmungen des Vertrages und die Handelsbräuche zu berücksichtigen.

II Das Schiedsgericht entscheidet nach Billigkeit, wenn dies dem Willen der Parteien entspricht
und wenn das für das schiedsrichterliche Verfahren maßgebende Recht es gestattet.

Bem. Während Art 4 III b 3 von der Befugnis der Parteien, das Verfahrensrecht festzulegen, spricht, 1
räumt Art VII ihnen das Recht ein, das materielle Recht für die Entscheidung in der Sache selbst zu
vereinbaren, I 1, und schreibt dem Schiedsgericht, wenn eine derartige Vereinbarung nicht erfolgt ist, vor,
das Recht anzuwenden, auf das die Kollisionsnormen hinweisen, die das Schiedsgericht nach seiner Ansicht
für anwendbar hält. Nicht vergessen sollen aber in beiden Fällen die Vertragsbestimmungen und die Handelsbräuche
werden, ohne daß diesen ein Vorrang, insbesondere vor dem Parteiwillen eingeräumt wird, I 2.
Zulässig ist aber auch eine Entscheidung des Schiedsgerichts nach Billigkeit, vorausgesetzt, daß dies dem
Parteiwillen entspricht und daß das für das schiedsrichterliche Verfahren maßgebende Recht, vgl auch Art 6
Abs II, es gestattet. Die Vorbehaltsklausel wird durch Art 7 nicht berührt.

Begründung des Schiedsspruches

Art. 8. Es wird vermutet, daß die Parteien davon ausgegangen sind, der Schiedsspruch werde
begründet werden, es dei denn,
a) daß die Parteien ausdrücklich erklärt haben, der Schiedsspruch bedürfe keiner Begründung, oder
b) daß sie sich einem schiedsrichterlichen Verfahrensrecht unterworfen haben, nach welchem es
   nicht üblich ist, Schiedssprüche zu begründen, sofern nicht in diesem Fall von den Parteien
   oder von einer Partei vor Schluß der mündlichen Verhandlung oder, wenn eine mündliche
   Verhandlung nicht stattgefunden hat, vor der schriftlichen Abfassung des Schiedsspruches eine
   Begründung ausdrücklich verlangt worden ist.

Aufhebung des Schiedsspruches

Art. 9. ¹ Ist ein unter dieses Übereinkommen fallender Schiedsspruch in einem Vertragsstaat
aufgehoben worden, so bildet dies in einem anderen Vertragsstaat nur dann einen Grund für die
Versagung der Anerkennung oder der Vollstreckung, wenn die Aufhebung in dem Staat, in dem
oder nach dessen Recht der Schiedsspruch ergangen ist, ausgesprochen worden ist, und wenn sie
auf einem der folgenden Gründe beruht:
a) die Parteien, die eine Schiedsvereinbarung geschlossen haben, waren nach dem Recht, das für
   sie persönlich maßgebend ist, in irgendeiner Hinsicht hierzu nicht fähig, oder die Vereinbarung ist nach dem Recht, dem die Parteien sie unterworfen haben, oder, falls die Parteien
   hierüber nichts bestimmt haben, nach dem Recht des Staates, in dem der Schiedsspruch
   ergangen ist, ungültig; oder
b) die Partei, welche die Aufhebung des Schiedsspruchs begehrt, ist von der Bestellung des
   Schiedsrichters oder von dem schiedsrichterlichen Verfahren nicht gehörig in Kenntnis gesetzt
   worden, oder sie hat aus einem andern Grund ihre Angriffs- oder Verteidigungsmittel nicht
   geltend machen können; oder
c) der Schiedsspruch betrifft eine Streitigkeit, die in der Schiedsabrede nicht erwähnt oder
   nicht unter die Bestimmungen der Schiedsklausel fällt, oder er enthält Entscheidungen, welche
   die Grenzen der Schiedsabrede oder der Schiedsklausel überschreiten; kann jedoch der Teil des
   Schiedsspruches, der sich auf Streitpunkte bezieht, die dem schiedsrichterlichen Verfahren
   unterworfen waren, von dem, der Streitpunkte betrifft, die ihm nicht unterworfen waren,
   getrennt werden, so muß der erstgenannte Teil des Schiedsspruches nicht aufgehoben werden;
   oder
d) die Bildung des Schiedsgerichts oder das schiedsrichterliche Verfahren hat der Vereinbarung
   der Parteien oder, mangels einer solchen Vereinbarung, den Bestimmungen des Artikels IV
   nicht entsprochen.

II Im Verhältnis zwischen Vertragsstaaten, die auch Vertragsparteien des New Yorker Übereinkommens
vom 10. Juni 1958 über die Anerkennung und Vollstreckung ausländischer Schieds-

sprüche sind, hat Absatz 1 die Wirkung, die Anwendung des Artikels V Abs. 1 Buchstabe e des New Yorker Übereinkommens auf die Aufhebungsgründe zu beschränken, die in Absatz 1 dieses Artikels aufgezählt sind.

1 **Bem.** Art 9 enthält in I die Wirkung der Aufhebung des Schiedsspruches im Ursprungsland für die Versagung der Anerkennung oder Vollstreckung in einem anderen Vertragsstaat. Nur wenn das aus einem der 4 angegebenen Gründe geschehen ist, kann sich das Gericht des anderen Staates darauf stützen; eine weitergehende Anerkennung derartiger Entscheidungen findet nicht statt, jedoch ist eine eigene Prüfung durch das nunmehr angegangene Staatsgericht natürlich nicht ausgeschlossen. Das Übk enthält auch keine Bestimmung, daß die Anerkennung durch das Staatsgericht des Ursprungslandes auch für das eines anderen bindend wäre. Es ist also ausgeschlossen, daß der Schiedsspruch in verschiedenen Vertragsstaaten verschieden beurteilt wird. Für Staaten, die Vertragsstaaten der UN-Übk (New Yorker Übk) sind, werden die Aufhebungsgründe nach Art 5 I e dieses Abk auf die vier des EuÜbk beschränkt.

Schlußbestimmungen

Art. 10. I-VI (nicht abgedruckt)

VII Die Bestimmungen dieses Übereinkommens lassen die Gültigkeit mehrseitiger oder zweiseitiger Verträge, welche die Vertragsstaaten auf dem Gebiete der Schiedsgerichtsbarkeit geschlossen haben oder noch schließen werden, unberührt.

VIII-XII (nicht abgedruckt)

1 **Bem.** Nach VII darf die betreffende Partei von einer ihr günstigeren Regelung Gebrauch machen, zB von Art 13 des dt-belg Abk, oben V B 4, BGH NJW 78, 1744, oder von Art 7 I UN-Übk SchdG, s dort Rn 1, vgl Moller EWS **96**, 297, MüKoMa § 1044 ZPO Rn 18.

B. Bilaterale Staatsverträge über das Schiedsgerichtswesen

Wegen der Bestimmungen über das Schiedsgerichtswesen in anderen bilateralen Staatsverträgen vgl Üb Schlußanh VI Rn 2.

1. Deutsch-amerikanisches Freundschafts-, Handels- und Schiffahrtsabkommen vom 29. 10. 54, BGBl 56 II 488

Schrifttum: *MüKoGo* Schlußanh Nr 6 f; *BBGS* 746; *SchwW* 59 Rn 7–14; *StJSchl* Rn 55 vor § 1044; *Schwenk* JZ **57**, 197.

Art. VI:

1. ...

2. Verträgen zwischen Staatsangehörigen oder Gesellschaften des einen Vertragsteils und Staatsangehörigen oder Gesellschaften des anderen Vertragsteils, welche die Entscheidung von Streitigkeiten durch Schiedsrichter vorsehen, darf die Anerkennung in dem Gebiet eines jeden der Vertragsteile nicht lediglich deshalb versagt werden, weil sich der für die Durchführung des Schiedsgerichtsverfahrens bestimmte Ort außerhalb seines Gebiets befindet oder weil ein Schiedsrichter oder mehrere Schiedsrichter nicht seine Staatsangehörigen sind. In einem Verfahren zur Vollstreckbarerklärung, das vor den zuständigen Behörden eines Vertragsteils anhängig gemacht wird, soll ein ordnungsmäßig auf Grund solcher Verträge ergangener und nach den Gesetzen des Ortes, an dem er gefällt wurde, endgültiger und vollstreckbarer Schiedsspruch als bindend angesehen werden. Das Gericht muß ihn für vollstreckbar erklären, außer wenn die Anerkennung des Schiedsspruchs gegen die guten Sitten oder die öffentliche Ordnung verstoßen würde. Ist der Schiedsspruch für vollstreckbar erklärt, so steht er hinsichtlich der Wirkungen und der Vollstreckung einem inländischen Schiedsspruch gleich. Es besteht jedoch Einverständnis, daß ein außerhalb der Vereinigten Staaten von Amerika ergangener Schiedsspruch vor den Gerichten eines Staates der Vereinigten Staaten von Amerika nur im gleichen Maße Anerkennung genießt wie Schiedssprüche, die in einem anderen Staat der Vereinigten Staaten von Amerika erlassen worden sind.

1 **Bemerkung:** Die USA sind dem UN-ÜbkSchdG, oben VI A 1, beigetreten, vgl BGH NJW **87**, 3195; zu den Auswirkungen Schlosser NJW **78**, 455, Weitz RIW **84**, 23. Daneben behält der Vertrag seine Bedeutung, soweit er anerkennungsfreundlicher ist, Art 7 UN-ÜbkSchdG, Schlosser NJW **78**, 456. Das Verfahren der Vollstreckbarerklärung ist im Vertrag nicht geregelt, sie erfolgt also nach § 1061 ZPO (dagegen kann aus einem Exequatur-Urteil des Staates New York, durch das ein dortiger Schiedsspruch für vollstreckbar erklärt und zugleich der Beklagte zur Zahlung verurteilt worden ist, die Vollstreckung nach § 722 ZPO für zulässig erklärt werden, BGH RIW **84**, 557, zustm Dielmann). Der amerikanische Schiedsspruch ist ordnungsgemäß ergangen, endgültig und vollstreckbar, wenn er rechtswirksam ist, BGH **57**, 153 (dazu Habscheid KTS **72**, 216, Schlosser ZZP **86**, 49). Jedoch erfolgt die Prüfung nur im Rahmen des Vertrages, also ist die Vollstreckbarerklärung nur abzulehnen, wenn der ordre public verletzt ist, vgl BGH aaO, Bülow/Arnold E 991, 107, was bei Abweichungen des Verf auch von Grundprinzipien des deutschen Rechts nur ausnahmsweise zutrifft, BGH RIW **84**, 558, und auch bei Versagung des rechtlichen Gehörs nur in extremen Fällen gegeben ist, Hbg MDR **75**, 940 (dazu Gündisch RIW **75**, 577, Habscheid/Calavros KTS **79**, 9). Einwendungen, auf die eine Vollstreckungsabwehrklage gestützt werden könnte, werden nicht ausgeschlossen, BGH NJW **61**, 1067.

2. Deutsch-sowjetisches Abkommen über Allgemeine Fragen des Handels und der Seeschiffahrt vom 25. 4. 58, BGBl 59 II 222

Schrifttum: *MüKoGo* Schlußanh Nr 6e; *BBGS* 745; *SchwW* 59 Rn 14–16; *StJSchl* Rn 55 vor § 1044; *Grossart* JZ **59**, 233.

Das Abk gilt weiter im Verhältnis zu Armenien, Aserbaidschan, Georgien, Kasachstan, Kirgistan, Tadschikistan, Ukraine, Usbekistan u Weißrußland, vgl Einl IV vor § 1 ZPO Rn 13. Es ist im Verhältnis zur russischen Föderation am 20. 12. 00 außer Kraft getreten, Bek v 7. 12. 01, BGBl 02 II 40.

Art. 8. ^I Natürliche Personen, juristische Personen und Handelsgesellschaften der Bundesrepublik Deutschland und natürliche Personen und juristische Personen der Union der Sozialistischen Sowjetrepubliken können vereinbaren, daß die aus den Verträgen in Handelssachen entstehenden Streitigkeiten der Entscheidung durch ein Schiedsgericht unterworfen werden. Die Schiedsvereinbarung muß in dem Vertrage selbst oder in einer besonderen Vereinbarung vorgesehen sein, die in der für den Vertrag erforderlichen Form getroffen worden ist. Eine solche Vereinbarung schließt die Zuständigkeit der staatlichen Gerichte aus.

^{II} Die beiden Staaten verpflichten sich, die Vollstreckung von Schiedssprüchen, die auf Grund einer in Absatz 1 erwähnten Vereinbarung ergangen sind, in ihrem Gebiet zuzulassen, ohne Rücksicht darauf, ob sie in dem Gebiet eines der beiden Staaten oder in dem Gebiet eines dritten Staates erlassen sind. Für die Anordnung und die Durchführung der Vollstreckung eines Schiedsspruches sind die Gesetze des Staates maßgebend, in dem er vollstreckt werden soll.

^{III} Die Anordnung der Vollstreckung eines Schiedsspruches kann nur versagt werden:
a) wenn der Schiedsspruch nach dem Recht des Staates, in dem er ergangen ist, unter den Parteien nicht die Wirkung eines rechtskräftigen Urteils hat;
b) wenn der Schiedsspruch gegen die öffentliche Ordnung des Staates verstößt, in dem die Vollstreckung wirksam wird.

Eine sachliche Nachprüfung des Schiedsspruchs findet nicht statt.

Bem. Unter Handelsgesellschaften auf deutscher Seite sind auch die OHG und andere derartige Gesellschaften gemeint, die nicht juristische Personen sind. Ob eine juristische Person der früheren UdSSR gegeben ist, entscheidet sich nach deren Recht; es sind vor allem die Außenhandelsorganisationen, Art 3 III der Anlage zum Abk. Schriftform sieht das Abk nur auf Seiten der früheren UdSSR vor; sie ergibt sich aus der VO des Zentralexekutivkomitees v 13. 10. 30, Bülow/Arnold B I Anm 8. **1**

VII. Europäische Rechtsanwälte

Bearbeiter: Dr. Dr. Hartmann

Übersicht

Schrifttum: *Franz* FamRZ **00**, 989; *Klein* AnwBl **00**, 190 (je: Üb).

1) Systematik. Es sind zwei Betätigungsformen zu unterscheiden. **1**

A. Vorübergehendes Tätigwerden. §§ 25 ff EuRAG ermöglichen einem sog dienstleistenden europäischen Rechtsanwalt unter den unten abgedruckten Voraussetzungen das vorübergehende Auftreten und Verhandeln vor einem deutschen Gericht. Zum Begriff „vorübergehend" EuGH NJW **96**, 579.

Die wichtigste Voraussetzung besteht darin, daß der ausländische Anwalt nach §§ 28, 29 EuRAG nur im **2** schriftlichen vorherigen, widerruflichen *Einvernehmen* eines deutschen Anwalts auftreten und verhandeln darf, dazu schon (zur damaligen Fassung) LSG Stgt AnwBl **85**, 35, und daß dieser deutsche Anwalt zwar nicht (mehr) ProzBev, wohl aber dem Rechtsanwalt sein und natürlich bei dem Gericht oder der Behörde zur Vertretung befugt sein muß, § 28 II 1 EuRAG.

Außerdem muß der ausländische Anwalt das Einvernehmen *nachweisen*, und zwar spätestens bei der ersten Handlung gegenüber dem Gericht oder der Behörde, um seine Handlung wirksam zu machen, § 29 I EuRAG. Ein Widerruf des Einvernehmens hat Wirkung nur für die Zukunft, § 29 II 1, 2 EuRAG.

B. Niederlassung (ständiges Tätigwerden). Vgl die unten abgedruckten §§ 1 ff EuRAG. Zum Begriff **3** „Niederlassung" EuGH NJW **96**, 579.

2) Inkrafttreten. Das EuRAG gilt in seinen in Rn 1–3 genannten Teilen seit dem 14. 3. 2000, Art 10 I **4** G v 9. 3. 00, BGBl 182, zuletzt geändert dch Art 1 G v 26. 10. 03, BGBl 2074, in Kraft bis auf die Anlage seit 1. 11. 03, Art 12 I G, und wegen der erweiterten Anlage nach Art 12 II G zum noch ungewissen, dort näher bestimmten Zeitpunkt.

3) Kosten. Für die Kosten des ausländischen Anwalts ist das Recht seines Niederlassungsorts maßgeblich, **5** und zwar auch zu der Frage, ob und welche Honorarvereinbarungen er treffen kann; Einzelheiten Hartmann Teil X VV 2300, 2301. Der neben dem ausländischen Anwalt auftretende oder tätig werdende deutsche Anwalt berechnet seine Kosten im Umfang seiner Tätigkeit nach VV 2300, 2301. Der ausländische EU-Anwalt kann nach (jetzt) dem RVG abrechnen, LG Hbg RR **00**, 510 (zum alten Recht). Ob und wie weit er die Kosten des ausländischen, nach dem EuRAG tätig werdenden Kollegen in Höhe der ausländischen Gebührenordnung mit ansetzen kann usw, das richtet sich nach dem RVG. Vgl im einzelnen Hartmann Teil X VV 2300, 2301.

4) EuRAG. Vom Abdruck des Textes wird hier aus Platzgründen abgesehen. **6**

VIII. Kapitalanleger-Musterverfahrensgesetz (KapMuG)

Bearbeiter: Dr. Dr. Hartmann

Schrifttum: *Kranz* MDR 05, 1021; *Möller/Weichert* NJW 05, 2737; *Schneider* BB 05, 2249 (je: Üb).

Übersicht

1 **1) Systematik.** Das Gesetz über Musterverfahren in kapitalmarktrechtlichen Streitigkeiten (Kapitalanleger-Musterverfahrensgesetz – KapMuG) ist als Art 1 eines Gesetzes zur Einführung von Kapitalanleger – Musterverfahren vom 16. 8. 05, BGBl 2437, ein erster gezielter Einstieg in die aus dem Ausland bekannte Möglichkeit eines echten Sammelklageverfahrens im deutschen Zivilprozeß. Es geht über die bisherigen Rechtsfiguren einer Streitgenossenschaft nach §§ 59 ff ZPO deutlich hinaus. Es bringt ein Musterverfahren mit Bekanntmachung in einem Klageregister, Zwangsaussetzung anderer vorher anhängig gewordener Einzelverfahren, einer Vorlage beim OLG zwecks Herbeiführung eines Musterentscheids über das Feststellungsziel gleichgerichteter Anträge und einer weitgehenden Bindung aller an den Musterentscheid ein. Gegen ihn findet eine Rechtsbeschwerde statt.

2 **2) Regelungszweck.** Er besteht natürlich in einer Vereinheitlichung, Beschleunigung, Erleichterung beim Verfahren und bei den Kosten und in der Vermeidung von unterschiedlicher Rechtsprechung zu Lasten betroffener Kapitalanleger. Dem Gesetz ist freilich deutlich eine noch tastende Unsicherheit über die Brauchbarkeit dieser ersten Bemühung um gesetzliche Regelung anzumerken. Sie beginnt mit Ausdrücken wie „Musterfeststellungsantrag" statt Sammelklage und führt über einen bloßen „Musterentscheid" (Beschluß) bis zur bloßen Rechtskraft-„Fähigkeit" statt Rechtskraft. Nach Rechtskraft des Musterbescheids muß der Kläger doch noch (weiter)klagen, um zum Vollstreckungstitel zu kommen.

3 **3) Geltungsbereich.** Ihn benennt § 1 KapMuG. Dort zieht I den Kreis möglicher Schadensersatzansprüche und Erfüllungsansprüche noch ziemlich weit. III schränkt I 1 aber schon wieder kräftig ein. Daher ist eine zu großzügige Handhabung von I nicht möglich.

4 **4) Verfahren.** Das Musterverfahren folgt nach § 9 I 1 KapMuG grundsätzlich den Regeln der ZPO zum erstinstanzlichen Verfahren vor dem LG. Es gibt aber in den folgenden Vorschriften zahlreiche der ZPO speziellere und schon deshalb vorrangig eng auslegbare Sondervorschriften, Schneider BB **05**, 2254 (Üb).

5 **5) Inkrafttreten, Außerkrafttreten, Übergangsrecht.** Vgl § 20 KapMuG sowie Art 9 G vom 16. 8. 05, BGBl 2437:

Art 9. Inkrafttreten, Außerkrafttreten. ^{I 1} Es treten in Artikel 1 § 2 Abs. 6, § 4 Abs. 5 und § 9 Abs. 3 und 4 des Kapitalanleger-Musterverfahrensgesetzes sowie in Artikel 2 Nr. 2 § 32 b Abs. 2 der Zivilprozeßordnung am Tag nach der Verkündung in Kraft. ² Im Übrigen tritt das Gesetz am 1. November 2005 in Kraft.

^{II} Das Kapitalanleger-Musterverfahrensgesetz (Artikel 1 dieses Gesetzes) tritt am 1. November 2010 außer Kraft; gleichzeitig gelten die auf den Artikeln 2 bis 8 beruhenden Teile der dort geänderten Rechtsvorschriften wieder in ihrer bis zum 1. November 2005 geltenden Fassung; eingefügte oder angefügte Regelungen treten zu diesem Zeitpunkt außer Kraft.

Gesetz über Musterverfahren in kapitalmarktrechtlichen Streitigkeiten
(Kapitalanleger-Musterverfahrensgesetz – KapMuG)

Abschnitt 1. Musterfeststellungsantrag; Vorlageverfahren

1 *Musterfeststellungsantrag.* ^{I 1} Durch Musterfeststellungsantrag kann in einem erstinstanzlichen Verfahren, in dem

1. ein Schadensersatzanspruch wegen falscher, irreführender oder unterlassener öffentlicher Kapitalmarktinformation oder
2. ein Erfüllungsanspruch aus Vertrag, der auf einem Angebot nach dem Wertpapiererwerbs- und Übernahmegesetz beruht,

geltend gemacht wird, die Feststellung des Vorliegens oder Nichtvorliegens anspruchsbegründender oder anspruchsausschließender Voraussetzungen oder die Klärung von Rechtsfragen begehrt werden (Feststellungsziel), wenn die Entscheidung des Rechtsstreits hiervon abhängt. ² Der Musterfeststellungsantrag kann vom Kläger und vom Beklagten gestellt werden. ³ Öffentliche Kapitalmarktinformationen sind auf für eine Vielzahl von Kapitalanlegern bestimmte Informationen über Tatsachen, Umstände, Kennzahlen und sonstige Unternehmensdaten, die einen Emittenten von Wertpapieren oder Anbieter von sonstigen Vermögensanlagen betreffen. ⁴ Dies sind insbesondere Angaben in

1. Prospekten nach dem Wertpapierprospektgesetz,
2. Verkaufsprospekten nach dem Verkaufsprospektgesetz sowie dem Investmentgesetz,
3. Mitteilungen über Insiderinformationen im Sinne des § 15 des Wertpapierhandelsgesetzes,

4. Darstellungen, Übersichten, Vorträgen und Auskünften in der Hauptversammlung über die Verhältnisse der Gesellschaft einschließlich ihrer Beziehungen zu verbundenen Unternehmen im Sinne des § 400 Abs. 1 Nr. 1 des Aktiengesetzes,
5. Jahresabschlüssen, Lageberichten, Konzernabschlüssen, Konzernlageberichten sowie Zwischenberichten des Emittenten, und in
6. Angebotsunterlagen im Sinne des § 11 Abs. 1 Satz 1 des Wertpapiererwerbs- und Übernahmegesetzes.

II [1] Der Musterfeststellungsantrag ist bei dem Prozessgericht unter Angabe des Feststellungsziels und der öffentlichen Kapitalmarktinformation zu stellen. [2] Er muss Angaben zu allen, zur Begründung des Feststellungsziels dienenden tatsächlichen und rechtlichen Umständen (Streitpunkte) enthalten und die Beweismittel bezeichnen, deren sich der Antragsteller zum Nachweis oder zur Widerlegung tatsächlicher Behauptungen bedienen will. [3] Der Antragsteller hat darzulegen, dass der Entscheidung über den Musterfeststellungsantrag Bedeutung über den einzelnen Rechtsstreit hinaus für andere gleichgelagerte Rechtsstreitigkeiten zukommen kann. [4] Dem Antragsgegner ist Gelegenheit zur Stellungnahme zu geben.

III [1] Ein Musterfeststellungsantrag nach Absatz 1 Satz 1 ist unzulässig, wenn
1. der dem Musterfeststellungsantrag zugrunde liegende Rechtsstreit bereits entscheidungsreif ist,
2. der Musterfeststellungsantrag zum Zwecke der Prozessverschleppung gestellt ist,
3. das bezeichnete Beweismittel ungeeignet ist,
4. die Darlegungen des Antragstellers den Musterfeststellungsantrag nicht rechtfertigen oder
5. eine ausschließlich gestellte Rechtsfrage nicht klärungsbedürftig erscheint.

[2] Unzulässige Musterfeststellungsanträge weist das Prozessgericht durch Beschluss zurück.

2 *Bekanntmachung im Klageregister.* [1] [1] Einen zulässigen Musterfeststellungsantrag macht das Prozessgericht im elektronischen Bundesanzeiger unter der Rubrik „Klageregister nach dem Kapitalanleger-Musterverfahrensgesetz" (Klageregister) öffentlich bekannt. [2] Über die Bekanntmachung entscheidet das Prozessgericht durch Beschluss. [3] Der Beschluss ist unanfechtbar. [4] Die Bekanntmachung enthält nur die folgenden Angaben:
1. die vollständige Bezeichnung der beklagten Partei und ihres gesetzlichen Vertreters,
2. die Bezeichnung des von dem Musterfeststellungsantrag betroffenen Emittenten von Wertpapieren oder Anbieters von sonstigen Vermögensanlagen,
3. die Bezeichnung des Prozessgerichts,
4. das Aktenzeichen des Prozessgerichts,
5. das Feststellungsziel des Musterfeststellungsantrags und
6. den Zeitpunkt der Bekanntmachung im Klageregister.

[5] Musterfeststellungsanträge, deren Feststellungsziel den gleichen zugrunde liegenden Lebenssachverhalt betrifft (gleichgerichtete Musterfeststellungsanträge), werden im Klageregister in der Reihenfolge ihrer Bekanntmachung erfasst. [6] Musterfeststellungsanträge müssen dann nicht mehr im Klageregister öffentlich bekannt gemacht werden, wenn die Voraussetzungen zur Einleitung eines Musterverfahrens nach § 4 Abs. 1 Satz 1 bereits vorliegen.

II Die Einsicht in das Klageregister steht jedem unentgeltlich zu.

III Das Prozessgericht trägt die datenschutzrechtliche Verantwortung für die von ihm im Klageregister bekannt gemachten Daten, insbesondere für die Rechtmäßigkeit ihrer Erhebung, die Zulässigkeit ihrer Veröffentlichung und die Richtigkeit der Daten.

IV [1] Der Betreiber des elektronischen Bundesanzeigers erstellt im Einvernehmen mit dem Bundesamt für Sicherheit in der Informationstechnik ein Sicherheitskonzept für Bekanntmachungen im Klageregister, das insbesondere die nach § 9 des Bundesdatenschutzgesetzes erforderlichen technischen und organisatorischen Maßnahmen umfasst. [2] Die Wirksamkeit der Maßnahmen ist in regelmäßigen Abständen unter Berücksichtigung der aktuellen technischen Entwicklungen zu überprüfen.

V Die im Klageregister gespeicherten Daten sind nach Zurückweisung des Musterfeststellungsantrags gemäß § 4 Abs. 4, anderenfalls nach rechtskräftigem Abschluss des Musterverfahrens zu löschen.

VI [1] Das Bundesministerium der Justiz wird ermächtigt, durch Rechtsverordnung nähere Bestimmungen über Inhalt und Aufbau des Klageregisters, insbesondere über Eintragungen, Änderungen, Löschungen, Einsichtsrechte, Datensicherheit und Datenschutz zu treffen. [2] Dabei sind Löschungsfristen vorzusehen sowie Vorschriften, die sicherstellen, dass die Bekanntmachungen
1. unversehrt, vollständig und aktuell bleiben,
2. jederzeit ihrem Ursprung nach zugeordnet werden können.

3 *Unterbrechung des Verfahrens.* Mit der Bekanntmachung des Musterfeststellungsantrags im Klageregister wird das Verfahren unterbrochen.

4 *Vorlage an das Oberlandesgericht.* [1] [1] Das Prozessgericht führt durch Beschluss eine Entscheidung des im Rechtszug übergeordneten Oberlandesgerichts über das Feststellungsziel gleichgerichteter Musterfeststellungsanträge (Musterentscheid) herbei, wenn

KapMuG

1. in dem Verfahren bei dem Prozessgericht der zeitlich erste Musterfeststellungsantrag gestellt wurde und
2. innerhalb von vier Monaten nach seiner Bekanntmachung in mindestens neun weiteren Verfahren bei demselben oder anderen Gerichten gleichgerichtete Musterfeststellungsanträge gestellt wurden.

² Der Vorlagebeschluss ist unanfechtbar und für das Oberlandesgericht bindend. ³ Die zeitliche Reihenfolge der bei den Prozessgerichten gestellten Musterfeststellungsanträge bestimmt sich nach der Bekanntmachung im Klageregister.

II Der Vorlagebeschluss hat zu enthalten:
1. das Feststellungsziel,
2. alle geltend gemachten Streitpunkte, soweit sie entscheidungserheblich sind,
3. die bezeichneten Beweismittel und
4. eine knappe Darstellung des wesentlichen Inhalts der erhobenen Ansprüche und der dazu vorgebrachten Angriffs- und Verteidigungsmittel.

III Das Prozessgericht macht im Klageregister den Erlass und das Datum des Vorlagebeschlusses öffentlich bekannt.

IV Ist seit Bekanntmachung des jeweiligen Musterfeststellungsantrags innerhalb von vier Monaten nicht die für die Vorlage an das Oberlandesgericht erforderliche Anzahl gleichgerichteter Anträge bei dem Prozessgericht gestellt worden, weist das Prozessgericht den Antrag zurück und setzt das Verfahren fort.

V ¹ Sind in einem Land mehrere Oberlandesgerichte errichtet, so können die Musterentscheide, für die nach Absatz 1 die Oberlandesgerichte zuständig sind, von den Landesregierungen durch Rechtsverordnung einem der Oberlandesgerichte oder dem Obersten Landesgericht zugewiesen werden, sofern dies der Sicherung einer einheitlichen Rechtsprechung dienlich ist. ² Die Landesregierungen können die Ermächtigung auf die Landesjustizverwaltungen übertragen. ³ Durch Staatsverträge zwischen Ländern kann die Zuständigkeit eines Oberlandesgerichts für einzelne Bezirke oder das gesamte Gebiet mehrerer Länder begründet werden.

5 *Sperrwirkung des Vorlagebeschlusses.* Mit Erlass des Vorlagebeschlusses ist die Einleitung eines weiteren Musterverfahrens für die gemäß § 7 auszusetzenden Verfahren unzulässig.

Abschnitt 2. Durchführung des Musterverfahrens

6 *Bekanntmachung des Musterverfahrens.* ¹ Nach Eingang des Vorlagebeschlusses macht das Oberlandesgericht im Klageregister öffentlich bekannt:
1. die namentliche Bezeichnung des Musterklägers und seines gesetzlichen Vertreters (§ 8 Abs. 1 Nr. 1),
2. die vollständige Bezeichnung des Musterbeklagten und seines gesetzlichen Vertreters (§ 8 Abs. 1 Nr. 2),
3. das Feststellungsziel des Musterverfahrens,
4. das Aktenzeichen des Oberlandesgerichts und
5. den Inhalt des Vorlagebeschlusses.

² Das Oberlandesgericht trägt die datenschutzrechtliche Verantwortung entsprechend § 2 Abs. 3.

7 *Aussetzung.* I ¹ Nach der Bekanntmachung des Musterverfahrens im Klageregister durch das Oberlandesgericht setzt das Prozessgericht von Amts wegen alle bereits anhängigen oder bis zum Erlass des Musterentscheids noch anhängig werdenden Verfahren aus, deren Entscheidung von der im Musterverfahren zu treffenden Feststellung oder der im Musterverfahren zu klärenden Rechtsfrage abhängt. ² Das gilt unabhängig davon, ob in dem Verfahren ein Musterfeststellungsantrag gestellt wurde. ³ Die Parteien sind anzuhören, es sei denn, dass sie darauf verzichtet haben. ⁴ Der Aussetzungsbeschluss ist nicht anfechtbar.

II Das Prozessgericht hat das das Musterverfahren führende Oberlandesgericht unverzüglich über die Aussetzung unter Angabe der Höhe des Anspruchs, soweit er Gegenstand des Musterverfahrens ist, zu unterrichten.

8 *Beteiligte des Musterverfahrens.* ¹ Beteiligte des Musterverfahrens sind:
1. der Musterkläger,
2. der Musterbeklagte,
3. die Beigeladenen.

II ¹ Das Oberlandesgericht bestimmt nach billigem Ermessen durch Beschluss den Musterkläger aus den Klägern bei dem Gericht, das den Musterentscheid einholt. ² Zu berücksichtigen sind
1. die Höhe des Anspruchs, soweit er Gegenstand des Musterverfahrens ist, und
2. eine Verständigung mehrerer Kläger auf einen Musterkläger.

³ Eine Anfechtung des Beschlusses findet nicht statt.

III ¹ Die Kläger und Beklagten der übrigen ausgesetzten Verfahren sind zu dem Musterverfahren beizuladen. ² Der Aussetzungsbeschluss gilt als Beiladung im Musterverfahren. ³ Mit dem Aussetzungsbeschluss unterrichtet das Prozessgericht die Beigeladenen darüber,
1. dass die anteiligen Kosten des Musterverfahrens zu den Kosten des Prozessverfahrens gehören, und
2. dass dies nach § 17 Satz 4 nicht gilt, wenn die Klage innerhalb von zwei Wochen ab Zustellung des Aussetzungsbeschlusses in der Hauptsache zurückgenommen wird.

9 *Allgemeine Verfahrensregeln.* ¹ ¹ Auf das Musterverfahren sind die im ersten Rechtszug für das Verfahren vor den Landgerichten geltenden Vorschriften der Zivilprozessordnung entsprechend anzuwenden, soweit nichts Abweichendes bestimmt ist. ² Die §§ 278, 348 bis 350, 379 der Zivilprozessordnung finden keine Anwendung. ³ In Beschlüssen müssen die Beigeladenen nicht bezeichnet werden.

II ¹ Die Zustellung von Terminsladungen an Beigeladene kann durch öffentliche Bekanntmachung ersetzt werden. ² Die öffentliche Bekanntmachung wird durch Eintragung in das Klageregister bewirkt. ³ Zwischen öffentlicher Bekanntmachung und Terminstag müssen mindestens vier Wochen liegen.

III ¹ Die Bundesregierung und die Landesregierungen können für ihren Bereich durch Rechtsverordnung den Zeitpunkt bestimmen, von dem an im Musterverfahren elektronische Akten geführt werden, sowie die hierfür geltenden organisatorisch-technischen Rahmenbedingungen für die Bildung, Führung und Aufbewahrung der elektronischen Akten. ² Die Landesregierungen können die Ermächtigung durch Rechtsverordnung auf die Landesjustizverwaltungen übertragen.

IV ¹ Die Bundesregierung und die Landesregierungen können für ihren Bereich durch Rechtsverordnung bestimmen, dass im Musterverfahren Schriftsätze als elektronische Dokumente bei Gericht einzureichen sind, Empfangsbekenntnisse als elektronische Dokumente zurückzusenden sind und dass die Beteiligten dafür Sorge zu tragen haben, dass ihnen elektronische Dokumente durch das Gericht zugestellt werden können. ² Die Rechtsverordnung regelt die für die Bearbeitung der Dokumente geeignete Form. ³ Die Landesregierungen können die Ermächtigung durch Rechtsverordnung auf die Landesjustizverwaltungen übertragen.

10 *Vorbereitung des Termins.* ¹ Zur Vorbereitung des Termins kann der Vorsitzende oder ein von ihm bestimmtes Mitglied des Senats den Beigeladenen die Ergänzung des Schriftsatzes des Musterklägers oder des Musterbeklagten aufgeben, insbesondere eine Frist zur Erklärung über bestimmte klärungsbedürftige Streitpunkte setzen. ² Die Ergänzungen der Beigeladenen in ihren vorbereitenden Schriftsätzen werden dem Musterkläger und dem Musterbeklagten mitgeteilt. ³ Schriftsätze der Beigeladenen werden den übrigen Beigeladenen nicht mitgeteilt. Schriftsätze des Musterklägers und des Musterbeklagten werden den Beigeladenen nur mitgeteilt, wenn sie dies gegenüber dem Senat schriftlich beantragt haben.

11 *Wirkung von Rücknahmen.* ¹ Eine Rücknahme des Musterfeststellungsantrags hat auf die Stellung als Musterkläger oder Musterbeklagter keinen Einfluss.

II ¹ Nimmt der Musterkläger im Laufe des Musterverfahrens seine Klage in der Hauptsache zurück, so bestimmt das Gericht einen neuen Musterkläger. ² Das Gleiche gilt im Fall der Eröffnung des Insolvenzverfahrens über das Vermögen des Musterklägers sowie in den Fällen seines Todes, des Verlustes der Prozessfähigkeit, des Wegfalls des gesetzlichen Vertreters, der Anordnung einer Nachlassverwaltung oder des Eintritts der Nacherbfolge, wenn der Prozessbevollmächtigte des Musterklägers die Aussetzung des Musterverfahrens beantragt. ³ Die Klagerücknahme von Beigeladenen hat auf den Fortgang des Musterverfahrens keinen Einfluss.

12 *Rechtsstellung des Beigeladenen.* Der Beigeladene muss das Musterverfahren in der Lage annehmen, in der es sich zur Zeit seiner Beiladung befindet; er ist berechtigt, Angriffs- oder Verteidigungsmittel geltend zu machen und alle Prozesshandlungen wirksam vorzunehmen, soweit nicht seine Erklärungen und Handlungen mit Erklärungen und Handlungen seiner Hauptpartei (Musterkläger oder Musterbeklagter) in Widerspruch stehen.

13 *Erweiterung des Gegenstandes des Musterverfahrens.* ¹ Im Rahmen des Feststellungsziels des Musterverfahrens können der Musterkläger, der Musterbeklagte und die Beigeladenen bis zum Abschluss des Musterverfahrens die Feststellung weiterer Streitpunkte begehren, wenn die Entscheidung ihres Rechtsstreits davon abhängt und das Prozessgericht dies für sachdienlich erachtet.

II Die Erweiterung des Vorlagebeschlusses durch das Prozessgericht ist unanfechtbar und für das Oberlandesgericht bindend.

III ¹ Das Oberlandesgericht macht den erweiterten Vorlagebeschluss im Klageregister öffentlich bekannt. ² § 6 Satz 2 gilt entsprechend.

14 *Musterentscheid.* ¹ ¹ Das Oberlandesgericht erlässt aufgrund mündlicher Verhandlung den Musterentscheid durch Beschluss. ² Die Beigeladenen müssen nicht im Rubrum des Musterentscheids bezeichnet werden. ³Der Musterentscheid wird dem Musterkläger und dem Musterbeklagten zugestellt; den Beigeladenen wird er formlos mitgeteilt. ⁴Die Mitteilungen einschließlich der Zustellung an den Musterkläger und den Musterbeklagten können durch öffentliche Bekanntmachung ersetzt werden. ⁵§ 9 Abs. 2 Satz 2 gilt entsprechend.

II Die Entscheidung über die im Musterverfahren angefallenen Kosten bleibt den Prozessgerichten der ausgesetzten Verfahren vorbehalten.

III ¹Die §§ 91 a und 306 der Zivilprozessordnung finden auf das Musterverfahren keine Anwendung. ²Ein vergleichsweiser Abschluss des Musterverfahrens ist ausgeschlossen, sofern dem Vergleich nicht alle Beteiligten (§ 8 Abs. 1) zustimmen.

15 *Rechtsbeschwerde.* I ¹Gegen den Musterentscheid findet die Rechtsbeschwerde statt. ²Die Sache hat stets grundsätzliche Bedeutung im Sinne des § 574 Abs. 2 Nr. 1 der Zivilprozessordnung. ³Die Rechtsbeschwerde kann nicht darauf gestützt werden, dass das Prozessgericht nach § 4 Abs. 1 zu Unrecht einen Musterentscheid eingeholt hat. ⁴Beschwerdeberechtigt sind alle Beteiligten (§ 8 Abs. 1).

II ¹Das Rechtsbeschwerdegericht teilt den Beigeladenen des Musterverfahrens den Eingang einer Rechtsbeschwerde mit, wenn diese an sich statthaft ist und in der gesetzlichen Form und Frist eingelegt wurde. ²Diese können binnen einer Notfrist von einem Monat ab Zustellung dieser Mitteilung dem Rechtsbeschwerdeverfahren beitreten. ³Die Zustellung der Mitteilung kann durch öffentliche Bekanntmachung ersetzt werden; § 9 Abs. 2 Satz 2 gilt entsprechend. ⁴Der Beitrittschriftsatz ist binnen einer Frist von einem Monat zu begründen. ⁵Die Frist beginnt mit der Zustellung der Mitteilung über den Eingang der Rechtsbeschwerde nach Satz 1; § 551 Abs. 2 Satz 5 und 6 der Zivilprozessordnung gilt entsprechend. ⁶Lehnt der Beigeladene den Beitritt ab oder erklärt er sich nicht innerhalb der in Satz 2 genannten Frist, so wird das Musterverfahren vor dem Rechtsbeschwerdegericht ohne Rücksicht auf ihn fortgesetzt. ⁷Auf die Rechtsstellung des Beigeladenen, der dem Rechtsbeschwerdeverfahren beigetreten ist, findet § 12 entsprechende Anwendung.

III ¹Legt der Musterkläger Rechtsbeschwerde gegen den Musterentscheid ein, so führt er das Musterverfahren als Musterrechtsbeschwerdeführer in der Rechtsbeschwerdeinstanz fort. ²Nimmt der Musterkläger seine Rechtsbeschwerde zurück, so bestimmt das Rechtsbeschwerdegericht entsprechend § 11 Abs. 2 Satz 1 in Verbindung mit § 8 Abs. 2 einen neuen Musterrechtsbeschwerdeführer aus dem Kreis der Beigeladenen, die dem Rechtsbeschwerdeverfahren beigetreten sind, es sei denn, dass diese ebenfalls auf die Fortführung der Rechtsbeschwerde verzichten.

IV ¹Legt nicht der Musterkläger, sondern einer oder mehrere der Beigeladenen Rechtsbeschwerde gegen den Musterentscheid ein, so wird derjenige Beigeladene, welcher als erster das Rechtsmittel eingelegt hat, zum Musterrechtsbeschwerdeführer vom Rechtsbeschwerdegericht bestimmt. ²Absatz 2 Satz 1 findet in Ansehung des Musterklägers und des Musterbeklagten entsprechende Anwendung.

V ¹Legt der Musterbeklagte Rechtsbeschwerde gegen den Musterentscheid ein, so ist Musterrechtsbeschwerdegegner der vom Oberlandesgericht bestimmte Musterkläger. ²§ 574 Abs. 4 Satz 1 der Zivilprozessordnung findet auf die Beigeladenen entsprechende Anwendung.

Abschnitt 3. Wirkung des Musterentscheids; Kosten; Übergangsregelung

16 *Wirkung des Musterentscheids.* I ¹Der Musterentscheid bindet die Prozessgerichte, deren Entscheidung von der im Musterverfahren getroffenen Feststellung oder der im Musterverfahren zu klärenden Rechtsfrage abhängt. ²Der Beschluss ist der Rechtskraft insoweit fähig, als über den Streitgegenstand des Musterverfahrens entschieden ist. ³Unbeschadet von Absatz 2 wirkt der Musterentscheid für und gegen alle Beigeladenen des Musterverfahrens unabhängig davon, ob die Beigeladene selbst alle Streitpunkte ausdrücklich geltend gemacht hat. ⁴Dies gilt auch dann, wenn der Beigeladene seine Klage in der Hauptsache zurückgenommen hat. ⁵Mit der Einreichung des rechtskräftigen Musterentscheids durch einen Beteiligten des Musterverfahrens wird das Verfahren in der Hauptsache wieder aufgenommen.

II Nach rechtskräftigem Abschluss des Musterverfahrens werden die Beigeladenen in ihren Rechtsstreiten gegenüber dem Gegner mit der Behauptung, dass die Hauptpartei das Musterverfahren mangelhaft geführt habe, nur insoweit gehört, als sie durch die Lage des Musterverfahrens zur Zeit ihrer Beiladung oder durch Erklärungen und Handlungen der Hauptpartei verhindert worden sind, Angriffs- oder Verteidigungsmittel geltend zu machen, oder als Angriffs- oder Verteidigungsmittel, die ihnen unbekannt waren, von der Hauptpartei absichtlich oder durch grobes Verschulden nicht geltend gemacht sind.

III Der Musterentscheid wirkt auch für und gegen die Beigeladenen, die dem Rechtsbeschwerdeverfahren nicht beigetreten sind.

17 *Gegenstand der Kostenentscheidung im Prozessverfahren.* ¹Die dem Musterkläger und den auf seiner Seite Beigeladenen im erstinstanzlichen Musterverfahren erwachsenen Kosten gelten als Teil der Kosten des ersten Rechtszugs des jeweiligen Prozessverfahrens. ²Die dem Musterbeklagten und den auf seiner Seite Beigeladenen im erstinstanzlichen Musterverfahren erwachsenen Kosten gelten anteilig als Kosten des ersten Rechtszugs des jeweiligen Prozessverfahrens. ³ Die Anteile bestimmen sich nach dem Verhältnis der Höhe des von dem jeweiligen Kläger geltend gemachten Anspruchs, soweit dieser Gegenstand des Musterverfahrens ist, zu der Gesamthöhe der von dem Musterkläger und den auf seiner Seite Beigeladenen des Musterverfahrens in den Prozessverfahren geltend gemachten Ansprüche, soweit diese Gegenstand des Musterverfahrens sind. ⁴ Ein Anspruch ist hierbei nicht zu berücksichtigen, wenn die Klage innerhalb von zwei Wochen ab Zustellung des Aussetzungsbeschlusses nach § 7 in der Hauptsache zurückgenommen worden ist. ⁵ § 96 der Zivilprozessordnung gilt entsprechend.

18 *Verstoß gegen die Vorlagevoraussetzungen an das Oberlandesgericht.* Das Urteil eines Prozessgerichts in der Hauptsache kann nicht aus dem Grunde angefochten werden, dass das Oberlandesgericht zum Erlass eines Musterentscheids nicht zuständig gewesen sei oder die Vorlagevoraussetzungen für einen Musterentscheid nicht vorgelegen hätten.

19 *Kostenentscheidung im Rechtsbeschwerdeverfahren.* ¹ Die Kosten einer von dem Musterkläger oder einem auf seiner Seite Beigeladenen ohne Erfolg eingelegten Rechtsbeschwerde haben nach dem Grad ihrer Beteiligung der Musterrechtsbeschwerdeführer und diejenigen Beigeladenen zu tragen, welche dem Rechtsbeschwerdeverfahren beigetreten sind.
ᴵᴵ Entscheidet das Rechtsbeschwerdegericht in der Sache selbst, haben die Kosten einer von dem Musterbeklagten oder einem auf seiner Seite Beigeladenen erfolgreich eingelegten Rechtsbeschwerde der Musterkläger und alle auf seiner Seite Beigeladenen nach dem Grad ihrer Beteiligung im erstinstanzlichen Musterverfahren zu tragen.
ᴵᴵᴵ Bei teilweisem Obsiegen und Unterliegen gilt § 92 der Zivilprozessordnung entsprechend.
ᴵⱽ ¹ Hebt das Rechtsbeschwerdegericht den Musterentscheid des Oberlandesgerichts auf und verweist die Sache zur erneuten Entscheidung zurück, so entscheidet das Oberlandesgericht gleichzeitig mit dem Erlass des Musterentscheids über die Kostentragung im Rechtsbeschwerdeverfahren nach billigem Ermessen. ² Dabei ist der Ausgang des Musterverfahrens zugrunde zu legen. ³ § 99 Abs. 1 der Zivilprozessordnung gilt entsprechend.
ⱽ Soweit dem Musterkläger und den auf seiner Seite Beigeladenen Kosten des Rechtsbeschwerdeverfahrens auferlegt werden, haben sie die von dem Musterbeklagten oder den auf dessen Seite Beigeladenen entrichteten Gerichtsgebühren und die Gebühren eines Rechtsanwalts des Musterbeklagten oder der auf dessen Seite Beigeladenen jeweils nur nach dem Wert zu erstatten, der sich aus den von ihnen im Prozessverfahren geltend gemachten Ansprüchen, die Gegenstand des Musterverfahrens sind, ergibt.

20 *Übergangsregelung.* Auf Verfahren, in denen vor dem 1. November 2010 ein Musterfeststellungsantrag gestellt wurde, finden dieses Gesetz und die durch die Artikel 2 bis 8 des Gesetzes zur Einführung von Kapitalanleger-Musterverfahren geänderten Rechtsvorschriften in der vor dem 1. November 2010 geltenden Fassung weiterhin Anwendung.

Sachverzeichnis

Bearbeiter: Dr. Dr. Hartmann

Zahlen in Fettdruck = Paragraphen, dahinterstehende Zahlen = Randnummern

A

Abänderung der Unterhaltsrente **641** l; **645** ff; des angefochtenen Urteils **528**; s auch Änderung

Abänderungsklage 323; beim Arrest **924** 7; Anerkenntnis, Kostenentscheidung **93** 31; bei der einstweiligen Verfügung **924** 7, **936**; Prozeßvollmacht **81** 7; gegen ein Urteil auf Regelunterhalt **641 q, 656**; Richterausschluß **41** 15; bei einer Schiedsvereinbarung **1059**; Streitwert **3 Anh** 2; und Vollstreckungsabwehrklage **767** 7; Einstellung der Zwangsvollstreckung **323** 54, **707** 23; wegen fehlender Unterwerfung unter die Zwangsvollstreckung, Kostenentscheidung **93** 31

Abberufung, ehrenamtlicher Richter **DRiG 44**

Abernten, gepfändeter Früchte **824**

Abfindungserklärung vor einer Zahlung, Kostenentscheidung **93** 90 „Bedingung"

Abgabe, durch den verordneten Richter zwecks Beweisaufnahme **365**; in einer Familiensache **GVG 23 b** 7; in einer Hausratssache **281 Anh I**; der Kammer für Handelssachen an die Zivilkammer von Amts wegen **GVG Üb 93**; einer Landwirtschaftssache an das Prozeßgericht **281 Anh III** 1; im Mahnverfahren **696, 697, 698, 700**; eines Rechtshilfeersuchens **GVG 158** 2; seitens des Vollstreckungsgerichts **828** 9; **899**; in einer Wohnungseigentumssache **281 Anh II**

Abgaben, Zuständigkeit des LG **GVG 71** 4

Abgekürztes Urteil bei einem Anerkenntnis- oder Versäumnisurteil **313 b**; Ausfertigung **313 b**; im Schiedsverfahren **313 a**; auf einem Vollstreckungsbescheid **699**

Abgeordneter, Gerichtsstand **20**; Diäten, Pfändbarkeit **Grdz 704** 69; Anordnung oder Unterbrechung der Offenbarungshaft **904/905**; und Richter **DRiG 4** 2, 36; Vernehmung als Zeuge **376, 382**; Zeugnisverweigerungsrecht **376, 383** 8

Abgesonderte Verhandlung über ein Angriffs- oder Verteidigungsmittel **146**; über den Grund des Anspruchs **304**; über die Zulässigkeitsrüge **280, 504**; durch eine Prozeßtrennung **145** 4; über die Widerklage **145** 7; über die Zulässigkeit des Wiederaufnahmegesuchs **590** 2

Abhandenkommen, eines Schriftsatzes, Wiedereinsetzung **233** 40; einer Urkunde **Einf 1003** 2

Abhilfe nach einer sofortigen Beschwerde **572**; nach einer Erinnerung **573, 766** 39, **GVG 153 Anh** 6

Abhilfeverfahren, nach Verletzung des rechtlichen Gehörs **321 a**

Abklatschstempel s Namensstempel

Abkürzung einer Frist, s Frist; der Unterschrift (Paraphe) **129** 31, **174, 195**; des Urteils **313 a, 313 b, 540**

Ablehnung s Befangenheitsablehnung; vgl auch Beschluß, Beschwerde, Kostenerstattung, Unanfechtbarkeit, Gegenstand der A.

Ablichtung s Fotokopie

Ablieferung durch den Gerichtsvollzieher **756** 3, **815** 4, **817** 7, **819** 1, **885** 19

Abmahnungskosten, Erstattung **Üb 91** 53, **91** 286 „Mahnung"

Abnahme der Kaufsache, Streitwert **3 Anh** 5; Zwangsvollstreckung **887** 20

Abonnement 29 Anh

Abordnung des Richters **DRiG 37**

Abrechnung, Streitwert **3 Anh** 5

Abschlagszahlung, einstweilige Verfügung **940** 42 „Rente"

Abschlußschreiben 93 77 „Wettbewerbssache"

Abschrift, aus der Gerichtsakte **299**; aus der Gerichtsvollzieherakte **760**; im Mahnverfahren **695** 6; des Protokolls des Gerichtsvollziehers für den Schuldner **763, 826** 7; Beweiswürdigung als Urkunde **427**

– (beglaubigte A.) **169** 4; Beglaubigung s Urkundsbeamter der Geschäftsstelle; der Berufung, -begründung **521**; des Einspruchs **340 a**; der Klageschrift beim abgekürzten Urteil **313 b**; der Revision, -begründung **550**; einer öffentlichen Urkunde **435**; des Einspruchs **317**; des Urteils für das Berufungs-/Revisionsgericht **519/550**

– (Beifügung), der Klageschrift bzw eines Schriftsatzes **133, 253** 105, **593** 4; im Mahnverfahren **695** 5; der Urkunde im Urkunden/Wechsel/Scheckmahnverfahren **703 a** 4; im Urkunden/Wechsel/Scheckprozeß **593** 4/**602/605 a**; beim Antrag auf die Vollstreckbarerklärung eines Schiedsspruchs **1064**; für die Zustellung **133, 169, 189**

Absoluter Revisionsgrund 547

Absonderung statt Aussonderung **264** 15; Streitwert **3 Anh** 5, **6** 10

Abstammung, Aussetzung zu ihrer Klärung **Einf 148** 12; Feststellungsklage **256** 96 „Vaterschaft", **640** 1; Streitwert **3 Anh** 5; Vaterschaftsanerkenntnis, Anfechtung des s dort

Abstammungsuntersuchung, Anordnung **372 a** 3, **640** 11; Duldungspflicht **372 a** 17; als Augenschein **Üb 371** 9; Zulässigkeit **372 a** 3; Verweigerung der Duldung **372 a** 24

Abstandnahme vom Urkunden/Wechselprozeß **596**

Abstehen vom Urkunden/Wechselprozeß s Abstandnahme

Abstimmung des Gerichts bzw der Schiedsrichter s Beratung und Abstimmung

Abteilung des Gerichts, Verweisung an eine andere **281** 9

Abtrennung s Prozeßtrennung

Abtretung, Abtretender als Zeuge **Üb 373** 13 „Einziehungsabtretung"; des streitbefangenen Anspruchs **265, 266**; Ausschluß der A., Pfändbarkeit trotz A. **851** 16; der Hypothekenforderung, der Grundschuld, Rentenschuld, Zwangsvollstreckung **897**; Klage vor der Mitteilung der A. des Klaganspruchs, Kostenentscheidung **94**; Erstattung der Kosten der A. **91** 71 „Abtretung"; A. des Kostenerstattungsanspruchs **Üb 91** 34; Kostenfestsetzung zugunsten des Abtretungsgläubigers **103** 31, 32; Prozeßgeschäftsführung nach einer A. **Grdz 50** 34; Streitgenossenschaft **62** 9; Streitwert **3 Anh** 5; zur Umgehung eines Verhandlungsverbots **157** 20; Urteil, Rechtskraftwirkung **322** 27, **325** 21; Vollstreckungsklausel **727**; Widerspruchsklage kraft A. **771** 22 ff

Abwehrklage

Zahlen in Fettdruck = Paragraphen

Abwehrklage, Beeinträchtigung des Eigentums oder eines sonstigen Rechts, Urheberbenennung **77**; Rechtsschutzbedürfnis **Grdz 253** 33 ff; Rechtsweg **GVG 13** 30; Streitwert **6** 3, **7**
Abweichende Meinung GVG Üb 192 1, 2
Abweichung von einem höchstrichterlichen Urteil **543**
Abweisung „angebrachtermassen" s Klagabweisung (Prozeßurteil)
Abwendung des Arrests, der Zwangsvollstreckung durch Sicherheitsleistung s Zwangsvollstreckung; eines Nachteils, einstweilige Verfügung **940** 11
Abwesenheitspfleger als gesetzlicher Vertreter **51** 12 „Betreuer", **53**
Abwickler als gesetzlicher Vertreter **51** 16
– **(Anwaltskanzlei) GVG 155 Anh I** 2 § **55**; Aufnahme nach einer Unterbrechung des Verfahrens **244** 14; Prozeßvollmacht **86** 4 ff, **87** 4
Abwicklung, bei der Gesellschaft **265** 13; bei einer juristischen Person oder parteifähigen Personenmehrheit, Verfahrensunterbrechung **239** 5, **241** 4
Abwicklungsgesellschaft, Prozeßfortsetzung **50** 21
Abzahlungskauf s Verbraucherkreditgesetz
Adäquanzlehre 287 7
Adhäsionsprozeß Einl III 2
Adoption s Kindesannahme
Affirmative Litiskontestation 138 36
Änderung s Gegenstand der Ä. und Abänderung
– **(der Verhältnisse),** Abänderungsklage **323, 656**; Aufhebung des Arrests/der einstweiligen Verfügung **927/936** 1; bei der Pfändung des Arbeitseinkommens **850 g**; und Änderung der Wertfestsetzung von Amts wegen **Einf 3** 9; nach der Stundung des Unterhaltsrückstands **645 ff**
Änderungsgesetz, Rückwirkung **Einl III** 78
Äquipotentes, äquipollentes Vorbringen s Parteivorbringen (gleichwertiges)
Ärztliches Zeugnis s Zeuge
Agentur, Gerichtsstand **21** 9
Akten, Erteilung einer Abschrift s dort; Mahnverfahren **Grdz 688** 6
– **(Anforderung)** im Berufungsverfahren **541**
– **Anhörungsbeschwerde Einl I**
– **(Ausdruck) 298, 299**
– **(Beiziehung),** Anordnung der **273**; Anordnung der Vorlegung der Parteiakten **143**; Hinweispflicht des Gerichts **139** 43
– **(Einsicht),** in Gerichtsakten **299**; in Akten des Gerichtsvollziehers **760**
– **(elektronische) 298 a, 299** usw
Aktenführung des Gerichts **299** 1; Bildträgerarchiv **299 a** 1; im Mahnverfahren **Grdz 688** 6
Aktenlageentscheidung 251 a 7, **Üb 330** 17; Antrag auf A. **331 a, 333**; Antragsablehnung **335, 336** 8; Berufung gegen eine A. **338** 5, **534** 2; Datenträger **299 a**; Nichterteilung der Einlassungs- oder Ladungsfrist, Vertagung **251 a** 27, **337**; Säumnis oder Nichtverhandeln beider Parteien **251 a**; zulässige Entscheidung **251 a** 7; Urteilsverkündung **251 a** 18; Urteilsvoraussetzungen **251 a** 16–20, 22, **331 a** 7; freigestellte mündliche Verhandlung **39** 7, **128** 5, **251 a** 17, **332**
Aktenlageverfahren, Anerkenntnis **307** 8; Fristversäumung **Üb 230** 5; Klagerücknahme **269** 15; Verweisung **281** 24; vorläufige Vollstreckbarkeit **708**
Aktenverwertung als Urkundenbeweis **286** 64
Aktie, Pfändung der A. **859 Anh** 2; Pfändung des Bezugsrechts **Grdz 704** 67; Herausgabe, Streitwert **4** 11
Aktiengesellschaft, Gerichtsstand **17** 3, **22** 1; Kammer für Handelssachen **GVG 95**; Parteifähigkeit **50** 6; Umwandlung der A., Unterbrechung des Verfahrens **239** 5; Verschmelzung **265** 8–10; Verschmelzung oder Verstaatlichung der A., Unterbrechung des Verfahrens **239** 5; Bestellung eines gerichtlichen Vertreters **Einf 57, 57** 4; gesetzlicher Vertreter **51** 16; Vorstandsmitglied s dort; Zustellung an die A. **171** 6
Aktionär als Gerichtsperson **41** 8, **49**; und Streithilfe **66** 9; und streitgenössische Streithilfe **69** 10; gemeinsamer Vertreter **69** 7; als Zeuge **Üb 373** 14 „Gesellschaft"
Aktivlegitimation Grdz 50 22, **Grdz 253** 24; vgl auch Prozeßführungsrecht
Aktivprozeß 240 16
Algerien, Ehesache **606 a Anh IV**
Aliud, Begriff **308** 12
Allgemeine Deutsche Spediteurbedingungen, Geltung **38** 6
Allgemeine Geschäftsbedingungen, Beweislast **286 Anh** 34; Gerichtsstand **38** 6, **GVG 78 b Anh III**; Revisionsfähigkeit **545** 16; Streitwert **3 Anh** 6; vgl auch Verbandsklage
Allgemeine Gütergemeinschaft s Eheliches Güterrecht
Allgemeine Prozeßförderungspflicht 277 1, **282** 1 ff
Allgemeiner Gerichtsstand 12 1
Allgemeines Persönlichkeitsrecht s Persönlichkeitsrecht
Allgemeinkundigkeit einer Tatsache **291** 4
Altenteil, Pfändung **850 b** 11; Streitwert **9** 5; Zuständigkeit **GVG 23** 12
Alternativantrag, Zulässigkeit **260** 6, 7
Altersteilzeit DRiG 76 e
Altersversorgung, Pfändung **850** 9
Amtsausübung, Ausschluß der A. s dort
Amtsbekräftigung einer ausländischen Urkunde **438**
Amtsbetrieb, im Aufgebotsverfahren **952** 1; bei der Beweisaufnahme **Üb 355** 1; in einer Ehe- oder Kindschaftssache **Üb 606** 3; Ladung **241, 271, 497**; Zustellung **266 ff**; vgl auch Zustellung
Amtsbezeichnung des ehrenamtlichen Richters **DRiG 45 a**; des Richters **DRiG 19 a, 120 a**
Amtsbezirk, Handlung des Gerichts außerhalb des A. **GVG 166**
Amtsblatt, öffentliche Zustellung der Ladung **187**
Amtsenthebung des ehrenamtlichen Richters **GVG 113**; des Richters **DRiG 30**
Amtsermittlung Grdz 128 38; im Aufgebotsverfahren **952**; in einer Ehe-/Kindschaftssache **616/640** 3; bei der Anfechtung der Anerkennung der Vaterschaft **640 d**; Partei/Prozeßfähigkeit, Prozeßführungsrecht, gesetzliche Vertretung **56**; vor einer Verzögerungsgebühr **95 Anh**
Amtsgeheimnis, Zeugnisverweigerungsrecht **383** 8 ff
Amtsgericht GVG 22–27; Dienstaufsicht **GVG 21 Anh II** § **14**; Präsidium **GVG 21 a** 2, **22 a**; Richter am A. **GVG 22**; Richterablehnung **45, 48**; Richtervertretung **GVG 22 b**; Verfahren **495 ff**; Zuständigkeit s dort
Amtsgerichtsprozeß s Parteiprozeß
Amtshandlung außerhalb des Gerichtsbezirks **GVG 166**; einer Gerichtsperson trotz ihres Amtsausschlusses **41** 6, **47, 49**; des Gerichts nach der Ablehnung eines Befangenheitsantrags **47, 49**; des Gerichtsvollziehers unter Verletzung seiner Zuständigkeit **GVG Üb 154** 5; des Rpfl unter Überschreitung seiner Befugnisse **GVG 153 Anh** 5; des Urkundsbeamten der Geschäftsstelle **GVG Üb 153** 3

dahinterstehende Zahlen und Buchstaben = Randnummern **Anfechtungsklage**

Amtshilfe GVG 153 Anh 8 § 24 a, **GVG 156**; bei der Zwangsvollstreckung **789**
Amtsmaßnahme, Aufklärungspflicht s dort; Beweisaufnahmetermin **361, 368**; Beweisbeschluß, Änderung **360**; Beweiserhebung **Einf 284** 5; Fristsetzung zur Behebung eines Hindernisses **356**; Anordnung der Vorlage der Handelsbücher **422**; Kostenentscheidung **308** 15; Ladung nach einer Zeugnisverweigerung vor einem verordneten Richter **389** 3; Entlassung aus der Offenbarungshaft **911, 913**; Parteivernehmung **448** 7; bei einer gerichtlichen Schadensschätzung **287** 28; Änderung/Festsetzung des Streitwerts **Einf 3** 9/6; Terminsbestimmung/Aufhebung s dort; Urteilsberichtigung **319** 26; abgesonderte Verhandlung über eine Zulässigkeitsrüge **280**; zur Vorbereitung der mündlichen Verhandlung **280** 4, 5; Erklärung der vorläufigen Vollstreckbarkeit **708, 709**; Aufhebung einer Zahlungssperre **1022** 1; Zeugenladung **377**
Amtspflichtverletzung, des Gerichtsvollziehers **753** 10, **816** 12, **GVG Üb 154** 4; des Gerichts, Restitutionsklage **580, 581**; des Sachverständigen **Üb 402** 17–19; des Schiedsrichters **1059**; des Urkundsbeamten der Geschäftsstelle **GVG Grdz 153** 5; wegen eines Zustellungsfehlers **168** 8
– **(Klage)**, anderweitige Ersatzmöglichkeit **259** 1, 3; Aufhebungsantrag gegenüber dem Schiedsspruch **1059**; Gerichtsstand **32** 7; Rechtsweg **GVG 13** 31; Restitutionsklage **580** 7; Urteil, Rechtskraftwirkung **322** 28; Zuständigkeit **GVG 71**
Amtsprüfung Grdz 128 39; vor einer Aktenlageentscheidung **335, 337**; im Aufgebotsverfahren **947** 2; bei der Anerkennung eines ausländischen Urteils **328** 14; bei einer Prozeßhandlung nach einer Aussetzung oder Unterbrechung des Verfahrens **249** 9, 11; im Berufungsverfahren **522, 524**; im Beschwerdeverfahren **572**; Beweislast bei der A. **286 Anh** 1; beim Einspruch **341**; Hinweispflicht des Gerichts bei Bedenken **139**; beim Feststellungsinteresse **256** 21; bei den Voraussetzungen einer Feststellungsklage im übrigen **256** 3; beim Fristablauf **224** 1; bei einer Klage vor dem Eintritt der Fälligkeit **Einf 257** 3; bei der Klagerhebung **Grdz 253** 19, **253** 15; bei der Wahrung einer Klagefrist **257** 2; beim Nichtbestreiten **138** 42; bei der Nichtigkeits- oder der Restitutionsklage **589**; bei der Wahrung einer Notfrist **224**; bei der Prüfung der Parteifähigkeit **50** 32, **56** 4, **280** 1; bei der Prüfung der Nämlichkeit der Partei **Grdz 50** 18; bei der Prüfung der Prozeßfähigkeit **56** 10, **280** 1; bei der Klärung des Prozeßführungsrechts **Grdz 50** 18; bei der Prüfung der Prozeßvollmacht **88, 613**; bei der Klärung der Rechtshängigkeit **261, 280** 1; bei der Klärung der Rechtskraft **Einf 322** 25; bei der Prüfung des Rechtsschutzbedürfnisses **Grdz 253** 22, 53; im Revisionsverfahren **552, 594**; beim Ersuchen des Schiedsgerichts **1050**; im schiedsrichterlichen Verfahren **1032**; bei der Streithilfe **66** 1, **68** 2, **70** 9; bei der gesetzlichen Vertretung **51** 25, **56** 2, **280** 1; vor dem Erlaß des Versäumnisurteils **330** 5, **331, 335, 337**; bei der Vollstreckbarerklärung des Schiedsspruchs **1060**; bei derjenigen eines ausländischen Schiedsspruchs **1061**; im Wiederaufnahmeverfahren **238** 4; bei der Prüfung der Zulässigkeit des Rechtswegs **Grdz 253** 22, **280** 1, **GVG 13** 2; bei der Prüfung der Zuständigkeit **Üb 12** 17, **Üb 38** 2, **280** 1; bei der Klärung der internationalen Zuständigkeit **Üb 12** 8; bei der Prüfung einer Zuständigkeitsvereinbarung **40**; bei einer Zwischenfeststellungsklage **256**
Amtssitz einer Behörde **17** 2, **18, 19**; Zeugenvernehmung am A. **382**

Amtsstelle, Zustellung durch Aushändigung an der A. **173**
Amtstheorie Grdz 50 8; s auch Partei kraft Amts
Amtsverfahren Grdz 128 25 ff
Amtsverschwiegenheit, Aussagegenehmigung **376, 451** 1; Zeugnisverweigerungsrecht **383** 8 ff, **385** 9; s auch Schweigepflicht
Amtszustellung s Zustellung
Analogie bei einer Auslegung **Einl III** 44
Anbringung eines Antrags zu Protokoll **129 a** 7–9, **496** 6, 7
Androhung, im Aufgebotsverfahren **995, 997, 986, 987, 1008**; s auch Ordnungsmittel
Anerkenntnis Einf 306 1, 2, **307** 2–7; Belehrungspflicht beim AG **499**; Beweislast **286 Anh** 36 „Anerkenntnis"; in einer Ehesache **617** 2; Erklärung des A. **307** 8, 9; bei der Feststellungsklage **256** 46; bei der Klage vor der Fälligkeit **Einf 257** 4, **259** 10; Protokoll **160** 8; kraft Prozeßvollmacht **81** 14, 23, **85** 6; Ausschluß eines A. in der Prozeßvollmacht **83** 3; nach dem Rechtsübergang an der Streitsache **265** 19; im Revisionsverfahren **561** 12; bei der Streitgenossenschaft **61** 7, **62** 20; Streithilfewirkung **68** 9; nach der Streitverkündung durch den Beitritt **74** 3; Streitwert **3 Anh** 7 „Anerkenntnis"; im Urkundsprozeß **599** 1; kraft einer Terminsvollmacht **83** 4; unter Verwahrung gegen die Kostenlast **93** 87, 89 ff; bei der Vollstreckungsklage **722** 10; bei einer Genehmigung des Vormundschaftsgerichts **54** 3; Widerrufsrecht **Grdz 128** 59; im Wiederaufnahmeverfahren **581** 7, **590** 4; Wirksamkeit **307** 10
Anerkenntnisurteil 307 14; Antrag **307** 15; Begründungszwang bei Auslandsbezug **313** b; Kostenentscheidung **93, 99** 37 ff; auf eine Räumung **93 b** 36; Rechtsmittel gegen die Kostenentscheidung **99** 37 ff; trotz einer Beschränkung der Prozeßvollmacht **89** 11; Teil-A. **301** 4, 5, **307** 5; abgekürztes Urteil **313 b**; Verkündung **311** 4; vorläufige Vollstreckbarkeit **708** 3
Anerkennung s Gegenstand der Anerkennung
Anerkennungs- und Vollstreckungsabkommen s Zivilprozeßrecht
Anerkennungs- und Vollstreckungsausführungsgesetz SchlAnh V D
Anfallwirkung Grdz 511 3
Anfechtbarkeit s Beschluß, Urteil
Anfechtung, der Ehelichkeit s dort; der Erledigterklärung **91 a** 74; Erfüllungsort und Gerichtsstand bei der A. **29** 3, 9, 11; durch Klage oder Zwischenfeststellungswiderklage **256**; im Prozeß **264** 12; als Prozeßhandlung **Grdz 128** 56; einer Prozeßhandlung **Grdz 128** 56; eines Prozeßvergleichs **307 Anh** 36; kraft Prozeßvollmacht **81** 21; einer Streitgenossenschaft **62** 16; Streitwert **6** 16; der Unterschrift auf einem Empfangsbekenntnis **174** 10, 11, **195** 16, 17; der Vaterschaft **640** 5, 6; der Zuständigkeitsvereinbarung **38** 17
– **(AnfG),** leugnende Feststellungsklage **256** 10; Unterbrechung des Verfahrens infolge Eröffnung des Insolvenzverfahrens **240**; Streitwert **5** 10
– **(AnfG, InsO),** Beweislast **286 Anh** 37; Gerichtsstand **24** 4, **32** 7 „Anfechtungsklage"; Pfändung des Anfechtungsrechts **Grdz 704** 7; Streitwert **6** 16; Recht zur Erhebung der Widerspruchsklage **771** 14
Anfechtungsgesetz, Kosten **93** 32; Rechtsweg **GVG 13** 31
Anfechtungsklage s Gegenstand der Anfechtung
– **(AktG, GmbHG),** Gerichtsstand **22**; Kammer für Handelssachen **GVG 95**; Streitwert **3 Anh**
– **(Aufgebotsverfahren) 957** 2, 3, **958, 959**

Angebrachtermaßen

Zahlen in Fettdruck = Paragraphen

Angebrachtermaßen s Klagabweisung (Prozeßurteil)
Angehöriger, Ausschluß als Gerichtsperson/Gerichtsvollzieher **41** 10, **49/GVG 155**; Ersatzzustellung an einen A. **178** 10; eines Exterritorialen, Gerichtsbarkeit **GVG 18** 2; Gewahrsam eines A. **808** 11, 14; Pfändung, Abwesenheit des Schuldners und seiner A. **759**; Räumungsvollstreckung, Übergabe von Sachen an A. **885** 19; Zeugnisverweigerungsrecht **383** 4, **385** 1; Zustellung an einen A. **178** 10
Angestellter, Fristversäumung **233** 74; Erstattung der Kosten der Prozeßbearbeitung durch einen A. **91** 81, 296; als Vertreter **157** 7, 8; Verschulden des A. beim Wettbewerbsverstoß **890** 21, 22; Zustellung an einen A. **178** 13
Angriffsprozeß 240 16
Angriffs- und Verteidigungsmittel s Parteivorbringen (Angriffs- und Verteidigungsmittel)
Anhängigkeit der Klage **253** 11; im Mahnverfahren **693** 5, **696** 13; des Rechtsstreits **64** 6, **66** 4, **76** 5; kraft einer Rechtswegverweisung **GVG 17** 4; und Streithilfe **66** 4; und Streitverkündigung **72** 3; nach einer Verweisung **281** 51, **GVG 17 b**; vgl auch Rechtshängigkeit
Anheftung im Aufgebotsverfahren **948, 949, 1009**; in der Börse **1009**; bei der öffentlichen Zustellung **204, 206, 699**
Anhörung s Gehör, Partei (Anhörung)
Anhörungsrüge 81, 172, 321 a, 544, 707
Ankündigung einer Pfändung **845** 6
Anmeldung, im Aufgebotsverfahren **951** 1, **953** 1; zum Handelsregister, Streitwert **3 Anh** 7
Annahme, der Erbschaft **239** 25, **305** 1, **778** 4; als Erfüllung, Zwangsvollstreckung des Urteils **887** 20; an Kindes Statt s Kindesannahme; Verweigerung der A. bei einer Zustellung **179**
Annahmerevision 543, 544, 566
Annahmeverweigerung, bei der Zustellung **179**; und Zwangsvollstreckung **756, 765**
Annahmeverzug, Kostenentscheidung **93** 32; bei einer Leistung Zug um Zug **756** 3, **765**
Anordnung s Amtsmaßnahme; prozeßleitende A. **141** ff; Übertragung bei einer Zurückverweisung **538, 563, 566, 572**; vorbereitende A. **273, 275, 358 a**; auch einstweilige A. sowie den Gegenstand der Anordnung
Anpassungsverordnung 6411
Anscheinsbeweis 286 Anh 15 ff, 33 ff
Anscheinsvollmacht für eine Prozeßvollmacht **88** 1
Anschluß . . . s Berufung, Beschwerde, Erinnerung gegen den Kostenfestsetzungsbeschluß, Rechtsbeschwerde, Revision, Zwangsvollstreckung (Pfändung)
Anspruch, bedingter/betagter s Bedingung/Fälligkeit; bürgerlichrechtlicher A. **GVG 13** 10; dinglicher A. s Recht, dingliches; prozessualer A. **Einl III** 73, **2** 2, **Grdz 253** 6; (nicht)vermögensrechtlicher A. s dort; Geltendmachung durch eine Wiederaufnahmeklage **585** 4; Klagbarkeit **Grdz 253** 25; Bezeichnung des A. in der Klageschrift **253** 30; Pfändung s dort; Rechtshängigkeit, Haftungserhöhung **262** 4; Streitgegenstand s dort; Streitwert s dort; Feststellungsklage wegen eines Teils des A. **256** 10; Teilurteil **301** 21; Übergang des A., Kostenentscheidung bei Nichtmitteilung **94**; übergangener A., Rechtskraft **322** 27; Übergang des A., Urteilsberichtigung **321** 5; Unübertragbarkeit des A. **851** 3; Kennzeichnung des A. im Urteil **313**; Vollstreckbarkeit **Grdz 704** 1; Recht zur Erhebung einer Widerspruchsklage **771** 14

- **(Abtretung)** während des Prozesses **265** 3 ff
- **(Begründung),** bei verschiedenen Rechtsgründen **260** 2; mit widersprüchlichem Vorbringen **138** 19
- **(Grund),** Gleichartigkeit **60** 3; Angaben in der Klageschrift **253** 30; Rechtskraft des Urteils **322** 27; Vorabentscheidung über den G. **304**; solche durch ein Versäumnisurteil **347** 1
- **(Grundlage),** Ausschluß **308** 6; und Rechtskraft **Einf 322** 11 ff; s auch Häufung von Ansprüchen
- **(Häufung von Ansprüchen) 260** 1, 5; Anordnung einer Verhandlungsbeschränkung **146** 5; in einer Ehesache **610** 1; Gerichtsstand **Üb 12** 17; beim Grundurteil **304** 8; mehrere Hauptansprüche **260** 5; Haupt- und Hilfsanspruch **260** 8; Klageänderung infolge nachträglicher Anspruchshäufung **263** 3; Klageverbindung s dort; Kosten **92** 6; Trennung/Verbindung von Prozessen **145** 4/**147** 1; Prozeßverbindung bei einer ausschließlichen Zuständigkeit **5** 11; Zulassung der Revision **543**; Streitgegenstand **2** 6; Streitwert **5** 2; Teilurteil **301** 7 ff; im Wiederaufnahmeverfahren **578** 8; Zuständigkeit **260** 16
- **(Hilfsanspruch) 260** 10; Anordnung einer Verhandlungsbeschränkung **146** 6; Verbindung von Haupt- und Hilfsanspruch **260** 8; Verweisung bei einer Zuständigkeitsbeschränkung auf den H. **281**
- **(Konkurrenz) Einl III** 11; Gerichtsstand **32** 1

Anstalt, Gerichtsstand **17** 2; Zuständigkeitsvereinbarung **38** 18; Zwangsvollstreckung gegen eine öffentlichrechtliche A. **882 a**
Anstiftung, Gerichtsstand **32** 16
Anteilsrecht, Pfändung s Zwangsvollstreckung (Pfändung)
Antrag, Antragsteller, Antragsgegner **Grdz 50** 1; Anbringung zu Protokoll **129 a** 6, 7, **270** 4, **496** 3; Antragstellung **297**; Bezugnahme **297** 13; Bindung an den A. **308** 1; Fragepflicht des Gerichts **139** 11; und Mietstreit **308 a** 1; Prozeß- und Sachantrag **297** 4, 5; Überschreitung des A., Streitwert **3 Anh** 7; im Urteilstatbestand **313** 19; in der Verhandlung **137** 3; Verlesung **297** 11; auf die Vornahme einer Vollstreckungshandlung **Grdz 704** 37, **754** 3; vgl auch Erklärung zu Protokoll, Klagantrag, Gegenstand des A.
- **(auf gerichtliche Entscheidung)** s Justizverwaltungsakt
- **(auf Prozeßkostenhilfe) 117** 4, 8
- **(auf streitiges Verfahren) 696**

Antragsverhältnis 753 12
Antritt, des Beweises s Beweis
Anwalt, ausländischer **SchlAnh VII**; s auch Rechtsanwalt
Anwaltskartell 85 28, **216** 20, **272** 12, **296** 14
Anwaltskosten Üb 91 22, **91** 70 ff; Beitreibung bei einer Prozeßkostenhilfe **126** 1, 4
Anwaltsprozeß 78, 78 a, 621 b; Aufforderung zur Bestellung eines Anwalts **215** 4; Aufklärungs-/Hinweispflicht des Gerichts **139**; Einspruchsfrist **339** 1; Ladungsfrist usw **215, 217**; Beiordnung eines Notanwalts **78 b**; Parteianhörung im A. **137** 40; Prozeßvollmacht **80** 10, **88** 5, **89**; Schriftsatz im A. **129** 5, 8 ff, **130, 271** ff; Tod oder Vertretungsunfähigkeit des ProzBev **244**; Zustellung an den ProzBev s dort; Zustellung durch Vermittlung der Geschäftsstelle **166, 167, 168**
Anwaltssache, Rechtsweg **GVG 13** 26
Anwaltsvergleich 796 a–c
Anwaltsvertrag, Beweislast **286 Anh** 38, 39
Anwaltswechsel, Kostenerstattung **91** 124 ff; im Prozeßkostenhilfeverfahren **121** 3; Terminsaufhebung **227** 9

dahinterstehende Zahlen und Buchstaben = Randnummern **Arglist**

Anwaltszustellung s Zustellung
Anwaltszwang 78, 78 a; Antrag auf eine Verlängerung der Berufungsbegründungsfrist **520** 9; im Beschwerdeverfahren **569** 6; A. bei einer gerichtlichen Entscheidung gegenüber einem Justizverwaltungsakt **EGGVG 26** 3; Aufforderung zur Anwaltsbestellung **215** 12, 13; Belehrung über sein Fehlen **499**; bei einer Urkundenniederlegung **134** 5; bei einer Urteilsberichtigung **320** 6; bei der Vollstreckbarerklärung eines Schiedsspruchs **1060**; für einen Antrag auf den Erlaß eines Arrests/einer einstweiligen Verfügung **920** 17/**936** 2 „§ 920"; Ausnahmen vom A. **78**; bei einer Berufungsrücknahme **516** 23; im Eheverfahren **616** 6, **621 e**; für das Einverständnis mit dem schriftlichen Verfahren **128** 37, 40; für die Erinnerung gegen den Kostenfestsetzungsbeschluß **104** 47; für eine Beschwerde in einer Familiensache **621 e**; für den Antrag auf eine Abkürzung/Verlängerung einer Frist **225/226**; für die Vereinbarung einer Fristkürzung **224** 4; beim IntFamRVG **606 a Anh II** 18; für den Kostenfestsetzungsantrag **103** 35, **106** 6; beim Prozeßvergleich **307 Anh** 26; für eine Richterablehnung **44** 4; bei der Klagrücknahme **269** 25; bei einer Zuständigkeit des Rpfl **GVG 153 Anh** 8 § 13; für den Antrag auf das Ruhenlassen des Verfahrens **251** 4; für den Antrag oder die Einwilligung auf die Rückgabe einer Sicherheitsleistung **109** 17; für den Beitritt eines Streithelfers **70** 4, **71** 5; für einen Antrag bei freigestellter mündlicher Verhandlung **128** 10; für die Bestellung eines gerichtlichen Vertreters für den Bekl. **57** 6, **58** 5; und Zeuge **387** 4; für die Bestimmung der Zuständigkeit **37** 1; für eine Zustellung **169** 3; für eine Zustellung im Ausland **183** 3
– **(Beschwerde) 569**; gegen eine Anordnung des Vorsitzenden **136** 36; gegen eine einstweilige Anordnung in einer Ehesache **620 ff**; gegen die Entscheidung auf Grund einer Erinnerung im Kostenfestsetzungsverfahren **104** 87; gegen die Rückgabe einer Sicherheitsleistung **109** 20; gegen eine Verzögerungsgebühr **95 Anh**; gegen das ausgebliebenen Zeugen gegen ein Ordnungsmittel **380** 13; gegen die Zurückweisung einer Richterablehnung **46** 11
Anwartschaftsrecht, Pfändung **Grdz 704** 60, **857** 5; Recht zur Erhebung der Widerspruchsklage **771** 17
Anwendungshilfen im Zivilprozeß **Einl III**
Anwesenheit, des Gläubigers bei der Zwangsvollstreckung **758** 25; der Partei s Partei
Anzeige, der Aufnahme des Verfahrens nach seiner Aussetzung oder Unterbrechung s Aufnahme; an den Drittschuldner durch den Gerichtsvollzieher s Zwangsvollstreckung (Pfändung); der Offenbarungshaft eines Beamten **910**; der Kündigung der Prozeßvollmacht **86** 5; der Bestellung eines Schiedsrichters **1035**; der Niederlegung bei der Zustellung **181** 9
Anzuwendendes Recht 293
Apostille 438 8–10
Apothekergerät, Pfändung **811** 49
Arbeiter, Gerichtsstand des Aufenthaltsorts **20**; Pfändung des Arbeitseinkommens s Zwangsvollstreckung (Pfändung)
Arbeitgeberverband, Parteifähigkeit **50** 31
Arbeitnehmererfindung, unbezifferter Klagantrag **253** 6, 46; Zahlung der Prozeßgebühr **271 Anh**; Verfahren vor der Schiedsstelle vor Klagerhebung **253** 6; Zuständigkeit **GVG 78 b Anh II**
Arbeitnehmersparzulage, Pfändung **Grdz 704** 64

Arbeitsaufnahme, Verpflichtung zur A. bei einer Prozeßkostenhilfe **114** 73
Arbeitseinkommen, Klage auf künftige Zahlung **258** 1, **259** 1; Pfändung s Zwangsvollstreckung (Pfändung); Streitwert **9** 5; Feststellungsklage wegen der Einstufung in eine Tarifgruppe **256** 54; Rechtskraftwirkung des Urteils **322** 28; Zwangsvollstreckung auf Grund eines Urteils auf Zahlung von Bruttolohn **Üb 803** 1
Arbeitsentgelt 850 5
Arbeitsförderung, Rechtsweg **GVG 13** 31
Arbeitsgemeinschaft im Prozeß **Grdz 128** 26
Arbeitsgerät, Pfändung **811** 36 ff
Arbeitsgericht, Ablehnung des Arbeitsrichters wegen Befangenheit **Üb 41** 2; Gerichtsstand für den Gebührenanspruch **34** 3, 4; Präsidium **GVG Üb 21 a** 1; als Sondergericht **GVG 14** 6; Verweisung vom ordentlichen Gericht an das ArbG und umgekehrt **281** 17, **GVG 17** 1, **17 a** 1; Vorsitzender **DRiG 111**; Vertretung des Vorsitzenden **GVG 21 e** 7; Zuständigkeit beim A. **280, 529 GVG Einf 13** 3, **14** 6, **23** 8; Zuständigkeitsvereinbarung **Üb 38** 6, **38** 1
Arbeitsgerichtsverfahren, Anwaltszwang **78** 11, 12, 48; als Aussetzungsgrund **148** 7; Beistand im A. **90** 1; Berufung **511**; Berufungsbegründung **520** 1; Bestimmung des Verhandlungstermins vorm Berufungsgericht **523** 1, 2; Einspruchsfrist **339** 1; Fristversäumnis **85** 8; und Mahnverfahren **Grdz 688** 3; Zahlung der Prozeßgebühr **271 Anh**; Revision **542, 543**; Schiedsvereinbarung **1030**; Sprungrevision **566**; Streitwert mehrerer Ansprüche **5** 1, 12; Festsetzung des Streitwerts **Einf 3** 16; schriftliches Verfahren **128** 16; einstweilige Verfügung, Streitwert **3 Anh** 39; Verzögerungsgebühr **95 Anh**; Bestimmung der Zuständigkeit **36** 4, 12
Arbeitsleistung, Klage auf eine A. **888** 23; Pfändung des Anspruchs auf eine A. **Grdz 704** 64; Zwangsvollstreckung des Urteils auf eine A. **887** 20
Arbeitslosengeld, Pfändung **Grdz 704** 64
Arbeitspapiere, Zwangsvollstreckung **887** 20
Arbeitsverhältnis, Beweislast **286 Anh** 40; Feststellungsklage **256** 54; Gerichtsstand **20**; Bestellung eines gerichtlichen Vertreters **57** 11; Kündigung, Rechtskraftwirkung des Urteils **322** 28, 48; Pfändung des Arbeitseinkommens s Zwangsvollstreckung (Pfändung); Rechtsweg **GVG 13** 32; Streitwert **Einf 3** 16, **3 Anh** 8; Klage auf Berichtigung eines Zeugnisses **Grdz 253** 36; Zuständigkeitsvereinbarung **40**
Architekt, Anspruch des oder gegen den A., Beweislast **286 Anh** 54
Arglist, Beweislast **286 Anh** 55
– **(Einwand gegenüber)** der Berufung auf eine Änderung in der Rechtsprechung **Einl III** 54; der Beseitigung des Gerichtsstands für eine Nachlaßverbindlichkeit **28** 3; der Klage nach einer Vereinbarung ihrer Rücknahme **269** 10; dem Miterben durch den Nachlaßschuldner **62** 13; der Prozeßhandlung **Einl III** 54, **Grdz 128** 57; der Rüge der Unzuständigkeit **Üb 12** 22, 24; einem Verhalten, das von einer Vereinbarung abweiche **Grdz 128** 50; der Unrichtigkeit des Urteils **Einf 322** 28 ff; dem Vollstreckungsschuldner **769** 8
– **(durch Erschleichen)**, beim Anerkenntnis **307** 12; desjenigen des Erfüllungsorts **29** 6; desjenigen für eine Nachlaßverbindlichkeit **28** 3; desjenigen der Belegenheit des Vermögens-/Streitgegenstandes **23** 7; der Rechtskraft des Ehescheidungsurteils

Arrest Zahlen in Fettdruck = Paragraphen

durch die Rücknahme der Berufung **Einl III** 63; des Urteils **Einf** 322 36, **767** 30 „Freiwilligkeit"; der Restitutionsklage **580** 6; der Zuständigkeit **Einl III** 56, **2** 7, **Üb 12** 22, 23, **38** 10, **Grdz 128** 15, **504** 3, 4
Arrest Grdz 916, 916 ff
- **(Anordnung) 922** 3; Abwendungsbefugnis **923** 1; Lösungssumme **923** 1; s auch Arrestverfahren
- **(Aufhebung)**, wegen der Versäumung der Klagefrist **926** 13; Schadensersatzpflicht des Gläubigers **945**; Streitwert **3 Anh** 11; wegen veränderter Umstände **927**; auf Grund eines Widerspruchs **924, 925**
- **(Vollstreckung) Grdz 916** 20; Vollstreckungsklausel **929** 6
- **(Vollziehung) Grdz 916** 19, **928 ff**; Aufhebung **934**; Einstellung der Zwangsvollstreckung **707** 22; des persönlichen A. **933**; desjenigen eines Ausländers **918 Anh**; Aufhebung der V. **934**; Frist zur V. **929** 7; nach dem Fristablauf **929** 10; in ein Grundstück/eine grundstücksgleiche Berechtigung (Arresthypothek) **932**; Kostenerstattung **91** 75, **788** 19; Schadensersatzanspruch **945**; in ein Schiff(sbauwerk) **931**; in das bewegliche Vermögen/eine Forderung (Pfändung) **929** 19, **930**; vor der Zustellung **929** 19

Arrestanspruch 916; Kostenerstattungsanspruch **Üb 91** 53, **91** 73; Veränderung der Verhältnisse **927** 3

Arrestatorium 829 32

Arrestgrund für einen dinglichen Arrest **917**; Rechtsschutzbedürfnis **917** 14; für den persönlichen Sicherheitsarrest **918**; Veränderung der Verhältnisse **927** 4

Arrestverfahren, und Anerkenntnis **93** 9, 33; Antrag **920** 3, 17; Anwaltszwang **78** 41; Arrestbefehl **922** 8; gegenüber einem Ausländer **916** 4; Aussetzung **Einf** 148 6, **148** 35; Beschluß **922** 3, 26; solcher des Vorsitzenden wegen der Dringlichkeit **944**; Einlassungsfrist **274** 8; Entscheidung **922** 3, **925** 6; Gericht der Hauptsache **943**; Gesuch **920**; Glaubhaftmachung **920** 11; Anordnung der Klageerhebung **926** 3; Kostenentscheidung **91** 74; solche nach einer Erledigung der Hauptsache **91 a** 6; Kostenerstattung **Üb 91** 53, **91** 15, 73 ff; Kostenfestsetzung **103** 1 ff; Ladungsfrist **217**; Protokoll **159** 5; Prozeßführungsrecht **916** 3; Prozeßvollmacht **81** 19, **82**; keine Revision **542**; Säumnis einer Partei **128** 12; Schadensersatzpflicht **945**; schiedsrichterliches Verfahren **1041**; Schriftsatz **132** 3; Seeschiff **Grdz 916** 4; Sicherheitsleistung **110** 9; Rückgabe der Sicherheit **943**; Sommersache **224** 37; Streitgegenstand **Grdz 916** 3; Streitgenossenschaft **Üb 59** 5; Streithilfe **66** 7; Streitwert **3 Anh** 11; Übergang in den Hauptsacheprozeß **264** 21; Unterbrechung durch Insolvenz **240** 23; Urteil **922** 19; mündliche Verhandlung **128, 921** 2, **922** 15; Bestellung eines gerichtlichen Vertreters für den Gegner **57** 3; Verweisung **281** 3; vorläufige Vollstreckbarkeit **708** 8, **925** 10; Widerklage **253 Anh** 8; Widerspruch **924, 925**; Ablehnung einer Wiedereinsetzung **238** 12; Zuständigkeit **919, 943, 944**; Zustellung **929** 4 ff; Zwischenfeststellungsklage **256** 110

- **(Arrestbeschluß) 922** 26; Anordnung der Klageerhebung zur Hauptsache **926**; derjenigen vor dem Schiedsgericht **1041**; Kostenfestsetzung **103** 1; Angabe der Lösungssumme **923**; nach einer Ablehnung des Richters **47**; nach einem Urteil auf eine künftige Leistung **259** 9; Vollstreckbarkeit **929** 6; Zustellung **922** 33; Zustellung an den ProzBev **172** 10

- **(Widerspruch) 924**; Streitwert **3 Anh** 12; Urteil **925** 6; Einstellung der Zwangsvollstreckung **707** 22

Arzt, fehlerhafte Behandlung, Beweislast **286 Anh** 56; Pfändung des Honorars **850** 11; Pfändung der Praxiseinrichtung **811** 35; Zeugnisverweigerungsrecht **383** 9, **385** 8

Assessor beim Anwalt, Fristversäumung **233** 74; Kostenerstattung **91** 76

Assignation en garantie, Wirkung **74** 5

Asylberechtigter 606 11, **606 a Anh III D**

Atomrecht, Rechtsweg **GVG 13** 32

Auctor, nominatio auctoris s Urheberbenennung

Audiatur et altera pars s Gehör, rechtliches

Aufbewahrung, des Protokolls über die Beweissicherung **492**; einer verdächtigen Urkunde **443**

Aufenthalt im Ausland s Ausland

- **(unbekannter)**, Gerichtsstand bei einer Ehesache **606** 17; Gerichtsstand bei einer Kindschaftssache **640 a, 641 a**; der Partei, öffentliche Zustellung **185** 4; des ProzBev, öffentliche Zustellung **185** 7 „Prozeßbevollmächtigter"

Aufenthaltsort Gerichtsstand des A. **16**; Gerichtsstand des Beschäftigungsorts **20**; derselbe bei der Bestellung eines gerichtlichen Vertreters **57** 10; bei der Offenbarungsversicherung **899**; entfernter A. der Partei, Nichterscheinen **141**; Zeugenvernehmung am A. **375** 5, **382**

Auffinden, einer Urkunde als Restitutionsgrund **580** 11

Aufforderung, im Aufgebotsverfahren s dort; des Drittschuldners zur Erklärung **840** 1; zur Erwiderung auf die Klage **271, 275, 276**; zu derjenigen im Parteiprozeß **498**; zur Erklärung gegenüber dem Antrag auf eine Parteivernehmung **446**; zur Erklärung über eine Urkunde im Parteiprozeß **510**; zur Berechnung der Forderung im Verteilungsverfahren **873**; durch den Gerichtsvollzieher bei der Pfändung, Protokoll **763**; zur Kostenberechnung **106** 5; zur Bestellung eines ProzBev **215** 12, 13, **244** 16, **271** 5, **275** 8, **276** 4; zur Bestellung eines neuen ProzBev nach dem Tod/der Vertretungsunfähigkeit des bisherigen **244** 16; zur Bestellung eines Schiedsrichters **1035**; bei der Vorpfändung **845, 857** 27

Aufgabe, des Grundeigentums, Bestellung eines gerichtlichen Vertreters **58, 787**; A. zur Post s Zustellung

Aufgebotsverfahren Grdz 946, 946 ff; Amtsermittlung **952**; Anfechtungsklage **957, 958**; Anmeldung **953**, nach dem Fristablauf **951**; Antrag **947**; Aufgebot/Frist **947/950**; Ausschlußurteil **952**; Aussetzung des Verfahrens **Grdz 946** 4, **953**; öffentliche Bekanntgabe des Aufgebots/Ausschlußurteils **948, 949, 953/956**; Gerichtsstand für den Gebührenanspruch **34** 6; Landesgesetzgebung **EG 11**; Verpflichtung zur Sicherheitsleistung **110** 9; Streithilfe **66** 7; Streitwert **3 Anh** 14; Terminsbestimmung **947, 954, 955**; Verbindung mehrerer Verfahren **959**; mündliche Verhandlung **952** 1; Verweisung **281** 3; Zuständigkeit **946, GVG 23** 13; Bestimmung der Zuständigkeit **36** 4

- **(dinglich Berechtigter) 982, 987 a, 988**; Antrag **984, 987, 987 a, 988**; Aufgebot **986, 987**; Ausschlußurteil **987**; Glaubhaftmachung **985, 986**; Zuständigkeit **983, 987 a**

- **(Eigentümerausschließung) 977, 981 a**; Antrag **979**; Aufgebot **981**; Glaubhaftmachung **980**; Zuständigkeit **978, 981 a**

- **(Nachlaßgläubiger) 989**; Anmeldung der Forderung **996**; Antrag **991, 992**; A. bei der Gütergemeinschaft/fortgesetzten G. **999/1001**; A.

durch einen Miterben/Nacherben/Erbschaftskäufer 977/998/1000; Aufgebot/Frist 995/994; Ausschlußurteil 997, 999, 1000; Antrag auf die Eröffnung des Nachlaßkonkurses 993; Zuständigkeit 990
- (Schiffsgläubiger) 1002
- (Urkundenkraftloserklärung) 1003 ff; Abhandenkommen/Vernichtung der Urkunde **Einf 1003** 2; Anmeldung **1016** 1; Antrag **1004** 1, **1007**; Antragsberechtigung **1004**; Aufgebot **1008**; Aufgebotsfrist wegen Urkunde/Wertpapier **1015/ 1010–1014**; Ausschlußurteil **1017, 1018**; öffentliche Bekanntmachung des Aufgebots/Ausschlußurteils **1009/1017**; Grundpfandrechtsbrief **Einf 1003** 1, **1024 Anh**; hinkende Inhaberpapier **1023** 1; Landesgesetzgebung **1024**; qualifiziertes Legitimationspapier **Einf 1003** 1, **1023**; Meldung des Urkundeninhabers **1016**; Streitwert beim Grundpfandrechtsbrief **3 Anh** 14; Verfügung/ Aufhebung einer Zahlungssperre **1019, 1020/ 1022**; Zeugnis über die Vorlage des Zinsscheines **1010** 3, **1011** 2, **1021**; Zulässigkeit **Einf 1003** 1; Zuständigkeit **1005, 1006**
- (Urteil betreffende Anfechtungsklage) **957**; öffentliche Bekanntmachung des Ausschlußurteils bzw nach seiner Aufhebung **1017**; Klagefrist **958**; Zuständigkeit **957** 2
Aufhebung, der Kosten gegeneinander **92** 39; vgl auch Gegenstand der Aufhebung
Aufhebungsklage, bei der Ehe s Ehesache; beim Schiedsspruch und bei seiner Vollstreckbarkeitserklärung s Schiedsspruch
Aufklärung, Anordnung zur A. vor der mündlichen Verhandlung **273**; Anordnung des Erscheinens der Partei zur A. **141, 273** 22; Setzen einer Frist zur A. **273, 275 ff, 296**
Aufklärungs- und Hinweispflicht, gerichtliche **Üb 128** 6, **139**; bei einer Aktenbeiziehung **139** 30; wegen von Amts wegen zu berücksichtigender Punkte **139** 49; im Anwaltsprozeß **139** 54 „Anwaltliche Vertretung"; Fragerecht des Beisitzers **136**; und Beibringungsgrundsatz **139** 16; des Berufungsgerichts **139** 6; beim Bestreiten **138** 30; über einen Beweisantrag **139** 61; über einen Beweisantritt **282** 12; über einen Antrag auf Bewilligung einer Erklärungsfrist **273** 20; gerichtliche Entscheidung bei der Beanstandung einer Frage **140**; bei der Klagänderung **264** 1; bei einer mangelhaften Klagerhebung **253** 15; bei der Klagrücknahme **269** 1; über die rechtliche Beurteilung **139**; des Revisionsgerichts **139** 6; Richterablehnung wegen seines Hinweises **42** 38, **139** 101; über ein Rügerecht **139** 5; bei einer Unzuständigkeit **281** 24, **504** 1; beim Urteil des AG **Üb 38** 9, **39, 504** 3; bei einem Verfahrensmangel **139**; des Vorsitzenden **136** 22, **139**; beim Wiedereinsetzungsantrag **234** 4; beim der Wiedereröffnung der mündlichen Verhandlung **156**; Zurückverweisung wegen einer Verletzung der A. **139** 101
Auflage, des Erblassers, Gerichtsstand **27** 7; Setzen einer Vollzugsfrist durch ein Urteil **255** 1
Auflassung, Erklärung der A. durch den ProzBev **81** 21; Pfändung des Anspruchs auf die A. **848**; Pfändung der Anwartschaft aus der A. **Grdz 704** 60, 62, **857** 12; im Prozeßvergleich **307 Anh** 8
- (Klage auf A.), Gerichtsstand **24** 4; Streitwert **6** 2; derjenige bei einer Klage gegen einen Miterben **3 Anh** 14, 41; Urteil auf A. **894** 6
Auflassungsvormerkung, Streitwert der Löschung/der einstweiligen Verfügung auf die Eintragung der A. **6** 15

Auflösungsklage gegen die Offene Handelsgesellschaft oder BGB-Gesellschaft, notwendige Streitgenossenschaft **62** 4 ff
Aufnahme (nach Aussetzung) **246** 8, 247
- **(nach Prozeßvergleich) 307 Anh** 37, 42
- **(nach Ruhen) 251** 10
- **(nach Unterbrechung),** Anerkenntnis nach der A., Kostenentscheidung **93** 59; Anerkennung der Vaterschaft durch einen Elternteil **640 g**; Anzeige der A. **239** 9, **250** 6; nach der Aufhebung des Insolvenzverfahrens **240** 23; bei der Nacherbfolge **243**; durch den Rechtsnachfolger **239** 6, 9; Prozeßvollmacht des Rechtsnachfolgers **86** 13; Streit über die Rechtsnachfolge **239** 17, 19; Verzögerung der A. durch den Rechtsnachfolger **239** 17; bei einem Streitgenossen **239** 10; nach dem Tod der Partei durch einen Erben/Miterben **239** 9, 25; nach dem Tod der Partei durch den Nachlaßpfleger/Testamentsvollstrecker **243**; nach dem Tod der/der Vertretungsunfähigkeit des ProzBev, Anzeige der Neubestellung, Verzögerung durch den Rechtsnachfolger **244** 14; nach dem Tod/der Vertretungsunfähigkeit des gesetzlichen Vertreters **241** 7; Verfahren nach der A. **239** 11; mündliche Verhandlung **239** 12
Aufopferungsanspruch, Feststellungsklage **256** 59; Gerichtsstand **32** 7; Rechtsweg **GVG 13** 19, 32; Streitwert **3 Anh** 14
Aufrechnung durch den Bekl **145** 10, 35; Anordnung einer Verhandlungsbeschränkung **146** 3; als Aussetzungsgrund **148** 5, 11, 13; in der Berufungsinstanz **533**; Beschwerdewert **511 Anh**; Entscheidung des ordentlichen Gerichts bei einer Zuständigkeit des ArbG/Landwirtschaftsgerichts **322** 26; mit einer öffentlichrechtlichen Forderung **GVG 13** 18; vor der Klage **145** 9 ff; Grundurteil **304** 2; durch den Kläger nach einer A. des Bekl **145** 23; Kostenentscheidung **91** 24; mit dem Kostenerstattungsanspruch **Üb 91** 34; Kostenfestsetzung nach der A. **104** 12; gegenüber/durch dem/n ProzBev **81** 21; nach einem Prozeßvergleich, Vollstreckungsabwehrklage **795** 4; Prozeßtrennung **145** 20; Rechtshängigkeit **261** 12, **325** 20; bei einer Schiedsvereinbarung **1030**; Streitgegenstand **2** 5; durch einen Streithelfer **67** 14; Streitwert **3 Anh** 15; gegenüber einer Teilklage **145** 20; Urteil, Rechtskraftwirkung **322** 21; nach einem Urteil, Vollstreckungsabwehrklage **767** 53; durch den nicht rechtsfähigen Verein **50** 26; Vorbehaltsurteil **302** 4 ff; Nachverfahren, Prozeßvollmacht **81** 18; Widerklage **253 Anh** 12
- **(Hilfsaufrechnung)** durch den Bekl **145** 13; Beschwer, Streitwert **3 Anh** 21; Urteil **300** 10
Aufruf, der Sache am Termin **220** 4; Zuschlag der versteigerten Pfandsache **817**
Aufschiebende Wirkung, des Rechtsmittels **Grdz 511** 2; der Berufung, Revision, Hemmung der Rechtskraft **705** 7; der sofortigen Beschwerde **570**; Ausschluß der a. W. bei einer Beschwerde gegen den Ausschluß der Öffentlichkeit/ein Ordnungsmittel **GVG 174/181**
Aufschub der Verwertung **813 a, b**
Aufsichtführender Richter, am AG **GVG 21 Anh II § 14, 21 a** 3
Aufsichtsrat, Mitglied des A. als Zeuge **Üb 373** 15; als gesetzlicher Vertreter **51** 16; Zustellung an den A. **178** 18
Aufsichtsverstoß, Beweislast **286 Anh** 74
Auftrag, Pfändung des Anspruchs auf die Durchführung des A. **Grdz 704** 64; an den Gerichtsvollzieher s Zwangsvollstreckung (Pfändung); an den Anwalt, Ablehnung **GVG 155 Anh** 2 § 44; Rechtsweg beim öffentlichrechtlichen A. **GVG**

Aufwandsentschädigung

Zahlen in Fettdruck = Paragraphen

13 32; Schiedsrichtervertrag **1035**; Zustellungsauftrag s Zustellung
Aufwandsentschädigung, Pfändung **850 a** 6
Aufwendungsersatz, Streitwert **4** 19
Aufzeichnung, des Protokolls **160 a**; des Zeugen **378**
Aufzeichnung, technische Üb 415 7
Augenscheinsbeweis 144 12, **Üb 371** 1; Abstammungsuntersuchung s dort; Anordnung **144** 15, 16, **372** 1; Beweisantritt **371**; Duldungspflicht **Üb 371** 6; Einnahme des A. **372** 1; Schutz der Intimsphäre **Üb 371** 12; Protokoll **160** 13; durch den verordneten Richter **372** 4; Hinzuziehung des Sachverständigen **372** 3; Verweigerung **Üb 371** 8, **372 a** 24; als vorbereitende Maßnahme **273** 14; Zulässigkeit **Üb 371** 5
Augenscheinseinnahme, gerichtliche Anordnung der A. **144**; Anordnung vor der mündlichen Verhandlung **273, 358 a**; Ort der A. **219, 372**; Protokoll über die A. **160, 160 a, 161**
Ausbildungsförderung, Pfändung des Anspruchs auf/der Leistung aus der A. **Grdz 704** 65
Ausbleiben, der Partei **141** 30, 35, **454**; des Sachverständigen **409**; des Zeugen **380, 381**
Auseinandersetzung (Ansprüche), Feststellungsklage **256** 60
– **(Guthaben),** Pfändung **859 Anh** 1, 4
– **(Klage),** wegen eines Grundstücks, Gerichtsstand **24** 12
Ausfertigung, des Beschlusses **329** 15 „§ 317"; aus der Gerichtsakte **299** 19; des Schiedsspruchs **1054**; der Zeugenladung **377**
– **(Urteil) 317** 8; des Berichtigungsbeschlusses **319** 31; Kosten als solche der Zwangsvollstreckung **788** 3; Kostenerstattung **91** 190; Kostenfestsetzungsbeschluß auf der A. **105**; des abgekürzten Urteils **317** 16; Vorlage beim Berufungs/Revisionsgericht **519/550**
Ausfertigung, vollstreckbare s vollstreckbare A.
Ausforschung der Gegenpartei **138** 27
Ausforschungsbeweis Einf 284 27
Ausforschungspfändung Grdz 704 44, **829** 21
Ausgleichsabgabe, Rechtsweg **GVG 13** 61 „Steuer"
Ausgleichsanspruch, des Ehegatten **938** 9; des Erben, Streitwert **3 Anh** 42; des Handelsvertreters **3 Anh** 67; Rechtsweg **GVG 13** 32
Ausgleichsleistung, Rechtsweg **GVG 13** 32
Ausgleichung der Kosten **106**
Aushändigung an der Amtsstelle als Zustellung von Amts wegen **173**
Auskunft, Anordnung der Erteilung vor der mündlichen Verhandlung **273** 21, **358 a**; als Beweismittel **Üb 402** 25; amtliche A. als Beweismittel **Üb 373** 32; Einholung bei der Prozeßkostenhilfe **118**; elektronische Erteilung **130 a**; aus der Gerichtsakte **299** 13; Kostenerstattung **91** 90, 91; nach der Pfändung/Überweisung der Forderung, Pflichten des Schuldners zur A. **836** 5; solche des Drittschuldners **840**; aus dem Schuldnerverzeichnis **915–915 h**; Unrichtigkeit, Wiedereinsetzungsgrund **233** 24; über ausländisches Recht **293** 14; über die Echtheit einer Urkunde **437** 3; schriftliche A. des Zeugen **273** 14, **377** 8
– **(Klage),** des Pfändungsgläubigers gegen den Drittschuldner **840** 15; Streitwert **3 Anh** 31 „Drittschuldnerprozeß"; Übergang von der Feststellungs- zur Leistungsklage **264** 5; Verbindung mit der Herausgabeklage **254** 4
– **(Urteil),** Zwangsvollstreckung **887** 21
Auskunftei, Zeugnisverweigerungsrecht **383** 13
Auslagen, Kostenfestsetzung **104** 36; des Sachverständigen **413**; des Zeugen **401**

Auslagenerstattung 91 69 ff; sofortige Beschwerde gegen die A. **567**; bei einer Rechtshilfe **GVG 164**
Auslagenvorschuß vor der Ladung eines Zeugen/ Sachverständigen **273** 23, **379/402**
Ausland, Aufenthalt beim IntFamRVG **606 a Anh II** 7; Beweisaufnahme im A. **363** mit **Anh**, 364, 369, **172 ff**; Bestimmung der Einlassungsfrist **274**; Einspruchsfrist bei der Zustellung im A. **339** 4; ausländischer Gerichtsstand **Üb 12** 6, **16** 2, **36** 19; Klage im A. **253** 3; Gerichtsstand bei einem Mietanspruch über einen Wohnraum im A. **29 a** 14; Erteilung der Prozeßvollmacht im A. **80** 6; Rechtshängigkeit **261** 9; Rechtshilfe **GVG 168 Anh**; Geltendmachung des Unterhaltsanspruchs im A. **790, GVG 168 Anh II**; Zustellung s dort; Zwangsvollstreckung im A. als Arrestgrund **917** 9; Vollstreckungsersuchen **791**; zwischenstaatliches Zivilprozeßrecht s dort
Ausländer, Angehöriger eines fremden Staats **110** 5; Arrestantrag **917** 10; Zuständigkeit **606 a**; Eidesleistung **GVG 188**; Exterritorialer s dort; Gerichtsstand **13, 23**; Heimatloser **606 b Anh III B**; Parteifähigkeit **50** 5; Prozeßfähigkeit **55**; Prozeßkostenhilfe **114** 10, **114 Anh**; Rechtsschutz **Grdz 253** 2; Pflicht zur Leistung einer Sicherheit s Sicherheitsleistung; Zeugenpflicht **Üb 373** 27
Ausländische Prüfung DRiG 112
Ausländischer Anwalt, Niederlassung **GVG 155 Anh I** 22; vorübergehende Tätigkeit **SchlAnh VII**
Ausländischer Richter, Staatsanwalt GVG 193
Ausländische Streitkräfte s Streitkräfte
Auslandsaufenthalt, Gerichtsstand bei einer Ehe-/ Kindschaftssache **606** 17/**640 a**; Gerichtsstand bei der Erbschaftsklage gegen einen Deutschen **27** 10; Gerichtsstand bei der Unterhaltsklage **23**; Gerichtsstand des Vermögens usw **23**; Zeugenladung **377** 5
Auslandsgericht, Anerkennung einer Entscheidung **1** ff, **329** 22 „§ 328"; Zuständigkeitsvereinbarung **38** 21
Auslandsgesellschaft, Parteifähigkeit **50** 5
Auslandsprozeß, Streitverkündung **74** 7
Auslandsrecht, Anordnung des Nachweises **273** 14; Auskünfte über **293** 14; Beweis **293** 5; Feststellung **293** 11; Feststellungsklage **256** 7, 60 „Ausland"; Nachweis **293** 5; Prüfung im Revisionsverfahren **551**
Auslandsschiedsspruch, Vollstreckbarerklärung **1061**; Vollstreckungsabkommen s Zivilprozeßrecht
Auslandsunterhaltsgesetz, Abänderung des Titels **323** 8, bei **722**; Generalbundesanwalt als Zentrale Behörde **Grdz 50** 28, **Üb 78** 6, 8; Geltungsbereich **GVG 168 Anh III**; Kostenerstattung **91** 294 „Zentrale Behörde"; Prozeßkostenhilfe **114** 84 „Ausländisches Recht", **117** 4, **122** vor 1, **124** 6; Zustellung **170** 4; Zwangsvollstreckung **Grdz 704** 39, bei **722**
Auslandsurkunde, Legalisation **438**
Auslandsurteil (Anerkennung) 328 1; Anerkennungsabkommen s Zivilprozeßrecht; bei einem vermögensrechtlichen/nichtvermögensrechtlichen Anspruch **328 Anh/328** 48; in einer Ehesache **328** 13, 49, **606 a Anh IV**; Gegenseitigkeit **328** 46, **328 Anh**; in einer Kindschaftssache **328** 48; Klage in einer A. **794** 20; Nichtanerkennung wegen Sitten-/Ordnungswidrigkeit **328** 30; bei Unzuständigkeit des Auslandsgerichts **328** 16; Versäumnisurteil **328** 20; bei einer Zuständigkeitsvereinbarung **38** 28

dahinterstehende Zahlen und Buchstaben = Randnummern **Aussetzung**

– **(Vollstreckbarerklärung)**, Kostenentscheidung **SchlAnh V A 1**; Unterhaltsentscheidung **SchlAnh V A 2**; Vollstreckungsabkommen s Zivilprozeßrecht
– **(Vollstreckungsklage) 722**; Anerkennung **722 8**; Streitwert **4 15**; Urteil **723**

Auslandsvollstreckung im EU-Land **1079 ff**
Auslandswährung, Streitwert **3 Anh 25**; Zwangsvollstreckung **Grdz 803 1**
Auslassung, im Beschluß **329 19** „**§ 320**"; im Tatbestand des Urteils **320 4, 321**; im Tenor des Urteils **319 13 ff, 321**
Auslegung, Feststellungsinteresse **256 25, 33**; Antrag bei der Feststellungsklage **256 20**; sonstige Klage, vor Antrag/Rubrum **253 22, 39**; Parteieigenschaft **Grdz 50 4**; Prozeßhandlung **Grdz 128 52**; als Rechtsfrage **Einf 284 17**; und Rechtskraft **322 6**; einer Rechtsvorschrift **Einf III 36**; Prüfung im Revisionsverfahren **546**; Urkunde/Willenserklärung, Beweislast **286 Anh 1, 74**; verfassungskonforme A. **Einl III 36**; des Vollstreckungstitels **Grdz 704 21**; Zeugnisverweigerungsrecht **Einf 383 1**; Zuständigkeitsvereinbarung **38 5**
– **(Zivilprozeßordnung)** s Zivilprozeßordnung
Auslösungsgeld, Pfändung **850 6**
Ausnahmegericht GVG 16
Ausnahmevorschrift, Auslegung **Einl III 41**
Aussagegenehmigung, für den Angehörigen des öffentlichen Dienstes als Zeugen **376**; für eine Parteivernehmung **451 3** „**§ 376**"; für einen Angehörigen der Streitkräfte **SchlAnh II 38**
Aussagepflicht 390
Aussageverweigerung s Zeuge (Zeugnisverweigerung, Zeugnisverweigerungsrecht)
Ausscheiden des Gesellschafters, Streitwert **3 Anh 25, 62**; aus dem Verein, Streitwert **3 Anh 25**
Ausschließliche(r) Gerichtsstand, Zuständigkeit s Gerichtsstand, Zuständigkeit
Ausschließung (Amtsausübung), des Dolmetschers **GVG 191**; des Gerichtsvollziehers **GVG 155**; des Gesellschafters, Streitwert **3 Anh 25**; des Rpfl **41, 48, 49, GVG 153 Anh 8 § 10**; des Richters **41, 48, 49, 551, 957 3**; unaufschiebbare Amtshandlung **47 4**; Mitwirkung trotz einer A., Nichtigkeitsklage **579 4**, Revisionsgrund **551**; des Urkundsbeamten der Geschäftsstelle **41, 48, 49**; aus dem Verein, Streitwert **3 Anh 25**
Ausschließungsgrundsatz 296 4, 9, 37, 58, Einf 322 11, 767 50, 796 4
Ausschluß, eines Gesellschafters/Genossen, Streitwert **3 Anh 25**; eines dinglich Berechtigten, Gläubigers, Grundstückseigentümers s Aufgebotsverfahren; eines Mitglieds als vermögensrechtlicher Anspruch **Grdz 1 11**; eines Mitglieds nach dem Austritt, Feststellungsklage **256 71**; der Öffentlichkeit s dort; vgl auch Ausschlußwirkung
Ausschlußfrist s Frist
Ausschlußrecht, Beeinträchtigung, Urheberbenennung **77**
Ausschlußurteil s Aufgebotsverfahren
Ausschlußwirkung, für eine Einwendung gegen den Vollstreckungstitel **767 50, 796 4**; bei der Patentverletzung **253 5**; der Rechtskraft **Einf 322 11, 322 4**; des Verhandelns zur Hauptsache für eine Zulässigkeitsrüge **282**; der Versäumung einer Prozeßhandlung **Üb 230 3, 230**; bei einem verspäteten Vorbringen s Parteivorbringen
Außenwirtschaftsgesetz SchlAnh IV A
Äußere Rechtskraft s Rechtskraft
Außergerichtliche Kosten, Erstattung **Üb 91 21, 91 69 ff**

Außergerichtlicher Vergleich s Vergleich
Außergerichtliches Geständnis Einf 288 2
Aussetzung, der Vollziehung eines Beschlusses nach sofortiger Beschwerde **570**; des Beweisbeschlusses auf die Vernehmung einer Partei **450 6**; im finanzgerichtlichen Verfahren, Streitwert **3 Anh 25**; der Verwertung der Pfandsache **813 a**
– **(des Verfahrens) Einf 148 1**; Anordnung vor der mündlichen Verhandlung bei Wahrscheinlichkeit einer A. **273 10**; bei einem Antrag auf gerichtliche Entscheidung wegen der Untätigkeit der Justizverwaltung **EGGVG 27 3**; bei der (Feststellungs-)Klage wegen der Anfechtung der Ehelichkeit bzw Vaterschaft zwecks Einholung eines Gutachtens **148 28, 640 f**; bei dem Antrag auf Ehescheidung/der Klage auf Eheherstellung **614**; bei der Einmischungsklage **65**; infolge eines Krieges **247 2**; Rechtsbehelf **252 3**; beim Verfahren vor dem Richterdienstgericht **DRiG 68, 83**; bei der Anpassung der Unterhaltspflicht **641 o**; infolge einer Verkehrsstörung **247 2**; bei der Bestellung eines gerichtlichen Vertreters **241 7**; der Verwertung der Pfandsache **813 a 5**
– **(des Verfahrens bei Musterfeststellungsantrag) SchlAnh VIII 7**
– **(des Verfahrens bei Unterbrechungsgrund)**, durch die Ablehnung der Verkündung einer Entscheidung **249 13**; Antrag **248**; auf A. bei der Vertretung durch einen ProzBev **246**; beim Aufgebotsverfahren **Grdz 946 4, 953**; Aufhebung der A. **252**; Aufnahme nach der A. s Aufnahme; Beschwerde **252**; Fristablauf **249 4**; Prozeßhandlung **249 6**, Kostenfestsetzung **103 33**; durch Nichtzulassung der Klagänderung **268 3**; bei einem Mangel an einer Prozeßvoraussetzung **56 14**; beim schiedsrichterlichen Verfahren **1042**; bei der Streitgenossenschaft **61 8**; bei der notwendigen Streitgenossenschaft **62 27**; bei der Streithilfe **67 5**; Streitwert **3 Anh 25**; Tatbestandsberichtigung nach einer A. **249 13**; durch Aufhebung/Verlegung/Vertagung des Termins **227 57**; beim Tod der Partei usw **246 3**; mündliche Verhandlung **128 4, 248**; Verkündung einer Entscheidung **249 13**
– **(des Verfahrens wegen Vorgreiflichkeit)**, beim Arrest oder der einstweiligen Verfügung **148 13, Grdz 916 12**; Aufhebung **150**; bei einer Ehe/Kindschaftsklage **155**; bei einer Aufhebung **148 13**; wegen Eheaufhebung/Ehebestandsstreit **152/154**; wegen einer Klage auf Anfechtung der Ehelichkeit oder Vaterschaft **153**; wegen einer ausländischen Entscheidung **328 59**; wegen einer evtl bevorstehenden gesetzlichen Regelung/Änderung oder einer möglichen Ungültigkeit des Gesetzes **148 4**; wegen eines streitigen Kindschaftsverhältnisses **151, 153**, Kostenentscheidung **148 37**; wegen der Möglichkeit widersprechender Entscheidungen **148 5**; wegen eines Musterprozesses **148 20**; bei einem Mangel der Prozeßvoraussetzungen **56 14**; in der Revisionsinstanz **148 14, 148 4 Anh 4, 148 35**; wegen einer Straftat **149**; wegen eines Teilanspruchs **148 37**; bei einer Teilklage **148 26**; bei der Unterhaltsklage des Kindes **148 27**; im Urkunden/Wechselprozeß **148 35**; bei einer einstweiligen Verfügung wegen des Unterhalts eines Kindes **153 1**; mündliche Verhandlung **128 5, 148 36**; durch eine Vertagung **Einf 148 5**; wegen der Vorgreiflichkeit der Entscheidung eines Gerichts oder einer Verwaltungsbehörde **148 9**; Wegfall des Grundes **Einf 148 9**; wegen der Zuständigkeit des Kartellgerichts **148 18**; im Zwangsvollstreckungsverfahren **148 30**

Hartmann 3075

Aussichtslosigkeit

Aussichtslosigkeit, der Pfändung, Offenbarungsversicherung **807** 12; der Rechtsverfolgung/Rechtsverteidigung **114** 80
Aussiedler, Eingliederungsgeld **Grdz 704** 70 „Eingliederungsgeld", 103 „Sozialleistung"
Aussöhnungsmöglichkeit in einer Ehesache, Aussetzung **614**
Aussonderungsrecht, Widerspruchsklage **771** 20 „Schuldrechtlicher Anspruch"
Austauschpfändung 807 41, **811 a, b**
Auswahl des Sachverständigen s Sachverständiger (Sachverständigenbeweis)
Ausweis, des Gerichtsvollziehers **755** 3; der gesetzlichen Vertretung, Legitimationsmangel **56**
Auszubildender, Gerichtsstand **20**; Bestellung eines gerichtlichen Vertreters **57**; Zustellung an den A. **178** 18
Auszug (aus) einem Beschluß **329** 15 „§ 317"; der Gerichtsakte **299**; der Akte des Gerichtsvollziehers **760**; der Urkunde **131**; dem Urteil **317** 9, 16
Auszugsvertrag, Pfändung **850 b** 8; Streitwert **9** 5; Zuständigkeit **GVG 23** 12
Autor, Zeugnisverweigerungsrecht **383**

B

Bagatellforderung Einl III 10, 55
Bahneinheit als unbewegliches Vermögen kraft Landesrechts **871**
Bank, Zeugnisverweigerungsrecht **383** 14, **384** 8; Bescheinigung über die Vorlage des Zinsscheins **1010** 3, **1011** 2, **1021**; Bescheinigung und Einstellung der Zwangsvollstreckung **775** 16
Bankbürgschaft, Kostenerstattung **91** 204 „Sicherheitsleistung", **788** 39; als Sicherheitsleistung **108** 7, 10, **109** 4
Bankguthaben als unpfändbare Forderung, Pfändung **Grdz 704** 87 „Kontokorrent", **Einf 850** 5, **850 b** 7; Freigabe, Streitwert **3 Anh** 58 „Freigabe"
Bankrecht, Beweislast **286 Anh** 75
Barmittel s Geld
Basiszinssatz 104, 688
Baugeldanspruch, Pfändung **Grdz 704** 66
Baugenehmigung, Rechtsweg **GVG 13** 24, 33
Baugesetzbuch, Rechtsweg **GVG 13** 24, 33
Bauhandwerkerhypothek, Streitwert **3 Anh** 26
Baulandsache, Anwaltszwang **78** 47; Ermittlungsregeln **Grdz 128** 29; Feststellungsklage **256** 61; Gerichtsstand **Üb 12** 11; Kammer für Baulandsachen **Grdz 1** 7; **GVG 71** 1; Zahlung der Prozeßgebühr **271 Anh**; OLG **GVG 119** 11; Streitwert **3 Anh** 26; Urteilsverkündung **310** 5; Veräußerung des Streitgegenstands **265** 3; Wiedereinsetzung **233** 4; Einstellung der Zwangsvollstreckung **707** 22
Baulast, Streitwert **9** 8
Baumbach's Formel 100 52
Baupolizei, Auflage der B., Rechtsweg **GVG 13** 33
Baurecht, Beweislast **286 Anh** 76
Baustreitsache, als Sommersache **227** 44; Streitwert **3 Anh** 26
Bayerisches Oberstes Landesgericht Üb 545 2, **EGGVG 8, SchlAnh I** B; Abgabe der Revision an den BGH **EG 7**; Einlegung der Revision gegen ein Urteil des B. **EG 8**; Zuständigkeit **EG 7, SchlAnh I** B; Bestimmung der Zuständigkeit **36** 11
Beamter 376 1; Amtspflichtverletzung s dort; amtliche Auskunft **Üb 373** 32; Pfändung der Bezüge **850** 4; Pfändung der Dienstkleidung usw **811** 46; Fehlbestandsverfahren **GVG 13** 39; Gerichtsstand bei einer Auslandsbeschäftigung **15**; Anzeige der Offenbarungshaft **910**; als Sachverständiger **402** 1 „§ 376", **408** 5; als Vertreter in der mündlichen Verhandlung **157** 8, 12; als Zeuge, Aussagegenehmigung **376**; Zeugnisverweigerungsrecht **383** 8, 14, **385** 8; als Zustellungsempfänger **170** 4
- **(Klage von/gegen Beamte)**, Gerichtsstand des Erfüllungsorts **29** 3; Rechtsweg **GVG 13** 34; Streitwert der Bezüge **9** 2; Vorentscheidung bei einer Klage gegen einen Landesbeamten **EGGVG 11**; Zuständigkeit **GVG 71** 3
Beansprucherstreit 75
Beanstandung der Verhandlungsleitung des Vorsitzenden, Fragerecht **140**
Beauftragter, Fristversäumung **233** 30, 77 ff
Beauftragter Richter Einl III 72; vgl auch Beweisaufnahme, verordneter Richter
Bediensteter s Hauspersonal
Bedienungsgeld, Pfändung **832** 9 „Trinkgeld"
Bedingter Anspruch, Arrest/einstweilige Verfügung **916** 6/**936** 1 „§ 916"; Feststellungsklage **256** 17; Mahnbescheid **688**; Pfändung **Grdz 704** 66, **829** 1 Streitwert **3 Anh** 27
Bedingung, Beweislast **286 Anh** 77; beim Einverständnis mit dem schriftlichen Verfahren **128** 40; Erwerb kraft auflösender B., Rechtskraftwirkung **325** 23; bei der Klage **253** 3; Klage für den Fall der Abweisung der Klage gegen einen anderen Bekl **29** 3, **253** 3; Kostenerstattungsanspruch **Üb 91** 34; bei einer Prozeßhandlung **Grdz 128** 54; beim Prozeßvergleich **307 Anh** 42; bei einem Rechtsmittel **Grdz 511** 4; auflösend bedingtes/unbedingtes Urteil **Üb 300** 9; Zwangsvollstreckung, Nachweis des Eintritts einer B. **726** 4
Beeidigung, der Partei s dort; des Sachverständigen s dort; des Zeugen s dort; Eidesleistung s dort
Befangenheitsablehnung (Gerichtsperson) 42 ff; Amtshandlung nach der B. **47, 49**; Arrest nach der B. **47**; Mitwirkung des abgelehnten Richters an der Entscheidung, Nichtigkeitsklage **579** 5; des Amtsrichters **45**; nach einer Antragstellung/Einlassung **43** 5/**44** 8; Anwaltszwang **78** 35; des Arbeitsrichters **41** 8; dienstliche Äußerung **44** 6; wegen eines Ausschlusses vom Richteramt **42** 9; Befangenheit **42** 10; Entscheidung **45, 46** 6; Entscheidung bei einer Selbstablehnung **48**; Gesuch **44** 4; rechtliches Gehör **46** 8, **48** 7; Glaubhaftmachung **44** 4; gegen eines Hinweises gegenüber einer Partei **42** 38 „Ratschlag", **139** 49, 62; Kenntnis des Ablehnungsgrundes **43** 4; Prozeßverschleppung/Rechtsmißbrauch **42** 7, **45** 9; eines Referendars als Urkundsbeamten der Geschäftsstelle **49** 3; des Rpfl **49** 5, **GVG 153 Anh** 8 § 10; Revisionsgrund **547**; Selbstablehnung **48**; Streitwert **3 Anh** 8; des Urkundsbeamten der Geschäftsstelle **49** 3; Verfahren **45, 46, 47**; Verzicht auf die B. **43** 5; Wiederholung der B. **42** 5; Zurückweisung des Gesuchs als Revisionsgrund **547** 9; Zuständigkeit **45** 4
- **(Gerichtsvollzieher) GVG 155**
- **(Sachverständiger, Dolmetscher)** s Sachverständiger
- **Schiedsrichter**, vom Schiedsgericht bestellter Sachverständiger **1036, 1049**
Beförderungsvertrag, Gerichtsstand **21** 12; Rechtsweg **GVG 13** 34; Urteil, Vollstreckbarkeit **709** 1
Befreiung vom Anwaltszwang **78** 35; von der Gerichtsbarkeit **GVG Einf 18** 2, 20; von der Kostenzahlung s Prozeßkostenhilfe; von einer Sicherheitsleistung s dort; Zwangsvollstreckung aus

einem Urteil auf B. von einer Verbindlichkeit **887** 2, 22

Befreiungsanspruch vom Grundpfandrecht, Gerichtsstand **25**; Pfändung **Grdz 704** 67; Streitwert **3 Anh** 27, **4** 12

Befriedigung s Erfüllung, Zwangsvollstreckung

Befriedigungsklage nach einer Pfändung auf eine vorzugsweise Befriedigung **805**; ebenso nach der Pfändung von Früchten **810** 9

Befristung, der Forderung s Fälligkeit

Beginn s Gegenstand des Beginns, zB der Zwangsvollstreckung

Beglaubigung, einer Abschrift s dort; der Prozeßvollmacht **80** 14; der Unterschrift unter einer Urkunde **416, 440** 4; durch den Urkundsbeamten der Geschäftsstelle s dort; Urteil auf B., Zwangsvollstreckung **887** 22; Urteil, Ausfertigung/Abschrift **317** 8, 16; für eine Zustellung **170** 4

Begnadigung 890 31

Begründetheit, der Klage **Grdz 253** 13, 17

Begründung, der Abgabe vom Landwirtschaftsgericht an das Prozeßgericht **281 Anh III** 1, 5; des Arrests/der einstweiligen Verfügung **922** 26/**936** 3 „§ 922, Urteil oder Beschluß"; der Berufung/Revision s dort; eines Beschlusses **Üb 300** 1, **329** 4, **572**; Beschwer infolge der B. **Grdz 511** 13; der Rechtsbeschwerde **621 e**; des Antrags auf eine Abkürzung der Einlassungs-/Ladungsfrist **226** 3; des Einspruchs **340** 12; des Justizverwaltungsakts **EGGVG 28** 9; des Kostenfestsetzungsbeschlusses **Einf 103** 4, **104** 15, 56; der Entscheidung über die Prozeßkostenhilfe **127** 10; Revision wegen des Fehlens einer B. **547**; des Schiedsspruchs **1054**; der Aufhebungsklage wegen der Fehlerhaftigkeit der B. **1059**; der Festsetzung des Streitwerts **Einf 3** 9; der Aufhebung eines Termins **227** 56; des Urteils s dort; der Verweisung an das Landwirtschaftsgericht **281 Anh III** 5; der Verzögerungsgebühr **95 Anh**; des Antrags auf eine Wiedereinsetzung **236** 5; Zwang zur B. eines Beschlusses **329** 4, eines Revisionsurteils **564**

Begründungszwang, beim Anerkenntnisurteil mit Auslandsbezug **313 b**; bei der Berufung **520**; bei der Klage **253** 32; bei der Revision **551**; beim Versäumnis- oder Verzichtsurteil mit Auslandsbezug **313 b**

Begutachtung, kaufmännische, Entscheidung der Kammer für Handelssachen **GVG 114**; durch den Sachverständigen s dort

Behältnis, Durchsuchung durch den Gerichtsvollzieher **758**

Behauptung, Behauptungslast **Grdz 128** 22, **253** 32; Beweislast, Einschluß der Behauptungslast **286 Anh** 1; Parteibehauptung s Partei (Vorbringen); Wahrheitspflicht **138** 13

Behauptungslast s Parteivorbringen (Behauptung)

Behörde, Aktenmitteilung an das Gericht **GVG 168**; Anwaltszwang **78** 56; Auskunft **Üb 373** 32; Auskunftsersuchen an die B. **273** 21; Auslegung einer Behördenentscheidung **546** 3; Aussagegenehmigung für einen Beamten **376**; Aussetzung bei der Feststellung durch die B. **148** 9; Beweisaufnahme durch eine ausländische B. **364, 369**; Bindung an das Urteil **Einf 322** 21; Einsichtnahme in die Gerichtsakte **299** 5; Erklärung durch den ProzBev gegenüber der B. **81** 22; Ersuchen an die B. zwecks Zwangsvollstreckung **789**; Fachbehörde als Sachverständiger **Üb 402** 10; Feststellungsklage statt Leistungsklage gegen eine B. **256** 82; Genehmigung gegenüber einem Beamten zur Tätigkeit als Sachverständiger **402** 1 „§ 376", **408** 6; Gerichtsstand **17** 4, 18;

Gerichtsstand beim Sitz in mehreren Gerichtsbezirken **19**; Mitteilung an die B. über die Offenbarungshaft eines Beamten **910**; Parteifähigkeit **50** 10; öffentliche Urkunde s Urkunde; vollstreckbare Urkunde, Ausfertigung **797** 7, 8; Urkundenbesitz der B., Beweisantritt **432** 1, 6; Urkundenerteilung, Antragsrecht des Gläubigers **792, 896**; Urkundenübersendung **432** 7; als gesetzlicher Vertreter **51** 12 ff; als Vertreter des Fiskus **18**; Zeugnis der B. **Üb 373** 5; Zustellung an die B. **170** 7; Zustellungsersuchen an eine ausländische Behörde **183** 4

Beibringungsfrist, für ein Beweismittel **356** 8

Beibringungsgrundsatz Grdz 128 20 ff; und gerichtliche Aufklärungspflicht **139** 16; in der Berufungsinstanz **528**; Einschränkungen des B. **Grdz 128** 25; in einer Ehesache **617**; beim Nichtbestreiten **138** 42; Schriftsatz zwischen dem Schluß der mündlichen Verhandlung und dem Verkündungstermin **296 a 2**

Beibringungsmaxime s Beibringungsgrundsatz

Beihilfe, Gerichtsstand **32** 16; Pfändung **850 a** 13

Beiladung, im Kapitalanlage-Musterverfahren **SchlAnh VIII** 12; in einer Kindschaftssache **640 e**; des Pfändungsgläubigers durch den Drittschuldner **856** 5; des Streitverkündeten s Streitverkündung

Beilegung, gütliche 278

Beiordnung des Notanwalts **78 b, c**; kraft Prozeßkostenhilfe s dort; in einer Scheidungssache **625**

Beischlaf, Anspruch aus einem B., als Feriensache **GVG 200** 7, 8; Zuständigkeit **GVG 23 a** 4

Beisitzer, Beanstandung einer Frage **140** 7, 9; Fragerecht **136**; Beanstandung des Schlusses der mündlichen Verhandlung **140** 9; Verhandlungsleitung **136** 5

Beistand 53 a, 90; Ausschluß als Gerichtsperson **41** 12, 49; Anordnung der Entfernung in der mündlichen Verhandlung **158** 1; Gebührenanspruch, Gerichtsstand **34**; Protokollangaben **160** 6; im schiedsrichterlichen Verfahren **1042**; Untersagung des Vortrags **157** 21; als gesetzlicher Vertreter eines Kindes **53 a**, eines prozeßunfähigen Ausländers **55**; als Zeuge **Üb 373** 12; s auch Rechtsbeistand

Beitreibung s Prozeßkostenhilfe, Zwangsvollstreckung

Beitritt, des Streithelfers/nach einer Streitverkündung s dort

Beiziehung der Akten s Akten

Bekanntmachung s Beschluß, Klageregister, Termin, Urteil; öffentliche B. s Aufgebotsverfahren, Zustellung (öffentliche)

Beklagtenhäufung s Klägerhäufung

Beklagter Grdz 50 1; falscher/nicht bestehender B. **Grdz 50** 17; Einwilligung in eine Klagänderung **263** 23; Antrag auf Entlassung im Beanspruchestreit/der Urheberbenennung **75** 9/**76** 9, 77

Bekräftigung, eidesgleiche **484**

Belastung, dingliche, Gerichtsstand **24**; einstweilige Verfügung auf Untersagung **938** 10

Beleg für die Kostenfestsetzung **103** 30

Belehrung, über die Anerkenntnisfolgen **499** 4; über das Fehlen von Anwaltszwang **499** 3; vor der Eidesleistung **480**; über die Folgen einer Fristversäumnis **276** 13, **340** 16; über die Folgen einer verspäteten bzw ein Rechtsmittel **42** 39, 42 „Ratschlag", **139** 25, 57 „Belehrung", **233** 23 „Gericht", **313** 47, **317** 4, **339** 4, **700** 7; über die Folgen einer Terminversäumung **215** 17 ff; über die Unzuständigkeit **504** 2; über das Zeugnisverweigerungsrecht **383** 18; vgl auch Aufklärungspflicht

Beleuchtungsmittel, Pfändung **811** 25

Belgien

Zahlen in Fettdruck = Paragraphen

Belgien, deutsch-belgisches Abkommen **SchlAnh V** B 4; Ehesache **606 a Anh IV**
Benachrichtigung, der Behörde über die Anordnung der Offenbarungshaft gegen einen Beamten **910**; des Drittschuldners von der Vorpfändung **845** 6; der Partei s dort
- **(Gläubiger),** im Mahnverfahren **693** 9, **695** 4, **702** 4
- **(Schuldner),** bei einer Anschlußpfändung **826**; bei der Erteilung einer vollstreckbaren Ausfertigung **733** 7; durch Übersendung einer Abschrift des Protokolls des Gerichtsvollziehers **763**; von der Vorpfändung **845** 6, **857** 27

Benennung, des mittelbaren Besitzers/Urhebers **76/77**; des Zustellungsbevollmächtigten s Zustellung
Benutzung einer öffentlichen Einrichtung, Rechtsweg **GVG 13** 52 „Öffentlich-rechtliche Einrichtungen"
Beratung, Kostenerstattung **91** 158 ff
Beratung und Abstimmung Üb GVG 192; Abstimmung **GVG 194–197**; Abwesenheit eines Dritten **GVG 193**; Leitung **GVG 194**; Mitwirkende Personen **GVG 192**; im Schiedsgericht **1052**
Beratungsgeheimnis GVG 21 e 19, **DRiG 43,** 46; im Schiedsgericht **1052**
Beratungshilfegesetz 127 Anh
Berechnung des pfändbaren Arbeitseinkommens s Zwangsvollstreckung (Pfändung); einer Frist s dort; des Streitwerts s dort
Berechtigung, grundstücksgleiche, Arrestvollzug **932**; Zwangsvollstreckung **864** 6, **870**
Bereicherungsanspruch, Beweislast **286 Anh** 78; Gerichtsstand **29** 3, **32** 7; Kostenrückfestsetzung nach einer Änderung des Streitwerts **107** 5; Rechtsweg **GVG 13** 35; Streitwert **3 Anh** 28; nach einer Versäumung der Widerspruchsklage **Einf 771** 4; nach einem Widerspruch gegen den Verteilungsplan **878** 13; wegen der Zwangsvollstreckung aus einem vorläufig vollstreckbaren Urteil des OLG **717** 17
Bereitschaftsdienst GVG 21 c, 21 e 11, **22 c**
Bergelohn, Rechtsweg **GVG 13** 35
Bergschaden, Feststellungsklage **256** 61
Berichterstatter GVG 21 g 2; in der Abstimmung **GVG 197**; Anordnung vor der mündlichen Verhandlung **273** 8; Beweisaufnahme s dort; vgl auch Beisitzer
Berichterstattung nach dem Ausschluß der Öffentlichkeit **GVG 174**
Berichtigung, der Erklärung des Beistands durch die Partei **90** 4; des Beweisbeschlusses **360** 7; eines sonstigen Beschlusses s dort; der Klage **263** 4, **264** 4; einer Bestätigung beim Europäischen Vollstreckungstitel **1081**; des Klagantrags **264** 18; des Mahnbescheids **692** 8; der Parteibezeichnung **Grdz 50** 4, 14, **139** 28, **253** 27, **264** 4; einer Parteierklärung s dort; des Protokolls **164** 4, 8; der Erklärung des ProzBev durch die Partei **85** 6; einer Prozeßhandlung **Grdz 128** 53; eines Rechenfehlers **319, 320** 4; der Entscheidung über die Zulassung der Revision **543**; des Schiedsspruchs **1058**; des Urteils **319, 320** 4; vgl auch Urteil

Berlin EGGVG 4 a
Berlin (West), früheres, Pfändung der Berlinzulage **Grdz 704** 67; Gerichtsbarkeit gegenüber einem Angehörigen der Streitkräfte **Einl II** A 3; Revisibilität eines Gesetzes **545**; Zivilprozeßgesetze **Einl II** A 3, **Einl III** 76; Zwangsvollstreckung aus der Entscheidung eines auswärtigen Gerichts **723** 7
Berufsgeheimnis, Ablehnung der Abgabe einer Offenbarungsversicherung wegen eines B. **900** 29; Zeugnisverweigerungsrecht **383** 6–9, **385** 7

Berücksichtigung von Amts wegen s Amtsermittlung, Amtsbetrieb, Amtsprüfung
Berühmung durch eine Streitverkündung bei der leugnenden Feststellungsklage **256** 31
Berufsausübung, Pfändung eines zur B. notwendigen Gegenstands **811** 26, 36
Berufsgenossenschaft, Gerichtsstand **21** 4; Rechtsweg **GVG 13** 35
Berufskammer, Vereinbarung der Zuständigkeit der B. **38** 18
Berufspflicht, Beweislast bei einer Verletzung **§ 286 Anh** 56 „Ärztliche Behandlung", 160 „Schadensersatz"
Berufsrichter s Richter
Berufung 511 ff; gegen eine Entscheidung nach Lage der Akten **514** 2; gegen ein Urteil im Verfahren auf einen Arrest/eine einstweilige Verfügung **922** 19, **925** 15/**936** 3, 4, **942** 9; beim Auftreten einer falschen Partei **Grdz 50** 18; Beschränkung **520** 19; Beschwer **Grdz 511** 13; in einer Ehesache **Üb 606** 5, **611** 2; gegen eine vom Familiengericht entschiedene Sache **GVG 119**; wegen des Fehlens der internationalen Zuständigkeit **Üb 12** 8; gegen die Kostenentscheidung **99** 31, 32, **100** 6; gegen die Kostenentscheidung durch ein Urteil nach einer (Teil)Erledigterklärung **91 a** 152, 194; Statthaftigkeit **511**; Streitwert **4** 4, **5** 11; Terminsbestimmung **523**; gegen ein Versäumnisurteil **338** 3, **514**; gegen ein solches nach einem Antrag auf eine Wiedereinsetzung **238** 8; Verwerfung wegen des Unterbleibens der Sicherheitsleistung **113** 6; Verwerfung als unzulässig **522**; Wirkung dieser Verwerfung auf eine Anschlußberufung **524**; Verzicht auf die B. durch eine Sprungrevision **566**; (Teil)Verzicht nach einem Urteil **160** 17, **515**; Vorentscheidungen **512**; Zulässigkeitsprüfung **522**; Zuständigkeit **Üb 511** 5; LG als Berufungsgericht, Zuständigkeit **GVG 72**; dgl OLG **GVG 119**; wegen Fehlens der örtlichen Zuständigkeit **512**

- **(Anschlußberufung),** nachträgliche Änderung des Berufungsantrags **524** 8; während einer Berufungsfrist/nach dem Fristablauf **524**; Einlegung und Begründung **524**; Hilfsantrag **524**; nur gegen die Kostenentscheidung **99** 5; Kosten bei einer Rücknahme der Berufung **516**; Streithilfe **67** 12; gegen ein Versäumnisurteil **524**; Verwerfung der Berufung als unzulässig/Rücknahme der Berufung **524**; nach dem Verzicht auf die Berufung **524**; Wiedereröffnung der mündlichen Verhandlung zwecks Einlegung der A. **156** 5; Zulässigkeitsprüfung **524**
- **(Antrag) 520** 17 ff; nachträgliche Änderung des A. bei der Anschlußberufung **524**; Beschränkung des A. **516** 13; Bindung des Berufungsgerichts an den A. **528**; bei der Berufung in einer Ehesache **Üb 606** 4; Hilfsantrag **260**; A. zur vorläufigen Vollstreckbarkeit **714** 3
- **(Begründung) 520** 16; Angabe der Berufungsgründe **520**; bei der Anschlußberufung **524**; nach einer Aussetzung/Unterbrechung des Verfahrens **249** 7, **250** 5; Angabe des Beschwerdewerts **520**; unter bloßer Bezugnahme **520**; durch Telegramm **129** 45; neues Vorbringen **520**; Unterschrift **129** 39 „Rechtsmittelbegründung"; Zustellung **521**
- **(Begründungsfrist) 520**; Angabe des Berufungsgrundes **520**; Fristablauf an einem Sonnabend/Sonntag/Feiertag **222** 5; Pflicht des Anwalts zur Kontrolle der Frist **233** 93; nach einer Anordnung des Ruhens des Verfahrens **251** 9; Antrag auf eine Verlängerung der B. **520**

dahinterstehende Zahlen und Buchstaben = Randnummern   **Beschluß**

– **(Berufungsfrist) 517, 518**; nach der Aufnahme eines unterbrochenen Verfahrens **239** 16; bei einer Aussetzung/Unterbrechung **249** 5; beim Ergänzungsurteil **518**; Pflicht zur Kontrolle des Fristablaufs nach einem Ruhen des Verfahrens s vorstehend: Begründungsfrist; Wiedereinsetzung nach der Verwerfung der Berufung **238** 5, 7
– **(Berufungsschrift) 519**; Zustellung **521**
– **(Beschlußzurückweisung, Beschlußverwerfung) 522**
– **(Einlegung) 519**; der Anschlußberufung **524**; als Aufnahme nach einer Aussetzung/Unterbrechung des Verfahrens **250** 3; nach einer Aussetzung **249** 12; Berechtigung zur E. **511**; Beschwer **Grdz 511** 13; durch Telefax usw. **129** 45, **519**; Sorgfaltspflicht des Anwalts **233** 84; nach einer Unterbrechung des Verfahrens **249** 12; Unterschrift **129** 84, **519**; ohne Vollmacht **97** 12; Wiederholung **519**; Zustellung **172** 32, **521**
– **(Erwiderung) 521**
– **(Rücknahme) 516**; Anwaltszwang **516** 10; gegenüber einem Ehescheidungsurteil als Rechtsmißbrauch **Einl III** 63; nach einem Vergleich, Kostenaufhebung gegeneinander **98** 48 „Rechtsmittelrücknahme"; Protokoll **160** 16; Verlustigerklärung **519**; Streitwert der Verlustigerklärung **3 Anh** 129; Verpflichtung der Partei zur R. **516** 7; Widerrufsrecht **516** 9; Wirkung auf die Anschlußberufung **524**
– **(Verwerfung) 522**
– **(Vorverfahren) 521**
– **(Zulassung) 511**
– **(Zurückweisung durch Beschluß) 522**
Berufungssumme 511; nach einer Prozeßtrennung/-verbindung **145** 6/**147** 21; nach einer Erklärung der Hauptsache als teilweise erledigt **91 a** 156
Berufungsverfahren 525 ff; Anforderung/Zurücksendung der Akten **541**; Antrag auf eine Parteivernehmung **536**; Antrag auf eine Verhandlung vor der Kammer für Handelssachen/Verweisung an eine (andere) Zivilkammer **GVG 100, 101**; Antrag auf eine Vollstreckbarerklärung des erstinstanzlichen Urteils **537**; Antrag auf eine Vorabentscheidung über die vorläufige Vollstreckbarkeit **718**; gerichtliche Aufklärungspflicht **139** 58 „Berufungsinstanz"; Prüfung der Beweiswürdigung der Vorinstanz **Einf 284** 35, **398** 6, 7; Bindung des Berufungsgerichts an eine unanfechtbare Entscheidung **512**; Vorbereitender Einzelrichter **527**; Ermessensnachprüfung **Einl III** 33; erstinstanzliches Geständnis im B. **535**; Kostenentscheidung im B. **97**; solche bei einer Erklärung der Hauptsache als erledigt **91 a** 153; Kosten zu Lasten des Siegers wegen neuen Vorbringens **97** 148; Nachholung einer Erklärung über eine Tatsache/Urkunde **534**; Parteivernehmung **536**; Parteiwechsel **263** 9; Prozeßkostenhilfe **119**; Prozeßvollmacht, Mangel/Nachweis **88** 13/**80** 10, **88** 9; Entscheidender Richter **526**; Nachprüfung der Streitpunkte **535**; Geltendmachung der sachlichen Unzuständigkeit **532**; Übergehung eines Wiedereinsetzungsantrags **237** 3; Verbindung der Berufungen gegen das Urteil und das Ergänzungsurteil **518** 4; Versäumnisverfahren **539**; Rüge von Verfahrensmängeln **531**; neues Vorbringen **598**; Widerklage **533**; Wiederholung der Beweisaufnahme **525**; einstweilige Einstellung der Zwangsvollstreckung **719**; Zulässigkeitsrüge **532**; Zurückweisung von Vorbringen **530**; Zwischenfeststellungsklage **256** 110; Einstellung der Zwangsvollstreckung **719** 3

– **(Berufungsverhandlung) 525**; Einlassungsfrist **523**; Terminbestimmung **523**; Vortrag des erstinstanzlichen Prozeßstoffes **525**
– **(Urteil) 540**; bei einer Anspruchshäufung **260** 8; Antrag auf eine Vollstreckbarerklärung in der Revisionsinstanz **558**; Verwerfung der Berufung als unzulässig **522**; Zulassung der Revision **542**; Sachentscheidung **540**; Tatbestand **540**; Versäumnisurteil **539**; auf eine Verweisung **281** 28; auf eine Zurückverweisung **538**; auf eine solche wegen einer Verletzung der Aufklärungspflicht **139** 101; auf eine Zurückverweisung bei der Klage auf Auskunftserteilung, Rechnungslegung und Zahlung **254** 20; auf eine Zurückverweisung wegen der Übergehung eines Aussetzungsantrags bei der Unterhaltsklage eines nichtehelichen Kindes **148** 30 „Zurückverweisung"
Berufung auf (Eid), Diensteid **386**; früheren Eid **Üb 478** 4
– **(Rechtsweg)**, Klage gegen eine Verwaltungsentscheidung **253** 4
Beruhen, einer Entscheidung auf einer Rechtsverletzung **546**
Besatzungsrecht GVG 1 2; richterliches Prüfungsrecht **GVG 1** 5
Beschädigung, eines Grundstücks, Gerichtsstand **26**; des Reisegepäcks, Zuständigkeit **GVG 23** 9
Beschäftigungsort, Gerichtsstand **20**; Bestellung eines gerichtlichen Vertreters **57** 10
Beschlagnahme, Arrestvollzug beim Schiff(sbau)werk)/Luftfahrzeug **931**; bei der Zwangsversteigerung/-verwaltung eines Grundstücks, Pfändung der Früchte/des Zubehörs **810** 7/**865**; durch die Pfändung **Üb 803** 6
Beschleunigung, des Prozesses s Prozeßbeschleunigung
Beschluß, Ausfertigung **329** 15 „§ 317"; eines ausländischen Gerichts **329** 22 „§ 328"; Begründung **Üb 300** 1, **329** 4, **572, 577**; Begründungspflicht **329** 4, **922** 11, 22, **936** 3 „§ 922"; Bekanntgabe ohne Verkündung **329** 26; Beweisbeschluß s dort; Bindung an die Parteianträge **329** 14 „§ 308"; Bindungswirkung **329** 17, 18; als Entscheidung im Fall der freigestellten mündlichen Verhandlung **128** 12; Besetzung des Gerichts **309, 329** 14 „§§ 309, 310 I"; des Präsidiums des Gerichts **GVG 21e** 19, **21i**; Mitteilung des B. **329** 23; Protokoll **160** 14; Rechtskraft **329** 21; im schiedsrichterlichen Verfahren **1054**; Unterschrift **329** 8; statt eines Urteils, Rechtsmittel **Grdz 511** 30; Verkündung **329** 12; ohne Verkündung **329** 23; Verkündung nach einer Aussetzung/Unterbrechung/nach dem Ruhen des Verfahrens **249** 13/**251** 9; als Vollstreckungstitel **794** 12 ff; Wirksamwerden **329** 26; Zustellung von Amts wegen **329** 31
– **(über)**, eine einstweilige Anordnung in einer Ehesache **628** 14; einen Arrest/eine einstweilige Verfügung **922** 22/**936** 3 „§ 922"; die Aufnahme eines ruhenden Verfahrens **251** 18; eine Aussetzung **248** 3; eine solche wegen Vorgreiflichkeit **148** 36; die Aufhebung einer Aussetzung **150** 4; die Aufhebung nach einer Aussetzung wegen einer Verkehrsstörung **247** 3; die Beanstandung einer prozeßleitenden Anordnung des Vorsitzenden oder einer Frage des Gerichts **140** 11; die Verlustigerklärung der Berufung **516**; die Verwerfung der Berufung als unzulässig **522**; die Zulässigkeit der Berufung **516**; die Zuweisung der Berufung an den Einzelrichter **526, 527**; eine Beweissicherung **490** 6; die Entfernung einer Person aus dem Saal wegen Ungehorsams **GVG 177**; den Entlassungsantrag des Bekl im Beanspruchsstreit **75** 9;

Hartmann   3079

Beschluß

Zahlen in Fettdruck = Paragraphen

eine Erklärungsfrist 283; die Kürzung/Verlängerung einer Frist 225 6; die Abgabe des Verfahrens in einer Hausratssache 281 Anh I 4; die Entbindung des Bekl von der Klage nach der Prozeßübernahme durch den Benannten 76 9; die Kosten nach beiderseitigen Erledigterklärungen 91 a 147; die Kostenentscheidung nach der Klagrücknahme 269 43; die Kosten nach der Zulassung des (Proz) Bev ohne (den Nachweis der) Vollmacht 89 8; die Kosten, Rechtsmittel 99; die Abgabe vom Landwirtschaftsgericht an das Prozeßgericht 281 Anh III 2; den Ausschluß der Öffentlichkeit GVG 174; ein Ordnungsmittel wegen einer Ungebühr GVG 178; das Erscheinen einer Partei 141 22; die Zurückweisung eines Parteivorbringens 282, 296; die Zurückweisung des ProzBev wegen eines Mangels seiner Vollmacht 88 13; die Prozeßkostenhilfe 127; die Aufhebung einer Trennung/Verbindung von Prozessen 150 4; die Beglaubigung der Prozeßvollmacht 80 4; die Gewährung einer Räumungsfrist 721 11; eine Rechtswegverweisung GVG 17 a 7; die (Neu) Festsetzung des Regelunterhalts 642 ff, 645 ff; die Verwerfung der Revision als unzulässig 552; die Ablehnung eines Richters 46 6; das Ruhen des Verfahrens 251 7; die Ablehnung eines Schiedsrichters 1037; eine Sicherheitsleistung 112 6; die Festsetzung des Streitwerts Einf 3 9; die Aufhebung eines Termins 227 56; einen Terminsort außerhalb der Gerichtsstelle 219 9; eine Berichtigung des Urteils 319 28; eine Berichtigung speziell des Tatbestands 320 9; die Wirkungslosigkeit des Urteils nach der Klagrücknahme 269 46; eine einstweilige Verfügung des AG (Dringlichkeit/Vormerkung/Widerspruch) 942 6; die abgesonderte Verhandlung über eine Zulässigkeitsrüge 280; die Zurückweisung des Antrags auf den Erlaß eines Versäumnisurteils 331 9, 335; den Ausschluß eines Vertreters 157 16; die gerichtliche Bestellung eines Vertreters für den Bekl 57 8; die Zurückweisung eines Vertreters mangels Vertretungsberechtigung 56 15; eine Abgabe an das Landwirtschaftsgericht 281 Anh III 5; eine Verweisung wegen Unzuständigkeit 11; die Verweisung an eine (andere) Zivilkammer/Kammer für Handelssachen GVG 97–99, 101; diejenige im Beschwerdeverfahren GVG 104; die Auferlegung einer Verzögerungsgebühr 95 Anh; die Vollstreckbarerklärung eines Schiedsspruchs 1060, 1061; die Vollstreckbarerklärung eines erstinstanzlichen/Berufungsurteils 537/558; die Untersagung des Vortrags in der mündlichen Verhandlung 157 22; eine Wiedereinsetzung 238 6 ff; die Wiedereröffnung der mündlichen Verhandlung 156 10; die Abgabe des Verfahrens in einer Wohnungseigentumssache 281 Anh II 8; die Zurückweisung des Antrags auf den Erlaß eines Mahnbescheids 691; die Bestimmung der Zuständigkeit 37 5; die öffentliche Zustellung 186 6; die Bestellung eines Zustellungsbevollmächtigten 184 8; die Heilung eines Mangels bei der Zustellung 189 14

- (Änderung) 329 17; einer einstweiligen Anordnung in einer Ehesache 620 b; des Beschlusses über die Zulässigkeit der Berufung 522; nach einer sofortigen Beschwerde 572; als Entscheidung im Fall einer freigestellten mündlichen Verhandlung 128 15; des Beschlusses des OLG 574 ff; eines Verweisungsbeschlusses 281 30
- (Berichtigung) 329 19 „§ 319"; des Beweisbeschlusses 360 6; des Verweisungsbeschlusses 281 37
- (Beschwerdefähigkeit) s Beschwerde, sofortige Beschwerde
- (Ergänzung) 329 50

- (Unanfechtbarkeit) der Ablehnung einer Entscheidung nach Lage der Akten 336 8; der Ablehnung einer Anordnung zur Vorbereitung der mündlichen Verhandlung 273 16; der Ablehnung einer Fristverlängerung 225 6; der Ablehnung der Aufnahme in das Protokoll/der Berichtigung des Protokolls 160 21/164 10; der Ablehnung der Erlaubnis zur Nachreichung eines Schriftsatzes 283 13; der Ablehnung der Aufhebung/Verlegung eines Termins 227 57; der Anordnung des persönlichen Erscheinens einer Partei 141 57; der Anordnung einer Vorlegung der Urkunde 142 28; der Anordnung einer Beschränkung der Verhandlung 146 6; der Aufhebung einer Aussetzung, Trennung oder Verbindung von Prozessen 150 5; der Verlustigerklärung der Berufung 516; eines Beweisbeschlusses 355 9; einer Beweissicherungsanordnung 490 7; der Zuweisung der Berufung an den Einzelrichter 526, 527; einer Entscheidung im schriftlichen Verfahren statt nach einer mündlichen Verhandlung 128 34; der Fristsetzung zwecks Nachreichung eines Schriftsatzes 283; einer Anordnung des Gerichtspräsidiums GVG 21 e 24; der Zulassung einer Klageänderung 268 4; der Kostenentscheidung 99 26 ff; der Kostenentscheidung des OLG im Rahmen einer Entscheidung über einen Justizverwaltungsakt EGGVG 30; der Zulassung des (Proz)Bev ohne den Nachweis seiner Vollmacht 89 2; der Bewilligung der Prozeßkostenhilfe 127; einer prozeßleitenden Anordnung 140 13; einer Prozeßtrennung 145 5; der Anordnung der Beglaubigung der Prozeßvollmacht 80 14; der Verwerfung der Revision als unbegründet/unzulässig 552; eines der Richterablehnung stattgebenden Beschlusses 46 8; kraft Rechtskraft Einf 322 13; eines der Sachverständigenablehnung stattgebenden Beschlusses 406 32; der Anordnung einer Sicherheitsleistung 108 19; der Setzung einer Frist zur Sicherheitsleistung 112 3; der Terminsbestimmung 216 26; eines Terminsorts außerhalb der Gerichtsstelle 219 11; eines die Ablehnung des Urkundsbeamten der Geschäftsstelle betreffenden Beschlusses 49 4; eines Beschlusses über die Berichtigung des Urteilstatbestands oder deren Ablehnung 320 14; der Anordnung einer abgesonderten Verhandlung über eine Zulässigkeitsrüge 280; des Ausschlusses eines Vertreters in der mündlichen Verhandlung 157 17; der Verweisung oder einer Entscheidung 281 27; einer Verweisung vom AG an das LG nach einer Klagerweiterung, Widerklage/einem Einspruch gegen das Versäumnisurteil 506 5; einer Verweisung nach einem Widerspruch gegen den Mahnbescheid 696; der Verweisung an eine (andere) Zivilkammer/Kammer für Handelssachen GVG 102, 104; der Vollstreckbarerklärung der erstinstanzlichen/Berufungsurteils 537/558; der Aussetzung der Vollziehung/der Ablehnung der Aussetzung nach einer sofortigen Beschwerde 570; der Untersagung des Vortrags/der Ablehnung der Untersagung 157 23; der Wiedereröffnung der mündlichen Verhandlung 156 15; der Zurückweisung des Antrags auf den Erlaß eines Mahnbescheids 691; der Bejahung der Zuständigkeit 513/545; der Bestimmung der Zuständigkeit 37 6; der Bestellung eines Zustellungsbevollmächtigten 184 9; der Bewilligung der öffentlichen Zustellung 186 6; der Einstellung der Zwangsvollstreckung 707 16, 766 45

- (zusammen mit Urteil anfechtbarer B.), B. wegen der Beanstandung der Prozeßleitung des Vorsitzenden oder einer Frage des Gerichts 140

Beschwerde, sofortige

13; der Kürzung der Einlassungs- oder Ladungsfrist **226** 6; einer sonstigen Fristkürzung **225** 6; der Zulassung eines Streithelfers **71** 4; der Aufhebung des Termins **227** 57; der Ablehnung einer Berichtigung des Urteils **319** 35; der Wiedereinsetzung **238** 12

Beschlußverfahren vor dem Arbeitsgericht, Rechtsweg **GVG** bei **14**; Zuständigkeitsvereinbarung **Üb 38**

Beschränkung s Gegenstand der B.

Beschwer Grdz 511 13; bei der Anschlußberufung **524** 1, 10; bei der Berufung in einer Ehesache **Üb 606** 5; als Beschwerdevoraussetzung **567** 10; bei der Hilfsaufrechnung **3 Anh** 20; und Rechtsschutzbedürfnis **Grdz 511** 25; als Voraussetzung einer Wiederaufnahme des Verfahrens **578** 1

Beschwerde, sofortige Üb 567 1, 567 ff; Abhilfe **572**; Antrag **569**; Anwaltszwang **78, 569**; Begründetheit **572**; Begründung **571**; Berechtigung **567** 14; Beschwer **567** 10; Beschwerdegericht **568**; Beschwerdeschrift **569**; Beschwerdesumme **567**; Beweisbedürftigkeit im Beschwerdeverfahren **Einf 284** 4; Bindung des Beschwerdegerichts an die Festsetzung des Streitwerts **3** 6; Einlegung **569**; Einzelrichter **568**; Entscheidung **572**; beschwerdefähige Entscheidung als Vollstreckungstitel **794** 15; B. gegen die Entscheidung des Rpfl **104** 41 ff; Ermessen bei der Nachprüfung **Einl III** 33; in einer Familiensache **621 e**; beim IntFamRVG **606 a Anh II** 26 ff; Form **569**; Kostenentscheidung **97, 572**; gegen die Kostenentscheidung bei der Erledigung der Hauptsache **91 a** 151; Kostenentscheidung über die außergerichtlichen Kosten bei einer Beschwerde des Gläubigers gegen eine Maßnahme des Gerichtsvollziehers **Üb 91** 24; keine Kostenerstattung bei Beschwerde im Prozeßkostenhilfeverfahren **127** 103; Kostenerstattung bei einem Vergleich im Verfahren der Prozeßkostenhilfe **118** 27; B. im Verfahren der Prozeßkostenhilfe **91** 153 „Prozeßkostenhilfe", **127** 103; beim Nachweis der Prozeßvollmacht **88** 14, 15; als Rechtsmißbrauch **Einl III** 63; Rücknahme **572** 7; Rücknahme nach einem Vergleich, Kostenaufhebung gegeneinander **98** 10; Statthaftigkeit **567**; Verfahren **572**; B. ohne Vollmacht **97** 12; Verweisung an eine (andere) Zivilkammer/Kammer für Handelssachen **GVG 104**; Verwerfung als unzulässig **572**; neues Vorbringen **571**; Vorlage an das Beschwerdegericht **572**; aufschiebende Wirkung **570**; Zulässigkeit **567, 621 e**; Prüfung der Zulässigkeit **572**; Zurückverweisung **572**; Zuständigkeit **568**; Zustellung von Amts wegen **210 a**

– **(gegen)** eine einstweilige Anordnung wegen einer Zahlung von Unterhalt/einer Sicherheitsleistung bei der Klage auf Feststellung der Vaterschaft **641 d**; die Aussetzung/Aufhebung der Aussetzung des Verfahrens **252** 6/**150** 5; die Aussetzung des Ehescheidungsverfahrens, Streitwert **3 Anh** 25 „Aussetzungsantrag"; die Aussetzung zwecks Einholung eines erbbiologischen Gutachtens **148** 28 „Vaterschaftsverfahren"; Aussetzung wegen einer Vorgreiflichkeit **148** 38; den Aufschub einer Beweisaufnahme **251** 8; den Einspruchsbescheid der Kartellbehörde **GVG 13** 25; die Entfernung aus dem Saal wegen Ungehorsams **GVG 141**; die Entscheidung des Prozeßgerichts auf Grund einer Erinnerung betr einen verordneten Richter/Urkundsbeamten der Geschäftsstelle **573**; die Abgabe in einer Hausratssache **281 Anh I** 5; gegen einen Akt der Justizverwaltung vor dem Antrag auf eine gerichtliche Entscheidung **EGGVG 24** 4; die Entbindung des Klägers durch den Bekl nach der Prozeßübernahme seitens des mittelbaren Besitzers **76** 9; die Kostenentscheidung im Fall der Prozeßkostenhilfe **118** 23, 27; die Kostenentscheidung **97, 99** 41 ff; diejenige bei Streitgenossen **100** 68; eines Rechtsmittel wegen einer Ungebühr **GVG 181**; die Auferlegung eines Ordnungsgeldes gegenüber einer Partei **141** 58, 613; die Anordnung des persönlichen Erscheinens einer Partei **141** 57; die Verweisung einer falschen Partei aus dem Prozeß **Grdz 50** 18; die Anforderung einer Prozeßgebühr **271 Anh**; die Entscheidung des Gerichts wegen der Beanstandung der Prozeßleitung oder einer Frage **140** 13; Streitwert **3 Anh** 29; die Trennung von Prozessen/die Aufhebung dieser Trennung **145** 5/**150** 5; die Verbindung von Prozessen/die Aufhebung dieser Maßnahme **150** 6; die Anordnung des Ruhens des Verfahrens **252** 6; des Sachverständigen gegen die Auferlegung von Kosten/ein Ordnungsgeld **409** 8; die Festsetzung des Streitwerts **Einf 3** 10; einen Rechtsmißbrauch **Einl III** 54; die Aufhebung/Verlegung eines Termins **227** 58; die Bestimmung des Termins **216** 28; einen Terminsort außerhalb der Gerichtsstelle **219** 11; die Anordnung der Vorlegung einer Urkunde **142** 28; die Bestellung eines gerichtlichen Vertreters **Einf 57** 4; des Vertreters gegen seine Zurückweisung mangels Vertretungsberechtigung **56** 19; den Ausschluß eines Vertreters **157** 17; die Auferlegung einer Verzögerungsgebühr **95 Anh**; die völlige Untätigkeit des Gerichts **216** 3, **567** 5; die Untersagung des Vortrags **157** 17; die mündliche Verhandlung nach einem Zwischenurteil **280** 11; eine Beschränkung der Verhandlung **146** 7; die Wiedereröffnung der mündlichen Verhandlung **156** 24; Wiederholung **567** 12; des Zeugen gegen die Auferlegung von Kosten/Ordnungsmitteln/die Anordnung seiner Vorführung **380** 17; des Zeugen wegen einer Verweigerung der Aussage/des Eides **390** 10; die Anordnung der Zahlung eines Vorschusses für einen Zeugen im Fall der Prozeßkostenhilfe **379** 8; die Zulassung eines Bevollmächtigten/Beistands **157** 27; die Eintragung einer Zwangshypothek **867** 24

– **(gegen Ablehnung)** der Anordnung der Niederlegung einer Urkunde **142** 28; eines Arrests/einer einstweiligen Verfügung **922** 27/**936** 3, „§ 922"; der Aufhebung einer Prozeßverbindung/Trennung/Aussetzung **150** 5; der Aufnahme nach einer Aussetzung/Unterbrechung/einem Ruhen des Verfahrens **252** 7; einer Beweissicherung **490** 7; einer Kürzung der Einlassungs/Ladungsfrist **226** 6; eines Entlassungsantrags des Bekl bei einem Gläubigerstreit **75** 13; der Verkündung einer Entscheidung **249** 14; einer Fristkürzung **225** 7; der Beiordnung eines Notarwalts **78 b** 7, **78 c** 12; der Aufnahme eines Vorgangs in das Protokoll **160** 21; eines Rechtshilfeersuchens **GVG 159**; der Zulassung der Revision **544**; der Änderung einer Anordnung über eine Sicherheitsleistung **108** 20; einer Zulassung des Streithelfers **71** 4; der Bestimmung/Verlegung eines Termins **216** 26, 27/**227** 57; des Antrags auf die Rückgabe einer Urkunde **134** 15; der Anordnung einer Übersetzung der Urkunde **142** 28; der Bestellung eines gerichtlichen Vertreters **57** 9; der Bestimmung der Zuständigkeit **37** 6; einer öffentlichen Zustellung **186** 7; der Heilung eines Mangels der Zustellung **189** 15

– **(Anhörungsbeschwerde) Einl I**
– **(Anschlußbeschwerde) 567**

Beschwerde, weitere Zahlen in Fettdruck = Paragraphen

Beschwerde, weitere, gegen die Ablehnung der Rechtshilfe **GVG 159**
Beschwerdewert 2 1; für die Berufung/sofortige Beschwerde **511/567**; bei einer Nebenforderung **5** 11
Beseitigung, der Rechtskraft **Einf 322** 6; einer Urkunde **444**
Beseitigungspflicht, Zwangsvollstreckung **887, 888, 890**
Besetzung des Gerichts s Gerichtsbesetzung
Besitz, des Ehegatten **739** 1, 5; bei der Zwangsvollstreckung wegen der Herausgabe eines Grundstücks/Schiffs **885**; des Gerichtsvollziehers/Gläubigers an der Pfandsache **808** 7–9; des Störers, Urheberbenennung **77**; Pfändung des Anspruchs auf eine Übertragung des B. **846–849**; als Recht zur Erhebung einer Widerspruchsklage **771** 15
– (Klage), Feststellungsklage **256** 61; Gerichtsstand **24** 13; **26** 2; Streitbefangenheit **265** 4; Streitverkündung gegenüber einem mittelbaren Besitzer **76**; Streitwert **3 Anh** 29, **6** 2; Urteil, Besitzmittler als Rechtsnachfolger **325** 6; Urteil, Zwangsvollstreckung gegen den Besitzer der Streitsache **727** 10; vorläufige Vollstreckbarkeit **708**
Besitzeinweisung, Revision **542**
Besonderer Gerichtsstand s Gerichtsstand
Besorgnis der Befangenheit s dort; des Verlustes eines Beweismittels s Selbständiger Beweisverfahren; der Nichterfüllung, Klage auf künftige Leistung **259** 5; einer Rechtsbeeinträchtigung, einstweilige Verfügung **935**; der Vereitelung der Zwangsvollstreckung, Arrest **917** 5
Bestandteil, eines Grundstücks, s Grundstücksbestandteil
Bestätigung, des Arrests s dort; der einstweiligen Verfügung s dort; des Versäumnisurteils s dort; eines Europäischen Vollstreckungstitels **1079, 1080**; der Übertragung in das Protokoll **163** 5; der Vereinbarung einer Zuständigkeit **38** 26
Bestätigungsschreiben, Gerichtsstand **29** 17, 35
Bestattungsbedarf, Pfändung **811** 53
Bestellung s bei der betreffenden Person
Bestimmender Schriftsatz 129 5, 6
Bestimmung s Gegenstand der B.
Bestreiten, sofortiges Anerkenntnis trotz früheren B., Kostenentscheidung **93** 35; Anordnung der Beschränkung der Verhandlung **146** 3; Begründungspflicht **138** 27; in der Berufungsinstanz **138** 5, **534**; durch eine Erklärung mit Nichtwissen **138** 45; des Gerichtsstands **Üb 12** 19; beim Geständnis mit einem Zusatz **289** 4; Nichtbestreiten s dort; durch den ProzBev **138** 8; bei einer Säumnis des Gläubigers im Verteilungstermin **877** 2; Wiedergabe im Urteil **313** 22; im verspäteten Schriftsatz **132** 21, **282, 296**; wegen eines vorprozessualen Verhaltens **Einl III** 47; des gesamten Vorbringens **138** 33; wider besseres Wissen **138** 16; Zulässigkeit **138** 27, 37
Betagter Anspruch s Fälligkeit
Beteiligter beim Kapitalanleger-Musterverfahren **SchlAnh VIII** 8
Beteuerungsformel 481 1, **484** 5
Betrag eines Anspruchs, Abgrenzung gegenüber dem Grund **304** 6, 19, **538** 11, 14
Betreuungssache, Zuständigkeit des Rechtspflegers **GVG 153 Anh** 3
Betriebsgeheimnis, Ausschluß der Öffentlichkeit **GVG 172**; Zeugnisverweigerungsrecht **384** 7
Betriebsunfall, Aussetzung bei seiner Möglichkeit **148** 12 „Arbeitsrecht"
Betriebsverfassungsgesetz, Rechtsweg **GVG** bei **14**

Betrug s Prozeßbetrug
Bett, Pfändung **811** 15
Beugehaft, beim Sachverständigen **409** 5; beim Zeugen **390** 8; in der Zwangsvollstreckung **888** 15; s auch Zwangshaft
Beurkundung, Protokoll als B. **Einf 159** 2; Prozeßvergleich als B. **307 Anh** 34; der Anerkennung der Vaterschaft **641 c**; der Verhandlung **160**; der Zustellung **182, 183, 195**
Bevollmächtigter, Ausschluß als B. **41** 12, 49; GeneralB. als ProzBev **171** 4; Prozeßführungsrecht des GeneralB. **80** 8, 12; Zustellung an den GeneralB. **171** 4; als Partei **Grdz 50** 7; als Partei im Parteiprozeß **79** 1; als Parteivertreter s dort; ProzBev s dort; Untersagung des Vortrags **157** 21; vorläufige Zulassung ohne (Nachweis der) Vollmacht **89**
Bewegliche Sache, Arrestvollzug **930** 1; Pfändung **808** 1, **854** 1, des Herausgabeanspruchs **847** 4; Herausgabe, Zwangsvollstreckung **883**
Bewegliches Vermögen 803 3
Beweis Einf 284 1, **294** 1, 6; bei der Abstammungsuntersuchung s dort; Anscheinsbeweis **286 Anh** 15 ff, 33 ff; Arten **Einf 284** 6 ff; beim unbekannten Aufenthalt des Zustellungsgegners **185** 4; Ausforschungsbeweis **Einf 284** 27; im Ausland **363** mit **Anh**; Auslandsrecht **293** 5; Ausländereigenschaft bei einer Sicherheitsleistung **110** 12; (un-)mittelbarer Beweis **Einf 284** 15, 16; Entbehrlichkeit beim Geständnis **288** 8; Entbehrlichkeit wegen Offenkundigkeit **291**; B. durch einen Erfahrungssatz **Einf 284** 22; B. der Tatsache, die eine Erinnerung gegen die Zwangsvollstreckung begründet **766** 40; Freibeweis **Einf 284** 9; des Gegenteils **Einf 284** 12; Gewohnheitsrecht **293** 4; durch Glaubhaftmachung **Einf 284** 3, **294**; Hauptbeweis **Einf 284** 1; Hilfstatsache des B. **Einf 284** 16; Indizienbeweis **Einf 284** 16; Primafacie-Beweis **286 Anh** 15; Parteivernehmung s dort; Restitutionsgrund **581** 5; Satzungsrecht **293** 4; Strengbeweis **Einf 284** 7; Tatsachenbegriff **Einf 284** 17; Urkundenbeweis **286** 63; Urkundenbeweis statt Zeugenbeweises **286** 69; Echtheit einer privaten Urkunde **440** 3; B. als Voraussetzung einer Vollstreckungsabwehrklage **767** 47; B. bei einer Zulässigkeitsrüge **280** 4; B. bei einer Zustellung im Ausland **183** 7, 8; bei der Zustellung von Anwalt zu Anwalt **195** 19, 20; B. der für die Zwangsvollstreckung notwendigen Tatsache **726** 1; im Zwangsvollstreckungsverfahren allgemein **Grdz 704** 37, 38
– (Gegenbeweis) **Einf 284** 12; Beweisantritt als Voraussetzung der G. **282** 6; und Beweis des Gegenteils **Einf 284** 12; gegenüber einer Rechts/Tatsachenvermutung **292** 5, 9; gegenüber einer öffentlichen Urkunde über eine Erklärung/einen Vorgang **415** 11/**418** 8; gegenüber einer Privaturkunde **416** 8, 9; gegenüber dem Tatbestand des Urteils **314** 6
– (Vereitelung) **286 Anh** 26; beim Urkundenbeweis **444**
– (Vertrag) **286 Anh** 5
Beweisanordnung vor der mündlichen Verhandlung **273** 23
Beweisantrag, Ablehnung **286** 27; bei der Augenscheinseinnahme **371**; Beibringungsfrist **356** 8; stillschweigende Bezugnahme auf einen früheren B. **137** 29; Hinweispflicht des Gerichts beim B. **139** 26; bei der Streitgenossenschaft **61** 13
Beweisantritt, Antritt auf die Vernehmung des Gegners als Partei **445**; Antritt im Scheck/Wechselprozeß **605 a/605**; zwecks Ausforschung **Einf**

dahinterstehende Zahlen und Buchstaben = Randnummern **Beweislast**

284 27; Auferlegung der Kosten beim nur teilweisen B. 95 10; Hinweispflicht des Gerichts zum B. 139 29; Verpflichtung der Partei zum B. **Einf** 284 34; im Verfahren der Prozeßkostenhilfe 117 19; beim Sachverständigenbeweis 403; beim Urkundenbeweis s dort; im Urkundenprozeß 595 5; beim Zeugenbeweis 373, 356

Beweisaufnahme 284, 355 ff, 1072 ff; bei der Untersuchung der Abstammung 372 a 16; Amtsbetrieb **Üb** 355 1; von Amts wegen **Einf** 284 5; Anordnung einer schriftlichen Anhörung des Zeugen 377 8; Aufschiebung der B. 252 4; beim Ausbleiben der Partei 367 4; Ausforschung **Einf** 284 27, 397 7; im Ausland 363 mit **Anh**, 364, 369, 1072 ff; Einholung einer Aussagegenehmigung für einen Angehörigen des öffentlichen Dienstes 376 8; durch den beauftragten Richter s unten „durch verordneten Richter"; sofortige Beweiserhebung 279, 358 a; Pflicht des Gerichts zur Erhebung aller Beweise 286 24; im selbständigen Beweisverfahren 492; durch den Einzelrichter 348, 348 a, 526, 527, 568; Erörterung des Ergebnisses 279, 285; durch den ersuchten Richter s unten „durch verordneten Richter"; Fortsetzung der Verhandlung nach der B. 279, 285, 370; Fristsetzung bei einem Hindernis gegen die Durchführung der B. 356 8; mündliche Verhandlung über das Ergebnis der B. 285 1; nach beiderseitigen Erledigterklärungen 91 a 114; bei einer Glaubhaftmachung 294 9; Kostenentscheidung bei teilweise Sieg nach der B. 92 34; im Kostenfestsetzungsverfahren 104 5; vor der mündlichen Verhandlung 358 a; Nachholung der B. 398 4; nach dem Ausbleiben der Partei 367 5, nach der Verweigerung einer Fragestellung durch den verordneten Richter 398 12; Anhörung der Partei nach der Anordnung ihres persönlichen Erscheinens 141 16; Parteiöffentlichkeit der B. 357 5; über die Partei-/Prozeßfähigkeit 56 5; Parteivereinbarung **Grdz** 128 49, **Einf** 284 33; bei der Parteivernehmung s dort; Protokoll über die B. 160 11, 13; über die Prozeßfähigkeit des gesetzlichen Vertreters 56 6; vor dem Prozeßgericht 370 4; im Verfahren der Prozeßkostenhilfe 118 31; Verbindung mehrerer Prozesse für die B. 147 11; über fremdes Recht 293 5; Ausschluß des Richters wegen seiner Mitwirkung an einer früheren B. 41 14; Sachverständigenvernehmung s dort; Unterstellung von Beweisergebnissen bei einer Säumigkeit des Berufungsbekl 539; sofortige 279 11; im schiedsrichterlichen Verfahren 1042, 1050; Streit über die B. 366; und Streitgenossenschaft 61 13; für die Festsetzung des Streitwerts 3 6; Streitwert der B. 3 **Anh** 29; Bestimmung/Mitteilung des Termins der B. 361, 368/357 6; Wahrnehmung des Termins der B., Kostenregelung 91 83; Umfang der B. 286 24; Unmittelbarkeit der B. 355 4; beim Urkundenbeweis 420 6; Vereinbarung über eine Beschränkung der B. **Grdz** 128 49, **Einf** 284 33; bei einer freigestellten mündlichen Verhandlung 128 11, 15; Termin zur B. 355 4, 357 3; Bestimmung des Termins zur Fortsetzung der mündlichen Verhandlung 370; B. über das Verschulden vor der Verhängung einer Verzögerungsrüge 95 **Anh**; Vervollständigung der B. 398 12; nach dem Ausbleiben der Partei 367 4; B. durch den Vorsitzenden der Kammer für Handelssachen 349 5; Vortrag der Ergebnisse einer außerprozeßgerichtlichen B. 285 7; beim Widerspruch des Bekl gegen die Erledigterklärung des Klägers 91 a 172; Wiederholung der B. in der Berufungsinstanz 529 ff;

Zeitpunkt der B. 279 11; Zeugenvernehmung s dort; Zwischenstreit 366, über eine Zeugnisverweigerung 387, 388; B. über die Zuständigkeit bei einem Verweisungsantrag 281 17; Verweigerung des Zutritts 357 5; bei der Zwangsvollstreckung **Grdz** 704 38

– **(durch verordneten Richter)** 355 6, 358 a, 361, 362; Ersuchen eines anderen Gerichts um die B. 365; Augenscheinseinnahme 372; Ausbleiben des Zeugen 400; Geständnis 288 8; Ordnungsgewalt **GVG** 180; Parteivernehmung in einer Ehesache 613; Protokoll 159 15; Ernennung eines Sachverständigen 405; Vorlegung einer Urkunde 434; Bestimmung des Termins zur Fortsetzung der mündlichen Verhandlung 370 5; Beeidigung des Zeugen 479; Übertragung der Erhebung des Zeugenbeweises 375; Vernehmung des Zeugen 400; Ablehnung einer Frage der Partei 398; Entscheidung über die Zulässigkeit einer Frage an den Zeugen 400; wiederholte Vernehmung des Zeugen 398, 400; Zwischenstreit während der B. 366

Beweisbedürftigkeit Einf 284 4

Beweisbeschluß 284, 358 a, 359; nach Lage der Akten 251 a 6, 15, 358; Änderung 360; Bezeichnung der Beweismittel 359 9; Notwendigkeit 358; über eine Parteivernehmung 450; Aussetzung seiner Ausführung bei der Parteivernehmung 450 6; Parteivernehmung des Gegners über den Verbleib einer Urkunde 426; Parteivernehmung des Minderjährigen/unter vorläufige Vormundschaft Gestellten 455 5; Ausschluß des Richters wegen seiner Mitwirkung an einem früheren B. 41 14; über die Vorlegung einer Urkunde 425; Bestimmung des Termins zur Fortsetzung der mündlichen Verhandlung 370; Bezugnahme auf den B. in der Ladung des Zeugen 377 7

Beweiseinrede, zeitliche Geltendmachung s Beweismittel (Angabe)

Beweisergebnis, Unterstellung der Ergebnisse bei einer Säumigkeit des Berufungsbekl 539 5; Vortrag des B. 285 6

Beweiserhebung, sofortige 279, 358 a; vgl auch Beweisaufnahme

Beweiserhebungslehre 300 10

Beweisermittlungsantrag Einf 284 27

Beweisfrage, Parteiherrschaft **Einf** 284 5

Beweisführer Einf 284 23, 379 2

Beweisführung durch Glaubhaftmachung 294 1

Beweisgegenstand, Tatsache als B. **Einf** 284 17; juristische Tatsache als B. **Einf** 284 21; Vermutung als B. **Einf** 284 16, 30

Beweiskraft, eines elektronischen Dokuments 371 a; seines Ausdrucks 416 a; Bindung des Gerichts an eine gesetzliche Beweisregel 286 71; Unzulässigkeit eines Parteieids 536; Regelung des Personenstands **EG** 16; des Protokolls **Einf** 159 3, 165; eines Schuldscheins oder einer Quittung **EG** 17; einer Urkunde **Üb** 415 6; Echtheit als Voraussetzung der B. der Urkunde **Einf** 437 1; einer Urkunde mit einem äußeren Mangel 419 4; einer privaten Urkunde 416; einer öffentlichen Urkunde, die eine behördliche Anordnung, Verfügung oder Entscheidung enthält 417; einer öffentlichen Urkunde über eine Erklärung 415 8; einer öffentlichen Urkunde über einen Vorgang 418 6, 7; des Tatbestands des Urteils 314; der Zustellungsurkunde 182 1–3; eines ausländischen Zustellungszeugnisses 183 7, 8

Beweislast 286 **Anh** 1; beim Abzahlungskauf 286 **Anh** 4, 205 „Verbraucherkreditgesetz"; für die Notwendigkeit eines Wechsels des Anwalts 91

Hartmann 3083

Beweislastvertrag

125; beim Auslandsbezug **286 Anh** 4, **293** 5; Einschluß der Behauptungslast **286 Anh** 1; des Besitzers bei der Streitverkündung gegenüber dem mittelbaren Besitzer **76**; für den Empfang eines zuzustellenden Schriftstücks **189** 12; für einen Erfahrungssatz **Einf 284** 22, **286 Anh** 14; für das Fehlen einer Veranlassung zur Klage **286 Anh** 36 „Anerkenntnis"; bei der Feststellungsklage **256** 47; Grundsätze der B. **286 Anh** 9; Gerichtsstand **Üb 12** 19; Gerichtsstand des Aufenthaltsorts bzw letzten Wohnsitzes **16** 3; Gerichtsstand bei der Nachlaßverbindlichkeit **28** 6; Partei-/Prozeßfähigkeit **56** 5; Parteivereinbarung über die B. **286 Anh** 6; Prozeßführungsrecht **Grdz 50** 25, **56** 5; Prüfung der B. bei einem Antrag auf Parteivernehmung **445** 6; sekundäre B. **286 Anh** 27; für die Voraussetzungen einer Sicherheitsleistung **110** 5; der Zulässigkeit einer Streithilfe **71** 6; bei einer rechtsbegründenden, -hindernden, -verneinenden, -hemmenden Tatsache **286 Anh** 1; Umkehrung der B. durch eine Beweisvereitelung **286 Anh** 26; als Urteilsbegründung **286 Anh** 1; und tatsächliche Vermutung **286 Anh** 14; für die Empfangsberechtigung bei einer Zustellung **171** 6; für die Unkenntnis des Zustellungsgegners **Einf 178–181** 5

Beweislastvertrag 286 Anh 7
Beweislosigkeit, Folgen der B. **286 Anh** 1
Beweismaß Einf 284 6–9
Beweismittel Einf 284 32; Anordnung der Beschränkung der Verhandlung auf einzelne B. **146** 3; Augenschein s dort; Auskunft **Üb 402** 25; amtliche Auskunft **Üb 373** 32; Bezeichnung im Beweisbeschluß **359** 9; Ergebnis des selbständigen Beweisverfahrens **493**; für den Empfang eines zuzustellenden Schriftstücks **189** 12; Ersatz des Zeugen-/Sachverständigenbeweises durch einen Urkundenbeweis **286** 65, 66; Feststellungsklage im Fall der Gefahr eines Verlustes des B. **256** 39; Foto **Üb 371** 17; für die Glaubhaftmachung **294** 6; Anhörung der Partei nach einer Anordnung ihres persönlichen Erscheinens **141** 16; Parteiherrschaft **Einf 284** 33; Parteivernehmung s dort; Parteieinbarung über den Ausschluß eines B. **Einf 284** 33; Wahlrecht der Partei **286** 63; Privatgutachten **Üb 402** 21; rechtswidrig erlangtes B. **286** 68, **Üb 371** 13; Sachverständigengutachten s dort; Schätzungsvernehmung des Beweisführers **287** 34; Tonbandaufnahme **Üb 371** 12; Urkunde s dort; Streitwert der Herausgabe einer Urkunde **3 Anh, 69** 4; im Urkundenprozeß **592** 7, **593** 2, **595** 2; gegenüber einer gesetzlichen Vermutung **292** 7; Verzicht auf ein B. **Einf 284** 33; im Scheck-/Wechselprozeß **605 a/605**; für eine Zustellung **182**

– **(Angabe)**, im Beweisbeschluß **359** 9; in der Klageschrift **253** 104; im vorbereitenden Schriftsatz **132** 3; Aufforderung an den Bekl zum Vorbringen seiner B. **273**; Beibringungspflicht **138** 13, 27, **139** 26; Pflicht zur Erklärung gegenüber den Angaben des Gegners **275 ff, 282**; Fristsetzung bei einem Hindernis gegenüber der Beweisaufnahme **356** 8; Fristversäumnis im vorstehenden Fall **356** 11

– **(nachträgliche Angabe)**, zeitliche Möglichkeit **283**; neues Vorbringen **282, 296**; Verzögerungsgebühr **95 Anh**

– **(nachträgliche Angabe in der Berufungsinstanz) 530, 531**; Vollstreckbarerklärung des erstinstanzlichen Urteils wegen einer Verzögerung **537**; Kosten zu Lasten des Siegers **97** 48; Zulassung/Zurückweisung **530, 531**

Beweispflicht 286 Anh 1
Beweisregel s Beweiskraft

Beweissicherung s Selbständiges Beweisverfahren
Beweistermin s Beweisaufnahme
Beweisvereinbarung Grdz 128 49, **Einf 284** 33
Beweisvereitelung Anh 286 26, **444**
Beweisverfahren Üb 355 1
Beweiswürdigung Einf 284 34, **286, 287**; bei der Ablehnung der Partei, sich vernehmen zu lassen **446**; eines Anerkenntnisses im Ehe-/Kindschaftsverfahren **617** 2/**640** 12 „§ 617"; beim Anscheinsbeweis **286 Anh** 16 ff; beim Ausbleiben der Partei, deren persönliches Erscheinen angeordnet worden war **141** 29; beim Ausbleiben zur Parteivernehmung **454** 4; einer streitigen Behauptung als unwahr **138** 64; beim Beweislastvertrag **286 Anh** 7; Grundsatz der freien B. **286** 4; keine Bindung des Gerichts an eine Parteivereinbarung **286 Anh** 6; bei einem Erfahrungssatz **Einf 284** 22, **286 Anh** 14; bei widersprechenden Erklärungen mehrerer ProzBev **84** 4; des Geständnisses **288** 8, **289**; des Geständnisses im Ehe-/Kindschaftsverfahren **617** 3/**640** 12 „§ 617"; an Gewißheit grenzende/überwiegende Wahrscheinlichkeit **286** 16/**294** 1; Berücksichtigung des gesamten Inhalts der Verhandlung **286** 22; Nichtabgabe einer Erklärung durch die Partei **141** 29; Nichtbefolgung einer die mündliche Verhandlung vorbereitenden Anordnung **273** 15; Nichtübersetzung einer Urkunde **142** 27; Nichtvorlegung einer Urkunde **142** 27, **427**; B. einer Parteivereinbarung **Einf 284** 34, 35; bei der Parteivernehmung **Üb 445** 7, **453**; im vermögensrechtlichen Prozeß **287** 35; bei der Prüfung der Revision **Einf 284** 35, **546** 6; bei einem Wechsel der Richter nach der Beweisaufnahme **355** 7; beim Sachverständigengutachten **412**; bei der gerichtlichen Ermittlung/Schätzung des Schadens **287** 9, 30; beim Schriftvergleich **442**; eines Strafurteils **EG 14**; bei der Streitgenossenschaft **61** 13; beim Streithilfegrund **67** 7; und richterliche Überzeugung **286** 16; bei einer Urkunde **Üb 415** 13; bei einer Urkunde mit einem äußeren Mangel **419** 4; bei einer privaten Urkunde mit einem Mangel **440** 6; beim Ursachenzusammenhang **287** 5; in der Urteilsbegründung **286** 20; bei einer Vereitelung des (Urkunden)beweises durch den Beweisführer oder -gegner **286 Anh** 26, **444**; bei einem in anderem Verfahren erhobenen Beweis **286** 64; bei einer tatsächlichen Vermutung **286 Anh** 14; bei der Verweigerung einer Parteiaussage oder eines Parteieids **453** 5; bei einem unsubstantiierten Vorbringen **139** 55 „Beweiswürdigung"; Vorwegnahme der B. **286** 32; bei bloßer Wahrscheinlichkeit **286** 16, **294** 1; bei der Zeugenaussage **Üb 373** 6

Bezifferung des Klaganspruchs **253** 49
Bezirksrevisor s Staatskasse
Bewilligung s Gegenstand der B.
Bezugnahme, auf eine andere Akte **Einf 284** 24; in der Berufungsbegründung **520** 28; des Protokolls im Parteiprozeß auf einen Schriftsatz **510 a**; des Protokolls auf eine Tonaufzeichnung **160 a** 9; auf eine Urkunde, Vorlegungspflicht **423**; des Urteils auf das Protokoll oder einen Schriftsatz **313** 15; des Berufungsurteils auf das erstinstanzliche Urteil **540**; in der mündlichen Verhandlung auf den Klagantrag **297** 13, **507**; in der mündlichen Verhandlung auf ein Schriftstück **137** 28; in der Zeugenladung auf den Beweisbeschluß **377** 7

Bezugsrecht für Aktien, Streitwert **4** 11
Bezugsverpflichtung, Streitwert **3 Anh** 29
BGB-Gesellschaft s Gesellschaft
Bilanzaufstellung, Zwangsvollstreckung aus einem Urteil auf B. **887** 22

dahinterstehende Zahlen und Buchstaben = Randnummern **Bundeseisenbahnvermögen**

Bildband, Intimsphäre **Üb 371** 12
Bildträger 299 a
Bildübertragung 128 a
Billigkeitserwägung bei der Kostenentscheidung **91** 19; bei der Kostenentscheidung nach der Erledigung der Hauptsache **91 a** 118; bei der Kostenentscheidung im Fall der Klage nicht nichtehelichen Kindes auf Unterhaltszahlung **93 d** 13; bei einer Prozeßhandlung **Grdz 128** 56; bei der Auslegung der ZPO **Einl III** 33; bei der Wiedereinsetzung **233** 1
Bindung (Behörde) an ein Urteil **Einf 322** 21; an ein Urteil in einer Kindschaftssache **640 h**
– **(Gericht an)** ein Anerkenntnis **307** 18; seine Anordnung zur Vorbereitung der mündlichen Verhandlung **273** 15; den Antrag **308** 1; denjenigen im Verfahren auf den Erlaß einer einstweiligen Verfügung **938** 3; denjenigen im Räumungsprozeß **308 a** 4; den Berufungsantrag **528**; des Berufungsgerichts an den Berufungsantrag in einer Ehesache **Üb 606** 4; das Berufungsurteil wegen der Zulassung der Revision **543**, **552**; die Verwerfung der Berufung als unzulässig **522**; einen Beschluß **329** 16 „§ 318"; einen Beschluß im Fall einer freigestellten mündlichen Verhandlung **128** 15; des Beschwerdegerichts an die Festsetzung des Streitwerts in erster Instanz **3** 6; die Zurückverweisung einer sofortigen Beschwerde **572** 4; eine gesetzliche Beweisregel **286** 71; das Einverständnis mit dem schriftlichen Verfahren **128** 37; seine Entwicklung **318**; das Gesetz **GVG 1** 3, 4; richterliches Prüfungsrecht dabei **GVG 1** 5; ein Geständnis **290** 5; das Grundurteil **304** 28; die Abgabe einer Hausratssache **281 Anh I** 4; die Zulassung der Klagänderung **268** 6; den Klagantrag **308** 1; denjenigen in einer Kindschaftssache **641 h**; denjenigen im Räumungsprozeß **308 a** 4; die Kostenvorschriften **91** 22; die Abgabe einer Landwirtschaftssache durch das Landwirtschaftsgericht **281 Anh III** 1; einen Parteiantrag **329** 14 „§ 308"; eine Parteivereinbarung über die Beweislast/die Beweiswürdigung **286 Anh** 5; die Rechtsprechung bei der Auslegung der ZPO **Einl III** 4; des Revisionsgerichts an die tatsächliche Feststellung/den Revisionsantrag/die Zulassung der Revision **557**; das Revisionsurteil **563** 4; eine Rechtswegverweisung **GVG 17 a** 8; die Entscheidung eines besonderen Behörde über die Zulässigkeit des Rechtswegs **GVG 17 a** 8; die Benennung des Sachverständigen durch die Partei **404** 8, **487** 8; ein Strafurteil **149** 1, **415 a**; die Festsetzung des Streitwerts für die höhere Instanz **Einf 3** 8; ein Teilurteil **318** 12; ein Vorbehaltsurteil **302** 13, **599** 11; das Urteil in der Sache **318**; ein anderes Urteil **148** 11, **Einf 322** 22, **415 a**; ein Urteil der höheren Instanz **538** 2, **557**; ein Verwaltungsakt **GVG 13** 16; ein Urteil eines Verwaltungsgerichts **GVG 13** 16; eine Verweisung **281** 4, 30; eine Verweisung vom AG an das LG **506** 6; eine Abgabe an das Landwirtschaftsgericht **281 Anh III** 2, 5; eine Verweisung wegen Unzuständigkeit **11**, **281** 30; eine Wiedereinsetzung **233** 2, **238** 12; die Abgabe einer Wohnungseigentumssache **281 Anh II** 8; eine Bestimmung der Zuständigkeit **37** 7; diejenige durch das BayObLG **EG 7**, 8; eine Zuständigkeitsvereinbarung **38** 5; ein Zwischenurteil **280** 8, **303** 9, 10
– **(Partei an)** ihre Behauptung **253** 33; ihr Einverständnis mit dem schriftlichen Verfahren **128** 23; die Erklärung/Rechtsausführung ihres ProzBev **85** 6, 7; ihre Bestellung eines Schiedsrichters **1035**; des Rechtsnachfolgers an eine Prozeßhandlung des Veräußerers **265** 24; die Erklärung ihres Streithelfers **67** 8
Bindungslehre Einf 322 12
Bindungswirkung, der Abweisung der Klage wegen Unzuständigkeit **513** 2; der Kostengrundentscheidung für die Kostenfestsetzung **91** 22, **Einf 103** 17; der Festsetzung des Streitwerts für die sachliche Zuständigkeit im Verfahren der Kostenberechnung **Einf 3** 3; der Schiedsvereinbarung **1029**; der Streithilfe **68**; des Urteils **318** 1
Binnenschiffahrtsgericht GVG 14
Binnenschiffahrtssache, Rechtsweg **GVG 13** 36; Zuständigkeit **GVG 14** 4
Biostatistische Berechnung, Anordnung **372 a** 9; vgl auch Abstammungsuntersuchung
Blankounterschrift 129 6, **416** 4; Mißbrauch **440** 4
Blutgruppenuntersuchung 286 42, **372 a** 6
Blutprobe 372 a
Bodmerei, Zuständigkeit **GVG 95** 6
Bolivien, Ehesache **606 a Anh II**
Börse, Aushang eines Aufgebots **1009**; Börsenbrauch **GVG 1** 2
Börsen- und Marktpreis, Schätzung der Pfandsache **813** 3; eines Wertpapiers **821**
Börsenstreitsache, Kammer für Handelssachen **GVG 95**; Zuständigkeit bei einer Klage gegen den Emittenten eines Wertpapiers **GVG 71** 5; diejenige bei der Börsenprospekthaftung **GVG 71** 5
Botschafter, ausländischer B., Botschaftspersonal s Exterritorialität; Zustellungsersuchen an den deutschen B. **183** 4, **183 Anh** 2
Brief, Gerichtsstand bei einer unerlaubten Handlung **32** 18; Zustellung durch Post s dort
Briefgrundpfandrecht, Gläubigeraufgebot, Kraftloserklärung des Briefs s Aufgebotsverfahren; Pfändung **830** 6, **837** 3, **857** 25; Hilfspfändung des Briefs **808** 3; Zwangsvollstreckung nach einer Verurteilung zur Abtretung, Belastung, Bestellung eines B. **897**
Briefkasten des Gerichts, Fristversäumung, Wiedereinsetzung **233** 19 ff
Brille, Pfändbarkeit **811** 52
Bruchteil, Kostenentscheidung nach B. bei einer Teilabweisung **92** 33; falsche Kostenverteilung als Kostenentscheidung nach B. **92** 32
Bruchteilseigentum am Grundstück, Zwangsvollstreckung **864**, **866**
Bruchteilsgemeinschaft, Pfändung des Anteilsrechts **Grdz 704** 59 „Anteilsrecht"; Zwangsvollstreckung in das unbewegliche Vermögen **864** 7
Bruttolohnurteil, Zwangsvollstreckung **Üb 803** 2
Buch, Pfändbarkeit **811** 36, 50, 51
Buchauszug, Urteil auf Erteilung eines B., Zwangsvollstreckung **887** 23
Bucheinsicht, Streitwert **3 Anh** 24 „Auskunft"
Buchgrundpfandrecht, Gläubigeraufgebot s Aufgebotsverfahren; Pfändung **830** 11, **837** 4, **857** 26
Bulgarien, Ehesache **606 a Anh IV**
Bund, Feststellungsklage gegen die B. statt einer Leistungsklage **256** 82; Parteifähigkeit **50** 10; Prozeßstandschaft **Grdz 50** 26; Vertretung des B. **18** 5, **51** 17 „Juristische Person"; Zwangsvollstreckung gegen den B. **882 A**
Bundesanzeiger, Bekanntmachung eines Urkundenaufgebots/einer Zahlungssperre **1009/1020**; Bekanntmachung bei der öffentlichen Zustellung einer Ladung **187**
Bundesautobahn, Vertretung der B. **18** 6
Bundeseisenbahnvermögen, Gerichtsstand **17**; als Rechtsnachfolgerin der Deutschen Reichsbahn **50** 10; Rechtsweg für Streitigkeiten **GVG 13** 36;

Bundesbeamter

Vertretung des B. **18** 6; Zuständigkeitsvereinbarung **38** 19; Zwangsvollstreckung gegen das B. **882 a** 2
Bundesbeamter als Zeuge, Aussagegenehmigung **376** Vorbem A
Bundesbeamtengesetz, Geltung für Bundesrichter **DRiG 46**
Bundesgerichtshof GVG 123 ff; Besetzung **GVG 124**; Dienstgericht **DRiG 61, 62**; Entlastungsgesetz **vor 542**; Geschäftsordnung **GVG 140**; Großer Senat, Vereinigte Große Senate **GVG 132, 136–138**; Rechtsanwaltschaft **GVG 155 Anh I** 7; Abgabe einer Revision vom BayObLG an den BGH **EG 7** 2; Ernennung der Richter **GVG 125**; Senate/Besetzung **GVG 130/139**; Sitz **GVG 123**; Zuständigkeit **GVG 133**; Bestimmung der Zuständigkeit **36** 10, **EG 9**
Bundeskonsul, Beglaubigung einer ausländischen Urkunde **438** 4; Beurkundungsbefugnis **415** 5; Ersuchen um eine Beweisaufnahme an den B. **363** 8; Gerichtsstand **15**; Zustellung durch den B. **Üb 166** 8, **183** 4; Zustellungsersuchen an den B. **183** 4
Bundesleistungsgesetz, Rechtsweg **GVG 13** 36
Bundesminister, Aussagegenehmigung **376** 7; als Sachverständiger **408** 6; Zeugenvernehmung **382**
Bundespatentgericht, technisches Mitglied **DRiG 120**; Zuständigkeitsstreit **36** 12
Bundespersonalausschuß DRiG 47
Bundespräsident, Beeidigung **479** 5; Befreiung vom Erscheinen an der Gerichtsstelle **219** 12; Zeugenvernehmung **375** 19; Zeugnisverweigerungsrecht **376** 14
Bundesrat, Haft **904** 2, **905** 2; Zeugenvernehmung **382** 1
Bundesrecht, Begriff, Revisibilität **545** 9
Bundesrechtsanwaltsordnung GVG 155 Anh I 2
Bundesregierung, Mitglied als Sachverständiger **408** 6; Zeugenvernehmung **376** 7
Bundesrichter DRiG 46 ff
Bundesseuchengesetz, Rechtsweg **GVG 13** 36
Bundessozialhilfegesetz, und Pfändungsgrenzen **850 f** 2; bei der Prozeßkostenhilfe **115** 10
Bundestagsabgeordneter s Abgeordneter
Bundesverfassungsgericht GVG 1 5; Aussetzung des Rechtsstreits wegen der Anrufung des B. **Einf 148** 3; Richter am B. **DRiG 69, 70, 120 a**
Bundeswehrangehöriger s Soldat
Bundeswirtschaftsminister, Verfügung, Rechtsweg **GVG 13** 72 „Wirtschaftslenkung"
Bürgerliche Rechtsstreitigkeit EG 3, GVG 13 7, 101, 30 ff
Bürgschaft, Anerkenntnis, Kostenentscheidung **93** 35; Ausschluß des Bürgen als Gerichtsperson **41** 8, **49**; Befreiung von der B., Streitwert **3 Anh** 27; Beweislast **286 Anh** 4, 79; Gerichtsstand **29** 20; Schiedsvereinbarung **1029**; als Sicherheitsleistung **108** 10, **109** 5, **751** 7; Streitgenossenschaft, Kostenhaftung **100** 7; Streithilfe **66** 7; Streitwert **3 Anh** 30; Rechtskraftwirkung **322** 32, **325** 24; Rechtsweg **GVG 13** 36; Vereinbarung der Zuständigkeit **38** 5
Büropersonal, Fristversäumung **233** 146; sonstiges Verschulden **85** 27
Bürovorsteher als Vertreter **157** 8; Wiedereinsetzung **233** 80; Zustellung an den B. **178** 18 „Büroangestellte"
Buße, Pfändung **Grdz 704** 67; Strafurteil, Rechtskraftwirkung **322** 32, **325** 24
Bußgeldbescheid, Offenbarungsversicherung **Üb 899** 1
Bußgeldurteil, Bildungswirkung **415 a**

C

Chile, Ehesache **606 a Anh IV**
CIM, CIV, internationale Zuständigkeit Üb 12 10
Clausula rebus sic stantibus 323 1, 67
CMR Einl IV 14
Computer, Augenschein **Üb 371** 12; Urkunde **Üb 415** 7; Pfändbarkeit **Grdz 704** 68 „Computer", 102 „Software", **811** 41
Contergangesetz, Kostenentscheidung bei Erledigung der Hauptsache **91 a** 122; Gerichtsstand **17** 1
Coupon, Aufgebot **1010–1013, 1019**

D

Dänemark, Ehesache **606 a Anh IV**
Darlegungslast 138 18, 30, **253** 32
Darlegungspflicht, wegen des Gegenstands und Grundes des Anspruchs in der Klageschrift **253** 32
Darlehensanspruch, Beweislast **286 Anh** 80; Pfändung **Grdz 704** 69
Datenträger, und Akteneinsicht **299 a**; und Protokoll **160 a**
Datenschutz, Beachtlichkeit **117** 27, **299** 4, **915 ff**; Rechtsweg **GVG 13** 37
Daueraufenthalt, Gerichtsstand **20**
Dauerschiedsgericht 1029
Dauervertrag, Streitwert **3 Anh** 30
Dauerwohnrecht, Streitwert **3 Anh** 30; Zuständigkeit bei einer Streitigkeit über ein D. **GVG 23** 8
DDR, frühere, Eigentums- und Vermögensgemeinschaft **744 a**; als Inland **Einl III** 77, **606**; Anerkennung einer Notariatsentscheidung **328** Vorbem; Fortgeltung bzw Erlöschen ihrer Rechtshilfeverträge **328** 5, **328 Anh** 1, **SchlAnh V Üb** 3; Rechtsweg **GVG 13** 37 „Beitrittsgebiet", Rn 65 „Treuhandanstalt", Rn 67 „Vermögensgesetz"; Urteilsanerkennung **328** Vorbem
– **(Einigungsvertrag)** s beim jeweiligen Sach-Stichwort und dort in den Vorbemerkungen der §§ im laufenden Text; s auch Übergangsrecht
Deckname als Parteibezeichnung **Grdz 50** 6
Defektenverfahren, Rechtsweg **GVG 13** 37
Demnächstige Zustellung s Frist (Klagefrist)
Denkgesetz 546 2
Denkmalschutz, Rechtsweg **GVG 13** 37
Detektiv, Kostenerstattung **91** 90, 274
Deutsch als Gerichtssprache **GVG 184**
Deutsche Post AG, Gerichtsstand **21** 4; **38** 19; als Rechtsnachfolgerin der Deutschen Reichspost **50** 10; Rechtsweg für Streitigkeit **GVG 13** 54 „Post"; Vertretung der B. **18** 6
Deutsche Welle 50 7, **51** 12
Deutscher, Geltung des deutschen Rechts **Einl III** 74, 77; internationale Zuständigkeit in einer Ehesache **606 a**; Anerkennung einer ausländischen Versäumnisentscheidung gegen einen D. **328** 20
Deutsches Reich s Reich
Deutsches Richtergesetz SchlAnh I A
Devolutivwirkung des Rechtsmittels **Grdz 511** 3
Deckungsprozeß, Gerichtsstand **12** 11 „Versicherungsrecht"; Streitwert **3 Anh** 130
Diäten, Pfändbarkeit **Grdz 704** 69
Dienst, öffentlicher, s Öffentlicher Dienst
Dienstalter, des Richters **DRiG 20**; Abstimmung nach dem D. **GVG 197**
Dienstaufsicht über den Richter **GVG 21 Anh, 22, DRiG 26**
Dienstaufsichtsbeschwerde Üb 567 2; gegenüber einer Fristverlängerung **225** 8; gegenüber dem

Gerichtsvollzieher **161**; gegenüber einer Terminsaufhebung/bestimmung **227** 59/**216** 28
Dienstaufwandsentschädigung, Pfändung **850 a** 6
Dienstbarkeit, Gerichtsstand **24** 6; Grunddienstbarkeit s dort; Prozeßgeschäftsführung **Grdz 50** 29; Streitwert **3 Anh** 7
Dienstbehörde s Behörde
Dienstbezüge des Beamten, Pfändung **850** 4
Dienstbote s Hauspersonal
Diensteid, Berufung auf den D. bei einer Verweigerung des Zeugnisses **386** 4; des Richters **DRiG 38**; des ehrenamtlichen Richters **GVG 111**
Diensteinkommen, Klage auf künftige Zahlung **258** 1, **259** 1; Pfändung s Zwangsvollstreckung; Einstufung in eine Tarifgruppe, Feststellungsklage **256** 54; Rechtskraftwirkung des Urteils **322** 35 „Einreihung in eine Schaltgruppe"; Zwangsvollstreckung aus einem Urteil auf Zahlung von Bruttolohn **Üb 803** 2
Dienstgericht, des Bundes **DRiG 61, 62**; beim Richter im Landesdienst **DRiG 77–79**
Dienstkleidung, Dienstausrüstung, Pfändung **811** 46
Dienstleistung, Pfändung des Anspruchs auf eine D. **Grdz 704** 69; Klage auf eine D. **888** 23; Pfändung der zur Erbringung der D. benötigten Gegenstände **811** 33; Zwangsvollstreckung aus einem Urteil auf D. **887** 24, **888** 23
Dienstliche Äußerung über eine Ablehnung wegen Befangenheit **44** 6
Dienststrafrecht beim Bundesrichter **DRiG 63, 64**; beim ehrenamtlichen Richter **GVG 113**; beim Landesrichter **DRiG 78, 81, 82**; beim Rechtsanwalt **GVG 155 Anh I 7**
Dienstunfähigkeit des Richters **DRiG 34**
Dienstvertrag, Anspruch aus einem D., Beweislast **286 Anh** 4, 81; Pfändung eines verschleierten Arbeitseinkommens **850 h** 6; Gerichtsstand **29** 21; Schiedsrichtervertrag **1035**; Streitwert **3 Anh** 31
Differenzgebühr 120 16
Dinglicher Anspruch, Antrag **253** 61 „Dingliche Klage"; Rechtshängigkeit, Haftungserhöhung **262** 3
Dinglicher Arrest s Arrestgrund
Dinglicher Gerichtsstand s Gerichtsstand
Dingliches Recht, Feststellungsklage wegen eines d. R. **256** 8; Prozeß um ein d. R., Streitgegenstand **266** 3; Rechtskraftwirkung des Urteils **325** 12; Widerspruchsklage wegen eines d. R. **771** 16
Diplomatische Vertretung, Exterritorialität s dort; Rechtshilfeersuchen **GVG 168 Anh**
Diplompsychologe, Zeugnisverweigerungsrecht **383** 15
Dispachebeschluß, Klage auf Feststellung seiner Nichtigkeit **256** 7
Dispositionsgrundsatz Grdz 128 20; in einer Ehesache **617** 1; beim Räumungsstreit **308 a** 4
Dissenting vote 313 37, **GVG Üb 192** 1, 2
Disziplinarmaßnahme, gegenüber einem Bundesrichter **DRiG 63, 64**; gegenüber einem Landesrichter **DRiG 83**
Divergenz 543
Dokument s Schriftsatz, Schriftstück
Dokumentenpauschale, Kostenerstattung **91** 84 „Schreibauslagen"
Dolmetscher GVG 185 ff; Ablehnung/Ausschluß **GVG 185**; Eidesleistung/eidesgleiche Bekräftigung **GVG 189**; bei der Eidesleistung eines Stummen **483**; Kostenerstattung **91** 210 „Übersetzungskosten"; Kostenvorschuß **402** 2 „§ 379"; Protokollangaben **160** 6; Urkundsbeamter der Geschäftsstelle als D. **GVG 190**; Restitutionsklage

wegen einer Verletzung der Wahrheitspflicht **580** 3, **581** 1; als Sachverständiger **GVG 185** 5; Zuziehung **GVG 185**
Doppelehe, Ehenichtigkeitsklage **632**
Doppelpfändung für mehrere Gläubiger **827** 9; gegen mehrere Schuldner **826** 1
Doppelrelevanz Grdz 253 15
Dringlichkeit bei einer einstweiligen Verfügung **937** 5; Zuständigkeit des AG **942** 2; Erlaß der einstweiligen Verfügung durch den Vorsitzenden **944**
Drittbeteiligung bei der Widerklage **253 Anh** 3, 4
Dritter, Anwesenheit bei der Abstimmung/Beratung **GVG 193**; Verweigerung des Augenscheins durch den D. **Üb 371** 10; Einmischungsklage s dort; Einsicht in die Gerichtsakte durch den D. **299** 23; Gewahrsam des D. **809** 1; bei der Pfändung eines Herausgabeanspruchs **886**; Kostenhaftung **Üb 91** 13; Pfändung beim D. **809** 1, 2; Pfändung der Sache eines D. **804** 6; Prozeßbeteiligung **Üb 64** 1; Prozeßvergleich zugunsten des D. **794** 9; Rechtskraftwirkung gegenüber dem D. **325** 3, 17, 18; als Rechtsnachfolger s dort; Beteiligung an einer Scheidungssache **623** 10; Vorlegung der Urkunde durch den D. s Urkunde; Wirkung des Urteils in einer Kindschaftssache gegenüber dem D. **640 h**; Klage des D. gegen den Pfändungsgläubiger auf vorzugsweise Befriedigung/Widerspruchsklage **805/771** 2; und Schuldnerverzeichnis **915–915 h**; Widerklage eines D./gegen einen D. **253 Anh** 1–4
Drittschuldner s Zwangsvollstreckung (Pfändung, Überweisung der Forderung)
Drittwiderspruchsklage s Zwangsvollstreckung (Widerspruchsklage)
Drohung Einl III 57, **Grdz 128** 57
Drucklegung, Urteil auf D., Zwangsvollstreckung **887** 24
Druckschrift, Beifügung zu einem Schriftsatz **131** 6
Duldung, einer Abstammungsuntersuchung **372 a** 19; Anspruch auf D., Antrag **253** 61 „Dingliche Klage"; Gerichtsstand der Leistungs- und Duldungsklage **Üb 12** 18, 21; Zwangsvollstreckung **890**
Duldungspflicht, bei der Untersuchung der Abstammung **372 a** 19; Zwangsvollstreckung nach einem Urteil **890, 891**; vgl auch Zwangsvollstreckung
Duldungstitel s Duldung, Zwangsvollstreckung „– (kein Duldungstitel)"
Dünger, Pfandrecht bei D. **810** 1; Pfändung **811** 31
Duplik Üb 253 9
Durchlauftermin 272 5, 12, **275** 9
Durchstreichung in einer Urkunde, Beweiswürdigung **419**
Durchsuchung durch den Gerichtsvollzieher bei der Pfändung **758, 758 a, 807**
Durchsuchungsanordnung, Rechtsweg **GVG 13** 37
Dürftigkeitseinrede 780 1
Dynamisierter Unterhaltstitel 790

E

Echtheit der Urkunde s dort
Ehe, (Nicht)Bestehen als Aussetzungsgrund **152, 154**; Feststellungsklage s Ehesache; Nichterzwingbarkeit des Urteils auf die Herstellung der E. **888** 21
Eheaufhebungsklage s Ehesache
Ehefähigkeitszeugnis, Antrag auf gerichtliche Entscheidung gegen die Ablehnung **EGGVG 23** 2

Ehegatte

Ehegatte, Lohnpfändung verschleierten Arbeitseinkommens **850 h** 5; Ausschluß als Gerichtsperson **41** 9, **49**; Gerichtsstand bei der Unterhaltsklage des Kindes **35 a**; Gewahrsam **808** 11; Haftungsbeschränkung des überlebenden E. **305** 6; Offenbarungsversicherung **739** 12, **807** 4, 20; Prozeßfähigkeit in einer Ehesache **607**; Prozeßkostenvorschuß, Kostenfestsetzung **Üb 91** 43 ff, **127 a**, **621 f**; Prozeßstandschaft bei der Gütergemeinschaft **Grdz 50** 26; Streithilfe **66** 8; Tod vor dem Eintritt der Rechtskraft des Scheidungsurteils **619**; Zuständigkeit beim Unterhaltsanspruch **GVG 23 a**; einstweilige Anordnung auf Zahlung von Unterhalt **620**; Recht zur Erhebung einer Widerspruchsklage **739** 11, **771** 5; **774**; als Zeuge **Üb 373** 13; Zeugnisverweigerungsrecht **383** 4, **385** 1; Zwangsvollstreckung **739, 741**; vgl auch Ehegüterrecht
- **(Ehefrau),** Ersatzzustellung an die E. **178** 10; Gerichtsstand **13**; Gleichberechtigung **52 Anh** 1; Prozeßfähigkeit **52** 3; Prozeßführungsrecht **52 Anh**
- **(Ehemann),** Prozeßführungsrecht **52 Anh**; Unterbrechung beim Wegfall des Prozeßführungsrechts **239** 7; Prozeßstandschaft **Grdz 50** 26
- **(Getrenntleben),** einstweilige Anordnung **620** ff; Feststellungsklage **256** 9, 63; Zwangsvollstreckung beim G. **739** 11

Ehegüterrecht (Gütergemeinschaft), Aufhebungsklage, notwendige Streitgenossenschaft **62** 10; Widerspruch des anderen Ehegatten beim Erwerbsgeschäft **741** 4; Gerichtsstand der Auseinandersetzungsklage **27** 9; Gerichtsstand der fortgesetzten G. **27** 4; Aufgebot der Gläubiger am Gesamtgut bei der fortgesetzten G. **1001**; Klage gegen Ehegatten/notwendige Streitgenossenschaft **52 Anh** 4/**62** 10; Aufgebot der Gläubiger beim Nachlaß als Gesamtgut **999**; Pfändung des Anteils am Gesamtgut **860**; Prozeßführungsrecht **52 Anh** 4, **80** 9; Haftung für die Prozeßkosten **Üb 91** 52; Vorschußpflicht für die Prozeßkosten **Üb 91** 56; Prozeßstandschaft **Grdz 50** 26; Verfahrensunterbrechung beim Tod des Ehegatten **239** 7; Urteil unter dem Vorbehalt beschränkter Haftung des überlebenden Ehegatten **305** 6; Vollstreckungsabwehrklage wegen einer Haftungsbeschränkung **786**; Recht zur Erhebung einer Widerspruchsklage **771** 16 „Eigentum", **774**; Zuständigkeit **621**, **GVG 23 b, c**; Zwangsvollstreckung s dort
- **(Gütertrennung),** Prozeßführungsrecht **52 Anh** 3; Zwangsvollstreckung **739** 3
- **(Zugewinngemeinschaft),** Pfändung bei der Z. **739** 3, **808** 11 „Ehegatte"; Pfändung des Anspruchs auf den Ausgleich des Zugewinns **852**; Prozeßführungsrecht **52 Anh** 2; Prozeßstandschaft des Ehemanns **Grdz 50** 26; Rechtskraftwirkung des Urteils **322** 74

Eheherstellungsklage s Ehesache
Ehemann s Ehegatte
Eheprozeß s Ehesache
Ehesache Üb 606 1, **606** 2 ff; Amtsbetrieb **616**; Anerkenntnis **617** 2; Anerkennung und Vollstreckung, Verordnung (EG) **606 Anh I**; Anordnung des persönlichen Erscheinens der Partei **613**; Anspruchshäufung **610**; Anerkennung eines ausländischen Urteils **328** 9, 13, 35, 49, **606 a**; Aufhebung der Ehe **631**; Aussetzung **614**; Beschwer **Üb 606**; Bestehen/Nichtbestehen der Ehe **631, 632**; Anerkennung eines früheren DDR-Urteils **328** Einl 1–5; Einheitlichkeit der Entscheidung **Üb 606** 3, **Einf 610** 3; Erklärung über eine Tatsache oder über die Echtheit einer Urkunde **617** 3; Flüchtling, Verschleppter **606 a Anh III A**; Gerichtsstand **606**; Geständnis **617** 3; Hilfsantrag **Einf 610**

5; neuer Anspruch oder Klagegrund **610** 1; Klagrücknahme zwecks Beseitigung des Urteils **617** 4; Kostenentscheidung bei einem Anerkenntnis **93** 12, 38; Kostenteilung **93 a**; Ladung **612**; Öffentlichkeit **GVG 170, 173**; Ausschluß der Parteiherrschaft **617** 3; Parteivernehmung **613**; Prozeßfähigkeit **612**; Prozeßvollmacht **609**; Rechtskraft eines älteren Verbundurteils **629 a Anh**; Rechtsmittelverzicht **617** 5; Rechtsschutzbedürfnis **Üb 606** 5; Sicherheitsleistung der früher deutschen Ehefrau **110** 13; Teilurteil **Einf 610** 4; Terminsbestimmung **612**; Tod der Partei vor dem Eintritt der Rechtskraft **619**; Rechtskraftwirkung des Urteils allgemein **322** 33; bei Entscheidungsverbund **629 a** 9; Streitwert **3 Anh** 32; Untersuchungsgrundsatz **Üb 606** 3, **616**; Unzulässigkeit der vorläufigen Vollstreckbarkeit eines Urteils **704** 4; Nichtzwingbarkeit eines Urteils auf Eingehung der Ehe oder Herstellung des ehelichen Lebens **888** 21; Urteilszustellung **625**; Versäumnisurteil **612**; Verzicht auf den Klaganspruch/eine Beendigung/eine Urteilsfolge **617** 2/3; Verzögerungsgebühr wegen eines nachträglichen Vorbringens **95 Anh**; Ausschluß der vorläufigen Vollstreckbarkeit **704** 4; Zurückweisung eines nachträglichen Vorbringens in der Berufungsinstanz **530, 531**; Widerklage **253 Anh** 8, **610** 2; Wiederaufnahmeklage **Einf 610** 7; Zuständigkeit **606, GVG 23 a, b, c, 71** 2; internationale Zuständigkeit **606 a**; Zwischenfeststellungsklage **256** 110; Zustellung des Urteils **618**
- **(einstweilige Anordnung) Einf 620, 620 ff, 794**; Änderung **620 b**; Anspruch auf ihren Erlaß **Einf 620** 9; Antrag **620 a**; Beschluß **620 a**; sofortige Beschwerde **620 c**; zeitliche Geltung **620 f**; über das Getrenntleben **620**; über die Personensorge für ein Kind **620**; Kostenentscheidung **91** 15, **620 g**; Kostenfestsetzung **103** 1; Zahlung eines Prozeßkostenvorschusses **621 f**; Prozeßvollmacht **81** 19; Streitwert **3 Anh** 32, **5** 3 ff; und Unterhaltszahlung **620**; Unterhalt gegenüber einem Kind **620**; Prozeßvergleich **617** 4; mündliche Verhandlung **620 a**; über die Wohnung und den Hausrat **620**; Zulässigkeit **620 a**; Zuständigkeit **620 a**; Zustellung an den ProzBev **176** 16; Zweck **Einf 620–620 g** 1
- **(Eheaufhebungsklage) 606, 631**; als Aussetzungsgrund **152**; Begriff **Üb 606** 1; Verbindung mit der Klage auf Herstellung des ehelichen Lebens oder mit dem Scheidungsverfahren **610**; Kostenentscheidung **93 a**; Prozeßvergleich **617** 4
- **(Ehefeststellungsklage) 256** 9, 64, **606** 6, **631**; Setzung einer Klagefrist im Fall der Aussetzung **154** 2
- **(Eheherstellungsklage) 606** 7; Aussetzung des Verfahrens **614**; Verbindung mit dem Verfahren der Scheidung/der Aufhebungsklage **610**
- **(Ehetrennung) Üb 606** 1
- **(Ehescheidungsantrag) 606 a Anh I, 622 ff**; Anerkennung eines ausländischen Urteils s Ehesache; Aussetzung des Verfahrens **614**; Beiordnung eines Anwalts **625** 2; Rücknahme der Berufung als Rechtsmißbrauch **Einl III** 63; Beweislast **286 Anh** 82; Verbindung mit der Klage auf Herstellung des ehelichen Lebens oder mit der Eheaufhebungsklage **610**; Antrag **253** 38; Rücknahme des Antrags **617** 4; Kostenentscheidung nach der Erledigung der Hauptsache **91 a** 8, 46, 124; Kostenteilung **93 a**; Streithilfe **66** 8 „Eherecht"; Streitwert **3 Anh** 32; Terminsbestimmung **612**; Beschluß über die Unterhaltsregelung **620**; Anzeige der Versöhnung **269** 26, 37; Vergleich **617** 4; vgl auch Ehescheidung

dahinterstehende Zahlen und Buchstaben = Randnummern **Einrede**

Ehescheidung, Anerkennung eines ausländischen Urteils **328** 13, 48 ff, **606 a Anh III**; Anerkennung einer Privatscheidung **328** 53; Aufhebung, Antrag auf **629 c**; Pflicht zur Zahlung eines Prozeßkostenvorschusses **620**; Streitwert eines Schadensersatzanspruchs wegen einer Erschleichung des Urteils **9** 6; vgl auch Ehesache (Ehescheidungsantrag)
- **(Ehewohnung),** einstweilige Anordnung **620, 621**; Abgabe einer Hausratssache **281 Anh I** 2; Verbot des Betretens durch den Ehegatten, Streitwert **3 Anh** 32

Ehre, Beweislast **286 Anh** 83; Streitwert **3 Anh** 32
Ehrenamtlicher Richter s Richter, ehrenamtlicher
Ehrengerichtsbarkeit der Anwälte **GVG 155 Anh I** 6
Ehrenrecht als vermögensrechtlicher Anspruch **Grdz 1** 11
Ehrenzeichen, Pfändung **811** 51
Ehrverletzung, Beweislast **286 Anh** 83; Feststellungsklage **256** 65; Streithilfe **66** 8; Streitwert **3 Anh** 32; Widerruf **940** 39 „Presserecht"
Ehrwidrigkeit, Zeugnisverweigerungsrecht **384** 5
Eid, Diensteid s dort
Eidesgleiche Bekräftigung 484
Eidesleistung 481; Arten **481** 3; des Ausländers **GVG 188**; eidesgleiche Bekräftigung **484**; Belehrung **480**; in Person **478**; vor dem verordneten Richter **478**; vor dem Rpfl **GVG 153 Anh 8** § 4; im schiedsrichterlichen Verfahren **1050**; des Stummen **483**; Verweigerung durch die Partei **453** 5; Verweigerung durch einen Zeugen **390** 4
Eidespflichtverletzung der Partei/des Zeugen als Restitutionsgrund **580** 3, 5, **581** 1
Eidesstattliche Versicherung (BGB) betr eine Rechnungslegung, Verbindung mit der Herausgabeklage **254** 10; Streitwert **3 Anh** 33; Zwangsvollstreckung aus einem Urteil auf Abgabe der e. V. **889**
- **(zwecks Glaubhaftmachung) 294** 6; im Aufgebotsverfahren **952, 980, 985, 986** 1, **1007**; zur Begründung des Antrags auf Ablehnung wegen Befangenheit **44** 5, **406** 27; bei der Berufung **511**; im Verfahren der Prozeßkostenhilfe **118** 30; bei der Revision **553**; im Schiedsgerichtsverfahren **1050**; Unwahrheit **138** 66; des Zeugen bei seiner schriftlichen Äußerung **377** 9
- **(über Nichtbesitz) 883** 8; Zahlung der Prozeßgebühr **271 Anh**; Streitwert **3 Anh** 33
- **(Offenbarungsversicherung)** s dort
Eidesunfähigkeit, der Partei **452** 9; des Zeugen **393**
Eigenbetrieb, Rechtsweg **GVG 13** 6 „Gemeindebetriebe"
Eigene Sache, Pfändung **804** 7
Eigennacht, verbotene, Gerichtsstand **32** 7 ff
Eigentliche Frist Üb 214 10; vgl auch Frist
Eigentum, Feststellungsklage **256** 65; Pfändung des Anspruchs auf die Übertragung des E. **Grdz 704** 70, **846–849**; Streitwert **3 Anh** 33; Recht zur Erhebung der Widerspruchsklage **771** 16
- **(Grundstückseigentum)** s dort
Eigentümer, Vollstreckungsurkunde gegen den jeweiligen E. **800**; Recht zur Erhebung einer Widerspruchsklage **771** 16
Eigentümergrundschuld, -hypothek, Pfändung **857** 22/23; Streitwert **6** 10; Erwerb der Zwangshypothek durch den Eigentümer **868** 7
Eigentumsanwartschaft, Pfändung **Grdz 704** 60 „Anwartschaft", **857** 5 „Anwartschaft"; bei einer Unpfändbarkeit der Sache **811** 6; Recht zur Erhebung der Widerspruchsklage **771** 17 „Eigentumsvorbehalt"

Eigentumserwerb an gepfändetem Geld **815** 8; bei einer Versteigerung der Pfandsache **817** 7 ff; durch die Zwangsvollstreckung **897, 898**
Eigentumsklage, Beweislast **286 Anh** 84; Eigentumsstörung, Urheberbenennung **77**; Gerichtsstand bei der Klage gegen den Besitzer **32** 8 „Besitz"; Gerichtsstand beim Grundeigentum **24** 3; Grundstücksveräußerung **266** 1; Streitbefangenheit **265** 45; Streitwert **6** 1, **8** 3; Rechtskraftwirkung des Urteils **322** 34
Eigentums- und Vermögensgemeinschaft 744 a
Eigentumsvorbehalt, Pfändung des Anwartschaftsrechts **Grdz 704** 60, **857** 5; Pfändung bei einer Unpfändbarkeit der Sache **811** 6; Streitwert bei der Herausgabeklage **6** 2; Recht zur Erhebung der Widerspruchsklage **771** 17
Eigenurkunde 437 3
Eignung zur Zwangsvollstreckung **Grdz 704** 34 (C)
Einführung in den Sach- und Streitstand **279** 8
Eingliederungsgeld, Pfändbarkeitsfragen **Grdz 704** 70 „Eingliederungsgeld", 103 „Sozialleistung"
Einheit der mündlichen Verhandlung **Üb 253** 3
Einheitlichkeit, der Entscheidung in einer Ehesache **Üb 606** 3, **Einf 610** 3; der Rechtsprechung, Gemeinsamer Senat **GVG 140 Anh**
Einheitswert als Streitwert **3 Anh** 33
Einigung beim Eigentumserwerb s dort
Einigungsstelle für Wettbewerbsstreitigkeiten s Wettbewerb
Einigungsverfahren im Patent-, Gebrauchsmuster- und Markensachen **GVG 78 b Anh I** 5
Einigungsvertrag s beim jeweiligen Sach-Stichwort und dort in den Vorbemerkungen der §§ im laufenden Text; s auch Übergangsrecht
Einkünfte, wiederkehrende, Pfändung **811** 48, **832**; Pfändung des Arbeitseinkommens s Zwangsvollstreckung
Einlassung als Voraussetzung der Anerkennung eines ausländischen Urteils **328** 20; als Einwilligung in eine Klagänderung **263** 23; als Einwilligung in die Übernahme des Prozesses durch den Rechtsnachfolger **265** 23; zur Hauptsache **39** 6; nach einer Belehrung als Vereinbarung der Zuständigkeit **39** 1; auf eine Klagänderung **264** 1, 13, **267** 3; und Rechtshängigkeitswirkung **262**; Ablehnung des Richters nach einer Einlassung **43** 5, **44** 8; zur Sache **GVG 101**; im schiedsrichterlichen Verfahren **1031, 1048**
Einlassungsfrist 274; Abkürzung **226**; Ablehnung des Erlasses einer Entscheidung nach Lage der Akten/eines Versäumnisurteils **337** 4; Berechnung **222** 3; für den Berufungsbekl **511**; im schiedsrichterlichen Verfahren **1046**; Wahrung bei einer Änderung der Terminszwecks **227** 12
Einlegung s Gegenstand der E.
Einmischungsklage 64 4; Aussetzung des Hauptprozesses **65** 4; Gläubigerstreit **75**; Kammer für Handelssachen **GVG 103**; Anhängigkeit des Prozesses **64** 6; Prozeßvollmacht **81** 18, **82**; Prozeßübernahme durch den Rechtsnachfolger **265** 26; Streitgenossenschaft **64** 7; Streithilfe **66** 1; Zustellung an den ProzBev **82** 1; Einstellung der Zwangsvollstreckung **65** 4
Einordnung, Revision **546, 563**; im Urteil **313** 32, 40 ff
Einrede Üb 253 8; des Bekl, Einbeziehung in die Rechtskraft **322** 19; rechtshemmende/hindernde/vernichtende E. **Üb 253** 8; des Erben gegenüber der Zwangsvollstreckung **782, 783**; der Haftungsbeschränkung, Vorbehaltsurteil **305**; gegenüber dem Erstattungsanspruch des im Weg der Prozeßkostenhilfe beigeordneten Anwalts **126**; zur Pro-

Einreichung   Zahlen in Fettdruck = Paragraphen

zeßverschleppung **Einl III** 59; ohne die Wirkung der Rechtshängigkeit **261** 12; Streithelfer **67** 6; Streithilfewirkung **68**; Erörterung in den Urteilsgründen **313** 39; zeitliches Vorbringen s Beweismittel, Parteivorbringen; bei der Vollstreckungsabwehrklage **767** 50, 57, **768** 4
– (**prozeßhindernde**) s Zulässigkeitsrüge
Einreichung, der Berufungsschrift **519**; der Anschlußberufungsschrift **524**; der Beschwerdeschrift **569**; der Klageschrift **253** 105; der Klageschrift im Parteiprozeß **496** 5; der Kostenberechnung **103** 35, **105** 15; Aufforderung zur E. der Kostenberechnung **106** 6; der Revisionsschrift **549**; der Anschlußrevisionsschrift **554**; eines Schriftsatzes **129** 7, **132** 9, **133**
Einrichtung, öffentliche, Benutzung, Rechtsweg **GVG 13** 30
Einrückung in öffentliche Blätter s Aufgebot, Zustellung (öffentliche)
Einschaltung in einer Urkunde **419** 3
Einschränkung im Geständnis **288** 6, **289** 4
Einschreiben, bei der Zustellung durch die Aufgabe zur Post **175**, **183**
Einsichtnahme, der Gerichtsakte **299**; der Akte des Gerichtsvollziehers **760**; der Handelsbücher **422** 7; Klage auf E. **254** 1, 3; des Schuldnerverzeichnisses **915** 8; Niederlegung des Teilungsplans zur E. **875**; Zwangsvollstreckung aus einem Urteil auf E. **887** 25; in eine Urkunde **131**; in eine niedergelegte Urkunde **134** 10; Vorlegung der Urkunde im Aufgebotsverfahren zur E. **1016**, **1022**
Einsichts- und Mitbringpflicht des Zeugen **378**
Einspruch, der Ehegatten bei der Gütergemeinschaft gegen ein Erwerbsgeschäft **741** 4; gegen ein Versäumnisurteil s dort; gegen einen Vollstreckungsbescheid s dort
Einspruchsbescheid der Kartellbehörde, Rechtsweg **GVG 13** 25
Einstellung, der Versteigerung der Pfandsache **818**; der Zwangsvollstreckung s dort
Einstweilige Anordnung nach einem Widerspruch gegen den Arrest **924** 17; nach einer sofortigen Beschwerde **570**; in einer Ehesache s dort; beim IntFamRVG **606 a Anh II** 15; in einer Kindschaftssache s dort; bei der Rechtsbeschwerde **576**; Sommersache **227** 37; Streitwert **3 Anh** 34; in einer Unterhaltssache s dort; bei der Klage auf die Feststellung der Vaterschaft s Vaterschaftsfeststellungsklage; in der Zwangsvollstreckung s dort (Einstellung, Beschränkung)
Einstweilige Einstellung s Zwangsvollstreckung (Einstellung, Beschränkung)
Einstweilige Kostenbefreiung 122
Einstweiliger Vertreter des Erben **779** 4
Einstweilige Verfügung Grdz 916, **935 ff**; Anordnung der Klagerhebung **936** 5 „§ 926"; Anspruch **935**, **940**; Ersuchen an das Grundbuchamt/die Registerbehörde um eine Eintragung **941**; auf Geldzahlung **940** 20 „Ehe, Familie", „Rente"; Grund **935**, **940**; Inhalt **938** 1 ff; Pfändung des Anspruchs aus einer e. V. **Grdz 704** 71; Rechtsschutzbedürfnis **Grdz 253** 38; zur vorläufigen Regelung eines Zustands **940**; Schadensersatzpflicht **945** 17; Sommersache **227** 37; zur Sicherung des Streitgegenstands **935**; zulässige Sicherungsmaßnahmen **938**; auf Zahlung von Unterhalt für ein nichteheliches Kind, Aussetzung wegen einer Klage auf Anfechtung der Ehelichkeit/Vaterschaft **153** 2; auf Unterhaltszahlung während einer Aussetzung **148** 27; auf Eintragung einer Vormerkung/eines Widerspruchs **942** 5; auf Räumung einer Wohnung **940 a**; auf Zahlung

936 14, **940** 22; Zustellung an den ProzBev **172** 10; auf Einstellung oder Beschränkung der Zwangsvollstreckung **707** 22
– (**Aufhebung**) wegen Versäumung der Frist zur Erhebung der Klage **936** 5 „§ 926"; Schadensersatzpflicht des Gläubigers **945**; gegen eine Sicherheitsleistung **939**; Streitwert **3 Anh** 38; wegen veränderter Umstände **936** 5 „§ 927"; der e. V. des AG **942** 13
– (**Verfahren**) **Grdz 916** 12; Antrag **920** 1/**931** 1; Aussetzung **148** 13; Beschluß **936** 1, **922**; Beschluß des Vorsitzenden bei Dringlichkeit **944**; Entscheidung **921**, **922**/**931** 1; Einlassungsfrist **274** 3; Rüge der Zuständigkeit eines Schiedsgerichts **282** 19; Gericht der Hauptsache **943**; Gegenantrag **936** 2 „§ 920"; Gehör des Antragsgegners **936** 2/**920**; Glaubhaftmachung **936** 2/**920**; Kostenentscheidung **91** 74 „Arrest, einstweilige Verfügung"; Kostenentscheidung bei einem Anerkenntnis **93** 33, 89; Kostenentscheidung im Fall der Erledigung der Hauptsache **91 a** 120 „Arrest, einstweilige Verfügung"; Kostenentscheidung im Fall einer Erledigung nach der Versäumung der Vollzugsfrist **91 a** 120 „Arrest, einstweilige Verfügung"; Kostenentscheidung bei einer Teilbemessung **92** 6 „Arrest, einstweilige Verfügung"; Kostenerstattung **91** 73 ff; Kostenfestsetzung **103** 2 ff; Ladungsfrist **217**; Protokoll **159** 4; Prozeßführungsrecht **936** 1/**916** 4; Prozeßvollmacht **81** 19, 82; Rechtfertigungsverfahren nach einer e. V. des AG **942** 10; Ausschluß der Revision **545** 4; Säumnis einer Partei **128** 11; Schriftsatz **132** 3; Sequester **938** 21 ff; Sicherheitsleistung **110** 9, **921**, **936** 1; Anordnung der Rückgabe einer Sicherheit **943**; Sommersache **227** 37; Streitgegenstand **2** 3; Streitgenossenschaft **Üb 59** 5; Streitwert **3 Anh** 35; Streitwert bei der e. V. wegen einer Sache **6** 3; Streitwert bei der Auflassungsvormerkung **6** 14; Urteil **936** 3 „§ 922"; Rechtskraftwirkung des Urteils **322** 29; mündliche Verhandlung **936** 2 „§ 920", **937** 3; Verweisung **281** 3; vorläufige Vollstreckbarkeit **708**; Widerklage **253 Anh** 8; Ablehnung der Wiedereinsetzung **238** 13; Zuständigkeit **937**, **943**; Zuständigkeit des AG im Fall der Dringlichkeit, wegen der Eintragung einer Vormerkung oder eines Widerspruchs **942** 1–3, **943**; Zuständigkeit des Vorsitzenden **944** 2
– (**Vollziehung**) **Grdz 916** 19, **936** 6; Frist **936** 7, 9, 12; nach dem Ablauf der Frist **936** 12; Grundbucheintragung **936** 13 „§ 932"; in bewegliches Vermögen/eine Forderung (Pfändung) **936** 13 „§ 930"; bei der Zahlungsverfügung **936** 14; Zustellung **936** 9
– (**Widerspruch**) **936** 4 „§ 924"; Kostenentscheidung bei einem Anerkenntnis **93** 9; Streitwert **3 Anh** 38; Urteil **936** 4 „§ 924"; Einstellung der Zwangsvollstreckung **707** 22
Einstweilige Zulassung eines Vertreters ohne Vollmacht **89** 1, 7
Eintragung, Grundbucheintragung s dort
Eintritt in den Prozeß s dort
Einvernehmensanwalt SchlAnh VII 28, 29 EuRAG
Einverständliche Scheidung 630 1
Einverständnis durch eine schlüssige Handlung s Schlüssige H., durch Stillschweigen s dort; vgl auch Gegenstand des E., Einwilligung
Einwand, Einwendung Üb 253 7; nach der Abtretung oder Veräußerung des Streitgegenstands **265** 27; Erörterung in den Entscheidungsgründen **313** 39; beim Grundurteil **304** 4; des Bekl, Einbeziehung in die Rechtskraftwirkung des Urteils **322**

dahinterstehende Zahlen und Buchstaben = Randnummern **Entschädigungsanspruch**

19; in einem Schriftsatz **132** 3; der Unrichtigkeit der Entscheidung im Fall der Streithilfe **68** 6; gegen eine niedergelegte Urkunde **134** 13; gegen eine vollstreckbare Urkunde **797** 3; im Urkundenprozeß, Säumnis des Bekl **597**; Zurückweisung im Urteil **598**; gegen ein Urteil auf künftig wiederkehrende Leistungen, Abänderungsklage **323** 17; gegen den Urteilsanspruch, Vollstreckungsabwehrklage **767** 17, 57; gegen den Vollstreckungsbescheid **796** 4; gegen die Vollstreckbarerklärung eines Schiedsspruchs **1065**; gegen die Vollstreckungsklausel s dort; gegen eine Widerspruchsklage **771** 10; Widerspruch gegen den Mahnbescheid **696**; gegen die Art und Weise der Zwangsvollstreckung s Zwangsvollstreckung (Erinnerung)
Einweisung des Sachverständigen **404 a**
Einwilligung (in) die Akteneinsicht durch einen Dritten **299** 23; eine Aufrechnung in der Berufungsinstanz **533**; die Rücknahme der Berufung **516** 4; eine Entscheidung ohne eine mündliche Verhandlung **128** 18; eine Klagänderung **263** 23, **264**, **267** 1; die Klagrücknahme **269** 11; die Übernahme des Prozesses durch den Rechtsnachfolger **265** 23; die Rücknahme der Revision **555**; die Rückgabe einer Sicherheitsleistung **109** 14; die Sprungrevision **566**; die Widerklage in der Berufungsinstanz **533**
Einzahlungsnachweis 775
Einzelkaufmann, Firma als Parteibezeichnung **50** 11
Einzelrichter Üb 348, 348–349, GVG 22; in der Berufungsinstanz **526, 527**; entscheidender (Einzel-)Richter **526**; auch Geschäftsverteilungsplan **348**; Übertragung der Entscheidung auf den E. der Zivilkammer **348 a**, und umgekehrt **348**; obligatorischer E. **348 a**; originärer E. **348, 568**; und Proberichter **348**; Rückübertragung auf die Zivilkammer **348 a**; Entscheidung des E. als solche des Kollegiums **350**; vorbereitender E. **527**; Vorsitzender der Kammer für Handelssachen als E. **349**; in der Revisionsinstanz **555**; beauftragter, ersuchter Richter s Verordneter Richter
— **(Verfahren vor dem E.)**, Anwaltszwang **348, 348 a**; Beweisaufnahme **355** 6; Änderung des Beweisbeschlusses **360** 7; Kürzung der Einlassungs-/Ladungsfrist **226** 7; Kostenentscheidung nach einer Erledigung der Hauptsache **91 a** 147; Prozeßkostenhilfe **117**; Prozeßtrennung/verbindung/aussetzung/aufhebung **150** 1; Richterausschluß wegen Mitwirkung **41** 14; Terminsbestimmung s dort; mündliche Verhandlung **128** 6; Verzögerungsgebühr **95 Anh**; Überschreitung der Zuständigkeit **350** 4
Einzelvernehmung des Zeugen **394** 5
Einzelvertretungsmacht 51 9
Einziehung, Überweisung der Forderung zur E. s Zwangsvollstreckung (Pfändung); Abtretender als Zeuge im Prozeß des „neuen" Gläubigers als Klägers **Üb 373** 13 „Einziehungsabtretung"
Einziehungsermächtigung, Kostenerstattung **91** 108 „Inkasso"; Recht zur Prozeßgeschäftsführung **Grdz 50** 29, 31; Rechtshängigkeit bei E. **261** 18; s. auch „Inkassozession"
Eisenbahn, Betriebskraft eines Nutzungsrechts, Zwangsvollstreckung **871**; CIM, CIV **Einl IV** 14; Schadensersatzpflicht, Beweislast **286 Anh** 85; Rechtsstreitigkeit, Rechtsweg **GVG 13** 36 „Bundeseisenbahnvermögen"; internationale Zuständigkeit **Üb 12** 10; vgl auch Bundeseisenbahnvermögen
Elektrizitätslieferung, Beweislast **286 Anh** 85 „Energieversorgung"; Zwangsvollstreckung aus einem Urteil auf die Lieferung von E. **887** 31 „Lieferung"
Elektronische Signatur 130 a, 292 a
Elektronisches Dokument 105, 130 a, 130 b, 292 a, 299, 299 a, 371
Elterliche Sorge, Klage auf Feststellung des Bestehens oder Nichtbestehens s Kindschaftssache; einstweilige Anordnung wegen der Personensorge während des Ehescheidungsverfahrens s Personensorge; Streitwert **3 Anh** 40
Eltern, Aufnahme der Anfechtungsklage wegen einer Ehelichkeit/Anerkennung der Vaterschaft **640 g**; Beweislast bei einer Verletzung der Aufsichtspflicht **286 Anh** 74 „Aufsichtspflicht"; Ladung der nichtbeteiligten Elternteils in einer Kindschaftssache **640 e**; Prozeßkostenvorschuß, Kostenfestsetzung **103** 18 ff; Prozeßkostenvorschußpflicht **Üb 91** 52, **114** 59 „Kostenvorschuß", **127 a**; als gesetzliche Vertreter **51** 18 „Kind"
Eltern/Kindverhältnis, Feststellungsklage s Kindschaftssache
Empfangnahme, der vom Gegner zu erstattenden Kosten durch den ProzBev **81** 15; von Geld durch den ProzBev **81** 5, 15, **91** 98; der Leistung des Schuldners durch den Gerichtsvollzieher kraft des Vollstreckungsantrags/der vollstreckbaren Ausfertigung **754/755**; Aushändigung einer Quittung und der vollstreckbaren Ausfertigung nach der E. durch den Gerichtsvollzieher **757**
Empfangsbekenntnis, bei einer Zustellung von Anwalt zu Anwalt **195**; bei einer Zustellung an einen Anwalt, Notar, Gerichtsvollzieher, eine Behörde oder Körperschaft **174**
Empfangsbescheinigung des Anwalts über eine Urkunde **135**
Endurteil s Urteil
Energieversorgung, Beweislast **286 Anh** 85
England, Abkommen für Zivil- und Handelssachen **SchlAnh V** B 5
Entbindung, des Sachverständigen von der Pflicht zur Erstattung des Gutachtens **408** 5; des Zeugen von seiner Schweigepflicht **385** 8 ff
Entbindungskosten, Zuständigkeit **GVG 23 a**
Enteignung(sentschädigung), Beweislast **286 Anh** 85; Gerichtsstand beim Entschädigungsanspruch **26** 7; Revision **542**; Rechtsweg **GVG 13** 38; Streitwert **3 Anh** 40; **4** 15
Enteignungsgleicher Eingriff, Rechtsweg **GVG 13** 38
Entfernung (vom Gerichtssitz), Nichtanordnung des persönlichen Erscheinens der Partei **141** 18; Parteivernehmung in einer Ehesache durch den verordneten Richter **613** 6; Zeugenvernehmung durch den verordneten Richter **375** 11
— **(aus der Sitzung),** wegen einer Störung **GVG 176** 4, **179** 1; wegen Ungehorsams **GVG 177, 179** 1; Vollstreckung **GVG 179, 180**
— **(außerhalb der Sitzung) GVG 180** 1
Entlassung, des Bekl bei Gläubigerstreit/bei der Übernahme des Prozesses durch den mittelbaren Besitzer **75** 8/**76** 9; des Richters **DRiG 21**
Entschädigungsanspruch, nach dem BEG, Pfändung **Grdz 704** 71; wegen eines enteignungsgleichen Eingriffs, Feststellungsklage **256** 40; wegen einer Enteignung s dort; dinglicher Gerichtsstand **26**; gemeinsame Klage mehrerer Berechtigter **253** 62; die Sachverständigen **413** 3 ff; Urteil des AG auf Zahlung einer Entschädigung wegen der Nichtvornahme einer Handlung **510 b, 888 a**; Erstattung der Kosten für die Vorbereitung des Prozesses **91** 270; Rechtsweg **GVG 13** 38; Pfändung

Hartmann 3091

Entschädigungsgesetz Zahlen in Fettdruck = Paragraphen

des E. für eine Wettbewerbsbeschränkung **850** 13; des Zeugen **414**
Entschädigungsgesetz, Entschädigungskammer GVG **71** 1; Zahlung der Prozeßgebühr **271 Anh**; Rechtsweg GVG **13** 38
Entschädigungsurteil im Strafverfahren, Rechtskraftwirkung **322** 32 „Buße", **325** 24 „Buße"
Entschädigungszahlung für eine Sache, Pfändung **811** 10
Entscheidung Üb **300** 1; nach Aktenlage s dort; durch den Einzelrichter s dort; Fehlerhaftigkeit Üb **300** 19; Protokoll **160** 14; Rechtsmittel gegen eine fehlerhafte E. Grdz **511** 26; im schriftlichen Verfahren **128** 25, 33
Entscheidungsgründe s Beschluß, Urteil
Entscheidungsgrundlage s Urteil
Entscheidungspflicht des Richters **Einl III** 28
Entscheidungsreife 300 6; bei einer Aktenlageentscheidung **251 a** 7, **331 a** 6, **335**; Anspruchsgrund **304** 5, 6; bei einer Aufrechnung durch den Bekl **302** 6; Zwischenstreit **303** 2, 5
Entscheidungsverbund bei einer Scheidungs- und Folgesache **623, 629**; Rechtsmittel **629 a**
Entschuldigung s bei der betr Person/Gegenstand der E.
Entstrickung 776 4, **803** 6
Entwicklungshelfer, Rechtsweg GVG bei **14** 6 § 2 I Z 7 ArbGG
Entziehung der Prozeßkostenhilfe s dort; des Wohnungseigentums s dort; des Worts s Mündliche Verhandlung
Erbauseinandersetzungsklage, Gerichtsstand **27** 9; Gerichtsstand wegen eines Grundstücks **24** 12; Streitwert **3 Anh** 41
Erbbaurecht, Pfändung des Anspruchs Grdz **704** 72; Gerichtsstand **24** 6, 16; Rechtsbeeinträchtigung, Urheberbenennung **77**; Streitwert **3 Anh** 40, **9** 10; Recht zur Erhebung einer Widerspruchsklage **771** 16 „Dingliches Recht"; Zwangsvollstreckung Grdz **704** 72, **864** 7, **866**
Erbbiologisches Gutachten, Anordnung im Abstammungsprozeß **372 a** 13, **640** 11 „§ 616"; als Ausforschungsbeweis **Einf 284** 27; Aussetzung des Kindschaftsprozesses **640 f**; Duldungspflicht **372 a** 19; Duldung des Augenscheins Üb **371** 6; Verweigerung **372 a** 24
Erbe, Aufnahme des Prozesses nach einer Unterbrechung **239** 25; Aufgebot der Nachlaßgläubiger s Aufgebotsverfahren; Gerichtsstand **27, 28**; Unterbrechung des Verfahrens bei einer Nachlaßverwaltung **241** 5; Unterbrechung des Verfahrens gegen den Erblasser **239** 25; Prozeßgeschäftsführung bei einer Nachlaßverwaltung Grdz **50** 28 ff; Haftung für die Prozeßkosten **91** 55 „Dritter"; Urteil gegen den Erblasser, Rechtskraftwirkung **325** 6, 26; vollstreckbare Ausfertigung eines gegen den Testamentsvollstrecker ergangenen Urteils für den E. **727** 6, **728** 4; Urteilswirkung gegenüber dem Testamentsvollstrecker **327** 5; Zeugnisverweigerungsrecht **383** 11 (E)
- **(Haftungsbeschränkung),** Kostenfestsetzungsbeschluß **Einf 103** 15; in der Revisionsinstanz **561** 5; Urteil unter dem Vorbehalt der H. **305, 780** 3, 4, **781, 782**
- **(Miterbe),** Aufnahme nach einer Unterbrechung des Verfahrens **239** 9; Streitwert des Ausgleichsanspruchs **3 Anh** 41; Streitwert der Klage gegen den M. **3 Anh** 41; Pfändung des Anteils des M. Grdz **704** 71 „Erbausgleichsanspruch", **859** 6; Prozeßgeschäftsführung Grdz **50** 26 ff; Streitgenossenschaft **62** 10
- **(Zwangsvollstreckung gegen E.)** s dort

Erbkundliche Untersuchung s Erbbiologisches Gutachten
Erbpachtrecht, Gerichtsstand **24** 16
Erbrecht, Beweislast **286 Anh** 86; Feststellungsklage **256** 66; Streitwert **3 Anh** 51; Gerichtsstand der Klage gegenüber dem Erben **27**; Rechtskraftwirkung des Urteils **322** 36, **325** 26
Erbschaftsannahme, Zwangsvollstreckung vor der E. **778**
Erbschaftsbesitzer, Gerichtsstand **24** 13, **27** 5
Erbschaftskäufer, Gerichtsstand **27** 4; Aufgebot der Nachlaßgläubiger s Aufgebot
Erbschaftsklage, Gerichtsstand **24** 4, **27**
Erbschaftsnutzung, Unpfändbarkeit **863** 2
Erbschein, Antragsrecht des Gläubigers in der Zwangsvollstreckung **792, 896**; Gerichtsstand beim Herausgabeanspruch **27** 5
Erbunwürdigkeit, Klage, Gerichtsstand **27** 2; Streitwert **3 Anh** 42
Erbvertrag, Klage, Gerichtsstand **27** 7, **29** 3; Anordnung der Einsetzung eines Schiedsgerichts **1030**
Erfahrungssatz, Anscheinsbeweis **286 Anh** 16; als Beweis **Einf 284** 22; Beweislast/würdigung **286 Anh** 16; Prüfung in der Revisionsinstanz **546** 8
Erfindung, Grdz **704** 72
Erfindungsgeheimnis, Ausschluß der Öffentlichkeit GVG **172**
Erfolglosigkeit, Kosten bei einer E. des Rechtsmittels **97**; Offenbarungsversicherung, Zwangsvollstreckung s dort
Erfolgsaussicht der Rechtsverfolgung/verteidigung, Prozeßkostenhilfe **114** 80, **116** 23
Erfolgshonorar GVG **155 Anh I** 4 § 49 b
Erfüllung, Annahme als E., Zwangsvollstreckung **887** 16 (C); Beweislast **286 Anh** 88; bei der einstweiligen Verfügung Grdz **916** 6, **938** 4, **940** 20 „Ehe, Familie"; E. nach der Klagerhebung, Kostenentscheidung **91 a** 46; E. nach der Einlegung des Rechtsmittels, Kostenentscheidung **91 a** 101; Empfangnahme des Erlöses durch den Gerichtsvollzieher **819**; Vertragserfüllung, Streitwert **3 Anh** 58 „Gegenseitiger Vertrag"; Einstellung der Zwangsvollstreckung nach der E. **775** 13, 16
Erfüllungsfrist, Fristsetzung im Urteil **255**
Erfüllungsort 29 13; Gerichtsstand **29**; Gerichtsstandsvereinbarung **29** 4
Ergänzung, des Beschlusses **329** 20; des Beweisbeschlusses **360**; einer Forderungsanmeldung im Verteilungsverfahren **874** 4; Rechtsmittel gegen eine E. der Kostenentscheidung **99** 8; des Parteivorbringens s dort; des Protokolls **164** 3; der Anordnung einer Sicherheitsleistung **108** 4; eines Schiedsspruchs **1058**; des Urteils s dort
Ergänzungsrichter 321 9
Ergänzungsurteil 321 9
Erhebung der Klage s Klage
Erinnerung, gegen eine Entscheidung des verordneten Richters, des Urkundsbeamten/Rpfl **573** 3 GVG **153 Anh** 6, 8 § 11; Abhilfe **573/766** 46, GVG **153 Anh** 6; Anwaltszwang **78** 2, **573** 4, GVG **153 Anh** 6; Frist zur E. gegen eine Entscheidung des Rpfl **573, 699** 25, GVG **153 Anh** 6, 8 § 11, 21; dgl E. gegen den Kostenfestsetzungsbeschluß **104** 41/**105** 14; Hilfsbeschwerde bei einer E. gegen die Entscheidung des verordneten Richters/Urkundsbeamten **573** 10; Rechtsmittel gegen die Kostenentscheidung **99** 8
- **(gegen)** die Abgabe nach einem Widerspruch gegen den Mahnbescheid **696** 11; den Kostenfestsetzungsbeschluß **104** 42/**105** 14; denjenigen auf einer Urteilsausfertigung **105** 14; die Anforderung

der Prozeßgebühr **271 Anh**; die Festsetzung des Regelunterhalts **652**; die Anordnung/Fristsetzung wegen der Rückgabe einer Sicherheitsleistung **109** 18/12; eine Änderung des Beschlusses über die Verhängung einer Verzögerungsgebühr **95 Anh**; die Vollstreckungsklausel **732** 7; die Zurückweisung des Antrags auf den Erlaß eines Mahnbescheids **691**; die Zurückweisung des Antrags auf den Erlaß eines Vollstreckungsbescheids **699** 25
- (gegen eine **Zwangsvollstreckungsmaßnahme**) s Zwangsvollstreckung

Erkennendes Gericht 309 1
Erkenntnisverfahren Einl III 5
Erklärung, mit Nichtwissen **138** 45; der Partei s Partei (Vorbringen), vgl auch den Gegenstand der E.; Aufnahme in das Protokoll **160**; des ProzBev **85, 138** 55; im Prozeßkostenhilfeverfahren **117** 18; des Streithelfers **67** 8, 9; am Telefon s Telefonische E.
- (Fristsetzung) zur Aufklärung **273** 14, **283**; bei einem verspäteten/nachgereichten Schriftsatz **132** 21/**283**; im schriftlichen Verfahren **128** 37
- (zu Protokoll), Antrag **297** 8; der Berufungsrücknahme **516** 20; eines Geständnisses **288** 6
- (zu P. der Geschäftsstelle) s Geschäftsstelle

Erklärungspflicht des Drittschuldners nach einer Forderungspfändung **840**; der Partei s dort
Erlaß, des Beschlusses **329** 23; des Urteils durch Verkündung **310** 1; ohne Verkündung **310** 11; im Verfahren ohne mündliche Verhandlung **128** 12
Erlaßeinwand, beim E. des nichtehelichen Vaters wegen Unterhaltsrückstand **93 d**
Erlaubnis, einer Zwangsvollstreckung zur Nachtzeit, am Sonntag oder Feiertag **758 a**
Erledigung, des Arrestgrundes **927** 4; der sofortigen Beschwerde **572** 4; des Beweisbeschlusses **360** 4; vor der Rechtshängigkeit, Kostenklage **91 a** 36; des Grundes zur einstweiligen Verfügung **936** 5 „§ 927"
- (der Hauptsache) **91 a**; bei einem Antrag auf eine gerichtliche Entscheidung wegen Untätigkeit der Behörde **EGGVG 27** 3; Wirkung auf eine Anschlußberufung **524** 2; Begriff **91 a** 24; einseitige Erledigterklärung des Bekl **91 a** 189, des Klägers **91 a** 168; Erklärung durch den Kläger **91 a** 62, 264 20; Erklärung als Rücknahme der Klage bzw Verzicht auf den Anspruch **91 a** 63, **99** 36; bei der Feststellungsklage **256** 72; gerichtliche Hinweispflicht bei einer Antragsänderung nach der E. **139**; Beschränkung des Klagantrags als Erledigterklärung **269** 1; Kostenentscheidung bei einverständlichen Erledigterklärungen **91 a** 142; dgl Rechtsmittel **99** 151; nach Beendigung der Rechtshängigkeit **91 a** 40; und Rechtskraft **91 a** 40; Streitwert **3 Anh** 45; Kostenentscheidung nach einer Teilerledigung **91 a** 202, 204; Rechtsmittel nach einer Teilerledigung **91 a** 151; in einer Ehe/Kindschaftssache vor der Rechtskraft infolge des Todes einer Partei **619/640**; infolge des Todes des die Ehelichkeit/Vaterschaft anfechtenden Mannes **640 g**; übereinstimmende Erledigterklärungen **91 a** 96; Voraussetzungen **91 a** 23 ff; Widerklage nach der E. **253 Anh** 10; der Zahlungsklage nach der Rechnungslegung **254** 8

Erlös, der Versteigerung der Pfandsache, Empfang durch den Gerichtsvollzieher **819**; der Zwangsvollstreckung, Hinterlegung s Zwangsvollstreckung
Erlöschen, der juristischen Person oder parteifähigen Personenmehrheit, Unterbrechung des Verfahrens **239** 4; dgl bei einem ProzBev, Aussetzungsantrag **246** 5; der Parteifähigkeit **50** 20; der Prozeßvollmacht **87**; des Schiedsrichtervertrags **1035**; der Schiedsvereinbarung **1029**
Ermächtigung, des Gläubigers zur Vornahme einer vertretbaren Handlung **887**; des Gerichtsvollziehers zur Zwangsvollstreckung **755**; dgl zur Umschreibung/Wiederinkurssetzung eines Wertpapiers **822/823**; zur Klage s Klägermächtigung; zur Prozeßführung **Grdz 50** 21, **51** 24, **54** 3; Recht zur Prozeßgeschäftsführung **Grdz 50** 21; des verordneten Richters zur Ernennung eines Sachverständigen **405**; des gesetzlichen Vertreters zur Prozeßführung **54**; Amtsprüfung der letzteren Frage **56**
Ermahnung zur Wahrheit vor der Vernehmung der Partei/des Zeugen **451/395** 4
Ermessen (Gericht) Einl III 31; bei der Anordnung des persönlichen Erscheinens einer Partei **141** 14; bei einer Anordnung zur Vorbereitung der mündlichen Verhandlung **273** 8, 28; bei einer Augenscheinseinnahme **144** 5; bei der Aussetzung des Verfahrens **148** 32; **247**; bei der Aufhebung der Aussetzung **150** 1; dgl in einer Ehe/Kindschaftssache **155**; bei der Zuweisung des Prozesses an den Einzelrichter in der Berufungsinstanz **526, 527**; bei einer Entscheidung im schriftlichen Verfahren **128** 25; bei der Nichtberücksichtigung eines Parteivorbringens wegen der Versäumung einer Erklärungsfrist **296** 38, 58, 72; bei der Prüfung, ob eine Klageänderung sachdienlich ist **263** 30; bei der Auferlegung der Kosten eines erfolglosen Angriffs- oder Verteidigungsmittels **97**; bei der Auferlegung der Kosten der Berufung auf den Sieger **97** 50; bei der Kostenverteilung im Fall der Abhängigkeit der Gegenforderung vom richterlichen Ermessen usw **92** 52; bei der Kostenentscheidung im Fall eines sofortigen Anerkenntnisses **93** 107; bei der Kostenentscheidung nach beiderseitiger Erledigterklärungen **91 a** 118; im Kleinverfahren **495 a**; bei der Kostenverteilung bei einer Streitgenossenschaft **100** 34; Nachprüfbarkeit im Revisionsverfahren **546** 8; bei der Zulassung eines Prozeßagenten **157** 25; bei der Zulassung eines (Prozeß)Bevollmächtigten ohne Vollmacht (snachweis) **89** 1; bei der Prozeßleitung **Üb 128** 4; bei einer Trennung/Verbindung von Prozessen **145** 4/**147** 1; bei der Aufhebung der Trennung/Verbindung **150** 1; bei einer Prozeßtrennung nach einer Aufrechnung **145** 20; bei der Beglaubigung der Prozeßvollmacht **80** 15; bei der Nachreichung eines Schriftsatzes **283**; bei einer Sicherheitsleistung **108** 4, 112 8; bei der Festsetzung des Streitwerts 3; Streitwert beim Ermessensantrag **3 Anh** 51; bei einem Termin außerhalb des Gerichts **219** 8; bei der Aufhebung eines Termins **227** 8; bei der Anordnung einer Übersetzung **142** 5; bei der freigestellten mündlichen Verhandlung **128** 10; nach einem Zwischenurteil über die Verwerfung einer Zulässigkeitsrüge **280**; bei der abgesonderten Verhandlung/Entscheidung über eine Zulässigkeitsrüge **280**; bei einer Verzögerungsgebühr **95 Anh**; bei der Untersagung des Vortrags **157** 22; bei der Wiedereröffnung der mündlichen Verhandlung **156** 5; bei der Zurückweisung eines Parteivorbringens **296** 23, 28, 58; bei einer derartigen Zurückweisung in der Berufungsinstanz **530, 531**; bei der Bewilligung einer öffentlichen Zustellung **186** 5

Ermessensantrag, Streitwert **3 Anh** 51
Ermessensprüfung, Justizverwaltungsakt **EGGVG 28** 8; durch das Rechtsmittelgericht **Einl III** 33

Ermessensvorschrift

Ermessensvorschrift Einl III 33
Ermittlungen des Sachverständigen **404 a**
Ermittlungsgrundsatz s Amtsermittlung
Ernennung, des Richters s Richter; des Schiedsrichters s Schiedsverfahren (Schiedsrichter)
Erneuerungsschein, Ausgabeverbot während des Aufgebotsverfahrens **1019**
Erörterung, nach der Beweisaufnahme **279, 285**; rechtliche **139** 23; vor dem Schiedsgericht **1042**; und Verhandlungsschluß **136** 31, 32; Wiedereröffnung der Verhandlung **156** 5
ERP-Sondervermögen, Zuständigkeitsvereinbarung **38** 19
Ersatzanspruch, Schadensersatz s dort
Ersatzgerichtsstand 606 15
Ersatzvornahme einer vertretbaren Handlung durch den Gläubiger **887**; Kosten **788** 24
Ersatzzustellung s Zustellung
Erscheinen s Partei, Sachverständiger, Zeuge
Erschleichen s Arglist, Gerichtsstand, Rechtsmißbrauch
Erschließungsvertrag, Rechtsweg **GVG 13** 33 „Baugesetzbuch"
Erschöpfungseinrede 780 ff
Ersetzende Entscheidung Üb 578 15, **590** 5
Erstattungsanspruch, Rechtsweg **GVG 13** 38; Klage auf Erstattung der Unterhalts-/Entbindungskosten **644**
Ersuchen s beim Gegenstand des E.
Ersuchter Richter Einl III 72; vgl auch Beweisaufnahme, Verordneter Richter
Erwachsener, Begriff **178** 15
Erweiterung, des Klagantrags s dort; der Rechtskraftwirkung s dort
Erwerb, gutgläubiger, Rechtskraftwirkung **325** 10; bei einem Rechtsübergang des Streitgegenstands **265** 27, **266** 10; durch die Zwangsvollstreckung **898**
Erwerbsgeschäft, Zwangsvollstreckung bei einem E. des Ehegatten im Fall der Gütergemeinschaft **741** 3; Widerspruchsklage **774**
Erwerbstätigkeit, Pfändung eines zur Fortsetzung der E. benötigten Gegenstands **811** 36; Pfändungsschutz der Witwe/des minderjährigen Erben bei einer Fortführung der E. **811** 45
Erzeugnis, Pfändung **811** 31, **813** 9, **865** 5
Erziehungsgeld, Pfändung **Grdz 704** 72, **850 a** 9
Erzwingung, der eidesstattlichen Versicherung **901 ff**; der Herausgabe eines Kindes **883** 14; der Herausgabe einer Sache **883, 884**; beim Urteil auf Duldung/Unterlassung **890**; beim Urteil auf eine (un)vertretbare Handlung **887/888**
Euratomvertrag als Aussetzungsgrund **148** 16
Euro 688
Europarecht Einl III 79, **IV**
Europäische Gesellschaft, Parteifähigkeit **50** 7; Vertretung **51** 16; Zeugnisfähigkeit **Üb 373** 13; Zwangsvollstreckung **736 Anh** 2
Europäische Union, EGV als Aussetzungsgrund **148** 14 „EG-Vertrag"; ausländischer Anwalt **SchlAnh VII**; und Europarecht **Einl III 79, IV**; Prozeßkostenhilfe **1076–1078**; richterliches Prüfungsrecht **GVG 1** 8; Richtlinie **293** 1, **Einf 1076** 3; Zuständigkeits- und Vollstreckungsübereinkommen **917** 16, **SchlAnh V** 1–3; VO Nr 1348/2000 **Einf 1067** 3; VO Nr 44/2001 **SchlAnh V C** 4; VO Nr 1206/2001 **Einf 1072** 3; VO Nr 2201/2003 **606 a Anh I**; VO Nr 805/2004 **Einf 1079** 5
Europäische wirtschaftliche Interessenvereinigung 50 8, **Anh 736** 2, **Anh 259** 1
Europäische Übereinkommen, Haager Schiedsgerichtsübereinkommen **SchlAnh VI A** 2; zur Befreiung von der Legalisation **438** 6, 7; Lugano-

Zahlen in Fettdruck = Paragraphen

Übereinkommen s dort; betr Sorgerecht **SchlAnh V A** 3
Europäischer Gerichtshof GVG 1 Anh
Europäischer Rechtsanwalt SchlAnh VII
Europäischer Vollstreckungstitel 1079–1086
Eurpäisches Justizielles Netzwerk EGZPO 16 a
Europäisches Zivilprozeßrecht Einl IV
Europol 50 7, **51** 4, 13
EU-Truppenstatut Grdz 253 19, **Grdz 704** 33, **GVG 18 ff, SchlAnh III Einl 1**
Eventual . . . s Hilfs . . .
Eventualmaxime Üb 253 4
Exequaturverfahren s Auslandsurteil (Vollstreckungsklage)
Exterritorialität GVG 18 Einf, **18 ff**; Diplomat **GVG 18**; und Gerichtsbarkeit **Grdz 253** 22; dgl freiwillige Unterwerfung **GVG Einf 18** 3; Gerichtsstand des exterritorialen Deutschen **15**; dinglicher Gerichtsstand **24** 18; Personal der Botschaft/Gesandtschaft **GVG 18** 2, 3; Nichtigkeit des Urteils gegen einen Exterritorialen **GVG Einf 18** 2; konsularische Vertretung **GVG 19**; kraft Völkerrechts **GVG 20**; Widerklage gegen einen Exterritorialen **GVG Einf 18** 3; Zustellung an einen Exterritorialen **Üb 166** 7 (F), **183, 184, 185**; öffentliche Zustellung wegen einer Verweigerung des Zutritts **185** 13

F

Fabrik, Gerichtsstand **21**
Fachbehörde als Sachverständiger **Üb 402** 10
Fahrlässigkeit, Anscheinsbeweis **286 Anh** 15, 22; Beweislast **286 Anh** 206; Restitutionsklage wegen einer Verletzung der Eidespflicht durch die Partei **580** 3
Fahrtkosten, Erstattung **91** 92–96; für die Partei bei einer Anordnung ihres persönlichen Erscheinens **141** 25; des ehrenamtlichen Richters **GVG 107**; des Sachverständigen **413**; des Zeugen **379**
Faires Verfahren Einl III 21, **Grdz 253** 2
Faksimilestempel s Namensstempel
Fälligkeit, Arrest/einstweilige Verfügung wegen eines künftigen Anspruchs **916** 8/**936** 1 „§ 916"; der Gerichtsgebühr **4** 1; Kostenentscheidung bei einer Klage vor der Fälligkeit **93** 42, 53; Klage auf eine künftige Leistung wegen der Besorgnis der Nichterfüllung **259** 1, 3; Klage auf künftig wiederkehrende Leistungen **258** 1; Klage auf eine kalendermäßige künftige Zahlung/Räumung **257** 1; Kostenentscheidung bei einem Anerkenntnis **93** 42, 55; Mahnbescheid vor der F. **688** 7; als Prozeßvoraussetzung **Grdz 253** 26; Streitwert eines nicht fälligen Anspruchs **3 Anh** 52; Rechtskraftwirkung des Urteils **322** 37; Zwangsvollstreckung bei einem vom Kalendertag abhängigen Urteilsanspruch **751** 3
Falsche Aussage, Restitutionsklage **580** 5
Falsche Partei Grdz 50 18
Fälschung, des Protokolls **165** 11; einer Urkunde als Restitutionsgrund **580** 4
Familienangehöriger s Angehöriger
Familienangelegenheit, Zeugnisverweigerungsrecht **385** 1
Familiengericht 606 a Anh II 10 ff, **621 ff, GVG 23 b, c, 119, 170**
Familienrecht als nichtvermögensrechtlicher Anspruch **Grdz 1** 11
Familiensache, Prüfung in der Berufungsinstanz **532**, in der Beschwerdeinstanz **621 e**, in der Revisionsinstanz **545**; Sommersache **227** 40, 41; Streitwert **3 Anh** 52; vgl auch Familiengericht

Familienstandssache s Ehelichkeitsanfechtungsklage, Kindschaftssache, Vaterschaftsanerkennung
Fehlen von Umständen, Beweislast **286 Anh** 91
Fehlerhaftigkeit, der Entscheidung **Üb 300** 19; Rechtsmittel gegen eine fehlerhafte Entscheidung **Grdz 511** 26
Feiertag s Sonn- u. Feiertag
Ferienwohnung, Gerichtsstand bei einem Anspruch aus dem Mietvertrag **29 a** 5
Fernkopie s Fernschreiben
Fernsehgerät, Pfändung **Grdz 704** 73, **811** 19
Fernsehsendung, Verbot einer Berichterstattung über die Gerichtsverhandlung **GVG 174**; Übertragung **GVG 169** 4; Zeugnisverweigerungsrecht **383** 6
Fernsprecher s Telefon
Fernunterricht, Gerichtsstand **29 Anh II**
Feststellung, eines Auslands/Gewohnheits/Satzungsrechts **293** 5; Notwendigkeit einer einheitlichen F. **62** 4
Feststellungsantrag beim Kapitalanlegerschutz **SchlAnh VIII** 1
Feststellungsinteresse s Feststellungsklage
Feststellungsklage Grdz 253 9, **256** 1, 2; Beweislast **256** 47; **286 Anh** 92; Erledigung der Hauptsache **256** 52; Feststellungsinteresse **256** 21, in einer Kindschaftssache **640** 8; Klagabweisung **256** 49; Klagantrag **253** 64, **256** 42; Auslegung des Antrags **256** 20; Klageschrift **253** 42; Kostenentscheidung bei einem Anerkenntnis **93** 13, 41; bei einer möglichen Leistungsklage **256** 33, 77; Prozeßvoraussetzungen **256** 41; Wirkung der Rechtshängigkeit **261** 19; Rechtsschutzbedürfnis **Grdz 253** 38; **640** 8; Streitbefangenheit **265** 7; Übergang zur Leistungsklage **264** 5; trotz der Möglichkeit einer Unterlassungsklage **256** 94 „Unterlassung"; bei einer drohenden Verjährung **256** 98; Unterbrechung der Verjährung **262** 1; zwecks Unterbrechung der Verjährung **256** 36, 39; Widerklage **253 Anh** 6; Erledigung der verneinenden Feststellungswiderklage durch die Leistungsklage **91 a** 47; Zulässigkeit **256** 1, 2, 11, 53
– **(Gegenstand) 256** 4; (Nicht)Ehe s Ehesache; Eigentums/Rechtsbeeinträchtigung, Urheberbenennung **77**; Elterliche Sorge/Eltern-Kind-Verhältnis/Kindesannahme s Kindschaftssache; Nichtbestehen einer Verpflichtung aus einem ausländischen Urteil **722** 6; Nichtigkeit eines Dispachebeschlusses **256** 20; Nichtigkeit eines Gesellschafterbeschlusses **256** 71; neben einer Klage auf eine Rechnungslegung **254** 5; des (Nicht)bestehens eines Rechtsverhältnisses **256** 4, 25; Tatsache **256** 14; Unzulässigkeit der Schiedsvereinbarung usw **1032**; (Un)Echtheit einer Urkunde **256** 94; nichteheliche Vaterschaft/Anerkennung s Vaterschaft; Erteilung der Vollstreckungsklausel **731**; Vorfrage **256** 5
– **(Gerichtsstand) 256** 41; bei einem Grundpfandrecht **24** 1; beim Grundstückseigentum **24** 1; bei der Klage auf Feststellung einer begrenzteren Vertragspflicht **29** 16
– **(Streitwert) 3 Anh** 53; beim Eigentum **6** 2; bei der verneinenden F. **3 Anh** 54; bei der Feststellungs- und Leistungsklage **5** 8 „Stufenklage"; bei einer Konkursforderung **3 Anh** 56; beim Miet/Pachtvertrag **8** 2; bei einer Rente **9** 8; Übergang zur Leistungsklage **4** 8
– **(Urteil) 256** 48, **Üb 300** 6; Anerkenntnisurteil **256** 46; Rechtskraftwirkung **322** 38; Teilurteil **256** 50; Zwischenurteil **256** 2
– **(Zwischenfeststellungsklage) 253 Anh** 8, **256**; im Berufungsverfahren **533** 2; dinglicher Gerichtsstand **24** 18; Klagänderung **263** 4; Klagerhebung **253** 7; Prozeßtrennung **145** 7; Prozeßvoraussetzungen **256**; Rechtshängigkeit durch die Z. **261** 2; Streitwert **3 Anh** 146

Feuerungsmittel, Pfändung **811** 25
Fiktion, des Geständnisses **138** 38; einer Tatsache **292** 7; einer Willenserklärung **894** 11, **895** 4
Filmaufnahme, in der Gerichtsverhandlung **GVG 169** 5
Finanzgericht, Verweisung an das F. **281** 5, **GVG 13** 61 „Steuer"
Finnland, Ehesache **606 a Anh II**
Firma als Partei **50** 12; Streitwert **3 Anh** 85 „Name", im Vollstreckungstitel **750** 8
– **(Fortführung)**, vollstreckbare Ausfertigung **729** 3; Kostenhaftung **Üb 91** 25; Streitwert **3 Anh** 85 „Name"; durch die Witwe/den minderjährigen Erben, Pfändungsschutz **811** 45
Firmenrecht als vermögensrechtlicher Anspruch **Grdz 1** 13, 15; Pfändung **Grdz 704** 73, **857** 14; Zuständigkeit der Kammer für Handelssachen bei einer Streitigkeit **GVG 95** 6
Fischereirecht, Streitwert **3 Anh** 57; Zwangsvollstreckung **864** 7, **866**, **870**
Fiskus, Gerichtsstand **17** 6, 18; Gerichtsstand beim Erbrecht **27** 4; Insichprozeß **Grdz 50** 13, 15; Parteibezeichnung **Grdz 50** 13; Urteil gegen den F. als Erben **780** 9; Vertretung **18**; Zustellung **170** 7, 6; Zwangsvollstreckung gegen den F. **882 a**
Flößereisache, Vollstreckbarerklärung des Urteils **709** 1; Zuständigkeit **GVG 23** 5
Flucht, in die Berufung **530** 25; in die Säumnis **342** 4
Flüchtling, Ehesache **606 a Anh III A–E**; Prozeßkostenhilfe **114** 13 „Ausländer, Mehrstaater, Statenloser"; Sicherheitsleistung für die Prozeßkosten **110** 4
Flugzeug s Luftfahrzeug
Flurbereinigung, Rechtsweg **GVG 13** 39
Folgenbeseitigungsanspruch, Rechtsweg **GVG 13** 38 „Enteignung"
Folgesache 623 ff, **GVG 200**
Forderung, Kostenentscheidung bei einer Abhängigkeit der F. von einem richterlichen Ermessen/Sachverständigengutachten/Abrechnung **92** 54; Abtretung s dort; Anerkenntnis **93** 89; Anspruchsgrund/Betrag **304** 6; Arrestvollzug **930** 6; Fälligkeit s dort; Geldforderung **Grdz 803** 3; Gerichtsstand des Vermögens **23** 13; Klage auf wiederkehrende Leistungen **258**; unbezifferter Klagantrag **253** 49; Pfändung s Zwangsvollstreckung; gerichtliche Schätzung der Höhe **287**; Streitverkündung wegen einer Forderungsbeanspruchung **75**; Streitwert **3 Anh** 57, **6** 9; Unpfändbarkeit s Zwangsvollstreckung; Unübertragbarkeit **851** 3
Forderungspfändung s Zwangsvollstreckung (Pfändung)
Förderungspflicht, des Gerichts **Üb 128**, **139** 8, **272**, **273** ff; der Partei s dort
Forderungsübergang, des streitbefangenen Anspruchs **265** 4, 16; beim Grundurteil **304** 11 „Anspruchsübergang"; Rückgriffsanspruch s dort; Rechtskraftwirkung des Urteils **325** 21
Form, des Antrags auf eine Bestimmung des zuständigen Gerichts **37** 1; des Gesuchs auf den Erlaß eines Arrestes/einer einstweiligen Verfügung **920** 17/**936** 2 „§ 920"; der Berufungsschrift s dort; einer Beweisaufnahme im Ausland **369**; Beweislast für die Wahrung der F. **286 Anh** 93; der Eidesleistung **481**, **484**; des Einspruchs gegen ein Versäumnisurteil **340**; des Einverständnisses mit dem schriftlichen Verfahren **128** 37; einer Erklärung

Formel

zum Protokoll s dort; der Genehmigung einer Prozeßführung ohne Vollmacht **89** 11; einer Gerichtsstandsvereinbarung **29** 36, **38** 15; des Geständnisses **288** 7; der Klagerhebung s dort; der Klagrücknahme **269** 22; der Kündigung der Prozeßvollmacht **87**; einer Prozeßhandlung **Grdz 128** 51; des Prozeßvergleichs **307 Anh** 21; der Prozeßvollmacht **80** 7; der Revisionsschrift s dort; der Schiedsvereinbarung **1031**; eines Schriftsatzes **129** 8; einer öffentlichen Urkunde **415** 7; der Aufforderung zur Niederlegung einer Urkunde **134** 5; des Antrags auf eine Wiedereinsetzung **236** 4; einer Zeugenladung **377** 4; einer Zuständigkeitsvereinbarung **29** 36, **38** 5, 33

Formel s Urteil (Urteilsformel)
Formelle Beschwer Grdz 511 14
Formelle Rechtskraft s Rechtskraft
Förmlichkeit, Beweiskraft des Protokolls **165**
Formlose Mitteilung, des Beschlusses **329** 28; des Kostenfestsetzungsbeschlusses an den Antragsteller **104** 27; eines Schriftsatzes **270** 6; im Parteiprozeß **497**; der Zeugenladung **377** 6
Formmangel, Berufung auf einen F. als Rechtsmißbrauch **Einl III** 54; einer Prozeßhandlung **Grdz 128** 57
Formular 117 30, **168, 176, 181, 182, 659 Anh, 702, 703 c, 829, 899**; Vordruckverordnung bei **168**
Formularvertrag, Zuständigkeitsvereinbarung im F. **38** 6 ff, 34
Formvorschrift, Auslegung **Einl III** 35, 41
Fortdauer, der Prozeßvollmacht **86**; der Rechtshängigkeit s dort; eines tatsächlichen Zustands, Beweislast **286 Anh** 93; der Zuständigkeit **261**
Fortgesetzte Gütergemeinschaft s Ehegüterrecht
Fortlaufender Bezug 832 1; s auch Zwangsvollstreckung (Pfändung von Arbeitseinkommen)
Fortsetzung s beim Gegenstand der F.
Foto, als Beweismittel **Üb 371** 17; Kostenerstattung **91** 96
Fotokopie, Beweiswert **415** 3; **420** 4; Kostenerstattung **91** 96
Frachtvertrag, Streitverkündung **72** 5
Frage s Beweisaufnahme, Mündliche Verhandlung, Vernehmung des Sachverständigen/Zeugen
Fragepflicht s Aufklärungs- und Hinweispflicht
Fraktionsangestellter 376
Frankreich, Ehesache **606 a Anh II**
Freiberufler, Pfändung des Einkommens **850 i** 1, 4; Pfändung eines zu seiner Tätigkeit benötigten Gegenstands **811** 33
Freibeweis Einf 284 9
Freie Beweiswürdigung s Beweiswürdigung
Freigabe, des Guthabens, Streitwert **3 Anh** 57; der Pfandsache **776** 3, **803** 6, **843** 4
Freigestellte mündliche Verhandlung s Mündliche Verhandlung
Freihändiger Verkauf, einer Gold- oder Silbersache **817 a** 10; der Pfandsache, gerichtliche Anordnung **825** 9; eines gepfändeten Wertpapiers **821**
Freiheitsstrafe, Ersatzzustellung während ihrer Verbüßung **178** 7; Gerichtsstand **20**
Freistellung, eines Grundstücks von einer Belastung, Gerichtsstand **24**; Pfändung des Anspruchs auf die F. von einer Verbindlichkeit **Grdz 704** 73; Streitwert in solchem Fall **3 Anh** 57, **4** 11; Übergang zum Anspruch auf F. **264** 12 „Freistellung – Vollstreckungsabwehr"; Vollstreckung **887** 22 „Befreiung von einer Schuld"
Freiwillige Gerichtsbarkeit, Abgrenzung gegenüber dem Zivilprozeß **Einl III** 2; Ausschluß einer Gerichtsperson **Üb 41** 3; ausstehende Entscheidung als Aussetzungsgrund **148** 7; Verfahren in einer Familiensache **Üb 621** 2; Beschwerde gegen eine Entscheidung über eine Prozeßkostenhilfe **127**; Ablehnung eines Richters **42** 1; Verweisung an ein Gericht der fr. G. **281** 5

Fremdes Recht s Auslandsrecht
Fremdsprachlichkeit, Hinzuziehung eines Dolmetschers s Dolmetscher; Eid **GVG 188**; Vortrag im Anwaltsprozeß **GVG 187**
Friedensrichter Einl I
Friedhofsbenutzung, Rechtsweg **GVG 13** 39
Frist Üb 214 9; Abkürzung **224** 4, **226** 3; Änderung **225, 308 a** 1; zur Anzeige im schriftlichen Vorverfahren **276** 6; Aufnahme eines ruhenden Verfahrens **251** 10; bei einer Aussetzung des Verfahrens **249** 4; (un)eigentliche Fr. **Üb 214** 10, 11; nach einer Anordnung des Ruhens des Verfahrens **251** 9; für die Prüfung eines Schadensersatzanspruchs **93** 74; bei einer Streitgenossenschaft **61** 8; bei einer notwendigen Streitgenossenschaft **62** 19; für einen vorbereitenden Schriftsatz **132** 12, 20, **275–277**; bei einer Terminsaufhebung **227** 13; für eine Terminsbestimmung **216** 12; bei einer Unterbrechung des Verfahrens **249** 4; für die Übergabe des Urteils an die Geschäftsstelle **315** 11; Verlängerung s unten „(Verlängerung)"; Wahrung **167** 12, **Üb 230**; für das Widerrufsrecht beim Prozeßvergleich **222** 2, **307 Anh** 10; bei einer öffentlichen Zustellung/Zustellung im Ausland **184, 188**; Zwischenfrist **Üb 214** 10
– **(Aufklärungsfrist) 273** 14
– **(Ausschlußfrist) Üb 214** 11; Beweislast für den Ablauf **286 Anh** 94; bei der Anfechtungsklage gegen ein Ausschlußurteil **958**; für den Antrag auf eine gerichtliche Entscheidung wegen einer Untätigkeit der Justizverwaltung **EGGVG 27** 4; für einen Aufhebungsantrag gegen den für vollstreckbar erklärten Schiedsspruch **1059, 1062**; bei einem Fristablauf an einem Sonnabend, Sonn- oder Feiertag **222** 5; Hemmung **Üb 214** 11; für eine Berichtigung des Urteilstatbestands **320** 7; Wahrung bei einer Klage ohne Unterschrift **253** 103; Wahrung bei einer Verweisung **Üb 12** 20; bei der Wiederaufnahmeklage **586** 8; bei der Wiedereinsetzung wegen eines Antrags auf eine gerichtliche Entscheidung wegen einer Untätigkeit der Justizverwaltung **EGGVG 26** 6; Jahresfrist bei der Wiedereinsetzung **234** 1
– **(Berechnung) 222**; bei einem Ablauf an einem Sonnabend, Sonn- oder Feiertag **222** 5; Berechnung/Kontrollpflicht des Anwalts **233** 85; der richterlichen Erklärungsfrist **273** 20, 23; im schiedsrichterlichen Verfahren **1042**; bei einer Stundenfrist **222** 7; bei einer Frist von acht Tagen **222** 4; bei einer Fristverlängerung **222** 5, **224** 10
– **(Fristsetzung)** s unten „– (richterliche Fristsetzung)"
– **(gesetzliche Frist, Klagefrist) Üb 214** 10; bei der Klage auf eine Änderung der Verurteilung zur Zahlung des Regelunterhalts **643 a** 3; beim Antrag auf eine gerichtliche Entscheidung wegen einer Untätigkeit der Justizverwaltung **EGGVG 26** 2, **27** 3; beim Antrag auf eine Aussetzung der Verwertung einer Pfandsache **813 a** 8; beim Vollzug eines Arrests/einer einstweiligen Verfügung **929** 7/**936** 7; bei der Aufgebotsfrist **950**; bei derjenigen wegen der Nachlaßgläubiger **994**; bei derjenigen wegen einer Urkunde/eines Wertpapiers **1015/1010–1014**; Beginn **221** 4; bei der Beschwerde gegen ein Ordnungsmittel **GVG 181** 2; bei der Frist zur Erklärung des Drittschuldners nach einer Pfändung der Forderung **840** 7; bei der Einlassungsfrist **274**, vgl auch Einlassungsfrist;

Kürzung/Verlängerung auf Grund eines Antrags **224** 7; Klagänderung nach dem Ablauf der Klagefrist **264** 5; Abweisung der Klage durch ein Prozeßurteil wegen einer Versäumung der Klagefrist **253** 4; Amtsprüfung der Wahrung der Klagefrist **253** 4; Wahrung der Klagefrist durch Klageeinlegung mittels Telegramm **129** 12; Aufforderung zur Einreichung der Kostenberechnung beim Kostenausgleich **106** 6; Kostenfestsetzung nach einer Änderung des Streitwerts **107** 5; Ladungsfrist **217** 1, vgl auch Ladungsfrist; für eine Urkundeneinsicht **134** 10; für einen Antrag auf eine Ergänzung des Urteils **321** 6 ff; für eine Berichtigung des Urteilstatbestands **320** 7; für die Anmeldung einer Forderung im Verteilungsverfahren **873** 4; nach der Vorpfändung für eine Pfandsache **845** 14, 16; Wahrung durch eine demnächst nachfolgende Zustellung **167**, **693**, **696**; Wartefrist vor einer Versteigerung der gepfändeten Gegenstands **816** 3; Wartefrist vor dem Beginn der Zwangsvollstreckung **798**; Frist für den Widerspruch gegen den Mahnbescheid **693**, **694**; Frist zur Erhebung der Widerspruchsklage gegenüber dem Verteilungsplan **878** 4; beim Wiedereinsetzungsantrag **234**
- **(gesetzliche Frist als Notfrist)** Üb **214** 10, **224**; bei der Anfechtungsklage gegenüber einem Ausschlußurteil **958**; beim Aufhebungsantrag gegenüber der Vollstreckbarerklärung des Schiedsspruchs **1059**, **1062**; bei der Aussetzung des Verfahrens **249** 4; bei der Berufungsfrist **517**; bei der sofortigen Beschwerdefrist **569** 3; bei der Einspruchsfrist gegenüber einem Versäumnisurteil **339** 4; bei der Frist für eine Erinnerung **573**, GVG **153** Anh 6, 8 § 11, 21; bei der Frist für eine Erinnerung gegenüber einem Kostenfestsetzungsbeschluß **104** 42/**105** 14; Ausschluß der Fristkürzung/verlängerung **224** 3, 9; Notfristzeugnis **706** 11; bei der Revisionsfrist **548**; nach der Anordnung des Ruhens des Verfahrens **251** 9; bei einer Unterbrechung des Verfahrens **249** 4; Versäumung, Wiedereinsetzung s dort; bei der Rechtsbeschwerde gegen den Beschluß betr die Vollstreckbarerklärung des Schiedsspruchs **1065**; bei der Wiederaufnahmeklage **586** 3; beim Wiedereinsetzungsantrag **234** 4; Zustellung zwecks Fristwahrung **167** 4; Mangel der Zustellung, Heilung **189**; s auch Notfristzeugnis
- **(Hemmung)** bei der Rechtshängigkeit **262** 3
- **(richterliche Fristsetzung)** Üb **214** 10; bei der Aufgebotsfrist s Aufgebotsverfahren; für die Zahlung im Fall einer Aussetzung der Pfandverwertung **813 a**; zur Aufklärung **273** 20; Befugnis des verordneten Richters **229**; Beginn **221**; zur Berufungserwiderung **521**; zur Behebung eines gegenüber der Beweisaufnahme bestehenden Hindernisses **356** 11; bei einer Erklärungsfrist **132** 4, **272** ff; bei einer Erklärungsfrist im schriftlichen Verfahren **128** 40; Antrag auf eine Kürzung/Verlängerung der Frist **224** 7; beim frühen ersten Termin **275** 4, 12, 15, **277** 8; für die Kostenberechnung im Fall einer Kostenteilung **106** 7; für die Bestellung eines ProzBev nach einer Unterbrechung des Verfahrens **244** 16; für die Beglaubigung einer Prozeßvollmacht **80** 15; bei einem Mangel der Prozeßvollmacht **88** 10; für die Genehmigung des Nachweises der (Prozeß)Vollmacht **89** 6; für Gewährung/Verlängerung einer Räumungsfrist **721**; für die Erstattung eines Sachverständigengutachtens **411** 5, 6; für die Nachreichung eines Schriftsatzes **283**; für eine Sicherheitsleistung **112** 5, **113**; für die Rückgabe einer Sicherheit **109** 10; zur Stellungnahme auf die Berufungserwiderung **521**; für die Vorlegung einer Urkunde **428**, **431**; im Urteil **255**, **510 b**; für die Klagerhebung/Ladung zur Verhandlung über die Rechtmäßigkeit nach einer einstweiligen Verfügung **936** „§ 926"/**942** 7; bei einer freigestellten mündlichen Verhandlung **128** 14; bei einer Verzögerungsgebühr **95** Anh; im schriftlichen Vorverfahren erster Instanz **276** 6, 10, **277** 2, 8; zur Zahlung eines Vorschusses auf die Zeugengebühren **379** 5; für die Entscheidung des Prozeßgerichts im Fall einer Einstellung der Zwangsvollstreckung **769** 10
- **(durch Urteil gesetzte Frist)**, sachlichrechtliche Fristsetzung gegenüber dem Bekl **255** 8; Räumungsfrist **721**; durch das Urteil des AG zur Vornahme einer Handlung **510 b**
- **(Verkürzung)**, einer gesetzlichen/richterlichen Frist auf Antrag **224** 7, **225**; für die Aufnahme eines ruhenden Verfahrens **251** 10; der Einlassungs/Ladungsfrist auf Antrag **226**; einer richterlichen Erklärungsfrist **273** ff; durch eine Parteivereinbarung **224** 1, 3; einer durch das Urteil gesetzten Frist **255** 8
- **(Verlängerung)**, einer gesetzlichen/richterlichen Frist auf Antrag **224** 7, **225**; für die Aufnahme eines ruhenden Verfahrens **251** 10; Berechnung **222** 3, **224** 10; der Frist zur Begründung der Berufung/Revision **520**/**551**; einer richterlichen Erklärungsfrist **273** ff; Auferlegung der Kosten wegen eines Verschuldens der Partei **95**; der Frist für eine Urkundeneinsicht **134** 11; einer durch das Urteil gesetzten Frist **255** 8

Fristenkalender eines Anwalts als Voraussetzung der Wiedereinsetzung **233** 125

Fristversäumung Üb **230** 1; im Verfahren nach Aktenlage Üb **230** 3; Antragserfordernis wegen der Folgen einer F. **231** 1; der Frist zum Vollzug eines Arrests/einer einstweiligen Verfügung **929** 8, 9/**936** 7 „§ 929"; bei der Beseitigung eines der Beweisaufnahme entgegenstehenden Hindernisses **356** 11; Folge der F. Üb **230** 2; Androhung der Folge **231** 1; Klagefrist, Aufhebung des Arrests/der einstweiligen Verfügung **926** 13/**936** 5 „§ 926"; Auferlegung der Kosten wegen einer F. **95**; Nachholung der Prozeßhandlung **231** 8; Versäumung der Frist zur Nachreichung eines Schriftsatzes **283**; Verschulden eines Angestellten bei der F. **233** 74; Verschulden eines Parteivertreters bei der F. **85** 26 ff; Wiedereinsetzung wegen F. s Wiedereinsetzung; Versäumung der Frist zur Zahlung eines Vorschusses für die Zeugengebühren **379** 7

Frucht, auf dem Halm, Pfändung/Pfandverwertung Grdz **704** 73, **810**/**824**; Bindung des Gerichts an den Klagantrag **308** 4; Pfändung **804** 8, **811** 30, 31, **813** 11, **865** 4; Streitwert **4** 14

Fruchtlosigkeitsbescheinigung als Voraussetzung einer Offenbarungsversicherung **807** 7

Früher erster Termin 272 5, **275**, **277** 9

Funktionelle Zuständigkeit s Zuständigkeit, geschäftliche

Fürsorge beim Antrag auf eine Ehescheidung, einstweilige Anordnung wegen der Personensorge für ein Kind **620**; öffentlichrechtliche Fürsorgepflicht, Rechtsweg GVG **13** 58 usw

Fürsorgedarlehen, Pfändung Grdz **704** 73

Fürsorgeleistung, Pfändung Grdz **704** 103 „Sozialleistung"

Fürsorgepflicht des Gerichts Einl III 27, **139** 7

Fusion s Verschmelzung

Futter, Pfändung **811** 30, 31

Gartenbau

G

Gartenbau, Pfändungsschutz **811** 20, 24, 30
Gartenhaus, Pfändung **811** 24
Gastwirt, Zuständigkeit **GVG 23** 9
Gebietskörperschaft, Zuständigkeitsvereinbarung **38** 18
Gebot, bei der Versteigerung einer Pfandsache **817** 4 ff; Mindestgebot **817 a**; durch eine einstweilige Verfügung **938** 7
Gebrauchsgegenstand, Pfändung **811** 15
Gebrauchsmuster, Streitwert bei der Löschung **3 Anh** 75 „Löschung"; Pfändung **Grdz 704** 76 „Gewerblicher Rechtsschutz: B. Patent usw"; Verfahrenskostenhilfe **114** 34 „Patentgericht"; Zuständigkeit **GVG 78 b Anh I, 95** 6
Gebühr, Gerichtsgebühr s dort; vgl auch Prozeßgebühr; Klage auf Zahlung der G., Gerichtsstand **34**; Rechtsanwaltsgebühr s dort; Sachverständigengebühr **413**; Schuldner s Gerichtsgebühr; Streitwertfestsetzung s dort; Zeugengebühr **401**; s auch Gerichtskosten
Gebührenfreiheit Üb 114 10
Gebührenstreitwert 2 1, **Einf 3** 3, 11
Geburtsbeihilfe, Pfändung **850 a** 13
Gedächtnis des Zeugen, Zuverlässigkeit **Üb 373** 7
Geeignetheit zur Zwangsvollstreckung **Grdz 704** 34 (C)
Gefährdung, eines Beweismittels s Selbständiges Beweisverfahren; der Befriedigung des Gläubigers bei einer Sachpfändung **808** 19; der öffentlichen Ordnung usw, Ausschluß der Öffentlichkeit **GVG 172**; eines Rechtsverhältnisses, Feststellungsklage **256** 25, 31; eines Zustands, einstweilige Verfügung **935** 16; der Zwangsvollstreckung als Arrestgrund **917, 918**
Gefangener, Pfändung des Arbeitsentgelts **850** 7; Ersatzzustellung **178** 7 „Haft"; Gerichtsstand **20**
Gefängnis s Justizvollzugsanstalt
Gegenanspruch, Aufrechnung mit einem G. s Aufrechnung; Widerklage **33**; Prozeßtrennung **145** 7
Gegenantrag im Eheverfahren **610** 2
Gegenaufrechnung des Klägers **145** 23
Gegenbescheinigung 195 22
Gegenbeweis s Beweis(-Gegenbeweis)
Gegendarstellungsanspruch als nicht vermögensrechtlicher Anspruch **Grdz 1** 13, **940** 40 „Presserecht"; Streitwert **3 Anh** 58
Gegenerklärung Üb 253 7; Fristsetzung **283**; auf ein neues Vorbringen **132, 283**
Gefährdungshaftung, Gerichtsstand **32** 9
Gefahrenzulage, Pfändung **850 a** 9
Gegenforderung, Abhängigkeit von einem richterlichen Ermessen/Sachverständigengutachten/einer Abrechnung, Kostenentscheidung **92** 51 ff; Aufrechnung mit einer G. s Aufrechnung; Prozeßtrennung **145** 24; Rechtskraftwirkung **322** 15
Gegenleistung, Abhängigkeit der Forderung von einer G., Anordnung der anderweitigen Verwertung einer gepfändeten Forderung **844**; Klage auf eine künftige Zahlung/Räumung **257** 1; Unzulässigkeit des Mahnbescheids wegen einer noch nicht erfolgten G. **688**; Streitgegenstand **2** 5; bei einem Urteil über die Abgabe einer Willenserklärung **894** 22; Zug-um-Zug-Leistung s dort
Gegenseitiger Vertrag, Streitwert **3 Anh** 58
Gegenseitigkeit bei der Anerkennung eines ausländischen Schiedsspruchs **1061**; bei der Anerkennung eines ausländischen Urteils **328** 46, **328 Anh**; bei derjenigen in einer Ehesache **328** 13, 48, **606 a**; bei derjenigen in einer Kindschaftssache **328** 48; bei der Prozeßkostenhilfe **114 Anh**;

bei der Sicherheitsleistung **110 Anh**; und Zuständigkeitsvereinbarung **38** 29; bei der Zwangsvollstreckung aus einem Auslandsurteil s Zivilprozeßrecht (zwischenstaatliches)
Gegenstand, der Berufungsverhandlung **528**; der Feststellungsklage **256** 4; des Klaganspruchs, Angabe in der Klageschrift **253** 30; der Verurteilung im Fall einer Klagabweisung **708** 13; der Zeugenvernehmung **396**
Gegenstandswert Einf 3 3
Gegenständliche Leistung, einstweilige Verfügung wegen einer g. L. **935** 1; Zwangsvollstreckung s dort
Gegenüberstellung von Zeugen **394** 6
Gegenvorstellung 318 1, **Üb 567** 3; gegenüber der Ablehnung einer Wiedereinsetzung **238** 14
Gehalt s Arbeitseinkommen; Pfändung s Zwangsvollstreckung (Pfändung von Arbeitseinkommen); Streitwert **3 Anh** 59
Geheimhaltungspflicht, Auferlegung beim Ausschluß der Öffentlichkeit **GVG 174**; Zeugnisverweigerungsrecht wegen einer G. **383** 5 ff, **384** 7, **385** 7
Geheimnisschutz, Ausschluß der Öffentlichkeit **GVG 172**
Gehilfe, Gerichtsstand der unerlaubten Handlung **32** 13 „Verrichtungsgehilfe"
Gehör, rechtliches Einl III 16, **Grdz 128** 41; Abhilfeverfahren wegen Verletzung **81, 172, 321 a, 544, 707**; bei einer richterlichen Rechtsfortbildung **Einl III** 51; im schiedsrichterlichen Verfahren **1042**; vor dem Schluß der mündlichen Verhandlung **136** 20; bei einem Schriftsatz zwischen dem Verhandlungsschluß und einem Verkündungstermin **133** 15, **296 a** 5; beim Eingang eines Schriftsatzes nach einem Sonnabend, Sonn- oder Feiertag **222** 5; bei einer freigestellten mündlichen Verhandlung **128** 13; und Vertagung **227** 55
– **(bei, vor)** der Abgabe einer Hausratssache **281 Anh I** 4; der Abgabe einer Landwirtschaftssache an das Prozeßgericht **281 Anh III** 1; der Abgabe einer Wohnungseigentumssache **281 Anh II** 8; der Ablehnung der Wiedereröffnung der mündlichen Verhandlung **156** 9; einer Aussetzung des Verfahrens **148** 35; der Verwerfung der Berufung als unzulässig **522**; einer Änderung des Beweisbeschlusses **360** 12; einer Ehesache **623** 8; einer Abkürzung der Einlassungs- oder Ladungsfrist **226** 4; der Endentscheidung **321 a**; einer Erinnerung gegen den Kostenfestsetzungsbeschluß **104** 58; einer Abkürzung oder Verlängerung einer Frist **225** 5; des Gläubigers vor einer Einstellung der Zwangsvollstreckung wegen eines Antrags auf eine Wiederaufnahme oder Wiedereinsetzung **707** 7; einer Kostenentscheidung nach beiderseitigen Erledigterklärungen **91 a** 143; einer Kostenentscheidung nach einer einseitigen Erledigterklärung des Klägers **91 a** 180; der Kostenfestsetzung **Einf 103** 3, **104** 4; einer Verlängerung des Mietverhältnisses **308 a** 5; einem Verfahren ohne eine mündliche Verhandlung **128** 37; einem Antrag auf die Aufnahme in das Protokoll **160** 20; einem Antrag auf eine Berichtigung des Protokolls **164** 7; einer Prozeßkostenhilfe **118, 127**; einer Entscheidung über die Zulässigkeit usw einer Revision nach dem BGH-EntlG **Üb 542 Anh**; einer Entscheidung über die Ablehnung des Richters **46** 12, **48** 7; einer Entscheidung über die Selbstablehnung eines Richters **48** 7; einem schiedsrichterlichen Verfahren **1042**; einem schriftlichen Verfahren **128** 37; des Schuldners vor einer Pfändung der Forderung **834**; des Schuldners nach einer Pfän-

dahinterstehende Zahlen und Buchstaben = Randnummern **Gericht**

dung der Forderung vor der Anordnung einer anderweitigen Verwertung 844 10; des Schuldners vor der Zwangsvollstreckung aus einem Urteil auf eine Handlung/eidesstattliche Versicherung/Duldung/Unterlassung 891 4; einer Streitwertfestsetzung 3 6; einer Aufhebung/Vorverlegung des Termins 227 8; einer Übertragung der Entscheidung der Zivilkammer auf den Einzelrichter 348, 348 a, 526, 527, 568; der Bestellung eines gerichtlichen Vertreters 57 11; einer Abgabe an das Landwirtschaftsgericht 281 **Anh III** 5; der Verhängung einer Verzögerungsgebühr 95 **Anh**; der Vollstreckbarerklärung eines Schiedsspruchs 1060, 1061; der Erteilung einer Vollstreckungsklausel 730 1; einer Wiedereinsetzung 238 1; einer Zeugnisverweigerung 387 4; der Zurückweisung eines Parteivorbringens 283 16; der Bestimmung des zuständigen Gerichts 37 1; der Zwangsvollstreckung **Grdz** 704 37
- **(Verletzung bei, durch)** Nichtanhörung der Partei 81, 172, 321 a, 544, 707; Nichtberücksichtigung eines nachgereichten Schriftsatzes 283 16; Nichterörterung einer rechtlichen Beurteilung 139; als Revisionsgrund 544, 545; als Grund für die Aufhebung eines Schiedsspruchs 1059; Unheilbarkeit des Mangels 295; Unterlassung der Setzung einer Erklärungsfrist 132 23; Verweisung 281 41; Bestimmung des zuständigen Gerichts 37 6

Geistesarbeiter, Pfändung des Arbeitseinkommens 850; Pfändung eines zur Erwerbstätigkeit benötigten Gegenstands 811 33 ff; Zwangsvollstreckung aus einem Urteil auf eine geistige Leistung 887 27

Geisteskrankheit, Prozeßunfähigkeit 52 4

Geistesschwäche, Prozeßfähigkeit 52 4

Geistlicher s Pfarrer

Geld, einstweilige Verfügung auf eine Zahlung **Grdz** 916 6, 940 20 „Ehe, Familie", 36 „Miete", 42 „Rente"; Empfang durch den ProzBev/Kostenerstattung 81 3, 10 „Inkassovollmacht" 91 98; Pfändung 808 18, 815 3; Ablieferung an den Gläubiger/Hinterlegung 815 8/720, 930 9; Pfändung von Geld aus einer Ersatzleistung für eine unpfändbare Sache 811 11; Pfändung von Geld aus einer unpfändbaren Forderung **Einf** 850 6; Pfändung des zum Lebensunterhalt notwendigen Geldes 811 48; als Sicherheitsleistung, Hinterlegung 108 17; Verwertung 815 3; Zwangsvollstreckung aus einem Urteil auf die Hinterlegung von G. 887 28

Geldforderung Grdz 803 1; Klage auf eine künftige Zahlung 257 1; Mahnbescheid auf eine bestimmte Geldsumme 688 4; Pfändung 829; Streitwert 3 **Anh** 59; Urkundenprozeß wegen eines Anspruchs auf eine bestimmte Geldsumme 592 1; dgl vollstreckbare Urkunde 794 21; vgl auch Forderung, Zwangsvollstreckung (Pfändung)

Geldinstitut 835 20, 850 k

Geldkarte, Pfändbarkeit **Grdz** 704 74 „Geldkarte"

Geldrente, nachträgliche Sicherheitsleistung 324; vorläufige Vollstreckbarkeit 708 10

Geldsumme, Bestimmtheit bei der Klage 253 75; im Mahnverfahren 688 4; im Urkundenprozeß 592 5

Geltungsbereich s Zivilprozeßordnung

Gemeinde, Gerichtsstand 17 2; Parteifähigkeit **Grdz** 50 13, 50 7; Vertretung 51 14 „Fiskus"; Zuständigkeitsvereinbarung 38 18; Zustellung an die G. 170 8; Zuziehung des Gemeindebeamten durch den Gerichtsvollzieher als Zeugen 759; Zwangsvollstreckung 882 a 1, **EG** 15 2

Gemeindebetrieb, Rechtsweg **GVG** 13 40

Gemeindegericht GVG 14 5; Gemeinderichter **DRiG** 119

Gemeindeverband, Zwangsvollstreckung gegen den G. **EG** 15

Gemeinsamer Senat der Obersten Gerichtshöfe des Bundes **GVG** 140 **Anh**

Gemeinschaft, Streitgenossenschaft 59 6; Teilung, Streitwert 3 **Anh** 60; der Wohnungseigentümer s Wohnungseigentum

Gemeinschaftsrecht der Europäischen Gemeinschaft, richterliches Prüfungsrecht **GVG** 1 2; Richtlinie 293 1

Gemischtrechtliche Theorie der Rechtskraft **Einf** 322 7

Genehmigung, einer gegen den Anwaltszwang verstoßenden Prozeßführung 78 32; Aussagegenehmigung eines Angehörigen des öffentlichen Dienstes als Zeuge/Partei 376/451 3 „§ 376"; Aussagegenehmigung eines Angehörigen der Streitkräfte **SchlAnh III** 38; einer gerichtlichen Handlung nach einer Aussetzung/Unterbrechung des Verfahrens 249 10; einer mangelhaften Klageerhebung 253 16; des Protokolls 162 3; eines Mangels der Prozeßfähigkeit 56 9; der Prozeßführung einer Partei 50 32, 51 7, 52 5; der Prozeßführung durch einen gerichtlich bestellten Vertreter 57 11; der Prozeßführung ohne Vollmacht 89 5, 11; der Prozeßhandlung einer falschen Partei **Grdz** 50 18; einer mangelhaften Prozeßführung 295 4; eines Mangels der Prozeßvollmacht 88 17, 89 17; durch Stillschweigen s dort; der Zustellung an eine unberechtigte Ersatzperson **Einf** 178 5

Genehmigungspflicht nach dem AWG **SchlAnh IV A**

Generalbevollmächtigter 171 4; Prozeßführungsrecht 80 8, 13; Zustellung an den G. 171 4

Generalbundesanwalt s Auslandsunterhaltsgesetz

Generalsubstitut 78 27, 28, **GVG** 155 **Anh** 2 § 53

Genfer Flüchtlingskonvention 606 a **Anh III C**; Protokoll über Schiedsklauseln im Handelsverkehr und Abkommen zur Vollstreckung ausländischer Schiedssprüche **Einl V** 11

Genossenschaft, Pfändung eines Anteils 859 **Anh** 8; Streitwert eines Ausschlusses 3 **Anh** 60; Gerichtsstand 17 7; Feststellungsklage wegen der Unwirksamkeit eines Beschlusses der Versammlung der Genossen 256 70; Gerichtsstand für eine Klage gegen die G. 22 7; Parteifähigkeit 50 7; Prüfungsverband, Rechtsweg **GVG** 13 40; Treuhandstelle, Kostenerstattung 91 209; gesetzliche Vertretung 51 15; Zustellung an die G. 170 9

Gericht, Amtsermittlung s dort; Amtshandlung außerhalb des Gerichtsbezirks **GVG** 166; Pflicht zur Aufklärung, Belehrung und zu einem Hinweis s Aufklärungspflicht; Bezeichnung des G. in der Klageschrift/im Urteil 253 29/313 9; Bindung des G. s dort; Verwertung eines Erfahrungssatzes **Einf** 284 22; Ermessen s dort; Ermittlung von Auslandsrecht, Gewohnheitsrecht, Satzungsrecht 293; Fürsorgepflicht **Einl III** 27, 139 7, 20; Gliederung **GVG** 12; Pflicht zur Entscheidung über die Kosten von Amts wegen **Üb** 91 37, 91 22, 308 15; Ordnungsgewalt **GVG** 177, 178; Pflichten im Zivilprozeß **Einl III** 27; Prozeßgericht s dort; Rechtskenntnis 293 1; Rechtsverweigerung **Einl III** 49; Pflicht zur Sachentscheidung **Einl III** 27; Terminbestimmung bei einer Überlastung 216 11; Unabhängigkeit **GVG** 1 2, **DRiG Vorb** 25, 25, 39; Unparteilichkeit 139 13, 87; Überzeugungsbildung 286 16; Verhinderung, Bestimmung des zuständigen G. 36 10; Bestellung eines gerichtlichen Vertreters s Vertreter; Wahrnehmung einer Verwaltungsaufgabe durch den Richter **EGGVG** 4, **DRiG** 4 4; Vollstreckungs-

Gerichtsakte

gericht s Zwangsvollstreckung; Wissen des Richters als Urteilsgrundlage **286** 16, 23; privates Wissen des Richters über Prozeßvorgänge **286** 23; Würdigung des Streitstoffs **Grdz 128** 35
- (**Geschäftsverteilung**) **529** 11, **GVG 21 e** 8 ff, **23 b**; Änderung **GVG 21 e** 16; Handlung eines unzuständigen Amtsrichters **GVG 22 d**; gesetzlicher Richter **GVG 16** 3; Mitwirkungsplan **GVG 21 g** 4; Vertretung des Vorsitzenden **GVG 21 e** 6
- (**Präsidialrat**) **DRiG 54–57, 74, 75**
- (**Präsident**), des OLG/LG **GVG 21 Anh II**; Eilfallentscheidung **GVG 21 i**; Vertretung **GVG 21 c, h**
- (**Präsidium**) **GVG 21 a, c, d**; des AG **GVG 21 a** 2, **22 a**; Aufgaben **GVG 21 e**; Beschluß, -fähigkeit **GVG 21 e** 19/**21 i**; Wahl(ordnung) **GVG 21 b** (**Anh**)

Gerichtsakte, Aktenführung **299** 1; im Mahnverfahren **Grdz 688** 6; Einsichtnahme **299** 5, 9, 23; Erteilung einer Abschrift/Ausfertigung **299** 19; Einreichung eines Schriftsatzes **133**; Niederlegung einer Urkunde **134** 8

Gerichtsbarkeit auf **Üb 1, GVG 1 ff**; bei einer Aufrechnung durch den Bekl **145** 18; über einen Exterritorialen s dort; ordentliche streitige G. **EGGVG 2**; beim Fehlen eines Gerichtsstands **Üb 12** 5; hinsichtlich der Person **Grdz 253** 22; als Prozeßvoraussetzung **Grdz 253** 22, **280** 1; über einen Angehörigen der Streitkräfte **SchlAnh III Einl 1**; Übertragung **EGGVG 3, 4**

Gerichtsbesetzung, des AG **GVG 22**; der Zivilkammer des LG **GVG 59**; der Kammer für Handelssachen beim LG **GVG 105, 106**; des Senats beim OLG **GVG 116, 122**; des Senats beim BGH **GVG 124, 130, 139**; Angabe im Urteil **313** 9; bei einem Beschluß **329** 15 „**§§ 313–313 b**"; bei einer Entscheidung im schriftlichen Verfahren **128** 27; Fehlerhaftigkeit als Revisionsgrund/Anlaß zu einer Nichtigkeitsklage **547/579** 6; Geschäftsverteilung **GVG 21 e** 22; des Hilfsrichters beim LG **GVG 70**; des Hilfsrichters beim OLG **GVG 115**; bei einem Geschäft des Rpfl **GVG 153 Anh 8 § 28**; und gesetzlicher Richter **Üb 41** 5, **GVG 16**; und Richter auf Lebenszeit, zur Probe, kraft Auftrags, kraft einer Abordnung **DRiG 28, 29**; im Urteil **309** 1; bei der Berichtigung eines Urteilstatbestandes **320** 12; Unzuständigkeit des Amtsrichters **GVG 22 d**; Vertretung des Vorsitzenden **GVG 21 e** 6
- (**Richterwechsel**) nach einer Beweisaufnahme **355** 7; bei einem Ergänzungsurteil **321** 9; Prozeßhandlung vor einem R. **128** 8; nach der mündlichen Verhandlung **128** 8, **Üb 253** 5, **309** 1; Wegfall des R., Wiedereröffnung der mündlichen Verhandlung **156** 19

Gerichtsbestimmung s Zuständigkeitsbestimmung

Gerichtsgebühr, maßgeblicher Zeitpunkt für die Berechnung **4** 1; Fälligkeit **4** 1; bei Klage und Widerklage **5** 1; bei einer Mehrzahl von Klagansprüchen **5** 1; beim Miet- oder Pachtvertrag **8** 1; Vorwegzahlung der Prozeßgebühr **271 Anh**; nach einer Prozeßtrennung **145** 6; bei einer Prozeßverbindung **5** 11, **147** 20; beim Rentenanspruch **9** 3; bei einer Richterablehnung **46** 18; beim Streit um die Zulassung des Streithelfers **71** 8; Festsetzung des Streitwerts für die Berechnung der Gebühren **Einf 3** 7; beim Unterhaltsanspruch **9** 2; bei einem Vergleich im Verfahren auf die Bewilligung einer Prozeßkostenhilfe **118** 24, 25; bei der Bestellung eines gerichtlichen Vertreters für den Bekl **Einf 57** 4; Verzögerungsgebühr s dort

Gerichtskosten Üb 91 15, **91 ff**; bei einer Kostenaufhebung gegeneinander **92**; Kostenentscheidung, Kostenfestsetzung s dort; sachlichrechtliche Kostenhaftung **Üb 91** 43

Gerichtskundigkeit einer Tatsache **291** 5

Gerichtsorganisation GVG 12 1; Errichtung, Aufhebung, Sitzverlegung, Änderung der Grenzen eines Gerichtsbezirks **GVG 12** 2; Versetzung des Richters **DRiG 32, 33**

Gerichtsperson, Ausschluß von der Amtsausübung s Ausschluß; Ablehnung wegen Befangenheit s Befangenheit; als Zeuge **Üb 373** 14

Gerichtssiegel, auf einer Beschlußausfertigung **329** 15; auf einer Urteilsausfertigung **317** 15; bei der Verbindung des Urteils mit der Klageschrift **313 b**; bei einer Vollstreckungsklausel **725**

Gerichtssommer 227 30, **36 ff**

Gerichtssprache GVG 184

Gerichtsstand Grdz 1 1, **Üb 12** 1, **12 ff**; allgemeiner **12–19**; Amtsprüfung **Üb 38** 17; bei einer Anspruchshäufung **260** 16; beim Arrest **919, 927** 9; bei der Aufhebungsklage usw nach einem Schiedsspruch **1062**; im Aufgebotsverfahren **946** 2, **978** 1, **983** 1, **987 a** 1, **990** 1, **1002** 1, **1005** 1, **1006** 1; im Ausland **Üb 12** 6 ff; Beweislast beim Streit über den G. **Üb 12** 19; in einer Ehesache **606 ff**; bei der Einmischungsklage **64** 9; Einteilung **Üb 12** 11; Fehlen des G. beim vermögensrechtlichen Anspruch, Berufung/Revision **513**; bei der Feststellungsklage **256** 45; bei der Feststellung der Unzulässigkeit einer Schiedsvereinbarung **1062**; bei der Hauptintervention **64** 9; des Heimathafens **Üb 12** 11; und Gerichtsbarkeit **Üb 12** 5; beim Kapitalanleger-Musterverfahren **32 a**; in einer Kindschaftssache **640 a**; bei der Leistungs- und Duldungsklage **Üb 12** 21; beim Mahnverfahren **689, 703 d**; Mehrheit von G. **35** 1; bei einer Mehrzahl von Klagegründen **Üb 12** 17; als Prozeßvoraussetzung **Grdz 1, 9, Üb 12** 17, **Grdz 253** 22; Fortdauer der Rechtshängigkeitswirkung **261**; Revisionsprüfung **545**; bei einer Säumnis des Bekl im Verhandlungstermin **331** 8; im schiedsrichterlichen Verfahren **1043**; bei einem Auslandsaufenthalt des Schuldners in einem Unterhaltsprozeß **23 a**; bei einer einstweiligen Verfügung **937** 1, **942** 3, **943** 1; bei der Vollstreckbarerklärung eines Schiedsspruchs **1060, 1061**; bei der Vollstreckungsklage auf Grund eines Auslandsurteils **722** 8; Wahlrecht s unten; im Wechselprozeß **603**; bei einer Widerklage **33, 253 Anh** 1; im Wiederaufnahmeverfahren **584**; in einer WEG-Sache **29 b**; bei einer Klage auf Grund eines kaufmännischen Zurückbehaltungsrechts **Üb 12** 18; bei einer Zwischenfeststellungsklage **256**; in der Zwangsvollstreckung **802** 3
- (**allgemeiner**) **12–19**; einer Anstalt **17** 2; als ausschließlicher G. **12** 5 ff; des Aufenthaltsorts **16**; des Ausländers **13**; einer Behörde **17** 7, **18**; bei einem Behördensitz in mehreren Gerichtsbezirken **17**; für den Angehörigen des öffentlichen Dienstes im Ausland **15**; für einen exterritorialen Deutschen **15**; der Ehefrau **13**; des Fiskus **17** 6, **18**; einer Gemeinde **17** 2; einer Genossenschaft **17** 7; einer bergrechtlichen Gewerkschaft **17** 7; der Offenen Handelsgesellschaft **17** 9; des Insolvenzverwalters **19 a**; einer juristischen Person **17**; eines Kindes **13, 15**; der Kommanditgesellschaft **17** 8; einer Körperschaft **17** 2; eines Konsuls **15**; einer Stiftung **17** 2; eines Vereins **17** 10; einer Vermögensmasse **17** 2; des Wohnsitzes **13**; beim Wohnsitz im Ausland **16** 2; des letzten Wohnsitzes **16**; bei mehreren Wohnsitzen **13**
- (**ausschließlicher**) **Grdz 1** 7, **Üb 12** 14, **12** 5 ff, **29 a, 32 a, 40**; bei der Anfechtungsklage gegen

ein Ausschlußurteil **957** 2; bei der Anfechtungs-/Nichtigkeitsklage nach dem AktG/GmbHG **12** 6; beim Antrag auf eine gerichtliche Entscheidung wegen der Untätigkeit oder Fehlerhaftigkeit der Justizverwaltung **EGGVG 25**; beim Ausschluß des Eigentümers/dinglich Berechtigten im Aufgebotsverfahren **978, 981 a/983, 987 a, 1005, 1006**; beim Ausschluß eines Nachlaß-/Schiffsgläubigers **990/1002**; beim Ausschluß einer Urkunde **1005, 1006**; in einer Ehesache **606** 19; bei der Einmischungsklage **64** 9; beim dinglichen G. s dort; beim Haustürgeschäft **29 c**; bei einer juristischen Person **17** 1; beim Kapitalanleger-Musterverfahren **32 a**; bei der Klage auf/gegen die Erteilung einer Vollstreckungsklausel **731** 4, **768, 797 a** 3, **800** 10, **802**; im Mahnverfahren **689**; bei einem Wohnungsmietstreit **29 a** 13; bei der Offenbarungsversicherung **899**; für eine Schadensersatzklage bei der Zwangsvollstreckung auf die Herausgabe einer Sache, die Vornahme/Unterlassung/Duldung einer Handlung **893** 3; bei der einstweiligen Verfügung **937**; bei der Vollstreckungsabwehrklage **767** 42, **795** 10, **797 a** 3, **800** 10, **802**; Zuständigkeit des Vollstreckungsgerichts für die Pfändung einer Forderung oder eines Vermögensrechts **828** 4; Vorrang gegenüber dem Gerichtsstand des Vermögens usw **23** 22; bei der Wettbewerbsklage **21** 1, **23** 4; Widerklage bei einem ausschließlichen Gerichtsstand **33** 12; beim Widerspruch gegen einen Arrest **924** 11; bei der Widerspruchsklage gegen einen Verteilungsplan **879**; bei der Widerspruchsklage gegen eine Zwangsvollstreckung **771** 7; in der Zwangsvollstreckung **802, 828** 4; Zuständigkeitsvereinbarung beim ausschließlichen Gerichtsstand **40** 6; Zuständigkeitsvereinbarung bei einem ausländischen Gerichtsstand **38** 29; Zwischenfeststellungsklage bei einem ausschließlichen Gerichtsstand **256**
- **(besonderer) 20 ff, 35 a**; des Aufenthaltsorts **20**; des Aufenthalts, Bestellung eines gerichtlichen Vertreters **57** 10; beim Beförderungsverkehr **21** 12; der Berufsgenossenschaft **21** 4; des Beschäftigungsorts **20**; des Beschäftigungsorts, Bestellung eines gerichtlichen Vertreters **57** 10; der Einmischungsklage **64** 9; der Erbschaftsklage **27**; des vertraglichen Erfüllungsorts **29**; der Europäischen Gerichtsstandsverordnung **21** 3, **23** 5, **23 a** 1, **SchlAnh V C 4 Artt 3, 5**; beim Gebührenanspruch **34**; bei einer Insolvenz **19 a, 21** 3; am Meß- oder Marktort **30**; der Niederlassung **21**; bei einer Pacht **21** 11; für den Schadensersatzanspruch wegen einer unerlaubten Handlung/eines Wettbewerbsverstoßes **32**; für den Schadensersatzanspruch wegen eines Vertragsverstoßes **29** 1, 12; des Streitgegenstands **23**; der Unterhaltsklage gegenüber einem Elternteil **35 a**; des Vermögens **23**; der Vermögensverwaltung **31**; der Widerklage **33**, **38** 37
- **(dinglicher) Einf 24** 1; bei der Anfechtungsklage wegen eines Grundstücks **24** 4; bei der Klage auf Erteilung einer Auflassung **24** 4; Begriff der unbeweglichen Sache **24** 15; bei der Klage auf eine Entschädigung wegen einer Enteignung **26** 7; der Europäischen Gerichtsstandsverordnung **Einf 24** 3, **SchlAnh V C 4 Art 16**; als ausschließlicher Gerichtsstand **Einf 24** 3, **24** 18; bei der Klage wegen eines Grundstücks oder grundstücksgleichen Rechts **24**; bei dem Grundeigentümer/Besitzer/wegen einer Beschädigung des Grundstücks **26** 3/6; Verbindung der persönlichen und der dinglichen Klage **25**; bei der Klage auf Erteilung einer Vollstreckungs-

klausel gegenüber dem jeweiligen Grundeigentümer **Einf 24** 1; Widerklage beim dinglichen Gerichtsstand **24** 18; Zwischenklage beim ausschließlichen Gerichtsstand **24** 18; bei der Zwangsversteigerung **Einf 24** 1
- **(gesetzlicher) Üb 12** 11
- **(Erschleichen) Einl III 56**, 2 7, **Üb 12** 22, **38** 10, **39** 3, **Grdz 128** 15, **295, 504** 5; des Gerichtsstands des Erfüllungsorts **29** 6; des Gerichtsstands für eine Nachlaßverbindlichkeit **28** 3; des Gerichtsstands des Vermögens/des Streitgegenstands **23** 7; der Beseitigung des Gerichtsstands der Erbschaft **28** 3
- **(Unzuständigkeit)**, Belehrungspflicht **281** 21; dgl beim AG **Üb 38** 3, **38** 37, **39, 504**; und Berufung **513**; bei einer Verhandlung zur Hauptsache ohne eine Rüge der U. **38** 37, **39, 504, 506**; und Prozeßvoraussetzung **Grdz 253** 22; und Revision **545**; und Verweisung **Üb 12** 20, **281** 15; Verweisungsantrag **281** 18; nach einem Widerspruch gegen den Mahnbescheid **696**; Zulässigkeitsrüge **282**
- **(Vereinbarung) Üb 38** 1, **38, 40**; Auslegung **38** 5, 14; Belehrungspflicht des AG **Üb 38** 3, **38** 37, **39, 504, 506**; Bindungswirkung **38** 3 ff; durch eine Einlassung auf eine Klagänderung **268** 1; des Erfüllungsorts **29** 35; Form **38** 5, 15, 26; beim Fehlen eines inländischen Gerichtsstands **38** 21; bei einem ausschließlichen Gerichtsstand **40** 5; zwischen Kaufleuten **38** 17; für das Mahnverfahren **689**; wegen eines mietrechtlichen Anspruchs **29 a** 6; nach dem Eintritt der Rechtshängigkeit **38** 34, **261** 32; Rechtsmißbrauch **40** 7; für ein unbestimmtes Rechtsverhältnis **40** 1; und Rechtswahl **38** 27; für einen Schadensersatzanspruch **40** 1; für die Geltendmachung des Schadensersatzanspruchs wegen einer unerlaubten Handlung **32** 1; durch Stillschweigen **38** 8, 20; nach dem Entstehen der Streitigkeit **38** 34; bei der Streitgenossenschaft, Bestimmung der Zuständigkeit **36** 18; Unwirksamkeit der V. **38** 6 ff, **40** 1; Unzulässigkeit der V. **40** 5; Rüge der Unzulässigkeit **40** 8; durch Vereinbarung der Anwendbarkeit einer ausländischen Rechtsordnung **38** 27; durch das Verhandeln zur Hauptsache **38** 27; als Vertrag **38** 5; und Vollstreckungsklausel **38** 31; und Ausschluß der Widerklage **33** 11; für den Fall der Verlegung des Wohnsitzes **38** 35
- **(Wahlrecht) 35** 1; bei der persönlichen Klage im dinglichen Gerichtsstand **26**; bei einer Zuständigkeitsvereinbarung und beim Fehlen eines inländischen Gerichtsstands **38** 27
- **(Zuständigkeitsbestimmung)** s dort

Gerichtsstelle 219 1; Augenscheinseinnahme außerhalb der G. **372** 1; Gerichtstag als G. **219** 4

Gerichtstafel, Anheftung an die G. **186, 699** 22, **948, 949, 1006, 1009, 1020** 1; Zahlungssperre beim Inhaberpapier **1020**; öffentliche Zustellung **185, 186, 699** 22

Gerichtstag als Gerichtsstelle **219** 4

Gerichtsverhandlung, Berichterstattungsverbot **GVG 174**; Bild-/Tonübertragung **128 a**; Film-/Fernseh-/Rundfunkaufnahmen **GVG 169** 5, 6; Öffentlichkeit der G. s Öffentlichkeit; mündliche Verhandlung s dort

Gerichtsvollzieher 753, GVG Üb 154, 154, 155; Ablehnung einer Maßnahme der Zwangsvollstreckung **766** 19; Erteilung einer Abschrift des Protokolls **760**; Akteneinsicht **760**; Amtspflichtverletzung **753** 10, **GVG Üb 154** 4; Antrag auf Vornahme einer Maßnahme der Zwangsvollstreckung **754**; Antragsverhältnis **754** 3; Erlöschen oder Beschränkung dieses Antrags **755** 4; gleich-

Gerichtswachtmeister

zeitige Anträge mehrerer Gläubiger **827** 9; Antragstellung auf der Geschäftsstelle/durch das Gericht, den Staatsanwalt, die Geschäftsstelle **753** 15/**GVG 161**; Aufforderung des G. **763** 2; Aushändigung der vollstreckbaren Ausfertigung an den Schuldner **754** 10, **757** 4–6; Ausschließung von der Amtsausübung **GVG 155**; Befugnisse **754** 8, **755**, **813 a**; Beglaubigung für eine Zustellung **192** 7; Eingriffsverhältnis **753** 1; Ermächtigung zum Empfang der Leistung **754** 8; Befragung oder Kenntnis betr andere Forderungen **806 a**; Gerichtsstand für die Gebührenklage **34** 1; Ablieferung/Hinterlegung von Geld **815** 8/**720**, **815** 3, 9, 10, **930** 7; Geschäftsanweisung **758** 1, **Einf 814** 4; Anwendung von Gewalt **758**; Haftung **753** 10; Beitreibung/Erstattung der Kosten **788** 10/26; Mitteilung des G. **763** 3; Protokoll über eine Maßnahme der Zwangsvollstreckung **762**, **763**; Protokoll über eine Anschlußpfändung **826** 7; Protokoll als Beweismittel über eine Leistung Zug um Zug **765**; Erteilung einer Quittung **754** 9, **757**; Räumungsvollstreckung s Zwangsvollstreckung; Rechtsstellung **753** 1; Aufschub der Herausgabe einer Sache **765 a** 34; Vollstreckung der Herausgabe einer Sache/Sachpfändung s Zwangsvollstreckung; Vermerk einer Teilleistung auf der vollstreckbaren Ausfertigung **757**; Unterschlagung durch den G. **753** 7; Verhaftung des Schuldners **909**, **910**; Vernichtung von unpfändbarer Sache und Unrat **885**; Vollstreckungsverhältnis **753**; Vorpfändung **845** 11, **857** 27; Wohnungsdurchsuchung **758**, **758 a**; Zuziehung von Zeugen **759**; örtliche Zuständigkeit **753** 12; Verstoß gegen die Zuständigkeit **753** 1, 14, **GVG Üb 154** 5; Zustellung durch den G. s Zustellung; Zustellung an den G. **174**; Zustellung an einen Gehilfen des G. **178** 16; Zustellungsurkunde s Zustellung
Gerichtswachtmeister GVG 155 Anh III; Aufruf der Sache **220** 5; Zustellung durch den G. **168**, **176**, **182**
Geringfügigkeit der Mehrforderung, Kostenentscheidung **92** 48
Gesamtgläubiger, Aufgebot **1001** 1; Schadensersatzklage **253** 76; Streitwert der Ansprüche mehrerer Gesamtgläubiger **5** 2; Übergang von der Klage wegen einer Gesamthaftung zu derjenigen wegen einer Einzelhaftung **264** 18
Gesamtgrundpfandrecht, Aufgebot der Gläubiger, Antragsrecht **984** 1
Gesamtgut s Ehegüterrecht (Gütergemeinschaft)
Gesamthand, notwendige Streitgenossenschaft **62** 11; Zwangsvollstreckung in einen Gesamthandsanteil **859** 5
Gesamthypothek, Unzulässigkeit **867** 20
Gesamtprokura, Vollmacht zur Prozeßführung **84** 5; Zustellung **171** 5
Gesamtrechtsnachfolge, Fortsetzung des Prozesses **50** 20
Gesamtschuldner, Aushändigung der vollstreckbaren Ausfertigung **757** 3, 4; Ausschluß als Gerichtsperson **41** 7, **49**; statt eines Einzelschuldners, Klagänderung **264** 21; Streitgenossenschaft **59** 7; Kostenhaftung **100** 41; Streitwert **5** 2; Rechtskraftwirkung des Urteils **322** 10; Verurteilung nach Kopfteilen, Kostenentscheidung **92** 10, 15; Zwangsvollstreckung gegen G., Überpfändung **803** 10
Gesamtvergleich 307 Anh 41
Gesamtvertretungsmacht 51 9
Gesandter, ausländischer, Gesandtschaftspersonal s Exterritorialität; Zustellungsersuchen an einen deutschen G. **183**, **183 Anh**

Zahlen in Fettdruck = Paragraphen

Geschäftliche Zuständigkeit s Zuständigkeit, geschäftliche
Geschäftsanteil, Gerichtsstand des Streitgegenstands **23** 14; Pfändung **Grdz 704** 75 „Gesellschaft", **859 Anh**
Geschäftsanweisung an die Gerichtsvollzieher **758** 1, **Einf 814** 5
Geschäftsbedingungen s Allgemeine Geschäftsbedingungen
Geschäftsbesorgungsvertrag, Kündigung, Prozeßvollmacht **86** 1
Geschäftsfähigkeit und Prozeßfähigkeit **51** 3, **52** 4; des Rechtsanwalts **78** 26
– **(beschränkte),** Prozeßfähigkeit in einer Ehe-/Kindschaftssache **607**/**640 b**; Prozeßunfähigkeit **51** 3, **52** 4
Geschäftsfortführung, vollstreckbare Ausfertigung **729** 3; Kostenhaftung **Üb 91** 55; durch die Witwe/den minderjährigen Erben, Pfändungsschutz **811** 45
Geschäftsführer, Anspruch, Streitwert/Gebühren **3 Anh 62**/**9** 3; als gesetzlicher Vertreter **51** 16 „Gesellschaft"; als Zeuge **Üb 373** 14 „Gesellschaft"
Geschäftsführung ohne Auftrag, Gerichtsstand **29** 3; Unterschrift unter einem Schriftsatz **130**
Geschäftsgeheimnis, Ausschluß der Öffentlichkeit **GVG 172**; Zeugnisverweigerungsrecht **384** 7
Geschäftsordnung des BGH **GVG 140**
Geschäftsraum, Ersatzzustellung **178** 16, **179**; Gewahrsam **808** 13
Geschäftsreisender, Gerichtsstand **20**; Hotelstreitigkeit, Vollstreckbarkeit des Urteils **709** 1; Zuständigkeit **GVG 23** 9
Geschäftsstelle GVG 153; Erteilung einer Abschrift **299** 21; Aktenanforderung nach einer Berufung/Revision **541**/**565**; Aktenvorlage zur Terminsbestimmung/nach der Zahlung der Prozeßgebühr **216** 16/**271 Anh**; Aufnahme eines Antrags **129 a**; Erteilung einer Ausfertigung/eines Auszugs/einer Abschrift **299** 19; unrichtige Auskunft als Wiedereinsetzungsgrund **233** 20 ff; Herausgabe eines Beschlusses **329** 23; Beauftragung des Gerichtsvollziehers **GVG 161**; Kostenberechnung, Mitteilung an den Gegner/Aufforderung **105** 15/**106** 6; Ladung der Partei/des Zeugen **214**, **274**, **497**/**377**; Erteilung des Notfrist-/Rechtskraftzeugnisses **706** 11; Zustellung des Pfändungsbeschlusses **829** 50; Aufbewahrung der Aufzeichnung des vorläufigen Protokolls **160 a** 13; Auskunft aus dem Schuldnerverzeichnis **915** 9; Verwahrung einer verdächtigen Urkunde **443**; Urkundsbeamter der G. s dort; Übergabe des Urteils an die G. **315** 11; Zustellung von Amts wegen s dort; Zustellung durch die Vermittlung der G. s Zustellung (Parteibetrieb)
– **(Benachrichtigung durch die G.),** bei der Erteilung einer vollstreckbaren Ausfertigung **733**; der Parteien nach der Beweisaufnahme durch ein anderes Gericht **362** 2; Mitteilung von einer Sprungrevision an die Geschäftsstelle des LG **566**; über einen Widerspruch **695**
– **(Einreichung bei der G.) 129 a**; der Klageschrift **253** 105, **496** 5; des Kostenfestsetzungsgesuchs **103** 35; des Antrags auf Änderung der Kostenfestsetzung **107** 4; des Antrags an den Gerichtsvollzieher auf die Vornahme einer Maßnahme der Zwangsvollstreckung **753** 15
– **(Erklärung zum Protokoll der G.),** beim Arrestgesuch **920** 17; beim Aufgebotsantrag **947** 1; beim Antrag auf ein Ausschlußurteil **952** 1; beim Aussetzungsantrag **248** 3; bei einer sofortigen Beschwerde **569**; bei der Erklärung gegenüber einer

dahinterstehende Zahlen und Buchstaben = Randnummern **Geständnis**

Beschwerde **572** 6; beim Antrag im selbständigen Beweisverfahren **486** 1; bei der Klageerhebung vor dem AG **496**; beim Kostenfestsetzungsgesuch **103** 35; im Mahnverfahren **702**; bei einer Ablehnung des Richters wegen Befangenheit **44** 4; beim Antrag auf Prozeßkostenhilfe **117**; bei der Ablehnung eines Sachverständigen wegen Befangenheit **406** 26; beim Antrag bei der Einwilligung in die Rückgabe einer Sicherheitsleistung **109** 23; beim Widerspruch gegen einen Arrest **924** 13; beim Wiedereinsetzungsantrag **236** 4; beim Vorbringen eines Entschuldigungsgrunds des Zeugen für sein Ausbleiben **381** 10; beim Zeugnisverweigerungsgrund **386** 4
- **(Niederlegung auf der G.)**, des Schiedsspruchs **1042**; eines Schriftstücks **142** 14; des Teilungsplans **875**; der Urkunde **134, 142** 14; der Urkunde über eine Beweisaufnahme im Ausland **364** 2; Zustellung durch N. auf der Geschäftsstelle des AG **181** 8

Geschäftsunfähigkeit, bei der Klage auf Anfechtung der Ehelichkeit oder der Anerkennung der Vaterschaft **640 b**; bei einer Ehesache **607**; und Prozeßunfähigkeit **51** 4, **52** 4

Geschäftsverteilung, des Gerichts s dort

Geschäftswert, beim Antrag auf eine gerichtliche Entscheidung nach einem Justizverwaltungsakt **EGGVG 30**

Geschehensablauf, typischer, Anscheinsbeweis **286 Anh** 16, 21

Geschmacksmuster, Anwaltszwang **78** 22; Kostenerstattung **91** 100; Pfändung **Grdz 704** 76 „Gewerblicher Rechtsschutz: B. Patent usw"; Streitigkeit, Kammer für Handelssachen **GVG 95** 6; Verfahrenskostenhilfe **114** 34 „Patentgericht"; Zuständigkeit **GVG 78 b Anh I, 95** 6

Gesellschaft, Gerichtsstand **17** 3, **22** 1 ff; Gesellschafterbeschluß, Feststellungsklage **256** 71; Streitwert **3 Anh** 62; Umwandlung, Zwangsvollstreckung nach der Umwandlung **859 Anh** 9; Zuständigkeit der Kammer für Handelssachen **GVG 95** 6
- **(BGB)**, Prozeßführungsrecht des geschäftsführenden Gesellschafters **80** 8; Gerichtsstand der Gesellschafterklage **22** 1; Parteifähigkeit **50** 6; Prozeßfähigkeit **50** 6; Pfändung eines Gesellschaftsanteils **859** 3; Zwangsvollstreckung **736**
- **(EWIV)** s (oHG, KG)
- **(GmbH)**, Gerichtsstand bei der Anfechtungs-/ Nichtigkeitsklage gegenüber einem Beschluß der Gesellschafter **22** 1; Streitwert bei der Auflösung **3 Anh** 62; Unterbrechung des Verfahrens beim Erlöschen **239** 2 ff; Geschäftsanteil, Gerichtsstand des Streitgegenstands **23** 14; Gesellschafter als streitgenössischer Streithelfer **69** 7; Prozeßführungsrecht des Gesellschafters **Grdz 50** 29; Gerichtsstand **17** 1; Löschung, Parteifähigkeit, Fortsetzung des Prozesses **50** 23; Löschung, Unterbrechung des Verfahrens **239** 6; Patentanwaltsgesellschaft s dort; Parteifähigkeit **50** 7, der im Gründungsstadium befindlichen **50** 7; Pfändung eines Geschäftsanteils **859 Anh** 4; Pfändung des Anspruchs auf eine Leistung der Stammeinlage **859 Anh** 5; Streithilfe **66** 11; gesetzliche Vertretung **51** 16; Zustellung an die G. **170** 7; Zustellung an einen Angestellten **178** 17; Zwangsvollstreckung in Gesellschaftsvermögen **736 Anh** 4, in Gesellschaftervermögen **859 Anh** 4
- **(OHG, KG)**, Verfahrensunterbrechung bei der Auflösung **239** 6; notwendige Streitgenossenschaft bei der Auflösungsklage **62** 11 „Gesellschaft allgemein"; Streitwert beim Ausschluß **3 Anh** 62; Verfahrensunterbrechung beim Erlöschen **239** 6; Gerichtsstand **17** 9; Gerichtsstand der Mitgliedschaft **22**; Gerichtsstand des Vermögens/des Streitgegenstands **23**; Ausschluß des Gesellschafters als Gerichtsperson **41** 8, 49; Gesellschafter als Streitgenosse **Üb 59** 4, **62** 13; Gesellschafter als gesetzlicher Vertreter **50** 8, **51** 16; Gesellschafter als Zeuge **Üb 373** 17; Pfändung des Gesellschaftsanteils **Grdz 704** 75, **859 Anh** 1; Gerichtsstand bei der Klage gegen einen Gesellschafter **29** 9; notwendige Streitgenossenschaft bei der Klage gegen die Gesellschaft und gegen Gesellschafter **62** 13; Streitwert bei der Klage gegen einen Mitgesellschafter **3 Anh** 62; Verfahrensunterbrechung bei Insolvenz **240** 4; Kostenentscheidung im Fall einer Streitgenossenschaft **100** 10; Verfahrensunterbrechung bei der Liquidation/Löschung **239** 6, **241** 2, 3; Parteifähigkeit **50** 8, 9; Prozeßkostenhilfe **116** 16; Prozeßfähigkeit **52** 4; Rechtsanwaltsgesellschaft s dort; Rechtshängigkeit **261** 5; Sicherheitsleistung **110** 2; Streithilfe **66** 9; Verfahrensunterbrechung beim Tod eines Gesellschafters **239** 4; Rechtskraftwirkung des Urteils **325** 27; Vertretung im Parteiprozeß **79** 1; Zeugnisfähigkeit des Gesellschafters **Üb 373** 17; Zustellung an die G. **170** 11; Zwangsvollstreckung **736 Anh**, in einen Anteil **859 Anh** 1
- **(KG aA)**, Zustellung **170** 10

Gesellschaft, stille, Pfändung des Auseinandersetzungsguthabens **859 Anh** 6; Gerichtsstand bei der Gesellschafterklage **22** 7; Parteifähigkeit **50** 14

Gesellschaftsanteil, Pfändung **859 Anh** 3

Gesetz, Begriff **EG 12, GVG 1** 2; Aussetzung des Verfahrens wegen des Bevorstehens eines G. **148** 17; Bestimmung des Gerichtsstands in einem G. **12** 4; Pflicht des Gerichts zur Kenntnis des G. **293** 1; richterliches Prüfungsrecht **GVG 1** 7; Ungültigkeit als Aussetzungsgrund **148** 17; ZPO-Auslegung **Einl III** 35
- **(Änderung)**, Kostenentscheidung **91** 23, nach einem Berufungsurteil **97** 55, bei einem Anerkenntnis nach der Ä. **93** 94, im Fall der Erledigung nach der Ä. **91 a** (97); der für das Urteil maßgeblichen Gesetzesvorschrift **300** 7
- **(Gesetzesbindung) Einl III** 39
- **(Gesetzeslücke)**, Ausfüllung **Einl III** 48; Theorie der G. **263** 5
- **(Gesetzeszweck)**, als Auslegungsmaßstab **Einl III** 41; Nichtanerkennung eines ausländischen Urteils wegen eines Verstoßes gegen den Zweck eines deutschen Gesetzes **328** 34
- **(Gesetzwidrigkeit)**, greifbare **127** 25, **Üb 567** 4, **567** 6, **707** 17, **769** 13; Rechtsschutzbedürfnis trotz einer G. **Grdz 253** 52; Verzicht/Anerkenntnis bei einer gesetzwidrigen Handlung **Einf 306** 9
- **(Umgehung)** durch eine einstweilige Verfügung **940** 7
- **(Verletzung)**, Revisionsgrund/prüfung **546, 547**; s auch Rechtsverletzung

Gesetzgebende Körperschaft, Richter als Abgeordneter **DRiG 4** 2, 36, 121

Gesetzliche Frist Üb 214 10; auch Frist

Gesetzlicher Richter s Gerichtsbesetzung

Gesetzlicher Vertreter s Vertreter, gesetzlicher

Gesetzliche Vermutung 291

Gestaltungsklage, -urteil s Klage, Urteil

Gestaltungswirkung Grdz 253 19

Geständnis Einf 288 1, **288 ff**; außergerichtliches G. **Einf 288** 2; Behandlung einer unbestrittenen Behauptung als wahr **138** 38; in einer Ehe-/Kindschaftssache **617** 3/**640** 12 „§ 617"; Einschränkung **289** 4; fingiertes G. **138** 43, **446** 4; Erklärung **288** 7; bei der Feststellungsklage **256** 23;

Hartmann 3103

Gesuch

Geltung des erstinstanzlichen G. in der Berufungsinstanz **535**; Geltung eines außergerichtlichen G. **Einf 288** 3; Geltung eines vorweggenommenen G. **288** 4; Irrtum **290** 6; Nichterklärung über eine Privaturkunde **439** 3; Protokoll **160** 10; kraft Prozeßvollmacht **83** 4, **85** 6; bei einer Säumnis des Bekl/Berufungsbekl **331** 5/**539**; bei der Streitgenossenschaft **62** 20; des Streithelfers **67** 8; des streitgenössischen Streithelfers **69** 8; einer ungünstigen Tatsache **138** 36; Unwahrheit des G. **290** 5; bei einer freigestellten mündlichen Verhandlung **128** 11, 15; und Wahrheitspflicht **Einf 288** 4; Widerruf **Grdz 128** 59, **290** 5; Widerruf des außergerichtlichen G. **290** 3; und Wiederaufnahme **590** 4; mit Zusätzen, qualifiziertes G. **289**
Gesuch s beim Gegenstand des G.
Getrenntleben von Ehegatten s Ehegatte
Gewährleistungsanspruch, Gerichtsstand des Erfüllungsorts **29** 7; beim Erwerb der Pfandsache **806**; bei der Streitverkündung **72** 5
Gewahrsam 808 7, 10; eines Angehörigen **808** 11, 13, 14; eines Dritten bei der Sachpfändung **809**; des Ehegatten **739** 1, 5, **808** 11
Gewaltanwendung durch den Gerichtsvollzieher **758**
Gewaltentrennung DRiG 4 1
Gewalttat, Opferschutz, Rechtsweg **GVG 13** 52; Zwangsvollstreckung **892 a**
Gewerbe, Gerichtsstand der Niederlassung **21** 4; des Sachverständigen, Pflicht zur Erstattung des Gutachtens **407** 4
Gewerbebetrieb, des Ehegatten bei der Gütergemeinschaft, Zwangsvollstreckung **741** 3; dgl Widerspruchsklage **774**; Gerichtsstand bei einem Schadensersatzanspruch wegen eines Eingriff in den G. **32** 18; Ersatzzustellung im Geschäftsraum **178** 16
Gewerbegeheimnis, Zeugnisverweigerungsrecht **384** 7
Gewerbegehilfe, Gerichtsstand des Aufenthaltsorts **20**; Bestellung eines gerichtlichen Vertreters **57**; Zustellung an den G. **178** 16
Gewerblicher Rechtsschutz, Feststellungsklage **256** 9, 74; Gerichtsstand bei einem Schadensersatzanspruch **32** 6; Streitwert **3 Anh** 63; Rechtskraftwirkung des Urteils **322** 44
Gewerkschaft, arbeitsrechtliche, Gerichtsstand der Mitgliedschaft **22** 4; Gewerkschaftssekretär als Vertreter **157** 11; Parteifähigkeit **50** 16, 31; und Prozeßkostenhilfe **114** 56
Gewerkschaft, bergrechtliche, Gerichtsstand **17** 7
Gewinnanteilschein, Aufgebot **Einf 1003** 1
Gewohnheitsrecht GVG 1 2; Ermittlung des G. **293** 4; Nachweis des G. **293** 5; Revisibilität **545** 13
Glaubhaftmachung Einf 284 8, **294** 1; beim Antrag auf den Ausschluß des Eigentümers **980**; beim Anspruchsgrund für einen Arrest/eine einstweilige Verfügung **920** 11/**936** 2 „§ 920"; Beschwerdewert bei der Berufung/sofortigen Beschwerde **511**/**567**; Beweismittel für die **294** 6; bei einem Antrag auf eine Kürzung der Einlassungs-/Ladungsfrist **226** 3; Entbehrlichkeit **294** 3; bei der Bestellung eines gerichtlichen Vertreters im Fall der Herrenlosigkeit eines Grundstücks, Schiffs, Schiffsbauwerks **58** 5; Kosten im Kostenfestsetzungsverfahren **104** 38; Kostenerstattung **91** 100; der Nichtbefriedigung durch die bisherige Pfändung **807** 11; Notwendigkeit einer sofortigen Beweisaufnahme **294** 9; der Prozeßunfähigkeit im Fall der Bestellung eines gerichtlichen Vertreters **57** 4; des Grundes der Ablehnung des Richters **44** 5; des Grundes für das Ruhen des Verfahrens **251**

Zahlen in Fettdruck = Paragraphen

6; eines Schadens infolge der Verzögerung der Terminsbestimmung **271 Anh**; der Schuldlosigkeit beim Nichtvorbringen einer Zulässigkeitsrüge **296** 55; beim Antrag auf eine Terminsaufhebung **227** 8; der Vermögenslage wegen der Vorauszahlung der Prozeßgebühr **271 Anh**; durch eine eidesstattliche Versicherung **294** 7; einer Tatsache beim Antrag auf eine Wiedereinsetzung **236** 7; des Entschuldigungsgrunds des Zeugen für sein Ausbleiben **381** 4; des Zeugnisverweigerungsrechts **386**
Gläubiger, Antragsrecht beim Erbschein/bei einer Urkunde für die Zwangsvollstreckung **792**, **896**; Ersteigerung der Pfandsache **817** 11; als Partei im Zwangsvollstreckungsverfahren **Grdz 50** 1; Rechtsstellung bei der Pfändung einer Forderung **829** 48; bei der Pfändung der eigenen Sache **804** 7; bei der Überweisung einer gepfändeten Geldforderung s Zwangsvollstreckung; Vollstreckungsverhältnis **753** 6; Antrag an den Gerichtsvollzieher zur Vornahme der Zwangsvollstreckung **754**; gleichzeitige Anträge mehrerer Gläubiger **827** 9; Erstattung der Kosten der Zwangsvollstreckung **788** 28
Gläubigerstreit 75
Glaubwürdigkeitsfrage bei der Zeugenvernehmung **395** 5
Gleichartigkeit der Anspruchsgründe **60** 3
Gleichberechtigung der Ehegatten **52 Anh** 1
Gleichheit vor dem Gesetz **Einl III** 36
Gleichwertigkeit, des Parteivorbringens **138** 19, **Einf 284** 4; aller Teile der mündlichen Verhandlung **Üb 253** 5
Gliedmaß, künstliches, Pfändung **811** 52
GmbH s Gesellschaft (GmbH)
Gnade 890 30
Gnadenbezug, Pfändung **850 a** 15
Goldsache, Pfändung **808** 18; Mindestgebot bei der Pfandversteigerung **817** a 9
Graphologe, Schriftgutachten **442**
Greifbare Gesetzwidrigkeit: 127 25, **567** 6, **707** 17, **769** 13
Grenzregelung, Rechtsweg **GVG 13** 24
Grenzscheidungsklage, Gerichtsstand **24** 11
Griechenland, Beitrittsübereinkommen zur Europäischen Gemeinschaft **SchlAnh V** C 1; deutsch-griechisches Abkommen **SchlAnh V** B 6; Ehesache **606 a Anh II**
Grobe Nachlässigkeit beim verspäteten Vorbringen s Parteivorbringen
Grobes Verschulden, Nichtgeltendmachung eines Angriffs-/Verteidigungsmittels durch die Hauptpartei im Fall einer Streithilfe **68** 11
Großbritannien, deutsch-britisches Abkommen **SchlAnh V** B 5
Großer Senat GVG 132, **138**
Grund des Anspruchs **304** 6, 15; Klagegrund s dort; Streitwert **3 Anh** 66
Grundbuchamt 866, **867**, **941**
Grundbuchberichtigung, Pfändung des Anspruchs auf eine G. **Grdz 704** 67 „Berichtigung des Grundbuchs"; Gerichtsstand der Klage auf eine G. **24** 6; Streitwert der Klage gegen einen Miterben **3 Anh** 41
Grundbucheintragung, der Arresthypothek **932** 6; Streitwert der Auflassungsvormerkung **6** 15; Kosten als solche der Zwangsvollstreckung **788** 23; Pfändung/Überweisung einer Buchhypothek **830** 11/**837** 4; Nachweis der Rechtsnachfolge **799**; Zwangsvollstreckung aus einem Urteil auf die Bewirkung einer G. **887** 25; beim Urteil auf die Abgabe einer Eintragungserklärung **894**, **895**, **896**; einstweilige Verfügung auf eine G. **936** 11; zugehöriges Eintragungsersuchen **941**; einstwei-

lige Verfügung auf die Eintragung einer Vormerkung oder eines Widerspruchs 942; Streitwert 3 Anh 40; Zwangshypothek 867 1; Unterwerfung des jeweiligen Eigentümers unter die Zwangsvollstreckung 800
Grundbuchlöschung, Zwangsvollstreckung aus einem Urteil auf eine G. 887 31
– (Bewilligung), bei der Zwangshypothek 788 31 „Löschungsbewilligung", 867 17
– (Klage), Gerichtsstand 24 9, 25; Anerkenntnis, Kosten 93 37 „Dingliche Klage"; Streitwert 3 Anh 75 „Löschung"; derjenige im Fall der Löschung einer Hypothek/Auflassungsvormerkung 6 10, 11
Grunddienstbarkeit, Gerichtsstand 24 6, 19; notwendige Streitgenossenschaft der Grundstücksmiteigentümer 62 11; Grundstücksveräußerung während des Prozesses 266 3; Streitwert 7; Urheberbenennung im Fall einer Rechtsbeeinträchtigung 77
Grundpfandrecht, Zwangsvollstreckung im Fall der Abtretung, Belastung, Bestellung einer Briefgrundschuld/Hypothek 897; Gläubigeraufgebot s Aufgebotsverfahren; Grundstücksveräußerung während des Prozesses 266 1; Gerichtsstand der Klage 24 6, 10; Klage im Urkundenprozeß 592 5; Gerichtsstand im Fall der Verbindung der persönlichen mit der dinglichen Klage 25; dgl Streitwert 6 10; Streitwert bei der Höchstbetragshypothek 6 13; Streitwert der Löschung 6 10, 15; Anspruch auf Eigentumsübertragung, Pfändung, Sicherungshypothek 848 7; Rechtskraftwirkung des Urteils 325 4; Zwangsvollstreckung aus einem Urteil auf die Bewirkung der Löschung 887 31; bei einer vorläufigen Vollstreckbarkeit 720 a; Zwangsvollstreckung, Haftung des Zubehörs 865; Unterwerfung des jeweiligen Eigentümers unter die Zwangsvollstreckung 800; Nachweis der Rechtsnachfolge 799
– (Arresthypothek) 932
– (Brief), Gerichtsstand bei der Klage auf die Herausgabe 24 17; Streitwert der Herausgabe 3 Anh 69; Hilfspfändung 808 3; Kraftloserklärung Einf 1003 2 (D), 1024 Anh; vgl auch Aufgebot
– (Eigentümergrundschuld, -hypothek), Pfändung 857 22, 23
– (Grundschuld), Beweislast 286 Anh 97; Pfändung 857 20; Pfändung des Anspruchs auf die Rückübertragung Grdz 704 76; Gerichtsstand der Klage auf die Rückübertragung 24 10
– (Höchstbetragshypothek), Streitwert der Löschung 6 13; Pfändung/Überweisung 830 1, 857 26/837 8
– (Hypothek), Abtretung, Streitwert 6 10; Aufgebot der Gläubiger 982 ff; Rechtshängigkeitswirkung bei der Hypothekenklage 261 20; Pfändung/Überweisung der Hypothekenforderung Grdz 704 78, 830/837; als Sicherheitsleistung 108 9; Rechtskraftwirkung des Urteils 322 47, 325 12, 31; Vorpfändung 845 15; Recht zur Erhebung einer Widerspruchsklage 771 16 „Dingliches Recht, beschränktes"; Klage auf künftige Zahlung von Zinsen 258 9
– (Sicherungsgrundschuld), Pfändung des Anspruchs auf die Rückübertragung Grdz 704 79 „Grundschuld", 857 24
– (Sicherungshypothek) 866 ff; Arrestvollzug 932 1–7; Pfändung/Überweisung 830 15/837 8
– (Zwangshypothek) 866 ff; Kostenentscheidung bei einem Anerkenntnis 93 37 „Dingliche Klage"; Übergang auf den Grundeigentümer 868; Zwangsschiffshypothek 870 a

Grundrechtsverletzung, Beweislast 286 Anh 97; rechtliches Gehör Einl III 16 ff
Grundsätzliche Bedeutung der Rechtssache 348, 348 a, 511, 526, 543, 574
Grundschuld(brief) s Grundpfandrecht
Grundstück, Eigentumsaufgabe, Bestellung eines gerichtlichen Vertreters 58, 787; Ausschluß des Eigentümers s Aufgebotsverfahren; Eigentumserwerb/Herausgabeanspruch, Pfändung/Pfändung für mehrere Gläubiger 848, 849/855, 856; Früchte, Zwangsvollstreckung 810, 824; mit dem Grundeigentum verbundenes Recht 24 15, 16; Gerichtsstand der Klage des Eigentümers 24 3; Gerichtsstand der persönlichen Klage gegen den Eigentümer/Besitzer wegen einer Grundstücksbeschädigung 26 3, 6; Herrenlosigkeit 58, 787 1; Klage auf eine kalendermäßige künftige Räumung 257 5; Räumungsvollstreckung 885; Streitwert 6 2; Gerichtsstand der Teilungsklage 24 12; Zwangsvollstreckung aus einem Urteil auf eine Herausgabe 885; Veräußerung während des Prozesses 266 1; Zubehör in der Zwangsvollstreckung 865; Zwangsvollstreckung 864–871
Grundstücksbestandteil als unbewegliche Sache, Gerichtsstand 24 16; Zwangsvollstreckung 864, 866
Grundstücksgleiches Recht 864 6, 870 2
Grundstückszubehör 865 4
Grundurteil, s Urteil (Vorabentscheidung)
Gründungsgesellschaft, Parteifähigkeit 50 6
Gutachten, elektronische Abgabe 130 a; Kostenerstattung 91 101 ff; diejenige beim vorprozessualen Gutachten Üb 91 66 „Selbständiges Beweisverfahren", 91 277; als Parteivorbringen Üb 402 21; bei der Festsetzung des Streitwerts 3 6; s auch Sachverständiger (Gutachten)
Güterfernverkehr, Rechtsweg GVG 13 40
Gütergemeinschaft s Ehegüterrecht
Güterrecht s Ehegüterrecht
Güterrechtsregister, in der Zwangsvollstreckung 741
Gütestelle, Kostenerstattung 91 106; im obligatorischen Güteverfahren 91 106, 286, EGZPO 15 a; und schiedsrichterliches Verfahren 1029; Vergleich vor der G. 307 Anh 17; Vergleich als Vollstreckungstitel 794 4; Erteilung der Vollstreckungsklausel 797 a
Güteverfahren 91 15, 106, 286, 278, 307 Anh 18, 20; obligatorisches EGZPO 15 a; Kosten 91 106, 286, EGZPO 15 a
Güteverhandlung 278
Gütliche Streitbeilegung 278
Gutglaubenserwerb und Rechtskraftwirkung 325 10; im Rechtskraftzug des Streitgegenstands 265 27, 266 10; durch die Zwangsvollstreckung 898
Gutglaubensschutz, bei der Veräußerung eines Grundstücks 266 10; bei der Veräußerung der Streitsache 265 27; bei der Pfändung Üb 803 7; und Rechtskrafterstreckung 325 10; bei der unterstellten Willenserklärung 898 1
Guthaben, Freigabe, Streitwert 3 Anh 58 „Freigabe"

H

Haager Abkommen, Entmündigungsabkommen 645 Anh II 2
Haager Übereinkommen wegen einer Beweisaufnahme im Ausland 363 Anh; zur Befreiung von der Legalisation 438 8; bei Unterhaltsentscheidungen SchlAnh V A 2; wegen einer Zustellung im Ausland 183 Anh

Haager Zivilprozeßübereinkommen Zahlen in Fettdruck = Paragraphen

Haager Zivilprozeßübereinkommen, Personalhaft **918 Anh**; Prozeßkostenhilfe **114 Anh**; Rechtshilfe **GVG 168 Anh I**; Sicherheitsleistung **110 Anh**; Vollstreckbarerklärung **SchlAnh V** A 1; Zustellung **183 Anh** 2
Haft, beim persönlichen Arrest/der einstweiligen Verfügung **933/936** 13 „§ 933"; bei der Offenbarungsversicherung s dort; Ordnungshaft s Ordnungsmittel; Zwangshaft s dort; in der Zwangsvollstreckung **888 ff**
Haftaufschub 906 3, 5
Haftbefehl 901 5, **908** 1
Haftdauer 913
Haftentschädigung, Pfändung **Grdz 704** 77
Haftung für eine Amtspflichtverletzung s dort; Kostenhaftung s dort; Schadensersatzpflicht s dort
Haftungsbeschränkung, des Erben s dort; Kostenentscheidung bei einem Anerkenntnis unter einer Geltendmachung einer H. **93** 95; beim Minderjährigen **786** 2 „E. § 1629 a BGB"; für eine Seeforderung **305 a, 786 a**; kraft eines Vertrages **Grdz 704** 25; Vollstreckungsabwehrklage **785, 786**; Vorbehalt der H. im Urteil **305**; Recht zur Erhebung einer Widerspruchsklage **771** 15 „Bestimmter einzelner Gegenstand"
Haftungserhöhung durch die Rechtshängigkeit eines dinglichen Anspruchs **262** 4
Haftunterbrechung 905 2
Hamburg EGGVG 4 a
Handelsbrauch GVG 1 2; Beweislast **286 Anh** 98; Entscheidung der Kammer für Handelssachen **GVG 114**
Handelsbuch, Anordnung der Vorlegung, Einsicht **422** 7; Pfändung **811** 51
Handelsgeschäft, Zuständigkeit der Kammer für Handelssachen bei einem Anspruch aus einem H./einer Geschäftsveräußerung **GVG 95**
- (Fortführung), vollstreckbare Ausfertigung **729** 3; durch die Witwe/den minderjährigen Erben, Pfändungsschutz **811** 45
Handelsgesellschaft s bei den einzelnen Gesellschafts-Rechtsformen
Handelsgewerbe, Zuständigkeitsvereinbarung **38** 17
Handelskammer s Kammer für Handelssachen, Wettbewerb (Einigungsstelle)
Handelsniederlassung, Gerichtsstand **21**
Handelsregistereintragung als Voraussetzung der Tätigkeit eines ehrenamtlichen Richters in der Kammer für Handelssachen **GVG 109**
Handelsrichter s Richter, ehrenamtlicher (Kammer für Handelssachen)
Handelssache GVG 95
Handelsschiedsgerichtsbarkeit, Abkommen **SchlAnh VI**
Handelsvertreter, Streitwert seines Anspruchs **3 Anh** 67, 9 4
Handlung, Duldungspflicht, Zwangsvollstreckung **890, 891**; Unterlassungspflicht, Zwangsvollstreckung **890, 891**; Urteil des AG auf eine Vornahme/Zahlung nach einer Entscheidung nach einem Fristversäumnis **510 b, 888 a**; Urteil auf eine (un-)vertretbare H., Zwangsvollstreckung **3 Anh** 31, **888, 887, 891**
Handlung, schlüssige s Schlüssige H.
Handlung, unerlaubte s Schadensersatzanspruch/-klage
Handlungsunfähigkeit, Beweislast **286 Anh** 99
Handlungsvollmacht, Prozeßführungsrecht **80** 8
Handschriftliche Unterzeichnung 690, 692
Härte, schwere, im Eheverfahren **616** 5

Härte, unbillige, Zwangsvollstreckung **765 a**; Pfändung des Arbeitseinkommens **850 f**; Pfändungsschutz für die Witwe oder den minderjährigen Erben bei einer Fortführung der Erwerbstätigkeit **811** 45
Häufungsgrundsatz Üb 253 4; Vollstreckungsabwehrklage **767** 57
Hauptantrag 260 8, 10
Hauptbeweis Einf 284 11
Hauptintervention s Einmischungsklage
Hauptpartei 66 1
Hauptprozeß, Gerichtsstand **34**
Hauptsache, Entscheidung in der H. **99** 35; Erledigung der H. s dort; Gericht der H. beim Arrest/bei der einstweiligen Verfügung **919** 4, **927** 9, **936** 1 „§ 919", 5 „§ 927", **937** 1, **942** 1, **943** 1; Kosten als Hauptsache bei einer Erledigung vor dem Eintritt der Rechtshängigkeit **91 a** 22, 30; Verhandeln zur H. s Mündliche Verhandlung (Verhandeln zur Hauptsache); Vorwegnahme **Grdz 916** 5, 6, **940** 26 „Unterhalt"
Hauptsachenklage 926 1–9
Haupttermin 272, 279
Hauptversammlungsbeschluß, Gerichtsstand für die Anfechtungs-/Nichtigkeitsklage **12** 6; Streitwert in solchem Fall **3 Anh** 67; Zuständigkeit der Kammer für Handelssachen **GVG 95** 6
Hausbesetzung 253 25, **750** 11, **885** 15
Hausgenosse, Ersatzzustellung an den H. **178** 10 ff; Gewahrsam **808** 14
Hauspersonal, Ersatzzustellung an das H. **178** 10, 11; bei einem Exterritorialen **GVG 18** 3; Gerichtsstand des Beschäftigungsorts **20**; Bestellung eines gerichtlichen Vertreters **57**
Hausrat, einstweilige Anordnung in einer Ehesache **620** 19, **621** 20, **621 e** 10; Gewahrsam **808** 14; Pfändung **Grdz 704** 61, 78, **739, 811** 16, **812**
Hausratssache, Abgabe in einer H. **281 Anh I**; Streitwert **3 Anh** 67; Zuständigkeit des Prozeßgerichts **281 Anh I** 2, **620** 22, **621** 20, **621 e** 10, **GVG 23 b, c**
Hausrecht, beim Haustermin **219** 7; der Justizverwaltung **GVG 176** 2; in der Zwangsvollstreckung **758** 3, **758 a**
Haustier, Beseitigung, Zwangsvollstreckung **887** 28; Pfändung **811 c**
Haustürgeschäft, Beweislast **286 Anh** 99; Gerichtsstand **29 c**
Hausverbot, Rechtsweg **GVG 13** 41
Hauswirt, Ersatzzustellung an den H. **178** 10
Haverei, Zuständigkeit **GVG 95** 6
Hebamme, Gebühren, Rechtsweg **GVG 13** 41; Pfändung bei der H. **811** 46
Heilung s Verfahrensmangel (Heilung), Zustellungsmangel (Heilung)
Heilungskosten 940 42 „Rente"
Heimarbeitsvergütung, Pfändung **850 i** 11
Heimatloser 606 a Anh III B
Heiratsbeihilfe, Pfändung **850 a** 13
Heizöl, Pfändung **811** 25
Hemmung s Frist (Hemmung), Verjährung (Hemmung)
Hemmungswirkung Grdz 511 2, **705** 9
Herausgabe, Aufschub **765 a** 34, 36; bei der einstweiligen Verfügung **938** 12; an den Gerichtsvollzieher durch einen Dritten **809** 5; Erzwingung der H. eines Kindes **883** 14; einer Sache **883** 1–12; des Pfandes an den Gläubiger **838** 1; dgl Streitwert **3 Anh** 68, **6**; dgl Zuständigkeit **GVG 23 b, c**; an den Sequester im Fall der einstweiligen Verfügung **938** 12; Sommersache **227** 38, 39, 45;

dahinterstehende Zahlen und Buchstaben = Randnummern **Inkassozession**

im Fall der Pfändung des Anspruchs auf die Herausgabe eines Grundstücks **848** 4
Herausgabeanspruch, Pfändung **Grdz 704** 78, **846–849**; Pfändung für mehrere Gläubiger **854–856**; Pflicht des Gegners zur Herausgabe einer Urkunde **422**; Streitwert **3 Anh** 68, 6; im Fall der vorläufigen Vollstreckbarkeit **717** 3–17; Recht zur Erhebung einer Widerspruchsklage **771**
Herausgabebereitschaft 809 5
Herausgabeklage, Anspruchshäufung **260** 1; Arbeitszeugnis, Rechtsschutzbedürfnis **Grdz 253** 35; gegen den Besitzer, Streitverkündung gegenüber dem mittelbaren Besitzer **76**; Gerichtsstand wegen eines Grundpfandbriefs **24** 17; Gerichtsstand beim Streit um die Herausgabe eines Grundstücks **24** 3; auf die kalendermäßig künftige Herausgabe eines Grundstücks/Wohnraums **257** 5; Klagantrag **253** 68; Streitbefangenheit **265** 4; Streitwert **3 Anh** 68, 5; Urkundenvorlegung durch einen Dritten **429** 4; Rechtskraftwirkung des Urteils **322** 47; Zwangsvollstreckung **883–886**; Verbindung mit der Klage auf Erteilung einer Auskunft usw **254** 3; Rechtsschutzbedürfnis für den Vermieter **Grdz 253** 35; künftige Wohnraumherausgabe **259** 6
– (Streitwert) **3 Anh** 68; 6; Aktie **4** 10; H. aus Besitz/Eigentum **6** 1; beim Eigentumsvorbehalt **3 Anh** 68, 5 3ff, **6** 2; gegenüber einem Gesamthandeigentümer **6** 2; Pfandsache **6** 12; Rentengut **8** 4; sicherungsübereigneter Sachen **6** 9; einer Urkunde **6** 3
Herrenlosigkeit, eines Flugzeugs/Grundstücks/ Schiffs, Bestellung eines gerichtlichen Vertreters **58**, **787**
Herstellerhaftung, Beweislast **286 Anh** 145 „Produkthaftung"
Herstellungsklage 606 7
Hilfsakte, Einsicht **299** 9
Hilfsanspruch 260 8, 10; Streitwert **3 Anh** 71; Anordnung einer Verhandlungsbeschränkung **146** 3, 5; Verweisung im Fall einer Beschränkung der Zuständigkeit auf den H. **280** 6
Hilfsanschlußberufung 524
Hilfsantrag s Klagantrag (Hilfsantrag)
Hilfsarbeiter, Verschulden des angestellten Anwalts **85** 27 ff
Hilfsaufrechnung durch den Bekl **145** 13; Beschwer, Streitwert **3 Anh** 16; Urteil **300** 10
Hilfsbedürftigkeit 850 f 3
Hilfsbegründung der Klage **260** 8; des Urteils **Grdz 253** 17, **313** 35, 46
Hilfsbeschwerde, Durchgriffserinnerung gegen eine Entscheidung des Rpfl s Erinnerung; gegen eine Entscheidung des verordneten Richters oder Urkundsbeamten **573**
Hilfserklärung der Partei über eine Tatsache **138** 19
Hilfsnatur, der Parteivernehmung **445** 1, 3; der Restitutionsklage **582** 1
Hilfspfändung der Legitimationsurkunde **808** 3
Hilfsrichter GVG 70, 115
Hilfsspruchkörper GVG 21 e 16
Hilfstatsache des Beweises **Einf 284** 16
Hilfsvorbringen Üb 253 4
Hilfswiderklage 253 Anh 5; Rechtshängigkeit **261** 13; Trennung der Verfahren **145** 7; gegenüber der Widerklage **253 Anh** 14
Hindernis für die Wahrung einer Frist s Wiedereinsetzung
Hinterbliebenenbezug, Pfändung **850** 10, **850 a** 10, **850 b** 10
Hinterlegung, einer Lösungssumme beim Arrest **923** 3, **934**; Gerichtsstand des Streitgegenstands

23 15; wegen eines Gläubigerstreits **75**; zwecks Ausschlusses eines Grundpfandrechtsgläubigers **987**; Streitwert der Klage auf die Einwilligung in eine Auszahlung **4** 10; Pfändung des Rücknahmerechts **Grdz 704** 78; als Sicherheitsleistung **108** 17; Streitwert **3 Anh** 71; Zwangsvollstreckung aus einem Urteil auf eine Hinterlegung von Geld **887** 28; Verzinsung hinterlegten Geldes **109** 25; H. eines Vorschusses auf die Zeugen- und Sachverständigengebühren **379** 1/**402** 2 „§ 379"; H. auf der Post usw bei der Zustellung **178** 16
– **(in der Zwangsvollstreckung)** s dort (Hinterlegung)
Hinweispflicht des Gerichts s Aufklärungs- und Hinweispflicht
Hochschule s Universität
Höchstbetragshypothek s Grundpfandrecht (Höchstbetragshypothek)
Höchstpersönlicher Anspruch, Unpfändbarkeit **851** 3
Hofveräußerung, Abfindung, Rechtsweg **GVG 13** 7
Hoheitsrecht, Rechtsweg **GVG 13** 41
Holland, Anerkennungs- und Vollstreckungsabkommen **SchlAnh V B** 7
Honorarkonsul, Gerichtsstand **15**
Hotel, Streitigkeit mit einem Gast, Gerichtsstand **29** 28 „Mietvertrag, Pachtvertrag"; Vollstreckbarerklärung des Urteils **708** 9, **709** 1; Zuständigkeit **GVG 23** 9
Hund, Pfändung **811 c**
Hypothek(enbrief) s Grundpfandrecht
Hypothetische Tatsache Einf 284 22

I

Identität der Partei/des Prozesses, Klageschrift **253** 22; Rechtshängigkeit **261** 18
Immission, Abwehr, Rechtsweg **GVG 13** 43; Beweislast **286 Anh** 237 „Zuführung"; Streitwert **3 Anh** 72; Urteil auf die Abwendung einer I., Zwangsvollstreckung **887** 43 „Zuführung"
Immobilie s Unbewegliche Sache
Immunität kraft Völkerrechts **GVG Einf 18** 3, 20
Inbesitznahme der Pfandsache **808** 7, 18
Individualisierung des Klagegrundes **253** 32
Individualleistung, einstweilige Verfügung **935** 1; Zwangsvollstreckung s dort
Indizienbeweis Einf 284 16
Indizierter Titel SchlAnh V A 2 Art 5, **C 1** Art 31
Indossables Papier, Gerichtsstand **29** 3; Kraftloserklärung als Aufgebotsverfahren; Pfändung/Bewertung **808** 4, **831/835**, **844**; Recht des Indossatars zur Prozeßgeschäftsführung **Grdz 50** 36, 48
Industrie- und Handelskammer, Meinungsumfrage **355** 5, **Üb 402** 7; Vorschlagsrecht betr ehrenamtliche Richter **GVG 108**
Information, des ProzBev, Kostenerstattung **91** 107; Zeugnisverweigerungsrecht **383**
Informationelle Selbstbestimmung Einl III 21
Inhaberpapier 821 1, **823** 1; Gerichtsstand **29** 3; Gerichtsstand des Vermögens **23** 15; hinkendes I. **1023**; Kraftloserklärung als Aufgebotsverfahren; Pfändung **821** 1; s auch Wertpapier
Inhaberschaft eines Rechts **771** 4
Inhaltskontrolle, richterliche s Richter
Inhibitorium 829 42
Inkassobüro, Kostenerstattung **91** 108; mündlicher Vortrag **157** 7
Inkassozession durch einen Ausländer, Sicherheitsleistung **110** 7; Recht des Zessionars zur Prozeß-

Hartmann 3107

Inkorrekte Entscheidung

geschäftsführung **Grdz 50** 31; s auch „Einziehungsermächtigung"
Inkorrekte Entscheidung s Fehlerhaftigkeit
Inland, frühere DDR **Einl III** 77
Innenbindung des Gerichts an seine Entscheidung 318
Innere Rechtskraft s Rechtskraft
Innere Tatsache als Gegenstand des Beweises **Einf 284** 20
Innung, Gerichtsstandsvereinbarung **38** 18
Inquisitionsgrundsatz s Amtsermittlungsgrundsatz
Insichprozeß, Fiskus **Grdz 50** 13
Insolvenz, Gerichtsstand der Insolvenzmasse **17** 7, des Insolvenzverwalters **19 a**; Nachlaßinsolvenz s dort; sofortige Beschwerde **567 Anh**
– **(Eröffnung),** Erlöschen der Prozeßvollmacht **86** 12; Unterbrechung eines die Insolvenzmasse betreffenden Verfahrens **240** 3; Aufnahme nach einer Unterbrechung **240** 15; Beendigung der Unterbrechung durch die Beendigung des Insolvenzverfahrens **240** 22; Frist für einen Antrag auf eine Wiedereinsetzung **234** 7; Offenbarungsversicherung **807;** Zuständigkeit **21** 3; Zwangsvollstreckung nach der Eröffnung des Insolvenzverfahrens **Grdz 704** 32
– **(Insolvenzforderung),** Absonderung statt Aussonderung **264** 14; Streitwert der Absonderungsklage **6** 10; Anmeldung **261** 11; Anmeldepflichtung, Zwangsvollstreckung **887** 20; Aufnahme eines die Teilungs- oder Schuldenmasse betreffenden Prozesses **240** 16 ff; Feststellungsklage **256** 76; dgl Streitwert **3 Anh** 74; Forderung gegen die Insolvenzmasse **240** 13; Insolvenzgläubiger als Streithelfer **66** 10, **69** 3; Vorrecht, Rechtsweg **GVG 13** 47
Insolvenzausfallgeld, Pfändung **Grdz 704** 86
Insolvenzverwalter, Gerichtsstand **19 a**; Partei kraft Amtes **Grdz 50** 8; Recht zur Prozeßgeschäftsführung **Grdz 50** 29; Prozeßkostenhilfe **116**; Prozeßstandschaft **Grdz 50** 27; Kostenerstattung beim Anwalt s **K. 91** 111 „Insolvenz"; Urteil gegen den K., Rechtskraftwirkung **325** 33; Erteilung einer vollstreckbaren Ausfertigung an den K. als Rechtsnachfolger **727** 13
Instanz, Beginn/Ende **172** 8; Begriff bei der Zustellung **172** 7; Prozeßkostenhilfe **119**; Rechtsmittelschrift, Zustellung **172** 33; Unterbrechung nach der Verkündung des Urteils **239** 16
Interesse eines Dritten an der Akteneinsicht **299** 23; an einem selbständigen Beweisverfahren **485** 7; für eine Feststellungsklage **256** 21; Klage auf das I. wegen einer Veränderung des Streitgegenstands **264** 6; Klage auf das I. trotz einer Zwangsvollstreckung **893** 1; des Klägers, Streitwert **3** 3; Rechtsschutzbedürfnis s dort; Schätzungsvernehmung der Partei **287** 34; des Streithelfers **66** 6
Interessentheorie GVG 13 7 ff
Internationales Familienrechtsverfahrensgesetz Üb 114 3, **606 a Anh II, 1076–1078**; kein Anwaltszwang **78** 33; Vollstreckungsklausel **724** 1; Zulassung zur Vollstreckung **722** 1; Zustellung **183 Anh** 1; Zwangsvollstreckung **883** 18
Internationales Zivilprozeßrecht s Zivilprozeßrecht
Internationale Zuständigkeit s Zuständigkeit
Internet 32 9, **816** 7, **825** 7
Interventionsklage s Zwangsvollstreckung (Widerspruchsklage)
Interventionsprozeß, 64
Interventionswirkung, Streithilfewirkung **68**
Intimsphäre, Schutz **Üb 371** 12, **GVG 171 b, 172** 1

Investmentanteil, Pfändung **Grdz 704** 79
Inzident ... s Zwischen ...
Irak, Ehesache **606 a Anh IV**
Iran, Ehesache **606 a Anh IV**
Irrelevanztheorie 265 17
Irrtum, Entschuldbarkeit eines Rechtsirrtums **Einl III** 69; Berichtigung des Urteils **319**; und Wiedereinsetzung **233** 18 ff
– **(bei)** einem Anerkenntnis **Einf 306** 8; einem Einverständnis mit dem schriftlichen Verfahren **128** 43; über die Wohnungseigenschaft bei einer Ersatzzustellung **178** 4; einem Geständnis **290** 6; einer Klagerücknahme **269** 24; der Bezeichnung einer Partei **Grdz 50** 5; einer Prozeßhandlung **Grdz 128** 56, 58; einem Verzicht **Einf 306** 8; einer gerichtlichen Erklärung **319** 1, 6; der Angabe des Zustellungsgegners in der Zustellungsurkunde **182** 19
Israel, deutsch-israelischer Vertrag **SchlAnh V** B 9
Italien, deutsch-italienischer Vertrag **SchlAnh V** B 2; Ehetrennungsrecht **Üb 606** 1

J

Jagd(pacht)recht, Rechtsweg **GVG 13** 43; Streitwert **3 Anh** 72; Zwangsvollstreckung **864** 7, **866, 870**
Jahrmarkt, Gerichtsstand **30**
Journalist, Zeugnisverweigerungsrecht **383**
Judex a quo, judex ad quem 104 56, **572**
Jugendamt beim IntFamRVG **606 a Anh II** 9
Jugendarrest EGGVG 23
Jugendhilfe, Rechtsweg **GVG 13** 44
Jugendlicher, Beeidigung **393**; Parteivernehmung **455** 5
Jugendstrafe EGGVG 23
Jugoslawien, Ehesache **606 a Anh IV**
Jura novit curia 138 14, **293** 1; s auch rechtliche Erörterung
Juristenausbildung DRiG 5–5 d
Juristische Person, Abwicklung, Unterbrechung des Verfahrens **239** 5, **241** 4; Erlöschen, Unterbrechung des Verfahrens **239** 4–6; Erlöschen im Fall der Vertretung durch einen ProzBev, Aussetzungsantrag **246** 5; Feststellungs- statt Leistungsklage **256** 82; Gerichtsbarkeit bei einer ausländischen j. P. **GVG 18** 1; Gerichtsstand **17**; Gerichtsstand des Vermögens/Streitgegenstands **23**; Vereinbarung des Erfüllungsorts als Gerichtsstand **29** 36; Gerichtsstandsvereinbarung bei einer öffentlich-rechtlichen j. P. **38** 18; Gerichtsstand der Organhaftung **32** 10; Rechtskraftwirkung gegenüber dem Organmitglied **325** 32; Parteifähigkeit **50** 7; Prozeßkostenhilfe **116**; Prozeßunfähigkeit **52** 4; als Schiedsrichter **1035**; Rechtskraftwirkung des Urteils **325** 32; Bestellung eines gerichtlichen Vertreters **57** 4; gesetzlicher Vertreter **51** 17; Wegfall des gesetzlichen Vertreters, Unterbrechung des Verfahrens **241** 3; Zustellung **170** 9; Zwangsvollstreckung gegen eine öffentlichrechtliche j. P. **882 a**
Juristische Tatsache Einf 284 21; als Gegenstand des Beweises **Einf 284** 21
Justitium 245 1
Justizanspruch Grdz 253 2
Justizbehörde, Maßnahme der J. **EGGVG 23** 1
Justizhoheit GVG Grdz 1
Justizmitteilung EGGVG 12 ff
Justizverwaltung GVG 21 Anh I; Anerkennung einer ausländischen Ehescheidung **328** 65; Aufbau **GVG 21 Anh II**; Gerichtsstand **18** 8; Zulassung als Prozeßagent **157** 25; Richtertätigkeit **EGGVG 4, DRiG 4** 4; Antrag auf eine gerichtliche Ent-

scheidung wegen einer Untätigkeit der J. **EGGVG 27**
Justizverwaltungsakt EGGVG 23 1; Anwaltszwang in einer Justizverwaltungssache **78** 44; Begründung **EGGVG 28** 9; Rechtsmittelbelehrung **EGGVG 26** 2
– (Antrag auf gerichtliche Entscheidung) **EGGVG 23, 24, 26** 3; Antragsfrist **EGGVG 26** 2, **27** 2, Anwaltszwang **78** 44; Entscheidung **EGGVG 28**; Kostenentscheidung **EGGVG 30**; wegen der Untätigkeit **EGGVG 27**; Vorlage beim BGH **EGGVG 29**; Verfahrensvorschriften **EGGVG 29** 3
Justizvollzugsanstalt, Ersatzzustellung **178** 25 ff

K

Kahlpfändung 811 1
Kalendertag, Klage auf eine kalendermäßige künftige Räumung/Zahlung **257**; Zwangsvollstreckung bei einem vom Kalender abhängigen Urteilsanspruch **751** 3
Kammer s Landgericht
Kammer für Handelssachen GVG 93 ff; Abgabe von Amts wegen an die Zivilkammer **GVG Üb 93**; Antrag auf eine Verhandlung vor der K. **GVG 96**; auswärtige K. **GVG 106**; Besetzung **GVG 105, 106**; Bildung **GVG 93**; Einmischungsklage **64** 8, **GVG 103**; ehrenamtlicher Richter s Richter; Prozeßbeginn mit einer Sache der Zivilkammer **147** 7; Sachkunde **GVG 114**; Verweisung an die K. **GVG 98, 104**; Verweisung an die Zivilkammer **GVG 97, 99, 104**; Zuständigkeit **GVG 94**; Zuständigkeitsstreit mit der Zivilkammer **36** 35; Zuständigkeitsvereinbarung **Üb 38** 5
– (Vorsitzender) **349** 1; Entscheidungsbefugnis **349** 9; Förderungspflicht **349** 4; Rechtsmittel gegen die Entscheidung des V. **350**
Kanada, Ehesache **606 a Anh IV**
Kannvorschrift Einl III 33
Kanzleiabwickler 78 27
Kapitalanlagegesellschaft, Pfändung eines Investmentanteils **Grdz 704** 79
Kapitalanleger-Musterverfahrensgesetz 32 a, 325 a, EGZPO 31, SchlAnh VIII
Kapitän, Anordnung der Offenbarungshaft **904**
Kartell s Anwaltskartell
Kartellsache, Kammer für Handelssachen **GVG 95** 7; Rechtsweg **GVG 13** 25, 45; Verweisung **281** 5; Zuständigkeit des Kartellgerichts, Aussetzung des Verfahrens **148** 18
Kassatorische Entscheidung s beim betr Rechtsmittel; kassatorische Klausel s Verfallklausel
Kassenarztstreitigkeit, Rechtsweg **GVG 13** 45
Kaufmann, Ersatzzustellung im Geschäftsraum **178** 16; Vereinbarung des Gerichtsstands am Erfüllungsort **29** 14, 15, 36; Zuständigkeit der Kammer für Handelssachen **GVG 95**; Zuständigkeitsvereinbarung **38** 17
Kaufverpflichtung, Zwangsvollstreckung aus einem K. **887** 30
Kaufvertrag, Abnahme der Kaufsache, Gerichtsstand **29** 26; dgl Streitwert **3 Anh** 5, **5** 3 ff; dgl Zwangsvollstreckung **887** 20; Beweislast bei einem Anspruch aus einem K. **286 Anh** 101; Klage auf eine Übergabe der Kaufsache **6** 2; Rechtskraftwirkung des Urteils **325** 33
Kausalzusammenhang s Ursachenzusammenhang, Ursächlichkeit
Kaution, Mietkaution, Gerichtsstand für den Rückzahlungsanspruch **29 a** 6 „Mietkaution"
Kenntlichmachung, der Pfändung **808** 21

Kerntheorie 890 4
Kind, Abstammungsuntersuchung s dort; einstweilige Anordnung auf eine Zahlung von Unterhalt, Schadensersatzpflicht bei ihrer Aufhebung **641 g**; Eidesmündigkeit **393**; Gerichtsstand **13, 15**; Erzwingung der Herausgabe **606 a Anh II** 33, **883** 18; Ladung bei der Klage auf die Anfechtung der Anerkennung der Vaterschaft **640 e**; Prozeßfähigkeit **52** 4; Streit über ein Kindschaftsverhältnis als Aussetzungsgrund **151, 154** 3; Zuständigkeit beim Unterhaltsanspruch **GVG 23 a** 2; Anerkennung/Vollstreckung einer ausländischen Unterhaltsentscheidung **SchlAnh V A** 2; Verbleib bei der Pflegeperson **GVG 153 Anh § 14 RPflG**
– (Eheliches K.), Feststellungsklage wegen des Eltern-/Kindesverhältnisses s Kindschaftssache; einstweilige Anordnung in einer Ehesache wegen der Personensorge oder des Unterhalts **620, 621**; Gerichtsstand der Unterhaltsklage gegenüber einem Elternteil **35 a**
– (Nichteheliches K.), Abstammungsuntersuchung s dort; Anerkennung der Vaterschaft s Vaterschaft; Ausschluß einer Gerichtsperson wegen ihrer Vaterschaft **41** 11, **49**; Ehelichkeitsanfechtungsklage s dort; Pfändungsvorrecht der Mutter **850 d** 1; Unterhaltsklage s dort; Vaterschaft s dort; gesetzliche Vertretung **51** 18
Kindergeld, Pfändung **Grdz 704** 80, **850 e** 5; Beweislast **286 Anh** 104
Kindesannahme, Ausschluß als Gerichtsperson/Rpfl/Gerichtsvollzieher **41** 11, **49/GVG 153 Anh § 10/GVG 155**; Feststellungsklage **640** 4; Zeugnisverweigerungsrecht **383** 4, **385**
Kindesentführung, Haager Übereinkommen **606 a Anh II** 11, **SchlAnh V A** 3
S auch Internationales Familienrechtsverfahrensgesetz
Kindesunterhalts-Vordruckverordnung 659 Anh
Kindschaftssache 45, 227 40, 41, **Üb 640** 1, **640** ff, **GVG 23 a** 1, **119** 1; Begriff **640** 1
– (Ehelichkeitsanfechtung) s Ehelichkeit (Anfechtungs-, Feststellungsklage)
– (Elterliche Sorge, Eltern-/Kindverhältnis), Feststellungsklage **640** 1; Amtsbetrieb **Üb 640** 1, **640** 11 „§ 616 I"; Amtsermittlung **640** 11 „§ 616 I", **640 d**; Anerkenntnis **640** 12; Anerkennung eines ausländischen Urteils **328** 48; einstweilige Anordnung **641 d** ff; als Aussetzungsgrund **154** 3; Beladung **640 e**; Erklärung über eine Tatsache/über die Echtheit einer Urkunde **640** 12 „§ 617"; Europarecht **606 a Anh I**; Geständnis **640** 12 „§ 617"; Klagenverbindung **640 c** 1; Kostenentscheidung **93 c**, beim Anerkenntnis **93** 16; Ladung des nichtbeteiligten Elternteils/Kindes **640 e**; Übergangsrecht nach dem Einigungsvertrag **Üb 640** 2; Öffentlichkeit **GVG 170, 173**; Ausschluß der Parteiherrschaft **640** 3; Parteivernehmung **640** 11 „§ 616 I"; Prozeßfähigkeit **640 b**; Prozeßvollmacht **640** 3; notwendige Streitgenossenschaft **62** 11; Streithilfe **640 e**; Streitwert **3 Anh** 7; Tod einer Partei vor dem Eintritt der Rechtskraft **640** 12 „§ 619"; Rechtskraftwirkung des Urteils **322** 33, **640 h** 2; Verfahren **640**; Vollstreckbarerklärung des Urteils **704** 8; Zustellung des Urteils **325** 33, **640 h** 2; Versäumnisurteil **640** 11 „§ 612"; Verzicht auf den Klaganspruch **640** 12 „§ 617"; Verzicht auf die Beeidigung einer Partei, eines Sachverständigen, eines Zeugen **640** 12 „§ 617"; Zurückweisung in der Berufungsinstanz **640** 11 „§ 615"; Widerklage **253 Anh** 8, **640 c** 2; Zuständigkeit **640 a** 2, **GVG 23 a–c**
– (Vaterschaftsanerkenntnis) s dort

Kirche Zahlen in Fettdruck = Paragraphen

Kirche, Rechtsweg in einer kirchlichen Angelegenheit **GVG 13** 46; Zwangsvollstreckung gegen die K. **882 a**
Klagbarkeit, als Prozeßvoraussetzung **Grdz 253** 25
Klage 253; wegen einer Arbeitnehmererfindung ohne Verfahren vor der Schiedsstelle **253** 6; Kostenlast des Klägers im Fall eines Anerkenntnisses **93** 108; im Ausland **253** 1; unter einer Bedingung **253** 3; auf eine vorzugsweise Befriedigung **805**; Begründetheit **Grdz 253** 14, 17; mit der Bitte, keinen Termin zu bestimmen **269** 8; auf eine Dienstleistung **888** 24; auf eine Duldung **253** 61 „Dingliche Klage"; Entbindung des Bekl s Prozeß; beim unzuständigen Gericht **253** 21; auf eine künftige Leistung s das Unterstichwort Leistungsklage; auf wiederkehrende Leistungen **258** 1; Feststellungs-/Gestaltungs-/Leistungsklage **Grdz 253** 7; Mangel der Prozeßvollmacht **88** 5, 8; auf eine Rechnungslegung **254** 3; aus einem fremden Recht **Grdz 50** 29 ff; Rechtshängigkeit als Klagsperre **261** 28; nach dem Eintritt der Rechtskraft **Einf 322** 16; im schiedsrichterlichen Verfahren **1046**; Unbegründetwerden während des Prozesses, Kostenentscheidung **91** 20, **93** 109; auf eine Urkundenvorlegung durch einen Dritten **429** 4; Verjährungsunterbrechung s dort; ohne eine Vorentscheidung der Verwaltungsbehörde **253** 4; auf/gegen die Erteilung der Vollstreckungsklausel **731/768, 797** 10, **797 a** 3, **800** 10, **802**; Widerspruchsklage gegen den Verteilungsplan **878, 879**; auf eine kalendermäßige künftige Räumung/Zahlung **257** 5; Zulässigkeit **Grdz 253** 12 ff
– (Feststellungsklage) s dort
– (Gestaltungsklage) **Grdz 253** 19; Abänderungsklage **323** 40; Anfechtungsklage gegen ein Ausschlußurteil **957** 2; Aufhebungsantrag gegenüber einem Schiedsspruch **1059**; Klage auf eine vorzugsweise Befriedigung **805** 7; Klagantrag **253** 6; Klagebegründung **253** 32; Rechtsschutzbedürfnis **Grdz 253** 39; notwendige Streitgenossenschaft **62** 7; Vollstreckungsabwehrklage **767** 39; Widerspruchsklage gegen den Verteilungsplan **878**
– (Leistungsklage) **Grdz 253** 8; gegen den Drittschuldner und Pfändung/Überweisung des Herausgabeanspruchs durch mehrere Gläubiger **856**; und Duldungsklage, Gerichtsstand **Üb 12** 18, 21; Feststellungsurteil bei einer L. **256** 48; Klage auf eine kalendermäßige künftige Räumung/Zahlung, auf wiederkehrende Leistungen **Einf 257** 4, **258** 1; Klagantrag **253** 75; Rechtsschutzbedürfnis **Grdz 253** 36; Stufenklage **254** 1; Übergang von der Feststellungsklage zur Klage auf eine Rechnungslegung **264** 20; Übergang von der Vollstreckbarerklärung des Schiedsspruchs zur L. **264** 18
Klagabweisung bei einer Anspruchshäufung **260** 21; bei der Klage auf Auskunft/Rechnungslegung/Zahlung **254** 6; auf Grund einer Hilfsaufrechnung **300** 10; Beendigung der Prozeßvollmacht **86** 4; Sachabweisung **Grdz 253** 17, **Üb 300** 5; mangels Sachbefugnis **Grdz 50** 23; bei einer Säumnis des Bekl **331** 13; bei einer Säumnis des Klägers **330** 5 ff; wegen einer notwendigen Streitgenossenschaft **59** 5; mangels Substantiierung **138** 18; wegen Unzuständigkeit, Bindungswirkung **11**; durch ein Verzichtsurteil **306** 5; Zahlungsklage nach der Rechnungslegung **254** 15
– (durch Prozeßurteil) **Grdz 253** 14, **Üb 300** 12, **313** 32 ff, **322** 60; „angebrachtermaßen" **322** 15; Anordnung vorbereitender Maßnahmen trotz der Wahrscheinlichkeit einer Klagabweisung **273** 7; bei einer Anspruchshäufung **260** 21; bei einer gegen den Anwaltszwang verstoßenden Klage **78** 32;

bei einem Bekl als Partei kraft Zustellung **Grdz 50** 15; bei einer gegen einen Exterritorialen erhobenen Klage **GVG Einf 18** 2; der Feststellungsklage mangels Vorliegens ihrer besonderen Voraussetzungen **256** 3, 48; Hilfsbegründung mit einer Sachabweisung **Grdz 253** 17, **313** 35; mangels Klagbarkeit **Grdz 253** 32; nach einer Klagänderung **264** 1; bei einem Mangel der Klagerhebung **253** 19; bei einer Versäumung der Klagefrist **253** 4; wegen Nichterstattung der vorprozessualen Kosten **269** 50; mangels Partei-/Prozeßfähigkeit **56** 14; wegen Rechtshängigkeit **261** 26; Rechtskraftwirkung **322** 27 „Abreizung", 60 „Prozeßurteil"; mangels eines Rechts zur Prozeßführung **Grdz 50** 22, **56** 14; wegen des Fehlens eines Nachweises der Prozeßvollmacht **89** 3; wegen eines Mangels der Prozeßvollmacht **88** 13; mangels Vorliegens einer Prozeßvoraussetzung **56** 14, **280** 1, **300** 8; mangels eines Rechtsschutzbedürfnisses **Grdz 128** 15, **Grdz 253** 33, **300** 8; wegen Unzulässigkeit der Klage **Üb 12** 20, **Grdz 253** 14, **281** 21; nachträgliche sachliche Unzuständigkeit des AG **506**; im Urkundenprozeß **597** 5; mangels einer gesetzlichen Vertretung **56** 14; der Widerklage mangels einer Prozeßvoraussetzung **253 Anh** 15; der Widerklage wegen deren Unzulässigkeit **33** 12; Verwerfung der Wiederaufnahmeklage als unzulässig **589** 4; der Zwischenfeststellungsklage **256**
– (Vollstreckbarerklärung) **708** 14
Klagänderung 263 ff; Änderung des Klagegrunds/Klagantrags **264** 7 ff; nachträgliche Anspruchshäufung **260** 5, **263** 4; Berichtigung oder Ergänzung der tatsächlichen Angaben **264** 4; in der Berufungsinstanz **533**; Begriff der K. **263** 4; in einer Ehesache **611** 1; Einlassung auf die Kl. **267** 1; Einwilligung in die Kl. **263** 23; Fallgruppen **264** 7; bei einer späteren Fälligkeit der Klageforderung **257** 5; Forderung eines anderen Gegenstands/des Interesses wegen einer Veränderung **264** 6; Form **263** 18; nach dem Ablauf der Klagefrist **264** 5; als Klagerücknahme **264** 14; Kostenentscheidung, Veranlassung zur Klagerhebung **93** 45; wegen des Kostenerstattungsanspruchs **Üb 91** 45; Nichtzulassung **268** 3; Parteiwechsel als Kl. **263** 5; Zahlung der Prozeßgebühr **271 Anh**; Rechtshängigkeit **263** 18, **264** 1; nach einem Rechtsübergang des Streitgegenstands **264** 6; in der Revisionsinstanz **555**; Sachdienlichkeit **263** 24; im schiedsrichterlichen Verfahren **1046**; Streitgegenstand **2** 4; durch einen Streithelfer **67** 6; Streitwert **5** 7; Unanfechtbarkeit der Entscheidung **268**; Verfahren **263** 4 ff; Verweisung nach der Kl. **281** 5; durch einen Widerspruch des Bekl gegen die Erledigterklärung **91 a** 172; Zulässigkeit der Kl. als Prozeßvoraussetzung **263** 18, 19; Zulässigkeitsstreit **263** 18, 19; Zwischenurteil über die Zulässigkeit **268** 1
Klagänderungstheorie 263 5
Klaganspruch 253 30; Rechtsübergang **265** 7 ff, 16; Verzicht auf den Kl. in einer Ehe-/Kindschaftssache **617** 2/**640** 12 „§ 617"; Zusammenhang der Widerklage mit dem Kl. **33** 8, **253 Anh** 13
Klagantrag 253 38; Änderung **263** 4, **264** 5, 7 ff; Aufklärungspflicht des Gerichts **139** 22; Auslegung **253** 40; Begriff des Sachantrags **297** 1; Bindung des Gerichts in dem Kl. **308** 1, **308 a** 4, **528**, **555**, **938** 42 „Allgemeine Geschäftsbedingungen"; des Ehegatten bei der Gütergemeinschaft **52 Anh** 7, 8; in einer Ehesache **253** 2; Erklärung zum Protokoll **297** 7; bei einer Mehrzahl von Gläubiger **253** 76; Nichtstellung des Kl. als Erledigung der Hauptsache **91 a** 63; Nichtstellung des Kl. als Klagerücknahme **269** 63; Sachdienlichkeit **139**

3110 Hartmann

dahinterstehende Zahlen und Buchstaben = Randnummern **Klagerücknahme**

34, 35; im schiedsrichterlichen Verfahren **1046**; Stellung des Kl. in der mündlichen Verhandlung **137** 7; Streithelfer **67** 5; streitgenössischer Streithelfer **69** 10; Urteilsergänzung wegen Übergehung eines Haupt-/Nebenanspruchs oder der Kostenentscheidung **321** 5; Abweichung des Urteils vom Kl. **308** 13, 14; bei einer Veräußerung des Streitgegenstands **265** 17, 20; Verlesung/Bezugnahme auf einen Schriftsatz **297** 1; mit einer Wertsicherungsklausel **253** 98; Stellung des Widerklagantrags **137** 7
– **(auf, bei)** auf eine Auskunft, Rechnungslegung, Zahlung **254** 12; des Bekl und der Erlaß eines Verzichtsurteils **306** 6; bei der Feststellungsklage **253** 64, **256** 42; auf eine Fristsetzung durch Urteil **255** 5; bei der Gestaltungsklage **253** 66; bei der Herausgabeklage **253** 69; bei der Klage auf eine kalendermäßige künftige Räumung oder Zahlung **257** 6; auf eine Klagabweisung nebst einem Hilfsantrag auf die Erledigung der Hauptsache **91 a** 76; bei einem unbezifferten Kl. **253** 49 ff; bei der Leistungsklage **253** 75; bei mehreren Gläubigern **253** 76; bei der Unterlassungsklage **253** 89; auf eine Herabsetzung einer Vertragsstrafe **253** 95; auf eine Verurteilung des Zweitbekl für den Fall der Klagabweisung gegenüber dem Erstbekl **253** 3; auf die Vornahme einer Handlung und die Zahlung einer Entschädigung im Prozeß vor dem AG **510 b** 4; bei einer Wahlschuld **253** 97, **260** 7; bei einer Widerspruchsklage **771** 8
– **(Beschränkung)** als teilweise Erledigterklärung **269** 1; als Klagerücknahme **264** 5, **269** 1
– **(Hilfsantrag)**, Anspruchshäufung **260** 8; in einer Ehesache **Einf 610** 4; auf eine Erledigterklärung **91 a** 76; ohne eine Erledigterklärung **91 a** 76; beim Grundurteil **304** 23; ohne einen Hauptantrag **253** 41; entgegen dem Hauptantrag **138** 19; Kostenentscheidung beim Hauptantrag auf eine Klagabweisung und einer Verurteilung nach dem Hilfsantrag **92** 12; Kostenentscheidung bei einem Anerkenntnis **93** 44; gerichtliche Aufklärungspflicht im Fall einer versehentlichen Rücknahme **139** 63 „Irrtum"; Streitwert **Anh 3** 71, **5** 6; Hilfsantrag auf Verweisung **281** 18
– **(Prozeßantrag) 297** 1; bei einer Entscheidung nach Aktenlage **251 a** 11; auf den Erlaß eines Anerkenntnisurteils **307** 15; Antragstellung **297** 1; Verbindung mit einem Sachantrag **297** 1; auf den Erlaß eines Verzichtsurteils **306** 6
– **(Sachantrag) 253** 38; bei einer Entscheidung nach Aktenlage **251 a** 4; bei einer Entlassung des Bekl beim Gläubigerstreit **75** 9; im Parteiprozeß **496** 3; Stellung **297** 1; Verlesung **297** 4, 5; Verbindung mit einem Prozeßantrag **297** 1; Verweisungsantrag **281** 18

Klagebefugnis Grdz 50 22; vgl auch Prozeßführungsrecht
Klagebegründung, Hilfsbegründung **260** 8; Rechtfertigung des Klagantrags bei einer Säumnis des Bekl **331** 8; bei einer gerichtlichen Schätzung **253** 86
Klagebeschränkung s Klagantrag
Klagefrist s Frist
Klagegrund 253 32; Abänderungsklage **323** 39; Änderung **263** 4, **264** 5; Anfechtungsklage nach einem Ausschlußurteil **957** 6; Anspruchshäufung **260** 5; in einer Ehesache **611** 1; Gerichtsstand bei mehreren Kl. **Üb 12** 17; Prozeßtrennung bei mehreren Kl. **145** 4; Verweisung hinsichtlich einer einzelnen Kl. **280** 4; bei der Vollstreckungsabwehrklage **767** 46, 50; Vorabentscheidung über einen Klagegrund **304** 8; Vorbringen in

der Berufungsinstanz, Auferlegung der Kosten auf den Sieger **97** 48
Klagenhäufung s Anspruch (Häufung von Ansprüchen), Klägerhäufung
Klagenverbindung 59 ff; Anspruchshäufung s dort; der Eheherstellungs-/Scheidungs-/Aufhebungsklage **610**; der Feststellungs-/Leistungsklage, Streitwert **3 Anh 7** „Anspruchsmehrheit"; der persönlichen Forderungs-/der dinglichen Klage, Gerichtsstand **640 c** 1; von Kindschaftssachen **640 c** 1; bei der Klage auf die Festsetzung einer Frist durch ein Urteil **255** 8; Prozeßtrennung/-verbindung **145** 4/**147** 1; der Klagen auf eine Rechnungslegung, auf die Vorlage eines Vermögensverzeichnisses, auf die Abgabe einer eidesstattlichen Versicherung und auf eine Herausgabe **254** 4; Zuständigkeit **260** 16
Klagerhebung 253; vor dem AG **496** ff; bei der Feststellungsklage **256** 42 ff; Fristsetzung für die Klagerhebung durch einen Arrest/eine einstweilige Verfügung **926/936** 5; Mängelheilung **253** 16; mündliche Kl. **253** 7, **496**; Ordnungsmäßigkeit der Kl. als Prozeßvoraussetzung **Grdz 253** 22, **253** 15; zugleich mit dem Antrag auf die Gewährung einer Prozeßkostenhilfe **253** 9; Begründung des Prozeßrechtsverhältnisses **Grdz 128** 5; Rechtshängigkeit durch die Kl. **261** 5; vor dem Schiedsgericht **1046**; im Fall einer Streitgenossenschaft **61** 7; Veranlassung zu einer Klagerhebung wegen einer kalendermäßigen künftigen Zahlung **257** 6; Vorwirkung **167** 4; Zwangsvollstreckung wegen einer Verpflichtung zur Kl. **887** 30; Widerklage **253** 7, **253 Anh** 16; durch die Zustellung der Klageschrift **253** 7; bei der Zwischenfeststellungsklage **253** 7
Klagerhebungstheorie 263 5
Klagermächtigung im eigenen Namen, Rechtsschutzbedürfnis **Grdz 253** 51
Klagerweiterung 264 5; in der Berufungsinstanz **533**; Antrag auf eine Fristsetzung gegenüber dem Bekl durch ein Urteil **255** 5; im Nachverfahren nach einer Vorabentscheidung über den Anspruchsgrund **304** 31; Zahlung der Prozeßgebühr **271 Anh**; in der Revisionsinstanz **565**; durch einen vorbereitenden Schriftsatz **132** 7; Sicherheitsleistung **112** 7; Widerklage **253 Anh** 5; Prüfung der Zuständigkeit **261** 31
Klagerwiderung, beim frühen ersten Termin **275** 4, 11; Inhalt **277** 5; im schriftlichen Vorverfahren **276** 9
Kläger, Begriff **Grdz 50** 1
Kläger(Beklagten)häufung 59 4; Prozeßverbindung **147** 1; Streitgenossenschaft s dort; Teilurteil **301**
Klageregister SchlAnh VIII 2
Klagerücknahme 269; beim Ehescheidungsantrag **617** 4; Einwilligung **269** 17; ohne die Einwilligung des Bekl **269** 14; Erklärung **269** 22; durch eine Erledigterklärung **91 a** 63, **99** 12; neue Klage nach der Kl. **269** 50; durch eine Klagänderung **264** 5; durch eine Beschränkung des Klagantrags **264** 5, **269** 1; vor der Klagezustellung **269** 5; Kostenentscheidung **269** 33 ff; bei einer zunächst begründet gewesenen Klage **Üb 91** 7, **93** 109; durch einen Parteiwechsel **269** 1; Protokoll **160** 16; Beendigung der Rechtshängigkeit **261** 15; nach dem Eintritt der Rechtskraft **269** 13; in der Revisionsinstanz **565**; wegen einer unterbliebenen Sicherheitsleistung **113** 4; bei einer Streithilfe **67** 8; durch notwendige Streitgenossen **62** 20; Streitwert **3 Anh** 73; der Vaterschaftsklage, Schadensersatzpflicht wegen einer einstweiligen Anordnung **641 g**; Vereinbarung der Kl. **Grdz 128** 49, **269** 10,

Hartmann 3111

Klageschrift

Zahlen in Fettdruck = Paragraphen

11, 17; durch das Mitglied eines nicht rechtsfähigen Vereins **50** 29; durch einen Vergleich **269** 1; nach einem Vergleich, Aufhebung der Kosten gegeneinander **98** 10; Widerklage **269** 4; W., nach der Klagerücknahme **253 Anh** 10; Wirkung **269** 32; Zwischenfeststellungsklage nach der Kl. **256** 116

Klageschrift 253; Beifügung von Abschriften **253** 105; Angabe eines gesetzlichen Vertreters **Grdz 50** 7, **253** 22; Angabe des Gegenstands und des Grundes des Anspruchs **253** 30; Antrag auf eine Verhandlung vor der Kammer für Handelssachen **GVG 96**; Berichtigung **263** 4; Angabe der Beweismittel **253** 102; Einreichung **253** 105; Setzung einer Erklärungsfrist zwecks Aufklärung **273, 275 ff**; bei der Feststellungsklage **256** 42; Bezeichnung des Gerichts **253** 22 ff; Bezeichnung der Parteien **253** 3 A; und Antrag auf eine Prozeßkostenhilfe **253** 22 ff; Angabe des Streitwerts **253** 101; Übersendung **189** 8, **253** 7; Unterschrift **253** 103; im Urkundenprozeß **593**; abgekürztes Anerkenntnis-/Versäumnisurteil auf der Kl. **313 b**; im Wechsel/Scheckprozeß **604** 2, **605 a**; bei der Wiederaufnahmeklage **587, 588**; Zustellung **253** 7, **271**; demnächstige Zustellung **167** 19; Zustellung ohne Terminsbestimmung **253** 10

Klageveranlassung 93 29

Klageverzicht Einf 306, 306; in der Revisionsinstanz **565**

Klagezustellung s Klageerhebung

Kleidungsstück, Pfändung **811** 21

Kleinbahn, Betrieb kraft Nutzungsrechts, Zwangsvollstreckung **871**

Kleingarten, -siedlung, Zuständigkeit **GVG 23** 7

Kleintier, Pfändung **811 c**

Kleinverfahren 495 a

Knebelung, durch ein Geständnis/einen sog Vermutungsvertrag **286 Anh** 5; durch eine Schiedsvereinbarung **1030**; s auch Sittenwidrigkeit

Kohlenabbaugerechtigkeit, Zwangsvollstreckung **864** 7, **866, 870**

Kollektivvertrag s Zivilprozeßrecht, zwischenstaatliches

Kommanditgesellschaft s Gesellschaft (OHG, KG)

Kommissarischer Richter s Verordneter Richter

Kommissionsgeschäft, Beweislast **286 Anh** 104; Recht des Kommissionärs zur Prozeßgeschäftsführung **Grdz 50** 40; Streitverkündung **72** 6

Kommunalverband s Gemeindeverband

Kompetenz-Kompetenz 1040

Kompetenzkonflikt s Zuständigkeitsbestimmung

Kompetenzkonfliktsgerichtshof GVG 17 a

Konkurrenz mehrerer Zuständigkeiten **35** 1; s auch Anspruch (Häufung von Ansprüchen)

Konkurrenzklausel, Auslegung, Feststellungsklage **256** 12

Können, Recht eines rechtlichen K., Feststellungsklage **256** 8

Konossement, Zuständigkeitsvereinbarung **38** 29

Konsul, Bundeskonsul s dort; Exterritorialität einer konsularischen Vertretung **GVG 19**; Zeugnispflicht eines ausländischen Konsulatsangehörigen **Üb 373** 27

Konsularvertrag, Anerkennung einer ausländischen Urkunde **438** 6

Kontaktstelle für Euro-Netz **EGZPO 16 a**

Kontenschutz 835 III, 850 k

Kontobuch, Pfändung **811** 51

Kontokorrentforderung, Pfändung **Grdz 704** 87, **851** 9; Pfändung der Gutschrift einer unpfändbaren Forderung **Einf 850** 2; Zinsen, Streitwert **4** 15

Kontradiktorisches Urteil Üb 300 7

Konventionalscheidung 630 1

Konzentrationsmaxime Üb 253 6; mündliche Verhandlung **273** 1

Körperschaft, Ausschluß aus ihr als vermögensrechtlicher Anspruch **Grdz 1** 11; Ausschluß eines Mitglieds als Gerichtsperson **41 8, 49**; Feststellungs- statt Leistungsklage gegen die K. **256** 82; Gerichtsstand **17**; Rechtsweg für eine Klage **GVG 13** 30 ff; Zeugnisfähigkeit **Üb 373** 20; Zuständigkeitsvereinbarung **38** 18; Zustellung an eine K. **170** 10; Zustellung von Amts wegen **174**; Zwangsvollstreckung gegen die K. **882 a**

Körpersprache 160 12

Korrespondenzanwalt s Verkehrsanwalt

Kostbarkeit 813 4; Pfändung **808** 18

Kosten Üb 91 5 ff, **91 ff**; bei einer Anschlußberufung **524** 9; beim Arrest/bei der einstweiligen Verfügung **922** 19/**936** 3 „§ 922"; außergerichtliche K. **Üb 91** 21; Berechnung für die Kostenfestsetzung **103** 36; Berechnung als Kostenfestsetzungsantrag **105** 15; Berechnung bei einer Kostenteilung **106**; selbständiges Beweisverfahren **91** 193, **Üb 485** 5; Gerichtsgebühr s dort; und obligatorisches Güteverfahren **91** 106, 286, **EGZPO 15 a**; als Hauptsache im Fall einer Erledigung vor dem Eintritt der Rechtshängigkeit **91 a** 36; als Hauptsache nach beiderseitigen Erledigterklärungen **91 a** 107; Klage auf die Erstattung der K. **Üb 91** 43 ff; prozeßrechtliche/sachlichrechtliche Kostenerstattungspflicht **Üb 91** 43; Notwendigkeit **91** 28; K. der Offenbarungsversicherung **900** 34; Beglaubigung einer Prozeßvollmacht **80** 16; Rückforderung nach der Zahlung **104** 14; Rückforderung wegen einer Änderung des Streitwerts **107** 4; Streitwert s dort; Festsetzung des Streitwerts für die Kostenberechnung **Einf 3** 11; Übernahme der K. **Üb 91** 18, **98** 43; Übernahme bei beiderseitigen Erledigterklärungen **91 a** 117; Vergleich über die Prozeßkosten vor der Erledigung der Hauptsache **98** 29; Aufhebung der Vergleichskosten gegeneinander **98**; Vollstreckbarerklärung wegen der Kosten **Einf 708** 12; Zahlung an den ProzBev **81** 11; Zinspflicht **104** 22; der Zwangsvollstreckung **788, 891**

Kostenentscheidung Üb 91 35, **91** 2 ff; Rechtsmittel gegen die Ablehnung einer K. **99** 5; Anfechtung **99**; ohne einen Antrag, also von Amts wegen **Üb 91** 37, **91** 22, **308** 15; nach der Aufnahme eines unterbrochenen Verfahrens **239** 12, 22; durch einen Beschluß **Üb 91** 37; durch einen Beschluß im Fall einer freigestellten mündlichen Verhandlung **128** 12; über die Kosten der Beschwerde **91** 15, **573** 13; Bindung an die Kostenvorschriften **Üb 91** 41, **91** 22; gegenüber einem Dritten, Rechtsmittel **99** 26; Ergänzung der K., Rechtsmittel **99** 8; Fehlen, Beschränkung der Klage auf die Kosten **93** 109; über die außergerichtlichen Kosten bei einer Erinnerung oder Beschwerde gegen die Zwangsvollstreckung **Üb 91** 31; über die Kosten des Kostenfestsetzungsverfahrens **104** 20; Kostenpflicht des Unterliegenden **Üb 91** 27, **91** 19; Parteivereinbarung **91** 20; nach der Rücknahme der Revision, Anwaltszwang **78** 16; Rechtsmittelkosten **97**; über die Kosten der Streithilfe im Urteil als Zulassung der Streithilfe **71** 1; durch ein Teilurteil **Üb 91** 37; Trennung von Kosten **92** 30; Übergehung des Kostenpunkts, Ergänzung des Urteils **321**; Verzögerungsgebühr **95 Anh**; durch ein Vorbehaltsurteil **Üb 91** 37; vorläufige Vollstreckbarkeit **708** 12; durch ein Zwischenurteil **Üb 91** 37

– **(bei)** einem Anerkenntnis **93**; einem solchen trotz einer prozessualen Rüge **93** 103; einer einstweili-

dahinterstehende Zahlen und Buchstaben = Randnummern **Kostenfestsetzung**

gen Anordnung in einer Ehesache **620 g**; einer einstweiligen Anordnung in einem Vaterschaftsfeststellungsverfahren **641 d** 6; einem Antrag auf eine gerichtliche Entscheidung gegen einen Justizverwaltungsakt **EGGVG 30**; einem Arrest/ einer einstweiligen Verfügung **922** 17/**936** 3 „**§ 922**"; einer Aufrechnung **91** 19; dem Ausscheiden eines Streitgenossen **269** 41; einer Aussetzung des Verfahrens **148** 36; Kostenteilung im Eheprozeß **93 a**; Kostenteilung im Verfahren der Anfechtung der Ehelichkeit oder Vaterschaft **93 c**; einer Ehelichkeitsanfechtungsklage **93 c**; einer Erledigung der Hauptsache vor dem Eintritt der Rechtshängigkeit **91 a** 30; einverständlichen Erledigterklärungen **91 a** 8 ff; solchen Erklärungen wegen eines Rechtsmittels **91** 106 ff; der Erledigterklärung des Klägers und dem Widerspruch des Bekl dagegen **91 a** 183; einer Gesetzesänderung **91** 23; einem Gläubigerstreit **75** 9, 11; einer Klagabweisung nach einer Erledigterklärung **91 a** 177; einem Klagabweisungsantrag neben einem Hilfsantrag auf eine Erledigung der Hauptsache **91 a** 76; einem hinter dem Klagantrag zurückbleibenden Urteil **308** 9, 15; einer Entbindung des Klägers nach einer Übernahme des Prozesses durch den mittelbaren Besitzer **76** 9; einer Klagerücknahme **269** 41; einer Nebenintervention **101**; einem Parteiwechsel **263** 15; der Zulassung eines (Prozeß)-Bevollmächtigten ohne Vollmacht(snachweis) **89** 8; einem Prozeßvergleich, Aufhebung der Kosten gegeneinander **98**; einem Mangel der Prozeßvollmacht **88** 13; der Klage über die Räumung von Wohnraum **93 b**; der Klage des Rechtsnachfolgers vor der Mitteilung des Rechtsübergangs **94**; einer Rechtswegverweisung **GVG 17 a** 13; der Rücknahme der Berufung **516** 19; der Rücknahme der Klage und der Widerklage **269** 39; dem Ausbleiben des Sachverständigen **409** 1; einer Streitgenossenschaft **91** 11, **100**; einer Streithilfe **101**; einer streitgenössischen Streithilfe **101** 5; einem Streit über die Zulassung einer Streithilfe **71** 8; einer Streitverkündung **72** 8; einer Teilerledigung der Hauptsache **91 a** 202; einem Teilunterliegen **92**; der Unterhaltsklage des nichtehelichen Kindes und bei einer Stundung unter dem Erlaß von Unterhalt **93 d**; der Vaterschaftsanfechtungsklage des Mannes **93 c**; einem Verbotsurteil; Zwangsvollstreckungskosten **890** 43; einer Versäumnis **344**; einem verspäteten Vorbringen **95** 4, 8; einer Verweisung **281** 54; derjenigen des Landwirtschaftsgerichts **281 Anh III** 8; derjenigen vom AG an das LG **506** 6, 7; der Vollstreckbarerklärung eines Schiedsspruchs **1060**, **SchlAnh V** A 1; einer Wiedereinsetzung **238** 15; einer Zurückverweisung **97** 40

– **(in, im)** Anerkenntnisurteil **93**, **99** 37 ff; Mahnverfahren **692** 5, **696** 29, **699** 15; Prozeßkostenhilfeverfahren **91** 153, **118** 21; Schiedsspruch **1057**; Vergleich **98**; Wiederaufnahmeverfahren **590** 8; Wiedereinsetzungsverfahren **238** 15; Zwangsvollstreckungsverfahren **788**

– **(Auferlegung einzelner Kosten)** hinsichtlich erfolgloser Angriffs- oder Verteidigungsmittel **97**; auf den Sachverständigen wegen seines Nichterscheinens **409** oder der Verweigerung seines Gutachtens **409**; bei der Versäumung einer Frist oder eines Termins **95**; Versäumniskosten **344**; auf einen Zeugen wegen seiner Verweigerung des Zeugnisses oder der Eidesleistung **390**; auf einen ausgebliebenen Zeugen **380** 10; Aufhebung der letzteren Maßnahme **381**

Kostenbeitreibung bei der Prozeßkostenhilfe **125**, **126**

Kostenerstattung, ABC-Übersicht **91** 69 ff; Begriff der Kosten des Rechtsstreits **91** 15; Klage auf die Erstattung **Üb 91** 26; dgl Rechtsschutzbedürfnis **Grdz 253** 40; mangelnde Sicherheit für die Prozeßkosten **Grdz 253** 19, 269, **282** 23

– **(bei)** einem Gläubigerstreit **75** 10, 11; einer Kostenteilung **106** 7; einer Mehrzahl von Prozessen **91** 139; einer Parteivereinbarung **98** 29; einer Prozeßkostenhilfe **91** 153, **118** 21, **127** 101; solcher für den Gegner **123**; Streitgenossen **100** 31 ff; einer Streithilfe **101**; einer Teilklage **91** 32; einem Vorprozeß **269** 51

– **(für)** die Ermittlungen einer Partei **91** 89; die Fahrtkosten einer Partei **91** 92; diejenigen nach der Anordnung des persönlichen Erscheinens dieser Partei **141** 25; eine Information des ProzBev **91** 107; die Kosten des Kostenfestsetzungsverfahrens im Fall einer Kostennachforderung **Einf 103** 16; die Kosten der Beglaubigung einer Prozeßvollmacht **80** 16; die Gebühren des Anwalts **91** 39, 157; ein vereinbartes Anwaltshonorar **91** 41; die Kosten einer Rechtshilfe **GVG 164**; die Kosten einer Übersetzung **142** 26; die Mehrkosten der Zustellung durch einen Gerichtsvollzieher **91** 285; die Kosten der Zwangsvollstreckung **788** 17; diejenige an den Schuldner **788** 15

– **(Kostenerstattungsanspruch)**, Entstehung, Abtretung, Aufrechnung, Pfändung **Üb 91** 33, **Einf 103** 1; und Prozeßkostenhilfe **123**; prozeßrechtlicher/sachlichrechtlicher K. **Üb 91** 43; Verjährung **Üb 91** 40, **104** 12; Verwirkung **104** 13

Kostenfestsetzung Einf 103 2, **103** ff; während einer Änderung **103** 34; Basiszinssatz **104**; Bindung an die Kostenentscheidung **Üb 91** 41, **Einf 103** 17; Antrag **103** 31; Einwendungen **104** 10; Antrag **103** 31; bei einer Kostenteilung **106**; der Kosten des Mahnverfahrens **103** 17; Nachforderung nach der K. **Einf 103** 16, **104** 51, **106** 12; durch den ProzBev nach der Niederlegung des Mandats **87** 8; der Kosten der Vorbereitung des Prozesses **103** 1 B; der Hebegebühr des Anwalts **103** 17; Rechtsmißbrauch **104** 13; kraft Schiedsspruchs **1057**; maßgeblicher Streitwert **104** 9; wegen einer Änderung des Streitwerts **107**; bei einer Streitgenossenschaft **100** 25; während einer Unterbrechung des Verfahrens **103** 34; vereinfachte K. **105**; Verfahren **104**; der Vergütung des gerichtlich bestimmten Vertreters des Bekl **Einf 57** 7; Voraussetzungen **103** 4 ff; Vollstreckungstitel als Voraussetzung **103** 3; der verauslagten Zeugengebühren **103** 28; der Kosten der Zwangsvollstreckung **103** 29; durch den Zweitschuldner **103** 32

– **(Kostenfestsetzungsbeschluß)**, Begriff, Erfordernisse, Begründung **104** 15; Änderung wegen einer Änderung des Streitwerts **107**; Basiszinssatz **104**; Erinnerung **104** 41, **GVG 153 Anh** 8 § 11; Umschreibung im Fall einer Prozeßkostenhilfe **126** 14; Rechtskraft **104** 31; bei einer Unterhaltsanpassung **641 p**; auf der Ausfertigung des Urteils **105**, **795 a**; Vollstreckbarkeit des Urteils als Voraussetzung **Einf 103** 8; Vollstreckungsklausel **104** 34; als Vollstreckungstitel **794** 12, **795 a**; Zustellung **104** 26, 17; Zustellung an den ProzBev **172** 16; Einstellung der Zwangsvollstreckung **104** 55; Wartefrist vor dem Beginn der Zwangsvollstreckung **798**

– **(Kostenfestsetzungsverfahren)**, Antrag **103** 35; Antrag durch die Kostenberechnung **105** 15; Antragsberechtigung **103** 32; Antragsgegner **103** 34; Aussetzung des Verfahrens **249** 6; Beweiserhebung

3113

Kostengefährdung

104 5; rechtliches Gehör **Einf 103** 3, **104** 5; Glaubhaftmachung der Kosten **104** 38; Verfahrensunterbrechung bei Insolvenz der Partei **240** 8; Kostenentscheidung **104** 20; nach der Kostenerstattung **Einf 103** 16; Prozeßvollmacht und ihr Mangel **81** 12, **88** 6; Streitverkündung **72** 8; Unterbrechung des Verfahrens **249** 8; Zuständigkeit **103** 41; diejenige des Rpfl **104** 4, **GVG 153 Anh 8 § 21**

Kostengefährdung, Sicherheitsleistung **113** 1, nach einem Vorprozeß **269** 49

Kostenhaftung Üb 91 26; des Erben **Üb 91** 30; von Streitgenossen **100**; für die Vergütung eines gerichtlich bestellten Vertreters **Einf 57** 2, **58** 5; des Vertretenen bei einer Zulassung des (Prozeß-)Bevollmächtigten ohne eine(n) Vollmacht(snachweis) **89** 8; für die Kosten der Zwangsvollstreckung **788** 4

Kostenrisiko Üb 91 27, **91** 19; der Erledigterklärung als Klagerücknahme **91 a** 84; bei einer gerichtlichen Schadensschätzung **92** 51; bei einem Widerspruch des Bekl gegen die gegnerische Erledigterklärung **91 a** 183

Kostenschuldner, der Gerichtskosten s dort

Kostenstreitwert 2 1, **Einf 3** 3, 11

Kostenteilung s Kostenentscheidung, Kostenfestsetzung

Kostentrennung Üb 91 3, 4

Kostenvereinbarung s Parteivereinbarung

Kostenvorschriften Üb 91 1

Kostenvorschuß, für die Prozeßkosten s dort; für die Reisekosten bei einer Anordnung des persönlichen Erscheinens einer Partei **141** 25; für das Gutachten des Sachverständigen **402** 2 „§ 379"; für die Vornahme einer vertretbaren Handlung durch den Gläubiger **887** 17; für die Ladung eines Zeugen **379**

Kraftfahrer, Beweislast **286 Anh** 104

Kraftfahrzeug, Pfändung **808** 4; Streitwert der Herausgabe des Kraftfahrzeugbriefs **3 Anh** 68

Kraftfahrzeuglinienverkehr, Gerichtsstand einer Klage aus dem Beförderungsverkehr **21** 12

Kraftfahrzeugunfall, Anscheinsbeweis **286 Anh** 29, 104

Kraftloserklärung eines Grundpfandrechtsbriefs, einer Urkunde s Aufgebotsverfahren

Kraftloswerden des Mahnbescheids **701** 3

Krankenbedarf, Pfändung **811** 52

Krankengeld, Pfändung **Grdz 704** 91 „Krankenkasse", **850 b** 11, **850 i** 12

Krankenhaus, Ersatzzustellung **178** 25; Gerichtsstand bei einem Aufenthalt im K. **20**; Rechtsweg **GVG 13** 47; Schadensersatzpflicht, Beweislast **286 Anh** 127

Krankenkasse, Kassenleistung, Pfändung **Grdz 704** 91, **850 b** 11, **850 i** 12; Rechtsweg für eine Streitigkeit **GVG 13** 48

Kreditkosten, Erstattungspflicht **91** 285 „Zinsen"

Kreuzverhör 397 5

Krieg, Unterbrechung/Aussetzung des Verfahrens **245** 2/**247** 2

Kruzifix im Gerichtssaal **220** 8

Küchengerät, Pfändung **811** 20, 21

Kündigung, Aufgebot bei einer Kündigungsfrist für eine Hypothekenforderung **987**; Feststellungsklage der Berechtigten/Wirksamkeit **256** 76; Kostenerstattung **Üb 91** 63; des Mietvertrags s Mietstreitigkeit; durch den ProzBev **81** 12; und Prozeßvollmacht **87** 4; derjenigen nach einer Aussetzung oder Unterbrechung des Verfahrens **249** 6; Beweislast der Rechtzeitigkeit **286 Anh** 127; des Schiedsrichtervertrages **1035**; der Schiedsver-

einbarung **1029**; Rechtskraftwirkung eines Urteils wegen der Kündigung eines Arbeitsvertrags **322** 48

Kündigungsschutzklage als Feststellungs-/Gestaltungsklage **Grdz 253** 9

Künftige Leistung, Klage auf eine wiederkehrende k. L. **258** 1; Klage wegen einer Besorgnis der Nichterfüllung **259** 1; Klage auf eine kalendermäßige k.L./Räumung **257** 1; Kostenentscheidung beim Klaganerkenntnis **93** 18; Zwangsvollstreckung aus einem vom Eintritt eines Kalendertages abhängigen Urteil **751** 4

Kundenliste, Offenbarungsversicherung **807** 22 „Goodwill"

Kunstgeheimnis, Zeugnisverweigerungsrecht **384** 7

Kurzarbeitergeld, Pfändbarkeit, **Grdz 704** 103

Kurzschrift, Protokoll in K. **160 a**

L

Ladung Üb 214 5, **214 ff**; nach der Ablehnung des Erlasses eines Versäumnisurteils oder einer Entscheidung nach Aktenlage **337** 19; beim AG **497** 5 ff; von Amts wegen **214, 274, 497**; im Anwaltsprozeß **215**; Belehrung **215**; zum Beweissicherungstermin **491**; zum Beweistermin **357** 8; in einer Ehesache **612** 2, 5; Entbehrlichkeit einer L. **218** 1, **497** 7; Ersuchen um Ladung **GVG 160**; zum Güteversuch **278** 26; nach der Klagerhebung **253** 8; Mitteilung statt einer Ladung im AGProzeß **497** 7; zur Ableistung der Offenbarungsversicherung **900** 14; im schiedsrichterlichen Verfahren **1042, 1047**; zur Verhandlung über einen Teilungsplan **875**; nach einer Veräußerung des Grundstücks/Schiffs/Schiffsbauwerks/Luftfahrzeugs während des Prozesses **266** 5; bei der Vollstreckbarerklärung eines Schiedsspruchs **1063**; nach einem Widerspruch gegen einen Arrest/eine einstweilige Verfügung **924** 16/**936** 4 „§ 924"; nach einem Wiedereinsetzungsantrag **238** 1; Zustellung von Amts wegen **214** 5, **216** 1; öffentliche Zustellung **186** 8

– **(des, der)** Bekl nach der gerichtlichen Bestellung eines Vertreters **57** 11; mittelbaren Besitzers im Fall einer Streitverkündung **76** 6; Gegners zur Vernehmung über eine Urkunde **426** 4; nichtbeteiligten Elternteils in einer Kindschaftssache **640 e**; in der Klageschrift **253**; Partei **274**; Partei in einer Ehesache **613** 3; Partei zum persönlichen Erscheinen **141** 26, **278** 26; Partei zum verkündeten Termin **218** 1; Partei nach einer Unterbrechung durch Tod/Vertretungsunfähigkeit ihres Anwalts **244** 15; Partei bei einer geplanten Berichtigung des Urteilstatbestandes **320** 6; Partei persönlich **141, 172** 5; Partei zur förmlichen Vernehmung **450** 5; Rechtsnachfolgers zur Aufnahme **239** 17; Sachverständigen **402** 1 „§ 377 I, II"; Schuldner zum Offenbarungstermin **900** 15; Soldaten **Üb 214** 5, **SchlAnh II** B; Streitgenossen **63** 3; Streithelfers **71** 6; Angehörigen der Streitkräfte **Üb 214** 5, **SchlAnh II** III 37; Kindes bei der Klage auf die Anfechtung der Anerkennung der Vaterschaft **640 e**; Zeugen **377**

– **(Mangel) Üb 214** 7; Versäumnisurteil **335** 6; Heilung des M. der Zustellung durch den Empfang **189**

Ladungsfrist 217; Antrag auf Abkürzung **226**; bei einer Aufnahme des Rechtsstreits durch den Rechtsnachfolger **239** 18; Berechnung **222** 3; beim Beweistermin **357** 8; Nichteinhaltung, Ablehnung des Erlasses eines Versäumnisurteils oder

einer Entscheidung nach Lage der Akten **337** 17; im schiedsrichterlichen Verfahren **1042, 1047**; bei einer Änderung des Terminszwecks **227** 4; im Wechsel-/Scheckprozeß **604** 3/**605a** „§ 604"
Lagerung, Beweislast **286 Anh** 128
Lampe, Pfändung **811**
Land, Parteifähigkeit **50** 10; gesetzliche Vertretung **18** 8 „Landesfiskus"; Zwangsvollstreckung **882a**
Landesbeamter als Kläger, Vorentscheidung **EGGVG 11**
Landesfiskus, Gerichtsstand **18** 8, **19**
Landesgesetzgebung, Aufhebung **EG 14**; im Aufgebotsverfahren **1006, 1009, 1023, 1024**; über die Beweiskraft einer öffentlichen Urkunde **418** 12; Ermächtigung für die L. **EG 3, 11, 15, GVG 17a, 71** 5; über einen Vollstreckungstitel **801**; über die Zwangsvollstreckung bei einem Eisenbahnbetrieb **871**
Landesjustizverwaltung s Justizverwaltung
Landesrecht, Revisibilität **545** 15
Landesregierung s Minister
Landesverfassungsgericht GVG 1 18; Landesverfassungsrichter **DRiG 84**
Landgericht GVG 59 ff; Besetzung **GVG 59, 75**; Entschädigungskammer **GVG 71** 1; Entscheidung des LG statt des AG **10**; Geschäftsverteilung **GVG 21 g**; Hilfsrichter **GVG 70**; Kammer für Baulandsachen **GVG 71** 1; Kammer für Handelssachen s dort; Präsidium s Gerichtsperson; Zivilkammer s dort; erstinstanzliche Zuständigkeit/Zuständigkeit für die Berufung **GVG 71/72**; ausschließliche Zuständigkeit s dort; Zuweisung **GVG 21 e 3**
Landpachtsache, Rechtsweg **GVG 13** 53 „Pacht"
Landtagsabgeordneter s Abgeordneter
Landwirt, Altersruhegeld, Pfändung **850 i** 12; Forderung eines L., Pfändung **851a**; Gerät, Pfändung **811** 27; Gerichtsstand der Niederlassung **21** 11
Landwirtschaft, Pfändung beim Arbeitnehmer **811** 32; Pfändung von Erzeugnissen **804** 9, **811** 30, 31, **813** 9; **865** 4; Pfändung/Pfandverwertung der Früchte auf dem Halm **Grdz 704** 73, **810/824**
Landwirtschaftsgericht, Abgabe an das L. **281 Anh III** 4; Abgabe an das Prozeßgericht **281 Anh III** 1
Last, öffentlichrechtliche, Gerichtsstand **24** 6
Lauterkeitspflicht im Prozeß **Grdz 128** 16, **138** 15; Wahrheitspflicht der Partei s Partei
Leasing, Pfändung **Grdz 704** 93; Streitwert **3 Anh** 75
Lebenserfahrung als Beweis **Einf 284** 22; Beweislast beim Fehlen von Umständen **286 Anh** 25
Lebens- oder Leibesgefahr eines Zeugen **GVG 172**
Lebensmittel, Pfändung **811** 25
Lebenspartnerschaft, ausländisches Urteil **328**; Ausschluß des Gerichtsvollziehers **GVG 155**, des Richters **41**; Befangenheit **42**; Eigentumsvermutung **739**; Kosten **93a, 97**; Pfändungsfreigrenzen **850c, d, i**; Prozeßkostenhilfe **115**; Prozeßvollmacht **78**; Schweigerecht **383**; Streitwert **3 Anh** 75; Urteilsfassung **313a**; Verfahren **661**; Zuständigkeit **GVG 23a, b, GVG 153 Anh 3, 14**
Legalisation einer ausländischen Urkunde **438**
Legitimation des gesetzlichen Vertreters s Vertreter
Legitimationspapier, Kraftloserklärung **Einf 1003** 1, **1023**; Pfändung **821** 1, 2; Hilfspfändung **808** 4
Lehrling s Auszubildender
Lehrtätigkeit des Richters **DRiG 4**
Leibesfrucht, Parteifähigkeit **50** 4; Pfleger als gesetzlicher Vertreter **51** 18
Leibgedinge, Klage, Zuständigkeit **GVG 23** 12; Streitwert **9** 5; Recht zur Erhebung einer Widerspruchsklage **771** 26

Leibrente, Klage auf die künftige Zahlung **258** 1; Streitwert **9** 3
Leistung, an einen Dritten, Pfändung des Anspruchs **Grdz 704** 93; s ferner Fälligkeit, Geistesarbeit, Individualleistung, Persönliche L., Wiederkehrende L.
Leistungsanspruch wegen einer Sache, Pfändung **846–849**; Pfändung für mehrere Gläubiger **854–856**; Urkundenprozeß **592** 3
Leistungsbestimmung im Urteil, Gerichtsstand **29** 10
Leistungsklage, -urteil s Klage, Urteil
Leistungsort s Erfüllungsort
Leistungsverfügung Grdz 916 6, **938** 3, **940** 20 ff „Ehe, Familie", „Rente"
Leistungsverweigerungsrecht, Feststellungsklage **256** 8
Letztwillige Anordnung s Testament
Leugnen, motiviertes **289** 4
Leugnende Feststellungsklage s Feststellungsklage
Lex fori Einl III 74, 77, **293**
Libanon, Ehesache **606a Anh IV**
Libyen, Ehesache **606a Anh IV**
Liebhaberwert, Streitwert **3** 3
Liechtenstein, Ehesache **606a Anh IV**
Liquidation, Unterbrechung des Verfahrens im Fall der L. einer juristischen Person oder parteifähigen Personenmehrheit **239** 4 ff, **241** 4; Liquidator als gesetzlicher Vertreter **51** 16; Fortsetzung des Prozesses **50** 22
Litiskontestation, affirmative 138 37
Litispendenz s Rechtshängigkeit
Lizenz, Pfändung **Grdz 704** 93
Lohnanspruch s Arbeitseinkommen, Zwangsvollstreckung
Lohnpfändung 850 ff
Lohnschiebung 850 h
Lohnsteuerjahresausgleich 829 13, **835** 14
Lokaltermin 219 4
Löschung, Anspruch auf **932, 984**; Streitwert **3 Anh** 75; Unterbrechung des Verfahrens im Fall der L. einer Gesellschaft **239** 4; vgl auch Gebrauchsmusterlöschung, Grundbuchlöschung, Markenlöschung, Schuldnerverzeichnis
Lösungssumme beim Arrest **923**
Lückenausfüllung bei der Auslegung der ZPO **Einl III** 44
Luftfahrzeug, Arrestvollzug **931** 5; Eigentumsaufgabe, Bestellung eines gerichtlichen Vertreters **58, 787**; Pfändung des Herausgabeanspruchs **847a, 849**; dgl für mehrere Gläubiger **855a, 856**; Pfändung/Überweisung eines Registerpfandrechts **830a** 1/**837a** 1; Urkundenprozeß wegen eines Anspruchs am Registerpfandrecht **592** 5; Veräußerung während des Prozesses **266** 1; Zwangsvollstreckung in das Zubehör **865** 12; Zwangsversteigerung **Grdz 704** 94, **864** 8, **866, 870a**; Unterwerfung der jeweiligen Eigentümer unter die Zwangsvollstreckung **800a**
Luftverkehr, Schadensersatzanspruch, Beweislast **286 Anh** 128
Lüge der Partei **138** 16, **63 ff**, **Einf 288** 6
Lugano-Übereinkommen 917 24, **SchlAnh V D**
Luxemburg, Ehesache **606a Anh IV**

M

Mahnantrag s Mahnverfahren
Mahnbescheid s Mahnverfahren
Mahnschreiben, Kostenerstattung **91** 158
Mahnverfahren Grdz 688, 688 ff; Abgabe **696**; Aktenführung **Grdz 688** 6; Antrag **690**; Ausset-

Maklervertrag

zung des Verfahrens **Üb 239** 4; als Aussetzungsgrund **148** 7; Einmischungsklage **64** 6; Einspruch **700**; Formvorschriften **690, 694** 1, **700** 10, **702** 3, **703 c** 3; Kosten als Prozeßkosten **696, 699**; Kostenerstattung **91** 114; Kostenfestsetzung **103** 7, 22; Kraftloswerden des Mahnbescheids **701** 3; Mahnbescheid **692**; Mahngebühr **692** 5, 10; maschinelle Bearbeitung **689** 10, **703 b, c**; Bewilligung einer Prozeßkostenhilfe **114** 32, **119** 40; Ausschluß des Richters wegen seiner Mitwirkung im M. **41** 16 „Dieselbe Instanz"; Sicherheitsleistung **110** 9; Streithilfe **66** 10; und streitiges Verfahren **696** 6, **697** 1, Streitverkündung **72** 1; Trennung **145** 4; Unterbrechung des Verfahrens **Üb 239** 4, **693**; Urkundsbeamter statt Rpfl **Grdz 688** 4, **GVG 153 Anh** 8 § 36 b; Nachweis der Vollmacht **703**; Vollstreckungsbescheid **699**; Widerspruch **694** 1, **702** 3; Zulässigkeit **Grdz 688** 3, **688** 3, 4; Zuständigkeit **689**; Zurückweisung des Mahnantrags **691** 3; Zuständigkeit des Rpfl **GVG 153 Anh** 8 § 20; Zuständigkeitsvereinbarung **38** 36; Zustellung an den ProzBev **172** 17; vgl auch Vollstreckungsbescheid

Maklervertrag, Vorkenntnis, Beweislast **286 Anh** 129

Mangel s Ladungsmangel, Prozeßhandlungsmangel, Verfahrensmangel (Heilung), Zustellungsmangel (Heilung)

Mängelhaftung, Gerichtsstand des Erfüllungsorts **29** 3, 12; beim Erwerb der Pfandsache **806**; Streitverkündung **72** 5 „Gewährleistung".

Marke, Anmeldung, Beweislast **286 Anh** 130; Löschung, Streitwert **3 Anh** 76; Zwangsvollstreckung **Grdz 704** 95

– **(Verletzungsklage),** Feststellungsklage **256** 87; Gerichtsstand **32** 22; Kammer für Handelssachen **GVG 95** 6; Meinungsbefragung **355** 5, **Üb 402** 7 ff; Herstellerbenennung **77**; Zuständigkeit **GVG 78 b Anh I**

Markt, Zulassung zum, Rechtsweg **GVG 13** 50

Marktordnung, Rechtsweg **GVG 13** 50

Marktpreis, Schätzung der Pfandsache **813** 3; eines Wertpapiers **821**

Marktsache s Meß- und Marktsache

Marokko, Ehesache **606 a Anh II** 11

Maschinelle Bearbeitung, im Mahnverfahren **689, 690, 696, 699, 703 b, c**; beim Verfahren auf eine Anpassung des Unterhalts **641 l, s, t**

Materielle Beschwer Grdz 511 19

Materielle Prozeßleitung 139

Materielle Rechtskraft s Rechtskraft

Materiellrechtliche Theorie der Rechtskraft **Einf 322** 5

Mediation 278 10, **279** 4, **Grdz 1025** 11

Mehrforderung, Geringfügigkeit, Kostenentscheidung **92** 49

Mehrfache Pfändung 826 1 ff, **827** 9, **853 ff**

Mehrstaater 606 a 7

Mehrverkehr 372 a

Mehrzahl s beim betreffenden Gegenstand oder bei der betreffenden Person

Meineid, Aufhebungsantrag **1059**; Restitutionsklage **580, 581** 1; Unzulässigkeit einer Beeidigung der Partei **452** 8; eines Zeugen, Beihilfe durch Unterlassen **138** 66

Meinungsumfrage, durch die Industrie- und Handelskammer **355** 5; im gewerblichen Rechtsschutz **Üb 402** 7

Meistbegünstigungsgrundsatz Grdz 511 28

Menschenrechtskonvention 216 11

Meß- und Marktsache 30; Einlassungsfrist **274**; Gerichtsstand **30**; Ladungsfrist **217**

Mieter, Gewahrsam des M. **808** 16

Mieterverein 91 141

Mietkaution, Anspruch auf die Rückzahlung, Gerichtsstand **29 a** 6

Mietstreitigkeit, Beweislast **286 Anh** 131; Gerichtsstand des Erfüllungsorts **29** 28; ausschließlicher Gerichtsstand bei der Wohnraummiete **29 a**; Klage auf eine künftige Mietzahlung **257** 3, **258** 1; Gerichtsstand der Mieterhöhungsklage **29 a** 1; dgl Klagänderung **264** 19 „Nachschieben", „Neue Begründungsart"; Mietspiegel **Üb 373** 33; Schiedsvereinbarung **1030**; als Sommersache **227** 38; Streitbefangenheit **265** 6; Rechtskraftwirkung des Urteils **322** 50; Urteil auf eine Fortsetzung des Mietverhältnisses **308** 4; vorläufige Vollstreckbarkeit **708** 9; Zwangsvollstreckung auf Grund eines Urteils auf die Vornahme einer Handlung durch den Vermieter **887** 38 „Vermieter"; einstweilige Verfügung auf eine Räumung **940 a**; Zuständigkeit **29 a, GVG 23**

– **(Räumungsklage),** Anspruchshäufung **260** 1; Gerichtsstand **29 a**; Klage auf eine künftige R. **259** 6; Kostenscheidung **93 b**; Klagerhebung nach dem Auszug, Kosten **91 a** 130 „Mietrecht", **93** 47; Mietaufhebungs- und Räumungsklage **2** 6; Rechtskraftwirkung des Urteils **322** 50, **325** 34; Schonfrist **331** 12; vorläufige Vollstreckbarkeit des Urteils **708**; Urteil auf eine Fortsetzung des Mietverhältnisses **308 a**; Zwangsvollstreckung/Räumungsfrist **885** 5/**721, 794 a**

– **(Streitwert) 3 Anh** 76; beim Streit über das Bestehen oder die Dauer des Mietverhältnisses **3 Anh** 78, 8 2; beim Anspruch des Eigentümers gegen den Mieter **6** 2; bei der Feststellungsklage **3 Anh** 78; bei einer Kündigung **3 Anh** 78; beim Streit um den Mietzins **3 Anh** 79, 80, 8 5, 6

Mietverhältnis, Urteil auf eine Fortsetzung des M. **308 a** 4; dgl, Sommersache **227** 38, 39; Pfändung des Mietzinses **Grdz 704** 95, **851 b**; Unwirksamkeit einer Schiedsvereinbarung **1030**; Zwangsvollstreckung beim Mietzins als Grundstückszubehör **865** 8

Mietwohngrundstück, Streitwert **6** 2

Mietzins, Pfändungsschutz **851 b**

Mikrofilm 299 a 1

Milchkuh, Pfändung **811** 26

Minderjähriger, Beeidigung **393** 1, **455** 5; in einer Ehesache **607** 1; Ersatzzustellung an den M. **178** 15, 22, 31; Haftungsbeschränkung **786** 2 „E. § 1629 a BGB"; Parteivernehmung **455** 5; Pfändungsschutz des minderjährigen Erben bei einer Fortführung der Erwerbstätigkeit **811** 45; Prozeßfähigkeit **52** 6; als Schiedsrichter **1035**; Unterhalt **323, 645** ff; als Zeuge **Einf 383–389** 5, **393** 1

Minderkaufmann, Pfändung einer zur Erwerbstätigkeit erforderlichen Sache **811** 35; Zuständigkeitsvereinbarung **38** 17

Minderungsanspruch, Gerichtsstand **29** 12; Streitwert **3 Anh** 84

Mindestbetrag bei der Sicherungshypothek **866** 5

Mindestgebot bei einer Pfandversteigerung **817 a**

minima non curat praetor Grdz 253 37, **Grdz 704** 48

Minister, Aussagegenehmigung **376** 7; als Sachverständiger **408** 6; Zeugenvernehmung **382**

Minus, Begriff **308** 7

Mitarbeiter, Zeugnisverweigerungsrecht **383**

Mitberechtigter, Ausschluß als Gerichtsperson **41** 8, **49**

Mitbesitz des Ehegatten **739** 1, 4

Mitbestimmung, Rechtsweg **GVG 14** 6

Mündliche Verhandlung

Miteigentum, Gerichtsstand bei der Klage des Grundstückseigentümers **24** 3; Pfändung des Anteils am M. **857** 8; Streitgenossenschaft **59** 6, **62** 12; Recht zur Erhebung einer Widerspruchsklage **771** 16
Miterbe s Erbe
Mitgliedschaftsrecht, Feststellungsklage **256** 9; Gerichtsstand **22**; Pfändung **Grdz 704** 95
Mittäter, Gerichtsstand der unerlaubten Handlung **32** 16
Mitteilung Üb 166 1, **167** 10; eines Termins vor dem AG **497** 5; der Anordnung des persönlichen Erscheinens der Partei an ihren ProzBev **141** 27; einer Anordnung zur Vorbereitung der mündlichen Verhandlung **273**; eines Antrags oder Beweismittels **277, 282**; des Aufgebotsantrags eines dinglich Berechtigten an den Grundstückseigentümer **986** 2, **988**; der Einlegung der Berufung/Revision **521/550**; eines Beschlusses **329** 12, 26; eines Beweistermins **357** 8; von Daten **EGGVG 12 ff**; einer Abkürzung der Einlassungs-/Ladungsfrist **226** 5; an den Gerichtsvollzieher **763**; der Kostenberechnung **103** 35, **105** 14; der Pfändung **808** 25; des Protokolls durch den Gerichtsvollzieher **763** 3; einer Entscheidung nach dem Justizmitteilungsgesetz **EGGVG 12 ff**; im Verfahren der Prozeßkostenhilfe **127**; der Streitverkündung an den Gegner **73**; Kostenpflicht im Fall der Unterlassung einer M. von der Rechtsnachfolge **94** 7 ff; einer Urkunde von Anwalt zu Anwalt **135** 5; der Niederlegung einer Urkunde **134** 9; Antrag, eine Behörde mit der Mitteilung der Urkunde zu ersuchen **432** 4; des Urteils im schriftlichen Verfahren **128, 310, 311**; der Urteilsgründe bei der Urteilsverkündung **311** 5; des Widerspruchs gegen den Mahnbescheid **695**; der Zustellung an den Antragsteller **693**; von einer Zeugnisverweigerung **386** 6; Zulässigkeit einer formlosen Mitteilung statt einer förmlichen Zustellung **Üb 166** 16; s auch Benachrichtigung
Mittelbarer Besitz s Besitz
Mittellosigkeit, beim Antrag auf eine Prozeßkostenhilfe s dort; Erstattung der Reisekosten im Fall einer Anordnung zum persönlichen Erscheinen der Partei **141** 25
Mitverpflichteter, Ausschluß als Gerichtsperson **41** 8, 49
Mitwirkung eines Dritten an der Handlung, Zwangsvollstreckung **887** 28 „Handwerksmäßige Leistung"
Mitwirkungsplan GVG 21 g 4
Mitwirkungspflicht der Partei **Grdz 128** 11; vgl auch Partei
Möbel s Hausrat
Mobiliarvollstreckung 803 ff; und Immobiliarvollstreckung **865** 1
Modell s Musterschutz
Moselschiffahrt, Zuständigkeit bei einer Streitsache **GVG 14** 4
Montanvertrag als Aussetzungsgrund **148** 20
Mündliche Klagerhebung 253 7, **496** 3–5
Mündliche Verhandlung 128 4; **279**; Notwendigkeit der Erklärung eines Anerkenntnisses in der m. V. **307** 8; ausländischer Anwalt **SchlAnh VII**; Belehrung **215**; Beteiligte **140** 9; Bezugnahme auf eine andere m. V. **128** 7, 8; Einheit und Gleichwertigkeit aller Verhandlungsteile **Üb 253** 3, 5; als Entscheidungsgrundlage **128** 7, **286** 13; Konzentrationsgrundsatz **Üb 253** 6; der Partei, Begriff **128** 7, **137** 3; Protokoll s dort; Richterwechsel **128** 8; Terminsbestimmung s dort; Terminsversäumung **Üb 230** 1; Beweiskraft der Urteilstatbestands

für den Inhalt der m. V. **314**; Erklärung eines Verzichts auf den Anspruch in der m. V. **306** 4; nach der Verwerfung einer Zulässigkeitsrüge durch ein Zwischenurteil **280**; Vorbereitung **273**; Wiedereröffnung **156**; Zusammenfassungsgrundsatz **273**
– **(in, über)** die Aufnahme eines unterbrochenen Verfahrens **239** 12, 19; der Berufungsinstanz **525**; die Beweisaufnahme durch einen verordneten Richter **361**; eine Beweisaufnahme **285**; dem Einspruchstermin **341**; die Prozeßübernahme durch den Rechtsnachfolger **265** 22; dgl nach einer Veräußerung eines Grundstücks, Schiffs, Schiffsbauwerks, Luftfahrzeugs **266** 4; nach einer Prozeßverbindung **147** 20; dem schiedsrichterlichen Verfahren **1047**; eine einstweilige Verfügung **937**; eine abgesonderte Verhandlung über eine Zulässigkeitsrüge **280**; einen Versäumungsantrag **281** 22; einen solchen nach einem Widerspruch gegen einen Mahnbescheid **696**; einen Wiederaufnahmeantrag **590**
– **(freigestellte mündliche Verhandlung) 128** 5, 10; Anordnung der mündlichen Verhandlung **128** 11; Entscheidungsgrundlage **128** 11; einstweilige Anordnung in einer Ehesache **620 a, b** 8; einstweilige Anordnung wegen einer Unterhaltszahlung oder Sicherheitsleistung während des Verfahrens zur Feststellung der Vaterschaft **641 d** 4; im Arrestverfahren **921** 3, **922** 7, 15; über die Aufhebung einer Trennung oder Verbindung von Prozessen sowie über die Aufhebung einer Aussetzung **150**; über eine Aussetzung des Verfahrens **148** 35; über die Aufnahme nach einer Aussetzung **248** 4; bei einer Verwerfung der Berufung als unzulässig **522**; im Beschlußverfahren wegen einer Schiedsvereinbarung **1047**; im Beschwerdeverfahren **572**; bei der Anordnung einer Beweissicherung **490** 5; über die Erinnerung gegen den Kostenfestsetzungsbeschluß **104** 57; über einen Antrag auf eine Abkürzung oder Verlängerung einer Frist **225** 5; vor einer Fristsetzung zur Behebung eines Hindernisses der Beweisaufnahme **356** 9; wegen der Fristsetzung im Fall der Urkundenvorlegung durch einen Dritten **431** 3; vor der Abgabe einer Hausratssache **281 Anh I** 4; über die Kostenentscheidung nach einer Klagerücknahme **269** 45; vor der Abgabe einer Landwirtschaftssache durch das Landwirtschaftsgericht an das Prozeßgericht **281 Anh III** 1; vor der Beiordnung eines Notanwalts **78 b** 6; im Prozeßkostenhilfeverfahren **118, 127**; bei einer Trennung/Verbindung von Prozessen **145** 5/**147** 15; über eine Richterablehnung **46** 4; im Fall der Rücknahme eines eine freigestellte mündliche Verhandlung vorsehenden Gesuchs **128** 10; **269** 3; vor der Anordnung des Ruhens des Verfahrens **251** 7; über die Ablehnung eines Sachverständigen **406** 28; über die Bestellung eines Schiedsrichters **1035**; über die Schiedsvereinbarung oder den Schiedsrichter betreffenden Entscheidung **1047**; Rückgabe einer Sicherheitsleistung **109** 24; dgl Fristsetzung **109** 21; über die Anordnung der Übersetzung einer Urkunde **142** 22; über eine Urteilsberichtigung **319** 28; über die Wirkungslosigkeit des Urteils nach einer Klagerücknahme **269** 46; bei einem Verweisungsantrag **281** 22; über die Eintragung einer Vormerkung im Wege der einstweiligen Verfügung vor dem AG, **942** 6; über einen Wiedereinsetzungsantrag **238** 1; über die Abgabe einer Wohnungseigentumssache **281 Anh II** 4; über eine Zuständigkeitsbestimmung **37** 4; über die Bestellung eines Zustellungsbevollmächtigten **184** 8; über die Bewilligung einer

Mündlichkeitsgrundsatz

Zahlen in Fettdruck = Paragraphen

öffentlichen Zustellung **186** 5; über die Erlaubnis zur Vornahme einer Zustellung in der Nacht, an einem Sonn- oder Feiertag **758a** 20; über eine Maßnahme der Zwangsvollstreckung wegen einer Handlung, Duldung oder Unterlassung **891**
- **(notwendige mündliche Verhandlung) 128** 4; im Aufgebotsverfahren **952** 1; über die Entbindung des Klägers vom Prozeß auf Grund der Prozeßübernahme durch den mittelbaren Besitzer **76** 9; über die Kostenentscheidung nach beiderseitigen Erledigterklärungen **91a** 142; über die Zulassung eines (Prozeß)Bevollmächtigten ohne (den Nachweis seiner) Vollmacht **89** 4; über die Höhe einer Sicherheitsleistung **108** 5, **112** 1; im Streit über die Zurückweisung einer Streithilfe **71** 6; über die Rückgabe einer Urkunde von Anwalt zu Anwalt **135** 11; über eine Ergänzung des Urteils **321** 9; über eine Berichtigung des Tatbestands eines Urteils **320** 9; im Rechtfertigungsverfahren über eine einstweilige Verfügung **942** 9; über die Vollstreckbarerklärung eines Schiedsspruchs **1060**; über den Widerspruch gegen einen Arrest/eine einstweilige Verfügung **925** 4/**936** 4 „§ 925"; über eine Zeugnisverweigerung vor dem verordneten Richter **389** 4
- **(Ablauf) 137, 278**; Leitung durch den Vorsitzenden **136** 6; Anordnung der Beschränkung auf einzelne Angriffs- oder Verteidigungsmittel **146** 3; Anordnung der Entfernung eines an der Verhandlung Beteiligten **158** 4; Anordnung des Vorsitzenden über die Hinzuziehung eines Urkundsbeamten **159** 5; Antrag auf eine Rechtswegverweisung **GVG 17a** 12; Antragstellung **137** 7; Antragstellung zu Protokoll **297** 8; Aufruf der Sache **220** 4; Unterlassung des Aufrufs **220** 8; vor dem Aufruf erfolgende Parteimeldung **220** 6; Ausschluß eines Bevollmächtigten oder Beistands **157** 8; Beanstandung der Anordnung des Vorsitzenden oder seiner Frage **140** 10; Beginn **137** 4, **269** 14; Vortrag des erstinstanzlichen Akteninhalts in der Berufungsinstanz **525**; nach der Beweisaufnahme **279, 285** 5, **370**; Vortrag des Ergebnisses einer Beweisaufnahme vor dem verordneten Richter **285** 7; Bezugnahme auf ein Schriftstück **137** 28; Entfernung aus dem Saal im Fall des Ungehorsams **GVG 177**; Erörterung des Sach- und Streitstoffs **139**; Fernseh-/Film-/Rundfunkaufnahme **GVG 169** 5; V. zur Hauptsache **39** 6, **137** 5; Übertragung der Leitung auf einen Beisitzer **136** 9; Nichtverhandeln **33**; Öffentlichkeit s dort; Ordnungsgewalt s dort; Anhörung der Parteien **137** 43; Vortrag der Parteien **137** 43; Anhörung des Patentanwalts **137** 41; Protokoll **160**; Rüge eines Mangels einer Prozeßhandlung **295** 1, 7; Urteilsverkündung s dort; Begriff der Verhandelns **333** 3; teilweises Verhandeln **334**; Verlesung der Anträge **297** 11; Versäumnis einer Prozeßhandlung in der mündlichen Verhandlung **230** 1; Antrag auf eine Verweisung des Prozesses von der Kammer für Handelssachen an die Zivilkammer **GVG 97** 4; Vorbringen eines Angriffs- oder Verteidigungsmittels **282**; Untersagung des Vortrags **157** 21, **158** 4; Entziehung des Wortes **136** 10
- **(Schluß) 136** 27; im schriftlichen Verfahren/beim Beschluß eines dem Schluß der mündlichen Verhandlung entsprechenden Zeitpunkts **128** 40; Nichteinverständnis eines Beisitzers **140** 9; im Fall der Nachreichung eines Schriftsatzes **283**; Vorbringen nach dem Schluß **296a** 1
- **(Verhandeln zur Hauptsache) 39** 6; Anordnung nach der Verwerfung einer Zulässigkeitsrüge durch ein Zwischenurteil **280** 9; nach der Aufnahme eines unterbrochenen Verfahrens **239** 12; beim Ausschluß einer verzichtbaren Zulässigkeitsrüge **39** 2, 6, **295**; durch die Stellung des Klagantrags **137** 7, **297** 6; Richterablehnung nach einer Einlassung zur Hauptsache **43** 5, **44** 8; ohne die Rüge des Fehlens eines Verfahrens vor der Arbeitnehmererfindung vor der Schiedsstelle **253** 6; ohne eine Zuständigkeitsrüge **38** 37, **39**; Verweigerung im Fall einer Streitverkündung gegenüber dem mittelbaren Besitzer **76** 5
- **(Verhandeln zur Sache) GVG 101**
- **(abgesonderte Verhandlung)** s Abgesonderte V.
- **(Vertretung in der mündlichen Verhandlung)**, Ausschluß des Vertreters **157** 8; durch einen Beamten **157** 12; durch den Bürovorsteher **157** 8; durch einen Gewerkschaftssekretär **157** 11; durch einen Patentanwalt **157** 4; durch den ProzBev im Fall eines Vertretungsverbots **157** 1; durch einen Rechtsbeistand **157** 2, 7; durch einen Rentenberater **157** 7; durch einen Referendar **157** 8; durch einen Regulierungsbeamten der Versicherung **157** 12
- **(Vorbereitung)**, Anordnung zur V. **273**; Anordnung einer Augenscheinseinnahme oder eines Sachverständigengutachtens **144** 5; Anordnung des persönlichen Erscheinens der Partei **141** 14; Vernehmung eines Zeugen oder Sachverständigen vor der mündlichen Verhandlung **273, 358a**
- **(Wiedereröffnung) 156**; in der Berufungsinstanz **526** 7

Mündlichkeitsgrundsatz Üb 128 1, **128** 7; Verstoß **128** 9
Mußvorschrift Einl III 32
Musterentscheid s Kapitalanleger-Musterverfahrensgesetz
Musterprozeß als Aussetzungsgrund **148** 20; Verzicht auf die Einrede der Verjährung **Einl III** 59
Musterschutz, Zuständigkeit der Kammer für Handelssachen **GVG 95** 6; Pfändung des Schutzrechts **857** 3
Musterfeststellungsantrag s Kapitalanleger-Musterverfahrensgesetz
Mustervertragsbedingung, Revisibilität **550** 10
Mutwilligkeit der Rechtsverfolgung s Notanwaltsbeiordnung, Prozeßkostenhilfe

N

Nachbarrechtsklage des Grundstückseigentümers, Gerichtsstand **24** 3, 19; Grundstücksveräußerung **266** 3; Streitwert **7** 1
Nacheid 392
Nacherbe, Pfändung seines Anspruchs **Grdz 704** 96; Aufnahme nach einer Unterbrechung des Verfahrens **243** 2; Gerichtsstand der Klage auf die Feststellung des Erbrechts **27** 4; Gerichtsstand der Klage wegen eines Grundstücks **24** 4; Rechtsstellung, Prozeßführungsrecht **242**; Streitwert **3 Anh** 43; Urteil gegen den Vorerben, Vollstreckbare Ausfertigung **728** 1; und Vorerbe als notwendige Streitgenossen **62** 10 „Erbrecht"; Widerspruchsklage **773**
Nacherbfall, Aussetzungsantrag im Fall der Vertretung durch einen ProzBev **246** 2; Gläubigeraufgebot durch den N. **998**; während der Rechtshängigkeit **326** 4; Unterbrechung des Prozesses des Vorerben ohne einen ProzBev **242** 2; Rechtskraftwirkung eines vor dem Eintritt des N. erlassenen Urteils **326** 1
Nacherfüllung 756
Nachforderung, Kosten der N. s Kostenfestsetzung; Nachliquidation **103** 40; Urteil, Rechtskraftwirkung **322** 51; Streitwert **3 Anh** 85

dahinterstehende Zahlen und Buchstaben = Randnummern **Nichterscheinen**

Nachforderungsklage wegen einer Sicherheitsleistung beim Rentenanspruch 324
Nachgereichter Schriftsatz 283
Nachgiebige Vorschrift der ZPO **Einl III** 31
Nachholung, der Beweisaufnahme wegen des Ausbleibens der Partei 367 5; einer Erklärung in der Berufungsinstanz 534; einer Prozeßhandlung 231 8; einer solchen nach der Versäumung einer Erklärungsfrist 283; einer solchen beim Wiedereinsetzungsantrag 236 12
Nachlaß, Gerichtsstand des N. 28; s auch Zwangsvollstreckung (gegen den Erben)
Nachlaßgläubiger, Aufgebot der N. s dort
Nachlässigkeit, beim nachträglichen Vorbringen eines Angriffs- oder Verteidigungsmittels 282, 283, 296; beim Unterlassen des erstinstanzlichen Vorbringens 531
Nachlaßinsolvenzverfahren, Unterbrechung eines die Masse betreffenden Verfahrens 240 5; Vorbehalt der beschränkten Erbenhaftung 780 1; Zwangsvollstreckung in das Vermögen des Erben 784
Nachlaßpfleger, Aufnahme nach einer Unterbrechung des Verfahrens 243 2; als gesetzlicher Vertreter **Grdz** 50 9; Prozeßkostenhilfe 116
Nachlaßschuldner, Einwand der Arglist gegenüber einem Miterben 62 10 „Erbrecht"
Nachlaßverbindlichkeit, Gerichtsstand 28; Kostenentscheidung beim Anerkenntnis 93 38 „Erbe"
Nachlaßverwalter, als Partei kraft Amtes **Grdz** 50 9; Prozeßkostenhilfe 116; Rechtsanwalt, Kostenerstattung 91 178; Vollstreckungsabwehrklage 784, 785
Nachlaßverwaltung, Anordnung, Aussetzung des Verfahrens 246 3; Recht des Erben zur Prozeßgeschäftsführung **Grdz** 50 36 „Erbrecht"; Unterbrechung des Verfahrens 241 5; Vorbehalt der beschränkten Erbenhaftung 780 1; Zwangsvollstreckung in das Vermögen des Erben 784
Nachlaßverzeichnis, Zwangsvollstreckung aus einem Anspruch auf die Aufstellung eines N. 887 33; Streitwert der Vorlegung **3 Anh** 69, 147
Nachliquidation 103 40
Nachpfändung 803 12
Nachprüfung s Amtsprüfung, Richterliches Prüfungsrecht, vgl auch bei den einzelnen Rechtsmitteln
Nachschieben von Prozeßstoff, in einem Schriftsatz **Üb** 253 6, 279, 283; in der Berufungsinstanz 530, 531; eines Nichtigkeitsgrundes 588 2; eines Wiedereinsetzungsgrundes 234 4; des Entschuldigungsgrundes eines Zeugen für sein Ausbleiben 381 4
Nachbriefkasten des Gerichts 233 22
Nachteil und vorläufige Vollstreckbarkeit 710 ff
Nachtpfändung s Nachtzeit
Nachträgliche Sicherheitsleistung 111 1
Nachträgliche Unzuständigkeit 506
Nachträglichkeit, des Parteivorbringens s dort
Nachtzeit, Begriff 758 a; Pfändung zur N. 758 a; Zwangsvollstreckung zur N. 758 a 14
Nachverfahren, nach dem Vorbehalt der Aufrechnung 302 12; dgl Prozeßvollmacht 81 14; im Urkundenprozeß 600; im Verteilungsverfahren 882; nach einer Vorabentscheidung über den Grund des Anspruchs 304 28; im Wechselprozeß 602 7
Nachweis, der Fälschung des Protokolls 165 11; der Prozeßvollmacht 80 10; derjenigen in einer Ehe-/Kindschaftssache 609 1/640 1 „§ 609", 641; der Zustellung des Urteils bei der Einlegung der Berufung/Revision 521/550; der Zustellung von Anwalt zu Anwalt 195 19

Nähmaschine, Pfändung 811 22
Nahestehende Person 807 36
Nahrungsmittel, Pfändung 811 25
Namenspapier, Pfändung/Pfandverwertung 821/822, 823
Namensrecht, als vermögensrechtlicher Anspruch **Grdz** 1 11; Feststellungsklage 256 9; Pfändung **Grdz** 704 56; Rechtsweg **GVG** 13 51; Streitwert **3 Anh** 85; Verletzung, Urheberbenennung 77
Namensstempel, bei einer beglaubigten Abschrift 169 4; beim Empfangsbekenntnis eines Anwalts 174 10, 11, 195 16, 17; unter einem Schriftsatz 129 34
Namensunterschrift s Unterschrift
Nämlichkeit, der Parteien/Prozesse, Rechtshängigkeit 261 18
NATO-Truppenstatut, Zusatzabkommen **SchlAnh III;** vgl auch Streitkräfte, ausländische
Naturaleinkommen, Pfändung 811 32, 850 1, 850 e 11; diejenige der Vergütung für die Gewährung einer Wohngelegenheit oder Sachbenutzung 850 i 10
Naturschutz, Rechtsweg **GVG** 13 51
Nebenentscheidung 313 43
Nebenforderung, Bindung des Gerichts an den Klagantrag 308 1; Entbehrlichkeit eines rechtlichen Hinweises 139 43; Streitwert 4 9; Urteilsergänzung im Fall der Übergehung einer N. 321 5; im Verteilungsverfahren 873 4; im Wechsel-/Scheckprozeß 605 3/605 a
Nebenintervention s Streithilfe
Nebenpartei 66 1
Nebentätigkeit des Richters **DRiG** 42
Nebenverdienst, Unpfändbarkeit 850 a 3
Ne-bis-in-idem-Lehre Einf 322 11, 890 24
Negativbeweis Einf 284 13, 286 Anh 142
Negative Feststellungsklage s Feststellungsklage
Nennwert, Überweisung zum N. 835 6, 9
Neue Bundesländer s Einigungsvertrag; Rechtsweg bei Staatshaftung **GVG** 13 60 „Staatshaftung"
Neues Gutachten 412 1
Neues Vorbringen s Parteivorbringen (neues Vorbringen)
Neue Tatsache, in einer Ehesache 611 1–3; Tragweite der Rechtskraft 322 13; und Wiederaufnahme 580
Ne ultra petita 308 2
Nichtberechtigter, Eigentumserwerb vom N. durch die Zwangsvollstreckung 898; Erwerb vom N., Rechtskraftwirkung 325 8; gutgläubiger Erwerb des Streitgegenstandes 265 27, 266 10
Nicht bestehende Partei Grdz 50 17
Nichtbestreiten, bei einer Amtsprüfung 138 42; beim Beibringungsgrundsatz 138 42; für die Instanz 138 41; als Zugeständnis 138 43
Nichteheliches Kind, Abstammungsuntersuchung s dort; Anerkennung der Vaterschaft s dort; Ausschluß wegen der Vaterschaft als Gerichtsperson 41 11, 49; Ehelichkeitsanfechtungsklage s dort; Pfändungsvorrecht der Mutter s dort; gesetzliche Vertretung durch die Mutter 51 18
Nichteinlassung 328 20, **SchlAnh V C 1** 20
Nichterfüllung, Klage auf eine künftige Leistung wegen der Besorgnis der N. 259 1; Recht zum Schadensersatzanspruch oder Rücktritt, Fristsetzung im Urteil 255 1
Nichterklären, auf eine Behauptung des Gegners 138 27; über eine Tatsache/Echtheit der Urkunde/in einer Ehe-/Kindschaftssache 617 3, 640 12 „§ 617"
Nichterscheinen s Partei, Sachverständiger, Zeuge, Versäumung usw

Hartmann   3119

Nichtigkeit

Zahlen in Fettdruck = Paragraphen

Nichtigkeit, Feststellungsklage beim Dispachebeschluß **256** 7; beim Gesellschafterbeschluß **256** 71; einer Prozeßhandlung **Grdz 128** 56, 57; eines Prozeßvergleichs **307 Anh** 36; dgl Wiedereinsetzung, Antragsfrist **234** 7; einer Ernennung zum Richter **DRiG 18**; einer Schiedsvereinbarung **1030**; eines Testaments, Streitwert **3 Anh** 41 „Erbrechtlicher Anspruch"; eines Urteils **Üb 300** 10, 14 ff; eines Urteils gegen einen Exterritorialen **GVG Einf 18** B; Vereinbarung, ein Vertrag solle als nichtig gelten **138** 22–24; eines Vertrages, Gerichtsstand des Erfüllungsorts **29** 3, 7; dgl, Rechtskraftwirkung des Urteils betreffend die N. **325** 35; Feststellungsklage wegen eines Vertrags mit einem Dritten **256** 12, 28; der Zustellung **Üb 166** 12; der Zwangsvollstreckung **Grdz 704** 57
Nichtigkeitsklage (Aktiengesellschaft, Gesellschaft mit beschränkter Haftung), gegen einen Gesellschafterbeschluß, Gerichtsstand **12** 6; Zuständigkeit der Kammer für Handelssachen **GVG 95** 6, 9; notwendige Streitgenossenschaft **62** 11 „Gesellschaft mit beschränkter Haftung"; Streitwert **3 Anh** 85
– **(Ehesache) 631 ff**, Kosten **93** a 3
– **(Patent),** Streitwert **3 Anh** 88
– **(Wiederaufnahmeklage)** s dort
Nichturteil Üb 300 11
Nichtverhandeln 333 4, **334** 1
Nichtvermögensrechtlicher Anspruch Grdz 1 11; Anerkennung eines ausländischen Urteils **328** 48; Streitwert **2** 1; derjenige der einstweiligen Verfügung **3 Anh** 37; Widerklage **33** 12; Zuständigkeitsvereinbarung **40** 4
Nichtwissen, Erklärung mit N. **138** 45
Nichtzulassung der Revision **543, 544**
Niederlande, deutsch-niederländischer Vertrag **SchlAnh V B** 7
Niederlassung, Gerichtsstand **21**; eines ausländischen Rechtsanwalts **GVG 155 Anh I** 4
Niederlegung, beim Anwaltsvergleich **796 a** 8–10; auf der Geschäftsstelle s dort; zwecks Zustellung s dort
Niederschrift s Protokoll
Nießbrauch, Gerichtsstand der landwirtschaftlichen Niederlassung **21** 11; Grundstücksveräußerung während des Prozesses **266** 3; Pfändung **Grdz 704** 97 „Nutzungsrecht", **857** 8; Pfändung beim N. am Vermögen vor der Rechtskraft **737**; dgl nach der Rechtskraft **738**; Rechtsbeeinträchtigung, Urheberbenennung **77**; Sicherheitsleistung, Klage auf eine Fristsetzung durch das Urteil **255** 4; Streitwert **3 Anh** 86, **9** 7; Streitwert der einstweiligen Verfügung **3 Anh** 37; Rechtskraftwirkung des Urteils **325** 35; Recht zur Erhebung einer Widerspruchsklage **771** 19 „Nutzungs- und Anteilsrecht"; Zwangsvollstreckung gegen den Nießbraucher **737, 738**
Non liquet Einl III 49
Normenkontrollverfahren GVG 1 6; Kostenerstattung **91** 142
Notanwaltsbeiordnung 78 b, c; Antrag **78 b** 4; Bestellung des Notanwalts zum ProzBev **172** 17; Streitwert **3 Anh** 86
Notar, Anwaltsvergleich, Verwahrung, Vollstreckbarerklärung **796 c**; Gebühren, Rechtsweg **34** 3, **GVG 13** 51; Erteilung einer Vollstreckungsklausel **797** 3; Zeugnisverweigerungsrecht **383** 12; Zustellung an den N. **174**; Zustellung an den Gehilfen **178** 17; Zwangsvollstreckung wegen einer N. durch eine Pfändung **811** 47
Notariat der früheren DDR, Anerkennung seiner Entscheidung **328** Vorbem

Notarielle Urkunde s Vollstreckbare Urkunde
Notfrist s Frist (gesetzliche Frist als Notfrist)
Notfristzeugnis 706 11
Nötigung zum Abschluß einer Schiedsvereinbarung **1062**
Notwegrecht, beim Grundstücksmiteigentum, notwendige Streitgenossenschaft **62** 12; Streitwert **7** 1; Streitwert einer Rente **9** 5
Notweg, Streitwert **7** 1
Notwendige Kosten 91 28, **788** 4, 19
Notwendige Streitgenossenschaft s Streitgenosse (notwendiger Streitgenosse)
Notwendige Zurückverweisung, in der Berufungsinstanz **538**; in der Revisionsinstanz **563**
Notwendiger Inhalt, der Berufungsbegründung **520**; der Berufungsschrift **59**; der Klagerwiderung **277** 5, **282** 5 ff; der Klageschrift **253** 13, 22 ff; im Urkunden/Wechsel/Scheckprozeß **593** 3/**602**/**605 a**; im Wiederaufnahmeverfahren **587** 1; des Mahnantrags **690** 4; der Rechtsbeschwerdebegründung **575**; der Rechtsbeschwerdeschrift **575**; der Revisionsbegründung **551**; der Revisionsschrift **549**; des Scheidungsantrags **622** 4, **630** 2
Nutznießung, Gerichtsstand der landwirtschaftlichen Niederlassung **21** 11
Nutzung einer Erbschaft, Zwangsvollstreckung im Fall einer Nacherbschaft **863**; Streitwert **4** 14; Streitwert wiederkehrender N. **9** 5
Nutzungsrecht, Feststellungsklage **256** 10; Pfändung **Grdz 704** 97, **857** 8, 12; Pfändung des Eisenbahnbetriebsrechts **871**; Streitwert **3 Anh** 86

O

Obergutachten 286 61, **412** 5
Oberlandesgericht, Besetzung **GVG 115 ff**, **EGGVG 25**; beim IntFamRVG **606 a Anh II** 8; Antrag auf eine gerichtliche Entscheidung gegen einen Justizverwaltungsakt s dort; Entscheidung über die Anerkennung einer ausländischen Ehescheidung **328** 68; Gliederung **GVG 116**; beim Kapitalanleger-Musterfeststellungsverfahren **GVG 118, SchlAnh VIII** 4, 14; Präsidium s Gerichtsperson; Verweisung von einem Senat an den anderen **281** 9, 13; Senatsbesetzung **GVG 122**; Senatsvorsitzender **GVG 21 f** 3; Verhinderung des Vorsitzenden **GVG 21 f** 5; Vertretung eines Richters **GVG 117**; Vertretung des Vorsitzenden **GVG 21 e** 6, **21 f** 7; Zuständigkeit **GVG 119**
Obligatorischer Einzelrichter 348 a
Obligatorisches Güteverfahren EGZPO 15 a; Beratungshilfe **127 Anh** 1, 3; Kosten **EGZPO 91** 106, **286**, **EGZPO 15 a**; als Prozeßvoraussetzung **Grdz 253** 49
Oberstes Landesgericht s Bayerisches Oberstes Landesgericht
Obiter dictum 313 34
Objektive Klagenhäufung 260 1
Obliegenheit, Begriff **Grdz 128** 11, **694** 7; Beweislast **286 Anh** 162 „Schadensersatz"; Klagantrag **253** 4; Widerspruchsbegründung **694** 7
Obmann, Schiedsgericht **1035**
Observanz, richterliche Kenntnis **293** 2
Offenbare Unrichtigkeit 281 37, **319** 6, **707** 17, **769** 13
Offenbarungsanspruch, Streitwert **3 Anh** 33 „Eidesstattliche Versicherung"
Offenbarungspflicht, der Partei **138** 18
Offenbarungsversicherung 807; Abgabe nach der Verhaftung **902**; Antrag des Schuldners auf Einstellung der Zwangsvollstreckung wegen einer besonderen Härte **765 a** 7, 9; nach bürgerlichem

Recht **889** 3; Ergänzung **903** 4; wiederholte Haftanordnung **914**; Haftaufschub **906**; Haftbefehl **901, 908**; nach Pfändung und Überweisung **836** 5; Verhaftung des Schuldners **909, 910**; Verhaftung eines Soldaten **SchlAnh II** V; Haftdauer **913**; Haft, Ersuchen **GVG 162, 163**; Säumnis **900** 46; Schuldnerverzeichnis **915–915 h**; Angehöriger der Streitkräfte **SchlAnh III** 34; Streitwert **3 Anh** 33 „Eidesstattliche Versicherung"; Termin zur Abgabe **900**; Verfahren **899** ff; Verfahrensgebühr **271 Anh**; Wiederholung **903**; Zuständigkeit **899**
Offene Handelsgesellschaft s Gesellschaft (OHG, KG)
Offenkundigkeit, der Rechtsnachfolge, vollstreckbare Ausfertigung **727** 11; einer Tatsache **291**
Offensichtliche Unpfändbarkeit 807 40
Öffentliche Beglaubigung 80 15, **169** 4
Öffentliche Bekanntmachung s Aufgebot, Entmündigung, Zustellung (öffentliche)
Öffentliche Ordnung, Verstoß beim Anerkenntnis **307** 11, 12, beim Anwaltsvergleich **796 a** 14, beim Auslandsurteil **328** 30; ein Urteil der früheren DDR **328 Einf B**; Ausschluß der Öffentlichkeit **GVG** 172; Revisibilität **545** 5; Verstoß beim Schiedsspruch **1059**
Öffentliche Urkunde s Urkunde (Öffentliche Urkunde)
Öffentliche Versteigerung 814 1
Öffentliche Zustellung s Zustellung (Öffentliche Zustellung)
Öffentlicher Dienst, Angehöriger als Sachverständiger **408** 6; Angehöriger als Zeuge, Aussagegenehmigung **376** 4; Gerichtsstand eines Angehörigen im Ausland **15**
Öffentlicher Glaube, einer Urkundsperson **415** 5
Öffentliches Recht, Aufrechnung mit einer öffentlichrechtliche Forderung **145** 17; öffentlichrechtliche Vertretung, Rechtsweg **GVG 13** 30 ff; Zivilprozeßrecht als öff. R. **Einl III** 13; Kostenvorschriften als öff. R. **Üb 91** 41
Öffentlichkeit der Verhandlung **GVG 169** ff; Ausschluß **GVG 172–174**, **SchlAnh III** 38; Beschränkung **GVG** 175; Entfernung wegen Ungehorsams **GVG** 177; Ordnungsgewalt des Vorsitzenden **GVG** 176; schiedsrichterliches Verfahren **1042**; Urteilsverkündung **GVG** 173; Verletzung als Revisionsgrund **547**
Öffentlichrechtliche Körperschaft 174
Öffentlichrechtliche Streitigkeit GVG 13
Offizialmaxime Grdz 128 39
Omnibusverkehr, Gerichtsstand bei einer Streitigkeit aus dem Beförderungsverkehr **21** 12
Opferschutz bei Gewalttat, Rechtsweg **GVG 13** 52; s auch Öffentlichkeit, Persönlichkeitsrecht
Orden, Pfändung **811** 51
Ordentliches Gericht GVG 12, 13
Ordentliches Rechtsmittel EG 19
Orderpapier, Gerichtsstand **29** 3; Kraftloserklärung s Aufgebot; Pfändung/Verwertung **808** 3, **831/ 835, 844**
Ordnung, öffentliche, s Öffentliche Ordnung
Ordnungsgewalt, des Richters bei einer Amtshandlung **GVG 180**; des Vorsitzenden **GVG Üb 169** 3, **176**; und Hausrecht **GVG 176** 2
Ordnungsmittel, Aufhebung **381** 4; Festsetzung gegen eine ausgebliebene Partei **141** 35; dgl in einer Ehesache **613** 8; gegenüber dem Sachverständigen **409, 411** 6; Streitwert **3 Anh** 87; gegenüber dem Zeugen **380** 11, **381, 390**
– **(Ordnungsgeld, -haft),** wegen Ungebühr **GVG 178**; Verhängung durch einen abgelehnten Richter **47** 8 „Sitzungsgewalt"; Verjährung **890** 28; Aufhebung **381**; wegen einer Zuwiderhandlung gegen ein Unterlassungsurteil **890** 17, 32
– **(Ordnungshaft),** wegen Ungehorsams **GVG 177**; Vollstreckung **GVG 179**
Ordnungsverstoß, Nichtanerkennung eines ausländischen Urteils **328** 30; eines ausländischen Schiedsspruchs **1059**; Aufhebung des Schiedsspruchs **1059**
Ordnungswidrigkeit, Zeugnisverweigerungsrecht **384** 5
Ordre public s Öffentliche Ordnung
Organhaftung der juristischen Person, Gerichtsstand **32** 10
Organisationsmangel des Anwaltsbüros, Ausschluß einer Wiedereinsetzung **233** 144
Organmitglied s Geschäftsführer, Vorstandsmitglied
Originärer Einzelrichter 348, 568
Ort, des Termins **219**; der Versteigerung **816**; einer Zustellung **180**
Örtliche Zuständigkeit s Gerichtsstand
Ortsangabe in einer Zustellungsurkunde **182** 15
Ortssatzung GVG 1 2
Ortstermin 219 5
Österreich, deutsch-österreichischer Vertrag **SchlAnh V** B 3; Ehesache **606 a Anh IV**
Ostgläubiger SchlAnh IV B 2 C
Ostsperre SchlAnh IV B 1 B

P

Pachtstreitsache, Gerichtsstand des Erfüllungsorts **29** 28; Gerichtsstand des Pächters **21** 3 ff; Klage auf die künftige Zahlung der Pacht **257** 1, **258** 1; Rechtsweg **GVG 13** 53; Streitwert **8** 1; Zuständigkeit **GVG 23** 7
– **(Streitwert) 8**; Bestehen, Dauer **8** 2; Anspruch des Eigentümers gegen den Pächter **6** 2; Pachtzins, Wert **8** 5
Pachtzins, Pfändung **Grdz 704** 97 „Nutzungsrecht", **851 b**; als Grundstückszubehör, Zwangsvollstreckung **865** 8
pactums de non petendo Grdz 253 26
Pakistan, Ehesache **606 a Anh II** 13
Paraguay, Ehesache **606 a Anh II** 13
Paramountklausel, Gerichtsstand **21** 3
Partei, Begriff **Grdz 50** 4; Begriff im Anwaltsprozeß **78** 17; beim Ausschluß einer Gerichtsperson **41** 8; Begriff bei einer Aussetzung oder Unterbrechung des Verfahrens durch den Tod oder das Erlöschen **239** 7; Begriff für die Kostenpflicht **91** 7; Begriff bei der mündlichen Verhandlung **128** 6, **137** 17; Begriff bei einer Vollstreckungsabwehrklage **767** 40; Begriff im Wiederaufnahmeverfahren **578** 5; Änderung **263** 5; Aufenthalt ohne eine Verkehrsverbindung, Aussetzung des Verfahrens **247** 2; Auftreten der falschen Partei **Grdz 50** 18; Ausschluß als Gerichtsperson **41** 8, 49; Bevollmächtigter als Partei **Grdz 50** 18; falsche Partei **Grdz 50** 18; Fiskus **Grdz 50** 13; Identität, Rechtshängigkeit **261** 18; Insolvenz **240** 8; Kostenpflicht **Üb 91** 27; Nachlaßpfleger **Grdz 50** 9; Nichtbestehen **Grdz 50** 19; politische P. s dort; Rechtsnachfolger **Grdz 50** 6, 16; Straftat als Grund für eine Restitutionsklage **580** 6, **581** 1; Streitgenossenschaft **Grdz 50** 16, **Üb 59** 3; Streithelfer **67** 1; streitgenössischer Streithelfer **69** 9; als Streithelfer **67** 3; Tod **Grdz 50** 6; Tod/des ProzBev **239** 4; **246** 3, **619** 1; Entbehrlichkeit der Anwesenheit der P. bei der Verkündung eines Beschlusses oder Urteils **312** 4/**329** 14 „§ 312"; Verein nach der Auflösung **Grdz 50** 20;

Partei

Verhalten der P., Berücksichtigung bei der Kostenentscheidung **92** 50, **93** 31; dgl bei der Klage auf die Räumung von Wohnraum **93 b**; eigener Vortrag im Anwaltsprozeß **137** 20 ff; Termin außerhalb der Gerichtsstelle im Fall der Verhinderung am Erscheinen vor Gericht **219** 7; Verhinderung an der Einhaltung einer Frist im Fall einer Vertretung **233** 5; Verschiedenheit der beiden Parteien als Erfordernis des Zivilprozesses **Grdz 50** 15; (gesetzliche) Vertretung **Grdz 50** 7, **51** 6; Bezeichnung im Vollstreckungstitel **750** 3; als Zeuge **Üb 373** 21; Zustellung an mehrere P. **170** 6; kraft Zustellung **Grdz 50** 14; Zustellungsfehler **Grdz 50** 4
- (Änderung) **Grdz 50** 6, **263** 5
- (Anhörung) **139**; als Beweisaufnahme bzw Beweismittel **141** 16; Wiedergabe der Aussage im Tatbestand des Urteils **313** 16; rechtliches Gehör s Gehör, rechtliches
- (Anordnung des persönlichen Erscheinens) **141**, **273** 22, **278**; Beglaubigung der Prozeßvollmacht vor der A. **80** 16; A. in einer Ehesache **613**; Ausbleiben der Partei **141** 30, 35; Erscheinen des Streithelfers statt der Partei **141** 9, 10; Ladung der Partei **141** 26; Nichtabgabe der Erklärung **141** 29, 31; Entsendung eines Vertreters **141** 45
- (Auftreten vor Gericht) **78** 17, 55; Entfernung in der mündlichen Verhandlung **158** 1; Erscheinen ohne ProzBev in einem Verfahren mit einem Anwaltszwang **141** 32; Vortrag in der mündlichen Verhandlung **137** 20; Untersagung des Vortrags **157** 21, **158** 1
- (Beeidigung) s Parteivernehmung
- (Befragung) **397/402** 6 „§§ 394–398"
- (Benachrichtigung über) eine Anordnung zur Vorbereitung der mündlichen Verhandlung **273** 30; eine Beweisaufnahme/Abgabe durch den verordneten Richter **362** 6/**365**; eine Beweisaufnahme im Ausland **364**; eine Änderung des Beweisbeschlusses **360** 12; einen Termin im Zwischenstreit wegen der Beweisaufnahme durch einen verordneten Richter **366** 5; einen Verhandlungstermin nach der Beweisaufnahme **370**; eine Zeugnisverweigerung **386**
- (Bezeichnung), in der Klageschrift **253** 22; im Urteil **313** 4; Streithelfer **253** 27, **264** 4, **319**; unzutreffende Bezeichnung **Grdz 50** 4, 18; und Pseudonym **Grdz 50** 4, **253** 24
- (Erklärung) s Parteivorbringen
- (falsche) **Grdz 50** 18
- (Ladung) zum persönlichen Erscheinen **141** 26; persönliche Ladung **172** 5; zur mündlichen Verhandlung **274**; zu derjenigen über eine Berichtigung des Urteilstatbestands **320** 6; bei einer Zeugnisverweigerung vor dem verordneten Richter **389** 4
- (nicht bestehende) **Grdz 50** 19
- (persönliches Erscheinen) **141** 14 ff, **273** 22, **278** 23; in einer Ehesache **613**; des Sachverständigen **411** 10
- (Pflicht) **Grdz 128** 4 ff; zur Duldung eines Augenscheins **Üb 371** 6; zur Abgabe einer Erklärung **138** 13 ff; zur Förderung des Prozesses **Grdz 128** 12, **282**; Verzögerungsgebühr im Fall einer Verletzung dieser Pflicht **95 Anh**; zur Mitwirkung **Grdz 128** 11; zur Mitwirkung bei der Feststellung von Auslands-/Gewohnheits-/Satzungsrecht **293** 5; zur Offenbarung **138** 18, 30; zur Beibringung des Streitstoffs **138** 13 ff; zur Vollständigkeit des Vortrags **138** 18, 30, **282**
- (Recht), zur Akteneinsicht **299** 9; zur Benennung eines Sachverständigen **404** 7; Verfügungsbefugnis **Einl III** 11

- (Vernehmung) s Parteivernehmung
- (Verschulden), prozessualer Begriff **Einl III** 68; bei einer Wiedereinsetzung **233** 11; eines Angestellten **233** 11, 32 ff; bei einer Fristversäumung **233** 32 ff; Auferlegung von Kosten im Fall der Verschuldung einer Frist oder eines Termins **95**; Berücksichtigung eines V. bei der Kostenentscheidung **Üb 91** 29, **91** 19; eines Vertreters **85**; Verzögerungsgebühr **95 Anh**; beim nachträglichen Vorbringen eines Angriffs- oder Verteidigungsmittels **282**, **296**; Zulässigkeitsrüge, verspätetes Vorbringen ohne V. **296**; Zurückweisung s Parteivorbringen
- (verspätetes Vorbringen) **282**, **296**, **530**, **531**
- (Vertreter), Verletzung der Förderungspflicht, Verzögerungsgebühr **95 Anh**; Fristversäumung, Verschulden **85**; in der mündlichen Verhandlung s dort; ProzBev s dort; Zurückweisung **79** 4
- (Verzicht auf) **Einf 306** 1; Verstoß gegen den Anwaltszwang **78** 32; Ausschluß als Gerichtsperson **Üb 41** 1, **44** 7; Aussetzungsrecht **244** 15; des Bekl auf die Klagezustellung **253** 16; die Berufung/Revision **515/565**; die Berufung durch eine Sprungrevision **566**; die Berufung nach dem Urteil **515**; ein Beweismittel **282** 12; die Erstattung von vorprozessualen Kosten **269** 51; den Einspruch gegen ein Versäumnisurteil **346**; die Gewährung des rechtlichen Gehörs **Grdz 128** 17 ff; die Klage, Antragsrecht des Bekl auf ein Verzichturteil **306** 5; eine Parteivereinbarung **451** 4 „§ 399"; einen Pfändungs- und Überweisungsbeschluß **843**; die Rüge eines Mangels der Prozeßhandlung **295** 9; die Rüge eines Mangels der Prozeßvollmacht **88** 9; Fortdauer der Rechtshängigkeit trotz des Verzichts **261** 16; Rechtsmittelverzicht s dort; nach dem Übergang des Streitgegenstandes **265** 19; die Ablehnung eines Richters **43** 1; die Rüge einer mangelhaften Klageerhebung **253** 16; die Rüge einer mangelhaften Prozeßhandlung **295** 9; die Rüge der Unzuständigkeit des Gerichts **295**; die Rüge eines Schiedsvereinbarung **282** 19; eine Sicherheitsleistung **110** 10; des Streithelfers auf eine Verfahrensrüge **67** 10; die Voraussetzungen des Beitritts eines Streithelfers **71** 4; einen Mangel der Streitvereinigung **73** 7; die Rüge der Unzulässigkeit des Rechtswegs **282** 18 ff; einen Urkundenbeweis nach der Vorlegung der Urkunde **436**; die Einrede der Verjährung im Musterprozeß **Einl III** 59; einen Mangel des schiedsrichterlichen Verfahrens **1042**; die Rüge eines Verstoßes gegen eine Verfügung/den Beibringungsgrundsatz **Grdz 128** 37; die Genehmigung des Vormundschaftsgerichts **54** 3; den Widerspruch gegen den Mahnbescheid **694**; eine Wiederaufnahme des Verfahrens **Grdz 578** 17; die Einhaltung der Frist für einen Wiedereinsetzungsantrag **234** 6; die Vereidigung **391** 9; die Vernehmung eines Zeugen **399**; die Rüge eines Mangels der Zustellung **Üb 166** 15
- (Verzichtserklärung), durch eine Erledigterklärung **91** 63; durch den Kläger **306** 4; Aufnahme in das Protokoll **160** 8; durch den ProzBev **81** 23, **85** 6; durch ihn bei der Beschränkung seiner Vollmacht **83** 1; des Streitgenossen **61** 7; bei einer notwendigen Streitgenossenschaft **62** 20; kraft einer Terminsvollmacht **83** 4; Widerruf **Grdz 50** 58
- (Wahrheitspflicht) **Grdz 128** 16, **138** 13; und Behauptungslast **138** 17; und Geständnis **Einf 288** 4; des ProzBev **138** 8; im schiedsrichterlichen Verfahren **1042**
- (Wahrheitspflichtverletzung), durch eine Lüge **138** 16; Prozeßbetrug **138** 66; Restitutionsklage

dahinterstehende Zahlen und Buchstaben = Randnummern **Parteivorbringen**

580 6, 581 1; Schadensersatzpflicht 138 65; Verzögerungsgebühr 95 **Anh**; prozessuale Würdigung 138 63
Partei kraft Amts Grdz 50 8; Ausschluß als Gerichtsperson 41 11, 49; im Insolvenzverfahren 240; Insolvenzverwalter **Grdz 50** 11; Kostenhaftung **Üb 91** 31, 91 7; Nachlaßverwalter **Grdz 50** 9; Pfleger für ein Sammelvermögen **Grdz 50** 12; Prozeßkostenhilfe 116 7; Rechtsanwalt, Kostenerstattung 91 11; und Rechtskraft 325 17; Streithilfe 66 6; Tod 239 5, 241; Treuhänder **Grdz 50** 8; Wechsel, Unterbrechung des Verfahrens 239 5, 241 1; Wegfall, Erlöschen der Prozeßvollmacht 86 8; Zustellung 171 7; Zwangsverwalter **Grdz 50** 12
Partei, politische s Politische Partei
Parteiakte, Anordnung der Vorlegung 143
Parteibetrieb Üb 253 1; Zustellung im P. s Zustellung
Parteienhäufung s Kläger (Bekl)häufung, Streitgenossen
Parteifähigkeit Üb 50 1, 50 3, 4, **Grdz 253** 22; Beweislast 56 5; Erlöschen 50 20; Fehlen, Zulässigkeitsrüge 295; Parteizulassung bei der Prüfung der P. 56 13; Prozeßvoraussetzungen **Üb 50** 1, 50 32, 56 3, **Grdz 253** 22; Prüfung von Amts wegen 56 3; und Rechtsfähigkeit 50 4; im schiedsrichterlichen Verfahren 1029; Streit über die P. 50 34; Streithelfer 66 1; bei einer Vollstreckungsklage 722 7; in der Zwangsvollstreckung **Grdz 704** 39; vgl auch Parteiunfähigkeit
Parteihandlung vor einer vom Amt ausgeschlossenen Gerichtsperson 41 6, 49
Parteiherrschaft Einl III 11, **Grdz 128** 18; Ausschluß in einer Ehe-/Kindschaftssache 616, 617/640 11 „§ 616", 12 „§ 617"; bei der Beweisfrage 286 **Anh** 5, 6; über eine Frist **Üb 214** 12; beim Prozeßvergleich 307 **Anh** 8; bei der Terminsbestimmung 216 24; Verzicht kraft P. 306 1; bei einem Wiedereinsetzungsantrag 238 4; bei einer Zuständigkeitsvereinbarung **Üb 38** 1; im Zwangsvollstreckungsverfahren **Grdz 704** 6
Parteikosten Üb 91 21; Erstattung s Kostenerstattung
Parteilichkeit, Ablehnung des Richters 42 10, 139 13
Parteiöffentlichkeit, der Beweisaufnahme 357 5; im schiedsrichterlichen Verfahren 1042; bei einer freigestellten mündlichen Verhandlung 128 11, 13
Parteiprozeß 78 1, 79, **Grdz 495** 2, 495; Auftreten der Partei vor dem Gericht 78 55; Beistand 90; Entfernung des ProzBev 158 4; Ladung 497 5–7; Ladung zum verkündeten Termin 218 1; Mitteilung statt Ladung 497 7; Prozeßkostenhilfe 121; Mangel der Prozeßvollmacht 88 8; Erstattung der Rechtsanwaltskosten 91 157 ff; Schriftsatz 129 4; Terminsaufhebung 227 4; Tod oder Vertretungsunfähigkeit des ProzBev 244 2, 4; Unzuständigkeit des AG, Hinweispflicht **Üb 38** 3, 39 2, 9, 504, 506; rügelose Einlassung 38 37, 39; Vertretung der Partei 79; Vollmacht für einzelne Prozeßhandlungen 83 4; Zustellung an den ProzBev s dort; Zustellung von Anwalt zu Anwalt 195; Zustellung durch die Vermittlung der Geschäftsstelle **Üb 166** 8 (C), 168, 169
Parteiunfähigkeit 50 11, 32; Nichtigkeitsklage 579 21; Revisionsgrund 547; Urteil gegen einen Parteiunfähigen 50 33; Verzicht auf eine Zulässigkeitsrüge 295
Parteivereinbarung Einl III 11, **Grdz 128** 18, **Grdz 704** 6; Aufrechnung durch den Bekl entgegen einer Prozeßvereinbarung 145 18, 19; Beweislastvertrag 286 **Anh** 6; Bindung des Gerichts an einen Beweisvertrag 286 **Anh** 6; Geständnisvertrag 286 **Anh** 6; Gerichtsstandsvereinbarung s dort; Vermutungsvertrag 286 **Anh** 6; Vollstreckungsvertrag **Grdz 704** 24; Zuständigkeitsvereinbarung s dort; s auch Prozeßvertrag
– **(über)** die Aufhebung eines Prozeßvergleichs 307 **Anh** 43; die Ausnahme nach einer Aussetzung oder Unterbrechung des Verfahrens 250 7; die Verpflichtung zur Rücknahme der Berufung 516 7; die Beweiswürdigung **Einf 284** 35; eine Erklärung der Hauptsache als erledigt 91 a 96; eine Fristkürzung 224 1, 4; die Klagbarkeit **Grdz 253** 27; die Klagerücknahme 269 10, 11; die Kostenerstattung **Üb 91** 41; die Kostenübernahme bei beiderseitigen Erledigterklärungen 91 a 120 „Anerkenntnis", 98 37 „Erledigung", 101 21; die Prozeßkosten **Üb 91** 41; die Rechtskraftwirkung **Einf 322** 25; einen Sachverständigen 404 1; eine Sicherheitsleistung oder deren Änderung 108 1; die Kosten im Vergleich 98 29; die geschäftliche Zuständigkeit **Üb 12** 14, **Üb 38** 5; die sachliche Zuständigkeit **Grdz 1** 4
Parteivernehmung Üb 445, 445 ff; von Amts wegen 448; zur Aufklärung 141; Ausbleiben der Partei zur Vernehmung 454; Wiedergabe der Aussage im Tatbestand des Urteils 313 27; Ausschluß bei der Restitutionsklage 581 7; in der Berufungsinstanz 536; Beweisantritt 445 3, 447 4; Beweisbeschluß 450 4; Aussetzung seiner Ausführung 450 6; Beweiswürdigung **Üb 445** 7, 453 3; diejenige im Fall einer Ablehnung der Aussage oder der Verweigerung der Aussage bzw des Eides 446, 453 5; Durchführung 451; in einer Ehe-/Kindschaftssache 613 3/640 11 „§ 613"; eigene Vernehmung 447 1; Einverständnis 447; Fragestellung 451 1; Vernehmung des Gegners 445 2; Kostenerstattung 451 4; Ladung 450 5; des Minderjährigen, unter eine Betreuung Gestellten 455 5; Protokoll 160 12, 161 1; Prozeßunfähigkeit 455 4, 5; im Restitutionsverfahren **Üb 445** 7; Schätzungsvernehmung 287 34; des Streitgenossen 449; beim Streitgenossen 62 17; beim streitgenössischen Streithelfer 69 9; über den Besitz oder Verbleib einer Urkunde 426; beim nichtrechtsfähigen Verein 50 24, 29; bei einer freigestellten mündlichen Verhandlung 128 11, 15; bei einer gesetzlichen Vermutung 292 10; des gesetzlichen Vertreters eines Prozeßunfähigen 455 1; Verzicht 451 4 „§ 399"; Weigerung 446
– **(Anordnung),** von Amts wegen 448; in der Berufungsinstanz 536; in einer Ehe-/Kindschaftssache 613/640 11 „§ 613"
– **(Antrag)** 445 3, 447 1; in der Berufungsinstanz 536; Unzulässigkeit 445 9, 581 7; im Urkundenprozeß 595 3; im Wechsel-/Scheckprozeß 605 2, 605 a
– **(Beeidigung)** 452; Eidesverletzung als Restitutionsgrund 580 3, 581 1; im schiedsrichterlichen Verfahren 1050; kraft Ersuchens des Schiedsgerichts 1050; Unzulässigkeit, Beweiskraft 536; Unzulässigkeit wegen einer Verletzung der Eidespflicht 452 9; Verzicht in einer Ehe-/Kindschaftssache 617 3/640 12 „§ 617"
Parteivorbringen im Verfahren auf den Erlaß eines Arrests oder einer einstweiligen Verfügung 922 17/936 3 „§ 922"; Ergänzung des Klagegrundes 264 4; Nichtberücksichtigung wegen einer Versäumung der Erklärungsfrist 282, 283, 296; Privatgutachten als P. **Üb 402** 21; Streitwertfestsetzung unter Berücksichtigung des P. 3 6; Revisionsprüfung 561 3; nach dem Schluß der mündlichen

Parteiwechsel

Verhandlung 136 33, 296 a; Beweiskraft des Urteilstatbestands für ein mündliches Vorbringen 314
- (Angriffs-, Verteidigungsmittel) Einl III 70, 282; Anordnung einer Verhandlungsbeschränkung 146; Mißerfolg, Kostenentscheidung/Kostenauferlegung 92 4, 6/96; Rechtzeitigkeit 277, 282; Streitgenossen, Kostenentscheidung 100 31 ff; notwendige Streitgenossen 62 18; Streithelfer 67 10; Urteilstatbestand 313 21; zeitliche Zulässigkeit 282, 283, 296, 296 a; Widerklage 253 Anh 5; Zurückweisung 296, 527 ff; Zusammenhang der Widerklage mit einem Verteidigungsmittel 33 8
- (Behauptung), Behauptungslast Grdz 128 22, 253 32; Behauptung und Wahrheitspflicht 138 13, 27; Bindungswirkung 253 32; Unwahrheit 138 13; Unwahrheit, Schadensersatzpflicht 138 65; in Wahlform 138 19; Wertung als Tatsachenbehauptung 138 63; Würdigung als unwahr 138 63
- (Beweismittel, Beweisantritt) s dort
- (Erklärung), Berichtigung 85 6/90 4, Grdz 128 53; Bindung an eine E. des ProzBev 85 6; Parteiwille bei einer Prozeßhandlung Grdz 128 56; entgegen derjenigen des ProzBev/Vertreters 85 6/141 49; Schriftsatz 129 9; Widerruf/Berichtigung einer E. des ProzBev 85 6/90 3, Grdz 128 53; Widerspruch zwischen den E. der Partei und ihres ProzBev 141 49
- (Erklärung über eine Tatsache), Ablehnung 138 30, 33, 36; Anordnung einer Verhandlungsbeschränkung 146 3; Berichtigung 264 4; in der Berufungsinstanz 534; Ergänzung 264 4; Hilfserklärung 138 19; nicht rechtzeitige Mitteilung, Versäumnisurteil 335 7; Nichterklärung in einer Ehe-/Kindschaftssache 617 3, 640 12 „§ 617"; mit Nichtwissen 138 45; Pflicht zur Erklärung 138 27; Unterstellung als zugestanden im Fall einer Säumnis des Bekl 331 10; Unwahrheit 138 15; Verweigerung wegen einer Ausforschungsgefahr 138 21; Vollständigkeitspflicht 138 18, 30; Wahrheitspflicht s Partei
- (gleichwertiges) 138 19
- (nachträgliches Vorbringen) 282, 283, 296; Verzögerungsgebühr 95 Anh; in der Berufungsinstanz 530 ff; Zurückweisung in der Berufungsinstanz in einer Ehe-/Kindschaftssache 615/640 11 „§ 615"
- (neues Vorbringen), in der Berufungsinstanz 520, 530 ff; in der Beschwerdeinstanz 91 a 160; Kostenauferlegung auf den Obsiegenden 97 2; Zurückweisung/Zulassung 530; dgl in einer Ehe-/Kindschaftssache 615, 640 11 „§ 615"

Parteiwechsel Grdz 50 6, 263 5; Erlöschen einer KG ohne Liquidation 239 3; als Klagänderung 263 5; Unterbrechung des Verfahrens bei Wechsel einer Partei kraft Amtes 239 5 ff, 241 1
Parteizustellung s Zustellung (im Parteibetrieb)
Partnerschaftsgesellschaft, Bestehen Grdz 50 20; Erlöschen 50 20; Insolvenz 240 4; Parteifähigkeit 50 8; Prozeßfähigkeit 52 4; Prozeßführungsrecht Grdz 50 42; Unterbrechung durch Tod 239 4; Zwangsvollstreckung gegen Anh 736 2
Passivlegitimation Grdz 50 22; vgl auch Prozeßführungsrecht
Passivprozeß 240 17, 18
Patent, Benutzungsvergütung, notwendige Streitgenossenschaft mehrere Patentinhaber 62 18 „Patentrecht"; Beweislast 286 Anh 143; Löschung, Streitwert 3 Anh 88; Pfändung Grdz 704 76 (B), 857 3
- (Erteilungsverfahren), Rechtsschutzbedürfnis Grdz 253 43

- (Nichtigkeitsklage), Anführung weiterer Veröffentlichungen 264 20; Kostenerstattung 91 145; Rechtsschutzbedürfnis Grdz 253 43; Sicherheitsleistung 110 14; Streithilfe 66 11; Streit über die Zulassung des Streithelfers 71 4, 8; Streitwert 3 Anh 88
- (Patentstreitsache), Zuständigkeit GVG 78 b Anh
- (Verfahrenskostenhilfe) 114 34
- (Verletzungsklage), Ausschlußwirkung 253 5; Aussetzung 148 22 „Patentrecht"; Urheberbenennung 77; Rechtskraftwirkung des Urteils 325 36

Patentanwalt, Anhörung in der mündlichen Verhandlung 137 41; Kostenerstattung 91 145; als Vertreter in der mündlichen Verhandlung 157 4
Patentanwaltsgesellschaft, Parteifähigkeit 50 7; Vertretung 51 20
Patentgericht GVG 14 7; Zuständigkeit 12 7
Patentgerichtsverfahren, Verfahrenskostenhilfe 114 34
Patentingenieur, Kostenerstattung 91 152
Patentrecherche, Kostenerstattung 91 287
Pension, Pfändung 850 4, 9
Person, Herausgabe, Zwangsvollstreckung 883 18–20
Personenmehrheit, beim Kläger/Bekl s Kläger-/Beklagtenhäufung; Streitgenossenschaft s dort
Personenschutz, Ausschluß der Öffentlichkeit GVG 172
Personensorge für ein Kind, einstweilige Anordnung in einer Familiensache 620, 621, 627 1
Personenstandssache s Ehelichkeitsanfechtungsklage, Kindschaftssache, Vaterschaftsanerkenntnis
Persönliche Klage gegen den Grundstückseigentümer/Besitzer s Gerichtsstand, dinglicher
Persönliche Leistung, Pfändung des zu ihrer Erbringung benötigten Gegenstands 811 33
Persönlicher Arrest 918, 927 4, 933
Persönlicher Gebrauch des Ehegatten 739 10
Persönliches Erscheinen s Partei, Sachverständiger, Zeuge
Persönliches Recht, Feststellungsklage 256 9, 10
Persönlichkeitsrecht, als nichtvermögensrechtlicher Anspruch Grdz 1 15; Pflicht zur Duldung eines Augenscheins Üb 371 6, 12 ff; Ausschluß der Öffentlichkeit zum Schutz der Privatsphäre GVG 171 b; Beweislast 286 Anh 143; Opferschutz GVG 171 b; Pfändung Grdz 704 99; 857 3; Spitzel/Tonbandaufnahme als Verletzung Üb 371 13; Streitwert 3 Anh 89; Zeugnisverweigerungsrecht wegen einer zur Unehre gereichenden Frage 384 5
Peru, Ehesache 606 a Anh II 13
Pfandanzeige 808 25
Pfandrecht Üb 803 6, 803 5, 804, 829 54; Hinterlegung einer Lösungssumme beim Arrest, Erwerb des Pfandrechts durch den Gläubiger 923 3; Bestellung am Streitgegenstand 265 10 „Gesetzliches Pfandrecht"; des Gläubigers, Widerspruchsrecht des Schuldners 777; Pfändungspfandrecht s Zwangsvollstreckung; Hinterlegung einer Sicherheit, Erwerb des Pf. 108 18; Sachpfandrecht, Überweisung der so gesicherten Forderung 838; Recht des nicht besitzenden Gläubigers zur Erhebung einer Widerspruchsklage bzw auf vorzugsweise Befriedigung 771 15/805; Urteil auf Bestellung eines Pf. am Grundpfandrecht, Zwangsvollstreckung 897
- (Streitwert) 6 10; Herausgabe der Pfandsache 6 12; Rangstreitigkeit 6 12; Verwertung 6 10
Pfändungs-, Pfand- s Zwangsvollstreckung (Pfändung) und die dort folgenden Unterstichwörter

Pfändung s Zwangsvollstreckung (Pfändung und die dort folgenden Unterstichwörter)
Pfarrer, Anzeige von einer Offenbarungshaft **910**; Zeugnisverweigerungsrecht **383** 5, **385** 7
Pfleger 57, 58; Prozeßkostenhilfe **116**; für ein Sammelvermögen als Partei kraft Amtes **Grdz 50** 12; als gesetzlicher Vertreter **51** 19, **53**; Parteivernehmung **455** 5
Pflegschaft, Antrag auf, Kostenerstattung **91** 152 „Pflegschaft, Vormundschaft"; Europarecht **606 a Anh I**
Pflichtanwalt s Notanwalt, Prozeßkostenhilfe
Pflicht der Partei s dort
Pflicht, öffentlichrechtliche, Rechtsweg **GVG 13** 21, 30 ff
Pflichtteilsanspruch, Beweislast **286 Anh** 144; Gerichtsstand **27** 8; Pfändung **Grdz 704** 99, 852; Streitwert **3 Anh** 89; Zwangsvollstreckung beim Testamentsvollstrecker **748** 11
Philippinen, Ehesache **606 a Anh II** 13
Photokopie, Beweiswert **415** 3; Kostenerstattung **91** 96
Plan, Anordnung der Vorlegung **142** 10; Vorlegung vor der mündlichen Verhandlung **273** 25
Polen, Rechtshilfe, Beweisaufnahme **363** 3; Zustellung **183 Anh**
Politische Partei, Parteifähigkeit **50** 15; Rechtsweg **GVG 13** 53; Schiedsgericht **1029**
Polizei, Anrufung durch den Gerichtsvollzieher **758** 10, 23; als Zeuge **759**; und Rechtsweg **GVG 13** 53
Polizeiverordnung GVG 1 2
Popularklage s Wettbewerb, unlauterer
Portokosten, Erstattung **91** 152
Post, Niederlegung zwecks Zustellung **181** 8; Rechtsweg bei einer Streitigkeit **GVG 13** 54; Vertretung **18** 6 „Deutsche Post"; Verzögerung, Verlorengehen einer Postsendung als Wiedereinsetzungsgrund **233** 36 ff; Zustellung an **170** 12; Zustellungsurkunde **182**; Zustellung durch die Aufgabe zur P., durch die P. s Zustellung; Zwangsvollstreckung einschließlich Beitreibung und Einstellung bei **775**
Postausgangsbuch, Pflicht zur Kontrolle der Fristen beim Anwalt **233** 144
Posteinzahlung, Vorlegung des Einzahlungsscheins, Beschränkung oder Einstellung der Zwangsvollstreckung **775**
Postnachsendeauftrag, Ersatzzustellung bei P. **178** 8
Postscheckguthaben, Pfändung **Grdz 704** 100
Postsparguthaben, Pfändung **Grdz 704** 100, **831** 1
Postulationsfähigkeit s Verhandlungsfähigkeit
Postverzögerung, Wiedereinsetzung **233** 37 „Post"
Präjudizialität, und Aussetzung **Einf 148** 9, **148** 4; bei der Feststellungsklage **256** 124; und Rechtskraft **322** 72 „Vorgreifliches Rechtsverhältnis"; Rechtsweg **GVG 13** 16; s auch Aussetzung (des Verfahrens wegen Vorgreiflichkeit)
Präklusion s Ausschließungsgrundsatz
Präsident des Gerichts s Gericht
Präsidialrat, Präsidium des Gerichts s Gericht
Präsumtion s Vermutung
Prätendentenstreit 75
Praxisabwickler für den Anwalt s Rechtsanwalt
Preisbindung, Beweislast **286 Anh** 144; Streitwert **3 Anh** 63 „Gewerblicher Rechtsschutz"; Verstoß, Gerichtsstand **32** 18
Preisgenehmigung, als Urteilsvoraussetzung **300** 4
Presse, Verbot der Berichterstattung **GVG 174**; Anspruch auf eine Gegendarstellung als nichtvermögensrechtlicher Anspruch **Grdz 1** 15; Gerichtsstand der unerlaubten Handlung **32** 11 „Persönlichkeitsrecht"; Zeugnisverweigerungsrecht **383**; Zuständigkeit beim Internet **32** 9
Preußen, Vertretung **18** 8
Prima-facie-Beweis 286 Anh 15, 33 ff
Privates Wissen des Richters **286** 23
Privatgutachten, Kostenerstattung **91** 102, 278; diejenige beim P. zur Vorbereitung des Prozesses **91** 278; als Parteivorbringen **Üb 402** 21; Festsetzung des Streitwerts **3** 6
Privatklage, Kostenerstattung **103** 9
Privatscheidung, Anerkennung **328** 53
Privatsphäre, Ausschluß der Öffentlichkeit zum Schutz der P. **GVG 171 b, 172** 2, **172 Anh**; Tonbandaufnahme als Verletzung der P. **Üb 371** 12
Privaturkunde s Urkunde (private)
Produzentenhaftung, Beweislast **286 Anh** 145
Prokura, Vollmacht zur Prozeßführung **84** 4; Zuständigkeit der Kammer für Handelssachen **GVG 95** 6
Prokurist, als ProzBev **172** 19; Prozeßführungsrecht **80** 8, 12; als Zeuge **Üb 373** 21; Zustellung an den P. **171** 5
Prorogation s Zuständigkeit (Vereinbarung)
Prospekthaftung beim Börsenprospekt **GVG 71** 5
Protokoll (Gericht) Einl 159 1, **159 ff**; am Amtsgericht **510 a** 1; Anlage **160** 22; Anordnung der Nichthinzuziehung eines Urkundsbeamten der Geschäftsstelle **159** 11; Antrag auf eine Aufnahme in das P. oder auf seine Ergänzung **160** 19/**160 a** 12; Antrag zum P. der Geschäftsstelle **129 a, 270** 4, **496**; Aufruf der Sache **220** 3, 4; vorläufige Aufzeichnung in Kurzschrift oder in einer Tonbandaufnahme **160 a**; Berichtigung **164**; Beweiskraft **Einf 159** 2, **165, 314** 1, 7; über eine Beweissicherungsverhandlung **492**; Bezugnahme auf das P. im Tatbestand des Urteils **313** 16; Erklärung des gesetzlichen Vertreters wegen einer Anerkennung der Vaterschaft **641 c**; Entbehrlichkeit der Aufnahme **161**; über eine Entfernung aus dem Saal wegen eines Ungehorsams **GVG 182**; Förmlichkeiten **160, 165**; Führung des P. **159** 5; Genehmigung **162**; Inhalt **160**; Klagantrag zum P. **129 a, 297** 14, **496**; Kurzschrift **160 a**; Notwendigkeit **159** 4, **160** 1; Ausschluß/Wiederherstellung der Öffentlichkeit **GVG 174/173**; Ordnungsmittel wegen einer Ungebühr **GVG 182**; Aufnahme einer Parteierklärung **141** 49, **160** 10; im Parteiprozeß **510 a**; Protokollzwang außerhalb der Sitzung **159** 15; Erteilung der Prozeßvollmacht zum P. **80** 11; Unterschrift **163**; Tonaufnahme **160 a**; Übersendung **129 a** 10; Unterzeichnung **163**; Vernehmung ohne eine Vorlesung/Vorlegung **161**; Verwertung eines anderen P. **286** 64; vorläufige Aufzeichnung/Vorlesung/Vorlegung **162**; Widerspruch zwischen dem P. und dem Tatbestand des Urteils **314** 7; bei einer Zeugnisverweigerung vor dem verordneten Richter **389** 3; Zustellung **498** 4; über die Zwangsvollstreckung **762** 3–5, **763** 1
– **(Gerichtsvollzieher),** über eine Handlung des G. **762, 763**; bei einer Anschlußpfändung **826** 6; als Beweis bei einer Leistung Zug um Zug **765**
Prozeß, Anhängigkeit **64** 6, **66** 4, **76** 5; Ausscheiden des beklagten Besitzers im Fall einer Übernahme des Prozesses durch den mittelbaren Besitzer **76** 9; Begriff **81** 1; Eintritt beim Gläubigerstreit **75**; Entlassungsantrag des Bekl beim Gläubigerstreit **75** 9; Fortsetzung nach einem Vergleich **307 Anh** 37; Kosten eines Rechtsstreits **Üb 91** 14, **91** 21; Kostenübernahme **91** 22; Übernahme durch den

Prozeßagent

mittelbaren Besitzer bei einer Streitverkündung **76** 10; Übernahme durch den Rechtsnachfolger **265** 21; dgl nach einer Veräußerung des Grundstücks/Schiffs, Schiffsbauwerks/Luftfahrzeug **266** 4; Erstattung der Kosten der Vorbereitung/Bearbeitung **Üb 91** 70, **91** 81, 270; Vorgreiflichkeit eines anderen Rechtsstreits als Aussetzungsgrund s Aussetzung

Prozeßagent GVG 155 Anh II 2; Kostenerstattung **91** 182 „Rechtsbeistand"; als Vertreter in der mündlichen Verhandlung **157** 7; Zulassung **157** 25; dgl Antrag auf eine gerichtliche Entscheidung **EGGVG 23** 3, 4

Prozeßakte s Akte

Prozeßantrag 137 7, **297** 1

Prozeßart, bei einer Anspruchshäufung **260** 16; Einteilung **Einl III** 4–7

Prozeßbehauptung s Parteivorbringen

Prozeßbeschleunigung Üb 253 6, **Einf 272** 1 ff, **495 a** 3; und Sommerzeit **227** 50 ff; und Vertagung **227** 8

Prozeßbetrug, Offenbarungspflicht des ProzBev **138** 66; und Rechtskraftwirkung **Einf 322** 35; als Restitutionsgrund **580** 6; durch eine Verletzung der Wahrheitspflicht **138** 66; durch eine Widerspruchsklage **Einf** 771 1

Prozeßbevollmächtigter 78 ff, 172 4, **609**; im Anwaltsprozeß **78**, **609**; Kostenerstattung beim Anwaltswechsel **91** 124; Aufforderung zur Bestellung in der Ladung **215** 12; Aufrechnung durch/ gegenüber dem P. **81** 6; Ausschluß als Gerichtsperson **41** 12, 49; verspätete Beauftragung durch den Bekl, Verzögerungsgebühr **95 Anh**; Bestellung **172** 5; Bestreiten **138** 8; Bestreiten als unbekannt **138** 50, 52, 55; Bezeichnung im Urteil **313** 6; beim Bayerischen Obersten Landesgericht **EG** 8; in einer Ehesache **609**; Erinnerung gegen den Kostenfestsetzungsbeschluß **104** 47; Verletzung der Förderungspflicht, Verzögerungsgebühr **95 Anh**; Fragerecht bei einer Zeugenvernehmung **397**; Pflicht zur Berechnung und Kontrolle einer Frist **233** 85; Verschulden an der Versäumung einer Frist **85** 8, **233** 11, 49; Gebührenanspruch, Gerichtsstand **34**; Glaubhaftmachung der Vermögenslage/eines Schadens wegen der Zahlung der Verfahrensgebühr **271 Anh**; Erstattung der Kosten der Partei zur Information des P. **91** 215, 242; Antrag auf die Festsetzung der Kosten **103** 31; Mehrzahl von P. **84**; im letzten Fall Kostenerstattung **91** 124; Nichtbeachtung eines gerichtlichen Hinweises **139** 54; Offenbarungspflicht **138** 8; im Parteiprozeß **79** 1; Prozeßunfähigkeit **86** 6; Einlegung eines Rechtsmittels, Fristenkontrolle **233** 85; Rechtsmittel ohne Vollmacht **97** 12; Richterablehnung **42** 36; Kenntnis des Ablehnungsgrundes **43** 4; im schiedsrichterlichen Verfahren **1034** 3; Straftat als Restitutionsgrund **580** 6, 581; für Streitgenossen **61** 5, **62** 21 (E); als Streithelfer **66** 17; Tatsachenerklärung **85** 6; Tod **86** 5; Tod von mehreren ProzBev **246** 3, 4; Tod/Vertretungsunfähigkeit im Anwaltsprozeß, Unterbrechung des Verfahrens **244** 4; ungeeigneter P. **157**; Verschulden des P. als solches der Partei **85** 8; gerichtliche Hinweispflicht wegen ein Versehen des P. **139** 36, 51; als Vertreter der Partei nach der gerichtlichen Anordnung ihres persönlichen Erscheinens **141** 45; Vertretung des P. **GVG 155 Anh I** 4 § 52; Vertretungsunfähigkeit **86** 6; Vertretungsverbot **78** 26, **157** 7, 8, **158** 1; Verzögerung der Bestellung nach einer Unterbrechung des Verfahrens **244** 15; ohne Vollmacht **89**; Übertragung der Vollmacht **81** 5; Wahrheitspflicht **138** 8; Verletzung der Wahrheitspflicht **138** 8; Widerspruch zwischen den Erklärungen des P. und der Partei **141** 49; privatrechtliche Willenserklärung **81** 21; als Zeuge **Üb 373** 21; vorläufige Zulassung ohne einen Nachweis der Vollmacht bzw ohne Vollmacht **89**; Zurückweisung wegen eines Mangels der Vollmacht **88** 13; Zustellung an den P. **172, 195**; von Anwalt zu Anwalt s Zustellung; eigener Zustellungsauftrag der Partei an den Gerichtsvollzieher **192**; vgl auch Rechtsanwalt

Prozeßeinrede Üb 253 8; Anordnung einer Verhandlungsbeschränkung **146** 3; der Aufrechnung durch den Bekl **145** 15; Streitverkündung gegenüber dem mittelbaren Besitzer **76** 6

Prozeßfähigkeit Üb 50 1, **51** 4, **52**, **53**, **Grdz 253** 22; für eine Klage auf die Anfechtung der Ehelichkeit oder des Anerkenntnisses der Vaterschaft **640 b**; eines Ausländers **55**; eines Beistands **90** 1; Beweislast **56** 5; der Ehefrau **52** 3; in einer Ehesache **607**; Fehlen und Geschäftsfähigkeit **51** 4, **52** 4; in einer Kindschaftssache **640 b**; Kostenfestsetzungsverfahren **Einf 103** 10; Parteizulassung mit einem Vorbehalt **52** 6; Pfleger als Vertreter eines Prozeßfähigen **53**; des ProzBev **78** 26, **79** 5; als Prozeßvoraussetzung **Üb 50** 2, **51** 4, 25, **Grdz 253** 22; Prüfung von Amts wegen **56** 1; dgl Parteizulassung bei der Prüfung **56** 13; beschränkte Prozeßfähigkeit **51** 4, **52** 5; für das Rechtsmittel **Grdz 511** 9; Prüfung im Revisionsrechtszug **56** 3; des Streithelfers **66** 1; Umfang **52** 3; Unterbrechung des Verfahrens beim Verlust der P. in einem Prozeß ohne ProzBev **241** 3; Unterstellung **56** 21, **Grdz 253** 22, **Grdz 511** 5; Verlust der P. als Aussetzungsgrund bei Vorhandensein eines Prozeßbevollmächtigten **246** 6; des gesetzlichen Vertreters **51** 9; bei der Erteilung der Prozeßvollmacht **80** 6; Zustellung an einen Prozeßunfähigen **170**; im Zwangsvollstreckungsverfahren **Grdz 704** 40

Prozeßförderungspflicht Grdz 128 12, **277** 1, **282** 7 ff, **296** 12, 16

Prozeßführung, Einrede einer mangelhaften P. bei einer Streithilfe **68** 6; Ermächtigung zur P. **51** 24; Pflicht der Partei zu einer sachgemäßen P. **Grdz 128** 5; durch Streitgenossen **63** 1; Verpflichtung zur P., Zwangsvollstreckung **887** 34 „Prozeß"; ohne Vollmacht, Genehmigung **89** 14

Prozeßführungsrecht Grdz 50 22, **51** 24; **Grdz 253** 22; Abänderungsklage **323** 41; im Arrestprozeß **916** 4; des Ehegatten **52 Anh**; Unterbrechung des Verfahrens beim Wegfall des Ehegatten **239** 4 ff; beim Nacherben **242** 2; als Prozeßvoraussetzung **Grdz 50** 22, **Grdz 253** 22; bei der Restitutionsklage gegen ein Urteil auf die Feststellung der Vaterschaft **641 i** 5; bei der notwendigen Streitgenossenschaft **59** 4; bei nichtrechtsfähigen Verein **50** 29; beim gesetzlichen Vertreter **54**, **56**; bei einer Vertretung durch einen Pfleger **53**; Verwirkung **Einl III** 64; bei der Vollstreckungsklage **722** 7; bei der Widerspruchsklage **771** 4

Prozeßgebühr, Vorwegleistung **271 Anh**

Prozeßgericht 78 23; Anordnung der Beeidigung einer Partei **452** 7; Anordnung einer schriftlichen Anhörung des Zeugen/seiner Beeidigung **377** 10/**391** 7; Augenscheinseinnahme **372** 1; Beweisaufnahme **355** 4, **370** 4; Einholung einer Aussagegenehmigung eines Angehörigen des öffentlichen Dienstes **376** 7; Gerichtsstand des Hauptprozesses für einen Gebührenanspruch **34**; Gericht der Hauptsache beim Arrest/bei der einstweiligen Verfügung **919** 4, **927**/**936** 2 „§ 919", 5 „§ 927", **937** 3, **943** 1; bei einer Zeu-

dahinterstehende Zahlen und Buchstaben = Randnummern   **Prozeßkostenhilfeantrag**

genvernehmung 375 1; Zuständigkeit bei einer Anspruchshäufung 260 16; Fortdauer der Zuständigkeit 261; Zuständigkeitsstreit mit dem Vollstreckungsgericht 36 35; im Zwangsvollstreckungsverfahren als Vollstreckungsgericht **Grdz 704**; Ermächtigung des Gläubigers zu einer Ersatzvornahme 802, 887 10; Anordnung eines Ordnungsmittels bei der Zwangsvollstreckung auf eine Handlung/Duldung, Unterlassung 887/888/890; bei der Vollstreckungsabwehrklage 767 42, 785, 802; bei einem Zwangsvollstreckungsersuchen im Ausland 791
Prozeßgeschäftsführung Grdz 50 29
Prozeßgeschichte im Urteil 313 23
Prozeßgrundrecht Einl III 16
Prozeßgrundsätze Einl III 14 ff, **Grdz 128** 2 ff
Prozeßhandlung Grdz 128 26; Änderung **Grdz 128** 53; Anerkenntnis **Einf 306** 4; Anwaltszwang 78 1; eine gegen den Anwaltszwang verstoßende P. 78 32; Einwand der Arglist **Einl III** 54, **Grdz 128** 57; Auslegung **Grdz 128** 52, **550** 5; nach einer Aussetzung des Verfahrens 128 54; unter einer Bedingung **Grdz 128** 54; Beeinträchtigung eines Streithelfers 68 8; eine von einem Bevollmächtigten vorgenommene P. 85 5; Einverständnis mit dem schriftlichen Verfahren 128 18; Einwilligung in eine Klagänderung 263 3; Erledigterklärung **91 a** 62; besondere Ermächtigung für eine P. 54; Fristversäumung **Üb 230** 1, 230; Nachholung nach einer Fristversäumung 231 8; Nachholung im Antrag auf eine Wiedereinsetzung 234 3; Geständnis **Einf 288** 3; Irrtum **Grdz 128** 53; einer falschen Partei **Grdz 50** 18; Prozeßfähigkeit 52 3; Antrag auf die Bewilligung einer Prozeßkostenhilfe 117; bei einem Mangel der Prozeßvoraussetzungen 56 5; des ProzBev 81 4; maßgebliche Rechtsordnung **Grdz 128** 51; als Rechtsgeschäft **Grdz 128** 61; des Rechtsnachfolgers **Grdz 128** 17; Bindungswirkung gegenüber einem Rechtsnachfolger 265 23; beim Rechtsübergang des Streitgegenstands 265 19; privatrechtliche Wirkung **Grdz 128** 60; Einlegung der Revision gegen ein Urteil des Bayerischen Obersten Landesgerichts **EG 7** 1, 2; Prüfung im Revisionsverfahren **Grdz 128** 55, **550** 5; Richterwechsel 128 8; nach einer Anordnung des Ruhen des Verfahrens 251 9; Sondervollmacht 80 1; des Streitgenossen 61 3 ff; des Streithelfers 67 4, 10; des streitgenössischen Streithelfers 69 10; nach einer Unterbrechung des Verfahrens 249 3, 6; des nichtrechtsfähigen Vereins als Bekl 50 24; bei der Vereinbarung einer Abkürzung einer Frist 224 1; Versäumung **Üb 230**, 230 ff; Vertretung eines verstorbenen Anwalts 86 5; Verzicht **Einf 306** 4; Verzicht in der Berufungs-/Revisionsinstanz 515/565; Verzicht auf die Einlegung der Berufung nach dem Erlaß des Urteils 515 5; ohne Vollmacht, Genehmigung 89 12; Vollmacht für eine einzelne P. im Parteiprozeß 83 4; Vollmachtserteilung 80 6; prozessuale Voraussetzungen **Grdz 253** 18; Widerruf **Grdz 128** 58; Wille der Partei **Grdz 128** 56; Zuständigkeitsvereinbarung 38 5; Zustellungsauftrag 194; Benennung eines Zustellungsbevollmächtigten 184 9
– (Mangel) 295 1; Heilung 295 4, 7 ff; Rügerecht 295 9; (Un)Heilbarkeit 295 16 ff; Willensmangel **Grdz 128** 56
Prozeßhandlungsvoraussetzung 51 5, **Üb 78** 1, **Grdz 253** 18
Prozeßhäufung, Kostenerstattung bei einer Unzweckmäßigkeit 59 5

Prozeßhindernis Grdz 253; Rechtshängigkeit 261 26
Prozeßkosten Üb 91 14; Kostenbestimmungen **Üb 91** 1 ff; prozessuale/sachlichrechtliche Kostenpflicht **Üb 91** 26/43; Kostenrisiko **Üb 91** 2, **91** 19; Erledigterklärung als Klagerücknahme **91 a** 62; Kostenrisiko bei einer gerichtlichen Schätzung des Schadens 92 51; Kostenrisiko bei einem Widerspruch des Bekl gegen eine Erledigterklärung des Klägers **91 a** 169; Sicherheitsleistung durch einen Ausländer s Sicherheitsleistung (Ausländer für die Prozeßkosten); Übernahme 98 21; Vergleich vor einer Erledigung der Hauptsache 98 8
Prozeßkostenhilfe 114–127; sofortige Beschwerde: keine Kostenerstattung 118 21, 127 101; Kosten 118 22; Kostenbefreiung des Gegners 122; Kostenerstattungsanspruch des Gegners 123; Verurteilung des Gegners in die Kosten des Rechtsstreits, Beitreibung der Kosten des beigeordneten Anwalts 125, 126; dgl Gerichtskosten/Kosten eines Gerichtsvollziehers 125; Grenzüberschreitung 116, 1076–1078, **GVG Anh 153** 20, 24 a; Mahnverfahren 119 40; Entfallen der Notwendigkeit einer Vorwegzahlung der Prozeßgebühr **271 Anh**; Ratenzahlung 115, 120; rechtliches Gehör 118 6; Befreiung von einer Sicherheitsleistung 122; Stellung der Staatskasse 127 23, 78; als Stundung der Gerichtskosten 122; Tabelle 115; Verfassungsmäßigkeit **Üb 114** 1; Verzögerungsgebühr trotz einer P. **95 Anh**; Voraussetzungen 114; Wirkung 122, 123; für die Zwangsvollstreckung 117 23, 119
– (Aufhebung) 124
– (Beiordnung), eines Anwalts 121; Fristversäumung durch den beigeordneten Anwalt 234 10; eines Gerichtsvollziehers 122; Auswahl des Anwalts 121; eines Terminsvertreters, eines Verkehrsanwalts 121
– (Bewilligung für) den Antrag auf eine gerichtliche Entscheidung gegen einen Justizverwaltungsakt **EGGVG 29**; einen Ausländer, Staatenlosen **114 Anh**; die Beschwerde gegen eine Entscheidung im Verfahren der Prozeßkostenhilfe 127; das Verfahren auf den Erlaß einer einstweiligen Anordnung **Einf 620** 1; die Instanz 119 29 ff; eine juristische Person **116** 12; eine Partei kraft Amts **116** 7; einen Parteiprozeß 121; eine Scheidungsfolgesache **624**, **625**; eine einstweilige Verfügung 119 33 „Arrest, einstweilige Verfügung"; einen Vergleich 118; eine Zwangsvollstreckung 119 46
– (EG-Richtlinie) **Einf 1076** 3
– (Entziehung) 124; Begründung 127; sofortige Beschwerde 127; mündliche Verhandlung 127
– (Erlöschen) 124; Fortbestand der Prozeßvollmacht 86 11
– (Erschleichen) 124 28 ff
– (Kostennachzahlung) 124; sofortige Beschwerde 127; rechtliches Gehör, mündliche Verhandlung 126
Prozeßkostenhilfeantrag 117; kein Anwaltszwang 78 41; Parteierklärung 118; als Aufnahme nach einer Aussetzung oder Unterbrechung des Verfahrens 250 5; Fristversäumung, Wiedereinsetzung 234 10; Fristwahrung 167 20; Klagerhebung und P. 117 8, 253 9; Prozeßvollmacht 80 7; für eine Revision gegen ein Urteil des BayObLG **EG 7** 1; Vordruck 117 30; Frist für den Antrag auf eine Wiedereinsetzung 234 10; Zuständigkeit 117 23, 119
– (Ablehnung), Begründung 127; sofortige Beschwerde 127; mangels Erfolgsaussicht oder wegen Mutwilligkeit der Rechtsverfolgung 114; der

Prozeßkostenhilfeverfahren

Notwendigkeit einer Beiordnung eines Anwalts **78 b, c**; mangels einer Beeinträchtigung des Unterhalts **114**
- (Stattgeben) **127**; durch eine schlüssige Handlung **127**; als Prozeßverbindung **147** 15; für den Rechtsmittelkläger/bekl **122**

Prozeßkostenhilfeverfahren 118; Abgabe durch das Landwirtschaftsgericht **281 Anh III** 2; Kostenentscheidung im Fall einer Klage trotz eines Anerkenntnisses **93** 50; kein Anwaltszwang zur Stellungnahme **118** 10; Aussetzung **Üb 239** 5, **249** 8; sofortige Beschwerde **127**; Beweisaufnahme **Einf 284** 9; Einkommensberechnung **115** 5; gerichtliche Erhebung **118**; rechtliches Gehör **118** 6; Kostenentscheidung **91** 4; Kostenerstattung **91** 21; Parteiöffentlichkeit **118**, **127**; Prozeßvollmacht **81** 14 „Nebenverfahren"; Prüfung der Prozeßvoraussetzungen **118**; Rechtsmittel **127**; Streitwert **3 Anh**; Unterbrechung **Üb 239** 5, **249** 8; Vergleich **118** 16, **307 Anh** 18, 19; mündliche Verhandlung **127**; Vermögensberechnung **115** 47; Verweisung **11**, **281** 9; Vordruck **117** 30; Zusage der Bewilligung **120** 6; Bestimmung der Zuständigkeit **36** 6; bei der Zwangsvollstreckung **117** 23, **119**

Prozeßkostenvorschuß, durch eine einstweilige Anordnung **127 a**, **620**, **620 a** 5, **621 f**; Kostenerstattung **91** 21; und Unterhaltspflicht **114** 59–62; einstweilige Verfügung **940** 20 „Ehe, Familie"

Prozeßleitung Üb 128 3; Terminsbestimmung s dort; des Vorsitzenden **136**, **140**

Prozeßlüge 138 16, 63

Prozeßpartei s Partei

Prozeßpfleger 57, **58**

Prozeßrechtliche Theorie der Rechtskraft **Einf 322** 6

Prozeßrechtsgeschäft Grdz 128 47, 48

Prozeßrechtsverhältnis Einl III 26, **Grdz 128** 3; Entstehung **Üb 214** 6; Entstehung durch die Klagerhebung/Rechtshängigkeit **Grdz 128** 10, **261** 3; Erklärungspflicht **138** 27; bei einer Erledigterklärung **91 a** 30; bei der Streitgenossenschaft **61** 6; Wahrheitspflicht **Grdz 128** 16, **138** 13; Wahrheitspflicht und Geständnis **Einf 288** 4; Wahrheitspflicht im schiedsrichterlichen Verfahren **1042**

Prozeßrisiko s Prozeßkosten

Prozeßrüge, einer mangelhaften Prozeßhandlung s dort; eines Verfahrensmangels in der Berufungs-/Revisionsinstanz **532/556**

Prozeßstandschaft Grdz 50 26ff, **265**; des Ehegatten im Fall der Gütergemeinschaft **Grdz 50** 27; des Ehemannes **Grdz 50** 27; des Pfändungs- und Überweisungsgläubigers **Grdz 50** 27; und Prozeßkostenhilfe **114** 55 „Fremdes Recht"; des Vaters **Grdz 50** 28; und Vollstreckungsstandschaft **Einf 727–729**; des Vorstands eines nichtrechtsfähigen Vereins **50** 30

Prozeßtrennung, Voraussetzung der Anordnung **145** 4; von Amts wegen **145** 4; Aufhebung **150** 1; nach einer Aufrechnung durch den Bekl **145** 20; in einer Ehesache **610** 3, **628**; Hilfsanspruch bei einer Anspruchshäufung **260** 21; Hilfswiderklage **253 Anh** 11; bei einer Streitgenossenschaft **Üb 59** 6; Streitwert **5** 11; Aufspaltung der Streitwerte **3 Anh 114** „Trennung"; vor dem Urteil **145** 1; bei einer Verweisung **145** 4; bei einer unzulässigen Widerklage **33** 2, 12; Wirkung **145** 6; bei einem Zurückbehaltungsrecht des Bekl **145** 24; und sachliche Zuständigkeit **4** 9, **5** 11

Prozeßtreuhänderstellung des Gerichts **Grdz 128** 6, **920** 9

Prozessualer Anspruch 2 3; bei einer Aufrechnung **2** 5; bei mehreren Ansprüchen **2** 6; bei einer Einwendung des Bekl **2** 5; bei einer Gegenleistung **2** 5; beim Haupt-/Hilfsantrag **2** 6; Maßgeblichkeit des Antrags **2** 5; Mietaufhebungs- und Räumungsklage als ein einheitliches Klagebegehren **2** 6; bei einer einstweiligen Verfügung **2** 5; bei Wahlansprüchen **2** 6; bei einem Wahlrecht **2** 6; bei einem Zurückbehaltungsrecht **2** 5

Prozeßübernahme s Prozeß

Prozeßfähiger, Genehmigung zur Prozeßführung **51** 24, **52** 5; Vollstreckung eines Ordnungsgelds gegen einen P. **890** 24; Parteivernehmung **455**; beschränkte Prozeßfähigkeit **51** 4; Einlegung eines Rechtsmittels durch einen P. **52** 3, **Grdz 511** 9; Urteil gegen einen P. **52** 4, **56** 11, 14; Vertretung **51** 6; Vertretung im Parteiprozeß **79** 3; Bestellung eines gerichtlichen Vertreters **57**; Verzicht auf eine Zulässigkeitsrüge **295**; Zustellung an einen P. **56** 11, **170**

Prozeßunfähigkeit 52 4; eines Ausländers **55**; Aussetzung wegen P. **246** 3; während eines Prozesses ohne einen ProzBev, Unterbrechung des Verfahrens **241** 3; ProzBev **86** 6; Fortbestand der Prozeßvollmacht **86** 9; Querulant **Einl III 52** 8; Vernehmung des gesetzlichen Vertreters **455** 4; bei einer Vertretung durch einen Pfleger **53**; Beginn der Frist für eine Wiederaufnahmeklage **586** 10

Prozeßurteil s Klagabweisung

Prozeßverbindung, Aufhebung **150** 1; Aufhebung durch ein Urteil über einen von mehreren Ansprüchen **145** 1; Endurteil **300** 11; bei einer Streitgenossenschaft **Üb 59** 5; Streitwert **5** 11; mündliche Verhandlung **147** 7; Voraussetzungen **147** 7; Wirkung **147** 19; zwischen der Zivilkammer und der Kammer für Handelssachen **147** 8; Zulässigkeit **147** 7; bei einer ausschließlichen Zuständigkeit **5** 11; sachliche Zuständigkeit **4** 9, **5** 11; bei einer Erschleichung der Zuständigkeit **2** 7

Prozeßvereinbarung s Parteivereinbarung

Prozeßvergleich 307 Anh 3; Abänderungsklage **323** 66; Anfechtung **307 Anh** 36; und Anwaltsvergleich **796 a** 1; Anwaltszwang **78** 15; Aufhebungsvereinbarung **307 Anh** 44; bei einer Ehescheidungs-/Aufhebungsklage **307 Anh** 9, **617** 4; Erfordernisse **307 Anh** 15; Fortsetzung des Rechtsstreits **Anh 307** 37; vor einer Gütestelle **794** 4, **797 a** 2; in Güteverhandlung **278**; als Klagerücknahme **269** 1; Kostenaufhebung gegeneinander **98**; über eine Kostenaufhebung **98** 29; Kostenfestsetzung **103** 10; solche kraft eines Kostenvergleichs **104** 14; Protokoll **160** 8; durch einen (Proz)Bev nach einer Zulassung ohne eine Vollmacht bzw ohne deren Nachweis **89** 5; im Prozeßkostenhilfeverfahren **118**; kraft einer Prozeßvollmacht **81** 21, **85** 6; bei einer Beschränkung der Prozeßvollmacht **83** 1; Gewährung einer Räumungsfrist **794 a**; Erstattung der Gebühren eines Rechtsanwalts **91** 16; Beendigung der Rechtshängigkeit **261** 15; nach dem Rechtsübergang des Streitgegenstands **265** 19; Anordnung des Ruhens des Verfahrens wegen einer Vergleichsverhandlung **251** 5; Schiedsvergleich s dort; Streit über die Wirksamkeit **307 Anh** 37; Streitgenossen **61** 7; bei einer notwendigen Streitgenossenschaft **62** 20; bei einer Streithilfe **68** 1; Streitwert **3 Anh** 127; kraft einer Terminsvollmacht **83** 4; über eine Unterhaltszahlung an ein nichteheliches Kind, (Neu)-Festsetzung **642 c**; über eine Unterlassung **890** 7; Unwirksamkeit **307 Anh** 36; Beseitigung nach einem rechtskräfti-

dahinterstehende Zahlen und Buchstaben = Randnummern **Quittung**

gen Urteil **794** 3; Vollstreckungsabwehrklage **767** 11; als Vollstreckungstitel **794** 3, **795 a** 1, **796 b, c**; Genehmigung des Vormundschaftsgerichts **54** 3; Widerruf **307 Anh** 42; Widerrufsfrist **222** 3; Versäumung der Widerrufsfrist, Wiedereinsetzung **233** 8; unter einem Widerrufsvorbehalt **307 Anh** 11; Wirkung **307 Anh** 34; Zulässigkeit **307 Anh** 8; Einstellung der Zwangsvollstreckung **307 Anh** 47, **707** 29, **767** 11, **769** 3; Kosten der Zwangsvollstreckung **788** 45

Prozeßverschleppung 296 40, 60, **530**; durch eine Rüge **Einl III** 56; Ladung der Partei wegen der Erwartung einer P. **141** 2; Prozeßtrennung zwecks Vermeidung einer P. **145** 1; durch eine Richterablehnung **42** 7; im schiedsrichterlichen Verfahren **1048**; Auferlegung von Kosten im Fall der Versäumung eines Termins oder einer Frist **95**; Verzögerungsgebühr **95 Anh**

Prozeßvertrag Einl III 10, **Grdz 128** 48, **Grdz 253** 27, **Grdz 704** 24; Schiedsvereinbarung **1029**; vgl auch Parteivereinbarung

Prozeßvertreter, gerichtliche Bestellung s Vertreterbestellung; vgl auch Partei, Mündliche Verhandlung

Prozeßverzicht s Partei (Verzicht)

Prozeßverzögerung durch die nachträgliche Geltendmachung eines Angriffs- oder Verteidigungsmittels **296**, **530**

Prozeßvollmacht 78 ff; Arten **80** 4; Begriff **Üb 78** 3, **80** 4; bei der Abwicklung einer Anwaltspraxis **86** 5; dgl durch den Tod **122**; Gesuch auf die Gewährung einer Prozeßkostenhilfe **80** 7; nach einer Aussetzung des Verfahrens **86** 13; Beendigung der Instanz **86** 4; Anordnung einer Beglaubigung **80** 15; Beschränkung **81** 1, **83**, **88** 1; Bestellung als ProzBev **172** 5; ohne ein Datum **80** 11; in einer Ehesache **609** 11; Einreichung **133** 9; Erlöschen **86** 4, **87**, **88** 1, **172** 31; Erteilung **80** 6, 7; Erteilung zum Protokoll **80** 11; Erteilung durch einen falschen gesetzlichen Vertreter **88** 1; Fehlen **89**; Fehlen in einer Ehesache **609** 11; Fortbestand **86** 8, **87** 7; Geldempfang **81** 5, 10, 19; Geltungsbereich **82** 1; Eröffnung des Insolvenzverfahrens **86** 12; durch das Insolvenzverfahren ProzBev **240**; in einer Kindschaftssache **640** 11 „§ 609"; Kündigung **86** 4; Kündigung nach einer Aussetzung oder Unterbrechung des Verfahrens **249** 6; Kündigung des Geschäftsbesorgungsvertrages **86** 1; im Mahnverfahren **703** 1; Mangel **88**, **89**; Zurückweisung des ProzBev wegen eines Mangels der P. **88** 13; Nachweis **80** 10, **88** 16; Fehlen eines Nachweises **88** 1, 5, 16, 89; mehrere ProzBev **84**; bei einer nachträglichen Prozeßunfähigkeit der Partei **86** 9; als Prozeßvoraussetzung **Grdz 253** 22; Prüfung **88** 1, 10; für einen nicht zugelassenen Rechtsanwalt **80** 7; bei einer Sozietät von Anwälten **84**; Rückgabe der Vollmachtsurkunde **80** 11; Terminsvollmacht **83**; Tod des ProzBev **86** 5; dgl Unterbrechung des Verfahrens im Anwaltsprozeß **244** 4; Tod des Vollmachtgebers **86** 4; Übertragung **81** 1; Umfang **81**, 8; bei einer Unterbrechung des Verfahrens **86** 13; Mangel einer Untervollmacht **88** 1; Bestellung eines Vertreters für die höhere Instanz **81** 3, 4; Verschulden des ProzBev **85** 8; und sachlichrechtliche Vollmacht **80** 4, 8; Wegfall der Partei kraft Amts oder ihres gesetzlichen Vertreters **86** 8–10; Widerruf **85** 6; privatrechtliche Willenserklärung **81** 6; Wirkung **85** 3–7; bei einer Zurückverweisung **86** 4; bei einer Zwischenfeststellungsklage **256** 12; für die Zwangsvollstreckung **80** 14, **81** 25

Prozeßvoraussetzung Grdz 253 13; abgesonderte Verhandlung **280**; Anordnung einer Beschränkung der Verhandlung **146** 3; Anspruchshäufung, Fehlen einer P. **260** 20; Wechsel der Begründung **264** 7 ff; Beweis **Einf 284** 9; Beweis im Urkundenprozeß **595** 4; Beweislast **56** 4; Fälligkeit **Grdz 253** 25; Fehlen, Klagabweisung **56** 14; bei der Feststellungsklage **256** 41; bei der Gerichtsbarkeit **280** 1; beim Gerichtsstand **Üb 12** 17; bei der Klage auf eine künftige kalendermäßige Zahlung oder Räumung usw **Einf 257** 3; Klagabweisung durch ein Prozeßurteil wegen Fehlen **56** 5; bei einer Klagänderung **263** 18; bei der Klagbarkeit **Grdz 253** 32; für eine ordnungsmäßige Klagerhebung **253** 15; obligatorisches Güteverfahren als P. **Grdz 253** 29, **EGZPO 5** 1 a; allgemeine/ besondere P. **Grdz 253** 13/23; für die Parteifähigkeit **Üb 50** 3, **50** 32, **56** 4; für die Prozeßfähigkeit **Üb 50** 3, **51** 5, **56** 4; Heilung des Fehlens einer P. durch die Genehmigung **56** 9; Prozeßführungsrecht, Legitimation des gesetzlichen Vertreters **56** 4; und Prozeßhandlungsvoraussetzung s dort; beim Prozeßvergleich **307 Anh** 20; Prüfung von Amts wegen **56** 4; Prüfung vor einer Terminsbestimmung **216** 4; Rechtsschutzbedürfnis **Grdz 253** 22, 23; Zulässigkeit des Rechtswegs **GVG 13** 2; Reihenfolge der Prüfung **P. 280** 1; im Revisionsverfahren **557**; beim Antrag auf eine Aufhebung eines Schiedsspruchs **1059**; bei der Prüfung der Schlüssigkeit der Klage **253** 32; bei der Streitverkündung **72** 9; Streitwert **3 Anh** 90; im Urkundenprozeß **592**; und Versäumnisurteil **Üb 330** 10, **331** 13, **335** 4; Vorentscheidung einer Verwaltungsbehörde **148** 11; bei einer Widerklage **253 Anh** 11; Zurückweisung eines nachträglichen Parteivorbringens wegen einer P. **296**; bei der Zuständigkeit **Grdz 2** 1 9; bei der Zwangsvollstreckung **Grdz 704** 39; bei einer Zwischenfeststellungsklage **256** 118

Prozeßvorbereitungskosten, Festsetzung **103** 17

Prozeßweg, Zulässigkeit **253** 4

Prozeßwirtschaftlichkeit Grdz 128 14; Erledigung eines Wiederaufnahmegrundes im Prozeß **Grdz 578** 5; Feststellungs- statt Leistungsklage **256** 77; Klagänderung **263** 24; und Rechtsschutzbedürfnis **Grdz 253** 46; Urteilberichtigung **319** 12; durch eine Verweisung **281** 1; Wiedereröffnung der mündlichen Verhandlung **156** 7

Prozeßzinsen, Entstehung des Anspruchs **262** 3; bei einer Klage auf eine künftige kalendermäßige Zahlung **257** 6

Prüfingenieur, Rechtsweg **GVG 13** 54

Prüfung von Amts wegen s Amtsprüfung

Prüfung, juristische DRiG 5, 5 d; Anerkennung **DRiG 6, 112**

Prüfungsrecht, richterliches **GVG 1** 5; gegenüber einem Verwaltungsakt **GVG 13** 15; gegenüber einer Zuständigkeitsvereinbarung **38** 10

Prüfungstätigkeit des Richters **DRiG 4**

Prüfungsverfahren bei der Prozeßkostenhilfe **118**

Pseudonym als Parteibezeichnung **Grdz 50** 3; in der Zwangsvollstreckung **750** 2, 3

Q

Qualifizierte elektronische Signatur 130 a

Qualifiziertes Bestreiten beim Geständnis **289** 4

Querulant Einl III 66; im Ablehnungsverfahren **42** 7, 44, 50; bei der Prozeßkostenhilfe **Üb 114** 5, 6; und Prozeßunfähigkeit **52** 8

Quittung, Beweiskraft **EG 17**; Gerichtsstand für die Erteilung einer Q. **29** 3; Erteilung durch den Gerichtsvollzieher **757**; Klage auf eine kalendermäßige künftige Zahlung, Zulässigkeit trotz einer

Quota litis Zahlen in Fettdruck = Paragraphen

Pflicht zur Erteilung einer Q. **257** 3; Einstellung oder Beschränkung der Zwangsvollstreckung im Fall der Vorlegung einer Q. **775** 27
Quota litis GVG 155 Anh I 4 § 49 b
Quote s Bruchteil
Quotierung der Kosten **92**; beim Grundvorteil **304** 25

R

Radierung in einer Urkunde, Beweiswürdigung **419**
Rang eines Pfandrechts, Streitwert **6** 12; desjenigen in der Zwangsvollstreckung **804** 11; desjenigen bei einem Verteilungsplan **874** 3; eines Unterhaltsberechtigten bei einer Pfändung **850 d** 6
Rangvorbehalt, Pfändung **851** 11
Ratenzahlung, beim Ordnungsgeld **890** 17; bei einer Prozeßkostenhilfe **115**; Streitwert **3 Anh** 91; bei einer befristeten Aussetzung der Verwertung **813 a** 5; bei den Kosten der Zwangsvollstreckung **788** 33
Raum, Sommersache **227** 38, 39
Räumung, Feststellungsklage wegen einer Entschädigung **256** 87; Sommersache **227** 38, 39; einstweilige Verfügung auf eine R. **940 a**
Räumungsklage, Anspruchshäufung **260** 1; Klage auf eine künftige R. **259** 6; Klage auf eine kalendermäßige künftige R. **257** 4; Streitbefangenheit **265** 4; Streitwert **3 Anh** 92
– **(Wohnraum)**, Gerichtsstand **29 a**; Kostenentscheidung **93 b**; beim Auszug nach der Klagerhebung **91 a** 52 „Mietrecht", **93** 47, 48 „Miete"; Mietaufhebungs- und Räumungsklage **2** 6; Gewährung einer Räumungsfrist **3 Anh** 93, **721**, **794 a** 1; Rechtskraftwirkung des Urteils **322** 50 „Mietsache", **325** 34 „Mieter"; Sommersache **227** 38, 39; vorläufige Vollstreckbarkeit des Urteils **708** 9; Urteil auf eine Fortsetzung des Mietverhältnisses **308 a**
Räumungsvollstreckung s Zwangsvollstreckung
Reale Handlung Grdz **128** 47
Reallast, Gerichtsstand **24** 6, 19; Gerichtsstand im Fall eines Leistungsrückstands **25**; Aufgebot der Gläubiger **988**; Pfändung **857** 20, **865** 9; Streitwert **9** 5; Urkundenprozeß für einen Anspruch aus einer R. **592** 5; Rechtskraftwirkung des Urteils **325** 12
Rechenfehler, bei der Streitwertberechnung **2** 5, **3** 5; Berichtigung des Urteils **319**
Rechnungslegung, Feststellungsklage **256** 91; Pfändung des Anspruchs auf eine R. Grdz **704** 101; Zwangsvollstreckung aus einem Urteil auf eine R. **887** 21
Rechnungslegungsklage, Gerichtsstand **31** 3; Streitwert **3 Anh** 93; Übergang von der Feststellungs- zur Leistungsklage **264** 20; Verbindung mit der Herausgabeklage **254** 3
Rechnungsvermerk als Gerichtsstandsvereinbarung **29** 35
Recht s Dingliches Recht, Persönliches Recht, Sachliches Recht, Subjektives Recht
Rechtliche Erörterung 139, **313** 46
Rechtlicher Gesichtspunkt s rechtliche Erörterung
Rechtlicher Zusammenhang, Unerheblichkeit bei einer Aufrechnung durch den Bekl **302** 4, 5; dinglicher Gerichtsstand des Sachzusammenhangs **25**; Prozeßverbindung **147** 21; bei einer Widerklage **33** 6, **253 Anh** 13
Rechtliches Gehör, Interesse am r. G. s Gehör, Interesse

Rechtsangelegenheit, geschäftsmäßige Besorgung **157** 10
Rechtsansicht s rechtliche Erörterung
Rechtsausführung 138 14
Rechtsaussicht s Rechtsfrage
Rechtsanwalt, Amtspflicht **GVG 155 Anh I** 5; Anwaltskartell s dort; Erstattung seiner Kosten **91** 157 ff; ausländischer Anwalt **Üb 78** 10, **SchlAnh VII**; Beiordnung s Ehesache (Ehescheidungsantrag), Notarvollmachtbeiordnung, Prozeßkostenhilfe; Beratungshilfe **127 Anh**, **GVG 155 Anh I** 4 § 49 a; Verbot der Berufsausübung oder Vertretung **GVG 155 Anh I** 6; Bindung an eine Weisung des Auftraggebers **80** 7; europäischer R. **SchlAnh VII**; Fortbildung **GVG 155 Anh I** 4 § 43 a; Berechnung und Kontrolle einer Frist **233** 85; Verschulden bei einer Fristversäumung **85**, **233** 85; Gerichtsstand des Erfüllungsorts **29** 51; Geschäftsfähigkeit **51** 5; Handakten **GVG 155 Anh I** 4 § 50; Kanzleiabwickler **78** 27; Kostenerstattung in einer eigenen Sache **91** 170; vor dem Obersten Landesgericht **EG 8** 1; Vertretung der Partei im Parteiprozeß **79** 1; Praxisabwickler **78** 27; Prozeßfähigkeit **78** 26; als ProzBev s dort; beim Prozeßgericht zugelassener Anwalt **78** 22; Rechte und Pflichten nach der BRAO **GVG 155 Anh I** 2; Fristkontrolle bei der Einlegung eines Rechtsmittels **233** 85; vor einem Schiedsgericht **1042**; Selbstvertretung **78** 21, 56; Standeswidrigkeit **337** 10, **GVG 155 Anh I** 9; Straftat als Restitutionsgrund oder Grund für eine Klage auf die Aufhebung des Schiedsspruchs **580** 6, **581** 1/**1041** 18; Tod, Abwicklung der Kanzlei **GVG 155 Anh I** 5; dgl Aufnahme nach einer Unterbrechung des Verfahrens **244** 14; dgl Prozeßvollmacht **86** 3, **87** 7; dgl Rechtsstellung **81** 4; Unsachlichkeit **GVG 155 Anh I** 4 § 43 a; Unterbrechung beim Wegfall **244 Anh I** 4 § 49 b; Verschwiegenheit **GVG 155 Anh I** 4 § 43 a; Vertretung **81** 5, **GVG 155 Anh I** 4 § 53; Vertretung, Kostenerstattung **91** 164; Vertretungsfähigkeit **81** 5; Vertretungsverbot **157** 1, **158** 1; Wahrheitspflicht **138** 8; Wegfall **244**; widerstreitende Interessen **GVG 155 Anh I** 4 §§ 43 a, 45; Zeugnisverweigerungsrecht **383** 9; Zulassung beim Prozeßgericht **78** 22; Zustellung von Amts wegen **170**; Zustellung von Anwalt zu Anwalt s dort; Zustellung an einen Anwaltsgehilfen **178** 18 „Angestellter"; Zustellungsbevollmächtigter für den Anwalt **GVG 155 Anh I** 5
– **(Schadensersatzpflicht)**, wegen der Nichtbeachtung eines gerichtlichen Hinweises **139** 99; bei einer Beschränkung der Prozeßvollmacht **83** 1; wegen eines Verschuldens **85** 8 ff
Rechtsanwaltsgebühr Üb 91 22; Aufrechnung durch den ProzBev **81** 7; der für die Berechnung maßgebende Zeitpunkt **4** 1; Erinnerung gegen den Kostenfestsetzungsbeschluß **104** 49; Gerichtsstand **34**; Klage und Widerklage **5** 1; Kostenerstattung **91** 11 ff, 21; Kostenerstattung der Hebegebühr **91** 21; Kostenerstattung bei einer Honorarvereinbarung **91** 41, 42; Kostenfestsetzung **Einf 103** 2; Rechtskraftwirkung des Kostenfestsetzungsbeschlusses **Einf 103** 8; Mehrzahl von Klagansprüchen **5** 1; nach einer Prozeßtrennung **145** 6; bei einer Prozeßverbindung **5** 11, **147** 21; Festsetzung des Streitwerts für die Berechnung der Gebühren **Einf 3** 7; Vertretung des ProzBev **81** 5; Kosten der Zwangsvollstreckung **788** 34
Rechtsanwaltsgesellschaft, Parteifähigkeit **50** 7; Prozeßvollmacht **Üb 78** 6; Vertretung **51** 21

Rechtsanwaltschaft beim BGH **GVG 155 Anh I** 13
Rechtsanwaltskammer, Rechtsweg **GVG 13** 26
Rechtsanwaltskartell s Anwaltskartell
Rechtsanwaltssozietät, Kostenerstattung **91** 132; Prozeßvollmacht **84**; notwendige Streitgenossenschaft **62** 13 „Rechtsanwalt"
Rechtsanwaltszulassung GVG 155 Anh I 5; Rechtsweg **GVG 13** 26
Rechtsanwendung 546, 557
Rechtsausführung s Rechtsfrage
Rechtsauskunft des Richters **DRiG 41**
Rechtsbeeinträchtigung, Urheberbenennung **77**
Rechtsbegriff 546 7 „Einordnung unter die Norm"
Rechtsbehelf Grdz 511 1; Belehrung s dort; gegen einen Schiedsspruch **1059**; beim Streitgenossen **61** 8, **62** 23; Zulässigkeit **Grdz 511** 5; gegen eine Zuständigkeitsbestimmung **37** 6; in der Zwangsvollstreckung **Grdz 704** 41
Rechtsbeistand GVG 155 Anh II 2; Ausschluß als Gerichtsperson **41** 12, 49; Gebühr, Gerichtsstand **34**; Kostenerstattung **91** 182; Zulassung **157** 25; dgl Antrag auf eine gerichtliche Entscheidung **EGGVG 23** 3; Zulassung zur mündlichen Verhandlung **157** 1, 21; s auch Rechtsmittel
Rechtsberatung ohne Erlaubnis, Zurückweisung als Parteivertreter **79** 4
Rechtsbeschwerde 606 a **Anh II** 28 ff, **621** e 16, **574, 1065, SchlAnh VIII** 15
Rechtsbeurteilung s Rechtsfrage
Rechtschöpfungslehre der Rechtskraft **Einf 322** 8
Rechtseinheit, Vorlage beim Großen Senat des BGH/dem Gemeinsamen Senat der obersten Gerichtshöfe **GVG 136 ff/GVG 140 Anh**
Rechtsfähigkeit und Parteifähigkeit **50** 3, 4
Rechtsfolge, Rechtskrafteinbeziehung **322** 18
Rechtsfortbildung, Vorlegung beim Großen Senat des BGH **GVG 137**; Auslegung der ZPO bei einer Gesetzeslücke **Einl III** 48
Rechtsfrage, abstrakte **256** 11; Anordnung einer Verhandlungsbeschränkung **146** 3; Auslegung als R. **Einf 284** 18; gedachte **256** 12; Erörterung **139** 23, 75; **313** 46; von grundsätzlicher Bedeutung **511, 543, 574**; Vorlegung beim Großen Senat des BGH **GVG 132**; gerichtliche Beurteilung, Hinweispflicht **139** 23; abweichende Beurteilung, Vorlegung beim Großen Senat des BGH/beim Gemeinsamen Senat der obersten Gerichtshöfe **GVG 132, 140 Anh**; Rechtsausführungen im Prozeß **85** 7, **139** 23; dgl in einem Schriftsatz **130** 19, **132** 8; Rechtsentscheid in einer Mietrechtsfrage **541**; juristische Tatsache **Einf 284** 21
Rechtsgemeinschaft am Streitgegenstand, Streitgenossenschaft **59** 6
Rechtsgeschäft, Auslegung, Prüfung in der Revisionsinstanz **550** 3; über Prozeßbeziehungen **Grdz 128** 48; auf Grund der Prozeßvollmacht **81** 21; Prozeßhandlung als Rechtsgeschäft **Grdz 128** 61; Vertretung s dort; Zeuge beim R., Zeugnispflicht **385** 1
Rechtsgespräch 139 23, 75
Rechtsgestaltungsklage s Klage
Rechtsgeständnis 288 1
Rechtsgültigkeit, eines Gesetzes, einer Verordnung, eines Verwaltungsakts, richterliches Prüfungsrecht **GVG 1**
Rechtsgutachten des Richters **DRiG 41**
Rechtshängigkeit 261 1; im Arrestverfahren **920** 9; im Ausland **261** 7; und Aufrechnung **145** 15; Aussetzung wegen Vorgreiflichkeit, R. als Voraussetzung **148** 7; als Einwendung **Üb 253** 9; Ende **91** a 108, **261** 15; Erledigung der Hauptsache **91** a 30, 39; Erledigung des Klaganspruchs vor der R. **91** a 30; eines Hilfsanspruchs **260** 14; der Hilfswiderklage **261** 17; Klagerücknahme, Beseitigung der R. **269** 32; und Mahnverfahren **693** 5, **696** 13, **700** 13, **703** a; Nacherbfall während der R. **326** 5; Parteiidentität **261** 18; als Prozeßhindernis **261** 28; Verzicht auf eine Zulässigkeitsrüge **296**; Prozeßidentität **261** 19; Begründung des Prozeßrechtsverhältnisses **Grdz 128** 3, **261** 3; und Rechtskraftwirkung **261** 27; Streitbefangenheit **265** 5; Streitgegenstand **2** 4; Streitwert **3 Anh** 93; Voraussetzungen **261** 18; als Voraussetzung einer Widerklage **253 Anh** 9; prozessuale/sachlichrechtliche Wirkung **261** 3, 21/**262** ff; Fortdauer der Zuständigkeit kraft R. **261** 28; Zuständigkeitsvereinbarung nach dem Eintritt der R. **38** 34
- **(bei, durch)** einer Abstandnahme vom Urkundenprozeß **596** 10; einer Aufrechnung durch den Bekl **145** 15; einer Einrede **261** 8; einer Genehmigung der Prozeßführung ohne eine Vollmacht **89** 14; einer Kläganderung **281** 8, **264** 1; der Klagerhebung **261** 2; einer Klagerweiterung **261** 8; die Zustellung der Klageschrift ohne eine Terminsbestimmung **253** 10; das Mahnverfahren **693** 5, **696** 13, **700** 13, **703** a; einem Rechtsübergang nach der R. **265** 3, 16; einer Rechtswegverweisung **GVG 17** 3, 4; einem Schadensersatzanspruch des Bekl wegen einer Zwangsvollstreckung aus einem nur vorläufig vollstreckbaren Titel **717** 15; der Veräußerung des Grundstücks, Schiffs, Schiffsbauwerks, Luftfahrzeugs während des Prozesses **266** 1; einem Vergleich im Verfahren der Prozeßkostenhilfe **118**; einer Verweisung **261** 13; eine Vollstreckungsklage auf Grund eines ausländischen Urteils **722** 10; eine Widerklage **281** 20; eine Zwischenfeststellungsklage **256** 18
Rechtshilfe GVG Üb 156 2, 3, **156 ff**; Abkommen s Zivilprozeßrecht, zwischenstaatliches; **HZPrÜbk GVG 168 Anh I**; Pflicht zur R. **GVG 156**; Vollstreckungshilfe bei einem Angehörigen der Streitkräfte **SchlAnh III** 34; Zuständigkeit **GVG 157**; bei der Zwangsvollstreckung **789** 2
- **(Ersuchen) GVG 157**; Ablehnung **GVG 158**; im Ausland **GVG 168 Anh**; dgl bei einem Unterhaltsanspruch **GVG 168 Anh II**; Erledigung durch einen Referendar **GVG 10** 1; bei der Zwangsvollstreckung **789** 2
Rechtshindernde Einwendung Üb 253 8
Rechtsirrtum, Entschuldbarkeit **Einl III** 69; Wiedereinsetzung bei einem R. **233** 114 „Gesetzesunkenntnis"
Rechtskraft Einf 322 1, **322 ff, EG 19**; Amtsprüfung **Einf 322** 25; eines Beschlusses **329** 21; Beseitigung **Einf 322** 27; durch übereinstimmende Erledigterklärungen **91** a 108; des Kostenfestsetzungsbeschlusses **104** 31; Parteivereinbarung über eine Rechtskraftwirkung **Einf 322** 25; beim Rechtsmittelverzicht **705** 8; Zurückweisung der Ablehnung eines Richters **46** 12; Streitgegenstand **2** 4; Urteil gegen eine falsche Partei **Grdz 50** 18; bei einem Mangel der Vertretung oder der Zustellung **56** 11; Wiedereinsetzungsantrag nach der R. **Üb 230** 11
- **(äußere, formelle Rechtskraft) Einf 322** 1, **705**; im Aufgebotsverfahren **957** 1; eines Beschlusses **329** 21; Eintritt mit der Verkündung **705** 3; Hemmung **705** 9; eines Kostenfestsetzungsbeschlusses **104** 31; eines Schiedsspruchs **1055**; eines Verbundurteils **629** 3; eines Versäumnisurteils **Üb 330** 16; der Vollstreckbarerklärung eines Schiedsspruchs **1060**; des Vollstreckungsbe-

Rechtskraftwirkung

scheids **700** 1; einer Vorabentscheidung über den Anspruchsgrund **304** 28; eines Vorbehaltsurteils im Urkundenprozeß **599** 11; eines Zwischenurteils **322** 8
- **(innere, materielle Rechtskraft) Einf 322** 4, **322** 4, 27 ff; des Anspruchs, Begriff **322** 15; beim Arrest und der einstweiligen Verfügung **322** 29; bei einer Aufrechnung **322** 21; Bedeutung **Einf 322** 10; eines Beschlusses **329** 21; Beseitigung **Einf 322** 27; Drittwirkung **325** 3; eines Kostenfestsetzungsbeschlusses **104** 31; Rechtskraftfähigkeit **322** 1, **325 a**, **SchlAnh VIII** 16; eines Schiedsspruchs **1055**; Tragweite **322** 4, 27 ff; entsprechend der Urteilsformel **322** 4; Einbeziehung der Urteilsgründe **322** 6 ff; eines Versäumnisurteils **Üb 330** 16; der Vollstreckbarerklärung eines Schiedsspruchs **1060**; beim Vollstreckungsbescheid **Einf 322** 13, **322** 71, **700**; einer Vorabentscheidung über den Anspruchsgrund **304** 28; eines Zwischenurteils **322** 3
- **(Erschleichen) Einf 322** 35; der R. eines Scheidungsurteils durch die Rücknahme der Berufung **Einl III** 63; Restitutionsklage **580** 6; Streitwert eines Schadensersatzanspruchs bei einem Scheidungsurteil **9** 6

Rechtskraftwirkung, des Urteils auf Grund einer Anfechtungsklage gegen ein Ausschlußurteil **957** 2; gegenüber dem ausgeschiedenen Besitzer **76** 10; gegenüber einem Dritten **325** 17; eines Ehenichtigkeitsurteils **636 a**; eines Feststellungsurteils wegen der Echtheit oder Unechtheit einer Urkunde **256** 107; eines Gestaltungsurteils **325** 15; eines Kindschaftsurteils **640 h**; der Klagabweisung mangels eines Prozeßführungsrechts **Grdz 50** 22; der Klagabweisung mangels einer Sachbefugnis **Grdz 50** 22; der Klagabweisung im Urkundenprozeß **597** 1, 9; des Kostenfestsetzungsbeschlusses gegenüber dem ProzBev **Einf 103** 8; und Rechtshängigkeitswirkung **261** 27; sachliche/persönliche R. **Einf 322** 11/20; gegenüber einem Rechtsnachfolger **325** 4; eines Schiedsspruchs **1055**; bei einer Streithilfe **68** 1; bei einer streitgenössischen Streithilfe wegen der Rechtskraftwirkung **69**; als ein Streithilfegrund **66** 12; bei einer Zurückweisung der Streithilfe **71** 10; bei einem Urteil auf eine Willenserklärung **894** 13; beim Urteil auf die Feststellung der Vaterschaft **641 k**; und Vollstreckbarkeit **Einf 727** 1; bei der Zurückweisung des Antrags auf den Erlaß eines Mahnbescheids **691** 15; beim Zwischenurteil im Streit um ein Zeugnisverweigerungsrecht **387** 5

Rechtskraftzeugnis 706 3, **715** 3
Rechtskundiger, Anwaltszwang **78** 56
Rechtslage Grdz 128 3; die für ein Urteil maßgebenden Gesetzesvorschriften **300** 7
Rechtsmängelhaftung, Gerichtsstand des Erfüllungsorts **29** 1; beim Erwerb der Pfandsache **806**; Streitverkündung **72** 6
Rechtsmißbrauch Einl III 54, **Grdz 128** 13; Ausforschung des Gegners **138** 21; Berufung auf eine Änderung der Rechtsprechung **Einl III** 46; Berufung gegen ein Ehescheidungsurteil **Einl III** 63; sofortige Beschwerde **567** 13; sofortige Beschwerde gegen eine Entscheidung im Verfahren der Prozeßkostenhilfe **127** 25, 55; bei der Kostenfestsetzung **104** 13; bei einer Prozeßgeschäftsführung **Grdz 50** 32; bei einer Prozeßhandlung **Grdz 128** 57; und Rechtskraft **Einf 322** 35; und Rechtssicherheit **Einl III** 61; bei der Ablehnung eines Richters **42** 7, **45** 6; durch ein widersprüchliches Verhalten **Einl III** 60; durch eine Zuständigkeitsvereinbarung **38** 10, **40** 5; in der Zwangsvollstreckung **Grdz 704** 44; durch den Schuldner in der Zwangsvollstreckung **769** 13
- **(durch Erschleichen),** des Gerichtsstands **Einl III** 56, **2** 7, **Üb 12** 22, **38** 10, **Grdz 128** 16, **504** 1, 2; des Gerichtsstands des Erfüllungsorts **29** 6; des Gerichtsstands einer Nachlaßverbindlichkeit **28** 3; des Gerichtsstands des Vermögens/Streitgegenstands **23** 7; der Rechtskraft s dort; der öffentlichen Zustellung **185** 7 „Erschleichen"

Rechtsmittel Grdz 511 1, **EG 19**; bedingtes **Grdz 511** 1; Begründetheit **Grdz 511** 13; Beschwer als Voraussetzung **Grdz 511** 3; bei einem Formfehler der Entscheidung **Grdz 511** 27; Kostenentscheidung **97**; im schiedsrichterlichen Verfahren **1059**; Streitgenossen **61** 7; Streithelfer, Rechtsmittelanschluß **67** 11; Streitwert **3 Anh** 93; zwecks Urteilsergänzung **321** 4; Verfassungsbeschwerde **Grdz 511** 34; Wesen **Grdz 511** 1, 2; Ausschluß der Wiederaufnahmeklage gegen das R. **579** 11, **582**; Zulässigkeit **Grdz 511** 6, **511** 2, 4; s auch Rechtsbehelf
- **(gegen)** die Ablehnung der Wiedereinsetzung **238** 12; ein Ausschlußurteil **957** 4; ein Ergänzungsurteil **321** 10; eine Kostenentscheidung **99**; die Kostenentscheidung nach einer Erledigung der Hauptsache **91 a** 151 ff; eine Kostenentscheidung im Fall der Streitgenossenschaft **100** 68; die Anordnung einer Sicherheitsleistung **108** 19; ein Scheinurteil **Üb 300** 13, **300** 5, 6, **Grdz 511** 26; ein Urteil auf eine Fortsetzung des Mietvertrags **308 a** 7; ein Urteil im Urkundenprozeß ohne einen Vorbehalt **599** 8; eine Entscheidung im Wiederaufnahmeverfahren **591**; vgl auch Berufung, Revision, Beschluß (Unanfechtbarkeit), (sofortige, weitere) Beschwerde
- **(Begründung),** nach einer Aussetzung des Verfahrens **249** 7; durch einen notwendigen Streitgenossen **62** 26; durch einen Streithelfer **67** 11, 12; nach einer Unterbrechung des Verfahrens **249** 7; Unterschrift **520** 27
- **(Belehrung)** s dort
- **(Beschränkung)** durch einen Streithelfer **67** 11, 12; vgl auch bei den einzelnen Rechtsmitteln
- **(Einlegung),** als Aufnahme nach einer Aussetzung oder Unterbrechung des Verfahrens **250** 3; nach einer Aussetzung des Verfahrens **249** 12; durch den Bekl als Partei kraft Zustellung **Grdz 50** 14; nach einer teilweisen Erledigung der Hauptsache **91 a** 204; durch einen Parteiunfähigen **50** 33; durch einen Prozeßunfähigen **52** 3, **Grdz 511** 9; wegen eines Mangels der Prozeßvollmacht **88** 15; Sorgfaltspflicht des Rechtsanwalts **233** 84; bei einer notwendigen Streitgenossenschaft **62** 23; durch einen Streithelfer **66** 17, **67** 7, 11; durch einen streitgenössischen Streithelfer **69** 10; als Beitritt des Streithelfers **70** 4; nach einer Unterbrechung des Verfahrens **249** 9; nach einer Unterbrechung durch den Tod/die Vertretungsunfähigkeit des ProzBev **244** 12; Unterschrift **129** 9, **40**, **520** 11, **569** 4; durch einen nichtrechtsfähigen Verein als Bekl **50** 26; ohne eine Vollmacht **97** 12; Zustellung der Rechtsmittelschrift von Amts wegen **172** 32; Einstellung der Zwangsvollstreckung **707** 30; vgl auch Berufung, Revision
- **(Rechtsmittelfrist),** nach der Aufnahme eines unterbrochenen Verfahrens **239** 16; bei einer Aussetzung des Verfahrens **249** 4; Pflicht des Anwalts zur Berechnung und Kontrolle der Frist **233** 85 ff; Fristversäumung, Wiedereinsetzung nach einer Verwerfung des Rechtsmittels **238** 5, 8; Fristbeginn durch die Zustellung des Urteil **312** 4; nach

dahinterstehende Zahlen und Buchstaben = Randnummern **Rechtsschutzbedürfnis**

einer Anordnung des Ruhens des Verfahrens **251** 9; für einen Streithelfer **67** 12; für einen streitgenössischen Streithelfer **69** 10; bei einer Unterbrechung des Verfahrens **249** 4; vgl auch bei den einzelnen Rechtsmitteln
- **(Rechtsmittelhängigkeit) 261** 10
- **(Rechtsmittelschrift),** bei der Berufung **519**; bei der sofortigen Beschwerde **569**; bei der Revision **549**; Zustellung **172** 20
- **(Rechtsmittelsumme),** Berechnung **2**; bei der Berufung in einer vermögensrechtlichen Streitigkeit **511**; bei der sofortigen Beschwerde **567**; Beschwer **Grdz 511** 13 ff; Beschwer bei einer Anschlußberufung **524** 10; Beschwer bei einer Berufung in einer Ehesache **Üb 606** 5; Beschwer bei einer Hilfsaufrechnung **3 Anh** 21; Beschwer als Voraussetzung einer Wiederaufnahme **578** 1
- **(Rücknahme),** der Berufung s dort; der sofortigen Beschwerde **570** 7; des Einspruchs gegen ein Versäumnisurteil **346**; der Erinnerung gegen einen Kostenfestsetzungsbeschluß **104** 59; Protokoll **160** 16; der Revision s dort; bei Streithilfe, durch den Streithelfer **67** 11; nach einem Vergleich, Aufhebung der Kosten gegeneinander **98** 10; Widerruf **Grdz 128** 58; dgl Beginn der Frist für den Antrag auf eine Wiedereinsetzung **234** 20; des Widerspruchs gegen einen Mahnbescheid **697**
- **(Streitwert)** s Beschwerdewert
- **(Verzicht) 705** 6; bei einer Aussetzung des Verfahrens **249** 8; auf die Berufung **515**; in einer Ehesache **617** 5; Protokoll **160** 17; bei der Genehmigung der Prozeßführung ohne eine Vollmacht **89** 14; auf die Revision **565**; nach einer Unterbrechung des Verfahrens **249** 8

Rechtsmittelbelehrung, Fehlen ihrer Notwendigkeit **313** 51; bei einer Berufung **Grdz 511** 35; bei einem Justizverwaltungsakt **EGGVG 26** 2

Rechtsmittelgericht, BGH **GVG 133**; LG **GVG 72**; OLG **GVG 119**

Rechtsnachfolge einer Prozeßpartei **Grdz 50** 6, 16, **Grdz 128** 17, **239** 6; Aufnahme nach einer Unterbrechung des Verfahrens **239** 8, 9; vollstreckbare Ausfertigung für/gegen den Rechtsnachfolger **727** 3; bei der Erbnachfolge **326**; Ergänzungsurteil über die R. **239** 16; Gerichtsstand der unerlaubten Handlung **32** 16; Nachweis der R. beim Grundpfandrecht **799**; Kostenentscheidung bei einer Klage vor der Mitteilung der R. **94**; Kostenscheidung **91** 23; Kostenentscheidung im Fall eines Anerkenntnisses nach dem Eintritt der R. **93** 52; Kostenfestsetzung **103** 31; Ladung zwecks Aufnahme nach einer Unterbrechung des Verfahrens **239** 17; Fortsetzung des Prozesses **50** 20; Prozeßhandlung, Bindungswirkung bei einer R. **265** 21, 22; Prozeßübernahme **265** 4; Prozeßübernahme durch den mittelbaren Besitzer bei einer Streitverkündung **76** 8; Prozeßübernahme nach der Veräußerung eines Grundstücks, Schiffs, Schiffsbauwerks, Luftfahrzeugs **266** 4; Prozeßvollmacht nach der Aussetzung oder Unterbrechung des Verfahrens **86** 13; Rechtskraftwirkung gegenüber dem Rechtsnachfolger **325**; Schiedsvereinbarung, Bindung **1029**; Streithelfer als Rechtsnachfolger **265** 24; Streit über die R. **239** 12, 16, 19; Streitgenossenschaft **Üb 59** 4; Unterbrechung des Verfahrens durch eine R. **239** 4 ff; vollstreckbare Urkunde **799** 1; Verzögerung der Aufnahme durch den Rechtsnachfolger nach einem Urteil **239** 17; Wiederaufnahme **578** 5

Rechtsnachteil, im Aufgebotsverfahren durch die Unterlassung einer Anmeldung **946** 1, **947** 5, **986** 2, **987** 1, **995**, **997** 2, **1002**, **1008** 1; bei einer Versäumnis **231**

Rechtsnorm, Bindung des Richters **GVG 1** 3; Angabe in der Revisionsbegründung **551**; Ermittlung **293** 1; Gesetzesverletzung **546**; Revisibilität **545 ff**

Rechtspflege, Aufgabe **GVG 21 Anh I**; Stillstand, Unterbrechung des Verfahrens **245** 2

Rechtspfleger, Amtshilfe **GVG 153 Anh 8** § 24a; Anwaltszwang vor ihm **78** 39; Ausschluß/Ablehnung wegen Befangenheit **41**, **47**, **49** 5; dgl Entscheidung **GVG 153 Anh 8** § 10; Beeidigung **GVG 153 Anh 8** § 4; Befugnis/Überschreitung **GVG 153 Anh 3/4**, **8** § 8; Stellung **GVG 153 Anh 2**, 3; Unabhängigkeit **GVG 153 Anh 8** § 9; Unterschrift **GVG 153 Anh 8** § 12; Vorlegungspflicht **GVG 153 Anh 4**, **8** §§ 4, 5; Zuständigkeitsstreit zwischen dem Richter und dem R. **GVG 153 Anh 8** § 7
- **(Erinnerung gegen eine Entscheidung)** s Erinnerung
- **(Zuständigkeit) GVG 153 Anh 8** §§ 3, 4, 7, 20, 21; Aussetzung der Verwertung einer Pfandsache **813a**; Erteilung einer vollstreckbaren Ausfertigung **727**, **728**, **729**, **730**; Kostenfestsetzung **103** 41, **104** 3; im Mahnverfahren **689** 3, **GVG 153 Anh 8** § 20; im Prozeßkostenhilfeverfahren **118** 47ff, **124** 34, 40, 51, 58, **127** 99; (Neu)Festsetzung des Regelunterhalts **642**, **645 ff**; im Verfahren auf die Rückgabe einer Sicherheitsleistung **109** 24, **715** 3; Umstellung eines Unterhaltstitels auf die Zahlung eines Regelunterhalts **642**; im Verfahren zur Unterhaltsanpassung **GVG 153 Anh 8** § 20; Erteilung der Vollstreckungsklausel **724** 6, **797** 4; Erlaubnis zur Zustellung während der Nachtzeit oder an einem Sonn- oder Feiertag **758** a; in der Zwangsvollstreckung **Grdz 704** 35, **GVG 153 Anh 8** § 20

Rechtspolitik Einl I B

Rechtsposition und Rechtskraft **Einf 322** 7

Rechtspraktikant GVG 10 2, 3

Rechtsprechende Gewalt GVG 12 Vorbem, **DRiG 1**

Rechtsprechung GVG 21 Anh I; Änderung, Zuständigkeit des Großen Senats **GVG 136**; Arglisteinwand gegenüber einer Berufung auf die Änderung der R. **Einl III** 53 ff

Rechtsprechungsmonopol DRiG 1 1

Rechtsquellen des Zivilprozeßrechts **Einl II A**

Rechtsreferendar s Referendar

Rechtssache von grundsätzlicher Bedeutung **511**, **543**, **574**

Rechtssatz, Beweis **293** 5, 6; im Urteil **313** 41

Rechtsschein, Beweislast **286 Anh** 4

Rechtsschutzanspruch Grdz 253 156

Rechtsschutzbedürfnis Grdz 253 33; bei der Abänderungsklage **323** 6; Amtsprüfung **Grdz 253** 53; bei der Anfechtungsklage gegenüber einem Ausschlußurteil **957** 2; im Arrestverfahren **917** 14; und Beschwer **Grdz 511** 25; bei der sofortigen Beschwerde **567**; in einer Ehesache **Üb 606** 7; bei einer Einmischungsklage **64** 8; bei einer einstweiligen Einstellung der Zwangsvollstreckung **707** 5; bei der Forderungspfändung **829** 17; Klagabweisung beim Fehlen **300** 8; bei der Feststellungsklage **256** 21; bei derjenigen in einer Kindschaftssache **640** 8; bei der Gegenvorstellung **Üb 567** 7; für eine Klage aus einem ausländischen Urteil **723** 3, 4; für eine Klage auf die Erstattung von Prozeßkosten **Üb 91** 43, 48; bei einer neuen Klage nach einer rechtskräftigen Entscheidung **Einf 322** 16; Darlegung des R. in der Klageschrift **253** 32; für

Hartmann 3133

Rechtsschutzbegehren

eine Kostenentscheidung nach der Klagerücknahme **269** 44; für eine Kostenfestsetzung **103** 33; für diejenige nach einer Kostenerstattung **Einf 103** 14; als Prozeßvoraussetzung **Grdz 253** 22, 34 ff; beim Fehlen einer Prozeßwirtschaftlichkeit **Grdz 128** 15; in der Revisionsinstanz **Grdz 253** 53; beim Scheinprozeß **Grdz 253** 52; bei einer Schikane **Grdz 128** 57; für eine Festsetzung des Kostenstreitwerts **Einf 3** 7; für einen Beschluß auf die Feststellung der Wirkungslosigkeit eines schon ergangenen Urteils nach einer Klagerücknahme **269** 46; nach einer einstweiligen Verfügung **Grdz 253** 49; und Verwaltungszwang **Grdz 253** 46; bei der Klage auf die Erteilung einer Vollstreckungsklausel **731** 3; trotz eines Vollstreckungstitels **Grdz 253** 49, **794** 2; für die Widerklage **253 Anh** 6; für eine öffentliche Zustellung **186** 5; in der Zwangsvollstreckung **Grdz 253** 47, 48; für eine Zwischenfeststellungswiderklage **256** 119

Rechtsschutzbegehren Einl III 1, 9, **Grdz 253** 2
Rechtsschutzgrundrecht Grdz 253 2
Rechtsschutzklausel bei einer Sicherheitsleistung **110 Anh** 1
Rechtsschutzversicherung, Prozeßkostenhilfe, **114** 67
Rechtsschutzvoraussetzung Grdz 253 5
Rechtssicherheit, und Einwand der Arglist **Einl III** 61; bei der Auslegung der ZPO **Einl III** 43; und Restitutionsklage **580** 1
Rechtsstaatlichkeit des Verfahrens **Einl III** 22
Rechtsstreit s Prozeß
Rechtsstreitigkeit, bürgerlichrechtliche R. **EG** 4, **GVG 13**
Rechtsstudium DRiG 5
Rechtsübergang, Rechtskraftwirkung **325** 6; des Streitgegenstandes **265** 3, 16
Rechtsverfolgung, im allgemeinen Interesse **116;** Notwendigkeit, Kosten **91** 28; Mutwilligkeit, Ablehnung eines Notanwalts **78 b** 4, einer Prozeßkostenhilfe **114** 106 ff; Notwendigkeit einer einheitlichen R., notwendige Streitgenossenschaft **62** 17
Rechtsverletzung, bei einer Justizverwaltungsmaßnahme **EGGVG 24** 2; s auch Gesetz (Verletzung)
Rechtsverhältnis, (Nicht)Bestehen, Feststellungsklage **256** 4; Bestimmtheit, Zuständigkeitsvereinbarung **40** 4; mit einem Dritten, Feststellungsklage **256** 27; Gefährdung, Feststellungsklage **256** 31; Notwendigkeit einer einheitlichen Feststellung, notwendige Streitgenossenschaft **62** 4 ff; bedingtes R., Rechtskraftwirkung **325** 23; gedachtes oder künftiges R., Feststellungsklage **256** 11; als Grundlage einer Schiedsvereinbarung **1029;** einstweilige Verfügung zur vorläufigen Regelung **940;** Vorgreiflichkeit der Entscheidung eines Gerichts oder einer Behörde als Aussetzungsgrund **148** 4; Vorgreiflichkeit, Rechtskraftwirkung **322** 72; Vorgreiflichkeit, Zwischenfeststellungsklage **256** 124
Rechtsvermutung 292 4, 5; Echtheit einer privaten Urkunde **440** 4
Rechtsvernichtende Einwendung Üb 253 8
Rechtsverordnung GVG 1 2; Revisibilität **546** 13
Rechtsverteidigung, Erfolgsaussicht, Prozeßkostenhilfe **114** 80 ff
Rechtsverweigerung durch den Richter **Einl III** 49
Rechtsvorgänger, Zeugnisverweigerungsrecht **385** 7; vgl auch Rechtsnachfolger
Rechtsweg, Berufung auf den R. **253** 4; Zivilprozeßsache kraft einer Zuweisung **GVG 13** 19
– **(Unzulässigkeit),** Rüge **Üb 253** 9, **280** 1; Verzicht auf die Rüge **296** 70; als Revisionsgrund **545;** beim Fehlen der Vorentscheidung einer Verwaltungsbehörde **253** 4
– **(Zulässigkeit) GVG 13, 17, 17 a;** bei einer Aufrechnung durch den Bekl **145** 17; bei der Anerkennung eines ausländischen Urteils **328** 19; Beschlußverfahren **GVG 17 a, b;** Notargebühr **34** 2; als Prozeßvoraussetzung **Grdz 253** 3 F, **GVG 13** 22; bürgerlichrechtliche/öffentlichrechtliche Rechtsstreitigkeit **EG** 4, **GVG 13;** in einer Angelegenheit der Richtervertretung **DRiG 60;** Rechtsprechungsübersicht **GVG 13** 30 ff; kraft einer Vereinbarung **Üb 38** 5, **GVG 13** 2; Verweisung auf einen anderen R. **GVG 17;** Zuständigkeit/Zulässigkeit **R.**, Abgrenzung **280** 1, **GVG Üb 1** 6; für die Zwangsvollstreckung **Grdz 704** 2; für eine Zwischenfeststellungsklage **256** 118
Rechtswidrigkeit, eines Justizverwaltungsakts **EGGVG 28;** Rechtswidrigkeitszusammenhang **287** 6
Rechtszug s Instanz
Rechtszugsvoraussetzungen Grdz 511 6
Rechtzeitigkeit des Parteivorbringens **132** 9, **273, 275 ff, 282, 296, 335** 6, **340, 530, 531**
Redakteur, Zeugnisverweigerungsrecht **383**
Reederei, Zuständigkeit der Kammer für Handelssachen **GVG 95** 6; Parteifähigkeit **50** 9; Zwangsvollstreckung gegen die R. **736 Anh** 5; Haftungsbeschränkung **Üb 872** 1
Referendar, Anwesenheit bei der Beratung und Abstimmung **GVG 193;** Ausbildung eines Anwalt **GVG 155 Anh I** 4 § 59; Ausschluß als Gerichtsperson **41** 12, **49;** Gerichtsstand **20;** bei einem Rechtsanwalt, Fristversäumung **85** 27 „Amtlich bestellter Vertreter", **233** 75; als Vertreter in der mündlichen Verhandlung **157** 8; Vorbereitungsdienst **DRiG 5 a;** Wahrnehmung rechtspflegerischer Geschäfte **GVG 153 Anh** 8 § 2; Wahrnehmung richterlicher Geschäfte **GVG 10**
Reform der ZPO **Einl I B**
Reformatio in melius, in peius 528, 557, 577
Regelbetragsverordnung 645 Anh II
Regelunterhalt s Unterhaltsklage
Regelungsverfügung Grdz 916 6, **940**
Regierungserklärung und Auslegung **Einl III** 39
Regierungsmitglied, Minister s dort; Exterritorialität des R. eines fremden Staats **GVG 20** 1
Registereintragung, Kosten als solche der Zwangsvollstreckung **788** 23 „Eintragung"; Antragsrecht des Gläubigers auf die Erteilung einer zwecks R. erforderlichen Urkunde nach einem Urteil auf die Abgabe einer Willenserklärung des Schuldners **896;** Eintragungsersuchen auf Grund einer einstweiligen Verfügung **941**
Registerpfandrecht, Gläubigeraufgebot s Aufgebotsverfahren; Pfändung/Überweisung **830 a** 1/ **837 a** 1; Urkundenprozeß für einen Anspruch aus einem R. **592** 5; Veräußerung eines Luftfahrzeugs während des Prozesses **266** 1; Zubehör, Zwangsvollstreckung **865**
Regreß s Rückgriff
Regulierungsbeamter einer Versicherung als Vertreter in der mündlichen Verhandlung **157** 13
Reich, Parteifähigkeit **50** 10; Rechtsnachfolger **50** 10; Vertretung **18** 2
Reichsbahn, Bundesbahn als Rechtsnachfolgerin **50** 10
Reichsrecht, Revisibilität **545** 11
Reisekostenerstattung 91 92 ff; bei einer Anordnung des persönlichen Erscheinens einer Partei **141** 25; dgl Vorschuß **141** 25; eines ehrenamtlichen Richters **GVG 107**

Reisender, Streitigkeit, vorläufige Vollstreckbarkeit des Urteils **709** 1; Zuständigkeit **GVG 23** 9
Reisevertrag, Beweislast **286 Anh** 157
Rektapapier 808 4
Relevanztheorie, Rechtsübergang des Streitgegenstands **265** 17
Religionsfreiheit bei einer Eidesleistung **481, 485**
Rente, Abänderungsklage **323**; vereinfachte Abänderung **645 ff**; Berechnung für die Gerichts-/Rechtsanwaltsgebühren **9** 1; Klage auf eine nachträgliche Sicherheitsleistung **324**; Klage auf eine künftige Zahlung **258** 1; Klagantrag **253** 31, 88 „Unterhalt"; Pfändung **811** 48; Pfändung einer Schadensersatzrente **850 b** 3; Pfändung einer Sozialversicherungsrente **Grdz 704** 103; Pfändung einer gesetzlichen Unterhaltsrente **850 b** 4; Pfändung einer Versicherungsrente **850** 14; Streitwert **9** 3, 8; Rechtskraftwirkung des Urteils **322** 61; vorläufige Vollstreckbarkeit **708** 9
Rentengut, Streitwert des Herausgabeanspruchs **8** 4
Rentenschein, Aufgebot **1010–1013**
Rentenschuld, Brief s Grundpfandrechtsbrief; Gläubigeraufgebot **982, 988**; Gerichtsstand **24** 6; Gerichtsstand der Klage auf eine Befreiung von einer persönlichen Verbindlichkeit **25**; Pfändung **857** 13; Nachweis der Rechtsnachfolge durch den Gläubiger **799**; Urkundenprozeß für einen Anspruch aus einer R. **592** 5; Rechtskraftwirkung des Urteils **325** 12; Zwangsvollstreckung aus einem Urteil auf die Bestellung/Belastung/Abtretung einer Briefrentenschuld **897**
Replik Üb 253 9; Frist zur R. **275** 14, **276** 19, **277** 9, **521** 7; im Urteil **313** 21, 38, 39
Repräsentant eines anderen Staats **GVG 20**
Restitutionsgrund, Wiedereröffnung der mündlichen Verhandlung wegen des Bekanntwerdens einer R. **156** 7
Restitutionsklage s Wiederaufnahmeklage (Restitutionsklage)
Revisibilität einer Rechtsnorm **546, 560**
Revision 542 ff; Rechtsschutzbedürfnis **Grdz 253** 53; Verzicht **565**
– **(Anschlußrevision) 554**; nur gegen die Kostenentscheidung **99** 27
– **(Antrag) 551**; Bindung des Revisionsgerichts **557**; auf eine Fristsetzung durch ein Urteil **255** 7
– **(Begründung) 551**; nach einer Aussetzung oder Unterbrechung des Verfahrens **249** 7; Revision als Aufnahme **250** 5; gegen ein Urteil des Bayerischen Obersten Landesgerichts **EG 7**; durch ein Telefax **129** 12, 45; Unterschrift **129** 8, 40, **549**
– **(Begründungsfrist) 551**; bei einer Abgabe vom BayObLG an den BGH **EG 7** 6; Pflicht des Anwalts zur Fristkontrolle **233** 85 ff; nach einer Anordnung des Ruhens des Verfahrens **251** 9; Verlängerung **551**; wiederholte Verlängerung **225** 8
– **(Beschlußzurückweisung) 552 a**
– **(Revisionseinlegung) 549**; nach einer Aussetzung oder Unterbrechung des Verfahrens **249** 9; als Aufnahme **250** 3; gegen ein Urteil des BayObLG **EG 7** 2; Revisionsschrift **549, 550**; Sorgfaltspflicht des Anwalts **233** 85 ff; als Sprungrevision **566**; durch einen Streithelfer **66** 17; durch ein Telefax **129** 12, 44; Unterschrift **129** 8; ohne eine Vollmacht **97** 12; Zustellung der Revisionsschrift **172** 33, 34, **549**
– **(Revisionsfähigkeit) 542**
– **(Revisionsfrist) 548**; nach der Aufnahme eines unterbrochenen Verfahrens **239** 16; bei einer Aussetzung des Verfahrens **249** 9; Pflicht des Anwalts zur Fristkontrolle **233** 85 ff; nach der Anordnung

des Ruhens des Verfahrens **251** 9; bei einer Unterbrechung des Verfahrens **249** 9; Wiedereinsetzung nach einer Verwerfung der Revision **238** 8
– **(Revisionsgrund) 545 ff**; absoluter R. **547**; Angabe in der Revisionsbegründungsschrift **551**; Anordnung einer Verhandlungsbeschränkung **146** 3; Verletzung der Aufklärungspflicht **139** 102; Entscheidung im schriftlichen Verfahren nach einer mündlichen Verhandlung **128** 17; Fehlen der internationalen Zuständigkeit **Üb 12** 8; Gesetzesverletzung **546, 547**; Nichtzulassung einer Klagänderung **263** 22; Parteiunfähigkeit **547**; Rechtsverletzung **546, 547**; unbedingter R. **547**; Unterlassen einer Anordnung zur Vorbereitung der mündlichen Verhandlung **273** 16; Urteilsmangel **547**; Verfahrensmangel **556**; Zeugenvernehmung unter einem Verstoß gegen den Grundsatz der Unmittelbarkeit der Beweisaufnahme **375** 16
– **(Rücknahme) 565**; Klagerücknahme **269** 11; Kostenentscheidung, Anwaltszwang **78** 16; R. auf Grund eines Vergleichs, Aufhebung der Kosten gegeneinander **98** 10; Protokoll **160** 16
– **(Sprungrevision) 566**
– **(Statthaftigkeit)** s das folgende Unterstichwort Zulässigkeit
– **(Verzicht) 565**; Protokoll **160** 17
– **(Zulässigkeit) 542 ff**; gegen ein Urteil des Dienstgerichts **DRiG 62, 80–82**; in einer Familiensache **621 d**; und Folgesache **629 a**; gegen ein Versäumnisurteil **565**; gegen ein Versäumnisurteil nach einem Antrag auf eine Wiedereinsetzung **238** 9; gegen eine Entscheidung zur vorläufigen Vollstreckbarkeit **714** 4; gegen ein Zwischenurteil über die Ablehnung einer Wiedereinsetzung **238** 7
– **(Zulassung) 543, 544**; wegen einer Abweichung **543** 12; wegen einer solchen von einer Entscheidung des Gemeinsamen Senats **543 Anh**; wegen der grundsätzlichen Bedeutung der Rechtssache **543**
– **(Zurückweisung durch Beschluß) 552 a**
Révision au fond 328 Anh 6 „Frankreich", **723** 3
Revisionsgericht, BayObLG **EG 7**, EGGVG **8**, **SchlAnh I B**; BGH **GVG 133**; oberstes Landesgericht **EGGVG 8, 10**
– **(Bindung),** an die Entscheidung des Berufungsgerichts über die Zulassung der Revision **543**; an eine tatsächliche Feststellung **559**; an den Revisionsantrag **557**; an die Zulassung der Revision **543**
– **(Nachprüfung),** einer vom Berufungsgericht erlassenen Entscheidung **557**; eines Verstoßes gegen die Beweislast **286 Anh** 237; der Beweiswürdigung **Einf 284** 35, **550** 6; eines Erfahrungssatzes **545, 546**; des Ermessens **Einl III** 33; des Feststellungsinteresses bei der Feststellungsklage **256** 21, 22; einer Gesetzesverletzung **546**; der tatsächlichen Grundlagen einer Entscheidung **559**; der Auslegung des Klagantrags **253** 40; der Kostenverteilung im Fall einer Streitgenossenschaft **100** 35; der Partei- oder Prozeßfähigkeit **56** 4; einer Prozeßhandlung **Grdz 128** 52, **546**; einer Prozeßverbindung **147** 16; eines absoluten Revisionsgrundes **547**; der Zurückweisung des Ablehnungsgesuchs gegenüber einem Richter **46** 9; des Tatbestands des Urteils **546**; eines Verfahrensmangels **557**; einer Verkehrsauffassung **546**; der Zulässigkeit der Revision **552**; der internationalen Zuständigkeit **Üb 38** 9
– **(Revisionsentscheidung) 561 ff**; Aufhebung des Berufungsurteils **562**; abschließende Entscheidung **563**; Beschluß **552**; ersetzende Entscheidung **563**; Kostenentscheidung **97**; diejenige im Fall einer

Revisionsverfahren Zahlen in Fettdruck = Paragraphen

Streitgenossenschaft **100** 17 „Rechtsmittel"; Prozeßstoff **559**; Berichtigung des Tatbestands des Revisionsurteils **320** 5; bei einer Rüge eines Verfahrensmangels ohne eine Begründung **564**; Versäumnisurteil **545**; Verwerfung als unzulässig **552**; Verwerfung wegen des Unterbleibens einer Sicherheitsleistung **113** 6; Vorentscheidung **557**; Zurückverweisung **563**; Zurückverweisung wegen einer Verletzung der Aufklärungspflicht **139** 102; Zurückverweisung wegen einer Nichtzulassung einer Klagänderung **263** 13; Zurückverweisung bei einer Sprungrevision **566**; Zurückweisung der Revision **561**

Revisionsverfahren 555 ff; Abgabe vom BayObLG an den BGH **EG** 7; Anforderung oder Rücksendung der Akte **565**; neuer Anspruch **559**; Aufklärungspflicht des Gerichts **139** 80 „Revisionsinstanz"; Aussetzung des Verfahrens **148** 21 „Neue Tatsache"; Aussetzung wegen einer Straftat **149** 6; Berücksichtigung einer neuen Tatsache **559**; Einzelrichter **555**; Erledigung der Hauptsache **91a** 7 101, 133 „Revision"; Kosten **97**; Parteiwechsel **263** 13; Rüge des Mangels der Prozeßvollmacht **88** 6; Rechtsübergang des Streitgegenstands **265** 17; Revisionsverhandlung **555 ff**; Streitverkündung **74** 6; Streitwert **4** 5; Streitwert einer Grunddienstbarkeit **7** 4; neue Tatsache **559**; Tatsachenfeststellung **546** 3, **559**; Umfang der Prüfung **557**; Erstattung der Kosten eines Verkehrsanwalts **91** 149; Versäumnisverfahren **559**; Widerklage **253 Anh** 10; Geltendmachung einer Zulässigkeitsrüge **565**; Einstellung der Zwangsvollstreckung **719** 7

Rheinschiffahrtsakte 328 5, **GVG 14** 2
Rheinschiffahrtsgericht GVG 14 2
Richter GVG 1, 10, **SchlAnh I A**; als Abgeordneter **DRiG 4, 36, 121**; Ablehnung s Befangenheitsablehnung; Abordnung **DRiG 37**; eine mit dem Amt (un)vereinbare Aufgabe **DRiG 4**; Amtsbezeichnung **DRiG 19a, 120a**; Amtsenthebung **DRiG 30**; beim Amtsgericht **GVG 22**; Amtshandlung außerhalb des Gerichtsbezirks **GVG 166**; Amtspflichtverletzung, Restitutionsklage **580** 7, **581** 1; Amtsübertragung **DRiG** 10; Angabe im Urteil **313** 9; Aufklärungs- und Hinweispflicht s dort; kraft eines Auftrags **GVG 10, 70, DRiG 15, 16**; aufsichtsführender R. s dort; beauftragter R. s dort; Bearbeitung eines Geschäfts des Rpfl **GVG 153 Anh** §§ 6, 8, 28; Befähigung zum Richteramt **DRiG 5–5d, 7, 109**; Beurlaubung **DRiG 48a, b, 76a**; Bindung an das Gesetz **GVG 1**; Bindung an die Rechtsprechung **Einl III** 46, 47; Dienstalter **DRiG 20**; im Bundesdienst **DRiG 46**; Abstimmung nach dem Dienstalter **GVG 197**; Dienstaufsicht **GVG 21 Anh, 22, DRiG 26**; Dienstgericht **DRiG 61, 72, 77–79**; Entscheidung des Dienstgerichts im Prüfungsverfahren **DRiG 66, 67, 83**; Dienstunfähigkeit **DRiG 64**; Disziplinarmaßnahme **DRiG 64**; Disziplinarverfahren **DRiG 63, 81–83**; Eid **DRiG 38**; Verwertung eines Erfahrungssatzes **Einf 284** 22; Ermittlung von Auslandsrecht, Gewohnheitsrecht, Satzungsrecht **293**; Friedensrichter **Einl I B**; Gerichtsbesetzung s dort; Haftpflichtgefahr **GVG Üb 192** 2; ersuchter R. s dort; Hilfsrichter am LG **GVG 70**; Hilfsrichter am OLG **GVG 115**; Aufgabe der Justizverwaltung **EGGVG 4, DRiG 4** 4; im Landesdienst **DRiG 71, 71a**; Nebentätigkeit **DRiG 42**; Ordnungsgewalt **GVG 180**; Pflicht im Zivilprozeß **Einl III** 9, 14, 27, 33; auf Probe **GVG 10, 70, DRiG 12, 13**; als Protokollführer **159** 11; Rechtsauskunft/Rechtsgutachten

DRiG 41; Rechtskenntnis **293** 1; Rechtsverweigerung **Einl III** 49; Pflicht zur Sachentscheidung **Einl III** 27; als Schiedsrichter, Schiedsgutachter, Schlichter **DRiG 40**; Schweigepflicht **GVG Üb 192** 1; Selbstablehnung **48**; als „Sozialingenieur" **Einl I** 11; Vernehmung **376, 408**; Stellung **DRiG Einl I** 2; Teilzeitbeschäftigung **DRiG 48a, c, d, 76** a–c; Unabhängigkeit **GVG 1** 2, **DRiG Vorbem 25, 25, 39**; Unparteilichkeit **139** 13, 87; Untersuchung eines Amtsgeschäfts **DRiG 35**; Urteilsabfassung **315** 11; Urteilsunterschrift **315** 12; verordneter Richter s dort; Verhinderung **163** 6, **309** 1, **315** 5, 6; Vertretung **GVG 70, 117**; Wegfall **143** 3, **309** 1, **315** 5; Wissen als Urteilsgrundlage **286** 22, 23; privates Wissen über einen Prozeßvorgang **286** 23; als Zeuge **Üb 373** 12 ff; dgl Aussagegenehmigung **376**; Zeugnisverweigerungsrecht **383** 8, 9; vgl auch Gericht
- **(Ausschließung)** s dort
- **(Befangenheit)** s Befangenheitsablehnung
- **(Ernennung)**, Bundespersonalausschuß **DRiG 47**; auf Lebenszeit **DRiG 10**; Nichtigkeit **DRiG 18**; auf Probe **DRiG 12**; kraft Auftrags **DRiG 14**; Rücknahme **DRiG 19**; Urkunde **DRiG 17**; auf Zeit **DRiG 11**
- **(richterliches Prüfungsrecht)**, gegenüber einem Gesetz **GVG 1** 5; gegenüber einem Verwaltungsakt **GVG 13** 16; gegenüber einer Zuständigkeitsvereinbarung **38** 10
- **(Richterverhältnis) DRiG Vorbem 8**; Beendigung durch ein Strafurteil **DRiG 24**; Berufung in den Richterdienst **DRiG 8**; Berufungsvoraussetzungen **DRiG 9**; Begründung s Richterernennung; Entlassung **DRiG 21**; Entlassung eines Richters kraft Auftrags **DRiG 23**; Entlassung eines Richters auf Probe **DRiG 22**
- **(Richterwechsel)** s Gerichtsbesetzung
- **(Versetzung) DRiG 30**; bei einer Änderung der Gerichtsorganisation **DRiG 32**; durch ein Urteil des Dienstgerichts **DRiG 62, 65, 78, 80**; im Interesse der Rechtspflege **DRiG 31**; im Ruhestand **DRiG 48, 76**

Richter, beauftragter Einl III 72, s auch Beweisaufnahme, Verordneter Richter
Richter, ehrenamtlicher DRiG 1 3, **44**; Abberufung **DRiG 44** nebst Anh; Berufung **DRiG 44** nebst Anh; Bezeichnung **DRiG 45a**; Rechte und Pflichten **DRiG 45**; Übergangsrecht **EGGVG 6**; Unabhängigkeit **DRiG 45**; Vereidigung **DRiG 45**
- **(Kammer für Handelssachen) GVG 105 ff**; Amtsenthebung **GVG 113**; Ausschluß vom Richteramt **Üb 41** 2; Befähigung **GVG 109, 110**; Dienststellung **GVG 112**; Ernennung **GVG 108**; Vergütung **GVG 107**

Richter, ersuchter Einl III 72; s auch Beweisaufnahme, Verordneter Richter
Richterkommissar s Beweisaufnahme, Verordneter Richter
Richterliche Frist s Frist (richterliche Fristsetzung)
Richterliche Gewalt GVG 1
Richteröffentlichkeit GVG 21 e 19a, b
Richterrat DRiG 49–53, 72, 73
Richtervertretung DRiG 49 ff, 72 ff; Geschäftsführung **DRiG 58**
Richterwahlausschuß DRiG 8 2
Richterwechsel, Geschäftsverteilung **GVG 21 e**; Protokoll **160** 6; nach dem Urteil **315** 5; vor dem Urteil **309** 1
Richtlinie des Gemeinschaftsrechts **293** 1
Rubrum 313 4–10
Rückdatierung s Rückwirkung

Rückerstattungsgesetz, Rechtsweg **GVG 13** 55
Rückfestsetzung 91, 104 14
Rückforderungsanspruch, für gezahlte Kosten **104** 14; nach einer Änderung des Streitwerts **107** 5; bei einer öffentlichrechtlichen Leistung, Rechtsweg **GVG 13** 55 „Rückerstattung"; nach einer Sicherheitsleistung 109; bei der Widerklage **253 Anh** 11; nach der Zwangsvollstreckung aus einem vorläufig vollstreckbaren Urteil **3 Anh** 94 „Rückerstattung"; **717** 13
Rückgabe, der Sicherheitsleistung s dort; einer Urkunde von Anwalt zu Anwalt **135** 8; einer Urkunde nach der Niederlegung **134** 12
Rückgewährungsanspruch nach dem AnfG, Streitgefangenheit **265** 6
Rückgriffsanspruch, Ausschluß des Schuldners als Gerichtsperson **49;** bei der Feststellungsklage **256** 12; Freistellung, Feststellungsklage **256** 69 „Freihaltungsanspruch"; des Sozialversicherungsträgers, Streitwert **3 Anh** 130; als Streithilfegrund **66** 12; als Streitverkündungsgrund **72** 4 ff
Rückkehrhilfe, Pfändbarkeit **Grdz 704** 100
Rücknahme, des Antrags auf ein streitiges Verfahren **696;** der Aufrechnung durch den Bekl **145** 16; der Berufung s dort; der sofortigen Beschwerde s dort; des Einspruchs gegen ein Versäumnisurteil **346;** der Erinnerung gegen einen Kostenfestsetzungsbeschluß **104** 59; einer Erledigterklärung **91 a** 93 „Widerruf"; der Klage vor ihrer Zustellung **269 5;** Klagerücknahme s dort; des Antrags auf die Abnahme der Offenbarungsversicherung **900** 5; des Rechtsmittels bei einer Streithilfe **67** 9; des Rechtsmittels durch einen Streithelfer **67** 9; des Rechtsmittels nach einem Vergleich, Aufhebung der Kosten gegeneinander **98** 10; der Revision s dort; der Ernennung eines Richters **DRiG** 19; eines Scheidungsantrags **626;** des Beitritts des Streithelfers **66** 5, **70** 8; Streitwert **3 Anh** 94; eines Verwaltungsakts, Rechtsweg **GVG 13** 55; des Verhandlungsgesuchs im Fall einer freigestellten mündlichen Verhandlung **128** 10, **269** 3; Widerruf einer Rücknahme des Rechtsmittels **Grdz 128** 55; dgl Beginn der Frist für den Antrag auf eine Wiedereinsetzung **234** 7 ff; des Widerspruchs gegen einen Mahnbescheid **697**
Rücksendung, der Gerichtsakte durch das Berufungs-/Revisionsgericht **541/565**
Rückstand, bei einer wiederkehrenden Leistung s dort; bei einer Unterhaltsrente s dort
Rücktritt, Erklärung durch den ProzBev **81** 16; von einer Erledigterklärung **91 a** 74; bei einer Fristsetzung durch das Urteil **255** 1; Pfändung des Rücktrittsrechts **Grdz 704** 101; eines Schiedsrichters **1036;** von der Schiedsvereinbarung **1038;** bei der Streitgenossenschaft **62** 13; vom Vertrag, Gerichtsstand **29** 9
Rückwirkung, eines die ZPO ändernden Gesetzes **Einl III** 78; einer Genehmigung s dort; der Klage bei einem unzuständigen Gericht **253** 21; einer Berichtigung des Urteils **319** 28; bei einer demnächst erfolgenden Klagezustellung **167** 10; bei einer demnächst erfolgenden Zustellung des Mahnbescheides **696** 14; einer öffentlichen Zustellung oder einer Zustellung im Ausland **188;** bei der Prozeßkostenhilfe **122** 7; beim Empfangsbekenntnis über eine Zustellung **174** 13, **195** 15; bei der Heilung eines Mangels der Zustellung infolge des Zugangs **189** 11
Rüge, einer mangelhaften Prozeßhandlung **295** 7; dgl in der Berufungs-/Revisionsinstanz **532/556;** des Mangels einer Prozeßvollmacht **88** 6; bei Verletzung rechtlichen Gehörs **321 a;** Rügerecht,

Hinweispflicht des Gerichts **139** 88 „Verfahrensmangel"; Verlust in der Berufungsinstanz **532,** in der Revisionsinstanz **556** 1; Verzicht auf eine R. s Partei (Verzicht auf); Zulässigkeitsrüge **282** 17, **296** 9, **532**
Ruhegeld, Pfändung **850** 9
Ruhen des Verfahrens Üb 239 2, **251** 1; Anordnung **251** 3; Antrag **251** 4; Aufhebung in der höheren Instanz **252** 7; Aufnahme s dort; sofortige Beschwerde **252** 6; Fristlauf **251** 7; Prozeßhandlung nach einer Anordnung des Ruhens **251** 9; bei einer Säumnis beider Parteien **251 a** 28, bei einer Streitgenossenschaft **61** 7; Unterschied gegenüber einer Aussetzung des Verfahrens **Üb 239** 1, 2; mündliche Verhandlung **251** 7; Wirkung **251** 9
Ruhestand des Richters **DRiG** 48
Rundfunkanstalt, Rechtsweg **GVG 13** 56; Zuständigkeitsvereinbarung **38** 18
Rundfunkgerät, Pfändung **Grdz 704** 100, **811** 20
Rundfunksendung, Verbot der Berichterstattung **GVG 174;** Übertragung der Gerichtsverhandlung **GVG 169** 5; Zeugnisverweigerung **383**

S

Saarland, zivilprozessuale Gesetze **Einl II** 2
Saatgut, Pfändung **810** 1, **811** 31; Klage auf eine vorzugsweise Befriedigung **805** 4
Sachantrag s Klagantrag
Sachbefugnis Grdz 50 23, **Grdz 253** 24; bei der notwendigen Streitgenossenschaft **59** 5; Vorabentscheidung über den Grund des Anspruchs **304** 8
Sachbenutzung, Vergütung, Pfändung **850 i** 10
Sachbitte 253 39; vgl auch Klagantrag
Sachdienlichkeit, Aufklärungspflicht des Gerichts **139** 22; der eigenen Entscheidung s Sachentscheidung; der Klagänderung **263** 24
Sache, Anspruch auf die Herausgabe oder auf eine Leistung, Pfändung **846–849;** Pfändung für mehrere Gläubiger **854, 856;** Pfändung der S. s Zwangsvollstreckung (Pfändung einer Sache oder eines Wertpapiers); Begriff der unbeweglichen S. für den Gerichtsstand **24** 15; Räumungsvollstreckung in einen Grundstück, Schiff, Schiffsbauwerk, Ablieferung einer beweglichen S. durch den Gerichtsvollzieher an den Schuldner **885;** Zwangsvollstreckung der Herausgabe einer bestimmten/vertretbaren S. **883/884;** Zwangsvollstreckung im Fall des Gewahrsams eines Dritten **886;** Streitwert **6** 2; Überlassung, Sommersache **227** 45; Begriff des unbeweglichen Vermögens **864**
– **(Verhandlung zur Sache),** Verweisungsantrag an eine andere Zivilkammer, Vorabentscheidung **GVG 101**
Sachenrechtsbereinigungsgesetz, Entscheidung bei **308, 894;** Feststellung der Anspruchsberechtigung bei **256;** Gestaltungsklage **Grdz 11;** Klageschrift bei **253;** Kosten bei **91;** Rechtsweg beim Sachenrechtsänderungsgesetz **GVG 13** 56; Streitverkündung bei **72;** Verfahrensvoraussetzungen **Grdz 253** 28, bei **253**
Sachentscheidung, des Berufungsgerichts **538;** des Revisionsgerichts **563**
Sachentscheidungspflicht Einl III 27
Sachhaftung Grdz 253 8
Sachkunde des ehrenamtlichen Richters der Kammer für Handelssachen **GVG 114;** eines sachverständigen Zeugen **414** 4
Sachlegitimation s Sachbefugnis
Sachleitung s Mündliche Verhandlung

Sachliche Zuständigkeit

Zahlen in Fettdruck = Paragraphen

Sachliche Zuständigkeit s Zuständigkeit (sachliche)
Sachlichrechtliche Theorie der Rechtskraft Einf **322** 5
Sachmängelanspruch, Gerichtsstand des Erfüllungsorts **29** 3, 13 ff; beim Erwerb der Pfandsache **806** 4; Streitverkündung **72** 5 „Gewährleistung"
Sach- und Streitstand, Aufklärungspflicht des Gerichts **139** 22; Berichtigung des Urteilstatbestands **313** 30, **319–321**
Sachprüfung, bei einem Anerkenntnisurteil **307** 18; bei einem Versäumnisurteil gegen den Kläger **330** 6
Sachurteil Grdz 253 13, **Üb 300** 5; bei einer rechtsvernichtenden Einrede **300** 9; Voraussetzung des S. **Grdz 253** 13
Sachverhalt, und Streitgegenstand **2** 3; im Urteil **313** 14 ff
Sachverhaltsaufklärung s Aufklärungspflicht
Sachverständiger Üb 373 1, **Üb 402** 1; Ausschluß als Gerichtsperson **41** 13, **49**; Genehmigungsbedürftigkeit beim Beamten **402** 1 „§ 376"; Befreiung von der Pflicht zur Erstattung des Gutachtens **408** 7; Entschädigung **413**; Fachbehörde **Üb 373** 32, **Üb 402** 25; Erstattung der Kosten eines zur Vorbereitung des Prozesses eingeholten Gutachtens **Üb 91** 277; Pflicht des Gutachters **Üb 402** 16, **407, 407 a**; Recht zur Verweigerung eines Gutachtens **408**; Richter als S. **408** 5, 6; Angehöriger der Streitkräfte **SchlAnh III 39**
– **(Hinzuziehung) Üb 402** 12; gerichtliche Anordnung **144** 13; Anordnung vor der mündlichen Verhandlung **273, 358 a**; bei einer Augenscheinseinnahme **372** 4; im Prozeßkostenhilfeverfahren **118**; bei der Schätzung einer Pfandsache **813**; bei einer gerichtlichen Schadensschätzung **287** 28; Schriftsachverständiger **442**
Sachverständigenbeweis, Antritt **403**; Aussetzung des Kindschaftsverfahrens wegen eines Gutachtens **640 f**; Auswahl des Sachverständigen **Üb 402** 14, **404**; Auswahl durch den verordneten Richter **405**; Ablehnung des Beweisantrags **286** 27 ff, 50; sofortige Erhebung **358 a**; Kostenerstattung **91** 101, 277; Ladung des Sachverständigen **402** 1 „§ 377", **404 a**; richterliche Anordnung vor der mündlichen Verhandlung **273** 23; maßgebliche Vorschriften **402 ff**; Verletzung der Wahrheitspflicht durch den Sachverständigen, Restitutionsklage **580** 5, **581** 1; sachverständiger Zeuge **414** 4
– **(Beeidigung des Sachverständigen) 402** 6 „§ 391", **410**; Eidesleistung s dort; im schiedsrichterlichen Verfahren **1050**; kraft eines Ersuchens des Schiedsgerichts **1050**; Verzicht in einer Ehe-/Kindschaftssache **617** 3, **640** 12 „§ 617"
– **(Befangenheitsablehnung),** Ablehnungsantrag **406** 21, **487** 1; Ablehnungsgrund **406** 5; Dolmetscher **GVG 191**; Entscheidung **406** 29; nach der Erstattung des Gutachtens **412**; durch den Streithelfer **67** 8
– **(Gutachten),** Anordnung einer erneuten Begutachtung **412** 1; im vorbereitenden Beweisbeschluß **358 a** 9; Beweiswürdigung **286** 50, **Üb 402** 15, **412** 4; elektronische Abgabe **130 a**; Ermittlung durch den Sachverständigen **404 a**; Pflicht zur Erstattung des G. **407, 407 a**; schriftliches Gutachten **411** 4; dgl Anordnung, Fristsetzung **411** 5; Ordnungsgeld bei einer Fristversäumung **411** 6; Kostenerstattung **91** 101, 277; Obergutachten **286** 54, **412** 4; Privatgutachten **Üb 402** 21; Unrichtigkeit des Gutachtens als Revisionsrüge/Restitutionsgrund **580** 5, **581** 1; Unrichtigkeit des Gutachtens als Wiedereinsetzungsgrund **233** 27; Verweigerung der Erstattung eines Gutachtens **402** 6 „§§ 386–389", **408**; dgl Auferlegung eines Ordnungsgeldes sowie von Kosten **409**; Verwertung des Gutachtens in einem anderen Verfahren **286** 64, **411 a**
– **(Prüfungspflichten) 407 a**
– **(Vernehmung des Sachverständigen) 402** 6 „§§ 394–398"; Wiedergabe der Aussage des Sachverständigen im Tatbestand des Urteils **313** 23; Beanstandung einer Frage in der mündlichen Verhandlung **140** 9; eidliche V. **391, 392/402** 1 „§ 391"; Entfernung während der mündlichen Verhandlung **158** 1; zur Erläuterung des Gutachtens **411** 10; Protokoll **160** 1, **160 a**, **161** 1; Nichterscheinen des Sachverständigen, Auferlegung eines Ordnungsgelds sowie von Kosten **409**; im schiedsrichterlichen Verfahren **1049, 1050**; uneidliche V. **391 ff/402** 1; Verhinderung am Erscheinen vor dem Gericht bzw am Terminsort **219** 5
– **(Weisung an ihn) 404 a**
Sachverständiger Zeuge 414 3
Sachzusammenhang, beim Familiengericht **GVG 23 b** 8, **119** 4 ff; Verbindung einer persönlichen und einer dinglichen Klage, Gerichtsstand **25**
Sammelvermögen, Pfleger als Partei kraft Amtes **Grdz 50** 12
Samstag s Sonnabend
San Marino, Ehesache **606 a Anh IV**
Satzung, Bestimmung des zuständigen Gerichts **12** 4; Nachweis des Satzungsrechts **293** 2, 5; Prüfung in der Revisionsinstanz **546**; Anordnung der Zuständigkeit eines Schiedsgerichts in der S. **1029**
Saudi Arabien, Ehesache **606 a Anh IV**
Säumnis s Versäumnis
Schaden, durch die Verzögerung einer Terminsbestimmung, Befreiung von der Pflicht zur Vorwegzahlung der Prozeßgebühr **271 Anh**; Zeugnisverweigerungsrecht bei einem drohenden Sch. **384** 4
Schadensermittlung 287 9
Schadensersatzanspruch, für Abmahnungskosten **Üb 91** 53; des Gläubigers neben einer Zwangsvollstreckung wegen einer Handlung, Duldung oder Unterlassung **893**; wegen der ausgeschlossenen Kostenerstattung **Üb 91** 43; wegen Nichterfüllung, Fristsetzung durch das Urteil **255** 1; Pfändung einer Schadensersatzrente **850 b** 3; Sicherheitsleistung s dort
Schadensersatzklage, Anscheinsbeweis für einen Ursachenzusammenhang oder für ein Verschulden **286 Anh** 15; Übergang von der abstrakten zur konkreten Berechnung **287** 9; Beweislast **286 Anh** 33; Beweiswürdigung zur Entstehung des Schadens **287** 9; Urheberbenennung im Fall der Beeinträchtigung des Eigentums oder eines Rechts **77**; Feststellungsklage wegen eines künftigen Ereignisses **256** 36; gemeinsame Klage mehrerer Berechtigter **253** 76; Klagebegründung bei einer gerichtlichen Schadensschätzung **253** 86; Verbindung der Schadensersatzklage mit einer Klage auf eine Fristsetzung durch ein Urteil **255** 5; Kostenentscheidung beim Anerkenntnis **93** 53; diejenige im Fall einer gerichtlichen Schadensschätzung **93** 99; Kostenentscheidung im Fall einer gerichtlichen Schätzung der Forderung des Gegners **92** 52; Kostenerstattung **91** 83; Prozeßgeschäftsführer für den Drittschaden **Grdz 50** 35 „Drittschadensinteresse"; gerichtliche Schadensermittlung/-schätzung **287** 9, 30; dgl Hinzuziehung eines Sachverständigen **287** 28; Schätzungsvernehmung der Partei **287** 34; Streitgenossenschaft **59** 5, 6, **60** 1, **62** 14; Streitverkündung **72**

dahinterstehende Zahlen und Buchstaben = Randnummern **Schiedsrichterl. Verfahren**

4; Streitwert im Fall einer gerichtlichen Schadensschätzung 3 **Anh** 95; Streitwert eines Schadensersatzanspruchs aus einem erschlichenen Ehescheidungsurteil 9 6; Rechtskraftwirkung des Urteils 322 62; Zuständigkeitsvereinbarung 40 4
- (**Gerichtsstand**), der unerlaubten Handlung 32; bei einem Schaden auch aus einem Vertrag 32 14 (c); bei einem Schaden aus einem Mietvertrag 29 a 1; bei einem Schaden aus einem Vertrag 29 3, 7, 32 14 (a); bei einem Schaden aus einem Mitglied des Vorstands oder des Aufsichtsrats eines Versicherungsvereins auf Gegenseitigkeit 22 3; bei einem Schadensersatzanspruch aus einer Zwangsvollstreckung 32 15 „Zwangsvollstreckung"

Schadensersatzpflicht wegen einer Amtspflichtverletzung s dort; bei einem Anerkenntnis durch den Beitritt des Streithelfers 74 3; für die Kosten eines Arrestverfahrens **Üb** 91 53; wegen eines Arrests/einer einstweiligen Verfügung 945; Beweissicherungskosten **Üb** 91 56; Inkassogebühren **Üb** 91 61; im Kindschaftsprozeß 641 g; Kreditkosten **Üb** 91 62; Kosten der Kündigung oder eines Mahnschreibens **Üb** 91 63; Rückgriffsanspruch s dort; wegen einer Verletzung einer öffentlich-rechtlichen Pflicht **GVG** 13 21, 30; wegen einer Staatshaftung **GVG** 13 21 ff, 30; Verzugsschaden als Kosten der Zwangsvollstreckung 788 51; bei der Verurteilung zur Vornahme einer Handlung 510 b, 888 a
- (**Partei**), im Kindschaftsprozeß 641 g; wegen einer unwahren Prozeßbehauptung 138 65; für den ProzBev 85 1; bei einem Rechtsmißbrauch **Einl** III 58; wegen einer sittenwidrigen Prozeßhandlung **Grdz** 128 60
- (**Prozeßbevollmächtigter**), des Anwalts wegen der Nichtbeachtung eines gerichtlichen Hinweises 139 79; bei einer Beschränkung der Vollmacht 83 1; wegen eines Fehlers bei der Prozeßführung 85 8; bei einer Zulassung ohne Vollmacht(snachweis) 89 10
- (**wegen Zwangsvollstreckung**), nach der Aufhebung einer einstweiligen Anordnung wegen einer Unterhaltszahlung 641 g; Ersatzklage auf das Interesse 893; des Gläubigers nach der Aufhebung eines vorläufig vollstreckbaren Urteils 717 4, 21; nach der Aufhebung eines Vorbehaltsurteils 302 17; nach der Aufhebung der Vollstreckbarerklärung eines Schiedsspruchs 1060; des Drittschuldners wegen seiner Nichterklärung 840 15; nach einer Forderungspfändung wegen einer Verzögerung der Beitreibung 835 18, 842; bei einer Urteilsänderung 3 **Anh** 125

Schadensschätzung 287 30
Schadloshaltung als Grund einer Streitverkündung 72 4, 5
Schätzung, der Pfandsache 813; gerichtliche Schadensermittlung/Schätzung 287 9, 30
Schätzungsvernehmung der Partei 287 34, **Üb** 445 8
Schallplatte, Schutz der Intimsphäre **Üb** 371 12
Scheck, Beweislast der Deckung 286 **Anh** 185; Kraftloserklärung **Einf** 1003 1; Pfändung 831 1; vgl auch Aufgebotsverfahren
Scheckklage, Zuständigkeit der Kammer für Handelssachen **GVG** 95 5; Sommersache 227 42, 43; Streitwert 4 21; Urkundenprozeß 605 a
Scheckmahnbescheid 703 a
Scheckprozeß 605 a; Sommersache 227 42, 43; vorläufige Vollstreckbarkeit 708 6; s auch Urkundenprozeß
Scheidung s Ehesache, Ehescheidung
Scheidungsfolge s Ehesache, Ehescheidung

Scheinprozeß, Rechtskraft **Einf** 322 34; Rechtsschutzbedürfnis **Grdz** 253 52
Scheinurteil **Üb** 300 11; Rechtsmittel **Grdz** 511 26; dgl Nichtigkeitsklage 579 3
Scheinvollstreckung **Grdz** 704 57
Schenkung, Beweislast 286 **Anh** 186; Pfändung des Rückgabeanspruchs bei der Verarmung des Schenkers 852; durch eine letztwillige Verfügung, Gerichtsstand 27 6; Pfändung des Widerrufsrechts **Grdz** 704 101
Schiedsmann, im obligatorischen Güteverfahren **EGZPO** 15 a
Schiedsrichterliches Verfahren 1025 ff
- (**Allgemeine Vorschriften**) 1025–1028; Anwendungsbereich 1025; Aufenthalt einer Partei unbekannt 1028; gerichtliche Tätigkeit, Umfang 1026; Rügerecht, Verlust 1027
- (**Anerkennung und Vollstreckung des Schiedsspruchs**) 1060, 1061; Aufhebungsgrund 1059, 1060; ausländischer Schiedsspruch 1061
- (**Außervertraglicher Schiedsspruch**) 1061
- (**Beendigung**) 1056
- (**Gerichtliches Verfahren**) 1062–1065; Ablehnung eines Schiedsrichters 1062; allgemeine Vorschriften 1063; Anhörung des Gegners 1063; Antrag 1063; Aufhebung des Schiedsspruchs 1062, 1063; ausländischer Schiedsspruch 1062, 1064; Beschluß 1063; Bestellung eines Schiedsrichters 1062; Erklärung zu Protokoll 1063; Feststellung der Zulässigkeit oder Unzulässigkeit eines schiedsrichterlichen Verfahrens 1062; mündliche Verhandlung 1063; Rechtsbeschwerde 1065; Sicherheitsleistung 1063; Vollstreckbarerklärung 1064; vorläufige oder sichernde Maßnahme 1062, 1063; vorläufige Vollstreckbarkeit 1064; Zuständigkeit des OLG 1062
- (**internationales Abkommen**), Haager Schiedsgerichtsabkommen **SchlAnh** VI A 2; Genfer Protokoll über Schiedsklauseln im Handelsverkehr und Genfer Abkommen zur Vollstreckung ausländischer Schiedssprüche **Einl** IV 3 D; UN-Übereinkommen über die Anerkennung und Vollstreckung ausländischer Schiedssprüche **SchlAnh** VI A 1; deutsch-amerikanisches Freundschafts-, Handels- und Schiffahrtsabkommen **SchlAnh** VI B 1; deutsch-sowjetisches Handels- und Schiffahrtsabkommen **SchlAnh** VI B 2
- (**Rechtsbehelf gegen den Schiedsspruch**) 1059; Antragsfrist 1059; Aufhebung des Schiedsspruchs 1059; Aufhebungsantrag 1059; Gesetzwidrigkeit des Schiedsspruchs 1059; Schiedsunfähigkeit 1059; Überschreitung der Schiedsvereinbarung 1059; Unfähigkeit zur Schiedsvereinbarung 1059; Ungültigkeit der Schiedsvereinbarung 1059; Unkenntnis von Umständen 1059; Verstoß gegen den ordre public 1059; Wiederaufleben der Schiedsvereinbarung 1059; Zurückverweisung an das Schiedsgericht 1059
- (**Rechtsbeschwerde gegen OLG**) 1065
- (**Schiedsgericht**) 1034–1041; Ablehnung eines Schiedsrichters 1036; Ablehnungsverfahren 1037; Bestellung eines Ersatzschiedsrichters 1039; Bildung des Schiedsgerichts 1034–1039; Bestellung eines Schiedsrichters 1035; Unmöglichkeit der Aufgabenerfüllung 1038; Untätigkeit 1038; Zusammensetzung 1034; Zuständigkeit 1040, 1041
- (**Schiedsspruch**) 1051–1058; Abstimmung der Schiedsrichter 1052; anwendbares Recht 1051; Auslegung 1058; Beendigung des Verfahrens 1056; Begründung 1054; Berichtigung 1058; Billigkeit 1051; Ergänzung 1058; Erlaß 1054; Form 1054; Handelsbrauch 1051; Fristverstoß einer

Hartmann 3139

Schiedsrichter　　　　　　　　　　　　　　　　　　Zahlen in Fettdruck = Paragraphen

Partei **1056**; Inhalt **1054**; Internationales Recht **1051**; Klagerücknahme **1056**; Kostenerstattung **1057**; Kostengrundentscheidung **1057**; notarielle Beurkundung **1053**; ordre public **1053**; Stimmenmehrheit **1052**; Rechtskraftwirkung **1055**; Übersendung an Parteien **1054**; Unmöglichkeit des Verfahrens **1056**; Unterschriften **1054**; vereinbarter Wortlaut **1053**; Vergleich **1053**; Vollstreckbarerklärung durch Notar **1053**; Vorsitzender **1052**; Wirkung **1055**
- (**Schiedsrichtervertrag**) **1035 Anh**
- (**Schiedsvereinbarung**) **1029–1033**; Begriff **1029**; Bezugnahme **1031**; und Chartervertrag **1031**; Eigenhändigkeit **1031**; einstweilige Maßnahme **1033**; Fernkopie **1031**; Feststellung der Zulässigkeit oder Unzulässigkeit **1032**; Form **1031**; Formmangel **1031**; Heilung eines F. **1031**; und Klage vor dem staatlichen Gericht **1032**; im Konossement **1031**; bei Mietverhältnis **1031**; bei nichtvermögensrechtlichem Ansspruch **1030**; notarielle Beurkundung **1031**; Rüge der Sch. **1032**; Schiedsabrede **1029**; Schiedsfähigkeit **1030**; Schiedsklausel **1029**; sichernde Maßnahme **1033**; Telegramm **1031**; Unterschriften **1031**; Unzulässigkeit einer Klage bei Sch. **1032**; bei vermögensrechtlichem Anspruch **1030**; vorläufige Maßnahme **1033**; bei Wohnraum **1030**
- (**Schlichtung**) **Grdz 1025** 11
- (**Verfahrensregeln**) **1042–1050**; Ablehnung des Sachverständigen **1049**; Anhörung der Parteien **1042**; Antrag auf ein schiedsrichterliches Verfahren **1044**; Anwalt als Bevollmächtigter **1042**; Auskunft an Sachverständigen **1049**; Beginn **1044**; Bekanntgabe an Parteien **1047**; Besichtigung **1043**; Bevollmächtigter **1042**; Beweisantritt **1046**; Beweiserhebung **1042**, **1050**; Beweismittel **1046**; Beweiswürdigung **1042**; Bezugnahme auf Verfahrensordnung **1042**; Darlegungslast **1046**; Entschuldigung nach Säumnis **1048**; Ermessen des Schiedsgerichts **1042**; Frage an Sachverständigen **1049**; freie Beweiswürdigung **1042**; Gleichbehandlung **1042**; Klagänderung **1046**; Klagebeantwortung **1046**; Klageeinreichung **1048**; Klagergänzung **1046**; Klagefrist **1046**; Klageschrift **1046**, **1048**; mündliche Verhandlung **1047**; Ort **1043**; örtliche Zuständigkeit **1043**; Parteibezeichnung **1044**; rechtliches Gehör **1042**; Rechtsanwalt als Bevollmächtigter **1042**; richterliche Handlung **1050**; Sachverständiger **1049**; Säumnis **1048**; schriftliches Verfahren **1047**; Schriftsatz **1043**, **1047**; Schriftstück, Einsicht **1043**, **1047**; Sprache **1045**; Streitgegenstand, Bezeichnung des **1044**; Teilnahme an Beweiserhebung **1049**, **1050**; Übersetzung **1045**; Unterstützung durch Gericht **1050**; Verfahrensordnung **1042**; Verfahrenssprache **1045**; Verhandlung **1047**; Vernehmung **1043**; Versäumung **1048**; Verspätung **1046**; Vorlage von Schriftstück usw **1046**; Widerklage **1046**; Zustellung **1043**; zwingendes Recht **1042**
- (**Vergleich**) **1055**; und Anwaltsvergleich **796 a–c**; Beendigung des Verfahrens **1053**; Inhalt **1053**, **1054**; bei Notwendigkeit notarieller Beurkundung **1053**; notarielle Vollstreckbarerklärung **1053**; ordre public **1053**; Schiedsspruch mit vereinbartem Wortlaut **1053**
- (**Zuständigkeit**) **1040**, **1041**

Schiedsrichter s Schiedsrichterliches Verfahren
Schiedsspruch s Schiedsrichterliches Verfahren
Schiedsstelle, in den neuen Bundesländern **794** 4; für eine Arbeitnehmererfindung **253** 4
Schiff(sbauwerk), Arrestanordnung/-vollzug **Grdz 916** 1/**931** 1; Eigentümerausschluß s Aufgebotsverfahren; Gerichtsstand des Heimathafens **Üb 12** 11; Pfändung des Herausgabeanspruchs **847 a**, **849**; Herrenlosigkeit **58** 3, **787**; Pfändung für mehrere Gläubiger **855 a**, **856**; Zwangsvollstreckung aus einem Herausgabeurteil **885**; Bestellung eines gerichtlichen Vertreters im Fall der Herrenlosigkeit **58** 3, **787**; Räumungsvollstreckung **885**; Veräußerung während des Prozesses **266** 1; Zwangsvollstreckung **864**, **866**, **870 a**; Zwangsvollstreckung, Zubehör **865**; dgl Haftungsbeschränkung des Reeders **Üb 872** 1; Unterwerfung des jeweiligen Eigentümers **800 a**
Schiffahrtsgericht GVG 14
Schiffahrtsrechtliche Verteilungsordnung s Zwangsvollstreckung
Schiffahrtssache, Zuständigkeit der Kammer für Handelssachen **GVG 95**; dgl Entscheidung durch den Vorsitzenden **GVG 105**; ehrenamtlicher Richter **GVG 110**
Schiffer, Prozeßführungsrecht **80** 9
Schiffsgläubiger, Aufgebot **1002**
Schiffseigentümer, Aufgebot **981** 1
Schiffshypothek, Anspruch, Urkundenprozeß **592** 5; Eintragung **870 a** 1; Gläubigeraufgebot **987 a**; Pfändung/Überweisung **830 a**/**837 a**; Rechtskraftwirkung des Urteils **325** 12; vollstreckbare Urkunde **800 a** 1
Schiffsmannschaft, Anordnung der Offenbarungshaft **904**; vorläufige Vollstreckbarkeit des Urteils **709** 1
Schiffspart, Pfändung **858**
Schiffs(bau)register, Eintragung **800 a** 1, Kosten als solche der Zwangsvollstreckung **788** 23; Eintragung kraft eines Urteils auf die Abgabe einer Willenserklärung, Antragsrecht des Gläubigers auf die Erteilung der erforderlichen Urkunde **896**; Eintragungsersuchen auf Grund einer einstweiligen Verfügung **941**
Schiffszusammenstoß, Anscheinsbeweis **286 Anh** 187; Gerichtsstand **32** 12
Schikane bei einer Prozeßhandlung **Grdz 128** 57
Schlechterstellungsverbot, in der Berufungsinstanz **528**; im Kostenfestsetzungsverfahren **106** 13; in der Revisionsinstanz **557**
Schlechtwettergeld Grdz 704 103
Schlichter, Richter als S. **DRiG 40**
Schließfach, Pfändung des Inhalts **Grdz 704** 91 „Kostbarkeit", 105 „Stahlkammerfach"
Schluß der mündlichen Verhandlung s dort (Schluß)
Schlußfolgerung, Rechtskraftwirkung **322** 72
Schlüssige Handlung, Anzeige der Kündigung der Prozeßvollmacht **87** 4; Bestellung zum ProzBev **172** 5; Einwilligung in die Klagerücknahme **269** 17; Genehmigung einer Prozeßführung ohne Vollmacht **89** 11; Mitteilung eines außergerichtlichen Vergleichs **269** 12; Verzicht **306** 7; Zustellungsauftrag durch die Partei **193** 6
Schlüssigkeit der Klage **253** 32; und Versäumnisurteil **331** 11
Schlußurteil s Urteil (Schlußurteil)
Schlußverhandlung 272 4, **279** 6, 13, **370**
Schmerzensgeldanspruch, Pfändung **Grdz 704** 101
Schmerzensgeldklage, Grundurteil **304** 16; teilweise Klagabweisung, Kostenentscheidung **92** 53; unbeziffertet Klagantrag **253** 59; gerichtliche Schätzung der Höhe **287** 30; Streitwert **3 Anh** 99
Schonfrist 331 12
Schreibfehler und Streitwert **3** 5; Berichtigung des Urteils **319**
Schreibauslagen, Kostenerstattung **91** 184

Schrifform, und elektronisches Dokument 130 a; des Schiedsspruchs 1054; der Schiedsvereinbarung 1031; des Urteils 313 ff
Schriftgutaufbewahrungsgesetz 298 a Anh
Schriftliche Auskunft Üb 373 32
Schriftliche Aussage 128 37, 377 8
Schriftliche Äußerung des Zeugen 273 23, 377 9
Schriftliches Gutachten Üb 373 32, 411
Schriftliches Verfahren 128; Anerkenntnis 307 8; gerichtliche Aufklärungspflicht 139 9; Einverständnis 128 18; Widerruf des Einverständnisses **Grdz 128** 48, 59; Einverständnis nach einer mündlichen Verhandlung 128 18; Voraussetzungen einer Entscheidung 128 26, 36; Erörterung des Ergebnisses der Beweisaufnahme 285 4; Klagerücknahme 269 15; Richterablehnung 43 5, 6; der dem Schluß der mündlichen Verhandlung entsprechende Zeitpunkt 128 27; Schriftsatz 129 5; Berücksichtigung eines Schriftsatzes 128 27; Streitgenossenschaft 61 10; Widerruf der Erklärung des Streithelfers durch die Partei 67 9; Urteilsergänzung 321 9; Berichtigung des Urteilstatbestands 320 9; Zustellung des Urteils 310 3; nach der mündlichen Verhandlung 128 17; Verhandlung zur Hauptsache 39 7; Verweisung 281 22; Antrag einer Verweisung an die Kammer für Handelssachen **GVG 96** 3; Vorbringen eines Angriffs- oder Verteidigungsmittels 128 27
Schriftliches Vorverfahren 272 1, 6, 9, 276, 277
Schriftliche Zeugendarstellung 128 40, 377, 495 a 79
Schriftsatz, Beifügung einer Abschrift 133 1; Abschriften entsprechend der Zahl der zuzustellenden S. 169 4; 192; Angabe des gesetzlichen Vertreters **Grdz 50** 7; Anordnung der Ergänzung oder Erläuterung vor der mündlichen Verhandlung 273 18; Anzeige der Bestellung eines ProzBev nach einer Unterbrechung des Verfahrens 239 9, 241 7, 244 14, 250; Aufnahme eines ruhenden Verfahrens 251 10; Aufnahme des Verfahrens durch die Ladung des Rechtsnachfolgers durch den Gegner 239 18; Berücksichtigung im schriftlichen Verfahren 128 27; Bezugnahme in der mündlichen Verhandlung 137 28; Berufungsschrift/-begründung s dort; bestimmender S. 129 5; Bezugnahme im Tatbestand des Urteils 313 16; Beifügung einer Druckschrift 131 7; Eingang an einem Sonnabend, Sonn- oder Feiertag 222 5; Einlegung des Einspruchs 340 5; Einreichung 132 10; elektronisches Dokument 130 a; Frist für einen vorbereitenden Schriftsatz 132 11; Erklärung des Gegners auf neues Vorbringen 132; Inhalt 130; Klagerhebung s dort; Klagerücknahme 269 15, 25; Nachreichung im Fall einer Fristsetzung 283; Nachreichung wegen der Unzumutbarkeit der sofortigen Erklärung 283; Antrag auf die Gewährung einer Prozeßkostenhilfe 117; Rechtsausführungen 130 19, 132 8, Rechtzeitigkeit 132, 273, 275 ff, 283; Revisionsschrift/-begründung s dort; nach der Anordnung des Ruhens des Verfahrens 251 9; bestimmender S. 129 5; vorbereitender S. im Anwaltsprozeß 129, 130, 273, 275 ff, 282, 296; dgl im Parteiprozeß 129 3; Beitritt des Streithelfers 70 4; Streitverkündung 73; Gesuch um eine Terminsbestimmung 214 4; Unterlassen einer schriftsätzlichen Vorbereitung 129 54, 131 19, 132 21, 282, 296; Unterschrift im Begleitschreiben 129 15, ohne Unterschrift mit einem Anschreiben 129 15; Beifügung einer Urkunde 131 7; Urschrift 131 10, 133; Antrag auf eine Berichtigung oder Ergänzung des Urteilstatbestands 320 6/321 6; zwischen dem Schluß der Verhandlung und einem Verkün-

dungstermin 296 a; eines von der mündlichen Verhandlung ausgeschlossenen Vertreters 157 15; Verspätung 156, 296, 296 a, 530, 531; Verzögerungsgebühr wegen Verspätung 95 Anh; Vollmachtsnachweis 130 11; vorbereitender S. 129 5, 272, 273, 276, 277; neues Vorbringen 132; Widerspruch gegenüber dem mündlichen Vorbringen 139 93; Antrag auf eine Wiedereinsetzung 236 1; Zustellung 133 5; Zustellung von Anwalt zu Anwalt 195 10; Erklärung, selbst zustellen zu wollen 195 10; Zwischenfrist 132
Schriftstück, Anordnung der Niederlegung auf der Geschäftsstelle 142 14; Bezugnahme in der mündlichen Verhandlung 137 28; Vorlesung 137
Schriftvergleichung bei einer Urkunde 441, 442
Schuldanerkenntnis, Beweislast 286 Anh 36 „Anerkenntnis"
Schuldbefreiung, Anspruch auf eine S., Zwangsvollstreckung 887 1, 22; statt einer Zahlung, Klagänderung 264 17
Schuldbeitritt, Gerichtsstand 29 31
Schulbuch, Pfändung 811 50
Schuldenmasse, Prozeß wegen der S., Aufnahme 240 18
Schuldklage, Gerichtsstand bei einer Verbindung mit der dinglichen Klage 25
Schuldner, als Partei im Zwangsvollstreckungsverfahren **Grdz 50** 1; Rechtsstellung nach einer Pfändung der Forderung z Zwangsvollstreckung; Vollstreckungsverhältnis 753 12
Schuldnerverzeichnis 915–915 h; Verordnung über das Sch. 915 h 1
Schuldnerverzug, gerichtliche Aufklärungspflicht wegen eines Verzugsschadens 139 70 „Prozeßzinsen"; Streitwert des Verzugsschadens 4 19; Verzugsschaden als Kosten der Zwangsvollstreckung 788 37; Streitwert von Verzugszinsen 3 Anh 131, 15; dgl bei einer wiederkehrenden Leistung oder Nutzung 9 5; bei einer Zug-um-Zug-Leistung s dort
Schuldrechtlicher Vertrag 29
Schuldtitel, Vollstreckungstitel s Zwangsvollstreckung
Schuldübernahme, Streitgegenstand 265 12; Rechtskraftwirkung des Urteils 325 7, 37
Schuldverschreibung, Kraftloserklärung **Einf** 1003 1; vgl auch Aufgebotsverfahren
Schüler, Gerichtsstand 20
Schulwesen, Rechtsweg **GVG 13** 57
Schutzgesetz, ZPO als S. 138 65
Schutzschrift 91 192, **Grdz 128** 7, 172 21, 920 9
Schutzwürdigkeit, Feststellungsinteresse 256 25
Schutzzwecklehre 287 8
Schwägerschaft, Ausschluß als Gerichtsperson 41 11, 49; Ausschluß als Gerichtsvollzieher **GVG 155**; Zeugnisverweigerungsrecht 383 4, 385 1
Schwarze Liste s Schuldnerverzeichnis
Schweigen s Stillschweigen
Schweigepflicht, Befreiung von der S. 385 9; des Angehörigen des öffentlichen Dienstes 376 4; nach dem Ausschluß der Öffentlichkeit **GVG 172, 174** 4; Verletzung **GVG 172 Anh**; bei einer Parteivernehmung 451 3 „§ 376"; des Richters **GVG Üb 192** 1; Zeugnisverweigerungsrecht 383, 385; s auch Amtsverschwiegenheit
Schweigerecht, der Partei 138 30, 282 8; des Zeugen 383 ff
Schwein, Pfändung 811 26
Schweiz, deutsch-schweizerisches Abkommen **SchlAnh V B** 1; Ehesache 606 a Anh IV
Schwerhörigkeit, Hinzuziehung eines Dolmetschers **GVG 186**

Sechswochenkosten

Zahlen in Fettdruck = Paragraphen

Sechswochenkosten, Klage auf die Erstattung gegen den nichtehelichen Vater, Zuständigkeit **GVG 23 a**
Seeforderung, Haftungsbeschränkung **305 a, 786 a**
Seefrachtvertrag, Zuständigkeitsvereinbarung **38** 29
Seegerichtsvollstreckungsgesetz SchlAnh V A 4; auch: Einwendung **766** 1; Klausel **724** 2; Titel **794** 55 „SeeGVG"; Zuständigkeit **764** 1
Seelsorger, Anzeige einer Offenbarungshaft **910**; Zeugnisverweigerungsrecht **383** 5, **385** 8
Seeplatz, ehrenamtlicher Richter am S. **GVG 110**
Seeschiff, Arrest in **Grdz 916** 4
Seestreitigkeit, Zuständigkeit der Kammer für Handelssachen **GVG 95** 6
Sekundäre Behauptungs-, Beweis- und Darlegungslast 138 30, 286 Anh 27
Selbstablehnung 48, 547
Selbständiger Beschwerdegrund 568 5
Selbständiges Beweisverfahren Üb 485 1, **485 ff**; Ablehnung des Sachverständigen **487** 8; Anordnung **485** 5, **490**; Antrag **486, 487**; Aussetzung **249** 3; Beweisaufnahme **492**; Benutzung des Ergebnisses im Prozeß **493**; Entscheidung **490** 6; Klagefrist **494 a**; ohne einen Gegner **494**; Kosten **91** 193; Auferlegung der Kosten wegen Erfolglosigkeit **97**; Kostenerstattung **Üb 91** 66, **91** 193; Terminsladung **491**; Protokoll **159** 4, **492**; Prozeßkostenhilfe **119** 43; eine Rechtshängigkeitswirkung **261** 11; Streitwert **3 Anh** 102; Unterbrechung **249** 3; Bestellung eines Vertreters **53, 494** 5; Voraussetzungen **485** 6; Zulässigkeit **485** 5; Zuständigkeit **486** 5; Bestimmung der Zuständigkeit **36** 3; Zustellung an den ProzBev **172** 22
Selbständigkeit des Angriffs- oder Verteidigungsmittels **146** 4
Selbsthilfe Einl III 1
Selbsttötung, Anscheinsbeweis **286 Anh** 190
Selbstvertretung s Parteiprozeß, Rechtsanwalt
Senat s BGH, OLG
Sequester, Anordnung der Verwahrung durch eine einstweilige Verfügung **938** 21ff; Herausgabe eines Grundstücks an einen S. **848, 855**; Kosten **788** 37; einstweilige Verfügung auf eine Herausgabe an den S. **938** 21 ff
Sicherheit, Erinnerung **777** 5
Sicherheitsarrest 918
Sicherheitsgefährdung, Ausschluß der Öffentlichkeit **GVG 172, SchlAnh III 38**
Sicherheitsleistung Üb 108, 108 ff; Änderung der Anordnung der S. **108** 5; Art der S. **108** 6, **709** 1; (Bank)Bürgschaft **108** 7, 10; Geld **108** 17; bei einer Geldrente **324**; Höhe **108** 4; durch eine Hypothek **108** 9; Kosten **788** 38; Kostenfestsetzungsbeschluß, Bindung an das Urteil **Einf 103** 8; Nachforderungsklage **324**; durch einen Nießbraucher oder Vorerben, Klage auf eine Fristsetzung durch das Urteil **255** 4; Parteivereinbarung/Änderung **108** 1; Rechtsbehelf **923**; Streitwert der Rüge des Fehlens einer S. **3 Anh** 103; Urteil auf eine S., Zwangsvollstreckung **887** 36; durch Wertpapiere **108** 8, 18
– (bei Arrest, einstweiliger Verfügung), Anordnung des Arrests bzw der einstweiligen Verfügung gegen eine S. **921** 8, **925** 14/**936** 3 „§ 921", 4 „§ 925"; Aufhebung des Arrests gegen eine S. **927** 10; Lösungssumme **923**; Aufhebung der einstweiligen Verfügung gegen eine S. **939**
– **(Ausländer für die Prozeßkosten) 110 ff**; Änderung der Anordnung **112** 7; Erhöhung **112** 7; Fristsetzung **113** 1; Gegenseitigkeit **110** 13; HZPrÜbk **110 Anh** 4; Höhe **112** 1; Kostenerstattung **91**

204; Nichtleistung, Zulässigkeitsrüge **Grdz 253** 19, **282** 22; Prozeßkostenhilfe **122**; Staatsvertrag **110 Anh** 5; Angehöriger der Streitkräfte **SchlAnh III** 31; beim Wegfall der Voraussetzung einer Befreiung von der S. bzw beim Wegfall der Pflicht zur S. während des Prozesses **111**
– **(Prozeßbevollmächtigter)** bei einer Zulassung des Bevollmächtigten ohne Vollmacht(snachweis) **89**
– **(Rückgabe) 109**; Anordnung der R. **109** 22, **715** 3; dgl im Arrestverfahren **943**; bei einer Aussetzung oder Unterbrechung des Verfahrens **249** 8; Fristsetzung **109** 21; Prozeßvollmacht **81** 18; wegen des Wegfalls der Veranlassung zur Sicherheitsleistung **109** 6
– **(für Unterhaltszahlung),** einstweilige Anordnung einer S. im Vaterschaftsfeststellungsverfahren **641 d**
– **(vorläufige Vollstreckbarkeit) 708 ff**
– **(in der Zwangsvollstreckung)** s dort
Sicherstellung einer Forderung, Streitwert **6** 9
Sicherung, des Beweises s Selbständiges Beweisverfahren; Erinnerung **777** 5; des Rechtsfriedens durch eine einstweilige Verfügung **940**
Sicherungsabtretung, Prozeßgeschäftsführung **Grdz 50** 34; Recht zur Erhebung einer Widerspruchsklage **771** 24 „Treuhand"
Sicherungsgrundschuld, -hypothek s Grundpfandrecht
Sicherungsübereignung, Streitwert der Herausgabeklage **6** 9; Pfändung durch den Eigentümer **804** 6; Pfändung des Anspruchs auf eine Rückübereignung **Grdz 704** 102, **857** 9; Recht zur Erhebung einer Widerspruchsklage **771** 4, 5
Sicherungsverfügung 935
Sicherungsvollstreckung 720 a
Signatur 130 a
Silbersache, Pfändung **808** 18; Mindestgebot bei der Pfandversteigerung **817 a** 10
Simulation, Prozeßhandlung **Grdz 128** 56
Sinnähnlichkeit Einl III 44
Sinnermittlung Einl III 44
Sittenwidrigkeit, eines ausländischen Schiedsspruchs **1059, 1065**; eines ausländischen Urteils, Nichtanerkennung **328** 30; einer Prozeßhandlung **Grdz 128** 57; Rechtsmißbrauch s dort; Rechtsschutzbedürfnis trotz einer S. **Grdz 253** 52; Aufhebung eines Schiedsspruchs wegen seiner S. **1059**; einer Schiedsvereinbarung **1059**; der Zwangsvollstreckung **765 a**; s auch Knebelung
Sittlichkeitsgefährdung, Ausschluß der Öffentlichkeit **GVG 172**
Sitz, einer Behörde, Gerichtsstand **18**; des BGH **GVG 123**; einer juristischen Person usw **17**; der Kammer für Handelssachen **GVG 93**
Sitzgruppe GVG 21 g 4, 5
Sitzung, Begriff **Üb 214** 1
Sitzungspolizei GVG 176 ff
Sitzungsprotokoll s Protokoll
Sitzverlegung des Gerichts **GVG 12**
Sofortige Beschwerde s Beschwerde, sofortige
Software, Zwangsvollstreckung in **Grdz 704** 102, **Üb 803** 3, **811** 36, 39
Soldat, Rechtsweg für einen Anspruch **GVG 13** 57; Gerichtsstand **20**; Gewahrsam **808** 17; Ladung **Üb 214** 5, **SchlAnh II** II; Vorführung **SchlAnh II** III; Rechtsweg beim Wehrdienstverhältnis **GVG 13** 57; Pfändung des Wehrsolds **850** 4, **850 a** 11; Zustellung an den S. **Üb 166** 18, **SchlAnh II** 1; Zwangshaft **SchlAnh II** V
Sollvorschrift Einl III 32
Sommersache 227 30, 36 ff

dahinterstehende Zahlen und Buchstaben = Randnummern **Stillschweigen**

Sondergericht GVG 14
Sonderrechtsnachfolge durch den Tod, Unterbrechung des Verfahrens **239** 8
Sondervermögen, Gerichtsstandsvereinbarung, **38** 19; Recht zur Erhebung einer Widerspruchsklage **771** 21; Zuständigkeitsvereinbarung wegen eines öffentlichrechtlichen S. **38** 19
Sondervollmacht, für eine Prozeßhandlung **80** 1; für den Zustellungsempfänger **171**
Sonnabend als Feiertag **758 a** 14, 17; Fristablauf **222** 5; als Terminstag **216** 25
Sonn- und Feiertag, allgemeiner Feiertag **758 a** 14, 17; Fristablauf **222** 5; als Terminstag **216** 25; Zwangsvollstreckung **758, 758 a**
Sorgerecht s Ehesache; Europäische Übereinkommen **606 a** Anh I, II 19, 32; **SchlAnh V** A 3; Streitwert **3** Anh 104
Sorgfaltspflicht bei der Wahrung einer Frist s Wiedereinsetzung
Sortenschutz, Beweislast **286** Anh 190
Sowjetunion, frühere deutsch-sowjetisches Handels- und Schiffahrtsabkommen **SchlAnh VI** B 2
Sozialer Zivilprozeß Einl I 13 11
Sozialgericht, Verweisung **281** 57, **GVG 13, 14** 17; Vorsitzender **DRiG 111**
Sozialgerichtsgesetz, Mahnverfahren **343** 3, **Grdz 688** 3, **697** 3, **700** 1
Sozialgesetzbuch s Kindergeld
Sozialhilfe und einstweilige Anordnung **620** 15; Pfändung des Anspruchs/der Zahlung **Grdz 704** 102, **850 f** 3; Prozeßkostenhilfe für Empfänger von S. **114** 18, 68, **115** 25
Sozialklausel im Mietrecht, Berücksichtigung bei der Kostenentscheidung **93 b**
Sozialleistung, Pfändung **Grdz 704** 103, **829** 24 ff, **850 b** 12
Sozialplan Grdz 704 104
Sozialversicherung, Pfändung einer Rente **Grdz 704** 103, **850 i** 9; Streitwert des Rückgriffsanspruchs des Trägers der S. **3** Anh 130; Rechtsweg bei einer Streitigkeit **GVG 13** 59; Zwangsvollstreckung gegen den Träger der S. **882 a**
Sparbuch, Streitwert des Herausgabeanspruchs **3** Anh 69; Hilfspfändung **808** 3; Kraftloserklärung **Einf 1003** 1, **1023**
Sparguthaben, Pfändung **821** 7, **829**
Sparprämie, Pfändung **Grdz 704** 104
Spedition, Streitverkündung **72** 6
Sperrfrist, beim Aufgebot **1019–1022**; nach der Anordnung des Ruhens des Verfahrens **251** 10
Spitzel als Zeuge **Üb 373** 10
Sportunfall, Beweislast **286** Anh 191
Spruchkörper GVG 21 e ff
Spruchreife 300 6
Sprungrevision 566; Prüfung vor der Erteilung des Rechtskraftzeugnisses **706** 9
Staat, Anspruch gegen den St., Zuständigkeit **GVG 71**; vgl auch Behörde, Fiskus
Staat, ausländischer, Gerichtsstand seiner Angehörigen **24** 18; s auch Sicherheitsleistung
Staatenloser 110 4 ff; Prozeßkostenhilfe **114** 10; Pflicht zur Leistung einer Sicherheit wegen der Prozeßkosten **110** 4 ff
Staatsangehöriger, ausländischer, Begriff **110** 5; Sicherheitsleistung s dort; vgl auch Ausland, Ausländer
Staatsanwaltschaft Einf GVG 141
Staatsbeamter s Beamter
Staatsgast GVG 20 1
Staatsgericht, Tätigkeit für das Schiedsgericht **1050**; Zuständigkeit im schiedsrichterlichen Verfahren **1059, 1062**

Staatshaftung in den neuen Bundesländern, Rechtsweg **GVG 13** 60 „Staatshaftung"
Staatshoheitsakt, Rechtsweg **GVG 13** 42 „Hoheitsrechte"; Urteil als St. **Üb 300** 10
Staatskasse, Beschwerde, Rechtsmittel wegen Prozeßkostenhilfe **127** 23, 78, 90
Staatsoberhaupt s Bundespräsident
Staatssicherheit, Ausschluß der Öffentlichkeit wegen einer Gefährdung der St. **GVG 172, SchlAnh III 38**
Staatsvertrag s Zivilprozeßrecht, zwischenstaatliches
Stahlkammerfach, Pfändung **Grdz 704** 105
Stammbaum, Anordnung der Vorlegung **142** 10; Anordnung vor der mündlichen Verhandlung **273** 18
Stammeinlage, Pfändung **859** Anh 5
Standesrecht als nichtvermögensrechtlicher Anspruch **Grdz 1** 16
Ständige Vertretung der früheren DDR s dort
Stationierungsschaden, -streitkräfte s Streitkräfte
Statthaftigkeit, eines Rechtsmittels **Grdz 511** 7; der Berufung **511**; der sofortigen Beschwerde **567**; des Einspruchs **341** 4; der Revision **542**
Statusklage s Ehesache, Kindschaftssache
Statut, Bestimmung des Gerichtsstands **12** 3; Nachweis **293** 5; Prüfung im Revisionsverfahren **546**; Anordnung eines Schiedsgerichts **1029**
Stehende Früchte, Pfändung/Pfandverwertung **Grdz 704** 73, **810/824**
Stellungnahme, auf die Berufungserwiderung **521**; auf die Klagerwiderung **275** 14, **276** 19, **277** 9
Stellvertreter s Vertreter
Stempel, beim Empfangsbekenntnis eines Anwalts über eine Zustellung **195** 16; und Schriftsatz **129** 34 „Namensstempel"
Stenografie, beim Protokoll **160 a**
Sterbebezüge, Pfändung **850** 10, **850 a** 15, **850 b** 13
Steuerabzug, Bruttolohnurteil, Zwangsvollstreckung **Üb 803** 2; bei der Pfändung des Arbeitseinkommens **850 e** 1
Steuerberater, Erstattung der Kosten eines St. **91** 205; in der Zwangsvollstreckung **788** 43
Steuergeheimnis, Ausschluß der Öffentlichkeit **GVG 172**
Steuer, Erstattungsanspruch, Pfändung **829** 13; Rechtsweg **GVG 13** 61; Streitwert eines Säumniszuschlags **4** 19; Veranlagung **887** 36 „Steuererklärung"
Stiftung, Gerichtsstand **17** 2, **22** 1; Pfändung des Bezugs aus einer St. **850 b** 9; Zuständigkeitsvereinbarung **38** 18; Zustellung an die St. **170** 13; Zwangsvollstreckung gegen eine öffentlichrechtliche St. **882 a**
Stille Gesellschaft, Pfändung des Auseinandersetzungsguthabens **859** Anh 6; Gerichtsstand der Klage eines Gesellschafters **22** 2; Parteifähigkeit **50** 14
Stillhalteabkommen Grdz 253 26
Stillschweigen, bei der Aufnahme nach einer Aussetzung oder Unterbrechung des Verfahrens **250** 7; Bezugnahme auf einen Beweisantrag **137** 29; Einverständnis des Bekl mit einer Erledigterklärung des Klägers **91 a** 63, 96; Einverständnis mit dem schriftlichen Verfahren **128** 19; Einwilligung in eine Übernahme des Prozesses durch den Rechtsnachfolger **265** 23; Vereinbarung der Abkürzung einer Frist **224** 3; Genehmigung bei einer gerichtlichen Entscheidung nach einer Aussetzung/Unterbrechung des Verfahrens **249** 10; Genehmigung einer Prozeßgeschäftsführung ohne

Stillstand   Zahlen in Fettdruck = Paragraphen

eine Vollmacht **89** 11; beim Handelsschiedsvertrag **1027** 12; bei der Zulassung einer Klagänderung **263** 23, **268** 4; bei einer Vereinbarung der Klagerücknahme **269** 17; bei der Zulassung eines (Prozeß)Bevollmächtigten ohne (den Nachweis einer) Vollmacht **89** 4; Prozeßtrennung/-verbindung **145** 5/**147** 15; Erteilung einer Prozeßvollmacht **80** 7; Prozeßvollmacht für den Geldempfang **81** 10; Prozeßvollmacht bei einer Anwaltssozietät **84**; Verlust des Rechts zur Ablehnung eines Richters **43** 5; Verlust des Rügerechts bei einer Prozeßhandlung **295** 14; Schluß der mündlichen Verhandlung **136** 28; Verlust der Rüge der Unzuständigkeit **39** 6; Wiedereinsetzung **238** 6; Antrag auf eine Wiedereinsetzung **236** 1; Zuständigkeitsvereinbarung **38** 20; Annahme einer Zustellung durch den Anwalt **195** 5

Stillstand (der Rechtspflege), Unterbrechung des Verfahrens **245** 2

– **(des Verfahrens)** Einf **239** 1; Aussetzung s dort; Fortsetzung nach einem St. **312** 5; mangels Betreibens durch die Partei **Üb 239** 1; Ruhen s dort; rechtlicher St. **Üb 239** 7; durch die Aufhebung eines Termins **227** 58; Unterbrechung des Verfahrens s dort; Urteil von einem Zwischenurteil über die Verwerfung einer Zulässigkeitsrüge **280** 7

Stimmengleichheit, der Schiedsrichter **1052**; bei der Berichtigung des Urteilstatbestands **320** 13

Stimmenmehrheit, bei einer Abstimmung der Richter **GVG 196**; der Schiedsrichter **1052**

Stipendium, Pfändung **850 a**

Strafakte als Beiakte, Aktenstudium **299** 10

Strafe s Ordnungsmittel

Strafgefangener, Pfändung des Eigengelds **850** 7

Straftat, Anfechtungsklage **957** 3; als Aussetzungsgrund **149**; in der Gerichtsverhandlung **GVG 183**; als Klagegrund für eine Restitutionsklage/ die Klage auf die Aufhebung eines Schiedsspruchs **580** 6, **581** 1/**1059**; Gerichtsstand eines Schadensersatzanspruchs **32** 6; in der Sitzung **GVG 183**; Ausschluß bei einem Verdacht gegenüber dem ProzBev **157** 4

Strafurteil, Beweiswürdigung **415** 4, **EG 14**; auf die Zahlung einer Buße/Entschädigung, Rechtskraftwirkung **322** 32 „Buße", **325** 24 „Buße"; als Voraussetzung einer Restitutionsklage **581** 1

Strafverbüßung, Auslandszustellung während einer St. **178** 7 „Haft"; Gerichtsstand **20**

Strafverfahren als Aussetzungsgrund **149**; Fristversäumung, Verschulden des Vertreters **85** 8; Rechtsschutzbedürfnis trotz eines Strafverfahrens **Grdz 253** 51

Strafverfolgung als Voraussetzung einer Restitutionsklage **581** 1

Strafverfolgungsgefahr, Zeugnisverweigerungsrecht **384** 5

Strafverfolgungsmaßnahme, Rechtsweg **GVG 13** 61

Strafvollstreckung, Ersuchen der Vollstreckung einer Haftstrafe **GVG 162, 163**

Straßenbahn, Beförderungsstreitigkeit, Gerichtsstand **21** 12

Straßenrecht, -nutzung, -reinigung, Rechtsweg **GVG 13** 62

Straßenverkehrshaftpflicht, Gerichtsstand **32** 9 „Gefährdungshaftung"

Straßenverkehrsunfall, Anscheinsbeweis **286 Anh** 105 „Kraftfahrzeug"

Streitbefangenheit 265 5; Wirkung des Urteils gegenüber dem Rechtsnachfolger **325** 6

Streitgegenstand 2 2, **265** 5, 6; Änderung **263** 28 „Streitstoff"; Forderung eines anderen Gegenstands oder des Interesses **264** 6; bei mehreren Ansprüchen **2** 3, 6; bei der Aufrechnung **2** 5; Beanspruchung durch eine Einmischungsklage **64** 4; Bedeutung **2** 3; Einwendungen des Bekl **2** 5; Erledigterklärung als Verfügung über den St. **91 a** 110; Gerichtsstands des St. **23**; bei Haupt- und Hilfsantrag **2** 6; Maßgeblichkeit des Klagantrags **2** 3; bei einer Rechtsgemeinschaft **59** 6; Rechtsübergang **265** 8, 16; Wirkung der Streithilfe **68**; Streitwert s dort; Veräußerung s dort; Verfügung eines notwendigen Streitgenossen **62** 17; als Verfügungsgegenstand **2** 3; einstweilige Verfügung zur Sicherung des St. **2** 3, 5, **935**; beim Wahlanspruch **2** 6; bei einem Wahlrecht des Klägers/Bekl **2** 6; bei einem Zurückbehaltungsrecht **2** 5

Streitgenosse Üb 59 1, **59 ff**; Antrag auf eine Anordnung des Ruhens des Verfahrens **251** 4; Ausscheiden, Kostenentscheidung **269** 42; Bekl bei einer Prozeßübernahme durch den mittelbaren Besitzer ohne eine Entbindung des Klägers **76** 9; Ehegatte bei der Gütergemeinschaft **52 Anh** 6; Einmischungsklage **64** 7; Einverständnis mit dem schriftlichen Verfahren **128** 18; Erledigung der Hauptsache **61** 6, 14; Fragerecht bei einer Zeugnisverweigerung **397**; Gebühren **91** 206 „Streitgenossen"; Gleichartigkeit/Identität des Anspruchsgrundes **60**/**59** 6; Grundurteil **304** 9; Insolvenz, Unterbrechung des Prozesses **240** 9; Kostenentscheidung **100**; Kostenentscheidung bei einer streitgenössischen Streithilfe **101** 36; Kostenerstattung **91** 206 „Streitgenossen", **100** 37; Kostenfestsetzung **100** 37; als Partei **Grdz 50** 16; Partei als Streitgenosse **Üb 59** 4; Parteivernehmung **449**; Prozeßführung **63** 1; Stellung im Prozeß **61**; durch eine Prozeßverbindung **147** 1; Prozeßvoraussetzungen **Üb 59** 8, **61** 7; Rechtsgemeinschaft wegen des Streitgegenstands **59** 6; Einlegung eines Rechtsmittels gegen Streitgenossen, Streitwert **5** 8; bei einem Streit des Rechtsnachfolgers **239** 10; Rücknahme der Berufung **516**; im schiedsrichterlichen Verfahren **1042**; Streithelfer als Streitgenosse wegen der Rechtskraft/Wirkung der Zwangsvollstreckung **69**; Streitgenosse als Streithelfer **66** 14; Streitverkündung **61** 7; Terminsladung **63** 3; Unterbrechung des Verfahrens durch den Tod **239** 7; Aussetzungsantrag beim Tod des ProzBev **246** 5; Wechselklage **60** 3, **603** 4; Widerklage **253 Anh** 14; Widerspruchsklage **771** 6, **878** 8; Wirkung **61** 11; Streitgenosse als Zeuge **Üb 373** 22; Zeugnisverweigerung wegen Verwandtschaft **383** 4; Zulässigkeit **59, 60**; Zuständigkeitsbestimmung für die Klage **36** 18; Zuständigkeitsvereinbarung **38** 4; Zustellung an den St. **63** 1

– **(notwendiger Streitgenosse) 62** 1; Angriffs-/ Verteidigungsmittel **62** 18; Pfändungsgläubiger bei einer Klage des Überweisungsgläubigers eines Herausgabeanspruchs **856** 4; Prozeßhandlung **62** 17; Prozeßhäufung **59** 1; Urteil **62** 23; Mitglied eines nichtrechtsfähigen Vereins als Kläger **50** 29; Verfügung über den Streitgegenstand **62** 17; Vertretung des säumigen Streitgenossen **62** 22; Zeugnisverweigerungsrecht wegen Verwandtschaft **383** 4

Streithilfe Grdz 50 1, 15, **66 ff**; Abwesenheit der Partei **67** 10; Aktenabschrift/Erteilung einer Ausfertigung **299** 19; Akteneinsicht **299** 9; Angriffs-/ Verteidigungsmittel **67** 10; Anordnung des persönlichen Erscheinens **141** 9, 10; Antrag auf eine Anordnung des Ruhens des Verfahrens **251** 4; Ausschluß des Streithelfers als Gerichtsperson **41** 7, **49**; Beanstandung einer Frage in der mündlichen Verhandlung **140** 9; Befugnisse **67** 10; Bei-

tritt **70** 1; Zuziehung nach dem Beitritt **71** 9; Beitrittsgrund **66** 4; St. für den Bekl im Gläubigerstreit **75** 9; Teilnahme an der Beweisaufnahme **357** 5; Bezeichnung im Urteil **313** 4; Bindung gegenüber der Partei **67** 4; und Einmischungsklage **66** 1; Einverständnis mit dem schriftlichen Verfahren **128** 18; Einwilligung in eine unrichtige Entscheidung **68** 6; Entfernung in der mündlichen Verhandlung **158** 1; Verzögerungsgebühr wegen der Verletzung der Förderungspflicht **95 Anh**; Fragerecht bei einer Zeugenvernehmung **397**; in einer Kindschaftssache **640 e**; Wirkung der Klagerücknahme **269** 32; Unterbrechung des Verfahrens durch Insolvenzverfahren **240**; Kostenentscheidung **101**; Rechtsmittel gegen die Kostenentscheidung **99** 25; Kostenerstattung **101**; Antrag auf eine Kostenfestsetzung **103** 32; Kostenpflicht **91** 12, **206** „Streithelfer"; Streithelfer als Partei **Grdz 50** 1, 15, **128** 5; und mehrfache Pfändung **856** 3; Pfleger eines Prozeßfähigen als Streithelfer **53** 3; Anhängigkeit des Prozesses **66** 4; Prozeßhandlung **67** 8, 10; Prozeßunfähigkeit während des Prozesses, Unterbrechung des Verfahrens **241** 1; Rechtsnachfolger **265** 24; Rechtsstellung des Streithelfers **67** 1; Rüge einer mangelhaften Prozeßführung **68** 8; im schiedsrichterlichen Verfahren **1042**; Pflicht zur Leistung einer Sicherheit **110** 7, 10; Streitgenosse **61** 6, **66** 14; Streithelfer als Streitgenosse wegen der Wirkung der Rechtskraft/Zwangsvollstreckung **69**; Streitverkündungsgegner **66** 5; Streitverkündungswirkung **74** 5; bei einer Streitverkündung **66** 5; Streithelfer **3 Anh** 106; Unterbrechung des Verfahrens wegen des Todes des Streithelfers **239** 7; Untersagung des Vortrags **157** 21, **158** 1; Unzulässigkeit **Grdz 253** 23; Anordnung der Vorlegung einer Urkunde **142** 6; nichtrechtsfähiger Verein **50** 24; Verhinderung am Erscheinen vor Gericht bzw am Terminsort **219** 5; Verhinderung an der Einhaltung einer Frist bei einer Vertretung **233** 5; Widerklage **33** 2, **253 Anh** 14; Wiedereinsetzung **233** 5; Wirkung **68** 1; Streithelfer als Zeuge **Üb 373** 22 „Streithelfer"; Zulässigkeit **66**; Streit über die Zulassung **71**; Bestimmung der Zuständigkeit **37** 1; öffentliche Zustellung **203** 8; Zwischenfeststellungsklage **256** 109
- (streitgenössischer Streithelfer), Anordnung des persönlichen Erscheinens **141** 9; Beitritt in einer vorgreiflichen Ehe-(Kindschafts-)sache nach einer Aussetzung des Verfahrens **155** 1; Einverständnis mit dem schriftlichen Verfahren **128** 18; Pflicht zur Leistung einer Sicherheit **110** 7, 10

Streitiges Urteil Üb 300 7
Streitiges Verfahren, Antrag auf **696** 6
Streitige Verhandlung 137, **279**
Streitigkeit, nichtvermögensrechtliche s nichtvermögensrechtliche Streitigkeit
Streitkräfte, ausländische, Zusatzabkommen zum NATO-Truppenstatut **SchlAnh III**; Ausschluß der Öffentlichkeit wegen einer Gefährdung der Sicherheit **SchlAnh III** 38
- (Angehöriger) **SchlAnh III** 1; Aussagegenehmigung **376** 15, **SchlAnh III** 38; Exterritorialität **GVG 20**; Gerichtsbarkeit **Einl II A** 1, 3; Ladung **SchlAnh III** 37; Ladung zum Termin **Üb 214** 5; Prozeßkostenhilfe **SchlAnh III** 31; Sicherheitsleistung **SchlAnh III** 39; Zustellung **SchlAnh III** 32, 36
- (Stationierungsschaden), Wahrung der Klagefrist durch eine demnächst erfolgende Zustellung **270** 8; Streitwert eines Vergleichs **3 Anh** 104 „Stationierungsschaden"

Streitmäßiges Urteil Üb 300 7
Streitpunkt 515, **529**
Streitsache 265 5, 6; Rechtsübergang **265** 8
Streitstand, Wiedergabe im Tatbestand des Urteils **313** 22
Streiturteil Üb 300 7; unechtes Versäumnisurteil **Üb 330** 13; statt eines Versäumnisurteils, Rechtsmittel **Grdz 511** 31
Streitverfahren Einl III 5
Streitverhältnis, einstweilige Verfügung auf eine vorläufige Regelung **940**; gerichtliche Aufklärungspflicht s Aufklärungspflicht; Antrag auf eine Prozeßkostenhilfe **117**
Streitverkündung Einf 72 1, **72 ff**; gegenüber einem mittelbaren Besitzer **76**; dgl Zustimmung des Klägers zur Übernahme des Prozesses durch den mittelbaren Besitzer **76** 8; Erklärung, Form **73** 4; bei der Forderungsklage des Pfändungs-/Überweisungsgläubigers gegenüber dem Schuldner **841**; Gegner als Zeuge **Üb 373** 22 „Streitverkündungsgegner"; Klage gegenüber dem Drittschuldner **841** 1; als Rechtsberühmung **256** 31; im schiedsrichterlichen Verfahren **1042**; Schriftsatz **73**; gegenüber dem Schuldner einer Klage des Drittschuldners **841**; an einen Streitgenossen **61** 6; durch einen Streithelfer **67** 11; Voraussetzung **72** 3; Wirkung **Einf 72** 4, **74** 5; Zulässigkeit **72**
- (Streitverkündeter), Antrag des Drittschuldners auf eine Beiladung des Pfändungsgläubigers **856** 3; Ausschluß als Gerichtsperson **41** 8, **49**; Feststellungsklage des Streitverkündungsgegners wegen des Nichtbestehens eines Anspruchs des Streitverkünders **256** 92; Kostenerstattung **91** 206; Beitritt des Streithelfers nach der Streitverkündung **66** 5; Widerspruch gegen einen Beitritt des Streithelfers **71** 5

Streitwert 2, **3 ff**; **ABC-Üb 3 Anh**; bei der Abnahme der Kaufsache **5** 7 „Kaufpreis"; bei einer Absonderungsklage **6** 10; bei einer Abwehranspruch gegen eine Grunddienstbarkeit **7** 1; bei der negatorischen Abwehrklage **6** 3; bei der Änderung der Kostenfestsetzung **107**; beim Altenteil **9** 5; bei der Anfechtungsklage nach der InsO **6** 16; bei der Anfechtungsklage wegen einer wiederkehrenden Leistung **9** 6; Angabe des St. in der Klageschrift **253** 101; bei einem vermögensrechtlichen Anspruch **2** 1; bei der Klage auf eine Aufhebung eines Schiedsspruchs **4** 11; bei der Auflassung **6** 2; bei einem Anspruch auf einen Aufwendungsersatz **4** 19; bei einem Befreiungsanspruch **4** 12; bei der für die Berechnung maßgebende Zeitpunkt **4** 1, 3; bei der Berufung **4** 4, 5, **11**; Beschwerdewert **5** 11; bei einer Einweisung in den Besitz **6** 2; bei der Besitzklage **6** 2; bei der Drittwiderspruchsklage **6** 2; bei der Ehelichkeitsanfechtungsklage gegen Geschwister **5** 9 „Vaterschaft"; bei einem Anspruch des Eigentümers gegen einen Mieter oder Pächter **8** 2 A; bei der Einwilligung in die Auszahlung einer hinterlegten Summe **4** 11; bei einer Enteignungsentschädigung **4** 15; bei einer Erinnerung gegen eine Maßnahme der Zwangsvollstreckung **6** 10; bei der Klage auf die Feststellung des Eigentums **6** 2; bei der Klage auf die Feststellung der Nichtigkeit oder des Nichtbestehens eines Miet- oder Pachtvertrages **8** 2; bei der Klage auf die Feststellung einer Rente **5** 7 „Mehrheit von Ansprüchen"; von Früchten **4** 14; des Anspruchs eines Gesamtgläubigers/-schuldners **5** 5; einer Grunddienstbarkeit **7** 1; eines Grundstücks **6** 2; eines Grundpfandrechts **6** 10; des Hauptanspruchs als Nebenforderung **4** 13; des Haupt- und Hilfsantrags **5** 6; der Klage auf

Streitwertfestsetzung Zahlen in Fettdruck = Paragraphen

eine Herausgabe von Aktien **4** 11; auf die Herausgabe aus Besitz oder Eigentum **6** 2; auf die Herausgabe aus Eigentumsvorbehalt **5** 7 „Kaufpreis", **6** 2; auf die Herausgabe gegen einen Gesamthandeigentümer **6** 2; auf die Herausgabe einer Pfandsache **6** 11; auf die Herausgabe eines Rentenguts **8** 4; auf die Herausgabe einer zur Sicherung übereigneten Sache **6** 9; auf die Herausgabe einer Urkunde **6** 3; bei der Abtretung einer Hypothek **6** 12; für die höhere Instanz **3** 1; Interesse des Klägers **3** 3; bei einer Klagänderung **5** 7; bei einer Klagenhäufung **5** 2; bei Klage und Widerklage **5** 12; der Kosten als Hauptanspruch **4** 13; der Kosten eines früheren Prozesses **4** 11, 17; der außergerichtlichen Kosten **4** 17; der für die Kostenfestsetzung maßgebende St. **104** 9; Kostenfestsetzungsverfahren im Fall einer Kostenteilung **106** 9; bei einer Lastenausgleichsabgabe **9** 10; bei einem Leibgedinge **9** 5; einer wiederkehrenden Leistung **9**; eines Liebhaberstücks **3** 3; der Löschung einer Auflassungsvormerkung **6** 15; der Löschung einer Höchstbetragshypothek **6** 13; der Löschung einer Hypothek **6** 10; Maßgeblichkeit für die sachliche Zuständigkeit **2** 1; einer Mehrzahl von Ansprüchen **5**; eines Miet-/Pachtvertrags **8**; einer Miet-/Pachtzinsberechnung **8** 5; Minderung des St. während der Instanz **4** 9; bei der Nachbarrechtsklage **7** 1; einer Nachforderung **4** 10, 13; eines Nießbrauchs **9** 7; eines Notwegrechts **7** 2; einer Nutzung **9** 14; einer wiederkehrenden Nutzung **9**; eines Pfandrechts **6** 11; der Verwertung einer Pfandsache **6** 11, 12; bei einer Prozeßtrennung/-verbindung **5** 11; einer Reallast **9** 5; einer Rente **9**; der Revision **4** 5; eines die Sache betreffenden Anspruchs **6** 2; eines Schadensersatzanspruchs aus einem erschlichenen Ehescheidungsurteil **9** 6; eines Scheckanspruchs **4** 21; bei einem Schreib- oder Rechenfehler **3** 5; eines Steuersäumniszuschlags **4** 12, 19; bei einem Streitgenossen als Bekl **5** 8; der Stufenklage **5** 8; der Beseitigung eines Überbaus **7** 2; des Übergangs der Kaufsache **6** 2; Übergangsrecht **GVG 23** Vorbem; der Umlegung eines Grundstücks **6** 3; der Umstellung eines Unterhaltstitels auf den Regelunterhalt **642** 5; bei einer Uneinbringlichkeit **3** 1; eines Unterhaltsanspruchs **9**; bei einem Anspruch aus Untermiete oder Unterpacht **8** 3; Verkehrswert **3** 3; einer einstweiligen Verfügung wegen einer Sache **6** 3; einer einstweiligen Verfügung auf die Eintragung einer Vormerkung **6** 14; einer Verzögerungsgebühr **95 Anh**; eines Verzugsschadens **4** 19; von Verzugszinsen **4** 15; von solchen bei einer wiederkehrenden Leistung oder Nutzung **9** 5; maßgebende Währung **3 Anh** 25 „Auslandswährung"; bei einem Wahlrecht des Klägers oder des Bekl **5** 10; bei einem Anspruch aus einem Wechsel **4** 20; bei einem Anspruch auf eine Wegnahme **6** 2; bei der Wiederaufnahmeklage **4** 11; bei einem Wohnrecht **9** 7; bei der Klage und Anspruch auf Zahlung und auf die Duldung der Zwangsvollstreckung **5** 10; von Zins **4** 15; von Zinseszins **4** 16; bei einer Erfüllung Zug um Zug **6** 2; bei einem Zurückbehaltungsrecht **6** 6; bei einem Anspruch auf den Ersatz von Schaden aus einer Zwangsvollstreckung auf Grund eines später geänderten Urteils **4** 11; von Zwischenzinsen **3** 1

Streitwertfestsetzung, von Amts wegen **Einf 3** 5; Änderung von Amts wegen **Einf 3** 9; Anhörung der Partei **3** 6; Antrag des Streithelfers **67** 11; im Arbeitsgerichtsverfahren **Einf 3** 16; Berücksichtigung des Verhaltens der Partei **3** 6; Begründung des Festsetzungsbeschlusses **Einf 3** 9; Mitteilung des Festsetzungsbeschlusses von Amts wegen **Einf 3** 9; Beschwerde **Einf 3** 11; Beschwerde als Rechtsmißbrauch **Einl III** 54; weitere Beschwerde **Einf 3** 54; Beweiserhebung **3** 6; Bindung des Beschwerdegerichts **3** 6; Pfändung des Anspruchs auf eine Erhöhung des Streitwerts **Grdz 704** 105 „Streitwertfestsetzung"; Ermessen **3**; für die Berechnung der Gebühren **Einf 3** 7; durch die höhere Instanz **3** 6; für die sachliche Zuständigkeit **Einf 3** 6; dgl Bindungswirkung für die Berechnung der Gebühren **Einf 3** 3

Strengbeweis Einf 284 7

Student, Gerichtsstand **20**; Pfändung des Stipendiums **850 a** 9

Studienförderung, Rückforderung, Rechtsweg **GVG 13** 63

Stufenklage 254 1; Berufung **525**; Entscheidung **254** 12; Fortsetzungsantrag **254** 21; Kostenentscheidung **Üb 91** 33, **91** 207; Rechtskraftwirkung **322** 4; Streitwert **3 Anh** 108, **5** 8; Übergang zur Leistungsklage, Erledigung der Hauptsache **91 a** 55; Verfahren **254** 12; beiderseitige Erledigterklärungen zur Zahlungsklage, Kostenentscheidung **91 a** 136

Stuhlurteil 310 6

Stummer, Ablehnung als Schiedsrichter **1036**; Zuziehung eines Dolmetschers **GVG 185, 186**; Eidesleistung **483**

Stundenfrist 222 7

Stundung, Kostenfestsetzung trotz einer St. **104** 12; Prozeßkostenhilfe **120**; Unterhaltsrückstand/Erstattung an den nichtehelichen Vater **642 e, f, 644**; dgl Kostenentscheidung **93 d**; Einräumung einer Zahlungsfrist nach einer Pfändung **813 a**; Einstellung der Zwangsvollstreckung **775** 18; dgl Stundungskosten **788** 43 „Stundung"

Subjektive Klaghäufung 59 4

Subjektives Recht, Feststellungsklage **256** 8

Subsidiarität s Hilfsnatur

Subsumtion s Einordnung

Substantiierung der Klage **253** 32; des Klagegrundes **253** 32

Substitut, Prozeßvollmacht **81** 5; Rechtsstellung **78** 27

Subvention, Rechtsweg **GVG 13** 63

Sühneversuch s Güteverfahren

Suggestivfrage bei einer Vernehmung **396** 5, **397** 7

Summarisches Verfahren s Arrest, einstweilige Verfügung

Surrogat, Pfändung **811** 11; Versteigerung und Surrogation **819** 1

Suspensivwirkung, einer sofortigen Beschwerde **570**; eines (sonstigen) Rechtsmittels **Grdz 511** 2, **705** 9

Syrien, Ehesache **606 a Anh IV**

T

Tabelle, Pfändungsgrenzen bei **850 c**, **SchlAnh VIII**; Prozeßkostenhilfe **115**

Tag, Berechnung einer Tagesfrist **222**; Angabe des Tages der Zustellung in der Zustellungsurkunde **182** 16; einer öffentlichen Zustellung **188**

Tagegeld des ehrenamtlichen Richters **GVG 107**

Tageskurs, Verkauf eines Wertpapiers durch den Gerichtsvollzieher zum T. **821** 9

Tarifvertrag, Revisibilität **546**

Taschengeldanspruch, Pfändung **850 b** 6

Taschenpfändung Üb 803 3

Tatbestand des Urteils s dort

Tatbestandsberichtigung des Urteils **320, 321** 4

Tatort, Gerichtsstand der unerlaubten Handlung **32**
Tatsache, Begriff **Einf 284** 17; Ausschlußwirkung einer gerichtlichen Entscheidung s Ausschlußwirkung; Beweis, Beweisantritt, Beweisaufnahme, Beweislast s dort; Bindungswirkung des Revisionsgerichts an eine Tatsachenfeststellung **559**; Entscheidungsgründe **313** 31; Erklärungspflicht über eine T. **138** 27; Feststellung durch einen Sachverständigen im schiedsrichterlichen Verfahren **1049**; bei der Feststellungsklage **256** 14; Fragepflicht des Gerichts **139**; Gerichtskundigkeit einer T. **291** 5; Geständnis s dort; Glaubhaftmachung s dort; Offenkundigkeit **291**; Parteibehauptung, Parteierklärung über eine T. s Partei; Erklärung des ProzBev **85** 6; Klage auf die Feststellung der Unwahrheit einer T. **256** 14; Vermutung **292** 6; Zeugnisverweigerungsrecht hinsichtlich einer anvertrauten T. **383** 4 ff, **385** 4 ff; Zwischenfeststellungsklage **256** 113
– **(innere)** als Gegenstand des Beweises **Einf 284** 20
– **(juristische)** als Gegenstand des Beweises **Einf 284** 21
– **(klagebegründende),** Klageschrift **253** 32; im Urkunden/Scheck/Wechselprozeß **592** 7/**605 a**/ **602** 5
– **(neue),** Ausschlußwirkung einer gerichtlichen Entscheidung s Ausschlußwirkung; in der Berufungsinstanz **530, 531**; in der Beschwerdeinstanz **571**; in der Revisionsinstanz **559**
– **(prozeßrechtliche) Grdz 128** 61
– **(Vortrag),** Berichtigung, Ergänzung **264** 4; in der Klage **253** 30, 38; Rechtzeitigkeit **132** 9, **282** 7; der Streitgenossen **61** 14; Versäumnisurteil **335** 7
Tatsächliche Feststellung, Rechtskraft **322** 4; und Revision **559**
Tauber, Taubstummer, Eidesleistung **483**; Zuziehung eines Dolmetschers **GVG 186, 187**; als Schiedsrichter **1036**
Täuschung, arglistige Einf III 54; Beweislast **286 Anh** 55
Technische Aufzeichnung als Urkunde **Üb 415** 7
Technisches Urteil als Gegenstand der Beweisaufnahme **Einf 284** 21
Teilanerkenntnisurteil s Anerkenntnisurteil
Teilanfechtung, des Mahnbescheids **691** 1; des Versäumnisurteils **340** 7; des Vollstreckungsbescheids **700** 8; des Urteils **705** 8
Teilanspruch, Feststellungsklage **256** 10; Teilurteil **301**; Widerspruch gegen einen Teil des Mahnbescheids **694**; Einspruch gegen einen Teil des Versäumnisurteils **340** 7; Einspruch gegen einen Teil des Vollstreckungsbescheids **700** 8
Teilerledigung s Erledigung
Teilforderung 253 87, **754** 4, **757** 5
Teilklage, Aufrechnung durch den Bekl **145** 20; Aussetzung des Verfahrens **148** 26; Feststellung der Zuständigkeit des AG, Prozeßverbindung **2** 7, **147** 20; Klagantrag **253** 87; Kostenerstattung **91** 32; Rechtskraft **322** 51 „Nachforderung"; Wirkung einer Streithilfe **68** 3; Streitwert **3 Anh** 114; Verbindung mehrerer Ansprüche **260** 5; Zwischenfeststellungswiderklage **256** 119
Teilleistung, Kostenentscheidung beim Anerkenntnis einer T. **93** 112; Zwangsvollstreckung **754** 4, **757** 5; vgl auch Teilzahlung
Teilnehmer, Gerichtsstand der unerlaubten Handlung **32** 16
Teilobsiegen, Kosten **92**; Sicherheitsleistung **709** 6
Teilung, bei der Erbauseinandersetzung s dort; der Kosten des Rechtsstreits **92, 106**

Teilungsklage, bei der Gemeinschaft, Streitwert **3 Anh** 139 (c); bei einem Grundstück, Gerichtsstand **24** 12; beim Nachlaß, Gerichtsstand **27** 9
Teilungsmasse, Prozeß wegen der T., Aufnahme **240** 16, 17
Teilungsplan im Verteilungsverfahren s Zwangsvollstreckung
Teilunterliegen, Kostenentscheidung **92**; Kostenerstattung **100** 32
Teilurteil s Urteil (Teilurteil)
Teilverzicht auf eine Berufung **515** 11
Teilvollstreckungsklausel 724 9
Teilweises Verhandeln 334 1
Teilwiderspruch 694 1
Teilzahlung, an den Gerichtsvollzieher, Quittung **757** 3; Kostenentscheidung bei einem Anerkenntnis einer T. **93** 112; auf die Prozeßkosten, Bewilligung einer Prozeßkostenhilfe **115, 120**
Teilzeitwohnrecht 8 4, **29 a** 10 „Teilzeitwohnrecht"
Telebrief s Fernschreiben
Telefax, Fristwahrung **129** 44; Klagerhebung **253** 8; Rechtsmitteleinlegung **129** 44, **519** 4; Revisionseinlegung, -begründung **129** 44; Telegrafenweg, Rechtsweg **GVG 13** 64; Wiedereinsetzungsantrag usw **233** 164
Telefon, Gebührenrechnung, Beweislast der Unrichtigkeit **286 Anh** 4, 194 „Telefonrechnung"; dgl, Rechtsweg **GVG 13** 54 „Post"; Erstattung von Gesprächskosten **91** 96 „Fernsprechkosten"
Telefonische Einlegung eines bestimmten Schriftsatzes **129** 45
Telefonische Erklärung, der Rücknahme eines Antrags **129** 45; des Einverständnisses mit schriftlichem Verfahren **128** 20; des Einspruchs gegen einen Vollstreckungsbescheid **700** 8; Wiedereinsetzung im Fall eines Mißverständnisses oder der Unterlassung einer Bestätigung **233** 64 ff; Aufgabe eines Telegramms durch eine t. E. **129** 45; eines Zeugen **396** 2
Telefonzeuge 396 2
Telekom s Post
Telekopie s Fernschreiben
Teleologische Auslegung Einl III 41
Tenor s Urteilsformel
Termin Üb 214 3; Änderung s Aufhebung, Verlegung, Vertagung; Befugnis des beauftragten oder ersuchten Richters **229**; Einspruchstermin **341**; Klage mit der Bitte, keinen Termin zu bestimmen **269** 8; Differenz der Uhrzeit **220** 5; Verhandlungstermin **332**, vgl auch Mündliche Verhandlung; Verkündungstermin **227** 32, **310**; Verkündungstermin im Fall einer Fristsetzung zur Nachreichung eines Schriftsatzes **283**; Bekanntmachung des Verkündungstermins an die nicht erschienene Partei im Fall einer Entscheidung nach Lage der Akten **251** 4; Versäumnis **220** 8, **Üb 230** 1; Versäumnis, Auferlegung von Kosten **95**; Versäumnis, Wiedereinsetzung **Üb 230** 4, **233** 2; Vollmacht s Terminsvollmacht; Warteliste **216** 10
– **(Aufhebung) 227** 4; Aufhebungsgrund **227** 4; als Stillstand des Prozesses **227** 59
– **(Bestimmung) 216;** Änderung der Terminsstunde oder des Terminszwecks **227** 4; bei einer Aufnahme nach einer Unterbrechung des Verfahrens **239** 11; im Aufgebotsverfahren **947, 954, 955**; Berufungsverhandlung **523**; Beweisaufnahme **361, 368**; Beweisaufnahme durch den beauftragten Richter **361** 5; in einer Ehesache **612**; nach einem Einspruch gegen ein Versäumnisurteil/ei-

Terminsort

nen Vollstreckungsbescheid **341 a/700**; in einer verkündeten Entscheidung **218**; Frist für eine Terminsbestimmung **216** 18; Ladungsfrist **217**; Berechnung der Ladungsfrist **222** 3, vgl auch Ladungsfrist; zur Abgabe der Offenbarungsversicherung **900** 6; des Orts **219**; Parteiherrschaft **216** 24; Prozeßkostenhilfe **118, 127**; bei einem Mangel der Prozeßvollmacht **88** 8; richterliche Prüfungspflicht vor der Terminsbestimmung **216** 4; Pflicht des Richters zur Prüfung der Ordnungsmäßigkeit der Klagerhebung **253** 15; Revisionsverhandlung **Üb 545** Anh, **553**; Richterablehnung nach einem Antrag für eine Terminsbestimmung **43** 5; nach einer Anordnung des Ruhens des Verfahrens **251** 11; im selbständigen Beweisverfahren **491**; eines Termins an einem Sonnabend, Sonn- oder Feiertag **216** 25; bei einer Überlastung des Gerichts **216** 16; Unterlassung trotz eines Antrags **216** 6, 27; Verbindung des Verhandlungstermins mit dem Termin zur Beweisaufnahme **370**; Verhandlungstermin im Parteiprozeß **497** 1; zur Abgabe einer bürgerlichrechtlichen eidesstattlichen Versicherung **889**; Verteilungstermin **875**; Warteliste **216** 11; nach einem Widerspruch gegen den Mahnbescheid **697**; nach einem Aufhebungsantrag gegen die Vollstreckbarerklärung eines Schiedsspruchs **1059, 1061**; bei einem Wiedereinsetzungsantrag **238** 1; beim Zwischenstreit wegen der Beweisaufnahme vor dem verordneten Richter **366** 5
– (früher erster Termin) **272** 5, **275**
– (Haupttermin) **272, 279**
– (Ladung, Mitteilung) s Ladung, Mitteilung
– (Unterbrechung) **227** 7
– (Verlegung) **227** 5, 30; als Aussetzung des Verfahrens **227** 58; Auferlegung von Kosten **95**; im Fall der Nichtwahrung der Ladungs-/Einlassungsfrist **274** 10; Verzögerungsgebühr wegen eines Verschuldens der Partei oder ihres Vertreters **95 Anh**
– (Vertagung) s Vertagung

Terminsort 219; bei einer an der Gerichtsstelle nicht vornehmbaren Handlung **219** 5, 6; im Fall der Verhinderung des Beteiligten am Erscheinen vor dem Gericht **219** 5, 6

Terminsvertreter, Beiordnung im Weg einer Prozeßkostenhilfe **121**; Verzögerungsgebühr wegen einer Verletzung der Förderungspflicht **95 Anh**

Terminsvollmacht 83 4

Terminswahrnehmung, Kostenerstattung **91** 209

Testament, Gerichtsstand bei einem Anspruch auf Grund eines T. **27** 6; Beweislast beim Geliebtentestament **286 Anh** 95; Klage auf die Feststellung der Gültigkeit des T. **256** 66 ff; Streitwert bei einem nichtigen T. **3 Anh** 41 ff; Anordnung eines Schiedsgerichts im T. **1029**

Testamentsbesitzer, einstweilige Verfügung **883** 11

Testamentsvollstrecker, Antrag des Aufgebots der Nachlaßgläubiger **991** 2; Aufnahme nach einer Unterbrechung des Verfahrens **243** 2; Duldungstitel gegen den T. **748** 4; Erteilung einer vollstreckbaren Ausfertigung für oder gegen den T. **749**; Klage, Erbe als Zeuge **Üb 91** 31; als Partei kraft Amtes **Grdz 50** 10; Prozeßkostenhilfe **116**; Rechtsanwalt, Kostenerstattung **91** 235; als Schiedsrichter **1035**; notwendige Streitgenossenschaft **62** 14; Streithilfe **66** 14; Streitwert **3 Anh** 114; Gerichtsstand bei der Klage auf die Herausgabe des Testamentsvollstreckerzeugnisses **27** 5; Rechtskraftwirkung eines Urteils für oder gegen den Erben **273**; vollstreckbare Ausfertigung eines gegen den T. ergangenen Urteils für oder gegen den Erben **728** 4; vgl Vorbe-

halt der Haftungsbeschränkung **780** 10; Umschreibung der Vollstreckungsklausel des für oder gegen den Erblasser ergangenen Urteils auf den T. **749**; Unterbrechung des Verfahrens beim Wegfall des T. **239** 5; Zeugnisverweigerungsrecht **383** 17

Testamentsvollstreckung, Zwangsvollstreckung in den Nachlaß **748**; dgl im Fall einer Vorerbschaft **863**; Fortsetzung der Zwangsvollstreckung nach der Anordnung einer T. **779**

Tier, Haustier, Zwangsvollstreckung des Beseitigungsanspruchs **887** 28; Härteklausel **765 a, 811 c**; Pfändung **811 c**

Tierhalterhaftung, Gerichtsstand **32** 12

Tierseuchengesetz, Rechtsweg **GVG 13** 64

Tierzucht, Rechtsweg **GVG 13** 64

Titel s Zwangsvollstreckung (Vollstreckungstitel)

Tod, eines Gesellschafters, Unterbrechung des Verfahrens **239** 4; des anfechtenden Mannes im Fall einer Klage auf die Anfechtung der Ehelichkeit oder eines Vaterschaftsanerkenntnisses **640 g**; der Partei in einer Ehe- oder Kindschaftssache vor dem Eintritt der Rechtskraft **619, 640** 12 „§ 619"; der Partei im Fall des Vorhandenseins eines ProzBev, Aussetzungsantrag **246** 4; des ProzBev, Unterbrechung eines Anwaltsprozesses **244** 4; eines von mehreren ProzBev **246** 4; eines Rechtsanwalts **244**, Abwicklung **GVG 155 Anh I** 2 § 55; Fortsetzung der Zwangsvollstreckung **779**; des Schiedsrichters **1038**; des Schuldners **778** ff; eines Streitgenossen im Fall des Vorhandenseins eines ProzBev, Aussetzungsantrag **246** 4; des gesetzlichen Vertreters im Fall des Vorhandenseins eines ProzBev, Aussetzungsantrag **246** 4; dgl im Fall ohne einen ProzBev, Unterbrechung des Verfahrens **241** 4; des Vollmachtgebers **86** 8

Ton(band)aufnahme als Beweismittel **Üb 371** 12; als Verletzung des Persönlichkeitsrechts **Üb 371** 13; in der mündlichen Verhandlung als Protokoll **160 a**; in der mündlichen Verhandlung zur Veröffentlichung **GVG 169** 5

Tonübertragung 128 a

Traditionspapier, Pfändung **821** 8

Transportkosten als Kosten der Zwangsvollstreckung **788** 44

Trauring, Pfändung **811** 51

Trennung, Getrenntleben der Ehegatten s Ehegatte; Kosten **Üb 91** 3; Prozeßtrennung s dort; Streitwert **3 Anh** 114; vgl auch Abgesonderte Verhandlung

Treueprämie, Pfändung **850 a** 4

Treugeber als Streithelfer **66** 14

Treugut, Pfändung **Grdz 704** 106

Treuhänder für die Sicherheitsleistung eines Ausländers **110** 17; als Partei kraft Amtes **Grdz 50** 8; Prozeßgeschäftsführungsrecht **Grdz 50** 45; als Vertreter des Schuldners bei der Pfändung des Anspruchs auf die Übertragung des Eigentums an einem Schiff **847 a**; dgl bei mehreren Gläubigern **855 a**; Recht zur Erhebung einer Widerspruchsklage **771** 22

Treuhandanstalt, Rechtsweg **GVG 13** 65

Treuhandstelle, Kostenerstattung einer genossenschaftlichen Tr. **91** 209

Treuhandverhältnis zwecks Erschleichung einer Prozeßkontrolle **114** 6

Treu und Glauben im Zivilprozeß **Einl III** 54 ff, **Grdz 128** 13, 15, 57; Arglisteinwand s dort; Erschleichen s Rechtsmißbrauch; Irrtum bei einem Verzicht oder Anerkenntnis **Einf 306** 8; Rechtsmißbrauch s dort; Wahrheitspflicht **138** 4

Trinkgeld, Pfändung **832**

Tunesien, deutsch-tunesischer Vertrag **SchlAnh V B 8**; Ehesache **606 a Anh IV**

U

Überbau, Streitwert des Anspruchs auf seine Beseitigung **7** 2; Streitwert einer Rente **9** 5
Überbesetzte Kammer GVG 21 e 26
Übereignung, Streitwert **6**; in der Zwangsvollstreckung **817** 7, **825** 13, **897** 3
Übereignungsanspruch, Zwangsvollstreckung in den Ü. **846 ff**
Übereignungspflicht, Streitbefangenheit **265** 5
Übereinkommen s Zivilprozeßrecht
Überfahrtsgeld, vorläufige Vollstreckbarkeit des Urteils **709** 1; Zuständigkeit **GVG 23** 9
Übergabe, gepfändeten Geldes durch den Gerichtsvollzieher an den Gläubiger **815** 4; an die Post zum Zweck der Zustellung **168**; einer Sache, Streitwert **3 Anh** 115; des Urteils an die Geschäftsstelle **315** 11; des Vollstreckungstitels an den Gerichtsvollzieher als Antrag auf die Vornahme der Zwangsvollstreckung **754** 7; zur Zustellung an den Gerichtsvollzieher oder an die Geschäftsstelle **192** 6 ff; in der Zwangsvollstreckung **817** 7, **825** 13, **883** 6, **897** 3
Übergang, vom Mahnverfahren in das streitige Verfahren **696** 5 ff, **697** 1–4; durch den Rechtsnachfolger, Auferlegung der Kosten wegen der Nichtmitteilung an den Bekl **94** 18; des Streitgegenstandes **265** 4 ff
Übergangsrecht Titelei S. **XXIX**; bei **19 a**; bei **511, 621 b**; bei **624**; bei **629 a**; bei **703 c**; in **Grdz 704** 80 „Kindergeld"; bei **850 e**; **577 a Anh**; bei **900**; bei **915**; bei **1025**; **EGZPO 20, 26 ff**; bei **GVG 17 a**; im **EGGVG** Einf 5; im **SchlAnh VIII**
Übergehen, eines Anspruchs, Rechtskraftwirkung **322** 66; des Antrags auf die Vollstreckbarerklärung, Ergänzung des Urteils **716**; eines Haupt- oder Nebenanspruchs oder der Kostenpunkts, Ergänzung des Urteils **321** 5; des Wiedereinsetzungsantrags durch das Berufungsgericht **237** 3
Überlassung von Raum, Sommersache **227** 38, 39
Überlegungsfrist Üb 214 10
Übermittlung des Protokolls **129 a** 10
Übernachtungsgeld des ehrenamtlichen Richters **GVG 107**
Übernahme, des Prozesses durch den Rechtsnachfolger **265** 21; **266** 4; Vermögensübernahme s dort
Überpfändung 777 1, **803** 8
Überraschungsentscheidung, Unzulässigkeit **139** 23, 86
Übersendung, Übermittlung s laufend
Übersetzung, beim Europäischen Vollstreckungstitel **1083**; gerichtliche Anordnung **142** 17; Anordnung vor der mündlichen Verhandlung **273** 18; beim IntFamRVG **606 a Anh II** 4, 5; Kostenerstattung **91** 210
Übersiedler s Eingliederungsgeld
Überstundenvergütung, Pfändung **850 a** 3
Übertragbarkeit einer Forderung als Voraussetzung ihrer Pfändbarkeit **851**
Übertragung, der Beweisaufnahme auf den verordneten Richter **355** 6, **361** 3, **365** 3, **375**; der Verhandlung **128 a**; auf den Einzelrichter **277, 348, 348 a, 526, 527, 568**; auf ein Mitglied des Prozeßgerichts **375**; der Gerichtsbarkeit **EGGVG 3, 4**; der vorläufigen Aufzeichnung des Protokolls **160 a**; eines richterlichen Geschäfts auf den Rpfl **GVG 153 Anh** 8 §§ 3, 20, 21; des Streitgegenstands **265** 8

Überweisung, einer gepfändeten Forderung s Zwangsvollstreckung (Pfändung, Überweisung der Forderung)
Überweisungsnachweis 775
Überzeugung, richterliche, des Berufungsgerichts bei der Vollstreckbarerklärung des erstinstanzlichen Urteils **537**; bei der Beweiswürdigung **286** 16; **287**; bei der Beweiswürdigung einer Urkunde **286** 63, **418** 9, **419** 4, **435**; bei der Nichtvorlage einer Urkunde **426** 6, **427** 8; bei der Parteivernehmung von Amts wegen **448** 7; bei der Ablehnung einer Parteivernehmung **446** 5; bei einem Schriftvergleich **442**
UdSSR, frühere, deutsch-sowjetisches Handels- und Schiffahrtsabkommen **SchlAnh VI B 2**; Ehesache **606 a Anh IV**
Umdeutung s Auslegung
Umfang, der Pfändung **803** 8; der Prozeßvollmacht **81–83**
Umfrage s Meinungsumfrage
Umgang mit dem Kind **606 a Anh I, GVG 23 b, 153 Anh** 8 § 14
Umkehr der Beweislast 286 Anh 27
Umkehrschluß Einl III 45
Umlegungsverfahren, Rechtsweg **GVG 13** 24, 66; Revision **542**; Streitwert **3 Anh** 115; Streitwert der Klage betr die Einbeziehung eines Grundstücks **6** 3
Umsatzsteuer, Kostenerstattung **91** 213
Umschreibung, des Kostenfestsetzungsbeschlusses **126** 25; eines gepfändeten Namenspapiers **822**; der Vollstreckungsklausel s Vollstreckbare Ausfertigung
Umschulungsbeihilfe, Pfändung **Grdz 704** 107
Umstände, Veränderung s dort
Umwandlung, Unterbrechung des Verfahrens im Fall einer U. der Aktiengesellschaft **239** 5; der Gesellschaft, Zwangsvollstreckung nach der U. **859 Anh** 7
Umwandlungsklage s Abänderungsklage
Umweltschutz, Gerichtsstand **32 a**; Beweislast **286 Anh** 195 „Umwelthaftung"; Streitwert **3 Anh** 115
Umzugskosten, Klage auf eine Feststellung der Erstattungspflicht **256** 87 „Mietverhältnis"
Unabhängigkeit, des Rpfl **GVG 153 Anh** 8 § 9; des Richters **GVG 1** 2, **DRiG** Vorbem 25, **25, 39**; des ehrenamtlichen Richters **DRiG 45**
Unanfechtbarkeit s Beschluß, Urteil
Unbeachtlichkeit des Rechtsübergangs des Streitgegenstands **265** 17
Unbedingter Revisionsgrund 547
Unbekannter Aufenthalt, Begriff **185** 4; Zustellung **185–188**
Unbestrittene Forderung s Europäischer Vollstreckungstitel
Unbewegliche Sache, Begriff für den Gerichtsstand **24** 15; Zwangsvollstreckung **848, 855, 864 ff**
Unbewegliches Vermögen, Zwangsvollstreckung **864 ff**
Unbezifferter Antrag 253 49 ff, 86; Beschwer **Grdz 511** 13 ff; Streitwert **3** 3, 4; Versäumnisurteil **331** 12
Unechtes Versäumnisurteil Üb 330 13, **331** 13, **539**
Unechtheit einer Urkunde s Urkunde (Echtheit)
Unehre, Zeugnisverweigerungsrecht wegen Fragen, die zur U. gereichen **384** 5
Uneidliche Vernehmung s Parteivernehmung (Beeidigung), Sachverständiger (Vernehmung), Zeuge (Vernehmung)
Uneigentliche Frist Üb 214 11; vgl auch Frist

Unentbehrlichkeit

Unentbehrlichkeit, Unpfändbarkeit **811**
Unentschuldigtes Ausbleiben s Ausbleiben
Unerlaubte Handlung, Gerichtsstand **32**; Pfändungsrecht wegen einer vorsätzlichen u. H. **850 f** 12; vgl auch Schadensersatzanspruch/-klage
Unerwachsene Person, Beschränkung des Zutritts zu einer Gerichtsverhandlung **GVG 175**
Unfähigkeit, zum mündlichen Vortrag **157** 21; der Partei oder des Zeugen zur Eidesleistung **452** 9/ **393** 1, 4
Unfall, Anscheinsbeweis **286 Anh** 105 ff, 187, 191; Streitwert **3 Anh** 116
Ungebühr vor Gericht, Ordnungsmittel **GVG 178**
Ungeeigneter Prozeßvertreter 157
Ungeeignete Zwangsvollstreckung Grdz 704 34
Ungehorsam, Ordnungsgewalt des Vorsitzenden **GVG 177**
Ungewißheit, Dauer eines Hindernisses gegenüber der Beweisaufnahme **356** 6; Zuständigkeitsbestimmung bei einer U. über die Grenzen des Gerichtsbezirks **36** 14
Universität, Zuständigkeitsvereinbarung **38** 18
Universitätsprofessor als Richter **DRiG 7**
Unklagbarkeit, des Anspruchs **Grdz 253** 26; durch eine Versäumung der Klagefrist **253** 16; kraft einer Parteivereinbarung **Grdz 253** 26
Unkosten, Erstattung s Kostenerstattung
Unlauterer Wettbewerb s Wettbewerb
Unmittelbarkeit, der Beweisaufnahme **355** 4; derjenigen bei einer Parteivernehmung **451** 1 „§ 375"; derjenigen im Fall einer freigestellten mündlichen Verhandlung **128** 11; Verstoß gegen die U. der Beweisaufnahme **128** 9; der Verhandlung **128** 1; der Zeugenvernehmung **375**
Unparteilichkeit des Gerichts **139** 13; des Schiedsgerichts **1036**
Unpfändbarkeit (Forderung), des Arbeitseinkommens **850 ff**; Änderung des unpfändbaren Betrags **850 f**; bei einem Landwirt **851 a**; bei einer Miet- oder Pachtzinsforderung **851 b**; bei einer Pflichtteilsanspruch **852**; wegen der Unübertragbarkeit der Forderung **851**
- **(Sache) 807** 40, **811**; Austauschpfändung **807** 41, **811 a, b**; von Grundstückszubehör **865** 5; von Hausrat **812, 885**
- **(Vermögensrecht) 857, 859, 860, 863**; des Gesellschaftsanteils **859** 4; des Gesamtanteils bei der Gütergemeinschaft **860**; des Miterbenanteils **859** 6; der Nutzung des Vorerben **863**
Unrat 885 28
Unreifer als Zeuge **393**
Unrichtigkeit, Berichtigung des Urteils wegen einer offenbaren U. **319**; Berichtigung des Urteilstatbestands **320**; vgl im übrigen beim jeweiligen Gegenstand der Unrichtigkeit
Unschlüssigkeit, Hinweispflicht des Vorsitzenden **139** 21, 33, 37
Unstatthaftigkeit, der Berufung **511**; der sofortigen Beschwerde **567**; im Urkunden- oder Wechselprozeß **597** 4/**602** 5; der Revision **542**
Unstreitige Tatsache 138 27, 38 ff, **313** 22
Untätigkeit der Justizverwaltung, Antrag auf eine gerichtliche Entscheidung **EGGVG 27**; U.-Beschwerde **127** 25
Unteilbarkeit der mündlichen Verhandlung **Üb 253** 3
Unterbevollmächtigter, Gerichtsstand für den Gebührenanspruch **34** 1; Zulassung beim Prozeßgericht **78** 25
Unterbrechung, einer Frist s dort; der Verjährung s dort
- **(des Dienstverhältnisses) 833** 5
- **(des Termins) 227** 6
- **(des Verfahrens),** des Aufgebotsverfahrens **Grdz 946** 4; Aufnahme nach einer Unterbrechung s dort; beim Erlöschen einer juristischen Person oder einer parteifähigen Personenmehrheit **239** 4; Fristlauf **249** 4; der Haft **905** 1; gerichtliche Handlung nach der U. **249** 3, 11; beim Insolvenzverfahren **240**; beim Kapitalanleger-Musterfeststellungsantrag **SchlAnh VIII** 3; Kostenfestsetzung während einer U. **103** 34; Kostenfestsetzung beim zweitinstanzlichen Urteil **Einf 103** 5; im Mahnverfahren **693** 10; bei einer Nacherbfolge **242** 2; durch eine Nachlaßverwaltung **241** 5; eines nichtvermögensrechtlichen Prozesses, Kostenentscheidung **239** 7; Prozeßhandlung nach einer U. **249** 3, 6; wegen einer Prozeßunfähigkeit beim Fehlen eines ProzBev **241** 1, 2; Prozeßvollmacht des Rechtsnachfolgers **86** 13; im schiedsrichterlichen Verfahren **1042**; durch einen Stillstand der Rechtspflege **245** 2; bei einer Streitgenossenschaft **61** 8; bei einer notwendigen Streitgenossenschaft **62** 25; bei einer Streithilfe **67** 5; bei einer streitgenössischen Streithilfe **69** 8; beim Tod der Partei im Fall des Fehlens eines ProzBev **239** 3, 4; bei einer Unvererblichkeit des streitigen Rechts **239** 7; Berichtigung des Urteilstatbestands nach einer Unterbrechung des Verfahrens **249** 13; Verkündung einer Entscheidung bei einer U. nach dem Schluß der mündlichen Verhandlung **249** 13; beim Wegfall des Vorerben im Fall des Fehlens eines ProzBev **242** 2; beim Wegfall/Tod/bei einer Vertretungsunfähigkeit des gesetzlichen Vertreters **241** 4; des ProzBev **244** 1; Wirkung **249**; bei einem Zwischenstreit **Üb 239** 4
Unterbringung, des Eigentums des Schuldners im Fall einer Räumungsvollstreckung **885** 19; eines psychisch Kranken, Rechtsweg **GVG 13** 66
Unterdrückung einer Urkunde **444**
Unteres Gericht 571
Unterhalt, Beeinträchtigung, Prozeßkostenhilfe **114**; Klage gegen den nichtehelichen Vater auf eine Erstattung von U. **644**
Unterhaltsanspruch, Abänderung **323, 641 l, 642 b**; als vermögensrechtlicher Anspruch **Üb 1** 9; Beweislast **286 Anh** 197; Geltendmachung im Ausland **GVG 168 Anh II**; eines Minderjährigen **641 ff**; Pfändung einer gesetzlichen Unterhaltsforderung/Rente **850 b** 4; Pfändung wegen eines U. **850 d**; Streitwert **3 Anh** 117
- **(einstweilige Anordnung) 127 a**; während eines Ehescheidungsverfahrens **620, 621**
- **(e. A. für ein nichteheliches Kind),** während des Verfahrens auf eine Vaterschaftsfeststellung **641 d**; Änderung **641 e** 1; Aufhebung **641 e** 1; Aufhebung, Schadensersatzpflicht des Kindes **641 g**; Außerkrafttreten **641 e** 1, **641 f**; Kostenentscheidung **641 d** 6; Sicherheitsleistung **641 d** 2
- **(einstweilige Verfügung) Grdz 916** 6, 7, **936** 14, **940** 20 „Ehe, Familie", „Rente"; Streitwert einer Unterhaltsrente **3 Anh** 117
Unterhaltsklage, Gerichtsstand bei einem Auslandsaufenthalt des Schuldners **23 a**; Gerichtsstand des Angehörigen des Erblassers **27** 7; Gerichtsstand einer Klage des ehelichen Kindes gegen einen Elternteil **35 a**; Kostenentscheidung bei einer Teilabweisung **92** 36; Prozeßkostenvorschuß **127 a**; Rechtsschutzbedürfnis **Grdz 253** 36; Sommersache **227** 40, 41; Streitwert **9**; Streitwert eines Unterhaltsrückstands **4** 9; vorläufige Vollstreckbarkeit **708** 10; auf eine künftige Zahlung **258** 1; Zuständigkeit **GVG 23 a–c**
- **(nichteheliches Kind) Üb 642** 1, **642 ff**; Änderungsklage gegen eine Verurteilung zur Zahlung

des Regelunterhalts im Vaterschaftsfeststellungsurteil **645 ff**; Antrag/Verurteilung zur Zahlung des Regelunterhalts im Vaterschaftsfeststellungsverfahren **642 ff**; Aussetzung des Verfahrens bis zur Entscheidung über die Vaterschaft **148** 28; Fristsetzung nach dem Erlaß des Vaterschaftsfeststellungsurteils für eine Unterhaltsklage/Festsetzung des Regelunterhalts **645 ff**; Kostenentscheidung bei einer Erledigung der Klage auf die Zahlung des Regelunterhalts durch die Erledigung der Abstammungsklage **91 a** 15 „Regelunterhalt"; Kostenentscheidung im Fall der Stundung usw **93 d**; (Neu)Festsetzung des Regelunterhalts **645 ff**; Beschluß mit der Festsetzung des Regelunterhalts als Vollstreckungstitel **794** 13, 14; Unterhaltsklage trotz regelmäßiger Zahlung, Kostenentscheidung **93** 60

Unterhaltssicherungsleistung, Pfändung **Grdz 704** 108

Unterhaltstitel, Abänderung **323, 645 ff, 655**; Anpassungsgesetz s dort; Regelbetragstitel, Auslandsvollsteckung **790**; Haager Übereinkommen über die Anerkennung und Vollstreckung von Entscheidungen auf dem Gebiet der Unterhaltspflicht gegenüber Kindern **SchlAnh V** A 2; Klage auf eine Sicherheitsleistung **324** 3; auf den Regelunterhalt, (Neu)Festsetzung **645 ff**; vorläufige Vollstreckbarkeit **708**

Unterhaltstitelanpassungsgesetz bei **156**; bei **323**

Unterhaltsvergleich im Ehescheidungsverfahren, Prozeßkostenhilfe **119** 46

Unterlagen des Zeugen **378**

Unterlassen Grdz 253 8; einer Anordnung des persönlichen Erscheinens einer Partei **141** 21; einer Anordnung zur Vorbereitung der mündlichen Verhandlung **273** 16; des Aufrufs der Sache im Termin **220** 8; Beihilfe zum Meineid des Zeugen durch ein U. **138** 66; der Benachrichtigung einer Partei von einer Anordnung vor der mündlichen Verhandlung **273** 30; eines gerichtlichen Hinweises zu einem Beweisantritt **139** 96, 97; der Erklärung des Drittschuldners **840** 15; der Einsicht in eine Urkunde **134** 13; als Prozeßhandlung **Grdz 128** 46; der Rüge einer mangelhaften Prozeßhandlung **295** 10; der Vorbereitung durch einen Schriftsatz **129** 54, **131** 19, **132** 21, **282, 283, 296**; der Terminsbestimmung trotz eines Antrags **216** 27; der Vorlegung einer Urkunde nach einer entsprechenden Anordnung **142** 27; Zwangsvollstreckung aus einem Urteil auf eine U. **890, 891**; einstweilige Verfügung auf ein U. **938** 15, **940** 33

Unterlassungsanspruch, als vermögensrechtlicher Anspruch **Grdz 1** 16; Pfändung **Grdz 704** 108; Zwangsvollstreckung **890**

Unterlassungsklage Grdz 253 8; wegen der Besorgnis einer Rechtsbeeinträchtigung **259** 4; bei einer Eigentums-/Rechtsbeeinträchtigung, Urheberbenennung **77**; Feststellungklage **256** 94 „Unterlassung"; Gerichtsstand des Grundstückseigentums **24** 3; Gerichtsstand einer U. aus einem Vertrag **29** 32; Gerichtsstand bei einer Wettbewerbshandlung **32** 12; Kerntheorie **890** 4; Klagantrag **253** 89; Rechtsschutzbedürfnis **253** 41; Übergang auf eine Klage auf die Zahlung einer Ausgleichssumme oder eines Schadensersatzes **264** 22; Streitwert **3 Anh** 118; Rechtskraftwirkung des Urteils **322** 67, **325** 38; Wiederholungsgefahr **Grdz 253** 41; s auch Unterlassungsklagengesetz

Unterlassungsklagengesetz, Anspruch **Grdz 253** 30; Gerichtsstand **29 Anh I**; Klagenantrag bei **253**; Urteilsformel bei **313**; Urteilswirkung bei **890**; Veröffentlichung bei **313**; Vollstreckungsabwehrklage bei **767**; Zuständigkeit **29 Anh I**

Unterliegen, Pflicht zur Tragung der Kosten **Üb 91** 27, **91** 19

Untermietverhältnis, Gerichtsstand bei der Wohnraummiete **29 a**; Sommersache **227** 38; Streitwert **8** 3; vorläufige Vollstreckbarkeit des Urteils **708**; Rechtskraftwirkung des Urteils gegen den Hauptmieter **325** 34; Zuständigkeit **GVG 23** 5, 6

Unternehmen, Zwangsvollstreckung in das Recht am U. oder in ein gewerbliches Schutzrecht **Grdz 704** 108

Unterordnung s Einordnung

Unterpachtverhältnis, Streitwert **8** 3

Unterrichtung, des ProzBev durch die Partei, Kostenerstattung **91** 215, 216

Untersagung, des Vortrags in der mündlichen Verhandlung **157** 21

Unterschlagung, durch den Gerichtsvollzieher **753** 10

Unterschrift, unter dem abgekürzten Anerkenntnis- oder Versäumnisurteil **313 b** 4 (G); Anforderungen **129** 8 ff; unter der Berufungsschrift/-begründung **519/520**; unter einem Beschluß/seiner Ausfertigung **329** 8–10; unter der Erklärung des Drittschuldners **840** 7; Echtheit, Schriftvergleich **439** 4, **441, 442**; eigenhändige U. **129** 9, **130** 25, **174** 10, **195** 16; Pflicht des Anwalts zur Fristkontrolle anläßlich seiner U. **233** 54 ff, 93 ff; unter der Klageschrift **253** 103; unter dem Mahnantrag **690** 17; unter dem Mahnbescheid **692**; unter dem Protokoll **163** 1, 5; des Rpfl **GVG 153 Anh 8** § 12; unter dem Schiedsspruch **1054**; unter einem Schriftsatz **129** 8 ff, **130** 25; beim Telefax **129** 44; unter einer privaten Urkunde **416** 4; dgl Echtheitserklärung **439** 4; dgl Echtheitsvermutung **440** 4; unter dem Urteil **315** 4, 10; unter einer Ausfertigung oder einem Auszug des Urteils **317** 15; Zwangsvollstreckung aus einem Urteil auf eine Unterschriftsleistung **887** 37; unter einem Vollstreckungsbescheid **699** 17; unter einer Vollstreckungsklausel **725** 4; bei einer Zustellung an der Amtsstelle **173** 4; unter dem Empfangsbekenntnis eines Anwalts über eine Zustellung/bei einer Zustellung von Amts wegen **174** 10, **195** 16, 17; unter der Zustellungsurkunde **182** 17; unter dem Protokoll über eine Maßnahme der Zwangsvollstreckung **762** 3, 4

Unterstellung 292 7; der Wahrheit bei einem Beweisantrag **286** 30; der Zustellung **Üb 166** 5

Untersuchung zwecks Abstammungsfeststellung s Abstammungsuntersuchung

Untersuchungsgrundsatz s Amtsermittlung

Untervertreter, Kostenerstattung **91** 181 „Rechtsanwalt, D. Anwaltsvertreter", 220 „Verkehrsanwalt"; Prozeßvollmacht **81** 5; Rechtsanwalt **78** 27, **85** 38 „Unterbevollmächtigter"

Untervollmacht 80 1; Mangel **88** 1

Unterwerfung, im Anwaltsvergleich **796 a** 4, 5; im Schiedsspruch mit vereinbartem Wortlaut **1053**; unter die sofortige Zwangsvollstreckung s Vollstreckbare Urkunde

UNO, Übereinkommen über die Anerkennung und Vollstreckung ausländischer Schiedssprüche **SchlAnh VI** A 1; Geltendmachung eines Unterhaltsanspruchs **GVG 168 Anh II**

Unübertragbarkeit einer Forderung **851** 16

Unveräußerlichkeit eines Rechts **857** 14

Unverfälschtheit einer Urkunde **Einf 437** 1

Unvermögen zur Zahlung der Prozeßkosten **114** 46

Unvertretbarkeit einer Handlung **887** 20 ff, **888**

Unversetzbarkeit des Richters **DRiG 30**

Unverzichtbarkeit

Unverzichtbarkeit, bei einem Mangel einer Prozeßhandlung **295**; der Zulässigkeitsrüge **295**
Unvollständigkeit des Verhandelns **334** 1
Unwahrheit, einer Behauptung, Schadensersatzpflicht **138** 65; der Erklärung über eine Tatsache **138** 13, 28; eines Geständnisses **138** 64, **290** 5; einer Tatsache, Feststellungsklage **256** 14; einer eidesstattlichen Versicherung **138** 66; Würdigung einer streitigen Behauptung als unwahr **138** 64
Unwirksamkeit, des Kostenfestsetzungsbeschlusses **Einf 103** 8; Nichtigkeit s dort; des Urteils **Üb 300** 14, 19
Unzulässigkeit, einer Anordnung oder Frage in der mündlichen Verhandlung **140**; des Antrags auf eine Parteivernehmung **445** 9; des Aufgebots, Anfechtungsklage **957** 3; des Aufgebotsverfahrens **Einf 1003** 1; der Berufung **522**; Revision wegen der U. gegen ein Urteil in einem Verfahren vor den Erlaß eines Arrests oder einer einstweiligen Verfügung **542**, **922** 24/**936** 3 „§ 922"; einer sofortigen Beschwerde **567**; des Einspruchs **341** 9; der Berufung wegen Nichtvorliegens des Falls einer Versäumnis **514**; der Rechtsbeschwerde, des Rechtswegs s dort; der Revision **552**; des schiedsrichterlichen Verfahrens, Aufhebungsantrag **1059**; der Wiederaufnahmeklage **589**; des Wiedereinsetzungsantrags **238** 7
Unzuständigkeit s Gerichtsstand (Unzuständigkeit), Verweisung, Zuständigkeit
Urheberbenennung, durch den Besitzer **76**; bei einer Beeinträchtigung des Eigentums oder eines Rechts **77**
Urheberrecht, Beweislast **286 Anh 199** „Urheberrecht"; Feststellungsinteresse **256** 94 „Urheberrecht"; Pfändung **Grdz 704** 109, **857** 15
Urheberrechtsverletzungsklage, Feststellungsklage **256** 9; Gerichtsstand **32**; Gerichtsstand für einen Schadensersatzanspruch **32** 6, 17 ff; Rechtsweg **GVG 13** 66 „Urheberrechtsstreitigkeiten"; Urheberbenennung **77**
Urkunde Üb 415 5; Abhandenkommen **Üb 1003** 2; Abschrift **435**; Anordnung einer Übersetzung **142** 17; Anordnung der Vorlegung **142, 273** 18; Antragsrecht eines Gläubigers in der Zwangsvollstreckung **792, 896**; Auffinden als Restitutionsgrund **580** 11; Legalisation einer ausländischen Urkunde **438**; Beifügung zum Mahnbescheid **703 a**, zum Schriftsatz **131** 7, im Urkunden/Wechsel/Scheckprozeß **592** 11/**602** 5/**605 a**; Beseitigung zwecks Vereitelung des Beweises **444** 1; äußere/innere Beweiskraft **Üb 415** 9, 10; als Beweismittel **Üb 415** 12, 13; Einsicht **144**, **299**; Ersetzung einer gerichtlichen oder notariellen Urkunde **Üb 415** 14; Erteilung an den Vollstreckungsgläubiger **792** 1, 3, **896** 1; Feststellung **256** 94; Herausgabe an den Nichtvorliegens des Beweisgläubiger **836** 15; Kraftloserklärung s Aufgebot; U. mit einem äußeren Mangel, Beweiswürdigung **419**; Mitteilung von Anwalt zu Anwalt **135**; über die Schiedsvereinbarung **1031**; Beifügung zu einem Schriftsatz **131** 7; Unverfälschtheit **Einf 437** 1; Vernichtung **Einf 1003** 2; Verwahrung einer verdächtigen U. **443** 1
– **(notarielle) 794** 20, **796 a–c**, **797** 5
– **(öffentliche) 415** 4; Beweisantritt **432** 1, 6; Beweiskraft einer Anordnung/Verfügung/Entscheidung **417**; Beweiskraft für einen Vorgang **418** 6; Beweiskraft für eine Erklärung **415** 8; Vermutung der Echtheit **437**; Echtheit der ausländischen öff. U. **438**; Form **415** 7; Gegenbeweis **415** 11; mit einem äußeren Mangel **419**; Zeugnisurkunde **418** 4; Zustellungsurkunde s dort

Zahlen in Fettdruck = Paragraphen

– **(private) 416** 3; Aussteller **416** 4; Beweiskraft **416** 7; Echtheit **439**; mit einem äußeren Mangel **419**; mit einem Mangel, Beweiswürdigung **440** 6
– **(vollstreckbare)** s Vollstreckbare Urkunde
– **(Echtheit) 437 ff;** Anerkennung durch das Unterlassen einer Erklärung **439** 5; dgl im Parteiprozeß **510**; einer ausländischen Urkunde **438**; als Voraussetzung der Beweiskraft **Einf 437** 1; Erklärung in der Berufungsinstanz **531**; Erklärungspflicht des Gegners **439**; Feststellungs-/Zwischenfeststellungsklage wegen der (Un)Echtheit **256** 107; Säumnis des Bekl im Urkundenprozeß **597** 10; Schriftvergleich **441, 442**; Vermutung der E. bei einer inländischen öffentlichen Urkunde **437**; einer privaten Urkunde **440**; Verwahrung einer verdächtigen Urkunde **443**
– **(Eigenurkunde) 437** 1
– **(Herausgabeklage),** Gerichtsstand der Erbschaft **27** 4 ff; Gerichtsstand beim Testamentsvollstreckerzeugnis **27** 6; Gerichtsstand bei einer Urkunde zum Zweck einer Löschung im Grundbuch **24** 6; Streitwert **3 Anh** 69, 6 3
– **(Rückgabestreit) 135** 8
– **(Urkundenbeweis) 286** 63, **415 ff**; beglaubigte Abschrift einer öffentlichen Urkunde **435**; Anordnung der Vorlegung der Handelsbücher **422** 7; Antrag **424** 4; Beweisbeschluß **425**; Beweisbeschluß auf eine Vernehmung des Gegners über den Verbleib der Urkunde **426**; Nichtvorlegung der Urkunde durch den Gegner **427**; als Parteibeweis **Üb 415** 12; Schriftvergleichung **441, 442**; im Urkundenprozeß **592** 7; Urkundeneinsendung durch eine Behörde **432** 7; Beweisvereitelung **444** 1; Verlesung **286** 65; Verzicht nach der Urkundenvorlegung **436**; Zeugnis einer Behörde **Üb 373** 5
– **(Urkundenbeweisantritt),** Antrag der Vorlegung durch einen Dritten **428, 430**; Antrag der Vorlegung durch den Gegner **421, 424**; Behördenurkunde **432** 1; durch die Vorlegung der Urkunde **420**; Vorlegungspflicht des Gegners **422**; Vorlegungspflicht des Gegners wegen seiner Bezugnahme auf die Urkunde **423**
– **(Vorlegung),** einer beglaubigten Abschrift einer öffentlichen Urkunde **435**; gerichtliche Anordnung **142**; Anordnung der Niederlegung auf der Geschäftsstelle **142** 14; Anordnung auf Grund einer Vernehmung des Gegners **426** 4; Anordnung vor der mündlichen Verhandlung **273** 14, 18; Antrag **424** 4; Aufforderung zur Niederlegung **134**; im Prozeßkostenhilfeverfahren **117**, **118**; vor dem verordneten Richter **434**; im Urkunden/Wechsel/Scheckprozeß **592** 11/**602** 5/**605 a**; Verweigerung **407** 1, 2; bürgerlichrechtliche Vorlegungspflicht des Gegners **422**; Vorlegungspflicht wegen einer Bezugnahme **423**
– **(Vorlegung durch Dritten),** Antrag **428, 430**; Fristsetzung **431** 3; Fristablauf, Antrag auf eine Fortsetzung des Verfahrens **431** 5; Vorlegungspflicht **429**
– **(Vorlegungsklage),** Prozeßvollmacht **81** 19; Streitwert **3 Anh** 124
Urkundenfälschung, Aufhebungsantrag **1059**; Restitutionsklage **580** 5, **581** 1
Urkundenmahnbescheid 703 a
Urkundenprozeß Grdz 592 1; **592 ff**; Abstandnahme **596**; Anerkenntnis **599** 1; Aussetzung des Verfahrens **148** 27; Beweisantritt **595** 5; Beweismittel **592** 7, **593** 4, **595** 3; Einmischungsklage **64** 7; Einwendung **598**; Fehlen einer Prozeßvoraussetzung **Grdz 253** 23; Klagabweisung

Urteil

597; Klageschrift 593; Nachverfahren 600; Parteivernehmung 595 3; Richterausschluß wegen seiner Mitwirkung im U. 41 18; vorläufige Vollstreckbarkeit des Urteils 708 5; Urteil ohne einen Vorbehalt 599 8; Verurteilung des Bekl 599 1; Vorbehaltsurteil 599 7, 9; Zurückverweisung durch das Berufungsgericht 538 9; Widerklage 253 Anh 8, 595 2; Widerspruch des Bekl 599 4; Zulässigkeit 592; Zurückweisung einer Einwendung 598; Zwischenfeststellungsklage 256 110

Urkundsbeamter der Geschäftsstelle GVG Üb 153 3, 153; Ablehnung s Befangenheitsablehnung; Aktenvorlegung beim Vorsitzenden zur Terminsbestimmung 216 16; Amtspflichtverletzung GVG Üb 153 5; Anwaltszwang 78 40; Ausschluß vom Amt 41, 47 2, 49; Ausschluß, Entscheidung 48; Befangenheitsablehnung s dort; Beglaubigung einer zuzustellenden Abschrift 169 4; Ausfertigung/beglaubigte Abschrift des Urteils 317 8; öffentliche Bekanntgabe eines Aufgebots 948; als Dolmetscher GVG 190; Erinnerung gegen seine Entscheidung 573; Erteilung einer vollstreckbaren Ausfertigung 724 6; Fristversäumung als Parteiverschulden 85 9; Hilfsbeschwerde gegen eine Entscheidung 567 10; Erteilung eines Notfrist-/ Rechtskraftzeugnisses 706 12, 16; Protokollführung 159 4; Unterschrift unter dem Protokoll 163; Stellung gegenüber dem Rpfl GVG 153 Anh 8 § 26; Übertragung von Aufgaben des Rpfl auf den U. **Grdz 688** 4, **GVG 153 Anh** 8 § 36 b; Verkündungsvermerk auf dem Urteil 315 14; Erteilung der Vollstreckungsklausel 724 6, 725 4; Vollstreckungsklausel auf einer gerichtlichen Urkunde oder einem Vergleich 797 4, 797 a 2; als Zeuge **Üb** 373 14 „Gerichtsperson"; Zuständigkeit **GVG 153 Anh** 8 § 26; Zustellung von Amts wegen s dort; Zustellung des Vollstreckungsbescheids 699 18; Zustellungsauftrag an den Gerichtsvollzieher s Zustellung (Parteibetrieb); vgl auch Geschäftsstelle

Urkundsperson 415 5, 418 3; Legalisation einer ausländischen Urkunde 438 4

Urlaub, Anspruch auf, Feststellungsklage 256 56

Urlaubsgeld, Pfändung 850 a 4

Ursachenzusammenhang, Anscheinsbeweis 286 **Anh** 15, 22, 200; Beweiswürdigung 287 6; gerichtliche Ermittlung des Schadens 287 9; unabwendbarer Zufall und Fristversäumung 233 17

Ursächlichkeit der Gesetzesverletzung 545, 547

Urschrift, Beifügung zum Mahnbescheid 703 a 4; eines Schriftsatzes 131 10, 133 5; Übergabe zur Zustellung 192 5, 6; Urkundenvorlegung 131 10; beglaubigte Abschrift einer öffentlichen Urkunde als Beweismittel 435; Vorlegung im Urkunden/ Wechsel/Scheckprozeß 593 4/602 5/605 a; Urteil 315 4; Vermerk bei Erteilung einer vollstreckbaren Ausfertigung 734; abgekürztes Urteil 313 a, b; Übermittlung der Zustellungsurkunde an die Partei 193 5

Urteil Üb 300 1, **300 ff**; abgekürztes U. 313 a, b; beglaubigte Abschrift 317 16; Absetzung 315 11; Arten **Üb 300** 4; Entscheidung nach Lage der Akten 251 a, 331 a; über einen von mehreren Ansprüchen 145 1; Auffinden eines U., Wiederaufnahme 580 24; Aufhebung eines Arrestes oder einer einstweiligen Verfügung wegen einer Versäumung der Klagefrist 926 15/936 5 „§ 926"; Aufhebungsantrag im schiedsrichterlichen Verfahren 1059; Urteil über einen Arrest oder eine einstweilige Verfügung 922 19/936 3 „§ 922"; Aufhebung als Grund einer Restitutionsklage 580 9; Schadensersatzpflicht wegen einer Zwangsvollstreckung auf Grund eines später durch das Rechtsmittelgericht aufgehobenen oder geänderten U. 717 4; dgl Streitwert 3 **Anh** 94 „Rückerstattung"; Aufhebung oder Auffinden eines Urteils als Grund einer Restitutionsklage 580 9, 11; bei der Klage auf eine Auskunft, auf eine Rechnungslegung und auf eine Zahlung 254 13; U. statt eines Beschlusses, Rechtsmittel **Grdz** 511 30; Bindung der Behörde an das U. **Einf** 322 21; Bindung des Gerichts an die Anträge der Parteien 308 1; Bindung des Gerichts an ein anderes Urteil **Einf** 322 22, 415 a; Bindung des Gerichts an sein eigenes U. 318; Bruttolohnurteil **Üb** 803 2; U. auf eine Entscheidung im Strafverfahren, Rechtskraftwirkung 322 32 „Buße", 325 24 „Buße"; bei einer (teilweisen) Erledigung der Hauptsache 91 a 173, 200; Entscheidungsgründe 313 31, 313 a, 313 b; Erledigterklärung nach dem Erlaß des U. 91 a 72, 100; Einbeziehung einer tatsächlichen Feststellung in die Rechtskraft 322 16; Fällung 309; Fehlerhaftigkeit **Üb** 300 19, 20; Form, Inhalt 311, 313, 313 a; auf eine sachlichrechtliche Feststellung 255, 510 b; Besetzung des Gerichts 309; Bezeichnung des Gläubigers oder des Schuldners 750 5; abweichend vom Klagantrag 308 13; kontradiktorisches U. **Üb** 300 7; Mangelhaftigkeit **Üb** 300 19, 20; auf eine Fortsetzung des Mietvertrags 308 a 4; Nichtigkeit **Üb** 300 14; Nichturteil **Üb** 300 11; obiter dictum 313 34; gegen eine falsche Partei **Grdz** 50 18; gegen eine nichtbestehende Partei **Grdz** 50 19; gegen einen Parteiunfähigen 50 33; Protokoll 160 14; gegen einen Prozeßunfähigen 52 5, 56 14; trotz des Fehlens einer Prozeßvollmacht 89 13; bei einem Mangel der Prozeßvollmacht 88 13; über eine Prozeßvoraussetzung 56 20; auf eine Räumung von Wohnraum 721 6; Rechtskraftfähigkeit 322 1; Rechtswegverweisung **GVG** 17 7, 17 a; auf die Zahlung einer Rente, Klage auf die nachträgliche Leistung einer Sicherheit 324; durch den Richter nach einer Ablehnung 47 7; Zurückweisung der Ablehnung des Richters 46 14; Rubrum 313 4–10; Schiedsspruch als U. 1055; Streitgenossenschaft 61 7; notwendige Streitgenossenschaft 62 23; Wirkung der Streithilfe 68; Übergabe an die Geschäftsstelle 315 11; Überschrift 311 4; Tatbestand 313 14, 313 a, 313 b; Unterschrift 315 4, 12; im Urkundenprozeß ohne einen Vorbehalt 599 8; Urschrift des abgekürzten U. 313 a, b; auflösend bedingtes/unbedingtes U. **Üb** 300 9; im schriftlichen Verfahren, Zustellung 310 1, 2; im schriftlichen Verfahren ohne das Einverständnis der Parteien 128 34; streitiges/Versäumnisurteil **Üb** 300 7; bei einem Vertretungsmangel 56 11; bei der Vollstreckungsabwehrklage 770; als Vollstreckungstitel 704, 705; auf die Vornahme einer Handlung oder auf die Zahlung einer Entschädigung nach einer Fristversäumung 510 b, 888 a; und Widerspruch gegen einen Arrest/eine einstweilige Verfügung 925 6/936 4 „§ 925"; im Widerspruchsverfahren gegen einen Verteilungsplan 880; betr Wiedereinsetzung 238 5; auf die Abgabe einer Willenserklärung 894; Wirkungslosigkeit **Üb** 300 14, 19; Beschluß über die Wirkungslosigkeit im Fall Erledigung der Hauptsache vor dem Eintritt der Rechtskraft 91 a 109; entsprechender Beschluß bei einer Klagerücknahme 269 46; Wirksamkeit **Üb** 300 10; bei einem Zustellungsmangel 56 11; Verwerfung einer Zulässigkeitsrüge nach einem Zwischenurteil 280

– **(Anerkenntnisurteil)** 307 14; Antrag 307 15; Kostenentscheidung 99 37 ff; trotz einer Be-

Urteil Zahlen in Fettdruck = Paragraphen

schränkung der Prozeßvollmacht **89** 13; abgekürztes U. **313 b**; Verkündung **310**
- (**Anerkennung deutscher U.**) **606 b Anh II**
- (**Ausfertigung**) **317** 8; Berichtigungsbeschluß **319** 28; Kostenerstattung **91** 184 ff; Kostenfestsetzungsbeschluß auf dem Anerkenntnisurteil **105**; abgekürztes Urteil **317** 16; Vorlage beim Berufungs-/Revisionsgericht **519/550**
- (**vollstreckbare Ausfertigung**) s dort
- (**Auslandsurteil**) s dort
- (**Ausschlußurteil**) im Aufgebotsverfahren **952**
- (**Berichtigung**) hinsichtlich eines Schreib- oder Rechenfehlers oder einer offenbaren Unrichtigkeit anderer Art **319**; Ablehnung einer derartigen Berichtigung **319** 35
- (**Berichtigung des Tatbestands**) **320**; nach einer Aussetzung des Verfahrens **249** 13; Fristbeginn durch die Zustellung des Urteils **312** 4, **317**; Wiedereinsetzung nach einer Fristversäumung **233** 8; Ablehnung des Richters **42** 1; nach einer Unterbrechung des Verfahrens **249** 13
- (**Berufungsurteil**) **540**
- (**Bindungswirkung**) **415 a**
- (**DDR-Urteil**), Anerkennung **328** Vorbem
- (**Endurteil**) **Üb 300** 8, **300, 511**; Bindungswirkung **318**; allein eine Entlassung des Bekl bei einem Gläubigerstreit **75** 9; Entscheidungsreife **300** 6; nach einer Zulassung des (Prozeß)Bevollmächtigten ohne (den Nachweis seiner) Vollmacht **89** 5; bei einer Prozeßverbindung **300** 11; über Prozeßvoraussetzungen **56** 20; Vollstreckbarerklärung eines Schiedsspruchs **1060, 1061**; Vollstreckungsfähigkeit **704** 4
- (**Entscheidungsgründe**) **313** 31; im Kleinverfahren **495 a**; Revision wegen des Fehlens **547**; Verkündung **311** 5; Weglassung **313 a, 313 b, 540**
- (**Ergänzung**) **321**; Antragsfrist **321** 6; Beginn der Antragsfrist durch die Zustellung des Urteils **312** 1; Berufungsfrist gegen ein Ergänzungsurteil **518**; Gewährung einer Räumungsfrist **721** 6, 7; bei einem Rechtsnachfolger **239** 16; beim Übergehen des Haupt- oder eines Nebenanspruchs oder des Kostenpunkts **321** 5; bei einem Urteil im Urkundenprozeß ohne einen Vorbehalt **599** 8; hinsichtlich der vorläufigen Vollstreckbarkeit **716**
- (**Erschleichen**) **Einf 322** 35; der Rechtskraft eines Ehescheidungsurteils durch die Rücknahme der Berufung **Einl III** 63; Restitutionsklage **580** 6, **581** 1; Streitwert eines Schadensersatzspruchs wegen E. eines Ehescheidungsurteils **9** 6
- (**Feststellungsurteil**) **256** 48, **Üb 300** 6; Rechtskraftwirkung **322** 38; über die Echtheit oder Unechtheit einer Urkunde **256** 107; Urteil über ein Feststellungsurteil **256** 95; über eine Zwischenfeststellungsklage **256** 119
- (**Gestaltungsurteil**) **Üb 300** 6; auf eine Fristsetzung **255** 7; Rechtskraftwirkung **322** 43, **325** 15
- (**Klagabweisung**) s dort
- (**Leistungsurteil**) **Grdz 253** 8, **Üb 300** 6; Rechtskraftwirkung **322** 49
- (**Nichtigkeit**) **Üb 300** 14, 19; des U. gegen einen Exterritorialen **GVG Einf 18** 2
- (**Prozeßurteil**) s Klagabweisung
- (**Rubrum**) **313** 4–10
- (**Sachurteil**) **Üb 300** 5; Voraussetzung **Grdz 253** 13; bei einer rechtsvernichtenden Rüge **300** 9
- (**Scheinurteil**) **Üb 300** 11, **Grdz 511** 26
- (**Schlußurteil**) **Üb 300** 8; bei einem Aufrechnungsvorbehalt **302** 15; Kostenentscheidung, Rechtsmittel **99** 54; im Nachverfahren des Urkundenprozesses **600** 9; im Nachverfahren einem Vorbehaltsurteil **302** 15

- (**Strafurteil**), Bindungswirkung **415 a**
- (**streitiges, streitmäßiges Urteil**) **Üb 300** 7
- (**Tatbestand**) **313** 14; Bezugnahme **313** 16; bei einer Entscheidung nach Lage der Akten oder einem Urteil im schriftlichen Verfahren **313** 17; Angriffs- oder Verteidigungsmittel **313** 21; Kennzeichnung des Anspruchs **313** 20; Berichtigung **320**; Berufungsurteil **540**; Beweiskraft **314**; Bezugnahme auf einen Schriftsatz oder auf das Sitzungsprotokoll **313** 16; Ergänzung **321** 4; im Kleinverfahren **495 a**; Mangel als Revisionsgrund **313** 30, **547**; Prüfung in der Revisionsinstanz **557**; Unzulänglichkeit **313** 1; beim abgekürzten Urteil **313 b**, **317** 16; Weglassung **313 a, 540**; Widerspruch zum Sitzungsprotokoll **314** 7; Wiedergabe des Sach- und Streitstands **313** 14; Aussage eines Zeugen, Sachverständigen, einer Partei **313** 16
- (**Teilurteil**) **301** 1; bei einer Anspruchshäufung **260** 20; über einen Anspruchsteil **301** 21; in einer Ehesache **Einf 610** 4, 6; bei einer Feststellungsklage **256** 50; bei einer Klägerhäufung **301**; über die Kosten nach beiderseitigen Erledigterklärungen **91 a** 202; Kostenentscheidung nach einem Teilurteil, Rechtsmittel **99** 46; nach einer Rechnungslegungs- und Zahlungsklage **254** 13; gegen Streitgenossen **61** 14; dgl Kostenentscheidung **100** 28; bei einer Streitgenossenschaft wegen des Fehlens von Prozeßvoraussetzungen **Üb 59** 8; bei einer notwendigen Streitgenossenschaft **62** 23; Rechtskraft **322** 11, 51; Unterbleiben **301** 4 ff; über die vorläufige Vollstreckbarkeit **718** 5; über die Widerklage **301** 31; Zulässigkeit **301** 4; Urteil über eine Zwischenfeststellungsklage **301** 4
- (**Unanfechtbarkeit**), des Urteils des LG wegen einer sachlichen Unzuständigkeit **513**; des Teilurteils des OLG über die vorläufige Vollstreckbarkeit **718** 5; des Urteils über die Zulässigkeitsrüge **280** 8
- (**zusammen mit Urteil anfechtbarer Beschluß**) s Beschluß
- (**Urteilsformel**) **313** 11; beim abgekürzten Anerkenntnis- oder Versäumnisurteil **313 b**; bei der Abweisung einer verneinenden Vaterschaftsfeststellungsklage **641 h**; Berichtigung **319** 6; Ergänzung **321**; Kostenentscheidung bei Anerkenntnisurteil **93** 107; Kostenentscheidung bei einer Streitgenossenschaft **100** 28 ff; Maßgeblichkeit für die innere Rechtskraft **322** 4; Verbotsurteil **890** 3; Vorbehalt der beschränkten Erbenhaftung **780** 4; Vorbehalt einer Genehmigung nach dem AWG **SchlAnh IV** A; Vorbehalt einer Haftungsbeschränkung **305** 5; Vorbehaltsurteil **302** 9; beim Widerspruch des Bekl gegen eine Erledigterklärung des Klägers **91 a** 175 ff
- (**Urteilsgründe**) **313** 31; Begründung des Urteils mit der Beweislast **286 Anh** 1; Beweiswürdigung **286** 20 ff; Fehlerhaftigkeit oder Mangel als Revisionsgrund **551** 14; Einbeziehung in die Rechtskraft **322** 9 ff, 20; Verkündung **311** 7
- (**Urteilskopf**) **313** 4–10
- (**Urteilsstil**) **313** 47, 48
- (**Urteilsvoraussetzung**) **Grdz 253** 5
- (**Verkündung**) **310** 1, 6, **311, 312**; Ablehnung als Aussetzung des Verfahrens **249** 13; in Abwesenheit der Partei **312** 4; nach einer Aussetzung des Verfahrens **249** 13; Entscheidungsgründe **311** 7; im Namen des Volkes **311** 4; Öffentlichkeit **GVG 173**; ein vom Richteramt Ausgeschlossener als Mitwirkender **41** 6; Wegfall des Richters vor der Verkündung **309**; nach einer Anordnung des Ruhens des Verfahrens **251** 7; nach einer Unterbrechung des Verfahrens **249** 13; im schriftlichen Verfahren **310** 3; im vereinfachten Verfahren **311**

6; Verkündungstermin 310 7; Verkündungsvermerk 315 14; Vorlesung der Urteilsformel 311 5
- (Veröffentlichung), Kosten 788 47
- (Versäumnisurteil) s dort
- (Verzichtsurteil) 306 5; abgekürztes Urteil 313 b
- (vorläufige Vollstreckbarerklärung) Grdz 704 30, Einf 708, 708 ff; Abwendung der Zwangsvollstreckung durch eine Sicherheitsleistung oder Hinterlegung des Schuldners 711–714, 719–720 a; von Amts wegen ohne eine Sicherheitsleistung 708; von Amts wegen gegen eine Sicherheitsleistung 709; Antrag 708, 709, 714; Antrag auf eine Vollstreckbarerklärung in der Berufungs-/Revisionsinstanz 537/558; Antrag auf eine Vorabentscheidung in der Berufungsinstanz 718; auf einen Antrag ohne eine Sicherheitsleistung 710; Außerkrafttreten durch die Aufhebung oder Änderung des Urteils/Schadensersatzpflicht des Klägers 717 3, 4; in einer Ehe- oder Kindschaftssache 704 7, 8; Kosten 788 48; wegen der Kosten Einf 708 5; Rechtskraft mit der Verkündung Einf 708 5; Unzulässigkeit 704 7; Vorabentscheidung 718 3
- (Vollstreckbarkeit) Grdz 704 28; eines Arresturteils 925 10; Entscheidung von Amts wegen 308 1; und Rechtskraft Einf 322 3; und Rechtskraftwirkung Einf 727 1
- (Vollstreckungsurteil) s Auslandsurteil
- (Vorabentscheidung), über den Grund des Anspruchs 304 24; dgl durch ein Versäumnisurteil 347 4; des Berufungsgerichts über die vorläufige Vollstreckbarkeit 718 3; Richterausschluß wegen seiner Mitwirkung 41 14; Zurückverweisung durch das Berufungsgericht 538
- (Vorbehaltsurteil) Üb 300 8, 302, 305, 780 ff; Schadensersatzpflicht nach seiner Aufhebung 302 17; bei einer Aufrechnung durch den Bekl 302 3, 8; dgl Urteil im Nachverfahren/Schlußurteil 302 11, 15; nach der Zulassung des (Prozeß)Bevollmächtigten ohne (den Nachweis seiner) Vollmacht 89 5; im Urkundenprozeß 599 7, 9; Vollstreckungsfähigkeit 704 4; Vorbehalt einer Haftungsbeschränkung 305; Vorbehalt einer beschränkten Erbenhaftung 780 4, 6; Zurückverweisung durch das Berufungsgericht 538; Einstellung der Zwangsvollstreckung 707 1
- (Zustellung), von Amts wegen 317 4; in einer Ehe- oder Kindschaftssache 625, 640 9; Kostenerstattung 91 218 „Urteil"; im Parteibetrieb 317 4, 750; im schriftlichen Verfahren 128 35; nach einer Unterbrechung des Verfahrens durch den Tod oder die Vertretungsunfähigkeit eines Anwalts 244 12; als Voraussetzung der Zwangsvollstreckung 750 14
- (Zwischenurteil) Üb 300 8, 303 1; über das Recht zur Verweigerung einer Abstammungsuntersuchung 372 a 23; über den Grund des Anspruchs 304; nach einer Anordnung der Verhandlungsbeschränkung 146 7; nach einer Aufrechnung durch den Bekl 145 20; Bindung des Gerichts 318; Nachprüfung in der Berufungsinstanz 512; Zulässigkeit der Berufung 522; nach einem Einspruch 343 6; Entscheidungsreife im Zwischenstreit 303 9; über eine Exterritorialität GVG Einf 18 2; und Feststellungsurteil 256 2; über die Zulässigkeit der Klage 280 7; über die Zulässigkeit einer Klagänderung 263 20, 268 1; über eine Klagerücknahme 269 31; nach einer Zulassung des (Prozeß)Bevollmächtigten ohne (den Nachweis seiner) Vollmacht 89 5; bei einer Prozeßtrennung 145 1; über eine Prozeßvoraussetzung 56 20; Rechtskraft 322 3; Rechtsmittel

bei einer formfehlerhaften Entscheidung Grdz 511 33; bei einem Rechtsnachfolgerstreit 239 12, 19; Ausschluß des Richters wegen seiner Mitwirkung 41 20; über die Zulassung eines Rechtsnachfolgers 266 6; über das Recht des Sachverständigen zur Verweigerung eines Gutachtens 402 6 „§§ 386–389"; über eine Sicherheitsleistung 112 3; über die Zulassung eines Streithelfers 71 6; statt eines Teilurteils, Rechtsmittel Grdz 511 33; über die Rückgabe einer Urkunde durch einen Anwalt 135 12; über einen Verweigerungsantrag 506 7; Vorabentscheidung über den Grund des Anspruchs 304 24; über eine Wiedereinsetzung 238 7, 12; über ein Zeugnisverweigerungsrecht 387 5; Zurückweisung des Entlassungsantrags des Bekl bei einem Gläubigerstreit 75 9

Urteil, Abgrenzung gegenüber einer Tatsache Einf 284 18, 20; technisches Urteil Einf 284 21; juristische Beurteilung Einf 284 21; Werturteil Einf 284 18

Urteilsverfahren Einl III 5

USA, deutsch-amerikanisches Freundschafts-, Handels- und Schiffahrtsabkommen SchlAnh VI B 1

Usance GVG 1 2

V

VAHRG, einstweilige Anordnung 620 c 6
Valuta, Streitwert 3 Anh 126
Vater, Prozeßstandschaft Grdz 50 27
Vaterschaft, Ausschluß einer Gerichtsperson wegen ihrer V. 41 10, 49; Zweifel als Aussetzungsgrund s Aussetzung
- (Anerkenntnisanfechtungsklage) 640 6; Anordnung einer Abstammungsuntersuchung 372 a 4, 640 11 „§ 616 I"; Duldungspflicht 372 a 19; Duldung eines Augenscheins 371 9; zulässige Abstammungsuntersuchung 372 a 4; Verweigerung der Untersuchung 372 a 24; Amtsermittlung 640 11 „§ 616 I", 640 d; Anerkenntnis 640 12 „§ 616 I"; Aussetzung des Verfahrens zwecks erbbiologischer Untersuchung 148 28; Beweis 286 Anh 204; Erklärung über eine Tatsache oder über die Echtheit einer Urkunde 640 9; Klage auf die Feststellung der (Un)Wirksamkeit eines Anerkenntnisses 256 9, 96, 640 2; Geständnis 640 11 „§ 617"; Klagenverbindung 640 c 1; Kostenentscheidung im Fall eines Anerkenntnisses 93 16 „Kindschaftssache"; Kostenentscheidung bei einer erfolgreichen Klage des Mannes 93 c; Ladung des nicht beteiligten Elternteils/Kindes 640 e; Übergangsvorschriften mit dem NEhelG Üb 640 1; Öffentlichkeit GVG 170, 173; Parteiherrschaft 640 12 „§ 617"; Parteivernehmung 640 11 „§ 613"; Streitgenossenschaft 60 3; notwendige Streitgenossenschaft 69 2; Streitwert 3 Anh 126 „Vaterschaftsanerkenntnis"; Berücksichtigung einer Tatsache gegen den Widerspruch des Anfechtenden 640 d; Tod der Partei vor dem Eintritt der Rechtskraft 640 12 „§ 617"; Tod des anfechtenden Mannes 640 g; Rechtskraftwirkung des Urteils 322 33 „Ehe- und Kinderschaftsurteil", 640 h; Unzulässigkeit einer Vollstreckbarerklärung des Urteils 704 7; Zustellung des Urteils 640 9; Versäumnisurteil 640 11 „§ 612"; Verzicht auf den Kaganspruch 640 12 „§ 617"; Verzicht auf die Beeidigung der Partei, des Sachverständigen oder des Zeugen 640 12 „§ 617"; Widerklage 253 Anh 8, 640 c 2
- (Feststellungsklage) 256 9, 96, 640 1, 641; Anerkenntnis der Vaterschaft, Zustimmung des gesetzlichen Vertreters zur Niederschrift 641 c; Aus-

Veränderung Zahlen in Fettdruck = Paragraphen

setzung zwecks einer erbbiologischen Untersuchung **148** 28; und Revision **550** 13; und Unterhaltsklage, Prozeßtrennung **145** 4; Antrag auf eine Zahlung von Unterhalt **643**; Restitutionsklage **641 i**; Ausspruch im Urteil auf eine Verpflichtung zur Zahlung des Regelunterhalts **645**
- **(desgleichen einstweilige Anordnung zur Zahlung von Unterhalt) 641 d**; Änderung **641 e** 1; Aufhebung **641 e** 1; im letzteren Fall Schadensersatzpflicht des Kindes **641 g**; Außerkrafttreten **641 e** 1, **641 f**; Kostenentscheidung **641 d** 6; Sicherheitsleistung **641 d** 2
- **(Feststellungsklage betr ein Anerkenntnis) 256** 9, 96, **640** 1, **641**

Veränderung, des Streitgegenstands, Klage auf den Gegenstand/das Interesse **264** 6; eines Umstands, Aufhebung des Arrests **927**; der Verhältnisse s dort

Veranlassung, zur Klagerhebung **93** 28; Wegfall der V. für eine Sicherheitsleistung **109** 6

Veräußerung, Verkauf der Pfandsache **806**; ein die V. hinderndes Recht **771** 2, 14; des Streitgegenstands **265** 4, 8, 16; eines Grundstücks, Schiffs, Schiffsbauwerks, Luftfahrzeugs während des Prozesses um eine Belastung oder Berechtigung **266** 1; des Streitgegenstands, Prozeßgeschäftsführung **Grdz 50** 29; Rechtskraftwirkung des Urteils **325** 4; Erteilung der Vollstreckungsklausel **727** 4 ff

Veräußerungsverbot, durch eine einstweilige Verfügung **936** 11, **938** 26; Recht zur Erhebung einer Widerspruchsklage **772**

Veräußerungsverpflichtung, Zwangsvollstreckung **887** 38

Verbandsklage, Beweislast **286 Anh** 6; Klagantrag **253** 94; Parteifähigkeit **50** 7, **Grdz 253** 29; Streitwert **3 Anh** 6 „Allgemeine Geschäftsbedingungen"; Urteil **313** 13; Zuständigkeit **Üb 12** 11, **12** 11, **16** 1, **17** 1, **38** 6, 27; **GVG 78 Anh III**

Verbandsgerichtsbarkeit, Unklagbarkeit **Grdz 253** 29

Verbindung, mehrerer Ansprüche s Anspruchshäufung; mehrerer Aufgebotsverfahren **959**; der Berufungen gegen das Urteil und gegen das Ergänzungsurteil **518**; der Klagen auf eine Eheherstellung, Scheidung und Aufhebung der Ehe **610** 1; in einer Kindschaftssache **640 c**; des Kostenfestsetzungsbeschlusses mit der Ausfertigung des Urteils **105**; mehrerer Prozesse **147**; einer Prozeßhandlung mit einem Rechtsgeschäft **Grdz 128** 61; Prozeßverbindung s dort; der Verhandlung über den Wiedereinsetzungsantrag mit der Sachverhandlung **238** 5

Verbleib, Gerichtsstand beim Arrest/bei der einstweiligen Verfügung **919** 8

Verbot, der Schlechterstellung **528/565**; durch eine einstweilige Verfügung **936** 11, **938** 16; an den Drittschuldner zur Zahlung an den Schuldner **829** 37

Verbotsurteil, Zwangsvollstreckung **890**, **891**

Verbraucherdarlehen 688

Verbürgung der Gegenseitigkeit s Gegenseitigkeit

Verbund von Ehescheidungs- und Folgesachen **623**; Änderung eines Teils **629 a**

Verdacht, Anscheinsbeweis **286 Anh** 18, 19; einer Straftat, Aussetzung des Verfahrens **149** 4; einer Straftat während der Gerichtsverhandlung, vorläufige Festnahme usw **GVG 183**; dgl gegenüber einem ProzBev, Ausschluß **157** 7; Verwahrung einer verdächtigen Urkunde **443**

Verdienstausfall, Erstattungsanspruch **Üb 91** 294 „Zeitversäumnis"

Vereidigung s Eidesleistung, Beeidigung der Partei, des Sachverständigen, des Zeugen, Richter

Verein, Auflösung **Grdz 50** 20; Ausschluß aus dem V. als ein vermögensrechtlicher Anspruch **Grdz 1** 16, **3 Anh** 126; Ausschluß aus dem V. nach dem Austritt, Feststellungsklage **256** 97; Ausschluß eines Mitglieds des am Prozeß beteiligten V. als Gerichtsperson **41** 7, **49**; Gerichtsstand **17** 10; Gerichtsstand des nicht rechtsfähigen Vereins **17** 10; Gerichtsstand der Mitgliedschaft **22**; Mitglied als Zeuge **Üb 373** 23; Mitglied eines nicht rechtsfähigen Vereins als notwendiger Streitgenosse **62** 15; Beschluß der Mitglieder, Beweislast **286 Anh** 205 „Vereinsbeschluß"; Pfändung des Mitgliedschaftsrechts **Grdz 704** 95 „Mitgliedsrecht"; Parteifähigkeit des nicht rechtsfähigen Vereins **50** 7; des rechtsfähigen Vereins **50** 7; Prozeßunfähigkeit **52** 4; Rechtsweg **GVG 13** 67; Schiedsgericht **1034**; Sicherheitsleistung **110**; Streithilfe beim nicht rechtsfähigen Verein **66** 1; Streitwert **3 Anh** 126; Vereinsgerichtsbarkeit, Unklagbarkeit **Grdz 253** 28; gesetzliche Vertretung **51** 22; Prozeßführungsrecht des Vorstands eines eingetragenen Vereins **80** 8; Zustellung **170** 14, **178** 25–27; Zwangsvollstreckung gegen den nicht rechtsfähigen Verein **735**

Vereinbarter Wortlaut beim Schiedsspruch **1053**

Vereinbarung s Gerichtsstand, Parteivereinbarung, Zuständigkeit

Vereinfachte Kostenfestsetzung 105

Vereinfachtes Verfahren (Unterhalt) **323**, **645 ff**, **655**, **794**, **798 a**; Unterhaltstitelanpassungsgesetz bei **156** und **323**

Vereinfachte Zustellung s Zustellung (Amtszustellung)

Vereinfachungsnovelle Einl I 2

Vereinigte Senate GVG 136, 138

Vereinigte Staaten, deutsch-amerikanisches Freundschafts-, Handels- und Schiffahrtsabkommen **SchlAnh VI B** 1

Vereitelung der Beweisführung **286 Anh** 26; beim Urkundenbeweis **444**

Vererblichkeit, der Entschädigung für eine Beiwohnung **262** 3

Verfahren, summarisches Einl III 7, **620 ff**, **916 ff**

Verfahrensablaufplan 703 b 4

Verfahrensarten Einl III 4

Verfahrensaussetzung s Aussetzung

Verfahrensgebühr, Erledigung der Hauptsache vor ihrer Zahlung **91 a** 58
- **(Vorwegzahlungspflicht) 271 Anh**

Verfahrensmangel 295; gerichtliche Aufklärungspflicht **139** 96; im Beschwerdeverfahren **567**, **574**; Verletzung des rechtlichen Gehörs s Gehör; Verstoß gegen den Grundsatz der Mündlichkeit **128** 9; als Begründung einer Sprungrevision **566**; Prüfung im Revisionsverfahren **557**; dgl Zurückverweisung wegen eines Verfahrensmangels **538**, **563**, **572**; Rüge in der Berufungs-/Revisionsinstanz **534/556**; als Grund für eine Klage auf die Aufhebung des Schiedsspruchs **1059**; bei einem Beitritt des Streithelfers **70** 9, **71** 11; bei einer Streitverkündung **73** 1; Verstoß gegen den Grundsatz der Unmittelbarkeit **128** 9; (Un-)Heilbarkeit **295** 7 ff; Widerruf der Unterlassung einer Rüge **Grdz 128** 59; bei einer Zustellung **Üb 166** 13, **167** 5, **168** 8, **171** 7, **172** 36, **174** 19, **176** 5, **177** 5 usw; Zwangsvollstreckung ohne die Erfüllung der Voraussetzungen für ihren Beginn **Einf 750** 4
- **(Heilung) 189, 295**; einer gegen den Anwaltszwang verstoßenden Prozeßhandlung **78** 32; eines Mangels bei der Aufnahme nach einer Aussetzung oder Unterbrechung des Verfahrens **250** 8; eines

Mangels bei der Klagerhebung **253** 16; eines Verstoßes gegen den Mündlichkeitsgrundsatz **128** 9; einer Prozeßhandlung nach der Aussetzung oder Unterbrechung des Verfahrens **249** 10, 12; des Fehlens eines Verfahrens vor der Schiedsstelle in einer Arbeitnehmererfindungssache **253** 6; der Schiedsvereinbarung **1031**; beim Beitritt des Streithelfers **70** 8; bei einem Verstoß gegen den Grundsatz der Unmittelbarkeit **128** 9; durch eine Verhandlung zur Hauptsache s Mündliche Verhandlung; eines Verstoßes gegen den Verfügungs- bzw Beibringungsgrundsatz **Grdz 128** 37; der Prozeßführung eines Vertreters ohne eine Vollmacht **89** 11 ff; und Wiederaufnahme **590** 4; bei einem Wiedereinsetzungsantrag **238** 2; bei einer Zeugenvernehmung **Üb 373** 31; beim Fehlen eines Zusammenhangs zwischen den Ansprüchen der Klage und der Widerklage **253** Anh 13; eines Mangels der Zustellung **Üb 166** 13, **189**; eines Mangels der Zwangsvollstreckung **Grdz 704** 58
Verfahrensrüge 295; in der Revisionsinstanz **534/556**; s auch Verfahrensmangel
Verfallklausel als Voraussetzung der Zwangsvollstreckung **726** 2, 4
Verfasser, Zeugnisverweigerungsrecht **383**
Verfassungsbeschwerde, kein Rechtsmittel **Grdz 511** 34; gegen die Kostenentscheidung **99** 68; wegen einer Versagung des rechtlichen Gehörs usw **Einl III** 15 ff; gegen eine Verweisung **281** 29; gegen eine Bestimmung der Zuständigkeit **36** 8; gegen die Zwangsvollstreckung **Grdz 704** 56; Einstellung der Zwangsvollstreckung im Fall einer V. **707** 27
Verfassungsgericht, Aussetzung des Verfahrens wegen einer Zuständigkeit des V. **148** 29
Verfassungskonforme Auslegung Einl III 49
Verfassungsmäßigkeit des Anwaltszwangs **78** 2
Verfassungswidrigkeit eines Gesetzes **GVG 1** 5
Verfolgung, eines Beamten **EGGVG 11**; Zeugnisverweigerungsrecht wegen der Gefahr einer Verfolgung **384** 5
Verfügung, Beweis der V. einer Behörde **417**; über den Streitgegenstand **265** 3, 16; durch eine Erledigterklärung **91a** 108; durch einen notwendigen Streitgenossen **62** 17
− **(richterliche) Üb 300** 1, **329** 1; Protokoll **160** 14; Wirksamwerden **329** 23
− **(von Todes wegen),** Gerichtsstand eines Anspruchs aus einer solchen Verfügung **27**; Geliebtentestament, Beweislast **286 Anh** 95; Gültigkeit, Feststellungsklage **256** 18, 66 ff; Nichtigkeit, Streitwert **3 Anh** 41 ff; Bestellung eines Schiedsgerichts **1035**
Verfügungsgegenstand, Streitgegenstand **2** 2
Verfügungsgrundsatz Grdz 128 20
Vergleich, Anwaltsvergleich **796 a−c**; Streit über die Wirksamkeit eines Gesamtvergleichs **307 Anh** 37; in einer Gütlichen Streitbeilegung **278**; vor einer Gütestelle oder Einigungsstelle, Abänderungsklage **323** 66; in Güteverhandlung **278**; dgl Erteilung der Vollstreckungsklausel **797 a**; über eine Aufhebung der Kosten gegeneinander **98** 25; Kostenscheidung bei der Einwendung, es sei ein V. abgeschlossen worden **91** 98; Erklärung des Kostenpunkts als erledigt **91 a** 85 „Kostenstreit"; Kostenübernahme nach beiderseitiger Erledigterklärungen **91 a** 128 „Kostenstreit"; Kostenvergleich, Kostenfestsetzung **104** 14; durch den ProzBev **81** 21, **85** 6; durch den (Prozeß-)Bevollmächtigten ohne (den Nachweis seiner) Vollmacht **89** 5; über die Prozeßkosten vor einer Erledigung der Hauptsache **98** 37; kraft der Prozeßvollmacht

81 21, **85** 5; Beschränkung der Prozeßvollmacht **83** 1; Erstattung der Gebühren des mitwirkenden Rechtsanwalts **98**; nach dem Rechtsübergang des Streitgegenstands **265** 19; Anordnung des Ruhens des Verfahrens wegen des Schwebens außergerichtlicher Vergleichsverhandlungen **251** 5; Streitwert **3 Anh** 127; kraft einer Terminsvollmacht **83** 1; über die Unterlassung einer Handlung **890** 7; nach einem rechtskräftigen Urteil **794** 3; außergerichtlicher V. **307 Anh** 2, **796 a** 1; Vollstreckungserklärung des Anwaltsvergleichs **796 a−c** und Genehmigung des Vormundschaftsgerichts **54** 3
− **(Prozeßvergleich)** s dort
Vergleichsverhandlung, Anordnung des Ruhens des Verfahrens **251** 5
Vergütung, des ehrenamtlichen Richters der Kammer für Handelssachen **GVG 107**; des Sachverständigen **413**; des Schiedsrichters **1034 ff**; des Zeugen **401**
Verhafteter, Abgabe der eidesstattlichen Versicherung **902** 3
Verhaftung, zur eidesstattlichen Versicherung **909** 1, 7, **910** 1, 3; in der Gerichtsverhandlung wegen des Verdachts einer Straftat **GVG 183**
Verhalten, der Partei s dort
Verhältnisse, Änderung, Abänderungsklage **323** 17 ff; Änderung bei der Pfändung des Arbeitseinkommens **850 g**; Änderung nach einer Stundung von Unterhaltsrückständen **645 ff**; Aufhebung des Arrests oder der einstweiligen Verfügung wegen veränderter Umstände **927/936** 5 „§ 927"; Änderung der Festsetzung des Streitwerts von Amts wegen **Einf 3** 9
Verhandlung s Abgesonderte Verhandlung, Mündliche Verhandlung
Verhandlungsfähigkeit Üb 78 1; eines nicht zugelassenen Anwalts im Anwaltsprozeß **80** 7; als Prozeßvoraussetzung **Grdz 253** 22
Verhandlungsgrundsatz s Beibringungsgrundsatz
Verhandlungsmaxime s Beibringungsgrundsatz
Verhandlungsort 219; Entfernung **158**
Verhandlungsreife 349 4
Verhandlungstermin s Termin (Bestimmung)
Verhandlungsvertreter, Rechtsanwalt **78** 28
Verhinderung am Erscheinen vor dem Gericht, Bestimmung eines anderen Terminsorts **219** 5; Übertragung einer Beweisaufnahme/Beeidigung/Vernehmung einer Partei **375/479/619**; des zuständigen Gerichts, Bestimmung des nunmehr zuständigen Gerichts **36** 13; des Richters an seiner Unterschrift **315** 5; an der Urteilsfällung **309** 3; des beauftragten Richters an der Beweisaufnahme **361** 4; des Vorsitzenden an der Unterschrift des Protokolls **163** 6
Verjährung, Beweislast **286 Anh** 205; Einrede der V. Anwaltsvergleich gegenüber dem Kostenerstattungsanspruch **Üb 91** 40; Feststellungsklage bei einer drohenden V. **256** 98; Kostenentscheidung **93** 63; des Kostenerstattungsanspruchs **Üb 91** 40; Kostenfestsetzung trotz einer V. **104** 12; des Ordnungsmittels **890** 28; des Schadensersatzanspruchs gegen einen Anwalt **GVG 155 Anh I** 4 § 51; Berufung des Streithelfers bei den Eintritt der V. **67** 9; bei einem Verschulden des Vertreters **85** 24; Verzicht auf die Einrede der V. **167** 22; bei einem Musterprozeß **Einl III** 59
− **(Hemmung),** Beweislast **286 Anh** 205
− **(Unterbrechung bei, durch),** eine Aufrechnung im Prozeß **145** 19; die Aussetzung des Verfahrens **249** 5; Beweislast für eine U. **286 Anh** 205; Feststellungsklage **256** 39, 98, **262** 1; Klage im Ausland **253** 3; Klage bei mehreren Einzelansprüchen

Verkauf

253 3; Klage im Fall der Genehmigung der Prozeßführung ohne eine Vollmacht 89 13; unsubstantiierte Klage 253 37; Klagabweisung durch ein Prozeßurteil 253 21; Rechtshängigkeit 262 4; Anordnung des Ruhens des Verfahrens 251 9; demnächst erfolgende Zustellung 167 22, 696

Verkauf, freihändiger, Anordnung bei einer Pfandsache/bei einer gepfändeten Forderung 825 13/844 7; eines Wertpapiers 821 9

Verkaufswert einer gepfändeten Gold- oder Silbersache 817 a 8

Verkehrsanwalt, Fristversäumung, Verschulden 85 24; Kostenerstattung 91 220 ff; im Prozeßkostenhilfeverfahren 121

Verkehrsauffassung, Prüfung im Revisionsverfahren 550 13

Verkehrssitte 293 2

Verkehrsstörung, Aussetzung des Verfahrens 247 2; Säumnis 337 13

Verkehrsunfall, Anscheinsbeweis 286 Anh 29, 105 „Kraftfahrzeug", 159 „Schadensersatz"

Verkehrswert als Streitwert 3 2, 6 4

Verkündung s Beschluß, Urteil

Verkündungsgegner s Streitverkündung

Verkündungstermin s Termin

Verkündungsvermerk 315 14

Verlagsrecht, Pfändung Grdz 704 110

Verlängerung einer Frist s Frist (Verlängerung)

Verleger, Recht zur Prozeßgeschäftsführung Grdz 50 46 „Urheberrecht", 53 4; Zeugnisverweigerung 383 6

Verlegung s Termin (Verlegung)

Verlesung, in der mündlichen Verhandlung 297 11; Protokoll 162 3

Verletzter, Ausschluß der Öffentlichkeit GVG 171 b 2; Zutritt GVG 175

Verletzung der Amtspflicht s dort; vgl ferner Eid, Gesetz, Verfahrensmangel

Verletzungsrente, Pfändung 850 b 3

Verlöbnisaufhebung, Gerichtsstand 29 12

Verlobter, Zeugnisverweigerungsrecht 383 4, 385 1

Verlobungsring, Pfändung 811 51

Verlust s beim Gegenstand des V.

Verlustigerklärung, der Berufung nach der Rücknahme des Rechtsmittels 516 17; des Einspruchs 346 1; Streitwert 3 Anh 129

Vermächtnis, Gerichtsstand für einen Anspruch aus einem V. 27 6; Vollstreckungsabwehrklage des Vermächtnisnehmers wegen einer Beschränkung seiner Haftung 786

Vermessungsingenieure, Rechtsweg GVG 13 67

Vermieter, Ersatzzustellung an den V. 178 14; Rechtsschutzbedürfnis bei der Herausgabeklage Grdz 253 35; Klage auf eine vorzugsweise Befriedigung aus einem Pfandrecht 805 3; vorläufige Vollstreckbarkeit des Urteils aus einem Pfandrecht 709 1; Zwangsvollstreckung aus einem Urteil gegen den V. auf die Vornahme einer Handlung 887 38; vgl. auch Mietstreitigkeit

Vermögen, Gerichtsstand des V. 23; bewegliches/unbewegliches V. 803 3/864 1; und Prozeßkostenhilfe 115 31

Vermögensgesetz, Rechtsweg GVG 13 67

Vermögenslage, Änderung 323; als Arrestgrund 917 5; Klage bei einem Rentenurteil auf eine nachträgliche Sicherheitsleistung 324

Vermögensmasse, Prozeßkostenhilfe für eine Partei kraft Amtes 116

Vermögensrecht, Begriff 857 1; Pfändung s dort

Vermögensrechtlicher Anspruch Grdz 1 10; nichtvermögensrechtlicher Anspruch Grdz 1 10, vgl auch Nichtvermögensrechtlicher Anspruch;

Anerkennung eines ausländischen Urteils 328 Anh; Rechtsweg bei einem v. A. eines Beamten GVG 13 34; Berufungs-/Beschwerdesumme 511/567; Gerichtsstand des Beschäftigungsorts 20; Gerichtsstand des Vermögens 23; vorläufige Vollstreckbarkeit 708 13; Zuständigkeit GVG 23, 71; Zuständigkeitsvereinbarung 40 1

Vermögensschaden, Zeugnisverweigerungsrecht 384 4

Vermögensverhältnisse s Vermögenslage

Vermögensverschlechterung s Vermögenslage

Vermögensverwaltung, Gerichtsstand 31

Vermögensverzeichnis, Verbindung der Klagen auf die Erteilung eines V. und auf die Herausgabe des danach Geschuldeten 254 3; bei der Offenbarungsversicherung 807 15

Vermögenswirksame Leistung, Pfändung des Anspruchs oder der Zahlung Grdz 704 111

Vermögenszuordnungsgesetz, Rechtsweg GVG 13 67

Vermutung, als Gegenstand des Beweises Einf 284 20; Beweislast/Beweiswürdigung 286 Anh 14; Parteivertrag über eine V. 286 Anh 5; Rechtsvermutung 292 4; stillschweigende V. s dort; Tatsachenvermutung 292 6; V. der Echtheit einer privaten Urkunde 440 4; der Zuständigkeit s Mündliche Verhandlung

Vermutungslehre Einf 322 12

Vernehmung s Partei, Sachverständiger, Urkundenbeweis, Zeuge

Vernichtung, unpfändbarer Sachen 885; von Unrat 885; der Urkunde Einf 1004 2; der Urkunde zwecks Beweisvereitelung 444; Urkundenaufgebot s Aufgebotsverfahren

Veröffentlichung, eines Privatbeitrags in einem Behördenblatt GVG 13 67; des Urteils s Urteil; einer öffentlichen Zustellung 185

Veröffentlichungsbefugnis, Klagabweisung, Kostenentscheidung 92 24; Streitwert 3 Anh 129

Verordneter Richter Einl III 72; Anfechtung seiner Entscheidung 573; Anordnung des persönlichen Erscheinens der Partei 141 11; Anordnung zur Vorbereitung der mündlichen Verhandlung 273 8; Anordnung der Beeidigung des Zeugen 391 8; Anrufung des Prozeßgerichts gegen eine Entscheidung des v. R. 573; sofortige Beschwerde gegen die Entscheidung des Prozeßgerichts 567; Anwaltszwang 78 37; Einnahme eines Augenscheins 372 5; Ausbleiben des Zeugen, Zeugnisverweigerung 400; Ausschluß in der höheren Instanz 41 15 „Beweisaufnahme"; Befugnisse bei der Bestimmung eines Ortes oder eines Termins 229; Beweisaufnahme 355 6, 362, 365 4; Vortrag des Ergebnisses der Beweisaufnahme 285 7; Beweisaufnahmeersuchen an ein anderes Gericht 365; Änderung des Beweisbeschlusses 360 11; Eidesnahme 478; Geständnis vor dem v. R. 288 7; Ordnungsgewalt GVG 180; Anordnung der Beeidigung einer Partei 452 7; Parteivernehmung 451 1; Parteivernehmung in einer Ehesache 613 6; Protokoll 159 15; Auswahl/Vernehmung des Sachverständigen 405/402 1; Urkundenvorlegung 142 22, 434; Verfügung 329 11; mündliche Verhandlung 128 6; Verzögerungsgebühr 95 Anh; Zeugenvernehmung 375 2; Zeugnisverweigerung vor dem v. R. 389

Verordnung, Revisibilität 549

Verpfändung 108 4

Verpflichtung, des Rechtsnachfolgers zur Übernahme des Rechtsstreits 266 7; des Sachverständigen zur Erstattung des Gutachtens 407; zur Streitverkündung bei einer Klage des Pfändungs-

Verschulden

gläubigers gegen den Schuldner **841**; zur Urkundenvorlegung s Urkunde
Verpflichtungsschein, Aufgebot s dort
Verrechnungsscheck, Pfändung **831** 1; s auch Scheck
Versäumnis Üb 230, Üb 330, 330 ff; nach der Aufnahme eines unterbrochenen Verfahrens **239** 13, 19; des Bekl im Urkundenprozeß **597** 10; Belehrung **215**; des Termins zur Beweisaufnahme **367** 4; im Eheverfahren **612** 5; nach einem Einspruch gegen das Versäumnisurteil **341** 7, 8; durch die Entfernung in der mündlichen Verhandlung **158** 4; durch den Erben **305** 4; Flucht in die S. **342** 4; einer Frist s Versäumung, Wiedereinsetzung; des Gläubigers wegen des Verteilungstermins **877**; Kosten **95 Anh**; im Nachverfahren **302** 16, **600** 16; des Termins zur Abnahme der Offenbarungsversicherung **900** 45; der zu vernehmenden Partei **454**; des Erscheinens der Partei ohne einen ProzBev in einem Verfahren mit einem Anwaltszwang **141** 32; im schiedsrichterlichen Verfahren **1048**; eines Streitgenossen **61** 6; bei einer notwendigen Streitgenossenschaft **62** 22; bei einer Streithilfe **67** 7; im Streit um eine Zulassung der Streithilfe **71** 7; eines Termins **220** 8; Differenz der Uhrzeiten **220** 7; der Rückgabe einer Urkunde von Anwalt zu Anwalt **134** 13; Verfahren **330 ff**; der Verhandlung zur Hauptsache **39** 7; bei einer freigestellten mündlichen Verhandlung **128** 12; im Verteilungsverfahren **877**; durch den Ausschluß des Vertreters in der mündlichen Verhandlung **157** 19; Verzögerungsgebühr **95 Anh**; durch eine Untersagung des Vortrags **157** 24, **158** 4; des Zeugen **380**; s auch Versäumung
Versäumnisurteil Üb 300 7, 19, **330 ff**; abgekürztes V. **313 b, 317** 16, **331** 25; über den Grund des Anspruchs **347** 4; im Verfahren auf einen Arrest oder eine einstweilige Verfügung **922** 20/**936** 3; nach der Aufnahme eines unterbrochenen Verfahrens **239** 13; nach einer Aufrechnung durch den Bekl **145** 21; bei einer Klage auf eine Auskunft, Rechnungslegung und Zahlung **254** 22; Anerkennung eines ausländischen V. **328** 20; gegen den Bekl **331**; Begründung bei Auslandsbezug **313 b**; Belehrung **215**; Berufung gegen ein V. **338** 5, **514, 539**; in der Berufungsinstanz **539**; echtes V. **Üb 330** 11; bei der Ehenichtigkeitsklage **635**; in einer Ehe-/Kindschaftssache **612, 640** 11 „§ 612"; nach einem Einspruch gegen einen Vollstreckungsbescheid **700**; bei einer Entfernung aus dem Gerichtssaal **158** 4; gegen den widersprechenden Gläubiger im Verteilungsverfahren **881** und Grundurteil **347** 4; gegen den Kläger **330** 5; bei einem Mangel der Klagerhebung **253** 20; Kostenentscheidung **344** 1; Kostenentscheidung, Veranlassung zur Klagerhebung **93** 63 „Versäumnisverfahren"; Kostenentscheidung bei einem Anerkenntnis nach dem Erlaß eines V. **93** 102 „Versäumnisverfahren"; im Nachverfahren eines Urkundenprozesses **600** 16; nach einem Nichtverhandeln **333**; nach einer Zulassung des (Prozeß-)Bevollmächtigten ohne (den Nachweis seiner) Vollmacht **89** 5; bei einem Mangel der Prozeßvollmacht **88** 16; bei einem Mangel der Prozeßvoraussetzungen **56** 17; im Räumungsprozeß bei einer Fortsetzung des Mietverhältnisses **308 a** 1; Rechtskraftwirkung **322** 69 „Versäumnisurteil"; Revision **565**; in der Revisionsinstanz **565**; Ausschluß eines Richters wegen seiner Mitwirkung beim Erlaß eines V. **41** 19; Säumnis **220** 8, **Üb 330** 11; im schiedsrichterlichen Verfahren **1048**; trotz einer Schonfrist des Mieters **331** 12; nach dem Ablauf einer Frist zur Leistung einer Sicherheit **113** 4; in einem späteren Termin **332** 3; gegen einen Streitgenossen **63** 4; bei einer notwendigen Streitgenossenschaft **62** 22; statt eines streitigen Urteils, Rechtsmittel **Grdz 511** 31; Erwähnung im Tatbestand **313** 23; im Termin zur Beweisaufnahme und mündlichen Verhandlung **285** 6; im verkündeten Termin **218** 7; unechtes V. **Üb 330** 13; Unzulässigkeit **335**; abgekürztes Urteil **313 b, 317** 16, **331** 25; Verabredung wegen eines V. **220** 6, **337** 10 „Standesrecht"; bei der Veräußerung eines Grundstücks, Schiffs, Schiffsbauwerks, Luftfahrzeugs während eines Prozesses um eine Berechtigung oder Belastung **266** 6, 8; Verweisungsantrag s dort **281** 18; Vertagung **335, 337**; im Verteilungsverfahren **881**; nach einem Vorbehaltsurteil **302** 16; vorläufige Vollstreckbarkeit **708** 4; Widerklage **347** 4; Wiederaufnahmeverfahren **590** 10, 11; nach einem Antrag auf eine Wiedereinsetzung **238** 8; Zurückweisungsantrag **331** 9, **335**; dgl Rechtsmittel **336** 1; Vertagung bei einem Zurückweisungsantrag **335** 10, **337**; Zurückweisung des Antrags auf ein V. **335, 336**; bei einer Zuständigkeitsvereinbarung **Üb 38** 3; Zustellung im Parteiprozeß **317** 4, **339** 1; Zweites V. **345**; bei einem Zwischenstreit **347** 5

– (Einspruch) **Üb 330** 16, **338 ff**; Anwaltszwang **340** 4; als Aufnahme nach einer Aussetzung oder Unterbrechung des Verfahrens **250** 5; Aufrechterhaltung oder Aufhebung des Versäumnisurteils **343** 1, 5; Beschränkung **340** 5; Einlegung **340** 4; Einspruchstermin **341 a**; Form **340** 4, 9; Frist **339**; **Hinweispflicht 338**; Kostenentscheidung **97, 344**; Kostenentscheidung, Rechtsmittel **99** 58; neue Entscheidung **343** 1; Rücknahme **346**; Statthaftigkeit **338**; Säumnis des Einsprechenden **341** 8; des Streithelfers **66** 17, **70** 1; Verhandlungstermin **341 a** 4; gegen ein zweites Versäumnisurteil **345**; Verwerfung **341, 708**; Verzicht **346**; Wirkung bei Zulässigkeit **342**; (Un)Zulässigkeit **341** 6 ff; Zustellung an den ProzBev **172** 7; Einstellung der Zwangsvollstreckung **719** 6

– (Einspruchsfrist) **339**; Inlaufsetzen durch die Zustellung des Versäumnisurteils **312** 4; Versäumung, Wiedereinsetzung s dort

– (unechtes Versäumnisurteil) **Üb 330** 13, **331** 13, **543** 7

– (zweites Versäumnisurteil) **345**

Versäumung Üb 230 1; der Berufungsfrist **522, 530, 531**; der Frist zur Beibringung eines Beweismittels **356**; Folgen **Üb 230** 4; Androhung der Folgen **231** 1; Folgenbeseitigung **Üb 230** 7; Auferlegung von Kosten wegen einer Fristversäumung **95**; einer Prozeßhandlung **Üb 230** 1; der Frist zur Vorlegung eines Sachverständigengutachtens **409, 411**; Verzögerungsgebühr **95 Anh**; s auch Termin, Versäumnis, -urteil

Verschlechterung der Vermögenslage s dort
Verschleiertes Arbeitseinkommen, Pfändung **850 h**
Verschleppter, in einer Ehesache **606 a Anh III A**
Verschleppung s Parteivorbringen, Prozeßverschleppung
Verschmelzung, nach dem AktG **265** 13; dgl Unterbrechung des Verfahrens **239** 4
Verschulden, Anscheinsbeweis **286 Anh** 22, 206; Begriff **Einl III** 68; bei der Wiedereinsetzung **233** 11; Beweislast **286 Anh** 206; des Gerichtsvollziehers s dort; Kosten **95 Anh**; der Partei s dort; des ProzBev s dort; des Vertreters als solches der Partei **51** 26, **85** 8; bei der Zuwiderhandlung gegen ein Verbotsurteil **890** 21

Verschwägerter

Zahlen in Fettdruck = Paragraphen

- **(mitwirkendes),** Streithilfewirkung **68** 9
- **(grobes),** Begriff **Einl III** 68
- **(bei Vertragsschluß),** Gerichtsstand **29** 12, 32 14 (a)

Verschwägerter, Zeugnisverweigerungsrecht **383** 1, 4
Verschwiegenheitspflicht s Schweigepflicht
Versehen, gerichtliche Aufklärungspflicht **139** 25 ff
Versendung, einer niedergelegten Urkunde **134** 8
Versetzung des Richters s Richter
Versicherung, des Anwalts bei der Kostenfestsetzung hinsichtlich seiner Auslagen **104** 38
- **(unter Bezugnahme auf Eid),** des Sachverständigen **410**; des Zeugen bei seiner wiederholten Vernehmung **398** 13; Zeugnisverweigerung unter einer Bezugnahme auf den Diensteid **386** 4
- **(an Eides Statt)** s Eidesstattliche Versicherung

Versicherungsagent, Gerichtsstand **21** 9
Versicherungsanspruch, Feststellungsklage **256** 12, 35, 101; Pfändung **Grdz 704** 112; Pfändung als Grundstückszubehör **865** 10; Pfändung einer Rente **850** 14, **850 i** 12; Streitverkündung **72** 7; Streitwert **3 Anh** 130
Versicherungsbedingungen, Revisibilität **545** 13
Versicherungsunternehmen, Gerichtsstand **17** 10; Kostenerstattung **91** 269; Klage gegen das V. und gegen den Versicherungsnehmer, notwendige Streitgenossenschaft **62** 15 „Verkehrsunfall"; Gerichtsstand des Rückgriffsanspruchs **32** 13 „Versicherungsfragen"; Versicherungsverein auf Gegenseitigkeit, Gerichtsstand der Mitgliedschaft **22** 4; Rechtsweg bei einer öffentlichrechtlichen Versicherungsanstalt **GVG 13** 67
Versöhnungsanzeige als Erledigterklärung **269** 23
Versorgungsanspruch, Geschäftsführer/Vorstandsmitglied, Streitwert **9** 3
Versorgungsausgleich 621, 623, GVG 23 b, c; Zwangsvollstreckung **887** 39
Versorgungsbezug, Pfändung **Grdz 704** 113, **850 i** 12; bei einem Beamten **850** 4
Verspätetes Vorbringen s Parteivorbringen (nachträgliches Vorbringen)
Verstaatlichung einer Aktiengesellschaft, Unterbrechung des Verfahrens **239** 4
Verstandesschwäche des Zeugen **393**
Versteigerung der Pfandsache s Zwangsvollstreckung
Verstrickung durch die Pfändung **Üb 803** 6, **829** 66
Vertagung 227 6; beim Ausbleiben der Partei zu ihrer Vernehmung **454** 6; als Aussetzung des Verfahrens **227** 8; Beschwerde **252** 6; nach einer Abkürzung der Einlassungs- oder Ladungsfrist **226** 3; wegen der Entfernung eines Beteiligten aus der Verhandlung **158** 4; Auferlegung von Kosten **95**; wegen der Nichtladung des Streithelfers **71** 9; des Termins zur Abnahme der Offenbarungsversicherung **900** 21; wegen eines Mangels der Prozeßvoraussetzungen **56** 14; Ablehnung des Richters nach einem Vertagungsantrag **42** 50; bei einer Säumnis und dem Nichterlaß eines Versäumnisurteils oder einer Entscheidung nach Lage der Akten **33** 10, **337**; bei einem nachgereichten Schriftsatz **283**; mangels eines vorbereitenden Schriftsatzes **132** 22; Verzögerungsgebühr wegen des Verschuldens einer Partei oder eines ProzBev **95 Anh**
Verteidigungsabsicht, Anzeige **276**
Verteidigungsmittel s Parteivorbringen (Angriffs-, Verteidigungsmittel)
Verteidigungsprozeß 240 17, 18

Verteilungsverfahren s Zwangsvollstreckung (Verteilungsverfahren nach einer Hinterlegung von Geld)
Verteidigungsvorbringen im Tatbestand **313** 21
Verteilung des Erlöses **827** 3, **874**
Verteilungsgericht 873
Verteilungsstelle für Gerichtsvollzieher **GVG Üb 154**
Vertrag, schriftlicher Abschluß, Zwangsvollstreckung **887** 39; Pfändung des Angebots **Grdz 704** 59 „Antrag"; Beweislast bei einem Anspruch aus einem V. **286 Anh** 219 „Vertrag"; Aufhebung wegen Nichterfüllung, Verbindung mit der Klage auf eine Fristsetzung durch das Urteil **255** 8; Erfüllung, Streitwert **3 Anh** 58 „Gegenseitiger Vertrag"; Feststellungsklage **256** 53 ff; Feststellungsklage wegen der Auslegung des Vertrages **256** 12; Feststellungsklage wegen der Rechtsnatur des Vertrages **256** 13; Feststellungsklage wegen Unw. v. mit vorgebotenen **256** 12, 27; Gerichtsstand des Erfüllungsorts **29**; Rechtskraftwirkung eines Urteils über die Nichtigkeit **325** 35; prozessuale Parteivereinbarung s dort; Rechtsweg für einen Vertragsanspruch **GVG 13** 68; Prüfung der Auslegung in der Revisionsinstanz **546**; Gerichtsstand des Schadensersatzanspruchs **32** 14 (a); dgl bei einem Schaden aus einem Vertrag und aus einer unerlaubten Handlung **32** 14 (c); Streitgenossenschaft **59** 5; und Unklagbarkeit **Grdz 253** 26; Prüfung einer Vertragsbedingung in der Revisionsinstanz **546** 4 ff; Zwischenfeststellungs(wider)klage **256** 115
- **(zugunsten eines Dritten),** Beweislast **286 Anh** 219; Gerichtsstand **29** 3; Rechtskraftwirkung des Urteils **325** 39

Vertragstrafe, Gerichtsstand **29** 32; Klage auf eine Herabsetzung **253** 95
Vertrauensschutz, Verwirkung der Klagebefugnis **Einl III** 60, 63
Vertretbare Handlung 887 20
Vertretbare Sache, Urkundenprozeß **592** 5; Zwangsvollstreckung **884** 1
Vertreter, Ausschluß als Gerichtsperson **41** 12, **49**; Ausschluß in der mündlichen Verhandlung **157** 8; Verschulden bei einer Fristversäumung **85** 27; Prozeßführungsrecht eines ausländischen Inhabers eines gewerblichen Schutzrechts **80** 8; als Partei **Grdz 50** 7; für eine Partei nach der Anordnung ihres persönlichen Erscheinens **141** 45; als ProzBev **85**; Vertreter des Rechtsanwalts **78** 27, **GVG 155 Anh I** 4 § 53; Straftat als Grund für eine Restitutionsklage oder einen Antrag auf die Aufhebung eines Schiedsspruchs **580** 6, **581** 1/1059; Ungeeignetheit **157**; Verschulden des amtlich bestellten Vertreters des Rechtsanwalts bei einer Fristversäumung **85** 27
- **(gerichtliche Bestellung) Einf 57**; für einen prozeßunfähigen Bekl **57**; dgl Antrag **57** 6; für ein selbständiges Beweisverfahren **494** 5; nach der Aufgabe des Eigentums an einem Grundstück, Schiff, Schiffsbauwerk oder Luftfahrzeug **58, 787**; für den Erben zwecks Fortsetzung einer Zwangsvollstreckung in den Nachlaß **779** 4; Rechtsstellung **53** 1, 4; Vergütung **Einf 57** 4, **58** 6
- **(gemeinsamer)** für die Aktionäre, Rechtsstellung **69** 8
- **(ohne Vertretungsmacht),** Gerichtsstand **29** 9; Genehmigung der Prozeßführung **89** 11

Vertreter, gesetzlicher, Amtsprüfung seiner Vertretungsmacht/Legitimation/seines Prozeßführungsrechts **51** 25/**56** 1, 13; bei der Klage auf die Anfechtung der Ehelichkeit oder eines Anerkenntnisses der Vaterschaft **640 b**; für einen prozeßunfähigen Ausländer 55; Ausschluß als Gerichtsperson 41 12, 49; und Beistand 53 a; Verzögerung der Bestellung nach einer Unterbrechung des Verfahrens 241 6; Bezeichnung im Schriftsatz oder im Urteil **Grdz 50** 7/313 5; Entfernung in der mündlichen Verhandlung 158 3; Erklärung mit Nichtwissen 138 52; Verzögerungsgebühr wegen einer Verletzung der Förderungspflicht 95 **Anh**; Gesellschafter der OHG 50 8; Klage gegen den gesetzlichen Vertreter oder gegen den Vertretenen 51 10; Nachlaßpfleger **Grdz 50** 7; als Partei **Grdz 50** 7; Pfleger als Vertreter eines Prozeßfähigen 53; Prozeßführungsrecht 51 24, Beweislast 56 5; Prozeßhandlung 54, 56; für einen Prozeßunfähigen 51 6; Erteilung einer Prozeßvollmacht durch den falschen gesetzlichen Vertreter 88 1; Straftat als Grund für eine Restitutions-/Schiedsspruchaufhebungsklage 580 6, 581 1; Streitgenossenschaft **Üb** 59 4; als Streithelfer 66 4; Verschulden 51 26; gerichtlich bestellter Vertreter 51 11; Wahrheitspflicht 138 7; Erlöschen oder Wegfall der Prozeßvollmacht 86 11; Tod/Vertretungsunfähigkeit/Wegfall des g. V. bei einem Verfahren mit einem ProzBev, Antrag auf eine Aussetzung des Verfahrens 246 3; Unterbrechung des Verfahrens im Fall des Tods/der Vertretungsunfähigkeit/ des Wegfalls des g. V. beim Fehlen eines ProzBev 241 4; beim volljährigen prozeßunfähigen Vollmachtgeber 51 27 ff; als Zeuge **Üb** 373 23; Zulassung mit Vorbehalt 56 21; Zustellung 170 3; Zustellung bei mehreren Vertretern 170 5

Vertretung, einer Bundesbehörde, der Bundesautobahnverwaltung, der Deutschen Post usw 18 6; bei der Eidesleistung 478; des Fiskus 18 8 ff; des Vorsitzenden des Gerichtspräsidiums **GVG 21 h**; der Prozeßpartei s Anwaltszwang, Parteiprozeß; bei einem Prozeßvergleich 307 **Anh** 26; des Rechtsanwalts 78 27, **GVG 155 Anh I** 4 § 55; des Rechtsanwalts, allgemeine Vertretung **GVG 155 Anh I** 4 § 53; Preußens, des Deutschen Reichs 18 8, 9; eines Richters als **GVG 22 b**; eines säumigen Streitgenossen im Fall einer notwendigen Streitgenossenschaft 62 22; des Vorsitzenden **GVG 21 e** 6, **21 f** 7

– **(gesetzliche),** Prozeßvoraussetzung **Grdz 253** 22; Streithelfer 66 1

Vertretungsmangel, Zulässigkeitsrüge des Fehlens einer gesetzlichen Vertretung 280 1; dgl Verzicht 295; Nichtigkeitsklage 579 17; Revisionsgrund 551 12; Aufhebung des Schiedsspruchs 1059; Beginn der Frist für die Wiederaufnahmeklage 586 9

Vertretungstheorie Grdz 50 8; s auch Partei kraft Amts

Vertretungsunfähigkeit, des ProzBev 86 6; Unterbrechung des Verfahrens im Anwaltsprozeß 244 5; Unterbrechung des Verfahrens bei einer V. des gesetzlichen Vertreters 241 4

Vertretungsverbot in der mündlichen Verhandlung s dort; des Rechtsanwalts 78 26, 157 1, 158 1

Vervollständigung, der Beweisaufnahme 367 5, 368 4; des Vermögensverzeichnisses bei der Offenbarungsversicherung 903 4; des Vortrags des Akteninhalts in der Berufungsinstanz 530, 531

Verwahrung, beim Anwaltsvergleich durch Notar 796 c; Rechtsweg bei einer öffentlichrechtlichen V. **GVG 13** 20; des Eigentums des Schuldners im Fall einer Räumungsvollstreckung 885 19, 21, 29; einer verdächtigen Urkunde 443

Verwalter, Pfändung des Nutzungsrechts, Übergabe an den V. 857 19; der Wohnungseigentümergemeinschaft s Wohnungseigentum

Verwaltung, Anordnung der V. bei einer Pfändung des Nutzungsrechts 857 19; Anordnung einer mangelhaften Sicherheitsleistung, Fristsetzung durch das Urteil 255 4; Anordnung durch eine einstweilige Verfügung 938 16; Fiskus, Justizverwaltung s dort; Gerichtsstand 17 4, **31**

Verwaltungsakt, richterliche Prüfung **GVG 13** 16; Rechtsweg **GVG 13** 24; Restitutionsklage 580 9; Zivilprozeßsache kraft einer Zuweisung **GVG 13** 24, **71** 5

Verwaltungsanordnung GVG 1 2

Verwaltungsbehörde, Aufhebung ihrer Entscheidung als Grund einer Restitutionsklage/Antrag auf die Aufhebung eines Schiedsspruchs 580 9/ 1059; Bindung ein rechtskräftiges Urteil **Einf** 322 21; ausstehende Entscheidung der V. als Grund für eine Aussetzung des Verfahrens 148 29; Vorentscheidung der V. als Prozeßvoraussetzung 148 11; vgl auch Behörde

Verwaltungsgericht, Rechtsweg vor dem V. **GVG 13** 7 ff, 30 ff; Verweisung an das V. 281 1 A, **GVG 17, 17 a**; Zulässigkeitsrüge 280 1; Zuständigkeit für einen bürgerlichen Rechtsstreit **GVG 13** 4; Zuständigkeitsstreit 36 43

Verwaltungsgerichtsbarkeit, Abgrenzung gegenüber der Zivilgerichtsbarkeit **Einl III** 2

Verwaltungstätigkeit, Rechtsweg **GVG 13** 30 ff

Verwaltungsgerichtsurteil, Bindungswirkung **GVG 13** 4 ff

Verwaltungszwang und Rechtsschutzbedürfnis **Grdz 253** 46

Verwaltungszwangsverfahren Grdz 704 11; Einstellung der Zwangsvollstreckung 707 33

Verwandter, Ausschluß als Gerichtsperson/Gerichtsvollzieher 41 11, 49/**GVG 155**; Zeugnisverweigerungsrecht 383 4, 385 1

Verweigerung s beim Gegenstand der Verweigerung

Verweisung 281, 506, **GVG 96** 3; Änderung oder Berichtigung eines Verweisungsbeschlusses 281 34, 329 19; vom AG an das LG bei einer Widerklage, einer Erweiterung des Klagantrags, beim Einspruch gegen ein Versäumnisurteil oder gegen einen Vollstreckungsbescheid 506, 700; vom AG an das LG nach einem Widerspruch gegen einen Mahnbescheid 696; Antrag des Klägers 281 18; an oder durch das ArbG bei 281 14; an ein ausländisches Gericht 281 14; Bindungswirkung 281 30; in einer Familiensache 621 35; wegen des Fehlens eines Gerichtsstands **Üb** 12 20; Gesetzwidrigkeit 36 39; Hilfsantrag 281 18; an die Kammer für Handelssachen **GVG 96** 3, **98**, **104**; durch die Kammer für Handelssachen an die Zivilkammer **GVG 97, 99, 100, 104**; Kostenentscheidung 281 54; Kostenerstattung 91 269 „Verweisung"; an das Landwirtschaftsgericht 281 **Anh III** 4; bei einer Zulassung des (Prozeß)Bevollmächtigten ohne (den Nachweis seiner) Vollmacht 89 4; Prozeßkostenhilfe 119 47 „Verweisung"; Prozeßtrennung bei einer Verweisung 145 6; Rechtshängigkeit bei einer Verweisung 261 13; Rechtswegverweisung **GVG 17** ff; wegen einer Unzuständigkeit, Bindungswirkung 11, 281; an oder durch ein VG **GVG 17** ff; Voraussetzungen 281 15; unzulässige Widerklage 33 2; Wirkung 281 51; an eine andere Zivilkammer **GVG 101, 104**; Zulässigkeit 281 1 ff; Zuständigkeitsbestimmung 36 39; Zustellung an den ProzBev nach einer Verweisung 172 27

– **(Abgabe),** Ersuchen um eine Beweisaufnahme vor dem verordneten Richter 365; in einer Hausratssache 281 **Anh I**; von der Kammer für Handelssachen von Amts wegen an die Zivilkammer

Verwerfung   Zahlen in Fettdruck = Paragraphen

GVG Üb 93; in einer Landwirtschaftssache an das Prozeßgericht **281 Anh III** 1; im Mahnverfahren an das Streitgericht **696** 5; bei einem Rechtshilfeersuchen **GVG 158** 1; in einer Wohnungseigentumssache **281 Anh II**
- **(Weiterverweisung) 281** 47
- **(Zurückverweisung)**, nach einer Verweisung **281** 47; beiderseitige Unzuständigkeitserklärungen der Kammer für Handelssachen und der Zivilkammer **GVG 97** 2; Zuständigkeitsbestimmung **36** 39

Verwerfung, des Einspruchs **341** 9, **700** 17; des Rechtsmittels **Grdz 522, 552, 566, 572, 577**; der Wiederaufnahmeklage **589** 4

Verwertung der Pfandsache s Zwangsvollstreckung; einer Urkunde **415 ff**; derjenigen aus einem anderen Verfahren **286** 64

Verwertungsaufschub 813 a, b

Verwirkung, des Beschwerderechts **567** 13; Beweislast **286 Anh** 221; der Klagebefugnis **Einl III** 64; des Kostenerstattungsanspruchs **Grdz 128** 13

Verzeichnis, Klage auf die Vorlegung eines V. **254** 4, 14; Vermögensverzeichnis **807** 15

Verzicht s Partei, Rechtsmittelverzicht sowie beim Gegenstand des Verzichts

Verzichtsurteil 306 4; abgekürztes Urteil **313 b**; Verkündung **311** 6; vorläufige Vollstreckbarkeit **708** 3

Verzinsung des Kostenerstattungsanspruchs **104** 22

Verzögerung 296 40 ff, **530, 531**; realer/hypothetischer V.-Begriff **296** 40; der Aufnahme durch den Rechtsnachfolger nach einer Unterbrechung des Verfahrens **239** 17; der Beitreibung nach der Pfändung der Forderung **842**; der Klagerhebung im Fall einer Vorlegung der Urkunde durch einen Dritten **431** 5; Auferlegung von Kosten wegen einer Verzögerung **95**; nachträgliches Parteivorbringen s Prozesses s Prozeßverschleppung; der Bestellung eines ProzBev nach einer Unterbrechung des Verfahrens **244** 15; der Bestellung eines gesetzlichen Vertreters nach der Unterbrechung des Verfahrens **241** 7; des Schiedsspruchs als Ablehnungsgrund **1036**; der Terminsbestimmung als Schaden **271 Anh**; der Zwangsvollstreckung nach der Gerichtsvollzieher, Erinnerung **766** 31; der Zustellung der Klage **167** 12 ff

Verzögerungsgebühr 95 Anh; Änderung des zugehörigen Beschlusses **95 Anh**; bei einer unwahren Behauptung **138** 64; Gebührenschuldner **95 Anh**; mangels eines vorbereitenden Schriftsatzes **132** 22

Verzug, des Gläubigers, Kostenentscheidung **93** 64; bei einer Zug-um-Zug-Leistung s dort

Verzugsschaden, gerichtliche Aufklärungspflicht **287** 35; Streitwert **4** 19; dgl bei einer wiederkehrenden Leistung oder Nutzung **9** 5; als Kosten der Zwangsvollstreckung **788** 37

Verzugszinsen, Streitwert **3 Anh** 131, **4** 19; dgl bei einer wiederkehrenden Leistung oder Nutzung **9** 5

Video, Schutz der Intimsphäre **Üb 371** 12; Übertragung der Verhandlung **128 a**

Vieh, Pfändung **811** 26 ff

Viehseuchengesetz s Tierseuchengesetz

Völkerrecht, Einfluß **Einl III** 79; Immunität **GVG Einf 18** 2, 20; Rechtskenntnis **293** 1; Revisibilität **546** 5 ff

Volksklage s Wettbewerb

Volljähriger, Parteivernehmung bei Betreuung oder Pflegschaft **455** 5

Vollmacht, prozessuale, sachlichrechtliche **80** 1, 5, 8; Beweislast **286 Anh** 222; Erlöschen, Wirkung für die Prozeßvollmacht **86** 4; Erteilung einer prozessualen V. **80** 6 ff; Feststellungsklage **256** 107; Generalbevollmächtigter als ProzBev **172** 4; Prozeßführungsrecht des Generalbevollmächtigten **80** 8, 13; Zustellung an den Generalbevollmächtigten **171** 4; im Mahnverfahren **703**; Prozeßführung ohne Vollmacht(snachweis) **88, 89** 1; für eine Prozeßhandlung im Parteiprozeß **83** 4; auf einen Prozeßunfähigen **79** 5; für eine Prozeßvertretung im Parteiprozeß **79** 1; Prozeßvollmacht s dort; als Prozeßvoraussetzung **Grdz 253** 22; Rechte an der V., Pfändung **Grdz 704** 113 „Vollmacht"; in einer Scheidungsfolgesache **624**; Sondervollmacht für eine Prozeßhandlung **80** 1; für den Vertreter einer Partei nach der Anordnung ihres persönlichen Erscheinens **141** 49; beim volljährigen Prozeßunfähigen **51** 27 ff; für den Empfang einer Zustellung **171**
- **(Anscheinsvollmacht),** für eine Prozeßvollmacht **88** 1; für die Vertretung eines ausländischen Fiskus **18** 1

Vollständigkeit, Pflicht der Partei zur V. **138** 18

Vollstreckbare Ausfertigung 724; Anhörung des Schuldners **730**; Aushändigung durch den Gerichtsvollzieher an den Schuldner nach der Zahlung **754** 10, **757** 4; gegen den Besitzer der Streitsache **727** 10; gegen den Ehegatten bei Gütergemeinschaft während des Prozesses **742** 2; gegen den Ehegatten nach der Beendigung der Gütergemeinschaft **744** 1; Erinnerung gegen die Erteilung **732**; Erteilung **724 ff, 795 ff**; Vermerk auf dem Urteil **734**; Erteilung einer weiteren v. A. von Amts wegen **733**; nach einer Genehmigung der Prozeßführung der Vollmacht **89** 14; Ausweis des Gerichtsvollziehers durch den Besitz der v. A. **754** 7, **755** 3; bei einer Fortführung des Handelsgeschäfts **729** 3; für oder gegen den Nacherben **728**; gegen den Nießbraucher **738**; Nachweis einer für die Zwangsvollstreckung notwendigen Tatsache **726** 4; für oder gegen den Rechtsnachfolger **727** 3 ff; Zuständigkeit des Rpfl **GVG 153 Anh** 8 § 20; Teilleistungsvermerk **757**; Umschreibung der Vollstreckungsklausel **727–729, 738** 1, **742** 2, **749**; vollstreckbare Urkunde **794** 42, **795** 2, **797**; vollstreckbarer Testamentsvollstrecker, v. A. für oder gegen den Erben **728** 4; Urteil für oder gegen den Erblasser, v. A. für oder gegen den Testamentsvollstrecker **749**; Urteil gegen den Vorerben oder den Testamentsvollstrecker, v. A. für oder gegen den (Nach)Erben **728**; beim Urteil auf eine kalendermäßig künftige Zahlung **257** 6; beim einer Urteil auf eine Leistung Zug um Zug **726** 9; weitere v. A. **733** 2; Zustellung von Amts wegen **750** 19

Vollstreckbare Entscheidung, Einstellung der Zwangsvollstreckung **775** 6

Vollstreckbarer Anspruch Grdz 704 6

Vollstreckbarerklärung, beim Anwaltsvergleich durch Gericht **796 a, b**, durch Notar **796 c**; bei einer Berufung **537**; bei einer Revision **558**; s auch Auslandsurteil, Schiedsspruch, Schiedsvergleich

Vollstreckbare Urkunde 792 1, **794** 21; Abänderungsklage **323** 66; Änderung **794** 41; Anwaltsvergleich **796 a–c**; vollstreckbare Ausfertigung **794** 42, **795, 797**; weitere vollstreckbare Ausfertigung **797** 7; Kostenfestsetzung **103** 3; (Neu)Festsetzung des Regelunterhalts für ein nichteheliches Kind **645 ff**; Umschreibung **797** 7; Unterwerfungsklausel **794** 36; Vollstreckungsabwehrklage **797** 12; Erteilung der Vollstreckungsklausel **797**; als Vollstreckungstitel **794** 21; Zustellung **795** 8;

dahinterstehende Zahlen und Buchstaben = Randnr **Vorbehaltsgut**

Einstellung der Zwangsvollstreckung **795** 14; Unterwerfung unter die sofortige Zwangsvollstreckung gegenüber dem jeweiligen Eigentümer eines Grundstücks, Schiffs, Schiffsbauwerks, Luftfahrzeugs **800, 800 a**; Wartefrist vor dem Beginn der Zwangsvollstreckung **798**
Vollstreckbarkeit, im engeren/weiteren Sinn **Grdz 704** 1; des Urteils s dort; vorläufige V. beim Schiedsspruch **1060, 1061**
Vollstreckung, eines ausländischen Urteils, zwischenstaatliche Abkommen **SchlAnh V**; Aussetzung der V. durch das Beschwerdegericht **570**; Rechtsweg, auch bei einer ausländischen FGG-Entscheidung, **GVG 13** 68 „Vollstreckung"; eines Ordnungsmittels kraft der Ordnungsgewalt des Vorsitzenden **GVG 178** 6, **179**; eines Ordnungsmittels gegen einen Zeugen/Sachverständigen **380** 12, **390** 7/**409**; gegen einen Angehörigen der Streitkräfte **SchlAnh III 34**; Zwangsvollstreckung s dort
Vollstreckungsabkommen s Zivilprozeßrecht, zwischenstaatliches
Vollstreckungsabwehrklage s Zwangsvollstreckung (Vollstreckungsabwehrklage)
Vollstreckungsanspruch Grdz 704 6
Vollstreckungsantrag an den Gerichtsvollzieher s Zwangsvollstreckung (Vollstreckungsantrag)
Vollstreckungsbescheid Grdz 688, 699 ff; Einwendung **796**; Kostenentscheidung **699** 15; Kostenfestsetzung **103** 15; Nichtbeantragung **701**; bei einer Zulassung des (Prozeß)Bevollmächtigten ohne (den Nachweis seiner) Vollmacht **89** 5; Rechtskraft **Einf 322–327** 13, **322** 71, **700** 1, **796** 3; Zuständigkeit des Rpfl **GVG 153 Anh II § 20**; Unterschrift **699** 17; Ablehnung des Urkundsbeamten der Geschäftsstelle wegen seines Erlasses des Mahnbescheids **Rpfl 49** 1; bei einem Urkunden-/Wechsel-/Scheckmahnbescheid **703 a**; Vollmachtsnachweis **703**; Vollstreckungsabwehrklage **796** 4; Vollstreckungsklausel **796** 3; als Vollstreckungstitel **794** 18; Wiederaufnahmeklage **584** 6; Zurückweisung **701**; Zustellung **699**; Zwangsvollstreckung **794** 18, **796**
– **(Einspruch) 700**; Aussetzung des Verfahrens **Üb 239** 3, **693**; telefonische Einlegung **700**; Hinweis auf Einspruchsrecht **338**, **700**; Unterbrechung des Verfahrens im Fall einer Konkurseröffnung **240** 4; Kosten als solche des Prozesses **700**; Unterbrechung des Verfahrens **Üb 239** 2, **693** 10; Ähnlichkeit mit einem Versäumnisurteil **700**; Verweisung an das LG **700**; Verweisung an die Kammer für Handelssachen **697, GVG 96**; Einstellung der Zwangsvollstreckung **707**
Vollstreckungsbeschluß 1060, 1061
Vollstreckungsbeschränkung, Vereinbarung **Grdz 704** 24 ff
Vollstreckungserinnerung 766
Vollstreckungsfähigkeit Grdz 704 21 ff
Vollstreckungsabwehrklage s Zwangsvollstreckung (Vollstreckungsabwehrklage)
Vollstreckungsgericht s Zwangsvollstreckung (Vollstreckungsgericht)
Vollstreckungsklage wegen eines Auslandsurteils s dort
Vollstreckungsklausel Grdz 704 31, **724, 725**; bei einem Arrest/einer einstweiligen Verfügung **929** 6/**936** 7 „§ 929"; bei einer Bedingung **726**; beim Besitzer **727** 10; gegenüber einem Besitzer nach einer Entbindung des Klägers **76** 10; Einwendung gegen die Erteilung **732, 768** 1, **795, 797** 10, **797 a** 3; Wegfall beim Europäischen Vollstreckungstitel **1082**; gegen den Firmenübernehmer

729 2; Bezeichnung des Gläubigers und des Schuldners **750** 2; bei der Gütergemeinschaft **742, 744, 745**; beim Insolvenzverwalter **727** 3; beim IntFamRVG **606 a Anh II** 20 ff; Kostenfestsetzungsbeschluß **104** 34; V. bei einem Kostenfestsetzungsbeschluß auf dem Urteil **795 a**; beim Nacherben **728** 3; Erwähnung des Rechtsnachfolgers/Besitzers **727** 10; Umschreibung zur vollstreckbare Ausfertigung; bei einem Vergleich vor einer Gütestelle oder Einigungsstelle **797 a**; beim Testamentsvollstrecker **728** 4, **749**; bei der Verurteilung zur Zahlung einer Entschädigung **510 b** 7; gegen den Vermögensübernehmer **729** 2; Vollstreckungsabwehrklage wegen einer Einwendung gegen die Zulässigkeit **768**; beim Vollstreckungsbescheid **796** 3; und Vollstreckungsstandschaft **Einf 727–729** 2; bei einer Zug-um-Zug-Leistung **726** 9; Zustellung als Voraussetzung der Zwangsvollstreckung **750** 19
– **(Klage),** auf oder gegen die Erteilung **731/768, 797** 13, **797 a, 800** 3, **802**; einstweilige Anordnung **769, 770**; Gerichtsstand beim Grundstückseigentümer **Einf 24** 1; Ausschluß des Richters wegen der Erteilung **41** 20 „Zwangsvollstreckung"; Streitwert **3 Anh 134**
Vollstreckungskosten 788
Vollstreckungsmaßnahme, Aufhebung **776** 4; Protokoll **762** 3, 4, **763** 2
Vollstreckungsorgan Grdz 704 35
Vollstreckungsschuldner s Zwangsvollstreckung (Vollstreckungsschuldner)
Vollstreckungsschutz, wegen einer sittenwidrigen Härte **765 a**; des Landwirts bei einer Forderungspfändung **851 a**; beim Miet- oder Pachtzins **851 b**; Räumungsfrist **721**; Aussetzung der Verwertung der Pfandsache **813 a**; Streitwert **3 Anh 134**; bei einer vorläufigen Vollstreckbarkeit **712, 714**
Vollstreckungsstandschaft Einf 727–729 3
Vollstreckungstitel s Zwangsvollstreckung (Vollstreckungstitel)
Vollstreckungsunterwerfung im Schiedsspruch mit vereinbartem Wortlaut **1053**; vollstreckbare Urkunde s dort
Vollstreckungsurteil wegen eines Auslandsurteils s dort
Vollstreckungsverfahren Einl III 6, **Grdz 704** 37 ff
Vollstreckungsvertrag Grdz 704 24 ff
Vollvertreter, des Anwalts **78** 27, **GVG 155 Anh I** 4 § 53
Vollziehung, des Arrests oder der einstweiligen Verfügung s dort; Aussetzung der V. durch das Beschwerdegericht **570**
Volontär, Zustellung **178** 23
Vorabentscheidung, über den Grund des Anspruchs **304** 24; durch ein Versäumnisurteil **347** 1; über die vorläufige Vollstreckbarkeit durch das Berufungsgericht **537, 718** 3
Vorabfreigabe 850 k 10
Vorausvermächtnisanspruch, Gerichtsstand **27** 7
Vorauszahlung, der Kosten einer Ersatzvornahme durch den Schuldner **887** 17; der Verfahrensgebühr **271 Anh**
Vorbehalt, der beschränkten Erbenhaftung **305** 5, **780, 781**; eines Rechts im Ausschlußurteil des Aufgebotsverfahrens **952** 2, **953** 2; der beschränkten Haftung für Seeforderungen **305 a, 786 a**; des Rechts im Urkundenprozeß/Urkunden-/Wechsel-/Scheckmahnbescheid **599** 4/**703 a** 4
Vorbehaltsgut s Zwangsvollstreckung (gegen einen Ehegatten)

Hartmann 3163

Vorbehaltsurteil

Vorbehaltsurteil s Urteil (Vorbehaltsurteil)
Vorbereitender Einzelrichter 527
Vorbereitender Schriftsatz 129 7, **130** 4, 272, 273, 276, 277
Vorbereitung der mündlichen Verhandlung, Anordnung zur V. **273, 275, 358 a**
Vorbereitungsdienst des Referendars **DRiG 5 a, GVG 155 Anh I** 4 § 59; Rechtsweg **GVG 13** 68
Vorbescheid, Ausschluß des Richters wegen seiner Mitwirkung am V. **41** 19 „Vorentscheidung"
Vorbringen, eines Angriffs- oder Verteidigungsmittels s Parteivorbringen; eines Beweismittels s dort
Vordruck s Formular
Voreid, Bezugnahme eines Zeugen/Sachverständigen auf einen früheren Eid **398** 13/410; Unzulässigkeit eines V. beim Zeugen **392**
Vorerbe, Pfändung der Nutzung der Erbschaft **863**; und Nacherbe als notwendige Streitgenossen **62** 10 „Erbrecht"; Sicherheitsleistung, Klage auf eine Fristsetzung durch das Urteil **255** 1; Urteil gegen den V., vollstreckbare Ausfertigung für oder gegen den Nacherben **728** 2; Wegfall während eines Prozesses ohne eine ProzBev, Unterbrechung des Verfahrens **242** 2
Vorfrage, bei der Feststellungsklage **256** 5; Aussetzung wegen eines ausländischen Scheidungsverfahrens **328** 59; öffentlichrechtliche V. **GVG 13** 16; bei der Zwischenfeststellungsklage **256** 114
Vorfristnotierung durch den Anwalt als Voraussetzung einer Wiedereinsetzung **233** 93 ff
Vorführung, des zur Duldung der Blutentnahme Verpflichteten **372 a** 29, 30; eines Soldaten **SchlAnh II** B 29; einer ausgebliebenen Partei in einer Ehesache **613** 8; eines ausgebliebenen Zeugen **380** 14; Unterbleiben der V. wegen einer nachträglichen Entschuldigung **381** 4
Vorgesellschaft, Parteifähigkeit **50** 6
Vorgreiflichkeit, als Aussetzungsgrund s dort; Begriff **148** 4; eines Rechtsverhältnisses, Rechtskraftwirkung **322** 72; eines Rechtsverhältnisses, Zwischenfeststellungsklage **256** 114
Vorkaufsrecht, Aufgebot des Berechtigten **988**; Gerichtsstand des dinglichen V. **24** 6, 19; Pfändung **Grdz 704** 113 „Vorkaufsrecht"; Streitwert **3 Anh** 135 „Vorkaufsrecht"
Vorlage, Pfändung des Anspruchs auf eine V. **Grdz 704** 113 „Vorlegung"; der Beschwerde **572**; Beschluß s Vorlegung; der Handelsbücher **422** 7; Anordnung der V. der Akte der Partei **143**; beim OLG nach dem KapMuG **SchlAnh VIII** 4; des Protokolls **162**; Erzwingung der V. einer Sache **883** 13; einer Urkunde s dort; eines Wechsels, Antrag auf eine Vernehmung der Partei **605**
Vorläufige Austauschpfändung 807 41, **811 a, b**
Vorläufiges Verfahren Grdz 916 12; vgl auch Arrest, einstweilige Verfügung
Vorläufige Vollstreckbarkeit, des Urteils s dort (vorläufige Vollstreckbarerklärung); der Vollstreckbarerklärung eines Schiedsspruchs **1060, 1061**
Vorläufige Zahlungsanordnung 127, 227, EGZPO 29
Vorläufige Zulassung 56 21
Vorlegung, einer Akte **143** 10; der Beschwerde beim Beschwerdegericht **570**; beim EuGH, Vorlegungspflicht als Aussetzungsgrund **148** 16; beim Gemeinsamen Senat **GVG 140 Anh**; beim Großen Senat des BGH **GVG 136-138**; durch das OLG an den BGH **EGGVG 29** 2; einer Urkunde **142** 5, 420 ff; und vorbereitende Maßnahme **273** 18
Vorlegungsvernehmung 426
Vorlesen s Verlesung

Zahlen in Fettdruck = Paragraphen

Vormerkung, Aufgebot des Berechtigten **988**; Aufgebotsantrag des Vormerkungsgläubigers **984**; Pfändung **Grdz 704** 113 „Vormerkung"; Urteil auf die Abgabe einer Willenserklärung, Eintragung im Grundbuch **895**; einstweilige Verfügung auf eine Eintragung **932, 942**; Streitwert **6** 15; Streitwert der einstweiligen Verfügung **3 Anh** 37
– **(Klage)**, Gerichtsstand **24** 6; Grundstücksveräußerung **266** 3; Streitbefangenheit **265** 5
Vormund, Amtsvormund als Vertreter in der mündlichen Verhandlung **157** 12
Vormundschaft, Europarecht **606 a Anh I**; Parteifähigkeit in einer Ehesache **607** 1
Vormundschaftsgericht, Genehmigung der Ehescheidungs- oder -aufhebungsklage **607** 5; einer Prozeßhandlung **54**
Vornahme, einer Handlung, Zwangsvollstreckung aus einem Urteil auf die V. e. H. **3 Anh** 136, **887, 888, 891**; Urteil des AG auf die V. e. H., Zahlung einer Entschädigung wegen einer Fristversäumung **510 b, 888 a**
Vorpfändung 845, 857; Vollzug eines Arrests/einer einstweiligen Verfügung **929** 17/**936** 7 „§ 929"; Kostenerstattung **788** 48
Vorratspfändung beim Arbeitseinkommen **850 d** 11 ff
Vorrecht, Streitwert **3 Anh** 136
Vorschuß, auf Arrestkosten **934** 1, 2; der Reisekosten bei einer Anordnung der persönlichen Erscheinens einer Partei **141** 25; Streitwert **3 Anh** 136
Vorschußpflicht, für die Arrestkosten, Aufhebung des Arrests beim Unterbleiben der Zahlung **934** 1, 2; der Prozeßkosten s dort; für das Gutachten des Sachverständigen **402** 2 „§ 379"; für die Vergütung des Schiedsrichters **1029, 1034**; des Schuldners für die Kosten der Ersatzvornahme **887** 17; für die Ladung des Zeugen **379**
Vorsitzender GVG 21 f 3; Anordnung des V. des Berufungsgerichts zur Ergänzung des Vortrags des Akteninhalts **525**; Anordnung der Übersetzung einer Urkunde **142** 19; Anordnung zur Vorbereitung der mündlichen Verhandlung **273** 8 ff; Anwaltszwang vor der V. **78** 35; Anordnung eines Arrests bzw einer einstweiligen Verfügung wegen der Dringlichkeit **944**; Erlaß eines Arrests/einer einstweiligen Verfügung **944** 1; Aufforderung zur Bestellung eines ProzBev beim Unterbrechung des Verfahrens **244** 16; Aufgaben **136** 6 ff; Aufklärungspflicht **139** 25 ff; Ersuchen um eine Beweisaufnahme im Ausland **362, 363**; Beratungsleitung **GVG 194**; Abkürzung der Einlassungs- oder Ladungsfrist **226** 5; Bestimmung der Einlassungsfrist im Fall der Zustellung im Ausland **274**; Zuweisung der Berufung an den Einzelrichter **526, 527**; Geschäftsverteilung **GVG 21 g**; Bestimmung der Ladungsfrist im Fall der Ladung des Rechtsnachfolgers zur Aufnahme eines unterbrochenen Verfahrens **239** 19; Beiordnung eines Rechtsanwalts bei einer Bewilligung von Prozeßkostenhilfe **121**; Prozeßleitung **136** 6; Richter auf Lebenszeit **DRiG 28**; Terminsbestimmung/-aufhebung **216** 17/**227** 3; Unterschrift unter dem Protokoll/Urteil im Fall der Verhinderung eines Richters **163** 1/**315** 5; Bestimmung einer Frist zur Einsicht in eine Urkunde **134** 11; Verhinderung **GVG 21 f** 5; Bestellung eines Vertreters für einen prozeßunfähigen Bekl. **57** 7; Bestimmung eines verordneten Richters **361, 362**; Bestellung eines Vertreters nach der Aufgabe des Eigentums an einem Grundstück oder Schiff **58** 5; Vertretung **GVG 21 e** 6, **21 f** 7; Verfügung **329** 11;

Vorbereitung der mündlichen Verhandlung s dort; Ersuchen um eine Zustellung im Ausland **183** 4
- **(Kammer für Handelssachen),** Beweiserhebung **349** 5; Entscheidungsbefugnis **349** 9, 19; Förderungspflicht **349** 4; Rechtsmittel gegen seine Entscheidung **350** 3; Überschreitung seiner Zuständigkeit **350** 4
- **(mündliche Verhandlung)** s dort

Vorsitzender Richter DRiG 19 a, 120 a
Vorstandsmitglied, Streitwert des Anspruchs eines V. **3 Anh** 59 „Gehalt"; Streitwert seines Gehalts oder Versorgungsanspruchs **9** 3; Prozeßführungsrecht beim nicht eingetragenen Verein **50** 25, 29, 80 8; als gesetzlicher Vertreter **51** 16, 17, 22; als Zeuge **Üb 373** 14 ff, 24
Vortäuschung einer Prozeßhandlung **Grdz 128** 56
Vortrag, des erstinstanzlichen Akteninhalts in der Berufungsinstanz **525**; des Ergebnisses der Beweisaufnahme **285** 7; eines Parteivorbringens s dort; in der mündlichen Verhandlung s dort
Vorübergehende Tätigkeit eines ausländischen Anwalts **SchlAnh VII**
Vorverfahren, Antrag auf eine gerichtliche Entscheidung gegenüber einem Justizverwaltungsakt **EGGVG 24**; schriftliches V. **272 ff, 520**
Vorverlegung eines Termins **217**
Vorweggenommene(s) Beweisaufnahme 358 a 2, 4; Beweiswürdigung **286** 32; Geständnis **288** 4
Vorwegnahme der Hauptsache Grdz 916 5 ff, **940** 22
Vorwegpfändung 811 d
Vorwegzahlung, der Verfahrensgebühr **271 Anh**; Vorschußpflicht s dort, vgl auch Prozeßkostenvorschuß
Vorwirkung der demnächst erfolgenden Zustellung **167** 10, 11, **696**
Vorzeitige Besitzeinweisung 542
Vorzugsklage 805, Streitwert **3 Anh** 136
Vorzugsrecht, Klage auf eine vorzugsweise Befriedigung **805**; Rang gegenüber einem Pfändungspfandrecht **804** 12; Streitwert **6** 11; Recht zur Erhebung einer Widerspruchsklage **771** 27

W

Währung, ausländisches Urteil, Umrechnung **722** 4; Streitwert der Klage auf eine Zahlung in ausländischer W. **3 Anh** 25 „Auslandswährung"; Zwangsvollstreckung **Grdz 803** 1
Waffengleichheit Einl III 21, 121 31, 448 1
Wahl, des Präsidiums des Gerichts **GVG 21 b**; zwischen einem frühen ersten Termin und dem schriftlichen Vorverfahren **272** 6; Wahlordnung **GVG 21 b Anh**
Wahlantrag, Zulässigkeit **260** 6, 7
Wahlgerichtsstand 35 1, **696** 28
Wahlkonsul, Exterritorialität **GVG 19** 1, 2
Wahlrecht, beim Gerichtsstand s dort; beim Rechtsweg **Üb 38** 5, **GVG 13** 1
Wahlschuldverhältnis, Anspruchshäufung **260** 6, 7; Klagantrag **253** 97; Streitgegenstand **2** 6; Streitwert **3 Anh** 137; Zwangsvollstreckung aus einem Urteil mit einer W. zwischen mehreren Willenserklärungen **894** 16; Pfändung des Wahlrechts **Grdz 704** 114; Zwangsvollstreckung **Grdz 803** 12
Wahrheit 138 13 ff; und gerichtliche Entscheidung **286** 2
Wahrheitsermittlung im Zivilprozeß **Einl III** 9
Wahrheitspflicht Grdz 128 16, **138** 13 ff; und Behauptungslast **138** 15; und Geständnis **Einf 288** 4;

des ProzBev **138** 8; im schiedsrichterlichen Verfahren **1042**
- **(Verletzung),** durch eine Lüge **138** 16, 63 ff; Prozeßbetrug **138** 66; Restitutionsklage **580** 6, **581** 1; Schadensersatzpflicht **138** 65; Verzögerungsgebühr **95 Anh**; prozessuale Würdigung **138** 63

Wahrscheinlichkeit, Beweiswürdigung s dort
Wahrung (Frist), Amtsprüfung der W. der Klagefrist **253** 4; durch eine Klage ohne Unterschrift **253** 104; durch ein Telefax **129** 44; durch eine demnächst erfolgende Zustellung **167** 10 ff; durch eine öffentliche Zustellung oder eine Zustellung im Ausland **188**
Waisenbezug, Pfändung **850** 10, **850 b** 10
Wandlung, Gerichtsstand für den Anspruch auf die W. **29** 4, 9; Verbindung mit einer Klage und Fristsetzung durch das Urteil **255** 8; Rechtskraftwirkung des Urteils **322** 73; Streitwert **3 Anh** 137 „Wandlung"
Warenhaus, Schadensersatzpflicht, Beweislast **286 Anh** 224
Warenzeichen s Marke
Wartefrist, vor der Versteigerung einer Pfandsache **816** 1; vor der Zwangsvollstreckung **798, 798 a**
Warteliste vor der Bestimmung des Termins **216** 11
Waschmaschine, Pfändung **Grdz 704** 114, **811** 23
Wasserrechtsstreitigkeit, Rechtsweg **GVG 13** 69
Wechsel, Beweislast **286 Anh** 225; Kraftloserklärung **Einf 1003** 1, vgl auch Aufgebotsverfahren; Pfändung der Wechselforderung **831**
Wechselklage 602; Anerkenntnis **599** 1, **602** 5; Antrag auf eine Parteivernehmung wegen der Vorlegung des Wechsels **605** 2; Einlassungs- und Ladungsfrist **604** 3; Einmischungsklage **64** 5; Fehlen einer Prozeßvoraussetzung **Grdz 253** 23; Gerichtsstand des Zahlungsorts **603**; Kammer für Handelssachen **GVG 95** 4; Klagabweisung **597**; Klageschrift **604** 2; Nachverfahren **602** 7; Nebenforderung **605** 3; Pfändung **831** 2; Wirkung der Rechtshängigkeit **261** 20; Ausschluß eines Richters wegen seiner Mitwirkung **41** 18 „Urkundenprozeß"; Sicherheitsleistung **11**; Sommersache **227** 42, 43; Streitgenossenschaft **60** 3, **603** 4; Streitwert **20** 4; vorläufige Vollstreckbarkeit des Urteils **708** 6; Urteil ohne einen Vorbehalt **599** 8; Vorbehaltsurteil **599** 7, 9; Zurückverweisung durch das Berufungsgericht **538**
Wechselprozeß 602 ff; Beweisregeln **605**; Gerichtsstand **603**; Sommersache **227** 42, 43; vorläufige Vollstreckbarkeit **708**; Widerklage **253 Anh** 41, **595** 2; Widerspruch des Bekl **599** 4; Zulässigkeit **602**; Zurückweisung einer Einwendung **598**; Zwischenfeststellungsklage **256** 110; s auch Wechselklage
Wechselmahnbescheid 703 a
Wegestreit, Rechtsweg **GVG 13** 70
Wegfall, der Entscheidungsgründe **313 a, b**; des Richters **309** 1, **315** 5; eines Schiedsrichters **1038**; Bestellung eines Ersatzschiedsrichters **1039**; des gesetzlichen Vertreters, Antrag auf eine Aussetzung des Verfahrens im Fall einer Vertretung durch einen ProzBev **246** 3; Erlöschen der Prozeßvollmacht **86** 4 ff; des Tatbestands **313 a, b**, **540**; Unterbrechung des Verfahrens ohne einen ProzBev **241** 4
Wegnahme durch den Gerichtsvollzieher **808** 7, 18 ff, **883** 7, **885** 6, **897** 1
Wegnahmeanspruch, Streitwert **6** 2
Wegschaffung, der Pfandsache durch den Gerichtsvollzieher **808** 18; des Eigentums des Schuldners bei der Räumung eines Grundstücks, Schiffs oder Schiffsbauwerks **855, 885 a**

Hartmann 3165

Wehrbereichsverwaltung

Wehrbereichsverwaltung, Vertretung **18** 5
Wehrdienst s Soldat
Wehrsold, Pfändung **850** 4, **850 a** 10, **850 e** 11
Weigerung des Gerichtsvollziehers, Erinnerung **766** 5; vgl auch beim Gegenstand der (Ver)Weigerung
Weihnachtsgratifikation, Pfändung **850 a** 12
Weitere Beschwerde s Beschwerde, weitere
Weisung des Gläubigers **753** 6; des Gerichts an den Sachverständigen **404 a**
Weitergabe, eines Ersuchens um die Vornahme einer Beweisaufnahme **365**
Weiterverweisung nach einer Verweisung **281** 33, 34; Zuständigkeitsbestimmung **36** 36 ff
Werbebehauptung, Beweislast **286 Anh** 226
Werkmietwohnung, Gerichtsstand für den Anspruch aus dem Mietvertrag **29 a** 12; Zuständigkeit im Fall eines Räumungsanspruchs **GVG 23** 8
Werkvertrag, Beweislast bei einem Anspruch **286 Anh** 227; Pfändung des Anspruchs auf eine Arbeitsleistung **Grdz 704** 64 „Arbeitsleistung"
Wert, des Beschwerdegegenstands bei der Berufung/Revision/Beschwerde **511**; des Gegenstands der Verurteilung **709** 1; des Streitgegenstands s Streitwert
Wertangabe, in der Berufungsbegründung **520**; in der Klageschrift **253** 101
Wertberechnung, bei mehreren Ansprüchen **5** 2; beim Besitzstreit **6** 3; bei einer Grunddienstbarkeit **7**; bei einem Miet- oder Pachtverhältnis **8**; bei einer Nebenforderung **4** 10; bei einer wiederkehrenden Nutzung oder Leistung **9**; eines Pfandrechts **6** 10; der Sicherstellung der Forderung **6** 9; eines Wechselanspruchs **4** 20; maßgebender Zeitpunkt **4** 3; s auch Streitwert
Wertfestsetzung Streitwertfestsetzung
Wertpapier 821 1 ff; Aufgebot s Aufgebotsverfahren (Kraftloserklärung); Gerichtsstand des Erfüllungsorts **29** 3; Streitwert der Herausgabeklage **3 Anh** 69; Urkundenprozeß **592** 5; Pfändung **Grdz 704** 114, **808** 3; Pfandverwertung **821–823, 831**; als Sicherheitsleistung **108** 8, 17, 18; Zwangsvollstreckung aus einem Urteil auf eine Herausgabe **884**
Wertsicherungsklausel 253 98
Werturteil Einf 284 18
Wertverringerung, Arrestvollzug, Versteigerung wegen einer drohenden W. **930** 11; Versteigerung einer Pfandsache wegen einer drohenden W. **816** 5
Wesentliche Änderung der Verhältnisse **323** 36
Wettbewerb, unlauterer, Beweislast **286 Anh** 234; Gerichtsstand **12** 10; ausschließlicher Gerichtsstand **21** 1, **23** 5; Gerichtsstand eines Schadensersatzanspruchs **32** 2, 17 ff; Kammer für Handelssachen **GVG 95** 7; allgemeine Klagebefugnis **Grdz 50** 47 „Verbandsklage", **Grdz 253** 22; Rechtsschutzbedürfnis **Grdz 253** 34 ff; Kostenentscheidung beim Anerkenntnis **93** 67 ff; Meinungsbefragung **95** 7, **Üb 402** 7; Rechtsweg **GVG 13** 71; Streitwert **3 Anh** 63
– **(Einigungsstelle),** Vergleich **794** 4; Erteilung einer Vollstreckungsklausel auf Grund eines Vergleichs **797 a**
Wettbewerbsbeschränkung, Pfändung der Entschädigung **850** 13
Wettbewerbsbeschränkungsgesetz, Zuständigkeit der Kammer für Handelssachen **GVG 95** 7
Widerklage 33, 253 Anh 1; bei einem nichtvermögensrechtlichen Anspruch **33** 12; im Arrestverfahren **253 Anh** 8; nach der Aufrechnung **145** 21; in der Berufungsinstanz **533**; eines Dritten oder gegen einen Dritten **253 Anh** 3; in einer Ehesache **253 Anh** 8, **610** 2, 3, **612** 10; bei einer Erledigung der Hauptsache **253 Anh** 10; Erweite-

rung **253 Anh** 6; gegen einen Exterritorialen **GVG Einf 18** 3; auf eine Feststellung **256** 35, **506** 1; Erledigung einer leugnenden Feststellungsklage durch die Leistungsklage, Kostenentscheidung **91 a** 47 „Feststellungswiderklage"; gegenüber einer Feststellungsklage **253 Anh** 6; Gerichtsstand **33, 38** 31; dinglicher Gerichtsstand **24** 18; vor der Kammer für Handelssachen **GVG 99** 2; auf eine Ehescheidung, Kostenentscheidung **93 a** 12; Ehenichtigkeitsklage **633**; Erhebung **137** 7, **253** 7, **253 Anh** 16; in einer Kindschaftssache **253 Anh** 8, **640 c** 2; Klagänderung bei einer W. **263** 3; nach der Klagrücknahme **253 Anh** 10; Kostenentscheidung im Fall der Klagabweisung **96** 4; Kostenentscheidung im Fall der Abweisung der Klage und der Widerklage **92** 25; Kostenverteilung nach der Klage und der Widerklage **92** 25; im Mahnverfahren **253 Anh** 8; Prozeßfähigkeit **52** 3; Prozeßkostenhilfe **114** 44; Prozeßtrennung **145** 7; durch eine Prozeßverbindung **147** 12; Prozeßvollmacht **81** 24, Prozeßvoraussetzung **253 Anh** 9; Abweisung beim Fehlen einer Prozeßvoraussetzung **253 Anh** 9; Rechtshängigkeit für die W. **261** 5; Rechtshängigkeit der Hauptklage als Voraussetzung **253 Anh** 9; in der Revisionsinstanz **253 Anh** 10; Rücknahme der W. **269** 4, 32; auf einen Schadensersatz wegen einer Zwangsvollstreckung aus einem vorläufig vollstreckbaren Urteil **717** 13; im schiedsrichterlichen Verfahren **1046**; Sicherheitsleistung **110** 8; durch einen Streitgenossen **253 Anh** 14; durch einen Streithelfer **66** 1, **67** 6, **253 Anh** 14; gegen einen Streithelfer **67** 5; durch einen streitgenössischen Streithelfer **69** 10, **253 Anh** 14; Streitwert **5** 12; Teilurteil **301** 31; Trennung mangels eines Zusammenhangs mit dem Kiagansprueh **145** 7; Unzulässigkeit **33** 12; im Urkunden- oder Wechselprozeß **253 Anh** 8, **595** 2; Rechtskraftwirkung des Urteils **322** 14; bei einer einstweiligen Verfügung **253 Anh** 8; Verhältnis zur Hauptklage **253 Anh** 5, 6; Versäumnisurteil **347**; Verweisung vom AG an das LG **506** 3; Verweisung durch die Kammer für Handelssachen **GVG 97** 5; gegenüber einer Vollstreckungsklage nach einem ausländischen Urteil **722** 10; Voraussetzung **3 Anh** 1; Wertberechnung **5** 12; gegen eine Widerklage **253 Anh** 14; im Wiederaufnahmeverfahren **585** 5; Zulässigkeit **253 Anh** 5, **280** 1; Zusammenhang mit dem Kiagansprueh **253 Anh** 10; ohne einen Zusammenhang mit dem Kiagansprueh oder mit einem Verteidigungsmittel **33** 1; sachliche Zuständigkeit **5** 12; Zwischenfeststellungswiderklage **256** 108
– **(Hilfswiderklage) 253 Anh** 11; Rechtshängigkeit **261** 5; Trennung **145** 7; gegenüber einer Widerklage **253 Anh** 14
– **(Zwischenwiderklage) 253 Anh** 8, **256** 3; vgl auch Zwischenfeststellungsklage
Widerruf, eines Anerkenntnisses **Einf 306** 5; des Antrags auf eine Anordnung des Ruhens des Verfahrens **251** 4; einer Bestätigung beim Europäischen Vollstreckungstitel **1080**; der Erklärung des Beistands als solche der Partei **90** 4; des Einverständnisses mit dem schriftlichen Verfahren **128** 19; der Einwilligung des Ehegatten mit dem Betrieb eines Erwerbsgeschäfts durch den anderen **741** 5; der Einwilligung in die Klagerücknahme **269** 19; einer Erledigterklärung **91 a** 75; eines Geständnisses **290** 5; einer Klagerücknahme **269** 24; einer Erklärung des ProzBev durch die Partei **85** 6; der Zulassung eines (Prozeß)Bevollmächtigten ohne (den Nachweis seiner) Vollmacht **89** 4; einer Prozeßhandlung **Grdz 128** 58; eines Pro-

dahinterstehende Zahlen und Buchstaben = Randnummern **Wiederholung**

zeßvergleichs **307 Anh** 10, 42 ff; einer Widerrufsfrist/Wiedereinsetzung bei einer Versäumung **222** 2/**233** 10; der Prozeßvollmacht **86** 4; der Rücknahme der Berufung **516**; der Rücknahme des Rechtsmittels, Beginn der Frist zur Stellung des Antrags auf eine Wiedereinsetzung **234** 6 ff; der Bestellung eines Schiedsrichters **1035**; durch einen Streithelfer **67** 6, 7; der Erklärung eines Streithelfers durch die Partei **67** 9; der Zulassung eines Prozeßagenten **157** 26; der Bestellung eines Zustellungsbevollmächtigten **184** 9

Widerrufsanspruch, Beweislast **286 Anh** 235; Rechtsweg **GVG 13** 72; Einstweilige Verfügung **940** 40 „Presserecht"; Zwangsvollstreckung aus einem Widerruf auf einen Widerruf **887** 40

Widerrufsrecht, Pfändung **Grdz 704** 114

Widerspruch, gegen einen Arrestbeschluß s Arrestverfahren; des Bekl gegenüber der Erledigterklärung des Klägers **91 a** 169; des Bekl gegenüber einer Klagänderung **264** 1, **268** 1; des Bekl im Urkundenprozeß **599** 4; gegenüber einer Eintragung im Grundbuch auf Grund eines Urteils oder auf die Abgabe einer Willenserklärung oder auf Grund einer einstweiligen Verfügung **895/942**; gegenüber einem Mahnbescheid **694** 1, **702** 1; Möglichkeit sich widersprechender Entscheidungen als Grund zur Aussetzung des Verfahrens **148** 30; gegenüber der Aufforderung zur Abgabe der Offenbarungsversicherung **900** 24; gegenüber der Pfändung, Klage auf eine vorzugsweise Befriedigung **805**; gegen die Zulassung eines (Prozeß)Bevollmächtigten ohne (den Nachweis seiner) Vollmacht **89** 4; gegen den Erklärungen der Partei und ihres ProzBev **85** 6; gegen die Übernahme des Prozesses nach der Veräußerung des Grundstücks, Schiffs, Schiffsbauwerks oder Luftfahrzeugs **266** 6; zwischen einem Schriftsatz und einem mündlichen Vorbringen **139** 21, 48; gegenüber dem Teilungsplan **876, 877**; im Urkundenprozeß **599** 4; im Tatbestand des Urteils, Berichtigungsantrag **320** 6; zwischen dem Urteilstatbestand und dem Sitzungsprotokoll **314** 7; gegenüber einer einstweiligen Verfügung **924 ff**; gegen die Vollstreckbarerklärung **1059**; in Zeugenaussagen, Gegenüberstellung der Zeugen **394** 6

Widerspruchsklage s Zwangsvollstreckung

Widerstand, des Schuldners gegen eine Handlung trotz einer Duldungspflicht **892**; des Schuldners gegen eine Pfändung über **758** 9, **759**

Wiederaufnahmeklage Grdz 578, 578 ff; Ausschluß durch die Möglichkeit eines Rechtsmittels **579** 22, **582**; nach einem Ausschlußurteil **957** 1; Begründetheit **590** 2; Beschwer **578** 1; Beweis **581** 7; in einer Ehesache **Einf 610** 7; Hilfsnatur **579** 22, **582** 1; Klagefrist **586**; Klageschrift **587, 588**; Kostenentscheidung beim Anerkenntnis **93** 26; Rechtsmittel gegen die Kostenentscheidung **99** 21; neue ersetzende Entscheidung **590** 5; Parteien **578** 5; Prozeßvollmacht **81** 24; Ausschluß eines Richters wegen seiner Mitwirkung an einer dem Urteil vorausgegangenen Entscheidung **41** 20; nach einem Schiedsspruch **1059**; Sicherheitsleistung **110** 7; Statthaftigkeit **Grdz 578** 8; Streitgenossen **62** 26; Streithilfe **66** 17; Streitwert **3 Anh** 140, **4** 11; hinsichtlich einer dem Urteil vorausgegangenen Entscheidung **583**; rechtskräftiges Urteil als Voraussetzung **Grdz 578** 8; durch einen nicht rechtsfähigen Verein als Bekl **50** 26; Verhandlung **590**; gegen ein Versäumnisurteil **590** 10; Verzicht **Grdz 578** 17; Vorentscheidung **583** 1; Wesen **Grdz 578** 1; Entscheidung über den Wiederaufnahmeantrag **590** 5; Rechtsmittel gegen die Wiederaufnahme-

entscheidung **591**; Wiederholung **578** 8; Zulässigkeit **Grdz 578** 8; Prüfung der Zulässigkeit **589**; Zuständigkeit **584**; Zustellung an den ProzBev **172** 3, 28; Einstellung der Zwangsvollstreckung **707**

- **(Nichtigkeitsklage) 579**; wegen des Auftretens einer falschen Partei **Grdz 50** 18; wegen des Fehlens einer Prozeßvollmacht **89** 14; wegen der Zurückweisung des Ablehnungsgesuchs gegenüber einem Richter **46** 15; wegen einer Amtshandlung des Richters nach seiner Ablehnung **47** 11; gegen ein Scheinurteil **579** 3; bei einem Urteil im schriftlichen Verfahren ohne das Einverständnis der Partei **128** 34; Verbindung mit der Restitutionsklage **580** 1

- **(Restitutionsklage) 580**; Antrag auf eine Parteivernehmung **581** 7; wegen des Auffindens einer Urkunde **580** 11; wegen der Aufhebung eines Urteils **580** 9; Ausschluß durch die Möglichkeit eines Rechtsmittels **582**; Beweis des Restitutionsgrundes **581** 7; Restitutionsgrund als Grund zur Aufhebung eines Schiedsspruchs **1059**; im Fall der Erschleichung der Rechtskraft **Einf 322** 35, **580** 6; Strafurteil als Voraussetzung **581**; wegen der Unwahrheit einer Prozeßbehauptung **138** 64, **580** 6; gegen ein Urteil auf die Feststellung der Vaterschaft **641 i**; Verbindung mit der Nichtigkeitsklage **580** 1

Wiedereinsetzung in den vorigen Stand **Üb 230** 5, **233 ff**; Ablehnung, Rechtsmittel **238** 13; Änderung eines Wiedereinsetzungsbeschlusses **238** 11; Antrag **233** 10; Antrag bei einer Versäumung der Revisions(Begründungs)frist nach einem Urteil des BayObLG **EG 7** 1; Antragserfordernis **236**; Antragsfrist **234** 4, **236**, **EGGVG 26** 5; Antragsfrist im Fall einer Aussetzung oder Unterbrechung des Verfahrens **249** 4; Beginn der Antragsfrist **234** 7 ff; gegenüber der Versäumung der Frist für den Antrag auf eine gerichtliche Entscheidung nach einem Justizverwaltungsakt **EGGVG 26** 5; Begriff **233** 1; gerichtliche Aufklärungspflicht **234** 4; wegen der unrichtigen Auskunft einer Geschäftsstelle **233** 20; nach der Verwerfung der Berufung **238** 4; Entscheidung **238** 6; fehlerhafte Entscheidung **238** 11; Glaubhaftmachung einer Tatsache **236** 7; Grund **233**; Kostenentscheidung **238** 15; Nachholung einer versäumten Prozeßhandlung im Antrag **236** 5; Nachschieben eines Wiedereinsetzungsgrundes **234** 4; und Notfristzeugnis **706** 12; Rechtsbehelfe **238** 12; Rechtsprechungsübersicht **233** 18 ff; im schiedsrichterlichen Verfahren **1059**; ein beim Streithelfer liegender Grund **66** 14; durch eine Fortsetzung des Verfahrens **238** 6; Verbindung der Verhandlung über den Wiedereinsetzungsantrag mit der Sachverhandlung **238** 5; mündliche Verhandlung **238** 1; Verfahren **238**; gegen die Versäumung der Einspruchsfrist **233** 7; gegen die Versäumung einer Notfrist, der Berufungs/Revisions(begründungs-)frist **233** 6 ff; Versäumnisverfahren im Fall einer notwendigen mündlichen Verhandlung **238** 9; Verschuldensbegriff **233** 11; Wirkung **233** 1; Zuständigkeit für die Entscheidung **237**; Einstellung der Zwangsvollstreckung nach einem Antrag auf eine W. **707**

Wiedereröffnung der mündlichen Verhandlung **156, 283**; Ablehnung oder Aufhebung der Entscheidung über die W. **283/156** 21; in der Berufungsinstanz **525**

Wiederholung, der Ablehnung eines Richters **42** 7; der Berufung **519** 18; der Beschwerde **567** 3; eines Verweisungsantrags nach der Rücknahme des früheren **281** 18; einer Wiederaufnahmeklage **578** 8; einer Zeugenvernehmung **398** 2, **400** 1

Wiederholungsgefahr

Zahlen in Fettdruck = Paragraphen

Wiederholungsgefahr bei einer Unterlassungsklage Grdz 253 41
Wiederinkurssetzen eines Wertpapiers nach seiner Pfändung 823
Wiederkaufsrecht, Pfändung Grdz 704 114
Wiederkehrende Einkünfte, Pfändung 811 48, 832; Pfändung des Arbeitseinkommens s Zwangsvollstreckung
Wiederkehrende Leistung, Abänderungsklage 323; Anwaltsgebühr, Gerichtsgebühr 9 1, 2; Zwangsvollstreckung bei einer mit einem Grundstück verbundenen w. L. 865 9; Klage vor der Fälligkeit 258 1; Streitwert 9; Streitwert eines Rückstands 4 9, 11; Vollzug oder Vollstreckung einer einstweiligen Verfügung 936 14, 15
Wiederkehrende Nutzung, Streitwert 9
Wildschadensklage, Zuständigkeit GVG 23 11
Willenserklärung, Auslegung, Beweislast 286 Anh 1, 235; Auslegung in der Revisionsinstanz 550 3; nebst einer Prozeßhandlung Grdz 128 53, 61; Urteil auf die Abgabe einer W. 894; Antragsrecht des Gläubigers nach einem Urteil auf die Abgabe einer W., ihm die zu einer Eintragung erforderliche Urkunde zu erteilen 896; Urteil auf die Bestellung, Abtretung oder Belastung eines Briefgrundpfandrechts 897 5; Urteil auf eine Übertragung des Eigentums 897, 898; Sachwegnahme durch den Gerichtsvollzieher 897 3; des Streithelfers 67 4 ff; Streitwert 3 Anh 140; vorläufig vollstreckbares Urteil auf eine Eintragung im Grundbuch oder in einem Register 895; Zwangsvollstreckung aus einer Verpflichtung zur Abgabe einer W. 887 41, 894
Willensmangel, bei einem Geständnis 290 7; bei einer Prozeßhandlung Grdz 128 56; bei der Erteilung einer Prozeßvollmacht 80 14
Wintergeld Grdz 704 103
Wirksamkeit, eines Beschlusses 329 26; der Entscheidung Üb 300 10; einer Prozeßhandlung Grdz 128 51–56; eines Prozeßvergleichs 307 Anh 15 ff, 36 ff; einer Schiedsvereinbarung 1029 ff
Wirkungslosigkeit, der Entscheidung s Nichtigkeit
Wirkungszeitpunkt bei der öffentlichen Zustellung 188
Wirt, Streitigkeit mit einem Reisenden, vorläufige Vollstreckbarkeit des Urteils 709 1; Zuständigkeit GVG 23 9
Wirtschaftliche Beteiligung, Prozeßkostenhilfe 116 5; w. Überlegenheit, Unwirksamkeit der Schiedsvereinbarung 1032
Wirtschaftlichkeit, Prozeßwirtschaftlichkeit s dort
Wirtschaftsprüfer, Zeugnisverweigerungsrecht 383 18
Wirtschaftsverband, Aufnahme in einen W., Rechtsweg GVG 13 72
Wissen, des Richters als Urteilsgrundlage Einf 284 22; privates W. des Richters über einen Prozeßvorgang 286 23
Witwe, Pfändungsschutz bei einer Fortführung der Erwerbstätigkeit des Ehemanns 811 45
Witwenbezüge, Pfändung 850 10, 850 a 10, 850 b 10
Wochenmarkt, Gerichtsstand 30
Wohnbesitz, Zwangsvollstreckung 771 4, 851 15, 857 10
Wohngeld, Pfändung Grdz 704 115
Wohngelegenheit, Pfändung der Vergütung 850 i 10
Wohnlaube, Pfändung 811 23
Wohnraum, einstweilige Verfügung auf eine Räumung 940 a; Gerichtsstand für die Klage wegen eines W. 29 a; Räumungsfrist 721 4; Zuständigkeit GVG 23 5, 6; Zwangsvollstreckung (Durchsuchung) 758, 758 a; vgl auch Mietstreitigkeit, Wohnung
Wohnrecht, Streitwert der Löschung eines Dauerwohnrechts 3 Anh 140; Streitwert des W. 9 7; Streitwert einer einstweiligen Verfügung 3 Anh 37
Wohnsitz, Gerichtsstand 13; Gerichtsstand des letzten W. 16; Gerichtsstand bei einem W. im Ausland 16 2; Verlegung, Zuständigkeitsvereinbarung 38 35; letzter W. in der BRep, Maßgeblichkeit für die Zuständigkeit in einer Ehesache 606 10 ff
Wohnsitzloser, Gerichtsstand 16; Gerichtsstand des Vermögens/Streitgegenstands 23
Wohnung 178 4; Durchsuchung durch den Gerichtsvollzieher 758, 758 a, 807; Ersatzzustellung 178 4 ff; Zustellung an einen Exterritorialen 183 8; Gerichtstermin in der Wohnung 219 7; Irrtum über die Wohnungseigenschaft bei einer Ersatzzustellung 178 5 ff; Räumung auf Grund einer einstweiligen Verfügung 940 a; Räumungsklage s dort; Räumungsvollstreckung 885; Streitwert des Verbots des Betretens durch den Ehegatten 3 Anh 32
Wohnungsbaugesetz, Rechtsweg GVG 13 73
Wohnungsbaudarlehen, Rechtsweg GVG 13 73
Wohnungsbauprämie, Pfändung Grdz 704 115
Wohnungsbindungsgesetz, Rechtsweg GVG 13 73
Wohnungseigentum, Streitwert 3 Anh 141; Zuständigkeit bei der Entziehung GVG 23 8; Feststellungsinteresse 256 105; Verwalter als gesetzlicher Vertreter 51 15 „Gemeinschaft"; Zwangsvollstreckung 864 7, 866, 870
Wohnungseigentumssache, Abgabe 281 Anh II, Grdz 688 3; Gerichtsstand 29 b; Rechtsweg GVG 13 73; Rechtskraftwirkung des Urteils 325 40
Wort, Erteilung oder Entziehung in der mündlichen Verhandlung 136; Untersagung des Vortrags 157 21
Wortlaut und Auslegung Einl III 41

Z

Zahlung, an den Gerichtsvollzieher 754 8, 9, 815 6, 819 1; nach der Klagerhebung, Kostenentscheidung 91 a 60; Kostenfestsetzung trotz einer Z. 104 14; an den ProzBev 81 10 „Inkassovollmacht"; an den ProzBev, Kostenerstattung 81 11, 91 98–100; Erledigung der Hauptsache durch die Z. nach der Einlegung eines Rechtsmittels 91 a 60; Urteil auf eine Handlung und auf die Zahlung einer Entschädigung 510 b; Zwangsvollstreckung 775 16, 888 a; einstweilige Verfügung auf die Z. 936 14
Zahlungsklage, Bezifferung 253 75; Verbindung mit einer Klage auf eine Auskunftserteilung, Rechnungslegung, ein Vermögensverzeichnis und die Abgabe einer eidesstattlichen Versicherung 254 3, 12, 13
Zahlungsort eines Wechsels als Gerichtsstand 603
Zahlungs Statt, Überweisung einer Forderung s Zwangsvollstreckung
Zahlungssperre im Wertpapier-Aufgebotsverfahren 1019–1022
Zahlungsunfähigkeit, Ausschluß einer Prozeßkostenhilfe im Fall einer Böswilligkeit 114 73
Zahlungsverbot an den Drittschuldner 829 71
Zeichnung, Anordnung ihrer Vorlegung 142 10; Vorlegung vor der mündlichen Verhandlung 273 18
Zeit, zulässige zur Pfändung 758 a; der Versteigerung 816 3
Zeitangabe bei der Zustellung 182 15, 16
Zeitliche Geltung der Zivilprozeßvorschriften Einl III 78
Zeitmiete, Beweislast 286 Anh 138 „Miete, Pacht"

dahinterstehende Zahlen und Buchstaben = Randnummern **Zeugnis**

Zeitpunkt, der für die Wertberechnung maßgebende Z. **4** 3; der Zustellung beim Empfangsbekenntnis **174** 13, **195** 15, **418** 8; der Zustellung bei einer demnächst erfolgenden Zustellung der Klage **167**; des Mahnbescheids **693**; bei einer Zustellung im Ausland oder bei einer öffentlichen Zustellung **188**
Zeitschrift und Zeugnisverweigerungsrecht **383**
Zeitversäumnis, Entschädigung des Zeugen/Sachverständigen **401/408**; Kostenerstattung (Z. der Partei) **91** 294
Zeitvorrang, Vorzugsrecht gegenüber dem Pfändungspfandrecht **804** 12
Zentrale Behörde s Auslandsunterhaltsgesetz, Internationales Familienverfahrensrechtsgesetz
Zeuge, Begriff **Üb 373** 1, **373** ff; Abgeordneter **376**, **382** 1, **383** 10; Pflicht zur Duldung einer Abstammungsuntersuchung **372 a** 19; Anordnung seiner schriftlichen Anhörung **377** 8; Antrag, Antritt **373**; Aufenthalt an einem Ort ohne eine Verkehrsverbindung **247** 2; Aufzeichnungen **378**; Auslagenvorschuß **379** 1; Ausschluß als Gerichtsperson **41** 13, **49**; Ausschluß der Öffentlichkeit **GVG 172**; Bekl als Z. nach der Übernahme des Prozesses durch den mittelbaren Besitzer **76** 9; Beschwerderecht **569**; Aussagegenehmigung eines Angehörigen des öffentlichen Dienstes **376**; Anordnung der Gestellung vor der mündlichen Verhandlung **273** 23; Angehöriger eines ausländischen Konsulats **Üb 373** 27, 28; Beamter **376**; Bundespräsident **375** 19, **376** 14; heimlicher Z. **Üb 373** 7; Minister **376** 7, **382** 3, **383** 8; im schiedsrichterlichen Verfahren **1042**; schriftliche Aussage **128** 37, **273** 14, 23, **377** 8; Pflicht zur Nachforschung **378**; Spitzel **Üb 373** 7; Angehöriger der Streitkräfte **SchlAnh III** 39; Aussagegenehmigung **376**; Streitgenosse **61** 9; Streithelfer **67** 5; streitgenössischer Streithelfer **69** 11; Unmittelbarkeit **375**; Unterlagen **378**; Mitglied eines nicht rechtsfähigen Vereins **50** 25, 30; Verwertung eines früheren Protokolls **286** 64; Verhinderung am Erscheinen vor Gericht, auswärtiger Terminsort **219** 5–7; gesetzlicher Vertreter eines prozeßunfähigen Ausländers **55**; sachverständiger Z. **414** 4; Zeugnis(un)fähigkeit **Üb 373** 11; Zeugnispflicht, Zeugniszwang **Üb 373** 26, **380**, **390**; Zuziehung durch den Gerichtsvollzieher **759**
- **(Ausbleiben),** Auferlegung von Kosten und Ordnungsgeld **380** 4; Entschuldigung, Aufhebung der vorgenannten Maßnahmen **381**; vor dem verordneten Richter **400**; Vorführungsanordnung im Fall eines wiederholten Ausbleibens **380** 14–16; wegen eines Zeugnisverweigerungsrechts **386** 5, **388**
- **(Beeidigung) Üb 373** 30, **391 ff**, **478 ff**; Anordnung **391** 4; Berufung auf den Eid im Fall einer wiederholten oder nachträglichen Vernehmung **398** 13; Eidesleistung s dort; Eidesunmündigkeit, Unreife, Verstandesschwäche **393**; Eidesverweigerungsrecht **391** 6; Meineid, Beihilfe durch Unterlassen **138** 66; Meineid, Restitutionsklage **580** 6, **581** 1; Nacheid **392**; kraft des Ersuchens eines Schiedsgerichts **1050**; Verzicht auf die B. in einer Ehe- oder Kindschaftssache **617** 3, **640** 12 „§ 617"; Verzicht beider Parteien auf die B. **391** 9; Auferlegung von Kosten und Festsetzung von Ordnungsgeld oder von Ordnungshaft im Fall einer grundlosen Verweigerung des Eides **390**
- **(Einsichts- und Mitbringpflicht) 378**
- **(Ladung) 377** 4–7; Anordnung vor der mündlichen Verhandlung **273** 23; Pflicht zur Zahlung eines Kostenvorschusses **379**; Befreiung von dieser Pflicht wegen einer Prozeßkostenhilfe **118**, **379** 1; als Voraussetzung der Auferlegung von Kosten oder der Festsetzung eines Ordnungsmittels wegen des Ausbleibens des Zeugen **380** 7; bei einer Zeugnisverweigerung vor dem verordneten Richter **389** 4
- **(sachverständiger Zeuge) 414**
- **(Vernehmung),** **395**, **396**; Anordnung vor der mündlichen Verhandlung **273**, **358 a**; Ausschluß der Öffentlichkeit **GVG 172**; auswärtige V. **375**; Wiedergabe der Aussage im Tatbestand des Urteils **313** 23; Beginn **395** 5; über eine dem Zeugen kraft seines Berufs anvertraute Tatsache **383**; im selbständigen Beweisverfahren **485** 1, **492**; des Bundespräsidenten **375** 19, **376** 14; eidliche V. **391**, **392**; Einzelvernehmung **394** 5; elektronische Aussage **130 a**; Entfernung im mündlichen Verhandlung **158** 1; Ermahnung vor der Vernehmung **395** 4; Fehlerquellen **Üb 373** 6; Frage als Suggestivfrage **396** 9; Fragerecht der Partei, eines ProzBev/des Vorsitzenden, eines anderen Richters **396** 8, 9, **397**; Entscheidung im Fall der Beanstandung einer Frage **140** 11; Entscheidung des verordneten Richters im vorangehenden Fall **400** 1; Gegenüberstellung mit einem anderen Zeugen **394** 6; Mängelheilung **Üb 373** 31; Minister, Abgeordneter, Mitglied des Bundesrats als Zeuge **376**, **382**, **383** 8; nachträgliche V. **389** 4; Ordnungsmittel bei einer Ungebühr oder einem Ungehorsam s dort; V. zur Person, Glaubwürdigkeitsprüfung **395** 5; Persönlichkeitsrecht **GVG 171 b**; Protokoll **160**, **160 a**, **161**; V. durch das Prozeßgericht **375** 1; Prozeßkostenhilfe **118**; durch den verordneten Richter **375** 5; V. zur Sache **396**; V. auf Grund des Ersuchens eines Schiedsgerichts **1050**; sofortige V. **358 a**; uneidliche V. **393**; wiederholte oder nachträgliche V. **398**; Verzicht auf die V. **399**
- **(Zeugenentschädigung) 401**; Festsetzung verauslagter Z. **103** 28; Vorschuß **379** 1
- **(Zeugnisfähigkeit) Üb 373** 11
- **(Zeugnisverweigerung) 383** ff; Erklärung **386**; eines Minderjährigen **Einf 383–389**; vor dem verordneten Richter **389**, **400**; Auferlegung von Kosten, Festsetzung eines Ordnungsmittels im Fall einer Z. ohne Grund **390**; Grundangabe **Einf 383**; Glaubhaftmachung des Grundes **386**; Zwangsmaßnahme **390**; Zwischenstreit über die Berechtigung zur Z. **387**, **388**
- **(Zeugnisverweigerungsrecht),** eines Angehörigen **383**, **385**; Ausbleiben wegen eines Z. **386**, **388**; eines Autoren **383**; eines Angehörigen des öffentlichen Dienstes, Aussagegenehmigung **376**; Belehrungspflicht **383**; eines Journalisten **383**; bei einer dem Zeugen kraft seines Berufs anvertrauten Tatsache **383**, **385**; des Bundespräsidenten **376** 14; eines Geistlichen **383**, **385**; eines Minderjährigen **Einf 383–389**; eines Redakteurs **383**; eines Rundfunkmitarbeiters **383**; Befreiung von der Schweigepflicht **385**; Streitwert **3 Anh** 142; wegen der Gefahr der Verfolgung wegen einer Ordnungswidrigkeit oder Straftat auszusetzen **384**; bei einer dem Zeugen zur Unehre gereichenden Antwort **384**; eines Verlegers **383**; wegen der Gefahr eines Vermögensschadens **384**
Zeugenbeweis, Verwertung einer in einem anderen Verfahren erfolgten Aussage **286** 64; Beweisantritt **373**; Beweisbeschluß **359** 7; Beweiswürdigung **286** 2, **Üb 373** 6; Ersetzung durch einen Urkundenbeweis **286** 69; Gestellung des Zeugen durch die Partei **273** 14; Zulassung **286** 69
Zeugnis, einer Behörde **Üb 373** 5; Streitwert der Klage gegen den Arbeitgeber auf die Ausstellung

Zeugnisurkunde

eines Z. **3 Anh** 142; Rechtskraft-/Notfristzeugnis **706** 3/11; Zwangsvollstreckung aus einem Urteil auf die Ausstellung eines Z. **887** 42; betr die Vorlegung eines Zinsscheines **1010** 3, **1011** 2, **1021**; ausländisches Zustellungszeugnis **183** 8

Zeugnisurkunde 418 4

Zeugungsunfähigkeit, Prüfung bei der Feststellung **372 a** 16

Zinsen, Ausfall, Kostenerstattung **91** 285; Basiszinssatz **104**, **688**; Beweislast für die Inanspruchnahme höherer als der gesetzlichen Z. **286 Anh** 236; bei einer Hinterlegung von Geld als Sicherheit **109** 25; Kostenentscheidung im Fall einer Klagabweisung mit Ausnahme des Zinsanspruchs **92** 48 ff; Pflicht zur Verzinsung des Kostenerstattungsanspruchs **104** 22; Pfändung rückständiger Hypothekenzinsen **830** 14, **837** 4; Rechtsweg **GVG 13** 74; Streitwert **4** 10, 15; Streitwert im Fall wiederkehrender Leistungen oder Nutzungen **9** 5; Streitwert von Verzugszinsen **3 Anh** 131; Streitwert von Zinseszinsen **4** 16; Streitwert von Zwischenzinsen **3** 1, **3 Anh** 142; Bindung des Gerichts an den Zinsantrag des Klägers im Urteil **308** 5

Zinsschein, im Aufgebotsverfahren **1010–1013**, **1019**

Zivildienst, Rechtsweg **GVG 13** 74

Zivilkammer GVG 60; Besetzung **GVG** 75; Verweisung untereinander **281** 9, **GVG 101**; Verweisung an die Kammer für Handelssachen **GVG 98**, **104** 4; Vorsitzender **GVG 21 f**; Verhinderung des Vorsitzenden **GVG 21 f** 5; Vertretung des Vorsitzenden **GVG 21 e** 6, **21 f** 7; Zuständigkeit **GVG 71**, **72**; vgl auch Landgericht, Vorsitzender

Zivilprozeß Einl III 1; Abgrenzung gegenüber der Verwaltungsgerichtsbarkeit bzw freiwilligen Gerichtsbarkeit **Einl** III 2; Grundsätze **Einl** III 14 ff; Parteibefugnisse **Einl** III 10, 11; Pflichten der Parteien/des Gerichts **Einl** III 14 ff, **Grdz 128**; Notwendigkeit verschiedener Parteien **Grdz 50** 1; Prozeßvertrag **Einl** III 11, **Grdz 128** 48, **Grdz 704** 24; Rechtsquellen **Einl** III 1–3; Rechtsmißbrauch s dort; Rechtsnatur **Einl** III 9 ff; Schadensersatzpflicht wegen eines Rechtsmißbrauchs **Einl** III 58; sozialer Z. **Einl I**; Verfahrensarten **Einl** III 4; Pflicht zur Ermittlung der Wahrheit **Einl** III 4; Pflichten der Parteien **Einl** III 14 ff; Ziel **Einl** III 9

Zivilprozeßordnung, Änderungsgesetze **Einl I**, **II** 1, **vor Grdz 1** Gesetzestitel; sachliche Geltung **EG 3**; zeitliche Geltung **Einl** III 78, **EG 1**; Berlin-West **Einl** II 3, **Einl** II 76; Ermessensvorschrift **Einl** III 33; örtliche Geltung **Einl** III 74; Gesetzesbegriff **EG 12**; Muß-/Kannvorschrift **Einl** III 30, 33; Saarland **Einl** II 2; Sollvorschrift **Einl** III 32

– (Auslegung) **Einl** III 35; Analogie **Einl** III 44; einer Ausnahmevorschrift **Einl** III 41; nach der Billigkeit **Einl** III 33; Bindung an die Rechtsprechung **Einl** III 47; entsprechend der Entstehungsgeschichte **Einl** III 42; einer Formvorschrift **Einl** III 30 ff, 43; Gleichheit vor dem Gesetz **Einl** III 21; Lückenausfüllung **Einl** III 48–51; Übertragung einer bürgerlichrechtlichen Vorschrift **Einl** III 52; Umkehrschluß **Einl** III 45; als Zweckmäßigkeitsfrage **Einl** III 37, **Grdz 128** 14

Zivilprozeßrecht, Gesetzgebungszuständigkeit **Einl** II 1; und Landesgesetzgebung **EG 3**, **11**, **15**, **GVG 17 a**, **71** 4; als öffentliches Recht **Einl** III 13; Reform **Einl** I 10 ff; Schrifttum **Einl** II 5 ff

– (europäisches) **Einl IV**

– (interlokales Z.) **Einl** III 77, **328 Einf** 1–5; frühere DDR als Inland **Einl** III 77, **16** 2, **328 Einf** 1–5, **606** 10, **723** 6

– (zwischenstaatliches Z.) **Einl** III 74, **Einl V**; Anerkennung einer ausländischen öffentlichen Urkunde **438** 5; Anerkennungs- und Vollstreckungsausführungsgesetz **SchlAnh V** E; deutsch-amerikanisches Freundschafts-, Handels- und Schiffahrtsabkommen **SchlAnh VI** B 1; deutsch-belgisches Abkommen **SchlAnh V** B 4; deutsch-britisches Abkommen **SchlAnh V** B 5; CIM, CIV **Einl V** 14; EuG-Übereinkommen über die gerichtliche Zuständigkeit und die Vollstreckung gerichtlicher Entscheidungen in Zivil- und Handelssachen **SchlAnh V** C 1–3; EG-VO Nr 1206/2001 (Beweisaufnahme) **Einf 1072**; EG-VO Nr 1348/2000 (Zustellung) **Einf 1067** 3; Europäisches Übereinkommen über die internationale Handelsschiedsgerichtsbarkeit **SchlAnh VI** A 2; Europäisches Übereinkommen zur Befreiung von der Legalisation **438** 7; Genfer Abkommen zur Vollstreckung ausländischer Schiedssprüche **Einl V** 10; Genfer Protokoll über Schiedsklauseln im Handelsverkehr **Einl V** 11; deutsch-griechisches Abkommen **SchlAnh V** B 6; Haager Entmündigungsabkommen **645 Anh** 2; Haager Übereinkommen zur Befreiung von der Legalisation **438** 8–10; Haager Übereinkommen über die Anerkennung und Vollstreckung von Entscheidungen auf dem Gebiet der Unterhaltspflicht gegenüber Kindern **SchlAnh V** A 2; Haager Zivilprozeßübereinkommen, Vollstreckbarerklärung **SchlAnh V** A 1; dgl Armenrecht **114 Anh** 1; dgl persönlicher Arrest **918 Anh**; dgl Rechtshilfe **GVG 168 Anh** I; dgl Rechtshilfeverträge der früheren DDR **328** 5, **328 Anh** 3, **SchlAnh V** Üb 3; dgl Sicherheitsleistung **110 Anh** 2; dgl Zustellung **183 Anh**, **1067** ff; deutsch-italienisches Abkommen **SchlAnh V** B 2; deutsch-niederländischer Vertrag **SchlAnh V** B 7; deutsch-österreichischer Vertrag **SchlAnh V** B 3; deutsch-schweizerisches Abkommen **SchlAnh V** B 1; Staatsverträge **Einl V** 15; Staatsverträge über die Anerkennung einer ausländischen öffentlichen Urkunde **438** 5; Staatsverträge über die Prozeßkostenhilfe **114 Anh**; Staatsverträge über die Verbürgung der Gegenseitigkeit bei der Anerkennung von Urteilen in vermögensrechtlichen Angelegenheiten **328 Anh**; deutsch-tunesischer Vertrag **SchlAnh V** B 8; UNO-Übereinkommen über die Anerkennung und Vollstreckung ausländischer Schiedssprüche **SchlAnh VI** A 1; UNO-Übereinkommen über die Geltendmachung von Unterhaltsansprüchen im Ausland **GVG 168 Anh** II; Zivilprozeßrechtsvorschriften **Einl V** 1

Zivilprozeßsache kraft einer Zuweisung **GVG 13** 19

Zivilsenat, des BGH **GVG 130**, **139**; des OLG **GVG 116**, **122**

Zubehör, Zwangsvollstreckung in das Z. eines Grundstücks oder Schiffs **865**

Zufall, Aufenthalt einer Partei an einem Ort ohne eine Verkehrsverbindung **247**

– (unabwendbarer), Säumnis der Partei, Vertagung **337** 4; als Wiedereinsetzungsgrund **233** 11, 18 ff

Zuführung, Beweislast **286 Anh** 237; Streitwert **3 Anh** 72 „Immission"; Zwangsvollstreckung aus einem Urteil auf die Abwendung einer Z. **887** 43

Zugang, einer formlosen Mitteilung **270** 6; an mehrere ProzBev **84**; einer Prozeßhandlung **Grdz 128** 63

Zugewinnausgleich 621 23, H, I, **852** 1

Zugewinngemeinschaft s Ehegüterrecht

Zug-um-Zug-Leistung (Klage), Gerichtsstand **29** 34; Klage auf eine kalendermäßige zukünftige Leistung **257** 5; Klagantrag auf eine Zug-um-Zug-

Leistung statt auf eine Leistung schlechthin 264 17; Kostenentscheidung 92 26, 93 84; Kostenfestsetzungsbeschluß **Einf** 103 12; Streitwert 6 7
- **(Urteil)**, vollstreckbare Ausfertigung 726 9; Beifügung der Beschränkung 308 12; Rechtskraftwirkung 322 74; auf die Abgabe einer Willenserklärung Zug-um-Zug 894 22; Zwangsvollstreckung 756, 765; dgl Anordnung einer anderweitigen Verwertung der Forderung 844 4; Vollstreckungsklausel 726 9; Zwangsvollstreckung 756, 765

Zulässigkeit s beim Gegenstand der Z.
Zulassung s bei der Person bzw dem Gegenstand der Z.
Zurückbehaltungsrecht, Gerichtsstand 29 34; Gerichtsstand beim kaufmännischen Z. **Üb** 12 18; des Gläubigers, Widerspruchsrecht des Schuldners gegen die Zwangsvollstreckung 777; Klage auf eine kalendermäßige künftige Zahlung 257 3; Kostenentscheidung im Fall einer Erledigung der Hauptsache 91 a 141; Prozeßtrennung 145 24; Streitgegenstand 2 5; Streitwert 6 6
Zurücknahme s Rücknahme
Zurückverweisung, durch das Berufungs-, Beschwerde- oder Revisionsgericht s dort; Kostenentscheidung 97 42; Prozeßvollmacht nach der Z. 86 4; Streitwert nach der Z. 3 **Anh** 142; wegen einer Unzuständigkeit s Verweisung; Zustellung an den ProzBev nach einer Z. 172 7
Zurückweisung, eines Angriffs- oder Verteidigungsmittels 296, 528; der Beschwerde 573 9; des Mahnantrags 691; der Revision 561; eines nachträglichen Vorbringens 296, 530, 531; des Antrags auf ein Versäumnisurteil 335, 336 1; einer Einwendung im Urkunden/Wechsel/Scheckprozeß 598 1/602/605 a
Zusage, Beweislast 286 **Anh** 237
Zusammenfassungsgrundsatz Üb 253 6; mündliche Verhandlung 273 1
Zusammenhang, bei einer Aufrechnung durch den Bekl, Vorbehaltsurteil 302 4, 5; dinglicher Gerichtsstand des Sachzusammenhangs 25; Prozeßtrennung mangels eines Z. 145 7, 20; Prozeßverbindung wegen eines Z. 147 12; der Widerklage und der Klage 33 5, 6, 253 **Anh** 13; Zeugenaussage im Z. 396 6
Zusammenrechnung, mehrerer Arbeitseinkommen bei der Pfändung 850 e 5; mehrerer Klagansprüche für die Berechnung des Streitwerts 5 2
Zusatzabkommen zum NATO-Truppenstatut **SchlAnh** III
Zusatzklage, Abänderungsklage 323 18; Anspruchshäufung s dort; Zwischenfeststellungsklage 256 108
Zusatzurteil, Ergänzungsurteil 321 9; Berufungsfrist 518
Zuschlag bei der Versteigerung der Pfandsache 817 4
Zustand, einer Sache, Antrag auf die Vornahme einer Beweissicherung 485 10; einstweilige Verfügung zum Zweck einer vorläufigen Regelung eines Z. **Grdz** 916 5, 940
Zuständigkeit Üb 1 1; nach der Abgabe im Mahnverfahren 696; für ein Ablehnungsgesuch 45; des AG **GVG** 23, 23 a; Amtsprüfung **Üb** 38 3; für eine einstweilige Anordnung in einer Familiensache 620 f, 621; des Arbeitsgerichts **GVG** 14 6; im Arrestverfahren 919; für den Antrag auf die Aufhebung eines Schiedsspruchs 1062; bei einer Aufrechnung durch den Bekl 145 19; für eine vollstreckbare Ausfertigung 724 6; des BayObLG **EG** 7, **EGGVG** 1, 8, **SchlAnh** I B; im selbständigen Beweisverfahren 486 5; des BGH **GVG** 133; des Großen Senats des BGH **GVG** 132; des Dienstgerichts für Richter **DRiG** 62, 78; in einer Ehesache 606, 606 a, **GVG** 23 a–c; nach dem EuG-Übereinkommen **SchlAnh** V C; bei einer Erinnerung gegen einen Kostenfestsetzungsbeschluß 104 56 ff; in einer Familiensache 621, **GVG** 23 b, c; Fehlen der Z. als Revisionsgrund 551 11; bei der Klage auf die Erteilung einer Vollstreckungsklausel 731 4; Fortdauer 261 28; des Gerichtsvollziehers 753; in einer Hausratssache 281 **Anh** I 2; der Kammer für Handelssachen **GVG** 94 ff; in einer Kindschaftssache 640 a; bei einer Klagerweiterung, Fortdauer der Z. 261 28; für die Kostenfestsetzung 103 41, 104 3; des LG **GVG** 71, 72; im Mahnverfahren 689, 696, 703 d; im Nachverfahren des Urkundenprozesses 600 3; des OLG **GVG** 119; im Prozeßkostenhilfeverfahren 117, 127; für die Gewährung oder Verlängerung einer Räumungsfrist 721 10; des Rechtshilfegerichts **GVG** 157; des Rpfl **GVG** 153 **Anh** 8 §§ 3, 4, 7, 20, 21; Rechtswegzulässigkeit **GVG Üb** 1 5; bei einem Säumnis des Bekl **331** 8; des Schiedsgerichts 1040, 1041; bei einem Ersuchen des Schiedsgerichts auf die Vornahme einer richterlichen Handlung 1050; bei einer die Schiedsvereinbarung oder einen Schiedsrichter betreffenden Entscheidung 1050; bei der Rückgabe einer Sicherheitsleistung 109 20, 21; bei der Rückgabe einer Sicherheitsleistung an den Gläubiger 715 2; des Urkundsbeamten der Geschäftsstelle **GVG** 153 **Anh** 8 § 26; des AG im Fall einer einstweiligen Verfügung wegen der Dringlichkeit bzw bei der Eintragung einer Vormerkung oder eines Widerspruchs im Grundbuch 942 1, 3, 6; bei der Vollstreckbarerklärung eines ausländischen Urteils oder eines Schiedsspruchs nach einem zwischenstaatlichen Vollstreckungsabkommen s dort; für die Vollstreckbarerklärung eines Schiedsspruchs oder Schiedsvergleichs 1059, 1060; für die Vollstreckbarerklärung eines ausländischen Urteils 722 8, 9; für eine Widerspruchsklage 771 7
- **(ausschließliche) Grdz** 1 8; beim Kapitalanleger-Musterverfahren 32 a; für die Klage auf oder gegen die Erteilung einer Vollstreckungsklausel 731 4, 768, 797 13, 14, 797 a 2, 800 10, 802; des Patentgerichts 12 8; bei einer Prozeßverbindung 5 11; bei einer Schadensersatzklage nach einem Urteil auf die Sachherausgabe, Handlung, Duldung oder Unterlassung 893; bei einer einstweiligen Verfügung 937; bei der Vollstreckungsabwehrklage 767 42, 795 10, 797 10, 797 a 3, 800 10, 802; für das Verfahren über den Widerspruch gegen einen Arrest 924 11; für die Widerspruchsklage gegen den Verteilungsplan 879; für eine Wiederaufnahmeklage 584; für die Wiederaufnahmeklage nach einem Urteil auf die Feststellung der Vaterschaft 641 i 6; geschäftliche Z. als ausschließliche Z. **Grdz** 1 7; für die Einstellung der Zwangsvollstreckung bei einer Wiedereinsetzung oder Wiederaufnahme 707 7
- **(ausschließliche Z. des AG) GVG** 23 3 ff, 23 a; im Aufgebotsverfahren 946 2, 978, 983, 988, 990, 1002, 1005, 1006; für eine vorzugsweise Befriedigung 805 13; für den Erlaß des Mahnbescheids 689; für einen Anspruch aus einem Wohnungsmietvertrag 29 a 13; für die Abnahme der Offenbarungsversicherung 899; für das Verteilungsverfahren 873 3; als Vollstreckungsgericht **Grdz** 704 35, 764 1, 802, 828
- **(ausschließliche Z. des LG) GVG** 71 3, 4; nach dem AGBG **GVG** 78 b **Anh** III; für die Klage auf

Zuständigkeitsbestimmung

Zahlen in Fettdruck = Paragraphen

die Anfechtung eines Ausschlußurteils 957 2; in einer Arbeitnehmererfindungssache GVG 78 b Anh II; in einer Ehesache 606 19; in einer Patent-/Gebrauchsmuster-/Warenzeichensache GVG 78 b Anh I; für die Entscheidung über ein Ablehnungsgesuch gegen einen Richter am Amtsgericht 45 10
- (Erschleichen) s Arglist
- (geschäftliche) Grdz 1 5; bei einer Anspruchshäufung 260 17; Fehlen Grdz 253 22; negativer Kompetenzkonflikt 11; Prüfung in der Revisionsinstanz 546 11; Unzuständigkeit des LG 513 5; Verweisung wegen einer Unzuständigkeit 11; als ausschließliche Zuständigkeit Grdz 1 5, 7; Zuständigkeitsbestimmung 36 27; Zuständigkeitsvereinbarung Üb 12 14, Üb 38 3
- (internationale) Üb 12 6, Üb 38 7, 328 16; in einer Ehesache 606 a Anh II 8; Prüfung in der Revisionsinstanz Üb 38 9; Verhandlung zur Hauptsache ohne eine Zuständigkeitsrüge 39 1
- (Kapitalanleger-Musterverfahren) 32 a
- (örtliche) s Gerichtsstand
- (sachliche) Grdz 1 4; Bestimmung nach dem GVG GVG 1; des AG, Belehrungspflicht Üb 38 3; des AG, nachträglicher Verlust 506 1; des AG nach einem Widerspruch gegen den Mahnbescheid 696; Erschleichung der Zuständigkeit des AG Einl III 56, 2 7, Üb 12 22, Grdz 128 57; Amtsprüfung Üb 38 3; bei einer Anspruchshäufung 260 16; bei einem Antrag auf eine gerichtliche Entscheidung gegen einen Justizverwaltungsakt EGGVG 25; im Aufgebotsverfahren 946 2; in einer Ehesache 606 1; in einer Einmischungsklage 64 8; für einen Gebührenanspruch 34 4; der Kammer für Handelssachen Grdz 1 7, GVG 94; in einer Kindschaftssache 640 a 1; bei einem negativen Kompetenzkonflikt 11; für den Erlaß des Mahnbescheids 689, 696, 703 d; bei einem Anspruch aus einem Miet- oder Pachtvertrag 8 1; Prozeßtrennung, -verbindung 4 8, 5 11, 147 20; Prozeßvoraussetzungen Grdz 1 9, Grdz 253 22; Prüfung in der Revisionsinstanz 546 11; Wirkung der Rechtshängigkeit, Fortdauer der sachlichen Zuständigkeit 261 28; Maßgeblichkeit des Streitwerts 2 1; Festsetzung des Streitwerts für die sachliche Zuständigkeit Einf 3 6; dgl Bindungswirkung für die Berechnung der Gebühren Einf 3 3; im Verteilungsverfahren 873 3; des Vollstreckungsgerichts für die Pfändung einer Forderung oder eines Vermögensrechts 828 3; bei einer Widerklage 5 12, 33 12; als ausschließliche Zuständigkeit Grdz 1 8; Zuständigkeitsbestimmung 36 10 ff; Zuständigkeitsvereinbarung 40
- (Unzuständigkeit), des AG, Hinweispflicht Üb 38 3, 38 37, 39 2, 9, 504 1; Anerkenntnis trotz einer Rüge der U. 93 84 „Zuständigkeit", 106 „Zulässigkeitsrüge"; Nichtanerkennung eines ausländischen Urteils 328 16; Geltendmachung der sachlichen U. in der Berufungsinstanz 513; dgl Arglisteinwand Üb 12 24; dgl Verzicht 295; Rüge der Zuständigkeit eines Schiedsgerichts, und umgekehrt 282 19; Streitwert 3 Anh 143; der Kammer für Handelssachen, Verweisung an die Zivilkammer GVG 97, 99, 100, 104; Klage bei einem unzuständigen Gericht 253 21; Berufung, Beschwerde, Revision im Fall eines vermögensrechtlichen Anspruchs 513, 546 19; negativer Kompetenzkonflikt 11; des LG, Ausschluß der Möglichkeit eines Rechtsbehelfs gegen sein Urteil 513 5, 6; Revisionsgrund 547 11; Verhandlung zur Hauptsache ohne eine Rüge der U. 38 37, 39; Bindungswirkung einer Verweisung 11; Voraussetzung einer Verweisung 281 15

- (Vereinbarung) Üb 38 1, 38 5, 40; für einen nichtvermögensrechtlichen Anspruch 40 5; der Zuständigkeit des ArbG 40 6; und Anerkennung eines ausländischen Urteils 38 27; Auslegung 38 5, 14; Erschleichung 38 10; Erschleichung der Zuständigkeit des AG 2 3, Üb 12 22, Grdz 128 57; Gerichtsstand s dort; und Rechtswahl 38 27; Rüge der Unzulässigkeit der V. 40 7; durch eine Verhandlung zur Hauptsache 38 37; der geschäftlichen Zuständigkeit Üb 12 14, Üb 38 3; der sachlichen Zuständigkeit 40 3

Zuständigkeitsbestimmung 36, EG 9; Antrag 36 7, 37 1; Bindungswirkung 37 7; Entscheidung 37 5; bei einem Gerichtsstand im Ausland 36 19; Geltendmachung für die geschäftliche, örtliche, sachliche Zuständigkeit 36 30; der Kammer für Handelssachen/Zivilkammer GVG 97 2; Kostenerstattung 91 301; Prozeßvollmacht 81 25; Rechtspfleger/Richter GVG 153 Anh 8 § 7; Unanfechtbarkeit 37 6; Voraussetzungen 36 13 ff; Zulässigkeit 36 3; Zuständigkeit für die Bestimmung 36 10 ff

Zustellung Üb 166 1, 166 ff; Beglaubigung einer Abschrift 169 4; dgl Abweichung von der Urschrift 169 6; Beifügung von Abschriften 133; beim Amtsgericht 496, 497; Annahmeverweigerung 179 4 ff; dgl Angabe in der Zustellungsurkunde 182 13; Anwaltszwang 172; Anwaltszwang für den Zustellungsauftrag 78 43; nach einer Aussetzung des Verfahrens 249 7; eines Beschlusses 329 31; demnächst erfolgende Z. 167 12; in einer Ehesache 618 2; Erledigung der Klage vor ihrer Zustellung 91 a 30; Ersuchen um eine Z. GVG 160; Formular 190; Fristwahrung durch eine demnächst erfolgende Z. 167 12, 262 4; dgl beim Mahnbescheid 167 12; der Klageschrift 271, 498; öffentliche Z./Z. im Ausland 185/183; Geltungsbereich der ZPO-Vorschriften Üb 166 1; Zulässigkeit einer bloßen formlosen Mitteilung statt einer förmlichen Z. Üb 166 17; Ort der Z. 177; Partei kraft einer Z. Grdz 50 14; zustellende Partei 191 6; nach einer Kündigung der Prozeßvollmacht 87 5; Prüfungspflicht des Rechtsanwalts bei einer Fristberechnung 233 85 ff; nach einer Anordnung des Ruhens des Verfahrens 251 9; im schiedsrichterlichen Verfahren 1042; bei einer Sondervollmacht 171; bei einer Streitgenossenschaft 61 11; bei einer notwendigen Streitgenossenschaft 62 21; bei einer Terminsvollmacht 83 4; Übergabe 182 6; Übergabe einer Abschrift der Zustellungsurkunde 182 18; nach einer Unterbrechung des Verfahrens 249 7; Unterstellung der Z. Üb 166 5; Verzögerung der Z. 167 12; Zustellungsgegner/-empfänger Üb 166 9, 10, 182 8
- (an), eine Aktiengesellschaft 170; eine Behörde, eine Gemeinde, eine Körperschaft, einen eingetragenen Verein 170 4; den Bekl nach der gerichtlichen Bestellung eines Vertreters 57 11; an einen Bevollmächtigten 171 1; an einen Exterritorialen oder an einen Deutschen im Wohnraum eines Exterritorialen Üb 166 8, 183; an den Fiskus 170 7; an eine Gemeinde 170 8; an den Generalbevollmächtigten 171 4; an eine juristische Person 170 9; an eine Kommanditgesellschaft, eine Kommanditgesellschaft auf Aktien, eine Gesellschaft mit beschränkter Haftung, eine Genossenschaft 170 6 ff; an eine Mehrzahl von ProzBev 84 4; an eine Offene Handelsgesellschaft 170 11; an einen Prokuristen 171 5; an einen Prozeßunfähigen 56 10, 170 3; an eine Rechtsanwaltssozietät 172 22;

dahinterstehende Zahlen und Buchstaben = Randnummern **Zustellung**

an einen Soldaten **Üb** 166 18, **SchlAnh II**; an eine Stiftung 171 13; an einen Angehörigen der Streitkräfte **SchlAnh III 32, 36**; an einen Streitgenossen 63 3; an einen Streithelfer 71 9; an einen Vertreter mehrerer Beteiligter 170 5; an mehrere (gesetzliche) Vertreter 170 5
- **(betreffend)** eine Anordnung der mündlichen Verhandlung bei einer freigestellten mündlichen Verhandlung 128 12; die Bekanntmachung des Termins zur Verhandlung über einen Einspruch 341 a 5; einen Beschluß über eine Abkürzung oder Verlängerung einer Frist 224 7, 225 6; die Klage beim Antrag auf die Gewährung einer Prozeßkostenhilfe 117 7; die Klageschrift ohne eine Terminsbestimmung 253 10; einen Kostenfestzungsbeschluß auf der Urteilsausfertigung 105 6; die Ladung des Gegners zur Vernehmung über den Verbleib einer Urkunde 426 4; die Ladung der Partei nach einer Unterbrechung des Verfahrens 244 15; die Revisionsbegründung 556; einen Schiedsspruch 1054; die Fristsetzung zur Rückgabe einer Sicherheitsleistung 109 21; einen Beschluß über die Aufhebung eines Termins 227 56; ein Urteil s dort; ein Urteil als Voraussetzung der Zwangsvollstreckung 750 14; eine einstweilige Verfügung auf eine Zahlung 936 14; einen Beschluß über die Verhängung einer Verzögerungsgebühr 95 **Anh**; eine Vollstreckungsabwehrklage 767 41; einen Vollstreckungsbescheid 699; eine Vollstreckungsklausel als Voraussetzung der Zwangsvollstreckung 750 12; eine Widerspruchsklage 771 11
- **(durch),** ein Gericht im Ausland/an einen Exterritorialen 183/183 **Anh**; einen Konsuln **Üb** 166 8 (F); einen Streithelfer 67 10; einen streitgenössischen Streithelfer 69 8; den Urkundsbeamten der Geschäftsstelle **Üb** 166 8
- **(an der Amtsstelle)** 173; Empfangsbekenntnis 195; Vermerk über die Aushändigung 195
- **(Amtszustellung) Üb** 166 7, 166 ff, 317, 618, 621 c, 693, 900 15, 41; maßgebende Vorschriften 166 ff; Beifügung von Abschriften 169 1; Beglaubigung von Abschriften 169 4; Aktenvermerk bei der Aushändigung an der Amtsstelle/Aufgabe zur Post 173 4, 184 15; an der Amtsstelle 173; Anzeige der Bestellung eines ProzBev/der Aufnahme nach einer Aussetzung oder einer Unterbrechung des Verfahrens 244 14/250 4; eines Beschlusses über einen Arrest oder eine einstweilige Verfügung an den Gläubiger 922 26/936 3 „§ 922"; Aufgabe durch die Geschäftsstelle 168; Aushändigung an den Gerichtswachtmeister oder an die Post 168 5, 176 4; der Berufung oder der Berufungsbegründung 172 32/519 a; der Anschlußberufung oder ihrer Begründung 524; eines nicht verkündeten Beschlusses oder einer nicht verkündeten Verfügung 329 31; Beurkundung der Zustellung 174 8 ff; Beginn einer richterlichen Frist 221 4; in einer Ehe- oder Kindschaftssache 625, 640 9; durch den Gerichtsvollzieher 900 15; durch den Gerichtswachtmeister 168 7, 176 4, 6; Angabe der Geschäftsnummer 176 2; der Klagerücknahme 269 26; der Klageschrift 253 7, 271; des Kostenfestsetzungsbeschlusses 104 28 ff; der Ladung zum Verhandlungstermin 214 5, 216 1, 274; der Ladung der Partei in einer Ehesache 613 4; der Ladung zur Abgabe der Offenbarungsversicherung 900 15; der Ladung des Rechtsnachfolgers 239 18; der Ladung zur mündlichen Verhandlung über den Antrag auf die Vollstreckbarerklärung eines Schiedsspruchs 1059, 1063; der Ladung zur Verhandlung über einen Wiedereinsetzungsantrag 238 1; des Mahnbescheids 693;

statt einer Parteizustellung oder Parteizustellung statt einer A. **Üb** 166 7, 189 4 ff; an einen Rechtsanwalt/Notar/Gerichtsvollzieher/eine Behörde/ öffentlichrechtliche Körperschaft 174; dgl Empfangsbekenntnis 174 8; der Rechtsmittelschrift 172 32; der Revisionsschrift/Revisionsbegründung 172 32, 550/551; der Streitwertfestsetzung **Einf** 3 9; des Urteils 317 4; des Urteils in einer Familien- oder Kindschaftssache 621 c/640 9; der Urteilsformel im schriftlichen Verfahren 310 5; der Zeugenladung 377 6
- **(von Anwalt zu Anwalt)** 133, **Üb** 166 8 (D), 195; statt einer Amtszustellung 195 8; Beglaubigungsvermerk 169 4; Bescheinigung des zustellenden Anwalts 195 22; Empfangsbekenntnis/-bereitschaft 195 13; Ersatzzustellung 195 17; an einen Gehilfen 195 17; eines Schriftsatzes 132 11, 133 11; Zulässigkeit 195 1
- **(durch die Aufgabe zur Post)** 184; unter Einschreiben 175; bei einer Nichtbenennung eines Zustellungsbevollmächtigten 184 11, 12; bei einer Nichtbenennung nach dem Ablauf einer Frist zur Bestellung eines ProzBev nach einer Unterbrechung des Verfahrens 244 15; durch den Urkundsbeamten der Geschäftsstelle von Amts wegen ohne eine Zustellungsurkunde 168 5, 169 3; Zustellungsurkunde im Fall einer Zustellung auf das Betreiben der Partei 192
- **(im Ausland) Üb** 166 8, 183, 183 **Anh**, 689, 1067 ff; Antrag 183 3; an einen exterritorialen Deutschen 183 5; EG-Recht **Einf** 1067 3; Einlassungsfrist 274 9; Einspruchsfrist 339 6; Ersuchen um eine Zustellung 183 5, 183 **Anh**, 1067 ff; Fristwahrung 188 4; Haager Zivilprozeßübereinkommen 183 **Anh**; Haager Zustellungsübereinkommen 183 **Anh**; beim Mahnbescheid 688; öffentliche Zustellung 185 9; Zustellungszeugnis 183 9
- **(Ersatzzustellung) Einf** 178 1; Annahmeverweigerung durch den Zustellungsgegner oder eine Ersatzperson 179; Irrtum über eine Wohnungseigenschaft 178 5 ff; Niederlegung bei der Post usw 181 8; Voraussetzung einer Niederlegung/Anzeige der Niederlegung 181 4 ff; bei einer Prozeßunfähigkeit 170 4; und öffentliche Zustellung 185 4; Zustellungsurkunde, Angabe des Grundes der E. 182 10
- **(Ersatzzustellung an)** einen Angehörigen 178 10; eine Behörde, Gemeinde, Körperschaft, einen eingetragenen Verein 178 16 ff; den Generalbevollmächtigten oder Prokuristen 171 4, 5; einen Gewerbetreibenden in seinem Geschäftsraum 178 16; den Hauswirt oder Vermieter 178 14; einen Minderjährigen 178 15; einen Nachbarn 178 14; eine Offene Handelsgesellschaft oder Kommanditgesellschaft 178 21; den Prozeßgegner 178 28; den Gehilfen eines Rechtsanwalts, Notars oder Gerichtsvollziehers 178 18; von Rechtsanwalt zu Rechtsanwalt 178 31; des Pfändungsbeschlusses an den Drittschuldner 178 30; einen Soldaten 178 6
- **(beim Europäischen Vollstreckungstitel)** 1079 ff
- **(durch den Gerichtsvollzieher) Üb** 166 8 (B), 168 7, 192; Beglaubigung einer Abschrift 192 7; Ersuchen 192 6; Kostenerstattung 91 302; im Auftrag eines Rechtsanwalts an einen anderen Rechtsanwalt 195
- **(im Parteibetrieb) Üb** 166 7, 192–194; beglaubigte Abschrift 192 7; unbeglaubigte Abschrift 192 7; Amtshaftung des Gerichtsvollziehers/des Urkundsbeamten der Geschäftsstelle **Üb** 166 16; Amtszustellung statt einer Parteizustellung, und umgekehrt **Üb** 166 13 ff, 189, 270 4, 5; eines Beschlusses über einen Arrest oder eine einstwei-

Zustellungsmangel

lige Verfügung an den Schuldner **922** 25/**936** 3 „§ 922"; Auftrag **168** 7, **192**; Beginn einer richterlichen Frist **221** 4; bei der Nichtbenennung eines Zustellungsbevollmächtigten durch die Aufgabe zur Post **184** 10 ff; Parteierklärung über ihren eigenen Auftrag an den Gerichtsvollzieher **192** 8; des Beschlusses über die Pfändung einer Forderung/Hypothek **829** 50; Übergabe zur Zustellung/an den Zustellungsgegner **192** 6; des Überweisungsbeschlusses **835** 3; einer vollstreckbaren Urkunde **795** 8; des Verzichts des Pfändungs- bzw Überweisungsgläubigers **843**; beim Urteil **317** 4; der Vorpfändung **845** 8
- (durch die Post) **168** 5, **175**, **176**, **194** 4
- (an den Prozeßbevollmächtigten), Begriff des ProzBev **172** 4; Bestellung als ProzBev **172** 5; Erlöschen der Prozeßvollmacht **172** 9; Begriff der Instanz **172** 7; Pflicht zur Zustellung an den ProzBev **172** 5; Wegfall des ProzBev in der höheren Instanz **172** 8; im Zwangsvollstreckungsverfahren **172** 30
- (öffentliche Zustellung) **185** ff; Anheftung an die Gerichtstafel **186** 10; bei einem unbekannten Aufenthalt des Zustellungsgegners **185** 5 ff; Anordnung **186** 4; Ausführung **186**, **187**; im Ausland **183** 2; Bewilligung/Aufhebung der Bewilligung **186** 3 ff; und Ersatzzustellung **185** 3; an einen Exterritorialen **185** 16; Fristwahrung **167** 4; einer Aufforderung oder Mitteilung des Gerichtsvollziehers **763**; der Ladung, Bekanntmachung in öffentlichen Blättern **186** 17; Verlängerung der Ladungsfrist **188**; Voraussetzungen **185**; Zeitpunkt **188**; Zulässigkeit **185** 6
- (Vordruckverordnung) **190** 2
- (Zustellungsauftrag) **168**, **176**, **194**
- (Zustellungsbescheinigung) **169** 3
- (Zustellungsbevollmächtigter) **184**; bei einem ausländischen Anwalt **SchlAnh VII**; Bennung **184** 9; Bestellung auf Grund einer gerichtlichen Anordnung **184** 5; Pflicht zur Bestellung wegen eines Wohnsitzes im Ausland **184** 6; Erlöschen der Vollmacht **184** 9; beim IntFamRVG **606 a Anh II** 17; Verschulden bei einer Fristversäumung **85** 40; Gerichtsstand des Gebührenanspruchs **34**; Nichtbenennung **184** 10; für einen Rechtsanwalt **GVG 155 Anh I** 5; Bestellung eines Unterbevollmächtigten **184** 9; Verwalter einer Wohnungseigentümergemeinschaft **51** 15; Zustellung an den gemeinsamen Z. beider Parteien **178** 28
- (Zustellungsempfänger/gegner) **Üb 166** 10, **182** 8
- (Zustellungsurkunde) **Üb 166** 13, **182**; bei einer Zustellung von Amts wegen **182**; bei einer Zustellung durch den Gerichtsvollzieher **193**; bei einer Zustellung durch einen Postbediensteten **182**; Beweiskraft **418** 6; Mangel **182** 19; Unterschrift **182** 17
- (Zustellungsvordruck) **168**, **176**, **181**, **182**, EG ZPO **24** a; Verordnung bei **190**

Zustellungsmangel **Üb 166** 14; fehlerhafte beglaubigte Abschrift **169** 4; Beglaubigung der Abschrift mit einem Namensstempel **169** 4; Amtshaftung des Zustellungsvollziehers oder des Urkundsbeamten der Geschäftsstelle **Üb 166** 17; bei einer Amtszustellung **168** 8; fehlende Berechtigung zum Empfang **171** 7; beim Empfangsbekenntnis eines Rechtsanwalts **174** 19, **195** 17; beim Empfangsbekenntnis im Fall einer Zustellung von Amts wegen **189**; bei einem Organmitglied mit einer Doppelfunktion **170** 10; bei der Parteieigenschaft **Grdz 50** 6; bei einer nicht an den ProzBev erfolgten Zustellung **172** 36; bei einer Zustellung der Rechtsmittelschrift **172** 33; bei einer Streithilfe **70** 9; bei der Übergabe einer unbeglaubigten Abschrift **193** 4, 6; bei der öffentlichen Zustellung einer Ladung **186** 18; bei der Bewilligung einer öffentlichen Zustellung/bei ihrer Ausführung **186** 18; mangelhafte Zustellungsurkunde **182** 10
- (bei einer Ersatzzustellung), an eine Behörde, eine Gemeinde, eine Körperschaft, einen Verein, eine Offene Handelsgesellschaft, eine Kommanditgesellschaft **Einf 178** 5, **178** 33; außerhalb des Geschäftsraums **178** 16, 33; bei einer fehlerhaften Grundangabe **182** 10, 19; durch eine Niederlegung **181** 20
- (Heilung) **Üb 166** 14, **Üb 214** 7; im Fall einer Notfrist **189**; durch den tatsächlichen Zugang **189**

Zustimmung s beim Gegenstand der Z.
Zutrittsbeschränkung zur Gerichtsverhandlung **GVG 175**
Zuvielforderung, Kostenteilung **92**
Zuwiderhandlung gegen ein Verbotsurteil **890**
Zwang, bei einer Abstammungsuntersuchung **372 a** 30; gegen den Schuldner, Kosten **788** 50
Zwangsgeld **888** 15
Zwangshaft **390** 8, **888** 15, **901 ff**
Zwangshypothek **866**, **867**; Arresthypothek **932**; Kostenentscheidung im Fall eines Anerkenntnisses **93** 27; Übergang auf den Eigentümer **868**; Zwangsschiffshypothek **870 a**
Zwangsmittel, Androhung, Kostenerstattung **788** 50; hinsichtlich einer unvertretbaren Handlung **888** 15; hinsichtlich der Abgabe einer eidesstattlichen Versicherung **889** 8
- (Haft), Haager Zivilprozeßübereinkommen **918 Anh**; bei einer Offenbarungsversicherung **901**, **904**; gegen einen Soldaten **SchlAnh II V**; Vollstreckung, Ersuchen **GVG 162**, **163**; gegen einen Zeugen wegen seiner Verweigerung des Zeugnisses oder der Eidesleistung **390** 8

Zwangsüberweisung, der Pfandsache an den Gläubiger **825** 15
Zwangsversteigerung **866**, **869**, **870 a**; Pfändung des Anspruchs auf den Erlös **Grdz 704** 116; Erwerb des Streitgegenstands **265** 13 „Zuschlag"; dgl Rechtskraftwirkung des Urteils betr eine Grundstücksbelastung **325** 13 „Zuschlag"; Gebührenanspruch, Gerichtsstand des Hauptprozesses **34** 5; Klage, dinglicher Gerichtsstand **Einf 24** 3
Zwangsverwalter, Partei kraft Amtes **Grdz 50** 12; Verbindung mehrerer Klagegründe bei einer Klage gegen den Zwangsverwalter **260** 5
Zwangsverwaltung **866**, **869**, **870 a**
Zwangsvollstreckung **Grdz 704** 1; Antragsrecht des Gläubigers auf die Erteilung eines Erbscheins oder einer Urkunde **792**, **896**; Antragsverhältnis **754** 3; Einwand der Arglist **Grdz 704** 44 ff, **769** 13; Auskunft **836**; im Ausland **791**; Arrestgrund **917** 16; im Ausland wegen eines Unterhaltsanspruchs **GVG 168 Anh II** 4; Aussetzung des Zwangsvollstreckungsverfahrens **148** 30; Aussichtslosigkeit der Z., Prozeßkostenhilfe für den Gläubiger **117**, **119**; durch einen Gläubiger aus der früheren DDR **Grdz 704** 33 (f); Eingriffsverhältnis **753**; Einwendung **Grdz 704** 41 ff; im engeren Sinn **Grdz 704** 1; Ersuchen **GVG 160**; Ersuchen an eine Behörde **789**; Fehlerhaftigkeit **Grdz 704** 57; Genehmigung nach dem AWG **SchlAnh IV A**; Pflicht zur Vorwegzahlung der Gerichtsgebühr **271 Anh**; Bezeichnung des Gläubigers und des Schuldners **750** 5; als eine unbillige Härte **765 a**; Hindernis **Grdz 704** 32 ff; Kosten **788**, **891**; Kosten, Gerichtsstand des

Zwangsvollstreckung

Hauptprozesses **34** 4; Pflicht des Gläubigers zur Kostenerstattung im Fall einer Aufhebung des Vollstreckungstitels **788** 17; Kostenfestsetzung **103** 29; Mängel **Grdz 704** 54; Organe **Grdz 704** 35; Parteiherrschaft **Grdz 704** 6; Prozeßvoraussetzung **Grdz 704** 39; Prozeßvollmacht/Mangel/Nachweis/Prüfung **81** 25, **88** 5; ohne Rechtshängigkeitswirkung **261** 13; Zulässigkeit des Rechtswegs **Grdz 704** 14; Schadensersatzpflicht des Gläubigers wegen einer Zwangsvollstreckung auf Grund nur vorläufigen Vollstreckbarkeit **717** 20; dgl Gerichtsstand **32** 15; Scheinvollstreckung **Grdz 704** 57; Sicherungsvollstreckung **720 a**; Sommersache **227** 46, 47; Sittenwidrigkeit **765 a**; als Streithilfegrund **66** 16; streitgenössische Streithilfe wegen der Wirkung der Z. **69**; Streitwert **3 Anh** 144; Streitwert, Kosten eines früheren Prozesses **4** 10; Ungeeignetheit **Grdz 704** 34 (c); Verfahrensgrundsätze **Grdz 704** 37; Vollstreckungsverhältnis **754** 3 ff; Vorbereitungskosten **788** 48; im weiteren Sinn **Grdz 704** 1; Wiedereinsetzungsantrag nach einer durchgeführten Z. **Üb 230** 7; und Zuständigkeitsvereinbarung **38** 30, 31; Zustellung an den ProzBev **172** 30
- **(durch)** den Rechtsnachfolger des Hypotheken-/Grundschuld-/Rentenschuldgläubigers **799**; einen nicht rechtsfähigen Verein **50** 27
- **(Abgabe) 828** 9
- **(Abkommen)** s Zivilprozeßrecht, zwischenstaatliches
- **(Beginn) Grdz 704** 51; Voraussetzung der Zwangsvollstreckung **Einf 750** 2, **750**; bei einem von einem Kalenderdatum abhängigen Anspruch aus dem Urteil **751** 3; bei einer Pflicht des Gläubigers zu einer Sicherheitsleistung **751** 5; Zustellung des Urteils oder der Vollstreckungsklausel als Voraussetzung der Zwangsvollstreckung **750** 14; Wartefrist **798**
- **(Einstellung, Beschränkung) Grdz 704** 49; bei einer Abänderungsklage **323** 54, **769** 3; Änderung der Entscheidung **707** 21; beim Arrest **924** 17; wegen der Aufhebung des Vollstreckungstitels **775** 16; Aufhebung einer Maßnahme der Zwangsvollstreckung gegen eine Sicherheitsleistung **707** 8; wegen der Befriedigung des Gläubigers oder einer von ihm gewährten Stundung **775** 18, 27; nach der Einlegung der Berufung **719** 3; durch einen Beschluß **707**, **719**, **769**; wegen einer Einmischungsklage **65** 4; nach einem Einspruch **719** 6; bei einer einstweiligen Verfügung **924** 17, **936** 4 „§ 924", **938** 1; wegen einer Einwendung gegen die Erteilung der Vollstreckungsklausel **732** 9; bei einer Erinnerung **766** 44; Fortsetzung der Zwangsvollstreckung nach der Einstellung **775** 25; wegen einer sittenwidrigen Härte **765 a** 34; Kostenentscheidung **91** 16; aus einer Kostenfestsetzungsbeschluß **104** 55; wegen eines Prozeßvergleichs **307 Anh** 47, **707** 29, **767** 11, **769** 3; wegen der Einlegung eines Rechtsmittels **707** 30; durch das Revisionsgericht **719** 7; bei einer Seeforderung **786 a**; nach einer Sicherheitsleistung des Schuldners **775** 17; Streitwert **3 Anh** 145; bei einem Überweisungsnachweis **775** 22; bei einer vollstreckbaren Urkunde **795** 10, 14; bei einer Vollstreckungsabwehrklage **769** 8; bei einem Vorbehaltsurteil im Urkundenprozeß **599** 10; im Urteil **770** 2, **771** 13; wegen eines Aufhebungsantrags gegen die Vollstreckbarerklärung eines Schiedsspruchs **1059**, **1060**; bei einem Vollstreckungsschutz **765 a** 30; bei einer Widerspruchsklage **771** 13, **776**; bei einem Wiederaufnahme-

oder Wiedereinsetzungsantrag **707**; bei einem Zahlungsnachweis **775** 16
- **(Ende) Grdz 704** 52
- **(Erfolglosigkeit)** s Offenbarungsversicherung
- **(Erinnerung gegen die Art und Weise) 766**; Abhilfe **766** 39; Antrag auf eine Aussetzung der Verwertung einer Pfandsache **813 a**; Antragsberechtigung **766** 8; Beweis einer die Erinnerung begründenden Tatsache **766** 40; außergerichtliche Kosten **Üb 91** 21; Kostenentscheidung bei einer Erledigung der Hauptsache **91 a** 21 „Zwangsvollstreckung", 61 „Zwangsvollstreckung"; wegen einer dinglichen Sicherung des Gläubigers **777**; Sommersache **227** 46, 47; Streitwert **6** 10; gegen eine Überpfändung **803** 11; wegen einer Unpfändbarkeit **811** 14; Verhältnis zu einem anderen Rechtsbehelf **766** 9 ff; gegen die Zwangsvollstreckung aus einem Kostenfestsetzungsbeschluß ohne ausreichende Voraussetzungen einer Zwangsvollstreckung **Einf 103** 15
- **(Erinnerung wegen einer dinglichen Sicherung) 777** 5
- **(Erwirkung von Handlungen, Unterlassungen)**, Duldungspflicht **890**, **891**; Klage des Gläubigers auf die Leistung eines Schadensersatzes **893**; (un)vertretbare Handlung **888**, **891**; Herausgabe einer Sache, eines Grundstücks, eines Schiffs **883**, **884**, **885**; Herausgabe einer Sache im Gewahrsam eines Dritten **886**; Herausgabe einer Sache, Wegnahme durch den Gerichtsvollzieher **883** 7; Streitwert **3 Anh** 136 „Vornahme", 144; Unterlassung einer Handlung **890**; Abgabe der bürgerlichrechtlichen eidesstattlichen Versicherung **889**; Vorlegung einer Sache **883** 13; Zuziehung des Gerichtsvollziehers im Fall des Widerstands des Schuldners **892**
- **(Fortsetzung)**, nur gegen eine Sicherheitsleistung **709**, **775** 16
- **(gegen)** den Besitzer nach der Entbindung des Klägers **76** 10; eine Gemeinde, einen Gemeindeverband **EG 15**; eine Gesellschaft des bürgerlichen Rechts **736**; nach einer Umwandlung der Gesellschaft **859 Anh** 9; bei einer Herrenlosigkeit eines Grundstücks, Schiffs, Schiffsbauwerks, Luftfahrzeugs, Bestellung eines Vertreters **787**; eine öffentlichrechtliche juristische Person **882 a**; bei einem Nießbrauch **737**, **738**; eine Offene Handelsgesellschaft oder Kommanditgesellschaft **736 Anh**; eine Reederei **736 Anh** 5; einen Soldaten **SchlAnh II** IV; einen Angehörigen der Streitkräfte **SchlAnh III** 34, 35; einen nicht rechtsfähigen Verein **735**
- **(gegen einen Ehegatten) 52 Anh**, **739**; bei einer Gütergemeinschaft/nach ihrer Beendigung **Grdz 704** 70, **739** 3, **740/743**, **744**; bei einer Gütergemeinschaft und dem Erwerbsgeschäft eines Ehegatten **741**; bei einer Gütergemeinschaft während des Prozesses **742**; gegen den überlebenden Ehegatten im Fall einer fortgesetzten Gütergemeinschaft **745**; bei einer Gütertrennung **739** 3
- **(gegen den Erben)**, vor der Annahme der Erbschaft **778**; Fortsetzung nach dem Tod des Schuldners **779**; bei einer Haftungsbeschränkung **780**, **781**, **785**; in den Nachlaß bei einer Mehrheit von Erben **747**; in den Nachlaß im Fall einer Testamentsvollstreckung/nach dem Tod des Schuldners **748**, **749/53** 4, **779**; bei einer Nachlaßinsolvenz oder einer Nachlaßverwaltung **784**; Pfändungsschutz der Witwe/des minderjährigen Erben **811** 45; Bestellung eines Vertreters **53** 4, **779**; Vollstreckungsabwehrklage **785**; gegen den Vorerben **863**; bei einem Zahlungsverweigerungsrecht **782**, **783**

Hartmann 3175

Zwangsvollstreckung

Zahlen in Fettdruck = Paragraphen

- **(beim Europäischen Vollstreckungstitel)** 1082–1086
- **(Hinterlegung)**, bei einer Arrestpfändung **930** 9; durch den Drittschuldner im Fall der Pfändung durch mehrere Gläubiger **853, 854**; Verteilung des Erlöses einer Pfandsache **827** 7; des Erlöses bei einem Anspruch auf eine vorzugsweise Befriedigung **805** 15; des Erlöses zum Zweck der Durchführung eines Verteilungsverfahrens **872, 930** 9; von Geld im Fall der Glaubhaftmachung des Rechts eines Dritten an ihm **815** 5; Kostenerstattung **788** 41; durch den Schuldner zwecks Abwendung **711** 4, **712, 713, 714, 720, 817** 14, **819, 839, 868** 5; durch den Schuldner zwecks Aufhebung **707** 14, **765** a 30, **769** 7, **771** 13; durch den Schuldner nach einer Pfändung für mehrere Gläubiger **853**; durch den Schuldner wegen des Schadens, der durch eine Zuwiderhandlung gegen ein Verbotsurteil droht **890** 36; des Eigentums des Schuldners im Fall einer Herausgabe- oder Räumungsvollstreckung **885** 32; bei einer Einstellung der Zwangsvollstreckung wegen eines Antrags auf eine Wiedereinsetzung oder auf eine Wiederaufnahme **707** 8
- **(Hinterlegung durch den Gläubiger)**, Kostenerstattung **788** 41; Vollstreckbarerklärung des Urteils gegen eine Sicherheitsleistung **709** 1; Vollstreckbarerklärung des Urteils ohne eine Sicherheitsleistung **708, 710 ff**; Nachweis einer Sicherheitsleistung am Beginn der Zwangsvollstreckung **751** 5; Fortsetzung der Zwangsvollstreckung gegen eine Sicherheitsleistung des Gläubigers **707** 13
- **(IntFamRVG)** 606 a Anh II 16 ff
- **(Klage auf eine vorzugsweise Befriedigung)** 805; nach der Pfändung der Früchte **810** 9
- **(mehrfache Pfändung)** s Pfändung
- **(Offenbarungsversicherung)** s dort
- **(Pfandsache)** s Pfändung einer Sache oder eines Wertpapiers
- **(Pfandsiegel)** s Pfändung einer Sache oder eines Wertpapiers
- **(durch eine Pfändung)** Üb **803, 803 ff**; Anschlußpfändung **826**; bei einem Bruttolohnurteil Üb **803** 2; Vollzug eines Arrests oder einer einstweiligen Verfügung **929** 19, **930/936** 7 ff; bei einem Dritten **809**; Pfandrecht des Gläubigers, Widerspruchsrecht des Schuldners **777**; Hilfspfändung **808** 4; mehrfache Pf. **803** 12, **826, 827, 853 ff**; Vollstreckungsstandschaft beim Pfändungsgläubiger **Einf 727** 3; Pfändungsgläubiger, notwendige Streitgenossenschaft **62** 16; Pfändungspfandrecht Üb **803** 7, **804**; Pfändungspfandrecht, Erlöschen/Rang **803** 6, **804** 5, 11; Rechtsweg GVG **13** 53; gegen eine Sicherheitsleistung des Gläubigers **707** 12; Streitgegenstand **265** 11; Tod des Schuldners **779**; Rechtskraftwirkung der Urteils gegenüber dem Pfändungsgläubiger **325** 36; wegen einer einstweiligen Verfügung auf eine Zahlung **936** 15, 16; Voraussetzung **803** 5; bei einer vorläufigen Vollstreckbarkeit **720 a**; bei einer Wahlschuld Grdz **803** 12–15; gerichtliche Zuständigkeit **802, 828**
- **(Pfändung von Arbeitseinkommen) 850**; der Altersversorgung **850** 9; Änderung der Verhältnisse **850 g**; von verschleiertem Arbeitseinkommen **850 h**; eines Arbeitgeberzuschusses **850 e** 5; einmaligen Arbeitnehmervergütung **850 i**; einer Aufwandsentschädigung **850 a** 6; von Beamtenbezügen **850** 4; eines künftig fälligen Arbeitseinkommens **832**; einer Gehaltserhöhung **833**; als Härte **850 f**; eines Heimarbeitsentgelts **850 i** 11; der Bezüge der Hinterbliebenen, der Witwe, von Waisen **850** 10, **850 a** 10, **850 b** 10; Kontenschutz **835, 850 k**; bei einem Lohnbegrenzungsvertrag **850 h** 3; von Naturaleinkommen **811** 32, **850** 1, **850 e** 11; einer Pension **850** 4, 9; Pfändbarkeit Grdz **704** 64, **811** 48, **850 a, b**; Pfändungsgrenze **850 c–e, i**; einer Vergütung für eine Wohngelegenheit oder Sachbenutzung **850 i** 10; einer Überstundenvergütung **850 a** 3; Unpfändbarkeit **Einf 850** 1; wegen eines Unterhaltsanspruchs **850 d**; von Urlaubsgeld **850 a** 4; von Versorgungsbezügen **850** 4; bei einer Versetzung des Pfändungsschuldners **833**; Vorratspfändung **850 d** 21; einer Weihnachtsgratifikation **850 a** 12; vgl auch das nachstehende Unterstichwort
- **(Pfändung einer anderen Geldforderung)** Grdz **803** 1, **829**; bei einem Auseinandersetzungsguthaben **859 Anh** 1, 4; einer Blindenzulage **850 a** 10; Rechtsstellung eines Dritten nach der Pfändung **829** 82; Pflicht des Drittschuldners zur Erklärung **840**; Haftung des Drittschuldners mangels Abgabe seiner Erklärung **840** 15; Stellung des Drittschuldners nach der Pfändung **829** 59; eines Erziehungsgelds **850 a** 14; rechtliches Gehör des Schuldners vor der Pfändung **834**; Genehmigung nach dem AWG **SchlAnh IV A**; für mehrere Gläubiger **853**; Stellung des Gläubigers nach der Pfändung **829** 71; einer Grundschuld oder Rentenschuld **857** 20; einer Heirats- oder Geburtsbeihilfe **850 a** 13; einer Hypothekenforderung **830**; der Forderung aus einer Hypothek an einem Schiff oder Luftfahrzeug **830 a**; einer Forderung aus einem Kontokorrent **Grdz 704** 87, **851** 9; der Gutschrift aus einem Kontokorrent auf Grund einer unpfändbaren Forderung **Einf 705, 850 b** 9; gegenüber einem Landwirt als Forderungsgläubiger **851 a**; einer Miet- oder Pachtzinsforderung **851 b**; dgl als Grundstückszubehör **865** 13; Pfändung einer gepfändeten Forderung **829** 43; Pfändungsbeschluß **829**; eines Pflichtteilsanspruchs **852**; einer Reallast **857** 20, **865** 9; einer Schadensersatzrente **850 b** 3; Stellung des Schuldners nach der Pfändung **829** 66; gegenüber einem Angehörigen der Streitkräfte als Gläubiger der Forderung **SchlAnh III 34, 35**; Streitwert **3 Anh** 89; Unpfändbarkeit **850 f**; einer gesetzlichen Unterhaltsforderung oder -rente **850 b** 4; bei einer Unübertragbarkeit **851**; Verzicht des Gläubigers **843**; Vorpfändung **845**; einer Wechselforderung **831**; des Wehrsolds **850** 4; einer Versicherungsforderung **865** 9; solchen für eine unpfändbare Sache **811** 10
- **(Pfändung sonstiger Forderungen und Vermögensrechte)**, ABC-Üb **Grdz 704** 59; eines Anteilsrechts **Grdz 704** 59, **857** 1–9, **859**; eines Anwartschaftsrechts **Grdz 704** 60; des Anteils eines Ehegatten am Gesamtgut bei der Gütergemeinschaft **859** 23; einer Eigentümergrundschuld **857** 23; einer Eigentümerhypothek **857** 22; des Firmenrechts **857** 14; einer Forderung im Fall des Ausschlusses ihrer Abtretung **851** 16; eines Anteils an einer Genossenschaft **859 Anh** 8; eines Anteils an einer Gesellschaft **859** 1, **859 Anh** 1; eines Herausgabe- oder Leistungsanspruchs **846**; des Anspruchs auf die Herausgabe eines Grundstücks **848**; einer Marke **857** 7; des Anspruchs auf die Herausgabe einer Sache **847**; des Anspruchs auf die Herausgabe eines Schiffs, Schiffsbauwerks oder Luftfahrzeugs **847 a**; eines Herausgabeanspruchs für mehrere Gläubiger **854–856**; einer Höchstbetragshypothek **857** 26; eines Miterbenanteils **Grdz 704** 72 „Erbteil", **859** 6; eines Nießbrauchs **857** 15; eines Nutzungsrechts **857** 13; eines indossablen Papiers **831**; eines unveräußerli-

dahinterstehende Zahlen und Buchstaben = Randnummern **Zwangsvollstreckung**

chen Rechts **857** 14; einer Schiffspart **858**; eines Urheberrechts **857** 15; eines Vermögensrechts **857**; des Nutzungsrechts eines Vorerben **863**; des Anspruchs auf den Ausgleich des Zugewinns **852**
- **(Pfändung, Überweisung der Forderung)** **835**; Beschluß **835** 1, 3, **836** 3; Stellung des Drittschuldners **829** 59, **835** 23, **836**; mehrere Drittschuldner **829** 19; bei der Eigentümerhypothek **857** 22, 26; zur Einziehung **835** 5, 9; Einziehungsrecht des Pfändungsgläubigers **Grdz 704** 59, **835** 10 ff; für mehrere Gläubiger **840** 11; Haftung des Gläubigers im Fall der Verzögerung der Beitreibung **835** 18, **842**; Stellung des Gläubigers **829** 59, **835** 10; einer Grundschuld, Rentenschuld oder Reallast **857** 20; eines Herausgabe- oder Leistungsanspruchs **849**; eines solchen Anspruchs für mehrere Gläubiger **854–856**; einer Hypothekenforderung **837**; Klage des Überweisungsgläubigers gegen den Drittschuldner, Kostenerstattung **788** 22; dgl Anschluß eines weiteren Pfändungsgläubigers **856** 4; dgl Streitverkündung gegenüber dem Schuldner **841**; Registerpfandrecht wegen eines Luftfahrzeugs **837 a**; über ein Pfandrecht gesicherten Forderung **838**; während eines Prozesses über die Forderung **265** 11; einer Schiffshypothek **837 a**; bei einem Recht des Schuldners zur Abwendung der Zwangsvollstreckung **839**; Stellung des Schuldners **829** 66, **835** 19, **836** 5; Verzicht des Gläubigers **843**; an Zahlungs Statt **835** 5, 29; einer Buchhypothek **837** 4; dgl bei einem Herausgabe- oder Leistungsanspruch **848**; dgl bei einer Schiffshypothek **837 a**; Zustellung des Pfändungsbeschlusses **829** 53; Zustellung des Überweisungsbeschlusses **835** 6, **840** 6
- **(Pfändung, anderweitige Verwertung der Forderung)** **844**
- **(Pfändung einer Sache oder eines Wertpapiers)** **808**; Anschlußpfändung **826**; Antrag an den Gerichtsvollzieher **754**; dgl Erlöschen, Beschränkung **755** 4; gleichzeitige Anträge mehrerer Gläubiger **827** 9; Aushändigung der vollstreckbaren Ausfertigung an den Schuldner **754** 10, **757** 3; Austauschpfändung **811 a, b**; Benachrichtigung des Schuldners **808** 25; Doppelpfändung **826** 1, **827** 9; von Früchten auf dem Halm **810**; von Geld **815**; Hinterlegung von Geld für mehrere Gläubiger, Verteilungsverfahren s das nachstehende Unterstichwort „Verteilungsverfahren"; durch mehrere Gerichtsvollzieher **827**; Geschäftsanweisung an die Gerichtsvollzieher **758** 1; Gewahrsam eines Ehegatten **739** 4, **808** 11; beim Gewahrsam des Gläubigers oder eines Dritten **809**; beim Gewahrsam des Schuldners **808** 6, 10; Anwesenheit des Gläubigers **758** 14; Befugnis des Gerichtsvollziehers **754** 8, 11, **755**, **758**, **758 a**; Recht des Gerichtsvollziehers zu einer Akteneinsicht **760**; von Grundstückszubehör **865** 5 ff; von Hausrat **Grdz 704** 77, **739**, **811** 15, **812**; Aufschub der Herausgabe der Sache durch den Gerichtsvollzieher **765 a** 34; Inbesitznahme durch den Gerichtsvollzieher **808** 5, 18; einer Kostbarkeit **808** 18; eines Kraftfahrzeugs **808** 4; Nachpfändung **803** 12; zur Nachtzeit, an einem Sonntag oder Feiertag **758 a**; vorgehendes Pfand- oder Vorzugsrecht s Klage auf eine vorzugsweise Befriedigung, Widerspruchsklage; Pfandsiegel **808** 21; Pfandzeichen **808** 21; Protokoll des Gerichtsvollziehers **762**, **763**; Erteilung einer Quittung durch den Gerichtsvollzieher **754** 9, **757**; während eines Prozesses über die Sache **265** 16; einer eigenen Sache des Gläubigers **804** 7; bei einem Soldaten **SchlAnh II** IV; bei dem Angehörigen von Streitkräften **SchlAnh III** 34; Teilleistungsvermerk **757**; Überpfändung **803** 8; bei einer beweglichen Sache **848**, **855**; Unpfändbarkeit **811**; Unterbleiben der Pfändung wegen ihrer voraussichtlichen Zwecklosigkeit **803** 13; Unwirksamkeit **Grdz 704** 57, **808** 5, 21; Verwertungsaufschub **813 a, b**; Vorwegpfändung **811 c**; eines Wertpapiers **808** 1; Durchsuchung eines Wohnraums **758**; Zuziehung eines Zeugen **759**; bei einer Leistung Zug um Zug **756**, **765**, **788** 25
- **(Pfändungspfandrecht) Üb 803** 7, **803** 5, **804**, **829** 54
- **(Pfändungsduldung)**, durch den Ehegatten **52 Anh** 3; in ein Grundstück, Gerichtsstand **24** 6; Klage auf eine Duldung, Kostenentscheidung im Fall eines Anerkenntnisses **93** 37 „Dingliche Klage"; als Streithilfegrund **66** 11; Streitwert **3 Anh** 31 „Duldung"; Zahlungs- und Duldungsklage, Gerichtsstand **Üb 12** 21; dgl Streitwert **5** 4
- **(dgl Duldungstitel)**, gegen den Ehegatten bei einer Gütergemeinschaft **743** 2, **745**; gegenüber einem Nießbraucher **737** 2; gegen den Testamentsvollstrecker **748** 7; bei einer Unterwerfung unter die sofortige Zwangsvollstreckung **794** 36
- **(Pfändungsfreigrenzen) 850 ff**
- **(Pfandverwertung durch Versteigerung)** Einf **814** 1, 3, **814 ff**, **825**, **844**; Aushändigung an den Ersteher **817** 7; Aussetzung **813 b**; Bekanntmachung **816** 10; Bieter **816** 13; Einstellung **818**; Verteilung des Erlöses an mehrere Gläubiger **827** 7; Zahlung des Erlöses an den Gerichtsvollzieher **819**; von Früchten auf dem Halm **824**; Gebot **817** 1–5; Gewährleistungsanspruch **806**; Gläubiger als Ersteher **817** 13; Mindestgebot **817 a**; bei einer Pfändung durch mehrere Gerichtsvollzieher **827** 5 ff; Ort **816** 7; Schätzung der Pfandsache **813**; Wartefrist **816** 3; Zuschlag **817** 4
- **(anderweitige Pfandverwertung)**, Anordnung **825**; Streitwert **6** 11; Verwertung eines Wertpapiers **821**; dgl beim Namenspapier **822**, **823**; Zwangsüberweisung der Pfandsache an den Gläubiger **825** 15
- **(Räumungsvollstreckung) 885**; als sittenwidrige Härte **765 a**; Räumungsfrist **721**; Räumungsfrist bei einem Prozeßvergleich **794 a**; Räumungsfrist durch das Urteil **721** 6; Räumungsfrist nach dem Urteil **721** 8
- **(schiffahrtsrechtliches Verteilungsverfahren)** **872** vor 1; Aufhebung des Arrests nach einer Hinterlegung **934** 2; Gerichtsstand **Üb 12** 11; Streitwert **3 Anh** 98; Pflicht zur Vorwegzahlung der Verfahrensgebühr **271 Anh**
- **(Sicherheitsleistung) 708 ff**
- **(Sicherungsvollstreckung) 720 a**
- **(Sittenwidrigkeit) 765 a**
- **(Unterlassungsanspruch) 890**
- **(Unvertretbare Handlung) 887** 20, **888**
- **(unbewegliches Vermögen) Üb 864** 1; bei einer grundstücksähnlichen Berechtigung **864** 3, **866**, **870**; bei einem Eisenbahnbetriebsrecht **871**; bei einem Grundstück, Schiff, Schiffsbauwerk, Luftfahrzeug (-bestandteil, -bruchteil) **864**; gegen den jeweiligen Eigentümer kraft einer Unterwerfung unter die Zwangsvollstreckung **800** 8, **800 a**; Haftung des Zubehörs **865** 5 ff; bei der Zwangshypothek **866**, **867**; bei der Zwangsschiffshypothek **870 a**
- **(Versteigerung) 814**, **816 ff**
- **(Verteilungsverfahren nach einer Hinterlegung von Geld) 872**; Aufforderung der Gläubiger **873** 4; Auszahlungsersuchen **882**; Bereicherungsklage nach der Versäumung der Klagefrist

Hartmann 3177

Zwangsvorführung Zahlen in Fettdruck = Paragraphen

878 15; Säumnis des Gläubigers **877**; Streitwert **3 Anh** 131; Teilungsplan **874**; Terminsbestimmung **875**; Urteil **880**; Versäumnisurteil **881**; Widerspruch gegen den Teilungsplan **876**; Widerspruchsklage **878, 879**
- **(Verwertungsaufschub) 813 a, b**
- **(Vollstreckungsabwehrklage) 767**; und Abänderungsklage **323** 4, **767** 7; beim Arrest/einstweiliger Verfügung **924** 7/**936** 4 „§ 924"; einstweilige Anordnung **769**; Einwendung **767** 17 ff; Einwendungsverlust **767** 57, **796** 3; des Erben **785**; und Erinnerung **766** 3; beim Europäischen Vollstreckungstitel **606 a Anh II** 36, **1086**; wegen einer Haftungsbeschränkung **785, 786**; Klagegrund **767** 46, 50; gegen einen Kostenfestsetzungsbeschluß wegen einer Änderung des Streitwerts **107** 6; des Nachlaßverwalters **784, 785**; Partei **767** 40; gegen einen Prozeßvergleich **767** 33 „Vergleich"; Richterausschluß **41** 20; Sommersache **227** 46, 47; Streitwert **3 Anh** 133; gegen eine vollstreckbare Urkunde **797** 9; Urteil **770**; Rechtskraftwirkung des Urteils **322** 70; Verhältnis zu anderen Rechtsbehelfen **766** 1, **767** 6; gegen eine einstweilige Verfügung auf eine Zahlung **936** 17; gegen einen Vollstreckungsbescheid **796** 4; Zulässigkeit **767** 39; Zuständigkeit **767** 42, **795** 10, **797 a** 3, **800** 10, **802**; Zustellung **767** 41; Zustellung an den ProzBev **172** 27; Einstellung der Zwangsvollstreckung **769**
- **(Vollstreckungsantrag) Grdz 704** 37, **753** 1, **754** 1, 3
- **(Vollstreckungsgericht) Grdz 704** 35; **764**; Anordnung einer anderweitigen Verwertung der Pfandsache/der gepfändeten Forderung **825/844**; Anordnung einer Vollstreckung Zug um Zug **765**; Arrestvollzug **930**; Einstellung der Zwangsvollstreckung s Einstellung; Entscheidung über eine Erinnerung **766**; Ermächtigung zur Umschreibung/Wiederinkurssetzung eines Wertpapiers **822/823**; Ersuchen an das V. **GVG** 160; Bestimmung des Gerichtsvollziehers **827** 5; Klage auf eine vorzugsweise Befriedigung **805** 13; Offenbarungsversicherung s dort; Pfändungs- und Überweisungsbeschluß s Pfändung; Verteilungsverfahren s dort; Verfahren **764** 6; Bestellung eines Vertreters für den Erben/bei einem herrenlosen Grundstück, Schiff, Schiffsbauwerk, Luftfahrzeug **779** 4/**787**; Zuständigkeit **764, 769** 9, **802, 828**; Zuständigkeit des Rpfl **Grdz 704** 35, **758 a, 764** 5, **850 g, 934** 4, **GVG 153 Anh** 8 § 20; Zuständigkeit für die Zwangsvollstreckung in eine Forderung oder ein anderes Vermögensrecht **828**; Zuständigkeitsbestimmung **36** 6; Zuständigkeitsstreit mit dem Prozeßgericht **36** 35 (E); Zustellung **172** 31
- **(Vollstreckungsschuldner) Grdz 704** 21, 22; Pfändung **808** 6, 10; Schutzantag **765 a** 7 ff; Tod **778, 779**; Anwesenheit bei der Wohnungsdurchsuchung **758** 14, **759** 4; Zustellung **750** 3 ff, 19, **829** 50
- **(Vollstreckungstitel) Grdz 704** 15, **704, 794, 801**; früheres Berlin-West, auswärtige Entscheidung **723** 7; beschwerdefähige Entscheidung **794** 15; Europäischer Vollstreckungstitel **606 a Anh II** 34, 35, **1079 ff**; Feststellungsurteil **256** 49; Genehmigungsvorbehalt nach dem AWG **SchlAnh IV** A; Kostenfestsetzungsbeschluß **104** 34, **794** 12; Kostenfestsetzungsbeschluß auf der Ausfertigung des Urteils **105** 3, **795 a**; kraft Landesrechts **801**; Prozeßvergleich **307 Anh** 35, **794** 45 ff, **794 a**; Rechtsschutzbedürfnis für den Kläger trotz eines schon vorhandenen Vollstreckungstitels **Grdz 253** 47; Schiedsspruch **1060**; Beschluß auf eine Abänderung von Unterhaltpflichten **794, 798 a**; Beschluß auf die Festsetzung von Unterhaltszahlungen **794** 13; vollstreckbare Urkunde **794** 21; Urteil **704, 705**; Urteil auf die Zahlung eines Bruttolohns **Üb 803** 2; einstweilige Verfügung auf eine Zahlung **936** 14; Vergleich im Prozeßkostenhilfeverfahren **118** 16; Vollstreckungsbescheid **796**; Zustellung **750**
- **(Voraussetzungen) Einf 750** 1, **750**
- **(Währungsfragen) 722** 4, **Grdz 803** 1
- **(Widerspruchsklage) Einf 771, 771, 805** 1; des Ehegatten bei der Gütergemeinschaft **774**; Klagebefugnis **771** 4; Kostenentscheidung im Fall eines Anerkenntnisses **93** 82; des Nacherben **773**; gegen eine Pfändung von Früchten **810** 9; Sommersache **227** 46, 47; Streitwert **3 Anh** 139, **6** 10; Rechtskraftwirkung des Urteils **322** 73; wegen eines die Veräußerung hindernden Rechts **771** 2; bei einem Veräußerungsverbot **772**; Verhältnis zu anderen Rechtsbehelfen **Einf 771** 5; im Verteilungsverfahren **878 ff**; Zuständigkeit **771** 7; Zustellung **771** 9; Zustellung an den ProzBev **172** 30
- **(Willenserklärung)**, Urteil auf die Abgabe einer W. **894**; Antragsrecht des Gläubigers auf die Erteilung eines Erbscheins oder einer anderen Urkunde **896**; Bestellung, Abtretung oder Belastung eines Briefgrundpfandrechts **897** 5; Übertragung des Eigentums **897, 898**; Wegnahme der Sache durch den Gerichtsvollzieher **897** 3; vorläufig vollstreckbares Urteil auf eine Eintragung im Grundbuch oder in einem Register **895**
- **(Wohnungsdurchsuchung) 758, 758 a, 807**

Zwangsvorführung s Vorführung
Zweckmäßigkeit bei der Auslegung der ZPO **Einl III** 30, 37
Zweigniederlassung, Gerichtsstand **21**; als Partei **50** 17; Zustellung **178** 24
Zweitantwort Üb 253 9
Zwingende Vorschrift Einl III 30
Zwischenfeststellungsklage s Feststellungsklage (Zwischenfeststellungsklage)
Zwischenantrag, Rechtshängigkeit **261** 21, 24; betr die Schadensersatzpflicht des Klägers wegen seiner Zwangsvollstreckung auf Grund eines nur vorläufig vollstreckbaren Urteils **717** 14
Zwischenfrist Üb 214 10; Abkürzung **226** 3; Einlassungsfrist **274**; für die Einreichung eines Schriftsatzes **132**
Zwischenklage s Feststellungsklage (Zwischenfeststellungsklage)
Zwischenstaatliches Zivilprozeßrecht s Zivilprozeßrecht
Zwischenstreit 303 4; bei einer Beweisaufnahme durch den verordneten Richter **366**; Einzelrichter **349** 10; Entscheidungsreife **303** 4, 9; Zulässigkeit einer Klageänderung **263** 20; Ablehnung des Richters **42** 58; im schiedsrichterlichen Verfahren **1042**; bei vorbereitenden Schriftsatz **132** 13; Streit über die Zulassung eines Streithelfers **71** 6; Streitwert **3 Anh** 147; über eine Unterbrechung des Verfahrens **Üb 239** 4; über eine Rückgabe einer Urkunde von Anwalt zu Anwalt **134** 2; mündliche Verhandlung **128** 5; verordneter Richter **366**; Versäumnisurteil **347** 5; über ein Zeugnisverweigerungsrecht **387, 388**; über eine Zulässigkeitsrüge **280**; über die Heilung eines Mangels der Zustellung durch ihren Empfang **189** 14
Zwischenurteil s Urteil (Zwischenurteil)
Zwischenvergleich 307 Anh 6
Zwischenwiderklage s Widerklage (Zwischenwiderklage)
Zwischenzins, Streitwert **3** 1
Zypern, Ehesache **606 a Anh IV**